DICCIONARIO GENERAL DE LA LENGUA ESPAÑOLA

LAROUSSE

DICCIONARIO GENERAL DE LA LENGUA ESPAÑOLA

LAROUSSE

Dirección de la obra
Jordi INDURÁIN PONS

Coordinación de la obra
Sofía ACEBO GARCÍA

Edición
Graciela d'ANGELO
Daniel TORRAS MARTÍNEZ

Redacción
David AGUILAR, Francisca BAJO, Isabel BROSA, Elena ESTREMERA, Regino ETXABE, David MORÁN, Juan PÉREZ, Fernando POLANCO, Carme TARÍN, Sergi TORNER y Edurne ZUNZUNEGUI.

Colaboradores
Magdalena BERNAUS, Rafael BESOLÍ, Antoni CASTELLTORT, Rafael CLEMENTE, Margarita FERNÁNDEZ, Verónica FERRANDO, José Luis GÓMEZ, Domènec GONZÁLEZ, Jordi GUNZBERG, Roger JIMÉNEZ, Elena LLORENS, Raúl MARTÍNEZ, Pau NADAL, Carine NICOT, Manuel POLLS, Joan PONS, Magdalena QUIJANO, Pablo RODRÍGUEZ, Dativo SALVIA, Isidro SÁNCHEZ, Lluís SERRA, Elena SEVILLANO, María VILLALBA y Sergi VICH.

Corrección
Cecilia COSTA, Carolina COSTA, Marta ESBERT, Marta GARCÍA, Fernando NÁPOLES y Ramón OLIVA.

Preimpresión
VÍCTOR IGUAL, S.L.

Primera edición: 2006
Segunda edición: 2009
Tercera edición: 2014

Mallorca, 45 - 08029 Barcelona
Tel.: 93 241 35 05 Fax: 93 241 35 07
larousse@larousse.es ■ www.larousse.es

ISBN 978-84-15411-78-9
Depósito Legal: B. 24.867-2013

Presentación

A lo largo de su dilatada historia, para dar respuesta a las necesidades de los usuarios, la editorial Larousse ha creado diversos diccionarios que se han ido modificando al compás del tiempo como consecuencia de las transformaciones tecnológicas, científicas, sociales y léxicas.

En el momento presente, un diccionario de la lengua exige ante todo ser un instrumento accesible, de fácil y rápido manejo, que brinde informaciones suficientemente ricas y variadas sobre el significado de la palabra buscada y que ofrezca a la vez normas y herramientas para expresarse correctamente. Pero, para ser un eficaz medio de consulta, debe estar también atento a las voces científicas y técnicas y a las numerosas variantes regionales del español de América y de la península Ibérica.

El *Diccionario General de la Lengua Española Larousse* ha sido concebido con la voluntad de convertirse en un instrumento útil para la consulta de carácter lingüístico, a fin de dar testimonio preciso del vocabulario de la lengua española en sus diferentes modalidades. Desde esta perspectiva, pretende ser una propuesta avanzada que compile y sistematice, con claridad y rigor, el arsenal de recursos con que nuestra lengua es capaz de expresar una idea de manera precisa.

Sus características específicas hacen de él una herramienta práctica e imprescindible para conocer el significado de una palabra y para saber cómo se utiliza correctamente, en qué contextos y con qué particularidades. Hay varios aspectos que contribuyen a señalar esta singularidad. En primer lugar, su fácil manejo, derivado de la estructura de sus contenidos. La disposición de la información proporciona una máxima claridad y contribuye a la localización inmediata de cualquier peculiaridad que afecta al término. Las acepciones que comparten una misma categoría gramatical aparecen agrupadas y se ordenan siguiendo una distribución fija: primero las acepciones generales, empezando por las más usuales, a continuación las acepciones correspondientes a un área geográfica determinada, y, finalmente, los tecnicismos. Las formas compuestas y las expresiones idiomáticas se ubican al final del artículo, ordenadas alfabéticamente para una rápida identificación.

En segundo lugar, la abundante información de carácter ortográfico y morfológico: la etimología de la palabra, las irregularidades en la formación del plural, las observaciones sobre participios irregulares, las abreviaturas de la voz, etc. En este sentido merece destacarse que los verbos irregulares llevan indicado en cada caso cómo se conjugan, remitiendo a un modelo que aparece al lado de la entrada correspondiente.

A esto hay que añadir la inclusión de contenidos complementarios de carácter léxico, sintáctico y semántico. El diccionario cuenta con una gran cantidad de cuadros gramaticales que aparecen repartidos a lo largo de la obra, vinculados con la entrada a la que pertenecen, y que, unidos, constituyen un sintético compendio de gramática española. En ellos el lector hallará la información básica para conocer el comportamiento exacto de las palabras, así como numerosos ejemplos de uso.

La información enciclopédica que, ya sea en forma de desarrollos temáticos al final de un artículo o en forma de cuadros enciclopédicos, aleja el término de lo puramente lingüístico y de uso y lo sitúa en un contexto conceptual, de significado pleno, que proporciona al consultante una comprensión global del vocablo. Estos textos, escritos en un lenguaje claro y divulgativo, asocian los términos y sus significados con los diversos ámbitos del conocimiento humano: con la cultura, la historia y el arte, la vida política y social, el entorno físico, la ciencia y la tecnología.

A estos aspectos singulares hay que añadir otras características que son ya una constante en nuestra tradición en la elaboración de diccionarios: la claridad, brevedad y precisión de las definiciones, creadas mediante un vocabulario básico que evita las consultas suplementarias; la abundancia de ejemplos significativos para facilitar la comprensión y contextualización de los diferentes sentidos de un término; el amplio tratamiento del español de América y la indicación precisa de los usos exclusivamente peninsulares; la inclusión de neologismos de reciente incorporación, pero de uso ya habitual en la lengua común; el reflejo constante de todos los niveles de uso, desde los registros cultos hasta los familiares y coloquiales; la introducción de terminología temática, no la muy especializada, sino la que podemos encontrar con frecuencia en los medios de comunicación hablada o escrita y en las fuentes de divulgación habituales; y, sobre, todo, la escrupulosidad en la selección y el tratamiento de la información.

Finalmente, el apéndice que completa el diccionario pretende ofrecer al lector técnicas, recursos y modelos para elaborar textos escritos que permitan al usuario comunicarse de manera efectiva. En sus páginas se recogen diferentes situaciones en los que toda persona necesita hacer uso de la escritura tanto en el ámbito laboral o profesional como en las relaciones sociales, concretadas en diversos tipos de documentos, como el currículum vítae, la carta comercial, la factura, la instancia, la declaración jurada, el acta de reunión, entre otros.

En definitiva, es nuestra intención que el *Diccionario General de la Lengua Española Larousse* sea una respuesta acertada a las necesidades de la amplia comunidad de hispanohablantes y de los estudiantes de español que requieran una herramienta moderna y efectiva para el uso correcto de la lengua, y que además les sirva de ayuda inequívoca en cualquier situación comunicativa.

LOS EDITORES

Estructura de los artículos

Los artículos están organizados de manera clara y sistemática, para que la información sobre la palabra buscada se encuentre con facilidad. Los diferentes elementos que componen los artículos son los siguientes:

entrada simple

Las entradas o lemas aparecen destacados en negrita.

helipuerto s.m. Aeropuerto para helicópteros.

En el caso de los verbos la entrada corresponde al infinitivo.

regar v.tr. (lat. *rigare,* mojar, regar). Esparcir agua sobre la tierra, las plantas, etc., para beneficiarla, limpiarla o refrescarla. **2.** Atravesar un río, afluente o canal una comarca o territorio. ◆ v.tr. y prnl. *Fig.* Esparcir, derramar: *regar la oficina de papeles.*

En el caso de las voces con flexión de género (sustantivos, adjetivos, etc.), la terminación del femenino aparece indicada tras una coma.

ciudadano, a adj. Relativo a la ciudad o a sus habitantes ◆ s. Súbdito de un estado, que posee capacidad jurídica para ejercer sus derechos políticos.

emperador, triz s. (lat. *imperator, -oris,* el que manda). Soberano de un imperio: *Napoleón fue nombrado emperador por el senado.* ◆ s.m. Soberano del Sacro imperio romano germánico. **2.** Pez espada. **3.** ZOOL. Pez de hasta 2 m de long., con el cuerpo comprimido y recubierto de tubérculos escamosos. (Familia luváridos.) ◆ s.f. Mujer del emperador.

sacerdote, tisa s. (lat. *sacerdos, -dotis*). Persona consagrada a una divinidad que tiene por oficio ofrecerle sacrificios. ◆ s.m. Miembro masculino de la Iglesia católica que ha sido ordenado y que puede celebrar misa.

entrada múltiple

Hay palabras que tienen diversas grafías o acentuaciones diferentes. En estos casos, las variantes gráficas de la voz aparecen agrupadas en la misma entrada.

almádana, almádena o **almádina** s.f. Mazo de hierro, con mango largo y delgado, empleado para partir piedras.

élite o **elite** s.f. (fr. *élite*). Grupo minoritario de personas que reúnen unas características especialmente selectas dentro del ámbito al que pertenecen: *élite intelectual* [...]

gourami o **gurami** s.m. Pez de acuario originario de Tailandia y Sumatra, de unos 10 cm de long., que vive en aguas que se encuentran entre los 20 y los 30 °C.

homónimos

Los llamados homónimos, voces con la misma ortografía pero con significado y procedencia etimológica diferente, aparecen separados en entradas distintas, y señalados con un número de orden precedente.

1. **banda** s.f. (fr. ant. *bende,* cinta). Cinta o lista que se lleva atravesada desde el hombro al costado opuesto, generalmente como distintivo honorífico. **2.** Cinta, tira. **3.** Amér. Faja para ceñir los calzones a la cintura. **4.** ARQ. Moldura plana, ancha y poco saliente, que se perfila sobre una superficie horizontal o siguiendo el contorno de una arcada. **5.** AUTOM. Parte exterior del neumático o cubierta que rodea la cámara. **6.** HERÁLD. Pieza honorable que va del cantón diestro del jefe al siniestro de la punta. ◇ **Banda de absorción** ÓPT. Cualquier espacio oscuro en el espectro continuo de la luz blanca transmitida por una sustancia que posea absorción selectiva. **Banda de frecuencias** RADIODIF. Conjunto de frecuencias comprendidas entre dos límites. **Banda de registro** ELECTROACÚST. Parte de la superficie de un soporte destinada al registro de una señal. **Banda de rodamiento** Parte amovible, añadida a una pieza sometida a rozamiento, para preservarla del desgaste. **Bandas lombardas** Jambas de poco resalto que se repiten en un muro y se reúnen en su parte superior mediante un friso de arcaturas, típicas del románico lombardo. **Banda sonora,** o **de sonido** Parte de la cinta cinematográfica en la que se registra el sonido. **Línea de banda** DEP. Cada una de las líneas que delimitan el terreno de juego.

2. **banda** s.f. Grupo armado organizado con fines criminales. **2.** Partido, facción. **3.** Bandada. **4.** ANTROP. Forma de organización social de las sociedades cazadoras-recolectoras consistente en la agrupación de varios linajes o clanes que comparten un mismo territorio. **5.** MÚS. Conjunto instrumental de viento y percusión.

3. **banda** s.f. Lado de un cuerpo o costado de una persona. **2.** Cada uno de los cuatro lados o bordes que limitan la mesa de billar. **3.** Cuba. Cada una de las dos partes longitudinales en que se divide la res al sacrificarla. **4.** Guat. Franja. **5.** Guat. Hoja de puerta o ventana. **6.** MAR. Costado de la nave. ◇ **Cerrarse a la banda,** o **en banda** Mantenerse firme en sus propósitos de manera obstinada, sin aceptar una opinión distinta.

categoría gramatical

La categoría gramatical aparece abreviada inmediatamente después de la entrada.

colusión s.f. Acuerdo secreto para engañar o causar perjuicio.

dividir v.tr. y prnl. (lat. *dividere*). Partir, separar algo en partes: *dividir un pastel.* **2.** Repartir algo entre varias personas: *dividir el trabajo.* **3.** Fig. Separar introduciendo discordia entre las personas: *dividir a la opinión pública.* ◆ v.tr. MAT. Efectuar una división. **2.** TECNOL. Marcar divisiones o escalas matemáticamente exactas en los instrumentos de precisión utilizados en metrología.

entonces adv.t. En un momento u ocasión determinados: *me enteré entonces.* ◆ adv.m. Expresa una consecuencia de lo dicho anteriormente: *entonces no hablemos más.* ◆ interj. Se usa para hacer entender al interlocutor que lo que acaba de decir constituye un argumento a favor de lo que este rechazaba o negaba. ◇ **En,** o **por, aquel entonces** En aquel tiempo.

halagüeño, a adj. Que halaga o que sirve para halagar: *una frase halagüeña.* **2.** Que indica o muestra éxito o satisfacción futuros: *noticia halagüeña.*

nosotros, as pron.pers. (de *nos* y *otros*). Forma tónica de la 1ª persona del plural. Designa al emisor asociado a una o más personas en un acto de comunicación. Funciona como sujeto, predicado nominal o como complemento precedido de una preposición: *nosotros lo hicimos; todo lo hizo por nosotros; a nosotros nos tiene sin cuidado.* **2.** Sustituye a *yo* como plural de modestia.

para prep. Indica la utilidad, fin o término al que se encamina una acción: *estudia para aprender.* **2.** Por, a fin de: *lo hice para complacerte.* **3.** Señala el tiempo en que finaliza o se ejecuta una acción: *estará listo para el jueves.* **4.** Determina el uso o utilidad que se puede dar a una cosa: *esto es para hacer agujeros.* **5.** Junto con los pronombres personales *mí. ti...* y ciertos verbos denota la particularidad de la persona o una acción interior: *lee para sí.* **6.** Con el verbo *estar*, indica la necesidad o conveniencia de algo: *el automóvil está para el desguace; la ropa está para lavar.* **7.** Hacia: *ir para casa.* **8.** Con relación a: *le pagan poco dinero para lo que trabaja.* **9.** Se utiliza como elemento de relación con algunos adjetivos: *el tratado es conveniente para todos.* **10.** Significa el motivo o causa de una cosa: *¿para qué has venido?* **11.** Con la preposición *con*, en relación con: *es amable para con todos sus amigos.*

Cuando hay más de un significado y alguno de ellos presenta otra categoría gramatical, este cambio se indica con un rombo negro (◆).

papo s.m. Buche de las aves. **2.** Abultamiento que ciertos animales presentan entre la barba y el cuello. **3.** Bocio. **4.** BOT. Vilano. ◆ **papos** s.m.pl. Peinado femenino que consistía en unos rodetes que cubrían las orejas.

etimología

Se indica la etimología de la voz únicamente cuando es relevante y está bien documentada.

paquidermo, a adj. (gr. *pakhýdermos,* de piel gruesa, de *pakhýs,* grueso, y *dérmos,* piel). Se dice de un animal de piel gruesa, como el elefante, el rinoceronte o el hipopótamo. (Antiguamente constituía un grupo en el que se incluían los proboscidios, suimorfos y équidos. Actualmente carece de valor taxonómico.)

plural irregular

Aparece indicado entre paréntesis el plural que no sigue las reglas regulares de formación.

déficit s.m. (del lat. *deficere,* faltar) [pl. *déficit* o *déficits*]. Cantidad que falta a los ingresos para que se equilibren con los gastos. **2.** Cantidad que falta para llegar al nivel necesario.

parking s.m. (voz inglesa) [pl. *parkings*]. Parque de estacionamiento, aparcamiento.

conjugación verbal

Los verbos que no se conjugan de forma regular van acompañados de una indicación que remite al verbo cuyo modelo de conjugación siguen.

absolver v.tr. (lat. *absolvere*) [conj.: *mover*]. Declarar judicialmente no culpable: *absolver a un acusado.* **2.** Declarar libre de culpa, responsabilidad o pecado.

acepciones

Las diferentes acepciones o los distintos sentidos de una voz se señalan mediante números, siguiendo el siguiente orden: primero las acepciones de léxico general, después las regionales y técnicas y, finalmente, las formas compuestas y las expresiones o locuciones.

palo s.m. (lat. *palus, -i,* poste). Trozo de madera más largo que ancho y generalmente cilíndrico: *el palo de la escoba; el balón dio en el palo de la portería.* **2.** Madera: *pata de palo.* **3.** Golpe dado con un palo. **4.** *Fig.* y *fam.* Varapalo, daño o perjuicio: *la obra recibió palos de la crítica.* **5.** Nombre de diversos árboles, generalmente de América del Sur *(palo blanco, palo cochino, palo de hule).* **6.** Cada una de las cuatro series de la baraja de naipes. **7.** Rasgo de algunas letras, como la *d* o la *p,* que sobresale de su cuerpo hacia arriba o hacia abajo. **8.** Estilo o modalidad del cante flamenco: *las alegrías y las bulerías son dos palos del flamenco.* **9.** Argent., Par. y Urug. Pedazo pequeño del tronco de la rama que, en la yerba mate, queda como resto junto a la hoja triturada. **10.** Argent. y Urug. Un millón, especialmente referido a dinero. **11.** DEP. Instrumento alargado y con distintas formas que se emplea para golpear la pelota o bola en juegos como el béisbol, el golf, el hockey o el polo. **12.** HERÁLD. Pieza rectangular, distintiva de dignidad u honor, colocada verticalmente en el centro del escudo, ocupando una tercera parte de él. SIN.: *pal.* **13.** MAR. Pieza larga y de sección circular, de madera o metálica, vertical u oblicua, que sostiene el velamen de un barco. (Los principales palos son el *bauprés,* el palo *de mesana,* el *palo mayor* y el *palo de trinquete.*) **14.** SILVIC. Nombre de diversas maderas de América del Sur. ◇ **A palo seco** Sin nada accesorio ni complementario. **Palo a pique** Argent. Poste clavado en tierra, firme y perpendicularmente. **Palo borracho** Argent. y Urug. Nombre de dos especies de árboles caracterizados por el color de sus corolas y cuyas semillas están recubiertas por abundantes pelos sedosos que forman un copo blanco, al que se denomina paina. (Se utiliza con fines ornamentales e industriales.) **Palo de algo** Amér. [...]

indicación de ámbito geográfico

Mediante una abreviatura se señalan los usos propios o exclusivos del español peninsular y las distintas variantes del español de América.

manjarete s.m. Cuba y Venez. Dulce hecho de maíz tierno rallado, cocido con leche y azúcar, que se cuaja al enfriarse. (En Venezuela se prepara con pulpa de coco.)

maño, a s. Esp. *Fam.* Aragonés.

indicaciones de uso e indicaciones semánticas

El nivel de uso de ciertos términos (familiar, poético o vulgar) y la intención general del hablante (despectivo, irónico), así como la traslación del significado de las palabras (figurado, por extensión) aparecen destacados con distintas abreviaturas.

kamikaze s.m. (voz japonesa, *tempestad providencial*). Piloto japonés que se presentaba voluntario para estrellar su avión cargado de explosivos sobre un objetivo. **2.** Este mismo avión. ◆ s.m. y f. *Por ext.* Persona que actúa con gran temeridad, arriesgando incluso su propia vida.

leída s.f. *Fam.* Lectura, acción de leer.

milico s.m. Amér. Merid. *Desp.* Militar, soldado.

mentada s.f. Méx. *Vulg.* Insulto: *de cada tres palabras que dice, dos son mentadas.* ◇ **Ser una mentada de madre** Méx. Ser algo insultante: *es una mentada de madre lo que recibe de sueldo.*

níveo, a adj. *Poét.* Que se parece a la nieve, especialmente en su blancura.

palpable adj. *Fig.* Claro, evidente.

serenata s.f. (ital. *serenata*). Concierto de voces e instrumentos, o de instrumentos solos, que se da por la noche debajo de las ventanas de alguien, para festejarlo. **2.** *Irón.* Ruido o sonido persistente que causa gran molestia, en especial el que se produce de noche: *menuda serenata ha dado el niño.*

sinónimos, contrarios y geosinónimos

Al final de algunas acepciones se añaden sinónimos, contrarios y geosinónimos, que permiten al usuario ampliar su vocabulario.

enemistar v.tr. y prnl. Hacer que dos personas sean enemigas, o hacer perder la amistad existente entre dos o más personas: *se enemistó con la familia.* SIN.: *indisponer.*

optimismo s.m. Cualidad o actitud optimista. CONTR.: *pesimismo.* **2.** FILOS. Doctrina que afirma la supremacía del bien sobre el mal en el mundo; actitud de los adeptos a esta doctrina.

suéter s.m. (ingl. *sweater*). Esp. y Méx. Prenda de vestir de punto, generalmente con mangas, que llega aproximadamente hasta la cintura. GEOSIN.: Amér. Merid. *chompa;* Argent. y Urug. *tricota;* Esp. *jersey.*

tecnicismos

En las palabras o expresiones propias de un arte, una ciencia o un oficio, el campo específico del saber al que se refieren aparece indicado con una abreviatura.

dominancia s.f. BIOL. Estado presentado por un carácter o un gen dominante. **2.** ETOL. Superioridad de un animal sobre sus congéneres, establecida como resultado de relaciones agresivas y que se manifiesta por medio de comportamientos particulares. **3.** FISIOL. Cometido funcional predominante de una de las dos partes de un órgano par y simétrico.

locuciones y formas compuestas

Las formas compuestas de una voz y las locuciones aparecen ordenadas alfabéticamente al final del artículo e introducidas por un rombo blanco (◇).

tornillo s.m. Pieza cilíndrica o cónica, por lo general metálica, con resalte helicoidal y una cabeza con ranura. ◇ **Apretar los tornillos a alguien** *Fam.* Apremiarlo o exigirle el máximo esfuerzo. **Faltarle un tornillo** o **tener flojos los tornillos** *Fam.* Tener alguien poca sensatez y cordura. **Tornillo de banco,** o **de sujeción** Instrumento montado en un banco o en la plataforma de una máquina-herramienta, con que se mantienen sujetas las piezas que se están trabajando.

último, a adj. (lat. *ultimus*). Que en una serie viene después de todos los demás: *último día de la semana.* **2.** Que es lo más reciente en el tiempo: *según el último parte meteorológico.* **3.** Que está en la parte final: *fueron sus últimas palabras.* **4.** Que es remoto, lejano o está escondido: *últimas estribaciones de una montaña.* **5.** Decisivo, definitivo, exclusivo: *es la última oferta.* **6.** Que es extremado. ◇ **A la última** *Fam.* A la última moda. **Estar en las últimas** *Fam.* Estar moribundo; estar muy apurado de dinero, salud, provisiones, etc. **Por último** Finalmente, después o detrás de todo.

participios irregulares y participios dobles

Los verbos cuyo participio no se forma de un modo regular o que admiten un doble participio van acompañados de una observación final.

absolver v.tr. (lat. *absolvere*) [conj.: *mover*]. Declarar judicialmente no culpable: *absolver a un acusado.* **2.** Declarar libre de culpa, responsabilidad o pecado.
OBS.: participio: *absuelto.*

imprimir v.tr. (lat. *imprimere*). Estampar o dejar huella por medio de la presión. **2.** Publicar, editar. **3.** Comunicar un movimiento o influencia a una cosa. **4.** Dejar en el ánimo una impresión fuerte. **5.** ART. GRÁF. Trasladar a un papel, tela, etc., caracteres o dibujos grabados en clichés o formas de impresión impregnados de tinta: *imprimir un libro.*
OBS.: doble participio: *imprimido* o *impreso.*

desarrollos enciclopédicos

Numerosas voces van acompañadas de un recuadro en el que se amplía el concepto con la adición de información enciclopédica redactada en un lenguaje claro y accesible.

planeta s.m. (lat. *planeta,* gr. *planítis,* vagabundo, por contraste con las estrellas que parecían fijas). Cuerpo celeste sin luz propia que gira alrededor del Sol o de una estrella. ◇ **Planeta exterior,** o **superior** Planeta más alejado del Sol que la Tierra (Marte, Júpiter, Saturno, Urano, Neptuno y Plutón). **Planeta interior,** o **inferior** Planeta más cercano al Sol que la Tierra (Mercurio y Venus).

planeta

Se conocen nueve planetas principales que giran alrededor del Sol y que, según la distancia respecto a él, son: Mercurio, Venus, Tierra, Marte, Júpiter, Saturno, Urano, Neptuno y Plutón. Se dividen en dos tipos: los *rocosos* o *telúricos* (de Mercurio a Marte), que se caracterizan por ser pequeños, presentar gran densidad, poseer una corteza sólida y haber evolucionado mucho desde su formación; y los planetas *gigantes* (de Júpiter a Neptuno), constituidos sobre todo por gases. Estos últimos, tienen más volumen y una masa mayor que los telúricos, pero son menos densos y con una atmósfera, constituida por hidrógeno y helio, que ha conservado una composición muy parecida a la de la nebulosa que les dio origen. Plutón, aún poco conocido, al parecer se halla emparentado con los planetas telúricos por sus dimensiones y con los gigantes por su densidad. El sistema solar también posee un gran número de asteroides. [...]

remisiones

Mediante una flecha se remite a la variante gráfica más usual de una voz.

broqueta → **brocheta.**

cóccix s.m. → **coxis.**

cochitril s.m. → **cuchitril.**

pallaza s.f. → **palloza.**

cuadros de conjugación

Dado el número y variedad de irregularidades que afectan a los verbos españoles, para conocer con exactitud el modo correcto conjugarlos se ofrecen los distintos modelos de verbos irregulares. Estos aparecen en forma de cuadro al lado de la voz correspondiente y las alteraciones o formas irregulares van destacadas en letra cursiva.

cuadros gramaticales

Como complemento a las informaciones gramaticales, se tratan en forma de cuadro, al lado de la voz correspondiente, las principales cuestiones de la gramática española. De esta forma, se explican de manera concisa y con variados ejemplos, distintos aspectos de la gramática, desde el uso de los acentos hasta la formación de las palabras o las relaciones de significado.

cuadros enciclopédicos

En numerosas voces se ofrecen datos en forma de tablas y cuadros, que proporcionan un conocimiento adicional sobre la palabra consultada. Estas tablas permiten el acceso inmediato a datos comparativos y listas de informaciones ordenadas según criterios cuantitativos, alfabéticos, etcétera.

Guía visual: cuadros

Los **cuadros de conjugación** ofrecen los modelos que siguen los verbos irregulares con todas sus formas de flexión, permitiendo así al usuario conocer la forma correcta de conjugarlos.

Los **cuadros enciclopédicos** amplían la información y proporcionan datos complementarios relacionados con los distintos saberes del mundo actual.

caber	
INDICATIVO	**SUBJUNTIVO**
presente	**presente**
quepo	*quepa*
cabes (cabés)	*quepas*
cabe	*quepa*
cabemos	*quepamos*
cabéis	*quepáis*
caben	*quepan*
copretérito o **pret. imperfecto**	**pretérito** o **pret. imperfecto**
cabía	*cupiera* o *cupiese*
cabías	*cupieras* o *cupieses*
cabía	*cupiera* o *cupiese*
cabíamos	*cupiéramos* o *cupiésemos*
cabíais	*cupierais* o *cupieseis*
cabían	*cupieran* o *cupiesen*
pretérito o **pret. perf. simple**	**futuro** o **fut. simple**
cupe	*cupiere*
cupiste	*cupieres*
cupo	*cupiere*
cupimos	*cupiéremos*
cupisteis	*cupiereis*
cupieron	*cupieren*

Las ciudades más pobladas de la Tierra

área metropolitana	población en millones de habitantes
Tokyo (Japón)	34,9
México, ciudad de (México)	18,6
Nueva York (EUA)	18,2
São Paulo (Brasil)	17,8
Bombay (India)	17,4
Delhi (India)	14,1
Calcuta (India)	13,8
Buenos Aires (Argentina)	13
Shanghai (China)	12,7
Yakarta (Indonesia)	12,2
Los Ángeles (EUA)	12
Dacca (Bangla Desh)	11,5
Osaka (Japón)	11,2
Río de Janeiro (Brasil)	11,2
Karachi (Pakistán)	11
Pekín (China)	10,8
El Cairo (Egipto)	10,8

Los **cuadros gramaticales** explican la estructura de las palabras, así como la manera en que éstas se combinan, brindando de esta forma un conjunto de normas que permiten despejar cualquier duda acerca de la corrección en el uso del lenguaje.

preposición

Las preposiciones son palabras invariables pues no poseen género ni número, y su función es relacionar dos palabras o dos grupos de palabras entre sí. El inventario de preposiciones está formado por las siguientes unidades:

preposición	ejemplos	preposición	ejemplos
a	*a* la población, *a* Lima, *a* escuchar música, *a* mediodía, *a* vosotras	**hacia**	*hacia* el oriente, *hacia* fin de mes
		hasta	*hasta* el límite, *hasta* las cuatro, *hasta* sangrar
ante	*ante* el inspector, *ante* ese problema		
bajo	*bajo* el escritorio, *bajo* las órdenes de	**para**	*para* comprar, *para* nosotros, ¿*para* qué?
cabe	(poco usada) *cabe* la fuente	**por**	*por* el sendero, *por* el año 2000, *por* la base, *por* vender, dos *por* dos, diez *por* ciento
con	*con* placer, *con* los actores, *con* cera		
contra	*contra* la dictadura, *contra* la pared, *contra* reembolso	**según**	*según* el Corán, *según* los testigos

Guía visual: artículos del diccionario

entradas
categoría gramatical
etimología
definiciones
tecnicismos

dulce adj. (lat. *dulcis*). Se dice del sabor agradable, como el del azúcar o la miel. **2.** Que no es agrio, amargo o salado, comparado con otras cosas de la misma especie: *agua dulce.* **3.** Insípido, soso: *el guiso está dulce.* **4.** *Fig.* Grato, agradable: *voz dulce.* **5.** *Fig.* Afable, afectuoso: *carácter dulce.* **6.** METAL. Maleable, dúctil, poco duro y no frágil: *acero dulce.* ◆ s.m. Alimento en cuya composición entra el azúcar como elemento fundamental. **2.** Fruta cocida con azúcar o almíbar. **3.** Amér. Chancaca, azúcar mascabado. **4.** Méx. Caramelo. ◇ **Dulce de leche** Argent. y Urug. Dulce de consistencia pastosa que se prepara cociendo, a fuego lento, leche y azúcar hasta que adquiere un color marrón claro y consistencia espesa. **Tirarse al dulce** Chile. *Vulg.* Entablar una relación amorosa.

rombo blanco (inicio de fraseología)
rombo negro (cambio de categoría gramatical)
regionalismos
nivel de lengua
homógrafos

1. **glicina** s.f. Aminoácido contenido en numerosas proteínas.
2. **glicina** o **glicinia** s.f. (fr. *glycine*). Planta trepadora originaria de China, con inflorescencias en forma de racimos colgantes de flores violadas. (Familia papilionáceas.)

conjugación verbal

bendecir v.tr. [conj.: *predecir*]. Invocar la protección divina en favor de una persona o cosa. **2.** Consagrar alguna cosa al culto divino mediante determinado rito: *bendecir un templo.* **3.** Conceder la providencia su protección o colmar de bienes. **4.** Alabar, ensalzar.

panol s.m. → **pañol**.

remisiones

suscribir o **subscribir** v.tr. Firmar al pie o al final de un escrito. **2.** *Fig.* Adherirse a la opinión de alguien. ◆ v.tr. y prnl. Abonarse a una publicación periódica, a una asociación: *me he suscrito a esta revista.*
OBS.: participio: *suscrito.*

observación de participio irregular

entrada con desarrollo enciclopédico

dadá s.m. y adj. (fr. *dada,* voz infantil que designa el caballo). Movimiento artístico y literario fundado en 1916, que se basaba en el absurdo, en la liberación de la fantasía y ponía en tela de juicio todos los modos de expresión tradicionales.

dadá

Los orígenes del movimiento dadá deben atribuirse a dos grupos diferentes: un cenáculo de escritores refugiados en Suiza durante la primera guerra mundial (Tristan Tzara, Hans Arp, etc.), que procedieron a la «invención» del nombre que debía agruparlos; y un grupo de Nueva York (Marcel Duchamp, Francis Picabia y Man Ray), que adoptaba actitudes iconoclastas muy semejantes a las del grupo de Zurich. La unión de ambas tendencias se produjo en Lausana en 1918, y el movimiento se extendió (Ernst, Breton) hasta que, a partir de 1920, la mayoría de dadaístas evolucionaron hacia la acción revolucionaria o hacia el surrealismo.

Índice de cuadros

Cuadros enciclopédicos

Cuadros gramaticales

Abreviaturas y símbolos

a.	antes de
abrev.	abreviatura, abreviación
a.C.	antes de Cristo
act.	actual, actualmente
ACÚST.	Acústica
adj.	adjetivo
adj.dem.	adjetivo demostrativo
adj.indef.	adjetivo indefinido
adj.num. cardin.	adjetivo numeral cardinal
adj.num. ordin.	adjetivo numeral ordinal
adj.poses.	adjetivo posesivo
adv.	adverbio
adv.afirm.	adverbio de afirmación
adv.c.	adverbio de cantidad
adv.d.	adverbio de duda
advers.	adversativo
adv.exclam.	adverbio exclamativo
adv.interrog.	adverbio interrogativo
adv.l.	adverbio de lugar
adv.m.	adverbio de modo
adv.t.	adverbio de tiempo
AERON.	Aeronáutica
afl.	afluente
ag.	agosto
AGRIC.	Agricultura
alem.	alemán
ÁLG.	Álgebra
ALP.	Alpinismo
alt.	altura
Amér.	América
Amér. Central	América Central
Amér. Merid.	América Meridional
ANAT.	Anatomía
anglic.	anglicismo
ant.	antiguo, antigua, anteriormente
ANT.	Antigüedad
ANT. GR.	Antigüedad griega
ANT. ROM.	Antigüedad romana
ANTROP.	Antropología
APIC.	Apicultura
aprox.	aproximadamente
ár.	árabe
Arg./Argent.	Argentina
ARM.	Armamento
ARQ.	Arquitectura
ARQUEOL.	Arqueología
art.	artículo
ART. CONTEMP.	Arte moderno y contemporáneo
ART. DEC.	Artes decorativas
art.det.	artículo determinado
ART. GRÁF.	Artes gráficas
art.indet.	artículo indeterminado
ASTROL.	Astrología
ASTRON.	Astronomía
ASTRONÁUT.	Astronáutica
AUTOM.	Automovilismo
B. ART.	Bellas artes
B. Y BOLSA	Banca y bolsa
BIOL.	Biología
BIOL. CEL.	Biología celular

BIOQUÍM.	Bioquímica
Bol.	Bolivia
BOT.	Botánica
c.	ciudad, cuantitativo
cap.	capital
cardin.	cardinal
CARN.	Carnicería
CARP.	Carpintería
cat.	catalán
CATOL.	Catolicismo
célt.	céltico
CIN.	Cinematografía
CIR.	Cirugía
Colomb.	Colombia
conj.	conjunción
conj.advers.	conjunción adversativa
conj.caus.	conjunción causal
conj.conc.	conjunción concesiva
conj.cond.	conjunción condicional
conj.consec.	conjunción consecutiva
conj.cop.	conjunción copulativa
conj.disyunt.	conjunción disyuntiva
CONSTR.	Construcción
CONTAB.	Contabilidad
CONTR.	contrario
COREOGR.	Coreografía
COST.	Costura
C. Rica.	Costa Rica
CRIST.	Cristianismo
CRISTALOG.	Cristalografía
CULINAR.	Culinaria
d.C.	después de Cristo
dem.	demostrativo
DEP.	Deportes
DER.	Derecho
DER. ADMIN.	Derecho administrativo
DER. CAN.	Derecho canónico
DER. CIV.	Derecho civil
DER. FISC.	Derecho fiscal
DER. INTERN.	Derecho internacional
DER. MERC.	Derecho mercantil
DER. PEN.	Derecho penal
DER. ROM.	Derecho romano
desp.	despectivo
dim.	diminutivo
Dom.	República Dominicana
Ec./Ecuad.	Ecuador
ECOL.	Ecología
ECON.	Economía
EDAFOL.	Edafología
ej.	ejemplo
ELECTR.	Electricidad
ELECTROACÚST.	Electroacústica
ELECTRÓN.	Electrónica
EMBRIOL.	Embriología
ENCUAD.	Encuadernación
ENOL.	Enología
ENSEÑ.	Enseñanza
ENTOM.	Entomología
EPISTEMOL.	Epistemología

EQUIT.	Equitación
escand.	escandinavo
ESCULT.	Escultura
ESGR.	Esgrima
esp.	español
Esp.	España
est.	estado
ESTADÍST.	Estadística
ETNOL.	Etnología
ETOL.	Etología
EUA	Estados Unidos de América
f.	femenino
fam.	familiarmente
FARM.	Farmacia
F. C.	Ferrocarril
fig.	figurado
FILOS.	Filosofía
FIN.	Finanzas, financiero
FÍS.	Física
FISIOL.	Fisiología
FÍS. NUCL.	Física nuclear
FONÉT.	Fonética
FORT.	Fortificación
FOT.	Fotografía
fr.	francés
galic.	galicismo
gall.	gallego
GENÉT.	Genética
GEOGR.	Geografía
GEOL.	Geología
GEOMETR.	Geometría
GEOMORFOL.	Geomorfología
GEOSIN.	geosinónimo
germ.	germánico
gót.	gótico
gr.	griego
GRAB.	Grabado y estampación
GRAM.	Gramática
Guat.	Guatemala
h.	hacia
hebr.	hebreo
HERÁLD.	Heráldica
HIDROL.	Hidrología
HIST.	Historia
HIST. NAT.	Historia natural
HISTOL.	Histología
Hond.	Honduras
HORT.	Horticultura
IMPR.	Imprenta
INDUSTR.	Industria
INFORMÁT.	Informática
ingl.	inglés
INMUNOL.	Inmunología
interj.	interjección
irón.	irónicamente
ital.	italiano
jap.	japonés
JOY.	Joyería
JUEG.	Juego
lat.	latín
LING.	Lingüística
LIT.	Literatura
LITURG.	Liturgia
LITURG. CATÓL.	Liturgia católica
loc.	locución

loc.adj.	locución adjetiva
loc.adv.	locución adverbial
LÓG.	Lógica
long.	longitud
m.	masculino, muerto
MAR.	Marina, marítimo
MAT.	Matemáticas
MEC.	Mecánica
MED.	Medicina
METAL.	Metalurgia
METEOROL.	Meteorología
MÉTRIC.	Métrica
METROL.	Metrología
Méx.	México
MICROB.	Microbiología
MIL.	Militar
MIN.	Minas, minería
MINER.	Mineralogía
MIT.	Mitología
MIT. GR.	Mitología griega
MIT. ROM.	Mitología romana
MONT.	Montería
mozár.	mozárabe
MÚS.	Música
NEUROL.	Neurología
Nicar.	Nicaragua
Nor.	Noruega
NUMISM.	Numismática
OBR. PÚBL.	Obras públicas
OBST.	Obstetricia
OCEANOGR.	Oceanografía
ÓPT.	Óptica
ORFEBR.	Orfebrería
ORNITOL.	Ornitología
PALEOGR.	Paleografía
Pan.	Panamá
PAPEL.	Industria del papel
Par.	Paraguay
PARAPSICOL.	Parapsicología
PATOL.	Patología
PESC.	Pesca
PETRÓL.	Petróleo
PINT.	Pintura
PIROTECN.	Pirotecnia
pl.	plural
poét.	poético
POL.	Política
por ext.	por extensión
port.	portugués
pral.	principal
PREHIST.	Prehistoria
prep.	preposición
P. Rico	Puerto Rico
pron.	pronombre
pron.dem.	pronombre demostrativo
pron.exclam.	pronombre exclamativo
pron.indef.	pronombre indefinido
pron.interrog.	pronombre interrogativo
pron.pers.	pronombre personal
pron.poses.	pronombre posesivo
pron.relat.	pronombre relativo
prov.	provincia
provenz.	provenzal
PSICOANÁL.	Psicoanálisis
PSICOL.	Psicología

PSICOPATOL. Psicopatología
PSIQUIATR. Psiquiatría
QUÍM. Química
QUÍM. ORG. Química orgánica
RADIODIF. Radiodifusión
REL. Religión
RELOJ. Relojería
RET. Retórica
s. sustantivo, siglo
Salv. El Salvador
s.f. sustantivo femenino
SILVIC. Silvicultura
símb. símbolo
SIN. sinónimo
sing. singular
s.m. sustantivo masculino
SOCIOL. Sociología
ss. siglos
superl. superlativo
TAUROM. Tauromaquia
TEATR. Teatro
TECNOL. Tecnología
TELECOM. Telecomunicaciones
TELEV. Televisión
TEOL. Teología
TEOL. CATÓL. Teología católica
TERAP. Terapia
TÉRM. Térmica
TERMODIN. Termodinámica
TEXT. Textiles
TOP. Topografía
URBAN. Urbanismo
Urug. Uruguay
v. verbo
vasc. vascuence
Venez. Venezuela
VET. Veterinaria
v.impers. verbo impersonal
v.intr. verbo intransitivo
VITIC. Viticultura
v.prnl. verbo pronominal
v.tr. verbo transitivo
vulg. vulgar
ZOOL. Zoología
ZOOTECN. Zootecnia
* envía al término en que se encuentra el asterisco
→ envío a otra voz

a

1. a s.f. (pl. *aes*). Primera letra del alfabeto español, y primera de sus vocales. **2.** Nombre de la letra *a.* ◇ **A** MÚS. En la notación inglesa y alemana, nota *la.* **A por a y be por be** *Fam.* Punto por punto.

2. a prep. (lat. *ad*). Expresa fundamentalmente idea de movimiento material o figurado: *va a la zarzuela; dirigirse a los Alpes; fiel a sus amigos; fidelidad al deber.* **2.** Introduce el complemento indirecto del verbo: *escribo una carta a mi padre; legó sus bienes a los pobres.* **3.** Introduce el complemento directo de persona o cosa personificada del verbo: *quiero a mi madre; temo a la muerte.* **4.** Introduce distintos complementos circunstanciales: *iremos a Buenos Aires; de cara al norte; a la lumbre; a medianoche; a la española; a palos.* **5.** Introduce los complementos del adjetivo: *trabajo útil al país; semejante a ti.*

ababol s.m. Amapola. **2.** *Fig.* Persona distraída, abobada.

abacá s.m. Banano de las Filipinas que proporciona una fibra textil de igual nombre, llamada también *cáñamo de Manila.* (Familia musáceas.) **2.** Tejido hecho con ella.

abacado s.m. Antillas. Aguacate.

abacería s.f. Establecimiento donde se vende aceite, vinagre, legumbres secas, etc.

abacero, a s. Persona que tiene por oficio vender aceite, vinagre, legumbres secas, etc.

abacial adj. Relativo al abad, a la abadesa o a la abadía.

ábaco s.m. (lat. *abacus*). Instrumento que sirve para realizar cálculos aritméticos manualmente. (El ábaco consiste en un cuadro de madera con alambres por los que se deslizan unas bolas con distinto valor numérico según su posición.) **2.** Cualquier instrumento que sirve para hacer cálculos aritméticos manualmente. **3.** Pieza prismática saliente que forma la parte superior del capitel de una columna.

abacorar v.tr. Cuba, P. Rico y Venez. Hostigar, perseguir a alguien.

abad, desa s. (lat. *abbas, abbatis*). Superior de un monasterio con el título de abadía.

abadejo s.m. (dim. de *abad*). Pez teleósteo que vive en el Atlántico. (Familia gádidos.) **2.** Bacalao. **3.** Pez comestible acantopterigio del mar Caribe. (Familia serránidos.)

abadengo, a adj. Relativo a la dignidad o jurisdicción del abad o de la abadesa: *bienes abadengos.* ◆ s.m. Territorio y bienes pertenecientes a una abadía: *villa de abadengo.*

abadí o **abbadí** adj. y s.m. y f. De los Abadíes, dinastía de reyes de la taifa de Sevilla.

abadía s.f. Monasterio o iglesia que alberga a una comunidad regida por un abad o una abadesa. **2.** Territorio y bienes administrados por un abad o una abadesa. **3.** Dignidad del abad o la abadesa.

abadiato s.m. Abadía. **2.** Período en que un abad o abadesa desempeña sus funciones como tal: *diez años de abadiato.*

abajamiento s.m. GEOMORFOL. Movimiento de descenso del terreno debido a movimientos tectónicos o fuerzas externas.

abajeño, a adj. y s. De El Bajío, región del centro de México. **2.** Amér. De las costas y tierras bajas.

abajera s.f. Argent. y Urug. Sudadero que se coloca debajo del aparejo de las caballerías.

abajo adv.l. En un lugar más bajo que aquel en que está el que habla u otro que se toma como referencia, o en dirección hacia él: *está abajo; voy abajo.* **2.** Con referencia a un escrito, en un lugar posterior: *el abajo firmante; como se dirá más abajo.* **3.** Pospuesto a un nombre de lugar, en dirección a la parte más baja de él: *calle abajo.* ◆ interj. Se usa como grito de hostilidad contra algo que se quiere eliminar o suprimir: *¡abajo la tiranía!*

abalanzar v.tr. Igualar, equilibrar: *abalanzar las fuerzas.* ◆ v.tr. Lanzar, impeler brusca o violentamente: *abalanzar la pelota.* ◆ **Abalanzarse** v.prnl. Dirigirse brusca o violentamente contra alguien o algo, o hacia un lugar: *se abalanzó sobre mí.*

1. abalear v.tr. Separar con escoba los granzones, la paja, etc., de los cereales, después de aventados: *abalear centeno.*

2. abalear v.tr. (de *1. bala*). Amér. Disparar contra alguien.

abaleo s.m. Acción de abalear, separar con escoba. **2.** Escoba con que se abalea.

abalizar v.tr. Señalar con balizas: *abalizar las pistas de un aeropuerto.*

abalorio s.m. (ár. *billáuri*, cristalino). Cuenta o bola pequeña de vidrio agujereada con que se hacen adornos y collares. **2.** Adorno o collar de poco valor, especialmente el que se hace con esas cuentas.

abanderado, a s.m. y f. Persona que se destaca en la defensa o representación de una causa, un movimiento o una organización. **2.** Persona encargada de llevar la bandera en las procesiones u otros actos públicos. ◆ s.m. Oficial subalterno que lleva la bandera en las formaciones.

abanderar v.tr. y prnl. Ponerse al frente de una causa, un movimiento o una organización para representarlo o defenderlo. **2.** DER. Matricular o inscribir un barco de nacionalidad extranjera bajo la bandera de un estado.

abanderizar v.tr. y prnl. Dividir un grupo o colectividad en banderías. ◆ **Abanderizarse** v.prnl. Afiliarse a un grupo o partido.

abandonado, a adj. Descuidado, sucio, desaseado: *ir muy abandonado.*

abandonar v.tr. (fr. *abandonner*). Dejar, desamparar a una persona o cosa que necesita cuidado o atención: *abandonar a los hijos.* **2.** Dejar un lugar: *abandonar la ciudad.* **3.** Dejar definitivamente una actividad, un cargo, etc.: *abandonar la presidencia.* **4.** Dejar de seguir una ideología, religión, etc., o dejar de mantener una conducta. **5.** Dejar definitivamente a una persona con la que se mantenía una relación de pareja o de amistad. ◆ v.tr. y prnl. Confiar o dejar el cuidado de algo a alguien o algo que se expresa: *se abandonó a su destino; abandonó la decisión al azar.* ◆ **Abandonarse** v.prnl. *Fig.* Descuidar una persona los cuidados habituales de limpieza o arreglo personal. **2.** *Fig.* Entregarse a un vicio u otra cosa negativa: *abandonarse a los instintos, a la pereza, a la droga.*

abandonismo s.m. Actitud pasiva de la persona que se deja quitar algo que le pertenece o le corresponde.

abandonista adj. y s.m. y f. Relativo al abandonismo; partidario de esta tendencia.

abandono s.m. Acción de abandonar o abandonarse: *abandono de familia, de servicio, de domicilio conyugal.* **2.** Estado o circunstancia de la persona, animal o cosa abandonados.

abanicar v.tr. y prnl. Dar aire con el abanico. ◆ v.tr. TAUROM. Mover de un lado a otro el capote o la muleta ante el toro, generalmente para que este cambie de lugar en la suerte de varas.

abanico s.m. (dim. del ant. *abano,* abanico). Utensilio para dar aire, especialmente el plegable y semicircular. **2.** *Fig.* Cosa que tiene la forma de un abanico. **3.** *Fig.* Despliegue de elementos que ofrecen gran diversidad: *un abanico de posibilidades, de soluciones.* **4.** En ciclismo, colocación de los corredores de un pelotón para ofrecer la menor superficie expuesta al viento en contra. **5.** Señal que se usa en los ferrocarriles para indicar la bifurcación de una vía. **6.** TAUROM. Suerte de abanicar. ◇ **Bóveda de abanico** Bóveda que tiene los nervios en forma de abanico o de palma, abarcando toda la extensión del intradós. **En abanico** En forma de abanico. **Pliegue en abanico** GEOL. Pliegue cuyas laderas han rebasado la disposición isoclinal, de manera que forman un ángulo agudo, abierto hacia arriba en un anticlinal y hacia abajo en un sinclinal.

abaniqueo s.m. Acción de abanicar o abanicarse.

abanto s.m. Ave rapaz parecida al buitre, pero más pequeña y con la cabeza y el cuello cubiertos de plumas. ◆ adj. TAUROM. Se dice del toro espantadizo, que se sale de las suertes, rehuyendo rematarlas.

abañeeme s.m. Guaraní moderno, hablado en la actualidad en Paraguay y regiones vecinas.

abarajar v.tr. Amér. Atrapar un objeto que se ha lanzado por el aire. **2.** Argent. *Fig.* Adivinar las intenciones de alguien. **3.** Argent., Par. y Urug. Con el cuchillo, parar los golpes de un adversario.

abaratamiento s.m. Acción de abaratar.

abaratar v.tr. y prnl. Hacer más barata una cosa: *la competencia abarata sus productos.* SIN.: *rebajar.*

abarca s.f. Calzado rústico de cuero que se ata con cuerdas o correas.

abarcar v.tr. (del lat. *bracchium,* brazo). Contener o encerrar una cosa a otra u otras: *el artículo abarca varios temas.* **2.** Ocuparse una persona de varias cosas a la vez. **3.** Rodear con los brazos o con las manos. **4.** Alcanzar con la vista: *abarcar todo el paisaje.* **5.** Amér. Acaparar, adquirir, retener cosas. **6.** Ecuad. Empollar los huevos la gallina.

abaritonado, a adj. Se dice de la voz o el instrumento cuyo sonido tiene un timbre semejante al del barítono.

abarquillar v.tr. y prnl. Encorvar un cuerpo ancho y delgado, como un barquillo: *abarquillar los naipes.*

abarraganarse v.prnl. Amancebarse.

abarrancamiento s.m. Acción y efecto de abarrancar o abarrancarse.

abarrancar v.tr. Formar barrancos en un lugar. ◆ v.tr. y prnl. Meter algo en un barranco o en un lugar del que es difícil salir: *abarrancar un automóvil.* ◆ v.intr. Embarrancar una embarcación. ◆ **Abarrancarse** v.prnl. *Fig.* Meterse una persona en una situación difícil o comprometida.

abarrocado, a adj. Recargado o ampuloso.

abarrotar v.tr. (de *barrote*). Ocupar totalmente un espacio o lugar: *el público abarrotaba la sala.* **2.** Cargar un buque hasta la cubierta inferior.

abarrotería s.f. Amér. Central. Abacería.

abarrotero, a s. Amér. Persona que tiene por oficio vender abarrotes.

abarrotes s.m.pl. Amér. Artículos de comercio, como conservas alimenticias, especias, papel, velas, etc.

abasí o **abbasí** adj. y s.m. y f. De los Abasíes, dinastía de califas árabes.

abasia s.f. (de *a* y gr. *basis,* marcha). MED. Incapacidad de andar por falta de coordinación en los movimientos.

abastecer v.tr. y prnl. (de *3. basto*) [conj.: *parecer*]. Proveer de provisiones a un ejército, ciudad, etc. SIN.: *aprovisionar.*

abastecimiento s.m. Acción de abastecer o abastecerse. **2.** Cosa de que se abastece a una persona o población. ◇ **Abastecimiento en vuelo** Traslado de combustible de un avión a otro al tiempo que los dos permanecen en el aire.

abastero s.m. Amér. Proveedor de frutas, hortalizas, ganado y otros géneros. **2.** Chile y Cuba. Persona que tiene por oficio comprar reses vivas, sacrificarlas y vender su carne al por mayor.

abasto s.m. Conjunto de provisiones, especialmente de víveres: *inspección de abastos.* **2.** Preparación y almacenamiento de provisiones. **3.** Amér. Merid. Matadero. **4.** Venez. Establecimiento comercial dedicado a la venta de víveres. ◇ **Dar abasto** Proveer de todo lo que se necesita o se requiere; atender las exigencias que genera una actividad.

abatanar v.tr. Golpear el paño en el batán.

abatatar v.tr. y prnl. Argent., Par. y Urug. *Fam.* Avergonzar, turbar.

abate s.m. Eclesiástico extranjero, especialmente francés o italiano. **2.** Clérigo de órdenes menores.

abatí s.m. (voz guaraní). Argent. y Par. Maíz. **2.** Par. Aguardiente de maíz.

abatida s.f. MIL. Obstáculo formado con árboles inclinados o cortados. SIN.: *tala.*

abatido, a adj. Falto de fuerzas o con poco ánimo: *sentirse abatido.*

abatimiento s.m. Postración física o moral de una persona que ha perdido la energía.

abatir v.tr. (de *batir*). Hacer bajar algo que está levantado. **2.** Inclinar, poner tendido: *abatir la cabeza.* **3.** Desarmar, descomponer: *abatir una tienda de campaña.* ◆ v.tr. y prnl. Derribar, echar por tierra: *abatir una torre.* **2.** *Fig.* Humillar: *abatir el orgullo.* **3.** *Fig.* Hacer perder las fuerzas, el ánimo o el vigor: *la enfermedad lo abatió.* **4.** GEOMETR. Superponer un plano con otro mediante una rotación con eje en la recta común. ◆ v.intr. MAR. Desviarse un buque de su rumbo a impulso del viento o de una corriente. ◆ **Abatirse** v.prnl. Bajar, descender en su vuelo las aves, generalmente las rapaces: *el halcón se abatió.*

abazón s.m. Bolsa formada interiormente por cada una de las mejillas de determinados mamíferos, donde guardan los alimentos para su transporte.

abbadí adj. y s.m. y f. → **abadí.**

abbasí adj. y s.m. y f. → **abasí.**

abbevillense adj. y s.m. (de *Abbeville,* c. de Francia). Se dice de una facies industrial del paleolítico inferior, caracterizada por puntas de sílex toscamente talladas por ambos lados.

abcisión s.f. (lat. *abcisio, -onis*). MED. Corte o separación de un miembro.

abdicación s.f. Acción de abdicar: *acto de abdicación.* **2.** Documento en que consta la abdicación.

abdicar v.tr. (lat. *abdicare*). Renunciar a una dignidad o a un cargo, especialmente a la soberanía de un pueblo: *abdicó la corona en su hijo.* ◆ v.tr. e intr. Abandonar derechos, creencias u opiniones: *abdicar los principios; abdicar de su religión.*

abdomen s.m. (lat. *abdomen*). Región inferior del tronco del ser humano y de los mamíferos, separada del tórax por el diafragma y limitada en su parte inferior por la pelvis. (En el abdomen se ubica gran parte del sistema digestivo y del urinario.) **2.** Parte posterior del cuerpo de los artrópodos, situada a continuación de los apéndices locomotores. (En ella se localizan la mayoría de las funciones fisiológicas: respiración, reproducción y excreción.)

abdominal adj. Relativo al abdomen. ◆ **Abdominales** s.m.pl. Ejercicios de gimnasia para fortalecer el abdomen: *hacer abdominales.*

abducción s.f. (lat. *abductio, -onis,* separación). Razonamiento por el que se restringe el número de hipótesis susceptibles de explicar un fenómeno dado, desechando espontáneamente teorías erróneas. **2.** Acción de abducir. **3.** ANAT. Movimiento de separación de un miembro del plano de simetría del cuerpo: *abducción del brazo, de la pierna.*

abducir v.tr. [conj.: *conducir*]. Secuestrar extraterrestres o espíritus a alguien.

abductor adj. y s.m. ANAT. Se dice del músculo que realiza la abducción. ◇ **Tubo abductor** QUÍM. Tubo con que se pueden recoger los gases.

abecé s.m. (de *a, b, c,* primeras letras del abecedario). Abecedario. **2.** *Fig.* Conjunto de principios básicos de una ciencia o actividad: *el abecé de la informática; el abecé del baloncesto.* ◇ **No entender,** o **no saber, el abecé** *Fam.* Ser muy ignorante.

abecedario s.m. (lat. *abecedarium*). Serie ordenada de las letras de una lengua: *aprender el abecedario.* SIN.: *alfabeto.* **2.** Cartel o librito para aprender las primeras letras: *comprar un abecedario.*

abedul s.m. (del lat. *betulla,* álamo blanco). Árbol que crece en los países fríos y templados, que puede alcanzar los 30 m de alt., de corteza y madera blancas, utilizado en carpintería y para la fabricación de papel. (Familia betuláceas.) **2.** Madera de este árbol.

abeja s.f. (lat. *apicula,* dim. de apis). Insecto himenóptero social que se cría en colmenas y produce miel y cera. (La abeja y el gusano de seda son los únicos insectos que han sido domesticados por el hombre.) **2.** *Fig.* Persona laboriosa.

abeja

El ser humano cría abejas por los productos que le proporcionan: la miel y la cera *(apicultura).* Las abejas se agrupan en colonias o *colmenas.* En cada colmena existe una sola hembra fértil, la *reina,* que es fecundada por un solo macho, el *zángano,* en cada vuelo nupcial. La mayoría de las abejas, llamadas *obreras,* son estériles y su misión es recolectar el polen y el néctar de las flores con el que elaboran la miel, alimento de las larvas, y la cera con la que construyen el *panal,* formado por alvéolos o celdillas hexagonales en donde la reina deposita los huevos. También son las encargadas de las tareas de vigilancia y nutrición de las recién nacidas o de limpieza de la colmena. Las abejas obreras poseen un lenguaje (danza) mediante el cual informan a las demás de la posición y la distancia que las separa de la fuente de alimento.

abejaruco s.m. Ave trepadora, de plumaje amarillento en su parte superior y verde azulado en la inferior y pico largo y curvado, que se alimenta de abejas y avispas. **2.** *Fig.* Persona noticiera o chismosa.

abejón s.m. Zángano, abeja macho. **2.** Abejorro, insecto.

abejorreo s.m. Zumbido de las abejas y los abejorros. **2.** *Fig.* Sonido similar a este zumbido, especialmente el producido por el rumor confuso de voces, una conversación, etc.

abejorro s.m. Insecto himenóptero de cuerpo velloso y abdomen anillado, parecido a la abeja pero que vive en grupos menos numerosos. (Familia ápidos.) **2.** *Fig.* Persona de conversación pesada y molesta.

abeliano, a adj. (de N. H. *Abel,* matemático noruego). MAT. Se dice de las funciones introducidas por Abel en análisis. ◇ **Grupo abeliano** Grupo cuya ley de composición es conmutativa. SIN.: *grupo conmutativo.*

abelmosco s.m. (ár. *ḥabb al-músk*). Planta de tallo velloso originaria de la India, cuyas semillas, de olor almizclado, se emplean en medicina y perfumería. (Familia malváceas.)

aberración s.f. (de *aberrar,* lat. *aberrare,* apartarse del camino). Desviación de lo que se considera natural, normal o lícito. **2.** Desplazamiento de la imagen de una estrella en un telescopio. **3.** Conjunto de defectos de los sistemas ópticos que no dan imágenes nítidas. ◇ **Aberración cromosómica** BIOL. Anomalía en el número o en la estructura de uno o varios cromosomas, que causa diversas enfermedades genéticas.

aberrante adj. Que se desvía de lo que se considera natural, normal o lícito.

abertura s.f. Acción de abrir o abrirse: *una abertura a nuevas empresas.* **2.** Espacio abierto en una superficie, especialmente el de forma poligonal: *la abertura de una ventana.* **3.** Grieta en el terreno por la sequedad o los torrentes. **4.** Terreno ancho y abierto entre dos montañas. **5.** Ensenada. **6.** *Fig.* Franqueza en el trato: *hablar con mucha abertura.* **7.** FONÉT. Anchura del canal bucal durante la articulación de un fonema. **8.** MIN. Espesor de un estrato o filón. **9.** ÓPT. Superficie útil de un sistema óptico. ◇ **Abertura de rumbo** MAR. Ángulo que forma un buque cuando varía su dirección. **Abertura de un ángulo** MAT. Magnitud correspondiente a la separación de los dos lados del ángulo. **Abertura de un puente** ARQ. Distancia horizontal que media entre los estribos, al nivel de los arranques.

abetal s.m. Terreno poblado de abetos.

abeto s.m. (lat. *abies, abietis*). Árbol resinoso común en las altas montañas de Europa occidental, de hojas perennes, que puede alcanzar 40 m de alt. y cuya madera, de igual nombre, se utiliza en carpintería y para pasta de papel. (Familia abietáceas.)

abey s.m. (voz antillana). Árbol que crece en Cuba, de unos 20 m de alt., cuyas hojas se utilizan como alimento del ganado. (Familia cesalpiniáceas.) ◇ **Abey macho** Árbol que crece en América Central, Brasil y Argentina, de madera blanco amarillenta, fuerte y compacta, empleada en carpintería. (Familia bignoniáceas.)

abicharse v.prnl. Amér. Agusanarse una planta o la herida de un animal.

abierto, a adj. (lat. *appertum*). Que permite el paso: *puerta abierta.* **2.** Llano, raso, sin edificios ni árboles que obstaculicen la visión o el paso: *llanura abierta.* **3.** Que no está murado o cercado. **4.** Separado o extendido: *con los brazos abiertos; abierto de cuernos.* **5.** *Fig.* Respecto de ciudades, pueblos, etc., que están sin fortificar, sin defensa. **6.** *Fig.* Franco, espontáneo o expansivo: *hombre de carácter abierto.* **7.** *Fig.* Se dice de la persona que acepta con facilidad las costumbres, ideas, etc., de los demás: *un hombre abierto a nuevas creencias.* **8.** *Fig.* Patente, indudable, claro. **9.** FONÉT. Se dice de la vocal caracterizada por una abertura más o menos grande del canal bucal; se dice también de las sílabas que acaban en vocal (en oposición a las *cerradas,* que acaban en consonante). **10.** MAT. Se dice de un intervalo $]a, b[$ que no incluye sus extremos *a* y *b.* ◆ s.m. Competición deportiva en la que participan profesionales y aficionados: *abierto de tenis.* SIN.: *open.* **2.** Colomb. Abra, campo abierto y amplio situado entre bosques. ◇ **Conjunto abierto** MAT. Conjunto que no contiene su frontera. **Embarcación abierta** MAR. Embarcación cuyas escotillas de carga se extienden sobre la mayor parte de su amplitud. **Rada abierta** Fondeadero abierto al viento, al enemigo, etc. **Vía abierta** F. C. Régimen de explotación de una línea férrea en el que, cuando no hay circulación, las señales permanecen abiertas, en contraposición al sistema de *vía cerrada,* en el que las señales solamente se abren al aproximarse los trenes.

abietáceo, a adj. y s.f. Relativo a una familia de árboles resinosos de hojas aciculares y fruto en estróbilo que se abre al madurar, que comprende la mayoría de las especies de coníferas como el pino, el abeto, la picea, etc. SIN.: *pináceo.*

abigarrado, a adj. Heterogéneo, inconexo: *una multitud abigarrada; un texto abigarrado.* **2.** Que tiene varios colores mal combinados: *tela abigarrada.*

abigarramiento s.m. Acción y efecto de abigarrar o abigarrarse. **2.** Cualidad de abigarrado.

abigarrar v.tr. Componer o llenar algo con elementos combinados de manera desordenada. ◆ **abigarrarse** v.prnl. Amontonarse varios elementos heterogéneos.

ab initio loc. (voces latinas). Desde tiempo inmemorial o muy remoto.

ab intestato loc. (voces latinas). DER. Sin testar: *murió ab intestato.*

abiogénesis s.f. BIOL. Teoría que postula el nacimiento espontáneo de los seres vivos, a partir de materia inorgánica. SIN.: *generación espontánea.*

abiótico, a adj. (de *a* y gr. *bios,* vida). Se dice del lugar y condición impropios para la vida y de la reacción química que no requiere la intervención de seres vivos.

abisal adj. De las profundidades oceánicas adonde no llega la luz solar: *fauna, región abisal.* ◇ **Psicología abisal** Psicología profunda. SIN.: *psicoanálisis.*

abisinio, a adj. y s. De Abisinia o Etiopía. ◆ adj. **Rito abisinio** REL. Rito de la Iglesia ortodoxa de Etiopía.

abismado, a adj. HERÁLD. Se dice de la pieza o figura puesta en el abismo.

abismal adj. Relativo al abismo: *profundidad abismal.* **2.** *Fig.* Muy profundo, insondable: *diferencias abismales.*

abismar v.tr. y prnl. Hundir en un abismo. **2.** *Fig.* Confundir: *abismar el intelecto.* ◆ **abismarse** v.prnl. Entregarse completamente a la contemplación, al dolor, al vicio, al placer, etc. **2.** Amér. Merid. Pasmarse.

abismo s.m. Profundidad muy grande. **2.** Diferencia u oposición muy grande. **3.** *Fig.* Acumulación de algo, generalmente negativo: *un abismo de vaguedades.* **4.** *Poét.* Infierno, lugar de eterno castigo. **5.** HERÁLD. Punto o parte central del escudo.

abjuración s.f. (lat. *abiurationem*). Acción de abjurar.

abjurar v.tr. e intr. (lat. *abjurare,* negar con juramento). Renunciar solemnemente a una opinión o creencia: *abjurar de las propias ideas; abjurar el protestantismo.*

ablación s.f. (lat. *ablatio, -onis*). CIR. Extirpación de un órgano, un tumor, etc. SIN.: *exéresis.* **2.** GEOL. Pérdida o erosión de materiales. **3.** TECNOL. Sublimación de un material con absorción de una elevada cantidad de calor, bajo el efecto de un flujo calórico intenso al que se le somete. ◇ **ablación glaciar** GEOL. Fusión de una lengua glaciar.

ablactación s.f. MED. Cesación de la lactancia materna.

ablandamiento s.m. Acción de ablandar o ablandarse.

ablandar v.tr. y prnl. Poner blanda una cosa: *ablandar el pan duro.* **2.** *Fig.* Hacer que alguien modere su severidad o indignación. **3.** *Fig.* Conmover o enternecer: *sus súplicas lo ablandaron.* **4.** Laxar o suavizar: *las ciruelas ablandan el vientre.* ◆ v.intr. y prnl. Disminuir el frío o mermar la fuerza del viento.

ablande s.m. Argent., Bol. y Urug. Rodaje de un automóvil.

ablativo s.m. (lat. *ablativus*). LING. Caso de la declinación indoeuropea que expresa relaciones diversas, explicables todas ellas como complementos circunstanciales. ◇ **Ablativo absoluto** Expresión independiente gramaticalmente que solo se vincula al resto de la frase por el sentido.

ablepsia s.f. MED. Falta de visión.

ablución s.f. (lat. *ablutio, -onis*). Acción de lavarse. (Suele usarse en plural.) **2.** Purificación en determinados cultos orientales que consiste en lavarse el cuerpo o una parte de él. (Suele usarse en plural.) **3.** Ceremonia de la liturgia católica en la que el sacerdote purifica el cáliz y se lava los dedos después de consumir. ◆ **abluciones** s.f.pl. Agua y vino destinados a la purificación del cáliz en la liturgia católica.

ablusado, a adj. Se dice de la prenda de vestir de talle holgado, a modo de blusa.

abnegación s.f. (de *abnegar,* renunciar voluntariamente a los propios deseos). Sacrificio o renuncia de la voluntad, sentimientos o bienes materiales por el prójimo, por cuestiones religiosas, etc.

abnegado, a adj. y s. Se dice de la persona que actúa con abnegación.

abnegarse v.prnl. Sacrificarse voluntariamente por el prójimo, por cuestiones religiosas, etc.

abobado, a adj. Se dice de la persona que parece boba. **2.** Propio de esta persona: *aspecto abobado.*

abobra s.f. (hispano-lat. *apoperis*). Planta trepadora originaria de las regiones cálidas de América del Sur. (Familia cucurbitáceas.)

abocado, a adj. Predestinado: *abocado a la desaparición.* ◆ adj. y s.m. Se dice del vino que contiene mezcla de seco y dulce.

abocar v.tr. Acercar las bocas de dos recipientes para verter el contenido de uno en el otro. ◆ v.tr. e intr. Comenzar a entrar en un canal, puerto, camino, calle, etc.: *la nave abocó en el estrecho.* **2.** Llevar o conducir a un lugar o situación ◆ v.tr. y prnl. Acercar, aproximar. ◆ **abocarse** v.prnl. Juntarse una o más personas con otra para tratar un negocio. **2.** Argent., Méx. y Urug. Entregarse con fuerza y entusiasmo a la realización de algo.

abocetar v.tr. Hacer el boceto de un dibujo, una pintura o una escultura: *abocetar un paisaje.* **2.** Exponer en líneas generales: *abocetó el tema sin extenderse demasiado.*

abochornar v.tr. y prnl. Causar bochorno el calor excesivo. **2.** *Fig.* Avergonzar. ◆ **abochornarse** v.prnl. Enfermar una planta a causa del calor.

abocinado, a adj. Se dice del arma atrompetada o abocardada.

abofetear v.tr. Dar bofetadas a alguien.

abogacía s.f. Profesión y ejercicio del abogado.

abogaderas s.f.pl. Amér. Merid. Argumentos capciosos.

abogado, a s. (lat. *advocatus*). Persona licenciada en derecho y que puede asesorar en cuestiones legales a otras personas o representarlas ante la justicia. SIN.: *letrado.* **2.** *Fig.* Intercesor o mediador. ◇ **Abogado del diablo** REL. Promotor de la fe. **Abogado del estado** En España, el que forma parte del cuerpo de letrados encargado de defender al estado en asuntos jurídicos. **Abogado de oficio** Abogado designado por la ley para defender a las personas consideradas legalmente pobres.

abogar v.intr. (de *abogado*). *Fig.* Hablar o actuar en favor de algo o de alguien: *abogar por la libertad.* **2.** Defender en un juicio.

abolengo s.m. (de *abuela*). Ascendencia ilustre de una persona. **2.** DER. Patrimonio heredado de los antepasados. SIN.: *bienes de abolengo.*

abolición s.f. Acción y efecto de abolir: *abolición de la pena de muerte.*

abolicionismo s.m. Actitud y doctrina de quienes propugnaban la abolición de una ley o costumbre, especialmente la esclavitud, en el s. XIX.

abolicionista adj. y s.m. y f. Relativo al abolicionismo; partidario del abolicionismo.

abolir v.tr. (lat. *abolere*). Dejar sin valor una ley, precepto o costumbre: *abolir la esclavitud.*

abolir

INDICATIVO

presente
—
—
—
abolimos
abolís
—

copretérito o **pret. imperfecto**
abolía
abolías
abolía
abolíamos
abolíais
abolían

pretérito o **pret. perf. simple**
abolí
aboliste
abolió
abolimos
abolisteis
abolieron

futuro o **fut. simple**
aboliré
abolirás
abolirá
aboliremos
aboliréis
abolirán

pospretérito o **condicional simple**
aboliría
abolirías
aboliría
aboliríamos
aboliríais
abolirían

SUBJUNTIVO

presente
—
—
—
—
—
—

pretérito o **pret. imperfecto**
aboliera o aboliese
abolieras o abolieses
aboliera o aboliese
aboliéramos o aboliésemos
abolierais o abolieseis
abolieran o aboliesen

futuro o **fut. simple**
aboliere
abolieres
aboliere
aboliéremos
aboliereis
abolieren

IMPERATIVO

abolid (vosotros)

FORMAS NO PERSONALES

infinitivo abolir
gerundio aboliendo
participio abolido

abolladura s.f. Acción y efecto de abollar o abollarse.

abollar v.tr. y prnl. Hacer una depresión en una superficie.

abolsar v.tr. y prnl. Hacer que algo tome forma de bolsa: *el viento abolsó la capa.*

abombamiento s.m. Acción y efecto de abombar o abombarse: *el abombamiento de un cristal.* **2.** GEOL. Pliegue de gran radio de curvatura.

1. **abombar** v.tr. y prnl. (de *1. bomba*). Dar a algo forma convexa: *abombar una lámina de metal.*

2. **abombar** v.tr. (de *bombo*). *Fig.* y *fam.* Asordar, aturdir: *el ruido me abombó la cabeza.* ◆ **abombarse** v.prnl. Amér. Empezar a corromperse. **2.** Argent. Quedar imposibilitada para andar una caballería, por el calor y el cansancio. **3.** Argent. y Urug. Aturdirse a causa de la bebida, la comida o el cansancio. **4.** Chile, Ecuad. y Nicar. Embriagarse.

abominación s.f. Acción y efecto de abominar. **2.** Cosa abominable.

abominar v.tr. e intr. (lat. *abominare*). Rechazar algo enérgicamente: *abominar la mentira; abominó de la masonería.* **2.** Detestar, odiar: *abominar el tabaco.*

abonado, a s. Persona que ha adquirido un abono para asistir a algún espectáculo o recibir algún servicio. ◆ adj. Que es de fiar: *es persona abonada.* **2.** Dispuesto a decir o hacer una cosa: *es abonado para todo.*

abonanzar v.intr. Calmarse una tormenta o serenarse el tiempo.

1. **abonar** v.tr. y prnl. (fr. *abonner*). Inscribir a alguien para disfrutar de un servicio o recibir una publicación periódica, generalmente mediante pago y durante un tiempo determinado: *abonarse a la temporada de ópera, a una revista.* ◆ v.tr. Pagar una cantidad de dinero por un servicio o un trabajo. **2.** Pagar derechos las mercancías. **3.** Asentar una partida en el haber de una cuenta corriente.

2. **abonar** v.tr. (de *bueno*). Echar abono en la tierra. **2.** Acreditar o garantizar la bondad o veracidad de algo o de alguien: *su sinceridad lo abona.* **3.** Dar por cierto y seguro: *abonar unas declaraciones.* **4.** Avalar el cumplimiento o pago de algo.

abonaré s.m. Documento expedido por un particular o una entidad en representación de una partida de cargo sentada en cuenta o de un saldo preexistente. **2.** Pagaré.

abono s.m. Acción de abonar o abonarse. **2.** Producto que se añade a la tierra para mantener o incrementar su fertilidad. **3.** Derecho del abonado a algo; documento que lo acredita. **4.** Pago parcial de un préstamo o de una compra hecha a plazos. **5.** Lote de entradas o boletos que permite el uso periódico o limitado de un servicio, espectáculo, etc. **6.** CONTAB. Anotación registrada en el haber de una cuenta.

abono

Los abonos proporcionan a las plantas los elementos fertilizantes que necesitan para un mejor crecimiento y que pueden faltar o estar escasos en el medio natural. Según su composición química, los abonos pueden ser *orgánicos, minerales* u *organominerales.* Los primeros se obtienen a partir de yacimientos naturales (guano) o de residuos orgánicos industriales (deyecciones, sangre, urea). Los abonos minerales son extraídos de yacimientos naturales y tratados industrialmente (nitrato de Chile), u obtenidos por síntesis industrial (nitrato sódico, fosfato amónico). Los abonos organominerales son mezclas de los dos anteriores.

abordable adj. Que puede ser abordado: *un tema abordable.* **2.** *Fig.* Accesible, tratable: *hombre abordable.*

abordaje s.m. Acción de abordar. ○ **Al abordaje** MAR. Pasando o saltando del buque abordador al abordado, con la intención de atacar al enemigo: *tomar al abordaje.*

abordar v.tr. e intr. Chocar o rozar una embarcación con otra, ya sea por accidente, ya para atacarla: *un barco británico abordó a un buque español; fueron a abordar con un esquife.* ◆ v.tr. *Fig.* Acercarse a alguien para tratar un asunto. **2.** *Fig.* Emprender o plantear un negocio o asunto que ofrezca dificultades o peligros: *abordar una cuestión.* **3.** Arrimar una embarcación a un muelle o desembarcadero. **4.** MIL. Llegar dos fuerzas enemigas al cuerpo a cuerpo, en carga de caballería o asalto al arma blanca.

aborigen adj. y s.m. y f. (del lat. *aborigines,* los que están desde el origen). Originario del territorio donde vive o se encuentra: *planta, cultura, tribu aborigen.* SIN.: *autóctono, indígena.* **2.** Autóctono de Australia.

aborrascarse v.prnl. Ponerse borrascoso el tiempo. **2.** *Fig.* Enojarse.

aborrecer v.tr. (del lat. *abhorrere*) [conj.: *parecer*]. Tener aversión por una persona o cosa: *todos lo aborrecen; aborrecer la mentira.* **2.** Abandonar las aves el nido, los huevos o las crías.

aborrecimiento s.m. Acción de aborrecer algo o a alguien. **2.** Aburrimiento.

aborregado, a adj. Se dice de la persona que actúa como un borrego, de forma gregaria. **2.** Se dice de las cosas, especialmente las nubes o las rocas, que tienen el aspecto esponjoso de un conjunto de vellones de lana. **3.** Se dice de la roca dura, en forma de mamelón, desgastada y pulida por los glaciares: *roca aborregada.*

aborregarse v.prnl. *Fig.* Volverse gregario. **2.** Cubrirse el cielo de pequeñas nubes aborregadas.

abortar v.tr. e intr. (lat. *abortare*). Practicar o sufrir un aborto. ◆ v.intr. *Fig.* Fracasar, malograrse: *la conjura abortó.* **2.** BOT. Ser nulo o incompleto en las plantas el desarrollo de alguna de sus partes orgánicas. ◆ v.tr. Producir alguna cosa imperfecta o abominable: *abortar una idea.*

abortivo, a adj. y s.m. Que provoca el aborto: *producto abortivo.* ◆ adj. Se dice del feto no viable. **2.** Que cesa antes de su término habitual: *enfermedad abortiva.*

aborto s.m. Expulsión espontánea o provocada del feto. **2.** Cosa abortada.

---

aborto

Los abortos espontáneos pueden ser causados por una enfermedad general de la mujer o por anomalías uterinas, o del propio embrión. Los abortos provocados pueden ser terapéuticos, cuando peligra la vida de la madre, o voluntarios. Las complicaciones de los abortos se dan sobre todo en los abortos clandestinos. Frente al aborto existen posturas legales que van desde su criminalización a ultranza hasta las actitudes que propugnan su descriminalización. Entre ambas posturas existe el sistema de las indicaciones que despenaliza el aborto en determinadas circunstancias. A partir de este sistema pueden generarse desde legislaciones de una gran permisividad hasta otras muy restrictivas.

---

abotargarse o **abotagarse** v.prnl. Hincharse el cuerpo, generalmente por enfermedad.

abotinado, a adj. Que tiene forma de botín: *zapato abotinado.*

abotonar v.tr. y prnl. Ajustar una prenda de vestir con botones. ◆ v.intr. BOT. Echar botones las plantas.

abovedado, a adj. Cubierto de una bóveda: *sala abovedada.*

abovedar v.tr. Cubrir un lugar con bóveda. **2.** Dar forma de bóveda.

abra s.f. (fr. *havre,* puerto de mar). Ensenada o bahía en una costa elevada. **2.** Puerto de montaña muy amplio y despejado. **3.** Grieta en un terreno producida por sacudidas sísmicas. **4.** Amér. Campo abierto y amplio situado entre bosques. **5.** Colomb. Hoja de una ventana o puerta.

abracadabra s.m. Palabra que utilizan los ilusionistas y magos (para acentuar el clímax de su actuación) y los brujos de los cuentos (como parte de un conjuro). **2.** Término cabalístico de propiedades mágicas que se escribe en una línea y se va repitiendo, a continuación, en otras diez eliminando consecutivamente una de sus letras para formar un triángulo.

abracadabrante adj. Que produce confusión, sorpresa o regocijo: *chiste, situación abracadabrante.*

abraquia s.f. MED. Ausencia congénita de brazos.

abrasamiento s.m. Acción de abrasar o abrasarse.

abrasar v.tr. y prnl. Quemar o destruir algo o a alguien el fuego, el exceso de calor o de frío, o una sustancia corrosiva: *abrasarse las manos.* **2.** Secar una planta el exceso de calor o de frío: *abrasar el cereal.* ◆ v.tr. *Fig.* Producir una sensación intensa de calor o de picor: *abrasar la garganta.* **2.** *Fig.* Consumir o afligir intensamente una pasión. **3.** *Fig.* Gastar, despilfarrar: *abrasar la fortuna.* ◆ v.intr. Estar algo demasiado caliente. ◆ **abrasarse** v.prnl. Sentir demasiado calor o ardor.

abrasímetro s.m. Aparato utilizado para determinar la resistencia de un tejido a la fricción.

abrasión s.f. TECNOL. Acción de desgastar o arrancar por fricción. ◇ **Plataforma de abrasión** Superficie en suave pendiente formada por la erosión marina de la costa.

abrasivo, a adj. y s.m. Relativo a la abrasión o que la produce. **2.** Se dice de toda sustancia dura capaz de desgastar y pulimentar una superficie por frotamiento.

abraxas s.m. Piedra donde estaba grabada esta palabra y que los gnósticos llevaban como talismán. **2.** Palabra simbólica entre los gnósticos que expresaba el conjunto de las 365 manifestaciones sucesivas atribuidas a Dios.

abrazadera s.f. Pieza de metal, madera u otra materia que sirve para sujetar ciñendo.

abrazar v.tr. y prnl. Ceñir con los brazos: *abrazarse a un tronco.* **2.** Estrechar entre los brazos en señal de cariño: *la madre abrazó a su hijo.* **3.** *Fig.* Prender, dando vueltas, algunas plantas trepadoras: *la yedra abraza los árboles.* ◆ v.tr. *Fig.* Rodear, ceñir: *un río abraza aquel pueblo.* **2.** *Fig.* Comprender, contener, incluir, abarcar: *la conferencia abraza varios temas.* **3.** Admitir, seguir, aceptar: *abrazar la carrera eclesiástica.* **4.** *Fig.* Tomar una persona algo a su cargo.

abrazo s.m. Acción de abrazar o abrazarse, ceñir, estrechar entre los brazos.

abreboca s.m. Aperitivo.

abrebotellas s.m. (pl. *abrebotellas*). Utensilio para quitar las chapas de las botellas. SIN.: *abridor.*

abrecartas s.m. (pl. *abrecartas*). Instrumento con forma de cuchillo que se utiliza para abrir cartas o cortar papel. SIN.: *plegadera.*

ábrego s.m. (lat. *africus,* de *ventus africus,* viento africano). Viento del suroeste.

abrelatas s.m. (pl. *abrelatas*). Utensilio que sirve para abrir las latas de conservas. SIN.: *abridor.*

abrenuncio s.m. (lat. *abrenuntio*). Fórmula de la liturgia con que se renuncia al mundo y al demonio en el ritual del bautismo.

abrevadero s.m. Lugar donde se abreva el ganado.

abrevar v.tr. (del lat. *bibere,* beber). Dar de beber al ganado: *abrevar las vacas.* ◆ **abrevarse** v.prnl. Beber.

abreviación s.f. Acción y efecto de abreviar.

abreviar v.tr. (lat. *abbreviare*). Reducir la extensión o duración de algo: *abreviar un texto.* ◆ v.tr. e intr. Acelerar una actividad: *abreviar el trabajo.*

abreviatura s.f. Representación abreviada de una palabra en la escritura. **2.** Palabra representada en la escritura de este modo. **3.** MÚS. Signo o representación convencional para simplificar la escritura y lectura musicales.

abriboca s.m. y f. Argent. y Urug. Persona que suele estar distraída. ◆ s.f. Arbusto que crece en Argentina, de ramas espinosas, hojas lanceoladas y flores pequeñas. (Familia celastráceas.)

abridero s.m. Variedad de melocotonero, cuyo fruto en sazón se abre con facilidad y deja suelto el hueso. **2.** Fruto de este árbol.

abridor, ra adj. Que abre. ◆ s.m. Abrelatas. **2.** Abrebotellas.

abridora s.f. TEXT. Máquina que disgrega y limpia las fibras aglomeradas por la compresión en la bala: *abridora de balas.*

abrigadero s.m. Abrigo, lugar resguardado.

abrigar v.tr. y prnl. (lat. *apricare,* calentar con el calor del sol). Resguardar de la lluvia, el viento, etc.: *lo abrigó con una manta.* ◆ v.tr. *Fig.* Tener una idea, un deseo o un sentimiento: *abrigar una esperanza, una sospecha.* **2.** *Fig.* Proteger algo o a alguien: *abrigar a un desvalido.* **3.** EQUIT. Presionar con las piernas el vientre del caballo para ayudarlo.

abrigo s.m. Prenda de vestir larga y gruesa, provista de mangas, que se pone sobre otras prendas para abrigar; también cualquier prenda que sirve para resguardar del frío. **2.** Lugar resguardado contra la lluvia, el viento, el frío, un peligro, etc. **3.** *Fig.* Auxilio: *nadie le prestó abrigo.* **4.** PREHIST. Emplazamiento situado en una oquedad rocosa poco profunda. ◇ **Abrigo meteorológico** Construcción ligera que alberga instrumentos que miden y registran la temperatura y la humedad (termómetros, sincrómetros, higrómetros, etc.) y los protege de los efectos parasitarios del entorno. SIN.: *garita meteorológica.* **Ser de abrigo** Esp. Ser de cuidado, ser peligroso.

abril s.m. (lat. *aprilis*). Cuarto mes del año. (Tiene 30 días.) **2.** *Fig.* Primera juventud: *el abril de la vida.* ◆ **abriles** s.m.pl. Edad de una persona joven: *muchacha de veinte abriles.*

◇ **Estar hecho,** o **parecer, un abril** Estar lucido, hermoso, galán.

abrileño, a adj. Propio del mes de abril: *una tarde abrileña.*

abrillantador s.m. Instrumento o sustancia que sirve para dar brillo a una cosa.

abrillantamiento s.m. Acción de abrillantar. SIN.: *abrillantado.*

abrillantar v.tr. Dar brillo a una superficie. **2.** *Fig.* Dar más valor o lucimiento: *abrillantar un discurso.* **3.** Tallar una piedra preciosa o un metal en facetas o caras como las de los brillantes.

abrir v.tr. (lat. *aperire*). Hacer que una cosa que estaba tapada o cerrada quede sin el obstáculo o tapa que impedía descubrir lo que había en su interior: *abrir una caja.* **2.** Separar de una abertura la cosa que la cierra de forma que el paso quede libre: *abrir una puerta.* **3.** Separar las partes movibles del cuerpo, o las partes articuladas de algo de modo que quede entre ellas un espacio formando ángulo: *abrir la boca, un compás.* **4.** Separar las hojas de un libro, cuaderno, etc., de modo que puedan verse dos de sus páginas interiores. **5.** Quitarle la envoltura a algo: *abrir una carta.* **6.** Extender algo que estaba doblado o encogido: *abrir el paraguas, la mano.* **7.** Inaugurar, dar comienzo a algo: *abrir la sesión, el baile, un nuevo supermercado.* **8.** Practicar un acceso o abertura en una superficie: *abrir una ventana en el muro.* **9.** Cortar o rasgar una cosa, en especial un alimento, que está entera: *abrir un melón, un jamón.* **10.** *Fig.* Ir a la cabeza o delante: *abrir la procesión.* **11.** *Fig.* Hacer accesible: *abrir un camino.* **12.** Escribir el primero de ciertos signos de puntuación pares para establecer el principio de un enunciado: *abrir comillas, paréntesis, exclamaciones.* **13.** Separar un grupo de personas o animales en filas o columnas: *abrir un ejército en dos columnas.* **14.** Grabar, esculpir: *abrir un molde.* ◆ v.intr. y tr. Iniciar sus tareas un establecimiento, organismo, etc.: *esta tienda no abre los domingos.* ◆ v.intr. y prnl. Empezar a clarear o serenarse el tiempo. ◆ v.tr. y prnl. Descorrer o accio-

abreviaturas

Las abreviaturas consisten en la representación gráfica de una palabra, o de un grupo de palabras, reducida a solo algunas letras (por lo general las iniciales), con el fin de ahorrar espacio. Van seguidas de punto y se escriben con mayúscula o minúscula según la grafía de la palabra completa, pero las fórmulas de tratamiento o cortesía siempre se escriben con mayúscula. A continuación aparecen algunas de las abreviaturas más usuales.

abreviaturas	**significado**	**abreviaturas**	**significado**
a.C.	antes de Cristo	n.º, núm.	número
a.J.C.	antes de Jesucristo	long.	longitud
a. m.	ante merídiem (antes del mediodía)	lat.	latitud
art.	artículo	N.B.	*nota bene* (nótese bien)
atte.	atentamente	N. del T.	nota del traductor
av., avda.	avenida	ob. cit.	obra citada
c., c/	calle	p.º	paseo
cap.	capítulo	P.D.	posdata
Cía., C.ª	compañía	p. ej.	por ejemplo
col.	colección	p. m.	post merídiem (después del mediodía)
C.P.	código postal	pág./págs., pp.	página/páginas
d.C.	después de Cristo	pl., pza.	plaza
D./D.ª	don/doña	Prof./Prof.ª	profesor, profesora
dcho./dcha.	derecho/derecha	pról.	prólogo
D.F.	distrito federal	prov.	provincia
d.J.C.	después de Jesucristo	P.V.P.	precio de venta al público
Dr./Dra.	doctor/doctora	Rep.	república
dto.	descuento	rte.	remitente
ed.	edición	s./ss.	siglo/siglos
entlo.	entresuelo	S.A.	sociedad anónima
etc.	etcétera	S.L.	sociedad limitada
Excmo./Excma.	excelentísimo/excelentísima	S.M.	su majestad
fdo.	firmado	sig./ss.	siguiente/siguientes
Gral.	general	s.n., s/n.	sin número
h.	hacia	Sr./Sra./Srta./Sres.	señor/señora/señorita/señores
ib.	ibídem (en el mismo lugar)	Sto./Sta.	santo/santa
íd.	ídem (el mismo)	tel., tfno.	teléfono
Ilmo./Ilma.	ilustrísimo/ilustrísima	Univ.	universidad
izqdo./izqda.	izquierdo/izquierda	V.O.	versión original

nar el pestillo, el cerrojo o el seguro de una cosa de manera que deje de asegurarlo: *abrir el candado.* **2.** Accionar un mecanismo para dar paso a un fluido: *abrir la llave del gas.* **3.** *Fig.* Vencer, apartar o destruir cualquier obstáculo: *abrir paso entre la gente.* ◆ v.impers. Clarear, desaparecer del cielo las nubes que amenazan precipitaciones. ◆ **abrirse** v.prnl. Ser receptivo, aceptar las ideas, costumbres, etc., ajenas. **2.** Confiarse a alguien, comunicarle sus pensamientos o preocupaciones: *abrirse a un amigo.* **3.** Tomar una curva por el lado exterior cuando se circula por el interior. **4.** *Fam.* Marcharse, abandonar un lugar. **5.** Amér. *Fig.* Hacerse a un lado en un asunto, desentenderse, separarse. **6.** Argent. y Urug. Apartarse, desviarse. **7.** Argent. y Venez. En competiciones de velocidad, desviarse hacia el exterior de la pista. ◇ **Abrir el apetito,** o **el hambre** Despertar ganas de comer. **Abrir los brazos** Acoger bien a alguien. **Abrir una cuenta corriente** Efectuar en ella la primera imposición. **Abrir un circuito** ELECTR. Suprimir las conexiones de conductores que permiten el paso de la corriente. **Abrir un paréntesis** Romper la continuidad de un trabajo, obra, etc. **No abrir los labios,** o **la boca,** o **el pico** No hablar.
OBS.: participio: *abierto.*

abrochadora s.f. Argent. Utensilio de oficina que sirve para unir papeles mediante broches o grapas.

abrochar v.tr. y prnl. Cerrar o ajustar, especialmente prendas de vestir, con broches, corchetes, botones, etc.: *abrochar una blusa.* **2.** Amér. Asir a alguien para castigarlo; reprender, castigar.

abrogación s.f. DER. Acción de abrogar.

abrogar v.tr. (lat. *abrogare*). DER. Abolir, revocar una ley, un decreto, etc.

abrojillo s.m. Hierba anual que crece en Argentina, de hasta 1,5 m de altura, de tallos ramosos y puntas cubiertas de espinas.

abrojo s.m. (del lat. *aperi oculos,* abre los ojos). Nombre dado a varias plantas espinosas, perjudiciales para los sembrados, pertenecientes a diversas familias. **2.** Fruto de estas plantas.

abroncar v.tr. y prnl. Reprender o echar una bronca. **2.** Abuchear, armar una bronca en público.

abroquelarse v.prnl. *Fig.* Valerse de cualquier medio de defensa, protegerse. **2.** Cubrirse con el broquel.

abrótano s.m. (lat. *abrotonum*). Arbusto originario de oriente, de hojas muy finas y blanquecinas, que crece espontáneo en algunas regiones de España y se cultiva en jardines por su olor penetrante. (Familia compuestas.) SIN.: *abrótano macho.*

abrumar v.tr. (del ant. *bruma,* carcoma de los buques). Agobiar el peso de una carga. **2.** *Fig.* Causar confusión o desconcierto. **3.** Hacer que una persona se sienta insignificante.

abrumarse v.prnl. Llenarse de bruma la atmósfera.

abrupto, a adj. (lat. *abruptus,* p. de *abrumpere,* cortar violentamente). Escarpado: *terreno abrupto.*

ABS s.m. (sigla del alem. *Antiblockiersystem*). AUTOM. Sistema antibloqueo. (Se usa en aposición en la expresión *sistema ABS.*)

absceso s.m. (lat. *abscessus*). Acumulación de pus en una parte del organismo. ◇ **Absceso de fijación** Absceso provocado con fines terapéuticos, para estimular la inmunidad del organismo.

abscisa s.f. (del lat. *abscissa linea,* línea cortada). MAT. En un eje orientado, distancia de un punto al origen, medida algebraicamente. **2.** MAT. Primera de las dos coordenadas con que se fija la posición de un punto en un plano (la otra es la *ordenada*).

abscisión s.f. (lat. *abscisio, -onis*). MED. Separación de una parte pequeña de un cuerpo mediante instrumento cortante.

absentismo s.m. (ingl. *absenteeism*). Esp. Hecho de ausentarse reiteradamente y sin causa justificada de un lugar en el que se tiene alguna obligación, especialmente el trabajo. **2.** Esp. Circunstancia de vivir el propietario fuera de sus tierras. **3.** Esp. Modalidad de explotación agrícola en que un intermediario (intendente) se interpone entre el propietario no residente y el agricultor.

absidal adj. Relativo al ábside.

ábside s.m. o f. (lat. *absis, -idis,* coro de iglesia, bóveda). Parte posterior del presbiterio de una iglesia, generalmente semicircular.

absidiola s.f. Capilla semicircular del ábside o del transepto de una iglesia.

absidiolo s.m. Absidiola.

absolución s.f. Acción de absolver.

absolutismo s.m. Régimen político en que todos los poderes se hallan bajo la autoridad única del jefe del estado.

absolutista adj. y s.m. y f. Relativo al absolutismo; partidario de este régimen político.

absoluto, a adj. Sin restricción, limitación o condición: *dueño absoluto.* **2.** Que es completo o general: *derrota absoluta, fracaso absoluto.* **3.** FILOS. Que tiene en sí mismo su razón de ser: *verdad absoluta, Dios absoluto.* **4.** LING. Se dice de cualquier elemento de la oración que no depende de otro elemento dentro de esta. ◇ **En absoluto** En frases afirmativas indica *del todo*; en frases negativas indica negación general y terminante. **Valor absoluto de un número real a** MAT. El mismo número, si es positivo, o su opuesto, si es negativo; se escribe |*a*|.

absolutorio, a adj. DER. Que absuelve: *sentencia absolutoria.*

absolver v.tr. (lat. *absolvere*) [conj.: *mover*]. Declarar judicialmente no culpable: *absolver a un acusado.* **2.** Declarar libre de culpa, responsabilidad o pecado.
OBS.: participio: *absuelto.*

absorbencia s.f. Absorción. **2.** ÓPT. Magnitud que caracteriza el poder de absorción de las radiaciones monocromáticas por parte de una sustancia. SIN.: *densidad óptica.*

absorbente adj. y s.m. y f. Que absorbe: *materia absorbente.* **2.** Que acapara la atención o el esfuerzo de alguien: *trabajo absorbente.* **3.** Se dice de la persona que intenta imponer su voluntad: *persona absorbente.*

absorber v.tr. (lat. *absorbere*). Atraer o embeber un cuerpo y retener entre sus moléculas las de otro en estado líquido o gaseoso: *las plantas absorben oxígeno.* **2.** *Fig.* Acaparar totalmente la atención y actividad de alguien: *el trabajo lo absorbe.* **3.** *Fig.* Consumir por completo: *absorber toda la producción.*

absorción s.f. Acción de absorber: *la absorción de un líquido.* **2.** Desaparición de una sociedad al pasar su activo y su pasivo a otra sociedad. **3.** Atenuación de la energía vibratoria, electromagnética o corpuscular cuando atraviesa un medio material. **4.** FISIOL. Paso de las sustancias nutritivas y del oxígeno desde el medio exterior al interior de las células de un ser vivo pluricelular, vegetal o animal. ◇ **Máquina frigorífica de absorción** Máquina en la que, tras la producción de frío, el fluido frigorígeno es absorbido por otra sustancia.

absorto, a adj. Que está concentrado totalmente en la actividad que realiza.

abstemio, a adj. y s. (lat. *abstemius,* que se abstiene del vino). Que se abstiene de toda bebida alcohólica.

abstención s.f. Acción de abstenerse. **2.** Renuncia voluntaria a ejercer el derecho de voto.

abstencionismo s.m. Actitud o postura de la persona que se abstiene o promueve la abstención en una votación, especialmente en unas elecciones.

abstencionista adj. y s.m. y f. Relativo al abstencionismo; partidario de esta postura.

abstenerse v.prnl. (lat. *abstinere,* mantener lejos) [conj.: *tener*]. Dejar de hacer o tomar algo: *abstenerse de opinar, de beber.* **2.** No participar en algo a lo que se tiene derecho, especialmente en una votación.

abstinencia s.f. Acción de abstenerse de hacer o tomar algo. **2.** Privación total o parcial de satisfacer los apetitos. **3.** Privación de comer carne por motivos religiosos: *día de abs-*

tinencia. ◇ **Síndrome de abstinencia** Conjunto de molestias que aparecen en algunas personas habituadas a un determinado tóxico, al cesar bruscamente su empleo.

abstracción s.f. Acción de abstraer o abstraerse: *capacidad de abstracción.*

abstracto, a adj. Que procede de una operación de abstracción: *concepto abstracto.* **2.** General, vago, alejado de la realidad: *idea abstracta.* ◆ s.m. *Anglic.* Resumen. ◇ **Arte abstracto** Arte que no se vincula a la representación de la realidad tangible. SIN.: *no figurativo.* **En abstracto** Con exclusión del sujeto en que se halla cualquier cualidad.

arte abstracto

En todas las épocas los pintores y los escultores han conocido y utilizado la fuerza inherente de las líneas, volúmenes y colores para crear conjuntos ordenados, capaces por sí mismos de actuar sobre la sensibilidad y el pensamiento. Sin embargo, no consideraron la posibilidad de disociar ese poder de una evocación, más o menos figurativa, del mundo visible (salvo, en forma parcial, algunos artistas islámicos). A partir de 1910-1914, algunos pintores de Occidente renunciaron a la representación. Kandinsky, el primero de todos, estableció una corriente lírica y romántica de la abstracción, proyección del mundo interior y de la visión imaginaria del artista; en el otro extremo, Maliévich y Mondrian encuentran en la construcción geométrica más depurada la confluencia del sentido cósmico y la voluntad racional. A partir de estos dos polos, sobre todo después de 1945, se desarrollaron muchas variantes: arte concreto (geométrico), expresionismo abstracto (con base en el gesto o la irradiación cromática), arte informal, tachismo, matierismo, no figuración, arte cinético, arte minimal, etc.

abstraer v.tr. (lat. *abstrahere*) [conj.: *traer*]. Aislar mentalmente o considerar por separado las cualidades de un objeto. **2.** Considerar un objeto en su esencia. ◆ **abstraerse** v.prnl. Concentrarse mucho en algo.

abstruso, a adj. (lat. *abstrusus*). Difícil de comprender: *estilo abstruso.*

absurdidad s.f. Cualidad de absurdo. **2.** Absurdo.

absurdo, a adj. (lat. *absurdus*). Contrario a la razón: *argumento absurdo.* **2.** FILOS. Se dice de toda idea que contiene una contradicción interna. ◆ s.m. Dicho o hecho contrario a la razón: *contestar con un absurdo.* **2.** Corriente del pensamiento que traduce una toma de conciencia, a menudo dramática, de la irracionalidad del mundo y del destino de la humanidad. ◇ **Razonamiento «ab absurdo»,** o **por lo absurdo** Razonamiento que justifica una proposición demostrando que su negación conduce a una contradicción; según los existencialistas, se dice de la condición del ser humano caracterizada por la ausencia de sentido de su existencia y del universo.

absurdo

La conciencia del absurdo, ya presente en Schopenhauer, en quien alimenta el pesimismo, es un preludio del existencialismo francés (Sartre, Camus), que explora las dimensiones ética y estética de la absurdidad de la vida.
Con el nombre de *teatro del absurdo* se agrupan las obras de algunos autores dramáticos (Beckett, Ionesco, Adamov) que en la década de 1950 llevaron a la escena esa visión del mundo.

abubilla s.f. (del lat. *upupa*). Ave de plumaje rojizo, con franjas transversales blancas y negras, que tiene en la cabeza un gran copete de plumas.

abuchear v.tr. Manifestar ruidosamente el público su desagrado o protesta: *abuchear a un orador, a un jugador.*

abucheo s.m. Acción de abuchear.

abuelo, a s. (del lat. *aviola,* dim. de *avia,* abuela). Padre o madre del padre o de la madre. **2.** *Fig.* Persona anciana. ◆ **abuelos** s.m.pl. El abuelo y la abuela. **2.** Ascendientes o antepasados de que desciende una persona.

abulense adj. y s.m. y f. (del lat. *Abula,* Ávila). De Ávila, ciudad de España. SIN.: *avilés.*

abulia s.f. (gr. *aboulia*). Ausencia patológica de voluntad, sin que exista trastorno somático ni intelectual.

abúlico, a adj. y s. Relativo a la abulia; que padece abulia.

abulón s.m. Caracol marino comestible de concha anacarada que abunda en las costas de Baja California.

abulonar v.tr. Argent. Sujetar con bulones.

abultamiento s.m. Acción de abultar. **2.** Bulto, elevación en una superficie.

abultar v.intr. Ocupar cierto espacio: *el paquete abulta mucho.* ◆ v.tr. y prnl. Aumentar el bulto o volumen de algo. **2.** *Fig.* Exagerar, desorbitar: *abultar una noticia.* **3.** Hacer de bulto o relieve. **4.** Aumentar la cantidad, la intensidad o el grado de algo: *abultar el cinismo de sus palabras.*

abundamiento s.m. Abundancia. ◇ **A mayor abundamiento** Con mayor razón o seguridad, además.

abundancia s.f. Gran cantidad: *haber abundancia de alimentos.* **2.** Riqueza, bienestar: *vivir en la abundancia.* ◇ **Cuerno de la abundancia** Vaso en forma de cuerno, lleno de frutas y flores, que simboliza la abundancia y que solía llevar la diosa del mismo nombre. **Teoría de la abundancia** ECON. Teoría según la cual los medios técnicos modernos permiten producir una cantidad de bienes muy superior a los medios de adquisición de los consumidores, circunstancia que hace necesario implantar mecanismos que permitan paliar este desequilibrio.

abundante adj. Que existe o se da en gran cantidad: *es la planta más abundante de este bosque.* **2.** Que tiene gran cantidad de algo: *una cosecha abundante.*

abundar v.intr. (lat. *abundare*). Haber o tener gran cantidad de una cosa: *aquí abundan las flores.* **2.** Mantener o apoyar una idea u opinión.

¡abur! interj. (vasc. *agur*). *Fam.* ¡Agur!: *¡abur!, ¡hasta mañana!*

aburguesamiento s.m. Acción y efecto de aburguesarse: *aburguesamiento de las costumbres.*

aburguesarse v.prnl. Volverse burgués.

aburrimiento s.m. Sensación de fastidio provocada por la falta de diversión o de interés por algo. **2.** Persona o cosa que aburre.

aburrir v.tr. (lat. *abhorrere,* tener aversión a algo). Resultar poco interesante o entretenido: *una conversación que aburre a cualquiera.* ◆ **aburrirse** v.prnl. *Fig.* Sentir aburrimiento o hastío: *aburrirse de esperar.*

abusado, a adj. Guat. y Méx. Que sabe aprovechar la ocasión, listo, perspicaz.

abusar v.intr. Hacer uso excesivo o indebido de algo: *abusar de un medicamento.* **2.** Aprovecharse de alguien: *abusar de sus empleados.* **3.** Obligar una persona a otra a mantener relaciones sexuales con ella.

abusivo, a adj. Que excede lo que se considera adecuado o justo: *impuestos abusivos.*

abuso s.m. (lat. *abusus*). Acción de abusar: *abuso de confianza.* ◇ **Abuso de autoridad** Delito que consiste en la extralimitación de las atribuciones propias de una autoridad o un funcionario. **Abuso de derecho** Delito que consiste en ultrapasar los límites asignados al ejercicio de un derecho, e incluso, si hay intención de causar daño, en ejercer un derecho.

abusón, na adj. y s. *Fam.* Que abusa.

abyección s.f. Acción, actitud o condición vil y despreciable.

abyecto, a adj. (lat. *abjectus,* bajo, humilde). Bajo, despreciable, vil: *una abyecta mentira; una persona abyecta.*

acá adv.l. (del lat. *eccum hac,* he aquí). Indica de forma indeterminada el lugar en que está el hablante o un lugar cercano a él (admite grados de comparación): *viene hacia acá.* ◆ adv.t. Precedido de las preposiciones *de* o *desde* y una expresión de tiempo, indica el período transcurrido desde ese momento hasta el presente: *de ayer acá.*

acabado, a adj. Terminado con perfección: *una obra acabada.* **2.** Que ha perdido su vigor, su fuerza o su importancia: *un hombre acabado.* ◆ s.m. Último retoque que se da a algo para mejorar su aspecto: *el acabado de un vestido.* **2.** MEC. Operación mediante la cual se termina el trabajo o labrado de una superficie o de un elemento de pieza mecánica.

acaballadero s.m. Establecimiento donde se tienen sementales y yeguas para multiplicar y mejorar la especie.

acaballonar v.tr. Hacer caballones en un terreno.

acabangarse v.prnl. Amér. Central. Sentirse acongojado.

acabar v.tr. y prnl. (de *cabo*). Hacer que una cosa llegue a su fin: *acabar un trabajo.* ◆ v.tr. Consumir totalmente una cosa: *acabar toda la comida.* **2.** Terminar con esmero una cosa, en especial una obra. ◆ v.intr. Con la prep. *por* y un infinitivo, llegar el momento de producirse un suceso: *acabó por ceder.* **2.** Con la prep. *de* y un infinitivo, haber ocurrido algo un poco antes de lo que indica este último verbo: *acaba de llegar.* **3.** Con la prep. *con,* destruir, aniquilar: *las penas acabarán con él.* **4.** Morir: *acabar en un hospital.* ◆ v.intr. y prnl. Llegar una cosa a su fin: *su vida ya ha acabado.* **2.** Tener una cosa su final de una manera determinada: *el cuchillo acaba en punta.*

acabose s.m. **Ser el acabose** *Fam.* Haber llegado una cosa a su último extremo; especialmente acabar en ruina o desastre.

acacharse v.prnl. Chile. Paralizarse la venta de alguna mercadería.

acachetar o **acachetear** v.tr. TAUROM. Rematar al toro con el cachete o puntilla.

acacia s.f. (lat. *acacia*). Planta leñosa de flores blancas y olorosas originaria de América del Norte y que se cultiva en todos los países templados como árbol de jardín. (Familia mimosáceas.) **2.** Madera de este árbol.

academia s.f. (del lat. *Academia,* nombre de la escuela de filosofía platónica). Sociedad científica, literaria o artística establecida con autoridad pública: *Real Academia de la Historia.* **2.** Centro docente, de carácter privado, destinado a impartir enseñanza elemental y secundaria o enseñanzas específicas: *academia de danza.* **3.** Junta de académicos; lugar en que se reúnen: *ayer hubo academia.* **4.** B. ART. Figura entera, pintada o dibujada, de un modelo desnudo. ◇ **Academia militar** Centro de enseñanza superior militar.

academicismo s.m. Sujeción al espíritu y técnica de la tradición artística, que se simboliza en las academias.

académico, a adj. Relativo a la academia. **2.** Se dice de los estudios o títulos reconocidos oficialmente. **3.** Se dice de las obras de arte en que se observan con rigor las normas clásicas, y también del autor de estas obras. ◆ s. Miembro de una academia.

academizar v.tr. Dar carácter académico a una obra.

acadio, a adj. y s. De Acad. **2.** De Acadia. ◆ s.m. Antigua lengua semítica hablada en Mesopotamia.

acaecer v.intr. (del lat. *accidere,* caer sobre algo) [conj.: *parecer*]. Suceder, acontecer. (Se usan únicamente el infinitivo, gerundio, participio y la 3ª persona.)

acahual s.m. Méx. Nombre genérico del girasol y de otras plantas de tallo grueso que suelen crecer en los barbechos. (Familia compuestas.)

acajú s.m. Árbol de América de madera rojiza muy dura y apreciada en carpintería. **2.** Madera africana con un aspecto similar.

acalambrarse v.prnl. Contraerse los músculos de manera brusca y dolorosa: *acalambrarse las piernas.*

acalculia s.f. (de *a* y lat. *calculus,* cálculo). NEUROL. Imposibilidad patológica de reconocer las cifras, utilizar los números y realizar operaciones aritméticas.

acalefo, a adj. y s.m. (fr. *acalèphe*). Relativo a una clase de cnidarios formada por medusas de gran tamaño. SIN.: *escifozoo.*

acallar v.tr. Hacer que cesen ruidos, voces, llanto, etc.: *acallar las voces.* **2.** *Fig.* Calmar, apaciguar: *acallar el hambre.*

acaloramiento s.m. Ardor, arrebato de calor: *el sol le produjo acaloramiento.* **2.** *Fig.* Apasionamiento, enardecimiento: *el acaloramiento de una discusión.*

acalorar v.tr. Dar o causar calor a alguien: *el vino me acalora.* **2.** Enojar o excitar a alguien. ◆ v.tr. y prnl. *Fig.* Hacer más vivo o vehemente: *su intervención acaloró la asamblea; la discusión se fue acalorando.* ◆ **acalorarse** v.prnl. Sofocarse y enrojecerse debido al calor o a un esfuerzo: *se acalora al subir las escaleras.* **2.** *Fig.* Excitarse, apasionarse en una conversación o discusión.

acamado, a adj. HERÁLD. Se dice de la pieza o figura colocada sobre otra u otras.

acamaya s.f. Langostino de agua dulce, de color gris perla, que crece en los ríos del golfo de México.

acampada s.f. Acción y efecto de acampar. **2.** Campamento.

acampanar v.tr. y prnl. Dar forma de campana a algo.

acampar v.intr. Instalarse en un lugar al aire libre para establecerse temporalmente en él: *acampar a la orilla del río.*

ácana s.m. o f. (voz indígena de las Antillas). Árbol de América del Sur, de 8 a 10 m de alt., de madera compacta y recia que se emplea en construcción. (Familia sapotáceas.) **2.** Madera de este árbol.

acanalado, a adj. Que tiene forma de canal: *tejas acanaladas.* **2.** Que pasa por un canal o lugar estrecho. **3.** Que tiene estrías: *columna acanalada.* ◆ adj. y s.m. Se dice de un tejido cuya superficie aparece cubierta de relieves o realces separados por surcos paralelos.

acanaladura s.f. ARQ. Canal o estría. **2.** GEOMORFOL. Ranura de perfil redondeado que se excava en las rocas desnudas bajo la acción de procesos de erosión externa. **3.** TECNOL. Cavidad rectilínea, larga y estrecha, en una pieza generalmente cilíndrica de revolución.

acanalar v.tr. Dar forma de canal o teja. **2.** Hacer canales o estrías.

acanillado, a adj. Se dice del tejido que, por contener algunos hilos más gruesos que el resto, o de tinte más subido o más pálido, forma listas, rayas o canillas.

acantáceo, a adj. y s.f. Relativo a una familia de dicotiledóneas gamopétalas de las regiones cálidas, como el acanto.

acantilado, a adj. y s.m. (de *1. canto*). Se dice de la costa rocosa y alta que desciende verticalmente al mar. ◆ adj. Se dice del fondo del mar que forma cantiles o escalones. ◆ s.m. Corte vertical o casi vertical de un terreno.

acanto s.m. (lat. *achantus*). Planta ornamental, de hojas largas (50 cm), regularmente dentadas, de color verde y flores blancas, que vive en rocallas y lugares frescos. (Familia acantáceas.) SIN.: *branca ursina.* **2.** Motivo ornamental arquitectónico que imita la hoja de esta planta, característico del capitel corintio.

acantonamiento s.m. MIL. Acción de acantonar tropas. **2.** MIL. Lugar donde hay tropas acantonadas.

acantonar v.tr. y prnl. (de *1. canto*). MIL. Alojar tropas en varios lugares o cantones, generalmente en espera de una intervención. ◆ **acantonarse** v.prnl. Limitarse a una actividad.

acantopterigio, a adj. y s.m. (del gr. *akantha,* espina, y *pterygion,* aleta). Relativo a un grupo de peces óseos con aleta dorsal espinosa, como el atún y la caballa.

acapachado, a adj. TAUROM. Se dice del toro que tiene las astas caídas y abiertas.

acaparamiento s.m. Acción y efecto de acaparar.

acaparar v.tr. (fr. *accaparer*). Acumular cosas en más cantidad de lo que es necesario habitualmente, en previsión de que escaseen o se encarezcan. **2.** *Fig.* Apropiarse de algo que corresponde a otras personas: *acaparar una herencia.* **3.** *Fig.* Absorber la atención o la actividad: *acaparar todas las miradas.*

acápite s.m. (lat. *a capite,* desde la cabeza). Amér. Párrafo.

a cappella loc. (voces italianas, *en la capilla*). MÚS. Se dice de la obra coral que se ejecuta sin acompañamiento.

acaramelar v.tr. Cubrir algo con una capa de caramelo. ◆ **acaramelarse** v.prnl. *Fig.* y *fam.* Mostrarse muy cariñoso, dulce o galante: *los novios se acaramelaban.*

acariciar v.tr. Hacer caricias. **2.** *Fig.* Rozar o tocar suavemente: *la brisa acariciaba las hojas de los árboles.* **3.** *Fig.* Pensar en la consecución o realización de algo que se desea o pretende llevar a cabo: *acariciar una esperanza, una idea.*

ácaro adj. y s.m. (lat. moderno *acarus*). Relativo a un orden de arácnidos de pequeño tamaño (de algunos mm como mucho), de los cuales algunos son parásitos de otros animales y pueden transmitir determinadas enfermedades.

acarosis s.f. Enfermedad causada por los ácaros.

acarreado, a s. Méx. *Fam.* Persona a la que se ha obligado a asistir a un mitin político, o se le ha pagado para ello.

acarrear v.tr. Transportar una carga de un lugar a otro: *acarrear las maletas.* **2.** *Fig.* Ocasionar, causar algo, generalmente negativo: *acarrear disgustos.*

acarreo s.m. Acción de acarrear. **2.** Precio que se cobra por acarrear. ◇ **Materiales de acarreo** GEOMORFOL. Tierras, cantos o arena transportados por las aguas, hielos, etc., que se acumulan en determinados sectores de la superficie terrestre.

acartonarse v.prnl. Ponerse rígido y seco como el cartón: *acartonarse el cutis.*

acaserado, a adj. Amér. Se dice del perro que se introduce en una casa ajena y logra quedarse en ella con zalamerías. **2.** Chile y Perú. Cliente habitual.

acaso adv.d. (de *caso*). Quizá, tal vez: *acaso venga hoy.* ◆ s.m. *Poét.* Casualidad, azar, suceso imprevisto. ◇ **Por si acaso** En previsión de un suceso inesperado. **Si acaso** Indica la posibilidad de que ocurra lo que expresa el verbo.

acatamiento s.m. Acción de acatar.

acatanga s.f. Argent. y Bol. Escarabajo pelotero. **2.** Bol. Excremento.

acatar v.tr. (del ant. *catar,* mirar). Aceptar una ley, una orden, una decisión o la autoridad de alguien: *acatar la constitución.*

acatarrar v.tr. Producir un catarro. SIN.: *constipar, resfriar.* **2.** Méx. Importunar. ◆ **acatarrarse** v.prnl. Contraer un catarro.

acaudalado, a adj. Se dice de la persona que tiene mucho dinero.

acaudalar v.tr. (de *1. caudal*). Reunir una cosa en gran cantidad: *acaudalar riquezas, esperanzas.*

acaudillar v.tr. Dirigir o guiar a un grupo de personas, una empresa, un partido, etc. **2.** Dirigir o guiar a un grupo de gente armada: *acaudillar una expedición.*

acaule adj. (del lat. *caulis,* tallo). BOT. Se dice de la planta sin tallo aparente.

acceder v.intr. (lat. *accedere,* acercarse). Mostrar conformidad con una proposición, solicitud u opinión: *acceder a sus peticiones.* **2.** Tener acceso o entrada a un lugar: *acceder al recinto.* **3.** Alcanzar o tener la posibilidad de conseguir alguien una situación, condición o categoría superiores: *acceder a la alcaldía.*

accesibilidad s.f. Cualidad de accesible.

accesible adj. Que es de fácil acceso: *camino, cima accesible.* **2.** *Fig.* Se dice de la persona amable y cordial en el trato con sus inferiores o con desconocidos. **3.** Que puede entenderse con facilidad: *explicación accesible.*

accesión s.f. Acción de acceder. **2.** DER. CIV. Extensión del derecho de propiedad de una cosa a otra accesoria, que se une a la primera. **3.** Cosa adquirida de esta manera.

accésit s.m. (lat. *accessit,* de *accedere,* acercarse) [pl. *accésit*]. Recompensa inmediatamente inferior al premio que se otorga en un concurso científico, literario o artístico.

acceso s.m. Acción de llegar a un lugar: *el acceso a la ciudad fue lento.* **2.** Lugar de entrada o paso: *acceso prohibido.* **3.** *Fig.* Posibilidad de alcanzar u obtener algo, o de acercarse a alguien. **4.** Acometida súbita e intensa de un sentimiento: *acceso de celos.* **5.** INFORMÁT. Procedimiento de búsqueda o de registro de un dato en una memoria electrónica. **6.** MED. Conjunto de trastornos morbosos, como epilepsia, histeria, neuralgia, etc., que aparecen a intervalos más o menos regulares. ◇ **Acceso de fiebre** Elevación de la temperatura del organismo.

accesorio, a adj. Que depende de algo principal: *piezas accesorias.* **2.** Que no es necesario: *detalles accesorios.* ◆ s.m. Dispositivo o aparato que no es parte esencial de una máquina: *accesorios de automóvil, de teatro.*

accesorista s.m. y f. Persona que tiene por oficio encargarse de los accesorios en el teatro y en los estudios cinematográficos. SIN.: *attrezzista.*

accidentado, a adj. Que tiene muchos desniveles: *sendero accidentado.* **2.** Que se desarrolla con muchos contratiempos, accidentes o incidentes: *una vida accidentada.* ◆ adj. y s. Que ha sufrido un accidente.

accidental adj. Que ocurre por casualidad o por accidente: *encuentro accidental.* **2.** Que desempeña ocasionalmente un cargo: *director accidental.* **3.** Que no es esencial o fundamental: *un adorno accidental.*

accidentar v.tr. y prnl. Provocar un accidente.

accidente s.m. (lat. *accidens, -entis,* p. de *accidere,* caer sobre algo). Suceso imprevisto que altera el curso regular de las cosas, especialmente el que causa daños a una persona o cosa: *un viaje sin accidentes; accidente automovilístico.* **2.** Indisposición que priva repentinamente de sentido o de movimiento. **3.** FILOS. Lo que no existe por sí mismo, que no tiene naturaleza propia (por oposición a *sustancia, esencia*). **4.** GRAM. Modificación que sufren en su forma las palabras variables para expresar diversas categorías gramaticales. **5.** MÚS. Cada uno de los signos que sirven para alterar las notas *(sostenido, bemol, becuadro).* ◇ **Accidente del terreno** Desigualdad del relieve. **Accidente de trabajo,** o **laboral** Daño corporal debido a una causa exterior sobrevenida por razón del trabajo o con ocasión de este. **Accidente «in itinere»** Accidente sufrido por un trabajador en el trayecto entre el lugar de trabajo y su residencia o el lugar donde habitualmente efectúa sus comidas. (Se asimila a un accidente de trabajo.)

accidentología s.f. Estudio científico de los accidentes, especialmente de los automovilísticos.

acción s.f. (lat. *actio, -onis*). Efecto de hacer, lo que se hace: *una acción humanitaria.* **2.** Efecto o influencia de una cosa sobre otra: *la acción erosiva del agua.* **3.** Actividad, movimiento, dinamismo: *un hombre, una película de acción.* **4.** Ejercicio de la capacidad de obrar o realizar algo: *prefiere la acción a la reflexión.* **5.** Trama de cualquier tipo de representación, narración, etc.: *la acción de una novela.* **6.** *Fam.* Posibilidad o facultad de hacer alguna cosa, especialmente acometer o defenderse: *dejar sin acción.* **7.** Ejercicio de un derecho en justicia: *intentar una acción judicial.* **8.** ART. MOD. Y CONTEMP. Performance. **9.** DER. MERC. **a.** Cada una de las partes en que se considera dividido el capital de una sociedad anónima, y también, a veces, el que aportan los socios no colectivos a algunas comanditarias, que entonces se llaman comanditarias por acciones. **b.** Título que acredita y representa el valor de cada una de las partes. **10.** MEC. Fuerza con que obra un cuerpo sobre otro. ◇ **Acción de gracias** Expresión o manifestación de agradecimiento. **Acción directa** Actividad política basada en la violencia y desarrollada fuera del marco legal.

accionador s.m. TECNOL. Aparato u órgano que permite actuar sobre una máquina o un proceso para modificar su comportamiento o su estado.

accionamiento s.m. Puesta en marcha de un mecanismo, negocio, etc.: *un motor con accionamiento eléctrico.*

accionar v.tr. Dar movimiento a un mecanismo o parte de él: *accionar una palanca.* ◆ v.intr. Hacer movimientos y gestos para dar a entender alguna cosa o para acompañar la palabra: *accionar con las manos.*

accionariado s.m. Conjunto de accionistas que forman una sociedad.

accionista s.m. y f. Persona que posee una o varias acciones en una sociedad financiera, industrial o comercial.

accitano, a adj. y s. (del lat. *Acci,* ant. Gaudix). De Guadix.

ace s.m. (voz inglesa). En el tenis, pelota de servicio que el adversario no consigue devolver.

acebeda s.f. Terreno poblado de acebos.

acebedo s.m. Acebeda.

acebo s.m. (del lat. *aquifolium*). Árbol o arbusto de sotobosque, de hojas brillantes, espinosas y persistentes, cuya corteza sirve para fabricar la liga. **2.** Madera de este árbol.

acebolladura s.f. Defecto de algunas maderas por desunión de dos de las capas que forman el tejido leñoso del árbol.

acebuche s.m. (hispano-ár. *zabbûŷ*). Variedad silvestre de olivo. **2.** Madera de este árbol.

acebuchina s.f. Fruto del acebuche.

acechanza s.f. Acecho.

acechar v.tr. (lat. *assectari,* seguir constantemente). Vigilar y aguardar con cautela para atacar o causar algún daño: *acechar a la presa.* **2.** Amenazar.

acecho s.m. Acción de acechar: *el acecho del enemigo.* SIN.: *acechanza.* **2.** Lugar desde donde se acecha. ◇ **Al acecho** Observando a escondidas: *siempre estaba al acecho.*

acecinar v.tr. y prnl. (de *cecina*). Salar las carnes y secarlas al aire y al humo para que se conserven. ◆ **acecinarse** v.prnl. *Fig.* Quedarse muy enjuto de carnes.

acedera s.f. (de *acedo,* ácido). Planta herbácea (poligonácea) de la que se cultivan numerosas especies por sus hojas comestibles, de sabor ácido. (Familia poligonáceas.) **2.** Cuba. Vinagrera. ◇ **Sal de acederas** Oxalato de potasio.

acederilla s.f. Planta herbácea de rizoma rojo, delgado, hojas radicales y flores blancas, amarillas o de un rosado pálido. (Familia oxalidáceas.) SIN.: *aleluya.*

acefalia s.f. Cualidad de acéfalo. **2.** EMBRIOL. Malformación congénita que consiste en la ausencia parcial o total de la cabeza.

acefalismo s.m. Acefalia.

acéfalo, a adj. (gr. *akephalos*). Que carece de cabeza. **2.** Se dice de la comunidad que no tiene jefe o autoridad. ◆ adj. y s.m. Bivalvo.

aceitado s.m. Acción y efecto de lubricar o engrasar con aceite.

aceitar v.tr. Untar con aceite.

aceite s.m. (ár. *záit*). Producto de origen mineral, animal o vegetal, fluido a temperatura ordinaria, y constituido, en el primer caso, por hidrocarburos pesados, y, en los otros dos, por una mezcla de glicerinas. ◇ **Aceite alcanforado** Alcanfor en solución oleosa al 1 o 2 %, utilizado como analéptico. **Aceite de petróleo** Líquido de petróleo pesado, viscoso, utilizado como lubricante. **Aceite detergente** Aceite de petróleo, lubrificante, que dispone y retiene en suspensión los depósitos y los residuos ácidos de los motores de combustión interna. **Aceite esencial** Aceite volátil que se obtiene por destilación de sustancias aromáticas de origen vegetal.

aceite

Los aceites vegetales más importantes destinados al uso doméstico, según el volumen de producción, son los de soya, girasol, maní, oliva, colza, coco y palma. El aceite que procede de una sola variedad vegetal y que se obtiene tan solo por procedimientos mecánicos (trituración, presión, centrifugado, etc.) se llama *aceite virgen.* El aceite virgen (o una mezcla de aceites) que ha sufrido diferentes tratamientos químicos para mejorar su sabor y olor se llama *aceite refinado.* Los mayores productores de aceite son EUA (soya) y Rusia (girasol). Destacan también Brasil y China (soya), India (maní) y España, Italia y Grecia (oliva).

aceitera s.f. Recipiente que sirve para contener y verter aceite. ◆ **aceiteras** s.f.pl. Vinagreras.

aceitero, a adj. y s. Relativo al aceite: *molino aceitero.*

aceitoso, a adj. Que tiene aceite, grasiento: *agua aceitosa.* **2.** Que tiene demasiado aceite: *la comida ha quedado aceitosa.* **3.** Parecido al aceite.

aceituna s.f. (del ár. *zaitûna*). Fruto del olivo. SIN.: *oliva.* ◇ **Aceituna negra** Oliva recolectada madura y conservada en aceite. **Aceituna sevillana** Nombre genérico de un aderezo especial de las aceitunas destinadas al consumo directo, que se aplica a diversas variedades elaboradas en las provincias de Sevilla, Badajoz, Cádiz, Córdoba y Huelva. **Aceituna verde** Oliva recolectada antes de madurar y conservada en salmuera.

aceitunado, a adj. Que es de color verde parecido al de la aceituna.

aceitunero, a s. Persona que tiene por oficio recoger o vender aceitunas.

aceituno s.m. Olivo. **2.** Nombre dado a diversos árboles maderables que crecen en América Central. (Familia simarubáceas.)

aceleración s.f. Acción y efecto de acelerar o acelerarse. **2.** Variación de la velocidad, por unidad de tiempo, de un cuerpo en movimiento. **3.** ECON. Principio según el cual cualquier incremento de la demanda de bienes de consumo se propaga hacia la demanda de bienes de producción (destinados a satisfacer la primera) con una intensidad mayor.

acelerada s.f. Argent., Chile, Méx. y Urug. Acelerón.

acelerado, a adj. MED. Se dice de la función del organismo, principalmente la cardíaca y la respiratoria, que ha aumentado su ritmo normal. ◆ s.m. Aparato que se usa en cinematografía para conseguir un efecto de mayor rapidez de los movimientos en la pantalla que en la realidad.

acelerador, ra adj. Que acelera. ◆ s.m. Mecanismo que regula la admisión de la mezcla gaseosa en el motor de explosión para variar su velocidad. **2.** Sustancia que aumenta la velocidad de una reacción química. **3.** Producto que reduce el tiempo de fraguado y endurecimiento del hormigón. ◇ **Acelerador de partículas** FÍS. NUCL. Aparato que permite transmitir grandes velocidades a las partículas cargadas, con el fin de estudiar las estructuras de la materia.

acelerar v.tr. y prnl. (lat. *accelerare*). Hacer más rápido, más vivo un movimiento, un proceso, etc.: *acelerar la producción, la marcha.* ◆ v.tr. e intr. Aumentar progresivamente la velocidad de un vehículo o de un motor. ◆ v.tr. Hacer que una cosa suceda antes del tiempo adecuado: *acelerar un acontecimiento.* ◆ **acelerarse** v.prnl. Ponerse nervioso, azorarse.

aceleratriz adj. Se dice de la fuerza que aumenta la velocidad de un movimiento.

acelerómetro s.m. Instrumento que sirve para medir la aceleración de un movimiento.

acelerón s.m. Aceleración fuerte y repentina.

acelga s.f. (ár. *sílqa,* del gr. *sikelos,* siciliano). Planta hortense cultivada como verdura por sus hojas, grandes y carnosas, y sus pecíolos aplanados.

acelomado, a adj. y s.m. Se dice del animal desprovisto de celoma. (Los cnidarios, los gusanos planos y los nematodos son acelomados.) CONTR.: *celomado.*

acémila s.f. (ár. *zâmila*). Mula o mulo de carga. **2.** *Fam.* y *desp.* Rudo, bruto.

acemilero, a adj. Relativo a las acémilas.

acendramiento s.m. Acción de acendrar.

acendrar v.tr. (del cat. *cendra,* ceniza). Purificar un metal por la acción del fuego. **2.** *Fig.* Purificar una cualidad o un sentimiento: *acendrar las virtudes.*

acensar v.tr. Acensuar.

acensuar v.tr. DER [conj.: *actuar*]. Imponer un censo sobre una finca o bien raíz.

acento s.m. (lat. *accentus,* de *canere,* cantar). Intensificación de la voz en una sílaba de una palabra o de un grupo de palabras: *acento prosódico; acento métrico.* **2.** Signo gráfico que se coloca sobre una vocal para precisar su valor: *acento agudo* (´), *grave* (`) y *circunflejo* (ˆ). SIN.: *acento ortográfico.* **3.** Modulación de la voz que expresa pasiones o sentimientos o caracteriza determinados estilos de dicción o declamación: *acento irritado, acento engolado.* **4.** Manera particular de hablar y pronunciar que refleja la procedencia geográfica o social de las personas u otras variables: *acento andaluz.* **5.** Aspecto que destaca en un asunto o circunstancia.

acentuación s.f. Acción y efecto de acentuar o acentuarse.

acentual adj. GRAM. Relativo al acento.

acentuar v.tr. [conj.: *actuar*]. Poner un acento ortográfico sobre una letra. **2.** *Fig.* Realzar, resaltar: *acentuar las diferencias.* **3.** *Fig.* Intensificar, aumentar: *acentuar el dolor.* **4.** *Fig.* Recalcar, hablar con énfasis. ◆ **acentuarse** v.prnl. Hacerse más perceptible lo que se expresa: *acentuarse la violencia.*

aceña s.f. (ár. *sâniya*). Molino harinero situado dentro del cauce de un río.

acepción s.f. (lat. *acceptio, -onis*). Cada uno de los sentidos o significados en que se toma una palabra o frase. ◇ **Acepción de personas** DER. Acción de favorecer arbitrariamente a unas personas más que a otras.

acento

El acento prosódico corresponde a la mayor intensidad con que se pronuncia una sílaba determinada en una palabra. Para representarlo en la lengua escrita, cuando las reglas ortográficas lo establecen, se usa el acento ortográfico o tilde.

reglas generales de acentuación

tipo de palabra	posición del acento	lleva acento ortográfico	ejemplos
aguda	última sílaba	si acaba en **vocal**, **vocal + n**, **vocal + s**	*café, tabú, acción, retén, estáis, compás*
llana o grave	penúltima sílaba	si acaba en **consonante** que no sea **n** ni **s**	*cárcel, lápiz, mártir, áspid*
esdrújula y sobreesdrújula	antepenúltima sílaba y antes de la antepenúltima sílaba	siempre	*médico, célula, recuérdamelo, asegúraselo*

casos particulares

	acento ortográfico	ejemplos
monosílabos	No llevan. Para distinguir entre sí los monosílabos homónimos se usa el acento diacrítico.	*pan, fue, dio, vio* *de hierro; dé una limosna* *el pájaro; él viene* *se dice; lo sé*
diptongo, triptongo y hiato	— Cuando se acentúa un diptongo que contiene las vocales a, e, o, el acento se escribe sobre estas vocales. — Cuando se acentúa un diptongo formado por las vocales *i, u*, el acento se pone en la segunda. — Cuando las vocales débiles (*i, u*) son tónicas y están en contacto con las fuertes (*a, e, o*), se produce un hiato que se marca con acento en la vocal débil. — Los triptongos tónicos llevan el acento en la vocal abierta.	*dieciséis, llegáis, náutica* *cuídate, casuística* *reúno, oír, río, búho, ahínco, sería, poderío* *averiguáis, renunciéis*
adverbios en *-mente*	Conservan el acento del adjetivo con el que se forman.	*débilmente, rápidamente*
palabras compuestas	— Solo se acentúa el segundo componente, según las reglas generales. — Cuando se trata de dos adjetivos unidos mediante guión, cada elemento se acentúa por separado.	*decimoséptimo, portalámparas, asimismo, sabelotodo,* *sintáctico-semántico, franco-alemán, político-social*
verbos con pronombre enclítico	Se consideran como una unidad y se acentúan según las reglas generales.	*dime, pintarlo, cállate, explícamelo*
voces extranjeras	— Cuando no han sido adaptadas al español, se escriben según las normas del idioma del que provienen. — Cuando han sido adaptadas, se acentúan según las reglas del español.	*surfing, software, parking* *álbum, bungaló, túnel*
latinismos	Se acentúan según las reglas del español.	*currículum, referéndum, médium*

acepillado s.m. Mecanizado de una superficie generalmente plana, mediante el desplazamiento relativo, rectilíneo y alternativo de la pieza o del útil.

acepillador, ra adj. Que acepilla: *máquina acepilladora.* ◆ s. Persona que tiene por oficio el manejo de una acepilladora.

acepilladora s.f. Máquina-herramienta de grandes dimensiones empleada para mecanizar superficies paralelas, en la que el corte del metal se realiza mediante el desplazamiento horizontal, rectilíneo y alternativo de la pieza contra una cuchilla fija. ◇ **Acepilladora de madera** Máquina para alisar piezas de madera.

acepillar v.tr. Cepillar la madera o los metales.

aceptabilidad s.f. Cualidad de aceptable. **2.** LING. Característica de un enunciado gramatical cuyo sentido aparece como natural a los hablantes nativos de una lengua.

aceptación s.f. Acción de aceptar. **2.** Acogida favorable: *la obra tuvo gran aceptación.*

aceptar v.tr. (lat. *acceptare*). Mostrar alguien su conformidad a recibir lo que se le ofrece o a realizar lo que se le encarga: *aceptar un regalo.* **2.** Aprobar, dar por bueno: *aceptar una teoría.* **3.** Admitir algo, mostrarse conforme con ello. **4.** Comprometerse con una persona a cumplir algo: *aceptar una letra de cambio.*

aceptor adj. y s.m. FÍS. Se dice del átomo que puede recibir electrones.

acequia s.f. (ár. *sâqiya,* p. de *saqa,* regar). Zanja o canal pequeño por donde se conduce el agua para regar.

acera s.f. (del ant. *facera,* fachada, de *faz,* cara). Parte lateral de la calle, más elevada que la calzada, y reservada a la circulación de los peatones. GEOSIN.: Amér. Central y Colomb. *andén;* Amér. Merid. y Cuba. *vereda;* Colomb. *alar;* Méx. *banqueta.* **2.** Hilera de casas a cada lado de la calle: *acera izquierda.*

aceráceo, a adj. y s.f. Relativo a una familia de plantas dicotiledóneas, de flores hermafroditas o unisexuales, como el arce.

aceración s.f. Operación que permite comunicar a determinados metales la dureza del acero.

acerado, a adj. Que contiene acero o es semejante al acero. **2.** *Fig.* Hiriente: *lengua acerada.*

acerar v.tr. Dar al hierro las propiedades del acero. ◆ v.tr. y prnl. Fortalecer moralmente: *acerar la voluntad.*

acerbo, a adj. (lat. *acerbus*). *Fig.* Cruel, despiadado: *crítica acerba.* **2.** Áspero al gusto: *licor acerbo.*

acerca adv. (de *2. cerca*). **Acerca de** Sobre la cosa de que se trata, en orden a ella: *tratar acerca de un robo.*

acercamiento s.m. Acción y efecto de acercar o acercarse.

acercar v.tr. Poner o llevar cerca o más cerca: *acércame la sal.* **2.** Llevar a alguien a un lugar. ◆ **acercarse** v.prnl. Ir a un lugar.

acería s.f. Establecimiento industrial especializado en la fabricación de acero. SIN.: *acerería.*

acerico s.m. (dim. del ant. *hacero,* de *faz*). Almohadilla para clavar en ella alfileres y agujas. SIN.: *acerillo.* **2.** Almohada pequeña. SIN.: *acerillo.*

acero s.m. (lat. tardío *aciarium*). Aleación de hierro y carbono (menos del 1,8 %), susceptible de adquirir, por tratamientos mecánicos y térmicos, propiedades muy variadas. **2.** *Fig.* Arma blanca. ◆ **aceros** s.m.pl. Temple y corte de las armas blancas. **2.** *Fig.* Ánimo, brío, resolución: *persona de buenos aceros.* ◇ **Acero al crisol** Acero elaborado por fusión de los elementos de la aleación en un crisol. **Acero aleado,** o **especial** Acero formado por aleación de hierro con otro metal (níquel, cromo, cobre o volframio). **Acero al oxígeno** Acero obtenido a partir de la fundición de alto horno, utilizando aire enriquecido con oxígeno u oxígeno puro. **Acero duro** Acero que contiene de 0,60 a 0,70 % de carbono. **Acero extraduro** Acero que contiene más del 0,70 % de carbono. **Acero extrasuave** Acero que contiene menos del 0,15 % de carbono. **Acero forjado** Acero con bajo contenido de carbono, que puede soldarse por forja. **Acero inoxidable** Acero especial resistente a los diversos agentes corrosivos a temperatura ambiente o moderada (300 °C). **Acero laminado** Acero con un contenido moderado de carbono, o ligeramente aleado, que permite obtener chapa, rieles o perfiles por laminación. **Acero maraging** Aleación de hierro y níquel, con bajo contenido de carbono. **Acero moldeado** Acero muy duro, rico en carbono, obtenido por moldeo de la fundición. **Acero rápido,** o **de corte rápido** Acero especial muy duro, utilizado para la confección de herramientas de corte que deben trabajar a gran velocidad. **Acero semiduro** Acero que contiene de 0,40 a 0,60 % de carbono. **Acero semisuave** Acero que contiene de 0,25 a 0,40 % de carbono. **Acero suave** Acero que contiene de 0,15 a 0,25 % de carbono. **Acero trefilado** Acero menos rico en carbono que el acero moldeado, que se hace pasar por la hilera para obtener hilos para cables.

acerola s.f. (ár. *zarûra*). Fruto del acerolo, parecido a una cereza amarilla pequeña.

acerolo s.m. Árbol o arbusto espinoso, de ramas cortas y frágiles, con flores blancas, cultivado por su fruto. (Familia rosáceas.) **2.** Acerola.

acérrimo, a adj. (lat. *acerrimus,* superl. de *acer,* agudo). Superlativo de *acre.* **2.** Muy fuerte, decidido o tenaz: *partidario, creyente acérrimo.*

acertado, a adj. Que actúa con acierto. **2.** Adecuado, oportuno: *una acertada combinación de colores.*

acertar v.tr. e intr. (de *cierto*) [conj.: *pensar*]. Dar en el punto previsto o propuesto: *acertar un tiro en el blanco.* **2.** Dar la solución o la respuesta verdadera a una pregunta, un acertijo, etc.: *contestó segura de que acertaba.* **3.** Dar un resultado o una solución correcta por azar: *acertó la combinación.* **4.** Conseguir el fin propuesto o adecuado. **5.** Encontrar, hallar: *acertar con la puerta a oscuras.* ◆ v.intr. Con la prep. *a* y un infinitivo, suceder lo que expresa el infinitivo de forma casual: *acertó a pasar por allí.*

acertijo s.m. Frase, verso, enunciado, etc., que encierra un enigma y que una persona propone a otra para que lo resuelva, a modo de entretenimiento. SIN.: *adivinanza.* **2.** Idea o expresión difíciles de entender.

acervo s.m. (lat. *acervus,* montón). Conjunto de bienes materiales o valores morales y culturales de una colectividad: *el acervo familiar; el acervo cultural de un país.* **2.** Montón de cosas muy pequeñas, como semillas, legumbres, etc.

acetábulo s.m. (lat. *acetabulum,* vasija para vinagre). ANAT. Cavidad articular del hueso coxal en la que se aloja la cabeza del fémur. **2.** ZOOL. Excavación de una concha o de un polípero, en la que el animal está fijado.

acetal s.m. Nombre genérico de los diéteres derivados de aldehídos y cetonas.

acetamida s.f. Amida del ácido acético (CH_3CONH_2).

acetato s.m. (del lat. *acetum,* vinagre). QUÍM. Sal del ácido acético: *acetato de cobre.* **2.** TEXT. Fibra artificial que se obtiene por la acción del anhídrido y el ácido acético sobre la celulosa.

acético, a adj. (del lat. *acetum,* vinagre). Relativo al vinagre; que produce vinagre. ◇ **Ácido acético** Ácido de fórmula CH_3CO_2H, aislado inicialmente del vinagre, al que proporciona su sabor característico. **Fermentación acética** Fermentación bacteriana que transforma el alcohol en ácido acético: *la fermentación acética del vino proporciona el vinagre.*

acetificación s.f. Acción de acetificar o acetificarse.

acetificar v.tr. y prnl. Convertir en ácido acético.

acetilcelulosa s.f. Éster acético de la celulosa. (Es una materia plástica incolora, mucho menos inflamable que la nitrocelulosa, con la que se fabrican láminas, hilos y barnices.)

acetilcoenzima a s.f. Coenzima que desempeña una función capital en el metabolismo de los alimentos y las reservas en los animales y en el ser humano.

acetilcolina s.f. Mediador químico liberado por los nervios parasimpáticos durante su funcionamiento.

acetilénico, a adj. Se dice del compuesto químico derivado del acetileno.

acetileno s.m. Hidrocarburo no saturado gaseoso con triple enlace C_2H_2, que se obtiene por la acción del agua sobre el carburo cálcico. (Se usa en cortes y soldaduras de metales, en disolventes y en la síntesis de poliamidas y cauchos sintéticos.)

acetilo s.m. (del lat. *acetum,* vinagre). Radical monovalente (CH_3CO—), derivado del ácido acético.

acetilsalicílico, a adj. **Ácido acetilsalicílico** Denominación científica de la aspirina.

acetiluro s.m. Derivado metálico del acetileno.

acetímetro o **acetómetro** s.m. Instrumento que sirve para medir la concentración de un vinagre.

acetona s.f. (del lat. *acetum,* vinagre). Líquido incoloro (CH_3COCH_3), de olor peculiar, volátil e inflamable, con una función cetona, que se utiliza como disolvente.

acetonemia s.f. Presencia anormal de acetona y otros compuestos análogos en la sangre, provocada por trastornos de metabolismo de los lípidos.

acetonuria s.f. MED. Presencia de acetona en la orina.

achabacanar v.tr. y prnl. Hacer chabacano o de mal gusto.

achacar v.tr. Atribuir, imputar.

achacoso, a adj. Que padece achaques o indisposición habitual.

achaflanar v.tr. Dar forma de chaflán, biselar.

achampanado, a o **achampañado, a** adj. Se dice de la bebida que imita al champán.

achanchar v.tr. y prnl. Amér. Debilitar. **2.** Argent. Perder potencia un motor. **3.** Colomb., Ecuad. y Perú. Hacer vida sedentaria.

achantar v.tr. y prnl. (de *chantar*). *Fam.* Apabullar, humillar, acobardar. ◆ **achantarse** v.prnl. *Fam.* Ocultarse mientras dura un peligro.

achaparrado, a adj. Bajo y grueso: *árbol achaparrado; persona achaparrada.*

achaque s.m. (ár. *šakâ,* queja, enfermedad). Enfermedad o molestia leves, especialmente las propias de la vejez.

acharar v.tr. (caló *jačare* quemazón). Avergonzar, azarar.

acharolado, a adj. Parecido al charol.

achatamiento s.m. Acción y efecto de achatar o achatarse. **2.** ASTRON. Aplastamiento de los polos de un astro en rotación.

achatar v.tr. y prnl. Dar forma chata a algo.

achatarrar v.tr. Convertir en chatarra.

achelense adj. y s.m. Se dice de la facies cultural más importante del paleolítico inferior, caracterizada por grandes piezas bifaciales de factura muy cuidada y por numerosas lascas aplanadas.

achicador s.m. Pala para achicar el agua de una embarcación.

achicadura s.f. Achicamiento.

achicamiento s.m. Acción y efecto de achicar o achicarse.

achicar v.tr. y prnl. Reducir el tamaño de una cosa. **2.** *Fig.* Acobardar: *achicarse ante la amenaza.* ◆ v.tr. Sacar el agua que inunda un lugar: *achicar un barco.*

achicharrar v.tr. y prnl. (voz de origen onomatopéyico). Freír, asar o tostar en exceso un alimento. ◆ v.tr., intr. y prnl. *Fig.* Calentar demasiado: *achicharrarse de calor.*

achichincle s.m. Méx. *Fam.* Ayudante, empleado cercano al jefe.

achicoria s.f. (lat. *cichoria,* pl. de *cichorium*). Planta herbácea de flores azules y grandes capítulos, cuyas hojas se consumen como ensalada o verdura. (Familia compuestas.) **2.** Raíz torrefacta de una variedad de achicoria, que se mezcla a veces con el café.

achinado, a adj. Se dice de las personas o de las facciones parecidas a las de la raza mongoloide. **2.** Amér. Aplebeyado. **3.** Argent., Par. y Urug. Que tiene facciones que denotan ascendencia india.

achiote s.m. Amér. Central, Bol. y Méx. Árbol de pequeño tamaño que da un fruto oval y carnoso cuya pulpa se usa como condimento y cuyas semillas se emplean para hacer un tinte de color rojo vivo. (Familia bixáceas.)

achira s.f. Amér. Merid. Planta herbácea propia de terrenos húmedos cuya raíz se utiliza, en medicina popular, contra la epilepsia.

achispar v.tr. y prnl. (de *chispa*). Poner ligeramente borracho.

acholado, a adj. Amér. Merid. Que tiene la tez o el pelo del mismo color que la del cholo. **2.** Chile. Avergonzado.

achuchar v.tr. Esp. *Fam.* Empujar. **2.** Esp. *Fam.* Dar estrujones, manosear. **3.** Esp. *Fam.* Aplastar, estrujar. **4.** Esp. Azuzar a los perros.

achucharse v.prnl. Argent. *Fam.* Asustarse. **2.** Argent., Par. y Urug. Contraer el paludismo. **3.** Argent., Par. y Urug. Tener escalofríos.

achuchón s.m. *Fam.* Acción y efecto de achuchar. **2.** *Fam.* Abrazo. **3.** *Fig.* y *fam.* Indisposición pasajera. **4.** *Fam.* Empeoramiento brusco del estado de un enfermo.

achunchar v.tr. Bol., Chile, Ecuad. y Perú. Avergonzar a alguien, atemorizar.

achuntar v.tr. Bol. y Chile. *Fam.* Acertar, dar en el blanco.

achura s.f. (voz quechua). Amér. Merid. Cualquier intestino o menudo del animal vacuno, lanar o cabrío. **2.** Amér. Merid. Desperdicio de una res.

achurar v.tr. Amér. Merid. Matar con arma blanca. **2.** Amér. Merid. Matar cruelmente. **3.** Amér. Merid. Sacar las achuras de una res.

aciago, a adj. (lat. *aegyptiacus,* egipcio, aplicado en la edad media a ciertos días considerados peligrosos). Que conlleva desgracia y causa tristeza o sufrimiento. **2.** Que presagia desgracias y mala suerte.

acial s.m. (ár. *ziyâr*). Instrumento que oprime el hocico o una oreja de las bestias para mantenerlas quietas mientras se las cura, esquila o hierra. **2.** Ecuad. y Guat. Látigo.

aciano s.m. (lat. *cyanus*). Planta con capítulos de flores azules, muy frecuente en los sembrados. (Familia compuestas.)

acíbar s.m. (ár. *ṣibar*). Sustancia amarga obtenida por maceración de varias especies de áloe y coloquíntida. **2.** Áloe, planta. **3.** *Fig.* Amargura, disgusto.

acicalamiento s.m. Acción de acicalar o acicalarse. **2.** Aseo o arreglo esmerado de una persona o cosa.

acicalar v.tr. y prnl. (del ár. *ṣaqal,* pulir). *Fig.* Adornar una cosa o arreglar mucho a una persona: *acicalarse para agradar.* **2.** *Fig.* Afinar, aguzar. ◆ v.tr. Limpiar, bruñir, principalmente las armas blancas.

acicate s.m. (ár. *sikkât,* pl. de *síkka,* punzón). *Fig.* Estímulo, incentivo. **2.** Espuela con solo una punta de hierro.

acicatear v.tr. Estimular, incitar a alguien.

acíclico, a adj. Que se produce sin ciclo. **2.** Se dice de los compuestos orgánicos de cadena abierta.

acicular adj. (del lat. *acucula,* dim. de *acus,* aguja). Que tiene forma de aguja. **2.** BOT. Que termina en punta. **3.** MINER. Que cristaliza en finas agujas.

acida s.f. Sal del ácido nitrhídrico (N_3H).

acidemia s.f. Acidosis.

acidez s.f. Cualidad de ácido. **2.** QUÍM. Cantidad de ácido que contiene una sustancia. ◇ **Acidez gástrica** Hiperclorhidria.

acid house s.m. (voz inglesa). Estilo musical nacido a finales de los años ochenta, que deriva del house y se caracteriza por la utilización de ritmos minimalistas y sonidos penetrantes. (También *acid.*)

acidificar v.tr. Hacer ácido. **2.** QUÍM. Transformar algún elemento en ácido.

acidimetría s.f. Medida de la concentración de un ácido.

ácido, a adj. (lat. *acidus*). Que tiene sabor parecido al del vinagre o al del limón. **2.** *Fig.* Áspero, desabrido. **3.** QUÍM. Que posee las propiedades de los ácidos: *solución ácida.*

◆ s.m. Compuesto hidrogenado que en disolución acuosa produce iones H^+, que actúa sobre las bases y sobre numerosos metales formando sales por sustitución del hidrógeno por el metal, y que hace virar al rojo la tintura de tornasol. **2.** En el lenguaje de la droga, variedad de LSD, compuesto del ácido lisérgico. ◇ **Roca ácida** GEOL. Roca endógena que contiene más del 65 % de sílice.

ácido-alcalimetría s.f. Medida del carácter ácido o alcalino de un medio.

acidocetosis s.f. MED. Acidosis acompañada de la presencia de cetona en la sangre, observada en las diabetes graves.

acidófilo, a adj. Se dice de la planta que se desarrolla bien en suelos ácidos, como el brezo.

acidosis s.f. Estado patológico de la sangre que presenta reacción ácida, característica de las diabetes graves, intoxicaciones, etc. SIN.: *acidemia.*

acidular v.tr. y prnl. Poner acídulo un líquido.

acídulo, a adj. (lat. *acidulus,* dim. de *acidus,* ácido). Ligeramente ácido.

acierto s.m. Acción y efecto de acertar. **2.** *Fig.* Destreza, habilidad. **3.** *Fig.* Cordura, tino.

ácigos adj. y s.f. (gr. *azygos,* no aparejado). Se dice de la vena que comunica entre sí las dos cavas.

acilación s.f. Fijación de un radical acilo en una molécula.

acilo s.m. Radical orgánico (RCO—), presente en los ácidos carboxilados.

ácimo o **ázimo** adj. y s.m. (gr. *azymos*). Se dice del pan sin levadura utilizado ritualmente en la Pascua judía. **2.** Se dice del pan utilizado por la iglesia latina en el sacrificio eucarístico.

acimut o **azimut** s.m. (ár. *sumût*) [pl. *acimuts* o *azimuts*]. ASTRON. Ángulo diedro orientado, de arista vertical, que forma el plano vertical que pasa por un punto dado con el plano meridiano del lugar. ◇ **Acimut magnético** Ángulo formado por una dirección y el norte magnético.

acimutal o **azimutal** adj. Relativo al acimut.

acinesia s.f. MED. Síntoma neurológico, típico de la enfermedad de Parkinson, que consiste en la dificultad para realizar algunos movimientos voluntarios.

ácino s.m. (gr. *akinos,* especie de albahaca) [pl. *ácini*]. Masa redondeada de algunas células secretoras, alrededor del extremo sin salida del conducto de una glándula.

ación s.f. (del ár. *siyûr,* pl. de *sáir,* correa). Correa que sostiene el estribo de la silla de montar.

acionera s.f. Argent., Chile y Urug. Pieza de metal o de cuero, fija en la silla de montar, de la que cuelga la ación.

acivilarse v.prnl. Chile. Contraer matrimonio civil.

aclamación s.f. Acción de aclamar. ◇ **Por aclamación** Sin discusión: *elegir por aclamación.*

aclamar v.tr. (lat. *acclamare*). Dar voces una multitud para mostrar su aprobación o afinidad a alguien o a algo: *aclamar a la reina; aclamar la revolución.* **2.** Otorgar por unanimidad un cargo u honor: *aclamar como caudillo.*

aclaración s.f. Acción de aclarar o aclararse. **2.** Explicación oral o escrita que aclara algo.

aclarado s.m. Acción de aclarar con agua lo que está enjabonado.

aclarar v.tr. y prnl. Hacer menos oscuro o menos espeso: *aclarar un color; aclarar una salsa.* **2.** Hacer más perceptible la voz. **3.** *Fig.* Poner en claro, manifestar, explicar, dilucidar: *aclarar un asunto.* **4.** Aguzar o ilustrar los sentidos o facultades: *aclarar la mente.* ◆ v.tr. Enjuagar con abundante agua lo que está enjabonado: *aclarar los platos, la ropa.* **2.** AGRIC. Proceder al aclareo. ◆ v.intr. y prnl. Amanecer, clarear, serenarse el tiempo. ◆ **aclararse** v.prnl. *Fig.* y *fam.* Poner una persona sus ideas en claro. **2.** Purificarse un líquido.

aclaratorio, a adj. Que aclara, explica: *nota aclaratoria.*

aclareo s.m. Acción de aclarar, hacer menos espeso. **2.** AGRIC. Acción de suprimir plantas en un sembrado o árboles en un bosque.

aclimatación s.f. Acción y efecto de aclimatar o aclimatarse. **2.** Conjunto de cambios que permiten a un ser vivo subsistir y reproducirse en un medio o un clima nuevos.

aclimatamiento s.m. Aclimatación.

aclimatar v.tr. y prnl. Acostumbrar a un ser vivo a un clima, situación o ambiente que no le es habitual. **2.** *Fig.* Hacer que una cosa se desarrolle en un lugar distinto de aquel en que tuvo origen.

aclínico, a adj. (del gr. *aklinés,* no inclinado). Se dice del lugar en el que la inclinación de la aguja imantada es nula.

acmé s.f. (gr. *aké,* punta). Fase de una enfermedad en que sus síntomas alcanzan el mayor grado de intensidad.

acmeísmo s.m. Escuela literaria rusa que ensalza la vida y la sencillez de estilo, creada a principios del s. XX como reacción contra el simbolismo.

acné o **acne** s.m. (gr. *akhne,* película). Enfermedad cutánea caracterizada por la aparición de pequeñas pústulas y comedones, especialmente en la cara y la espalda.

acobardamiento s.m. Acción y efecto de acobardarse.

acobardar v.tr., intr. y prnl. Hacer que alguien sienta miedo o temor.

acocil o **acocili** s.m. Crustáceo parecido al camarón, muy común en lagos y ríos mexicanos. (Familia astácidos.)

acocote s.m. Calabaza larga, agujereada por ambos extremos, que se usa en México para extraer el jugo del maguey.

acodado, a adj. Doblado en forma de codo: *tubo acodado.*

acodadura s.f. Acción y efecto de acodar o acodarse.

acodalamiento s.m. Acción y efecto de acodalar.

acodalar v.tr. ARQ. Poner codales a un vano o a una excavación.

acodar v.tr. Doblar en forma de codo. **2.** Doblar una rama de una planta hasta introducirla en la tierra para que arraigue. ◆ **acodarse** v.prnl. Apoyarse sobre los codo en una superficie: *acodarse en la mesa.*

acoderamiento s.m. MAR. Acción de acoderar un barco.

acoderar v.tr. y prnl. (de *codo*). MAR. Mantener el barco en una posición determinada con la ayuda del ancla.

acodillar v.tr. Doblar barras metálicas, tubos, clavos, etc.

acodo s.m. Acción de acodar una planta. **2.** Vástago o tallo nuevo que nace al acodar una planta. **3.** ARQ. **a.** Moldura que forma el cerco de un vano de puerta o ventana. **b.** Resalto en la parte inferior de una dovela.

acoger v.tr. y prnl. (de *coger*). Recibir a una persona en un lugar que le sirve como vivienda o refugio: *acoger a un indigente, a un refugiado.* **2.** Dar protección, refugio o amparo. **3.** Recibir a alguien o algo con una actitud determinada: *acoger bien una propuesta.* **4.** Aceptar o aprobar: *acoger un proyecto.* ◆ **acogerse** v.prnl. Valerse de pretextos o ampararse en una disposición legal, un reglamento, una costumbre para justificar una acción o una omisión: *acogerse a la amnistía fiscal.*

acogida s.f. Acción de acoger o acogerse. **2.** Recibimiento: *tener una obra buena acogida.* **3.** Afluencia de agua u otro líquido.

acogido, a s. Persona acogida en un establecimiento de beneficencia.

acogimiento s.m. Acogida, recibimiento, refugio, aceptación. ◇ **Acogimiento familiar** DER. Entrega de menores, huérfanos o abandonados, con carácter permanente o temporal, a personas que se obligan a prestarles los cuidados propios de un padre de familia, sin hacerles objeto de explotación. (Se diferencia de la adopción en que el acogimiento no produce cambios en el estado familiar.)

acogotar v.tr. Matar con un golpe en el cogote. **2.** *Fig.* Intimidar o dominar: *acogotar al enemigo.* **3.** *Fam.* Derribar a alguien sujetándolo por el cogote.

acojonante adj. *Vulg.* Que acojona, en especial que impresiona mucho.

acojonar v.tr. y prnl. *Vulg.* Intimidar, atemorizar. **2.** Impresionar, asombrar.

acolchado, a adj. Se dice de los tejidos reforzados mediante la adición de tramas suplementarias, o del conjunto formado por dos telas basteadas entre las que se ha introducido un relleno de algodón, seda, lana u otra fibra. ◆ s.m. Acción de acolchar. **2.** Argent. Cobertor relleno de materia suave que se pone sobre la cama para adorno o abrigo.

acolchar v.tr. (de *colcha*). Poner lana, algodón, etc., entre dos telas y bastearlas. SIN.: *almohadillar.*

acolhua, pueblo amerindio del grupo nahua que en el s. XIII ocupó el Valle de México y constituyó el reino de Texcoco.

acolia s.f. (de *a* y gr. *khole,* bilis). MED. Ausencia o disminución notable de la secreción biliar.

acolitado s.m. Orden menor católica mantenida por la reforma de 1972. SIN.: *acolitazgo.*

acolitar v.intr. y tr. Amér. Ejercer de acólito.

acólito s.m. (lat. tardío *acolythus*). Clérigo o laico que ha recibido el acolitado. **2.** Persona que acompaña y sirve a otra; cómplice. **3.** Monaguillo que ayuda en funciones religiosas.

acollador s.m. MAR. Cabo para atirantar los obenques u otras jarcias.

acollar v.tr. (cat. *acollar,* unir, atornillar, acollar) [conj.: *contar*]. AGRIC. Poner tierra nueva al pie de una planta; cubrir de tierra. **2.** MAR. Tesar, atirantar un cabo halando de los acolladores.

acollarar v.tr. Argent., Chile y Urug. Unir por el cuello a dos animales para que marchen juntos. ◆ v.tr. y prnl. Amér. *Fig.* Unir a dos personas o cosas.

acomedirse v.prnl. [conj.: *pedir*]. Amér. Ofrecerse espontáneamente a hacer un servicio.

acometer v.tr. Atacar con ímpetu y fuerza: *el toro acometió al espada.* **2.** Venir o surgir súbitamente: *acometer la tos, la risa, una enfermedad.* **3.** Emprender, generalmente con ímpetu o energía, la realización de algo, en especial cuando es difícil o complicado: *acometer una ardua empresa.*

acometida s.f. Acción de acometer. **2.** Instalación de una derivación o ramal secundario. SIN.: *acometimiento.* **3.** Punto de una línea o conducto de un fluido en el que se ha instalado una derivación o ramal secundario. SIN.: *acometimiento.*

acometividad s.f. Determinación, fuerza, empuje para emprender una labor, un proyecto, etc.

acomodación s.f. Acción y efecto de acomodar o acomodarse. **2.** FISIOL. Modificación de la curvatura del cristalino del ojo para hacer más nítida la visión a distancias diferentes.

acomodadizo, a adj. Que se acomoda fácilmente a todo: *persona acomodadiza.* SIN.: *acomodaticio.* **2.** Se dice de la interpretación, significado, manera de pensar, que pueden aplicarse a diversas circunstancias. SIN.: *elástico.*

acomodado, a adj. Que tiene una buena posición económica: *familia acomodada.* **2.** Adecuado, conveniente, oportuno. **3.** Que es moderado en el precio. ◆ s. Argent. Persona que disfruta de un puesto por sus influencias.

acomodador, ra s. Persona que se ocupa de indicar el lugar que deben ocupar los concurrentes a un espectáculo, ceremonia, etc.

acomodamiento s.m. Acción de acomodar. **2.** Trato o acuerdo sobre algún asunto.

acomodar v.tr. y prnl. (lat. *commodare*). Poner a una persona o cosa en un lugar conveniente o cómodo. **2.** Proporcionar ocupación o empleo. **3.** Argent. Enchufar, colocar a alguien en un puesto por medio de influencias. ◆ v.tr. Ordenar, componer, ajustar una cosa con otra: *acomodar la puerta al marco.* **2.** *Fig.* Aplicar, adaptar: *acomodar un traje a la moda.* ◆ v.tr. e intr. Agradar, parecer o ser conveniente: *no le acomoda su trabajo.* ◆ v.tr., intr. y prnl. *Fig.* Armonizar, ajustar a una norma: *acomodar a la ley vigente.* ◆ **acomodarse** v.prnl. Avenirse, conformarse: *acomodarse a la pobreza.*

acomodaticio, a adj. Acomodadizo, que se acomoda fácilmente a todo.

acomodo s.m. Empleo, ocupación, conveniencia. **2.** Lugar conveniente o apropiado para vivir: *buscar acomodo en la ciudad.* **3.** Argent. Enchufe, empleo u ocupación que se obtiene por medio de influencias.

acompañado, a adj. *Fam.* Concurrido. **2.** HERÁLD. Se dice de una pieza o figura principal que tiene a los lados piezas de segundo orden.

acompañamiento s.m. Acción de acompañar. **2.** Gente que acompaña a alguien: *el acompañamiento de una boda.* **3.** Guarnición de una comida. **4.** MÚS. Parte o partes accesorias instrumentales o vocales, que dan soporte a una parte principal vocal o instrumental.

acompañanta s.f. Mujer que acompañaba a otra, generalmente como señora de compañía. **2.** Aya.

acompañante adj. y s.m. y f. Se dice de la persona que acompaña.

acompañar v.tr. y prnl. Estar una persona con alguien o ir junto a él. **2.** MÚS. Dar soporte al canto o a un instrumento mediante un acompañamiento. ◆ v.tr. Ir una cosa junto con otra: *una tarjeta acompaña las flores.* **2.** Existir u ocurrir una cosa al mismo tiempo que otra: *un fuerte viento acompañaba al frío.* **3.** Agregar o añadir una cosa a otra: *acompañar la carta con un informe.* **4.** Comer o beber algo al mismo tiempo que otro alimento o bebida. **5.** Tener una persona una determinada cualidad, fortuna, etc.: *no le acompaña la suerte.* **6.** Compartir con otro un sentimiento o un estado de ánimo. **7.** Hacer compañía.

acompasado, a adj. Que sigue un ritmo o compás. **2.** *Fig.* Que habla o anda de forma reposada o pausada.

acompasar v.tr. Compasar.

acomplejar v.tr. y prnl. Causar a alguien un complejo.

aconchabarse v.prnl. *Fam.* Conchabarse.

aconcharse v.prnl. Chile. Clarear un líquido por sedimentación de los pasos en el fondo del recipiente.

acondicionado, a adj. Que está en las condiciones o tiene la calidad que se expresa: *mercancía bien acondicionada.* **2.** De buen o mal genio o condición. ◇ **Aire acondicionado** Aire al que se ha dado una temperatura y un grado higrométrico determinados.

acondicionador s.m. Aparato que permite dar a la atmósfera de un recinto las características de temperatura, presión y humedad que se desean.

acondicionamiento s.m. Acción y efecto de acondicionar.

acondicionar v.tr. Disponer una cosa para un determinado fin: *acondicionar la casa para vivir.* **2.** Dar cierta condición o cualidad. **3.** Dar a un espacio cerrado unas condiciones de temperatura y humedad apropiadas. SIN.: *climatizar.* **4.** Embalar una mercancía con vistas a su presentación comercial.

acondroplasia s.f. Anomalía en la osificación de los cartílagos que provoca un acentuado enanismo, especialmente en las extremidades.

aconfesional adj. Que no es confesional.

acongojar v.tr. y prnl. Causar angustia, preocupación o congoja a una persona. **2.** Entristecer mucho.

aconitina s.f. Alcaloide muy tóxico extraído de la raíz de una de las especies de acónito, que se utiliza como analgésico en dosis muy pequeñas.

acónito s.m. (gr. *akoniton*). Planta venenosa que crece en las regiones montañosas, de 1 m de altura aprox., cultivada a menudo en jardinería, de hojas verde oscuro y flores violáceas con el pétalo superior en forma de casco. (Familia ranunculáceas.)

aconsejar v.tr. Indicar a alguien lo que puede o debe hacer: *le aconsejo que no vaya.* **2.** Dar consejo: *aconsejar a los hijos.* ◆ **aconsejarse** v.prnl. Pedir consejo: *aconsejarse de los mayores.*

aconsonantar v.tr. Rimar los versos en forma consonante. ◆ v.intr. Ser una palabra consonante de otra: *higuera aconsonanta con ribera.*

acontecer v.intr. (del ant. *contir,* del lat. *contingere,* tocar, suceder) [conj.: *parecer*]. Producirse un hecho, suceder. ◆ s.m. Acaecimiento.

acontecimiento s.m. Suceso importante.

a contrariis loc. (voces latinas). Se dice del argumento que, partiendo de una oposición en las hipótesis, concluye de una de ellas lo contrario de lo que es sabido de la otra.

acopiar v.tr. (de *copia*). Juntar, reunir: *acopiar datos.*

acopio s.m. Acción y efecto de acopiar. SIN.: *acopiamiento.*

acoplado s.m. Amér. Merid. Vehículo para ser remolcado, remolque.

acoplador, ra adj. Que acopla. ◆ s.m. Dispositivo de acoplamiento.

acoplamiento s.m. Acción de acoplar, ajustar, unir. **2.** Dispositivo que permite unir dos o más elementos de un mecanismo.

acoplar v.tr. (de *copla,* estrofa). Unir dos piezas u objetos de modo que ajusten. **2.** Unir, conectar entre sí dos o varios aparatos eléctricos: *acoplar dos motores en serie.* **3.** Parear dos animales para yunta o tronco. **4.** Argent., Chile, Perú, Par. y Urug. Unir, agregar un vehículo a otro para que lo remolque. ◆ v.tr. y prnl. Aparejar el macho y la hembra con fines de reproducción. ◆ **acoplarse** v.prnl. Producirse interferencias entre dos sistemas acústicos, generalmente un pitido. **2.** Argent., Perú y Urug. Unirse a otra u otras personas para acompañarlas. ◇ **Acoplar dos máquinas** Hacer solidario el árbol motor de una de ellas con el resistente de la otra, estando ambos situados sobre un mismo eje de giro.

acoquinamiento s.m. Acción de acoquinar o acoquinarse.

acoquinar v.tr. y prnl. (fr. *acoquiner,* acostumbrar a un hábito degradante). *Fam.* Acobardar, amilanar.

acorazado, a adj. Que tiene sus elementos principales protegidos por un blindaje: *buque acorazado; vehículo acorazado.* ◆ s.m. Buque de guerra dotado de una artillería poderosa y protegido por gruesos blindajes. ◇ **Arma acorazada** Agrupación del ejército provista de medios acorazados.

acorazamiento s.m. Acción de acorazar.

acorazar v.tr. (de *coraza*). Revestir con planchas metálicas, especialmente un buque u otro vehículo. ◆ **acorazarse** v.prnl. Hacerse fuerte, prepararse para soportar un ataque.

acorazonado, a adj. Que tiene forma de corazón: *hoja acorazonada.*

acorchado, a adj. Que es esponjoso, blando y seco como el corcho: *resina acorchada.* **2.** Se dice de la madera que hace botar la herramienta al trabajarla.

acorchamiento s.m. Acción de acorcharse.

acorcharse v.prnl. Ponerse una cosa como el corcho: *acorcharse la madera, la fruta.*

acordada s.f. DER. Comunicación de oficio entre autoridades. **2.** DER. En ciertos países hispanoamericanos, fallo solemne dado por el tribunal superior con asistencia de todos sus miembros.

acordado, a adj. Armonioso, proporcionado. ◆ s.m. DER. **a.** Referencia que se hace a una resolución reservada de carácter disciplinario. **b.** Resolución de los tribunales por la cual se manda observar lo que anteriormente se resolvió sobre el mismo asunto.

acordar v.tr. (del lat. *cors, cordis,* corazón) [conj.: *contar*]. Resolver algo varias personas de común acuerdo o por mayoría de votos: *acordar un pacto.* **2.** Determinar o resolver algo una persona sola: *el marido acordó pedir el divorcio.* **3.** Armonizar los colores de una pintura. **4.** DER. Dictar los jueces y tribunales alguna providencia que debe comunicarse a las partes. **5.** MÚS. Templar las voces o instrumentos para que no disuenen. ◆ v.intr. Concordar una cosa con otra. ◆ **acordarse** v.prnl. Recordar, traer a la memoria: *acordarse de la niñez.*

acorde adj. Que está conforme, de acuerdo: *opiniones acordes.* **2.** Con la prep. *con,* en armonía, en consonancia: *traje acorde con la ceremonia.* ◆ s.m. MÚS. Superposición de notas que guardan las reglas de la armonía: *acordes consonantes, disonantes.*

acordeón s.m. (fr. *acordéon*). Instrumento musical de viento formado por un fuelle rectangular y dos armazones con filas de botones, que produce el sonido mediante la vibración de unas lengüetas metálicas. (El acordeón se cuelga de los hombros y se sujeta con ambas manos por los lados, de modo que se abre y se cierra el fuelle con la izquierda y se pulsan las teclas y los botones con las dos.)

acordeonista s.m. y f. Persona que toca el acordeón, en especial si lo hace profesionalmente.

acordonamiento s.m. Acción de acordonar.

acordonar v.tr. Sujetar o ceñir con un cordón. **2.** Rodear o incomunicar un lugar con un cordón: *la policía acordonó el edificio; acordonar la ciudad.* **3.** Formar el cordoncillo en el canto de las monedas.

acornar v.tr. [conj.: *contar*]. Acornear.

acornear v.tr. Dar cornadas.

ácoro s.m. (gr. *ákoros*). Planta originaria de la India que crece en estanques y riberas, de flores verdosas y raíz aromática, que se cultiva en Europa.

acorralamiento s.m. Acción y efecto de acorralar.

acorralar v.tr. Encerrar el ganado en un corral. **2.** *Fig.* Encerrar o rodear a alguien a quien se persigue para que no pueda escapar: *acorralar a los secuestradores.* **3.** *Fig.* Dejar confundido: *acorralar con preguntas maliciosas.* **4.** EQUIT. Hacer que se encabrite el caballo.

acortamiento s.m. Acción y efecto de acortar o acortarse.

acortar v.tr., intr. y prnl. Disminuir la longitud, duración o cantidad de algo: *acortar un vestido, las visitas.*

acosar v.tr. (ant. *cosso,* curso). Perseguir sin dar tregua. **2.** *Fig.* Importunar, fatigar con molestias y trabajos. **3.** Hacer galopar al caballo.

acoso s.m. Acción y efecto de acosar. SIN.: *acosamiento.*

acostado, a adj. HERÁLD. Se dice de una pieza vertical o de un sotuer acompañado de piezas de segundo orden.

acostar v.tr. y prnl. (del lat. *costa,* costilla, costado, lado) [conj.: *contar*]. Poner a alguien horizontalmente para que descanse, especialmente en la cama. **2.** MAR. Arrimar o acercar el costado de una embarcación. ◆ v.intr. y prnl. Inclinarse hacia un lado, especialmente los edificios. ◆ v.intr. MAR. Llegar a la costa. ◆ **acostarse** v.prnl. *Fam.* Tener relaciones sexuales.

acostumbrar v.tr. y prnl. Hacer adquirir una costumbre: *acostúmbralo a madrugar; acostumbrarse a una nueva vida.* ◆ v.intr. Tener costumbre: *acostumbra* a *salir de noche.*

acotación s.f. Acotamiento. **2.** Señal puesta en el margen de algún escrito o impreso. **3.** Nota que aparece en un texto teatral o en un guion cinematográfico con indicaciones y explicaciones sobre todo lo relativo a la escenografía, acción, movimiento de los actores, etc.

1. **acotado** s.m. Terreno de propiedad privada limitado por hitos, cotos o mojones.

2. **acotado, a** adj. Que contiene acotaciones. **2.** MAT. Que posee una cota.

acotamiento s.m. Delimitación de un terreno privado con hitos, cotos o mojones. SIN.: *acotación.* **2.** Delimitación de algo material o inmaterial, o restricción en el uso de algo. SIN.: *acotación.* **3.** Méx. Arcén.

1. **acotar** v.tr. (de *coto,* término, límite). Amojonar un terreno con hitos, cotos o mojones: *acotar una finca.* **2.** Fijar, limitar.

2. **acotar** v.tr. (de *cota,* marca que en un plano indica la altura de un punto). Poner acotaciones al margen de un escrito. **2.** Indicar mediante cifras en un plano, croquis, etc., las dimensiones correspondientes a sus diversos elementos, con arreglo a determinada escala.

acoyuntar v.tr. Reunir dos labradores las caballerías sin pareja para formar yunta a medias.

acqua-toffana s.f. (del ital. *acqua,* agua, y *Toffana,* nombre de mujer). HIST. Veneno célebre en Italia el s. XVI.

acracia s.f. (de *a* y gr. *cracia,* poder). Doctrina política que pretende la desaparición del estado y de sus organismos e instituciones y defiende la libertad del individuo por encima de cualquier autoridad. SIN.: *anarquía, anarquismo.*

ácrata adj. y s.m. y f. Relativo a la acracia; partidario de la acracia. SIN.: *anarquista, libertario.*

1. **acre** adj. (lat. *acer, acris,* agudo, penetrante). Se dice del olor o sabor áspero y penetrante y de las cosas que lo tienen. **2.** *Fig.* Se dice del lenguaje o carácter áspero y desagradable. **3.** MED. Se dice del calor febril acompañado de una sensación pruriginosa.

2. **acre** s.m. (ingl. *acre*). Antigua medida agraria que equivale a 40 a y 47 ca.

acrecencia s.f. Acrecentamiento. **2.** DER. Derecho de los coherederos o colegatarios sobre las porciones de la herencia que quedan vacantes. **3.** DER. Bienes adquiridos por tal derecho.

acrecentamiento s.m. Aumento del valor, intensidad, tamaño o cantidad de algo.

acrecentar v.tr. y prnl. [conj.: *pensar*]. Aumentar el valor, intensidad, tamaño o cantidad de algo: *acrecentar la fortuna.*

acreción s.f. Crecimiento de un cuerpo por adición de partículas desde el exterior.

acreditación s.f. Documento que acredita a una persona.

acreditado, a adj. Afamado, ilustre, reputado. **2.** Que tiene autorización por parte de su país, empresa o agrupación para desempeñar una función determinada: *periodistas acreditados.*

acreditar v.tr. Demostrar la verdad o autenticidad de algo. **2.** Dar crédito o garantía: *acreditar un producto.* **3.** Autorizar a alguien mediante un documento para desempeñar una función. **4.** Abrir un crédito por medio de una carta credencial que el banco remite a su cliente. **5.** CONTAB. Abonar. ◆ **acreditarse** v.prnl. Alcanzar crédito o reputación: *acreditarse como novelista.*

acreditativo, a adj. Que acredita.

acreedor, ra adj. y s. (del ant. *acreer,* dar prestado). Que tiene derecho a pedir el cumplimiento de una obligación, especialmente de pago. ◆ adj. Que merece algo: *acreedor a un premio.*

acreencia s.f. Amér. Crédito.

acrescente adj. BOT. Se dice de las partes de la flor distintas del ovario que siguen creciendo tras la fecundación.

acribillar v.tr. (lat. vulgar *cribellare,* cribar). Hacer muchas heridas o picaduras: *acribillar a balazos; lo acribillaron los mosquitos.* **2.** Hacer muchos agujeros en una cosa. **3.** *Fig.* y *fam.* Molestar con insistencia: *lo acribillaron a preguntas.*

acrídido, a adj. y s.m. (del gr. *akris, akrídos,* saltamontes). Relativo a una familia de insectos ortópteros saltadores, voladores, generalmente vegetarianos y con fuerte tendencia al gregarismo, como la langosta o el saltamontes.

acrílico, a adj. Se dice del ácido obtenido por oxidación de la acroleína, cuyos ésteres se polimerizan formando vidrios orgánicos. **2.** Se dice de la fibra textil sintética obtenida por polimerización simultánea del nitrilo de ácido acrílico con otros monómeros. **3.** Se dice la pintura obtenida por la dispersión de pigmentos en un látex formado por la polimerización de metacrilato de metilo. ◆ s.m. QUÍM. Nombre genérico de una familia de polímeros o de copolímeros de los ácidos acrílico o metacrílico y sus derivados.

acrimonia s.f. (lat. *acrimonia*). Aspereza y picor de las cosas al gusto o al olfato. **2.** Aspereza en el lenguaje, en el carácter o en el trato. SIN.: *acritud.*

acriollado, a adj. Propio de criollos.

acriollarse v.prnl. Amér. Adquirir un extranjero los usos y costumbres del país.

acrisolar v.tr. Depurar un metal en el crisol. **2.** *Fig.* Purificar, apurar: *acrisolar la virtud.* ◆ v.tr. y prnl. *Fig.* Poner de manifiesto una cualidad moral por medio de pruebas: *acrisolar el patriotismo.*

acristianar v.tr. *Fam.* Bautizar a alguien. **2.** Convertir al cristianismo.

acritud s.f. (lat. *acritudo*). Acrimonia.

acrobacia s.f. Ejercicio o conjunto de ejercicios realizados por un acróbata. **2.** Profesión del acróbata. ◇ **Acrobacias aéreas** AERON. Maniobras de destreza realizadas durante un vuelo y empleadas corrientemente en los combates aéreos. SIN.: *acrobatismo.*

acróbata s.m. y f. (fr. *acrobate,* gr. *akróbatos*). Persona que realiza ejercicios gimnásticos o de equilibrio, generalmente en un espectáculo.

acrobático, a adj. Relativo a la acrobacia: *saltos acrobáticos.*

acrobatismo s.m. Acrobacia, profesión o actividad del acróbata.

acrocefalia s.f. Malformación patológica craneal caracterizada por la forma cónica del cráneo.

acrocéfalo, a adj. y s. Que padece acrocefalia.

acrocianosis s.f. MED. Alteración de la circulación en las extremidades, lo que les da una coloración azulada.

acrodinia s.f. MED. Enfermedad infantil de las partes distales del cuerpo (manos, pies, nariz), que aparecen tumefactas, azuladas y con sensación dolorosa, y que se acompaña de trastornos nerviosos y circulatorios.

acrofobia s.f. Temor patológico a las alturas.

acroleína s.f. Aldehído etilénico ($CH_2{=}CH{-}CH{=}O$), líquido volátil de olor acre que se obtiene por deshidratación de la glicerina; sus vapores causan lacrimación.

acromático, a adj. Que no tiene color. **2.** Se dice del componente celular que no es teñido por los colorantes.

acromatismo s.m. Supresión de las irisaciones que acompañan a la imagen de un objeto obtenida mediante una lente. **2.** Propiedad de las lentes acromáticas.

acromatopsia s.f. Afección ocular que impide distinguir los colores.

acromegalia s.f. Enfermedad caracterizada por un desarrollo exagerado de los huesos de la cara y de las manos y pies, debida al hiperfuncionamiento de la hipófisis.

acromion o **acromio** s.m. Apófisis superior del omóplato, en forma triangular.

acrónimo s.m. Palabra formada por las primeras letras de las palabras de una expresión compuesta. (Ej.: *COBOL, Common Business Oriented Language.*) [V. cuadro pág. siguiente.]

ácrono, a adj. Intemporal, fuera del tiempo.

acrópolis s.f. Parte más elevada de las ciudades griegas, que servía de ciudadela. (La mejor conservada es la Acrópolis de Atenas.)

acróstico, a adj. y s.m. (gr. *akrostikhion,* de *akros,* extremo, y *stikhos,* verso). Se dice de la composición poética en la cual las letras iniciales, medias o finales de los versos forman, leídas verticalmente, una palabra o una frase.

acrotera o **acroteria** s.f. (gr. *akroterion*). Pedestal, generalmente ornamentado, dispuesto en cada extremo y en la cúspide de un frontón. **2.** Adorno de tierra cocida o mármol de este pedestal.

acsu s.f. Bol. y Perú. Saya o túnica usada por las collas quechuas.

acta s.f. (lat. *acta,* p. de *agere,* obrar, hacer). Relación escrita de lo tratado o acordado en una junta, asamblea, etc. **2.** Documento en que una autoridad certifica un hecho. **3.** Certificación en que consta la elección de una persona para cierto cargo: *acta de diputado.* ◆ **actas** s.f.pl. Documento donde se publican los trabajos presentados en congresos o reuniones de carácter técnico o científico. **2.** Relato contemporáneo y autorizado de los hechos de la vida de un mártir. ◇ **Acta de navegación** DER. Disposición dictada para fomentar el comercio y la marina mercante. **Acta de registro civil** DER. Diligencia que se extiende en el libro del registro civil. **Acta notarial** DER. Documento de un notario que certifica uno o más hechos que presencia o autoriza. **Levantar acta** Redactarla.

ACTH (sigla del ingl. *adreno-cortico-trophic-hormone*), hor-

acrónimos

Los acrónimos son palabras formadas a partir de segmentos de dos o más voces que constituyen un sintagma. Generalmente, se forman con el segmento inicial de la primera y el final de la segunda, aunque existen también otras combinaciones.

características	ejemplos
Los segmentos que se toman de cada palabra de la expresión original no tienen en cuenta ni los morfemas ni su estructura silábica.	*teleñeco* (de *tele*visión y mu*ñeco*) *ofimática* (de *ofi*cina e infor*mática*) *taquimeca* (de *taquí*grafa y *meca*nógrafa) *tergal* (de poliés*ter* y *gal*o)
Pueden dar lugar a sustantivos y adjetivos.	*Eurasia* (sustantivo) *alfanumérico* (adjetivo)
Si la segunda de las voces del sintagma original es corta, se suele conservar entera.	*frontenis* (de *frontón* y *tenis*) *docudrama* (de *docu*mental y *drama*)
Algunos neologismos del español son acrónimos de otras lenguas.	*bit* (de *binary digit*) *motel* (de *motor hotel*) *láser* (de *light amplification by stimulated emission of radiation*) *cedé* (de *CD, compact disc*) *inri* (de *Iesus Nazarenus Rex Iudeorum*)
Algunos acrónimos han llegado a generar sufijos.	*euro-* (de europeo) *expo-* (de exposición) *narco-* (de narcótico)
Ciertos acrónimos provienen de la lexicalización de siglas.	*ovni* (de objeto volante no identificado) *abecé* (*a, b, c*) *sida* (de síndrome de inmunodeficiencia adquirida).

mona de la hipófisis que estimula la secreción de la corteza suprarrenal.

acting out s.m. (voces inglesas). Acción que toma el lugar de una palabra en un tratamiento psicoanalítico.

actinia s.f. Invertebrado marino de cuerpo carnoso y provisto de numerosos tentáculos que vive fijado en las rocas litorales. (Subtipo cnidarios; clase antozoos.) SIN.: *anémona de mar.*

actínico, a adj. Se dice de las radiaciones que produce una acción química, como las de los rayos ultravioletas.

actínido adj. y s.m. Se dice del elemento químico radiactivo de numero atómico comprendido entre el 89 y el 103.

actinio s.m. (gr. *aktís, aktînos,* rayo). Metal radiactivo muy escaso, de color plateado, que se forma por la transformación del uranio y el radio. **2.** Elemento químico (Ac), de número atómico 89.

actinología s.f. Ciencia que estudia el efecto de la luz y de las radiaciones sobre las funciones humanas y animales.

actinomicetal adj. y s.m. y f. Relativo a un orden de hongos microscópicos muy parecidos a las bacterias. (Los hongos actinomicetales juegan un papel importante en la formación del humus.)

actinomicosis s.f. Enfermedad infecciosa causada por diversos actinomicetales.

actinota s.f. Anfíbol cálcico, magnésico y férrico, de color verde.

actinoterapia s.f. MED. Tratamiento mediante radiación, especialmente por rayos ultravioletas.

action painting s.f. (voces inglesas, *pintura de acción*). Manera gestual de pintar característica del expresionismo abstracto, y especialmente de Jackson Pollock.

actitud s.f. (ital. *attitudine*). Postura del cuerpo que denota cierta intención o estado de ánimo: *actitud pensativa; actitud amenazadora.* **2.** Fig. Disposición de ánimo manifestada exteriormente.

activación s.f. Acción y efecto de activar. **2.** Excitación de las propiedades químicas, físicas o biológicas de un cuerpo. **3.** Conversión de un elemento químico en radiactivo por acción de las radiaciones (generalmente de neutrones).

activar v.tr. Avivar, acelerar, excitar. **2.** Poner en funcionamiento un mecanismo o un sistema: *activar una bomba.*

actividad s.f. Conjunto de fenómenos que manifiestan vida, movimiento o funcionamiento. **2.** Capacidad para actuar o funcionar: *actividad volcánica.* **3.** Conjunto de trabajos propios de una persona, profesión o institución: *actividad docente, parlamentaria.* **4.** FÍS. NUCL. Número de desintegraciones nucleares espontáneas que una fuente radiactiva sufre por unidad de tiempo. ◇ **Actividad óptica** ÓPT. Propiedad de determinados medios transparentes de hacer girar el plano de polarización de las radiaciones ópticas que los atraviesan. **Actividad solar** ASTRON. Conjunto de fenómenos que afectan a ciertas regiones del Sol siguiendo un ciclo de aproximadamente once años, como manchas, erupciones o fulguraciones.

activismo s.m. Propaganda activa al servicio de una doctrina. **2.** Actitud que insiste en la necesidad de la acción, en contra de la pasividad.

activista s.m. y f. Partidario del activismo.

activo, a adj. Que actúa o tiene capacidad de acción. **2.** Que trabaja con rapidez y eficacia: *secretaria activa.* **3.** Que produce efecto rápidamente: *veneno activo.* **4.** ÓPT. Se dice de la sustancia que hace girar el plano de polarización de la luz. ◆ s.m. Conjunto de bienes que se poseen. ◇ **En activo** En ejercicio de sus funciones: *funcionario en activo.* **Forma,** o **voz, activa** LING. Voz o forma verbal que expresa la realización de la acción del verbo por parte del sujeto. **Método activo** Sistema pedagógico que utiliza material real y que exige la participación individual de los alumnos para la adquisición de conocimientos. **Población activa** Parte de una población que trabaja o que busca empleo. **Vida activa** Período durante el que se ejerce una actividad productiva.

acto s.m. (lat. *actus, -us*). Hecho o acción: *acto de bondad.* **2.** Coito. **3.** Acontecimiento público y solemne: *acto inaugural.* **4.** Cada una de las partes en que se divide una obra dramática. **5.** FILOS. Estado de realidad o existencia real (en oposición a *posibilidad* o *existencia posible*). ◇ **Acto de conciliación** DER. Comparecencia ante el juez municipal competente del actor y demandado, para procurar la avenencia. **Acto de presencia** Asistencia breve y formularia a una reunión o ceremonia. **Acto fallido** PSICOANÁL. Acto inconsciente por el cual un individuo sustituye un proyecto o una intención por una acción o una conducta totalmente imprevistas. **Acto jurídico** DER. Manifestación de voluntad que crea o produce efectos jurídicos. **Acto seguido** A continuación. **En el acto** Inmediatamente.

actografía s.f. ETOL. Conjunto de técnicas de medición y de registro que permiten conocer la distribución temporal de las actividades de un animal o de un ser humano.

1. **actor, triz** s. (lat. *actor*, el que obra). Persona que representa un personaje en una obra escénica, cinematográfica, radiofónica o televisiva. **2.** *Por ext.* Persona que finge.

2. **actor, ra** s. DER. Persona que toma la iniciativa procesal ejercitando una acción legal.

actuación s.f. Acción de actuar. ◆ **actuaciones** s.f.pl. DER. Conjunto de actos, diligencias y trámites que componen un expediente, proceso o pleito.

actual adj. (lat. *actualis*, activo, práctico). Que ocurre o sucede en el presente: *momentos actuales.* **2.** Que existe o se usa en el tiempo presente. **3.** FILOS. Que existe realmente.

actualidad s.f. Momento o tiempo presente. **2.** Estado actual o condición de actual. **3.** Acontecimiento o conjunto de acontecimientos recientes: *la actualidad deportiva.* ◇ **De actualidad** De moda o de interés en el tiempo presente: *tema de actualidad.*

actualización s.f. Acción y efecto de actualizar. **2.** FILOS. Paso de la potencia al acto o de la virtualidad a la realidad.

actualizar v.tr. Renovar o adaptar al presente algo: *actualizar una vieja comedia.*

actuar v.intr. (bajo lat. *actuare*). Hacer una acción. **2.** Realizar alguien o algo actos propios de su naturaleza o condición: *actuar eficazmente un medicamento; actuar como abogado.* **3.** Representar un papel en una ficción. ◆ v.tr. DER. Realizar actuaciones.

actuario s.m. Especialista en estadística, principalmente en el cálculo de probabilidades, aplicada a las operaciones financieras y de seguros.

acuafortista s.m. y f. Grabador al aguafuerte.

acuarela s.f. (ital. *acquarella*, de *acqua*, agua). Técnica pictórica en que se utilizan colores diluidos en agua, aplicados generalmente sobre papel: *curso de acuarela.* **2.** Pintura ejecutada con esta técnica. **3.** Color que se emplea en esta técnica.

acuarelista s.m. y f. Persona que pinta a la acuarela.

acuario s.m. (lat. *aquarium*, relativo al agua). Depósito donde se cuidan plantas y animales de agua dulce o salada. **2.** Lugar donde se exhiben plantas y animales acuáticos. ◆ adj. y s.m. y f. Se dice de la persona nacida entre el 21 de enero y el 18 de febrero, bajo el signo de Acuario. (El plural es *acuario;* suele escribirse con mayúscula.)

acuartelamiento s.m. Acción y efecto de acuartelar. **2.** Lugar donde se acuartela una tropa o una unidad militar.

acuartelar v.tr. Reunir o mantener a la tropa en el cuartel.

acuático, a adj. (lat. *aquaticus*). Relativo al agua: *medio acuático.* **2.** Que vive en el agua: *planta acuática.*

acuchillado, a adj. Se dice de una prenda de vestir con aberturas semejantes a cuchilladas que dejan ver una tela de distinto color. ◆ s.m. Repasado o alisado de un suelo de madera para barnizarlo o encerarlo.

acuchillar v.tr. Herir con arma blanca. **2.** Hacer cuchilladas en una prenda de vestir. **3.** Alisar una superficie con cuchillas u otra cosa.

acuciante adj. Que es urgente o apremiante: *necesidad acuciante.* **2.** Que inquieta, constituye una amenaza y requiere una rápida solución: *problema acuciante.*

acuciar v.tr. (del ant. *acucia*, diligencia). Apremiar, dar prisa: *acuciar al caballo.*

acuclillarse v.prnl. Ponerse en cuclillas.

acudir v.intr. Ir a un lugar por deber o conveniencia: *acudir a la cita.* **2.** Recurrir a alguien. **3.** Venir un recuerdo o un pensamiento a la memoria: *acudir una imagen a la memoria.* **4.** Utilizar alguien una cosa como ayuda.

acueducto s.m. (del lat. *aqua ductus*, conducto de agua). Canal para transportar agua, subterráneo o construido sobre un puente o un muro. **2.** ANAT. Nombre que reciben algunos conductos o estructuras anatómicos: *acueducto de Falopio; acueducto del vestíbulo.*

acuerdo s.m. Unión, armonía entre dos o más personas: *vivir en perfecto acuerdo.* **2.** Resolución tomada por dos o más personas sobre algo, especialmente por una junta, asamblea o tribunal: *llegar a un acuerdo.* **3.** Pacto, tratado: *acuerdo comercial.* **4.** Argent. Pleno de ministros que se reúne para de-

actuar

INDICATIVO	SUBJUNTIVO
presente	**presente**
actúo	actúe
actúas (actuás)	actúes
actúa	actúe
actuamos	actuemos
actuáis	actuéis
actúan	actúen
copretérito o pret. imperfecto	**pretérito o pret. imperfecto**
actuaba	actuara o actuase
actuabas	actuaras o actuases
actuaba	actuara o actuase
actuábamos	actuáramos o actuásemos
actuabais	actuarais o actuaseis
actuaban	actuaran o actuasen
pretérito o pret. perf. simple	**futuro o fut. simple**
actué	actuare
actuaste	actuares
actuó	actuare
actuamos	actuáremos
actuasteis	actuareis
actuaron	actuaren

INDICATIVO	IMPERATIVO	
futuro o fut. simple		
actuaré		
actuarás	actúa (actuá)	(tú, vos)
actuará	actúe	(él)
actuaremos	actuemos	(nosotros)
actuaréis	actuad	(vosotros)
actuarán	actúen	(ellos)

INDICATIVO	FORMAS NO PERSONALES	
pospretérito o condicional simple		
actuaría	**infinitivo**	**gerundio**
actuarías	actuar	actuando
actuaría		
actuaríamos	**participio**	
actuaríais	actuado	
actuarían		

liberar sobre asuntos de estado por convocatoria del presidente. **5.** Argent. Conformidad que otorga el senado a algunos nombramientos hechos por el poder ejecutivo. **6.** Argent. Reunión plenaria por salas que celebran los miembros de un tribunal de justicia para resolver casos judiciales o administrativos. **7.** Colomb. y Méx. Reunión de una autoridad gubernativa con algunos de sus colaboradores o subalternos para tomar conjuntamente alguna decisión

acúfeno s.m. MED. Sensación auditiva no provocada por un sonido, consistente en zumbidos, silbidos, etc.

acuicultor, ra s. Persona que se dedica a la acuicultura. ◆ adj. Relativo a la acuicultura.

acuicultura s.f. Cría y cultivo de animales y plantas acuáticos. **2.** Cultivo de plantas terrestres en un suelo estéril regado con una solución de sales minerales.

acuidad s.f. Agudeza del filo de un arma o para percibir o sentir algo.

acuífero, a adj. Que contiene agua: *manto acuífero.*

aculeado, a adj. y s.m. Relativo a un suborden de insectos himenópteros sociales provistos de un aguijón venenoso en la extremidad del abdomen, como la abeja o la avispa.

aculeiforme adj. Que tiene forma de espina o aguijón.

acullá adv.l. (lat. vulgar *eccum illac,* he allá). En parte alejada del que habla: *acá y acullá.*

acullico s.m. Argent., Bol. y Perú. Bola de hojas de coca que se masca para extraer su jugo estimulante.

aculturación s.f. Adaptación de un grupo social, forzada o voluntaria, a una nueva cultura, creencia o comportamiento.

aculturar v.intr. y prnl. Integrar o integrarse un pueblo en un proceso de aculturación.

acuminado, a adj. Que termina en punta, disminuyendo gradualmente: *hoja acuminada.*

acumulación s.f. Acción y efecto de acumular o acumularse. **2.** ECON. Parte del producto obtenido por una colectividad durante un período determinado y no consumido durante el mismo. **3.** GEOL. Amontonamiento de materiales bajo la acción de las aguas corrientes, los glaciares, el viento, el mar, etc. ◇ **Calefacción por acumulación** Dispositivo de calefacción eléctrica que utiliza la corriente durante las horas de menor consumo y restituye el calor almacenado cuando este es necesario. **Punto de acumulación** MAT. En un conjunto A contenido en un espacio métrico E, punto *x* de E tal que todos sus entornos poseen puntos de A distintos de *x.*

acumulador s.m. Aparato que almacena energía para su posterior consumo. (Existen acumuladores eléctricos, hidráulicos, térmicos o cinéticos, dependiendo del tipo de energía que almacenen o liberen.) **2.** INFORMÁT. Registro del órgano de cálculo de una computadora en el que pueden acumularse una serie de números positivos o negativos.

acumular v.tr. y prnl. (lat. *accumulare*). Juntar o reunir en gran número: *acumular riqueza, pruebas.*

acumulativo, a adj. ESTADÍST. Que representa, en función de un carácter estudiado X o del tiempo *t,* el número o la frecuencia de los datos iguales o inferiores a X u observados hasta el instante *t*: *diagrama acumulativo.*

acúmulo s.m. Acumulación, agregado.

acunar v.tr. Mecer a un niño en una cuna o en los brazos.

acuñación s.f. Acción y efecto de acuñar. **2.** Operación de la fabricación de monedas y de medallas consistente en troquelar sobre los dos lados de la pieza las impresiones que se desean.

acuñado s.m. Acción de acuñar una pieza metálica entre dos moldes.

1. **acuñar** v.tr. (de *cuño*). Fabricar moneda. **2.** Imprimir con cuño o troquel una pieza de metal. **3.** *Fig.* Crear una idea o una expresión que se consolida con el tiempo.

2. **acuñar** v.tr. Meter cuñas.

acuoso, a adj. Que tiene mucha agua. **2.** Parecido al agua: *sustancia acuosa.* **3.** Se dice de una solución cuyo solvente es el agua. ◇ **Humor acuoso** ANAT. Líquido contenido en la cámara anterior de un ojo.

acuotubular adj. Se dice de una caldera de vapor cuya superficie de caldeo está formada principalmente por tubos por los que circula agua o una mezcla de agua y vapor, y que reciben el calor de los gases calientes.

acupuntor, ra s. Persona que practica la acupuntura.

acupuntura s.f. Tratamiento médico de origen chino consistente en clavar agujas especiales en determinados puntos del cuerpo con fines terapéuticos.

acurrucarse v.prnl. Encogerse para resguardarse del frío, esconderse, etc.: *acurrucarse junto a la lumbre.*

acusación s.f. Acción y efecto de acusar. **2.** DER. Ministerio público o abogado que acusa. **3.** DER. Exposición de los delitos que se imputan a un acusado por un abogado o un fiscal.

acusado, a adj. Destacado, manifiestamente perceptible: *rasgos acusados.* ◆ s. DER. Persona a quien se imputa una infracción penal.

acusador, ra adj. y s. Que acusa. ◆ s.m. DER. Persona que mantiene la acusación ante los tribunales y juzgados, en una causa criminal.

acusar v.tr. (lat. *accusare,* de *causa,* causa). Atribuir una culpa o delito. **2.** Hacer patente el efecto de algo: *acusar cansancio.* ◆ **acusarse** v.prnl. Declararse culpable de una falta o delito.

acusativo s.m. LING. Caso de la declinación del complemento directamente afectado por la acción del verbo.

acusatorio, a adj. DER. Perteneciente o relativo a la acusación. ◇ **Sistema acusatorio** Procedimiento por el que las partes llevan el proceso ante un árbitro imparcial, que es el juez.

acuse s.m. Acción de acusar recibo.

acusetas adj. y s.m. y f. Bol., Colomb., C. Rica y Venez. *Fam.* Acusón.

acusica adj. y s.m. y f. *Fam.* Acusón.

acusmia s.f. Alucinación auditiva.

acusón, na adj. y s. *Fam.* Que tiene la costumbre de acusar. SIN.: *acusica.*

acústica s.f. Parte de la física que estudia los sonidos. **2.** Conjunto de condiciones que reúne un local para la propagación de los sonidos: *la acústica de un auditorio.*

acústico, a adj. Relativo a la acústica.

acutángulo, a adj. Se dice de un triángulo que tiene los tres ángulos agudos.

A. D., abrev. de *anno Domini,* equivalente a *después de Cristo* (d.C.).

1. **adagio** s.m. (lat. *adagium,* proverbio). Sentencia breve y generalmente moral.

2. **adagio** s.m. (ital. *ad agio,* despacio). COREOGR. **a.** Conjunto de ejercicios lentos destinados a perfeccionar el equilibrio de los bailarines y la línea de su movimiento. **b.** Primera parte de un paso a dos. **2.** MÚS. Fragmento ejecutado con un tempo lento. ◆ adv. MÚS. Con un tempo lento. ◇ **Adagio acrobático** COREOGR. Adagio cuyos encadenamientos comportan más ejercicios acrobáticos que pasos de danza.

adalid s.m. (ár. *dalîl,* guía). Guía o cabeza de algún partido o escuela. **2.** Caudillo militar.

adamantino, a adj. *Poét.* Diamantino: *brillo adamantino.* **2.** ANAT. Se dice de una célula que produce el esmalte de los dientes.

adamascar v.tr. Dar a una tela aspecto parecido al damasco.

adámico, a o **adánico, a** adj. Relativo a Adán.

adamismo s.m. Doctrina herética del s. II, cuyos partidarios iban desnudos para expresar el estado de inocencia en que se hallaba Adán en el momento de la creación.

adamita adj. y s.m. y f. Relativo al adamismo; partidario de esta doctrina.

adán s.m. (de *Adán,* personaje bíblico). *Fam.* Hombre de aspecto desaliñado o descuidado.

adánico, a adj. → **adámico.**

adanismo s.m. Tendencia a comenzar una actividad sin tener en cuenta el trabajo hecho anteriormente por los otros. **2.** Adamismo.

adaptación s.f. Acción y efecto de adaptar o adaptarse. **2.** Capacidad de un ser vivo de subsistir y acomodarse a las condiciones del medio. **3.** Obra artística que ha sido traspuesta de un medio artístico a otro.

adaptador, ra adj. y s. Que adapta. ◆ s.m. Dispositivo o aparato para acoplar elementos de distinto uso, forma o tamaño: *un adaptador de corriente.*

adaptar v.tr. (lat. *adaptare*). Hacer que algo destinado a una cosa sirva para otra determinada: *adaptar una novela al cine.* **2.** Unir una cosa a otra de manera que queden ajustadas o puedan desempeñar una función: *adaptar el mango al cuchillo.* ◆ **adaptarse** v.prnl. *Fig.* Acomodarse a una situación o un lugar nuevos: *adaptarse a nuevas costumbres.*

adaptativo, a adj. ECOL. Que contribuye a la adaptación de un organismo a su medio.

adaraja s.f. (ár. *dáraŷa,* escalón). CONSTR. Saliente desigual de piedra que se deja en una pared para unirla con otra de construcción ulterior.

adarga s.f. (ár. *dárqa, dáraqa*). ARM. Escudo ovalado o en forma de corazón formado por dos cueros cosidos entre sí. **2.** ARM. Escudo.

adarme s.m. (hispano-ár. *dárham,* adarme y moneda). Porción mínima de algo.

adarve s.m. (ár. *darb,* camino de montaña). Camino construido en la parte superior de una muralla, detrás de las almenas.

adax s.m. Antílope de pelaje gris claro y cuernos anillados, que vive en el Sahara.

Addison-Biermer. Enfermedad de Addison-Biermer Anemia megalocitaria debida a una mala absorción de la vitamina B_{12}, que provoca trastornos digestivos y neurológicos.

adecentar v.tr. y prnl. Poner decente: *adecentar las fachadas de la plaza.*

adecuación s.f. Acción y efecto de adecuar o adecuarse: *adecuación al medio.*

adecuado, a adj. Conveniente.

adecuar v.tr. y prnl. (lat. *adaequare,* igualar). Acomodar o adaptar una cosa o una persona a otra.

adefesio s.m. (de la loc. latina *ad Ephesios,* a los habitantes de Éfeso, aludiendo a lo difícil que le resultó a san Pablo su predicación en esta ciudad). *Fam.* Persona o cosa muy fea o extravagante.

adelantado, a adj. Precoz, aventajado: *un niño adelantado.* ◆ s.m. Funcionario que tenía la máxima autoridad en un distrito o adelantamiento en la monarquía castellanoleonesa, durante la baja edad media. ◇ **Por adelantado** Por anticipado: *pagar por adelantado.*

adelantamiento s.m. Acción y efecto de adelantar: *efectuar un adelantamiento en carretera.* **2.** HIST. Dignidad de adelantado y territorio de su jurisdicción.

adelantar v.tr. y prnl. Mover o llevar hacia adelante: *adelantar la mano.* **2.** Anticipar: *adelantar la boda.* **3.** Tomar la delantera o pasar a alguien o algo: *adelantar a un automóvil.* ◆ v.tr. Hacer que un reloj marque una hora más avanzada. ◆ v.intr. Progresar en estudios, empleos, salud, crecimiento, etc.: *adelantar en taquigrafía.* ◆ v.intr. y prnl. Avanzar un reloj con más velocidad de la debida.

adelante adv.l. Más allá: *mirar adelante.* **2.** *Méx.* Delante. ◆ adv.t. Denota tiempo futuro: *se hará más adelante.* ◆ interj. Se emplea para indicarle a alguien que puede entrar en el lugar donde uno está. **2.** Se usa para animar a alguien a continuar haciendo lo que hacía o emprender algo. ◇ **En adelante** A partir del momento presente.

adelanto s.m. Acción y efecto de adelantar. **2.** Avance científico o técnico destinado a mejorar las condiciones de vida: *los adelantos de la informática.* **3.** Pago parcial previo al pago total de una cantidad: *pedir un adelanto.* SIN.: *anticipo.*

adelfa s.f. (hispano-ár. *dáfla*). Arbusto de hoja persistente parecida a la del laurel, cultivado por sus flores decorativas, rosadas o blancas, del mismo nombre. (Familia apocináceas.)

adelfilla s.f. Arbusto de hoja persistente lanceolada, de color verde oscuro por el haz, y flores verdosas o amarillentas en racimos axilares.

adelgazamiento s.m. Acción y efecto de adelgazar o adelgazarse.

adelgazante adj. y s.m. Que hace adelgazar.

adelgazar v.intr. Enflaquecer. ◆ v.tr. y prnl. Hacer más delgado.

ademán s.m. Movimiento o postura corporal con que se manifiesta un estado de ánimo o una intención: *hacer ademán de saludo.* ◆ **ademanes** s.m.pl. Gestos característicos de una persona.: *toscos ademanes.* ◇ **En ademán de** En actitud de hacer algo: *levantarse en ademán de salir.*

además adv.c. Indica que se añade algo a lo ya expresado: *es lista y además guapa.* **2.** También: *no solo es bueno, sino que además te conviene.* ◇ **Además de** Aparte de: *además de caro, es malo.*

adenda s.m. o f. (lat. *adenda,* lo que se ha de añadir). Conjunto de notas adicionales al final de un escrito.

adenina s.f. Base nitrogenada contenida en todas las células vivas, derivada de la purina.

adecuar

INDICATIVO	SUBJUNTIVO
presente	**presente**
adecuo o adecúo	adecue o adecúe
adecuas o adecúas (adecuás)	adecues o adecúes
adecua o adecúa	adecue o adecúe
adecuamos	adecuemos
adecuáis	adecuéis
adecuan o adecúan	adecuen o adecúen
copretérito o pret. imperfecto	**pretérito o pret. imperfecto**
adecuaba	adecuara o adecuase
adecuabas	adecuaras o adecuases
adecuaba	adecuara o adecuase
adecuábamos	adecuáramos o adecuásemos
adecuabais	adecuarais o adecuaseis
adecuaban	adecuaran o adecuasen
pretérito o pret. perf. simple	**futuro o fut. simple**
adecué	adecuare
adecuaste	adecuares
adecuó	adecuare
adecuamos	adecuáremos
adecuasteis	adecuareis
adecuaron	adecuaren
futuro o fut. simple	**IMPERATIVO**
adecuaré	adecua o adecúa (tú, vos) (adecuá)
adecuarás	adecue o adecúe (él)
adecuará	adecuemos (nosotros)
adecuaremos	adecuad (vosotros)
adecuaréis	adecuen o adecúen (ellos)
adecuarán	
pospretérito o condicional simple	**FORMAS NO PERSONALES**
adecuaría	**infinitivo** adecuar
adecuarías	**gerundio** adecuando
adecuaría	**participio** adecuado
adecuaríamos	
adecuaríais	
adecuarían	

adenitis s.f. (del gr. *aden,* glándula) [pl. *adenitis*]. Inflamación de los ganglios linfáticos.

adenocarcinoma s.m. Tumor maligno de un epitelio glandular.

adenograma s.m. Linfadenograma.

adenohipófisis s.f. (pl. *adenitis*) Lóbulo anterior de la hipófisis.

adenoide adj. Relativo al tejido glandular. **2.** Relativo al tejido linfoide, que contiene ganglios linfáticos.

adenoidectomía s.f. Extirpación de las vegetaciones adenoides.

adenoma s.m. Tumor benigno de las glándulas.

adenopatía s.f. Enfermedad de los ganglios linfáticos, cualquiera que sea su naturaleza.

adenosina s.f. Nucleósido de adenina y ribosa cuyos derivados fosforados desempeñan un papel importante en el metabolismo energético, en la transmisión del mensaje hormonal y en la síntesis del ARN.

adenosinmonofosfato s.m. quím. Éster que se forma a partir del ácido fosfórico y una adenosina, utilizado como aditivo alimentario. (Se abrevia *AMP*).

adentrarse v.prnl. Ir hacia la parte más interna u oculta de algo: *adentrarse en la selva; adentrarse en un tema.*

adentro adv.l. Hacia o en el interior: *pasar adentro.* ◆ interj. Se utiliza para ordenar o indicar a alguien que entre en un lugar. ◆ **adentros** s.m.pl. Pensamientos y sentimientos íntimos de alguien: *decir para sus adentros.*

adepto, a adj. y s. (lat. *adeptus,* p. de *adipisci,* alcanzar). Seguidor fiel de una ideología.

aderezar v.tr. Condimentar un alimento o una bebida. **2.** Adornar algo con un detalle que lo mejora.

aderezo s.m. Acción de aderezar. **2.** Condimento. **3.** Juego de joyas compuesto generalmente de pendientes, collar, brazaletes y pulsera. **4.** Arreos de una caballería.

adermina s.f. Vitamina B_6.

adeudar v.tr. Deber o tener deudas. **2.** Cargar en cuenta.

adeudo s.m. Deuda, obligación de pagar algo. **2.** Anotación en el debe de una cuenta.

adherencia s.f. Acción y efecto de adherir o adherirse. **2.** Parte añadida. **3.** Resistencia en un deslizamiento que depende de las superficies en contacto. **4.** ANAT. Soldadura anormal de dos órganos o tejidos del cuerpo por un tejido fibroso. ◇ **Adherencia de un conjunto A** MAT. Conjunto formado por los puntos adherentes a A.

adherente adj. Anexo o unido a una cosa. **2.** BOT. Se dice de un órgano que está soldado con otro.

adherir v.tr. y prnl. (lat. *adhaerere,* estar adherido) [conj.: *sentir*]. Unir una cosa a otra. ◆ **adherirse** v.prnl. *Fig.* Mostrar conformidad con una opinión, una doctrina, un partido, etc.: *adherirse a un manifiesto.* **2.** Ingresar en una asociación, colectivo, etc.: *adherirse a un partido.*

adhesión s.f. Acción y efecto de adherir o adherirse. **2.** Convenir en un dictamen o partido y abrazarlo. **3.** Adherencia, unión física. **4.** DER. INTERN. Compromiso de un estado de respetar los términos de un acuerdo o tratado del que no fue firmante inicial. ◇ **Contrato de adhesión** Contrato en que todas las cláusulas son impuestas de antemano por una de las partes, sin que puedan ser discutidas por la otra.

adhesivo, a adj. Que puede adherir o adherirse. ◆ s.m. Etiqueta que lleva una sustancia adhesiva por uno de sus lados para poder pegarla sobre una superficie. GEOSIN.: Argent. *oblea;* Esp. *pegatina.*

ad hoc loc. (voces latinas). A propósito, destinado para aquello de que se trata: *dar soluciones ad hoc.*

ad hóminem loc. (lat. *ad hominem,* al hombre). Se dice de un argumento contra la misma persona del adversario, por ejemplo oponiéndole sus propias palabras o actos.

adiabático, a adj. Se dice de la transformación de un sistema de cuerpos que se efectúa sin intercambio de calor.

adiaforesis s.f. MED. Falta de transpiración.

adicción s.f. Hábito patológico de consumir una droga. **2.** Afición obsesiva por algo.

adición s.f. (lat. *additio,* de *addere,* añadir). Acción y efecto de añadir o agregar. **2.** Añadidura en alguna obra o escrito. **3.** DER. Aclaración que se hace a una sentencia después de publicada, con relación a puntos discutidos en el litigio. **4.** MAT. Operación aritmética fundamental, simbolizada por el signo +, que reúne en una sola dos o más cantidades de igual naturaleza. SIN.: *suma, sumación.* ◇ **Reacción de adición** QUÍM. Reacción en que dos o más moléculas se unen para formar una nueva.

adicional adj. Que se añade a una cosa: *cantidad adicional.*

adicionar v.tr. Hacer o poner adiciones a una cosa.

adicto, a adj. y s. Partidario de alguien o de algo. **2.** Se dice de la persona dominada por el uso de una droga: *es adicto a la heroína.* **3.** Muy aficionado a algo.

adiestrado, a adj. HERÁLD. Se dice de una pieza o figura principal acompañada a la derecha por una pieza secundaria. CONTR.: *siniestrado.*

adiestramiento s.m. Acción y efecto de adiestrar o adiestrarse.

adiestrar v.tr. y prnl. (del ant. *adestrar,* de *diestro*). Enseñar, instruir.

adigué, pueblo cherkés de la República de Adiguesia (Rusia).

adinamia s.f. (de *a* y gr. *dynamis,* fuerza, potencia). MED. Falta total de fuerzas físicas que acompaña a ciertas enfermedades graves.

adinerado, a adj. Que tiene mucho dinero: *familia adinerada.*

adintelado, a adj. Que tiene forma de dintel. **2.** Que hace uso exclusivo o preferente del dintel.

adiós s.m. (de la expresión *a Dios seas*) [pl. *adioses*]. Despedida: *un triste adiós.* ◆ interj. Expresión de despedida. **2.** Expresión de saludo cuando se cruzan dos personas.

adipolisis s.f. FISIOL. Función por medio de la cual un tejido restituye a la sangre las grasas que tenía en reserva.

adiposidad s.f. Acumulación de grasa en los tejidos.

adiposis s.f. Exceso de grasa en el organismo.

adiposo, a adj. (del lat. *adeps, adipis,* grasa). Que es de grasa o la contiene. ◇ **Tejido adiposo** Tejido conjuntivo que incluye una importante proporción de vacuolas grasas.

adiposogenital adj. Se dice de un síndrome debido a desarreglos funcionales de la hipófisis, que se caracteriza por obesidad y trastornos genitales.

aditamento s.m. (lat. *aditamentum*). Cosa que se agrega a otra: *comida sin aditamentos.*

aditivo, a adj. MAT. Que puede o debe sumarse. ◆ adj. y s.m. Se dice de una sustancia que se agrega a otras para darles cualidades de que carecen o para mejorar las que poseen. ◇ **Notación aditiva** En un conjunto, empleo del signo + para representar una ley de composición interna (*ley aditiva*), independientemente de la naturaleza de los elementos y de la operación.

adivinación s.f. Acción y efecto de adivinar.

adivinamiento s.m. Adivinación.

adivinanza s.f. Enigma propuesto para entretenerse en acertarlo. **2.** Adivinación.

adivinar v.tr. (del lat. *divinare,* der. de *divinus,* divino). Predecir el futuro. **2.** Descubrir lo que no se sabe por conjeturas o sin fundamento lógico: *adivinar las intenciones de alguien.*

adivinatorio, a adj. Que incluye adivinación o se refiere a ella: *artes adivinatorias.*

adivino, a s. Persona que adivina o predice el futuro.

adjetivación s.f. Acción y efecto de adjetivar o adjetivarse.

adjetivar v.tr. Aplicar adjetivos. ◆ v.tr. y prnl. GRAM. Dar valor de adjetivo a una palabra, frase u oración.

adjetivo, a adj. (lat. *adjectivus,* que se añade, adjetivo). Que pertenece al adjetivo o que participa de su naturaleza. **2.**

Que hace relación a una cualidad o accidente. **3.** Que no tiene existencia independiente. ◆ s.m. Palabra que sirve para calificar al nombre y al pronombre *(adjetivo calificativo)* o determinarlos *(adjetivo determinativo)*. [Concuerda con el nombre o el pronombre al que acompaña en género y número.] ◇ **Adjetivo sustantivado** Adjetivo usado como nombre.

adjudicación s.f. Acción y efecto de adjudicar o adjudicarse. **2.** Venta de bienes o contratación de obras o servicios hecha con publicidad y concurrencia. **3.** En derecho español, uno de los modos de adquirir la propiedad.

adjudicar v.tr. Dar o conceder algo a alguien: *adjudicar una vivienda de protección oficial.* ◆ **adjudicarse** v.prnl. Apropiarse de algo, generalmente de manera indebida o inmerecida. **2.** Conseguir un premio o una victoria.

adjudicatario, a s. (sánscr. *arya*, noble). Beneficiario de una adjudicación.

adjuntar v.tr. Acompañar o remitir adjunto: *adjuntar una muestra.*

adjunto, a adj. y s. (lat. *adjunctus*). Unido a otra cosa: *copia adjunta al original.* **2.** Se dice de la persona que ayuda a otra o colabora con ella en un cargo o trabajo: *adjunto a la dirección.*

adlátere s.m. y f. Secuaz o acompañante de una persona.

ad líbitum loc. (lat. *ad libitum*). A voluntad.

ad lítem loc. (lat. *ad litem*, para el litigio). DER. Se dice de un poder, mandato, etc., limitado al proceso en curso.

ad lítteram loc. (lat. *ad litteram*). Literalmente, al pie de la letra.

adminículo s.m. (lat. *adminiculum*, puntal, ayuda). Objeto pequeño con finalidad práctica.

administración s.f. Acción y efecto de administrar. **2.** Cargo de administrador. **3.** Lugar donde trabaja el administrador. **4.** Gobierno. ◇ **Administración autonómica** La integrada por los organismos administrativos de las comunidades autónomas del estado español. **Administración central** Conjunto de órganos de la administración pública de competencia general. **Administración de loterías** Esp. Establecimiento donde se venden billetes de lotería y se pagan algunos premios. **Administración legal** La conferida por la ley a determinadas personas sobre los bienes de otras. **Administración local** Sector de la administración pública integrado por los entes públicos menores de carácter territorial como provincia, cabildo o municipio. **Administración pública** Complejo orgánico integrado en el poder ejecutivo de un estado; actividad desarrollada por ella, sea de carácter legislativo, jurisdiccional o ejecutivo. **En administración** Se usa hablando de la prebenda, encomienda, etc., que posee una persona que no puede tenerla en propiedad; conjunto de bienes que por alguna causa no posee ni maneja su propietario, y se administra por terceras personas autorizadas por el juez. **Por administración** Por el gobierno, la provincia, el municipio o la empresa y no por el contratista. (Se usa generalmente refiriéndose a obras o servicios públicos.)

administrador, ra adj. y s. Que administra. ◆ s. Persona que se dedica a administrar los bienes o negocios de otra o de una entidad. ◇ **Administrador de web** Responsable del mantenimiento y la gestión de una página web. SIN.: *webmaster.*

administrar v.tr. (lat. *administrare*). Dirigir la economía de una persona o una entidad: *administrar la casa.* **2.** Gobernar, regir. **3.** *Vulg.* e *irón.* Proporcionar, dar: *administrar una paliza.* ◆ v.tr. y prnl. Aplicar o hacer tomar los medica-

adjetivo

Los adjetivos constituyen una clase de palabras que acompañan al nombre para expresar propiedades o cualidades del mismo. Concuerdan en género y número con el nombre o el pronombre.

flexión del adjetivo	tipos	ejemplos
género	Adjetivos de dos terminaciones: una terminación para el masculino y otra para el femenino: *-o/-a -e/-a;* sin morfema de género/-a.	*blanco, blanca* *grandote, grandota* *francés, francesa* *holgazán, holgazana*
	Adjetivos de una sola terminación: la misma forma para ambos géneros.	*hombre amable, mujer amable* *pintor genial, pintora genial*
número	El plural se indica con los mismos morfemas del sustantivo: *-s* y *-es.*	*bueno, buenos* *fiel, fieles*

grados del adjetivo

positivo	Indica simplemente una cualidad del sustantivo.	Es un chico *simpático.*
comparativo	Compara la cualidad de un ser con otro. — De superioridad. Se expresa con la fórmula *más... que.* — De igualdad. Se expresa con la fórmula *tan ... como.* — De inferioridad. Se expresa con la fórmula *menos... que.*	El avión es *más* rápido *que* el tren. María es *tan* alta *como* Ana. Esta película es *menos* interesante *que* la anterior.
superlativo	Expresa la cualidad con el grado máximo de intensidad. — Absoluto: se forma añadiendo *-ísimo*/*-érrimo* o anteponiendo *muy.* — Relativo: se forma anteponiendo *el más, el menos, los más, los menos.*	Este edificio es *muy alto* o *altísimo.* Es un pueblo *muy pobre* o *paupérrimo.* Esta ciudad es *la más* bella de Europa. Son los cuadros *menos conocidos* del autor.

mentos: *administrar una pócima.* **2.** Conferir o dar los sacramentos. ◆ v.intr. y prnl. Vigilar alguien sus gastos.

administrativo, a adj. Relativo a la administración. ◆ s. y adj. Empleado de oficina. ◇ **Acto administrativo** DER. Acto de los órganos del estado en ejercicio de funciones administrativas sujetas al derecho público.

admiración s.f. Acción de admirar o admirarse. **2.** Signo de puntuación colocado delante (¡) y detrás (!) de una exclamación o de una interjección. **3.** Cosa digna de ser admirada: *fue la admiración de la fiesta.*

admirador, ra adj. y s. Que admira.

admirar v.tr. (lat. *admirare*). Causar sorpresa alguien o algo extraordinario o inesperado. **2.** Sentir una gran consideración o estima por alguien o algo extraordinario: *admirar a un héroe.* ◆ v.tr. y prnl. Contemplar con sorpresa y placer algo digno de admiración: *admirar un cuadro de Frida Kahlo.*

admirativo, a adj. Que denota o implica admiración: *voz admirativa.*

admisión s.f. Acción y efecto de admitir. **2.** Entrada de la mezcla carburante en el cilindro del motor: *válvula de admisión.* ◇ **Admisión temporal** Régimen aduanero que permite introducir en un territorio una mercancía, destinada a ser reexportada dentro de un plazo determinado.

admitancia s.f. ELECTR. Relación entre la corriente y la tensión en magnitud inversa a la impedancia.

admitir v.tr. (lat. *admittere,* dejar ir, lanzar). Permitir la entrada en un lugar, asociación, etc.: *admitir en una fiesta, en un sindicato.* **2.** Aceptar, recibir voluntariamente: *admitir un consejo.* **3.** Permitir o tolerar un determinado trato o situación: *no admite más excusas.* **4.** Aceptar o reconocer algo como verdadero. **5.** Tener algo cierta capacidad: *el depósito admite diez litros.*

admixtión s.f. FARM. Agregación o incorporación de sustancias que no tienen entre sí acción química.

admonición s.f. (lat. *admonitio*). Amonestación. **2.** Reconvención.

admonitorio, a adj. Con carácter de admonición: *carta admonitoria.*

ADN s.m. (sigla de *ácido desoxirribonucleico*) [pl. *ADN*]. BIOQUÍM. Ácido nucleico característico de los cromosomas, constituido por una sucesión de nucleótidos en forma de dos cadenas enroscadas en doble hélice. (El ADN contiene la información genética y asegura el control de la actividad de las células.)

adnato, a adj. (lat. *adnatum*). BOT. Se dice de una lámina que algunos hongos llevan fijada a lo largo de su pie.

adobar v.tr. (fr. ant. *adober,* armar caballero, preparar). Poner en adobo las carnes u otras cosas para sazonarlas y conservarlas. **2.** Curtir pieles. **3.** Componer, reparar. **4.** Mejorar los vinos.

adobe s.m. (del ár. *ṭub,* ladrillos). Masa de barro mezclada con paja o heno moldeada en forma de ladrillo y secada al aire, que se emplea en construcciones rurales.

adobo s.m. Salsa o caldo para sazonar y conservar carnes y otros alimentos. **2.** Acción y efecto de adobar. **3.** Mezcla de sustancias para curtir pieles o dar cuerpo y lustre a una tela.

adocenarse v.prnl. Caer o permanecer en la mediocridad.

adoctrinamiento s.m. Acción y efecto de adoctrinar.

adoctrinar v.tr. Instruir, especialmente en lo que se debe decir o hacer: *adoctrinar a los discípulos.*

adolecer v.intr. [conj.: *parecer*]. *Fig.* Tener algún defecto o vicio. **2.** Carecer de algo: *adolecer de originalidad.* **3.** Padecer una enfermedad crónica: *adolecer de asma.*

adolescencia s.f. Período vital entre la pubertad y la edad adulta.

adolescente adj. y s.m. y f. (lat. *adolescens, -entis,* hombre joven). Que está en la adolescencia. **2.** Propio de la adolescencia.

adonde adv.l. Al lugar que: *va adonde le mandan.*

adónde adv.interrog. A qué lugar: *¿adónde vas sola?*

adondequiera adv.l. A cualquier parte.

adonis s.m. (de *Adonis,* amante de Venus). Hombre de gran belleza.

adopción s.f. Acción de adoptar. **2.** DER. Acto jurídico solemne que crea entre dos personas vínculos de parentesco civil, análogos a los que se derivan de la paternidad y filiación legítimas.

adopción

El acto de adoptar se fundamenta en los principios de beneficio del adoptado y de integración familiar. Existen requisitos personales: una edad mínima del adoptador y una diferencia de edad suficiente con el adoptado. El adoptado debe ser menor no emancipado. La adopción se formaliza y aprueba judicialmente. Los requisitos formales contemplan también la intervención de otras personas (padres, cónyuge) en el expediente, así como la inscripción en el registro civil. Tras su formalización, la adopción es irrevocable. Modernamente, se contempla también el *acogimiento familiar,* normalmente temporal, por el que se confía el menor a una familia de acogida.

adopcionismo s.m. Doctrina herética según la cual Cristo no es hijo de Dios desde toda la eternidad, sino únicamente desde el momento de su bautismo, en que es adoptado por Dios.

adoptar v.tr. (lat. *adoptare*). Tomar legalmente como hijo propio a alguien que no lo es biológicamente. **2.** Recibir o admitir una opinión o doctrina, aprobándola o siguiéndola. **3.** Tomar una resolución o una actitud: *adoptar medidas.* **4.** Adquirir una forma determinada: *las dunas adoptan formas sinuosas.*

adoptivo, a adj. Se dice de la persona adoptada o de la que adopta a alguien como hijo: *hijo adoptivo; padres adoptivos; madre adoptiva.* **2.** Se dice de lo que se toma como propio: *patria adoptiva.*

adoquín s.m. (ár. *dukkân,* blanco de piedra). Bloque de piedra en forma de paralelepípedo empleado para pavimentar. **2.** *Fig.* Persona poco inteligente o torpe.

adoquinado s.m. Acción de adoquinar. **2.** Pavimento de adoquines.

adoquinar v.tr. Pavimentar el piso con adoquines.

adorable adj. Que inspira afecto y simpatía: *una sonrisa adorable.*

adoración s.f. Acción de adorar. ◇ **Adoración de los Reyes** REL. Epifanía.

adorar v.tr. (lat. *adorare*). Reverenciar a un ser como cosa divina. **2.** Reverenciar o rendir culto a Dios. **3.** *Fig.* Amar intensamente.

adoratorio s.m. Retablo pequeño portátil. **2.** Templo de ciertos pueblos amerindios de las civilizaciones precolombinas.

adoratriz s.f. y adj. Profesa de alguna de las congregaciones dedicadas a la adoración del Santísimo Sacramento.

adormecer v.tr. y prnl. [conj.: *parecer*]. Dar o causar sueño. ◆ v.tr. *Fig.* Moderar una sensación, un sentimiento: *adormecer las pasiones.* ◆ **adormecerse** v.prnl. Empezar a dormirse. **2.** Perder la sensibilidad en un miembro: *adormecerse las piernas.*

adormecimiento s.m. Acción y efecto de adormecer o adormecerse.

adormidera s.f. Planta herbácea de hojas anchas, flores grandes y fruto capsular del mismo nombre, del cual se extrae el opio. (Familia papaveráceas.)

adormilarse v.prnl. Dormirse a medias. SIN.: *adormitarse.*

adornar v.tr. y prnl. (lat. *adornare*). Poner detalles que mejoren el aspecto de alguien o algo. **2.** *Fig.* Tener una persona ciertas cualidades o dotarla de perfecciones o virtudes. ◆ v.tr. Mejorar una cosa el aspecto de otra: *unos flecos adornan la cortina.*

adorno s.m. Cosa que sirve para adornar. **2.** MÚS. Grupo de notas que enriquecen un intervalo o notas de una melodía. <> **De adorno** Únicamente decorativo: *tiene los libros de adorno.*

adosado, a adj. y s.m. Se dice del edificio, especialmente de una casa unifamiliar, que comparte una o más paredes laterales con otro similar.

adosar v.tr. (fr. *adosser*). Apoyar una cosa en otra, generalmente por su parte posterior: *adosar un mueble a la pared.*

adovelado, a adj. Construido con dovelas.

adquirido, a adj. GENÉT. Que no es innato.: *caracteres adquiridos.*

adquirir v.tr. (lat. *acquirere*). Conseguir, alcanzar: *adquirir bienes, fama.* **2.** Comprar: *adquirir unos zapatos.*

adquisición s.f. Acción de adquirir. **2.** Cosa adquirida.

adquisitivo, a adj. Que sirve para adquirir: *título adquisitivo.*

adragante adj. Se dice de la goma exudada por el tronco del tragacanto, utilizada en farmacia y en pastelería, así como en el acabado de papeles y tejidos.

adral s.m. (de *ladral,* del lat. *lateralis,* lateral). Tabla a los lados de un carro o de un camión descubierto, para mantener la carga.

adquirir

INDICATIVO	SUBJUNTIVO
presente	**presente**
adquiero	*adquiera*
adquieres (adquirís)	*adquieras*
adquiere	*adquiera*
adquirimos	adquiramos
adquirís	adquiráis
adquieren	*adquieran*
copretérito o pret. imperfecto	**pretérito o pret. imperfecto**
adquiría	adquiriera o adquiriese
adquirías	adquirieras o adquirieses
adquiría	adquiriera o adquiriese
adquiríamos	adquiriéramos o adquiriésemos
adquiríais	adquirierais o adquirieseis
adquirían	adquirieran o adquiriesen
pretérito o pret. perf. simple	**futuro o fut. simple**
adquirí	adquiriere
adquiriste	adquirieres
adquirió	adquiriere
adquirimos	adquiriéremos
adquiristeis	adquiriereis
adquirieron	adquirieren
futuro o fut. simple	**IMPERATIVO**
adquiriré	*adquiere* (tú, vos) (adquirí)
adquirirás	*adquiera* (él)
adquirirá	adquiramos (nosotros)
adquiriremos	adquirid (vosotros)
adquiriréis	*adquieran* (ellos)
adquirirán	
pospretérito o condicional simple	**FORMAS NO PERSONALES**
adquiriría	**infinitivo** adquirir
adquirirías	**gerundio** adquiriendo
adquiriría	**participio** adquirido
adquiriríamos	
adquiriríais	
adquirirían	

adrede adv.m. Intencionadamente: *hacer algo adrede.*

adrenalina s.f. (del lat. *glandulae ad renales,* glándulas junto al riñón). Hormona secretada por la porción medular de las glándulas suprarrenales que acelera el ritmo cardíaco, aumenta la presión arterial, dilata los bronquios, estimula el sistema nervioso central y se utiliza como medicamento hemostático.

adrenérgico, a adj. Se dice de un nervio simpático cuyas terminaciones actúan por liberación de adrenalina o de noradrenalina. **2.** Se dice de una sustancia que actúa como la adrenalina o la noradrenalina.

adscribir v.tr. (lat. *adscribere,* añadir a lo escrito). Asignar algo a una persona o cosa. ◆ v.tr. y prnl. Destinar a alguien a un servicio o departamento determinados. **2.** Vincular a una persona con un grupo o una ideología.
OBS.: participio: *adscrito.*

adscripción s.f. Acción o efecto de adscribir o adscribirse.

adsorber v.tr. FÍS. Fijar por adsorción.

adsorción s.f. FÍS. Penetración superficial de un gas o de un líquido en un sólido.

adstrato s.m. LING. **a.** Lengua que influye en otra por estar en contacto geográfico o por estar relacionadas política o culturalmente. **b.** Influencia que ejerce esta lengua.

aduana s.f. (ár. *diwân,* registro, oficina, aduana). Administración encargada de controlar las mercancías que pasan la frontera y de percibir los derechos impuestos sobre estas. **2.** Oficina de esta administración. **3.** Derecho que se paga en esta oficina.

aduanero, a adj. Relativo a la aduana. ◆ s. Empleado de la aduana.

aduar s.m. Conjunto de tiendas de campaña, chozas o cabañas que forman un poblado, especialmente de beduinos, gitanos o indios americanos.

adúcar s.m. Seda exterior y más basta que rodea el capullo de un gusano de seda.

aducción s.f. ANAT. Movimiento que acerca un miembro al plano medio del cuerpo.

aducir v.tr. (lat. *adducere,* llevar a alguna parte) [conj.: *conducir*]. Presentar argumentos o pruebas para demostrar o justificar algo.

aductor adj. y s.m. ANAT. Se dice de un músculo que produce un movimiento de aducción.

adueñarse v.prnl. Apoderarse de una cosa. **2.** Dominar a alguien una pasión o estado de ánimo: *un indecible terror se adueñó de ella.*

adujar v.tr. MAR. Enrollar, recoger un cabo en espiral.

adulación s.f. Alabanza exagerada que se hace a alguien para conseguir un favor o ganar su voluntad.

adulador, ra adj. y s. Que alaba o adula a una persona para conseguir un favor. **2.** Se dice de lo que produce satisfacción. SIN.: *lisonjero.*

adular v.tr. (lat. *adulari*). Halagar a alguien servilmente para ganar su voluntad. SIN.: *lisonjear.*

adulteración s.f. Acción y efecto de adulterar o adulterarse.

adulterar v.tr. y prnl. Alterar la naturaleza de una cosa mezclándola con una sustancia extraña: *adulterar el vino.* **2.** Falsificar: *adulterar una información.*

adulterino, a adj. Relativo al adulterio. ◆ adj. y s. Se dice de un hijo nacido de una relación adúltera.

adulterio s.m. Relación sexual de una persona casada con otra distinta de su cónyuge.

adúltero, a adj. y s. Se dice de la persona casada que comete adulterio. ◆ adj. Relativo al adulterio.

adulto, a adj. y s. Que ha llegado a la plenitud de su desarrollo. ◆ adj. Propio de la edad adulta. **2.** Que ha llegado a un grado de madurez o perfección.

adusto, a adj. *Fig.* Se dice de la persona seria en el trato; también de sus gestos: *mirada adusta.* **2.** Seco, árido: *terreno adusto.*

ad valórem loc. (lat. *ad valorem,* según el valor). Se dice de los derechos o tasas basados en el valor de un producto, opuestos a los derechos específicos.

advección s.f. METEOROL. Desplazamiento de una masa de aire en sentido horizontal. CONTR.: *convección.*

advenedizo, a adj. y s. Se dice de una persona que se introduce entre gente de mayor posición social que no lo considera de su nivel. **2.** Extranjero o forastero.

advenimiento s.m. Llegada de un acontecimiento o una época, especialmente si es esperada: *el advenimiento de la primavera.* **2.** Ascenso al trono de un papa o un soberano.

advenir v.intr. [conj.: *venir*]. Llegar un acontecimiento o una época.

adventicio, a adj. Que sucede de manera casual, ocasional o poco natural: *circunstancias adventicias.* **2.** BOT. **a.** Se dice de una planta que crece en un terreno cultivado sin haber sido sembrada en él, como la amapola o la cizaña. **b.** Se dice de una raíz que crece lateralmente sobre un tallo, o de las ramas que crecen sobre una raíz. ◇ **Cono adventicio** Cono volcánico secundario que aparece a consecuencia de una erupción. **Idea adventicia** Según Descartes, idea que se recibe de los sentidos (por oposición a *idea innata*).

adventista s.m. y f. y adj. (ingl. *adventist*). Miembro de un movimiento evangélico que espera un segundo advenimiento del Mesías.

adverbial adj. Relativo al adverbio. **2.** Que funciona como un adverbio: *frase, locución adverbial.*

adverbio s.m. (lat. *adverbium*). GRAM. Palabra invariable de la oración que modifica el sentido de un verbo, de un adjetivo o de otro adverbio.

adversario, a s. Persona o colectividad que se enfrenta o se opone a alguien o algo.

adversativo, a adj. GRAM. Se dice de una conjunción o una locución adverbial que señalan una oposición entre dos términos, como *pero, sin embargo, no obstante.* **2.** Se dice de una oración que expresa oposición entre sus términos.

adversidad s.f. (lat. *adversas, -atis*). Infortunio, desgracia. **2.** Circunstancia desfavorable o contraria: *las adversidades de una enfermedad.*

adverso, a adj. (lat. *adversus,* que está al frente). Contrario, desfavorable: *situación adversa.*

advertencia s.f. Acción y efecto de advertir. **2.** Observación en que se advierte algo al lector.

advertir v.tr. e intr. (lat. *advertere*) [conj.: *sentir*]. Percibir algo, darse cuenta: *advertir un error.* **2.** Prevenir a alguien: *advertir todas las posibilidades.* ◆ v.tr. Llamar la atención sobre algo: *te advierto que te equivocas.*

adviento s.m. (lat. *adventus,* llegada). Tiempo litúrgico de cuatro semanas en que se prepara la Navidad. (Su inicio coincide con el domingo más cercano al 30 de noviembre, festividad de san Andrés.)

advocación s.f. Título que se da a algunas imágenes religiosas para su culto. **2.** Dedicación de algún templo, capilla o altar a Dios, a la Virgen o a un santo.

adyacencia s.f. Proximidad, contigüidad.

adyacente adj. Que está situado en la inmediación o proximidad de otra cosa. ◇ **Ángulos adyacentes** MAT. Ángulos que tienen el mismo vértice y un lado común.

adyuvante adj. Se dice de un tratamiento médico que refuerza la acción de otro.

aedo s.m. (fr. *aède,* del gr. *aoidós,* cantor). Poeta griego de la época primitiva que cantaba o recitaba acompañándose con la lira.

aéreo, a adj. Relativo al aire o a la aviación: *espacio aéreo.* **2.** Que se realiza en el aire: *fotografía aérea.* **3.** BOT. Se dice del órgano que se desarrolla en el aire. ◇ **Derecho aéreo** Conjunto de reglas jurídicas que regulan el uso del espacio aéreo.

aerífero, a adj. Que conduce aire: *vía aerífera.*

aeróbic s.m. (ingl. *aerobics,* del adj. *aerobic,* aerobio). Modalidad de gimnasia que combina series de movimientos rápidos acompañados con música de ritmo vivo.

aeróbico, a adj. Se dice del esfuerzo muscular o el ejercicio físico que consume oxígeno.

aerobio, a adj. y s.m. Se dice del ser vivo cuya existencia depende de la presencia de oxígeno. CONTR.: *anaerobio.* **2.** Aeróbico. ◆ adj. AERON. Se dice del motor que utiliza el oxígeno del aire para alimentar la reacción de combustión y desarrollar energía utilizable.

aerobiología s.f. Ciencia que estudia los seres vivos que

adverbio

Los adverbios son palabras invariables que acompañan o modifican al verbo, al adjetivo, a otro adverbio o a una oración entera. Los adverbios se clasifican según su significado y su función.

significado	ejemplos
tiempo	*hoy, mañana, pronto, tarde, después*
modo	*así, como, mejor, bien, limpiamente, fríamente*
lugar	*aquí, allá, lejos, cerca, sobre*
cantidad	*mucho, poco, casi, bastante, demasiado*
afirmación	*sí, también*
negación	*no, tampoco*
duda	*quizá(s), acaso, probablemente*

función	ejemplos
— modificador del adjetivo o de otro adverbio	*muy cansados, demasiado atrevido, discretamente bien, bastante tarde*
— modificador del verbo (complemento circunstancial) de tiempo, de modo, de lugar, de cantidad	*Se marchó pronto. Le habló suavemente. Te citó aquí. Habla poco o nada.*
— modificador de la oración	*Afortunadamente, el choque no fue mortal. Quizá podamos ver el eclipse.*

se encuentran en la atmósfera, sin estar en contacto con el suelo.

aerobiosis s.f. MICROBIOL. Condición de vida de un microorganismo aerobio. CONTR.: *anaerobiosis.*

aerobús s.m. (del ingl. *airbus*). Avión de pasajeros de grandes dimensiones.

aeroclub s.m. Centro de formación y práctica de pilotos de aviación civil.

aerocolia s.f. Exceso de gas en el colon.

aerocondensador s.m. Aparato que condensa un vapor calentando el aire.

aerodeslizador s.m. Vehículo que se desliza sobre un colchón de aire que él mismo produce. SIN.: *hovercraft.*

aerodinámica s.f. Ciencia que estudia los fenómenos que acompañan al movimiento de un cuerpo en una masa gaseosa.

aerodinámico, a adj. Relativo a la aerodinámica. **2.** Se dice de un objeto con una forma que reduce al mínimo la resistencia del aire a su movimiento.

aerodino s.m. Aparato volador más pesado que el aire.

aeródromo s.m. Terreno acondicionado para el despegue y aterrizaje de aviones.

aeroespacial adj. Relativo a la aeronáutica y a la astronáutica: *industria aeroespacial.*

aerofagia s.f. Ingestión espasmódica de aire que provoca molestias intestinales.

aerogastria s.f. Exceso de aire en el estómago.

aerogenerador s.m. Generador de corriente eléctrica que utiliza energía eólica.

aerografía s.f. Técnica pictórica en la que se emplea un aerógrafo.

aerógrafo s.m. Pulverizador que proyecta pintura sobre una superficie mediante aire a presión. (Se utiliza en diseño gráfico y para el retoque de fotografías.)

aerograma s.m. Carta enviada por avión con franqueo especial.

aerolínea s.f. (del ingl. *airline*). Compañía de transporte aéreo regular.

aerolito s.m. Meteorito.

aerología s.f. Ciencia que estudia las propiedades de las capas altas de la atmósfera, por encima de 3 000 m, que escapan generalmente a la acción del relieve terrestre.

aeromodelismo s.m. Técnica de la construcción y utilización de modelos reducidos de aviones.

aeromotor s.m Motor accionado por el viento.

aeromozo, a s. Amér. Merid. y Méx. Persona que se encarga de atender a los pasajeros de los aviones comerciales. GEOSIN.: Colomb. *cabinero;* Esp. *azafato.*

aeronauta s.m. y f. Persona que pilota una aeronave.

aeronáutica s.f. Ciencia de la navegación aérea. **2.** Conjunto de medios, como aviones, instalaciones, etc., destinados a la navegación aérea.

aeronáutico, a adj. Relativo a la navegación aérea.

aeronaval adj. Relativo a la marina y a la aviación conjuntamente.

aeronave s.f. Aparato capaz de volar.

aeronavegación s.f. Navegación aérea.

aeroparque s.m. Argent. Aeropuerto pequeño, especialmente el situado en área urbana.

aeroplano s.m. Avión.

aeropostal adj. Relativo al correo aéreo.

aeropuerto s.m. Conjunto de instalaciones destinadas al despegue y aterrizaje de aviones.

aerosol s.m. (fr. *aérosol*). Líquido envasado a presión en un recipiente que se proyecta en el aire en forma de partículas muy pequeñas. SIN.: *spray.* **2.** Suspensión de partículas muy pequeñas, en forma sólida o más frecuentemente líquida en un gas.

aerostación s.f. Técnica de construcción y manejo de aerostatos.

aeróstata s.m. y f. Persona que maneja un aerostato.

aerostática s.f. Parte de la física que estudia el equilibrio de los gases en estado de reposo.

aerostato o **aeróstato** s.m. Aeronave que se sustenta en el aire mediante el empleo de un gas más ligero que el aire.

aerotecnia s.f. Técnica que aplica la aerodinámica al funcionamiento de una aeronave o de un ingenio espacial.

aerotécnico, a adj. Relativo a la aerotecnia. ◆ s. Especialista en aerotecnia.

aerotermodinámica s.f. Ciencia que estudia los fenómenos caloríficos provocados por las corrientes aerodinámicas a grandes velocidades.

aeroterrestre adj. Relativo a la aviación y al ejército de tierra al mismo tiempo.

aerotransportado, a adj. Transportado por vía aérea: *tropas aerotransportadas.*

aerotrén s.m. (marca registrada). Vehículo experimental que se desplaza en un colchón de aire a gran velocidad sobre una vía monorraíl.

aeta, eta o **ita** adj. y s.m. y f. De un pueblo pigmeo que habita en Filipinas, especialmente en el interior de la isla de Luzón. (El nombre de *aeta* corresponde a la principal tribu de Luzón.)

afabilidad s.f. Cualidad de afable.

afable adj. (lat. *affabilis,* a quien puede hablarse, de *fari,* hablar). Se dice de la persona de trato agradable y cordial.

afamado adj. Famoso y reputado.

afamar v.tr. y prnl. Dar fama. ◆ **afamarse** v.prnl. Hacerse famoso.

afán s.m. Deseo intenso o vehemente: *afán de dinero.* **2.** Esfuerzo o interés que se dedica a una actividad.

afanar v.tr. (del lat. vulgar *affanae,* palabras embrolladas y sin sentido). *Vulg.* Robar con habilidad y sin violencia. ◆ **afanarse** v.prnl. Dedicarse con gran esfuerzo o interés a una actividad.

afar o **danakil,** pueblo nómada islamizado que ocupa la región de Djibouti y el NE de Etiopía y que habla una lengua cusita.

afarolado, a adj. y s. TAUROM. Se dice del pase de adorno en que el diestro se pasa el engaño por encima de la cabeza, girando al mismo tiempo para salir de suerte.

afarolarse v.prnl. Amér. Hacer aspavientos.

afasia s.f. (gr. *afasía,* de *a,* no, y *fánai,* hablar). Pérdida de la palabra o de la capacidad de comprensión del lenguaje a causa de una lesión cortical en el hemisferio cerebral dominante, cuya localización determina el tipo de afasia.

afásico, a adj. y s. Relativo a la afasia; que padece afasia.

afear v.tr. Hacer feo: *una cicatriz le afea el rostro.* **2.** *Fig.* Censurar o reprobar la conducta.

afección s.f. (lat. *affectio, -onis,* influencia, estado, afección). Estado patológico, enfermedad: *afección pulmonar.* **2.** Afición o cariño: *afección materna.*

afectación s.f. Falta de naturalidad en la manera de hablar o comportarse. **2.** Acción de afectar.

afectado, a adj. Que carece de sencillez y naturalidad: *lenguaje afectado.* **2.** Aquejado, dolido: *afectado por una desgracia.*

afectar v.tr. y prnl. (lat. *affectare,* aproximar, acercar). Producir impresión, causar una emoción algo, generalmente negativa. ◆ v.tr. Atañer, interesar, concernir: *este asunto no te afecta.* **2.** Fingir, dar a entender algo que no es cierto. **3.** Poner cuidado excesivo en la forma de hablar, comportarse o vestir. **4.** MED. Producir alteración en un órgano: *el medicamento afecta al estómago.*

afectividad s.f. PSICOL. Conjunto de fenómenos afectivos, como las emociones o las pasiones.

afectivo, a adj. Relativo al afecto.

1. **afecto** s.m. (lat. *affectus,* p. de *afficere,* poner en cierto

estado). Sentimiento de cariño por alguien o por algo. **2.** PSICOANÁL. Estado emotivo ligado a la satisfacción de una pulsión, no necesariamente unido a una representación. **3.** PSICOL. Impresión elemental de atracción o repulsión diferente de la emoción y de los sentimientos más elaborados socialmente.

2. **afecto, a** adj. Inclinado, aficionado a algo o a alguien: *personas afectas a una ideología.* **2.** Que padece alguna enfermedad, vicio, emoción, etc.: *afecto de reuma, a la bebida.* **3.** Se dice de una posesión o renta sujeta a cargas u obligaciones. **4.** Se dice de una persona destinada a ejercer una función o a prestar sus servicios en un lugar determinado.

afectuosidad s.f. Cualidad de afectuoso.

afectuoso, a adj. Que muestra afecto o cariño.

afeitada s.f. Afeitado.

afeitado s.m. Acción y efecto de afeitar. SIN.: *rasurado.*

afeitadora s.f. Máquina de afeitar eléctrica.

afeitar v.tr. y prnl. (lat. *affectare,* dedicarse a algo). Cortar al ras la barba, el bigote o pelo en general. **2.** TAUROM. Limar las puntas de las astas del toro.

afeite s.m. Cosmético.

afelio s.m. Punto más alejado del sol en la órbita de un planeta. CONTR.: *perihelio.*

afelpado, a adj. Se dice del tejido hecho de felpa o parecido a la felpa. ◆ s.m. Tejido de lana con el envés fibroso. **2.** Trabajo de acabado del cuero que consiste en darle un aspecto aterciopelado.

afeminación s.f. Acción y efecto de afeminar o afeminarse.

afeminado, a adj. y s.m. Que tiene rasgos o características femeninos.

afeminamiento s.m. Afeminación.

afeminar v.tr. y prnl. Dar a alguien o a algo carácter femenino.

aferente adj. (lat. *afferens, -ntis,* p. de *affere,* traer). ANAT. Se dice de un vaso, especialmente sanguíneo, que desemboca en otro o que llega a un órgano, y de un nervio que conduce los estímulos a un determinado centro.

aféresis s.f. (gr. *afaíresis,* acción de llevarse, aféresis). FONÉT. Supresión de uno o varios sonidos al principio de una palabra. (Ej.: *norabuena* por *enhorabuena.*)

aferramiento s.m. Acción y efecto de aferrar o aferrarse.

aferrar v.tr. (cat. *aferrar*). Agarrar fuertemente, asegurar: *aferrar las riendas.* ◆ **aferrarse** v.prnl. Obstinarse en una idea u opinión.

affaire s.m. (voz francesa). Asunto o caso, generalmente de tipo escandaloso. **2.** Relación amorosa sin compromiso.

affidávit o **afidávit** s.m. (pl. *affidávit* o *affidávits*). Documento que se libra con los títulos de la deuda del estado a ciertos portadores, principalmente extranjeros, a fin de permitir que sean eximidos del pago de la totalidad o parte de los impuestos establecidos sobre estos títulos.

afgano, a adj. y s. De Afganistán. ◆ adj. **Lebrel afgano** Lebrel que pertenece a una raza de pelo largo y sedoso.

afianzamiento s.m. Acción y efecto de afianzar o afianzarse.

afianzar v.tr. y prnl. (de *fianza*). Poner más firme y estable algo: *afianzar un muro.* **2.** *Fig.* Consolidar, afirmar: *su fama se ha afianzado.* ◆ v.tr. Dar fianza o garantía por alguien. **2.** DER. Garantizar el cumplimiento de una obligación.

afición s.f. (lat. *affectio, -onis,* influencia, estado, afección). Gusto por algo: *afición a la música.* **2.** Conjunto de los aficionados a un arte, deporte, etc. **3.** Empeño, afán.

aficionado, a adj. y s. Que se dedica a una actividad sin tenerla por oficio: *futbolista aficionado; teatro de aficionados.* SIN.: *amateur.* **2.** Que tiene un interés especial por algo: *aficionado a los deportes.*

aficionar v.tr. y prnl. Hacer que alguien sienta afición por algo.

afiche s.m. (fr. *affiche*). Amér. Merid. Cartel.

afidávit s.m. → **affidávit.**

afídido, a adj. y s.m. Relativo a una familia de insectos del orden homópteros, dañinos para las plantas, como los pulgones.

afiebrado, a adj. Amér. Que tiene fiebre.

afijo s.m. y adj. LING. Elemento que se coloca al principio *(prefijo),* en el interior *(infijo)* o al final *(sufijo)* de una palabra para formar derivados o compuestos. ◆ s.m. MAT Número complejo que define la posición de un punto en un plano.

afilador, ra adj. Que afila. ◆ s.m. Obrero o artesano que afila herramientas o instrumentos. **2.** Chile, Méx. y Perú. Piedra de afilar.

afiladora s.f. Máquina para afilar herramientas.

afilalápices s.m. (pl. *afilalápices*). Sacapuntas.

afilamiento s.m. Adelgazamiento de la cara, nariz o dedos.

afilar v.tr. Sacar filo o punta a un instrumento. **2.** *Fig.* Afinar la voz o hacer más agudo algo inmaterial. **3.** Argent., Parag. y Urug. Flirtear. **4.** Chile. *Vulg.* Realizar el acto sexual. ◆ **afilarse** v.prnl. *Fig.* Adelgazarse la cara, nariz o dedos. **2.** Bol. y Urug. Prepararse, disponerse cuidadosamente para realizar algo.

afiliación s.f. Acción de afiliar o afiliarse. **2.** Conjunto de afiliados. **3.** DER. Nombre genérico que designa diversas formas de tomar, recibir o acoger a una persona como hijo.

afiliado, a adj. y s. Que pertenece a una sociedad, corporación, etc.

afiliar v.tr. y prnl. Inscribir a alguien como miembro en una sociedad, corporación, secta, etc.: *afiliarse a un partido.*

afiligranado, a adj. De filigrana o parecido a ella. **2.** *Fig.* Pequeño, muy fino y delicado: *cara afiligranada.*

afiligranar v.tr. Hacer o confeccionar con filigrana. **2.** *Fig.* Embellecer con esmero.

afín adj. (lat. *affinis,* limítrofe, emparentado, de *finis,* límite). Que tiene afinidad o semejanza con otra cosa: *ideas afines.* **2.** MAT. Se dice de una función real de variable real x, de la forma $x \longrightarrow f(x) = ax + b$, siendo a y b reales. ◆ s.m. y f. Pariente por afinidad. ◇ **Geometría afín** MAT. Geometría en que las propiedades son invariantes por transformaciones de primer grado.

afinación s.f. Acción y efecto de afinar o afinarse. SIN.: *afinadura.*

afinado s.m. Purificación de determinados productos por eliminación de las materias extrañas que contienen. **2.** Última fase de la maduración de los quesos.

afinador s.m. Persona que afina los instrumentos musicales. **2.** Utensilio para afinar dichos instrumentos.

afinamiento s.m. Afinación. **2.** Finura.

afinar v.tr. y prnl. Hacer fino, sutil o delicado: *afinar los modales.* ◆ v.tr. Poner en tono unos instrumentos con otros. **2.** Precisar algo: *afinar la puntería.* **3.** Purificar los metales. **4.** Eliminar las burbujas gaseosas del vidrio fundido. **5.** Poner un instrumento musical en tono con el diapasón. ◆ v.intr. Cantar o tocar entonando con perfección. ◇ **Afinar el queso** Dar al queso los últimos cuidados antes de destinarlo al consumo.

afincar v.intr. y prnl. Establecerse en un lugar. **2.** *Fig.* Estar fijo y constante en una cosa: *afincarse en una idea.*

afinidad s.f. Semejanza, proximidad o analogía entre dos o más personas o cosas. **2.** Coincidencia de caracteres, opiniones o gustos entre dos o más personas. **3.** BIOL. Parentesco zoológico o botánico. **4.** DER. Parentesco entre una persona y los deudos por consanguinidad de su cónyuge. **5.** MAT. Tipo de transformación puntual en el plano. **6.** QUÍM. Tendencia de un átomo o molécula a reaccionar o combinarse con átomos o moléculas de diferente constitución química.

afirmación s.f. Acción y efecto de afirmar o afirmarse. ◇ **Adverbio de afirmación** GRAM. Adverbio que asevera el significado del verbo o de toda la oración en que figura.

afirmar v.tr. (lat. *affirmare,* consolidar, afirmar). Decir que algo es cierto: *afirmar una teoría.* ◆ v.tr. y prnl. Consolidar un terreno para poder construir sobre él. **2.** Poner firme o estable. ◆ v.intr. Decir que sí. ◆ **afirmarse** v.prnl. Confirmar la validez o verdad de algo dicho anteriormente.

afirmativo, a adj. Que afirma: *respuesta afirmativa.* **2.** GRAM. y LÓG. Se dice de la oración, proposición o juicio que establece la conformidad del sujeto con el predicado. SIN.: *asertivo.*

aflautar v.tr. Tener o adquirir voz aguda como una flauta, atiplar la voz.

aflicción s.f. Acción y efecto de afligir o afligirse, dolor.

aflictivo, a adj. Que causa aflicción. ◇ **Pena aflictiva** DER. La de mayor gravedad de las de carácter personal, contenida en un código.

afligimiento s.m. Aflicción.

afligir v.tr. y prnl. (lat. *affligere,* golpear, abatir). Causar tristeza o angustia. **2.** Causar sufrimiento físico.

aflojar v.tr. y prnl. Poner flojo o más flojo: *aflojar un nudo.* ◆ v.tr. *Fig.* y *fam.* Soltar, entregar: *aflojar dinero.* ◆ v.tr. e intr. *Fig.* Perder fuerza, flaquear en un esfuerzo.

afloramiento s.m. Acción de aflorar. **2.** GEOL. Punto en que la roca constituyente del subsuelo aparece en la superficie.

aflorar v.intr. (fr. *affleurer,* de *à fleur de,* a flor de). Aparecer en la superficie de un terreno un filón o capa mineral. **2.** *Fig.* Asomar, surgir, aparecer suavemente.

afluencia s.f. Acción de afluir. **2.** Abundancia.

afluente s.m. Corriente de agua que desemboca en otra.

afluir v.intr. (lat. *afluere*) [conj.: *huir*]. Llegar una gran cantidad de personas o cosas a un lugar: *los manifestantes afluyeron a la plaza.* **2.** Desembocar una corriente de agua en otra o en una masa de agua.

aflujo s.m. Afluencia excesiva de un líquido a un tejido orgánico.

aflus adv.m. Amér. Sin dinero, sin nada.

afocal adj. Se dice de un sistema óptico cuyos focos están en el infinito.

afonía s.f. MED. Disminución de la voz y cambio de su timbre y tono.

afónico, a adj. MED. Que padece afonía.

aforado, a adj. y s. DER. Se dice de una persona o entidad que goza de algún fuero en materia de jurisdicción o de ciertos privilegios.

aforador s.m. Persona que afora. **2.** Dispositivo para aforar.

aforar v.tr. (del fr. ant. *aforer*). Determinar el valor de una mercancía para el pago de derechos; en general, determinar el valor de los mismos. **2.** DER. Arrendar, conceder fuero. **3.** METROL. Calcular la capacidad de un recipiente o la cantidad de líquido, grano, etc., que contiene. **4.** METROL. Medir la cantidad de agua que lleva una corriente o que pasa por un conducto en una cantidad de tiempo.

aforismo s.m. (gr. *aforismós,* definición). Sentencia breve que se propone como norma en una ciencia o arte.

aforístico, a adj. Relativo al aforismo.

aforo s.m. Acción y efecto de aforar. **2.** Número de localidades de un recinto público.

afortunado, a adj. Que tiene fortuna o buena suerte. **2.** Adecuado, oportuno. **3.** Que tiene o produce felicidad: *decisión afortunada.*

afrancesado, a adj. y s. Que tiene carácter francés o que imita a los franceses en sus costumbres, cultura, etc.: *comedia afrancesada.* **2.** Partidario de los franceses, especialmente los españoles que en la guerra de la Independencia (1808-1814) apoyaron a José Bonaparte. SIN.: *josefino.*

afrancesamiento s.m. Tendencia exagerada a las ideas o costumbres de origen francés.

afrancesar v.tr. y prnl. Dar carácter francés. **2.** Aficionar a las costumbres y cultura francesas. ◆ **afrancesarse** v.prnl. Hacerse afrancesado.

afrenta s.f. (de *frente*). Dicho o hecho ofensivos: *no hacer caso de afrentas.* **2.** Vergüenza o deshonor que supone un dicho o hecho ofensivos: *sufrir afrenta.*

afrentar v.tr. y prnl. Causar afrenta.

africado, a adj. y s.f. FONÉT. Se dice de un sonido consonántico oclusivo al principio de su emisión y fricativo al final.

africanismo s.m. Influencia ejercida por las razas africanas y por su cultura. **2.** Interés por la cultura y costumbres africanas. **3.** Palabra, expresión o giro procedente de una lengua africana que se usa en otra lengua.

africanista s.m. y f. Especialista en lenguas y civilizaciones africanas.

africanización s.f. Acción de africanizar o africanizarse.

africanizar v.tr. y prnl. Dar carácter africano.

africano, a adj. y s. De África.

afrikaans s.m. Lengua neerlandesa que se habla en la República de Sudáfrica, y que es, junto con el inglés, lengua oficial.

afrikaner o **afrikánder** adj. y s.m. y f. Se dice de la persona sudafricana de raza blanca que habla el afrikaans.

afro adj. Relativo a usos y costumbres africanas: *música afro.* **2.** Se dice de un peinado muy rizado y muy voluminoso.

afroamericano, a adj. y s. Relativo a los negros de América de origen africano.

afroasiático, a adj. Relativo a Asia y África conjuntamente.

afrocubanismo s.m. Movimiento artístico de revalorización de las raíces africanas y de culto de lo primitivo en la cultura cubana.

afrocubanismo

Estimulado por los estudios de Fernando Ortiz, el afrocubanismo se centró, por lo que se refiere a la poesía, en la incorporación de voces y ritmos populares negros y en una atmósfera de ingenua sensualidad. Sus principales cultivadores son E. Ballagas, N. Guillén y, en Puerto Rico, L. Palés Matos.

afrocubano, a adj. y s. Relativo a los negros cubanos de origen africano. ◆ adj. MÚS. Se dice de un ritmo bailable moderno, casi siempre en compás de 4 por 8 y movimiento relativamente moderado.

afrodisíaco, a o **afrodisiaco, a** adj. y s.m. (gr. *afrodisiakós,* de *Afrodite,* diosa del amor). Que excita el apetito sexual.

afrontado, a adj. HERÁLD. Se dice de cada una de las figuras, principalmente animales, colocadas una frente a otra.

afrontamiento s.m. Acción y efecto de afrontar.

afrontar v.tr. Poner una cosa frente a otra. **2.** Hacer frente a un problema, peligro, etc. **3.** Carear, poner a una persona en presencia de otra: *afrontar a dos testigos.* ◆ v.tr. y prnl. Hacer frente al enemigo.

afrutado, a adj. Que tiene un sabor o un aroma que recuerda al de una fruta.

afta s.f. (lat. *aphtha,* gr. *aphtha*). Lesión superficial en la mucosa bucal o genital.

afterhour s.m. (ingl. *after-hours*) [pl. *afterhours*]. Local de diversión que abre a altas horas de la madrugada. (Se abrevia *after.*)

after-shave s.m. y adj. (voz inglesa). Loción suavizante a base de alcohol que se aplica después del afeitado.

aftoso, a adj. Caracterizado por la presencia de aftas. ◇ **Fiebre aftosa** Enfermedad epizoótica muy contagiosa debida a un virus, que afecta al ganado.

afuera adv.l. Hacia la parte exterior. **2.** En la parte exterior. ◆ interj. Se emplea para que una persona deje el paso o se retire de un lugar. ◆ **afueras** s.f.pl. Alrededores de una población.

afusión s.f. MED. Aspersión de agua sobre el cuerpo o una parte de él, como método terapéutico.

afuste s.m. ARM. Armazón que sirve de soporte o vehículo a una boca de fuego.

agá o **agha** s.m. (turco *agá,* caballero, señor) [pl. *agaes*].

Oficial de la corte del sultán, en el Imperio otomano. **2.** Jefe superior al caid, en Argelia.

agachada s.f. Argent. Evasiva desleal o cobarde. **2.** Chile. Inclinación, reverencia, adulación. **3.** Urug. Pillería, artimaña.

agachadiza s.f. Ave zancuda semejante a la becada, de unos 30 cm de long., que vuela muy bajo y vive en los lugares pantanosos. (Familia escolopácidos.)

agachar v.tr. Inclinar o bajar alguna parte del cuerpo: *agachar la cabeza.* ◆ **agacharse** v.prnl. Encogerse, doblando el cuerpo hacia abajo.

agalactia o **agalaxia** s.f. MED. Ausencia de leche en las mamas en el momento en que debería producirse la lactancia.

1. **agalla** s.f. Branquia de los peces. (Suele usarse en plural.) **2.** Cada uno de los costados de la cabeza del ave, correspondiente a la sien. ◆ **agallas** s.f.pl. Anginas.

2. **agalla** s.f. (lat. *galla*). Excrecencia de un tejido vegetal producida por determinados parásitos, como insectos u hongos. SIN.: *cecidia.* **2.** *Fig.* Ánimo, valor.

agallón s.m. Amér. Anginas.

agallones s.m.pl. Amér. Agallón.

agamí s.m. Ave originaria de América del Sur, de unos 45 cm de long., plumaje negro con reflejos metálicos azul y verde, que puede ser domesticada. (Orden ralliformes.)

agammaglobulinemia s.f. MED. Escasez o ausencia total de gammaglobulinas en el plasma sanguíneo, que hace al organismo muy vulnerable a las infecciones.

agamuzado, a adj. Que se parece o tiene el aspecto de la gamuza. ◆ s.m. Curtido de las pieles mediante tratamiento con aceites de pescado.

ágape s.m. (lat. *ágape*, amistad, gr. *agápi*). Banquete con que se celebra algo. **2.** Comida que los fieles tomaban en común, en los primeros tiempos del cristianismo.

agar-agar s.m. Mucílago obtenido a partir de un alga asiática, utilizado en bacteriología como medio de cultivo, en la industria como producto para encolar, en farmacia por sus propiedades laxantes y en alimentación para la preparación de helados. SIN.: *gelosa.* (También *agar.*)

agareno, a adj. y s. Descendiente de Agar. **2.** Musulmán.

agaricáceo, a adj. y s.f. Relativo a una familia de hongos basidiomicetes que agrupa numerosas especies, unas comestibles, y otras tóxicas e incluso letales.

agárico s.m. (lat. *agaricum*). Nombre de varias especies de hongos que viven parásitos en el tronco de los árboles, algunos de los cuales se usan en medicina. (Familia agaricáceas.)

agarrada s.f. *Fam.* Enfrentamiento verbal o físico.

agarraderas s.f.pl. Favor o influencia: *tener agarraderas en el ministerio.*

agarradero s.m. Parte de un objeto para asirlo o asirse de él. **2.** *Fig.* Amparo, recurso.

agarrado, a adj. y s. *Fam.* Avaro, tacaño. ◆ adj. y s.m. *Fam.* Se dice del baile en que la pareja va abrazada y junta.

agarrador s.m. Almohadilla para agarrar las cosas calientes.

agarrar v.tr. (de *garra,* zarpa). Sujetar fuertemente: *le agarró por el brazo.* **2.** *Fam.* Contraer una enfermedad: *agarrar un resfriado.* **3.** *Fig.* y *fam.* Conseguir o atrapar lo que se persigue: *agarrar un buen empleo; agarrar a un ladrón.* ◆ **agarrarse** v.prnl. Sujetarse fuertemente a algo. **2.** *Fig.* y *fam.* Pelearse o reñir: *agarrarse a puñetazos.* **3.** Apoderarse una enfermedad del paciente con tenacidad: *agarrarse la tos.* **4.** Pegarse un guiso: *la paella se agarró.*

agarrochar v.tr. TAUROM. Herir a un toro con una garrocha.

agarrón s.m. Acción de agarrar con fuerza. **2.** Amér. Acción de tomar o sujetar con fuerza. **3.** Chile. Riña, altercado. **4.** Méx. *Fam.* Pleito, gresca.

agarrotamiento s.m. Acción y efecto de agarrotar o agarrotarse. **2.** MEC. Avería debida al roce de dos superficies en contacto, que quedan fuertemente adheridas por falta de engrase.

agarrotar v.tr. y prnl. Poner rígido un miembro del cuerpo humano. **2.** Inmovilizar las piezas mecánicas en contacto por falta de engrase. ◆ v.tr. Oprimir material o moralmente: *nos agarrotan con tanto trabajo.* **2.** Estrangular en el garrote, o por cualquier otro sistema: *agarrotar a un reo.*

agasajar v.tr. (del ant. *gasajo,* placer en compañía). Tratar con atención y afecto: *agasajar a los invitados.* **2.** Halagar, obsequiar a alguien.

agasajo s.m. Acción de agasajar. **2.** Muestra de afecto o consideración.

ágata s.f. (lat. *achates*). Roca silícea, variedad de calcedonia, constituida por capas paralelas o concéntricas de distintos colores.

agateador s.m. Pájaro trepador de pequeño tamaño, color pardo y pico largo y curvado, que se caracteriza por trepar en espiral por el tronco de los árboles. (Familia cértidos.)

agaucharse v.prnl. Amér. Merid. Adquirir aspecto o costumbres de gaucho.

agave s.m. o f. Planta crasa de hasta 10 m de alt., hojas carnosas, que florece una sola vez, y con su savia se elaboran bebidas como el pulque o el tequila. (Familia amarilidáceas.)

agavilladora s.f. Máquina segadora que corta las mieses y las ata formando gavillas.

agavillar v.tr. Formar gavillas.

agazaparse v.prnl. (de *gazapo*). Agacharse, encogerse, generalmente para ocultarse.

agencia s.f. (bajo lat. *agentia*). Empresa que generalmente ofrece servicios de intermediario entre los profesionales de un sector y sus clientes: *agencia de publicidad, de información, de viajes, etc.* **2.** Sucursal de un establecimiento financiero o de una empresa.

agenciar v.tr. y prnl. Procurar o conseguir algo con diligencia o habilidad: *agenciarse un billete.* ◇ **Agenciárselas** Componérselas, arreglarse con los propios medios.

agenciero, a s. Argent. Persona encargada de una agencia de lotería o de venta de automotores. **2.** Chile. *Vulg.* Prestamista. **3.** Cuba y Méx. Agente de mudanzas.

agenda s.f. (fr. *agenda*). Cuaderno para anotar lo que se ha de hacer o se ha de recordar. **2.** Conjunto de actividades que se han de hacer en un período determinado.

agenesia s.f. Ausencia o desarrollo defectuoso de un tejido o de un órgano, desde la vida embrionaria.

agente adj. (bajo lat. *agens, -tis*). Que obra o tiene la virtud de obrar. **2.** LING. Que realiza la acción de un verbo en una oración. ◆ s.m. Fenómeno que ejerce una acción determinante: *el agente de una infección; los agentes de la erosión.* ◆ s.m. y f. Persona que está encargada de llevar y administrar los asuntos de estado, de una sociedad o de un particular: *agente de seguros; agente de la propiedad inmobiliaria.* **2.** Persona que realiza actos que pueden producir efectos jurídicos. ◇ **Agente de cambio,** o **de cambio y bolsa** Funcionario encargado de la negociación de los valores públicos cotizables en bolsa. **Agente de la autoridad** Persona que está encargada de la seguridad y el mantenimiento del orden público. **Agente de negocios** Persona que se encarga de administrar bienes o de dirigir los negocios de sus clientes. **Agente económico** Persona o grupo que participa en la actividad económica. **Agente literario** Intermediario entre editores y escritores. **Complemento agente** Complemento de un verbo pasivo que sería sujeto en la frase activa correspondiente. (Va precedido generalmente de la preposición *por* o *de.*)

agérato s.m. (gr. *agératon*). Planta de origen americano, que se cultiva en jardinería por sus flores azules. (Familia compuestas.)

aggiornamento s.m. (voz italiana, *puesta al día*). Renovación de la Iglesia romana después del concilio Vaticano II. **2.** *Por ext.* Actualización, renovación.

agha s.m. → **agá.**

agigantado, a adj. Que tiene un tamaño mucho mayor de lo normal.

agigantar v.tr. y prnl. Conferir proporciones gigantescas.

ágil adj. (lat. *agilis*). Que se mueve o puede moverse con facilidad y rapidez: *persona ágil.* **2.** Que se realiza rápida y fácilmente: *movimientos ágiles.*

agilidad s.f. Cualidad de ágil.

agilizar v.tr. y prnl. Hacer o hacerse ágil: *agilizar la memoria.* SIN.: *agilitar.*

agio s.m. (fr. *agio,* del ital. *aggio*). Beneficio obtenido de un cambio de moneda o del descuento de letras y pagarés. **2.** Especulación en la que se negocia utilizando las oscilaciones y diferencias de los precios de las mercancías. **3.** Agiotaje.

agiotaje s.m. Especulación sobre los fondos públicos, los cambios, etc. SIN.: *agio.*

agitación s.f. Acción y efecto de agitar o agitarse: *la agitación del mar; una agitación popular.*

agitador, ra adj. y s. Que agita. ◆ s.m. Vara pequeña de vidrio que se utiliza para remover los líquidos.

agitanarse v.prnl. Parecerse o adoptar las costumbres o características de la etnia gitana.

agitar v.tr. y prnl. (lat. *agitare*). Mover algo de un lado a otro repetida y bruscamente. **2.** *Fig.* Inquietar, intranquilizar: *la duda le agitaba el pensamiento.* ◆ v.tr. Movilizar a grupos, sectores o masas con el fin de protestar o reivindicar algo: *agitar al país.*

1. **agitato** adv.m. (voz italiana). MÚS. Con movimiento agitado.

2. **agitato, a** adj. y s.m. (voz italiana). MÚS. Se dice de la composición musical o el fragmento que se ejecuta con movimiento agitado.

aglifo, a adj. Se dice de una serpiente desprovista de dientes venenosos.

aglomeración s.f. Acción y efecto de aglomerar o aglomerarse: *gran aglomeración de gente.* **2.** Conjunto de viviendas formado por una población y sus alrededores.

aglomerado s.m. Material elaborado con fragmentos de madera prensados y mezclados con cola. **2.** Briqueta combustible hecha con polvo de hulla mezclado con alquitrán. **3.** Material de construcción prefabricado en hormigón.

aglomerante s.m. Material que sirve para aglomerar.

aglomerar v.tr. (lat. *agglomerare,* juntar, de *glomus,* ovillo). Reunir algo formando una masa compacta: *aglomerar arena y cemento.* ◆ **aglomerarse** v.prnl. Reunirse en un montón, formar una masa compacta.

aglutinación s.f. Acción y efecto de aglutinar o aglutinarse. **2.** BIOL. Sistema de defensa de un organismo contra las agresiones microbianas o parasitarias, en el que las células se agrupan en masas más o menos grandes por mediación de las aglutininas. **3.** LING. Adición de afijos a una raíz para expresar las diversas relaciones gramaticales.

aglutinante adj. y s.m. Que aglutina. ◆ adj. **Lengua aglutinante** Lengua que expresa las relaciones gramaticales mediante la aglutinación de afijos a las raíces.

aglutinar v.tr. y prnl. (lat. *agglutinare,* pegar, adherir). Unir fuertemente dos o más cosas. **2.** Formar palabras por aglutinación.

aglutinina s.f. BIOL. Anticuerpo del suero sanguíneo que provoca la aglutinación.

aglutinógeno s.m. BIOL. Sustancia contenida en los hematíes de un ser vivo, capaz de provocar su aglutinación.

agnación s.f. Parentesco legítimo de sucesión por línea masculina.

agnado, a adj. y s. (lat. *agnatus*). Se dice de un descendiente por línea masculina. CONTR.: *cognado.*

agnato, a adj. y s.m. Relativo a un grupo de vertebrados acuáticos con respiración branquial y desprovistos de mandíbulas.

agni, pueblo de Costa de Marfil y Ghana del grupo akan que habla una lengua kwa.

agnosia s.f. MED. Alteración del reconocimiento e identificación de informaciones sensoriales, debida a una lesión cerebral.

agnósico, a adj. y s. MED. Que padece agnosia.

agnosticismo s.m. Doctrina que declara lo absoluto como inaccesible para el entendimiento humano, especialmente refiriéndose a Dios, o que considera toda metafísica como fútil.

agnóstico, a adj. y s. Relativo al agnosticismo; adepto al agnosticismo.

agnusdéi s.m. (lat. *Agnus Dei,* Cordero de Dios). Medallón de cera bendecida por el papa que lleva la imagen de un cordero. **2.** Oración de la misa que comienza con estas palabras. (También *agnus.*)

agobiante adj. Que agobia.

agobiar v.tr., intr. y prnl. (del lat. *gibbus,* giba). Causar agobio.

agobio s.m. Fatiga, molestia o preocupación. **2.** Sofocación o sensación de ahogo.

agolletamiento s.m. Estrechamiento del cañón de una escopeta de caza para agrupar los perdigones. SIN.: *choke-bore.*

agolpamiento s.m. Acción y efecto de agolpar o agolparse.

agolpar v.tr. y prnl. (lat. *golpe,* gran cantidad). Juntar de golpe en un lugar: *la gente se agolpó en la plaza.* ◆ **agolparse** v.prnl. Presentarse conjunta y repentinamente ciertas cosas: *agolparse muchos problemas.*

agonía s.f. (bajo lat. *agonia,* del gr. *agōnía,* lucha, angustia). Momento de la vida en el que se debilitan gradualmente las funciones vitales y que precede inmediatamente a la muerte. **2.** Momentos finales del declive de un movimiento o una civilización: *la agonía de un régimen político.*

agónico, a adj. Relativo a la agonía. **2.** Que se halla en la agonía.

agonizante adj. y s.m. y f. Que agoniza.

agonizar v.intr. (bajo lat. *agonizare*). Estar en la agonía.

ágora s.f. (gr. *agorá,* reunión, plaza pública). ANT. GR. Plaza rodeada de edificios públicos, centro de la vida política, religiosa y económica de la ciudad.

agorafobia s.f. MED. Temor a los espacios abiertos.

agorar v.tr. Augurar.

agorero, a adj. y s. Que anuncia males o desgracias. **2.** Que adivina por agüeros, presagios o señales.

agorgojarse v.prnl. Criar gorgojo una semilla.

agostamiento s.m. Acción y efecto de agostar o agostarse.

agostar v.tr. y prnl. (de *agosto*). Secar o abrasar una planta el calor excesivo.

agosteño, a adj. Propio del mes de agosto. SIN.: *agostizo.*

agostizo, a adj. Agosteno. **2.** Se dice del animal nacido en agosto.

agosto s.m. (lat. *augustus,* mes dedicado a Octavio Augusto). Octavo mes del año. (Tiene 31 días.) ◇ **Hacer su agosto** *Fam.* Lucrarse aprovechando una ocasión oportuna.

agotado, a adj. Exhausto, extenuado.

agotamiento s.m. Acción y efecto de agotar o agotarse. **2.** MED. Estado de un ser vivo cuando sus reservas nutritivas se han consumido o cuando el tono de su sistema nervioso se reduce.

agotar v.tr. y prnl. (lat. vulgar *eguttare,* secar hasta la última gota). Extraer totalmente el líquido de un lugar: *agotar un pozo de agua.* **2.** *Fig.* Consumir o terminar totalmente algo: *agotar el agua, la paciencia.* **3.** Cansar mucho.

agote s.m. y f. (vasc. *kakote,* dim. de *kako,* gancho). Miembro de un grupo social del valle de Baztán y otros valles pirenaicos, al que se consideró sospechoso de herejía y contra los que se practicó una segregación social.

agracejina s.f. Fruto comestible del agracejo.

agracejo s.m. Arbusto espinoso de flores amarillas, bayas rojas comestibles, y madera de color amarillo, usada en ebanistería. (Familia berberidáceas.) **2.** Uva que se queda muy pequeña y no llega a madurar.

agraciado, a adj. Que tiene cierto atractivo o gracia. ◆ adj. y s. Que ha resultado premiado en un sorteo.

agraciar v.tr. Dar gracia o atractivo. **2.** Premiar.

agradable adj. Que agrada. **2.** Que es amable de trato.

agradar v.intr. (de *2. grado*). Gustar, complacer.

agradecer v.tr. [conj.: *parecer*]. Corresponder con gratitud a un favor: *agradezco tus consejos.* **2.** Dar las gracias. **3.** *Fig.* Dejar ver una cosa el efecto beneficioso del trabajo empleado en ella: *la tierra agradece sus cuidados.*

agradecido, a adj. y s. Que agradece.

agradecimiento s.m. Acción y efecto de agradecer.

agrado s.m. Gusto, complacencia. **2.** Amabilidad, afabilidad. **3.** Amér. Merid. Obsequio.

agrafe s.m. (fr. *agrafe,* grapa). MED. *Galic.* Lámina pequeña de metal, provista de dos puntas, que sirve para suturar heridas.

agrafia s.f. Trastorno neurológico que incapacita para escribir.

agramadera s.f. Máquina que realiza el agramado.

agramado s.m. Acción y efecto de agramar.

agramar v.tr. Majar el cáñamo o el lino para separar la fibra del tallo.

agramatical adj. LING. Que no responde a criterios gramaticales.

agramatismo s.m. Trastorno neurológico caracterizado por un defecto en la construcción de las palabras y frases.

agramiza s.f. Caña que queda después del agramado.

agramontés, sa adj. y s. Relativo al bando de los agramonteses, dirigidos por el señor de Agramont, que disputaron a los beaumonteses (bando nobiliario dirigido por Luis y Juan de Beaumont) la hegemonía en el reino de Navarra, lo que desembocó en una dura guerra civil (1438); miembro de este bando.

agrandamiento s.m. Acción y efecto de agrandar.

agrandar v.tr. y prnl. Hacer más grande.

agranulocitosis s.f. MED. Disminución o desaparición de los glóbulos blancos polinucleares (granulocitos).

agrario, a adj. (lat. *agrarius*). Relativo a la tierra de cultivo o a la agricultura: *el área es la unidad de medida para las superficies agrarias.* **2.** Se dice de los partidos políticos del N de Europa que defienden los intereses de los agricultores. ◇ **Estructura agraria** Disposición y forma de las parcelas explotadas por un grupo de agricultores; conjunto de las disposiciones jurídicas y sociales que han presidido el acondicionamiento de los campos. **Leyes agrarias** Leyes de la antigüedad romana, en favor de los plebeyos, que impedían que los nobles acaparasen las tierras del estado.

agrarismo s.m. Tendencia política que defiende el sector agrícola y los intereses de los agricultores.

agravación s.f. Agravamiento.

agravamiento s.m. Acción y efecto de agravar o agravarse.

agravante adj. y s.m. Que agrava.

agravar v.tr. y prnl. Aumentar la gravedad de una cosa.

agraviar v.tr. y prnl. Hacer agravio u ofensa.

agravio s.m. Ofensa contra el honor o la dignidad. **2.** Perjuicio causado a alguien en contra de sus derechos o intereses. **3.** DER. Perjuicio causado por la sentencia de un juez inferior que el apelante expone ante un juez superior. ◇ **Agravio comparativo** Discriminación que se produce al dar un trato diferente en dos situaciones parecidas.

agraz s.m. Uva sin madurar. **2.** Zumo ácido que se extrae de la uva sin madurar. ◇ **En agraz** Inmaduro, en preparación.

agrazón s.m. Uva silvestre o racimos que nunca maduran. **2.** Grosellero silvestre.

agredir v.tr. (lat. *aggredi,* dirigirse a alguien, atacarlo). Atacar a alguien para hacerle daño: *agredir con arma blanca.*

agregación s.f. Agrupación de partes homogéneas formando un todo. **2.** Agregaduría.

agregado, a adj. y s. Unido, anexionado. **2.** Se dice de un profesor de enseñanza media en España con categoría inferior a la de catedrático. ◆ s. Conjunto de cosas homogéneas que forman un cuerpo. **2.** Caserío aislado que forma parte de un municipio. **3.** Amér. Pequeño arrendatario de tierra. **4.** Argent., Par. y Urug. Persona que vive en casa ajena a costa del dueño. **5.** Esp. Empleado adscrito a un servicio del cual no es titular. **6.** ECON. Magnitud sintética obtenida combinando los asientos de la contabilidad nacional. **7.** EDAFOL. Agrupación relativamente estable de las partículas del suelo. ◆ s.m. Agregación, añadidura o anexo. ◇ **Agregado diplomático** Persona que sirve en la última categoría de la carrera diplomática.

agregaduría s.f. Cargo o plaza de agregado.

agregar v.tr. y prnl. (lat. *aggregare*). Unir o incorporar unas personas o cosas a otras. ◆ v.tr. Añadir algo sobre lo ya dicho o escrito. **2.** Destinar eventualmente un empleado a un servicio, o asociarlo a otro empleado.

agremán s.m. (fr. *agrément,* agrado, atractivo). Cinta de pasamanería utilizada como adorno.

agremiación s.f. Conjunto formado por personas del mismo oficio, que se reúnen corporativamente para ayudarse y defenderse mutuamente.

agremiar v.tr. y prnl. Reunir en gremio.

agresión s.f. (lat. *aggressio*). Acción y efecto de agredir. **2.** Enfrentamiento entre dos o más animales. (Es un elemento fundamental de las relaciones sociales de una especie.) **3.** DER. INTERN. Ataque perpetrado por un estado contra la integridad o la independencia de otro.

agresividad s.f. Carácter agresivo. **2.** Resolución para actuar. **3.** PSICOL. Tendencia a realizar actos o a proferir palabras hostiles con respecto a otro.

agresivo, a adj. Que implica agresión, provocación o ataque. **2.** Se dice de la persona con tendencia a agredir. **3.** *Anglic.* Activo, dinámico, emprendedor.

agresor, ra adj. y s. Que comete agresión.

agreste adj. (lat. *agrestis*). Relativo al campo: *vida agreste.* **2.** Abrupto o lleno de maleza: *terreno agreste.* **3.** *Fig.* Grosero, falto de educación.

agriar v.tr. y prnl. Poner agrio: *la leche se ha agriado.* **2.** *Fig.* Hacer agrio, desabrido o malhumorado: *agriar el carácter.*

agrícola adj. Relativo a la agricultura.

agricultor, ra s. (lat. *agricultor*). Persona que cultiva la tierra.

agricultura s.f. (lat. *agricultura*). Cultivo de la tierra para obtener productos vegetales útiles al ser humano, especialmente los que están destinados a su alimentación.

agridulce adj. Que tiene mezcla de agrio y de dulce: *fruta agridulce; palabras agridulces.*

agrietamiento s.m. Acción y efecto de agrietar o agrietarse.

agrietar v.tr. y prnl. Abrir grietas o hendiduras.

agrimensor, ra s. Persona que tiene por oficio la agrimensura.

agrimensura s.f. Técnica de medición de la superficie de las tierras.

agringarse v.prnl. Amér. Adquirir las costumbres de los gringos, parecerse a ellos.

agrio, a adj. (lat. *acer, acre,* agudo, penetrante). Ácido. **2.** Acre, desabrido: *voz agria.* **3.** Cruel, duro: *un agrio castigo.* ◆ s.m. Zumo ácido: *el agrio del limón.* ◆ **agrios** s.m.pl. Conjunto de frutos ácidos como el limón, la naranja o la mandarina. SIN.: *cítricos.*

agripalma s.f. Planta silvestre de flores rosadas, tallo cuadrangular y hojas verdinegras, cultivada antiguamente por atribuirle propiedades para curar la rabia. (Familia labiadas.)

agriparse v.prnl. Chile, Colomb. y Méx. Contraer la gripe.

agripeno s.m. Ave que vive en América del Norte, de unos 20 cm de long., pico corto subcónico, y plumaje brillante de varios colores. (Familia ictéridos.)

agrisar v.tr. y prnl. Dar color gris.

agro s.m. (lat. *ager, agri,* campo). Campo para cultivar.

agroalimentario, a adj. Se dice de un producto agrícola acondicionado o transformado por la industria para el consumo humano y animal. ◇ **Industria agroalimentaria** Conjunto de empresas que participan en la transformación o acondicionamiento de los productos de origen agrícola para el consumo alimenticio.

agroindustria s.f. Explotación agraria organizada como una empresa industrial.

agrología s.f. Parte de la agronomía que se ocupa del estudio de las tierras cultivables.

agrónica s.f. Parte de la agronomía que se ocupa de la aplicación de las nuevas tecnologías a la agricultura.

agronomía s.f. Ciencia que estudia el cultivo de la tierra.

agrónomo s.m. y adj. Especialista en agronomía.

agropecuario, a adj. Que concierne a la vez a la agricultura y a la ganadería.

agroquímico, a adj. y s.f. Se dice de la industria química con aplicaciones en la agricultura, como la de los fertilizantes o insecticidas.

agroturismo s.m. Turismo rural.

agrupación s.f. Acción de agrupar. **2.** Conjunto de personas o cosas agrupadas. **3.** MIL. Unidad homogénea, de importancia semejante a la del regimiento. ◇ **Agrupación de fincas** Agrupación que se efectúa para unificar las diferentes inscripciones, a solicitud de un titular de dos o más fincas en el Registro de la propiedad.

agrupamiento s.m. Acción y efecto de agrupar. ◇ **Agrupamiento de dominios** ESTADÍST. Operación que consiste en dividir el campo total de variabilidad de un fenómeno en cierto número de clases de igual extensión, y en agrupar todas las observaciones que caen en el interior de una misma clase.

agrupar v.tr. y prnl. Reunir en grupo. **2.** Formar una asociación.

agrura s.f. Sabor acre o ácido. ◆ **agruras** s.f.pl. Frutos agrios.

agua s.f. (lat. *aqua*). Líquido incoloro, inodoro e insípido, compuesto por oxígeno e hidrógeno (H_2O) combinados, que ocupa tres cuartas partes de la Tierra y es indispensable para el desarrollo de la vida. **2.** Infusión, disolución y emulsión de flores, plantas o frutos, que se usan en medicina y perfumería: *agua de rosas; agua de azahar.* **3.** Lágrima. **4.** Lluvia: *cae mucha agua.* ◆ **aguas** s.f.pl. Reflejos y ondulaciones que hacen algunas telas, plumas, piedras, maderas, etc. **2.** Reflejos o destellos de las piedras preciosas. **3.** Manantial de aguas mineromedicinales. **4.** Zona de mar inmediata a determinada costa: *en aguas de Cartagena.* ◇ **Agua de colonia** Disolución de esencias aromáticas en alcohol que se utiliza como perfume. SIN.: *colonia.* **Agua de constitución** Agua que forma parte integrante de la molécula de un compuesto. **Agua de cristalización** Agua en combinación química con ciertas sustancias en estado cristalino. **Agua de Javel** Lejía. **Agua de Seltz** Bebida de agua y gas carbónico bajo presión natural o artificial. **Agua mineral** Agua de manantial que contiene una solución de sustancias minerales y que se emplea como bebida o con fines terapéuticos. **Aguas abajo** Parte del curso fluvial comprendida entre un punto determinado y la desembocadura. **Aguas arriba** Parte del curso fluvial comprendida entre un punto determinado y el nacimiento. **Aguas blancas** Venez. Agua potable. **Aguas jurisdiccionales** Aguas que bañan las costas de un estado y están sujetas a su jurisdicción, de acuerdo con el derecho internacional. **Aguas madres** Residuo de una solución después de la cristalización de una sustancia disuelta en ella. **Aguas mayores** Excremento humano. **Aguas menores** Orina de una persona. **Aguas muertas** Marea débil que se produce en los cuartos de luna. **Agua termal** Agua de manantial que mana a una temperatura elevada. **Agua viva** Argent. y Urug. Medusa. **Hacer agua** Entrar agua en una embarcación por alguna grieta o agujero. **Pantalla de agua** Haz de tubos por los que circula el agua de una caldera para constituir la pared de la cámara de combustión o para proteger de la radiación las paredes, y sirviendo de superficie de caldeo. **Quedar,** o **convertirse, en agua de borrajas,** o **de cerrajas** No llegar a tener importancia un asunto. **Romper aguas** Romperse la bolsa que envuelve al feto y derramarse el líquido amniótico.

agua

El agua constituye el elemento de referencia de la escala termométrica centesimal: a presión atmosférica normal, se congela a 0 °C y hierve a 100 °C. Debido a la estructura eléctrica polar de su molécula, el agua disuelve numerosas sustancias, sólidas, líquidas y gaseosas.

FISIOL. El agua es el constituyente más importante de los seres vivos en cuanto a masa y volumen. En el ser humano equivale al 60 o 70 % de su peso. El balance hídrico cotidiano comporta pérdidas cutáneas y pulmonares (de 800 a 1 000 ml), pérdidas urinarias (de 1 000 a 1 500 ml) y pérdidas fecales (100 ml), que deben compensarse con el agua de los alimentos y bebidas.

aguacate s.m. (náhuatl *awákatl*). Árbol originario de América, de unos 10 m de alt. y hojas siempre verdes, cultivado por su fruto comestible del mismo nombre, de color verde y pulpa espesa. (Familia lauráceas.)

aguacero s.m. Lluvia repentina, impetuosa y de poca duración.

aguachento, a adj. Amér. Se dice de algo que pierde sus jugos y sales por estar aguado.

aguachirle s.f. Esp. *Fig.* Líquido sin sustancia. **2.** Esp. Aguapié de ínfima calidad.

aguacil s.m. *Vulg.* Alguacil. **2.** Argent. y Urug. Libélula, insecto.

aguada s.f. Procedimiento utilizado en dibujo y pintura en que se utilizan sustancias colorantes diluidas en agua. **2.** Sitio en que hay agua potable para surtirse de ella. **3.** Amér. Merid. Depósito de agua para beber el ganado, abrevadero. ◇ **Pintura a la aguada** Pintura o cuadro ejecutados con colorantes disueltos en agua.

aguaderas s.f.pl. Armazón con divisiones que se coloca sobre una caballería para llevar cántaros de agua u otras cosas.

aguadón s.m. Guat. Susto.

aguador, ra s. Persona que tiene por oficio llevar o vender agua.

aguaducho s.m. Puesto donde se vende agua y otras bebidas. **2.** Avenida impetuosa de un curso de agua.

aguadulce s.m. C. Rica. Bebida hecha con agua y miel.

aguadura s.f. VET. Congestión e inflamación de la piel del pie de los animales ungulados, especialmente de las caballerías.

aguafiestas s.m. y f. (pl. *aguafiestas*). Persona que interrumpe una diversión.

aguafuerte s.m. o f. (pl. *aguafuertes*). Disolución de ácido nítrico empleada por los grabadores para atacar el cobre. **2.** Estampa obtenida con una plancha atacada por este mordiente.

aguaitacaimán s.m. Ave zancuda que vive en Cuba, con la cabeza adornada de plumas largas de color verde metálico y la garganta y pecho blancos. (Familia ardeidos.)

aguaitacamino s.m. Pájaro muy parecido al chotacabras, que vive en América. (Familia caprimúlgidos.)

aguaitar v.intr. (cat. *aguaitar,* estar al acecho, mirar). Amér. Merid. Estar al acecho, observando y esperando atentamente.

aguaje s.m. Subida grande de la marea. **2.** Corriente marina muy fuerte. **3.** Agua que entra en un puerto o sale de él en las mareas.

aguají s.m. Cuba y Dom. Salsa elaborada con ajo, cebolla, ají, zumo de limón y agua.

agualate s.m. Colomb. Chocolate muy poco espeso.

aguamanil s.m. (lat. tardío *aquamanile*). Jarra con que se echa agua en una palangana para lavarse las manos. **2.** Palangana o pila en que se lavan las manos.

aguamanos s.m. (lat. *aqua-in-manos,* agua para las manos) [pl. *aguamanos*]. Agua para lavarse las manos. **2.** Aguamanil, jarro.

aguamarina s.f. Piedra fina, variedad transparente del berilo, de color azul claro parecido al del agua de mar y muy apreciada en joyería.

aguamiel s.f. Amér. Bebida hecha con agua, caña de azúcar o papelón. **2.** Méx. Jugo dulce del maguey cuya fermentación da lugar al pulque.

aguanieve s.f. Lluvia mezclada con nieve.

aguanoso, a adj. Que tiene demasiada agua.

aguantaderas s.f.pl. *Fam.* Tolerancia, paciencia.

aguantadero s.m. Argent. y Urug. Guarida, lugar en el que se ocultan delincuentes.

aguantar v.tr. (ital. *agguantare*). Sostener una cosa que pesa: *la viga aguanta el techo.* **2.** Sufrir o tolerar algo molesto o desagradable: *aguantar bromas pesadas.* **3.** Tolerar o soportar la presencia de una persona. **4.** Detener, contener: *aguantar la respiración.* **5.** TAUROM. Entrar a matar al toro en la misma postura en que se le cita, resistiendo la acometida de la res y sin rehuir el lance. ◆ v.intr. Mantenerse en el mismo estado sin empeorar: *el automóvil no aguantará mucho tiempo en estas condiciones.* ◆ **aguantarse** v.prnl. Contener o reprimir algo, en especial un impulso o necesidad: *aguantarse el hambre; aguantarse la risa.*

aguante s.m. Capacidad para aguantar o sufrir contrariedades: *persona de mucho aguante.* **2.** Fuerza, vigor, resistencia: *este cable tiene poco aguante.*

aguapé s.m. (guaraní *aguapeí*). Planta acuática de tallo esponjoso y blando y flor pequeña, cuyas hojas se usan contra la insolación; crece en Argentina y Brasil. (Familia ninfeáceas.)

aguapié s.m. Vino muy flojo que se obtiene echando agua en el orujo ya exprimido.

aguar v.tr. y prnl. [conj.: *averiguar*]. Mezclar el vino u otra bebida con agua: *aguar el café.* **2.** *Fig.* Estropear una diversión, un momento de alegría, etc.: *aguar la fiesta.* ◆ **aguarse** v.prnl. Inundarse un lugar.

aguará s.m. Cánido sudamericano de patas largas y pelaje en forma de crin de color amarillo rojizo, y negro en el hocico y las patas.

aguardar v.tr. (de *guardar*). Esperar que llegue alguien o que suceda algo: *aguardar noticias.* **2.** Haber de ocurrir algo a una persona: *te aguarda una sorpresa.*

aguardentoso, a adj. Que contiene aguardiente o se parece a él. **2.** Se dice de la voz áspera y ronca.

aguardiente s.m. Bebida alcohólica que se obtiene de la destilación del vino o de otras sustancias que fermentan, como ciertos cereales o la caña de azúcar.

aguaribay s.m. (guaraní *aguaribá*). Amér. Árbol de 8 a 10 m de alt., de tronco torcido y corteza rugosa, cuyo fruto es una baya pequeña y redondeada de color rojizo. (Familia anacardiáceas.)

aguarrás s.m. (del lat. *rasis,* pez en bruto). Esencia de trementina, empleada como disolvente de pintura y barniz.

aguaruna, tribu amerindia de Perú que pertenece al pueblo jívaro que habita el alto Marañón (Perú).

aguasado, a adj. Chile. Se dice del que se comporta como un guaso o rústico.

aguatero, a s. Amér. Aguador.

aguatinta s.f. Grabado al aguafuerte que imita el lavado. ◆ s.m. Lámina obtenida por este procedimiento.

aguaturma s.f. Planta herbácea originaria de América, con tallos rectos, hojas ovales y flores amarillas, cuyo tubérculo, semejante a la papa, es comestible. (Familia compuestas.)

aguavientos s.m. (pl. *aguavientos*). Planta herbácea, de hojas brillantes y ásperas y flores terminales encarnadas, que es originaria de la península Ibérica y suele cultivarse en jardines. (Familia labiadas.)

aguay s.m. (del guaraní *aguá,* achatado, e *í,* pequeño). Árbol de tronco recto y alto, hojas estrechas y fruto del tamaño de un higo, de sabor muy dulce. (Familia apocináceas.)

aguazal s.m. Terreno donde se estanca el agua de lluvia.

aguazo s.m. (del ital. *pittura a guazzo*). Modalidad de pintura a la aguada. **2.** Obra ejecutada por este procedimiento.

agudeza s.f. Astucia, sagacidad: *contestar con agudeza.* **2.** Capacidad de percepción de la vista, el oído o el olfato, especialmente si es elevada: *agudeza visual.* **3.** Viveza y penetración del dolor. **4.** Dicho agudo o ingenioso. **5.** Cualidad de agudo o afilado.

agudización s.f. Acción de agudizar o agudizarse: *la agudización de la crisis económica.*

agudizar v.tr. Hacer agudo o más agudo, especialmente una capacidad: *agudizar el ingenio.* ◆ **agudizarse** v.prnl. Hablando de enfermedades, problemas, etc., agravarse.

agudo, a adj. (lat. *acutus,* p. de *acuere,* aguzar). Terminado en punta, afilado: *lámina aguda.* **2.** *Fig.* Que tiene capacidad para percibir con rapidez y exactitud: *vista aguda.* **3.** *Fig.* Ingenioso, gracioso, oportuno: *comentario agudo.* **4.** Se dice del olor subido y del sabor penetrante. **5.** Que alcanza el máximo grado: *dolor agudo; crisis aguda; conflicto agudo.* ◆ adj. y s.m. Se dice del sonido elevado. ◇ **Ángulo agudo** Ángulo menor que uno recto. **Enfermedad aguda** Enfermedad de evolución rápida.

aguedita s.f. Árbol originario de América, de 5 a 7 m de alt., con flores pentámeras y hojas y corteza amargas y febrífugas. (Familia terebintáceas.)

agüero s.m. (lat. *augurium*). Presagio o indicio de un suceso futuro.

aguerrido, a adj. Valiente.

aguerrir v.tr. y prnl. Acostumbrar a los soldados a los peligros de la guerra.

aguijada s.f. (del lat. *aquileata,* abrev. de *pertica aquileata,* bastón provisto de aguijón). Vara larga con una punta de hierro en un extremo, para picar al buey u otro animal de labor. **2.** Vara larga con una paleta de hierro en un extremo que sirve para separar la tierra que queda pegada a la reja del arado.

aguijar v.tr. Estimular a un animal para que avive el paso, especialmente con la aguijada. **2.** *Fig.* Estimular a alguien para que ejecute algo.

aguijón s.m. Órgano puntiagudo y penetrante que tienen en el extremo del abdomen los escorpiones y ciertos insectos, como las abejas y avispas. **2.** Punta de la aguijada para picar. **3.** *Fig.* Estímulo para hacer algo. **4.** BOT. Espina de ciertas plantas como el rosal.

aguijonear v.tr. Picar con el aguijón. **2.** Aguijar, estimular.

águila s.f. (lat. *aquila*). Ave rapaz diurna, de gran tamaño (80 a 90 cm), de vista muy perspicaz, fuerte musculatura, alas de gran envergadura y vuelo muy rápido. (La cría es el aguilucho; orden falconiformes.) **2.** *Fig.* Persona que demuestra mucha viveza y perspicacia: *ser un águila en los negocios.* **3.** Insignia de decoración en que figura un águila: *el águila negra de Prusia.* **4.** Insignia militar coronada por un águila: *águila romana, napoleónica.* **5.** Formato de papel o de cartón de 74 × 105 cm (gran águila) o de 60 × 94 cm (pequeña águila). **6.** HERÁLD. Figura que representa un águila. ◇ **Águila culebrera** Águila de pico corto y robusto y alas pequeñas, que habita en las regiones cálidas del antiguo continente. **Águila imperial** Águila de color oscuro que se encuentra en el S de la península Ibérica. **Águila pescadora** Águila de plumaje liso y oleoso, que anida cerca del mar, ríos y lagos. **Águila real** Águila de 2,5 m de envergadura, que se caracteriza por la fuerza y potencia del pico y las garras y por la elegancia de su vuelo planeado.

aguileña s.f. (lat. *aquilegia*). Planta que se cultiva por sus flores, de cinco pétalos y colores diversos. (Familia ranunculáceas.)

aguileño, a adj. Relativo al águila. **2.** Se dice del rostro largo y afilado. <> **Nariz aguileña** Nariz delgada y de perfil convexo.

aguililla adj. Amér. Se dice del caballo veloz en el paso.

aguilón s.m. Brazo de una grúa, que soporta en su extremo la polea receptora del cable. **2.** Teja o pizarra cortada oblicuamente para ajustarla en la lima tesa o ángulo saliente del tejado. **3.** Madero colocado diagonalmente en una armadura de faldón. **4.** Parte superior y en forma triangular del muro de un edificio cubierto a dos aguas.

aguilucho s.m. Ave rapaz de cuerpo alargado, esbelta y robusta, que presenta a ambos lados de la cabeza un disco facial; el macho tiene el plumaje gris y la hembra marrón claro. (Familia accipítridos.) **2.** Cría de águila.

aguinaldo s.m. Regalo que se da con motivo de una fiesta, generalmente en Navidad. **2.** Canción de Navidad y año nuevo, de melodía simple y generalmente de compás ternario. **3.** Amér. Sobresueldo que reciben los empleados como gratificación de fin de año.

aguja s.f. (lat. *acucula,* dim. de *acus*). Barra fina de metal, hueso, madera, etc., con un extremo terminado en punta y el otro provisto de un ojo, terminado en gancho o en cabeza plana, para coser, bordar o tejer. **2.** Pequeña varilla metálica utilizada para diversos usos: *aguja de reloj; agujas de acupuntura.* **3.** Varilla de metal, concha, etc., generalmente adornada en un extremo, que sirve para sujetar el peinado o adornar un tocado. **4.** Punta de metal o zafiro que recorre los surcos de los discos fonográficos para reproducir las vibraciones inscritas en ellos. **5.** Pez de hocico muy alargado en forma de aguja que es comestible y abunda en los mares de Europa. (Familia belónidos.) **6.** ARQ. Obelisco, flecha o pináculo agudos. **7.** BOT. Hoja estrecha de las coníferas: *agujas de pino.* **8.** CONSTR. **a.** Barra de hierro o de madera, con agujeros y pasadores, que sirve para mantener paralelos los tableros de un tapial. SIN.: *codal.* **b.** Pieza de madera para apuntalar un puente. **9.** F. C. **a.** Segmento de carril móvil alrededor de un punto fijo, que sirve para realizar los cambios de vía. **b.** Aparejo de cambio o cruzamiento. **10.** GEOGR. Cumbre afilada de una montaña recortada. ◆ **agujas** s.f.pl. Parte del cuarto delantero de una res; carne o costillas de esta parte. <> **Aguja de mar** Pez marino de cuerpo muy largo y delgado y hocico tubular. (Familia singnátidos.) **Aguja magnética** Brújula, aguja imanada que marca la dirección del meridiano magnético.

agujerear v.tr. y prnl. Hacer uno o más agujeros a una cosa: *agujerearse los calcetines.* SIN.: *agujerar.*

agujero s.m. (de *aguja*). Abertura de forma redondeada. **2.** En el juego del golf, hoyo o pequeña cavidad donde debe introducirse la pelota. **3.** En el juego del golf, espacio que va desde el lugar en que se golpea la pelota hasta el agujero u hoyo en que se introduce. **4.** Falta o pérdida de dinero en un negocio sin causa justificada. <> **Agujero coronal** ASTRON. Región de la corona solar caracterizada por una baja densidad, temperatura e intensidad de la emisión de rayos X. **Agujero de hombre** Abertura de pequeñas dimensiones que se cierra mediante una tapa estanca, dispuesta en el puente de una embarcación, un depósito, una caldera, etc., para permitir el paso de una persona. **Agujero negro** ASTRON. Región del espacio cuyo campo de gravitación es tal que ninguna radiación puede salir de él.

agujeta s.f. Amér. Aguja de hacer punto. **2.** Méx. Cordón para amarrarse los zapatos. ◆ **agujetas** s.f.pl. Dolor muscular que aparece después de hacer un esfuerzo físico superior al habitual.

agujetero s.m. Amér. Alfiletero.

agujón s.m. Pasador, aguja grande usada para sujetar el pelo o algún adorno de la cabeza.

¡agur! interj. (voz vasca). Expresión de despedida.

agusanarse v.prnl. Llenarse de gusanos una cosa.

agustiniano, a adj. Referente a san Agustín o a los religiosos agustinos. ◆ s. y adj. Seguidor de la doctrina de san Agustín. ◆ s.m. Nombre que tomaron los jansenistas, quienes pretendían ser los verdaderos discípulos de san Agustín.

agustinismo o **agustinianismo** s.m. Doctrina de san Agustín de Hipona. **2.** Denominación que suele darse a la doctrina de los jansenistas.

agustino, a adj. y s. Religioso que sigue la regla de san Agustín. (Entre las numerosas familias religiosas destacan los *agustinos descalzos* y los *canónigos regulares.*) <> **Agustinos de la Asunción** Asuncionistas.

agutí s.m. Roedor del tamaño de la liebre, con orejas y cola cortas y patas altas, que vive en América Central, Antillas y gran parte de América del Sur.

aguzado, a adj. Que tiene forma aguda.

aguzamiento s.m. Acción y efecto de aguzar, afilar.

aguzanieves s.f. (del ant. *auze de nieves,* pájaro de nieves) [pl. *aguzanieves*]. Pájaro insectívoro, de color gris en su parte superior, blanco en el vientre y negro en el resto del cuerpo, provisto de una larga cola que mueve constantemente al caminar.

aguzar v.tr. (del lat. *acutus,* agudo). Forzar algún sentido para percibir mejor algo: *aguzar el oído.* **2.** Hacer o sacar punta a un arma u otra cosa: *aguzar una herramienta.* **3.** Preparar los animales los dientes o las garras para comer o despedazar.

¡ah! interj. Expresa generalmente pena, admiración o sorpresa.

ahechar v.tr. (lat. *affectare,* dedicarse a algo, rebuscar). AGRIC. Aventar, limpiar con harnero o criba el grano trillado.

aherrojamiento s.m. Acción y efecto de aherrojar.

aherrojar v.tr. Aprisionar con cadenas, esposas o grillos. **2.** *Fig.* Someter con violencia.

ahí adv.l. En ese lugar o a ese lugar: *no te muevas de ahí.* **2.** En lo que se expresa: *ahí está el daño.* **3.** Precedido de la prep. *de,* indica el tiempo del que se acaba de hablar: *y ahí fue cuando lo encontraron.* **4.** Precedido de la prep. *de* o *por,* de esto o de eso, con un matiz de derivación o procedencia. **5.** He aquí. **6.** En aquel lugar, allí. <> **Por ahí** Por lugar indeterminado: *salir a pasear por ahí.*

ahijado, a s. Cualquier persona respecto de sus padrinos.

ahijar v.tr. [conj.: *aislar*]. Adoptar a alguien como hijo. **2.** *Fig.* Atribuir algo a alguien. **3.** Asumir un animal la crianza de un hijo ajeno.

¡ahijuna! interj. Argent., Chile y Urug. Expresa enojo o asombro.

ahilado, a adj. Se dice de la voz aguda y tenue. **2.** Se dice del viento suave y continuo.

ahilamiento s.m. Acción y efecto de ahilar o ahilarse.

ahilar v.tr. [conj.: *aislar*]. Poner en forma de hilo o hacer delgado como un hilo. **2.** Poner en fila. ◆ v.intr. Ir uno tras otro formando hilera. ◆ **ahilarse** v.prnl. Adelgazarse. **2.** AGRIC. Alargarse de un modo anormal los entrenudos del tallo. **3.** ENOL. Malearse y hacer hebra la levadura, el vino, etc.

ahincar v.tr. [conj.: *aislar*]. Insistir a alguien con ahínco. **2.** Hincar: *ahincar las rodillas.* ◆ **ahincarse** v.prnl. Afirmarse, aferrarse, esforzarse. **2.** Apresurarse.

ahínco s.m. Empeño grande en hacer o solicitar algo.

ahitamiento s.m. Acción y efecto de ahitar o ahitarse.

ahitar v.tr., intr. y prnl. [conj.: *aislar*]. Dejar ahíto, saciado. ◆ **ahitarse** v.prnl. *Fig.* Hartarse, cansarse de hacer algo: *ahitarse de llorar.*

ahíto, a adj. (lat. *infictus,* p. de *infligere,* clavar o hundir en algo). Que está saciado. **2.** *Fig.* Cansado, fastidiado o enojado. **3.** *Fig.* Repleto, lleno: *calles ahítas de gente.* ◆ s.m. Indigestión.

ahogado s.m. Operación consistente en ahogar en el capullo la crisálida del gusano de seda.

ahogamiento s.m. Acción de ahogar o ahogarse. **2.** *Fig.* Ahogo.

ahogar v.tr. y prnl. (lat. *offocare*). Causar la muerte de una persona o un animal impidiéndole respirar. **2.** Matar a una planta el exceso de agua, el apiñamiento o la acción de otras plantas nocivas. **3.** *Fig.* Hacer desaparecer una sensación, un sentimiento, etc.: *ahogar un deseo.* ◆ v.tr. Apagar el fuego cubriéndolo con algo. **2.** Sumergir en el agua, encharcar. **3.** *Fig.* Soslayar, olvidar voluntariamente un asunto. **4.** Provocar un flujo a destiempo de gasolina al carburador que, al modificar la composición de la mezcla gaseosa, le impide realizar la explosión: *ahogar el motor.* **5.** En el ajedrez, hacer que el rey no pueda moverse sin quedar en jaque. **6.** Echar en el cemento o en la cal, al hacer el mortero, excesiva agua. **7.** Amér. Rehogar. ◆ v.tr., intr. y prnl. Causar tristeza, agobio o angustia: *le ahogan los problemas.* ◆ **ahogarse** v.prnl. Sentir sofocación: *ahogarse de calor.* **2.** MAR. Embarcar un buque agua por la proa, por exceso de velocidad o de escora. ◇ **Estar,** o **verse, ahogado** *Fam.* Tener muchas preocupaciones o hallarse en una situación apurada de difícil solución.

ahogo s.m. Opresión y fatiga en el pecho, que impide o dificulta la respiración. **2.** *Fig.* Tristeza, agobio o angustia. **3.** *Fig.* Penuria, falta de recursos. **4.** Colomb. Salsa para sazonar ciertas comidas.

ahondamiento s.m. Acción y efecto de ahondar.

ahondar v.tr. Hacer hondo o más hondo. **2.** Hacer hoyos o cavidades. ◆ v.tr. e intr. *Fig.* Investigar o analizar en profundidad: *ahondar en un problema.* ◆ v.tr. y prnl. *Fig.* Acentuar: *ahondarse una pasión.* ◆ v.tr., intr. y prnl. Introducir una cosa muy dentro de otra.

ahonde s.m. Acción de ahondar.

ahora adv.t. (lat. *hac hora,* en esta hora). En este momento, en el tiempo actual, presente: *ahora voy.* **2.** *Fig.* Hace poco tiempo: *ahora ha salido el tren.* **3.** *Fig.* Dentro de poco tiempo: *ahora iré.* ◆ conj. Enuncia o introduce un pensamiento. **2.** Indica alternancia u oposición entre dos oraciones: *ahora ríe, ahora llora.* ◇ **Ahora bien** o **que** Introduce una oración de sentido adversativo. **Por ahora** Por de pronto, por lo pronto: *tú, por ahora, cállate.*

ahorcajarse v.prnl. Ponerse o montar a horcajadas.

ahorcamiento s.m. Acción y efecto de ahorcar. SIN.: *ahorcadura.*

ahorcar v.tr. y prnl. Matar a alguien colgándolo de una cuerda anudada alrededor del cuello: *ahorcarse de un árbol.* **2.** *Fig.* Abandonar los estudios o colgar los hábitos religiosos.

ahorita adv.t. Amér. Ahora mismo, inmediatamente.

ahormar v.tr. y prnl. Ajustar algo, especialmente el calzado, a su horma o molde.

ahornagarse v.prnl. Secarse la tierra y sus frutos por exceso de calor.

ahornarse v.prnl. Quemarse el pan por fuera sin cocerse bien por dentro.

ahorquillar v.tr. y prnl. Dar forma de horquilla. ◆ v.tr. Sostener con horquillas las ramas de los árboles.

ahorrar v.tr. y prnl. (del ant. *horro,* libre de nacimiento, exento). No malgastar, reservar dinero separándolo del gasto ordinario. **2.** *Fig.* Evitar algún trabajo, riesgo, dificultad, etc.

ahorrativo, a adj. Relativo al ahorro: *afán ahorrativo.* **2.** Que ahorra mucho. SIN.: *ahorrador.*

ahorrista s.m. y f. Argent. y Venez. Persona que tiene cuenta de ahorros en un establecimiento de crédito.

ahorro s.m. Acción de ahorrar. **2.** Cantidad de dinero que se reserva sin gastar: *invertir unos ahorros.* **3.** Fracción de la renta individual o nacional que no se ve afectada por el consumo. ◇ **Caja de ahorros** Institución financiera, de carácter inicialmente no lucrativo, cuyo objeto es la captación de ahorros familiares, que destina a la financiación de operaciones de poco riesgo o que tengan un reconocido interés social. **Seguro de ahorro** Modalidad de seguro de vida.

ahuecador s.m. Herramienta de tornero semejante al formón pero acodillada hacia la punta, que sirve para ahuecar las piezas cóncavas.

ahuecamiento s.m. Acción y efecto de ahuecar o ahuecarse.

ahuecar v.tr. Poner hueco: *ahuecar las manos.* **2.** *Fig.* Afectar la voz. ◆ v.tr. y prnl. Mullir, hacer esponjoso. ◆ v.intr. *Fam.* Ausentarse de una reunión. ◆ **ahuecarse** v.prnl. *Fig.* y *fam.* Engreírse. ◇ **Ahuecar el ala** *Fam.* Marcharse.

ahuehué s.m. Árbol conífero, de madera elástica muy apreciada y fruto en piña, debajo de cuyas escamas existen dos semillas. (Familia abietáceas.) SIN.: *ahuehuete.*

ahuesado, a adj. Parecido al hueso en el color o en la dureza: *papel ahuesado.*

ahuevar v.tr. Eliminar las impurezas del vino con claras de huevo.

ahulado, a adj. Amér. Se dice de la tela o prenda impermeabilizada con hule o goma elástica.

ahumada s.f. Señal con humo desde una atalaya u otro lugar alto.

ahumado, a adj. Se dice del cuerpo transparente y de color grisáceo parecido al del humo: *cuarzo ahumado.* **2.** Se dice del vidrio ennegrecido con humo. **3.** Se dice del alimento que ha sido curado mediante humo: *salmón ahumado.* ◆ s.m. Acción de ahumar. **2.** Acción de exponer al humo determinados productos (carne, pescado) para conservarlos. ◇ **Cristales ahumados** Cristales de anteojos de color oscuro.

ahumar v.tr. [conj.: *aunar*]. Exponer un alimento al humo para conservarlo o darle cierto sabor: *ahumar jamones.* **2.** Echar humo, en las operaciones apícolas, para evitar las picaduras de las abejas. ◆ v.tr. y prnl. Llenar de humo: *ahumarse una cocina.* **2.** *Fam.* Emborrachar. ◆ v.intr. Echar humo una cosa que se quema: *ahumar un puro.* ◆ **ahumarse** v.prnl. Ponerse negro por la acción del humo.

ahusar v.tr. y prnl. [conj.: *aunar*]. Dar forma delgada como la de un huso.

ahuyentar v.tr. Hacer que alguien o algo huya o desaparezca: *ahuyentar al enemigo, las tentaciones.* ◆ **ahuyentarse** v.prnl. Alejarse huyendo de un lugar.

aikido s.m. (voz japonesa). Deporte de combate de origen japonés, parecido al judo y al jiu-jitsu.

ailanto s.m. Árbol originario de Asia, de entre 20 y 30 m de alt., hojas compuestas por numerosos folíolos y flores verdes situadas en panojas, una de cuyas especies fue introducida en Europa como planta de adorno y para la fijación de dunas. (Familia simarubáceas.)

1. **aimara** adj. y s.m. y f. De un pueblo amerindio que habita en el Altiplano andino que bordea el lago Titicaca (Bolivia y Perú). ◆ s.m. Lengua hablada por dicho pueblo.

aimara

Los aimaras se dedican a la agricultura, la pesca y los trabajos artesanos. Asentados sobre territorios de las culturas de Tiahuanaco, Pucará y de las *chullpas* funerarias, fueron anexionados al imperio inca por Pachacuti (alrededor de 1450) y estos levantaron allí grandes construcciones (pirámides del Sol y de la Luna). Entre 1533 y 1542, el territorio aimara fue sometido por los españoles e integrado en el virreinato de Perú. El área de la lengua aimara en el pasado se extendió hasta el N de Argentina.

2. **aimara** s.m. Pez comestible común en los ríos sudamericanos.

aindamáis adv.c. (port. *ainda mais*). *Fam.* A más, además.

aindiado, a adj. y s. Amér. Se dice de la persona que tiene las facciones y el color de la piel semejantes a las de un indio.

ainu o **aino** adj. y s.m. y f. De un pueblo de Hokkaido, Sajalín y Kuriles, cuyos rasgos físicos, lengua, forma de vida y cultura los distinguían antiguamente de los japoneses, a los que están asimilados en la actualidad. ◆ s.m. Lengua hablada por este pueblo.

airado, a adj. Se dice de la vida desordenada y viciosa.

airar v.tr. y prnl. [conj.: *aislar*]. Irritar, provocar ira.

airbag s.m. (marca registrada; voz inglesa, *bolsa de aire*). Dispositivo destinado a proteger, en caso de accidente, a los pasajeros de un automóvil, consistente en una bolsa que se infla automáticamente al producirse un fuerte impacto.

aire s.m. (lat. *aer, aeris*). Mezcla gaseosa, constituida principalmente por oxígeno y nitrógeno, que forma la atmósfera terrestre. **2.** Esta sustancia en tanto que medio de vida: *respirar aire puro.* **3.** Viento, corriente de aire: *entrar aire por la* *ventana.* **4.** Aspecto de una persona o cosa: *tener un aire distraído.* **5.** Semejanza con alguien: *tiene un aire a su abuelo.* **6.** *Fig.* Gracia, garbo y desenvoltura al caminar o desenvolverse. **7.** *Fam.* Ataque de parálisis, dolor o resfriado: *le dio un aire.* **8.** Manera de andar las caballerías según la velocidad. **9.** MÚS. **a.** Movimiento de presteza o lentitud con que se ejecuta una obra musical. **b.** Música de una canción. ◆ interj. *Fam.* Se usa para dar prisa a alguien en lo que está haciendo. (Suele usarse repetido.) **2.** *Fam.* Se usa para indicarle a alguien que se vaya. ◇ **Aire comprimido** Aire cuyo volumen se ha reducido por medio de un aumento de presión, al objeto de utilizar el movimiento que se produce al permitir su expansión. **Aire de suficiencia** Afectación de magisterio. **Aire líquido** Aire reducido a estado líquido mediante sucesivas compresiones y expansiones. (Obtenido industrialmente desde 1897, es un líquido ligeramente azulado, de densidad igual a la del agua, que comienza a hervir a −193 °C dando nitrógeno; después la temperatura asciende poco a poco y destila oxígeno hacia los −182 °C; se utiliza especialmente para separar los diferentes componentes del aire y para preparar explosivos.) **Al aire libre** Fuera de un lugar cerrado. **Cambiar,** o **mudar, de aires** Irse a vivir a otro lugar u otro ambiente. **Darse aires** *Fam.* Darse importancia. **Ejército del aire** Nombre dado en España a la aviación militar. **En el aire** *Fam.* Pendiente de decisión; RADIODIF. realizando una emisión. **Montar al aire** Engastar o montar una piedra preciosa de manera que quede sujeta solo por los bordes. **Tomar el aire** Pasear, especialmente después de haber estado en un lugar cerrado durante mucho tiempo. **Vivir del aire** Vivir sin recursos conocidos.

aire

El aire de la troposfera es una mezcla de gases, vapor de agua y partículas orgánicas e inorgánicas en suspensión. Los gases principales son el nitrógeno (78 %) y el oxígeno (21 %), con proporciones que permanecen más o menos constantes; incluye también otros gases nobles como el argón, el neón, el helio, el kriptón y el xenón. El aire ordinario contiene, en proporciones variables, diversas impurezas, vapor de agua y anhídrido carbónico, y lleva en suspensión polvo compuesto de diversas materias minerales y orgánicas y de microbios. Es inodoro, insípido e incoloro en pequeños volúmenes y azulado en grandes espacios. La presión atmosférica es aquella que ejerce el aire en la atmósfera, con un valor de 76 cm de mercurio a nivel del mar.

aireación s.f. Ventilación.

aireado, a adj. Se dice del hormigón que ha sido tratado con un producto portador de aire, por lo que lleva oclusiones de pequeñísimas burbujas.

airear v.tr. Poner al aire, ventilar. **2.** *Fig.* y *fam.* Divulgar, hacer pública una cosa: *airear una noticia.* ◆ **airearse** v.prnl. Refrescarse o respirar aire limpio después de una reclusión prolongada. **2.** Resfriarse, contraer resfriado.

airedale-terrier s.m. (de *Airedale,* nombre de la parte alta del valle del Aire inglés, y *terrier*). Perro terrier inglés de pelo duro.

aireo s.m. Acción de airear.

airón s.m. (fr. ant. *hairon,* garzo). Penacho de plumas que tienen algunas aves en la parte superior de la cabeza. **2.** Adorno de plumas con que se adornaban sombreros, morriones y cascos.

airoso, a adj. Que tiene gracia, garbo y desenvoltura: *airoso al caminar.* **2.** Se dice del tiempo o lugar en que hace mucho aire. ◇ **Salir,** o **quedar, airoso** Obtener un resultado aceptable: *salir airoso en los exámenes.*

aislacionismo s.m. (ingl. *isolationism*). Tendencia política del país que se aísla económicamente de los países vecinos y que no participa en conflictos internacionales.

aislacionista adj. y s.m. y f. (ingl. *isolationist*). Relativo al aislacionismo; partidario de esta tendencia.

aislado, a adj. Único, excepcional o individual: *un caso aislado de una enfermedad.* **2.** FÍS. Se dice de un sistema de cuerpos sin intercambio de energía con el exterior. ◇ **Punto aislado de un conjunto C** Punto *a* de C tal que en el entorno de *a* no existe ningún punto de C diferente de *a.*

aislador, ra adj. Que aísla. ◆ adj. y s.m. Se dice del cuerpo que intercepta el paso a la electricidad y al calor. ◆ s.m. Soporte de un conductor eléctrico, hecho de materia aislante.

aislamiento s.m. Acción y efecto de aislar o aislarse. **2.** Instalación o dispositivo para impedir que el ruido penetre en un local o salga del mismo. **3.** Dispositivo para evitar el paso de la electricidad o el calor por conducción. **4.** Medidas higiénicas para evitar la propagación de las enfermedades epidémicas en el ser humano y en los animales. **5.** Falta de relación o comunicación con los demás. **6.** PSIQUIATR. Medida terapéutica destinada a sustraer temporalmente al sujeto de su medio familiar o social. ◇ **Aislamiento sensorial** FISIOL. Privación de todo estímulo procedente del mundo exterior. **Aislamiento térmico** Conjunto de procesos destinados a reducir los intercambios térmicos entre un ambiente interior y el medio exterior.

aislante adj. y s.m. Aislador, que aísla. ◆ s.m. Cuerpo no conductor del calor o de la electricidad. ◆ adj. LING. Se dice de la lengua, como el chino, en que las frases están formadas por palabras sin variación morfológica, normalmente monosilábicas, y en que las relaciones gramaticales están señaladas por la colocación de los términos.

aislar v.tr. y prnl. Hacer que una persona o una cosa queden solas, separadas o sin contacto con otras. **2.** Cortar las comu-

aislar

INDICATIVO	SUBJUNTIVO
presente	**presente**
aíslo	aísle
aíslas (aislás)	aísles
aísla	aísle
aislamos	aislemos
aisláis	aisléis
aíslan	aíslen
copretérito o pret. imperfecto	**pretérito o pret. imperfecto**
aislaba	aislara o aislase
aislabas	aislaras o aislases
aislaba	aislara o aislase
aislábamos	aisláramos o aislásemos
aislabais	aislarais o aislaseis
aislaban	aislaran o aislasen
pretérito o pret. perf. simple	**futuro o fut. simple**
aislé	aislare
aislaste	aislares
aisló	aislare
aislamos	aisláremos
aislasteis	aislareis
aislaron	aislaren

futuro o fut. simple
aislaré
aislarás
aislará
aislaremos
aislaréis
aislarán

IMPERATIVO

aísla (aislá)	(tú, vos)
aísle	(él)
aislemos	(nosotros)
aislad	(vosotros)
aíslen	(ellos)

pospretérito o condicional simple
aislaría
aislarías
aislaría
aislaríamos
aislaríais
aislarían

FORMAS NO PERSONALES

infinitivo	gerundio
aislar	aislando

participio
aislado

nicaciones. ◆ v.tr. Evitar el contacto de un cuerpo con otros que son buenos conductores del calor o de la electricidad. **2.** QUÍM. Separar un elemento de aquellos con los cuales estaba combinado.

¡ajá! o **¡ajajá!** interj. *Fam.* Expresa complacencia o aprobación.

ajacho s.m. Bol. Bebida muy fuerte hecha de chicha y ají.

ajamiento s.m. Acción y efecto de ajar.

ajamonarse v.prnl. *Fam.* Hacerse jamona una mujer.

1. **ajar** s.m. Terreno sembrado de ajos.

2. **ajar** v.tr. y prnl. (del ant. *afajar* o *ahajar*). Maltratar o deslucir. **2.** *Fig.* Tratar mal de palabra a alguien para humillarlo.

ajaraca s.f. (ár. *šaraka,* lazo). ARQ. En la ornamentación árabe y mudéjar, lazo, adorno de líneas y florones enlazados entre sí.

ajarafe s.m. Terreno alto y extenso. **2.** Azotea o terrado de un edificio.

aje s.m. Achaque, indisposición o enfermedad habitual: *los ajes de la vejez.* (Suele usarse en plural.)

ajedrea s.f. (ár. *šaṭriya*). Planta labiada aromática, con abundantes ramas y hojas estrechas, utilizada como condimento.

ajedrecista s.m. y f. Persona que juega al ajedrez.

ajedrecístico, a adj. Relativo al ajedrez.

ajedrez s.m. (ár. *šitrányi*). Juego que se practica sobre un tablero de 64 casillas o escaques con dos conjuntos de 16 piezas. **2.** Conjunto de piezas con que se juega al ajedrez.

ajedrezado, a adj. Que forma cuadros de dos colores dispuestos como los escaques del ajedrez.

ajenjo s.m. (lat. *absinthium*). Planta aromática que crece en lugares incultos y contiene una esencia amarga y tóxica. (Familia compuestas.) **2.** Licor alcohólico aromatizado con esta planta.

ajeno, a adj. (lat. *alienus*). Que pertenece, afecta o corresponde a otro: *problemas ajenos.* **2.** Diverso, distinto. **3.** *Fig.* Libre o distante de algo: *ajeno de problemas.* **4.** *Fig.* Impropio o extraño: *características ajenas a lo habitual.* **5.** *Fig.* Distraído, abstraído. ◇ **Estar ajeno de algo** No tener noticia o conocimiento de ella, o no estar prevenido de lo que ha de suceder.

ajerezado, a adj. Se dice del vino parecido al jerez.

ajetrearse v.prnl. (del ant. *hetrería,* enredo, confusión). Fatigarse con algún trabajo o yendo y viniendo de una parte a otra.

ajetreo s.m. Acción de ajetrearse.

ají s.m. Amér. Ajiaco. **2.** Amér. Merid. y Antillas. Planta herbácea anual, de la que existen numerosas variedades que son cultivadas por sus frutos. (También se cultivan ciertas especies muy parecidas de la misma familia, llamadas *chiles* en América Central y México y *guindillas* en España; familia solanáceas.) **3.** Amér. Merid. y Antillas. Fruto de esta planta, hueco y de sabor picante.

ajiaceite o **ajoaceite** s.m. Salsa hecha de ajos machacados y aceite.

ajiaco s.m. Amér. Merid. Guiso hecho generalmente a base de carne, papas, ají, cebolla y legumbres. **2.** Amér. Merid. Salsa elaborada con ají. **3.** Cuba. Tumulto, revuelo.

ajilimoje s.m. *Fam.* Ajilimójili.

ajilimójili s.m. *Fam.* Salsa elaborada a base de ajo. **2.** *Fig.* Revoltijo, confusión de cosas mezcladas. ◆ **ajilimójilis** s.m.pl. *Fig.* Aditamentos de una cosa.

ajillo s.m. Salsa elaborada a base de aceite, ajos y guindilla: *gambas al ajillo.*

ajimez s.m. (ár. *šimâsa,* ventana de yeso, como enrejada). Ventana partida por una columnita o parteluz, sobre la cual voltean dos arcos gemelos.

ajipuerro s.m. Puerro silvestre.

ajiseco adj. y s.m. Amér. Se dice del ají colorado, desecado al sol y poco picante. **2.** Amér. Se dice del gallo de pelea con plumaje de color purpúreo semejante al del ají maduro.

ajizal s.m. Terreno sembrado de ají.

ajo s.m. (lat. *alium*). Planta hortense cuyo bulbo (cabeza), de fuerte olor característico, se utiliza como condimento. (Familia liliáceas.) **2.** *Fig.* y *fam.* Negocio o asunto, generalmente reservado, que se está tratando entre varias personas: *andar en el ajo.* **3.** *Fig.* y *fam.* Palabrota. **4.** Salsa hecha con ajos para sazonar los guisos, y que a veces toma el nombre del elemento con que se mezcla: *ajo comino; ajo pollo.* ◇ **Ajo blanco** Gazpacho condimentado con ajos.

¡ajo! o **¡ajó!** interj. Se usa para estimular a los niños a que empiecen a hablar.

ajoaceite s.m. → **ajiaceite.**

ajoarriero s.m. (de *ajo,* planta, y *arriero*). Guiso de bacalao seco con aceite, ajos y pimiento o pimentón; es típico del País Vasco, Aragón y La Rioja.

ajolín s.m. Insecto hemíptero parecido a la chinche, de color negro y rojo.

ajolote, axolote o **axolotl** s.m. (del náhuatl *axolotl*). Vertebrado anfibio urodelo de los lagos mexicanos y norteamericanos, capaz de reproducirse en estado larvario y que raramente consigue la forma adulta.

ajomate s.m. (del ár. *ŷúmma,* cabellera). Alga clorofícea dulceacuícola filamentosa.

ajonje s.m. Sustancia viscosa que se extrae de la raíz de la ajonjera y sirve para cazar pájaros. **2.** Ajonjera.

ajonjear v.tr. Colomb. Mimar, acariciar.

ajonjera s.f. Planta de gran tamaño, de hojas puntiagudas, flores amarillentas y raíz fusiforme. (Familia compuestas.)

ajonjolí s.m. (del ár. *ŷulŷulân*). Planta anual, gamopétala, cultivada desde muy antiguo en Asia tropical por sus semillas, que proporcionan hasta un 50 % de aceite. SIN.: *sésamo.* **2.** Semilla de esta planta.

ajorca s.f. (del hispano ár. *šúrga*). Argolla, generalmente de metal, que se lleva como adorno alrededor del brazo, la muñeca, la pierna o el tobillo.

ajornalar v.tr. y prnl. Contratar a una persona para que trabaje a jornal.

ajuar s.m. (ár. *šuwâr*). Conjunto de muebles, ropas de uso doméstico y demás objetos que aporta la mujer al matrimonio o al entrar en religión. **2.** Conjunto de muebles, utensilios y ropas de una casa. **3.** ARQUEOL. Conjunto de objetos de uso que forman un hallazgo arqueológico.

ajudiado, a adj. Propio de judíos o parecido a ellos.

ajuiciar v.tr. e intr. Hacer que una persona se vuelva juiciosa o actúe de forma sensata.

ajumar v.tr. y prnl. *Vulg.* Emborrachar.

ajuno, a adj. De ajos.

ajunquillado, a adj. ARQ. Ornado con junquillos.

ajuntarse v.prnl. *Fam.* Juntarse, ir a vivir con otra persona sin estar casado con ella.

ajustado, a adj. Justo, adecuado o recto: *precio ajustado.*

ajustador, ra adj. y s. Que ajusta. ◆ s.m. Jubón ajustado al cuerpo. **2.** Anillo que se coloca en el dedo después de haber introducido la sortija para evitar que esta se salga. **3.** IMPR. Compaginador, obrero cualificado, responsable de la composición y compaginación de una obra. **4.** MEC. Mecánico encargado de ajustar las piezas metálicas ya acabadas. ◆ **ajustadores** s.m.pl. Cuba. Sostén, prenda interior femenina.

ajustamiento s.m. Acción de ajustar o ajustarse. **2.** Papel en el que se detalla el ajuste de una cuenta.

ajustar v.tr. y prnl. Proporcionar y adaptar una cosa de modo que venga justo con otra. **2.** Ceñir, apretar, encajar: *ajustarse el vestido al cuerpo.* **3.** Acomodar, arreglar: *ajustar la tapa a la caja.* **4.** Contratar u obligar a una persona para algún servicio. **5.** Amér. Central y Colomb. Contratar a alguien a destajo. ◆ v.tr. Convenir o acordar el precio de algo. **2.** Comprobar una cuenta y liquidarla. **3.** *Fig.* Saldar una cuenta con la justicia. **4.** Reconciliar a los enemistados. **5.** DER. Llegar a un acuerdo sobre algo, como un tratado de paz, un pleito, etc. **6.** IMPR. Distribuir las galeradas en planas. SIN.: *compaginar.* **7.** MEC. Dar forma a un material hasta dejarlo exacto a un patrón o modelo, valiéndose de un determinado número de herramientas. ◆ v.intr. Venir justo, casar. ◆ **ajustarse** v.prnl. Ponerse de acuerdo: *ajustarse con sus acreedores.* **2.** Conformar una persona su opinión, voluntad o gusto con otra.

ajuste s.m. Acción y efecto de ajustar o ajustarse. **2.** ESTADÍST. Construcción de una curva continua que aproxime óptimamente un conjunto de puntos representativos de valores aislados. **3.** MEC. **a.** Conjunto de operaciones de acabado en un proceso de fabricación, generalmente manuales, para conseguir que las diversas piezas, componentes de un bloque por montar, adquieran las características dimensionales que permiten su correcta ensambladura. **b.** Resultado de dichas operaciones. **c.** Grado de holgura de presión entre dos piezas ajustadas.

ajusticiado, a s. Persona a quien se ha aplicado la pena de muerte.

ajusticiamiento s.m. Acción de ajusticiar.

ajusticiar v.tr. Castigar a un reo con la pena de muerte, ejecutar.

ajustón s.m. Ecuad. Apretón.

akan, grupo étnico de Ghana y de Costa de Marfil que habla una lengua kwa.

akenomi → **iquito.**

aksana s.m. Lengua precolombina del extremo meridional de América del Sur. SIN.: *kaueskar.*

al, contracción de la prep. *a* y el art. *el.*

a. l., símbolo de *año luz.*

ala s.f. (lat. *ala*). Órgano de vuelo, formado por las extremidades anteriores en las aves y los murciélagos, y fijado en uno de los dos últimos anillos del tórax en los insectos. **2.** Plano de sustentación de un avión, que se extiende perpendicularmente a cada lado del cuerpo central. **3.** Parte inferior del sombrero que rodea la copa. **4.** *Fig.* Facción de un partido, organización o asamblea: *ala radical.* **5.** Cada una de las partes membranosas que limitan por los lados las fosas nasales. **6.** Hilera o fila. **7.** Aspa de molino. **8.** Paleta de hélice. **9.** Alero, parte inferior de un tejado. **10.** ARQ. Cuerpo de edificio construido en el extremo de un edificio principal. **11.** BOT. Nombre dado a dos de los pétalos de la flor de las papilionáceas y a los apéndices de ciertos frutos y semillas que permiten su diseminación por el viento. **12.** MAR. Vela suplementaria que se añade a otra mayor para recoger más viento: *ala de gavia, de juanete.* **13.** MIL. Parte lateral de un ejército terrestre o naval en orden de batalla. **14.** DEP. Extremidad de la línea de ataque de un equipo. ◆ **alas** s.f.pl. *Fig.* Ánimo o estímulo para realizar algo: *dar alas.* ◇ **Ala delta** Aparato que sirve para el vuelo libre, formado por una estructura ligera sobre la que está tensado un tejido sintético, y un arnés del que va suspendido el tripulante. **Ala de mosca** Color negro que tira a marrón o verde. **Cortar,** o **quebrantar,** o **quebrar, las alas a alguien** Quitarle el ánimo cuando intenta llevar a cabo algo; privarle de los medios con que cuenta para prosperar. **Del ala** *Fam.* Se aplica a una cantidad de dinero que se ha de pagar, especialmente si se considera excesiva. **Formar en ala** MIL. Hacerlo en una sola línea o fila.

¡alá! interj. → **¡hala!**

alabandina s.f. Sulfuro natural de manganeso.

alabanza s.f. Acción de alabar o alabarse. **2.** Palabra o expresión con que se alaba.

alabar v.tr. y prnl. (lat. tardío *alapari,* jactarse, alabarse). Decir cosas agradables de alguien o de algo. ◆ **alabarse** v.prnl. Jactarse, presumir de algo.

alabarda s.f. Arma enastada de hierro puntiagudo por un lado y cortante por el otro.

alabardado, a adj. De figura de alabarda: *hoja alabardada.*

alabardero s.m. Soldado armado con una alabarda. **2.** *Fig.* y *fam.* Persona que aplaude en un espectáculo a cambio de asistir gratuitamente o de recibir una gratificación.

alabastrina s.f. Láminas delgadas de alabastro yesoso o espejuelo, que suelen usarse en las claraboyas de los templos en lugar de vidrieras.

alabastrino, a adj. De alabastro o parecido a él.

alabastrita o **alabastrites** s.f. Variedad de yeso, muy blanca, que se emplea en la fabricación de jarrones, estatuillas, etc.

alabastro s.m. (lat. *alabaster, -tri*). Piedra blanca, traslúcida y compacta, que se trabaja fácilmente y se utiliza en escultura. **2.** ARQUEOL. Vasija de alabastro, de cuello estrecho y sin asas, para guardar perfumes. SIN.: *alabastrón.*

alabastrón s.m. (gr. *alabastron*). ARQUEOL. Alabastro, vasija.

álabe s.m. Rama de árbol combada hacia el suelo. **2.** Estera colocada a los lados del carro. **3.** Cada una de las tablas empleadas para encajar en las ranuras de los carros y servir de tope o contención de la carga. **4.** TECNOL. Parte de una rueda hidráulica, una turbina o un compresor, sobre la que se ejerce la acción del fluido motor.

alabear v.tr. y prnl. Dar a una superficie forma combada.

alabeo s.m. Acción de alabear o alabearse.

alacaluf adj. y s.m. y f. De un pueblo amerindio de Chile, casi extinguido, que habita en un territorio insular entre el golfo de Penas y las islas occidentales de Tierra del Fuego. (Se dedica a la pesca y caza de animales marinos.) ◆ s.m. Familia de lenguas habladas por las tribus que habitan el extremo meridional de América del Sur.

alacena o **alhacena** s.f. (ár. *jazâna*). Hueco practicado en una pared, provisto de estanterías y puertas, empleado para guardar utillaje o como despensa.

alacha s.f. Pez teleósteo de 30 cm de long. y cuerpo comprimido cubierto de grandes escamas, que se encuentra en el Mediterráneo. (También *alache*; familia cupleidos.)

alacrán s.m. (ár. vulgar *'aqrâb*). Arácnido cuya cola, formada por seis segmentos, termina en un aguijón venenoso. **2.** Pieza del freno de las caballerías que sujeta la barbada al bocado. **3.** Cada una de las astillas con que se traban los botones de metal.

alacranear v.intr. Argent. Hablar mal de alguien.

alacranera s.f. Lugar donde abundan los alacranes.

alacridad s.f. (lat. *alacritas*). Alegría y vivacidad del ánimo.

aladar s.m. (ár. *iḏâr,* patilla, mechón de pelo). Porción de cabellos que caen sobre las sienes. (Suele usarse en plural.)

aladierno s.m. (lat. *alaternus*). Arbusto de hojas coriáceas y flores apétalas, cuyo fruto es una baya pequeña, negra y jugosa, empleada en medicina. SIN.: *sanguino.* (Familia ramnáceas.)

alado, a adj. Que tiene alas. **2.** *Fig.* Ligero, veloz.

aladroque s.m. (ár. *'ázraq,* azul). Boquerón, pez parecido a la sardina pero de menor tamaño.

alafia s.f. (ár. *âfiya,* integridad corporal, salud). *Fam.* Perdón, misericordia: *pedir alafia.*

alagadizo, a adj. Se dice del terreno que fácilmente se encharca.

alagar v.tr. y prnl. Llenar de lagos o charcos un terreno.

alagipago s.m. Arbusto de flores amarillas, que crece en Canarias. (Familia compuestas.)

alajú s.m. Pastel elaborado a base de frutos secos, como almendras, nueces o piñones, pan rallado y tostado, especias y miel.

alalá s.m. Canto popular típico de algunas provincias del N de España.

alama s.f. Arbusto leguminoso de tallos largos y rectos, hojas inferiores pecioladas, flores amarillas y vainas negras y peludas, que sirve de pasto para el ganado.

alamanes, confederación guerrera de tribus germánicas establecidas en la orilla derecha del Rin en el s. III. Su avance por el Imperio romano fue detenido por Clodoveo (496 o 506).

alamar s.m. (ár. *amâra,* sedal de pescador, guarnición de traje). Presilla y botón que se cose en el borde de una prenda de vestir. **2.** Cairel, adorno de pasamanería. **3.** MIL. Insignia, como galones, cordones o flecos, que se cosen al uniforme.

alambicado, a adj. Muy rebuscado y complejo: *argumentos alambicados.* **2.** *Fig.* Sutil, ingenioso, perspicaz: *idea alambicada.*

alambicamiento s.m. Acción de alambicar. **2.** Cualidad de alambicado o rebuscado.

alambicar v.tr. Destilar una sustancia por medio de un alambique. **2.** *Fig.* Hacer muy sutil o complejo el lenguaje, el estilo, etc. **3.** Examinar algo detenidamente para hallar su sentido o utilidad. **4.** *Fig.* y *fam.* Reducir al máximo el precio de algo, aunque se obtenga menor beneficio.

alambique s.m. (ár. *anbîq*). Aparato para destilar, especialmente alcohol. SIN.: *alquitara, destilador.*

alambor s.m. Corte de una piedra o madero falseados. SIN.: *falseo.* **2.** Variedad del naranjo, de fruto más amargo.

alambrada s.f. Valla de alambre grueso de espino que sirve para impedir el paso por un lugar.

alambrado s.m. Alambrera.

alambrar v.tr. Cercar un lugar con alambre: *alambrar el prado.*

alambre s.m. (lat. *aeramen,* objeto de bronce). Hilo de metal. <> **Alambre de espino** El galvanizado que a intervalos lleva entrelazadas púas del mismo material y se utiliza para construir alambradas.

alambrera s.f. Red de alambre con que se protege o se tapa una ventana, un brasero u otras cosas. SIN.: *alambrado.*

alámbrico, a adj. Se dice del medio de transmisión que utiliza el alambre como medio conductor de las señales que se transmiten.

alameda s.f. Terreno poblado de álamos. **2.** Paseo flanqueado por árboles, especialmente álamos.

alamín s.m. (ár. *'amîn*). Funcionario que, en la edad media, contrastaba las pesas y medidas y tasaba los víveres. **2.** Juez de riegos.

álamo s.m. Árbol de gran tamaño, de hojas anchas y ovaladas y de madera blanca y ligera, que crece en regiones templadas y húmedas. (Familia salicáceas.) SIN.: *chopo.* **2.** Madera de este árbol. <> **Álamo balsámico** Variedad de álamo con ramas de corteza marrón rojiza y hojas con el envés blanquecino, originario de América del Norte. **Álamo blanco** Variedad de álamo de corteza gris y hojas verdes por una cara y blanquecinas por la otra. **Álamo falso** Olmo. **Álamo negro** Variedad de álamo con la corteza oscura, las hojas verdes por ambas caras y las ramas muy separadas del eje del tronco. **Álamo temblón** Álamo de corteza gris verdosa, hojas redondeadas con un rabillo largo y flores agrupadas en espigas de color purpúreo, que puede alcanzar hasta 20 m de alt.

alancear v.tr. Herir con lanza.

alanina s.f. Aminoácido común en las proteínas constituyentes de los seres vivos.

alano, a adj. y s. (gót. *alans,* crecido). De un pueblo bárbaro de origen iranio. ◆ s.m. Perro de cabeza grande, pecho ancho, extremidades cortas, muy fuertes, y pelo corto y áspero, de color rojo.

alano

Tras invadir la Galia (406), los alanos cruzaron los Pirineos (409), junto con los suevos y los vándalos, y se establecieron en la Lusitania y la Cartaginense.

alantoides s.m. y adj. (gr. *allantoeidés,* en forma de salchichón). Membrana en forma de saco que rodea el embrión de los vertebrados superiores y tiene funciones respiratorias en los reptiles y las aves.

alantoína s.f. BIOQUÍM. Sustancia de eliminación de los desechos nitrogenados, en casi todos los mamíferos (excepto en el ser humano y en primates), que proviene de la transformación del ácido úrico. (Se emplea en la elaboración de productos cosméticos.)

alar s.m. Colomb. Parte de la calle por donde circulan los peatones, acera.

alarde s.m. (del ár. *'ard,* revista de tropas). Ostentación y gala que se hace de una cualidad o circunstancia.

alardear v.intr. Hacer alarde.

alardeo s.m. Acción de alardear.

alargadera s.f. Pieza que sirve para prolongar o aumentar la longitud y radio de acción de un instrumento, especialmente de un compás.

alargado, a adj. COREOGR. Se dice de la posición que debe ejecutarse manteniendo el cuerpo en posición horizontal.

alargador s.m. Dispositivo o pieza que se acopla a otro para alargarlo.

alargamiento s.m. Acción de alargar o alargarse. **2.** Prolongación, parte alargada. **3.** Propiedad que presentan los metales y sus aleaciones de alargarse cuando se los somete a efectos de tracción. **4.** AERON. Parámetro geométrico cuyo valor es igual a la relación entre el cuadrado de la envergadura de un ala y su superficie.

alargar v.tr. y prnl. Hacer más largo: *alargar vestidos.* **2.** Hacer más duradero: *alargar la vida.* **3.** Retardar, dilatar el tiempo: *en verano se alarga el día.* ◆ v.tr. Estirar o extender un miembro del cuerpo: *alargar los brazos.* **2.** Acercar algo a alguien: *alárgame la botella.* **3.** Aguzar un sentido para percibir algo mejor: *alargar la vista.* **4.** Llevar más allá los límites. **5.** *Fig.* Aplicar o alcanzar a nuevos objetos o límites una facultad o actividad. **6.** *Fig.* Aumentar la cantidad de algo: *alargar el sueldo.* **7.** MAR. Soltar poco a poco un cabo: *alargar las escotas.*

alaria s.f. Utensilio de alfarero que sirve para esturgar en el torno las vasijas de barro.

alarido s.m. Grito, en especial el de dolor o espanto.

alarifazgo s.m. Oficio de alarife.

alarife s.m. (hispano-ár. *arîf*). Arquitecto, maestro de obras. ◆ adj. y s.m. y f. Amér. Se dice de la persona inteligente, avezada.

alarije s.m. y adj. Variedad de uva de color rojo.

alarma s.f. (de *¡al arma!,* grito con que se llamaba a combate). Aviso que se da para advertir de un peligro inminente: *dar la voz de alarma.* **2.** Conmoción ocasionada por un peligro inminente: *cundir la alarma.* **3.** Dispositivo, generalmente electrónico, que avisa de un peligro. **4.** Señal acústica o luminosa producida por este dispositivo.

alarmante adj. Que alarma: *noticia alarmante.*

alarmar v.tr. Dar una señal para avisar, advertir y prevenir un peligro inminente. ◆ v.tr. y prnl. *Fig.* Inquietar, asustar; poner a alguien alerta.

alarmista s.m. y f. Persona que se alarma fácilmente o que hace cundir noticias alarmantes.

alaroz s.m. Armazón de madera con que se reduce el hueco de una puerta para colocar en él una mampara.

alaskiano, a adj. y s. De Alaska.

alastrim s.m. (port. *alastar,* que se desarrolla virulentamente). Forma atenuada de la viruela que no deja cicatrices en la piel.

alauita adj. y s.m. y f. → **alawí.**

alavés, sa adj. y s. De Álava. SIN.: *alavense.* ◆ s.m. Variedad del español hablada en Álava, que presenta elementos del riojano y el vasco.

alawí o **alauita** adj. y s.m. y f. Relativo a los Alawíes, secta chiita. **2.** Relativo a los Alawíes, dinastía reinante en Marruecos.

alazán, na adj. y s.m. (hispano-ár. *'azár,* rubio, rojizo). Se dice del color parecido al de la canela, con variaciones de pálido, dorado, tostado, etc. ◆ adj. y s. Se dice del caballo o yegua de este color.

alazor s.m. (ár. *úsfur*). Planta de medio metro de alt., ramas espesas y hojas lanceoladas y espinosas, con cuyas semillas se produce aceite y se ceban las aves. (Familia compuestas.)

alba s.f. (de *albo*). Período de tiempo que transcurre entre la salida del sol por el horizonte hasta que se hace de día. **2.** Luz que precede a la salida del sol. **3.** Vestidura larga de tela blanca utilizada en la celebración de determinadas ceremonias religiosas. **4.** LIT. Composición poética cantada, de forma estrófica variable, cuyo estribillo va introducido casi siempre por la palabra «alba». ◇ **Quebrar,** o **rayar,** o **reír,** o **romper, el alba** Amanecer.

albacara s.f. Torreón saliente de una fortaleza antigua. **2.** Recinto amurallado en la parte exterior de una fortaleza, comunicado con la plaza y con salida al campo, que estaba destinado a guardar el ganado vacuno.

albacea s.m. y f. (ár. *waṣîya,* cosa encargada en el testamento). Persona a la que el testador confía el cumplimiento de su testamento.

albaceazgo s.m. Función del albacea.

albaceteño, a adj. y s. De Albacete. SIN.: *albacetense.*

albacora s.f. (ár. *bakúra,* bonito, pez). Pez comestible parecido al bonito pero de carne más blanca y aletas pectorales más largas, que vive en mares cálidos o templados, como el Atlántico y el Mediterráneo.

albada s.f. Alborada, composición.

albahaca s.f. (ár. *ḥabaqa*). Planta aromática de hojas verdes lanceoladas y flores blancas, que se usa como condimento. (Es originaria de Asia; familia labiadas.)

albaida s.f. (hispano-ár. *báiḍa,* blanca). Planta leguminosa de entre 60 y 80 cm de alt., muy ramosa, de hojas tomentosas y flores pequeñas y amarillas, que crece en la península Ibérica. (Familia papilionáceas.)

albanecar s.m. Triángulo formado por el par toral, la lima tesa y la solera en la armadura del tejado.

albanega s.f. (ár. *banîqa*). Cofia o red para el pelo. **2.** Manga cónica para cazar conejos y otros animales cuando salen de la madriguera. **3.** ARQ. Espacio triangular que queda entre el trasdós del arco inscrito y el rectángulo que lo enmarca.

albanés, sa adj. y s. De Albania. SIN.: *albano.* ◆ s.m. Lengua indoeuropea hablada en Albania y en las comunidades albanesas de Macedonia y Kosovo. SIN.: *albano.*

albano, a adj. y s. Albanés.

albañal o **albañar** s.m. (ár. *ballâa,* cloaca). Canal o conducto por donde salen las aguas residuales. **2.** Lugar donde se acumula suciedad y basura.

albañil s.m. (ár. *bannâ,* constructor). Maestro u oficial de albañilería.

albañilería s.f. Técnica de construir edificios o hacer obras en que se emplean piedra, ladrillo, cemento u otros materiales. **2.** Obra hecha con esta técnica.

albar adj. Blanco, del color de la nieve: *tomillo albar.* ◆ s.m. Terreno de secano, especialmente tierra blancuzca en altos y lomas.

albarán s.m. Documento acreditativo de la entrega y recepción de mercancías. **2.** Papel que se cuelga en una puerta o ventana como señal de que la vivienda se alquila.

albarazado, a adj. Enfermo de albarazo. **2.** De color mezclado de negro y rojo, abigarrado.

albarazo s.m. (hispano-ár. *barás,* lepra blanca). Denominación antigua de la lepra.

albarda s.f. (ár. *bárdaa*). Aparejo de las caballerías de carga formado por dos almohadones que se unen por la parte que cae sobre el lomo del animal.

albardado, a adj. Se dice del animal que tiene el pelo del lomo de un color diferente al resto del cuerpo.

albardar v.tr. Enalbardar.

albardilla s.f. Silla utilizada en la doma de potros. **2.** Tejadillo que corona una pared para facilitar la evacuación del agua. **3.** Loncha de tocino que se pone por encima de las carnes, aves o pescados para que se mantengan jugosos. **4.** Almohadilla que llevan los aguadores sobre el hombro. **5.** Trampa en el juego que consiste en combar uno o más naipes para reconocerlos. **6.** Caballete o lomo de barro que se forma al transitar por un lugar después de llover. **7.** Lana que a veces crían en el lomo las reses lanares, muy tupida y apretada.

albardín s.m. (ár. *bardî,* papiro). Matorral propio de estepas de regiones mediterráneas, de rizoma rastrero, parecido al esparto. (Familia gramíneas.)

albardón s.m. Aparejo de las caballerías más alto y hueco que la albarda. **2.** Argent., Par. y Urug. Elevación de un terreno anegadizo que no queda cubierta cuando suben las aguas. **3.** Guat. y Hond. Caballete de un muro.

albaricoque s.m. (ár. *barqûq*). Fruto del albaricoquero, de hueso liso y piel y carne amarillas. **2.** Albaricoquero.

albaricoquero s.m. Árbol de flores blancas o rosadas, que aparecen antes que las hojas, cultivado por sus frutos. (Familia rosáceas.)

albarillo s.m. Variedad de albaricoquero cuyo fruto tiene la piel y la carne casi blancas. **2.** Fruto de este árbol.

albariño s.m. y adj. Vino blanco, seco, ácido y de baja graduación, elaborado en la zona de las Rías Bajas (Galicia).

albariza s.f. Laguna salobre.

albarizo, a adj. y s.m. Se dice de un terreno blanquecino.

albarrada s.f. Muro de piedra construido sin argamasa. **2.** Bancal sostenido por un muro de piedra sin argamasa. **3.** Cerca o vallado de tierra. **4.** Muro o cerca defensivos.

albarrana adj.f. Se dice de la torre de una fortificación adelantada con respecto a la línea de murallas, que servía de defensa y también de atalaya.

albatros s.m. (ingl. *albatross,* del esp. *alcatraz*) [pl. *albatros*]. Ave palmípeda propia de los mares australes, de 3 m de envergadura, plumaje de color blanco con las alas manchadas de color oscuro y el pico en forma de gancho y de color anaranjado. (Orden procelariformes.)

albayalde s.m. Sustancia blanca y sólida, compuesta de carbonato de plomo, usada en pintura.

albazano, a adj. Se dice del caballo de color castaño oscuro.

albear v.intr. Blanquear.

albedo s.m. Fracción de la luz recibida que difunde un cuerpo no luminoso.

albedrío s.m. (lat. *arbitrium,* de *arbiter,* árbitro). Facultad de tomar decisiones. SIN.: *arbitrio, libre albedrío.* **2.** Idea, propósito o decisión que no es fruto del razonamiento.

albéitar s.m. (ár. *báiṭar*). Veterinario.

albeitería s.f. Veterinaria.

albengala s.f. (ár. *benkâla,* del nombre de Bengala, donde se fabricaba). Tejido muy fino con que los árabes de España adornaban sus turbantes.

albéntola s.f. Red de hilo muy fino, para pescar.

alberca s.f. (ár. *bírka*). Depósito de agua para el riego. **2.** Balsa para empozar y macerar el lino o el cáñamo. **3.** Alcantarilla, cloaca descubierta. **4.** Méx. Piscina.

albérchigo s.m. (del lat. *persicum,* melocotón, a través del mozárabe). En algunas zonas, variedad de melocotón, de carne blanca, ligeramente ácida, adherida al hueso. **2.** En algunas zonas, variedad de albaricoque.

alberchiguero s.m. En algunas zonas, variedad de melocotonero. SIN.: *albérchigo.* **2.** En algunas zonas, variedad de albaricoquero.

albergaje s.m. Derecho del señor feudal a albergarse en casa de un vasallo.

albergar v.tr. y prnl. Dar albergue a una persona. ◆ v.tr. *Fig.* Tener ciertos sentimientos, ideas o intenciones: *albergar vanas esperanzas.*

albergue s.m. Lugar o edificio donde una persona halla hospedaje o resguardo. **2.** Cueva donde se recogen los animales, especialmente las fieras. **3.** Establecimiento benéfico donde se alojan temporalmente personas necesitadas. **4.** HIST. En la orden de Malta, convento o palacio donde se alojaban los caballeros.

albero, a adj. Albar, blanco, del color de la nieve. ◆ s.m. Terreno albarizo. **2.** Paño para secar la vajilla.

alberquero, a s. Persona que cuida de una alberca (depósito de agua).

albigense adj. y s.m. y f. Se dice de los adeptos a un movimiento religioso cristiano herético extendido por la Francia meridional durante los ss. XII y XIII, que propugnaban un retorno a la pureza de los primeros tiempos del cristianismo.

albillo, a adj. y s. Se dice de una uva de hollejo tierno y del vino que se elabora con ella.

albín s.m. Carmesí oscuro usado para pintar al fresco.

albinismo s.m. Ausencia congénita y hereditaria del pigmento melánico en la piel y el pelo, que son de color blanquecino, mientras que los ojos son rojizos.

albino, a adj. Relativo a los seres albinos: *cabello albino.* ◆ adj. y s. Se dice del ser que padece albinismo.

albita s.f. Silicato de aluminio y sodio, que forma parte del granito y otras rocas ígneas.

albo, a adj. (lat. *albus*). Blanco.

alboaire s.m. (ár. *buḥaira,* dim. de *baḥr,* mar). Labor de azulejos en las bóvedas semiesféricas.

albogón s.m. Instrumento de viento semejante a una flauta, de sonidos graves. **2.** Instrumento parecido a la gaita gallega.

albogue s.m. (del ár. *bûq,* especie de trompeta). Especie de dulzaina. **2.** Cada uno de los dos platillos de latón con que se marcaba el ritmo en las canciones y bailes populares.

albóndiga s.f. (ár. *búnduqa,* bola). Bola de carne o pescado picado y trabado con ralladuras de pan, huevos y especias, que se come frita.

albor s.m. Luz del alba. (Suele usarse en plural.) **2.** *Fig.* Principio u origen de algo: *en los albores de la humanidad.* **3.** *Fig.* Infancia o juventud de una persona. (Suele usarse en plural.) **4.** *Poét.* Albura, blancura.

alborada s.f. Tiempo de amanecer. **2.** Toque o música militar al alborear. SIN.: *diana.* **3.** Acción de guerra al amanecer. **4.** Composición poética o musical destinada a cantar la mañana. SIN.: *albada.* **5.** Serenata dada al amanecer ante la puerta o bajo las ventanas de alguien a quien se desea festejar.

alborear v.intr. Amanecer, apuntar el día: *levantarse al alborear la mañana.*

albornía s.f. (ár. *burnîya*). Vasija ancha de barro en forma de media esfera.

albornoz s.m. (ár. *burnûs*). Bata holgada de tejido de toalla, que se usa al salir de la ducha o el baño. **2.** Capa con capucha; es de origen árabe.

alboronía s.f. (ár. *buanía*). Guiso de berenjenas, tomate, calabaza y pimiento.

alboroque s.m. (ár. *burûk* o *barûk,* regalo, propina). Regalo o gratificación que se hace a las personas que intervienen en una venta. **2.** Cantidad pagada de más sobre el precio convenido en una operación comercial. **3.** Gratificación que se hace a la persona que ha favorecido un negocio o asunto.

alborotadizo, a adj. Que se alborota fácilmente.

alborotado, a adj. Que obra de manera precipitada e irreflexivamente.

alborotador, ra adj. y s. Que alborota.

alborotapueblos s.m. y f. (pl. *alborotapueblos*). Alborotador, tumultuario. **2.** Persona dada a mover bulla y fiesta.

alborotar v.intr. Producir alboroto, griterío. ◆ v.tr. y prnl. Revolver, desordenar: *alborotar el cabello.* **2.** Alterar, revolucionar: *alborotar la clase.* **3.** Agitar y encrespar el agua del mar.

alboroto s.m. Griterío o estrépito. **2.** Desorden, asonada, motín. **3.** Sobresalto, inquietud. ◆ **alborotos** s.m.pl. Amér. Central. Palomitas de maíz con miel.

alborozar v.tr. y prnl. Causar alborozo.

alborozo s.m. (ár. *burûz,* salir a recibir a alguien pomposamente). Sentimiento intenso de alegría. **2.** Manifestación ruidosa de ese sentimiento.

albricias s.f.pl. (ár. *bišâra*). Regalo que se daba al primero que traía una buena noticia. ◆ interj. Expresa júbilo.

albufera s.f. (ár. *buḥáira,* laguna, dim. de *bahr,* mar). Extensión de agua salada separada del mar por un cordón litoral o banco de arena: *la albufera de Valencia.*

albugíneo, a adj. Completamente blanco. ◆ adj. y s.f. Se dice de una de las membranas que envuelven el testículo.

albugo s.m. MED. Mancha blanca que se forma en el tejido de la córnea.

álbum s.m. (fr. *album*) [pl. *álbumes* o *álbums*]. Libro en blanco, para escribir en sus hojas poesías, piezas de música, etc., o coleccionar firmas, fotografías, etc. **2.** Disco de larga duración.

albumen s.m. (lat. *albumen,* clara de huevo). Tejido rico en reservas nutritivas que envuelve el embrión de ciertas semillas, como los cereales. **2.** Solución acuosa de albúminas que rodea la yema de los huevos. SIN.: *clara.*

albúmina s.f. (fr. *albumine*). Sustancia orgánica nitrogenada, viscosa, soluble en agua, coagulable por el calor, contenida en la clara de huevo, el plasma, la leche, etc.

albuminoide s.m. y adj. Proteína natural sencilla, insoluble en agua y en disoluciones diluidas de ácidos, bases y sales.

albuminoideo, a adj. De la naturaleza de la albúmina.

albuminuria s.f. Presencia de albúmina en la orina.

albur s.m. Azar del que depende el resultado de una acción: *correr un albur; jugar un albur.* **2.** Dom. y Méx. Juego equívoco de palabras. **3.** P. Rico. Mentira.

albura s.f. Blancura. **2.** Parte joven del tronco y las ramas de un árbol, situada en la periferia, bajo la corteza, y constituida por las últimas capas anuales de madera todavía vivas y de tonalidad más clara que el duramen. **3.** Clara de huevo.

alburno s.m. Pez de agua dulce, de unos 15 cm de long., con el dorso verde metálico y el vientre plateado, que abunda en los lagos alpinos. (Familia ciprínidos.)

alca s.f. Ave caradriforme marina de unos 40 cm de long., de dorso negro, vientre blanco, alas cortas y pico comprimido. (Familia álcidos.)

alcabala s.f. (ár. *qabâla*). Impuesto castellano, que representaba generalmente el 10 % del valor de lo que se vendía o permutaba. **2.** Colomb. y Venez. Puesto de policía.

alcabalero s.m. Funcionario que se ocupaba de la recaudación de alcabalas, o de otros impuestos.

alcacer o **alcacel** s.m. (ár. *qaṣîl,* forraje, cereales verdes). Cebada temprana que se siembra en otoño.

alcachofa o **alcarchofa** s.f. (hispano-ár. *jaršûfa*). Planta hortense de hojas anchas y algo espinosas, cuya voluminosa inflorescencia, en forma de piña, es comestible. (Familia compuestas, género *Cynara.*) **2.** Cabezuela de esta planta, del cardo y de otras semejantes. **3.** Receptáculo con muchos orificios que sirve para esparcir el agua que sale a través de él.

alcachofal o **alcachofar** s.m. Terreno plantado de alcachofas. **2.** Terreno en que abundan los alcauciles.

alcachofera s.f. Alcachofa, hortaliza.

alcadafe s.m. (hispano-ár. *qadáḥ,* jarro para vino y otros usos). Lebrillo que se pone debajo de las botas de vino para recoger el líquido que se derrama.

alcahaz s.f. (hispano-ár. *qafáṣ,* jaula). Jaula grande en que se encierran algunas aves.

alcahuete, a s. (ár. *qawwâd*). Persona que hace de intermediario y encubre relaciones amorosas o sexuales ilícitas. **2.** Persona que encubre una maquinación. **3.** *Fig.* y *fam.* Chismoso, correveidile.

alcahuetear v.intr. Hacer de alcahuete.

alcahuetería s.f. Acción de alcahuetear. **2.** Actividad del alcahuete. **3.** *Fig.* y *fam.* Chisme, murmuración difamatoria.

alcaicería s.f. (ár. *qaisarîya,* de *Qáisar,* nombre que daban los árabes al emperador romano). En los países islámicos, recinto comercial cerrado donde se vendían ciertos artículos de elevado precio.

alcaico, a adj. (lat. *alcaicus,* del gr. *álkaikós,* de *Alceo,* poeta griego). Se dice del verso de la poesía grecolatina formado por un espondeo (a veces un yambo), un yambo, una cesura y un dáctilo. **2.** Se dice de un verso formado por dos dáctilos y dos troqueos.

alcaide, esa s.m. (ár. *qâid,* capitán, gobernador de una ciudad). Hombre que tenía a su cargo la guardia y defensa de una fortaleza. SIN.: *castellano.* **2.** Encargado de una alhóndiga o establecimiento similar. ◆ s. Amér. Autoridad máxima de una prisión. ◆ s.f. Mujer del alcaide.

alcaidía s.f. Profesión o cargo de alcaide. **2.** Domicilio, oficina o jurisdicción del alcaide. **3.** Territorio de su jurisdicción.

alcaldada s.f. Acción arbitraria o abusiva realizada por un alcalde. **2.** Acción semejante ejecutada por una persona afectando autoridad o abusando de la que tiene. **3.** Con los verbos *dar* o *meter,* dicho o sentencia necios.

alcalde, esa s. (ár. *qâḍi,* juez, p. de *qáda,* resolver, juzgar). Presidente del ayuntamiento de un municipio, que actúa como jefe de la administración municipal y como delegado del gobierno. **2.** En algunas danzas, persona que dirige o gobierna una cuadrilla. **3.** Juego de naipes. **4.** En el tresillo y otros juegos de naipes, persona que da las cartas y no juega. ◆ s.f. Mujer del alcalde. ◇ **Alcalde de barrio** Delegado del alcalde en determinadas barriadas o en poblados alejados del casco urbano. **Alcalde del agua** En algunas comunidades de regantes, persona que reparte y vigila los turnos. **Alcalde pedáneo** Alcalde que ejerce autoridad en lugares de corto vecindario, enclavados en un distrito municipal de cuyo alcalde depende.

alcaldesco, a adj. *Desp.* Propio de un alcalde.

alcaldía s.f. Empleo de alcalde. **2.** Oficina del alcalde. **3.** Territorio de su jurisdicción.

alcalescencia s.f. Fenómeno de volverse alcalina una sustancia. **2.** Estado de las sustancias en que se forma amoníaco espontáneamente.

álcali s.m. QUÍM. Hidróxido de un metal alcalino.

alcalimetría s.f. Determinación del título de una solución básica o alcalina.

alcalinidad s.f. Cualidad de alcalino.

alcalinizar v.tr. → **alcalizar.**

alcalino, a adj. Relativo a los álcalis: *sabor alcalino.* ◇ **Metal alcalino** Metal monovalente como el litio, sodio, potasio, rubidio, cesio y francio, que, combinado con oxígeno da un álcali.

alcalinotérreo, a adj. Se dice del grupo de metales formado por el calcio, estroncio, bario y radio.

alcalizar o **alcalinizar** v.tr. Conferir propiedades alcalinas.

alcaloide s.m. Sustancia orgánica similar a los álcalis por sus propiedades, como la morfina, la atropina, etc.

alcalosis s.f. Aumento excesivo de la alcalinidad de la sangre.

alcamonías s.f.pl. (ár. *kammunîya,* parecido al comino). Semilla para condimentar, como el anís o el comino.

alcance s.m. Seguimiento, persecución. **2.** Distancia máxima que alcanza un proyectil disparado por un arma. **3.** Distancia que alcanza el brazo estirado de una persona: *estar algo al alcance de la mano.* **4.** *Fig.* Capacidad o talento: *persona de pocos alcances.* **5.** *Fig.* Trascendencia de una cosa, acción o suceso: *obra de gran alcance.* **6.** *Fig.* En periodismo, noticia o conjunto de noticias de última hora. ◇ **Al alcance** Se dice de lo que puede conseguirse con facilidad. **Alcance práctico** Distancia máxima de empleo normal de un arma en el combate. **Alcance útil,** o **eficaz** Distancia hasta la que el tiro es suficientemente preciso para ser eficaz. **Dar alcance** Alcanzar, llegar hasta.

alcancía s.f. Hucha. **2.** Artificio arrojadizo de fuego con que se prendía fuego al barco enemigo en los abordajes. **3.** Amér. Cepillo para limosnas.

alcándara s.f. (ár. *kándara*). Percha donde se ponían las aves de cetrería, o donde se colgaba la ropa.

alcanfor s.m. (ár. *kafûr*). Sustancia aromática cristalizada, extraída del alcanforero.

alcanforero s.m. Árbol del que se extrae el alcanfor por destilación de la madera; es originario de Asia oriental y Oceanía.

alcano s.m. Nombre genérico de los hidrocarburos saturados acíclicos. SIN.: *parafina.*

alcantarilla s.f. Conducto subterráneo destinado a recoger las aguas de lluvia y residuales. **2.** Puentecillo en un camino.

alcantarillado s.m. Conjunto de alcantarillas.

alcantarillar v.tr. Poner alcantarillas: *alcantarillar una calle.*

alcantarillero s.m. Obrero encargado de la limpieza y mantenimiento de alcantarillas.

alcantarino s.m. y adj. Miembro de una rama de los franciscanos, surgida de la reforma de san Pedro de Alcántara. ◆ s.m. Caballero de la orden de Alcántara.

alcanzado, a adj. Empeñado, adeudado. **2.** Falto, escaso, necesitado.

alcanzadura s.f. Contusión o herida que se hacen las caballerías con los cascos traseros en el pulpejo de las manos.

alcanzar v.tr. (del lat. vulgar *incalciare,* perseguir de cerca, pisar los talones, del lat. *calx, -cis,* talón). Llegar hasta la posición que ocupa alguien o algo que va delante: *alcanzar al fugitivo.* **2.** *Fig.* Conseguir algo que se busca o se desea: *alcanzar una fortuna.* **3.** Acercar a alguien algo que está a cierta distancia o altura: *alcanzar un libro del estante.* **4.** Poder tocar algo desde donde uno está. **5.** Llegar a percibir con la vista, el oído o el olfato. **6.** *Fig.* Llegar a igualarse una persona con otra en un aspecto: *no alcanzar a un compañero en las notas.* **7.** Llegar a un punto, a un lugar determinado. **8.** Llegar a un punto determinado de la vida, de la historia, de un estado: *alcanzar la madurez.* **9.** Vivir hasta un momento determinado: *el abuelo alcanzó la guerra de Cuba.* **10.** Llegar el proyectil de un arma a cierta distancia: *la bala alcanzó la otra orilla.* ◆ v.intr. Llegar hasta un lugar, punto o nivel. **2.** *Fig.* Ser algo suficiente en un reparto: *la paella alcanzó para todos.* ◇ **Alcanzársele a alguien algo** Resultarle comprensible, entenderlo.

alcaparra s.f. Arbusto espinoso mediterráneo, cuyos botones florales se comen confitados en vinagre. (Género *Capparis;* familia caparidáceas.) SIN.: *alcaparrera.* **2.** Botón de la flor de esta planta. SIN.: *tápara.*

alcaparral s.m. Terreno poblado de alcaparras.

alcaparrera s.f. Alcaparra, arbusto espinoso. SIN.: *alcaparro.*

alcaparrón s.m. Fruto de la alcaparra.

alcaraván s.m. (ár. *karawân*). Ave zancuda crepuscular y nocturna, de cuello largo, cola corta y plumaje de gran colorido, que vive en el centro y sur de Europa, en Asia y en África. (Familia burínidos.)

alcaravea s.f. (hispano-ár. *karawía*). Planta herbácea de flores blancas, cuyas semillas, pequeñas y oblongas, tienen propiedades estomacales y carminativas, y se usan como condimento. (Familia umbelíferas.) SIN.: *comino de prado.* **2.** Semilla de esta planta.

alcarceña s.f. (ár. *karsánna*). BOT. Yero.

alcarchofa s.f. → **alcachofa.**

alcarraza s.f. (ár. iraquí *karrâz,* jarro de boca estrecha). Recipiente de arcilla porosa que rezuma agua, cuya evaporación enfría la contenida en su interior.

alcarria s.f. Terreno alto, generalmente raso y de poca hierba.

alcatifa s.f. (ár. *qaṭîfa*). Alfombra o tapete finos. **2.** Relleno que se echa en una superficie para allanarla antes de pavimentar o tejar.

alcatraz s.m. Ave pelecaniforme de gran tamaño y plumaje pardo amarillento en el dorso y blanco en el pecho, que anida en las costas rocosas y se zambulle en el agua para capturar peces.

alcaucí o **alcaucil** s.m. Alcachofa silvestre.

alcaudón s.m. Ave paseriforme de pico fuerte y ganchudo, que se lanza sobre sus presas golpeándolas con el pico y con frecuencia las ensarta en plantas espinosas, para alimentarse de ellas en las épocas desfavorables. SIN.: *degollador.*

alcayata s.f. (voz mozárabe). Escarpia.

alcazaba s.f. (hispano-ár. *qaṣába*). Recinto fortificado situado en el interior de una población amurallada, para refugio de su guarnición y habitantes.

alcázar s.m. (ár. *qaṣr*). Recinto fortificado construido en un lugar estratégico para seguridad y defensa de los soberanos o del gobernador de una ciudad. **2.** Cualquier casa o residencia magnífica, especialmente de príncipes o magnates. **3.** MAR. Espacio comprendido entre el palo mayor y la popa de la cubierta superior de las embarcaciones.

1. **alce** s.m. (lat. *alce*). Mamífero rumiante, parecido al ciervo, de cornamenta aplanada, y gran corpulencia, de hasta 2, 8 m de long. y 1 000 kg de peso, que vive en Escandinavia, Siberia y Canadá. (Familia cérvidos.) SIN.: *ante*.

2. **alce** s.m. (de *alzar*). En los juegos de naipes, conjunto de cartas que se levantan para cortar la baraja antes de repartir. **2.** Cuba. Recolección de la caña de azúcar.

alcedo s.m. Arcedo.

alcino s.m. Planta de 10 a 20 cm de alt., con hojas menudas y dentadas, flores azules y olor desagradable. (Familia labiadas.)

alción s.m. Pájaro fabuloso que solo anidaba en el mar en calma, razón por la cual era considerado como símbolo de paz. **2.** Animal que vive fijado a los fondos marinos, formando colonias de pequeños pólipos. (Subtipo cnidarios; orden alcionarios.)

alcionario, a adj. y s.m. ZOOL. Relativo a un orden de celentéreos provistos de ocho tentáculos y que viven generalmente en colonias, como el coral y el alción.

alcista adj. Se dice de la tendencia al alza en los precios. ◆ s.m. y f. Persona que juega al alza en la bolsa.

alcoba s.f. (ár. *qúbba*, cúpula, cuarto pequeño adyacente a una sala). Habitación destinada a dormir. **2.** Conjunto de muebles de esta habitación.

alcohilación s.f. Fijación de un radical alcohílo a una molécula: *alcohilación del benceno, de un alcohol.*

alcohílo s.m. Nombre genérico de los radicales univalentes obtenidos por eliminación de un átomo de hidrógeno de un alcano.

alcohol s.m. (hispano-ár. *kuḥúl*, antimonio o galena para maquillarse). Líquido volátil obtenido por la destilación del vino y de otros licores o zumos fermentados. **2.** Bebida que contiene esta sustancia. **3.** Compuesto químico cuyas propiedades son análogas a las del alcohol de vino. ◇ **Alcohol absoluto** Alcohol químicamente puro.

---

alcohol

Los alcoholes contienen uno o más grupos hidroxilo unidos a un radical alifático o a alguno de sus derivados. Se clasifican en primarios, secundarios o terciarios, según que el grupo hidroxilo esté unido a un átomo de carbono primario, secundario o terciario. Solo el metanol y los alcoholes primarios dan lugar por oxidación a aldehídos y posteriormente a ácidos carboxílicos; de los alcoholes secundarios resultan las cetonas. Según el número de grupos hidroxilo existentes en la molécula, los alcoholes se clasifican en monoalcoholes, dialcoholes (glicoles), trialcoholes y polialcoholes o polioles. Los alcoholes suelen ser líquidos; los que contienen menos de cuatro átomos de carbono son miscibles en agua. El alcohol etílico o etanol se obtiene de la fermentación de jugos de fruta o de diversas plantas tales como remolacha, papa, cereales, madera, etc.

---

alcoholado s.m. Mezcla de una sustancia medicamentosa con alcohol.

alcoholato s.m. Resultado de la destilación del alcohol con una sustancia aromática: *el agua de colonia es un alcoholato.*

alcoholaturo s.m. Sustancia que se obtiene por maceración de una planta en alcohol.

alcoholemia s.f. Presencia de alcohol en la sangre: *tasa de alcoholemia.* ◇ **Prueba de alcoholemia** Prueba a que se somete a una persona, especialmente la que conduce o maneja un automóvil, para determinar su grado de alcoholemia.

alcoholera s.f. Fábrica de alcohol.

alcoholero, a adj. Relativo a la producción y comercio del alcohol: *la industria alcoholera.*

alcohólico, a adj. Referente al alcohol. **2.** Que contiene alcohol: *bebida alcohólica.* ◆ adj. y s. Que bebe alcohol con exceso y habitualmente.

alcoholificación s.f. Transformación de una sustancia en alcohol por fermentación.

alcoholímetro s.m. Dispositivo para medir la cantidad de alcohol presente en el aire espirado por una persona. SIN.: *alcohómetro.* **2.** Densímetro utilizado para medir, en los vinos y licores, la proporción de alcohol.

alcoholismo s.m. Abuso de bebidas alcohólicas, que cuando se da regularmente de forma intensa provoca trastornos fisiológicos y psíquicos.

alcoholista s.m. y f. Argent. y Urug. Alcohólico.

alcoholización s.f. Producción o adición de alcohol en los líquidos.

alcoholizado, a adj. y s. Que consume bebidas alcohólicas excesiva y habitualmente.

alcoholizar v.tr. Añadir alcohol a un líquido. ◆ **alcoholizarse** v.prnl. Contraer alcoholismo.

alcohología s.f. Disciplina médica que estudia el alcoholismo y su prevención.

alcoholomanía s.f. Apetencia mórbida de beber alcohol.

alcohometría s.f. Conjunto de procedimientos empleados para determinar el grado alcohólico de un líquido.

alcohómetro s.m. Alcoholímetro, dispositivo.

alcor s.m. (ár. *qûr*, pl. de *qâra*). Colina.

alcorán s.m. Corán.

alcoránico, a adj. Coránico.

alcornocal s.m. Terreno poblado de alcornoques.

alcornoque s.m. (voz mozárabe, del lat. *quernus*, encina). Árbol de hojas persistentes, muy parecido a la encina, cuya corteza, gruesa y leve, proporciona el corcho. **2.** Madera de este árbol. ◆ s.m. y f. y adj. Persona estúpida, necia.

alcornoqueño, a adj. Relativo al alcornoque.

1. **alcorque** s.m. (ár. magrebí *qúrq*, del lat. africano *cortex, -icis*, corteza, corcho). Chanclo u otro calzado con suela de corcho.

2. **alcorque** s.m. Hoyo hecho al pie de las plantas para detener el agua de los riegos.

alcorza s.f. (ár. *qûrṣa*, disco o rueda, galleta de forma redonda). Pasta blanca de azúcar y almidón con la que se cubren algunos dulces. **2.** Dulce cubierto con esta pasta.

alcotán s.m. (hispano-ár. *quṭâm*). Halcón de pequeño tamaño, cabeza gris y alas y cola negras.

alcotana s.f. Herramienta de albañil parecida a un martillo con una boca en forma de azuela y otra en forma de hacha.

alcubilla s.f. Arca de agua.

alcurnia s.f. (ár. *kúnya*, sobrenombre, apellido). Conjunto de antepasados de una persona, especialmente si pertenecen a la nobleza: *damas de alta alcurnia.*

alcuza s.f. (ár. *kûza*). Aceitera. **2.** Pequeño recipiente de hojalata, provisto de un tubo largo y afilado, que sirve para verter el aceite de engrase en los engranajes de las máquinas.

aldaba s.f. (ár. *ḍábba*, barra de hierro para cerrar una puerta). Pieza metálica que se pone en las puertas para llamar. **2.** Aldabilla. **3.** Argolla de hierro fija en la pared para atar en ella las caballerías. ◇ **Agarrarse a,** o **tener, buenas aldabas** Arrimarse a una buena protección o contar con ella.

aldabada s.f. Golpe dado con la aldaba. SIN.: *aldabazo.* **2.** Fig. Aviso que causa sobresalto.

aldabilla s.f. Gancho de hierro que entrando en una hembrilla sirve para asegurar, después de cerradas puertas, ventanas, etc. SIN.: *aldaba.*

aldabón s.m. Aldaba de gran tamaño. **2.** Asa grande de un objeto, especialmente de un cofre, baúl o arca.

aldabonazo s.m. Golpe dado con una aldaba o aldabón.

aldea s.f. (ár. *ḍáia*, campo, aldea). Núcleo pequeño de población, generalmente sin jurisdicción propia. ◇ **Aldea**

global Concepción del mundo como un espacio en el que lo cultural, económico, político y social es compartido por todos los ciudadanos, gracias a la difusión inmediata de la información a través de los medios de comunicación de masas.

aldeaniego, a adj. Propio de una aldea. **2.** *Fig.* Inculto, rústico.

aldeanismo s.m. Palabra, expresión o giro propios de aldeanos. **2.** Mentalidad rústica.

aldeano, a adj. y s. De una aldea. ◆ adj. Relativo a la aldea. **2.** *Fig.* Inculto.

aldehído s.m. QUÍM. Compuesto químico obtenido por deshidrogenación u oxidación controlada de un alcohol primario.

al dente loc.adv. (voces italianas). Poco cocido, de manera que quede ligeramente crujiente al masticar: *espaguetis al dente.*

aldeorrio o **aldeorro** s.m. *Desp.* Lugar muy pequeño y pobre.

aldino, a adj. Se dice de los caracteres de imprenta debidos a Aldo Manucio.

aldohexosa s.f. BIOQUÍM. Monosacárido de seis átomos de carbono con un grupo funcional aldehído, como la glucosa.

aldol s.m. QUÍM. Aldehído-alcohol resultante de la polimerización de un aldehído.

aldopentosa s.f. BIOQUÍM. Monosacárido de cinco átomos de carbono con un grupo funcional aldehído, como la ribosa o la desoxirribosa.

aldorta s.f. Martinete.

aldosa s.f. QUÍM. Osa con un grupo aldehído.

aldosterona s.f. Hormona corticosuprarrenal que actúa en el riñón provocando la retención de sodio y favoreciendo la eliminación de potasio.

¡ale! interj. → **¡hala!**

aleación s.f. Sustancia de características metálicas obtenida por la incorporación de uno o varios elementos a un metal.

aleación

La finalidad de las aleaciones es mejorar las propiedades de los metales que las forman; su formación conduce a la constitución de soluciones sólidas de los elementos en el metal o de combinaciones entre dichos elementos y el metal de base. Las aleaciones más frecuentes son las del hierro (aceros especiales), cobre (bronce, latón, cuproníquel, alpaca), plomo (antifricción), níquel, cromo y aluminio (Duraluminio, Alpax). Las aleaciones ligeras se realizan por lo general a base de aluminio y magnesio.

alear v.tr. (fr. ant. *aleiier,* combinar metales, del lat. *alligare,* atar, ligar). Mezclar dos o más metales fundiéndolos.

aleatorio, a adj. (lat. *aleatorius,* de *alea,* dado, azar). Se dice de lo que depende de la suerte o el azar: *selección aleatoria.* **2.** ART. MOD. y CONTEMP. Se dice de una obra plástica, en especial cinética, cuya configuración procede de una combinatoria que explota las posibilidades del azar. **3.** ESTADÍST. Se dice de la variable que puede tomar un valor cualquiera de un conjunto especificado, con una probabilidad que expresa, para este valor particular, la fracción del número total de valores en que puede presentarse. ◇ **Contrato aleatorio** DER. Contrato cuya materia es un hecho fortuito. **Error aleatorio** ESTADÍST. Componente del error de muestreo que desaparecería si se pudiesen repetir muchas veces las extracciones de la muestra al azar. **Música aleatoria** Música para la que el autor propone, a partir de una composición determinada, diferentes formas de ejecución escogidas entre los tratamientos posibles de secuencias poliformas. (La expresión *música aleatoria* surgió en la década de 1950 en relación con las experiencias de John Cage, y más tarde de Karlheinz Stockhausen y Pierre Boulez.)

alebrestarse v.prnl. Méx. y Venez. Excitarse, violentarse.

aleccionar v.tr. y prnl. Instruir, enseñar.

alece o **aleche** s.m. (lat. *allec, allecis,* escabeche, y el pescado que se prepara con él). Boquerón, pez.

alechugar v.tr. Doblar en figura de hoja de lechuga.

alecrín s.m. Árbol de madera semejante a la caoba.

alectomancia o **alectomancía** s.f. Adivinación a través del canto del gallo o de la piedra que a veces tiene en su hígado.

aledaño, a adj. (del ant. *aladaño,* de *al lado*). Que está contiguo o muy cercano: *regiones aledañas.* ◆ **aledaños** s.m.pl. Terreno o conjunto de terrenos que está en los límites de un lugar: *los aledaños de la ciudad.*

alef s.m. Primera letra del alfabeto hebreo. **2.** MAT. Número cardinal que caracteriza la potencia de un conjunto.

alefriz s.m. Ranura triangular de la quilla de las embarcaciones de madera, en la que encajan las cabezas de las tracas.

alegación s.f. Acción de alegar. **2.** DER. Alegato.

alegar v.tr. (lat. *allegare*). Exponer un hecho, un argumento, etc., como prueba de algo o en defensa de alguien: *para defenderse, alegó no haberlo visto.* **2.** Exponer méritos, servicios, etc., para basar en ellos alguna pretensión. **3.** Discutir. ◆ v.tr. e intr. DER. Citar el abogado preceptos legales, jurisprudencia, motivos y argumentos en defensa de la causa que patrocina.

alegato s.m. Discurso pronunciado ante un tribunal para defender una causa. **2.** Escrito en que el abogado expone las razones que amparan a su cliente y refuta las de su adversario. **3.** Razonamiento o exposición generalmente amplios, aun fuera de lo judicial. **4.** Amér. Disputa, altercado.

alegatorio, a adj. Relativo a la alegación.

alegoría s.f. (gr. *alligoría,* metáfora, alegoría, de *álla,* otras cosas, y *agoreyein,* hablar). Ficción en virtud de la cual una persona o cosa representa o simboliza otra distinta: *la paloma es una alegoría de la paz.* **2.** Composición literaria o artística que utiliza esta forma de ficción, generalmente con fines didácticos.

alegórico, a adj. Relativo a la alegoría: *sentido alegórico; figura alegórica.*

alegorizar v.tr. (lat. *allegorizare*). Dar a algo un sentido alegórico.

alegrar v.tr. Poner alegre a alguien: *me alegro de verte.* **2.** *Fig.* Dar alegría y belleza a algo: *las acuarelas alegran el salón.* **3.** MAR. Aflojar un cabo. ◆ v.tr. y prnl. TAUROM. Incitar al toro para que acometa. ◆ **alegrarse** v.prnl. Sentir alegría. **2.** *Fig.* y *fam.* Achisparse.

alegre adj. (del lat. *alacer, -cris,* vivo, animado). Que siente o manifiesta alegría: *tener cara alegre.* **2.** Propenso a ella: *persona alegre.* **3.** Que ocasiona alegría: *noticia alegre.* **4.** *Fig.* y *fam.* Excitado ligeramente por la bebida. **5.** *Fig.* y *fam.* Ligero, arriesgado, irreflexivo. **6.** *Fig.* Se dice del color vivo y fresco. **7.** *Fig.* y *fam.* Se dice de la persona que actúa de forma frívola o irreflexiva y de los actos frívolos o irreflexivos.

alegremente adv.m. Sin reflexionar convenientemente, sin valorar las consecuencias: *opinar alegremente.*

alegría s.f. Sentimiento de placer originado generalmente por una viva satisfacción y que, por lo común, se manifiesta con signos exteriores, como la risa o la sonrisa. **2.** Persona o cosa que produce este sentimiento: *eres la alegría de la casa.* **3.** Falta de responsabilidad, ligereza: *actuar con alegría.* ◆ **alegrías** s.f.pl. Danza característica del cante flamenco.

alejamiento s.m. Acción y efecto de alejar.

1. **alejandrino, a** adj. y s. De Alejandría, Egipto. **2.** Neoplatónico. ◆ adj. **Arte alejandrino** Arte en el que se conjugan la fastuosidad faraónica y el naturalismo helenístico, cultivado principalmente en Alejandría a partir del s. III a.C.

2. **alejandrino, a** adj. Relativo a Alejandro Magno. ◆ adj. y s.m. Se dice del verso de catorce sílabas, compuesto de dos hemistiquios de siete sílabas.

alejar v.tr. y prnl. Poner o irse lejos o más lejos: *alejarse del ruido.*

alelamiento s.m. Estado de alelado.

alelar v.tr. y prnl. Poner lelo.

alelí s.m. → **alhelí.**

alelo s.m. Gen alelomorfo.

alelomorfo adj. BIOL. Se dice de un carácter hereditario opuesto a otro. ◇ **Gen alelomorfo** Una de entre dos o varias formas de un gen que ocupa el mismo lugar en un cromosoma particular. SIN.: *alelo.*

aleluya s.m. o f. (hebr. *hallelu Yah,* alabad al Señor). Aclamación litúrgica judía y cristiana. ◆ s.m. Tiempo de Pascua. ◆ s.f. Dibujo que forma parte de una serie y que contiene un pareado explicativo. **2.** *Fig.* y *fam.* Alegría, sentimiento de placer. **3.** *Fig.* Noticia que alegra. **4.** BOT. Acederilla. **5.** MÉTRIC. Composición poética que suele constar de versos octosílabos pareados con rima consonante. ◆ interj. Se emplea para demostrar júbilo.

alema s.f. Porción de agua de regadío que se reparte por turno.

alemán, na adj. y s. De Alemania. ◆ s.m. Lengua indoeuropea del grupo germánico, hablada en Alemania y Austria.

alemán

El alemán es una de las grandes lenguas cultas de occidente. Actualmente lo hablan unos 100 millones de personas. Su área de extensión comprende Alemania, Austria, Suiza, Luxemburgo, Alsacia, el E de Bélgica y el Alto Adigio; existen además comunidades germanófonas en Argentina y EUA. El alemán, que procede del germánico occidental, se divide en dos grandes grupos dialectales diferenciados hacia el s. VI: el bajo alemán al N y el alto alemán al S. La unificación lingüística que dio lugar, a partir del alto alemán, a la lengua común, tuvo lugar en la edad media. Actualmente en las áreas rurales se siguen hablando dialectos.

alemanda s.f. Danza alemana de estilo contrapuntístico de cuatro tiempos, ejecutada por varias parejas que imitan a una pareja principal. SIN.: *alemana.* **2.** Pieza instrumental de cuatro tiempos, primer movimiento de una suite.

alemánico s.m. Grupo de dialectos del alto alemán.

alemanisco, a adj. Relativo a Alemania.

aleno s.m. Hidrocarburo gaseoso, de fórmula $CH_2{=}C{=}CH_2$, con doble enlace etilénico. SIN.: *propadieno.*

alentada s.f. Respiración no interrumpida.

alentador, ra adj. Que infunde aliento: *noticia alentadora.*

alentar v.tr. y prnl. (del lat. *anhelare,* respirar, alentar) [conj.: *pensar*]. *Fig.* Animar, infundir decisión y fortaleza: *alentar a los jugadores.* ◆ v.intr. Respirar, absorber el aire.

aleonado, a adj. Leonado.

alerce s.m. (ár. *'arz*). Árbol que mide entre 20 y 35 m de alt., crece en las montañas por encima de la zona de los abetos, de agujas caducas, agrupadas en fascículos. (Orden coníferas.) SIN.: *lárice.* **2.** Madera de este árbol.

alergénico, a adj. Que es capaz de provocar una alergia.

alergeno, a o **alérgeno, a** adj. y s.m. Se dice de la sustancia capaz de provocar una alergia en el organismo.

alergia s.f. Estado de una persona que, sensibilizado ante una sustancia, presenta, después ante ella, acentuadas reacciones de carácter respiratorio, nervioso o eruptivo. **2.** Rechazo por alguien o algo.

alérgico, a adj. y s. Relativo a la alergia; que sufre alergia.

alergólogo, a s. Médico especialista en afecciones alérgicas. SIN.: *alergista.*

alero s.m. Parte inferior y sobresaliente del tejado. **2.** En baloncesto, persona que juega en los laterales de la cancha.

alerón s.m. Aleta de algunos peces. **2.** Pieza saliente de la carrocería de un automóvil, que sirve para hacerlo más aerodinámico. **3.** AERON. Aleta articulada colocada en el borde de salida de las alas de un avión, que permite la inclinación o el enderezamiento lateral del aparato.

alerta s.m. o f. (ital. *all'erta*). Señal que previene del peligro. **2.** MIL. Aviso dado a una fuerza militar para que se prepare y esté en situación de intervenir en un plazo fijado. ◆ adv.m. Con vigilancia y atención: *vivir alerta.* ◆ interj. Se emplea para prevenir a alguien de un peligro o para ponerlo en guardia.

alertar v.tr. y prnl. Poner alerta.

alerto, a adj. Vigilante: *tener la mirada alerta.* (Suele usarse la forma *alerta* y su plural *alertas* para los dos géneros.)

alerzal s.m. Terreno plantado de alerces.

alesnado, a adj. Puntiagudo.

aleta s.f. Miembro o apéndice corto y plano, que permite nadar a numerosos animales acuáticos como los peces, cetáceos, tortugas, etc. **2.** Calzado en forma de aleta de pez, generalmente de goma, que se adapta a los pies para facilitar la natación. **3.** Lámina saliente de un radiador, que favorece su refrigeración. **4.** Paleta del rotor de una turbina. **5.** Alero de un tejado. **6.** Guardabarros de un automóvil. **7.** AERON. Parte del ala o del timón que puede ser maniobrada a fin de modificar la forma de la superficie principal y, consiguientemente, las características aerodinámicas. **8.** ANAT. Nombre dado a una parte de un órgano debido a su estructura: *aletas nasales.*

aletargamiento s.m. Acción y efecto de aletargar o aletargarse.

aletargar v.tr. y prnl. Causar letargo: *la marmota y el lirón se aletargan en invierno.* **2.** Disminuir la actividad de algo: *el verano aletarga el tráfico urbano.*

aletear v.intr. Mover un ave repetidamente las alas. **2.** Mover un pez repetidamente las aletas. **3.** Mover los brazos. **4.** *Fig.* Cobrar fuerzas el convaleciente. **5.** Moverse una cosa de modo parecido a las alas. **6.** *Fig.* Asomar, aparecer de un modo intermitente y poco definido.

aleteo s.m. Acción y efecto de aletear. **2.** *Fig.* Palpitación violenta del corazón.

aleurita s.f. Árbol de Extremo oriente. (Familia euforbiáceas.)

aleuródido, a adj. y s.m. Relativo a una familia de homópteros, parecidos a la cochinilla y a los pulgones, algunas de cuyas especies atacan a la col, al roble, etc.

aleurona s.f. Sustancia proteica de reserva que forma granos microscópicos en las semillas de ciertas plantas, como los cotiledones de las leguminosas, el albumen de los cereales, etc.

aleutiano, a adj. De las islas Aleutianas. (Designa también a los esquimales de Alaska y de la costa NO de Canadá.) ◆ adj. y s.m. Se dice de un grupo de lenguas habladas en Alaska y en las islas Fox orientales.

aleutiano-esquimal s.m. Familia de lenguas que comprende los dialectos esquimales y aleutianos, de las islas Aleutianas a Groenlandia.

aleve adj. y s.m. y f. Alevoso.

alevilla s.f. Mariposa común en España, parecida a la del gusano de seda, y de alas blancas.

alevín adj. y s. Que pertenece a la categoría deportiva superior a la benjamín e inferior a la infantil. ◆ s.m. Cría de pez, especialmente el destinado a la repoblación de estanques y ríos.

alevosía s.f. Traición, deslealtad. **2.** DER. Cautela con que el delincuente asegura la comisión de un delito contra personas, evitando el riesgo procedente de la defensa del ofendido: *con premeditación y alevosía.*

alevoso, a adj. y s. Que actúa con alevosía. ◆ adj. Que implica alevosía: *puñal alevoso.*

alexandrita s.f. Variedad de crisoberilo, verde a la luz natural y roja a la luz eléctrica.

alexia s.f. Trastorno neurológico caracterizado por una perturbación en la capacidad para leer.

aleya s.f. Cada uno de los versículos del Corán.

alfa s.f. Nombre de la primera letra del alfabeto griego (α, A), que corresponde a la *a* española. ◇ **Alfa y omega** *Fig.* Principio y fin. **Radiación alfa** Radiación formada por corpúsculos emitidos por cuerpos radiactivos, compuesta por dos neutrones y dos protones. **Ritmo alfa** Ondas rápidas, regulares y de pequeña amplitud, recogidas por procedimientos electroencefalográficos, que señalan una reacción activa del córtex.

alfabético, a adj. Relativo al alfabeto.

alfabetización s.f. Acción y efecto de alfabetizar: *campaña de alfabetización.*

alfabetizar v.tr. Poner por orden alfabético. **2.** Enseñar a leer y escribir.

alfabeto s.m. (lat. *alphabetum,* del nombre de las dos primeras letras griegas, *álpha* y *beta*). Lista de todas las letras utilizadas en la transcripción de los sonidos de una lengua, enumerados según un orden convencional. **2.** Conjunto de signos que constituyen un sistema de comunicación: *el alfabeto de los sordomudos.*

alfaguara s.f. (ár. *fawwâra,* fuente). Manantial copioso.

alfajor s.m. (hispano-ár. *ḥašú*). Nombre dado a distintas golosinas. **2.** Alajú. **3.** Argent., Chile y Urug. Dulce formado por dos bizcochos circulares unidos entre sí por dulce de leche, chocolate, etc. **4.** Venez. Pasta de papelón, harina de yuca, piña y jengibre.

alfalfa s.f. (hispano-ár. *fáṣfaṣa*). Planta forrajera, de pequeñas flores violáceas, que enriquece el suelo en nitrógeno.

alfalfal o **alfalfar** s.m. Terreno sembrado de alfalfa.

alfandoque s.m. Pasta elaborada con melado, queso y anís o jengibre, típica de América.

alfanje s.m. (hispano-ár. *jánỹal,* puñal, espada corta). Sable ancho y curvo con filo en un lado y doble filo en la punta.

alfanumérico, a adj. Se dice de una clasificación establecida simultáneamente a partir de las letras del alfabeto y de los números. **2.** INFORMÁT. Se dice de los caracteres alfabéticos (A a Z), numéricos (0 a 9) o codificados mediante signos convencionales (., §, &...), o que constituyen una serie de esos diversos símbolos.

alfanúmero s.m. Cada uno de los números de una serie de números y letras combinados que se emplea como clave para operar con la computadora.

alfaque s.m. Banco de arena, generalmente en la desembocadura de un río. (Suele usarse en plural.)

alfaquí s.m. (ár. *faqîh,* teólogo y jurisconsulto). Sabio o doctor del derecho islámico.

alfar s.m. (del ár. *fajjâr,* alfarero). Alfarería, taller.

1. **alfarda** s.f. (ár. *fárḍa*). Contribución que pagaban moros y judíos en los reinos cristianos.

2. **alfarda** s.f. (ár. *fárda,* cada una de las dos piezas de un todo). Par de una armadura de tejado.

alfardón s.m. Azulejo hexagonal alargado.

alfarería s.f. Arte y técnica de fabricar objetos de barro. **2.** Taller donde se fabrican estos objetos. SIN.: *alfar.* **3.** Tienda donde se venden.

alfarero s.m. Persona que tiene por oficio fabricar o vender objetos de barro.

1. **alfarje** s.m. (ár. *ḥáỹar*). Piedra baja del molino de aceite. **2.** Canal o hondidura que rodea la solera de los molinos aceiteros y recoge el fruto triturado.

2. **alfarje** s.m. (ár. *faraš,* piso que separa dos altos de una casa). Techo o pavimento de maderas labradas y combinadas artísticamente.

alfaterapia s.f. Utilización terapéutica de los rayos alfa (α) emitidos por los cuerpos radiactivos.

alféizar s.m. Vuelta o corte oblicuo que hace la pared en el vano de una ventana, especialmente la de la parte inferior. **2.** Marco de una puerta o ventana en el que encajan las hojas con que se cierra.

alfeñicarse v.prnl. *Fam.* Comportarse con afectada delicadeza. **2.** *Fam.* Adelgazar mucho.

alfeñique s.m. (ár. *fanîd*). Pasta de azúcar, en forma de barra delgada y retorcida, cocida en aceite de almendras. **2.** *Fig.* y *fam.* Persona de complexión débil. **3.** *Fig.* y *fam.* Remilgo, afeite.

1. **alferecía** s.f. Enfermedad de carácter epiléptico, más frecuente en la infancia, que se manifiesta con convulsiones y pérdida del conocimiento.

2. **alferecía** s.f. Cargo o dignidad de alférez. SIN.: *alferazgo.*

alférez s.m. (ár. *fâris,* jinete, caballero). Oficial del ejército en el grado y empleo inferior de la carrera. **2.** Amér. Merid. Persona elegida para pagar los gastos en un baile o en cualquier otra fiesta. <> **Alférez de fragata,** o **de navío** Grados de la marina de guerra que equivalen, respectivamente, a los de alférez y teniente del ejército. **Alférez mayor del rey,** o **de Castilla** Jefe de la milicia real, que portaba el pendón en la batalla y la espada del rey en las ceremonias palatinas.

alfil s.m. (ár. *fil,* elefante). En el ajedrez, cada una de las dos piezas de cada bando que se mueven en diagonal.

alfiler s.m. (ár. *jilâl,* astilla empleada para prender las piezas de vestir). Clavillo de metal con punta por uno de sus extremos y una cabecilla por el otro. **2.** Joya que se prende exteriormente en la ropa para sujetar algo o como adorno: *alfiler de corbata, de pecho.* <> **Alfiler de gancho** Amér. Merid. Imperdible. **Cogido,** o **prendido, con alfileres** *Fig.* Se dice de lo que parece frágil; se dice de lo que no tiene una base lógica o del razonamiento poco sólido. **No caber un alfiler** Estar un lugar repleto de gente.

alfilerazo s.m. Pinchazo de alfiler. **2.** *Fig.* Pulla, dicho hiriente.

alfilerillo s.m. Argent. y Urug. Nombre de diversas plantas de la familia de las geraniáceas. **2.** Méx. Nombre común a varias plantas cactáceas. **3.** Méx. Insecto que ataca a la planta del tabaco.

alfiletero s.m. Canuto o almohadilla para guardar alfileres.

alfiz s.m. Moldura que enmarca el vano de una puerta o ventana.

alfombra s.f. (ár. *júmra*). Tejido con que se cubre el piso de las habitaciones y escaleras. **2.** *Fig.* Conjunto de cosas que cubren el suelo. **3.** Alfombrilla. **4.** Colomb. y Méx. Tejido espeso y aterciopelado que se adhiere a las paredes o pisos para cubrirlos. GEOSIN.: Argent. *alfombrado;* Esp. *moqueta.*

alfombrado s.m. Conjunto de alfombras de una casa o salón. **2.** Operación de alfombrar. **3.** Argent. Alfombra con que se tapizan paredes o pisos.

alfombrar v.tr. Cubrir con alfombra. **2.** Cubrir con flores, hojas, etc., la calle u otro lugar a semejanza de una alfombra.

alfombrilla s.f. Enfermedad parecida al sarampión que no presenta síntomas catarrales.

alfonsí adj. Alfonsino.

alfonsino, a adj. Relativo a alguno de los reyes españoles llamados Alfonso, especialmente a Alfonso X el Sabio. SIN.: *alfonsí.*

alfonsismo s.m. Adhesión a la monarquía de alguno de los reyes españoles llamados Alfonso.

alforfón s.m. Planta herbácea de flores desprovistas de corola, cuyo grano se aprovecha como pienso; es originaria de Asia central. (Familia poligonáceas.)

alforja s.f. (ár. *jurŷ*). Tira de lienzo basto u otra tela que forma una bolsa en cada uno de sus extremos, que se lleva colgada del hombro o se cuelga de una caballería. (Suele usarse en plural.) **2.** Provisión de alimentos para un viaje. **3.** Amér. Adorno, colgajo.

alforza s.f. (ár. *ḥúzza,* de *ḥazz,* cortar). Dobladillo o pliegue que se hace en la parte inferior de una falda u otra prenda para acortarla o como adorno. **2.** *Fig.* y *fam.* Cicatriz, señal que queda de una herida.

alforzar v.tr. Hacer una alforza o dobladillo.

alga s.f. (lat. *alga*). Vegetal clorofílico sin raíces ni vasos, que vive en el agua salada o dulce, o en ambientes húmedos.

alga

Las algas tienen una organización muy simple (sin verdaderas hojas, raíces ni vasos), una reproducción muy variada (pero sin flores ni frutos) y una presencia permanente de clorofila (a veces enmascarada por pigmentos). Se distinguen: las *algas verdes* (clorofíceas), cuyo único pigmento es la clorofila; las *algas azules* (cianofíceas), las únicas capaces de utilizar el nitrógeno en estado molecular; las *algas rojas* (rodofíceas), cuyo pigmento les permite crecer bajo el agua hasta 50 m de profundidad; las *algas pardas* (feofíceas), mayoritarias entre el varec de las zonas litorales; las *algas conjugadas,* poseedoras de una original forma de reproducción escalonada, y las *algas microscópicas* o *unicelulares* del fitoplancton marino o de agua dulce.

algalia s.f. (ár. *gâliya,* almizcle). Secreción de la bolsa anal del gato de algalia, empleada en perfumería. ◆ s.m. Civeta.

algara s.f. (ár. *gâra*). En la España medieval, correrías de devastación y saqueo practicadas por grupos de vanguardia destacados de las cabalgadas. SIN.: *algarada*. **2.** Tropa de caballo que intervenía en estas correrías. SIN.: *algarada*.

algarabía s.f. (ár. *arabîya*, lengua árabe). *Fam.* Confusión de voces altas y entremezcladas: *armar algarabía.* **2.** *Fam.* Lengua o escritura que no se entiende. **3.** Lengua árabe.

algarada s.f. Griterío, especialmente el provocado por un conjunto de personas que discuten o protestan. **2.** Algara.

algarero, a adj. Alborotador, agitador.

1. **algarrada** s.f. (ár. *arrâda*). Máquina de guerra usada antiguamente para disparar piedras contra las murallas.

2. **algarrada** s.f. (de *algara*). Fiesta que consiste en echar al campo un toro para correrlo con vara larga. **2.** Encierro, acto de encerrar los toros en el toril antes de la corrida. **3.** Novillada, lidia de novillos.

algarroba s.f. (ár. *jarrûba*). Fruto del algarrobo en forma de vaina de unos 10 cm de long. que contiene una pulpa azucarada que envuelve las semillas. **2.** Planta leguminosa de flores blancas y semilla marrón que se utiliza como pienso. (Familia papilionáceas.) **3.** Semilla de dicha planta.

algarrobal s.m. Terreno poblado de algarrobos o algarrobas.

algarrobo s.m. Árbol mediterráneo, cuya alt. alcanza hasta 10 m y cuyo fruto es la algarroba. (Familia cesalpiniáceas.)

algazara s.f. (ár. vulgar *gazâra*, locuacidad, murmullo, ruido). Ruido, griterío de una o muchas personas, por lo común alegre. **2.** Vocerío de moros y otras tropas al acometer al enemigo.

álgebra s.f. (bajo lat. *algebra*, del ár. *ŷabr*, reducción). Parte de las matemáticas que trata de la generalización del cálculo aritmético a expresiones compuestas por números y letras que representan cantidades variables *(álgebra clásica)* y que, a partir de la teoría de los conjuntos, estudia las estructuras *(álgebra moderna)*. **2.** Tratado de esta ciencia. ◇ **Álgebra de Boole** Álgebra creada por Boole, basada en el estudio de las relaciones lógicas. **Álgebra lineal** Parte del álgebra que estudia las estructuras lineales (espacios vectoriales, matrices, tensores).

algebraico, a o **algébrico, a** adj. Relativo al álgebra.

algebrista s.m. y f. Especialista en álgebra.

algia s.f. MED. Dolor.

algidez s.f. MED. Estado de álgido, muy frío.

álgido, a adj. (lat. *algidus*, de *algere*, tener frío). Se dice del punto culminante o crítico de un proceso. **2.** Se dice de las afecciones caracterizadas por sensaciones de frío: *fiebre álgida.* **3.** Muy frío.

algina s.f. Extracto de algas marrones obtenido por ebullición con carbonato de sosa.

alginato s.m. Sal del ácido algínico. **2.** Preparado para la toma de improntas dentales, también utilizado en papelería, preparación de engrudos industriales, etc.

algínico, a adj. Se dice de un ácido cuya sal sódica se encuentra en algunas algas.

algo pron.indef. Expresa el concepto general de cosa en contraposición a nada: *tramar algo.* **2.** Significa cosa de consideración, de cierta importancia: *creerse algo.* **3.** Indica una pequeña cantidad indeterminada: *película algo erótica; todavía queda algo de café.* ◆ adv.c. Un poco, no del todo, hasta cierto punto.

algodistrofia s.f. MED. Conjunto de artropatías que se manifiestan con dolores acompañados de rigidez en las articulaciones, con trastornos vasomotores y tróficos, que afectan especialmente a las extremidades.

algodón s.m. (hispano-ár. *quṭún*). Fibra textil natural que recubre la semilla del algodonero. **2.** Hilo o tela que se fabrica con esta fibra. **3.** Algodonero. ◇ **Algodón en rama,** o **en crudo** Borra de las semillas del algodonero comprimida formando balas, tal como se recibe en las hilaturas. **Algodón pólvora** Explosivo compuesto de nitrocelulosa, que se obtiene al tratar el algodón con una mezcla de ácidos nítrico y sulfúrico. **Estar criado entre algodones** Estar criado con mucha delicadeza.

algodonal s.m. Terreno poblado de algodoneros.

algodonero, a adj. Relativo al algodón. ◆ s. Obrero empleado en la industria del algodón. **2.** Persona que comercia en algodón. ◆ s.m. Planta herbácea o leñosa originaria de la India, de 0,50 a 1,50 m de alt., cultivada en todos los países cálidos por el algodón que envuelve sus semillas, las cuales proporcionan un aceite comestible. (Familia malváceas.)

algol s.m. (acrónimo del ingl. *algorithmic language*). INFORMÁT. Lenguaje utilizado para la programación de problemas científicos o técnicos en las computadoras.

1. **algonquino, a** adj. y s.m. GEOL. Se dice de la parte superior del precámbrico, que sigue al arcaico.

2. **algonquino, a** adj. y s. De un conjunto de pueblos amerindios de América del Norte. (Hablan la misma lengua y comprenden, entre otros, los grupos ojibwa, arapajó, cheyene, cree, naskapi y pies negros.) ◆ s.m. LING. Lengua hablada por estos pueblos.

algorítmico, a adj. Relativo al algoritmo. **2.** INFORMÁT. Se dice de los lenguajes creados para facilitar la expresión concisa y precisa de algoritmos. ◇ **Música algorítmica** MÚS. Modo de composición cuyos posibles son calculados por medio de máquinas electrónicas.

algoritmo s.m. MAT. Conjunto de reglas operatorias cuya aplicación permite resolver un problema enunciado a través de un número finito de operaciones.

alguacil s.m. (ár. *wazîr*, ministro, visir). Oficial inferior de justicia, que ejecuta las órdenes de un tribunal. **2.** Funcionario subalterno de un ayuntamiento.

alguacilazgo s.m. Oficio de alguacil.

alguacilillo s.m. TAUROM. Jinete vestido de alguacil del s. XVII que, en la plaza de toros, sale en el paseíllo al frente de la cuadrilla y recibe del presidente la llave del toril.

alguerés s.m. Variedad del catalán hablada en Alguer por unas 20 000 personas.

alguien pron.indef. Indica una persona cualquiera, no determinada: *preguntar por alguien.* ◆ s.m. Persona importante: *llegar a ser alguien en el mundo de la literatura.*

algún adj. Apócope de *alguno*. (Se emplea antepuesto a un sustantivo masculino en singular: *algún niño.*)

alguno, a adj. (del lat. *aliquis*, algún, alguien, y *unus*, uno). Se dice de personas, animales o cosas indeterminadas con respecto a varias o a muchas: *algunos espectadores silbaron.* **2.** Expresa una cantidad imprecisa pero no muy abundante: *tener algunos bienes.* **3.** En una oración negativa y pospuesto al nombre, tiene valor negativo: *no sufrir cambio alguno.* ◆ pron.indef. Alguien. **2.** Con la prep. *de* o *entre* y referido a un nombre próximo, tiene carácter partitivo.

alhacena s.f. → **alacena.**

alhaja s.f. (ár. *ḥâŷa*, objeto necesario, mueble, joya). Joya, pieza de oro, plata, platino o pedrería. **2.** *Fig.* y *fam.* Persona, animal o cosa de excelentes cualidades. ◆ adj. Argent., Bol., Ecuad. y Méx. Bonito, lindo, agradable.

alhajar v.tr. y prnl. Adornar con alhajas.

alhajero s.m. Amér. Joyero, cofre. SIN.: *alhajera.*

alharaca s.f. (hispano-ár. *ḥaráka*). Demostración exagerada de un sentimiento hacia alguien.

alharma s.f. (ár. *ḥármal*). Planta de flores blancas muy olorosas, cuyas semillas se comen tostadas y, en Oriente, se utilizan como condimento culinario. (Familia rutáceas.)

alhelí o **alelí** s.m. (hispano-ár. *jairí*). Planta ornamental de flores aromáticas y colores variados, que se cultiva en jardinería. (Familia crucíferas.) **2.** Flor de esta planta.

alhema s.f. (ár. *ḥimâ*, cosa prohibida). Tiempo durante el cual, en las zonas de regadío, corresponde el riego a un predio determinado.

alheña s.f. (hispano-ár. *ḥínna*). Arbusto de 2 a 3 m de alt., con flores blancas en racimos, olorosas, común en la península Ibérica. (Familia oleáceas.) **2.** Flor de este arbusto. **3.**

Polvo usado como tinte, que se obtiene al machacar las hojas secas de este arbusto.

alheñar v.tr. y prnl. Teñir con polvo de alheña.

alholva s.f. (ár. *ḥúlba*). Planta de 20 a 30 cm de alt., hojas acorazonadas agrupadas de tres en tres, flores pequeñas y blancas, muy olorosa, cuyas semillas son ricas en mucílago. (Familia papilionáceas.) **2.** Semilla de esta planta.

alhóndiga s.f. Establecimiento para la venta, compra y depósito de granos y otros comestibles.

alhucema s.f. (ár. *juzâmà*). Espliego.

aliáceo, a adj. Relativo al ajo o que tiene olor o sabor de ajo.

aliado, a adj. y s. Unido o coligado con otro: *fuerzas aliadas.* ◆ **aliados** s.m.pl. Conjunto de naciones que lucharon contra Alemania en las dos guerras mundiales.

aliadófilo, a adj. Durante las dos grandes guerras del s. XX, partidario de las naciones aliadas en contra de Alemania.

aliaga s.f. Arbusto con ramas espinosas en su extremo y fuertes espinas laterales. (Familia papilionáceas.) SIN.: *aulaga.*

alianza s.f. Acción de aliarse dos o más naciones, asociaciones o personas para alcanzar un objetivo común. **2.** Parentesco contraído por casamiento. **3.** Anillo de boda. **4.** *Fig.* Unión de factores o elementos diversos que conducen a un mismo fin. **5.** Chile. Mezcla de varios licores en un mismo vaso. **6.** HERÁLD. Figura del escudo que representa dos manos diestras asidas. ◇ **Antigua alianza** Alianza que, según la Biblia, estableció Dios con Adán, Noé, Abraham y Moisés. **Nueva alianza** La religión cristiana y sus libros sagrados.

aliaria s.f. Planta de 1 m de alt. con flores blancas que exhalan olor a ajo. (Familia crucíferas.)

aliarse v.prnl. (fr. ant. *aliier*) [conj.: *desviar*]. Unirse, coligarse los estados o príncipes unos con otros; en general, unirse o coligarse con otro. **2.** Juntarse dos o más cosas.

alias adj. (lat. *alias,* de otro modo). De otro nombre, por otro nombre. ◆ s.m. Apodo.

alicaído, a adj. Que tiene las alas caídas. **2.** *Fig.* y *fam.* Triste, desanimado, sin fuerzas.

alicante s.m. (deformación de *alacrán*). Víbora muy venenosa que vive en el S de Europa. SIN.: *alicántara.*

alicantino, a adj. y s. De Alicante. ◆ s.m. Variedad del valenciano que se habla en el extremo meridional de la provincia de Valencia donde no se habla apitxat, y en parte de la provincia de Alicante.

alicatado s.m. Conjunto decorativo de cerámica vidriada, usado para revestir zócalos y paredes. SIN.: *azulejo.*

alicatar v.tr. Revestir de azulejos una pared o un zócalo. SIN.: *azulejar.*

alicates s.m.pl. (ár. magrebí *laqqâṭ,* tenazas). Herramienta en forma de tenazas que sirve para apretar tuercas y doblar alambres.

aliciente s.m. (lat. *alliciens, -tis,* p. de *allicere,* atraer). Aspecto positivo o atractivo que mueve a hacer algo: *los alicientes de un viaje.*

alicorto, a adj. Que tiene las alas cortas: *pájaro alicorto.* **2.** *Fig.* Que no tiene aspiraciones ni ideales: *un político alicorto.*

alicrejo s.m. Amér. Central. Caballo viejo y flaco.

alicuanta adj. **Parte alicuanta** Parte que no mide exactamente a su todo.

alícuota adj. (bajo lat. *aliquotus,* del lat. *aliquot,* algunos). MAT. Que está contenido un número entero de veces en un todo: *tres es una parte alícuota de doce.*

alicurco, a adj. Chile. Sagaz, astuto.

alidada s.f. (ár. *iḍâda,* jamba de puerta, regla de astrolabio). Regla graduada incorporada a determinados instrumentos de topografía para medir ángulos verticales. **2.** Parte móvil de un teodolito.

alienación s.f. Enajenación. **2.** Pérdida o limitación de la personalidad o de la identidad de una persona o de un grupo. **3.** FILOS. Desposeimiento de una cualidad de una persona en detrimento de otra. ◇ **Alienación mental** Locura.

alienado, a adj. y s. Que padece alienación mental.

alienante adj. Que aliena: *sistema político alienante.*

alienar v.tr. y prnl. Enajenar. **2.** Causar o provocar la pérdida o limitación de la libertad o identidad de una persona o cosa.

alienígena adj. y s.m. y f. (del ingl. *alien,* extraño, extranjero). Extraterrestre: *naves alienígenas.* **2.** Extranjero: *costumbres alienígenas.*

alienista s.m. y f. y adj. Psiquiatra.

aliento s.m. Aire que se respira: *llegar sin aliento.* **2.** Aire espirado, vaho. **3.** Acción de alentar. **4.** *Fig.* Ánimo o decisión para hacer algo. (Se usa también en plural.)

alifafe s.m. (ár. *náfaj*). Achaque, trastorno leve. **2.** VET. Tumor blando en algunas articulaciones del caballo.

alifático, a adj. QUÍM. Se dice de los cuerpos orgánicos acíclicos.

aligátor s.m. (ingl. *alligator*). Caimán.

aligerar v.tr. y prnl. Hacer que algo sea más ligero: *aligerar la carga; aligerar un texto.* **2.** *Fig.* Calmar, aliviar, moderar: *aligerar el dolor.* ◆ v.tr. e intr. *Fam.* Apresurarse, darse prisa: *aligerar el paso; aligera, que no llegamos.*

alígero, a adj. *Poét.* Alado o veloz.

alijar v.tr. (fr. ant. *alegier,* aligerar, aliviar). Extraer toda o parte de la carga. **2.** Pasar de una embarcación a otra mercancías de contrabando o desembarcarlas.

alijo s.m. Acción de alijar. **2.** Conjunto de mercancías de contrabando.

alilaya s.f. Colomb. y Cuba. Excusa frívola.

alílico, a adj. Se dice del alcohol etilénico (C_3H_6O), obtenido a partir de derivados del petróleo y usado en la síntesis de la glicerina.

alilo s.m. Radical —C_3H_5 del alílico, que entra en la composición de numerosos ésteres y éteres.

alimaña s.f. (lat. *animalia,* pl. de *animal*). Animal salvaje perjudicial a la caza menor o a la ganadería. **2.** Animal indeterminado.

alimañero, a s. Persona que se dedica a cazar alimañas, en especial el guarda de caza encargado de su persecución.

alimentación s.f. Acción de alimentar o alimentarse. **2.** Conjunto de alimentos con que se alimenta un ser vivo, especialmente una persona o un animal. **3.** Comercio e industria de los productos alimenticios: *trabajar en la alimentación.* **4.** Operación que consiste en colocar las municiones en un arma de fuego, suministrar combustible a un motor, etc. ◇ **Alimentación artificial** Introducción de sustancias nutritivas en el organismo de sujetos incapaces de mantenerse por sí mismos. **Alimentación enteral** Método de alimentación artificial mediante una sonda gástrica que permite asegurar un aporte calórico suficiente en enfermos que presentan trastornos de deglución o simplemente una fuerte desnutrición. **Alimentación parenteral** Método de alimentación artificial mediante la sustitución parcial o total de los aportes digestivos de los enfermos por soluciones hipercalóricas introducidas en la circulación mediante un catéter colocado en una vena gruesa.

alimentador, ra adj. y s. Que alimenta: *bomba alimentadora de agua.* ◆ s.m. Canalización, eléctrica o de otro tipo, que vincula directamente la planta generadora o una subestación a un punto de la red de distribución, sin ninguna derivación en su recorrido.

alimentar v.tr. y prnl. Dar alimento a un ser vivo: *alimenta bien a sus hijos.* ◆ v.tr. Suministrar a una máquina la materia o energía necesaria para su funcionamiento: *alimentar un motor con gasolina.* **2.** *Fig.* Fomentar las pasiones, sentimientos, costumbres, etc.: *alimentar desdén por la humanidad.* ◆ v.intr. Servir algo de alimento.

alimentario, a adj. Relativo a la alimentación: *industria alimentaria.* ◇ **Código alimentario** DER. Conjunto de normas que regulan las condiciones mínimas del proceso industrial y comercial de alimentos, bebidas y otras materias de uso o consumo doméstico.

alimenticio, a adj. Que alimenta o tiene la propiedad de alimentar: *productos alimenticios.*

alimento s.m. (lat. *alimentum*). Sustancia nutritiva que necesita un ser para mantenerse vivo: *digestión de los alimentos.* ◆ **alimentos** s.m.pl. DER. Lo que es necesario para el sustento, habitación, vestido y asistencia médica de una persona.

alimentoso, a adj. Que alimenta o nutre mucho.

alimón (al) loc. Conjuntamente, en colaboración: *torear al alimón.*

alindar v.tr. Señalar los lindes de un terreno. ◆ v.intr. Lindar.

alineación s.f. Acción de alinear o alinearse. **2.** Formación de un equipo deportivo. **3.** Conjunto de menhires dispuestos en líneas paralelas.

alineado, a adj. Que se adhiere a una posición ideológica, política o de otro tipo, o está a favor de quien la mantiene.

alineamiento s.m. Alineación.

alinear v.tr. y prnl. Poner en línea recta: *los gimnastas se alinean.* **2.** Incluir a un jugador en un equipo deportivo. **3.** Hacer que una persona, colectividad o estado se adhiera a una determinada tendencia ideológica, un bloque político-militar, una región geopolítica, etc.: *el bloque vencedor alineó en torno a sí a las principales personalidades de la ciudad; se alinea en el bloque de izquierdas.*

aliñar v.tr. Condimentar ciertos alimentos: *aliñar la verdura.* **2.** Chile. Colocar en su posición los huesos dislocados. ◆ v.tr. y prnl. Adornar, arreglar, asear: *aliñarse para salir.*

aliño s.m. Acción de aliñar o aliñarse. **2.** Sustancia con que se aliña.

alioli s.m. (cat. *allioli*). Salsa elaborada con ajos machacados y aceite.

alionín s.m. Pájaro de unos siete centímetros de largo, que tiene la cabeza, la garganta y el pecho de color negro azulado, una mancha en la nuca y los lados del cuello blancos, el vientre pardo y las alas negras con listas blancas.

alios s.m. Arenisca impermeable, rojiza o negruzca, formada por granos de arena aglutinados: *el alios de las landas.*

alípedo, a adj. *Poét.* Que tiene alas en los pies. ◆ adj. y s.m. Quiróptero.

¡alirón! interj. Expresa júbilo en manifestaciones deportivas de masa.

alisador, ra adj. y s. Que alisa. ◆ s.m. Instrumento que sirve para alisar papel, cemento, etc.

alisadora s.f. Máquina empleada para alisar pieles, papel, cartón, etc.

alisal s.m. Alisar, terreno.

1. **alisar** s.m. Terreno plantado de alisos.

2. **alisar** v.tr. y prnl. Poner liso: *alisar la calzada, la ropa.* ◆ v.tr. Arreglar ligeramente el cabello con un peine o con los dedos.

aliseda s.f. Alisar.

alisio adj. y s.m. Se dice del viento regular que sopla constantemente sobre casi la tercera parte de la superficie del globo, desde las altas presiones subtropicales hacia las bajas presiones ecuatoriales. (En el hemisferio N sopla de NE a SO; y en el hemisferio S, de SE a NO.)

alisma s.f. (lat. *alisma*). Planta herbácea que crece junto a los estanques. (Familia alismáceas.)

alismáceo, a adj. y s.f. Relativo a una familia de plantas monocotiledóneas que viven en el agua o en pantanos.

aliso s.m. Árbol que alcanza hasta los 20 m de alt., de hojas escotadas en el ápice, que crece a menudo al borde del agua. (Familia betuláceas.)

alistamiento s.m. Acción de alistar o alistarse.

alistar v.tr. y prnl. Inscribir a alguien en una lista. ◆ **alistarse** v.prnl. Apuntarse o inscribirse en el ejército.

aliteración s.f. Figura retórica de dicción que consiste en la repetición de uno o varios sonidos iguales o semejantes en una palabra o enunciado: *un ejemplo de aliteración es el verso «bajo el ala aleve del leve abanico» de Rubén Darío.* SIN.: *paronomasia.*

aliviadero s.m. Desagüe del agua que rebasa el nivel de un embalse, depósito o canal.

aliviar v.tr. (lat. tardío *alleviare*). Hacer que algo sea más ligero, menos pesado: *aliviar la carga.* ◆ v.tr. e intr. Calmar, moderar: *aliviar una pena, la tos; no cura, pero alivia.* **2.** *Fig.* Acelerar el paso o cualquier actividad, darse prisa. ◆ v.tr. y prnl. Satisfacer el deseo sexual.

alivio s.m. Acción y efecto de aliviar o aliviarse. ◇ **De alivio** Esp. *Fam.* Se dice de cosas y personas para indicar que pueden causar daño o trastorno.

alizari s.m. Raíz de la rubia.

alizarina s.f. Materia colorante roja extraída de la raíz de la rubia, que actualmente se obtiene por síntesis.

aljaba s.f. (ár. *ŷába*). Caja portátil para flechas o saetas. SIN.: *carcaj.*

1. **aljama** s.f. (ár. *ŷamâa,* conjunto de personas). En las ciudades cristianas medievales, comunidad musulmana o judía; gueto o barrio de estas comunidades. **2.** Sinagoga.

2. **aljama** s.f. (ár. *al-ŷami'*). Mezquita.

aljamía s.f. (ár. *aŷamîya,* lengua extranjera). Transcripción en caracteres árabes de un texto romance; texto en que consta esta transcripción. **2.** HIST. Lengua romance que hablaban musulmanes y judíos.

aljamiado, a adj. Escrito en aljamía. ◇ **Literatura aljamiada** Producción literaria escrita en lengua romance con caracteres árabes o hebreos.

aljibe s.m. Cisterna. **2.** Pozo de agua.

aljófar s.m. (ár. *ŷáuhar,* perla). Perla o conjunto de perlas pequeñas de forma irregular.

allá adv.l. (lat. *illac,* por allá). Indica de forma indeterminada un lugar que está alejado del hablante y del oyente (admite grados de comparación): *ponerse más para allá.* **2.** Precediendo a adverbios o loc. adverbiales de lugar, indica la lejanía e indeterminación de este: *divisarse alguien allá arriba.* ◆ adv.t. Precediendo a un complemento adverbial de tiempo, indica la lejanía e indeterminación de este: *lo hará allá para el mes de julio; esa lengua desapareció allá por el s. XI.* ◇ **Allá cada cual,** o **allá te las compongas,** o **allá tú** Indican despreocupación o desinterés. **El más allá** El otro mundo, la vida de ultratumba.

allanamiento s.m. Acción y efecto de allanar o allanarse. **2.** Amér. Registro policial de un domicilio. ◇ **Allanamiento de morada** Acción de penetrar en la casa de alguien a la fuerza y sin su consentimiento.

allanar v.tr., intr. y prnl. Poner llana o igual una cosa: *allanar el piso de la carretera.* ◆ v.tr. Reducir una construcción o un terreno al nivel del suelo, derribando o llenando. **2.** *Fig.* Superar una dificultad o un obstáculo. **3.** Entrar a la fuerza y sin permiso en casa ajena. ◆ **allanarse** v.prnl. *Fig.* Conformarse o avenirse a algo, aunque no se esté de acuerdo con ello: *allanarse a sus exigencias.*

allegadizo, a adj. Ajeno o extraño.

allegado, a adj. Que mantiene una relación estrecha o cercana con algo o alguien: *hombre allegado a la justicia; familiares y amigos allegados.* ◆ adj. y s. Pariente, de la misma familia: *solo invitó a los más allegados.* **2.** Parcial, que sigue el partido de otro, o está de su parte.

allegar v.tr. Amontonar, reunir, juntar. **2.** Agregar, añadir. **3.** Recoger la parva en montones después de trillada. ◆ v.tr. y prnl. Acercar una cosa a otra. ◆ v.intr. y prnl. Llegar, venir, arribar. ◆ **allegarse** v.prnl. Adherirse a una idea u opinión.

allegretto adj. y adv. (voz italiana). MÚS. Menos vivo que el *allegro.* (Se aplica al modo de ejecutar una composición musical.) ◆ s.m. Composición musical o parte de ella, ejecutada en movimiento allegretto.

allegro adv.m. (voz italiana). MÚS. Vivamente, con rapidez. (Se aplica al modo de ejecutar una composición musical.) ◆ s.m. Parte de una composición musical interpretada en movimiento allegro. **2.** COREOGR. Ejercicios de danza rápidos, como vueltas, saltos y batería, o parte de un ballet que exige una mayor rapidez de movimiento.

allende prep. Más allá de, de la parte de allá de: *estar allende el mar.*

allí adv.l. (lat. *illic*). Indica un lugar concreto que está alejado del hablante y del oyente. **2.** En correlación con *aquí*, suele designar un sitio o paraje indeterminado. ◆ adv.t. Entonces, en tal ocasión: *a partir de allí la película mejora.*

alma s.f. (lat. *anima*). Principio espiritual o parte inmaterial que, junto con el cuerpo o parte material, constituye el ser humano. **2.** Parte moral y emocional de una persona: *despertar remordimiento en el alma.* **3.** *Fig.* Ser humano, individuo: *ciudad de 30 000 almas.* **4.** *Fig.* Persona o cosa que da vida, aliento y fuerza: *este hombre es el alma del negocio.* **5.** *Fig.* Viveza, espíritu, energía: *cantar con el alma.* **6.** *Fig.* Parte interior de los objetos que les da mayor solidez, resistencia, etc.: *alma de un bastón.* **7.** Gran madero vertical que sostiene el andamio. **8.** ARM. Interior del cañón de un arma de fuego. **9.** MÚS. Pequeña varilla cilíndrica de madera que, situada en el interior de un instrumento de cuerda, comunica las vibraciones a todas las partes del mismo. ◇ **Alma de cántaro** Persona falta de discreción y sensibilidad. **Alma de un cable** Hilo, torón o cordaje colocado siguiendo el eje de un cable. **Alma de un electrodo de soldadura** Hilo central metálico rodeado de un revestimiento. **Alma en pena** Persona solitaria, triste y melancólica. **Como alma que lleva el diablo** *Fam.* Con gran rapidez. **Dar,** o **entregar,** o **exhalar,** o **rendir, el alma a Dios** Expirar, morir. **En el alma** Profunda y entrañablemente. **Estar con** o **tener, el alma en un hilo** *Fam.* Estar preocupado o nervioso por temor de alguna situación peligrosa o penosa. **Llegar al alma** una cosa Sentirla intensamente. **Llevar a alguien en el alma** *Fam.* Quererlo muchísimo.

almacén s.m. (hispano-ár. *majzén*). Lugar donde se guardan géneros de cualquier clase. **2.** Establecimiento donde se venden géneros al por mayor. **3.** Cavidad de un arma de repetición donde se aloja el cargador. **4.** Amér. Merid. Tienda de comestibles. ◇ **Almacén frigorífico** Recinto con cámaras a bajas temperaturas y paredes aislantes, en el que se conservan productos perecederos. **Almacenes generales de depósito** DER. Establecimientos donde se guardan mercancías contra entrega de un título expedido a los depositantes. **Chasis almacén** FOT. Depósito portaplacas impenetrable a la luz y acoplado a una máquina fotográfica. **Grandes almacenes** Establecimiento de grandes dimensiones en que se venden productos de todo tipo y que agrupa numerosos departamentos especializados.

almacenaje s.m. Almacenamiento. **2.** Derecho pagado por almacenar.

almacenamiento s.m. Acción de almacenar. **2.** Conjunto de mercancías almacenadas.

almacenar v.tr. Guardar algo en un almacén: *almacenar trigo.* **2.** Reunir o guardar gran cantidad de algo: *almacenar revistas, datos.*

almacenero, a s. Argent., Par. y Urug. Dueño o encargado de una tienda de comestibles.

almacenista s.m. y f. Dueño de un almacén. **2.** Persona encargada de la custodia de las mercancías depositadas en un almacén. **3.** Comerciante mayorista.

1. **almáciga** s.f. (ár. *máṣṭaka*). Resina amarillenta que se extrae del lentisco.

2. **almáciga** s.f. Lugar donde se siembran las semillas de las plantas para trasplantarlas después.

almacigado, a adj. Amér. Se dice del ganado de color cobrizo subido. **2.** Perú. Moreno, de raza mezclada.

1. **almácigo** s.m. (de *1. almáciga,* resina). Lentisco.

2. **almácigo** s.m. Almáciga, semillero.

almádana, almádena o **almádina** s.f. Mazo de hierro, con mango largo y delgado, empleado para partir piedras.

almadía s.f. Armadía, balsa de maderos.

almadraba s.f. (hispano-ár. *maḍrába,* lugar donde se golpea). Pesca del atún. **2.** Lugar donde se pesca el atún. **3.** Red o cerco de redes con que se pesca el atún.

almadrabero, a adj. Relativo a la almadraba. ◆ s.m. Persona que se dedica a la pesca de atún.

almadreña s.f. (del ant. *madrueña,* de *madera*). Zueco, zapato de madera.

almagral s.m. Terreno en que abunda el almagre.

almagrar v.tr. Teñir de almagre algo.

almagre s.m. (ár. *mágra*). Óxido rojo de hierro, muy abundante en la naturaleza, que suele usarse en pintura como colorante.

almanaque s.m. (ár. *manâj*). Calendario impreso en hojas sueltas o formando libro, con indicaciones astronómicas, meteorológicas y otras relativas a festividades religiosas, actos civiles, etc.

almandina s.f. Granate alumínico férrico o granate oriental o sirio.

almarada s.f. (hispano-ár. *maráẓa,* punzón). Puñal agudo de tres aristas y sin corte. **2.** Aguja para coser alpargatas. **3.** TECNOL. Barra pequeña de hierro provista de mango, que se utiliza en los hornos de fundición de azufre para desobstruir el conducto que lo conduce desde el crisol hasta el recipiente.

almario s.m. Armario.

1. **almarjal** s.m. Terreno poblado de almarjos. SIN.: *armajo, barrillas.*

2. **almarjal** s.m. Marjal, terreno bajo y pantanoso.

almarjo s.m. (hispano-ár. *márŷo*). Barrilla, cenizas de esta planta. **2.** Cualquiera de las plantas que dan barrilla.

almazara s.f. (ár. *máṣara,* de *áṣar,* exprimir). Fábrica donde se elabora la aceituna para extraer el aceite. **2.** Aparato para moler la aceituna antes de ser prensada. SIN.: *molino de aceite.*

almea s.f. (ár. *âlima*). En oriente, bailarina y cantante.

almeja s.f. Molusco bivalvo comestible que vive en las costas de la península Ibérica, en lugares arenosos. (Familia venéridos.) ◇ **Almeja de río** Molusco lamelibranquio comestible de agua dulce. (Familia uniónidos.)

almena s.f. (lat. *mina*). Elevación de la muralla de una fortaleza, generalmente de forma rectangular, usada como resguardo por sus defensores.

almenado, a adj. Provisto de almenas: *torre almenada.* **2.** HERÁLD. Se dice de la figura que se adorna con almenas dispuestas hacia arriba. CONTR.: *atalayado.*

1. **almenar** v.tr. Poner almenas en un edificio.

2. **almenar** s.m. (ár. *al-manar,* sitio de las luces). Pie de hierro sobre el cual se ponían teas encendidas para alumbrar.

almenara s.f. (ár. *manâra,* faro). Fuego hecho en una almena o torre para dar aviso de algo. **2.** Almenar, pie de hierro. **3.** Candelero con muchas mechas.

almendra s.f. (lat. *amygdala,* gr. *amygdále*). Fruto del almendro. **2.** Semilla comestible de este fruto, rica en sustancias grasas y en glúcidos. **3.** Semilla carnosa de cualquier fruto drupáceo. **4.** B. ART. Encuadramiento elíptico en el que se representa a Cristo triunfante. SIN.: *mandorla.* ◇ **Almendra garrapiñada** Dulce que consiste en una almendra recubierta de azúcar fundido y canela.

almendrado, a adj. Que tiene forma de almendra: *ojos almendrados.* ◆ s.m. Dulce o salsa hechos a base de almendras. **2.** Perú. Guiso elaborado con salsa de almendras.

almendral s.m. Terreno plantado de almendros.

almendro s.m. Árbol originario de Asia, que puede alcanzar hasta 12 m de alt., de madera dura y flores blancas o rosadas, y fruto en drupa que contiene una semilla comestible. (Familia rosáceas.)

almendrón s.m. Diversas especies de árboles americanos, cuyo fruto es semejante al del almendro europeo. **2.** Fruto de estos árboles.

almendruco s.m. Fruto tierno del almendro.

almeriense adj. y s.m. y f. De Almería, ciudad y provincia de España.

almete s.m. Parte de la armadura que cubría la cabeza, utilizado del s. XV al XVII.

almez o **almezo** s.m. (ár. *máis*). Árbol de hasta 25 m de alt., con copa ancha y hojas lanceoladas y dentadas de color verde oscuro, cuya madera se utiliza para fabricar mangos de herramientas, bastones, etc. (Familia ulmáceas.)

almeza s.f. Fruto del almez, negro por fuera y amarillo por dentro.

almiar s.m. (lat. *medialis,* de *pertica medialis,* palo de en medio del pajar). Montón de paja, heno o hierba seca alrededor de un palo largo situado al aire libre.

almíbar s.m. (ár. *mîba,* jarabe de membrillo). Azúcar disuelto en agua y espesado a fuego lento. **2.** *Fig.* Dulzura y cortesía extremadas.

almibarado, a adj. Se dice del lenguaje muy meloso y de la persona que lo emplea.

almibarar v.tr. Bañar algo con almíbar. **2.** *Fig.* Suavizar las palabras para ganarse la voluntad de alguien.

almicantarat o **almicantarada** s.f. (ár. *muqanṭarât,* pl. de *muqánṭara,* reloj de sol). Cada uno de los círculos imaginarios de la esfera celeste, paralelos al horizonte.

almidón s.m. (bajo lat. *amidum*). Poliósido que constituye la sustancia de reserva de los vegetales, como las semillas de cereales, tubérculos de papas, etc. <> **Engrudo de almidón** Solución coloidal de almidón en agua.

almidonar v.tr. Impregnar un tejido de almidón disuelto en agua para que quede tieso y adquiera consistencia al plancharlo. ◆ **almidonarse** v.prnl. Arreglarse excesivamente.

almidonería s.f. Fábrica en la que se produce almidón.

almidonero s.m. Variedad de trigo de espiga gruesa, cuadrada y vellosa.

almimbar s.m. (ár. *mínbar,* púlpito, lugar elevado). Púlpito de una mezquita.

alminar s.m. (ár. *mânar,* faro, alminar, de *nâr,* fuego). Torre de una mezquita, desde lo alto de la cual el almuecín anuncia las cinco llamadas a la oración cotidiana.

almiranta s.f. Mujer del almirante.

almirantazgo s.m. Alto tribunal o consejo de la armada. **2.** Grado de almirante. **3.** Territorio bajo la autoridad militar de un almirante. **4.** DER. Derecho que para los gastos de la marina real pagaban las embarcaciones mercantes que entraban en los puertos de España.

almirante s.m. Militar del cuerpo de generales de la Armada que tiene categoría inmediatamente superior a la de vicealmirante e inmediatamente inferior a la de capitán general. (En los ejércitos de Tierra y Aire, se corresponde con el de teniente general.)

almirez s.m. (ár. *mihrâs*). Mortero de metal para machacar o moler.

almizcle s.m. (ár. *misk*). Sustancia grasa de un olor muy fuerte producida por ciertos mamíferos, en particular por el almizclero macho, que se utiliza en perfumería y cosmética. <> **Almizcle vegetal** Aceite que se extrae del abelmosco.

almizcleño, a adj. Que huele a almizcle.

almizclero, a adj. Almizcleño. ◆ s.m. Rumiante pequeño sin cuernos, parecido al cabrito, que vive en África y Asia.

almocadén s.m. (hispano-ár. *muqáddam,* jefe, capitán, p. de *qáddam,* nombrar jefe). En la milicia antigua, caudillo o capitán de tropa de a pie. **2.** En Marruecos, autoridad subalterna de funciones varias.

almocafre s.m. Azada pequeña cuya parte metálica está constituida por dos dientes curvados.

almocrí s.m. (ár. *múqri',* el que enseña). Encargado de la lectura del Corán en las mezquitas.

almodóvar s.f. Plaza fortificada.

almogávar s.m. (ár. *mugâwir,* p. de *gâwar,* realizar una expedición). En la edad media, soldado de una tropa irregular de infantería, que hacía correrías en tierras enemigas. (Los almogávares actuaron sobre todo, durante la reconquista, al servicio de Jaime I, y, durante las guerras de expansión de Pedro el Grande, por el Mediterráneo.)

almohada s.f. (ár. *mujádda,* de *jadd,* mejilla). Saco estrecho y alargado, relleno de una materia blanda, que se usa para apoyar la cabeza en la cama. **2.** Funda en que se mete este saco. SIN.: *almohadón.* <> **Consultar con la almohada** Meditar con el tiempo necesario algún asunto.

almohade adj. y s.m. y f. (ár. *muwáḥḥid,* p. de *wáḥḥad,* unificar). Relativo a los Almohades, dinastía bereber y movimiento religioso del islam.

almohadilla s.f. Cojín pequeño y plano que se coloca sobre superficies duras para estar cómodo al sentarse. **2.** Relleno de materia blanda que se pone en algunas prendas de vestir para levantar los hombros. **3.** Cojincillo para clavar agujas y alfileres. **4.** Tampón para humedecer los sellos. **5.** Esp. Símbolo tipográfico (#) que acompaña una frase o palabra que sirve para identificar o etiquetar los mensajes que tratan sobre un tema concreto, en algunas redes sociales como Twitter. **6.** ARQ. Resalto de aristas, generalmente achaflanadas, labrado en un sillar.

almohadillado, a adj. y s. Acolchado, relleno: *sillón almohadillado.* ◆ s.m. Capa de materiales diversos para amortiguar ruidos, golpes, etc. **2.** ARQ. **a.** Sillar cuya parte saliente se ha obtenido labrándolo con el martillo de aristas vivas. **b.** Paramento de piedra que forma un saliente con respecto a sus aristas o a sus juntas.

almohadillar v.tr. Acolchar. **2.** ARQ. Labrar los sillares en forma de almohadilla.

almohadillazo s.m. Golpe dado con una almohadilla.

almohadillero, a s. Persona que tiene por oficio hacer o vender almohadillas. **2.** Persona que se dedica a alquilar almohadillas a los asistentes de ciertos espectáculos.

almohadón s.m. Saco de tela, generalmente cuadrado, relleno de una materia blanda, que se usa para sentarse o apoyarse en él. SIN.: *cojín.*

almohaza s.f. (hispano-ár. *maḥássa*). Instrumento de hierro, formado por pequeñas láminas dentadas, para sacar la suciedad que se adhiere al pelo de los caballos.

almojarifazgo s.m. Complejo de impuestos de origen árabe, incorporado posteriormente a la hacienda real de Castilla. **2.** Oficio y jurisdicción del almojarife.

almojarife s.m. (hispano-ár. *múšrif*). En la España musulmana, funcionario encargado de la recaudación de impuestos.

almoneda s.f. (ár. *munâda*). Subasta de bienes. **2.** Venta de géneros a bajo precio.

almonedear v.tr. Vender en almoneda. SIN.: *almonedar.*

almorávid o **almorávide** adj. y s.m. y f. (ár. *murâbiṭ,* ermitaño, devoto). Relativo a los Almorávides, dinastía bereber y movimiento religioso del islam.

almorrana s.f. (del gr. *hâima,* sangre, y *rhêuma,* flujo). Hemorroide.

almorta s.f. Guija. **2.** Semilla de esta planta.

almorzar v.intr. Tomar el almuerzo. ◆ v.tr. Comer un alimento en el almuerzo: *almorzar en casa.*

almotacén s.m. (hispano-ár. *muḥtasáb*). En la España musulmana, funcionario encargado de contrastar las pesas y medidas.

almud s.m. (ár. *mudd*). Antigua medida de capacidad para áridos empleada en España, Portugal y América del Sur, variable según las localidades.

almuecín s.m. Almuédano.

almuédano s.m. Funcionario encargado de anunciar, desde lo alto del alminar, las cinco oraciones cotidianas del islam. SIN.: *almuecín, muecín.*

almuerzo s.m. (del lat. *admordere,* empezar a comer, morder ligeramente). Acción de almorzar. **2.** Alimento ligero que se toma a media mañana. SIN.: *desayuno.* **3.** Alimento del mediodía o primeras horas de la tarde, que puede ser el principal y más completo del día. SIN.: *comida.*

alnado, a s. (lat. *antenatum,* nacido antes). Hijastro.

¡aló! interj. Amér. Se emplea para contestar por teléfono, y equivale a *¡diga!* o *¡dígame!*
aloanticuerpo s.m. Anticuerpo producido entre individuos no idénticos pertenecientes a una misma especie.
aloantígeno s.m. MED. Antígeno de las células o del suero que distingue a los individuos de una misma especie (por ejemplo, los antígenos de los grupos sanguíneos o de los grupos tisulares).
alóbroges o **alóbrogos,** pueblo de la Galia, que habitaba el Delfinado y la Saboya. En 121 fueron anexionados a Roma.
alocado, a adj. Que es muy movido o precipitado: *un ritmo alocado.* ◆ adj. y s. Que es o parece irreflexivo, precipitado o poco sensato: *comportamiento alocado; es un joven alocado.*
alóctono, a adj. y s. Se dice de la persona originaria de otro país. ◆ adj. GEOL. Se dice de la formación que no se encuentra en su yacimiento primitivo, sino que ha sido desplazada horizontalmente por algún agente geológico.
alocución s.f. Discurso breve que pronuncia una autoridad o que dirige un superior a sus subordinados.
alodial adj. Se dice de la heredad o posesión libre de toda carga y derecho señorial.
alodio s.m. (bajo lat. *alodium*). Tierra libre de toda carga y derecho señorial.
áloe s.m. (lat. *aloe*). Planta originaria de África, cultivada también en Asia y América, de hojas carnosas que proporcionan un jugo resinoso utilizado como purgante y colorante. (Familia liliáceas.) **2.** Jugo de esta planta.
aloestesia s.f. NEUROL. Perturbación de la sensibilidad caracterizada por una localización anormal de la sensación con respecto a la aplicación del estímulo, siendo percibida la sensación, sea cual sea el lugar excitado, en un punto simétrico del cuerpo.
alofana s.f. Grupo de silicatos de aluminio hidratados, productos típicos de la meteorización de todas las rocas silicatadas.
alofánico, a adj. QUÍM. Se dice del ácido inestable, de fórmula NH_2—CO—NH CO_2H, del que se conocen sales, ésteres y amida.
alófono s.m. FONÉT. Realización de un fonema, que puede variar en función del contexto. (En español, el fonema /g/ tiene un alófono aproximante [ɣ] en posición intervocálica: *paga*; y un alófono oclusivo [g] en inicial absoluta o tras nasal: *gato, manga.*)
alógeno, a adj. Que es extranjero o de distinta raza que los autóctonos.
aloinmunización s.f. MED. Consecuencia de la introducción en un organismo de un aloantígeno celular o plasmático del que carece.
aloja s.f. Argent., Bol. y Chile. Bebida refrescante hecha generalmente con semillas de algarroba blanca, machacadas y fermentadas.
alojado, a s. Chile y Ecuad. Huésped.
alojamiento s.m. Acción de alojar o alojarse. **2.** Lugar en que se aloja temporalmente una persona. **3.** Lugar o cavidad donde se sitúa una pieza móvil de un mecanismo.
alojar v.tr. y prnl. (cat. *allotjar*). Servir un lugar como residencia temporal a alguien: *el hotel aloja a todos los turistas de la comarca.* **2.** Instalar una persona en su casa a alguien para residir temporalmente: *la abuela alojará al resto de invitados.* **3.** Estar una cosa metida o incluida dentro de otra, generalmente de forma provisional: *un antiguo caserón alojará el nuevo museo; la bala se alojó en el brazo.*
alomorfo adj. QUÍM. Se dice de la sustancia que tiene la misma composición química que otra pero distinta estructura cristalina. ◆ adj. y s.m. LING. Variante de un morfema en función del contexto en que aparece. (En español, /i-/ en *iba*, /v-/ en *va* y /fu-/ en *fui* son tres alomorfos del morfema /ir/.) SIN.: *alomorfema.*
alón s.m. Ala sin plumas de cualquier ave.
alondra s.f. (lat. *alauda*). Ave paseriforme cantora, de entre 17,5 y 19,5 cm de long., de plumaje pardo rojizo, grandes alas y cola ahorquillada, que anida en los campos de cereales. (Familia aláudidos.)
alópata s.m. y f. y adj. Médico especialista en alopatía.
alopatía s.f. Método terapéutico basado en el empleo de medicamentos que ocasionan en la persona sana la aparición de síntomas contrarios a los de la enfermedad que se quiere curar. (*Alopatía* es el nombre que dan los médicos homeópatas a la medicina tradicional moderna [por oposición a *homeopatía*].)
alopático, a adj. Relativo a la alopatía o a los alópatas.
alopátrico, a adj. BIOL. Se dice de dos o más grupos taxonómicos, por lo general subespecies o razas pertenecientes a una misma especie, que viven en territorios distintos pero a menudo contiguos, y que no tienen contacto alguno entre sí.
alopecia s.f. (lat. *alopecia*, del gr. *alopekía*). Caída o ausencia, parcial o general, del cabello o del pelo.
aloque adj. y s.m. (hispano-ár. *jalûqi*, rojo claro). Se dice del vino tinto claro.
alosa s.f. (lat. *alausa*). Pez teleósteo parecido al arenque, de 25 a 50 cm de long., cuerpo comprimido por los lados, escamas grandes y cabeza maciza y fuerte, propio del Mediterráneo y costas atlánticas del norte de Europa. (Vive en el mar y en primavera remonta los cursos de agua dulce para el desove; familia clupeidos.)
alosteria s.f. Inhibición de una enzima proteica por una molécula mucho más pequeña que se fija sobre ella y modifica su forma.
alostérico, a adj. Relativo a la alosteria.
alotipia s.f. MED. Existencia de estructuras antigénicas diferentes entre individuos de una misma especie.
alotriofagia s.f. PSIQUIATR. Trastorno del comportamiento alimentario consistente en la ingestión de sustancias no comestibles.
alotropía s.f. QUÍM. Propiedad que poseen ciertos cuerpos, como el carbono y el fósforo, de presentarse en diversos estados con propiedades físicas diferentes. (Los fulerenos son variedades alotrópicas del carbono.)
alotrópico, a adj. Relativo a la alotropía.
alótropo s.m. LING. Cada una de las formas divergentes que proceden de un mismo étimo. SIN.: *doblete.*
1. **alpaca** s.f. (aimara *all-paka*). Mamífero rumiante parecido a la llama, de pelo rizado muy largo y fino, generalmente blanco o gris; se domestica en América del Sur para aprovechar su lana y su carne. **2.** Fibra textil, suave y sedosa, obtenida de este animal. **3.** Paño que se fabrica con esta fibra. **4.** Tejido de algodón abrillantado.
2. **alpaca** s.f. Metal blanco que se obtiene de la aleación de cobre, zinc y níquel, y que se utiliza para fabricar cuberterías, vajillas y otros objetos.
alpargata s.f. Calzado de tela, con la suela de esparto trenzado.
alpargatería s.f. Establecimiento donde se fabrican o se venden alpargatas.
alpargatero, a s. Persona que tiene por oficio fabricar o vender alpargatas.
alpax s.m. (marca registrada). Aleación maleable de aluminio y silicio.
alpechín s.m. Líquido fétido que sale de las aceitunas apiladas antes de la molienda y cuando se las exprime con la ayuda de agua hirviendo.
alpende s.m. Cubierta que sobresale en un edificio, especialmente la sostenida por columnas o pilares a modo de pórtico.
alpestre adj. Alpino. **2.** Se dice de las plantas que viven a grandes altitudes: *flora alpestre.*
alpinismo s.m. Deporte que consiste en ascender o escalar montañas con la ayuda de cuerdas, mosquetones, clavijas, etc. (*V. cuadro pág. siguiente.*)

grandes fechas del alpinismo

cumbre	situación	primera ascensión
Mont Blanc	Alpes	1786
Monte Rosa (punta Dufour)	Alpes	1855
Eiger	Alpes	1858
Cervino	Alpes	1865
Kilimanjaro	África	1889
Aconcagua	Andes	1897
Monte McKinley	Alaska	1913
Monte Logan (hoy Monte Trudeau)	Canadá	1925
Annapurna	Himalaya	1950
Fitz Roy	Andes	1952
Everest	Himalaya	1953
K2	Himalaya	1954
Kangchenjunga	Himalaya	1955

alpinista s.m. y f. Persona que practica el alpinismo.

alpino, a adj. (lat. *alpinus*). Relativo a los Alpes o a las regiones de alta montaña. **2.** Se dice de los soldados de infantería o de las unidades especializados en el combate en la montaña: *cazador alpino; tropas alpinas.* **3.** Relativo al alpinismo. **4.** Se dice de los movimientos orogénicos del terciario y de las formas características de su relieve: *plegamiento alpino; cordillera alpina.* ◇ **Cabra alpina** Raza de cabra de pelo ralo, cabeza triangular y orejas enhiestas en forma de cucurucho.

alpiste s.m. (voz mozárabe, del hispano lat. *pistum*, desmenuzado). Planta gramínea forrajera cultivada por sus semillas, que sirven de alimento a los pájaros en cautividad. **2.** Semilla de esta planta. **3.** *Fig.* y *fam.* Cualquier bebida alcohólica: *dicen que le gusta el alpiste.*

alpujarreño, a adj. y s. De La Alpujarra, comarca del centro de España.

alqueno s.m. Hidrocarburo etilénico.

alquequenje s.m. (ár. *kakánŷ*). Planta herbácea de unos 50 cm de alt., de flores blancas, cuyo cáliz anaranjado, después de la floración, se hincha en forma de vejiga y encierra una baya. (Familia solanáceas.) **2.** Fruto comestible de esta planta.

alquería s.f. (hispano-ár. *qarîya*, aldea). Casa o conjunto de casas de labor.

alquibla s.f. (ár. *qíbla*, el Sur). Muro de la mezquita o punto del horizonte orientado a La Meca hacia el que los musulmanes dirigen sus oraciones rituales.

alquilación s.f. QUÍM. Sustitución de un átomo de hidrógeno por un radical alquilo en una molécula.

alquilante s.m. Sustancia química de síntesis, utilizada en la quimioterapia del cáncer, que desnaturaliza las nucleoproteínas por combinación y provoca una alteración del núcleo celular y de los cromosomas.

alquilar v.tr. Dar o tomar una cosa para su uso temporal, con ciertas condiciones y por un precio convenido: *alquilar una vivienda, un automóvil.* GEOSIN.: Amér. Central, Antillas y Méx. *rentar.* **2.** Contratar los servicios de alguien para algún trabajo. ◆ **alquilarse** v.prnl. Ponerse al servicio de alguien a cambio de una remuneración: *alquilarse como guía.*

alquiler s.m. (ár. *kirâ*). Acción de alquilar. **2.** Precio por el que se alquila alguna cosa, renta. ◇ **De alquiler** Lo que está destinado a ser alquilado o lo que ya está alquilado.

alquilo s.m. Radical monovalente derivado de un hidrocarburo.

alquimia s.f. (ár. *kímiyâ*, piedra filosofal). Ciencia empírica que buscaba la panacea universal e intentaba la transmutación de los metales. (Se originó en Alejandría y fue transmitida a Europa por los árabes, donde prosperó en los ss. XII a XVII con Alberto Magno, Roger Bacon, Nicolás Flamel, etc.)

alquímico, a adj. Relativo a la alquimia.

alquimila s.f. Planta herbácea anual de tallos erguidos y ramosos que se emplea como tónico y astringente. (Familia rosáceas.)

alquimista s.m. y f. y adj. Persona que se dedicaba a la alquimia.

alquino s.m. Nombre genérico de los hidrocarburos acíclicos de triple enlace.

alquitara s.f. (ár. *qaṭṭâra*). Alambique.

alquitarar v.tr. Destilar en alambiques.

alquitrán s.m. (ár. *qiṭrân*). Sustancia oscura y viscosa que se obtiene por destilación de la hulla, madera, petróleo, etc.

alquitranado, a adj. Que está hecho de alquitrán o lo contiene. ◆ s.m. Acción de alquitranar.

alquitranador, ra adj. Que alquitrana. ◆ s.m. Obrero que prepara o emplea el alquitrán.

alquitranadora s.f. Máquina de alquitranar.

alquitranar v.tr. Recubrir con alquitrán.

alrededor adv.l. (ant. *alderredor*, de *al* y *derredor*, detrás, cerca). Indica el espacio que rodea algo o a alguien: *alrededor de una mesa.* (También *alrededor* o *en rededor.*) ◆ adv.c. En una cantidad aproximada, poco más o menos: *alrededor de un kilómetro; vale alrededor de 50 euros.* ◆ **alrededores** s.m.pl. Contornos de un lugar: *los alrededores de la ciudad.*

alsaciano, a adj. y s. De Alsacia. ◆ s.m. Conjunto de hablas germánicas de Alsacia.

alta s.f. Ingreso de una persona en un cuerpo, profesión, carrera, etc. **2.** Comunicación a Hacienda del inicio de una actividad profesional sujeta a impuesto. **3.** Reanudación de una actividad, trabajo, etc. **4.** Declaración médica que indica el restablecimiento de una persona enferma. ◇ **Dar de,** o **el, alta** Esp. y Méx. Declarar que un enfermo está curado y puede trabajar. **Darse de alta** Ingresar en el número de los que ejercen una profesión u oficio reglamentados.

altaico, a adj. De los montes Altái, región montañosa del sudoeste de Siberia. ◆ adj. y s.m. Se dice del conjunto de lenguas turcas y mongoles que presentan concomitancias.

altamente adv.m. En extremo, en gran manera: *altamente perjudicial.*

altanería s.f. *Fig.* Altivez: *su altanería le hace insoportable.* **2.** Vuelo alto de las aves de rapiña. **3.** Cetrería.

altanero, a adj. *Fig.* Altivo. **2.** Se dice del ave rapaz que vuela alto.

altar s.m. (lat. *altar*, ara de sacrificios). Mesa donde se celebra la misa. **2.** Antiguamente, mesa destinada a los sacrificios. ◇ **Altar mayor** Altar principal de un templo. **Llevar,** o **conducir, al altar** *Fam.* Casarse con alguien.

altaricón, na adj. Se dice de la persona de gran estatura y corpulencia.

altavoz s.m. Aparato que convierte en ondas acústicas las corrientes eléctricas correspondientes a los sonidos musicales o vocales.

altea s.f. (lat. *althaea*, del gr. *áltheía*). Planta herbácea de hojas alternas y flores solitarias o en racimos, que crece en terrenos salinos y praderas húmedas. (Familia malváceas.)

alterable adj. Que puede alterarse: *metales alterables.*

alteración s.f. Acción y efecto de alterar: *alteración de letras en un escrito.* **2.** Cambio de la naturaleza, forma u orden de algo. **3.** Trastorno o perturbación del estado normal de algo o de alguien. **4.** Enojo o pérdida de la calma. **5.** Perturbación del orden público. **6.** GEOMORFOL. Modificación superficial de una roca, en particular de naturaleza química, debido a agentes atmosféricos. **7.** MÚS. Signo colocado a la izquierda de una nota para modificar la octava sin cambiarle el nombre (bemol, sostenido y becuadro).

alterar v.tr. y prnl. (lat. *alterare*). Cambiar la naturaleza, forma u orden de algo: *alterar las costumbres.* **2.** Trastornar, perturbar o deteriorar el estado normal de algo: *alterar la calma; los alimentos se alteran con el calor.* **3.** Hacer enojar o perder la calma a alguien: *no lo alteres, que se pone muy nervioso; se altera con cualquier contratiempo.*

altercado s.m. Disputa violenta.

altercar v.intr. (lat. *altercari*). Tener un altercado con alguien. **2.** Discutir o disputar sobre algo.

álter ego s.m. (lat. *alter ego*). Persona muy identificada con las opiniones o empresas de otra, que goza de toda su confianza o que se le parece mucho: *es su alter ego.* **2.** Segunda identidad, real o ficticia, que adopta alguien.

alteridad s.f. FILOS. Estado, cualidad de lo que es otro o distinto.

alternación s.f. Alternancia.

alternado, a adj. MAT. Se dice de la función que, cuando se permutan dos variables, cambia de signo sin variar los valores absolutos. **2.** MAT. Se dice de la serie numérica cuyos términos, a partir de uno determinado, son alternativamente positivos y negativos.

alternador s.m. Generador de corriente eléctrica alterna. (Se llaman *monofásicos, bifásicos* o *trifásicos,* según el número de fases de la corriente que proporcionan.)

alternancia s.f. Hecho de alternar o alternarse varias cosas o personas. **2.** Característica de un sistema político en el que se incluyen dos o más partidos que pueden sucederse en el poder dentro del marco de las instituciones existentes. **3.** Semiperíodo de una corriente alterna.

alternante adj. Que alterna.

alternar v.tr. (lat. *alternare*). Variar las acciones haciendo o diciendo cosas diversas por turnos y sucesivamente: *alternar la lectura con la escritura.* **2.** Distribuir alguna cosa entre personas o cosas que se turnan. ◆ v.intr. Tener trato las personas entre sí, relacionarse. **2.** En ciertos bares o salas, tratar mujeres contratadas para ello con los clientes, para que estos consuman. **3.** Entrar a competir con alguien. **4.** Hacer o decir una persona varias cosas, por turno. **5.** Sucederse unas cosas a otras repetidamente. ◆ v.intr. y prnl. Sucederse varias personas, partidos políticos, etc., por turno en un cargo, oficio, gobierno o acción.

alternativa s.f. Posibilidad de elegir entre dos o más opciones diferentes: *ante la alternativa eligió.* **2.** Opción que es posible elegir entre varias. **3.** Acción o derecho para ejecutar alguna cosa o gozar de ella alternando con otra. **4.** Efecto de alternar, hacer o decir una cosa, desempeñar un cargo varias personas por turno. **5.** Sucesión o repetición por turno de dos o más cosas; sucesión de hechos o estados prósperos y adversos. **6.** TAUROM. Acto por el cual un matador de toros eleva a su misma categoría a un matador de novillos: *tomar la alternativa.*

alternativo, a adj. Que se dice, hace u ocurre alternándose sucesivamente. **2.** Que cambia de sentido periódicamente. **3.** Que ofrece una opción distinta a lo habitual u ordinario: *música alternativa.* ◇ **Obligación alternativa** DER. Obligación que tiene por objeto dos o más prestaciones de las que queda constreñido el deudor a una sola.

alterne s.m. Acción de alternar en bares o salas de fiesta. ◇ **De alterne** Se dice de los locales donde se practica el alterne.

alterno, a adj. (lat. *alternus*). Alternativo. **2.** Se dice de las hojas o flores dispuestas a lo largo del tallo, una a una, en espiral. **3.** MAT. Se dice de los ángulos situados a distinto lado de una recta (secante) que corta a otras dos. ◇ **Ángulos alternos externos** Ángulos situados exteriormente a las dos rectas y a diferentes lados de la secante. **Ángulos alternos internos** Ángulos situados interiormente a las dos rectas y a diferentes lados de la secante.

alteza s.f. Cualidad de alto, elevado o excelente: *alteza de miras.* **2.** Tratamiento dado a los hijos de los reyes, a los infantes de España y a algunos príncipes a quienes lo concedía el monarca.

altibajo s.m. ESGR. Golpe dado con la espada de arriba abajo. ◆ **altibajos** s.m.pl. *Fam.* Desigualdades de un terreno. **2.** *Fig.* y *fam.* Situaciones o sucesos prósperos y adversos que se alternan entre sí.

altillano s.m. Altiplanicie.

altillo s.m. Armario pequeño que se hace rebajando el techo o encima de otro armario. **2.** División horizontal elevada en el interior de una tienda, taller o almacén, a fin de aprovechar todo el espacio de la planta baja. **3.** Habitación situada en la parte más alta de la casa. **4.** Cerro pequeño o lugar elevado.

altilocuencia s.f. Grandilocuencia.

altimetría s.f. Medida de la altura de diferentes puntos de la superficie terrestre.

altímetro s.m. Aparato que sirve para medir la altura de diferentes puntos de la superficie terrestre.

altipampa s.f. Argent y Bol. Altiplanicie.

altiplanicie s.f. Meseta de mucha extensión y a gran altitud.

altiplano s.m. Extensión de escaso relieve y elevada altitud.

altipuerto s.m. Terreno de aterrizaje en alta montaña especialmente equipado para el servicio de estaciones de deportes de invierno.

altísimo s.m. **El Altísimo** REL. Dios considerado como señor y creador soberano.

altisonancia s.f. Cualidad de altisonante.

altisonante adj. Muy sonoro, enfático: *lenguaje altisonante.* SIN.: *altísono.*

altísono, a adj. Altisonante.

altitud s.f. (lat. *altitudo*). Distancia vertical entre un punto determinado y el nivel medio del mar.

altivez s.f. Soberbia, sentimiento de superioridad. SIN.: *altanería.*

altivo, a adj. Soberbio, que se cree superior a los demás. SIN.: *altanero.* **2.** Elevado y firme: *muralla altiva.*

1. **alto** s.m. (alem. *halt*). Interrupción de una acción o un movimiento con la intención de reanudarlos a continuación: *los obreros hicieron un alto para protestar por la precariedad laboral en que trabajaban.* ◆ interj. Se usa para ordenar a alguien la interrupción de una acción o un movimiento: *¡alto el fuego!* ◇ **Alto el fuego** Cese momentáneo de las acciones bélicas entre dos ejércitos o grupos armados. **Dar el alto** Ordenar a alguien que está en movimiento que se detenga. **Hacer un alto** Interrumpir la marcha, viaje, etc.; replantearse un tema.

2. **alto** adv.l. Con altura respecto de la superficie: *volar alto.* ◆ adv.m. Con un sonido o voz fuerte e intenso: *hablar alto.*

3. **alto, a** adj. (lat. *altus*). Que está elevado sobre un punto tomado como referencia: *montaña alta.* **2.** Que tiene una estatura superior a lo que se considera normal: *joven alto.* **3.** Se dice de la calle, pueblo o territorio que está más elevado con respecto a otro: *el barrio alto.* **4.** *Fig.* Noble, santo, excelente: *tener altas aspiraciones.* **5.** De superior categoría o condición: *alto clero.* **6.** *Fig.* Caro, subido: *pagar un precio alto.* **7.** *Fig.* Fuerte, agudo: *voz alta.* **8.** *Fig.* Avanzado: *altas horas de la noche.* **9.** Se dice de las hembras de ciertos animales cuando están en celo. ◆ s.m. Altura, dimensión de los cuerpos perpendicular a su base. **2.** Elevación del terreno: *divisar desde un alto.* **3.** Planta de una casa que está por encima del bajo y del entresuelo. (Suele usarse en plural.) **4.** Amér. Conjunto desordenado de cosas. **5.** MÚS. **a.** En las voces femeninas, tesitura de contralto y en las masculinas, las más agudas. **b.** Instrumento cuyo registro responde a estas voces. ◆ **altos** s.m.pl. Argent., Chile y Perú. Piso o pisos altos de una casa. ◇ **Carta alta** Carta de más valor para jugar en un palo. **Ir alto** Bajar un río más crecido de lo que es habitual. **Pasar algo por alto** No darse cuenta de ello o no percibir su importancia. **Pase alto,** o **por alto** TAUROM. Pase en el que, al realizarlo, la muleta pasa por encima de los cuernos del toro. **Por todo lo alto** Con todo lujo.

altocúmulo o **altocúmulus** s.m. Conjunto de nubes medias que se desarrollan a una altitud aproximada de 4 000 m, dispuestas en forma de mechones de perfiles limpios, en grupo o formando filas.

altoestrato o **altostratus** s.m. Conjunto de nubes de altitud media (entre 2 000 y 6 000 m) dispuestas en forma de velo filamentoso y de color gris.

altoparlante s.m. Amér. Altavoz.

altorrelieve s.m. ESCULT. Relieve cuyas figuras son muy abultadas, casi independientes del fondo.

altostratus s.m. → **altoestrato.**

altozano s.m. (del ant. *anteuzano,* de *ante* y *uzo,* puerta). Elevación del terreno de poca altura en un terreno llano. **2.** Lugar más alto de ciertas poblaciones. **3.** Amér. Atrio de una iglesia.

altramuz s.m. (hispano-ár. *turmûs*). Planta de hojas palmeadas y fruto en legumbre. **2.** Fibra de esta planta, que puede usarse como textil.

altruismo s.m. (fr. *altruisme,* del lat. *alter,* otro). Cuidado desinteresado del bien ajeno, aun a costa del propio y fundado en una moral puramente natural. SIN.: *filantropía.*

altruista adj. Que se hace con altruismo. ◆ adj. y s.m. y f. Que practica el altruismo.

altura s.f. Distancia vertical entre un objeto o punto determinado del espacio y la superficie terrestre, el nivel medio del mar u otro punto que se tome como referencia. **2.** Dimensión de los cuerpos perpendicular sobre su base, y considerada por encima de esta. **3.** *Fig.* Alteza, sublimidad, excelencia. **4.** *Fig.* Mérito, valor. **5.** COREOGR. Posición de danza en que la pierna se levanta hasta la altura de la cadera. **6.** MAR. Situación relativa de un punto con otro. **7.** MAT. **a.** Longitud de la perpendicular bajada desde el vértice de una figura geométrica a la base: *altura de un triángulo.* **b.** Nombre dado a la propia recta perpendicular. ◆ **alturas** s.f.pl. Cielo, mansión de los bienaventurados: *ascendió a las alturas.* ◇ **A estas alturas** En un momento avanzado de un proceso. **A la altura de** Con los verbos *estar, ponerse, vivir,* y otros semejantes, alcanzar una persona o cosa el grado de perfección correspondiente al término que sirve de comparación. **Altura de una montaña** Su altitud por encima del nivel medio del mar. **Altura de un astro** Ángulo formado por la visual al astro y el plano horizontal del lugar de observación. **Altura de un sonido** Característica ligada a la frecuencia de vibraciones de un sonido audible.

alubia s.f. (hispano-ár. *lúbya*). Esp. Judía, planta, fruto y semilla.

alucinación s.f. PSIQUIATR. Percepción de un objeto, imagen o estímulo externo inexistentes que el sujeto concibe como real.

alucinar v.tr. y prnl. (lat. *alucinari*). Producir alucinación. **2.** Cautivar, fascinar; impresionar vivamente. ◆ v.intr. Estar muy confundido u ofuscado: *si piensas eso, tú alucinas.*

alucinatorio, a adj. PSIQUIATR. Perteneciente o relativo a la alucinación: *psicosis alucinatoria crónica.*

alucine s.m. *Fam.* Alucinación, asombro.

alucinógeno, a adj. y s.m. Se dice de las sustancias icodislépticas que crean artificialmente alucinaciones.

alucinosis s.f. PSIQUIATR. Alucinación cuyo carácter anormal es reconocido por el enfermo.

alucita s.f. Mariposa de 1 cm de envergadura y alas grises y amarillas, similar a las polillas, cuya larva daña los cereales.

alud s.m. Deslizamiento repentino de una masa de nieve, hielo o rocas por la ladera de una montaña. SIN.: *avalancha.* **2.** *Fig.* Gran cantidad de personas o cosas que se desborda y precipita impetuosamente: *un alud de cartas, de gente.* SIN.: *avalancha.*

aludido, a adj. Nombrado, mencionado. ◇ **Darse por aludido** *Fam.* Sentirse alguien personalmente afectado por una conversación o discurso pese a no ser mencionado expresamente.

aludir v.tr. (lat. *alludere,* bromear). Referirse a una persona o cosa sin nombrarla, mencionarla. **2.** Nombrar incidentalmente a alguien o algo en una conversación o discurso.

1. **alumbrado, a** s.m. (de *alumbrar*). Acción de alumbrar. **2.** Conjunto de luces eléctricas que ilumina un lugar, especialmente un espacio público. ◆ s. Miembro de determinadas corrientes de espiritualidad y renovación religiosa que se produjeron en España a lo largo de los ss. XVI y XVII. (En el s. XVIII tomaron un cariz claramente herético.)

2. **alumbrado, a** adj. Que tiene mezcla de alumbre o participa de su naturaleza; que ha sido tratado con alumbre.

alumbramiento s.m. Acción de alumbrar o alumbrarse. **2.** Última fase del parto. **3.** *Fig.* Parto.

1. **alumbrar** v.tr. e intr. Proyectar luz sobre algo o alguien: *el sol alumbra toda la llanura; los faros alumbran demasiado.* **2.** Parir la mujer: *alumbró a todos sus hijos en la misma clínica.* ◆ v.tr. Iluminar con luz eléctrica o poner luz eléctrica en un edificio, una calle, etc. **2.** Ayudar a alguien iluminando el lugar donde está o por donde ha de pasar. **3.** Descubrir algo subterráneo y sacarlo a la superficie. ◆ **alumbrarse** v.prnl. *Fam.* Embriagarse.

2. **alumbrar** v.tr. Meter un tejido en una disolución de alumbre y agua para que reciba mejor el tinte.

alumbre s.m. (lat. *alumem*). Sulfato doble de aluminio y potasio, o compuesto análogo que tiene propiedades astringentes y sirve para fijar los tintes y aclarar el agua.

alúmina s.f. QUÍM. Óxido de aluminio (Al_2O_3), que se halla en la naturaleza puro y cristalizado o formando con otros cuerpos feldespatos y arcillas.

aluminado s.m. Proceso de recubrimiento protector por medio de una capa de aluminio.

aluminato s.m. Sal en la cual la alúmina actúa con carácter ácido: *aluminato de potasio.*

alumínico, a adj. Que contiene aluminio.

aluminio s.m. (lat. moderno *aluminium,* del lat. *alumen,* alumbre). Metal de color blanco brillante, ligero, de densidad 2,7, cuyo punto de fusión es de 660 °C. **2.** Elemento químico (Al), de número atómico 13 y masa atómica 26,981.

aluminio

Su compuesto más importante es su óxido (alúmina), obtenido a partir de la bauxita, cuya reducción electrolítica es la base de la metalurgia del aluminio. Por su ligereza, el aluminio se utiliza, puro o en aleación (Duraluminio, Alpax, etc.), en el sector del automóvil y de la aeronáutica, así como en la industria eléctrica, construcción, decoración, embalaje, etc. Los principales países productores de aluminio son EUA, Rusia, Japón, Canadá, Alemania y Australia.

aluminosilicato s.m. Sal derivada del silicio y del aluminio, combinados con un óxido metálico.

aluminosis s.f. Alteración que experimentan los elementos estructurales de un edificio construido con cemento aluminoso por acción del calor y la humedad, consistente en una pérdida de estabilidad del cemento que puede acarrear la destrucción del elemento.

aluminoso, a adj. Que contiene alúmina: *agua aluminosa.*

aluminotermia s.f. Reacción del aluminio en polvo con diversos óxidos metálicos que produce altas temperaturas y sirve para aislar algunos metales, en la soldadura del acero y en las bombas incendiarias.

alumnado s.m. Conjunto de alumnos que reciben su instrucción en determinado centro de enseñanza.

alumno, a s. (lat. *alumnus*). Discípulo respecto de su maestro, de la materia que aprende, de la escuela donde estudia, etc. **2.** Estudiante.

alunado, a adj. Lunático, de estado de ánimo muy variable. **2.** Argent. y Urug. Malhumorado.

alunita s.f. Sulfato básico natural de aluminio y potasio.

alunizaje s.m. Acción de alunizar.

alunizar v.intr. Descender y posarse en la superficie lunar una aeronave.

alusión s.f. Referencia o mención que se hace de una persona o cosa sin nombrarlos de forma expresa.

alusivo, a adj. Que alude o implica alusión.

alutación s.f. Pepita de oro, polvo de este metal, o aluvión aurífero que se encuentran a flor de tierra.

aluvial adj. Producido por aluviones: *llanura aluvial.*

aluvión s.m. (lat. *alluvio, -onis*). Avenida impetuosa de una corriente de agua. **2.** *Fig.* Gran cantidad de personas o cosas agolpadas. ◆ **aluviones** s.m.pl. Conjunto de sedimentos depositados en un terreno por la acción de una corriente de agua cuando el caudal o la pendiente son insuficientes. ◇ **De aluvión** Se dice de los terrenos o depósitos de sedimentos acumulados por la acción mecánica de las corrientes de agua.

aluzar v.tr. e intr. Amér. Central, Colomb. y Méx. Llenar de luz y claridad. ◆ v.tr. Dom. y P. Rico. Mirar al trasluz.

alveario s.m. Conducto auditivo externo.

álveo s.m. (lat. *alveus,* cavidad, cauce). Madre o lecho de un río. **2.** Fondo de un lago o laguna.

alveógrafo s.m. Aparato utilizado para determinar el comportamiento mecánico de las pastas de harinas.

alveolar adj. Relativo o semejante a los alvéolos. ◆ adj. y s.f. Se dice del fonema articulado a la altura de los alvéolos, y de la letra que lo representa.

alveolitis s.f. Inflamación de los alvéolos pulmonares.

alvéolo o **alveolo** s.m. Cada una de las celdillas que forman los panales. **2.** Cavidad de los maxilares en la que se encaja un diente. **3.** Cavidad abierta en el tejido del lóbulo pulmonar. **4.** Hueco habilitado en un embalaje para colocar en él el artículo que se quiere presentar. **5.** GEOMORFOL. Pequeña depresión en una roca homogénea debida a erosión química o mecánica.

alverjado s.m. Chile. Guiso de arvejas.

alvino, a adj. VET. Relativo al bajo vientre.

alza s.f. Elevación, subida, aumento: *el alza de los precios.* **2.** Trozo de vaqueta que se coloca en la horma del zapato para aumentar su anchura o altura. **3.** Cada una de las piezas de madera que, a modo de ballestas, se colocan sobre los ejes de las ruedas de un carromato, y donde se apoya la caja del vehículo. **4.** Papel que se pega sobre el tímpano de las prensas manuales, sobre el cilindro de las mecánicas, o debajo de ciertas partes de la forma, para realzar o igualar la impresión. **5.** Cada uno de los maderos con que se cierra el portillo de un embalse, dique, etc., por la parte de aguas arriba. **6.** ARM. Aparato colocado sobre el cañón de un arma de fuego, que sirve para apuntar. ◇ **En alza** Se dice de las cosas cuyo valor o estimación va aumentando: *su fama va en alza.* **Jugar al alza** Especular en la bolsa previendo la elevación de las cotizaciones.

alzacuello s.m. Tira de tela u otro material, generalmente de color blanco, que va ceñido al cuello del traje eclesiástico.

alzada s.f. Estatura del caballo. **2.** DER. Recurso de apelación en lo administrativo.

alzado, a adj. Se dice del precio concertado en una cantidad fija por una obra o un servicio con independencia del tiempo empleado o el trabajo realizado. **2.** Se dice de la persona que quiebra fraudulentamente, ocultando su patrimonio para evitar sus obligaciones fiscales o a sus acreedores. **3.** Amér. Se dice del animal en celo. **4.** Amér. Merid. Se dice del animal doméstico que se vuelve bravío. **5.** Amér. Merid. Se dice del animal amontado, cimarrón. **6.** HERÁLD. Se dice de una pieza cuando está a mayor altura de la que le corresponde. ◆ adj. y s. Amér. *Fig.* Arrogante, altanero e insolente. ◆ s.m. ART. GRÁF. Reunión, por el orden de signaturas, de los cuadernos que forman un libro. **2.** GEOMETR. Representación gráfica de la proyección vertical de una máquina o un edificio.

alzadora s.f. ART. GRÁF. Máquina que efectúa el alzado de los pliegos de un volumen.

alzamiento s.m. Acción de alzar o alzarse. **2.** MIL. Levantamiento, sublevación.

alzapaño s.m. Pieza fijada en la pared, a los lados de una cortina, para tenerla recogida. **2.** Tira sujeta al alzapaño para recoger las cortinas.

alzaprima s.f. Palanca, barra para levantar pesos. **2.** Cuña empleada para realzar alguna cosa. **3.** Argent. y Par. Carro. **4.** Argent. y Urug. Cadena.

alzar v.tr. y prnl. (lat. vulgar *altiare,* del lat. *altus,* alto). Poner algo o a alguien en una posición alta o más alta de la que tenía: *alzar al niño en brazos.* **2.** Poner vertical lo inclinado o tumbado. **3.** *Fig.* Rebelar, sublevar a alguien contra algo. ◆ v.tr. Dirigir una cosa hacia arriba: *alzar la mano, los hombros, la vista.* **2.** Recoger o quitar una cosa de donde está: *alzar los manteles.* **3.** Recoger lo extendido para guardarlo: *alzar la parva.* **4.** *Fig.* Aumentar, subir el valor o el precio de una cosa. **5.** *Fig.* Tratándose de la voz, darle mayor fuerza, aumentar su intensidad. **6.** Dar la primera vuelta al rastrojo. **7.** *Fig.* Retirar del campo la cosecha. **8.** Construir, edificar una obra de construcción, como un edificio o un monumento. **9.** ART. GRÁF. Poner en rueda todas las signaturas de una impresión y sacar los pliegos uno a uno para ordenarlos. ◆ v.tr. e intr. En la misa, elevar la hostia y el cáliz después de la consagración. ◆ v.intr. Apoderarse de algo: *alzarse con el poder.* ◆ **alzarse** v.prnl. Sobresalir, elevarse sobre una superficie o plano. **2.** Iniciarse o acentuarse un fenómeno meteorológico: *alzarse el viento.* **3.** Amér. Fugarse el animal doméstico y hacerse montaraz.

alzheimer s.m. Demencia presenil que se caracteriza por un deterioro intelectual profundo, acompañado de una desorientación espacio-temporal.

a. m., abrev. de *ante meridiem.*

1. **ama** s.f. (hispano-lat. *amma,* nodriza en el lenguaje infantil). Femenino de amo. **2.** Criada principal de una casa. **3.** Mujer que se ocupa de las labores domésticas en la casa de un eclesiástico. **4.** Mujer que amamanta a una criatura ajena. (Se llama especialmente *ama de cría* o *de leche.*) ◇ **Ama de brazos** Amér. Niñera. **Ama de casa** Mujer que se ocupa del cuidado y administración de su casa, especialmente cuando no trabaja fuera del hogar. **Ama de gobierno,** o **de llaves** Mujer que dirige las labores domésticas de una casa.

2. **ama** s.f. Religiosa budista de Japón.

amabilidad s.f. Cualidad de amable.

amable adj. Se dice de la persona atenta y agradable: *persona amable y cariñosa.*

amachetear v.tr. Dar machetazos.

amacigado, a adj. De color amarillo o de almáciga.

amado, a s. Persona a la que se ama.

amadrinar v.tr. Asistir como madrina a alguien. **2.** Unir los bocados de las caballerías de un tiro para que marchen con igualdad. **3.** Amér. Merid. Acostumbrar al ganado caballar a que vaya detrás de la yegua que sirve de guía. **4.** MAR. Unir dos cosas para que tengan más fuerza y resistencia.

amaestramiento s.m. Acción y efecto de amaestrar.

amaestrar v.tr. y prnl. Domar los animales, enseñarles ciertas habilidades. **2.** Enseñar, adiestrar a alguien. ◆ v.tr. e intr. Colocar a plomo los listones llamados maestras que sirven de guía para levantar paredes.

amagamiento s.m. Amér. Quebrada honda y estrecha.

amagar v.tr. e intr. Dejar ver la intención o disposición de iniciar una acción o un movimiento que después no se realizará. ◆ v.intr. Amenazar con hacer algo, generalmente negativo. **2.** Fingir que se va a hacer o decir alguna cosa, especialmente en lenguaje militar. **3.** Haber indicios de que una cosa está próxima a sobrevenir, generalmente negativa: *amagar un infarto, un apagón.* **4.** Hacer ademán o demostración de favorecer o hacer daño. ◆ **amagarse** v.prnl. *Fam.* Ocultarse, esconderse.

amago s.m. Acción de amagar. **2.** Inicio de algo que no llega a suceder o desarrollarse: *amago de gripe; un amago de pelea.*

amainar v.intr. Perder fuerza o intensidad el viento, lluvia, tormenta, etc.: *el aguacero amaina.* ◆ v.tr. e intr. *Fig.* Perder fuerza o intensidad un sentimiento, una pasión, etc. ◆ v.tr.

de circunstancias físicas que rodean a un ser vivo y que influyen en su desarrollo: *son plantas que no se adaptan a ambientes secos.* **3.** Conjunto de circunstancias sociales, morales, profesionales, etc., que rodean algo o a alguien y que influyen en su desarrollo o estado: *ambiente adecuado para estudiar.* **4.** Conjunto de personas que comparten una actividad o que pertenecen a un mismo grupo social: *ambientes intelectuales.* (Suele usarse en plural.) **5.** Argent., Chile y Urug. Habitación de una casa o departamento.

ambigú s.m. (fr. *ambigu*). En los locales para reuniones o espectáculos públicos, lugar donde se sirven manjares calientes o fríos. **2.** Comida, por lo regular nocturna, en que se sirven todos los platos a la vez.

ambigüedad s.f. Cualidad de ambiguo.

ambiguo, a adj. (lat. *ambiguus*). Que puede admitir distintas interpretaciones: *palabras ambiguas.* **2.** Incierto, dudoso, poco claro. <> **Género ambiguo** GRAM. Género atribuido por la gramática tradicional a los nombres o sustantivos que pueden usarse indistintamente en masculino o en femenino: *mar, azúcar.*

ambiofonía s.f. Ambiente sonoro creado por la reverberación artificial de los sonidos dirigida hacia el auditorio.

ámbito s.m. (lat. *ambitus,* movimiento giratorio, perímetro). Espacio comprendido dentro de ciertos límites reales o imaginarios: *ámbito nacional.* **2.** Espacio en que se desarrolla una acción o una actividad: *ámbito laboral.* **3.** Ambiente en que se desarrolla una persona: *ámbito familiar.*

ambivalencia s.f. Posibilidad de que algo presente dos aspectos o interpretaciones contradictorios o distintos. **2.** PSICOL. Relación con un objeto en la que el sujeto experimenta simultáneamente sentimientos contradictorios, principalmente amor y odio.

ambivalente adj. Relativo a la ambivalencia.

ambladura s.f. Acción de amblar.

amblar v.intr. (lat. *ambulare,* caminar, pasearse). Andar los cuadrúpedos moviendo a un tiempo el pie y la mano de un mismo lado.

ambliopía s.f. Disminución de la agudeza visual.

ambo s.m. Argent., Chile y Urug. Conjunto de saco y pantalón cortados de la misma tela.

ambón s.m. (lat. *ambo, -onis,* del gr. *ámbon, -onos*). Púlpito que hay en algunas iglesias a ambos lados del altar mayor, desde donde se hacían las lecturas y las homilías.

ambos, as adj. y pron.pl. (del lat. *ambo*). El uno y el otro, los dos: *ambos esposos acostumbraban compararse.*

ambrosía o **ambrosia** s.f. (gr. *ambrosia,* de *ambrotos,* inmortal). Manjar o alimento de los dioses que confería la inmortalidad. **2.** Planta herbácea de flores en capítulos amarillo verdosos, reunidos en espigas o racimos, de olor suave y gusto agradable. (Familia compuestas.) **3.** *Fig.* Comida o bebida de gusto delicioso. **4.** *Fig.* Cosa que causa placer o deleite al espíritu.

ambrosíaco, a o **ambrosiaco, a** adj. Que tiene un sabor muy agradable.

ambrosiano, a adj. Relativo a san Ambrosio. ◆ s.m. Religioso de la orden de san Ambrosio.

ambulacral adj. Relativo a los ambulacros.

ambulacro s.m. Ventosa adhesiva retráctil que posibilita el movimiento de los equinodermos. SIN.: *pie ambulacral.*

ambulancia s.f. Vehículo destinado al transporte sanitario, en especial de enfermos y heridos.

ambulante adj. Que va de un lugar a otro sin permanecer mucho tiempo en un mismo sitio: *circo ambulante.* **2.** Se dice de la persona que desarrolla alguna actividad sin permanecer mucho tiempo en un mismo lugar: *vendedor ambulante.*

ambular v.intr. (lat. *ambulare*). Andar, caminar de un lugar a otro.

ambulatorio, a adj. Se dice de la asistencia médica que no obliga a ingresar al enfermo y le permite continuar con su vida normal. ◆ s.m. Dispensario.

A.M.D.G., abrev. de las voces latinas *ad maiorem Dei Gloriam* (a la mayor gloria de Dios), divisa de la Compañía de Jesús.

ameba o **amiba** s.f. (gr. *amoibi*). Protozoo que vive en aguas dulces o saladas, en los suelos húmedos, y que se desplaza por medio de seudópodos, del que algunas especies son parasitarias para el intestino del ser humano. (Mide entre 30 y 500 micrómetros; pertenece al grupo de los rizópodos.)

amebiano, a adj. Relativo a las amebas o a las lesiones causadas por ellas.

amebiasis s.f. Enfermedad intestinal causada por las amebas, que puede extenderse a veces al hígado, a los pulmones y al cerebro.

amébido, a adj. y s.m. Relativo a una familia de protozoos con las características generales propias de las amebas.

ameboide adj. Relativo o semejante a las amebas.

amedrentamiento s.m. Acción y efecto de amedrentar.

amedrentar v.tr. y prnl. Atemorizar, provocar miedo.

amejoramiento s.m. DER. Mejoramiento. (Se usa especialmente en Navarra, España.)

amelcochar v.tr. y prnl. Amér. Dar a un dulce el punto de la melcocha. ◆ **amelcocharse** v.prnl. Méx. *Fig.* y *fam.* Reblandecerse.

amelga s.f. Faja de terreno señalada para sembrarla con uniformidad.

amelgado, a adj. Se dice del sembrado que ha crecido de manera irregular.

amelgar v.tr. Hacer surcos regularmente distanciados en un terreno para sembrarlo con uniformidad. **2.** Dividir un terreno para la rotación de cultivos.

amelonado, a adj. Que tiene forma de melón. **2.** *Fig.* y *fam.* De poca inteligencia, bruto.

1. **amén** s.m. (hebreo *amén,* ciertamente). Voz hebrea que significa *ciertamente* y con la que se pone término a algunas oraciones. ◆ interj. Se usa para manifestar deseo de que tenga efecto lo que se dice. <> **Decir amén a todo** Aprobar sin más cuanto se ha dicho. **En un decir amén** *Fam.* En un instante; en brevísimo tiempo.

2. **amén** adv.m. Excepto, a excepción de, salvo. ◆ adv.c. Además de.

amenaza s.f. Acción de amenazar. **2.** Dicho o hecho con que se amenaza. **3.** Persona o cosa que representa una amenaza.

amenazar v.tr. Manifestar alguien su intención de hacer daño o perjudicar a alguien o algo. ◆ v.tr. e intr. Ser una cosa causa de riesgo o perjuicio para alguien o algo: *la contaminación amenaza al medio ambiente.* **2.** *Fig.* Presagiar algo la proximidad de algún daño o peligro, anunciarlo: *amenazar ruina.*

amenguamiento s.m. Acción y efecto de amenguar.

amenguar v.tr. e intr. [conj.: *averiguar*]. Disminuir, menoscabar.

amenidad s.f. Cualidad de ameno.

amenizar v.tr. Hacer ameno.

ameno, a adj. (lat. *amoenus*). Grato, entretenido o divertido: *lectura amena.*

amenorrea s.f. (del gr. *a,* no, *mén, menós,* mes, y *réin,* fluir). Ausencia de menstruación, cualquiera que sea la causa.

amensal adj. Se dice de una especie vegetal inhibida en su crecimiento por amensalismo.

amensalismo s.m. Acción inhibidora de una planta, a través de secreciones tóxicas de sus raíces, que impide la germinación o el crecimiento de otras especies.

amentáceo, a adj. Se dice de las plantas que tienen sus flores en amento. SIN.: *amentifloro.*

amento s.m. BOT. Inflorescencia constituida por una espiga de flores muy pequeñas, a menudo alargada, como la de la encina y el avellano.

ameos s.m. (lat. *ameos,* del gr. *ammi*). Planta de flores pequeñas y blancas, bastante común en Canarias y la península

Ibérica, en senderos arenosos y en cultivos de trébol o alfalfa. (Familia umbelíferas.) **2.** Semilla de esta planta, utilizada en medicina como diurético.

amerar v.tr. (cat. *amarar*). Merar. ◆ **amerarse** v.prnl. Calarse de humedad una tierra, una pared, etc.

amerengado, a adj. Parecido al merengue. **2.** Se dice de la persona empalagosa, excesiva o afectadamente amable.

americana s.f. Faetón o charabán de cuatro ruedas. **2.** Esp. Saco, prenda de vestir. ◇ **Carrera a la americana** Prueba ciclista en pista, disputada por equipos de dos corredores que se van relevando.

americanismo s.m. Cualidad, condición o carácter de americano. **2.** Vocablo, giro, expresión o rasgo gramatical propios del español hablado en América. **3.** Palabra, expresión o giro propios del español hablado en América o de una lengua indígena americana: *maíz y tabaco son americanismos del español.* **4.** Afición a las cosas de América o dedicación al estudio de ellas. **5.** Tendencia religiosa, de origen americano, que sacrifica la contemplación a la acción y que fue condenada por León XIII en 1902.

americanista adj. Relativo a las cosas de América. ◆ s.m. y f. Especialista en el estudio de América.

americanización s.f. Acción de americanizar.

americanizar v.tr. Dar carácter americano. ◆ v.tr. y prnl. Aficionar a lo americano.

americano, a adj. y s. De América. **2.** Estadounidense.

americio s.m. Elemento químico artificial (Am), radiactivo, de número atómico 95.

amerindio, a adj. y s. (ingl. *Amerindian,* de *American Indian,* indio americano). De alguno de los pueblos que habitaba en el continente americano antes de la llegada de los europeos. SIN.: *indio, indoamericano.*

amerindio

Actualmente se prefiere el término *amerindio* para designar la población aborigen americana (con exclusión de los esquimales). Antropológicamente se distinguen seis grandes grupos: *indios norpacíficos* (Alaska y montañas Rocosas); *indios noratlánticos; indios surpacíficos* (México hasta la Patagonia, a lo largo de los Andes, y que cuentan entre ellos los creadores de las grandes culturas precolombinas: aztecas, mayas, incas, chibchas, etc.); *indios de las Pampas* (desde el Chaco hasta la Patagonia, prácticamente extinguidos); *indios suratlánticos* (en las selvas amazónicas, son los arawak, caribe y tupí-guaraní); y *paleoamerindios* (en Tierra del Fuego).

Desde el punto de vista lingüístico las grandes familias son, de NO a S: *aleutiano-esquimal; na-dené* (que incluye el grupo *atapasco*); *algonquino; penutia; hoka; siux; tano* y *uto-azteca,* representado este principalmente en México y Mesoamérica, que incluye el grupo *nahua.* Asimismo en Mesoamérica destacan las familias *maya-zoque, otomangue* (grupos *otomí, mixteca*) y *maya-quiché.* En América del Sur las familias lingüísticas bien individualizadas son las *arawak, caribe, chibcha, ge, pano, tupí-guaraní,* y lenguas habladas por importantes comunidades indiáfonas, como el *araucano, aimara, quechua* y *guaraní.*

ameritar v.tr. y prnl. Amér. Dar méritos. ◆ v.intr. Amér. Central y Méx. Merecer, hacer méritos.

amerizaje o **amarizaje** s.m. Acción de amerizar. SIN.: *amaraje.*

amerizar o **amarizar** v.intr. Posarse una aeronave en la superficie del agua. SIN.: *amarar.*

amestizado, a adj. Que tiene rasgos o características que se consideran propias del mestizo.

ametralladora s.f. Arma automática, de pequeño calibre (inferior a 20 mm), de tiro continuo o a ráfagas, montada sobre afuste.

ametrallamiento s.m. Acción de ametrallar.

ametrallar v.tr. Disparar con ametralladora a alguien o algo. **2.** Disparar metralla. **3.** *Fig.* Someter a una persona o cosa a algo de forma insistente y repetida en un intervalo corto de tiempo: *ametrallar a alguien a preguntas.*

amétrico, a adj. Se dice de los versos que no se sujetan a un mismo número de sílabas.

amétrope adj. Que padece ametropía.

ametropía s.f. Anomalía de la visión debida a un defecto de los medios refringentes del ojo que comprende la miopía, la hipermetropía y el astigmatismo.

amhara, pueblo de Etiopía de habla amárica y cristianizado (copto), que fue un factor decisivo para la unificación de Etiopía en el s. XIX.

amianto s.m. (lat. *amiantus,* del gr. *amíantos,* sin mancha, incorruptible). Variedad del asbesto, con fibras muy largas, finas y flexibles.

amiba s.f. → **ameba.**

amida s.f. Compuesto orgánico derivado del amoníaco por la sustitución de, al menos, un hidrógeno por un radical acilo.

amidopirina s.f. Antipirético y analgésico administrado por vía oral.

amiento s.m. (lat. *ammentum*). Correa con que se aseguraba la celada, se abrochaba el zapato o se ataban por medio las lanzas o flechas para lanzarlas con más ímpetu.

amigable adj. Afable, amistoso: *en amigable compañía.*

amigacho, a s. *Fam.* Compañero habitual de diversiones, generalmente poco recomendables. SIN.: *amigote.*

amigar v.tr. y prnl. Amistar.

amígdala s.f. (lat. *amygdala,* almendra, del gr. *amygdále,* almendra). Órgano linfoide de la garganta. ◇ **Amígdala faríngea** Amígdala que está situada en la parte superior de la faringe. **Amígdala lingual** Amígdala situada en la base de la lengua. **Amígdala palatina** Cada una de las situadas a ambos lados del istmo de las fauces.

amigdalectomía s.f. Extirpación de las amígdalas.

amigdalitis s.f. Inflamación de las amígdalas.

amigo, a adj. y s. (lat. *amicus*). Que tiene una relación de amistad con alguien: *un amigo de la infancia.* **2.** Se dice de la persona que mantiene relaciones sexuales irregulares con otra. **3.** Tratamiento afectuoso que se usa aunque no haya verdadera amistad. **4.** *Poét.* Benéfico, benigno, grato, apacible. ◇ **Amigo del alma** Amigo íntimo. **Falso amigo** Palabra o expresión de una lengua que tiene forma idéntica o parecida en otra lengua y distinto significado: *«actual» es un falso amigo del español y del inglés.*

amigote s.m. *Fam.* Amigacho.

amiguismo s.m. Tendencia a favorecer a los amigos en perjuicio de terceras personas, especialmente en el trabajo o a la hora de conceder cargos o dignidades.

amiláceo, a adj. Que tiene las características del almidón. **2.** Que contiene almidón.

amilanamiento s.m. Acción y efecto de amilanar o amilanarse.

amilanar v.tr. y prnl. Atemorizar mucho a alguien, de forma que quede aturdido y sin acción. **2.** Desanimar.

amilasa s.f. Enzima causante de la hidrólisis de los glúcidos.

amílico, a adj. y s.m. Se dice del alcohol $C_5H_{11}OH$, que se produce en la fermentación de la fécula de la papa.

amillaramiento s.m. Acción y efecto de amillarar. **2.** Lista o padrón de bienes, en lugares donde la hacienda no ha realizado el catastro.

amillarar v.tr. Evaluar los capitales y utilidades de los vecinos de un pueblo, para repartir entre ellos las contribuciones.

amilo s.m. QUÍM. Radical —C_5H_{11} que forma parte de los compuestos amílicos.

amiloide adj. y s.f. Se dice de la sustancia, rica en azúcar y parecida al almidón, que se deposita en los tejidos durante el proceso de la amilosis.

amilosis s.f. Enfermedad producida por infiltración de una

amplio, a adj. (ant. *amplo,* del lat. *amplus*). Dilatado, espacioso. **2.** *Fig.* Se dice de la persona comprensiva o con capacidad para abarcar valores universales: *espíritu amplio.*

amplitud s.f. (lat. *amplitudo*). Extensión; cualidad de amplio. **2.** Valor máximo de una magnitud que varía periódicamente. **3.** Capacidad de comprensión: *amplitud de miras.*

ampo s.m. Copo de nieve. **2.** Blancura resplandeciente característica de la nieve.

ampolla s.f. (lat. *ampulla,* vasija, botellita). Abultamiento de la piel en forma de bolsa pequeña llena de líquido debido a una quemadura, roce o enfermedad. **2.** Burbuja de aire o gas. **3.** Recipiente de vidrio con cuello largo y estrecho y cuerpo ancho y redondo. **4.** Recipiente de vidrio que contiene un medicamento. **5.** ANAT. Nombre que reciben determinadas dilataciones de algunos conductos.

ampollera s.f. Méx. Ampolla, recipiente de vidrio que contiene un medicamento.

ampolleta s.f. Reloj de arena. **2.** En este reloj, tiempo que invierte la arena en pasar de una ampolla a la otra. **3.** Chile. Foco eléctrico.

ampulosidad s.f. Cualidad de ampuloso.

ampuloso, a adj. (lat. *ampullosus,* hinchado como una ampolla). Se dice del estilo o lenguaje, o del escritor u orador, exageradamente cultos y afectados.

ampurdanés, sa adj. y s. Del Ampurdán, comarca de España.

amputación s.f. Acción y efecto de amputar.

amputar v.tr. (lat. *amputare,* podar, cortar). Cortar y separar del cuerpo un miembro o parte de él: *amputar un brazo.* **2.** Quitar una parte de algo: *amputar un artículo.* SIN.: *mutilar.*

amuchachado, a adj. Que parece un muchacho o tiene características propias de un muchacho.

amuchar v.intr. y prnl. Argent., Bol. y Chile. Aumentar. ◆ **amucharse** v.prnl. Argent., Bol. y Chile. Juntarse apretadamente varias personas.

amueblado s.m. Argent. y Urug. Hotel por horas al que acuden las parejas para mantener relaciones sexuales.

amueblar v.tr. Dotar de muebles algún lugar.

amuermar v.tr. y prnl. *Fam.* Aburrir, causar aburrimiento: *esta película amuerma a cualquiera.*

amugronamiento s.m. AGRIC. Acodo de las vides que consiste en enterrar enteramente la cepa de estas.

amugronar v.tr. AGRIC. Hacer un amugronamiento.

amujerado, a adj. Afeminado.

amularse v.prnl. Inutilizarse una yegua para criar.

amulatado, a adj. Que tiene rasgos o características que se consideran propias del mulato.

amuleto s.m. (lat. *amuletum*). Objeto portátil al que se le atribuye alguna virtud sobrenatural o mágica que beneficia a la persona que lo tiene.

amura s.f. MAR. Parte de los costados del buque donde este se estrecha para formar la proa. **2.** Cabo que hay en cada una de las velas de cruz para llevarlo hacia la proa y afirmarlo.

amurada s.f. MAR. Parte interior de los costados de una embarcación.

amurallar v.tr. Cercar un recinto con muro o muralla.

amurar v.tr. Sujetar con la amura los puños de las velas.

amurriarse v.prnl. Amohinarse, ponerse triste.

amusgar v.tr. y prnl. (del lat. *mussare,* murmurar). Avergonzar, incomodar. ◆ v.tr. e intr. Echar hacia atrás las orejas el caballo, el toro, etc., en ademán de querer morder, tirar coces o embestir. ◆ v.tr. Recoger la vista para ver mejor.

amusgo o **amuzgo,** pueblo y lengua amerindios, pertenecientes al grupo mixteco-trique de la familia lingüística otomangue, cuyo territorio se reduce actualmente a las proximidades de la ciudad mexicana de Ometepec.

amustiar v.tr. y prnl. Poner mustio.

ana s.f. (gót. *álina,* codo, medida). Medida de longitud que equivale a un metro aproximadamente.

anabaptismo s.m. Doctrina de los anabaptistas.

anabaptista adj. y s.m. y f. De los grupos cristianos surgidos de la Reforma que consideraban nulo el bautismo de los niños debido a la ausencia de todo acto personal de fe y bautizaban nuevamente a los adultos.

anabaptista

El movimiento anabaptista nació en Sajonia, hacia 1521, en torno a la figura de Thomas Müntzer, cuyo iluminismo revolucionario provocó un levantamiento de campesinos en Zwickau. Se difundió en los Países Bajos y, sobre todo, en Müster, donde Jan Leiden (1534) instauró una dictadura teocrática y polígama. Los *mennonitas* y los *baptistas* derivan del anabaptismo pacífico.

anabolismo s.m. (del gr. *anabole,* subida). BIOL. Conjunto de síntesis moleculares que conducen a la asimilación.

anabolizante adj. y s.m. Se dice de una sustancia que favorece la síntesis de las proteínas y atenúa su excesiva desintegración. **2.** Perteneciente o relativo a esta sustancia.

anacardiáceo, a adj. y s.f. Terebintáceo.

anacardo s.m. (lat. *anacardus*). Árbol maderable de América tropical, de hasta 20 m de alt., con tronco grueso y copa muy poblada. (Familia terebintáceas.) **2.** Fruto de este árbol, cuyo pedúnculo es comestible y se conoce con el nombre de *zarzaparrilla de los pobres.*

anaco s.m. (quechua *anacu*). Tela que a modo de manteo se ciñen a la cintura las indias de Ecuador y Perú.

anacoluto s.m. (lat. *anacoluthon*). Figura retórica de construcción que consiste en la falta de ilación en la construcción de una frase, oración o cláusula, o en el sentido general de la elocución.

anaconda s.f. Serpiente que puede medir hasta 7 m, de color verde oliva, con una línea de círculos oscuros a lo largo del dorso. (Vive en América del Sur y se alimenta de pequeños animales de sangre caliente; orden ofidios.)

anacoreta s.m. y f. (lat. *anachoreta*). Persona que vive en un lugar apartado, entregada a la oración y la penitencia.

anacreóntica s.f. Composición poética de carácter hedonístico.

anacreóntico, a adj. Propio y característico del poeta Anacreonte o parecido a sus temas y estilo. **2.** Relativo a la anacreóntica.

anacrónico, a adj. Propio del pasado o de una época anterior. **2.** Que denota anacronismo.

anacronismo s.m. (gr. *anakhronismós*). Error de cronología que consiste en atribuir a una persona, cosa o circunstancia elementos de una época pertenecientes a otra. **2.** Cosa anacrónica: *este traje es puro anacronismo.*

anacrusis o **anacrusa** s.f. (pl. *anacrusis* o *anacrusas*). MÉTRIC. Sílaba o sílabas átonas que se hallan delante del primer acento rítmico de un verso. **2.** MÚS. Nota o conjunto de notas no acentuadas que preceden a un tiempo acentuado del que forman parte.

ánade s.m. o f. (lat. *anas, anatis*). Pato. **2.** Cualquier ave que tenga características propias o parecidas a las del pato. ◇ **Ánade real** Ave cosmopolita de pico largo y alas de bastante envergadura, muy apreciada por su carne. (Familia anátidos.)

anaeróbico, a adj. Se dice del esfuerzo muscular o del ejercicio físico que se desarrolla con escaso consumo de oxígeno o sin él.

anaerobio, a adj. y s.m. Se dice de los microorganismos o de ciertos tejidos que se desarrollan en medios con escaso oxígeno o carentes de él, y que extraen la energía que precisan para vivir de las sustancias orgánicas que descomponen.

anaerobiosis s.f. Vida anaerobia.

anafase s.f. Tercera fase de la división celular por mitosis.

anafe o **anafre** s.m. (ár. hispánico *nâfih*). Hornillo portátil.

anafiláctico, a adj. Relativo a la anafilaxia.

anafilaxia o **anafilaxis** s.f. Aumento de la sensibilidad ante una sustancia alimenticia o medicamentosa.

anáfora s.f. (gr. *anaphorá,* atribución, referencia). RET. Figura retórica de construcción que consiste en la repetición de una misma palabra al inicio de varios versos u oraciones. **2.** GRAM. Referencia a un término o una parte anterior del texto o discurso.

anafórico, a adj. De la anáfora o relacionado con ella.

anafre s.m. → **anafe.**

anafrodisia s.f. Ausencia de deseo sexual. SIN.: *frialdad.*

anáglifo s.m. Fotografía o proyección estereoscópica, a dos colores complementarios, que da la sensación de un relieve binocular.

anaglíptico, a adj. Se dice de un tipo de impresión en relieve utilizado por los invidentes.

anagogía s.f. Interpretación de las escrituras por la que se pasa del sentido literal a un sentido espiritual.

anagrama s.m. (der. culto del gr. *anagráphein,* escribir hacia atrás). Palabra formada con las letras de otra palabra colocadas en un orden distinto. **2.** Palabra formada por este procedimiento. **3.** Emblema formado por imágenes o letras que sirve para identificar una empresa, sociedad, etc., o las cosas relacionadas con ellas.

anagramático, a adj. Relativo al anagrama.

anal adj. Relativo al ano.

analectas s.f.pl. (gr. *análekta,* cosas recogidas). Fragmentos en prosa o en verso de uno o varios autores.

analéptico, a adj. y s.m. Se dice de las sustancias o alimentos que estimulan y reconstituyen las fuerzas.

anales s.m.pl. (del lat. *liber annalis,* libro anual). Obra que refiere lo sucedido año por año. **2.** Memoria que se guarda de los acontecimientos y sucesos que merecen ser recordados.

analfabetismo s.m. Estado de una persona o sociedad analfabetas. <> **Tasa de analfabetismo** Porcentaje de analfabetos en una determinada población.

analfabeto, a adj. y s. Que no sabe leer ni escribir. **2.** Ignorante, inculto.

analgesia s.f. (gr. *analgesía,* de *álgos,* dolor). Desaparición de la sensibilidad al dolor.

analgésico, a adj. y s.m. Que produce analgesia.

análisis s.m. (gr. *analysis*) [pl. *análisis*]. Descomposición de una sustancia en los distintos principios o elementos que la componen: *análisis del agua.* CONTR.: *síntesis.* **2.** Examen que se hace de una cosa estudiando cada una de sus partes: *análisis de una obra, de un sueño, de una situación.* **3.** Examen para determinar los componentes de una sustancia del organismo y su proporción con un fin diagnóstico: *análisis de sangre, análisis de orina.* (También *análisis clínico.*) **4.** Resultado de este examen. SIN.: *analítica.* **5.** Psicoanálisis. **6.** ESTADÍST. Parte de la metodología estadística que concierne a los métodos correctos de interpretación de las estadísticas por oposición a la que trata de su elaboración y de su presentación en cuadros o gráficos. **7.** FILOS. **a.** Método que procede de lo compuesto a lo simple. **b.** Movimiento filosófico de carácter antiespeculativo y especialmente antimetafísico. **8.** INFORMÁT. Conjunto de trabajos que comprenden el estudio detallado de un problema, la concepción de un método que permita resolverlo y la definición precisa del tratamiento correspondiente en la computadora. **9.** LING. Procedimiento para determinar las unidades que componen un discurso y las relaciones que se establecen entre ellas. **10.** MAT. Parte de las matemáticas que estudia las funciones, los límites, las derivadas y las primitivas. **11.** PSICOL. Procedimiento de investigación del psiquismo de un individuo o del funcionamiento del grupo, generalmente con finalidades terapéuticas. **12.** TELEV. Descomposición en puntos de las imágenes a televisar. <> **Análisis de contenido** Técnica estadística para establecer la clasificación cuantitativa y en categorías sistemáticas de los elementos que forman toda comunicación social. **Análisis de sistemas** ECON. Técnica cuyo objetivo es la comprensión y el tratamiento de cada problema en relación con el conjunto de la coyuntura y de la estructura económica general. **Análisis de una imagen** Operación que consiste en explorar en una imagen con un haz luminoso o electrónico y producir una señal eléctrica que representa a cada instante las características del punto explorado.

1. analista s.m. y f. Persona que se dedica a hacer análisis. **2.** Técnico informático responsable de la fase de análisis de un problema para su resolución mediante computadora. **3.** Psicoanalista.

2. analista s.m. y f. Persona que se dedica a escribir anales.

analítica s.f. Análisis clínico. <> **Analítica trascendental** FILOS. Búsqueda de los elementos *a priori* del entendimiento que se aplican a los fenómenos.

analítico, a adj. Relativo al análisis. **2.** Que se realiza mediante análisis: *estudio analítico.* <> **Filosofía analítica** FILOS. Conjunto de corrientes de pensamiento que consideran el método filosófico como cierta forma de análisis.

analizador, ra adj. Que analiza o sirve para analizar. ◆ s.m. Aparato que sirve para hacer análisis.

analizar v.tr. Hacer el análisis de algo.

analogía s.f. (gr. *analogía*). Relación de semejanza entre dos o más cosas distintas.

analógico, a adj. Relativo a la analogía. **2.** Se dice del aparato o instrumento de medida que representa esta medida mediante variables continuas, análogas a las magnitudes correspondientes: *reloj analógico.* **3.** INFORMÁT. Se dice de la señal cuyas variaciones son continuas. <> **Convertidor analógico numérico** INFORMÁT. Órgano que asegura la conversión de una magnitud analógica (continua) en una señal numérica (discontinua).

análogo, a adj. (lat. *analogus*). Semejante.

anamita adj. y s.m. y f. → **annamita.**

anamnesis s.f. Conjunto de datos que forman la historia clínica de un enfermo, como antecedentes familiares, fisiológicos o patológicos, con un fin diagnóstico.

anámnesis s.f. CRIST. Parte de la misa que sigue a la consagración.

anamorfosis s.f. Imagen deformada que un instrumento óptico, especialmente un espejo curvo, da de un objeto. **2.** ART. GRÁF. y B. ART. Dibujo deformado de un objeto que, visto en un espejo cilíndrico o cónico, recupera su forma real.

ananá o **ananás** s.m. (port. *ananás,* del guaraní *naná*). Planta originaria de América tropical, de unos 50 cm de alt. y flores de color morado, cultivada en muchas regiones cálidas por sus grandes frutos compuestos, con pulpa azucarada y sabrosa. (Familia bromeliáceas.) SIN.: *piña.* **2.** Fruto de esta planta.

anapéstico, a adj. Relativo al anapesto: *endecasílabo anapéstico.*

anapesto s.m. (lat. *anapaestus*). Pie de verso griego o latino compuesto de dos sílabas breves seguidas de una larga.

anaplasia s.f. Pérdida de los caracteres morfológicos y funcionales específicos, diferenciados, de un grupo de células. (Esta pérdida se observa en los cánceres más graves.)

anaquel s.m. (ár. *naqqâl,* transportador). Tabla unida horizontalmente a una pared o que forma parte de una estantería o armario, en que se colocan diferentes objetos.

anaranjado, a adj. y s.m. Se dice del color que ocupa el segundo lugar en el espectro solar, como el de la naranja o la zanahoria. SIN.: *naranja.* ◆ adj. Que tiene un tono anaranjado. SIN.: *naranja.* <> **Anaranjado de metilo** Heliantina.

anarco, a adj. y s. (apócope). *Fam.* Anarquista.

anarcosindicalismo s.m. Doctrina que atribuye a los sindicatos la organización de la sociedad.

anarcosindicalista adj. y s.m. y f. Relativo al anarcosindicalismo; partidario de esta doctrina.

anarquía s.f. (gr. *anarkhía*). Sistema político basado en la ausencia de gobierno. SIN.: *acracia, anarquismo.* **2.** Desorden debido a la ausencia o debilitamiento de la autoridad. **3.** Desorden, confusión.

anárquico, a adj. Relativo a la anarquía.

anarquismo s.m. Doctrina política que preconiza la supresión de toda autoridad, en particular la del estado, y defiende la libertad absoluta y la espontaneidad del individuo. SIN.: *acracia.* **2.** Anarquía. SIN.: *acracia.*

anarquismo

El primer pensador anarquista fue W. Godwin, y P. J. Proudhon y M. Bakunin, sus principales teóricos. Aunque siempre ha coincidido en la necesidad de destruir la propiedad privada, solo la tendencia comunista la exigía en todos sus aspectos, mientras que la individualista aceptaba la propiedad privada de los bienes de consumo. El desacuerdo con algunos postulados marxistas provocó la expulsión de la corriente anarquista de la I Internacional (congreso de La Haya, 1872), aunque continuó influyendo en algunos movimientos obreros europeos (España, Italia y Suiza). En la última década del s. XIX, desconfiando de la vía pacífica como medio para lograr sus objetivos, los anarquistas predicaron la propaganda por la fuerza de los hechos y cometieron múltiples atentados. Ante el fracaso de esta táctica optaron, a principios del s. XX, por apoyar a los sindicatos obreros de tendencia revolucionaria, con lo que surgió el anarcosindicalismo. En España, la CNT tuvo una influencia considerable hasta 1939. A partir de esa fecha la incidencia ácrata quedó reducida a grupos de acción violenta y marginales en Europa occidental y en América Latina.

anarquista adj. y s.m. y f. Relativo al anarquismo; partidario de esta doctrina. SIN.: *ácrata; libertario.*

anarquizar v.tr. Propagar el anarquismo.

anasarca s.f. Edema generalizado del tejido celular subcutáneo con derrame en las cavidades serosas (pleura, pericardio, peritoneo).

anastasia s.f. Artemisa, planta.

anastigmático, a adj. ÓPT. Que no tiene astigmatismo. **2.** Se dice del objetivo fotográfico corregido de astigmatismo.

anastomosar v.tr. CIR. Unir dos conductos, canales o cavidades. ◆ **anastomosarse** v.prnl. ANAT. Unirse dos vasos sanguíneos, dos nervios o dos fibras musculares.

anastomosis s.f. (gr. *anastómosis,* desembocadura). ANAT. Unión de dos vasos sanguíneos, dos nervios o dos fibras musculares. **2.** CIR. Unión de dos conductos, canales o cavidades.

anástrofe s.f. (gr. *anastrophe*). Hipérbaton.

anata o **annata** s.f. (ital. *annata*). Suma equivalente a un año de ingresos que pagaban a la Santa Sede los que habían percibido un beneficio.

anatema s.m. o f. (gr. *anathema*). Frase o expresión de rechazo o reprobación: *lanzar anatemas.* **2.** Excomunión solemne: *pronunciar un anatema contra alguien.*

anatematizar v.tr. Pronunciar un anatema contra alguien. **2.** Imponer un anatema o excomunión.

anatexia s.f. Fusión parcial de la corteza del continente que da origen a la formación de magma granítico.

anátido, a adj. y s.m. ZOOL. Relativo a una familia de aves palmípedas integrada por unas 150 especies, como el pato.

anatifa s.f. Crustáceo marino parecido exteriormente a un molusco por su concha calcárea que vive fijo sobre las maderas flotantes por medio de un fuerte pedúnculo. (Orden cirrípedos.)

anatiforme adj. y s. ZOOL. Anseriforme.

anatocismo s.m. Capitalización de los intereses de una cantidad prestada.

anatolio, a adj. y s. De Anatolia.

anatomía s.f. (lat. *anatomia,* del gr. *anatémnein,* cortar hacia abajo). Ciencia que estudia la estructura de los seres vivos para examinar la forma y disposición de los órganos. **2.** Estructura o constitución de un ser vivo o de alguna de sus partes. **3.** Cuerpo de una persona.

anatómico, a adj. Relativo a la anatomía. **2.** Que está fabricado para que se adapte perfectamente a la anatomía humana: *asiento anatómico.* ◆ s. Anatomista.

anatomista s.m. y f. Persona que se dedica al estudio de la anatomía.

anatoxina s.f. Toxina microbiana atenuada que conserva la propiedad de desencadenar la formación de anticuerpos.

anca s.f. (cat. u occitano *anca,* fráncico *hanka,* cadera). Parte lateral y superior de la región posterior de las caballerías y otros animales. **2.** *Fam.* Parte equivalente del cuerpo de las personas.

ancestral adj. Relativo a los antepasados. **2.** Tradicional y remoto.

ancestro s.m. Antepasado. (Suele usarse en plural.)

ancheta s.f. Colomb. y Venez. Dádiva.

ancho, a adj. (lat. *amplus,* amplio, grande). Que tiene una anchura considerable o mucha anchura: *llanura ancha.* **2.** Holgado, demasiado amplio: *mangas anchas.* **3.** *Fig.* Tranquilo, libre de agobios. ◆ s.m. Anchura: *dos metros de ancho.* ◇ **Quedarse tan ancho** Esp. *Fam.* Quedarse tranquilo, especialmente tras haber hecho o dicho algo inconveniente.

anchoa o **anchova** s.f. (cat. *anxova*). Boquerón. **2.** Boquerón en salmuera.

anchoveta s.f. Variedad de sardina que se pesca en abundancia en las costas de Perú.

anchura s.f. Dimensión menor de las dos dimensiones principales de una figura plana. **2.** Holgura, espacio libre.

anchuroso, a adj. Que es muy ancho o espacioso: *el anchuroso mar.*

ancianidad s.f. Último período de la vida de una persona.

anciano, a adj. y s. (del ant. adv. romance *anzi,* antes). Se dice de la persona que tiene muchos años.

ancla s.f. (lat. *ancora*). Instrumento de hierro o de acero, unido a un cable o una cadena que se lanza al fondo del mar para inmovilizar la embarcación. SIN.: *áncora.* **2.** ARQ. Pieza fijada al extremo de un tirante para asegurar un muro o un elemento del armazón. **3.** ARQ. Dispositivo que une dos elementos de construcción para evitar el derrumbamiento. ◇ **Echar anclas** Fondear una embarcación. **Levar anclas** Zarpar un barco.

anclaje s.m. Acción de anclar. **2.** Elemento para asegurar la fijación de una obra o de un elemento de construcción sometido a un esfuerzo de tracción o a un empuje.

anclar v.tr. e intr. Inmovilizar una embarcación con un ancla: *el capitán ancló la nave cerca del puerto; los barcos anclan en el puerto.*

áncora s.f. (lat. *ancora*). Ancla. **2.** Pieza del mecanismo de un reloj que regula el movimiento del péndulo. ◇ **Áncora de salvación** Persona o cosa que sirve de ayuda y protección ante un peligro o infortunio.

andada s.f. Acción y efecto de andar. ◇ **Volver a las andadas** *Fam.* Cometer de nuevo una acción reprobable o retomar una mala costumbre.

andaderas s.f.pl. Aparato que sirve para ayudar a andar a una persona, especialmente a un niño que está aprendiendo.

andadero, a adj. Se dice del lugar por donde puede andarse fácilmente: *camino andadero.*

andador, ra adj. y s. Que anda mucho o muy rápido: *andador infatigable.* ◆ s.m. Andaderas. ◆ **andadores** s.m.pl. Tiras de tela o piel para sostener al niño que está aprendiendo a andar.

andadura s.f. Acción y efecto de andar.

¡ándale! interj. Méx. Se emplea para dar ánimo.

andalucismo s.m. Palabra, expresión o giro propios del español hablado en Andalucía. **2.** Estima o admiración por la cultura y las tradiciones de Andalucía. **3.** Nacionalismo andaluz.

andalusí adj. y s.m. y f. De Al-Andalus.

andaluz, za adj. y s. De Andalucía. ◆ s. Se dice del caballo que pertenece a una raza originaria de Andalucía, de cuello encorvado, perfil acarnerado y formas redondeadas. ◆ s.m. Variedad del español hablada en Andalucía.

andamiaje s.m. Conjunto de andamios.

andamio s.m. Armazón de madera o metal al cual se sube el trabajador para construir, mantener o reparar la parte alta de un edificio.

andana s.f. Orden de algunas cosas puestas en línea: *una andana de ladrillos.* SIN.: *andanada.*

andanada s.f. Andana. **2.** Descarga simultánea de la artillería de un costado del barco: *soltar, lanzar andanadas.* **3.** *Fig.* y *fam.* Reprensión severa. **4.** Localidad cubierta con gradas situada en la parte más alta de la plaza de toros.

andante adv.m. (voz italiana). MÚS. Con movimiento moderado. ◆ s.m. Movimiento musical moderadamente lento.

andantino adv.m. (voz italiana). MÚS. Con movimiento más vivo que el andante. ◆ s.m. Movimiento musical más vivo que el andante.

andanza s.f. Aventura, peripecia: *contar las andanzas.* (Se usa generalmente en plural.)

andaquí, pueblo amerindio de la familia lingüística chibcha que habita en los Andes colombianos, en las fuentes de los ríos Magdalena, Fragua y Yapurá.

1. **andar** v.intr. (lat. *ambulare*). Ir de un lugar a otro dando pasos. SIN.: *caminar.* **2.** Ir una cosa de un lugar a otro: *este automóvil anda muy despacio.* **3.** Funcionar un mecanismo: *este reloj no anda.* **4.** Encontrarse una persona en una determinada situación o de una determinada manera: *andar sin trabajo; andar cansado.* **5.** Ocuparse en algo: *andar en pleitos.* **6.** Pasar, transcurrir el tiempo: *andar las horas, los días.* **7.** Obrar o comportarse de una manera determinada: *andar con cuidado.* **8.** Discutir o pelear utilizando los medios que se expresan a continuación: *andar a puñetazos; andar a tiros.* **9.** Tener una persona aproximadamente una determinada edad: *andar en los cuarenta.* **10.** Seguido de un verbo en gerundio, desarrollar la acción que expresa el verbo en gerundio: *anda pensando en su futuro.* (Se usa seguido de un gerundio.) **11.** *Fam.* Moverse una persona de un lugar a otro utilizando un determinado medio de transporte o de una determinada manera: *andar a gatas; andar en bicicleta.* ◆ v.tr. Recorrer una distancia: *andar dos kilómetros;.* ◆ **andarse** v.prnl. Con la prep. *con,* usar o emplear: *no te andes con rodeos.* ◇ **¡Andando!** Se emplea para dar prisa. **Andar tras algo** Intentar conseguirlo con insistencia. **Andar tras alguien** Perseguirlo; buscarlo para prenderlo; pretender tener una relación con él.

andar

INDICATIVO

presente
ando
andas (andás)
anda
andamos
andáis
andan

copretérito o pret. imperfecto
andaba
andabas
andaba
andábamos
andabais
andaban

pretérito o pret. perf. simple
anduve
anduviste
anduvo
anduvimos
anduvisteis
anduvieron

futuro o fut. simple
andaré
andarás
andará
andaremos
andaréis
andarán

pospretérito o condicional simple
andaría
andarías
andaría
andaríamos
andaríais
andarían

SUBJUNTIVO

presente
ande
andes
ande
andemos
andéis
anden

pretérito o pret. imperfecto
anduviera o *anduviese*
anduvieras o *anduvieses*
anduviera o *anduviese*
anduviéramos o *anduviésemos*
anduvierais o *anduvieseis*
anduvieran o *anduviesen*

futuro o fut. simple
anduviere
anduvieres
anduviere
anduviéremos
anduviereis
anduvieren

IMPERATIVO

anda (andá)	(tú, vos)
ande	(él)
andemos	(nosotros)
andad	(vosotros)
anden	(ellos)

FORMAS NO PERSONALES

infinitivo	gerundio
andar	andando

participio
andado

2. **andar** s.m. Andadura. ◆ **andares** s.m.pl. Modo de andar: *tener andares graciosos.*

andariego, a adj. y s. Se dice de la persona a la que le gusta andar mucho y muy deprisa. SIN.: *andarín.*

andarín, na adj. y s. Andariego.

andarivel s.m. (cat. *andarivell*). Maroma con que se unen las dos orillas de un río para facilitar que una barca o balsa pueda cruzarlo al tirar con las manos de la maroma. **2.** Cuerda que se utiliza como pasamanos en un buque. **3.** DEP. **a.** Cuerda divisoria de la piscina de natación. **b.** Raya divisoria de la pista de pedestrismo.

andas s.f.pl. (lat. *amites,* perchas). Tablero sostenido por dos barras horizontales y paralelas para llevar personas o cosas, especialmente imágenes en las procesiones.

andén s.m. Acera de la estación de ferrocarril o metro que se extiende a lo largo de las vías. **2.** Amér. Central y Colomb. Parte de la calle por donde circulan los peatones, acera. **3.** Amér. Merid. Bancal de la ladera de un monte que se aprovecha para cultivo.

andesita s.f. Roca volcánica negra o gris constituida principalmente de plagioclasas y piroxeno.

andinismo s.m. Amér. Alpinismo.

andinista s.m. y f. Amér. Montañero, alpinista.

andino, a adj. y s. De los Andes.

andorrano, a adj. y s. De Andorra.

andorrear v.intr. *Fam.* Andar de una parte a otra sin hacer nada de provecho.

andorrero, a adj. y s. Se dice de la persona a la que le gusta andorrear.

andrajo s.m. Jirón de tela viejo. SIN.: *harapo.* **2.** *Fig.* Persona o cosa despreciable.

andrajoso, a adj. Se dice de la persona que se viste con andrajos.

androceo s.m. Conjunto de estambres u órganos masculinos de la flor. **2.** Parte de la casa griega que se reservaba a los hombres.

andrógeno s.m. Hormona que provoca el desarrollo de los caracteres sexuales masculinos.

androginia s.f. Carácter de andrógino.

andrógino, a adj. y s.m. (gr. *andrógynos*). Hermafrodita. **2.** Se dice de la persona que por su aspecto externo es difícil determinar el sexo al que pertenece. **3.** Se dice de la planta que tiene a la vez flores masculinas y flores femeninas, como el nogal.

androide s.m. Autómata de figura humana. ◆ adj. Que presenta caracteres masculinos: *constitución androide.*

andrología s.f. MED. Parte de la medicina que estudia el aparato genital del hombre, su funcionamiento y sus enfermedades.

andrómina s.f. (de *Andrómina,* personaje cuya historia se tomó como prototipo de lo fabuloso). Embuste, mentira. (Suele usarse en plural.)

andropausia s.f. Disminución de la actividad genital en el hombre.

androsterona s.f. Hormona sexual masculina.

andullo s.m. (fr. *andouille,* embuchado de tripas). Hoja larga de tabaco arrollada. **2.** Manojo de hojas de tabaco. **3.** Amér. Merid. Hoja grande para envolver. **4.** Cuba. Pasta de tabaco de mascar.

andurrial s.m. Desp. Lugar retirado o fuera de camino. (Suele usarse en plural.)

anea o **enea** s.f. (de *anea*). Espadaña, planta.

anécdota s.f. (del gr. *anéksdotos,* inédito). Relato breve de un suceso curioso o interesante. **2.** Cosa sin importancia o secundaria: *su matrimonio fue una simple anécdota en su vida.*

anecdotario s.m. Conjunto de anécdotas.

anecdótico, a adj. Que tiene carácter de anécdota.

anegación s.f. Acción y efecto de anegar. SIN.: *anegamiento, inundación.*

anegadizo, a adj. y s.m. Se dice del terreno o lugar que se anega o inunda con facilidad.

anegamiento s.m. Anegación.

anegar v.tr. y prnl. (lat. *enecare,* matar). Inundar, cubrir el agua u otro líquido un lugar: *la lluvia anegó el patio.* **2.** Fig. Abrumar, agobiar, molestar: *anegar el alma de pena.*

anejar v.tr. y prnl. Esp. Anexionar.

anejo, a adj. (lat. *annexus*). Esp. Anexo.

anélido adj. y s.m. Relativo a un tipo de gusanos anillados, formados por una serie de segmentos, sin patas, todos ellos aproximadamente de la misma constitución, como la lombriz.

anemia s.f. (gr. *anaimía,* falta de sangre). Disminución del número de glóbulos rojos en la sangre o de su contenido en hemoglobina. ◇ **Anemia hipercrómica** Disminución del número de glóbulos rojos con aumento de la tasa de hemoglobina. **Anemia hipocrómica** Descenso de la tasa de hemoglobina de los glóbulos rojos, sin disminución notable de su número. **Anemia infecciosa** Enfermedad contagiosa de los équidos debida a un ultravirus. **Anemia normocrómica** Descenso paralelo del número de glóbulos rojos y la tasa de hemoglobina.

anémico, a adj. y s. Relativo a la anemia; que padece anemia.

anemofilia s.f. BOT. Cualidad de las plantas anemófilas.

anemófilo, a adj. (del gr. *ánemos,* viento, y *filos,* amigo). BOT. Se dice de la planta que el viento ha polinizado.

anemómetro s.m. (del gr. *ánemos,* viento y *métron,* medida). Instrumento que sirve para medir la velocidad del viento.

anémona o **anemona** s.f. (lat. *anemone*). Planta herbácea con un bulbo en la raíz y pocas hojas y flores vistosas. (Familia ranunculáceas.) **2.** Flor de esta planta. ◇ **Anémona de mar** SIN.: *actinia.*

anencefalia s.f. Ausencia de encéfalo.

anencéfalo, a adj. y s. Que padece anencefalia.

anergia s.f. INMUNOL. Pérdida de la capacidad de reaccionar los tejidos ante un antígeno.

aneroide adj. y s.m. (fr. *anéroïde*). Se dice del barómetro que funciona por la deformación elástica de una cápsula o de un tubo metálico.

anestesia s.f. (del gr. *an,* no, y *áisthesis,* sensibilidad). MED. Privación parcial o completa, local o parcial, de la sensibilidad producida por una enfermedad o por un agente anestésico. **2.** MED. Sustancia química que produce la pérdida de sensibilidad.

anestesia

La anestesia puede ser *espontánea,* y sobrevenir en el curso de enfermedades neurológicas, o *terapéutica.* La anestesia terapéutica permite bloquear la sensibilidad dolorosa y puede ser local o general. La anestesia local se emplea para evitar el dolor producido en intervenciones quirúrgicas limitadas (extracción dental). Se realiza por inyección de anestésicos locales (procaína) en la zona interesada. La anestesia general se practica en intervenciones quirúrgicas importantes, produciendo pérdida de motilidad y de consciencia, pero permitiendo las funciones vegetativas automáticas. La anestesia precisa de vigilancia antes, durante y después de la intervención. Existen otros tipos de anestesia como la raquianestesia o la anestesia peridural, empleada, por ejemplo, en los partos. Entre los numerosos anestésicos, los más utilizados son los barbitúricos (pentobarbital) o el protóxido de nitrógeno (halotano).

anestesiar v.tr. Administrar anestesia a una persona.

anestésico, a adj. Relativo a la anestesia. ◆ adj. y s.m. Se dice de la sustancia química que produce la pérdida de sensibilidad.

anestesiología s.f. Parte de la medicina que estudia la anestesia y la técnica anestésica.

anestesiólogo, a s. Persona que se dedica al estudio de la anestesia y la técnica anestésica.

anestesista s.m. y f. Médico o auxiliar médico encargado de aplicar la anestesia.

aneurina s.f. Vitamina B_1. SIN.: *tiamina.*

aneurisma s.m. o f. (gr. *anéurysma*). Dilatación localizada de un vaso sanguíneo.

aneurismático, a adj. Relativo al aneurisma.

anexar v.tr. y prnl. Anexionar.

anexión s.f. (lat. *annexio, -onis*). Acción y efecto de anexionar.

anexionar v.tr. y prnl. Unir una cosa a otra estableciendo una dependencia con esta, especialmente un territorio a otro. SIN.: *anexar.*

anexionismo s.m. Ideología política que propugna la anexión de territorios.

anexionista adj. y s.m. y f. Relativo al anexionismo; partidario de esta ideología.

anexitis s.f. Inflamación de los anexos del útero.

anexo, a adj. y s.m. (lat. *annexus*). Que está unido a otra cosa de la que depende: *documento anexo a un informe; un anexo del hotel.* GEOSIN.: Esp. *anejo.* ◆ s.m. Parte del organismo adjunto a un órgano principal ◇ **Anexo del útero** Parte del organismo adjunto al útero. (Los anexos del útero son las trompas y los ovarios.) **Anexo embrionario** Órgano contenido en el huevo fecundado que nutre o protege el embrión. (El amnios, el alantoides, el cordón umbilical y la placenta son anexos embrionarios en los mamíferos.)

anfetamina s.f. (ingl. *amphetamine,* acrónimo de *alpha methyl phenyl ethyl amine*). Sustancia que estimula el sistema nervioso central, disminuye el sueño y el hambre. (Se emplea a veces en terapéutica.)

anfiartrosis s.f. Articulación que solo permite movimientos limitados a las piezas de que se compone el esqueleto (articulación de las vértebras).

anfibio, a adj. y s. (del gr. *anfi,* ambos, y *bíos,* vida). Se dice del animal o planta que puede vivir dentro y fuera del agua. ◆ adj. Se dice del vehículo que puede moverse por tierra y por agua: *vehículo, camión anfibio.* ◆ adj. y s.m. Relativo a una clase de vertebrados de piel desnuda y temperatura variable, cuyas larvas son acuáticas y están provistas de branquias. (Los anfibios se clasifican en *anuros, urodelos* y *ápodos.*) SIN.: *batracio.* ◇ **Operación anfibia** Operación militar en la que participan conjuntamente fuerzas navales y terrestres, como un desembarco.

anfibiosis s.f. Forma de vida de los animales y plantas anfibios.

anfíbol s.m. (fr. *amphibole,* del gr. *amphíbolos,* ambiguo). Silicato de hierro y de magnesio, de color negro, marrón o verde, de las rocas eruptivas y metamórficas.

anfibolita s.f. Roca metamórfica de color verde compuesta principalmente de anfíbol.

anfibología s.f. (bajo lat. *amphibologia*). Ambigüedad de sentido o interpretación de una frase, sintagma o palabra. (Ej.: *el profesor castiga a los alumnos culpables* [= los alumnos que son culpables *o* que los alumnos son culpables].)

anfibológico, a adj. De doble sentido, ambiguo.

anfictión s.m. Diputado de la anfictionía.

anfictionía s.f. Confederación de ciudades de la antigua Grecia para asuntos de interés general.

anfimixis s.f. Unión del núcleo del gameto masculino con el núcleo del gameto femenino para formar el huevo o cigoto.

anfineuro, a adj. y s.m. Relativo a una clase de moluscos marinos, con o sin concha, que presenta una organización muy primitiva.

anfioxo s.m. Animal marino fusiforme, con el cuerpo comprimido lateralmente y acabado en punta por cada extremo, que vive casi siempre oculto en la arena. (El anfioxo es el único representante de los cefalocordados.)

anfípodo, a adj. y s.m. Relativo a un orden de crustáceos con el cuerpo comprimido lateralmente y el abdomen encorvado hacia abajo, antenas largas, siete pares de patas torácicas locomotoras y seis pares de patas abdominales.

anfipróstilo s.m. y adj. Templo con pórticos en ambos extremos adornados con columnas.

anfíptero s.m. HERÁLD. Animal fabuloso en forma de serpiente o dragón alados.

anfisbena s.f. (lat. *amphisbaena*). Reptil excavador ápodo de las regiones tropicales, con ojos atrofiados y cabeza y cola con el mismo aspecto. (Orden lacertilios.) **2.** Animal fabuloso representado por una serpiente de dos cabezas.

anfiteatro s.m. (gr. *amphithéatron*). ANT. ROM. Edificio de planta generalmente elíptica, con gradas y un espacio central donde se celebraban distintos espectáculos como combates de gladiadores, fieras, etc. **2.** Parte de la sala de un cine, teatro u otro local compuesta de asientos instalados sobre gradas. <> **Anfiteatro anatómico** Espacio destinado en los centros médicos a la disección de los cadáveres. **Anfiteatro morrénico** Conjunto de morrenas terminales dispuestas en forma de arco de círculo alrededor del extremo de una lengua glaciar. SIN.: *vallum morrénico.*

anfitrión, na s. (de *Anfitrión,* rey legendario de Tirinto). Persona que tiene invitados.

ánfora s.f. (lat. *amphora*). Vasija de forma ovoide, con dos asas simétricas y cuello estrecho, utilizada por los antiguos griegos y romanos para conservar y transportar alimentos.

anfótero, a adj. Se dice de la sustancia que puede comportarse como un ácido o como una base.

anfractuosidad s.f. Cualidad de anfractuoso. **2.** Irregularidad de un terreno. **3.** Depresión y elevación de varias formas que se repiten en la superficie de algunos cuerpos: *las anfractuosidades del cerebro.*

anfractuoso, a adj. (lat. *anfractuosus*). Sinuoso, tortuoso, desigual.

angarillas s.f.pl. (del lat. *angariae,* silla de caballo para el transporte). Andas para llevar a mano personas o cosas. **2.** Armazón que se coloca en la caballerías para transportar diversas cosas, especialmente líquidos en recipientes de vidrio, loza, etc. **3.** Vinagreras para el servicio de mesa.

angazo s.m. (del gall. *anga,* hierro saliente en una caldera para asirla). Arte de pesca compuesto de un mango con un travesaño de púas de hierro encorvadas.

ángel s.m. (lat. *angelus*). Ser espiritual que sirve de intermediario entre Dios y una persona o varias personas. **2.** *Fig.* Persona que tiene las cualidades que suelen atribuirse a estos seres, como la bondad, la belleza y la inocencia. **3.** *Fig.* Encanto, atractivo de una persona. <> **Ángel bueno** *Fig.* Persona que vigila, guía o protege a alguien. **Ángel custodio,** o **de la guarda** Ángel de la religión católica que Dios destina a cada persona para que la proteja. **Ángel malo,** o **de tinieblas** Diablo, demonio. **Salto del ángel** COREOGR. Salto que se ejecuta con los brazos abiertos y con las piernas juntas y dobladas hacia atrás; DEP. Salto de natación ejecutado en posición estirada y con los brazos en cruz hasta juntarlos en la inmersión.

angélica s.f. Planta aromática de tallo ramoso, derecho y empinado, hojas con tres segmentos aserrados y ovales y flores de color blanco rojizo. (La raíz y fruto de la angélica tienen propiedades tónicas y estimulantes e intervienen en la composición del agua de melisa.) [Familia umbelíferas.] **2.** Madera tropical muy apreciada en construcción naval.

angelical adj. De los ángeles. SIN.: *angélico.* **2.** *Fig.* Que parece un ángel o tiene las características o cualidades propias de un ángel: *persona, rostro angelical.* SIN.: *angélico.*

angélico, a adj. Angelical.

angelito s.m. Niño de muy poca edad. **2.** *Fig.* Niño pequeño que acaba de fallecer. **3.** Argent. y Chile. Cadáver de un niño arreglado para el velatorio. <> **Como un angelito** Plácidamente.

angelote s.m. Representación artística de un ángel. (Los angelotes se encuentran especialmente en los retablos y fachadas de las iglesias.) **2.** *Fig.* y *fam.* Niño grande, gordo y apacible. **3.** *Fig.* y *fam.* Persona bondadosa y apacible. **4.** Pez de unos 2 m de long., con forma intermedia entre los tiburones y las rayas, que vive en las profundidades arenosas o fangosas y se alimenta de peces, moluscos, crustáceos, etc., y ocasionalmente de vegetales.

ángelus s.m. (del lat. *Angelus Domini,* el ángel del señor). Oración cristiana en memoria del misterio de la Encarnación, que se reza o canta por la mañana, al mediodía y al atardecer. **2.** Toque de campana que anuncia que es la hora de rezar esta oración.

angina s.f. (lat. *angina*). Inflamación del fondo de la boca y la laringe. (Suele usarse en plural.) **2.** *Fam.* Amígdala. <> **Angina de pecho** Síndrome que se manifiesta por crisis dolorosas en la región anterior del tórax sobre la que se proyecta el corazón acompañadas por sensación de angustia y muerte inminente. SIN.: *ángor péctoris.*

angiocardiografía s.f. Radiografía de las cavidades del corazón y de los grandes vasos que abocan en él.

angiocolitis s.f. Inflamación de las vías biliares.

angiogénesis s.f. Formación de los vasos sanguíneos.

angiografía s.f. Radiografía de los vasos sanguíneos que se realiza después de la inyección de una sustancia opaca a los rayos X.

angiología s.f. Parte de la medicina que estudia el sistema vascular.

angiólogo, a s. Especialista en angiología.

angioma s.m. (del gr. *aggeion,* vaso sanguíneo). Malformación local formada por un conglomerado de vasos sanguíneos. (El angioma es generalmente benigno.)

angiospermo, a adj. y s.f. Relativo a una subdivisión del reino vegetal que agrupa las plantas fanerógamas cuyas semillas están encerradas en un fruto. (Las angiospermas pueden ser *monocotiledóneas* y *dicotiledóneas.*)

anglicanismo s.m. Doctrina cristiana de la iglesia oficial de Inglaterra.

anglicanismo

El anglicanismo nació tras la ruptura de Enrique VIII con el papa y su autoproclamación como cabeza suprema de la iglesia inglesa (*Acta de supremacía,* 1534), pero mantuvo la jerarquía y el dogma católicos hasta que en 1552-1553 su sucesor, Eduardo VI, proclamó una nueva profesión de fe y una nueva liturgia. Fue durante el reinado de Isabel I (1558-1603) cuando se consolidó y organizó definitivamente el anglicanismo entre la reforma continental y el catolicismo. Hay tres tendencias enfrentadas: la iglesia alta (*high Church*), defensora de la jerarquía episcopal y de la liturgia; la iglesia baja (*low Church*), marcadamente calvinista, y la iglesia amplia (*bread Church*), que antepone la moral individual a la doctrina.

---

anglicanizar v.tr. Dar carácter inglés. ◆ **anglicanizarse** v.prnl. Adquirir carácter inglés.

anglicano, a adj. y s. Relativo al anglicanismo; seguidor de esta doctrina.

anglicismo s.m. Palabra, expresión o giro procedentes de la lengua inglesa que se usan en otra lengua.

anglo, a adj. y s. De un pueblo germánico procedente del Schleswig que invadió Gran Bretaña y dio su nombre a Inglaterra (s. V). **2.** Inglés.

angloamericano, a adj. Relativo a los ingleses y americanos conjuntamente. ◆ adj. y s. Se dice de la persona de origen inglés nacida en América. **2.** Norteamericano, de Estados Unidos de América.

angloárabe adj. y s.m. y f. Se dice de la raza de caballo obtenida del cruce entre pura sangre inglés y árabe, y que se emplea sobre todo como caballo de montar.

anglofilia s.f. Estima o admiración por la cultura y las tradiciones inglesas.

anglófilo, a adj. y s. Que siente estima o admiración por la cultura y las tradiciones inglesas.

anglofobia s.f. Aversión hacia la cultura y las tradiciones inglesas.

anglófobo, a adj. y s. Que siente aversión por la cultura y las tradiciones inglesas.

anglófono, a adj. y s. Se dice de la persona, colectividad, país, etc., de habla inglesa.

anglomanía s.f. Afición exagerada a todo lo inglés.

anglomerino adj. y s. Se dice de la raza del carnero obtenida del cruce entre carnero merino y ovino inglés.

anglonormando, a adj. y s. De un pueblo normando que se estableció en Inglaterra en el s. XI (1066) tras conquistarla. ◆ s.m. Dialecto francés hablado a ambos lados del canal de la Mancha desde la conquista de Inglaterra por los normandos hasta finales del siglo XIV.

anglosajón, na adj. y s. De un pueblo de lengua y civilización inglesa. SIN.: *sajón.* **2.** De un pueblo germánico (anglo, juto, sajón) de Frisia y Alemania del Norte que invadió Gran Bretaña en los ss. V y VI. ◆ s.m. Lengua germánica de los anglosajones de la cual deriva el inglés. SIN.: *inglés antiguo.*

angoleño, a adj. y s. De Angola. SIN.: *angolano, angolés.*

angón s.m. Arma provista de dos ganchos usada por los francos.

ángor s.m. **Ángor péctoris** Angina de pecho.

angora adj. y s. Se dice del gato, conejo y cabra que pertenece a una raza de pelo largo y sedoso. **2.** Se dice de la fibra textil de pelo de conejo (lana angora) o de cabra.

angosto, a adj. (lat. *angustus*). Estrecho, reducido.

angostura s.f. Cualidad de angosto. **2.** Paso o paraje estrecho. **3.** Árbol originario de América del Sur. (Familia rutáceas.) **4.** Sustancia amarga, tónica y estimulante que se prepara con la corteza de este árbol y se utiliza en la preparación de licores.

angrelado, a adj. (fr. *engrêlé*). Se dice de la moneda o el adorno arquitectónico rematados en picos o dientes menudos. **2.** HERÁLD. Se dice de la pieza con bordes dentados e intervalos redondeados. ◇ **Arco angrelado** Arco formado por lóbulos que se cortan en bisel.

angrito s.m. Meteorito pétreo, calizo, compuesto de augita titanífera color púrpura con algo de olivino.

angström s.m. (de A. J. *Angström,* físico sueco). FÍS. Unidad de medida de longitud de onda y dimensión atómica (símb. Å), equivalente a una diezmillonésima de milímetro.

anguarina s.f. (del ant. *hungarina,* de *húngaro,* por ser típico de este pueblo). Gabán de paño basto y sin mangas.

anguila s.f. (cat. *anguila*). Pez óseo de cuerpo alargado, de 1 m de long., aletas reducidas y piel viscosa, que vive en los cursos de agua dulce pero efectúa su reproducción en la desembocadura de los ríos. (Familia anguílidos.) **2.** MAR. Pieza de madera sobre la que se levanta el armazón de un buque. ◇ **Anguila de mar** Congrio.

anguilera s.f. Instalación para la cría de anguilas.

anguilero, a adj. Se dice del canasto pequeño para llevar anguilas. ◇ **Nasa anguilera** Nasa larga y estrecha para pescar anguilas.

anguílido, a adj. y s.m. Relativo a una familia de peces ápodos a la que pertenecen la anguila y el congrio.

anguílula s.f. Gusano pequeño de cuerpo blanquecino y movimientos rápidos. (Algunas especies de anguílula son parásitas del trigo, la remolacha, el vinagre e incluso del ser humano; clase nematodos.)

anguilulosis s.f. Enfermedad causada por la anguílula.

angula s.f. (voz vasca). Cría de la anguila.

angulado, a adj. Anguloso. **2.** HERÁLD. Se dice de la pieza, cruz o aspa de cuyos ángulos sale otra pieza.

angular adj. Relativo al ángulo. **2.** Que tiene forma de ángulo. ◆ adj. y s.m. TECNOL. Se dice del perfil metálico de dos alas y sección transversal en forma de ángulo recto. ◇ **Gran angular** Objetivo fotográfico de corta distancia focal con capacidad de cubrir un ángulo visual de 70 a 180 grados.

ángulo s.m. (lat. *angulus,* rincón). Figura geométrica formada por dos semirrectas, o *lados,* o por dos semiplanos, o *caras,* que se cortan. **2.** Rincón. **3.** Esquina. **4.** *Fig.* Punto de vista. ◇ **Ángulo muerto** Zona lateral trasera del vehículo, que el conductor no puede ver en los retrovisores; MIL. Ángulo que no tiene defensa y no está flanqueado.

anguloso, a adj. Que tiene ángulos: *rostro anguloso.* SIN.: *angulado.*

angurria s.f. Amér. Hambre incontrolada. **2.** Amér. Egoísmo, avaricia.

angus s.m. y adj. Se dice del animal bovino que pertenece a una raza productora de carne, desprovista de cuernos, originaria de Escocia. SIN.: *aberdeen-angus.*

angustia s.f. (lat. *angustia,* estrechez). Aflicción, congoja. **2.** Estado de desasosiego psíquico, de inquietud profunda, que se acompaña de manifestaciones psicomotrices y vegetativas. **3.** FILOS. Experiencia metafísica por la cual la persona toma conciencia del ser.

angustiar v.tr. y prnl. Producir angustia.

angusticlave s.m. Banda de color púrpura que adornaba la túnica de los caballeros romanos.

angustifolio, a adj. BOT. De hoja muy estrecha.

angustioso, a adj. Que causa angustia: *un angustioso silencio.* **2.** Que padece angustia.

anhelar v.intr. y tr. (lat. *anhelare,* respirar con dificultad). Desear intensamente.

anhelo s.m. Deseo intenso.

anheloso, a adj. Que siente anhelo. **2.** Se dice de la respiración fatigosa.

anhídrido s.m. Óxido que forma un ácido al combinarse con el agua.

anhidrita s.f. Sulfato de calcio anhidro, más duro que el yeso.

anhidro, a adj. QUÍM. Que no contiene agua: *sal anhidra.*

anhidrobiosis s.f. BIOL. Estado de suspensión temporal de las actividades vitales que permite a un organismo resistir una larga desecación.

anhidrosis s.f. Ausencia o disminución anormal de la sudoración.

aní s.m. Ave originaria de América Central de plumaje negro, tronco esbelto, cola larga y pico convexo y largo.

anidar v.intr. Hacer un ave el nido. **2.** *Fig.* Vivir alguien en un lugar. ◆ v.intr. *Fig.* Existir determinado sentimiento en alguien o algo: *en él anida la esperanza de ser feliz.* ◆ v.tr. *Fig.* Albergar, acoger.

anilida s.f. QUÍM. Amida derivada de la anilina.

anilina s.f. Amina cíclica ($C_6H_5NH_2$) derivada del benceno. (La anilina se obtuvo por primera vez en 1826 al destilar el índigo. Actualmente se extrae de la hulla y se usa en la elaboración de los colorantes sintéticos.)

anilla s.f. Aro que sirve generalmente para colgar o sujetar algo. **2.** Aro que se coloca en la pata de un ave para identificarla o estudiar sus migraciones. SIN.: *anillo.* **3.** Vitola. **4.** HERÁLD. Pieza que consiste en dos ganchos en forma de C adosados y acolados. ◆ **anillas** s.f.pl. Aparato de gimnasia que consiste en dos cables sujetos al techo que sostienen dos aros metálicos.

anillado, a adj. Que tiene anillos. **2.** Se dice del cabello rizado. ◆ s.m. Colocación de una anilla en la pata de un ave para identificarla o estudiar sus migraciones. ◇ **Columna anillada** ARQ. Columna cuyo fuste está ceñido por anillos para disimular las juntas que unen sus diferentes piezas.

anillar v.tr. Sujetar con anillas o anillos. **2.** Realizar el anillado. **3.** Dar forma de anillo o anilla.

anilleros s.m.pl. Miembros de una sociedad secreta de carácter político que existió en España durante el trienio constitucional (1820-1823).

anillo s.m. (lat. *anellus*). Aro pequeño. **2.** Aro, generalmente de metal, que se lleva en los dedos de la mano. SIN.: *sortija.* **3.** Anilla, aro que se coloca en la pata de un ave. **4.** TAUROM. Ruedo. SIN.: *arena, redondel.* **5.** ANAT. Estructura anatómica de disposición circular: *anillo inguinal.* **6.** ARQ. Moldura que rodea un cuerpo cilíndrico, especialmente el fuste de una columna. **7.** ASTRON. Zona circular de materia que rodea un planeta (Júpiter, Saturno, Urano), constituida por una multitud de fragmentos sólidos de pequeño tamaño que se desplazan cada uno a su propia velocidad. **8.** BOT. **a.** Aro membranoso que rodea el pie de un hongo adulto, generalmente por la parte superior. **b.** Capa concéntrica de un árbol cortado transversalmente. **9.** MAT. Conjunto provisto de dos leyes de composición interna; la primera le confiere la estructura de grupo conmutativo, y la segunda es asociativa y distributiva respecto de la primera. **10.** ZOOL. Segmento que compone el cuerpo de un anélido o el esqueleto de un artrópodo. ◇ **Anillo calibrador** Instrumento para medir el diámetro exterior de una pieza cilíndrica. **Anillo de almacenamiento** Máquina en la que se almacenan las partículas elementales procedentes de un acelerador. **Anillo de boda** Anillo que lleva una persona casada como símbolo del matrimonio. **Anillo de colisión,** o **de almacenamiento** FÍS. Conjunto de anillos de almacenamiento que presentan zonas de intersección en que las partículas almacenadas entran en colisión. **Anillo esférico** Sólido engendrado por un segmento circular al girar alrededor de un diámetro que no lo atraviesa. **Anillo pastoral** Anillo que lleva un obispo como símbolo de su cargo. **Caérsele a alguien los anillos** Considerar una persona que la realización de un trabajo desmerece su dignidad, jerarquía o clase social. **Venir alguien** o **algo como anillo al dedo** *Fam.* Aparecer oportunamente.

ánima s.f. (lat. *anima*, aire, aliento, alma). Alma de una persona, especialmente de un difunto: *rezar por las ánimas.* **2.** Hueco interior de algunos objetos, especialmente del cañón de un arma de fuego. **3.** Coraza formada por láminas de acero imbricadas. (El ánima es análoga al pectoral o guardacorazón de los romanos.) ◆ **ánimas** s.f.pl. Toque de campanas a cierta hora de la noche para rogar a Dios por las ánimas del purgatorio. **2.** Hora en que se hace este toque. ◇ **Ánima bendita,** o **del purgatorio** Alma que pena en el purgatorio.

animación s.f. Acción y efecto de animar o animarse. **2.** Agilidad y rapidez en las palabras o movimientos. **3.** Concurrencia de personas en un lugar: *había gran animación en la plaza.* **4.** Conjunto de medios y de métodos para impulsar a participar a los miembros de una colectividad en las actividades socioculturales del grupo. **5.** Técnica cinematográfica que proporciona apariencia de movimiento a dibujos, muñecos, etc.

animado, a adj. Que tiene vida: *seres animados.* **2.** Que es alegre y divertido: *persona animada; fiesta animada.* **3.** Que tiene movimiento: *muñeco animado.*

animador, ra adj. y s. Que anima. ◆ s. Persona que presenta o ameniza un espectáculo. **2.** Persona que dentro de un grupo o colectividad se ocupa de los trabajos de animación (propone actividades, facilita la relación entre los miembros, etc.).

animadversión s.f. Antipatía, hostilidad.

animal s.m. (lat. *animal, -alis*). Ser vivo organizado dotado generalmente de movimiento propio y sensibilidad que se nutre de sustancias orgánicas. **2.** Animal racional. ◆ adj. Relativo a los animales. **2.** Relativo a la parte sensitiva de un ser vivo a diferencia de la racional o espiritual: *instinto animal.* ◆ adj. y s. *Fig.* Bruto, grosero o muy ignorante. ◇ **Animal de tiro** Animal que se utiliza para tirar de un carruaje u otro objeto. **Espíritus animales** Parte más ligera de la sangre, imaginada por Descartes para explicar la acción del alma sobre el cuerpo (y recíprocamente). **Psicología animal** Parte de la psicología que estudia las condiciones en que funcionan los comportamientos innatos de una especie determinada y algunas funciones psicológicas (percepción, condicionamiento, aprendizaje, etc.).

animalada s.f. Disparate, tontería.

animálculo s.m. Animal muy pequeño visible solamente al microscopio.

animalista adj. Se dice del pintor o escultor de animales.

animales

clasificación	longevidad media	duración de la gestación
invertebrados	tortuga gigante, 140 años	elefante, 2 años
— animales unicelulares (amebas, etc.)	ballena, 80 años	jirafa, 14 meses
— esponjas	cocodrilo en cautividad, 60 años	ballena, 1 año
— medusas, corales	aligátor, 50 años	yegua, 11 meses
— gusanos	loro, 50 años	vaca, 9 meses
— moluscos	rinoceronte, 40 años	foca, 9 meses
— insectos, crustáceos, arañas, escorpiones, etc.	orangután, 40 años	osa, 8 meses
— erizos de mar, estrellas de mar	chimpancé, 30 años	cabra, 5 meses
	delfín, 30 años	oveja, 5 meses
vertebrados	caballo, 25 años	leona, 4 meses
— peces	gato, 15-20 años	gata, 2 meses
— reptiles	perro, 10-20 años	perra, 2 meses
— anfibios	rana, 5 años	loba, 2 meses
— aves	ratón, 1-3 años	ratón hembra, 21 días
— mamíferos		

2. Se aplica al arte que tiene los animales como tema principal.

animalización s.f. Acción y efecto de animalizar o animalizarse.

animalizar v.tr. Dar carácter animal. ◆ **animalizarse** v.prnl. Adquirir una persona las características propias de un animal irracional.

animar v.tr. (lat. *animare,* dar vida). Impulsar, mover: *no lo anima ningún afán de lucro.* ◆ v.tr. y prnl. Dar ánimo, valor o energía a alguien. **2.** Estimular a una persona para que haga algo: *su éxito la animó a seguir trabajando.* **3.** Hacer una cosa más activa, movida y alegre: *animar la fiesta.* ◆ **animarse** v.prnl. Alegrarse, sentir ganas de diversión.

anime s.m. (voz japonesa, del ingl. *animation*). Serie de animación inspirada en el manga.

anímico, a adj. Psíquico: *estado anímico.*

animismo s.m. Creencia que atribuye alma a todos los seres, fenómenos y objetos naturales.

animista adj. y s.m. y f. Relativo al animismo; seguidor de esta creencia.

ánimo s.m. (lat. *animus*). Valor o energía para superar dificultades o emprender una empresa: *tener ánimo suficiente.* **2.** Intención o propósito: *sin ánimo de ofender.* **3.** Alma o espíritu. **4.** *Fig.* Estado emocional de una persona: *no está en su mejor momento de ánimo.* ◆ interj. Se usa para alentar o dar valor o energía a alguien.

animosidad s.f. Animadversión, enemistad, antipatía.

animoso, a adj. Que tiene ánimo, valor.

aniñado, a adj. Que tiene características o cualidades que se atribuyen a un niño: *rostro aniñado.*

anión s.m. Ion cargado negativamente.

aniónico, a adj. Relativo al anión. ◇ **Emulsión aniónica** Emulsión estable en un medio básico alcalino.

aniquilación s.f. Acción y efecto de aniquilar o aniquilarse. SIN.: *aniquilamiento.* **2.** FÍS. Reacción entre una partícula y su antipartícula. (Tras la aniquilación ambas desaparecen transformándose en partículas más ligeras.)

aniquilamiento s.m. Aniquilación.

aniquilar v.tr. y prnl. (del lat. *annihilare*). Destruir por completo: *aniquilar a una población.* **2.** *Fig.* Deteriorar completamente: *aniquilar la salud.* ◆ v.tr. Derrotar contundentemente a alguien en un enfrentamiento o discusión.

anís s.m. (cat. *anís,* lat. *anisum*). Planta aromática de unos 30 cm de alt. y flores en umbela de color blanco. (Familia umbelíferas.) **2.** Semilla de esta planta. (El anís se emplea en la confección de dulces y licores y en medicina.) **3.** Aguardiente de anís. **4.** Grano de anís con un baño de azúcar. ◇ **Anís estrellado,** o **de China** Fruto del badián.

1. **anisar** s.m. Terreno sembrado de anís.

2. **anisar** v.tr. Echar anís a un alimento.

anisete s.m. (fr. *anisette*). Bebida alcohólica elaborada con anís, aguardiente y azúcar.

anisfo s.m. → **annisfo.**

anisotonía s.f. Diferencia de presión osmótica entre las soluciones que bañan las dos caras de una pared permeable o semipermeable, que permite los intercambios hídricos e iónicos a través de dicha pared.

anisotropía s.f. Cualidad de anisótropo.

anisótropo, a adj. Se dice del cuerpo o sustancia cuyas propiedades difieren según la dirección considerada.

anito s.m. Estatuilla de los igorrotes de Filipinas destinada al culto de los antepasados.

aniversario s.m. (lat. *aniversarius,* que vuelve cada año). Día en que se cumplen uno o más años de un suceso: *aniversario de boda.* **2.** Celebración para conmemorar ese día: *asistimos al aniversario de aquel local.*

annamita o **anamita** adj. y s.m. y f. De Annam.

annata s.f. → **anata.**

annisfo o **anisfo** s.m. NUMISM. Antigua moneda fraccionaria que valía medio dinar.

annona o **anona** s.f. ANT. ROM. **a.** Impuesto en especies recaudado sobre el producto de la cosecha anual. **b.** Servicio público para atender el aprovisionamiento de la ciudad de Roma.

ano s.m. (lat. *anus,* anillo). Orificio externo del recto por el cual se expulsan los excrementos. ◇ **Ano artificial,** o **contranatura** Orificio creado por intervención quirúrgica en el intestino, a la altura de la pared del abdomen, para expulsar las materias fecales en caso de obstrucción intestinal.

anoche adv.t. En la noche de ayer

1. **anochecer** v.impers. [conj.: *parecer*]. Desaparecer la luz del día. ◆ v.intr. Estar en un lugar o situación determinados al anochecer: *anochecimos frente a la Alhambra.*

2. **anochecer** s.m. Tiempo durante el cual anochece.

anochecido adv.t. Al empezar la noche: *al volver, era ya anochecido.*

anódico, a adj. Relativo al ánodo.

anodino, a adj. (gr. *anodynos,* que no causa dolor). Que carece de gracia o interés: *palabras anodinas.*

anodización s.f. TECNOL. Oxidación superficial de una pieza metálica que actúa como ánodo en una electrólisis para mejorar el pulimento y aumentar la resistencia a la abrasión y la corrosión. SIN.: *anodizado.*

ánodo s.m. (gr. *ánodos,* camino ascendente). Polo positivo de una pila eléctrica. **2.** Electrodo por donde entra la corriente eléctrica en el electrólito.

anodontia s.f. Falta de dientes.

anofeles s.m. (del gr. *anopheles,* inútil, dañoso) [pl. *anofeles*]. Mosquito cuya hembra transmite el paludismo.

anomalía s.f. Irregularidad, falta de adecuación a la norma o regla general: *notar anomalías en su conducta.* **2.** BIOL. Alteración biológica de origen congénito o adquirido.

anómalo, a adj. (lat. *anomalus*). Anormal, extraño: *comportamiento anómalo.*

anomia s.f. Estado de desorganización social que resulta de la desaparición total o parcial de las normas y valores comunes a sus miembros.

anona s.f. → **annona.**

anonáceo, a adj. y s.f. Relativo a una familia de árboles y arbustos originaria de los países cálidos, como el chirimoyo.

anonadamiento s.m. Acción y efecto de anonadar. SIN.: *anonadación.*

anonadar v.tr. y prnl. (de *nonada*). Dejar desconcertado o impresionado. **2.** Humillar o derrotar a alguien. **3.** *Fig.* Aniquilar, reducir a la nada.

anonimato s.m. Estado o condición de anónimo.

anónimo, a adj. y s.m. (gr. *anónymos*). Se dice de la obra, escrito, etc., cuyo autor se desconoce: *el* Lazarillo de Tormes *es una obra anónima.* ◆ adj. y s. Se dice de la persona que ha hecho algo y cuyo nombre se desconoce: *donante anónimo.* ◆ adj. **Sociedad anónima** DER. Sociedad que se forma por acciones, con responsabilidad circunscrita al capital que representa. ◆ s.m. Mensaje que se envía por escrito o telefónicamente ocultando la identidad: *recibir anónimos.* **2.** Secreto del que oculta su nombre: *conservar el anónimo.*

anorak s.m. (voz esquimal) [pl. *anoraks*]. Prenda deportiva impermeable, generalmente con capucha, para protegerse del frío.

anorexia s.f. Pérdida de apetito. ◇ **Anorexia nerviosa** Enfermedad psiquiátrica que produce el rechazo sistemático de alimentos. (La anorexia pueden padecerla especialmente los adolescentes.)

anoréxico, a adj. y s. Relativo a la anorexia; que padece anorexia.

anorgasmia s.f. Ausencia o insuficiencia de orgasmo en el acto sexual.

anormal adj. (fr. *anormal*). Que no se ajusta a la norma o regla general: *conducta anormal.* ◆ s.m. y f. *Desp.* Persona que tiene una capacidad física o mental inferior a la que se considera normal.

anormalidad s.f. Cualidad de anormal. **2.** Anomalía, irregularidad.
anortar v.intr. MAR. Girar el viento o la brújula al norte.
anoscopia s.f. Endoscopia del ano.
anosmia s.f. Disminución o pérdida completa del olfato.
anotación s.f. Acción y efecto de anotar.
anotar v.tr. (lat. *annotare*). Escribir una cosa para poder recordarla: *anotar el pedido.* **2.** Poner notas en un texto. **3.** DEP. Conseguir un tanto: *anotar una canasta.*
anoticiar v.tr. e intr. Argent. y Chile. Dar noticias.
anovulación s.f. Falta de ovulación.
anovulatorio, a adj. y s.m. Se dice de la sustancia que impide la ovulación. **2.** Se dice del ciclo menstrual en el curso del cual la menstruación no ha sido precedida de una ovulación.
anoxemia s.f. Disminución de la concentración de oxígeno en la sangre.
anoxia s.f. Disminución de la cantidad de oxígeno en los tejidos.
anquilosamiento s.m. Acción y efecto de anquilosar: *anquilosamiento ideológico.*
anquilosar v.tr. y prnl. Causar anquilosis en una articulación: *anquilosarse las extremidades.* **2.** Detener el progreso de una cosa material o inmaterial: *anquilosarse en el pasado.*
anquilosis s.f. (gr. *ankýlosis*). Limitación de la movilidad de una articulación.
anquilostoma s.m. Gusano parásito del intestino humano. (Clase nematodos.)
anquilostomiasis s.f. Enfermedad parasitaria causada por el anquilostoma.
ansa s.f. Hansa.
ansado, a adj. **Cruz ansada** Cruz del antiguo Egipto cuyo extremo superior termina en una pequeña anilla.
ánsar s.m. (lat. vulgar *ansar, ansaris*). Ganso. **2.** Ave palmípeda de gran tamaño y plumaje denso. (De este ave proceden la mayoría de gansos domésticos; familia anátidos.)
ansarino, a adj. Relativo al ánsar. ◆ s.m. Pollo del ánsar.
anseático, a adj. Hanseático.
anseriforme adj. y s.f. Relativo a un orden de aves palmípedas de plumaje denso y abundante, con pico provisto de láminas córneas, como los gansos, patos y cisnes.
anserina s.f. Planta de hojas verdes triangulares y racimos cortos y desnudos en panojas terminales. (Familia quenopodiáceas.)
ansia s.f. (lat. *anxia*). Anhelo, deseo intenso: *tener ansias de grandeza.* **2.** Angustia o inquietud intensa: *sentir ansia por la tardanza.*
ansiar v.tr. [conj.: *desviar*]. Desear una cosa intensamente.
ansiedad s.f. Inquietud o desasosiego causados por un hecho futuro o incierto. **2.** Angustia que acompaña a muchas enfermedades, especialmente a ciertas neurosis. **3.** PSICOL. Estado tenso de la psique frente a un peligro indeterminado e inminente, acompañado de un sentimiento de inseguridad.
ansiolítico adj. y s.m. Se dice del medicamento que calma los síntomas de la ansiedad.
ansioso, a adj. Que tiene muchas ansias, congojas, angustias.
anta s.f. (del lat. *antae*, pilares a los dos lados de las puertas). Pilastra colocada a un lado de la puerta de una fachada o muro para reforzarlo o decorarlo. **2.** Pilastra empotrada en un muro y con una columna delante. **3.** Pilastra cuya base y capitel pueden no ajustarse a los de las columnas del edificio, y que va generalmente colocada en un extremo de pared lateral.
antagónico, a adj. Que tiene o implica antagonismo: *posturas antagónicas.*
antagonismo s.m. Oposición entre personas, grupos sociales, doctrinas o ideas.
antagonista adj. y s.m. y f. (lat. *antagonista*, del gr. *antagonistés*). Opuesto o contrario a otro.
antalgia s.f. Supresión o atenuación de la percepción dolorosa.
antálgico, a adj. y s.m. MED. Se dice de la sustancia que calma el dolor.
antaño adv.t. (lat. *ante annum*, un año antes). En tiempo antiguo. **2.** En el año anterior.
antañón, na adj. Muy viejo.
antara s.f. Flauta de Pan propia de los indios peruanos.
antártico, a adj. (lat. *articus*). Relativo al polo S y a las regiones que lo rodean. CONTR.: *ártico.*
1. **ante** prep. (del lat. *ante*). En presencia de, delante de: *hincarse ante el rey.* **2.** En comparación con: *todo es pequeño ante su grandeza.* **3.** Respecto de, en relación con: *no puedo decir nada ante ese asunto.* ◆ s.m. Guat. Almíbar de harina de garbanzos y frijoles. **2.** Méx. Bizcocho mezclado con dulce de huevo y coco. **3.** Perú. Bebida refrescante.
2. **ante** s.m. (del ár. hispánico *lamt*). Alce, mamífero. **2.** Piel de algunos animales, especialmente el alce, adobada y curtida, para su uso.
anteanoche adv.t. En la noche de anteayer.
anteayer adv.t. En el día inmediatamente anterior a ayer.
antebrazo s.m. Parte del brazo comprendida entre el codo y la muñeca. **2.** Parte de la extremidad anterior de un caballo comprendida entre el codo y la rodilla.
antecámara s.f. Habitación situada antes de la sala principal, especialmente en un palacio. **2.** MEC. Cámara auxiliar del motor de combustión intercalada entre el inyector de combustible y el cilindro, y en la que la turbulencia del gas, al mejorar la pulverización del combustible, facilita su encendido.
antecedencia s.f. Fenómeno por el que un río caudaloso mantiene el trazado general de su curso a pesar de las deformaciones tectónicas.
antecedente adj. Que antecede o precede: *el día antecedente a los sucesos.* **2.** Que se ha asentado antes de una transformación tectónica: *valle antecedente.* ◆ s.m. Hecho o circunstancia anterior que sirve para comprender o juzgar otros posteriores: *los antecedentes del caso.* **2.** LING. Nombre, pronombre u oración al que hace referencia un pronombre relativo. **3.** LÓG. y MAT. Primer término de una relación de implicación (por oposición a *consecuente*). **4.** MAT. Para un elemento *b* del conjunto B, en el que se aplica un conjunto C, elemento *a* de C del que se deduce *b* por esta aplicación. ◆ **antecedentes** s.m.pl. Condenas penales dictadas contra una persona; conducta anterior del procesado que debe tenerse en cuenta para la graduación de la pena. (También *antecedentes penales*.) ⌢ **Poner en antecedentes** Poner al corriente.
anteceder v.tr. (lat. *antecedere*). Preceder.
antecesor, ra s. Persona que ha precedido a otra en un empleo o cargo. ◆ s.m. Antepasado, ascendiente. (Suele usarse en plural.)
anteco, a adj. y s. (gr. *ántoikos*, el que vive en el lado opuesto). Se dice del habitante de la tierra que, según los geógrafos antiguos, está bajo un mismo meridiano y a igual distancia del ecuador, pero en distinto hemisferio.
antecopretérito s.m. LING. Tiempo del verbo que expresa una acción pasada que es anterior a otra también pasada. SIN.: *pretérito pluscuamperfecto.*
antecrisol s.m. METAL. Cuba empleada en fundición situada junto al cubilote con el que se comunica por la parte inferior.
antecrítica s.f. Crítica de una obra literaria, teatral, cinematográfica, etc., hecha por el propio autor antes de su aparición o estreno y publicada en un medio de comunicación.
antedicho, a adj. Que se ha dicho antes: *el suceso antedicho.*
antediluviano, a adj. Anterior al diluvio universal. **2.** Fig. Muy antiguo: *un automóvil antediluviano.*
antefija s.f. Pieza ornamental de la arquitectura clásica colocada en el coronamiento de las cornisas para ocultar los extremos de las tejas.

antefirma s.f. Denominación del cargo o dignidad del firmante de un documento que se pone antes de la firma.

antefuturo s.m. LING. Tiempo que indica una acción acabada en relación con otra futura. SIN.: *futuro perfecto.*

antelación s.f. (lat. *antelatio, -onis,* acción de anteponer). Anticipación con que sucede una cosa respecto a otra: *anunciar algo con antelación.*

antemano (de) loc. Previamente, con anterioridad: *lo sabía de antemano.*

antememoria s.f. INFORMÁT. Memoria de débil capacidad y de tiempo de acceso muy corto que sirve de tampón entre la memoria central y la unidad de tratamiento de una computadora y que contiene la mayoría de las informaciones que la unidad central puede necesitar.

ante merídiem loc. (lat. *ante meridiem*). Antes del mediodía. (Se abrevia *a.m.*)

antena s.f. (lat. *antemna*). Dispositivo para emitir y recibir ondas radioeléctricas. **2.** Apéndice alargado, par y móvil, situado en la cabeza de los insectos, crustáceos y ciertos anélidos, donde se hallan las funciones sensoriales táctiles o gustativas.

anteojera s.f. Pieza que protege el ojo de las caballerías y le impide ver por los lados. (Suele usarse en plural.) **2.** Estuche donde se guardan los anteojos.

anteojo s.m. Instrumento óptico formado por un tubo provisto de un sistema de lentes que sirve para obtener imágenes aumentadas de objetos lejanos. (También *anteojo de larga vista.*) SIN.: *catalejo.* ◆ **anteojos** s.m.pl. Instrumento que sirve para corregir defectos de la visión o para proteger los ojos, formado por un par de lentes montadas sobre un armazón de metal o plástico que se apoya sobre la nariz y, generalmente, las orejas: *anteojos graduados; anteojos oscuros.* SIN.: *lentes.* GEOSIN.: Esp. *gafas.* **2.** Instrumento óptico formado por dos tubos, uno para la visión de cada ojo, provistos de un sistema de lentes que sirve para obtener imágenes aumentadas de objetos lejanos. SIN.: *gemelos.* ◇ **Anteojo astronómico** Instrumento óptico utilizado para la observación de los cuerpos celestes. SIN.: *telescopio refractor.* **Anteojo de puntería** ARM. Anteojo que sirve para apuntar con precisión las armas que efectúan el tiro directo. **Serpiente de anteojos** Cobra india.

antepalco s.m. Habitación situada antes del palco.

antepasado s.m. Persona de la que otra desciende. (Suele usarse en plural.) SIN.: *antecesor; ascendiente.*

antepecho s.m. Barandilla o pequeño muro que se coloca en lugares altos para asomarse sin peligro. **2.** Barandilla de una ventana para apoyarse, que no sobresale de la pared del edificio. **3.** MAR. Baranda o parte de la pared de una embarcación que rodea la cubierta de los castillos, toldillas u otras superestructuras para resguardar y proteger a la gente.

antepenúltimo, a adj. y s. Que es inmediatamente anterior al penúltimo.

antepié s.m. Parte anterior del pie, formada por los metatarsianos y las falanges de los dedos.

anteponer v.tr. y prnl. (lat. *anteponere*) [conj.: *poner*]. Poner antes o delante: *anteponer una palabra a otra.* **2.** Dar más importancia a una cosa que a otra: *anteponer la salud al dinero.*

anteportada s.f. Hoja que precede a la portada de un libro y que puede ir en blanco o llevar el título de la obra. SIN.: *portadilla.*

antepospretérito s.m. LING. Tiempo del modo indicativo que indica la posibilidad de una acción en el presente o pasado. SIN.: *potencial perfecto; condicional compuesto* o *perfecto.*

antepresente s.m. LING. Tiempo verbal que expresa una acción acabada en un período de tiempo que todavía no ha terminado. SIN.: *pretérito perfecto compuesto; pretérito indefinido.*

antepretérito s.m. LING. Tiempo verbal que expresa una acción pasada anterior a otra también pasada. SIN.: *pretérito anterior.*

anteproyecto s.m. Estudio preliminar al proyecto de una obra, especialmente de arquitectura o ingeniería. **2.** Propuesta provisional de una ley.

antepuerto s.m. MAR. **a.** Parte de un puerto situada entre la entrada y las dársenas. **b.** Puerto ubicado aguas abajo de un primer puerto, generalmente en un estuario.

antera s.f. BOT. Parte superior del estambre de las flores que se abre al madurar para dejar escapar los granos de polen formados en su interior.

anteridio s.m. BOT. Órgano de los vegetales superiores donde se forman los anterozoides.

anterior adj. (lat. *anterior*). Que está antes o delante en el espacio o en el tiempo. CONTR.: *posterior.* **2.** FONÉT. Se dice del fonema cuyo punto de articulación se sitúa en la parte anterior de la cavidad bucal. **3.** MAT. Se dice del elemento de una relación de orden que precede a otro: *si* a *es anterior a* b, *se escribe* a < b.

anterioridad s.f. Precedencia temporal o espacial de una cosa con respecto a otra.

anterógrado, a adj. **Amnesia anterógrada** Amnesia que consiste en no poder memorizar los hechos nuevos. SIN.: *amnesia de fijación.*

anterozoide s.m. Gameto masculino de los vegetales superiores.

antes adv.l. y t. (del lat. *ante*). Indica prioridad en el espacio o en el tiempo: *si subes por esta calle encontrarás el banco antes que la panadería; ya te lo dije antes.* (Suele preceder a la preposición *de* y a las conjunciones *que* o *de que*: *antes de salir; antes que* o *de que saliese.*) ◆ adv. Indica preferencia o prioridad: *prefiere callar antes que mentir.* ◆ adj. Con sustantivos que expresan tiempo, indica anterioridad: *la noche antes.* ◆ conj.advers. Introduce una situación que indica preferencia en relación con lo que se expresa en la oración negativa anterior: *no le molesta, antes le divierte.* (Suele usarse con el adv. *bien.*) ◇ **De antes** De otra época: *las costumbres de antes.*

antesala s.f. Habitación situada antes de la sala, especialmente donde una persona espera ser recibida: *esperar en la antesala.* **2.** Fig. Situación que precede a otra de mayor importancia: *estar en la antesala del liderazgo.* ◇ **Hacer antesala** Esperar en una habitación a ser recibido.

antevíspera s.f. Día inmediatamente anterior a la víspera.

anti → **campa.**

antiabortista adj. Que es contrario a la legalización o a la práctica del aborto.

antiácido, a adj. y s.m. Se dice del fármaco que neutraliza por reacción química o elimina por adsorción la acidez gástrica. **2.** Se dice del material resistente a un ácido.

antiadherente adj. Que impide la adherencia.

antiaéreo, a adj. Que se destina a la defensa contra las acciones de los aviones enemigos.

antialcohólico, a adj. Que combate el alcoholismo.

antialcoholismo s.m. Oposición al consumo desmesurado de bebidas alcohólicas.

antiálgico, a adj. y s.m. Se dice de la sustancia que impide la aparición o proliferación de algas. SIN.: *algicida.* **2.** MED. Analgésico.

antiarrugas adj. y s.m. Se dice del producto de belleza que previene la formación de arrugas o las elimina.

antiasmático, a adj. y s.m. Que evita o combate el asma.

antiatómico, a adj. Que protege de los efectos de las radiaciones o proyectiles atómicos.

antiátomo s.m. Átomo de antimateria.

antiautoritarismo s.m. Actitud o tendencia que defiende la libre expresión y el autogobierno de los individuos socialmente organizados ante la autoridad.

antibalas adj. Que protege de las balas: *chaleco antibalas.*

antibiograma s.m. Examen bacteriológico que permite apreciar la sensibilidad de una bacteria a distintos antibióticos.

antibiosis s.f. Asociación de dos o más organismos en que uno de ellos sale perjudicado.

antibiótico, a adj. y s.m. (de *anti,* contrario, y gr. *bio,* vida). Se dice de la sustancia química que impide el desarrollo o multiplicación de ciertos microbios o los destruye.

antibiótico

En 1929, A. Fleming puso de manifiesto la acción lítica sobre el estafilococo dorado, de una cepa de *Penicillium notatum*. El primer antibiótico, la penicilina, fue aislado en 1941 por E. B. Chain. Los antibióticos son producidos por gran número de organismos vivos, principalmente por hongos inferiores. Se han aislado un gran número y otros han sido obtenidos por síntesis. Cada antibiótico actúa selectivamente sobre un grupo determinado de gérmenes (espectro de actividad), pero dicha actividad puede disminuir como consecuencia de un efecto de habituación (resistencia). Los antibióticos se administran por vía oral, inyectable o local. Suelen ser bien tolerados por el organismo, pero algunos tienen una determinada toxicidad y a menudo provocan efectos secundarios (alérgicos, digestivos, renales, nerviosos, hematológicos).

antibloqueo adj. AUTOM. Se dice del sistema de control del frenado que evita que las ruedas queden bloqueadas al frenar.

antibuque adj. MIL. Se dice de los medios y de las tácticas empleadas para detectar, atacar y destruir los buques de guerra que navegan en superficie.

antiburocratismo s.m. Actitud o tendencia contraria al burocratismo.

anticanceroso, a adj. Que combate el cáncer.

anticapitalismo s.m. Actitud o tendencia que propone sustituir el sistema capitalista por alternativas colectivistas que disuelvan la propiedad privada y acaben con la división social del trabajo, en el camino hacia una sociedad sin clases.

anticapitalista adj. y s.m. y f. Relativo al anticapitalismo; partidario de esta actitud o tendencia.

anticarro adj. Que se destina a destruir vehículos blindados o a inutilizar sus acciones.

anticátodo s.m. Lámina metálica de un tubo electrónico que recibe los rayos catódicos y emite rayos X.

anticiclón s.m. Centro de altas presiones atmosféricas: *el anticiclón de las Azores.*

anticiclónico, a adj. Relativo al anticiclón. SIN.: *anticiclonal.*

anticipación s.f. Acción y efecto de anticipar o anticiparse: *llegar a una cita con anticipación.* **2.** ECON. Previsión de los sujetos económicos en relación con la evolución futura de una variable que les interesa. **3.** INFORMÁT. Técnica de organización de un sistema informático que intenta prever las futuras demandas de palabras en memoria por la unidad central, para tenerlas ya colocadas en una memoria de acceso más rápido en la jerarquía de memorias. <> **Novela de anticipación** Novela cuya acción transcurre en un mundo futuro.

anticipado, a adj. Que ocurre antes de tiempo o de lo previsto: *convocar elecciones anticipadas.* <> **Por anticipado** Antes de tiempo, con antelación: *pagar por anticipado.*

anticipar v.tr. (lat. *anticipare*). Hacer que una cosa ocurra antes de lo habitual o de lo previsto: *anticipar la asamblea.* **2.** Pagar una cantidad de dinero antes de la fecha prevista o convenida: *le anticipé la mitad del pago.* ◆ **anticiparse** v.prnl. Adelantarse en la realización de algo: *se anticipó al despeje del portero.* **2.** Producirse algo antes de lo habitual o previsto: *el frío se ha anticipado.*

anticipo s.m. Cantidad de dinero que se paga antes de la fecha prevista o convenida, especialmente parte del sueldo: *cobrar un anticipo.*

anticlerical adj. y s.m. y f. Relativo al anticlericalismo; partidario de esta actitud o tendencia.

anticlericalismo s.m. Actitud o tendencia que se opone a la influencia o intervención del clero en los asuntos públicos.

anticlinal adj. y s.m. GEOL. Se dice del pliegue del terreno que tiene forma convexa. CONTR.: *sinclinal.*

anticoagulante adj. y s.m. Que impide o retrasa la coagulación de la sangre.

anticolonialismo s.m. Actitud o tendencia contraria al colonialismo.

anticolonialista adj. y s.m. y f. Relativo al anticolonialismo; partidario de esta actitud o tendencia.

anticomunismo s.m. Actitud o tendencia contraria al comunismo.

anticomunista adj. y s.m. y f. Relativo al anticomunismo; partidario de esta actitud o tendencia.

anticonceptivo, a adj. y s.m. Se dice del método o medicamento que impide la fecundación.

anticonformismo s.m. Oposición a las tradiciones, leyes, etc., establecidas.

anticonformista adj. y s.m. y f. Que se opone a las tradiciones, leyes, costumbres, etc., establecidas.

anticongelador s.m. y adj. Dispositivo o producto que impide la formación de hielo en los aviones.

anticongelante s.m. y adj. Producto que se añade a un líquido para rebajar el punto de congelación.

anticonstitucional adj. Que se opone a la constitución.

anticontaminante adj. Que impide la contaminación.

anticorrosivo, a adj. y s.m. Se dice de la sustancia que protege un cuerpo de la corrosión.

anticresis s.f. (lat. *antichresis*). Contrato en que el deudor consiente que su acreedor goce de los frutos de la finca que le entrega en garantía, con la obligación de aplicarlos al pago de los intereses y a la amortización del capital.

anticriptogámico, a adj. y s.m. Se dice de la sustancia capaz de combatir las enfermedades criptogámicas o que protege la madera contra el ataque de los hongos lignívoros.

anticuado, a adj. Que no está de moda o ya no se usa. **2.** Que está excesivamente apegado al pasado, o a gustos e ideas del pasado.

anticuario, a s. (lat. *antiquarius*). Persona que se dedica a comerciar con objetos antiguos.

anticuarse v.prnl. (lat. *antiquare*) [conj.: *aguar* y *actuar*]. Volverse anticuado.

anticucho s.m. Bol., Chile y Perú. Pedacito de carne asada o frita que se vende ensartado en una caña o palo.

anticuerpo s.m. Sustancia que segrega la sangre para combatir los virus y bacterias que infectan el organismo.

antideflagrante adj. Se dice de un aparato provisto de una protección que, en caso de producirse una explosión en su interior, evita que se propague la deflagración.

antideportivo, a adj. Contrario al espíritu deportivo.

antidepresivo, a adj. y s.m. Se dice del medicamento que actúa contra la depresión mental.

antideslizante adj. Que impide el deslizamiento. ◆ adj. y s.m. Se dice del dispositivo que se aplica a los neumáticos para evitar el deslizamiento del vehículo.

antidetonante adj. y s.m. Se dice del producto añadido a un carburante líquido para retardar la detonación de la mezcla.

antidiftérico, a adj. Se dice del medicamento que combate la difteria.

antidisturbios adj. Se dice de un policía, o de su brigada, destinado a combatir disturbios.

antidiurético, a adj. y s.m. Que disminuye la secreción urinaria.

antidopaje adj. Se dice del control o el análisis que se efectúa a deportistas para descubrir e impedir el empleo de sustancias excitantes o estimulantes prohibidas. SIN.: *antidoping.*

antidoping adj. Antidopaje.

antídoto s.m. (lat. *antidotum*). Sustancia o medicamento que contrarresta o anula el efecto de un tóxico determinado. **2.** *Fig.* Medio con que se evita o previene un mal.

antidroga adj. Que está destinado a luchar contra el tráfico, consumo y desarrollo de la droga.

antieconómico, a adj. Contrario a los principios de la economía. **2.** Que supone mayor gasto que beneficio.

antiemético s.m. y adj. Se dice del medicamento o sustancia que impide el vómito.

antienzima s.m. Sustancia que se opone a la acción de un enzima o que impide una fermentación.

antier adv.t. Amér. Anteayer.

antiescorbútico, a adj. y s.m. Se dice del medicamento o sustancia que previene o cura el escorbuto.

antiespasmódico, a adj. y s.m. Se dice del medicamento o sustancia que alivia o calma los espasmos.

antiestático, a adj. y s.m. Se dice de una sustancia que impide o limita el desarrollo de electricidad estática en la superficie de las materias plásticas.

antiestético, a adj. Feo.

antiestreptolisina s.f. Anticuerpo que elabora el organismo ante una infección por estreptococos.

antifading s.m. y adj. Dispositivo que elimina el efecto del fading.

antifascista adj. y s.m. y f. Contrario al fascismo.

antifaz s.m. (de *faz*). Máscara que cubre la mitad de la cara, desde la frente hasta la nariz.

antiferromagnetismo s.m. Propiedad de determinados cuerpos de poseer a temperaturas suficientemente bajas, momentos magnéticos atómicos alternativamente orientados hacia uno y otro sentido.

antiflogístico, a adj. y s.m. Que es eficaz contra las inflamaciones.

antífona s.f. (lat. tardío *anthiphona,* canto alternativo). Estribillo cantado antes y después de un salmo.

antifonario o **antifonal** adj. y s.m. Se dice del libro litúrgico que contiene el conjunto de cantos interpretados por el coro en los oficios o la misa.

antífrasis s.f. Expresión que consiste en decir lo contrario de lo que se piensa, con sentido irónico o eufemístico.

antifricción s.m. y f. y adj. Aleación a base de antimonio, utilizada en la fabricación de cojinetes para ejes de máquina por su bajo coeficiente de rozamiento.

antifúngico, a adj. y s.m. Se dice de un medicamento que actúa contra las micosis.

antígeno s.m. Sustancia (microbio, célula de una especie diferente, sustancia química u orgánica, etc.) que, introducida en el organismo, induce una respuesta inmunitaria provocando la formación de anticuerpos.

antiglobalización s.f. Movimiento social que manifiesta su hostilidad hacia los objetivos y efectos de la globalización económica.

antigua s.f. Carácter de imprenta cuyos trazos son de grueso uniforme y sin perfiles.

antigualla s.f. (ital. *anticaglia*). Pieza u objeto antiguo o anticuado.

antigüedad s.f. Cualidad de antiguo. **2.** Tiempo que se lleva en un cargo o empleo: *diez años de antigüedad.* **3.** Período de la historia correspondiente a las civilizaciones más antiguas: *la antigüedad oriental; la antigüedad clásica.* (V. parte n. pr.) ◆ **antigüedades** s.f.pl. Monumentos u objetos antiguos.

antiguo, a adj. (lat. *antiquus*). Que existe desde hace mucho tiempo: *monumentos antiguos.* **2.** Que existió o sucedió hace mucho tiempo: *los antiguos íberos.* ◆ adj. y s. Se dice de la persona que lleva mucho tiempo en un lugar, una profesión, asociación, etc. ◆ s.m. Modelo, principalmente escultórico, de la antigüedad griega o romana. ◆ **antiguos** s.m.pl. Personas que vivieron en épocas muy lejanas.

antihalo adj. Se dice del preparado que se aplica en el dorso de negativos fotográficos para evitar velados parciales.

antihéroe s.m. Personaje de una obra literaria cuyas características son contrarias a las del héroe tradicional.

antihigiénico, a adj. Contrario a la higiene.

antihistamínico, a adj. y s.m. Se dice de la sustancia que se opone a la acción nociva de la histamina y que se emplea principalmente en el tratamiento de las afecciones de origen alérgico.

antiimperialismo s.m. Actitud o doctrina fundada en la oposición al imperialismo.

antiimperialista adj. y s. Opuesto al imperialismo.

antiinflacionista adj. Que se opone a la inflación.

antiinflamatorio, a adj. y s.m. Se dice del medicamento empleado para combatir las inflamaciones.

antiintelectualismo s.m. Doctrina filosófica que niega la preeminencia de la razón en el ser humano y el valor de la ciencia.

antilítico adj. y s.m. MED. Se dice de una sustancia que previene la formación de cálculos y, más especialmente, de cálculos urinarios.

antillano, a adj. y s. De las Antillas.

antilogaritmo s.m. MAT. Número al que corresponde un logaritmo dado.

antilogía s.f. Contradicción entre dos textos o expresiones.

antílope s.m. (fr. *antilope,* ingl. *antelope*). Nombre dado a diversos rumiantes salvajes de gran tamaño, con cornamenta persistente, como la gacela.

antimasónico, a adj. Opuesto a la francmasonería.

antimateria s.f. Conjunto formado por antipartículas.

antimeridiano s.m. y adj. Semicírculo que pasa por la línea de los polos, opuesto en 180 ° al semicírculo *(meridiano)* que pasa por un punto dado.

antimilitarismo s.m. Hostilidad hacia las instituciones y el espíritu militares.

antimilitarista adj. y s. Opuesto a las instituciones y el espíritu militares.

antimisil s.m. y adj. Arma o dispositivo para interceptar la acción de un misil.

antimitótico, a adj. y s.m. Se dice de una sustancia que se opone a la formación de mitosis, empleada por este motivo en el tratamiento de tumores.

antimoniato s.m. Sal de un ácido oxigenado derivado del antimonio.

antimonio s.m. (bajo lat. *antimonium*). Metaloide de color blanco azulado, quebradizo, parecido al arsénico, de densidad 6,68, cuyo punto de fusión es de 630 °C aprox. **2.** Elemento químico (Sb), de número atómico 51 y masa atómica 121,760.

antimoniuro s.m. Combinación del antimonio con un cuerpo simple.

antinazi adj. y s.m. y f. Hostil a los nazis.

antineurálgico, a adj. Que calma las neuralgias.

antineutrón s.m. Antipartícula del neutrón.

antiniebla adj. Apropiado para circular a través de la niebla: *faros antiniebla.*

antinomia s.f. (lat. *antinomia,* del gr. *antimonía,* contradicción en las leyes). Contradicción entre dos ideas o principios. **2.** LÓG. Contradicción dentro de una teoría deductiva.

antinómico, a adj. Que implica antinomia.

antinuclear adj. Que se opone al empleo de la energía nuclear. **2.** Que protege de los efectos de una explosión nuclear: *traje, refugio antinuclear.* SIN.: *antiatómico.* ◇ **Defensa antinuclear** Defensa que trata de proteger a las poblaciones civiles y a los combatientes de los efectos de las armas nucleares, y de eliminar la radiactividad inducida.

antioxidante adj. y s.m. Se dice del producto que protege ciertos materiales o compuestos orgánicos de la oxidación.

antipapa s.m. Papa elegido irregularmente y no reconocido por la Iglesia.

antiparalelo, a adj. MAT. Se dice de dos rectas que, sin ser paralelas, forman ángulos iguales con una tercera.

antiparasitario, a adj. y s.m. Se dice de la sustancia o medicamento que actúa contra los parásitos.

antiparásito, a adj. Que impide las interferencias que afectan o alteran la recepción de emisiones de radio o televisión.

antiparras s.f.pl. *Fam.* Anteojos.

antipartícula s.f. Partícula elemental (positón, antiprotón, antineutrón), de igual masa pero de propiedades electromagnéticas y de carga bariónica o leptónica opuestas a las de la partícula correspondiente.

antipatía s.f. (gr. *antipátheia*). Sentimiento, generalmente instintivo, que inclina a rechazar algo o a alguien.

antipático, a adj. y s. Que causa antipatía.

antipatizar v.intr. Amér. Sentir antipatía hacia alguien.

antipendio s.m. Paramento con que se adorna la parte delantera del altar.

antiperistáltico, a adj. Se dice de las contracciones anormales del esófago e intestino que se producen de abajo hacia arriba.

antipirético, a adj. y s.m. Que reduce la fiebre. SIN.: *antitérmico, febrífugo.*

antipirina s.f. Sustancia orgánica sintética empleada como antipirético y analgésico.

antípoda adj. y s.m. y f. (gr. *antípodes*). Se dice de la persona que, con respecto a otra, habita en un lugar diametralmente opuesto del planeta. (Suele usarse en plural.) **2.** *Fig.* y *fam.* Contrario a otro. **3.** BOT. Se dice de cada una de las células del saco embrionario opuesta a la oosfera. ◆ **antípodas** s.f.pl. Tierras situadas en lugar diametralmente opuesto.

antipodista s.m. y f. y adj. Acróbata que ejecuta sus ejercicios con los pies, echado sobre la espalda.

antipolilla adj. y s.m. Se dice de un producto insecticida que protege lanas, pieles, alfombras y tapices contra la polilla.

antiproteccionista adj. y s.m. y f. Opuesto al sistema protector o al proteccionismo.

antiprotón s.m. Antipartícula del protón, de carga negativa.

antipsiquiatría s.f. Movimiento que se opone a la psiquiatría tradicional y a la noción de enfermedad mental en que esta se apoya.

antipsiquiátrico, a adj. Relativo a la antipsiquiatría.

antirrábico, a adj. y s.f. Se dice del tratamiento y especialmente de la vacunación contra la rabia.

antirradar adj. y s.m. Se dice del dispositivo o medio empleado para reducir o anular la eficacia del radar.

antirraquítico, a adj. y s. MED. Se dice del producto que combate el raquitismo.

antirreflejo adj. Se dice de una capa delgada y transparente, depositada sobre la superficie de cristales ópticos para suprimir la luz reflejada.

antirreglamentario, a adj. Que se opone o es contrario al reglamento.

antirrepublicano, a adj. y s. Que es contrario a la república.

antirrobo adj. y s.m. Se dice del dispositivo de seguridad destinado a impedir robos.

antisatélite adj. MIL. Se dice de todo medio que se opone a la utilización de satélites militares por el adversario.

antisegregacionista adj. y s.m. y f. Que es contrario a la separación de razas.

antisemita adj. Antisemítico. ◆ adj. y s.m. y f. Partidario del antisemitismo o que lo practica.

antisemítico, a adj. Relativo al antisemitismo. SIN.: *antisemita.*

antisemitismo s.m. Doctrina o actitud de hostilidad sistemática hacia los judíos.

antisemitismo

El antisemitismo apareció durante el Imperio romano y se desarrolló en el mundo cristiano con la multiplicación de guetos y medidas de exclusión, alimentado por creencias calumniosas y educación religiosa tendenciosa (los judíos, pueblo deicida). En la segunda mitad del s. XIX el antisemitismo asoció antiguos prejuicios religiosos y económicos (los judíos, banqueros y usureros) con teorías racistas pseudocientíficas; se manifestó sobre todo en Alemania, Francia (caso Dreyfus) y Europa del Este (pogromes). De 1940 a 1945, se exterminaron 6 millones de judíos con la justificación de la ideología nacional-socialista.

antisepsia s.f. Conjunto de métodos que preservan de infecciones, destruyendo los microbios que las producen.

antiséptico, a adj. y s.m. Que previene contra la infección.

antisimétrico, a adj. MAT. Se dice de una relación binaria entre los elementos de un conjunto tal que, si se verifica para el par (a,b) y para el par (b,a), los elementos a y b son idénticos.

antisísmico, a adj. Relativo a la construcción concebida para resistir los seísmos.

antisocial adj. Se dice de las conductas que atentan al orden social. **2.** Contrario a los intereses de los trabajadores: *medidas antisociales.*

antisubmarino, a adj. Se dice del arma o procedimiento que sirve para descubrir o combatir a los submarinos.

antisudoral adj. y s.m. Se dice de la sustancia que evita el mal olor de la transpiración, o que reduce o impide la sudoración excesiva.

antitabaquismo s.m. Conjunto de medidas y acciones destinadas a luchar contra el consumo de tabaco.

antitanque adj. Contracarro.

antiterrorismo s.m. Conjunto de medidas para prevenir el terrorismo o luchar contra él.

antiterrorista adj. Relativo al antiterrorismo.

antítesis s.f. (gr. *antíthesis*). Figura retórica de pensamiento que consiste en la contraposición de palabras o expresiones con significados opuestos. (Ej.: *la naturaleza es grande en las pequeñas cosas.*) **2.** Persona o cosa opuesta a otra.

antitetánico, a adj. y s. Utilizado contra el tétanos.

antitético, a adj. Que implica antítesis.

antitiroideo, a adj. y s.m. MED. Que combate el hipertiroidismo.

antitóxico, a adj. y s.m. Se dice de la sustancia o función por las que el organismo destruye toxinas.

antitoxina s.f. Anticuerpo elaborado por el organismo, que neutraliza la acción de una toxina.

antitranspirante s.m. Méx. Desodorante.

antituberculoso, a adj. Que combate la tuberculosis.

antitusígeno, a adj. y s.m. FARM. Se dice del medicamento o la sustancia que calma o alivia la tos.

antivirus adj. y s.m. Se dice de la sustancia que se opone al desarrollo de virus. **2.** INFORMÁT. Se dice del programa informático que detecta la presencia de virus.

antojadizo, a adj. Que tiene antojos o caprichos con frecuencia.

antojarse v.prnl. Hacerse algo objeto de deseo caprichoso para alguien. **2.** Considerar algo como probable.

antojitos s.m.pl. Méx. Pequeñas porciones de comida que se toman fuera de las comidas principales, y como aperitivo.

antojo s.m. Deseo caprichoso y pasajero de algo, especialmente el que tienen las mujeres durante el embarazo. **2.** Lunar o mancha en la piel que se atribuye a un antojo de la madre durante el embarazo.

antología s.f. (gr. *anthología*, selección de flores). Colección escogida de fragmentos literarios o musicales. ◇ **De antología** Digno de ser recordado.

antológico, a adj. Relativo a la antología. **2.** De antología: *un discurso antológico.*

antonimia s.f. LING. Carácter de las palabras antónimas.

antónimo, a adj. y s.m. (del gr. *ónoma*, nombre). LING. Se dice de la palabra que tiene un significado opuesto al de otra; contrario: *«fealdad» y «belleza» son antónimos.*

antonomasia s.f. (gr. *antonomasía*). RET. Sustitución de un nombre común por un nombre propio o una perífrasis que enuncia su cualidad esencial, o viceversa, como *el sabio* por *Salomón.* ◇ **Por antonomasia** Por excelencia.

antorcha s.f. Utensilio de forma alargada que está impregnado de alguna sustancia inflamable en uno de sus extremos y se utiliza para alumbrar. **2.** *Fig.* Persona, pensamiento, obra, etc., que sirve de guía o referencia. ◇ **Antorcha olímpica** Antorcha que se enciende al comenzar los Juegos olímpicos.

antozoo adj. y s.m. Relativo a una clase de cnidarios que comprende pólipos aislados o coloniales, como la anémona de mar, la madrépora y el coral.

antraceno s.m. Hidrocarburo policíclico $C_{14}H_{10}$, que se extrae del alquitrán de hulla.

antracita s.f. Carbón de muy débil proporción en materias volátiles (menos del 6 al 8 %), que arde con llama corta de color azul, sin humear.

antracnosis s.f. Enfermedad criptogámica de la vid, la judía o frijol, etc., caracterizada por la aparición de manchas oscuras en las hojas y los frutos.

antracosis s.f. MED. Presencia de polvo de carbón en el pulmón.

antraquinona s.f. Sustancia química derivada del antraceno, que se emplea en la preparación de colorantes.

ántrax s.m. (del lat. *anthrax*, gr. *anthrax*, carbón). Infección estafilocócica de la piel, caracterizada por la aparición de varios forúnculos agrupados, que se extiende por el tejido conjuntivo subcutáneo. **2.** *Anglic.* Carbunco.

antro s.m. (lat. *antrum*). Local frecuentado por personas de mala reputación. **2.** Vivienda sucia. ◇ **Antro pilórico** Parte más baja del estómago, que precede al píloro.

antrópico, a adj. **Erosión antrópica** Conjunto de procesos de degradación del relieve y el subsuelo, debidos a la acción humana.

antropobiología s.f. Estudio de la variación y de la diversidad biológica de los seres humanos en el espacio y en el tiempo.

antropocéntrico, a adj. Relativo al antropocentrismo.

antropocentrismo s.m. Doctrina o teoría que sitúa al ser humano en el centro del universo.

antropofagia s.f. (gr. *anthopophagía*). Práctica o costumbre de comer el ser humano carne humana. SIN.: *canibalismo.*

antropófago, a adj. y s. Que come carne humana. SIN.: *caníbal.*

antropoide s.m. Antropomorfo.

antropología s.f. Ciencia que estudia los aspectos físicos del ser humano y las manifestaciones socioculturales de las comunidades que forma. **2.** FILOS. Teoría filosófica que sitúa al ser humano en el centro de su investigación. ◇ **Antropología criminal** DER. Ciencia que tiene por objeto el estudio jurídico, médico y sociológico del ser humano como delincuente. **Antropología social** Estudio de las estructuras de un grupo.

antropología

La *antropología física*, o *antropobiología*, estudia las características físicas de los distintos pueblos de la tierra. La *antropología cultural* se interesa por las lenguas y los mitos de estos pueblos. La *antropología económica* analiza las formas específicas de producción e intercambio de los bienes de subsistencia. La *antropología política* estudia las relaciones de poder, y las formas de control social, y los inicios de formación del estado, especialmente en las sociedades preindustriales. La *antropología religiosa* se dedica al estudio de las creencias y ritos de las personas. Las grandes figuras de la antropología cultural son Morgan, Lévy-Bruhl, Marcel Mauss, Malinowski, Radcliffe-Brown y Lévi-Strauss.

antropológico, a adj. Relativo a la antropología.

antropólogo, a s. Especialista en antropología.

antropometría s.f. Parte de la antropología que estudia las proporciones y medidas del cuerpo humano.

antropométrico, a adj. Relativo a la antropometría.

antropomórfico, a adj. Relativo al antropomorfismo.

antropomorfismo s.m. Creencia o doctrina que concibe la divinidad a imagen del ser humano.

antropomorfo, a adj. Que tiene figura o forma humana: *urna antropomorfa.* ◆ adj. y s. Se dice de los simios más parecidos al ser humano, que se caracterizan por carecer de cola, como el gorila, el chimpancé, y el orangután. SIN.: *antropoide.*

antroponimia s.f. Estudio de los nombres de personas.

antropónimo s.m. Nombre propio de persona.

antropopiteco s.m. Nombre que se daba a los antecesores del ser humano, tales como el pitecántropo y el sinántropo.

antroposofía s.f. Filosofía fundada por R. Steiner, que desarrolla una gnosis cristiana y propone un sistema educativo todavía vigente en los países de lengua germánica.

antropotecnia s.f. Técnica dirigida a efectuar la mejor concepción posible de los sistemas hombre-máquina.

antropozoico, a adj. Se dice de la era cuaternaria, caracterizada por la aparición del ser humano.

antruejo s.m. (del lat. *introitus, -us*). Período de tiempo constituido por los tres días de carnaval.

antrustion s.m. Entre los merovingios, voluntario sujeto al servicio de un rey.

anual adj. (lat. *annualis*). Que sucede o se repite cada año: *renta anual.* **2.** Que dura un año: *planta anual.*

anualidad s.f. Cualidad de anual. **2.** Cantidad de dinero que se cobra o se paga una vez al año.

anuario s.m. Libro que se publica anualmente y que contiene datos ordenados referentes a determinadas materias: *anuario de ciencias médicas, histórico.*

anubarrado, a adj. Cubierto de nubes grandes y negruzcas.

anubda o **anúbada** s.f. Durante la alta edad media, servicio de guardia y vigilancia militar en las fronteras y en los alrededores de las ciudades o fortalezas.

anudado s.m. Operación textil consistente en anudar los hilos de una urdimbre terminada a los de la nueva que le sucede.

anudamiento s.m. Acción y efecto de anudar o anudarse. SIN.: *anudadura.*

anudar v.tr. (lat. *annodare*). Hacer nudos o unir con nudos. **2.** *Fig.* Juntar, unir: *anudar una sólida amistad.* **3.** *Fig.* Impedir el habla: *anudarse la voz.* **4.** *Fig.* Continuar lo interrumpido.

anuencia s.f. Consentimiento, conformidad: *cuenta con la anuencia de su jefe.*

anuente adj. (lat. *annuens, -tis*). Que asiente o consiente: *voluntad anuente.*

anulación s.f. Acción y efecto de anular.

1. **anular** v.tr. Dar por nulo o dejar sin validez un acuerdo, una disposición o un contrato. **2.** Suspender un acto o celebración: *anular una reunión.* ◆ v.tr. y prnl. *Fig.* Hacer que una persona pierda autoridad, importancia o personalidad.

2. **anular** adj. (lat. *anularis*). Relativo al anillo. **2.** Que tiene forma de anillo. ◆ adj. y s.m. Se dice del cuarto dedo de la mano empezando por el pulgar, situado entre el corazón y el meñique. ◇ **Eclipse anular del Sol** Eclipse durante el cual el Sol sobresale alrededor del disco lunar como un anillo luminoso.

anulativo, a adj. Que tiene fuerza para anular.

anunciación s.f. Acción y efecto de anunciar. **2.** Mensaje del arcángel san Gabriel a la Virgen María para anunciarle el misterio de la Encarnación.

anunciante adj. y s.m. y f. Se dice de la persona o entidad que pone un anuncio publicitario.

anunciar v.tr. (lat. *annuntiare*). Dar noticia de algo que va a ocurrir: *anunciar la llegada de alguien.* **2.** Predecir un hecho futuro a partir de indicios o señales: *las nubes anuncian tormenta.* ◆ v.tr. y prnl. Dar a conocer mediante algún medio de difusión la existencia y cualidades de artículos comerciales o industriales, servicios, etc.

anuncio s.m. Acción de anunciar. **2.** Conjunto de palabras, signos o imágenes con que se anuncia algo. **3.** Pronóstico, acción y efecto de pronosticar. ◇ **Anuncios por palabras** Sección de un periódico en la que se agrupan anuncios que ofrecen o solicitan un bien o un servicio.

anuo, a adj. (lat. *annuus*). Anual.

anuria s.f. MED. Cese de la secreción renal.

anuro, a adj. y s.m. Relativo a un orden de anfibios que, en estado adulto, no presentan cola, como la rana o el sapo.

anverso s.m. Lado de una moneda o medalla que lleva la imagen o inscripción principal. SIN.: *cara.* CONTR.: *reverso.* **2.** Cara en que va impresa la primera página de un pliego.

anzuelo s.m. (del lat. *hamus*). Gancho metálico y afilado en el que se coloca el cebo y que va sujeto al extremo del hilo de la caña de pescar. **2.** *Fig.* Aliciente para atraer o motivar a alguien. ◇ **Caer,** o **picar, en el anzuelo** o **morder el anzuelo** *Fam.* Caer en un engaño o trampa.

añada s.f. Cosecha de un año.

añadido s.m. Postizo. **2.** Añadidura. **3.** Añadidura hecha a un manuscrito o a unas pruebas de imprenta.

añadidura s.f. Cosa que se añade a otra. ◇ **Por añadidura** Además, encima.

añadir v.tr. (del lat. *addere*). Agregar una cosa a otra: *añadir azúcar al postre.* **2.** Ampliar lo dicho o escrito para completarlo.

añafea s.f. (ár. *nafâya,* desecho, parte de inferior calidad). Papel de estraza.

añafil s.m. (ár. *nafîr,* señal de ataque). Trompeta recta y larga que usaban los moros.

añagaza s.f. Señuelo para cazar aves. **2.** *Fig.* Trampa, ardid.

añal adj. Anual. ◆ adj. y s.m. y f. Se dice del cordero, becerro o cabrito que tiene un año cumplido.

¡añañay! interj. Chile. Se usa para celebrar las acciones de los niños.

añares s.m.pl. Argent. Muchos años, mucho tiempo. (Suele usarse con el verbo *hacer.*)

añejamiento s.m. Acción y efecto de añejar o añejarse.

añejar v.tr. y prnl. Hacer añejo. ◆ **añejarse** v.prnl. Mejorarse o deteriorarse el vino, comestibles, etc., con el tiempo.

añejo, a adj. (lat. *anniculus,* que tiene un año). Que tiene mucho tiempo: *vino añejo.*

añero, a adj. Chile. Se dice de la planta que da frutos alternos.

añicos s.m.pl. Trozos muy pequeños en que se divide un objeto al romperse: *hacerse añicos una taza.*

añil adj. y s.m. (ár. *nîl*). Se dice del color que ocupa el sexto lugar en el espectro solar, entre el azul y el violeta, como el del cielo al atardecer. ◆ adj. Que es de este color: *cielo añil.* ◆ s.m. Arbusto leguminoso, de flores rojizas y fruto en vaina, de cuyos tallos y hojas se obtiene por maceración una pasta colorante azul. SIN.: *índigo.* (Familia papilionáceas.)

añinos s.m.pl. Pieles no tundidas de corderos de un año o menos. **2.** Lana de cordero.

año s.m. (lat. *annus*). Período de tiempo que equivale aproximadamente al período de revolución de la Tierra alrededor del Sol (365 días). **2.** Período de doce meses. **3.** Tiempo que tarda un planeta en efectuar una revolución alrededor del Sol: *año de Júpiter.* ◇ **Año civil** Año que comienza el 1 de enero a las 0 horas y finaliza el 31 de diciembre a las 24 horas. **Año escolar** Tiempo transcurrido entre el inicio de las clases y las vacaciones de verano. **Año luz** Unidad de longitud (símb. a. l.), equivalente a la distancia recorrida por la luz en un año, en el vacío, o sea, $9{,}461 \times 10^{12}$ km. **Año nuevo** Año que está a punto de empezar o recién empezado. **Año santo,** o **jubilar** Año durante el cual se abre en Roma un jubileo. **Año sideral** Intervalo de tiempo que separa dos pasos consecutivos del Sol por el mismo punto de su órbita aparente. **Año trópico** Tiempo transcurrido entre dos pasos consecutivos del Sol por el punto equinoccial de primavera. **De buen año** Gordo, saludable. **De,** o **entrado en, años** De edad avanzada. **Día de año nuevo** Primer día del año. **Perder año** *Fam.* No ser aprobado el estudiante en los exámenes de fin de curso. **Quitarse años** *Fam.* Decir que se tiene menos edad de la que en realidad se tiene.

año

La fecha de comienzo del año ha variado según los pueblos y las épocas. En Roma, Rómulo la fijó en el uno de marzo (lo que explica el nombre de *septiembre, octubre, noviembre* y *diciembre*) y, después, César, en el uno de enero. En época de Carlomagno, se estableció de nuevo en el uno de marzo. En el s. XII la iglesia fijó el principio del año en el día de sábado santo y Carlos IX lo restableció en el uno de enero. El gobierno republicano francés de 1792 decretó que coincidiría con el día del equinoccio de otoño (22 sept.). Actualmente, los judíos dan comienzo al año por Pascua.

añojal s.m. Parcela de terreno que se cultiva unos cuantos años y otros se deja erial. **2.** Monte de un año después de una roza; monte despejado.

añojo s.m. (lat. vulg. *annuculus*). Becerro o cordero de un año.

añoranza s.f. Melancolía que se siente por la ausencia o pérdida de alguien o algo.

añorar v.tr. e intr. (cat. *enyorar*). Sentir añoranza.

añoso, a adj. (lat. *annosum*). Que tiene muchos años.

añublo s.m. Enfermedad producida en los cereales por algunos hongos.

añuma s.m. Ave de envergadura superior a los 2 m, que vive en las zonas pantanosas del Amazonas y tiene dos grandes espolones en las alas.

1\. **aojar** v.tr. Hacer mal de ojo.

2\. **aojar** v.tr. Ojear, espantar la caza.

aojo s.m. Acción y efecto de aojar, hacer mal de ojo. SIN.: *aojadura, aojamiento.*

aoristo s.m. (gr. *aóristos,* ilimitado, indefinido). LING. Tiempo verbal de la conjugación griega que indica un pasado indeterminado.

aorta s.f. (gr. *aorté*). Arteria que nace en la base del ventrículo izquierdo del corazón y constituye el tronco común de las arterias que llevan la sangre oxigenada hacia todas las partes del cuerpo.

aórtico, a adj. Relativo a la aorta. ◇ **Arcos aórticos** Arcos óseos y vasculares de la cabeza y tórax de los vertebrados.

aortitis s.f. Inflamación de la aorta.

aovado, a adj. Ovalado.

aovar v.intr. Poner huevos algunos animales, especialmente las aves.

aovillarse v.prnl. *Fig.* Encogerse mucho, hacerse un ovillo.

APA s.f. (sigla). Asociación de padres de alumnos.

apabullamiento s.m. *Fam.* Acción y efecto de apabullar.

apabullar v.tr. *Fam.* Abrumar, confundir a una persona en una discusión.

apacentamiento s.m. Acción de apacentar o apacentarse. **2.** Pasto, alimento para el ganado.

apacentar v.tr. (de *pacer*) [conj.: *pensar*]. Dar pasto al ganado. **2.** *Fig.* Instruir, enseñar. **3.** *Fig.* Fomentar las pasiones, sentimientos, costumbres, etc. ◆ v.intr. y prnl. Pacer el ganado.

apache adj. y s.m. y f. De un conjunto de pueblos amerindios que descendieron del N de América alrededor del año 1000 d.C. y se establecieron en Nuevo México y Arizona. **2.** Relativo a un tipo de ladrones y bandidos que existían en las grandes ciudades, especialmente en París.

apache

Con sus jefes Cochise (h. 1850) y Jerónimo (a partir de 1880), los apaches opusieron una resistencia feroz a los colonizadores estadounidenses. Destacan los grupos chiricahua, jicarilla, lipán, kiowa y mescalero, del grupo lingüístico atapasco. Actualmente viven los apaches agrupados en reservas de Nuevo México, Arizona y Oklahoma.

---

apacheta s.f. Amér. Merid. Montón de piedras colocado por los indios en las mesetas de los Andes como signo de devoción a la divinidad.

apacible adj. (del ant. *aplacer,* gustar). Dulce, agradable y sereno: *ojos apacibles; la noche era apacible.*

apaciguamiento s.m. Acción y efecto de apaciguar o apaciguarse.

apaciguar v.tr. y prnl. [conj.: *averiguar*]. Poner paz entre personas que discuten o pelean. **2.** Calmar, tranquilizar: *apaciguar el ánimo, el dolor.*

apadana s.f. ARQUEOL. Sala del trono en los palacios de los reyes aqueménidas.

apadrinamiento s.m. Acción de apadrinar.

apadrinar v.tr. Desempeñar las funciones propias de padrino. **2.** *Fig.* Ayudar o proteger a alguien o algo, especialmente en sus inicios: *apadrinar un proyecto.* ◆ **apadrinarse** v.prnl. Ampararse, valerse de alguien.

apagadizo, a adj. Que arde con dificultad.

apagado, a adj. Que carece de vitalidad, alegría o entusiasmo. **2.** Que es poco intenso: *murmullo apagado; color apagado.*

apagador, ra adj. Que apaga. ◆ s.m. Pieza cónica de metal para apagar luces. **2.** Mecanismo con el cual se paran súbitamente las vibraciones de las cuerdas de un instrumento musical.

apagar v.tr. y prnl. (del ant. *pagar,* satisfacer). Hacer que deje de arder un fuego o de iluminar una luz. **2.** *Fig.* Hacer desaparecer una sensación, un deseo, un sentimiento, etc.: *apagar la sed.* **3.** Hacer que un aparato deje de funcionar desconectándolo de su fuente de energía: *apagar el televisor.* **4.** Suavizar el color mediante una capa de barniz. ◆ **apagarse** v.prnl. *Fig.* Marchitarse, perder la frescura, el brillo. ◇ **Apagar la cal** Echar agua a la cal viva para que pueda emplearse en obra de fábrica. **Apagar las velas** MAR. Cerrar los bolsos o senos que el viento forma en las velas recogidas, apretándolos contra la verga o el palo. **Apaga y vámonos** Esp. *Fam.* Expresión que se emplea para dar por terminada una cosa.

apagavelas s.m. (pl. *apagavelas*). Matacandelas.

apagón s.m. Corte súbito, pasajero y accidental de la energía eléctrica.

apaisado, a adj. Que es más ancho que alto: *cuadro apaisado.*

apajarado, a adj. Chile. Atolondrado.

apalabrar v.tr. Concertar o contratar de palabra algo: *apalabrar una cita, un negocio.*

apalache, pueblo amerindio de la familia muscogi que habitaba al NO de la península de la Florida. Fue aniquilado por los británicos en 1705.

apalachiano, a adj. Relativo a los Apalaches. ◇ **Relieve apalachiano** Relieve que se caracteriza por presentar crestas paralelas, separadas por depresiones alargadas, originadas al reanudarse la erosión en una región de viejas montañas plegadas, reducidas al estado de penillanuras.

apalancamiento s.m. Acción y efecto de apalancar o apalancarse.

apalancar v.tr. Levantar o mover algo con una palanca: *apalancar la puerta.* ◆ **apalancarse** v.prnl. *Fam.* Acomodarse en un lugar y permanecer inactivo: *apalancarse en el sofá.*

apaleamiento s.m. Acción de apalear.

1. **apalear** v.tr. Golpear reiteradamente a alguien con un palo u otro objeto contundente. **2.** Varear, derribar con golpes de vara los frutos de los árboles.

2. **apalear** v.tr. Aventar el grano con una pala.

apaleo s.m. Acción y efecto de apalear, aventar el grano. **2.** Tiempo de apalear, aventar el grano.

apandar v.tr. *Fam.* Robar.

apandillar v.tr. y prnl. Hacer pandilla.

apanojado, a adj. Que tiene forma de panoja.

apantanar v.tr. y prnl. Cubrir de agua un terreno. ◆ **apantanarse** v.prnl. Hundirse, atascarse en un pantano.

apañadura s.f. Acción y efecto de apañar o apañarse.

apañar v.tr. *Fam.* Arreglar una cosa rota o estropeada de manera provisional. **2.** Preparar o condimentar un alimento. **3.** Asear a una persona. **4.** Apoderarse de algo que pertenece a otra persona. **5.** Recoger y guardar algo. **6.** Argent., Bol., Nicar. y Urug. Encubrir, ocultar o proteger a alguien. ◆ **apañarse** v.prnl. Esp. *Fam.* Desenvolverse con habilidad en algo. ◇ **Estar apañado** Estar apurado, en situación difícil.

apaño s.m. Apañadura. **2.** *Fam.* Amaño, chanchullo, componenda. **3.** *Fam.* Maña, habilidad. **4.** *Fam.* Lío amoroso.

apañuscar v.tr. *Fam.* Deteriorar una cosa apretándola con las manos. **2.** Apañar, apoderarse de algo.

apapachado, a adj. Cuba y Méx. Mimado.

aparador s.m. (del ant. *aparar,* preparar). Mueble destinado a contener la vajilla y todo lo concerniente al servicio de comedor. **2.** Escaparate.

aparadura s.f. Parte del forro de un buque contigua a la quilla.

aparar v.tr. Disponer las manos u otra cosa para recibir algo que se da o echa. (Suele usarse en imperativo: *apare usted el pañuelo.*)

aparato s.m. (lat. *apparatus,* cosa preparada). Objeto formado por diversas piezas que sirve para desarrollar un trabajo o función determinados y que suele funcionar mediante energía. **2.** Objeto que forma parte de un conjunto de utensilios o instrumento como los utilizados en gimnasia o en un laboratorio. **3.** Avión u otro vehículo aéreo. **4.** *Fam.* Teléfono. **5.** Circunstancia o señal que precede o acompaña a alguna cosa. **6.** Conjunto de personas que deciden la política de un partido o gobierno. **7.** *Fig.* Conjunto de cosas que acompañan a algo o a alguien y le dan importancia o vistosidad. **8.** ANAT. Conjunto de órganos que realizan la misma función: *aparato respiratorio.* **9.** MED. Pieza o dispositivo que se aplica al cuerpo humano con fines terapéuticos u ortopédicos: *aparatos ortopédicos.* **10.** GEOL. Conjunto de rocas resultante de una dinámica común: *aparato volcánico, sedimentario.*

aparatosidad s.f. Cualidad de aparatoso.

aparatoso, a adj. Que es llamativo, por su complejidad o su exageración: *caída aparatosa; sombrero aparatoso.*

aparcamiento s.m. Acción de aparcar. **2.** Lugar destinado a aparcar.

aparcar v.tr. Dejar un vehículo detenido en un lugar durante un tiempo determinado. **2.** *Fig.* Aplazar o dejar de tener en cuenta un asunto. **3.** MIL. Disponer convenientemente cualquier clase de material en un campamento o parque.

aparcería s.f. Contrato por el cual una persona se obliga a ceder a otra el disfrute de ciertos bienes, a cambio de obtener una parte alícuota de los frutos o utilidades que produzcan.

aparcero, a s. (lat. *partiarius,* partícipe, aparcero). Persona que cultiva la tierra, cría el ganado o explota un establecimiento fabril o mercantil bajo contrato de aparcería.

apareamiento s.m. Acción de aparear o aparearse.

aparear v.tr. y prnl. Unir dos cosas de manera que formen un par. **2.** Juntar dos animales de distinto sexo para la reproducción. ◆ v.tr. Ajustar o adaptar dos cosas para que queden iguales.

aparecer v.intr. (lat. tardío *apparescere*) [conj.: *parecer*]. Ponerse a la vista o dejarse ver. **2.** Estar, hallarse. **3.** Parecer. **4.** Darse a conocer al público un libro, un producto, etc.; salir a la luz. **5.** Ser encontrado alguien o algo que estaba extraviado. ◆ **aparecerse** v.prnl. Manifestarse, dejarse ver de manera sobrenatural: *se le apareció la Virgen.*

aparecido s.m. Espectro de un difunto que se aparece a los vivos.

aparejado, a adj. Apto, adecuado. **2.** MAR. Se dice de la embarcación que está preparada para emprender la navegación.
aparejador, ra s. Técnico de la construcción, especializado en el trazado de planos parciales de una obra partiendo del plano total.
aparejamiento s.m. MAR. Acción de aparejar una embarcación.
aparejar v.tr. y prnl. Preparar lo necesario para desarrollar una actividad. ◆ v.tr. Poner el aparejo a un animal o dotar una embarcación de aparejo. **2.** Dar cola, yeso y bol de Armenia a la pieza que se va a dorar. **3.** PINT. Imprimar una superficie que se va a pintar.
aparejo s.m. Conjunto de correas y demás arreos que se ponen a una caballería para que tire de los carruajes o para montarla o cargarla. **2.** Conjunto de utensilios, herramientas, etc., necesarios para realizar una actividad: *aparejos de pesca.* **3.** Forma o modo en que aparecen colocados los ladrillos, sillares o mampuestos en una construcción. **4.** MAR. **a.** Arboladura, velamen y jarcias de las embarcaciones a vela. **b.** Tipo o clase de velas de una embarcación o de una nave: *aparejo de abanico.* **5.** MEC. Mecanismo elevador de pesos consistente en un sistema de poleas.
aparentar v.tr. Hacer ver que se tiene una cualidad, un sentimiento o una situación que no se corresponde con la realidad: *aparenta ser una persona tranquila.* **2.** Tener cierto aspecto; especialmente una persona, de tener cierta edad: *aparenta sesenta años, pero tiene menos.*
aparente adj. (lat. *apparens, -tis*). Que no se corresponde con la realidad. **2.** Apropiado, conveniente u oportuno: *emplear las palabras más aparentes.* **3.** Que puede ser percibido por los sentidos: *no tener motivo aparente para obrar.* **4.** Ostensible, notable, considerable.
aparición s.f. Acción y efecto de aparecer o aparecerse. **2.** Aparecido, espectro: *tener apariciones.* **3.** REL. **a.** En el rito mozárabe, cada una de las nueve partes en que el sacerdote divide la hostia. **b.** Fiesta católica que celebra la aparición de Cristo a sus apóstoles tras la resurrección.
apariencia s.f. (lat. *apparentia*). Aspecto exterior de alguien o algo. **2.** Cosa cuyo aspecto exterior no se corresponde con su verdadero estado o condición. ◇ **En apariencia** A primera vista, por el aspecto externo. **Guardar,** o **mantener,** o **cubrir, las apariencias** Disimular u ocultar en público un hecho o circunstancia que pueden escandalizar o dar que hablar.
aparrado, a adj. Se dice del árbol cuyas ramas se extienden horizontalmente. **2.** *Fig.* Achaparrado, grueso y de poca estatura.
aparrar v.tr. Hacer que un árbol extienda sus ramas horizontalmente.
apartadero s.m. Lugar al margen de un camino o canal donde se apartan las personas, las caballerías, los carruajes o los barcos, para dejar libre el paso. **2.** F. C. Vía secundaria colocada junto a una vía principal, donde se estaciona un tren para dejar paso a otro. **3.** TAUROM. Corral donde se aparta a unos toros de otros para su traslado.
apartadijo o **apartijo** s.m. Porción que se toma o separa de un conjunto de cosas. (Suele usarse en plural.)
apartadizo, a adj. Que se aparta del trato de la gente. ◆ s.m. Lugar separado de otro mayor, para diferentes usos.
apartado, a adj. Se dice del lugar retirado o distante respecto a otro: *un valle apartado.* ◆ s.m. Párrafo o grupo de párrafos de un escrito o documento dedicado a una materia concreta o a un aspecto de la misma. **2.** DER. Cada uno de los dieciséis miembros que elige la asociación general de ganaderos en sustitución de los que antiguamente eran designados por el concejo de la Mesta. **3.** METAL. Operación por la que se determina la ley del oro o de la plata. **4.** MIN. Conjunto de operaciones realizadas con el oro para obtenerlo puro. **5.** TAUROM. Acción de encerrar los toros en los chiqueros unas horas antes de la corrida. ◇ **Apartado de correos** Caja o compartimento, identificados con un número, que hay en las oficinas de correo para depositar la correspondencia de un destinatario.
apartamento s.m. Amér. Departamento, vivienda. **2.** Esp. Vivienda de una, dos o tres habitaciones que forma parte de un edificio moderno donde existen otras viviendas similares, a veces con servicios complementarios.
apartamiento s.m. Acción y efecto de apartar o apartarse. **2.** Lugar apartado. **3.** Amér. Departamento, vivienda. **4.** DER. Acto procesal con que alguien desiste de la acción o recurso que tiene deducido.
apartar v.tr. y prnl. (de *aparte*). Separar, alejar, retirar: *apartarse de la familia; apartar la silla de la pared.* **2.** Desplazar o quitar a alguien o algo de un lugar. ◆ v.tr. *Fig.* Hacer abandonar una actividad, un cargo, etc.: *la apartaron de la dirección del partido.*
aparte adv.l. (de *parte*). En otro lugar: *deja esa bolsa aparte del resto.* ◆ adv.m. Por separado: *cóbrame esto aparte.* **2.** Indica con omisión o exclusión de: *aparte de algunas personas.* ◆ s.m. Tirada especial de algún artículo o estudio, separada de la revista o publicación de que forma parte. **2.** Párrafo, cada una de las divisiones de un escrito. **3.** Lo que, en una conversación entre varias personas, una de ellas dice a otra u otras sin que lo oigan los demás. **4.** Lo que, en las representaciones escénicas, dice un personaje cualquiera como hablando para sí o con otro u otros, y suponiendo que no lo oyen los demás.
apartheid s.m. (voz afrikaans). Política de segregación sistemática de la población de raza no blanca, en la República Sudafricana. (La constitución de 1996 consagró el fin del apartheid.)
aparthotel s.m. → **apartotel.**
apartidar v.tr. Alzar o tomar partido por una persona, doctrina, etc. ◆ **apartidarse** v.prnl. Adherirse a una parcialidad.
apartijo s.m. → **apartadijo.**
apartotel o **aparthotel** s.m. Edificio o complejo de apartamentos que ofrece los mismos servicios que el hotel.
aparvar v.tr. Preparar la mies para trillarla. **2.** Amontonar la mies trillada.
apasionado, a adj. Se dice de la persona que siente pasión por algo o alguien o que es propensa a apasionarse. **2.** Que implica o denota pasión.
apasionamiento s.m. Acción y efecto de apasionar o apasionarse.
apasionar v.tr. y prnl. Hacer sentir pasión.
apaste o **apastle** s.m. Guat. y Hond. Lebrillo hondo de barro y con asas.
apatía s.f. (gr. *apátheia,* falta de sentimiento). Impasibilidad, indiferencia, abulia, dejadez.
apático, a adj. Que tiene apatía.
apatito s.m. Fosfato de calcio presente en numerosas rocas eruptivas, en especial en la pegmatita. SIN.: *apatita.*
apátrida adj. y s.m. y f. Se dice de la persona que no tiene patria, por carecer de nacionalidad legal o por tener unas ideas internacionalistas.
apea s.f. Cuerda corta con un palo en una punta y un ojal en la otra, que sirve principalmente para trabar o maniatar caballerías.
apeadero s.m. Banco situado junto a la puerta de una casa para montar en las caballerías o bajarse de ellas. **2.** F. C. Estación de ferrocarril destinada únicamente a recoger o dejar pasajeros, que generalmente no dispone de taquillas para la venta de billetes.
apeador, ra s. Persona que apea las fincas rústicas.
apear v.tr. y prnl. (de *pie*). Bajar a alguien de un vehículo o de una caballería. **2.** *Fig.* y *fam.* Disuadir, convencer. ◆ v.tr. Cortar un árbol por el pie y derribarlo. **2.** *Fig.* Destituir a alguien de su empleo o destino. **3.** *Fig.* Superar una dificultad. **4.** Apuntalar una construcción. **5.** Apiolar las caballerías. **6.** Deslindar, fijar los límites de una finca midiéndola. **7.** Calzar la rueda de un vehículo. ◆ **apearse** v.prnl. Cuba. Comer con las manos, sin seguir unas reglas de urbanidad o educación.

apechugar v.intr. *Fam.* Aceptar a alguien o algo que desagrada: *apechugar con las consecuencias.* SIN.: *apechar.*

apedazar v.tr. Arreglar algo con un pedazo nuevo, especialmente una prenda de ropa.

apedreamiento s.m. Acción y efecto de apedrear o apedrearse. SIN.: *apedreo.*

apedrear v.tr. Tirar piedras a una persona o cosa. ◆ v.intr. Granizar. ◆ **apedrearse** v.prnl. Padecer daño los árboles, las mieses y especialmente las viñas con el granizo.

apegarse v.prnl. Sentir apego: *apegarse a la tradición.*

apego s.m. *Fig.* Afecto o cariño. **2.** Afición o inclinación.

apelación s.f. Acción y efecto de apelar.

apelado, a adj. y s. DER. Se dice del litigante favorecido con la sentencia contra la cual se apela.

apelambrar v.tr. Sumergir las pieles en pelambre o lechada de cal para que pierdan el pelo.

apelar v.intr. (lat. *apellare*). Acudir a un juez o tribunal superior para que anule o enmiende una sentencia. **2.** Recurrir a alguien o algo para hallar favor, solución o remedio: *apelar a su bondad.* ◆ v.tr. Dar un apelativo, nombrar.

apelativo s.m. Sobrenombre. **2.** Amér. Apellido, nombre de familia. ◆ s.m. y adj. Nombre común, por oposición a *nombre propio.*

apellidar v.tr. y prnl. (lat. *apellitare,* llamar repetidamente). Nombrar, llamar, dar un nombre. ◆ **apellidarse** v.prnl. Tener el apellido que se expresa: *se apellida López.*

apellido s.m. Nombre de familia de una persona.

apelmazar v.tr. y prnl. Hacer compacto o apretar algo que debe ser esponjoso o mullido. **2.** *Fig.* Hacer una cosa aburrida, pesada. **3.** Salv. Apisonar la tierra.

apelotonar v.tr. y prnl. Formar pelotones, conjunto de cosas enredadas. **2.** Amontonar, apiñar.

apenar v.tr. y prnl. Causar pena; *le apenó su marcha.* ◆ **apenarse** v.prnl. Méx. Avergonzarse.

apenas adv.c. y m. Con dificultad, muy poco: *el caballo apenas puede subir la cuesta; apenas gana uno para vivir.* ◆ adv.t. Denota la inmediata sucesión de dos acciones: *apenas reunida la asamblea, acabó con el ministro.*

apencar v.intr. *Fam.* Apechugar.

apéndice s.m. (lat. *appendix, -icis*). Parte que prolonga otra principal, de la que depende o es accesoria. **2.** Nombre que reciben algunas prolongaciones ventrolaterales del cuerpo de los insectos y crustáceos (patas, antenas y piezas bucales). ◇ **Apéndice ileocecal,** o **vermicular,** o **apéndice** ANAT. Prolongación delgada y hueca del intestino ciego.

apendicectomía s.f. CIR. Extirpación del apéndice ileocecal.

apendicitis s.f. Inflamación del apéndice ileocecal.

apendicitis

La apendicitis puede deberse a varios factores, relacionados con gérmenes o parásitos intestinales. Aparece a cualquier edad, con mayor incidencia en niños y adultos jóvenes. La *apendicitis aguda* provoca una crisis abdominal dolorosa y febril, con náuseas, vómitos y estreñimiento, y suele manifestarse repentinamente. La falta de tratamiento quirúrgico (*apendicectomía*) puede desembocar en peritonitis generalizada y, más raramente, en lesiones hepáticas o flebitis.

apendicular adj. ANAT. Relativo a los apéndices.

apendiculario, a adj. y s.f. Relativo a un grupo de tunicados, generalmente hermafroditas, que persisten en estado larvario durante toda su vida.

apensionarse v.prnl. Argent., Chile, Colomb., Méx. y Perú. Entristecerse. **2.** Colomb. Sobresaltarse, inquietarse.

apeo s.m. Acción de apear un árbol. **2.** Acción de apear una finca. **3.** DER. Documento legal que acredita el deslinde o demarcación de una finca.

apeonar v.intr. Andar aceleradamente las aves, en especial la perdiz.

apepsia s.f. Mala digestión por insuficiencia de secreción de jugo gástrico.

apepú s.m. Argent. y Par. Naranjo de corteza gris oscura, flores blancas muy perfumadas, frutos rugosos de color anaranjado rojizo y pulpa jugosa que tiene un sabor entre amargo y agrio.

aperar v.tr. Argent., Nicar. y Urug. Ensillar, colocar el apero.

apercepción s.f. FILOS. Conocimiento reflexivo de una mónada (Leibniz); conciencia del yo (Kant).

apercibimiento s.m. Acción y efecto de apercibir o apercibirse. **2.** DER. Aviso, advertencia de una autoridad.

apercibir v.tr. y prnl. (de *percibir*). Disponer o preparar: *apercibirse a contestar la carta.* (Suele usarse con las prep. *a* o *para.*) **2.** Percibir, observar, notar: *me apercibí de ello.* ◆ v.tr. Amonestar o advertir: *apercibir a los revoltosos.* **2.** DER. Hacer saber a la persona requerida las sanciones a que está expuesta: *apercibir a los morosos.*

apereá s.f. Cobaya muy parecida al conejillo de Indias, que vive en América Meridional.

apergaminado, a adj. Que es parecido al pergamino. **2.** *Fig.* y *fam.* Se dice de la persona o una parte del cuerpo que es enjuta, especialmente por causa del envejecimiento: *piel apergaminada.*

apergaminarse v.prnl. *Fig.* y *fam.* Quedarse una persona o una parte del cuerpo acartonada, enjuta: *apergaminarse el rostro.*

aperiódico, a adj. Se dice del aparato de medida que alcanza sin oscilaciones una posición de equilibrio.

aperitivo, a adj. y s.m. Que abre el apetito. ◆ s.m. Bebida o ración de algún alimento que se toma antes de una comida.

apero s.m. Utensilio o herramienta de un oficio, especialmente el de labranza. (Suele usarse en plural.) **2.** Amér. Merid. y P. Rico. Recado de montar que en ciertos países es más lujoso que el común.

aperrear v.tr. *Fam.* Fatigar o causar gran molestia y trabajo a una persona.

apersonado, a adj. **Bien,** o **mal, apersonado** De buena, o mala, presencia.

apersonarse v.prnl. Personarse, presentarse personalmente. **2.** DER. Comparecer en un juicio o acto legal.

apertura s.f. (lat. *apertura*). Acción de abrir o abrirse. **2.** Acto de dar o volver a dar comienzo a las funciones de una asamblea, teatro, escuela, etc. **3.** *Fig.* Actitud favorable a la aceptación o comprensión de ideas, comportamientos, etc., distintas a las vigentes. **4.** Serie de jugadas que dan inicio a una partida de ajedrez. ◇ **Apertura de testamento** DER. Acto solemne de sacar de su pliego un testamento para darle publicidad y autenticidad.

aperturista adj. y s.m. y f. Relativo a la apertura; partidario de esta tendencia: *ideas, tendencias aperturistas.*

apesadumbrar v.tr. y prnl. Causar pesadumbre, afligir. SIN.: *apesarar.*

apestar v.tr. y prnl. Causar o transmitir la peste. ◆ v.tr. Hacer que un lugar huela mal: *la basura apestaba la casa.* **2.** *Fig.* y *fam.* Fastidiar, resultar desagradable: *su manera de hablar apesta.* ◆ v.intr. Despedir mal olor: *el agua estancada de la charca apesta.*

apestillar v.tr. Apremiar a una persona.

apestoso, a adj. Que apesta.

apétalo, a adj. y s.f. Se dice de la planta cuya flor no tiene pétalos ni sépalos, como el roble, muérdago, sauce, ortiga, remolacha, etc.

apetecer v.intr. (lat. *appetere*) [conj.: *parecer*]. Ser algo objeto de deseo para alguien: *me apetecen unas aceitunas.* ◆ v.tr. *Fig.* Desear algo: *apetecer la gloria.*

apetecible adj. Que apetece mucho.

apetencia s.f. Deseo de algo.

apetitivo, a adj. Relativo a la facultad de apetecer.

apetito s.m. (lat. *appetitus, -us*). Sensación de ganas de comer. **2.** *Fig.* Impulso instintivo de satisfacer las necesidades orgánicas: *apetito carnal.* ◇ **Abrir,** o **despertar, el apetito** *Fam.* Excitar las ganas de comer.

apetitoso, a adj. Que excita el apetito o el deseo. **2.** Gustoso, sabroso.

ápex s.m. (lat. *apex, apicus,* punta). ASTRON. Punto de la esfera celeste situado en la constelación de Hércules hacia el que parecen dirigirse el Sol y el sistema solar a una velocidad de 20 km/s.

apezonado, a adj. Que tiene forma de pezón.

Apgar. Índice de Apgar Prueba practicada a los recién nacidos para observar con intervalos regulares el ritmo cardíaco y respiratorio, el tono muscular, los reflejos y el color de la piel.

apiadar v.tr. Inspirar piedad. ◆ **apiadarse** v.prnl. Sentir piedad de alguien o de algo: *apiadarse de los pobres.*

apical adj. Perteneciente al ápice, extremo superior o punta de una cosa. **2.** ANAT. Se dice de la parte que forma la punta de un órgano. CONTR.: *basal.* **3.** FONÉT. Se dice del sonido que se articula con la punta de la lengua en contacto con el paladar, los dientes o los alvéolos. SIN.: *lingual.*

apicararse v.prnl. Adquirir maneras o conducta de pícaro.

ápice s.m. (lat. *apex, apicis*). Extremo o punta de algo, generalmente superior. **2.** *Fig.* Punto culminante. **3.** *Fig.* En frases negativas, nada o cantidad pequeña de algo: *no tener un ápice de cultura.* **4.** BIOL. Punta, cima de un órgano.

apícola adj. (del lat. *apis,* abeja, y *colere,* cultivar). Relativo a la apicultura.

apicultor, ra s. y adj. Persona que se dedica a la apicultura.

apicultura s.f. Cría de abejas para aprovechar sus productos.

ápido, a adj. y s.m. Relativo a una familia de insectos himenópteros que comprende especies solitarias y sociales, como la abeja.

apífugo, a adj. Se dice del producto que aleja las abejas.

apilamiento s.m. Acción y efecto de apilar.

apilar v.tr. Poner unas cosas sobre otras formando pila.

apimpollarse v.prnl. Echar pimpollos o brotes las plantas.

apiñado, a adj. Que tiene forma de piña. **2.** Que está dispuesto en forma de grupo apretado.

apiñamiento s.m. Acción y efecto de apiñar o apiñarse. SIN.: *apiñadura.*

apiñar v.tr. y prnl. Poner muy juntos o agrupados: *apiñarse el público en la sala.*

apiñonado, a adj. Méx. Se dice de la persona ligeramente morena.

apio s.m. (lat. *apium*). Planta hortense, de tallo grueso y jugoso, hojas largas y flores blancas muy pequeñas. (Destaca el apio-rábano de raíz progresivamente más carnosa; familia umbelíferas; género *Apium.*)

apiol s.m. Principio activo de los granos de perejil.

apiolar v.tr. (del ant. *pihuela,* correa para asegurar los pies de los halcones y otras aves). *Fam.* Matar. **2.** Esp. *Fam.* Prender, apresar.

apiparse v.prnl. *Fam.* Hartarse de comida o bebida.

apirético, a adj. Relativo a la apirexia. **2.** Que no tiene fiebre.

apirexia s.f. Ausencia de fiebre.

apiri s.m. Amér. Merid. Operario que transporta mineral en las minas. **2.** Amér. Merid. Mozo de cuerda.

apirógeno, a adj. Que no produce fiebre.

apisonado s.m. AGRIC. Labor que consiste en aplanar el suelo, aplastando los terrones de tierra.

apisonador, ra adj. y s. Que apisona. ◆ s.m. Pisón. **2.** Rodillo con que se apisona.

apisonadora s.f. Esp. Máquina automotora que sirve para apisonar y que se desplaza sobre cilindros muy pesados.

apisonamiento s.m. Acción y efecto de apisonar.

apisonar v.tr. Apretar o aplanar la tierra, el asfalto, etc., particularmente con una apisonadora.

apitiguarse v.prnl. [conj.: *averiguar*]. Chile. Desmoronarse, abatirse.

apitonar v.intr. Echar pitones los animales que desarrollan cuernos. **2.** Empezar los árboles a brotar. ◆ v.tr. Romper las aves la cáscara de sus huevos con el pico.

apizarrado, a adj. Que tiene un tono negro azulado.

aplacable adj. Fácil de aplacar.

aplacamiento s.m. Acción y efecto de aplacar o aplacarse.

aplacar v.tr. y prnl. (del lat. *placere*). Suavizar o mitigar algo: *aplacar el dolor, la ira.* **2.** Apaciguar, tranquilizar a alguien.

aplanadera s.f. Instrumento para aplanar el suelo, terreno, etc. **2.** Mazo de los hojalateros para aplanar las planchas.

aplanado s.m. Operación que tiene por objeto corregir las deformaciones ocasionadas en los materiales por el mecanizado o accidentalmente, eliminando las abolladuras o marcas de golpes de martillo, etc.

aplanador, ra adj. y s. Que aplana. ◆ s.m. Instrumento para el aplanado de los metales.

aplanadora s.f. Amér. Apisonadora.

aplanamiento s.m. Acción y efecto de aplanar o aplanarse.

aplanar v.tr. Allanar, poner llano. ◆ **aplanarse** v.prnl. Perder el vigor, desalentarse.

aplanético, a adj. Se dice del sistema óptico que proporciona una imagen plana de un objeto.

aplanetismo s.m. Cualidad del sistema óptico aplanético.

aplasia s.f. MED. Insuficiencia congénita en el desarrollo de un tejido o de un órgano, cuya manifestación más grave es la agenesia.

aplásico, a adj. MED. → **aplástico.**

aplastamiento s.m. Acción y efecto de aplastar o aplastarse. **2.** CIR. Compresión sostenida e intensa de una parte del cuerpo, por lo general el tronco o una extremidad.

aplastar v.tr. y prnl. Reducir el grosor de una cosa mediante golpe o presión. **2.** Vencer con rotundidad: *aplastó a su rival.* **3.** *Fig.* y *fam.* Abatir a una persona física o moralmente.

aplatanarse v.prnl. Quedarse sin fuerzas o ganas para hacer cualquier actividad.

aplaudir v.tr. (lat. *applaudere*). Dar palmadas en señal de aprobación o entusiasmo. **2.** Celebrar, aprobar, asentir: *aplaudo tu decisión.*

aplauso s.m. (lat. *applausus, -us*). Acción y efecto de aplaudir. ◇ **Aplauso cerrado** El unánime y muy nutrido.

aplazamiento s.m. Acción y efecto de aplazar.

aplazar v.tr. (de *plazo*). Diferir, retardar la ejecución de una cosa: *aplazar una entrevista.* **2.** Amér. No aprobar un examen, suspender.

aplazo s.m. Argent. En educación, nota insuficiente para aprobar un examen. **2.** El examen mismo reprobado.

aplebeyar v.tr. y prnl. Dar carácter plebeyo a alguien o algo.

aplicación s.f. Acción de aplicar o aplicarse. **2.** *Fig.* Dedicación e interés con que se hace algo: *estudiar con aplicación.* **3.** Parte o material que se añaden o superponen al cuerpo principal de la obra, generalmente artística. **4.** Adorno de bordado que se distingue del fondo por la materia o por la ejecución. **5.** INFORMÁT. Programa o conjunto de programas concebidos para la realización de una tarea determinada. **6.** MAT. Operación que consiste en hacer corresponder a todo elemento *a* de un conjunto *c*, un elemento *b* de otro conjunto *d.* (En el caso de conjunto de números, la noción de aplicación coincide con la de función.)

aplicado, a adj. *Fig.* Que estudia o trabaja con interés. **2.** Se dice de la parte de una ciencia que se ocupa de la aplicación práctica de la parte teórica: *física aplicada.*

aplicador s.m. Aparato que permite la aplicación directa sobre el cuerpo de diversos productos, sin contacto manual.

2. Envase provisto de un tapón con un agujero, que permite extender un producto de mantenimiento sobre una superficie.

aplicar v.tr. (lat. *applicare*). Poner una cosa en contacto con otra o sobre otra: *aplicar el oído a la puerta; aplicar una pomada.* **2.** *Fig.* Emplear una cosa o poner en práctica los conocimientos o procedimientos adecuados para conseguir un fin. **3.** *Fig.* Asignar un nombre o un adjetivo a algo o a alguien: *se aplica el adjetivo* clónico *a algunos equipos informáticos.* **4.** Imponer una sanción o castigo. ◆ v.tr. y prnl. *Fig.* Referir a un individuo o a un caso particular lo que se ha dicho en general o de otro individuo. ◆ **aplicarse** v.prnl. *Fig.* Poner esmero en ejecutar una cosa.

aplique s.m. Lámpara que se fija en la pared. **2.** Adorno que se fija en un objeto.

aplomado, a adj. Que obra o se expresa con aplomo. **2.** Que tiene un tono gris azulado, como el del plomo. **3.** *Fig.* Tardo, pesado.

aplomar v.tr. y prnl. Hacer que una cosa aumente de peso. ◆ v.tr. Poner algo verticalmente: *aplomar una moldura.* **2.** Dar a alguna cosa el color del plomo. ◆ v.tr. e intr. CONSTR. Examinar, valiéndose de la plomada, la verticalidad de una obra. ◆ **aplomarse** v.prnl. Cobrar aplomo o serenidad: *aplomarse ante las críticas.* **2.** TAUROM. Detenerse el toro en el último tercio de la lidia por estar agotado.

aplomo s.m. Actitud serena y segura al obrar o expresarse. **2.** Verticalidad. ◆ **aplomos** s.m.pl. Dirección que deben seguir los miembros de un cuadrúpedo para que el cuerpo esté sostenido de la forma más sólida y a la vez más favorable para ejecutar movimientos.

apnea s.f. (gr. *ápnoia*). Suspensión voluntaria o involuntaria de la respiración. ◇ **Apnea del sueño** Conjunto de trastornos (fatiga, dolor de cabeza) relacionados con apneas muy frecuentes durante el sueño, que pueden provocar enfermedades cardiovasculares.

apoastro s.m. ASTRON. Punto orbital de un astro que gravita alrededor de otro, en el que la distancia entre ambos es máxima.

apocado, a adj. Se dice de la persona tímida o excesivamente humilde.

apocalíptico, a adj. Relativo al Apocalipsis. **2.** Terrorífico, espantoso: *visión apocalíptica.* **3.** *Fig.* Fantástico, enigmático: *animales apocalípticos.*

apocalipsis s.m. (pl. *apocalipsis*). Catástrofe espantosa; fin del mundo. **2.** Escrito relativo a los misterios del fin de los tiempos en el judaísmo y cristianismo. (*El libro de Daniel* y el *Apocalipsis* de Juan forman parte de la Biblia católica y protestante; se considera que los otros apocalipsis son apócrifos.)

apocamiento s.m. Timidez o excesiva humildad.

apocar v.tr. y prnl. Hacer que una persona se sienta intimidada o humillada.

apocináceo, a adj. y s.f. BOT. Relativo a una familia de plantas gamopétalas, a menudo trepadoras, de flores pentámeras con corola en copa, como la adelfa.

apocopar v.tr. Acortar una palabra por apócope.

apócope s.f. (gr. *apokope,* amputación). Figura retórica de dicción que consiste en la caída de un fonema o de una o más sílabas finales de una palabra. (Ej.: algún *por* alguno y cine *por* cinematógrafo.)

apócrifo, a adj. y s.m. (gr. *apokryphos,* secreto). Supuesto, fingido, falso: *testamento apócrifo.* **2.** REL. Se dice del libro o texto que no está declarado canónico: *evangelio apócrifo.*

apodar v.tr. Dar a alguien un apodo. ◆ **apodarse** v.prnl. Ser llamado por un apodo.

apoderado, a adj. y s. DER. Que tiene poderes de otro para representar y proceder en su nombre.

apoderamiento s.m. Acción y efecto de apoderar o apoderarse. **2.** Acto de conferir un poder.

apoderar v.tr. Dar poder una persona a otra para que actúe en su nombre. ◆ **apoderarse** v.prnl. Hacerse dueño de una persona o cosa violentamente.

apodíctico, a adj. (lat. *apodicticus*). FILOS. Se dice de una sentencia o proposición necesarias.

apodo s.m. Nombre que se da a una persona en lugar del suyo propio y que suele aludir a un rasgo que es característico de su persona o de su vida. SIN.: *alias, mote, sobrenombre.*

ápodo, a adj. ZOOL. Que carece de pies o extremidades. ◆ adj. y s.m. Relativo a un suborden de peces teleósteos, como la anguila.

apódosis s.f. (gr. *apódosis,* explicación, retribución) [pl. *apódosis*]. LING. Parte principal de la oración condicional que expresa el resultado o la consecuencia de que se cumpla lo expresado en la subordinada o prótasis.

apofisario, a adj. Relativo a la apófisis.

apófisis s.f. (gr. *apóphysis,* retoño) [pl. *apófisis*]. ANAT. Protuberancia natural de la superficie de un hueso.

apofonía s.f. LING. Variación de una vocal en una palabra en la declinación, conjugación o derivación.

apogamia s.f. BOT. Desarrollo de un embrión a partir de una célula del saco embrionario distinto de la oosfera.

apogeo s.m. (lat. *apogeus,* gr. *apógeios,* que viene de la tierra). Grado superior que puede alcanzar alguna cosa, como el poder, la gloria, etc. **2.** ASTRON. Punto de la órbita de un cuerpo en movimiento alrededor de la Tierra (astro o satélite artificial) en el que la distancia a esta es máxima. CONTR.: *perigeo.*

apógrafo s.m. (gr. *apographós,* transcrito, copiado). Copia de un escrito original.

apolilladura s.f. Señal o agujero causado por la polilla.

apolillar v.tr. y prnl. Roer la polilla una cosa.

apolinarismo s.m. Doctrina herética de Apolinar (s. IV), que negaba que Jesucristo hubiera recibido un cuerpo y un alma semejantes a los nuestros.

apolinarista adj. y s.m. y f. Seguidor del apolinarismo.

apolíneo, a adj. Relativo a Apolo o a las Musas. **2.** Apuesto, bello. **3.** FILOS. Según Nietzsche, equilibrado y mesurado (por oposición a *dionisíaco*).

apoliticismo s.m. Condición de apolítico; actitud del que se coloca al margen de toda doctrina o actividad política.

apolítico, a adj. y s. Ajeno a la política.

apologética s.f. Parte de la teología que se ocupa de explicar y demostrar la credibilidad racional e histórica de la fe cristiana.

apologético, a adj. Relativo a la apología. **2.** Relativo a la apologética, parte de la teología.

apología s.f. (gr. *apología,* defensa). Defensa, justificación o alabanza de alguien o algo. SIN.: *encomio, panegírico.* **2.** Discurso o escrito que defiende, justifica o alaba a alguien o algo.

apologista s.m. y f. Persona que hace apología de alguien o algo. ◆ s.m. Nombre dado a los escritores cristianos de los primeros siglos que defendían la fe cristiana contra judíos, paganos, emperadores y filósofos.

apólogo s.m. Fábula o narración alegórica con intención moralizante.

apoltronamiento s.m. Acción y efecto de apoltronarse.

apoltronarse v.prnl. Sentarse cómodamente en un sillón o sofá. **2.** Volverse poltrón u holgazán.

apomazar v.tr. Alisar una superficie con piedra pómez.

apomixia s.f. (del gr. *apo,* negación, y *mixis,* unión). Reproducción sexual sin fecundación, propia de ciertas plantas superiores.

apomorfina s.f. Compuesto derivado de la morfina por pérdida de agua. (La apomorfina es un vomitivo.)

aponeurosis s.f. Membrana conjuntiva que recubre los músculos y cuyas prolongaciones o tendones fijan los músculos a los huesos.

aponeurótico, a adj. Relativo a la aponeurosis.

apopar v.intr. Presentar una embarcación la popa al viento o a la corriente.

apoplejía s.f. (lat. *apoplexia*). Cuadro clínico consecutivo a la hemorragia o embolia cerebral, caracterizado por la suspensión de la actividad cerebral. SIN.: *ictus apoplético.*

apoplético, a adj. y s. Relativo o predispuesto a la apoplejía; que padece apoplejía.

apoquinar v.tr. *Vulg.* Pagar o dar una cantidad de dinero, generalmente a disgusto.

aporcador s.m. Arado que se emplea para aporcar.

aporcadura s.f. Acción y efecto de aporcar.

aporcar v.tr. Cubrir con tierra ciertas hortalizas para que se pongan más tiernas y blancas. **2.** Acollar, cobijar con tierra el pie de los árboles, y principalmente el tronco de las vides y otras plantas.

aporético, a adj. y s.f. Relativo a la aporía.

aporía s.f. FILOS. Incertidumbre o contradicción insoluble.

aporisma s.m. (gr. *aphórisma,* objeto puesto aparte). Equimosis. **2.** Hematoma subcutáneo que se forma después de una sangría o una punción semejante cuando no coincide la perforación venosa con la cutánea.

aporreado, a adj. Que no tiene dinero, pobre. ◆ s.m. Cuba. Guiso elaborado principalmente con carne de vaca, manteca, tomate y ajo.

aporrear v.tr. y prnl. Golpear repetidamente, especialmente con una porra. ◆ v.tr. *Fig.* Tocar un instrumento musical sin gracia ni arte: *aporrear el piano.*

aporreo s.m. Acción de aporrear o aporrearse.

aportación s.f. Acción de aportar. **2.** Conjunto de bienes aportados a una empresa, proyecto, asociación, etc. **3.** Acción y efecto de acompañar, presentar documentos o pruebas junto con un escrito.

1. **aportar** v.tr. (fr. *apporter,* lat. *apportare*). Llevar, conducir: *aportar aire a los pulmones.* **2.** Dar o proporcionar: *aportar un donativo.* **3.** DER. Llevar cada cual la parte que le corresponde a la sociedad de que es miembro.

2. **aportar** v.intr. Arribar a puerto. **2.** Acudir a un lugar, acercarse, llegarse. **3.** *Fig.* Llegar a un lugar inesperado después de haber andado perdido.

aporte s.m. Aportación. **2.** Acción y efecto de depositar materiales un río, un glaciar, el viento, etc.: *aporte fluvial, glaciar, eólico.*

aportillar v.tr. y prnl. Romper, derribar una muralla o pared para poder entrar por la abertura resultante de ello. **2.** Romper o abrir cualquier cosa que está unida y compacta. ◆ **aportillarse** v.prnl. Caerse parte de un muro o pared.

aposelenio s.m. ASTRON. Punto de la órbita de un cuerpo que gravita alrededor de la Luna en el que se da la máxima distancia entre ambos.

aposentaderas s.f.pl. Nalgas; asentaderas.

aposentamiento s.m. Acción de aposentar o aposentarse. **2.** Aposento, hospedaje.

aposentar v.tr. y prnl. Alojar, hospedar.

aposento s.m. Habitación o pieza de una casa. **2.** Posada, hospedaje.

aposición s.f. LING. Construcción gramatical que consiste en determinar a un sustantivo por medio de otro sustantivo o sintagma yuxtapuestos. (Ej.: *Buenos Aires, capital de Argentina.*)

aposiopesis s.f. RET. Interrupción de una frase con un silencio brusco.

apositivo, a adj. LING. Que está en aposición o relativo a ella: *locución apositiva.*

apósito s.m. MED. Material terapéutico que se aplica sobre una lesión.

aposta adv.m. A propósito, con deliberada intención: *hacer algo aposta.*

apostadero s.m. Lugar donde hay personas apostadas o que es adecuado para ello.

1. **apostar** v.tr. (del lat. *appositum,* p. de *apponere,* poner cerca, añadir) [conj.: *contar*]. Pactar dos o más personas que disputan o hacen algún pronóstico una recompensa para aquel que tenga la razón o acierte el pronóstico: *te apuesto lo que quieras a que mañana llueve.* **2.** Exponer una cantidad de dinero o bienes en función del resultado de un juego de azar o de una contienda deportiva: *apostaron todo su dinero por un caballo desconocido.*

2. **apostar** v.tr. y prnl. (del ant. *postar,* poner a una persona en un lugar). Poner a alguien o algo en un determinado lugar para cierto fin: *apostarse entre los arbustos.*

apostasía s.f. Abandono público y voluntario de las creencias religiosas o políticas.

apóstata s.m. y f. (lat. eclesiástico *apostata*). Persona que comete apostasía. SIN.: *renegado.*

apostatar v.intr. Hacer acto de apostasía.

apostema s.f. (gr. *apóstema,* absceso). MED. Herida o absceso purulentos.

a posteriori loc. (voces latinas, *partiendo de lo que viene después*). Se dice de los razonamientos que se basan en la experiencia, en hechos constatados.

apostilla s.f. (bajo lat. *postilla,* del lat. *post,* después). Nota que se añade a un texto para completarlo, interpretarlo, o facilitar su comprensión.

apostillar v.tr. Poner apostillas a un texto. SIN.: *marginar.*

apostillarse v.prnl. Llenarse de postillas.

apóstol s.m. (lat. *apostolus,* gr. *apostolos*). Cada uno de los doce discípulos elegidos por Jesucristo. **2.** Nombre dado a los primeros mensajeros del Evangelio (san Pablo y san Bernabé). **3.** Propagador del evangelio en una ciudad o país. **4.** Propagandista de una doctrina: *apóstol del socialismo.* <> **El apóstol de las gentes** San Pablo. **El príncipe de los apóstoles** San Pedro.

apostolado s.m. Propagación de la doctrina cristiana. **2.** Predicación de una doctrina en favor de una causa: *apostolado social.* **3.** Congregación de los santos apóstoles.

apostólico, a adj. Relativo a los apóstoles: *doctrina apostólica.* **2.** Relativo al papa o que dimana de su autoridad: *bendición apostólica.* <> **Cartas apostólicas** Documentos pontificios que se dividen en cuatro clases: bulas, breves, *motu proprio* y rúbricas de la curia de Roma. **Delegado apostólico** Representante de la Santa Sede, sin carácter diplomático. **Varones apostólicos** Predicadores del Evangelio enviados a España, según la tradición, por san Pedro y san Pablo.

apostolizar v.tr. Convertir infieles a la religión católica.

apostrofar v.tr. Dirigir apóstrofes, reprender.

apóstrofe s.m. o f. (lat. *apostrophe,* gr. *apostrophé,* acción de apartarse). Interpelación brusca y poco cortés. **2.** Figura retórica de pensamiento que consiste en interrumpir el discurso para dirigirse directamente a personas o cosas personificadas.

apóstrofo s.m. (lat. *apostrophus,* gr. *apóstrophos,* que se aparta). Signo gráfico (') que indica la elisión de una vocal.

apostura s.f. Cualidad de apuesto.

apotecio s.m. BOT. Órgano reproductor en forma de copa donde se forman las esporas de los hongos ascomicetes que intervienen en la constitución de los líquenes.

apotegma s.m. (gr. *apopthegma*). Sentencia breve e instructiva, especialmente la atribuida a una persona ilustre.

apotema s.f. MAT. **a.** Perpendicular trazada desde el centro de un polígono regular a uno de sus lados. **b.** Perpendicular trazada desde el vértice de una pirámide regular a uno de los lados del polígono de la base.

apoteósico, a o **apoteótico, a** adj. Relativo a la apoteosis.

apoteosis s.f. Momento culminante de algo, particularmente el final brillante de un espectáculo. **2.** *Fig.* Glorificación o ensalzamiento de una persona por una colectividad. **3.** Deificación de un héroe.

apoyacabezas s.m. (pl. *apoyacabezas*). Reposacabezas.

apoyadura s.f. Flujo de leche que aparece en las glándulas mamarias cuando se da de mamar.

apoyar v.tr. (ital. *appoggiare*). Poner una cosa contra o sobre otra que la sostenga: *apoyar la espalda en la pared.* **2.**

Fundamentar una cosa en otra: *apoyar un relato en hechos reales.* ◆ v.tr. *Fig.* Ayudar o patrocinar a alguien o algo: *apoyar a los rebeldes, un manifiesto.* **2.** *Fig.* Confirmar, sostener o reforzar una opinión o teoría. ◆ v.intr. y prnl. Estribar, cargar en o sobre algo. ◆ **apoyarse** v.prnl. *Fig.* Servirse de una persona o cosa como soporte, sostén, protección o fundamento: *apoyarse en la familia, en la tradición.*

apoyatura s.f. (ital. *appoggiatura*). Apoyo, persona o cosa sobre la que se apoya alguien o algo. **2.** MÚS. Nota de adorno que precede a la nota principal y que se escribe en caracteres más finos.

apoyo s.m. Persona o cosa sobre la que se apoya alguien o algo. SIN.: *soporte, sostén.* **2.** *Fig.* Protección, auxilio. **3.** Confirmación, fundamento o prueba de una opinión o teoría. **4.** En resistencia de materiales, nombre genérico de todo elemento capaz de producir reacciones que pueden equilibrar el sistema de fuerzas exteriores. ◇ **Apoyo aéreo,** o **naval** Ayuda que la aviación, o la marina, da a las fuerzas terrestres. **Apoyo de ventana** Pieza horizontal de madera que constituye la parte inferior del hueco de una ventana.

apozarse v.prnl. Chile y Colomb. Empantanarse, estancarse el agua.

appassionato adv.m. (voz italiana). MÚS. Con pasión.

apraxia s.f. (de *a,* no, y gr. *praxis,* acción). PSICOPATOL. Incapacidad de ejecutar movimientos coordinados (escritura, marcha), a pesar de que exista completa integridad tanto de la motricidad como de la sensibilidad.

apráxico, a adj. Relativo a la apraxia.

apreciable adj. Que es lo bastante grande o intenso para ser apreciado o tasado: *diferencias apreciables.* **2.** *Fig.* Que es digno de aprecio o estimación: *apreciable amigo.*

apreciación s.f. Acción y efecto de apreciar: *apreciación de una moneda.*

apreciar v.tr. (de *precio*). Percibir a través de los sentidos o del intelecto. **2.** *Fig.* Reconocer y estimar el mérito de las personas o de las cosas: *apreciar la ayuda prestada.* **3.** Sentir afecto. ◆ v.tr. y prnl. Hacer que una moneda aumente de valor en el mercado de divisas, por comparación con otra u otras monedas.

apreciativo, a adj. Que es propio del aprecio o estimación afectuosa. **2.** Que es propio de la apreciación o valoración.

aprecio s.m. Acción y efecto de apreciar. **2.** Sentimiento de afecto hacia alguien: *ganarse el aprecio de sus compañeros.*

1. **aprehender** v.tr. Detener o apresar a alguien. **2.** Apoderarse de algo, especialmente si es de contrabando.

2. **aprehender** v.tr. → **aprender.**

aprehensible adj. Capaz de ser comprendido: *conocimientos aprehensibles.*

aprehensión s.f. Acción y efecto de aprehender.

aprehensivo, a adj. Perteneciente a la facultad de aprehender. **2.** Que es capaz de aprehender las cosas.

apremiar v.tr. Insistir a alguien para que haga algo deprisa. **2.** Imponer recargo en el pago de un impuesto. **3.** Obligar la autoridad a alguien a que haga algo. **4.** Oprimir, presionar. **5.** DER. Presentar instancia un litigante para que su contrario actúe en el procedimiento.

apremiante adj. Que urge.

apremio s.m. Acción de apremiar. **2.** DER. **a.** Mandamiento judicial o gubernativo para compeler al cumplimiento de alguna cosa. **b.** Procedimiento ejecutivo que siguen las autoridades administrativas y agentes de la Hacienda para el cobro de impuestos o descubiertos a favor de esta.

aprender o **aprehender** v.tr. e intr. (lat. *apprehendere,* agarrar). Adquirir el conocimiento de algo. ◆ v.tr. Retener algo en la memoria.

aprendiz, za s. Persona que trabaja para un empresario o patrono con el fin de aprender un arte u oficio.

aprendizaje s.m. Acción de aprender, adquirir el conocimiento de algo; tiempo que dura esta adquisición. **2.** ETOL. Conjunto de métodos que permiten establecer relaciones estímulo-respuesta en los seres vivos. **3.** DER. Conjunto de relaciones existentes entre el aprendiz y su patrono.

aprensión s.f. Temor, escrúpulo, desconfianza: *aprensión a la muerte.* **2.** Miramiento, delicadeza, reparo. **3.** Opinión infundada o extraña. (Suele usarse en plural.)

aprensivo, a adj. y s. Que siente aprensión. **2.** Que exagera la gravedad de sus dolencias.

apresamiento s.m. Acción y efecto de apresar.

apresar v.tr. Detener, aprisionar o encarcelar a alguien. **2.** Apoderarse de algo por la fuerza. **3.** Sujetar a alguien o algo impidiendo que se mueva.

aprestar v.tr. y prnl. Preparar, disponer lo necesario. **2.** Someter algo al apresto.

apresto s.m. Preparación a que se someten determinados materiales y productos (cueros, telas, fibras, etc.) antes de trabajarlos o ponerlos a la venta. **2.** Sustancia que se aplica sobre una tela, un tejido, etc., para darles rigidez o consistencia.

apresuramiento s.m. Acción y efecto de apresurar o apresurarse. SIN.: *apresuración.*

apresurar v.tr. y prnl. Aumentar la velocidad con que se hace algo: *apresurar el paso.*

apretar v.tr. (lat. tardío *appectorare,* estrechar contra el pecho) [conj.: *pensar*]. Estrechar con fuerza, oprimir: *apretar contra el pecho; apretar el gatillo.* **2.** Hacer que algo haga mayor presión: *apretarse el cinturón.* **3.** Estrechar algo o reducirlo a menor volumen, apiñar: *apretar un fardo.* **4.** Cerrar con fuerza una parte del cuerpo: *apretar los labios.* **5.** *Fig.* Acosar, estrechar a una persona persiguiéndola o atacándola: *apretar con preguntas.* **6.** Tratar con excesivo rigor a una persona: *apretar a los alumnos.* **7.** *Fam.* Aumentar la velocidad de una actividad: *apretar el paso.* ◆ v.tr. e intr. Presionar a una persona con amenazas, ruegos o razones: *apretar al testigo para que hable.* ◆ v.tr. y prnl. Quedar un vestido u otra prenda semejante muy ajustados al cuerpo. ◆ v.intr. Obrar con mayor intensidad algo, como el frío, el calor, una dolencia, el hambre, etc. ◇ **Apretar a correr** *Fam.* Echar a correr.

apretón s.m. Acción de apretar fuerte. **2.** *Fam.* Necesidad repentina de evacuar. ◇ **Apretón de manos** Acto de estrecharse dos personas las manos con fuerza.

apretujar v.tr. *Fam.* Apretar algo con fuerza. ◆ **apretujarse** v.prnl. Juntarse muchas personas en un espacio reducido: *apretujarse en el vagón del tren.*

apretujón s.m. *Fam.* Acción y efecto de apretujar o apretujarse.

apretura s.f. Aglomeración de personas en un espacio reducido; opresión que causa esta aglomeración. **2.** *Fig.* Conflicto, apuro. **3.** Falta o escasez de algo, especialmente de alimentos o de dinero: *apreturas económicas.*

aprieto s.m. *Fig.* Conflicto, apuro: *salir de un aprieto.* **2.** Apretura, opresión.

a priori loc. (voces latinas, *partiendo de lo anterior*). Se dice de lo que se admite fundándolo en datos anteriores a la experiencia o que no provienen de ella. **2.** Anterior a cualquier conocimiento profundizado; al primer contacto.

apriorismo s.m. Método de razonamiento *a priori.*

apriorístico, a adj. Que es o procede *a priori: método apriorístico.*

aprisa adv.m. Con rapidez o con prisa: *salir aprisa.*

aprisco s.m. Lugar cercado donde se recoge el ganado. SIN.: *corte.*

aprisionar v.tr. *Fig.* Atar, sujetar, asir. **2.** Meter a alguien en prisión.

aprista adj. y s.m. y f. Relativo al APRA, partido político peruano; que milita en este partido o es partidario de él.

aproar v.intr. MAR. Enfilar la proa de una embarcación a alguna parte.

aprobación s.f. Acción y efecto de aprobar: *recibir la aprobación del público.*

aprobado s.m. Nota inferior de aptitud en la calificación usual de exámenes.

aprobador, ra adj. y s. Que aprueba.

aprobar v.tr. (lat. *approbare*) [conj.: *contar*]. Dar por bueno algo o expresar conformidad con ello. **2.** Declarar apto a alguien en un examen, una prueba o un ejercicio. ◆ v.tr. e intr. Alcanzar la calificación de apto en un examen, prueba o ejercicio.

aprobatorio, a adj. Que aprueba o implica aprobación.

aproctia s.f. Ausencia congénita de ano.

aprontamiento s.m. Acción y efecto de aprontar.

aprontar v.tr. Preparar o disponer algo con rapidez. **2.** Dar o proporcionar con rapidez algo, especialmente dinero.

apropiación s.f. Acción de apropiarse: *una apropiación indebida.*

apropiado, a adj. Adecuado para el fin a que se destina: *palabras apropiadas a cada caso.*

apropiar v.tr. Adecuar una cosa a otra: *apropiar los gestos a las palabras.* ◆ **apropiarse** v.prnl. Adueñarse de algo, generalmente de manera ilegítima: *apropiarse ideas ajenas; apropiarse de sus bienes.*

apropincuarse v.prnl. (lat. *appropinquare*) [conj.: *aguar* y *actuar*]. *Irón.* Acercarse, aproximarse.

apropósito s.m. LIT. Pieza teatral breve que trata un tema de actualidad.

aprosómetro s.m. Escuadra de reflexión para medir distancias inaccesibles, sin necesidad de emplear las tablas trigonométricas.

aprovechable adj. Que puede aprovecharse.

aprovechado, a adj. Que sabe obtener provecho de todo. **2.** Que aprovecha las enseñanzas que recibe: *un alumno aprovechado.* ◆ adj. y s. Esp. y Méx. *Desp.* Que intenta beneficiarse de cualquier circunstancia, normalmente sin escrúpulos.

aprovechamiento s.m. Acción y efecto de aprovechar o aprovecharse.

aprovechar v.tr. Emplear algo de manera provechosa. ◆ v.intr. Servir una cosa de provecho a alguien. **2.** MAR. Orzar o dirigir la proa de una embarcación cuanto lo permite el viento. ◆ v.intr. y prnl. Adelantar, mejorar: *aprovechamos en el curso.* ◆ **aprovecharse** v.prnl. Esp. y Méx. Sacar utilidad de algo o alguien en beneficio propio: *aprovecharse de la coyuntura.* **2.** Esp. Abusar sexualmente de una persona.

aprovisionar v.tr. Abastecer de lo necesario.

aproximación s.f. Acción de aproximar o aproximarse: *aproximación de dos astros.* **2.** Modo de abordar un tema o problema. **3.** Premio de la lotería nacional que se concede a los números anterior y posterior y a los de la centena de los primeros premios de un sorteo. **4.** DEP. En golf, golpe que deja la bola cerca del agujero, en el green. ◇ **Cálculo por aproximaciones sucesivas** MAT. Serie teórica indefinida de aproximaciones que permite obtener una solución progresivamente más precisa de un problema.

aproximado, a adj. Que se acerca bastante a lo exacto. SIN.: *aproximativo.*

aproximar v.tr. y prnl. Poner cerca o a menor distancia: *aproximarse a la orilla.* **2.** Obtener un resultado tan cercano al exacto como sea necesario para alcanzar un fin determinado. ◆ **aproximarse** v.prnl. Estar próximo a suceder, obtener o alcanzar: *se aproximan las vacaciones.*

aproximativo, a adj. Aproximado.

apsara s.f. En la mitología hindú, ninfa acuática del paraíso de Indra.

ápside s.m. ASTRON. Punto orbital de un astro que gira alrededor de otro en el que la distancia entre ambos es máxima o mínima. ◇ **Línea de los ápsides** Eje mayor de la órbita de un planeta.

apterigógeno, a adj. y s.m. Relativo a una subclase de insectos inferiores desprovistos de alas.

apterio s.m. Parte del cuerpo de las aves desprovista de plumas o cubierta de plumón.

áptero, a adj. (gr. *ápteros*). Que carece de alas: *la pulga es un insecto áptero.* **2.** Se dice de algunas estatuas antiguas de divinidades representadas sin alas: *Victoria áptera.* **3.** Se dice del templo que carece de pórticos con columnas en las fachadas laterales.

aptitud s.f. Capacidad y disposición de una persona para ejercer una actividad. **2.** Cualidad que hace que un objeto sea apropiado para un fin. **3.** DER. Capacidad de obrar, ejecutar determinados actos, desempeñar una función o cargo, o realizar alguna cosa.

apto, a adj. (lat. *aptus*). Que tiene aptitud. **2.** Se dice del espectáculo que puede ser visto por un público determinado sin causar un conflicto moral: *apto para menores de edad; apto para todos los públicos.* **3.** DER. Se dice de la persona que reúne las condiciones requeridas por la ley para tener un derecho o ejercitar una acción. ◆ s.m. Calificación de un examen que garantiza la suficiente preparación.

apud prep. (lat. *apud,* junto a). Se utiliza para indicar que algo está contenido en la obra, o bien en la obra de otro. (Se abrevia *Ap.*).

apuesta s.f. Acción de apostar. **2.** Cosa o cantidad que se apuesta.

1. **apuesto, a** adj. Que tiene buena presencia física o es atractivo.

2. **apuesto, a** adj. LING. Que está en aposición.

apunarse v.prnl. Amér. Merid. Indisponerse por la falta de oxígeno que hay en las grandes alturas.

apuntación s.f. Acción de apuntar, poner por escrito. **2.** Nota apuntada. **3.** MÚS. **a.** Acción de escribir música. **b.** Notación musical.

apuntado, a adj. Que acaba en punta. **2.** Se dice del vino que empieza a tener punta de agrio. **3.** HERÁLD. Se dice de las piezas que se tocan o unen por sus puntas. ◇ **Arco apuntado** Arco que forma ángulo en la clave, característico del arte gótico.

apuntador, ra adj. y s. Que apunta: *el dedo apuntador.* ◆ s. Persona que en el teatro permanece cerca de la que actúa para susurrarle las palabras cuando le falla la memoria.

apuntalamiento s.m. Acción y efecto de apuntalar: *trabajos de apuntalamiento.*

apuntalar v.tr. Sostener o reforzar con puntales un muro, edificio, etc. ◆ v.tr. y prnl. *Fig.* Afirmar o reforzar una idea u opinión: *apuntalar sus convicciones.*

apuntamiento s.m. Acción y efecto de apuntar. **2.** Defecto de los vinos apuntados. **3.** DER. Resumen o extracto que de los autos forma el secretario de la sala o el relator de un tribunal colegiado.

apuntar v.tr. Señalar hacia algún lugar u objeto determinado, generalmente con el extremo o punta de una cosa: *apuntar con el dedo.* **2.** Poner algo por escrito, generalmente para recordarlo: *apuntar el nombre.* **3.** Colocar un arma, antes de hacer el disparo, en la dirección del objeto que se quiere alcanzar. **4.** *Fig.* Señalar o indicar algo, especialmente cuando se insinúa o sugiere: *apuntar defectos.* **5.** Unir o fijar provisionalmente. **6.** Decir disimuladamente a una persona las palabras o frases que ha olvidado, especialmente el apuntador al actor. ◆ v.tr. y prnl. Escribir el nombre de alguien en una lista o registro. ◆ v.tr. e intr. En varios juegos de naipes, poner sobre una carta o junto a ella la cantidad que se quiere jugar. ◆ v.intr. *Fig.* Empezar a aparecer o manifestarse algo: *apuntaban las canas.* ◆ **apuntarse** v.prnl. Conseguir tantos o triunfos en un juego o deporte. **2.** Empezar a agriarse el vino. **3.** *Fam.* Empezar a emborracharse. ◇ **Apuntar y no dar** *Fam.* Ofrecer y no cumplir lo que se expresa.

apunte s.m. Apuntamiento, acción y efecto de apuntar. **2.** Nota que se toma por escrito. **3.** Dibujo o pintura hecho rápidamente con pocas líneas o pinceladas. **4.** Cantidad que apunta cada jugador. **5.** Apuntador de actores. ◆ **apuntes** s.m.pl. Extracto de las explicaciones de un profesor que toman los alumnos para sí.

apuntillar v.tr. *Fig.* Darle a alguien el golpe de gracia, rematarlo. **2.** TAUROM. Rematar al toro con la puntilla.

apuñalado, a adj. Que ha recibido una puñalada. **2.** Que tiene forma de hoja de puñal.

apuñalar v.tr. Dar puñaladas: *la apuñaló.*

apurado, a adj. Pobre, necesitado. **2.** Dificultoso, peligroso. **3.** Exacto, esmerado. **4.** Apresurado, con prisas.

apuramiento s.m. Acción y efecto de apurar.

apurar v.tr. (de *puro*). Consumir o gastar algo totalmente: *apurar la frenada; apurar una copa.* **2.** Realizar una investigación o exponer algo detalladamente. **3.** *Fig.* Molestar o impacientar a alguien: *la apuraba con sus tonterías.* ◆ v.tr. y prnl. *Fig.* Apremiar, dar prisa. ◆ **apurarse** v.prnl. Preocuparse, angustiarse.

apureño, a adj. y s. De Apure (Venezuela).

apuro s.m. Conflicto o situación comprometida de difícil resolución: *salir de un apuro.* **2.** Aprieto, escasez grande: *apuros de dinero.* **3.** Vergüenza: *me da apuro entrar solo.* **4.** Prisa, urgencia: *tener apuro por llegar.*

aquejar v.tr. Afectar a alguien un padecimiento o una enfermedad: *aquejarle un mal.*

aquel, lla pron. y adj.dem. (lat. vulg. *eccum*) [pl. *aquellos, aquellas*]. Designa lo que está lejos de la persona que habla y de la que escucha: *está allí, sobre aquella mesa.* (Suele acentuarse cuando existe riesgo de anfibología.) ◆ s.m. Esp. *Fam.* Gracia, atractivo, donaire: *tener un aquel agradable.* (Suele usarse precedido de *el* o *un.*) **2.** Esp. *Fam.* Cualidad que no se quiere o acierta a decir: *temer el aquel del que dirán.*

aquelarre s.m. (vasc. *akelarre,* prado del macho cabrío). Reunión nocturna de brujos y brujas. **2.** *Fig.* Jaleo, ruido.

aquello pron.dem.neutro. Designa que está alejado de la persona que habla y de la que escucha. **2.** Designa una cosa conocida por el hablante y por el oyente, y que no se menciona: *no sé si aquello me lo dijo en serio.*

aqueménida adj. y s.m. y f. De los Aqueménidas, dinastía del imperio persa.

aquende adv.l. (del ant. *aquén de,* más acá de, del lat. vulg. *eccum hinc*). *Poét.* En el lado de acá: *aquende los Pirineos.* CONTR.: *allende.*

aquenio s.m. (lat. botánico *achaenium*). BOT. Fruto seco indehiscente, con una sola semilla, como la bellota.

aqueo, a adj. y s. De la más antigua familia étnica de Grecia. (Originarios de Tesalia, invadieron la península a comienzos del II milenio. Crearon una civilización brillante, cuyos centros eran Micenas y Tirinto, que fue destruida por los dorios [h. 1200 a.C.].)

aquerenciado, a adj. Argent. Persona o animal acostumbrado a un lugar o compañía.

aquerenciarse v.prnl. Tomar querencia a un lugar, especialmente los animales.

aquí adv.l. (lat. vulgar *eccum hic,* he aquí). En este lugar: *estoy aquí.* **2.** A este lugar: *venid aquí.* **3.** En este punto, en esta cuestión: *aquí está la dificultad.* **4.** A este punto. **5.** En correlación con allí, designa sitio o paraje indeterminado. ◆ adv.t. Ahora, en este momento: *te espero de aquí a tres días.* **2.** Entonces, en tal ocasión. ◇ **He aquí** Se usa para mostrar algo o presentar algo ante la vista.

aquiescencia s.f. (del lat. *acquiescere,* descansar, entregarse al reposo). Cualidad de aquiescente.

aquiescente adj. Que consiente o autoriza.

aquietar v.tr. y prnl. Calmar, apaciguar.

aquilatamiento s.m. Acción y efecto de aquilatar.

aquilatar v.tr. Examinar y medir los quilates del oro, las perlas y las piedras preciosas. **2.** *Fig.* Examinar y valorar debidamente el mérito de alguien o algo: *aquilatar conocimientos.* **3.** Purificar, eliminar lo impuro.

aquilea s.f. (lat. *achillea*). Milenrama, planta.

aquilia s.f. Ausencia total de secreción gástrica.

aquilino, a adj. *Poét.* Aguileño, de rostro largo y afilado.

aquillado, a adj. Que tiene forma de quilla. **2.** Se dice de la embarcación de quilla larga.

aquilón s.m. (lat. *aquilo, -onis*). Viento que sopla desde el norte.

aquintralarse v.prnl. Chile. Enfermarse de quintral las sandías, los melones y otras plantas. **2.** Chile. Recubrirse los árboles de quintral.

aquitano, a adj. y s. De Aquitania.

ara s.f. (lat. *ara,* altar). Altar. **2.** Piedra consagrada, con una cavidad que contiene generalmente reliquias de mártires, sobre la cual extiende el sacerdote los corporales para celebrar la misa. ◇ **En aras de** En honor o en provecho de: *luchar en aras de los suyos.*

árabe adj. y s.m. y f. De Arabia. **2.** De los pueblos de habla árabe. ◆ s.m. Lengua semítica hablada por los pueblos árabes, principalmente en el N de África, en Oriente Medio y en la península de Arabia. ◇ **Cifras árabes** Los diez signos de la numeración decimal. SIN.: *cifras arábigas.* **Raza árabe** Raza de caballos de asiento muy enérgico, resistentes, de excelente conformación, que se han utilizado en cruzamientos para la creación de numerosas razas.

arabesca s.f. Composición musical breve basada en una escritura melódica ricamente ornamentada.

arabesco, a adj. (ital. *arabesco*). Arábigo. ◆ s.m. Decoración pintada o esculpida con dibujos geométricos entrelazados que se emplea en pisos, zócalos y cenefas. **2.** COREOGR. Figura de danza en la que el bailarín mantiene una pierna elevada hacia atrás y los brazos extendidos hacia delante. **3.** MÚS. Melodía muy adornada.

arabia s.f. Cuba, Ecuad. y P. Rico. Tela de algodón, listada o a cuadros.

arábigo, a adj. y s.m. Árabe. ◇ **Numeración arábiga** Numeración decimal.

arabismo s.m. Palabra, expresión o giro procedentes de la lengua árabe que se usan en otra lengua. **2.** Estudio de la lengua y cultura árabes.

arabista s.m. y f. y adj. Persona que estudia la lengua o cultura árabes.

arabización s.f. Acción de arabizar.

arabizar v.tr. Dar carácter árabe.

arable adj. Que es adecuado para ser arado.

arabófono, a adj. y s. Se dice de la persona, colectividad, país, etc., de habla árabe.

arac, arak o **arrak** s.m. (ár. *'araq*). Aguardiente fabricado en el S y O de Asia por destilación de melazas de caña de azúcar que se hacen fermentar con una levadura extraída del arroz.

aráceo, a adj. y s.f. Relativo a una familia de plantas monocotiledóneas, generalmente herbáceas, que crecen en lugares húmedos o pantanosos y bosques muy sombreados, como el aro.

arácneo, a adj. Parecido a la araña.

arácnido, a adj. y s.m. Relativo a una clase de artrópodos en cuyo cuerpo se distingue un prosoma o cefalotórax con seis pares de apéndices y un opistosoma o abdomen siempre ápodo, como la araña y el escorpión.

aracnoides s.f. y adj. ANAT. Meninge situada entre la piamadre y la duramadre.

arada s.f. Acción de arar. **2.** Tierra labrada con el arado.

arado s.m. (lat. *aratum*). Instrumento agrícola que sirve para remover la tierra y es tirado por animales o por un vehículo. **2.** Reja, labor o vuelta que se hace en la tierra con este instrumento.

arador, ra adj. y s. Que ara. ◇ **Arador de la sarna** Ácaro parásito, casi microscópico, que produce la sarna. **Arador del queso** Ácaro que vive en el queso rancio.

aragonés, sa adj. y s. De Aragón. ◆ s.m. Variedad del español hablado en Aragón y parte de Navarra. ◆ adj. Se dice de una variedad de uva tinta cuyos racimos son muy grandes, gruesos y apiñados. ◇ **Raza aragonesa** Raza de corderos no trashumante, de patas muy largas y de lana muy blanca y bastante apreciada, característica de la zona pirenaica española.

aragonesa s.f. TAUROM. Suerte de capa en la que el diestro, situado de espaldas al toro, le presenta la capa por la parte posterior, y, al embestir el toro, hace un quiebro y da media vuelta para quedar en posición de repetirla.

aragonesismo s.m. Palabra, expresión o giro propios del español hablado en Aragón y parte de Navarra. **2.** Defensa de los valores políticos, económicos y culturales de Aragón.

aragonito s.m. (de Molina de *Aragón*, c. en que se encuentra un yacimiento muy importante de este mineral). Carbonato de calcio que cristaliza en el sistema rómbico.

araguán s.m. Madera fina, susceptible de pulido y de fácil trabajo, que se obtiene de un árbol que crece en Venezuela y se emplea en carpintería y construcciones navales.

arahuaco, a adj. y s. Arawak.

arak s.m. → **arac.**

arameo, a adj. y s. De un pueblo semítico, nómada en sus orígenes, que a partir del s. XII a.C. fundó varios estados en Siria y Mesopotamia. ◆ s.m. Lengua semítica que se habló en el O de Asia, desde el s. VIII a.C. hasta el s. VII d.C.

aramida adj. TEXT. Se dice de las fibras e hilos sintéticos que poseen generalmente muy buenas características mecánicas y excelente resistencia al calor.

arana s.f. Embuste, trampa.

arancel s.m. Tarifa oficial que determina los derechos que se han de pagar por ciertos servicios, como transportes, aduanas o costas judiciales.

arancelario, a adj. Relativo al arancel, especialmente el de aduanas: *derechos arancelarios.*

arándano s.m. Arbusto de hojas caducas y fruto comestible en forma de baya de color negro, del mismo nombre. (Familia ericáceas; género *Vaccinium.*)

arandela s.f. Pieza delgada, generalmente redonda, con un agujero en el centro en el que puede introducirse un vástago. ◇ **Arandela Grower** Arandela de acero templado, aristas vivas y perfil cuadrado, partida a lo largo de un radio, uno de cuyos extremos, situado en plano distinto, hace las funciones de resorte. (Colocada entre una pieza que hay que sujetar y una tuerca, impide que esta se afloje.)

araneido, a adj. y s.m. Relativo a una subclase de arácnidos caracterizados por presentar quelíceros provistos ordinariamente de glándulas venenosas, y cefalotórax indiviso, como la araña.

aranés, sa adj. y s. Del Valle de Arán. ◆ s.m. Dialecto gascón hablado en el Valle de Arán.

araña s.f. (lat. tardío *aranea*, araña, telaraña). Artrópodo que tiene cuatro pares de patas, un par de apéndices bucales venenosos y abdomen no segmentado en cuyo extremo tiene las hileras o los órganos que producen un hilo de seda con el que caza sus presas y se traslada de un lugar a otro. (Clase arácnidos; subclase araneidos.) **2.** Lámpara de varios brazos que se cuelga del techo. **3.** Red para cazar pájaros. **4.** *Fig.* y *fam.* Persona muy aprovechada y vividora. **5.** Pez de 20 a 50 cm de long. que vive en el mar o escondido en la arena de las playas, temido por sus espinas venenosas. **6.** Planta de las Antillas, de cañas rectas y nudos muy vellosos. (Familia gramíneas.) ◇ **Araña de mar** Cangrejo de mar que tiene las patas muy largas y es muy espinoso.

araña

Distribuidas por todo el mundo y todos los medios, las arañas buscan por lo general los sitios sombríos y húmedos. Se distinguen de los otros arácnidos por el órgano de copulación que se halla en los pedipalpos de los machos (con frecuencia más pequeños que los de la hembra) y por cuatro pares de ojos simples. De las 35 000 especies conocidas, solo el 30 % se consideran venenosas para el ser humano y apenas unas cuantas realmente peligrosas.

arañar v.tr. y prnl. Rasgar ligeramente la piel con las uñas o un objeto punzante. ◆ v.tr. Rayar una superficie lisa. **2.** *Fig.* y *fam.* Reunir pequeñas porciones de algo procedentes de diferentes partes para obtener cierto resultado: *arañar segundos para la victoria final.*

arañazo s.m. Herida superficial y lineal hecha en la piel con las uñas o un objeto punzante. **2.** Señal en forma de raya hecha en una superficie lisa con un objeto punzante.

arañuela s.f. Planta herbácea de tallo erguido, que se cultiva por sus flores. (Familia ranunculáceas; género *Nigella.*) **2.** PESC. Red rectangular de mallas cuadradas.

arañuelo s.m. Larva de ciertos insectos que destruye los plantíos.

araona adj. y s.m. y f. De un pueblo amerindio de Perú, perteneciente al grupo tacana de la familia lingüística arawak.

arapajó o **arapaho** adj. y s.m. y f. De un pueblo amerindio algonquino de América del Norte que vive en reservas en Wyoming y Oklahoma.

arapassú s.m. Pájaro de América Meridional parecido al pico carpintero, de pico curvado, pecho verdoso y cabeza manchada de negro.

aráquido s.m. Maní.

arar v.tr. (lat. *arare*). Abrir surcos en la tierra con el arado.

arasá o **arazá** s.m. Árbol de copa ancha y madera flexible que crece en Argentina, Paraguay y Uruguay; fruto de este árbol.

araticú s.m. Árbol silvestre de América Meridional parecido al chirimoyo, de fruto amarillo. (Familia anonáceas.)

arauá s.m. Grupo lingüístico de América del Sur, perteneciente a la familia arawak, que comprende diversos dialectos.

arauaco, a adj. y s. Arawak.

araucano, a adj. y s. De Arauco o Araucanía. ◆ s.m. Lengua de América del Sur que antes de la conquista española se hablaba en el centro de Chile y se extendió por el S hasta cerca de Buenos Aires. (Actualmente el mayor grupo hablante es el mapuche.) ◆ s.m. y adj. Nivel del mioceno continental, en la Patagonia.

araucano

El pueblo amerindio de los araucanos, denominado también *auca* ('rebelde'), que habita actualmente en Chile y Argentina, llegó a extenderse en el s. XVIII desde el río Biobío hasta la isla de Chiloé. Los principales grupos, unidos por la lengua común, el araucano, son los mapuches, picunches, huiliches y pehuenches. Los araucanos lucharon desde 1536 contra los españoles que no lograron someterlos; destacaron sus jefes Lautaro y Caupolicán. Enfrentados más tarde al gobierno central chileno, fueron derrotados definitivamente en 1881. En la actualidad se dedican a la agricultura y la ganadería.

araucaria s.f. (de *Arauco*, región de Chile donde nace este árbol). Árbol abietáceo de América del Sur y Oceanía, que mide hasta 50 m de alt. y que suele cultivarse en los parques europeos. (Familia araucariáceas.)

aravico s.m. Poeta, entre los incas.

arawak adj. y s.m. y f. De un pueblo amerindio cuyas numerosas tribus están diseminadas por una extensa zona desde la costa venezolana hasta los ríos Pilcomayo y Paraguay. SIN.: *arahuaco, arauaco, arawaco, arwak.* ◆ s.m. Familia lingüística de América del Sur que comprende más de un centenar de dialectos hablados de las Antillas al Chaco y del Pacífico al Atlántico.

arawak

Los arawak construyen sus viviendas con ramas y hojas de palmera, y realizan tejidos, cerámica y cestería. Son esencialmente cazadores, aunque practican la agricultura. Se organizan en clanes totémicos matriarcales y exógamos.

arazá s.m. → **arasá.**

arbitraje s.m. Acción de arbitrar. **2.** Resolución o juicio de un árbitro. **3.** Regulación de un litigio por un árbitro, o de un conflicto entre naciones por jueces elegidos por ellas y sobre la base del respeto al derecho; sentencia así dictaminada. **4.**

ECON. Operación de bolsa que consiste en vender ciertos títulos para comprar otros, o comprar y vender un mismo valor negociado en varios mercados para aprovechar las diferencias de cotización.

arbitral adj. Relativo al árbitro: *sentencia arbitral.*

arbitrar v.tr. (lat. *arbitrare*). Juzgar algo como árbitro: *arbitrar un partido.* **2.** Dar o proponer arbitrios. **3.** Allegar, disponer, reunir: *arbitrar recursos.* **4.** Proceder alguien con arreglo a su libre albedrío.

arbitrariedad s.f. Acción o forma de proceder regidas por la voluntad o capricho, sin sujeción a la justicia o a la razón: *la arbitrariedad de una decisión.*

arbitrario, a adj. Que no depende de la justicia o la razón sino de la voluntad o capricho de alguien. **2.** Convencional, establecido por acuerdo: *el signo lingüístico es arbitrario.* **3.** LING. Se dice de la palabra o morfema que no expresa en sí misma la idea que representa, la cual se determina por las relaciones de este signo con los otros signos.

arbitrio s.m. (lat. *arbitrium*). Facultad de resolver o decidir: *actuar según su libre arbitrio.* **2.** Autoridad, poder: *estar sujeto al arbitrio de un tribunal superior.* **3.** Decisión personal no sujeta a la lógica, o a principios establecidos: *estar al arbitrio de alguien.* **4.** DER. Sentencia del juez árbitro. ◆ **arbitrios** s.m.pl. Derechos o impuestos para gastos públicos: *arbitrios municipales.*

arbitrismo s.m. Proyectismo.

arbitrista s.m. y f. Persona que propone proyectos para acrecentar o mejorar la hacienda pública.

árbitro, a adj. y s. (lat. *arbiter, -tri*). Se dice de la persona que decide con sus propios criterios, sin depender de nadie. ◆ s. Persona elegida por las partes interesadas para dirimir una diferencia. **2.** Persona encargada de dirigir un encuentro deportivo y de vigilar que se cumpla el reglamento.

árbol s.m. (lat. *arbor, -oris*). Planta de tallo, o tronco, leñoso que puede llegar a medir una altura considerable donde se ramifica y forma la copa. **2.** LING. e INFORMÁT. Representación convencional de una estructura. **3.** MAR. Palo de un navío. **4.** MEC. Eje utilizado para transmitir un movimiento o transformarlo: *árbol de levas.* ◇ **Árbol de Judas** Ciclamor. **Árbol de la ciencia del bien y del mal** El que, según la doctrina católica, Dios puso en el Paraíso, prohibiendo a Adán y Eva comer su fruto. **Árbol de la cruz** Cruz en que murió Jesucristo. **Árbol de la vida** ANAT. Dibujo foliáceo que presenta una sección o corte del cerebelo, debido a la disposición relativa de las dos sustancias blanca y gris. **Árbol del viajero** Planta arborescente que crece en Madagascar, cuyas hojas, dispuestas en forma de abanico, recogen en su base el agua de lluvia. (Familia musáceas.) **Árbol genealógico** Tabla que indica, bajo la forma de un árbol con sus ramificaciones, la filiación de los miembros de una familia. **Árbol motor** Árbol que va unido directamente al motor. **Árbol respiratorio** MED. Sistema orgánico formado por las ramificaciones de los bronquios que parten del tronco de la laringe y de la tráquea. **Test del árbol** LÓG. Método que permite determinar la validez de una proposición; PSICOL. test proyectivo de la personalidad, que se revela en el dibujo de un árbol ejecutado por el sujeto.

conjuntos de árboles

bosque	árbol
alameda	álamo
alcornocal	alcornoque
carrascal	carrasca
castañar	castaño
cerezal	cerezo
chopera	chopo
encinar	encina
fresneda	fresno
hayedo	haya
manzanar	manzano
naranjal	naranjo
olivar	olivo, olivera
olmedo	olmo
peral	pera
pinar	pino
platanera	plátano
robledal, robledo	roble

arbolado, a adj. Se dice del terreno poblado de árboles. ◆ s.m. **2.** Conjunto de árboles.

arboladura s.f. MAR. Conjunto de mástiles y vergas de una embarcación.

arbolar v.tr. Enarbolar, levantar en alto: *arbolar una pancarta.* **2.** MAR. Poner la arboladura a una embarcación. ◆ v.intr. y prnl. MAR. Elevarse mucho las olas.

arboleda s.f. Sitio poblado de árboles.

arborecer o **arbolecer** v.intr. [conj.: *parecer*]. Hacerse árbol.

arbóreo, a adj. (lat. *arboreus*). Relativo al árbol o parecido a él. **2.** Se dice del estrato de vegetación ocupado por árboles.

arborescencia s.f. Crecimiento arborescente. **2.** Forma arborescente que toman ciertos minerales al cristalizar.

arborescente adj. (del lat. *arborescere,* volverse árbol). Que tiene la forma o las características de un árbol.

arboreto s.m. Parque plantado con árboles de numerosas especies, destinado al estudio botánico.

arborícola adj. Que vive en los árboles.

arboricultor s.m. Persona que se ocupa de la arboricultura.

arboricultura s.f. Cultivo de los árboles. **2.** Disciplina que trata sobre este cultivo.

arborización s.f. Forma natural semejante a las ramificaciones de un árbol que se observa en los cuerpos minerales o en los cristales cuando hiela.

arbotante s.m. Arco exterior que descarga el empuje de las bóvedas sobre un contrafuerte separado del muro, característico del arte gótico. **2.** MAR. Palo o hierro que sobresale del casco del buque y que se usa para sostener cualquier objeto.

arbovirasis s.f. Enfermedad infecciosa provocada por un arbovirus (dengue, fiebre amarilla, etc.).

arbovirus s.m. Virus que se transmite por la picadura de un artrópodo.

arbustivo, a adj. Que tiene la naturaleza o cualidades del arbusto.

arbusto s.m. (lat. *arbustum,* bosquecillo, semillero de árboles). Planta cuyo tallo leñoso se ramifica desde la base y se eleva a poca altura (1 a 4 m).

arca s.f. (lat. *arca*). Caja grande, generalmente de madera, cubierta con una tapa plana y provista de cerradura, que se usa para guardar ropa u otros objetos. **2.** Caja en que se guarda dinero u objetos de valor. **3.** Horno utilizado para recocer el vidrio. ◇ **Arca cerrada** *Fig.* Persona muy reservada; persona o cosa de la que no se tiene un conocimiento exacto o completo. **Arca de agua** Depósito especial para recibir el agua y repartirla. **Arca de la alianza,** o **del testamento** Aquella en que se guardaban las tablas de la ley. **Arca del diluvio,** o **de Noé** Embarcación en que, según la Biblia, se salvaron del diluvio Noé, su familia y una pareja de animales de cada especie.

arcabucear v.tr. Tirar arcabuzazos. **2.** Matar a alguien con una descarga de arcabucería.

arcabucería s.f. Conjunto de arcabuces. **2.** Tropa que iba armada con arcabuces. **3.** Descarga hecha con arcabuces.

arcabucero s.m. Soldado que iba armado con un arcabuz.

arcabuz s.m. (fr. *arquebuste*). Arma de fuego que apareció entre los ss. XIV y XVI y que se disparaba con mecha. **2.** Arcabucero.

arcabuzazo s.m. Disparo de arcabuz; herida hecha con este disparo.

arcada s.f. Serie de arcos. **2.** Ojo, espacio entre dos estribos de un puente. **3.** MAR. Cada una de las divisiones que suelen hacerse en las bodegas de un buque. **4.** MED. Contracción en el tracto digestivo alto que acompaña a las náuseas y precede con frecuencia a los vómitos. (Suele usarse en plural.) <> **Arcada dental** Borde de cada uno de los huesos maxilares, en los que están situados los alvéolos dentales.

árcade adj. y s.m. y f. Arcadio.

arcadio, a adj. y s. De la Arcadia.

arcaduz s.m. (del ár. *qadûs*). Caño por donde se conduce el agua. **2.** Cangilón, cada uno de los recipientes de la noria.

arcaico, a adj. (gr. *arksaiksós*). Que pertenece a los primeros tiempos del desarrollo de una civilización: *época arcaica; estilo arcaico.* **2.** Anticuado: *costumbres arcaicas.* ◆ adj. y s.m. GEOL. Relativo al período más antiguo de la era precámbrica.

arcaísmo s.m. (gr. *arkhaismós*). Palabra, expresión o giro que no están en uso. **2.** Carácter de arcaico.

arcaizante adj. y s.m. y f. Que usa o presenta arcaísmos.

arcángel s.m. Espíritu angélico de orden intermedio entre los principados y los ángeles: *la Biblia cita a los arcángeles Gabriel, Miguel y Rafael.*

arcano, a adj. (lat. *arcanus, -a, -um,* secreto, oculto). Secreto, oculto, recóndito. ◆ s.m. Cosa incomprensible: *los arcanos del alma humana.*

arcántropo s.m. Homínido fósil del pleistoceno medio, generalmente ligado a la especie *Homo erectus,* que comprende en particular el pitecántropo, el sinántropo, el atlántropo y el hombre de Mauer.

arcatura s.f. ARQ. Arcada figurada.

arce s.m. (lat. *acer, aceris*). Árbol de fruto seco extendido a modo de alas, que mide hasta 40 m de alt., crece en las regiones templadas y cuya madera, del mismo nombre, se emplea en ebanistería. (Destaca el arce sicómoro, que se encuentra en forma diseminada en la mayoría de los bosques; familia aceráceas.)

arcediano s.m. (lat. *archidiaconus*). Dignidad eclesiástica de los cabildos catedralicios. SIN.: *archidiácono.*

arcedo s.m. Terreno poblado de arces.

arcén s.m. Espacio comprendido entre la cuneta y la calzada de una carretera.

archaeopteryx s.m. Pájaro fósil del jurásico con características de pájaro y de reptil.

archibebé s.m. Ave zancuda de entre 20 y 35 cm de alt., parecida a la becada, que vive cerca de los estanques o en las costas de Europa occidental.

archicamarero s.m. Dignidad superior eclesiástica existente en las cortes del Sacro imperio romano germánico, en España durante la época de Carlos I y en la curia pontificia.

archicofrade s.m. y f. Miembro de una archicofradía.

archicofradía s.f. Asociación piadosa que es centro de otras asociaciones de la misma naturaleza.

archidiácono s.m. Arcediano.

archidiocesano, a adj. Perteneciente a un arzobispado.

archidiócesis s.f. Diócesis arzobispal.

archiducado s.m. Dignidad de archiduque. **2.** Territorio perteneciente al archiduque.

archiducal adj. Relativo al archiduque o al archiducado.

archiduque, esa s. Príncipe o princesa de la casa de Austria ◆ s.f. Esposa del archiduque.

archimandrita s.m. (lat. *archimandrita*). Superior de determinados monasterios ortodoxos.

archimillonario, a adj. y s. *Fam.* Multimillonario.

archipiélago s.m. (ital. *arcipelago,* mar principal). Conjunto de islas.

archivador, ra adj. y s. Que archiva. ◆ s.m. Mueble o caja que sirve para archivar papeles o documentos. **2.** Carpeta preparada para guardar documentos, fichas o apuntes ordenadamente.

archivar v.tr. Poner o guardar documentos en un archivo o archivador. **2.** Guardar un archivo o fichero en la memoria de una computadora, un disquete, etc. **3.** *Fig.* Guardar o retener en la mente: *archivar conocimientos.* **4.** *Fig.* Dar por terminado un asunto: *archivar la polémica.*

archivero, a s. Persona que tiene a su cargo un archivo o se dedica a mantenerlo y conservarlo. **2.** Méx. Archivador, mueble o caja para archivar.

archivística s.f. Técnica de conservación y catalogación de archivos.

archivístico, a adj. Relativo a los archivos.

archivo s.m. (lat. tardío *archivum*). Lugar en que se guardan documentos. **2.** Conjunto de estos documentos. **3.** INFORMÁT. Fichero.

archivo

Los archivos históricos españoles comprenden varias categorías: *archivos generales, archivos regionales, archivos especiales* con documentos institucionales, *archivos ministeriales, archivos eclesiásticos, provinciales y municipales, de protocolos* o *notariales,* y *archivos particulares.* En Hispanoamérica destacan, con el nombre genérico de *archivo general de la nación,* los archivos de Ciudad de México, Buenos Aires y Lima, y el archivo nacional de Bogotá.

archivolta s.f. (fr. *archivolte*). Arquivolta.

arcilla s.f. (lat. *argilla*). Tierra formada por silicatos de aluminio, impermeable, que mezclada con agua adquiere plasticidad. <> **Arcilla roja** Depósito arcilloso de las grandes profundidades marinas.

arcilloso, a adj. Que contiene arcilla; parecido a ella.

arción s.m. ARQ. Dibujo de líneas enlazadas que imita las mallas de una red.

arciprestal adj. Propio del arcipreste.

arciprestazgo s.m. Dignidad o cargo del arcipreste. **2.** Territorio bajo la jurisdicción de un arcipreste, que, a su vez, es división de un obispado.

arcipreste s.m. (fr. ant. *arcipreste*). Dignidad en el cabildo catedral. **2.** Párroco que, por nombramiento del obispo, tiene autoridad sobre los otros párrocos de su circunscripción.

arco s.m. (lat. *arcus*). Porción de curva continua comprendida entre dos puntos. **2.** Arma que sirve para lanzar flechas, formada por una varilla elástica que se mantiene curvada mediante una cuerda sujeta a sus dos extremos. **3.** Portería de fútbol. **4.** ANAT. Nombre genérico que toman diversas estructuras anatómicas en función de su forma: *arco aórtico; arco zigomático.* **5.** ARQ. Componente arquitectónico que franquea un espacio describiendo una o más curvas: *arco apuntado, de herradura.* **6.** MAR. Nombre con que se designa genéricamente la curvatura de distintas piezas o elementos de una embarcación. **7.** MÚS. Varilla de madera flexible que mantiene tensas unas fibras con las que, por frotamiento, se hace vibrar las cuerdas de determinados instrumentos: violín, violonchelo, etc. **8.** TECNOL. Resorte curvado utilizado para comunicar a una herramienta un movimiento de vaivén. <> **Arco de triunfo** Monumento en forma de arco y adornado con inscripciones y esculturas, construido en honor de algún personaje o en memoria de algún acontecimiento. **Arco eléctrico** Descarga eléctrica a través de un gas, que produce una temperatura muy elevada y luz brillante. **Arco insular** GEOGR. Conjunto de islas volcánicas que dominan una fosa oceánica y cuya formación resulta, en el margen de una placa, por partición de la placa limítrofe. **Arco iris,** o **de san Martín** Arco luminoso que se observa por la refracción y reflexión de la luz del sol en las gotas del agua suspendidas en el aire. (Tradicionalmente se distinguen en él siete colores: rojo, anaranjado, amarillo, verde, azul, violeta y añil; este último ya no se tiene en cuenta en óptica.) **Arco reflejo** FISIOL. El recorrido, por el impulso nervioso, desde el estímulo de los receptores o nervios sensitivos hasta que se ejecuta la respuesta por los órganos efectores.

arcón s.m. Arca grande.

arcontado s.m. Dignidad de arconte.

arconte s.m. Magistrado encargado de las funciones de gobierno en diversas ciudades griegas, principalmente en Atenas.

arcosa s.f. Gres feldespático resultante de la cementación de una arena granítica.

arcosolio s.m. Nicho abierto en las paredes de las catacumbas cuya parte superior forma una bóveda cimbrada, decorada a veces con pinturas. SIN.: *arco sepulcral.*

ardeiforme adj. y s.m. ZOOL. Relativo a un orden de aves de pico y patas largos y tamaño generalmente grande, como la garza.

arder v.intr. (lat. *ardere*). Estar algo encendido o ser susceptible de quemarse. **2.** Estar muy caliente: *el asfalto ardía.* **3.** *Fig.* Estar alguien muy agitado o afectado por una pasión o estado de ánimo: *arder en deseo de saber.* **4.** *Fig.* Estar un lugar agitado por algo: *arder en fiestas.*

ardid s.m. (cat. ant. *ardit,* empresa guerrera, estratagema). Medio hábil y sutil para conseguir algo.

ardiente adj. Que arde, causa ardor o parece que abrasa: *cirio ardiente.* **2.** Vehemente, apasionado: *ardiente defensor.* **3.** *Poét.* Que tiene un tono rojo encendido, muy fuerte. **4.** MAR. Se dice de la embarcación de vela que suele dirigir su proa de cara al viento.

ardilla s.f. (dim. del ant. *harda*). Mamífero roedor arborícola, de unos 25 cm de long. y 20 cm de cola, pelaje generalmente rojizo y cola larga y tupida, que se alimenta sobretodo de semillas y frutos secos.

ardita s.f. Colomb. y Venez. Ardilla.

ardite s.m. (gascón *ardite*). Moneda de vellón acuñada en Cataluña en los ss. XVI y XVII, y en Navarra en los ss. XVII y XVIII cuyo valor equivalía a un dinero. **2.** Cosa de poco valor: *no valer un ardite.*

ardor s.m. (lat. *ardor*). Calor intenso. **2.** Sensación de calor en una parte del cuerpo, especialmente en el estómago: *ardores de estómago.* **3.** *Fig.* Brillo, resplandor. **4.** *Fig.* Entusiasmo o vehemencia: *querer con ardor.* **5.** *Fig.* Ansia o anhelo de algo: *esperar con ardor.*

ardoroso, a adj. Relativo al ardor.

arduo, a adj. (lat. *arduu,* escarpado, difícil). Que es muy difícil o exige mucho trabajo: *ardua tarea.*

área s.f. (lat. *area,* solar sin edificar, era). Superficie comprendida dentro de unos límites. **2.** Dominio al que se extiende la acción o influencia de una persona, colectividad, etc. **3.** Conjunto de disciplinas o conocimientos relacionados entre sí: *área de ciencias.* **4.** En fútbol y otros deportes de equipo, zona marcada delante de la meta, en la que las infracciones cometidas por el equipo que defiende son castigadas con sanciones especiales. **5.** Zona acondicionada a intervalos regulares al borde de las autopistas para descansar *(área de descanso)* o para adquirir combustible, realizar compras, comer, etc. *(área de servicio).* **6.** ANAT. Localizaciones topográficas de las diversas estructuras anatómicas, a las que se les reconoce una particular constitución o función. **7.** MAT. **a.** Medida de una superficie: *área del triángulo.* **b.** Unidad de medida de superficie (símb. a), que equivale a 100 m^2. ◇ **Área administrativa** Unidad territorial, con funciones y responsabilidades limitadas por un orden jerárquico, en que se dividen los estados. **Área continental** Superficie de la corteza terrestre que, a lo largo de los períodos geológicos, ha permanecido sensiblemente estable y rígida durante la formación de los geosinclinales. **Área cultural** Conjunto geográfico donde se agrupan sociedades cuya cultura, lengua y organización social presentan rasgos comunes. **Área de distribución** Extensión geográfica en cuyo seno se encuentra una especie o un grupo animal o vegetal determinado. **Área lingüística** Dominio que ocupa un fenómeno o un conjunto de fenómenos lingüísticos. **Área monetaria** Zona que engloba diversos países que observan reglas peculiares en sus relaciones monetarias, confiando a la moneda principal un papel esencial en los intercambios internos y externos.

areca s.m. Palmera que crece en las regiones cálidas de Asia y Oceanía, cuyo fruto, del mismo nombre, contiene una almendra (la nuez de areca) que es utilizada como masticatorio y de la que se extrae el cachunde.

arefacción s.f. Acción y efecto de secar o secarse. SIN.: *secamiento.*

arel s.m. (cat. *erer*). Criba grande que se utiliza para limpiar el trigo de la era.

arena s.f. (lat. *arena*). Conjunto de partículas, generalmente de cuarzo, disgregadas de las rocas. **2.** *Fig.* Lugar del combate, especialmente en los circos romanos. **3.** TAUROM. Ruedo de las plazas de toros. ◇ **Arenas movedizas** Arena húmeda, poco consistente, en la que un cuerpo puede hundirse hasta quedar atascado; arenas secas que los vientos desplazan.

arenal s.m. Extensión grande de terreno arenoso.

arenavirus s.m. Término genérico que designa a todos los virus con ARN (ácido ribonucleico).

arenero, a s. Persona que vende arena. ◆ s.m. F. C. Depósito que contiene arena destinada a impedir que las ruedas patinen sobre los rieles. **2.** TAUROM. Mozo de servicio encargado de mantener en condiciones convenientes durante la lidia la superficie de arena del ruedo.

arenga s.f. Discurso solemne destinado a enardecer los ánimos. **2.** *Fig.* y *fam.* Discurso largo, improcedente y molesto.

arengar v.tr. e intr. Pronunciar en público una arenga.

arenícola adj. y s.m. y f. Que vive en la arena.

arenilla s.f. Arena menuda. **2.** Arena menuda de hierro magnético que se echaba en los escritos para secarlos. ◆ **arenillas** s.f.pl. MED. Finos corpúsculos que aparecen en el sedimento urinario de ciertos enfermos, en especial los que padecen litiasis.

arenisco, a adj. Que tiene mezcla de arena.

arenisca s.f. Roca sedimentaria formada por granos de arena unidos por un cemento silícico o calcáreo, utilizada en construcción y pavimentación. SIN.: *gres.*

arenoso, a adj. Que tiene arena o abunda en ella: *terreno arenoso.* **2.** Parecido a la arena o que participa de sus características: *rocas arenosas.*

arenque s.m. (fr. *hareng*). Pez de 20 a 30 cm de long., con el dorso azul verdoso y el vientre plateado, que habita en el Atlántico norte y es muy apreciado por su carne. (Familia clupeidos.)

arenquera s.f. Red para pescar arenques.

arenquero, a s. Persona que comercia con arenques. ◆ s.m. Embarcación especializada en la pesca del arenque.

areografía s.f. Estudio descriptivo de la superficie del planeta Marte.

areola o **aréola** s.f. ANAT. Círculo pigmentado que rodea el pezón del seno. **2.** MED. Círculo rojizo que rodea un punto inflamatorio.

areolar adj. Relativo a la areola. **2.** GEOGR. Se dice de la erosión que actúa, sobre todo, lateralmente. ◇ **Velocidad areolar** FÍS. Cantidad que define en cada instante la variación del área barrida por un radio vector cuyo origen es un punto fijo y cuyo extremo es un punto en movimiento.

areómetro s.m. (del gr. *araiós,* raro, poco abundante o poco denso, y *métron,* medida). Instrumento que sirve para determinar la densidad de los líquidos. SIN.: *densímetro.*

areopagita s.m. Miembro del areópago de Atenas.

areópago s.m. Tribunal supremo de la antigua Atenas. (V. parte n. pr.)

arepa s.f. Amér. Pan de maíz, amasado con huevos y manteca.

arepera s.f. Colomb. y Venez. Establecimiento en el que se venden arepas.

arepita s.f. Colomb. Tortita de papelón, maíz y queso.

arequipa s.f. Colomb. y Perú. Postre de leche.

arete s.m. Aro pequeño. **2.** Méx. Pendiente, joya.

arévaco, a adj. y s. De un pueblo celtíbero establecido en el alto Duero. (Tras la toma de Numancia, una de sus principales ciudades, por los romanos [133 a.C.], las tierras de los arévacos fueron vendidas a los pelendones.)

argamandijo s.m. *Fam.* Conjunto de cosas menudas o utensilios destinados a un fin. <> **Dueño, o señor, del argamandijo** *Fam.* Persona que tiene el mando de algo.

argamasa s.f. Mezcla de cal, arena y agua.

argán s.m. Arbusto espinoso, de frutos comestibles con almendra oleaginosa, que crece en el S de Marruecos. (Familia sapotáceas.)

arganeo s.m. MAR. Argolla metálica en la que se fija el cable o la cadena del ancla.

argel adj. Argent. y Par. Antipático.

argelino, a adj. y s. De Argel o Argelia.

argén o **argent** s.m. HERÁLD. Metal de color blanco, que se representa dejando en blanco el espacio que cubre.

argentado, a adj. Plateado. **2.** *Fig.* Se dice de la voz clara y sonora.

argentán s.m. Aleación de cobre, níquel y cinc, cuyo color blanco recuerda al de la plata.

argénteo, a adj. (lat. *argentus*). Que tiene el brillo semejante al de la plata o alguna de sus características.

argentería s.f. Bordadura o filigrana de plata u oro. **2.** Platería.

argentífero, a adj. Que contiene plata: *yacimientos argentíferos.*

argentina s.f. Planta perenne de flores amarillas en corimbo, común en España. (Familia rosáceas.)

argentinismo s.m. Palabra, expresión o giro propios del español hablado en Argentina.

argentino, a adj. y s. De Argentina. ◆ adj. Argénteo. **2.** *Fig.* Se dice del sonido claro y bien timbrado: *voz argentina.* ◆ s.m. Variedad del español hablado en Argentina. **2.** Moneda antigua de oro de Argentina.

argentita s.f. MINER. Argirosa.

argentopirita s.f. MINER. Sulfuro natural de hierro y plata $AgFe_3S_5$, que se presenta en cristales grises ortorrómbicos.

argentoso, a adj. Que contiene plata.

argiráspide s.m. Infante escogido del ejército de Alejandro Magno, armado con escudo de plata.

argirosa s.f. Sulfuro natural de plata Ag_2S.

argirosis s.f. Intoxicación producida por la ingestión o contacto de plata o sus sales.

argivo, a adj. y s. De Argos o de la Argólida. **2.** Relativo a la Grecia antigua.

argo s.m. Ave parecida al faisán que vive en la India y Malaca. (Familia fasiánidos.)

argolla s.f. (del ár. *gúlla*). Aro grueso de metal para asir o amarrar algo. **2.** Anilla.

argón s.m. Gas noble, incoloro, que constituye aprox. la centésima parte de la atmósfera terrestre. **2.** Elemento químico (Ar), de número atómico 18 y masa atómica 39,948.

argonauta s.m. (gr. *Argonaytis*). Cada uno de los héroes de la mitología griega que acompañó a Jasón en la nave Argos en la conquista del vellocino de oro. **2.** Molusco de los mares cálidos cuya hembra fabrica una concha calcárea blanca para proteger su puesta. (Clase cefalópodos.)

argot s.m. (voz francesa) [pl. *argots*]. Variedad lingüística de un idioma que es representativa de un grupo social o profesional. SIN.: *jerga.*

argucia s.f. (lat. *argutia*). Argumento falso presentado con habilidad.

argüir v.tr. (lat. *arguere*) [conj.: *huir*]. Deducir una idea como consecuencia de otra. **2.** Hacer ver con claridad algo. ◆ v.intr. Poner argumentos a favor o en contra de algo: *argüir sobre una opinión.*

argumentación s.f. Conjunto de razonamientos y explicaciones que apoyan o niegan una afirmación.

argumental adj. Relativo al argumento: *síntesis argumental; trama argumental.*

argumentar v.tr., intr. y prnl. Presentar argumentos, pruebas. **2.** LÓG. Sacar consecuencias.

argumento s.m. (lat. *argumentum*). Razonamiento o explicación destinados a apoyar o negar una afirmación. **2.** Conjunto ordenado y lineal de los acontecimientos que se narran en una obra literaria, teatral, cinematográfica, etc. **3.** Sumario de los acontecimientos principales de una obra literaria, teatral, cinematográfica, etc., descritos de forma ordenada y lineal. **4.** LÓG. Proposición o conjunto de proposiciones de las que se busca sacar una consecuencia. <> **Argumento de una función** LÓG. Elemento cuyo valor permite determinar el valor de la función dada. **Argumento de un número complejo** MAT. Ángulo formado por el semieje real positivo con el módulo del número, en sentido antihorario. (Tiene infinitos valores, que difieren en un número entero de giros completos.)

aria s.f. (voz italiana, *aire, tonada*). Composición musical de carácter melódico, destinada a ser cantada por una sola voz y, generalmente, con acompañamiento instrumental. SIN.: *romanza.*

aríbalo s.m. Vaso griego de base ancha y cuello estrecho que se usaba para guardar aceites y perfumes. **2.** Vaso realizado en Perú en la época incaica.

aridez s.f. Cualidad de árido: *aridez de la tierra.* <> **Índice de aridez** Fórmula que permite apreciar el clima de una región, comparando la distribución anual de precipitaciones y temperaturas.

árido, a adj. (lat. *aridus*). Muy seco: *tierras áridas.* **2.** *Fig.* Que es rebuscado y poco ameno: *discurso árido.* ◆ **áridos** s.m.pl. Granos, legumbres y frutos secos a los que se pueden aplicar medidas de capacidad. **2.** CONSTR. Conjunto de los constituyentes inertes (arenas, gravas, etc.) de morteros y hormigones.

aries adj. y s.m. y f. (pl. *aries*). Se dice de la persona nacida entre el 21 de marzo y el 19 de abril, bajo el signo de Aries o Carnero. (Suele escribirse con mayúscula.)

arieta s.f. (ital. *arietta*). MÚS. Aria o canción breve de carácter ligero, cantada frecuentemente por un personaje secundario de una ópera.

ariete s.m. (lat. *aries, -etis,* carnero). Máquina de guerra que se utilizaba para romper las defensas o las puertas de una ciudad o de un castillo asediado. **2.** Delantero centro de un equipo de fútbol. <> **Ariete hidráulico** Máquina para elevar agua. **Golpe de ariete** Onda de presión en una conducción de agua que ha sido cerrada bruscamente.

arietino, a adj. Parecido a la cabeza de un carnero.

ariaje adj. Se dice de la uva de color rojo que producen ciertas cepas altas y de sarmientos duros. (También *alarije.*)

arilación s.f. QUÍM. Proceso de síntesis orgánica por el que se introducen uno o más radicales arilo en un compuesto.

arilado, a adj. BOT. Provisto de arilo.

arilamina s.f. Amina derivada de un carburo bencénico.

1. **arilo** s.m. Radical derivado de los compuestos bencénicos.

2. **arilo** s.m. (lat. botánico *arillus*). BOT. Tegumento que envuelve la semilla, desarrollado después de la fecundación.

arimez s.m. ARQ. Resalto o parte que sobresale como refuerzo o adorno de algunos edificios.

ario, a adj. y s. De un conjunto de tribus de origen indoeuropeo que, a partir del s. XVIII a.C., se extendieron por Irán y el N de la India. (Su lengua es el antepasado común de las lenguas indias [sánscrito, páli] e iraníes [avéstico, antiguo persa].) SIN.: *amaryo.* **2.** Que, según la doctrina nazi, pertenece a una raza blanca pura y superior.

arioso s.m. y adj. MÚS. Fragmento melódico declamado, de forma menos rigurosa que el aria, sostenido por un acompañamiento frecuentemente sistemático.

arísaro s.m. (gr. *arísaron*). Planta herbácea tuberosa cuyas hojas están salpicadas de manchas de color pardo púrpura. (Familia aráceas.)

arisblanco, a adj. Se dice del trigo y de la espiga de aristas blancas.

arisco, a adj. Se dice de la persona o animal de trato difícil y carácter huidizo.

arisnegro, a adj. Se dice del trigo y la espiga de aristas negras.

arista s.f. (del lat. *arista,* arista de la espiga, espina). Ángulo saliente que forman al unirse dos caras planas o curvas. **2.** Línea que separa dos vertientes de una montaña. **3.** BOT. Apéndice recto, filiforme, en que terminan ciertos órganos. **4.** MAT. **a.** Línea de intersección de dos planos o dos superficies que se cortan. **b.** En un poliedro, segmento con extremos en dos vértices contiguos. ◆ **aristas** s.f.pl. *Fig.* Dificultades en un asunto. ◇ **Bóveda de arista** Bóveda cuya estructura resulta, en el caso más simple, de la intersección en ángulo recto de dos bóvedas de cañón de la misma altura.

aristado, a adj. Que tiene aristas.

aristarco s.m. *Desp.* Crítico excesivamente severo.

aristocracia s.f. (gr. *aristokratia,* gobierno de los mejores). Clase de los nobles. **2.** Gobierno ejercido por una clase privilegiada, generalmente hereditaria. **3.** Élite.

aristócrata s.m. y f. Miembro de la aristocracia.

aristocrático, a adj. Relativo a la aristocracia. **2.** Fino, distinguido: *porte aristocrático.*

aristocratizar v.tr. y prnl. Dar o infundir carácter aristocrático.

aristoloquia s.f. Planta trepadora, de raíz fibrosa, hojas acorazonadas, flores amarillas y fruto esférico y coriáceo, algunas de cuyas especies se cultivan en jardinería. (Grupo apétalas.)

1. **aristón** s.m. (de *arista*). Esquina de una obra de fábrica hecha con un material más resistente con objeto de reforzarla. **2.** Banda o tira de plomo, cinc, etc., que recubre la unión de las vertientes en las cubiertas.

2. **aristón** s.m. (de *Aristeo,* héroe mitológico griego). Instrumento musical de manubrio, parecido al organillo.

aristotélico, a adj. y s. Relativo a Aristóteles o a su doctrina: *sistema aristotélico.* **2.** Partidario del aristotelismo.

aristotelismo s.m. Doctrina de Aristóteles. **2.** Corriente filosófica medieval que interpretó la obra de Aristóteles a partir de las teologías cristiana o musulmana.

aritenoides adj. y s.m. Se dice de cada uno de los dos cartílagos móviles de la laringe que tensan las cuerdas vocales.

aritmética s.f. (lat. *arithmetica,* del gr. *árithmitixí tékhyi,* arte numérica). Ciencia que estudia las propiedades de los números y las operaciones que con ellos pueden realizarse (sentido clásico) o que contempla la teoría de los números que intervienen en los métodos de la geometría algebraica y la teoría de grupos (sentido moderno).

aritmético, a adj. Relativo a la aritmética: *operación aritmética.* ◆ s. Persona que se dedica a la aritmética.

aritmomancia o **aritmomancía** s.f. Adivinación a través de los números.

aritmomanía s.f. Compulsión que consiste en contar y obliga al sujeto que la padece a hacer continuos cálculos mentales y a regular toda su actividad según cifras.

arlequín s.m. (ital. *arlecchino*). Personaje de la comedia del arte italiana que vestía un traje de rombos de distintos colores y llevaba una máscara negra que le cubría los ojos y la nariz. **2.** *Fig.* y *fam.* Persona informal, ridícula y despreciable.

arlequinada s.f. *Fam.* Acción o ademán ridículos.

arlequinesco, a adj. Relativo al arlequín o semejante a él.

arma s.f. (lat. *arma, -orum,* armas). Instrumento, dispositivo o aparato destinados a atacar o defenderse. **2.** *Fig.* Medio de defensa o ataque: *el arma de la calumnia.* **3.** MIL. Cada uno de los cuerpos militares que forman el ejército combatiente: *arma de caballería.* ◆ **armas** s.f.pl. Conjunto de las tropas de combate de un estado. **2.** Milicia o profesión militar. **3.** *Fig.* Medios que sirven para conseguir algo: *mis armas son la verdad y la justicia.* **4.** HERÁLD. Blasones que figuran en el escudo. ◇ **Alzarse,** o **levantarse, en armas** Sublevarse contra una autoridad, disponerse para una guerra. **Arma blanca** Arma que consta de una empuñadura y una hoja de acero afilada, como la espada, el cuchillo, etc. **Arma de dos filos,** o **de doble filo** *Fig.* Aquello que puede volverse contra el que lo utiliza como defensa o para atacar o perjudicar a otro. **Arma de fuego** Arma que dispara un proyectil empleando la fuerza explosiva de la pólvora u otra materia. **Arma ligera** Arma blanca y corta; arma de fuego que se maneja con una sola mano; arma que se puede transportar sin ayuda de tracción animal o mecánica. **Armas especiales** Conjunto de armas nucleares, biológicas o químicas (por oposición a las *clásicas* o *convencionales*). **De armas tomar** Se dice de la persona que muestra bríos y resolución. **Mando de armas** Período de tiempo en que el militar presta servicios que exigen el mando de las unidades tácticas. **Pasar por las armas** Fusilar, ejecutar una sentencia con armas de fuego. **Presentar (las) armas** Ejecutar el movimiento reglamentario consistente en poner el fusil frente al pecho, con el disparador hacia fuera, para rendir honores militares a quienes por ordenanza corresponda. **Rendir el arma** Hacer la tropa los honores al Santísimo, hincando en tierra la rodilla e inclinando las armas. **Rendir las armas** Rendir la tropa las armas al enemigo reconociéndose vencido. **Velar (las) armas** Guardarlas el que había de ser armado caballero, haciendo centinela por la noche cerca de ellas.

armada s.f. Conjunto formado por las fuerzas navales de un estado. **2.** Conjunto de barcos de guerra empleados en una operación.

armadía s.f. Plataforma flotante para pasar un río, formada por un conjunto de maderos unidos. **2.** Conjunto de maderos que se transportan río abajo.

armadijo s.m. Trampa, artificio para cazar. **2.** Armazón de palos.

armadillo s.m. Mamífero desdentado con el dorso y la cola cubiertos por placas córneas articuladas, que le permiten arrollarse en bola para protegerse; se alimenta de insectos y lombrices, y vive en América Central y América del Sur.

armado, a adj. Provisto de armas. **2.** Provisto de un armazón interno de metal o de una cubierta protectora: *hormigón armado.* ◆ s.m. Nombre de diversos peces de agua dulce de los ríos de Argentina que carecen de escamas y poseen tres pares de barbillas alrededor de la boca y una fuerte espina aserrada en el inicio de la aleta dorsal y de las pectorales.

armador s.m. Persona o empresa que se dedica a construir barcos, o a equiparlos.

armadura s.f. Pieza o conjunto de piezas sobre las que se arma una cosa. **2.** Conjunto de defensas metálicas que protegían el cuerpo de los combatientes (ss. XIII-XVI). **3.** Armazón de piezas de madera o metal que sirve para sostener las construcciones y, en particular, los tejados. **4.** Esqueleto de un ser vivo. **5.** ELECTR. Cuerpo conductor que forma parte de un condensador eléctrico; barra de hierro dulce que une los dos polos de un imán. **6.** MÚS. Conjunto de sostenidos o bemoles colocados junto a la clave, y que indican el tono del fragmento.

armamentismo s.m. MIL. Acumulación de armamento como medio de disuasión.

armamentista adj. Relativo al armamento o al armamentismo.

armamento s.m. (lat. *armamentum*). Conjunto de armas y material al servicio del ejército, de un cuerpo armado o de una persona. **2.** Acción de armar.

armar v.tr. y prnl. (lat. *armare*). Proveer de armas: *armar una plaza fuerte.* **2.** Disponer para la guerra: *armarse una nación.* **3.** *Fig.* Organizar, disponer, formar: *armar un baile.* **4.** *Fig.* y *fam.* Mover, causar, producir: *armar pelea, jaleo, ruido* ◆ v.tr. Preparar un arma para disparar. **2.** Montar los elementos o piezas que forman cualquier objeto: *armar una máquina, un andamio.* **3.** MAR. Proveer una embarcación de todo lo necesario. ◆ **armarse** v.prnl. Disponerse a hacer la guerra. **2.** *Fig.* Disponer el ánimo para lograr algún fin o resistir una contrariedad: *armarse de valor, paciencia.* **3.** Amér. Plantarse, pararse un animal y resistirse a avanzar. <> **Armarla** *Fam.* Provocar una discusión o un alboroto. **Armarse hasta los dientes** Cubrirse de toda clase de armas.

armario s.m. (lat. *armarium*). Mueble con puertas y estantes. <> **Armario empotrado** Esp. Clóset. **Salir del armario** Esp. Hacer pública una persona su condición de homosexual. GEOSIN.: Amér. *salir del clóset.*

armatoles s.m.pl. Milicia armada griega. (ss. XVI XX).

armatoste s.m. Objeto, en especial un mueble o una máquina, excesivamente grande o pesado. **2.** Armadijo, armazón de palos.

armazón s.m. o f. Pieza o conjunto de piezas sobre las que se arma, construye o sostiene algo. **2.** *Fig.* Soporte o base de algo.

armella s.f. (lat. *armilla,* brazalete, de *armus,* parte superior del brazo). Anillo de metal con un tornillo para clavarlo en parte sólida. **2.** Anillo en que se engancha una falleba.

armenio, a adj. y s. De un pueblo del grupo indoeuropeo que habita en la República de Armenia y en varias regiones del Cáucaso y Rusia, y que forma una importante diáspora (EUA, Próximo oriente y Europa occidental). ◆ s.m. Lengua indoeuropea de la región del Cáucaso.

armería s.f. Establecimiento en que se venden armas. **2.** Lugar donde se conservan o almacenan las armas. **3.** Arte de fabricar armas. **4.** Heráldica.

armero s.m. Persona que fabrica o vende armas. **2.** Persona encargada de custodiar o conservar armas. **3.** Armazón, generalmente de madera, para guardar ordenadamente armas.

armilar adj. **Esfera armilar** Conjunto de varios círculos de metal, madera, etc., que representan el cielo y el movimiento de los astros, en cuyo centro se halla situada una pequeña esfera que representa la Tierra.

armilla s.f. (lat. *armillam,* brazalete). ARQ. **a.** Astrágalo, cordón que rodea la columna. **b.** Espira, parte de la columna encima del plinto.

arminianismo s.m. Doctrina de Arminius.

armiño s.m. (del lat. *armenius mus,* rata de Armenia). Mamífero carnívoro, de unos 27 cm de long., parecido a la comadreja, cuyo pelaje, rojizo en verano, se vuelve blanco en invierno, excepto el extremo de la cola, que siempre es negro. **2.** Piel de este animal. **3.** Prenda confeccionada con esta piel. **4.** HERÁLD. Forro con manchas de sable sembradas sobre campo de argén.

armisticio s.m. (lat. *armistitium,* detención de las armas). Convención por la que los dos bandos contendientes de una guerra suspenden las acciones bélicas sin poner fin al estado de guerra.

armón s.m. (fr. *armon*). Juego delantero de los carruajes de artillería ligera de campaña, de tracción animal.

armonía s.f. (gr. *harmonía*). Proporción y relación adecuada entre los elementos de un todo. **2.** Unión y combinación de sonidos simultáneos y diferentes, pero acordes entre sí. **3.** *Fig.* Relación amistosa y sin tensiones entre dos o más personas: *vivir en armonía.* **4.** MÚS. Arte de la formación y encadenamiento de los acordes.

armónica s.f. (de *armónico*). Pequeño instrumento musical de viento que tiene forma rectangular y cuyo sonido es producido por unas lengüetas metálicas que vibran al soplar y al aspirar.

armónico, a adj. (gr. *harmonikós*). Relativo a la armonía. **2.** De sonido agradable: *voz armónica.* ◆ s.m. Cada uno de los sonidos accesorios, cuyas frecuencias son múltiplos de la del sonido principal, que se añaden a este sonido y cuyo conjunto da lugar al timbre.

armonio o **armónium** s.m. Instrumento musical de viento con lengüetas y teclado.

armonioso, a adj. Se dice de lo que tiene armonía: *colores armoniosos.*

armonización s.f. Acción y efecto de armonizar.

armonizar v.tr. Poner en armonía: *armonizar ideas poco acordes.* **2.** MÚS. **a.** Apoyar una melodía con un acompañamiento, en general con acordes. **b.** Afinar los tubos de un órgano para darles la sonoridad requerida. ◆ v.intr. y prnl. Estar en armonía.

armorial s.m. Recopilación de los escudos de armas de la nobleza de una nación, provincia o familia.

armoricano, a adj. y s. De Armórica.

armuelle s.m. (lat. *holus molle,* hortaliza suave). Planta de 1 m de alt., con hojas triangulares y flores pequeñas, en espiga, de color verde amarillento, una de cuyas especies se cultiva en huertas. (Familia quenopodiáceas.) **2.** Bledo.

ARN s.m. (sigla de *ácido ribonucleico*). Ácido nucleico formado por una sola cadena de nucleótidos, indispensable para la síntesis de las proteínas a partir de un programa genético aportado por el ADN. (Hay tres tipos de ARN o ácido ribonucleico: el *ARN mensajero,* el *ARN de transferencia* y el *ARN ribosómico.*)

arnés s.m. (fr. ant. *harneis*). Armadura de guerra. ◆ **arneses** s.m.pl. Arreos, guarniciones de las caballerías o animales de tiro.

árnica s.f. (lat. moderno *arnica*). Planta, de unos 50 cm de alt., que crece en las montañas elevadas, de flores amarillas, con la que se prepara una tintura útil para las contusiones. (Familia compuestas.) **2.** Tintura alcohólica preparada con las flores de esta planta.

1. **aro** s.m. (lat. *arum*). Pieza u objeto con forma de circunferencia. **2.** Argent. y Chile. Pendiente, joya. **3.** TECNOL. **a.** Anillo metálico que sirve para mantener fija una polea, un engranaje, etc., para limitar el recorrido de una pieza o para disimular una juntura en las superficies cilíndricas. **b.** Segmento de los pistones del motor. <> **Entrar,** o **pasar, por el aro** Ejecutar por fuerza algo que no se quiere.

2. **aro** s.m. (lat. *arvum,* campo sembrado). Planta de pequeñas flores unisexuales dispuestas en espigas envueltas por una espata verdusca. (Familia aráceas.) SIN.: *jaro, yaro.*

3. **¡aro!** interj. Bol. y Chile. Se usa para interrumpir al que habla, canta o baila, mientras se le ofrece una copa de licor.

aroma s.m. (lat. *aroma, atis*). Perfume, olor muy agradable. ◆ s.f. Flor del aromo. ◆ s.m. o f. Goma, bálsamo, leño o hierba de mucha fragancia.

aromático, a adj. Que tiene aroma, perfume. **2.** QUÍM. Se dice de los compuestos cuya molécula encierra como mínimo un núcleo bencénico, como el benceno y el tolueno.

aromatización s.f. Acción de aromatizar. **2.** QUÍM. Transformación de un compuesto químico en aromático.

aromatizante adj. y s.m. Se dice de una sustancia que sirve para aromatizar.

aromatizar v.tr. Dar o comunicar aroma a una cosa.

aromo s.m. Árbol, variedad de acacia, de ramas espinosas y flores amarillas muy olorosas, que puede alcanzar los 17 m de alt. (Familia mimosáceas.)

arpa s.f. (fr. *harpe*). Instrumento musical de cuerda constituido por una armazón triangular dentro de la cual se disponen las cuerdas que se hieren con ambas manos.

1. **arpado, a** adj. Se dice de un arma cuyo filo presenta dientecillos puntiagudos, como de sierra: *flecha arpada.*

2. **arpado, a** adj. *Poét.* Se dice de los pájaros de canto armonioso.

arpadura s.f. Arañazo.

arpar v.tr. (fr. *harper,* agarrar). Arañar con las uñas.

arpegiar v.intr. MÚS. Ejecutar un arpegio.

arpegio s.m. (ital. *arpeggio*). MÚS. Ejecución sucesiva de las notas de un acorde.

arpeo s.m. MAR. Garfio utilizado para rastrear una embarcación o para abordarla.

arpía s.f. (lat. *harpyia,* del gr. *arpyia*). *Fam.* Persona codiciosa que con arte o maña saca cuanto puede; se aplica especialmente a la mujer. **2.** Divinidad griega, mitad mujer mitad ave, proveedora de los infiernos.

arpillera s.f. Tejido de estopa muy basta.

arpista s.m. y f. Músico que toca el arpa.

arpón s.m. (fr. *harpon,* dim. de *harpe,* garra). Instrumento de hierro provisto de mango que termina en forma de dardo dentado, que se utiliza para la captura de ballenas y peces de gran tamaño. **2.** CONSTR. Grapa. **3.** PREHIST. Arma arrojadiza, cuya punta se separa del mango cuando alcanza la presa.

arponado, a adj. De forma de arpón o parecido a él.

arponar v.tr. Herir a un animal con arpón.

arponear v.tr. Cazar o pescar con arpón. ◆ v.intr. Manejar el arpón con habilidad.

arponero, a s.m. Persona que se dedica a la pesca con arpón. ◆ s.m. Ballenero, barco.

arquea s.f. Ser vivo unicelular parecido a las bacterias que se incluye dentro de los organismos procarióticos.

arqueada s.f. MÚS. Paso del arco por las cuerdas de un instrumento músico, sin cambiar la dirección.

arqueado, a adj. Curvado en arco: *piernas arqueadas.*

1. **arquear** v.tr. y prnl. Dar a una cosa figura de arco, enarcar. **2.** Curvar las ramas de un árbol frutal para disminuir su vigor y aumentar la fructificación.

2. **arquear** v.tr. (de *arca,* caja). MAR. Medir la capacidad de una embarcación.

arquegonio s.m. Pequeño órgano en forma de botella que contiene la célula reproductora femenina, u oosfera, existente en los musgos, las criptógamas vasculares y en algunas gimnospermas.

1. **arqueo** s.m. (de *1. arquear*). Acción de arquear.

2. **arqueo** s.m. (de *2. arquear*). MAR. **a.** Volumen interior total o parcial de un barco mercante, expresado en toneladas de arqueo (2,83 m^3) y calculado mediante reglas muy precisas. **b.** Cálculo de esta capacidad. ◇ **Arqueo bruto** MAR. Volumen interior total de un barco. **Arqueo de yates** MAR. Medida de determinadas características de los yates, con el fin de clasificarlos en varias series. **Arqueo neto** Volumen que corresponde a los espacios de un barco utilizables comercialmente.

3. **arqueo** s.m. (de *arca,* caja). CONTAB. Operación por la que se procede al recuento de las existencias de caja.

arqueolítico, a adj. Relativo a la edad de piedra.

arqueología s.f. (gr. *árkhaiología,* historia de lo antiguo, de *árkaios,* antiguo, y *lógos,* tratado). Ciencia que estudia las civilizaciones antiguas por medio del análisis de los vestigios de la actividad humana.

arqueológico, a adj. Relativo a la arqueología. **2.** *Fig.* Antiguo.

arqueólogo, a s. Persona que se dedica a la arqueología.

arquería s.f. Serie de arcos.

arquero s.m. (de *arco*). Soldado armado con arco y flechas. **2.** En los deportes de equipo, portero, guardameta.

arqueta s.f. Arca pequeña que se destina a diversos usos. SIN.: *arquilla, cofrecillo.*

arquetípico, a adj. Relativo al arquetipo.

arquetipo s.m. (lat. *archetypum,* del gr. *árkhétypon,* modelo original). Modelo sobre el que se construye una obra o que sirve de pauta para copiarlo o reproducirlo. **2.** Elemento prototípico de ciertas cualidades o características: *el arquetipo de la posmodernidad.* **3.** FILOS. **a.** Según Platón, idea o forma del mundo inteligible sobre la cual se construyen los objetos del mundo sensible. **b.** Según los empíricos, idea que sirve de modelo para otra. **4.** PSICOANÁL. Según Jung y sus discípulos, contenido del inconsciente colectivo que aparece en las producciones culturales de un pueblo o en el imaginario de un sujeto.

arquibanco s.m. Banco largo provisto de cajones cubiertos por el asiento.

arquitecto, a s. (lat. *architectus,* del gr. *árkhitéxon*). Persona que concibe la creación de un edificio, inmueble, etc., y controla su ejecución. ◇ **Arquitecto técnico** Técnico de la construcción, antes llamado aparejador.

arquitectónico, a adj. Relativo a la arquitectura.

arquitectura s.f. Arte y técnica de proyectar y construir edificios según reglas técnicas y cánones estéticos determinados. **2.** *Fig.* Estructura, forma. **3.** INFORMÁT. Organización de los diversos elementos constitutivos de un sistema informático.

arquitrabe s.m. ARQ. Parte inferior de un entablamento.

arquivolta s.f. ARQ. Cara vertical, con molduras, de una arcada. SIN.: *archivolta.*

arrabá s.m. ARQ. Adorno en forma de marco rectangular, característico de la arquitectura árabe, que circunscribe el arco de puertas y ventanas.

arrabal s.m. (hispano-ár. *rabáḍ*). Barrio extremo de una población.

arrabalero, a adj. y s. Del arrabal. **2.** *Fig.* y *fam.* Que da muestras de mala educación.

arrabiatar v.tr. Amér. Rabiatar, atar un animal a la cola de otro. ◆ **arrabiatarse** v.prnl. Amér. Someterse servilmente a la opinión de otro.

arrabio s.m. Producto obtenido en la colada directa del alto horno.

arracada s.f. (del ár. *qurṭ*). Aro pequeño con adorno colgante.

arracimarse v.prnl. Unirse en forma de racimo.

arraclán s.m. Arbusto común en los bosques de Europa occidental, de unos 3 a 4 m de alt., cuyas ramas, delgadas y flexibles, son utilizadas en cestería, y cuya corteza es laxante. (Familia ramnáceas.)

arráez s.m. (ár. *rá'is,* jefe, patrón de barco). Caudillo árabe o morisco.

arraigadas s.f.pl. MAR. Cabos o cadenas que aseguran las obencaduras de los masteleros.

arraigar v.intr. y prnl. (del lat. *radicari*). Echar raíces una planta, enraizar, prender. **2.** *Fig.* Hacerse firme en alguien una costumbre, una virtud o un vicio. **3.** DER. Afianzar la responsabilidad de un juicio con bienes raíces o depósito en metálico. ◆ v.tr. *Fig.* Establecer algo con firmeza. **2.** *Fig.* Establecer y afirmar algo o a alguien en una virtud, vicio o costumbre. ◆ **arraigarse** v.prnl. Establecerse en un lugar, adquiriendo en él bienes.

arraigo s.m. Acción de arraigar o arraigarse. **2.** Circunstancia de tener una persona propiedades o intereses que la unen al lugar del que procede o donde vive.

arrak s.m. → **arac.**

arramblar v.tr. *Fig.* Arrastrar, llevarse con abuso o violencia. **2.** Dejar un río o torrente el terreno cubierto de arena. ◆ **arramblarse** v.prnl. Cubrirse el terreno de arena al paso de una avenida.

arrancaclavos s.m. (pl. *arrancaclavos*). Instrumento que sirve para arrancar clavos.

arrancada s.f. Acción de empezar a andar alguien o algo, especialmente de manera repentina y violenta. **2.** En halterofilia, movimiento que se efectúa en un solo tiempo, de modo que la barra pase directamente del suelo a la altura de las manos, con los brazos tensos en posición vertical.

arrancadora s.f. Máquina agrícola destinada a arrancar tubérculos, raíces o tallos.

arrancar v.tr. Sacar de raíz: *arrancar hierbas.* **2.** Separar con violencia algo del sitio al que está unido: *arrancar una muela.* **3.** *Fig.* Separar o quitar a una persona de una determinada costumbre, creencia o vicio: *arrancar a alguien de la bebida.* **4.** *Fig.* Conseguir algo de alguien con esfuerzo, astucia o violencia: *arrancar una confesión.* **5.** *Fig.* Hacer salir la flema arrojándola. **6.** *Fig.* Hacer salir suspiros, gritos, etc., a alguien. **7.** TAUROM. Entrar a matar al toro avanzando hacia la res. ◆ v.tr. e intr. Iniciar el funcionamiento de una máquina o un vehículo. ◆ v.intr. Empezar a correr una persona o un animal. **2.** Tener una línea, un arco o una bóveda su principio en cierto sitio: *el arco arranca del capitel.* ◆ **arrancarse** v.prnl. *Fig.* Empezar improvisadamente a hacer algo: *arrancó a bailar; arrancar por bulerías; arrancarse a gritos.* (Suele usarse con las prep. *a* o *por.*)

arranchar v.intr. y prnl. Juntar en ranchos. ◆ v.tr. **2.** Amér. Arrebatar, quitar.

arranque s.m. Acción de arrancar. **2.** Comienzo, principio, punto de donde arranca algo. **3.** *Fig.* Arrebato, acometida repentina: *un arranque de celos.* **4.** CONSTR. **a.** Nacimiento de un arco o una bóveda. **b.** Parte que constituye la transición entre la jamba y el arco. **5.** MEC. Dispositivo para la puesta en funcionamiento de un motor.

arrapiezo s.m. *Desp.* Muchacho, niño. (Suele usarse con un matiz cariñoso.)

arras s.f.pl. (lat. *arrae,* del gr. *árrabón*). Conjunto de trece monedas que, en algunos lugares, el novio entrega a la novia en la ceremonia de la boda. **2.** Suma de dinero que una parte entrega a la otra en el momento de efectuar un contrato para asegurar su ejecución.

arrasar v.tr. Destruir totalmente un lugar de manera que no quede nada en pie: *arrasar una ciudad.* **2.** *Fam.* Triunfar de manera contundente: *el equipo visitante arrasó al contrario.* ◆ v.tr. y prnl. *Fig.* Llenarse los ojos de lágrimas. ◆ v.intr. *Fam.* Consumir completamente algo: *arrasaron con el pastel.*

arrastracuero s.m. Cuba y Venez. Persona que afecta elegancia o fortuna. **2.** Advenedizo, despreciable.

arrastrada s.f. Argent. Mujer de mala vida.

arrastradero s.m. Camino por donde se hace el arrastre de maderas. **2.** TAUROM. Dependencia de las plazas de toros donde las mulillas arrastran a los toros muertos en la lidia.

arrastrado, a adj. *Fam.* Lleno de fatigas, privaciones y penalidades: *llevar una vida arrastrada.* **2.** Se dice del juego de naipes en que es obligatorio superar la carta que echa el jugador anterior: *tute arrastrado.* **3.** Méx. *Fam.* Se dice de la persona que ruega para pedir afecto. ◆ adj. y s. *Fam.* Pícaro, bribón. **2.** Méx. *Fam.* Servil.

arrastrar v.tr. Mover a una persona o cosa tirando de ella y sin levantarla: *arrastrar la carretilla.* **2.** *Fig.* Impulsar un poder o fuerza irresistible o la voluntad ajena: *sus vicios le arrastran.* **3.** *Fig.* Llevar o soportar algo penosamente: *arrastrar una enfermedad.* **4.** *Fig.* Tener por consecuencia inevitable: *la guerra arrastra calamidades.* ◆ v.intr. Ir rozando una cosa el suelo u otra superficie. **2.** En ciertos juegos de naipes, jugar una carta para obligar a los demás jugadores a echar otra del mismo palo o del palo de triunfo. ◆ v.tr., intr. y prnl. Trasladar o mover rozando contra el suelo: *arrastrar los pies.* ◆ **arrastrarse** v.prnl. *Fig.* Humillarse para pedir algo.

arrastre s.m. Acción de arrastrar, mover, trasladar. **2.** Acción de arrastrar en ciertos juegos de naipes. ◇ **Estar,** o **quedar, para el arrastre** Quedar agotado tras una actividad excesiva o de contrariedades. **Pesca de,** o **al, arrastre** La que se efectúa llevando las redes a remolque de la embarcación.

arrastrero, a adj. y s.m. Se dice del barco que se dedica a la pesca de arrastre.

arrayán s.m. (ár. *raiḥān,* planta olorosa). Mirto.

¡arre! interj. Se usa para arrear a las bestias.

arreador s.m. Argent., Colomb., Perú y Urug. Látigo.

1. **arrear** v.tr. (de *¡arre!*). Estimular a las bestias para que anden o para que aviven el paso. **2.** Dar, asestar: *arrear un puntapié.* **3.** Argent. Robar ganado. ◆ v.intr. Caminar rápidamente. ◇ **¡Arrea!** *Fam.* Expresa asombro.

2. **arrear** v.tr. (lat. vulg. *arredare,* proveer). Poner arreos, especialmente a las caballerías.

arrebañaduras s.f.pl. Restos de comida que se recogen al rebañar.

arrebatador, ra adj. y s. Que arrebata, atrae: *una mirada arrebatadora.* SIN.: *cautivador.*

arrebatamiento s.m. Acción de arrebatar o arrebatarse.

arrebatar v.tr. Quitar, tomar o llevarse con violencia, fuerza o precipitación: *arrebatar algo de las manos; el viento me arrebató el sombrero.* **2.** *Fig.* Atraer la atención poderosamente: *su elocuencia nos arrebató.* ◆ v.tr. y prnl. *Fig.* Conmover poderosamente, embelesar. ◆ **arrebatarse** v.prnl. Enfurecerse, dejarse llevar de alguna pasión.

arrebatiña s.f. Acción de arrojarse a recoger algo disputado entre varios.

arrebato s.m. Acometida repentina de un sentimiento: *un arrebato de ira.* SIN.: *arranque.* **2.** Impulso repentino de hacer algo: *en un arrebato se fue sin despedirse.*

arrebol s.m. Color rojo de las nubes iluminadas por los rayos de sol. **2.** Color rojo de las mejillas.

arrebolar v.tr. y prnl. Poner rojo: *arrebolarse las mejillas.*

arrebujar v.tr. Agarrar o amontonar con desaliño, haciendo un rebujo, cosas flexibles, especialmente prendas de vestir. SIN.: *rebujar.* ◆ v.tr. y prnl. Cubrir y envolver bien con ropa.

arrechucho s.m. *Fam.* Indisposición repentina y pasajera. SIN.: *achaque.* **2.** *Fam.* Arrebato, acometida.

arreciar v.intr. y prnl. Cobrar fuerza, violencia o intensidad: *arreciar la tormenta, los golpes.*

arrecife s.m. (ár. *raṣīf,* dique, calzada). Masa rocosa en el mar constituida por organismos sedentarios calcáreos, que permanece sumergida durante la pleamar y sobresale en la bajamar. ◇ **Arrecife coralino** Arrecife formado por el crecimiento de los corales en los mares tropicales.

arredrar v.tr. y prnl. (de *arredro,* hacia atrás, del lat. *ad retro*). Asustar, amedrentar, atemorizar.

arreflexia s.f. MED. Ausencia de reflejos.

arreglar v.tr. y prnl. (de *regla*). Poner algo en la forma en que es conveniente o necesario, o de modo que tenga un aspecto agradable: *arreglar la casa; arreglarse para salir.* **2.** Poner de nuevo en condiciones de servir lo estropeado, o acomodar algo de forma que se adapte a otro uso: *arreglar un reloj; arreglar una obra para piano.* **3.** Aclarar, desenredar, desenmarañar lo revuelto, confuso o complicado: *arreglar una situación.* ◆ v.tr. *Fam.* En frases que envuelven amenaza hacia alguien, castigar. ◆ **arreglarse** v.prnl. Ingeniarse para salir de un apuro.

arreglista s.m. y f. Persona que realiza arreglos de obras musicales.

arreglo s.m. Acción y efecto de arreglar o arreglarse. **2.** Acuerdo concertado entre varias partes. **3.** Transformación de una obra musical escrita para determinadas voces, instrumentos o conjuntos, para que pueda ser ejecutada por voces, instrumentos o conjuntos distintos. **4.** *Fam.* Lío amoroso. ◇ **Con arreglo a** Según.

arreico, a adj. GEOGR. Privado de avenamiento.

arreísmo s.m. GEOGR. Estado de una región arreica.

arrellanarse v.prnl. Sentarse cómodamente en un sillón o sofá: *arrellanarse en el sofá.* SIN.: *apoltronarse, repanchigarse, repantigarse.*

arremeter v.intr. Atacar o embestir con ímpetu: *arremeter contra alguien.*

arremetida s.f. Acción de arremeter.

arremolinarse v.prnl. Formar remolinos un líquido o un gas. **2.** *Fig.* Amontonarse desordenadamente gente, animales o cosas en movimiento.

arrendador, ra adj. y s. Que da en arrendamiento alguna cosa.

arrendajo s.m. Ave paseriforme de unos 35 cm de long., de plumaje marrón claro moteado de azul, blanco y negro, común en los bosques de encinas de Europa, África y Asia. (Imita el sonido de los pájaros de cuyos huevos se alimenta; familia córvidos.)

arrendamiento s.m. Acción de arrendar. SIN.: *arriendo.* **2.** Precio al que se arrienda algo. SIN.: *arriendo.*

arrendar v.tr. (del ant. *renda,* renta) [conj.: *pensar*]. Ceder el aprovechamiento y uso temporal de una cosa u obligarse a la ejecución de una obra o prestación de un servicio, por un precio determinado. SIN.: *alquilar.*

arrendatario, a adj. y s. Que toma o tiene algo en arrendamiento.

arreo s.m. Atavío, adorno. ◆ **arreos** s.m.pl. Guarniciones o jaeces de las caballerías de montar o de tiro. SIN.: *arneses.*

arrepanchigarse v.prnl. *Fam.* Arrellanarse.

arrepentida s.f. Mujer que se arrepentía de su mala vida e ingresaba en un convento.

arrepentido, a adj. y s. Se dice del miembro de una organización delictiva que se ha entregado voluntariamente a la justicia para reinsertarse en la sociedad.

arrepentimiento s.m. Sentimiento de la persona que se arrepiente de algo: *expresar arrepentimiento profundo.*

arrepentirse v.prnl. (del ant. *repentirse,* del lat. tardío *repaenitere*) [conj.: *sentir*]. Sentir alguien pesar por haber hecho o dejado de hacer algo.

arrequesonarse v.prnl. Cortarse la leche.

arrequives s.m.pl. (del ár. *rakîb,* adaptado a otra cosa). Adornos innecesarios o excesivos.

arrestar v.tr. Detener provisionalmente a un presunto culpable. ◆ **arrestarse** v.prnl. Emprender una acción con arrestos, valor.

arresto s.m. Detención provisional del presunto culpable. **2.** Reclusión breve que se impone como castigo. **3.** Valor o determinación para hacer algo: *tener muchos arrestos.* (Suele usarse en plural.) ◇ **Arresto mayor** Pena de reclusión superior a un mes e inferior a seis meses. **Arresto menor** Pena de reclusión que dura de uno a treinta días.

arrevistado, a adj. Se dice de la obra o espectáculo teatral con elementos propios de una revista.

arriacense adj. y s.m. y f. De Guadalajara, España.

arrianismo s.m. Doctrina cristiana de Arrio y de sus adeptos, que negaba la divinidad de Cristo. (Condenado por el concilio de Nicea [325], el arrianismo sobrevivió entre los pueblos bárbaros y desapareció entre los ss. VI y VII.)

arriano, a adj. y s. Relativo al arrianismo; seguidor de esta doctrina.

arriar v.tr. (de *arrear,* arreglar) [conj.: *desviar*]. Bajar una vela o bandera que estaba izada. **2.** Soltar o aflojar un cabo, un cable o una cadena.

arriate s.m. (ár. magrebí *riyâḍ,* jardín, parterre). Esp. y Méx. Parterre alargado para plantas de adorno, que se coloca junto a las paredes de los patios.

arriba adv.l. Hacia un lugar superior: *voy arriba.* **2.** En un lugar superior o más alto: *está arriba.* **3.** Pospuesto a un nombre de lugar, en dirección a la parte más alta de él: *huyó escaleras arriba.* **4.** Máximo responsable de una organización o empresa: *la orden viene de arriba.* ◆ interj. Se usa para animar a una persona a levantarse o a subir a un lugar, o para que recobre ánimos. ◇ **De arriba abajo** De principio al fin: *lo leí de arriba abajo;* con desdén: *mirar de arriba abajo.*

arribada s.f. Acción de arribar: *la arribada de un buque a puerto.*

arribar v.intr. (lat. tardío *arripare*). Llegar, especialmente una nave al puerto.

arribeño, a adj. y s. Amér. Se dice de los habitantes de las tierras altas.

arribista s.m. y f. y adj. Persona que utiliza todo tipo de medios para mejorar su situación en la vida.

arribo s.m. Llegada, especialmente la de una nave a un puerto.

arriendo s.m. Arrendamiento.

arriero s.m. Persona que se dedica al transporte de mercancías con animales de carga.

arriesgado, a adj. Que es osado, temerario: *una acción arriesgada.*

arriesgar v.tr. y prnl. Poner algo o a alguien en una situación arriesgada: *arriesgar la vida.* SIN.: *arriscar.*

arrimadero s.m. Persona o cosa que puede servir de apoyo o protección.

arrimado, a s. Méx. Persona que vive en casa de otra sin pagar nada.

arrimar v.tr. y prnl. Acercar, poner en contacto: *arrimar una silla a la puerta.* ◆ **arrimarse** v.prnl. Apoyarse sobre una cosa para descansar o sostenerse: *arrimarse a la pared.* **2.** Fig. Acogerse a la protección de alguien: *arrimarse a los poderosos.* **3.** TAUROM. Acercarse mucho el diestro al toro al realizar las suertes.

arrimo s.m. Apoyo, ayuda, auxilio: *buscar el arrimo de la madre.* **2.** Amér. Cerca que separa las heredades. ◇ **Al arrimo de** Al amparo de alguien o algo.

arrinconar v.tr. Poner una cosa en un rincón: *arrinconar un armario.* **2.** Dejar apartada una cosa que no se quiere utilizar más. **3.** Perseguir a alguien, acosarlo hasta que no pueda huir. **4.** Fig. Privar a alguien del favor que gozaba. ◆ **arrinconarse** v.prnl. Fig. y fam. Retirarse del trato de las gentes.

arriñonado, a adj. De figura de riñón: *hoja arriñonada.*

arriscado, a adj. Atrevido, arriesgado. **2.** Lleno de riscos: *una cima arriscada.*

arritmia s.f. (de *a,* no, y gr. *rhythmos,* ritmo). Alteración del ritmo del corazón, caracterizada por una irregularidad de frecuencia y una desigualdad de sus contracciones. **2.** Falta de ritmo regular.

arrítmico, a adj. Relativo a la arritmia.

arrizar v.tr. MAR. Disminuir la superficie de una vela tomando los rizos.

1. **arroba** s.f. INFORMÁT. Signo tipográfico (@) usado en las direcciones de correo electrónico, que separa el nombre del usuario y el del servidor.

2. **arroba** s.f. (hispano-ár. *rúba,* cuarta parte). Unidad de peso usada en España y en numerosos países de América del Sur. **2.** Medida de capacidad cuyo valor varía según las regiones y países. ◇ **Por arrobas** A montones.

arrobar v.tr. y prnl. Embelesar.

arrobo s.m. Éxtasis, embelesamiento: *escuchar con arrobo.* SIN.: *arrobamiento.*

arrocero, a adj. Relativo al arroz. ◆ s. Persona que se dedica a cultivar arroz.

arrodillar v.tr., intr. y prnl. Poner de rodillas.

arrodrigonado s.m. Operación que consiste en sujetar una planta, rama, tallo, etc., a una estaca para mantenerlos en una dirección determinada. **2.** El soporte mismo.

arrodrigonar v.tr. AGRIC. Sujetar con un arrodrigonado. SIN.: *arrodrigar.*

arrogación s.f. Acción y efecto de arrogar o arrogarse.

arrogancia s.f. Cualidad de arrogante.

arrogante adj. Orgulloso, soberbio: *hablar en tono arrogante.* **2.** Se dice de lo que presenta esbeltez y belleza: *una figura arrogante.*

arrogar v.tr. (lat. *arrogare,* apropiarse). DER. ROM. Adoptar como hijo a un huérfano o a un menor de edad emancipado. ◆ **arrogarse** v.prnl. Apropiarse indebidamente de una facultad o un derecho: *se arrogó derechos ajenos.*

arrojadizo, a adj. Que puede arrojarse: *arma arrojadiza.*

arrojado, a adj. Valiente, atrevido: *persona arrojada ante el peligro.*

arrojar v.tr. (del lat. *rotare,* rodar). Lanzar con fuerza una cosa y en una dirección determinada: *arrojar una piedra.* **2.** Despedir de sí una cosa algo: *arrojar humo una chimenea.* **3.** Echar a alguien de un lugar, especialmente por desprecio, castigo, etc.: *arrojar a un alumno de clase.* **4.** Dejar caer una cosa de arriba abajo. **5.** Fig. Dar algo un resultado determinado: *la liquidación arroja un saldo positivo.* ◆ **arrojarse** v.prnl. Tirarse una persona de arriba abajo: *arrojarse por el balcón.* **2.** Fig. Acometer violentamente contra alguien o algo: *arrojarse sobre el enemigo.*

arrojo s.m. Fig. Valentía, atrevimiento: *luchar con arrojo.*

arrollado s.m. Argent. Brazo de gitano, pastel. **2.** Argent. y Chile. Fiambre que consiste en carne de vaca o cerdo cocida y aliñada, envuelta en la piel cocida del mismo animal y atada en forma de rollo. **3.** Argent. y Chile. Matambre, fiambre envuelto en forma de rollo.

arrollador, ra adj. Que arrolla: *éxito arrollador.* ◆ s.m. y adj. MEC. Cilindro de una grúa, torno, cabrestante, etc., en que se arrollan las cuerdas.

arrollamiento s.m. Acción y efecto de arrollar. **2.** Bobina de una máquina eléctrica.

arrollar v.tr. Envolver en forma de rollo: *arrollar hilo.* **2.** *Fig.* Atropellar, especialmente un vehículo: *el automóvil arrolló a un peatón.* **3.** *Fig.* Derrotar, o superar: *las tropas arrollaron al enemigo.* **4.** Arrastrar la fuerza del viento o del agua alguna cosa: *la riada ha arrollado la cosecha.*

arropamiento s.m. Acción y efecto de arropar.

arropar v.tr. y prnl. Cubrir, abrigar, especialmente con ropa.

arrope s.m. (ár. *rubb*). Mosto cocido hasta alcanzar la consistencia de un jarabe, al que se le añade alguna fruta cocida. **2.** Jarabe concentrado de miel con alguna sustancia medicinal.

arrostrar v.tr. (de la loc. ant. *pasar a rostro de alguien,* poner frente a otro). Hacer frente a un peligro, una dificultad o una desgracia: *arrostrar el peligro.*

arrotado, a adj. Chile. Se dice de la persona de baja condición o con modales de roto.

arroyada s.f. Corriente rápida de las aguas pluviales sobre pendientes de terrenos. **2.** Surco que dejan las aguas pluviales a su paso. ◇ **Arroyada concentrada** Arroyada en la que las aguas se concentran en canales que se unen para formar la red hidrográfica. **Arroyada difusa** Arroyada en la que las aguas corren sobre toda la superficie de una vertiente.

arroyar v.tr. y prnl. Formar la lluvia arroyadas en un terreno. ◆ v.tr. Formar la lluvia arroyos.

arroyo s.m. Corriente de agua de escaso caudal y cauce. **2.** Parte central de una calle, por donde corre el agua. **3.** *Fig.* Situación de pobreza y marginación: *nacer en el arroyo; salir o sacar del arroyo.* **4.** *Fig.* Afluencia de una sustancia líquida sobre una superficie: *un arroyo de lágrimas.*

arroz s.m. (ár. *ruzz*). Planta herbácea anual, cultivada en terrenos húmedos y cálidos, de 80 a 180 cm de alt., de hojas largas y ásperas y espiga grande, estrecha y colgante, cuyo fruto, un grano harinoso y blanco, constituye el alimento de base de una tercera parte de la población mundial. (Familia gramíneas.) **2.** Grano de esta planta. ◇ **Agua de arroz** Bebida astringente que se obtiene cociendo arroz en agua. **Arroz integral** Arroz que se consume sin descascarillar. **Paja de arroz** Paja que se obtiene de la parte leñosa del arroz, utilizada para la confección de sombreros. **Papel de arroz** Papel especial fabricado con la médula del árbol del pan o con tallos jóvenes de bambú.

arrozal s.m. Terreno sembrado de arroz.

arruar v.intr. Gruñir el jabalí al sentirse perseguido.

arrufadura s.f. MAR. Curvatura de la cubierta alta o de la quilla horizontal, de forma que la popa y la proa quedan más altas que la parte central de la nave. SIN.: *arrufo.*

arrufaldado, a adj. Se dice del sombrero levantado del ala.

arrufar v.tr. Dar arrufadura a una embarcación. ◆ v.intr. Hacer arrufadura una embarcación.

arruga s.f. (ant. *ruga,* del lat. *ruga*). Pliegue irregular que se hace en cualquier cosa flexible: *las arrugas de la ropa; al reír se hacen arrugas a ambos lados de la boca.* **2.** Señal en forma de raya muy fina que queda al deshacerse ese pliegue. **3.** Señal parecida a esta que se forma en la piel por efecto de la edad.

arrugar v.tr. y prnl. Hacer que una cosa tenga arrugas. ◆ **arrugarse** v.prnl. Acobardarse: *arrugarse de vergüenza.*

arruinar v.tr. y prnl. Causar ruina: *su afición al juego le arruinó.* **2.** *Fig.* Echar a perder, malograr: *la sequía arruinó la cosecha.*

arrullar v.tr. (voz de origen onomatopéyico). Emitir el palomo o el tórtolo su voz natural. **2.** Adormecer al niño meciéndolo o cantándole suavemente. ◆ v.tr. y prnl. Cortejar el palomo o el tórtolo a la hembra, o al contrario. **2.** *Fig.* y *fam.* Decir palabras cariñosas especialmente el enamorado.

arrullo s.m. Acción de arrullar. **2.** Canto, sonido o ruido que arrulla.

arruma s.f. División hecha en la bodega de un barco para colocar la carga.

arrumaco s.m. (del ant. *arremueco,* de *mueca*). *Fam.* Demostración de cariño: *cauti-var con arrumacos.* (Suele usarse en plural.) **2.** *Fam.* Adorno o atavío estrafalario.

arrumar v.tr. (fr. *arrumer*). MAR. Distribuir y colocar la carga en una embarcación. ◆ **arrumarse** v.prnl. MAR. Cargarse de nubes el horizonte.

1. **arrumbar** v.tr. (fr. *arrumer*). Apartar una cosa que ya no sirve: *arrumbar trastos viejos.* **2.** *Fig.* Evitar el trato con una persona.

2. **arrumbar** v.intr. MAR. Fijar el rumbo de navegación. ◆ v.tr. MAR. Determinar la dirección que sigue una costa.

arrume s.m. Colomb. y Venez. Montón.

arrurruz s.m. (ingl. *arrow-root,* raíz de flecha, porque se empleaba en las flechas envenenadas). Fécula comestible, extraída de los rizomas de diversas plantas tropicales.

¡arsa! interj. *Fam.* Se usa para animar o jalear. **2.** Expresa entusiasmo.

arsenal s.m. (ital. *arsenale*). Almacén de armas y efectos bélicos. **2.** *Fig.* Conjunto de herramientas, noticias, datos, etc., y lugar donde se guardan: *su memoria es un arsenal de fechas.* **3.** Establecimiento en que se construyen, reparan y conservan embarcaciones. SIN.: *astillero, atarazana, dársena.*

arsenamina s.f. Hidruro de arsénico AsH_3.

arseniato s.m. QUÍM. Sal del ácido arsénico.

arsenical adj. Que contiene arsénico. ◆ s.m. Medicamento derivado del arsénico.

arsénico s.m. (lat. *arsénicum,* del gr. *ársenixós*). Metaloide, de color gris, brillo metálico, de densidad 5,7, que se sublima a 615 °C aprox., despidiendo olor a ajo. **2.** Elemento químico (As), de número atómico 33 y masa atómica 74,922. ◆ adj. y s.m. Se dice del anhídrido As_2O_5 y del ácido H_3AsO_4.

arsenioso, a adj. Se dice del anhídrido As_2O_3 y del ácido correspondiente.

arsenito s.m. Sal del ácido arsenioso.

arseniuro s.m. Combinación del arsénico con un cuerpo simple.

arsina s.f. Cuerpo derivado de la arsenamina AsH_3, al sustituir el hidrógeno por radicales carbonados.

art déco s.m. (voces francesas, de la *Exposition Internationale des Arts Décoratifs et Industriels Modernes,* que se celebró en París en 1925). Estilo decorativo basado en formas geométricas y en un naturalismo estilizado, heredado del modernismo.

arte s.m. o f. (lat. *ars, artis,* habilidad, profesión, arte). Actividad creativa del ser humano que consiste en transformar y combinar materiales, imágenes, sonidos, etc., para transmitir una idea o un sentimiento y producir un efecto estético, o para embellecer ciertos objetos o estructuras funcionales; conjunto de obras resultantes de esta actividad que pertenecen a un país, una época, un autor o una estética determinada: *el arte italiano; el arte romano.* **2.** Conjunto de reglas que rigen en una profesión o una actividad: *arte militar, culinario, dramático.* **3.** Habilidad con que se hace algo: *tener arte para arreglarse; convencer con arte.* **4.** Cautela, astucia: *con sus artes consigue lo que quiere.* (Suele usarse en plural.) ◇ **Arte cisoria** Arte de trinchar la caza. **Arte plumaria** Arte de imitar pinturas mediante plumas de colores adheridas a un plano, como se practicaba en México antes de la conquista. **Arte poética** Obra, en verso o en prosa, que define la concepción y las técnicas de la creación poética de un escritor o una escuela literaria. **Arte popular** Conjunto de objetos utilitarios o decorativos, sin referencia explícita a una estética determinada; conjunto de la producción material de objetos familiares, utilitarios, culturales, religiosos, etc., realizados por un grupo étnico. **Arte povera** Tendencia artística surgida hacia la década de 1960 y caracterizada por su rechazo de las técnicas tradicionales y de los materiales nobles.

Artes de pesca Conjunto de redes, cables y flotadores que se utilizan para pescar. **Artes plásticas** La escultura, la pintura y la arquitectura. **Bellas artes** Nombre que se da a las tres artes mayores, arquitectura, escultura y pintura, y también, por extensión, a otras artes, como la música y la danza. **El arte por el arte** Doctrina literaria que rehúsa la integración social o política del escritor y que hace de la perfección formal el fin último del arte. **Malas artes** Procedimiento poco honrado. **Séptimo arte** El cine. **Sociología del arte** Estudio de la influencia de las condiciones y los valores sociales, políticos, económicos y religiosos en la producción artística, y de la influencia de esta en las conductas sociales.

artefacto s.m. (lat. *arte factus*, hecho con arte). Objeto formado por varias piezas, especialmente el que no se considera máquina o aparato. **2.** Cualquier carga explosiva.

artejo s.m. (lat. *articulus*, dim. de articulación). Nudillo de las falanges de los dedos. **2.** ZOOL. Cada una de las piezas articuladas que forman los apéndices de los artrópodos. SIN.: *artículo.*

artel s.m. En la URSS, sociedad cooperativa en la que la propiedad estaba en manos de colectividades de trabajadores.

artemisa o **artemisia** s.f. (lat. *artemisa*, del gr. *artemisía*, de *Artemis*, Diana). Planta aromática, de hojas blancuzcas por el envés, y flores en panoja, con el centro amarillo. (Familia compuestas.)

arteria s.f. (lat. *arteria*, del gr. *artyría*). Vaso que conduce la sangre desde el corazón a los órganos. (Las arterias, al contrario que las venas, son conductos de paredes espesas y elásticas.) **2.** *Fig.* Vía de comunicación importante en una ciudad u otro lugar.

artería s.f. Astucia: *actuar con artería.*

arterial adj. Relativo a las arterias.

arteriectomía s.f. CIR. Resección de un segmento de arteria.

arterioesclerosis s.f. → **arteriosclerosis.**

arteriografía s.f. Radiografía de las arterias y de sus ramas, tras la inyección directa de un producto opaco a los rayos X.

arteriola s.f. Pequeña arteria.

arteriosclerosis o **arterioesclerosis** s.f. Enfermedad involutiva que se caracteriza por el endurecimiento y aumento de grosor de las paredes arteriales.

arteriosclerótico, a adj. y s. Relativo a la arteriosclerosis; que padece arteriosclerosis.

arteriotomía s.f. CIR. Sección de una arteria.

arteritis s.f. MED. Inflamación de una arteria.

artero, a adj. Astuto, malintencionado.

artesa s.f. Recipiente en forma de tronco de pirámide invertido, para amasar pan, dar de comer a los animales o para otros usos. **2.** Cajón en que se mezcla el mortero o el yeso. **3.** Valle cuyo perfil transversal, con vertientes empinadas y fondo plano, es parecido al de una artesa.

artesanado s.m. Conjunto de artesanos.

artesanal adj. Relativo a la artesanía.

artesanía s.f. Arte de realizar objetos útiles o decorativos con las manos o a la manera tradicional. **2.** Objeto hecho de esa forma. SIN.: *artesanía.*

artesano, a adj. (del ital. *artigiano*). Relativo a la artesanía. **2.** Que está hecho a mano o a la manera tradicional: *embutidos artesanos.* ◆ s. y adj. **2.** Persona que tiene por oficio hacer objetos artesanales.

artesiano, a adj. y s. (fr. *artésien*, del Artois, región de Francia). De Artois. ◇ **Pozo artesiano** Pozo en el que el agua asciende por su propia presión.

artesón s.m. ARQ. **a.** Compartimiento hueco, adornado con molduras o pinturas, utilizado en la decoración de techos. **b.** Artesonado.

artesonado s.m. ARQ. Techo adornado con artesones. SIN.: *artesón.*

artesonar v.tr. Adornar con artesones un techo o bóveda.

ártico, a adj. Relativo al polo N y a las regiones que lo rodean.

articulación s.f. Unión de dos o más piezas en la que al menos una mantiene movimiento. **2.** Unión y organización de las partes que componen un discurso. **3.** Acción de articular un sonido. **4.** ANAT. Zona de unión entre dos o más huesos. **5.** ZOOL. Zona de tegumento de los artrópodos donde la quitina se adelgaza permitiendo los movimientos de los distintos segmentos.

articulado, a adj. Que tiene una o varias articulaciones: *sistema articulado de una máquina; animal articulado.* **2.** Que se enuncia expresa o claramente: *palabra mal articulada.* ◆ s.m. Conjunto de artículos de una ley o reglamento.

1. **articular** v.tr. y prnl. Unir dos o más piezas de manera que al menos una mantenga movimiento. ◆ v.tr. Disponer los órganos vocales de una manera determinada para producir un sonido. **2.** Pronunciar una palabra.

2. **articular** adj. Relativo a las articulaciones. SIN.: *articulario.*

articulatorio, a adj. Relativo a la articulación de sonidos.

articulista s.m. y f. Persona que escribe artículos en periódicos o revistas.

artículo s.m. (lat. *articulus*, articulación de los huesos, miembro o división). Cada una de las partes en que se divide un escrito. **2.** Escrito de extensión variable que se publica en un periódico o revista y que trata un tema determinado. **3.** Mercancía, cosa que se vende o compra. **4.** DER. Cada una de las disposiciones numeradas de un tratado, ley, etc. **5.** INFORMÁT. Cantidad mínima de información accesible en un fichero. **6.** LING. Palabra que se antepone a los nombres para individualizarlos y concretizarlos, y para indicar su género y número. **7.** ZOOL. Artejo. ◇ **Artículo de fe** Afirmación sobre la que no se permite la duda. **Hacer el artículo** Encomiar, alabar.

artífice s.m. y f. (lat. *artifex, -ficis*). Autor o causante de alguna cosa. **2.** Artista, persona que hace un trabajo artístico o ejerce un arte manual.

artificial adj. (lat. *artificialis*). Hecho o creado por el ser humano: *flores artificiales.* **2.** Que carece de naturalidad: *gestos artificiales.*

artificiero s.m. Especialista en la manipulación de explosivos, especialmente para desactivarlos. **2.** Soldado o militar especializado en el manejo de la munición.

artificio s.m. (lat. *artificium*). Arte o habilidad con que se hace algo. **2.** *Fig.* Falta de naturalidad. **3.** ARM. Término genérico que designa cualquier composición fulminante capaz de desencadenar una acción explosiva. ◇ **Fuegos artificiales,** o **de artificio** Preparación química detonante y luminosa empleada especialmente en celebraciones nocturnas.

artificioso, a adj. (lat. *artificiosus*). Hecho con artificio, habilidad o disimulo.

artiga s.f. Modo de fertilización y preparación del terreno para cultivo que consiste en arrancar previamente las hierbas y maleza que lo cubren y, después de apilarlas y quemarlas, esparcir la ceniza sobre la superficie del terreno.

artigar v.tr. Efectuar la artiga.

artillería s.f. (fr. *artillerie*). Conjunto de materiales de guerra que comprende las bocas de fuego, las municiones y los vehículos encargados de su transporte. **2.** Cuerpo militar que emplea esas máquinas. **3.** Arte de construir, conservar y emplear las armas, máquinas y municiones de guerra. ◇ **Artillería antiaérea** Artillería especializada en el tiro sobre objetivos aéreos. **Artillería de campaña** Artillería que apoya directamente a las otras armas en combate. **Artillería naval** Artillería que está instalada a bordo de navíos de guerra. **Artillería nuclear** Artillería dotada de proyectiles nucleares.

artillero, a adj. Relativo a la artillería. ◆ s.m. Militar que sirve en la artillería.

artilugio s.m. *Desp.* Mecanismo, aparato o máquina, especialmente el que tiene un manejo complicado o del que se desconoce su función. **2.** Trampa, enredo.

artimaña s.f. Trampa, engaño. **2.** *Fam.* Astucia, disimulo.

artiodáctilo, a adj. y s.m. Relativo a un orden de ungulados que poseen un número par de dedos en cada pata, como los rumiantes, los porcinos y los camélidos.

artista s.m. y f. Persona que practica alguna de las bellas artes. **2.** Persona dotada de cualidades para practicar alguna de las bellas artes. **3.** Persona que interpreta una obra musical, teatral, cinematográfica, etc., o que actúa en un espectáculo. **4.** Persona que hace algo con mucha perfección: *es un artista del bisturí.*

artístico, a adj. Relativo al arte o hecho con arte: *monumento artístico.*

art nouveau (voces francesas). Nombre que recibió en Francia el modernismo.

artralgia s.f. Dolor articular.

artrítico, a adj. y s. (lat. *arthriticus,* del gr. *árthritixós,* de las articulaciones). Relativo a la artritis; que padece artritis o artritismo.

artritis s.f. (gr. *arthritis,* gota). MED. Inflamación de una articulación.

artritismo s.m. MED. Conjunto de afecciones diversas (gota, reumatismo, eccema, diabetes, etc.) a las que se les atribuía no obstante una causa común, generalmente un trastorno de la nutrición.

artrodesis s.f. CIR. Intervención consistente en bloquear definitivamente una articulación enferma.

artrografía s.f. Radiografía de una articulación tras la inyección de un producto de contraste.

artrogriposis s.f. Enfermedad congénita caracterizada por una rigidez y deformación de las articulaciones.

artropatía s.f. MED. Afección de una articulación.

artroplastia s.f. CIR. Operación de una articulación con objeto de devolver su motilidad y su función.

artrópodo adj. y s.m. Relativo a un tipo de animales invertebrados caracterizados por un esqueleto externo quitinoso, cuerpo dividido en anillos, y miembros formados por segmentos móviles articulados, como los insectos, los crustáceos, etc. (Los artrópodos constituyen el 80% de todas las especies.)

artroscopia s.f. Método endoscópico que permite analizar de forma concreta las anomalías de diferentes elementos de la articulación de la rodilla.

artroscopio s.m. Instrumento que permite practicar la artroscopia.

artrosis s.f. (del gr. *arthron,* articulación). MED. Afección crónica degenerativa de las articulaciones.

arundíneo, a adj. (lat. *arundinous*). Relativo a las cañas.

arúspice s.m. (lat. *haruspex, -icis,* adivino que presagiaba examinando las entrañas de los animales). Entre los romanos, sacerdote que interpretaba la voluntad de los dioses, en particular examinando las entrañas de las víctimas.

arveja s.f. (lat. *ervilia,* planta análoga a los yeros y a los garbanzos). Planta leguminosa de tallo trepador de 30 a 60 cm, flores de color violeta o blanquecino, cuyo fruto es una legumbre que sirve de alimento a las aves. (Familia papilionáceas.) SIN.: *arvejera.* **2.** Semilla de esta planta. **3.** Argent., Chile, Colomb. y Urug. Planta herbácea trepadora, de flores blancas o rojizas, que se cultiva por su fruto comestible, rico en almidón. (Familia papilionáceas.) GEOSIN.: Cuba y Méx. *chícharo;* Esp. *guisante.* **4.** Argent., Chile, Colomb. y Urug. Fruto de esta planta, de pequeño tamaño, forma redondeada y color verde. GEOSIN.: Cuba y Méx. *chícharo;* Esp. *guisante.*

arvejal o **arvejar** s.m. Terreno que está poblado de arvejas.

arvejera s.f. Arveja, planta.

arvense adj. (del lat. *arvum,* campo cultivado). Se dice de la planta que crece en los sembrados. SIN.: *arvícola.*

arvenos, pueblo galo que vivía en la actual Avernia. Dirigido por Vercingetórix, encabezó la rebelión de la Galia contra Roma (52 a.C.).

arzobispado s.m. Dignidad de arzobispo. **2.** Territorio en el que ejerce su jurisdicción. **3.** Palacio del arzobispo.

arzobispal adj. Relativo al arzobispo.

arzobispo s.m. (lat. *archiepiscopus*). Prelado que está al frente de una provincia eclesiástica que agrupa varias diócesis.

arzón s.m. Fuste de la silla de montar.

as s.m. (lat. *as, assis,* unidad monetaria fundamental de los romanos). Naipe que lleva el número uno. **2.** Cara que tiene un solo punto, en el dado. **3.** *Fig.* Persona que sobresale en un ejercicio o profesión. **4.** Unidad de peso, moneda y medida, entre los antiguos romanos.

1. **asa** s.f. (lat. *ansa*). Parte que sobresale de un objeto y que sirve para asirlo. **2.** *Fig.* Motivo o causa para hacer algo.

2. **asa** s.f. (persa *aze,* almáciga). Jugo que fluye de diversas plantas umbelíferas.

3. **ASA** (siglas de *American Standard Association,* organismo que estudia y establece normas en EUA), índice de sensibilidad de una emulsión fotográfica.

asado s.m. Carne asada.

asador s.m. Utensilio de cocina o aparato mecánico para asar. **2.** Restaurante especializado en asados.

asadura s.f. Conjunto de las entrañas comestibles de un animal. (Suele usarse en plural.)

asaetear v.tr. Disparar saetas. **2.** Herir o matar con saetas. **3.** *Fig.* Importunar: *asaetear a preguntas.*

asainetado, a adj. Parecido al sainete.

asalariado, a adj. y s. Se dice de la persona que presta algún servicio a cambio de un salario.

asalariar v.tr. Dar trabajo a cambio de un salario. SIN.: *salariar.*

asalmonado, a adj. Semejante al salmón: *trucha asalmonada.* **2.** Que tiene un tono salmón.

asaltante adj. y s.m. y f. Que asalta.

asaltar v.tr. Atacar una plaza o fortaleza para apoderarse de ella: *asaltar la ciudad.* **2.** Atacar a alguien o entrar en un lugar para robar: *asaltar a un transeúnte, un banco.* **3.** *Fig.* Acometer a alguien un pensamiento, un sentimiento, etc.: *asaltar una duda.*

asalto s.m. Acción de asaltar un lugar o a una persona. **2.** Cada una de las partes de un combate de boxeo. SIN.: *round.* **3.** Combate amistoso de esgrima. ◇ **Aviación de asalto** MIL. Formaciones aéreas dedicadas al ataque de objetivos terrestres, en apoyo directo de las tropas propias. **Transporte de asalto** Transporte efectuado por aviones o helicópteros, para situar tropas en la zona de combate.

asamblea s.f. (fr. *assemblée*). Reunión de muchas personas para un fin determinado. **2.** Conjunto institucional o estatutario de personas que forman un cuerpo constituido, una sociedad. **3.** Lugar en el que se reúnen.

asambleísta s.m. y f. Persona que forma parte de una asamblea.

asana s.f. Postura de yoga.

asar v.tr. (lat. *assare*). Preparar un alimento poniéndolo en contacto directo con las brasas o el fuego, en una plancha, una parrilla o un horno a alta temperatura. **2.** *Fig.* Importunar, molestar insistentemente: *me asaba con recomendaciones.* ◆ **asarse** v.prnl. *Fig.* Sentir mucho calor o ardor: *asarse de calor.*

ásaro s.m. (lat. *asarum*). Planta herbácea, de hojas lisas y brillantes, flores verdosas por el exterior y rojas por el interior. (Familia aristoloquiáceas.)

asaz adv.c. (occ. ant. *assatz,* suficientemente, mucho). *Poét.* Bastante, muy, mucho: *asaz inteligente.*

asbesto s.m. Silicato hidratado de calcio y magnesio, de textura fibrosa, resistente a la acción del fuego y útil en la construcción de edificios. (La fabricación, comercialización e instalación está prohibida en la UE y en otros países porque provoca *asbestosis.*) [→ **amianto.**]

asbestosis s.f. MED. Forma de neumoconiosis debida a la inhalación de polvo de asbesto.

ascáride s.f. (lat. *ascaris, -idis*). Lombriz parásita del intestino delgado, de unos 10 a 25 cm de long., que afecta al ser humano y al caballo. (Clase nematodos.)

ascaridiosis s.f. MED. y VET. Conjunto de trastornos provocados por las ascárides.

ascendencia s.f. Conjunto de ascendientes de una persona. **2.** *Fig.* Ascendiente, influjo moral. **3.** METEOROL. Corriente aérea dirigida de abajo arriba.

ascender v.intr. (lat. *ascendere*) [conj.: *tender*]. Subir, pasar a un lugar más alto: *ascender por unas escaleras.* **2.** Llegar una cuenta o cálculo a la cantidad que se expresa: *los gastos ascendieron a un millón.* **3.** *Fig.* Pasar a una posición social o económica, o a una categoría superior: *ascendió a coronel por antigüedad.* ◆ v.tr. Promocionar a alguien a un cargo o categoría superior.

ascendiente s.m. y f. Individuo del que desciende otro. ◆ s.m. Autoridad moral o influencia que tiene una persona en una colectividad o sobre otra persona: *ejercer ascendiente sobre sus hijos.*

ascensión s.f. Acción de ascender, subir. **2.** Elevación de Jesucristo a los cielos; día en el cual la Iglesia la celebra. (Suele escribirse en mayúscula.) ◇ **Ascensión recta** Arco del ecuador celeste comprendido entre el punto vernal y el círculo horario de un astro, tomado en sentido directo. (La ascensión recta es una de las coordenadas ecuatoriales celestes de un astro.)

ascensional adj. Se dice del movimiento de un cuerpo ascendente y de la fuerza que lo produce.

ascenso s.m. (lat. *ascensus, -us*). Acción de ascender por un lugar. **2.** *Fig.* Promoción a mayor dignidad o categoría.

ascensor s.m. Aparato elevador que sirve para transportar verticalmente personas o carga. SIN.: *elevador.*

ascensorista s.m. y f. Persona que tiene por oficio manejar un ascensor. **2.** Persona que tiene por oficio fabricar o reparar ascensores.

ascesis s.f. Conjunto de ejercicios practicados para alcanzar el perfeccionamiento espiritual.

asceta s.m. y f. (bajo lat. *asceta,* del gr. *askhitís,* profesional, atleta). Persona que practica el ascetismo. **2.** Persona que lleva una vida austera.

ascética s.f. Ascetismo.

ascético, a adj. Relativo a los ascetas o al ascetismo. **2.** Se dice de la persona que se dedica particularmente a la práctica y ejercicio de la perfección espiritual.

ascetismo s.m. Conjunto de prácticas de penitencia con fines espirituales o religiosos. SIN.: *ascética.* **2.** Vida austera.

ascidia s.f. Animal invertebrado marino que tiene forma de saco gelatinoso, es hermafrodita, se alimenta de plancton y vive fijado a las rocas. (Grupo procordados.)

ascidio s.m. BOT. Órgano en forma de cucurucho o ampolla, constituido por las hojas de determinadas plantas carnívoras.

ASCII (sigla del ingl. *American standard code for information interchange*), código normalizado utilizado para el intercambio de datos informáticos, que define las representaciones de un juego de caracteres a través de la combinación de siete elementos binarios. (Este código ofrece 128 combinaciones diferentes. Existe una versión ampliada a 8 elementos, que ofrece 256 combinaciones diferentes, pero no está normalizada.)

ascítico, a adj. y s. Relativo a la ascitis.

ascitis s.f. (lat. *ascites,* del gr. *askítis*). Acumulación anómala de líquido en el peritoneo.

asclepiadáceo, a adj. y s.f. (del gr. *askhlipiás*). Relativo a una familia de plantas gamopétalas, de flores hermafroditas y fruto compuesto de dos folículos, como el vencetósigo.

1. **asco** s.m. (ant. *usgo,* del lat. *odi,* odiar). Malestar físico causado por la repugnancia que se siente hacia algo. **2.** *Fig.* Sensación desagradable causada por algo que repugna: *da asco una casa tan sucia.* **3.** *Fig.* Cosa que repugna. ◇ **Hecho un asco** *Fam.* Muy sucio, estropeado, ajado. **No hacer ascos a algo** *Fam.* Aceptarlo de buena gana. **Sin asco** Amér. Con decisión.

2. **asco** s.m. (gr. *askos,* odre). Órgano esporífero propio de ciertos hongos. (Las esporas se forman en el interior del asco en número de 4 u 8.)

ascomicete adj. y s.m. Relativo a una clase de hongos superiores cuyas esporas se forman en ascos.

ascórbico, a adj. **Ácido ascórbico** Vitamina C.

ascospora s.f. Espora formada en el interior de un asco.

ascua s.f. Pedazo pequeño de materia incandescente que no desprende llama. ◇ **Estar en ascuas** *Fam.* Estar impaciente o desazonado.

ASDIC s.m. (sigla del ingl. *allied submarine detection investigation committee*). Aparato de detección submarina por ultrasonidos.

aseado, a adj. Limpio, pulcro.

asear v.tr. y prnl. (del lat. *dedes,* sede, sitio de alguien o algo). Limpiar, adecentar.

asechanza s.f. Engaño o trampa para dañar o perjudicar a alguien. (Suele usarse en plural.)

asedar v.tr. Poner suave como la seda: *asedar el cáñamo.*

asediar v.tr. Rodear una plaza o fortaleza e impedir la entrada o salida de la misma para lograr su rendición. **2.** *Fig.* Acosar con insistencia a alguien, especialmente mediante peticiones, preguntas, etc.: *asediar a preguntas.*

asedio s.m. (lat. *obsidium*). Acción de asediar, especialmente una plaza o fortaleza.

asegurador, ra adj. y s.f. Se dice de la persona o empresa que asegura bienes ajenos mediante contrato.

asegurar v.tr. Fijar una cosa para que no se deshaga, se caiga, etc.: *aseguró la estabilidad del mueble.* **2.** Evitar que una persona sufra daño: *asegurar con el cinturón a los ocupantes del vehículo.* **3.** Garantizar que una cosa va a suceder. **4.** Proporcionar un seguro (contrato) a alguien o algo. ◆ v.tr. y prnl. Afirmar la certeza de lo que se dice: *aseguró que lo había visto.* **2.** DER. Concertar un seguro.

aseidad s.f. Existencia por sí mismo y en sí mismo.

asemántico, a adj. Se dice del elemento lingüístico que carece de significación.

asemejar v.tr. Hacer una cosa semejante a otra. ◆ v.intr. y prnl. Tener una persona o cosa semejanza con otra: *las dos hermanas se asemejan mucho.*

asendereado, a adj. Que ha sobrellevado numerosas dificultades o adversidades. **2.** *Fig.* Que tiene mucha experiencia.

asenso s.m. Asentimiento, consentimiento. ◇ **Dar asenso** Creer.

asentaderas s.f.pl. *Fam.* Nalgas.

asentador, ra s. Persona que contrata al por mayor alimentos para un mercado público. **2.** Persona que cuida de que se asiente algo. ◆ s.m. Instrumento a manera de formón, para repasar su obra el herrero. **2.** Pedazo de cuero, o utensilio de otra clase, para suavizar el filo de las navajas de afeitar.

asentamiento s.m. Acción y efecto de asentar o asentarse. **2.** Fase final del movimiento migratorio, en el cual la familia emigrada se establece permanentemente o se afinca en el lugar de nueva residencia.

asentar v.tr. [conj.: *pensar*]. Poner una cosa de modo que quede firme. **2.** Situar una población o una edificación en un lugar determinado. ◆ v.intr. Sentar, cuadrar o convenir una cosa a otra o a una persona. ◆ **asentarse** v.prnl. Establecerse en un lugar. **2.** Posarse un líquido.

asentimiento s.m. Acción de asentir. SIN.: *asenso.* **2.** Conjunto de palabras con que se asiente algo. **3.** Consentimiento o permiso.

asentir v.intr. (lat. *assentire*) [conj.: *sentir*]. Mostrar alguien conformidad con lo dicho o propuesto por otro: *asentir con un gesto.*

asentista s.m. y f. Persona que se encarga por contrato del suministro de víveres y otros efectos.

aseo s.m. Acción de asear. **2.** Baño, cuarto o lugar para bañarse.

asépalo, a adj. Se dice de una flor que carece de sépalos.

asepsia s.f. Ausencia de microorganismos patógenos. **2.** *Fig.* Limpieza, frialdad, desapasionamiento.

aséptico, a adj. Relativo a la asepsia. **2.** Libre de gérmenes infecciosos. **3.** Neutral, frío, sin pasión.

aseptizar v.tr. Hacer aséptico: *aseptizar un instrumento.*

asequible adj. Que puede conseguirse o alcanzarse: *un puesto asequible.*

aserción s.f. (lat. *assertio, -onis*). Acción de aseverar. **2.** Proposición en que se afirma o asegura algo. **3.** LÓG. Operación consistente en exponer la verdad de una proposición, generalmente simbolizada por el signo colocado ante dicha proposición.

aserradero s.m. Lugar donde se sierra madera.

aserrado, a adj. Que tiene dientes como la sierra. ◆ s.m. Acción de aserrar. **2.** Transformación de los troncos en piezas de forma y dimensiones apropiadas para los diversos usos industriales. ◇ **Aserrado térmico,** o **por fusión** Sistema de corte de materiales metálicos y minerales en que la gran velocidad de desplazamiento de la herramienta provoca la fusión del material.

aserrador, ra adj. Que sierra: *máquina aserradora.* ◆ s. Persona que tiene por oficio aserrar.

aserradura s.f. Corte que hace la sierra. **2.** Parte donde se ha hecho el corte. ◆ **aserraduras** s.f.pl. Serrín.

aserrar v.tr. [conj.: *pensar*]. Serrar.

aserruchar v.tr. Amér. Cortar con serrucho.

asertivo, a adj. Afirmativo.

aserto s.m. Aserción. **2.** Palabra con que se afirma.

asertor, ra s. Persona que afirma, sostiene o da por cierta una cosa.

asertórico adj. FILOS. Se dice del juicio que enuncia una verdad de hecho y no necesaria (por oposición a juicio *apodíctico*).

asesinar v.tr. Matar a una persona con premeditación u otra circunstancia agravante. **2.** *Fig.* y *fam.* Representar o interpretar algo muy mal: *asesinar una obra de teatro.*

asesinato s.m. Acción de asesinar.

asesino, a adj. y s. (ár. *ḥaššāšī*, bebedor de una bebida narcótica de hojas de cáñamo). Que comete un asesinato. **2.** Que interviene o se utiliza en un asesinato: *arma asesina.*

asesor, ra adj. y s. (lat. *assessor, -oris,* el que se asienta al lado). Que asesora. **2.** DER. Se dice del letrado a quien, por razón de oficio, incumbe aconsejar o ilustrar con su dictamen a un juez lego.

asesora s.f. **Asesora del hogar** Chile. Empleada de hogar.

asesoramiento s.m. Acción y efecto de asesorar o asesorarse.

asesorar v.tr. Dar consejo o informar a alguien de algo: *asesorar a sus hijos.* ◆ **asesorarse** v.prnl. Tomar consejo: *asesorarse en la ventanilla de información.*

asesoría s.f. Profesión y ejercicio de asesor. **2.** Local en que trabaja el asesor.

asestar v.tr. (del lat. *sextus,* sexto, en el sentido de sexta parte del círculo, blanco de puntería). Hacer a alguien objeto de un disparo, una herida, un golpe, etc.: *le asestó cuatro puñaladas.*

aseveración s.f. Acción y efecto de aseverar. SIN.: *afirmación.*

aseverar v.tr. (lat. *asseverare,* hablar seriamente). Afirmar o dar por cierto algo.

aseverativo, a adj. Que asevera. ◇ **Oración,** o **frase, aseverativa** GRAM. Oración cuyo enunciado es afirmativo. SIN.: *afirmativo, asentivo.*

asexuado, a adj. Que no tiene sexo.

asexual adj. Sin sexo. ◇ **Reproducción asexual** La que se realiza sin intervención de células reproductoras, o gametos, por ej. la gemación. SIN.: *reproducción vegetativa.*

asfaltado s.m. Acción de asfaltar. **2.** Pavimento de asfalto.

asfaltar v.tr. Cubrir con asfalto una superficie.

asfáltico, a adj. Que contiene asfalto: *tela asfáltica.*

asfaltita s.f. Mezcla natural de betún y materias orgánicas.

asfalto s.m. (lat. *asphaltus*). Sustancia bituminosa, negra y compacta, que se utiliza como revestimiento de calzadas.

asfixia s.f. (gr. *asfyxía,* detención del pulso). Detención o interrupción de la respiración causada por la falta de actividad orgánica de los pulmones. **2.** *Fig.* Sensación de agobio producida por un calor excesivo, por el enrarecimiento del aire, etc. **3.** *Fig.* Parálisis de ciertos sectores de actividad.

asfixiar v.tr. y prnl. Producir asfixia.

ashanti, pueblo akan de Ghana central. Vencieron a los denkyera y constituyeron (1695) un poderoso reino, cuya capital, Kumasi, fue destruida por los británicos (1874).

así adv.m. (lat. *sic*). De esta o esa manera: *está bien así.* **2.** En correlación con *como, según, cual,* se usa en oraciones comparativas de cualidad: *según trabajes, así se te pagará.* **3.** Expresa deseo, con sentido peyorativo: *así te mueras.* **4.** En correlación con la conj. *que* significa en tanto grado, de tal manera, tanto. **5.** Precedido generalmente de la conj. *y,* sirve para introducir una consecuencia: *no explicó lo que le ocurría y así le va.* **6.** En oraciones concesivas, equivale a *aunque.* ◇ **Así como así** De cualquier manera, de todos modos. **Así mismo** De este o del mismo modo. **Así que** En consecuencia, por lo cual. **Así sea** Fórmula final de casi todas las oraciones de la Iglesia católica. **Así, así** Medianamente; más bien poco. **Así y todo** A pesar de eso, de todos modos.

asiadivisa s.f. Depósitos de divisas procedentes del exterior, especialmente dólares, efectuados en los bancos asiáticos.

asiadólar s.m. Depósitos en dólares efectuados fuera de EUA, en los bancos asiáticos, de Singapur principalmente.

asialia s.f. MED. Disminución de la secreción de saliva. SIN.: *aptialismo.*

asiánico, a adj. y s. De los antiguos pueblos del Asia anterior.

asiático, a adj. y s. De Asia.

asibilar v.tr. (lat. *assibilare*). Convertir un sonido en sibilante.

asidero s.m. Parte por donde se agarra algo. SIN.: *asa.* **2.** *Fig.* Motivo o causa alegada para hacer algo.

asiduidad s.f. Cualidad de asiduo: *ir al cine con asiduidad.*

asiduo, a adj. y s. (lat. *assiduus*). Frecuente, puntual, perseverante: *colaboración asidua.*

asiento s.m. Mueble o sitio destinado para sentarse en él. **2.** Parte de un mueble sobre la que se apoyan las nalgas: *asiento de una silla.* **3.** Permanencia, estabilidad. **4.** Emplazamiento, situación. **5.** Anotación en un registro o libro de contabilidad. **6.** Amér. Territorio y población de las minas. **7.** CONSTR. Descenso que puede producirse en la obra edificada, debido a la compresión de los materiales o del terreno de apoyo. **8.** EQUIT. Colocación correcta del jinete sobre la silla. **9.** HIST. Convenio establecido entre la corona española y un particular o compañía, mediante el cual se arrendaba una determinada explotación con carácter de monopolio. **10.** JOY. Lugar que ha de ocupar la piedra que debe engastarse. **11.** MAR. Diferencia, en profundidad, entre los calados de proa y popa. ◇ **Tomar asiento** Sentarse.

asignación s.f. Acción de asignar. **2.** Cosa que se asigna a alguien, especialmente cantidad de dinero que se da a una persona por realizar un trabajo.

asignar v.tr. (lat. *assignare*). Señalar o determinar lo que le corresponde a alguien o algo.

asignatario, a s. Amér. Persona a quien se asigna una herencia o legado.

asignatura s.f. Cada una de las materias que se enseñan en un centro docente y que forman parte de un plan académico de estudios. ◇ **Asignatura pendiente** Asignatura que no se ha aprobado; *Fig.* cosa pendiente de realización.

asilado, a s. Persona acogida en un asilo. ◇ **Asilado político** Persona que por motivos políticos se refugia en un país o embajada extranjera.
asilar v.tr. y prnl. Albergar en un asilo. ◆ v.tr. Dar asilo. ◆ **asilarse** v.prnl. Verse obligado a pedir asilo por motivos políticos, religiosos, etc.
asílido, a adj. y s.m. Relativo a una familia de dípteros que incluye formas carnívoras de talla grande o mediana y cuyas larvas son terrestres y depredadoras.
asilo s.m. (lat. *asylus*). Establecimiento benéfico que acoge a personas pobres y desvalidas. **2.** *Fig.* Amparo o protección. **3.** Refugio para delincuentes y perseguidos. **4.** DER. e HIST. Suspensión temporal de las facultades jurisdiccionales de un estado sobre alguno de sus súbditos, en consideración a la naturaleza particular, religiosa, territorial o diplomática del lugar en que los mismos se hallan acogidos. ◇ **Asilo político** Protección que un estado concede a las personas de otro estado que están perseguidas por motivos políticos.
asilvestrado, a adj. Se dice de la planta silvestre que procede de otra cultivada.
asimbolia s.f. PSICOL. Incapacidad patológica de comprender los símbolos.
asimetría s.f. Falta de simetría.
asimétrico, a adj. Que no guarda simetría.
asimilación s.f. Acción y efecto de asimilar. **2.** FISIOL. Propiedad que poseen los organismos vivos de reconstituir su propia sustancia a partir de elementos tomados del medio, que son transformados por la digestión. **3.** FONÉT. Modificación que un fonema sufre en su articulación al estar en contacto con ciertos fonemas. **4.** MIL. Correspondencia entre los grados y empleos de un cuerpo militar y los de otro cuerpo, o entre los grados militares y ciertas funciones desempeñadas por cuadros civiles. **5.** PSICOL. Modificación de su entorno por el individuo, mediante la motricidad, la percepción y las acciones efectivas o virtuales (operaciones mentales). ◇ **Asimilación clorofílica** Fenómeno por el cual las plantas verdes, expuestas a la luz, elaboran materia orgánica a partir de alimentos minerales, utilizando el gas carbónico. SIN.: *fotosíntesis.*
asimilar v.tr. (lat. *assimilare*). Incorporar alguien a sus conocimientos una información, una enseñanza, etc. **2.** Aceptar un hecho o una situación: *asimilar la noticia.* **3.** DER. Conceder a las personas de una determinada carrera o profesión derechos u honores iguales a los que tienen los de otra. **4.** FISIOL. Transformar, convertir en su propia sustancia. **5.** SOCIOL. Homogeneizar grupos sociales. ◆ v.tr. y prnl. Comparar, establecer semejanza. **2.** FONÉT. Transformarse un sonido por influencia de otro de la misma palabra. ◆ v.intr. y prnl. Ser semejante, parecerse.
asimilativo, a adj. Que puede hacer semejante una cosa a otra.
asimismo adv.afirm. También.
asincrónico, a adj. Que no es sincrónico. ◇ **Motor asincrónico** Motor eléctrico de corriente alterna cuya velocidad depende de la carga. **Proceso asincrónico** INFORMÁT. Proceso susceptible de desarrollarse con independencia del desarrollo de otros procesos o tareas.
asincronismo s.m. Falta de coincidencia o simultaneidad.
asíndeton s.m. (lat. *asyndeton,* del gr. *asúndeton*). LING. Eliminación de los términos de enlace (conjunciones y adverbios) en una frase o entre dos frases.
asinergia s.f. Falta de coordinación entre los diferentes músculos que participan en un movimiento.
asíntota s.f. (gr. *asýmptotos,* que no coincide). MAT. Recta tal que la distancia de un punto de una curva a esta recta tiende a cero cuando el punto se aleja hacia el infinito sobre la curva.
asintótico, a adj. Relativo a la asíntota. ◇ **Curvas asintóticas** Curvas, en número de dos, de ramas infinitas, tales que, si un punto se aleja indefinidamente sobre una de ellas, existe sobre la otra un punto variable cuya distancia al primero tiende a cero. **Plano asintótico de una superficie** Plano tangente cuyo punto de contacto está en el infinito. **Punto asintótico de una curva** Punto P tal que, si un punto recorre la curva, su distancia a P tiende a cero.
asir v.tr. (de *asa*). Tomar, agarrar, prender. ◆ **asirse** v.prnl. Agarrarse: *asirse a la barandilla al bajar.* **2.** Aferrarse a una idea, recuerdo, etc.; vincularse.
asirio, a adj. y s. De Asiria.
asiriología s.f. Ciencia que trata de las antiguas civilizaciones de Oriente medio.
asísmico, a adj. Que no presenta fenómenos sísmicos.
asistemático, a adj. Que no es sistemático.
asistencia s.f. Acción de asistir: *asistencia a un acto; asistencia sanitaria.* **2.** Conjunto de personas que están presentes en un acto. **3.** DEP. En baloncesto, pase de un jugador a otro que pone a este último en situación de conseguir una canasta fácil. **4.** TAUROM. Conjunto de los mozos de plaza. ◇ **Asistencia de oficio** Asistencia jurídica prestada como servicio social y en forma gratuita por los abogados a las personas necesitadas de su patrocinio, al objeto de reclamar un derecho o de ser defendidas en juicio. **Asistencia jurídica** Servicio que los abogados prestan a las personas que precisan de sus conocimientos jurídicos. **Asistencia letrada al de-**

asir

INDICATIVO	SUBJUNTIVO
presente	**presente**
asgo	*asga*
ases (asís)	*asgas*
ase	*asga*
asimos	*asgamos*
asís	*asgáis*
asen	*asgan*
copretérito o pret. imperfecto	**pretérito o pret. imperfecto**
asía	asiera o asiese
asías	asieras o asieses
asía	asiera o asiese
asíamos	asiéramos o asiésemos
asíais	asierais o asieseis
asían	asieran o asiesen
pretérito o pret. perf. simple	**futuro o fut. simple**
así	asiere
asiste	asieres
asió	asiere
asimos	asiéremos
asisteis	asiereis
asieron	asieren

futuro o fut. simple	**IMPERATIVO**	
asiré	ase (así)	(tú, vos)
asirás	*asga*	(él)
asirá	*asgamos*	(nosotros)
asiremos	asid	(vosotros)
asiréis	*asgan*	(ellos)
asirán		

pospretérito o condicional simple	**FORMAS NO PERSONALES**	
asiría	**infinitivo**	**gerundio**
asirías	asir	asiendo
asiría	**participio**	
asiríamos	asido	
asiríais		
asirían		

tenido Asistencia jurídica prestada por el abogado al detenido en las diligencias de detención y prisión provisional. **Asistencia pública** Esp. Organización benéfica del estado, encaminada a asegurar los servicios sociales mediante organismos adecuados. **Asistencia respiratoria** MED. Técnica que permite paliar temporal o definitivamente una insuficiencia respiratoria aguda. SIN.: *respiración asistida.* **Asistencia social** Conjunto de medidas económicas, sanitarias, educacionales, psicológicas, etc., para auxiliar a personas o grupos con escasos recursos. SIN.: *trabajo social.* **Asistencia técnica** ECON. Ayuda que se presta a los países en vías de desarrollo; ayuda concedida a una empresa concesionaria, consistente en patentes instrucciones para permitirle la utilización de los conocimientos cedidos, en caso de que la comunicación mediante documento no bastara para hacerla asequible.

asistencial adj. Relativo a la asistencia pública.

asistencialismo s.m. Argent. y Méx. *Desp.* Actitud orientada a resolver problemas sociales a partir de la asistencia externa en lugar de generar soluciones estructurales.

asistenta s.f. Criada de una casa particular que no pernocta en ella.

asistente adj. y s.m. y f. Que asiste: *público asistente.* ◆ s.m. Soldado destinado al servicio personal de un jefe u oficial. ◆ s.m. y f. **Asistente a estrados** DER. Toda persona que acude a presencia judicial, cualquiera que sea el objeto de ello. **Asistente social** Profesional de la asistencia social.

asistido, a adj. Que se hace con ayuda de medios mecánicos: *fecundación asistida.* **2.** TECNOL. Provisto de un dispositivo destinado a ampliar, regular o repartir el esfuerzo realizado por el usuario gracias a un aporte exterior de energía: *dirección asistida.*

asistir v.intr. (lat. *assistere,* pararse junto a un lugar). Ir asiduamente a un lugar: *asistir a un cursillo de gramática.* **2.** Estar o hallarse presente en un acto: *asistir a una representación teatral.* **3.** En ciertos juegos de naipes, echar cartas del mismo palo que el de la que se jugó primero. ◆ v.tr. Ayudar o socorrer a una persona: *asistir a un enfermo.* **2.** Acompañar a alguien en un acto público. **3.** Estar la razón o el derecho de parte de alguien: *le asiste el derecho a votar.*

asistolia s.f. Insuficiencia de las contracciones del corazón, que ocasiona una disminución del rendimiento cardíaco, motivo de disnea, edema, anuria y otros trastornos.

askenazí o **asquenazí** adj. y s.m. y f. Se dice de los judíos originarios de Europa central, oriental y septentrional, por oposición a los originarios de los países mediterráneos, llamados *sefardíes.*

asma s.m. (lat. *asthma,* del gr. *ásthma,* jadeo). Afección caracterizada por accesos de disnea espiratoria.

asmático, a adj. y s. Relativo al asma; que padece esta enfermedad.

asnada s.f. Necedad, tontería.

asnal adj. Relativo al asno. SIN.: *asnino.*

asnilla s.f. Soporte formado con un madero horizontal apoyado en cuatro puntales que sirven de pies. **2.** Pieza de madera sostenida por dos pies derechos para apuntalar una pared que amenaza ruina.

asno, a s. (lat. *asinus*). Mamífero semejante al caballo, pero más pequeño, de orejas largas y pelo áspero marrón o grisáceo, que se emplea como animal de carga. (El asno rebuzna; familia équidos.) SIN.: *burro, jumento.* ◆ s. y adj. *Fig.* Persona ruda y de muy poco entendimiento.

asobinarse v.prnl. Quedar la bestia tendida de modo que por sí sola no pueda levantarse. **2.** Quedar alguien con el cuerpo encogido al caer.

asociación s.f. Acción de asociar o asociarse. **2.** Conjunto de individuos asociados para un mismo fin. **3.** Entidad que con estructura propia persigue un fin común para sus asociados. **4.** Grado de dependencia existente entre dos o más caracteres, generalmente cualitativos, observados entre los miembros de un mismo grupo. **5.** ASTRON. Grupo difuso de estrellas jóvenes o en curso de formación, sumergidas en la materia interestelar de la que emanan. ◇ **Asociación de ideas** Hecho psicológico que consiste en que una idea o imagen evocan a otra. **Asociación libre** PSICOANÁL. Método psicoanalítico por el cual el paciente es invitado a expresar todo lo que le viene a la imaginación, sin crítica y a ser posible, sin reticencia. **Asociación vegetal** Grupo más o menos complejo de plantas de especies diferentes que viven en el mismo medio.

asociacionismo s.m. Movimiento social partidario de crear asociaciones cívicas, políticas, culturales, etc. **2.** FILOS. Doctrina que hace de la asociación de ideas la base de la vida mental y el principio del conocimiento.

asociado, a s. Socio, persona que forma parte de una asociación.

asocial adj. y s.m. y f. Que muestra una resistencia efectiva a la integración social.

asociar v.tr. y prnl. Juntar personas o cosas para que colaboren o cooperen en alcanzar un mismo fin. ◆ v.tr. Establecer una relación entre ideas, sentimientos, recuerdos, etc.

asociatividad s.f. MAT. Propiedad de una ley de composición T, según la cual pueden asociarse varios factores de un sistema ordenado y sustituirlos por el resultado de la operación parcial efectuada con ellos, sin modificar el resultado final: $a \mathrm{T} (b \mathrm{T} c) = (a \mathrm{T} b) \mathrm{T} c$.

asociativo, a adj. Relativo a la asociación. **2.** MAT. Que presenta la propiedad de asociatividad.

asocio s.m. Amér. Asociación, colaboración.

asolamiento s.m. Acción y efecto de asolar, destruir. SIN.: *asolación.*

asolanar v.tr. y prnl. Dañar el viento solano las frutas, mieses, vino, etc.

1. **asolar** v.tr. (lat. *assolare*) [conj.: *contar*]. Destruir, arrasar. ◆ **asolarse** v.prnl. Posarse los líquidos. (En la actualidad se suele conjugar como verbo regular de la primera conjugación.)

2. **asolar** v.tr. y prnl. (de *sol*). Echar a perder el calor, una sequía, etc., los frutos del campo.

asoleada s.f. Chile, Colomb., Guat. y Méx. Insolación.

asolear v.tr. Exponer algo al sol durante un tiempo. ◆ **asolearse** v.prnl. Acalorarse tomando el sol. **2.** Ponerse moreno tomando el sol. **3.** Méx. Tomar el sol.

asoleo s.m. Acción y efecto de asolear o asolearse. **2.** Enfermedad de ciertos animales, caracterizada por sofocación y violentas palpitaciones.

asomada s.f. Aparición de algo por poco tiempo.

asomar v.intr. Empezar a aparecer algo: *asomar la luz del día.* ◆ v.tr. y prnl. Sacar o mostrar algo por una abertura o por detrás de alguna cosa: *asomar la cabeza por la ventana.* ◆ **asomarse** v.prnl. Adquirir conocimientos sobre un tema sin profundizar en él: *asomarse a nuevas tendencias.*

asombrar v.tr. y prnl. Causar asombro.

asombro s.m. Impresión, sorpresa o admiración que produce algo. **2.** Persona o cosa que causa esta impresión.

asombroso, a adj. Que causa asombro.

asomo s.m. Amago, indicio o señal: *contestar sin asomo de alegría.* **2.** Acción de asomar. ◇ **Ni por asomo** De ningún modo.

asonada s.f. Protesta o disturbio realizado por un grupo numeroso de personas, generalmente con fines políticos.

asonancia s.f. Igualdad de los sonidos vocálicos a partir de la última vocal acentuada de dos o más versos.

asonantar v.intr. Ser una palabra asonante de otra. ◆ v.tr. Emplear una palabra como asonante de otra en la rima.

asonante adj. y s.m. Se dice del sonido, palabra o verso que tiene asonancia con otros.

asordar v.tr. Ensordecer un ruido fuerte a alguien.

asorocharse v.prnl. Amér. Merid. Padecer soroche, angustiarse por falta de oxígeno de las alturas.

aspa s.f. (gót. *haspa,* aspa de aspar hilo). Figura en forma de X. **2.** Armazón exterior del molino de viento y cada uno de sus brazos. **3.** Utensilio usado para hacer madejas de hilo.

aspado, a adj. Que tiene forma de aspa.

aspálato s.m. (gr. *aspálathos,* retama resinosa). Nombre dado a diversas maderas olorosas de las Canarias.

aspar v.tr. Poner el hilo alrededor del aspa para formar una madeja. **2.** Crucificar a alguien en una cruz en forma de aspa. **3.** *Fig.* y *fam.* Mortificar o molestar mucho a alguien. ◆ **asparse** v.prnl. *Fig.* Mostrar un gran dolor o enojo con gritos y contorsiones: *asparse a gritos.*

asparagina s.f. Amida de un aminoácido que se encuentra en los brotes de espárrago.

aspaventar v.tr. [conj.: *pensar*]. Atemorizar o espantar.

aspaventero, a adj. y s. Que hace aspavientos.

aspaviento s.m. (ital. *spavento,* espanto). Manifestación exagerada de una sensación o un sentimiento. (Suele usarse en plural.)

aspecto s.m. (lat. *aspectus, -us,* acción de mirar, presencia, aspecto). Manera de aparecer o presentarse a la vista: *tener aspecto simpático.* **2.** *Fig.* Punto de vista o perspectiva desde la que se considera algo. **3.** LING. Categoría gramatical que comprende todas las representaciones relativas a la duración, desarrollo y terminación de los procesos indicados por los verbos.

asperear v.intr. Tener sabor áspero.

aspereza s.f. Cualidad de áspero: *la aspereza de la piel; contestar con aspereza.*

aspergilosis s.f. Enfermedad producida por el desarrollo de un hongo ascomicete *(Aspergillus)* en el organismo.

asperiego, a adj. y s. Se dice de una clase de manzana de sabor agrio, y del manzano que la produce.

asperjar v.tr. Rociar, esparcir un líquido en gotas menudas. **2.** Hisopear, esparcir agua con el hisopo.

áspero, a adj. (lat. *asper, -era, -erum*). Que tiene la superficie rugosa o rasposa y resulta desagradable al tacto: *manos ásperas.* SIN.: *rasposo.* **2.** *Fig.* Falto de afabilidad en el trato: *unas palabras ásperas.* **3.** Desapacible, inclemente, tempestuoso. **4.** Abrupto: *tierras ásperas.*

asperón s.m. Arenisca de cemento silíceo o arcilloso, usada generalmente para la construcción, o en piedras de amolar.

aspersión s.f. Acción de asperjar. ◇ **Riego por aspersión** Sistema de riego que esparce el agua en gotas finas.

aspersor s.m. Dispositivo que esparce un líquido, como agua, herbicidas, etc., a presión y en gotas muy finas.

aspersorio s.m. Utensilio para asperjar un líquido.

áspid s.m. (lat. *aspis, -idis*). Víbora muy venenosa, que vive en los Pirineos y en casi todo el centro y el N de Europa. **2.** Culebra venenosa, pequeña, de color verde amarillento con manchas pardas y cuello extensible, que vive en Egipto.

aspidistra s.f. Planta de interior, cultivada por sus anchas hojas lisas de color verde oscuro. (Familia liliáceas.)

aspillera s.f. (cat. *espitllera*). Abertura estrecha practicada en el muro de una obra fortificada, que permite disparar a cubierto.

aspiración s.f. Acción y efecto de aspirar. **2.** Tiempo respiratorio en que entra aire en los pulmones. SIN.: *inspiración.* **3.** FONÉT. Acción de emitir un sonido acompañándolo de un soplo claramente percibido.

aspirado, a adj. y s.f. FONÉT. Se dice de la vocal o consonante acompañada de una aspiración.

aspirador, ra adj. Que aspira el aire. ◆ s.m. Denominación aplicada a diversos aparatos que sirven para aspirar fluidos, polvo o residuos de reducidas dimensiones. SIN.: *aspiradora.*

aspiradora s.f. Electrodoméstico que sirve para limpiar el polvo, aspirándolo.

aspirante s.m. y f. Persona que pretende alcanzar un empleo, cargo o distinción o que es propuesta para que se lo concedan. **2.** Persona que ha obtenido el derecho a ocupar un cargo público.

aspirar v.tr. (lat. *aspirare,* echar el aliento hacia algo). Introducir el aire exterior en los pulmones. **2.** FONÉT. Pronunciar con aspiración. ◆ v.intr. Desear o pretender alcanzar un cargo, distinción o situación: *aspira a ser diputado, a vivir en paz.*

aspiratorio, a adj. Relativo a la aspiración.

aspirina s.f. (marca registrada). Medicamento analgésico y febrífugo, compuesto de ácido acetilsalicílico. **2.** Comprimido fabricado con esta sustancia.

asquear v.tr. e intr. Causar asco: *le asquea la suciedad.* **2.** *Fam.* Aburrir, fastidiar.

asquerosidad s.f. Cosa asquerosa.

asqueroso, a adj. Que causa asco. **2.** Soez.

assai adv.m. (voz italiana, *mucho*). MÚS. Muy. ◇ **Lento assai** Muy lento.

assamés s.m. Lengua indoaria hablada en el N de Assam.

assemblage s.m. (voz francesa, *ensamblaje*). Obra de arte realizada reuniendo objetos diversos, característica de ciertos movimientos como el dadaísmo, pop art, etc.

assiniboine, pueblo amerindio de Norteamérica, de lengua siux, que habita actualmente en reservas de Alberta y Montana.

asta s.f. (lat. *hasta,* palo de lanza, pica). Palo en que se iza una bandera. **2.** Palo de la lanza u otra arma semejante. **3.** Lanza o pica. **4.** Cuerno: *las astas de la res.* **5.** Posición del ladrillo colocado en obra a tizón. **6.** Arma ofensiva usada por los romanos. **7.** MAR. Extremo superior de un masteleríllo. **8.** PALEOGR. Parte superior de una letra, que sobresale de la panza. ◇ **A media asta** Se dice de la bandera que está a medio izar en señal de luto.

ástaco s.m. (lat. *astacus*). Cangrejo de río.

astado, a adj. y s.m. Se dice del animal, especialmente del toro, que tiene astas.

astasia s.f. Dificultad para mantenerse en pie, de origen neurótico y asociada a menudo a la abasia.

astático, a adj. Que presenta un estado de equilibrio indiferente: *sistema astático.* ◇ **Par astático** Conjunto de dos imanes dispuestos en sentido inverso, de manera que el momento magnético total es nulo.

ástato s.m. Elemento químico artificial (At), inestable y radiactivo, de número atómico 85, que pertenece al grupo de los halógenos.

astenia s.f. (gr. *asthéneia,* debilidad). Estado de fatiga y agotamiento sin causa orgánica.

asténico, a adj. y s. Relativo a la astenia; que padece astenia. ◆ adj. y s.m. ANAT. Se dice de uno de los biotipos fundamentales, formado por las personas muy altas y delgadas. SIN.: *leptosómico.*

astenosfera s.f. GEOL. Capa viscosa situada en el interior de la Tierra, sobre la cual se encuentra la litosfera.

aster s.m. (lat. *aster, -eris,* del gr. *aster,* estrella, aster). Planta cultivada a menudo por sus flores decorativas, de diversos colores. (Familia compuestas.)

áster s.m. BIOL. Conjunto de microtúbulos dispuestos alrededor de los centríolos durante la división celular.

astereognosia s.f. Imposibilidad de distinguir las formas de los objetos por el tacto, que se da en ciertas afecciones neurológicas.

asterisco s.m. (gr. *asterískos,* dim. de estrella). Signo ortográfico (*) empleado para usos convencionales. SIN.: *estrella.*

asteroide s.m. (gr. *asteroeidis,* de figura de estrella). Cada uno de los pequeños planetas que circulan entre las órbitas de Marte y Júpiter. SIN.: *planetoide.*

asteroideo, a adj. y s.m. Relativo a una clase de equinodermos formada por las estrellas de mar.

astigitano, a adj. y s. De Écija, Sevilla.

astigmático, a adj. y s. Relativo al astigmatismo; que padece astigmatismo.

astigmatismo s.m. Anomalía de la visión, debida a desigualdades de curvatura de la córnea transparente o a una falta de homogeneidad en la refringencia de los medios transparentes del ojo. **2.** Defecto de un instrumento óptico que no da una imagen puntual de un objeto puntual.

astil s.m. (lat. *hastile*). Mango de ciertas herramientas, como el hacha, la azada, el pico, etc. **2.** Palo de la flecha o saeta. **3.** ORNITOL. Eje córneo que continúa el cañón y del cual salen las barbas de las plumas. ◇ **Astil de la balanza,** o **romana** Varilla metálica horizontal en cuyos extremos se suspenden los platillos de una balanza o por la que se desliza el pilón de la romana.

astilla s.f. (lat. tardío *astella*). Fragmento que salta o queda al romperse o partir madera. **2.** MINER. Fragmento que salta o queda al romperse el pedernal y otros minerales.

astillar v.tr. Hacer astillas.

astillero s.m. Instalación donde se efectúa la construcción y reparación de embarcaciones. SIN.: *arsenal, atarazana, dársena.*

astilloso, a adj. Que se rompe con facilidad formando astillas.

astracán s.m. (fr. *astracan,* de *Astrakhan,* grafía francesa del nombre de esta ciudad rusa). Piel muy fina y con el pelo rizado que se extrae del cordero karakul nonato o recién nacido. **2.** Tejido grueso de lana o de pelo de cabra, que forma rizos en la cara exterior.

astracanada s.f. Farsa teatral disparatada.

astrágalo s.m. (lat. *astragalus,* del gr. *astrágalos,* vértebra). ANAT. Hueso del tarso que se articula con la tibia y el peroné. **2.** ARQ. En una columna, moldura que señala el límite entre el capitel y el fuste. **3.** BOT. Arbusto o planta herbácea algunas de cuyas especies orientales producen la goma tragacanto.

astral adj. Relativo a los astros.

astreñir v.tr. [conj.: *ceñir*]. Astringir.

astrictivo, a adj. Que astringe.

astringente adj. y s.m. MED. Que contrae los tejidos o disminuye la secreción.

astringir v.tr. (lat. *adstringere*). Causar una sustancia la contracción de un tejido orgánico. **2.** *Fig.* Producir estreñimiento.

astro s.m. (lat. *astrum*). Cuerpo celeste de forma bien determinada. **2.** *Fig.* Persona que destaca poderosamente en la esfera de sus actividades: *conocido astro de la pantalla.*

astrobiología s.f. Rama de las ciencias aplicadas que estudia la posibilidad de existencia de formas vivas en otras regiones del universo distintas de la Tierra.

astroblema s.m. Cráter formado en la Tierra o en la Luna por el impacto de un gran meteorito.

astrofísica s.f. Parte de la astronomía que estudia la constitución, propiedades físicas y evolución de los astros, y de los distintos medios que los componen.

astrofísico, a adj. Relativo a la astrofísica. ◆ s. Persona que se dedica a la astrofísica.

astrolabio s.m. Instrumento que se utilizaba para observar la posición de los astros y determinar su altura sobre el horizonte.

astrología s.f. Arte adivinatoria que consiste en determinar la influencia de los astros sobre el curso de los acontecimientos terrestres, y en hacer predicciones sobre el futuro.

astrología

La astrología occidental, cuya época dorada fue el s. XVI (Cardan, G. Della Porta, Nostradamus, etc.) proviene de los caldeos y, todavía más allá, de los hindúes. Usada desde hace milenios, la astrología china se basa en 12 signos anuales con nombres de animales. También existió una astrología azteca muy desarrollada.

astrológico, a adj. Relativo a la astrología.

astrólogo, a s. (lat. *astrologus,* gr. *astrologós,* astrónomo). Persona que se dedica a la astrología.

astrometría s.f. Parte de la astronomía cuyo objeto es la medición de la posición de los astros y la determinación de sus movimientos. SIN.: *astronomía de precisión.*

astrométrico, a adj. Relativo a la astrometría.

astronauta s.m. y f. Piloto o pasajero de una astronave.

astronáutica s.f. Ciencia de la navegación en el espacio. **2.** Conjunto de disciplinas científicas y técnicas que hacen posibles los vuelos espaciales.

astronave s.f. Vehículo espacial.

astronomía s.f. (gr. *astronomía*). Ciencia que estudia la posición, movimientos y constitución de los cuerpos celestes. ◇ **Astronomía de posición** Astrometría.

astronómico, a adj. Relativo a la astronomía: *una observación astronómica.* **2.** *Fig.* Enorme, exagerado: *unas cifras astronómicas.*

astrónomo, a s. Especialista en astronomía.

astroso, a adj. Sucio y descuidado.

astucia s.f. Cualidad de astuto. **2.** Acción hábil para lograr algo.

astur adj. y s.m. y f. De una ant. región del NO de la península Ibérica (Asturias y León), cuyo nombre se relaciona con el río *Astura* (act. Esla). **2.** De un pueblo precéltico, posteriormente celtizado y romanizado, que habitaba en esta región. (Los principales núcleos de población astur eran *Lucus Asturum* [act. Oviedo] y *Asturica Augusta* [Astorga].) **3.** Asturiano.

asturianismo s.m. Palabra, expresión o giro propios del español hablado en Asturias.

asturiano, a adj. y s. De Asturias. ◆ adj. **Arte asturiano** Arte desarrollado en el reino de Asturias durante los ss. VIII-XI, que a menudo se ha incluido dentro del grupo denominado prerrománico. ◆ s.m. Bable.

asturiense s.m. y adj. Piso estratigráfico del holoceno de la costa cantábrica (España y Francia). **2.** ARQUEOL. Nombre dado a una cultura prehistórica extendida desde el NO de Portugal, Asturias y Santander hasta Gerona.

asturleonés, sa adj. y s. Relativo a Asturias y León.

astuto, a adj. (lat. *astutus*). Que tiene habilidad especial para engañar, evitar el engaño o conseguir un propósito.

asueto s.m. (bajo lat. *festum assuetum,* fiesta acostumbrada). Descanso breve, vacaciones cortas.

asumir v.tr. (lat. *asumere*). Hacerse cargo de una cosa tomando conciencia o responsabilizándose de ella: *asumió la dirección del negocio en una época difícil.* **2.** *Galic.* Tomar incremento cosas naturales: *asumir un desastre de grandes proporciones.*

asunceno, a o **asuncino, a** adj. y s. De Asunción, Paraguay.

asunción s.f. Acción y efecto de asumir. **2.** Elevación de la Virgen María al cielo. (Con este significado suele escribirse con mayúscula.) **3.** Día en que la Iglesia católica celebra este misterio (15 ag.).

asuncionista s.m. y adj. Miembro de una congregación religiosa fundada en Nimes (1345) por el padre E. Daudí d'Alzon y consagrada a la enseñanza, la organización de peregrinaciones y la prensa. SIN.: *agustino de la Asunción.*

asunto s.m. (lat. *assumptus, -a, -um,* part. de *assumere,* lo asumido). Materia sobre la que se habla, se escribe o se piensa. **2.** Tema de una obra literaria o artística. **3.** Negocio, trabajo u ocupación. **4.** DER. Caso, pleito.

asurar v.tr. y prnl. (lat. *arsura,* calor, ardor). Abrasar los sembrados el calor excesivo.

asustadizo, a adj. Que se asusta con facilidad.

asustar v.tr. y prnl. Dar un susto a alguien.

atabacado, a adj. Que tiene el color del tabaco.

atabal s.m. (hispano-ár. *ṭabál*). Timbal, tambor. **2.** Tamboril que suele tocarse en fiestas públicas.

atabalear v.intr. Piafar el caballo produciendo un ruido semejante al son de los atabales. **2.** Imitar con los dedos este ruido.

atabalero s.m. Persona que toca el atabal.

atabanado, a adj. Se dice de la caballería de pelo oscuro, con pintas blancas.

atabe s.m. (hispano-ár. *ṯáqba,* agujero). Abertura que se deja en algunas cañerías para desventarlas o revisarlas.

atabladera s.f. Tabla para allanar un terreno.

atablar v.tr. Allanar un sembrado con la atabladera.

atacado, a adj. *Fam.* Nervioso, alterado: *estar atacado de los nervios.*

atacador s.m. Utensilio para comprimir la carga en un cañón.

atacameño, a adj. y s. De un pueblo amerindio del grupo diaguita-atacameño que habita en el valle del Loa. (En un principio cazadores nómadas, se hicieron sedentarios y viven de la pesca, la agricultura y el pastoreo de llamas.) ◆ s.m. Lengua de América del Sur que se hablaba en el N de Chile.

atacar v.tr. (ital. *attacare,* pegar, clavar, unir, acometer). Lanzarse contra alguien o algo para causarle daño. **2.** Poner nervioso: *me ataca su forma de reír.* **3.** *Fig.* Combatir algo con decisión: *atacar el problema con resolución.* **4.** *Fig.* Afectar, influir, producir efecto dañino: *atacar las fiebres.* **5.** *Fig.* Intentar conseguir algo de alguien o convencerlo de algo mediante críticas, razonamientos, etc. **6.** Atestar, atiborrar. **7.** MÚS. Producir un sonido súbitamente, de modo que destaque de los demás. **8.** QUÍM. Actuar una sustancia sobre otra. ◆ v.tr. y prnl. Abrochar, ajustar al cuerpo una pieza del vestido. ◇ **Atacar los nervios** *Fam.* Poner nervioso.

atacir s.m. ASTROL. División de la bóveda celeste en 12 partes iguales o casas.

atáctico, a adj. QUÍM. Se dice de la estructura en la que los grupos ligados a los átomos de carbono de una cadena molecular están dispuestos al azar a ambos lados de dicha cadena.

atadero s.m. Cosa que sirve para atar. **2.** Parte por la que se ata una cosa. **3.** Gancho, anillo, etc., en que se ata alguna cosa. ◇ **No tener atadero** No tener orden ni concierto.

atadijo s.m. *Fam.* Paquete pequeño y mal hecho.

atado, a s.m. Conjunto de cosas atadas: *un atado de papeles.* **2.** Argent., Par. y Urug. Paquete de cigarrillos. ◆ adj. Se dice de la persona apocada.

atadura s.f. Acción y efecto de atar. **2.** Cosa con que se ata. **3.** *Fig.* Unión o enlace.

atafagar v.tr. y prnl. Producir sensación de ahogo o aturdimiento, especialmente con olores fuertes.

ataguía s.f. Dique provisional en un río o canal para impedir el paso del agua mientras se lleva a cabo alguna obra hidráulica.

ataharre s.m. (ár. *ṯáfar*). Banda que sujeta la silla o albarda, rodeando las ancas de la caballería.

ataire s.m. (ár. *dâ'ira,* que rodea a otra cosa). Moldura que rodea los tableros de las puertas y ventanas.

atajacaminos s.m. (pl. *atajacaminos*). Nombre de diversas aves nocturnas, de alas y cola largas, cabeza grande y plumaje con tonos marrones, que viven en Argentina. (Familia caprimulgidos.)

atajadero s.m. Obstáculo que se pone en acequias, regueras, etc., para dirigir el agua.

atajadizo s.m. Tabique, muro, surco, etc., con que se divide un lugar. **2.** Porción menor del lugar dividido.

atajar v.intr. Ir o tomar por un atajo para acortar el camino. ◆ v.tr. Salir al encuentro de alguien por algún atajo. **2.** Interrumpir el curso de algo. **3.** *Fig.* Interrumpir al que está hablando. ◆ **atajarse** v.prnl. Argent., Urug. y Méx. *Fig.* Prevenirse, cubrirse, protegerse de alguna responsabilidad o riesgo.

atajo s.m. Senda o camino por donde se hace más breve el acceso a un lugar. **2.** *Fig.* Procedimiento o medio para hacer más breve un proceso. **3.** *Fig.* Conjunto, abundancia. **4.** Pequeño grupo de cabezas de ganado.

atalajes s.m.pl. Conjunto de las correas que sujetan al piloto a su asiento o a su paracaídas.

atalantar v.tr. Agradar, convenir.

atalaya s.f. (ár. *ṯalâyi*). Torre de vigilancia generalmente construida en un lugar elevado. **2.** Cualquier lugar desde donde se divisa una gran extensión de tierra o de mar. **3.** *Fig.* Estado o posición adecuados para apreciar o juzgar un hecho.

atalayado, a adj. Se dice de un castillo, torre, etc., que remata en una especie de cornisa volada con ladroneras para observar. **2.** HERÁLD. Se dice de la pieza o figura que presenta almenas en su perfil, dispuestas hacia abajo.

atalayar v.tr. Observar desde una atalaya, otear. ◆ v.tr. y prnl. *Fig.* Acechar las acciones de otros.

atamán s.m. Jefe de los ejércitos de Polonia y del gran ducado de Lituania entre los ss. XVI y XVIII. **2.** Oficial de los cuerpos de cosacos. SIN.: *hetmán.*

atamiento s.m. *Fam.* Timidez o cortedad de ánimo.

atañer v.intr. (lat. *attangere*) [conj.: *tañer*]. Tocar o pertenecer: *en lo que a mí me atañe, no tengo nada que añadir.* SIN.: *concernir.*

atapasco, a adj. y s. De una familia de pueblos amerindios de amplia distribución geográfica (Alaska, norte y centro de Canadá, zona costera de California y N de México) cuyos grupos más conocidos son los *apaches* y *navajos.* ◆ s.m. Familia lingüística amerindia, que comprende numerosas lenguas y dialectos, con grandes diferencias fonéticas, hablados por las tribus de este nombre.

ataque s.m. Acción de atacar o acometer. **2.** *Fig.* Pendencia, altercado. **3.** DEP. Acción ofensiva ejecutada por los jugadores. **4.** MED. Crisis aguda de una enfermedad, que se presenta en forma brusca y aparatosa. **5.** MIL. Fase principal del combate ofensivo cuyo fin se materializa por la conquista de uno o varios objetivos.

atar v.tr. (lat. *aptare,* adaptar, sujetar). Unir o sujetar mediante nudos hechos con cuerda, cinta, etc.: *atar paquetes.* **2.** *Fig.* Reducir o quitar capacidad para moverse, actuar, etc. **3.** *Fig.* Asociar o relacionar. ◆ **atarse** v.prnl. No saber cómo salir de una situación desfavorable o comprometida. ◇ **Atar corto** *Fam.* Reprimir, dar poca libertad a alguien.

atarantar v.tr. y prnl. Aturdir, causar aturdimiento.

ataraxia s.f. FILOS. Quietud absoluta del alma, que es, según el epicureísmo y el estoicismo, el principio de la felicidad.

atarazana s.f. (hispano-ár. *dâr aṣ-ṣána,* casa de la fabricación, atarazana). Arsenal, establecimiento para la construcción y reparación de embarcaciones.

atarazar v.tr. Morder o rasgar con los dientes alguna cosa.

1. **atardecer** v.impers. [conj.: *parecer*]. Empezar a ponerse el sol.

2. **atardecer** s.m. Tiempo durante el cual atardece.

atarear v.tr. Poner tarea. ◆ **atarearse** v.prnl. Dedicarse mucho al trabajo.

atarjea s.f. Caja de ladrillo con que se protege una cañería o conducto.

atarugar v.tr. Asegurar el carpintero un ensamblado con tarugos, cuñas o clavijas. **2.** Obstruir con un tarugo o tapón el orificio de un tonel u otro recipiente. **3.** *Fig.* y *fam.* Atestar, henchir, rellenar. ◆ v.tr. y prnl. *Fig.* y *fam.* Hacer callar a alguien. **2.** *Fig.* y *fam.* Atracar, hartar de comida. ◆ **atarugarse** v.prnl. *Fig.* y *fam.* Atragantarse. **2.** Embotarse el entendimiento, mostrarse lento en el discurrir.

atascadero s.m. Sitio donde se atascan los vehículos o las personas. **2.** *Fig.* Impedimento, estorbo para un proyecto, empresa, etc.

atascamiento s.m. Atasco.

atascar v.tr. y prnl. Obstruir un conducto alguna cosa que se detenga en él: *atascarse una cañería.* SIN.: *atorar.* ◆ v.tr. Tapar las hendiduras de las tablas y las aberturas entre ellas con estopa gruesa o agramiza. **2.** *Fig.* Detener o entorpecer un proceso. ◆ **atascarse** v.prnl. Quedarse detenido en un terreno cenagoso. SIN.: *atollarse.* **2.** *Fig.* Quedarse detenido por cualquier obstáculo; especialmente al hablar, sin poder proseguir. **3.** Quedarse detenida una máquina debido a alguna obstrucción en su mecanismo.

atasco s.m. Obstáculo o cosa que impide el paso. SIN.: *atascamiento.* **2.** Obstrucción de un conducto. SIN.: *atascamien-*

to. **3.** Obstrucción del tráfico rodado en una vía pública. SIN.: *embotellamiento.*

ataúd s.m. (ár. *tabût,* caja, ataúd, tumba). Recipiente donde se coloca un cadáver para enterrarlo o incinerarlo. SIN.: *féretro.*

ataujía s.f. (ár. *táušiya,* coloradura, hermoseamiento). Obra de taracea de metales finos o esmaltes, típica del arte hispanoárabe. **2.** *Fig.* Labor primorosa, o de difícil combinación.

ataurique s.m. (ár. *tauríq*). Obra de ornamentación hecha con yeso o estuco, característica del arte árabe.

ataviar v.tr. y prnl. (gót. *taujan,* hacer, obrar) [conj.: *desviar*]. Vestir y adornar a alguien, especialmente de forma original.

atávico, a adj. Relativo al atavismo: *costumbres atávicas.*

atavío s.m. *Fig.* Vestimenta que se lleva puesta. **2.** Modo de ir vestido alguien. ◆ **atavíos** s.m.pl. Adornos en el vestir.

atavismo s.m. (lat. *atavus,* tatarabuelo). Reaparición de determinados caracteres procedentes de un antepasado y que no se habían manifestado en las generaciones intermedias. **2.** *Fig.* Instintos hereditarios; costumbres ancestrales.

ataxia s.f. Dificultad de coordinación de los movimientos, característica de ciertas enfermedades neurológicas.

atáxico, a adj. y s. Relativo a la ataxia; que padece ataxia.

ate s.m. Méx. Dulce de membrillo.

ateísmo s.m. Corriente de pensamiento que niega la existencia de Dios o de otra divinidad.

ateísta adj. y s.m. y f. Ateo.

atelaje s.m. (fr. *attelage*). Tiro, conjunto de caballerías que tiran de un carruaje. **2.** Conjunto de guarniciones de las bestias de tiro.

atelana adj. y s.f. Se dice de una obra cómica latina, semejante al sainete, procedente de Atella, ciudad de los oscos.

atelectasia s.f. Aplanamiento de los alvéolos pulmonares cuando no contienen aire, que es normal en el feto, pero patológico en caso de obstrucción bronquial.

ateles s.m. *Mono araña.

atemorizar v.tr. y prnl. Causar temor: *su terrible aspecto atemorizaba.*

atemoztli s.m. Decimosexto mes del calendario azteca.

atemperación s.f. Acción de atemperar.

atemperar v.tr. y prnl. Moderar o suavizar el carácter, una sensación, un sentimiento, etc. **2.** Acomodar o adaptar una cosa a otra: *atemperar los precios a los salarios.*

atemporal adj. Que no pertenece a ningún tiempo determinado.

atenazar v.tr. Apretar, sujetar fuertemente. **2.** Atormentar un pensamiento o un sentimiento.

atención s.f. (lat. *attentio, -onis*). Acción de atender: *prestar atención.* **2.** Demostración de respeto o cortesía: *colmar de atenciones.* ◆ interj. Se usa para advertir a alguien de que aplique especial cuidado en lo que va a hacer o para advertirle de un peligro. ◇ **En atención a** Atendiendo, teniendo en cuenta. **Llamar la atención** Hacer que alguien se fije en una cosa determinada; reprender a alguien por su conducta; hacerse notar.

atendedor, ra s. IMPR. Persona que tiene por oficio atender.

atender v.tr. e intr. (lat. *attendere*) [conj.: *tender*]. Aplicar los sentidos y la inteligencia a la percepción de algo: *atender a las explicaciones.* **2.** Satisfacer un deseo o una petición: *el alcalde atendió las reivindicaciones.* **3.** Cuidar de alguien: *le atendieron en el hospital.* **4.** Despachar, ocuparse del público en un establecimiento. ◆ v.intr. Tener en cuenta algo: *atender a las circunstancias.* **2.** IMPR. Leer alguien para sí el original de un escrito mientras el corrector va leyendo en voz alta la prueba impresa, para advertir cualquier diferencia entre la prueba y el original. ◆ v.tr. Esperar, aguardar. ◇ **Atender por** Responder un animal a su nombre.

ateneísta s.m. y f. Socio de un ateneo.

ateneo s.m. ANT. GR. Templo de Atenea donde los poetas y oradores leían sus obras, en Atenas. **2.** Asociación cultural. **3.** Local de dicha asociación.

atenerse v.prnl. [conj.: *tener*]. Ajustarse o estar sujeto a algo.

ateniense adj. y s.m. y f. De Atenas.

atenorado, a adj. Se dice de una voz o de un sonido parecidos a la voz del tenor.

atentado s.m. Agresión contra la vida, la integridad física o moral, los bienes o los derechos de una persona. **2.** Acción contraria a la moral o a un principio establecido.

atentar v.intr. (lat. *attemptare*). Cometer un atentado: *atentar contra la salud.*

atentatorio, a adj. Que atenta: *política atentatoria contra el derecho a la intimidad.*

atento, a adj. Que aplica los sentidos y la inteligencia a algo. **2.** Cortés, amable.

atenuación s.f. Acción de atenuar o atenuarse.

atenuado, a adj. Se dice del microorganismo patógeno que ha disminuido su virulencia.

atenuante adj. y s.m. o f. Que atenúa.

atenuar v.tr. y prnl. [conj.: *actuar*]. *Fig.* Disminuir la fuerza, intensidad o gravedad de algo. ◆ v.tr. Hacer tenue, delgado o delicado.

ateo, a adj. y s. (gr. *atheos*). Que niega la existencia de toda divinidad.

aterciopelado, a adj. Parecido al terciopelo.

aterimiento s.m. Acción y efecto de aterir.

aterir v.tr. y prnl. [conj.: *abolir*]. Paralizar a alguien el frío.

atérmico, a adj. Se aplica al material que no desprende ni absorbe calor: *vidrio atérmico.* SIN.: *atérmano.*

ateroma s.m. Depósito de colesterina y sales de calcio en las paredes internas de una arteria, que acaba provocando la arteriosclerosis.

1. **aterrar** v.tr. y prnl. Causar terror.

2. **aterrar** v.tr. [conj.: *pensar*]. Cubrir con tierra. **2.** Derribar, echar por tierra. ◆ v.intr. Llegar a tierra desde el aire o el mar. SIN.: *aterrizar.* ◆ **aterrarse** v.prnl. Poner pie en tierra firme. **2.** MAR. Acercarse un buque a tierra.

aterrizador s.m. Amér. Tren de aterrizaje.

aterrizaje s.m. Acción de aterrizar.

aterrizar v.intr. Posarse una aeronave sobre la superficie terrestre. **2.** *Fig.* y *fam.* Aparecer en un lugar de manera inesperada. **3.** *Fig.* y *fam.* Caer una persona con violencia sobre algo.

aterronar v.tr. y prnl. Hacer terrones una materia suelta.

aterrorizar v.tr. y prnl. Aterrar, causar terror.

atesoramiento s.m. Acción y efecto de atesorar.

atesorar v.tr. Guardar cosas de valor. **2.** *Fig.* Tener virtudes o cualidades.

atestación s.f. Testificación de un testigo.

atestado s.m. DER. Documento oficial en que se hace constar una cosa, especialmente un suceso.

atestadura s.f. Atestamiento. **2.** ENOL. Porción de mosto con que se atiestan o rellenan las cubas de vino.

atestamiento s.m. Acción y efecto de atestar las cubas de vino.

1. **atestar** v.tr. (del ant. *tiesto,* tieso, duro) [conj.: *pensar*]. Llenar completamente un espacio. **2.** ENOL. Rellenar con mosto las cubas de vino para suplir la merma producida por la fermentación.

2. **atestar** v.tr. (lat. *attestari*). DER. Testificar, declarar como testigo.

atestiguar v.tr. [conj.: *averiguar*]. Declarar, afirmar como testigo: *atestiguar en un juicio.* SIN.: *atestar, testificar, testimoniar.* **2.** Ofrecer una cosa indicios ciertos de algo.

atetar v.tr. Amamantar.

atetillar v.tr. Cavar alrededor de un árbol dejando algo de tierra arrimada al tronco.

atetósico, a adj. y s. Relativo a la atetosis; que padece atetosis.

atetosis s.f. Trastorno neurológico caracterizado por movimientos involuntarios, lentos y ondulatorios, predominantemente en los pies, las manos y la cabeza.

atezar v.tr. Poner terso o lustroso. ◆ v.tr. y prnl. Poner la piel morena.

ati s.m. Gaviota con la cabeza y punta del ala negras, pico desarrollado y cola poco escotada, que vive en América Meridional.

atiborramiento s.m. Acción y efecto de atiborrar o atiborrarse.

atiborrar v.tr. y prnl. *Fig.* y *fam.* Hartar de comida o bebida. ◆ v.tr. Atestar, llenar completamente.

aticismo s.m. Estilo elegante y delicado que caracteriza a los escritores y oradores atenienses de la edad clásica (ss. V-IV a.C.). **2.** *Por ext.* Pureza y concisión en el lenguaje y en el estilo, a imitación de los escritores áticos.

1. **ático** s.m. Última planta de un edificio, que en las casas antiguas es más bajo de techo que los inferiores y se construía para encubrir el arranque de la techumbre, y que en los edificios modernos suele estar provisto de terraza.

2. **ático, a** adj. y s. Del Ática o de Atenas. ◆ adj. Relativo al aticismo. ◆ s.m. ANT. GR. Dialecto jónico del Ática.

atiesar v.tr. y prnl. Poner tieso: *atiesar el bigote.*

atifle s.m. (hispano-ár. *aṯfīl,* trébede). Utensilio usado por los alfareros para evitar que las piezas al cocerse se peguen unas con otras.

atigrado, a adj. Que presenta un dibujo a rayas como la piel de tigre.

atildamiento s.m. Acción y efecto de atildar, en especial si es con cierta afectación.

atildar v.tr. y prnl. *Fig.* Acicalar, asear con esmero.

atinar v.intr. Acertar, dar en el blanco. **2.** Hallar algo que se busca, especialmente a tientas sin ver el objeto: *atinar con la puerta.* **3.** Encontrar la solución a algo por suerte, deducción o conjeturas: *no atinar en la respuesta.* ◆ v.intr. y tr. Hallar, conseguir o acertar por sagacidad o casualidad algo que se busca.

atíncar s.m. Bórax.

atingencia s.f. Amér. Conexión, relación. **2.** Perú. Incumbencia.

atingir v.tr. Amér. Oprimir, tiranizar.

atípico, a adj. Que se sale de la normalidad.

atiplado, a adj. Se dice de una voz o un sonido agudo.

atiplar v.tr. Agudizar el tono de un instrumento o de la voz. ◆ **atiplarse** v.prnl. Pasar un instrumento o una voz de un tono grave a uno agudo.

atirantar v.tr. y prnl. Poner tirante. **2.** CONSTR. Afirmar o asegurar dos piezas, una armadura, etc., con tirantes.

atisbadura s.f. Acción de atisbar.

atisbar v.tr. Mirar, observar disimuladamente. **2.** Vislumbrar.

atisbo s.m. Atisbadura. **2.** Indicio, sospecha.

atiteca → **tsutuhil.**

atizador, ra adj. y s. Que atiza. ◆ s.m. Barra metálica que se emplea para atizar el fuego en los hogares de chimeneas. SIN.: *atizadero, hurgón.*

atizar v.tr. (lat. vulg. *attitiare*). Remover el rescoldo o la madera que arde para avivar el fuego. **2.** *Fig.* Excitar pasiones o discordias. **3.** *Fig.* y *fam.* Dar uno o varios golpes: *atizar un bofetón, una paliza.* ◇ **¡Atiza!** Indica sorpresa o admiración.

atizonar v.tr. CONSTR. **a.** Asegurar la trabazón de una obra de mampostería con piedras colocadas a tizón. **b.** Asentar la cabeza de un madero en el espesor de una pared. ◆ **atizonarse** v.prnl. Contraer tizón los cereales u otras gramíneas.

atlacahualo s.m. Primer mes del calendario azteca.

atlanta s.m. y adj. GEOL. Formación del eoceno medio de Ecuador.

atlante s.m. (lat. *atlantes*). Estatua de hombre que se utiliza como soporte o columna de una construcción. SIN.: *telamón.*

atlántico, a adj. Relativo al océano Atlántico o a los países o regiones que baña. **2.** Relativo a la Organización del tratado del Atlántico norte.

atlantismo s.m. Política de los partidarios del pacto del Atlántico norte.

atlas s.m. Colección de mapas, dibujos, cuadros o tablas de una materia determinada, recogida generalmente en forma de libro: *atlas geográfico, lingüístico, histórico.* **2.** ANAT. Primera vértebra cervical.

atlatl s.m. Instrumento de caza, pesca y guerra formado por media caña, cuerdas y un dardo, utilizado por las culturas lacustres del valle de México.

atleta s.m. y f. (lat. *athleta,* del gr. *athlon,* premio de una lucha). Persona que practica un deporte, especialmente el atletismo. **2.** *Fig.* Persona con una musculatura muy desarrollada. ◇ **Pie de atleta** Infección micótica que suele aparecer en la planta de los pies.

atlético, a adj. Relativo al atleta. ◆ s.m. y adj. Biotipo caracterológico en la clasificación de Kretschmer que presenta un gran desarrollo de tórax y muslos y un desarrollo menor en la pelvis.

atletismo s.m. Conjunto de deportes que comprende carreras, saltos y lanzamientos.

atletismo

El atletismo está muy extendido por la sencillez de sus reglas y su práctica. En el atletismo masculino se corren doce carreras principales, disputadas en los Juegos olímpicos y otras competiciones internacionales: carreras lisas individuales de 100 y 200 m (pruebas de velocidad pura), 400 m y 800 m (de velocidad prolongada), 1 500 m, 5 000 m y 10 000 m (de medio fondo y fondo); carreras de relevos (4 × 100 m y 4 × 400 m); carreras de obstáculos (110 m y 400 m vallas, y 3 000 m). Los concursos comprenden cuatro pruebas de saltos (salto de altura, de longitud, triple salto y salto con pértiga) y cuatro de lanzamientos (peso, disco, martillo y jabalina). Las pruebas femeninas son: 100 m, 200 m, 400 m, 000 m, 1 500 m y 3 000 m; relevos de 4 × 100 m y 4 × 400 m; 100 m vallas; saltos de altura y longitud, y lanzamientos de peso, disco y jabalina. Otras pruebas de gran popularidad son el decatlón (masculino), el heptatlón (femenino), el maratón y la milla.

atmósfera o **atmosfera** s.f. (del gr. *atmós,* átomo, y *sphaira,* esfera). Capa gaseosa que envuelve un planeta o un satélite, especialmente la de la Tierra. **2.** Ambiente físico de un espacio. **3.** Conjunto de condiciones o influencias que rodean un lugar. **4.** *Fig.* Estado de ánimo perceptible de un conjunto de personas en un lugar: *atmósfera tensa.* **5.** Unidad de medida de presión equivalente al peso de una columna de mercurio de 76 cm de altura y 1 cm^2 de base, al nivel del mar: *presión de diez atmósferas.* ◇ **Atmósfera controlada** Atmósfera de un horno de tratamientos térmicos en el que el aire ha sido remplazado por un gas adecuado a los productos que se van a tratar.

atmosférico, a adj. Relativo a la atmósfera. ◇ **Condiciones atmosféricas** Estado del tiempo definido por la temperatura, la insolación o la nebulosidad, las precipitaciones, los vientos, etc.

atoaje s.m. MAR. Acción y efecto de atoar. ◇ **Cable de atoaje** Cable de remolque.

atoar v.tr. (fr. ant. *toer,* del escand. ant. *toga,* tirar de algo). MAR. Remolcar una embarcación a otra. **2.** MAR. Halar de un cabo firme para aproximar la embarcación a un punto fijo.

atocha s.f. Esparto.

atok s.m. Carnívoro parecido al zorro gris que vive en los Andes peruanos. (Familia cánidos.)

atolladero s.m. Atascadero. **2.** *Fig.* Situación que no ofrece salida fácil.

atollar v.intr. y prnl. Atascar. ◆ **atollarse** v.prnl. *Fig.* y *fam.* Encontrarse en un atolladero.

atolón s.m. Isla de los mares tropicales formada por arrecifes coralinos que rodean una laguna central.

atolondrado, a adj. Que actúa sin serenidad y reflexión.

atolondramiento s.m. Acción y efecto de atolondrar o atolondrarse.

atolondrar v.tr. y prnl. Aturdir, causar confusión: *atolondrado por la caída.*

atomicidad s.f. Número de átomos contenidos en una molécula. **2.** ECON. Carácter de una oferta y de una demanda que presentan una gran fragmentación dentro de un mercado para que las variaciones pequeñas no modifiquen el valor de la oferta o la demanda globales.

atómico, a adj. Relativo al átomo. ◇ **Arma atómica** Arma basada en reacciones de fisión del plutonio o del uranio. **Energía atómica** Energía liberada en una reacción nuclear. **Notación atómica** Notación química fundada en la consideración de las masas atómicas. **Número atómico** Número de un elemento químico en la tabla periódica. (Es igual al número de protones que giran alrededor del núcleo.)

atomismo s.m. Filosofía materialista que considera que el universo está constituido por un número infinito de átomos asociados en combinaciones fortuitas y puramente mecánicas. (Sus principales representantes fueron Demócrito y Lucrecio.)

atomista adj. y s.m. y f. Partidario del atomismo.

atomística s.f. Estudio del átomo y de sus propiedades.

atomístico, a adj. Relativo al atomismo y a la atomicidad.

atomización s.f. Acción y efecto de atomizar.

atomizador s.m. Aparato que sirve para la pulverización de líquidos.

atomizar v.tr. Dividir algo en partes muy pequeñas. **2.** Pulverizar un líquido.

átomo s.m. (lat. *atomus*). Partícula más pequeña de un elemento químico que sigue poseyendo todas sus características y puede entrar en combinación. **2.** Partícula muy pequeña de algo.

átomo

El átomo está formado por un núcleo central (que concentra casi la totalidad de su masa y una carga eléctrica positiva) y una nube de *electrones* (partículas de carga eléctrica negativa) que giran a su alrededor describiendo órbitas elípticas con una onda asociada que les comunica una energía característica cuántica. El núcleo está constituido por *neutrones* (partículas sin carga) y *protones* (partículas positivas con una masa aproximada a la de los neutrones).
Los átomos de un mismo elemento, con idéntico número atómico pero distinta masa, se denominan *isótopos.*

átomo-gramo s.m. (pl. *átomos-gramo*). Peso en gramos de la masa atómica de un elemento químico.

atonal adj. MÚS. Que está compuesto según las reglas de la atonalidad.

atonalidad s.f. MÚS. Sistema de escritura musical que no sigue las reglas tonales de la armonía tradicional. (Los grandes representantes de la atonalidad son Schönberg, Berg, Webern, Boulez, Stockhausen y Xenakis.) SIN.: *atonalismo.*

atonía s.f. Falta de energía o de ánimo. **2.** Disminución del tono muscular por un problema neurológico.

atónico, a adj. Relativo a la atonía.

atónito, a adj. (lat. *attonitus,* herido del rayo, aturdido). Pasmado, estupefacto.

átono, a adj. GRAM. Se dice de una palabra, sílaba o vocal que carecen de acento tónico.

atontado, a adj. Aturdido, sin capacidad para actuar o responder. **2.** Que es un poco tonto.

atontamiento s.m. Acción y efecto de atontar o atontarse.

atontar v.tr. y prnl. Aturdir a una persona haciendo que parezca o se comporte como un tonto.

atontolinar v.tr. y prnl. *Fam.* Atontar.

atopia s.f. Carácter hereditario de una persona que presenta reacciones alérgicas con una frecuencia anormalmente elevada.

atorar v.tr., intr. y prnl. (lat. *obturare*). Atascar, obstruir. ◆ **atorarse** v.prnl. Trabarse o cortarse al hablar.

atormentar v.tr. y prnl. Causar dolor o molestia física o moral.

atornillar v.tr. Introducir un tornillo haciéndolo girar alrededor de su eje. **2.** Sujetar con tornillos. **3.** *Fig.* Presionar a alguien o someterlo a una disciplina severa.

atorrante adj. y s.m. y f. Argent., Par. y Urug. Vagabundo, holgazán. **2.** Argent., Par. y Urug. Persona desvergonzada. ◆ s.f. Argent., Par. y Urug. Mujer de mala vida.

atortolar v.tr. y prnl. *Fam.* Aturdir o acobardar. **2.** *Fam.* Enamorar a alguien.

atosigamiento s.m. Acción de atosigar o atosigarse.

atosigar v.tr. y prnl. Fatigar o importunar a alguien, especialmente dándole prisa. **2.** Preocupar mucho algo.

atrabancar v.tr. e intr. Pasar obstáculos con precipitación. **2.** Urug. *Fam.* Obstaculizar.

atrabiliario, a adj. Relativo a la atrabilis. ◆ adj. y s. *Fam.* Irascible, irritable, de genio desigual.

atrabilis s.f. (del lat. *atra,* negra, y *bilis,* cólera). Sustancia del cuerpo humano, supuesta causante de la melancolía y la hipocondría. SIN.: *bilis negra.*

atracada s.f. Acto de atracar una embarcación. **2.** Cuba, Méx. y Perú. Atracón.

atracadero s.m. Lugar para atracar embarcaciones.

atracador, ra s. Persona que atraca.

atracar v.tr. Asaltar con armas para robar. **2.** Hacer comer o beber con exceso: *atracarse de pasteles.* SIN.: *atiborrar.* **3.** Argent. y Chile. *Vulg.* Acosar sexualmente a una persona. **4.** Chile. Empujar, pegar, zurrar. ◆ v.tr. e intr. MAR. Arrimar una embarcación a tierra o a otra embarcación. ◆ **atracarse** v.prnl. Antillas y Hond. Reñir, discutir. **2.** Argent., Chile y Perú. *Fig.* Ponerse junto a cualquier objeto.

atracción s.f. Acción de atraer. **2.** Fuerza con que se atrae. **3.** Número artístico o artista de un espectáculo de variedades. ◆ **atracciones** s.f.pl. Espectáculos o diversiones reunidos en un mismo lugar: *parque de atracciones.* ◇ **Ley de la atracción universal,** o **de Newton** Ley según la cual dos cuerpos materiales se atraen proporcionalmente al valor de sus masas e inversamente al cuadrado de sus distancias.

atraco s.m. Acción de atracar para robar: *el atraco al banco.*

atracón s.m. *Fam.* Acción y efecto de atracar o atracarse de comida o bebida. **2.** Pan. Altercado, riña.

atractivo, a adj. Que atrae. ◆ s.m. Cualidad o conjunto de cualidades de una persona que atrae a otra u otras.

atraer v.tr. (lat. *attrahere*) [conj.: *traer*]. Hacer venir hacia el lugar en que alguien se halla o hacia un determinado lugar: *atraer público; atraer con un imán.* **2.** *Fig.* Captar la voluntad, atención, etc.: *atraer las miradas.* **3.** *Fig.* Hacer que algo recaiga sobre uno: *atraer la maldición divina.*

atrafagar v.intr. y prnl. Fatigarse a causa del tráfago o ajetreo.

atragantamiento s.m. Acción y efecto de atragantar o atragantarse.

atragantar v.tr. Hacer que algo quede detenido en la garganta de alguien. ◆ **atragantarse** v.prnl. Quedarse algo detenido en la garganta. **2.** *Fig.* y *fam.* Turbarse en la conversación. **3.** *Fig.* y *fam.* Hacerse desagradable, antipática o difícil a uno una persona o cosa.

atraillar v.tr. [conj.: *aislar*]. Atar, ligar un perro con traílla.

atrampar v.tr. Hacer caer en una trampa. ◆ **atramparse** v.prnl. Caer en una trampa. **2.** Obstruirse un conducto. **3.** Caerse el pestillo de la puerta sin que se pueda abrir.

atrancar v.tr. Poner una tranca a una puerta o ventana para impedir que se abra. SIN.: *trancar.* ◆ v.tr. y prnl. Atascar, obstruir: *el desagüe se atranca a veces.* ◆ v.intr. *Fam.* Dar trancos o pasos largos. ◆ **atrancarse** v.prnl. *Fig.* y *fam.* Trabarse al hablar o escribir. **2.** Encerrarse asegurando la puerta.

atranco s.m. Acción y efecto de atrancar o atrancarse. SIN.: *atranque.* **2.** *Fig.* Embarazo, apuro. SIN.: *atranque.*

atrapamoscas s.m. (pl. *atrapamoscas*). Planta carnívora cuyas hojas terminan en lóbulos oponibles que se juntan para retener insectos. (Familia droseráceas.)

atrapar v.tr. (fr. *attraper*). Aprisionar a alguien o algo, especialmente si escapa o tiende a escapar. **2.** *Fig.* y *fam.* Conseguir algo provechoso o beneficioso: *atrapar un premio.* **3.** *Fig.* y *fam.* Fascinar alguien o algo. **4.** *Fig.* y *fam.* Engañar o convencer con astucia.

atraque s.m. Acción de atracar una nave. **2.** Muelle donde se atraca.

atrás adv.l. Hacia la parte que está a las espaldas de uno: *dar un paso atrás.* **2.** Detrás: *quedarse atrás.* ◆ adv.t. Tiempo pasado: *pocos días atrás.* ◆ interj. Se usa para ordenar a alguien que retroceda: *¡atrás!, no dé un paso más.*

atrasar v.tr. y prnl. Retrasar.

atraso s.m. Acción y efecto de atrasar o atrasarse. SIN.: *retraso.* **2.** Desarrollo menor de lo normal. ◆ **atrasos** s.m.pl. Cantidades que no han sido pagadas en el plazo oportuno.

atravesado, a adj. Que bizquea. **2.** *Fig.* Que tiene mala intención. **3.** Se dice del animal cruzado o híbrido.

atravesar v.tr. [conj.: *pensar*]. Pasar de una parte a la opuesta: *atravesar una calle.* **2.** Traspasar, pasar un cuerpo penetrándolo de parte a parte. **3.** Pasar circunstancialmente por una situación determinada: *atravesamos un mal momento.* **4.** Estar algo colocado oblicuamente sobre una cosa: *el puente atraviesa el río.* **5.** Poner algo delante para impedir el paso. ◆ v.tr. y prnl. MAR. Poner la nave al pairo o a la capa. ◆ **atravesarse** v.prnl. Resultar alguien o algo antipático o repulsivo a una persona: *se le atravesó por su manera de hablar.* **2.** *Fig.* Entrometerse en los asuntos de otros. **3.** *Fig.* Ocurrir alguna cosa que altera el curso de otra.

atrayente adj. Que atrae.

atrechar v.intr. P. Rico. Tomar un atajo.

atreguar v.tr. y prnl. [conj.: *averiguar*]. Dar o conceder treguas.

atrenzo s.m. Amér. Conflicto, apuro, dificultad.

atrepsia s.f. MED. Caquexia producida por la nutrición de los lactantes, que ocasiona adelgazamiento y complicaciones graves.

atresia s.f. (del gr. *trisis,* perforación). MED. Estrechamiento u obstrucción congénita o adquirida de un orificio.

atreverse v.prnl. (lat. *tribuere sibi,* atribuirse la capacidad de hacer algo). Determinarse a algo arriesgado: *atreverse a saltar en paracaídas.* **2.** Enfrentarse con insolencia a alguien.

atrevido, a adj. y s. Que se atreve. ◆ adj. Hecho o dicho con atrevimiento.

atrevimiento s.m. Acción y efecto de atreverse.

atrezo o **attrezzo** s.m. (ital. *attrezzo*). Conjunto de objetos y complementos utilizados en la escenificación de un espectáculo.

atribución s.f. (lat. *attributio, -onis*). Acción de atribuir. **2.** Facultad de una persona por razón de su cargo.

atribuir v.tr. y prnl. (lat. *attribuere*) [conj.: *huir*]. Considerar a una persona o cosa como responsable, autora o causante de algo. **2.** Considerar a una persona o cosa como poseedora de determinada cualidad: *atribuir propiedades curativas a una planta.* **3.** Asignar algo a alguien como de su competencia.

atribulación s.f. Tribulación.

atribular v.tr. y prnl. (lat. *tribulare,* trillar, tormentar). Causar o padecer tribulación o pena.

atributivo, a adj. Que indica o enuncia un atributo o cualidad. **2.** GRAM. Relativo al atributo. ◇ **Oración atributiva** Oración formada por un verbo copulativo.

atributo s.m. (lat. *attributus*). Propiedad inherente de un ser. **2.** Objeto que representa simbólicamente una potestad. **3.** LING. Elemento de una oración que expresa una manera de ser que se afirma del sujeto o del objeto por medio de un verbo expreso o sobrentendido. (Puede ser un sustantivo, un adjetivo o una oración de relativo y el verbo de la oración es copulativo.) ◆ **atributos** s.m.pl. Insignias, condecoraciones, trajes, etc., propios de un cargo o autoridad. **2.** Órganos característicos de un sexo.

atrición s.f. TEOL. CRIST. Pesar por haber ofendido a Dios causado por un motivo humano, como por ejemplo la vergüenza o el temor al castigo.

atril s.m. (bajo lat. *lectorile*). Soporte para sostener libros o papeles abiertos.

atrincherar v.tr. MIL. Fortificar con trincheras. ◆ **atrincherarse** v.prnl. Colocarse en una trinchera a cubierto del enemigo. **2.** Valerse de algo utilizándolo como defensa: *se atrincheró detrás de sus teorías.*

atrio s.m. (lat. *atrium*). Pieza principal de la casa romana con una abertura cuadrada en el centro del techo (el *compluvium*) que permitía recoger el agua de lluvia en un estanque (el *impluvium*). **2.** Espacio cubierto que sirve de acceso a algunos templos, palacios o casas.

atrochar v.intr. Caminar por trochas o sendas.

atrocidad s.f. Cualidad de atroz. **2.** Cosa atroz.

atrofia s.f. (gr. *atrofía*). Disminución de volumen de un tejido, órgano u organismo a causa de un defecto de nutrición u otras causas patológicas. **2.** *Fig.* Pérdida o disminución de alguna facultad: *atrofia intelectual.*

atrofiar v.tr. y prnl. Producir o padecer atrofia.

atrófico, a adj. y s. Relativo a la atrofia; que padece atrofia.

atronadura s.f. Hendidura que penetra radialmente en el interior del tronco de un árbol.

atronamiento s.m. Acción y efecto de atronar o atronarse. **2.** Enfermedad en los cascos de pies y manos de una caballería que suele ser originada por un golpe. SIN.: *alcanzadura.*

atronar v.tr. [conj.: *contar*]. Causar un ruido muy fuerte. **2.** Ensordecer o perturbar con ruido muy fuerte. **3.** TAUROM. Matar a un toro hiriéndolo en medio de la cerviz. ◆ **atronarse** v.prnl. Aturdirse y quedarse como muerto un animal con el ruido de los truenos.

atropado, a adj. Se dice de una planta de ramas recogidas.

atropar v.tr. y prnl. Reunir gente en tropas o en cuadrillas. ◆ v.tr. Reunir en montones o gavillas, especialmente la mies y el heno.

atropellar v.tr. Embestir violentamente algo en movimiento a alguien o algo: *atropellar un automóvil a un peatón.* **2.** Empujar o tirar al suelo con violencia a alguien. **3.** *Fig.* Agraviar con abuso de la fuerza, poder o superioridad. **4.** *Fig.* Actuar con precipitación y descuido. ◆ **atropellarse** v.prnl. *Fig.* Hablar o actuar con precipitación: *se atropelló en sus explicaciones.*

atropello s.m. Acción y efecto de atropellar o atropellarse. SIN.: *atropellamiento.*

atropina s.f. (lat. científico *atropa,* del gr. *Atropos,* nombre de la Parca que cortaba el hilo de la vida). Alcaloide extraído de la belladona, que calma los espasmos y dilata la pupila.

atroz adj. (lat. *atrox, -ocis*). Terrible, inhumano. **2.** Muy intenso o grande: *dolor atroz.* **3.** Muy malo o desagradable: *una comida atroz; un sueño atroz.*

atruhanado, a adj. Que actúa como un truhan o tiene aspecto de truhan.

ATS s.m. y f. (sigla). *Ayudante técnico sanitario.

attrezzista s.m. y f. Persona que tiene por oficio encargarse del atrezo de un espectáculo.

attrezzo s.m. (voz italiana, *instrumento, aparato*). → **atrezo.**

atuendo s.m. (lat. *attonitus,* part. de *attonare,* tronar en presencia de alguien). Conjunto de prendas utilizadas como vestido.

atufar v.tr. y prnl. Aturdir el tufo a alguien. **2.** *Fig.* Enojar a una persona: *atufar con alusiones veladas.* ◆ v.intr. *Fam.* Despedir mal olor: *sus calcetines atufan.* **2.** *Fig.* Inspirar algo desconfianza o sospecha de que se oculta algo: *sus excusas atufan.* ◆ **atufarse** v.prnl. Agriarse un licor, especialmente el vino.

atún s.m. (del ár. *tûn*). Pez marino de color azulado en el lomo y plateado en el vientre, que efectúa migraciones en el Mediterráneo y en el Atlántico, muy apreciado por su carne. (El *atún blanco* alcanza 1 m de long., el *atún rojo,* de 2 a 3 m; familia escómbridos.)

atuna s.f. Perú. Espátula para remover el maíz.

atunero, a s. Persona que comercia con atún. **2.** Pescador de atún. ◆ s.m. y adj. Embarcación destinada a la pesca de atún.

aturdimiento s.m. Perturbación de los sentidos debida a un golpe u otra causa física o moral. **2.** *Fig.* Torpeza, falta de serenidad y reflexión.

aturdir v.tr. y prnl. (de *tordo,* pájaro atolondrado). Causar aturdimiento. **2.** *Fig.* Desconcertar, confundir, asombrar.

aturullamiento s.m. Acción y efecto de aturullar o aturullarse.

aturullar o **aturrullar** v.tr. y prnl. Confundir, turbar, aturdir.

atusar v.tr. (de *tusar,* trasquilar). Arreglar el pelo con la mano o el peine. **2.** Recortar e igualar el pelo.

atutía s.f. (ár. *tutiyâ,* sulfato de cobre). QUÍM. Óxido de cinc que se produce en el tratamiento de ciertos minerales de cinc.

audacia s.f. Acción audaz. **2.** Cualidad de audaz. SIN.: *osadía, atrevimiento.*

audaz adj. (lat. *audax, -acis*). Se dice de la persona que se atreve a realizar acciones arriesgadas o difíciles. **2.** Hecho o dicho con atrevimiento.

audible adj. Que puede oírse.

audición s.f. Acción de oír. **2.** Concierto, recital o lectura en público. **3.** Prueba que realiza un artista para ser contratado. **4.** Función del sentido del oído: *perturbaciones de la audición.*

audiencia s.f. Acto de recibir los soberanos u otras autoridades a las personas que acuden a ellos: *dar audiencia.* **2.** Conjunto de personas que escuchan. **3.** Público efectivo o potencial, destinatario del mensaje de los medios de comunicación. **4.** DER. Sesión en que el juez o el tribunal escucha a las partes para decidir una causa. **5.** DER. Tribunal colegiado. **6.** DER. Lugar donde se reúne dicho tribunal. **7.** DER. Distrito de la jurisdicción del mismo tribunal. ◇ **Audiencia nacional** Órgano judicial con competencia en todo el territorio, que decide causas de trascendencia criminal, política o social. **Audiencia provincial** Audiencia que solo tiene jurisdicción penal en una provincia. **Audiencia territorial** Tribunal de segunda instancia o de apelación en materia civil sobre varias provincias o una región histórica. **Duplicación de audiencia** Audiencia común a dos soportes o a dos medios de comunicación.

audífono s.m. Aparato pequeño utilizado por personas con deficiencias auditivas para percibir mejor los sonidos. SIN.: *audiófono.*

audímetro s.m. Audiómetro. **2.** Aparato para medir la audiencia de un programa de radio o televisión.

audio adj. Se dice de la técnica o dispositivo relativo al registro o a la transmisión de los sonidos.

audiófono s.m. Audífono.

audiofrecuencia s.f. Frecuencia correspondiente a los sonidos audibles. (En las personas suele situarse entre los 15 y 20 000 Hz.)

audiograma s.m. Curva gráfica que indica el grado de sensibilidad del oído a diversos sonidos obtenida con un audiómetro.

audiología s.f. Ciencia que estudia la audición y los problemas relacionados con ella.

audiómetra s.m. y f. Especialista en técnicas de audiometría.

audiometría s.f. Medición de la sensibilidad auditiva.

audiómetro s.m. Instrumento electrónico que sirve para medir la agudeza auditiva y establecer los audiogramas. SIN.: *audímetro.*

audiovisual adj. Relativo a la vista y al oído conjuntamente. ◆ adj. y s.m. Relativo a los métodos de información, comunicación y enseñanza que utilizan la representación de imágenes, películas y registros sonoros.

auditar v.tr. Realizar una auditoría en una empresa u organización.

auditivo, a adj. Relativo a la audición: memoria auditiva. ◇ **Conducto auditivo** ANAT. Canal de unos 25 mm de long. que comunica el pabellón con el oído medio y termina en el tímpano.

auditor s.m. Persona o empresa que realiza auditorías. ◇ **Auditor militar,** o **de guerra** MIL. Funcionario del cuerpo jurídico militar que asesora a las autoridades militares en la interpretación y aplicación de las leyes. SIN.: *asesor militar.*

auditoría s.f. Revisión de la contabilidad de una empresa u organización para garantizar la veracidad y regularidad de las cuentas y elaborar un dictamen sobre la calidad y el rigor de la gestión. **2.** Empleo de auditor. **3.** Tribunal o despacho del auditor. ◇ **Auditoría informática** Control de los datos de la contabilidad de una empresa y de los controles internos implantados, realizado por los medios informáticos de un centro de cálculo. **Auditoría operacional** Análisis y evaluación de la efectividad de los controles internos, implantados en una unidad económica para facilitar la función del auditor.

auditorio s.m. Conjunto de oyentes. **2.** Lugar acondicionado para escuchar conferencias, conciertos, lecturas, etc. SIN.: *auditórium.*

auge s.m. (ár. *awŷ*). Apogeo o momento de máximo esplendor, intensidad o influencia de algo.

augur s.m. ANT. ROM. Sacerdote que hacía predicciones interpretando el vuelo, la forma de comer y canto de los pájaros, los rayos, etc.

augural adj. Relativo al augurio o a los augures.

augurar v.tr. Predecir algo futuro. **2.** *Fig.* Anunciar algo un suceso que va a ocurrir.

augurio s.m. Presagio, signo que anuncia algo futuro. **2.** ANT. ROM. Predicción hecha por el augur.

augusto, a adj. (lat. *augustus*). Que infunde respeto y veneración. ◆ s.m. Título de los emperadores romanos. **2.** Payaso vestido de muchos colores que forma pareja con el clown.

aula s.f. (lat. *aula,* patio, atrio, corte). Sala en que se imparten clases en un centro de enseñanza.

aulaga s.f. Aliaga.

aulario s.m. Conjunto de aulas de un centro de enseñanza.

áulico, a adj. (lat. *aulicus*). Relativo a la corte o al palacio. ◆ adj. y s. Cortesano o palaciego.

aullar v.intr. (lat. vulg. *ululare*) [conj.: *aunar*]. Dar aullidos.

aullido s.m. Voz triste y prolongada del lobo, el perro y otros animales. SIN.: *aúllo.* **2.** Grito agudo y prolongado de una persona causado por la cólera o por un dolor fuerte. SIN.: *aúllo.*

aumentar v.tr., intr. y prnl. (lat. tardío *augmentare*). Hacer algo más grande, numeroso o intenso: *aumentar el precio del pan.*

aumentativo, a adj. Que aumenta. **2.** GRAM. Se dice del sufijo que indica mayor tamaño o intensidad en el significado de una palabra. ◆ s.m. y adj. Palabra con sufijo aumentativo.

aumento s.m. (lat. *augmentum*). Acción y efecto de aumentar. **2.** ÓPT. Relación entre la longitud de una imagen, captada por una lente o un instrumento óptico, y la longitud del objeto.

aun adv.m. (lat. *adhuc,* hasta ahora). Incluso, también: *aun retirado da órdenes.* **2.** Denota a veces encarecimiento o ponderación de algo que acompaña a un enunciado: *cada día y aun cada hora.* ◆ conj.conc. Unido a cuando, a un gerundio o a un participio, significa aunque: *aun llegando tarde, pudo pasar.* ◆ prep. Hasta, también incluso: *iremos todos, aun tú.*

aún adv.t. (lat. *adhuc,* hasta ahora). Todavía: *aún vive.*

aunar	
INDICATIVO	**SUBJUNTIVO**
presente	**presente**
aúno	aúne
aúnas (aunás)	aúnes
aúna	aúne
aunamos	aunemos
aunáis	aunéis
aúnan	aúnen
copretérito o pret. imperfecto	**pretérito o pret. imperfecto**
aunaba	aunara o aunase
aunabas	aunaras o aunases
aunaba	aunara o aunase
aunábamos	aunáramos o aunásemos
aunabais	aunarais o aunaseis
aunaban	aunaran o aunasen
pretérito o pret. perf. simple	**futuro o fut. simple**
auné	aunare
aunaste	aunares
aunó	aunare
aunamos	aunáremos
aunasteis	aunareis
aunaron	aunaren
futuro o fut. simple	**IMPERATIVO**
aunaré	aúna (auná) (tú, vos)
aunarás	aúne (él)
aunará	aunemos (nosotros)
aunaremos	aunad (vosotros)
aunaréis	aúnen (ellos)
aunarán	
pospretérito o condicional simple	**FORMAS NO PERSONALES**
aunaría	**infinitivo** / **gerundio**
aunarías	aunar / aunando
aunaría	**participio**
aunaríamos	aunado
aunaríais	
aunarían	

aunar v.tr. y prnl. Poner juntas o en armonía varias cosas. **2.** Unir, asociar o coordinar varias cosas para alcanzar un fin: *aunar los esfuerzos.*

aunque conj.conc. Introduce una oración con una objeción real o posible a pesar de la cual puede ser u ocurrir una cosa: *aunque estoy enfermo no faltaré a la cita.* **2.** Introduce una oración coordinada que matiza lo que se ha dicho anteriormente: *no traigo nada de eso, aunque sí cosas similares.* (La oración que introduce siempre va al final.)

¡aúpa! interj. Se emplea para animar a hacer un esfuerzo. ◇ **De aúpa** Esp. De gran intensidad o grandes dimensiones.

au pair s. (pl. *au pairs*). Persona que cuida niños a cambio de alojamiento, comida y un pequeño sueldo.

aupar v.tr. y prnl. [conj.: *aunar*]. Levantar algo o a alguien. **2.** *Fig.* Ayudar a alguien a alcanzar un alto cargo o distinción: *aupar a un candidato a la alcaldía.*

1. **aura** s.f. (lat. *aura*). Atmósfera espiritual que rodea a alguien o algo. **2.** Irradiación luminosa de carácter paranormal que, según algunas personas, desprenden los seres vivos. **3.** Viento suave y apacible. **4.** Aliento, aire que se espira. **5.** MED. Síntomas que preceden a un ataque de epilepsia.

2. **aura** s.f. Ave rapaz diurna americana de unos 80 cm de long. y 160 de envergadura, con la cabeza desnuda en la parte anterior y plumaje de color pardo. (Familia catártidos.)

áureo, a adj. (lat. *aureus*). De oro. **2.** Parecido al oro o dorado. ◆ s.m. Moneda de oro del Imperio romano. **2.** Moneda de oro acuñada en el reino de Castilla en tiempos de Fernando III el Santo.

aureola o **auréola** s.f. (lat. *aureola*, dorada, f. de *aureolus*). Círculo luminoso que suele rodear la cabeza de las imágenes de los santos. **2.** *Fig.* Fama o admiración que rodea a alguien. **3.** ASTRON. Corona sencilla o doble que en los eclipses de sol rodea el disco lunar. ◇ **Aureola metamórfica** GEOL. Zona concéntrica que rodea un batolito, metamorfizada al contacto de la roca endógena.

aureolar v.tr. Adornar con aureola.

aureomicina s.f. Antibiótico del grupo de las tetraciclinas.

áurica s.f. y adj. MAR. Vela trapezoidal situada en el plano longitudinal de una embarcación.

áurico, a adj. De oro. **2.** QUÍM. Se dice del compuesto de oro trivalente: *cloruro áurico.*

aurícula s.f. (lat. *auricula*). Cavidad del corazón que recibe la sangre de las venas. (El corazón humano posee dos aurículas superiores, y cada una comunica con un ventrículo.) **2.** Pabellón de la oreja. **3.** BOT. Apéndice foliáceo, generalmente de pequeño tamaño, situado en el pecíolo o en la base de la lámina foliar.

1. **auricular** adj. Relativo al oído o a la oreja. ◆ s.m. Elemento o pieza de un aparato que se aplica al oído para recibir sonidos: *auricular telefónico.* ◇ **Dedo auricular** Dedo meñique.

2. **auricular** adj. Relativo a las aurículas del corazón.

auriculopuntura s.f. MED. Tratamiento terapéutico en el que se efectúa la punción de puntos precisos del pabellón auditivo.

auriculoventricular adj. Relativo a las aurículas y los ventrículos conjuntamente.

auriense adj. y s.m. y f. Orensano.

aurífero, a o **aurígero, a** adj. Que lleva o contiene oro.

auriga s.m. (lat. *auriga*, cochero). Conductor de carruajes en la antigüedad griega y romana.

auriñaciense adj. y s.m. (de *Aurignac*, sitio arqueológico prehistórico francés). Se dice de una facies o período cultural del paleolítico superior en la que aparecen las primeras manifestaciones de arte y la industria se caracteriza por raspadores y puntas de azagaya de hueso.

aurora s.f. (lat. *aurora*). Luz difusa que precede inmediatamente a la salida del sol. **2.** *Fig.* Principio o primeros tiempos de una cosa. ◇ **Aurora polar,** o **boreal,** o **austral** Fenómeno luminoso que se produce en el cielo de las regiones polares.

auroral adj. Relativo a la aurora.

auscultación s.f. MED. Acción de escuchar los sonidos emitidos por los órganos para establecer un diagnóstico. (Puede hacerse directamente *[auscultación inmediata]* aplicando la oreja sobre el cuerpo, o indirectamente *[auscultación mediata]* por medio del estetoscopio.)

auscultar v.tr. (lat. *auscultare*). Practicar una auscultación.

ausencia s.f. Hecho de estar ausente, de faltar o de no existir alguien o algo. **2.** Tiempo en que alguien está ausente. **3.** DER. Estado de la persona cuya prolongada desaparición hace incierta su existencia. **4.** MED. **a.** Pérdida breve de la memoria. **b.** Crisis epiléptica en la que se pierde el conocimiento y se está inmóvil.

ausentarse v.prnl. Irse de un lugar.

ausente adj. y s.m. y f. (lat. *absens, -tis*). Que no está presente en un lugar o en un momento determinados. **2.** Distraído: *tener la mirada ausente.* **3.** DER. Desaparecido cuya existencia es jurídicamente incierta.

auspiciar v.tr. Propiciar o favorecer algo. **2.** Presagiar.

auspicio s.m. (lat. *auspicium*, observación de las aves, presagio que se sacaba de dicha observación). Agüero. **2.** Protección, favor: *vive bajo los auspicios de su tío.* **3.** ANT. ROM.

Presagio que se deducía del vuelo, del canto o del modo de comer de los pájaros. (Suele usarse en plural.) ◆ **auspicios** s.m.pl. Señales buenas o malas que presagian un resultado favorable o adverso.

austenita s.f. METAL. Constituyente de hierro y carbono existente en los aceros.

austenítico, a adj. Relativo a la austenita.

austeridad s.f. Cualidad de austero.

austero, a adj. (lat. *austerus*). Que actúa y vive con rigidez y severidad. **2.** Se dice de alguien o algo sobrio y moderado. **3.** Agrio, áspero al gusto.

austral adj. (lat. *australis*). Relativo al hemisferio sur de la Tierra o de cualquier astro. CONTR.: *boreal.* ◆ s.m. Unidad monetaria de Argentina de 1985 a 1991.

australántropo, a adj. y s.m. Se dice de una forma primitiva de homínidos que comprende los australopitecos y el *Homo habilis.*

australiano, a adj. y s. De Australia. **2.** De uno de los pueblos aborígenes de Australia (los aranda, los murgin, los kariera, etc.) que actualmente viven en reservas.

australopiteco, a s.m. Homínido de África que apareció hace más de 5 millones de años, bípedo, de marcha imperfecta, de entre 1,10 m y 1,50 m de altura, que trepaba a los árboles. (No se le considera antecesor directo del hombre moderno. Entre las diferentes especies de australopitecos, la mejor descrita es el *Australopithecus afarensis,* a la cual pertenece el esqueleto llamado *Lucy.*)

austriaco, a o **austríaco, a** adj. y s. De Austria.

austro s.m. (lat. *auster, -tri*). *Poét.* Viento que sopla desde el sur. **2.** *Poét.* Sur.

austrohúngaro, a adj. Del imperio de Austria-Hungría.

autarquía s.f. (gr. *autárkeia*). Sistema económico de un país basado en la autosuficiencia. **2.** Doctrina que preconiza este sistema. **3.** Poder para gobernarse a sí mismo.

autárquico, a adj. Relativo a la autarquía.

autenticación s.f. DER. Autentificación.

autenticar v.tr. DER. Autentificar.

autenticidad s.f. Cualidad de auténtico.

auténtico, a adj. (lat. *authenticus*). Que es realmente lo que dice o aparenta: *un stradivarius auténtico.* **2.** DER. Que es legal, está comprobado y certificado: *un documento auténtico.*

autentificación s.f. Acción y efecto de autentificar.

autentificar v.tr. Autorizar o legalizar. **2.** DER. Certificar un documento con autoridad legal. SIN.: *autenticar.*

autillo s.m. Ave rapaz nocturna de unos 21 cm de long., con alas y patas largas, cabeza redondeada, pico corto curvado hacia la base y plumaje gris claro. (Familia estrígidos.)

autismo s.m. Aislamiento patológico de una persona que se encierra en sí misma, perdiendo el contacto con su entorno.

autismo

El autismo aparece desde los primeros años de vida. Se manifiesta por un total desinterés del niño respecto a su entorno, por la necesidad imperiosa de orientarse constantemente en el espacio, gestos estereotipados, trastornos del lenguaje y la inadaptación en la comunicación (el niño no habla o bien se limita a emitir sonidos que carecen de significado alguno). El origen del autismo es objeto de controversia, y es imposible disociar los factores orgánicos de los psíquicos.

autista adj. y s.m. y f. Relativo al autismo; que padece autismo.

1. **auto** s.m. (apócope). *Fam.* Automóvil. **2.** Argent. Automóvil. ◇ **Autos de choque** Atracción de feria que consiste en unos pequeños automóviles eléctricos que circulan por una pista y chocan entre sí.

2. **auto** s.m. DER. Resolución judicial fundada, que decide cuestiones para las que no se requiere sentencia. **2.** LIT. Representación dramática breve de tema religioso o alegórico, que se hacía en Castilla durante la edad media. ◆ **autos** s.m.pl. DER. Conjunto de las diferentes piezas o partes que comprenden una causa criminal o un pleito civil. ◇ **Auto de fe** Proclamación solemne de las sentencias dictadas por el tribunal de la Inquisición española, seguida de la abjuración de los errores o de la ejecución de la sentencia. **Auto de procesamiento** Resolución judicial por la cual se declara procesado al presunto culpable, en virtud de existir contra el mismo indicios racionales de criminalidad. **Auto sacramental** Representación dramática alegórica en un acto, referente al misterio de la eucaristía.

autoacusación s.f. PSIQUIATR. Sensación de culpabilidad de una persona, que acumula sobre sí acusaciones de delitos que no ha cometido o que no son delitos.

autoacusador, ra s. PSIQUIATR. Persona que padece autoacusación.

autoadaptación s.f. TECNOL. Aptitud de un sistema para modificar sus parámetros de estructura, para que su funcionamiento siga siendo satisfactorio a pesar de las variaciones de su entorno.

autoagresividad s.f. PSIQUIATR. Agresividad consciente o inconsciente dirigida contra uno mismo.

autoalimentación s.f. TECNOL. Alimentación de energía de un dispositivo automático, regulada por ese mismo dispositivo.

autoametralladora s.f. Vehículo blindado rápido, con ruedas u orugas, armado con un cañón y ametralladoras.

autoanálisis s.m. (pl. *autoanálisis*). Examen psicológico de los propios actos y estados de consciencia.

autoanalizarse v.prnl. Practicar un autoanálisis.

autoayuda s.f. Ayuda que una persona se presta a sí misma para superar una situación personal (recuperar la autoestima, desarrollar la personalidad, lograr el éxito profesional, etc.)

autobiografía s.f. Vida de una persona escrita o narrada por ella misma.

autobiográfico, a adj. Relativo a la propia vida.

autobombo s.m. *Irón.* Elogio desmesurado y público de uno mismo: *darse autobombo.*

autobús s.m. (fr. *autobus,* de *auto* y *omnibus*). Vehículo automóvil de gran tamaño destinado al transporte de viajeros. (Se abrevia *bus.*) SIN.: *ómnibus.* GEOSIN.: Antillas y Can. *guagua;* Argent., Bol. y Perú. *colectivo;* Méx. y Venez. *camión.* **2.** Autocar. (Se abrevia *bus.*)

autocar s.m. (de *auto* e ingl. *car,* vagón). Vehículo automóvil de gran tamaño destinado al transporte colectivo, interurbano o turístico.

autocaravana s.f. Vehículo automóvil acondicionado para servir de alojamiento.

autocarril s.m. Bol., Chile y Nicar. Autovía, automotor.

autocebado s.m. Cebado espontáneo de una máquina o una reacción, efectuado sin la acción de un agente exterior.

autocéfalo, a adj. Se dice de la iglesia ortodoxa o del obispo metropolitano ortodoxos que no dependen de la jurisdicción del patriarca.

autocensura s.f. Censura efectuada por alguien sobre sus propios actos o palabras.

autocensurarse v.prnl. Practicar la autocensura.

autocine s.m. Espacio o lugar al aire libre donde se proyectan películas cinematográficas en una pantalla que puede verse sin salir del automóvil.

autocinesia s.f. FISIOL. **a.** Capacidad de movimiento propio de que está dotada la materia viva. **b.** Movimiento voluntario.

autoclave adj. Que se cierra por sí mismo. ◆ s.m. o f. Recipiente de paredes gruesas y cierre hermético para realizar bajo presión una reacción industrial o la cocción o esterilización al vapor.

autoconservación s.f. Tendencia del organismo a mantenerse con vida, a pesar de otras exigencias que, de ser satisfechas incondicionalmente, lo conducirían a su destrucción.

autoconsumo s.m. Consumo de la producción propia, especialmente referido a los agricultores.

autocontrol s.m. Control de las propias funciones fisiológicas o de comportamientos generalmente involuntarios.

autocorrector, ra adj. INFORMÁT. Se dice de un procedimiento de codificación que permite determinar la exactitud de la información obtenida.

autocracia s.f. Sistema político en que una persona dispone de poder absoluto.

autócrata s.m. y f. (gr. *autokratís,* que gobierna por sí solo). Persona que gobierna una autocracia.

autocrítica s.f. Juicio que una persona hace de sí misma o de su obra. **2.** Crítica de una obra literaria, teatral, cinematográfica, etc., hecha por el propio autor antes de su aparición o estreno y que se publica en un medio de comunicación. SIN.: *antecrítica.*

autóctono, a adj. y s. (fr. *autochtone*). Originario del territorio donde vive o se encuentra. SIN.: *aborigen; indígena.* **2.** Que es característico del lugar donde se halla. **3.** GEOL. Se dice de una capa sedimentaria que no ha sufrido desplazamiento lateral y sobre la cual han avanzado los mantos de corrimiento.

autodefensa s.f. Acción de defenderse uno mismo.

autodestrucción s.f. Destrucción de sí mismo.

autodestructor, ra adj. Que causa su autodestrucción. ◆ adj. y s.m. ARM. Se dice de un dispositivo que provoca la autodestrucción de un arma, proyectil o material militar.

autodestruirse v.prnl. [conj.: *huir*]. Destruirse alguien o algo a sí mismo.

autodeterminación s.f. Derecho de un pueblo a decidir su estatuto político.

autodiagnóstico s.m. MED. Diagnóstico de una enfermedad, real o supuesta, efectuado por la propia persona.

autodidáctico, a adj. INFORMÁT. Se dice de un sistema capaz de instruirse a sí mismo.

autodidacto, a adj. y s. Se dice de la persona que se instruye a sí misma. **2.** Propio de una persona autodidacta.

autodirección s.f. Procedimiento que permite a un aparato móvil dirigir su propio movimiento sin intervención de un operador.

autodirigido, a adj. Se dice de un aparato que se mueve automáticamente en una determinada dirección.

autodisciplina s.f. Disciplina voluntaria que se impone una persona o un grupo.

autódromo s.m. Pista para carreras y pruebas de vehículos de motor.

autoedición s.f. INFORMÁT. Conjunto de los procesos electrónicos e informáticos que permiten editar libros u otras obras impresas.

autoeditar v.tr. INFORMÁT. Realizar la autoedición de un original.

autoelevador, ra adj. TECNOL. Se dice de un aparato o dispositivo que puede desplazar alguno de sus elementos verticalmente. ◇ **Plataforma autoelevadora** Plataforma de trabajo que se apoya sobre el fondo marino mediante unas pilas verticales susceptibles de ser subidas para permitir el desplazamiento de la plataforma en flotación.

autoempleo s.m. Empleo autónomo, por cuenta propia.

autoencendido s.m. Encendido espontáneo de la mezcla carburante en el cilindro de un motor, provocado frecuentemente por los residuos de la combustión del carburante.

autoerotismo s.m. Búsqueda de una satisfacción sexual recurriendo solo al propio cuerpo. **2.** PSICOANÁL. Conjunto de actividades sexuales precoces de un niño.

autoescuela s.f. Escuela donde se enseña la conducción de vehículos automóviles.

autoestable adj. Se dice de un avión que tiende a recobrar la estabilidad después de haberse desequilibrado por una turbulencia. **2.** Se dice de un sistema de frenado de un automóvil que impide que las ruedas traseras del vehículo derrapen.

autoestima s.m. Aprecio o consideración que tiene una persona por sí misma.

autofecundación s.f. Fecundación de los órganos femeninos de una planta o animal por los órganos masculinos del mismo individuo. SIN.: *autogamia.*

autofinanciación s.f. Financiación de las inversiones de una empresa, realizada con sus propios beneficios, independientemente de los socios o accionistas y de los préstamos.

autofinanciarse v.prnl. Practicar una autofinanciación.

autofoco o **autofocus** s.m. FOT. Dispositivo de una cámara que enfoca automáticamente.

autogamia s.f. Autofecundación.

autógeno, a adj. (del gr. *autós,* mismo, y *gennan,* engendrar). Se dice de la soldadura de dos piezas del mismo metal, sin la utilización de un metal extraño.

autogestión s.f. Gestión de una empresa o colectividad por los propios trabajadores.

autogestionario, a adj. Relativo a la autogestión.

autogiro s.m. Aeronave sustentada por el movimiento circular de un rotor que gira libremente bajo la acción de la corriente de aire creada por el desplazamiento horizontal del aparato.

autogobernarse v.prnl. Regirse un país o institución por sí mismos. **2.** Regirse un sistema por sí mismo en función del programa o de las instrucciones que le han sido dadas.

autogobierno s.m. Acción y efecto de autogobernarse.

autografía s.f. Procedimiento de impresión por doble calco de un texto o dibujo ejecutado con tinta grasa. **2.** Impresión obtenida por este procedimiento.

autográfico, a adj. Relativo a la autografía.

autógrafo, a adj. y s.m. Se dice de un escrito realizado de mano de su mismo autor. ◆ s.m. Firma o dedicatoria de una persona famosa: *un autógrafo de su ídolo.*

autoguiado s.m. ARM. Sistema mediante el cual un misil o una aeronave son dirigidos de forma automática hacia su objetivo.

autoinducción s.f. Inducción electromagnética en un circuito eléctrico, producida por las variaciones de la corriente que circula por él. SIN.: *selfinducción.*

autoinductancia s.f. Coeficiente de autoinducción.

autoinjerto s.m. Injerto realizado en una persona con materia de su propio organismo.

autoinmunidad s.f. Estado de inmunización de un organismo contra sus propios constituyentes antigénicos.

autoinmunitario, a adj. Relativo a la autoinmunización.

autoinmunización s.f. Fenómeno por el cual un organismo segrega anticuerpos dirigidos contra algunos de sus propios constituyentes antigénicos.

autointoxicación s.f. Conjunto de trastornos producidos por residuos no eliminados o mal eliminados de un organismo.

autolisis s.f. BIOL. Destrucción de células animales o vegetales por los enzimas que ellas mismas contienen: *la madurez excesiva de los frutos es una autolisis.*

autolubricante adj. Que realiza su propia lubricación, sin intervención de lubricante externo. SIN.: *autolubrificante.*

automación s.f. Automatización.

autómata s.m. (fr. *automate*). Mecanismo que imita la forma y los movimientos de un ser animado. **2.** Mecanismo que en un proceso industrial realiza operaciones anteriormente ejecutadas por personas. **3.** Dispositivo informático programable que asegura un encadenamiento automático y continuo de operaciones. **4.** *Fig.* y *fam.* Persona que se deja dirigir por otra o que actúa mecánicamente.

automática s.f. Ciencia y técnica que estudian los métodos y tecnologías para la creación de sistemas automáticos.

automático, a adj. Que actúa o se regula por sí mismo. **2.** Maquinal o inconsciente: *movimiento automático.* **3.** Que se produce indefectiblemente a consecuencia de determinadas circunstancias. **4.** Que opera por medios mecánicos: *teléfono* *automático.* **5.** Relativo al autómata. ◆ s.m. Broche para ropa que se cierra a presión, sujetando el macho con los dientes de la hembra. ◇ **Arma automática** Arma de fuego que puede disparar una ráfaga de varios proyectiles sin ser recargada.

automatismo s.m. Cualidad de automático. **2.** Mecanismo o sistema automático. **3.** Conjunto de movimientos que se realizan inconscientemente, a causa del hábito o de la asociación refleja. ◇ **Automatismo mental** PSIQUIATR. Impresión de una persona de que una parte de su vida psíquica se le escapa y está sometida a una influencia exterior. **Automatismo secuencial** Sistema automático cuyo funcionamiento está formado por encadenamiento de una serie de fases operatorias.

automatización s.f. Ejecución automática de trabajos industriales, administrativos o científicos sin intervención humana. SIN.: *automación.*

automatizar v.tr. Hacer automático un proceso o un movimiento.

automedicación s.f. Uso de medicamentos que realiza un enfermo sin prescripción médica.

automoción s.f. Sector de la industria relativo al automóvil. **2.** Facultad de algo de moverse por sí mismo.

automorfismo s.m. MAT. Isomorfismo que resulta de la aplicación de un conjunto en sí mismo.

automotor, ra adj. y s. Se dice de un vehículo capaz de desplazarse por sus propios medios. ◆ adj. y s. Se dice de un tren con motor compuesto de vehículos enganchados entre ellos formando una unidad.

automotriz adj. y s.f. Automotora.

automóvil adj. Que se mueve por sí mismo. ◆ s.m. Vehículo con ruedas provisto de un motor, destinado al transporte de un número reducido de personas. (Se abrevia *auto.*) GEOSIN.: Amér. Central, Colomb., Méx., Perú, P. Rico y Venez. *carro;* Esp. y Méx. *coche.*

automovilismo s.m. Conjunto de conocimientos teóricos y prácticos referentes a la construcción, funcionamiento y manejo de los vehículos automóviles. **2.** Deporte que se practica con el automóvil.

automovilista s.m. y f. Persona que conduce un automóvil.

automovilístico, a adj. Relativo al automovilismo.

autonomía s.f. (gr. *autonomia*). Libertad de un gobierno, un país, etc., para regirse por sus propias leyes. **2.** Libertad de un individuo para actuar con independencia. **3.** Capacidad de una nacionalidad, región, provincia, municipio u otra entidad, integrada en un estado, para gobernarse mediante normativas y poderes propios. **4.** Región o entidad que tiene esta capacidad. **5.** Tiempo o espacio durante el que un vehículo de motor puede funcionar sin necesidad de repostar. ◇ **Autonomía financiera** Situación de un organismo que gestiona sus propios recursos.

---

autonomía

La autonomía responde a la necesidad de dotar con un estatuto jurídico político diferenciado a aquellas entidades que presentan fuertes peculiaridades respecto al resto del territorio de un estado. En España, la constitución de 1931 otorgó este derecho a Cataluña (1932), País Vasco (1936) y Galicia (1936). Con la constitución de 1978 se estructuraron como comunidades autónomas, con estatutos aprobados: Cataluña y País Vasco (1979); Galicia (1980); Andalucía, Cantabria y Asturias (1981); La Rioja, Murcia, Comunidad Valenciana, Aragón, Castilla-La Mancha y Canarias (1982); Navarra optó por la ley de Amejoramiento del fuero (1982); Castilla y León, Extremadura, Baleares y Madrid (1983). Ceuta y Melilla obtuvieron sus respectivos estatutos de autonomía en 1995.

---

autonómico, a adj. Relativo a la autonomía: *el mapa autonómico.*

autonomista adj. y s.m. y f. Partidario de la autonomía política.

autónomo, a adj. (gr. *autónomos*). Que tiene autonomía. ◆ s. Que trabaja por cuenta propia.

autopista s.f. Vía asfaltada con calzadas separadas para la circulación rápida de automóviles, con accesos especialmente dispuestos y exenta de cruces a nivel.

autoplastia s.f. CIR. Operación que consiste en remplazar un tejido por autoinjerto.

autopropulsado, a adj. Que tiene propulsión propia. **2.** ARM. Se dice de una pieza de artillería montada sobre una cureña de tipo oruga. ◇ **Proyectil autopropulsado** Proyectil que se mueve en el espacio por autopropulsión.

autopropulsión s.f. Propiedad que tienen ciertas máquinas de moverse por su propia fuerza motriz.

autopropulsor, ra adj. Se dice de un dispositivo que garantiza la autopropulsión.

autopsia s.f. (gr. *autopsía,* acción de ver con los propios ojos). MED. Examen y disección de un cadáver para determinar las causas de la muerte. SIN.: *necrosia.*

autopullman s.m. (pl. *autopullmans* o *autopullman*). Autocar muy confortable, especialmente acondicionado para largos recorridos.

autopunición s.f. Castigo que una persona se inflige a causa de un sentimiento de culpabilidad.

autor, ra s. (lat. *auctor, -oris,* creador, autor, investigador, promotor). Persona que ha hecho algo o es causa de algo. **2.** Persona que ha inventado algo. **3.** Persona que ha realizado una obra científica, literaria o artística. **4.** DER. Persona activa de un delito. **5.** Persona de quien proviene el derecho de otra. ◇ **Derechos de autor** Derecho exclusivo de explotación comercial, reconocido a alguien sobre toda creación literaria, científica o artística.

autoría s.f. Condición de autor.

autoridad s.f. (lat. *auctoritas, -atis*). Derecho y poder de mandar y de hacerse obedecer: *imponer su autoridad.* **2.** Conjunto de organismos que ejercen el poder político, administrativo o religioso: *la autoridad local.* **3.** Persona que desempeña cada uno de estos poderes. **4.** Persona respetada por sus conocimientos en una materia: *es una autoridad en bioquímica.* **5.** Autor o texto que se alega o cita para apoyar lo que se dice.

autoritario, a adj. Se dice del gobierno que impone su poder de forma absoluta: *régimen autoritario.* **2.** Que pretende imponer su autoridad: *tono autoritario.*

autoritarismo s.m. Sistema autoritario. **2.** Carácter o actitud del que abusa de su autoridad.

autorización s.f. Acción y efecto de autorizar. **2.** Documento que autoriza.

autorizar v.tr. Dar permiso, poder o derecho para hacer alguna cosa: *autorizar a salir.* **2.** Aprobar legalmente. **3.** Confirmar una cosa con una autoridad, texto o testimonio.

autorradiografía s.f. Impresión dejada en una placa fotográfica por un objeto o tejido que contiene un producto radiactivo.

autorregulación s.f. Regulación de una función o de una máquina por sí misma.

autorregularse v.prnl. Regularse por sí mismo.

autorretrato s.m. Retrato de una persona realizado por ella misma.

autorreverse s.m. (ingl. *autoreverse,* rebobinado automático). Dispositivo de un equipo magnetofónico que permite dar la vuelta a la cinta automáticamente cuando llega al final de su recorrido, para su reproducción o grabación.

autoservicio s.m. Sistema de venta en el que el cliente se sirve a sí mismo. **2.** Establecimiento comercial que utiliza este sistema.

autosoma s.m. Cromosoma que no interviene en la determinación del sexo. CONTR.: *gonosoma.*

autostop s.m. Modo de viajar que consiste en hacer señas a los automovilistas en carretera para que le lleven en su vehículo gratuitamente.

autostopista s.m. y f. Persona que practica el autostop.

autosuficiencia s.f. Cualidad de autosuficiente.

autosuficiente adj. Que no precisa de ayuda. **2.** Que habla o actúa con suficiencia o presunción.
autosugestión s.f. Influencia dominante de una idea o sentimiento en una persona, creados por sí misma.
autosugestionarse v.prnl. Experimentar autosugestión.
autotomía s.f. Amputación de una parte del cuerpo que se hacen a sí mismos algunos animales (apéndices de los crustáceos, cola de los lagartos).
autotransformador s.m. Transformador eléctrico en el cual los arrollamientos primario y secundario poseen partes comunes.
autotrofia s.f. Modo de nutrición de los organismos autótrofos.
autótrofo, a adj. y s.m. Se dice de un organismo vegetal que elabora sus alimentos a partir de elementos minerales. CONTR.: *heterótrofo.*
autovacuna s.f. Vacuna obtenida a partir de gérmenes sacados del propio enfermo.
autovía s.f. Vía de circulación de automóviles parecida a la autopista, pero carente de algunas de sus características (accesos adecuados, ausencia de cruces a nivel, etc.). ◆ s.m. Vehículo ferroviario para pasajeros, propulsado por motor térmico.
autozunchado s.m. Procedimiento que permite realizar el zunchado de un tubo en frío bajo presión interior.
autrigón, na adj. y s. De un pueblo prerromano de la península Ibérica asentado en el valle superior del Ebro, y cuya ciudad más importante era *Virovesca* (Briviesca).
autumnal adj. Otoñal.
autunita s.f. (de *Autun,* c. de Francia). Fosfato natural de uranio y calcio.
1. **auxiliar** adj. y s.m. y f. (lat. *auxiliaris*). Que completa o ayuda. ◆ s.m. Profesional que ayuda a otro de categoría superior. **2.** Funcionario subalterno. **3.** Profesor que sustituye al titular o le ayuda en su labor. ◆ adj. y s.m. Se dice de un verbo que, al perder su significación particular, sirve para formar los tiempos compuestos de otros verbos o perífrasis verbales. ◇ **Auxiliar de vuelo** Persona encargada de atender a los pasajeros de los aviones comerciales.
2. **auxiliar** v.tr. (lat. *auxiliare*). Dar ayuda o socorro. **2.** Administrar los últimos sacramentos a un moribundo.
auxiliaría s.f. Empleo de profesor auxiliar.
auxilio s.m. (lat. *auxilium*). Ayuda que se presta a alguien que está en una situación peligrosa o de necesidad. ◆ **auxilios** s.m.pl. **Auxilios espirituales** REL. Sacramentos administrados a un moribundo.
auxina s.f. Hormona vegetal que regula el crecimiento de las plantas.
auxología s.f. Estudio del crecimiento de los seres vivos.
auyama s.f. Antillas, Colomb., C. Rica y Venez. Calabaza, planta y fruto.
aval s.m. (fr. *aval*). Firma sobre un documento comercial o en el momento de la concesión de un crédito, que se da como garantía de un tercero, para responder del pago del importe en caso de que no sea liquidado por el signatario o el beneficiario. **2.** Acto por el cual una persona responde de la conducta de otra.

auxiliar

INDICATIVO	SUBJUNTIVO
presente	**presente**
auxilio o auxilío	auxilie o auxilíe
auxilias o auxilías (auxiliás)	auxilies o auxilíes
auxilia o auxilía	auxilie o auxilíe
auxiliamos	auxiliemos
auxiliáis	auxiliéis
auxilian o auxilían	auxilien o auxilíen
copretérito o **pret. imperfecto**	**pretérito** o **pret. imperfecto**
auxiliaba	auxiliara o auxiliase
auxiliabas	auxiliaras o auxiliases
auxiliaba	auxiliara o auxiliase
auxiliábamos	auxiliáramos o auxiliásemos
auxiliabais	auxiliarais o auxiliaseis
auxiliaban	auxiliaran o auxiliasen
pretérito o **pret. perf. simple**	**futuro** o **fut. simple**
auxilié	auxiliare
auxiliaste	auxiliares
auxilió	auxiliare
auxiliamos	auxiliáremos
auxiliasteis	auxiliareis
auxiliaron	auxiliaren
futuro o **fut. simple**	**IMPERATIVO**
auxiliaré	auxilia o auxilía (tú, vos) (auxiliá)
auxiliarás	auxilie o auxilíe (él)
auxiliará	auxiliemos (nosotros)
auxiliaremos	auxiliad (vosotros)
auxiliaréis	auxilien o auxilíen (ellos)
auxiliarán	
pospretérito o **condicional simple**	**FORMAS NO PERSONALES**
auxiliaría	**infinitivo** auxiliar
auxiliarías	**gerundio** auxiliando
auxiliaría	**participio** auxiliado
auxiliaríamos	
auxiliaríais	
auxiliarían	

verbo auxiliar

El verbo auxiliar se utiliza conjuntamente con otro verbo, cuyo significado modifica en parte o totalmente.

verbo	función	ejemplos
haber	Se emplea en la formación de tiempos compuestos.	*has* salido, *haya* dicho, *habíamos* quedado
estar, poder, soler, deber, haber, tener, empezar, etc.	Se emplean en la formación de las perífrasis o frases verbales, y expresan matices como obligación, duración, etc.	*están* desayunando, *suele* llegar pronto, *podrías* visitarla, *empieza* a nevar
ser	Se emplea para formar las oraciones pasivas.	el debate *fue* televisado

avalador, ra s. Persona que da su garantía en favor de un tercero.
avalancha s.f. (fr. *avalanche*). Alud: *avalancha de nieve.*
avalar v.tr. Garantizar por medio de aval.
avalentonado, a adj. Valentón.
avalista s.m. y f. Persona que avala un documento o a otra persona.
avalorar v.tr. Dar valor o más valor a algo. **2.** Hacer que algo aumente de valor.
avance s.m. Acción y efecto de avanzar. **2.** Anticipo o adelanto: *avance de noticias.* **3.** Progreso. **4.** Parte que sobresale de una galería, alero, etc. **5.** Esp. y Méx. CIN. Serie de fragmentos de una película que sirven de publicidad antes de su presentación. **6.** MEC. Desplazamiento de la herramienta en el sentido del espesor de las virutas, durante el mecanizado. SIN.: *movimiento de avance.*
avante adv.l. y t. MAR. Adelante.
avantrén s.m. Parte de un automóvil que comprende la suspensión, el mecanismo de dirección y, a veces, los órganos motores y de tracción. **2.** ARM. Parte delantera de los carruajes de artillería.
avanzada s.f. Grupo de soldados destacado para explorar un territorio enemigo u observar de cerca al enemigo.
avanzadilla s.f. Grupo pequeño de soldados que se adelanta a la avanzada, del que destacan los centinelas y escuchas. **2.** MAR. Muelle de pilotaje que se adentra en el mar y por debajo del cual pasa el agua.
avanzado, a adj. y s. Adelantado, de ideas o doctrinas muy nuevas. **2.** Que está lejos de su comienzo.
avanzar v.intr. y prnl. (cat. *avançar*). Ir hacia adelante. **2.** Pasar el tiempo y acercarse a su fin un período determinado: *avanza la primavera y se acerca la época de exámenes.* ◆ v.tr. Mover o llevar algo hacia adelante. **2.** Adelantar, anticipar algo: *le avancé la paga.* **3.** Cuba y Dom. Vomitar. ◆ v.intr. *Fig.* Progresar o mejorar en algo: *avanzar en mecanografía.*
avanzo s.m. Balance, comparación del activo y pasivo de un negocio. **2.** Estado detallado y estimativo de los trabajos a realizar. SIN.: *presupuesto.*
avaricia s.f. (lat. *avaritia*). Ansia de adquirir y acumular riquezas.
avaricioso, a adj. y s. Avaro.
avariento, a adj. y s. Avaro.
avaro, a adj. y s. (lat. *avarus*). Que tiene avaricia. SIN.: *avaricioso, avariento.* **2.** *Fig.* Que reserva algo para sí sin compartirlo: *avaro de su tiempo, de su ciencia.* SIN.: *avaricioso, avariento.*
ávaro, a adj. y s. De un pueblo originario de Asia central que invadió la llanura húngara en el s. VII d.C. (Carlomagno los venció en 796 y los integró al Imperio). **2.** De un pueblo caucasiano y musulmán de Daguestán.
avasallamiento s.m. Acción de avasallar.
avasallar v.tr. Someter a alguien contra su voluntad. **2.** Atropellar, actuar sin consideración.
avatar s.m. Encarnación de Visnú en la religión hindú. ◆ **avatares** s.m.pl. Transformaciones, cambios en la fortuna, vicisitudes: *los avatares de la vida.*
ave s.f. (lat. *avis*). Animal vertebrado ovíparo, cubierto de plumas, de respiración pulmonar y sangre caliente, cuyas extremidades anteriores son alas, y cuyos maxilares forman un pico. ◇ **Ave del paraíso** Ave paseriforme que vive en Nueva Guinea y en el N de Australia, cuyo macho posee un plumaje de colores variados y brillantes; BOT. planta ornamental originaria de África meridional. (Familia musáceas.) **Ave de mal agüero** *Fam.* Persona que anuncia alguna desgracia o es portadora de malas noticias. **Ave de paso** *Fam.* Persona que se detiene poco en un lugar determinado. **Ave de rapiña** Ave rapaz; *Fam.* Persona que se apodera con violencia o astucia de lo que no es suyo. **Ave lira** Ave paseriforme que vive en Australia del tamaño de un faisán, que debe su nombre a las largas plumas curvadas de la cola de los machos. **Ave martillo** Ave ciconiforme que vive en África tropical, de pico más largo que la cabeza, con un copete de plumas en el occipucio. **Ave nocturna** *Fam.* Persona que trasnocha.

ave

Entre las aves, descendientes de los reptiles, se distinguen unas 9 000 especies cuya talla varía de 2 a 3 cm (colibrí) hasta más de 2 m (avestruz) y que ocupan gran variedad de hábitats: árboles, suelo, pantanos y zonas litorales.

AVE s.m. (siglas de *alta velocidad española*). Tren español de alta velocidad.
avechucho s.m. *Fam.* Persona despreciable o desagradable.
avecinar v.tr. y prnl. (ital. *avvicinare*). Acercar, aproximar: *se avecina una tormenta.* **2.** Avecindar.
avecindar v.tr. Inscribir a alguien como vecino de una población. ◆ **avecindarse** v.prnl. Establecerse como vecino en una población.
avefría s.f. Nombre de diversas aves limícolas de 30 cm de long., caracterizadas por presentar un copete de plumas largas, finas y brillantes que sobresale de la parte posterior de la cabeza. (Familia caradríidos.)
avejentar v.tr. y prnl. Hacer que alguien o algo tenga un aspecto más viejo de lo que es. SIN.: *aviejar.*
avejigar v.tr. y prnl. Levantar vejigas o ampollas sobre una cosa.
avellana s.f. (lat. *abellana nux*, nuez de Abella, ciudad de la Campania donde abundan). Fruto comestible del avellano, casi esférico, marrón claro, de 1 a 2 cm de diámetro, que contiene una semilla rica en aceite (un 70 % aprox.). **2.** Carbón mineral de la cuenca de Puertollano (España), lavado y clasificado, cuyos trozos tienen un tamaño reglamentario entre 15 y 25 mm. ◆ adj. y s.m. Se dice del color de la avellana. ◆ adj. Que es de este color.
avellanado s.m. Acción y efecto de avellanar.
avellanador s.m. Barrena pequeña que sirve para avellanar.
avellanal o **avellanar** s.m. Terreno poblado de avellanos. SIN.: *avellanedo.*
avellanar v.tr. Ensanchar un agujero para que la cabeza del tornillo que se introduce quede embutida en la pieza taladrada. ◆ **avellanarse** v.prnl. Arrugarse y ponerse enjuta una persona o cosa.
avellanedo s.m. Avellanal.
avellanero, a s. Vendedor de avellanas.
avellano s.m. Arbusto que crece en bosques, de una alt. máxima de 7 m, cuyo fruto es la avellana. (Familia betuláceas.) **2.** Madera de este arbusto.
avemaría o **ave maría** s.f. Oración cristiana que comienza con las palabras con que el arcángel san Gabriel saludó a la Virgen.
avena s.f. (lat. *avena*). Cereal cuyos granos, del mismo nombre, contenidos en espiguillas colgantes, se utilizan para la alimentación del ganado, especialmente el caballar y para la elaboración del whisky. (Familia gramíneas.) ◇ **Avena loca** Avena silvestre que crece en terrenos incultos.
avenamiento s.m. Acción y efecto de avenar.
avenar v.tr. Dar salida a la excesiva humedad de un terreno cavando en él zanjas de desagüe. **2.** GEOMORFOL. Concentrar un sistema fluvial las aguas de una región para evacuarlas.
avenencia s.f. Conformidad, acuerdo o armonía entre dos o más personas. **2.** DER. Resultado del acto de conciliación, que concluye con la conformidad de las partes.
avenida s.f. Calle ancha, generalmente con árboles a los lados. **2.** Crecida impetuosa del caudal de un curso fluvial. SIN.: *arroyada, riada, venida.* **3.** *Fig.* Afluencia de varias personas o cosas a un lugar.
avenido, a adj. Se dice de personas que tienen buena o

mala relación entre ellas. (Suele ir acompañado de los adverbios *bien* o *mal*.)

avenimiento s.m. Acción y efecto de avenir o avenirse.

avenir v.tr. y prnl. [conj.: *venir*]. Poner de acuerdo dos o más partes diferentes o enfrentadas entre sí. ◆ **avenirse** v.prnl. Entenderse bien una persona con otra, llevarse bien. **2.** Ponerse de acuerdo dos o más personas en sus ideas y objetivos. **3.** Estar una cosa en armonía con otra: *su dulce mirada no se aviene con su carácter agresivo.* **4.** Amoldarse, conformarse con algo: *avenirse a razones.*

aventador, ra adj. y s. Se dice de la persona que avienta los granos. **2.** Se dice de un instrumento o una máquina que sirve para aventar y limpiar los granos después de la trilla. ◆ s.m. Ruedo pequeño para aventar el fuego y otros usos, generalmente de esparto. ◆ **aventadores** s.m.pl. Abertura simple o doble de la nariz de los cetáceos.

aventajado, a adj. Se dice de una persona que aventaja a otras en cualidades, conocimientos, etc.: *un alumno aventajado.*

aventajar v.tr. Llevar ventaja, superar una persona o cosa a otra.

aventar v.tr. [conj.: *pensar*]. Aplicar aire sobre algo. **2.** Echar el grano trillado al viento para limpiarlo: *aventar la cebada.* **3.** Desplazar o mover el viento algo: *el levante aventaba la nave.* **4.** *Fig.* y *fam.* Echar o expulsar a alguien. **5.** Cuba. Exponer el azúcar al sol y al aire. **6.** Méx. Arrojar, tirar. ◆ **aventarse** v.prnl. Llenarse de viento algún cuerpo. **2.** *Fig.* y *fam.* Huir, escapar. **3.** Colomb. Arrojarse sobre alguien o algo. **4.** P. Rico. Comenzar la carne a corromperse.

aventario s.m. Canal de la nariz de una caballería.

aventón s.m. Guat. y Méx. *Fam.* Autostop: *ir de aventón.* **2.** Guat., Méx., Nicar. y Perú. Empujón.

aventura s.f. Suceso extraordinario o accidentado. **2.** Acción que entraña riesgo o peligro. **3.** Relación amorosa pasajera.

aventurar v.tr. y prnl. Arriesgar o poner en peligro: *aventurar mucho dinero en negocios.* ◆ v.tr. Exponer una idea arriesgada o atrevida.

aventurero, a adj. y s. Que busca o vive una vida de aventuras. **2.** Se dice de una persona que intenta prosperar o enriquecerse por medios ilegales. **3.** MAR. Se dice del barco mercante armado que en tiempos de guerra viaja sin escolta.

averdugar v.tr. Apretar o ajustar con exceso, hasta causar lesión o daño.

avergonzar v.tr. y prnl. [conj.: *contar*]. Causar vergüenza.

avería s.f. (cat. *avaria*). Desperfecto o fallo que impide el normal funcionamiento de un aparato, una instalación o una máquina. **2.** Daño o deterioro que sufre una mercancía o un género.

averiar v.tr. y prnl. [conj.: *desviar*]. Producir avería.

averiguación s.f. Acción y efecto de averiguar.

averiguar v.tr. (lat. tardío *verificare,* presentar como verdad). Llegar a tener conocimiento de algo mediante indagaciones. ◆ v.intr. Amér. Central y Méx. Discutir.

averío s.m. Conjunto de aves de corral.

averno s.m. *Poét.* Infierno.

averroísmo s.m. Doctrina filosófica de Averroes basada en una interpretación de la metafísica de Aristóteles a la luz del Corán. (Se desarrolló en los ss. XIII-XVIII.)

averroísta adj. y s.m. y f. Relativo al averroísmo; partidario de esta doctrina filosófica.

averrugarse v.prnl. Llenarse de verrugas.

aversión s.f. (lat. *aversio, -onis*). Sentimiento de rechazo o repugnancia hacia algo o alguien: *sentir aversión a la carne, por la violencia.* ◇ **Terapia de aversión** PSICOL. Terapia utilizada para hacer desaparecer un comportamiento inadaptado, asociándole estímulos desagradables.

avéstico s.m. Lengua irania en la que está escrito el Avesta.

avestruz s.m. o f. (occ. ant. *estrutz*). Ave corredora de unos 2,60 m de alt. y unos 100 kg, con cuello largo, alas pequeñas que no le permiten volar, y patas fuertes y largas, que vive en grupos en las estepas y desiertos africanos. (Subclase ratites.)

avetado, a adj. Que tiene vetas.

avetoro s.m. Ave parecida a la garza, de unos 70 cm de long., de plumaje leonado con manchas negruzcas y pico tan largo como la cabeza. (El grito del macho recuerda el mugido del toro.)

avezado, a adj. Experimentado en algo.

avezar v.tr. y prnl. (del ant. *bezo,* costumbre). Acostumbrar a algo.

aviación s.f. (fr. *aviation*). Modalidad de locomoción aérea por medio de aviones. ◇ **Aviación comercial** Conjunto de aviones, instalaciones y personal empleados en el transporte de viajeros y mercancías. **Aviación militar** Fuerzas aéreas de un país.

aviador, ra adj. y s. (fr. *aviateur*). Se dice de la persona que pilota un avión. ◆ s.m. Militar de aviación. **2.** Méx. Persona que cobra un sueldo en una oficina de gobierno pero que en realidad no trabaja allí.

1. **aviar** v.tr. (de *vía*) [conj.: *desviar*]. Preparar o disponer algo para un fin. **2.** Acelerar la marcha o ejecución de una actividad: *avíate que llegamos tarde.* **3.** Arreglar o componer a

averiguar

INDICATIVO

presente
averiguo
averiguas (averiguás)
averigua
averiguamos
averiguáis
averiguan

copretérito o pret. imperfecto
averiguaba
averiguabas
averiguaba
averiguábamos
averiguabais
averiguaban

pretérito o pret. perf. simple
averigüé
averiguaste
averiguó
averiguamos
averiguasteis
averiguaron

futuro o fut. simple
averiguaré
averiguarás
averiguará
averiguaremos
averiguaréis
averiguarán

pospretérito o condicional simple
averiguaría
averiguarías
averiguaría
averiguaríamos
averiguaríais
averiguarían

SUBJUNTIVO

presente
averigüe
averigües
averigüe
averigüemos
averigüéis
averigüen

pretérito o pret. imperfecto
averiguara o averiguase
averiguaras o averiguases
averiguara o averiguase
averiguáramos o averiguásemos
averiguarais o averiguaseis
averiguaran o averiguasen

futuro o fut. simple
averiguare
averiguares
averiguare
averiguáremos
averiguareis
averiguaren

IMPERATIVO

averigua (averiguá)	(tú, vos)
averigüe	(él)
averigüemos	(nosotros)
averiguad	(vosotros)
averigüen	(ellos)

FORMAS NO PERSONALES

infinitivo	gerundio
averiguar	averiguando

participio
averiguado

alguien o algo. **4.** Amér. Prestar dinero o efectos al labrador, minero o ganadero. **5.** MAR. Repasar las costuras de un barco. ◆ v.tr. y prnl. Preparar, aprestar a alguien o algo. **2.** *Fam.* Proporcionar a alguien lo que necesita para algún fin: *aviar de botas para el invierno.*

2. **aviar** adj. Relativo a las aves, especialmente a sus enfermedades.

aviario, a adj. Aviar. ◆ s.m. Colección de aves, vivas o disecadas, ordenadas para exhibición o estudio.

avícola adj. Relativo a las aves.

avicultor, ra s. Persona que se dedica a la avicultura.

avicultura s.f. Cría de aves y aprovechamiento de sus productos.

avidez s.f. Cualidad de ávido: *comer, leer con avidez.*

avidina s.f. BIOQUÍM. Proteína del tipo de las albúminas, que se encuentra en la clara del huevo y que inactiva la acción de la biotina.

ávido, a adj. (lat. *avidus*). Que desea algo con gran intensidad: *ávido de riquezas; ávido de aprender.*

aviejar v.tr. y prnl. Avejentar.

avieso, a adj. (lat. *aversus,* apartado, opuesto, trasero). Perverso o mal intencionado: *costumbres aviesas.* **2.** Torcido, irregular.

avifauna s.f. ECOL. Conjunto de aves de una zona o región.

avilantarse v.prnl. Insolentarse.

avilantez s.f. (del ant. *avilanteza,* ocasión). Audacia, insolencia.

avilense adj. y s.m. y f. De Avilés.

avilés, sa adj. y s. Abulense.

avilesino, a adj. y s. Avilense.

avillanar v.tr. y prnl. Hacer que alguien se comporte como villano o algo parezca villano.

avinagrar v.tr. y prnl. Poner agrio, especialmente el vino. ◆ **avinagrarse** v.prnl. Volverse agrio o áspero el carácter de una persona.

aviñonés, sa adj. y s. De Aviñón. SIN.: *aviñonense.*

avío s.m. Preparación de lo necesario para realizar algo. **2.** Provisión que los pastores llevan para el camino. **3.** Préstamo que se hace al labrador, ganadero o minero. **4.** Interés personal. ◆ **avíos** s.m.pl. Utensilios necesarios para una determinada actividad.

1. **avión** s.m. (fr. *avion*). Vehículo de navegación aérea más pesado que el aire, provisto de alas y de uno o varios motores de hélice o de reacción. SIN.: *aeroplano.* ◇ **Avión carguero** Avión de gran tonelaje destinado únicamente al transporte de carga pesada y voluminosa. **Avión cisterna,** o **nodriza** Avión que transporta carburante para que reposten otros aparatos en vuelo. **Avión escuela** Avión destinado a la formación de pilotos.

2. **avión** s.m. Nombre de varias especies de aves paseriformes semejantes a las golondrinas, de la cual se distingue por tener la cola más corta. (Familia hirundínidos.)

avioneta s.f. Avión de pequeñas dimensiones con motor de poca potencia.

aviónica s.f. Aplicación de técnicas electrónicas a la aviación. SIN.: *aeroelectrónica.* **2.** Conjunto de equipos electrónicos de una aeronave.

avisado, a adj. Que actúa con astucia y prudencia. **2.** TAUROM. Se dice del toro que atiende a todo lo que se mueve en la plaza, haciendo difícil y peligrosa su lidia. ◇ **Mal avisado** Que actúa irreflexivamente.

avisar v.tr. (fr. *aviser,* instruir, avisar). Hacer saber algo a alguien con anticipación. SIN.: *comunicar.* **2.** Informar a alguien de algo, especialmente de un posible daño o peligro. **3.** Llamar a alguien para que preste un determinado servicio: *avisar al médico.*

aviso s.m. Acción y efecto de avisar. **2.** Conjunto de palabras o signos con que se avisa de algo. **3.** Indicio, señal: *el trueno es aviso de tormenta.* **4.** Amér. Anuncio de un periódico, generalmente de un particular. **5.** TAUROM. Advertencia que hace la presidencia al torero cuando este prolonga la faena de matar más tiempo del prescrito por el reglamento. ◇ **Sobre aviso** Prevenido, enterado de algo.

avispa s.f. (lat. *vespa*). Insecto social alado, con un abdomen con anillos amarillos y negros, que en las hembras acaba en un aguijón venenoso, y que construye nidos anuales o avisperos, compuestos de una envoltura acartonada, donde se desarrollan las larvas. (Orden himenópteros.) **2.** *Fig.* Persona muy astuta. ◇ **Cintura de avispa** Cintura muy delgada.

avispar v.tr. y prnl. *Fam.* Hacer despierto y espabilado a alguien. ◆ v.tr. Avivar a las caballerías. ◆ **avisparse** v.prnl. *Fig.* Inquietarse.

avispero s.m. Nido de avispas. **2.** *Fig.* y *fam.* Lugar o asunto que ofrece peligro. **3.** MED. Denominación vulgar del ántrax.

avispón s.m. Avispa de gran tamaño, de picadura muy dolorosa, cuyo nido puede alcanzar 60 cm de diámetro.

avistar v.tr. Ver algo o a alguien desde lejos. ◆ **avistarse** v.prnl. Reunirse una persona con otra para tratar de un negocio.

avitaminosis s.f. Enfermedad producida por la escasez o la falta de ciertas vitaminas, como el escorbuto, el beriberi o la pelagra.

avituallamiento s.m. Acción de avituallar. **2.** Vituallas.

avituallar v.tr. Proveer de vituallas. SIN.: *vituallar.*

avivado s.m. METAL. Pulimento de una pieza metálica, pasándola por un disco de paño flexible impregnado con un abrasivo de grano muy fino.

avivador, ra adj. Que aviva. ◆ s.m. Ranura o pequeño espacio hueco, de unos 3 mm de ancho, que se labra entre dos molduras. **2.** Cepillo especial con hierro cortante, con que se hacen dichas ranuras.

avivar v.tr. Hacer más vivo, intenso o agudo algo: *avivar la esperanza, una conversación.* **2.** *Fig.* Hacer que arda más el fuego o que la luz artificial dé más claridad. **3.** *Fig.* Poner más vivos los colores. ◆ v.intr. Cobrar vida y vigor.

avizor, ra adj. y s. (fr. ant. *aviseur*). Atento.

avizorar v.tr. Acechar, vigilar buscando algo: *avizorar los alrededores de la casa.*

avocar v.tr. (lat. *advocare*). DER. Reservar para sí mismo una causa que debía ser examinada por una jurisdicción inferior.

avocastro s.m. Chile y Perú. Persona muy poco agraciada.

avoceta s.f. Ave zancuda que vive en zonas pantanosas, de unos 45 cm de alt., de pico largo y curvado hacia arriba y plumaje negro y blanco. (Orden caradriformes.)

avodiré s.m. Árbol de África tropical, de madera blanda y blanca, del mismo nombre, empleada en ebanistería.

Avogrado. Número de Avogrado Nombre de los elementos contenidos en una molécula-gramo (átomos, iones o moléculas), cuyo valor admitido es de $6{,}022\ 136\ 7 \times 10^{23}\ mol^{-1}$.

avoirdupois s.m. Sistema de peso que se aplica en los países anglosajones a todas las mercancías, excepto metales preciosos, pedrería y medicamentos, en el que la libra equivale a 16 onzas.

avora s.f. Palmera que se cultiva en América tropical, de cuyos frutos se obtiene la manteca de corozo. (Familia palmáceas.)

avugo s.m. Fruto del avuguero, pequeño, de color verde amarillento y de sabor poco agradable.

avuguero s.m. Árbol, variedad del peral, cuyo fruto es el avugo.

avulsión s.f. (lat. *avulsio, -onis,* acción de arrancar). MED. Extirpación, extracción.

avunculado s.m. ANTROP. Sistema de organización social en sociedades matriarcales, en el que la responsabilidad principal sobre el niño la ejerce el tío materno y no el padre.

avutarda s.f. (hispano-lat. *avis tarda*). Ave zancuda de dorso rojizo con líneas negras, y vientre y cuello blancos o gris claro, que mide de 40 cm a 1,20 m en las especies europeas, de carrera rápida y vuelo pesado, muy apreciada por su sabrosa carne. (Familia otídidos).

axial adj. Relativo al eje. SIN.: *axil.*

axila s.f. (lat. *axilla*). ANAT. Concavidad situada debajo del hombro, donde se unen la parte superior del brazo y el tórax. **2.** BOT. Región situada encima de la inserción de una hoja con el tallo, en el vértice del ángulo formado por ambos.

axilar adj. Relativo a la axila: *nervio axilar.* ◇ **Yema axilar** BOT. Yema lateral situada en la axila de una hoja.

axiología s.f. Teoría o ciencia de los valores morales.

axiológico, a adj. Relativo a la axiología.

axioma s.m. (lat. *axioma,* del gr. *axioma,* lo que parece justo, proposición). Proposición primera o evidencia no susceptible de demostración. **2.** LÓG. Principio enunciado hipotéticamente como base de una teoría deductiva.

axiomática s.f. Conjunto de primeras nociones *(axiomas)* admitidas sin demostración, que forman la base de una teoría científica. ◇ **Axiomática formal** LÓG. Teoría axiomática en la que no se da sentido a los términos primitivos de la teoría.

axiomático, a adj. Incontrovertible, evidente. ◇ **Teoría axiomática** LÓG. Teoría deductiva construida a partir de axiomas y desarrollada por medio de reglas de inferencia.

axiomatización s.f. Procedimiento que consiste en enunciar los axiomas de los que se deducen los teoremas de una teoría deductiva.

axiomatizar v.tr. Transformar en axiomas.

axis s.m. ANAT. Segunda vértebra cervical.

axo s.m. Trozo de tela de lana cuadrado, que forma parte del vestido de las indias de Perú.

axolote o **axolotl** s.m. → **ajolote.**

axón s.m. Prolongación de una neurona, cuya longitud puede alcanzar varios decímetros, que transmite el impulso nervioso desde el cuerpo celular hacia la periferia. SIN.: *cilindroeje.*

axonometría s.f. Forma de representación gráfica de una figura de tres dimensiones, en la cual las aristas del triedro de referencia se proyectan según rectas que forman entre sí ángulos de 120°.

axonométrico, a adj. Relativo a la axonometría.

ay s.m. Suspiro, quejido. (Suele usarse en plural.) ◆ interj. Expresa generalmente aflicción, dolor o sorpresa. **2.** Con la prep. *de* seguida de un pronombre, expresa pena, temor, conmiseración o amenaza: *¡ay de mí!*

ayate s.m. Méx. Tela de hilo de maguey que se usa como bolsa.

ayatolá o **ayatollah** s.m. (ár. *aia,* signo, y *Allah,* Dios). Jefe religioso del islam chiita. (Tiene el significado y función de ser el intérprete de la ley coránica.)

ayatolislam o **hoyatoleslam** s.m. (ár. *ḥuyya al-islām,* prueba del islam). Teólogo o doctor en jurisprudencia en el islam chiita.

ayer adv.t. (lat. *heri*). En el día anterior al día de hoy. **2.** *Fig.* Hace poco tiempo, en tiempo pasado.

ayllu s.m. Sistema de organización social antiguo practicado por los aimara y los quechua.

ayo, a s. (del lat. *avia,* abuela, mujer de edad que cuida los niños). Persona encargada de la custodia, crianza o educación de un niño.

ayotera s.f. Amér. Central. Calabaza. SIN.: *ayote.*

ayubí o **ayyubí** adj. y s.m. y f. De los Ayubíes, dinastía musulmana fundada por Saladino.

ayuda s.f. Acción de ayudar. **2.** Persona o cosa que ayuda. **3.** Medio del que se sirve un jinete para mandar sobre su caballo. **4.** Lavativa. ◆ s.m. MAR. Cabo o aparejo que se pone para mayor seguridad de otro. ◇ **Ayuda de cámara** Criado que cuida especialmente del vestido de su amo.

ayudado, a adj. y s.m. TAUROM. Se dice del pase de muleta en cuya ejecución intervienen las dos manos del matador.

ayudanta s.f. Mujer que realiza los trabajos subalternos, generalmente en oficios manuales.

ayudante s.m. y f. Persona que ayuda. ◆ s.m. MIL. Oficial destinado a las órdenes de un jefe superior: *ayudante de campo.* ◇ **Ayudante técnico sanitario (ATS)** Esp. Diplomado sanitario auxiliar del médico.

ayudantía s.f. Empleo de ayudante. **2.** Oficina del ayudante. **3.** MAR. Cada uno de los distritos en que se dividen las provincias marítimas españolas.

ayudar v.tr. (lat. *adjutare*). Hacer algo para alguien con el fin de aliviarle el trabajo o una pena, evitarle una situación crítica o peligrosa, etc.: *ayudar a hacer la casa; ayudar a los afectados por las inundaciones.* ◆ **ayudarse** v.prnl. Valerse o servirse de alguien o algo para un determinado fin.

ayuiné s.m. Árbol de América Meridional que exuda una sustancia aromática.

ayunar v.intr. Abstenerse de comer y beber total o parcialmente, en especial por motivos religiosos o de salud, o como medio de protesta. **2.** *Fig.* Privarse de algo placentero.

ayuno, a adj. (lat. vulg. *jajunus*). Que no ha comido. **2.** *Fig.* Privado de algún placer. **3.** *Fig.* Que no sabe o no comprende nada de una cosa. ◆ s.m. Acción de ayunar. **2.** Abstinencia que se hace por motivos religiosos o por motivos de salud de alguna de las comidas diarias o de ciertos manjares. ◇ **En ayunas** Sin haber comido nada; *Fig.* sin haberse enterado de alguna cosa.

ayuntamiento s.m. Corporación compuesta de un alcalde y varios concejales para la administración y dirección de un municipio. SIN.: *cabildo, concejo.* **2.** Casa consistorial. **3.** Cópula carnal.

ayyubí adj. y s.m. y f. → **ayubí.**

azabache s.m. (hispano-ár. *zabaŷ*). Variedad de lignito de color negro brillante. (Se talla como las piedras preciosas.) ◆ adj. Que es de color negro y brillante. ◆ **azabaches** s.m.pl. Conjunto de dijes de azabache.

azada s.f. (lat. vulg. *asciata,* herramienta provista de una especie de hacha o azuela). Instrumento agrícola para cavar y remover la tierra, que consiste en una lámina o pala cuadrangular de hierro con un extremo cortante y provisto de un anillo donde encaja un mango.

azadón s.m. Azada de pala ligeramente curva y más larga que ancha.

azafate s.m. (ár. *sáfaṭ,* cesta de hojas de palma, enser donde las mujeres ponen sus perfumes y otros objetos). Canastilla de mimbre, llana y con borde de poca altura.

azafato, a s. Persona que atiende a los visitantes de ferias, congresos, etc. **2.** Esp. Persona que atiende a los pasajeros de un avión, aeromozo. ◆ s.f. Criada que servía a la reina.

azafea s.f. Instrumento astronómico inventado por Azarquiel para sustituir el astrolabio.

azafrán s.m. (ár. *zafarân*). Planta herbácea cultivada por sus flores violáceas, cuyos estigmas se emplean para condimentar alimentos. (Familia iridáceas.) SIN.: *croco.* **2.** Estigma de esta planta o polvo preparado con él, utilizados como condimento. **3.** MAR. Madero vertical exterior que forma parte de la pala del timón y que se une con pernos a la madre. ◇ **Azafrán bastardo** Cólquico.

azafranado, a adj. Que es de color anaranjado como el azafrán.

azafranal s.m. Terreno sembrado de azafranes.

azafranar v.tr. Condimentar con azafrán. **2.** Teñir de color anaranjado.

azafranero, a s. Persona que vende o cultiva azafrán.

azagaya s.f. (bereber *zagâya*). Lanza o dardo arrojadizo de pequeñas dimensiones y poco peso.

azahar s.m. (hispano-ár. *zahar*). Flor olorosa del naranjo, del limonero y del cidro, de color blanco, usada en medicina y perfumería.

azalá s.m. (ár. *ṣalâ*). Oración o súplica en la religión musulmana.

azalea s.f. (lat. botánico *azalea,* del gr. *áxaléos,* seco, árido). Arbusto originario de las montañas de Asia, del que se cultivan diversas especies por la belleza de sus flores del mismo nombre. (Familia ericáceas.)

azamboa s.f. (ár. *zanbûa*). Fruto del azamboero.

azamboero s.m. Variedad de cidro que produce un fruto de corteza muy arrugada. (Familia rutáceas.)

azanahoriate s.m. Zanahoria confitada.

azande → **zandé.**

azar s.m. (ár. vulg. *zahr,* dado). Causa a la que se atribuyen acontecimientos fortuitos o inexplicables. **2.** Suceso, acontecimiento o percance imprevisto. ◇ **Al azar** Sin propósito ni objeto determinado; sin considerar ni reflexionar previamente.

azaramiento s.m. Acción y efecto de azarar o azararse.

azarar v.tr. y prnl. Avergonzar o turbar a alguien. SIN.: *azorar.*

azararse v.prnl. Estropearse o malograrse algo, especialmente en el juego.

azarbe s.m. (del ár. *sárab,* canal, cloaca). Cauce adonde van a parar el agua sobrante de los riegos.

azarearse v.prnl. Amér. Central, Chile y Perú. Avergonzarse. **2.** Chile y Perú. Irritarse, enojarse.

azarolla s.f. Fruto del azarollo.

azarollo s.m. Serbal común.

azaroso, a adj. Abundante en peligros o percances. **2.** Que es consecuencia del azar.

azeotrópico, a adj. Se dice de una mezcla de dos líquidos que destila a temperatura constante produciendo, a determinada presión, un vapor de composición fija.

azeótropo s.m. Mezcla azeotrópica.

azerbaijanés, sa adj. y s. De Azerbaiján. ◆ s.m. LING. Azerí.

azerí adj. y s.m. y f. De un pueblo turco musulmán que habita en el Azerbaiján caucásico e iraní. (Descienden de los antiguos habitantes iranófonos de Transcaucasia oriental, turquizados a partir del s. XI.) ◆ s.m. Lengua turca hablada en Azerbaiján. SIN.: *azerbaijanés.*

aziliense adj. y s.m. Se dice de una facies cultural epipaleolítica caracterizada por útiles de sílex de pequeño tamaño y por guijarros pintados o grabados con motivos geométricos regulares, que sucedió al magdaleniense en torno al VIII milenio.

ázimo adj. y s.m. → **ácimo.**

azimut s.m. → **acimut.**

azimutal adj. → **acimutal.**

aznacho s.m. Pino rodeno o pinastro; madera de este árbol. SIN.: *aznallo.*

aznallo s.m. Aznacho. **2.** Gatuña.

ázoe s.m. Nombre dado al nitrógeno por Lavoisier.

azoemia s.f. Presencia de nitrógeno en la sangre.

azófar s.m. (ár. *ṣufr*). Latón, aleación de cobre y cinc.

azogamiento s.m. Acción y efecto de azogar o azogarse.

azogar v.tr. Cubrir o mezclar con azogue cristales u otras cosas. ◆ **azogarse** v.prnl. Intoxicarse con el vapor del azogue.

1. **azogue** s.m. (hispano-ár. *záuq*). Nombre vulgar del mercurio.

2. **azogue** s.m. (ár. *al-suq*). Mercado situado en la plaza de una localidad, especialmente durante la edad media.

azoico, a adj. Relativo al ázoe. **2.** Se dice de un medio desprovisto de animales o de un terreno desprovisto de fósiles. ◆ adj. y s.m. Se dice de un compuesto orgánico nitrogenado.

azolvar v.tr. y prnl. (ár. *ṣállab,* atravesar, cruzar, borrar). Obstruir un conducto.

azolve s.m. Méx. Basura o lodo que obstruye un conducto de agua.

azoospermia s.f. Ausencia de espermatozoides en el esperma.

azor s.m. (lat. vulg. *acceptor, -oris*). Ave rapaz diurna, de unos 60 cm de long. y 1,10 m de envergadura, cabeza pequeña y pico curvado, muy apreciada en cetrería. (Familia accipítridos.)

azora s.f. Cada uno de los capítulos que componen el Corán.

azoramiento s.m. Acción o efecto de azorar o azorarse.

azorar v.tr. y prnl. Azarar. ◆ v.tr. Asustar.

azotacalles s.m. y f. (pl. *azotacalles*). *Fam.* Persona ociosa y callejera.

azotador s.m. Oruga mexicana cubierta de pelillos de propiedades urticantes.

azotaina s.f. *Fam.* Serie de azotes. SIN.: *azotina.*

azotar v.tr. Dar azotes. **2.** *Fig.* Golpear repetida y violentamente: *las olas azotan la orilla.*

azote s.m. (ár. *sáut*). Instrumento hecho de tiras de cuero, con nudos o con puntas, usado para golpear como castigo. **2.** Golpe dado con este instrumento. **3.** *Por ext.* Golpe dado con la mano o con un instrumento alargado como castigo. **4.** *Fig.* Calamidad, desgracia: *la sequía es el gran azote de esta tierra.* **5.** *Fig.* Persona que es causa de una calamidad o desgracia.

azotea s.f. (ár. *suṭáih,* dim. de *saṭḥ,* planicie). Superficie llana y descubierta en lo alto de un edificio por la que puede caminarse. **2.** *Fig.* y *fam.* Cabeza.

azotehuela s.f. Méx. Patio de luces.

azt s.m. Medicamento empleado para retardar la aparición de los síntomas del sida. SIN.: *zidovudina.*

azteca adj. y s.m. y f. De un pueblo amerindio que se instaló en el valle de México en el s. XIII y que dominó cultural y políticamente el país durante el s. XV y el primer cuarto del XVI. **2.** Mexicano. ◆ s.m. Náhuatl. **2.** Moneda de oro mexicana de veinte pesos.

azteca

En 1325 los aztecas fundaron Tenochtitlan. Moctezuma I Ilhuicamina (1440-1469) consolidó y extendió el imperio azteca. En 1525 los españoles ejecutaron a Cuauhtémoc, último soberano. Los aztecas establecieron una compleja organización política, militar y religiosa de tipo piramidal, regida por una monarquía encabezada por el tlatoani. La economía se basaba en la agricultura (maíz).

Los aztecas desarrollaron dos tipos de calendarios, uno ceremonial (tonalpohualli) y otro solar (xiuhpohualli) de 365 días. Utilizaron la escritura jeroglífica en códices, poemas, anales, etc., algunos de ellos transcritos en caracteres latinos (en náhuatl y en español). En literatura destacó el poeta Netzahualcoyotl, soberano de Texcoco. Los principales dioses aztecas son: Quetzalcóatl, dios del bien y de la vida; Tezcatlipoca, dios de los hechiceros y de los jóvenes guerreros; Huitzilopochtli, dios de la guerra y del sol; Tláloc, dios de la lluvia, y Coatlicue, diosa madre y la tierra. Aunque en toda la extensión del imperio azteca se hablaron numerosas lenguas, su lengua de cultura fue el náhuatl.

azúcar s.m. o f. (ár. *súkkar*). Sustancia cristalizada de sabor dulce, que se extrae principalmente de la caña de azúcar o de la remolacha azucarera y se usa como edulcorante para los alimentos. **2.** QUÍM. Compuesto perteneciente al grupo de los glúcidos. ◇ **Azúcar cande,** o **candi** Azúcar formado por cristales transparentes y grandes, obtenido por evaporación lenta de un jarabe. **Azúcar glas,** o **glaseado** Capa de azúcar de lustre que recubre algunos productos de confitería. **Azúcar moreno,** o **negro** Azúcar poco refinada, de color oscuro y más dulce que el blanco.

azúcar

El proceso de producción del azúcar comienza con una fase de extracción, que tiene lugar por presión en el caso de la caña y por difusión en una corriente de agua caliente en el de la remolacha. Los jugos azucarados obtenidos se depuran por medio de lechada de cal, que provoca la formación de un precipitado. Al jugo depurado y concentrado hasta un estado de sobresaturación moderada se le añaden cristales de azúcar finamente molidos, que aumentan de tamaño a expensas del azúcar en sobresaturación. Una vez lavado, secado y tamizado, el azúcar se comercializa en panes, trozos, cristales, en polvo, etc. Los principales productores mundiales son la India y Brasil, seguidos de EUA, China, Tailandia y Australia.

azucarado, a adj. De sabor semejante al azúcar. **2.** Que contiene azúcar. **3.** *Fig.* Que es excesivamente meloso o almibarado.

azucarar v.tr. Bañar o endulzar con azúcar. **2.** *Fig.* Suavizar, endulzar. **3.** Amér. Cristalizarse el azúcar.

azucarera s.f. Fábrica de azúcar. **2.** Azucarero, recipiente.

azucarero, a adj. Relativo al azúcar: *industria azucarera.* ◆ s.m. Recipiente para servir el azúcar. **2.** Persona que tiene por oficio fabricar azúcar. **3.** Amér. Dueño de un ingenio de azúcar o fabricante de azúcar.

azucarillo s.m. Terrón de azúcar. **2.** Pasta azucarada y esponjosa que se elabora con clara de huevo batida y zumo de limón.

azucena s.f. (hispano-ár. *sussâna*). Nombre que se da a diversas plantas de las familias liliáceas, amarilidáceas, apocináceas y orquídeas, la más conocida de las cuales *(azucena común)* da unas flores blancas y olorosas del mismo nombre, agrupadas en racimos grandes.

azud s.m. o f. (ár. *sudd,* obstáculo, obstrucción, presa). Presa pequeña hecha en un río, a fin de tomar agua para regar y otros usos. SIN.: *azuda.* **2.** Rueda con que se saca agua de un río para regar los campos.

azuela s.f. (hispano-lat. *asciola*). Hacha pequeña de hoja curva y perpendicular al mango que utilizan los carpinteros para labrar y desbastar la madera.

azufaifa s.f. (hispano-ár. *zufáizafa*). Fruto dulce del azufaifo, pequeño, redondeado y de cáscara roja o marrón.

azufaifo s.m. Árbol o arbusto espinoso de hasta 8 m de alt., que se cultiva para ornamentación o por la azufaifa. (Familia ramnáceas.)

azufrado, a adj. Sulfuroso. **2.** Parecido en el color al azufre. ◆ s.m. Azuframiento.

azufrador s.m. Aparato para azufrar las plantas.

azuframiento s.m. Acción y efecto de azufrar. SIN.: *azufrado.*

azufrar v.tr. Espolvorear azufre, especialmente sobre los vegetales para luchar contra las enfermedades criptogámicas. **2.** Quemar azufre dentro de un tonel con el fin de destruir los microorganismos.

azufre s.m. (lat. *sulphur*). No metal, de color amarillo pálido, brillo metálico, de densidad 2,06, cuyo punto de fusión es de 112,8 °C y el de ebullición de 444,6 °C. **2.** Elemento químico (S), de número atómico 16 y masa atómica 32,066. (Este elemento se encuentra en estado natural y constituye el 0,06 % de la litosfera. También se encuentra en forma de sulfuros y sulfatos.) ◇ **Azufre en cañón** Azufre moldeado en forma de cilindro. **Flor de azufre** Azufre obtenido por enfriamiento brusco de su vapor.

azufrera s.f. Lugar de donde se extrae azufre.

azufroso, a adj. Que contiene azufre.

azul adj. y s.m. Se dice del color que ocupa el quinto lugar del espectro solar, entre el verde y el añil, como el del cielo o el del mar. ◆ adj. Que es de este color. ◆ s.m. *Poét.* Cielo o espacio. **2.** QUÍM. Nombre de diversos pigmentos y colorantes azules: *azul ultramar; azul de Prusia; azul de cobalto.* ◇ **Azul celeste** El azul más claro. **Azul mar,** o **marino** El azul más oscuro. **Enfermedad azul** Cualquier enfermedad que cursa con gran cianosis, principalmente cardiopatías congénitas que provocan defectos de oxigenación de la sangre. **Niño azul** Niño que padece la enfermedad azul. **Príncipe azul** *Fig.* Personaje masculino idealizado de los cuentos de hadas; hombre ideal de una mujer.

azulado, a adj. Que tiene un tono azul.

azular v.tr. Dar color azul o teñir de azul.

azulear v.intr. Mostrar algo el color azul que en sí tiene. **2.** Tirar a azul.

azulejar v.tr. Revestir de azulejos, ladrillos. SIN.: *alicatar.*

1. **azulejo** s.m. Ladrillo pequeño o baldosín vidriado, coloreado y decorado o no con dibujos que sirve para revestir paredes o suelos.

2. **azulejo, a** adj. Amér. Azulado. ◆ adj. y s.m. Argent. y Urug. Se dice del caballo entrepelado de blanco y negro que presenta reflejos azules. ◆ s.m. Nombre con que se designa a diversas aves americanas de unos 17 cm de long., de plumaje azul celeste uniforme, algo blanquecino en la región ventral. (Familia tráupidos.)

azulete s.m. Polvo de añil con que se da un tono azulado a la ropa blanca después de lavada.

azumagarse v.prnl. Chile. Llenarse de moho.

azúmbar s.m. (ár. *súnbul,* valeriana). Planta de hojas acorazonadas, flores blancas en umbela terminal, y fruto en forma de estrella de 6 puntas. (Familia alismáceas.)

azumbre s.f. (ár. *ṭumn,* octava parte). Unidad de medida de capacidad para líquidos antigua, empleada en Castilla, equivalente a 2,016 l.

azur s.m. y adj. HERÁLD. Azul oscuro.

azurita s.f. Carbonato natural de cobre, de color azul.

azuzar v.tr. (de *zuzo,* interjeción que se dirige al perro para incitarlo a que embista). Incitar a un animal a que ataque. **2.** *Fig.* Inducir a una persona a hacer algo.

b

b s.f. Segunda letra del alfabeto español, y primera de sus consonantes. (Representa un sonido oclusivo bilabial sonoro.) ◇ **B** MÚS. En la notación alfabética inglesa, *si* natural, y *si* bemol en la alemana.

baba s.f. (voz de origen onomatopéyico). Saliva que fluye por la boca de forma involuntaria. **2.** Secreción viscosa de algunos animales, como la babosa y el caracol, y algunas plantas. **3.** Colomb. y Venez. Yacaré, especie de cocodrilo o caimán. ◇ **Caérsele la baba** Experimentar complacencia viendo u oyendo alguna cosa o hablando de alguien o de algo; sentir admiración o cariño por algo o alguien. **Tener mala baba** *Fam.* Tener mala intención o mal carácter.

bababuy s.m. Ave paseriforme de la zona norte de América del Sur.

babaza s.f. Baba de algunos animales y plantas.

babear v.intr. Echar baba por la boca. **2.** *Fig.* y *fam.* Demostrar gran admiración, cariño o respeto hacia alguien o algo.

babel s.m. y f. *Fam.* Desorden y confusión. **2.** *Fig.* y *fam.* Lugar o situación en que hay gran desorden y confusión, especialmente por hablar muchas personas a la vez, sin entenderse.

babera s.f. Pieza de la armadura, unida al casco, que protege el cuello, el mentón y la boca.

babero s.m. Pieza de tela o plástico que se pone a los niños sobre la ropa, sujeta al cuello y cubriendo el pecho, para protegerla de babas o manchas de comida o bebida. **2.** Esp. y Méx. Prenda de vestir que se pone a los niños encima del traje para protegerlo.

babia (en) loc. *Fam.* Distraído, sin enterarse de la realidad.

babieca s.m. y f. y adj. (voz de origen onomatopéyico). *Fam.* Bobo, tontaina.

babilla s.f. En los cuadrúpedos, región formada por los músculos y tendones que articulan el fémur con la tibia y la rótula. **2.** Pieza de esta parte de las reses bovinas destinadas al consumo.

babilónico, a adj. Relativo a Babilonia. **2.** *Fig.* Fastuoso.

babilonio, a adj. y s. De Babilonia.

Babinski. Signo de Babinski Inversión del reflejo cutáneo plantar, característica de las lesiones de la vía nerviosa motriz, que aparece en las parálisis que afectan el haz piramidal.

babirusa s.m. (del malayo *babi,* cerdo, y *rusa,* ciervo). Cerdo salvaje de las Célebes, de piel desnuda y caninos desarrollados como defensa en los machos. (Familia suidos.)

babismo s.m. Doctrina enseñada por el Bab y sus seguidores, los babíes, que trata de reformar el islam en un sentido menos riguroso y más abierto.

bable s.m. Dialecto leonés hablado en Asturias. SIN.: *asturiano.*

baboen s.m. Madera obtenida de diversos árboles americanos, de coloración ocre, empleada en carpintería ligera y contraplacado.

babor s.m. (fr. *babord*). Costado izquierdo de una embarcación, mirando desde la parte trasera, o popa, hacia la delantera, o proa. CONTR.: *estribor.*

babosa s.f. (de *baba*). Gasterópodo pulmonado terrestre, sin concha, alargado y con una especie de escudo adornado de estrías. SIN.: *limaza.* (Familia limácidos.) **2.** Pez de cuerpo alargado, cuya piel segrega gran cantidad de mucus.

babosada s.f. Amér. Central, Colomb., Méx. y Pan. *Fam.* Cuestión de escasa importancia.

babosear v.tr. Llenar de babas.

baboso, a adj. Que está lleno de babas. ◆ adj. y s. Que echa mucha baba por la boca. **2.** *Fig.* y *fam.* Se dice de la persona que no tiene la edad suficiente para hacer o decir ciertas cosas, o para intentarlo. **3.** *Fig.* y *fam.* Bobo, tonto. ◆ adj. y s.m. Se dice de la persona que es demasiado aduladora o zalamera con los demás.

babucha s.f. (fr. *babouche*). Calzado ligero, plano y abierto por detrás, usado tradicionalmente por los musulmanes. **2.** Amér. Zapato de pala alta, cerrada con un cordón. **3.** Amér. Zapato femenino de paño con la punta formada de cuero. ◇ **A babucha** Argent. y Urug. A cuestas.

babuino s.m. Simio originario de África, de hocico alargado y formas robustas, que está más adaptado a la vida terrestre que a la arbórea y vive en grupos organizados. (Suborden catarrinos.)

babuvismo s.m. Doctrina de Babeuf y de sus seguidores, que pretende instaurar una especie de comunismo igualitario de reparto de bienes y no de producción.

baca s.f. (fr. *bâche*). Soporte dispuesto en la parte superior de los vehículos donde pueden colocarse los equipajes. **2.** PESC. Arte de pesca de arrastre, parecido al bou.

bacaco o **bacacu** s.m. Paseriforme de vistoso plumaje, propio de las comarcas del Orinoco y del Amazonas. (Familia cotíngidos.)

bacaladero, a adj. Relativo al bacalao, o a su pesca y comercio. ◆ s.m. y adj. Embarcación especializada en la pesca del bacalao y especies afines. **2.** Persona que tiene por oficio la pesca del bacalao.

bacalao s.m. Pez marino de los mares árticos, que alcanza 1,50 m de long., cuya carne se come fresca, salada o curada, y de cuyo hígado se obtiene un aceite que se usa como reconstituyente. (Familia gádidos.) ◇ **Cortar el bacalao** Esp. *Fam.* Tener el mando o el poder de decisión última en un grupo o asunto.

bacán, a s.m. y adj. Argent. Persona adinerada o aburguesada. ◆ s.m. Cuba. Masa de carne de cerdo, tomate y ají, envuelta en hojas de banano.

bacanal s.f. (lat. *bacchanalis,* de *Bacchus,* Baco). Orgía. ◆ adj. Relativo al dios Baco. ◆ **bacanales** s.f.pl. Fiestas romanas de Baco y de los misterios dionisíacos, caracterizadas por el desenfreno o el crimen.

bacante s.f. (lat. *bacchans, -tis*). Sacerdotisa del dios Baco. **2.** *Fig.* Mujer de moral libertina.

bacarrá o **bacará** s.m. (fr. *bacarra* o *baccarat*). Juego de naipes que se juega con dos barajas francesas y en el que uno de los participantes actúa como banquero.

bacciforme adj. Que tiene forma de baya o fruto.

bacera s.f. Enfermedad del bazo producida en el ganado por el bacilo antrácico.

baceta s.f. (fr. *bassette*). Montón de naipes que quedan después de repartidos los necesarios a cada jugador, y del que se toma un naipe al empezar cada baza.

bachata s.f. Antillas. Juerga, diversión bulliciosa.

bache s.m. Desnivel que se forma en una calzada o camino a causa del tránsito rodado, la lluvia, etc. **2.** *Fig.* Período de descenso, decadencia o depresión: *su potencia creadora sufrió un gran bache; pasar por un bache económico.* **3.** Zona atmosférica de baja densidad, que provoca un descenso súbito y momentáneo del avión.

bachicha s.m. y f. Amér. Merid. Apodo con que se designa al italiano y a su lengua.

1. **bachiller** s.m. y f. Persona que ha obtenido el grado que se concede al terminar la enseñanza media. **2.** Persona que cursa o ha cursado los estudios de enseñanza media.

2. **bachiller, ra** s. y adj. *Fam.* Persona que habla con pedantería e impertinencia.

bachillerato s.m. Estudios de la educación media o secundaria que facultan para poder seguir estudios universitarios o estudios profesionales cualificados. **2.** Grado de bachiller.

bachillerear v.intr. *Fam.* Hablar con pedantería e impertinencia.

bacía s.f. Recipiente redondo para líquidos y alimentos. **2.** Vasija con una escotadura semicircular en el borde, que usaban los barberos para remojar la barba. **3.** GEOMORFOL. Depresión del terreno, con frecuencia sinclinal, de gran extensión.

báciga s.f. (ital. *bàzzica*). Juego de naipes entre dos o más personas, cada una con tres cartas.

bacilar adj. Relativo a los bacilos o producido por ellos: *enfermedad bacilar.*

baciliforme adj. Que tiene forma de bacilo: *bacteria baciliforme.*

bacilo s.m. (lat. *bacillum,* bastoncillo). Microbio en forma de bastoncillo. **2.** Insecto herbívoro, de 10 cm de long., frágil, alargado y de largas patas, parecido a una ramita. (Familia fásmidos.)

bacilosis s.f. Enfermedad producida por un bacilo, especialmente la tuberculosis.

bacín s.m. (lat. tardío *bacchinon*). Orinal alto y cilíndrico.

bacinete s.m. Casco que se usaba en los ss. XIII y XIV. **2.** Soldado que lo llevaba.

background s.m. (voz inglesa). Conjunto de conocimientos y experiencias que constituyen el bagaje de una persona.

back-up s.m. INFORMÁT. Copia de seguridad. SIN.: *salvaguarda.*

bacon s.m. (voz inglesa). Esp. Beicon.

bacón s.m. (cat. *bacó*). Esp. Beicon.

bacoreta s.f. Pez de 1,20 m de long., de color azul acero, parecido al atún, del cual se diferencia por carecer de escamas, salvo en la porción anterior. (Familia escómbridos.)

bacteria s.f. (gr. *baktiría,* bastón). Microbio unicelular de forma alargada *(bacilos),* esférica *(cocos)* o espiral *(espirilos),* carente de membrana nuclear, que se multiplica por división celular sencilla o por esporas y se alimenta de igual modo que los vegetales.

bacteria

Por lo general formadas por una sola célula, las bacterias son los organismos autónomos más pequeños (de 1 a 5 micras). La ausencia de núcleo y otros compartimentos cerrados por una membrana distingue a la célula bacteriana, o *procariota,* de las células de otros seres vivos, llamadas *eucariotas.* Se clasifican según su forma de nutrición, su morfología y sus características bioquímicas. Muy abundantes en todos los medios, desempeñan una función primordial en el reciclado de la materia orgánica. Los medios de cultivo de las bacterias son muy variados: algunas necesitan el oxígeno del aire (bacterias *aerobias*); otras deben protegerse de él (bacterias *anaerobias*). Las especies parásitas llegan a provocar enfermedades en los vegetales y los animales (en el hombre fiebre tifoidea, cólera y difteria). No obstante, suelen vivir en simbiosis con los organismos que habitan; algunas son necesarias para la fabricación de quesos, vinos o antibióticos; otras se utilizan en biotecnología.

bacteriano, a adj. Relativo a las bacterias: *infección bacteriana.*

bactericida adj. y s.m. Se dice de la sustancia que destruye las bacterias, como la lejía, el ozono, el alcohol o determinados antibióticos.

bacteridia s.f. Bacteria inmóvil, como la del carbunco.

bacteriemia s.f. Descarga pasajera de bacterias en la sangre a partir de un foco infeccioso, que se manifiesta por temblores y aumentos de temperatura.

bacteriófago s.m. Virus que destruye activamente determinadas bacterias.

bacteriología s.f. Parte de la microbiología que estudia las bacterias.

bacteriológico, a adj. Relativo a la bacteriología. **2.** MIL. Que utiliza las bacterias: *guerra bacteriológica.*

bacteriólogo, a s. Especialista en bacteriología.

bacteriosis s.f. Enfermedad parasitaria o cualquier otra enfermedad debida a bacterias o a toxinas bacterianas.

báculo s.m. (lat. *baculum*). Bastón largo y con el extremo curvo. **2.** *Fig.* Alivio o consuelo: *su nieto fue el báculo de su vejez.* **3.** HERÁLD. Figura y ornamento exterior del escudo de obispos, abades y abadesas. ◇ **Báculo pastoral** Bastón que usan los obispos como símbolo de su autoridad.

bada s.f. Rinoceronte.

badajada s.f. Golpe que da el badajo en la campana. **2.** *Fig.* y *fam.* Tontería, despropósito. SIN.: *badajazo.*

badajear v.intr. *Fig.* y *fam.* Hablar mucho y diciendo tonterías.

badajo s.m. (del lat. *battuere,* batir). Pieza que pende en el interior de las campanas, cencerros y esquilas, y que al moverse y golpear sus paredes hace que suenen. **2.** *Fig.* y *fam.* Persona habladora y necia.

badajocense adj. y s.m. y f. De Badajoz. SIN.: *badajoceño, pacense.*

badamero o **badamiero** s.m. Árbol de Asia tropical y Oceanía, cuyo fruto suministra el barniz llamado laca de China. (Familia combretáceas.)

badana s.f. (ár. vulgar *baṭāna,* forro). Piel de carnero u oveja curtida que se emplea en guarnicionería, marroquinería, encuadernación, etc. ◆ s.m. y f. *Fam.* Persona floja y perezosa. <> **Sacudir,** o **sobar,** o **zumbar,** o **zurrar, la badana** *Fam.* Dar a alguien una paliza o maltratarlo de palabra.

badea s.f. (ár. *baṭīja*). Sandía, melón o pepino de mala calidad.

badén s.m. (hispano-ár. *baṭén,* vientre, cauce seco). Zanja o cauce formado en el terreno por las aguas de la lluvia. **2.** Depresión o cauce que se construye en un camino o carretera para que pueda pasar el agua de un torrente. **3.** Vado de una acera.

baderna s.f. (provenz. *baderno*). MAR. Cabo trenzado para sujetar el cable al virador, trincar la caña del timón, etc.

badián s.m. Arbusto originario de Vietnam, cuyo fruto, llamado anís estrellado, contiene una sustancia aromática utilizada en la fabricación de bebidas anisadas. (Familia magnoliáceas.)

badiana s.f. Badián, arbusto. **2.** Fruto de este arbusto.

badil s.m. (del lat. *batillum*). Paleta de metal para remover y recoger la lumbre. SIN.: *badila.*

badila s.f. Badil. **2.** PESC. **a.** Arte de pesca constituido por una pértiga de madera, con un bastidor rectangular de hierro en un extremo, al que se afirma la red en forma de bolsa. **b.** Paleta metálica usada para pescar el marisco adherido a las rocas o sumergido en el fango.

badilejo s.m. Llana de albañil.

badin s.m. AERON. Aparato que sirve para medir la velocidad de un avión en relación con el aire ambiente.

bad lands s.m.pl. (ingl. *badlands*). Tierras arcillosas en las que las arroyadas torrenciales han abierto múltiples barrancos que no dejan entre sí más que aristas agudas.

bádminton s.m. (voz inglesa, de *Badminton House,* Gran Bretaña). Juego parecido al tenis, que en lugar de pelota utiliza una semiesfera de corcho o goma con plumas. (También *badminton.*)

badulacada s.f. Chile y Perú. Bellaquería, calaverada.

badulaque s.m. y f. y adj. *Fam.* Persona necia e informal.

bafle o **baffle** s.m. (ingl. *baffle*). Caja acústica. **2.** Pantalla rígida y absorbente del sonido que se coloca en el interior de la caja de resonancia del altavoz para obtener una mejor reproducción del sonido.

baga s.f. (lat. *baca,* fruto). Cápsula que contiene la linaza o semilla del lino.

bagacera s.f. Secadero para el bagazo de la caña de azúcar.

bagaje s.m. (fr. *bagage,* equipaje). *Fig.* Conjunto de conocimientos y de experiencia que posee una persona: *bagaje cultural.* **2.** Equipaje, en especial el de un ejército en marcha. **3.** Animal, con carro o sin él, que se tomaba en los pueblos a cargo del concejo para conducir el equipaje militar.

bagala s.m. Nombre dado a las embarcaciones árabes de mayor tamaño.

baganda → **ganda.**

bagar v.intr. Echar el lino, baga y semilla.

bagatela s.f. (ital. *bagattella,* juego de manos). Cosa fútil. **2.** MÚS. Pieza sencilla, de estilo ligero, generalmente destinada al piano.

bagazo s.m. Residuo de los frutos que se exprimen para sacarles el zumo: *bagazo seco de uva.* **2.** Residuo sólido de las cañas de azúcar, que queda después de haber sido trituradas por el molino. **3.** Cáscara que queda después de deshecha la baga y separada de ella la semilla del lino.

bagre s.m. Pez de agua dulce, sin escamas y con tres pares de barbillas en la cabeza, que suele habitar en los fondos de los ríos y lagunas americanos y llega a medir hasta 60 cm de largo. **2.** Amér. Merid. Mujer fea. **3.** Hond. y Salv. Persona muy lista.

bagrero, a adj. y s.m. Ecuad. y Perú. Se dice del hombre que suele enamorar a mujeres feas.

bagual, la adj. y s.m. (de *Bagual,* cacique de los indios querandíes). Amér. Se dice del caballo o potro no domado. ◆ adj. y s. Amér. Merid. Indócil, indómito.

baguala s.f. Canción popular del N de Argentina de repetidos ascensos tonales y coplas octosilábicas.

bagualada s.f. Amér. *Fig.* Barbaridad, necedad, salvajada. **2.** Argent. Conjunto de baguales, caballos o potros no domados.

baguarí s.m. (guaraní *mbaguarí*). Ave de cuerpo blanco y alas y cola negras, que vive en Argentina. (Familia cicónidos.)

baguette s.f. (voz francesa). Pieza de pan larga y muy delgada.

baguilla s.f. TEXT. Hilo obtenido dando a los cabos diferente torsión, de modo que el menos retorcido forma bucles alrededor del otro.

baguio s.m. Ciclón tropical en Filipinas.

¡bah! interj. Expresa incredulidad o desdén.

bahía s.f. Penetración del mar en la costa, de extensión considerable y de entrada ancha, generalmente menor que el golfo y mayor que la ensenada: *bahía de Cádiz.*

baht o **bat** s.m. Unidad monetaria de Thailandia.

bahutu → **hutu.**

baído, a adj. **Bóveda baída** Bóveda formada por un hemisferio cortado por cuatro planos verticales y paralelos dos a dos. SIN.: *bóveda vaída.*

bailador, ra adj. y s. Que baila. ◆ s. Esp. Bailarín profesional que ejecuta bailes populares de España.

bailanta s.f. Argent. Fiesta de pueblo en la que se baila.

bailaor, ra s. Esp. Bailarín de flamenco.

bailar v.intr. y tr. (del occitano ant. *balar*). Mover el cuerpo al son de la música y de forma acompasada. **2.** Girar o hacer girar rápidamente un objeto en torno a su eje, manteniéndose en equilibrio sobre uno de sus extremos: *bailar la peonza.* ◆ v.intr. Moverse u oscilar una cosa que no está fijada, segura o ajustada en su lugar. **2.** EQUIT. Hacer el caballo movimientos irregulares y nerviosos. **3.** IMPR. En una composición tipográfica, estar desnivelados los renglones, letras o líneas.

bailarín, na adj. y s. Que baila. ◆ s. Persona que se dedica profesionalmente al baile. <> **Primer bailarín** Escalafón superior en el cuerpo de baile de un teatro.

1. **baile** s.m. Acción de bailar. **2.** Conjunto de movimientos que se ejecutan adaptados a un tipo concreto de música y con unas características particulares. **3.** Lugar público donde se baila. **4.** Fiesta o reunión en que se baila. **5.** Espectáculo teatral en que se representa una acción mediante la danza y la mímica. **6.** AERON. Oscilación o vibración de origen aerodinámico de alguna parte del avión provocada por otra parte de este. <> **Baile de san Vito** NEUROL. Nombre de varias enfermedades nerviosas caracterizadas por movimientos involuntarios y violentos, como la corea o la epilepsia. **Baile de trajes,** o **de máscaras,** o **de disfraces** Baile en que los asistentes van disfrazados. **Cuerpo de baile** Conjunto de los bailarines de un teatro que no son solistas ni estrellas.

2. **baile** s.m. En la Corona de Aragón, durante la alta edad media, oficial que representaba al señor entre sus vasallos y que estaba encargado del gobierno de una determinada zona. **2.** Título de los gobernadores de las colonias venecianas en el Mediterráneo oriental.

bailecito s.m. Danza popular boliviana, de origen europeo, en compás de seis por ocho.

bailete s.m. Divertimento cantado y danzado que, en las obras teatrales del siglo de oro español, alternaba la acción hablada con la música y la mímica.

bailía s.f. Territorio sobre el que ejercía su jurisdicción el baile. **2.** Dignidad y jurisdicción de un bailío de la orden de Malta.

bailiaje s.m. Territorio bajo la jurisdicción de un bailío. **2.** En la orden de san Juan, encomienda o dignidad que los caballeros profesos recibían por razón de su antigüedad o por concesión especial del gran maestre.

bailío s.m. (occitano *bailiu*). En Francia, durante la edad media, agente superior o inferior del rey o de un señor, encargado de funciones judiciales. **2.** Caballero de la orden de san Juan de Malta, de grado superior al comendador, con privilegio de llevar la gran cruz.

bailongo s.m. Baile de poca categoría.

bailotear v.intr. Bailar sin gracia ni arte.

bailoteo s.m. Acción y efecto de bailotear.

baivel s.m. (fr. ant. *baivel*). Escuadra de ramas móviles utilizada por los canteros al labrar dovelas.

baja s.f. Disminución del valor, el nivel, la magnitud o el precio de una cosa: *baja de precios; baja térmica.* SIN.: *bajada.* **2.** Cese de una actividad industrial o profesional sometida a impuestos. **3.** Cese temporal o definitivo de una persona en un determinado trabajo por enfermedad o accidente. **4.** Documento en que se formula. **5.** MAR. Fase descendente de la marea. **6.** MIL. Pérdida de un individuo en un ejército. ◆ **bajas** s.f.pl. Pérdidas. ◇ **Dar de baja** Registrar que una persona ha dejado de pertenecer a un cuerpo, una asociación o una empresa o ha dejado de dedicarse a una actividad. **Darse de baja** Dejar de pertenecer voluntariamente a un cuerpo, una asociación o una empresa. **Ir de,** o **ir en, baja** Perder valor o estimación. **Jugar a la baja** B. Y BOLSA. Especular, negociar en la bolsa o en el mercado, previendo la baja de los valores. **Ser baja** Dejar de pertenecer a una institución por cambio de destino, muerte, enfermedad, etc.

bajá s.m. (ár. *bašā*). Título dado a los gobernadores de provincias en el Imperio otomano. (Actualmente es un título honorífico.) **2.** MAR. Nombre familiar dado al comandante de un navío de guerra.

bajaca s.f. Ecuad. Cinta que usan las mujeres en el peinado.

bajada s.f. Acción de bajar. **2.** Camino por donde se baja. **3.** Disminución o descenso del valor, el nivel, la magnitud o el precio de una cosa: *bajada de precios; bajada térmica.* SIN.: *baja.* **4.** Argent. y Urug. Disminución del caudal de un río o arroyo. **5.** ARQ. Cañón de bóveda inclinado con relación al plano horizontal. ◇ **Bajada de aguas** Conducto por donde bajan las aguas de los tejados. **Tubo de bajada** Bajante.

bajador s.m. Argent. Tiento que une la cinta con la hocicquera y sujeta la cabeza del ganado.

bajalato s.m. División administrativa del antiguo Imperio otomano. **2.** Dignidad de bajá.

bajamar s.f. Fin del reflujo del mar, marea baja. **2.** Tiempo que dura este movimiento.

bajante s.m. o f. CONSTR. Cañería de evacuación de aguas, vertical o con pendiente muy fuerte.

bajar v.intr. y prnl. (del lat. *bassus,* bajo). Ir de un lugar alto a otro que está más bajo: *bajar al sótano.* **2.** Apearse de un vehículo o de una caballería: *bajar del tren; bajarse del caballo.* ◆ v.intr. Disminuir o descender el valor, el nivel, la magnitud o el precio de una cosa: *bajar el nivel del agua; bajar la fiebre.* ◆ v.tr. Poner algo o a alguien en un lugar más bajo que aquel en que estaba: *bajar el telón.* **2.** Transferir información desde una computadora a la memoria de otra, especialmente a través de Internet u otra red informática. SIN.: *descargar.* **3.** Hacer que disminuya o descienda el valor, el nivel, la magnitud, la intensidad o el precio de algo: *bajar la voz; bajar los precios.* **4.** Inclinar hacia abajo: *bajar la cabeza.* **5.** MÚS. Transportar una nota, un acorde o un fragmento musical a otro tono más grave que aquel en que fue escrito. ◆ v.tr. y prnl. *Fig.* Humillar, abatir. ◆ **bajarse** v.prnl. Inclinarse hacia el suelo.

bajareque s.m. Amér. Enrejado de palos entretejidos con cañas y barro. **2.** Cuba. Choza, caserón muy pobre. **3.** Pan. Llovizna menuda.

bajativo s.m. Amér. Merid. Licor que se toma después de las comidas para facilitar la digestión; digestivo.

bajel s.m. (cat. *vaixell*). Barco.

bajelero s.m. Dueño, patrón o fletador de un bajel.

bajero, a adj. Que se usa o se pone debajo de otra cosa: *sábana bajera.*

bajete s.m. MÚS. Tema escrito en clave de *fa* que sirve para las prácticas de armonía y contrapunto.

bajeza s.f. Acción vil y despreciable. **2.** Cualidad de vil y despreciable.

bajial s.m. Perú. Tierra baja que suele inundarse.

bajío s.m. En el mar y aguas navegables, elevación del fondo que impide el paso de las embarcaciones. **2.** Amér. Terreno bajo.

bajista adj. Se dice de la tendencia a la baja de precios en el mercado o en la bolsa. CONTR.: *alcista.* ◆ s.m. y f. Persona que, en la bolsa, especula sobre la baja de los valores mobiliarios. **2.** Persona que toca el bajo, instrumento musical.

1. **bajo** adv.l. y m. En un lugar que está a poca altura del suelo: *volar bajo.* **2.** Con un tono de voz suave o débil, apenas audible: *hablar bajo.* ◆ prep. Indica que una persona o cosa está debajo de otra: *bajo el mar; bajo el puente.* **2.** Indica que una persona o cosa está sometida a otra o que depende de ella: *bajo los romanos.* **3.** Indica las condiciones en que se desarrolla una acción o un proceso: *libertad bajo fianza; declaración bajo juramento.* ◇ **Por lo bajo** Recatada o disimuladamente: *reírse por lo bajo.*

2. **bajo, a** adj. (bajo lat. *bassum,* gordo y poco alto). Que tiene una altura menor de lo que se considera normal o que es inferior a otra con que se compara: *mesa baja.* **2.** Que está situado a poca distancia del suelo u otra superficie: *planta baja.* **3.** Inclinado hacia abajo, en dirección al suelo: *anda con la frente baja.* **4.** Que tiene un grado de inferioridad con respecto a otras cosas de la misma naturaleza: *clase baja; precio bajo; temporada baja.* **5.** *Fig.* Se dice de la persona vil y despreciable y de su comportamiento o sus actos. **6.** Se aplica a algunos nombres de períodos históricos para hacer referencia a su última parte, a la etapa más próxima al presente: *baja edad media.* **7.** *Fig.* Se dice del sonido o voz graves. **8.** Se dice de las festividades móviles que caen más pronto que otros años: *la Pascua cae baja este año.* **9.** Se dice de la parte de un río cercana a la desembocadura o a su confluente. **10.** TAUROM. Se dice del puyazo, par o medio par de banderillas, pinchazo o estocada que hiere al toro por debajo de las agujas. ◆ s.m. Bajío. **2.** Borde o dobladillo de la parte inferior de una prenda de vestir: *el bajo de una falda, del pantalón.* **3.** ACÚST. Sonido grave. **4.** MÚS. **a.** Voz o instrumento que ejecuta los sonidos más graves. **b.** Parte de música escrita para ser ejecutada por un cantor o un instrumentista de la cuerda de bajos. ◆ **bajos** s.m.pl. Planta baja de un edificio. **2.** Manos y pies del caballo. **3.** Parte baja de las máquinas, automóviles, etc. **4.** TAUROM. Parte del cuerpo del toro situada entre el morrillo y el brazuelo. ◇ **Baja tensión** Diferencia de potencial muy débil. **Bajo alemán** Lengua alemana del norte de Alemania. **Bajo de agujas** Se dice del animal cuya distancia entre la pezuña y la cruz es corta. **Bajo de viola** Instrumento anterior al violonchelo, con el que se interpreta el bajo en la música instrumental. **Bajos fondos** Barrios o sectores de las grandes ciudades en que generalmente actúan o viven los profesionales del delito. **Costa,** o **tierra, baja** Tierra poco elevada que se ve solo de muy cerca.

bajón s.m. *Fam.* Disminución o deterioro bruscos del caudal, la salud, las facultades mentales, etc.: *dar un bajón anímico; un bajón de las temperaturas.*

bajonado s.m. Pez muy parecido a la dorada, que vive en el mar Caribe. (Familia espáridos.)

bajonazo s.m. TAUROM. Estocada muy baja.

bajorrelieve s.m. En escultura, relieve cuyos motivos resaltan poco del plano.

bajura s.f. Falta de profundidad: *la bajura de una charca.* ◇ **Pesca de bajura** Pesca que se realiza cerca de la costa.

bakelita s.f. → **baquelita.**

bakongo → **kongo.**

bakuba → **kuba.**

1. **bala** s.f. (ital. *palla,* pelota). Proyectil que disparan las armas de fuego. **2.** *Por ext.* Conjunto de bala y casquillo. **3.** Méx. Esfera metálica que se lanza con una sola mano en algunas pruebas de atletismo. (Pesa 7,257 kg en categoría masculina y 4 kg en femenina.) **4.** IMPR. Rodillo con mango, con el que se pone tinta sobre las galeradas para sacar pruebas de una composición. ◇ **Bala perdida** Bala que sigue una trayectoria distinta de la que se esperaba; persona alocada y libertina. **Bala rasa** Bala sólida y esférica empleada por la ar-

tillería lisa. **Como una bala** *Fam.* Con prontitud. **Tirar con bala** *Fam.* Hablar con mala intención.

2. **bala** s.f. (cat. *bala,* del fr. *balle*). Fardo apretado de mercancías. **2.** Atado de diez resmas de papel.

balaca o **balacada** s.f. Ecuad. Fanfarronada, baladronada.

balacear v.tr. Amér. Disparar reiteradamente, tirotear.

balacera s.f. Amér. Tiroteo.

balada s.f. (provenz. *balada,* danza). En la edad media, poema lírico, de origen coreográfico, que primero se cantaba y más tarde se destinó solo a ser recitado. **2.** Desde fines del s. XVIII, pequeño poema narrativo en estrofas, que generalmente desarrolla una leyenda popular o una tradición histórica. **3.** En su origen, canción para ser bailada; pieza instrumental o vocal de forma libre, recuperada por los románticos. **4.** Composición musical de ritmo lento, instrumentación suave y carácter íntimo y expresivo, de asunto generalmente amoroso.

baladí adj. (ár. *baladī,* del país, indígena). Fútil, poco importante: *aventurilla baladí.*

baladíes s.m.pl. En la España musulmana, nombre que tomaron los árabes que entraron en la Península con Mūsā ibn Nuṣayr.

baladrón, na adj. (lat. *balatro, -onis*). Fanfarrón.

baladronada s.f. Fanfarronada.

baladronear v.intr. Hacer o decir fanfarronadas.

balafo o **balafón** s.m. Instrumento musical de percusión, de África negra, antecesor del xilofón.

bálago s.m. Paja larga de los cereales después de quitarles el grano. **2.** Espuma del jabón.

balahú s.m. Barco pequeño que se usa en las costas de Vizcaya.

balaj o **balaje** s.m. (ár. *balájš* , de *Badajšân,* provincia persa). Rubí de color morado o rosado.

balalaica o **balalaika** s.f. Instrumento musical ruso de la familia de la guitarra, con la caja triangular y tan solo tres cuerdas.

balance s.m. (del ant. *balanzar,* hacer balance). Revisión periódica de las cuentas de una empresa, en que se comparan sus ingresos y gastos para establecer el nivel de beneficios o pérdidas. **2.** Informe o documento en que figura esta revisión. **3.** Movimiento de un cuerpo que se inclina hacia un lado y otro alternativamente. **4.** *Fig.* Comparación de los aspectos favorables y desfavorables de una situación, un período, etc., para extraer alguna conclusión. **5.** Cuba. Mecedora. **6.** ELECTRÓN. Dispositivo que regula las intensidades sonoras de las señales transmitidas por las dos vías de una cadena estereofónica. **7.** MAR. Balanceo. <> **Aparejo de balance** MAR. Aparejo que permite mantener las vergas fijas y firmes en el palo a pesar de los bandazos del buque. **Balance térmico** Comparación de las cantidades de calor aportadas en una operación térmica, con las cantidades de calor utilizadas y perdidas.

balancé s.m. (voz francesa). COREOGR. Acción de ejecutar un bailarín varios pasos balanceándose de un pie a otro, sin cambiar de sitio.

balancear v.intr. y prnl. Oscilar, inclinarse a un lado y a otro. ◆ v.intr. *Fig.* Dudar, vacilar. ◆ v.tr. Mover de un lado a otro una cosa que cuelga u oscila. **2.** Poner una cosa en equilibrio. **3.** MAR. **a.** Establecer en el velamen el equilibrio entre las velas de delante y las de detrás del centro vélico. **b.** Comprobar la correcta y exacta disposición de las cuadernas ya colocadas.

balancela s.f. Embarcación grande usada en las costas de Italia y España para pesca o cabotaje.

balanceo s.m. Acción y efecto de balancear. **2.** Amér. Equilibrado de las ruedas de un automóvil. **3.** MAR. Movimiento oscilatorio que hace un barco inclinándose alternativamente hacia uno u otro de sus costados, como consecuencia del viento o del oleaje. SIN.: *balance.*

balancín s.m. Mecedora. **2.** En jardines o terrazas, asiento colgante provisto de toldo. **3.** Pieza de madera o de metal unida a la caja de un carruaje, o al bastidor de un arado, etc., y a la que se enganchan los tirantes de las caballerías. **4.** Palo largo usado por los volatineros y otros acróbatas para mantenerse en equilibrio. **5.** Órgano estabilizador de los dípteros, que en estos insectos sustituye a las alas posteriores. **6.** MAR. **a.** Aparato de suspensión compuesto por anillos concéntricos, que permite a los objetos adquirir movimientos en todos los sentidos y conservar la posición horizontal. **b.** Conjunto de piezas de madera que se fijan al exterior de ciertas embarcaciones para asegurar su estabilidad. **7.** MEC. En los motores de combustión interna, pieza que permite transmitir el mando de las válvulas en cabeza. **8.** RELOJ. Volante. ◆ **balancines** s.m.pl. MAR. Amantillos, cuerdas pendientes de la entena de la nave. <> **Contrapeso de balancín** AERON. Equilibrador, alerón compensado.

balandra s.f. Embarcación de vela pequeña, con cubierta y un solo palo.

balandrismo s.m. Deporte de competición de regatas de balandros.

balandrista s.m. y f. Persona que practica el balandrismo.

balandro s.m. Balandra deportiva, fina y alargada.

balanitis s.f. MED. Inflamación del glande.

bálano o **balano** s.m. (gr. *bálanos,* bellota). Glande. **2.** Pequeño crustáceo de 1 cm, que se fija en las rocas litorales o sobre moluscos y está rodeado de placas calcáreas blancas que forman una especie de cráter. (Subclase cirrípedos.)

balanogloso s.m. Animal vermiforme que cava galerías en la arena de las playas. (Grupo estomocordados.)

balanza s.f. (del lat. *bilanx,* de *bi,* dos, y *lanx,* platillo). Instrumento que sirve para pesar, generalmente formado por un astil móvil y dos platillos, uno para colocar el cuerpo que quiere pesarse y el otro para las pesas que sirven de referencia. **2.** *Fig.* Comparación, juicio. **3.** Red para pescar cangrejos y camarones. <> **Balanza automática** Balanza cuyo astil mueve una aguja que indica el peso y, a menudo, el precio de las mercancías pesadas. **Balanza comercial** Cálculo comparativo de las importaciones y exportaciones de bienes y servicios de un país. **Balanza de pagos** Documento en el que se recogen el conjunto de operaciones económicas entre un país o un grupo de países y otro país o el resto del mundo. **Balanza romana** Balanza manual en la que la pesada se efectúa desplazando una pesa por el brazo de la palanca. **Inclinar la balanza** *Fig.* Decantar un asunto a favor de alguien o algo, rompiendo el equilibrio que existía.

balanzón s.m. Méx. Platillo de la balanza que se utiliza para pesar frutas y verduras.

balar v.intr. (lat. *balare*). Dar balidos.

balarrasa s.m. Aguardiente fuerte. ◆ s.m. y f. *Fig.* y *fam.* Persona alocada.

balastar v.tr. Repartir el balasto sobre una vía férrea.

balastera s.f. Cantera de donde se extrae el balasto.

balasto s.m. (ingl. *ballast*). Conjunto de piedras machacadas sobre el que se asientan y se sujetan las traviesas de una vía férrea.

balata s.f. Árbol maderable que crece en las Guayanas y Venezuela. (Familia sapotáceas.) **2.** Resina extraída de este árbol, utilizada en la fabricación de aislantes, correas de transmisión, etc. **3.** Chile y Méx. Parte del mecanismo de freno de vehículos motorizados consistente en un elemento de tejido grueso o de plástico, colocado en el lugar de fricción.

balausta s.f. (lat. *balaustium*). Fruto carnoso, seco e indehiscente, que encierra numerosas semillas. SIN.: *granada.*

balaustrada s.f. Muro formado por balaustres de poca altura que tiene la función de barandilla. **2.** ARQ. Línea de balaustres coronada por una repisa.

balaustre o **balaústre** s.m. (ital. *balaùstro*). Columnilla o pequeño pilar que generalmente se une con otros por una repisa para formar un soporte, una barandilla o un motivo decorativo.

balay s.m. Amér. Cesta de mimbre o de carrizo. **2.** Colomb. Cedazo de bejuco. **3.** Cuba y Dom. Batea para aventar el arroz antes de cocerlo.

balazo s.m. Señal, marca o herida producidos por una bala disparada con arma de fuego. <> **Ser un balazo** Argent., Chile y Urug. Ser muy rápido para hacer algo.

balboa s.m. Unidad monetaria principal de Panamá.

balbucear v.tr. e intr. Balbucir.

balbuceo s.m. Acción y efecto de balbucir.

balbucir v.tr. e intr. (lat. *balbutire*). Hablar articulando las palabras de una manera vacilante y confusa. (Solo suele conjugarse en las formas que tienen *i* en la terminación.)

balbucardo s.m. Águila pescadora.

balcánico, a adj. y s. De los Balcanes.

balcanización s.f. Acción y efecto de balcanizar.

balcanizar v.tr. Fragmentar en numerosos estados lo que constituía una sola entidad territorial y política.

balcón s.m. (ital. *balcone*). Plataforma que sobresale de la fachada de un edificio a la altura de un vano y está protegida por una barandilla o un muro bajo. **2.** Barandilla o muro que protege el balcón. **3.** MAR. Barandilla de seguridad, de forma redondeada, situada en uno de los extremos de un yate.

balconcillo s.m. MAR. Balcón de algunos buques de guerra, para uso del almirante o del capitán. **2.** TAUROM. Localidad de las plazas de toros que tiene delante una barandilla o antepecho y que suele estar situada sobre el toril. **3.** TEATR. Galería baja delante de la primera fila de palcos.

balda s.f. Anaquel de un armario, estantería, etc.

baldaquí o **baldaquín** s.m. (del ant. *Baldac,* de *Bagdad,* c. de Iraq). Tejido precioso de origen oriental, muy usado durante la edad media.

baldaquín o **baldaquino** s.m. (del ant. *Baldac,* de *Bagdad,* c. de Iraq). Pieza cuadrada o rectangular de tela lujosa con adornos valiosos y colgaduras, que se suspende formando dosel sobre un trono, catafalco, lecho, etc. **2.** Obra de madera, mármol, metal, etc., que corona el altar de una iglesia. SIN.: *ciborio.*

baldar v.tr. y prnl. (ár. *bāṭal,* invalidar, lisiar). Dejar a alguien agotado, dolorido y sin poder moverse por haber realizado un gran esfuerzo o haber recibido un daño físico: *baldar a palos; el trabajo lo ha dejado baldado.*

1. **balde** s.m. Recipiente de forma más o menos cilíndrica, abierto por arriba, con un asa en la parte superior, y que se usa, generalmente, para contener o transportar líquidos. GEOSIN.: Esp. y Méx. *cubo;* Méx. *cubeta.* **2.** Recipiente grande de forma más o menos cilíndrica, más ancho que alto.

2. **balde. De balde** Gratis, sin dar nada a cambio: *asistir a clases de balde.* **En balde** En vano, inútilmente: *los años no pasan en balde.*

baldear v.tr. Regar con baldes, especialmente las cubiertas de los buques. **2.** Extraer el agua de una excavación por medio de baldes.

baldeo s.m. Acción de baldear.

baldío, a adj. y s.m. Yermo, estéril. ◆ adj. Que resulta inútil porque no ofrece ningún resultado: *esfuerzo baldío.* **2.** Vagabundo, ocioso: *gente baldía.* ◆ s.m. Argent., Guat., Par. y Urug. Terreno urbano sin edificar, solar. ◆ **baldíos** s.m.pl. Parte de las tierras comunales que era utilizada en común por los vecinos para pastos, etc.

baldo, a adj. Colomb. y P. Rico. Se dice de la persona baldada.

baldón s.m. (fr. ant. *bandon,* tratamiento arbitrario). Ofensa, injuria. **2.** Oprobio, afrenta.

baldosa s.f. Pieza de mármol, cerámica o piedra, generalmente fina y pulimentada y de forma cuadrada o rectangular, que se usa en pavimentos y muros.

baldosín s.m. Baldosa esmaltada, pequeña y fina, que se usa para recubrir paredes.

baldragas s.m. (pl. *baldragas*). Hombre débil.

balduque s.m. (del ant. *Bolduque,* de *Bois-le-Duc,* c. holandesa). Chile y Colomb. Belduque, cuchillo puntiagudo y grande.

1. **balear** adj. y s.m. y f. De las islas Baleares. ◆ s.m. Variedad del catalán hablada en las islas Baleares.

2. **balear** v.tr. Amér. Tirotear, disparar balas.

baleárico, a adj. Relativo a las islas Baleares.

baleo s.m. Amér. Tiroteo.

balero s.m. Molde para fundir balas de plomo. **2.** Amér. Boliche, juguete, generalmente de madera, compuesto por un palo en cuya punta se ensarta la bocha. **3.** Argent. y Urug. *Fig.* Cabeza humana.

balido s.m. Voz del carnero, el cordero, la oveja, la cabra, el gamo y el ciervo.

balín s.m. Bala cuyo calibre es inferior a 6,35 mm. **2.** Bala de granadas de metralla, constituida por una aleación de plomo (90 %) y antimonio (10 %). **3.** Munición de las escopetas y carabinas de salón.

balinés, sa adj. y s. De Bali. **2.** De un pueblo malayo de Bali que habla una lengua indonesia.

balista s.f. (lat. *ballista*). Máquina de guerra romana que lanzaba piedras u otros proyectiles.

balística s.f. Ciencia que estudia los movimientos de los cuerpos lanzados al espacio y, más especialmente, los proyectiles. (Estudia la trayectoria, el alcance y los efectos de las balas y los proyectiles y las marcas que dejan en ellos las armas de fuego.)

balístico, a adj. Relativo a la balística. <> **Misil balístico** Misil que se desplaza como un proyectil. SIN.: *ingenio balístico.* **Trayectoria balística** Trayectoria de un proyectil sometido únicamente a las fuerzas de gravitación.

balistita s.f. Pólvora sin humo, que arde con llama viva, cálida y brillante, utilizada en las armas de fuego.

balitar o **balitear** v.intr. (fr. *balitare,* frecuentativo de *balare*). Balar con frecuencia.

baliza s.f. (port. *baliza*). Dispositivo mecánico óptico, sonoro o radioeléctrico destinado a señalar un peligro o a delimitar una vía de circulación marítima o aérea. **2.** Marca que indica el trazado de un canal, vía férrea o pista de aviación.

balizador s.m. Barco especial provisto de una grúa, utilizado en trabajos de balizamiento.

balizamiento s.m. Acción de colocar balizas. SIN.: *balizaje.* **2.** Conjunto de señales dispuestas para indicar los peligros que deben evitarse, así como la ruta que hay que seguir. SIN.: *balizaje.*

balizar v.tr. Abalizar.

balkar, pueblo turco y musulmán del Cáucaso septentrional, establecido en la República de Kabardino-Balkaria (Rusia).

ballena s.f. (lat. *ballaena*). Mamífero marino, el mayor de los animales, cuerpo fusiforme, aletas laterales y cola musculosa, de color generalmente oscuro por encima y blanquecino por debajo, que puede alcanzar hasta 30 m de long., y 150 t de peso y habita principalmente en los mares polares. (Orden cetáceos.) **2.** Cada una de las láminas córneas y elásticas que tiene la ballena en la mandíbula superior. **3.** Cada una de las tiras en que se cortan dichas láminas para aplicarlas a diversos usos. **4.** Lámina flexible, de metal o plástico, utilizada para reforzar prendas de vestir o accesorios.

ballena

La ballena se alimenta de plancton, que retiene gracias a las láminas córneas (de 1 a 4 m de long.) que ocupan el lugar de los dientes en el maxilar superior. Respira mediante pulmones al nadar por la superficie y puede permanecer debajo del agua una media hora y, al emerger, expira un aire saturado de vapor de agua. Su carne y su grasa son apreciadas para el consumo humano; sin embargo, ante el retroceso de la especie, actualmente confinada en los mares polares, su captura fue restringida y, en 1987, prohibida.

ballenato s.m. Cría de la ballena, que en el momento de nacer mide 5 m y llega a pesar hasta 6 t. **2.** Mamífero marino de pequeño tamaño, el más pequeño de su género, que, como máximo, tiene 9 m de long. (Familia balaenoptéridos.)

ballenera s.f. Embarcación ligera, con dos extremos puntiagudos, que se utiliza en la pesca de la ballena. **2.** Embarcación de forma análoga que se utiliza como auxiliar en los barcos de gran tonelaje.

ballenero, a adj. Relativo a la pesca de la ballena. ◆ s.m. Barco equipado para la pesca de grandes cetáceos y para tratar su carne. SIN.: *arponero.* **2.** Persona que tiene por oficio la pesca de ballenas.

ballesta s.f. (lat. *ballista,* balista). Arma que sirve para disparar flechas o bodoques, formada por un arco montado sobre una caja que se tensa con un resorte. <> **Ballestas de suspensión** Muelles o resortes laminados usados en la suspensión del material rodante de ferrocarriles, automóviles u otros vehículos. **Pez ballesta** Pez de los arrecifes coralinos.

ballestera s.f. Abertura en el muro de una fortificación por donde se dispara con ballesta.

ballestería s.f. Conjunto de ballestas. **2.** Grupo de soldados armados de ballesta. **3.** Arte de la caza mayor.

ballestero s.m. Soldado armado de ballesta.

ballestilla s.f. Balancín, madero al que se enganchan los tirantes de las caballerías.

ballet s.m. (voz francesa) [pl. *ballets*]. Composición coreográfica destinada a ser representada en un escenario, con acompañamiento musical o sin él, e interpretada por uno o varios bailarines. **2.** Suite instrumental compuesta para ilustrar o crear una acción dramática bailada. **3.** Compañía fija o itinerante que representa espectáculos coreográficos. SIN.: *compañía de ballet.* <> **Ballet abstracto** Ballet sin argumento ni libreto. **Ballet cortesano** Ballet que, a fines del s. XVI y durante el s. XVII, bailaban los reyes y sus cortesanos. **Ballet de acción** Ballet con argumento. SIN.: *ballet pantomima.* **Ballet de cámara** Compañía restringida que puede actuar sin grandes necesidades escenográficas ni de decoración. **Ballet experimental** Obra coreográfica compuesta a partir de una partitura inédita surgida de las investigaciones de un compositor y que utiliza los medios escénicos y escenográficos contemporáneos. **Ballet romántico** Ballet caracterizado por el empleo de tutú largo de muselina blanca. **Maestro de ballet** Técnico que dirige los ensayos de los bailarines y que asume la realización de las obras bailadas por el cuerpo de baile.

ballet

Los juegos danzados de la edad media llevaron a los entremeses de las suntuosas fiestas del renacimiento, de donde surgió el *ballet cortesano*. Seguidamente apareció la tragedia ballet, en la que la danza intervenía en el curso de la acción, a la que sucedió la ópera ballet, compuesta por varios actos independientes, cantados y bailados. Con la aparición de los bailarines profesionales y la elaboración de reglas (las cinco posiciones fundamentales), el ballet pasó a la escena. En la época romántica, para dar sensación de inmaterialidad, la bailarina utilizaba las puntas, que hacían que su danza pareciese «aérea», y el largo tutú de muselina blanca. La revolución artística que aportaron los ballets rusos (Diáguilev) marcó el inicio de una nueva época para el ballet. Se crearon compañías y sus giras dieron a conocer mundialmente obras y artistas. La compañía de ballet pasó a ser uno de los grandes vectores de la modernidad en materia artística. Paralelamente, con el expresionismo alemán y con los «pioneros» de la danza moderna en Norteamérica, el ballet conoció otra gran corriente (*modern dance*).

ballico s.m. Planta herbácea vivaz, rastrera y de espigas sin aristas, buena para pasto y para formar céspedes. (Familia gramíneas.) SIN.: *ray grass.* **2.** Chile. En la cría de cerdos, el más pequeño y de salud más frágil de una camada. **3.** Chile. El menor de una familia numerosa, especialmente si es muy delgado.

balma s.f. Concavidad en la parte inferior de un escarpe, menos profunda que una cueva o caverna.

balneario, a s.m. (lat. *balnearius,* de *balneum,* baño). Establecimiento provisto de instalaciones donde los usuarios pueden tomar baños medicinales y hospedarse. **2.** Establecimiento de aguas minerales en general, aunque no se administren en forma de baño. ◆ adj. Relativo a los baños públicos.

balneoterapia s.f. Tratamiento médico mediante baños y aguas minerales, casi siempre en balnearios.

balompié s.m. Fútbol.

balón s.m. (ital. *pallone*). Pelota grande utilizada en deportes de equipo, casi siempre redonda, formada generalmente por una vejiga hinchada de aire recubierta de cuero. **2.** Recipiente esférico sólido o flexible que sirve para contener un líquido o un gas. **3.** Chile, Colomb. y Perú. Recipiente metálico utilizado para contener gas combustible. **4.** AERON. Pequeño globo que hay en el interior de los dirigibles flexibles. **5.** MED. Balón de goma u otro material relleno de un material pesado, que se emplea para diversas técnicas terapéuticas o clínicas.

baloncestista s.m. y f. Persona que practica el baloncesto, en especial si se dedica a ello profesionalmente.

baloncesto s.m. Deporte de equipo que se practica sobre una cancha rectangular entre dos equipos de cinco jugadores que tratan de introducir un balón en la canasta del equipo contrario valiéndose solo de las manos. SIN.: *básquet, básquetbol.*

balonmano s.m. Deporte de equipo que se practica sobre una cancha rectangular entre dos equipos de siete jugadores que tratan de introducir un balón en la portería contraria valiéndose solo de las manos.

balonvolea s.m. Voleibol.

balota s.f. Bolilla para votar.

balotada s.f. (fr. *ballottade*). EQUIT. Movimiento de la antigua alta escuela por el cual el caballo da un salto elevado, al tiempo que levanta manos y pies.

balotaje s.m. Segunda votación que se realiza en una elección cuando ninguno de los candidatos ha alcanzado la mayoría requerida. **2.** Perú. Acción y efecto de balotar.

balotar v.intr. Votar con balotas.

baloteo s.m. METAL. Operación que consiste en separar el modelo del molde imprimiendo a este un movimiento de vaivén.

1\. **balsa** s.f. Depósito de agua que se forma en un hueco o depresión del terreno de manera natural. **2.** En los molinos de aceite, estanque donde van a parar las heces y desperdicios de este líquido. <> **Balsa de aceite** *Fam.* Lugar, situación o reunión muy tranquilos. **Balsa de evaporación** En las marismas o salinas, especie de estanque con compartimientos en que tiene lugar la primera concentración de la sal.

2\. **balsa** s.f. (voz prerromana). Plataforma flotante formada por un conjunto de maderos unidos entre sí que se utiliza para navegar o transportar cosas por el agua. SIN.: *almadía, armedía, jangada.* **2.** Árbol de crecimiento rápido, propio de América Central y del Sur. (Familia bombacáceas.) **3.** Madera de este árbol, muy resistente y elástica.

balsamero s.m. Árbol de las regiones cálidas cuyas hojas poseen glándulas. (Su secreción es de olor dulce y balsámico y de sus brotes se obtiene un bálsamo.)

balsámico, a adj. y s.m. Que tiene propiedades de bálsamo.

balsamina s.f. Planta trepadora cultivada por sus frutos coloreados y ornamentales. (Familia cucurbitáceas.) **2.** Planta de los bosques montañosos, llamada también *adornos* y *miramelindos,* de flores amarillas, cuyo fruto, cuando está maduro, estalla al menor roce proyectando las semillas. (Familia balsamináceas.)

bálsamo s.m. (lat. *balsamum*). Medicamento compuesto de sustancias aromáticas, empleado en el tratamiento tópico y en el de afecciones respiratorias. **2.** Resina aromática que segregan ciertos árboles. **3.** Perfume aromático. **4.** *Fig.* Consuelo, alivio. **5.** BOT. Árbol de 15 a 20 m de alt., de hojas compuestas y flores blancas agrupadas en racimos de pequeño tamaño, que crece desde México hasta el N de América meridional. (Familia papilionáceas.) <> **Bálsamo del Canadá** Resina de abeto, empleada en óptica para pegar lentillas.

balso s.m. (lat. *balteus,* cíngulo). Cordaje que termina en un nudo que se aprieta por el propio peso del cuerpo que rodea.

báltico, a adj. y s. Se dice de los países y de las poblaciones ribereñas del mar Báltico. ◆ s.m. Grupo de lenguas indoeuropeas que comprende el letón y el lituano.

baluarte s.m. (fr. ant. *balouart*). Construcción o recinto fortificado que forma una defensa sólida. **2.** *Fig.* Persona o cosa que constituye protección o defensa de algo. **3.** FORT. Construcción que forma un ángulo saliente en un trazado fortificado.

baluba → **luba.**

baluchi adj. y s.m. y f. De Baluchistán o Beluchistán. ◆ s.m. Lengua de la familia irania.

baluma s.f. (cat. *volum,* volumen). Colomb. y Ecuad. Tumulto, alboroto, ruido. SIN.: *balumba.*

balumba s.f. Volumen que ocupan muchas cosas juntas. **2.** Conjunto desordenado y excesivo de cosas.

balumbo s.m. Bulto voluminoso.

bamba s.f. (voz de origen onomatopéyico). Música y baile cubano. **2.** Bambarria, acierto casual. **3.** Amér. Moneda de diversos valores.

bambalear v.intr. y prnl. Bambolear.

bambalina s.f. Cada una de las tiras de lienzo o papel pintado que cuelgan del telar de un teatro, completando la decoración por la parte superior.

bambara adj. y s.m. y f. De un pueblo negroafricano del grupo mandingo, presente en Senegal y Malí. (Formaron reinos que fueron destruidos en el s. XIX por los tucoror.) ◆ s.m. Lengua negroafricana hablada por los bambara.

bambarria s.m. y f. y adj. *Fam.* Persona tonta o boba. ◆ s.f. En el juego del billar, acierto casual.

bambochada s.f. Pintura que representa una borrachera o banquete ridículo.

bamboche s.m. (fr. *bamboche*). *Fam.* Persona rechoncha y de cara redonda y colorada.

bambolear v.tr. y prnl. (voz de origen onomatopéyico). Mover a alguien o algo de un lado a otro sin cambiarlo de sitio, en movimiento de vaivén.

bamboleo s.m. Acción y efecto de bambolear.

bambolla s.f. *Fam.* Boato aparente, pompa fingida. **2.** Burbuja, ampolla.

bambú s.m. (port. *bambú,* del marati *bambu*) [pl. *bambús* o *bambúes*]. Planta gramínea leñosa de los países cálidos cuya caña alcanza hasta 25 m de alt. (El bambú se cultiva como planta ornamental y se utiliza en la fabricación de muebles y en la construcción; sus brotes son comestibles; familia gramíneas.) **2.** Caña hecha con un tallo de bambú.

bambuche s.m. Ecuad. Figura de barro de aspecto ridículo.

bambuco s.m. Baile popular colombiano. **2.** Tonada de este baile.

bamileke, pueblo camerunés que habla una lengua bantú.

bamum → **mum.**

ban s.m. Moneda fraccionaria que vale 1/100 de leu.

banal adj. (fr. *banal*). Trivial, insustancial: *discutir por cosas banales.*

banalidad s.f. Trivialidad, insustancialidad: *decir banalidades.* **2.** HIST. En la época feudal, servidumbre que consistía en la utilización obligatoria y pública de un monopolio que pertenecía al señor.

banana s.f. Fruto del banano.

bananal s.m. Amér. Terreno plantado de bananos. SIN.: *bananero, platanal, platanar.*

bananero, a adj. Relativo al banano. **2.** Bananal. ◆ s.m. Banano. ◆ s.m. y adj. Buque especialmente adaptado para el transporte de bananos. <> **República bananera** Estado cuyo poder real suele estar en manos de potencias exteriores.

banano s.m. Árbol tropical de hojas largas y enteras de hasta 2 m, que se cultiva en las regiones cálidas, cuyos frutos se presentan agrupados en racimos. (Familia musáceas.) SIN.: *plátano.* **2.** Banana. SIN.: *plátano.*

banano

El banano o plátano, planta tropical, requiere para su desarrollo lugares cálidos, húmedos y abrigados. Su fruto, la banana, es una baya blanda y carnosa que se consume como fruta fresca. La producción mundial se concentra en los países tropicales de América y Asia. Los principales productores mundiales son la India, Indonesia, Filipinas, Ecuador y México. En España se cultiva de forma intensiva en las islas Canarias.

banasto s.m. Cesto grande redondo. SIN.: *banasta.*

1. banca s.f. (del ital. *banca*). Actividad mercantil que comercia con el dinero de sus clientes (ahorro, préstamo, inversión, etc.). **2.** Conjunto de empresas de banca. **3.** Pequeña empresa bancaria. **4.** Persona que, en determinados juegos de azar, hace de depositario del dinero de los jugadores o dispone de dinero para cubrir sus apuestas, en especial en los casinos: *la banca pierde; la banca gana.* **5.** Amér. Casa de juego. **6.** Argent., Par. y Urug. Escaño. <> **Copar la banca** En el bacarrá y otros juegos, sostener alguien, él solo, todo el juego contra la banca. **Hacer saltar la banca** Ganar todo el dinero que ha puesto en juego la banca. **Ser banca** Tener la banca; distribuir las cartas. **Tener banca** Argent. y Par. Tener influencia o poder.

banca

La banca es la parte más importante del sistema financiero. El sistema bancario suele estar organizado mediante un banco central, un conjunto de entidades oficiales de crédito y entidades bancarias privadas, estas últimas inexistentes en los países que tienen la banca nacionalizada. El banco central actúa como banco de bancos. Es el cajero del estado, emite la moneda de curso legal y fija las condiciones de la política monetaria, incluso los tipos de interés y los límites generales de las operaciones monetarias de los demás bancos. Otras entidades oficiales de crédito actúan en sectores de la producción, como la industria o la agricultura. Los restantes bancos son privados y se dedican a operaciones comerciales o de depósito, e industriales. Las cajas de ahorro, inicialmente de carácter benéfico, tienen un sistema específico de organización y canalización de recursos.

2. banca s.f. (de *banco,* asiento). Asiento sin respaldo. **2.** Banquisa. **3.** Iceberg. **4.** Embarcación pequeña y estrecha usada en Filipinas, que se gobierna con la pagaya. **5.** Amér. Banco, asiento. **6.** Méx. Asiento largo para varias personas, generalmente con respaldo.

bancada s.f. Banco, asiento. **2.** En las embarcaciones menores, banco donde se sientan los remeros. **3.** Parte del basamento de una máquina que sirve de soporte a unas guías horizontales por las que se desplazan las mesas o los carros. **4.** Amér. Conjunto de legisladores de un partido. **5.** ARQ. Trozo de obra. **6.** MIN. Escalón en las galerías subterráneas.

bancal s.m. Rellano de tierra en una pendiente, que se aprovecha para cultivo. **2.** Espacio de tierra comprendido entre dos hileras consecutivas de árboles. **3.** Acumulación de arena amontonada a la orilla del mar.

bancar v.tr. Argent. *Fam.* Mantener o respaldar a alguien. ◆ v.tr. y prnl. Argent. *Fam.* Soportar, aguantar a alguien o una situación difícil. ◆ **bancarse** v.prnl. Argent. *Fam.* Responsabilizarse, hacerse cargo.

bancario, a adj. Relativo a la banca mercantil.

bancarrota s.f. Quiebra económica de un establecimiento o un estado. **2.** Cese que hace un comerciante de su actividad comercial con incumplimiento de sus obligaciones de pago. **3.** *Fig.* Fracaso o descrédito de un sistema o doctrina.

1. banco s.m. (del germ. *bank*). Asiento largo y estrecho para varias personas. **2.** Masa de materia que constituye una capa de forma alargada: *banco de arcilla, de arena.* **3.** Bandada de peces de la misma especie que se desplaza a la vez. **4.** Soporte, caballete o mesa de metal o madera, que sirve para diferentes usos en numerosos oficios. **5.** Méx. Asiento sin respaldo para una sola persona. **6.** MAR. e HIDROL. Elevación del fondo del mar o de un curso de agua. <> **Banco de la obra** Antiguamente, en las iglesias, banco destinado al concejo de fábrica o junta de la obra del templo.

2. **banco** s.m. (ital. *banca*). Empresa comercial que realiza operaciones financieras con el dinero procedente de los accionistas y clientes. **2.** Lugar donde se ejercen estas operaciones financieras. **3.** Lugar en el que se conservan órganos, tejidos y otros elementos del cuerpo humano para su posterior utilización en trasplantes y tratamientos médicos: *banco de sangre, ojos, órganos, esperma.* <> **Banco de datos** INFORMÁT. Conjunto de datos de una materia almacenados en una computadora. **Banco de depósito** Banco cuya actividad principal consiste en efectuar operaciones de crédito y en recibir depósitos a la vista o a plazo, y cuya función principal no consiste en invertir sumas importantes en empresas industriales o comerciales. **Banco de emisión** Banco que tiene el derecho de emitir billetes. **Banco de negocios,** o **industrial** Banco cuya actividad principal, aparte de la concesión de créditos, es la compra o gestión de participaciones en empresas existentes o en formación. **Banco de pruebas** Instalación que permite determinar las características de una máquina en diferentes regímenes de marcha.

bancocracia s.f. Influjo abusivo de la banca en la administración de un estado.

1. **banda** s.f. (fr. ant. *bende,* cinta). Cinta o lista que se lleva atravesada desde el hombro al costado opuesto, generalmente como distintivo honorífico. **2.** Cinta, tira. **3.** Amér. Faja para ceñir los calzones a la cintura. **4.** ARQ. Moldura plana, ancha y poco saliente, que se perfila sobre una superficie horizontal o siguiendo el contorno de una arcada. **5.** AUTOM. Parte exterior del neumático o cubierta que rodea la cámara. **6.** HERÁLD. Pieza honorable que va del cantón diestro del jefe al siniestro de la punta. <> **Ancho de banda** INFORMÁT. y TELECOM. Intervalo de frecuencias que determina la capacidad de un canal para transmitir datos. **Banda de absorción** ÓPT. Cualquier espacio oscuro en el espectro continuo de la luz blanca transmitida por una sustancia que posea absorción selectiva. **Banda de frecuencias** RADIODIF. Conjunto de frecuencias comprendidas entre dos límites. **Banda de registro** ELECTROACÚST. Parte de la superficie de un soporte destinada al registro de una señal. **Banda de rodamiento** Parte amovible, añadida a una pieza sometida a rozamiento, para preservarla del desgaste. **Bandas lombardas** Jambas de poco resalto que se repiten en un muro y se reúnen en su parte superior mediante un friso de arcaturas, típicas del románico lombardo. **Banda sonora,** o **de sonido** Parte de la película en la que se registra el sonido. **Línea de banda** DEP. Cada una de las líneas que delimitan el terreno de juego.

2. **banda** s.f. Grupo armado organizado con fines criminales. **2.** Partido, facción. **3.** Bandada. **4.** ANTROP. Forma de organización social de las sociedades cazadoras-recolectoras consistente en la agrupación de varios linajes o clanes que comparten un mismo territorio. **5.** MÚS. Conjunto instrumental de viento y percusión.

3. **banda** s.f. Lado de un cuerpo o costado de una persona. **2.** Cada uno de los cuatro lados o bordes que limitan la mesa de billar. **3.** Cuba. Cada una de las dos partes longitudinales en que se divide la res al sacrificarla. **4.** Guat. Franja. **5.** Guat. Hoja de puerta o ventana. **6.** MAR. Costado de la nave. <> **Cerrarse a la banda,** o **en banda** Mantenerse firme en sus propósitos, sin aceptar una opinión distinta.

bandada s.f. Grupo numeroso de aves, peces y otros animales. **2.** Grupo numeroso y bullicioso de personas.

bandarse v.prnl. Perú. Ser investido con la banda de profesor al finalizar los estudios universitarios.

bandazo s.m. Balance violento o inclinación brusca de una embarcación hacia babor o estribor.

bandear v.tr. Mover a una y otra banda. ◆ **bandearse** v.prnl. Arreglárselas para vivir o para salvar dificultades.

bandeirantes s.m.pl. Exploradores y aventureros que, durante los ss. XVI-XVIII, se internaron en las selvas vírgenes brasileñas en busca de esclavos y de oro.

bandeja s.f. (port. *bandeja,* soplillo). Recipiente plano con bordes de poca altura para servir, llevar o poner cosas. **2.** Cajón de un mueble, de poca altura, con la parte frontal rebajada o sin ella. **3.** Pieza plana que divide horizontalmente el interior de un baúl, maleta, etc. **4.** Pieza alargada y abatible que cubre el maletero de un automóvil. <> **Servir en bandeja (de plata)** *Fam.* Dar facilidades a alguien para que consiga algo.

bandera s.f. (de *2. banda*). Pieza de tela generalmente rectangular, unida a un asta, que se emplea como insignia o señal. **2.** Trozo rectangular de papel o tela que se usa como adorno en fiestas, como estandarte, como señalización, etc. **3.** Equilibrio de fuerza ejecutado por un gimnasta que se mantiene horizontal apoyado en un soporte vertical, cuerda, barra o pértiga. **4.** MIL. Unidad táctica de las fuerzas armadas españolas cuya organización y efectivos son análogos a un batallón. <> **Bandera blanca** Bandera que indica que se quiere parlamentar o capitular. **De bandera** Excelente en su línea. **Hasta la bandera** Lleno, repleto. **Jura de bandera** Promesa de lealtad y servicio a la nación. **Sala de banderas** Sala de los cuarteles en la que se custodia la bandera y donde se mantiene arrestados a los oficiales.

bandería s.f. Bando, facción de gente.

banderilla s.f. Palo adornado generalmente con papel de diversos colores y armado de una lengüeta de hierro que se clava al toro en la cerviz. **2.** *Fig.* y *fam.* Dicho picante o satírico; pulla. **3.** Esp. Tapa de aperitivo pinchada en un palillo. **4.** IMPR. Papel que se pega en las pruebas o en el original para añadir o enmendar el texto.

banderillear v.tr. TAUROM. Clavar banderillas a los toros.

banderillero s.m. TAUROM. Torero que clava las banderillas.

banderín s.m. Bandera pequeña. **2.** DEP. Bandera pequeña que se emplea para señalar los límites de un terreno de juego, el recorrido de una prueba o una meta. **3.** MIL. **a.** Bandera pequeña colocada en el cañón del fusil de un cabo de cada compañía. **b.** Cabo que lleva el banderín. **c.** Sucursal de un depósito de reclutas voluntarios.

banderizo, a adj. y s. Que sigue un bando o facción.

banderola s.f. Bandera pequeña. **2.** Argent., Par. y Urug. Montante, ventana sobre una puerta. **3.** MIL. Adorno de cinta que llevan los soldados de caballería en las lanzas.

bandidaje s.m. Actividad de los bandidos. **2.** Circunstancia de existir bandidos.

bandido, a adj. y s. Bandolero. **2.** Granuja, truhán. **3.** Persona fugitiva de la justicia.

1. **bando** s.m. (fr. *ban*). Comunicado oficial publicado por la autoridad para dar a conocer sus disposiciones a todos los ciudadanos.

2. **bando** s.m. Facción, parcialidad o número de gente que favorece o sigue una idea o partido. **2.** Bandada. **3.** Banco de peces.

bandola s.f. (lat. *pandura*). Instrumento musical pequeño de cuatro cuerdas, parecido a la bandurria.

bandolera s.f. Correa de tela o de cuero que cruza el pecho en diagonal y sirve para sostener un arma. <> **En bandolera** Esp. En forma de bandolera, cruzando desde el hombro a la cadera contraria.

bandolerismo s.m. Actividad de los bandoleros. **2.** Circunstancia de existir bandoleros.

bandolero, a s.m. (cat. *bandoler*). Persona que asaltaba o robaba en caminos o lugares despoblados, y generalmente formaba parte de una banda.

bandolina s.f. (fr. *bandoline*). Mandolina.

bandolón s.m. Instrumento de cuerda parecido a la bandurria, aunque de proporciones algo mayores y con 18 cuerdas.

bandoneón s.m. Instrumento musical de aire, compuesto de lengüetas de metal, un pequeño teclado y fuelle. (Introducido en Argentina por los alemanes, es parecido al acordeón y se emplea para interpretar tangos.)

bandujo s.m. Embutido de tripa grande de cerdo, carnero o vaca, rellena de carne picada.

bandurria s.f. (lat. tardío *pandurium,* laúd de tres cuerdas). Instrumento popular de cuerda, parecido a la guitarra pero de menor tamaño y con 12 cuerdas.

baniano s.m. Árbol tropical de la India, de raíces adventicias aéreas que sostienen los extremos de las ramas.

baniva o **baniua,** pueblo amerindio de la familia lingüística arawak que habita en el área fronteriza entre Venezuela y Colombia. SIN.: *baniwa.*

banjo s.m. (voz angloamericana). Instrumento musical de cuerda cuya caja de resonancia, redonda, está cubierta por una piel tensada.

banner s.m. (voz inglesa). Espacio publicitario insertado en una página de Internet.

banquear v.tr. Colomb. Nivelar un terreno.

banquero, a s. Persona que dirige una banca. **2.** Persona que se dedica a operaciones bancarias. **3.** Persona que, en determinados juegos de azar, hace de depositario del dinero de los jugadores o dispone de dinero para cubrir sus apuestas, en especial en los casinos.

banqueta s.f. Asiento o banco bajo, de tres o cuatro patas, sin respaldo. **2.** Banquillo o taburete para reposar los pies. **3.** Espaldón dispuesto en los declives de las zanjas o de los terraplenes para darles mayor estabilidad. **4.** Camino practicado en el declive de una vía férrea o de un canal. **5.** Parte alzada del suelo de una trinchera, que permite tirar por encima del parapeto. **6.** Méx. Acera. ◇ **Banqueta irlandesa** Talud cubierto de césped que se emplea como obstáculo en las carreras de caballos.

banquete s.m. (fr. *banquet*). Comida a la que asisten muchas personas para celebrar algo. **2.** Comida espléndida y abundante.

banquetear v.tr., intr. y prnl. Dar banquetes o asistir a ellos.

banquillo s.m. Asiento sin respaldo que ocupan los procesados en los tribunales de justicia. **2.** En determinados deportes, lugar donde se sientan los jugadores suplentes y entrenadores, fuera del terreno de juego.

banquina s.f. Amér. Arcén, margen lateral de una carretera no pavimentada.

banquisa s.f. Capa de hielo que se forma en las regiones polares por la congelación del agua del mar.

bantú adj. y s.m. y f. De un conjunto de pueblos de África surecuatorial (con la excepción de los bosquimanos y los hotentotes), que hablan lenguas de la misma familia, pero tienen rasgos culturales específicos. ◆ s.m. Conjunto de lenguas negroafricanas, estrechamente emparentadas entre sí, que se hablan en toda la mitad S del continente africano.

bantustán s.m. En la República de Sudáfrica, cada uno de los territorios asignados a la población negra en función de su pertenencia lingüística. (Fueron suprimidos en 1994.) SIN.: *homeland.*

banzo s.m. Cada uno de los dos largueros que afianzan una armazón.

bañadera s.f. Amér. Baño, bañera. **2.** Argent. Terreno pantanoso y bajo de Río de la Plata. **3.** Argent. Ómnibus descubierto en el que se realizaban excursiones. **4.** Urug. Ómnibus viejo de alquiler.

bañado s.m. Amér. Terreno húmedo, cenagoso y a veces inundado por las lluvias.

bañador s.m. Recipiente para bañar algunas cosas. **2.** Esp. *Traje de baño.

bañar v.tr. y prnl. (lat. *balneare*). Meter el cuerpo o parte de él en agua u otro líquido con fines higiénicos, lúdicos o medicinales. ◆ v.tr. Sumergir algo en un líquido. **2.** Rociar o mojar con agua u otro líquido. **3.** Tocar el agua del mar, de un río, etc., un lugar o territorio determinado. **4.** Cubrir una cosa con una capa de otra sustancia: *bañar de plata los candelabros.* **5.** Dar el sol, la luz, etc., sobre algo.

bañera s.f. Recipiente para bañarse.

bañero, a s. Persona que cuida de los baños y sirve a los bañistas.

bañista s.m. y f. Persona que se baña en el mar, una piscina, etc.

baño s.m. (lat. *balneum*). Acción y efecto de bañar. **2.** Líquido, vapor o aire comprimido preparados para bañarse. **3.** Líquido en que se sumerge una cosa para bañarla, teñirla, cubrirla con alguna sustancia, etc. **4.** Capa de una sustancia con que queda cubierta la cosa bañada o untada. **5.** Bañera. **6.** Servicio, retrete. **7.** Lugar destinado al baño o aseo. **8.** Cárcel donde los moros encerraban a los cautivos. **9.** *Fig.* Cantidad superficial que tiene alguien de un conocimiento o una cualidad. ◆ **baños** s.m.pl. Balneario de aguas medicinales. ◇ **Baño María** Método para calentar alimentos o sustancias químicas que consiste en sumergir en agua caliente el recipiente que contiene lo que se desea calentar. **Dar un baño a alguien** *Fam.* Mostrar superioridad manifiesta sobre alguien en una situación de competencia.

bao s.m. (fr. *bau,* del fr. ant. *balc,* viga). MAR. Elemento transversal de la estructura de un buque.

baobab s.m. (voz africana). Árbol de las regiones tropicales de África y Australia, de flores grandes y blancas, y frutos comestibles. (El tronco puede alcanzar 10 m de alt. y 23 de circunferencia; familia bombáceas.)

baptismo s.m. Doctrina religiosa protestante establecida en el s. XVII, según la cual el bautismo solo debe ser administrado a los adultos, previa profesión de fe y arrepentimiento, y preferentemente por inmersión.

baptista adj. y s.m. y f. Relativo al baptismo; seguidor de dicha doctrina.

baptisterio o **bautisterio** s.m. (lat. *baptisterium,* del gr. *baptistirion*). Edificio o anexo de una iglesia destinado a la administración del bautismo. **2.** Pila bautismal.

baqueano, a adj. y s. Amér. Persona diestra en determinada actividad, especialmente el buen conocedor de un terreno y sus caminos.

baquelita o **bakelita** s.f. (marca registrada). Resina sintética obtenida mediante la condensación de un fenol con el aldehído fórmico, que se emplea como sucedáneo del ámbar, el carey, etc.

baqueta s.f. (ital. *bacchetta,* dim. de *bacchio,* bastón). ARM. Varilla de acero o de madera que antiguamente se utilizaba para cargar por la boca el cañón de un fusil o de una pistola, y que actualmente sirve para limpiarlos. **2.** EQUIT. Varilla de madera que usan los picadores para el manejo de los caballos. **3.** MÚS. Parte principal del arco de los instrumentos de cuerda. SIN.: *varilla.* ◆ **baquetas** s.f.pl. MÚS. Mazos o palillos de los instrumentos de percusión. ◇ **Tratar a (la) baqueta** *Fam.* Tratar con desprecio o severidad.

baquetazo s.m. Batacazo.

baqueteado, a adj. Curtido, experimentado.

baquetear v.tr. Maltratar, castigar, incomodar. **2.** *Fig.* Adiestrar o ejercitar.

baqueteo s.m. Acción y efecto de baquetear.

baquía s.f. Conocimiento práctico de las vías de comunicación de un país. **2.** Amér. Destreza para los trabajos manuales.

báquico, a adj. (lat. *bacchicus*). Relativo a Baco. **2.** *Fig.* Relativo a la embriaguez. **3.** LIT. Se dice del verso griego o latino compuesto normalmente por baquios.

baquio s.m. (gr. *bakkheios,* de *Bákkhos,* Baco). MÉTRIC. CLÁS. Pie compuesto de tres sílabas, una breve seguida de dos largas.

1. **bar** s.m. (voz inglesa). Establecimiento en el que se sirven bebidas y algunas comidas, que suelen tomarse de pie o sentado ante el mostrador.

2. **bar** s.m. Unidad de medida de presión que equivale a 10^5

pascales. (Se utiliza en meteorología y en la medición de la presión de fluidos.)

barahúnda o **baraúnda** s.f. Confusión grande, griterío.

baraja s.f. Conjunto de naipes o cartas, generalmente dividido en cuatro palos, que se emplea en varios juegos. **2.** *Fig.* Conjunto de posibilidades entre las que puede elegirse. ◇ **Jugar con dos barajas** *Fam.* Actuar con doblez, adoptando dos comportamientos distintos según la conveniencia.

barajar v.tr. Mezclar los naipes de la baraja antes de repartirlos. **2.** Considerar varias posibilidades antes de tomar una determinación. **3.** *Fig.* Usar datos diferentes referidos a un mismo asunto ◆ v.intr. Reñir unos con otros.

barajustar v.intr. Colomb., Hond. y Pan. Salir huyendo impetuosamente.

baranda s.f. Barandilla. **2.** Banda de la mesa de billar.

barandal s.m. Listón que sujeta por arriba o por abajo los balaustres. **2.** Barandilla.

barandilla s.f. Esp. Antepecho compuesto de balaustres y barandales.

barangay s.m. (tagalo *balañgay*). Embarcación de remos, usada en Filipinas.

barata s.f. Chile y Perú. *Fam.* Cucaracha. **2.** Méx. Venta a bajos precios.

baratear v.tr. Vender algo por menos de su precio. **2.** Regatear en la compra.

baratería s.f. Engaño en compras, ventas o permutas. **2.** DER. Delito del juez que admite regalos por dictar una sentencia justa. ◇ **Baratería de capitán,** o **patrón** Perjuicio voluntario causado a los armadores, o los aseguradores de un barco por el patrón o una persona de su tripulación.

baratero, a adj. y s. Chile, Colomb. y Méx. Se dice del que vende barato.

baratija s.f. Cosa de poco precio o valor.

baratillo s.m. Conjunto de cosas de poco precio, que se venden en lugar público. **2.** Tienda, puesto fijo en que se venden dichos objetos. **3.** Argent. y Chile. Mercería, tienda.

1. **barato** adv.m. Por poco precio: *comprar barato.*

2. **barato, a** adj. Que se compra o se vende por poco precio o por un precio inferior al normal o esperable. **2.** *Fig.* Que se consigue con poco esfuerzo. ◆ s.m. Venta a bajo precio. **2.** Dinero que da el que gana en el juego.

baratura s.f. Cualidad de barato.

baraúnda s.f. → **barahúnda.**

barba s.f. (lat. *barba,* pelo de la barba). Barbilla. **2.** Pelo que nace en la barbilla y en las mejillas. **3.** *Por ext.* Cualquier pelo o conjunto de pelo o filamentos que recuerdan las barbas. **4.** Mechón que crece en la quijada inferior de algunos animales. **5.** Rebaba de una pieza fundida que hay que eliminar mediante desbarbado. **6.** Lámina de hueso que alcanza 2 m de long., deshilachada en su borde interno y adherida al maxilar superior de la ballena. (Las ballenas presentan varios centenares de ellas.) ◆ **barbas** s.f.pl. Filamentos que guarnecen el astil de la pluma de las aves. **2.** Bordes desiguales del papel de tina. **3.** BOT. Conjunto de raíces delgadas. ◇ **Barba cerrada** *Fig.* Barba muy espesa y fuerte. **En las barbas de alguien** En su presencia, delante de él. **Hacer la barba** Méx. *Fam.* Afeitar, adular, lisonjear a una persona para conseguir un favor: *hacerle la barba al jefe.* **Por barba** Por persona. **Tirarse de las barbas** Usar ademanes que expresan gran ira.

barbacana s.f. (ár. vulgar *b-al-baqára,* puerta para las vacas). Muro bajo que bordea la plazuela de algunas iglesias. **2.** Abertura larga y estrecha que se deja en los muros de sostenimiento para facilitar la salida de las aguas de infiltración. **3.** ARQ. Abertura estrecha que proporciona luz y ventilación a un local. **4.** FORT. **a.** Tronera para disparar a cubierto. **b.** Obra que asegura la defensa exterior de una puerta.

1. **barbacoa** s.f. Parrilla para asar alimentos al aire libre. **2.** Alimento asado de este modo. **3.** Amér. Zarzo que sirve de camastro. **4.** Amér. Andamio en que se pone el que guarda los maizales. **5.** Amér. Choza construida sobre árboles o estacas. **6.** Guat. y Méx. Conjunto de palos de madera verde a manera de parrilla para asar carne que se pone en un hoyo en la tierra. **7.** Guat. y Méx. Carne, generalmente de cordero o de chivo, asada de este modo.

2. **barbacoa,** pueblo amerindio del grupo talamanca-barbacoa, de la familia lingüística chibcha, que vive en la zona andina del S de Colombia.

barbacu s.m. Ave insectívora que vive en los bosques de América Meridional. (Familia bucónidos.) **2.** Pez teleóstero similar al rodaballo, de unos 60 cm de long., de carne muy apreciada.

barbada s.f. Quijada inferior de las caballerías. **2.** Cadenilla fijada a cada lado del freno y que pasa por debajo de la quijada inferior de las caballerías. **3.** Pieza del violín para apoyar la barba. **4.** Bol. y Perú. Cinta con la que se sujeta el sombrero por debajo de la barbilla.

barbado, a adj. y s. Que tiene barba. ◆ s.m. Árbol o sarmiento que se planta con raíces. **2.** Renuevo o injerto de árbol.

barbaján adj. y s.m. Cuba y Méx. Tosco, grosero.

barbar v.intr. Salir barba. **2.** Echar raíces las plantas. **3.** Criar las abejas.

barbárico, a adj. Relativo a los pueblos bárbaros.

barbaridad s.f. Cualidad de bárbaro. **2.** Dicho o hecho necio, imprudente o exagerado: *decir barbaridades.* **3.** Atrocidad, exceso: *la guerra es una barbaridad.* **4.** Cantidad muy grande de alguna cosa: *come una barbaridad.*

barbarie s.f. Falta de cultura. **2.** Estado de una cultura o etnia en el que hay un cierto grado de atraso tecnológico, una involución cultural, etc. **3.** *Fig.* Fiereza, crueldad.

barbarismo s.m. Incorrección en el uso del lenguaje que consiste en pronunciar o escribir mal las palabras o en emplear vocablos impropios. **2.** Palabra, expresión o giro procedente de una lengua extranjera. **3.** Dicho o hecho temerario. **4.** Barbarie, falta de cultura.

barbarizar v.intr. *Fig.* Decir barbaridades. ◆ v.tr. Adulterar una lengua con barbarismos.

bárbaro, a adj. y s. (lat. *barbarus*). De todos los pueblos, incluidos los romanos, que no pertenecían a la civilización griega. **2.** Se dice de la persona que comete actos violentos, crueles e inhumanos, propios de una persona no civilizada. SIN.: *salvaje.* **3.** Se dice de la persona incivilizada, con poca cultura, y de las cosas relacionadas con ella. ◆ adj. Se utiliza para intensificar lo que se expresa: *hace un frío bárbaro.*

bárbaro

Los griegos llamaron bárbaros a todos los que no hablaban su idioma. Posteriormente, los romanos difundieron el uso del término consolidando su connotación peyorativa. La historia ha denominado bárbaros a los godos, vándalos, burgundios, suevos, francos, etc., que invadieron el Imperio romano.

barbasco s.m. Planta que se emplea para envenenar el agua de los ríos para poder pescar en ella.

barbear v.tr. Colomb. Retorcer por el cuello a una res hasta derribarla, sujetándola por el cuerno y el hocico. **2.** Méx. Hacer la barba, adular.

barbechar v.tr. Arar la tierra para que reciba la acción de los agentes atmosféricos y se regenere. **2.** Arar la tierra para la siembra.

barbechera s.f. Conjunto de barbechos. **2.** Tiempo en que se barbecha. **3.** Acción de barbechar.

barbecho s.m. (lat. *vervactum*). Tierra de labor que no se siembra en uno o más años para que descanse y se regenere. **2.** Sistema de cultivo que consiste en dejar de sembrar la tierra periódicamente para que se regenere. ◆ **barbechos** s.m.pl. Pastos sobre barbecho.

barbería s.f. Establecimiento en el que se afeita, se corta y arregla el pelo, la barba o el bigote a los hombres. SIN.: *peluquería.* **2.** Oficio del barbero.

barberil adj. *Fam.* Propio de barbero.

barbero, a adj. Méx. *Fam.* Halagador, adulador. ◆ s.m. Persona que tiene por oficio afeitar y cortar el pelo. SIN.: fígaro, peluquero, rapabarbas, rapador.

1. **barbeta** s.f. (fr. *barbette,* de *Barbe,* Bárbara, patrona de los artilleros). FORT. Trozo de parapeto destinado a que tire la artillería a descubierto: *fortificado a barbeta.*

2. **barbeta** s.f. MAR. Ligadura o amarre de dos betas o cabos mediante un pedazo de meollar.

barbián, na adj. y s. (caló *barbán,* aire, viento). Se dice de la persona que es desenvuelta, graciosa, atrevida.

barbicano, a adj. Que tiene cana la barba.

barbijo s.m. Argent. Pieza de tela con la que, por asepsia, los médicos y auxiliares se cubren la boca y la nariz. **2.** Argent. y Bol. Herida en la cara. **3.** Argent., Bol., Par. y Urug. Barboquejo.

barbilampiño, a adj. Dícese del que no tiene barba o de escasa barba.

barbilindo adj. Se dice del hombre joven que presume de guapo. SIN.: *barbilucio.*

barbilla s.f. Parte de la cara del ser humano y algunos animales situada debajo de la boca, especialmente el extremo inferior. **2.** Corte oblicuo hecho en la cara de una pieza de madera para que encaje en el hueco de otra pieza. **3.** Apéndice cutáneo filamentoso que tienen algunos peces alrededor de la boca. **4.** Pequeñas formaciones que nacen sobre las barbas de las plumas de las aves en disposición análoga a como estas salen del raquis.

barbiquejo s.m. Cabo de una embarcación que mantiene firme el bauprés en su sitio. **2.** Amér. Barboquejo. **3.** Ecuad. y Méx. Cuerda con la que se sujeta la boca del caballo para guiarlo. **4.** Perú. Pañuelo que se ata rodeando la cara.

barbirralo, a adj. Que tiene rala la barba.

barbitúrico, a adj. y s.m. Se dice de un radical químico (malonilurea) que forma la base de numerosos hipnóticos y sedantes del sistema nervioso. **2.** Se dice del medicamento que contiene este radical.

barbitúrico

Los barbitúricos se absorben en el tubo digestivo, y pasan a la sangre fijándose en las globulinas plasmáticas, así como en otros tejidos (hígado, riñones), franqueando la barrera hematomeníngea. Sus efectos se manifiestan de 15 a 30 minutos después de su ingestión. Son excretados por el riñón bajo la forma de metabolitos. Se dividen en barbitúricos de eliminación lenta (activos de 8 a 10 horas), como el barbital y el fenobarbital, y barbitúricos de eliminación rápida (de 3 a 6 horas), como el secobarbital y el hexobarbital. Pueden administrarse por vía intravenosa como inductores de la anestesia, pero se utilizan sobre todo como hipnóticos. Los barbitúricos se usan, además, como prescripción del insomnio, en el tratamiento de ciertas formas de epilepsia, curas de sueño o en las politoxicomanías, en sustitución de los opiáceos.

barbo s.m. (lat. *barbus*). Pez de agua dulce, cuya carne es estimada pero cuyos huevos pueden ser tóxicos. (Familia ciprínidos.) ◇ **Barbo de mar** Salmonete.

barboquejo o **barbuquejo** s.m. (de *barba*). Cinta con que se sujeta el sombrero, casco, etc., por debajo de la barba.

barbotear o **barbotar** v.intr. y tr. Mascullar. **2.** QUÍM. Hacer pasar un gas a través de un líquido.

barbudo, a adj. Que tiene mucha barba.

barbullar v.intr. *Fam.* Hablar atropellada y confusamente.

barbusano s.m. Árbol de hasta 16 m de alt. que crece en Canarias, de madera dura, pero frágil, algo parecida a la caoba. (Familia lauráceas.) **2.** Madera de este árbol.

barca s.f. (lat. tardío *barca*). Embarcación pequeña para pescar o navegar cerca de la costa o en los ríos.

barcada s.f. Carga que transporta una barca en cada viaje. **2.** Cada viaje de una barca.

barcaje s.m. Precio que se abona por pasar en barca de una orilla a otra de un río. **2.** Servicio de barcas que asegura la comunicación de los navíos entre sí o con la costa. **3.** Flete pagado por este servicio.

barcarola s.f. (ital. *barcarola*). Canción de barquero, especialmente de los gondoleros venecianos. **2.** MÚS. Composición vocal o instrumental dulce y tranquila, generalmente en compás de seis por ocho o doce por ocho, que imita las canciones de los gondoleros venecianos.

barcaza s.f. Barca de gran capacidad que se utiliza para transportar pasajeros o mercancías de los buques a tierra o viceversa.

barcelonés, sa adj. y s. De Barcelona.

bárcena s.f. Terreno en pendiente de gran amplitud.

barchilón, na s. Amér. Enfermero de hospital.

barco s.m. Embarcación con el fondo cóncavo y con cubierta, en especial la de gran o medio tonelaje. ◇ **Barco compuerta** Cajón de forma especial que sirve para cerrar un dique seco. **Barco de vela** MAR. Barco que utiliza la fuerza del viento sobre las velas para impulsarse. **Barco faro** Barco que lleva un faro y que está fondeado en las proximidades de lugares peligrosos para la navegación.

1. **barda** s.f. (ital. *barda,* del ár. *bárdaa,* albarda). Armadura con que se guarnecía el caballo para su defensa en la guerra y los torneos (ss. XII-XVI).

2. **barda** s.f. Cubierta de ramaje, espino, broza, etc., que se pone sobre las tapias de los corrales y huertas para protegerlos de la lluvia.

3. **barda** s.f. Amér. Merid. Manto extenso de roca basáltica, de color oscuro y de terminaciones abruptas. **2.** Argent. Ladera acantilada o barrancosa. **3.** Méx. Tapia, muro que rodea o separa un terreno o una construcción de otros: *una barda de piedra.*

bardal s.m. Barda, cubierta de una tapia o seto.

bardana s.f. Planta ruderal, de 1 m de alt., cuyo fruto, en aquenios rugosos, se adhiere a la ropa y al pelaje de los animales. (Familia compuestas.)

bardo s.m. (lat. *bardus*). Poeta heroico o lírico. **2.** Poeta y cantor celta.

baré o **bare,** pueblo amerindio de la familia arawak que habita en los límites de Colombia y Venezuela y junto al río Xié, afl. del Negro, en Brasil.

baremo s.m. Libro o cuaderno de cuentas ajustadas. **2.** Escala convencional de valores que se utiliza como base para valorar o clasificar los elementos de un conjunto. **3.** Lista de tarifas.

barestesia s.f. Sensibilidad de los tejidos y los órganos a las variaciones de presión.

barga s.f. Embarcación de fondo plano que se emplea en la navegación fluvial.

bargueño s.m. (de *Bargas,* población de Toledo). Escritorio de madera muy usado en los ss. XVI y XVII.

baria s.f. Antigua unidad de presión del sistema cegesimal que equivalía a una dina por cm^2.

baricentro s.m. (del gr. *barýs,* pesado, y *centro*). Centro de gravedad.

bario s.m. Metal alcalinotérreo, de color blanco plateado, de densidad 3,6, cuyo punto de fusión es de 710 °C. (Reacciona con el agua a temperatura ambiente.) **2.** Elemento químico (Ba), de número atómico es 56 y masa atómica 137,327.

barión s.m. FÍS. Partícula que interviene en las interacciones fuertes (hadrón de tipo fermión), que tiene un spin semientero.

barita s.f. (gr. *barýs,* pesado). Hidróxido de bario $Ba(OH)_2$.

baritina s.f. Sulfato de bario natural.

barítono s.m. (gr. *barýtonos,* de voz grave, de *barýs,* pesado, y *tónos,* tono). Voz masculina intermedia entre la de tenor y la de bajo. **2.** Hombre que tiene esta voz.

barizo s.m. Simio platirrino de América tropical, de cola larga y hocico poco prominente.

barján s.m. Duna en forma de media luna, que avanza sobre las superficies rocosas o sobre los materiales que no pueden alimentar la duna, como la arcilla o las gravas.

barjoleta adj. Amér. Mentecato, tonto.

barloventear v.intr. Navegando de bolina, avanzar contra el viento. **2.** *Fig.* y *fam.* Vagabundear.

barlovento s.m. MAR. Parte de donde viene el viento.

barman s.m. (voz inglesa) [pl. *bármanes*]. Camarero que trabaja en la barra de un bar.

barn s.m. Unidad de medida de sección eficaz (símb. b) empleada en física nuclear que vale 10^{-28} m^2.

barnabita adj. y s.m. Se dice del religioso de la orden de clérigos regulares de san Pablo, fundada en 1530.

barnacla s.f. Diversas especies de anseriformes, que se adaptan a vivir en cautividad. (Familia anátidos.)

barniz s.m. (bajo lat. *veronix, -icis,* resina olorosa). Mezcla de aglomerantes, disolventes y eventualmente de diluyentes, que al aplicarse sobre una superficie forma una película adherente, dura, lisa y generalmente transparente, con cualidades protectoras, decorativas o técnicas particulares. **2.** Sustancia más o menos transparente, muy plomífera, que se aplica a la cerámica en crudo y que vitrifica con la cocción. **3.** *Fig.* Cantidad superficial de un conocimiento o una cualidad. **4.** BOT. Resina líquida natural que preserva las maderas. **5.** GEOL. Acumulación que forma sobre las rocas tenues películas superficiales de origen químico.

barnizado s.m. Acción de barnizar. **2.** Capa de barniz.

barnizador, ra s. Persona que tiene por oficio barnizar.

barnizar v.tr. Dar barniz.

barógrafo s.m. Barómetro registrador que traza la curva de altitudes alcanzadas por una aeronave.

barometría s.f. Parte de la física que trata de las medidas de la presión atmosférica.

barométrico, a adj. Relativo al barómetro: *altura barométrica.*

barómetro s.m. Instrumento para medir la presión atmosférica.

barómetro

En el barómetro de mercurio (Torricelli, 1643) la presión atmosférica actúa sobre la superficie de este, haciendo subir o bajar su nivel en el interior del tubo. La altura de la columna (*altura barométrica*) representa la presión atmosférica, que es de 76 cm en promedio al nivel del mar y disminuye a medida que aumenta la altitud. En un mismo lugar, varía según las condiciones atmosféricas. Existen otros tipos de barómetros: el *aneroide* o *metálico*, en el que los movimientos producidos por las variaciones de la presión atmosférica en una chapa metálica se transmiten a una aguja que se mueve frente a una escala circular graduada, y el *registrador*, que traza un gráfico de variación de la presión atmosférica.

barón, nesa s. (germ. *baro,* hombre libre). Miembro de la nobleza de categoría inferior a la de vizconde. ◆ s.f. Esposa del barón.

baronet s.m. Título nobiliario británico, situado entre el barón y el caballero.

baronía s.f. Dignidad de barón. **2.** Territorio o lugar bajo la jurisdicción de este título.

baropodometría s.f. Análisis de la distribución de las cargas que soportan los pies tanto en posición de descanso como durante la marcha.

barotraumatismo s.m. Estado patológico causado por una variación brusca de la presión.

barquear v.tr. Atravesar en barca un río o lago. ◆ v.intr. Trasladarse en bote o lancha.

barquilla s.f. Embarcación pequeña de remos y sin mástil. **2.** Cesto o plataforma suspendida de un aerostato, donde se coloca la tripulación. **3.** Carenaje en el que se sitúa el grupo propulsor de un avión.

barquillero, a s. Persona que tiene por oficio hacer o vender barquillos. **2.** Molde para hacer barquillos.

barquillo s.m. Hoja delgada de pasta de harina sin levadura, azúcar y alguna esencia, a la que se da forma de canuto, más ancho por un extremo que por el otro.

barquinazo s.m. (de *barco*). Tumbo o vuelco de un carruaje.

barra s.f. (voz prerromana). Pieza rígida, generalmente de metal, más larga que gruesa. **2.** Palanca de hierro para levantar objetos de mucho peso. **3.** Lingote de forma alargada. **4.** Mostrador de las cafeterías, bares, etc. **5.** Barandilla que en un tribunal separa a los magistrados del público. **6.** Espacio entre un incisivo y un molar en el caballo, el buey y el conejo. **7.** Amér. Prisión a modo de cepo. **8.** Amér. Merid. Público que asiste a las sesiones de un tribunal. **9.** Amér. Merid. En un espectáculo deportivo, grupo de personas que animan a sus favoritos, hinchada. **10.** Amér. Merid. Pandilla de amigos. **11.** Esp. Pieza de pan de forma alargada. **12.** COREOGR. **a.** Varilla de madera que sirve de punto de apoyo a los bailarines para efectuar los ejercicios de flexibilidad. **b.** Conjunto de estos ejercicios. **13.** GEOGR. **a.** Acumulación de arenas, por acción de las olas al batir con fuerza contra determinados litorales. **b.** Banco que se forma a la entrada de los estuarios en el contacto de la corriente fluvial y de las olas del mar. **c.** Flecha arenosa que se forma en el borde de ciertas costas planas, y que puede emerger constituyendo un cordón litoral. **14.** HERÁLD. Pieza honorable que va desde el cantón siniestro del jefe hasta el cantón diestro de la punta. SIN.: *binda.* **15.** MAR. Pieza de mando del timón. **16.** MIL. Franja estrecha, metálica o bordada, situada bajo el emblema de determinados cuerpos u organismos militares, que sirve para indicar el tiempo que se ha pertenecido a estos. ◇ **Barra de acoplamiento** AUTOM. Barra de unión entre la dirección y la rueda. **Barra de armonía** MÚS. Listón de abeto fijo en el interior de la tabla de los instrumentos de cuerda para resistir la presión de las cuerdas. **Barra de compás** MÚS. Trazo vertical tirado a través del pautado, que separa el discurso musical en células de igual duración. **Barra de torsión** AUTOM. Barra que trabaja por torsión elástica alrededor de su eje y que sustituye a un muelle, especialmente para asegurar la suspensión de un vehículo. **Barra fija** DEP. Aparato formado por un travesaño horizontal redondo, sostenido por dos montantes. **Barras asimétricas** DEP. Aparato compuesto por dos barras paralelas al suelo, pero a diferente altura, sostenidas por unos montantes verticales. **Barras paralelas** DEP. Aparato compuesto por dos barras paralelas situadas a la misma altura, sostenidas por soportes verticales. **Sin mirar,** o **pararse,** o **reparar, en barras** Sin consideración.

barrabás s.m. (de *Bar Abbás,* malhechor judío indultado en vez de Jesús). *Fam.* Persona mala, inquieta o traviesa.

barrabasada s.f. *Fam.* Acción propia de un barrabás.

barraca s.f. (cat. *barraca*). Construcción de una sola planta, de planta rectangular y sin tabiques, hecha con materiales ligeros, destinada a albergar provisionalmente a un grupo de personas, los puestos de una feria, etc. **2.** En la huerta valenciana y murciana, casa de labor de cañas, paja y adobe, con un techo a dos vertientes muy levantado. **3.** Chabola. **4.** Amér. Depósito o almacén para productos destinados al tráfico. **5.** Chile. Golpes diversos. **6.** Chile y Urug. Edificio destinado a depósito y venta de madera, hierro u otros elementos de construcción.

barracón s.m. Construcción provisional destinada a albergar soldados, refugiados, etc.

barracuda s.f. Pez de gran tamaño perteneciente a la familia esfirénidos.

barragán s.m. (ár. *barrakân*). Tela de lana impermeable al agua. **2.** Abrigo para hombres, hecho con esta tela.

barragana s.f. Concubina.

barraganería s.f. En la edad media, comunidad de vida entre un hombre y una mujer solteros que era reconocida por el derecho como digna de protección. **2.** Concubinato.

barrajar v.tr. Amér. Derribar con fuerza.

barranca s.f. Méx. Barranco.

barrancal s.m. Lugar donde hay muchos barrancos.

barranco s.m. (voz prerromana). Despeñadero, precipicio. **2.** Hendidura profunda que hacen en la tierra las aguas. **3.** Zanja de paredes ruinosas que entalla los conos volcánicos constituidos por materiales sueltos.

barranquismo s.m. Deporte de aventura que consiste en descender barrancos en el curso de un río combinando natación y escalada para salvar los obstáculos naturales.

barraquero, a adj. Relativo a la barraca. ◆ s. Amér. Dueño o administrador de una barraca, o almacén.

barraquismo s.m. Forma de hábitat caracterizada por degradación urbanística y marginación social.

barredera s.f. Máquina para barrer las calles.

barredero, a adj. Que arrastra cuanto encuentra a su paso: *viento barredero.*

barredura s.f. Acción de barrer. ◆ **barreduras** s.f.pl. Inmundicia que se barre.

barrena s.f. (hispano-ár. *barrîna,* del lat. *veruina,* jabalina). Herramienta que sirve para taladrar la madera y otros materiales, constituida por una barra de acero con el extremo en forma de hélice y rematada por una punta aguda. **2.** Barra de hierro con uno o dos extremos cortantes que sirve para agujerear peñascos, sondar terrenos, etc. **3.** Figura de acrobacia aérea. **4.** Descenso de un avión girando sobre sí mismo, por pérdida de estabilidad, sin intervenir la voluntad del piloto. **5.** Molusco bivalvo de concha blanca que excava cavidades en las rocas (long. 10 cm).

barrenado, a adj. *Fam.* Loco, demente.

barrenar v.tr. Hacer agujeros con barrena o barreno. **2.** *Fig.* Desbaratar, estropear los planes. **3.** Agujerear un barco por debajo de su línea de flotación para hundirlo. **4.** TAUROM. Clavar la puya o el estoque en el toro, revolviéndolo a modo de barrena.

barrendero, a s. Persona que tiene por oficio barrer las calles.

barrenero, a s. Persona que tiene por oficio hacer o vender barrenos. **2.** Operario que tiene por oficio abrir los barrenos en las minas.

barrenillo s.m. Carcoma. **2.** Enfermedad producida por este insecto en los árboles.

barreno s.m. Barrena grande, herramienta para taladrar. **2.** Agujero hecho con barrena. **3.** Agujero relleno de materia explosiva, hecho en una roca o en una obra de fábrica, para hacerla volar. **4.** Carga explosiva destinada a la voladura de grandes rocas. ◇ **Pico barreno** Pájaro carpintero.

barreño s.m. Esp. Recipiente grande cilíndrico, más ancho por la boca que por la base, usado para fregar el suelo o lavar en él.

barrer v.tr. (lat. *verrere*). Limpiar el suelo con la escoba. **2.** *Fig.* Arrastrar algo que está en movimiento una cosa, llevándosela por delante: *el huracán barrió todo lo que encontró a su paso.* **3.** Quitar completamente algo material o inmaterial de un sitio. ◆ v.tr. e intr. Acabar alguien con todo lo que hay en un lugar o llevárselo todo: *los clientes barrieron con todo lo que estaba de oferta.* **2.** Derrotar de forma contundente al adversario: *ese partido político barrió en las últimas elecciones.* ◇ **Barrer hacia dentro,** o **para dentro** Comportarse interesada o egoístamente.

barrera s.f. Dispositivo con el que se obstaculiza el paso o se limita un terreno. **2.** *Fig.* Obstáculo material o inmaterial que impide la consecución de algo. **3.** DEP. En fútbol y balonmano, cuando se ejecuta un golpe franco, grupo de jugadores que se alinean apretadamente para proteger la propia portería. **4.** MED. Estructura que dificulta o impide el paso de algunos elementos de la sangre. **5.** TAUROM. **a.** Valla de madera situada alrededor del ruedo. **b.** Primera fila de las localidades destinadas al público. ◇ **Barrera de hielo** Plataforma de hielo continental de varios miles de kilómetros cuadrados que flota en el mar. **Barrera del calor,** o **térmica** Conjunto de los fenómenos caloríficos que se producen a velocidades supersónicas. **Barrera del sonido** Conjunto de los fenómenos aerodinámicos que se producen cuando un móvil se desplaza en la atmósfera a una velocidad próxima a la del sonido.

barrero s.m. Alfarero. **2.** Barrizal.

barretón s.m. Colomb. Piqueta del minero.

barriada s.f. Barrio. **2.** Parte de un barrio.

barrial adj. (del hispano-lat. *barrialis terra,* tierra arcillosa). Amér. Se aplica a la tierra gredosa o arcilla. ◆ s.m. Amér. Barrizal.

barrica s.f. (gascón *barrique*). Tonel de mediano tamaño.

barricada s.f. Obstáculo improvisado hecho de una acumulación de materiales diversos, para protegerse o interceptar el acceso de una calle o un paso.

barrido s.m. Acción de barrer. **2.** Exploración o análisis de los elementos de una imagen que son transmitidos mediante señales eléctricas en función de sus luminosidades relativas. **3.** Búsqueda intensa y completa de datos en alguna fuente de información. **4.** En un motor de combustión interna, fase del ciclo de combustión durante la cual los gases procedentes de esta son totalmente expulsados al exterior. **5.** CIN. Recorrido que realiza una cámara de vídeo o televisión colocada en un punto fijo captando todo el espacio horizontalmente. **6.** TELECOM. Desplazamiento del punto de impacto de un haz luminoso o electrónico durante el análisis de una imagen con vistas a su transmisión por televisión o telescopio, o del punto correspondiente una vez producida la síntesis de la imagen en el receptor.

barriga s.f. (de *barrica*). Vientre. **2.** *Fig.* Parte abultada de una cosa, como la parte media de una vasija o la comba de una pared.

barrigón, na adj. Barrigudo, que tiene mucha barriga. ◆ s. Cuba y P. Rico. Niño de corta edad.

barrigudo, a adj. Que tiene mucha barriga. ◆ s.m. Simio de América del Sur, de 50 cm de long., de pelo denso y lanoso y sin cola.

barril s.m. Tonel pequeño. **2.** Medida de capacidad (símb. bbl) que equivale aproximadamente a 159 l, utilizada en especial para los productos petrolíferos.

barrilete s.m. Pieza del revólver, cilíndrica y móvil, donde se colocan los cartuchos. **2.** Caja cilíndrica que contiene el muelle real o resorte motriz de un reloj o de un péndulo. **3.** Instrumento acodado para sujetar la madera en el banco de carpintero. **4.** Argent. Cometa, juguete.

barrilla s.f. Planta de los terrenos salitrosos de la región mediterránea y Asia central, de cuyas cenizas se obtenía el carbonato sódico. (Familia quenopodiáceas.) **2.** Cenizas de esta planta.

barrillo s.m. Granito que sale en la cara.

barrio s.m. (del ár. *barr,* afueras de una ciudad). Cada una de las partes en que se dividen las poblaciones grandes o sus distritos. **2.** Caserío dependiente de otra población aunque esté apartado de ella. **3.** Arrabal de una población. **4.** En una región de población dispersa, conjunto de casas aisladas que guardan entre sí alguna relación espacial. ◇ **Barrio administrativo** Barrio en el que se agrupan los servicios públicos y los organismos del gobierno. **Barrio bajo** Barrio donde vive la población más pobre. **Barrio chino** Zona urbana de ciertas ciudades, por lo general portuarias, donde se agrupan la prostitución y otras actividades marginales. **Barrio residencial** Barrio destinado a viviendas. **El otro barrio** Esp. *Fam.* El otro mundo, la eternidad.

barriobajero, a adj. y s. Relativo a los barrios bajos. **2.** *Fig.* Ordinario, vulgar, grosero.

barritar v.intr. Emitir el elefante o el rinoceronte su voz característica.

barrito s.m. Voz del elefante o del rinoceronte.

barrizal s.m. Terreno o lugar lleno de barro.

1. **barro** s.m. (voz prerromana). Mezcla de tierra y agua. SIN.: *cieno, lama, limo.* **2.** *Fig.* Masa moldeable consistente en una mezcla de arcilla y agua empleada en alfarería. **3.** Objeto, especialmente recipiente, hecho con esa masa moldea-

da cocida al horno. **4.** GEOL. Depósito en los grandes fondos oceánicos.

2. **barro** s.m. (lat. *varus*). Granillo de color rojizo que sale en el rostro. SIN.: *barrillo.* **2.** Tumorcillo que sale al ganado mular y vacuno.

barroco, a adj. (fr. *baroque*). Relativo al barroco: *iglesia barroca.* **2.** Excesivamente adornado: *decoración barroca.* **3.** Se aplica a lo que es excesivamente complicado, o retorcido: *estilo barroco; lenguaje barroco.* ◆ s.m. Movimiento cultural y artístico nacido en Italia que se impuso en Europa e Hispanoamérica desde finales del s. XVI hasta principios del s. XVIII. **2.** Período histórico durante el cual se desarrolló este movimiento.

barroco

B. ART. En el campo de las bellas artes, el epíteto de barroco ha servido para calificar, en sentido peyorativo, al estilo que sucedió a los del renacimiento clásico y manierista, y se impuso en gran parte de Europa en el s. XVII. Nacido en Roma como expresión esencial de la Contrarreforma, se impuso especialmente en los países católicos y renovó por completo la iconografía y el arte sacro. Contrariamente al ideal de serenidad y equilibrio metódicos del renacimiento, el barroco quiere deslumbrar y llegar hasta los sentidos de una época en la que se proclama el carácter afectivo de la fe. Lo logra mediante efectos de luz y de movimiento, de formas de expansión, de la línea curva y de las rupturas, composiciones en diagonal y juegos de perspectiva y de escorzo. Las diferentes disciplinas tienden a fundirse en la unidad de una especie de espectáculo cuyo dinamismo y brillo multicolor son pruebas de su exaltación.

El barroco se extendió por el resto de Italia, desde donde pasó a Bohemia. Austria, Alemania, el S de Países Bajos, la península Ibérica y sus colonias de América. La evolución del barroco español va de un primer momento de influencia romana a un segundo período, más exaltado y expresivo, que da lugar a conceptos tales como el *churriguerismo, y termina en una etapa de influencia clasicista. En pintura destacaron Ribera, Velázquez y Murillo.

LIT. Arte del reflejo y de la apariencia, la literatura barroca está fundada en un sistema de antítesis, de analogías y de simetrías, que garantizan por medio de rupturas de estilo la constante presencia de la imaginación y de la sorpresa. La literatura barroca española tuvo sus máximos representantes en Góngora, Quevedo, Gracián y Calderón. Muestra afinidad con el barroco europeo, pero ofrece rasgos peculiares, basados, entre otras cosas, en la conciencia de la decadencia política del país, en el fuerte influjo de la teología escolástica y en la involución ideológica, de signo contrarreformista.

MÚS. Por lo que respecta a la música, la escritura barroca, melódica y muy ornamentada, rompió con el estilo polifónico, con lo cual se favoreció la creación de nuevos géneros, entre los que destacan la ópera, el oratorio y la cantata, y de nuevas formas musicales, como la sonata o el concierto.

barrón s.m. Planta gramínea de tallos reptantes o erectos, hojas grisáceas y espiga cilíndrica y blanquecina, que consolida la arena de las dunas. (Familia gramíneas.)

barroquismo s.m. Cualidad de barroco. **2.** Tendencia a decorar con excesivos adornos.

barroso, a adj. Se dice del terreno que tiene barro o en el que se forma barro fácilmente. **2.** Que tiene el color del barro.

barrote s.m. Barra gruesa. **2.** Barra de hierro para afianzar algo. **3.** Palo que se pone atravesado sobre otros para sostener o reforzar.

barrueco s.m. Perla de perímetro irregular. **2.** Nódulo de forma esférica que suele haber en algunas rocas, especialmente en las graníticas.

barruntar v.tr. Prever, sospechar o presentir algo a partir de alguna señal o indicio: *barruntar un riesgo.*

barrunto s.m. Sospecha o presentimiento. **2.** Indicio de algo.

bartola (a la) loc. (de *Bartolo,* forma popular de *Bartolomé*). *Fam.* Sin ningún cuidado ni preocupación.

bartolear v.intr. Argent. No saber aprovechar una oportunidad.

bartolillo s.m. Pastel relleno de crema o carne.

bartolina s.f. Méx. Calabozo oscuro y estrecho.

bartolinitis s.f. MED. Inflamación de las glándulas de Bartolino, situadas en los labios mayores de la vulva.

bartulear v.tr. Chile. Devanarse los sesos, cavilar. SIN.: *bartular.*

bártulos s.m.pl. (de *Bàrtolo,* jurisconsulto boloñés del s. XIV). Enseres de uso corriente. ◇ **Liar,** o **preparar, los bártulos** *Fam.* Disponer las cosas necesarias para un viaje, una mudanza u otro traslado; disponer los medios para llevar a cabo una acción.

barullero, a adj. y s. Que crea barullo.

barullo s.m. (port. *barulho*). Confusión, desorden.

basa s.f. Asiento del fuste de una columna, pilastra, pedestal o estatua. **2.** Base, fundamento o apoyo de algo.

basada s.f. Armazón que se pone debajo de una embarcación para botarla al agua.

basal adj. Que está situado en la base de una formación orgánica o de una construcción. **2.** MED. **a.** Se dice del gasto energético de un individuo en absoluto reposo y en ayunas durante 12 horas: *metabolismo basal.* **b.** Se dice de la temperatura corporal más baja, que debe registrarse en condiciones de absoluto reposo, al despertar y antes de levantarse. **3.** ZOOL. Se dice del segmento de la base de la aleta de los peces. ◆ adj. y s.f. HISTOL. Se dice de la membrana fina localizada en la profundidad de los epitelios.

basalto s.m. (fr. *basalte*). Roca volcánica de color verde oscuro, constituida esencialmente por plagioclasa, piroxeno y olivino, que forma coladas extensas y muestra a menudo una estructura prismática.

basamento s.m. Parte inferior y maciza de una construcción, que la eleva por encima del nivel del suelo. **2.** Cuerpo formado por la basa y el pedestal de la columna. **3.** GEOL. Zócalo sobre el que descansan ciertas capas del terreno.

basar v.tr. y prnl. *Fig.* Fundamentar una cosa en otra cosa, especialmente un razonamiento, idea, hipótesis, etc. ◆ v.tr. Hacer descansar una cosa sobre una base.

basáride s.m. Carnívoro nocturno de cuerpo ágil y esbelto, patas cortas, cabeza de tamaño mediano, hocico algo puntiagudo y cola tan larga como el cuerpo. (Familia prociónidos.)

basca s.f. Sensación de desazón que se experimenta en el estómago cuando se quiere vomitar. (Suele usarse en plural.) SIN.: *náusea.* **2.** Esp. *Fam.* Pandilla, grupo de amigos. **3.** Esp. *Fam.* Gente, grupo numeroso de personas: *había mucha basca en el concierto.*

basco, a adj. Vasco.

bascongado, a adj. y s. Vascongado.

bascosidad s.f. Inmundicia, suciedad.

bascoso, a adj. Colomb. y Ecuad. Soez, grosero.

báscula s.f. (fr. *bascule*). Instrumento para medir pesos, generalmente grandes, provisto de una plataforma sobre la que se coloca lo que ha de pesarse. **2.** Palanca que se apoya en un punto fijo central, o en un punto situado hacia uno de sus extremos, y cuyos dos brazos pueden oscilar en sentido ascendente o descendente alternativamente. **3.** ARM. Parte de donde arrancan los cañones de las escopetas modernas. **4.** INFORMÁT. Dispositivo electrónico que posee dos estados posibles, capaz de bascular de uno a otro de ellos.

bascular v.intr. y prnl. Oscilar, tener movimiento vertical de vaivén. **2.** Levantarse la caja de ciertos vehículos de carga para descargar.

base s.f. (lat. *basis,* del gr. *básis*). Parte inferior de un cuerpo sobre la que este reposa: *la base de una copa.* **2.** Fundamento o apoyo principal de una cosa: *sentar las bases para un acuerdo.* **3.** Conjunto de los militantes de un partido político, sindicato, etc. **4.** Distancia medida sobre el terreno con gran precisión y sobre la que se efectúa todo el trabajo de triangulación. **5.** ELECTRÓN. Junta central de un transistor comprendida entre el emisor y el colector, que generalmente recibe la señal que se ha de amplificar. **6.** MAT. **a.** Cantidad fija y distinta de la unidad, que ha de elevarse a una potencia dada para que resulte un número determinado. **b.** Superficie o lado de una figura geométrica en que se supone que esta se apoya. **7.** MIL. Zona de reunión y de tránsito de los medios necesarios para llevar a cabo operaciones militares; organismo encargado de estas misiones: *base aérea, naval.* **8.** QUÍM. Sustancia que al combinarse con un ácido forma una sal. ◆ s.m. y f. Jugador de baloncesto que tiene la función de dirigir el juego del equipo. ◇ **Base de datos** INFORMÁT. Conjunto de datos almacenados en una computadora y organizados en un programa que permita la consulta selectiva de los mismos. **Base de lanzamiento** ASTRONÁUT. Lugar donde están reunidas las instalaciones necesarias para la preparación, lanzamiento, control en vuelo y, eventualmente, el guiado radioeléctrico de vehículos espaciales. **Base de operaciones** MIL. Zona donde se reúnen las unidades antes del ataque, o de unas operaciones. **Base de un espacio vectorial** MAT. Familia libre máxima de vectores independientes que forman parte de ese espacio. **Base de un sistema de numeración** MAT. Número de unidades de cierto orden necesarias para formar una unidad del orden inmediatamente superior. **Base de velocidad** Puntos determinados en la costa, cuya distancia, perfectamente medida y balizada, permite que los buques calculen su velocidad. **Base imponible** ECON. Magnitud tributaria, expresada en dinero o en elementos de hecho, que se utiliza como punto de partida para calcular la cuantía del impuesto que ha de pagar el contribuyente.

Basedow. Enfermedad de Basedow Conjunto de trastornos provocados por el funcionamiento excesivo de la glándula tiroides, caracterizado principalmente por un bocio exoftálmico.

bashkir, pueblo turco y musulmán que habita en Bashkortostán (ant. Bashkiria).

basic s.m. (acrónimo del ingl. *beginner's all purpose symbolic instruction code*). INFORMÁT. Lenguaje de programación adaptado a los usos convencionales a partir de terminales o en computadoras personales.

basicidad s.f. QUÍM. Propiedad que posee un cuerpo de actuar como base.

básico, a adj. Fundamental: *conocimientos básicos.* **2.** Que tiene las propiedades de una base. ◇ **Roca básica** Roca endógena que contiene entre el 45 y el 52 % de sílice. **Sal básica** Sal que reacciona con un ácido y forma una sal neutra.

basidio s.m. Expansión microscópica que lleva dos o cuatro esporas en la mayoría de los hongos superiores. (Las esporas maduran en el exterior del basidio que las ha producido, lo que distingue el *basidio* del *asco.*)

basidiomicete adj. y s.m. Relativo a una clase de hongos cuyas esporas aparecen sobre basidios. (Incluye los hongos de laminillas [amanitas y agáricos], de poros [*Boletus*] y ciertas formas parásitas de los vegetales [carbón de los cereales].)

basidiospora s.f. Espora formada por un basidio.

basilar adj. ANAT. Que sirve de base.

basílica s.f. (lat. *basilica,* especie de lonja, del gr. *basilikós,* del rey). Título que se da a una iglesia que goza de ciertos privilegios. **2.** Edificio romano que servía de tribunal y de lugar de reunión y contratación, con planta rectangular, dividida en dos o tres naves, y un ábside en un extremo o en ambos. **3.** Iglesia paleocristiana construida sobre la misma planta. **4.** Cada una de las trece iglesias de Roma que se consideran las primeras de la cristiandad, como la basílica de San Pedro en el Vaticano.

basilical adj. ARQ. Relativo a la basílica.

basiliense, basileense o **basilense** adj. y s.m. y f. De Basilea.

basilio, a adj. y s. Relativo a las diversas órdenes que siguen las reglas de san Basilio de Cesarea; miembro de alguna de dichas órdenes.

basilisco s.m. (lat. *basiliscus,* del gr. *basilískos,* dim. de rey). Reptil semejante a la iguana, de 80 cm de long., con cresta dorsal escamosa y de costumbres semiacuáticas, que vive en la América tropical. **2.** Animal fabuloso con cuerpo de serpiente, patas de ave y alas espinosas, al que se le atribuía la capacidad de matar con la mirada. **3.** *Fig.* Persona de carácter agrio que está muy furiosa: *ponerse hecho un basilisco.*

basmati s.m. Arroz indio de grano largo.

basófilo, a adj. HISTOL. Que toma los colorantes básicos, como la tionina.

básquet s.m. (ingl. *basket*). Baloncesto.

básquetbol o **basquetbol** s.m. (ingl. *basketball*). Amér. Baloncesto.

basset s.m. y adj. Perro de cuerpo alargado, orejas largas y colgantes, y patas cortas, a menudo torcidas.

basta s.f. (del germ. *bastjan,* zurcir). Puntada larga, especialmente la que se hace para hilvanar.

bastante adv.c. Ni mucho ni poco, en cantidad normal o suficiente. **2.** En cantidad apreciable: *se encuentra bastante mejor.* ◆ adj. Indica una cantidad elevada: *tenemos bastantes problemas.*

bastantear v.tr. e intr. DER. Declarar un letrado lo suficiente de un poder u otro documento.

bastar v.intr. y prnl. (del gr. *bastáxein,* llevar, sostener). Ser suficiente. ◆ v.impers. Haber suficiente con algo: *basta con que se pidan disculpas.*

bastardear v.intr. y prnl. Perder una cosa su bondad o pureza primitivas. ◆ v.tr. Falsear una cosa, hacer que pierda su autenticidad.

bastardía s.f. Cualidad de bastardo. **2.** *Fig.* Dicho o hecho indigno del origen o estado de una persona.

bastardillo, a adj. y s.f. Se dice de la letra de imprenta cursiva.

bastardo, a adj. y s. (fr. ant. *bastart*). Se dice del hijo nacido fuera de matrimonio. ◆ adj. Que se aparta de su origen o naturaleza. **2.** Se dice del animal que no es de pura raza. ◇ **Mortero bastardo** Mortero hecho con agua, arena y una mezcla de cal grasa y cemento.

baste s.m. Almohadilla que lleva la silla de montar o la albarda en su parte inferior.

bastear v.tr. Hilvanar.

bastedad s.f. Cualidad de basto. SIN.: *basteza.*

basterna s.f. Carro de los antiguos pueblos del norte, más tarde usado por los romanos y los merovingios. **2.** Litera llevada a lomo de mulo.

bastetano, a adj. y s. De un pueblo prerromano de cultura ibérica asentado en el SE de la península (Bastetania), cuya capital era *Basti* (Baza).

bastidor s.m. (de *bastir,* arreglar). Armazón que sostiene algo: *bastidor de bordar; bastidor de una ventana.* **2.** Amér. Central. Colchón de tela metálica. **3.** Chile. Celosía. **4.** Esp. MEC. **a.** Armazón metálico o de madera que soporta los distintos elementos de una máquina. **b.** Armazón metálico indeformable que sirve como soporte a la carrocería, motor, etc., de un vehículo automóvil, locomotora, vagón de ferrocarril u otro mecanismo. ◆ **bastidores** s.m.pl. Partes de un teatro situadas a los lados y detrás de la escena, entre el decorado y las paredes del escenario. ◇ **Entre bastidores** *Fam.* Se dice de lo que se trama o prepara de forma oculta.

1. **bastilla** s.f. (de *basta*). Doblez que se asegura con puntadas a los extremos de la tela para que no se deshilache. **2.** Hilván pequeño.

2. **bastilla** s.f. (provenz. *bastida*). Antigua obra de defensa a la entrada de una ciudad.

bastillear v.tr. Chile. Rematar una tela con hilvanes pequeños para que no se deshilache.

bastimento s.m. Conjunto de provisiones o víveres para el abastecimiento.

bastión s.m. (ital. *bastione,* de *bastia,* fortificación). Baluarte.

bastionado, a adj. FORT. Provisto de baluartes.
1. **basto** s.m. (de *bastón*). Carta del palo de bastos. ◆ **bastos** s.m.pl. Palo de la baraja española representado por la figura de un garrote: *as de bastos.*
2. **basto** s.m. (lat. vulgar *bastum,* de *bastare,* llevar). Chile. Cuero curtido de oveja que se coloca debajo de la montura para proteger el lomo del caballo. **2.** Ecuad. Almohadilla de la silla de montar.
3. **basto, a** adj. (de *bastar,* abastecer). Tosco, sin pulimento: *tela basta.* **2.** *Fig.* Inculto, tosco o grosero.
bastón s.m. (del lat. tardío *bastum*). Vara o palo que sirve para apoyarse al andar. **2.** Vara o palo que es insignia de mando o de autoridad. **3.** Palo que ayuda al esquiador a avanzar o a mantener el equilibrio. **4.** Prolongación en forma de pequeño bastón, característica de ciertas células visuales de la retina.
bastonazo s.m. Golpe de bastón.
bastonera s.f. Mueble para guardar bastones y paraguas.
basura s.f. (del lat. *verrere,* barrer). Conjunto de desperdicios, que se desechan, como restos de alimentos, papeles, etc. **2.** Recipiente o lugar en que se dejan esos desperdicios. **3.** Persona o cosa despreciable. **4.** En aposición a otro nombre, indica calidad, valor o utilidad nulos: *programación basura; contrato basura.* **5.** Estiércol de las caballerías.
basural s.m. Amér. Lugar donde se tira y acumula basura. GEOSIN.: Esp. y Méx. *basurero;* Esp. *vertedero.*
basurear v.tr. Argent., Perú y Urug. Insultar.
basurero, a s. Persona que tiene por oficio recoger basura. ◆ s.m. Lugar donde se tira y amontona la basura. GEOSIN.: Amér. *basural;* Esp. *vertedero.*
basuto → sotho.
bat s.m. → **baht.**
bata s.f. Prenda de vestir que se usa al levantarse de la cama o para estar por casa. **2.** Prenda de vestir que se usa para el trabajo profesional en clínicas, talleres, etc. **3.** Traje de cola y volantes que llevan las bailaoras y cantaoras de flamenco.
batacazo s.m. (voz de origen onomatopéyico). Golpe fuerte que se da al caer. SIN.: *baquetazo, porrazo.* **2.** Argent., Chile, Perú y Urug. Cualquier suceso afortunado y sorprendente.
batahola o **bataola** s.f. *Fam.* Bulla, ruido grande.
batak, pueblo indonesio de Sumatra cuyas prácticas animistas están influidas por el islam.
batalla s.f. (occitano ant. *batalha,* del lat. tardío *battualia,* esgrima). Enfrentamiento armado entre distintos ejércitos o fuerzas militares. **2.** Discusión o conflicto entre personas que sostienen distintas opiniones. **3.** *Fig.* Inquietud, lucha interna entre ideas o sentimientos contrapuestos. **4.** Distancia que separa los ejes de un vehículo. ◇ **De batalla** Se dice de una prenda, un utensilio u otro objeto de uso ordinario.
batallar v.intr. Pelear o luchar con armas. **2.** *Fig.* Esforzarse por conseguir algo, superando obstáculos o dificultades.
1. **batallón** s.m. Unidad táctica del arma de infantería, compuesta de varias compañías. **2.** Unidades similares de otras armas o servicios: *batallones de zapadores.* **3.** Grupo numeroso de personas.
2. **batallón, na** adj. Que causa discordia: *una cuestión batallona.*
batán s.m. Máquina preparatoria de la hilatura del algodón. **2.** Edificio en que funcionan estas máquinas. **3.** Bastidor o caja oscilante de un telar que sostiene el peine y bate la trama hacia la tela fabricada. ◇ **Tierra de batán** Arcilla esméctica procedente de la descomposición de determinados esquistos.
batanado s.m. Operación consistente en tratar las pieles en el batán. SIN.: *batanadura.*
batanar v.tr. Abatanar.
batanear v.tr. *Fam.* Sacudir o dar golpes a alguien.
batanero, a s. Persona que maneja un batán.
bataola s.f. → **batahola.**
batara s.f. Nombre de diversos pájaros insectívoros, de pico fuerte y alas cortas y redondas, que frecuentan la vegetación arbustiva más densa de selvas y montes; viven en América Meridional. (Familia formicáridos.)
batata s.f. (voz antillana). Planta de tallo rastrero, cultivada por sus tubérculos comestibles. (Familia convolvuláceas.) **2.** Raíz de esta planta. SIN.: *boniato, moniato.*
batatazo s.m. Chile. Suerte inesperada en las carreras de caballos. **2.** Chile. Resultado sorpresivo de algo. (Se usa con el verbo *dar.*)
batávico, a adj. Se dice de la gota de vidrio terminada en una punta afilada que se obtiene dejando caer vidrio fundido en agua fría, también llamada *lágrima batávica.*
bátavo, a adj. y s. De un pueblo germánico que se estableció en la Holanda meridional actual.
batayola s.f. MAR. Barandilla situada a lo largo del pasamanos y alrededor de las cubiertas de los castillos y superestructuras de un barco.
bate s.m. (ingl. *bat*). En béisbol, críquet y otros deportes, bastón o pala para golpear la pelota.
batea s.f. Bandeja, especialmente la de madera pintada. **2.** Embarcación de borde bajo y fondo plano, usada para cargar y descargar buques. **3.** Argent., Chile, Colomb., Cuba y Perú. Artesa para lavar.
batear v.tr. Golpear la pelota con el bate.
bateké → teké.
batel s.m. (fr. ant. *batel*). Bote, barco pequeño.
batelero, a s. Persona que gobierna un batel.
batería s.f. (fr. *batterie,* de *battre,* batir). Aparato electromagnético capaz de acumular y suministrar energía: *la batería de un vehículo.* **2.** Aparato pequeño o dispositivo que produce corriente eléctrica continua a partir de una reacción química interna: el despertador se ha quedado sin baterías. SIN.: *pila.* **3.** Instrumento musical de percusión constituido por varios tambores y platos metálicos. **4.** Conjunto de instrumentos musicales de percusión que forman parte de la orquesta. **5.** Conjunto ordenado de pruebas o experimentos que se usan en algunas ciencias: *batería de preguntas; batería de tests.* **6.** COREOGR. Movimiento de danza académica en el que las piernas y los pies se tocan y se cruzan entre sí. **7.** MIL. **a.** Conjunto de piezas de artillería dispuestas para una misma misión. **b.** Lugar donde se concentran. **c.** Conjunto de cañones situados en el puente de un barco de guerra. **d.** Unidad táctica del arma de artillería, compuesta de varias piezas. **8.** TEATR. En los teatros, fila de luces del proscenio. ◆ s.m. y f. Persona que toca la batería en una orquesta o un conjunto musical, especialmente si se dedica a ello profesionalmente. ◇ **Batería de cocina** Conjunto de utensilios de metal empleados para cocinar. **Batería solar** ELECTR. Fotopila. **En batería** Modo de estacionar un vehículo colocándolo en paralelo a otro.
batey s.m. En las fincas agrícolas de Antillas, lugar ocupado por las viviendas, barracones, almacenes, etc.
batial adj. Relativo a una zona oceánica que corresponde aproximadamente al talud continental.
batiburrillo o **batiborrillo** s.m. (de *baturrillo,* de *batir*). Mezcla desordenada y confusa de cosas materiales o inmateriales que desdicen entre sí.
batida s.f. Reconocimiento de algún paraje en busca de malhechores o enemigos. **2.** Irrupción de la policía en un local donde se desarrollan actividades supuestamente delictivas. **3.** Acción de batir o acuñar. **4.** Acción de batir el monte para levantar la caza.
batido, a adj. Se dice de un tejido de seda con visos distintos. **2.** Se dice del camino muy andado y trillado. ◆ s.m. Acción de batir una sustancia. **2.** Bebida refrescante elaborada batiendo leche con fruta, chocolate, vainilla u otros ingredientes. **3.** Operación de batir el algodón, la lana u otros tejidos para eliminar las impurezas que contienen antes de proceder al hilado.
batidor, ra adj. Que bate. ◆ s.m. Instrumento para batir. **2.** Persona que se encarga de levantar la caza en las batidas. **3.** MIL. **a.** Explorador que va delante de una tropa y que des-

cubre y reconoce el terreno. **b.** Soldado de caballería o de artillería que precede al regimiento o a la facción de fuerza en formación. **4.** MÚS. Lámina de madera dura que recubre el mástil de los instrumentos de cuerda. **5.** TEXT. Máquina que sirve para abrir y mezclar la lana u otra materia textil, a fin de prepararla para el cardado. ◆ s. Argent. y Urug. *Vulg.* Persona que delata o denuncia.

batidora s.f. Aparato electrodoméstico destinado a batir o mezclar alimentos.

batiente s.m. Parte del cerco o cuadro en que se detienen y baten las puertas o ventanas al cerrarse. **2.** Hoja de una puerta o ventana. **3.** Lugar de una costa o dique donde baten las olas del mar. **4.** Listón de madera forrado de paño en el cual baten los macillos del piano e instrumentos análogos.

batifondo s.m. Argent. *Fam.* Alboroto, embrollo.

batihoja s.m. Artesano que hace pan de oro o de plata.

batik s.m. Procedimiento de decoración de un tejido por tinción, después de haber cubierto ciertas partes con cera. **2.** Tela tratada por este procedimiento.

batimetría s.f. (del gr. *bathýs,* profundo, y *métros,* medida). Conjunto de técnicas para la medición de la profundidad de mares, lagos o ríos y estudio de la distribución de la flora y fauna subacuática.

batimétrico, a adj. Relativo a la batimetría.

batímetro s.m. Instrumento para medir la profundidad de mares, lagos o ríos.

batimiento s.m. Acción de batir. **2.** Fenómeno debido a la superposición de dos vibraciones de frecuencias ligeramente distintas. **3.** COREOGR. Battement.

batín s.m. Bata que cubre el cuerpo hasta la mitad del muslo aproximadamente.

batinga s.f. Árbol de madera rojiza, muy dura e imputrescible, que crece a orillas de los ríos de América del Sur. (Familia mirtáceas.)

batintín s.m. Instrumento musical de percusión consistente en un disco metálico suspendido, que se toca con una maza. SIN.: *gong.*

batir v.tr. (lat. *battuere*). Dar golpes, golpear. **2.** Destruir o derribar una pared, edificio, etc. **3.** Mover una cosa con cierta rapidez: *batir las alas.* **4.** Mover y revolver una cosa para hacerla más fluida o condensarla: *batir un huevo.* **5.** Derrotar al enemigo. **6.** Superar un récord o marca. **7.** Recorrer y reconocer un lugar en busca de enemigos, gente escondida, caza, etc. **8.** Martillar una pieza de metal hasta reducirla a chapa. **9.** Acuñar moneda, fabricarla. **10.** Peinar el pelo hacia arriba. **11.** Chile, Guat. y Méx. Aclarar la ropa enjabonada. **12.** Méx. Ensuciar, manchar algo por completo. **13.** ESGR. Dar un golpe seco en el tercio medio o débil del arma del adversario. ◆ v.tr. e intr. Dar directamente el sol, el agua o el aire en algo: *batir las olas en la costa.* ◆ **batirse** v.prnl. Combatir, pelear. ◇ **Batirse en retirada** Ceder el campo ante el empuje del enemigo.

batiscafo s.m. (gr. *bathús,* profundo, y *skáphe,* barco). Aparato para explorar el fondo del mar que consiste básicamente en una cabina habitable y una cámara flotante en la parte superior.

batisfera s.f. Cámara esférica para explorar el fondo del mar que no posee medios autónomos de propulsión y se sumerge suspendiéndola mediante un lastre desde un barco.

batista s.f. (fr. *batiste,* de *Baptiste,* comerciante francés). Tela de lino o algodón muy fina y tupida.

batllismo s.m. Movimiento político uruguayo inspirado en los ideales reformistas de José Batlle y Ordóñez.

batolito s.m. Masa de rocas plutónicas consolidada en la corteza terrestre a gran profundidad.

batología s.f. (gr. *battología,* de *Báttos,* rey de Cirene, y *lógos,* discurso). RET. Repetición innecesaria de palabras.

batracio, a adj. y s.m. (gr. *batrákheios,* de la rana, de *bátrakhos,* rana). Anfibio.

battement s.m. (voz francesa). COREOGR. Movimiento de danza que se realiza levantando una pierna extendida y sosteniendo el cuerpo sobre la otra. (Existen varios tipos: *battement tendus, battement jeté, grand battement,* etc.) SIN.: *batimán, batimiento.*

batuecas (en las) loc. Distraído o ajeno a lo que se dice o sucede alrededor.

batuque s.m. Amér. Confusión, barullo. **2.** Amér. Baile desordenado de hombres y mujeres.

batuquear v.tr. Amér. Alborotar, agitar.

baturrada s.f. Dicho o hecho propios de baturro.

baturro, a adj. y s. De Aragón. **2.** Campesino aragonés.

batuta s.f. (ital. *battuta,* compás). Bastón corto y delgado que utiliza el director de una orquesta, banda u orfeón para marcar el compás y la expresión de la pieza que se está ejecutando. ◇ **Llevar la batuta** *Fam.* Dirigir algo.

batutsi → **tutsi.**

baudio s.m. Unidad de velocidad de transferencia de la información en una línea de teleproceso, equivalente a un bit por segundo. **2.** Unidad de velocidad en las transmisiones telegráficas, que corresponde a la transmisión de un punto del alfabeto Morse por segundo.

baúl s.m. (fr. ant. *bahur*). Caja grande con la tapa generalmente abovedada, que se usa para guardar cosas. **2.** Argent. Lugar de un vehículo donde se coloca el equipaje. ◇ **Baúl mundo** Baúl de mucho fondo.

baulé, pueblo akan de Costa de Marfil, que habla una lengua del grupo kwa.

baulera s.f. Argent. Armario o altillo donde se guardan las maletas.

bauprés s.m. (fr. *beaupré*). Palo grueso colocado oblicuamente en la proa de un barco para asegurar velas o cabos del trinquete.

bausán, na s. (voz de origen onomatopéyico). Figura embutida de paja y vestida de armas, que antiguamente se colocaba detrás de las almenas de las fortalezas. **2.** *Fig.* Persona boba, necia. ◆ adj. Perú. Ocioso, holgazán, perezoso.

bautismal adj. Relativo al bautismo.

bautismo s.m. (gr. *baptismós*). Primero de los sacramentos del cristianismo, que constituye el signo jurídico y sagrado de pertenencia a la Iglesia. **2.** Bautizo. ◇ **Bautismo de aire** AERON. Primer vuelo. **Bautismo de fuego** Primera vez que un soldado combate.

bautista s.m. Hombre que bautiza. ◆ adj. y s.m. y f. Baptista. ◇ **El Bautista** Por antonomasia, san Juan Bautista.

bautisterio s.m. → **baptisterio.**

bautizar v.tr. (lat. *baptizare,* del gr. *baptízein*). Administrar el sacramento del bautismo. **2.** *Fig.* Poner nombre a una persona o a una cosa. **3.** Rebajar el vino con agua.

bautizo s.m. Acción de bautizar y fiesta que se celebra.

bauxita s.f. (fr. *bauxite,* de *Les Baux,* cantera de Provenza). Roca sedimentaria de color rojizo, compuesta básicamente de alúmina con óxido de hierro y sílice, que se explota como mineral de aluminio.

bávaro, a adj. y s. De Baviera.

baya s.f. (fr. *baie*). Nombre genérico que se da a los frutos carnosos con semillas, como la uva, la grosella, el melón, etc.

bayadera s.f. (fr. *bayadère*). Bailarina y cantante de la India.

1. **bayal** adj. (ár. *balî,* de secano). Se dice de una variedad de lino de hilaza más fina y blanca que la común.

2. **bayal** s.m. Palanca usada en las tahonas para volver las piedras cuando es necesario picarlas.

bayamés, sa adj. y s. De Bayamo.

bayeta s.f. Paño de tejido absorbente que se utiliza para fregar el suelo y otras superficies. **2.** Tela de lana poco tupida.

bayetón s.m. Tela de lana basta, con mucho pelo.

bayo, a adj. y s. (lat. *badius*). Que es de color blanco amarillento. **2.** Se dice del caballo de este color.

bayoneta s.f. (fr. *Baïonnette,* de *Bayona,* c. de Francia). Arma blanca, puntiaguda, complementaria del fusil, a cuyo cañón se adapta exteriormente junto a la boca. ◇ **Fijación**

de bayoneta Dispositivo de fijación de un objeto semejante al empleado por las bayonetas.

bayonetazo s.m. Golpe o herida de bayoneta.

bayú s.m. Cuba. Prostíbulo.

bayunco, a adj. y s. C. Rica y Guat. Rústico, grosero, zafio.

baza s.f. En ciertos juegos de cartas, conjunto de naipes jugados que recoge el que gana la mano. **2.** Ventaja. ◇ **Meter baza** Intervenir en una conversación o asunto. **No dejar meter baza** *Fam.* Hablar una persona sin dejar hacerlo a los demás.

bazar s.m. (persa *bzâr*). Mercado callejero de puestos ambulantes en ciudades orientales y árabes. **2.** Establecimiento comercial en el que se venden productos diversos.

bazo s.m. (de *bazo,* moreno). Órgano linfoide de los vertebrados situado en el hipocondrio izquierdo, entre el estómago y las falsas costillas, que produce leucocitos y tiene una reserva de hematíes.

bazofia s.f. (ital. *bazzóffia*). Comida mala o mal hecha. **2.** *Fig.* Cosa de la peor calidad, despreciable.

bazuca o **bazooka** s.m. (angloamericano. *bazooka*). Lanzagranadas.

BCG s.m. (sigla de *bacilo Calmette-Guérin*). Vacuna contra la tuberculosis, que se obtiene a partir del cultivo de la bacteria de la tuberculosis bovina.

1. **be** s.f. Nombre de la letra *b.* ◇ **Be chica** Méx. Nombre de la letra *uve.* **Be corta** Amér. Nombre de la letra *uve.* **Be grande** Méx. Nombre de la letra *be.* **Be larga** Amér. Nombre de la letra *be.* **Be por be** *Fam.* De forma prolija.

2. **be** Onomatopeya de la voz de la oveja y el carnero. ◆ s.m. Balido.

beagle adj. y s.m. (voz inglesa). Se dice de un perro cazador de pequeño tamaño y cuerpo robusto.

beamontés, sa adj. y s. Beaumontés.

bearnés, sa adj. y s. De Béarn. ◆ adj. **Salsa bearnesa** Salsa compuesta de vinagre de estragón, perifollo, cebolla, yemas de huevo y mantequilla.

beat s.m. (voz inglesa). En jazz, pulsación o golpe regular y de igual intensidad, no sometido a división métrica o rítmica.

beatería s.f. Demostración de afectada virtud. **2.** Conjunto de gente beata.

beaterio s.m. Casa en que viven las religiosas en comunidad.

beatificación s.f. Acción de beatificar.

beatificar v.tr. Declarar el papa que alguien, de virtudes previamente calificadas, goza de eterna bienaventuranza y se le puede dar culto.

beatífico, a adj. Que hace bienaventurado a alguien.

beatitud s.f. Bienaventuranza completa. **2.** Cualidad de beato.

beatnik s.m. y f. (voz angloamericana). Seguidor de un movimiento social y literario norteamericano nacido en la década de 1950 como reacción contra las formas de vida de EUA y de la sociedad industrial moderna.

beato, a adj. y s. (lat. *beatus,* feliz). Se dice de la persona cuya santidad reconoce la Iglesia mediante el acto solemne de la beatificación. **2.** Se dice de la persona muy devota que se ejercita en obras de virtud o que afecta devoción. **3.** Se dice de la religiosa que pertenece a ciertas órdenes: *beatas dominicas.* ◆ adj. Feliz o bienaventurado. ◆ s. Persona que viste hábito religioso sin vivir en comunidad ni seguir una regla determinada. ◆ s.m. B. ART. Nombre que se da a los manuscritos que reproducen los *Comentarios al Apocalipsis* del Beato de Liébana, cuyo valor artístico reside en sus miniaturas *mozárabes.

Beaufort. Escala de Beaufort Escala codificada de 0 a 12 grados, utilizada en meteorología para medir la fuerza del viento.

beaumontés, sa adj. y s. Relativo al partido de los beaumonteses, rivales de los *agramonteses; miembro de este partido.

bebe, a s. Argent., Perú y Urug. Bebé, niño pequeño.

bebé s.m. Niño pequeño que aún no anda. ◇ **Bebé probeta** Niño nacido de un huevo obtenido por fecundación in vitro de un óvulo y un espermatozoide y reimplantado en el útero.

bebedera s.f. Colomb. y Méx. Acción de beber sin contención.

bebedero, a adj. Que puede beberse sin sentir repugnancia. ◆ s.m. Recipiente para poner bebida a ciertos animales, como pájaros y aves domésticas. **2.** Abrevadero.

bebedizo, a adj. Que puede beberse sin peligro para el organismo. ◆ s.m. Bebida a la que se le atribuyen poderes mágicos, especialmente el de hacer que el que la toma se enamore. SIN.: *filtro.* **2.** Bebida que contiene veneno. **3.** Bebida que se elabora con hierbas y tiene propiedades curativas.

bebedor, ra adj. y s. *Fig.* Se aplica a la persona que abusa de las bebidas alcohólicas. ◆ adj. Que bebe.

bebendurria s.f. Amér. Borrachera.

beber v.tr. e intr. (lat. *bibere*). Ingerir un líquido por la boca. ◆ v.intr. Consumir bebidas alcohólicas de forma habitual. **2.** *Fig.* Obtener información, conocimientos, etc., en la fuente que se expresa: *beber de la tragedia clásica.* **3.** Brindar por alguien. ◆ v.tr. y prnl. Absorber una cosa un líquido: *hacer que el arroz beba todo el caldo.*

bebezón s.f. Colomb., Cuba, Guat. y Venez. Bebida, especialmente la alcohólica.

bebible adj. *Fam.* Que puede beberse, especialmente por no ser desagradable al paladar. **2.** FARM. Que debe tomarse por la boca.

bebida s.f. Sustancia líquida bebible, especialmente la que contiene alcohol. **2.** Hábito de tomar bebidas alcohólicas: *dejar la bebida.*

bebido, a adj. Que está borracho o un poco borracho.

bebo, a s. Argent. Bebé, niño pequeño.

be-bop o **bop** s.m. (voz angloamericana). Estilo de jazz caracterizado por la brillantez de la sección rítmica y la utilización de armonías cromáticas y disonantes.

beca s.f. Ayuda económica procedente de fondos públicos que percibe un estudiante, investigador o artista para cursar sus estudios, realizar sus obras, etc. **2.** Insignia de los colegiales consistente en una banda larga y estrecha de tela. **3.** *Fig.* Plaza o prebenda de colegial.

becada s.f. (cat. *becada,* de *bec,* pico). Ave caradriforme de pico largo, delgado y flexible, de unos 50 cm de long. (Familia escolopácidos.) SIN.: *becada.*

becar v.tr. Conceder una beca.

becario, a s. Persona que disfruta de una beca o ayuda económica. SIN.: *becado.*

becerrada s.f. Lidia de becerros.

escala de Beaufort

grado Beaufort	velocidad en km/h	denominación del viento
0	<1	calma
1	1-5	ventolina
2	6-11	flojito
3	12-19	flojo
4	20-28	bonancible
5	29-38	fresquito
6	39-49	fresco
7	50-61	frescachón
8	62-74	temporal
9	75-88	temporal fuerte
10	89-102	temporal duro
11	103-117	temporal muy duro
12	>117	huracán

becerril adj. Relativo al becerro o parecido a este.

becerro, a s. Toro o vaca que no ha cumplido tres años. ◆ s.m. Piel de ternero curtida que se emplea para diversos usos, especialmente para la fabricación de calzado. ◇ **Becerro de oro** Ídolo que los israelitas elevaron al pie del monte Sinaí y al que rindieron culto; *Fig.* dinero.

bechamel, bechamela o **besamel** s.f. (del marqués de *Bechamel*, su inventor). Salsa blanca elaborada a base de harina, leche y mantequilla.

becqueriana s.f. → **bequeriana.**

becuadro s.m. (ital. *bequadro*) MÚS. Signo de alteración que devuelve a su tono natural una nota antes elevada por un sostenido o rebajada por un bemol.

bedegar s.m. Excrecencia pilosa que se produce en los rosales por la introducción en la planta de huevos de un insecto cinípedo.

bedel, la s. (occitano ant. *bedel*). Persona que por oficio tiene a su cargo las llaves de un establecimiento público, especialmente una universidad o instituto, y de sus distintas dependencias, y se encarga del orden fuera de las aulas, de anunciar el comienzo y final de las clases, etc.

bedelio s.m. (gr. *bdéllios*). Gomorresina de color amarillo, olor suave y gusto amargo que se extrae de ciertas burseráceas y se emplea en la industria farmacéutica.

beduino, a adj. y s. (ár. *badawî*, campesino). Se dice de los árabes nómadas de Arabia, Siria, Iraq, Jordania y Sahara, musulmanes en su mayoría, una parte de los cuales está en vías de sedentarización.

befa s.f. Burla grosera e insultante.

befar v.tr. Hacer burla o reírse de algo o alguien. ◆ v.intr. Alargar los caballos el befo o labio para alcanzar la cadenilla del freno.

beffroi s.m. (voz francesa). En Flandes, Artois, Hainaut y regiones limítrofes, torre ciudadana de atalaya, desde la que los guardias vigilaban el campo circundante.

befo, a adj. y s. Belfo, con el labio inferior más grueso que el superior. **2.** Se aplica a la persona que tiene labios abultados o gruesos. **3.** Zambo. ◆ s.m. Belfo, labio de un animal. **2.** Mono.

begardo, a adj. y s. Relativo a una sociedad cristiana que preconizaba una renovación espiritual, de tendencia a menudo heterodoxa (s. XVIII); miembro de esta sociedad.

begonia s.f. (fr. *bégonia*). Planta originaria de América del Sur, cultivada por sus hojas decorativas y sus flores vivamente coloreadas. (Familia begoniáceas.) **2.** Flor de esta planta.

beguina s.f. (cat. *beguina*, del fr. *béguine*). Mujer piadosa que, sin emitir votos, vive en comunidad, en los Países Bajos y en Bélgica.

beguinaje s.m. Comunidad de beguinas.

begum s.f. Título que se da a las princesas indias.

behaísmo s.m. Movimiento religioso persa nacido del babismo. (Fundado por Baha'Allah [1817-1892] predica una religión universal.)

behaviorismo s.m. (del ingl. *behavior*, conducta). PSICOL. Conductismo.

behaviorista adj. y s.m. y f. PSICOL. Conductista.

behetría s.f. (bajo lat. *benefactoria*, de *benefactor*, bienhechor). Durante la edad media, en Castilla, heredad dotada de ciertos privilegios cuyo dueño era un campesino libre que disfrutaba de la facultad de elegir por señor a quien quisiera. (Establecía relaciones de patrocinio para su protección a cambio del pago de impuestos o la prestación de determinados servicios.)

beicon s.m. (ingl. *bacon*). Esp. Tocino ahumado que tiene vetas de carne magra.

beige adj. y s.m. (voz francesa). Se dice del color blanco amarillento, como el de la lana natural. **2.** Que es de este color.

béisbol s.m. (ingl. *baseball*). Deporte que se practica en un campo entre dos equipos de nueve jugadores que consiste en golpear una pelota con un bate y recorrer un perímetro pasando por cuatro bases, antes de que el equipo contrario recupere la bola lanzada y la devuelva al punto de partida.

bejucal s.m. Terreno plantado de bejucos. SIN.: *bejuqueda.*

bejuco s.m. (voz taína de Santo Domingo). Nombre de diversas plantas tropicales, sarmentosas, de tallos largos y delgados, que se emplean para ligaduras, jarcias, tejidos, muebles, etc.

bejuquear v.tr. Amér. Central, Ecuad. y P. Rico. Varear, apalear.

bel s.m. Unidad relativa (símb. B) utilizada para expresar la relación de valores entre dos potencias, normalmente sonoras. SIN.: *belio.*

---

bel

El logaritmo decimal de esta relación es, por definición, la diferencia en belios entre las dos potencias. Expresa un nivel de intensidad del sonido, en el caso de dos potencias sonoras, en el que una que se toma como referencia, es igual a 10^{-12} W.

---

bel canto s.m. (voces italianas). Estilo operístico de canto en que se resalta la belleza del sonido y el virtuosismo.

belcho s.m. Arbusto muy ramificado, de unos 50 cm de alt., sin hojas, con flores en amentos y frutos en baya, encarnados. (Familia gnetáceas.)

beldad s.f. (occitano ant. *beltat*, de *bel*, bello). Belleza. **2.** Mujer de gran belleza.

beldar v.tr. (lat. *ventilare*, agitar en el aire) [conj.: *pensar*]. Aventar las mieses, legumbres, etc., con el bieldo para separar la paja del grano. SIN.: *bieldar.*

belduque s.m. Colomb. Cuchillo grande con una hoja puntiaguda.

belemnita s.f. Molusco cefalópodo fósil, característico de la era secundaria, semejante al actual calamar y del que generalmente solo se conserva la parte posterior del caparazón. (Familia cefalópodos.)

belén s.m. (de *Belén*, c. de Cisjordania). Representación del nacimiento de Jesús por medio de figuras. **2.** *Fig.* y *fam.* Confusión, desorden: *armarse un belén.* **3.** *Fig.* y *fam.* Situación complicada y confusa: *meterse en belenes.*

beleño s.m. Arbusto de hojas vellosas y flores campaniformes amarillentas con listas púrpura, cuyas hojas y semillas son muy tóxicas. (Familia solanáceas.)

belfo, a adj. y s. (lat. *bifidus*, partido en dos). Que tiene el labio inferior más grueso que el superior. SIN.: *befo.* ◆ s.m. Labio del caballo y de otros animales.

belga adj. y s.m. y f. De Bélgica.

belicismo s.m. Tendencia a solucionar los conflictos internacionales mediante acciones bélicas.

belicista adj. y s.m. y f. Partidario del belicismo.

bélico, a adj. (lat. *bellicus*, de *bellum*, guerra). Relativo a la guerra.

belicosidad s.f. Actitud o cualidad de belicoso.

belicoso, a adj. Que incita a la guerra o al empleo de la violencia: *ambiente belicoso; discurso belicoso.* **2.** *Fig.* Que tiene tendencia a pelearse o a actuar con agresividad.

beligerancia s.f. Actitud o estado de beligerante. ◇ **No beligerancia** Estado de un país que, sin ser completamente neutral en un conflicto, no toma parte en las operaciones militares.

beligerante adj. y s.m. y f. Se dice de un estado, pueblo o fuerza armada que participa en un conflicto armado en condiciones reconocidas por el derecho internacional. ◆ adj. Que tiene una actitud combativa contra algo.

belinógrafo s.m. Aparato para la transmisión de imágenes o fotografías a larga distancia.

belinograma s.m. Imagen o fotografía transmitidas con un belinógrafo.

belio s.m. Bel.

bellaco, a adj. y s. Granuja, pícaro. **2.** Amér. Se dice de la cabalgadura que tiene resabios y es difícil de gobernar.

belladona s.f. (ital. *belladonna*). Planta herbácea que vive en las espesuras o los escombros, con bayas negras del tamaño de una cereza. (Es muy venenosa y contiene un alcaloide, la atropina, que en muy pequeñas dosis se utiliza en medicina; familia solanáceas.)

bellaquear v.intr. Actuar como un bellaco.

bellaquería s.f. Acción o dicho propio de bellaco. SIN.: *bellacada.*

belleza s.f. Conjunto de cualidades de alguien o algo cuya contemplación produce un placer sensorial, intelectual o espiritual. **2.** Persona de gran hermosura física.

bellido, a adj. (del lat. *bellus,* bonito). Bello, agraciado.

bello, a adj. (occitano ant. *bel,* del lat. *bellus,* bonito). Que tiene belleza. **2.** Que muestra bondad o tiene buenas cualidades morales: *ser una bella persona.*

bellota s.f. (ár. *ballûta*). Fruto de la encina, roble y otros árboles. **2.** Cosa que tiene la forma de este fruto. **3.** Botón o capullo del clavel sin abrir.

bellote s.m. Clavo grueso de unos 20 cm de longitud.

bellotear v.intr. Comer bellotas el ganado porcino.

belos, tribu de celtíberos que en la época de la conquista romana habitaba las tierras altas que enlazan la meseta castellana con el valle del Ebro.

beluga s.f. Cetáceo semejante al narval, de color blanco, que mide entre 3 y 4 m de long. y habita en los mares árticos. (Familia monodóntidos.) **2.** Especie de esturión que habita en el mar Caspio, reputada por su caviar.

belvedere s.m. (voz italiana). Pabellón, mirador, lugar desde el que se descubre un amplio panorama.

bembo, a adj. Cuba. Se dice de la persona de origen africano. ◆ s.m. Cuba, Ecuad., Perú y P. Rico. Bezo.

bemol s.m. (del bajo lat. *be molle,* letra be suave). MÚS. Signo de alteración que rebaja en un semitono la nota a la que precede. ◆ adj. y s.m. Se dice de la nota que ha sido afectada por el signo de bemol. ◇ **Doble bemol** Signo que rebaja en un tono la nota a la que afecta. **Tener bemoles** *Fam.* Ser una cosa complicada; se usa para expresar enojo por alguna contrariedad.

bencénico, a adj. Relativo al benceno.

benceno s.m. (fr. *benzène*). Líquido incoloro, volátil y combustible, obtenido de la hulla y principalmente del petróleo. (Es un hidrocarburo aromático, de fórmula C_6H_6.)

bencidina s.f. Diarilamina que sirve para la preparación de colorantes azoicos.

bencílico, a adj. Se dice del compuesto químico que contiene el radical bencilo: *alcohol bencílico.*

bencina s.f. (lat. moderno *benzoe,* benjuí). Primitiva denominación del benceno. **2.** Gasolina.

bencinera s.f. Chile. Gasolinera.

bencinero, a s. Chile. Persona que tiene por oficio expender gasolina.

bendecir v.tr. [conj.: *predecir*]. Invocar la protección divina en favor de una persona o cosa. **2.** Consagrar alguna cosa al culto divino mediante determinado rito: *bendecir un templo.* **3.** Conceder la providencia su protección o colmar de bienes. **4.** Alabar, ensalzar.

OBS.: participio: *bendecido.*

bendición s.f. Acción de bendecir. **2.** Expresión con que se bendice algo. ◆ **bendiciones** s.f.pl. Ceremonias religiosas con que se celebra el sacramento del matrimonio. ◇ **Ser una bendición (de Dios)** *Fam.* Ser algo excelente y muy beneficioso.

bendito, a adj. y s. Santo o bienaventurado: *san Juan bendito.* ◆ adj. Que es feliz, dichoso o afortunado: *bendita ella, que no conoce el sufrimiento.* ◆ s. Persona buena e inocente, sin malicia.

benedícite s.m. (lat. *benedicite,* bendecid). Palabra con que comienza la fórmula de bendición de la mesa.

benedictino, a adj. y s. Relativo a la orden fundada por san Benito de Nursia (h. 529) y cuya cuna fue el monasterio de Montecassino, en Italia; miembro de esta orden.

benedictino

Familia monástica inspirada en la regla de san Benito, que pone énfasis en la liturgia, el trabajo manual, los ejercicios espirituales y la vida comunitaria. Se diversificó en varias ramas: cluniacenses, cistercienses (a la que pertenecen los trapenses), camaldulences, celestinos. Reformada en varias ocasiones, la orden benedictina propiamente dicha experimentó un impulso considerable con la fundación, en 910, de la abadía de Cluny. Suprimida en Francia por la Revolución, se restauró en Solesmes en el año 1837.

benefactor, ra adj. y s. Bienhechor.

beneficencia s.f. (lat. *beneficentia*). Institución pública o privada que concede ayuda social o económica a los necesitados. **2.** Ayuda social o económica prestada por esta institución. **3.** Práctica de obras buenas, especialmente de caridad.

beneficiado s.m. Persona que goza de un beneficio eclesiástico que no es curato o prebenda.

beneficiar v.tr. y prnl. Producir un beneficio a alguien o algo. ◆ v.tr. Hacer que una cosa produzca rendimiento o beneficio: *beneficiar un terreno.* **2.** Dar o conceder un beneficio eclesiástico. **3.** Cuba, Chile y P. Rico. Descuartizar una res y venderla al menudeo. **4.** MIN. Extraer de una mina las sustancias útiles. **5.** MIN. Someter estas sustancias al tratamiento metalúrgico.

beneficiario, a adj. y s. Se dice de la persona que recibe el beneficio de una donación, acción, seguro, etc.

beneficio s.m. (lat. *beneficium,* de *bene,* bien, y *facere,* hacer). Utilidad, provecho, ganancia: *obtener beneficios.* **2.** Utilidad o provecho: *su acto redunda en beneficio de toda la comunidad.* **3.** Ganancia realizada por una empresa y que corresponde a la diferencia entre los gastos requeridos para la producción de un bien o de un servicio y los ingresos correspondientes a la venta de los bienes producidos en el mercado. **4.** Función de teatro u otro espectáculo público cuya recaudación se destina a una persona o institución benéfica. **5.** Derecho que compete a una persona por ley o privilegio. **6.** HIST. Concesión, donación o detención temporal de tierras hechas por emperadores y reyes a los veteranos, fieles, vasallos, etc., como pago de servicios prestados o como recompensa. (Se practicó en Europa occidental, desde el s. III hasta concluir el feudalismo.) **7.** MIN. Acción de beneficiar. ◇ **Beneficio de división** DER. Derecho que se otorga en favor de un fiador no solidario para obligar al acreedor a que divida el crédito y le sea exigida solamente aquella parte del mismo a que se obligó. **Beneficio de inventario** DER. Prerrogativa que se otorga a los herederos para que puedan aceptar la herencia sin quedar obligados a pagar a los acreedores del causante más de lo que importe aquella según el inventario realizado al efecto. **Beneficio eclesiástico** Cualquier cargo de la Iglesia católica, desde el pontificado hasta la auxiliaría de una capilla; renta anexa al cargo. **Tasa de beneficio** Según Marx, relación entre la plusvalía y el capital total, capital constante y capital variable.

beneficioso, a adj. Que es positivo, provechoso o útil.

benéfico, a adj. (lat. *beneficus*). Que hace bien. **2.** Relativo a la beneficencia: *rifa benéfica.*

benemérita s.f. **La Benemérita** Esp. *Por antonom.* La Guardia Civil española.

benemérito, a adj. (del lat. *bene meritus,* que se ha portado bien con alguien). Digno de galardón.

beneplácito s.m. (del lat. *bene placitus,* que ha gustado). Aprobación, permiso o consentimiento.

benevolencia s.f. Cualidad de benévolo.

benevolente adj. Que tiene benevolencia.

benévolo, a adj. (lat. *benevolus,* de *bene,* bien, y *velle,* querer). Que denota buena voluntad y afecto. **2.** Que, en su relación con otras personas, actúa con buena voluntad y afecto; en especial, que muestra indulgencia y tolerancia.

bengala s.f. (de *Bengala,* región del S de Asia). Fuego artificial que despide claridad muy viva y de diversos colores y que se utiliza sobre todo en navegación para hacer señales. **2.** Varilla metálica cubierta de una sustancia inflamable que produce chispas muy luminosas.

bengalí adj. y s.m. y f. De Bengala. ◆ s.m. Lengua indoaria hablada en Bengala. **2.** Pájaro pequeño, de plumaje azul y pardo, originario de África tropical, que a menudo se cría en cautividad. (Familia ploceidos.)

benignidad s.f. Cualidad de benigno.

benigno, a adj. (lat. *benignus,* de *bene,* bien, y *gignere,* engendrar). Que es afable, benévolo: *carácter benigno.* **2.** *Fig.* Se dice del fenómeno atmosférico que es apacible o poco riguroso: *clima benigno; invierno benigno.* **3.** Se dice de la enfermedad que no es grave, y del tumor no maligno.

benimerín adj. y s.m. y f. Relativo a los Benimerines, dinastía beréber que reinó en Marruecos, de 1269 a 1465. SIN.: *mariní.*

beninés, sa adj. y s. De Benín.

Bénioff. Plano de Bénioff Plano inclinado que forma un ángulo de 45° con la horizontal, y a lo largo del cual se encuentran los focos de los seísmos. (Se localiza en la zona más delgada de la litosfera.)

benjamín, na s. Hijo menor. **2.** Persona más joven de las que forman un grupo.

benjuí s.m. (del ár. *lubân ŷawî,* incienso de Sumatra). Resina aromática extraída del tronco de varias plantas estiracáceas de Asia meridional, que se utiliza en medicina como balsámico y antiséptico.

benteveo o **bienteveo** s.m. (de *bien te veo*). Ave de unos 20 cm de long., dorso pardo, cola y pecho amarillos y una franja blanca en la cabeza, que vive en Argentina. (Familia tiránidos.)

bentónico, a adj. Que forma parte del bentos.

bentonita s.f. Arcilla de fuerte poder absorbente y decolorante que tiene diversos usos industriales.

bentos s.m. Conjunto de seres que viven fijos sobre el fondo del mar, los ríos o los lagos.

benzaldehído s.m. QUÍM. ORG. Aldehído de fórmula C_6H_5—CHO, principio oloroso de la esencia de almendras amargas.

benzamida s.f. QUÍM. ORG. Amida del ácido benzoico, de potencialidades neurolépticas.

benzoato s.m. Sal o éster del ácido benzoico.

benzodiazepina s.f. Nombre de varios compuestos isómeros, emparentados con la diacepina, utilizados en psicofarmacología.

benzoico, a adj. (del lat. moderno *benzoe,* benjuí). Se dice del ácido que se encuentra en el benjuí y se prepara industrialmente a partir del tolueno.

benzoílo s.m. Radical monovalente C_6H_5—CO—, derivado del ácido benzoico.

benzol s.m. Mezcla de benceno y tolueno, extraída del alquitrán de hulla.

benzolismo s.m. Enfermedad debida a la manipulación de benzol, cuyas manifestaciones son la anemia y la leucopenia.

benzonaftol s.m. Antiséptico intestinal de un amplio espectro.

beocio, a adj. y s. De Beocia.

beodo, a adj. y s. (lat. *bibitus,* part. de *bibere,* beber). Borracho, ebrio.

beorí s.m. Tapir americano de pelo castaño y crin corta.

bequeriana o **becqueriana** s.f. Composición poética amorosa breve.

berberecho s.m. Molusco bivalvo comestible con las conchas casi circulares y canaladuras radiales, que vive en la arena de las playas.

berberidáceo, a adj. y s.f. Relativo a una familia de plantas que incluye el agracejo.

berberisco, a adj. y s. De Berbería. SIN.: *bereber.* ◆ adj. y s.m. Se dice de un caballo de talla superior al árabe, que es originario del norte de África.

berbiquí s.m. (fr. *veberquin*). Instrumento por medio del cual se imprime un movimiento de rotación a una barrena, broca, etc., para taladrar.

berciano, a adj. y s. Del Bierzo.

bereber o **beréber** adj. y s.m. y f. De un conjunto de pueblos de lengua bereber, de religión musulmana orientada hacia el chiismo, que ocupan África septentrional (Rif, Cabilia y Aurès principalmente). [Su historia está marcada desde el s. VII por la resistencia a los árabes. Los bereberes constituyeron el grueso de las tropas que conquistaron España en el s. VIII.] ◆ s.m. Lengua camítico-semítica que hablaban los bereberes del norte de África y que dio lugar a numerosas variedades actuales.

berenjena s.f. (ár. *badinŷâna*). Planta de tallo peloso o espinoso, cultivada especialmente en las regiones mediterráneas, de fruto comestible. (Familia solanáceas.) **2.** Fruto de esta planta, generalmente violeta, con baya carnosa de forma ovalada y cilíndrica. **3.** Que es de color violeta intenso, como el de este fruto. (Es invariable en plural.)

berenjenal s.m. Terreno plantado de berenjenas. ◇ **Meterse en un berenjenal** *Fam.* Meterse en asuntos enredados y dificultosos.

bergamasco, a adj. y s. De Bérgamo. ◆ adj. y s.f. Se dice de una danza originaria de Bérgamo que se bailaba en los ss. XVI, XVII y XVIII.

bergamota s.f. (ital. *bergamotta*). Variedad de lima, muy aromática, cuya esencia se emplea en perfumería. **2.** Variedad de pera muy jugosa y aromática.

bergamoto s.m. Limero de cuyo fruto se extrae una esencia de olor muy agradable. **2.** Peral que produce la bergamota.

bergante s.m. y f. y adj. (cat. *bergant*). Persona pícara, sinvergüenza.

bergantín s.m. (cat. *bergantí*). Velero de dos palos, trinquete y mayor, formado por palo macho y dos masteleros. ◇ **Bergantín goleta** Bergantín que usa aparejo de goleta en el palo mayor.

bergantina s.f. MAR. Vela cangreja de los bergantines. **2.** MAR. Embarcación mixta de jabeque y bergantín utilizada en el mar Mediterráneo. SIN.: *bergantino.*

beriberi s.m. (voz cingalesa). Enfermedad debida a la carencia de vitamina B_1, caracterizada por trastornos intestinales, edemas y trastornos nerviosos. SIN.: *avitaminosis B.*

berilio s.m. Metal ligero, de color gris, de densidad 1,85, cuyo punto de fusión es de 1 287 °C. **2.** Elemento químico (Be), de número atómico 4 y masa atómica 9,012. (Se utiliza en aleaciones y como moderador de neutrones en los reactores nucleares. Sus compuestos son muy tóxicos.)

berilo s.m. (lat. *beryllus,* del gr. *bíryllos*). Silicato natural de aluminio y de berilio. (La variedad verde es la esmeralda; la azul irisada de verde, la aguamarina; la rosada, la morganita; la amarilla, el heliodoro.)

berkelio s.m. (de *Berkeley,* c. de Estados Unidos). Elemento químico artificial (Bk), radiactivo, de número atómico 97.

berlina s.f. (fr. *berline,* de *Berlín,* c. de Alemania). Automóvil de cuatro a seis plazas, con cuatro puertas laterales y una trasera. **2.** Vehículo tirado por caballos, con cuatro ruedas y provisto de capota.

berlinés, sa adj. y s. De Berlín.

berlinga s.f. Vara larga de madera verde con que se remueve la masa fundida de los hornos metalúrgicos. **2.** MAR. Percha, tronco de árbol que se utiliza para remplazar las piezas de arboladura, palos, vergas, etc.

berma s.f. (fr. *berme*). Espacio estrecho acondicionado entre un canal, un cauce, etc., y la tierra procedente de su perforación o excavación para protegerse de los desprendimientos y servir como camino. **2.** Chile. Franja lateral exterior de una carretera.

bermejo, a adj. y s.m. (lat. *vermiculus,* cochinilla de la que se extraía el tinte rojo). Se dice del color rubio rojizo. ◆ adj. Que es de este color: *pelo bermejo; piel bermeja.*

bermellón s.m. Polvo muy fino de cinabrio, de color rojo vivo, que se emplea en la fabricación de pinturas. ◆ s.m. y adj. Se dice del color rojo vivo parecido al del cinabrio. ◆ adj. Que es de este color.

bermudas s.m. o f.pl. Pantalón que cubre hasta la rodilla. **2.** Traje de baño masculino semejante a este pantalón.

bernardo, a adj. y s. Se dice del monje o monja de la orden del Císter.

bernegal s.m. Esp. y Venez. Tinaja pequeña que sirve para recoger el agua que destila el filtro.

bernés, sa adj. y s. De Berna.

berones, pueblo prerromano de la península Ibérica asentado en la actual comunidad autónoma de La Rioja; su capital era *Vareia* (act. Logroño).

berrear v.intr. (del lat. *verres,* verraco). Emitir berridos el becerro y otros animales. **2.** *Fig.* Emitir una persona gritos estridentes.

berrendo, a adj. Que es de dos colores: *trigo berrendo.* **2.** TAUROM. Se dice del toro con manchas de color distinto que el resto de la piel. ◆ s.m. Bóvido conocido también con el nombre de antílope americano. (Familia antilocápridos.)

berretín s.m. Amér. Capricho, antojo.

berrido s.m. Voz del becerro y otros animales. **2.** *Fig.* Grito o voz estridentes.

berrinche s.m. (del lat. *verres,* verraco). *Fam.* Rabieta, enojo o llanto violentos y cortos.

berrinchudo, a adj. Amér. Enojadizo.

berrizal s.m. Zanja inundada donde se cultivan berros.

berro s.m. (célt. *beruro*). Planta herbácea que se cultiva en los berrizales y es apreciada por sus partes verdes, comestibles. (Familia crucíferas.)

berrocal s.m. Región en la que predominan los berruecos.

berroqueño, a adj. y s.f. **Piedra berroqueña** Granito, roca de cuarzo.

berrueco s.m. Roca granítica que ha adquirido una forma más o menos redondeada. **2.** Lesión de aspecto verrugoide que aparece en la pupila.

bersaglieri s.m.pl. (voz italiana, de *bersaglio,* objetivo, honda). Soldados italianos de infantería ligera.

berza s.f. (lat. vulgar *virdia,* pl. de *virdis,* verde). Col.

berzal s.m. Terreno plantado de berzas.

berzotas adj. y s.m. y f. (pl. *berzotas*). Esp. *Fam.* Torpe, necio.

besalamano s.m. (pl. *besalamanos).* Comunicación escrita que empieza con la abreviatura *BLM,* redactada en tercera persona y sin firma.

besamanos s.m. (pl. *besamanos).* Recepción oficial en la que los reyes o personas que los representan reciben el saludo de los concurrentes. **2.** Modo de saludar a alguien besándole la mano. **3.** Acción de besar alguna imagen.

besamel s.f. → **bechamel.**

besana s.f. (lat. *versare,* dar la vuelta). Esp. Conjunto de surcos paralelos que se hacen con el arado.

besante s.m. (gr. medieval *byzántis,* bizantino). Antigua moneda de oro del Imperio bizantino. **2.** ARQ. Disco plano empleado en el románico para la ornamentación de platabandas y arquivoltas.

besar v.tr. y prnl. Tocar u oprimir con los labios, como expresión de saludo, amor, deseo, etc. **2.** *Fig.* Estar en contacto cosas inanimadas. ◆ **besarse** v.prnl. Tropezar una persona con otra, dándose un golpe. ◇ **Besar la mano,** o **los pies** Fórmula de cortesía.

beso s.m. (lat. *basium*). Acción de besar. ◇ **Beso de Judas** Beso que se da con doble y falsa intención. **Comer(se) a besos** *Fam.* Hacer grandes demostraciones de cariño a alguien.

bessemer s.m. (de Henry *Bessemer,* metalúrgico británico). Convertidor que transforma en acero el arrabio fundido, inyectando aire a presión.

bestia s.f. (lat. *bestia*). Animal cuadrúpedo, especialmente el doméstico de carga. ◆ adj. y s.m. y f. *Fam.* Rudo e ignorante. ◇ **A lo bestia** Con violencia.

bestial adj. Que es brutal o irracional: *instintos bestiales.* **2.** *Fig.* y *fam.* Desmesurado, extraordinario: *una obra bestial.*

bestialidad s.f. Brutalidad, irracionalidad. **2.** Relación sexual de un ser humano con una bestia. SIN.: *bestialismo.*

bestializarse v.prnl. Hacerse bestial, vivir o proceder como las bestias.

bestiario s.m. En la edad media, obra en la que están catalogados animales, reales o imaginarios, que sirven como símbolos de una significación moral o religiosa. **2.** Conjunto de la iconografía animalista medieval. **3.** Hombre que luchaba contra una fiera en el circo romano.

best-seller s.m. (ingl. *best seller*) [pl. *best-sellers*]. Libro de gran tirada que constituye un éxito editorial.

besucar v.tr. *Fam.* Besuquear.

besucón, na adj. Que besuquea.

besugo s.m. Pez marino comestible, de unos 70 cm de long., de carne blanca y delicada que cuando es adulto presenta una mancha negra en la axila de las aletas torácicas. (Familia espáridos.)

besuguera s.f. Recipiente ovalado para guisar besugos u otros pescados.

besuquear v.tr. *Fam.* Besar de manera reiterada. SIN.: *besucar.*

1. **beta** s.f. Nombre de la segunda letra del alfabeto griego (β, Β), que corresponde a la *b* española. ◇ **Rayos beta** Flujo de electrones o de positrones emitido por ciertos elementos radiactivos.

2. **beta** s.f. MAR. Cabo que forma parte de un aparejo.

betabel s.f. Méx. Remolacha.

betabloqueante adj. y s.m. Se dice de un tipo de medicamentos que se utilizan principalmente para tratar trastornos cardíacos.

betagrafía s.f. Radiografía por electrones.

betarraga o **betarrata** s.f. (fr. *bettarave,* de *bette,* acelga, y *rave,* nabo). Remolacha, planta y raíz.

betatrón s.m. Aparato acelerador de partículas negativas, electrones o partículas beta, que sirve para la generación de rayos X de alta energía o para la desintegración de átomos.

betel s.m. Planta trepadora tropical, cultivada en la India, cuyo fruto tiene una semilla picante como la de la pimienta, y cuyas hojas tienen sabor a menta. **2.** Pasta para masticar elaborada con hojas de betel y nueces de areca.

beterava s.f. Argent. Remolacha.

bético, a adj. y s. De la Bética.

betijoque s.m. Grupo estratigráfico de más de 4 000 m de espesor, que se extiende por el flanco NO de los Andes.

betilo s.m. Entre los antiguos semitas, piedra sagrada considerada como la morada de una divinidad.

betlemita o **betlehemita** adj. y s.m. y f. De Belén. **2.** Se dice del religioso perteneciente a una orden hospitalaria creada en Guatemala por el beato Pedro de Bethencourt en el s. XVII, y extendida después por toda América.

betónica s.f. (lat. *vettonica*). Planta de flores malvas. (Familia labiadas.)

betuláceo, a adj. y s.f. (del lat. *betula,* abedul). Relativo a una familia de plantas arborescentes apétalas, a la que pertenecen el aliso y el abedul.

betún s.m. (cat. *betum*). Mezcla de varios ingredientes con que se lustra el calzado. **2.** Materia mineral natural, rica en carbono y en hidrógeno, que arde con una llama y olor peculiares. **3.** Méx. Mezcla de clara de huevo y azúcar batidos que sirve para bañar ciertos dulces.

betunero, a s. Lustrabotas. **2.** Persona que elabora o vende betunes.

bey s.m. Título de los soberanos teóricamente vasallos del sultán. **2.** Antiguo título de los oficiales superiores del ejército otomano y de los altos funcionarios.

bezante s.m. HERÁLD. Pieza circular de oro o de plata.

bezo s.m. Labio grueso. **2.** Labio colgante de algunos animales: *los bezos del mono.* (Suele usarse en plural.) **3.** Bulto alrededor de una herida infectada.

bezoar s.m. (ár. *bezuwâr*). Concreción de cuerpos extraños ingeridos que se acumulan en el aparato digestivo de algunos animales.

bezote s.m. Adorno de diversas materias que algunos pueblos tienen por costumbre aplicarse en los labios.

bezudo, a adj. Que tiene los labios gruesos.

biajaiba s.f. Perciforme de 30 cm de long., aleta dorsal y pectoral de color rojo y cola ahorquillada, que vive en las costas de las Antillas. (Familia mesopriónidos.)

bianual adj. Que sucede dos veces al año: *revista bianual.*

biathlon o **biatlón** s.m. Prueba de esquí nórdico que consiste en una carrera de fondo y en realizar cuatro pruebas de tiro al blanco con carabina.

biauricular adj. Relativo a los dos oídos, o a las dos aurículas.

biaxial adj. Que posee dos ejes, que se efectúa o se ejerce según dos ejes.

biáxico, a adj. Que tiene dos ejes. **2.** Se dice del cristal birrefringente en el que existen dos direcciones según las cuales un rayo luminoso se propaga sin desdoblarse.

bibelot s.m. (pl. *bibelots*). *Galic.* Objeto pequeño, como una estatuilla o un muñeco, de adorno y de escaso valor.

biberón s.m. (fr. *biberon,* del lat. *bibere,* beber). Recipiente cilíndrico y alargado provisto de una tetina en la boca, que sirve para la lactancia artificial de los recién nacidos.

bibicho s.m. Hond. Gato doméstico.

biblia s.f. (gr. *biblia,* libros). Conjunto de libros canónicos cuya primera parte *(Antiguo testamento)* es común a judíos y cristianos y la segunda *(Nuevo testamento)* solo es seguida por los cristianos. (Suele escribirse con mayúscula.) **2.** Volumen que contiene los libros de la Sagrada Escritura: *una biblia in folio.* **3.** *Fig.* Libro de cabecera, libro doctrinal que hay que consultar a menudo. ◇ **Papel biblia** Papel muy delgado pero suficientemente opaco para su impresión.

bíblico, a adj. Relativo a la Biblia.

bibliofilia s.f. Afición de bibliófilo.

bibliófilo, a s. Persona aficionada a los libros, especialmente si son raros o valiosos.

bibliografía s.f. Conjunto de referencias sobre publicaciones. **2.** Conjunto de obras escritas sobre un tema o por un autor. **3.** Ciencia que tiene por objeto la investigación, descripción y clasificación de los textos impresos.

bibliográfico, a adj. Relativo a la bibliografía.

bibliógrafo, a s. Persona que se dedica a la bibliografía.

bibliología s.f. Estudio general del libro en sus aspectos histórico y técnico.

bibliomanía s.f. Pasión excesiva por los libros.

bibliometría s.f. Parte de la bibliología que se ocupa de las estadísticas relativas a los diferentes aspectos del libro, con excepción del aspecto cuantitativo.

bibliorato s.m. Argent. y Urug. Carpeta de cartón, de lomo ancho, con anillas, para archivar documentos.

biblioteca s.f. (lat. *bibliotheca,* del gr. *bibliothíki*). Edificio donde se guardan libros ordenados y clasificados para su consulta y préstamo. **2.** Mueble grande con estantes para colocar libros. **3.** Colección de libros o manuscritos de un autor, una materia o un lugar. **4.** INFORMÁT. Librería.

bibliotecario, a s. Persona que tiene a su cargo la dirección o el cuidado de una biblioteca.

bibliotecología s.f. Ciencia que estudia las bibliotecas en todos sus aspectos.

biblioteconomía s.f. Disciplina que se ocupa de la organización y administración de bibliotecas.

bical s.m. Salmón macho.

bicameral adj. Se dice del sistema político que se estructura en dos asambleas o cámaras legislativas.

bicameralismo s.m. Organización de un estado en un sistema bicameral.

bicarbonato s.m. Sal formada por la combinación de ácido carbónico y un metal que sustituye a un átomo de hidrógeno. (En particular, se denomina de este modo al bicarbonato de sodio [$NaHCO_3$], que se utiliza para aliviar la acidez y el dolor de estómago.)

bicéfalo, a adj. Que tiene dos cabezas.

bíceps s.m. (lat. *biceps,* de dos cabezas). ANAT. Nombre de dos músculos, uno en la extremidad superior y otro en la inferior, cuyos extremos comprenden dos cuerpos musculares distintos y que tienen dos tendones de inserción en cada extremo. ◆ adj. Que tiene dos cabezas, dos puntas o dos cabos.

bicha s.f. *Fam.* Culebra. **2.** ARQ. Figura fantástica que se emplea como objeto de ornamentación.

biche adj. Amér. Canijo y enteco. **2.** Colomb. y Par. Se dice de la fruta verde o de las cosas que no han alcanzado un desarrollo completo. **3.** Perú. Se dice de una olla de gran tamaño.

bicheadero s.m. Argent. Atalaya.

bichear v.tr. e intr. Argent. Vigilar, espiar, explorar.

bichero s.m. (port. *bicheiro*). Punta de hierro, con uno o dos garfios, fijada al extremo de un asta de madera y que se utiliza para aferrar cables, brandales, escalas, etc., así como en las maniobras de atraque y desatraque de las embarcaciones menores. **2.** Arpón de mango largo.

bicho s.m. (lat. vulgar *bestius,* animal). Animal, especialmente insecto u otro animal de pequeño tamaño. **2.** *Fig.* Persona de figura ridícula o de mal genio. **3.** TAUROM. Toro de lidia. ◇ **Bicho de luz** Argent. Luciérnaga. **Bicho viviente** Persona. **Mal bicho** Esp. Persona malintencionada.

bichoco, a adj. y s. Amér. Merid. Se dice de la persona o animal que por debilidad o vejez no puede apenas moverse.

bici s.f. (apócope). *Fam.* Bicicleta.

bicicleta s.f. (fr. *bicyclette*). Vehículo de dos ruedas, generalmente de igual diámetro, de las cuales la trasera está accionada por un sistema de pedales que actúa sobre una cadena. (Se abrevia *bici.*)

biciclo s.m. (ingl. *bicycle,* bicicleta). Vehículo con dos ruedas de diámetros diferentes, que se utilizó a fines del s. XIX.

bicicross s.m. Modalidad de ciclismo que se practica en un terreno accidentado y con obstáculos que hay que superar.

bicoca s.f. (ital. *bicòcca,* castillo en una roca). *Fam.* Cosa muy ventajosa y que cuesta poco.

bicolor adj. De dos colores.

bicóncavo, a adj. Se dice del sólido que presenta dos caras cóncavas opuestas.

biconvexo, a adj. Se dice del sólido que presenta dos caras convexas opuestas.

bicoque s.m. Amér. Coscorrón dado con los nudillos en la cabeza.

bicoquete s.m. Papalina, gorra con dos puntas. SIN.: *bicoquín.* **2.** ARM. Casco utilizado en los ss. XIV y XV, que solo dejaba los ojos al descubierto.

bicorne adj. De dos cuernos o dos puntas.

bicornio s.m. Sombrero de dos picos.

bicromato s.m. Sal derivada del ácido crómico.

bicromía s.f. Impresión o grabado en dos colores.

bicuadrado, a adj. MAT. Se dice del trinomio de cuarto grado $ax^4 + bx^2 + c$ y de la ecuación de cuarto grado $ax^4 + bx^2 + c = 0$. (Esta ecuación se resuelve con la ayuda de la incógnita auxiliar $y = x^2$.)

bicúspide adj. y s.f. ANAT. Se dice de la válvula mitral. ◆ adj. Que tiene dos cúspides o puntas.

bidé o **bidet** s.m. (fr. *bidet*). Recipiente sanitario en el que se sienta una persona para la higiene íntima.

bidireccional adj. Se dice de lo que puede asegurar, en ambos sentidos, el enlace entre dos elementos. **2.** Que se aplica a dos objetivos.

bidón s.m. Recipiente grande, de hojalata o de chapa, que se usa para el transporte de líquidos, como petróleo, aceite, etc. **2.** Medida antigua de líquidos, equivalente a 4,65 l.

biela s.f. (fr. *bielle*). Barra que, mediante articulaciones fijadas en sus extremos, une dos piezas móviles y sirve para transmitir y transformar un movimiento. ◇ **Biela de acoplamiento** Biela que sirve para repartir el esfuerzo motor entre los ejes acoplados. **Sistema biela manivela** Mecanismo que permite transformar un movimiento rectilíneo alternativo en movimiento circular uniforme, y viceversa.

bielda s.f. Bieldo con dos palos cruzados entre las puntas que sirve para recoger, cargar y encerrar la paja. **2.** Acción de beldar.

bieldar v.tr. Beldar, aventar con el bieldo.

bieldo s.m. Apero de labranza para beldar, que consiste en un palo largo en cuyo extremo hay un travesaño con tres o cuatro púas de madera.

bielorruso, a adj. De Bielorrusia. ◆ s.m. Lengua eslava oriental hablada en Bielorrusia.

1. **bien** adv.m. (lat. *bene*). Como es debido, de manera razonable, acorde a normas morales, éticas o jurídicas: *portarse bien; escribir bien.* **2.** De manera satisfactoria, amena, agradable o feliz: *pasarlo bien; oler bien.* **3.** Sano, de buena salud: *no encontrarse bien.* **4.** De buena gana, con gusto: *bien lo haría, si pudiera.* **5.** Sin inconveniente, sin esfuerzo o sin dificultad: *bien puedes hacerlo después.* **6.** Denota cálculo aproximado, y equivale a *cierta* o *seguramente: bien se gastaron mil pesos.* **7.** Indica asentimiento o condescendencia. **8.** Mucho, muy, bastante: *me gusta la sopa bien caliente.* ◆ adj. *Desp.* Relativo a los integrantes del sector social acomodado cuando hacen hincapié en su posición: *gente bien.* ◆ conj. Se usa repetido, como partícula distributiva: *bien por defecto, bien por exceso, siempre se equivoca.* **2.** Partícula concesiva en *bien que, si bien,* aunque. **3.** Denota ilación en *pues bien.* **4.** Partícula ilativa en *y bien* y suele, además, introducir una pregunta. ◇ **De bien** Honrado, de buen proceder.

2. **bien** s.m. Cosa buena, útil o agradable. **2.** Utilidad, beneficio. **3.** Aquello que se ofrece a la voluntad como fin propio. **4.** ECON. Todo lo que se reconoce como apto para satisfacer una necesidad humana y disponible para esta función. ◆ **bienes** s.m.pl. Hacienda, riqueza, caudal. ◇ **Bienes de consumo** ECON. Bienes que sirven para satisfacer las necesidades directas del público. **Bienes de producción** ECON. Bienes que sirven para la elaboración de bienes de consumo. **Bienes mostrencos,** o **vacantes** ECON. Bienes muebles o inmuebles que se encuentran abandonados y carecen de dueño conocido.

bienal adj. Que se repite o sucede cada bienio. **2.** Que dura un bienio. **3.** BOT. Que no florece, ni fructifica ni muere hasta después de dos años, como la zanahoria, la remolacha, etc. ◆ s.f. Exposición o manifestación artística organizada cada dos años.

bienandanza s.f. Hecho feliz o afortunado.

bienaventurado, a adj. Afortunado, feliz, dichoso. ◆ adj. y s. Que goza de la bienaventuranza eterna. **2.** Excesivamente cándido.

bienaventuranza s.f. Visión beatífica, vista y posesión de Dios en el cielo. **2.** Prosperidad o felicidad humana. ◆ **bienaventuranzas** s.f.pl. Grupo de ocho sentencias con las que comienza el sermón de la montaña, que empiezan con la palabra «Bienaventurados», y están recogidas en los Evangelios.

bienestar s.m. Satisfacción, tranquilidad de espíritu. **2.** Comodidad, abundancia de las cosas necesarias para vivir a gusto.

bienhablado, a adj. Persona que habla con corrección o con finura.

bienhadado, a adj. Afortunado, que tiene fortuna o buena suerte.

bienhechor, ra adj. y s. Que hace bien, que beneficia. SIN.: *benefactor.*

bienintencionado, a adj. Que actúa con buena intención o de buena fe.

bienio s.m. Período de dos años.

bienmesabe s.m. Dulce de claras de huevo y azúcar, con que se hacen los merengues.

bienquistar v.tr. y prnl. Conciliar, congraciar.

biensonante adj. Que suena bien.

bienteveo s.m. → **benteveo.**

bienvenida s.f. Recibimiento que se da a una persona con el que se manifiesta alegría por el encuentro.

bienvenido, a adj. Se dice de la persona o cosa cuya llegada se acoge con alegría o complacencia.

bies s.m. Tira de tela cortada al sesgo. ◇ **Al bies** Oblicuamente.

bifásico, a adj. Se dice del sistema que tiene dos corrientes eléctricas alternas iguales, procedentes del mismo generador, y cuyas fases respectivas se producen a la distancia de un cuarto de período.

bifaz s.m. PREHIST. Herramienta retocada en las dos caras, característica del paleolítico inferior y medio. ◆ adj. PREHIST. Tallado por las dos caras. SIN.: *bifacial.*

bife s.m. Argent., Chile y Urug. Bistec. **2.** Argent., Perú y Urug. *Fig.* y *fam.* Cachetada, bofetada.

bífido, a adj. (lat. *bifidus,* de *bi,* doble, y *findere,* partir). Dividido en dos partes: *lengua bífida.*

bífidus s.m. Bacteria utilizada como aditivo alimentario en la elaboración de ciertos productos lácteos.

bifilar adj. Formado por dos hilos.

bifocal adj. Se dice del cristal corrector cuyas partes superior e inferior presentan distancias focales diferentes.

bífora s.f. ARQ. Ventana doble dividida por una columna central y rematada en su parte superior por un arco de medio punto.

bifronte adj. Que presenta dos frentes o dos caras.

bifurcación s.f. Acción de bifurcarse. **2.** Lugar en que dos caminos, ramales, brazos o puntas se bifurcan.

bifurcarse v.prnl. (del lat. *bifurcus,* de *bi,* doble, y *furca,* horca). Dividirse una cosa en dos ramales, brazos o puntas, especialmente un camino.

biga s.f. ANT. ROM. Carro de dos ruedas tirado por dos caballos. **2.** *Poét.* Tronco de caballos que tiran de este carro.

bigamia s.f. Estado de bígamo.

bígamo, a adj. y s. (lat. *bigamus*). Casado con dos personas al mismo tiempo.

bigaradia s.f. Fruto del bigaradio, utilizado en confitería, en la preparación de mermeladas y en la fabricación del curaçao.

bigaradio s.m. Árbol parecido al naranjo que produce la bigaradia y cuyas flores proporcionan, por destilación, una esencia perfumada.

bigardo, a adj. y s. Granuja, perezoso o vago.

bígaro s.m. Molusco de concha oscura, parecido al caracol, que vive en las costas cantábricas y su carne es apreciada. (Familia litorínidos.)

big band s.f. (voces inglesas). Orquesta u otra formación musical numerosa de jazz.

big-bang s.m. (voz angloamericana). Explosión de gran magnitud que, según algunas teorías, dio origen a la expansión del universo hace unos 15 000 millones de años; teoría cosmológica que describe la evolución del universo consecutiva a este acontecimiento. (También *big bang.*)

bigeminado, a adj. Se dice de las hojas de las plantas cuyo pecíolo común se divide en otros dos secundarios, cada uno de los cuales lleva un par de folíolos. **2.** ARQ. Se dice de una arcada, ventana o vano divididos por maineles en cuatro partes iguales.

bignonia s.f. Arbusto trepador, originario de América o de Asia, a menudo cultivado por sus grandes flores anaranjadas. (Familia bignoniáceas.)

bigornia s.f. (del lat. *bicornis,* de dos cuernos). Yunque muy alargado, con dos puntas opuestas en forma piramidal, cónica o cilíndrica. **2.** Pilón de madera que emplean los curtidores para batanar las pieles mojadas.

bigote s.m. (del germ. *bî God,* por Dios). Pelo que crece sobre el labio superior. **2.** Abertura semicircular que tienen los hornos de cuba para que salga la escoria fundida. **3.** Méx. Croqueta. **4.** IMPR. Línea horizontal, gruesa en el centro y delgada por los extremos. ◆ **bigotes** s.m.pl. Llamas que salen por el bigote de los hornos. **2.** Infiltraciones de metal en las grietas interiores del horno. ◇ **De bigotes** Esp. Estupendo, muy bien. **Tener bigotes** *Fam.* Tener tesón y entereza.

bigotera s.f. Compás pequeño que permite trazar arcos o circunferencias de radio muy corto y cuya abertura se regula mediante un tornillo. **2.** Asiento estrecho y plegable que se pone en el interior de algunos carruajes. **3.** Tira de tejido con que se cubría el bigote en casa o en la cama, para que no se desrizase.

bigotudo, a adj. Que tiene mucho bigote.

bigua s.m. Ave americana de unos 70 cm de long., de color pardo negruzco uniforme, que vive en Argentina y Uruguay.

bigudí s.m. Cilindro alargado de pequeño tamaño en el que se envuelve un mechón de cabello que se quiere rizar.

biguine s.f. Danza de las Antillas.

bija s.f. Árbol de poca altura, con flores rojas y olorosas y fruto oval, que se cultiva en las regiones cálidas de América y la India. (Familia bixáceas.) **2.** Fruto y semilla de este árbol. **3.** Pasta preparada con esa semilla que los indios americanos usaban para pintarse.

bijao s.m. Planta de grandes hojas, que aprovechan los campesinos de Venezuela para cubrir sus viviendas. (Familia musáceas.)

bijirita s.m. y f. Cubano de padre español.

bikini s.m. (marca registrada). → **biquini.**

bilabiado, a adj. BOT. Se dice de la corola o el cáliz divididos en dos.

bilabial adj. y s.f. Se dice del sonido consonántico con los dos labios; letra que lo representa: p, b *y* m *son letras bilabiadas*

bilateral adj. Se dice de lo que se refiere a ambas partes o aspectos de una cosa, de un organismo, etc. **2.** ANTROP. Se dice de un sistema de filiación en el que cada linaje, el paterno y el materno, tiene unos derechos particulares. **3.** DER. Se dice del contrato en virtud del cual se crean obligaciones para ambas partes.

bilateralismo s.m. Política de acuerdo de intercambios entre dos estados.

bilbaíno, a adj. y s. De Bilbao.

bilbilitano, a adj. y s. De la antigua Bílbilis o de la actual Calatayud.

bilet s.m. Méx. Lápiz de labios.

bilharziosis s.f. Enfermedad producida por parasitación de determinados trematodos.

biliado, a adj. Que contiene bilis o que ha estado en contacto con ella.

biliar adj. Relativo a la bilis. **2.** Se dice de la función del hígado, que libera la sangre de determinados desechos evacuándolos en el intestino delgado. ◇ **Vesícula biliar** Vejiga alargada, situada en la cara inferior del hígado en el lado derecho, donde se acumula la bilis entre las digestiones.

bilineal adj. MAT. Se dice de un polinomio lineal y homogéneo a la vez, en relación con dos grupos de variables.

bilingüe adj. Que habla dos lenguas con igual perfección. **2.** Escrito en dos lenguas o que utiliza dos lenguas: *diccionario bilingüe; versión bilingüe.*

bilingüismo s.m. Hecho de hablar dos lenguas con igual perfección.

biliogénesis s.f. Secreción de bilis.

bilioso, a adj. Relativo a la bilis. **2.** Abundante en bilis.

bilirrubina s.f. Pigmento amarillento de la bilis que se forma por la degradación de la hemoglobina.

bilis s.f. (lat. *bilis*). Líquido viscoso, amargo, ligeramente alcalino, segregado de modo continuo por el hígado, que se acumula en la vesícula biliar y pasa al duodeno en la digestión. **2.** *Fig.* Cólera, ira, irritabilidad.

biliverdina s.f. Producto de oxidación de la bilirrubina, de color verde.

billa s.f. (fr. *bille,* bola). Jugada de billar que consiste en meter una bola en la tronera después de haber golpeado en otra.

billar s.m. (fr. *billard,* de *bille,* palo). Juego que se practica con tres bolas de marfil, impulsadas mediante un taco sobre una mesa rectangular con rebordes de goma. **2.** Conjunto de las bolas, los tacos y la mesa con que se practica este juego. **3.** Establecimiento público donde hay varios billares para poder jugar. ◇ **Billar americano** Modalidad de billar que se juega en una mesa con seis troneras y 15 bolas que deben introducirse en estas.

billetaje s.m. Conjunto de billetes de un espectáculo, transporte público, rifa, etc.

billete s.m. (fr. *billet,* de *bulle,* documento). Papel impreso o grabado, generalmente emitido por el banco central de un país, al que se le asigna un valor pecuniario determinado. **2.** Tarjeta o trozo de papel impreso que permite entrar en un local o establecimiento, viajar en un medio de transporte, etc.: *un billete para la ópera; un billete de avión.* **3.** Trozo de papel con un número impreso que acredita la participación de una cantidad interesada en una rifa o lotería. **4.** Carta, normalmente breve y de carácter personal. ◆ **billetes** s.m.pl. ARQ. Motivo ornamental de moldura formado por una banqueta cilíndrica, cuadrada o prismática, seccionada en partes iguales.

billetero s.m. Cartera de bolsillo que sirve para llevar billetes de banco. SIN.: *billetera.* **2.** Méx. y Pan. Persona que vende billetes de lotería. **3.** P. Rico. Persona que lleva la ropa con remiendos.

billón s.m. (fr. *bilion*). Un millón de millones (10^{12} o 1 000 000 000 000).

billonésimo, a adj. y s.m. Se dice de cada una de las partes que resultan de dividir un todo en un billón de partes iguales. ◆ adj. Que ocupa el último lugar en una serie ordenada de un billón.

bilobulado, a adj. Que está dividido en dos lóbulos.

bilocarse v.prnl. Hallarse al mismo tiempo en dos lugares distintos. **2.** Argent. Chalarse, chiflarse.

bilocular adj. Se dice de un fruto o de un órgano que tiene dos cavidades.

bimano, a o **bímano, a** adj. (fr. *bimane*). Que tiene dos manos.

bimba s.f. (voz de origen onomatopéyico). *Fam.* Chistera, sombrero de copa alta.

bimembre adj. (lat. *bimembris,* de *membrum,* miembro). Que tiene dos miembros o partes.

bimensual adj. Que ocurre o que aparece dos veces al mes: *publicación bimensual.*

bimestral adj. Que se repite cada dos meses. **2.** Que dura dos meses.

bimestre s.m. (lat. *bimestris,* de *mensis,* mes). Período de dos meses. **2.** Cantidad que se cobra o paga cada dos meses. ◆ adj. Bimestral.

bimetálico, a adj. Que está formado por dos metales.

bimetalismo s.m. Sistema monetario establecido sobre dos patrones, oro y plata.

bimetalista adj. y s.m. y f. Relativo al bimetalismo; partidario de este sistema.

bimotor adj. y s.m. Que está provisto de dos motores: *avión bimotor.*

bina s.f. Acción de binar.

binador, ra adj. y s.m. Se dice del instrumento que sirve para binar las viñas: *máquina binadora.*

binar v.tr. (del lat. *binus,* doble). Arar la tierra por segunda vez. **2.** Cavar por segunda vez las viñas. ◆ v.intr. CATOL. Celebrar un sacerdote dos misas en un mismo día.

binario, a adj. (lat. *binarius,* de *bini,* de dos en dos). MAT. **a.** Se dice de una relación que une dos elementos. **b.** Se dice del sistema de numeración que tiene por base 2: *número binario.* **2.** MÚS. Se dice de los compases formados por tiempos pares y de las composiciones divididas en dos partes. ◇ **Código decimal binario** Sistema de numeración de las computadoras electrónicas en el cual las cifras decimales están representadas por su equivalente binario. **Compuesto binario** QUÍM. Compuesto formado por dos elementos.

binca s.f. Conjunto de dos opositores a una cátedra o prebenda.

Binet-Simon. Test de Binet-Simon Test psicométrico sobre el nivel intelectual, que prescinde de pruebas en las que pueda intervenir cualquier tipo de aprendizaje.

bingarrote s.m. Aguardiente que se elabora en México destilando el binguí.

bingo s.m. (voz inglesa). Juego de azar que consiste en ir señalando las casillas numeradas de unos cartones, a medida que van extrayéndose los números de un bombo, ganando quien primero rellena todas las casillas de su cartón. **2.** Premio mayor que recibe el que gana este juego. **3.** Establecimiento donde se realiza este juego.

binguí s.m. Bebida mexicana extraída del maguey.

binocular adj. Que se realiza mediante los dos ojos: *visión binocular.* ◆ adj. y s.m. Aparato óptico con dos oculares.

binóculo s.m. (lat. moderno *binoculus,* de *oculus,* ojo). Instrumento óptico para ver a distancia consistente en dos tubos con una lente en cada extremo.

binomial adj. MAT. Relativo al binomio.

binomio s.m. (bajo lat. *binomium*). MAT. Expresión algebraica formada por la suma o la diferencia de dos términos o monomios. (Ej.: $a + b$; $b^2 - 4\,ac$.) ◇ **Binomio de Newton** Fórmula mediante la cual Newton dio el desarrollo de las potencias de un binomio afectado de un exponente cualquiera.

bínubo, a adj. y s. DER. Casado por segunda vez.

binza s.f. (del lat. *vincire,* atar). Película exterior de la cebolla. **2.** Fárfara del huevo. **3.** Cualquier membrana del cuerpo animal.

bioacústica s.f. Parte de la biología que estudia el origen y la naturaleza de los sonidos producidos por los animales.

biobibliografía s.f. Estudio de la vida y de las obras de un escritor.

biocarburante s.m. Carburante obtenido por conversión de biomasas vegetales y utilizado como sustituto de los hidrocarburos.

biocatalizador s.m. Sustancia que existe en cantidad muy reducida en los tejidos vivos y que permite la realización más veloz de las reacciones químicas. SIN.: *enzima, fermento.*

biocenosis s.f. Asociación equilibrada de seres vivos en un mismo biotopo.

biochip s.m. BIOQUÍM. Dispositivo miniaturizado formado por una placa de vidrio, silicio u otro material sobre la que se fija una muestra de moléculas biológicas (de un ácido nucleico o de proteínas) para identificarlas y obtener otros datos genéricos. (Se usa en la diagnosis médica, la industria farmacéutica, el control agroalimentario, etc.)

bioclima s.m. BIOL. Cada uno de los tipos de clima que se distinguen atendiendo al complejo de factores climáticos que afectan al desarrollo de los seres vivos.

bioclimatología s.f. Estudio de la influencia de los factores climáticos sobre el desarrollo de los organismos vivientes.

biocombustible s.m. Combustible de origen biológico que no contamina.

bioconversión s.f. Transformación de una forma de energía en otra o de una sustancia en otra, por la acción de seres vivos.

biodegradable adj. Se dice del producto industrial que, una vez desechado, es destruido por las bacterias u otros agentes biológicos: *detergente biodegradable.*

biodegradación s.f. Destrucción de un producto biodegradable.

biodeterminismo s.m. Ideología que postula el origen biológico de las desigualdades sociales.

biodiversidad s.f. Diversidad de las especies vivientes y de sus rasgos genéticos. [V. cuadro pág. siguiente.]

biodiversidad

La *biodiversidad específica* (diversidad de especies) es máxima en los bosques tropicales (medio terrestre) y en los arrecifes coralinos (medio marino). Se conocen 1,4 millones de especies animales y vegetales (750 000 insectos, 245 000 plantas con flores y solo 4 000 mamíferos), pero su número real es difícil de evaluar, pues según se estima existen entre 10 y 30 millones de especies. La *biodiversidad genética* (diversidad en el interior de las especies) comprende el conjunto de variedades de plantas y animales, ya sean silvestres o domesticados. Por ejemplo, existen en el mundo varios cientos de variedades de maíz, varios millares de cafetos y solo en Europa 115 razas bovinas. Las biodiversidades específica y genética se hallan muy amenazadas, por lo que se han puesto en marcha tentativas de censo de especies silvestres y conservación del patrimonio genético de especies cultivadas.

bioelectricidad s.f. Electricidad animal.

bioelectrónica s.f. Parte de la biología molecular que estudia las fuerzas electrostáticas que se ejercen entre las moléculas de las células.

bioelemento s.m. Elemento constitutivo de los seres vivos.

bioenergía s.f. Energía renovable obtenida por transformación química de la biomasa.

bioespeleología s.f. Estudio científico de los seres vivos que existen en las grutas.

bioética s.f. Conjunto de principios y normas que regulan la actuación humana con respecto a los seres vivos.

biofísica s.f. Estudio de los fenómenos biológicos aplicando métodos propios de la física.

biogás s.m. Gas combustible producido por la descomposición de la materia orgánica.

biogénesis s.f. Aparición de la vida en la Tierra.

biogeografía s.f. Estudio de la distribución de los vegetales, y a menudo de los animales, en la superficie terrestre.

biografía s.f. Narración de la vida de una persona. **2.** Género literario al que pertenecen estas narraciones.

biografiar v.tr. [conj.: *desviar*]. Escribir una biografía.

biográfico, a adj. Relativo a la biografía.

biógrafo, a s. Persona que escribe una biografía.

bioindicador s.m. Organismo vivo que se utiliza para determinar el índice de contaminación del aire o agua.

bioinformática s.f. Aplicación de la informática en la investigación biológica.

biología s.f. Ciencia que estudia los seres vivos. ◇ **Biología animal** Parte de la biología que estudia los organismos animales. **Biología celular** Citología. **Biología molecular** Parte de la biología y la bioquímica que estudia los seres vivos a partir de las propiedades y estructuras de las macromoléculas que constituyen las células. **Biología vegetal** Parte de la biología que estudia los organismos vegetales.

biología

En su acepción más amplia, la biología se confunde con las «ciencias naturales». La zoología y la botánica son las dos ramas principales, divididas en numerosas disciplinas que estudian los seres vivos desde el punto de vista de la forma (morfología), su organización (anatomía), sus tejidos (histología), sus células (citología), su funcionamiento (fisiología), sus enfermedades (patología), su comportamiento (etología), sus relaciones con el ambiente (ecología), etc. Otras disciplinas de la biología estudian el desarrollo de los seres vivos (embriología), las formas fósiles (paleontología), las características de su patrimonio hereditario (genética) o se interesan por los problemas generales como la aparición de la vida, la evolución de las especies o la clasificación de los seres vivos (sistemática, taxonomía). Algunos seres vivos son objeto de estudios particulares, como los organismos microscópicos (microbiología). Más recientemente, la biología y la bioquímica han convergido para dar lugar a la biología molecular.

biológico, a adj. Relativo a la biología. **2.** Que utiliza agentes exclusivamente naturales: *agricultura biológica.* **3.** Se dice del producto natural, no tratado químicamente: *vegetales biológicos.* <> **Arma biológica** Arma que utiliza organismos vivos o toxinas. **Reloj biológico** Conjunto de mecanismos bioquímicos y fisiológicos que determinan la distribución rítmica de la actividad del organismo. **Ritmo biológico** Biorritmo.

biologismo s.m. Doctrina que explica los fenómenos sociales como si de un organismo vivo se tratase.

biólogo, a s. Persona que se dedica al estudio de la biología.

bioluminiscencia s.f. Emisión de luz por parte de un ser vivo. (La bioluminiscencia se utiliza para atraer presas, identificar otros seres vivos o facilitar los encuentros sexuales.)

bioma s.m. Unidad ecológica que se extiende por una superficie de gran amplitud que presenta iguales condiciones climáticas. (El océano, bosque, pradera, etc., son biomas.)

biomagnetismo s.m. Sensibilidad y reactividad de un ser vivo a un campo magnético.

biomasa s.f. Masa total de los seres vivos que viven en un ecosistema, que se mide en hectáreas, para los biotopos terrestres, y en metros cúbicos, para los biotopos marinos. (La biomasa animal representa generalmente menos del 1 % de la vegetal.)

biombo s.m. (port. *biombo*). Mampara plegable compuesta de varios paneles verticales articulados entre sí que sirve generalmente para aislar espacios.

biometría s.f. Parte de la biología que estudia los procesos biológicos aplicando métodos estadísticos.

biomórfico, a adj. ART. MOD. Se dice de la obra artística que presenta biomorfismo.

biodiversidad: los grandes grupos de seres vivos en cifras

grupos	números de especies descritas
virus	2 000
procariotas	
bacterias y cianobacterias	4 000
eucariotas	
plantas	
hongos y líquenes	69 000
algas	27 000
plantas superiores	280 000
de las cuales: briofitos (musgos)	24 000
de las cuales: pteridofitos (helechos, equisetos)	11 000
de las cuales: gimnospermas (coníferas)	700
de las cuales: angiospermas (plantas con flores)	245 000
Total reino vegetal	**376 000 especies**
animales	
protozoos	31 000
esponjas	5 000
cnidarios y ctenóforos (medusas, corales, etc.)	9 000
platelmintos (gusanos planos)	12 000
nematelmintos (gusanos redondos)	12 000
anélidos (lombrices, sanguijüelas, etc.)	12 000
moluscos	55 000
artrópodos	875 000
de los cuales: insectos	750 000
de los cuales: crustáceos	40 000
de los cuales: arácnidos (arañas, escorpiones, etc.)	75 000
otros	10 000
equinodermos	6 000
grupos menores (braquiópodos, rotíferos, onicóforos, hemicordados, etc.)	9 000
cordados	44 000
de los cuales: vertebrados	42 500
de los cuales: agnatos	63
peces	19 000
anfibios	4 200
reptiles	6 300
aves	9 000
mamíferos	4 000
Total reino animal	**1 070 000 especies**
Total general alrededor de	**1 450 000 especies**

biomorfismo s.m. ART. MOD. Carácter de la obra de arte que evoca formas orgánicas.
biónica s.f. Ciencia que estudia la construcción de mecanismos cibernéticos artificiales inspirados en el funcionamiento de los procesos biológicos.
biopsia s.f. Extracción y examen microscópico de una muestra de tejido de un ser vivo.
bioquímica s.f. Parte de la química que estudia las sustancias y reacciones químicas de los seres vivos.
bioquímico, a adj. Relativo a la bioquímica. ◆ s. Persona que se dedica al estudio de la bioquímica.
biorritmo s.m. Variación cíclica de un fenómeno biológico sujeta a factores físicos externos. SIN.: *ritmo biológico.*
bioseguridad s.f. Parte de la biología que estudia el uso seguro de los recursos biológicos y genéticos.
biosfera s.f. Conjunto que forman los seres vivos con el medio en que se desarrollan, que comprende la parte inferior de la atmósfera, la hidrosfera y una parte de la litosfera, hasta una profundidad de unos 2 km. SIN.: *ecosfera.*

biosfera

Los ecólogos dividen la biosfera en unidades funcionales relativamente autónomas llamadas *ecosistemas*, cuyo tamaño puede variar desde el charco de agua hasta la propia biosfera.

biosíntesis s.f. Formación de una sustancia orgánica en el interior de un ser vivo.
biostasia s.f. GEOMORFOL. Fase de estabilidad en la evolución del relieve en la que la ausencia de erosión va unida a un recubrimiento vegetal continuo. CONTR.: *resixistasia.*
biota s.f. Conjunto de la fauna y la flora de un lugar.
biotecnología s.f. Conjunto de técnicas que utilizan las propiedades bioquímicas de entidades biológicas para mejorar la producción agrícola o la fabricación industrial de compuestos químicos.
bioterapia s.f. Método terapéutico que utiliza microorganismos o sustancias biológicas.
bioterrorismo s.m. Forma de terrorismo que utiliza tecnologías biológicas y agentes patógenos para propagarlos entre la población.
biótico, a adj. ECOL. Se dice del factor ecológico ligado a la actividad de los seres vivos.
biotina s.f. Vitamina B_8. (La biotina se utiliza en terapéutica dermatológica y se conoce también con el nombre de vitamina H.)
biotipo s.m. Tipo biológico caracterizado por la constancia de ciertos caracteres físicos y psíquicos, que permite individualizar un grupo.
biotipología s.f. Ciencia que estudia las correlaciones que pueden establecerse entre la forma corporal, fisiologismo y comportamiento psicológico del individuo. SIN.: *tipología.*
biotita s.f. GEOL. Mica negra.
biotopo s.m. ECOL. Área geográfica que ofrece unas condiciones constantes o cíclicas que permite el desarrollo de una comunidad determinada de organismos.
bióxido s.m. Dióxido.
bíparo, a adj. Que tiene dos crías o hijos en cada parto.
bipartición s.f. División de una cosa en dos partes.
bipartidismo s.m. Sistema político que se caracteriza por la existencia de dos partidos políticos que son los únicos que tienen posibilidades de acceder al poder.
bipartido, a adj. Que está dividido en dos partes. SIN.: *bipartito.* **2.** BOT. Se dice del órgano que está dividido en dos segmentos: *hoja bipartida.*
bipartito, a adj. Bipartido. **2.** Que está constituido por la asociación de dos partes o miembros: *acuerdo bipartito.*
bipás s.m.→ **by-pass.**
bipedación s.f. Modo de andar del ser humano y de los animales de dos patas o de los cuadrúpedos que andan con las extremidades posteriores.
bípedo, a adj. y s.m. (lat. *bipes, -edis,* de *pes, -edis,* pie). Se dice del animal que tiene dos pies o dos patas. ◆ s.m. Conjunto de dos remos de un animal de cuatro patas, especialmente de un caballo.
bipenna s.f. HIST. Hacha de doble filo.
biplano s.m. y adj. Avión con dos alas formadas por dos planos paralelos de sustentación.
biplaza s.m. y adj. Vehículo de dos plazas, especialmente un avión.
bípode s.m. Armazón de dos pies para sostener ciertos instrumentos.
bipolar adj. Que tiene dos polos. ◇ **Coordenadas bipolares** Sistema de coordenadas en el que un punto está determinado por sus distancias a dos puntos fijos.
bipolaridad s.f. Cualidad de bipolar.
biquini o **bikini** s.m. (marca registrada). Traje de baño de dos piezas, que deja descubierta la barriga.
biquir s.m. Pez dulceacuícola de color gris verdoso, con rasgos arcaicos, que puede alcanzar más de 1 m de long. (Familia poliptéridos.)
biraro o **biraró** s.m. Árbol originario de América Meridional de madera pardo rosada. (Familia cesalpiniáceas.)
birijí s.m. Árbol originario de las Antillas, maderable, cuyo fruto sirve de alimento para el ganado porcino. (Familia mirtáceas.)
birlar v.tr. *Fam.* Quitar algo a alguien con habilidad y astucia.
birlibirloque (de *birliquibirloqui,* voz de origen onomatopéyico). **Por arte de birlibirloque** Esp. *Fam.* Por medios ocultos y extraordinarios.
birlocho s.m. (ital. *biroccio*). Vehículo tirado por caballos, de cuatro ruedas y cuatro asientos, descubierto y sin puertas.
birmano, a adj. y s. De Birmania. ◆ s.m. Lengua de la familia sino-tibetana hablada en Birmania y Assam.
birome s.f. Argent. y Urug. Bolígrafo, instrumento para escribir.
birr s.m. Unidad monetaria de Etiopía.
birra s.f. *Fam.* Cerveza.
birreactor adj. y s.m. Se dice del avión con dos turborreactores.
birrefringente adj. ÓPT. Se dice del cuerpo que produce una doble refracción.
birremo adj. y s.m. ANT. ROM. Se dice del navío con dos filas de remos.
birreta s.f. Bonete cuadrado con una borla en la parte superior que usan los eclesiásticos. (La birreta de un sacerdote es de color negro, la de un obispo morada y la de un cardenal roja.) SIN.: *birrete.*
birrete s.m. (occitano ant. *birret*). Gorro de forma prismática con una borla en la parte superior que usan los doctores de facultades universitarias, magistrados, jueces y abogados en los actos oficiales solemnes. **2.** Birreta.
birria s.f. (del lat. *verres,* verraco). Cosa mal hecha, de mala calidad o de poco valor. **2.** Persona con pocas cualidades y poco digna de aprecio. **3.** Colomb. y Pan. Odio, tirria, obstinación, capricho. **4.** Méx. Guiso que se elabora con carne de borrego o chivo en trozos o deshebrada, caldo de chile y jitomate.
birrioso, a adj. De mala calidad, mal hecho o de poco valor.
biruji o **biruje** s.m. *Fam.* Frío intenso o viento muy frío.
bis adv. (lat. *bis,* dos veces). Indica que algo está repetido o debe repetirse: *número 3 bis.*
bisabuelo, a s. Padre o madre del abuelo o de la abuela de una persona.
bisagra s.f. Mecanismo formado por dos piezas, generalmente metálicas, unidas por un eje común y sujetas a dos superficies, una fija y otra móvil, para permitir el movimiento giratorio de apertura y cierre de una ventana, puerta, tapa,

etc. **2.** *Fig.* Punto de unión o articulación existente entre dos elementos.

bisar v.tr. Repetir total o parcialmente la ejecución de una pieza musical, la lectura de una obra o la representación de una obra teatral, a petición del público.

bisaya → visaya.

bisbisear o **bisbisar** v.tr. *Fam.* Musitar.

bisbita s.f. Ave de unos 15 cm de long., de plumaje amarillento con rayas marrones, pico delgado y cola larga, que se alimenta de insectos. (Familia motacílidos.)

biscambra s.f. Amér. Merid. Brisca, juego de naipes.

biscote s.m. (fr. *biscotte,* del ital. *biscotto*). Esp. Rebanada de pan tostada al horno industrialmente.

biscuit s.m. Bizcocho, porcelana. ◇ **Biscuit glacé** Bizcocho helado.

bisección s.f. MAT. División en dos partes iguales.

bisector adj. MAT. Que divide en dos partes iguales. ◇ **Plano bisector** MAT. Semiplano que pasa por la arista de un ángulo diedro y lo divide en dos diedros iguales.

bisectriz s.f. y adj. MAT. Semirrecta que parte del vértice de un ángulo y lo divide en dos partes iguales.

bisel s.m. (fr. ant. *bisel*). Corte oblicuo que se hace en el borde de una superficie, especialmente un cristal.

biselado s.m. Acción y efecto de biselar.

biselar v.tr. Hacer biseles en algo.

bisexual adj. y s.m. y f. Se dice del individuo que tiene características físicas de ambos sexos. **2.** Se dice de la persona que tiene relaciones sexuales tanto con personas de su mismo sexo como con personas de sexo distinto del suyo.

bisexualidad s.f. Cualidad de bisexual. **2.** PSICOANÁL. Coexistencia de dos potencialidades, una masculina y otra femenina, en el psiquismo de una persona que se encontrarían en el modo de asumir su propio sexo.

bisiesto adj. y s.m. (lat. *bisextus,* día que se añadía a los años bisiestos). Se dice del año que tiene 366 días en lugar de 365 porque el mes de febrero tiene 29 días en lugar de 28.

bisiesto

Un año es bisiesto cuando el número que lo designa es divisible por cuatro. Sin embargo, los años seculares (los acabados en dos ceros) solo son bisiestos en el caso de que sean también divisibles por 400: así el año 2000 fue bisiesto, pero no lo fueron 1700, 1800 y 1900.

bisílabo, a adj. De dos sílabas: cama *es una palabra bisílaba.* SIN.: *bisilábico.*

bisinosis s.f. Afección pulmonar producida por la inhalación del polvo del algodón.

bismutina s.f. Sulfuro natural de bismuto.

bismuto s.m. (alem. *wismut*). Metal de color blanco rojizo, de densidad 9,8, cuyo punto de fusión es de 271,3 °C. (Se rompe y reduce a polvo con facilidad. Se utiliza sobre todo en aleación con otros metales; el subnitrato se emplea en el tratamiento de la acidez.) **2.** Elemento químico (Bi), de número atómico 83 y de masa atómica 208,980.

bisnieto, a s. **→ biznieto.**

biso s.m. Conjunto de filamentos, segregado por una glándula situada en la base del pie de algunos moluscos lamelibranquios, como los mejillones, que se endurece en contacto con el agua y los permite fijarse a las rocas soporte.

bisojo, a adj. y s. (del lat. *bis,* dos, y *oculus,* ojo). *Desp.* Bizco.

bisonte s.m. (lat. *bison, -ontis*). Mamífero rumiante bóvido, salvaje, de gran tamaño, con pelo espeso en la parte anterior del cuerpo y cuello giboso. (Actualmente existen dos especies, la americana y la europea, que viven solo en las reservas.)

bisoñé s.m. Peluca que cubre únicamente la parte delantera de la cabeza.

bisoño, a adj. y s. (ital. *bisogno,* necesidad). *Fig.* y *fam.* Inexperto: *un muchacho bisoño.* **2.** Se dice del soldado que acaba de ingresar en el ejército y no tiene experiencia.

bissel s.m. Eje portante situado en los extremos de ciertas locomotoras y que puede desplazarse, en relación con el conjunto de la máquina, para facilitar la inscripción a las curvas.

bistec o **bisté** s.m. (ingl. *beefsteak,* de *beef,* carne de vaca, y *steak,* bistec) [pl. *bistecs* o *bistés*]. Lonja delgada de carne de res o de cerdo. SIN.: *filete.*

bistorta s.f. (ital. *bistorta*). Planta de hojas ovaladas, flores rosas y rizoma torcido en forma de S. (Familia poligonáceas.) [La bistorta crece en los prados montañosos.]

bisturí s.m. (fr. *bistouri*). Instrumento quirúrgico de hoja larga y estrecha que sirve para hacer cortes e incisiones en los tejidos. ◇ **Bisturí eléctrico** Instrumento quirúrgico que utiliza el calor producido por las corrientes de alta frecuencia para cortar o coagular los tejidos.

bisturnaje s.m. Castración del cordón testicular de un animal, especialmente del toro, por torsión subcutánea.

bisulfato s.m. Sulfato ácido.

bisulfito s.m. Sal ácida del ácido sulfuroso.

bisulfuro s.m. Compuesto sulfurado cuya molécula contiene dos átomos de azufre.

bisutería s.f. Conjunto de objetos de adorno que imitan las joyas, hechos de materiales que no son preciosos. **2.** Industria dedicada a la fabricación de estos objetos. **3.** Establecimiento donde se vende bisutería.

bit s.m. (acrónimo del ingl. *binary digit,* dígito binario) [pl. *bits*]. Unidad mínima de medida de contenido de información, que solamente puede tomar dos valores distintos, generalmente 1 y 0.

bita s.f. (fr. *bitte*). Poste de madera o hierro fijado verticalmente sobre el puente de un barco que sirve para dar vueltas a los cables del ancla cuando se fondea la nave.

bitaca s.f. Planta herbácea cuyas semillas producen unas fibras algodonosas utilizadas como textiles por los indígenas del Chaco. (Familia bombáceas.)

bitácora s.f. (del lat. *habitaculum,* vivienda). Armario o caja cilíndrica próximo al timón de un barco donde se pone la brújula.

bitensión s.f. Característica del aparato eléctrico que puede conectarse indistintamente a dos tensiones diferentes.

bíter o **bitter** s.m. (alem. *bitter,* amargo). Bebida amarga que se obtiene por infusión de diversas plantas.

bitoque s.m. Amér. Cánula de la jeringa. **2.** Chile y Colomb. Llave, dispositivo.

bituminoso, a adj. Que contiene betún o alquitrán o que lo produce por destilación.

bitúrigos, pueblo de la Galia que, en tiempos de la conquista de César, estaba dividido en dos grandes familias, los bitúrigos viviscos que ocupaban la región de Burdeos y los bitúrigos cubios que ocupaban la región de Bourges. Ambos se enfrentaron tenazmente a César.

biunívoco, a adj. MAT. Se dice de la correspondencia que se establece entre los elementos de dos conjuntos de manera que cada elemento de un conjunto se corresponde con un elemento (solo uno) del otro.

bivalencia s.f. Cualidad de bivalente.

bivalente adj. Que tiene valencia 2. **2.** Que presenta dos valores opuestos: *postura bivalente.* ◇ **Lógica bivalente** Lógica que solo considera dos valores de verdad, verdadero y falso.

bivalvo, a adj. y s.m. Relativo al molusco, como el mejillón y la ostra, y a los braquiópodos, cuya concha está formada por dos valvas.

biyección s.f. MAT. Aplicación biyectiva.

biyectivo, a adj. MAT. Se dice de la aplicación inyectiva y suprayectiva a la vez, que se establece entre los elementos de dos conjuntos de manera que cada elemento de un conjunto se corresponde con un elemento (solo uno) del otro. SIN.: *biyección.*

bizantinismo s.m. Tendencia a discusiones bizantinas. **2.**

Exceso de lujo en las costumbres o la vida social. **3.** Exceso de ornamentación en el arte. **4.** Parte de la historia que estudia la civilización bizantina.

bizantinista s.m. y f. Persona que se dedica al estudio de la civilización bizantina.

bizantino, a adj. y s. De Bizancio o del Imperio bizantino. ◇ **Discusión bizantina** Discusión sutil e inútil.

bizarría s.f. Cualidad de bizarro: *ostentar bizarría.*

bizarro, a adj. (ital. *bizzarro,* furioso). Se dice de la persona, especialmente un militar, que es valiente y apuesto. **2.** Que es generoso, espléndido o lucido.

bizbirindo, a adj. Méx. Vivaracho, alegre.

bizco, a adj. y s. *Fam.* y *desp.* Estrábico, que padece estrabismo. **2.** TAUROM. Se dice del toro que tiene un cuerno más alto que otro. ◇ **Dejar bizco** Asombrar una cosa inesperada o magnífica.

bizcocho s.m. (del lat. *bis coctus,* cocido dos veces). Dulce elaborado con una masa de harina, huevos y azúcar cocida al horno. **2.** Pan sin levadura que se cuece dos veces para que se conserve mucho tiempo. **3.** Objeto de cerámica que, tras la cochura, se conserva mate y sin esmaltar.

bizcorneto, a adj. y s.m. y f. Colomb. y Méx. *Fam.* Persona bizca.

bizma s.f. (del lat. *epithema,* del gr. *épitithénai*). Cataplasma hecha de estopa, aguardiente, incienso, mirra y otros ingredientes. **2.** Pedazo de lienzo con esta cataplasma.

biznaga s.f. (mozár. *bišnâqa, bištinâqa,* del lat. *pastinaca,* zanahoria). Planta originaria de América, carnosa, de forma cilíndrica o redonda y con espinas gruesas y largas. (Familia cactáceas.) [Con la pulpa de alguna de sus especies se prepara un dulce cristalizado.]

biznieto, a o **bisnieto, a** s. Hijo del nieto de una persona.

bizquear v.intr. *Fam.* Padecer o fingir estrabismo. **2.** Guiñar un ojo.

bizquera s.f. *Fam.* Estrabismo.

blackfoot adj. y s. → **pies negros.**

blanca s.f. Nota musical que equivale a la mitad de la redonda, a dos negras o a cuatro corcheas. ◇ **Estar sin blanca** o **no tener blanca** Esp. No tener dinero.

blanco, a adj. y s.m. (germ. *blank*). Se dice del color que resulta de la combinación de todos los colores del espectro solar, como el de la nieve, la leche o la sal. ◆ adj. Que es de este color: *sábana blanca.* ◆ adj. y s. Se dice de la persona que pertenece a la raza europea o caucásica. **2.** Se dice de la cosa que tiene un color más claro que otra de la misma especie: *pan blanco.* ◆ s.m. Hueco o espacio vacío entre dos cosas, especialmente en un escrito. **2.** Parte blanca de algunas cosas. **3.** Objeto que situado a una distancia determinada sirve para ejercitar la puntería al disparar sobre él. **4.** Objeto sobre el cual se dispara. **5.** *Fig.* Objetivo o fin al que se dirige un pensamiento, una acción o un deseo: *ser el blanco de todas las miradas.* **6.** Enfermedad originada por ciertos hongos que ataca a manzanos, rosales, etc. ◇ **Blanco de ballena** Sustancia aceitosa que se encuentra en la cabeza de los cachalotes. **Blanco de España** Carbonato de calcio natural, extremadamente puro. **Blanco de hongo** Micelio de hongo que sirve para propagarlo al mezclarlo con estiércol. **Blanco del ojo** Región anterior de la esclerótica. **Blanco de plomo** Albayalde. **Blanco de uña** Parte blanquecina del nacimiento de la uña. **Dar en el,** o **hacer, blanco** Acertar. **En blanco** Sin escribir, ni imprimir; sin conciliar el sueño; sin recordar nada; sin comprender nada. **Padres blancos** Instituto misionero fundado en 1868 por el cardenal Lavigerie para la evangelización de África. **Papel blanco** Papel que no está escrito ni impreso. **Pescado blanco** Pescado de carne blanca. **Salsa blanca** Salsa elaborada con mantequilla y harina mezcladas. **Verso blanco** Verso que no rima con otro. **Vino blanco** Vino de color claro o ambarino.

blancor s.m. *Poét.* Blancura.

blancura s.f. Cualidad de blanco: *la blancura de la nieve.*

blancuzco, a adj. Que es de color blanco sucio o que tira a blanco.

blandear v.intr. y prnl. Ceder o aflojar en un asunto. ◆ v.tr. Hacer que alguien cambie de parecer o empiece a ceder en algún asunto.

blandengue adj. *Fam.* y *desp.* Se dice de la cosa que tiene una blandura desagradable. **2.** Se dice de la persona débil física o anímicamente.

blandir v.tr. (fr. *brandir,* de *brant,* espada). Agitar un arma u otra cosa con la mano en señal de amenaza.

blando, a adj. (lat. *blandus*). Que cede a la presión fácilmente: *colchón, pan blando.* **2.** *Fig.* y *fam.* Que es de carácter y genio apacible. **3.** *Fig.* Que es suave, benigno o poco violento, especialmente referido a fenómenos atmosféricos. **4.** Cómodo y placentero: *vida blanda.* ◆ adj. y s. Falto de dureza, de violencia, de fuerza, fortaleza, energía o intensidad: *carácter blando; ser un blando.*

blandura s.f. Cualidad de blando.

blanquear v.tr. Poner blanca una cosa: *la lejía blanquea la ropa.* **2.** Cubrir una pared o un techo con cal o yeso diluidos en agua. **3.** Legalizar aquel dinero obtenido ilícitamente invirtiéndolo en negocios o valores legales. **4.** Blanquecer. ◆ v.intr. Mostrarse la blancura propia de algo. **2.** Tirar algo a blanco.

blanquecer v.tr. [conj.: *parecer*]. Limpiar y sacar su color al oro, plata y otros metales. **2.** Blanquear, poner blanca una cosa.

blanquecino, a adj. Que tira a blanco. SIN.: *blanquinoso.*

blanqueo s.m. Acción y efecto de blanquear. SIN.: *blanqueamiento.* **2.** Operación que consiste en decolorar determinadas materias, como pasta de papel o fibras textiles, utilizando soluciones químicas. SIN.: *blanqueamiento.*

blanquillo, a adj. y s.m. Se dice del trigo y del pan candeal. ◆ s.m. Chile y Perú. Durazno de cáscara blanca. **2.** Guat. y Méx. Huevo.

blanquismo s.m. Doctrina política de Auguste Blanqui que influyó en el movimiento socialista y el sindicalismo revolucionario.

blasfemar v.intr. (lat. *blasphemare,* del gr. *blasphimeis,* difamar). Decir blasfemias: *blasfemar contra Dios.* **2.** *Fig.* Hablar mal de algo o alguien que merece respeto o consideración.

blasfemia s.f. (lat. *blasphemia,* del gr. *blasphimía*). Palabra o expresión injuriosa contra Dios o las cosas sagradas. **2.** *Fig.* Palabra o expresión injuriosa contra algo o alguien que merece respeto o consideración.

blasfemo, a adj. y s. (lat. *blasphemus,* del gr. *blásphimos*). Que dice blasfemias. ◆ adj. Que contiene o implica blasfemia: *palabras blasfemas.*

blasón s.m. (fr. *blason*). Escudo de armas. **2.** Figura de un escudo de armas. **3.** *Fig.* Honor u orgullo. **4.** Ciencia que estudia los escudos de armas. SIN.: *heráldica.*

blasonar v.intr. *Fig.* Jactarse o presumir de algo: *blasonar de valiente.* ◆ v.tr. Describir o disponer un escudo de armas según las reglas del blasón.

blasquismo s.m. Movimiento republicano valenciano centrado en la figura de Blasco Ibáñez.

blastodermo s.m. Conjunto de células embrionarias que forman las paredes de la blástula.

blastogénesis s.f. Formación del blastodermo. SIN.: *blastogenia.*

blastoma s.m. Tumor.

blastómero s.m. ZOOL. Célula formada durante una de las primeras divisiones del huevo fecundado.

blastomicete adj. y s.m. Relativo al hongo microscópico que se reproduce por gemación, como las levaduras de la cerveza y del vino. SIN.: *sacaromicetáceo.*

blastomicosis s.f. Micosis provocada por el desarrollo de un blastomicete en la piel o en ciertos órganos.

blastoporo s.m. EMBRIOL. Orificio del embrión de los animales en la fase de gástrula. (El blastoporo que da lugar a la boca en los invertebrados y al ano en los vertebrados.)

blástula s.f. ZOOL. Fase de desarrollo del embrión en que este tiene forma de una esfera hueca de pared epitelial. (La *blástula* sucede a la *mórula* y precede a la *gástrula*.)

blazer s.m. (voz inglesa). Saco de vestir con doble botonadura y bolsillos pegados, generalmente de color liso oscuro.

ble s.m. Juego de pelota vasca practicado en cancha abierta o en frontón. **2.** Pared del juego de pelota vasca que, en cancha abierta, une el muro de frontón con el de rebote.

bledo s.m. (lat. *blitum*). Planta de tallo rastrero, hojas de color verde oscuro y flores rojas, muy pequeñas y en racimos axilares. (Familia quenopodiáceas.) ◇ **Importar un bledo** Importar poco o nada una cosa.

blefaritis s.f. (del gr. *bléfaros*, párpado). Inflamación de los párpados.

blenda s.f. (alem. *blende*). Sulfuro natural de cinc (ZnS). [La blenda es una de las principales menas del cinc.]

blenorragia s.f. (del gr. *blénna*, mucosidad, y *rignxnai*, brotar). Enfermedad de transmisión sexual producida por gonococos y caracterizada por la inflamación del aparato urogenital (uretra, próstata y vejiga en el hombre; vejiga y cuello del útero en la mujer). SIN.: *gonorrea*.

blenorrea s.f. Blenorragia o gonococia crónicas.

blindado, a adj. Recubierto por un blindaje. **2.** Se dice de la unidad militar formada por vehículos provistos de blindaje. **3.** ELECTR. Se dice del aparato eléctrico provisto de una envoltura que lo protege de los fenómenos magnéticos exteriores. ◆ s.m. Amér. Acorazado.

bliní s.m. (ruso *bliní*, pl. de *blin*) [pl. *bliní* o *blinís*]. Torta pequeña típica de la cocina rusa, elaborada con trigo y centeno, que se rellena de carne, caviar, queso u otros alimentos.

blindaje s.m. Acción de blindar. **2.** Revestimiento que protege una cosa, generalmente un vehículo militar, de los efectos de los proyectiles. **3.** Conjunto de dispositivos de una puerta que impide el acceso de intrusos. **4.** Dispositivo protector contra las radiaciones electromagnéticas y nucleares.

blindar v.tr. Proteger con un blindaje.

blíster s.m. (ingl. *blister pack*). Embalaje que consiste en una hoja de cartón sobre la cual se pega una lámina de plástico transparente que cubre el producto que se presenta.

blizzard s.m. (voz angloamericana). Viento glacial del norte que sopla en forma de ventisca en Canadá y en EUA.

bloc s.m. (pl. *blocs*). Conjunto de hojas de papel unidas por uno de sus lados, generalmente con cola, que pueden separarse fácilmente: *un bloc de notas*. SIN.: *bloque*.

blocao s.m. (alem. *blockhaus*, de *block*, tronco, y *haus*, casa). Fortificación pequeña que puede desmontarse para situarla en otro lugar y que sirve para defender una posición.

blocar v.tr. Parar el portero de fútbol el balón y sujetarlo fuertemente contra el cuerpo. SIN.: *bloquear*. **2.** Detener un jugador de fútbol el balón con el pie antes de lanzarlo. SIN.: *bloquear*.

block-system s.m. (ingl. *block system*). F. C. Sistema de seccionamiento.

blofear o **blufear** v.intr. Amér. Engañar con fingidas apariencias, fanfarronear.

blog s.m. (voz inglesa, abrev. de *weblog*, cuaderno de bitácora). Página web, generalmente de carácter personal, con una estructura cronológica que se actualiza regularmente y que se suele dedicar a un teme concreto. SIN.: *bitácora, weblog*.

blonda s.f. (fr. *blonde*). Encaje de seda fina, que puede hacerse con bolillos o con aguja.

blondín s.m. Teleférico empleado para el transporte de materiales.

blondo, a adj. (fr. *blond*). *Poét.* Rubio.

bloom s.m. (voz inglesa). METAL. Barra grande de acero de sección rectangular, que se obtiene al pasar varias veces un lingote por un laminador.

bloque s.m. (fr. *bloc*). Trozo grande de material compacto y pesado sin trabajar: *un bloque de mármol; un bloque de hielo*. **2.** Edificio que tiene varias plantas. **3.** Conjunto de cosas estrechamente relacionadas que forman una unidad compacta: *bloque informativo; bloque de preguntas*. **4.** Grupo de partidos políticos, estados, etc., unidos por intereses o ideales comunes: *bloque atlántico*. **5.** Conjunto de edificios de similares características que forman una unidad. **6.** Paralelepípedo rectangular de material duro, especialmente el sillar de hormigón. **7.** Bloc. **8.** INFORMÁT. Grupo de caracteres o palabras registrados en la memoria de una computadora que se tratan o transfieren como una unidad. ◇ **Bloque de cilindros** Conjunto de cilindros de un motor unidos en una sola pieza. **Bloque diagrama** GEOGR. Representación en perspectiva de las formas del terreno acompañada de dos cortes geológicos de los bordes de la región. **Bloque motor** Bloque que forman el motor, el embrague y la caja de velocidades de un vehículo. **En bloque** En conjunto, sin distinción.

bloquear v.tr. (fr. *bloquer*). Cortar las comunicaciones de un lugar aislándolo. **2.** Impedir el desarrollo de un proceso. **3.** Interrumpir el funcionamiento de un mecanismo: *bloquear la dirección de un vehículo*. **4.** Inmovilizar la autoridad los movimientos de una cuenta bancaria sin permitir que el titular pueda disponer del dinero. **5.** DEP. Blocar. ◆ v.tr. y prnl. PSICOL. Producir un bloqueo.

bloqueo s.m. Acción y efecto de bloquear: *dispositivo de bloqueo*. **2.** PSICOL. Incapacidad momentánea de una persona para reaccionar intelectualmente en una determinada situación. ◇ **Bloqueo cardíaco** MED. Detención de la conducción del influjo nervioso en el corazón. **Bloqueo comercial** Conjunto de medidas que uno o varios países imponen a otro para impedirle las relaciones comerciales internacionales.

blue jean o **bluyín** s.m. (voz inglesa.) Jean. (También *blue jeans* o *bluyines* para referirse a una sola prenda.) GEOSIN.: Amér. Merid. y Esp. *vaquero;* Esp. *tejano;* Méx. *pantalón de mezclilla*.

blues s.m. (voz angloamericana) [pl. *blues*]. Género musical del folclore negro norteamericano de tono melancólico que se caracteriza por una fórmula armónica constante y un ritmo de cuatro tiempos. (El blues ha influido profundamente en el jazz.) **2.** Canción de este género.

blufear v.intr. Amér. → **blofear.**

bluff s.m. (voz angloamericana) [pl. *bluffs*]. Ficción, falsa apariencia, aparatosidad, finta.

blúmer s.m. Méx. Calzón largo de mujer que cubre los muslos.

blusa s.f. (fr. *blouse*). Prenda de vestir femenina, generalmente de tela fina, que cubre el tronco, abotonada y con cuello. **2.** Guardapolvo o bata de determinados trabajadores.

blusón s.m. Blusa larga y amplia que se lleva por encima de la falda o de los pantalones.

bluyín s.m. → **blue jean.**

boa s.f. (lat. *boa*, serpiente acuática). Serpiente no venenosa originaria de América tropical que llega a medir 4 m y que se nutre de vertebrados de sangre caliente a los que mata enrollándose en sus cuerpos para comprimirlos y asfixiarlos. (Familia boidos.) ◆ s.m. Prenda de vestir femenina que consiste en una tira larga de piel o plumas que se lleva alrededor del cuello.

boatiné s.m. Tejido acolchado forrado de guata: *bata de boatiné*.

boato s.m. (lat. *boatus*, grito). Ostentación o exhibición que se hace de la propia riqueza, importancia o poder.

bobada s.f. Tontería. SIN.: *bobería*.

bobadilla s.f. Mamparo colocado delante del bauprés en los buques de proa abierta.

bobalicón, na adj. y s. *Fam.* Bobo.

bobear v.intr. Hacer o decir bobadas.

bobeta adj. y s.m. y f. Amér. Merid. Bobo.

bóbilis (del lat. *vobis*, para vosotros). loc. **De bóbilis, bóbilis** Esp. *Fam.* De balde; sin trabajo.

bobina s.f. (fr. *bobine,* carrete). Cilindro pequeño alrededor del cual se enrolla hilo, cuerda o cualquier material flexible. **2.** Dispositivo de un circuito eléctrico formado por un hilo metálico conductor aislado y enrollado repetidamente. **3.** Parte del sistema de encendido por batería de un motor de explosión en la que se efectúa la transformación de la corriente. **4.** Rollo de papel continuo que utilizan las rotativas. ◇ **Bobina de inducción,** o **de Ruhmkorff** Aparato eléctrico formado por dos bobinas que funcionan como un elevador de tensión.

bobinado s.m. Acción de bobinar. **2.** Conjunto de bobinas y otros conductores de un circuito eléctrico.

bobinadora s.f. Máquina que sirve para bobinar.

bobinar v.tr. Enrollahilo, cuerda o cualquier material flexible alrededor de una bobina. **2.** Instalar las bobinas y otros conductores en un circuito eléctrico.

bobito s.m. Pájaro de pequeño tamaño originario de Cuba. (Familia tirénidos.)

1. **bobo,** pueblo de Burkina Faso.

2. **bobo, a** adj. y s. Que tiene muy poca inteligencia o perspicacia. **2.** Que es extremadamente cándido. ◆ s.m. Personaje de la antigua comedia española que hacía reír. **2.** Cuba. Mona, juego de naipes.

bobsleigh s.m. (voz inglesa). Trineo articulado que se desliza sobre pistas de hielo o nieve. **2.** Deporte que se practica con este trineo. (También *bob.*)

boca s.f. (lat. *bucca,* mejilla). Parte inicial del tubo digestivo de las personas y de algunos animales. (En las personas, es una cavidad limitada por los labios, las mejillas, el paladar, y el suelo bucal, que comunica hacia atrás con la faringe y que contiene la lengua y los dientes.) **2.** Conjunto formado por los dos labios de la cara: *besar en la boca.* **3.** *Fig.* Órgano de la palabra: *tú callado, no abras la boca.* **4.** *Fig.* Abertura de entrada o salida de un lugar: *boca del puerto; boca del metro.* **5.** Desembocadura de un río. **6.** Abertura por donde sale o entra algo: *boca de la botella; boca del horno.* **7.** *Fig.* Persona o animal a quien se tiene que mantener y dar de comer. **8.** Pinza en que terminan las patas delanteras de los crustáceos. **9.** Gusto o sabor del vino: *tener buena boca un vino.* **10.** Parte afilada y cortante de algunas herramientas. **11.** Amér. Central. Pequeña cantidad de comida que se suele tomar como aperitivo acompañada de bebida. ◇ **A boca de jarro** A *bocajarro. **Abrir boca** Abrir el apetito con una pequeña cantidad de comida o bebida. **A pedir de boca** Tal y como se deseaba. **Boca abajo** Tendido con la cara hacia el suelo. **Boca a boca** Método de respiración artificial que consiste en que una persona junta su boca a la de otra accidentada para insuflarle aire. **Boca arriba** Tendido de espaldas. **Boca de dragón** Planta herbácea de tallos lampiños en la base, hojas enteras oblongas y flores rosadas. (Familia escrofulariáceas.) **Boca de fuego** ARM. Arma que se carga con pólvora. **Boca del estómago** ANAT. Parte central de la región epigástrica. **Boca de riego** Abertura en un conducto de agua a la que se conecta una manguera para regar. **Despegar la boca** *Fam.* Hablar. (Suele usarse en frases negativas.) **Poner en boca de alguien** Atribuir a alguien lo que no ha dicho. **Quitar de la boca** *Fam.* Anticiparse alguien a decir lo que iba a decir otra persona.

bocacalle s.f. Entrada de una calle. **2.** Calle secundaria que da a otra principal.

bocacosta s.f. GEOGR. Región situada a unos 1 000 m de alt. caracterizada por una vegetación de helechos arborescentes.

bocadillo s.m. Alimento que se suele tomar entre el desayuno y la comida. **2.** Texto rodeado por una línea que reproduce las palabras o pensamientos de un personaje de cómic, chiste gráfico, fotonovela, etc. **3.** Amér. Dulce de leche, huevo y azúcar que según las regiones se elabora también con otros ingredientes como guayaba, coco o boniato. **4.** Esp. Panecillo o trozo de pan cortado a lo largo que se rellena con fiambres y otros alimentos.

bocado s.m. Porción de comida que se toma de una vez, mordiendo lo que se come. **2.** Cantidad pequeña de comida: *como un bocado rápido y me voy.* **3.** Mordedura o señal que se hace con los dientes. **4.** Pedazo de una cosa que se arranca con la boca. **5.** Parte del freno que se coloca en la boca de la caballería. **6.** Freno de la caballería. **7.** Argent. y Chile. Correa que atada a la quijada inferior de un potro sirve de freno para domarlo. ◇ **Bocado de Adán** ANAT. Nuez del cuello.

bocajarro (a) loc. De improviso, sin esperarlo, por sorpresa; tratándose del disparo de un arma de fuego, situándola a una distancia muy corta del blanco. (También *a boca de jarro.*)

bocaje s.m. Paisaje rural formado por campos y prados cercados por setos e hileras de árboles.

bocal s.m. (lat. tardío *baucalis*). Jarro de boca ancha y cuello corto para sacar el vino de las tinajas.

bocallave s.f. (pl. *bocallaves*). Ojo de la cerradura.

bocamanga s.f. Parte de la manga más cercana a la muñeca.

bocamejora s.f. Amér. Merid. Pozo auxiliar que comunica con el principal de una mina.

bocana s.f. Canal estrecho que sirve de entrada a un puerto o bahía.

bocanada s.f. Cantidad de líquido, humo o aire que se toma o expulsa por la boca de una vez. **2.** Ráfaga de aire o humo que entra o sale por una abertura: *por la ventana entró una bocanada de aire fresco.*

bocanegra s.f. Pez escualiforme de unos 90 cm de long. y coloración pardo-grisácea con manchas oscuras. (Familia esciliorrínidos.)

bocarda s.f. Trabuco de boca ancha.

bocarte s.m. Maceta de cantero. **2.** Máquina que sirve para triturar minerales.

bocata s.m. Esp. *Fam.* Bocadillo.

bocatero, a adj. y s. Amér. Central. Jactancioso, fanfarrón.

bocazas o **bocaza** s.m. y f. (pl. *bocazas*). *Fam.* y *desp.* Persona indiscreta que habla demasiado. SIN.: *boceras.*

bocel s.m. (cat. *bocell*). Moldura convexa, lisa, de sección semicircular o semielíptica. ◆ adj. y s.m. Se dice del cepillo que se utiliza para hacer estas molduras. ◇ **Cuarto bocel** Moldura convexa, lisa, cuya sección es un cuarto de círculo. **Medio bocel** Moldura en forma de medio cilindro.

bocelar v.tr. Dar a un borde o moldura forma de bocel.

bocera s.f. Resto de comida o bebida que queda en los bordes de los labios. **2.** Boquera.

boceras s.m. y f. (pl. *boceras*). Bocazas.

boceto s.m. (ital. *bozzetto,* dim. de *bozza,* piedra sin desbastar). Esquema que presenta los rasgos principales de una obra artística, especialmente pictórica. SIN.: *bosquejo, esbozo.* **2.** Proyecto que presenta los aspectos principales de una obra: *boceto de un estudio.*

bocha s.f. (ital. *bòccia*). Bola de madera, de mediano tamaño, con que se juega a las bochas. ◆ **bochas** s.f.pl. Juego que consiste en lanzar una bola pequeña y después, a cierta distancia, otras bolas medianas que deben acercarse lo más posible a la pequeña.

1. **boche** s.m. Hoyo pequeño que hace un niño en el suelo para jugar, por ejemplo a las canicas. **2.** Amér. Merid. Tumulto, follón.

2. **boche** s.m. y f. *Desp.* Alemán.

bochinche s.m. (de *bochincho,* sorbo, de *buche*). Situación confusa y desordenada, acompañada de alboroto. **2.** Pan. *Fam.* Chisme que cobra mayor proporción y maledicencia a medida que pasa de una persona a otra.

bochinchero, a adj. y s. Amér. Merid. Se dice de la persona que arma alboroto.

bochorno s.m. (lat. *vulturnus,* viento). Calor sofocante. **2.** Viento cálido que sopla en verano. **3.** Vergüenza, generalmente acompañada de sonrojo, que produce algo que ofende, molesta o avergüenza.

bochornoso, a adj. Que causa bochorno.

bocina s.f. (lat. *bucina,* cuerno de boyero). Pieza de forma cónica, generalmente de metal, para reforzar un sonido: *bocina de un gramófono.* **2.** Avisador sonoro de un vehículo: *bocina de una bicicleta; bocina de un automóvil.* **3.** Cuerno, instrumento musical de viento. **4.** Amér. Trompetilla para sordos. **5.** Méx. Parte del aparato telefónico que se acerca a la boca para hablar y a la oreja para escuchar. **6.** Méx. Altavoz.

bocinazo s.m. Sonido producido por una bocina. **2.** *Fig.* Grito fuerte que se da para reñir a alguien o para advertirle de algo.

bocio s.m. MED. Incremento de volumen de la glándula tiroides.

bock s.m. (alem. *Bockbier,* cerveza fuerte) [pl. *bocks*]. Jarra de cerveza de un cuarto de litro.

bocón, na adj. Chile. Difamador, murmurador. ◆ s.m. Amér. Trabuco.

bocoy s.m. (fr. *boucaut,* odre, de *bouc,* macho cabrío). Recipiente de 600 l destinado particularmente al transporte del vino.

boda s.f. (lat. *vota,* votos, promesas). Ceremonia civil o religiosa por la que dos personas se casan; fiesta con que se celebra esta ceremonia. ◇ **Bodas de diamante** Sexagésimo aniversario de un acontecimiento, especialmente una boda. **Bodas de oro** Quincuagésimo aniversario de un acontecimiento, especialmente una boda. **Bodas de plata** Vigésimo quinto aniversario de un acontecimiento, especialmente una boda. **Bodas de platino** Septuagésimo quinto aniversario de un acontecimiento, especialmente una boda.

bodega s.f. (lat. *apotheca,* del gr. *ápothíki,* depósito, almacén). Lugar donde se elabora, conserva y cría el vino. **2.** Cosecha o producción de vino de un lugar o período determinados. **3.** Establecimiento donde se venden, y a veces también se consumen, vinos y otras bebidas alcohólicas. **4.** Despensa, lugar de la casa. **5.** Granero, lugar o parte de un edificio. **6.** Espacio interior de un barco desde la cubierta inferior hasta la quilla. **7.** Chile. F. C. Almacén para guardar las mercancías. **8.** Cuba. Comercio pequeño, tienda de ultramarinos. **9.** Méx. Almacén, depósito.

bodegón s.m. Establecimiento donde se sirven comidas caseras. **2.** Pintura en que se representan alimentos, recipientes y objetos domésticos.

bodeguero, a s. Propietario de una bodega o persona que se encarga de esta. SIN.: *bodegonero.*

bodijo s.m. *Fam.* y *desp.* Boda sin lujos y con pocos invitados. SIN.: *bodorrio.*

bodoque s.m. (ár. *bunduq,* avellana). Adorno de forma redonda bordado en relieve. **2.** Reborde con que se refuerzan los ojales de un colchón de lana. ◆ s.m. y f. y adj. *Fam.* Persona boba o tonta.

bodorrio s.m. *Fam.* y *desp.* Bodijo. **2.** Méx. Fiesta con que se celebra una boda.

bodrio s.m. (bajo lat. *brodium,* caldo). *Fam.* y *desp.* Comida mal hecha o elaborada con ingredientes de mala calidad. **2.** *Fig., fam.* y *desp.* Cosa mal hecha o de mala calidad, especialmente una obra artística.

body s.m. (voz inglesa) [pl. *bodys*]. Prenda interior femenina de una sola pieza que cubre el tronco y se abrocha por la entrepierna, generalmente con automáticos.

bóer adj. y s.m. y f. (pl. *bóers*). Se dice del colono neerlandés del África austral.

bofe s.m. (de *bofar,* soplar). Pulmón, especialmente el de res destinado al consumo. (Suele usarse en plural.) ◇ **Echar el bofe,** o **los bofes** *Fam.* Trabajar mucho, afanarse.

bofetada s.f. (del ant. *bofete,* de *bofar,* soplar). Golpe dado en la cara con la mano abierta.

bofetón s.m. Golpe fuerte dado en la cara con la mano abierta.

1. **boga** s.f. (fr. *vogue*). Acción de bogar. **2.** Conjunto de remeros de una embarcación de regatas. ◇ **En boga** De moda.

2. **boga** s.f. (lat *boca*). Pez de cuerpo casi fusiforme, cabeza desarrollada y ojos grandes. (Familia espáridos.)

bogada s.f. Espacio que avanza una embarcación con el impulso de un solo golpe de remos.

bogar v.intr. (del lat. *vocare*). Remar. **2.** Navegar. **3.** Chile. Quitar la escoria al metal.

1. **bogavante** s.m. (de *lobagante*). Crustáceo marino que puede alcanzar los 50 cm de long., de color azul veteado de amarillo y provisto de grandes pinzas. (Es comestible, muy apreciado y se pesca en fondos rocosos, de 15 a 50 m de prof.)

2. **bogavante** s.m. (ital. *vogavante,* de *vogare,* remar, y *avanti,* adelante). Remero que ocupaba el primer lugar en cada banco de una galera. **2.** Lugar que ocupaba este remero.

bogie s.m. (voz inglesa). Bastidor o plataforma con dos ejes sobre el cual pivota el chasis de un vagón de ferrocarril en las curvas.

bogomilo s.m. Miembro de una secta cristiana dualista búlgara del s. X que negaba la encarnación de Cristo, los sacramentos y la autoridad de la Iglesia.

bogotano, a adj. y s. De Bogotá.

bogue s.m. Vehículo tirado por caballos, descubierto y con dos ruedas usado en Chile.

bohardilla s.f.→ **buhardilla.**

bohemio, a adj. y s. De Bohemia. **2.** Gitano. **3.** Se dice de la persona, especialmente del artista, inconformista y de vida desordenada, que no se ajusta a las convenciones sociales. ◆ adj. y s.f. Se dice de la vida y costumbres de esta persona.

bohío s.m. (voz arawak de las Antillas). Cabaña o casa rústica de América tropical hecha generalmente de madera, cañas o paja.

bohordo s.m. (del ant. *bohordar,* lanzar bohordos). Escapo. **2.** HIST. Lanza corta arrojadiza que se usaba en las fiestas de caballería.

bohrio s.m. Elemento químico artificial (Bh), de número atómico 107 y masa atómica 264,12.

boicot s.m. (ingl. *boycott,* de *Boycott,* primer administrador irlandés) [pl. *boicots*]. Acción de boicotear.

boicotear v.tr. Interrumpir una relación, especialmente comercial, con una persona, grupo o nación para perjudicarlos y obligarlos a ceder en algo. **2.** Interrumpir un acto para ejercer presión y conseguir algo.

boicoteo s.m. Boicot.

boiler s.m. Méx. Calentador de agua doméstico.

boina s.f. (voz vasca). Gorra sin visera, de una sola pieza y redonda. ◇ **Boina verde** Miembro del cuerpo especial de intervención del ejército norteamericano.

boiserie s.f. (voz francesa). Obra de carpintería que reviste las paredes de una habitación.

boîte s.f. (voz francesa). Establecimiento donde puede escucharse música, bailar o tomar bebidas alcohólicas.

boj o **boje** s.m. (lat. *buxus*). Arbusto de tallos ramosos, pequeñas hojas ovales y flores blanquecinas. (El boj es muy utilizado como planta de jardín, y su madera es apreciada por su dureza; familia buxáceas.) **2.** Madera de este arbusto. **3.** B. ART. Grabado en boj.

bojar v.tr. (cat. *vogir,* hacer girar). Medir el perímetro de una isla, cabo, etc. **2.** Navegar recorriendo el perímetro de una isla o cabo. SIN.: *bojear.* ◆ v.intr. Tener una isla o cabo un determinado perímetro.

bojedal s.m. Terreno poblado de bojes.

bojeo s.m. Acción de bojar, medir el perímetro. **2.** Perímetro de una isla o cabo.

bojote s.m. Colomb., Dom., Ecuad., Hond., P. Rico y Venez. Lío, bulto, paquete.

1. **bol** s.m. (ingl. *bowl,* taza). Taza semiesférica grande y sin asas. **2.** Ponchera.

2. **bol** s.m. (cat. *bol,* del gr. *bólos,* red). Redada, acción de lanzar la red. **2.** Jábega, red muy larga.

3. **bol** s.m. (cat. *bol,* del gr. *bólos,* terrón, bola). Arcilla pura

coloreada de rojo y amarillo que forma bolsadas irregulares o galerías en las calizas. **2.** Bolo.

bola s.f. (occitano ant. *bola*). Cuerpo esférico de cualquier materia: *bola de piedra; bola de fuego; las bolas del billar.* **2.** Masa esférica de comida envenenada que se da a un perro vagabundo para matarlo. **3.** Betún, mezcla para lustrar. **4.** Juego que consiste en tirar con la mano una bola y en el cual gana el jugador que consigue que su bola llegue más lejos. **5.** *Fig.* y *fam.* Mentira: *intentó meterme una bola, pero no me dejó engañar.* **6.** Amér. Interés que se presta a algo o a alguien. **7.** Méx. Tumulto, riña. **8.** Méx. Conjunto grande de cosas: *una bola de libros.* **9.** Méx. *Fam.* Grupo de personas: *una bola de amigos.* **10.** Méx. Grupo armado o violento de personas, especialmente los que participaron en la revolución mexicana. **11.** TECNOL. Esfera de acero del órgano de rodamiento que sirve para disminuir el rozamiento. ◆ **bolas** s.f.pl. Carbón aglomerado en forma de esfera. **2.** *Vulg.* Testículos. ◇ **Bola de nieve** BOT. Arbusto de unos 3 o 4 m de alt. y flores blancas agrupadas en forma de bola. **Dar bola a alguien** Amér. Hacer caso.

bolacear v.tr. Argent., Colomb. y Urug. Decir mentiras o cosas muy exageradas, disparatar.

bolacero, a adj. y s. Argent. *Fam.* Se dice de la persona que acostumbra a mentir o disparatar.

bolada s.f. Acción de tirar una bola. **2.** Argent., Par. y Urug. Buena oportunidad para hacer un negocio. **3.** Perú. Jugarreta, embuste. **4.** GEOMORFOL. Masa de piedra que se desprende y se desliza por la ladera de un monte.

bolado s.m. Azucarillo, pasta azucarada. **2.** Amér. Negocio, asunto. **3.** Hond. Jugada de billar hecha con destreza.

bolandista s.m. Miembro de una sociedad, formada mayoritariamente por jesuitas, que se dedica a la publicación depurada de las vidas de santos. (Esta sociedad fue creada por el jesuita Jean Bolland [1596-1665].)

bolar adj. Se dice de la tierra arcillosa de propiedades astringentes que contiene óxido de hierro.

bolardo s.m. Pilón de acero colado u hormigón armado, con la parte superior curvada, que se coloca junto a la arista de un muelle para amarrar los buques.

bolazo s.m. Argent. Mentira, embuste, engaño.

bolchevique adj. Relativo al bolchevismo: *gobierno bolchevique.* ◆ s.m. y f. y adj. Miembro del sector radical del Partido obrero socialdemócrata ruso. (Los bolcheviques apoyaron a Lenin en 1903 y tomaron el poder en 1917.) **2.** *Desp.* Comunista.

bolchevismo s.m. Doctrina que defendía la dictadura del proletariado. **2.** Sistema político implantado por los bolcheviques en Rusia a partir de la revolución de 1917. SIN.: *bolcheviquismo.*

boldo s.m. (voz mapuche). Árbol originario de Chile de hojas elípticas muy aromáticas y flores blancas en pequeños racimos. (Con las hojas del boldo se prepara una infusión de uso medicinal.)

bolea s.f. Golpe que un jugador da a una pelota antes de que esta toque el suelo.

boleada s.f. Amér. Partida de caza que bolea animales, especialmente cimarrones.

boleado, a adj. Argent. *Fig.* Confundido, aturullado.

boleadoras s.f. Instrumento formado por dos o tres bolas de material pesado unidas mediante una cuerda que se usa en América del Sur para cazar o inmovilizar animales.

boleano, a adj. MAT. **a.** Relativo a las teorías de George Boole. **b.** Se dice de la variable susceptible de tomar dos valores que se excluyen mutuamente, como por ejemplo 0 y 1.

bolear v.tr. Lanzar una cosa con fuerza. **2.** Lanzar un jugador la pelota. **3.** Derribar muchos bolos en el juego. **4.** Argent. y Urug. Cazar o inmovilizar un animal con las boleadoras. ◆ v.tr. y prnl. Argent. Confundir, aturullar. **2.** Argent. y Urug. *Fig.* Enredar a alguien, hacerle una mala partida. **3.** Méx. Lustrar los zapatos.

1. bolera s.f. Establecimiento donde se juega a los bolos. SIN.: *boliche.*

2. bolera s.f. Canto y danza de la costa venezolana.

1. bolero, a s. Persona que baila boleros. ◆ s.m. Baile de origen andaluz en compás ternario que suele bailarlo una pareja con castañuelas. **2.** Música y canto de este baile. **3.** Canción y danza antillana de ritmo binario y tema sentimental. (Es originario de la región oriental de Cuba.) **4.** Saco de vestir femenino que no pasa de la cintura. **5.** Guat. y Hond. Chistera, sombrero de copa alta. **6.** Méx. Lustrabotas.

2. bolero, a adj. y s. *Fig.* y *fam.* Que dice muchas bolas. **2.** Se dice del estudiante que suele faltar a clase.

boleta s.f. (ital. ant. *bolletta,* salvoconducto, dim. de *bolla,* diploma). Cédula para entrar en alguna parte. **2.** Amér. Papeleta. **3.** Amér. Factura o recibo de una compra.

boletería s.f. Amér. Taquilla o despacho de boletos. **2.** Argent. *Fam.* Mentira o sarta de mentiras.

boletero, a s. Amér. Taquillero, persona que tiene por oficio vender boletos en una taquilla. **2.** Argent. *Fam.* Mentiroso.

boletín s.m. (ital. *bollettino* o *bullettino,* dim. de *bolletta*). Publicación periódica informativa sobre una materia determinada. **2.** Publicación periódica informativa de carácter oficial: *Boletín Oficial del Estado.* **3.** Formulario de suscripción a algo. ◇ **Boletín informativo,** o **de noticias** Resumen de las noticias más importantes del día que se transmiten por radio o televisión a una hora determinada.

boleto s.m. Billete, trozo de papel con un número impreso. **2.** Amér. Billete, tarjeta o trozo de papel impreso que se compra. **3.** Amér. Cédula de garantía que da derecho al apostante a participar en las quinielas deportivas. ◇ **Boleto de venta,** o **de compraventa** Argent. y Par. Contrato de compraventa.

boliche s.m. (cat. *bolitx,* red pequeña). Pieza de madera torneada, generalmente esférica, que remata como adorno un mueble. **2.** Bola más pequeña del juego de bochas o de la petanca. **3.** Juego de bolos. **4.** Bolera, establecimiento. **5.** Juguete compuesto de un palo terminado en punta que debe introducirse en el agujero de una bola a la que está unido mediante un cordón tras lanzarla. **6.** Arte de pesca de menor tamaño que la jábega. **7.** Pescado capturado con este instrumento. **8.** Argent. *Fam.* Bar, discoteca. **9.** Argent., Par. y Urug. Establecimiento comercial modesto, especialmente donde se venden y sirven bebidas y comestibles. **10.** P. Rico. Tabaco de clase inferior. **11.** MAR. Bolina de la vela menuda.

bolichear v.intr. Argent. *Fam.* Frecuentar boliches.

bolichero, a s. Argent. *Fam.* Persona que frecuenta boliches. **2.** Argent., Par. y Urug. Propietario o encargado de un boliche, establecimiento comercial.

bólido s.m. (del lat. *bolis, -idis,* del gr. *bolís,* objeto que se lanza). Automóvil muy rápido. **2.** Masa de mineral en ignición procedente de la fragmentación de un cuerpo celeste que atraviesa la atmósfera terrestre a gran velocidad.

bolígrafo s.m. Instrumento que sirve para escribir, consistente en un tubo, generalmente de plástico, que tiene una carga de tinta en su interior y una pequeña bola de metal en la punta. GEOSIN.: Argent. y Urug. *birome;* Méx. *pluma, pluma atómica.*

bolilla s.f. **Dar bolilla** Argent. Dar bola. **2.** Argent., Par. y Urug. Bola numerada que se usa en los sorteos. **3.** Argent., Par. y Urug. Parte del programa de una materia de estudio que forma un bloque unitario.

bolillero s.m. Argent., Par. y Urug. Bomba, caja esférica que contiene las bolillas de un sorteo.

bolillo s.m. Palo pequeño cilíndrico al cual se enrollan los hilos para hacer encajes y pasamanería. **2.** Hierro redondo colocado perpendicularmente en una cabecera, enfrente de la barra, en la mesa de billar. **3.** Hueso al que se une el casco o uña de las caballerías. **4.** Colomb. Porra de caucho o madera usada por la policía. **5.** C. Rica. Palo pequeño para tocar el tambor. **6.** Méx. Pan alargado, esponjoso, de corteza dura y con los extremos rematados con dos bolitas. ◆ **bolillos** s.m.pl. Barra pequeña de masa dulce.

bolina s.f. (fr. *bouline*). Cabo que sirve para halar hacia proa la relinga de barlovento de una vela para que reciba mejor el viento. **2.** Sonda, cuerda con un peso de plomo que sirve para medir la profundidad de las aguas. **3.** Serie de azotes que se daba a los marineros de a bordo como castigo. **4.** *Fig.* y *fam.* Ruido, bulla, alboroto. ◇ **Ir,** o **navegar, de bolina** Dar bordadas una embarcación para ceñirse lo más posible al viento.

bolinche s.m. Arte de pesca empleado principalmente en el Cantábrico para capturar sardinas, jureles y caballas.

bolita s.f. Argent. Canica, juego de niños y bolitas con que se juega.

bolívar s.m. Unidad monetaria de Venezuela.

bolivianismo s.m. Palabra, expresión o giro propios del español hablado en Bolivia.

boliviano, a adj. y s. De Bolivia. ◆ s.m. Variedad del español hablada en Bolivia. **2.** Unidad monetaria de Bolivia.

bollería s.f. Establecimiento donde se hacen o venden bollos. **2.** Conjunto de bollos de diversas clases.

bollo s.m. (del lat. *bulla,* burbuja, bola). Panecillo, especialmente el que está hecho de una masa cocida al horno de harina, azúcar y otros ingredientes como huevos o leche. **2.** Hundimiento de una parte de una superficie por un golpe o presión. **3.** Argent., Chile., Hond. y Urug. Puñetazo. **4.** Chile. Cantidad de barro necesaria para hacer una teja. **5.** Colomb. Empanada de maíz y carne. **6.** Esp. *Fig.* Chichón. **7.** Esp. *Fig.* Disputa, alboroto, confusión: *armarse un bollo.*

bollón s.m. Clavo de cabeza grande plateada o dorada que sirve de adorno. **2.** Pendiente con un solo botón de adorno.

1. **bolo** s.m. (de *bola*). Pieza cónica o cilíndrica, generalmente de madera, con una base plana que le permite mantenerse en pie y que se utiliza en distintos juegos. **2.** Actuación musical o representación teatral que forma parte de una gira por varias poblaciones: *hacer un bolo.* **3.** Cuba y Méx. Participación en un bautizo. **4.** Cuba y Méx. Conjunto de monedas que el padrino regala a los niños que asisten a un bautizo. ◆ s.m. y adj. *Fam.* Hombre ignorante o necio. ◆ **bolos** s.m.pl. Juego que consiste en lanzar una bola hacia un grupo de bolos para derribarlos.

2. **bolo** s.m. (gr. *bólos,* terrón, bola). **Bolo alimenticio** Masa de alimento masticado y mezclado con saliva que se traga de una vez.

3. **bolo, a** adj. Amér. Central y Cuba. Ebrio.

bolómetro s.m. Aparato eléctrico que sirve para medir la energía radiada (radiación infrarroja, visible y ultravioleta).

boloñés, sa adj. y s. De Bolonia. ◇ **Salsa boloñesa** Salsa hecha con carne picada y tomate.

1. **bolsa** s.f. (lat. *bursa*). Recipiente de materia flexible para llevar o guardar alguna cosa. **2.** Arruga que forma una prenda de vestir que no se ajusta bien al cuerpo. **3.** Cavidad anatómica en forma de saco que contiene o envuelve algo. **4.** Masa de una sustancia concentrada en una cavidad subterránea: *bolsa de gas.* **5.** Caudal o dinero de una persona. **6.** Abultamiento anormal en la rama de un árbol frutal. **7.** Ayuda económica que un organismo concede a un estudiante: *bolsa de matrícula; bolsa de viaje.* **8.** Envoltura o saco fabricada por la oruga de diversos lepidópteros. **9.** Méx. Recipiente con una o más asas, que usan las mujeres para guardar objetos de uso personal y que se lleva en la mano o colgada del hombro. GEOSIN.: Amér. Merid. y Esp. *bolso.* **10.** MINER. Parte de un criadero donde un mineral está reunido en mayor abundancia y en forma redondeada. ◇ **Bolsa de aire** Burbuja de aire formada en una cañería y que obstruye la circulación del líquido. **Bolsa de pastor** Hierba de flores pequeñas y blancas y fruto triangular. (Familia crucíferas.) **Bolsa de pobreza** Conjunto de personas que viven en la miseria en contraste con la calidad de vida del resto de personas de su entorno. **Bolsa sinovial** Bolsa conjuntiva anexa a los tendones de los músculos en las proximidades de las articulaciones.

2. **bolsa** s.f. (ital. *borsa,* de van der *Burse,* comerciante belga). Institución económica donde se realizan las operaciones financieras relativas a mercancías, valores mobiliarios, etc. **2.** Edificio donde se realizan estas operaciones. **3.** Conjunto de estas operaciones. ◇ **Bajar,** o **subir, la bolsa** Bajar, o subir, los precios de los valores fiduciarios que se cotizan en ella. **Bolsa de trabajo** Registro de ofertas y demandas de trabajo de una entidad pública o privada. **Jugar a la bolsa** Especular con la variación de los valores que se negocian en la bolsa.

bolsa

La bolsa de valores es el mercado donde los agentes de cambio se reúnen periódicamente para efectuar la negociación pública de valores mobiliarios. Los agentes, que son los únicos que pueden realizar esa negociación, recogen todas las órdenes de compra y de venta de particulares o instituciones y las confrontan a fin de determinar el *cambio* o *cotización,* para que coincidan. En la bolsa se negocian diversos tipos de títulos: *las acciones,* que expresan una participación directa en el capital de una empresa y cuya retribución se establece según los resultados económicos de esta; las *obligaciones,* que representan créditos concedidos a la empresa que los emite y cuya retribución es un interés prefijado, y los *fondos públicos,* títulos de vencimiento y rentabilidad variables, emitidos directamente por el estado y que cuentan, por tanto, con la garantía de este. Las operaciones del mercado de valores pueden realizarse *al contado* y *a plazo.*

bolsada s.f. GEOL. Acumulación aislada y más o menos redondeada de un mineral en el interior de una roca de naturaleza diferente.

bolsear v.tr. Amér. Rechazar una petición amorosa. **2.** Amér. Central y Méx. Quitar a alguien algo del bolsillo furtivamente.

bolsero, a s. Chile. Persona pedigüeña o gorrona.

bolsicón s.m. Colomb. y Ecuad. Saya de bayeta que usan algunas mujeres en los pueblos.

bolsillo s.m. Bolsa que tiene una prenda de vestir u otro objeto para llevar o guardar alguna cosa. **2.** Monedero, bolsa o cartera. SIN.: *portamonedas.* **3.** *Fig.* Bolsa, caudal o dinero. ◇ **De bolsillo** Se dice del objeto que tiene un tamaño que permite llevarlo en el bolsillo; se dice del objeto que es más pequeño que otros de su misma especie. **Meterse a alguien en el bolsillo** Ganarse la simpatía o el apoyo de alguien. **Rascarse el bolsillo** Pagar o dar dinero, especialmente de mala gana.

bolsín s.m. Reunión de los bolsistas fuera de las horas y del lugar destinado a su trabajo. **2.** Lugar de reunión de los bolsistas.

bolsiquear v.tr. Amér. Merid. Registrar a alguien los bolsillos.

bolsista s.m. y f. Persona que tiene por oficio realizar operaciones de bolsa. **2.** Amér. Central. Carterista.

bolso s.m. Amér. Merid. y Esp. Bolsa con una o más asas que usan las mujeres para guardar objetos de uso personal y que se lleva en la mano o colgada al hombro. GEOSIN.: Méx. *bolsa.* **2.** MAR. Seno que el viento forma en las velas.

bolsón s.m. Abrazadera de hierro donde se fijan los tirantes o barras que abrazan horizontalmente las bóvedas. **2.** GEOMORFOL. Depresión endorreica de una región desértica, en la que se concentran los derrubios aportados por el arroyamiento y las sales disueltas en las aguas.

boludez s.f. Argent. y Urug. Dicho o hecho propio de un boludo.

boludo, a s. Argent. y Urug. Persona que se comporta de una manera poco inteligente o ridícula.

1. **bomba** s.f. (de *bombarda*). Artefacto explosivo provisto de un dispositivo detonador que lo hace estallar. (Puede utilizarse en aposición: *paquete bomba.*) **2.** *Fig.* Noticia inesperada que causa sorpresa. **3.** Colomb., Dom. y Hond. Pompa, burbuja de agua. **4.** Cuba. Chistera. **5.** Ecuad., Guat., Hond. y

Perú. *Fig.* y *fam.* Borrachera. **6.** Méx. Copla improvisada que los músicos intercalan en la interpretación de ciertos sones populares del SE de México. ◇ **Bomba nuclear** Bomba cuya potencia explosiva se basa en la energía nuclear. (Se distinguen las *bombas de fisión,* llamadas *atómicas* o *A,* y las *bombas de fusión,* llamadas *termonucleares* o *H.*) **Bomba termonuclear,** o **H,** o **de hidrógeno** Proyectil que produce, por la obtención de temperaturas muy elevadas, la fusión de núcleos de átomos ligeros con un desprendimiento considerable de energía. (Su potencia se expresa en megatones.) **Bomba volcánica** Fragmento de lava arrojado por un volcán que se solidifica en el aire. **Caer como una bomba** Producir malestar o desconcierto.

2. **bomba** s.f. (voz de origen onomatopéyico). Máquina que sirve para aspirar, impeler o comprimir fluidos. **2.** Globo de cristal de una lámpara que sirve para difundir suavemente la luz. ◇ **Bomba aspirante** Bomba en la que el líquido penetra en el cuerpo del aparato por efecto de la presión atmosférica cuando se eleva el pistón. **Bomba aspirante impelente** Bomba en la que el líquido es primero aspirado hasta el cuerpo del aparato por el ascenso del pistón y a continuación es expulsado por este a través de un tubo lateral. **Bomba calorimétrica** Recipiente de un calorímetro que mide el poder calorífico de un combustible. **Bomba de calor** Aparato que aplica el principio de las máquinas frigoríficas a la extracción de calor de un fluido a baja temperatura para transferirlo a otro de temperatura más elevada. **Bomba de gasolina** Bomba que envía la gasolina procedente del depósito al carburador del automóvil. **Bomba de inyección** Bomba que, en un motor de combustión interna, sustituye al carburador e introduce directamente combustible a presión en los cilindros.

bombachas s.f.pl. Amér. Merid. Calzón, prenda interior femenina.

bombacho, a adj. y s.m. (de *1. bomba*). Se dice del pantalón ancho que tiene cada pernera acabada en una goma o puño que se ciñe a la pierna.

bombarda s.f. Instrumento musical antiguo de viento, de doble lengüeta y de sección cónica. **2.** Pieza de artillería que disparaba proyectiles de piedra o de hierro. (La bombarda se utilizó durante los ss. XIV-XV.)

bombardear v.tr. Atacar un objetivo arrojando bombas sobre él. **2.** FÍS. Proyectar partículas, a gran velocidad, contra los átomos de un elemento.

bombardeo s.m. Acción de bombardear. ◇ **Bombardeo del átomo** FÍS. Proyección de partículas sobre un blanco, emitidas por una sustancia radiactiva o aceleradas por aparatos especiales. **Bombardeo estratégico** Bombardeo para destruir el potencial de guerra y los recursos económicos del enemigo. **Bombardeo táctico** Bombardeo para destruir las fuerzas armadas del enemigo.

bombardero, a adj. y s.m. Se dice del avión que transporta bombas para efectuar operaciones de bombardeo. ◆ adj. Se dice de la lancha que lleva un cañón u obús. ◆ s.m. Artillero encargado de la bombarda o del mortero.

bombardino s.m. Instrumento musical de viento, de metal, con embocadura, pistones y un tubo metálico replegado sobre sí mismo.

bombardón s.m. Instrumento musical de viento, de cobre, con pistones y de sonido grave.

bombasí s.m. (cat. *bombasí*). Tela gruesa de algodón. **2.** Amér. Tela encarnada de algodón y seda.

bombazo s.m. Explosión e impacto de una bomba. **2.** *Fig.* y *fam.* Noticia inesperada que causa una gran sorpresa.

1. **bombear** v.tr. Extraer un fluido con una bomba.

2. **bombear** v.tr. Lanzar una pelota hacia arriba haciendo que siga una trayectoria parabólica. **2.** Arrojar o disparar bombas de artillería contra una cosa. **3.** Argent. *Fam.* Perjudicar a alguien intencionadamente.

bombeo s.m. Abombamiento o comba de una superficie. **2.** TECNOL. Operación que consiste en extraer un fluido con una bomba.

1. **bombero** s.m. Persona que tiene por oficio extinguir incendios y prestar ayuda en caso de accidente. **2.** Amér. Empleado de una gasolinera. ◇ **Idea de bombero** *Fam.* Proyecto descabellado.

2. **bombero, a** adj. y s. Cuba. Tonto.

bombilla s.f. (de *1. bomba*). Amér. Merid. Caña o tubo delgado que se usa para beber el mate. **2.** Esp. Foco, globo de cristal. **3.** MAR. Farol que se usa a bordo de una embarcación.

bombillo s.m. Aparato con sifón para evitar la subida del mal olor en las tuberías de desagües, retretes, etc. **2.** Tubo con un ensanche en la parte inferior para sacar líquido. **3.** Amér. Central, Antillas, Colomb. y Venez. Foco, globo de cristal.

bombín s.m. (de *1. bomba*). Sombrero rígido de copa baja y redondeada.

bombo s.m. Instrumento musical de percusión más grande que el tambor. **2.** Persona que toca este instrumento. **3.** *Fig.* Elogio exagerado. **4.** Recipiente esférico y giratorio que contiene bolas, cédulas, etc., que se extraen al realizar un sorteo. **5.** Buque de popa redonda y proa roma, de poco calado y fondo chato. **6.** TECNOL. Recipiente en forma de tambor que forma parte de muchas máquinas. ◇ **Dar bombo** *Fam.* Elogiar con exageración **Ir,** o **irse, al bombo** Argent. *Fam.* Fracasar perder. **Tirar,** o **mandar, al bombo** Argent. *Fam.* Perjudicar, hacer fracasar, bombear.

bombón s.m. (fr. *bombon*). Dulce pequeño de chocolate, generalmente relleno de licor, fruta o frutos secos. ◆ s. Persona muy atractiva físicamente.

bombona s.f. (cat. *bombona,* dim. de *bomba,* proyectil esférico). Recipiente metálico, cilíndrico y de cierre hermético que se usa para contener gases a presión y líquidos muy volátiles. **2.** Garrafa.

bombonaje s.m. Planta de tallos sarmentosos y hojas palmeadas. (Con las hojas del bombonaje se fabrican los sombreros de jipijapa o de Panamá.) [Familia ciclantáceas.]

bombonera s.f. Caja pequeña para guardar bombones. **2.** Vivienda o habitación pequeña, acogedora y agradable.

bonachón, na adj. y s. Se dice de la persona buena, dócil, y amable.

bonaerense adj. y s.m. y f. De Buenos Aires. ◆ s.m. y adj. Piso del pleistoceno inferior típico del Río de la Plata, que se extiende por Argentina, Paraguay y Uruguay.

bonancible adj. Que es suave y tranquilo. (Se aplica generalmente al mar, el tiempo o el viento.)

bonanza s.f. Estado del mar y del tiempo cuando están tranquilos y serenos. **2.** *Fig.* Prosperidad o progreso, especialmente en lo económico: *tras la crisis, hubo varios años de bonanza.* **3.** Zona de una mina muy rica en mineral.

bonapartismo s.m. Gobierno de la dinastía de los Bonaparte. **2.** Forma de gobierno autoritario y plebiscitario, ratificado por sufragio universal. **3.** Estima o admiración por la dinastía de Napoleón Bonaparte, especialmente Napoleón III.

bonapartista adj. y s.m. y f. Relativo al bonapartismo; partidario del bonapartismo.

bondad s.f. Cualidad de bueno: *la bondad de sus actos.* **2.** Inclinación natural a hacer el bien. ◇ **Tener la bondad** Fórmula de cortesía que se utiliza para solicitar a una persona que haga algo.

bondadoso, a adj. Que es bueno y amable, que está lleno de bondad.

bonderización s.f. Procedimiento de fosfatación acelerada utilizado para facilitar la adherencia de la pintura.

boneta s.f. (cat. *boneta,* alforjas). MAR. Vela agregada a otra por la relinga de pujamen.

bonete s.m. (cat. *bonet*). Gorra, generalmente de cuatro picos, usada antiguamente por los eclesiásticos, colegiales y graduados. **2.** Gorro redondo, de tela o de punto, flexible y sin ala. **3.** Segunda cavidad del estómago de los rumiantes. SIN.: *redecilla.* **4.** Obra exterior de fortificación que tiene dos ángulos entrantes y tres salientes.

bonetería s.f. Amér. Mercería. **2.** Méx. Establecimiento donde se vende ropa interior femenina.
bonetero s.m. Arbusto de hojas opuestas, flores pequeñas blanquecinas y fruto capsular. (Familia celastráceas.)
bongo s.m. Canoa usada por los indios de América Central. **2.** Cuba. Canoa.
bongó s.m. Instrumento musical de percusión de origen latinoamericano que consta de dos pequeños tambores.
bonhomía s.f. *Galic.* Ingenuidad, afabilidad.
boniato s.m. Batata.
bonificación s.f. Acción y efecto de bonificar. **2.** Descuento hecho sobre el precio estipulado. **3.** Reducción del tipo de impuesto o de la cuota tributaria que el estado concede a una actividad que considera de interés general para fomentar su desarrollo. **4.** GEOGR. Conjunto de trabajos destinados a desecar y sanear los terrenos pantanosos.
bonificar v.tr. Conceder a una persona un aumento en la cantidad que tiene que cobrar o un descuento en lo que tiene que pagar. **2.** Asentar las partidas que corresponden al haber en una cuenta corriente. **3.** Hacer buena o útil alguna cosa, mejorarla.
bonitamente adv.m. Con facilidad, maña o disimulo.
bonito, a adj. Que tiene belleza y atractivo y resulta agradable: *una foto bonita; un espejo bonito.* SIN.: *lindo.* ◆ s.m. Pez de unos 80 cm de long., azul y negro en la región superior y plateado en la inferior. (Familia escómbridos.)
bono s.m. (del fr. *bon*). Tarjeta que puede canjearse por una cantidad de dinero, producto o servicio. SIN.: *vale.* **2.** Título de deuda emitido por el estado o por una empresa privada. **3.** Tarjeta de abono que da derecho a la utilización de un servicio durante un determinado número de veces o durante cierto tiempo. ◇ **Bono de caja** Bono a la orden o al portador emitido por una empresa en contrapartida de un préstamo, generalmente sin que se solicite el intermedio de un banco.
bonsái s.m. Técnica de cultivo en maceta de origen japonés que consiste en cortar los tallos, ramas y raíz de una planta para conseguir que tenga un tamaño reducido. **2.** Planta tratada con esta técnica.
bon vivant s.m. y f. (voces francesas). Persona que vive de forma regalada y tranquila, sin preocuparse por nada.
bonzo, a s. (jap. *bózu*). Monje budista.
boñiga s.f. Excremento del ganado vacuno o caballar. SIN.: *bosta.*
boñigo s.m. Porción de excremento del ganado vacuno o caballar.
boogie-woogie s.m. (voz angloamericana). Estilo de blues pianístico de ritmo rápido y repetitivo. (El boogie-woogie es originario del S de EUA.) **2.** Baile que acompaña este estilo musical.
boom s.m. (voz angloamericana). Prosperidad, auge o éxito súbito e inesperado.
boomerang s.m. (voz inglesa). → **bumerán.**
bop s.m. → **be-bop.**
boqueada s.f. Acción de abrir la boca una persona o animal que está a punto de morir. ◇ **Dar las últimas boqueadas** *Fam.* Estar una persona o animal a punto de morir; estar algo a punto de terminar.
boquear v.intr. Abrir la boca repetidamente, especialmente la persona o animal que está a punto de morir. **2.** Estar acabándose algo.
boquera s.f. Abertura que se hace en el caz para regar. **2.** Ventana por donde se mete la paja en el pajar. **3.** Herida superficial en las comisuras de los labios. SIN.: *bocera.*
boqueriento, a adj. Chile. Se dice de la persona que tiene frecuentemente boqueras. **2.** Chile. Se dice de la persona despreciable.
boquerón s.m. Pez pequeño, de cuerpo comprimido lateralmente y cubierto de grandes escamas caducas que vive en bancos más o menos grandes en el Mediterráneo y el Atlántico a unos 100 m de prof. SIN.: *anchoa.* (Familia engrándilos.)
boqueta adj. y s.m. y f. Colomb. Se dice de la persona de labios hendidos.
boquete s.m. Agujero, brecha, abertura irregular.
boquí s.m. Enredadera sarmentosa. (Los tallos del boquí se emplean en la fabricación de cestos y canastos.) [Familia lardizabaláceas.]
boquiabierto, a adj. *Fig.* Asombrado, pasmado, sorprendido: *dejar boquiabierto con una noticia.* **2.** Que tiene la boca abierta, generalmente por asombro o sorpresa.
boquiflojo, a adj. Méx. Hablador, chismoso.
boquilla s.f. Tubo pequeño, generalmente con filtro, en uno de cuyos extremos se pone un cigarro puro o cigarrillo para fumarlo por el opuesto. **2.** Parte de la pipa que se introduce en la boca. **3.** Parte del cigarrillo que no se fuma por donde se aspira el humo. **4.** Pieza hueca que se adapta al tubo de un instrumento musical de viento para producir el sonido al soplar por ella. **5.** Abertura que se hace en una acequia para regar. **6.** Abertura interior del calzón para la pierna. **7.** Orificio cilíndrico por donde se introduce la pólvora en las bombas y granadas, y en donde se asegura la espoleta. **8.** Escopladura que se abre en las piezas de madera para ensamblarlas. **9.** Méx. Cadena de arrecifes. **10.** TECNOL. Pieza que se coloca en la abertura de algo: *boquilla de un quinqué.* ◇ **De boquilla** Esp. Indica que el jugador hace la postura sin aportar el dinero; indica que una persona dice algo sin acompañarlo de la acción correspondiente.
boquillero, a adj. Antillas. Charlatán.
boquinche adj. y s.m. y f. Colomb. Boqueta.
boquineto, a adj. Colomb. y Venez. Se dice de la persona con labio leporino.
boquique adj. y s.m. y f. Perú. Hablador, parlanchín.
boquirroto, a adj. Persona indiscreta que habla más de la cuenta.
boquirrubio s.m. *Fam.* Joven presumido.
bora s.f. Viento frío y seco del NE que sopla en invierno sobre el Adriático.
borano s.m. QUÍM. Compuesto de boro e hidrógeno.
boratado, a adj. Que contiene ácido bórico o un borato.
borato s.m. Sal del ácido bórico.
bórax s.m. (ár. magrebí *bauráq*). Sal blanca compuesta de ácido bórico, sosa y agua. (El bórax se emplea en medicina y en la industria.) SIN.: *atíncar.*
borba s.f. y adj. Cepa vinífera que es propia de la región extremeña.
borbollar v.intr. (del lat. *bullare,* burbujear). Hacer borbollones un líquido. SIN.: *borbollear, borbollonear, borbotar.*
borbollón s.m. Erupción que se forma en un líquido cuando hierve o sale con fuerza de un lugar. SIN.: *borbotón* ◇ **A borbollones** Atropelladamente.
borbónico, a adj. y s. Relativo a los Borbones; partidario de esta dinastía. ◆ adj. **Nariz borbónica** Nariz arqueada.
borborigmo s.m. (gr. *borborygmós*). Ruido producido por el movimiento de gases y líquidos en el tubo digestivo.
borbotar o **borbotear** v.intr. Borbollar.
borboteo s.m. Borbolleo.
borbotón s.m. Borbollón. ◇ **Hablar a borbotones** Hablar de forma acelerada y entrecortada.
borceguí s.m. Calzado abierto por delante que llega hasta más arriba del tobillo y se ata con cordones.
1. **borda** s.f. (de *1. borde*). Canto superior del costado de una embarcación. ◇ **Arrojar,** o **echar, por la borda** Echar algo o a alguien al mar desde una embarcación; desprenderse de alguien sin consideración o de algo voluntaria o involuntariamente.
2. **borda** s.f. (fráncico *bord,* tabla). Casa del Pirineo de pequeñas dimensiones, generalmente de dos plantas.
bordada s.f. Distancia que una embarcación recorre entre dos viradas avanzando a barlovento. SIN.: *bordo.*

bordado s.m. Labor de adorno en relieve hecha con aguja e hilo. SIN.: *bordadura.* **2.** Acción de bordar.

bordador, ra s. Persona que tiene por oficio bordar.

bordar v.tr. Hacer bordados: *bordar una mantelería.* **2.** *Fig.* Hacer una cosa con gran perfección: *bordar un papel en el teatro.*

1. **borde** s.m. (fr. *bord*). Extremo, orilla: *el borde de la mesa.* **2.** MAR. Bordo. ◇ **Al borde de** Muy cerca de algo, generalmente negativo: *estar al borde de la locura.*

2. **borde** adj. (cat. *bord*, bastardo). Silvestre, no cultivado: *limonero borde.* ◆ adj. y s.m. y f. Esp. *Fam.* Que tiene mal carácter o mala intención. **2.** Esp. *Fam.* Que es tosco, torpe.

bordear v.intr. Ir por el borde o cerca del borde u orilla: *bordear el río.* **2.** Estar una cosa alrededor de otra. **3.** *Fig.* Estar a punto de llegar a un estado o tener una cualidad: *bordear el éxito; bordear los cincuenta años.*

bordelés, sa adj. y s. De Burdeos.

borderó s.m. (fr. *bordereau*). Enumeración escrita de documentos, actas, cuentas, mercancías, etc.

Bordet-Wassermann. Reacción de Bordet-Wassermann Reacción serológica específica de la sífilis. (Se abrevia *BW.*)

bordillo s.m. Borde de una acera o arcén formado por una línea de piedras alargadas y estrechas.

bordo s.m. Costado exterior de una embarcación, desde la superficie del agua hasta la borda. SIN.: *borde.* **2.** Bordada. ◇ **A bordo** En una embarcación o avión. **De alto bordo** Se dice de la embarcación mayor.

bordón s.m. Bastón más alto que una persona. **2.** Muletilla, palabra o expresión. SIN.: *latiguillo.* **3.** Verso quebrado que se repite al final de cada copla. **4.** *Fig.* Persona que es guía y apoyo para otra. **5.** IMPR. Omisión de una o más palabras en un texto impreso. **6.** MÚS. Juego del órgano compuesto de unos tubos de boca cerrados que producen una sonoridad suave y melodiosa. **7.** MÚS. Cuerda más gruesa del laúd, de la guitarra y de otros instrumentos musicales de cuerda que produce el sonido más grave.

bordona s.f. Argent., Par. y Urug. Cuerda de la guitarra que produce un sonido grave.

bordonado, a adj. **Cruz bordonada** HERÁLD. Cruz cuyos brazos terminan en bola.

bordonear v.intr. Pulsar el bordón de un instrumento musical de cuerda. **2.** Ir tentando el suelo con un bordón o bastón.

bordoneo s.m. Sonido ronco y sordo, especialmente el que hace el bordón de la guitarra.

bordura s.f. HERÁLD. Pieza que rodea el escudo por la parte interna.

boreal adj. (de *bóreas*). Del norte: *hemisferio boreal.* CONTR.: *austral.*

bóreas s.m. (lat. *boreas*) [pl. *bóreas*]. Viento que sopla del norte.

borgoñón, na adj. y s. De Borgoña.

borgoñota s.f. y adj. Celada provista de crestón utilizada del s. XV al XVII.

boricado, a adj. Que contiene ácido bórico.

bórico, a adj. Se dice del ácido oxigenado derivado del boro (H_3BO_3).

borinqueño, a adj. y s. Puertorriqueño. SIN.: *boricua.*

borla s.f. Conjunto de hilos o cordones sujetos por un extremo que se emplea como adorno. **2.** Utensilio para empolvarse la cara, generalmente de algodón. **3.** Insignia que un graduado universitario de doctorado o licenciatura lleva en el birrete.

borlearse v.prnl. Méx. Doctorarse, tomar la borla.

borlote s.m. *Fam.* Escándalo, alboroto.

1. **borne** s.m. (fr. *borne*). Linde, límite. **2.** Pieza metálica de un aparato eléctrico que permite unir o conectar conductores.

2. **borne** s.m. (fr. *morne*). Extremo de la lanza de justar.

1. **bornear** v.tr. (cat. *bornejar*, dar vueltas una embarcación). Curvar, torcer o girar algo. **2.** Labrar una columna en contorno. ◆ v.intr. MAR. Hacer una embarcación un borneo. ◆ **bornearse** v.prnl. Combarse la madera.

2. **bornear** v.tr. (fr. *bornoyer*). Mirar con un solo ojo para comprobar si un cuerpo está en línea con otros o si una superficie tiene alabeo.

borneo s.m. Acción y efecto de bornear o bornearse. **2.** MAR. Cambio de dirección de la proa de una embarcación alrededor de su ancla, por la acción del viento o la marea.

boro s.m. No metal sólido que forma cristales rojos o negros casi tan duros como el diamante, de densidad 2,34. **2.** Elemento químico (B), trivalente, de número atómico 5 y masa atómica 10,811.

borona s.f. Amér. Central, Colomb. y Venez. Migaja de pan. **2.** Esp. Pan de maíz.

bororó adj. y s. De un pueblo amerindio de Brasil que vive en el S del Mato Grosso. (Se dedica a la pesca y a la recolección.)

borosilicato s.m. Vidrio formado por anhídrido bórico y sílice, usado para la fabricación de objetos de cocina e instrumentos de óptica.

borra s.f. (lat. tardío *burra*). Parte más corta o más basta de la lana. **2.** Pelusa del algodón. **3.** Pelusa de polvo que se forma en los bolsillos, rincones, etc. **4.** Desecho que queda en la máquina de hilatura. **5.** Sedimento que una sustancia espesa, como el aceite o la tinta, forma en el recipiente que la contiene. **6.** Cordera de un año.

borracha s.f. Bota para el vino.

borrachera s.f. Estado en el que se encuentra una persona que ha consumido en exceso bebidas alcohólicas, que se manifiesta por un trastorno transitorio de las capacidades físicas y mentales. **2.** *Fig.* Exaltación exagerada que una situación especial produce en una persona: *borrachera de fama.*

borracho, a adj. y s. Ebrio, embriagado debido al consumo excesivo de alcohol. **2.** Que se emborracha habitualmente. ◆ adj. *Fig.* Que tiene la mente dominada por un sentimiento muy intenso: *borracho de amor; borracho de poder.* ◆ s.m. y adj. Dulce empapado de licor.

borrado s.m. Acción y efecto de borrar. **2.** ELECTRÓN. e INFORMÁT. Supresión de las informaciones contenidas en una memoria o de las señales registradas en una grabación magnética.

borrador s.m. Escrito provisional en el que se han hecho las correcciones necesarias que se han de copiar en el escrito definitivo. **2.** Boceto de una obra pictórica. **3.** Utensilio para borrar.

borradura s.f. Acción y efecto de borrar.

borragináceo, a adj. y s.f. Relativo a una familia de plantas herbáceas o leñosas dicotiledóneas, generalmente con hojas esparcidas y fruto en drupa, como la borraja.

borraja s.f. (cat. *borratja*). Planta herbácea anual muy ramosa, con grandes flores azules. (La borraja se emplea como diurética y sudorífica; familia borragináceas.)

borrajear v.tr. Escribir sin asunto ni propósito determinado: *borrajear los apuntes.* ◆ v.tr. e intr. Hacer rasgos o líneas con un utensilio de escritura por entretenimiento o para probarlo: *borrajear un dibujo.*

borrajo s.m. Rescoldo, brasa bajo la ceniza. **2.** Hojarasca de los pinos.

borrar v.tr. y prnl. (de *borra*, lana grosera). Hacer desaparecer de una superficie una cosa dibujada o escrita en ella: *borrar un escrito.* **2.** Tachar, hacer rayas sobre algo escrito. **3.** *Fig.* Hacer desaparecer de la memoria una cosa que está fijada en ella: *borrar un recuerdo.* **4.** INFORMÁT. Destruir un fichero de datos. ◆ v.tr. *Fig.* Anular, eclipsar: *su belleza borra a las demás.* ◇ **Borrar una grabación** Suprimir del soporte material, mediante una corriente continua, toda impresión o traza perceptible de registro sonoro.

borrasca s.f. Tempestad fuerte, especialmente en el mar. **2.** *Fig.* Peligro o contratiempo que dificulta el desarrollo de un asunto. **3.** METEOROL. Perturbación atmosférica con fuertes vientos y precipitaciones, acompañada de una acusada depresión barométrica.

borrascoso, a adj. Que causa borrascas. **2.** Propenso a borrascas: *zonas borrascosas.* **3.** *Fig.* Agitado, desordenado, desenfrenado, violento: *una vida borrascosa.*

borrego, a s. Cordero de uno o dos años. ◆ adj. y s. *Desp.* Se dice de la persona sencilla o ignorante. **2.** *Desp.* Se dice de la persona sin carácter que acepta las decisiones de otra sin cuestionarlas. ◆ s.m. Cuba y Méx. Noticia engañosa y falsa. ◆ **borregos** s.m.pl. Nubes pequeñas y redondeadas. **2.** Olas pequeñas y espumosas.

borreguil adj. Relativo al borrego.

borreliosis s.f. Enfermedad infecciosa causada por unas espiroquetas que se manifiesta por fiebres recurrentes.

borricada s.f. *Fig.* y *fam.* Dicho o hecho necio. **2.** Grupo de borricos.

borrico, a s. (lat. tardío *burricus,* caballo pequeño). Asno. ◆ s. y adj. Persona necia.

borriqueño, a o **borriquero, a** adj. **Cardo borriqueño,** o **borriquero** Cardo de hasta 3 m de alt., con las hojas rizadas y espinosas, y flores purpúreas en cabezuelas terminales.

borriquete s.m. Armazón en forma de trípode, utilizado por diversas clases de artesanos y en obras de construcción.

borro s.m. Cordero que tiene entre 1 y 2 años.

borrón s.m. Mancha de tinta hecha en el papel. **2.** *Fig.* Imperfección que desluce o afea algo. **3.** *Fig.* Acción deshonrosa. **4.** Traza o mancha de colorido, donde el pintor hace la invención para algún asunto que ha de realizar en mayor tamaño. **5.** Borrador, escrito provisional. ◆ **borrones** s.m.pl. IMPR. Exceso parcial de engrudo o cualquier cuerpo extraño introducido debajo de las alzas, que produce un defecto en la impresión. <> **Borrón y cuenta nueva** Expresa la decisión de olvidar lo pasado obrando como si no hubiera existido.

borroso, a adj. Confuso, impreciso. **2.** Lleno de borra.

1. **boruca** s.f. Méx. Ruido, alboroto.

2. **boruca** adj. y s. De un pueblo amerindio del grupo talamanca de la familia chibcha, que habita en la zona costera entre Costa Rica y Panamá. ◆ s.m. Lengua hablada por los boruca. (También *brunka.*)

boruro s.m. Combinación de boro con otro cuerpo simple.

boscaje s.m. Espesura, conjunto de árboles y matas muy espesos.

boscoso, a adj. Que tiene bosques.

bosnio, a adj. y s. De Bosnia-Herzegovina. ◆ s.m. Lengua eslava que tiene el estatuto de lengua oficial en Bosnia-Herzegovina junto al croata y el serbio.

bosón s.m. FÍS. Partícula que, obedeciendo a la estadística de Bose-Einstein, cuenta con un spin entero, como los mesones, los fotones, etc. <> **Bosón intermediario W,** o **Z** FÍS. Partícula mediadora de la interacción débil ejercida entre las partículas elementales.

bosque s.m. (cat. *bosc*). Terreno poblado de árboles, arbustos y matas. <> **Bosque denso sempervirente** Bosque ecuatorial, rico en especies y en pisos de vegetación. **Bosque galería** Bosque denso que forma largas fajas a ambos lados de los ríos. **Bosque primario** Selva virgen.

bosquejar v.tr. (cat. *bosquejar,* desbastar un tronco). Trazar un bosquejo: *bosquejar un retrato.* SIN.: *esbozar.* **2.** *Fig.* Indicar con vaguedad una idea: *bosquejar un proyecto.*

bosquejo s.m. *Fig.* Idea vaga de algo: *hacer un bosquejo de la situación.* **2.** Esquema que presenta los rasgos principales de una obra artística, especialmente pictórica. SIN.: *esbozo.*

bosquimano, a adj. y s. Del pueblo nómada africano que vive de la caza y la recolección en el desierto de Kalahari (Namibia). ◆ s.m. Lengua del grupo khoisan hablada por los bosquimanos.

bossa-nova s.f. Estilo de samba influido por el jazz, de complejidad armónica y melódica y acompañado principalmente por la guitarra acústica. **2.** Baile que acompaña este estilo musical.

bosta s.f. (del gall.-port. *bosta*). Boñiga.

bostezar v.intr. (del lat. *oscitare*). Abrir la boca con un movimiento espasmódico haciendo una inspiración lenta y después una espiración, también lenta y prolongada, a causa del sueño, el aburrimiento o el hambre.

bostezo s.m. Acción de bostezar.

boston s.m. (de *Boston,* c. de Estados Unidos). Estilo de vals de ritmo lento. **2.** Baile que acompaña este estilo musical. (El boston estuvo de moda a finales del s. XIX en EUA y Europa.)

bostriquido s.m. Insecto coleóptero xilófago, cuyas larvas cavan galerías en las maderas resinosas.

1. **bota** s.f. Calzado que cubre el pie, el tobillo y parte de la pierna. <> **Ponerse las botas** Enriquecerse o lograr un gran provecho o beneficio; disfrutar mucho con algo.

2. **bota** s.f. (lat. tardío *buttis,* tonel, odre). Recipiente pequeño de cuero, en forma de pera y con un tapón en el cuello para guardar vino. **2.** Cuba de vino.

botada s.f. Amér. Acción de despedir.

botadero s.m. Chile, Colomb. y Perú. Basural. **2.** Colomb. Parte navegable de un río.

botado, a adj. y s. Amér. Barato o a muy bajo precio. **2.** Amér. Expósito.

botador, ra adj. Que bota. **2.** Amér. Central, Chile y Ecuad. Derrochador. ◆ s.m. Instrumento de hierro que sirve para arrancar clavos. **2.** Pértiga que utilizan los barqueros para mover una embarcación haciendo fuerza en la arena con ella. **3.** IMPR. Trozo de madera fuerte, terminado en punta en uno de sus extremos, que sirve para apretar y aflojar las cuñas de la forma.

botadura s.f. Operación de lanzar una embarcación al agua tras construirla o repararla. SIN.: *lanzamiento.*

botafuego s.m. Palo en que se colocaba la mecha para dar fuego a la pieza de artillería.

botafumeiro s.m. Incensario grande.

botalomo s.m. Instrumento de hierro que utilizan los encuadernadores para formar la pestaña en el lomo de los libros.

botalón s.m. Palo de una embarcación que se saca hacia el exterior. **2.** Amér. Poste, estaca.

botamanga s.f. Amér. Merid. Pliegue que se hace en la parte inferior del pantalón como adorno.

botamen s.f. Conjunto de botes de una farmacia. **2.** MAR. Pipería.

botana s.f. Parche para tapar un agujero de un odre. **2.** Tarugo pequeño para tapar un agujero de una cuba de vino. **3.** *Fig.* Cicatriz de una llaga. **4.** *Fig.* Parche que se pone en una llaga. **5.** Cuba y Méx. Vaina de cuero que se pone a los gallos de pelea en los espolones. **6.** Guat. y Méx. Cantidad pequeña de comida que se toma como acompañamiento de una bebida o antes de comer.

botánica s.f. Parte de la biología que estudia los vegetales.

botánico, a adj. (gr. *botanikhós,* der. de *botáni,* hierba). Relativo a la botánica: *jardín botánico.* ◆ s. Persona que se dedica al estudio de la botánica.

botar v.tr. (del fr. ant. *boter,* golpear, empujar). Arrojar o echar fuera algo: *botar un cigarro por la ventana.* **2.** Lanzar una embarcación al agua tras construirla o repararla. **3.** Despedir o echar a una persona de un lugar. **4.** Esp. y Méx. Hacer saltar un cuerpo elástico, especialmente una pelota, arrojándolo contra el suelo o una superficie dura. ◆ v.intr. Esp. y Méx. Salir despedido un cuerpo elástico, especialmente una pelota, al chocar contra el suelo o una superficie dura. **2.** Esp. Saltar, levantarse del suelo con impulso o ligereza. <> **Estar alguien que bota** Esp. Estar impaciente e irritado.

botarate s.m. y f. y adj. *Fam.* Persona alborotada y de poco juicio. **2.** Amér. Derrochador, irreflexivo.

botarel s.m. ARQ. Contrafuerte. **2.** MIN. Madero en forma de cruz o aspa que se coloca en las galerías para evitar el derrumbamiento de tierras.

botarete adj. Se dice del arco exterior. SIN.: *arbotante.*

botasilla s.f. Toque de clarín para que los soldados ensillen los caballos.

botavara s.f. MAR. Verga o percha con dos quijadas mediante las que se afirma a la cara popel del palo de mesana.

1. **bote** s.m. (cat. *pot*). Recipiente pequeño, con tapadera, generalmente cilíndrico, para guardar o conservar cosas. **2.** Recipiente que hay en un establecimiento público para guardar las propinas. **3.** Propina. **4.** Dinero de un premio que se acumula para el siguiente cuando no ha habido ganador. ◇ **Bote de humo** Bote relleno de sustancia fumígena y provisto de un dispositivo que al accionarse expulsa humo. **Chupar del bote** Esp. *Fam.* Obtener beneficios sin prestar servicios efectivos.

2. **bote** s.m. (de *botar*). Salto que da un cuerpo elástico, especialmente una pelota, al chocar contra el suelo o una superficie dura. **2.** Salto que da una persona o animal: *dar botes de alegría.*

3. **bote** s.m. (del ingl. med. *bot,* embarcación pequeña). Embarcación pequeña, sin cubierta y generalmente con unas tablas dispuestas horizontalmente para sentarse.

4. **bote** (fr. ant. *de bout en bout,* de un extremo al otro). **De bote en bote** Completamente lleno de gente.

botella s.f. (fr. *bouteille*). Recipiente de cuello estrecho que sirve para contener líquidos. **2.** Cantidad de líquido que puede contener este recipiente. **3.** Medida de capacidad para líquidos equivalente a 0,75 l. ◇ **Botella de Leiden** FÍS. Condensador eléctrico formado por una botella de vidrio forrada por dentro y por fuera con una lámina de metal. (La botella de Leiden, construida en 1745 por Van Musschenbroek, fue el primer condensador eléctrico.)

botellazo s.m. Golpe que se da con una botella.

botellería s.f. Conjunto de botellas. **2.** Establecimiento donde se fabrican botellas.

botellero, a s. Persona que tiene por oficio fabricar o vender botellas. ◆ s.m. Mueble que sirve para colocar o guardar botellas.

botellín s.m. Botella pequeña, especialmente de cerveza.

botellón s.m. Méx. Botella de vidrio de gran tamaño.

botica s.f. (gr. bizantino *apothíki,* depósito, almacén). Farmacia. **2.** Conjunto de medicamentos suministrados a una persona durante un período de tiempo determinado.

boticario, a s. Farmacéutico.

botija s.f. (lat. tardío *butticula,* dim. de *buttis,* tonel). Vasija redonda de barro y cuello corto y estrecho.

botijero, a s. Persona que tiene por oficio hacer o vender botijas o botijos.

botijo s.m. Vasija de barro, de vientre abultado, con un asa en la parte superior, una boca para llenarla y un pitorro para beber, que se utiliza para mantener el agua fresca. ◇ **Estar como,** o **hecho, un botijo** Estar muy gordo.

botillería s.f. Chile. Establecimiento donde se venden licores y vinos embotellados.

1. **botín** s.m. (fr. *butin*). Conjunto de bienes que el ejército vencedor toma del enemigo vencido. **2.** Conjunto de bienes que se obtiene de un robo.

2. **botín** s.m. (de *1. bota*). Bota que cubre la parte superior del pie y el tobillo.

botina s.f. Calzado que cubre un poco la pierna por encima del tobillo.

botiquín s.m. Lugar donde se guardan los medicamentos y utensilios necesarios para prestar los primeros auxilios. **2.** Conjunto de estas medicinas y utensilios. **3.** Venez. Taberna. **4.** Venez. Establecimiento donde se venden licores al por menor.

1. **boto** s.m. (de *1. bota*). Bota alta enteriza que generalmente se usa para montar a caballo.

2. **boto** s.m. (lat. *buttis*). Pellejo para vino, aceite u otro líquido.

botón s.m. (fr. ant. *boton,* de *boter,* brotar). Pieza pequeña, generalmente redonda, que se cose a una prenda de vestir como adorno o para que al pasar por un ojal la abroche. **2.** Yema, brote. **3.** Capullo, yema floral avanzada. **4.** Pieza pequeña que, sujeta a un objeto del cual sobresale, sirve de tirador, asidero o tope: *botón de una puerta.* **5.** Diversos instrumentos empleados en cirugía. **6.** Forúnculo o pápula. **7.** Amér. *Vulg.* Agente de policía. **8.** Argent. *Fam.* Cuentero, alcahuete. **9.** Cuba. Reproche. **10.** ELECTR. Pieza de un aparato mecánico o eléctrico que se pulsa para hacerlo funcionar. ◇ **Botón de oro** Ranúnculo **Botón de plata** Matricaria.

botonadura s.f. Juego de botones de una prenda de vestir.

botonazo s.m. ESGR. Golpe que se da al contrario con la punta del arma.

botones s.m. (pl. *botones*). Persona que tiene por oficio hacer los recados y otros pequeños encargos en un establecimiento, especialmente en un hotel.

bototo s.m. Amér. Calabaza que se usa para llevar agua. **2.** Chile. Zapato tosco que usa la gente en los pueblos.

botulismo s.m. Envenenamiento grave producido por el agente patógeno *Clostridium botulinum,* que aparece en alimentos envasados en malas condiciones y puede provocar parálisis.

bou s.m. Técnica de pesca que consiste en que dos embarcaciones tiran de una red arrastrándola por el fondo. **2.** Embarcación utilizada en esta técnica.

bouquet s.m. (voz francesa). → **buqué.**

bourbon s.m. (voz inglesa) [pl. *bourbons*]. Whisky de origen norteamericano elaborado con maíz y centeno.

boutique s.f. (voz francesa). Establecimiento donde se venden prendas de vestir y complementos, generalmente de diseño.

bóveda s.f. (del gérm. *bûan,* habitar, construir). Construcción arquitectónica de sección curva que cubre el espacio entre dos muros o varios pilares. **2.** Habitación que tiene el techo en forma de bóveda. **3.** Amér. Cámara acorazada; caja de caudales. **4.** INDUSTR. Parte superior de un horno de reverbero, que está dispuesta en forma de cúpula. ◇ **Bóveda celeste** *Fig.* Firmamento. **Bóveda craneana,** o **craneal** ANAT. Parte superior e interna del cráneo. **Bóveda palatina** ANAT. Tabique que forma la pared superior de la boca y la inferior de las fosas nasales.

bovedilla s.f. Bóveda pequeña entre viga y viga de un techo. **2.** MAR. Parte de la popa de un buque en la que está practicada la limera del timón.

bóvido, a adj. y s.m. (lat. *bos, bovis*). Relativo a una familia de rumiantes que se caracterizan por sus cuernos, formados por una prominencia del hueso frontal y una envoltura córnea. (La familia bóvidos comprende *bovinos, ovinos, caprinos* y *antilopinos.*)

bovino, a adj. (lat. *bos, bovis*). Relativo al buey, el toro o a la vaca. ◆ adj. y s.m. Relativo a una subfamilia de bóvidos de cuerpo grande y robusto, hocico ancho y desnudo y cuernos encorvados hacia fuera. (El buey, el búfalo y el bisonte son bovinos.)

bowling s.m. (voz inglesa). Juego de bolos de origen estadounidense. **2.** Establecimiento donde se juega a este juego.

1. **box** s.m. (voz inglesa). Compartimento de una cuadra destinado a un caballo. **2.** Zona del circuito de carreras destinada a los servicios mecánicos de cada automóvil o motocicleta participante. **3.** Compartimento de un centro hospitalario destinado a un paciente, especialmente el que ha de permanecer aislado o el que recibe asistencia en urgencias. **4.** Compartimento individual de un establecimiento comercial: *los boxes del centro de estética.*

2. **box** s.m. Amér. Boxeo.

box-calf o **boxcalf** s.m. (angloamericano *box calf*). Cuero obtenido tratando pieles de ternera con cromo.

boxeador s.m. Persona que practica el boxeo, especialmente si se dedica profesionalmente a ello.

boxear v.intr. (ingl. *to box,* golpear). Practicar el boxeo. **2.** Pelear a puñetazos.

boxeo s.m. Deporte de combate entre dos adversarios de la misma categoría de peso que se enfrentan a puñetazos siguiendo un reglamento.

1. **bóxer** s.m. y f. y adj. (pl. *bóxers*). Perro que pertenece a una raza de origen alemán de tamaño mediano, cuerpo musculoso, pelo corto y generalmente de color pardo claro.

2. **bóxer** s.m. (ingl. *boxer*) [pl. *bóxers*]. Miembro de una sociedad secreta china que en 1900 dirigió el motín contra los europeos establecidos en China.

boxístico, a adj. Relativo al boxeo.

boya s.f. (fr. *bouée*). Cuerpo flotante fijado al fondo del mar por una cadena, que sirve para señalar un lugar o un peligro. **2.** Corcho que se pone en la red para que no se hunda y para indicar su situación. ◇ **Boya de campana, de sirena, etc.** Boya equipada con una campana, una sirena, etc., que el viento o las olas hacen sonar.

boyada s.f. Conjunto de bueyes y vacas. SIN.: *bueyada.*

boyal adj. Relativo al ganado vacuno.

boyante adj. *Fig.* Que se encuentra en un momento o en una fase de progreso o de crecimiento. **2.** Que boya o flota. **3.** Se dice de la embarcación que no cala lo suficiente.

boyar v.intr. Volver a flotar la embarcación que ha estado en seco. **2.** Amér. Flotar, mantenerse a flote.

boyardo s.m. Señor feudal de los países eslavos, especialmente de Rusia.

boyera s.f. Corral o establo de bueyes.

boyero, a s. Persona que tiene por oficio guardar o guiar bueyes. SIN.: *boyerizo, bueyero.* ◆ s.m. Ave originaria de Argentina y Uruguay, de pequeño tamaño y plumaje blanco y negro, que suele posarse en el lomo del ganado vacuno o caballar. ◇ **Boyero de Flandes** Perro que pertenece a una raza de origen franco-belga de gran tamaño y pelo duro y tieso. (El boyero de Flandes se utilizaba para conducir rebaños de ganado mayor.)

boy-scout s.m. y f. (ingl. *boy scout*) [pl. *boy-scouts*]. Joven que forma parte de una asociación de escultismo. SIN.: *explorador.*

boyuno, a adj. Relativo al buey.

boza s.f. Cabo para sujetar anclas u otros objetos de peso. MAR. **2.** Cabo corto que se sujeta a la argolla de la proa de una embarcación menor para amarrarla.

bozal s.m. Pieza que se pone alrededor del hocico de un animal para que no pueda morder. **2.** Cesta pequeña que se coloca en el hocico de un animal de labor para que no perjudique un sembrado ni se pare a comer. **3.** Adorno con cascabeles que se pone a un caballo en el bozo. **4.** Amér. Bozo, cabestro. ◆ adj. y s.m. y f. HIST. Se dice del esclavo negro recién extraído de su país. **2.** Bisoño, inexperto. ◆ adj. Se dice de la caballería cerril o indómita.

bozo s.m. (del lat. *bucca,* mejilla, boca). Vello fino que sale sobre el labio superior de un joven antes de que nazca el bigote. **2.** Parte exterior de la boca. **3.** Cabestro que se echa a una caballería sobre la boca.

brabante s.m. Tejido de lino que se fabricaba manualmente en Brabante. ◆ s.m. y adj. Arado metálico provisto de un doble sistema de piezas activas que pueden voltear la tierra a derecha o a izquierda.

brabanzón, na adj. y s. De Brabante (Bélgica).

bracarense adj. y s.m. y f. De un pueblo galaico que habitaba la zona comprendida entre el Miño y el Duero.

braceada s.f. Movimiento impetuoso de brazos.

1. **bracear** v.intr. Mover los brazos repetidamente. **2.** Nadar sacando los brazos fuera del agua. **3.** *Fig.* Esforzarse, forcejear.

2. **bracear** v.intr. (de *braza*). MAR. **a.** Halar del aparejo. **b.** Halar de las brazas a fin de que las vergas giren horizontalmente para orientarlas en la dirección deseada.

braceo s.m. Acción de bracear.

bracero, a s. Jornalero. **2.** Méx. Persona de una región pobre que emigra temporalmente a otra más próspera para trabajar como jornalero. ◆ adj. Se dice del arma que se arroja con el brazo. ◆ s. Persona que da el brazo a alguien para que se apoye en él.

braco, a s. y adj. (occitano ant. *brac*). Perro que pertenece a una raza de tamaño mediano, pelo corto de color blanco o castaño y orejas grandes y caídas. (El braco es un perro de caza.)

bráctea s.f. (lat. *bractea,* hoja de metal). Hoja que nace del pedúnculo floral de una planta, que se diferencia del resto de hojas por su color, forma y consistencia.

bractéola s.f. Bráctea que se halla sobre el eje lateral de la inflorescencia.

Bradel. Encuadernación de Bradel Procedimiento de encuadernación en el que el bloque de pliegos cosidos se encaja en una cubierta de cartón ligero.

bradicardia s.f. Lentitud del ritmo cardíaco (normal o patológico).

bradicinesia s.f. Lentitud anormal del movimiento voluntario, sin que exista lesión neurológica.

bradipepsia s.f. Digestión lenta.

bradipsiquia s.f. Lentitud del ritmo del pensamiento, que no afecta a los procesos intelectuales.

brafonera s.f. (cat. *braonera*). Pieza de la armadura que protegía la parte superior del brazo. **2.** Pieza de la armadura, labrada a manera de escamas o dobleces, que protegía los muslos hasta las rodillas.

braga s.f. (lat. *braca*). Calzón, prenda masculina. (Suele usarse en plural.) **2.** Conjunto de plumas que cubren el extremo de las patas de las aves calzadas. **3.** Maroma o cuerda con que se ciñe una piedra o bloque de cantería para izarla. **4.** Esp. Calzón, prenda interior femenina. (Se usa también en plural para referirse a una sola prenda.) **5.** Esp. Prenda de vestir que se pone sobre el pañal para sujetarlo.

bragada s.f. Cara interna del muslo del caballo y de otros animales.

bragado, a adj. *Fig.* y *fam.* Se dice de la persona de carácter firme y enérgico. **2.** Se dice del animal que tiene la bragadura o entrepierna de diferente color que el resto del cuerpo. **3.** *Fig.* Se dice de la persona de intención perversa.

bragadura s.f. Entrepierna. **2.** Parte del calzón o pantalón correspondiente a la entrepierna.

bragazas s.m. y adj. (pl. *bragazas*). *Desp.* Hombre que se deja dominar con facilidad, especialmente por su mujer.

braguero s.m. Aparato o vendaje para contener las hernias.

bragueta s.f. Abertura delantera del pantalón. **2.** ARM. Pieza de la armadura que cubría y protegía los órganos genitales.

braguetazo s.m. **Dar,** o **pegar, un braguetazo** Casarse un hombre pobre con una mujer rica por interés.

braguetero, a adj. y s. *Fam.* Lascivo. ◆ adj. Amér. Se dice del hombre pobre que se casa con una mujer rica por interés.

brahmán s.m. Persona que pertenece a la casta sacerdotal, primera y más elevada de las cuatro en que está dividida la sociedad en el brahmanismo.

brahmánico, a adj. y s. Relativo al brahmanismo; seguidor de este sistema.

brahmanismo s.m. Sistema religioso y social de la India, que representa la corriente más ortodoxa del hinduismo, más directamente inspirada en el vedismo, y que tiene su reflejo en una organización social basada en la división en castas hereditarias.

brahmi adj. y s.m. Se dice de la antigua escritura utilizada en la India.

braille s.m. (de L. *Braille,* inventor francés). Sistema de escritura para ciegos basado en la representación del alfabeto por una serie de puntos en relieve.

brainstorming s.m. (voz angloamericana). Técnica de búsqueda de ideas originales que se basa en la reunión de un grupo de personas que expresan libremente las ideas que vienen a su pensamiento. SIN.: *lluvia de ideas.*

brama s.f. Época anual de celo del ciervo y otros animales salvajes. **2.** Acción y efecto de bramar.

bramadera s.f. Instrumento formado por una tablita atada al extremo de una cuerda, que se hace girar con fuerza en el aire y produce una especie de bramido.

bramadero s.m. Lugar adonde los ciervos y otros animales salvajes acostumbran a acudir cuando están en celo. **2.** Amér. Poste al cual se amarran los animales para herrarlos, domesticarlos o matarlos.

bramante s.m. y adj. (de *Brabante*, provincia de los Países Bajos renombrada por sus manufacturas de cáñamo). Cordel delgado hecho de cáñamo.

bramar v.intr. Emitir bramidos. **2.** Emitir alguien voces o gritos fuertes o violentos como expresión de ira o dolor intenso. **3.** Producir un ruido muy fuerte el viento, el mar, etc., cuando están agitados.

bramido s.m. Voz del toro, la vaca y otros animales salvajes. **2.** *Fig.* Grito fuerte o violento que emite alguien como expresión de ira o dolor intenso. **3.** *Fig.* Ruido fuerte que produce el viento, el mar, etc.: *el bramido del viento entre los árboles.*

branca s.f. **Branca ursina** Acanto. **Branca ursina bastarda** Planta perenne que mide entre 1 y 1,50 m de alt., con grandes umbelas de flores blancas. (Familia umbelíferas.)

brandal s.m. MAR. **a.** Cada uno de los dos ramales de cabo sobre los cuales se forman las escalas de viento. **b.** Cabo que se da en ayuda de los obenques de juanete.

brandar v.intr. MAR. Girar el buque en sentido longitudinal hacia uno u otro costado.

brandeburgo s.m. Pasamanería, galón o alamar, que forma dibujos variados, rodea los ojales o sirve él mismo de ojal o de hebilla.

brandeburgués, sa adj. y s. De Brandeburgo.

brandy s.m. (voz inglesa). Bebida alcohólica que se obtiene por destilación del vino y se añeja en toneles, que imita al coñac.

branquia s.f. (lat. *branchia, -ae*, del gr. *brágxia*). Órgano respiratorio de numerosos animales acuáticos, como peces, crustáceos, cefalópodos, etc., formado por láminas o filamentos a través de cuyas paredes la sangre absorbe el oxígeno disuelto en el agua.

branquial adj. Relativo a las branquias: *respiración branquial.*

branquiópodo, a adj. y s.m. Relativo a una subclase de crustáceos de agua dulce, pequeño tamaño y con numerosos pares de patas nadadoras que sirven también como órganos respiratorios.

branquiosaurio s.m. Reptil anfibio herbívoro, característico del jurásico de Europa, África y América del Norte. (Era uno de los más grandes cuadrúpedos; long. 25 m y masa 80 t aprox.; género *Brachiosaurius.*)

braquial adj. ANAT. Relativo al brazo: *vena braquial.*

braquicefalia s.f. Cualidad de braquicéfalo.

braquicéfalo, a adj. y s. Se dice de la persona cuyo cráneo, visto desde arriba, es casi tan ancho como largo. CONTR.: *dolicocéfalo.*

braquiópodo, a adj. y s.m. Relativo a una clase de animales marinos provistos de concha con dos valvas, una dorsal y la otra ventral.

brasa s.f. Ascua.

brasear v.intr. Asar un alimento sobre las brasas.

brasero s.m. Recipiente metálico, de forma circular, poco profundo, con un foco de calor en el centro, que se coloca generalmente sobre la tarima de una mesa camilla y que se usa para calentarse.

brasier o **brassier** s.m. Colomb., Cuba, Méx. y Venez. Sostén, prenda interior femenina.

brasil s.m. Árbol originario de Brasil y Paraguay de hojas paripinnadas y flores pentámeras agrupadas en racimos. **2.** Madera de este árbol, dura, compacta y de color rojo. (Familia cesalpiniáceas.)

brasileño, a adj. y s. De Brasil. SIN.: *brasilero.* ◆ s.m. Variedad del portugués hablada en Brasil.

brasilero, a adj. y s. Brasileño.

brasilete s.m. Árbol similar al brasil. (Familia cesalpiniáceas.) **2.** Madera de este árbol, de color más oscuro que la del brasil.

brassier s.m. → **brasier.**

bravata s.f. (voz italiana). Amenaza exagerada proferida con arrogancia. **2.** Baladronada, fanfarronada.

braveza s.f. Bravura. **2.** Ímpetu y fuerza de los elementos: *la braveza del mar.*

bravío, a adj. Feroz, indómito. **2.** Se dice de la persona que tiene mala educación. **3.** Se dice de la planta que crece de manera natural, en el campo o la selva, sin ser cultivada.

bravo, a adj. Se dice del animal fiero e indómito. **2.** Se dice de la persona valiente. **3.** Se dice del mar embravecido. **4.** Se dice del terreno áspero o inculto: *la brava serranía.* **5.** Que tiene mucho genio. **6.** Picante. **7.** Que es magnífico o muy bueno: *¡brava jugada!* **8.** GEOGR. Se dice de la costa inabordable, contra la que rompe el mar con fuerza. ◆ adv.m. Con firmeza, fuerte, seguro. ◆ interj. Expresa entusiasmo o aprobación.

bravucón, na adj. y s. *Fam.* Que presume de valiente sin serlo.

bravuconada s.f. *Fam.* Dicho o hecho propios de un bravucón. SIN.: *bravuconería.*

bravuconear v.intr. Echar bravatas.

bravura s.f. Cualidad de bravo. **2.** Bravata.

bray s.m. (pl. *bray*). GEOGR. Depresión alargada abierta por la erosión en un abombamiento anticlinal.

braza s.f. (lat. *bracchia*, pl. de *brachium*, brazo). Unidad de medida de longitud, generalmente usada en la marina, con diferentes valores según los países. (La braza española equivale a 1,6719 m.) **2.** Estilo de natación que consiste en nadar boca abajo con el cuerpo sumergido bajo el agua, excepto la cabeza, estirando y encogiendo brazos y piernas simultáneamente para ayudar a la propulsión y estabilización del cuerpo. **3.** Unidad de medida de longitud equivalente a la distancia que hay desde el extremo de una mano hasta el extremo de la otra con los brazos extendidos en cruz. **4.** MAR. Cabo que parte de un extremo o penol de la verga y sirve para orientarla: *halar de las brazas.*

brazada s.f. Movimiento que se hace con los brazos extendiéndolos y encogiéndolos como cuando se nada o se rema. **2.** Cantidad de algo que puede agarrarse de una vez con los brazos: *una brazada de heno.* **3.** Chile, Colomb. y Venez. Braza, unidad de medida de longitud, generalmente usada en la marina.

brazado s.m. Brazada, cantidad de algo.

brazal s.m. Tira de tela que rodea el brazo izquierdo por encima del codo y que sirve como distintivo. SIN.: *brazalete.* **2.** Canal pequeño que se saca de un río o de una acequia para regar. **3.** ARM. Parte de la armadura destinada a cubrir los brazos. SIN.: *brazalete.* **4.** ARM. Embrazadura, asa por donde se embraza un escudo. **5.** MAR. Madero que en una y otra banda va desde la serviola al tajamar.

brazalete s.m. (fr. *bracelet*). Aro que rodea el brazo más arriba de la muñeca y que sirve como adorno. **2.** Brazal, tira de tela. **3.** ARM. Brazal.

brazalote s.m. MAR. Cabo fijado en el penol de la verga por uno de sus extremos y provisto, en el otro, de un motón por donde pasa la braza.

brazo s.m. (lat. *bracchium*). Extremidad superior del cuerpo humano que comprende desde la mano hasta el hombro. **2.** Parte de la extremidad superior del cuerpo humano que comprende desde el codo hasta el hombro. **3.** Pata delantera de un cuadrúpedo. **4.** Soporte lateral de un asiento sobre el cual se apoyan las extremidades superiores del cuerpo humano. **5.** *Fig.* Rama gruesa de un árbol. **6.** Cada una de las dos mitades de la barra horizontal de una balanza, en cuyo extremo se cuelgan o se apoyan los platillos. **7.** Subdivisión lateral de un curso de agua separada de las otras por islas. **8.** Candelero que sale del cuerpo central de las lámparas de araña o de los candelabros, que sirve para sostener las luces o las velas. **9.** Apéndice tentacular de un molusco cefalópodo. **10.** Parte del palo horizontal y más corto de una cruz que comprende desde un extremo hasta el centro. **11.** Fuerza, brío, poder. **12.** MAR. Parte de la verga que comprende desde el centro hasta el penol. **13.** HIST. Grupo de diputados que representaba a los distintos estamentos en las cortes del reino del Antiguo Régimen: *brazo de la nobleza; brazo eclesiástico.* ◆ **brazos** s.m.pl. Protectores, valederos. **2.** *Fig.* Braceros, jornaleros. ◇ **A brazo partido** Con los brazos únicamente, sin usar armas; de poder a poder, con gran esfuerzo y energía: *discutir a brazo partido.* **Brazo de gitano** Dulce elaborado con una capa de bizcocho sobre la que se pone cualquier ingrediente dulce, como crema o nata, y que se enrolla en forma de cilindro. **Brazo de mar** Parte estrecha y alargada de mar que penetra en la tierra. **Brazo de palanca** MEC. Distancia que media entre el punto de aplicación de la fuerza y el punto de apoyo. **Brazo derecho** Persona de mayor confianza de otra. **Con los brazos abiertos** Con agrado, con cariño: *recibir con los brazos abiertos a un amigo.* **Cruzarse de brazos** Estar o quedarse sin hacer nada; no intervenir en un asunto. **Del brazo** Agarrada una persona al brazo de otra: *pasear del brazo.* **No dar su brazo a torcer** Mantenerse firme en una postura.

brazola s.f. (cat. *braçola,* de *braç,* brazo). MAR. Pieza que forma el reborde que enmarca la boca de la escotilla.

brazuelo s.m. Parte de las patas delanteras de los cuadrúpedos entre el codo y la rodilla.

brea s.f. (de *brear,* embrear). Sustancia pastosa que se obtiene de la destilación de la madera de algunos árboles, del carbón mineral y de otras materias de origen orgánico, como el petróleo. **2.** MAR. Mezcla de esta sustancia con pez, sebo y aceite, que se usa para calafatear.

break s.m. (voz inglesa). Automóvil con puerta trasera de apertura vertical y un asiento posterior desmontable. **2.** Interrupción breve de la orquesta en la ejecución de una pieza de jazz para dar paso a la intervención de un solista. **3.** Acción de romper un tenista el servicio del jugador que saca.

breakdance s.m. (angloamericano *break-dance*). Baile que se caracteriza por sus movimientos acrobáticos acompañados generalmente por música rap.

brear v.tr. Esp. *Fam.* Maltratar, molestar o fastidiar a alguien.

brebaje s.m. (fr. ant. *bevrage*). *Desp.* Bebida de aspecto o sabor desagradable.

breca s.f. Pez marino de unos 15 cm de long., de carne muy apreciada. (Género *Albunus*; familia ciprínidos.) SIN.: *pagel.*

brecha s.f. (fr. *brèche*). Abertura o rotura que se hace en una superficie, especialmente en una pared o muro. **2.** Herida abierta y profunda, especialmente en la cabeza. **3.** Impresión que algo hace en el ánimo. **4.** Méx. Camino estrecho y sin asfaltar. **5.** GEOL. Conglomerado formado por elementos angulosos. ◇ **Abrir brecha** Introducir una nueva alternativa. **Estar siempre en la brecha** Estar siempre preparado para defender algo o cumplir con una obligación.

brécol s.m. (del ital. *bròccoli,* dim. de *brocco,* retoño). Hortaliza parecida a la coliflor, de hojas recortadas de color verde oscuro y tallos gruesos y flores comestibles. SIN.: *bróculi.*

brecolera s.f. Variedad de brécol que forma una masa redondeada como la coliflor.

breeches s.m.pl. (voz inglesa). Pantalones ceñidos de las rodillas para abajo y anchos en los muslos, que se usan para montar.

brega s.f. Acción de bregar, luchar. **2.** *Fig.* Chasco, burla. ◇ **Andar a la brega** Trabajar afanosamente en algo.

bregar v.intr. (del gótico *brikar,* romper). Trabajar mucho, con esfuerzo e interés. **2.** *Fig.* Luchar contra los riesgos y las dificultades para superarlos. **3.** Reñir, luchar.

bregma s.m. ANAT. Punto de unión de las suturas óseas entre el hueso parietal y el frontal.

bregmático, a adj. Relativo al bregma.

brema s.f. Pez de agua dulce, de hasta 50 cm de long. y cuerpo alto y comprimido lateralmente con grandes escamas. (Familia ciprínidos.)

brenca s.f. Poste que sujeta la compuerta de una acequia. **2.** Fibra o filamento, especialmente el estigma del azafrán.

brent s.m. Petróleo de alta calidad que se extrae del yacimiento británico de Brent que marca el precio europeo del crudo.

breña s.f. Terreno escabroso y poblado de maleza.

breñal s.m. Terreno de breñas.

bresca s.f. (voz prerromana). Panal de miel. **2.** Fragmento de cera sacado de la colmena.

brete s.m. Aprieto, dificultad: *estar, poner en un brete.* **2.** Cepo de hierro que se pone a un reo en los pies. **3.** Argent., Par. y Urug. Pasadizo corto entre dos estacas, para guiar el ganado en las estancias y estaciones de ferrocarril.

1. **bretón, na** adj. y s. De Bretaña. ◆ s.m. Lengua indoeuropea céltica hablada en Bretaña.

2. **bretón, na** adj. y s.f. (de *brotón,* aum. de *brote*). Se dice de la col cuyo tronco, de 1 m de alt., echa muchos brotes.

bretzel s.m. Galleta en forma de ocho espolvoreada con sal y comino.

breva s.f. (del lat. *bifera,* higuera breval). Primer fruto que da anualmente la higuera breval, que es más grande que el higo. **2.** *Fig.* Beneficio conseguido con poco esfuerzo. **3.** Cigarro puro de forma algo aplastada. **4.** Bellota temprana. **5.** Amér. Tabaco en rama para masticar.

breval adj. y s.m. Se dice de aquella higuera que da brevas e higos.

breve adj. (lat. *brevis*). De corta extensión o duración: *una breve pausa.* **2.** FONÉT. Se dice de la sílaba o de la vocal de menor duración relativa que la larga, en aquellas lenguas que tienen cantidad. **3.** GRAM. Se dice de la palabra llana. ◆ s.m. Documento pontificio que trata sobre una cuestión de orden. ◇ **En breve** Muy pronto, en seguida.

brevedad s.f. Cualidad de breve.

breviario s.m. (lat. *breviarium*). Libro que recoge las oraciones eclesiásticas de todo el año. **2.** Compendio, tratado poco extenso de una materia

brevilíneo, a adj. Se dice de la persona o animal de miembros cortos y abdomen más desarrollado que el tórax. CONTR.: *longilíneo.*

brezal s.m. Terreno poblado de brezos.

brezar v.tr. Mecer, acunar.

brezo s.m. (del hispano-lat. *broccius*). Arbusto de hojas aciculares, flores blancas o rosadas y fruto capsular. (Familia ericáceas.) ◇ **Tierra de brezo** Producto de la descomposición de las hojas de brezo.

briago, a adj. Méx. Borracho.

brial s.m. (occitano ant. *blial*). Vestido medieval femenino de seda o tela lujosa que cubría hasta los pies. **2.** Faldón que usaban los hombres de armas, de seda u otra tela y que cubría desde la cintura hasta la rodilla.

briard s.m. y adj. Perro que pertenece a una raza de origen francés, de pelo largo, que se destina al pastoreo.

bribón, na adj. y s. (de *briba* o *bribia,* vida holgazana, engaño). Granuja, persona que engaña, estafa o roba. **2.** Travieso, pícaro, pillo.

bribonada s.f. Dicho o hecho propios de un bribón.

bribonería s.f. Actividad o vida propias de un bribón.

bricbarca s.m. Bergantín grande que, además de los dos palos ordinarios, lleva otro menor a popa, sin vergas de cruz, para armar la cangreja.

bricolaje o **bricolage** s.m. (fr. *bricolage*). Trabajo manual que una persona no profesional hace para arreglar o decorar su casa.

bricomanía s.f. Tendencia patológica a hacer rechinar los dientes.

brida s.f. (fr. *bride*). Conjunto formado por el freno, el correaje y las riendas de una caballería que sirve para sujetarla y dirigirla. **2.** COST. Punto o conjunto de puntos que forman el enlace entre dos grupos de puntos compactos. **3.** MED. Fragmento de tejido conjuntivo que se forma alrededor de una herida o tumor. **4.** TECNOL. Abrazadera metálica que se ajusta a un objeto para asegurarlo o unir las piezas que lo componen.

bridge s.m. Juego de cartas que se juega entre cuatro personas, dos contra dos, con baraja francesa de 52 cartas.

brie s.m. (voz francesa, de *Brie,* comarca de Francia). Queso elaborado con leche de vaca, de pasta blanda y corteza enmohecida.

brigada s.f. (fr. *brigade*). Unidad militar compuesta por varios regimientos o batallones y mandada por un general. **2.** Conjunto organizado de personas que realizan un trabajo específico: *brigada municipal; brigada de limpieza.* ◆ s.m. MIL. Militar que tiene el grado entre sargento primero y subteniente.

brigadier s.m. (fr. *brigadier*). Militar que tenía el grado que hoy corresponde al general de brigada o al contraalmirante. **2.** Guardia marina que tiene a su cargo el orden y vigilancia de una brigada, de un dormitorio o de la camareta.

brigantina s.f. Coraza formada por una serie de laminitas pequeñas superpuestas y sujetas a una tela fuerte o pieza de cuero (ss. XIII-XVI).

brillante adj. Que brilla: *luz brillante.* **2.** *Fig.* Que destaca por ser admirable o sobresaliente entre los de su clase: *escritor brillante; una fiesta brillante.* ◆ s.m. Diamante tallado en facetas.

brillantez s.f. Cualidad de brillante.

brillantina s.f. Cosmético para dar brillo al cabello.

brillar v.intr. (ital. *brillare*). Resplandecer, despedir rayos de luz propia o reflejada: *brillar las estrellas.* **2.** *Fig.* Sobresalir por una cualidad que provoca admiración: *brillar en una reunión social.*

brillazón s.f. Argent. y Bol. Espejismo.

brillo s.m. Luz que desprende o refleja un cuerpo. **2.** ASTRON. Cantidad que caracteriza la intensidad luminosa de un astro (brillo absoluto) o la iluminación, debida a este astro, de un receptor perpendicular a los rayos luminosos (brillo aparente). ◇ **Brillo metálico** Brillo que desprenden ciertos insectos, peces, reptiles y aves que se debe a fenómenos ópticos por descomposición de la luz.

brilloso, a adj. Amér. Brillante.

brin s.m. Argent., Chile, Cuba, Perú y Urug. Tela de lino ordinaria que se usa comúnmente para forros y para pintar al óleo.

brincar v.intr. (port. *brincar*). Dar brincos. **2.** *Fig.* Manifestar un sentimiento de forma muy intensa.

brinco s.m. (port. *brinco,* anillo, sortija, juguete para los niños). Salto que requiere poco esfuerzo. **2.** Contracción muscular instantánea e inconsciente motivada por un susto o sorpresa.

brindar v.intr. Manifestar un deseo levantando la copa o el vaso al ir a beber. ◆ v.tr. Ofrecer alguna cosa a alguien: *brindar un servicio.* **2.** TAUROM. Dedicar el torero la faena a una persona o al público ◆ v.prnl. Ofrecerse a hacer algo voluntariamente: *se brindó a acompañarme.*

brindis s.m. (al. *ich bring dir's,* te lo ofrezco). Acción de brindar al ir a beber. **2.** Expresión que se dice al brindar. **3.** TAUROM. Dedicación que el torero hace de la faena a una persona o al público.

brinell s.m. (de J. A. *Brinell,* metalúrgico británico). Máquina que sirve para realizar el ensayo de dureza de los metales.

briñón s.m. Griñón.

brio s.m. (célt. *brigos*). Energía o vigor con que se hace algo: *hombre de bríos; trabajar con brío.* **2.** *Fig.* Garbo o gracia, especialmente en la manera de andar.

brioche s.m. (voz francesa). Bollo hecho con harina, levadura, mantequilla y huevos.

briofito, a adj. y s.m. BOT. Relativo a una subdivisión de vegetales verdes sin raíces ni vasos, pero generalmente provistos de hojas y cuyo esporófito es mucho más reducido que el prótalo, como los musgos.

briol s.m. (fr. ant. *braivel*). MAR. Cuerda que sirve para cargar o recoger las velas.

brion o **brión** s.m. MAR. Parte redondeada de la roda, que la une a la quilla.

brionia s.f. (lat. *bryonia*). Nueza.

brioso, a adj. Que tiene brío: *un brioso corcel.*

briozoo adj. y s.m. ZOOL. Relativo a una clase de invertebrados, generalmente marinos, que viven en colonias fijadas sobre algas, conchas o rocas.

briqueta s.f. Masa de polvo metálico aglomerado mediante compresión en frío. **2.** Conglomerado de carbón u otra materia con forma de ladrillo.

briqueteado s.m. Operación que consiste en confeccionar briquetas por compresión en frío de polvo metálico.

1\. **brisa** s.f. Viento suave y agradable. **2.** Viento del nordeste. ◇ **Brisa de tierra** Brisa que sopla durante la noche desde la tierra hacia el mar. **Brisa diurna** Brisa que sopla por la mañana desde el valle hacia los picos. **Brisa marina** Brisa que sopla durante el día desde el mar hacia la tierra. **Brisa nocturna** Brisa que sopla en el crepúsculo desde la montaña hacia el valle.

2\. **brisa** s.f. (hispano-lat. *brisa*). Orujo de la uva.

brisca s.f. (del fr. *briscambille*). Juego de cartas que se juega con baraja española y que consiste en dar tres cartas a cada jugador, descubriéndose otra que sirve para indicar el palo de triunfo, ganando el jugador que ha conseguido más puntos. **2.** As o tres de cada palo del tute o de la brisca que no son triunfo.

briscado, a adj. y s.m. Se dice del hilo de oro o de plata, rizado, escarchado o retorcido que se entreteje con seda en una tela o se emplea en un bordado. ◆ s.m. Labor hecha con este hilo.

briscar v.tr. (del ant. *brescado,* bordado con canutillo de oro o plata). Tejer una tela o hacer un bordado con hilo briscado.

bristol s.m. y adj. (de *Bristol,* c. de Gran Bretaña). Cartulina satinada, de calidad superior y de grosor variable.

brisura s.f. HERÁLD. Pieza que se coloca en el escudo de una familia para distinguir las líneas no primogénitas o bastardas de la principal o legítima.

británico, a adj. y s. De Gran Bretaña o del Reino Unido de Gran Bretaña e Irlanda del Norte.

britano, a adj. y s. Del pueblo que habitaba la antigua Britania, en el S de la isla de Gran Bretaña.

britano

Una parte de los britanos, también llamados *britones* o *bretones*, se estableció, tras su derrota con los sajones, en la península occidental de las Galias, la Armórica, que tomó el nombre de Bretaña.

británico, a adj. y s. Del pueblo celta que se estableció en Gran Bretaña entre el I milenio a.C. y el s. I d.C. ◆ s.m. Lengua indoeuropea céltica hablada en Britania (antigua Gran Bretaña). [El británico comprende el bretón, el córnico y el galés.]

brizna s.f. Filamento o parte muy delgada de una cosa: *briznas de paja.* **2.** *Fig.* Parte pequeña de algo, especialmente inmaterial: *una brizna de lluvia.* **3.** Filamento que tiene la vaina de algunas legumbres en la sutura.

broa s.f. Ensenada pequeña, de poco fondo, llena de bancos de arena o escollos: *la broa de Sanlúcar de Barrameda.*

broca s.f. (cat. *broca*). Barra de hierro con la punta en espiral que se monta en una máquina de taladrar para hacer agujeros. **2.** Eje metálico que sostiene el carrete de hilo en las máquinas de hilar.

brocado s.m. (cat. *brocat*). Tejido fuerte de seda con dibujos de distinto color que el del fondo. **2.** Tela de seda con dibujos en relieve entretejidos con hilos de oro o plata.

brocal s.m. (de *bocal*). Muro pequeño que rodea la boca de un pozo. **2.** Cuerno o cerco de madera que refuerza la boca de la bota de beber. **3.** Moldura que refuerza la boca de una pieza de artillería.

brocatel s.m. (cat. *brocatell*). Tela de seda mezclada con cáñamo, lino o lana, con dibujos brillantes sobre fondo mate, que se utiliza especialmente en tapicería. ◆ adj. y s.m. Se aplica al mármol que tiene manchas y vetas de diversos colores.

brocearse v.prnl. Amér. Merid. Esterilizarse una mina. **2.** Amér. Merid. Estropearse un negocio.

1. **brocha** s.f. (fr. dialectal *brouche*). Pincel grueso que se utiliza para pintar o extender una sustancia líquida: *brocha de afeitar.* ◇ **De brocha gorda** Se dice del pintor de paredes, puertas y otras superficies y de su técnica; *Desp.* se dice del pintor de obras pictóricas artísticas de poco valor y de su obra; se dice de la gracia o ingenio tosco o de mal gusto.

2. **brocha** s.f. (fr. *broche,* broche). Herramienta compuesta por una varilla metálica provista de una serie de dientes que sirve para dar a una pieza metálica, larga y continua, una sección de forma especial y constante.

brochado, a adj. Se dice de la tela de seda que tiene alguna labor hecha con hilos de oro, plata o seda, rizados, escarchados, retorcidos o levantados. ◆ s.m. Operación que consiste en dar a una pieza metálica, larga y continua una sección de forma especial y constante.

brochal s.m. Viga atravesada entre otras y ensamblada en ellas, que da apoyo a las cabezas de las viguetas o vigas intermedias de un suelo que no deben llegar al muro.

brochazo s.m. Pasada que se da con una brocha sobre una superficie.

broche s.m. Conjunto de dos piezas, por lo común de metal, una de las cuales engancha o encaja en la otra. **2.** Joya que se lleva prendida en la ropa. **3.** Argent. y Chile. Tenacilla metálica que se utiliza para mantener pliegos de papel unidos. ◆ **broches** s.m.pl. Ecuad. y P. Rico. Gemelos para los puños de las camisas. ◇ **Broche de oro** *Fig.* Final ostentoso y feliz de una acción.

brocheta o **broqueta** s.f. Varilla de metal o madera en que se ensartan trozos pequeños de carne, pescado, verduras, etc., para asarlos. **2.** Plato preparado de esta manera.

brocho, a adj. TAUROM. Se dice del toro que tiene las astas más juntas en sus extremos.

brócoli s.m. Méx. Bróculi.

bróculi s.m. (ital. *broccoli,* dim. de *brocco,* retoño). Brécol.

broker s.m. (voz inglesa) [pl. *brokers*]. Persona que tiene como oficio actuar como intermediaria en operaciones de compraventa de valores financieros.

1. **broma** s.f. (de *3. broma*). Dicho o hecho sin mala intención para burlarse de una persona. ◇ **Broma pesada** Broma que causa mucha molestia o perjuicio en quien la recibe. **Estar de broma** Actuar una persona sin seriedad, diciendo o haciendo cosas que provocan la risa de los demás para divertirse.

2. **broma** s.f. Masa de cascote, piedra y cal que se emplea en albañilería.

3. **broma** s.f. Molusco lamelibranquio marino de cuerpo alargado en forma de gusano y concha pequeña, que se introduce en las maderas sumergidas en el agua y las destruye.

bromado, a adj. Que contiene bromo.

bromar v.tr. Roer la broma la madera.

bromato s.m. Sal o éster del ácido brómico.

bromatología s.f. (del gr. *broma,* alimento, y *logos,* tratado). Ciencia que estudia los alimentos y la nutrición.

bromatólogo, a s. Persona que se dedica al estudio de la bromatología.

bromazo s.m. Broma pesada.

bromear v.intr. y prnl. Decir o hacer bromas: *bromear con sus hijos.*

bromeliáceo, a adj. y s.f. (de *Bromel,* botánico sueco del s. XVIII a quien Linneo dedicó una familia de plantas). BOT. Relativo a una familia de plantas monocotiledóneas originaria de los países tropicales, a menudo epifitas, como el ananás.

bromhídrico, a adj. **Ácido bromhídrico** Hidrácido (HBr) formado por la combinación del bromo y el hidrógeno.

brómico, a adj. **Ácido brómico** Ácido oxigenado del bromo ($HBrO_3$).

bromista adj. y s.m. y f. Que gasta bromas.

1. **bromo** s.m. (gr. *bromos,* hedor). No metal líquido, de la familia de los halógenos, de color rojo oscuro, cuyo punto de ebullición es de 58,78 °C. (Desprende vapores tóxicos de olor muy desagradable.) **2.** Elemento químico (Br), de número atómico 35 y masa atómica 79,904.

2. **bromo** s.m. (gr. *brómos,* avena). Planta forrajera, de hojas planas e inflorescencias en panículas. (Familia gramíneas.)

bromoformo s.m. Compuesto orgánico líquido ($CHBr_3$), de propiedades sedantes.

bromuro s.m. Combinación del bromo con un cuerpo simple.

bronca s.f. *Fam.* Discusión o pelea fuerte y ruidosa. **2.** Expresión colectiva y ruidosa de desagrado en un espectáculo público. **3.** Amér. Enojo, rabia. **4.** Esp. *Fam.* Reprensión fuerte: *echar una bronca.*

bronce s.m. (del ital. *brónzo*). Aleación metálica de cobre y estaño. **2.** *Fig.* y *poét.* Cañón de artillería, campana, clarín o trompeta. **3.** B. ART. *Fig.* Estatua o escultura de este material. **4.** DEP. Medalla de este material que corresponde al tercer premio de una competición deportiva. ◇ **Edad del bronce** HIST. Período prehistórico de la edad de los metales entre la edad del cobre y la edad del hierro que se caracteriza por la utilización de este metal. **Ligar bronce** *Fam.* Broncearse.

bronceado s.m. Acción y efecto de broncear o broncearse.

bronceador, ra adj. y s.m. Se dice del producto que favorece que la piel se broncee más rápidamente.

broncear v.tr. Dar color de bronce. **2.** Poner el sol o un agente artificial la piel de una persona morena: *el sol bronceaba su piel.* ◆ **broncearse** v.prnl. Ponerse la piel de una persona morena por la acción del sol o de un agente artificial.

broncíneo, a adj. De bronce o parecido a él: *rostro broncíneo.*

broncista s.m. y f. Persona que tiene por oficio trabajar el bronce.

bronco, a adj. De genio y trato áspero. **2.** Tosco, que está hecho con poca habilidad. **3.** *Fig.* Se dice de la voz y de los instrumentos de sonido áspero y desagradable.

bronconeumonía s.f. Neumonía que afecta a los bronquios y los alvéolos pulmonares, debida a un germen o a un virus.

broncorrea s.f. Expectoración abundante de mucosidad incolora, que se da en la bronquitis crónica.

broncoscopia s.f. Exploración visual del interior de la tráquea y los bronquios utilizando el broncoscopio.

broncoscopio s.m. Endoscopio para practicar la broncoscopia.

bronquial adj. Relativo a los bronquios.

bronquiectasia s.f. Dilatación patológica de los bronquios.

bronquio s.m. (lat. *bronchium*). Conducto del aparato respiratorio que lleva el aire desde la tráquea al interior de los pulmones, y viceversa.

bronquio

La tráquea se divide en dos bronquios, llamados troncos bronquiales, y cada uno de ellos, en bronquios intralobulares que se ramifican, en el interior del pulmón correspondiente.

bronquiolo o **bronquíolo** s.m. Ramificación terminal de los bronquios.

bronquítico, a adj. y s. Relativo a la bronquitis; que padece de esta enfermedad.

bronquitis s.f. Inflamación de los bronquios. ◇ **Bronquitis capilar** Bronconeumonía que afecta a los bronquiolos.

brontosaurio s.m. Reptil dinosaurio fósil (unos 22 m de long. y 30 t de peso), de cabeza pequeña, cuello largo y flexible, extremidades macizas con cinco dedos y cola larga y pesada.

brook s.m. (voz inglesa, *arroyo*). EQUIT. Obstáculo del steeple-chase que consiste en un foso lleno de agua.

broquel s.m. (fr. ant. *bocler*). Escudo pequeño con una cazoleta en medio para que la mano pueda empuñar el asa que tiene en la parte interior.

broqueta s.f. → **brocheta.**

brotar v.intr. Nacer o empezar a salir la planta de la tierra: *brotar el trigo.* **2.** Salir renuevos en las plantas o echar la planta hojas o renuevos. **3.** Manar, en especial el agua de un manantial. **4.** Manar un líquido por cualquier abertura: *brotar sangre de una herida.* **5.** *Fig.* Tener principio, manifestarse, nacer. **6.** *Fig.* Manifestarse en la piel síntomas de una enfermedad. ◆ v.tr. Producir la tierra plantas, hierbas, etc.

brote s.m. (gót. *brut*). Acción de brotar, tener principio o manifestarse alguna cosa. **2.** Manifestación súbita de una enfermedad o recrudecimiento de los síntomas de una enfermedad latente. **3.** Tallo nuevo de una planta.

brótola s.f. Pez marino teleósteo de unos 25 cm de long., de color amarillento o pardo, con las aletas ventrales finas y largas y barbilla. (Familia gádidos.) SIN.: *lamprehuela, lampreílla, locha.*

broza s.f. Conjunto de restos de una planta, como hojas o ramas secas, que se acumula en un lugar. **2.** Maleza, espesura de plantas, arbustos o matorrales en los bosques y campos. **3.** Desecho de cualquier cosa. **4.** *Desp.* Conjunto de cosas inútiles que se hablan o escriben: *ese ensayo es todo broza.* **5.** Bruza.

brozoso, a adj. Que tiene o produce mucha broza.

brucelosis s.f. Enfermedad infecciosa que el ganado transmite al ser humano a través de sus productos, especialmente lácteos y que se caracteriza por fiebre alta y cambio brusco de temperatura. SIN.: *fiebre de Malta, fiebre mediterránea.*

bruces (de) loc. Boca abajo: *caer de bruces.* (También *a bruces.*)

brucina s.f. Alcaloide tóxico que se encuentra en la nuez vómica.

brugo s.m. (lat. *bruchus,* saltamontes sin alas). Larva del lepidóptero que devora las hojas de la encina. **2.** Larva del pulgón.

bruja s.f. Mujer que practica la brujería. **2.** *Fam.* Mujer fea, vieja y de aspecto desagradable. **3.** Mujer de mal carácter o malas intenciones. **4.** Amér. Fantasma, aparición. ◆ adj. y s.m. y f. Méx. Pobre en extremo: *anda bruja porque se lo gastó todo en vacaciones.* ◇ **Caza de brujas** Persecución de los comunistas en EUA en tiempos del maccarthismo; *por ext.*, persecución contra minorías políticas, culturales o religiosas.

brujear v.intr. Hacer brujerías.

brujería s.f. Conjunto de prácticas basadas en los conocimientos y técnicas adquiridos por la persona que ha establecido un pacto con el demonio o con los espíritus con el fin de causar o impedir un mal.

brujesco, a adj. Relativo a las brujas, los brujos o a la brujería.

brujidor s.m. Grujidor. **2.** Persona que tiene por oficio efectuar al torno el redondeo de las piedras preciosas preparándolas para conferirles su talla definitiva.

brujir v.tr. Grujir.

brujo, a adj. Que cautiva o embruja por su atractivo o belleza: *ojos brujos.* **2.** Chile. Falso, fraudulento. ◆ adj. y s.m. Cuba, Méx. y P. Rico. Pobre, miserable. ◆ s.m. Hombre que practica la brujería.

brújula s.f. (ital. *bussola,* cajita). Instrumento para orientarse que tiene una aguja imantada que gira libremente sobre un eje y señala la dirección del N magnético. ◇ **Perder la brújula** Perder el control en un asunto, situación o negocio.

brujulear v.tr. *Fam.* Descubrir un hecho o asunto mediante indicios y conjeturas. **2.** Descubrir poco a poco las cartas de la baraja para conocer por las rayas o pintas de qué palo son. ◆ v.intr. Actuar con habilidad en un determinado ámbito para conseguir algo.

brulote s.m. (fr. *brûlot*). Embarcación de pequeño tamaño llena de materias inflamables que se dirigía contra los barcos enemigos para incendiarlos (ss. XVII y XIX). **2.** Argent., Bol. y Chile. Dicho ofensivo, palabrota. **3.** Argent. y Chile. Crítica pública de carácter polémico.

bruma s.f. (lat. *bruma,* invierno). Niebla ligera. **2.** MAR. Niebla de mar.

brumoso, a adj. Cubierto de bruma.

brunka → **boruca.**

1. **bruno** s.m. Ciruela pequeña y muy negra. SIN.: *bruño.* **2.** Árbol que la da. SIN.: *bruño.*

2. **bruno, a** adj. Que es de color negro u oscuro.

bruñido s.m. Acción y efecto de bruñir. SIN.: *bruñidura; bruñimiento.*

bruñidor, ra adj. y s. Que bruñe. ◆ s.m. Instrumento para bruñir.

bruñidura s.f. Acción y efecto de bruñir. SIN.: *bruñido; bruñimiento.*

bruñir v.tr. (occitano ant. *brunir*) [conj.: *engullir*]. Pulir la superficie de una cosa, especialmente de un metal, para darle brillo. **2.** C. Rica, Guat. y Nicar. *Fig.* Amolar, fastidiar.

bruño s.m. Bruno, ciruela y árbol.

1. **brusco** s.m. Arbusto de pequeñas ramas en forma de hoja y bayas rojas. (Familia liliáceas.)

2. **brusco, a** adj. Que se produce o se hace repentinamente: *frenazo brusco.* **2.** Que es poco amable: *carácter brusco.*

bruselense adj. y s.m. y f. De Bruselas.

brushing s.m. (marca registrada). Método de secado y moldeado del cabello con secador de mano y un cepillo.

brusquedad s.f. Cualidad de brusco: *la brusquedad de un movimiento.* **2.** Dicho o hecho bruscos.

brut adj. y s.m. (voz francesa). Se dice del cava o vino espumoso cuyo contenido de azúcar está comprendido entre 1 y 2 %. ◇ **Art brut** Arte espontáneo practicado por personas que han escapado a los condicionamientos culturales, autodidactas, individuos intelectualmente marginados o médiums.

brutal adj. Que es violento o cruel. **2.** Colosal, extraordinario.

brutalidad s.f. Cualidad de bruto. **2.** *Fig.* Dicho o hecho brutales. **3.** *Fig.* Dicho o hecho propios de un bruto.

brutalismo s.m. Tendencia arquitectónica que utiliza materiales brutos, como el hormigón, y no disimula la infraestructura técnica, como las tuberías.

bruto, a adj. y s. (lat. *brutus,* estúpido). Que es poco inteligente o ignorante. **2.** Que es grosero y mal educado. **3.** Que emplea la fuerza física frecuentemente o sin control. ◆ adj. Tosco, que está hecho con poca habilidad: *metal bruto.* **2.** Se dice de la cantidad a la que no se ha aplicado ninguna deducción: *beneficio bruto.* ◆ s.m. Animal irracional, especialmente cuadrúpedo. ◇ **En bruto** Sin labrar ni pulimentar; sin deducción alguna. **Peso bruto** Peso total de un producto (mercancía y embalaje). **Petróleo bruto** Petróleo que no ha sido refinado.

bruza s.f. (fr. dialectal *brusse,* cepillo). Cepillo redondo, de cerdas muy espesas y fuertes, para limpiar algo, como caballerías o moldes de imprenta SIN.: *broza.*

bruzador s.m. IMPR. Tablero inclinado para limpiar las formas con la bruza.

bruzar v.tr. Limpiar algo, como caballerías o moldes de imprenta, con la bruza.

búbalo s.m. Antílope africano de 1,30 m de alt., con cuernos en U o en forma de lira.

bubi adj. y s.m. y f. Del pueblo negroafricano, de lengua bantú, que habita en Guinea Ecuatorial (isla de Bioko).

bubinga s.m. Madera africana de color castaño rojizo.

bubón s.m. Tumefacción inflamatoria de los ganglios inguinales. SIN.: *buba.*

bubónico, a adj. Relativo al bubón.

bucal adj. (del lat. *bucca,* mejilla). Relativo a la boca: *cavidad bucal.*

bucanero s.m. (fr. *boucanier,* de *boucaner,* ahumar la carne). Pirata que en los ss. XVII y XVIII saqueaba los barcos y territorios españoles en América.

bucare s.m. Árbol papilionáceo de unos 10 m de alt., espesa copa de hojas compuestas y flores blancas. (El bucare se emplea en América Meridional para proteger las plantaciones de café y tabaco del sol.) [Familia papilionáceas.]

búcaro s.m. (del lat. *poculum,* copa). Recipiente de cerámica para poner flores.

buccinador s.m. Músculo de la mejilla que tira de la comisura de los labios hacia atrás.

buccino s.m. (lat. *buccinum*). Molusco gasterópodo comestible de las costas del Atlántico, con concha blanca de hasta 10 cm de long., cuya tinta solía mezclarse con la púrpura para teñir tejidos.

buceador, ra s. Persona que bucea, especialmente la persona que se dedica profesionalmente a ello.

bucear v.intr. Nadar debajo del agua. **2.** *Fig.* Investigar a fondo sobre un asunto: *bucear en el caso; bucear entre los archivos.*

bucelario s.m. HIST. Hombre libre que en el bajo Imperio romano y en la España visigoda se sometía a un señor a quien prestaba algunos servicios y ayuda militar a cambio del disfrute de alguna propiedad, protección, armas o alimentos.

buceo s.m. Acción de bucear.

buchaca s.f. Bolsa o bolsillo donde se guarda el dinero. **2.** Colomb., Cuba y Méx. Bolsa de la tronera de billar.

buchada s.f. Buche, cantidad de líquido.

buche s.m. (voz de origen onomatopéyico). Bolsa membranosa del aparato digestivo de un ave formada por dilatación del esófago y en la que los alimentos permanecen por espacio de un tiempo antes de pasar al estómago. **2.** *Fam.* Estómago del ser humano. **3.** Estómago de algunos cuadrúpedos. **4.** Cantidad de líquido que se bebe de una sola vez. SIN.: *buchada; trago.*

buchón, na adj. y s. Se dice del palomo doméstico que infla el buche desmesuradamente.

buckland s.m. Formación geológica típica chilena que se extiende en mantos por la Tierra del Fuego.

bucle s.m. (fr. *boucle*). Rizo de cabello en forma de hélice. **2.** Curva en forma de rizo: *un bucle de carreteras.* **3.** INFORMÁT. Conjunto de instrucciones de un programa cuya ejecución se repite hasta la verificación de un criterio dado o la obtención de un determinado resultado. **4.** TECNOL. Sucesión de efectos en la que el último de ellos actúa sobre el primero.

bucleado, a adj. HERÁLD. Se dice del collar provisto de anillos o hebillas de esmalte distinto.

bucólica s.f. Composición poética del género bucólico.

bucólico, a adj. (lat. *bucolicus,* pastoril). Se dice del género o composición poéticos que tratan de asuntos pastoriles o campestres de manera idealizada. ◆ adj. y s. Se dice del poeta que cultiva este tipo de poesía.

bucráneo s.m. ARQ. Motivo ornamental en relieve que representa la cabeza de buey. (Los bucráneos son propios del arte romano y renacentista.)

buda s.m. Miembro de la religión budista que consigue alcanzar el conocimiento perfecto de la verdad. **2.** Estatua que representa a un buda.

budare s.m. Amér. Plato de barro o hierro que sirve para cocer el pan de maíz.

búdico, a adj. Relativo al budismo.

budín o **pudín** s.m. (ingl. *pudding*). Dulce que se elabora con una masa de harina, leche, huevos y frutas cocida al horno en un molde: *budín de albaricoques.* SIN.: *pudín.* **2.** Plato que se elabora con una masa de huevos e ingredientes salados cocida al horno en un molde: *budín de cerdo, ave y paté.*

budión s.m. Pez marino de labios carnosos y recubierto de sustancia pegajosa.

budismo s.m. Sistema filosófico y religión basada en las enseñanzas de Buda.

budismo

La doctrina budista pretende ser una respuesta al sufrimiento que identifica con la existencia misma. Para salir del ciclo de nacimientos y muertes, esto es, para alcanzar el nirvana, hay que empezar por liberarse de la causa del sufrimiento, es decir el deseo, íntimamente vinculado a la vida. Existen dos grandes corrientes budistas: la del Pequeño Vehículo (hinayana) y la del Gran Vehículo (mahayana).

budista adj. y s.m. y f. Relativo al budismo; seguidor de esta religión.

buen adj. Apócope de *bueno.* (Se emplea antepuesto a un sustantivo masculino en singular: *un buen padre.*)

buenamente adv.m. Fácilmente, sin mucho esfuerzo: *hará lo que buenamente pueda.* **2.** Voluntariamente, sin presiones ni coacciones: *si buenamente quiere, te lo prestará.*

buenaventura s.f. (pl. *buenaventuras*). Predicción del futuro de una persona que se hace mediante el examen de las rayas de la mano. **2.** Buena suerte.

buenazo, a adj. y s. *Fam.* Se dice de la persona buena y de carácter poco enérgico.

1. **bueno** adv.m. Se usa para mostrar aprobación o conformidad con algo que ha dicho otra persona: *—¿Vendrás? —Bueno.*

2. **bueno, a** adj. (lat. *bonus*). Se dice de la persona que actúa con bondad, sin perjudicar ni dañar a nadie. **2.** Que posee todas las cualidades propias de su naturaleza y cumple con su función: *estas perlas son buenas; una buena profesora.* **3.** Que es beneficioso o conveniente: *el ejercicio es bueno para la salud.* **4.** Que resulta agradable a los sentidos, especialmente al gusto o al olfato: *el pastel está bueno; una colonia muy buena.* **5.** Grande, que excede a lo común y regular: *una buena reprimenda.* **6.** Que no está deteriorado, que está en buen estado: *este vestido todavía está bueno.* **7.** Bastante, suficiente: *tiene buenos dineros para pagar.* **8.** Se dice de la persona de gran atractivo físico: *¡tía buena!* **9.** Esp. y Méx. Sano, de buena salud: *ya está bueno.* ◇ **A,** o **por, (las) buenas** De grado, voluntariamente. **De buenas a primeras** De repente, a primera vista. **Del bueno,** o **de los buenos** *Irón.* De considerable importancia. **Estar de buenas** *Fam.* Estar de buen humor. **Poner bueno** Criticar acerbamente.

buey s.m. (lat. *bos, bovis*). Toro castrado. **2.** Crustáceo marino decápodo, con un caparazón elíptico rojo oscuro y las dos primeras patas acabadas en pinzas negras.

¡buf! interj. Expresa repugnancia o molestia.

bufa s.m. Burla. **2.** *Fam.* Borrachera. **3.** Pieza de la armadura con que se reforzaba la parte anterior del guardabrazo izquierdo.

búfalo s.m. (lat. tardío *buffalus*). Mamífero rumiante de cuerpo robusto, cabeza ancha y cuernos largos y encorvados. (Familia bóvidos.) **2.** Bisonte de América. **3.** Utensilio que utilizan los cerrajeros para pulir.

bufanda s.f. (fr. ant. *bouffante,* part. de *bouffer,* inflarse). Prenda que consiste en una tira larga y estrecha, generalmente de lana, que se pone alrededor del cuello como adorno o para abrigarse.

bufar v.intr. Resoplar el toro y otros animales con fuerza e ira. **2.** *Fig.* y *fam.* Expresar alguien su enojo resoplando o gesticulando.

bufeo s.m. Argent. y Perú. Delfín.

bufé, bufet o **buffet** s.m. Mesa en la que se disponen diferentes platos para que los comensales se sirvan ellos mismos a su gusto. **2.** Mueble de comedor para guardar los servicios de mesa.

bufete s.m. (fr. ant. *buffet*). Despacho de un abogado. **2.** Clientela de un abogado. **3.** Mesa de escribir con cajones. ◇ **Abrir bufete** Empezar a ejercer la abogacía.

buffet s.m. Amér. → **bufé.**

bufido s.m. Voz que emiten el toro y otros animales cuando bufan. **2.** *Fig.* Expresión o manifestación de enojo.

bufo, a adj. (ital. *buffo*). Que es cómico y grotesco. **2.** Se dice de la persona que hace reír poniéndose en ridículo o haciendo cosas ridículas. **3.** Se dice de la ópera cómica y burlesca, nacida en Italia en el s. XVIII. ◆ adj. y s. Se dice del cantante que tiene un papel divertido o alegre en una ópera.

bufón, na s. (ital. *buffone*). Persona que dice o hace tonterías para hacer reír a los demás y resulta ridículo. **2.** Persona que tenía por oficio hacer reír a los reyes y a sus cortesanos con sus gracias.

bufonada s.f. Dicho o hecho propios de un bufón.

bufonesco, a adj. Bufo, chocarrero.

bugalet s.m. (voz bretona). Embarcación auxiliar, por lo general de dos palos, empleada en los puertos para el transporte de pólvora y municiones.

bugalla s.f. Agalla del roble y otros árboles, que sirve para hacer tintes o tinta.

bugambilia s.f. Méx. Buganvilia.

buganvilia o **buganvilla** s.f. (de *Bougainville,* nombre del navegante francés que la trajo a Europa). Planta trepadora originaria de América de hojas pequeñas lanceoladas, tallos leñosos y largas brácteas de color rojo violáceo, rosado, blanco o amarillento. (Se utiliza como planta ornamental; familia nictagináceas.)

buggy s.m. (voz inglesa). Vehículo construido a partir de un chasis de automóvil de serie, equipado con carrocería baja y neumáticos anchos y apto para todos los terrenos. **2.** Cabriolé hipomóvil descubierto.

bugle s.m. (voz francesa). Instrumento musical de viento, metálico, con llaves o pistones.

buglosa s.f. (lat. *buglossa*). Planta de flores azuladas que puede alcanzar 1 m de alt. y que crece en lugares incultos. (Familia borragináceas.)

buhardilla o **bohardilla** s.f. (del ant. *buharda,* respiradero para el humo, de *bufar,* soplar). Planta más alta de un edificio, inmediata al tejado, generalmente con el techo inclinado. **2.** Ventana que sobresale verticalmente en el tejado de una casa, para dar luz a los desvanes o salir a los tejados.

búho s.m. (lat. vulg. *bufo*). Ave rapaz nocturna de ojos grandes colocados en la parte anterior de la cabeza, pico curvo, garras afiladas y fuertes, que se alimenta de roedores e insectos. (Entre los búhos destacan el *búho real,* el *búho nival* y el *búho chico.*) **2.** *Fig.* y *fam.* Persona huraña.

buhonear v.intr. Vender baratijas.

buhonería s.f. Mercancía de poco valor que lleva un buhonero.

buhonero, a s. Persona que tiene por oficio vender mercancía de poco valor de manera ambulante.

buido, a adj. (cat. *buit,* vacío). Aguzado, afilado: *nariz buida.* **2.** Acanalado o con estrías: *columna buida.*

buitre s.m. (lat. *vultur, vulturis*). Ave rapaz diurna de hasta 1,25 cm de long., sin plumas en cabeza y cuello, que se alimenta de carroña. **2.** *Fig.* y *fam.* Persona aprovechada y egoísta.

buitreada s.f. Amér. Acción y efecto de buitrear.

buitrear v.tr. Amér. Vomitar.

buitrón s.m. Dispositivo formado por un conjunto de setos que se van estrechando hasta terminar en una hoya grande donde caen las reses acosadas por los ojeadores. **2.** Red pequeña que se utiliza en la caza de la perdiz. **3.** Arte de pesca que consiste en una red en forma de cono alargado cuya boca está cerrada por otro cono más corto. **4.** Horno de manga usado en América para fundir minerales argentíferos. **5.** Era de las minas de América donde se benefician los minerales argentíferos, mezclándolos con azogue y magistral.

buja s.f. Méx. Pieza cilíndrica de hierro que se atraviesa por el eje en las ruedas de los automóviles.

bujarrón adj. y s.m. (del lat. *bulgarus,* búlgaro). *Desp.* Sodomita.

buje s.m. Pieza cilíndrica que reviste el interior de la pieza que gira alrededor de un eje para protegerla. **2.** Argent. Cojinete de una sola pieza.

bujía s.f. (ár. vulgar *Buŷía,* Bejaïa, c. de Argelia). Dispositivo del motor de explosión donde se produce la chispa eléctrica que inflama la mezcla gaseosa contenida en el cilindro. **2.** Vela de cera u otra sustancia grasa. **3.** Candelero en que se pone. **4.** Unidad antigua de medida de intensidad luminosa equivalente a la vigésima parte de la luz emitida por un centímetro cuadrado de platino a la temperatura de fusión.

bula s.f. (lat. *bulla,* bola, sello de plomo que va en ciertos documentos pontificios). Documento pontificio que lleva el sello del papa: *bula de excomunión.* **2.** Sello de plomo que va pendiente de ciertos documentos pontificios. **3.** HIST. Sello o nema fijado a un acta. ◇ **Tener bula** *Fam.* Disfrutar de ciertas ventajas por condescendencia o favoritismo.

bulbar adj. Relativo al bulbo, especialmente al bulbo raquídeo.

bulbilo s.m. Yema rica en sustancias de reserva que se desarrolla en los órganos aéreos de determinadas plantas, de las que puede separarse y dar lugar a una planta nueva.

bulb-keel s.m. (voz inglesa). Quilla de un yate de vela formada por un alerón metálico delgado, que soporta en su parte inferior un lingote de lastre de forma alargada.

bulbo s.m. (lat. *bulbus*). Órgano vegetal, generalmente subterráneo, de forma redondeada, con hojas carnosas y repletas de reservas nutritivas, que permite a la planta reformar cada año sus partes aéreas: *bulbo de la cebolla, del jacinto.* **2.** MAR. Convexidad de la parte inferior de la roda de un navío que sirve para disminuir la resistencia del agua. ◇ **Bulbo aórtico** Porción del corazón de los peces óseos y de los batracios larvarios, que sigue al ventrículo y que está en el origen de la arteria branquial. **Bulbo duodenal** Parte primera del duodeno, situada inmediatamente después del píloro. **Bulbo olfatorio** Divertículo del hemisferio cerebral que recibe los filamentos del nervio olfatorio proveniente de las fosas nasales. **Bulbo raquídeo** Parte inferior del encéfalo de los vertebrados situado por encima de la médula espinal. (El bulbo raquídeo contiene unos centros que controlan la circulación sanguínea y la respiración.) **Grupo bulbo** Conjunto de una turbina hidráulica y un alternador, utilizado en las centrales hidroeléctricas de caída débil y en las centrales maremotrices.

bulboso, a adj. Que tiene bulbos o forma de bulbo.

bule s.m. Méx. Calabaza de cáscara dura. **2.** Méx. Vasija hecha de este fruto cuando se seca.

bulé s.f. Senado de una ciudad de la antigua Grecia, en particular de Atenas.

bulerías s.f.pl. Canto popular andaluz de ritmo vivo en compás de tres tiempos que se acompaña con palmas. **2.** Baile que acompaña este canto: *bailar por bulerías.*

bulevar s.m. (fr. *boulevard*). Calle ancha y larga con una acera central, generalmente con árboles. ◇ **Teatro de bulevar** Estilo teatral de carácter ligero y fácil.

búlgaro, a adj. y s. De Bulgaria. ◆ s.m. Lengua indoeuropea eslava hablada en Bulgaria.

bulge s.m. (voz inglesa). MAR. Compartimento abombado, adosado en la parte exterior del casco de un buque de guerra para protegerlo de la explosión de los torpedos.

bulimia s.f. (gr. *boulimía,* de *bous,* buey, y *limós,* hambre). Enfermedad que se caracteriza por un deseo irrefrenable de ingerir una cantidad no controlada y excesiva de alimentos.

bulímico, a adj. y s. Relativo a la bulimia; que padece bulimia.

bulín s.m. Habitación. **2.** Argent. y Urug. *Argot.* Departamento que un hombre usa para sus citas amorosas. **3.** Perú. Burdel.

bulla s.f. Griterío o alboroto producido por una o más personas. **2.** Concurrencia de muchas personas en un lugar.

bullabesa s.f. (fr. *bouillabaisse*). Sopa de pescado y marisco cocidos, en agua o en vino blanco, con ajo, azafrán, aceite de oliva, especias, etc.

bullanga s.f. Tumulto, bullicio.

bullanguero, a adj. y s. Alborotador.

bulldog s.m. y adj. (voz inglesa) [pl. *bulldogs*]. Perro que pertenece a una raza de cuerpo grueso, cabeza grande, patas cortas y arqueadas, cara aplastada y pelaje corto, blanco y rojizo.

bulldozer s.m. (voz angloamericana) [pl. *bulldozers*]. Máquina niveladora constituida por un tractor oruga, muy potente, provisto de una fuerte pala de acero en la parte delantera.

bullebulle s.m. y f. *Fam.* Persona inquieta y entremetida.

bullfinch s.m. (voz inglesa). EQUIT. Obstáculo de steeplechase que consiste en un talud de tierra con un seto de matas o arbustos.

bullicio s.m. (lat. *bullitio, -onis,* burbujeo). Ruido y rumor que causa mucha gente reunida. **2.** Ambiente ruidoso de gente en actividad o movimiento: *el bullicio del centro urbano.*

bullicioso, a adj. Que produce bullicio: *reunión bulliciosa.* ◆ adj. y s. Inquieto, alborotador: *gente bulliciosa.*

bullionismo s.m. (del ingl. *bullion,* lingote). Sistema monetario en el cual la moneda fiduciaria está respaldada por los valores de reserva en oro o en plata del banco emisor.

bullir v.intr. (lat. *bullire*) [conj.: *engullir*]. Hervir el agua u otro líquido. **2.** *Fig.* Moverse, agitarse: *la gente bullía en la plaza.* **3.** *Fig.* Moverse mucho una persona u ocuparse en muchas cosas a la vez. **4.** Agitarse un líquido con fuerza, con un movimiento parecido al del agua que hierve: *bullir el mar.*

bullón s.m. (fr. *bouillon*). Pieza de metal, en forma de cabeza de clavo, que adorna la esquina de la cubierta de una encuadernación antigua.

bullterrier s.m. y adj. (voz inglesa) [pl. *bullterriers*]. Perro que pertenece a una raza de origen inglés de pequeño tamaño, cuerpo musculoso y pelaje corto.

bulo s.m. Esp. Noticia falsa propagada con algún fin, especialmente para perjudicar a alguien.

bulón s.m. Argent. Tornillo grande de cabeza redondeada.

bulto s.m. (lat. *vultus,* rostro). Volumen o tamaño de una cosa: *el paquete hace mucho bulto.* **2.** Cuerpo del que solo se percibe confusamente la forma: *divisar un bulto en la oscuridad.* **3.** Maleta, caja, paquete, etc. **4.** Elevación en la superficie de una cosa o porción de masa más dura que el resto en el interior de algo. **5.** Amér. Cartapacio, vademécum, bolsa. ◇ **A bulto** Aproximadamente, sin medir ni contar. **Bulto redondo** Obra escultórica aislada. **De bulto** Muy importante: *error de bulto.* **Escurrir,** o **guardar,** o **huir, el bulto** *Fam.* Eludir o tratar de evitar un trabajo, riesgo o compromiso. **Hablar,** o **contar algo, de bulto** Méx. Acompañar el relato de algo con gestos o ademanes que lo ilustran.

¡bum! Onomatopeya con que se imita el ruido de un golpe o una explosión.

bumerán o **boomerang** s.m. (pl. *bumeranes* o *boomerangs*). Arma arrojadiza de los aborígenes australianos que consiste en una lámina de madera curvada que, tras lanzarla, puede girar para volver a su punto de partida. ◇ **Efecto bumerán** Resultado contrario al que se busca por la mala utilización de un método.

bungaló o **bungalow** s.m. (voz inglesa) [pl. *bungalós* o *bungalow*]. Casa de una planta y de construcción ligera situada en un lugar de vacaciones. **2.** Casa baja, generalmente de madera, rodeada de una galería cubierta, propia de la India y de los países tropicales.

búnker o **búnquer** s.m. (alem. *Bunker*) [pl. *búnkers* o *búnquers*]. Refugio subterráneo para defenderse de los bombardeos. **2.** Esp. Grupo político o económico conservador de carácter inmovilista.

bunraku s.m. (voz japonesa). Espectáculo tradicional japonés de marionetas.

buñuelo s.m. Masa de harina, huevos, aceite, agua o leche y otros ingredientes salados o dulces, generalmente en forma de bola, que se fríe y puede rellenarse. **2.** *Fig.* y *fam.* Cosa hecha de cualquier manera, con poco gusto. ◇ **Buñuelo de viento** Buñuelo dulce que se espolvorea con azúcar.

bupresto s.m. Insecto coleóptero, de cuerpo alargado y color metálico. (Las larvas del bupresto son perjudiciales para los árboles en los que excavan galerías.)

buque s.m. (cat. *buc,* vientre, capacidad de algo, casco de una nave). Embarcación con cubierta, de gran tamaño, destinada a la navegación en alta mar. ◇ **Buque cisterna** Buque de carga cuyas calas constituyen o contienen cisternas para el transporte de líquidos a granel. **Buque factoría** Buque que dispone de instalaciones de transformación y conservación de las capturas de los barcos pesqueros. **Buque gemelo** Buque que posee idénticas características de construcción que otro. **Buque hospital** Buque acondicionado para el traslado de enfermos y heridos.

buqué o **bouquet** s.m. (fr. *bouquet*). Aroma de un vino. **2.** Ramo pequeño de flores.

burbuja s.f. (del lat. *bulla*). Ampolla pequeña de aire u otro gas que se forma en el interior de un líquido. **2.** Incremento exagerado del precio de ciertos bienes respecto de un valor estimado según criterios objetivos: *burbuja inmobiliaria, tecnológica.*

burbujear v.intr. Hacer burbujas un líquido. SIN.: *borbotar, borbotear.*

burca o **burka** s.m. o f. Vestimenta con que se cubren completamente, de pies a cabeza, las mujeres musulmanas, con una rejilla para los ojos. (Es tradicional en Afganistán, India y Pakistán.)

burdégano s.m. Animal nacido del cruce de un caballo y una burra.

burdel s.m. (cat. *bordell*). Establecimiento donde se practica la prostitución.

burdeos s.m. (pl. *burdeos*). Vino tinto elaborado en la región de Burdeos.

burdo, a adj. Tosco, basto, poco sutil: *tela burda; burdas mentiras.*

burear v.tr. Colomb. Burlar, chasquear.

burela s.f. HERÁLD. Faja disminuida.

burelado, a adj. Se dice del fondo rayado destinado a una sobreimpresión.

burén s.m. Cuba. Plancha metálica o de barro para cocinar.

bureo s.m. (fr. *bureau,* oficina). Junta que resolvía los expedientes administrativos de la casa real española y ejercía jurisdicción sobre los que gozaban de su fuero. ◇ **De bureo** Esp. De juerga.

bureta s.f. QUÍM. Tubo de vidrio graduado y provisto de una llave que se utiliza en los laboratorios.

burg s.m. Fortaleza medieval.

burga s.f. (gall. *burga*). Manantial de agua caliente mineralizada.

burgado s.m. Caracol terrestre de unos 2 cm. (Familia helícidos.)

burgalés, sa adj. y s. De Burgos.

burgo s.m. (bajo lat. *burgus*). Población pequeña sin jurisdicción propia, que depende de la villa o ciudad. **2.** Núcleo fortificado o fuerte de una población medieval.

burgomaestre s.m. (del alem. *Burgmeister*). Autoridad municipal principal de las ciudades de Bélgica, Alemania, Suiza, Países Bajos, etc.

burgos s.m. Queso de leche de oveja, blando y blanco, que se elabora en la provincia de Burgos. (También *queso de Burgos.*)

burgrave s.m. Título que se daba al señor de una ciudad o de una plaza fuerte del Sacro imperio romano germánico.

burgués, sa adj. y s. Relativo a la burguesía; miembro de esta clase social. **2.** Relativo al burgo.

burguesía s.f. Según el marxismo, clase social del sistema capitalista a la que pertenecen las personas que poseen el capital industrial y financiero. CONTR.: *proletariado.*

burguesismo s.m. Conjunto de cualidades y costumbres propias de la burguesía.

burgundio, a adj. y s. Del pueblo germánico originario del Báltico que se estableció en el s. V a orillas del Rin.

burgundio

Los burgundios fueron derrotados por Aecio en 436; en el s. V conquistaron la cuenca del Ródano y los Alpes. Fueron sometidos por los francos en 532 y dieron su nombre a Borgoña.

burí s.m. Palma de tronco alto, muy grueso y erecto, hojas muy grandes y frutos en drupa globosa. (Familia palmáceas.) **2.** Filamento textil que se obtiene de esta palma.

buriatos, pueblo mongol de Siberia que habita en la República de Buriatia (Rusia) y en Mongolia.

buril s.m. (cat. *burí*). Instrumento de acero acabado en punta que sirve para grabar metales.

burilada s.f. Rasgo o trazo hecho con el buril. **2.** Porción de plata que los ensayadores sacan de una pieza con el buril para ver si es de ley.

burilar v.tr. Grabar un metal utilizando el buril.

burío s.m. Planta originaria de América Central, leñosa y de corteza fibrosa. (De la corteza del burío se hacen cordeles; familia liliáceas.)

burka s.m. → **burca.**

burla s.f. Acción o expresión con que se intenta ridiculizar a alguien o algo. **2.** Engaño que se hace aprovechándose de la buena fe de alguien. ◇ **Decir algo entre burlas y veras** Decir algo desagradable en tono festivo.

burladero s.m. Valla situada delante de las barreras de una plaza de toros para que el torero pueda refugiarse detrás de ella del toro. **2.** Zona aislada en medio de una calzada muy ancha para que los peatones puedan refugiarse en ella.

burlador, ra adj. y s. Que burla. ◆ s.m. Hombre que hace gala de seducir y engañar a las mujeres.

burlar v.tr. Engañar, hacer creer una cosa que no es verdad a una persona. **2.** Evitar una persona un peligro, un ataque, o una persecución: *burlar la vigilancia.* ◆ **burlarse** prnl. Hacer burla de alguien o algo para ridiculizarlo o menospreciarlo: *burlarse de su vestido.* **2.** Engañar a alguien valiéndose de su buena fe.

burlesco, a adj. Que contiene burla: *actitud burlesca; tono burlesco.*

burlete s.m. (fr. *bourrelet,* dim. de *bourre,* borra). Tira de material flexible que se fija a los cantos de las hojas de puertas y ventanas para evitar el paso del aire.

burlón, na adj. y s. Que tiene tendencia a burlarse. ◆ adj. Que denota o implica burla: *risa burlona.*

buró s.m. (fr. *bureau*). Escritorio con pequeños cajones en la parte superior que se cierra generalmente con una persiana. **2.** Grupo de personas que dirigen un organismo, especialmente un partido político. **3.** Méx. Mesilla de noche.

burocracia s.f. (fr. *bureaucratie*). Conjunto de normas establecidas por el sector administrativo de un estado para resolver un trámite. **2.** Conjunto de personas que trabajan en el sector administrativo de un estado. **3.** *Desp.* Conjunto de trámites dificultosos o lentos que deben realizarse para resolver un asunto administrativo.

burócrata s.m. y f. Persona que trabaja en el sector administrativo de un estado.

burocratismo s.m. *Desp.* Influencia excesiva de la burocracia en el sector administrativo de un estado.

burocratización s.f. Acción de burocratizar. **2.** SOCIOL. Proceso a través del cual el crecimiento excesivo de las funciones administrativas, técnicas o políticas de ciertos elementos de un grupo social tiende a constituirlas en una capa autónoma (burocracia), cuyos métodos y modelo de decisión se convierten en un rasgo dominante del conjunto de las relaciones sociales.

burocratizar v.tr. y prnl. Someter a un estado a un conjunto de normas administrativas que implican realizar una serie de trámites dificultosos o lentos. **2.** Hacer que una actividad adquiera un conjunto de normas similares a las que rigen el sector administrativo de un estado.

burótica s.f. Ofimática.

burrada s.f. *Fig.* y *fam.* Dicho o hecho propios de un necio: *no digas burradas.* **2.** Manada de burros. **3.** Esp. *Fig.* y *fam.* Cantidad grande de personas o cosas: *una burrada de gente.*

burrito s.m. Méx. Tortilla de harina de trigo rellena de queso o de alguna otra cosa. SIN.: *burrita.*

burro, a s. (de *borrico*). Asno, mamífero. ◆ s. y adj. *Fig.* y *fam.* Persona poco inteligente o ignorante. ◆ s.m. Armazón que consiste en dos palos en forma de aspa y un travesaño regulable, especialmente el que sirve para sujetar un madero que se ha de aserrar. **2.** Juego de cartas en el que gana el jugador que primero se queda sin cartas. **3.** Argent. *Fig.* y *fam.* Caballo de carrera. **4.** Méx. Escalera de mano que consiste en dos escaleras que se unen mediante una bisagra por arriba. **5.** Méx. Tabla de planchar. ◇ **Apearse,** o **caer, del burro** *Fam.* Reconocer que se ha cometido un error. **Burro de arranque** Argent. Dispositivo eléctrico que sirve para poner en marcha un automotor. **Burro de carga** *Fig.* y *fam.* Persona que tiene aguante para trabajar mucho. **No ver tres en un burro** *Fam.* Ser muy corto de vista; ver muy poco.

bursátil adj. (del lat. *bursa*). Relativo a la bolsa de operaciones financieras.

burucuyá s.m. Argent., Par. y Urug. Pasiflora.

burujo s.m. Bulto que se forma en una cosa al comprimirla o al aglomerarse varias de sus partes que estaban sueltas.

burundés, sa adj. y s. De Burundi.

1. **bus** s.m. (apócope). *Fam.* Autobús.

2. **bus** s.m. INFORMÁT. Conductor común de varios circuitos que permite distribuir datos o corrientes de alimentación.

busca s.f. Acción de buscar. SIN.: *búsqueda.* **2.** Méx. Provecho que se obtiene de algún cargo o empleo.

buscador, ra adj. y s. Que busca: *buscadores de oro.* ◆ s.m. INFORMÁT. Programa informático que tiene como objetivo facilitar la obtención de la información que existe en Internet sobre un determinado tema.

buscaminas s.m. (pl. *buscaminas*). Aparato que se emplea para localizar las minas.

buscapié s.m. Recurso que consiste en hacer un comentario para incitar a una persona a hablar sobre cierto tema y así obtener disimuladamente alguna información.

buscapleitos s.m. y f. (pl. *buscapleitos*). Persona pendenciera que tiende a provocar riñas y peleas. SIN.: *buscarruidos.*

buscar v.tr. Hacer lo necesario para encontrar un cosa o a una persona. **2.** Provocar una persona a otra para que riña o pelee con ella. **3.** Argent. y Chile. Provocar, irritar. ◇ **Buscárselas** Ingeniárselas para poder subsistir.

buscarruidos s.m. y f. (pl. *buscarruidos*). Buscapleitos.

buscavidas s.m. y f. (pl. *buscavidas*). *Fig.* y *fam.* Persona que tiene habilidad para buscarse cualquier medio de vida con que salir adelante.

busco s.m. Saliente de una esclusa, que sirve de tope a la parte inferior de la compuerta.

buscón, na adj. y s. Que busca. ◆ s.f. Esp. Prostituta.

buseta s.f. Colomb., Ecuad. y Venez. Autobús pequeño.

bush s.m. (voz inglesa). GEOGR. Formación vegetal tupida adaptada a la sequía (África oriental, Madagascar, Australia), constituida por arbustos y árboles bajos aislados.

bushido s.m. (voz japonesa). Código de honor de los samuráis (s. X).

busilis s.m. Esp. *Fam.* Punto en que estriba la dificultad o el interés de algo: *dar en el busilis.*

business s.m. (voz inglesa, *negocio, comercio*). Clase preferente en el transporte aéreo. **2.** Méx. *Fam.* Asunto, tema, hecho.

búsqueda s.f. Busca.

busto s.m. (lat. *bustum,* crematorio de cadáveres). Parte superior del tórax de una persona. **2.** Pechos de una mujer. **3.** Representación pintada o esculpida de la cabeza y parte superior del tórax de una persona.

bustrófedon s.m. (gr. *boustrophidón,* arando en zigzag). Escritura que consiste en escribir una línea empezando por la derecha y la siguiente por la izquierda y así sucesivamente.

butaca s.f. (caribe *putaka*). Asiento para una persona, blando, con brazos y respaldo inclinado hacia atrás. **2.** Asiento que ocupa una persona en un local donde se ofrece un espectáculo; billete para este espectáculo.

butadieno s.m. Hidrocarburo dietilénico (C_4H_6), utilizado en la fabricación de caucho sintético.

butano s.m. y adj. Hidrocarburo gaseoso saturado (C_4H_{10}), que se emplea como combustible licuado a baja presión.

buten (de) loc. Esp. *Fam.* Magnífico, muy bueno o muy bien.

buteno s.m. Hidrocarburo etilénico (C_4H_8).

butílico, a adj. Se dice del compuesto que contiene el radical butilo.

butilo s.m. Radical monovalente (C_4H_9) derivado del butano.

butirato s.m. Sal del ácido butírico.

butírico, a adj. (gr. *boúturon,* mantequilla). Se dice del ácido orgánico que se encuentra en la mantequilla y otros lípidos. <> **Fermentación butírica** Fermentación producida por las bacterias del género *Amilobacter,* que produce la descomposición de ciertas materias orgánicas, como el ácido láctico, la celulosa, el almidón, etc., con liberación de ácido butírico.

butirina s.f. Materia grasa de la mantequilla.

butirómetro s.m. Instrumento para medir la riqueza de la leche en materia grasa.

butiroso, a adj. Que tiene la naturaleza o la apariencia de la mantequilla. <> **Contenido,** o **porcentaje, butiroso** Cantidad de materia grasa contenida en un kilogramo de leche.

butre s.m. Embarcación árabe de vela, de popa elevada.

butrón s.m. Agujero que hace un ladrón en el techo o en la pared para entrar a robar.

buxáceo, a adj. y s.f. BOT. Relativo a una familia de plantas dicotiledóneas, leñosas, de hojas enteras y flores unisexuales, como el boj.

buzamiento s.m. GEOL. Pendiente de un estrato o filón interestratificado.

buzar v.intr. GEOL. Formar los planos de estratificación un cierto ángulo con la horizontal.

buzo s.m. (port. *buzio,* caracol que vive debajo del agua). Persona que tiene por oficio sumergirse bajo el agua. **2.** Argent., Chile, Perú y Urug. Vestimenta para hacer deporte, chándal. <> **Ponerse buzo** Méx. *Fam.* Ponerse en situación de alerta, actuar con cuidado e inteligencia.

buzón s.m. (del ant. *bozón,* ariete). Caja o recipiente con una ranura que sirve para echar la correspondencia. **2.** Ranura que tiene esta caja o recipiente por donde se echa la correspondencia.

buzonero s.m. Chile. Funcionario que recoge las cartas de los buzones.

by-pass o **bipás** s.m. (ingl. *bypass*). Circuito de derivación que aísla un aparato, un dispositivo o una instalación. **2.** MED. Operación quirúrgica que consiste en colocar una pieza artificial o biológica entre dos puntos de una arteria dañada. **3.** MED. Pieza artificial o biológica que se coloca para unir dos puntos de una arteria en mal estado.

byte s.m. (voz inglesa). INFORMÁT. Unidad de medida de contenido de información equivalente a un cierto número de bits, en general, 4, 6 u 8.

C

c s.f. Tercera letra del alfabeto español y segunda de sus consonantes. (Representa un sonido velar oclusivo sordo ante consonante o ante las vocales *a, o, u*: *cabo, cola, cubo;* ante *e, i* es una interdental fricativa sorda: *celo, cifra;* en las zonas de seseo se pronuncia como *s*.) **2.** MAT. Símbolo que representa el conjunto de los números complejos. ◇ **C** Cifra romana que vale *cien*; MÚS. En la notación inglesa y alemana, nota *do*.

¡ca! interj. Expresa negación o duda.

caatinga s.f. Vegetación xerófila del interior del noreste de Brasil (sertão), constituida por arbustos espinosos y cactáceas.

cabal adj. Sensato, juicioso. **2.** Completo, exacto, justo, sin faltar nada: *a los dos meses cabales.* ◇ **No estar,** o **no hallarse, en sus cabales** Estar alguien loco, trastornado o perturbado.

cábala s.f. (hebr. *qabbalah,* tradición). Conjetura, suposición: *hacer cábalas.* **2.** Interpretación judía esotérica y simbólica de la Biblia. **3.** *Fig.* y *fam.* Negociación secreta y artificiosa.

cabalgada s.f. Acción de cabalgar, andar a caballo. **2.** Correría, expedición realizada por una tropa de jinetes en campo enemigo.

cabalgadura s.f. Animal para cabalgar o de carga.

cabalgamiento s.m. GEOL. Desplazamiento de una serie de terrenos por encima de otros.

cabalgar v.intr. y tr. (lat. vulgar *caballicare*). Montar en un caballo o en otra montura. **2.** Andar a caballo. **3.** Estar montada una cosa o una persona sobre otra de forma parecida a como va un jinete sobre su montura.

cabalgata s.f. (ital. *cavalcata*). Desfile de personas, carruajes, bandas de música, etc., con motivo de una festividad: *cabalgata de los reyes magos.* **2.** Grupo de personas que cabalgan juntas.

cabalista s.m. y f. Persona que practica la cábala.

cabalístico, a adj. De la cábala. **2.** Misterioso, oculto: *sentido cabalístico de un párrafo.*

caballa s.f. (del lat. *caballus,* caballo castrado). Pez marino de hasta 40 cm de long., lomo azul verdoso con bandas transversales negras, que se acerca a la costa en primavera y en verano y cuya carne comestible se utiliza en la industria conservera. (Familia escómbridos.)

caballada s.f. Manada de caballos. **2.** Amér. *Fig.* Burrada, disparate, tontería.

caballar adj. Relativo al caballo.

caballazo s.m. Chile y Perú. Encontronazo que da un jinete a otro o a una persona de a pie, echándole encima el caballo.

caballerango s.m. Méx. Mozo que cuida y ensilla los caballos en las haciendas.

caballeresco, a adj. Propio de caballero: *modales caballerescos.* **2.** Relativo o relacionado con la caballería medieval: *torneos caballerescos.* **3.** Se dice de los libros y composiciones que narran las andanzas de los caballeros andantes: *romances caballerescos.*

caballerete s.m. *Fam.* Joven presumido.

caballería s.f. Cualquier animal solípedo que sirve para cabalgar. **2.** HIST. Institución militar feudal cuyos miembros eran investidos en una ceremonia religiosa. **3.** MIL. Cuerpo de soldados montados a caballo o en vehículos motorizados. ◇ **Libro de caballerías** Obra narrativa en prosa que trata asuntos caballerescos y describe la vida y aventuras de los caballeros andantes.

caballería

En la alta edad media surgió un nuevo tipo de organización defensiva para hacer frente a los rápidos ataques de los nuevos invasores (musulmanes, húngaros y normandos), debido a que la organización romana había quedado obsoleta. Aparece la figura del *caballarius* (guerrero a caballo), a quien la Iglesia y los reyes quisieron convertir en defensor de los ideales cristianos y del orden público, originando así la llamada caballería cristiana o europea, vigente hasta el s. XIV. En los ss. XIV y XV surgieron nuevas órdenes seglares ligadas a ideales nostálgicos y literarios, en momentos en que la caballería estaba desapareciendo. Los caballeros andantes protagonizaron los aspectos más brillantes de la caballería (torneos, justas, etc.).

LIT. La caballería se convierte en tema de inspiración literaria de un tipo de novela en verso surgida en Francia a partir del s. XII. En España, el modelo narrativo de los libros de caballerías fue el *Amadís de Gaula* (s. XV), novela en prosa que encarna al héroe perfecto que vive aventuras prodigiosas.

caballeriza s.f. Recinto cubierto destinado a caballerías y otros animales de carga.

caballerizo s.m. Persona que tiene por oficio el cuidado de una caballeriza.

caballero, a adj. (lat. tardío *caballarius*). Que cabalga, anda o pasea a caballo. **2.** Obstinado, firme: *caballero en su opinión.* ◆ s.m. Hombre que se comporta con distinción, cortesía y dignidad. **2.** Miembro de una orden de caballería. **3.** Señor, tratamiento de cortesía. **4.** Combatiente a caballo, soldado de caballería. **5.** Individuo de las clases que gozaban de preponderancia social. **6.** Obra elevada situada en el interior de una fortificación, destinada a incrementar su campo de tiro. ◇ **Armar caballero** Nombrar a alguien miembro de la orden de caballería, mediante una ceremonia en la que el rey u otro caballero le vestían las armas y le ceñían la espada. **Caballero andante** En los libros de caballerías, personaje que anda por el mundo buscando aventuras. **Caballero de industria** Hombre que, con apariencia de caballero, vive de la estafa y del engaño.

caballerosidad s.f. Cualidad de caballeroso. **2.** Comportamiento caballeroso.

caballeroso, a adj. Propio de caballeros o que obra como ellos.

caballete s.m. Soporte con tres pies con que se sostiene un lienzo. **2.** Soporte que forma un triángulo con la línea del suelo y sirve para sostener un tablón. **3.** Línea de un tejado o cumbrera de la cual arrancan dos vertientes. **4.** Elevación que la nariz suele tener en su parte media. **5.** Potro de tormento. **6.** Extremo de la chimenea. **7.** Puntal que sirve de apoyo en las reparaciones.

caballista s.m. y f. Persona que entiende de caballos y sabe montarlos bien.

caballito s.m. Mecedor en forma de caballo para niños pequeños. **2.** Perú. Balsa compuesta de dos odres en la que solo puede navegar un hombre. ◆ **caballitos** s.m.pl. Tiovivo. ◇ **Caballito del diablo** Insecto provisto de cuatro alas reticulares estrechas e iguales que habita en las orillas de ríos y estanques. **Caballito de mar** Pez marino de unos 15 cm de long. que vive camuflado entre las algas y cuya cabeza, horizontal y parecida a la de un caballo, se prolonga con un cuerpo vertical que finaliza en una cola prensil. SIN.: *hipocampo.* (El macho tiene una bolsa incubadora.) **Caballito de totora** Amér. Haz de totora, de tamaño suficiente para que, puesta sobre él a horcajadas, una persona pueda mantenerse a flote en el agua; embarcación hecha de totora.

caballo s.m. (lat. *caballus,* caballo castrado). Mamífero de cuello alargado, extremidades también alargadas que se apoyan sobre un solo dedo, fácil de domesticar, que destaca como corredor y suele usarse como montura o como animal de tiro. (El caballo puede vivir hasta 30 años. El caballo relincha; la hembra es la yegua; su cría es el potro; orden perisodáctilos; familia équidos.) **2.** Carta de la baraja española que representa un caballo con su jinete y lleva el número 11. **3.** Pieza del ajedrez que se mueve oblicuamente y puede saltar sobre las demás. **4.** En gimnasia, potro de saltos. **5.** Esp. *Fam.* Heroína, droga. ◇ **A caballo** Montado en una caballería; entre dos cosas contiguas o participando de ambas: *a caballo entre dos siglos.* **Caballo de batalla** *Fig.* Aquello en que sobresale el que profesa un arte o ciencia y en lo que más suele ejercitarse; punto principal de una controversia. **Caballo de carreras** Caballo seleccionado y entrenado especialmente para las carreras. **Caballo de frisa,** o **de Frisia** MIL. Madero atravesado por largas púas de hierro para defensa contra la caballería y para cerrar pasos importantes. **Caballo de silla** Caballo conformado y domado para la monta. **Caballo de tiro** Caballo domado para tirar de carruajes. **Caballo de Troya** Caballo de madera de grandes dimensiones que los troyanos introdujeron en su ciudad y gracias al cual los griegos, escondidos en su interior, pudieron conquistarla; *Fig.* estratagema utilizada por alguien para introducirse en un grupo o lugar, aparentemente, para colaborar pero con unas intenciones ocultas. **Caballo de vapor** Unidad de medida de potencia (símb. CV), que equivale a 75 kilográmetros por segundo, es decir, aproximadamente 736 vatios. **Caballo fiscal (CVF)** Unidad de medida de cilindrada que permite clasificar los vehículos en categorías de cara al fisco. **Caballo pura sangre** Caballo de una raza que no ha sido mezclada.

caballón s.m. Lomo de tierra arada que se forma entre dos surcos.

caballuno, a adj. Perteneciente o semejante al caballo. **2.** Se dice de las cosas más grandes o vastas de lo que habitualmente son las de su clase.

cabalonga s.f. Planta que crece en América cuya corteza se emplea como febrífugo. (Familia apocináceas.)

cabaña s.f. (lat. tardío *capanna*). Casa pequeña, tosca y rústica, construida con troncos, ramas, paja, etc. **2.** Establecimiento rural destinado a la cría de ganado de raza. **3.** Esp. Conjunto de cabezas de ganado de una determinada región o clase: *cabaña lechera española.*

cabañil adj. Perteneciente a las cabañas de los pastores.

cabañuelas s.f.pl. Pronóstico que hace la gente de pueblo del tiempo que hará en los próximos meses del año o del siguiente verano, basado en la observación de ciertas variaciones atmosféricas.

cabaré o **cabaret** s.m. (voz francesa) [pl. *cabarés* o *cabarets*]. Establecimiento donde, especialmente de noche, el público puede bailar, consumir bebidas y presenciar un espectáculo de variedades. SIN.: *night-club, sala de fiestas.*

cabaretero, a adj. Relativo al cabaret. ◆ s. Persona que trabaja en un cabaret. ◆ s.f. Prostituta.

cabarga s.f. Bol. y Perú. Envoltura de cuero que se pone al ganado vacuno en lugar de la herradura.

cabe prep. (del ant. *a cabo de,* a la orilla de). *Poét.* Cerca de, junto a.

cabecear v.intr. Mover la cabeza a un lado y a otro o arriba y abajo. **2.** Dar cabezadas la persona que se queda dormida. **3.** Moverse la embarcación bajando y subiendo de proa a popa. **4.** Moverse de un lado a otro algo que debería estar en equilibrio. **5.** En fútbol, golpear el balón con la cabeza. **6.** Avanzar un carruaje con un fuerte vaivén. **7.** TAUROM. Mover el toro la cabeza haciendo incierta la embestida o el derrote.

cabeceo s.m. Acción de cabecear: *en un avión el timón de profundidad contrarresta el cabeceo de la nave.* **2.** Movimiento de oscilación de un vehículo (barco, avión, etc.) que se produce en sentido longitudinal.

cabecera s.f. Parte de la cama donde se colocan las almohadas. **2.** Remate que limita la cama por esta parte. **3.** Parte principal de algunas cosas, lugar de referencia: *la cabecera del estadio, de la mesa.* **4.** Población principal de un territorio o división administrativa. **5.** Principio, origen de alguna cosa. **6.** Titular de encabezamiento en cada página de un libro, periódico, etc. **7.** Cada uno de los dos bordes, superior e inferior, del lomo de un libro. **8.** Parte de una iglesia donde se encuentra el altar mayor. **9.** Sector más alto de la cuenca de un río o valle fluvial. **10.** Sector de una bahía, ensenada o puerto, más apartado de su boca.

cabeciduro, a adj. Colomb. y Cuba. Testarudo, cabezota.

cabecilla s.m. Líder de un movimiento o grupo, ya sea cultural, político, etc. **2.** Jefe de rebeldes.

cabellera s.f. Conjunto de los cabellos de la cabeza, especialmente cuando son largos. **2.** ASTRON. Nebulosidad que envuelve el núcleo de un cometa. **3.** BOT. Conjunto de subdivisiones o fibrillas de la raíz de algunas dicotiledóneas.

cabello s.m. (lat. *capilus*). Cada uno de los pelos que nacen en la cabeza de una persona. **2.** Conjunto de los pelos que nacen en la cabeza de una persona. ◆ **cabellos** s.m.pl. Barbas de la mazorca del maíz. ◇ **Cabello,** o **cabellos, de ángel** Dulce elaborado con calabaza en almíbar de aspecto filamentoso; fideo muy fino. **Cabello de Venus** Culantrillo de pozo. **Ponérsele a alguien los cabellos de punta** Erizársele el cabello; *Fig.* sentir gran pavor.

cabelludo, a adj. Que tiene mucho cabello.

caber v.intr. (lat. *capere,* dar cabida). Poder colocarse una cosa dentro o alrededor de otra: *tanta ropa no cabe en el armario.* **2.** Poder pasar alguien o algo por un espacio limitado: *el armario no cabe por la puerta.* **3.** Ser posible algo: *cabe esperar cualquier cosa de él.* **4.** Corresponder o tocar algo a alguien: *me cabe el honor de presentar esta obra.* ◆ v.tr. Tener capacidad. ◇ **No caber en sí** Estar una persona muy contenta, feliz. **No caber más** Expresa que algo es lo más extremo posible: *ya no cabe más maldad.*

cabestrante s.m. → **cabrestante.**

cabestrar v.intr. Poner cabestros a las caballerías que andan sueltas.

cabestrear v.intr. Dejarse llevar una caballería del cabestro. ◆ v.tr. Amér. Llevar del cabestro. **2.** Amér. Guiar una embarcación al esguazar un río, nadando delante de ella.

cabestrero s.m. Persona que hace o vende cabestros, cinchas y otras cosas del mismo género. **2.** Persona que guía las reses vacunas por medio de los cabestros.

cabestrillo s.m. Aparato o vendaje con pañuelo que se cuelga del cuello para mantener apoyado el brazo lesionado en flexión.

cabestro s.m. (lat. *capistrum*). Buey manso que domesticado se utiliza para facilitar el manejo del ganado bravo. **2.** Ramal atado a la cabeza de la caballería para llevarla o asegurarla.

cabeza s.f. (lat. *capitia*). Parte superior del cuerpo humano y superior o anterior de numerosos animales, en la que se encuentran la boca, el cerebro y los órganos de numerosos sentidos. **2.** En el ser humano y otros mamíferos, parte superior o anterior del cuerpo que comprende el cráneo y los órganos internos de este. **3.** *Fig.* Intelecto, talento, juicio: *tener cabeza para los negocios.* **4.** *Fig.* Persona, en una distribución o reparto. **5.** Parte inicial o extrema de una cosa, especialmente cuando es abultada: *la cabeza de un alfiler.* **6.** Parte delantera o parte que ocupa el primer lugar de algo. **7.** Res de un rebaño. **8.** Medida equivalente a la cabeza de un caballo, utilizada en las carreras hípicas para medir las distancias entre los competidores. **9.** QUÍM. Parte más ligera o volátil, obtenida en el curso de la destilación fraccionada de una mezcla. **10.** TECNOL. Parte de un órgano mecánico o de un conjunto que lleva a cabo una función particular. ◆ s.m. y f. Persona que gobierna una comunidad, corporación o colectividad o que se considera la más importante de un grupo. ◇ **A la,** o **en, cabeza** Delante, con prioridad. **Cabeza abajo** Invertido, con la parte superior hacia abajo. **Cabeza arriba** En la posición normal. **Cabeza de ajo,** o **ajos** Conjunto de los dientes que forman el bulbo del ajo. **Cabeza de borrado, de lectura, de grabación** TECNOL. Parte de un aparato de registro que borra, lee o graba los sonidos sobre el soporte. **Cabeza de chorlito** *Fig.* y *fam.* Persona de poco juicio. **Cabeza de familia** DER. Persona bajo cuya dependencia o responsabilidad conviven otras personas en un mismo domicilio. **Cabeza de partido** Población de cada partido judicial en que radica el juzgado de primera instancia e instrucción. **Cabeza de puente** Fortificación que defiende un puente; posición militar en la orilla de un río o estrecho, situada en territorio enemigo. **Cabeza de turco** *Fig.* y *fam.* Persona a quien se le echan todas las culpas de algo, con cualquier pretexto. **Cabeza nuclear** Ojiva atómica. **Cabeza rapada** Miembro de una tribu urbana que se distingue por llevar el pelo al cero, usar una indumentaria peculiar, como las botas militares, y tener un comportamiento agresivo, xenófobo y racista. **Calentar la cabeza** *Fam.* Cansar o abrumar a una persona por hablarle mucho o insistir sobre un asunto. **Con la cabeza alta** Con dignidad. **Llevar,** o **traer, de cabeza** Ocasionar a una persona mucho trabajo o preocupación. **Meter a alguien en la cabeza algo** *Fam.* Hacérselo comprender o convencerlo de ello. **No caberle a alguien algo en la cabeza** No poderlo entender o concebir. **Pasarle a alguien una cosa por la cabeza** *Fam.* Antojársela, imaginársela. **Perder la cabeza** Ofuscarse o faltar la razón o el juicio. **Romperse la cabeza** *Fam.* Preocuparse mucho por algo. **Sentar la cabeza** *Fam.* Hacerse juicioso. **Subirse una cosa a la cabeza** Ocasionar aturdimiento la bebida, el tabaco, etc.; envanecerse por algo que se ha conseguido. **Tener la cabeza a pájaros** o **tener muchos pájaros en la cabeza** *Fam.* No tener juicio, estar distraído.

caber

INDICATIVO		SUBJUNTIVO	
presente		**presente**	
quepo		*quepa*	
cabes (cabés)		*quepas*	
cabe		*quepa*	
cabemos		*quepamos*	
cabéis		*quepáis*	
caben		*quepan*	
copretérito o pret. imperfecto		**pretérito o pret. imperfecto**	
cabía		*cupiera* o *cupiese*	
cabías		*cupieras* o *cupieses*	
cabía		*cupiera* o *cupiese*	
cabíamos		*cupiéramos* o *cupiésemos*	
cabíais		*cupierais* o *cupieseis*	
cabían		*cupieran* o *cupiesen*	
pretérito o pret. perf. simple		**futuro o fut. simple**	
cupe		*cupiere*	
cupiste		*cupieres*	
cupo		*cupiere*	
cupimos		*cupiéremos*	
cupisteis		*cupiereis*	
cupieron		*cupieren*	
futuro o fut. simple		**IMPERATIVO**	
cabré			
cabrás		cabe (cabé)	(tú, vos)
cabrá		*quepa*	(él)
cabremos		*quepamos*	(nosotros)
cabréis		cabed	(vosotros)
cabrán		*quepan*	(ellos)
pospretérito o condicional simple		**FORMAS NO PERSONALES**	
cabría			
cabrías		**infinitivo**	**gerundio**
cabría		caber	cabiendo
cabríamos		**participio**	
cabríais		cabido	
cabrían			

cabezada s.f. Golpe que se da con la cabeza o se recibe en ella. **2.** Movimiento brusco que involuntariamente hace con la cabeza el que se duerme sin estar acostado. **3.** Inclinación de cabeza como saludo de cortesía. **4.** Correaje que ciñe la cabeza de una caballería. **5.** Cordoncillo de hilos de colores vivos que llevan los libros a cada extremo del lomo, como refuerzo y adorno. **6.** Argent. Tiento que ciñe la frente y la cabeza del caballo para mantener el freno. **7.** Argent. y Cuba. Cabecera de un río. **8.** Ecuad. y Par. Arzón de la silla de montar. **9.** MAR. Acción de cabecear. ◇ **Darse de cabezadas** *Fig.* y *fam.* Esforzarse alguien sin éxito en averiguar algo.

cabezal s.m. Almohada pequeña. **2.** Almohada larga que ocupa toda la cabecera de la cama. **3.** Pieza de una máquina que recibe un árbol de transmisión o sirve de punto fijo a un mecanismo de rotación. **4.** Pieza de un magnetófono o vídeo que sirve para la grabación, la lectura o el borrado de cintas magnéticas. ◇ **Cabezal fijo** Cabezal de un torno paralelo que lleva la pieza que se ha de trabajar. **Cabezal móvil** Elemento de un torno paralelo, formado por el contrapunto y su soporte regulable y que mantiene la extremidad de una pieza cuyo otro extremo está sostenido por el cabezal fijo.

cabezazo s.m. Golpe dado con la cabeza.

cabezo s.m. Monte aislado. **2.** Peñasco de cima redondeada que sobresale poco o nada de la superficie del agua.

cabezón, na adj. Cabezudo. **2.** *Fam.* Se dice de la bebida alcohólica que, por su alto contenido de azúcar, produce aturdimiento.

cabezonada s.f. Acción propia de persona terca u obstinada.

cabezonería s.f. Cabezonada. **2.** Cualidad de la persona cabezota.

cabezota adj. y s.m. y f. *Fig.* y *fam.* Cabezudo, terco.

cabezudo, a adj. Que tiene la cabeza grande. **2.** *Fig.* y *fam.* Terco, obstinado. ◆ s.m. Figura con aspecto de enano de gran cabeza que desfila en algunas fiestas populares y procesiones.

cabezuela s.f. Inflorescencia formada por un conjunto de flores contenidas en un receptáculo común, propia de las plantas de la familia compuestas. **2.** Harina más gruesa del trigo después de sacada la flor. **3.** Heces que cría el vino.

cabiblanco s.m. Amér. Cuchillo de cintura.

cabida s.f. Espacio o capacidad que tiene una cosa para contener otra. **2.** Área o extensión de un terreno.

cabila, kabila, cábila o **kábila** s.f. (ár. *qabîla,* tribu). Tribu de beduinos o de bereberes.

cabildada s.f. *Fam.* Acción abusiva de una autoridad.

cabildante s.m. Amér. Merid. Miembro del cabildo.

cabildear v.intr. Intrigar o procurar con maña para conseguir algo en una corporación o cabildo.

cabildo s.m. (bajo lat. *capitulum,* reunión de religiosos). Ayuntamiento, corporación compuesta del alcalde y los concejales. **2.** Comunidad de eclesiásticos capitulares de una iglesia; junta que celebra esta comunidad. **3.** HIST. Denominación que se daba al municipio en la América española.

cabileño, a adj. y s. De una cabila. **2.** De Cabilia, región de Argelia.

cabilla s.f. (lat. *clavicula,* dim. de *clavis,* llave). MAR. **a.** Barra redonda de hierro con la que se clavan los maderos en la construcción de embarcaciones. **b.** Barrita metálica o de madera que se usa como empuñadura del timón o para amarrar los cabos.

cabillero s.m. MAR. Tablón o mesa con agujeros por los que se pasan las cabillas para amarrar los cabos.

cabillo s.m. Rabillo que sostiene la hoja, la flor o el fruto de las plantas. SIN.: *pezón.*

cabina s.f. (fr. *cabine*). Departamento para el uso individual del teléfono. **2.** Departamento pequeño que se instala en un colegio electoral para que los electores preparen su voto en secreto. **3.** Sala pequeña anexa a la sala principal de un cine, salón de actos, etc., donde se encuentra instalado el proyector. **4.** En camiones, aviones, etc., espacio destinado al que maneja el vehículo y a sus ayudantes: *cabina espacial; cabina de camión.* **5.** Espacio destinado a mudarse de ropa, en instalaciones deportivas, playas, etc. ◇ **Cabina expulsable** Conjunto del puesto de pilotaje de un avión, capaz de desprenderse del fuselaje en caso de pérdida de control del aparato.

cabinero, a s. Colomb. Persona que atiende a los pasajeros de un avión, aeromozo.

cabio s.m. Listón atravesado a las vigas para formar suelos y techos. **2.** Madero sobre el que asientan los del suelo. **3.** Travesaño superior e inferior del marco de las puertas o ventanas.

cabizbajo, a adj. Que tiene la cabeza inclinada hacia abajo, por tristeza, preocupación o vergüenza.

cable s.m. (fr. *câble*). Maroma gruesa, de fibras vegetales o de hilos metálicos. **2.** Conjunto de hilos metálicos protegidos por envolturas aislantes, que sirve para el transporte de la electricidad, así como para la telegrafía y la telefonía subterráneas o submarinas. **3.** Cablegrama. **4.** MAR. Longitud de 120 brazas, unos 200 m, utilizada para medir distancias cortas. ◇ **Cable herciano** Enlace efectuado mediante ondas hercianas en sustitución de un cable. **Cable óptico** Conjunto de fibras ópticas dispuestas en una funda común que las protege mecánicamente. **Echar un cable** Ayudar al que se halla en un apuro.

cableado, a adj. INFORMÁT. Se dice de las operaciones, instrucciones, órdenes y funciones de una computadora, realizadas directamente por los circuitos existentes en la máquina. ◆ s.m. Acción y efecto de cablear. **2.** Conjunto de cables de una instalación eléctrica o de un aparato eléctrico. **3.** Operación consistente en reunir varios cordones de filástica, retorciéndolos para formar una cuerda.

cablear v.tr. Proveer de cables eléctricos un lugar.

cablegrafiar v.tr. [conj.: *desviar*]. Transmitir un cablegrama.

cablegrama s.m. (ingl. *cablegram*). Telegrama transmitido por cable submarino. SIN.: *cable.*

cablero s.m. y adj. Se dice de la embarcación destinada a tender y reparar los cables submarinos.

cabo s.m. (lat. *caput,* cabeza). Extremo o punta de un objeto alargado. **2.** Parte pequeña que queda de una cosa: *el cabo de una vela.* **3.** Parte de la costa que se penetra en el mar. **4.** Miembro del ejército que tiene el grado inmediatamente superior al del soldado. **5.** Trozo corto de hilo, cuerda, etc. **6.** Cualquiera de las cuerdas que se emplean a bordo de las embarcaciones o en los arsenales. **7.** Fin o consumación de una cosa: *dar cabo a una aventura.* ◆ **cabos** s.m.pl. Patas, hocicos y crines del caballo. **2.** *Fig.* Puntos varios que se han tocado en algún asunto o discurso. **3.** TAUROM. Corbatín y faja del traje de luces. ◇ **Al cabo** Al fin, por último. **Atar, juntar, recoger,** o **unir, cabos** Reunir premisas o antecedentes para sacar una consecuencia o conclusión. **Cabo suelto** *Fig.* Circunstancia imprevista o que queda sin resolver. **De cabo a cabo,** o **a rabo** Del principio al fin. **Estar al cabo de la calle** *Fam.* Estar en la solución de un asunto, haber entendido bien algo, estar al corriente. **Llevar a cabo** Ejecutar, concluir.

caboclo s.m. (voz portuguesa). En Brasil, mestizo de indio y blanco.

cabotaje s.m. (fr. *cabotage*). Navegación mercante a lo largo de las costas, especialmente entre los puertos de un mismo país, por oposición a la navegación de altura. **2.** Argent. Transporte público aeronáutico entre puntos de un mismo país.

cabra s.f. (lat. *capra*). Rumiante cubierto de pelo áspero, con cuernos arqueados hacia atrás, barba en el mentón, del que existen numerosas razas salvajes y domésticas. (La cabra bala; su cría es el cabrito; orden ungulados; suborden artiodáctilos.) **2.** Piel de este animal. **3.** Chile. Carruaje ligero de dos ruedas. **4.** Chile. *Fig.* y *fam.* Muchacha. **5.** Colomb., Cuba y Venez. Dado trucado. **6.** Colomb., Cuba y Venez. Trampa hecha en los dados o en el dominó. ◆ **cabras** s.f.pl. Cabrillas, manchas que salen en las piernas. ◇ **Como una cabra,** o **más loco que una cabra** De poco juicio, extravagante o loco.

cabracho s.m. Pez que vive en el Atlántico oriental y en el Mediterráneo, de cuerpo cubierto de escamas cicloideas, cabeza gruesa erizada de espinas y boca ancha.

cabrahigadura s.f. Operación que consiste en colgar higos silvestres o cabrahígos en las ramas de las higueras cultivadas para favorecer la fructificación de estas últimas.

cabrahigar v.tr. [conj.: *aislar*]. Realizar una cabrahigadura.

cabrahígo s.m. (lat. *caprificus,* de *caper,* cabrón, y *ficus,* higo). Higuera macho silvestre. (Familia moráceas.); fruto de este árbol.

cabrales s.m. Queso azul elaborado con leche de vaca, oveja y cabra mezcladas.

cabrear v.tr. y prnl. Esp. *Fam.* Enojar, irritar, poner malhumorado.

cabreo s.m. Esp. *Fam.* Acción y efecto de cabrear o de cabrearse.

cabreriza s.f. Choza donde se guardan las cabras y se refugian los cabreros de noche.

cabrero, a s. Pastor de cabras. SIN.: *cabrerizo.*

cabrestante o **cabestrante** s.m. Torno de eje vertical empleado en las maniobras que exigen grandes esfuerzos.

cabrevación s.f. Acción y efecto de cabrevar.
cabrevar v.tr. DER. Reconocer el enfiteuta, a petición del censualista, que la finca y sus mejoras se hallan afectadas al censo.
cabria s.f. (lat. *caprea,* cabra montés). Mecanismo que sirve para levantar pesos considerables.
cabriado, a adj. HERÁLD. Se dice de una pieza cubierta de cabrios.
cabrilla s.f. Pez de unos 20 cm de long., boca grande con muchos dientes, color marrón rojizo con bandas oscuras transversales en los lados del tronco y la cola mellada. (Familia serránidos.) **2.** Soporte en el que se sujeta una pieza de madera para serrarla. ◆ **cabrillas** s.f.pl. Manchas que aparecen en las piernas por permanecer mucho tiempo cerca del fuego. **2.** Pequeñas olas espumosas que se forman en el mar cuando sopla una brisa de fuerza media.
cabrillear v.intr. Formarse cabrillas en el mar. **2.** Temblar una estela de luz que se refleja en el agua debido al movimiento de esta.
cabrio s.m. (del lat. *caprea,* cabra montés). Pieza oblicua de una vertiente de tejado, que sirve para sostener las latas o tablas delgadas sobre las que se colocan las tejas o pizarras de revestimiento. **2.** Madero de construcción cuyo largo y escuadría varían según las provincias. **3.** HERÁLD. Pieza del escudo que tiene la forma de un compás abierto.
cabrío, a adj. Relativo a las cabras. SIN.: *cabruno, caprino.*
cabriola s.f. (ital. *capriola,* de *capriolo,* venado). Voltereta. **2.** COREOGR. Brinco que da un bailarín cruzando varias veces los pies en el aire. **3.** EQUIT. Figura de alta escuela, ejecutada por un caballo que se encabrita y luego cocea antes de que sus miembros anteriores vuelvan a tocar el suelo.
cabriolar o **cabriolear** v.intr. Dar o hacer cabriolas.
cabriolé s.m. (fr. *cabriolet*). Automóvil descapotable. **2.** Vehículo ligero tirado por caballos, de dos ruedas y generalmente con capota.
cabrita s.f. Chile. Palomitas de maíz.
cabritilla s.f. Piel curtida de cabrito, cordero, etc.
cabrito s.m. (del lat. tardío *capritus*). Cría de la cabra desde que nace hasta que deja de mamar.
cabro s.m. Amér. Macho cabrío. **2.** Bol., Chile y Ecuad. Muchacho.
cabrón, na adj. y s. Esp. y Méx. *Vulg.* Se dice de la persona malintencionada que se aprovecha de los demás o que perjudica a otros. ◆ adj. Méx. Se dice de lo que es muy complicado: *estuvo cabrón el examen.* ◆ s.m. Macho de la cabra. **2.** Esp. y Méx. *Desp.* y *vulg.* Hombre que está casado con una mujer que le es infiel, especialmente el que lo consiente. ◆ s.m. y adj. Amér. Merid. Rufián, hombre que trafica con prostitutas. **2.** Chile. Director de una casa de prostitución.
cabronada s.f. Esp. *Vulg.* Acción infame o malintencionada contra otro. **2.** Esp. *Fig.* y *vulg.* Situación incómoda o perjudicial que por alguna razón tiene que ser soportada por quien la sufre.
cabruno, a adj. Cabrío.
cabujón s.m. (fr. *cabochon*). Piedra fina o semipreciosa pulida de forma convexa.
cabuya s.f. (voz taína de Santo Domingo). Pita, planta; fibra de esta planta. **2.** Amér. Cuerda.
caca s.f. (voz de origen onomatopéyico). En lenguaje infantil, excremento. **2.** En el lenguaje infantil, suciedad o cosa que no se debe tocar. **3.** Cosa de poco valor o mal hecha.
cacahual o **cacaotal** s.m. Plantación de cacao. **2.** Árbol del cacao.
cacahuate s.m. Méx. Maní.
cacahuatero, a s. Méx. Persona que en un puesto ambulante vende cacahuates.
cacahuero, a s. Amér. Persona que tiene en propiedad huertas de cacao. **2.** Amér. Persona que se ocupa de alguna tarea relacionada con el cacao, como el cultivo, la recolección, el comercio, etc.
cacahuete o **cacahué** s.m. (náhuatl *tlalkakáwatl,* de *tlalli,* tierra y *kakáwatl,* cacao). Esp. Maní.
cacalote s.m. Amér. Central. Rosetas de maíz. **2.** Cuba. Disparate, despropósito.
cacao s.m. (náhuatl *kakáwatl*). Árbol originario de América del Sur, de tronco liso de 10 a 12 m de alt., con hojas aovadas, flores pequeñas, amarillas y encarnadas, cuyo fruto es una vaina que contiene las semillas. (Familia esterculiáceas.) **2.** Semilla de esta planta, de la que se extraen materias grasas *(manteca de cacao)* y un polvo que se utiliza para fabricar el chocolate; esta misma semilla usada como moneda en la América precolombina. **3.** Polvo soluble, extraído de la semilla y utilizado como alimento. **4.** *Fig.* y *fam.* Barullo, jaleo o confusión.

cacao

El aprovechamiento de las semillas del cacao se realiza en tres fases: fermentación (destinada a separar la pulpa), desecación y tratamiento con arcilla ferruginosa. La almendra, una vez tostada y molida, se convierte en el polvo comestible conocido comúnmente con el nombre de cacao. El cacao, oriundo de América, se extendió a partir del s. XVI a otras zonas tropicales, sobre todo a África occidental, zona que actualmente suministra las dos terceras partes de la producción mundial. Los principales países productores son Costa de Marfil, Brasil, Ghana, Nigeria y Camerún. Ecuador, México, República Dominicana y Colombia son también productores de cacao.

cacaotal s.m. → **cacahual.**
cacarear v.intr. (voz de origen onomatopéyico). Emitir el gallo o la gallina su voz característica. ◆ v.intr. y tr. *Fig.* y *fam.* Alabar excesivamente las cosas propias.
cacareo s.m. Acción de cacarear.
cacarizo, a adj. Méx. Picado de viruelas.
cacatúa s.f. (malayo *kakatûwa*). Ave trepadora originaria de Oceanía y del sureste de Asia, que tiene el plumaje de color uniforme y un copete eréctil de color amarillo o rojo muy intensos. (Familia sitácidos.)
cacaztle s.m. Guat. y Méx. Enrejado de madera que sirve para llevar algo a cuestas. SIN.: *cacastle, cacaxtle.*
cacera s.f. (de *cauce*). Zanja por donde se conduce el agua para regar.
cacereño, a adj. y s. De Cáceres.
cacería s.f. Partida de caza, excursión para ir a cazar. **2.** Cuadro que representa una caza.
cacerola s.f. (fr. *casserole*). Utensilio de cocina, metálico, redondo, más ancho que hondo y provisto de asas.
cacha s.f. (del lat. *capula,* pl. de *capulum,* empuñadura). Nalga. **2.** Cada una de las dos piezas que constituyen el mango de un arma blanca o la culata de ciertas armas de fuego. (Suele usarse en plural.) **3.** Anca de la caza menor, como liebres, conejos, etc. ◆ **cachas** adj. y s.m. y f. Esp. *Fam.* Se dice de la persona que es fuerte, robusta y está bien proporcionada. ◇ **Hasta las cachas** *Fam.* Total y absolutamente: *se ha metido en este proyecto hasta las cachas.*
cachaco, a adj. Colomb. Se dice del joven elegante, servicial y caballeroso. **2.** Colomb., Ecuad. y Venez. Lechuguino, petimetre. ◆ s.m. Perú. *Desp.* Policía. ◆ s. P. Rico. Nombre dado en la zona rural de la isla a los españoles acomodados.
cachada s.f. Argent., Par. y Urug. Broma hecha a una persona. **2.** Chile, Colomb., Ecuad., Hond., Nicar., Salv. y Urug. Cornada.
cachafaz adj. y s.m. Amér. Merid. Pícaro, sinvergüenza.
cachalote s.m. Mamífero cetáceo de unos 18 m de long., con dientes en la mandíbula inferior, que se alimenta de calamares y puede sumergirse hasta más de 1 000 m de profundidad. (De su enorme cabeza se extrae el blanco de ballena y de su estómago el ámbar gris.)
cachano s.m. *Fam.* Diablo.

cachaña s.f. Chile. Mofa, burla, molestia. **2.** Chile. Impertinencia.
cachañar v.tr. Chile. Hacer burla.
cachapa s.f. Venez. Panecillo de maíz.
cachapear v.tr. Venez. Alterar la marca de hierro de una res ajena para que parezca propia.
cachar v.tr. Amér. Central. Hurtar. **2.** Amér. Central, Chile y Colomb. Cornear, dar cornadas. **3.** Argent., Chile y Urug. *Vulg.* Darse cuenta de algo, captar. **4.** Amér. Central, Colomb., Salv. y Venez. En algunos juegos, agarrar al vuelo una pelota. **5.** Amér. Central, Colomb., Salv. y Venez. Agarrar al vuelo cualquier objeto pequeño que una persona lanza a otra. **6.** Amér. Merid. y C. Rica. *Fig.* y *fam.* Burlarse de una persona, hacerle una broma, tomarle el pelo. **7.** Argent., Chile y Méx. *Fig.* y *fam.* Sorprender a alguien, descubrirle. **8.** Argent., Nicar. y Urug. *Vulg.* Agarrar, asir. **9.** Chile. Sospechar.
cacharpari s.m. Bol. y Perú. Fiesta de despedida que los amigos organizan a alguien antes de un viaje. **2.** Perú. Baile que con tal motivo se celebra.
cacharpas s.f.pl. (del quechua *čarpayani,* soltar). Amér. Merid. Trastos.
cacharpaya s.f. Argent. Fiesta con que se despide el carnaval y, en ocasiones, al que se va de viaje.
cacharpearse v.prnl. Chile. Adornarse con las mejores galas. **2.** Chile. Vestirse con prendas nuevas.
cacharrazo s.m. Golpe, especialmente el dado con un cacharro.
cacharrería s.f. Establecimiento del cacharrero. **2.** Conjunto de cacharros.
cacharrero, a s. Persona que tiene por oficio vender cacharros y recipientes de loza de uso ordinario, como pucheros, ollas, etc. **2.** Colomb. Buhonero.
cacharro s.m. Recipiente, especialmente el tosco y de poco valor: *cacharros de cocina.* **2.** *Fam.* Trasto, cachivache, chisme. **3.** *Desp.* Máquina o aparato viejos que funcionan mal. **4.** Colomb. Chuchería, baratija.
cachativa s.f. Chile. Perspicacia.
cachaza s.f. *Fam.* Lentitud, sosiego, flema. **2.** Aguardiente de melaza. **3.** Espuma e impureza que se separa del jugo de la caña de azúcar, por tratamiento con cal, sulfuros y fósforos.
cachazo s.m. Amér. Cornada, cachada.
cachazudo, a adj. y s. Que tiene cachaza, flema.
cache adj. Argent. Mal arreglado o ataviado.
caché s.m. → **cachet.**
cachear v.tr. Registrar a alguien palpándolo por encima de la ropa para ver si lleva algo oculto, especialmente armas o droga. **2.** Chile y Méx. Cachar, acornear.
cachemir o **cachemira** s.m. (de *Cachemira,* región de Asia). Tejido muy fino fabricado con lana de cabra de Cachemira. (También *casimir.*)
cachero, a adj. C. Rica y Venez. Mentiroso, embustero. **2.** Salv. Pedigüeño, ansioso.
cachet o **caché** s.m. (fr. *cachet*). Distinción, elegancia o estilo propio. **2.** Retribución de un artista, especialmente del mundo del espectáculo, por su actuación ante el público.
cachetada s.f. Tortazo, bofetada, cachete.
cachete s.m. Golpe dado con la palma de la mano, especialmente en la cabeza o en la cara. **2.** Carrillo, especialmente el abultado. **3.** TAUROM. Puntilla, puñal corto.
cachetear v.tr. Dar cachetes, abofetear.
cachetero s.m. Colomb. Peso fuerte.
cachetina s.f. Pelea en que se pegan cachetes.
cachetón, na adj. Amér. Carrilludo.
cachicamo s.m. Amér. Armadillo.
cachicha s.f. Hond. Enojo, berrinche.
cachifo, a s. Colomb. y Venez. Muchacho, niño.
cachifollar v.tr. [conj.: *contar*]. *Fam.* Dejar a alguien abatido y humillado.
cachimba s.f. Pipa para fumar. **2.** Argent. Cacimba u hoyo que se hace en la playa.
cachimbo s.m. Amér. Cachimba, pipa. **2.** Cuba. Pequeño ingenio de azúcar. **3.** Perú. *Desp.* Guardia nacional. **4.** Perú. Estudiante de enseñanza superior que cursa el primer año. **5.** MÚS. Danza y canción típicas de Chile, particularmente de las zonas salineras.
cachipolla s.f. Insecto que, en estado adulto, solo vive uno o dos días, y que se distingue por los tres largos filamentos que se prolongan a partir de su abdomen. (Orden efemerópteros.)
cachiporra s.f. Palo con una bola o cabeza abultada en uno de sus extremos. ◆ adj. Chile. Farsante, vanidoso.
cachiporrazo s.m. Golpe dado con una cachiporra.
cachipuco, a adj. Hond. Se dice de la persona con un carrillo más abultado que otro.
cachiquel adj. y s.m. y f. → **cakchiquel.**
cachirí s.m. Venez. Licor que se obtiene a partir de la fermentación de yuca o batata.
cachirla s.f. Argent. Nombre que reciben diversos pájaros pequeños americanos, de color marrón, que anidan entre los pastos o en cuevas.
cachirula s.f. Colomb. Mantilla de punto.
cachirulo s.m. Vasija para el aguardiente u otros licores. **2.** Pañuelo típico del traje regional aragonés que los hombres solían llevar atado a la cabeza. **3.** Embarcación pequeña de tres palos.
cachivache s.m. *Fam.* y *desp.* Cacharro, trasto. (Suele usarse en plural.)
1. **cacho** s.m. (del lat. *caccbus,* olla). Pedazo pequeño de algo: *un cacho de pan.* **2.** Amér. Cuerno de rumiante. **3.** Amér. Merid. Cubilete de los dados. **4.** Argent., Par. y Urug. Racimo de bananas. **5.** Chile. Artículo de comercio que ya no se vende. **6.** Chile y Guat. Cuerna o aliara. **7.** Chile y Guat. Objeto inservible. **8.** Ecuad. Chascarrillo, especialmente el obsceno.
2. **cacho** s.m. (de *cachorro*). Pez de agua dulce, de 15 a 20 cm. de longitud, cuerpo macizo, boca pequeña y muy oblicua y grandes escamas. (Familia ciprínidos.)
cachondearse v.prnl. Esp. *Vulg.* Burlarse.
cachondeo s.m. Esp. *Vulg.* Acción y efecto de cachondearse.
cachondo, a adj. *Vulg.* Que está sexualmente excitado. **2.** Esp. *Fig.* y *vulg.* Gracioso, divertido.
cachorrillo s.m. *Fam.* Pistola pequeña.
cachorro, a s. Cría de algunos mamíferos, especialmente del perro.
cachua s.f. Danza que bailan los indios de Perú, Ecuador y Bolivia, en la que las parejas se mueven en forma de círculo siguiendo un compás muy lento.
cachucha s.f. Chile. Bofetada. **2.** Chile. Cometa pequeña con forma similar al cucurucho.
cachudo, a adj. Amér. Merid. y Méx. Se dice del animal que tiene los cuernos grandes. **2.** Chile. Ladino.
cachumba s.f. Planta que crece en Filipinas, donde se emplea en vez del azafrán. (Familia compuestas.)
cachumbo s.m. Amér. Gachumbo. **2.** Colomb. Rizo de cabello, tirabuzón.
cachupín, na s. → **gachupín, na.**
cachupinada s.f. *Desp.* e *irón.* Convite casero.
cachurear v.intr. Chile. Remover las basuras u otras cosas abandonadas para aprovechar las que puedan tener todavía algún valor.
cachureco, a adj. Amér. Central. Conservador, en política. **2.** Méx. En Jalisco, torcido, deformado.
cachureo s.m. Chile. Acción y efecto de cachurear. **2.** Chile. Conjunto de basuras u objetos abandonados.
cacimba s.f. Hoyo hecho en la playa para buscar agua potable. **2.** Balde de cuero, lona o madera. **3.** Amér. Vasija o ba-

rril para recoger agua de lluvia o de un manantial. **4.** Argent. Cisterna de la estancia ganadera.
cacique, ca s. (voz taína de Santo Domingo). Persona que ejerce una autoridad abusiva en una colectividad o grupo, particularmente, la que en un pueblo o zona ejerce excesiva influencia en asuntos políticos o administrativos, valiéndose de su poder económico o estatus social. **2.** Jefe de algunas tribus de indios de América Central y del Sur. **3.** Chile. Persona que puede darse la gran vida. ◆ s.f. Esposa del cacique.
caciquil adj. Relativo al cacique y al caciquismo.
caciquismo s.m. Influencia o dominio del cacique en el sistema político o social de una comunidad. **2.** Intromisión abusiva de una persona en determinados asuntos.

caciquismo

El control de los caciques sobre el mecanismo electoral permitió el «turno» de partidos de la España de la Restauración y la implantación, en una sociedad con escasa conciencia política, del sufragio universal (1890). El votante seguía voluntariamente las instrucciones del cacique (que gozaba del favor del gobernador, la fuerza pública y el poder judicial) y en caso contrario se recurría al fraude o compra de votos. El sistema empezó a declinar con el desarrollo socioeconómico del país, especialmente en las ciudades, hasta hundirse en 1931.

cacle s.m. *Méx.* Sandalia de cuero tosca que suelen usar los campesinos.
caco s.m. (de *Caco,* bandido de la mitología griega). Ladrón.
cacodilato s.m. Sal del ácido cacodílico, compuesto orgánico de arsénico, que se emplea en terapéutica.
cacofonía s.f. (gr. *kakofonía,* de *kakós,* malo, y *foní,* sonido). Sonido de efecto desagradable, resultante de la combinación de los elementos acústicos de una palabra o frase.
cacofónico, a adj. Relativo a la cacofonía.
cacomite s.m. Planta bulbosa que crece en México, de tallo cilíndrico y flores muy grandes y hermosas, cuya raíz se come cocida. (Familia iridáceas.)
cacomiztle s.m. Méx. Animal mustélido más pequeño que un gato, de color gris, cola larga y hocico puntiagudo, que se alimenta de huevos y aves de corral.
cacorro s.m. Colomb. Homosexual.
cacosmia s.f. MED. Percepción de un olor desagradable, real o imaginario, de origen infeccioso, neurológico o alucinatorio.
cacreco, a adj. y s. C. Rica y Hond. Decrépito.
cactáceo, a adj. y s.f. BOT. Se dice de una familia de plantas dicotiledóneas, originarias de América semitropical, adaptadas a la sequía mediante sus tallos carnosos repletos de agua, sus hojas reducidas a espinas y su tipo particular de asimilación clorofílica.
cacto o **cactus** s.m. (lat. *cactos,* del gr. *kaktós,* cardo) [pl. *cactos* o *cactus*]. Nombre que se da a diversas especies de cactáceas y a otras de diferentes familias de morfología parecida.
cacumen s.m. (lat. *cacumen,* cumbre). *Fam.* Agudeza, perspicacia, caletre.
cacuminal adj. FONÉT. Se dice del sonido que se articula levantando la lengua hacia la parte superior del paladar o los alvéolos.
cacuy s.m. Argent. Ave de unos 35 cm de long., color pardusco, pico corto y ancho, párpados ribeteados de amarillo y cuyo canto es triste y quejumbroso.
1. **cada** adj. (lat. vulgar *cata,* del gr. *katà,* desde lo alto, durante). Tiene un sentido distributivo, individualizador y diferenciador: *dar a cada uno lo suyo.* **2.** Tiene valor progresivo: *querer cada vez más a alguien.* **3.** Indica correlación y correspondencia: *cada cosa a su tiempo.* **4.** Indica generalización: *cada día.* **5.** Tiene un valor ponderativo equivalente a *tanto, tan grande* o *de tal manera: organizaban cada juerga...* **6.** Seguido de un numeral, indica la distribución de grupos de cierto número fijo de unidades: *ir cada dos días a clase.* **7. Cada cual,** sirve para designar al individuo separado de los demás que forman grupo con él: *cada cual sabe lo que se hace.*
2. **cada** s.m. (del cat. *càdec,* del lat. *catanum*). Enebro. ◇ **Aceite de cada** Aceite de cade.
cadalso s.m. Tablado erigido para un acto solemne. **2.** Tablado que se erige para ejecutar a un condenado a muerte.
cadáver s.m. (lat. *cadaver, -eris*). Cuerpo muerto, en especial de una persona.
cadavérico, a adj. Relativo al cadáver. **2.** *Fig.* Muy pálido o demacrado: *rostro cadavérico.*
CAD/CAM (sigla del ingl. *computer assisted design/computer assisted manufacturing*). Conjunto de técnicas informáticas, fundamentalmente gráficas, de ayuda a la elaboración de proyectos de arquitectura, ingeniería y diseño en general.
cade s.m. **Aceite de cade** Brea oscura y de consistencia oleosa, obtenida por destilación del enebro, que se emplea para el tratamiento de algunas enfermedades de la piel.
cadejo s.m. Amér. Central. Cuadrúpedo fantástico que de noche acometía a los que encontraba por las calles.
cadena s.f. (lat. *catena*). Sucesión de piezas enlazadas, generalmente metálicas, que sirve de ligadura, de adorno, etc. **2.** *Fig.* Sujeción que causa una pasión vehemente o una obligación. **3.** Órgano de transmisión del movimiento entre dos árboles paralelos sin deslizamiento, constituidos por un conjunto de eslabones metálicos articulados: *la cadena de la bicicleta.* **4.** *Fig.* Sucesión de acontecimientos que tienen conexión entre sí: *una cadena de asesinatos.* **5.** Serie de personas colocadas unas junto a otras para realizar una actividad determinada. **6.** Conjunto de empresas o establecimientos comerciales que forman parte de la misma organización: *cadena de hoteles.* **7.** Conjunto de emisoras de radiodifusión o de televisión que difunden simultáneamente el mismo programa. **8.** Equipo de reproducción del sonido que comprende una fuente (tocadiscos, sintonizador, lector de casetes, etc.), un elemento amplificador y varios elementos reproductores (altavoces o recintos acústicos). **9.** Modalidad táctica de la aviación, en la que los aviones atacan uno a continuación de otro, realizando el tiro o bombardeo con entera independencia y a muy escasa altura. **10.** Conjunto de los dispositivos radioeléctricos o estaciones de guía que jalonan una ruta aérea. **11.** Pilar o machón de sillería que sirve para consolidar un muro de fábrica. **12.** Armazón de maderos o de barras metálicas que sirve para fortificar un edificio, una obra de fábrica, etc. **13.** QUÍM. En una fórmula, sucesión de átomos de carbono o de silicio enlazados, dispuestos en cadena *abierta* (serie grasa) o en cadena *cerrada* (serie cíclica). ◆ **cadenas** s.f.pl. Dispositivo que se coloca sobre las ruedas de un automóvil para evitar que se deslice por el hielo o la nieve. ◇ **Cadena alimentaria,** o **trófica,** o **de nutrición** Conjunto de especies vivas cada una de las cuales se alimenta de la precedente (vegetal, herbívoro, carnívoro). **Cadena de acción** INFORMÁT. Cadena de regulación que dirige señales, en sentido único, a lo largo del trayecto comprendido entre un órgano de medida o un comparador y la instalación regulada. **Cadena de agrimensor** Cadena de 10 m que sirve para medir terrenos. **Cadena de frío** Conjunto de las operaciones de fabricación, almacenamiento, transporte y distribución de los alimentos congelados. **Cadena de montaje** Conjunto de puestos de trabajo que participan en la fabricación de un producto industrial, especialmente concebido para reducir los tiempos muertos y las manutenciones. **Cadena de regulación** INFORMÁT. Conjunto de elementos cuya función consiste en asegurar la emisión, transmisión y recepción de señales para realizar una regulación automática. **Cadena montañosa** Sucesión de montañas que forman una línea continua. **Cadena perpetua** Pena máxima de privación de libertad. **Cadena voluntaria** Asociación de varias empresas para organizar en común las compras, la gestión y la venta. **Reacción en cadena** Reacción química o nuclear que, al desencadenarse, produce los cuerpos o la

energía necesarios para su propagación. **Trabajo en cadena** Modo de ejecución del trabajo en el que los operarios están dispuestos sucesivamente y cada uno de ellos efectúa una tarea.

cadencia s.f. (ital. *cadenza*). Repetición regular de sonidos o movimientos en un período de tiempo. **2.** Número de disparos que puede realizar un arma de fuego por unidad de tiempo. **3.** COREOGR. **a.** Medida del sonido que regula el movimiento del bailarín. **b.** Conformidad de los pasos del que danza con esta medida. **4.** MÚS. **a.** Encadenamiento de acordes que marca una etapa en la evolución del discurso musical. **b.** Pasaje de virtuosismo, escrito o improvisado, destinado al solista, situado antes de la conclusión de una melodía o de un movimiento de concierto. **5.** RET. Distribución proporcionada de los acentos, cortes o pausas en la prosa o verso.

cadencioso, a adj. Que tiene cadencia: *andar cadencioso.*

cadeneta s.f. (cat. *cadeneta,* dim. de *cadena,* cadena). Punto de aguja o ganchillo que tiene forma de cadena. **2.** Labor que hacen los encuadernadores formando nudos con los hilos de costura en los extremos o cabeceras del lomo de los libros. **3.** En las armas portátiles de fuego, pieza de la llave de percusión que transmite a la nuez la fuerza del muelle real.

cadera s.f. (del lat. de *cathedra,* silla, del gr. *kathédra,* asiento). Cada una de las dos partes salientes que hay a los lados del cuerpo humano por debajo de la cintura. **2.** Articulación del fémur con el hueso ilíaco: *luxación congénita de cadera.* **3.** Parte del tórax de los insectos en la que se inserta la pata.

cadete s.m. y f. (fr. *cadet,* joven noble que servía como voluntario). Alumno de una academia militar. ◆ s.m. Miembro del Partido demócrata constitucional (KD) del imperio zarista durante el reinado de Nicolás II. **2.** Talla de las prendas de vestir, intermedia entre la de niño y la de adulto. **3.** Argent. y Bol. Aprendiz en un comercio. ◆ adj. Se dice de la categoría deportiva inmediatamente inferior a la juvenil e inmediatamente superior a la infantil. ◆ adj. y s.m. y f. Deportista de esta categoría.

cadi s.m. (ingl. *caddie*). Encargado de llevar los palos de los golfistas. SIN.: *caddie, caddy.*

cadí s.m. (ár. *qâdi,* juez) [pl. *cadíes*]. Juez encargado de administrar justicia en una comunidad musulmana.

cadillo s.m. (lat. *catellus,* perrito). Planta herbácea de tallo áspero, estriado, hojas anchas, flores purpúreas o blancas y fruto elipsoidal. (Familia umbelíferas.) **2.** Planta herbácea común entre los escombros y campos áridos de Europa. (Familia compuestas.) **3.** Chile. Pelusilla volátil proveniente de ciertas plantas que se pega a la ropa.

cadmia s.f. (lat. *cadmia,* del gr. *kadmeía,* calamina). Mezcla de hollín y de óxidos metálicos, que se acumula en el tragante de los altos hornos.

cadmiado s.m. Operación que consiste en revestir una superficie metálica con un depósito electrolítico de cadmio.

cadmiar v.tr. Recubrir con cadmio.

cadmio s.m. Metal blando, de color blanco plateado, de densidad 8,6, cuyo punto de fusión es de 320,9 °C. **2.** Elemento químico (Cd), de número atómico 48 y masa atómica 112,411.

cadmio

Se utiliza para proteger el acero, en aleaciones de plomo y estaño con punto de fusión bajo, y en forma de sales para pigmentos de pinturas.

caduca s.f. Capa de la mucosa uterina que se separa del útero, junto con las membranas del huevo, durante el parto.

caducar v.intr. Perder validez, extinguirse, prescribir: *caducar un plazo.* **2.** *Fig.* Alcanzar o superar la fecha recomendada para su utilización o consumo un alimento, un medicamento, etc.

caduceo s.m. (lat. *caduceus*). Atributo principal de Hermes, formado por una vara de laurel o de olivo, rematada por dos pequeñas alas y en torno a la cual se entrelazan dos serpientes. **2.** Emblema formado por una vara alrededor de la cual se enrosca la serpiente de Asclepio coronado por un espejo que simboliza la prudencia.

caducidad s.f. Acción y efecto de caducar. **2.** Cualidad de caduco o decrépito. **3.** DER. Pérdida o extinción de un derecho o una acción por el solo transcurso de un determinado plazo de tiempo que ha sido previamente fijado.

caducifolio, a adj. Se dice del árbol o arbusto que pierden la hoja al empezar la estación fría (o, en los trópicos, la seca). **2.** Se dice del bosque formado por estos árboles o arbustos.

caduco, a adj. (lat. *caducus,* que cae, perecedero, de *cadere,* caer). Decrépito, muy anciano: *persona caduca.* **2.** Perecedero: *productos caducos.* **3.** Obsoleto, pasado de moda: *estilo caduco.* **4.** Se dice de la parte de un organismo destinada a caer: *árbol de hoja caduca.*

caedizo, a adj. Que cae fácilmente o que amenaza caerse. ◆ s.m. Colomb. Tejadillo saliente.

caer v.intr. y prnl. (lat. *cadere*). Ir un cuerpo hacia abajo por la acción de su propio peso: *caer la lluvia.* **2.** Perder un cuerpo el equilibrio hasta dar en una superficie que lo detenga: *resbaló y cayó al suelo.* **3.** Desprenderse o separarse algo del

caer

INDICATIVO	SUBJUNTIVO
presente	**presente**
caigo	*caiga*
caes (caés)	*caigas*
cae	*caiga*
caemos	*caigamos*
caéis	*caigáis*
caen	*caigan*
copretérito o pret. imperfecto	**pretérito o pret. imperfecto**
caía	*cayera* o *cayese*
caías	*cayeras* o *cayeses*
caía	*cayera* o *cayese*
caíamos	*cayéramos* o *cayésemos*
caíais	*cayerais* o *cayeseis*
caían	*cayeran* o *cayesen*
pretérito o pret. perf. simple	**futuro o fut. simple**
caí	*cayere*
caíste	*cayeres*
cayó	*cayere*
caímos	*cayéremos*
caísteis	*cayereis*
cayeron	*cayeren*

INDICATIVO	IMPERATIVO	
futuro o fut. simple		
caeré	cae (caé)	(tú, vos)
caerás	*caiga*	(él)
caerá	*caigamos*	(nosotros)
caeremos	caed	(vosotros)
caeréis	*caigan*	(ellos)
caerán		

INDICATIVO	FORMAS NO PERSONALES	
pospretérito o condicional simple	**infinitivo**	**gerundio**
caería	caer	*cayendo*
caerías	**participio**	
caería	caído	
caeríamos		
caeríais		
caerían		

lugar al que estaba adherido: *caer las hojas de un árbol.* **4.** Dar con una parte del cuerpo en el suelo (con la preposición *de*): *caer de espaldas.* ◆ v.intr. *Fig.* Encontrarse impensadamente en una situación difícil o peligrosa: *caer en la miseria.* **2.** Ser apresado, especialmente mediante una trampa o engaño: *caer en la red.* **3.** *Fig.* Incurrir: *caer en un error, en un vicio.* **4.** *Fig.* Desaparecer, extinguirse, dejar de ser: *caer la monarquía.* **5.** *Fig.* Adaptarse una cosa a otra, venir o sentar bien o mal: *caer bien un traje.* **6.** Tener una determinada acogida o producir una determinada impresión: *caer bien unas palabras.* **7.** Pender, colgar, inclinarse: *la falda le cae hasta el suelo.* **8.** *Fig.* Sucumbir: *caer por la patria.* **9.** *Fig.* Acercarse a su ocaso o a su fin: *caer el día, la tarde.* **10.** Hablando de la noche, empezar a oscurecer. **11.** Lanzarse, abalanzarse: *caer sobre un pacífico transeúnte.* **12.** *Fig.* Percatarse de algo: *repítemelo porque no caigo.* **13.** *Fig.* Corresponder, sobrevenir: *le cayó el primer premio; caer una desgracia sobre alguien.* **14.** *Fig.* Corresponder un suceso a un día, una semana, un mes, etc., del año: *caer una fiesta en lunes.* **15.** *Fig.* Estar situado en un lugar o cerca de él: *esta calle cae por tu casa.* **16.** *Fig.* Presentarse de improviso, aparecer. ◇ **Caer bien,** o **mal, alguien** *Fig.* y *fam.* Resultar simpática o antipática. **Caer en cama, enfermo,** o **malo** Enfermar, ponerse enfermo. **Caer gordo** Esp. *Fam.* Resultar antipática una persona. **Caer muy bajo** *Fig.* Perder la dignidad. **Dejar caer** *Fig.* Dar a entender una cosa disimulando el interés que se tiene por ella: *dejó caer que había quedado con ella.* **Dejarse caer** Esp. *Fig.* Presentarse o aparecer en un sitio ocasionalmente: *se deja caer por este bar de vez en cuando.* **Estar al caer** Estar muy próximo a suceder.

café s.m. (del turco *cahvé*). Cafeto. **2.** Semilla de este arbusto, ovalada, con una cara redondeada y un surco longitudinal en la otra, que posee alcaloide y un principio aromático. **3.** Infusión hecha con estas semillas molidas y tostadas, de sabor amargo y color marrón muy oscuro. **4.** Establecimiento con mesas donde se bebe café, otras bebidas y algunos alimentos. **5.** Amér. Merid. Reprimenda. ◆ adj. y s.m. Argent., Chile, Méx. y Urug. Que es de un tono marrón oscuro como el del café. ◇ **Café cantante** Café donde se ofrecen actuaciones de cantantes o músicos. **Café concierto** Teatro donde los espectadores podían fumar y beber y cuyo programa incluía números musicales, acrobáticos, pantomimas, ballets, etc. **Café cortado** Esp. Café con un poco de leche. **Café descafeinado** Aquel al que se le ha extraído la cafeína. **Café teatro** Café donde se representan obras teatrales, generalmente breves. **De mal café** *Vulg.* De mal humor.

café

El cafeto, dotado de una gran capacidad de adaptación a nuevos medios, se extendió paulatinamente por América, África occidental y Asia suroriental a partir de un origen probablemente limitado a Arabia. En la actualidad, los mayores productores de café son los países latinoamericanos, con una producción igual a la mitad del volumen total de este producto. Brasil y Colombia encabezan la lista de países productores, seguidos de Indonesia, México y Costa de Marfil, mientras que EUA es el principal importador. Existe desde 1936 un organismo internacional, la Oficina panamericana del café, creado por las entidades cafeteras oficiales de distintos países latinoamericanos y destinado a promover el consumo del café.

cafeína s.f. Alcaloide del café, presente también en el té y en la nuez de cola, utilizado como tónico.

cafeísmo s.m. Estado de intoxicación agudo o crónico producido por el abuso de café.

cafetal s.m. Terreno poblado de cafetos.

cafetalero, a adj. Cafetero. ◆ adj. y s. Que posee cafetales.

cafetalista s.m. y f. Cuba. Persona que posee cafetales.

cafetear v.tr. Argent., Par., Perú y Urug. *Fig.* y *fam.* Reprender, regañar de forma brusca.

cafetera s.f. (fr. *cafetière*, de *café*). Aparato para hacer café. **2.** Recipiente para servir café. **3.** *Fam.* Aparato o máquina que hace mucho ruido o funciona mal, especialmente un automóvil.

cafetería s.f. Establecimiento con mesas donde se sirven café, otras bebidas y algunos alimentos. **2.** Méx. Establecimiento donde se vende café al por menor.

cafetero, a adj. Relativo al café. SIN.: *cafetalero.* ◆ adj. y s. Se dice de la persona muy aficionada a tomar café. ◆ s. Persona que tiene por oficio recolectar café. **2.** Persona que comercia con el café. **3.** Propietario de un café o cafetería.

cafetín s.m. Café, establecimiento generalmente pequeño.

cafeto s.m. Arbusto tropical, de 3 a 10 m de alt., cuyo fruto en drupa roja contiene dos semillas (café). [Familia rubiáceas.]

cáfila s.f. (ár. *qâfila*, caravana, part. de *qáfal*, regresar de un viaje). *Fam.* Conjunto de personas, animales o cosas, especialmente si están en movimiento y van seguidas unas de otras.

cafiroleta s.f. Cuba. Dulce elaborado con batata, azúcar y coco.

cafre adj. y s.m. y f. *Fig.* Bruto, maleducado o cruel. **2.** De la Cafrería.

caftán s.m. (turco *qafṭân*). Túnica forrada con pieles, usada por los turcos.

cafúa s.f. Argent. y Urug. Prisión, cárcel.

cafuche s.m. Colomb. Variedad de tabaco.

cagaaceite s.m. Charla, pájaro.

cagada s.f. *Vulg.* Excrementos expulsados al defecar. **2.** *Fig.* y *vulg.* Equivocación, cosa mal hecha.

cagadero s.m. *Vulg.* Lugar donde va mucha gente a evacuar el vientre.

cagado, a adj. y s. *Fig.* y *vulg.* Se dice de la persona cobarde o que está asustada.

cagafierro s.m. Escoria de hierro.

cagajón s.m. Porción del excremento de las caballerías.

cagalera s.f. *Vulg.* Diarrea. **2.** *Fig.* y *vulg.* Miedo intenso.

cagar v.tr. e intr. (lat. *cacare*). *Vulg.* Evacuar, hacer de vientre. ◆ v.tr. *Vulg.* Estropear, echar a perder algo o cometer un error: *la has cagado.* ◆ **cagarse** v.prnl. *Vulg.* Evacuar de manera involuntaria o tener muchas ganas de evacuar. **2.** *Fig.* y *vulg.* Acobardarse ante algo o sentir un miedo intenso: *cagarse de miedo.*

cagarruta s.f. Porción del excremento del ganado menor.

cagatinta o **cagatintas** s.m. y f. (pl. *cagatintas*). *Fam.* y *desp.* Oficinista.

cagón, na adj. y s. Que evacúa el vientre muchas veces. **2.** *Fig.* y *vulg.* Que es muy cobarde.

caguama s.f. Tortuga marina de hasta 2 m de long., con un caparazón aplanado, del mismo nombre, que vive en las aguas cálidas del Atlántico y Pacífico.

caguayo s.m. Cuba. Iguana. **2.** Cuba. Reptil, lagartija.

cagueta s.m. y f. *Fig.* y *vulg.* Cobarde.

cahuín s.m. Chile. Concurrencia de gente bulliciosa y borracha.

caí s.m. Simio pequeño de América central y meridional, de cola larga y prensil. (Familia cébidos.) SIN.: *cay, saí, sajú, sapajú.*

caico s.m. Cuba. Arrecife grande que constituye un peligro para la navegación.

caíd s.m. (ár. *qâ'id*, capitán, gobernador). Especie de juez o gobernador en algunos países musulmanes.

caída s.f. Acción y efecto de caer o caerse: *la caída de un cuerpo en el vacío.* **2.** Inclinación de alguna cosa, pendiente. **3.** Cualidad de las telas que penden, formando pliegues por efecto de su propio peso. **4.** Parte de una colgadura que pende de alto a bajo. **5.** *Fig.* Decadencia, abatimiento, acción de ir a menos: *la caída del imperio.* **6.** En un transformador, diferencia entre las tensiones secundarias en carga y en vacío. **7.** Chile. En los cantares populares, cadencia principal al final de la cuarta y décima línea de la estrofa. **8.** Colomb. Juego de cartas. ◇ **Ángulo de caída** Ángulo que forma la trayectoria con el terreno en el punto del impacto. SIN.: *ángulo de impacto.* **Caída de latiguillo** La que sufren picador y caballo ante el impulso del toro. **Caída de ojos** *Fig.* Expresión agradable de la mirada; manera habitual de bajarlos una persona. **Caída libre** Primera fase del descenso de un paracaidista, desde el momento en que salta del avión hasta que se despliega el paracaídas; FÍS. la que experimentaría un cuerpo sometido exclusivamente a la acción de la gravedad.

caído, a adj. Abatido o decaído física o moralmente. **2.** Se dice de una parte del cuerpo cuando está más inclinada o baja de lo normal: *hombros caídos.* **3.** TAUROM. Se dice del toro de cuerna inclinada hacia abajo, sin llegar a gacho. ◆ adj. y s.m. Muerto en la lucha: *funerales por los caídos.*

caima adj. Amér. Lerdo, estúpido, soso.

caimacán s.m. Colomb. Persona con autoridad.

caimán s.m. Reptil de hocico ancho, muy parecido al cocodrilo, que vive en América Central y Meridional. SIN.: *aligátor.*

caimito s.m. Árbol que crece en América Central, de hojas ovales, flores blancas, corteza rojiza y cuyo fruto redondo, del mismo nombre, contiene una pulpa azucarada y refrescante. (Familia sapotáceas.)

caín adj. y s.m. (de *Caín,* personaje bíblico). Se dice de la persona aviesa y cruel. ◇ **Pasar las de Caín** Sufrir penalidades, apuros o contratiempos muy duros.

cairel s.m. (occitano ant. *cairel,* dim. de *caire,* borde, canto). Fleco de la peluca. **2.** Adorno de pasamanería a modo de fleco.

cairota adj. y s.m. y f. De El Cairo, Egipto. SIN.: *cairino.*

caja s.f. Recipiente de materiales, formas y tamaños variados, generalmente con tapa, utilizado para guardar o transportar cosas. **2.** Ataúd. **3.** Hueco o espacio en que se introduce alguna cosa: *caja en que entra la espiga de un madero.* **4.** Armazón o cuerpo de la carrocería de un automóvil. **5.** Oficina o dependencia de un establecimiento mercantil o comercial donde se perciben los cobros o se realizan los pagos. **6.** Cajón con compartimientos o cajetines desiguales que contiene los caracteres empleados en la composición tipográfica. **7.** Montura de madera sobre la que descansa el cañón de un arma de fuego portátil. **8.** Chile. Lecho de los ríos. **9.** METAL. **a.** Pieza sobre la que se apoyan los cojinetes en un laminador. **b.** Bastidor o marco rígido que sirve para mantener unida la arena con que se hace el molde de las piezas de fundición. **10.** MÚS. **a.** Parte exterior de madera que cubre algunos instrumentos. **b.** Cuerpo hueco de madera que forma la parte principal de los de cuerda. **c.** Tambor. ◇ **Caja de cambios,** o **de velocidades** Cárter que encierra los engranajes del cambio de velocidades. **Caja de caudales** Mueble o caja dotados de una cerradura de seguridad, que sirven para guardar dinero, objetos o documentos de valor. **Caja de conexión** Caja que contiene los terminales para realizar la conexión de determinado número de conductores de una instalación eléctrica. **Caja de humos** Parte de la caldera de una locomotora de vapor que atraviesa el humo antes de salir por la chimenea. **Caja de la escalera** Espacio en cuyo interior se halla la escalera de un edificio. **Caja del tímpano** o **tambor** Cavidad ósea que alberga el oído intermedio. **Caja de música** Caja con un mecanismo en su interior, formado por barretas de acero y un cilindro con púas, que emite una melodía cuando se le abre la tapa. **Caja de Pandora** *Fig.* Cualquier cosa que, a pesar de su buena apariencia, puede ocasionar desgracias o situaciones negativas si no se emplea adecuadamente. **Caja de recluta,** o **reclutamiento** Esp. Organismo militar que se ocupa de alistar y dar destino a los reclutas. **Caja de resistencia** Fondo constituido por las cotizaciones de los miembros de los sindicatos obreros, que sirve como reserva para suplir los salarios que puedan perderse con motivo de huelgas. **Caja de ritmos** Instrumento de música electrónica en el que se han programado sonidos de percusión. **Caja de seguridad** Compartimento pequeño, situado generalmente en un lugar blindado de un banco, que se alquila a los usuarios. **Caja fuerte** Caja de caudales empotrada en un muro. **Caja negra** Aparato registrador, colocado a bordo de un avión, helicóptero, etc., que permite verificar las incidencias de un viaje. **Caja registradora** Máquina que se usa en un comercio para calcular y controlar el importe de los cobros. **Caja tonta,** o **boba** *Fam.* Televisión. **Despedir,** o **echar,** o **mandar, con cajas destempladas** *Fam.* Despedir, o echar, a alguien de alguna parte con gran enojo. **Entrar en caja** Esp. Pasar los reclutas a depender de la caja de reclutamiento. **Libro de caja** CONTAB. Registro en el que se consignan los movimientos de caja a medida que se realizan.

cajeadora s.f. Máquina para trabajar la madera, que se usa para labrar cajas rectangulares de ensamblaje con gran precisión.

cajero, a s. Persona que tiene por oficio llevar el control de una caja, en una tesorería, banco, comercio, etc. ◇ **Cajero automático** Máquina que depende directamente de una entidad bancaria y que manejan los clientes mediante claves personales para realizar operaciones sobre sus cuentas.

cajeta s.f. Amér. Central y Méx. Dulce elaborado con leche quemada, azúcar, vainilla, canela y otros ingredientes.

cajete s.m. Guat., Méx. y Salv. Cuenco o cazuela honda de barro. **2.** Méx. Hueco más ancho que hondo que se hace en la tierra para plantar matas.

cajetilla s.f. Paquete de tabaco picado o de cigarrillos. ◆ adj. Argent. y Urug. *Desp.* Se dice de la persona presumida y elegante que vive sin privaciones, disfrutando del lujo y de su posición social y económica acomodada, y que suele comportarse de una manera arrogante.

cajetín s.m. Sello con que se estampa sobre algunos documentos un texto con espacios en blanco que han de ser rellenados con determinados datos; texto estampado con este sello. **2.** IMPR. Compartimento de la caja que contiene un carácter de los empleados en la composición tipográfica.

cajista s.m. y f. IMPR. Persona que tiene por oficio componer textos para su impresión.

cajo s.m. Parte de la cubierta de un libro que forma charnela entre el lomo y la tapa.

cajón s.m. Receptáculo de base rectangular y descubierto por su parte superior, que se ajusta en el hueco de un mueble y puede deslizarse para abrirlo o cerrarlo. **2.** Caja grande, generalmente de madera, y de base rectangular. **3.** Amér. En algunos lugares, comercio de abacería. **4.** Amér. Merid. Ataúd. **5.** Argent. y Chile. Cañada larga por cuyo fondo corre un río o arroyo. **6.** OBR. PÚBL. Recinto estanco que permite efectuar trabajos por debajo del nivel del agua. ◇ **Cajón de aire** MAR. Compartimiento que forma parte del casco de determinadas embarcaciones y que asegura su flotabilidad. **Cajón de sastre** Conjunto de cosas diversas desordenadas o sitio en donde están. **Ser de cajón** *Fam.* Ser muy claro y manifiesto.

cajonera s.f. Mueble formado por cajones.

cajonero s.m. Amér. En algunos lugares, dueño de un cajón o comercio.

cajonga s.f. Hond. Tortilla grande de maíz mal molido.

cajuela s.f. Méx. Maletero de un automóvil, portaequipajes.

cakchiquel o **cachiquel** adj. y s.m. y f. De un pueblo amerindio de Guatemala que habla el quiché y es de cultura maya.

cakchiquel

En el pasado los cakchiqueles se organizaron en un sistema teocrático-militar con capital en Iximché. Tras una inicial resistencia, se aliaron con los españoles. Los *Anales de los cakchiqueles* es una obra capital de la literatura maya.

cal s.f. (del lat. *calx, -cis*). Óxido cálcico (CaO). ◇ **A cal y canto** *Fam.* De manera muy segura, herméticamente: *cerrar a cal y canto.* **Cal apagada** Cal hidratada $Ca(OH)_2$, obtenida por la acción del agua sobre la cal viva. **Cal blanca** Polvo de CaO, que fragua en contacto con el aire. **Cal hidráulica** Cemento formado por piedras calizas y algo de arcilla y marga, que fragua sumergido en el agua. **Cal viva,** o **anhidra** Óxido de calcio anhidro, obtenido por calcinación de las piedras calizas. **Una de cal y otra de arena** Esp. Alternar las cosas buenas con las malas.

1. **cala** s.f. Ensenada estrecha y escarpada, de paredes rocosas.

2. **cala** s.f. Acción y efecto de calar un melón u otras frutas semejantes. **2.** Pedazo de una fruta que se corta para probarla. **3.** Parte más baja del interior de una embarcación. **4.** Supositorio impregnado en un lubrificante que se aplica para facilitar la evacuación.

3. **cala** s.f. (del lat. moderno *Calla Aethiopica*). Planta herbácea vivaz, acuática, con flores amarillas hojas grandes y pecíolos largos. (Familia aráceas.)

calabacear v.tr. *Fam.* Dar calabazas.

calabacera s.f. Calabaza, planta cucurbitácea.

calabacín s.m. Calabaza pequeña, comestible, cilíndrica, de corteza verde y carne blanca. (Familia cucurbitáceas.) **2.** *Fig.* y *fam.* Calabaza, persona inepta.

calabacita s.f. Méx. Calabacín.

calabaza s.f. Planta herbácea anual o vivaz, trepadora o rastrera, de tallo largo y hueco, fruto en pepónide, casi siempre con semillas comprimidas. (Familia cucurbitáceas.) SIN.: *calabacera.* GEOSIN.: Amér. Central. *ayotera;* Antillas, Colomb., C. Rica y Venez. *auyama;* Amér. Merid. *zapallo.* **2.** Fruto de esta planta, muy variado en su forma, tamaño y color y con multitud de semillas. GEOSIN.: Amér. Central. *ayote;* Antillas, Colomb., C. Rica y Venez. *auyama;* Amér. Merid. *zapallo.* **3.** *Fig.* y *fam.* Suspenso en una asignatura. ◇ **Dar calabazas** *Fam.* Suspender en un examen; rechazar alguien lo que otro le propone, especialmente si se trata de una petición amorosa.

calabazada s.f. Golpe que se da o se recibe en la cabeza.

calabazar s.m. Terreno sembrado de calabazas.

calabazate s.m. Dulce de calabaza.

calabobos s.m. (pl. *calabobos*). Lluvia menuda y continua.

calabozo s.m. Celda de una cárcel, en espacial en la que se encierra a un preso incomunicado. **2.** Celda de un cuartel o comisaría donde se encierra a un arrestado. **3.** Lugar en una fortificación, generalmente subterráneo, donde se encerraba a los presos.

calabrés, sa adj. y s. De Calabria.

calabriada s.f. (de *Calabria,* región de Italia). Mezcla de diversos vinos, especialmente de blanco y tinto.

calabrote s.m. MAR. Cabo muy grueso, formado de guindalezas de 3 cordones, colchadas conjuntamente en sentido contrario al que lo ha sido cada una de ellas por separado.

calada s.f. Acción y efecto de calar un líquido. **2.** Acción de calar las redes. **3.** Acción y efecto de calar un vehículo. **4.** Vuelo rápido del ave de rapiña al abatirse o levantarse. **5.** Esp. *Fam.* Chupada dada a un cigarrillo, puro, etc. **6.** TEXT. Abertura que forman los hilos de la urdimbre en la operación de tejer, a través de la cual pasa la lanzadera.

caladero s.m. Lugar apropiado para calar o sumergir las redes de pesca.

calado, a adj. y s.m. Que tiene agujeros o motivos ornamentales recortados por los que pasa la luz. ◆ s.m. Labor hecha en una tela, papel, madera, metal, etc., que presenta agujeros pequeños que forman dibujos. **2.** Medida vertical de la parte sumergida de una embarcación. **3.** Distancia existente entre el fondo y la superficie del agua de un lugar. ◇ **Calado del encendido** Posición ocupada por el pistón en el momento en que se produce la ignición o encendido del motor. **Calado del motor** Detención del motor provocada por una alimentación insuficiente de gases carburados.

calador s.m. Amér. Tubo acanalado terminado en punzón que se usa para sacar muestras de las mercaderías sin abrir los bultos que las contienen.

caladora s.f. Venez. Piragua grande.

calafate s.m. Hombre que tiene por oficio calafatear las embarcaciones. SIN.: *calafateador.*

calafatear v.tr. (ant. *calafatar*). Cerrar junturas, en especial embutir con estopa, recubierta luego de brea o de masilla, las junturas del casco de una embarcación para que quede completamente estanco.

calaguasca s.f. Colomb. Aguardiente.

calagurritano, a adj. y s. De Calahorra.

calalú s.m. Cuba y P. Rico. Potaje elaborado con vegetales picados y cocidos con sal, vinagre, manteca y otros condimentos.

calamaco s.m. Tela delgada de lana.

calamar s.m. (cat. *calamar*). Molusco cefalópodo comestible, de cuerpo fusiforme, con una aleta caudal a cada lado, concha interna y diez brazos tentaculares provistos de ventosas. (Algunas especies de las profundidades marinas superan los 17 m de long.)

calambac s.m. Árbol que crece en Asia tropical y Nueva Guinea cuya madera, del mismo nombre, se utiliza en carpintería.

calambre s.m. Contracción involuntaria y dolorosa, de aparición brusca y corta duración, que afecta a uno o varios músculos. SIN.: *rampa.*

calambuco s.m. Árbol que crece en América, de unos 30 m de alt., con el tronco negruzco y rugoso, flores blancas y olorosas, y frutos redondos y carnosos. (Familia gutíferas.)

calamidad s.f. (lat. *calamitas, -atis*). Suceso desgraciado que afecta a una colectividad o que padece una persona. **2.** *Fig.* Persona que tiene mala suerte o que hace mal las cosas.

calamina s.f. (bajo lat. *calamina*). Silicato de cinc hidratado, principal mena del cinc.

calamita s.f. Piedra imán. **2.** Brújula, aguja imanada.

calamitoso, a adj. Que causa o implica calamidades: *guerra calamitosa; sequía calamitosa.*

cálamo s.m. (lat. *calamus*). Flauta antigua. **2.** Caña cortada oblicuamente, utilizada en la antigüedad para escribir. **3.** *Poét.* Pluma para escribir.

calamocha s.f. Ocre amarillo de tono muy débil.

calamoco s.m. Carámbano, pedazo puntiagudo de hielo.

calamón s.m. (del ár. *'abu qalamûn*). Ave gruiforme de cabeza roja, lomo verde, vientre violado y pico largo y comprimido, que vive en las orillas del mar. (Familia rállidos.)

calamorro s.m. Chile. Zapato bajo y ancho.

calandra s.f. Bastidor o marco metálico que se coloca delante del radiador de un automóvil para protegerlo.

calandrado s.m. Acción y efecto de calandrar. **2.** Procedimiento de fabricación de películas, láminas y planchas de material plástico.

calandrador, ra s. Persona que maneja la calandria.

calandrar v.tr. Pasar el papel o la tela por la calandria.

1. **calandria** s.f. (lat. vulgar *calandria,* del gr. *khaládrios*). Ave paseriforme, de 20 cm de long., parecida a la alondra, que vive en Europa meridional y en regiones esteparias.

2. **calandria** s.f. (fr. *calandre*). Máquina de cilindros para alisar, lustrar, secar o glasear papel y tela.

3. **calandria** s.f. Méx. Vehículo tirado por uno o más caballos, descubierto y con toldo abatible, en el que se realizan recorridos urbanos turísticos.

calaña s.f. (del ant. *calaño,* semejante, de *cual*). Condición, índole o cualidad de alguien o algo, generalmente negativas: *persona de mala calaña.*

calañés adj. y s.m. (de *Calañas,* mun. de Huesca). Se dice del sombrero de ala vuelta hacia arriba y copa baja y más estrecha por la parte superior que por la inferior.

cálao s.m. Ave trepadora que vive en Asia, Insulindia y África, que tiene el pico grande y coronado por una protuberancia córnea. (Orden coraciformes.)

calapé s.m. Amér. Tortuga que se asa dentro de su concha.

calar v.tr. (lat. tardío *calare,* hacer bajar). Penetrar un líquido en un cuerpo poroso o permeable: *la lluvia caló sus zapatos.* **2.** Cortar un pedazo de melón o de otras frutas para probarlas. **3.** Atravesar un cuerpo con un objeto punzante: *calar* *la pared con una barrena.* **4.** Hacer agujeros en una tela, papel, madera, metal, etc., formando dibujos. **5.** *Fig.* y *fam.* Penetrar o comprender el motivo o el significado de algo: *el artículo cala hondo en la raíz del problema.* **6.** Descubrir la naturaleza o intenciones de alguien: *calar a alguien a primera vista.* **7.** Armar el fusil con la bayoneta. **8.** Amér. Sacar con el calador una muestra en un fardo. **9.** Colomb. Confundir, apabullar, anonadar. **10.** MAR. Arriar o bajar un objeto resbalando sobre otro, como el mastelero, la verga, etc.: *calar la vela.* ◆ v.tr. y prnl. Ponerse la gorra, el sombrero, etc., haciéndolos entrar mucho en la cabeza. **2.** Esp. AUTOM. Parar un vehículo debido a una insuficiente alimentación de mezcla carburada. ◆ v.intr. Penetrar profundamente una idea, actitud, etc., en la conciencia individual o colectiva. **2.** Alcanzar una embarcación una determinada profundidad por la parte más baja de su casco: *esta barca cala demasiado.* ◆ **calarse** v.prnl. Mojarse una persona de manera que el agua penetra su ropa y llega hasta el cuerpo: *calarse hasta los huesos.* ◇ **Calar las redes,** o **el anzuelo** Sumergir en el agua dichas artes de pesca.

calato, a adj. Perú. Desnudo, en cueros.

calatravo, a adj. y s.m. Que es miembro de la orden militar de Calatrava.

calavera s.f. (lat. *calvaria,* de *calvus,* calvo). Conjunto de huesos unidos de la cabeza, despojados de la piel y de la carne. **2.** Méx. Cada una de las luces traseras de un automóvil y las pantallas de plástico que las recubren. **3.** Perú. Depósito para el reparto y recepción de agua. ◆ s.m. Hombre juerguista y de malas costumbres.

calaverada s.f. *Fam.* Acción propia de un calavera.

calaverear v.intr. *Fam.* Hacer calaveradas.

cálaza s.f. BOT. Punto donde el haz liberoleñoso procedente de la placenta se inserta en el óvulo.

calcador s.m. Instrumento para calcar.

calcamonía s.f. → **calcomanía.**

calcáneo s.m. Hueso perteneciente al tarso que forma el saliente del talón.

calcañar o **calcañal** s.m. Parte posterior de la planta del pie

calcar v.tr. (lat. *calcare,* pisar). Hacer una copia de un escrito o dibujo superponiendo el papel o tela a que ha de ser trasladado sobre el original. **2.** *Fig.* Imitar, copiar o reproducir con exactitud: *calcar los ademanes de otro.*

calcáreo, a adj. (lat. *calcarius*). Que tiene cal.

calcarone s.m. (voz italiana). Horno al aire libre que se usa para la extracción del azufre.

calce s.m. Calza, cuña. **2.** Amér. Central y Méx. Pie de un documento.

calcedonia s.f. (gr. *Khalkidonía,* Calcedonia, antigua c. de Asia Menor). Sílice traslúcida cristalizada, muy utilizada en la antigüedad en joyería. (La calcedonia rojo-anaranjada es la *cornalina;* la parda, el *sardónice;* la verde, la *crisoprasa;* la negra, el *ónice.*)

calcemia s.f. Cantidad de calcio contenida en la sangre (normalmente 0,100 g/l).

calcés s.m. MAR. Parte alta o cabeza de un mástil.

calceta s.f. Media, prenda femenina. ◇ **Hacer calceta** Confeccionar a mano o tejer prendas de punto con agujas de media.

calcetar v.intr. Hacer calceta.

calcetín s.m. Media de punto que cubre el pie y parte de la pierna, sin llegar a sobrepasar la rodilla.

calcha s.f. Chile. Plumaje o pelusilla de los tarsos de algunas aves.

calchaquí adj. y s.m. y f. De un pueblo amerindio agricultor de la familia diaguita, act. extinguido, que vivía en los valles de Santa María y Quimivil, Argentina.

calchaquí

Los sitios arqueológicos de esta cultura prehispánica presentan restos de poblados y fortificaciones [pucarás], cerámica, instrumentos metálicos, joyas y petroglifos.

calchona s.f. Chile. Ser fantástico y maléfico que asusta a los caminantes solitarios por las noches. **2.** Chile. Mujer vieja y fea; bruja.

cálcico, a adj. Relativo a la cal o al calcio: *sal cálcica.*

calcícola adj. Se dice de la planta que habita en suelos calizos, como la remolacha y la alfalfa.

calciferol s.m. MED. Vitamina D_3 presente en la alimentación y sintetizada especialmente en la piel a partir del colesterol por la acción del sol.

calcificación s.f. Acción y efecto de calcificar o calcificarse.

calcificar v.tr. Producir artificialmente carbonato de cal. **2.** Aportar a un tejido orgánico sales de calcio. ◆ **calcificarse** v.prnl. Modificarse un tejido orgánico a causa de la acumulación de sales de calcio.

calcífugo, a adj. Se dice de la planta que no prospera en suelos calizos, como el castaño.

calcina s.f. (cat. *calcina*). Hormigón. **2.** Capa sólida que recubre la superficie de las piedras de cantería expuestas a la intemperie. **3.** Fragmentos de cristal pulverizado. **4.** Depósito calcáreo insoluble que se forma en las calderas de vapor.

calcinación s.f. Acción y efecto de calcinar.

calcinamiento s.m. Calcinación.

calcinar v.tr. Someter un mineral a una temperatura elevada para que, descomponiéndose, desprenda todas sus sustancias volátiles. **2.** Transformar piedras calizas en cal a través de una temperatura elevada. **3.** Quemar.

calcio s.m. Metal blando, de color blanco, de densidad 1,54, cuyo punto de fusión es de 850 °C. (Se obtiene descomponiendo su cloruro mediante electrolisis. Reacciona con el agua a temperatura ambiente.) **2.** Elemento químico (Ca), de número atómico 20 y masa atómica 40,078. (Algunos de sus compuestos, óxido e hidróxido [cal], carbonato [caliza], sulfato [yeso], etc., se utilizan en construcción, agricultura, medicina, etc., como materia prima.)

calciotermia s.f. METAL. Reducción que permite obtener ciertos metales (uranio, plutonio y torio) por la acción del calcio en los compuestos metálicos de los elementos a extraer.

calcita s.f. Carbonato natural de calcio cristalizado ($CaCO_3$), mineral principal de las rocas calcarias. (Las estalactitas y estalagmitas están formadas de calcita.)

calcitonina s.f. Hormona segregada por la glándula tiroides que reduce la concentración de calcio en la sangre, impidiendo la reabsorción ósea.

calciuria s.f. Concentración de calcio en la orina (normalmente de 150 a 300 mg cada 24 horas).

calco s.m. Copia obtenida calcando. **2.** *Fig.* Imitación o reproducción muy próxima al original. **3.** LING. Préstamo léxico, sintáctico o semántico que se crea por traducción de una palabra o combinación de palabras de otra lengua: *la palabra «guardameta» es un calco del inglés «goal-keeper».*

calcografía s.f. Técnica de grabar imágenes por medio de planchas metálicas, generalmente de cobre. **2.** Establecimiento donde se conservan las planchas de cobre originales.

calcolítico, a adj. y s.m. Se dice del período prehistórico de transición entre el neolítico y la edad de bronce (milenios IV-III a.C.), durante el cual se empieza a utilizar el cobre y el oro, y se producen grandes cambios en la organización social. SIN.: *eneolítico.* **2.** Relativo a este período. SIN.: *eneolítico.*

calcomanía o **calcamonía** s.f. (del fr. *décalcomanie*). Técnica de estampado de imágenes que consiste en transportar el dibujo hecho en un papel a una superficie. **2.** Este mismo papel. **3.** Imagen obtenida por esta técnica.

calcopirita s.f. Sulfuro doble natural de cobre y hierro ($CuFeS_2$).

calcosina s.f. Sulfuro natural de cobre (Cu_2S).

calculador, ra adj. y s. Que calcula. **2.** Se dice de la persona que calcula con interés exclusivamente material la conveniencia de las cosas. ◆ s.m. Máquina para el tratamiento de la información, capaz de efectuar operaciones aritméticas y lógicas de manera automática.

calculadora adj. y s.f. Se dice de la máquina de tratamiento de la información que realiza cálculos simples como la suma, la resta, etc., y, en ocasiones, operaciones de cierta complejidad, como las funciones trigonométricas. SIN.: *máquina de calcular.*

calcular v.tr. (lat. *calculare*). Hacer las operaciones necesarias para determinar el valor de algo en expresión numérica. **2.** Suponer, creer: *calculo que acabaré pronto.* **3.** Conjeturar, considerar algo con atención, teniendo en cuenta sus ventajas e inconvenientes: *calcular varias posibilidades.*

cálculo s.m. (lat. *calculus,* guijarro, cuenta). Acción de calcular operaciones matemáticas. **2.** Parte de las matemáticas que se ocupa de estas operaciones. **3.** Conjetura: *adivinar por cálculos.* **4.** Concreción de materia mineral u orgánica que se forma en el interior de algún tejido o conducto, especialmente en las vías urinarias o la vesícula biliar. ◆ **cálculos** s.m.pl. Mal de piedra. ◇ **Cálculo algebraico** El que se refiere a las expresiones algebraicas. **Cálculo aritmético** El que se hace con números exclusivamente y algunos signos convencionales. **Cálculo diferencial** Parte del cálculo infinitesimal en el que se determinan los infinitésimos a partir de las magnitudes funcionales dadas. **Cálculo infinitesimal** El que opera con cantidades infinitamente pequeñas. **Cálculo integral** El relativo a las integrales. **Cálculo mental** Cálculo aritmético efectuado mentalmente, sin recurrir a la escritura ni a una máquina.

calculoso, a adj. y s. MED. Relativo a los cálculos; que padece esta enfermedad.

calda s.f. Acción de introducir combustible en los hornos de fundición, para producir en ellos un aumento de temperatura. ◆ **caldas** s.f.pl. Baños de aguas minerales calientes. ◇ **Dar una calda** Recalentar en la fragua el hierro candente cuando pierde su color rojo brillante.

caldario s.m. ANT. ROM. Sala donde se tomaban los baños de agua caliente y los de vapor.

caldeamiento s.m. Caldeo.

caldear v.tr. y prnl. Calentar, especialmente un sitio cerrado: *el sol caldeaba la habitación.* **2.** *Fig.* Animar, entusiasmar: *caldear los ánimos.* **3.** Excitar propiciando la riña. **4.** Poner el hierro al rojo para trabajarlo o soldarlo.

1. **caldeo** s.m. Acción y efecto de caldear o caldearse. SIN.: *caldeamiento.* **2.** Operación que consiste en producir por combustión el calor necesario para la calefacción industrial o doméstica. SIN.: *caldeamiento.* ◇ **Superficie de caldeo** Superficie de una caldera expuesta a la acción del fuego. (Se distinguen la *superficie de caldeo directo,* sometida a la irradiación del hogar, y la *superficie de caldeo indirecto,* formada por el haz tubular atravesado por los gases calientes.)

2. **caldeo, a** adj. y s. De un pueblo emparentado con los arameos que hacia 1000 a.C. se instaló en Caldea, donde fundó varios principados. (Ocuparon el trono de Babilonia en tres ocasiones durante el s. VIII a.C.) **2.** Se dice de los nestorianos de oriente.

caldera s.f. (lat. *caldaria,* de *calidus,* caliente). Generador de vapor de agua o de agua caliente (a veces de otro fluido), que sirve para la calefacción o para la producción de energía. **2.** Recipiente metálico que se utiliza para calentar, cocer, hervir, etc. **3.** Calderada: *una caldera de aceite.* **4.** Argent. y Chile. Pava, tetera o vasija para hacer el mate. **5.** GEOGR. Vasto cráter circular, de diámetro kilométrico, con bordes internos tallados en un apilamiento de coladas y originado por una explosión o un hundimiento a lo largo de fallas concéntricas. ◇ **Calderas de Pedro Botero** *Fig.* y *fam.* Infierno.

calderada s.f. Cantidad de aceite, agua, etc., que cabe de una vez en una caldera.

calderería s.f. Establecimiento donde se hacen, arreglan o venden calderas. **2.** Oficio de calderero. **3.** Conjunto de objetos fabricados por el calderero. **4.** Parte o sección de los talleres de metalurgia donde se cortan, forjan, entraman y unen barras y planchas de hierro o de acero.

calderero, a s. Persona que tiene por oficio hacer, reparar o vender calderos y otros objetos de metal.

caldereta s.f. Esp. Guiso elaborado con pescado o marisco, cebollas, patatas, pimientos y tomates. **2.** Esp. Guiso elaborado con carne de cordero o cabrito.

calderetero s.m. Guat. Calderero.

calderilla s.f. Conjunto de monedas de poco valor.

caldero s.m. (lat. *caldarium*). Caldera pequeña de fondo casi semiesférico. **2.** Cantidad de aceite, agua, etc., que cabe de una vez en este recipiente. ◇ **Caldero de colada** METAL. Recipiente cuyo interior está revestido de material refractario, destinado a recibir el metal en fusión a la salida del cubilote o del horno.

calderón s.m. MÚS. Signo que representa la suspensión más o menos larga del compás.

calderoniano, a adj. Que es característico del estilo de Calderón de la Barca, que lo recuerda o es semejante a él.

caldillo s.m. Méx. Salsa elaborada con tomate, cebolla y especias, con la que se sazonan todo tipo de verduras y carnes.

caldo s.m. (del ant. *caldo,* caliente, del lat. *calidus*). Alimento líquido que se obtiene haciendo hervir en agua carne, verduras, pescado, etc. **2.** Líquido de origen vegetal destinado a la alimentación, especialmente el vino y el aceite: *los caldos de La Rioja.* **3.** Chile. Disolución concentrada y caliente de nitratos. **4.** Méx. Jugo que se extrae de la caña de azúcar, guarapo. ◇ **Caldo de cultivo** Líquido preparado como medio de cultivo bacteriológico; medio favorable para el desarrollo de algo generalmente perjudicial: *la pobreza es el caldo de cultivo de la delincuencia.* **Hacer el caldo gordo a alguien** *Fam.* Proceder de modo que se le favorece involuntariamente. **Poner a caldo** Esp. *Fam.* Reprender con dureza a alguien.

caldoso, a adj. Que tiene caldo.

calducho s.m. Chile. Fiesta ocasional que realizan los estudiantes en la sala de clase.

calduda s.f. Chile. Empanada caldosa elaborada con ají, pasas, huevos y aceitunas.

calé adj. y s.m. y f. (voz caló, negro). Gitano.

caledoniano, a adj. De Caledonia. ◇ **Plegamiento caledoniano** Plegamiento primario que tuvo lugar a finales del silúrico y que afectó sobre todo a Escocia y Escandinavia.

calefacción s.f. (lat. *calefactio, -onis*). Acción y efecto de calentar un lugar. **2.** Conjunto de aparatos y sistema destinados a calentar un lugar. **3.** Fenómeno por el cual una gota de agua dispuesta sobre una placa muy caliente queda sostenida por el vapor que emite. ◇ **Calefacción central** Calefacción que tiene una fuente única para calentar todo un edificio.

calefactor, ra s. Persona que tiene por oficio construir, instalar o reparar aparatos de calefacción. ◆ s.m. Aparato que sirve para calentar una habitación.

caleidoscópico, a adj. → **calidoscópico, a.**

caleidoscopio s.m. → **calidoscopio.**

calendario s.m. (lat. *calendarium*). Sistema de división del tiempo en días, semanas y meses, basado en los principales fenómenos astronómicos. **2.** Hoja de papel, cartulina, etc., donde están impresos los días del año, ordenados por semanas y meses. (Se indican las fiestas civiles y religiosas del año y puede contener información sobre las fases de la luna.) **3.** Programa preciso y ordenado de las actividades previstas en un período de tiempo: *establecer un calendario de trabajo.*

calendario

El calendario actual procede del calendario romano reformado por Julio César (46 a.C.) que introdujo un año bisiesto cada cuatro años con el fin de adecuar el calendario al año astronómico, basado en el ciclo de las estaciones (rotación de la Tierra en torno al Sol). Con ello, la duración media del año civil era de 365,25 días, cifra más acorde con el año astronómico real (365,242 días), pero todavía sensiblemente inexacta. El error acumulado, que a finales del s. XVI era ya de unos 10 días, provocó la necesidad de un ajuste. La reforma, acometida por el papa Gregorio XIII en 1592 (*calendario gregoriano*), restableció la concordancia y evitó futuras derivas eliminando ciertos años bisiestos (el último año de cada siglo solo es bisiesto si su número es divisible por 400). Por otro lado, el calendario solar-lunar judío tiene entre 353 y 355 días en un año común y entre 383 y 385 en un año bisiesto, en ciclos de 19 años; por su parte, el calendario musulmán es lunar y no tiene años bisiestos y abarca 354 o 355 días por año. Aproximadamente 33,5 años musulmanes equivalen a 32,5 años gregorianos.

---

calendas s.m.pl. (lat. *calendae*). Primer día del mes del antiguo calendario romano y del eclesiástico romano. **2.** *Fam.* Época o tiempo pasados. ◇ **Calendas griegas** *Irón.* Tiempo que no ha de llegar.

caléndula s.f. (bajo lat. *calendula*). Planta herbácea o vivaz, de capítulos terminales solitarios o en cimas. (Familia compuestas.)

calentador, ra adj. Que calienta. ◆ s.m. Recipiente o aparato para calentar. **2.** Aparato que mediante gas, electricidad, etc., sirve para calentar el agua.

calentamiento s.m. Acción y efecto de calentar o calentarse.

calentar v.tr. y prnl. [conj.: *pensar*]. Hacer que aumente la temperatura de un cuerpo. ◆ v.tr. *Fig.* Excitar los ánimos de alguien o hacer que pierda la calma. **2.** *Vulg.* Excitar sexualmente. **3.** *Fig.* Azotar o golpear a alguien ◆ v.tr. e intr. DEP. Desentumecer los músculos antes de practicar un deporte.

calentón s.m. Calentamiento brusco e intenso.

calentura s.f. Fiebre, elevación de la temperatura del cuerpo. **2.** Argent. *Fam.* Entusiasmo, deseo vehemente. **3.** Argent. *Vulg.* Excitación sexual. **4.** Chile. Tisis. **5.** Colomb. Rabieta, cólera. **6.** Cuba. Descomposición por fermentación del tabaco.

calenturiento, a adj. y s. *Desp.* Que se excita o exalta con facilidad: *imaginación calenturienta.* **2.** Calenturoso. ◆ adj. Chile. Tísico.

calenturoso, a adj. y s. Que tiene síntomas de calentura. SIN.: *calenturiento.*

calenturón s.m. Fiebre alta que dura poco.

calera s.f. Cantera de la que se extrae la piedra caliza. **2.** Horno de cal.

calero s.m. Persona que tiene por oficio extraer la piedra y calcinarla en la calera, o vender cal.

calesa s.f. (fr. *calèche*). Vehículo tirado por caballos, de dos o cuatro ruedas, con la caja abierta por delante y capota de vaqueta.

calesera s.f. Cante popular andaluz que es una seguidilla sin estribillo. **2.** Saco de vestir provisto de adornos, como el usado por los caleseros andaluces.

calesero, a s. Persona que tiene por oficio guiar calesas.

calesín s.m. Vehículo tirado por caballos, parecido a la calesa, pero más pequeño y ligero.

calesita s.f. Amér. Merid. Tiovivo, carrusel.

caleta s.f. Cala o ensenada pequeña. **2.** Venez. Gremio de cargadores de mercancías en los puertos de mar.

caletero s.m. Venez. Operario que es miembro de una caleta.

caletre s.m. (del lat. *character,* carácter). *Fam.* Talento o capacidad para hacer algo: *tener mucho caletre.*

calibrado s.m. Acción y efecto de calibrar. SIN.: *calibración.*

calibrador s.m. Instrumento que sirve para calibrar.

calibrar v.tr. Medir el calibre de las armas de fuego, proyectiles, alambre u otros tubos. **2.** Dar el calibre adecuado a un ánima de arma de fuego, proyectil, alambre o tubo. **3.** *Fig.* Medir la calidad, importancia u otras cualidades de algo o alguien: *calibrar el talento de alguien, el alcance de un problema.*

calibre s.m. (fr. *calibre*). Diámetro interior de un cilindro hueco. **2.** *Fig.* Tamaño, importancia, clase: *catástrofe de gran calibre.* **3.** ARM. **a.** Diámetro interior del ánima de una boca de fuego. **b.** Diámetro de un proyectil o grueso de un alambre. **c.** Relación entre la longitud del tubo y el diámetro del ánima de una boca de fuego. (Un cañón de 100 mm se llama de calibre 70 si su tubo mide 7 m.) **4.** TECNOL. Instrumento que sirve de medida o patrón en un taller.

calicanto s.m. Mampostería, obra hecha con mampuestos.

calicata s.f. MIN. Reconocimiento de un terreno, en busca de minerales o agua.

caliche s.m. Piedra pequeña mezclada con el barro y que se calcina al cocerlo. **2.** Costra pequeña de cal que se desprende del enlucido de las paredes. **3.** Señal que queda en la fruta por haber recibido algún daño. **4.** Bol., Chile y Perú. Nitrato de sosa.

calichera s.f. Bol., Chile y Perú. Yacimiento de caliche.

caliciforme adj. Que tiene forma de cáliz, vaso o copa.

calicó s.m. (fr. *calicot,* de Calicut, c. de la India). Tela delgada de algodón.

calículo s.m. (lat. *calyculus,* dim. de *calyx,* cáliz de una flor). BOT. Conjunto de brácteas situadas junto a la parte externa del cáliz de algunas flores, como el clavel, la fresa, etc.

calidad s.f. (lat. *qualitas, -atis*). Conjunto de cualidades o propiedades que caracterizan una cosa o a una persona: *la calidad humana; producto de mala calidad.* **2.** Carácter, naturaleza, índole. **3.** Importancia o gravedad de una cosa: *la calidad de un problema.* **4.** Consideración social, civil o política: *calidad de ciudadano.* ◆ **calidades** s.f.pl. Perfecciones morales: *persona de buenas calidades.* ◇ **De calidad** Excelente: *un vino de calidad.* **En calidad de** Con el carácter, cargo o función que se expresa: *asistir en calidad de observador.*

cálido, a adj. (lat. *calidus*). Caluroso, caliente: *clima cálido.* **2.** Caluroso, afectuoso: *unos cálidos aplausos.* **3.** Se dice del colorido en que predominan los tonos dorados o rojizos.

calidoscópico, a o **caleidoscópio, a** adj. Relativo al calidoscopio.

calidoscopio o **caleidoscopio** s.m. (del gr. *caleidos,* imagen, y *scopein,* mirar). Juguete que consiste en un tubo opaco con varios espejos inclinados y pequeños cristales de colores en su interior, y que, al mirar por uno de sus extremos y girarlo, se ven figuras simétricas.

calientamanos s.m. (pl. *calientamanos*). Esfera hueca de metal que contenía brasas y servía para calentarse las manos.

calientapiés s.m. (pl. *calientapiés*). Aparato que sirve para calentar los pies.

calientaplatos s.m. (pl. *calientaplatos*). Aparato que sirve para calentar los platos que se han de servir a la mesa.

calientasillas adj. y s.m. y f. (pl. *calientasillas*). Se dice de la persona que prolonga mucho sus visitas o que pasa largo tiempo en las antesalas.

caliente adj. (lat. *calens, -entis,* p. de *calrere,* estar caliente). Que tiene una temperatura elevada o desprende calor: *agua caliente.* **2.** Que proporciona calor. **3.** *Fig.* Acalorado, fogoso: *una discusión caliente.* **4.** *Vulg.* Excitado sexualmente. **5.** Colomb. Se dice de la persona valiente y atrevida. ◇ **En caliente** Al instante, bajo la influencia de una circunstancia.

califa s.m. (ár. *jalīfa*). Soberano de los pueblos islámicos, sucesor de Mahoma, que ejercía la potestad civil y religiosa.

califal adj. Relativo a los califas o al califato.

califato s.m. Dignidad de califa. **2.** Período de tiempo durante el que gobernaba un califa o una dinastía califal. **3.** Territorio de su jurisdicción.

calificación s.f. Acción de calificar. **2.** Valor de una escala establecida, expresado mediante una denominación o expresión numérica, que obtiene una persona en un examen, ejercicio, etc. **3.** DER. Apreciación que cada una de las partes hace de los hechos, los preceptos legales aplicables y sus efectos con respecto a los acusados. ◇ **Calificación profesional** Evaluación de la categoría profesional de un trabajador, teniendo en cuenta su formación, experiencia y sus responsabilidades.

calificado, a adj. Se dice de la persona que tiene autoridad y prestigio: *médico calificado.* **2.** Se dice de la cosa que cumple los requisitos necesarios: *concesionario calificado.* **3.** Se dice del trabajador que tiene formación especializada y es apto para realizar una actividad. SIN.: *cualificado.*

calificar v.tr. (bajo lat. *qualificare*). Atribuir ciertas cualidades a alguien o algo: *calificar una idea de muy acertada.* **2.** Asignar a una persona una calificación en un examen, ejercicio, etc. **3.** *Fig.* Ennoblecer, dignificar: *la califica la honradez de su gestión.* **4.** GRAM. Expresar un adjetivo la cualidad de un sustantivo.

calificativo, a adj. Que califica.

californiano, a adj. y s. De California.

californio s.m. Elemento químico artificial (Cf), radiactivo, de número atómico 98.

cáliga s.f. (lat. *caliga*). Calzado usado por los soldados romanos.

calígine s.f. *Poét.* Niebla, oscuridad. **2.** *Fam.* Bochorno.

caliginoso, a adj. Nebuloso, oscuro.

caligrafía s.f. (gr. *kalligraphía*). Técnica de escribir a mano con letra correctamente formada, según un determinado estilo. **2.** Conjunto de rasgos que caracterizan la escritura.

caligrafiar v.tr. [conj.: *desviar*]. Escribir con caligrafía.

caligráfico, a adj. Relativo a la caligrafía.

calígrafo, a s. Persona que escribe con buena caligrafía, particularmente la que se dedica profesionalmente a ello.

caligrama s.m. (de *Caligramas,* obra de Apollinaire, de *calligraphie,* caligrafía, e *idéogramme,* ideograma.). Texto, generalmente poético, cuya disposición tipográfica representa los objetos que constituyen el tema del pasaje o del poema.

calilla s.f. Amér. *Fam.* Molestia, pejiguera. **2.** Chile. Deudas. **3.** Chile. *Fam.* Calvario, serie de adversidades. **4.** Guat. y Hond. Persona molesta o pesada.

calimba s.f. Cuba. Hierro para marcar los animales.

calimocho s.m. Esp. Bebida elaborada con vino tinto y refresco de cola.

calina o **calima** s.f. (del lat. *caligo, ignis,* tinieblas, niebla). Niebla tenue que enturbia el aire con partículas en suspensión y es propia del verano.

calipso s.m. Canción y baile de dos tiempos, originarios de Jamaica.

caliptra s.f. Envoltura que protege la extremidad de la raíz de los vegetales.

calitrícido, a adj. y s.m. Hapálido.

1. **cáliz** s.m. (lat. *calix, -icis*). Recipiente en forma de vaso o copa en el que el sacerdote consagra el vino en la misa. **2.** *Fig.* Aflicción: *aparta de mí ese cáliz.* **3.** ANAT. Cavidad excretora del riñón que recoge la orina de los tubos uriníferos.

2. **cáliz** s.m. (lat. *calyx, -ycis,* copa, del gr. *kályx, -ykos*). Conjunto de los sépalos de una flor.

caliza s.f. Roca sedimentaria constituida principalmente por carbonato cálcico.

calizo, a adj. Que contiene cal: *terreno calizo.* **2.** Se dice del relieve *cársico.

calla s.f. Amér. Palo puntiagudo, con que se sacan plantas con sus raíces y abrir hoyos para sembrar.

callada s.f. Silencio o efecto de callar. ◇ **Dar la callada por respuesta** *Fam.* Dejar intencionadamente de contestar.

callado, a adj. Que habla poco o es reservado. **2.** Que se hace con silencio o discreción: *labor callada.*

callampa s.f. Chile. Hongo, seta. **2.** Chile. Barraca, chabola. **3.** Chile. Sombrero de fieltro. ◇ **Población callampa** Barrio marginal de chabolas.

callana s.f. (quechua *kallana*). Amér. Merid. Vasija tosca que usan los indios americanos para tostar maíz, trigo, etc.

callandico o **callandito** adv.m. *Fam.* En silencio, en secreto o con disimulo: *retirarse callandito.*

callanudo, a adj. Chile. Insolente, descarado.

callao s.m. (gall.-port. *calhau*). Guijarro, piedra pulida.

callar v.intr. y prnl. (lat. vulgar *callare,* bajar, especialmente aplicado a la voz). No hablar: *mientras el maestro hablaba, los alumnos callaban.* **2.** Dejar de hablar una persona: *dicho esto, calló.* **3.** Dejar de emitir un sonido el mar, el viento, una máquina, etc. ◆ v.tr. y prnl. No expresar u ocultar lo que se siente o se sabe: *callaré lo que pienso por respeto.* **2.** Hacer que una persona deje de hablar: *cállala, por favor.* ◇ **¡Calla!** *Fam.* Denota extrañeza o sorpresa. **Callar la boca** *Fam.* Permanecer una persona en silencio; hacer que alguien calle.

calle s.f. (lat. *callis,* sendero). Vía o camino entre edificios o solares de una población. **2.** Espacio urbano indeterminado, al aire libre: *la calle es peligrosa.* **3.** Pueblo, conjunto de ciudadanos: *lenguaje de la calle.* **4.** Conjunto de personas que conviven como vecinos de un mismo tramo de vía. **5.** Zona de una pista de atletismo o de una piscina en que cada concursante debe mantenerse a lo largo de la carrera. **6.** HIST. Pueblo que dependía de otro, en la edad media. ◇ **Dejar en la calle** *Fam.* Dejar a alguien sin trabajo o sin domicilio. **Echarse a la calle** Salir de casa; amotinarse o manifestarse en una población. **Estar al cabo,** o **final, de la calle** *Fam.* Estar en la solución de un asunto. **Hacer la calle** Buscar la prostituta clientes en la vía pública. **Traer,** o **llevar, por la calle de la amargura** Angustiar o afligir mucho a alguien. **Llevar de calle** *Fam.* Atraer, despertar un fuerte interés.

calleja s.f. → **callejuela.**

callejear v.intr. Andar por las calles sin un propósito determinado.

callejero, a adj. Relativo a la calle: *perro callejero.* **2.** Que gusta de callejear. ◆ s.m. Esp. Lista de las calles de una ciudad.

callejón s.m. Calle muy estrecha. **2.** TAUROM. Espacio entre la barrera y el muro de la plaza en que empieza el tendido. ◇ **Callejón sin salida** *Fam.* Situación problemática cuya resolución es imposible o muy difícil: *estar en un callejón sin salida.*

callejuela o **calleja** s.f. Calle estrecha o corta, que no suele estar entre las principales de una población.

callicida adj. y s.m. Se dice de la sustancia que elimina las formaciones callosas de la piel.

callista s.m. y f. Pedicuro.

callo s.m. (lat. *callum*). Lesión cutánea dolorosa, abultada y dura, que se forma generalmente en los pies y en las manos por causa del roce. **2.** Extremo de una herradura. **3.** Cicatriz de un hueso fracturado. **4.** Esp. *Fig.* y *fam.* Persona fea. **5.** BOT. Masa de celulosa gelificada que, en invierno, obstruye los tubos cribosos de algunas plantas, como la viña. ◆ **callos** s.m.pl. Pedazos del estómago de la vaca, ternera o carnero, que se comen guisados. ◇ **Dar el callo** Esp. *Fig.* y *fam.* Trabajar mucho.

callosidad s.f. Callo, especialmente extenso y poco abultado.

calloso, a adj. Que tiene callos: *mano callosa.* ◇ **Cuerpo calloso** Masa blanca con fibras nerviosas cuya función es comunicar los dos hemisferios cerebrales.

calma s.f. (gr. *kayma,* quemadura, calor). Paz, tranquilidad, serenidad: *perder la calma; pensar con calma.* **2.** Estado de la atmósfera o del mar cuando no hay viento. **3.** *Fig.* Interrupción o suspensión de algo: *calma en el dolor.* **4.** *Fig.* y *fam.* Serenidad o lentitud excesivas. SIN.: *flema, cachaza, pachorra.* ◇ **Calma chicha** Estado de la atmósfera, especialmente en el mar, cuando el aire está en completa quietud. **Calmas ecuatoriales** Zona de vientos débiles que corresponden a la región del globo donde se producen esencialmente importantes movimientos ascendentes. **En calma** Sosegado: *mar en calma.*

calmado, a adj. METAL. Se dice del acero que al solidificarse no retiene aprisionados los gases disueltos en su masa.

calmante adj. y s.m. Se dice del medicamento que calma el dolor.

calmar v.tr. y prnl. Poner en calma. **2.** Aliviar o moderar una molestia, un sentimiento o una sensación: *calmar la sed.*

calmecac s.m. Escuela donde se educaba a los jóvenes aztecas de elevada estirpe.

calmo, a adj. Que está en descanso. **2.** Argent., Chile y Urug. Sosegado, tranquilo.

calmoso, a adj. Que está en calma: *tiempo calmoso.* **2.** *Fam.* Que actúa con tranquilidad y lentitud o indolencia.

calmuco, a adj. y s. De un pueblo mongol que vive en Rusia, Mongolia y en el Xinjiang. (En 1643, una de sus tribus se estableció en el bajo Volga, donde se encuentra la *República de Kalmukia* [Rusia].)

caló s.m. Lengua hablada por los gitanos españoles, variante dialectal del romaní.

calogero, a adj. y s. Relativo a la orden de san Basilio; miembro de esta orden. **2.** Se dice del monje griego en general.

calomelanos s.m.pl. Cloruro mercurioso, empleado antiguamente como colerético y purgante.

calor s.m. (lat. *calor, -oris*). Temperatura elevada de un cuerpo: *el calor del sol.* **2.** Temperatura elevada de la atmósfera: *hoy hace mucho calor.* **3.** Sensación que experimenta el cuerpo animal cuando recibe una temperatura elevada del exterior: *sentir calor.* **4.** *Fig.* Ardor, actividad, viveza: *aplaudir, defender con calor.* **5.** *Fig.* Afecto, interés: *buscar el calor de alguien.* **6.** *Fig.* Lo más fuerte y vivo de una acción. **7.** Elevación de la temperatura normal del cuerpo: *el calor de la fiebre.* **8.** Argent. y Urug. *Fig.* y *fam.* Vergüenza, pena: *dar un calor; pasar un calor.* **9.** FÍS. Energía que puede elevar la temperatura de un cuerpo y dilatarlo, fundirlo, vaporizarlo o descomponerlo. ◇ **Al calor de** Al amparo de, con la ayuda de. **Calor animal** FISIOL. Calor producido por las reacciones del catabolismo que tienen lugar en cualquier animal. **Calor específico** Cantidad de calor necesaria para aumentar en 1 °C la temperatura de la unidad de masa de una sustancia. **Tomar con calor algo** Poner mucha diligencia en ejecutarlo.

caloría s.f. Unidad de medida de energía térmica (símb. cal) que equivale a la cantidad de calor necesaria para elevar la temperatura de un gramo de agua en un grado centígrado, de 14,5 °C, a 15,5 °C, a la presión normal. (Su valor es de 4,185 julios.)

calórico, a adj. Relativo al calor o a las calorías. ◆ s.m. Supuesto fluido al que se atribuía la capacidad de servir de vehículo para la propagación del calor.

calorífero, a adj. Que conduce o propaga el calor. ◆ s.m. **Calorífero de aire** Aparato de calefacción que se utiliza para calentar un lugar mediante aire caliente.

calorificación s.f. Producción de calor en el organismo.

calorífico, a adj. Que produce calor. ◇ **Capacidad calorífica** Producto de la masa de un cuerpo por su calor específico. **Valor calorífico de un alimento** Cantidad de kilocalorías que proporciona un alimento determinado.

calorífugo, a adj. Que se opone a la transmisión del calor. **2.** Incombustible, que no puede quemarse.

calorimetría s.f. Parte de la física que se ocupa de la medición de las cantidades de calor.

calorímetro s.m. Aparato que sirve para medir las cantidades de calor suministradas o recibidas por un cuerpo.

calorina s.f. Calor fuerte y sofocante, bochorno.

calorización s.f. Cementación de los metales mediante aluminio.

calorro, a adj. *Fam.* Gitano.

calostro s.m. (lat. *colostrum*). Líquido amarillento y opaco secretado por las glándulas mamarias durante los primeros días que siguen al parto.

calota s.f. Parte superior de la bóveda craneal.

calpixque s.m. Mayordomo o capataz a quien los encomenderos encargaban del gobierno de los indios, de su repartimiento y del cobro de tributos, en la época colonial.

calpul s.m. Guat. Asamblea, reunión. **2.** Hond. Montículo que indicaba el emplazamiento de antiguos pueblos aborígenes.

calpulli s.m. (náhuatl *calpolli* o *calpulli,* casa comunal). Territorio en que habitaba un clan o linaje, en el México prehispánico.

caluma s.f. Perú. Paso en la cordillera de los Andes.

calumet s.m. Pipa de tubo largo, utilizada por los indios de América del Norte en algunas celebraciones.

calumnia s.f. (lat. *calumnia*). Acusación falsa y maliciosa hecha contra alguien con la intención de deshonrarlo. **2.** DER. Imputación falsa de un delito.

calumniar v.tr. (lat. *calumniari*). Acusar falsa y maliciosamente a una persona o imputarla falsamente en un delito.

calungo s.m. Colomb. y Venez. Perro de pelo rizado.

caluroso, a adj. (del ant. *calura,* calor). Que tiende a sentir calor. **2.** Que causa calor: *tiempo caluroso.* **3.** *Fig.* Vivo, apasionado o afectuoso: *un caluroso recibimiento.*

caluyo s.m. Bol. Baile indígena con zapateado.

calva s.f. Parte de la cabeza de la cual ha caído el pelo. **2.** Parte pelada de una piel, felpa, etc. **3.** Parte de un terreno que no tiene vegetación. **4.** Parte superior de la pieza de la armadura que cubre la cabeza.

calvados s.m. (pl. *calvados*). Aguardiente de sidra que se elabora en Calvados.

calvario s.m. (lat. *calvarium,* osario, calco del gr. *Golgotha,* nombre de la colina en que fue crucificado Jesús). *Fig.* y *fam.* Sufrimiento prolongado: *su vida es un calvario.* **2.** Vía crucis. **3.** Tema iconográfico que representa a Cristo en la cruz con acompañamiento.

calverizo, a adj. Se dice del terreno en el que hay muchos calveros.

calvero s.m. Extensión de terreno desprovista de árboles y matas en el interior de un bosque.

calvicie s.f. Pérdida o falta de pelo en la cabeza.

calvinismo s.m. Doctrina religiosa protestante originada de las ideas de Juan Calvino y de la Reforma del s. XVI. (El calvinismo, tradicionalmente implantado en Francia, Países Bajos, Escocia y Suiza, se extendió por otros países europeos y fue llevado a América del Norte y a otros continentes por emigrantes europeos.)

calvinista adj. y s.m. y f. Relativo al calvinismo; partidario de esta doctrina.

calvo, a adj. y s. (lat. *calvus*). Que ha perdido total o parcialmente el pelo de la cabeza. ◆ adj. Se dice de la piel, felpa, paño, etc., que ha perdido el pelo. **2.** Se dice del terreno que no tiene vegetación. ◇ **Ni tanto ni tan calvo** *Fam.* Expresión empleada para señalar que lo dicho es exagerado por exceso o por defecto.

calza s.f. (del lat. *calceus,* zapato). Prenda masculina que cubría el pie y la pierna hasta los muslos. (Suele usarse en plural.) **2.** Cuña con que se calza algo para impedir su movimiento. **3.** Colomb. y Ecuad. Empaste en la dentadura.

calzada s.f. Parte de una calle o de una carretera reservada a la circulación de vehículos. **2.** Camino empedrado y ancho. ◇ **Calzada romana** Vía grande y empedrada construida por los romanos.

calzado, a adj. Se dice de algunos religiosos que usan zapatos, en contraposición a los descalzos. **2.** HERÁLD. Se dice del escudo dividido por dos líneas que parten del jefe y se encuentran en la punta. **3.** ZOOL. **a.** Se dice del ave que tiene plumas hasta los pies. **b.** Se dice del animal que tiene la parte inferior de las extremidades de color distinto al del cuerpo. ◆ s.m. Prenda que sirve para cubrir y resguardar el pie o la pierna.

calzador s.m. Utensilio en forma de hoja acanalada que se usa para introducir fácilmente el pie en el zapato. ◇ **Con calzador** *Fam.* Con dificultad, de manera forzada.

calzapié s.m. Tope curvado por un extremo que se ajusta al pedal de un bicicleta para que el ciclista mantenga el pie en la posición correcta.

calzar v.tr. y prnl. (lat. *calceare,* de *calceus,* zapato). Cubrir el pie y algunas veces la pierna con calzado. **2.** Poner o llevar puestos los guantes, espuelas, etc. ◆ v.tr. Proveer de calzado. **2.** Impedir el movimiento de algo mediante la introducción de cuñas u otros objetos similares. **3.** Admitir las armas de fuego un proyectil de un calibre determinado. **4.** Colomb. y Ecuad. Empastar un diente o muela.

calzo s.m. Calza, cuña. ◆ **calzos** s.m.pl. Extremidades de un caballo o yegua, especialmente cuando son de color distinto al resto del cuerpo.

calzón s.m. Prenda masculina que cubre desde la cintura hasta las rodillas. **2.** Argent., Chile y Perú. Prenda interior femenina que cubre desde la cintura hasta las ingles con aberturas para pasar las piernas. (Ocasionalmente se usa en plural para referirse a una sola prenda.) GEOSIN.: Amér. Merid. *bombachas;* Bol., Colomb. y Ecuad. *calzonarias;* Chile. *cuadro;* Esp. *braga;* Perú. *trusa;* Méx. y Venez. *pantaletas.* **3.** Bol. Guiso picante elaborado con carne de cerdo. **4.** Méx. Prenda interior masculina o femenina que cubre los genitales y las nalgas. Méx. Enfermedad de la caña de azúcar. ◇ **Tener bien puestos los calzones** *Fam.* Ser muy hombre.

calzonarias s.f.pl. Bol., Colomb. y Ecuad. Calzón, prenda interior femenina. **2.** Colomb. Tirantes.

calzonazos s.m. (pl. *calzonazos*). *Fam.* Hombre de carácter débil que es demasiado condescendiente y se deja dominar, especialmente por una mujer. SIN.: *calzorras.*

calzoncillos s.m.pl. Prenda interior masculina que cubre desde la cintura hasta las ingles.

calzoneras s.m.pl. Méx. Pantalón para montar a caballo, abierto por los dos lados que se cierran mediante botones.

calzorras s.m. (pl. *calzorras*). *Fam.* Calzonazos.

1. **cama** s.f. (hispano-lat. *cama,* yacija). Mueble para dormir, compuesto de un armazón de madera o metal sobre el que se coloca el colchón, almohadas, sábanas, etc.; este armazón. **2.** Plaza para un enfermo en un hospital, clínica, etc. **3.** Mullido de paja o de otras materias vegetales con que se cubre el piso de los establos. **4.** *Fig.* Sitio donde se echan a descansar los animales. ◇ **Cama elástica** DEP. Lona fijada sobre muelles de acero sobre la que se realizan saltos en el aire; deporte así practicado. **Cama nido** Esp. Mueble compuesto de dos camas, en el que una se guarda debajo de la otra. **Cama redonda** Acción de dormir varias personas juntas en una misma cama. **Cama turca** La que no tiene cabecera, a modo de sofá sin respaldo ni brazos. **Estar en,** o **guardar,** o **hacer, cama** Estar en ella por enfermedad.

2. **cama** s.f. (célt. *cambos,* curvo). Cada una de las barretas o palancas del bocado en cuyos extremos inferiores se sujetan las riendas. **2.** Pieza encorvada de madera o de hierro a la que se fijan la reja y todo el sistema del arado.

camachuelo s.m. Ave de cabeza y alas negras, torso gris y vientre rosa, que vive en bosques y jardines. (Familia fringílidos.)

camada s.f. Conjunto de crías de un mamífero paridas de una sola vez. **2.** Conjunto de cosas extendidas horizontalmente de modo que puedan colocarse otras sobre ellas: *camada de ladrillos.* **3.** *Fig.* y *fam.* Cuadrilla de ladrones o de pícaros.

camafeo s.m. (fr. ant. *camaheu*). Joya que consiste en una piedra fina o dura, cincelada con un motivo en relieve, en la que se aprovechan las capas de diferente color.

camagua adj. Amér. Central y Méx. Se dice del maíz que empieza a madurar o del tardío que madura una vez seca la planta.

camagüeyano, a adj. y s. De Camagüey.

camal s.m. Cabestro o cabezón con que se atan los animales de tiro.

camaldulense adj. y s.m. y f. Relativo a la orden fundada por san Romualdo en 1012 en Camaldoli, cerca de Florencia; religioso de esta orden.

camaleón s.m. (lat. *chamaleon, -onis,* del gr. *khamailéon, -éontos*). Reptil arborícola insectívoro, con una cola prensil y ojos con movimiento independiente el uno del otro, que mide hasta 60 cm. de long., está dotado de homocromía y vive en África y parte de Asia. (Familia camaleónidos.) **2.** *Fig.* y *fam.* Persona que cambia con facilidad de opinión o imagen.

camaleónico, a adj. Se dice de la persona que cambia fácilmente de opinión o imagen, en función de las circunstancias o conveniencias.

camalero s.m. Perú. Matarife.

camalote s.m. Planta acuática, de tallo largo y hueco, hoja en forma redondeada y flores azules. (Familia pontederiáceas.) **2.** Conjunto de estas plantas que, enredadas con otras de diferentes especies, forman grupos flotantes. **3.** Amér. Merid., Méx. y Salv. Nombre de ciertas plantas acuáticas, especialmente de unas pontederiáceas, que crecen en las orillas de los ríos, lagunas, etc., y tienen hojas y flores flotantes.

camama s.f. *Vulg.* Engaño, embuste, burla.

camanchaca s.f. Chile y Perú. Niebla espesa y baja que avanza desde la costa hacia el interior.

camándula s.f. (de *Camáldula,* orden religiosa, de *Camàldoli,* monasterio toscano). Rosario de uno o tres dieces. **2.** *Fig.* y *fam.* Marrullería, astucia, hipocresía.

camandulero, a adj. y s. *Fam.* Hipócrita, embustero.

cámara s.f. (lat. vulgar *camara,* bóveda). Aparato que sirve para captar imágenes estáticas o en movimiento: *cámara fotográfica; cámara de televisión; cámara de vídeo.* **2.** Compartimento, cavidad o recinto cerrados. **3.** Habitación o pieza principal de una casa, o habitación que adquiere importancia o solemnidad especial: *cámara nupcial; cámara mortuoria.* **4.** Espacio que ocupa la carga en las armas de fuego. **5.** Órgano colectivo que se ocupa de los asuntos públicos de una comunidad o de los propios de una profesión o actividad: *cámara de diputados; cámara de comercio.* **6.** ASTRON. Telescopio reflector que proporciona imágenes fotográficas de los astros observados. **7.** FÍS. Detector que permite determinar la trayectoria de una partícula, cargada por amplificación de la ionización que ella produce a su paso en un líquido o en un gas. ◆ s.m. y f. Esp. Cameraman. ◇ **Cámara alta** Senado. **Cámara baja** Asamblea legislativa que representa directamente a los ciudadanos. **Cámara clara** Aparato compuesto principalmente por prismas o espejos semiplateados, que permite superponer dos imágenes, una directa y otra por reflexión. **Cámara de aire** Tubo anular de caucho colocado alrededor de la llanta de una rueda, que se llena con aire comprimido. **Cámara de apelaciones** Argent. Tribunal colegiado de segunda o última instancia. **Cámara de burbujas, de ionización, de Wilson** Instrumentos para observar y fotografiar las trayectorias de las partículas elementales. **Cámara de combustión** Parte de un motor de explosión o de una turbina de gas en la que se produce la combustión del carburante. **Cámara de compensación** B. Y BOLSA. Entidad a través de la cual los organismos, sociedades y compañías financieras o suministradoras de bienes y servicios compensan las cuentas acreedoras o deudoras que pueda haber entre ellos. **Cámara de gas** Recinto destinado a realizar ejecuciones capitales mediante gases tóxicos. **Cámara del ojo** Cavidad del ojo separada en dos partes por el cristalino, ocupada en su parte anterior por el humor acuoso y en su parte posterior por el vítreo. **Cámara de representantes** Cámara baja del congreso de EUA. **Cámara electrónica** ASTRON. Dispositivo que, acoplado a un telescopio, transforma la imagen luminosa dada por el instrumento en una imagen electrónica que queda registrada sobre una placa sensible. **Cámara frigorífica** Recinto en el que se establece artificialmente una temperatura próxima a los 0 °C y que sirve para conservar materias perecederas mediante el frío. **Cámara lenta** CIN. Rodaje acelerado de una película, para que produzca un efecto de lentitud al proyectarse las imágenes a la cadencia normal. **Cámara negra,** u **oscura** Caja cuyo interior es negro, y en una de cuyas caras se ha practicado una ligera abertura provista en general de una lente, por la que penetran los rayos difundidos por los objetos exteriores, cuya imagen se forma sobre una pantalla situada a una distancia conveniente. **Cámara sorda** Local acondicionado de tal forma que presenta el mínimo de reverberación por absorción de las ondas sonoras. **Chupar cámara** *Fig.* y *fam.* Acaparar el primer plano, comportarse de una manera llamativa para destacar en detrimento de otras personas o aparecer de forma repetida en fotografías, televisión, etc.

camarada s.m. y f. Persona con la que se comparte o han

compartido los estudios, el trabajo, etc. **2.** *Fam.* Amigo. **3.** En algunos partidos políticos, correligionario.

camaradería s.f. Relación amistosa que se establece entre camaradas.

camaranchón s.m. *Desp.* Desván donde se suelen guardar trastos viejos.

camarero, a s. (de *cámara,* habitación). Persona que tiene por oficio mantener limpias y en orden las habitaciones en un hotel, barco de pasajeros, etc., o que sirve bebidas y comidas a los clientes en un bar, cafetería, restaurante, etc. ◆ s.m. HIST. Oficial palatino encargado de la dirección de los servicios de la cámara regia.

camareta s.f. Cámara de un barco pequeño. **2.** Camarote de un buque de guerra donde se alojan los guardias marinas. **3.** Argent., Bol., Chile y Perú. Petardo que se dispara en las fiestas infantiles.

camarilla s.f. Conjunto de personas que se hacen con la dirección de un asunto, excluyendo de ella a los demás interesados, o que influyen subrepticiamente en las decisiones de alguna persona importante.

camarín s.m. Capilla pequeña, situada detrás de un altar, en la que se venera alguna imagen. **2.** Camerino.

camarista s.m. En el s. XVIII, ministro que formaba parte de la Cámara de Castilla o de las Indias. **2.** Argent. Miembro de la cámara de apelaciones. **3.** Méx. Camarero. ◆ s.f. Criada distinguida de la reina.

camarlengo s.m. (cat. *camarleng*). Cardenal administrador de los bienes pontificios que, al quedar vacante la Santa Sede, tiene a su cargo la convocatoria del cónclave. **2.** HIST. En la casa real de Aragón, oficial de palacio encargado de la dirección de los servicios de la cámara del rey.

camarógrafo, a s.m. y f. Persona que tiene por oficio manejar una cámara de cine o televisión.

camarón s.m. (del lat. *cammarus,* del gr. *kámmaros*). Crustáceo marino decadópodo, nadador, de cuerpo comprimido y abdomen prolongado y carne muy apreciada.

camaronero s.m. Perú. Martín pescador.

camarote s.m. Habitación de una embarcación donde se alojan los oficiales o pasajeros.

camarotero, a s. Argent., Bol., Chile y Méx. Camarero que trabaja en los barcos.

camarú s.m. Árbol que crece en América del Sur cuya madera es parecida a la del roble.

camastro s.m. *Desp.* Cama pequeña, incómoda o desarreglada.

camastrón, na s. y adj. *Fam.* Persona astuta e hipócrita.

camauro s.m. Gorra de color rojo, ribeteada de armiño, que usa el papa.

cambado, a adj. (port. *cambado*). Amér. Patizambo. **2.** Argent. Se dice de la persona que tiene las piernas torcidas. **3.** Venez. Combado.

cambalache s.m. *Fam.* Acción y efecto de cambalachear. **2.** Argent. y Urug. Establecimiento donde se venden objetos usados.

cambalachear v.tr. *Fam.* Intercambiar cosas de poco valor.

cambalachero, a adj. y s. Que cambalachea.

cámbaro s.m. Nombre común de diversas especies de crustáceos marinos comestibles, que poseen unas fuertes pinzas en el primer par de patas.

cambera s.f. Red para pescar cámbaros.

cambiador s.m. Méx. Guardagujas, empleado del ferrocarril. ◇ **Cambiador de iones** QUÍM. Sustancia sólida, natural o sintética, que tiene los caracteres de un ácido o de una base y que posee la propiedad de cambiar unos iones por otros.

cambiante adj. Que cambia o tiende a cambiar. ◆ s.m. Variedad de colores o visos que se observa, dependiendo del punto desde el que se mira, especialmente en las telas.

cambiar v.tr., intr. y prnl. (lat. tardío *cambiare*). Dar, tomar o poner una cosa por otra. **2.** Mudar, variar, alterar: *cambiar las ideas.* ◆ v.intr. En los vehículos de motor, pasar de una marcha o velocidad a otra. ◆ v.tr. Dar una clase de moneda y recibir el equivalente en otras más pequeñas o de otro país: *cambiar un billete.* ◆ **cambiarse** v.prnl. Quitarse unas prendas de vestir y ponerse otras.

cambiavía s.m. Colomb., Cuba y Méx. Guardagujas.

cambiazo s.m. **Dar,** o **pegar, el cambiazo** *Fam.* Cambiar de manera fraudulenta una cosa por otra.

cambio s.m. Acción y efecto de cambiar. **2.** Dinero que recibe el comprador cuando ha pagado una mercancía con una cantidad superior a su precio. SIN.: *vuelta.* **3.** Conjunto de monedas y billetes que se dan en equivalencia de otros o que un establecimiento necesita para usar como vuelta. **4.** Valor relativo de la moneda de un país con respecto a la de otro. ◇ **A cambio** o **en cambio** En lugar de, en vez de, cambiando una cosa por otra. **Cambio climático** Modificación general y progresiva de las condiciones climáticas de la superficie de la Tierra, especialmente cuando está provocada por la actividad humana. **Cambio de estado** FÍS. Paso de un estado físico a otro. **Cambio de marchas** Mecanismo que permite cambiar la velocidad de un vehículo. **Cambio social** SOCIOL. Conjunto de mecanismos que permiten la transformación de una sociedad. **Control de cambios** Sistema en el

cambiar

INDICATIVO

presente
cambio
cambias (cambiás)
cambia
cambiamos
cambiáis
cambian

copretérito o pret. imperfecto
cambiaba
cambiabas
cambiaba
cambiábamos
cambiabais
cambiaban

pretérito o pret. perf. simple
cambié
cambiaste
cambió
cambiamos
cambiasteis
cambiaron

futuro o fut. simple
cambiaré
cambiarás
cambiará
cambiaremos
cambiaréis
cambiarán

pospretérito o condicional simple
cambiaría
cambiarías
cambiaría
cambiaríamos
cambiaríais
cambiarían

SUBJUNTIVO

presente
cambie
cambies
cambie
cambiemos
cambiéis
cambien

pretérito o pret. imperfecto
cambiara o cambiase
cambiaras o cambiases
cambiara o cambiase
cambiáramos o cambiásemos
cambiarais o cambiaseis
cambiaran o cambiasen

futuro o fut. simple
cambiare
cambiares
cambiare
cambiáremos
cambiareis
cambiaren

IMPERATIVO

cambia (cambiá)	(tú, vos)
cambie	(él)
cambiemos	(nosotros)
cambiad	(vosotros)
cambien	(ellos)

FORMAS NO PERSONALES

infinitivo	**gerundio**
cambiar	cambiando

participio
cambiado

que las operaciones de cambio de monedas están subordinadas a una autorización administrativa o son objeto de limitación. **En cambio** Por el contrario.

cambista adj. Relativo al cambio. ◆ s.m. y f. Persona que se dedica a cambiar moneda y a otras operaciones bancarias.

cámbium s.m. (pl. *cámbiums*). Zona generatriz que produce cada año el leño y el líber secundarios de las plantas vivaces.

camboyano, a adj. y s. De Camboya.

cámbrico, a adj. y s.m. GEOL. Se dice del primer período de la era paleozoica o primaria, que se extiende desde hace unos 540 millones de años hasta hace unos 500 millones y en el que aparecen los trilobites. ◆ adj. Relativo a este período.

cambrón s.m. (lat. *crabro, -onis,* abejorro). Arbusto muy espinoso, de hojas oblongas y flores pequeñas, que florece en otoño. (Familia celastráceas.) **2.** Colomb. Tela de lana.

cambucho s.m. Chile. Papelera. **2.** Chile. Canasto de la ropa sucia. **3.** Chile. Cucurucho. **4.** Chile. Tugurio. **5.** Chile. Envoltura de paja que se pone a las botellas para que no se rompan. **6.** Chile. Cometa pequeña con la que juegan los niños.

cambujo, a adj. y s. (de *cambujo,* máscara, antifaz). Amér. Central y Méx. Se dice de la persona de piel muy morena, especialmente el mestizo de negro.

cambullón s.m. Chile y Perú. Enredo, trampa, confabulación.

cambur s.m. Venez. Banano.

cambuto, a adj. Perú. Se dice de la persona o cosa pequeña, rechoncha y gruesa.

camedrio s.m. (del gr. *khamaidrys*). Planta pequeña cuyas flores se usan como febrífugo. (Familia labiadas.)

camelar v.tr. *Fam.* Conquistar a alguien alabando sus atractivos o aparentando cualidades que en realidad no se tienen. **2.** Esp. *Fam.* Intentar enamorar a alguien.

camelia s.f. (lat. botánico *camellia*). Arbusto que crece en Asia, de hojas perennes y flores inodoras, del mismo nombre, blancas, rojas o rosadas. (Familia teáceas.)

camélido, a adj. y s.m. Relativo a una familia de rumiantes de las regiones áridas, sin cuernos, provistos de caninos superiores y cuyos cascos son muy anchos, como el camello, el dromedario y la llama.

camellero s.m. Persona que tiene por oficio cuidar o guiar camellos.

camello, a s. (lat. *camelus,* del gr. *kamilos*). Mamífero rumiante de hasta 3,50 m de largo y 700 kg de peso, que posee dos gibas llenas de grasa en la espalda y se utiliza como montura. (Vive en las regiones desérticas de Asia del que se aprovechan la carne, la lana, la piel y la leche.) ◆ s.m. *Fam.* Persona que vende droga en pequeñas cantidades. **2.** MAR. Mecanismo flotante que se usa para suspender una embarcación o uno de sus extremos, disminuyendo de esta forma su calado.

camellón s.m. Méx. Acera en medio de una avenida, generalmente adornada con árboles y plantas.

camelo s.m. *Fam.* Chasco, burla, engaño. **2.** *Fam.* Bulo, noticia falsa.

camelote s.m. (fr. ant. *camelot*). Tejido fuerte e impermeable, hecho antiguamente con pelo de camello y actualmente con lana.

camembert s.m. Queso elaborado con leche de vaca, de pasta blanda y cremosa, que es originario de Normandía.

camera s.f. Colomb. Conejo silvestre de pelo cerdoso.

cameralismo s.m. Predominio de las asambleas sobre el poder ejecutivo en la dirección política de un país.

cameralista adj. Relativo al cameralismo.

cameraman s.m. y f. (voz inglesa) [pl. *cameramans* o *cameramen*]. Persona que tiene por oficio manejar una cámara de cine o televisión. SIN.: *cámara.*

camerino s.m. (voz italiana). Habitación o recinto donde se visten, maquillan, etc., los actores antes de salir a escena.

camero, a adj. Relativo a la cama. **2.** Se dice de la cama de medidas intermedias entre la cama individual y la de matrimonio o de la ropa de cama que sirve para ella: *sábana camera.*

camerunés, sa adj. y s. De Camerún.

cámica s.f. Chile. Declive del techo.

camilla s.f. Cama estrecha y portátil que se usa para transportar enfermos, heridos o cadáveres. ◆ s.f. y adj. Mesa generalmente redonda, cubierta por un tapete largo, bajo la cual hay una tarima para colocar el brasero.

camillero, a s. Persona que tiene por oficio transportar enfermos, heridos o cadáveres en una camilla.

camilo, a adj. y s. Relativo a la orden fundada por san Camilo de Lelis; miembro de esta orden.

camilucho, a adj. Amér. Se dice del indio que trabaja como jornalero.

caminador, ra adj. Que camina mucho.

caminante adj. y s.m. y f. Que camina a pie; viandante.

caminar v.intr. Andar, trasladarse de un lugar a otro. **2.** *Fig.* Seguir su curso o movimiento las cosas. ◆ v.tr. Recorrer cierta distancia.

caminata s.f. (ital. *camminata*). *Fam.* Recorrido largo efectuado a pie.

caminero, a adj. Relativo al camino: *peón caminero.*

caminí s.m. Argent., Par. y Urug. Variedad muy estimada de la yerba mate.

camino s.m. (lat. vulgar *camminus*). Vía rural de comunicación, natural o construida, más ancha que la vereda y el sendero y más estrecha que la carretera. **2.** Viaje, jornada: *emprender camino.* **3.** Dirección o ruta que deben seguirse para llegar a un lugar. **4.** *Fig.* Medio o método para hacer o conseguir alguna cosa. ◇ **Abrir camino** Facilitar el tránsito de una parte a otra; dar los primeros pasos en una actividad. **Camino de herradura** El que es estrecho y solo permite el paso de caballerías. **Camino real** El que se construía a expensas del estado y ponía en comunicación poblaciones de cierta importancia. **Cruzarse en el camino** Entorpecer los propósitos de alguien. **De camino** En el recorrido de un lugar a otro: *me viene de camino.* **Ponerse en camino** Emprender un viaje, partir. **Quedarse a mitad de camino** No acabar lo empezado.

camión s.m. (fr. *camion*). Vehículo automóvil de gran tamaño que sirve para el transporte de cargas pesadas. **2.** Méx. y Venez. Vehículo de transporte de pasajeros, autobús. ◇ **Camión cisterna** Camión que sirve para el transporte de carburantes líquidos, vinos, etc.

camionaje s.m. Transporte por camión; costo de este transporte.

camionero, a s. Persona que tiene por oficio conducir camiones.

camioneta s.f. Camión pequeño que sirve para transportar mercancías.

camisa s.f. (lat. tardío *camisia*). Prenda de vestir de tela, abotonada por delante, que suele llevar cuello y puños y que se pone inmediatamente sobre el cuerpo o sobre la camiseta. **2.** Revestimiento de un horno, un cilindro, una tubería o de otros tipos de piezas mecánicas. **3.** Funda reticular e incombustible con que se cubren ciertos aparatos de iluminación para que, al ponerse candente, aumente la fuerza luminosa. **4.** Carpeta o cartulina doblada en cuyo interior se guardan documentos. **5.** Tegumento que los animales abandonan después de la muda. ◇ **Cambiar de camisa** Cambiar de opiniones, generalmente políticas, por conveniencia. **Camisa de fuerza** La de lienzo fuerte abierta por detrás y con mangas cerradas por su extremidad, que sirve para sujetar a los enfermos mentales. **Camisas negras** Nombre dado a partir de 1919 a los miembros de las milicias fascistas italianas. **Camisas pardas** Nombre dado a partir de 1925 a los miembros del partido nacionalsocialista alemán, y en particular a los SA. **Camisas rojas** Nombre dado a los voluntarios reclutados por Garibaldi (1860-1871). **Jugarse hasta la ca-**

misa *Fam.* Jugarse todos los bienes de que se disponen. **Meterse en camisa de once varas** *Fam.* Inmiscuirse alguien en lo que no le incumbe; meterse en algo que no será capaz de realizar. **No llegarle a alguien la camisa al cuerpo** *Fam.* Estar lleno de zozobra y temor por algún riesgo que le amenaza.

camisard s.m. (pl. *camisards*). Calvinista de Cevenas que luchó contra las tropas de Luis XIV a principios del s. XVIII.

camisería s.f. Establecimiento donde se venden o confeccionan camisas.

camisero, a s. Persona que tiene por oficio confeccionar o vender camisas. ◆ adj. y s.m. Se dice de la prenda de vestir femenina de forma parecida a la camisa: *blusa camisera; vestido camisero.*

camiseta s.f. Camisa corta, ajustada y sin cuello, generalmente de punto, que se pone directamente sobre la piel. **2.** Bol. Camisón blanco, sin mangas y ceñido que usan algunos indios. ◇ **Sudar la camiseta** Poner gran empeño un jugador durante el partido.

camisola s.f. (cat. *camisola,* dim. de *camisa,* camisa). Camisa fina que solía estar guarnecida de encajes en la abertura del pecho y en los puños. **2.** Chile. Prenda suelta y liviana, con o sin mangas, que cubre de los hombros a la cintura.

camisolín s.m. Peto planchado que se ponía sobre la camiseta en sustitución de la camisola.

camisón s.m. Camisa o túnica usada generalmente para dormir. **2.** Antillas y C. Rica. Blusa. **3.** Chile, Colomb. y Venez. Vestido de mujer, exceptuando el de seda negra.

camitosemítico, a adj. y s.m. Se dice de una familia de lenguas que comprende el semítico, el egipcio, el bereber y el cusita.

camoatí s.m. Argent., Par. y Urug. Nombre común de varias especies de himenópteros que forman enjambres y producen una miel oscura y áspera; nido de estos insectos.

camomila s.f. Manzanilla.

camorra s.f. *Fam.* Riña o discusión violenta y ruidosa: *armar camorra.* **2.** Organización secreta napolitana equivalente a la mafia siciliana.

camorrear v.tr. *Fam.* Armar camorra.

camorrista adj. y s.m. y f. *Fam.* Se dice de la persona que suele armar camorra.

camote s.m. (náhuatl *kamótli*). Amér. Tubérculo carnoso y comestible, de color amarillo, morado o blanco, con el que se elaboran dulces. **2.** Amér. Bulbo. **3.** Amér. Amante. **4.** Amér. *Fig.* Enamoramiento. **5.** Chile. *Fig.* Mentira, bola. **6.** Chile. Lío, desorden, dificultad. **7.** Ecuad. y Méx. Tonto, bobo.

camotear v.intr. Méx. Andar de un lugar a otro, sin encontrar lo que se busca.

camotero, a adj. y s. Méx. Se dice de la persona que tiene por oficio cultivar o vender camotes.

camp adj. Que revaloriza o mantiene lo que está pasado de moda: *música camp; moda camp.*

campa o **anti,** pueblo amerindio arawak cazador y agricultor que vive en la región montañosa del N de Cuzco (Perú). SIN.: *ashaninta.*

campal adj. **Batalla campal** Batalla que se efectúa fuera de poblado; pelea o discusión muy encarnizada, generalmente entre muchas personas.

campamento s.m. Conjunto de tiendas de campaña u otras instalaciones que se montan en terreno abierto y donde se alojan excursionistas, fuerzas militares, cazadores, etc.

campana s.f. (lat. tardío *campana,* de *vasa campana,* recipientes de Campania, región de Italia). Instrumento de metal, en forma de copa invertida, que se hace sonar golpeándolo con un badajo o un martillo. **2.** *Fig.* Cualquier cosa de forma semejante a la campana: *campana de chimenea.* **3.** Órgano móvil que constituye el recipiente superior de un gasómetro de cuba de agua. ◇ **Campana de buzo** Instalación mediante la cual se puede trabajar debajo del agua. **Campana de Gauss** ESTADÍST. Curva en forma de Campana que representa gráficamente la ley de Gauss. SIN.: *curva de campana; curva en campana.* **Doblar las campanas** Tocar a muerto. **Echar las campanas al vuelo** *Fam.* Dar publicidad con júbilo a alguna cosa.

campanada s.f. Golpe que da el badajo en la campana; sonido que produce este golpe. **2.** *Fig.* Escándalo o novedad que sorprende o llama la atención.

campanario s.m. Torre donde están colocadas las campanas de una iglesia.

campanela s.f. (ital. *campanella,* campanilla). Paso de danza que consiste en dar un salto, describiendo al mismo tiempo un círculo con uno de los pies cerca de la punta del otro.

campaneo s.m. Toque reiterado de campanas.

campanero, a s. Persona encargada de tocar las campanas.

campaniense adj. y s.m. y f. De la Campania.

campaniforme adj. Que tiene forma de campana. ◇ **Cerámica campaniforme** Cerámica caracterizada por la producción de vasos en forma de campana, de barro oscuro o rojizo, cubiertos por una decoración incisa o cordada de líneas, zigzags, rombos y triángulos (2200-1600 a.C.). [Se difundió por toda Europa, siendo los del bajo Rin los modelos más antiguos. En España, destacan los yacimientos de Los Millares (Almería), Ciempozuelos (Madrid) y Carmona (Sevilla).]

campanil o **campanile** s.m. (ital. *campanile*). Campanario, torre. **2.** Linterna pequeña decorativa que remata una cúpula.

campanilla s.f. Campana pequeña que suele tener mango. **2.** Adorno con forma de campana: *cenefa de campanillas.* **3.** Úvula. **4.** Planta cuyas flores, del mismo nombre, tienen forma de campana. (Familia convolvuláceas.) ◇ **Campanilla de invierno** Planta bulbosa cuyas flores, blancas, se abren a finales de invierno, cuando el suelo aún está cubierto de nieve. **De campanillas** De lujo, de importancia, de categoría.

campanillazo s.m. Toque fuerte de campanilla.

campanillear v.intr. Sonar reiteradamente una campanilla. **2.** Sonar algo como una campanilla: *campanillear el hielo en los vasos.*

campanilleo s.m. Acción de campanillear.

campanillero, a s. Persona que tiene por oficio tocar la campanilla.

campano s.m. Árbol de gran tamaño que crece en América Central cuya madera, del mismo nombre, se emplea en carpintería y en la construcción de buques. (Familia teáceas.)

campante adj. *Fam.* Que está tranquilo y despreocupado, a pesar de existir motivos para no estarlo. **2.** *Fam.* Ufano, alegre, satisfecho de sí mismo.

campanudo, a adj. Altisonante, ampuloso o grandilocuente: *lenguaje campanudo.* **2.** Que utiliza un lenguaje altisonante, ampuloso o grandilocuente. **3.** Que tiene una forma parecida a la de la campana: *botas campanudas.*

campánula s.f. (lat. botánico *campanula,* dim. de *campana,* campana). Planta cuyas numerosas especies se caracterizan por sus flores en forma de campana. (Familia campanuláceas.)

campanuláceo, a adj. y s.f. Relativo a una familia de plantas dicotiledóneas, raramente leñosas, con hojas esparcidas y flores vistosas, como la campánula.

campaña s.f. (lat. tardío *campania,* llanura). Conjunto de actividades o esfuerzos, de tipo político, social o económico, aplicados a un fin determinado: *campaña electoral; campaña publicitaria.* **2.** *Fig.* Período de tiempo de estas actividades. **3.** Expedición militar. **4.** Campo llano sin montes ni asperezas. **5.** Amér. Campo.

campañista s.m. Chile. Pastor que cuida el ganado en las fincas que tienen campaña, cerros o montañas.

campañol s.m. (fr. *campagnol*). Mamífero roedor cuya especie común mide unos 10 cm de long., posee una cola corta y peluda, es muy prolífico y ataca los cereales. (Familia múridos.)

campar v.intr. Vagabundear. **2.** Acampar.

campeado, a adj. Se dice de ciertos esmaltes, orfebrería en general o medallas obtenidos por campeado. ◆ s.m. Operación de burilar o tallar la superficie de una plancha de metal o de madera, ahondándola o rebajándola a una profundidad determinada, para incrustar esmaltes diferentes. **2.** Procedimiento de confección de un troquel de moneda, en el que el campo ha sido profundamente rehundido.

campeador s.m. y adj. Batallador, vencedor de batallas. (Con este nombre se designa al protagonista del *Cantar de Mio Cid.*)

campear v.intr. Pacer los animales en el campo. **2.** Sobresalir: *las banderas campean entre la gente.* **3.** Verdear las sementeras: *el trigo ya campea.* **4.** Amér. Recorrer el campo para cuidar o vigilar el ganado. **5.** Amér. Merid. Salir en busca de alguien o de algo.

campechana s.f. Cuba y Méx. Mezcla de diversos licores en partes iguales. **2.** Méx. Mezcla de diversos mariscos en partes iguales. **3.** Venez. Hamaca. **4.** Venez. Prostituta.

campechano, a adj. *Fam.* Que se comporta con sencillez, familiaridad y buen humor. ◆ adj. y s. De Campeche.

campeche s.m. Árbol de gran tamaño cuya madera es pesada, dura y rica en taninos. (Familia cesalpiniáceas.) **2.** Madera de este árbol. SIN.: *palo campeche o palo de campeche.* **3.** Perú. Vino de mala calidad.

campeón, na s. (ital. *campione*). Vencedor de un campeonato o competición. **2.** *Fig.* Defensor esforzado de una causa o doctrina. ◆ s.m. Hombre que combatía en los desafíos antiguos para defender una causa.

campeonato s.m. Competición en que se disputa un premio, en ciertos juegos o deportes: *campeonato de ajedrez.* **2.** Primacía obtenida en las luchas deportivas. ◇ **Ser de campeonato** Esp. *Fam.* Destacar, sobresalir.

campera s.f. Argent., Chile y Urug. Prenda deportiva de abrigo abierta por delante que llega hasta la cintura. GEOSIN.: Esp. y Méx. *cazadora.*

campero, a adj. Relativo al campo: *fiesta campera.* **2.** Amér. Se dice del animal muy adiestrado en el paso de ríos y caminos peligrosos. **3.** Argent., Par. y Urug. Se dice de la persona muy práctica en el campo, así como en las operaciones y usos propios de las estancias o cortijos.

campesinado s.m. Conjunto o clase social de los campesinos de una región o de un estado.

campesino, a adj. y s. Relativo al campo: *vida campesina.* ◆ s. Persona que vive y trabaja en el campo.

campestre adj. (lat. *campester*). Del campo.

campina s.f. En Brasil, vegetación desprovista de árboles.

cámping o **camping** s.m. (voz inglesa) [pl. *cámpings* o *campings*]. Actividad que consiste en acampar al aire libre en tiendas de campaña, o en otras instalaciones que se habilitan en estos recintos. **2.** Lugar o recinto al aire libre acondicionado para que sus usuarios acampen en tiendas de campaña u otras instalaciones habilitadas a cambio de una suma de dinero.

campiña s.f. GEOGR. Paisaje rural que se caracteriza por la ausencia de setos y cercados, un conjunto de parcelas generalmente alargadas, la división del territorio en hojas de cultivo, y que corresponde generalmente a un hábitat agrupado.

campiñiense o **campiñense** adj. y s.m. (de la colina de *Campigny,* en Francia). Se dice de una cultura prehistórica de finales del neolítico.

campirano, a adj. y s. Méx. Campesino. **2.** Méx. Persona especializada en las faenas del campo o relacionada con él. **3.** Méx. Diestro en el manejo del caballo y en domar o sujetar otros animales. ◆ adj. C. Rica. Patán, rústico.

1. **campista** s.m. y f. Persona que hace cámping.

2. **campista** s.m. y f. Amér. Arrendador o partidario de minas.

campo s.m. (lat. *campus,* llanura). Extensión de terreno sin edificar que se encuentra fuera de las poblaciones. **2.** Extensión de terreno destinada a la explotación agrícola: *campo de maíz.* **3.** Conjunto de sembrados, árboles y demás cultivos. **4.** Terreno descubierto y llano, especialmente el que se dedica a determinado uso: *campo de fútbol.* **5.** *Fig.* Espacio real o imaginario que ocupa una cosa o que abarca un asunto o materia cualquiera: *el campo de la ciencia.* **6.** Porción del espacio que abarca el ojo, un instrumento de óptica, el objetivo de un aparato fotográfico, etc. **7.** Superficie sobre la que se destaca un motivo esculpido, pintado, etc. **8.** FÍS. **a.** Conjunto de valores que toma una magnitud física (velocidad, densidad, vector campo eléctrico, fuerza gravitatoria) en todos los puntos de un determinado espacio. **b.** Este mismo espacio. **9.** HERÁLD. Superficie del escudo en la que están representadas las piezas. **10.** INFORMÁT. En una base de datos, cada una de las zonas destinadas a contener un tipo particular de información. **11.** MAT. Conjunto de valores que toma una función en todos los puntos de un espacio dado. ◇ **A campo raso** Al descubierto, a la intemperie. **Campo abierto** GEOGR. Conjunto de parcelas que pertenecen a varias explotaciones y que están yuxtapuestas y no separadas por setos. **Campo abonado** Campo de depuración aprovechado para el cultivo. **Campo de aterrizaje** Extensión de terreno llano destinado al aterrizaje y despegue de aviones. **Campo de aviación** Aeródromo. **Campo de batalla** Lugar donde se libran los combates. **Campo de concentración** Campo en el que quedan confinados, bajo vigilancia militar o policial, poblaciones civiles de nacionalidad enemiga, prisioneros de guerra o detenidos políticos. **Campo de depuración** Terreno destinado a depurar las aguas residuales por filtración a través de las capas del suelo. **Campo de maniobras** MIL. Terreno donde se realizan ejercicios militares. **Campo de minas** Terreno o zona marítima donde hay minas depositadas. **Campo de tiro** Zona del espacio en la que un arma puede disparar; terreno militar en el que se efectúan ejercicios de tiro. **Campo ideológico** EPISTEMOL. Conjunto de métodos, conceptos y objetos que definen los límites históricos en cuyo interior se elabora una ciencia. **Campo operatorio** Región que abarca una intervención quirúrgica; conjunto de tallas que limitan esta región. **(A) campo traviesa** Dejando el camino y cruzando el campo. **Campo visual** Parte del espacio que queda bajo la acción directa del ojo en visión fija. **Dejar el campo libre** Retirarse de un empeño en que hay competidores. **Vector campo eléctrico** Vector igual al cociente entre la fuerza eléctrica que sufre una carga por el valor de esta carga. **Vector campo magnético** Vector ligado a la existencia de una corriente eléctrica o de un imán y que sirve para determinar las fuerzas magnéticas.

camposanto s.m. Cementerio.

campus s.m. Conjunto de instalaciones universitarias.

camuesa s.f. Fruto del camueso.

camueso s.m. Árbol, variedad de manzano cuyo fruto es la camuesa.

camuflaje s.m. Acción y efecto de camuflar. **2.** Manera de disimular las instalaciones y efectos militares para ocultarlos a la observación del enemigo.

camuflar v.tr. Disfrazar, enmascarar, disimular, encubrir.

1. **can** s.m. (lat. *canis*). *Poét.* Perro, mamífero. **2.** Bloque de piedra, ladrillo o madera que sobresale de la pared y da asiento a una viga, un arco, etc. **3.** Cabeza de una viga de la armadura, que sobresale al exterior y sostiene la cornisa.

2. **can** s.m. → **kan.**

cana s.f. (de *cano*). Pelo que se ha vuelto blanco. **2.** Argent. y Chile. *Vulg.* Cárcel. **3.** Argent. y Chile. Policía. ◇ **Echar una cana al aire** *Fam.* Divertirse ocasionalmente, especialmente tener una aventura sexual. **Peinar canas** *Fam.* Ser de edad avanzada.

canaca s.m. y f. Chile. *Desp.* Persona de raza amarilla. **2.** Chile. Dueño de un burdel.

canaco o **kanak,** pueblo que vive principalmente en Nueva Caledonia, pero también en Vanuatu, Australia, Papúa y Nueva Guinea.

canadiense adj. y s.m. y f. De Canadá. ◆ s.f. Saco de vestir forrado de piel, con el pelo vuelto hacia el interior. ◆ adj. **Canoa canadiense** Canoa que tiene las dos extremidades elevadas.

canal s.m. o f. (lat. *canalis*). Cauce artificial de agua destinado a diversos fines, como la irrigación, navegación, alimentación de fábricas o de embalses, etc. **2.** Conducto natural o artificial. **3.** Conducto por donde corren las aguas en los tejados. **4.** Res de matadero, abierta de arriba abajo sin las tripas y demás despojos. **5.** Transmisión radioeléctrica a la que se ha asignado una banda del espectro de frecuencias. **6.** En la teoría de la comunicación, medio de comunicación entre emisor y receptor. **7.** Amér. Centro de la corriente de un río. **8.** ANAT. Nombre con que se designan diversos órganos en forma de tubo. **9.** ARQ. Pequeña moldura hueca, en general redondeada. ◆ s.m. Porción de mar, relativamente larga y estrecha, que separa islas o continentes poniendo en comunicación dos mares. **2.** Paso estrecho y alargado entre montañas, generalmente de origen tectónico: *canal de Verdún.* ◇ **Abrir en canal** Abrir de arriba abajo. **Canal de conducción** El que sirve para conducir las aguas de un manantial al receptáculo de alimentación de una ciudad o de un lago, o de un curso de agua hasta una central hidráulica. **Canal de derivación** El destinado a regularizar el caudal de un curso de agua, o a conducir las aguas de un río a una fábrica. **Canal de desagüe** El que sirve para evacuar las aguas de una central hidráulica. **Canal de transmisión** Circuito que cubre una cierta banda de frecuencias y asegura la transmisión de un mensaje por hilo o por vía herciana.

canaladura s.f. ARQ. Moldura hueca en línea vertical.

canalé s.m. Tejido de punto estriado y elástico.

canaleta s.f. Amér. Merid. Tubo para desaguar el agua de lluvia desde los tejados hasta la calle, canalón.

canalículo s.m. ANAT. Conducto pequeño. ◇ **Canalículos bilíferos** Canales finos situados entre las células hepáticas, que colectan la bilis.

canalización s.f. Acción de canalizar un curso de agua. **2.** Conjunto de elementos huecos, de sección generalmente circular, establecido para hacer posible la circulación de un fluido: *canalización subterránea.*

canalizar v.tr. Abrir o construir canales en un lugar. **2.** Regularizar el cauce o la corriente de un río, arroyo, etc. **3.** Aprovechar las aguas corrientes o estancadas por medio de canales para el riego o la navegación. **4.** *Fig.* Orientar opiniones, iniciativas, aspiraciones, etc., hacia un fin concreto.

canalla s.f. (ital. *canaglia*). *Fam.* Gente despreciable, malvada o ruin. ◆ s.m. y f. *Fam.* Persona ruin y despreciable.

canallada s.f. Dicho o hecho propios de canallas.

canallesco, a adj. Propio de canallas.

1. **canalón** s.m. Esp. Canal situado en la vertiente de un tejado para recoger las aguas de lluvia.

2. **canalón** s.m. → **canelón.**

canana s.f. (ár. *kinâna,* carcaj). Cinto para llevar cartuchos. **2.** Colomb. Camisa de fuerza.

cananeo, a adj. y s. De un pueblo semita instalado en Siria y Palestina (país de Canaán) en el III milenio a.C. ◆ s.m. Lengua semítica hablada en Palestina en el I milenio a.C.

cananeo

Las ciudades continentales de los cananeos desaparecieron por la invasión de los hebreos y arameos [ss. XIII-XII]. Los miembros de este pueblo se mantuvieron en el litoral con el nombre de fenicios.

cananga s.f. Árbol que crece en Indonesia y Madagascar, de cuyas flores se extrae la esencia de ilang-ilang, utilizada en perfumería. (Familia anonáceas.)

canapé s.m. (fr. *canapé*). Escaño, generalmente con el asiento y respaldo acolchados, para sentarse o acostarse. **2.** Aperitivo consistente en una rebanada pequeña de pan sobre la que se extiende o coloca algún alimento.

canara o **kanara** s.m. y adj. Lengua dravídica hablada en Karnataka (ant. Mysore).

canaricultura s.f. Cría de canarios.

canariera s.f. Jaula de canarios que se utiliza para su cría.

canario, a adj. y s. De las islas Canarias, especialmente de Gran Canaria. ◆ s.m. Variedad del castellano que se habla en el archipiélago canario. **2.** Ave paseriforme, de plumaje generalmente amarillo, que suele criarse en cautividad y es originaria de las islas Canarias y Madeira. **3.** Chile. Pito de barro que se utiliza para imitar el gorjeo de los pájaros.

canasta s.f. Cesta de mimbre, especialmente la grande, ancha y con dos asas. **2.** En el baloncesto, cesto. **3.** Juego de naipes que se juega con dos barajas francesas, generalmente entre cuatro jugadores, y que consiste en realizar el mayor número de series de 7 cartas del mismo valor.

canastero s.m. Chile. Mozo de panadería que traslada en canastos el pan desde el horno al enfriadero. **2.** Chile. Vendedor ambulante de frutas y verduras, las cuales transporta en canastos.

canastilla s.f. Conjunto de ropa que se prepara para un recién nacido. **2.** Cesta pequeña de mimbre en que se guardan objetos menudos de uso doméstico.

canasto s.m. Canasta recogida de boca. ◆ **¡canastos!** interj. Expresa sorpresa, enojo o protesta.

cáncamo s.m. (gr. tardío *kágkhalon,* anillo en una puerta). Tornillo con una anilla en vez de cabeza.

cancamusa s.f. *Fam.* Artificio con que se deslumbra a alguien para intentar engañarlo fácilmente.

cancán s.m. (fr. *cancan*). Baile de ritmo rápido, propio del cabaret o music-hall, bailado generalmente por mujeres, que se puso de moda en París hacia el año 1830. **2.** Enagua con volantes almidonados que sirve para ahuecar la falda.

cáncana s.f. Araña que suele vivir en las casas.

cancanear v.intr. *Fam.* Vagar o pasear sin objeto determinado. **2.** Colomb., C. Rica y Nicar. Tartamudear.

cáncano s.m. Piojo.

cancel s.m. (del lat. *cancellus,* verja). Contrapuerta, generalmente con una hoja de frente y dos laterales ajustadas a las jambas de una puerta de entrada y cubierto todo por un techo, para evitar corrientes de aire y ruidos del exterior. **2.** Cerramiento de piedra, madera o metal, que separa el presbiterio de la nave en una iglesia. **3.** Argent. Puerta o verja que separa el vestíbulo o el patio del zaguán. **4.** Méx. Biombo, mampara, persiana.

cancela s.f. Verja pequeña que se pone en el umbral de algunas casas.

cancelación s.f. Acción y efecto de cancelar.

cancelar v.tr. (lat. *cancellare,* borrar, tachar). Anular, dejar sin validez, especialmente un documento o una obligación que tenía autoridad o fuerza. **2.** Pagar una deuda.

cancelario s.m. Bol. Rector de una universidad.

cáncer s.m. (lat. *cancer, cancri,* cangrejo). Tumor maligno formado por la multiplicación desordenada de las células de un tejido o de un órgano. **2.** *Fig.* Mal que devora una sociedad, una organización, etc.: *la burocracia es el cáncer de muchos gobiernos.* ◆ adj. y s.m. y f. Se dice de la persona nacida entre el 22 de junio y el 22 de julio, bajo el signo de Cáncer. (El plural es *cáncer;* suele escribirse con mayúscula.)

cáncer

La proliferación celular de los cánceres (mitosis incontroladas) tiende a destruir los tejidos, a difundirse por el organismo (metástasis) y a reproducirse. Se diferencian varios tipos de cánceres: los *epiteliomas* (o carcinomas) son los más frecuentes y afectan a la piel, mucosas, labios, cuello del útero, glándulas mamarias e hígado; los *sarcomas* son los cánceres de los tejidos conjuntivos; los *hematosarcomas,* afectan al bazo, médula ósea, ganglios linfáticos y originan leucemias; los *melanomas malignos* son los tumores del tejido pigmentario; los *cánceres del sistema nervioso central* solo tienen extensión local y no originan metástasis. Los factores cancerígenos pueden ser químicos (anilina, amianto), físicos (radiaciones ionizantes), víricos, genéticos o inmunitarios. Clínicamente los síntomas son variables, poco específicos y los trastornos diversos (úlceras de la piel o mucosas que no cicatrizan, hemorragias, adelgazamiento rápido, bultos inhabituales e indoloros en la piel o senos, afonías o dolor de garganta persistentes, etc.), pudiendo confundirse con afecciones banales. Una vez localizada la lesión mediante exámenes clínicos (radiografías, endoscopias, etc.), se realiza a menudo una *biopsia* (examen histológico e histoquímico) que permita identificar el tipo de tumor. El tratamiento se establece en función del tipo de cáncer y de su localización. Por lo general, se trata quirúrgicamente (extirpación) y por fisioterapia (radioterapia, bomba de cobalto), o mediante quimioterapia (antimitóticos). Cuando se trata correctamente y a tiempo, puede conseguirse la curación en un gran número de casos.

cancerar v.intr. y prnl. Producir cáncer.

cancerbero s.m. (de *can,* perro, y *Cerbero,* perro de tres cabezas de la mitología griega). Portero o guarda severo. **2.** Guardameta o portero de un equipo de fútbol.

cancerígeno, a adj. y s.m. Se dice de la sustancia química o el agente físico que pueden provocar cáncer.

cancerización s.f. Degeneración cancerosa de una lesión benigna preexistente.

cancerología s.f. Parte de la patología que estudia el cáncer. SIN.: *carcinología, oncología.*

cancerológico, a adj. Relativo a la cancerología.

canceroso, a adj. y s. Del cáncer; que padece cáncer.

1. **cancha** s.f. (quechua *kánča,* recinto, empalizada). Local destinado a la práctica de distintos deportes. **2.** Espacio delimitado por líneas donde se practican ciertos deportes. **3.** Parte del frontón, estrictamente el terreno o piso donde botan las pelotas. **4.** Amér. Terreno, espacio, local o sitio llano y desembarazado. **5.** Amér. Hipódromo. **6.** Amér. Merid. Parte ancha y despejada de un río. **7.** Argent., Bol., Par. y Urug. Corral o cercado espacioso que sirve de almacén: *cancha de madera.* **8.** Argent., Chile, C. Rica, Par. y Perú. Habilidad adquirida a través de la experiencia. **9.** Colomb. y Par. Cantidad que cobra el dueño de una casa de juego. **10.** Urug. Camino, senda. ◆ interj. Amér. Merid. y C. Rica. Se usa para pedir paso. ◇ **Abrir,** o **dar, cancha a alguien** Argent., Chile, C. Rica, Par. y Perú. Concederle alguna ventaja; despejar un sitio, hacer espacio para algo o alguien. **Dar cancha, tiro y lado** Chile. Encontrarse en manifiesta superioridad frente a otro. **Estar alguien en su cancha** Chile y Par. Estar en su elemento.

2. **cancha** s.f. Colomb. y Perú. Maíz o habas tostados.

canchal s.m. Peñascal, acumulación de piedras de gran tamaño.

canchear v.intr. Amér. Merid. Buscar distracción para no trabajar seriamente.

canchero, a adj. y s. Amér. Que tiene una cancha de juego o cuida de ella. **2.** Amér. Merid. Experto en cierta actividad. **3.** Chile. Se dice de la persona que busca trabajos de poca duración y esfuerzo. **4.** Perú. Se dice del clérigo que utiliza cualquier medio para sacarle dinero a sus fieles. ◆ adj. Argent., Chile, Par., Perú y Urug. Ducho y experto en alguna actividad.

cancho s.m. Peñasco grande.

cancilla s.f. Puerta a manera de verja.

canciller s.m. (fr. *chancelier*). Jefe o presidente de gobierno de ciertos países, como Alemania. (El femenino también puede ser *cancillera.*) **2.** Ministro de Asuntos Exteriores en ciertos países latinoamericanos. (El femenino también puede ser *cancillera.*) **3.** Secretario encargado del sello real con el que se autorizaban los privilegios y cartas reales.

cancilleresco, a adj. Relativo a la cancillería.

cancillería s.f. Oficio o cargo de canciller. **2.** Ministerio de Asuntos Exteriores en ciertos países latinoamericanos. **3.** Oficina encargada de la redacción de los documentos diplomáticos.

canción s.f. (lat. *cantio, -onis*). Composición musical de carácter popular, sentimental o satírico, dividida en estrofas y destinada a ser cantada. **2.** Música de una canción. **3.** Composición lírica, dividida en estancias largas, todas de igual número de endecasílabos menos la última, que es más breve. ◇ **Canción de cuna** Canción con que se duerme a los niños pequeños. SIN.: *nana.* **Canción polifónica** Composición musical a varias voces muy en boga en el s. XVI. **Volver a la misma canción** *Fam.* Insistir inoportunamente en algo.

cancioneril adj. Relativo al cancionero o que tiene sus características.

cancionero s.m. Obra que contiene una colección de canciones y poesías de uno o varios autores.

cancionero

Aunque los primeros cancioneros peninsulares se remontan a los ss. XIII y XIV, fue en el s. XV cuando se configuró la modalidad poética cancioneril, de índole cortesana, caracterizada por su artificiosidad y su conceptuosidad sentimental y estilística. Esta poesía incluye dos géneros principales: la *canción* lírica, concebida para el canto, por lo general de tema amoroso, y el *decir,* para ser leído, de carácter doctrinal, panegírico, narrativo o satírico. Los cancioneros más notables son: el *Cancionero de Baena* (h. 1445), el *Cancionero de Stúñiga* (Nápoles, 1458), y el *Cancionero general,* recopilado por Hernando del Castillo (Valencia, 1511), que conoció numerosas reimpresiones.

cancionista s.m. y f. Persona que compone o canta canciones.

canco s.m. Bol. y Chile. Nalga. **2.** Chile. Olla o vasija destinada a diversos usos domésticos. **3.** Chile. Maceta. ◆ **cancos** s.m.pl. Chile. En la mujer, caderas anchas.

cancona adj. y s.f. Chile. Mujer de caderas anchas.

candado s.m. (lat. tardío *catenatum*). Cerradura independiente que por medio de armellas asegura puertas, cajas, etc. ◇ **Ley del candado** Disposición restrictiva de la instalación de nuevas comunidades religiosas en España, aprobada en 1910 a instancias de Canalejas.

cande o **candi** adj. (ár. vulgar *qándi*). Se dice del azúcar purificado y cristalizado.

candeal adj. y s.m. (del lat. *candidus*). Se dice de una variedad de trigo que da harina y pan blanco de gran calidad. **2.** Se dice del pan elaborado con este trigo.

candela s.f. (lat. *candela*). Cilindro de cera u otra materia crasa, con pabilo central que sirve para alumbrar. SIN.: *vela.* **2.** *Fam.* Lumbre, materia combustible encendida. **3.** Figura de acrobacia aérea. **4.** Flor del castaño. **5.** Unidad de medida de intensidad luminosa (símb. cd), que equivale a la intensidad luminosa, en una dirección dada, de un manantial que emite una radiación monocromática de frecuencia igual a 540×10^{12} hercios y cuya intensidad energética en esta dirección es igual a 1/683 vatios por estereorradián. ◇ **Arrimar,** o **dar, candela** Esp. *Fam.* Pegar, o dar, palos. **En candela** MAR. En posición vertical: *trinquete en candela.*

candelabro s.m. (lat. *candelabrum*). Candelero de dos o más brazos. **2.** Parte alta y terminada en palma de la cornamenta de los cérvidos. **3.** ARQ. Balaustre ornamental asentado sobre un zócalo y terminado en forma de cazoleta con llamas.

candelaria s.f. Fiesta católica que conmemora la presentación de Jesucristo en el templo y la purificación de la Virgen. (Se celebra el dos de febrero.)

candelario, a adj. y s. Perú. Necio, tonto.

candelejón s.m. Chile, Colomb. y Perú. Tonto, simple, bobo.

candelero s.m. Utensilio para mantener derecha una vela o candela. ◇ **En (el) candelero** En posición destacada por haber conseguido un gran éxito o fama.

candelilla s.f. Chile. Nombre que se da a cualquier luz o fosforescencia pequeña que se ve de noche en el campo. **2.** Chile, C. Rica y Hond. Luciérnaga. **3.** Cuba. Costura, especie de bastilla.

candente adj. (lat. *candens, -entis,* p. activo de *candere,* ser blanco). Se dice del cuerpo, especialmente el carbón y los metales, que al someterlo a altas temperaturas adquiere un color rojo o blanco. **2.** *Fig.* Que es de actualidad y despierta el interés: *noticias candentes.*

candi adj. → **cande.**

candidación s.f. Acción de cristalizar el azúcar.

candidato, a s. (lat. *candidatus*). Persona que aspira a un cargo o distinción o que es propuesta para que se lo concedan.

candidatura s.f. Aspiración o propuesta para cualquier dignidad o cargo. **2.** Reunión de candidatos. **3.** Papeleta en que figura el nombre de uno o varios candidatos.

candidez s.f. Cualidad de cándido.

candidiasis s.f. Micosis provocada por un hongo de tipo *Candida,* que afecta especialmente a la piel o a las mucosas bucales *(muguet)* o genitales *(vulvitis).*

cándido, a adj. (lat. *candidus*). Sencillo, ingenuo, sin malicia ni doblez. **2.** Blanco.

candil s.m. (ár. *qandil,* lámpara). Lámpara de aceite formada por dos recipientes de metal superpuestos y con una mecha que asoma por un pico. **2.** Punta del cuerno del ciervo. **3.** Méx. Lámpara de araña.

candilejas s.f.pl. Fila de luces situadas al nivel del tablado y al borde del proscenio del escenario de un teatro.

candinga s.f. Chile. Majadería. **2.** Hond. Enredo.

candiota adj. y s.m. y f. De Candía. ◆ s.f. Barril para vino u otro licor. **2.** Recipiente grande de barro provisto de una espita en la parte inferior y generalmente apoyado sobre un pie, que se utiliza para guardar vino.

candombe s.m. Ritmo típico de Uruguay, de origen africano, interpretado por comparsas durante el carnaval.

candomblé s.m. Culto practicado en Brasil, en el que predominan los ritos o ceremonias africanas.

candonga s.f. *Fam.* Chasco o burla que se hace de palabra. **2.** Colomb. Pendiente, joya. **3.** Hond. Lienzo con el que se faja el vientre de los bebés.

candongo, a adj. y s. *Fam.* Astuto y zalamero. **2.** *Fam.* Holgazán.

candor s.m. (lat. *candor*). Inocencia, ingenuidad, candidez. **2.** *Poét.* Blancura.

candoroso, a adj. Que tiene candor o inocencia.

caneca s.f. Frasco cilíndrico de barro vidriado que, lleno de agua caliente, se utiliza para dar calor. **2.** Colomb. Recipiente donde se tira la basura. **3.** Colomb. y Ecuad. Tambor de hojalata para transportar petróleo y otros líquidos.

canecillo s.m. ARQ. Ménsula que sobresale de un plano y sostiene un miembro voladizo o sirve para apear un arco resaltado.

caneco, a adj. Bol. Ebrio, borracho.

canéfora s.f. (gr. *kanifóros*). ANT. GR. Muchacha que llevaba sobre su cabeza las canastillas sagradas durante las ceremonias religiosas.

canela s.f. (del fr. ant. *canele*). Condimento para aromatizar dulces y otros alimentos. **2.** Corteza de diversas plantas aromáticas, especialmente del canelo. **3.** Madera comercial de origen americano. ◆ adj. y s.m. Se dice del color marrón claro con un tono rojizo, como el de la canela (condimento). ◆ adj. Que es de este color. (Es invariable en plural.) <> **Canela fina,** o **en rama** *Fig.* y *fam.* Cosa muy fina y exquisita.

1. **canelo** o **canela,** pueblo amerindio, aculturado lingüísticamente por los quechuas, que habita en la cuenca del río Napo (Ecuador). SIN.: *napo.*

2. **canelo, a** adj. Se dice del perro o el caballo que es de color canela. ◆ s.m. Árbol de 7 a 8 m de alt., de hojas parecidas a las del laurel, originario de la India, Ceilán y China, de cuya corteza se extrae la canela.

canelón o **canalón** s.m. Pieza de pasta de harina, rellena y enrollada en forma tubular. (Suele usarse en plural.) **2.** Venez. Rizo que las mujeres se hacen en el pelo.

canesú s.m. (fr. *canezou*). Pieza superior de una camisa, blusa o vestido, a la que se cosen el cuello, las mangas y el resto de la prenda.

canevás s.m. Conjunto de puntos de posición conocida, que sirve de base para una medición topográfica.

canga s.f. Conglomerado arcilloso-ferruginoso que ocupa grandes extensiones en el Brasil oriental. **2.** Amér. Merid. Mineral de hierro que tiene arcilla.

cangagua s.f. Colomb. y Ecuad. Tierra empleada para hacer adobes.

cangalla s.f. Argent. y Chile. Desperdicios minerales. **2.** Bol. Aparejo que se utiliza para que las bestias transporten carga. **3.** Colomb. Animal o persona enflaquecidos.

cangallar v.tr. Bol. y Chile. Robar en las minas. **2.** Chile. Defraudar al fisco.

cangilón s.m. Recipiente de barro o metal atado a la maroma de la noria. **2.** Recipiente grande de barro o metal, generalmente en forma de cántaro, para transportar o guardar líquidos. **3.** Recipiente utilizado en diversos aparatos de transporte, carga o elevación de materiales. **4.** Cada uno de los pliegues en forma de cañón que tenían los cuellos o escarolados.

cangreja s.f. MAR. Vela trapezoidal que va envergada por su relinga superior a una percha oblicua y por el pujamen de la botavara.

cangrejal s.m. Argent. y Urug. Terreno pantanoso e intransitable por la abundancia de cangrejillos negruzcos.

cangrejera s.f. Nido de cangrejos.

cangrejo s.m. (dim. del ant. *cangro*). Crustáceo decápodo braquiuro, con el abdomen atrofiado y replegado bajo el cefalotórax, y dotado de un par de grandes pinzas. <> **Cangrejo de río** Cangrejo de agua dulce, que se caracteriza sobre todo por su apéndice o punta cefálica triangular. SIN.: *ástaco.* **Cangrejo ermitaño** Crustáceo muy común en las costas de Europa occidental, que protege su abdomen blando en el caparazón vacío de un gasterópodo.

cangrena s.f. → **gangrena.**

cangro s.m. Colomb. y Guat. Cáncer.

canguelo s.m. (voz caló, de *kandela,* apesta). Esp. Miedo, temor.

canguil s.m. Ecuad. Maíz pequeño muy apreciado.

canguro s.m. (del ingl. ant. *kangooroo*). Mamífero australiano del orden marsupiales, con las extremidades traseras muy desarrolladas, que le permiten desplazarse mediante saltos. (La hembra tiene una bolsa en el vientre donde lleva la cría.) **2.** Prenda de vestir deportiva, de tejido impermeable, provista de capucha y con un único bolsillo centrado en la parte delantera. ◆ s.m. y f. Esp. Persona que se contrata para cuidar niños en ausencia de sus padres.

caníbal adj. y s.m. y f. (de *caríbal,* caribe, indígena de las Antillas). Antropófago. **2.** *Fig.* Se dice de la persona cruel y feroz.

canibalismo s.m. Antropofagia. **2.** PSICOANÁL. Fantasma del estadio oral, que consiste en querer incorporar, devorándolo, el objeto amado.

canibalizar v.tr. Utilizar las piezas en buen estado de un aparato irreparable o fuera de uso para construir uno nuevo o reparar uno aprovechable. **2.** *Fig.* Acaparar una empresa o producto el espacio, el público o las ventas de otra empresa o producto.

canica s.f. (del bearnés *canique*). Bola pequeña de vidrio u otra materia dura, de uno o varios colores. ◆ **canicas** s.f.pl. Juego de niños con bolitas de barro, vidrio u otra materia dura. <> **Botársele a alguien la canica** Méx. *Fam.* Enloquecer.

canichana, pueblo amerindio de lengua homónima, que habita en el NO de Bolivia (cuenca del Machupo) entre el pueblo mojo. (Se dedica a la caza y a la pesca.)

caniche adj. y s.m. Se dice de una raza de perros pequeños de pelo lanoso y rizado.

canicie s.f. (lat. *canities*). Decoloración del sistema piloso.

canícula s.f. (lat. *canicula,* estrella Sirio). Período del año en que arrecia el calor. **2.** ASTRON. Tiempo en el que la estrella Sirio sale y se pone con el Sol, y que, en la antigüedad, coincidía con el inicio del verano en la latitud de El Cairo.

canicular adj. Relativo a la canícula.

cánido, a adj. y s.m. Relativo a una familia de mamíferos carnívoros, dotados de numerosos molares y garras no retráctiles, buenos corredores, como el lobo, el perro y el zorro.

canijo, a adj. *Fam.* Débil y enfermizo o raquítico. **2.** Méx. *Fam.* Difícil, complicado: *está canijo que podamos ir de vacaciones.* **3.** Méx. Malo, desalmado.

canilla s.f. Hueso largo de la pierna o del brazo. **2.** Cualquiera de los huesos principales del ala de un ave. **3.** Llave, dispositivo. **4.** Pequeño cilindro metálico en el que se enrolla el hilo en una lanzadera. **5.** Lista que algunas hebras de diferente color o grosor forman en un tejido por error. **6.** Colomb. y Perú. Pantorrilla. **7.** Méx. *Fig.* Fuerza física. **8.** Perú. Juego de dados. ◆ **canillas** s.f.pl. Piernas, especialmente si son muy delgadas.

canillera s.f. Máquina que enrolla el hilo en las canillas. **2.** Amér. Central. Temor, miedo. **3.** Amér. Central. Temblor de piernas originado por el miedo. **4.** Argent. y Chile. Almohadilla que protege la parte anterior de la pierna.

canillita s.m. Amér. Merid. y Dom. Muchacho que vende periódicos o billetes de lotería.

canino, a adj. Relativo al can. **2.** Se dice de las cualidades que suelen atribuirse a los perros: *lealtad canina; hambre canina.* ◆ adj. y s.m. Se dice del diente, a menudo puntiagudo, situado entre los incisivos y los premolares.

canje s.m. (del ital. *cangiare*). Cambio, trueque o permuta: *canje de prisioneros.*

canjear v.tr. Intercambiar una cosa por otra, especialmente documentos o prisioneros.

canjiar s.m. Puñal indio.

cannabáceo, a adj. y s.f. Relativo a una familia de plantas del orden urticales, sin látex, a la que pertenecen el cáñamo y el lúpulo.

cannabis s.m. Polvo obtenido de la resina, hojas e inflorescencia femenina de una variedad de cáñamo, que produce efectos hipnóticos.

cannabismo s.m. Intoxicación por abuso de cannabis.

cano, a adj. (lat. *canus,* blanco). Canoso. **2.** *Fig.* y *poét.* Blanco, del color de la nieve.

canoa s.f. (voz arawak). Embarcación ligera, sin puente, propulsada a remo, pala, vela o motor. **2.** Amér. Cualquier clase de canal para conducir el agua. **3.** Chile. Vaina ancha y grande de los cocos de la palmera. **4.** Chile, Colomb., C. Rica, Cuba, Nicar. y P. Rico. Artesa o cajón de forma oblonga que sirve para recoger mieles en los trapiches, dar de comer a los animales, etc.

canódromo s.m. Lugar donde se celebran las carreras de galgos.

canoero, a s. Persona que tiene por oficio gobernar una canoa.

canon s.m. (lat. *canon, -onis,* del gr. *kanón,* tallo, vara, regla, norma). Conjunto de preceptos o normas. **2.** Cosa que se considera perfecta en su género, en especial la figura humana de proporciones ideales. **3.** Lista oficial de los libros considerados como inspirados por Dios. **4.** Chile. Pago por un alquiler. **5.** CATOL. Conjunto de oraciones y de ceremonias de la misa, desde el Sanctus hasta el Pater noster. **6.** DER. Prestación pecuniaria periódica por el aprovechamiento o explotación de una concesión pública. **7.** MÚS. Forma de composición musical en la que sucesivamente van entrando las voces o instrumentos, repitiendo cada una el canto o la melodía de la que antecede. **8.** TEOL. CRIST. Ley o regla establecida por la autoridad legítima de la Iglesia. ◆ **cánones** s.m.pl. *Derecho canónico.

canonesa s.f. En las abadías flamencas y alemanas, mujer que vive en comunidad religiosa, sin hacer votos solemnes.

canonical adj. Relativo al canónigo.

canonicato s.m. Canonjía.

canónico, a adj. Conforme a los cánones y demás disposiciones eclesiásticas. **2.** Regular, conforme a las reglas. **3.** Relativo al canónigo. <> **Edad canónica** Edad requerida por el derecho eclesiástico para acceder a ciertas funciones o desempeñar ciertos cargos; edad madura. **Forma,** o **ecuación, canónica** MAT. Forma, o ecuación, simple, en la que puede expresarse, mediante un cambio de variables, un cierto número de formas o de ecuaciones.

canóniga s.f. *Fam.* Siesta que se duerme antes de comer.

canónigo s.m. (bajo lat. *canonicus,* clérigo). Dignatario eclesiástico que forma parte del cabildo catedral *(canónigo titular)* o que desempeña una función pastoral o administrativa en la diócesis *(canónigo honorario).*

canonista s.m. y f. Especialista en derecho canónico.

canonización s.f. Acción de canonizar.

canonizar v.tr. Declarar el papa que un beato es oficialmente santo. **2.** *Fig.* Establecer que alguien o algo sirvan de canon o modelo: *canonizar una conducta.*

canonjía s.f. Dignidad y beneficio de canónigo. **2.** *Fig.* y *fam.* Empleo de poco trabajo y bastante provecho.

canope s.m. Urna funeraria, típica del Egipto faraónico, que estaba destinada a contener las vísceras de un cadáver momificado.

canoro, a adj. Se dice del ave de canto melodioso. **2.** Grato y melodioso.

canoso, a adj. Que tiene canas: *barba canosa.* SIN.: *cano.*

canotié s.m. (fr. *canotier*). Sombrero de paja, de ala plana y copa baja y cilíndrica rodeada de una cinta.

cansado, a adj. Que produce cansancio: *un trabajo cansado.* **2.** Que cansa con su trato o conversación.

cansador, ra adj. Argent., Chile y Urug. Que resulta cansado, pesado o aburrido.

cansancio s.m. Falta de fuerzas motivada por la realización de un esfuerzo o la falta de reposo. **2.** Hastío, aburrimiento.

cansar v.tr. y prnl. (lat. *campsare*). Causar cansancio. **2.** *Fig.* Causar molestia o fastidio por ser monótono o reiterativo: *cansarse de oír siempre lo mismo.* **3.** Agotar la fertilidad de la tierra de labor. <> **¡Me canso!** Méx. *Fam.* ¡Por supuesto!, ¡claro que sí!

cansera s.f. *Fam.* Molestia y enojo causados por impertinencia. **2.** Colomb. Tiempo perdido en algún empeño.

cansino, a adj. Que denota cansancio o falta de fuerza y energía: *paso cansino.*

cantable adj. Que puede cantarse. ◆ s.m. Parte de un libreto de zarzuela escrito en verso para ser cantado.

cantábrico, a adj. y s. De Cantabria o del Cantábrico.

cántabro, a adj. y s. De Cantabria. **2.** De un pueblo prerromano asentado en el N de la península Ibérica, en la actual Cantabria.

cántabro

De fuerte influencia celta, los cántabros tenían una organización tribal, con acusadas formas matriarcales y vida seminómada. Nunca fueron totalmente romanizados y, tras la invasión musulmana, constituyeron con los astures el foco del reino de Asturias.

cantador, ra o **cantaor, ra** s. Persona que canta, especialmente cante flamenco.

1. **cantal** s.m. Canto de piedra.

2. **cantal** s.m. Queso de leche de vaca, de pasta dura, elaborado en la región francesa de Auvernia.

cantaleta s.f. Cantinela, repetición molesta. **2.** Colomb. Regañina continuada.

cantaletear v.tr. Colomb. Repetir insistentemente las cosas.

cantamañanas s.m. y f. *Fam.* Persona informal, irresponsable y que no merece crédito.

cantante s.m. y f. Persona que se dedica profesionalmente a cantar. <> **Voz cantante** Persona que manda, dispone, etc., en un negocio, conversación, etc.

cantaor, ra s. → **cantador, a.**

1. **cantar** v.tr. e intr. Emitir con los órganos de la voz una

serie de sonidos modulados. **2.** *Fig.* Ensalzar: *cantar al amor.* **3.** *Fig.* y *fam.* Hacer que alguien confiese lo que sabe. **4.** En ciertos juegos de naipes, decir en voz alta los puntos conseguidos: *cantar veinte en bastos.* ◆ v.intr. Producir sonidos estridentes, especialmente los insectos, haciendo vibrar una parte de su cuerpo. ◇ **Cantar de plano** Confesar todo lo que se sabe. **Cantarlas claras** Decir la verdad sin ambages y destempladamente. **Cantar las verdades a alguien** Echarle en cara alguna cosa.

2. **cantar** s.m. Composición poética breve, nacida de la lírica popular, destinada al canto. ◇ **Cantar de gesta** Poema épico o heroico que narra las hazañas de un personaje histórico o legendario, característica de la literatura medieval. **Ser otro cantar** *Fam.* Ser distinto.

cantar

El cantar de gesta tuvo un carácter esencialmente oral. Concebidos y declamados por juglares profesionales, se dividen en estrofas, que se cantaban en dos o tres frases melódicas, alternadas en una especie de salmodia. La acción gira en torno a personajes históricos o legendarios. El poema exalta esencialmente el ideal de un mundo feudal y de una civilización cristiana dominada por el espíritu de cruzada contra los infieles, como en el *Cantar de Roldán* y el *Cantar de Mio Cid.* En España solo se conservan el *Mio Cid* y un fragmento del de *Roncesvalles,* además de algún cantar prosificado parcialmente en las crónicas medievales.

cántara s.f. Cántaro. **2.** Medida de capacidad para líquidos equivalente a 16,133 l.

cantarano s.m. (ital. *canterano*). Mueble que sirve de cómoda y escritorio.

cantarela s.f. En el violín o la guitarra, prima.

cantarera s.f. Poyo o armazón de madera para poner cántaros.

cantárida s.f. (lat. *cantharis, -aridis*). Insecto coleóptero verde dorado, de 2 cm de long., frecuente en los fresnos, y que fue utilizado para preparar vesicatorios y afrodisíacos.

cantaridina s.f. Alcaloide tóxico y congestionante, extraído de la cantárida.

cantarín, na adj. *Fam.* Que tiene sonido agradable. **2.** Aficionado a cantar.

cántaro s.m. (lat. *cantharus,* copa grande con dos asas). Recipiente de barro o metal para contener y transportar líquidos, que tiene una abertura angosta, la barriga ancha y la base estrecha, generalmente con una o dos asas. ◇ **Llover a cántaros** En abundancia, con mucha fuerza.

cantata s.f. (voz italiana). Composición musical escrita para una o varias voces con acompañamiento instrumental.

cantatriz s.f. Mujer cantante.

cantautor, ra s. Cantante que interpreta sus propias composiciones.

cantazo s.m. Pedrada.

cante s.m. Canción popular andaluza. **2.** Acción de cantar.

cantegril s.m. Urug. Barrio marginal de chabolas.

cantera s.f. Terreno del que se extrae piedra u otras materias primas. **2.** Lugar, institución, etc., donde se forman personas con capacidades específicas para alguna disciplina: *cantera de jugadores de fútbol.*

cantería s.f. Arte y técnica de labrar piedras para la construcción. **2.** Obra de piedra labrada.

cantero, a s. Trabajador de una cantera. **2.** Persona que tiene por oficio labrar piedras para la construcción. ◆ s.m. Extremo de algo duro que puede partirse con facilidad: *un cantero de pan.* **2.** Parcela de terreno de labor alargada y estrecha. **3.** Amér. Cuadro de un jardín. **4.** Amér. Espacio de jardín o de huerta donde se siembra y trabaja.

cántico s.m. Canto religioso de acción de gracias. **2.** Nombre de ciertas poesías profanas: *cántico nupcial.* **3.** Canto de exaltación o de ánimo.

cantidad s.f. (lat. *quantitas, -atis*). Carácter de lo que puede ser medido o contado, de lo que es susceptible de crecimiento o de disminución: *medir una cantidad.* **2.** Porción abundante de algo o gran número de cosas. **3.** Suma de dinero. **4.** Duración atribuida a una sílaba en la pronunciación. ◇ **(En) cantidad** Mucho, en abundancia: *me gusta en cantidad.* **En cantidades industriales** *Fam.* Muchísimo.

cantiga o **cántiga** s.f. Composición poética medieval destinada al canto, especialmente la galaicoportuguesa.

cantil s.m. (de *2. canto*). Desnivel o escalón en la costa o el fondo del mar. **2.** Borde de un despeñadero.

cantilena s.f. (lat. *cantilena*). Canción o poema breve épico-lírico que la crítica romántica consideró el núcleo primitivo de los cantares de gesta. **2.** Cantinela.

cantilever adj. y s.m. TECNOL. **a.** Se dice de un tipo de puente metálico cuyas vigas principales se prolongan en voladizo y soportan a su vez una viga de luz reducida. **b.** Se dice de una suspensión en voladizo.

cantimpla adj. Amér. Tonto, bobo.

cantimplora s.f. (cat. ant. *cantiplora*). Recipiente para llevar y beber agua en un viaje o excursión, que suele tener forma de botella aplanada. **2.** Colomb. Recipiente para llevar la pólvora. **3.** Guat. Bocio, papera.

cantina s.f. (ital. *cantina*). Establecimiento público donde se sirven bebidas y comestibles, que generalmente forma parte de una instalación mayor. **2.** Argent. Fonda.

cantinela s.f. Cosa que se repite insistentemente y que resulta molesta, como un sonido o algo que dice una persona. (También *cantilena.*)

cantinera s.f. Mujer que sigue a las tropas con el fin de venderles comestibles o bebidas.

cantinero, a s. Propietario de una cantina o persona que trabaja en una cantina.

cantizal s.m. Terreno cubierto de cantos o piedras.

1. **canto** s.m. (lat. *cantus, -i,* llanta de metal en una rueda). Extremidad o lado de cualquier sitio o cosa: *el canto de la mesa.* **2.** Lado opuesto al filo de los instrumentos cortantes. **3.** Corte del libro opuesto al lomo. **4.** Grueso de alguna cosa: *tabla de dos centímetros de canto.* **5.** Dimensión menor de una escuadría. **6.** Colomb. Falda, regazo. ◇ **Al canto** Inmediato, inevitable: *discusión al canto.* **De canto** De lado, no de plano.

2. **canto** s.m. (lat. *cantus, -us,* de *canere,* cantar). Acción y efecto de cantar: *el canto del gallo.* **2.** Cada una de las partes en que se divide un poema épico: *los veinticuatro cantos de la Odisea.* **3.** Nombre de otras composiciones literarias de distinto género: *un canto a la naturaleza.* **4.** Arte de cantar. ◇ **Al canto del gallo** *Fam.* Al amanecer. **Canto del cisne** Última obra o actuación de una persona.

3. **canto** s.m. (de *1. canto*). Piedra pequeña, especialmente la redondeada y alisada: *canto rodado.*

cantón s.m. Esquina. **2.** En Suiza, cada uno de los estados que componen la Confederación. **3.** En Francia, subdivisión de un distrito. **4.** En Bolivia y Costa Rica, área administrativa menor, equivalente al municipio español. **5.** En Ecuador, división administrativa menor que la provincia y constituida por la cabecera cantonal y las parroquias. **6.** Hond. En medio de una llanura, parte alta y aislada. **7.** HERÁLD. Cada uno de los cuatro ángulos que pueden considerarse en el escudo. **8.** HIST. Cada una de las ciudades o demarcaciones territoriales españolas que se proclamaron autónomas en julio de 1873: *el cantón murciano.*

cantonado, a adj. HERÁLD. Se dice de la pieza principal del escudo, cuando la acompañan otras iguales colocadas en cada cantón.

cantonal adj. y s.m. y f. Relativo al cantón o al cantonalismo; partidario del cantonalismo. SIN.: *cantonalista.*

cantonalismo s.m. Doctrina política que defiende la división del estado en cantones federados.

cantonalista adj. y s.m. y f. Cantonal.

cantonera s.f. Pieza puesta en las esquinas de libros, muebles, etc., para refuerzo, protección o adorno. **2.** Mueble que encaja en un rincón. SIN.: *rinconera.* <> **Cantonera engomada** Lengüeta de papel adhesivo que permite fijar estampas o fotografías por sus ángulos en las hojas de un álbum.

cantonés, sa adj. y s. De Cantón. ◆ s.m. Variedad del chino hablada en la región de Cantón.

cantor, ra adj. y s. (lat. *cantor, -oris*). Que canta, especialmente si se dedica profesionalmente. **2.** *Fig.* Se dice de la persona que narra o describe algo de forma poética. ◆ adj. Se dice del ave capaz de emitir sonidos melodiosos y variados, como el mirlo y el ruiseñor.

cantora s.f. Chile. Orinal.

cantoral s.m. Libro que contiene las oraciones y la música que se cantan a coro en los oficios divinos.

cantoría s.f. En las iglesias italianas, tribuna para los cantores.

cantúa s.f. Cuba. Dulce seco elaborado con coco, boniato, ajonjolí y azúcar.

cantueso s.m. Espliego.

canturrear o **canturriar** v.intr. *Fam.* Cantar a media voz.

canturreo s.m. Acción de canturrear.

cantus firmus s.m. Tema que sirve de base para una obra musical polifónica y que se enuncia a menudo en valores de notas largas.

cantuta s.f. Amér. Clavel de flor sencilla.

cánula s.f. (lat. *cannula*). Tubo de goma u otro material flexible que se emplea en diversos aparatos de laboratorio y en medicina para drenar, evacuar o introducir porciones de líquido. **2.** Porción terminal de la jeringa, donde se coloca la aguja. **3.** Caña pequeña.

canutas (pasarlas) loc. Cuba y Esp. Indica que una persona se encuentra en una situación difícil, apurada o arriesgada.

canutillo s.m. Tejido en el que los cordoncillos corren siempre en dirección de la urdimbre y los hilos son de algodón cardado.

canuto s.m. (mozár. *qannût*). Porción de caña comprendida entre dos nudos. **2.** Tubo cerrado por un extremo y, a veces, con una tapa en el otro, que tiene distintos usos, como transportar planos, diplomas, etc. **3.** Chile. Apelación despectiva que se da a los ministros y pastores protestantes. **4.** Chile. Nombre dado a los fieles de este culto. **5.** Esp. *Fam.* Cigarrillo de marihuana, hachís, etc. **6.** Méx. Sorbete de leche, azúcar y huevo, cuajado en forma de canuto.

canzone s.f. Canción italiana ejecutada a varias voces.

canzonetista s.f. Mujer que canta canciones en público.

caña s.f. (lat. *canna*). Planta herbácea que alcanza una altura de 3 a 5 m, de tallo hueco y flexible, hojas anchas y ásperas y flores en panojas terminales muy ramosas y laxas; es originaria de Europa meridional. (Familia gramíneas.) **2.** Tallo de una planta gramínea, en general hueco y nudoso. **3.** Vara larga, delgada y flexible, de longitud variable, que se emplea para pescar. **4.** Vaso para beber vino o cerveza, generalmente cónico, alto y estrecho. **5.** Cantidad de bebida que cabe dentro de este vaso. **6.** Canilla del brazo o de la pierna. **7.** Tuétano. **8.** Parte de la bota que cubre la pierna. **9.** Parte de la caja de un arma portátil en que encaja el cañón. **10.** Fuste de una columna. **11.** Parte del remo comprendida entre la pala y el luchadero. **12.** Canción popular andaluza de tono melancólico. **13.** Amér. Merid. Aguardiente destilado de la caña de azúcar. **14.** Colomb. Cierto baile. **15.** Colomb. Noticia falsa, fanfarronada. <> **Caña de azúcar,** o **dulce,** o **Castilla** Planta tropical cultivada por el azúcar que se extrae de su tallo, que alcanza una altura de 2 a 5 m. (Familia gramíneas.) **Caña de bambú** Madera que se utiliza para la fabricación de cañas de pescar, formada por seis secciones triangulares talladas en bambú.

cañacoro s.m. Planta de flores agrupadas en espigas y semillas globosas, cultivada en zonas cálidas por su rizoma rico en féculas. (Es originaria de la India; se utilizan sus semillas para fabricar cuentas de rosario; familia cannáceas.)

cañada s.f. Espacio de tierra entre dos elevaciones poco distantes entre sí. **2.** Camino natural por el que pasa el ganado trashumante. **3.** Argent., Par. y Urug. Terreno bajo entre lomas, bañado de agua y con vegetación propia de tierras húmedas.

cañadilla s.f. Molusco gasterópodo, de concha cubierta de aguijones, que puede alcanzar un tamaño de 8 cm de long.; es comestible y vive en las costas del Mediterráneo.

cañadón s.m. Argent., Cuba y Urug. Cauce antiguo y profundo entre dos lomas o sierras.

cañafístula o **cañafístola** s.f. Árbol grande y frondoso, de 10 m de alt., tronco ramoso, hojas compuestas, flores amarillas en racimos colgantes y fruto en legumbre leñosa de pulpa negruzca y dulce que tiene propiedades laxantes. (Familia cesalpiniáceas.) **2.** Fruto de esta planta.

cañaheja s.f. Planta fragante de las regiones mediterráneas y de Asia occidental, de tallo hueco, que mide hasta 2 m de alt. y de la que se obtiene una gomorresina. (Familia umbelíferas.)

cañamar s.m. Terreno plantado o sembrado de cáñamo.

cañamazo s.m. Tela de cáñamo, lino o algodón, de hilos dobles, que se emplea para bordar.

cañamero, a adj. Relativo al cáñamo.

cáñamo s.m. (hispano-lat. *cannabum*). Planta de hojas palmeadas, cultivada por su tallo, que proporciona una excelente fibra textil, y por sus semillas. (Familia cannabáceas.) **2.** Fibra obtenida del cáñamo; materia textil hecha con dicha fibra. <> **Cáñamo de Manila** Fibra textil extraída del abacá. **Cáñamo índico** Variedad de *Cannabis sativa,* de la que se obtiene el hachís y la marihuana.

cañamón s.m. Semilla del cáñamo, que se emplea como alimento para pájaros.

cañarejo s.m. Planta herbácea de flores amarillas. (Familia umbelíferas.)

cañavera s.f. Carrizo.

cañaveral s.m. Terreno poblado de cañas o cañaveras.

cañazo s.m. Golpe dado con una caña.

cañería s.f. Conducto formado de caños por donde circula un fluido.

cañero, a adj. Relativo a la caña de azúcar.

cañí adj. y s.m. y f. [pl. *cañís*]. Gitano.

cañihua s.f. Perú. Mijo que comen los indios y con el que, una vez fermentado, elaboran chicha.

cañinque adj. Amér. Canijo, enclenque.

cañizal o **cañizar** s.m. Cañaveral.

cañizo s.m. Armazón de cañas entretejidas.

caño s.m. Tubo por el que sale agua: *una fuente de dos caños.* **2.** Tubo que forma parte de una tubería de conducción de líquidos o gases. **3.** Conducto de desagüe. **4.** MAR. Canal estrecho, aunque navegable, de un puerto o bahía. **5.** MIN. Galería de mina. **6.** MÚS. Cañón del órgano, por donde entra y sale el aire que produce el sonido.

cañón s.m. Arma de fuego para disparar proyectiles de gran calibre, compuesta por un tubo dispuesto sobre una base, generalmente móvil. **2.** Tubo de un arma de fuego. **3.** Pieza hueca y larga a modo de caña: *cañón de anteojo.* **4.** Valle estrecho y encajado, con paredes abruptas. **5.** Cañada. **6.** Pliegue cilíndrico que se hace en la ropa almidonada. **7.** Parte córnea y hueca de la pluma del ave. **8.** Pluma de ave que empieza a nacer. ◆ adv. *Fam.* Muy bien: *pasarlo cañón.* <> **Bóveda de cañón** ARQ. Bóveda formada por la traslación de un arco según una directriz. **Cañón de chimenea** Conducto de humo que, atravesando todas las plantas de un edificio, sobresale del tejado. **Cañón de electrones** Aparato productor de un haz intenso de electrones muy rápidos. **Cañón de nieve** Aparato para lanzar nieve artificial sobre las pistas de esquí. **Cañón submarino** Depresión alargada y estrecha, de vertientes abruptas, que accidenta los fondos marinos.

cañonazo s.m. Disparo efectuado por un cañón. **2.** Señal o ruido que produce ese disparo.

cañonear v.tr. y prnl. Disparar cañonazos.

cañonera s.f. Abertura en una pared, el costado de un barco o un parapeto, en que se coloca la boca del cañón.

cañonero, a adj. Se dice de la embarcación provista de uno o varios cañones. **2.** Se dice del jugador que tiene un tiro potente.

cañuela s.f. Planta gramínea forrajera de hojas anchas.

cañutillo s.m. Tubito de vidrio que se emplea en trabajos de pasamanería y bordado. **2.** Hilo metálico, brillante o mate, que se usa para bordar.

caoba s.f. (taíno *kaóban*). Árbol de tronco alto, recto y grueso, que produce una excelente madera. (Familia meliáceas.) **2.** Madera de este árbol. **3.** Que es de color marrón rojizo, como el de esta madera.

caodaísmo s.m. Religión instituida por Ngô van Chiên en 1926, que adopta diversos aspectos del budismo, del taoísmo, del confucianismo y del cristianismo.

caolín s.m. (fr. *kaolin*, de Kao Ling, lugar del norte de China). Roca arcillosa, blanca y desmenuzable, compuesta esencialmente por caolinita, que entra en la composición de la porcelana dura.

caolinita s.f. MINER. Silicato natural de aluminio, perteneciente al grupo de las arcillas.

caolinización s.f. Alteración de ciertas rocas feldespáticas con formación superficial de arcilla, debida a la humedad.

caos s.m. (lat. *chaos*, del gr. *káos, -ous*, abismo). Confusión, desorden absolutos. **2.** FILOS. Confusión general de los elementos y de la materia antes de la creación del mundo. **3.** GEOMORFOL. Acumulación de bloques producida por la erosión en ciertas clases de rocas. ◇ **Teoría del caos** Teoría que estudia los fenómenos en los que interviene el azar, y que presentan regularidades que pueden ser descritas matemáticamente.

caótico, a adj. Relativo al caos: *situación caótica.*

capa s.f. (lat. tardío *cappa*). Prenda de vestir larga y suelta, sin mangas, abierta por delante, que se lleva sobre el vestido. **2.** Capote de torero. **3.** Cada una de las partes de grosor uniforme y superpuestas que forman algo. **4.** Sustancia que se aplica o se extiende sobre otra: *capa de pintura.* **5.** *Fig.* Categoría o clase social. **6.** *Fig.* Pretexto con que se encubre un designio: *conspirar con capa de amigos.* **7.** Hoja entera de tabaco que envuelve exteriormente las hojas torcidas de los cigarros puros. **8.** Color del pelo y la piel de ciertos animales. **9.** FÍS. Conjunto de los estados electrónicos de un átomo, caracterizados por un mismo número cuántico principal. **10.** GEOL. Masa de terreno sedimentario que presenta caracteres homogéneos. ◇ **Andar,** o **ir, de capa caída** *Fam.* Ir decayendo o ir perdiendo intensidad y fuerza. **Capa límite** Fina película que envuelve un cuerpo en movimiento con respecto a un fluido y que constituye la sede de fenómenos aerodinámicos y térmicos que afectan al comportamiento de este cuerpo. **Capa pluvial** Capa que usa el sacerdote en algunas funciones litúrgicas. **Defender a capa y espada** Defender enérgicamente a alguien o algo. **Hacer alguien de su capa un sayo** Obrar con libertad en cosas o asuntos que solo le atañen a él.

capacete s.m. ARM. **a.** Casco de metal sin cresta ni visera, a veces terminado en punta, que tenía la superficie cincelada. **b.** Pieza que se coloca en los proyectiles perforantes para proteger la punta de la ojiva.

capacha s.f. Capacho, recipiente. **2.** Bol. y Chile. Prisión, cárcel.

capacho s.m. Cesto para llevar la compra. **2.** Recipiente de esparto, cuero u otro material flexible que se usa para transportar materiales de construcción. SIN.: *capacha.* **3.** TAUROM. Toro que tiene las astas caídas y abiertas.

capacidad s.f. Espacio de un recipiente, un local u otra cosa para contener algo: *la capacidad de un cajón; la capacidad de un local.* **2.** Cualidad, circunstancia o aptitud para hacer o desarrollar algo. **3.** DER. Aptitud legal. **4.** ELECTR. **a.** Cantidad de electricidad que puede restituir un acumulador cuando se descarga. **b.** Cociente entre la carga de un condensador y la diferencia de potencial entre sus armaduras. **5.** INFORMÁT. Cantidad de información que un canal o vía puede transmitir o que una computadora puede tratar por unidad de tiempo. ◇ **Capacidad de una memoria electrónica** Cantidad de información que puede contener esta memoria. **Capacidad torácica,** o **vital** Cantidad máxima de aire que puede entrar en los pulmones partiendo del estado de espiración forzada. **Medida de capacidad** Recipiente utilizado para medir líquidos y áridos.

capacitación s.f. Acción y efecto de capacitar.

capacitancia s.f. ELECTR. Impedancia que presenta un condensador a una frecuencia determinada.

capacitar v.tr. y prnl. Hacer a alguien apto para desarrollar una actividad. ◆ v.tr. Dar derecho a alguien para hacer algo.

capacitivo, a adj. ELECTR. Relativo a la capacidad.

capacitómetro s.m. Aparato para medir capacidades eléctricas.

capadocio, a adj. y s. De Capadocia.

capanga s.m. Argent. y Urug. Capataz, guardaespaldas, matón.

capar v.tr. (lat. vulg. *cappare*). Castrar. **2.** *Fig.* y *fam.* Acortar o cercenar.

caparazón s.m. Cubierta dura y sólida formada por el tegumento engrosado de diversos animales, cuyo cuerpo protege. **2.** Cubierta con que se protege algo. **3.** GEOL. Formación superficial fuertemente consolidada, de espesor considerable, que se da en los suelos de regiones tropicales secas. SIN.: *coraza.*

caparrón s.m. Yema o botón de la planta.

caparrosa s.f. MINER. Nombre de diversos minerales del grupo de los sulfatos hidratados.

capataz s.m. (del lat. *caput*, cabeza). Persona encargada de dirigir y vigilar a un grupo de trabajadores. **2.** Persona encargada de la labranza y administración de las haciendas de campo.

capaz adj. (lat. *capax, -acis*, que tiene mucha cabida). Que tiene capacidad, aptitud o disposición para algo. **2.** Grande, espacioso o suficiente para contener algo: *un armario capaz.* **3.** *Fig.* Que tiene buen talante, es instruido, diestro. ◆ adv. Amér. Posiblemente. ◇ **Arco capaz de un ángulo dado** Arco de círculo formado por los puntos desde los que se ve bajo este ángulo el segmento que une sus extremos. **Capaz que** Méx. Quizá, probablemente, a lo mejor: *capaz que llueve; capaz que saco la lotería.*

capazo s.m. Espuerta grande.

capcioso, a adj. (lat. *captiosus*). Artificioso, engañoso, que induce a error: *pregunta capciosa.*

capea s.f. Fiesta taurina con novillos o becerros en la que participan aficionados. **2.** TAUROM. Acción de capear.

capear v.tr. *Fam.* Eludir con habilidad alguna dificultad, entretener con evasivas. **2.** Capotear al toro. **3.** Adoptar una embarcación una determinada posición para sortear un estado peligroso o desfavorable del mar. **4.** Chile y Guat. Faltar a clase. **5.** Méx. Cubrir con huevo batido algún alimento para luego freírlo: *capear las papas.*

capelán s.m. Pez parecido al bacalao, de unos 30 cm de long. (Familia gádidos.)

capelina s.f. Capellina.

capellán s.m. Titular de la capellanía. **2.** Sacerdote que ejerce sus funciones en una institución religiosa, seglar o castrense, o en una casa particular.

capellanía s.f. Beneficio irregular que consiste en el derecho a recibir los frutos de unos bienes con la obligación de celebrar unas misas o unos actos religiosos, previamente determinados.

capellina s.f. Pieza de la armadura que cubre la parte superior de la cabeza. **2.** Vendaje en forma de gorro. SIN.: *capelina.*

capeo s.m. Acción de capear.

caperuza s.f. Pieza que cubre o protege la extremidad de algo. SIN.: *capucha, capuchón.* **2.** Capucha que no va cosida o atada a la prenda de vestir.

capelo s.m. Sombrero rojo que es insignia de los cardenales. **2.** *Fig.* Dignidad de cardenal. **3.** Méx. Campana de cristal para resguardar del polvo el objeto que contiene. **4.** HERÁLD. Figura que timbra el exterior del escudo de los dignatarios eclesiásticos.

capi s.m. Bol. Harina blanca de maíz. **2.** Chile. Vaina tierna de las leguminosas.

capia s.f. Argent. y Colomb. Masa hecha con harina de capia y azúcar. **2.** Argent., Colomb. y Perú. Maíz blanco muy dulce que se usa para preparar golosinas. **3.** Bol. Harina de maíz tostado. **4.** Bol. Masa hecha con esa harina.

capialzar v.tr. (cat. *capalçar,* de *cap,* cabeza, y *alçar,* levantar). Levantar un arco por uno de sus frentes para formar el declive volteado sobre una puerta o ventana.

capialzo s.m. Declive del intradós de una bóveda.

capibara s.m. Carpincho.

capicatí s.m. Planta de Argentina y Paraguay, de raíz muy aromática y de sabor cálido y acre, que se usa para elaborar un licor especial. (Familia ciperáceas.)

capicúa adj. y s.m. (cat. *cap-i-cua,* cabeza y cola). Se dice del número que es igual leído de izquierda a derecha que de derecha a izquierda. ◆ s.m. Jugada consistente en hacer dominó con una ficha que puede colocarse en cualquiera de los dos extremos.

capiguara s.m. Carpincho.

capilar adj. (lat. *capilaris*). Relativo al cabello: *loción capilar.* ◆ s.m. y adj. ANAT. Vaso muy fino, a veces de 5 micras de diámetro solamente, situado entre las arteriolas y las vénulas. ◇ **Tubo capilar** Tubo de diámetro muy pequeño en el que se manifiestan fenómenos de capilaridad.

capilaridad s.f. Cualidad de capilar. **2.** Conjunto de los fenómenos que se producen en la superficie de un líquido, en particular cuando este está dentro de un tubo capilar.

capilaritis s.f. Inflamación de los vasos capilares.

capilla s.f. (lat. tardío *cappella*). Sala con altar en determinados edificios o en ciertas casas particulares. **2.** Iglesia pequeña anexa a otra mayor, o parte integrante de esta, con altar y advocación particular. **3.** Cuerpo de músicos de una iglesia. **4.** Pliego que se entrega suelto durante la impresión de una obra. **5.** *Fig.* Pequeño grupo de adictos a una persona o una idea. ◇ **Capilla ardiente** Oratorio fúnebre provisional donde se celebran las primeras exequias por un fallecido. **Capilla posa** Capilla situada en las esquinas de los atrios conventuales del s. XVI. **Estar en capilla** Situación del reo desde que se le notifica la condena a muerte hasta que es conducido al lugar de ejecución; estar en trance de sufrir una prueba difícil o de conocer un resultado esperado.

capillo s.m. (lat. vulgar *cappellus,* vestidura de la cabeza). Vestidura de tela que se pone en la cabeza del niño al bautizarlo. **2.** Envoltura intermedia del cigarro puro, entre la tripa y la capa. **3.** MAR. Cubierta de hojalata o madera con que se preservan de la humedad las bitácoras cuando están forradas de cobre.

capipardo s.m. Hombre plebeyo, artesano.

capirotada s.f. Aderezo para carne, elaborado principalmente con hierbas, huevos y ajos. **2.** Amér. Plato criollo a base de carne, choclo tostado, queso, manteca y otras especias. **3.** Méx. Dulce que se prepara con trozos de pan blanco remojado en miel con queso rayado y cacahuate.

capirotazo s.m. Golpe dado haciendo resbalar con violencia, sobre la yema del pulgar, el envés de la última falange de otro dedo de la misma mano. SIN.: *capirote.*

capirote s.m. Gorro puntiagudo forrado de tela que cubre totalmente la cabeza, y se lleva en las procesiones de semana santa. **2.** Caperuza pequeña con que se cubre la cabeza de los halcones para la caza. **3.** Capirotazo. **4.** Antiguo tocado femenino, alto y cónico. **5.** Muceta con capucha, del color respectivo de cada facultad, que usan los doctores en ciertos actos. ◇ **Tonto de capirote** *Fam.* Muy tonto.

capisayo s.m. Colomb. Camiseta.

capitación s.f. (lat. *capitatio, -onis*). Impuesto que se paga por persona.

1. **capital** adj. (lat. *capitalis*). Que constituye el origen, cabeza o parte vital de algo: *cuestión capital.* **2.** *Fig.* Principal, muy grande. ◆ s.f. Ciudad donde reside el gobierno de un estado o los organismos administrativos de algunas de sus divisiones territoriales. **2.** IMPR. Letra, generalmente mayúscula, que empieza un capítulo o un párrafo. **3.** MIL. Bisectriz del ángulo saliente de una fortificación.

2. **capital** s.m. Dinero y conjunto de bienes que se poseen. **2.** Factor económico constituido por el dinero. **3.** Según el marxismo, producto de un trabajo colectivo que no pertenece a los que lo realizan sino al propietario de los medios de producción, que lo incrementa mediante la plusvalía. ◇ **Capital humano** Conjunto de conocimientos poseídos o adquiridos por una o varias personas, dentro de la escala de la economía nacional, y que puede ser utilizado para mejorar la producción. **Capital social** Capital que los socios de una sociedad aportan para el desarrollo de esta. **Capital técnico** Bienes de producción. **El gran capital** Conjunto de las personas (físicas o jurídicas) que poseen los principales bienes de producción.

capitalidad s.f. Condición de ser capital de un estado.

capitalismo s.m. Sistema económico y social basado en la propiedad privada de los medios de producción y en el capital como generador de riqueza. **2.** En la teoría marxista, régimen económico, político y social que descansa en la búsqueda sistemática del beneficio gracias a la explotación de los trabajadores por los propietarios de los medios de producción y de cambio.

capitalismo

A los caracteres esenciales del capitalismo se añaden otros rasgos específicos como la libertad de empresa, la libertad de producir y de vender con el mínimo de restricciones por parte de los poderes públicos y la no participación, en general, del estado en las tareas económicas, dejadas en manos del sector privado. En Europa occidental, los orígenes del capitalismo se remontan al renacimiento. A partir del s. XVII se produce una primera acumulación de capital y empiezan a configurarse las bases de los estados modernos. En el s. XVIII se origina una aceleración del progreso técnico e industrial en Gran Bretaña, que conduce a la consolidación del sistema capitalista. El capitalismo ha pasado por diversas etapas, desde el liberalismo económico puro hasta el intervencionismo estatal. En el mundo contemporáneo es el sistema económico hegemónico.

capitalista adj. Relativo al capitalismo. ◆ s.m. y f. Persona que posee capital o lo proporciona a una empresa.

capitalización s.f. Acción de capitalizar. ◇ **Capitalización bursátil** Valor obtenido multiplicando el número de acciones de una sociedad por su curso en bolsa.

capitalizar v.tr. Fijar el capital que corresponde a determinado rendimiento o interés: *capitalizar una venta.* **2.** Utilizar una renta transformándola en medio de producción.

capitán, na s.m. y f. (bajo lat. *capitanus,* jefe). Oficial de los ejércitos de Tierra y Aire, de grado intermedio entre el teniente y el comandante. ◆ s.m. Oficial del cuerpo de jefes de la Armada. **2.** Genéricamente, caudillo militar. **3.** Persona que capitanea un buque mercante. **4.** Jugador que representa a su equipo. **5.** Cuba y Méx. Maître, jefe de comedor. ◆ s.f. Esposa del capitán. ◇ **Capitán de corbeta** Capitán de la Armada de grado intermedio entre el teniente de navío y el capitán de fragata. **Capitán de fragata** Capitán de la Armada de grado intermedio entre el capitán de corbeta y el capitán de navío. **Capitán de navío** Capitán de la Armada de grado intermedio entre el capitán de fragata y el contraalmirante. **Capitán general** Jefe superior del ejército que desempeñaba además funciones de gobierno semejantes a las de virrey; grado supremo en la milicia española; primera autoridad de cada una de las regiones militares en que se halla dividido el territorio español.

capitana s.f. y adj. Embarcación de una flota que arbola la insignia de un almirante.

capitanear v.tr. Mandar una tropa en condición de capitán. **2.** Encabezar una sublevación o acción semejante. **3.** *Fig.* Dirigir a un grupo de personas.

capitanía s.f. Cargo de capitán del ejército. **2.** Compañía de soldados, con sus oficiales subalternos, mandados por un capitán. **3.** Edificio donde reside el capitán general, con oficinas y organismos diversos que funcionan a sus inmediatas órdenes. ◇ **Capitanía general** Jefatura superior de un distrito o región militar desempeñada por el capitán general.

capitel s.m. (occitano ant. *capitel*). ARQ. Parte superior de una columna, un pilar o una pilastra, más ancho que estas y con distinta ornamentación.

capitolino, a adj. Relativo al capitolio.

capitolio s.m. (lat. *capitolium*). Templo principal de una colonia romana. **2.** Edificio que sirve de centro de la vida municipal o parlamentaria. **3.** Acrópolis.

capitoné adj. (fr. *capitonné*). *Galic.* Acolchado. ◆ adj. y s.m. *Galic.* Se dice del vehículo destinado al transporte de muebles.

capitoste s.m. *Fam.* Cabecilla, jefe de un grupo.

capitulación s.f. Tratado en el que se estipulan las condiciones de una rendición. **2.** Pacto hecho entre dos o más personas sobre algún negocio. **3.** En el s. XV, tipo de contrato firmado entre los monarcas y ciertos particulares, para emprender determinadas acciones. **4.** En la península Ibérica, sistema por el que se sometían algunas ciudades y territorios musulmanes al ser reconquistados por los cristianos. ◆ **capitulaciones** s.f.pl. Convenciones que antiguamente regulaban el estatuto de los extranjeros, principalmente en el Imperio otomano. ◇ **Capitulaciones matrimoniales** Convención en que se estipulan, con ocasión del matrimonio, las condiciones de la sociedad conyugal con relación a los bienes presentes o futuros.

1. **capitular** v.intr. (bajo lat. *capitulare*). Rendirse, especialmente en una guerra, estipulando condiciones con el enemigo. **2.** *Fig.* Ceder, someter una persona su voluntad. ◆ v.intr. y tr. Pactar, hacer algún ajuste o concierto.

2. **capitular** adj. (del bajo lat. *capitulum,* reunión de religiosos). Relativo a un cabildo secular o eclesiástico o del capítulo de una orden religiosa. ◆ adj. y s.f. Se dice de la letra adornada que empieza un capítulo. ◆ s.f. HIST. Ordenanza emanada de los reyes merovingios y carolingios.

capitulear v.intr. Argent., Chile y Perú. Cabildear.

capítulo s.m. (lat. *capitulum,* cabecita, letra capital). División que se hace en los libros y otros escritos para el mejor orden de la exposición. **2.** Apartado, tema, punto particular sobre el que se trata. **3.** Junta que celebran los religiosos y clérigos seglares para las elecciones de prelados y para otros asuntos. **4.** BOT. Inflorescencia formada por pequeñas flores apretadas unas con otras e insertas en el pedúnculo ensanchado, como en el caso de la margarita. ◇ **Llamar,** o **traer, a alguien a capítulo** Obligarle a que dé cuenta de su conducta.

capnomancia o **capnomancía** s.f. (del gr. *kapnós,* vapor, y *manteia,* adivinación). Adivinación supersticiosa por medio del humo.

capo s.m. (voz italiana). Jefe de una organización mafiosa.

capó s.m. (fr. *capot*). Cubierta que protege el motor o el maletero de un vehículo.

1. **capón** s.m. (lat. vulgar *cappo, -onis*). Pollo castrado que se ceba para comerlo. **2.** Haz de sarmientos de vid. **3.** MAR. Cadena o cabo grueso que sirve para mantener suspendida el ancla por el arganeo.

2. **capón** s.m. *Fam.* Golpe dado en la cabeza con los nudillos.

caponera s.f. Jaula donde se tiene a los capones para cebarlos. **2.** Hueco practicado en la pared de un túnel para poder cobijarse al pasar un tren. **3.** Pequeña construcción cuyas armas flanquean los fosos de una plaza fuerte.

caporal s.m. (ital. *caporale*). Hombre que dirige un grupo de personas. **2.** Hombre que tiene a su cargo el ganado de la labranza. **3.** Amér. Capataz de una estancia ganadera. **4.** MIL. Cabo de escuadra.

capota s.f. Cubierta plegable de ciertos carruajes y automóviles. **2.** Tocado femenino sujeto con cintas por debajo de la barba. **3.** Tela del paracaídas.

capotaje s.m. (fr. *capotage*). Vuelco de un automóvil o de un avión.

capotar v.intr. Volcar un vehículo quedando en posición invertida. **2.** Dar con la proa en tierra una aeronave.

capotazo s.m. TAUROM. Lance con el capote para atraer o desviar al toro.

capote s.m. Prenda de abrigo a manera de capa, pero con mangas y menos vuelo. **2.** Prenda de abrigo semejante a un chaquetón que forma parte del uniforme de ciertos ejércitos. **3.** Chile. Paliza. **4.** TAUROM. Capa corta, ligera y de colores vivos que usan los toreros para la lidia. ◇ **Capote de paseo** TAUROM. Capa corta, con adornos lujosos, que lleva el torero al hacer el paseíllo. **Decir alguien para su capote algo** *Fam.* Recapacitarlo, decírselo a sí mismo. **Echar un capote** *Fam.* Ayudar al que se halla en apuro.

capotear v.tr. Torear con la capa. SIN.: *capear.* **2.** *Fig.* Eludir con habilidad y astucia las dificultades y compromisos. SIN.: *capear.* **3.** *Fig.* Entretener a alguien mediante engaños y evasivas.

capotera s.f. Hond. Percha para colgar ropa. **2.** Venez. Maleta hecha de lienzo y abierta por los extremos.

cappa s.f. → **kappa.**

capricho s.m. (ital. *capriccio*). Deseo vehemente y repentino de una cosa o de hacer algo, generalmente sin causa justificada: *ceder a los caprichos de un niño.* **2.** Variación injustificada en una cosa o en la conducta de alguien. **3.** B. ART. Obra con aspecto de fantasía imaginativa y espontánea. **4.** MÚS. Pieza instrumental o vocal, de forma libre.

caprichoso, a adj. Que actúa o se hace por capricho.

capricornio s.m. Nombre genérico que se da a algunos insectos coleópteros de la familia cerambícidos, caracterizados por sus largas antenas. ◆ adj. y s.m. y f. Se dice de la persona nacida entre el 22 de diciembre y el 20 de enero, bajo el signo de Capricornio. (El plural es *capricornio*; suele escribirse con mayúscula.)

caprifoliáceo, a adj. y s.f. Relativo a una familia de plantas gamopétalas, como la madreselva, el viburno y el saúco.

caprino, a adj. Cabrío. ◆ adj. y s.m. Relativo a una subfamilia de mamíferos rumiantes de la familia bóvidos, de cuernos replegados hacia atrás.

caprolactama s.f. Compuesto químico que por policondensación da una poliamida utilizada en la producción de fibras sintéticas.

cápside s.f. BIOL. Conjunto de proteínas que envuelven el material genético (ADN y ARN) de un virus.

capsiense s.m. y adj. Facies cultural del paleolítico final y del epipaleolítico en el N de África.

cápsula s.f. (lat. *capsula,* dim. de *capsa,* caja). Envoltura soluble de ciertos medicamentos. **2.** Compartimiento de una nave o satélite espacial habitable por un animal o un hombre. **3.** Casquillo metálico o de otro material que recubre o cierra el gollete de una botella. **4.** ANAT. Nombre dado a diversas envolturas del organismo. **5.** ARM. Alvéolo cilíndrico metálico que contiene el cebo y sirve para comunicar el fuego a la carga de un cartucho. **6.** BOT. Fruto seco que se abre por varias hendiduras o por sus poros. **7.** QUÍM. Vasija hemisférica para realizar ebulliciones. ◇ **Cápsula espacial** Compartimiento estanco recuperable de una nave espacial.

1. **capsular** adj. Relativo a la cápsula o parecido a esta.

2. **capsular** v.tr. Cubrir con una cápsula el gollete de una botella.

captación s.f. Acción de captar. **2.** DER. Acción que consiste en provocar, mediante maniobras reprensibles, el consentimiento de una donación o un legado.

captador, ra adj. y s. Que capta. ◆ s.m. TECNOL. Dispositivo sensible a las variaciones de una magnitud física, que proporciona una señal útil, normalmente eléctrica. SIN.: *detector.* ◇ **Captador solar** Colector solar.

captar v.tr. (lat. *captare,* tratar de agarrar). Percibir o comprender algo a través de los sentidos o del intelecto: *captar una pregunta, un matiz.* **2.** Recoger sonidos, imágenes, etc., externos para transformarlos o registrarlos. **3.** Recoger humo, polvo, agua, etc., procedentes de distintos lugares. **4.** Asegurar el paso de la corriente eléctrica de un cable o carril conductor a los órganos motores de un vehículo. ◆ v.tr. y prnl. Atraer a alguien llamando su atención, creándole interés, etc.

captura s.f. (lat. *captura*). Acción de capturar. **2.** Persona, animal o cosa que han sido capturados. **3.** GEOGR. Fenómeno por el cual un río desvía en provecho propio los afluentes e incluso el curso de otro río.

capturar v.tr. Apresar a un delincuente que se persigue, a un animal que huye o a personas o materiales enemigos.

capucha s.f. Pieza con que se cubre la cabeza, cosida a una prenda de vestir o a una bufanda. SIN.: *capucho.* **2.** Saco de tela con que se cubre la cabeza para no ser reconocido o para no ver. **3.** Caperuza para proteger el extremo de algo.

capuchina s.f. Planta ornamental, originaria de América del Sur, cuya especie más común tiene hojas redondas y flores anaranjadas. (Familia tropeoláceas.)

capuchino, a adj. y s. Se dice del religioso o religiosa de una rama reformada de la orden de los frailes menores, creada en el s. XVI y que llegó a ser completamente autónoma en 1619. ◆ s.m. Café con un poco de leche hervida caliente y espumosa, que suele servirse espolvoreado con canela o chocolate en polvo.

capuchón s.m. Capucha de una prenda de vestir. **2.** Caperuza para proteger el extremo de algo. **3.** Anticonceptivo de barrera pequeño y rígido que se coloca por encima del cuello uterino.

capuera s.f. Argent. y Par. Parte de la selva desbrozada para el cultivo.

capulín o **capulí** s.m. Árbol de hojas alternas y flores pequeñas y blancas, cuyo fruto es una drupa esférica, de color negro rojizo y de sabor agradable; es originario de América. (Familia rosáceas.) **2.** Fruto de esta planta.

capulina s.f. Araña negra muy venenosa que vive en México. (Familia terídidos.)

capullo, a adj. y s. *Fam.* Estúpido, necio; malintencionado. ◆ s.m. Yema floral a punto de abrirse. **2.** Envoltura de ciertas crisálidas, como el gusano de seda, y de los huevos de las arañas. **3.** Esp. *Vulg.* Prepucio.

caquéctico, a adj. y s. Relativo a la caquexia; que padece caquexia.

caquexia s.f. (lat. *cachexia,* del gr. *kakhexía,* mala constitución física). Estado de debilidad y delgadez extrema del cuerpo, que constituye la fase terminal de ciertas enfermedades o infecciones crónicas.

1. **caqui** adj. y s.m. (ingl. *khaki,* del persa *hak,* polvo). Se dice del color que es de una tonalidad intermedia entre el amarillo ocre y el verde gris. ◆ adj. Que es de este color: *pantalones caqui.* (Suele ser invariable en plural.) ◆ s.m. Tela de este color, usada para uniformes militares.

2. **caqui** s.m. Árbol de hoja caduca y fruto en baya, rojo y comestible, originario de Japón. (Familia ebenáceas.) **2.** Fruto de este árbol, de pulpa blanda y dulce, que tiene el aspecto de un tomate.

1. **cara** s.f. (gr. arcaico *kára,* cabeza). Parte anterior de la cabeza del ser humano. **2.** Expresión del rostro que revela un estado de ánimo o de salud determinados: *poner buena cara a alguien; tener mala cara.* **3.** Superficie de algo: *escribir por una sola cara.* **4.** Fachada o frente: *la cara de un edificio.* **5.** Anverso de las monedas y medallas. **6.** *Fig.* Aspecto, apariencia, cariz: *este guiso tiene buena cara.* **7.** Esp. *Fig.* Desfachatez, descaro. **8.** MAT. **a.** Cada uno de los polígonos que limitan un poliedro. **b.** Cada uno de los planos que limitan un ángulo poliedro. ◇ **Caérsele a alguien la cara de vergüenza** *Fam.* Sentirse avergonzado. **Cara a cara** De forma descubierta, sin esconderse, una persona frente a otra. **Cara de pocos amigos** *Fig.* y *fam.* Semblante desagradable o adusto. **Cruzar la cara a alguien** Darle una bofetada en la cara. **Dar la cara** Responder de los propios actos y afrontar las consecuencias. **Dar,** o **sacar, la cara por alguien** Defenderlo o responder por él. **De cara** Enfrente. **A cara o cruz** Procedimiento para decidir algo que consiste en lanzar una moneda al aire, apostando uno que, al llegar al suelo, quedará hacia arriba la cara y el otro a que quedará la cruz. **Echar en cara** Reprochar algo a alguien. **Lavar la cara** *Fam.* Adular o lisonjear a alguien; mejorar una cosa de forma superficial. **Partirle,** o **romperle, la cara a alguien** *Fig.* y *fam.* Expresión de amenaza. **Plantar cara a alguien** Desafiar, especialmente a un superior, discutiendo lo que dice. **Poner cara de circunstancias** Adoptar una expresión afectadamente triste o seria con que se trata de estar a tono con cierta situación. **Tener la cara dura** Esp. Ser un caradura. **Verse las caras** *Fam.* Encontrarse una persona con otra para discutir algo o para reñir.

2. **cara,** pueblo amerindio, act. extinguido, perteneciente al grupo quiteño de la familia quechua. Antes de la conquista española hablaban una lengua propia, pero más tarde adoptaron el quechua. Constituyeron un reino que abarcaba gran parte del act. Ecuador y que fue conquistado por los incas.

caraba s.f. **Ser la caraba** Esp. *Fam.* Ser extraordinario tanto en sentido positivo como negativo.

carabela s.f. (port. *caravela*). Embarcación de vela usada en los ss. XV y XVI, rápida y de reducido tonelaje, que desempeñó un destacado papel en los grandes descubrimientos.

carabina s.f. (fr. *carabine*). Arma de fuego parecida al fusil pero con el cañón más corto y normalmente rayado. **2.** Esp. *Fig.* y *fam.* Persona, generalmente mujer, que solía acompañar a una pareja de enamorados en sus salidas para evitar que hicieran algo considerado indecoroso.

carabinero, a s.m. y f. Miembro de un cuerpo encargado de la persecución del contrabando. **2.** Miembro de la policía militarizada de Italia. ◆ s.m. Soldado armado con carabina.

carabino s.m. En los ss. XVI y XVII, soldado de caballería ligera.

cárabo s.m. (gr. *kárabos*). Insecto coleóptero nocturno, de unos 2 cm de long., cuerpo alargado, color negro o metálico, que se alimenta de gusanos, babosas y caracoles. (Familia carábidos.) **2.** Ave rapaz nocturna, de unos 70 cm. de long., común en los bosques de Europa y Asia.

caraca s.f. Cuba. Torta de harina de maíz.

caracal s.m. Lince originario de África y del SE de Asia, de pelaje leonado y orejas negras prolongadas con largos mechones.

caracha s.f. (quechua *karáča*). Amér. Sarna de las personas. **2.** Amér. Merid. Enfermedad de las llamas y otros animales, parecida a la roña. SIN.: *carache.*

carachupa s.f. Perú. Zarigüeya.

caracol s.m. Molusco gasterópodo pulmonado, provisto de concha univalva y espiral, capaz de alojar todo el cuerpo del animal. **2.** Concha de este molusco. **3.** Pieza de un mecanismo de relojería. **4.** Rizo alargado de cabello. **5.** Vuelta que realiza el caballo sobre sí mismo. **6.** Méx. Camisón ancho y corto que las mujeres usan para dormir. **7.** ANAT. Parte del oído interno formada por un conducto arrollado en espiral. SIN.: *cóclea.* ◆ **caracoles** s.m.pl. Canto popular andaluz, de carácter ligero y festivo. ◆ interj. Expresa asombro.

caracola s.f. Caracol marino, con la concha en espiral y de forma cónica. **2.** Concha de este caracol.

caracolada s.f. Plato de caracoles guisados.

caracolear v.intr. Hacer caracoles el caballo.

caracolillo s.m. Planta de jardín, de hojas romboidales y flores grandes, blancas y azules, aromáticas y enroscadas en forma de caracol. (Familia papilionáceas.) **2.** Flor de esta planta. (Suele usarse en plural.) **3.** Café de grano más pequeño y redondo que el común. **4.** Defecto que presenta a veces el hilo textil debido a una torsión excesiva.

carácter s.m. (lat. *character, -eris*) [pl. *caracteres*]. Conjunto de cualidades psíquicas y afectivas que condicionan la conducta de cada ser humano, distinguiéndolo de los demás. **2.** Individualidad moral, especialmente definida por la fuerza de voluntad: *ser todo un carácter.* **3.** Condición, índole, naturaleza: *visita de carácter privado.* **4.** Modo de decir o estilo. **5.** Natural o genio. **6.** Signo de escritura. (Suele usarse en plural.) **7.** Letra de imprenta. **8.** Pieza colada cuya huella forma el signo de imprenta. **9.** Estilo o forma de los signos de la escritura. **10.** Señal espiritual e indeleble que imprimen los sacramentos. **11.** En genética, particularidad transmisible según las leyes de la herencia. **12.** INFORMÁT. Cualquier símbolo (letra del alfabeto, cifra, signo de puntuación, etc.) que puede recibir un tratamiento; elemento de información de algunos dígitos binarios (6 a 8 en general), considerado como unidad de información por ciertos órganos de una computadora. ◇ **Carácter adquirido** GENÉT. Rasgo distintivo no innato, que surge en el individuo como adaptación al medio. **Imprimir carácter** Dar o dotar de ciertas condiciones esenciales y permanentes a alguien o algo.

caracterial adj. Relativo al carácter psíquico. **2.** PSIQUIATR. Se dice del niño o adolescente cuyas manifestaciones patológicas consisten esencialmente en relaciones de oposición respecto al medio escolar o familiar.

característica s.f. Lo que constituye el carácter distintivo o la particularidad de alguien o de algo. **2.** Argent. y Urug. Prefijo telefónico. **3.** MAT. **a.** Parte entera de un logaritmo decimal escrito con una parte decimal positiva. **b.** En una matriz, rango.

característico, a adj. Que caracteriza: *signo característico.* ◆ s. Actor que representa papeles de persona de edad.

caracterización s.f. Acción y efecto de caracterizar.

caracterizar v.tr. y prnl. Determinar a alguien o algo por sus cualidades peculiares: *la franqueza le caracteriza.* ◆ v.tr. Representar un actor su papel con verdad y fuerza de expresión. ◆ **caracterizarse** v.prnl. Componer el actor su fisonomía o vestirse conforme al tipo o figura que ha de representar.

caracterología s.f. Estudio de los tipos de carácter.

caracú s.m. Amér. Hueso con tuétano que se pone en ciertos guisos. ◆ adj. y s.m. Argent., Bol., Chile, Par. y Urug. Se dice de una raza de ganado vacuno, de pelo corto y fino y cola delgada, más útil para carne que para el trabajo.

caracul adj. y s.m. → **karakul.**

carado, a adj. Con los adverbios *bien* o *mal,* que tiene buen o mal aspecto, que inspira o no confianza: *persona mal carada.*

caradrido, a adj. y s.m. Relativo a una familia de aves zancudas, buenas voladoras y excelentes corredoras, como el chorlito y el avefría.

caradriforme adj. y s.f. Relativo a un orden de aves zancudas, de talla mediana o pequeña, y alas largas y puntiagudas, que incluye al chorlito.

caradura adj. y s.m. y f. *Fam.* Que se comporta con desvergüenza, descaro y de forma irrespetuosa. SIN.: *sinvergüenza.*

¡caráfita! interj. Chile. Expresa extrañeza o enojo.

caraguatá s.f. Planta herbácea textil, que crece en América del Sur. (Familia bromeliáceas.) **2.** Fibra producida por esta planta.

caraíta adj. y s.m. y f. Relativo a una secta judía que rechaza la tradición de los rabinos y solo admite las Escrituras; miembro de dicha secta.

carajá, pueblo amerindio agricultor del centro de Brasil, que vive a orillas del Araguaia.

carajillo s.m. *Fam.* Bebida compuesta de café y coñac, anís u otro licor.

carajo s.m. *Vulg.* Miembro viril. ◆ interj. *Vulg.* Expresa enojo o sorpresa. ◇ **Irse algo al carajo** *Vulg.* Acabar mal una situación. **Mandar al carajo** *Vulg.* Despedir a alguien con malos modos.

caramanchel s.m. Chile. Cantina. **2.** Colomb. Tugurio. **3.** Ecuad. Puesto del vendedor ambulante. **4.** Perú. Cobertizo.

caramañola o **caramayola** s.f. (fr. *carmagnol,* soldado francés). Amér. Merid. Cantimplora de soldado.

¡caramba! interj. Expresa admiración, extrañeza o enojo.

carámbano s.m. (del ant. *carámalo,* del lat. *calamus,* caña). Pedazo puntiagudo de hielo que se forma al congelarse el agua que cae de algún sitio.

carambola s.f. Jugada de billar consistente en hacer que una bola toque las otras dos. **2.** *Fig.* y *fam.* Doble efecto que resulta de una sola acción. **3.** *Fig.* y *fam.* Acierto debido más a la suerte que a la habilidad. **4.** Baya amarilla de unos 5 cm de diámetro, fruto del carambolo. ◇ **Por carambola** *Fam.* Indirectamente, por casualidad.

carambolo s.m. Árbol tropical de hojas compuestas y ovaladas, y flores rojas, cuyo fruto es la carambola. (Familia oxalidáceas.)

caramelizar v.tr. y prnl. Convertir azúcar en caramelo. ◆ v.tr. Bañar un alimento en azúcar a punto de caramelo.

caramelo s.m. (port. *caramelo*). Golosina compuesta de azúcar y un cuerpo graso, como la leche o la crema, aromatizado. **2.** Azúcar fundido y tostado por la acción del fuego. ◇ **Punto de caramelo** Grado que alcanza el azúcar al ser cocido para la preparación de pasteles y confitería.

caramillo s.m. (lat. *calamellus*). Nombre con que se designan la flauta campestre, el oboe, el clarinete y diversos instrumentos pastoriles. **2.** Tubo cónico con agujeros que produce la melodía en una cornamusa o gaita. **3.** Registro grave del clarinete actual. **4.** Planta de tallo leñoso, pubescente, y hojas casi filiformes agrupadas en espigas. (Familia quenopodiáceas.) **5.** *Fig.* Chisme, enredo.

carancho s.m. Argent. y Urug. Ave de la familia de las falcónidas, de medio metro de long., cola generalmente pardusca con capuchón más oscuro, y que se alimenta de animales muertos, insectos, reptiles, etc. **2.** Perú. Búho.

carandaí o **caranday** s.m. Palmera alta, originaria de Brasil y muy abundante en América del Sur, cuya madera se emplea en construcción y las hojas para hacer sombreros y pantallas. (Familia palmáceas.)

carángano s.m. Amér. Central, Colomb., Cuba, Ecuad., Perú y Venez. Piojo. **2.** Colomb. y Venez. Instrumento musical que hace las veces de bajo.

carantoñas s.f.pl. Halagos y lisonjas para conseguir algo.

carantoñero, a s. *Fam.* Persona que hace carantoñas.

caraña s.f. Resina medicinal, sólida, quebradiza, gris amarillenta y de mal olor, que se obtiene de ciertos árboles de América.

carao s.m. Árbol tropical de gran tamaño, con flores en racimos rosados y fruto leñoso, de 50 cm de long., con celdillas que contienen una melaza de propiedades tónicas depurativas. (Familia cesalpiniáceas.)

caráota s.f. Venez. Frijol, poroto o judía.

carapa s.f. Árbol de las Antillas, de la cual los nativos extraían un aceite con el que se teñían el cuerpo, y cuya madera se conoce como andiroba. (Familia meliáceas.)

carapacho s.m. Caparazón de las tortugas, cangrejos y otros animales. **2.** Cuba. y Ecuad. Guiso que se hace en la misma concha de los mariscos.

¡carape! interj. Expresa extrañeza o enojo.

carapulca s.f. Perú. Guiso de carne, papas y ají.

caraqueño, a adj. y s. De Caracas.

carate s.m. Enfermedad de la piel debida a un treponema, frecuente en América Central y América del Sur.

carato s.m. Amér. Jagua. **2.** P. Rico. Bebida refrescante hecha con jugo de guanábana y aderezada con azúcar y agua. **3.** Venez. Bebida refrescante que puede estar hecha con arroz o maíz molido o bien con jugo de piña o de guanábana, y aderezada con azúcar y agua.

carátula s.f. (del ant. *carátura,* brujería, del lat. *character,* signo mágico). Careta, máscara. **2.** Portada de un libro o de la funda de un disco. **3.** *Fig.* Mundo del teatro. **4.** Argent. Cubierta para guardar y presentar legajos u otros documentos administrativos. **5.** Argent. Denominación, rótulo de un expediente de un caso judicial. **6.** Méx. Esfera del reloj.

caratular v.tr. Argent. Rotular un expediente o legajo.

caravana s.f. (persa *karawân,* recua de caballería). Grupo de personas, especialmente comerciantes, que utilizan caballerías como medio de transporte y se unen para evitar los peligros del viaje en algunas zonas de África y Asia. **2.** Expedición en carros por regiones extensas y desérticas. **3.** Hilera compacta de automóviles que avanzan lentamente por una carretera. **4.** Automóvil o remolque grande acondicionado para vivienda.

caravanera s.f. En oriente, posada para las caravanas.

caravanero, a s. Persona que dirige o guía una caravana.

caravaning s.m. Forma de cámping practicada por quienes viajan y se albergan en una caravana.

¡caray! interj. Expresa enojo o extrañeza.

carayá s.m. Argent., Colomb. y Par. Nombre de dos especies de simios americanos vegetarianos, arborícolas y diurnos, de tamaño mediano, cola larga y muy prensil, pelaje espeso, largo y lustroso.

carbámico, a adj. Se dice del ácido NH_2CO_2H, desconocido en estado libre, pero que puede ser aislado a partir de sus sales y ésteres.

carbilamina s.f. Isonitrilo.

carbógeno s.m. Mezcla de un 90 % de oxígeno y de un 10 % de gas carbónico, estimulante del centro respiratorio.

carbohemoglobina s.f. Combinación inestable de dióxido de carbono con hemoglobina.

carbón s.m. (lat. *carbo, -onis*). Combustible sólido de color negro, de origen vegetal, que contiene una elevada proporción de carbono. **2.** Brasa después de apagada. **3.** Carboncillo que se utiliza para dibujar. **4.** Enfermedad criptogámica de los vegetales, especialmente de los cereales, debida a hongos que forman en los ovarios de sus flores un polvo negro constituido por las esporas de este parásito, con lo que se detiene la formación de semillas. ◇ **Carbón activo,** o **activado** Carbón especialmente tratado para aumentar sus propiedades de absorción de los gases. **Carbón animal,** o **negro animal** Residuo que procede de la calcinación de los huesos en fosas cerradas, utilizado como decolorante. **Carbón de coque** Carbón con un contenido medio en materias volátiles, que por destilación proporciona un coque duro muy útil en siderurgia. **Carbón de leña,** o **vegetal** Producto rico en carbono que resulta de la carbonización de la madera a temperaturas de 300-400 °C. **Carbón mineral,** o **de piedra** Carbón fosilizado procedente de antiguas acumulaciones de materias vegetales. **Papel carbón** Papel recubierto por una capa de carbono graso, que permite obtener copias de un escrito o dibujo.

carbón

El carbón, característico de finales de la era primaria especialmente, engloba la antracita, la hulla y el lignito, que se diferencian por su contenido de carbono y de materias volátiles. El carbón, base de la revolución industrial, se ha visto superado desde el punto de vista económico (después de 1950) por el petróleo, pero sigue siendo la segunda fuente de energía en importancia, ya que proporciona aproximadamente un 30 % del consumo total de energía en el mundo.

carbonada s.f. Carne cocida picada y asada en las ascuas o en la parrilla. **2.** Amér. Merid. Guiso elaborado con trozos de carne, choclo, zapallo, papas y arroz.

carbonado, a adj. Que contiene carbono. ◆ s.m. Diamante negro utilizado en los instrumentos de perforación.

carbonario, a adj. y s. (del ital. *carbonaro*). Relativo al carbonarismo; miembro de esta sociedad.

carbonarismo s.m. Sociedad política secreta, creada en Italia a principios del s. XIX para fomentar las ideas liberales. (Tuvo su correlato en España a partir de 1858.)

carbonatado, a adj. Se dice de la roca constituida esencialmente por carbonatos, como la caliza o la dolomía.

carbonatar v.tr. y prnl. Transformar en carbonato.

carbonato s.m. Sal o éster del ácido carbónico.

carboncillo s.m. Barrita cilíndrica de carbón ligero, que sirve para dibujar.

carbonera s.f. Lugar donde se guarda el carbón. **2.** Pila de leña para hacer carbón.

carbonero, a s. Persona que comercia con el carbón. ◆ adj. Relativo a la fabricación o a la venta del carbón. ◆ adj. y s.m. Se dice del carguero destinado al transporte de carbón. ◆ s.m. Árbol de unos 12 m de alt., cuya madera, dura, blanquecina y correosa, se emplea para pilotes por su resistencia a la acción del agua. (Familia caparidáceas.) **2.** Árbol cuya madera produce excelente carbón. (Familia cesalpiniáceas.) **3.** Pájaro de pico corto, afilado y casi cónico, y cabeza negra. ◇ **Fe del carbonero** Fe religiosa e ingenua.

carbónico, a adj. Relativo al carbono: *bebida carbónica.* **2.** Se dice de un anhídrido (CO_2) que resulta de la combinación del carbono con el oxígeno, llamado también *gas carbónico* y *dióxido de carbono.* **3.** Se dice de la bebida que contiene anhídrido carbónico en disolución.

carbónico

El anhídrido carbónico es un gas incoloro e inodoro, de sabor ligeramente agrio. No es tóxico, pero una atmósfera que lo contenga en una proporción superior al 30 % produce asfixia. De densidad 1,52, se licúa fácilmente por compresión. En la atmósfera está en una proporción del 0,03 %; lo producen las combustiones y las respiraciones y lo destruye la función clorofílica. A –79 °C forma *nieve carbónica*, sólido que se sublima sin fundir y que se emplea como refrigerante (hielo seco). Es bastante soluble en agua y bajo presión forma el *agua de seltz*, siendo utilizado para la elaboración de bebidas carbónicas.

carbonífero, a adj. Que contiene carbón. ◆ s.m. y adj. Período geológico de la era primaria, durante el cual se formaron los yacimientos de carbón a partir de grandes bosques pantanosos y donde aparecen los primeros reptiles.

carbonilado, a adj. Se dice de un compuesto que contiene el radical carbonilo.

carbonilla s.f. Carbón vegetal menudo. **2.** Ceniza del carbón. **3.** Coque menudo.

carbonilo s.m. Radical bivalente formado por un átomo de carbono y otro de oxígeno.

carbonitruración s.f. Procedimiento termoquímico de cementación del acero por carbono y nitrógeno.

carbonización s.f. Transformación de un cuerpo en carbón. **2.** Operación que consiste en impregnar la lana con un ácido para carbonizar las impurezas vegetales que pueda contener.

carbonizador s.m. Aparato que sirve para la carbonización y, especialmente, para la carbonización o combustión incompleta de la madera.

carbonizar v.tr. y prnl. Quemar completamente, transformar en carbón.

carbono s.m. No metal que se encuentra en la naturaleza en estado cristalizado (diamante, grafito), molecular (fulerenos) o amorfo más o menos puro (hulla, antracita, lignito). **2.** Elemento químico (C), de número atómico 6 y masa atómica 12,011. ◇ **Carbono 14** Isótopo radiactivo del carbono que se forma en la atmósfera y que permite estimar la edad de los restos arqueológicos que contienen materias orgánicas. **Ciclo del carbono** Conjunto cíclico de las transferencias naturales de este elemento, de la atmósfera a las plantas verdes, de estas a los animales, al suelo, y de nuevo a la atmósfera. **Fibra de carbono** Material ultraligero de gran resistencia utilizado en aeronáutica y en la fabricación de componentes de vehículos.

carbono

Las combinaciones del carbono son muy numerosas. Los compuestos que origina con el hidrógeno, el oxígeno y el nitrógeno entran en la constitución de los organismos vivos y se estudian dentro de la química orgánica. El resto de las combinaciones entran en el campo de la química inorgánica. Al arder forma anhídrido carbónico (CO_2) o monóxido de carbono (CO). El *monóxido de carbono* es un gas incoloro, inodoro y muy tóxico, que se origina en combustiones incompletas y tiene una densidad de 0,97. En rocas y suelos el carbono se encuentra en forma de carbonatos. Todas las variedades del carbono son sólidas e insolubles en los disolventes habituales, pero solubles en metales fundidos como el hierro. Con el hidrógeno forma compuestos muy diversos, los *hidrocarburos*, y se combina con el silicio y con otros metales formando *carburos*.

carbonoso, a adj. Que contiene carbón: *roca carbonosa.* **2.** Parecido al carbón.

carboquímica s.f. Química industrial de los productos derivados de la hulla.

carborundo o **carborúndum** s.m. (marca registrada). Carburo de silicio artificial, utilizado como abrasivo.

carboxihemoglobina s.f. Combinación, difícilmente disociable, del óxido de carbono con la hemoglobina, que se forma durante una intoxicación por óxido de carbono.

carboxilasa s.f. Enzima que, en el curso del metabolismo de los glúcidos, separa el grupo CO_2H (carboxilo) del ácido pirúvico, que se transforma en aldehído acético.

carboxílico, a adj. Se dice de los ácidos que contienen el radical carboxilo.

carboxilo s.m. Radical univalente —COOH de los ácidos carboxílicos.

carbunclo s.m. (lat. *carbunculus,* carboncillo, rubí). Antiguo nombre de una piedra preciosa de color rojo oscuro, el granate.

carbunco s.m. Enfermedad infecciosa septicémica que afecta al ser humano y a ciertos animales domésticos (rumiantes, caballos, conejos), debida a una bacteria específica, descubierta por Pasteur. SIN.: *carbuncosis.*

carbuncoso, a adj. Relativo al carbunco. SIN.: *carbuncal.*

carbúnculo s.m. Rubí. **2.** HERÁLD. Pieza que rodea el campo del escudo y que está formada por ocho radios flordelisados.

carburación s.f. Operación que tiene por objeto someter ciertos cuerpos a la acción del carbono. **2.** Acción de añadir aire al carburante para obtener una mezcla detonante.

carburador s.m. Aparato que prepara la mezcla de gasolina y de aire en los motores de explosión.

carburante adj. y s.m. Que contiene un hidrocarburo. ◆ s.m. Combustible de los motores de explosión o de combustión interna.

carburar v.tr. Efectuar la carburación. ◆ v.intr. *Fam.* Funcionar con normalidad: *carburar bien un cerebro.*

carburo s.m. Combinación del carbono con otro cuerpo simple, especialmente la que se forma con el calcio y que se utiliza para el alumbrado.

carburorreactor s.m. Queroseno para motores de aviación a reacción.

carca adj. y s.m. y f. (de *carcunda*). *Fam.* Se dice de la persona de ideas retrógradas. SIN.: *carcunda, carcundia.* ◆ s.f. Amér. Olla para cocer la chicha.

carcacha s.f. Automóvil viejo y en muy malas condiciones.

carcaj s.m. (persa *tarkaš*). Caja o estuche en que se llevaban las flechas.

carcajada s.f. (voz de origen onomatopéyico). Risa ruidosa.

carcajear v.intr. y prnl. Reír a carcajadas. ◆ **carcajearse** v.prnl. Burlarse, no hacer caso.

carcamal s.m. y f. y adj. *Fam.* Persona vieja y achacosa.

carcamán s.m. Argent. *Desp.* Carcamal, persona vieja y achacosa.

carcasa s.f. (fr. *carcassa,* osamenta, armazón). Conjunto de piezas que sostienen los órganos activos de una máquina eléctrica. **2.** Parte exterior que lo envuelve. **3.** Proyectil incendiario y de iluminación que se disparaba con piezas de artillería.

cárcava s.f. (del ant. *cácavo,* del lat. *caccabus,* cazuela). Hoya que suelen hacer las avenidas de agua. **2.** Zanja o foso. ◆ **cárcavas** s.f.pl. Serie de barrancos, separados por aristas, que la erosión excava en las vertientes de materiales blandos deleznables, desprovistos de vegetación.

cárcavo s.m. (del ant. *cácavo,* del lat. *caccabus,* cazuela). Hueco en que juega el rodezno de los molinos.

carcavón s.m. Cárcava profunda producida por las avenidas de agua.

carcel s.m. (de *Carcel,* relojero francés que la inventó en 1800). Lámpara de aceite con un mecanismo de relojería combinado con un pistón.

cárcel s.f. (lat. *carcer, -eris*). Lugar donde el condenado cumple la pena de privación de libertad impuesta por una autoridad. SIN.: *penal, penitenciaría, prisión.* **2.** *Fig.* Lugar donde una persona se encuentra a disgusto y contra su voluntad. **3.** TECNOL. Instrumento para mantener unidas y apretadas entre sí dos piezas de madera.

carcelario, a adj. Relativo a la cárcel.

carcelero, a s. Persona que tiene por oficio cuidar de los prisioneros. ◆ adj. Carcelario.

carchi s.m. Colomb. Carne salada.

carcinógeno adj. y s. Cancerígeno.

carcinoide s.m. Variedad de cáncer.

carcinología s.f. Cancerología. **2.** Parte de la zoología que trata de los crustáceos.

carcinoma s.m. (gr. *karkínuma*). Cáncer de estructura epitelial predominante.

carcinomatoso, a adj. Relativo al carcinoma.

carcoma s.f. Coleóptero cuya larva excava galerías en la madera. (Familia anóbidos.) **2.** Polvo que produce este insecto después de digerir la madera que ha roído. **3.** *Fig.* Preocupación grave y continua que mortifica y consume a alguien.

carcomer v.tr. y prnl. Roer la carcoma la madera o llenarse algo de carcoma. **2.** *Fig.* Corroer poco a poco el ánimo o la salud el peso de alguna aflicción o remordimiento.

carcunda adj. y s.m. y f. *Desp.* Carca. SIN.: *carcundia.* **2.** *Desp.* Carlista.

carda s.f. Cardado. **2.** TEXT. **a.** Máquina en la que se efectúa el cardado de las materias textiles. **b.** Peine de cardado a mano.

cardada s.f. Porción de lana que se carda de una vez.

cardado, a adj. TEXT. Se dice de la materia textil que ha sido peinada con las cardas. ◆ s.m. Acción y efecto de cardar. SIN.: *carda.*

cardamomo s.m. (lat. *cardamomum,* del gr. *kardámomon*). Planta del sureste asiático, de fruto triangular, cuyas semillas tienen un sabor picante. (Familia zingiberáceas.) **2.** Fruto de esta planta.

cardán s.m. y adj. (fr. *cardan*). Mecanismo que permite el desplazamiento angular relativo de dos árboles cuyos ejes geométricos se cortan en un punto.

cardar v.tr. Peinar y limpiar las materias textiles antes de hilarlas. **2.** Sacar el pelo con la carda a un paño o felpa. **3.** Peinar o cepillar el cabello desde la punta a la raíz para que el peinado quede hueco.

1. **cardenal** s.m. Miembro del sacro colegio, elector y consejero del papa. **2.** Ave de América, de penacho rojo escarlata. (Familia fringílidos.) **3.** Amér. Pájaro de colores muy vivos. **4.** Chile. Geranio.

2. **cardenal** s.m. Equimosis.

cardenalato s.m. Dignidad de cardenal.

cardenalicio, a adj. Relativo a los cardenales o al cardenalato: *dignidad cardenalicia.*

cardencha s.f. Planta que alcanza los 2 m de alt., común en los lugares incultos, con flores purpúreas, utilizada para cardar los paños en la percha. (Familia dipsacáceas.)

cardenillo s.m. Carbonato básico de cobre que se forma por la acción del anhídrido carbónico atmosférico cuando se expone el citado metal al aire húmedo. **2.** Acetato básico de cobre impuro. **3.** Color verde semejante al del acetato de cobre.

cárdeno, a adj. y s.m. (lat. tardío *cardinus,* azulado). Morado. ◆ adj. TAUROM. Se dice del toro en cuya piel se mezclan pelos blancos y negros.

cardíaco, a o **cardiaco, a** adj. y s. (lat. *cardiacus,* del gr. *kardiakós*). Relativo al corazón o a la región cardial del estómago; que padece una enfermedad del corazón.

1. **cardial** adj. Relativo al cardias.

2. **cardial** adj. ARQUEOL. Se dice de un tipo de vasija de arcilla hecha a mano, decorada mediante la aplicación en el barro tierno de una concha de *Cardium.*

cardialgia s.f. Dolor localizado en la zona del cardias.

cardias s.m. Orificio superior del estómago por el que este se comunica con el esófago.

cárdigan s.m. (ingl. *cardigan*). Saco de punto con manga larga y escote en pico, que se cierra por delante.

cardillo s.m. Planta herbácea, de hojas coriáceas cuyas pencas se comen cocidas. (Familia compuestas.) SIN.: *tagarnina.* **2.** Méx. Reflejo del sol producido por medio de un espejo.

cardinal adj. (lat. *cardinalis,* principal). Principal, fundamental. ◇ **Número cardinal** Número que expresa cantidad, como uno, dos, tres, cuatro, etc.; número que expresa la potencia de un conjunto. **Punto cardinal** Cada uno de los cuatro puntos de referencia que permiten orientarse: norte, sur, este y oeste. **Virtud cardinal** TEOL. CRIST. Cada una de las cuatro virtudes (prudencia, justicia, fortaleza y templanza) que se consideran la base de todas las virtudes morales.

cardiografía s.f. Radiografía del corazón. **2.** Estudio del corazón con la ayuda del cardiógrafo.

cardiógrafo s.m. Aparato que registra los movimientos del corazón.

cardiograma s.m. Gráfico obtenido con la ayuda de un cardiógrafo.

cardiología s.f. Parte de la medicina que se ocupa del estudio de las enfermedades del corazón.

cardiólogo, a s. Médico especialista en cardiología.

cardiomegalia s.f. Aumento del volumen del corazón.

cardiomiopatía s.f. Afección poco frecuente del músculo cardíaco, con efectos sobre la función respiratoria.

cardiopatía s.f. Enfermedad del corazón.

cardiopulmonar adj. Relativo al corazón y a los pulmones a la vez.

cardiorrenal adj. Relativo al corazón y a los riñones a la vez.

cardiovascular adj. Relativo al corazón o al sistema circulatorio.

carditis s.f. Inflamación del tejido muscular del corazón.

cardo s.m. (lat. *cardus, -us*). Diversas plantas espinosas que corresponden a las familias compuestas, dipsacáceas, papaveráceas, solanáceas y umbelíferas. **2.** Esp. *Fig.* Persona arisca. SIN.: *cardo borriquero o borriqueño.*

cardo

Entre sus especies más conocidas figuran el *cardo dorado,* el *cardo estrellado,* el *cardo borriquero* o *borriqueño,* que alcanza 3 m de alto, el *cardo de cardadores,* el *cardo santo,* narcótico y purgante, y el *cardo azul,* de hojas espinosas azuladas.

cardón s.m. (lat. tardío *cardo, -onis*). Cardencha. **2.** Amér. Merid. y Méx. Nombre de diversas plantas arbóreas, abundantes en las regiones áridas, de la familia de las cactáceas, de flores grandes, fruto carnoso y tronco cilíndrico.

cardumen s.m. (de *carda*). Banco de peces. (También *cardume.*) **2.** Chile y Urug. Multitud y abundancia de cosas.

carear v.tr. (de *cara*). Confrontar unas personas con otras para aclarar la verdad o resolver algún asunto, especialmente con fines policíacos o judiciales: *carear al acusado con sus delatores.* **2.** *Fig.* Cotejar. **3.** Argent., Colomb. y P. Rico. Enfrentar dos gallos para conocer su modo de pelear.

carecer v.intr. (lat. vulgar *carescere*) [conj.: *parecer*]. Tener carencia de algo.

carel s.m. Borde superior de una embarcación pequeña donde se fijan los remos.

carelio, a adj. y s. De Carelia. **2.** De un pueblo ugrofinés que vive en Rusia (República de Carelia) y en Finlandia.

carena s.f. (lat. *carina,* quilla de la nave). Obra viva, parte normalmente sumergida de la nave. **2.** Compostura del casco de un barco. **3.** AERON. Cuerpo fusiforme cuya resistencia al avance es muy reducida. **4.** BOT. Quilla. ◇ **Centro de carena** Punto de aplicación de la resultante de las distintas fuerzas de empuje vertical que se ejercen sobre un cuerpo sumergido en un líquido.

carenadura s.f. Acción de carenar una embarcación.

carenar v.tr. Limpiar, pintar o reparar la carena de una embarcación. **2.** Dar forma de carena a un móvil a fin de reducir su resistencia al aire.

carencia s.f. (lat. *carens, -ntis*). Falta o privación de alguna cosa: *carencia afectiva.* ◇ **Período de carencia** DER. En seguros, lapso de tiempo inicial en que el asegurado no tiene derecho todavía a percibir las prestaciones.

carencial adj. Relativo a la carencia. ◇ **Enfermedad carencial** Enfermedad debida a la carencia de determinadas sustancias en el organismo.

carenero s.m. Lugar del puerto donde se carenan los buques.

carente adj. Que carece de algo.

careo s.m. Acción y efecto de carear.

carero, a adj. *Fam.* Que vende caro.

carestía s.f. (bajo lat. *caristia,* escasez de víveres). Circunstancia de ser elevado el precio de las cosas de uso común: *la carestía de la vida.* **2.** Falta o escasez de algo, especialmente de víveres.

careta s.f. Máscara o mascarilla para cubrir la cara. **2.** ESGR. Mascarilla de alambre con que los practicantes de la esgrima se cubren el rostro para protegerlo.

careto, a adj. Se dice del animal de la raza caballar o vacuna de cara blanca, con el resto de la cabeza de color oscuro.

carey s.m. (voz taína de Santo Domingo). Tortuga marina de los mares cálidos, que alcanza hasta 1 m de long. y cuyos huevos son muy apreciados como manjar. **2.** Materia córnea que se obtiene del caparazón de este animal, utilizada en marquetería y otras artes decorativas.

carga s.f. Acción de cargar. **2.** Conjunto de cosas que se transportan a hombros, a lomo o en cualquier vehículo. **3.** Peso sostenido por una estructura: *la carga soportada por una viga.* **4.** Sentimiento, situación o circunstancia penosa que una persona siente como excesivos: *la carga de una enfermedad.* **5.** Repuesto de cierto material, contenido en un depósito, que se introduce en determinados utensilios: *carga de un bolígrafo.* **6.** Cantidad de pólvora, explosivo u otro producto destinado a asegurar la propulsión de un proyectil o a producir un efecto determinado. **7.** Sustancia que se añade a un material para darle cuerpo. **8.** Gravamen o tributo que se impone a una persona o cosa: *carga fiscal.* **9.** En ciertos deportes de equipo, acción de desplazar a un contrario mediante un choque violento. **10.** HIDROL. Conjunto de los materiales, en disolución o en suspensión transportados o arrastrados por un curso de agua. ◇ **Buque de carga** Barco destinado exclusivamente al transporte de mercancías. **Carga afectiva** Posibilidad, para una idea o una representación, de suscitar en un sujeto reacciones afectivas intensas. **Carga**

alar Peso soportado teóricamente por cada metro cuadrado del ala de un avión. **Carga de espacio,** o **espacial** Carga eléctrica debida a la presencia, en la porción de espacio considerada, de electrones o de iones. **Carga de profundidad** Explosivo arrojadizo antisubmarino, dotado de una cabeza magnética, que explosiona a una determinada profundidad regulable gracias a una espoleta hidrostática. **Carga de rotura** Esfuerzo de tracción medido en kg/mm^2, necesario para romper una barra en los ensayos de metales o de materiales de construcción. **Carga de un acumulador** Operación durante la cual se hace pasar por el acumulador una corriente de sentido inverso a la que dicho aparato proporcionará. **Carga de una máquina,** o **red** Potencia activa o aparente suministrada o absorbida por una máquina o una red. **Carga eléctrica** Cantidad de electricidad que posee un cuerpo. **Carga hueca** ARM. Carga explosiva de gran poder perforante, organizada de tal modo que sus efectos se concentran a lo largo de su eje. **Carga límite** Carga máxima que puede transportar un curso de agua sin formar aluviones. **Cargas sociales** Conjunto de gastos derivados de la seguridad social que competen a la empresa. **Volver a la carga** Insistir en un empeño o un asunto.

cargada s.f. Argent. *Fam.* Burla, broma.

cargadera s.f. Cabo para arriar o cerrar las velas volantes y de cuchillo.

cargadero s.m. Sitio donde se cargan y descargan mercancías. **2.** Matadero o viga que, a modo de dintel, se pone en un vano de gran luz.

cargadilla s.f. Colomb. Tirria, manía.

cargado, a adj. Se dice del tiempo o de la atmósfera bochornosos. **2.** Fuerte, espeso, saturado: *un café cargado.* **3.** HERÁLD. Se dice de toda pieza sobre la que figura otra. ◇ **Cargado de espaldas,** u **hombros** Algo jorobado. **Dados cargados** Dados preparados para hacer trampa en el juego.

cargador, ra adj. y s. Se dice de la persona que tiene por oficio cargar mercancías para su transporte. **2.** Amér. Mozo de cordel. ◆ s.m. Dispositivo para cargar algo. **2.** Pieza del arma de fuego que contiene los proyectiles. SIN.: *peine.*

cargadora s.f. y adj. Máquina para la carga de materiales en las minas, canteras, etc.

cargamento s.m. Conjunto de mercancías que carga una embarcación.

cargante adj. Esp. *Fam.* Enojoso, pesado, fastidioso.

cargar v.tr. (lat. vulgar *carricare*). Poner peso sobre una persona, un animal o un vehículo para que lo transporten. **2.** Llenar, poner mucho o demasiado de algo en algún sitio: *cargar de especias una comida.* **3.** *Fig.* Aumentar, añadir: *cargar un veinte por ciento a una factura.* **4.** *Fig.* Imponer a las personas o cosas un gravamen, carga u obligación. **5.** *Fig.* Imputar, achacar: *cargar la culpa a otra persona.* **6.** Poner en un receptáculo o dispositivo el material que está destinado a contener: *cargar una pistola.* **7.** Adeudar en el debe de una cuenta. **8.** Acumular electricidad: *cargar una batería.* **9.** Acometer, atacar, arremeter. **10.** En ciertos deportes de equipo, desplazar un jugador a un contrario mediante un choque violento con el cuerpo. **11.** INFORMÁT. Transmitir información una computadora desde un soporte de memoria a otro: *cargar el programa desde el CD-ROM.* **12.** MAR. Replegar, recoger una vela alrededor de la verga. **13.** TECNOL. Completar, aumentar una cantidad dada de materia añadiendo nuevas porciones. ◆ v.tr. y prnl. Incomodar, molestar, cansar. ◆ v.intr. Estribar o descansar una cosa sobre otra: *cargar el techo sobre dos vigas.* **2.** Con la prep. *con,* llevarse, tomar. **3.** *Fig.* Tomar o tener sobre sí algún peso u obligación. **4.** Con la prep. *sobre,* imputar a alguien culpas o defectos ajenos; instar, importunar a alguien para que condescienda con lo que se pide. ◆ v.intr. y prnl. Inclinarse una cosa hacia alguna parte: *cargar la tempestad hacia el puerto.* ◆ **cargarse** v.prnl. Echar el cuerpo hacia alguna parte. **2.** *Fig.* Irse aglomerando y condensando las nubes. **3.** *Fig.* Con la prep. *de,* llegar a tener abundancia de ciertas cosas: *cargarse de deudas.* **4.** *Fam.* Matar a alguien o romper o estropear algo: *cargarse un jarrón.* **5.** Esp. *Fig.* Suspender el profesor a un alumno. ◇ **Cargársela,** o **cargárselas** Recibir las consecuencias desagradables de algún acto propio o ajeno.

cargazón s.f. Argent. Recargamiento, exceso de adornos.

cargo s.m. *Fig.* Dignidad, empleo, oficio: *cargo de senador.* **2.** *Fig.* Gobierno, dirección, custodia: *tener alguien una nave a su cargo.* **3.** *Fig.* Obligación, precisión de hacer, o de hacer cumplir, alguna cosa. **4.** *Fig.* Falta que se imputa a alguien en su comportamiento. **5.** Pago que se hace o debe hacerse con dinero de una cuenta, y apuntamiento que de él se hace. **6.** Acción de cargar. **7.** Carga o peso. **8.** Buque de carga. ◇ **A cargo de** Locución con que se indica que algo está confiado al cuidado de una persona; a expensas, a costa de. **Cargo de conciencia** Lo que la grava. **Hacerse cargo** Esp. y Méx. Encargarse una persona de alguien o de algo; formarse la idea completa de algo, considerando todas sus circunstancias.

cargosear v.tr. e intr. Amér. Merid. Molestar reiteradamente a alguien.

cargoso, a adj. Pesado, grave. **2.** Molesto, cargante, gravoso. **3.** Argent., Chile y Urug. Persona que molesta reiteradamente, cargante.

carguero, a adj. Que lleva carga. ◆ s.m. Buque destinado exclusivamente al transporte de mercancías.

cari adj. Argent. y Chile. De color marrón o plomizo. **2.** Chile. Pimienta de la India.

cariaco s.m. Amér. Bebida elaborada con jarabe de caña, cazabe y papas.

cariacontecido, a adj. *Fam.* Que muestra en el semblante aflicción o sobresalto.

cariar v.tr. y prnl. Producir caries.

cariátide s.f. (lat. *caryatis, -atidis,* del gr. *Karyatis, -atidos,* mujer de Karyai, ciudad de Laconia, donde había un templo dedicado a Ártemis). Estatua de mujer con vestidura talar que sirve como soporte arquitectónico vertical.

caribe adj. y s.m. y f. De una familia de pueblos amerindios que, procedentes de las costas central y oriental de Venezuela, poblaron las Antillas desde el s. XIII gracias a su belicosidad y dominio de la navegación. (Posteriormente se dispersaron por diversas regiones americanas, de las Guayanas al Mato Grosso, y desde la costa atlántica, entre el Amazonas y el Orinoco, hasta el Magdalena.) ◆ adj. Caribeño. ◆ s.m. Familia lingüística que comprende las lenguas y dialectos hablados por los pueblos caribes. **2.** Pez teleósteo muy voraz que vive en aguas dulces de las zonas tropicales de Sudamérica. SIN.: *piraña.* ◆ s.m. y adj. GEOMORFOL. Serie sedimentaria metamórfica de la costa venezolana y la isla Trinidad, afectada por el arco geotectoclinal del Caribe.

caribe

El núcleo más compacto de los caribes se halla en Venezuela y las Guayanas. Su cultura se asemeja a la de los arawak, y constituyen clanes exogámicos. La familia lingüística caribe comprende más de cien lenguas y dialectos.

caribeño, a adj. y s. Del Caribe.

cariblanco s.m. Artiodáctilo parecido al jabalí, pero más pequeño y feroz. (Familia tayasuidos.)

caribú s.m. Reno americano, de carne comestible. (Familia cérvidos.)

caricato s.m. (voz italiana, *exagerado*). Cantante de ópera que representa papeles de bufo. **2.** Amér. Caricatura. **3.** Esp. Actor que basa su actuación en la imitación de personajes.

caricatura s.f. (voz italiana). Dibujo o pintura satírica o grotesca de una persona o cosa. **2.** Ridiculización de alguien o de algo. **3.** Copia poco afortunada de una obra de arte. **4.** Méx. Cortometraje de dibujos animados.

caricaturesco, a adj. Relativo a la caricatura.

caricaturista s.m. y f. Dibujante de caricaturas.

caricaturizar v.tr. Hacer una caricatura.

caricia s.f. (ital. *carezza*). Acción de rozar suavemente con la mano a alguien o algo para demostrar cariño o delectación, respectivamente. **2.** Roce o impresión suave de algo que produce una sensación agradable: *la caricia del sol.* **3.** Beso, abrazo o cualquier demostración de amor o afecto.

caridad s.f. (bajo lat. *caritas, -atis,* amor, cariño). Limosna o auxilio que se presta a los necesitados. **2.** Sentimiento que hace auxiliar a los pobres o necesitados. **3.** Tratamiento usado en algunas órdenes religiosas femeninas y en algunas congregaciones masculinas. **4.** TEOL. CRIST. Virtud teologal del amor a Dios y al prójimo, opuesta a la envidia y a la animadversión. <> **Hijas de la caridad** Congregación de religiosas dedicadas al cuidado de pobres y enfermos, fundada en 1633 por san Vicente de Paúl.

caries s.f. (lat. *caries,* podredumbre) [pl. *caries*]. Lesión de tipo ulceroso en los tejidos duros del organismo. **2.** Enfermedad criptogámica del trigo que altera los granos. <> **Caries dentaria,** o **dental** Enfermedad de los dientes consistente en una lesión que evoluciona desde el exterior hacia el interior y que desemboca en una pérdida de sustancia formando una cavidad.

carilla s.f. Plana o página.

carillón s.m. (fr. *carillon*). Conjunto de campanas acordadas, que repican ejecutando una melodía. **2.** Reloj con estas campanas. **3.** MÚS. Instrumento de percusión que consiste en una serie de tubos o láminas de acero afinadas en distintos tonos.

carimba s.f. Amér. Marca producida por el carimbo.

carimbo s.m. Bol. Hierro para marcar las reses y antiguamente a los esclavos.

cariño s.m. (del lat. *carere,* carecer). Sentimiento de amor o afecto hacia alguien o algo. **2.** *Fig.* Expresión y señal de dicho sentimiento. (Suele usarse en plural.) **3.** *Fig.* Esmero con que se hace o se trata algo: *cuidar los libros con cariño.*

cariñoso, a adj. Que siente o demuestra cariño.

cario, a adj. Amér. Guaraní.

carioca adj. y s.m. y f. De Río de Janeiro.

cariocinesis s.f. Mitosis.

cariofiláceo, a adj. y s.f. Relativo a una familia de plantas dicotiledóneas de hojas opuestas y tallo hinchado con nudos, como el clavel o la saponaria.

cariogamia s.f. Fusión de los núcleos de los gametos masculino y femenino, después de la fecundación.

cariópside s.m. Fruto seco indehiscente, soldado a la única semilla que contiene.

cariotipo s.m. GENÉT. Representación fotográfica de los cromosomas de una célula en su estado de condensación máxima, reunidos en pares de ejemplares idénticos y clasificados según su medida. **2.** Conjunto de los cromosomas de las células de un ser vivo.

carisma s.m. (lat. *charisma,* del gr. *kárisma,* gracia, beneficio). Cualidad extraordinaria que se atribuye a una persona y le confiere una superioridad de carácter ético, heroico, religioso, etc. **2.** Don espiritual extraordinario que concede Dios a algunas personas en beneficio de la comunidad.

carismático, a adj. Que tiene carisma.

caritativo, a adj. Que ejercita la caridad. **2.** Relativo a la caridad.

cariucho s.m. Ecuad. Guiso de carne y papas con ají.

cariz s.m. Aspecto que toma un asunto en su desarrollo: *tomar el asunto otro cariz.* **2.** Aspecto de la atmósfera.

carlanca s.f. Collar provisto de puntas de hierro para proteger a los perros de las mordeduras de los lobos. **2.** Chile y Hond. Molestia causada por una persona machacona y fastidiosa. **3.** Colomb. y C. Rica. Grillete. **4.** Ecuad. Palo que se pone en la cabeza de los animales para que no entren en los sembrados. **5.** Hond. Persona machacona y fastidiosa.

carlín s.m. (del ital. *carlino,* de Carlos de Anjou, rey de Nápoles). Antigua moneda italiana, de valores diversos. **2.** Moneda acuñada por Carlos II de Navarra.

carlinga s.f. (fr. *carlingue*). Parte del avión donde se acomodan la tripulación y los pasajeros. **2.** En los barcos de madera, pieza fuerte situada paralelamente a la quilla, para reforzarla.

carlino, a adj. y s.m. Se dice del perro parecido al dogo, de talla pequeña, pelo corto y morro negro y chato. ◆ s.m. Carlín.

carlismo s.m. Tendencia y sistema político de los partidarios de la línea de la casa de Borbón española que desciende del infante Carlos María Isidro, hijo de Carlos IV.

carlismo

Como movimiento histórico el carlismo tuvo su origen en el pretendiente Carlos María Isidro (1788-1855), que en 1833 aspiró al trono que ocupó Isabel II, y fue proclamado rey con el nombre de Carlos V por sus partidarios, provocando una guerra civil, que se prolongó en el período de las llamadas *guerras carlistas* (1833-1876). Políticamente, tradujo el enfrentamiento entre el mundo agrario, tradicionalista, proteccionista, foralista y profundamente religioso, que representaba, y una sociedad burguesa, centralista, laica, a favor de la libre economía y la revolución industrial del país.

carlista adj. y s.m. y f. Relativo al carlismo; partidario de esta tendencia y sistema político.

carlovingio, a adj. y s. Carolingio.

carmañola s.f. Saco de faldón corto usado por los revolucionarios franceses.

carmelita adj. Carmelitano. ◆ adj. y s.m. y f. Se dice del religioso o religiosa de la orden del Carmelo. ◆ s.f. Flor de la capuchina que se come en ensalada.

carmelita

La reforma más importante realizada en la orden de los carmelitas fue debida a santa Teresa de Jesús y san Juan de la Cruz (s. XVI). Esta reforma dio lugar a la división de la orden en dos ramas: la de los *carmelitas descalzos,* que aceptaron la reforma, y la de los *carmelitas de la antigua observancia,* popularmente llamados *calzados,* que siguieron la primitiva regla. La reforma del Carmelo se enfrentó a la oposición de grandes sectores, pero mereció la protección de Felipe II. La Santa Sede aprobó definitivamente la reforma teresiana en 1572.

carmelitano, a adj. Relativo a la orden del Carmelo. SIN.: *carmelita.*

carmelo s.m. Convento de carmelitas. **2.** Orden de los carmelitas. (Suele escribirse con mayúscula.)

1. **carmen** s.m. (del ant. *carme,* del ár. *karm,* viña, viñedo). Quinta granadina con huerto o jardín.

2. **carmen** s.m. (lat. *carmen, -inis*). Composición poética escrita en latín.

carmenar v.tr. y prnl. (lat. *carminare,* cardar). Desenredar y limpiar el cabello, la lana, la seda, etc.

carmesí s.m. (hispano-ár. *qarmazî,* de *qármaz,* cochinilla). Materia colorante de un grana muy vivo. ◆ adj. y s.m. Se dice del color grana muy vivo.

carmín adj. y s.m. (fr. *carmin*). Se dice del color rojo intenso o encendido, como el del pigmento de la cochinilla. ◆ adj. Que es de este color. (Es invariable.) ◆ s.m. Sustancia compacta y grasa que se usa para pintarse los labios y que se presenta en forma de barra pequeña. **2.** Pigmento rojo intenso obtenido de la hembra de la cochinilla del nopal.

carminativo, a adj. y s.m. Se dice del medicamento que favorece la expulsión de gases del intestino.

carnación s.f. Coloración de la carne.

carnada s.f. Carnaza, cebo. **2.** *Fig.* y *fam.* Trampa para atraer a alguien.

carnadura s.f. Encarnadura.

carnal adj. y s.m. Relativo a la carne o parte material del ser humano, en contraposición al espíritu: *amor carnal; apetitos carnales.* **2.** Se dice de los parientes colaterales en primer grado: *tío carnal.*

carnalidad s.f. Cualidad de carnal.

carnaval s.m. (ital. *carnevale*). Período de tres días que precede al miércoles de ceniza. **2.** Fiesta popular que se celebra en tales días.

carnavalada s.f. Acción propia del carnaval.

carnavalesco, a adj. Relativo al carnaval.

carnavalito s.m. Argent. Baile colectivo, de ritmo vivo, cuya música es acompañada por coplas en español o quechua.

carnaza s.f. Cara de las pieles que ha estado en contacto con la carne. **2.** Carne abundante y de mala calidad o de animales muertos. **3.** Cebo de carne para cazar o pescar. SIN.: *carnada.* **4.** Amér. *Fig.* Víctima inocente de un perjuicio.

carne s.f. (lat. *caro, carnis*). Sustancia fibrosa del cuerpo del ser humano y de los animales, situada bajo la piel y que constituye los músculos. **2.** Parte del cuerpo de los animales preparada para el consumo humano: *carne de res.* **3.** Parte mollar de la fruta. **4.** Dulce elaborado con la pulpa de ciertas frutas: *carne de membrillo.* **5.** El cuerpo humano en contraposición al espíritu: *la carne es débil.* <> **Carne blanca** Carne de aves o reses tiernas. **Carne de cañón** *Fig.* Tropa destinada a puestos de mayor peligro; gente a la que se trata sin miramientos. **Carne de gallina** *Fig.* Piel de una persona que, debido al frío o a una emoción, toma el aspecto de un ave sin plumas. **Carne de pluma** Carne de ave. **Criar,** o **echar,** o **cobrar, carnes** *Fam.* Engordar. **En carne viva** Se dice de la parte del cuerpo sin piel: *una herida en carne viva.* **Metido en carnes** Se dice de la persona algo gruesa sin llegar a la obesidad.

carné o **carnet** s.m. (voz francesa, *libreta de apuntes*) [pl. *carnés* o *carnets*]. Tarjeta de identificación. <> **Carné,** o **carnet, de identidad** *Documento nacional de identidad.

carneada s.f. Argent., Chile, Par. y Urug. Acción y efecto de carnear, descuartizar las reses.

carnear v.tr. Amér. Matar y descuartizar las reses para el consumo. **2.** Chile y Méx. *Fam.* Engañar o hacer burla de alguien.

1. **carnero** s.m. (de *carne*). Rumiante doméstico, macho de la oveja, de grandes cuernos arrollados en espiral, que se cría para aprovechar su carne y su lana. **2.** Argent., Chile y Par. Persona que no se adhiere a una huelga o protesta de sus compañeros. **3.** Argent., Chile, Par. y Perú. Persona sin voluntad ni iniciativa propias.

2. **carnero** s.m. (lat. *carnarium*). Lugar donde se echan los cadáveres. <> **Cantar para el carnero** Amér. Morirse.

carnestolendas s.f.pl. Carnaval.

carnet s.m. → **carné.**

carnicería s.f. Establecimiento o puesto donde se vende carne destinada al consumo. **2.** *Fig.* y *fam.* Mortandad causada por una guerra o una catástrofe: *la batalla resultó una carnicería.* **3.** Ecuad. Matadero.

carnicero, a adj. y s.m. Se dice del animal perteneciente al orden carnívoros. ◆ adj. *Fig.* Cruel y sanguinario: *una venganza carnicera.* ◆ s. Persona que tiene por oficio vender carne destinada al consumo. <> **Diente carnicero** ZOOL. Tipo especial de diente de los carnívoros.

cárnico, a adj. Relativo a la carne destinada al consumo: *conservas cárnicas.*

carnitas s.f.pl. Méx. Carne de cerdo frita.

carnívoro, a adj. y s. Se dice del animal que se alimenta de carne. ◆ adj. y s.m. Relativo a un orden de mamíferos terrestres provistos de zarpas, de caninos sobresalientes (colmillos) y de molares más o menos cortantes, que se alimentan sobre todo de presas animales. (El orden carnívoros comprende el gato, el perro, la hiena, el oso, etc.) ◆ adj. y s.f. Se dice de determinadas plantas capaces de capturar, digerir y absorber pequeños animales, principalmente insectos.

carnosidad s.f. Lesión vegetante de aspecto carnoso. **2.** Carne que sobresale en alguna parte del cuerpo.

carnoso, a adj. Que tiene la consistencia u otra característica propia de la carne. **2.** Que tiene mucha masa de carne: *manos carnosas.* **3.** BOT. Se dice de los órganos vegetales formados por tejidos parenquimatosos, blandos y llenos de jugo.

carnutos, pueblo de la Galia, con dos ciudades principales, *Autricum* (Chartres) y *Cenabum* (Orleans). El *bosque de los carnutos* era el punto de reunión de los druidas de las Galias.

1. **caro** adv.m. A un alto precio: *vender caro.*

2. **caro, a** adj. (lat. *carus*). Que tiene un precio elevado. **2.** Amado, querido: *caro amigo.*

carocha s.f. → **carrocha.**

carófito, a adj. Relativo a un grupo de plantas acuáticas sin flores que presentan a la vez caracteres de alga verde y de musgo, de tallo erguido y con ramificaciones dicotómicas regulares.

carola s.f. (fr. *carole*). Antigua danza en la que los bailarines daban vueltas agarrados del dedo de la mano.

carolingio, a adj. y s. Relativo a Carlomagno, a su familia o dinastía, o a su tiempo. SIN.: *carlovingio.*

1. **carolino, a** adj. Relativo a los reyes que llevan el nombre de Carlos.

2. **carolino, a** adj. y s. De las islas Carolinas, archipiélago de Oceanía.

carolus s.m. Nombre de ciertas monedas flamencas del reinado de Carlos V y de las acuñadas en otros lugares a imitación de estas.

carona s.f. Manta, tela o almohadilla que se pone entre la silla o albarda y el sudadero, para que no se lastimen las caballerías.

carota s.m. y f. Esp. *Fam.* Caradura, atrevido: *ser un carota.*

caroteno s.m. (del lat. *carota,* zanahoria). Pigmento amarillo o rojo que se encuentra en los vegetales (sobre todo en la zanahoria) y en los animales (cuerpo amarillo del ovario).

carótida s.f. y adj. (gr. *karotís, -ídos*). Cada una de las arterias que conducen la sangre del corazón a la cabeza e irrigan el cuello, la cara, el cráneo y el encéfalo.

carozo s.m. (lat. vulgar *carudium,* del gr. *karúdion,* avellana). Raspa de la mazorca del maíz. **2.** Hueso de las frutas como el melocotón, la ciruela y similares.

1. **carpa** s.f. (lat. tardío *carpa*). Pez de agua dulce, de la familia ciprínidos, que vive en las aguas tranquilas y profundas de ríos y lagos. <> **Salto de la carpa** DEP. Zambullida en la que el cuerpo del nadador debe mantenerse doblado por las caderas y con las piernas rectas sin flexionar.

2. **carpa** s.f. Toldo sostenido por un armazón, bajo el cual se desarrolla un espectáculo de circo, una fiesta, una feria, etc. **2.** Amér. Tienda de campaña. **3.** Amér. Toldo, tenderete.

carpaccio s.m. (voz italiana). Carne o pescado crudos cortados en finas láminas maceradas en aceite y limón.

carpanel adj. Se dice del arco elipsoidal formado por varias porciones de circunferencias cuyos centros siempre son impares.

carpanta s.f. *Fam.* Hambre violenta.

carpe s.m. (occitano *carpe*). Árbol de madera blanca y densa y de unos 25 m de alt. (Familia betuláceas.)

carpe díem loc. (lat. *carpe diem,* disfruta del día presente). Se emplea para exhortar al goce de la vida.

carpelar adj. BOT. Relativo al carpelo.

carpelo s.m. (del gr. *karpós,* fruto). Cada una de las piezas florales cuyo conjunto forma el pistilo de las flores.

carpento s.m. Vehículo cubierto, de dos ruedas, que se utilizaba en procesiones y ceremonias fúnebres.

carpeta s.f. (fr. *carpette*). Funda para guardar o transportar papeles, documentos, etc., formada por una cartulina o un plástico doblados por la mitad. **2.** Argent. y Urug. Tapete verde que cubre la mesa de juego. **3.** Argent. y Urug. *Fig.* y *fam.* Habilidad o experiencia en el trato con los demás. **4.** ECON. Factura de los valores o efectos públicos o comerciales que se presentan al cobro, al canje o a la amortización.

carpetano, a adj. y s. De un pueblo hispánico prerromano, que habitaba la zona del S de la meseta (entre el río Guadiana y el Guadarrama).

carpetazo s.m. **Dar carpetazo** Suspender la tramitación de una solicitud o expediente; dar por terminado un asunto.

carpetovetónico, a adj. y s. *Desp.* Arraigadamente español, que excluye o ignora toda influencia extranjera. SIN.: *celtibérico.*

carpiano, a adj. Relativo al carpo.

carpín s.m. Pez de agua dulce parecido a la carpa pero sin barbillas, que rara vez excede los 40 cm de long. (Familia ciprínidos.)

carpincho s.m. Roedor de América del Sur, fácilmente domesticable, de un metro de long. que vive a orillas de ríos y lagunas alimentándose de peces y hierbas. (Es el roedor más grande que se conoce.) SIN.: *capibara, capiguara.*

carpintería s.f. Taller de carpintero. **2.** Oficio y arte del carpintero. **3.** Conjunto de todas las piezas de madera de una casa, local o edificio. <> **Carpintería metálica** Carpintería realizada con perfiles metálicos.

carpintero s.m. (del lat. *carpentarius,* carpintero de carretas). Persona que tiene por oficio trabajar la madera, y fabricar o arreglar objetos de madera. <> **Carpintero de ribera** Persona que trabaja en la construcción o reparación de barcos.

carpo s.m. (gr. *karpós,* articulación de la muñeca). ANAT. Parte del esqueleto de la mano que corresponde a la muñeca y en el que se articulan el antebrazo y con el metacarpo.

carquesia o **carquexia** s.f. Arbusto característico de suelos montañosos, frecuente en la península Ibérica. (Familia papilionáceas.)

1. **carraca** s.f. (voz de origen onomatopéyico). Instrumento de madera que produce un ruido seco y desapacible. **2.** Ave de pico curvado, tarsos cortos y plumaje duro, de colores muy vivos. (Familia corácidos.) **3.** Colomb. Mandíbula o quijada seca de algunos animales. **4.** TECNOL. **a.** Mecanismo que tienen algunas herramientas, consistente en una rueda dentada y un trinquete, para que el movimiento de vaivén del mango solo actúe en un sentido. **b.** Herramienta para hacer taladros.

2. **carraca** s.f. Barco de grandes dimensiones utilizado durante la edad media y hasta fines del s. XVII. **2.** Artefacto, aparato o máquina viejos o deteriorados.

carragaen s.m. Alga rodofícea de fronde plana o crespa, más o menos larga y ancha. (Familia gigartitináceas.)

carraleja s.f. Insecto coleóptero de talla mediana o grande, sin alas y élitros cortos, parecido a la cantárida. (Familia meloidos.)

carramplón s.m. Colomb. y Venez. Fusil

carraón s.m. Trigo de poca altura, con espigas dísticas comprimidas, como también el grano, parecido al de la escanda. (Familia gramíneas.)

carrara s.m. Mármol blanco extraído de los alrededores de Carrara, ciudad italiana.

carrasca s.f. (voz prerromana). Encina, especialmente la de pequeño tamaño. **2.** Colomb. y Venez. Instrumento músico que tiene unas muescas que se raspan con un palillo.

carrascal s.m. Terreno o monte poblado de carrascas. **2.** Chile. Pedregal.

carrasco s.m. Carrasca. **2.** Amér. Extensión grande de terreno cubierto de vegetación leñosa. ◆ s.m. y adj. *Pino carrasco.

carraspada s.f. Bebida compuesta de vino tinto rebajado con agua, miel y especias.

carraspear v.intr. (voz de origen onomatopéyico). Toser para aclararse la voz o librarse de la carraspera.

carraspeo s.m. Acción de carraspear.

carraspera s.f. Aspereza en la garganta, que enronquece la voz.

carraspique s.m. (del occitano *taraspic*). Planta de hojas lanceoladas y flores de color purpúreo rosado, cultivada como ornamental. (Familia crucíferas.)

carrasposo, a adj. y s. Que padece carraspera. ◆ adj. Colomb., Ecuad. y Venez. Áspero al tacto, que raspa la mano.

carrasqueño, a adj. Relativo a la carrasca o semejante a ella. **2.** *Fig.* y *fam.* Áspero.

carrera s.f. (lat. vulgar *carraria*). Acción de correr cierto espacio: *darse una carrera para llegar a tiempo.* **2.** Calle que fue antes camino: *la carrera de san Jerónimo.* **3.** Trayecto: *el importe de la carrera de un taxi.* **4.** *Fig.* Conjunto de estudios, repartidos en varios cursos, que capacitan para ejercer una profesión: *carrera de farmacia, de ingeniero.* **5.** Profesión, actividad. **6.** *Fig.* Línea de puntos que se sueltan en una labor de malla: *una carrera en las medias.* **7.** *Fig.* Camino o curso que sigue una persona en sus acciones. **8.** Curso de un astro. **9.** Viga dispuesta horizontalmente a lo largo de un muro, que sirve para dar asiento a las viguetas del suelo. **10.** Competición de velocidad: *carreras de caballos; carrera ciclista.* **11.** Conjunto o serie de cosas dispuestas en hilera o en orden: *carrera de árboles.* **12.** MEC. Camino que recorre en un sentido todo órgano sujeto a un movimiento de vaivén: *carrera del émbolo dentro del cilindro.* <> **A la carrera** Muy deprisa. **Carrera de armamentos,** o **armamentística** MIL. Acumulación progresiva de armamento, basada en la estrategia disuasoria. **Carrera de Indias** Denominación que recibía la ruta habitualmente seguida por las flotas españolas que viajaban por el Atlántico entre las Indias y España. **Hacer carrera** Prosperar, lograr un buen puesto.

carrerear v.tr. Méx. Dar prisa a alguien para que haga algo: *no me carrerees que me pones nerviosa.*

carrerilla s.f. Sucesión rápida ascendente o descendente de sonidos o notas musicales. <> **De carrerilla** De memoria, sin reflexión. **Tomar carrerilla** Tomar impulso para efectuar un salto, para decir algo, etc.

carrerista s.m. y f. Persona aficionada o concurrente a las carreras de caballos. **2.** Persona que hace carreras de velocípedos, bicicletas, etc.

carreta s.f. (cat. *carreta*). Carro largo, estrecho y más bajo que el ordinario, generalmente de ruedas sin llanta, y con una lanza a la cual se sujeta el yugo. **2.** Ecuad. Carrete de hilo. **3.** Venez. Carretilla.

carretada s.f. Carga que lleva una carreta o un carro. **2.** *Fig.* y *fam.* Gran cantidad de algo.

carrete s.m. (fr. *caret*). Cilindro, agujereado por el centro y con bordes en sus bases, sobre el que se enrolla un hilo o una lámina. **2.** Hilo o lámina que se enrolla en este cilindro. **3.** Conductor eléctrico, aislado y arrollado sobre sí mismo, en una o varias capas. **4.** Cilindro en el que se enrolla la película fotográfica. **5.** Rollo de película para hacer fotografías.

carretear v.tr. Transportar una cosa en carro o carreta. **2.** Guiar un carro o carreta.

carretel s.m. Amér. Carrete de la caña de pescar. **2.** Amér. y Can. Carrete de hilo para coser. **3.** MAR. Carrete grande que se emplea a bordo, principalmente para arrollar el cordel de la corredera.

carretela s.f. (ital. *carrettella*). Vehículo hipomóvil descubierto, de cuatro ruedas, que en la parte delantera lleva un asiento con respaldo y en la posterior, tras el asiento, una capota plegable. **2.** Chile. Vehículo de dos ruedas, que se dedica por lo general al acarreo de bultos.

carretera s.f. Vía de comunicación entre poblaciones, debidamente acondicionada y asfaltada, destinada a la circulación de vehículos. <> **Carretera de cuota** Méx. Carretera de peaje.

carretería s.f. Establecimiento del carretero.

carretero s.m. Persona que tiene por oficio construir o guiar carros y carretas. <> **Hablar,** o **jurar, como un carretero** Hablar o jurar con expresiones groseras.

carretilla s.f. Carro pequeño, en ocasiones con una rueda y dos varas por donde se ase con las manos y otras veces provisto de cuatro ruedas, destinado a ser arrastrado o empujado, con el que se transportan materiales a corta distancia. <> **De carretilla** De memoria, sin reflexión: *decir la lección de carretilla.*

carretillada s.f. Lo que cabe en una carretilla.

carretón s.m. Carro pequeño. **2.** Armazón en que gira la rueda del afilador.

carretonaje s.m. Chile. Transporte en carretón. **2.** Chile. Precio de cada uno de estos transportes.

carretonero s.m. Colomb. Trébol.

carric o **carrick** s.m. (fr. *carrik*) [pl. *carrics* o *carriques*]. Especie de levitón o gabán con una o varias esclavinas.

carricero s.m. Ave paseriforme de cuerpo esbelto, cabeza alargada y pico recto, que vive en zonas pantanosas. (Familia sílvidos.)

carricoche s.m. *Desp.* Automóvil viejo o de mal aspecto. **2.** Carro cubierto con caja de un automóvil.

carriel s.m. Amér. Bolsa de viaje. **2.** Colomb., Ecuad. y Venez. Maletín de cuero.

carril s.m. (del lat. *currilis,* relativo al carro). Barra de hierro o acero laminado que, junto a otra paralela, sirve de guía a los trenes y tranvías. **2.** Banda longitudinal en que puede subdividirse una vía pública y que está destinada al tránsito de una sola fila de vehículos. **3.** Señal que dejan en el suelo las ruedas de un carruaje u otro vehículo. **4.** Surco realizado con el arado.

carrilano s.m. Chile. Obrero del ferrocarril. **2.** Chile. Ladrón, bandolero.

carrillo s.m. Parte carnosa de la cara, desde la mejilla hasta el borde inferior de la mandíbula. ◇ **Comer a dos carrillos** *Fam.* Comer con avidez y voracidad.

carrilludo, a adj. Que tiene abultados los carrillos.

carriola s.f. Cochecito de bebé.

carrizal s.m. Terreno poblado de carrizos.

carrizo s.m. (del lat. *carex, -icis*). Planta herbácea que crece cerca del agua, de raíz larga y rastrera, tallo recto y liso y flores que crecen en panojas. (Familia gramíneas.) SIN.: *cañavera.* **2.** Venez. Planta gramínea de tallos nudosos que en su interior contienen agua dulce y fresca.

carro s.m. (lat. *carrus*). Carruaje consistente en una plataforma con barandillas, montada generalmente sobre dos ruedas, con lanza o varas para enganchar el tiro. **2.** Carga de un carro. **3.** Artefacto ligero provisto de ruedas que se usa para pequeños traslados. SIN.: *carrito.* **4.** Parte corredera de una máquina que transporta algo de un lugar a otro del mecanismo. **5.** Amér. Central, Colomb., Méx., Perú, P. Rico y Venez. Automóvil. **6.** P. Rico y Venez. Carreta. ◇ **Carro de combate** Vehículo automóvil blindado y provisto de cadenas, armado con cañones, ametralladoras, etc. **Parar el carro** *Fam.* Contenerse o moderarse el que está enojado u obra de manera improcedente. **Tirar del carro** Hacer una o más personas el trabajo del que otras también deberían formar parte.

carrocería s.f. Parte de los vehículos automóviles o ferroviarios que, asentada sobre el bastidor, reviste el motor y otros órganos y sirve para transportar pasajeros o carga. **2.** Esp. Establecimiento o taller en que se construye, vende o repara dicha parte del vehículo.

carrocero, a s. Constructor de carrocerías o de vehículos tirados por animales.

carrocha o **carocha** s.f. Conjunto de huevecillos del pulgón, de la abeja maestra o de otros insectos.

carromato s.m. (ital. *carro matto*). Carro grande con toldo, arrastrado generalmente por más de una caballería.

carronada s.f. (ingl. *carronade*). Cañón de artillería de marina, de bronce, corto y de poco peso (ss. XVIII y XIX).

carroña s.f. (ital. *carogna*). Carne corrompida.

carroza s.f. (ital. *carrozza*). Vehículo tirado por caballos, de cuatro ruedas, con suspensión y cubierto, de gran lujo. **2.** Vehículo o plataforma sobre ruedas adornados con una decoración de fantasía, que desfila por las calles con motivo de determinados festejos y celebraciones populares. **3.** Argent., Chile, Méx., Par. y Urug. Vehículo especial en el que se transporta a los difuntos al cementerio. SIN.: *carroza fúnebre.* ◆ s.m. y f. y adj. Esp. *Fam.* Persona que es mayor y tiene ideas, usos y costumbres anticuados.

carrozar v.tr. Poner carrocería a un vehículo.

carruaje s.m. (cat. *carruatge*). Vehículo de tracción animal formado por un armazón de madera o hierro montado sobre ruedas y, generalmente, destinado al transporte de personas.

carruajero, a s. Amér. Persona que fabrica carruajes.

carruata s.f. Pita de la Guayana y otras regiones de América, usada para hacer cuerdas muy resistentes. (Familia amarilidáceas.)

carrusel s.m. (fr. *carrousel*). Tiovivo. **2.** Cabalgata. **3.** Esp. Aparato destinado al transporte de cargas, objetos o mercancías.

cársico, a, cárstico, a o **kárstico, a** adj. Se dice del relieve propio de las regiones calcáreas en que el agua ha disuelto el carbonato de calcio, especialmente en el subsuelo, creando grutas, dolinas, lapiaces, etc. **2.** Relativo a este relieve: *formación cársica.*

carso o **karst** s.m. Región de relieve cársico.

carta s.f. (lat. *charta,* papel). Escrito dirigido a una persona ausente para comunicarle algo. **2.** Menú o minuta: *comer a la carta.* **3.** Mapa: *carta de navegación.* **4.** Denominación que se aplica a determinados documentos: *carta constitucional.* **5.** Antiguo título que concedía franquicias, privilegios. **6.** Conjunto formado por las leyes constitucionales de un estado, establecidas por concesión del soberano y no por los representantes del pueblo. **7.** Ley, regla fundamental. **8.** Naipe. ◇ **A carta cabal** Íntegramente, por completo: *ser honrado a carta cabal.* **Carta abierta** Carta dirigida a una persona y destinada a la publicidad. **Carta blanca** Poder para obrar con entera libertad. **Carta de ajuste** Imagen de control que sirve para verificar la calidad de las transmisiones en televisión. **Carta de ciudadanía** Argent. Documento por el que el estado otorga la nacionalidad a un residente en el país; carta de naturaleza. **Carta de naturaleza** Derecho que se concede a un extranjero a ser considerado como natural de un país; legitimación o reconocimiento oficial que se da a una cosa o a un asunto. **Carta otorgada** Documento constitucional concedido por un monarca sin intervención de las cortes o el parlamento. **Echar las cartas** Hacer ciertas combinaciones con los naipes para tratar de adivinar sucesos futuros u ocultos. **Enseñar las cartas** Mostrar alguien los medios de que dispone o que piensa poner en juego para cierta cosa. **Jugar la última carta** Emplear el último recurso en un caso de apuro. **No saber a qué carta quedarse** *Fam.* Estar alguien indeciso en el juicio o en la resolución que ha de tomar. **Poner las cartas boca arriba** Poner de manifiesto los propósitos, opiniones, etc. **Tomar cartas en un asunto** *Fam.* Intervenir en él.

cartabón s.m. (occitano ant. *escartabont*). Instrumento de dibujo lineal en forma de triángulo rectángulo isósceles. **2.** CONSTR. Ángulo que forman en el caballete las dos vertientes de una cubierta.

cartagenero, a adj. y s. De Cartagena (c. de Colombia o c. de España).

cartaginense adj. y s.m. y f. De Cartago. SIN.: *cartaginés.*

cartaginés, sa adj. y s. Cartaginense.

cartapacio s.m. Carpeta de gran tamaño. **2.** Conjunto de papeles contenidos en esa carpeta. **3.** Cuaderno para tomar apuntes.

carteado, a adj. y s.m. Se dice del juego de naipes que no es de envite.

cartearse v.prnl. Escribirse cartas recíprocamente: *cartearse con alguien.*

cartel s.m. (cat. *cartell*). Papel, pieza de tela, o plástico, etc., con inscripciones impresas o manuscristas que se coloca en un lugar visible para anunciar algo o informar de ello. **2.** MIL. Convención pactada entre ejércitos beligerantes para permitir cierto género de relaciones, como canje de prisioneros, comercio entre súbditos de países beligerantes, etc. **3.** PESC. Red para pescar sardinas. ◇ **Ser de,** o **tener, cartel** Tener fama o buena reputación: *ser un torero de cartel.*

cártel s.m. (alem. *Kartell*). Alianza local o regional de narcotraficantes. **2.** Agrupación de empresas que, conservando la individualidad, tiene como fin principal evitar la competencia y controlar la producción.

cartela s.f. (ital. *cartella*). Pedazo de cartón, madera, etc., a modo de tarjeta, donde se apunta o escribe algo. **2.** Pieza o elemento triangular o en forma de ángulo recto que, fijada a una superficie vertical, sostiene otra superficie que forma ángulo con la primera. **3.** HERÁLD. Pieza honorable, pequeña y rectangular, colocada en sentido vertical.

cartelado, a adj. HERÁLD. Se dice del escudo o pieza sembrado de cartelas.

cartelera s.f. Sección de un periódico en que se anuncian los espectáculos. **2.** Armazón con superficie adecuada para fijar carteles, especialmente los de los espectáculos públicos.

cartelero, a s. Persona que fija carteles.

cartelista s.m. y f. Artista especializado en la creación de carteles.

carteo s.m. Acción y efecto de cartearse.

cárter s.m. (de J. H. *Carter*, su inventor). Envoltura protectora de las piezas de un mecanismo. **2.** Depósito lubricante de un vehículo automóvil.

cartera s.f. Utensilio de bolsillo a modo de libro, hecho con piel u otro material flexible, para llevar dinero, papeles, documentos, etc. **2.** Bolsa de piel o plástico, con tapadera y generalmente con asa, para llevar libros, documentos, etc. **3.** *Fig.* Conjunto de valores, efectos comerciales o pedidos de que dispone una sociedad mercantil o industrial. **4.** Cargo de ministro de gobierno: *ocupar la cartera de hacienda; ministro sin cartera.* ◇ **En cartera** En estudio, en proyecto. **Sociedad de cartera** B. Y BOLSA. Sociedad que posee participaciones en valores mobiliarios. (Los holdings y las sociedades de inversión son sociedades de cartera.)

cartería s.f. Oficina de correos donde se recibe y despacha la correspondencia.

carterista s.m. y f. Ladrón de carteras de bolsillo.

cartero, a s. Persona que reparte las cartas del correo.

cartesianismo s.m. Filosofía de Descartes y de sus discípulos, que ha influido en pensadores como Malebranche, Leibniz o Spinoza. **2.** Cualidad de cartesiano, metódico.

cartesiano, a adj. y s. Relativo a la doctrina de Descartes. **2.** Metódico, racional, lógico. ◇ **Producto cartesiano de dos conjuntos A y B** Conjunto, simbolizado por $A \times B$, de pares ordenados (x, y), tales que $x \in A$ e $y \in B$.

cartilaginoso, a adj. Relativo al cartílago; de la naturaleza del cartílago.

cartílago s.m. (lat. *cartilago, -aginis*). Tejido resistente y elástico que forma el esqueleto del embrión antes de la aparición del hueso y que persiste en el adulto en el pabellón de la oreja, en la nariz y en las terminaciones de los huesos. (Algunos peces, como el esturión o la raya, poseen un esqueleto que permanece siempre en estado de cartílago.)

cartilla s.f. Libro para aprender las letras del alfabeto. **2.** Cuaderno donde se anotan ciertas circunstancias o datos referentes a determinada persona: *cartilla de ahorros; cartilla de la seguridad social.* ◇ **Cantarle,** o **leerle, a alguien la cartilla** *Fam.* Reprender o advertir con seriedad y firmeza. **Cartilla militar,** o **naval** MIL. Documento de identidad de las personas sujetas al servicio militar, en el ejército o en la marina, respectivamente.

cartismo s.m. Movimiento político y social reformista surgido en el Reino Unido entre 1837 y 1848 principalmente como reacción ante la ley electoral que discriminaba a la clase obrera.

cartista adj. y s.m. y f. Relativo al cartismo; partidario de este movimiento.

cartivana s.f. Tira de papel o tela que se pone en las láminas u hojas sueltas para encuadernarlas.

cartografía s.f. Arte y técnica que tiene por objeto trazar y publicar mapas.

cartografiar v.tr. [conj.: *desviar*]. Trazar la carta geográfica de una porción de la superficie terrestre.

cartógrafo, a s. Especialista en cartografía.

cartograma s.m. Esquema cartográfico en el que se han representado datos estadísticos.

cartomancia o **cartomancía** s.f. Arte de adivinar el futuro a partir de combinaciones de naipes.

cartomántico, a adj. y s. Relativo a la cartomancia; que practica la cartomancia.

cartometría s.f. Medición de las líneas trazadas sobre los mapas.

cartón s.m. (ital. *cartone*). Material constituido por una plancha gruesa de pasta de papel endurecida o por varias hojas de papel superpuestas y adheridas unas a otras. **2.** Modelo realizado sobre papel grueso, cartón o lienzo para un tapiz, fresco o vidriera: *los cartones de Goya.* **3.** Paquete formado generalmente por diez cajetillas de cigarrillos. **4.** Cartulina con varios números para participar en el bingo. ◇ **Cartón de paja** Cartón fabricado con paja trinchada. **Cartón ondulado** Cartón que presenta acanaladuras regularmente espaciadas, pegadas sobre una o entre dos hojas de papel. **Cartón pasta** Cartón fabricado con pasta de papel y materias plásticas, que sirve para fabricar objetos por moldeado. **Cartón piedra** Esp. Cartón obtenido con pasta de papel fuertemente prensada, con el que se fabrican elementos de decoración interior.

cartonaje s.m. Conjunto de obras de cartón.

cartoné s.m. (fr. *cartonée*). Encuadernación que se hace con tapas de cartón, forradas de papel.

cartonería s.f. Establecimiento donde se fabrica o vende cartón.

cartonero, a adj. Relativo al cartón. ◆ s. Persona que hace o vende cartones.

cartoon s.m. (voz inglesa). Cada uno de los dibujos que componen una película de dibujos animados. **2.** *Por ext.* Película de dibujos animados o historieta gráfica.

cartoteca s.f. Lugar donde se conservan y clasifican los mapas.

cartuchera s.f. Estuche o canana donde se llevan los cartuchos.

cartucho s.m. (fr. *cartouche*). Cilindro de cartón, de metal, de lienzo, etc., que contiene una cantidad determinada de explosivo, especialmente una carga completa para un arma de fuego. **2.** Envoltorio cilíndrico o en forma de cucurucho: *un cartucho de monedas; un cartucho de avellanas.* **3.** Cartela con los extremos arrollados y una superficie plana en la que se inscribe una leyenda o un escudo de armas. **4.** Bucle oval en el que quedan aislados los dos nombres principales del faraón en las inscripciones jeroglíficas. (La presencia de cartuchos en un texto jeroglífico permite a un egiptólogo identificar rápidamente al faraón al que se hace alusión.)

cartuja s.f. Orden religiosa fundada por san Bruno. (Suele escribirse con mayúscula.) **2.** Monasterio de dicha orden.

cartujano, a adj. Relativo a la Cartuja. ◆ adj. y s. Cartujo. **2.** Se dice del caballo o yegua que presenta las señales más características de la raza andaluza.

cartujo, a adj. y s. Se dice del religioso de la orden de san Bruno. ◆ s.m. *Fam.* Hombre taciturno o muy retraído.

cartulario s.m. (bajo lat. *chartularium*). Libro manuscrito en el que se copiaban los privilegios y títulos de una persona, una corporación o una comunidad. **2.** Escribano, especialmente el que custodiaba las escrituras.

cartulina s.f. (ital. *cartulina*). Cartón delgado, muy terso.

caruata s.f. Venez. Carruata.

carúncula s.f. ANAT. Abultamiento o prominencia en ciertos órganos: *carúncula lacrimal.* **2.** Excrecencia carnosa o córnea en el pico, el cuello o la frente de ciertas aves.

carurú s.m. Planta herbácea que crece en América y se emplea para la fabricación de lejía. (Familia amarantáceas.)

casa s.f. (lat. *casa*, choza, cabaña). Edificio o parte de él destinado a vivienda. **2.** Lugar en que habita una persona o familia. **3.** Familia, conjunto de miembros de una familia que viven juntos. **4.** Linaje, ascendencia o descendencia de una familia noble: *la casa de Austria.* **5.** Establecimiento industrial o comercial. **6.** Establecimiento donde se desarrollan determinadas actividades o se prestan ciertos servicios: *casa de empeños; casa de comidas; casa de beneficencia; casa de citas.* **7.** Casilla del tablero de los juegos de ajedrez, damas y otros parecidos. **8.** ASTROL. Cada una de las doce divisiones iguales en forma de huso, en que se considera dividido el cielo. ◇ **Caérsele a alguien la casa encima** Preferir salir que quedarse en casa; producirle tristeza un contratiempo. **Casa consistorial** o **casas consistoriales** Edificio donde está instalada la administración municipal y donde se reúne el ayuntamiento. **Casa de Dios,** o **de oración,** o **del Señor** Templo o iglesia. **Casa de fieras** Zoológico. **Casa del rey** Conjunto de personas civiles *(casa civil)* y militares *(casa militar)* al servicio del soberano. **Casa madre** Principal establecimiento de una orden religiosa. **Casa real** Conjunto de los miembros de una familia real. **Como una casa** Término de comparación usado para ponderar lo grande o lo grave de una cosa. **De la casa** Muy amigo de la familia y que la visita a menudo; preparado o de uso corriente en el lugar en que se vende o se sirve: *vino de la casa.* **Echar la casa por la ventana** *Fam.* Derrochar, gastar con esplendidez en alguna ocasión. **Empezar la casa por el tejado** Empezar algo por donde debería concluir. **Quedar todo en casa** Redundar los beneficios en provecho de la familia o persona de que se trate.

casaca s.f. Saco de vestir ceñido al cuerpo, con faldones y manga larga, que se usó en el s. XVIII en España por influencia francesa. **2.** Saco de vestir o abrigo corto.

1. **casación** s.f. (de *2. casar*). Anulación, por una jurisdicción de rango superior, de una sentencia dictada en última instancia por una jurisdicción civil, penal o administrativa.

2. **casación** s.f. (ital. *cassazione*). Suite instrumental compuesta por fragmentos breves, ligeros y de aire popular, que se ejecutaba al aire libre.

casadero, a adj. Que está en edad de casarse: *una hija casadera.*

casado, a adj. y s. Se dice de la persona que ha contraído matrimonio.

casal s.m. Casa de campo o solariega. **2.** Amér. Merid. Pareja de macho y hembra: *un casal de lechuzas.*

casalicio s.m. Casa, edificio importante.

casamata s.f. (ital. *casamatta*). Bóveda o construcción blindada que protege armas pesadas.

casamentero, a adj. y s. Se dice de la persona que se dedica a proponer o arreglar bodas.

casamiento s.m. Acción de casar. **2.** Ceremonia nupcial.

casanova s.m. Tenorio.

1. **casar** v.intr. y prnl. (lat. *cassare*). Contraer matrimonio: *casó a los veinte años con el rey de Francia.* ◆ v.tr. Dar en matrimonio: *ya ha casado a dos de sus hijos.* **2.** Unir en matrimonio: *les casó el juez.* **3.** *Fig.* Ordenar, unir una cosa con otra de forma que armonicen: *casar las piezas de un vestido.* ◆ v.intr. *Fig.* Coincidir dos o más cosas o corresponderse entre sí. ◇ **No casarse con nadie** *Fam.* Conservar la independencia de las propias opiniones o actitudes.

2. **casar** v.tr. (de *casa*). DER. Anular, derogar.

casata s.f. (ital. *cassata*). Pastel helado, con frutas variadas, de origen siciliano.

casba s.f. → **kasba.**

casca s.f. Hollejo de la uva pisada y exprimida. **2.** Corteza molturada de encina y otros árboles, empleada en tenería.

cascabel s.m. (occitano *cascavel*). Bola pequeña de metal, hueca y agujereada, con un trocito de hierro o latón en su interior que, al moverse, choca con las paredes y produce un tintineo. **2.** Conjunto de placas córneas de la cola de la serpiente de cascabel que producen un sonido al cual el reptil debe su nombre. ◇ **Serpiente de cascabel** Crótalo. **Ser un cascabel** Ser muy alegre.

cascabelear v.tr. *Fam.* Dar esperanzas vanas de alguna cosa a alguien para que ejecute algo que se pretende. ◆ v.intr. Hacer ruido de cascabeles. **2.** *Fig.* y *fam.* Actuar con ligereza.

cascabeleo s.m. Ruido de cascabeles, o parecido a él.

cascabelero, a adj. y s. *Fam.* Se dice de la persona de poco juicio, especialmente la que es alegre y desenfadada.

cascabelillo s.m. Variedad de ciruelo de fruto pequeño y redondo, de color púrpura oscuro y de sabor dulce.

cascabillo s.m. Cascabel, bola de metal. **2.** Cáscara que envuelve el grano de los cereales. **3.** Cúpula de la bellota.

cascada s.f. (ital. *cascata,* caída). Corriente de agua que cae desde cierta altura debido a un brusco desnivel del cauce. **2.** Conjunto de fuegos de artificio dispuestos de manera que sus elementos caigan imitando una cascada.

cascado, a adj. Que está estropeado por el uso. **2.** Se dice de la voz que carece de fuerza, sonoridad, entonación, etc. **3.** *Fam.* Se dice de la persona cansada o enferma.

cascadura s.f. Acción y efecto de cascar. **2.** Pez de tronco alargado y comprimido, con una coraza de placas dispuestas en dos filas a cada lado, boca ínfera, con dos barbillas, y labios gruesos, que vive en las lagunas y lagos de Sudamérica. (Familia callíctidos.)

cascajo s.m. Conjunto de fragmentos de piedra y de otros materiales. **2.** Conjunto de frutos secos, como almendras, avellanas y nueces. **3.** *Fam.* Objeto sin valor, estropeado o inútil: *no se fía de su automóvil, es un cascajo.* **4.** Persona decrépita.

cascanueces s.m. (pl. *cascanueces*). Utensilio parecido a unas tenazas, que sirve para partir nueces, avellanas, etc. **2.** Ave granívora semejante al cuervo.

cascar v.tr. y prnl. (del lat. *quassare,* sacudir, golpear). Romper alguna cosa quebradiza en trozos o hacer en ella una rotura o una grieta de modo que no llegue a separarse en trozos: *cascar una nuez.* **2.** Perder la voz su sonoridad y entonación. ◆ v.tr. Esp. *Fam.* Pegar, golpear a alguien. ◆ v.tr. e intr. Esp. *Fam.* Charlar. **2.** Esp. *Fig.* y *vulg.* Morir.

cáscara s.f. (de *cascar*). Corteza o cubierta exterior de algunas cosas: *cáscara del huevo; la cáscara de la almendra.* **2.** Corteza de los árboles. **3.** METAL. Molde constituido por una simple placa ajustada a la forma del modelo original. ◆ **¡cáscaras!** interj. *Fam.* Expresa sorpresa o admiración.

cascarilla s.f. Corteza o capa más delgada y quebradiza que la cáscara.

cascarón s.m. Cáscara del huevo, en especial la de un ave. **2.** Parte de una cúpula, generalmente semiesférica, situada entre el tambor y la linterna. ◇ **Cascarón de nuez** *Fam.* Embarcación muy pequeña. **Salir del cascarón** Dejar de ser una persona joven e inexperta, enfrentarse a la vida.

cascarrabias s.m. y f. (pl. *cascarrabias*). *Fam.* Persona que se irrita fácilmente.

cascarria o cazcarria s.f. Lodo o barro que salpica y se adhiere en las piernas o en la parte baja de la ropa. (Suele usarse en plural.)

casco s.m. (de *cascar*). Objeto generalmente semiesférico, de un material resistente, que cubre la cabeza y la protege de golpes y heridas. **2.** Pedazo o trozo que resulta de la rotura de algo quebradizo o del estallido de la bomba. **3.** Uña del pie o de la mano de una caballería. **4.** Copa del sombrero. **5.** Aparato de escucha telefónica o radiofónica. **6.** Esp. y Méx. Envase de vidrio para bebidas. **7.** AERON. Parte inferior del fuselaje de un hidroavión, situada bajo la línea de flotación. **8.** AUTOM. Cuerpo metálico rígido que hace las veces de chasis y de carrocería. **9.** BOT. Nombre de determinadas piezas florales que recuerdan un casco, como el conjunto de pétalos de ciertas orquídeas. **10.** CONSTR. Estructura continua, ligera y delgada, de superficie curva, a la que se le confiere rigidez. **11.** MAR. Cuerpo del buque, independientemente de los aparejos y arboladura. ◆ **cascos** s.m.pl. *Fam.* Cabeza, parte del cuerpo y también entendimiento. ◇ **Alegre,** o **ligero, de cascos** *Fam.* Se dice de la persona de poca reflexión y juicio. **Calentar los cascos** Excitar o inquietar a alguien con algún estímulo o promesa. **Cascos azules** Nombre que se da a los miembros de los cuerpos militares especiales de las Naciones unidas. **Casco urbano** Conjunto de edificios agrupados de una población, por oposición a las afueras o al término municipal. **Romperse, o calentar se, los cascos** *Fam.* Reflexionar mucho sobre algo o preocuparse mucho por ello; generalmente para encontrar una solución.

cascol s.m. Resina de un árbol de Guayana, que sirve para fabricar lacre negro.

cascote s.m. Conjunto de escombros que resultan del derribo de un edificio o una construcción de albañilería. **2.** Trozo de metralla, o fragmento pequeño de un proyectil hueco de artillería.

caseación s.f. Acción de cuajarse la leche.

caseificación s.f. Acción y efecto de caseificar. **2.** MED. Transformación en cáseum de los tejidos necrosados de las lesiones tuberculosas.

caseificar v.tr. Transformar en caseína. **2.** Separar la caseína de la leche.

caseína s.f. (del lat. *caseus*, queso). Sustancia proteica que contiene la mayor parte de los prótidos de la leche. <> **Caseína vegetal** Sustancia nitrogenada extraída del gluten.

caseoso, a adj. Que es parecido al queso o tiene sus propiedades.

casería s.f. Chile. Hábito de comprar en una determinada tienda.

caserío s.m. Conjunto de casas en zona rural que no llegan a constituir un pueblo. **2.** Esp. Casa de campo, con instalaciones y tierras anexas a ella.

caserna s.f. (fr. *caserne*). Bóveda a prueba de bombas construida bajo un baluarte.

casero, a adj. Que se hace o cría en casa: *pan casero.* **2.** Que se hace entre personas de confianza: *función casera.* **3.** Se dice de la persona a la que le gusta estar en su casa. **4.** DEP. Se dice del árbitro o del arbitraje que favorece al equipo local. ◆ s. Dueño o administrador de una casa de alquiler. **2.** Guardián de una casa de campo. **3.** Chile y Cuba. Persona que suele llevar a casa los artículos de consumo habitual. **4.** Chile, Ecuad. y Perú. Cliente habitual de un establecimiento.

caserón s.m. Casa grande y destartalada.

caseta s.f. Casa pequeña de construcción ligera con una sola planta. **2.** Casilla o garita donde se cambian de ropa los bañistas, especialmente en la playa. **3.** Construcción pequeña y ligera, generalmente provisional, que se emplea para algún servicio, como albergar un espectáculo en una feria o resguardar a leñadores, peones camineros, guardagujas, etc. **4.** Perrera, casilla donde se guarece un perro guardián. **5.** Méx. Cabina telefónica.

casete o **cassette** s.m. o f. (fr. *cassette*). Pequeña caja de plástico que contiene una cinta magnética arrollada en dos bobinas y dispuesta de forma que puede ser grabada o reproducida al ser introducido el conjunto en el aparato adecuado. ◆ s.m. Esp. Magnetófono preparado para grabar y reproducir estas cintas.

casetón s.m. (ital. *cassettone*). Compartimento cuadrado o poligonal rodeado de molduras y generalmente adornado con un motivo escultórico en el centro, que se utiliza en la decoración de techos y bóvedas o en la parte interior y cóncava de los arcos.

cáseum s.m. MED. Producto resultante de una forma de necrosis (necrosis gaseosa), originada por la acción del bacilo de Koch sobre los tejidos.

cash s.m. Dinero en efectivo: *pagar en cash.*

cash and carry (voces inglesas, *pague y lléveselo*) expresión con que se designa un tipo de autoservicio destinado fundamentalmente a comerciantes detallistas, en el que estos se proveen de artículos y mercancías que pagan al contado y pueden retirar inmediatamente.

cash-flow s.m. (voz inglesa). Capacidad de autofinanciación de una empresa, representada por el conjunto de beneficios netos, una vez deducidos impuestos y amortizaciones.

casi o **cuasi** adv.c. (lat. *quasi*, como si). Indica que no se da, ocurre o existe completamente lo que se expresa, aunque falta muy poco para ello: *casi cien hombres.*

casia s.f. (lat. *casia*). Planta herbácea o arbusto de flores generalmente amarillas. (Familia cesalpiniáceas.) **2.** Vaina y pulpa purgante del fruto de esta planta.

casida s.f. (ár. *qaṣsida*). En la literatura árabe, término que significa poema en general, pero que en la época arcaica (antes del s. VIII) designa una oda dividida en tres partes.

casilla s.f. Caseta pequeña y aislada, en especial la que tiene alguna función concreta: *casilla de boletos.* **2.** Cada una de las divisiones del papel rayado verticalmente o en cuadrículas. **3.** Cada uno de los compartimentos del casillero, o de algunas cajas, estanterías, etc. **4.** Cada uno de los cuadros que componen el tablero del ajedrez, las damas u otros juegos parecidos. **5.** Cuba. Trampa para cazar pájaros. **6.** Ecuad. Retrete. <> **Casilla postal** Amér. Apartado de correos. **Sacar de sus casillas** *Fam.* Hacer que alguien pierda la paciencia.

casillero s.m. Mueble dividido en casillas o compartimentos para tener clasificados papeles u otros objetos.

casimba s.f. Amér. Pozo de agua, manantial. **2.** Amér. Vasija o barril para recoger agua de lluvia o de un manantial. **3.** Cuba y Perú. Agujero en la playa para extraer agua potable.

casimir s.m. (voz francesa). Cachemir.

casinete s.m. Argent., Chile, Hond. y Perú. Tela de inferior calidad que el cachemir. **2.** Ecuad., Perú y Venez. Paño barato.

casino s.m. (ital. *casino*, pequeña casa elegante). Asociación privada de carácter recreativo y cultural, cuyos miembros suelen pertenecer a un determinado grupo social o político. **2.** Edificio o local donde desarrolla sus actividades esta asociación. **3.** Local donde se practican juegos de azar con apuesta.

casis s.m. (lat. *cassis, -idis*, casco de una armadura). Arbusto parecido al grosellero, de 1 a 2 m de alt., que produce bayas negras comestibles con las que se elabora un licor. **2.** Licor fabricado con el fruto de este arbusto.

casita o **kassita** adj. y s.m. y f. De un pueblo del Zagros central, en el O de Irán. (En Babilonia reinó una dinastía casita de 1595 aprox. a 1153 a.C.)

casiterita s.f. Óxido de estaño natural SnO_2, principal mineral de este metal.

casmodia s.f. (del gr. *kasmódia*, bostezar). Enfermedad consistente en bostezar mucho.

caso s.m. (lat. *casus, -us*, caída, accidente). Suceso, acontecimiento: *ocurrir un caso extraordinario.* **2.** Oportunidad, ocasión: *llegado el caso, actuaré.* **3.** Asunto o materia de que se trata. **4.** LING. Cada uno de los aspectos bajo los cuales se presenta una palabra flexionable del tipo nominal o pronominal y que corresponden a diferentes relaciones sintácticas adquiridas por esta palabra. **5.** MED. Manifestación de una enfermedad: *registrarse algunos casos de cólera.* <> **A caso hecho** A propósito. **Caso de conciencia** Cuestión dudosa en materia moral. **Caso fortuito** DER. Hecho no previsible o aunque previsible, inevitable. **Hacer caso de** Tener en consideración a alguna persona, en especial atendiendo a lo que dice; obedecer una orden o tener en cuenta un consejo. **Hacer caso omiso** No tener en cuenta una orden o recomendación. **Hacer, o venir, al caso o ser del caso** *Fam.* Ser conveniente u oportuno; tener relación con el asunto de que se trata. **Poner por caso** Dar por supuesta alguna cosa; poner por ejemplo. **Ser un caso** *Fam.* Distinguirse por alguna característica generalmente negativa.

casona s.f. Caserón.

casorio s.m. *Fam.* Casamiento mal concertado o de poco lucimiento. **2.** *Fig.* Festejo que acompaña a una boda.

caspa s.f. Pequeñas láminas de descamación que caen de la capa córnea del cuero cabelludo.

caspiroleta s.f. Amér. Bebida refrescante hecha de leche, huevos, canela, azúcar y algún otro ingrediente.

¡cáspita! interj. (ital. *càspita*). Expresa extrañeza o admiración.

casposo, a adj. Que tiene caspa. **2.** Esp. *Fam.* y *desp.* Que está anticuado o pasado de moda.

casquero, a s. Persona que vende despojos de las reses para el consumo.

casquete s.m. Pieza de la armadura, de forma redondeada y de pequeñas dimensiones, que servía para proteger la cabeza. **2.** Cubierta de tela, cuero, etc., que se ajusta a la parte superior y posterior de la cabeza. ◇ **Casquete esférico** En geometría, porción de la superficie de una esfera, limitada por un plano que no pasa por el centro de la esfera. **Casquete glaciar** Masa de nieve y de hielo que recubre las regiones polares.

casquijo s.m. Conjunto de fragmentos de piedras o de ladrillos, empleada para hacer hormigón y como grava para pavimentar.

casquillo s.m. Cartucho metálico vacío: *un casquillo de bala.* **2.** Parte metálica de una lámpara eléctrica que permite conectarla con el circuito. **3.** Anillo o abrazadera de metal que refuerza la extremidad de una pieza de madera. **4.** Amér. Herradura.

casquivano, a adj. *Fam.* Se dice de la persona que actúa con poca reflexión y juicio, o que coquetea y establece relaciones de forma pasajera, sin ningún compromiso. **2.** Se dice de lo que es propio de estas personas.

cassette s.m. o f. (voz francesa) → **casete.**

casta s.f. Ascendencia y descendencia de una persona o de un animal. **2.** En algunas sociedades, grupo cerrado de personas que constituye una clase especial y se diferencia de los demás por su raza, religión o costumbres. **3.** Cada uno de los grupos sociales cerrados y endogámicos que componen la población de la India. **4.** En los insectos sociales, conjunto de individuos especializado por su estructura que aseguran las mismas funciones (los soldados en las termes, las obreras en las abejas, etc.). ◇ **De casta** Cualidades de una persona o animal que lo caracterizan como miembro del grupo o especie al que pertenece.

casta

El sistema de castas de la India incluye una multitud de castas y subcastas que es posible agrupar, de acuerdo con la pureza decreciente, en cinco grandes categorías: las cuatro «órdenes» (*varna*), compuestas por los *brahmanes* (sacerdotes y maestros), los *ksatriya* (reyes y guerreros), los *vaisya* (mercaderes y agricultores) y los *sudra* (artesanos y sirvientes), además de los *dalits* o *intocables* (fuera de las varna). Vinculada al nacimiento, la casta es absolutamente cerrada y no se puede cambiar más que en otra existencia. Todo matrimonio entre individuos de distinta casta degrada a sus componentes al rango de descastados o *parias.* Este sistema está tan profundamente arraigado en la cultura india que, a pesar de su abolición oficial, aún es una realidad en las zonas rurales.

castaña s.f. (lat. *castanea*). Fruto comestible del castaño, rico en almidón. **2.** Especie de moño que se hacen las mujeres en la parte posterior de la cabeza. **3.** Excrecencia córnea de la pata de los caballos. **4.** Esp. *Fig.* y *fam.* Golpe, bofetada, cachete. **5.** Esp. *Fig.* y *fam.* Borrachera. ◇ **Castaña de agua** Planta acuática de hermosas flores blancas, cuyo fruto es comestible. **Castaña de Indias** Fruto y semilla del castaño de Indias. **Castaña pilonga, apilada,** o **maya** Castaña que se seca al humo y se guarda todo el año. **Sacar las castañas del fuego** Sacar a alguien de un apuro o resolverle algún problema.

castañar s.m. Terreno poblado de castaños.

castañero, a s. Persona que tiene por oficio vender castañas.

castañeta s.f. Sonido que se produce tras presionar la yema del dedo medio con la del pulgar y hacerla resbalar hasta que choque en el pulpejo. **2.** Castañuela. **3.** TAUROM. Moña, lazo de cintas negras que se ponen los toreros.

castañetazo s.m. Golpe fuerte y seco que se da con las castañuelas o con los dedos. **2.** Estallido que se produce al reventar una castaña puesta al fuego. **3.** Crujido o chasquido que suelen dar las articulaciones de los huesos. SIN.: *castañetada.*

castañetear v.intr. Chocar los dientes de una persona golpeando los de una mandíbula contra los de otra, por efecto del frío o del miedo: *castañetear los dientes por el frío.* **2.** Producir chasquidos o crujidos las rótulas de las rodillas al andar. **3.** Producir la perdiz macho unos sonidos a manera de chasquidos. ◆ v.tr. Tocar las castañuelas.

castaño, a adj. y s.m. (lat. tardío *castaneus*). Se dice del color marrón oscuro como el de la cáscara de la castaña; se utiliza especialmente para hablar del color de pelo o de ojos. ◆ s.m. Árbol de hojas dentadas, que puede alcanzar 35 m de alt. y vivir durante varios siglos. **2.** Madera de este árbol. ◆ adj. Que es de este color. ◇ **Pasar de castaño oscuro** *Fam.* Ser una cosa demasiado enojosa o intolerable.

castaño

El castaño es un árbol de tronco grueso, corteza parduzca y lisa, copa ancha y esférica y hojas caducas. Sus frutos, las castañas, están rodeados por una cúpula espinosa. Además del *castaño común,* son apreciados el *castaño americano,* el *castaño de Japón* y el *castaño de Indias,* cuyas hojas son muy ricas en vitamina P; familias fagáceas e hipocastanáceas.

castañola s.f. Pez comestible de forma oval, hocico romo y convexo, boca oblicua y grandes ojos. (Familia brámidos.)

castañuela s.f. Instrumento de percusión compuesto por dos piezas cóncavas de madera o de marfil, que se sujeta a los dedos con un cordón de modo que dichas piezas puedan chocar entre sí. (Suele usarse en plural.) **2.** Planta herbácea delgada y de raíz tuberosa, que crece en Andalucía en sitios pantanosos. (Familia ciperáceas.) ◇ **Como unas castañuelas** *Fam.* Muy alegre.

castellana s.f. Copla de cuatro versos, de romance octosílabo.

castellanía s.f. Durante la época feudal, señorío territorial o jurisdicción que poseía leyes propias, dependiente de un castillo.

castellanismo s.m. Palabra, expresión o giro propios de Castilla, pero diferente del español general. **2.** Palabra, expresión o giro procedentes del castellano introducido en otra lengua. **3.** Estima o admiración por la cultura o las tradiciones de las provincias castellanas.

castellanización s.f. Acción y efecto de castellanizar o castellanizarse.

castellanizar v.tr. Imprimir rasgos característicos de la lengua castellana a un vocablo de otro idioma; en especial adaptar la ortografía de una palabra extranjera a las normas fonológicas u ortográficas del castellano. **2.** Imprimir rasgos, cualidades o costumbres que se consideran propias de Castilla.

castellano, a adj. y s. Del antiguo reino de Castilla, o de las actuales comunidades autónomas españolas de Castilla-León y Castilla-La Mancha o relativo a sus habitantes. ◆ adj. y s.m. Variedad del español hablada en el centro de España. **2.** Español, lengua española. ◆ s. Señor o señora de un castillo. ◆ s.m. Alcaide. **2.** NUMISM. Moneda de oro acuñada en Castilla, en la edad media.

castellano

Los orígenes del romance castellano se centran en las montañas de Cantabria. Dentro del área del castellano primitivo se han de distinguir tres variedades: el dialecto montañés, arcaizante; el dialecto del SE, marcado por la influencia navarroriojana; el burgalés, que desde el s. X representó el foco de innovación lingüística. Como consecuencia de la reconquista y repoblación realizada por Castilla, el romance castellano fue extendiéndose por el S y fuera de la Península, formando así los subdialectos andaluz, murciano, extremeño, canario.

La colonización de América permitió la difusión del castellano por aquel continente, cuyas variedades constituyen el español de América. El nombre *castellano* alterna con *español* para designar la lengua nacional de España y países hispanoamericanos. En América y regiones bilingües de la Península, *castellano* tiene la primacía. La Real academia española mantuvo el término *castellano* hasta 1924. En rigor, debería de aplicarse *castellano* al primitivo romance que se hablaba en el reino de Castilla o a las modalidades dialectales que hoy presenta (burgalés, alavés, soriano, riojano).

castellonense adj. y s.m. y f. De Castellón.
casticismo s.m. Cualidad de castizo. **2.** LING. Tendencia a usar palabras, expresiones o giros propios de la tradición de la lengua, evitando los extranjerismos.
castidad s.f. Continencia sexual por motivos morales o religiosos.
castigador, ra adj. y s. Que castiga: *clima castigador.* **2.** *Fig.* y *fam.* Se dice de la persona que se enamora.
castigar v.tr. (lat. *castigare*). Imponer o infligir un castigo. **2.** Hacer sufrir física o moralmente: *castigar con la indiferencia, con reproches.* **3.** Dañar algo algún fenómeno natural: *la sequía ha castigado la región.* **4.** Someter una cosa a un desgaste o deterioro: *los tintes frecuentes castigan el cabello.* **5.** *Fig.* y *fam.* Tratar de enamorar a alguien por pasatiempo o vanidad. **6.** TAUROM. Quebrantar el poderío del toro en la ejecución de las suertes.
castigo s.m. Pena impuesta al que ha cometido un delito o falta. **2.** Tormento, daño, perjuicio.
castilla s.m. Amér. Idioma español. ◆ s.f. Chile. Bayetón.
castillado, a adj. HERÁLD. Se dice de la pieza sembrada de castillos.
castillete s.m. Armazón que sostiene los conductores de una línea de alta tensión, los cables de los teleféricos o de los pozos mineros, etc.
castillo s.m. (lat. *castellum,* fuerte, reducto). Edificio o conjunto de edificios cercados de murallas, baluartes, fosos y otras fortificaciones. **2.** HERÁLD. Figura artificial que se representa con almenas, puerta, ventanas y torreones almenados. **3.** MAR. Parte de la cubierta alta de un buque entre el palo trinquete y la proa. **4.** MIL. Emblema del arma de ingenieros del ejército de tierra. ◇ **Castillo de fuego** Armazón para fuegos artificiales. **Castillos en el aire,** o **de naipes** *Fam.* Esperanzas sin fundamento alguno.
castina s.f. (del alem. *kalkstein,* de *kalk,* cal, y *stein,* piedra). Caliza utilizada en el tratamiento de la fundición en los altos hornos, como fundente y depurador.
casting s.m. (voz inglesa). Selección de personas para actuar en una película, un anuncio publicitario, etc.
castizo, a adj. Genuino, típico de un determinado lugar o época: *lenguaje castizo.* ◆ adj. y s. Méx. Se dice del cuarterón, nacido en América del cruce de mestizos y españoles.
casto, a adj. (lat. *castus*). Se dice de la persona que practica la castidad y de lo que es propio de estas personas.
castor s.m. (lat. *castor, -oris*). Mamífero roedor de América del Norte y de Europa, de patas posteriores palmeadas y cola aplanada, que construye su vivienda a orillas de ríos o lagos, haciendo diques de gran extensión, y se alimenta de hojas y raíces. **2.** Piel de este animal.
castóreo s.m. (lat. *castoreum*). Secreción olorosa de la región anal del castor, empleada en farmacia y en perfumería.
castración s.f. Ablación de los órganos genitales. (En la hembra, la operación se llama *ovariectomía.*) ◇ **Complejo de castración** PSICOANÁL. Respuesta fantasmal a las preguntas que suscita en el niño la diferencia anatómica de los sexos.
castrado adj. y s.m. y f. Que ha sido castrado. (Entre los ss. XVI y XVIII fueron famosos muchos cantantes castrados, como Farinelli, que conservaban voz de soprano o contralto al ser castrados en la infancia.)
castrar v.tr. (lat. *castrare*). Practicar una castración. **2.** *Fig.* Debilitar, apocar: *castrar el entendimiento.* **3.** Quitar a las colmenas parte de los panales con miel.
castrense adj. (lat. *castrensis*). Relativo al ejército o a la profesión militar.
castrismo s.m. Sistema político de ideología comunista instaurado en Cuba en 1959 como resultado de la revolución dirigida por Fidel Castro.
castrista adj. y s.m. y f. Relativo al castrismo; partidario del castrismo.
castro s.m. (lat. *castrum*). Recinto fortificado prerromano de la península Ibérica, generalmente situado en una elevación del terreno, del que tomó nombre la *cultura de los castros.*
casual adj. (lat. *casualis*). Que sucede por casualidad: *encuentro casual.* **2.** GRAM. Relativo al caso. ◇ **Por un casual** *Fam.* Por casualidad.
casualidad s.f. Combinación de circunstancias que no pueden preverse ni evitarse y cuya causa se ignora. **2.** Caso o acontecimiento imprevisto.
casuario s.m. (lat. moderno *casuarius*). Ave corredora de Australia, que mide 1,50 m, de plumaje parecido a la crin y que presenta sobre el cráneo un casco óseo coloreado.
casuista adj. y s.m. y f. Se dice del teólogo especialista en casuística.
casuística s.f. Parte de la teología moral que se ocupa de resolver los casos de conciencia. **2.** Conjunto de los diversos casos particulares que pueden preverse en determinada materia.
casulla s.f. (bajo lat. *casubla*). Vestidura litúrgica en forma de capa que se utiliza en la celebración de la misa.
casus belli s.m. (voces latinas). Acto susceptible de provocar hostilidades entre dos pueblos.
cata s.f. Acción de catar. **2.** Porción de algo que se prueba: *una cata de sandía.* **3.** Argent. y Chile. Cotorra, perico. **4.** Colomb. Cosa oculta o encerrada. **5.** Colomb. y Méx. Sondeo que se hace de un terreno para ver los materiales que contiene.
catabático, a adj. → **katabático.**
catabólico, a adj. Relativo al catabolismo.
catabolismo s.m. Conjunto de las reacciones bioquímicas que llevan a la transformación de la materia viva en desechos, y que constituyen la parte destructora del metabolismo.
catabre o **catabro** s.m. Colomb. Recipiente, de calabaza o mimbre, usado para transportar granos, frutas, etc.
catacaldos s.m. y f. (pl. *catacaldos*). *Fam.* Persona que inicia muchas actividades y no se dedica con constancia a ninguna. **2.** Persona entrometida.
cataclismo s.m. (lat. *cataclysmos,* diluvio, del gr. *kataklismós*). Desastre de grandes proporciones producido por un fenómeno natural, como un terremoto o un huracán. **2.** *Fig.* Trastorno grande en el orden familiar, social o político.
catacresis s.f. (lat. *catachresis,* del gr. *katákrisis*) [pl. *catacresis*]. Metáfora que consiste en emplear una palabra con un sentido diferente del original para designar una cosa que carece de nombre especial: *al hablar de la hoja de una espada se produce una catacresis.*
catacumbas s.f.pl. (lat. tardío *catacumbae*). Galerías subterráneas con nichos rectangulares en las paredes, en las cuales los primitivos cristianos, especialmente en Roma, enterraban a los muertos y practicaban las ceremonias del culto.
catadióptrico, a adj. Se dice de un sistema óptico que comprende a la vez lentes y espejos.
catador, ra s. Persona que cata. **2.** Persona que tiene por oficio catar los vinos. **3.** Persona que por experiencia es hábil para apreciar algo: *buen catador de pintura.*
catadura s.f. *Desp.* Aspecto o semblante.
catafalco s.m. Armazón cubierto con una tela negra que representa un sepulcro y que se levanta en los templos para celebrar los funerales por un difunto. SIN.: *túmulo.*

catalán, na adj. y s. De Cataluña. ◆ s.m. Lengua románica hablada en Cataluña, Andorra, País Valenciano, parte del dep. francés de Pyrénées-Orientales, franja oriental de Aragón, islas Baleares y ciudad de Alguer, en Cerdeña.

catalán

El catalán es una de las lenguas románicas en que se fragmentó el latín tras la caída del imperio Romano. La invasión islámica y el largo proceso de la reconquista favorecieron la diversificación lingüística en la península Ibérica. La influencia del imperio Carolingio fue decisiva para el desarrollo de Cataluña, tanto en el terreno político como en el cultural. En contraste con los dos romances occidentales (el castellano y el francés), el catalán se mantiene más fiel a su origen latino y conserva más formas ya superadas por aquellos. La lengua catalana mantiene su mayor vitalidad en Cataluña. La zona de menor vitalidad corresponde al departamento francés de Pyrénées-Orientales.

catalanidad s.f. Cualidad o condición de catalán.

catalanismo s.m. Movimiento político que propugna una forma de autogobierno para Cataluña y defiende sus valores históricos y culturales. **2.** Estima o admiración por la cultura y las tradiciones de Cataluña. **3.** Palabra, expresión o giro procedentes de la lengua catalana incorporado a otra lengua: *retal es un catalanismo del español.*

catalanista adj. y s.m. y f. Relativo al catalanismo; partidario de esta tendencia.

catalaunos, pueblo galo cuya c. pral. era *Catalaunum* (act. Châlons-sur-Marne).

cataléctico, a adj. y s.m. (lat. *catalecticus,* del gr. *kataliktikós*). Se dice de un verso griego o latino en el que alguno de los pies es imperfecto. SIN.: *catalecto.*

catalejo s.m. Anteojo.

catalepsia s.f. (gr. *katálipsis*). Trastorno nervioso repentino caracterizado por la pérdida momentánea de movilidad y de sensibilidad del cuerpo.

catalepsia

El cuerpo permanece paralizado y con una ligera hipertonía, que se pone en evidencia con la movilización pasiva de los segmentos de los miembros. La catalepsia se observa en la histeria, el sueño hipnótico, la esquizofrenia y diversas psicosis.

cataléptico, a o **catalépsico, a** adj. y s. (gr. *kataliptikós*). Relativo a la catalepsia; que padece catalepsia.

catalicores s.m. (pl. *catalicores*). Pipeta larga para catar o probar vinos y licores.

catalineta s.f. Pez de unos 30 cm de long., color amarillo con fajas oscuras, cola ahorquillada y escamas ásperas, que vive en el mar Caribe. (Familia hemúlidos.)

catálisis s.f. (gr. *katálysis,* disolución). Modificación de la velocidad de una reacción química producida por ciertos cuerpos que se encuentran sin alteración al final del proceso.

catalítico, a adj. Relativo a la catálisis. ◇ **Estufa catalítica** Aparato calefactor en que el combustible, generalmente gaseoso, quema sin producir llama en presencia de un catalizador.

catalizador s.m. Cuerpo que provoca una catálisis.

catalizar v.tr. Actuar como catalizador en una reacción. **2.** Provocar alguien o algo una reacción, mediante su intervención o por su sola presencia. **3.** Atraer y agrupar fuerzas, opiniones, sentimientos, etc.

catalogación s.f. Acción y efecto de catalogar.

catalogar v.tr. Registrar y clasificar cosas para crear un catálogo o incluirlas en uno ya elaborado. **2.** Considerar algo o a alguien de la manera que se expresa.

catálogo s.m. (lat. *catalogus,* del gr. *katálogos*). Lista o relación ordenada de libros, monedas, pinturas, precios, etc., que suele tener una pequeña descripción de cada elemento y otros datos de interés.

catalpa s.m. Árbol de hojas grandes y flores en gruesos racimos, de 15 m de alt., originaria de América del Norte. (Familia bignoniáceas.)

catamarán s.m. Embarcación de vela o motor formada por dos cascos alargados, unidos por una armadura rígida. **2.** Balsa formada por la unión de troncos de árbol de longitud desigual, usada en la India.

catamarqueño, a adj. y s. De Catamarca.

cataplasma s.f. (gr. *katáplasma,* emplasto). Masa medicinal espesa que se aplica, entre dos paños, sobre una parte del cuerpo para combatir una inflamación. **2.** *Fig.* y *fam.* Persona achacosa o molesta.

cataplejía s.f. Trastorno neurológico de origen psíquico que consiste en la pérdida repentina de movimiento ante un estímulo emotivo muy intenso, conservando perfectamente lúcida la conciencia.

cataplines s.m.pl. Esp. *Vulg.* Testículos.

¡cataplum! Onomatopeya con que se imita un ruido, en especial el que se produce en una caída o explosión.

catapulta s.f. (lat. *catapulta,* del gr. *katapéltis*). Máquina de guerra antigua que se usaba para lanzar proyectiles. **2.** Dispositivo mecánico constituido por una plataforma deslizante sobre una viga, que sirve para el lanzamiento de aviones desde un buque de guerra.

catapultar v.tr. Lanzar proyectiles con una catapulta. **2.** *Fig.* Lanzar hacia el éxito o la fama.

catar v.tr. (lat. *captare,* tratar de agarrar). Probar algo para examinar su sabor.

cataraña s.f. Lagarto propio de las Antillas. **2.** Garza real.

catarata s.f. (lat. *cataracta*). Cascada de mucha altura y volumen de agua en el curso de un río. **2.** MED. Opacidad del cristalino del ojo o de sus membranas, que produce ceguera completa o parcial.

catarinita s.f. Méx. Mariquita, coleóptero.

cátaro, a adj. y s. Seguidor de una secta maniquea de la edad media que se distinguía por una extremada sencillez en las costumbres, extendida por distintas regiones de Europa y que en el mediodía de Francia recibió la denominación de albigense.

catarral adj. Relativo al catarro.

catarrino, a adj. y s.m. Relativo a un suborden de primates que comprende los simios del antiguo continente, de orificios nasales muy próximos, cola no prensil y provistos de 32 dientes. (Los macacos y los babuinos pertenecen a dicho suborden.)

catarro s.m. (lat. *catarrhus*). Inflamación aguda o crónica de las mucosas del aparato respiratorio, especialmente de la garganta y la nariz, acompañada de hipersecreción y de tos, fiebre y dolores musculares.

catarsis s.f. (gr. *katharsis,* purificación). Palabra con la que Aristóteles designa el efecto de purificación producido en los espectadores por una representación trágica. **2.** Método psicoterapéutico que se basa en la descarga emotiva, ligada a la exteriorización del recuerdo de acontecimientos traumatizantes y reprimidos.

catártico, a adj. (gr. *kathartikós*). Relativo a la catarsis. **2.** Se dice de los laxantes de acción suave.

catastral adj. Relativo al catastro.

catastro s.m. (fr. antic. *catastre*). Censo estadístico que contiene la descripción física, económica y jurídica de las fincas rústicas y urbanas de una población. **2.** HIST. Contribución única impuesta por Felipe V en Cataluña, en sustitución del antiguo sistema fiscal vigente hasta entonces.

catástrofe s.f. (gr. *katastrophí,* ruina, trastorno). Suceso desgraciado que altera gravemente el orden regular de las cosas: *catástrofe ferroviaria, aérea.* ◇ **Teoría de las catástrofes** Teoría matemática que permite describir fenómenos discontinuos mediante modelos continuos simples.

catastrófico, a adj. Relativo a una catástrofe o que tiene sus características.

catastrofismo s.m. Teoría que atribuía a cataclismos los cambios acontecidos en la superficie de la Tierra.

catatar v.tr. Perú. Hechizar, fascinar.

catatonía s.f. Síndrome psicomotor de ciertas formas de esquizofrenia, caracterizado sobre todo por el negativismo, la oposición, la catalepsia y los estereotipos gestuales.

catatónico, a adj. y s. Relativo a la catatonía; que padece catatonía.

catauro s.m. Antillas. Cesto hecho de yagua, que se usa para llevar alimentos.

cataviento s.m. MAR. Hilo prendido de una verga que sirve para indicar la dirección del viento, a modo de veleta.

catavino s.m. Tubo para aspirar, por el canillero, el vino que se quiere probar. **2.** Taza pequeña y chata de metal en la que se examina el vino que se va a degustar.

catavinos s.m. y f. (pl. *catavinos*). Persona que tiene por oficio catar los vinos.

catazonal adj. GEOL. Se dice de la zona profunda de la corteza terrestre donde se desarrolla un metamorfismo de alta temperatura y elevada presión.

cat-boat s.m. (ingl. *catboat*) [pl. *cat-boats*]. Velero pequeño aparejado con una sola vela y sin foque.

catch s.m. Lucha libre.

cate s.m. (caló *caté,* bastón). Esp. Golpe, en especial el que se da con el puño. **2.** Esp. *Fig.* y *fam.* Suspenso en un examen o asignatura.

cateador, ra s. Amér. Persona que hace catas para encontrar minerales.

catear v.tr. (de *cate*). Amér. Registrar la policía la casa de alguien o a una persona al entrar en algún lugar para revisar que no porte armas. **2.** Amér. Merid. Explorar terrenos en busca de una veta mineral. **3.** Esp. *Fam.* Suspender en los exámenes.

catecismo s.m. (lat. tardío *catechismus,* del gr. *katikhismós*). Instrucción religiosa elemental. **2.** Obra elemental que contiene, en forma de preguntas y respuestas, la explicación del dogma y de la moral cristiana. **3.** Libro, volumen formado por la misma obra. **4.** Libro que contiene la exposición concisa de los principios fundamentales de una doctrina, ciencia o arte.

catecolamina s.f. Sustancia del grupo de las aminas cuya acción es análoga a la del simpático y que desempeña el papel de neurotransmisor. (La adrenalina o la dopamina son catecolaminas.)

catecú s.m. Sustancia astringente y curtiente extraída de la madera de una acacia de la India.

catecumenado s.m. Período de formación religiosa antes del bautismo.

catecúmeno, a s. (lat. tardío *cathechumenus,* del gr. *katikhoúmenos*). Persona que se está instruyendo en la doctrina católica para poder recibir el bautismo.

cátedra s.f. (lat. *cathedra,* silla). *Fig.* Cargo o plaza de catedrático. **2.** *Fig.* Conjunto de personas y medios que se hallan bajo la autoridad de un catedrático. **3.** Asiento elevado desde donde explica un profesor. **4.** Local en que está instalado ese asiento, donde se dan las clases. **5.** Cargo o dignidad pontificia o episcopal. ◇ **Poner,** o **sentar, cátedra** Saber mucho de algo o ser muy hábil en ello.

catedral s.f. (de *cátedra*). Iglesia episcopal de una diócesis. SIN.: *seo.* ◇ **Como una catedral** Pondera la grandeza o la importancia de algo.

catedralicio, a adj. Relativo a la catedral.

catedrático, a s. (lat. *cathedraticum*). Persona que ocupa el nivel más alto del escalafón docente en los centros oficiales de enseñanza secundaria o universitaria.

categoría s.f. (gr. *katigoría,* cualidad que se atribuye a un objeto). Cada uno de los grupos en que puede clasificarse a

categoría gramatical

Las semejanzas que presentan entre sí las palabras permiten agruparlas en categorías gramaticales. Tradicionalmente se han establecido ocho categorías gramaticales: sustantivo o nombre, adjetivo, verbo, adverbio, preposición, pronombre, determinante, conjunción. Algunos gramáticos añaden la interjección, que funciona como una oración completa.

categoría	palabra variable o invariable	función
sustantivo	Puede tener flexión de género y de número: niño, niña, niños, niñas,	Núcleo del sintagma nominal sujeto (un *perro* ladra), objeto directo (compré un *perro*) o término de preposición (para un *perro*).
adjetivo	Flexión de género y número: rojo, roja, rojos, rojas. Presenta variación de grado.	Núcleo de un sintagma adjetivo que funciona como complemento del sustantivo (niña *feliz*), atributo (es *feliz*), o de complemento predicativo (volvió *feliz*).
verbo	Flexión de persona, número, tiempo, aspecto y modo: *comimos* (primera persona, plural, pasado, imperfectivo, indicativo).	Núcleo del sintagma verbal (Ana *mira* el paisaje).
adverbio	Invariable. Presenta variación de grado.	Modifica un verbo (corre *deprisa*), un adjetivo (*muy* bonita) u otro adverbio (*bastante bien*).
preposición	Invariable.	Sirve de nexo entre un elemento sintáctico y su complemento. Introduce sustantivos (casa *de* madera), complementos (miraba *con* atención), verbos en formas no personales (*para* trabajar).
pronombre	Flexión de genero (*él, ella*), de número (*la, las*) y de persona (*yo, tú*).	Realiza las mismas funciones que un sintagma nominal: sujeto (*ella* come), objeto directo (*la* tengo) o término de preposición (lo compró para *ella*).
determinante	Flexión de género (*el, la*) y número (*la, las*).	Acompaña al nombre precisando y limitando su significado (*esta* niña, *el* cocodrilo).
conjunción	Invariable.	Relaciona frases o sintagmas del mismo nivel (gatos *y* perros) o introduce una frase o un sintagma subordinados (quiero *que* vengas).

las personas o cosas atendiendo a unos criterios o característicos determinados. **2.** Cada uno de los grados establecidos en una profesión o carrera. **3.** Nivel, calidad, importancia. **4.** FILOS. Según Kant, cada uno de los doce conceptos fundamentales del entendimiento puro, que sirven de forma *a priori* al conocimiento. **5.** LING. Unidad de clasificación gramatical que puede corresponder a la clase, al sintagma o a las modificaciones que pueden sufrir las clases. **6.** MAT. Conjunto de elementos, llamados objetos, a cada par de los cuales está asociado un conjunto de transformaciones que satisfacen ciertos axiomas.

categoricidad s.f. LÓG. Propiedad de una teoría deductiva cuando todos sus modelos son isomorfos.

categórico, a adj. (lat. *categoricus,* del gr. *katigorikós*). Que afirma o niega de una manera absoluta, sin condición ni alternativa alguna: *un juicio categórico.* **2.** FILOS. Relativo a las categorías.

categorizar v.tr. Clasificar u ordenar por categorías.

catenario, a adj. y s.f. (lat. *catenaria,* de *catena,* cadena). F. C. Se dice del sistema de suspensión de cable eléctrico que sirve para alimentar las locomotoras eléctricas, y que lo mantiene a una distancia rigurosamente constante del suelo. **2.** MEC. Se dice de la curva formada, bajo la influencia de su propio peso, por un hilo homogéneo, grave, flexible e inextensible, suspendido por sus dos extremos de dos puntos fijos.

catequesis s.f. (lat. tardío *catechesis,* del gr. *katíkhisis*). Instrucción de la doctrina cristiana. **2.** Enseñanza del catecismo para recibir el bautismo o la primera comunión.

catequista s.m. y f. Persona que enseña el catecismo.

catequístico, a adj. Relativo a la catequesis. **2.** Parecido al catecismo.

catequizar v.tr. (lat. tardío *catechizare,* del gr. *katikhízein*). Instruir a alguien en una doctrina, especialmente en la religión católica.

catering s.m. (voz inglesa). Servicio de restaurante prestado a aviones, empresas, colegios, etc.

caterva s.f. (lat. *caterva*). *Desp.* Multitud de personas o cosas en desorden o de poca importancia.

catete s.m. Chile. Guiso de harina en caldo de cerdo. **2.** Chile. Nombre popular del demonio. ◆ adj. Chile. Molesto, majadero, hostigoso.

catéter s.m. (gr. *kathetír,* sonda de cirujano). Sonda que se introduce en un conducto natural.

cateterismo s.m. Introducción de un catéter en un conducto natural con fines exploratorios o terapéuticos.

1. **cateto** s.m. (lat. *cathetus,* del gr. *káthetos,* perpendicular). Cada uno de los lados que forman el ángulo recto de un triángulo rectángulo.

2. **cateto, a** s. Esp. *Fam.* Paleto, falto de cultura y trato social.

catetómetro s.m. Instrumento de física que sirve para medir la distancia vertical de dos puntos.

catgut s.m. (voz inglesa, de *cat,* gato, y *gut,* intestino). Hilo reabsorbible empleado en cirugía para la sutura de las heridas.

catilinario, a adj. y s.f. (de *Catilinarias,* discursos de Cicerón). Se dice del texto oral o escrito vehemente dirigidos contra alguien.

catinga s.f. (del guaraní *kati,* olor pesado). Bosque formado por árboles generalmente de hoja caduca y que almacenan una gran cantidad de agua en el tronco, por lo que este tiene forma de tonel. **2.** Amér. Olor fuerte y desagradable que desprenden algunos animales y plantas. **3.** Chile. *Desp.* Nombre que dan los marinos a los soldados de tierra.

catío, pueblo amerindio de la familia lingüística chibcha, anteriormente muy belicoso, que vive en la costa atlántica de Colombia, cerca de la desembocadura del Cauca. (Se dedica a la agricultura.)

catión s.m. Ion de carga positiva.

catire, a adj. y s. Colomb., Cuba, Perú y Venez. Rubio de ojos verdosos o amarillentos.

catitear v.intr. Argent. Cabecear involuntariamente los ancianos.

catizumba s.f. Amér. Central. Multitud, muchedumbre.

catoche s.m. Méx. *Fam.* Mal humor, displicencia.

catódico, a adj. Relativo al cátodo. ◇ **Rayos catódicos** Haz de electrones emitidos por el cátodo de un tubo de vacío recorrido por una corriente. **Tubo catódico,** o **de rayos catódicos** Tubo de vacío en el que los rayos catódicos son dirigidos sobre una superficie fluorescente y su impacto en ella produce una imagen visible. (Constituye el elemento esencial de los aparatos receptores de televisión y de las consolas de visualización de computadoras.)

cátodo s.m. (gr. *káthodos,* camino descendente). ELECTR. Electrodo de salida de la corriente en una cuba electrolítica (polo negativo), o electrodo que es la fuente primaria de electrones en un tubo electrónico.

catolicidad s.f. Carácter católico. **2.** Conjunto de los católicos; mundo católico.

catolicismo s.m. Conjunto de la doctrina, instituciones y prácticas de la Iglesia católica romana. ◇ **Catolicismo social** Movimiento de pensamiento y de acción, nacido en el s. XIX al mismo tiempo que la revolución industrial, animado por la moral cristiana y el espíritu evangélico, que es de justicia y de caridad.

catolicismo

Según la doctrina católica, Jesucristo designó como jefe de la Iglesia al papa, sucesor de san Pedro; los obispos están bajo su autoridad. La Iglesia es infalible cuando se pronuncia en materia de fe, sea a través de un concilio ecuménico, sea por el propio papa hablando ex cáthedra. Los principales dogmas de la doctrina católica están contenidos en el símbolo de los apóstoles: creencia en el ser de Dios y en la Trinidad, misterios de la encarnación, la redención y la resurrección, con todas las creencias que de ellos derivan, como la resurrección de la carne y la vida eterna. Los Autos de la redención se aplican a través de los siete sacramentos.

católico, a adj. y s. (lat. *catholicus,* del gr. *katholikós,* general, universal). Relativo al catolicismo; que profesa el catolicismo. ◆ adj. Se dice de la Iglesia cristiana que reconoce el magisterio supremo del papa, obispo de Roma. **2.** Universal, que se extiende a todo el mundo. ◇ **No estar muy católico** No estar muy sano ni perfecto. **Viejos católicos** Católicos que no aceptaron adherirse al dogma de la infalibilidad del papa en 1870 (constituyen una Iglesia independiente con alrededor de 600 000 fieles); miembros de una Iglesia cismática holandesa, llamada *Iglesia de Utrecht,* heredera del jansenismo del s. XVIII.

catolización s.f. Acción y efecto de catolizar.

catolizar v.tr. Convertir a la fe católica; predicarla, propagarla.

1. **catón** s.m. (de *Catón* el Viejo, estadista romano). Censor severo, en especial de las costumbres.

2. **catón** s.m. (de Dionisio *Catón,* poeta latino). Libro compuesto de frases y períodos cortos para ejercitar en la lectura a los principiantes.

catóptrica s.f. Parte de la óptica que trata de la reflexión de la luz.

catóptrico, a adj. Relativo a la reflexión de la luz.

catorce adj.num.cardin. y s.m. Diez más cuatro. ◆ adj.num. ordin. y s.m. y f. Decimocuarto.

catorceavo, a o **catorzavo, a** adj. y s.m. Se dice de cada una de las partes que resultan de dividir un todo en catorce partes iguales.

catos, pueblo de Germania establecido en las inmediaciones del Taunus y que fue un duro adversario de Roma.

catre s.m. (port. *catre*). Cama ligera, generalmente plegable, para una sola persona.

catrín, na s.m. Méx. Persona elegante y presumida. ◆ adj.

y s. Guat. y Nicar. Persona de mucho dinero, ricachón. **2.** Guat. y Nicar. Elegante, bien vestido.

catún s.m. Período del calendario maya que equivalía a 20 años de 360 días.

catuquina o **catukina,** pueblo amerindio agricultor y cazador-pescador, que vive en el NO de Brasil, a orillas del Juruá.

caturra s.f. Chile. Cotorra o loro pequeño.

catuto s.m. Chile. Pan con forma cilíndrica que está hecho de trigo machacado y cocido.

caucasiano, a adj. y s. Del Cáucaso. SIN.: *caucásico.*

caucásico, a adj. y s. Caucasiano. ◆ adj. Se dice de la raza blanca. <> **Lenguas caucásicas** Familia de lenguas de la región del Cáucaso, a la que pertenece el georgiano.

cauce s.m. (lat. *calix, -icis,* vaso para beber). Concavidad por donde corre un río u otra corriente de agua. **2.** Procedimiento, camino o curso que sigue algo: *seguir el cauce ordinario.*

caucel s.m. C. Rica, Hond. y Nicar. Gato montés americano cuya piel está manchada como la del jaguar.

caucha s.f. Chile. Planta herbácea de hojas más o menos espinosas en el borde, que se usa como antídoto de la picadura de arañas venenosas. (Familia umbelíferas.)

cauchal s.m. Terreno poblado de caucheras. SIN.: *cauchera.*

cauchera s.f. Planta de la que se extrae el caucho. **2.** Cauchal.

cauchero, a adj. y s. Relativo al caucho; persona que tiene por oficio buscar o trabajar el caucho.

caucho s.m. Sustancia elástica y resistente que procede de la coagulación del látex de varios árboles de los países tropicales. **2.** Colomb. y Venez. Banda de caucho vulcanizado que recubre exteriormente la cámara de la rueda de un vehículo, cubierta. **3.** Venez. Prenda de vestir que se usa para resguardarse de la lluvia. <> **Caucho sintético** Grupo de sustancias obtenidas por polimerización y que posee las propiedades elásticas del caucho natural. **Caucho vulcanizado** Caucho tratado mediante azufre y calor.

caucho

El caucho natural es un polímero del isopreno $(C_5H_8)_{12}$, de masa molecular comprendida entre 200 000 y 300 000, constituido por largas cadenas moleculares, flexibles, con forma y simetría particulares. Se presenta en forma de masa translúcida, incolora o amarillenta. También hay *cauchos sintéticos,* copolímeros de butadieno y estireno, que se utilizan principalmente en la fabricación de neumáticos, en sustitución del caucho natural. La producción mundial de caucho natural oscila entre 4,5 y 5 Mt, de los que tres cuartas partes corresponden a Malaysia, Indonesia y Tailandia. La producción mundial del caucho sintético supera ligeramente los 10 Mt. El máximo productor es EUA, seguido de Japón y Francia.

caución s.f. (lat. *cautio, -onis*). DER. Garantía que una persona da a otra de que cumplirá lo pactado, prometido o mandado, mediante la presentación de fiadores, la obligación de bienes o la prestación de juramento. <> **Caución de conducta** DER. Pena de caución existente en España, que se utiliza solamente en el delito de amenazas y coacciones, y cuya aplicación queda al arbitrio del juez.

caucionamiento s.m. Acto en virtud del cual se da caución por otro.

caucionar v.tr. Dar caución. **2.** Precaver cualquier daño o perjuicio.

caucos, ant. pueblo del NO de Germania, que se dedicó a la piratería y devastó las regiones costeras. Arrasó la Galia en el s. III.

caudado, a adj. HERÁLD. → **caudato.**

1. **caudal** s.m. (lat. *capitalis,* principal). Cantidad de bienes o de dinero que tiene una persona. **2.** Cantidad de agua que pasa en un segundo por un punto dado de una corriente de agua. **3.** Cantidad de fluido, radiación, etc., por unidad de tiempo. **4.** *Fig.* Abundancia de algo: *un caudal de conocimientos.* <> **Caudal hereditario,** o **relicto** Conjunto de bienes que quedan tras el fallecimiento de una persona y que constituían su patrimonio.

2. **caudal** adj. (del lat. *cauda*). Relativo a la cola: *plumas caudales.* <> **Aleta caudal** Aleta situada en la parte terminal de la cola de los cetáceos, peces y crustáceos.

caudaloso, a adj. Se dice de la corriente que lleva mucha agua: *río caudaloso.*

caudato, a o **caudado, a** adj. HERÁLD. Se dice del cometa cuya cola o una de sus puntas es de esmalte diferente.

caudillaje s.m. Mando de un caudillo. **2.** Amér. Caciquismo. **3.** Argent., Chile y Perú. Conjunto o sucesión de caudillos. **4.** Argent. y Perú. Época de su predominio histórico.

caudillismo s.m. Sistema político del caudillaje.

caudillo s.m. (lat. *capitellum*). Jefe o guía, especialmente el de guerra. **2.** Título aplicado en España al general Franco desde 1936 hasta su muerte. ◆ **caudillos** s.m.pl. Dirigentes, a la vez políticos y militares, surgidos a partir de la emancipación en el área rioplatense.

caujazo s.m. Árbol americano cuya madera se emplea en la construcción. (Familia borragináceas.)

caula s.f. Chile, Guat. y Hond. Treta, engaño, ardid.

caulescente adj. Se dice de la planta cuyo tallo se distingue fácilmente de la raíz por estar muy desarrollado.

caurí s.m. Gasterópodo de concha blanca y brillante que sirvió de moneda en la India y en el África negra.

cauro s.m. (lat. *caurus*). Noroeste, viento que sopla de esta parte.

1. **causa** s.f. (lat. *causa*). Cosa o suceso que se considera fundamento u origen de algo: *conocer la causa de un fenómeno.* **2.** Circunstancia o motivo para hacer algo de una manera determinada: *no sé la causa que le impulsó a hacerlo.* **3.** DER. Fin que busca una persona que se obliga hacia otra; conjunto de circunstancias que determinan la situación de una persona en justicia desde el punto de vista legal. **4.** FILOS. Antecedente lógico o real que produce un efecto. <> **A causa de** Por efecto, a consecuencia de.

2. **causa** s.f. Discusión y resolución de un asunto. **2.** Empresa, ideal o fin por el que se toma interés o partido: *abrazar la causa liberal.* **3.** Proceso criminal. **4.** DER. Pleito. <> **Causa matrimonial** Causa que afecta al matrimonio y a su validez o nulidad, y la referente a los derechos y deberes conyugales y a la separación de los esposos.

3. **causa** s.f. Chile y Perú. Comida ligera. **2.** Perú. Puré de papas con lechuga, choclo, queso fresco y ají, que se sirve frío.

causahabiente s.m. y f. DER. Persona que por transmisión o sucesión adquiere los derechos de otra.

causal adj. (lat. *causalis*). Se dice de la relación de causa entre dos o más seres o hechos. <> **Conjunción causal** Conjunción que introduce una oración causal. **Oración causal** Oración subordinada que expresa la causa real o lógica de lo que se expresa en la oración principal.

causalidad s.f. Relación que une una o varias causas a uno o varios efectos. <> **Principio de causalidad** Principio filosófico según el cual todo hecho tiene una causa, de modo que las mismas causas en las mismas condiciones producen los mismos efectos.

causante adj. y s.m. y f. Que causa algo. ◆ s.m. y f. DER. Persona de quien proviene el derecho que tiene otra persona.

causar v.tr. y prnl. Producir un efecto o una consecuencia: *la tormenta causó grandes pérdidas.* <> **Causar estado** Quedar firme una resolución administrativa o judicial, por no existir recurso contra ella, o haber transcurrido el plazo fijado por la ley.

causativo, a adj. Que es origen o causa de algo. ◆ adj. y s.m. LING. Factitivo.

causeo s.m. Chile. Comida ligera, generalmente de fiambres y alimentos fríos, que se hace fuera de las horas acostumbradas.

cáustica s.f. Superficie que envuelve los rayos luminosos reflejados o refractados, sobre la cual se encuentra una acumulación de luz.

causticidad s.f. Cualidad de cáustico. **2.** *Fig.* Malignidad o mordacidad en lo que se dice o escribe.

cáustico, a adj. y s.m. (lat. *causticus,* del gr. *kaustikós,* que quema). Que ataca los tejidos orgánicos. ◆ adj. *Fig.* Mordaz, agresivo: *una respuesta cáustica.*

cautela s.f. (lat. *cautela*). Precaución, reserva. **2.** Astucia, maña para engañar.

cautelar adj. Preventivo, precautorio. **2.** Se dice de las medidas o reglas que sirven para prevenir la consecución de determinado fin o precaver lo que pueda dificultarlo.

cauteloso, a adj. Que obra con cautela o implica cautela.

cauterio s.m. (lat. *cauterium,* del gr. *kautírion*). Cauterización. **2.** Barra metálica calentada o sustancia química empleadas para quemar superficialmente los tejidos con el fin de producir una revulsión o, de manera más intensa, para destruir las partes enfermas u obtener una acción hemostática. **3.** *Fig.* Remedio que corrige o ataca eficazmente algún mal.

cauterización s.f. Acción de cauterizar.

cauterizar v.tr. Quemar una herida para cicatrizarla. **2.** *Fig.* Aplicar un remedio enérgico.

cautivar v.tr. (lat. tardío *captivare*). Aprisionar al enemigo en la guerra. **2.** *Fig.* Atraer, seducir: *cautivar al auditorio.*

cautiverio s.m. Estado de la persona o animal privado de libertad, en especial el de la persona cautivada en una guerra.

cautividad s.f. Cautiverio.

cautivo, a adj. y s. (lat. *captivus*). Que está privado de libertad. **2.** *Fig.* Que está dominado por una pasión o emoción hacia alguien o algo.

cauto, a adj. (lat. *cautus*). Cauteloso.

1. **cava** s.f. y adj. (lat. *cavus,* hueco). Cada una de las dos grandes venas, cava superior y cava inferior, que recogen la sangre de la circulación general y desembocan en la aurícula derecha del corazón.

2. **cava** s.f. (de *cavar*). Acción de cavar, remover la tierra. **2.** Lugar subterráneo en el que se guarda o conserva el vino. **3.** Foso que rodea un castillo o fortaleza. ◆ s.m. Nombre con que se comercializa el vino espumoso del tipo del champán elaborado en España.

cavador, ra s. Persona que tiene por oficio cavar la tierra.

cavadura s.f. Acción y efecto de cavar.

cavalier s.m. Nombre que se daba, en Inglaterra, a los realistas bajo el mandato de Carlos I, por oposición a los parlamentarios puritanos.

cavar v.tr. e intr. (lat. *cavare*). Abrir, levantar o mover la tierra con la azada u otra herramienta semejante. **2.** Hacer un hoyo, galería o zanja en la tierra. ◆ v.intr. *Fig.* Meditar profundamente: *cavar en los misterios de la fe.*

cavatina s.f. (voz italiana, de *cavata di voce,* partido que se saca de la voz). MÚS. Breve fragmento de ópera destinado a una sola voz.

caverna s.f. (lat. *caverna*). Concavidad natural muy profunda en la tierra o en las rocas. **2.** MED. Cavidad que se forma en un órgano a consecuencia de una enfermedad, después de evacuada la materia que lo ocupaba.

cavernario, a adj. Propio de las cavernas, o que tiene sus características.

cavernícola adj. y s.m. y f. (del lat. *caverna* y *colore,* habitar). De las cavernas, en especial del que vive en ellas. SIN.: *troglodita.* **2.** *Fig.* y *fam.* Retrógrado.

cavernosidad s.f. Oquedad natural de la tierra, cueva. SIN.: *cavernidad.*

cavernoso, a adj. Relativo o semejante a las cavernas: *oscuridad cavernosa.* **2.** Se dice del sonido sordo y bronco: *voz cavernosa.* **3.** Que tiene muchas cavernas.

caveto s.m. (ital. *cavetto*). Moldura cóncava cuyo perfil se aproxima a un cuarto de círculo.

caviar s.m. (del turco *haviâr*). Huevas de esturión aderezadas.

cavicornio, a adj. y s.m. (del lat. *cavus,* hueco, y *cornu,* cuerno). Relativo a un grupo de rumiantes cuyos cuernos huecos parten de unas prolongaciones óseas del cráneo.

cavidad s.f. (lat. *cavitas, -atis*). Espacio hueco en un cuerpo o una superficie cualquiera, en especial en el organismo de los seres vivos: *las cavidades de una roca; cavidad bucal; cavidad cotiloidea.* ◇ **Cavidad resonante** Recinto encerrado por paredes conductoras, utilizado para mantener en el valor deseado una señal de alta frecuencia.

cavilación s.f. Acción y efecto de cavilar.

cavilar v.tr. e intr. (lat. *cavillari,* bromear, emplear sofismas). Reflexionar de forma profunda o con preocupación sobre algo.

caviloso, a adj. Propenso a cavilar. **2.** Colomb. Quisquilloso, camorrista.

cavitación s.f. Formación de cavidades llenas de vapor o de gas en el seno de un líquido en movimiento, cuando la presión en un punto del líquido resulta inferior a la tensión del vapor.

cayado s.m. (lat. vulgar hispánico *cajatus*). Bastón grueso con el extremo curvado: *el cayado del pastor.* SIN.: *cayada, gancho.* **2.** Báculo pastoral de los obispos. **3.** Nombre que se da a algunas estructuras anatómicas en razón de su forma: *cayado de la aorta.*

cayapa, pueblo amerindio del NO de Ecuador (Esmeraldas) de expertos pescadores canoeros, que habla un dialecto barbacoa de la familia lingüística chibcha.

cayapó, grupo amerindio agricultor que forma el núcleo principal de la familia ge y que vive en la margen izq. del Araguaia (Brasil).

cayo s.m. Islote llano y arenoso del mar de las Antillas y el golfo de México.

1. **cayuco** s.m. Amér. Embarcación india de una pieza, más pequeña que la canoa, con el fondo plano y sin quilla. **2.** Esp. Embarcación parecida o un bote pero de mayor tamaño.

2. **cayuco, a** adj. y s. Antillas y Méx. Se dice de la persona que tiene la cabeza estrecha y alargada.

caz s.m. Canal para conducir el agua de un lugar a otro.

caza s.f. Acción de cazar: *la caza del jabalí.* **2.** Conjunto de animales que se cazan. **3.** Carne de animal de caza. **4.** Persecución o alcance de algo o alguien. ◆ s.m. Avión pequeño de combate o reconocimiento, de gran velocidad y poder de maniobra. SIN.: *avión de caza.* ◇ **Andar,** o **ir, a la caza de algo** o **alguien** Poner todos los medios para encontrar o conseguir lo que se pretende. **Caza de asalto** Caza especializado en el ataque a objetivos terrestres. **Caza de interceptación** Interceptador.

cazabe s.m. (taíno *cacábi*). Amér. Central, Antillas, Colomb. y Venez. Torta hecha de harina de mandioca.

cazabombardero s.m. y adj. Avión de combate preparado para bombardear un objetivo.

cazadero, a adj. Que puede ser cazado. ◆ s.m. Lugar donde se caza o que es apropiado para cazar.

cazador, ra s. y adj. Persona que caza. **2.** Se dice de los animales que cazan por instinto. ◆ s.m. Nombre que se da, desde el s. XVIII, a los soldados de ciertos cuerpos de infantería y de caballería ligera. **2.** Piloto de un avión de caza. ◇ **Cazador furtivo** Cazador que caza sin la debida autorización.

cazadora s.f. Esp. y Méx. Prenda deportiva de abrigo abierta por delante que llega hasta la cintura. GEOSIN.: Argent., Chile y Urug. *campera.*

cazalla s.f. Aguardiente seco y fuerte que se elabora en Cazalla de la Sierra, Sevilla.

cazaminas s.m. (pl. *cazaminas*). Barco costero encargado de detectar las minas de profundidad con ayuda de un sonar.

cazar v.tr. (del lat. *capere,* agarrar). Buscar o perseguir animales para atraparlos o matarlos. **2.** *Fig.* y *fam.* Conseguir con destreza algo bueno o difícil. **3.** *Fig.* y *fam.* Atraer a alguien con halagos o engaños. **4.** *Fig.* y *fam.* Sorprender a alguien, especialmente en una acción que deseaba ocultar. **5.** *Fig.* Conquistar a alguien con el fin de casarle.

cazasubmarino s.m. Buque de guerra destinado a la caza y destrucción de submarinos, que cuenta como arma principal con la carga de profundidad.

cazatorpedero s.m. y adj. Buque de guerra preparado para combatir contra los torpederos.

cazcalear v.intr. Andar de una parte a otra, como si se estuviera muy ocupado, sin hacer nada.

cazcarria s.f. → **cascarria.**

cazo s.m. Utensilio de cocina que consiste en un recipiente esférico, con un mango largo. SIN.: *cacillo.*

cazolada s.f. Cantidad de comida que cabe en una cazuela.

cazoleta s.f. Cazo pequeño. **2.** Receptáculo pequeño de algunos objetos: *la cazoleta de la pipa.* **3.** ARM. **a.** Guarda de la empuñadura de una espada que sirve para proteger la mano. **b.** En las antiguas armas de fuego, cavidad que contenía la pólvora para cebarlas.

cazón s.m. Tiburón pequeño.

cazuela s.f. Utensilio para cocinar, especialmente para cocer o guisar alimentos, que consiste en un recipiente redondo, más ancho que hondo, con dos asas. **2.** Cazolada. **3.** Guiso de legumbres y carne picada que se prepara en varios países de América. **4.** TEATR. **a.** Paraíso, conjunto de asientos de la planta más alta de algunos teatros. **b.** Parte del teatro al que solo podían concurrir mujeres.

cazurrería s.f. Cualidad de cazurro. SIN.: *cazurría.*

cazurro, a adj. y s. *Fam.* Se dice de la persona de pocas palabras, huraño, encerrado en sí mismo. **2.** Basto, zafio.

cazuzo, a adj. Chile. Hambriento.

CD s.m. (sigla del inglés *compact disc*). *Disco compacto.

CD-I s.m. (sigla del inglés *compact disc interactive*). *Disco compacto interactivo.

CD-ROM s.m. (sigla del inglés *compact disc read only memory,* disco compacto de memoria de solo lectura). Disco compacto de gran capacidad de memoria, para almacenar textos, imágenes y sonido, que, leídos por una unidad de lectura láser, son procesados por una microcomputadora y visualizados en un monitor.

CDV s.m. (sigla del inglés *compact disc video*). *Disco compacto de vídeo.

ce s.f. Nombre de la letra *c.* ◇ **Ce cedilla** Nombre de la letra *ç.* (También *ce con cedilla* o *cedilla.*) **Ce por be** o **ce por ce** *Fam.* Con todos los detalles: *contar algo ce por be.* **Por ce o por be** Por un motivo o por otro: *por ce o por be nunca puede venir.*

ceba s.f. Cebo dado al ganado para engordar. **2.** Amér. Cebo de escopeta.

cebada s.f. Planta cereal, con flores en espiga, de interés industrial, nutritivo y forrajero. (Familia gramíneas.) **2.** Semilla de esta planta. ◇ **Cebada mondada** Granos de cebada pasados entre dos muelas a fin de despojarlos de su primera cáscara. **Cebada perlada** Granos de cebada pasados entre dos muelas muy apretadas para quitarles todo el salvado y reducirlos a pequeñas bolas harinosas.

cebadal s.m. Terreno sembrado de cebada.

cebadera s.f. Morral para dar cebada al ganado en el campo. **2.** Cajón para la cebada.

cebadero s.m. Lugar destinado a cebar animales. **2.** Abertura superior de un horno, por la que se introduce el mineral, el fundente y el combustible.

cebado, a adj. Amér. Se dice de la fiera que por haber probado carne humana es más temible. **2.** Urug. Se dice de la persona acostumbrada a que le resuelvan los problemas. ◆ s.m. ELECTR. Régimen variable de ciertos fenómenos que preceden al régimen permanente. ◇ **Cebado de la bomba** Política económica que tiende, mediante el aumento de los gastos públicos, a la reanimación de la actividad económica. **Cebado de una bomba** MEC. Acción de llenar de agua una bomba y su tubo de aspiración.

cebador, ra adj. Que ceba. ◆ s.m. Frasco que contenía la pólvora que se vertía en la cazoleta de las armas de fuego. **2.** ELECTR. Dispositivo utilizado para iniciar la descarga en el interior de determinados tipos de tubos de descarga, como los tubos fluorescentes.

cebadura s.f. Acción y efecto de cebar o cebarse.

cebar v.tr. Alimentar a los animales para engordarlos, generalmente para aprovechar su carne: *cebar unos capones.* **2.** *Fig.* Poner cebo en un anzuelo, un cepo o una trampa para atrapar animales. **3.** Colocar el cebo en un cartucho, en una carga explosiva. **4.** Con referencia a máquinas, aparatos o motores, ponerlos en condiciones de empezar a funcionar. **5.** Alimentar de combustible un horno, lámpara, etc. **6.** Amér. Merid. Preparar la infusión de mate. ◆ v.tr. y prnl. *Fig.* Fomentar en una persona un sentimiento o pasión: *cebar el alma con esperanzas.* ◆ **cebarse** v.prnl. *Fig.* Encarnizarse, ensañarse, producir estragos.

cebiche s.m. C. Rica, Ecuad., Méx., Pan. y Perú. Plato de pescado o marisco crudo, cortado en trozos pequeños y preparado con un adobo de jugo de limón, cebolla picada, sal y ají.

cébido, a adj. y s.m. Relativo a una familia de primates de la familia cébidos, de cola prensil y nariz chata, que viven en las zonas forestales de América tropical, como el capuchino y el mono araña.

cebo s.m. (lat. *cibus,* alimento, manjar). Comida que se da a los animales para alimentarlos o engordarlos. **2.** Añagaza que sirve para atraer la caza o la pesca, y que se coloca en el anzuelo o en el cepo. **3.** *Fig.* Estímulo que aumenta la intensidad de un sentimiento o pasión. **4.** *Fig.* Porción de combustible con que se alimenta un horno, una lámpara, etc. **5.** Sustancia simple o mezcla pirotécnica que entra en la fabricación de excitadores para detonación.

cebolla s.f. (lat. *cepulla,* cebolleta). Planta hortense cuyo bulbo, de un sabor y olor fuertes y picantes, es comestible y se emplea mucho en cocina. (Familia liliáceas.) **2.** Bulbo de esta planta. **3.** Cualquier bulbo de planta: *cebolla de tulipán.* **4.** *Fig.* Corazón del madero o pieza de madera acebollados. ◇ **Cebolla albarrana,** o **chirle** Planta herbácea medicinal, de bulbo semejante al de la cebolla común. (Familia liliáceas.)

cebollar s.m. Terreno sembrado de cebollas.

cebollero, a adj. Relativo a la cebolla.

cebolleta s.f. Planta vivaz de bulbo grande y umbela de flores blancas. (Familia liliáceas.) **2.** Cebolla común que, después del invierno, se vuelve a plantar y se come tierna antes de florecer.

cebollino s.m. Planta que crece espontánea en todo el mundo, y que se cultiva por sus hojas huecas y cilíndricas que se emplean como condimento. (Familia liliáceas.) **2.** Simiente de cebolla. **3.** *Fig.* Persona necia e indiscreta.

cebón, na adj. y s. Se dice del animal que está cebado.

cebra s.f. Mamífero ungulado de África, parecido al caballo, de 1,90 m de long. y pelaje blanquecino con rayas negras o pardas.

cebrado, a adj. Se dice del animal que tiene manchas como la cebra.

cebrero s.m. y adj. Queso blando, maduro y salado, que se elabora con leche de vaca.

cebú s.m. (pl. *cebúes* o *cebús*). Mamífero bovino parecido al buey, caracterizado por poseer una o dos gibas encima de la cruz. (Familia bóvidos.)

cebuano, a adj. y s. Relativo al cebú. ◆ s.m. Lengua malayoindonesia del grupo indonesio hablada en Filipinas.

ceca s.f. (hispano-ár. *sékka,* abrev. de *dâr as-sékka,* casa de la moneda). Lugar donde se acuña moneda; casa de moneda. **2.** Argent. Cruz, reverso de la moneda.

ceca. De ceca en meca o **de la ceca a la meca** o **la ceca y la meca** *Fam.* De un sitio a otro: *haber corrido la ceca y la meca.*

cecal adj. Relativo al intestino ciego.

cecear v.intr. (de *ce*, letra). Pronunciar con ceceo.

ceceo s.m. Timbre particular de la *c* española. **2.** Pronunciación de la *s* como *z*: *es ceceo decir* caza *por* casa.

cecial s.m. Pescado seco y curado al aire.

cecidia s.f. Agalla que los parásitos animales o vegetales producen sobre los vegetales.

cecilia s.f. Anfibio ápodo y carente de ojos que vive en América del Sur.

cecina s.f. Carne salada, enjuta y secada al aire, al sol o al humo. **2.** Argent. Tira de carne delgada, sin sal y seca. **3.** Chile. Embutido de carne.

ceda s.f. → **zeda.**

cedacillo s.m. Planta herbácea que crece en prados y bosques, con espiguillas acorazonadas y violáceas. (Familia gramíneas.)

cedazo s.m. (del lat. vulgar *cribrum saetaceum*, criba hecha de cerdas). Instrumento formado por un aro y una tela metálica o de cerdas, que sirve para cerner la harina, el suero, etc. **2.** Red grande para pescar.

cedente adj. y s.m. y f. DER. Que cede su derecho o sus bienes.

ceder v.tr. (lat. *cedere*, retirarse, marcharse). Dar algo a alguien de forma voluntaria: *ceder los bienes.* **2.** DEP. Pasar un jugador la pelota a otro de su mismo equipo para que continúe la jugada. ◆ v.intr. Desaparecer o disminuir la fuerza o intensidad de algo como el viento, la fiebre, el dolor, etc. **2.** Dejar de oponer resistencia: *ceder a sus ruegos.* **3.** Perder algo su resistencia, rigidez o la forma que le es propia: *ceder el sillón bajo el peso de alguien.*

cederrón s.m. CD-ROM.

cedilla s.f. Signo gráfico que se ponía en castellano bajo la letra *c*, y que se usa en catalán, portugués y francés, ante las vocales *a, o, u*, para darle el sonido de *s* sorda. **2.** Nombre de la letra *ç*.

cedoaria s.f. (bajo lat. *zedoarium*). Raíz medicinal de sabor algo amargo y olor aromático, que se obtiene de ciertas plantas propias de la India oriental. (Familia cingiberáceas.)

cédride s.f. Fruto del cedro.

cedrino, a adj. Relativo al cedro: *tabla cedrina.*

cedro s.m. (lat. *cedrus*). Árbol de Asia y África, de unos 40 m de alt., de tronco grueso, ramas extendidas horizontalmente en planos superpuestos, hojas persistentes y punzantes, y madera aromática, compacta y duradera. (Familia abietáceas.) **2.** Madera de este árbol. **3.** Madera comercial de origen americano que se usa para hacer las cajas de los cigarros puros.

cedrón s.m. Planta aromática de propiedades medicinales, originaria de Perú. (Familia verbenáceas.) **2.** Árbol que crece en América Meridional, cuya semilla es eficaz contra las calenturas y el veneno de las serpientes. (Familia simarubáceas.)

cédula s.f. (lat. tardío *schedula*, hoja de papel, página). Documento, generalmente oficial, en que se acredita o se notifica algo: *cédula personal; cédula testamentaria; cédula de citación.* **2.** Papel pequeño escrito o para escribir en él. SIN.: *ficha.* ◇ **Cédula de composición** Documento con que se legitimaba la presencia de un extranjero en las Indias españolas. **Cédula de identidad** Argent., Chile y Urug. Tarjeta de identidad, documento. **Cédula hipotecaria** Título representativo de un crédito garantizado con hipoteca. **Cédula real** Despacho expedido por el rey, por el que se promulgaba una ley o se concedía una gracia o un privilegio.

cedulario s.m. Reunión de reales cédulas.

cefalalgia s.f. (gr. *kephalalgía*, de *kepalí*, cabeza, y *álgos*, dolor). MED. Cefalea.

cefalea s.f. (lat. *cephalaea*, del gr. *kephalaía*). MED. Dolor de cabeza.

cefálico, a adj. (lat. *cephalicus*, del gr. *kephalikós*, de la cabeza). Relativo a la cabeza.

cefalópodo, a adj. y s.m. (del gr. *kepalí*, cabeza, y *poys, podos*, pie). Relativo a una clase de moluscos marinos, carnívoros y nadadores, cuya cabeza presenta unos tentáculos provistos de ventosas, y que se desplazan expulsando agua por un sifón. (El calamar o el pulpo pertenecen a dicha clase.)

cefalorraquídeo, a adj. Relativo a la cabeza y a la médula o a la columna vertebral. ◇ **Líquido cefalorraquídeo** Líquido claro contenido entre las meninges.

cefalotórax s.m. (del gr. *kepalí*, cabeza, y *thórax*, pecho). Región anterior del cuerpo de ciertos crustáceos y arácnidos, que comprende la cabeza y el tórax fusionados.

cefeida s.f. ASTRON. Estrella de luminosidad variable, según un período corto o medio de tiempo (entre algunas horas y un centenar de horas).

céfiro s.m. (lat. *zephyrus*, del gr. *zéphyros*). Poniente, viento templado y húmedo que sopla del oeste. **2.** *Poét.* Viento suave y apacible. **3.** Tela de algodón casi transparente.

cegajoso, a adj. y s. Se dice de la persona que habitualmente tiene cargados y llorosos los ojos.

cegar v.intr. (lat. *caecare*) [conj.: *regar*]. Perder enteramente la vista. ◆ v.tr. Quitar la vista, privar de la vista a alguien. **2.** *Fig.* Cerrar, tapar u obstruir. ◆ v.tr. e intr. Dejar momentáneamente ciego a alguien debido a una luz muy intensa y repentina. ◆ v.tr. y prnl. *Fig.* Ofuscar u obcecar el entendimiento o la razón: *cegar una pasión el alma.*

cegarrita adj. y s.m. y f. *Fam.* Se dice de la persona que por debilidad de la vista entorna los ojos para ver.

cegato, a adj. y s. *Fam.* Corto o escaso de vista: *mirada cegata.*

cegesimal adj. Relativo al sistema CGS.

ceguera s.f. Pérdida de la visión, parcial o completa. **2.** Enfermedad que produce una pérdida de visión. **3.** Ofuscación que impide razonar con claridad. ◇ **Ceguera psíquica** Agnosia. **Ceguera verbal** Alexia.

ceiba s.f. Árbol originario de las regiones tropicales, de madera blanca y blanda, que mide hasta 70 m. y de cuyos frutos se extrae el miraguano, que se utiliza como relleno de almohadas, etc. (Familia bombacáceas.)

ceibal s.m. Lugar plantado de ceibas o ceibos.

ceibo s.m. Árbol de las Antillas, de flores rojas. (Familia papilionáceas.)

ceja s.f. (lat. *ciclia*, pl. de *cilium*, párpado, ceja). Parte prominente de la cara, situada encima de cada uno de los ojos, curvada, móvil y cubierta de pelos: *cejas muy pobladas.* **2.** Pelo que cubre esta parte de la cara. **3.** *Fig.* Parte que sobresale un poco en ciertas cosas: *ceja de la encuadernación.* **4.** Amér. Merid. Sección de un bosque cortado por un camino. **5.** MÚS. **a.** Pieza de madera o de marfil aplicada en el mástil de un instrumento de cuerda o en el bastidor de un piano o de un clave, para apoyo de las cuerdas. **b.** Pieza suelta que se aplica transversalmente sobre la encordadura de la guitarra y sirve para elevar la entonación del instrumento. SIN.: *cejilla.* ◇ **Hasta las cejas** Hasta el máximo, al extremo. **Metérsele,** o **ponérsele a alguien entre ceja y ceja alguna cosa** Fijarse un pensamiento o propósito. **Quemarse las cejas** *Fam.* Estudiar mucho. **Tener entre cejas,** o **entre ceja y ceja, a alguien** No poder soportarlo.

cejar v.intr. Retroceder, andar hacia atrás, especialmente las caballerías que tiran de un carruaje. **2.** *Fig.* Ceder en un asunto, negocio o empeño: *no ceja en su empeño de descubrir la verdad.* (Se usa en frases negativas.)

cejijunto, a adj. Que tiene las cejas muy pobladas y con ninguna o muy poca separación entre ellas. **2.** *Fig.* Ceñudo.

cejilla s.f. Ceja de los instrumentos de cuerda.

cejudo, a adj. Que tiene las cejas muy pobladas y largas.

celacanto s.m. Pez marino que habita en las costas de las islas Comores y Célebes, de aletas carnosas y cuerpo macizo, de 1, 50 m de long. aprox. (Es la única especie viva del orden de los crosopterigios.)

1. **celada** s.f. Pieza de la armadura que cubría la cabeza. **2.** Hombre de armas que la usaba.

2. **celada** s.f. Asechanza dispuesta con disimulo: *ser víctima de una celada.*

celadón s.m. Tipo de porcelana procedente de Extremo oriente, de color verde pálido.

celador, ra adj. Que cela o vigila. ◆ s. Persona que se ocupa de la vigilancia de un lugar público: *celador de hospital.*

celaje s.m. Aspecto del cielo cuando lo cubren nubes tenues y de varios matices. (Suele usarse en plural.)

1. **celar** v.tr. e intr. (lat. tardío *zelari,* tener celos). Vigilar con particular cuidado el cumplimiento de las leyes u obligaciones: *celar la observancia de un reglamento.* ◆ v.tr. Vigilar a una persona por recelo hacia ella.

2. **celar** v.tr. y prnl. (lat. *celare*). Encubrir, ocultar: *celar algún secreto.*

3. **celar** v.tr. (lat. *caelare,* de *caelum,* cincel). Grabar en láminas de metal o madera para sacar estampas. **2.** Esculpir o cortar metal, piedra o madera.

celda s.f. (lat. *cella*). Habitación pequeña y con poco mobiliario, especialmente en una cárcel, convento o monasterio. **2.** Casilla de una tabla o cuadro: *rellenar solo las celdas sombreadas.* **3.** Celdilla de un panal.

celdilla s.f. Cada uno de los alvéolos de cera de que se componen los panales de las abejas. **2.** Célula, pequeña celda, cavidad o seno.

celebérrimo, a adj. Muy célebre.

celebración s.f. Acción de celebrar: *la celebración de un juicio.* **2.** Fiesta o acto solemne con que se conmemora un acontecimiento.

celebrante adj. y s.m. Se dice del sacerdote que dice la misa.

celebrar v.tr. (lat. *celebrare,* frecuentar). Realizar un acto público, como una reunión, un espectáculo, etc.: *celebrar un concierto benéfico.* **2.** Hacer solemne una función, ceremonia, junta, contrato o cualquier otro acto jurídico: *celebrar consejo.* **3.** Alabar, aplaudir: *celebrar la hermosura de las flores.* **4.** Festejar a una persona, cosa o acontecimiento: *celebrar un cumpleaños.* ◆ v.tr. e intr. Decir misa u oficiar cualquier ceremonia religiosa.

célebre adj. (lat. *celeber, -bris, -bre,* frecuentado). Famoso, que tiene fama.

celebret s.m. En la Iglesia católica, documento firmado por el obispo que se exige a todo sacerdote que quiera celebrar misa en una iglesia donde no es conocido.

celebridad s.f. (lat. *celebritas, -tis,* frecuentación). Cualidad de célebre. **2.** Persona famosa: *considerar a uno una celebridad.*

celemín s.m. (hispano-ár. *ṯamanî,* pl. de *ṯumnîya,* vaso de barro). Medida de capacidad para áridos. (En Castilla equivale a 4,625 l; la doceava parte de una fanega.) **2.** Antigua medida agraria de superficie que en Castilla equivalía a unos 537 m^2.

celentéreo, a adj. y s.m. (del gr. *koilos,* hueco, y *énteros,* intestinos). Se dice del animal acuático de simetría radiada cuyo cuerpo, formado por dos paredes que limitan la cavidad digestiva, está provisto de tentáculos urticantes. (La hidra y la medusa son celentéreos.)

celeque adj. Hond. y Salv. Se dice de la fruta tierna o en leche.

célere adj. (lat. *celer, -eris*). Pronto, rápido.

celeridad s.f. (lat. *celeritas, -atis*). Rapidez, prontitud: *obrar con celeridad y energía.*

celerífero s.m. Vehículo de dos ruedas sin pedales, unidas entre sí por un listón de madera sobre el que se puede ir sentado. (Es el precursor de la bicicleta.)

celesta s.f. Instrumento de percusión, con teclado, provisto de macillos que golpean una lámina de acero y cobre.

celeste adj. (lat. *caelestis*). Relativo al cielo: *los cuerpos celestes.* ◆ adj. y s.m. Se dice del color azul claro.

celestial adj. Del cielo, como morada de la divinidad y de los bienaventurados. **2.** *Fig.* Delicioso, placentero, muy agradable: *quietud celestial.*

celestina s.f. (de *La Celestina,* obra de F. de Rojas). Alcahueta. ◇ **Polvos de la madre Celestina** Polvos mágicos que obran por arte de birlibirloque.

celestinesco, a adj. Propio de celestina o alcahueta.

celestino s.m. y adj. Religioso de una orden de eremitas, fundada en 1251 por san Pedro Celestino.

celíaco, a adj. (lat. *coeliacus,* del gr. *koiliakós,* del vientre). Relativo al abdomen. **2.** Se dice de la enfermedad caracterizada por la aparición de trastornos en la absorción intestinal como consecuencia de una intolerancia al gluten, que se manifiesta especialmente en lactantes. ◆ adj. y s. Que padece esta enfermedad. ◇ **Plexo celíaco** Conjunto de fibras nerviosas simpáticas que rodean la zona del tronco celíaco.

celibato s.m. (lat. *caelibatus, -us*). Soltería: *las excelencias del celibato.* ◇ **Celibato eclesiástico** Obligación de guardar perfecta castidad que la Iglesia católica impone a sus ministros sagrados, bajo la forma de voto perpetuo y solemne, implícito en la ordenación.

célibe adj. y s.m. y f. (lat. *caelebs, -ibis*). Que no se ha casado. SIN.: *soltero.*

celidonia s.f. (lat. *chelidonia*). Planta herbácea de hojas verdes por el haz y amarillentas por el envés, y flores en umbelas, pequeñas y amarillas. (Crece cerca de los muros; también *celidonia mayor;* familia papaveráceas.) ◇ **Celidonia menor** Planta herbácea de tallo tendido y hojas lustrosas, venenosa, que se ha empleado en farmacia. (Familia ranunculáceas.)

celioscopia s.f. Examen endoscópico de la cavidad peritoneal.

cella s.f. Naos.

cellisca s.f. (del lat. *cingulum,* cincha). Temporal de agua y nieve muy menuda, acompañadas de fuerte viento.

1. **celo** s.m. (lat. *zelus,* ardor, celos, del gr. *zilos*). Conjunto de fenómenos asociados al apetito sexual que aparecen en algunos animales en la época de reproducción: *estar un animal en celo.* **2.** Tiempo periódico en que se producen esos fenómenos. **3.** Esp. Cuidado y esmero en el cumplimiento de los deberes o interés activo y eficaz por una causa o persona. ◆ **celos** s.m.pl. Sentimiento que experimenta una persona cuando teme o sospecha que la persona amada quiere o desea a otra, o cuando siente que otra persona prefiere a una tercera en lugar de a ella: *tener celos de alguien.* **2.** Sentimiento de envidia que provoca el deseo de tener o disfrutar de algo que tienen o disfrutan los demás.

2. **celo** s.m. (de *Cello,* marca registrada). Tira de papel o plástico transparente, adhesivo por uno de sus lados, que se emplea para pegar.

celofán s.m. (marca registrada). Película transparente de celulosa que se emplea para envolver cosas. SIN.: *celofana; papel celo.*

celoma s.m. Cavidad interna de los animales superiores, cuyos vestigios en el hombre son el pericardio, la pleura y el peritoneo.

celomado, a adj. y s.m. Se dice de los animales triploblásticos cuyo mesodermo forma una cavidad interna o celoma.

celosía s.f. Enrejado tupido de madera, metal u otro material a través del cual se puede ver sin ser visto.

celosiado, a adj. HERÁLD. Se dice del escudo o pieza cubierto de otras piezas alargadas que se entrecruzan en forma de sotuer.

celoso, a adj. Que tiene celo o celos: *un hombre celoso.* **2.** Amér. Se dice del arma de fuego, trampa o resorte que se dispara o funciona con demasiada facilidad.

celta adj. y s.m. y f. De un grupo de pueblos que ocuparon una parte de la vieja Europa y que hablaban una lengua indoeuropea. ◆ s.m. Lengua indoeuropea hablada por los celtas.

celta

Los pueblos celtas se individualizaron hacia el II milenio. Parece que su hábitat primitivo era el SO de Alemania. En el transcurso del I milenio invadieron la Galia y la península Ibérica (celtíberos), las islas Británicas, Italia, los Balcanes y Asia Menor (Galacia). Los germanos y los romanos (ss. III-I a.C.) destruyeron el poder celta, que solo se mantuvo en Irlanda. Casi toda la península, excepto el valle del Guadalquivir y el Levante, fue zona de asentamientos celtas (cántabros, astures y galaicos en el N; lusitanos y célticos en Portugal; vetones, carpetanos y quizá vacceos en la meseta). Las principales características de su arte, conocido por la decoración de las armas, la acuñación de monedas y la estatuaria religiosa, son el dinamismo, la esquematización, el triunfo de las líneas curvas y de los entrelazos que transfiguran lo real.

---

celtibérico, a adj. y s. Celtíbero. **2.** *Desp.* Carpetovetónico.

celtíbero, a o **celtibero, a** adj. y s. De un pueblo prerromano de la península Ibérica, de cultura céltica, que asimiló formas de vida ibéricas, cuyos principales centros eran Clunia y Numancia. ◆ s.m. Lengua primitiva de la península Ibérica, que se extinguió a comienzos de la era cristiana.

céltico, a adj. Celta.

celtismo s.m. Doctrina que supone que la lengua céltica es origen de la mayoría de las modernas. **2.** Tendencia de algunos arqueólogos a reputar como célticos los monumentos megalíticos.

celtista s.m. y f. Persona que se dedica al estudio de la lengua y la literatura célticas.

célula s.f. (lat. *cellula,* dim. de *cella,* celda). Pequeña celda, cavidad o seno. **2.** Grupo que funciona de forma independiente dentro de una organización general: *célula comunista.* **3.** AERON. Conjunto de las estructuras del ala y del fuselaje de un avión. **4.** BIOL. Elemento constitutivo de todo ser vivo. <> **Célula fonorreceptora** Cabeza de lectura. **Célula fotoeléctrica** Dispositivo que transforma la luz en corriente eléctrica. **Célula fotovoltaica,** o **solar** ELECTRÓN. Dispositivo que utiliza el efecto fotovoltaico y convierte directamente en electricidad una parte de la energía de la radiación del Sol o de otra fuente de luz. SIN.: *fotopila.* **Célula madre** Célula del embrión o de ciertos tejidos del adulto que es capaz de dividirse indefinidamente y generar, en cada división, dos células idénticas a ella y, también, producir nuevos linajes celulares especializados. (Las células madre pueden engendrar todos los tipos de células del organismo y se pueden utilizar en numerosas aplicaciones biológicas y médicas.)

---

célula

Toda célula está rodeada en su totalidad por una *membrana* y contiene un *citoplasma* de apariencia homogénea en el cual flotan los *orgánulos* (núcleo, mitocondrias, vacuolas, ribosomas, etc.). El núcleo, desnudo en los organismos procariotas (bacterias), está rodeado por una membrana en los eucariotas. Este núcleo contiene los cromosomas. Los *protistos* son eucariotas unicelulares. Animales y plantas están constituidos por miles de millones de células diversificadas, pese a lo cual su ciclo reproductivo pasa por un estadio de una sola célula, el *huevo.*

---

celulado, a adj. Con células o distribuido en células.

celular adj. Relativo a las células. **2.** Se dice de las prisiones con celdas individuales. **3.** Se dice del vehículo para el traslado de presos. ◆ s.m. Amér. Teléfono portátil autónomo que puede efectuar y recibir llamadas desde cualquier punto, dentro de un área de cobertura determinada. GEOSIN.: Esp. *móvil.* <> **Membrana celular** Envoltura de la célula viva. **Régimen celular** Régimen en el que se mantiene aislados a los presos. **Teoría celular** BIOL. Teoría según la cual la célula es el elemento fundamental de la vida.

celulasa s.f. Enzima que poseen determinados flagelados y bacterias y que les permite digerir la celulosa.

celulítico, a adj. Relativo a la celulitis.

celulitis s.f. *Fam.* Acumulación subcutánea de grasa que da a la piel un aspecto acolchado y punteado *(piel de naranja),* especialmente en los muslos y las nalgas *(cartucheras).* **2.** Inflamación del tejido conjuntivo, especialmente del tejido celular subcutáneo.

celuloide s.m. (marca registrada). Materia plástica muy maleable en caliente, pero muy inflamable, obtenida tratando la nitrocelulosa con alcanfor. **2.** *Por ext.* Cinta cinematográfica.

celulosa s.f. Sustancia macromolecular del grupo de los glúcidos, de fórmula $(C_6H_{10}O_5)_n$, contenida en la membrana de las células vegetales.

celulósico, a adj. Que es de la naturaleza de la celulosa o que la contiene.

cementación s.f. METAL. Calentamiento de una pieza metálica en contacto con un cemento que, mediante difusión de este en toda la masa metálica *(cementación profunda* o *a fondo)* o en su superficie *(cimentación superficial),* le permite adquirir ciertas propiedades particulares de dureza, ductilidad, etc.

cementar v.tr. Someter al proceso de cementación.

cementerio s.m. (lat. tardío *coementerium,* del gr. *koimitírios,* dormitorio). Lugar donde se entierra a los muertos. **2.** Lugar al que determinados animales van a morir y en el que se acumulan sus osamentas: *cementerio de elefantes.* **3.** Terreno en el que se acumulan vehículos destinados al desguace.

cementero, a adj. Relativo al cemento.

cementista s.m. y adj. Persona que fabrica o emplea cemento.

cementita s.f. Carburo de hierro de fórmula C_3Fe, constituyente de los aceros.

cemento s.m. (lat. *caementum,* canto de construcción, piedra sin escuadrar). Materia pulverulenta que forma con el agua o con una solución salina una pasta plástica capaz de aglomerar, al endurecerse, sustancias muy variadas. **2.** ANAT. Sustancia ósea que recubre el marfil de la raíz de los dientes. **3.** GEOL. Materia que consolida las rocas detríticas al cristalizar en los espacios comprendidos entre los fragmentos rocosos. **4.** METAL. Materia que, al ser calentada en contacto con un metal, se descompone y permite la difusión, a elevada temperatura, de uno o varios de sus elementos en la superficie de dicho metal. <> **Cemento metalúrgico** Cemento obtenido a partir de una mezcla que contiene un 30 % de clínker y un 70 % de escoria de alto horno, con una pequeña cantidad de sulfato cálcico. **Cemento portland** Cemento muy resistente que contiene al menos un 65 % de clínker. (También *portland.*) **Cemento rápido** Cemento cuyo fraguado tiene lugar en pocos minutos.

cementoso, a adj. Que tiene las características del cemento: *materia cementosa.*

cemita s.f. Amér. Pan de salvado y harina.

cempasúchil s.m. Méx. Planta herbácea cuyas flores, de color amarillo o anaranjado, se emplean como ofrenda para los muertos. (Familia compuestas.) **2.** Méx. Flor de esta planta.

cempoal s.m. Planta herbácea de flores amarillas medicinales que crece en México y se cultiva en Europa, donde se le da el nombre de *clavel de Indias.* (Familia compuestas.)

cena s.f. (lat. *cena,* comida de las tres de la tarde). Última comida que se toma al atardecer o por la noche. **2.** Acción de tomar esta comida. **3.** En el culto católico conmemoración de la última Cena, que se celebra el jueves santo. **4.** En el culto protestante, comunión. <> **Santa,** o **última, Cena** Última comida de Jesucristo con sus apóstoles, la víspera de su pasión, durante la cual instituyó la eucaristía.

cenacho s.m. (mozár. *ṣannâĉ,* canasta). Espuerta honda y flexible, con una o dos asas, para llevar comestibles.

cenáculo s.m. (lat. *cenaculum,* comedor). Sala donde Jesucristo reunió a sus discípulos para celebrar la última Cena. **2.** *Fig.* Reunión o conjunto de personas con aficiones literarias, artísticas, etc., comunes.

cenador, ra s.m. Espacio generalmente de planta circular que suele haber en los jardines, cercado de plantas trepadoras, parras o árboles.

cenaduría s.f. Méx. Fonda en la que se sirven comidas, especialmente de noche.

cenagal s.m. Lugar lleno de cieno. **2.** *Fig.* y *fam.* Asunto apurado.

cenagoso, a adj. Lleno de cieno: *aguas cenagosas.*

cenar v.tr. e intr. (lat. *cenare,* de *cena,* comida de las tres de la tarde). Tomar algo de cena, última comida: *cenar en un restaurante; cenar pescado.*

cenceño, a adj. Delgado o enjuto: *un viejo cenceño y encorvado.*

cencerrada s.f. Ruido de cencerros, cuernos, etc., especialmente el que se hace con fines burlescos o festivos.

cencerrear v.intr. Sonar insistentemente cencerros o armar ruido con ellos. **2.** *Fig.* y *fam.* Rechinar, chirriar.

cencerro s.m. (voz de origen onomatopéyico). Campanilla de metal, generalmente tosca, que se ata al cuello de las reses. ◇ **Estar como,** o **más loco que, un cencerro** *Fam.* Estar muy loco o hacer locuras.

cencuate o **cincuate** s.m. Méx. Culebra inofensiva de color amarillo o rojo con manchas oscuras.

cendal s.m. Tejido de seda parecido al tafetán, al que remplazó en el s. XIV. **2.** MAR. Embarcación de guerra de tres palos, usada antiguamente por los moros.

cenefa s.f. (ár. *ṣanîfa,* borde). Tira o lista con dibujos, generalmente repetición de un mismo motivo, que se coloca como adorno en los bordes de algunas prendas de ropa o a lo largo de los muros, pavimentos o techos. **2.** Banda vertical y central de la casulla de un sacerdote, de tela o color diferente al resto de la prenda.

cenestesia s.f. (del gr. *koinós,* común, y *aisthiois,* sensación). Conjunto de las sensaciones internas del organismo.

cenestésico, a adj. Relativo a la cenestesia.

cenetes → **zanata.**

cenetista adj. y s.m. y f. Relativo a la CNT (Confederación nacional del trabajo); miembro de dicha organización.

cenia s.f. Máquina simple para elevar el agua y regar terrenos.

cenicero s.m. Recipiente donde se echa la ceniza y los residuos del cigarro, cigarrillo o pipa. **2.** Espacio debajo de la rejilla del hogar, para recoger la ceniza.

cenicienta s.f. (de *Cenicienta,* personaje de *La Cenicienta,* cuento de Perrault). Persona o cosa injustamente postergada, poco considerada o despreciada.

ceniciento, a adj. De color gris claro, como la ceniza: *una mañana cenicienta.*

cenit, cénit o **zenit** s.m. (del ár. *samt ar-ra's,* el paraje de la cabeza). Punto del hemisferio celeste situado en la vertical de un lugar de la Tierra. CONTR.: *nadir.* **2.** *Fig.* Momento de apogeo de alguien o algo: *estar en el cenit de su carrera.*

cenital adj. Relativo al cenit. ◇ **Distancia cenital** Distancia angular de un punto al cenit. **Distancia cenital de una estrella** Ángulo que forma con la vertical del lugar el rayo visual que va del ojo del observador a la estrella. **Iluminación cenital** ARQ. Iluminación conseguida mediante claraboyas.

ceniza s.f. (del lat. *cinis, -eris,* ceniza). Polvo mineral de color gris claro que queda como residuo de una combustión completa. **2.** Residuos de un cadáver, restos mortales. (Suele usarse en plural.) ◇ **Cenizas volcánicas** GEOL. Partículas finas y sólidas que proyecta un volcán en erupción y que, al caer, se depositan en estratos blandos. **Miércoles de ceniza** Para los católicos, primer miércoles de cuaresma.

cenizo s.m. *Fam.* Persona que trae mala suerte. **2.** Mala suerte: *dar el cenizo.*

cenobio s.m. (lat. tardío *coenobium,* del gr. *koinóbios,* vida en común). Monasterio.

cenobita s.m. (lat. tardío *coenobita*). Monje que vive en comunidad (en oposición a *anacoreta*). ◆ s.m. y f. *Fig.* Persona ascética.

cenobítico, a adj. Relativo al cenobita o al cenobio.

cenobitismo s.m. Forma de vida cenobítica.

cenotafio s.m. (lat. *cenotaphium,* del gr. *kenotáphios*). Monumento funerario que no contiene el cadáver del personaje a quien se dedica.

cenote s.m. GEOMORFOL. Grandes depósitos naturales de agua alimentados por corrientes subterráneas.

cenozoico, a adj. (del gr. *koinós,* nuevo, y *zoon,* animal). GEOL. Se dice de los terrenos y formaciones correspondientes a las eras terciaria y cuaternaria.

censar v.intr. Hacer el censo o padrón de los habitantes de un lugar. ◆ v.tr. Registrar en un censo.

censatario, a s. Persona obligada a pagar el canon de un censo.

censitario, a adj. Relativo al censo. ◇ **Sufragio censitario** Sistema en el que el derecho al voto queda reservado a los contribuyentes que pagan una cantidad mínima de impuestos.

censo s.m. (lat. *census, -us*). Padrón o lista de la población o riqueza de un país, de una provincia o de una localidad. **2.** DER. Sujeción de bienes inmuebles al pago de un canon o rédito anual en retribución de un capital que se recibe en dinero o del dominio pleno o menos pleno que se transmite de los mismos bienes. **3.** HIST. Contribución pagada por los vasallos a su señor. ◇ **Censo electoral** DER. y POL. Registro general de los ciudadanos con derecho a voto.

censor, ra adj. Que censura: *actitud censora.* ◆ s. (lat. *censor, -oris*). Funcionario encargado de censurar los escritos y obras destinados a la difusión. **2.** Persona que tiene tendencia a censurar o criticar las acciones y costumbres de los demás. ◆ s.m. En la antigua Roma, magistrado que gozaba de una inviolabilidad y de un prestigio especiales, y cuya función consistía en empadronar a los ciudadanos, inventariar los bienes y vigilar las costumbres. ◇ **Censor jurado de cuentas** Persona capacitada legalmente para analizar, controlar u organizar contabilidades y balances empresariales.

censual adj. (lat. *censualis*). Relativo al censo.

censualista s.m. y f. Persona a cuyo favor se impone un censo o que tiene derecho a percibir sus réditos.

censura s.f. (lat. *censura*). Reprobación o juicio negativo de la conducta, forma de actuar, etc., de los demás. **2.** Examen que hace un gobierno de los libros, periódicos, obras de teatro, películas, etc., antes de permitir su difusión. **3.** Comisión de personas encargadas de este examen. **4.** Juicio eclesiástico que reprueba severamente. **5.** Entre los antiguos romanos, oficio y dignidad de censor. **6.** PSICOANÁL. Función de control que regula el acceso de deseos inconscientes a la conciencia, deformándolos.

censurar v.tr. Reprobar o criticar la conducta, la forma de actuar, las costumbres, etc., de los demás: *censurar una costumbre.* **2.** Examinar y formar juicio el censor de un texto, doctrina, película, etc. **3.** Suprimir o prohibir la difusión de parte de una obra, por motivos políticos o morales.

cent s.m. Moneda fraccionaria que vale 1/100 de la unidad monetaria principal en diversos países (Australia, Canadá, EUA, etc.).

centaura s.f. Planta herbácea perenne, de tallo ramoso, hojas coriáceas y vilano rojizo. (Familia coriáceas.)

centauro s.m. (lat. *centaurus,* del gr. *kéntauros*). Ser fabuloso de la mitología griega, mitad hombre y mitad caballo.

centavo, a adj. y s.m. Centésimo, cada una de las cien partes en que se divide un todo. ◆ s.m. Moneda fraccionaria que vale 1/100 de la unidad monetaria principal en numerosos países iberoamericanos.

centella s.f. (lat. *scintilla,* chispa). Rayo, especialmente el de poca intensidad. **2.** Chispa, partícula incandescente. ◇ **Como una centella** Con mucha rapidez y diligencia.

centelleante adj. Que centellea.

centellear v.intr. Despedir rayos de luz trémulos o en forma de destellos. **2.** *Fig.* Brillar mucho los ojos de una persona.

centelleo s.m. Acción de centellear. **2.** Fenómeno de fluctuación variable de la intensidad de radiación de una estrella.

centén s.m. Moneda de oro acuñada en España durante el

s. XVII, que tenía un valor de cien escudos. **2.** Moneda de oro acuñada en España en 1854 por Isabel II.

centena s.f. Conjunto de cien unidades.

centenar s.m. Centena. ◇ **A centenares** En gran número.

centenario, a adj. (lat. *centenarius*). Relativo a la centena. ◆ adj. y s. Que tiene cien o más años de edad o de existencia: *árboles centenarios.* ◆ s.m. Fecha en que se cumplen una o más centenas de años de algún suceso: *el centenario del nacimiento de Cervantes.* **2.** Celebración de esa fecha.

1. **centeno** s.m. Planta cereal y forrajera, de tallo delgado y flexible, hojas planas y estrechas, espiga larga, delgada y comprimida. (Es originaria de Asia y el sur de Europa; familia gramíneas.) **2.** Grano de esta planta.

2. **centeno, a** adj.num.ordin. y s. (lat. *centenus*). Que corresponde en orden al número cien. SIN.: *centésimo.*

centesimal adj. Dividido en cien partes iguales. **2.** Relativo a las divisiones de una escala graduada en cien partes iguales.

centésimo, a adj.num.ordin. y s. (lat. *centesimus*). Que corresponde en orden al número cien. SIN.: *centeno.* ◆ adj. y s. Se dice de cada una de las partes que resultan de dividir un todo en cien partes iguales. ◆ s.m. Moneda fraccionaria que vale 1/100 de peso en Uruguay y Chile.

centiárea s.f. Centésima parte del área, equivalente a 1 m^2 (símb. ca).

centígrado, a adj. Que tiene la escala dividida en cien grados: *termómetro centígrado.* ◆ s.m. Centésima parte del grado, unidad del ángulo (símb. cgr).

centigramo s.m. Centésima parte del gramo (símb. cg).

centila s.f. Centésima parte de un conjunto de datos clasificados según cierto orden.

centilitro s.m. Centésima parte del litro (símb. cl).

centiloquio s.m. (del lat. *centum,* ciento, y *loqui,* hablar). Obra literaria compuesta de cien partes o tratados.

centímetro s.m. Centésima parte del metro (símb. cm).

céntimo, a adj. (fr. *centime*). Centésimo, que cabe cien veces en un todo. ◆ s.m. Moneda fraccionaria que vale 1/100 de la unidad monetaria de determinados países, como el euro, el dólar, el shilling, etc. SIN.: *cent.* ◇ **Sin un céntimo** Sin dinero: *estar sin un céntimo.*

centinela s.m. y f. (ital. *sentinella,* vigilancia, de *sentire,* oír). Soldado que vigila un puesto. ◆ s.m. y f. *Fig.* Persona que vigila u observa.

centinodia s.f. Planta de tallo cilíndrico nudoso y hojas enteras oblongas. (Familia poligonáceas.)

centollo s.m. Decápodo marino comestible de gran tamaño, cuerpo oval, espinoso y con las patas muy largas. (Familia maidos.) SIN.: *centolla.*

centón s.m. (lat. *cento, -onis*). Manta, dosel o toldo hecho de muchas piezas de paño o tela de diversos colores. **2.** Obra literaria, en verso o en prosa, compuesta de fragmentos tomados de diversos autores.

centrado, a adj. Se dice de las cosas cuyo centro se halla en la posición que debe ocupar. **2.** Se dice de la persona que piensa o actúa equilibradamente y sin dispersarse. ◆ s.m. Determinación de la posición del centro geométrico, de gravedad, etc., de una figura, pieza o aparato. **2.** Operación que consiste en alinear los ejes de todas las piezas de un conjunto mecánico. ◇ **Sistema centrado** Conjunto de lentes o espejos cuyos centros de curvatura están alineados en una misma recta, llamada eje óptico.

central adj. Relativo al centro. **2.** Que está en el centro. **3.** Principal, fundamental: *premisas centrales de una teoría.* ◆ s.f. Instalación para la producción de energía eléctrica partiendo de otras formas de energía: *central eólica; central heliotérmica; central electronuclear.* **2.** Nombre genérico de determinadas instalaciones y dispositivos en los que se operan ciertos tratamientos cuyos resultados se distribuyen a diversos puestos de utilización, como por ejemplo una central de climatización. ◆ s.f. y adj. Oficina o establecimiento principal de una empresa, institución o servicio público. ◆ s.m. Cuba y P. Rico. Ingenio azucarero cuando funciona con maquinaria de vapor. ◇ **Central telefónica** Estación en que concurren los circuitos telefónicos de un sector de abonados y en la que se efectúan las operaciones necesarias para establecer la comunicación entre estos. **Fuerza central** FÍS. Fuerza cuya dirección pasa por un punto fijo.

centralismo s.m. Sistema político o administrativo que concentra el poder y la gestión en un gobierno único y central, sin dejar ninguna competencia a poderes periféricos o locales. ◇ **Centralismo democrático** Modo de organización interna de un movimiento político o sindical, especialmente el de los comunistas, que intenta sintetizar la democracia con la unidad.

centralista adj. y s.m. y f. Relativo al centralismo; partidario de este sistema. ◆ s.m. y f. P. Rico. Dueño de un ingenio azucarero.

centralita s.f. Aparato telefónico que permite conectar las llamadas hechas a un mismo número con diversos aparatos. **2.** Lugar donde está instalado dicho aparato.

centralización s.f. Acción y efecto de centralizar.

centralizar v.tr. y prnl. Reunir varias cosas en un centro común, o hacerlas depender de un poder central: *centralizar las operaciones bancarias.* **2.** POL. Asumir el poder público central las facultades atribuidas a organismos locales o regionales.

centrar v.tr. Determinar el centro de algo. **2.** Colocar una cosa de manera que su centro coincida con el de otra o de forma que quede en el lugar adecuado: *centrar un cuadro en la pared.* **3.** Hacer que la atención, el interés o varias acciones se dirijan a un punto determinado. ◆ v.tr. e intr. DEP. Lanzar la pelota de un lugar a otro del terreno de juego, especialmente desde la banda hacia el área de la portería contraria. ◆ **centrarse** v.prnl. Conseguir el equilibrio o el estado emocional adecuados que permitan desenvolverse con seguridad en un lugar, situación o ambiente.

céntrico, a adj. Central, relativo al centro.

centrifugación s.f. Acción de centrifugar. **2.** Separación de los componentes de una mezcla por la fuerza centrífuga.

centrifugado s.m. Centrifugación.

centrifugar v.tr. Someter algo a la acción de la fuerza centrífuga.

centrífugo, a adj. (del lat. *centrum,* centro, y *fugere,* huir). Que tiende a alejar del centro: *fuerza centrífuga.* ◇ **Bomba centrífuga** Bomba rotativa cuyo principio se funda en la acción de la fuerza centrífuga.

centriolo s.m. Corpúsculo central del centrosoma.

centrípeto, a adj. (del lat. *centrum,* centro, y *petere,* dirigirse). Que tiende a aproximar al centro: *fuerza centrípeta.*

centrismo s.m. Tendencia o ideología de los partidos políticos de centro.

centrista adj. y s.m. y f. Partidario del centrismo político.

centro s.m. (lat. *centrum*). Punto o zona de una cosa que se halla en el centro, más o menos equidistante de los extremos o límites: *el centro del país es muy montañoso.* **2.** Lugar o punto de donde parten o a donde se dirigen una o varias acciones particulares: *ser el centro de todas las miradas.* **3.** Población o lugar donde se concentra una determinada actividad: *centro político de la región.* **4.** Establecimiento u organismo dedicado a una determinada actividad: *centro de enseñanza.* **5.** Conjunto de tendencias y organizaciones políticas situadas entre la derecha y la izquierda. **6.** Acción de centrar, lanzar la pelota. **7.** Población, complejo urbanístico o sector de una ciudad o barrio, en el cual se agrupan los comercios y oficinas. **8.** Cuba. Saya de color que se trasluce por el traje de género claro que se le sobrepone. **9.** Cuba. Tirilla de lienzo que se pone en las camisas. **10.** Hond. Chaleco. **11.** MAT. Punto respecto del cual todos los puntos de una figura geométrica son simétricos dos a dos: *centro de la circunferencia.* ◇ **Centro de acción** METEOROL. Anticiclón o depresión que tiene un carácter duradero, o incluso permanente. **Centro de mesa** Adorno que se coloca en el centro de una mesa. **Centro nervioso** Grupo de neuronas que forman parte de la sustancia gris del sistema nervioso central y tienen una función determinada.

centroamericano, a adj. y s. De América Central.

centroeuropeo, a adj. y s. De los países situados en la Europa central.

centrómero s.m. Granulación que existe en cada cromosoma y que participa en la formación del huso durante la mitosis.

centrosoma s.m. BIOL. Granulación situada cerca del núcleo de las células vivas, que interviene en la mitosis.

centunviro s.m. (lat. *centumvir*). ANT. ROM. Miembro de un tribunal civil, competente en los procesos de sucesión y de propiedad, que comprendía ciento cinco miembros.

centuplicar v.tr. y prnl. (lat. *centuplicare*). Ser o hacer algo cien veces mayor. ◆ v.tr. Multiplicar una cantidad por ciento.

céntuplo, a adj. y s.m. Que es cien veces mayor.

centuria s.f. (lat. *centuria*). Siglo, período de cien años. **2.** ANT. ROM. Unidad política, administrativa y militar formada por cien ciudadanos.

centurión s.m. Oficial que en la legión romana mandaba una centuria.

cenuro s.m. Tenia parásita del intestino delgado del perro.

cenzontle s.m. Méx. Pájaro de color gris pardo cuya voz abarca una extensa gama de sonidos y que es capaz de imitar el canto de otras aves.

ceñidor s.m. Faja, correa o cosa análoga con que se ciñe la cintura.

ceñir v.tr. y prnl. (lat. *cingere*). Rodear, ajustar, apretar o colocar algo de manera que rodee, ajuste o apriete: *ceñirse la espada; ceñir a uno con los brazos.* ◆ v.tr. Cerrar o rodear una cosa a otra: *ceñir las murallas un caserío.* ◆ v.intr. y prnl. MAR. **a.** En el deporte de la vela, navegar el yate contra viento en el menor ángulo que le sea posible para ganar barlovento. **b.** Llevar el viento lo más cerrado posible con la proa: *ceñirse un navío al viento.* ◆ **ceñirse** v.prnl. *Fig.* Amoldarse, concretarse, limitarse: *ceñirse a un tema; ceñirse a sus posibilidades económicas.* **2.** TAUROM. Arrimarse al toro.

ceño s.m. (lat. tardío *cinnus*, señal hecha con los ojos). Gesto de disgusto o preocupación que consiste en arrugar la frente y el entrecejo: *permanecer con el ceño fruncido.* **2.** *Fig.* Aspecto amenazante que toman ciertas cosas o asuntos: *regresamos asustados por el ceño del cielo.*

ceñudo, a adj. Que tiene fruncido el ceño o sobrecejo en señal de disgusto o preocupación: *mirar con un aire ceñudo.*

cepa s.f. (del lat. *cippus*). Parte del tronco de un árbol o una planta que está dentro de la tierra y unida a las raíces. **2.** Tronco y planta de la vid. **3.** Raíz o principio de alguna cosa, como el de las astas y cola de los animales. **4.** *Fig.* Tronco u origen de una familia o linaje: *hijosdalgos de rancia cepa.* ◇ **Cepa microbiana** BIOL. Conjunto de individuos de la misma especie que existen en una colonia o cultivo. **De pura cepa** Auténtico, con los caracteres propios de una clase.

cepeda s.f. Lugar donde abundan matas de cuyas cepas se hace carbón.

cepejón s.m. Base de la raíz axonomorfa, generalmente gruesa y muy desarrollada.

cepellón s.m. Masa de tierra que se deja adherida a las raíces de una planta para trasplantarla.

cepillado s.m. Acción de cepillar, alisar o limpiar con un cepillo.

cepillar v.tr. Alisar con cepillo la madera o los metales. **2.** Limpiar con un cepillo: *cepillar un traje.* **3.** *Fig.* Adular, lisonjear: *cepillar al jefe.* **4.** *Fig.* y *fam.* Pasar un vehículo velozmente, rozando a otro o a una persona. **5.** Esp. *Fig.* y *fam.* Birlar, desplumar: *cepillarle el reloj a alguien.* ◆ v.tr. y prnl. Esp. y Méx. *Fig.* y *fam.* Matar, asesinar. ◆ **cepillarse** v.prnl. Esp. y Méx. *Fig.* y *fam.* Realizar el acto sexual con una persona.

cepillo s.m. Utensilio para cepillar una superficie, formado por filamentos fláccidos fijados sobre una base de madera, plástico u otro material, con mango o sin él: *cepillo para dientes; cepillo para el pelo.* **2.** Herramienta de carpintería formada por un prisma cuadrangular de madera, que lleva embutida en una abertura transversal una cuchilla que sobresale un poco de la cara que ha de ludir con la madera que se quiere labrar. **3.** Herramienta provista de púas de hierro, utilizada para limpiar paramentos, juntas y elementos metálicos como trabajo de preparación que precede a un acabado. **4.** Arquilla con una ranura que sirve para recoger limosnas y donativos: *el cepillo de las ánimas.*

cepo s.m. (lat. *cippus*, mojón). Trampa para cazar que consiste en dos piezas que se cierran aprisionando al animal cuando este lo toca. **2.** Dispositivo que inmoviliza los vehículos automóviles mal estacionados por medio del bloqueo de una rueda. **3.** Conjunto de dos vigas entre las cuales se sujetan otras piezas de madera. **4.** Utensilio compuesto de una o dos varillas de madera o metal, que sirve para sujetar los periódicos y revistas sin doblarlos. **5.** Instrumento de tortura o de castigo que consistía en dos gruesos maderos con medio círculo agujereado que al unirse aprisionaban el cuello, los

ceñir		
INDICATIVO	**SUBJUNTIVO**	
presente	**presente**	
ciño	*ciña*	
ciñes (ceñís)	*ciñas*	
ciñe	*ciña*	
ceñimos	*ciñamos*	
ceñís	*ciñáis*	
ciñen	*ciñan*	
copretérito o pret. imperfecto	**pretérito o pret. imperfecto**	
ceñía	*ciñera* o *ciñese*	
ceñías	*ciñeras* o *ciñeses*	
ceñía	*ciñera* o *ciñese*	
ceñíamos	*ciñéramos* o *ciñésemos*	
ceñíais	*ciñerais* o *ciñeseis*	
ceñían	*ciñeran* o *ciñesen*	
pretérito o pret. perf. simple	**futuro o fut. simple**	
ceñí	*ciñere*	
ceñiste	*ciñeres*	
ciñó	*ciñere*	
ceñimos	*ciñéremos*	
ceñisteis	*ciñereis*	
ciñeron	*ciñeren*	
futuro o fut. simple	**IMPERATIVO**	
ceñiré		
ceñirás	*ciñe* (ceñí)	(tú, vos)
ceñirá	*ciña*	(él)
ceñiremos	*ciñamos*	(nosotros)
ceñiréis	ceñid	(vosotros)
ceñirán	*ciñan*	(ellos)
pospretérito o condicional simple	**FORMAS NO PERSONALES**	
ceñiría		
ceñirías	**infinitivo**	**gerundio**
ceñiría	ceñir	ciñendo
ceñiríamos	**participio**	
ceñiríais	ceñido	
ceñirían		

pies o las manos del reo. **6.** Gajo o rama de árbol. ◇ **Cepo del ancla** Pieza que se adapta a la caña del ancla, en sentido perpendicular a ella y al plano de los brazos.

ceporro s.m. Cepa vieja arrancada para la lumbre. **2.** *Fig.* Persona torpe de entendimiento.

cequí s.m. (ár. *sikkî*, cierta moneda). Moneda de oro de valor variable, que circulaba en diferentes estados italianos y del Mediterráneo oriental.

cera s.f. (lat. *cera*). Sustancia sólida de origen animal, vegetal o mineral, que se reblandece por la acción del calor, especialmente la elaborada por las abejas, con la que estas construyen los panales. **2.** Objeto de cera: *las ceras del museo Tussaud.* **3.** Conjunto de velas que se emplean en alguna ceremonia religiosa. **4.** Nombre de algunas sustancias parecidas a la cera. **5.** ZOOL. Membrana que cubre la base del pico de ciertas aves como la paloma, la gallina o el loro. ◇ **Cera virgen** Cera que no está melada; cera que está en el panal y sin labrar.

cerambícido, a adj. y s.m. Relativo a una familia de insectos coleópteros de largas antenas, cuya longitud llega a alcanzar los 5 cm, de colores brillantes y cuyas larvas excavan galerías en los árboles.

cerámica s.f. Arte y técnica de fabricar objetos de barro, loza y porcelana. **2.** Conjunto de estos objetos.

cerámico, a adj. Relativo a la cerámica: *artes cerámicas.* **2.** Se dice de los materiales manufacturados que no son ni metales ni productos orgánicos.

ceramista s.m. y f. Persona que tiene por oficio fabricar o decorar cerámica.

cerasta o **cerastas** s.f. (lat. *cerastes*) [pl. *cerastas*]. Serpiente venenosa de África y Asia de unos 75 cm de long., llamada también *víbora cornuda* debido a las dos puntas que tiene situadas encima de los ojos.

cerato s.m. (lat. *ceratum*). Ungüento elaborado con cera y aceite.

ceraunia s.f. (lat. *ceraunia*, del gr. *keraunós*, rayo). Nombre con el que se designaban unas herramientas prehistóricas, también llamadas *piedras de rayo.*

cerbatana s.f. (ár. vulgar *zarbaṭâna*). Tubo largo y estrecho que sirve para lanzar, soplando con fuerza, dardos u otros proyectiles.

1. **cerca** adv.l. y t. (lat. *circa*, alrededor). Indica proximidad, generalmente inmediata: *aquí cerca; cerca de las tres de la madrugada.* ◇ **Cerca de** Aproximadamente, poco menos de: *cerca de dos mil hombres.* **De cerca** A corta distancia: *mirar de cerca.*

2. **cerca** s.f. (de *cercar*). Valla, tapia o muro con que se rodea un terreno, casa o finca.

cercado s.m. Terreno o lugar limitado por una cerca o un seto. **2.** Cerca, vallado o tapia. **3.** Bol. y Perú. División territorial que comprende la capital de un estado o provincia y los pueblos que dependen de esa capital.

cercanía s.f. Circunstancia de estar cerca. ◆ **cercanías** s.f.pl. Zona que está cerca o alrededor de un lugar: *tren de cercanías; vivir en las cercanías de una ciudad.*

cercano, a adj. Próximo, inmediato.

cercar v.tr. (lat. tardío *circare*, dar la vuelta). Rodear un sitio con un vallado, muro, etc., de manera que quede delimitado, cerrado o resguardado. **2.** Rodear varias personas a alguien o algo: *cercar la policía un edificio.* **3.** Asediar una fortaleza o plaza con intención de expugnarla.

cercaria s.f. ZOOL. Larva de las duelas.

cercén (a) loc. Enteramente, por la base o el arranque: *cortar un brazo a cercén.* (También *a cercen.*)

cercenadura s.f. Acción y efecto de cercenar. **2.** Porción que se quita de lo que ha sido cercenado.

cercenamiento s.m. Cercenadura.

cercenar v.tr. (lat. *circinare*, redondear). Cortar las extremidades o extremos de algo a cercen. **2.** Disminuir, reducir, acortar.

cerceta s.f. (lat. vulgar *cercedula*). Pato salvaje de pequeño tamaño que vive en Europa y Asia.

cercha s.f. Cimbra, armazón.

cerchado s.m. Operación que consiste en encorvar las ramas flexibles de los árboles frutales y, especialmente, de la vid.

cerchar v.tr. Efectuar un cerchado.

cerciorarse v.prnl. (lat. tardío *certiorare*). Asegurarse de que se tiene la certeza de algo: *cerciorarse de un hecho.*

cerco s.m. (lat. *circus*, círculo). Cosa que rodea algo. **2.** Aro que ciñe la cuba, la rueda de carro y otros objetos. **3.** Aureola que rodea algunos astros, como el Sol y a veces la Luna. **4.** Asedio de una plaza o ciudad: *alzar el cerco; poner cerco a una villa.* **5.** Esp. Marco, moldura en que se encajan algunas cosas. **6.** Esp. Marco de ventana fijado al muro.

cercopiteco s.m. (lat. *cercopithecus*, del gr. *kerkopithikos*). Simio de cola larga, del que existen varias especies en África, de pequeñas dimensiones, tronco ágil y rostro menudo, miembros delgados y fuertes que presentan un pulgar muy desarrollado. (Familia cercopitécidos.)

cerda s.f. (lat. vulgar *cirra*, mechón de pelos). Pelo grueso y duro de la cola y crin de las caballerías, y del cuerpo del jabalí, etc. **2.** Mies segada. **3.** Manojo pequeño de lino sin rastrillar. ◆ **cerdas** s.f.pl. Lazo de cerda para cazar perdices. ◇ **Ganado de cerda** Ganado porcino.

cerdada s.f. Piara de cerdos. **2.** *Fam.* Acción innoble, vil o grosera.

cerdamen s.m. Manojo de cerdas preparadas para brochas, cepillos, etc.

cerdear v.intr. *Fam.* Comportarse sucia o deslealmente.

cerdo, a s. (de *cerda*). Mamífero doméstico, de cuerpo grueso, patas cortas provistas de cuatro dedos, cabeza grande y hocico cilíndrico, criado por su carne y su cuero. (El cerdo gruñe; su cría también se llama *lechón* o *cochinillo*; familia suidos.) SIN.: *cochino, puerco, marrano.* ◆ s. y adj. Persona desaliñada y sucia. **2.** *Fig.* Persona grosera, sin modales o sin escrúpulos. ◇ **Cerdo hormiguero** Mamífero africano que se nutre de insectos. (Orden tubulidentados.)

cereal s.m. y adj. (lat. *cerealis*, de la diosa Ceres). Planta, generalmente de la familia gramíneas, como el trigo, centeno, maíz, etc., cuyas semillas sirven, sobre todo una vez reducidas a harina, para la alimentación del hombre y de los animales domésticos. **2.** Semilla de esta planta.

cereal

Los cereales se cultivan desde la aparición de la agricultura. Sus granos, enteros (arroz) o molidos (trigo, maíz, mijo), constituyen la base alimentaria de los países en vías de desarrollo. En los países desarrollados los cereales tienen una gran importancia para la economía, tanto en la alimentación humana, dada la gran cantidad de productos que se extrae de ellos, especialmente del trigo (pan, pastas alimentarias, pastelería, galletas), como en la alimentación animal, sobre todo para la cría de aves de corral y del cerdo (trigo, avena, centeno, maíz, sorgo), o en la industria (cerveza, alcohol, almidón).

cerealícola adj. Relativo al cultivo y producción de cereales.

cerealicultura s.f. Cultivo de cereales.

cerealista adj. Relativo a la producción y comercio de cereales. ◆ s.m. y f. Persona que se dedica especialmente a las cuestiones y problemas referentes a los cereales.

cerebelo s.m. (lat. *cerebellum*, dim. de *cerebrum*, cerebro). Centro nervioso encefálico situado debajo del cerebro, detrás del tronco cerebral, que interviene en el control de las contracciones musculares y en el equilibrio.

cerebral adj. Relativo al cerebro: *enfermedad cerebral.* **2.** Se dice de la persona en la que predomina la reflexión y el cálculo sobre los sentimientos, especialmente a la hora de tomar decisiones; también se dice de las cosas relacionadas con estas personas.

cerebro s.m. (lat. *cerebrum*). Parte superior y más voluminosa del encéfalo, constituido por los hemisferios cerebrales y las estructuras que los unen. **2.** Encéfalo o totalidad de la masa nerviosa contenida en el cráneo. **3.** Conjunto de las facultades mentales. **4.** Persona sobresaliente en actividades culturales, científicas o técnicas. **5.** Inteligencia, talento o capacidad de juicio de una persona. **6.** Persona que concibe o dirige un plan de acción: *el cerebro del atraco.* ◇ **Cerebro electrónico** Nombre que se da a determinados dispositivos electrónicos que pueden efectuar ciertas operaciones, como el cálculo o el control de máquinas, sin la intervención directa del hombre.

cerebroespinal adj. Relativo al cerebro y a la médula espinal. (También *cerebrospinal.*)

ceremonia s.f. (lat. *caeremonia,* práctica religiosa). Acto solemne que se celebra de acuerdo con determinadas normas dictadas por la ley o la costumbre. **2.** Solemnidad, deferencia, amabilidad excesiva. ◇ **De ceremonia** Con toda solemnidad: *vestirse de ceremonia.*

ceremonial adj. Relativo al uso de las ceremonias. ◆ s.m. Conjunto de normas y formalidades de una ceremonia. **2.** Libro en que están escritas las ceremonias que se deben observar en cada una de las solemnidades de la iglesia, de una corporación, etc.

ceremonioso, a adj. Que actúa siguiendo escrupulosamente las ceremonias. **2.** Que acostumbra a comportarse con una formalidad exagerada.

céreo, a adj. (lat. *cereus*). De cera o de aspecto semejante al de la cera: *la cérea frente de un anciano.*

cerería s.f. Establecimiento donde se trabaja o vende la cera.

cerero, a s. Persona que tiene por oficio labrar o vender la cera. ◆ s.m. Arbusto de América del Norte y de Asia cuyos frutos dan una cera que sirve para hacer velas.

ceretano, a adj. y s. De Cerdaña.

cereza s.f. (del ant. *ceresa,* del lat. *cerasium*). Fruto comestible del cerezo, redondo, de piel lisa de color rojo y pulpa muy jugosa y dulce. **2.** Amér. Central, Antillas, Colomb. y Pan. Cáscara del grano de café.

cerezal s.m. Terreno poblado de cerezos.

cerezo s.m. Árbol frutal, de unos 5 m de alt., con el tronco liso y ramoso, hojas lanceoladas, flores blancas y fruto comestible (la cereza). [Familia rosáceas.] **2.** Madera de este árbol. ◇ **Cerezo silvestre** Árbol de los bosques de Europa que ha dado lugar a las variedades cultivadas con frutos dulces.

cerífero, a adj. Se dice de la planta cuyas glándulas segregan cera.

cerilla s.f. Vela de cera, muy delgada y larga. **2.** Esp. Fósforo para encender.

cerillero, a s. Persona que tiene por oficio vender fósforos o cerillas y tabaco en algunos locales, como cines, cafés, etc.

cerillo s.m. Méx. Fósforo para encender.

cerio s.m. (del asteroide *Ceres*). Metal duro, brillante, el más común del grupo de los lantánidos, extraído de la cerita y que se utiliza, en aleación con el hierro, en la fabricación de las piedras de encendedor. **2.** Elemento químico (Ce), de número atómico 58 y masa atómica 140,116.

cerita s.f. Silicato hidratado natural de calcio, hierro y cerio.

cermeña s.f. Fruto del cermeño, especie de pera pequeña, muy aromática y sabrosa.

cermeño s.m. Especie de peral, de hojas acorazonadas y vellosas por el envés.

cermet s.m. Material formado por una mezcla de productos cerámicos y óxidos metálicos.

cernada s.f. (del lat. *cinis, -eris,* ceniza). Ceniza vegetal que queda sin disolver en el cernadero, después de haber echado la lejía sobre la ropa, y que se aprovecha para abono. **2.** VET. Cataplasma de ceniza y otros ingredientes usada para fortalecer las partes lastimadas de las caballerías.

cernadero s.m. (del lat. *cinis, -eris,* ceniza). Lienzo basto que se pone sobre la ropa, al hacer la colada, para colar la lejía.

cerne adj. Se dice de lo que es sólido y fuerte, en especial de la madera: *madera cerne.* ◆ s.m. Parte más dura y sana del tronco de los árboles.

cernedor s.m. Torno para cerner harina.

cerneja s.f. (lat. vulgar *cernicula,* pl. de *cerniculum,* separación de los cabellos). Mechón de pelo que cuelga del menudillo de las caballerías. (Suele usarse en plural.)

cerner o cernir v.tr. (lat. *cernere,* separar) [conj.: *tender*]. Separar con el cedazo una materia reducida a polvo de las partes más gruesas, especialmente la harina del salvado: *cerner la harina.* ◆ **cernerse** v.prnl. Mantenerse en el aire las aves o los insectos, moviendo las alas sin apartarse del lugar en que están. **2.** *Fig.* Amenazar de cerca algún mal: *cernerse la muerte sobre alguien.*

cernícalo s.m. (lat. *cerniculum,* criba, cedazo). Ave de rapiña, parecida al halcón, muy común en España, de plumaje rojizo con manchas negras, que se alimenta de pequeños vertebrados y de insectos. ◆ s.m. y adj. *Fig.* Hombre ignorante y rudo.

cernido s.m. Acción de cerner. **2.** Cosa cernida, y especialmente la harina para hacer el pan.

cernidor s.m. Aparato que sirve para cerner el producto resultante de la molienda.

cernir v.tr. → **cerner.**

cero adj.num.cardin. (ital. *zero*). Ninguno. ◆ adj.num.ordin. y s.m. y f. Que corresponde en orden al origen o punto de partida de una serie, o antecede a lo que está numerado: *kilómetro cero; el año cero.* ◆ s.m. Nombre del número *0.* **2.** Signo numérico representado por la cifra 0, con que se nota el valor nulo de una magnitud y que, colocado en un determinado lugar de un número (unidades, decenas, etc.), indica la ausencia de unidades del orden correspondiente. **3.** Absolutamente nada: *su fortuna se redujo a cero.* **4.** Punto de partida de la escala de graduación de un instrumento de medida. **5.** Valor de la temperatura de fusión del hielo en las escalas centesimales y en la de Réaumur. ◇ **Aparato de cero** Aparato de medida en el cual la igualdad de dos magnitudes se constata por el regreso de una indicación a la graduación cero. **Cero absoluto** Temperatura de –273,15 °C. **Número cero** Ejemplar de una publicación periódica que precede al lanzamiento del primer número. **Punto cero** Temperatura del hielo fundido, que corresponde a una temperatura Celsius de 0 °C y a una temperatura termodinámica de 273,15 K. **Ser un cero (a la izquierda)** *Fam.* Ser inútil, no valer para nada, no merecer ninguna consideración de los demás.

ceroso, a adj. Que tiene alguna característica propia de la cera, como el color, la textura, etc. SIN.: *ceruminoso.*

cerote s.m. Mezcla de pez y cera con que los zapateros enceran los hilos con que cosen. **2.** *Fig.* y *fam.* Miedo, temor.

cerquillo s.m. Círculo o corona de cabello que queda después de rapar la parte superior e inferior de la cabeza. (Se practica en algunas órdenes religiosas católicas.)

cerrada s.f. Franja de la piel del animal, correspondiente al cerro o espinazo.

cerradero s.m. Parte de la cerradura de los cofres, maletas, etc., en la cual se encaja el pestillo. **2.** Parte de la cerradura de una puerta o ventana que consiste en una pieza metálica fija al marco, bien empotrada, bien superpuesta, en la que se encaja el pestillo o se introduce el extremo de las varillas de las fallebas.

cerrado, a adj. Que no tiene ninguna abertura. **2.** Incomprensible, oculto y oscuro. **3.** Se dice de la persona que se encierra en sí misma o en sus ideas o costumbres, y que no es abierta a las ideas ajenas o las acepta con dificultad; también indica torpeza o dificultad para comprender. **4.** Se dice de la persona introvertida, que tiene dificultad para expresar sus sentimientos o pensamientos o para relacionarse con los demás; también se dice de las cosas propias de esta persona: *es muy cerrado: no se relaciona con nadie; tiene un carácter* *muy cerrado.* **5.** *Fig.* Muy cargado de nubes: *cielo cerrado.* **6.** *Fig.* Se dice del acento de la persona cuya pronunciación presenta rasgos locales muy marcados: *hablar un andaluz muy cerrado.* **7.** FONÉT. Se dice de una vocal pronunciada con la boca casi cerrada. **8.** MAT. **a.** Se dice del intervalo que contiene sus extremos. **b.** Se dice del conjunto que contiene todos sus puntos de acumulación. ◆ s.m. Cercado, huerto, prado.

cerradura s.f. Mecanismo de cierre que se acciona manualmente por medio de un accesorio, por lo general amovible (llave, tirador, etc.), o bien automáticamente mediante algún dispositivo eléctrico o electrónico. **2.** Cerramiento, acción de cerrar.

cerraja s.f. (lat. *serratula,* betónica). Planta de la familia compuestas, de flores amarillas, que contiene un látex de color blanco.

cerrajería s.f. Oficio de cerrajero. **2.** Taller o sitio donde se fabrican y venden cerraduras, llaves, herrajes para muebles y otros objetos de hierro.

cerrajero s.m. Persona que tiene por oficio hacer y reparar cerraduras, llaves y otros instrumentos de metal.

cerramiento s.m. Acción de cerrar. SIN.: *cierre.* **2.** Cosa que sirve para cerrar o tapar una abertura. **3.** División hecha con tabique en una habitación o estancia.

cerrar v.tr. (lat. tardío *serare,* de *sera,* cerrojo) [conj.: *pensar*]. Hacer que el interior de un lugar o receptáculo quede incomunicado con el exterior: *cerrar una habitación, una botella.* **2.** Tratándose de partes del cuerpo o de cosas articuladas, juntarlas unas con otras: *cerrar los ojos.* **3.** *Fig.* Entorpecer, interrumpir el curso, la carrera de algo o de alguien: *cerrar el paso.* **4.** Interrumpir el funcionamiento de una máquina accionando un dispositivo: *cerrar la televisión.* **5.** *Fig.* Concluir ciertas cosas, ponerles término: *cerrar la sesión, un plazo, una empresa.* **6.** *Fig.* Dar por firmes y terminados los ajustes, contratos, etc.: *cerrar un trato.* **7.** Ir detrás o en último lugar: *cerraba el desfile una unidad de artillería.* **8.** Encoger o doblar lo que estaba extendido: *cerrar el paraguas.* **9.** Tratándose de sobres, paquetes o cosas semejantes, disponerlos de modo que no sea posible ver lo que contienen ni abrirlos sin despegarlos o romperlos por alguna parte. ◆ v.tr. y prnl. Tapar u obstruir aberturas, huecos, conductos, etc.: *cerrar un agujero.* **2.** Cicatrizar las heridas. ◆ v.tr., intr. y prnl. Encajar o asegurar en su marco la hoja de una puerta, ventana, etc.: *cerrar una puerta.* ◆ v.intr. y prnl. Llegar la noche a su plenitud: *cerrar la noche.* ◆ **cerrarse** v.prnl. Mostrarse reacio a admitir ideas, opiniones nuevas o amistades. **2.** Encapotarse el cielo, la atmósfera, etc. ◇ **Cerrar la boca** Callar. **Cerrar plaza** TAUROM. Ser un toro el último que se lidia de la corrida.

cerrazón s.f. Oscuridad grande por cubrirse el cielo de nubes muy negras. **2.** *Fig.* Obstinación. **3.** *Fig.* Torpeza o dificultad para entender una cosa. **4.** Argent. Niebla espesa que dificulta la visibilidad.

cerrero, a adj. Amér. *Fig.* Inculto, grosero, tosco, brusco. **2.** Venez. Se dice del café y otras bebidas fuertes y amargas.

cerril adj. Se dice de las caballerías y del ganado vacuno indómitos. **2.** Se dice del terreno escabroso. **3.** *Fig.* y *fam.* Obstinado, terco. **4.** *Fig.* y *fam.* Tosco, grosero.

cerrillar v.tr. Poner el cordoncillo a una moneda o medalla.

cerro s.m. (lat. *cirrus,* rizo, copete, crin). Elevación de tierra aislada, menor que el monte. **2.** Cuello o pescuezo del animal. **3.** Espinazo o lomo. ◇ **Por los cerros de Úbeda** *Fam.* Por un lugar muy remoto y fuera de camino; fuera de propósito.

cerrojazo s.m. Acción de echar el cerrojo recia y bruscamente. **2.** *Fig.* Interrupción brusca de una actividad que todavía no se ha terminado: *dar cerrojazo a una reunión.*

cerrojo s.m. (del ant. *berrojo*). Cerradura formada por un pasador prismático o cilíndrico de hierro, sostenido horizontalmente por guías y provisto de una manija que permite correrlo de un lado para otro. **2.** Mecanismo que cierra la recámara de algunas armas de fuego. ◇ **Hacer el cerrojo** En fútbol, reforzar un equipo su juego defensivo retrasando jugadores de la línea media e incluso de la delantera.

certamen s.m. (lat. *certamen,* lucha, combate). Concurso abierto para estimular con premios el cultivo de las ciencias, las letras o las artes. **2.** Discusión literaria.

certero, a adj. Que acierta o da en el punto previsto: *un tirador certero.* **2.** Que es razonable, justo o conforme a la verdad: *respuesta certera.*

certeza s.f. Conocimiento seguro, claro y evidente de las cosas. SIN.: *certidumbre, certitud.*

certidumbre s.f. Certeza.

certificación s.f. Certificado, documento en que se da fe de la veracidad de algo. **2.** Acción de certificar.

certificado, a adj. y s.m. Se dice de las cartas o envíos postales que, mediante un franqueo adicional, son anotados en una lista especial de las oficinas de correos, lo cual se acredita por el resguardo que expide la administración, que se hace responsable en caso de extravío. ◆ s.m. Documento público o privado en que se da fe de la veracidad de un hecho. SIN.: *certificación.* ◇ **Certificado de buena conducta** Documento que certifica la buena conducta de una persona. **Certificado de escolaridad** Certificado que acredita haber cursado los estudios obligatorios de educación general básica. **Certificado de trabajo** Certificado que el empresario proporciona al trabajador que lo solicita, en el cual consta la clase y duración de los servicios prestados en la empresa. **Certificado médico** Documento suscrito por un médico en un papel timbrado, o en impreso de modelo oficial, en que certifica acerca de una determinada situación sanitaria.

certificar v.tr. (lat. *certificare*). Afirmar una cosa, darla por cierta: *certificar la inocencia de alguien.* **2.** Hacer registrar los envíos por correo, obteniendo un resguardo que acredite el envío. **3.** DER. Dar fe de la veracidad de un hecho por medio de un certificado.

certificatorio, a adj. Que certifica o sirve para certificar.

cerúleo, a adj. y s.m. (lat. *caeruleus,* de *caelum,* cielo). Se dice del color azul del cielo. ◆ adj. Que es de este color.

cerumen s.m. Sustancia grasa, pardusca, formada por las glándulas del conducto auditivo externo.

cerusa s.f. (bajo lat. *cerussa*). Carbonato básico de plomo, llamado también *blanco de cerusa* o *blanco de plata,* utilizado en pintura.

cerusita s.f. Carbonato natural de plomo ($PbCO_3$).

cerval adj. Del ciervo o relacionado con él. **2.** Se dice del miedo muy grande.

cervantino, a adj. Relativo a Cervantes.

cervantismo s.m. Influencia de las obras de Cervantes en la literatura general. **2.** Giro o locución cervantina. **3.** Estudio crítico de la vida y obra de Cervantes.

cervantista adj. y s.m. y f. Se dice de la persona que se dedica al estudio de la obra de Cervantes.

cervato s.m. Ciervo menor de seis meses.

cerveceo s.m. Fermentación de la cerveza.

cervecería s.f. Fábrica de cerveza. **2.** Establecimiento donde se vende cerveza.

cervecero, a adj. Relativo a la cerveza. ◆ s. Persona que tiene por oficio elaborar o vender cerveza.

cervellina s.f. Planta herbácea de hojas alternas, inflorescencias en racimos, flores blanquecinas o púrpuras y fruto en silícula comprimida. (Familia crucíferas.)

cerveza s.f. (lat. *cervesia*). Bebida alcohólica de baja graduación, obtenida por la fermentación del azúcar de la cebada germinada bajo la acción de la levadura y perfumada con lúpulo.

cervical adj. Relativo al cuello: *vértebra cervical.* **2.** Relativo al cuello del útero.

cervicitis s.f. Inflamación del cuello del útero. SIN.: *metritis cervical.*

cérvido, a adj. y s.m. Relativo a una familia de rumiantes de aspecto esbelto y ágil, como el ciervo, el alce y el reno.

(Los machos poseen cuernos macizos, ramificados y caducos, llamados astas.)

cerviguillo s.m. Parte exterior de la cerviz de los animales, cuando es gruesa y abultada.

cerviz s.f. (lat. *cervix, -icis*). Parte posterior del cuello del hombre y de los animales. <> **Bajar,** o **doblar, la cerviz** Humillarse. **Levantar la cerviz** Engreírse, ensoberbecerse. **Ser duro de cerviz** Ser indómito.

cervuno, a adj. Cerval.

cesación s.f. Acción de cesar. SIN.: *cesamiento.*

cesalpiniáceo, a adj. y s.f. Relativo a una familia de plantas leguminosas que crecen en los países cálidos, como el algarrobo y la acacia.

cesamiento s.m. Cesación.

cesante adj. Que cesa. ◆ adj. y s.m. y f. Se dice de la persona a quien se priva de su empleo.

cesanteado, a adj. y s. Amér. Se dice de la persona a la que le ha sido rescindido el contrato laboral.

cesantear v.tr. Amér. Rescindir el contrato laboral a alguien.

cesantía s.f. Estado de cesante.

cesar v.intr. (lat. *cessare,* entretenerse, descansar). Interrumpirse o acabarse algo: *cesar una guerra.* **2.** Dejar de hacer algo que se estaba haciendo: *cesar de trabajar.* **3.** Dejar de desempeñar un cargo o empleo: *cesar en la dirección de la empresa.*

césar s.m. Título concedido a los sucesores de Julio César y, a partir de Adriano (117-138), al heredero del Imperio.

cesárea s.f. Operación quirúrgica que consiste en extraer el feto por incisión de la pared abdominal y del útero cuando el parto resulta imposible por vía natural.

cesáreo, a adj. Relativo al imperio o a la majestad imperial.

cesariano, a adj. y s. Relativo al césar, en especial a Julio César; partidario de este emperador romano.

cesarismo s.m. Sistema de gobierno en el que un solo hombre asume todo el poder.

cesarista s.m. y f. Partidario o servidor del cesarismo.

cesaropapismo s.m. Sistema de gobierno autocrático que concentra la autoridad temporal y espiritual en la persona del emperador: *el cesaropapismo carolingio.*

cese s.m. Acción de cesar: *cese de las hostilidades, de un cargo.* **2.** Formalidad o diligencia con que se hace constar un cese.

cesio s.m. (lat. *caesius,* azul verdoso). Metal alcalino, blando y de color amarillo plateado. **2.** Elemento químico (Cs), de número atómico 55 y masa atómica 132,905.

cesión s.f. (lat. *cessio, -onis*). DER. Transmisión de la propiedad o titularidad de una cosa o derecho a otra persona.

césped s.m. (lat. *caespes, -itis*). Vegetación tupida en pequeños manojos, que se desarrolla en el suelo por medio de tallos rastreros numerosos, cortos y densos. **2.** Tepe.

cessetano, a adj. y s. → **cosetano.**

cesta s.f. (lat. *cista*). Recipiente hecho de mimbres, cañas o varillas de madera entrelazados. **2.** Parte del capitel comprendida entre el astrágalo y el ábaco. **3.** Especie de pala, larga, acanalada y curva, hecha de cestería, que sirve para jugar a la pelota. SIN.: *chistera.* **4.** Modalidad de pelota vasca que se juega con esta pala.

cestada s.f. Cantidad de una cosa que cabe en una cesta.

cestería s.f. Establecimiento donde se hacen o venden cestos o cestas. **2.** Procedimiento de fabricación de recipientes u otros objetos mediante el entrecruzado alternativo de fibras o materias vegetales.

cestero, a s. Persona que tiene por oficio hacer o vender cestos o cestas.

1. **cesto** s.m. Cesta grande, más ancha que alta. **2.** En baloncesto, aro de hierro sujeto horizontalmente en lo alto de un poste de madera y provisto de una red, en el que debe introducirse el balón. **3.** Tanto conseguido en baloncesto.

2. **cesto** s.m. (lat. *caestus*). Guantelete recubierto de plomo, utilizado por los antiguos atletas en el pugilato.

cestodo, a adj. y s.m. (fr. *cestodes*). Relativo a una clase de gusanos planos parásitos, como la tenia.

cesura s.f. (lat. *caesura,* corte). Pausa situada en el interior de un verso que sirve para regular el ritmo y lo divide en dos hemistiquios. **2.** MÚS. Pausa suspensiva de la frase musical.

ceta s.f. → **zeta.**

cetáceo, a adj. y s.m. (del lat. *cetus,* monstruo marino). Relativo a un orden de mamíferos marinos, adaptados a la vida acuática por su cuerpo pisciforme y sus miembros anteriores transformados en aletas, como la ballena, el cachalote, el delfín y la marsopa.

cetano s.m. Hidrocarburo saturado de fórmula $C_{16}H_{34}$. <> **Índice de cetano** Magnitud que caracteriza la facilidad de inflamación de un combustible para motor diésel.

cetógeno, a adj. Se dice de los alimentos o de los regímenes alimenticios que producen la formación de cetonas en el organismo.

cetona s.f. Nombre genérico de los derivados carbonosos secundarios R—CO—R' (siendo R y R' dos radicales hidrocarbonados).

cetonia s.f. Insecto de color verde dorado, del orden coleópteros, de 2 cm de long., que se alimenta de flores sobre las que vive, especialmente rosas.

cetónico, a adj. Que posee la función cetona.

cetonuria s.f. Tasa de cuerpos cetónicos en la orina.

cetosa s.f. QUÍM. Azúcar que posee la función cetona.

cetosis s.f. MED. Aumento de la tasa de cuerpos cetónicos en la sangre.

cetrería s.f. Arte de criar, amaestrar, enseñar y curar halcones y demás aves apropiadas para la caza de volatería. **2.** Deporte de la caza de aves y de algunos cuadrúpedos con determinados pájaros de presa.

cetrero, a s. Persona que cría, domestica y enseña a las aves que se emplean en la caza de cetrería. **2.** Persona que se dedica a este tipo de caza.

cetrino, a adj. y s.m. (lat. tardío *citrinus,* análogo al limón). Se dice del color amarillo verdoso. ◆ adj. De color cetrino.

cetro s.m. (lat. *sceptrum,* del gr. *skiptros,* bastón). Bastón de mando que usan como distintivo ciertas dignidades como los reyes o emperadores. **2.** *Fig.* Dignidad de rey o de emperador. **3.** *Fig.* Preeminencia en algo.

ceugma s.m. LING. → **zeugma.**

ceutí adj. y s.m. y f. De Ceuta.

CFC s.m. (sigla). Clorofluorocarbono.

CGS s.m. (sigla). Sistema de unidades en el que las fundamentales son el centímetro, el gramo y el segundo.

ch s.f. Dígrafo que en español representa un sonido prepalatal, africado y sordo. Es la cuarta letra del alfabeto español y tercera de sus consonantes.

chabacanería s.f. Cualidad de chabacano. SIN.: *chabacanada.* **2.** Dicho o hecho chabacano. SIN.: *chabacanada.*

chabacano, a adj. Grosero, de mal gusto. ◆ s.m. Méx. Albaricoquero. **2.** Méx. Fruto de este árbol.

chabela s.f. Bol. Bebida elaborada con vino y chicha.

chabelón adj. y s.m. Guat. Se dice del hombre cobarde.

chabola s.f. (vasc. *txabola,* cabaña). Esp. Vivienda hecha con materiales de desecho o de mala calidad que carece de condiciones de habitabilidad; generalmente está situada en zonas suburbiales sin urbanizar. **2.** Esp. Barraca, choza o refugio, generalmente construido y con carácter provisional.

chabolismo s.m. Esp. Forma de hábitat caracterizada por unas condiciones de degradación urbana y en donde se producen fenómenos de marginación social.

chaca s.f. Chile. Marisco comestible.

chacal s.m. (fr. *chacal*). Mamífero carnívoro parecido al lobo, pero de menor tamaño, con el pelaje pardo rojizo o gris amarillento, que se alimenta especialmente de carroña y desperdicios; vive en las regiones templadas de Asia y África. (El chacal gañe; familia cánidos.)

chacalín, na s. Amér. Central. Niño. ◆ s.m. Amér. Central. Camarón, crustáceo.

chacanear v.intr. y tr. Chile. Espolear con fuerza a la cabalgadura. **2.** Chile. Importunar.

1. **chácara** s.f. Amér. Chacra, granja.

2. **chácara** s.f. Colomb. Monedero.

chacarera s.f. Argent., Bol. y Urug. Baile de ritmo rápido que se acompaña con castañeteos y zapateo. **2.** Argent., Bol. y Urug. Música y letra de este baile.

chacarero, a adj. Amér. Relativo a la chácara. ◆ s. Amér. Dueño de una chácara o granja. **2.** Amér. Persona que trabaja en ella. ◆ s.m. Chile. Tipo de sándwich que tiene algunas verduras y carne.

chacarrachaca s.f. *Fam.* Ruido de alboroto o disputa.

chacha s.f. Criada. **2.** *Fam.* Niñera.

chachacoma s.f. Chile. Planta medicinal, de flores amarillas y hojas pequeñas.

chachachá s.m. Composición musical de origen cubano, derivada de la combinación de determinados ritmos de rumba y de mambo, de compás de cuatro por cuatro. **2.** Baile que se ejecuta al ritmo de esta música.

chachaguato, a adj. y s. Amér. Central. Gemelo, mellizo.

chachalaca s.f. Amér. Central y Méx. Ave galliforme de plumas muy largas, verdes tornasoladas en la cola, sin cresta ni barbas, de carne comestible y cuya voz es un grito estridente. (Familia penelópidos.) ◆ s.f. y adj. Amér. Central. *Fig.* Persona locuaz.

chachapoya, pueblo amerindio quechuizado que habitaba a orillas del río Marañón (Perú), y que en el s. XV fue sometido por el inca Túpac Yupanqui.

cháchara s.f. (ital. *chiacchiera*). *Fam.* Palabrería. **2.** Conversación frívola o intrascendente. **3.** Méx. Objeto de poco valor. ◆ **cháchara**s s.f.pl. Baratijas, cosas menudas y de poco valor.

chacharear v.intr. *Fam.* Hablar mucho y sin sustancia.

chacharero, a adj. y s. *Fam.* Charlatán. ◆ s.m. Méx. Vendedor de cháchara s.

1. **chacho, a** s. *Fam.* Muchacho, joven. ◆ adj. y s. Amér. Central. Hermano pequeño.

2. **chacho, a** adj. Salv. Que se presenta a pares.

chacina s.f. Cecina. **2.** Carne de puerco adobada, con la cual se suelen hacer embutidos, fiambres o conservas.

chacinería s.f. Establecimiento donde se vende chacina.

chac-mool s.m. Escultura de piedra de la cultura precolombina tolteca y maya-tolteca, que representa una figura humana reclinada, con las piernas flexionadas y un recipiente sobre el vientre. (Estas esculturas han sido relacionadas con algún tipo de ceremonia ritual.)

chaco s.m. (quechua *čáku*, cacería). Amér. Montería con ojeo que hacían antiguamente los indios. **2.** Amér. Territorio surcado de pequeños ríos que forman lagunas y pantanos. **3.** Amér. Lugar roturado y llano en las cercanías de los pueblos, donde se cultiva arroz, café, tabaco y caña de azúcar.

chacolí s.m. (vasc. *txakolin*). Vino blanco o tinto, aromático, de sabor ácido y poca graduación, que se elabora en Cantabria, el País Vasco y Chile.

chacolotear v.intr. Hacer ruido algunos objetos duros al entrechocar, especialmente las herraduras que están poco sujetas. SIN.: *chapear.*

chacoloteo s.m. Acción de chacolotear. **2.** Ruido que hacen algunos objetos duros al entrechocar.

chacón s.m. Lagarto de Filipinas de 30 cm de long., parecido a la salamanquesa. (Familia gecónidos.)

chacona s.f. Danza de movimiento lento y tiempo ternario, quizá de origen mexicano, que apareció en España en el s. XVI. **2.** Composición poética para dicho baile.

chaconada s.f. Tela de algodón de calidad intermedia entre el percal y la muselina.

chacota s.f. (voz de origen onomatopéyico). Burla: *tomar a chacota.* **2.** Alegría ruidosa con que se celebra algo.

chacotear v.intr. Hacer chacota.

chacoteo s.m. Acción de chacotear.

1. **chacra** s.f. (quechua *čákra*). Amér. Granja. **2.** Chile. Terreno de extensión reducida destinado al cultivo de hortalizas. **3.** Chile. Nombre que recibe la sección de una propiedad destinada al cultivo de hortalizas. **4.** Chile. Propiedad rural de extensión reducida destinada a diversos cultivos y lugar de descanso. ◇ **Helársele la chacra a alguien** Chile. Fracasar una persona en un trabajo o negocio, generalmente de naturaleza agrícola. **Venir de la chacra** Chile. Ser ignorante, poco avisado o ingenuo; tener hábitos rústicos.

2. **chacra** s.m. (voz sánscrita, *rueda, disco*). En el yoga, cada uno de los siete centros energéticos invisibles que se supone tiene el individuo.

chacuaco s.m. Horno de manga para tratar minerales de plata. **2.** Méx. Chimenea alta, particularmente la de los ingenios azucareros o de las fábricas.

chadiano, a adj. y s. De Chad (África).

chador s.m. Velo con que las mujeres musulmanas se cubren la cabeza y parte del rostro.

chafa adj. y s.f. Méx. Se dice de los artículos de mala calidad o mal hechos. **2.** Méx. Persona que hace mal las cosas o carece de elegancia.

chafadura s.f. Acción y efecto de chafar o chafarse.

chafallar v.tr. *Fam.* Hacer o remendar una cosa de forma chapucera.

chafalmejas s.m. y f. (pl. *chafalmejas*). *Fam.* Pintamonas.

chafar v.tr. y prnl. (voz de origen onomatopéyico). Aplastar. ◆ v.tr. Arrugar y deslucir la ropa. **2.** Esp. *Fig.* y *fam.* Estropear o echar a perder un proyecto, una idea, un asunto, etc. **3.** Esp. *Fig.* y *fam.* Cortar a alguien en una conversación o concurrencia, dejándole sin argumentos.

chafariz s.m. En las fuentes monumentales, parte elevada donde están puestos los caños por donde sale el agua.

chafarrinada s.f. Borrón, mancha. **2.** Pintura mal ejecutada.

chafarrinar v.tr. Deslucir con manchas y borrones.

chafarrinón s.m. Chafarrinada.

chaflán s.m. (fr. *chanfrein*). Superficie oblicua plana que se obtiene cortando la arista de un cuerpo sólido (bloque de piedra, madero, etc.). **2.** Fachada que sustituye una esquina de un edificio.

Chagas. Enfermedad, o **mal, de Chagas** Parasitosis que afecta a varios millones de sudamericanos y que es debida a un protozoo flagelado, el *Trypanosoma cruzi*, transmitido al hombre por artrópodos hematófagos. SIN.: *tripanosomiasis americana.*

chagra s.m. y f. Ecuad. Labrador, campesino. ◆ s.f. Colomb. Chacra.

chagual s.m. Argent., Chile y Perú. Planta bromeliácea de tronco escamoso y flores verdosas, cuya médula es comestible y cuyas fibras se utilizan para hacer cordeles.

chaguala s.f. Pendiente o arete que llevaban los indios en la nariz. **2.** Colomb. Zapato viejo. **3.** Colomb. Herida.

chagualón s.m. Colomb. Árbol con que se elaboran resinas o incienso.

cháguar s.m. Amér. Merid. Especie de agave que se utiliza como planta textil.

chaguaral s.m. Argent. Lugar poblado de chaguares.

chagüí s.m. Ecuad. Pájaro de pequeño tamaño que abunda en el litoral.

chahuistle s.m. Méx. Hongo microscópico que ataca las hojas y los tallos del maíz, el trigo y otras gramíneas. ◇ **Caerle el chahuistle a alguien** Méx. Sobrevenirle algún mal; acercársele a alguien una persona molesta.

chaira s.f. (gall. *chaira*). Cuchilla de zapatero. **2.** Cilindro de acero con mango para afilar cuchillas.

chajá s.m. Argent., Par. y Urug. Ave zancuda de unos 85 cm de long. y color grisáceo, que se caracteriza por su fuerte grito. (Familia anímidos.)

chajuán s.m. Colomb. Bochorno, calor.

chal s.m. (fr. *châle*). Prenda femenina de lana, seda, etc., que se pone sobre los hombros y los brazos como abrigo o adorno.

chala s.f. Amér. Merid. Hoja que envuelve la mazorca del maíz. **2.** Amér. Merid. Cigarrillo hecho con tabaco envuelto en una hoja de maíz seca. **3.** Chile. Sandalia.

chalaco, a adj. y s. De Callao.

chalala s.f. Chile. Sandalia tosca que usan los indios.

chalán, na adj. y s. (fr. *chaland,* cliente de un mercader). Se dice de la persona que trata en compras y ventas, especialmente de caballerías y ganados. **2.** Se dice de la persona poco escrupulosa en sus tratos. ◆ s.m. Colomb. y Perú. Picador, domador de caballos. **2.** Méx. Ayudante de albañil, peón.

chalana s.f. (fr. *chaland*). Embarcación pequeña de fondo plano, sin puente, destinada al transporte de mercancías en ríos y canales. ◇ **Chalana cisterna** Chalana especialmente construida para transportar líquidos sin envasar.

chalanear v.tr. Negociar con destreza y habilidad. **2.** Amér. Adiestrar caballos.

chalanesco, a adj. *Desp.* Propio de chalanes.

chalar v.tr. y prnl. (voz caló). Volver loco. **2.** Enamorar perdidamente: *me chalaron sus ojazos.*

chalate s.m. Méx. Caballo matalón.

chalaza s.f. (del lat. moderno *chalaza*). Ligamento en espiral que sostiene la yema del huevo en medio de la clara.

chalazión s.m. Lesión pequeña de aspecto tumoral que aparece en el borde libre de los párpados.

chalcha s.f. Chile. Papada.

chalchal s.m. Argent., Par. y Urug. Árbol empleado en ornamentación, de hasta 10 m de alto, con fruto rojo dulce y flores amarillentas.

chalchalero s.m. Argent. Zarzal.

chalchihuite s.m. Guat. y Salv. Baratija. **2.** Méx. Piedra semipreciosa de distintos colores, la más apreciada de color verde, que se utiliza en joyería.

chalé s.m. → **chalet.**

chaleco s.m. (del turco *ielék*). Prenda de vestir sin mangas, hasta la cintura y abrochada por delante, que se suele colocar encima de la camisa. **2.** Parte trasera y baja del cuello de un toro. ◇ **Chaleco antibalas** Chaleco confeccionado con un material resistente a las balas que se pone para proteger el torso de los disparos. **Chaleco salvavidas** Chaleco de lona relleno de placas de corcho o plástico que se pone para no ahogarse en el agua.

chalequera s.f. TAUROM. Estocada baja dada en el chaleco.

chalequero, a s. Persona que tiene por oficio hacer chalecos.

chalet o **chalé** s.m. (voz francesa) [pl. *chalets* o *chalés*]. Casa unifamiliar con jardín, generalmente de pequeñas dimensiones y situada en las afueras o fuera de la ciudad.

chalina s.f. Corbata ancha que se ata con lazadas y es usada por ambos sexos. **2.** Argent., Colomb. y C. Rica. Chal estrecho usado por las mujeres.

challa s.f. Argent. y Chile. Chaya.

challenge s.m. (voz inglesa). Competición deportiva en la que el ganador conserva el título hasta que un competidor le despoja de él en una prueba posterior. **2.** Trofeo de esta competición.

challenger s.m. y f. (voz inglesa). Atleta que desafía oficialmente al campeón de un título o de un challenge para desposeerlo.

challulla s.f. Perú. Pez de río sin escamas.

chalón s.m. Urug. Mantón negro.

chalona s.f. Bol. Carne de oveja, salada y secada al sol. **2.** Perú. Carne de carnero acecinada.

chalote s.m. (fr. *échalotte*). Planta hortense parecida a la cebolla que se utiliza como condimento. (Familia liliáceas.)

chalupa s.f. (fr. *chaloupe*). Esp. Embarcación pequeña y pesada, a remos o a motor, destinada al servicio de los barcos. **2.** Méx. Canoa de fondo más o menos plano. **3.** Méx. Tortilla de maíz pequeña pero gruesa, con frijoles, queso y otros ingredientes por encima.

cham → **sham.**

1. **chama** s.f. Acción y efecto de chamar.

2. **chama,** grupo lingüístico de la familia pano, que incluye a los pueblos conibo, setebo y chipibo, que viven en la cuenca del Ucayali (Perú).

chamaco, a s. Méx. Niño, muchacho.

chamada s.f. Chamarasca.

chamagoso, a adj. Méx. Descuidado, sucio, basto.

chamal s.m. Argent. y Chile. Paño utilizado por los indios araucanos para cubrirse de cintura para abajo. **2.** Chile. Túnica de lana gruesa utilizada por las indias araucanas.

chamán o **shamán** s.m. Hechicero de algunas religiones (Asia septentrional, América del Norte, etc.), que entra en comunicación con los espíritus, utilizando para ello las técnicas del éxtasis y del trance y tiene dotes de curación y adivinación.

chamanismo s.m. Conjunto de creencias y prácticas mágicas centradas en la persona del chamán.

chamanto s.m. Chile. Chamal con una abertura para la cabeza. **2.** Chile. Manto de lana con rayas de colores que usan los campesinos.

chamar v.tr. Chamarilear.

chamarasca s.f. Leña menuda y hojarasca que levantan mucha llama de poca duración. SIN.: *chamada, chámara.* **2.** Llama producida por estos materiales. SIN.: *chamada, chámara.*

chamarilear v.tr. Comerciar con objetos usados. SIN.: *chamar.*

chamarileo s.m. Acción y efecto de chamarilear.

chamarilero, a s. (del ant. *chambariles,* instrumentos de zapatero). Persona que tiene por oficio chamarilear.

chamarra s.f. Prenda de vestir de abrigo que llega por lo general hasta la cintura o la cadera. **2.** Amér. Central. Engaño o fraude. **3.** Amér. Central y Venez. Prenda de lana que puede usarse como manta o chamal.

chamarreta s.f. Saco de vestir corto y holgado.

chamarrita s.f. Argent. Baile semejante a la polca, en el que las parejas forman de vez en cuando una rueda.

chamarro s.m. Hond. Prenda rústica de vestir que consiste en una manta de lana o de una materia semejante.

chamba s.f. Esp. *Fam.* Casualidad favorable, acierto casual. **2.** Méx. Empleo, trabajo. **3.** Méx. *Fam.* Trabajo ocasional y mal remunerado.

chambado s.m. Argent. y Chile. Cuerna, recipiente rústico para transportar o beber líquidos.

chambeador, ra adj. Méx. *Fam.* Se dice de la persona que trabaja mucho o es muy eficiente en su trabajo.

chambear v.intr. Méx. *Fam.* Trabajar.

chambelán s.m. (fr. *chambellan*). Noble que se encargaba de acompañar y servir al rey. **2.** Méx. Muchacho que acompaña a una joven en la celebración de su quince cumpleaños.

chambergo, a adj. y s.m. (de C. *Schömberg,* militar francés). Se dice del soldado que formaba parte del regimiento creado en 1669 por la reina gobernadora Mariana de Austria, para desempeñar las funciones del cuerpo de guardia real en Madrid. **2.** Se dice del sombrero de copa más o menos acampanada y de ala ancha levantada por un lado y sujeta con presilla. **3.** *Por ext.* Sombrero. ◆ adj. y s.f. Se dice de la casaca del uniforme de dicho regimiento.

chamberí adj. y s. Perú. Se dice de la persona ostentosa.

chambista adj. y s.m. y f. Méx. *Fam.* Se dice de la persona que trabaja sin interés o no cumple bien su trabajo.

chambón, na adj. y s. *Fam.* Torpe o poco hábil. **2.** Se aplica a la persona que consigue por casualidad alguna cosa.
chambonada s.f. *Fam.* Desacierto propio del chambón. **2.** *Fam.* Ventaja obtenida por casualidad.
chambonear v.intr. Amér. *Fam.* Hacer las cosas torpemente.
chamborote adj. Ecuad. Se dice del ají blanco. **2.** Ecuad. *Fig.* Se dice de la persona de nariz larga.
chambra s.f. (del fr. *robe de chambre,* ropa de cámara). Blusa corta femenina, que se colocaba sobre la camisa. SIN.: *chapana.*
chambrana s.f. (fr. ant. *chambranle*). Labor o adorno de piedra o madera que se pone alrededor de una puerta, ventana o chimenea de calefacción. **2.** Listón que une dos patas de un mueble para afirmarlo. **3.** Colomb. y Venez. Bullicio, algazara.
chambrita s.f. Méx. Saco de bebé tejido.
chamburgo s.m. Colomb. Charco, remanso.
chamelo s.m. Juego de dominó para cuatro personas.
chamicado, a adj. Chile y Perú. Taciturno. **2.** Chile y Perú. Borracho.
chamicera s.f. Zona de monte quemada.
chamico s.m. (quechua *čamíko*). Amér. Merid., Cuba y Dom. Arbusto silvestre, variedad del estramonio. (Familia solanáceas.)
chamiza s.f. (gall.-port. *camiça,* de *chama,* llama). Planta herbácea que nace en tierras húmedas, utilizada para hacer los techos de las chozas. (Familia gramíneas.) **2.** Leña menuda.
chamizo s.m. Árbol o leño medio quemado. **2.** Choza cubierta de chamiza, cañas o ramas. **3.** *Fig.* y *fam.* Tugurio.
chamorra s.f. *Fam.* Cabeza esquilada.
chamorro, a adj. y s. De las islas Marianas. **2.** Que tiene la cabeza esquilada. ◆ adj. Se dice de una variedad de trigo mocho con el grano blando, de poco salvado, cuya espiga es pequeña y achatada. ◆ s.m. Lengua hablada en las islas Marianas. **2.** Méx. Pantorrilla.
chamota s.f. Arcilla cocida utilizada en cerámica.
champa s.f. Amér. Central. Tienda de palma o cobertizo rústico. **2.** Amér. Merid. Masa compacta de raíces y tierra; raigambre. **3.** Argent. y Chile. Cabello largo y abundante, generalmente rizado. **4.** Chile. Pelo pubiano abundante.
1. **champán** o **champagne** s.m. Vino blanco o rosado espumoso, muy apreciado, del tipo que se elabora en la comarca francesa de Champagne. SIN.: *champaña.*
2. **champán** s.m. (malayo *čampán,* del chino *san pan,* tres tablas). Sampán, embarcación.
champañazo s.m. Chile. *Fam.* Fiesta familiar en la que se bebe champaña.
champar v.tr. *Fam.* Decir algo desagradable o echar en cara algún beneficio.
champiñón s.m. Hongo comestible de laminillas libres y anillo membranoso que se cultiva sobre mantillo, en lugares muy húmedos y aireados. (Clase basidiomicetes; familia agaricáceas.)
champola s.f. Amér. Central, Cuba y Dom. Refresco hecho con pulpa de guanábana y leche. **2.** Chile. Refresco de chirimoya.
champú s.m. (ingl. *shampoo*) [pl. *champús* o *champúes*]. Composición líquida jabonosa que se utiliza para lavar el pelo.
champurrado s.m. Méx. Bebida elaborada con maíz, agua o leche, chocolate, azúcar y canela.
champurrar v.tr. *Fam.* Chapurrar, mezclar un licor con otro.
champús s.m. Colomb. Champuz.
champuz s.m. Ecuad. y Perú. Gachas de harina de maíz, azúcar y zumo de naranjilla.
chamuchina s.f. Cosa de poco valor. **2.** Argent., Chile, Cuba, Ecuad., Hond. y Perú. Populacho.
chamula → **tzotzil.**
chamuscar v.tr. y prnl. (port. *chamuscar,* de *chama,* llama). Quemar ligeramente algo por la parte exterior. ◆ v.tr. Méx. Vender a bajo precio. ◆ **chamuscarse** v.prnl. *Fig.* y *fam.* Escamarse, desconfiar. **2.** Colomb. Enojarse.
chamusco s.m. Chamusquina.
chamusquina s.f. Acción de chamuscar o chamuscarse. **2.** *Fig.* y *fam.* Camorra o riña. ◇ **Oler a chamusquina** Esp. *Fam.* Tener sospechas o miedo por el mal aspecto que presenta un asunto o una situación.
1. **chan** s.m. Amér. Central. Chía, refresco.
2. **chan** → **sham.**
3. **chan** o **chen** → **shan.**
chanada s.f. *Fam.* Engaño, chasco.
1. **chanca** s.f. Argent., Chile, Ecuad. y Perú. Trituración.
2. **chanca,** confederación de pueblos amerindios rival de los incas, que la anexionaron en el s. XV.
chancaca s.f. Amér. Pasta de maíz o trigo tostado y molido con miel. **2.** Amér. Central, Chile y Perú. Dulce sólido hecho con melaza de caña de azúcar y maní molido.
chancadora s.f. Amér. Trituradora.
chancar v.tr. Amér. Central, Argent., Chile y Perú. Triturar, machacar. **2.** Chile y Ecuad. *Fig.* Ejecutar una cosa mal o a medias. **3.** Chile y Perú. Golpear, maltratar. **4.** Chile y Perú. *Fig.* Apabullar. **5.** Perú. *Fig.* Estudiar con ahínco.
chance s.m. o f. (voz francesa). Amér. Oportunidad o posibilidad.
chancear v.intr. y prnl. Bromear o hacer burla.
chanchada s.f. Amér. *Fig.* y *fam.* Acción sucia y censurable, cochinada.
cháncharras máncharras s.f.pl. *Fam.* Pretextos para dejar de hacer una cosa.
chanchería s.f. Amér. Establecimiento donde se vende carne de cerdo y embuchados. **2.** Chile. Sitio destinado a la crianza de chanchos.
chanchero, a s. Amér. Persona que cría o cuida chanchos o que comercia con ellos.
chanchiro s.m. Colomb. Andrajo.
chancho, a s. (de *Sancho,* nombre propio de persona aplicado al cerdo). Amér. Cerdo, puerco. ◆ adj. y s. Amér. Sucio, desaseado. ◆ s.m. **Chancho eléctrico** Chile. Enceradora.
chanchullero, a adj. y s. Que hace chanchullos.
chanchullo s.m. *Fam.* Acuerdo o negocio turbio y generalmente ilícito que se hace para obtener un beneficio.
chancillería s.f. Antiguo tribunal superior de justicia.
chancla s.f. Chancleta, calzado. ◇ **Estar hasta las chanclas** *Fig.* y *fam.* Estar alguien muy borracho.
chancleta s.f. Calzado sin talón o con el talón doblado. **2.** Amér. Merid. *Fam.* y *desp.* Mujer o niña, especialmente la recién nacida. ◇ **Tirar la chancleta** Argent. *Fig.* y *fam.* Perder la virginidad o tener muchas aventuras amorosas una mujer; cambiar de golpe una persona su conducta.
chancletear v.intr. Andar en chancletas. **2.** Hacer ruido con las chancletas al andar.
chancleteo s.m. Ruido que se hace al andar en chancletas.
chanclo s.m. Calzado de madera o suela gruesa, para preservarse de la humedad o del barro. **2.** Calzado de caucho o de materia elástica que se coloca sobre los zapatos para protegerlos de la humedad o del barro.
chancro s.m. Lesión ulcerosa que tiene tendencia a extenderse y destruir las zonas próximas. **2.** Lesión de diversos árboles por la que se introducen los parásitos. ◇ **Chancro blando** Enfermedad venérea de evolución benigna. **Chancro indurado,** o **sifilítico** Lesión inicial de la sífilis.
chancuco s.m. Colomb. Contrabando de tabaco.
chándal s.m. (fr. *chandail*) [pl.: *chándales* o *chandals*]. Esp. Conjunto de pantalón y suéter o saco que se usa para hacer deporte. **2.** Esp. Suéter grueso, generalmente usado para entrenamientos deportivos.
chande s.f. Colomb. Sarna.

chanfaina s.f. (cat. *samfaina*). Guiso de asaduras o de varias verduras troceadas.

chanfle s.m. Argent. y Chile. Golpe o corte oblicuo. **2.** Argent., Chile y Méx. Chaflán. **3.** Méx. Golpe oblicuo que se da a una pelota para que describa una trayectoria diferente a la normal.

chanflón, na adj. Tosco, de mala calidad o de mal gusto.

1. **changa** s.f. Amér. Merid. y Cuba. Chanza, burla. **2.** Amér. Merid. Trabajo temporal, generalmente en tareas poco importantes. **3.** Amér. Merid. Servicio que presta el changador y retribución que se le da.

2. **changa** s.f. P. Rico. Insecto dañino para las plantas. **2.** P. Rico. *Fig.* Persona perversa. **3.** P. Rico. *Vulg.* Colilla del cigarro de marihuana.

changador s.m. Argent., Bol. y Urug. Mozo que en las estaciones y aeropuertos se encarga de transportar el equipaje de los pasajeros. **2.** Chile. Obrero agrícola sin sueldo ni trabajo fijos.

changar v.intr. Amér. Merid. Hacer trabajos poco importantes. **2.** Bol. y Par. Prestar un servicio el mozo de cuerda.

changarro s.m. Méx. Local o establecimiento comercial pequeño.

changle s.m. Chile. Hongo comestible que crece en los robles.

chango, a adj. y s. Chile. Torpe y fastidioso. **2.** Dom., P. Rico y Venez. Bromista. ◆ s. Argent., Bol. y Méx. Niño, muchacho. **2.** P. Rico. Persona de modales afectados. ◆ s.m. Méx. Mono o, en general, cualquier simio.

changuear v.intr. y prnl. Antillas y Colomb. Bromear, chancear.

changüí s.m. *Fam.* Engaño, burla: *dar changüí a alguien.* **2.** Argent. *Fam.* Ventaja que se da a alguien, especialmente en un juego o deporte. **3.** Cuba y P. Rico. Baile popular.

chano. adv. **Chano, chano** *Fam.* Paso a paso, poco a poco.

chanquete s.m. Pez teleósteo comestible, de pequeño tamaño, semejante a la cría del boquerón. (Familia góbidos.)

chantaje s.m. (fr. *chantage*). Presión o coacción que se efectúa sobre alguien para obtener un beneficio, amenazándolo con hacer algo que le perjudique.

chantajear v.tr. Hacer chantaje a alguien.

chantajista s.m. y f. Persona que chantajea.

chantar v.tr. (gall.-port. *chantar,* plantar, cavar). Clavar, fijar firmemente. **2.** *Fam.* Vestir o poner: *chantar el abrigo a alguien.* **3.** *Fam.* Decir algo cara a cara: *se la chantó.* **4.** Amér. Merid. Actuar con brusquedad o violencia. **5.** Argent., Ecuad. y Perú. Decir a alguien las cosas clara y rudamente, plantar. **6.** Chile. Dar golpes. **7.** Chile. Poner a alguien en su lugar.

chantillí o **chantilly** s.m. (fr. *chantilly*). Crema hecha de nata o clara de huevo batidas con azúcar hasta montarlas.

chantre s.m. (fr. *chantre,* cantor). Canónigo cuya misión es dirigir el canto en los oficios religiosos.

chanza s.f. (ital. *ciancia,* broma). Broma, burla hecha sin malicia: *ser motivo de chanzas.* **2.** Dicho alegre y gracioso.

chañaca s.f. Chile. Sarna.

chañar s.m. Amér. Merid. Árbol espinoso y de corteza y flores amarillas. (Familia papilionáceas.) **2.** Amér. Merid. Fruto de dicha planta, dulce y comestible.

chaño s.m. Chile. Manta basta de lana usada como colchón o como prenda de abrigo.

chapa s.f. Lámina delgada y de grosor uniforme, de cualquier material duro. **2.** Pieza pequeña de metal, redonda o de otra forma, que se usa como distintivo. **3.** Chapeta. **4.** Trozo de piel con que un zapatero refuerza algunas costuras del calzado. **5.** Carrocería del automóvil. **6.** *Fig.* y *fam.* Seso, cordura, formalidad. **7.** Amér. Cerradura. **8.** Esp. Tapa de metal que cierra herméticamente las botellas. **9.** DEP. Lámina estrecha y metálica que, en pelota vasca, señala sobre el frontón la línea de falta. **10.** METAL. Placa metálica delgada, obtenida por laminación en frío o en caliente. ◆ s.m. y f. Ecuad. *Fam.* Agente de policía. ◆ **chapas** s.f.pl. Esp. Juego en que se tiran por alto dos monedas iguales para que caigan de determinada manera. **2.** Esp. Juego infantil en el que se avanza con tapas metálicas de botella por un recorrido dibujado en el suelo. ◇ **Células en chapas** Células protectoras de algunos epitelios como el intestinal. **Hacer chapas** Esp. *Fam.* Ejercer la prostitución.

chapada s.f. Nombre dado en Brasil a los relieves tabulares, generalmente de arenisca.

chapado, a adj. Chapeado. **2.** Hermoso, gallardo. ◆ s.m. Acción de chapar. ◇ **Chapado a la antigua** Muy apegado a hábitos y costumbres anticuados.

chapalear v.intr. Chapotear.

chapaleta s.f. Válvula de una bomba hidráulica.

chapaleteo s.m. Acción y efecto de chapalear. SIN.: *chapaleo.* **2.** Rumor de las aguas al chocar con la orilla. **3.** Ruido que produce la lluvia al caer.

chapapote s.m. Antillas. Asfalto.

chapar v.tr. Cubrir con chapa. **2.** Colomb. y Perú. Mirar, acechar. **3.** Perú. Apresar.

chaparra s.f. Coscoja. **2.** Chaparro, mata de encina o roble. **3.** Automóvil antiguo de caja ancha y poco elevada.

chaparrada s.f. Chaparrón.

chaparral s.m. Terreno poblado de chaparros, propio de América del Sur.

chaparrear v.impers. Llover con fuerza e intensidad.

chaparreras s.f.pl. Méx. Cubiertas, por lo general de cuero, formados por dos perneras separadas que cubren los pantalones y se sujetan a la cintura con correas, y que usan los charros para montar a caballo.

chaparro, a adj. y s. Esp. Se dice de la persona rechoncha y de baja estatura. **2.** Méx. Se dice de la persona de baja estatura. ◆ s.m. Arbusto o mata ramosa de encina o roble. **2.** Amér. Central. Planta de ramas nudosas con las que se hacen bastones.

chaparrón s.m. (voz de origen onomatopéyico). Lluvia breve e intensa. **2.** *Fig.* Abundancia de algo que sobreviene con intensidad. **3.** *Fig.* Reprimenda fuerte.

chapata s.f. Pan aplanado y alargado.

chape s.m. Chile. Nombre que se da a varios moluscos. **2.** Chile y Colomb. Trenza de pelo. ◆ **chapes** s.m.pl. Chile. Coletas.

chapeado, a adj. Se dice de la moneda antigua, de metal vil, revestida con una capa plateada. **2.** Chile. Se dice de la persona bien vestida. **3.** Chile. Acicalado. **4.** Chile. Adornado con joyas. **5.** Chile. Adinerado. **6.** Colomb. y Méx. Se dice de la persona que tiene las mejillas sonrosadas o con buenos colores. ◆ s.m. Cobertura de una superficie con una capa de metal.

chapear v.tr. Chapar. **2.** Amér. Central. Limpiar la tierra de malas hierbas. ◆ v.intr. Chacolotear. ◆ **chapearse** v.prnl. Amér. Ponerse colorete. **2.** Chile. Medrar, mejorar de situación económica.

chapeca s.f. Argent. Trenza o coleta de pelo. **2.** Argent. Ristra de ajos.

chapela s.f. (vasc. *txapel*). Esp. Boina o gorra redonda.

chapeo s.m. (fr. *chapeau*). Sombrero.

chapera s.f. Plano inclinado con travesaños que se usa en las obras en sustitución de escaleras.

chapero s.m. Esp. *Fam.* Hombre que ejerce la prostitución con otros hombres.

chaperón s.m. Alero de madera que suele ponerse en algunos tejados para apoyar en él los escalones.

chapeta s.f. Mancha rosada de origen congestivo, que aparece en las mejillas. SIN.: *chapa.*

1. **chapetón** s.m. Chaparrón, lluvia breve e intensa.

2. **chapetón** s.m. Méx. Rodaja de plata con que se adornan los arneses de montar.

3. **chapetón, na** adj. y s. Amér. Se dice del español o europeo recién llegado a América. ◆ s.m. Chapetonada.

chapetonada s.f. Primera enfermedad que sufre un europeo recién llegado a algunos países americanos. **2.** Amér. Inexperiencia, error por falta de información. **3.** Ecuad. Novatada.

chapico s.m. Chile. Arbusto espinoso de hojas perennes que se utilizan para teñir de amarillo.

1. **chapín** s.m. Calzado con suela de corcho o madera con punta en que se introducía el zapato calzado para protegerlo del barro. (Era un calzado usado antiguamente, principalmente por las mujeres.) **2.** Pez parecido al pez cofre, que vive en los mares tropicales. (Familia ostraciónidos.)

2. **chapín, na** adj. y s. Amér. Central. Guatemalteco. ◆ adj. y s.m. Colomb., Guat. y Hond. Se dice de la persona con las piernas y pies torcidos.

chapinismo s.m. Palabra, expresión o modo de hablar propio de los chapines o guatemaltecos.

chapisca s.f. Amér. Central. Recolección del maíz.

chapista s.m. y f. Persona que trabaja en chapa de metal.

chapistería s.f. Fabricación de chapa metálica. **2.** Taller donde se trabaja la chapa. **3.** Conjunto de objetos realizados en chapa.

chapitel s.m. (fr. ant. *chapitel*). Remate en forma piramidal de una torre. **2.** Capitel.

chapodar v.tr. Podar un árbol para evitar que eche muchas hojas y dé pocos frutos.

chapola s.f. Colomb. Mariposa, lepidóptero.

chapón s.m. Borrón grande de tinta. **2.** TEXT. Pieza metálica de sección en forma de T invertida, revestida de guarnición o cinta de carda.

chapona s.f. Urug. Saco, prenda de vestir.

chapopote s.m. Méx. Sustancia negra y espesa que se obtiene del petróleo y que se usa principalmente para asfaltar caminos o como impermeabilizante.

chapotear v.intr. (voz de origen onomatopéyico). Hacer ruido en el agua agitándola o moviéndola, especialmente con los pies o las manos: *el niño chapotea en la bañera.* ◆ v.tr. Humedecer repetidamente y sin frotar algo con una esponja o paño empapado.

chapoteo s.m. Acción de chapotear.

chapucear v.tr. (fr. ant. *chapuisier,* desbastar madera de forma grosera). Hacer un trabajo con chapucería.

chapucería s.f. (fr. ant. *chapuiserie,* trabajo grosero de un carpintero). Descuido o torpeza en la realización de un trabajo. **2.** Trabajo mal hecho o sucio. **3.** Embuste, mentira.

chapucero, a adj. Hecho con chapucería: *trabajo chapucero.* ◆ adj. y s. Se dice de la persona que hace chapucerías. **2.** Embustero. ◆ s. Herrero que fabrica cosas bastas de hierro. **2.** Vendedor de hierro viejo.

chapul s.m. Colomb. Libélula.

chapulín s.m. Amér. Central. Niño pequeño. **2.** Amér. Central y Méx. Langosta, saltamontes.

chapurrado s.m. *Fam.* Mezcla de licores. **2.** Cuba. Bebida hecha con ciruelas cocidas, agua, clavo y azúcar.

chapurrar v.tr. Chapurrear. **2.** *Fam.* Mezclar un licor con otro.

chapurrear v.tr. e intr. Hablar con dificultad o de manera incorrecta un idioma.

chapurreo s.m. Acción y efecto de chapurrear.

1. **chapuz** s.m. Acción de chapuzar o chapuzarse.

2. **chapuz** s.m. (fr. ant. *chapuis,* mesa mal hecha). Chapuza.

chapuza s.f. Esp. Chapucería, trabajo mal hecho o sucio. **2.** Esp. *Fam.* Trabajo de poca importancia realizado por cuenta propia. **3.** Méx. Trampa, engaño.

chapuzar v.tr., intr. y prnl. (del ant. *zapuzar,* de *pozo*). Meter o meterse de cabeza o de golpe en el agua.

chapuzón s.m. Acción y efecto de chapuzar o chapuzarse: *darse un chapuzón.*

chaqué s.m. (fr. *jaquette*). Prenda de vestir masculina de etiqueta, parecida a la levita, con faldones que se van estrechando desde la cintura.

chaqueño, a adj. y s. Del Chaco.

chaqueta s.f. (fr. *jaquette,* chaqué). Esp. Saco, prenda de abrigo.

chaquete s.m. (fr. *jacquet*). Juego parecido al de damas, con un tablero dividido en dos compartimientos, que se juega con treinta fichas y dos dados. **2.** Tablero de este juego.

chaquetear v.intr. y tr. *Irón.* Huir, escapar. **2.** Esp. *Fam.* Cambiar de opinión o bando.

chaqueteo s.m. Esp. *Fam.* Acción de chaquetear.

chaquetero, a adj. y s. Esp. *Fam.* Se dice de la persona que chaquetea.

chaquetilla s.f. Saco de vestir más corto que el ordinario.

chaquetón s.m. Prenda de abrigo parecida al saco, pero más larga.

chaquiñán s.m. Ecuad. Atajo, vereda.

chaquira s.f. Cuentecilla de vidrio o abalorio que llevaban los españoles para vender a los indios. **2.** Argent., Bol., Chile, Ecuad., Méx., Pan., Perú y Venez. Cuenta de vidrio o plástico, abalorio.

chara s.f. Chile. Avestruz joven.

charabán s.m. Vehículo descubierto tirado por caballos, con dos o más filas de asientos.

charabón s.m. Argent. Ñandú que comienza la muda de su plumón. **2.** Argent. *Fig.* y *fam.* Persona joven torpe e inexperta.

charada s.f. (fr. *charade*). Pasatiempo que consiste en adivinar una palabra a partir de su significado y de la combinación de sílabas que forman otras palabras.

charal s.m. Méx. Pez comestible de cuerpo pequeño y espinoso, de unos 5 cm de long. y muy delgado, que abunda en los lagos y lagunas. (Se consume seco.) **2.** Méx. Persona o animal muy flaco.

charamusca s.f. Méx. Dulce de azúcar en forma de tirabuzón, acaramelado y duro.

charanga s.f. (voz de origen onomatopéyico). Banda musical popular. **2.** Conjunto musical de origen militar con solo instrumentos de viento, especialmente los de metal, que le dan un sonido de popular. **3.** *Fam.* Fiesta familiar con baile.

charango s.m. Instrumento musical de cinco cuerdas, hecho con madera o con el caparazón de un armadillo.

charanguero, a adj. y s. Relativo a la charanga. **2.** Chapucero.

charapa s.f. Ecuad. y Perú. Tortuga pequeña y comestible.

charape s.m. Méx. Bebida elaborada con pulque, panocha, miel, clavo y canela.

charata s.f. Argent. y Bol. Ave arborícola de plumaje gris con tonos pardos, que se alimenta de frutos e insectos.

charca s.f. Masa de agua estancada en una pequeña hondonada del terreno, generalmente permanente.

charcal s.m. Terreno con charcos.

charco s.m. Masa de agua u otro líquido acumulada en un hoyo o cavidad del terreno. ◇ **Pasar,** o **cruzar, el charco** *Fam.* Atravesar el mar, especialmente el océano Atlántico.

charcón, na adj. Argent. y Bol. Se dice de la persona o animal doméstico que no engorda nunca.

charcutería s.f. Establecimiento donde se venden diversos tipos de fiambres y alimentos elaborados con carne, generalmente de cerdo.

charcutero, a s. Persona que tiene o trabaja en una charcutería.

charla s.f. *Fam.* Acción de charlar. **2.** Conferencia informal. **3.** Ave paseriforme de unos 30 cm de long., de color pardo aceitunado y la región ventral amarillo leonada con pintas negras. (Familia túrdidos.) SIN.: *cagaaceite.*

charlador, ra adj. y s. Charlatán. **2.** Aficionado a hablar.

charlar v.intr. *Fam.* Hablar demasiado y sobre temas intrascendentes. SIN.: *charlatanear.* **2.** *Fam.* Hablar dos o más personas entre sí por mero pasatiempo.

charlatán, na adj. y s. (ital. *ciarlatano*). Se dice de la persona que habla mucho o que es poco discreto. **2.** Embaucador. ◆ s.m. Vendedor que anuncia sus productos hablando mucho y a voces.

charlatanería s.f. Cualidad de charlatán. **2.** Conjunto de cosas dichas por un charlatán.

charlestón s.m. (de *Charleston,* c. de Estados Unidos). Baile de origen afroamericano, que se puso de moda en la década de 1920 y posteriormente en la de 1970. **2.** Música de este baile, de ritmo rápido. (Se pronuncia también *chárleston.*)

charlista s.m. y f. Persona que da una charla o conferencia relativa a un tema poco trascendente.

charlotada s.f. Espectáculo taurino de carácter cómico. **2.** Esp. Actuación grotesca o excéntrica.

charlotear v.intr. Charlar.

charloteo s.m. Acción de charlar.

charnela s.f. (fr. *charnière*). Bisagra, herraje compuesto de dos planchas articuladas. **2.** Articulación de las dos valvas de los moluscos lamelibranquios. ◇ **Charnela de un pliegue** GEOL. Parte de un pliegue en la que se unen los dos flancos.

charol s.m. (port. *charao,* laca). Barniz celulósico que se adhiere perfectamente al material sobre el que se aplica y le proporciona un brillo lustroso y permanente. **2.** Cuero tratado con este barniz: *zapatos de charol.* **3.** Amér. Central, Bol., Colomb., Cuba, Ecuad. y Perú. Bandeja.

charola s.f. Bol., Méx. y Perú. Bandeja. **2.** Méx. *Fam.* Documento o placa que sirve como identificación a una autoridad o persona acreditada: *charola de policía; enseñó su charola de periodista para poder entrar.*

charolado, a adj. Brillante como el charol. ◆ s.m. Proceso de cubrir metal, cartón piedra u otro material con un barniz espeso de aceite de copal. **2.** Operación de recubrir el cuero con charol. **3.** Operación que consiste en impregnar la piel de becerro con aceite de linaza, mezclado con negro de humo, en el curtido vegetal o al cromo.

charolar v.tr. Barnizar con charol o con otro líquido análogo.

charolés, sa adj. Se dice de una raza de reses bovinas que proporciona una carne de gran calidad, originaria de la región francesa de Charolais.

charolista s.m. y f. Persona que tiene por oficio dorar o charolar.

charquear v.tr. Amér. Secar la carne al sol para conservarla. **2.** Amér. Merid. Hacer charqui de carne o fruta.

charquecillo s.m. Perú. Congrio seco y salado de carne o fruta.

charqui o **charque** s.m. Amér. Merid. Carne salada y secada al sol. **2.** Amér. Merid. Tajada de algunas frutas que ha sido secada al sol.

charquicán s.m. (araucano *čarkikan,* guisar con charqui). Amér. Merid. Guiso de charqui con papas y otras legumbres.

charra s.f. Guat. y Hond. Sombrero de ala ancha y bajo de copa.

charrada s.f. Baile de los charros de Salamanca. **2.** Dicho o hecho propio de un charro de Salamanca. **3.** *Fig.* y *fam.* Obra o adorno demasiado recargado, de mal gusto.

1. **charrán** s.m. Ave palmípeda de cabeza negra y cuerpo gris, de unos 40 cm de long., que vive en regiones costeras.

2. **charrán** adj. y s.m. Se dice del hombre que actúa sin escrúpulos, pillo, tunante.

charranada s.f. Acción propia del charrán.

charranear v.intr. Vivir o comportarse como un charrán.

charranería s.f. Condición de charrán.

charrar v.tr. Hablar en exceso o de manera indiscreta.

charrasca s.f. (voz de origen onomatopéyico). *Fam.* Sable o arma similar que puede desenvainarse. SIN.: *charrasco.* **2.** *Fam.* Navaja con muelles.

charrasquear v.tr. Amér. Merid. Rasguear un instrumento de cuerda.

charretera s.f. Divisa militar que se sujeta sobre el hombro y de la cual penden flecos, que suele designar la graduación. **2.** *Fig.* y *fam.* Albardilla, almohadilla que llevan los aguadores.

1. **charro, a** s. y adj. Méx. Jinete dedicado a la cría de ganado, que viste traje especial, compuesto de saco con bordados, camisa blanca, sombrero de ala ancha y alta copa cónica, y pantalón ajustado para los hombres y falda larga para las mujeres. ◆ adj. Relativo a estos criadores.

2. **charro, a** adj. y s. De Salamanca. **2.** Esp. *Fig.* Basto y rústico: *adorno charro.*

1. **charrúa** s.f. Embarcación pequeña que servía para remolcar otras mayores.

2. **charrúa,** familia lingüística de América del Sur emparentada con el guaicurú, cuyos pueblos, act. extinguidos, ocupaban en la época del descubrimiento una extensa región en la costa septentrional del Río de la Plata y zonas de la costa meridional.

chárter adj. y s.m. (ingl. *charter*). Se dice del avión fletado por una compañía de turismo o por un grupo para obtener una tarifa menos elevada que en las líneas regulares. **2.** Se dice del vuelo con que hace este avión.

chartreuse s.m. (voz francesa). Licor aromático fabricado antiguamente por los monjes de la Gran Cartuja de Saint-Pierre-de-Chartreuse en Francia y actualmente en Voiron (departamento de Isère).

chasca s.f. Leña menuda procedente de la poda. **2.** Conjunto de ramas que se coloca sobre la leña dispuesta para hacer carbón. **3.** Bol., Chile y Perú. Greña, cabellera enmarañada. **4.** Chile. Mechón de la crin del caballo que le cae sobre la frente.

chascar v.intr. Chasquear, dar chasquidos. ◆ v.tr. Hacer que algo, especialmente la lengua, produzca un chasquido.

chascarrillo s.m. *Fam.* Anécdota, cuentecillo o frase equívoco y gracioso.

chascás s.m. Casco con cimera plana y cuadrada, que usaban los polacos y más tarde regimientos de lanceros de toda Europa.

1. **chasco** s.m. Decepción que produce un suceso inesperado o adverso: *llevarse un chasco.* **2.** Burla o engaño: *dar un chasco.*

2. **chasco, a** adj. Bol., Chile y Perú. Se dice del cabello recio y ensortijado.

chascón, na adj. Chile. Se dice del cabello enmarañado, enredado, greñudo.

chasconear v.tr. Chile. Enredar, enmarañar. **2.** Chile. Tirar del pelo.

chasis s.m. (fr. *châssis,* de *châsse,* cofre). Armazón que soporta la carrocería de un vehículo. **2.** Armazón que envuelve o soporta algo: *el chasis de una ventana.* ◇ **Chasis portaplacas** Estuche en el que se coloca la placa sensible de un aparato fotográfico. (Se pronuncia tb. *chasís.*)

chasponazo s.m. (voz de origen onomatopéyico). Señal que deja una bala al rozar un cuerpo duro.

chasquear v.tr. Dar un chasco a alguien. **2.** Dejar de cumplir una promesa. **3.** Hacer que algo produzca un chasquido, como el látigo, los dedos o la lengua. ◆ v.intr. Dar un chasquido, especialmente la madera u otra cosa cuando se abre por sequedad. SIN.: *chascar.* ◆ **chasquearse** v.prnl. Sufrir una decepción.

chasqui o **chasque** s.m. Indio que servía de correo durante el imperio inca. **2.** Argent., Bol., Chile, Perú y Urug. Emisario, mensajero.

chasquido s.m. Ruido seco como el que se hace al sacudir el látigo, al separar la lengua del paladar o al romperse la madera.

chassé s.m. (voz francesa). COREOGR. Paso de baile en el que una pierna se coloca en una de las posiciones abiertas y se dobla después, sosteniendo todo el peso del cuerpo.

chat s.m. o f. Comunicación interactiva en tiempo real realizada mediante sistemas informáticos de usuarios conectados a una red.

chatarra s.f. (del vasc. *txatar*). Conjunto de piezas o residuos metálicos casi inservibles. **2.** Objeto o máquina de metal que ya no es útil. **3.** *Fam.* Conjunto de monedas metálicas de poco valor.

chatarrero, a s. Persona que tiene por oficio comerciar con la chatarra.

1. **chatear** v.intr. Esp. Beber chatos de vino.

2. **chatear** v.intr. (de *chat*). Tomar parte en un chat.

chatelperroniense s.m. y adj. Primer período cultural del paleolítico superior, que se caracteriza por una industria que desarrolla los utensilios de hueso.

chateo s.m. Acción de chatear. **2.** Esp. Acción de beber chatos de vino.

chatiño, tribu amerindia de lengua zapoteca que vive en el S del est. de Oaxaca (México). [Son agricultores y siguen creencias animistas.]

chato, a adj. (lat. vulgar *plattus,* plano, aplastado). Se dice de la nariz poco prominente y aplastada. **2.** Que es romo, o más plano o corto que otras cosas de su misma clase. ◆ adj. y s. Se dice de las personas de nariz pequeña y poco prominente. ◆ s.m. Esp. y Méx. *Fam.* Vaso bajo y ancho para vino; bebida tomada en él.

chatón s.m. (fr. *chaton,* punto donde se engasta una piedra preciosa). Piedra preciosa gruesa engastada en una joya.

chatre adj. Chile y Ecuad. Elegante y acicalado.

chatria s.m. Miembro de la casta noble y guerrera de la India, la segunda en dignidad.

chatterton s.m. Cinta aislante y adhesiva empleada por los electricistas para aislar los hilos conductores.

chatungo, a adj. Apelativo cariñoso.

chatura s.f. Argent. y Urug. Mediocridad vital, artística o intelectual.

chaucha s.f. Argent. Vaina de algunas simientes. **2.** Amér. Merid. Fruto del poroto. GEOSIN.: Amér. Central y Méx. *ejote;* Esp. *judía.* **3.** Chile, Ecuad. y Perú. Papa temprana o menuda que se suele usar como simiente. ◆ **chauchas** s.f.pl. Amér. Merid. Monedas de poco valor, calderilla. ◇ **Faltarle una chaucha para el peso** Chile. No estar en sus cabales una persona.

chauchera s.f. Chile y Ecuad. Monedero.

chauvinismo o **chovinismo** s.m. (fr. *chauvinisme,* de N. *Chauvin,* soldado entusiasta del primer imperio francés). Patriotismo exagerado y desprecio por lo extranjero.

chauvinista o **chovinista** adj. Relativo al chauvinismo. ◆ adj. y s.m. y f. Se dice de la persona que actúa con chauvinismo.

chaval, la adj. y s. (caló *čavále,* vocativo pl. de *čavó,* muchacho). Esp. *Fam.* Niño o muchacho.

chavalongo s.m. Argent. y Chile. Dolor de cabeza muy fuerte, generalmente acompañado de fiebre.

chavea s.m. *Fam.* Muchacho.

chaveta s.f. (ital. dialectal *ciavetta,* dim. de *ciave,* llave). Clavija que se introduce a presión en un agujero abierto en una o en las dos piezas que se han de ajustar. ◇ **Perder la chaveta** *Fam.* Volverse loco.

chavetero s.m. Abertura o ranura longitudinal para alojar una chaveta.

chavo s.m. Moneda de cobre de poco valor. **2.** Méx. Niño o joven. ◇ **Estar sin,** o **no tener,** o **quedarse sin, un chavo** No tener dinero, estar arruinado.

chaya s.f. Argent. Carnaval. **2.** Argent. y Chile. Juego de los días de carnaval.

chayar v.intr. Argent. Mojarse unos a otros por juego durante la chaya o carnaval. **2.** Argent. Festejar el carnaval.

chayo s.m. Cuba y Méx. Arbusto de fruto y tronco espinosos, cuyas hojas tiernas se comen cocidas. (Familia euforbiáceas.)

chayote s.m. (náhuatl *čayútli*). Fruto comestible de la chayotera, dulce y en forma de pera.

chayotera s.f. Planta trepadora que crece en América, Canarias y Valencia, de hojas grandes y lobuladas, cuyo fruto es el chayote. (Familia cucurbitáceas.)

che s.f. Nombre del dígrafo *ch.*

¡che! interj. En Valencia y parte de América Meridional, se usa para llamar la atención, manifestar sorpresa, alegría, etc., o como muletilla en la conversación.

checa s.f. Organismo que funciona como policía política. **2.** Local utilizado por este organismo.

checar v.tr. Méx. Verificar, comprobar algo. **2.** Méx. Marcar un empleado en una tarjeta la hora de entrada y salida en su trabajo. **3.** Méx. *Fam.* Vigilar celosamente a alguien.

chechén, pueblo musulmán del N del Cáucaso que vive principalmente en la República de Chechenia (Rusia).

checheno, a adj. y s. De Chechenia.

chécheres s.m.pl. Colomb. y C. Rica. Cachivaches, baratijas.

check-list s.f. (ingl. *checklist*) [pl. *check-lists*]. AERON. Serie de operaciones que permiten verificar el funcionamiento de todos los dispositivos y mecanismos de una aeronave antes del despegue.

checo, a adj. y s. De la región formada por Bohemia, Moravia y una parte de Silesia. **2.** De la República Checa. **3.** Checoslovaco. ◆ s.m. Lengua eslava que se habla en Bohemia, Moravia y una parte de Silesia.

checoslovaco, a adj. y s. De Checoslovaquia. SIN.: *checo.*

chedita s.f. Explosivo compuesto de clorato potásico o sódico y dinitrotolueno.

chef s.m. (voz francesa). Jefe de cocina de un restaurante.

cheik o **sheik** s.m. Jeque.

cheje s.m. Amér. Central. Especie de pájaro carpintero. **2.** Hond. y Salv. Eslabón.

cheli s.m. Jerga madrileña que entremezcla elementos castizos y marginales.

chelín s.m. (ingl. *shilling*). Unidad monetaria de Austria, sustituida por el euro en 2002. **2.** Moneda fraccionaria británica que valía una vigésima parte de la libra esterlina.

chen → s.m. **shan.**

chenque s.m. Chile. Caverna abierta en la roca.

chepa s.f. *Fam.* Joroba, giba.

chépica s.f. Chile. Planta parecida a la grama. (Familia gramíneas.)

cheposo, a adj. *Fam.* Que tiene chepa.

cheque s.m. (ingl. *cheque* o *check*). Documento que sirve a una persona *(librador)* para retirar, en su provecho o en provecho de un tercero (*tomador, tenedor* o *beneficiario*), una suma de los fondos disponibles de su cuenta bancaria. ◇ **Cheque a la orden** Cheque que lleva el nombre del tomador, precedido por la cláusula *a la orden,* y que puede ser endosado. **Cheque al portador** Cheque que no lleva el nombre del tomador y que puede ser cobrado por cualquier persona. **Cheque cruzado,** o **barrado** Cheque sobre el que se han trazado dos líneas paralelas transversales, en las que se indica el banco o la sociedad a los cuales ha de hacerse efectivo el pago. **Cheque de viaje,** o **de viajero** Cheque nominativo para uso de turistas, emitido por un banco y que puede hacerse efectivo en otro banco o establecimiento comercial mediante la firma del mismo. **Cheque documentario** Cheque que solo puede abonarse si va acompañado por un determinado documento, como factura, póliza del seguro, etc. **Cheque en blanco** Cheque firmado sin indicación de la suma. **Cheque nominativo** Cheque que lleva el nombre del tomador y que no puede ser endosado. **Cheque sin fondos** Cheque que no puede abonarse por falta de fondos suficientes en la cuenta del librador.

chequear v.tr. Examinar, revisar. **2.** Consignar, expedir, facturar: *chequear el equipaje.*

chequeo s.m. Acción y efecto de chequear. **2.** Revisión médica completa.

chequera s.f. Amér. Talonario de cheques. **2.** Amér. Cartera para guardar el talonario.

chercán s.m. Chile. Pájaro parecido al ruiseñor.

chercha s.f. Hond. y Venez. Chacota, burla.
cheremís s.m. Lengua ugrofinesa de la región media del Volga.
chericles s.m. Ecuad. Ave trepadora, especie de loro.
cherkés adj. y s.m. y f. De un pueblo del Cáucaso septentrional, compuesto por tres grupos principales, los adigué, los kabarda y los cherkeses propiamente dichos.

cherkés

Islamizados en el s. XVI, los cherkeses lucharon contra la penetración rusa hasta 1859. La mayor parte de ellos emigró al Imperio otomano.

cherna s.f. (lat. tardío *acerna*). Pez marino de cuerpo voluminoso y color grisáceo, de hasta 1 m de long. (Familia serránidos.)
chernoziom s.m. (voz rusa) [pl. *chernozioms*]. Suelo negro muy fértil, típico de las estepas frías y secas del Este de Europa (Ucrania, especialmente), que también se encuentra en ciertas regiones de Canadá.
cherokee o **cheroqui,** pueblo amerindio del grupo lingüístico iroqués que vive en Estados Unidos (Oklahoma y Carolina del Norte).
chéster s.m. y adj. (de *Chester,* c. de Gran Bretaña). Queso inglés de pasta dura, elaborado con leche de vaca.
cheuto, a adj. Chile. Que tiene el labio partido o deformado.
chévere adj. Colomb. y Venez. Excelente, muy bueno. **2.** Cuba, Perú y Venez. Magnánimo, considerado, transigente. **3.** Ecuad., Perú, P. Rico y Venez. Bonito, agradable. ◆ s.m. Cuba, P. Rico y Venez. Atildado, presuntuoso, engreído. **2.** Venez. Valentón, fanfarrón.
cheviot s.m. (ingl. *cheviot*) [pl. *cheviots*]. Lana de una raza de carneros de origen escocés. **2.** Tela fina hecha con esta lana.
cheyene, pueblo indio del grupo algonquino de América del Norte, que act. vive en reservas en Montana y Oklahoma. (Fueron masacrados por el ejército entre 1864 y 1868.)
chía s.f. Méx. Planta leñosa de 1,5 m de alt., de flores azules, cuya semilla desprende, en remojo, gran cantidad de mucílago. **2.** Méx. Bebida refrescante elaborada con la semilla de esta planta. SIN.: *chan.*
chianti s.m. Vino tinto de la región italiana de la Toscana. (Suele consumirse joven.)
chibcha adj. y s.m. y f. De un pueblo amerindio precolombino que habitaba en los altiplanos de la cordillera Oriental de Colombia (dep. de Boyacá, Cundinamarca y en parte de Santander). ◆ s.f. Familia lingüística amerindia.

chibcha

Al llegar los españoles (1536) los chibchas estaban integrados en pequeños estados más o menos independientes y rivales; el más importante era el de Zipa. Su organización social, presidida por el jefe, comprendía los nobles, investidos de poderes absolutos, los guerreros o *gueches*, los sacerdotes y el pueblo. Su dios Chimichagua era el creador de todo lo existente. Su cultura declinó en el s. XVIII.
La familia lingüística chibcha se extiende desde el S de Honduras hasta el N de los Andes, incluyendo las mesetas colombiana y peruana. Está formada por diversas lenguas, habladas sobre todo en Panamá (guaimí), O de Colombia (cuna y páez) y Ecuador (cayapa).

chibolo s.m. Amér. Cuerpo redondo y pequeño. **2.** Amér. Chichón.
chibuquí s.m. (turco *čibûq*). Pipa turca de tubo largo y recto.
chic adj. (voz francesa) [pl. *chic*]. Distinguido, elegante, especialmente en el atuendo personal. ◆ s.m. Elegancia, buen gusto: *tener mucho chic.*

1. chica s.f. Criada, muchacha de servicio. **2.** Méx. Moneda de plata de tres centavos.
2. chica s.f. Baile afrocubano parecido al fandango.
chicano, a adj. y s. Que es de origen mexicano y reside en EUA.
chicarrón, na adj. y s. Esp. *Fam.* Se dice de la persona joven, alta y robusta.
1. chicha s.f. (voz de creación expresiva). Esp. Carne del cuerpo humano. **2.** Esp. *Fam.* Carne comestible.
2. chicha s.f. (voz de los indios cuna de Panamá). Bebida alcohólica americana, que se obtiene de la fermentación del maíz en agua azucarada. **2.** Chile. Bebida que se obtiene de la fermentación del zumo de uva o de manzana. ◇ **No ser ni chicha ni limonada,** o **limoná** *Fam.* No tener carácter definido; no valer para nada.
chícharo s.m. (del lat. *cicer, -eris,* garbanzo). Colomb. Cigarro de mala calidad. **2.** Cuba y Méx. Planta trepadora leguminosa, de flores blancas o rojizas, que se cultiva por su fruto comestible. GEOSIN.: Argent., Chile, Colomb. y Urug. *arveja;* Esp. *guisante.* **3.** Cuba y Méx. Fruto de esta planta, de pequeño tamaño, forma redondeada y color verde. GEOSIN.: Argent., Chile, Colomb. y Urug. *arveja;* Esp. *guisante.*
chicharra s.f. Cigarra. **2.** Timbre eléctrico de sonido sordo. **3.** *Fig.* y *fam.* Persona muy habladora. **4.** TECNOL. Mecanismo utilizado en talleres y barcos para abrir taladros en sitios difíciles o poco accesibles.
chicharrón s.m. (voz de origen onomatopéyico). Residuo frito y requemado que dejan las pellas del cerdo al derretirse la manteca. (Suele usarse en plural.) **2.** *Fig.* Alimento requemado. **3.** *Fig.* y *fam.* Persona muy tostada por el sol. **4.** Méx. Fritura de harina con el color y la consistencia del chicharrón.
chiche s.m. Amér. Juguete infantil. **2.** Amér. Alhaja, joya de bisutería. **3.** Argent., Chile y Urug. Objeto decorativo pequeño y de buen gusto. **4.** Salv. Pecho de la mujer. ◆ adj. Amér. Merid. Pequeño, delicado, bonito. **2.** Salv. Se dice de la persona muy blanca o rubia.
chichear v.intr. y tr. Emitir repetidamente el sonido *ch* para llamar la atención o manifestar desagrado.
chicheme s.m. Amér. Central. Bebida elaborada con maíz cocido y sin moler, azúcar, leche y algún otro ingrediente.
chicheo s.m. Acción y efecto de chichear.
chichería s.f. Amér. Establecimiento donde se vende chicha, bebida alcohólica.
chichero, a adj. Amér. Relativo a la chicha, bebida alcohólica. ◆ s. Amér. Persona que fabrica o vende chicha. ◆ s.m. Perú. Chichería.
chichi adj. Amér. Central. Cómodo, fácil. ◆ s.f. Méx. Teta, ubre. ◇ **Dar la chichi** Méx. Amamantar.
chichicullote s.m. Méx. Ave pequeña, parecida a la paloma, de color gris en el vientre y más oscuro en el dorso, pico delgado y recto, que vive cerca del mar, lagos o pantanos.
chichigua s.f. Amér. Central y Méx. Nodriza. **2.** Colomb. Cosa o cantidad pequeña, insignificante.
chichimeca adj. y s.m. y f. De un grupo de pueblos amerindios originario del N de México, que en el s. XIII se establecieron en la meseta central del país.
chichimeco, a adj. y s. Chichimeca.
chichinar v.tr. Méx. Chamuscar, quemar.
chicholo s.m. Bol. y Urug. Dulce que va envuelto en una hoja de mazorca de maíz.
chichón s.m. Hinchazón que se forma en la cabeza por efecto de un golpe.
chichona adj.f. Méx. Que tiene voluminosos pechos.
chichonera s.f. Gorro para preservar a los niños pequeños de golpes en la cabeza.
chicle, chiclé o **chiclet** s.m. (náhuatl *tzíctli*). Golosina hecha de una goma aromatizada que se mastica y no se traga.
chiclé o **chicler** s.m. Orificio calibrado que sirve para con-

trolar la salida de combustible en las canalizaciones de un carburador. SIN.: *surtidor.*

chicloso, a adj. Méx. Se dice de algo que tiene la consistencia del chicle. ◆ s.m. Méx. Dulce pegajoso con la consistencia del chicle.

chico, a adj. Pequeño, de poco tamaño. ◆ s. y adj. Niño o adolescente. ◆ s. Muchacho que hace recados y ayuda en trabajos de poca importancia. **2.** *Fam.* Apelativo que se da a una persona de cualquier edad, con la que se tiene confianza: *bueno, chico, me voy.* **3.** *Fam.* Novio.

chicoco, a adj. y s. Chile. Pequeño, joven. **2.** Chile. Se dice de la persona de baja estatura.

chicolear v.intr. (voz de origen onomatopéyico). *Fam.* Decir chicoleos. ◆ **chicolearse** v.prnl. Perú. Recrearse, divertirse.

chicoleo s.m. *Fam.* Piropo.

chicoria s.f. Achicoria.

chicotazo s.m. Amér. Golpe dado con el chicote, látigo. **2.** TAUROM. Capotazo rápido por bajo.

chicote s.m. *Fam.* Cigarro puro. **2.** Amér. Látigo, azote largo.

chicotear v.tr. Amér. Dar chicotazos. **2.** Amér. Producir un ruido característico una cosa dura y flexible.

chicozapote s.m. Méx. Árbol de más de 30 m de alt., de flores blancas y cuyo fruto comestible, del mismo nombre, es carnoso, de sabor muy dulce, mide de 5 a 7 cm de diámetro y tiene las semillas negras brillantes.

chicuelina s.f. (de *Chicuelo,* matador de toros español). TAUROM. Lance de capa por delante, dado con los brazos a la altura del pecho en sentido contrario a la trayectoria del toro.

chifa s.m. Chile y Perú. Restaurante de comida china.

chiffonnier s.m. (voz francesa). → **chifonier.**

chifla s.f. Silbato. **2.** Acción de chiflar.

chiflado, a adj. y s. *Fam.* Maniático, perturbado.

chifladura s.f. Acción y efecto de chiflar o chiflarse.

chiflar v.tr. y prnl. Hacer burla o escarnio de uno en público. **2.** *Fam.* Agradar mucho una persona o cosa a alguien. ◆ v.intr. Silbar con la chifla o emitir un sonido semejante con la boca. ◆ **chiflarse** v.prnl. *Fam.* Perder las facultades mentales.

chifle s.m. (de *chiflar,* silbar). Argent. Cantimplora, frasco aplanado. **2.** Argent. y Urug. Recipiente de cuerno para llevar agua u otros líquidos.

chiflón s.m. Garza acuática, de plumaje amarillento con el copete azul oscuro y patas negras, que vive en América Meridional. (Familia ardeidos.) **2.** Amér. Viento que se cuela en un lugar, o corriente tenue de aire. **3.** Chile Derrumbe de piedra suelta en el interior de una mina.

chifonier o **chiffonnier** s.m. (fr. *chiffonnier*). Cómoda estrecha y alta, de cajones de poca capacidad en los que se suelen guardar papeles, joyas o ropa.

chigre s.m. MAR. Torno con el eje de giro horizontal, destinado al servicio de carga y descarga en una embarcación.

chigua s.f. Bol. y Chile. Cesto ovalado hecho con cuerdas o cortezas de árboles, utilizado como cuna y otros usos domésticos.

chigüil s.m. Ecuad. Masa elaborada con maíz, huevos, queso y manteca, envuelta en hojas de choclo y cocida al vapor.

chigüini s.m. Amér. Central. Chiquillo, desmedrado.

chihuahua s.m. y adj. Perro de una raza de pequeño tamaño oriunda de México, de ojos y orejas grandes y pelo corto.

chiismo s.m. Rama de la religión musulmana que considera que la sucesión de Abu Bakr al califato era ilegal y que el califato debía volver a los descendientes de Alí.

chiismo

El chiismo se diferencia del sunnismo, corriente mayoritaria del islam, por haber introducido el tema de la Pasión (martirio de Husayn y otros alidas), la idea del carácter semidivino del imán y las del «retorno» del imán muerto o desaparecido (doctrina del «imán oculto»). El chiismo duodecimano (que reconoce a doce imams) es la religión nacional de Irán desde el s. XVI.

chiita o **chií** adj. y s.m. y f. Relativo al chiismo; seguidor de esta rama islámica. SIN.: *shiita, shií.*

chijetazo (como) loc. Argent. *Fam.* Rápidamente, con violencia. (También *como chiquetazo* o *como chisguete.*)

chijete s.m. Argent. *Fam.* Chorro de líquido que sale violentamente, chisguete. **2.** Argent. *Fam.* Chiflón, corriente de aire.

chilaba s.f. Túnica larga con capucha y mangas anchas, que se usa en el Magreb.

chilacayote s.m. Méx. Variedad de calabaza, cuyo fruto comestible del mismo nombre, se emplea en la elaboración de diversos guisos. (Familia cucurbitáceas.)

chilango, a adj. y s. Méx. Que es originario de la ciudad de México.

chilaquiles s.m.pl. Méx. Guiso que se elabora con trozos de tortilla de maíz fritos en manteca y adobados con chile y otros ingredientes.

chilar s.m. Terreno poblado de chiles.

chilate s.m. Amér. Central. Bebida hecha con chile, maíz tostado y cacao.

chilatole s.m. Méx. Bebida de chile y atole de maíz.

chilca s.f. (quechua *čilka*). Colomb. y Guat. Arbusto resinoso y balsámico utilizado en veterinaria para tratar tumores.

chilcano s.m. Perú. Caldo hecho con cabeza de pescado.

chilco s.m. Chile. Fucsia silvestre.

chile s.m. (náhuatl *čilli*). Amér. Central y Méx. Planta herbácea anual, de la que existen numerosas variedades que son cultivadas por sus frutos. (También se cultivan ciertas especies muy parecidas de la misma familia, llamadas *ajís* en América Meridional y Antillas y *guindillas* en España; familia solanáceas.) **2.** Amér. Central y Méx. Fruto de esta planta, generalmente alargado y de sabor picante, fundamental en la cocina mexicana: *chile jalapeño, chile costeño.* **3.** Guat. *Fig.* Mentira, cuento. (Suele usarse en plural.)

chilelitense s.m. y adj. Unidad geológica de Chile y Argentina caracterizada por un conjunto de mantos, brechas y tobas de porfiritas, cuyo espesor alcanza los 4 000 m.

chilenismo s.m. Palabra, expresión o modo de hablar propio de los chilenos.

chilenita s.f. Plata bismutífera granuda, de superficie amarillenta, encontrada en Copiapó, Chile.

chileno, a adj. y s. De Chile. ◆ s.m. Variedad del español en Chile.

chilillo s.m. Amér. Central. Látigo, azote.

chilindrina s.f. Méx. Variedad de pan de huevo.

chilindrón s.m. Guiso de carne que se lleva como condimento tomate, pimiento y cebolla. **2.** Condimento que acompaña a este guiso: *pollo al chilindrón.*

chilinguear v.tr. Colomb. Mecer, columpiar.

1\. **chilla** s.f. (de *chillar*). Silbato que emplean los cazadores para imitar el chillido de la liebre, conejo, zorra, etc.

2\. **chilla** s.f. (lat. *scindula*). CONSTR. Tabla delgada de baja calidad, utilizada en coberturas y tabiques.

3\. **chilla** s.f. Mamífero carnívoro parecido al zorro, que vive en Chile, de pelaje negro o grisáceo. (Familia cánidos.) **2.** Cuba. Falta de dinero. ◇ **Estar en la chilla,** o **en la purita chilla** Méx. Estar sin dinero.

chillado s.m. Techo hecho con listones y chillas.

chillar v.intr. (del ant. *chirlar,* del lat. *fistulare,* tocar la flauta). Emitir chillidos. **2.** Gritar. **3.** Hablar muy alto, especialmente para reprender o mostrar desacuerdo. **4.** Chirriar: *chillar una puerta.* **5.** Méx. Llorar.

chillería s.f. Conjunto de chillidos o voces descompasadas. **2.** Regaño, reprensión en voz alta: *echar una chillería.*

chillido s.m. Sonido inarticulado de la voz, agudo y estridente.

chillón, na adj. y s. *Fam.* Que chilla mucho. ◆ adj. Se dice del sonido agudo, desagradable o molesto. **2.** *Fig.* Se dice del color demasiado vivo o mal combinado. **3.** Méx. Llorón. **4.** Méx. Cobarde.

chilmole s.m. Méx. Salsa o guiso de chile con tomate u otra legumbre.

chilpayate s.m. Méx. Niño, chaval.

chilpe s.m. Chile. Andrajo, pedazo o jirón de ropa muy usada. **2.** Ecuad. Cabuya, cordel. **3.** Ecuad. Hoja seca de maíz.

chilposo, a adj. Chile. Desharrapado, andrajoso, harapiento.

chimachima s.f. Ave falconiforme de color amarillento y alas parduscas, que vive en Argentina. (Familia falcónidos.)

chimango s.m. Ave falconiforme de unos 30 cm de long., color blancuzco y acanelado y dorso oscuro, que vive en América Meridional. (Familia falcónidos.)

chimarse v.prnl. Amér. Central. Lastimarse, herirse.

chimba s.f. Amér. Merid. Trenza pequeña de pelo. **2.** Chile y Perú. Orilla opuesta de un río.

chimbador, ra s. Ecuad. y Perú. Indígena experto en atravesar ríos.

chimbar v.tr. Ecuad. y Perú. Atravesar un río.

chimbilo s.m. Colomb. Murciélago.

chimbo, a adj. y s. Amér. Se dice de un dulce elaborado con huevos, almendras y almíbar.

chimenea s.f. (fr. *cheminée*). Conducto destinado a evacuar los humos de una casa o un horno. **2.** Espacio hueco construido en una habitación para encender un fuego y que tiene un conducto para evacuar el humo. **3.** Conducto cilíndrico: *chimenea de ventilación.* **4.** Paso estrecho más o menos vertical que se abre en un muro rocoso o glaciar. **5.** GEOL. Canal simple o múltiple por el que remonta la lava y los materiales de proyección volcánica. **6.** MIN. Galería de un yacimiento de acentuada pendiente, horadada en el mineral, el carbón o el estéril, y en la que no existe vía férrea. **7.** MIN. Excavación estrecha que se abre en el cielo de una labor de mina, o hueco que resulta a causa de un hundimiento. ◇ **Chimenea de hadas** GEOMORFOL. Columna de tierra, coronada por una piedra, que es producto de la erosión, en especial de la acción de las aguas de arroyada.

chimichurri s.m. Salsa picante para condimentar carnes, elaborada con vinagre, cebolla, ajo y especias.

chiminango s.m. Colomb. Árbol mimosáceo de gran altura y corpulencia.

chimó s.m. Venez. Pasta para mascar de extracto de tabaco y sal de urao.

chimojo s.m. Cuba. Medicamento popular, constituido principalmente por la mezcla de tabaco, cáscara de banano y salvia, entre otros ingredientes, de acción antiespasmódica.

chimpancé s.m. (voz indígena africana). Simio antropoide de África ecuatorial, de brazos largos, cuerpo cubierto de pelo oscuro, excepto en la cara, costumbres arborícolas y terrestres, sociable y con dotes para el aprendizaje.

chimpancé

Existen dos especies de este simio, el chimpancé común (*Pan troglodytes*) y el chimpancé pigmeo o bonobo (*Pan paniscus*); el chimpancé común mide 1,40 m, pesa 75 kg y vive hasta 50 años, aproximadamente.

chimuelo, a adj. Méx. Se dice de la persona a la que le falta uno o más dientes.

1. **china** s.f. Piedra pequeña. **2.** Juego en el que se presentan las dos manos cerradas para adivinar la que contiene un pequeño objeto. **3.** Esp. Trozo de hachís. ◇ **Tocarle la china** Corresponder a alguien la mala suerte.

2. **china** s.f. (de *China,* estado de Asia). Arbusto parecido a la zarzaparrilla, cuyo rizoma se utiliza en medicina. (Familia liliáceas.) **2.** Raíz de esta planta. **3.** Tejido de seda o lienzo que viene de China. **4.** Esp. Porcelana de China, o porcelana en general.

3. **china** s.f. (quechua *čína,* hembra de los animales). Amér. India empleada como sirvienta o niñera. **2.** Amér. Merid. India o mestiza en general. **3.** Argent. Mujer del gaucho.

chinaco s.m. Méx. Hombre del pueblo que peleó en la guerra de la independencia y colaboró en la reforma del s. XIX.

chinamo s.m. Amér. Central. Barraca o cobertizo que se construye durante las fiestas populares para vender comidas y bebidas.

chinampa s.f. Méx. Terreno flotante en el que se cultivan verduras y flores. (En el pasado era el sistema de cultivo de la zona lacustre del Valle de México y actualmente todavía se emplea en algunas partes de la misma.)

chinampero, a adj. y s. Méx. Se dice del cultivador de chinampas. ◆ adj. Se aplica al producto que se cultiva en las chinampas.

chinanteca, pueblo amerindio agricultor de México que vive en las montañas entre los estados de Veracruz y Oaxaca, de lengua de la familia otomangue, que presenta afinidades con el zapoteca.

chinarro s.m. Piedra mayor que una china.

chinata s.f. Cuba. Piedra pequeña.

chinateado s.m. METAL. Capa de piedras pequeñas que se echa sobre el mineral grueso para hacer la carga de los hornos de destilación del mercurio en Almadén.

chinchar v.tr. *Vulg.* Molestar o fastidiar con insistencia. ◆ **chincharse** v.prnl. Fastidiarse.

chinche s.f. (del lat. *cimex, -icis*). Insecto parásito, de cuerpo aplastado, que desprende un olor acre y repulsivo y chupa la sangre de aves y mamíferos taladrando la piel con picaduras irritantes. **2.** Chincheta. ◆ adj. y s.m. y f. *Fam.* Se dice de la persona chinchosa. ◇ **Chinche de agua** Insecto que vive en las aguas estancadas, de cuerpo alargado y terminado en un tubo respiratorio. (Las picaduras del chinche de agua pueden ser dolorosas; orden heterópteros.)

chincheta s.f. Clavo pequeño, de cabeza grande circular y plana, y punta corta y muy fina, que se hunde por simple presión del pulgar.

chinchibí s.m. Amér. Bebida de jengibre fermentada.

chinchilla s.f. Mamífero roedor de América del Sur, de unos 25 cm de long. sin la cola, muy apreciado por su pelaje fino y sedoso, de coloración grisácea. **2.** Piel de este animal: *un abrigo de chinchilla.*

chinchín s.m. Música interpretada por una banda callejera. **2.** *Fam.* Brindis.

chinchón s.m. Aguardiente anisado de fuerte graduación.

chinchorrería s.f. *Fam.* Exigencia o meticulosidad excesivas. **2.** *Fam.* Chisme, habladuría.

chinchorro s.m. (de *chinche*). Red barredera. **2.** Embarcación de remos pequeña. **3.** Antillas, Chile, Colomb., Méx. y Venez. Hamaca hecha de red. **4.** Pan. *Fig.* Látigo.

chinchoso, a adj. y s. *Fam.* Molesto y pesado.

chinchudo, a adj. y s. Argent. *Fam.* Malhumorado, irritable.

chinchulín s.m. Argent. y Urug. Intestino de ovino o vacuno, asadura. (Suele usarse en plural.)

chincol s.f. Amér. Merid. Ave fringílida pequeña parecida al gorrión. **2.** Chile. *Fig.* Persona baja. **3.** Chile. *Fig.* Órgano sexual masculino, especialmente el del niño. ◇ **De chincol a jote** Chile. Indica que, desde el menor al mayor, todos están incluidos.

chiné adj. (del fr. *chiner,* tejer con hilo de varios colores). Se dice del tejido de seda cuyos dibujos se estampan sobre el hilo antes de tejer.

chinear v.tr. Amér. Central. Llevar en brazos o a cuestas. **2.** C. Rica. Mimar, cuidar con cariño y esmero. **3.** C. Rica y Guat. Cuidar niños como china o niñera. **4.** Guat. *Fig.* Preocuparse mucho por alguien o algo.

chinela s.f. (del ant. *chanela*). Zapatilla de tela o de cuero flexible, sin talón.

chinerío s.m. Amér. Merid. Conjunto de chinos, mestizos o indios.

chinero s.m. Armario o alacena en que se guardan piezas de china o porcelana.

chinesco, a adj. Que procede de China o que tiene características chinas. ◆ s.m. Instrumento de percusión compuesto de una armadura metálica, donde cuelgan campanillas y cascabeles, y un mango.

chinga s.f. Amér. Mofeta. **2.** Argent. Cosa muy molesta o fastidiosa: *fue una chinga no ir a la fiesta.* **3.** Argent. *Vulg.* Acción y efecto de chingar. **4.** C. Rica. Colilla del cigarro. **5.** Venez. Borrachera.

chingada s.f. **De la chingada** Argent. y Méx. *Vulg.* Muy mal, pésimamente: *me siento de la chingada.* **Mandar,** o **irse, a la chingada** Argent. y Méx. *Vulg.* Deshacerse de alguien, rechazarlo.

chingana s.f. Amér. Merid. Taberna en que suele haber canto y baile.

chingar v.tr. Importunar o molestar. **2.** *Vulg.* Realizar el acto sexual. **3.** *Fam.* Beber habitualmente vino o licores. **4.** Amér. Central. Cortarle el rabo a un animal. **5.** Amér. Central y Méx. *Vulg.* Dañar o perjudicar a alguien, abusar alevosamente de él. **6.** Méx. Arruinar alguna cosa, estropearla. ◆ v.intr. Argent. y Urug. Colgar un vestido más de un lado que de otro. ◆ **chingarse** v.prnl. Emborracharse, ponerse ebrio. **2.** Amér. Merid. Fallar, fracasar, frustrarse. **3.** Méx. Padecer alguien fatigas o contratiempos, afrontar circunstancias desfavorables.

chingo, a adj. Amér. Central. Se dice del animal rabón. **2.** Amér. Central. Se dice del vestido corto. **3.** Amér. Central y Venez. Chato, romo desnarigado. **4.** Colomb. y Cuba. Pequeño, diminuto. **5.** C. Rica. Desnudo. **6.** Nicar. Bajo de estatura. **7.** Venez. Deseoso, ávido. ◆ s.m. Méx. *Vulg.* Conjunto muy grande de cosas, cantidad exagerada de algo.

chingolo s.m. Pájaro que vive en Argentina, de unos 12 cm de long., de cabeza gris, vientre blancuzco y dorso pardo, cuyo canto es monótono y agradable.

chingón, na adj. Méx. *Vulg.* Extraordinario, muy bueno.

chinguo s.m. Chile. Mofeta.

chínguere s.m. Méx. *Vulg.* Bebida alcohólica en general.

chinguirito s.m. Cuba. Aguardiente de caña, de mala calidad.

chinita s.f. Chile. Mariquita, coleóptero.

chino, a adj. y s. De China. **2.** Amér. Merid. Se dice de la persona aindiada. **3.** Colomb. Se dice del indio o india no civilizados. **4.** Cuba. Se dice del hijo de una persona negra y otra mulata. **5.** Méx. Se dice de la persona que tiene el pelo rizado. **6.** Perú. Cholo, mestizo. ◆ s. Amér. Merid. Persona de clase social baja. **2.** Amér. Merid. Criado o sirviente. **3.** Amér. Merid. Persona que puede ser cariñosa o despectiva. ◆ s.m. Lengua hablada en China bajo diversas formas dialectales y que se escribe mediante un sistema ideográfico. **2.** Méx. Pelo rizado. ◆ **chinos** s.m.pl. Juego que consiste en acertar el número total de monedas u otros objetos pequeños que, con un máximo de tres, esconden los jugadores en una mano cerrada. ◇ **Colador chino** Esp. Colador de agujeros finos, de forma cónica. **Engañar como un chino** *Fam.* Engañar a alguien crédulo fácilmente.

chino

China se divide en siete zonas dialectales: una al norte, la del «mandarín», cuyos diversos dialectos de los que se ha extraído la lengua estándar, o *putonghua*, los habla el 70 % de la población total del país; tres al centro (*wu*, *gan* y *xiang*) y tres en el sur (*min*, *hakka* y *yue*). La identidad de escritura (ideogramas) compensa esta diversidad dialectal.

chinotibetano s.m. Familia de lenguas que agrupa el chino y el tibetano-birmano.

chintz s.m. Tela de algodón estampada y con un brillo satinado, usada en tapicería.

chip s.m. (voz inglesa) [pl. *chips* o *chipes*]. ELECTRÓN. Placa delgada de silicio, de unos pocos milímetros cuadrados de superficie, que sirve de soporte de las partes activas de un circuito integrado.

chipa s.f. Colomb. Cesto de paja que se usa para recoger frutas y legumbres. **2.** Colomb. Rodete o rosca que se coloca en la cabeza para mantener en pie una vasija redonda, etc. **3.** Colomb. Rollo, materia enrollada.

chipá s.m. Argent., Par. y Urug. Torta de harina de mandioca o maíz.

chipaco s.m. Argent. Torta de harina de trigo.

chipe s.m. Chile. *Vulg.* Dinero. (Se usa más en plural.) ◇ **Tener,** o **dar, chipe** Chile. *Fig.* y *fam.* Tener o dar libertad de acción.

chipén adj. (caló *čipén,* vida, y *čipé,* verdad). Esp. *Fam.* Excelente, magnífico.

chipiar v.tr. Amér. Central. Importunar, molestar.

chipichipi s.m. Méx. Llovizna.

chipil adj. y s.m. y f. Méx. Se dice del niño que reclama excesiva atención de sus padres por celos u otras causas.

chipirón s.m. Calamar pequeño.

chipolo s.m. Colomb., Ecuad. y Perú. Juego de naipes.

chipote s.m. Amér. Central. Golpe que se da con la mano. **2.** Guat. y Méx. Chichón.

chippewa → **ojibwa.**

chipriota adj. y s.m. y f. De Chipre.

chiqueadores s.m.pl. Adornos de carey de forma circular que antiguamente usaban en México las mujeres. **2.** Méx. Círculos de papel u otro vegetal que se untan con sebo u otra sustancia y se colocan en las sienes como remedio casero para el dolor de cabeza.

chiquear v.tr. Cuba y Méx. Mimar a una persona. **2.** Hond. Contonear el cuerpo al caminar.

chiqueo s.m. Cuba y Méx. Mimo, halago.

chiquero s.m. (mozár. *širkáir,* cabaña, granero). Pocilga, establo o cobertizo donde se recogen los cerdos. **2.** TAUROM. **a.** Compartimento del toril. **b.** Toril.

chiquigüite o **chiquihuite** s.m. Guat., Hond. y Méx. Cesto o canasta sin asas.

chiquilicuatro s.m. *Fam.* Mequetrefe, hombre insignificante.

chiquillada s.f. Acción propia de chiquillos.

chiquillería s.f. *Fam.* Multitud de chiquillos.

chiquillo, a adj. y s. Niño, muchacho.

chiquitear v.tr. Méx. *Fam.* Dar o tomar algo en pocas cantidades o poco a poco, para que dure más.

chiquitín, na o **chiquirritín, na** adj. y s. *Fam.* Que es de corta edad.

1. **chiquito, yuncarirsh** o **tarapecosi,** pueblo amerindio que vive en el N del Chaco y en el SE de Bolivia.

2. **chiquito, a** adj. y s. Muy pequeño. ◇ **Andarse con,** o **en, chiquitas** *Fam.* Usar rodeos o pretextos para esquivar o diferir algo.

chira s.m. y adj. Formación y grupo del eoceno superior de Perú.

chirapa s.f. Bol. Andrajo, jirón de ropa. **2.** Perú. Lluvia con sol.

chirca s.f. Árbol de madera dura, hojas ásperas, flores amarillas y fruto en almendra. (Familia euforbiáceas.) **2.** Nombre de diversas plantas leñosas que crecen en zonas cálidas de América. (Familia apocináceas.)

chircal s.m. Terreno poblado de chircas.

chiribita s.f. (de *chibit,* onomatopeya del chisporreo). Chispa, partícula inflamada. (Suele usarse en plural.) ◆ **chiribitas** s.f.pl. *Fam.* Lucecillas que aparecen por alguna anormalidad en el interior de los ojos.

chiribital s.m. Colomb. Erial, tierra estéril.

chiribitil s.m. Desván o cuarto pequeño.

chiricatana s.f. Ecuad. Poncho de tela basta.

chiricaya s.f. Amér. Central y Méx. Dulce de leche y huevo.

chirigota s.f. *Fam.* Burla, broma. ◇ **Chirigotas de Cádiz**

Comparsas que se reúnen para cantar en carnaval; canciones de burla que suelen cantar estas comparsas.

chirigotero, a adj. Que dice o hace chirigotas.

chiriguano, pueblo amerindio del grupo guaraní, de la familia tupí-guaraní, que vive en Bolivia, a orillas del río Pilcomayo.

chirimbolo s.m. *Fam.* Utensilio u objeto de forma extraña que no se sabe cómo nombrar.

chirimía s.f. (fr. ant. *chalemie*). Instrumento de viento de madera, parecido al clarinete, con diez agujeros y boquilla con lengüeta de caña.

chirimoya s.f. (voz indígena americana). Fruto comestible y azucarado del chirimoyo, de cáscara verdosa y pulpa blanca y carnosa, que contiene pepitas negras.

chirimoyo s.m. Árbol originario de América tropical, que mide unos 8 m de alt. y cuyo fruto es la chirimoya. (Familia anonáceas.)

chiringo s.m. Hond. Harapo. **2.** P. Rico. Caballo pequeño, de mala calidad.

chiringuito s.m. Esp. Quiosco o establecimiento pequeño situado al aire libre en que se sirven bebidas y comidas ligeras.

chirinola s.f. (de la batalla de *Cerignola*). Discusión acalorada. **2.** Conversación alegre y animada. **3.** Juego parecido al de los bolos. **4.** Cosa de poca importancia y trascendencia.

chiripa s.f. Lance o tanto conseguidos inesperadamente en el juego de billar. **2.** *Fig.* y *fam.* Casualidad favorable.

chiripá s.m. Amér. Merid. Prenda de vestir del gaucho que consiste en un paño rectangular pasado entre las piernas y sujeto a la cintura por la faja. **2.** Argent. Pañal que se pone a los niños.

chiripada s.f. Méx. *Fig.* y *fam.* Casualidad favorable, hecho afortunado.

chiripero, a s. Persona que consigue algo por chiripa.

chirivía s.f. Planta herbácea de raíz blanca o rojiza, carnosa y comestible. (Familia umbelíferas.)

chirla s.f. (voz vasca). Lamelibranquio de pequeño tamaño, con la concha en forma de cuña, apreciado por su carne comestible. (Familia donácidos.)

chirle adj. *Fam.* Insípido, falto de sustancia. **2.** Argent. Desleído, inconsistente. **3.** Argent. *Fig.* Carente de gracia o interés.

chirlo s.m. Herida larga en la cara. **2.** Señal que deja esta herida.

chirola s.f. Argent. Moneda antigua de níquel de cinco, diez o veinte centavos. **2.** Chile. Moneda de veinte centavos o de poco valor. ◆ **chirolas** s.f.pl. Argent. Chauchas, monedas de poco valor.

chirona s.f. *Fam.* Cárcel, prisión.

chiroso, a adj. Amér. Central. Andrajoso.

chirote s.m. Ecuad. y Perú. Pájaro parecido al pardillo, con una mancha roja en el pecho. (Familia ictéridos.) ◆ adj. y s. C. Rica. *Fig.* Grande, hermoso. **2.** Perú. *Fig.* Se dice de la persona ruda o poco inteligente.

chirriar v.intr. (voz de origen onomatopéyico) [conj.: *desviar*]. Producir un sonido agudo el roce de un objeto con otro: *los goznes de esta puerta chirrían.* **2.** Producir un sonido agudo y carente de armonía un animal, especialmente las aves. **3.** *Fig.* y *fam.* Desafinar o desentonar.

chirrido s.m. Sonido producido al chirriar.

chiruca s.f. (marca registrada). Bota de lona con suela de goma, ligera y resistente.

chirula s.f. Flauta pequeña que se usa en el País Vasco y en el Béarn.

chirusa o **chiruza** s.f. Argent. *Desp.* Mujer de comportamiento vulgar y afectado. **2.** Argent. y Urug. Mujer de clase social baja.

¡chis! interj. Se usa para pedir silencio.

chisa s.f. Colomb. Larva de un género de escarabajos, dañina para los cultivos.

chisgarabís s.m. (voz de origen onomatopéyico). Esp. *Fam.* Persona insignificante, poco formal y chismosa.

chisguete s.m. (voz de origen onomatopéyico). *Fam.* Trago de vino. **2.** *Fam.* Chorro de un líquido que sale con violencia.

chisme s.m. Noticia verdadera o falsa con que se murmura o se pretende difamar a alguien. **2.** Esp. y Méx. *Fam.* Objeto o trasto pequeño o poco útil.

chismear v.intr. Chismorrear.

chismorrear v.intr. *Fam.* Contar chismes.

chismorreo s.m. *Fam.* Acción de chismorrear.

chismoso, a adj. y s. Que chismorrea.

chispa s.f. (voz de origen onomatopéyico). Partícula incandescente que salta de algo que se está quemando o de la fricción de algunos cuerpos. **2.** Cantidad pequeña de algo: *una chispa de sal.* **3.** Gota de lluvia pequeña y escasa. **4.** *Fig.* Ingenio, gracia, agudeza. **5.** Esp. *Fam.* Embriaguez. **6.** ELECTR. Fenómeno luminoso debido a la brusca descarga que se produce cuando se aproximan dos cuerpos electrizados de diferentes potenciales. ◇ **Echar chispas** *Fam.* Estar muy enojado.

chispazo s.m. Acción de saltar una chispa. **2.** Señal o daño que causa una chispa. **3.** *Fig.* Suceso aislado y de poca importancia que precede a otros de mayor entidad relacionados con él: *los primeros chispazos del enfrentamiento.* (Suele usarse en plural.)

chispeante adj. Que chispea. **2.** *Fig.* Que abunda en detalles de ingenio y agudeza.

chispear v.intr. Echar chispas. **2.** Relucir o destellar mucho. **3.** Lloviznar o nevar muy débilmente.

chispo, a adj. *Fam.* Achispado, borracho.

chisporrotear v.intr. *Fam.* Despedir chispas reiteradamente.

chisquero s.m. Encendedor de bolsillo.

¡chist! interj. Se usa para pedir silencio.

chistar v.intr. (voz de origen onomatopéyico). Empezar a decir algo o hacer ademán de hablar. (Se utiliza solo en frases negativas.) ◇ **Sin chistar** Sin hablar, sin decir palabra.

chiste s.m. (de *chistar*). Frase o historia corta improvisada, relatada o dibujada que contiene un doble sentido, una alusión burlesca o un disparate destinado a provocar la risa. **2.** Colomb., Esp. y Méx. Gracia, chispa.

chistera s.f. (vasc. *xistera*). Cesta para poner lo que se ha pescado, angosta por la boca y ancha por abajo. **2.** Esp. *Fig.* y *fam.* Sombrero masculino de ceremonia, de copa alta. **3.** DEP. Cesta.

chistorra s.f. Embutido de origen navarro semejante al chorizo, pero más delgado.

chistoso, a adj. Que usa de chistes. **2.** Se dice de cualquier suceso que tiene chiste.

chita s.f. Astrágalo, hueso. **2.** Juego que consiste en poner una chita en un sitio determinado e intentar acertarla con piedras. ◇ **A la chita callando** Esp. *Fam.* Con disimulo o en secreto. **¡Por la chita!** Chile. *Fam.* ¡Caramba!

chiticalla s.m. y f. (de *chito* y *callar*). *Fam.* Persona muy callada y reservada.

¡chitón! o **¡chito!** interj. (voces de origen onomatopéyico). *Fam.* Se usa para imponer silencio.

chiva s.f. Amér. Perilla, barba. **2.** Amér. Central. Manta. **3.** Chile. *Fam.* Mentira. **4.** Méx. *Fam.* Objeto cuyo nombre no se conoce o no se quiere mencionar: *pásame la chiva para abrir la botella.* **5.** Venez. Red para llevar legumbres y verduras. ◆ **chivas** s.f.pl. Méx. Objetos personales: *recoge todas tus chivas.*

chivado, a adj. Argent. *Vulg.* Transpirado.

chivar v.tr. y prnl. Amér. Fastidiar, molestar, engañar. ◆ v.intr. Argent. *Vulg.* Transpirar. ◆ **chivarse** v.prnl. Amér. Merid. y Guat. Enojarse, irritarse. **2.** Esp. Descubrir una información que perjudica a alguien: *un alumno se chivó de los que rompieron la pizarra.*

chivarras s.f.pl. Méx. Calzones de cuero peludo de chivo.

chivatazo s.m. Esp. *Fam.* Delación, acción y efecto de chivarse.

chivatear v.intr. Argent. y Chile. Jugar los niños con algarabía.

chivato, a s. Chivo de entre seis meses y un año de edad. ◆ adj. y s. **2.** Colomb. y Esp. Soplón, delator. ◆ s.m. Esp. Dispositivo que advierte de una anormalidad o avisa de algo.

chivicoyo s.m. Ave galliforme que vive en las zonas desérticas del O norteamericano, cuya carne es muy apreciada. (Familia fasiánidos.)

chivo, a s. (voz de origen onomatopéyico). Cría de la cabra desde que deja de mamar hasta que llega a la edad de procrear. ◇ **Chivo expiatorio** Macho cabrío que sacrificaban los israelitas para expiar o borrar sus pecados; *Fig.* persona sobre la que se hacen recaer las culpas que comparte con otros.

chivudo, a adj. y s.m. Argent. *Fig.* y *fam.* Malhumorado. **2.** Argent., Cuba, Perú y Venez. *Fam.* Que lleva barba larga.

choapino s.m. Chile. Alfombra tejida a mano.

chocante adj. Que choca, que produce extrañeza o sorpresa. **2.** Argent., Colomb., C. Rica, Ecuad., Méx. y Perú. Antipático, fastidioso, que provoca rechazo.

chocantería s.f. Amér. Merid., Méx. y Pan. Impertinencia, cosa desagradable y molesta.

chocar v.intr. Contactar violentamente dos cuerpos: *chocar dos trenes.* **2.** *Fig.* Pelear, combatir. **3.** *Fig.* Estar en desacuerdo, discutir: *acabaron chocando por una tontería.* **4.** *Fig.* Causar algo extrañeza: *me chocó su actitud.* ◆ v.tr. e intr. Dar la mano en señal de saludo, felicitación, etc. ◆ v.tr. Hacer contactar una cosa con otra. **2.** Unir copas, vasos, etc., al hacer un brindis.

chocarrería s.f. Cualidad de chocarrero. **2.** Chiste grosero.

chocarrero, a adj. Grosero. ◆ adj. y s. Que tiene por costumbre decir chocarrerías.

chocha s.f. Becada.

chochal s.m. y adj. Formación y calizas del pérmico medio de Guatemala central.

chochear v.intr. Tener debilitadas las facultades mentales por la vejez. **2.** *Fig.* y *fam.* Sentir o expresar alguien mucho cariño o simpatía por una persona o cosa hasta parecer chocho: *chochear con su nieta.*

chochez s.f. Cualidad de chocho. SIN.: *chochera.* **2.** Dicho o hecho de la persona que chochea. SIN.: *chochera.*

1. **chocho** s.m. Altramuz. **2.** Esp. y Méx. *Vulg.* Vulva.

2. **chocho** o **popoloca de Oaxaca,** pueblo amerindio agricultor mexicano del est. de Oaxaca, de la familia lingüística otomangue.

3. **chocho, a** adj. Que chochea.

choclo s.m. (quechua *čókklo*). Amér. Merid. Mazorca tierna de maíz. **2.** Amér. Merid. Humita. **3.** Argent. *Fig.* y *fam.* Gran cantidad de algo. ◇ **Un choclo** Mucho, demasiado.

choclón s.m. Chile. Lugar en que celebran reuniones políticas los partidarios de un candidato durante el período electoral. **2.** Chile y Perú. Reunión de mucha gente, multitud.

choco, a adj. Amér. Se dice de la persona o animal que carece de un miembro. **2.** Bol. Que es de color rojo oscuro. **3.** Chile. Rabón. **4.** Colomb. Se dice de la persona de tez morena. **5.** Guat. y Hond. Tuerto, torcido. ◆ s.m. Amér. Merid. Perro de aguas. **2.** Bol. Sombrero de copa. **3.** Chile. Tueco. **4.** Chile. Arma de fuego de cañón recortado usada por bandidos. **5.** Chile. Espasmo vaginal durante el coito. **6.** Perú. Simio de pelo blanco.

chocolate s.m. (náhuatl *xocoatl,* de *xoco,* amargo y *atl,* agua). Mezcla elaborada esencialmente con cacao y azúcar molidos, a la que se le puede añadir mantequilla de cacao y otros productos (leche, almendras, etc.), que se consume en tabletas, bombones, etc. **2.** Bebida preparada con esta mezcla. **3.** Esp. *Fam.* Hachís. ◆ adj. y s.m. Se dice del color marrón como el del chocolate. ◆ adj. Que es de este color.

chocolatera s.f. Recipiente para preparar o servir el chocolate líquido.

chocolatería s.f. Fábrica de chocolate. **2.** Establecimiento en el que se vende o donde se sirve chocolate.

chocolatero, a adj. y s. Que le gusta mucho el chocolate. ◆ s. Persona que fabrica o vende chocolate.

chocolatina s.f. Pastilla o tableta pequeña de chocolate. SIN.: *chocolatín.*

chófer o **chofer** s.m. y f. (fr. *chauffeur*) [pl. *chóferes* o *chófers*]. Esp. y Méx. Conductor de automóvil, especialmente el que lo tiene por oficio. (En algunos países de Hispanoamérica, se pronuncia siempre aguda.)

choiyoilitense s.m. y adj. Fase eruptiva del triásico superior de Argentina y Chile.

chol, pueblo amerindio agricultor de la familia lingüística maya que en época precolombina ocupaba la región que iba de Tabasco (México) a Honduras, y al que se debió en gran parte el esplendor cultural maya. (Actualmente existen grupos en el est. de Chiapas y en Guatemala.)

chola s.f. *Fam.* Cholla, cabeza.

cholerío s.m. Amér. Merid. Conjunto de cholos.

choleta s.f. Chile. Tela ordinaria utilizada para forros de vestidos.

cholga s.f. Argent. y Chile. Molusco bivalvo semejante al mejillón.

cholla s.f. *Fam.* Cabeza. **2.** Talento, juicio. **3.** Amér. Central. Pereza, cachaza.

chollar v.tr. Amér. Central. Desollar, pelar.

chollo s.m. Esp. *Fam.* Ganga, cosa beneficiosa conseguida con poco esfuerzo.

cholo, a adj. y s. Amér. Mestizo de blanco e india. ◆ adj. Amér. Indio que ha adoptado las costumbres de la sociedad urbana e industrial. **2.** Amér. Merid. Apelativo cariñoso que se da a un niño, un muchacho, etc. **3.** Chile. Peruano.

cholón, pueblo amerindio de Perú, de la familia lingüística chibcha, que vive junto al Huallaga.

chompa o **chomba** s.f. Amér. Merid. Suéter.

chompipe s.f. Amér. Central. Pavo, ave gallinácea.

chon, familia lingüística amerindia que incluye las lenguas de los patagones y los fueguinos.

chongo s.m. Chile. Cuchillo sin filo. **2.** Dom. y P. Rico. Caballo malo. **3.** Guat. Rizo de pelo. **4.** Méx. Moño de pelo o trenza. ◆ **chongos** s.m.pl. Méx. Dulce típico elaborado con leche cuajada, azúcar y canela.

chonguear v.intr. y prnl. Guat. y Méx. Burlarse, chunguearse.

chono, pueblo amerindio, act. extinguido, que vivía de la pesca y la recolección en el archipiélago de los Chonos.

chontal adj. y s.m. y f. De un grupo de pueblos amerindios agricultores y pescadores de la familia lingüística maya que viven en México. **2.** Amér. Central, Colomb. y Venez. Rústico e inculto. ◆ s.m. Lengua de la familia lingüística maya-quiché.

chop s.m. Jarra grande, a veces con tapadera, que sirve para beber cerveza.

chope s.m. Chile. Palo que sirve para cavar las tierras, extraer tubérculos, etc. **2.** Chile. Garfio de hierro. **3.** Chile. Guantada, puñetazo.

chopera s.f. Lugar poblado de álamos o chopos.

chopo s.m. (del lat. *populus*). Álamo.

1. **chopper** s.m. (voz inglesa, *hacha, cuchilla*). Útil prehistórico tallado sobre un canto rodado de sílex o piedra similar.

2. **chopper** s.m. (voz angloamericana). Motocicleta alargada con manubrio alto, en la que el piloto va inclinado hacia atrás.

chop-suey s.m. Plato típico de la cocina china, en el que se saltean diferentes verduras cortadas en tiras y que se suele acompañar con trozos de pollo o de cerdo.

choque s.m. Acción de chocar. **2.** *Fig.* Enfrentamiento, disputa. **3.** MED. Shock. **4.** MIL. Encuentro violento con el enemigo hasta llegar al cuerpo a cuerpo. ◇ **Batallón de choque** Unidad táctica de infantería compuesta de comandos.

De choque Se dice de una doctrina, un sistema o una acción aplicada con fuerza para que tenga gran eficacia. **Ensayo de choque** Procedimiento destructivo para medir la fragilidad de un metal o de una aleación.

choquezuela s.f. Rótula, hueso.

chorcha s.f. Méx. Reunión de amigos en la que se charla animadamente.

chorear v.intr. y prnl. Chile. Molestar en exceso, fastidiar.

chorizar v.tr. Esp. *Vulg.* Robar.

chorizo s.m. Embutido elaborado con carne de cerdo, picada y condimentada con sal y otros ingredientes. **2.** Balancín, palo usado por los equilibristas. **3.** Argent. Embutido de carne porcina o vacuna, que generalmente se sirve asado. **4.** Argent., Par. y Urug. Carne de lomo vacuno, de forma alargada, situada a cada uno de los lados del espinazo. **5.** Argent., Par. y Urug. Mezcla de barro y paja para construir paredes. **6.** Esp. *Vulg.* Ratero, ladrón.

chorla s.f. Ave parecida a la ganga, pero de mayor tamaño.

chorlito s.m. (voz de origen onomatopéyico). Ave de patas altas y delgadas y pico recto. (Familia caradridos.)

chorlo s.m. (fr. *schorl,* del alem. *schörl*). Variedad de turmalina de color negro, que se encuentra en cristales, especialmente en granitos.

1. **choro** s.m. Chile. Mejillón. **2.** Chile. *Vulg.* Ladrón. **3.** Chile. *Vulg.* Órgano genital femenino. <> **Sacar a alguien los choros del canasto** Chile. Molestar causando una fuerte irritación.

2. **choro, a** adj. Chile. *Fam.* Se dice de la persona que destaca por su carácter valiente y decidido. **2.** Chile. Se dice de alguien o algo de cualidades sobresalientes.

chôro s.m. Conjunto musical instrumental popular brasileño. **2.** Música que interpreta.

chorote s.m. Colomb. Vasija hecha de barro. **2.** Cuba. Bebida espesa. **3.** Venez. Variedad de chocolate que se prepara con cacao cocido en agua y se endulza con azúcar sin refinar.

chorotega, pueblo amerindio de la familia lingüística otomangue, act. extinguido, que comprendía los grupos chiapaneca y chorotega, y vivía en el centro de Chiapas y en la costa mexicana del Pacífico.

chorotí o **zolota,** pueblo amerindio pescador y recolector del Chaco, de la familia lingüística mataco-macá.

chorrada s.f. Porción de líquido que se añade a la medida justa. **2.** Esp. *Fig.* Sandez, tontería.

chorreado, a adj. Se dice de la res que tiene chorreras. **2.** Amér. Sucio, manchado.

chorreadura s.f. Chorreo. **2.** Mancha que deja un líquido que ha caído chorreando.

chorrear v.intr. y tr. Salir un líquido en forma de chorro: *la herida chorrea sangre.* ◆ v.intr. *Fig.* y *fam.* Ir apareciendo o sucediendo ciertas cosas lentamente y sin interrupción: *chorreaban los últimos visitantes.* ◆ v.tr. *Fam.* Reprender, echar una bronca severa.

chorreo s.m. Acción y efecto de chorrear.

chorreón s.m. Chorreadura.

chorrera s.f. Lugar por donde cae una cantidad pequeña de líquido. **2.** Señal que deja el agua por donde ha corrido. **3.** Trecho corto de un río por donde el agua corre a más velocidad a causa del desnivel. **4.** Adorno de muselina o de encaje que cubre desde el cuello, el cierre de la camisa o del vestido por delante. ◆ **chorreras** s.f.pl. Cintas verticales del mismo color que la capa de la res vacuna, pero de tono más oscuro, que van colocadas del lomo al vientre.

chorretada s.f. *Fam.* Chorro de un líquido que sale con fuerza.

chorrillo s.m. *Fig.* y *fam.* Acción continua de recibir o gastar una cosa. **2.** Méx. Diarrea.

chorro s.m. (voz de origen onomatopéyico). Porción de un líquido o fluido que sale de una abertura o cae con fuerza y continuidad. **2.** Flujo sucesivo de cosas iguales. <> **A chorros** Copiosamente, con abundancia. **Chorro de arena** METAL. y TECNOL. Procedimiento para limpiar superficies metálicas con arena proyectada, mediante aire comprimido, a gran velocidad a través de una boquilla o tobera. **Chorro de voz** *Fig.* Emisión enérgica de voz.

chorus s.m. Unidad formal del jazz basada en la improvisación de un tema.

chotacabras s.m. (pl. *chotacabras*). Ave caprimulgiforme de unos 30 cm de long., de plumaje pardo o rojizo, que durante la noche caza los insectos al vuelo manteniendo el pico muy abierto.

chotearse v.prnl. Esp. *Vulg.* Burlarse.

choteo s.m. Esp. *Vulg.* Burla, pitorreo.

chotis s.m. (alem. *schottisch,* baile escocés). Baile de parejas, de movimiento moderado y de compás de cuatro tiempos, muy popular en Madrid desde fines del s. XIX. **2.** Música de este baile.

choto, a s. (voz de origen onomatopéyico). Esp. Cría de la cabra mientras mama. **2.** Esp. Ternero. <> **Como una chota** Esp. *Fam.* Chiflado, alocado, extravagante.

chott s.m. Depresión cerrada en las regiones áridas, generalmente originada por el viento, cuyo fondo está ocupado por una sebja. **2.** Tierra salada que rodea una sebja, en el N de África.

chotudo adj. Urug. Se dice del hombre de pene grande.

chotuno, a adj. Se dice de la cría de cabra mientras está mamando.

choucroute, choucrout o **chucrut** s.m. Plato típico alsaciano elaborado con col fermentada, acompañado de diversos productos de charcutería (salchichas, tocino ahumado, jamón, etc.) y de papas o legumbres.

chova s.f. (fr. ant. *choe*). Ave de unos 35 cm, de plumaje negro lustroso y patas rojas. (Familia córvidos.) **2.** Corneja.

chovinismo s.m. → **chauvinismo.**

chovinista adj. y s.m. y f. → **chauvinista.**

chow-chow adj. y s.m. (pl. *chow-chow*). Se dice del perro de una raza de origen chino, robusto y de pelo largo.

choya s.f. Guat. Pereza, pesadez. **2.** Méx. *Fam.* Cabeza.

choza s.f. Cabaña construida con troncos, cañas o paja. **2.** Vivienda pobre construida toscamente y con materiales de mala calidad.

christmas s.m. (del ingl. *Christmas card,* tarjeta de Navidad) [pl. *christmas*]. Tarjeta ilustrada de felicitación de Navidad.

chuán s.m. (fr. *chouan*). Campesino realista del O de Francia, que en 1793 luchó contra el gobierno revolucionario. (La revuelta de los chuanes, la *chouannerie,* se prolongó hasta 1800.)

chuascle s.m. Méx. Trampa.

chubasco s.m. (port. *chuvasco,* de *chuva,* lluvia). Lluvia intensa de corta duración, generalmente acompañada de viento. **2.** *Fig.* Adversidad o contratiempo transitorio.

chubasquero s.m. Impermeable, prenda para la lluvia con capucha.

chucán, na adj. Amér. Central. Bufón, chocarrero.

chucao s.m. Ave paseriforme de plumaje pardo, rojizo en el pecho y blanco manchado de negro en el vientre. (Familia rinocríptidos.)

chúcaro, a adj. Amér. Se dice del ganado, especialmente equino y vacuno que no ha sido domado o que es arisco.

chucha s.f. Argent. y Chile. *Vulg.* Vulva.

1. **chuchería** s.f. Objeto pequeño, poco útil y de poco valor, pero muy vistoso. **2.** Alimento ligero y apetitoso.

2. **chuchería** s.f. Caza de pájaros que se realiza con redes, lazos, liga, etc.

1. **chucho** s.m. *Fam.* Perro.

2. **chucho** s.m. Amér. Estremecimiento del cuerpo, escalofrío. **2.** Amér. Fiebre intermitente. **3.** Argent. y Urug. *Fam.* Miedo.

3. **chucho** s.m. Cuba. Aparato que sirve para dejar pasar o interrumpir la corriente eléctrica en un circuito.

chuchoca s.f. Amér. Merid. Maíz cocido y seco que se usa como condimento.

chucla s.f. Pez óseo bastante común en las costas mediterráneas, de color gris plateado con rayas pardas y de carne poco apreciada.

chucrut s.m. → **choucroute.**

chueca s.f. Tocón de un árbol. **2.** Hueso redondeado o parte de él que encaja en el hueco de otro en una articulación. **3.** *Fig.* y *fam.* Burla, chasco.

chueco, a adj. Amér. Se dice de la persona que tiene las piernas arqueadas. **2.** Amér. Torcido.

chufa s.f. Planta que crece en lugares húmedos, de tubérculos pequeños comestibles del mismo nombre, con los que se elabora la horchata. (Familia ciperáceas.)

chufla o **chufleta** s.f. *Fam.* Broma, burla.

chuico s.m. Chile. Garrafa.

chulada s.f. Chulería. **2.** Bravuconada, insolencia.

chulapo, a o **chulapón, na** s. Chulo, madrileño castizo.

chulear v.tr. Esp. *Fam.* Explotar a una persona que ejerce la prostitución. ◆ v.intr. Esp. Presumir, jactarse de algo.

chulería s.f. Insolencia o arrogancia en el comportamiento. **2.** Dicho o hecho insolente y arrogante. **3.** Gracia y donaire en lo que se dice o hace. **4.** Conjunto de chulos. **5.** Esp. Valentonería, bravuconería.

chulesco, a adj. Relativo a los chulos.

chuleta s.f. (cat. de Valencia *xulleta,* dim. de *xulla*). Costilla de buey, ternera, carnero o cerdo sin descarnar destinada al consumo. **2.** *Fig.* y *fam.* Bofetada. **3.** *Fig.* Pieza que se añade a alguna obra manual para rellenar un hueco. **4.** Esp. *Fam.* Papel con notas que un estudiante lleva escondido para copiar en los exámenes escritos. ◆ adj. y s.m. y f. Chulo, arrogante.

chulo, a adj. y s. (ital. *ciullo,* niño). Que hace y dice las cosas con chulería. SIN.: *chuleta.* **2.** Esp. y Méx. *Fam.* Bonito, gracioso. ◆ adj. Esp. Chulesco. ◆ s. Esp. Madrileño castizo. ◆ s.m. Argent., Bol. y Perú. Gorro tejido de lana. **2.** Esp. *Fam.* Hombre que vive de una persona que ejerce la prostitución.

1. **chullo** o **chullu** s.m. Argent., Bol. y Perú. Gorro tejido de lana.

2. **chullo, a** adj. y s. Bol., Ecuad. y Perú. Persona de la clase media.

chullpa s.f. ARQUEOL. Monumento funerario en forma de torre, construido por los aimara en la época precolombina como tumba de sus jefes.

chumacera s.f. (port. *chumaceira*). Soporte de un árbol de transmisión sobre el cual gira un eje o una pieza.

chumar v.tr. y prnl. *Fam.* Beber, embriagarse. ◆ **chumarse** v.prnl. Argent., Ecuad. y Urug. Emborracharse.

chumbe s.m. Amér. Merid. Ceñidor, faja.

chumbera s.f. Nopal.

1. **chumbo** s.m. Argent. *Vulg.* Revólver o pistola. **2.** Argent. *Vulg.* Balazo, tiro.

2. **chumbo, a** adj. Se dice del higo que es fruto de la chumbera o nopal. ◇ **Higuera chumba** Chumbera o nopal.

chuncho, a s. y adj. Nombre dado por los incas a los pueblos que habitaban en las laderas orientales de los Andes. **2.** Perú. Indio no aculturado, especialmente el de la Amazonia. ◆ s.m. Chile. Lechuza. **2.** Chile. Gafe, persona que trae mala suerte.

chunchul s.m. Chile. Intestino, especialmente de vacuno o de cordero, que se come guisado.

chunga s.f. (caló *čungo,* feo, pesado). *Fam.* Broma, burla: *hablar en chunga.*

chungo, a adj. *Fam.* Que es de mala calidad. **2.** *Fam.* Difícil. ◆ adv.m. Mal.

chunguearse v.prnl. *Fam.* Burlarse de alguien.

chuña s.f. Ave zancuda corredora, de más de 70 cm de long., de cuello y patas largos y pico corto, que vive en campo abierto y terrenos arbolados de Argentina, Bolivia y Brasil. (Se alimenta de pequeños vertebrados e invertebrados.) **2.** Chile. Arrebatiña.

chuño s.m. Amér. Merid. Fécula de papa. **2.** Amér. Merid. Comida que se prepara con fécula de papa y leche. **3.** Chile. *Vulg.* Semen.

chupa s.f. (fr. *jupe*). Parte del vestido que cubría el tronco, con cuatro faldones y mangas ajustadas. **2.** Esp. Chaqueta, cazadora. ◇ **Poner como chupa de dómine** *Fam.* Insultar, reprender a alguien duramente.

chupada s.f. Acción de chupar.

chupado, a adj. *Fam.* Que es muy flaco. **2.** Esp. *Fam.* Que es muy fácil.

chupadura s.f. Acción y efecto de chupar o chuparse.

chupalla s.f. Chile. Planta bromeliácea que tiene las hojas en forma de roseta y cuyo jugo se emplea en medicina natural. **2.** Chile. Sombrero de paja hecho con tirillas de las hojas de esta planta.

chupamirto s.m. Méx. Colibrí.

chupar v.tr. (voz de origen onomatopéyico). Tomar con los labios o la lengua el jugo o sustancia de algo. **2.** Absorber, atraer, aspirar un líquido: *el papel secante chupa la tinta.* **3.** Humedecer algo con la lengua o la boca: *chupar un lapicero.* **4.** *Fig.* y *fam.* Obtener beneficios con habilidad. **5.** Amér. Merid. Beber en abundancia. **6.** Hond. Fumar. ◆ v.intr. Méx. *Vulg.* Ingerir bebidas alcohólicas: *estuvieron chupando toda la noche.* ◆ **chuparse** v.prnl. Irse enflaqueciendo o desmedrando. **2.** Sufrir, aguantar algo.

chuparrosa s.f. Méx. Colibrí.

chupatintas s.m. (pl. *chupatintas*). *Desp.* Oficinista. SIN.: *cagatintas.*

chupe s.m. (quechua *čupi,* sopa). Chile y Perú. Guiso elaborado con papas, carne o pescado, queso, ají, tomate, etc.

chupete s.m. Objeto de goma o látex en forma de tetina, rematado por una pieza, que se da a chupar a los bebés.

chupetear v.tr. e intr. Chupar con insistencia.

chupetón s.m. Acción y efecto de chupar con fuerza.

chupinazo s.m. *Fam.* Cañonazo, disparo. **2.** PIROTECN. Disparo de un cohete hecho con un mortero, generalmente para señalar el inicio de una fiesta.

chupo s.m. Colomb. Chupete.

chupón, na adj. *Fam.* Que chupa. ◆ adj. y s. Esp. Que se adueña de dinero con astucia o engaño. ◆ s.m. Vástago que brota en las ramas principales, tronco o raíces de un árbol y le chupa la savia. **2.** Caramelo largo que se va chupando. **3.** Méx. Chupete.

chupóptero, a s. *Fam.* Persona que, sin trabajar, disfruta de uno o varios sueldos o ventajas a costa de otras personas.

chuquisa s.f. Chile y Perú. Mujer sexualmente promiscua o prostituta.

churana s.f. Amér. Merid. Aljaba que usan los indios.

churinga s.f. ANTROP. Objeto ritual que sirve de receptáculo del alma de los muertos o de los seres vivos que han de venir.

churlengo s.m. Argent. Charabón, ñandú. **2.** Argent. *Fig.* Persona de piernas largas y delgadas. **3.** Argent. y Chile. Cría del guanaco.

churrasco s.m. Carne asada a la brasa. **2.** Argent. Asado hecho al aire libre.

churrasquear v.intr. Argent., Par. y Urug. Hacer y comer churrascos.

churre s.m. *Fam.* Grasa gruesa y sucia que escurre de algo.

churrería s.f. Establecimiento donde se hacen o venden churros.

churrero, a s. Persona que hace o vende churros.

churrete o **churretón** s.m. Esp. Mancha, generalmente producida por una sustancia que chorrea.

churrias s.f.pl. Diarrea.

churriento, a adj. Que tiene churre o está manchado de churre.

churrigueresco, a adj. Relativo al churriguerismo. **2.** *Fig.*

Se dice de algo muy recargado, de mal gusto: *vestido churrigueresco.*
churriguerismo s.m. Estilo artístico del barroco tardío español, que toma su nombre del arquitecto José Benito Churriguera. **2.** Exceso de ornamentación.

churriguerismo

La interpretación del barroco español formulada por los Churriguera (segunda mitad del s. XVII y primera mitad del s. XVIII) asumió los contenidos del decorativismo plateresco a través de la ornamentación exhaustiva y fantasiosa, con inclusión de elementos de influencia árabe, y se implantó también en Hispanoamérica, especialmente en México, con adaptaciones originales.

churriguerista adj. y s.m. y f. Se dice del artista que adopta los principios del churriguerismo.
churrinche s.m. Argent. y Urug. Pájaro migratorio de pequeño tamaño y de plumaje generalmente pardo.
1. **churro** s.m. Masa de harina, agua y sal a la que se da una forma alargada con un aparato especial, se fríe en aceite y se suele espolvorear con azúcar. **2.** *Fam.* Casualidad favorable: *acertar por churro.* **3.** Esp. *Fam.* Chapucería, cosa mal hecha. **4.** Méx. *Fam.* Película cinematográfica de muy mala calidad.
2. **churro, a** adj. y s. Se dice de la oveja cuya lana es más basta y larga que la merina. ◆ adj. Se dice de la lana de esta oveja.
churrullero, a adj. y s. (de *Chorrillo,* nombre de un hostal de Nápoles). Charlatán.
churruscar v.tr. y prnl. Quemar la superficie de algo.
churrusco s.m. Pedazo de alimento, especialmente pan, demasiado tostado.
churuguara s.m. y adj. Formación del terciario venezolano constituida por arcillas, areniscas y calizas.
churumbel s.m. (voz caló). Esp. Niño, hijo.
churumbela s.f. Instrumento de viento parecido a la chirimía, pero más pequeño. **2.** Amér. Bombilla para tomar el mate.
chusca s.f. Chile. Mujer ordinaria de vida disipada. **2.** Chile. *Fam.* Amante.
chuscada s.f. Dicho o hecho de chusco.
chusco, a adj. y s. Que tiene gracia y picardía: *anécdota chusca.* ◆ adj. Perú. Se dice del animal cruzado, particularmente del perro de raza indefinida. ◆ s.m. Mendrugo, pedazo de pan. **2.** Ración de pan de munición.
chusma s.f. (genovés ant. *ciüsma*). *Fam.* Conjunto de gente vulgar o despreciable. ◆ adj. y s.f. Argent. *Desp.* Persona chismosa y entrometida.
chusmear v.intr. Argent. *Fam.* Chismorrear, explicar noticias.
chusmerío s.m. Argent. *Fam.* Acción y efecto de chusmear.
chuspa s.f. Amér. Merid. Bolsa, morral. **2.** Urug. Bolsa pequeña para llevar el tabaco.
chusque s.m. Colomb. Planta gramínea muy alta, variedad del bambú.
chusquero adj. y s.m. Oficial del ejército que ha ascendido desde soldado raso.
chusquisa s.f. Chile y Perú. Prostituta.
chut s.m. (pl. *chuts*). Acción y efecto de chutar. SIN.: *tiro.*
chutar v.tr. e intr. Lanzar el balón de fútbol con el pie. ◆ **chutarse** v.prnl. Esp. *Fam.* Inyectarse una dosis de droga.
chute s.m. Chut. **2.** Esp. *Fam.* Acción de inyectarse droga.
chuva s.m. Simio platirrino de dorso negro y vientre amarillo, que vive en las selvas del Amazonas.
chuvashi, pueblo turco que habita principalmente a lo largo del Volga medio, en la República de Chuvashia (Rusia).
chuyo, a adj. Bol. y Ecuad. Aguado, poco espeso.
chuza s.f. Argent. Espolón del gallo. **2.** Argent. y Urug. Lanza rudimentaria, parecida al chuzo. **3.** Méx. En el juego del boliche o bolos, lance en el que se derriban todos los palos de una vez y con una sola bola. ◆ **chuzas** s.f.pl. Argent. *Fig.* y *fam.* Cabellos largos, lacios y duros. ◇ **Hacer chuza** Méx. *Fig.* Destruir algo por completo.
chuzar v.tr. Colomb. Pinchar, herir.
chuzo s.m. Palo provisto de un pincho de hierro. **2.** Carámbano, pedazo puntiagudo de hielo. **3.** Chile. Barra de hierro cilíndrica y puntiaguda que se usa para abrir los suelos. **4.** Chile. Caballo viejo, de mala calidad. **5.** Chile. *Fig.* Persona incompetente, torpe. **6.** Cuba. Látigo de cuero retorcido que se va adelgazando hacia la punta. ◇ **Caer,** o **llover,** o **nevar, chuzos de punta** *Fam.* Caer granizo, llover o nevar con mucha fuerza. **Echar chuzos** *Fam.* Proferir amenazas en tono arrogante; enojarse mucho.
Cía., abrev. de *compañía.*
ciaboga s.f. (de *ciar* y *bogar*). Maniobra de dar vuelta en redondo a una embarcación de remos, bogando los de una banda y ciando los de otra. **2.** Maniobra del mismo tipo de una embarcación de vapor sirviéndose en este caso del timón y la máquina.
cianamida s.f. Cuerpo derivado del amoníaco por sustitución de un átomo de hidrógeno por el grupo —CN.
cianhídrico, a adj. Se dice del ácido de fórmula HCN, soluble en agua y tóxico violento. SIN.: *ácido prúsico.*
cianofíceo, a adj. y s.f. Relativo a una clase de algas unicelulares o de filamentos pluricelulares, de coloración verde azulada, cuyas células carecen de núcleo claramente diferenciado.
cianógeno s.m. (del gr. *kýnos,* azul, y *gennon,* engendrar). QUÍM. Gas tóxico e incoloro, compuesto por carbono y nitrógeno (C_2N_2), a veces empleado como gas de combate.
cianosis s.f. Coloración azul o amoratada de la piel, debida a una oxigenación insuficiente de la sangre.
cianótico, a adj. y s. Relativo a la cianosis; que padece cianosis.
cianuración s.f. Fijación del ácido cianhídrico sobre un compuesto orgánico. **2.** Cementación del acero por inmersión en un baño a base de cianuro alcalino fundido. **3.** Tratamiento de los minerales de oro y de plata en una solución de cianuro alcalino.
cianuro s.m. Sal del ácido cianhídrico, muy tóxica.
ciar v.intr. [conj.: *desviar*]. Remar hacia atrás para que la embarcación retroceda o para que dé una vuelta en redondo.
ciática s.f. Dolor fuerte debido a la compresión de las raíces del nervio ciático, a la salida del canal raquídeo, o a una neuritis.
ciático, a adj. (lat. vulgar *sciaticus*). Relativo a la cadera y al isquion. ◆ adj. y s.m. Se dice del nervio que recorre los músculos del muslo, de la pierna y del pie.
cibercafé s.m. Establecimiento en el que los clientes pueden utilizar computadoras para conectarse a Internet y consumir bebidas y algún alimento.
ciberespacio s.m. (angloamericano *cyberspace*). INFORMÁT. Espacio virtual donde se hallan los recursos de información numérica, a los que puede accederse a través de redes informáticas de comunicación.
cibernauta s.m. y f. Persona que utiliza las redes informáticas de comunicación.
cibernética s.f. Ciencia que estudia los mecanismos de comunicación y de control en los sistemas electrónicos y los seres vivos.
cibernético, a adj. Relativo a la cibernética. **2.** Se dice del arte que representa, valiéndose de los recursos de la técnica moderna, objetos en movimiento. **3.** Se dice del aparato o mecanismo utilizado en un entorno de realidad virtual: *guante cibernético.* ◆ s. Especialista en cibernética.
cíbolo, a s. (de *Cíbola,* c. del S de EUA). Bisonte americano.
ciboney o **siboney,** pueblo amerindio que poblaba las Antillas, y que fue arrinconado en los extremos occidentales de las islas de Cuba y La Española, por las invasiones de los arawak y de los caribes. (Se dedicaba a la agricultura y la pesca.)

ciborio s.m. Baldaquín que corona un altar, de origen paleocristiano. **2.** Copa sagrada, provista de tapa, en que se conservan las hostias consagradas.

cibucán s.m. Colomb., Dom. y Venez. Talega de tela muy basta usada para exprimir la yuca rallada y para hacer el cazabe.

cica s.f. Árbol o arbusto gimnospermo de las regiones tropicales, parecido a la palmera.

cicadino, a adj. y s.f. Relativo a una clase de plantas gimnospermas de tronco simple con un penacho de grandes hojas pinnadas en el extremo.

cicatear v.intr. *Fam.* Escatimar algo para gastar poco.

cicatería s.f. Cualidad de cicatero. **2.** Acción propia del cicatero.

cicatero, a adj. y s. (del ár. *saqqât,* vendedor de baratillo). Ruin, mezquino, tacaño. **2.** Que concede mucha importancia a cosas pequeñas o se ofende por ellas.

cicatrícula s.f. BIOL. Disco pequeño germinativo que encierra el núcleo hembra del huevo.

cicatriz s.f. (lat. *cicatrix, -icis*). Señal que queda de una herida, llaga, etc., en un tejido orgánico. **2.** *Fig.* Impresión que deja en el ánimo un sentimiento.

cicatrización s.f. Acción y efecto de cicatrizar o cicatrizarse.

cicatrizal adj. Relativo a la cicatriz.

cicatrizante adj. y s.m. Que favorece y acelera la cicatrización.

cicatrizar v.tr., intr. y prnl. (del lat. *cicatricare*). Curar completamente una herida o llaga. **2.** *Fig.* Borrar o superar los efectos de un sentimiento.

cícero s.m. (lat. *Cicero,* Cicerón, político y orador latino). Unidad de medida tipográfica equivalente a doce puntos tipográficos.

cicerone s.m. y f. (voz italiana, de *Cicerón,* político y orador latino). Persona que enseña y explica a los visitantes las características más interesantes del lugar visitado.

cicindela s.f. (lat. *cicindela,* luciérnaga). Insecto coleóptero de 1 cm de long., mandíbulas desarrolladas y élitros verdes moteados de amarillo, parecido al cárabo, que destruye las babosas y las larvas fitófagas.

ciclación s.f. Transformación de una cadena abierta en otra cerrada, en un compuesto químico.

cicládico, a adj. Relativo a las Cícladas y a su civilización antigua.

ciclamato s.m. Edulcorante de síntesis empleado en regímenes hipocalóricos.

ciclamen s.m. Planta herbácea de flores blancas o rosadas, de la que se cultivan algunas variedades como plantas ornamentales. (Familia primuláceas.)

ciclamor s.m. (del fr. ant. *sicamor*). Árbol de 5 a 10 m de alt., de flores rosadas, que aparecen en primavera, antes que las hojas, y se cultiva como ornamental, aunque también puede ser silvestre. (También *árbol de Judas;* familia cesalpiniáceas.)

ciclano s.m. Hidrocarburo cíclico saturado.

1. **ciclar** v.tr. (del ár. *şáqual,* pulir). Pulir y abrillantar las piedras preciosas.

2. **ciclar** v.tr. Efectuar una ciclación.

cíclico, a adj. Relativo a un ciclo. **2.** Que ocurre en ciclos: *enseñanza cíclica.* **3.** QUÍM. Se dice del compuesto orgánico cuya molécula contiene una cadena cerrada. ◇ **Música cíclica** Composición en la que uno o varios temas reaparecen en todos los movimientos de la misma.

ciclismo s.m. Ejercicio y deporte que se practica con la bicicleta.

ciclista adj. Relativo al ciclismo. ◆ s.m. y f. Persona que se desplaza en bicicleta o que practica el deporte del ciclismo.

ciclo s.m. (lat. *cyclus,* del gr. *kýklos,* círculo). Sucesión de fenómenos que se repiten periódicamente en un orden determinado: *el ciclo de las estaciones.* **2.** Sucesión de hechos que forman un todo. **3.** *Fig.* Serie de conferencias u otros actos culturales relacionados entre sí por el tema, las personas, la entidad organizadora, etc. **4.** Conjunto de obras literarias, generalmente poemas épicos, agrupadas en torno a un hecho o a un héroe. **5.** Cada uno de los períodos en que están divididos los planes de estudio de los diversos niveles educativos. **6.** ASTRON. Sucesión periódica de fenómenos astronómicos que se reproducen en el mismo orden. **7.** FÍS. Transformación de un sistema que vuelve a su estado inicial. **8.** MAT. Circunferencia a la que se asocia un sentido de recorrido. **9.** QUÍM. Cadena cerrada de átomos, especialmente de carbono, que existe en las moléculas de ciertos compuestos orgánicos. ◇ **Ciclo biosférico,** o **bioquímico, del carbono, del nitrógeno,** etc. Paso periódico de estos elementos químicos a través de los organismos animales y vegetales, el aire, el suelo y las aguas. **Ciclo de cuatro tiempos** Ciclo de un motor de explosión que comprende cuatro fases (admisión, compresión, explosión y escape), durante dos vueltas de cigüeñal. **Ciclo de dos tiempos** Ciclo de un motor de explosión en el que todas las fases se realizan durante una sola vuelta de cigüeñal. **Ciclo de erosión** Conjunto de estados sucesivos del relieve, debidos a la acción de diversos agentes de erosión. **Ciclo de un motor de explosión** Sucesión de las fases necesarias para el funcionamiento de un motor de explosión, que se reproducen en cada uno de los cilindros. **Ciclo económico** Período de tiempo que comporta una fase ascendente de la economía, una crisis o cambio de tendencia, una fase de depresión y una recuperación. **Ciclo lunar** Período de aproximadamente diecinueve años, al cabo de los cuales las fases de la Luna vuelven a presentarse en las mismas fechas. **Ciclo menstrual** Conjunto de manifestaciones fisiológicas que se producen periódicamente en la mujer y en otros mamíferos, que comportan modificaciones de la mucosa uterina, la ovulación y la menstruación, si no ha habido fecundación. **Ciclo por segundo** Unidad de frecuencia para los fenómenos vibratorios equivalente a un período completo en una unidad de tiempo. **Ciclo reproductor** Sucesión de formas de un ser vivo de una generación a la siguiente. **Ciclo solar** Período de veintiocho años tras el cual el año vuelve a empezar por el mismo día de la semana; período de aproximadamente once años que separa dos máximos o dos mínimos sucesivos del número de manchas solares observadas.

ciclo

En economía se distinguen: los ciclos de larga duración, conocidos como *ciclos de Kondrátiev,* que abarcan un período del orden de medio siglo; ciclos de período medio, alrededor de diez años, llamados *ciclos de Juglar,* y ciclos de período corto, unos dos años, denominados *ciclos de Kitchin.* Cada uno de estos ciclos comprende un período de crecimiento (por ej., la etapa 1850-1873) y un período de depresión (por ej., 1873-1895). Algunos economistas aceptan la existencia de ciclos del orden de un siglo, o incluso de un milenio.

ciclo-cross s.m. (ingl. *cyclo-cross*). Modalidad deportiva del ciclismo y del cross-country practicada en un terreno accidentado.

ciclohexano s.m. Ciclano (C_6H_{12}), utilizado en la fabricación del nailon.

cicloide s.f. (gr. *kykloeidis,* de aspecto circular). MAT. Curva plana descrita por un punto de una circunferencia que gira, sin deslizarse, sobre una recta fija.

ciclomotor s.m. Bicicleta provista de un motor, cuya cilindrada máxima es de 50 cm^3.

ciclón s.m. (ingl. *ciclone,* del gr. *kykloyn,* dar vueltas). Viento muy violento. **2.** Perturbación atmosférica correspondiente a una zona de bajas presiones, que produce vientos fuertes y precipitaciones. **3.** Aparato destinado a recuperar las partículas de desperdicios industriales arrastradas por un fluido. ◇ **Ciclón tropical** Huracán que se forma sobre los mares intertropicales. SIN.: *huracán, tifón.*

ciclónico, a adj. GEOGR. Relativo a los ciclones. SIN.: *ciclonal.*

cíclope o **ciclope** s.m. (lat. *cyclops, -opis,* del gr. *kyklops, -opos*). Gigante de la mitología griega que tenía un solo ojo en medio de la frente.

ciclopentano s.m. Ciclano (C_5H_{10}), que forma parte de la molécula de ciertos esteroles.

ciclópeo, a adj. De los cíclopes. **2.** *Fig.* Gigantesco, enorme. **3.** ARQUEOL. Se dice de una construcción irregular formada por enormes bloques de piedra, en general sin mortero, puestos unos sobre otros.

ciclopropano s.m. Ciclano gaseoso e inflamable (C_3H_6), empleado como anestésico.

ciclostilar v.intr. Esp. Obtener copias mediante ciclostilo.

ciclostilo o **ciclostil** s.m. (del gr. *kýklos,* círculo, y *stýlos,* columna). Esp. Aparato que sirve para copiar muchas veces un escrito o dibujo por medio de una tinta especial sobre una plancha gelatinosa.

ciclóstomo, a adj. y s.m. Relativo a una clase de peces agnatos, muy primitivos y sin mandíbulas.

ciclotimia s.f. Estado mental en el que existe una alternancia de fases de euforia y depresión, que son de tipo maníaco o de tipo melancólico. SIN.: *psicosis maníaco-depresiva.*

ciclotrón s.m. Acelerador circular de partículas electrizadas pesadas.

cicloturismo s.m. Turismo que se hace en bicicleta.

cicónido, a adj. y s.m. Relativo a una familia de aves zancudas que viven en llanuras y pantanos, como la cigüeña y el marabú.

cicuta s.f. (lat. *cicuta*). Planta de tallo hueco, flores pequeñas y hojas perennes, de las que se extrae un alcaloide tóxico, la cicutina. (Familia umbelíferas.) **2.** Veneno extraído de esta planta. ◇ **Cicuta menor** Etusa.

cicutina s.f. Alcaloide muy venenoso que se encuentra en la cicuta mayor.

cid s.m. Hombre muy valiente.

cidra s.f. Fruto del cidro, parecido al limón pero de mayor tamaño, de piel gruesa, utilizado en confitería y en perfumería.

cidrada s.f. Conserva de cidra.

cidro s.m. (del lat. *citrus,* limonero). Árbol de unos 5 m, de tronco liso y ramoso, hojas perennes verdes por el haz y rojizas por el envés, y flores encarnadas olorosas, cultivado por sus frutos o cidras.

cidronela s.f. (fr. *citronnelle,* de *citron,* limón). Melisa.

ciego, a adj. y s. (lat. *caecus*). Privado de la vista. ◆ adj. y s.m. ANAT. Se dice de la parte inicial del intestino grueso, por debajo de la entrada del intestino delgado, desprovista de salida y en la que se halla el apéndice vermicular. ◆ adj. Incapaz de darse cuenta de algo. **2.** *Fig.* Ofuscado, poseído con vehemencia de alguna pasión: *estar ciego de ira.* **3.** Se dice de un canal o una abertura sin salida. **4.** Se dice de un conducto o de un muro sin aberturas o huecos. ◇ **A ciegas** Sin ver; sin conocimiento, sin reflexión. **Ponerse ciego** Esp. Hartarse de algo, especialmente comida, bebida o drogas.

cielito s.m. Argent. y Chile. Cante y baile rural de movimientos lentos, ejecutado por hasta diez parejas.

cielo s.m. (lat. *caelum*). Espacio infinito en el que se mueven los astros, que, visto desde la Tierra, forma una bóveda circunscrita por el horizonte. **2.** Lugar considerado la morada de Dios, de los ángeles y de los bienaventurados. **3.** Dios o su providencia: *quiera el cielo que tengas razón.* **4.** *Fig.* Parte superior que cubre alguna cosa. **5.** Expresión cariñosa dirigida a una persona. ◆ **¡cielos!** interj. Expresa extrañeza, admiración, enojo, etc. ◇ **Bajado,** o **caído,** o **llovido,** o **venido, del cielo** Oportuno e inesperado, obtenido sin esfuerzo. **Cielo de la boca** Paladar. **Cielo raso** Techo plano con el enlistonado o encañizado revocado con yeso. **Clamar al cielo** Causar indignación una cosa por ser injusta. **En el cielo** Muy a gusto. **Explotación a cielo abierto** Explotación minera en la superficie del terreno, al aire libre (por oposición a la *explotación subterránea* mediante galerías de mina). **Mover,** o **remover, cielo y tierra** *Fam.* Hacer todas las gestiones posibles para el logro de una cosa. **Séptimo cielo** En la astronomía antigua, cielo de Saturno, el más lejano de los planetas conocidos entonces; lugar o situación de felicidad completa.

ciempiés s.m. (pl. *ciempiés*). Artrópodo terrestre de cuerpo anillado, que tiene numerosas patas. (Tiene entre 10 y 175 pares de patas, según las especies.)

cien adj.num.cardin. y ordin. y s.m. y f. Apócope de *ciento: cien dólares; cien personas.* (Se emplea antepuesto al sustantivo.)

ciénaga s.f. Lugar cenagoso o pantanoso.

ciencia s.f. (lat. *scientia,* conocimiento). Conjunto de conocimientos objetivos sobre ciertas categorías de hechos, de objetos o de fenómenos, que se basa en leyes comprobables y en una metodología de investigación propia. **2.** Rama de ese conjunto de conocimientos. **3.** *Fig.* Saber, sabiduría, erudición. ◆ **ciencias** s.f.pl. Disciplinas basadas fundamentalmente en el cálculo y la observación (por oposición a *letras*). ◇ **A,** o **de, ciencia cierta** Con seguridad. **Ciencia ficción** Género literario y cinematográfico que se basa en la evolución de la humanidad y, en particular, en las consecuencias de sus progresos científicos. **Ciencia infusa** En teología católica, ciencia recibida directamente de Dios; saber que se posee por naturaleza, sin haberlo adquirido mediante estudio o investigación. **Ciencia pura** Ciencia independiente de toda aplicación técnica. **Ciencias aplicadas** Investigaciones que emplean los resultados científicos en las aplicaciones técnicas. **Ciencias exactas** Ciencias cuyo método conjuga las matemáticas con la experimentación. **Ciencias humanas** Ciencias que estudian los diferentes aspectos del ser humano y de la sociedad, como la historia, la psicología, etc. **Ciencias naturales** Ciencias que estudian los diferentes aspectos de la naturaleza, como la botánica, la zoología, etc. **Ciencias ocultas** Conjunto de conocimientos y prácticas cuyos principios resultan inaccesibles a la experimentación científica, y que incluye disciplinas como la astrología, la nigromancia, el espiritismo, etc. **Ciencias sociales** Conjunto de ciencias (sociología, economía, etc.) que estudian los diferentes aspectos de las sociedades humanas. **Gaya ciencia** Arte de la poesía en tiempo de los trovadores.

cienmilésimo, a adj. Se dice de cada una de las partes que resultan de dividir un todo en cien mil partes iguales.

cienmilímetro s.m. Centésima parte de un milímetro.

cienmillonésimo, a adj. Se dice de cada una de las partes que resultan de dividir un todo en cien millones de partes iguales.

cieno s.m. (lat. *caenum,* fango). Depósito arcilloso y blando que se forma en el fondo de ríos, mares, lagos y zonas húmedas. **2.** *Fig.* Deshonra, descrédito.

ciensayos s.m. (pl. *ciensayos*). Pájaro fabuloso con plumaje de colores muy diversos.

cientificismo s.m. FILOS. Corriente de pensamiento que considera que no existe más conocimiento verdadero que el científico. SIN.: *cientismo.*

cientificista adj. y s.m. y f. Relativo al cientificismo; partidario de esta corriente. SIN.: *cientista.*

científico, a adj. (lat. *scientificus*). Relativo a la ciencia o a una ciencia: *método científico; obra científica.* ◆ s. Persona que se dedica a la investigación científica.

ciento adj.num.cardin. y s.m. (lat. *centum*). Diez veces diez. (Se usa esta forma cuando precede a otro numeral que se suma, p. ej. *ciento cincuenta.* En el resto de casos se suele utilizar la forma apocopada *cien.*) ◆ adj.num.ordin. y s.m. y f. Centésimo, que corresponde en orden al número cien. ◆ **cientos** s.m.pl. Impuesto indirecto castellano, vigente desde principios del s. XVII hasta 1845, que consistía en un recargo del 4 % sobre la alcabala. ◇ **Por ciento** Indica porcentaje. (Va precedido de un numeral o *tanto.*)

cierne s.m. Acción de cerner o fecundarse la flor de algunas plantas, como el olivo, el trigo o la vid. <> **En cierne,** o **en ciernes** En preparación o en proceso de formación.

cierre s.m. Acción y efecto de cerrar o cerrarse. **2.** Cerradura o cosa que sirve para cerrar. **3.** Persiana o reja con que se cierran las aberturas o huecos de puertas y ventanas. **4.** Bloque de acero que sirve para obturar la abertura posterior de un arma de fuego. **5.** Dispositivo que permite unir las partes separadas de una prenda de vestir. **6.** Clausura temporal de tiendas y establecimientos mercantiles. **7.** Acción de dar por finalizada la edición de una publicación periódica. <> **Cierre centralizado** Sistema mecánico que permite abrir y cerrar las puertas en un automóvil. **Cierre de seguridad** Mecanismo dispuesto en puertas, joyas, etc., que solo puede abrirse de una manera determinada. **Cierre metálico** Mampara o cortina móvil, de madera o metálica, con que se cierran los escaparates de las tiendas.

cierro s.m. Chile. Tapia, cerca o vallado. **2.** Chile. Sobre de carta o tarjeta.

1. **cierto** adv.afirm. Con certeza.

2. **cierto, a** adj. (lat. *certus,* decidido). Verdadero: *una noticia cierta.* **2.** Seguro, que no ofrece duda: *no tener un plan cierto.* **3.** Que no está determinado o precisado: *una cierta manera de hacer las cosas.* **4.** Que se encuentra en pequeña cantidad: *dejar traslucir cierta preocupación.* <> **Por cierto** A propósito; ciertamente, en verdad.

ciervo, a s. (lat. *cervus*). Mamífero rumiante, de piel rojiza, de hasta 1,50 m de alt., que vive en manadas en los bosques de Europa, Asia y América. (La especie europea, que pesa unos 150 kg, es objeto de caza. El macho posee unas astas o cuernos ramificados; su cría es el cervatillo; el ciervo brama y, cuando está en celo, berrea; familia cérvidos.) ◆ s.m. **Ciervo volante** Insecto coleóptero de unos 8 cm, que excava profundas galerías en los robles. (El macho posee unas grandes mandíbulas semejantes a los cuernos del ciervo.)

cierzo s.m. (del lat. *cercius*). Viento fuerte y frío del N.

cifoescoliosis s.f. Deformación compleja de la columna vertebral, que consiste en la asociación de una cifosis y de una escoliosis.

cifosis s.f. (del gr. *kyphós,* encorvado). Desviación anormal hacia atrás de la columna vertebral.

cifra s.f. (ár. *ṣifr,* vacío, cero). Signo o carácter que sirve para representar un número. **2.** Suma, cantidad. **3.** Abreviatura, representación de las palabras con solo varias o una de sus letras; palabra escrita de este modo. **4.** Sistema de signos convenidos para una escritura secreta. **5.** MÚS. Escritura de música mediante números.

cifrado s.m. MÚS. Conjunto de caracteres numéricos situados encima de las notas del bajo para indicar los acordes que han de formarse.

cifrar v.tr. Escribir en clave o en cifras. **2.** Fundar, apoyar una persona o cosa en otra: *cifra sus esperanzas en el examen.* **3.** *Fig.* Evaluar cuantitativamente algo. **4.** *Fig.* Compendiar, reducir a una sola cosa algo de mayor valor. **5.** MÚS. Colocar sobre ciertas notas del bajo cifras que corresponden a los acordes.

cigala s.f. Crustáceo decápodo parecido a la langosta, de unos 15 cm de long., dotado de largas pinzas.

cigarra s.f. Insecto abundante en la región mediterránea, de unos 5 cm de long., que se alimenta de savia, y cuyo macho posee un aparato en el abdomen con el que produce un sonido estridente y monótono. (La cigarra estridula o chirría; orden Mhomópteros.)

cigarral s.m. Casa toledana de recreo rodeada de huerta, situada en las afueras de la ciudad.

cigarrera s.f. Caja para guardar cigarros puros. **2.** Petaca, estuche para cigarros.

cigarrería s.f. Amér. Establecimiento donde se vende tabaco.

cigarrero, a s. Persona que hace o vende cigarros.

cigarrillo s.m. Cilindro de papel muy delgado relleno de tabaco picado o en hebra, que se enciende por un extremo para fumar por el otro.

cigarro s.m. Cilindro de hojas de tabaco secas para fumar. SIN.: *cigarro puro, puro.* **2.** Ecuad. Libélula.

cigoma s.m. ANAT. Hueso del pómulo.

cigomático, a adj. (del gr. *zýgoma, -atos,* arco cigomático). Relativo al pómulo o a la mejilla. **2.** ANAT. Se dice de la apófisis del hueso temporal, que se articula con el hueso malar del pómulo y forma el arco cigomático.

cigomicetal adj. y s.f. Relativo a un orden de ficomicetes con micelio muy ramoso que se multiplica por endosporas y sexualmente. SIN.: *cigomicete.*

cigomorfo, a adj. → **zigomorfo.**

cigoñal s.m. Pértiga apoyada sobre un pie de horquilla, con un recipiente atado a un extremo, para sacar agua de pozos poco profundos.

cigoñino s.m. Cría de la cigüeña.

cigoto o **zigoto** s.m. Célula resultante de la fecundación o unión del gameto masculino y el gameto femenino.

ciguatera s.f. Enfermedad que afecta a los peces y crustáceos de las costas del golfo de México y se transmite a las personas que los comen.

ciguato, a adj. y s. Que padece ciguatera.

cigüeña s.f. (lat. *ciconia*). Ave zancuda migratoria, de cuello y pico largos, cuya especie más conocida, la cigüeña blanca de alas negras, alcanza más de 1 m de alt. (La cigüeña crotora o chirría.) **2.** Codo que tienen los tornos y otras máquinas en la prolongación del eje, para dar con la mano movimiento rotatorio.

cigüeñal s.m. MEC. Eje que transforma el movimiento rectilíneo alternativo del conjunto pistónbiela de un motor térmico en movimiento circular.

cigüeñuela s.f. Ave caradriforme de plumaje negro y blanco y largas patas rosadas, que vive en Europa central y meridional, África y Asia.

cilampa s.f. C. Rica y Salv. Llovizna.

cilanco s.m. Charco que se forma en la orilla o en el fondo de un río cuando este se seca.

cilantro s.m. Planta herbácea de 30 a 60 cm de alt., de tallo glabro y brillante, flores rojizas y semilla elipsoidal aromática, usada como estomacal o como condimento. (Familia umbelíferas.)

ciliado, a adj. Provisto de cilios. ◆ s.m. Protozoo provisto de cilios vibrátiles.

ciliar adj. (del lat. *cilia,* pl. de *cilium,* párpado, ceja). Relativo a los cilios. **2.** Relativo a las cejas. <> **Músculos ciliares** Músculos anulares situados alrededor de la córnea y que regulan la abertura del iris.

cilicio s.m. (lat. *cilicium,* paño fabricado con piel de cabra de Cilicia). Faja de cerdas o cadenas metálicas pequeñas con puntas, que se lleva ceñida al cuerpo por mortificación.

cilindrada s.f. Capacidad de los cilindros de un motor de explosión. (Se expresa en centímetros cúbicos o en litros.)

cilindrado s.m. Acción de cilindrar.

cilindrar v.tr. Comprimir con un cilindro o rodillo. ◆ v.intr. MEC. Efectuar en el torno el desbaste o alisado de una pieza cilíndrica.

cilíndrico, a adj. Que tiene forma de cilindro. **2.** MAT. Relativo al cilindro. <> **Engranaje cilíndrico** Engranaje en el que los piñones tienen sus ejes paralelos. **Superficie cilíndrica** Superficie engendrada por una recta *(generatriz)* que se desplaza paralelamente a una dirección fija apoyándose sobre una curva plana fija *(directriz)* cuyo plano corta la dirección dada.

cilindro s.m. (lat. *cylindrus,* del gr. *kylindros*). Cuerpo geométrico limitado por una superficie cilíndrica y dos planos paralelos que cortan las generatrices. **2.** Nicar. Bombona usada para contener gases y líquidos. **3.** MEC. Pieza en cuyo interior se mueve el pistón de un motor, de una bomba, etc. **4.** TECNOL. Rodillo para laminar metales, dar brillo a los tejidos, imprimir papel, etc. <> **Cilindro de revolución** o **cilindro**

recto de base circular Cilindro engendrado por la rotación de un rectángulo alrededor de uno de sus lados. **Cilindro urinario** BIOL. Residuo microscópico de los tubos del riñón, que se encuentra en la orina durante las nefritis.

cilindroeje s.m. ANAT. Axón.

cilindroide adj. Que se parece en la forma a un cilindro.

cilindrosello s.m. Instrumento cilíndrico, generalmente de piedra, grabado en hueco con signos, símbolos y textos, que se hacía rodar sobre arcilla fresca. (Se utilizaba como sello en Mesopotamia [IV milenio], y más tarde en la mayoría de los países del antiguo oriente.)

cilio s.m. (lat. *cilium,* pestaña). Flagelo o filamento protoplasmático muy tenue que ciertas células animales y vegetales poseen en gran número y que, por sus movimientos rítmicos, permiten el desplazamiento de la célula en su medio líquido o crean en el organismo una corriente líquida.

cilla s.f. (lat. *cella,* celda). Casa o cámara donde se recogían los granos y frutos de los diezmos.

cillerero s.m. (de *cillero,* bodega). Mayordomo en los monasterios de algunas órdenes religiosas.

cima s.f. (lat. *cyma,* tallo joven). Parte más alta de algo, especialmente de una elevación del terreno. **2.** Grado máximo de perfección que se puede alcanzar. **3.** *Fig.* Fin o complemento de una obra o cosa. **4.** BOT. Inflorescencia formada por un eje principal acabado por una flor que lateralmente tiene uno o varios ejes secundarios que se ramifican del mismo modo. <> **Dar cima** Concluir algo felizmente.

cimacio s.m. ARQ. Moldura cuyo perfil dibuja una S con los extremos tendiendo hacia la horizontal, generalmente con la parte superior cóncava y la inferior convexa.

cimarra. Hacer la cimarra Chile. No asistir voluntariamente a clase.

cimarrero, a adj. y s. Chile. Se dice del que hace la cimarra.

cimarrón, na adj. y s. Se dice del animal que vive en libertad, especialmente, si era doméstico y se hace salvaje. **2.** Se dice de la planta silvestre, especialmente si existe la especie cultivada. **3.** Se dice del esclavo americano que huía al campo. ◆ adj. y s.m. Argent. y Urug. Se dice del mate sin azúcar.

cimarronada s.f. Amér. Manada de cimarrones.

cimasa s.f. Enzima de la levadura de la cerveza que produce la descomposición de la glucosa en alcohol y anhídrido carbónico en la fermentación alcohólica.

cimba s.f. Bol. y Perú. Trenza que usan algunos indios.

cimbado s.m. Bol. Látigo trenzado.

cimbalaria s.f. Planta herbácea de pequeñas hojas redondas lobuladas y flores purpúreas con una mancha amarilla, que se usa como adorno de paredes. (Familia escrofulariáceas.)

cimbalero, a s. Persona que toca el címbalo.

címbalo s.m. (lat. *cymbalum*). Instrumento musical de percusión que consta de un platillo de metal que se cuelga o que se sostiene en la mano, y al que se dan golpes o se hace chocar con otro platillo. (Suele usarse en plural.) SIN.: *platillo.*

cimbel s.m. Cuerda fina que une el ave que sirve de señuelo a la punta del cimillo. **2.** Ave u objeto con esa forma que se emplea como señuelo.

cimborrio o **cimborio** s.m. (lat. *cimborium*). Cuerpo cilíndrico que sirve de base a la cúpula y en el que se practican vanos de iluminación. SIN.: *tambor.* **2.** Linterna que remata una cúpula.

cimbra s.f. (fr. ant. *cindre*). Curvatura interior de un arco o de una bóveda. **2.** Armazón que sostiene las dovelas de un arco o una bóveda durante su construcción. <> **Plena cimbra** Cimbra que forma un semicírculo.

cimbrado s.m. Colocación de las cimbras en la construcción de un arco o una bóveda. **2.** COREOGR. Paso de baile que se hace doblando rápidamente el cuerpo por la cintura.

cimbreante adj. Que cimbrea: *tallos cimbreantes.* **2.** *Fig.* Se dice de la figura, talle o forma de andar garbosa o graciosa.

cimbrear v.tr. y prnl. Imprimir movimiento vibratorio a un objeto largo, delgado y flexible, que está sujeto por un extremo. SIN.: *cimbrar.* **2.** *Fig.* Mover el cuerpo o una parte de él con garbo y soltura. **3.** Colocar las cimbras en una obra.

cimbreño, a adj. Que se cimbra.

cimbreo s.m. Acción y efecto de cimbrar.

cimbrio, a adj. y s. De un pueblo germánico que, con los teutones, invadió la Galia en el s. II a.C. (Fueron derrotados por Mario en Vercelli [101 a.C.].) ◆ **cimbrios** s.m.pl. Nombre que se dio en España a los miembros de la izquierda monárquica que colaboraron coyunturalmente con la I república.

cimbrón s.m. Argent., Colomb. y C. Rica. Tirón fuerte o súbito del lazo u otra cuerda. **2.** Ecuad. Punzada, dolor.

cimbronazo s.m. Argent. Cimbrón, tirón fuerte. **2.** Argent., Colomb. y C. Rica. *Fig.* Estremecimiento nervioso muy fuerte.

cimentación s.f. Acción de cimentar. **2.** Consolidación de un pozo petrolífero por inyección de cemento tras el entibado.

cimentar v.tr. [conj.: *pensar*]. Poner los cimientos de un edificio. **2.** *Fig.* Establecer los principios o fundamentos de algo no material: *cimentar una teoría.*

cimera s.f. (lat. *chimaera*). Adorno que forma la parte superior de un casco. **2.** HERÁLD. Timbre formado por una o varias figuras, situado en lo más alto del yelmo.

cimerio, a adj. y s. De un ant. pueblo nómada de origen tracio, que en el s. VII a.C. invadió Asia Menor.

cimero, a adj. Que remata por lo alto una cosa elevada.

cimiento s.m. (lat. *caementum,* canto de construcción). Parte de un edificio situada bajo tierra que constituye su base o sustento. (Suele usarse en plural.) **2.** *Fig.* Principio o fundamento de algo no material: *los cimientos de la tolerancia.* <> **Abrir los cimientos** Hacer las zanjas para poner los cimientos. **Echar,** o **poner, los cimientos de algo** Disponer o hacer las cosas necesarias para que pueda llevarse a cabo.

cimillo s.m. (lat. *cimbalum,* especie de platillos). Vara pequeña a la que se ata, mediante un cimbel, el ave que sirve de señuelo.

cimitarra s.f. Sable oriental ancho y curvado.

cimpa s.f. Perú. Cimba, trenza.

cinabrio s.m. (lat. *cinnabari*). Sulfuro natural de mercurio, de fórmula HgS, de color rojo bermellón, del que se extrae este metal.

cinacina s.f. Árbol de hojas estrechas y menudas y flores olorosas amarillas y rojas, originario de América Meridional. (Familia cesalpiniáceas.)

cinámico, a adj. Se dice de un alcohol, un ácido o un aldehído derivados del propenilbenceno.

cinamomo s.m. (lat. *cinamomo*). Árbol de madera dura y aromática, flores blancas y fruto parecido a una cereza pequeña, del que se extrae un aceite usado en medicina y en la industria. (Familia meliáceas.) **2.** Sustancia aromática citada por los antiguos, que podía ser la canela o la mirra.

cinc o **zinc** s.m. (fr. *zinc*) [pl. *cincs* o *zincs*]. Metal de color blanco azulado, poco alterable, de densidad 7,14, cuyo punto de fusión es de 419 °C. **2.** Elemento químico (Zn), de número atómico 30 y masa atómica 65,39.

cinc

El cinc se encuentra en la naturaleza, generalmente, en estado de sulfuro (blenda) o de carbonato (calamina). Poco oxidable en frío, se utiliza en forma de placas para el recubrimiento de tejados. El hierro galvanizado se obtiene por depósito galvánico o por templado en un baño de cinc fundido. El cinc forma parte de la composición de numerosas aleaciones (latón, maillechort, etc.). El óxido (ZnO) o «blanco de cinc» se emplea en la fabricación de pinturas y en la industria del vidrio.

cincado s.m. Operación consistente en revestir de cinc una superficie u objeto metálicos. **2.** Resultado de esta operación.

cincato s.m. Sal del anhídrido de fórmula ZnO.

cincel s.m. (fr. ant. *cisel*). Herramienta para labrar a golpe de martillo piedra, metal y madera, con boca cerrada y recta de doble bisel.

cinceladura s.f. Acción y efecto de cincelar. SIN.: *cincelado.*

cincelar v.tr. Labrar con cincel u otra herramienta piedra, metal y madera.

cincha s.f. (lat. *cingula*). Faja con que se asegura la silla o albarda sobre la cabalgadura, ciñéndola por debajo de la barriga: *cincha de brida, de jineta.* ◇ **A raja cincha** o **a revienta cinchas** Argent. Muy rápidamente; con exceso, sin medida.

cinchadura s.f. Acción de cinchar.

cinchar v.tr. Asegurar la silla o albarda apretando las cinchas. **2.** Asegurar un barril, rueda, etc., con cinchas. **3.** Argent. *Fig.* y *fam.* Apoyar, alentar con entusiasmo, especialmente en competiciones deportivas. **4.** Argent. y Urug. Procurar afanosamente que se cumpla algo como uno desea. **5.** Argent. y Urug. Trabajar con esfuerzo.

cinchera s.f. Parte del cuerpo de las caballerías en que se pone la cincha. **2.** Enfermedad que padecen las caballerías en la parte del cuerpo en que se les coloca la cincha.

cincho s.m. (lat. *cingulum*). Faja o cinturón. **2.** Aro de hierro con que se aseguran los barriles, maderos ensamblados, etc. **3.** Méx. Cincha de la silla de montar. **4.** ARQ. Porción de arco saliente en el intradós de una bóveda en cañón.

cinco adj.num.cardin. y s.m. (lat. *quinque*). Cuatro más uno. ◆ adj.num.ordin. y s.m. y f. Quinto. ◆ s.m. Chile, C. Rica y Méx. Moneda de cinco centavos. **2.** Venez. Especie de guitarra de cinco cuerdas. ◇ **Ni cinco** *Fam.* Sin dinero: *a fin de mes no tengo ni cinco.*

cincoenrama s.f. (del lat. *quinquefolium*). Planta herbácea de hojas compuestas con cinco hojuelas, flores amarillas y raíz medicinal. (Familia rosáceas.)

cinconina s.f. Alcaloide que se extrae de la corteza del árbol de la quina.

cincuate s.m. Méx. → **cencuate.**

cincuenta adj.num.cardin. y s.m. (lat. *quinquaginta*). Cinco veces diez. ◆ adj.num. ordin. y s.m. y f. Quincuagésimo. ◇ **Los (años) cincuenta** Década que empieza en el año cincuenta y termina en el sesenta.

cincuentavo, a adj. y s.m. Se dice de cada una de las partes que resultan de dividir un todo en cincuenta partes iguales.

cincuentena s.f. Conjunto de cincuenta unidades. **2.** Edad de cincuenta años.

cincuentenario s.m. Fecha en que se cumplen cincuenta años de algún suceso; también celebración de esta fecha.

cincuenteno, a adj. Quincuagésimo.

cincuentín s.m. Moneda castellana de plata acuñada durante el s. XVII.

cincuentón, na adj. y s. Se dice de la persona que tiene entre 50 y 60 años de edad.

cine s.m. (abrev. de *cinematógrafo*). Establecimiento destinado a la proyección de películas cinematográficas. **2.** Cinematografía. ◇ **Cine continuado** Argent. Sesión continua. **Cine de arte y ensayo** Cine que proyecta películas fuera de la red comercial normal. **Cine de artista** Obra cinematográfica realizada por un artista plástico, pintor, escultor, etc. **Cine de autor** Realizaciones cinematográficas más o menos desligadas de condicionamientos comerciales y en las que se expresa de forma personal la creatividad del director. **De cine** *Fam.* Muy bien, excelentemente: *jugar de cine.*

cineasta s.m. y f. Persona que trabaja en cinematografía, especialmente el realizador o director.

cineclub s.m. Asociación que tiene por finalidad la divulgación de la cultura cinematográfica.

cinefilia s.f. Afición grande por el cine.

cinéfilo, a adj. y s. Se dice de la persona muy aficionada al cine.

cinegética s.f. Arte de la caza.

cinegético, a adj. (gr. *kynegetikós*). Relativo a la cinegética.

cinema s.m. Cine.

Cinemascope s.m. (marca registrada). Procedimiento cinematográfico de proyección sobre una pantalla amplia por descompresión óptica de la imagen previamente deformada en la cámara cinematográfica.

cinemateca s.f. Filmoteca.

cinemática s.f. (del gr. *kínema, -atos,* movimiento). Parte de la mecánica que estudia el movimiento de los cuerpos, con independencia de las fuerzas que lo producen.

cinemático, a adj. Relativo al movimiento: *fórmula cinemática.*

cinematografía s.f. Arte de representar imágenes en movimiento sobre una pantalla por medio de la fotografía.

cinematografía

Después de haber creado las imágenes, el hombre creó procesos técnicos para fijar sus sueños como si fueran reales: cuarto oscuro, cámara oscura, linterna mágica, etc. A finales del s. XIX, con el nacimiento del cinematógrafo, se aúna una técnica todavía nueva, la *fotografía*, que asocia la química (las superficies sensibles) y la óptica (los objetivos) y un sistema capaz de registrar y luego restituir de manera satisfactoria el análisis del movimiento real. Esto era imposible antes de la aparición de placas fotográficas suficientemente sensibles, hacia 1870-1880. T. Edison se inclinó por películas de celuloide de cortometraje que el espectador solo podía ver individualmente gracias al kinetoscopio (1891). Los hermanos Lumière fueron los primeros en crear un aparato que aseguraba una adecuada grabación y proyección de películas. El 28 de diciembre de 1895, se realizó en París la primera proyección pública pagada, considerada como el bautismo de la industria cinematográfica. A principios del s. XX los aparatos adquirieron su forma definitiva: la cámara se diferencia del proyector. Las aportaciones técnicas posteriores solo son mejoras de los dispositivos iniciales destinadas a dar una mayor ilusión de realidad. Pronto surgió la idea de colorear los filmes, primero a mano y luego de forma mecánica; fue en 1932-1934, con la adopción del Technicolor (proceso tricromático por sustracción), cuando se inicia la expansión del cine en color. De la misma manera, aunque en sus orígenes el cine era mudo no dejaba de ser sonoro: las proyecciones se acompañaban con música (piano u orquesta). Alrededor de 1927, el éxito de *El cantante de jazz*, película presentada como el primer largometraje hablado, impuso un nuevo tipo de espectáculo. A partir de la década de 1970, la televisión brindó al cine técnicas de video específicas y la informática ofreció a los realizadores el campo infinito de las imágenes digitales. Por otro lado, nuevas salas de proyección ponen a prueba estas nuevas técnicas: los sistemas Imax 2D o 3D permiten al espectador, en el caso del 3D, la visión de imágenes en tres dimensiones gracias a una técnica de visión estereoscópica.

cinematografiar v.tr. [conj.: *desviar*]. Impresionar una película cinematográfica.

cinematográfico, a adj. Relativo a la cinematografía.

cinematógrafo s.m. Aparato que proyecta imágenes en movimiento sobre una pantalla.

cinemógrafo s.m. Instrumento para determinar y registrar las velocidades.

cinemómetro s.m. Indicador de velocidad.

cineol s.m. Éter-óxido que se extrae de las hojas del eucalipto y que se usa en medicina.

cinerama s.m. (marca registrada). Procedimiento cinematográfico que utilizaba la yuxtaposición, en una misma pantalla, de tres imágenes obtenidas de tres proyectores distintos.

cineraria s.f. Planta ornamental de hojas grandes, plateadas y vellosas, y con flores de diversos colores parecidas a las margaritas. (Familia compuestas.)

cinerario, a o **cinéreo, a** adj. Que contiene cenizas de cadáveres: *urna cineraria.*

cinerita s.f. GEOL. Cenizas volcánicas consolidadas.

cinescopio s.m. Cámara cinematográfica que registra las imágenes catódicas de la televisión para la ulterior repetición de una emisión en directo.

cinésica s.f. Parte de la teoría de la comunicación que estudia los gestos y movimientos corporales.

cinesis s.f. Modificación de la velocidad de locomoción de un animal en respuesta a una variación de intensidad de un estímulo exterior.

cinesiterapia s.f. Quinesioterapia.

cinestesia s.f. Conjunto de sensaciones de origen muscular o articulatorio que informan acerca de la posición de las diferentes partes del propio cuerpo en el espacio.

cinestésico, a adj. Relativo a la cinestesia.

cineteca s.f. Méx. Filmoteca.

cinetes, pueblo prerromano de la península Ibérica que, según Heródoto, se estableció en el S de Portugal.

cinética s.f. Parte de la mecánica que se ocupa del movimiento. **2.** Estudio de la velocidad de las reacciones químicas.

cinético, a adj. Relativo a la cinética o al movimiento. ◇ **Arte cinético** Forma de arte abstracto contemporáneo derivada del constructivismo y basada en la ilusión óptica *(op art)*, el carácter cambiante de la obra y su movimiento virtual o real. **Energía cinética** Energía de un cuerpo en movimiento. (Para un sólido en traslación, la energía cinética es el semiproducto de su masa multiplicado por el cuadrado de su velocidad.)

arte cinético

Principales «cinetistas»: los franceses de origen húngaro Vasarely y Nicolas Schöfer (1912-1992), el belga Bury, el venezolano Jesús Rafael Soto (1923-2005) y el israelita Yaacov Agam.

cinetismo s.m. Carácter del arte cinético. **2.** Arte cinético.

cingalés, sa adj. y s. De Sri Lanka, ant. Ceilán. ◆ s.m. Lengua indoaria hablada en Sri Lanka.

cíngaro, a o **zíngaro, a** adj. y s. (ital. *zingaro*). Gitano. (Suele reservarse este nombre, de una manera imprecisa, para aludir a los gitanos de Europa central y oriental, especialmente a los húngaros.) **2.** Se dice de los músicos bohemios o vestidos de bohemios que actúan en music-halls, etc. ◆ s.m. Lengua indoirania hablada por los gitanos.

cingiberáceo, a adj. y s.f. Relativo a una familia de plantas monocotiledóneas muy apreciadas como condimento, como el jengibre.

1. **cinglar** v.tr. (fr. *cingler,* del escand. ant. *sigla,* navegar). Mover una embarcación con un solo remo puesto a popa.

2. **cinglar** v.tr. (fr. *cingler,* del fr. ant. *cengle,* cincha). Trabajar el hierro para limpiarlo de escorias.

cíngulo s.m. Cordón de seda o lino con una borla en cada extremo que sirve para ceñir el alba del sacerdote. **2.** ANAT. Parte de la circunvolución cerebral que rodea al cuerpo calloso, constituida por fascículos de asociación entre la circunvolución callosa y el hipocampo.

cinia o **zinnia** s.f. Planta originaria de México, cultivada por sus flores ornamentales, de la que existen numerosas variedades. (Familia compuestas.)

cínico, a adj. y s. (lat. *cynicus*). Que hace alarde de no creer en la rectitud ni en la sinceridad. ◆ adj. y s.m. Se dice de los filósofos griegos de la escuela fundada por Antístenes que pretendían vivir en consonancia con la naturaleza y se oponían radicalmente a las convenciones sociales. (Diógenes fue el principal representante de la escuela de los cínicos.)

cínife s.m. (lat. *sciniphes* o *ciniphes*). Mosquito.

cinípedo, a adj. y s.m. Relativo a una familia de insectos himenópteros de pequeño tamaño, cuyas larvas son endoparásitas de otros insectos o de tejidos vegetales.

cinismo s.m. (lat. *cynismus*). Cualidad de cínico. **2.** Doctrina de los filósofos cínicos.

cinocéfalo, a adj. y s.m. (gr. *kynoképhalos*). Se dice de los primates catarrinos cuya cabeza es alargada, como la de un perro.

cinoglosa s.f. (gr. *kynóglosos*). Planta de hojas rugosas y flores violáceas, que se cultiva con fines decorativos. (Familia borragináceas.)

cinquecento s.m. Siglo XVI, referido a la historia y la cultura italianas. SIN.: *quinientos.*

cinquén s.m. y adj. Moneda castellana de vellón del s. XVI.

cinquillo s.m. Juego de cartas en que a partir de la carta número cinco los jugadores van depositando su jugada correlativamente por uno u otro extremo hasta el rey o hasta el as. **2.** MÚS. **a.** Grupo de cinco notas. **b.** Ritmo característico de la música cubana.

cinta s.f. (lat. *cincta,* p. f. de *cingere,* ceñir). Tira larga, delgada y estrecha de tela, papel u otro material flexible, que sirve para atar, ceñir, reforzar, adornar u otros usos. **2.** ARQ. Adorno que imita una cinta. **3.** MAR. Tablazón situada por encima de la línea de flotación. **4.** TEXT. Forma en que aparecen dispuestas las materias textiles durante las operaciones de hilatura. ◇ **Cinta adhesiva** Tira de celofán o materia plástica cubierta de un producto adherente para aplicarla sobre una superficie. **Cinta aislante** Cinta adhesiva que se utiliza para aislar los empalmes de los conductores eléctricos. **Cinta azul** Trofeo que antaño se concedía al barco que atravesaba con mayor rapidez el Atlántico. **Cinta cinematográfica** Película, cinta de celuloide con imágenes fotográficas. **Cinta magnética** Cinta de material plástico en que se registran sonidos o imágenes que después pueden reproducirse mediante un aparato adecuado. **Cinta métrica** Cinta de acero o de tela reforzada, dividida en unidades del sistema métrico decimal, que se emplea para medir longitudes. **Cinta perforada** Cinta de papel en la que las cifras y las letras quedan registradas mediante perforaciones. **Cinta transportadora** Dispositivo para transportar de forma continuada personas o mercancías.

cintarazo s.m. Golpe dado de plano con la espada.

cintilar v.tr. Centellear, despedir destellos de luz.

cintillo s.m. Chile. Diadema, cinta para el cabello. **2.** Colomb. Collar pequeño.

cinto s.m. (lat. *cinctus, -us*). Faja para ceñir y ajustar la cintura: *llevar la espada al cinto.*

cintra s.f. Curvatura interior de un arco o bóveda.

cintura s.f. Parte del cuerpo humano entre el tórax y las caderas. **2.** Parte de una prenda de vestir que coincide con esa parte del cuerpo. **3.** ANAT. Estructura anatómica de disposición circular, irregular o elíptica: *cintura escapular.* **4.** MAR. Ligadura que se da a las jarcias o cabos contra sus respectivos palos. ◇ **Meter en cintura** Esp. y Méx. *Fam.* Obligar a alguien a comportarse de la forma debida. **Tener cintura** Argent. *Fig.* y *fam.* Tener habilidad y destreza para salir del paso o resolver situaciones.

cinturón s.m. Tira de cuero, plástico, tela u otro tejido con la que se sujeta y ciñe a la cintura una prenda de vestir. **2.** *Fig.* Conjunto de cosas que rodea algo: *cinturón industrial.* **3.** Carretera o conjunto de carreteras que rodean el núcleo urbano de una ciudad. **4.** En judo y otros deportes, cada uno de los grados del luchador. ◇ **Cinturón de radiación** ASTRON. Zona del espacio que rodea un planeta, dotada de campo magnético, en la que se encuentran numerosas partículas atómicas confinadas por este campo. **Cinturón de seguridad** Dispositivo destinado a mantener en su asiento a los pasajeros de un automóvil o de un avión, en caso de accidente.

cipayo s.m. (persa *sipahi*). En los ss. XVIII y XIX, soldado indio al servicio de Francia, de Portugal y de Gran Bretaña.

cipe adj. C. Rica, Hond. y Salv. Se dice del niño enfermizo.

ciperáceo, a adj. y s.f. (del lat. *cyperum*). Relativo a una familia de plantas herbáceas propias de lugares húmedos, próximas a las gramíneas, cuyo tallo es de sección triangular, como la juncia.

cipo s.m. (lat. *cippus*). Hito, mojón, pilón. **2.** ARQUEOL. Pequeña estela funeraria o votiva.

cipolino, a adj. y s.m. Se dice de una roca metamórfica constituida por un mármol impuro que contiene diversos minerales (mica, serpentina).

cipote s.m. Esp. *Vulg.* Pene. **2.** Hond., Nicar. y Salv. Muchacho, chiquillo.

ciprés s.m. (lat. tardío *cypressus*). Árbol de tronco recto, ramas erguidas y copa fusiforme y alargada, con hojas pequeñas, perennes, de color verde oscuro. (Es un árbol común en el S de Europa; se suelen plantar en fila para cortar el viento.) **2.** Madera de esta planta.

cipresal s.m. Terreno poblado de cipreses.

ciprinicultura s.f. Parte de la piscicultura que se ocupa de la cría de ciprínidos y sobre todo de carpas y tencas.

ciprínido, a adj. y s.m. Relativo a una familia de peces de agua dulce, como la carpa, el barbo, la tenca, etc.

circa adv.t. (voz latina). Se usa precediendo a fechas y significa *hacia, aproximadamente.* (Se abrevia *c.*)

circadiano, a adj. Se dice del ritmo biológico que regula las funciones fisiológicas del cuerpo y el comportamiento del ser vivo, cuya periodicidad es de 24 horas aprox. (entre 21 y 27 horas).

circe s.f. (de *Circe*, personaje mitológico). Mujer astuta y engañosa.

circense adj. Relativo al circo: *espectáculo circense.*

circo s.m. (lat. *circus*). Edificio con gradas, en forma de cuadrilátero alargado cuyos lados menores describen dos curvas asimétricas, donde se disputaban las carreras de carros, se luchaba o se hacían ejercicios gimnásticos en la antigua Roma. **2.** Espectáculo consistente en actuaciones variadas de payasos, acróbatas, fieras, etc. **3.** Recinto circular en el que se ofrece este espectáculo. **4.** Gran depresión circular rodeada de montañas situada en la superficie de la Luna o de otros planetas. ◇ **Circo glaciar** Depresión de forma semicircular, de pendientes acusadas, originada por un glaciar.

circo

El creador del circo fue el inglés Philip Astley (1742-1814). En la actualidad, la mayor parte de los circos se han convertido en sociedades y razones sociales. También existen colectivos de artistas y múltiples compañías de teatro acrobático. En 1980, se desarrolló un «nuevo circo», que utiliza algunos códigos tradicionales del espectáculo para elaborar formas diferentes.

circón s.m. Silicato de circonio, que proporciona gemas transparentes, amarillas, verdes, marrones, rojoamarillentas (variedad llamada *jacinto,* muy apreciada), incoloras o amarillo paja *(jargón de Ceilán)* o azulverdosas, con un índice de refracción elevado pero de dureza débil.

circona s.f. Óxido de circonio, de fórmula ZrO_2.

circonio s.m. Metal de color blanco grisáceo, de densidad 6,5, parecido al titanio, cuyo punto de fusión es de 1 857 °C. **2.** Elemento químico (Zr), de número atómico 40 y masa atómica 91,224. (El circonio se utiliza en aleaciones en la industria nuclear y química por su gran resistencia a la corrosión.)

circuir v.tr. [conj.: *huir*]. Rodear, estar o poner alrededor: *circuir los árboles un estanque.*

circuito s.m. (lat. *circuitus, -us*). Terreno comprendido dentro de un perímetro cualquiera. **2.** Contorno. **3.** Red de comunicaciones: *circuito de carreteras.* **4.** Recorrido turístico o de una prueba deportiva con retorno al punto de partida: *el circuito automovilístico de Montecarlo.* **5.** Recorrido de un producto comercial desde su fabricación hasta que llega al consumidor. **6.** Sucesión de conductores y otros elementos eléctricos por los que pasa la corriente. **7.** Conjunto de las salas de cine que dependen de una misma empresa exhibidora. ◇ **Circuito cerrado** Circuito por el que la corriente pasa de un extremo al otro. **Circuito económico** Representación de los hechos económicos como resultado de encadenamientos de operaciones interdependientes y no separadas. **Circuito impreso** Circuito montado sobre un soporte aislante. **Circuito integrado** Pastilla de silicio en la que se encuentran transistores, diodos y resistencias formando una función electrónica compleja miniaturizada. **Circuito lógico** Circuito formado por operadores que efectúan las operaciones lógicas fundamentales como la negación (NO), la intersección (Y) y la reunión (O).

circulación s.f. (del lat. *circulare* o *circulari,* redondear). Acción y efecto de circular. **2.** Tránsito por las vías urbanas, ferrocarriles, caminos, etc.: *código de la circulación.* ◇ **Circulación atmosférica** Conjunto de los movimientos efectuados por las grandes masas de aire del globo terrestre. **Circulación monetaria** Cantidad de moneda que circula durante un cierto lapso de tiempo. **Circulación sanguínea,** o **de la sangre** Movimiento de la sangre que es enviada por el corazón a los órganos a través de las arterias y que vuelve de los órganos al corazón por las venas después de pasar por los capilares.

circulación sanguínea

En el ser humano, la circulación sanguínea es doble (existe circulación mayor o general y menor o pulmonar) y completa (no hay mezcla entre la sangre arterial y la venosa). Orgánicamente comprende el corazón (motor central) y los vasos sanguíneos: arterias que salen del corazón; venas, que llegan a él, y sistema capilar, en el que la sangre arterial aporta oxígeno y nutrientes a los tejidos y la venosa recoge las sustancias de deshecho.

1. **circular** v.intr. Andar o moverse siguiendo una dirección determinada: *circular por la izquierda.* **2.** Correr o pasar una cosa de una persona a otra: *circular un rumor.* **3.** Moverse algo por un circuito: *la sangre circula por las venas.* ◆ v.tr. Asegurar la circulación de un fluido en una instalación.

2. **circular** adj. Relativo al círculo. **2.** De figura de círculo. ◆ s.f. Cada una de las cartas o avisos iguales dirigidos a diversas personas para notificarles algo. ◇ **Funciones circulares** MAT. Funciones trigonométricas. **Permutación circular** Operación que consiste en remplazar cada elemento de un grupo ordenado por el elemento siguiente y el último por el primero. **Psicosis circular** PSIQUIATR. Psicosis maníaco-depresiva.

circulatorio, a adj. Relativo a la circulación. ◇ **Aparato circulatorio** Conjunto de los órganos que aseguran la circulación de la sangre y de la linfa (corazón, arterias, capilares y venas).

círculo s.m. Porción de plano comprendida y limitada por una circunferencia. **2.** Conjunto de personas que forma el grupo de relación personal y afectiva de alguien: *círculo de amistades.* **3.** Elemento o ambiente social en que vive una persona. **4.** Asociación de personas que tiene intereses comunes, especialmente lúdicos o recreativos: *círculo de amigos de la ópera.* **5.** Cerco, signo supersticioso: *círculo mágico.* **6.** Circunscripción administrativa existente en diferentes países, y particularmente en el Sacro imperio romano germánico. ◇ **Círculo de altura** Círculo de la esfera celeste paralelo al horizonte, en un lugar determinado. **Círculo horario** Círculo máximo de la esfera celeste que pasa por un astro y por los polos celestes. **Círculo máximo de una esfera** Sección de la esfera por un plano que pasa por su centro. **Círculo menor de una esfera** Sección de la esfera por un plano que no pasa por su centro. **Círculo vicioso** Razonamiento que conduce al punto de partida.

circumpolar adj. Que está alrededor del polo. ◇ **Estrella circumpolar** Estrella que permanece siempre por encima del horizonte de un lugar determinado.

circuncentro s.m. Centro de la circunferencia circunscrita a un triángulo.

circuncidar v.tr. Practicar la circuncisión.

circuncisión s.f. Práctica ritual de algunas religiones que consiste en cortar circularmente una parte del prepucio. **2.** MED. Operación quirúrgica para corregir la fimosis.

circunciso, a adj. Se dice de la persona circuncidada.

circundar v.tr. (lat. *circumdare*). Cercar, rodear.

circunferencia s.f. Perímetro de un círculo. (La relación entre la longitud de la circunferencia y su diámetro es constante. Se representa con la letra griega π.) **2.** Contorno de una superficie, territorio, mar, etc.

circunferir v.tr. [conj.: *sentir*]. Circunscribir, limitar.

circunflejo, a adj. (lat. *circumflexus*, p. de *circumflectere*). Curvado, doblado en arco. **2.** ANAT. Se dice de ciertos nervios o vasos que envuelven un hueso. ◆ adj. y s.m. Se dice del acento ortográfico representado por una línea sinuosa (ã) o por el signo (â), y que tiene diversos usos en distintas lenguas.

circunlocución s.f. Modo de hablar en el que se expresa el pensamiento de una manera indirecta. (Constituye un tropo de sentencia.)

circunloquio s.m. Expresión de una idea sencilla mediante muchas palabras.

circunnavegar v.tr. Navegar alrededor de un lugar.

circunscribir v.tr. y prnl. Reducir algo a ciertos límites: *circunscribirse a los hechos.* **2.** GEOMETR. Trazar una figura alrededor de otra, de modo que la toque en el mayor número posible de puntos.
OBS.: participio: *circunscrito.*

circunscripción s.f. Acción y efecto de circunscribir. **2.** División administrativa, militar o religiosa de un territorio.

circunscrito, a adj. Se dice de la figura que circunscribe a otra.

circunspección s.f. Cualidad de circunspecto.

circunspecto, a adj. Que se comporta con seriedad y comedimiento. **2.** Serio, comedido: *actitud circunspecta.*

circunstancia s.f. (lat. *circumstantia*, lo circundante). Acción, hecho o situación que influye en la forma de ser y de actuar de una persona. **2.** Situación, contexto en que se produce algo: *tener en cuenta las circunstancias.* (Se suele usar en plural.) **3.** DER. PEN. Motivo que, al concurrir con ciertos hechos, modifica la responsabilidad y, en consecuencia, la pena. (Las circunstancias pueden ser eximentes, atenuantes y agravantes.) <> **De circunstancia** Que está influido por una situación ocasional: *una sonrisa de circunstancias.*

circunstancial adj. Que depende de las circunstancias. **2.** LING. Se dice de un complemento preposicional o una oración subordinada que indican una circunstancia de lugar, tiempo, causa, etc.

circunstante adj. (lat. *curcumstans, -ntis*, p. activo de *circumstare*, estar alrededor). Que está alrededor. ◆ adj. y s.m. y f. Que está presente: *solo los circunstantes podrán comprobarlo.*

circunvalación s.f. Acción de circunvalar: *autobús de circunvalación.* **2.** Línea que construye el ejército que asedia una plaza para defenderse contra los ejércitos que acuden en defensa de los asediados.

circunvalar v.tr. (lat. *circumvallare*). Rodear un lugar.

circunvecino, a adj. Se dice de una cosa que está en los alrededores de otra.

circunvolución s.f. Vuelta o rodeo de alguna cosa. **2. Circunvoluciones cerebrales**, repliegues de la corteza cerebral de los mamíferos, limitados por surcos.

cirenaico, a o **cireneo, a** adj. y s. De Cirene. ◆ adj. y s.m. Relativo a la escuela filosófica fundada por Aristipo en Cirene, en el s. V a.C., que consideraba como bien supremo los placeres de los sentidos.

cirial s.m. Candelero alto que llevan los monaguillos en algunas funciones religiosas.

cirílico, a adj. (de san *Cirilo*, a quien se atribuye este alfabeto). Se dice del alfabeto eslavo con que se transcribe el ruso, el serbocroata, el búlgaro, el ucraniano, el macedonio y algunas lenguas no eslavas de las repúblicas ex soviéticas.

cirineo s.m. (de *Simón Cireneo*, personaje del Nuevo Testamento). *Fam.* Persona que ayuda a otra.

cirio s.m. (lat. *cereus*, de cera). Vela de cera larga y gruesa. **2.** Árbol de hasta 18 m de alt., de tronco recto y suculento, ramas espinosas y flores tubulares. (En algunas de sus especies el tronco se bifurca en diversas ramificaciones; familia fouquieriáceas.) **3.** Esp. *Fig.* Jaleo, trifulca: *formarse un cirio.* <> **Cirio pascual** Cirio que se bendice solemnemente en la vigilia pascual y se conserva hasta el día de la Ascensión.

cirquero, a adj. Argent. Relativo al circo. ◆ adj. y s. Argent. *Fig.* y *fam.* Extravagante, histriónico. ◆ s. Argent. Persona que forma parte de la compañía de un circo.

cirrípedo, a adj. y s.m. (del lat. *cirrus*, rizo, y *pes, pedis*, pie). Relativo a una subclase de crustáceos marinos, fijos o parásitos. (La anatifa pertenece a dicha subclase.)

cirro s.m. Nube de las capas altas de la atmósfera, de aspecto sedoso, fibroso y discontinuo. SIN.: *cirrus.* **2.** Zarcillo de ciertas plantas. **3.** Apéndice rizado y flexible de ciertos invertebrados (gusanos, moluscos y crustáceos).

cirrocúmulo o **cirrocumulus** s.m. Nube de la familia de los cirros con aspecto de pequeños mechones, como clavos en forma de arrugas muy finas. (Cuando aparecen estas nubes se habla de *cielo aborregado.*)

cirroestrato o **cirrostratus** s.m. Nube de la familia de los cirros con aspecto de velo tenue.

cirrosis s.f. (del lat. *scirrhos*, tumor duro). Proceso degenerativo caracterizado por la fibrosis progresiva de un órgano con destrucción de la estructura. **2.** MED. Inflamación intersticial crónica de algún órgano.

cirrótico, a adj. y s. Relativo a la cirrosis; que padece esta enfermedad.

ciruela s.f. (lat. *cereola*). Fruto del ciruelo. <> **Ciruela pasa** Ciruela que puede ser o ya ha sido secada y conservada sin que fermente.

ciruelo s.m. Árbol de flores blancas que aparecen antes que las hojas, cultivado principalmente por su fruto, la ciruela. (Familia rosáceas.) ◆ s.m. y adj. *Fig.* y *fam.* Hombre muy necio e incapaz. <> **Ciruelo de China** Árbol originario de China, de la familia sapindáceas, de fruto azucarado y comestible.

cirugía s.f. (lat. *chirurgia*). Parte de la medicina que se ocupa de la curación o tratamiento de las afecciones y enfermedades mediante la intervención directa manual o instrumental. <> **Cirugía plástica** Parte de la cirugía que se ocupa de reconstruir un órgano o una parte del cuerpo dañados o malformados.

cirugía

La cirugía moderna tiene numerosas aplicaciones: reparación de traumatismos, tratamiento de infecciones (p. ej. abscesos), lucha contra las consecuencias de afecciones (ablación de una glándula hormonal muy activa, etc.), corrección de malformaciones, transplantes de órganos deficientes.

ciruja s.m. y f. Argent. Persona que busca entre los desperdicios objetos para vender.

cirujano, a s. y adj. Médico especialista en cirugía.

cirujear v.tr. Argent. Realizar actividades propias del ciruja.

cisalpino, a adj. Situado entre los Alpes y Roma.

cisandino, a adj. Situado del lado oriental de los Andes.

ciscar v.tr. y prnl. Esp. *Fam.* Ensuciar, evacuar el vientre. ◆ v.tr. *Fam.* Avergonzar, intimidar, crear inseguridad o confusión a alguien.

cisco s.m. Carbón cribado en fragmentos de 10 a 20 mm. **2.** Esp. *Fig.* y *fam.* Bullicio, reyerta. <> **Hacer cisco** Esp. *Fam.* Destrozar completamente algo; abatir completamente a alguien.

cisípedo, a adj. Que tiene el pie dividido en dedos.

cisma s.m. (lat. tardío *schisma, -atis*). Ruptura de la unión en la Iglesia cristiana. **2.** División, escisión en un partido, un grupo, etc.: *cisma literario; cisma político.*

cismático, a adj. y s. Que promueve un cisma o se adhiere a él. ◆ adj. Relativo al cisma. **2.** Colomb. Melindroso.

cismontano, a adj. Situado en la parte de acá de los montes respecto a un lugar desde donde se considera.

cisne s.m. (fr. ant. *cisne,* lat. vulgar *cicinus*). Ave palmípeda anseriforme, de cuello largo y flexible, que vive en las aguas dulces y se nutre de vegetales y animales acuáticos.

cisorio, a adj. Se dice del arte de trinchar la caza: *arte cisoria.*

cista s.f. Enterramiento prehistórico, generalmente individual, constituido por cuatro losas laterales y una quinta, horizontal, formando la cubierta.

cisteína s.f. Aminoácido sulfuroso que, por su oxidación, que da cistina, desempeña un papel de oxidorreductor y de puente entre dos cadenas proteínicas.

cisterciense adj. y s.m. y f. Relativo a una orden monástica nacida en la abadía benedictina de Cîteaux, cerca de Dijon y cuyo fundador fue en 1115 san Bernardo de Claraval; miembro de esa orden.

cisterciense

Los cistercienses observan la regla de san Benito. A fines del s. XVII se creó la rama reformada de los trapenses. En España, en 1133 se inició la primera fundación, en Castilla, a petición de Alfonso VII. Le siguieron las de La Oliva, Fitero, Las Huelgas, Veruela, Santes Creus y Poblet. Los cistercienses españoles intervinieron en la fundación de órdenes militares, como las de Calatrava y Alcántara. Al igual que ocurrió en otros lugares, la primitiva sencillez cisterciense dio paso en España a un gran esplendor, como lo atestiguan los monasterios de Sobrado (Galicia), La Oliva (Navarra), Veruela (Aragón) y Poblet (Cataluña).

cisterna s.f. (lat. *cisterna,* de *cista,* cesta). Depósito de agua de un retrete. **2.** Se emplea en aposición para designar los vehículos o barcos acondicionados para transportar líquidos: *camión cisterna.* **3.** Depósito subterráneo en el que se recoge y conserva el agua de la lluvia. **4.** Depósito o recipiente para productos petrolíferos.

cisticerco s.m. (del gr. *kýstis, -eos,* vejiga, y *képkos,* cola). ZOOL. Último estado larvario de la tenia, que vive enquistada en los músculos o bajo la lengua del cerdo o del buey. (En el caso del cenuro, el cisticerco puede ser tan grande como el huevo de una gallina y se sitúa en los centros nerviosos.)

cisticercosis s.f. Enfermedad causada por la existencia de cisticercos en el cuerpo de un mamífero. SIN.: *ladrería.*

cístico, a adj. Relativo a la vejiga, especialmente a la de la orina, y a la vesícula biliar.

cistina s.f. Sustancia que resulta de la unión de dos moléculas de cisteína por un puente de tipo disulfuro.

cistitis s.f. Inflamación de la vejiga, especialmente de la urinaria.

cistoscopia s.f. Examen endoscópico de la vejiga urinaria.

cistostomía s.f. Formación de una abertura o fístula en la vejiga urinaria.

cistotomía s.f. Incisión de la vejiga urinaria.

cistro s.m. Instrumento musical de cuerdas metálicas que se pulsan mediante plectro, de mástil largo y cuerpo en forma de pera con fondo plano. (ss. XVI y XVII).

cistrón s.m. Fragmento de gen que forma una unidad funcional.

cisura s.f. Rotura o hendidura sutil. **2.** ANAT. Nombre que reciben los surcos largos y profundos que dividen la superficie de algunas vísceras.

cita s.f. (del lat. *citare,* poner en movimiento). Acuerdo entre dos o más personas para encontrarse un día, hora y lugar determinados. **2.** Referencia oral o escrita de las palabras de otra persona para apoyar o confirmar algo que se dice o escribe. ◇ **Cita espacial** ASTRONÁUT. Maniobra mediante la que dos o más vehículos espaciales coinciden en puntos muy próximos del espacio.

citación s.f. DER. Diligencia por la que se comunica a una persona el llamamiento hecho por un juez para que comparezca a un acto judicial.

citadino, a s. Amér. Habitante de la ciudad.

citania s.f. Castro prerromano de la cultura castreña, cuando tiene tal envergadura que constituye una verdadera aglomeración urbana.

citar v.tr. (lat. *citare*). Acordar dos o más personas un día, hora y lugar determinados para encontrarse. **2.** Reproducir el nombre o las palabras de alguien para apoyar o confirmar lo que se dice o escribe: *citar a los clásicos; citar las fuentes.* **3.** DER. Notificar una citación. **4.** TAUROM. Provocar el torero al toro para que embista.

citara s.f. (ár. *sitara,* tabique). Pared cuyo grosor es igual que la anchura de un ladrillo. **2.** Durante la edad media, en España, tropas que formaban los flancos del cuerpo principal.

cítara s.f. (lat. *cithara*). Instrumento musical originario de la antigua Grecia, semejante a la lira. **2.** En etnomusicología, cualquier instrumento de cuerda desprovisto de mástil. **3.** Instrumento cuyas cuerdas se extienden sobre una caja trapezoidal.

citaredo s.m. (del gr. *kitharodós*). Poeta o artista que cantaba acompañándose con la cítara.

citarilla s.f. Pared de ladrillos puestos alternativamente de plano y de canto u oblicuamente: *citarilla sardinel.*

citatorio, a adj. y s.f. DER. Se dice del mandamiento con que se cita a una persona para que comparezca ante el juez.

citelo s.m. Roedor parecido a la marmota. (Familia esciúridos.)

citerior adj. (lat. *citerior, -oris*). Situado en la parte de acá.

citizen band s.f. (ingl. *Citizens' band*). Banda de frecuencia de 27 MHz aprox. que se utiliza para las comunicaciones entre particulares, especialmente a bordo de los automóviles.

citocromo s.m. Pigmento respiratorio presente en todas las células vivas.

citodiagnóstico s.m. Método de diagnóstico fundado en el examen microscópico de células tomadas por punción, raspado o frotis.

citogenética s.f. Parte de la genética que estudia los cromosomas y las enfermedades relacionadas causadas por un número o una estructura anormales de los mismos.

citólisis s.f. BIOL. Disolución o destrucción de los elementos celulares.

citología s.f. Parte de la biología que estudia la célula en sus diferentes aspectos morfológicos, bioquímicos, etc.

citológico, a adj. Relativo a la citología.

citoplasma s.m. Parte fundamental, viva, de la célula, que contiene el núcleo, las vacuolas, el condrioma y otras inclusiones.

citoplasmático, a adj. Relativo al citoplasma.

citostático, a adj. y s.m. Se dice de las sustancias que inhiben las divisiones celulares.

citostoma s.m. Abertura por donde entran las partículas alimenticias en las células de membrana resistente.

citrato s.m. QUÍM. Sal del ácido cítrico.

cítrico, a adj. (del lat. *citreus,* limonero). Relativo a los frutos ácidos. **2.** Se dice de un ácido-alcohol que se extrae del zumo del limón. ◆ **cítricos** s.m.pl. Agrios.

citrón s.m. Limón, fruto.

ciudad s.f. (lat. *civitas, -atis*). Población de infraestructura urbana compleja, donde vive un conjunto de personas que se dedican principalmente a actividades industriales y comerciales, y donde se encuentran instituciones políticas y sociales importantes. **2.** Lo urbano (por oposición a *rural*). **3.** Conjunto de edificios destinados a un fin determinado: *ciudad universitaria; ciudad sanitaria.* **4.** Antiguamente, población de mayor importancia que una villa. ◇ **Ciudad abierta** Ciudad que no está defendida en tiempo de guerra. **Ciudad dormitorio** Localidad suburbana con una función fundamentalmente residencial. **Ciudad jardín** Conjunto de casas rodeadas de espacios verdes y jardines. **Ciudad lineal** Ciudad que se desarrolla en longitud, paralelamente a una vía de comunicación. **Ciudad santa** Ciudad honrada por los fieles de una religión. **Ciudad satélite** Núcleo incluido dentro del área suburbana de una ciudad principal, con un nivel de empleo lo suficientemente desarrollado como para dar ocupación a gran parte de la población que reside en él.

ciudadanía s.f. Cualidad y derecho de ciudadano. **2.** Vínculo público que une a una persona con la organización estatal. **3.** Civismo. **4.** Conjunto de ciudadanos que forman una nación o un pueblo. <> **Derecho de ciudadanía** ANT. Conjunto de los derechos públicos y privados que poseían los ciudadanos según la ciudad o el estado al que pertenecían, siempre que se tratara de hombres libres.

ciudadano, a adj. Relativo a la ciudad o a sus habitantes ◆ s. Súbdito de un estado, que posee capacidad jurídica para ejercer sus derechos políticos.

ciudadela s.f. (ital. *cittadella*, dim. de *città*, ciudad). Fortaleza situada en el interior de una ciudad.

ciudadrealeño, a adj. y s. De Ciudad Real (España).

ciuti s.f. y adj. Variedad de cepa vinífera española cultivada especialmente en Almería.

civet s.m. (voz francesa). Guiso de liebre o de cualquier otra pieza de caza o pesca, cocinado con vino, cebolla y la sangre del animal.

civeta s.f. (fr. *civette*, gato de algalia). Mamífero carnívoro de pelaje gris con bandas y manchas negras, que mide 50 cm de long. (Familia vivérridos.) SIN.: *civeta.*

cívico, a adj. Relativo a la ciudadanía o a los ciudadanos como colectividad política: *manifestación cívica.* **2.** Patriótico. **3.** Relativo al civismo: *protesta cívica.*

Las ciudades más pobladas de la Tierra

área metropolitana	población en millones de habitantes
Tokyo (Japón)	34,9
México, ciudad de (México)	18,6
Nueva York (EUA)	18,2
São Paulo (Brasil)	17,8
Bombay (India)	17,4
Delhi (India)	14,1
Calcuta (India)	13,8
Buenos Aires (Argentina)	13
Shanghai (China)	12,7
Yakarta (Indonesia)	12,2
Los Ángeles (EUA)	12
Dacca (Bangla Desh)	11,5
Osaka (Japón)	11,2
Río de Janeiro (Brasil)	11,2
Karachi (Pakistán)	11
Pekín (China)	10,8
El Cairo (Egipto)	10,8
Moscú (Rusia)	10,4
Manila (Filipinas)	10,3
Lagos (Nigeria)	10,1
París (Francia)	9,7
Seúl (Corea del Sur)	9,7
Istanbul (Turquía)	9,3
Tianjin (China)	9,2
Lima (Perú)	7,8
Londres (Reino Unido)	7,6
Bogotá (Colombia)	7,2
Teherán (Irán)	7,1
Hong Kong (China)	7

Fuente: ONU 2003

civil adj. (lat. *civilis*). Que tiene relación con los ciudadanos o les concierne. **2.** Que no es militar ni eclesiástico: *matrimonio civil; jurisdicción civil; arquitectura civil.* **3.** DER. Concerniente a las relaciones e intereses privados en orden al estado de las personas, régimen de la familia, condición de los bienes y los contratos: *ley, acción civil.* ◆ s.m. Esp. *Fam.* Miembro del cuerpo de la Guardia civil. <> **Código civil** Conjunto de las leyes relativas al estado y a la capacidad de las personas, a la familia, al patrimonio, a la transmisión de los bienes y a los contratos y obligaciones. **Parte civil** Persona que actúa en su nombre, en su interés privado, contra un acusado, en un proceso penal. **Registro civil** Registro en el que constan los nacimientos, matrimonios, defunciones y demás hechos relativos al estado civil de las personas.

civilidad s.f. Civismo, amabilidad.

civilista adj. y s.m. y f. Se dice del especialista en derecho civil.

civilización s.f. Acción de civilizar; hecho de ser civilizado. **2.** Conjunto de caracteres propios de la vida intelectual, artística, moral y material de un país o de una sociedad: *civilización china.* **3.** Conjunto de los comportamientos y de los valores que representan el progreso humano y la evolución positiva de las sociedades (en oposición a *barbarie*). **4.** Estado de máximo desarrollo económico, político y social alcanzado por una o varias sociedades.

civilizador, ra adj. y s. Que civiliza.

civilizar v.tr. y prnl. Introducir en una comunidad una cultura que se considera más desarrollada. **2.** Hacer a alguien más educado o sociable.

civismo s.m. (fr. *civisme*). Cualidad de buen ciudadano. **2.** Cortesía.

cizalla s.f. (fr. *cisaille*). Guillotina manual para cortar papel, fotografías, etc., utilizada especialmente en las imprentas. **2.** Tijera para cortar planchas metálicas. (Se usa a menudo en plural.) **3.** Cortadura o fragmento de cualquier metal.

cizallado s.m. Acción de cortar una plancha metálica con cizalla.

cizallamiento s.m. Tipo de deformación en que los planos de una pieza se desplazan unos respecto a otros paralelamente a sí mismos.

cizaña s.f. (lat. tardío *zizania, -orum*). Planta de la familia gramíneas, de granos tóxicos, común en los prados y los cultivos, donde impide el crecimiento de los cereales. **2.** Cualquier planta o mala hierba silvestre de crecimiento exuberante. **3.** *Fig.* Persona o cosa que daña o perjudica a otra echándola a perder. <> **Meter**, o **sembrar, cizaña** *Fig.* Provocar polémica o enemistad entre personas.

cizañero, a adj. y s. Que mete cizaña.

1. **clac** s.m. (fr. *claque*) [pl. *claques*]. Sombrero de copa alta, plegable. **2.** Conjunto de personas que reciben dinero por aplaudir. SIN.: *claca, claque.*

2. **clac** s.m. (voz onomatopéyica). Sonido breve y seco, como el que se produce al mover un pestillo.

clactoniense s.m. y adj. (de *Clacton-on-Sea*, c. británica). Facies del paleolítico inferior que constituye la primera industria caracterizada por lascas.

cladócero, a adj. y s.m. Relativo a un orden de pequeños crustáceos de agua dulce que nadan con la ayuda de largas antenas remeras, como la pulga de agua.

claim s.m. (voz inglesa). Concesión minera de metales o minerales preciosos.

clamar v.intr. Pedir algo con vehemencia: *clamar venganza; la tierra clamaba por agua.* ◆ v.tr. e intr. Gritar: *clamar maldiciones.*

clámide s.f. (lat. *chlamys, -ydis*). Capa de lana, utilizada en la antigüedad griega y romana, que se ataba al hombro mediante una fíbula.

clamor s.m. (lat. *clamor, -oris*). Conjunto de gritos o ruidos fuertes: *el clamor de la muchedumbre; el clamor del mar embravecido.*

clamorear v.tr. e intr. Producir clamor.

clamoreo s.m. Clamor repetido y continuado.

clamoroso, a adj. Que va acompañado de clamor. **2.** Espectacular, extraordinario: *un clamoroso fracaso.*

clamp s.m. Pinzas quirúrgicas que se usan para interrumpir una hemorragia.

clan s.m. (voz inglesa). Grupo social irlandés o escocés formado por un número determinado de familias que descienden de un antepasado común y reconocen la autoridad de un jefe. **2.** Grupo de personas unidas por una comunidad de intereses u opiniones. ◇ **Clan totémico** Unidad sociológica que designa un conjunto de individuos consanguíneos, para los cuales un tótem representa el antepasado común.

clandestinidad s.f. Situación de clandestino.

clandestino, a adj. (lat. *clandestinus*). Que se hace de forma secreta u oculta para eludir la ley: *emisora clandestina.* ◆ adj. y s. Se dice de la persona que actúa de forma secreta u oculta para eludir la ley.

clapo s.m. Méx. Cáscara de la nuez.

claque s.f. Clac de teatro.

claqué s.m. (fr. *claquettes*). Baile de origen estadounidense en el que la punta y el talón del zapato, provistos de láminas metálicas, desempeñan el papel de instrumentos de percusión.

claqueta s.f. CIN. Instrumento compuesto de dos trozos de madera unidos por un gozne y montados sobre una tablilla donde se anotan el título de la película y el número del plano que se va a rodar.

clara s.f. Materia blanca, albuminosa y transparente que rodea la yema del huevo. **2.** Esp. Cerveza con gaseosa o limonada.

claraboya s.f. (fr. *claire-voie,* de *claire,* claro, y *voie,* vía). Ventana abierta en el tejado, el techo o la parte alta de una pared.

clarear v.tr. Dar claridad. ◆ v.impers. Empezar a amanecer: *clarear el día.* **2.** Empezar a despejarse el cielo. ◆ v.intr. y prnl. Transparentar: *clarearse una tela.*

clareo s.m. Tala de árboles para aclarar bosques o montes muy espesos.

clarete adj. y s.m. (fr. ant. *clairet*). Se dice del vino tinto más claro de lo normal.

claretiano, a adj. y s. Relativo a una congregación religiosa fundada por san Antonio María Claret; miembro de dicha congregación.

claridad s.f. Cualidad de lo que es, se percibe o se hace de forma clara: *distinguir algo con claridad; pensar con claridad; hablar con claridad.* **2.** Efecto que produce la luz: *la claridad de una linterna.*

clarificación s.f. Acción de clarificar.

clarificador, ra adj. Que sirve para clarificar: *unas palabras clarificadoras.*

clarificadora s.f. Amér. Vasija en que se clarifica el guarapo del azúcar.

clarificar v.tr. (lat. *clarificare*). Hacer clara o más clara una cosa, especialmente un líquido u otra sustancia: *clarificar el vino.* SIN.: *aclarar.* **2.** Explicar algo para que sea más fácil de comprender. SIN.: *aclarar.*

clarín s.m. Instrumento de viento parecido a la trompeta pero más pequeño y de sonido más agudo. **2.** Registro del órgano cuyos sonidos son una octava más agudos que los del registro análogo llamado trompeta.

clarinada s.f. Toque del clarín.

clarinete s.m. Instrumento musical de viento de la familia de la madera, provisto de llaves y de lengüeta sencilla. ◆ s.m. y f. Clarinetista.

clarinetista s.m. y f. Persona que toca el clarinete.

clarisa s.f. y adj. Religiosa de la orden contemplativa fundada por san Francisco de Asís y santa Clara, en 1212.

clarividencia s.f. Facultad de comprender y discernir con claridad y agudeza: *discurrir con clarividencia.* **2.** Videncia, perspicacia.

clarividente adj. y s.m. y f. (fr. *clairvoyant*). Que posee clarividencia.

1. **claro** adv.m. De forma sincera y abierta: *hablar claro.* ◇ **Ver claro** Comprender, dilucidar.

2. **claro, a** adj. (lat. *clarus*). Que recibe luz o mucha luz: *una habitación clara.* **2.** Se dice del color poco subido: *azul claro.* **3.** Transparente, terso, limpio: *unos cristales claros.* **4.** Se dice de la sustancia poco viscosa: *chocolate claro.* **5.** Que es poco tupido o espeso: *bosque claro.* **6.** Que se distingue o se percibe bien: *una letra clara; una voz clara.* **7.** Inteligible, fácil de comprender. **8.** Capaz de comprender, perspicaz, agudo: *mente clara.* ◆ s.m. Espacio que media entre algunas cosas: *un claro en el bosque.* **2.** Ventana o tronera por donde entra luz en un espacio cerrado. (Suele usarse en plural.) ◇ **A las claras** Manifiesta, públicamente. **Claro de luna** Luz de la luna. **En claro** Sin dormir. **Poner en claro** Aclarar, clarificar.

claroscuro s.m. Procedimiento pictórico que consiste en distribuir de manera adecuada las luces y sombras en un dibujo o pintura para sugerir relieve y profundidad. **2.** Contraste de luz y sombras.

clase s.f. (lat. *classis*). Conjunto de personas que, por sus características o intereses comunes, constituyen una unidad homogénea: *clase media; clase política.* **2.** Cada una de las categorías en que pueden clasificarse las personas o las cosas según su importancia o su naturaleza: *una tela de clase superior.* **3.** Conjunto de características personales que hacen que una persona destaque sobre las demás: *tener clase; ser una mujer con clase.* **4.** Lección que da el maestro. **5.** Asignatura o tema que se explica: *clase de aritmética.* **6.** Conjunto de alumnos que estudian la misma asignatura en un aula. **7.** Aula. **8.** ESTADÍST. En una distribución estadística de una variable continua, cada uno de los intervalos sucesivos en los que está dividido el intervalo total de variación de la variable considerada. **9.** HIST. NAT. Cada una de las grandes divisiones de un tipo de seres vivos, subdividida a su vez en órdenes. ◆ **clases** s.f.pl. LÓG. Conjunto de objetos que poseen uno o varios caracteres comunes y son los únicos en este caso. ◇ **Clase de equivalencia** MAT. En un conjunto provisto de una relación de equivalencia, cada uno de los subconjuntos formados por los elementos equivalentes entre sí. **Clase social** Grupo de personas que poseen un lugar históricamente determinado en el seno de la sociedad y que se distinguen por su modo de vida. **Clases pasivas** Denominación oficial bajo la que se comprenden los cesantes, jubilados, retirados, inválidos, viudas y huérfanos que gozan de un haber pasivo o pensión.

clasicismo s.m. Tendencia artística que se caracteriza por el sentido de las proporciones, el gusto por las composiciones equilibradas y estables y la búsqueda de la armonía de formas. ◇ **Clasicismo francés** Conjunto de tendencias y teorías que se manifestaron en Francia durante el reinado de Luis XIV y que se expresaron en obras literarias y artísticas consideradas como modélicas.

clasicista adj. y s.m. y f. Relativo al clasicismo; partidario de esta tendencia.

clásico, a adj. (lat. *classicus,* de primera clase). Se dice de la lengua, el estilo, las obras, los artistas, etc., pertenecientes a la época de mayor esplendor de una evolución artística o literaria. **2.** Se dice del arte y la literatura griegos y romanos. **3.** Por oposición a romántico o barroco, se dice de cualquier creación del espíritu humano en que la razón y el equilibrio predominan sobre la pasión o la exaltación. **4.** Principal o notable en algún concepto. **5.** Típico, característico. ◆ adj. y s. Se dice de los que se adaptan a las normas consideradas como fórmulas de perfección. ◆ adj. y s.f. DEP. Se dice de la prueba que se disputa con la máxima regularidad, por lo general anualmente. ◇ **Escuela clásica** ECON. Conjunto de las doctrinas defendidas por un conjunto de autores, desde finales del s. XVIII hasta mediados del s. XIX, que propugnaban principalmente la libertad de la producción y de los intercambios. **Lógica clásica** Lógica bivalente que comprende obligatoriamente ciertas leyes, sobre todo la del tercio excluso y la de no contradicción. **Lógicas no clásicas** Conjunto de sistemas lógicos que comprende las lógicas modales y plurivalentes. **Música clásica** Música de los grandes autores, por oposición a la música folklórica, al jazz, etc.

clasificación s.f. Acción y efecto de clasificar. ◇ **Estación de clasificación** Conjunto de vías en las que se efectúa la clasificación de los vagones de mercancías según su destino. **Sociedad de clasificación** Sociedad generalmente privada que tiene por objeto la vigilancia de la construcción y el mantenimiento de los buques mercantes.

clasificador, ra adj. y s. Que clasifica. ◆ s.m. Objeto o mueble con departamentos para guardar y clasificar documentos.

clasificar v.tr. Dividir u ordenar por clases o categorías. **2.** Determinar la clase o grupo a que corresponde una cosa. **3.** Proteger documentos que pueden comprometer la seguridad del estado. ◆ **clasificarse** v.prnl. Obtener determinado puesto en una competición.

clasificatorio, a adj. Que sirve para clasificarse: *prueba clasificatoria.*

clasismo s.m. Actitud o práctica discriminatoria que una clase social privilegiada mantiene respecto de otra.

clasista adj. y s.m. y f. Partidario de las diferencias de clase o que se comporta con fuerte conciencia de ellas: *actitud clasista.*

clástico, a adj. Desmontable. **2.** Frágil, quebradizo. ◆ adj. y s.m. GEOL. Se dice de los depósitos formados por fragmentos de rocas preexistentes, como los conglomerados y las areniscas.

clastomanía s.f. PSIQUIATR. Tendencia o impulso patológico a la destrucción.

claudátur s.m. Corchete, signo ortográfico.

claudicación s.f. Acción de claudicar. **2.** MED. Falla de un órgano o sistema en cuanto a la eficacia y rendimiento de su función.

claudicar v.intr. (lat. *claudicare,* cojear). Ceder, rendirse o someterse. **2.** Faltar a los deberes o principios.

claudio, a adj. Se dice de una variedad de ciruela muy dulce y jugosa. **2.** Se dice del árbol que la produce.

claustral adj. Relativo al claustro.

claustro s.m. (lat. *claustrum,* cerradura o cierre). Parte de un monasterio o templo formada por galerías abiertas alrededor de un patio o jardín. **2.** Junta constituida por los profesores de un centro de enseñanza, o por el rector y los representantes de todos los estamentos de una universidad. **3.** Reunión de dicha junta. **4.** Monasterio, estado monástico. ◇ **Claustro materno** Matriz de la hembra de un mamífero.

claustrofobia s.f. Temor morboso a los espacios cerrados.

claustromanía s.f. Comportamiento del enfermo que se encierra en un lugar y teme salir de él.

cláusula s.f. (lat. *clausula,* conclusión). DER. Disposición incluida en un contrato, tratado, testamento o documento similar. **2.** LING. Estructura oracional que está unida a otra u otras con las que forma una oración compuesta denominada *período.* ◇ **Cláusula a la orden** Cláusula por la cual el deudor se compromete con respecto a cualquier persona a la que el acreedor haya transmitido su crédito. **Cláusula compromisoria** Cláusula por la cual las partes se comprometen a someter a arbitraje las cuestiones que puedan surgir relativas a la ejecución del contrato. **Cláusula de estilo** Cláusula que figura en todos los actos de la misma naturaleza. **Cláusula penal** Cláusula que fija el importe de los perjuicios o intereses a pagar en caso de incumplimiento del contrato. **Cláusula resolutoria** Cláusula que prevé que el acto se resuelva automáticamente en caso de que una de las partes incumpla su compromiso o cuando suceda un acontecimiento imprevisible.

clausulado s.m. Conjunto de cláusulas.

clausura s.f. (voz latina). Acto o ceremonia de clausurar un congreso, certamen, etc. **2.** En los conventos de religiosos, recinto interior donde no pueden entrar personas ajenas a los mismos sin un permiso especial. **3.** Obligación que tienen determinados religiosos de no salir de cierto recinto, y prohibición a los seglares de entrar en él. **4.** Tipo de vida religiosa.

clausurar v.tr. Poner fin a un congreso, certamen, etc. **2.** Cerrar la autoridad competente un establecimiento o local.

clava s.f. Palo de madera cuyo grueso aumenta progresivamente desde la empuñadura hasta el extremo opuesto.

clavado, a adj. Fijo, puntual: *a la hora clavada.* **2.** *Fig.* Muy parecido: *ser clavado a su padre.* ◆ s.m. Argent. y Méx. Salto desde un trampolín u otro sitio de altura.

clavadura s.f. Herida producida en el pie de un animal al ponerle la herradura.

clavar v.tr. Introducir un clavo u otra cosa aguda en un cuerpo. **2.** Sujetar, fijar con clavos. **3.** Fijar la mirada en alguien o algo. **4.** Causar una clavadura. ◆ v.tr. y prnl. Introducir una cosa más o menos puntiaguda en otra: *clavarse una espina.* **2.** *Fig.* y *fam.* Engañar a uno causándole perjuicio. **3.** *Fig.* y *fam.* Dejar atónito a alguien.

clavario s.m. En Castilla, oficio o dignidad de guardián de un castillo o convento que tenía el caballero de algunas órdenes militares.

clavazón s.f. Conjunto de clavos.

clave s.m. (lat. *clavis*). Instrumento musical de teclado y cuerda, en el que las cuerdas son punteadas lateralmente por picos de pluma. SIN.: *clavecímbano, clavicémbalo.* ◆ s.f. Información o idea necesaria para entender una cosa o resolver un asunto: *la clave de la cuestión.* **2.** Persona o cosa que tiene una importancia fundamental o decisiva. (Se usa a menudo en aposición: *punto clave.*) **3.** Convención o conjunto de convenciones necesarias para efectuar las operaciones de cifrar y descifrar. **4.** ARQ. Piedra central con que se cierra un arco o una bóveda. **5.** MÚS. Signo al principio de un pentagrama que indica el nombre de los sonidos y su altura exacta en la escala musical: *clave de sol, de fa, de do.* ◆ **claves** s.f.pl. Instrumento musical cubano que consiste en dos bastoncitos redondos de madera dura, que se usan golpeándolos uno contra otro. ◇ **Clave de acceso** INFORMÁT. Código para utilizar un programa, una computadora, o para consultar un conjunto de datos almacenados en una memoria auxiliar.

clavel s.m. (cat. *clavell*). Planta cariofilácea de flores rosas, púrpura, blancas o de colores mezclados, algunas de cuyas variedades se cultivan en jardinería por su belleza y por su perfume. **2.** Flor de esta planta. ◇ **Clavel doble,** o **reventón** Clavel de color rojo oscuro, con muchos pétalos.

clavelito s.m. Planta herbácea con tallos ramosos y multitud de flores blancas o rosas. (Familia cariofiláceas.) **2.** Flor de esta planta.

clavellina s.f. (cat. *clavellina*). Clavel, especialmente el de flores sencillas. **2.** Planta herbácea semejante al clavel pero de tallos y flores más pequeños.

clavera s.f. Molde para formar las cabezas de los clavos. **2.** Boca o ensanchamiento por donde entra el clavo.

clavero s.m. Árbol tropical de la familia mirtáceas, de hojas perennes y flores blancas. (El capullo proporciona el clavo de especia.)

clavete s.m. Púa con que se toca la bandurria.

clavetear v.tr. Poner clavos o adornar con clavos. **2.** Herretear, echar o poner herretes.

clavicémbalo s.m. Instrumento musical de cuerda y teclado cuyas cuerdas se hieren desde la parte inferior con picos de pluma. SIN.: *clavecímbano.*

clavicordio s.m. (del lat. *clavis,* llave, y *chorda,* cuerda de un instrumento). Instrumento musical de cuerda y teclado, precursor del piano, que tiene una caja rectangular y las cuerdas están dispuestas transversalmente.

clavícula s.f. (lat. *clavicula,* llavecita). Hueso largo, situado a cada lado del cuello, que une el omóplato con el esternón.

clavicular adj. Relativo a la clavícula.

clavija s.f. (lat. *clavicula,* llavecita). Pieza de metal, madera u otra materia, que se encaja en un agujero para sujetar o ensamblar algo. **2.** Pieza que se conecta a la base de un enchufe para establecer un contacto eléctrico. **3.** Pieza pequeña de madera o metal que sirve para tensar las cuerdas de un instrumento musical. **4.** Pieza de metal, con una argolla, que se utiliza en la escalada. ◇ **Apretar las clavijas a alguien** *Fam.* Apremiarlo o exigirle el máximo esfuerzo.

clavijero s.m. Parte de un instrumento musical en que están insertas las clavijas.

clavillo o **clavito** s.m. Pasador que sujeta las varillas de un abanico o las hojas de unas tijeras.

clavo s.m. (lat. *clavus*). Pieza de hierro de longitud y grosor variables, puntiaguda por un extremo y con una cabeza en el otro, que sirve para unir o asegurar dos piezas o para adornar algo. **2.** *Fig.* Dolor físico o moral agudo. **3.** Zona central de un forúnculo. **4.** Argent. y Chile. Artículo que no se vende. **5.** MED. Instrumento largo, puntiagudo, de diámetro relativamente estrecho, empleado en la fijación de cierto tipo de fracturas. ◇ **Agarrarse a,** o **de, un clavo ardiendo** *Fam.* Valerse de cualquier medio para salvarse de un peligro o conseguir algo. **Clavo de especia** Capullo seco de la flor del clavero, que se usa como condimento. **Dar en el clavo** *Fam.* Acertar en lo que se hace o dice.

claxon s.m. (fr. *Klaxon,* marca registrada). Bocina eléctrica de un automóvil.

clearance s.f. (voz inglesa, *aclaración*). MED. Relación entre la velocidad de eliminación de una sustancia química por un órgano (hígado, riñón) y la concentración de esta sustancia en la sangre, que refleja el funcionamiento del órgano.

clemátide s.f. (lat. *clematis, -idis*). Planta leñosa trepadora, de tallo rojizo y flores blancas de olor suave, muy común en los setos, que invade a veces los árboles y conserva durante todo el verano su fruto, coronado por un copete velloso. (Familia ranunculáceas.)

clembuterol s.m. Sustancia química anabolizante que aumenta la masa muscular.

clemencia s.f. Benevolencia y compasión con que se juzga o castiga a alguien.

clemente adj. (lat. *clemens, -tis*). Que tiene clemencia.

clementina s.f. Variedad de mandarina.

clementino, a adj. Relativo a alguno de los papas de nombre Clemente.

clepsidra s.f. (lat. *clepsydra*). Reloj que mide el tiempo mediante el paso regular de agua de un recipiente a otro. (Es de origen egipcio.)

cleptomanía s.f. (del gr. *klépteis,* robar, y *manía,* locura). Trastorno patológico que impulsa a robar.

cleptómano, a adj. y s. Se dice de la persona que padece cleptomanía.

clerecía s.f. (bajo lat. *clericía*). Clero, conjunto de clérigos. **2.** Estado de clérigo.

clergyman s.m. (voz inglesa, *clérigo*). Traje clerical que está compuesto por un saco de vestir y pantalón oscuro y alzacuellos, usado en sustitución del traje talar.

clerical adj. y s.m. y f. Relativo al clero; partidario del clericalismo.

clericalismo s.m. Ideología favorable a la intervención del clero en los asuntos públicos.

clericato s.m. Estado clerical. SIN.: *clericatura.*

clérigo s.m. Hombre que ha recibido alguna de las órdenes sagradas que otorga la Iglesia cristiana.

clerizonte s.m. *Desp.* Clérigo.

clero s.m. (lat. tardío *clerus*). Conjunto de clérigos. SIN.: *clerecía.* **2.** Clase sacerdotal en la Iglesia católica. ◇ **Clero castrense** Clero que desempeña su ministerio en el ejército y la armada. **Clero regular** Clero formado por los religiosos sacerdotes. **Clero secular** Clero que no pertenece a una orden religiosa.

cleruco s.m. ANT. GR. Colono griego que continuaba siendo ciudadano de su país de origen.

cleruquía s.f. ANT. GR. Colonia de clerucos.

clic s.m. (ingl. *click,* voz onomatopéyica) [pl. *clics*]. Sonido o ruido muy breve y de baja intensidad, semejante al que se produce al pulsar un interruptor o un botón. **2.** Pulsación de un botón o tecla. **3.** Sonido que se realiza mediante una doble oclusión producida por el dorso de la lengua y por los labios, semejante a un ruido de succión.

clica s.f. (voz de origen onomatopéyico). Molusco lamelibranquio marino, con valvas iguales en forma de corazón.

clicar v.intr. Esp. INFORMÁT. Pulsar una tecla del ratón una vez situado el puntero en un botón o icono de la pantalla.

cliché o **clisé** s.m. (fr. *cliché*). Soporte material sobre el que ha sido grabado o impresionado un texto o una imagen con vistas a su reproducción: *cliché fotográfico; cliché tipográfico.* **2.** Concepto o expresión que, a fuerza de repetirse, se ha estereotipado.

cliente, a s. (lat. *cliens, -tis,* protegido). Persona que compra en un establecimiento comercial o que utiliza los servicios de un profesional, especialmente si lo hace de forma habitual.

clientela s.f. Conjunto de clientes.

clientelismo s.m. *Desp.* Apoyo, amparo o trato de favor que la persona o asociación que tiene el poder da a sus partidarios.

clima s.m. (lat. *clima, -atis,* inclinación de la superficie terrestre del ecuador al polo). Conjunto de los fenómenos meteorológicos que caracterizan el estado medio de la atmósfera y su evolución en un lugar determinado. **2.** Conjunto de condiciones o circunstancias que rodean algo o a alguien: *un clima de inquietud.* **3.** Conjunto de las condiciones de temperatura, humedad y presión de un espacio cerrado.

clima

Las grandes zonas climáticas corresponden a bandas de latitud simétricas respecto al ecuador. La banda intertropical es cálida: el clima ecuatorial es propio del ecuador; por disminución de las precipitaciones se pasa al clima tropical y al clima árido en los trópicos. La vertiente oriental de los continentes, principalmente de Asia, goza de un clima monzónico. En las zonas templadas dominan tres grandes tipos de clima: el clima oceánico, que afecta a las vertientes occidentales de los continentes bajo la influencia de los vientos del O; el clima continental, en las zonas centrales y vertientes orientales de dichos continentes; y el clima mediterráneo, en las latitudes más bajas, que sufre influencias subtropicales. En las proximidades de los polos reina un clima polar.

climatérico, a adj. Se dice del tiempo peligroso por alguna circunstancia. **2.** Relativo al climaterio. ◇ **Año climatérico** ANT. Año de vida cuya cifra es múltiplo de 7 o de 9, que se consideraba crítico.

climaterio s.m. (lat. *climactericus,* relativo a una época crítica en la vida de alguien). Período de la vida caracterizado por una progresiva disminución de la actividad de las glándulas sexuales.

climático, a adj. Relativo al clima. ◇ **Estación climática** Estación del año que se caracteriza por la benignidad de su clima.

climatización s.f. Acción de climatizar. **2.** Conjunto de las condiciones de temperatura, humedad y presión de un espacio cerrado.

climatizar v.tr. Dar a un espacio cerrado una presión, humedad y temperatura determinadas.

climatología s.f. Ciencia que describe los climas, los explica y los clasifica por zonas. **2.** Clima de una zona determinada: *climatología tropical.*

climatología

Aunando la meteorología y las técnicas de estudio de la atmósfera, la climatología se ocupa tanto de aspectos fundamentales (climatología analítica, prospectiva, etc.) como de sus aplicaciones (agroclimatología, bioclimatología, etc.). Uno de sus dominios en pleno desarrollo se dedica a la reconstrucción de los climas de las eras geológicas (paleoclimatología).

clímax s.m. (lat. *climax, -acis,* gradación retórica) [pl. *clímax*]. Momento culminante de un proceso o en el desarrollo de una acción, especialmente de una obra dramática. **2.** Etapa final hacia la cual tiende un ecosistema en su desarrollo. **3.** Gradación retórica ascendente.

clinch s.m. (voz inglesa). DEP. Posición en la que quedan los boxeadores cuando uno de ellos abraza al otro para impedirle la libertad de movimientos.

clínica s.f. Establecimiento privado destinado al cuidado de cierto número de enfermos. **2.** Parte de la medicina que se ocupa del examen del enfermo y del tratamiento.

clínico, a adj. (lat. *clinicus,* que visita al que guarda cama). Relativo a la clínica: *análisis clínico.* ◆ s. Médico que se dedica a la práctica clínica.

clínker o **klínker** s.m. Producto que se obtiene de calcinar un crudo de cemento durante el tiempo necesario para que sus elementos se combinen totalmente. SIN.: *clinca.*

clinómetro s.m. Instrumento para medir la inclinación de un plano sobre el horizonte.

clinorrómbico, a adj. Monoclínico.

clip s.m. (voz inglesa) [pl. *clips*]. Grapa que sirve para sujetar papeles. **2.** Horquilla para sujetar el cabello. **3.** Corchete, broche o pendiente con resorte. **4.** Videoclip.

clíper s.m. (ingl. *clipper,* de *clip,* cortar con tijeras). Velero largo y estrecho, especialmente construido para alcanzar grandes velocidades.

clisado s.m. ART. GRÁF. Acción de clisar.

1. **clisar** v.tr. (del fr. *cliché,* soporte de impresión). ART. GRÁF. Elaborar, con la ayuda de un metal fusible o de plástico fotopolimerizable, placas sólidas que reproducen en relieve la impresión de una composición tipográfica, destinadas a la tirada de múltiples ejemplares.

2. **clisar** v.tr. (del caló *clisos,* los ojos). *Fam.* Mirar fijamente.

clisé s.m. → **cliché.**

clister s.m. (lat. *clyster, -eris*). Enema. SIN.: *clisterio.*

clistro s.m. FÍS. Tubo electrónico para generar o amplificar microondas en comunicaciones y radares.

clitoridectomía s.f. Extirpación quirúrgica del clítoris.

clítoris s.m. (gr. *kleitorís*). Pequeño órgano eréctil situado en la parte superior de la vulva.

clivaje s.m. Operación que consiste en quitar de un diamante la parte defectuosa, corregir su forma y tallarlo en función de su estructura cristalográfica.

cloaca s.f. (voz latina). Conducto, generalmente subterráneo, por donde van las aguas sucias o inmundicias. **2.** Orificio común de las vías urinarias, intestinales y genitales de las aves y otros vertebrados.

cloasma s.m. Conjunto de manchas amarillentas en la cara, que es de origen hormonal. (Es común en las embarazadas.)

1. **clon** s.m. (gr. *klon*). Conjunto de organismos que proceden de la reproducción vegetativa o asexual de un mismo individuo. **2.** Molécula biológica, célula o ser vivo obtenidos por clonación. ◆ s.m. y f. Persona que se considera idéntica a otra.

2. **clon** o **clown** s.m. (ingl. *clown*) [pl. *clones* o *clowns*]. Payaso músico y malabarista que forma pareja con el augusto.

clonación s.f. Obtención, mediante manipulación biológica, de una serie de moléculas idénticas (ácidos nucleicos) o de seres unicelulares (bacterias) o multicelulares (anfibios, mamíferos, etc.) dotados de un material genético idéntico.

clonación

Algunos fenómenos naturales se asimilan a las clonaciones (gemelos verdaderos, partenogénesis, etc.). El cultivo de tejidos celulares representa la técnica de clonación más antigua. También se conoce la clonación de plantas adultas por micropropagación. El nacimiento de la oveja Dolly, primer clon de mamífero adulto (1996), abrió perspectivas económicas y médicas considerables pero también desató conflictos éticos fundamentales, puesto que es técnicamente posible reproducir de manera idéntica un ser humano adulto. <> **Clonación reproductiva** Clonación que consiste en crear, a partir de una célula extraída del cuerpo de una persona o un animal adultos, un individuo genéticamente idéntica a aquel del cual procede dicha célula. **Clonación terapéutica** Clonación que consiste en crear in vitro linajes de células madre, que se utilizan para tratar enfermedades degenerativas o ciertas discapacidades físicas sufridas por el donante del material genético. (Este procedimiento, que evita el riesgo de rechazo inmunitario, está en proceso de desarrollo.)

clonado, a adj. y s.m. Amér. INFORMÁT. Clónico.

clonal adj. Clónico.

clonar v.tr. BIOL. Realizar la clonación de un organismo. **2.** Por ext. Hacer una copia exacta de una cosa.

clónico, a adj. Relativo al clon: *una oveja clónica.* ◆ adj. y s. Que es idéntico a otra persona, físicamente o en algún otro aspecto. ◆ s.m. y adj. INFORMÁT. Computadora o equipo informático que reproduce un modelo patentado con elementos compatibles de distintas marcas.

clonus s.m. Serie de contracciones sucesivas e involuntarias de los músculos flexores y extensores, que provocan el temblor de una parte de un miembro del cuerpo.

cloquear v.intr. Cacarear la gallina clueca.

cloración s.f. Tratamiento del agua con cloro para hacerla potable.

clorado, a adj. Que contiene cloro. ◆ s.m. Operación que consiste en someter una materia textil a la acción del cloro.

cloral s.m. Tricloroaldehído de fórmula CCl_3—CHO, obtenido por acción del cloro sobre el alcohol etílico. <> **Hidrato de cloral** Combinación del cloral con el agua.

cloramfenicol s.m. Antibiótico de amplio espectro que se usa contra las fiebres tifoidea y paratifoidea.

clorato s.m. Sal del ácido clórico.

clorhidrato s.m. Sal que deriva del ácido clorhídrico y de una base nitrogenada.

clorhídrico, a adj. Relativo a las combinaciones del cloro y del hidrógeno. <> **Ácido clorhídrico** Solución acuosa del cloruro de hidrógeno HCl, gas incoloro de olor fuerte y sofocante.

clórico, a adj. Se dice del ácido de fórmula $HClO_3$.

clorito s.m. Sal del ácido cloroso.

cloro s.m. (gr. *khlorós,* verde claro). Gas (Cl_2) tóxico, de color verdoso y olor sofocante. **2.** Elemento químico (Cl), de número atómico 17 y masa atómica 35,453, que pertenece al grupo de los halógenos.

cloro

El cloro es un gas de densidad 2,5 que funde a –35 °C, y está dotado de una gran actividad química. Bastante soluble en el agua, se combina con la mayoría de los no metales y ataca numerosos metales. En presencia de luz, reacciona explosivamente con el hidrógeno dando ácido clorhídrico (HCl). En la naturaleza se encuentra en forma de cloruros, de los cuales el más importante es el cloruro sódico, NaCl (sal marina y sal gema). La lejía es una disolución de cloruro e hipoclorito sódico. El cloro se emplea como desinfectante y decolorante (papel, algodón, lino).

clorofíceo, a adj. y s.f. Relativo a una clase de algas marinas y de agua dulce, llamadas también algas verdes, que poseen clorofila como único pigmento.

clorofila s.f. (del gr. *khlorós,* verde claro, y *fýllon,* hoja). Pigmento verde de los vegetales, fijado a los cloroplastos, que se forma únicamente en presencia de luz.

clorofílico, a adj. Relativo a la clorofila. <> **Función clorofílica** Fotosíntesis.

clorofluorocarbono s.m. Nombre de un grupo de compuestos que contienen cloro, flúor y carbono, utilizados como agentes frigoríficos y como propulsores en los aerosoles.

clorofluorocarbono

Se conoce también con la sigla CFC; sus múltiples aplicaciones, su volatilidad y su estabilidad química provocan su acumulación en la alta atmósfera, donde su presencia, según algunos científicos, es causante de la destrucción de la capa protectora de ozono.

cloroformizar v.tr. Someter a la acción anestésica del cloroformo.

cloroformo s.m. Líquido incoloro de fórmula $CHCl_3$, de olor etéreo, que resulta de la acción del cloro sobre el alcohol, y que se utilizaba como anestésico.

clorometría s.f. Dosificación del cloro contenido en un cloruro decolorante.

cloromicetina s.f. Cloramfenicol.

cloropicrina s.f. Derivado nitrado del cloroformo, empleado como gas de combate y para matar roedores.

cloroplasto s.m. Corpúsculo de las células vegetales coloreado por la clorofila, que asegura la fotosíntesis.

clorosis s.f. Anemia poco frecuente en la actualidad, caracterizada por una intensa palidez en el rostro, que solía manifestarse casi exclusivamente en las mujeres durante la pubertad o la adolescencia. **2.** Desaparición parcial de la clorofila en las hojas de un vegetal, debido a la falta de ciertas sales, por lo que se vuelven amarillentas.

cloroso, a adj. Se dice del ácido no aislado, de fórmula $HClO_2$. **2.** Relativo a la clorosis. **3.** Que padece clorosis.

clorótico, a adj. y s. Que padece clorosis.

clorpromacina s.f. Neuroléptico intenso del grupo de las fenotiacinas, el primero que se logró sintetizar.

clorurado, a adj. Que tiene un cloruro.

clorurar v.tr. Transformar un cuerpo en cloruro.

cloruro s.m. Combinación del cloro con un cuerpo simple o compuesto, salvo el oxígeno. ◇ **Cloruro de cal** Mezcla de cloruros e hipocloritos, empleada como decolorante.

clóset s.m. Amér. Armario o ropero empotrado en la pared. GEOSIN.: Argent. y Urug. *placard;* Esp. *armario empotrado.*

clown s.m. (voz inglesa) [pl. *clowns*]. → **2. clon.**

club s.m. (voz inglesa, *mazo*) [pl. *clubs* o *clubes*]. Asociación deportiva, cultural o política. **2.** Local de reunión para conversar, leer o jugar. **3.** Palo de golf. ◇ **Club nocturno** Establecimiento donde se puede bailar y consumir bebidas, especialmente por la noche, donde, ocasionalmente, se ofrecen espectáculos musicales o de baile.

clubista s.m. y f. Miembro de un club.

clueco, a adj. y s.f. Se dice del ave cuando empolla los huevos o cuida a sus polluelos.

cluniacense adj. y s.m. Relativo a la orden o al monasterio de Cluny; miembro de esta orden.

clupeido, a adj. y s.m. Relativo a una familia de teleósteos marinos o de agua dulce, como la sardina y el arenque.

cluse s.f. (voz francesa). GEOGR. Garganta transversal en un pliegue anticlinal.

cneoráceo, a adj. y sf. BOT.: Se dice de las plantas dicotiledóneas arbustivas, de hojas estrechas y esparcidas y fruto en drupa, como el olivillo.

cnidario, a adj. y s.m. Relativo a un subtipo de celentéreos provistos de células urticantes llamadas nematocistos.

Co., abrev. de la palabra inglesa *company,* compañía.

coa s.f. Palo aguzado y endurecido al fuego con que los indios americanos labraban la tierra. **2.** Chile. Jerga de los delincuentes. **3.** Méx., Pan. y Venez. Pala usada para labranza. **4.** Venez. Siembra.

coach s.m. (voz inglesa, *carroza, autocar, vagón*). Carrocería cerrada de automóvil, con dos puertas y cuatro ventanillas y con el respaldo del asiento delantero abatible.

coacción s.f. (lat. *coactio, -nis*). Fuerza o violencia física o psíquica hecha contra alguien para obligarlo a decir o hacer algo. **2.** DER. Delito que consiste en impedir a otro con violencia sin estar legítimamente autorizado, que le obligue a efectuar un determinado acto, sea justo o injusto.

coaccionar v.tr. Ejercer coacción.

coacervar v.tr y prnl. (lat. *coacervare*). Juntar o amontonar.

coactivo, a adj. Que implica coacción.

coadjutor, ra adj. y s. Se dice de la persona que ayuda y acompaña a otra en ciertas cosas. **2.** Se dice del religioso adjunto al superior. ◆ adj. y s.m. **Obispo coadjutor** Obispo adjunto a otro obispo para ayudarle.

coadministrador, ra adj. y s. Que administra conjuntamente con otro.

coadquisición s.f. Adquisición en común entre dos o más personas.

coadunar v.tr y prnl. Unir, mezclar, añadir ciertos elementos a otros.

coadyuvante adj. y s.m. Se dice del medicamento que contribuye a la eficacia de la medicación fundamental. ◆ s.m. y f. DER. **a.** En lo contencioso administrativo, parte que, juntamente con el fiscal, sostiene la resolución administrativa impugnada. **b.** El que interviene en una contienda judicial, apoyando la posición de una de las dos partes.

coadyuvar v.tr. e intr. (lat. tardío *coadjuvare*). Contribuir o ayudar a la consecución de una cosa.

coagente adj. y s.m. y f. Que coopera a algún fin.

coagulación s.f. Fenómeno por el cual un líquido orgánico (sangre, linfa, leche) precipita en una masa sólida o coágulo.

coagulante adj. y s.m. Que facilita o acelera la coagulación.

coagular v.tr. y prnl. Formar o formarse coágulo o cuajo. **2.** Actuar sobre una solución coloidal provocando el fenómeno de coagulación.

coágulo s.m. (lat. *coagulum*). Masa de sustancia coagulada.

coahuilteca, pueblo amerindio act. extinguido, que vivía a orillas del río Grande (NE de México y S de Texas).

coaiquer → **2. pasto.**

coala s.m. → **koala.**

coalescencia s.f. Estado de coalescente. **2.** Aglomeración de las gotitas de una emulsión formando gránulos más voluminosos. **3.** Adherencia de dos partes de un tejido u órgano.

coalescente adj. Que forma una sola pieza, aunque esté compuesto por piezas de orígenes distintos.

coalición s.f. Alianza entre países, partidos o personalidades del mundo político e industrial con un fin común y por un límite de tiempo determinado. **2.** HIST. Nombre que se dio a las ligas formadas por algunas naciones europeas contra Luis XIV de Francia y contra la Revolución y el Imperio franceses.

coalicionista s.m. y f. Miembro o partidario de una coalición.

coaligar v.tr. y prnl. Coligar.

coáltar o **coaltar** s.m. Brea de hulla que se emplea en medicina en tratamientos tópicos de afecciones de la piel.

coana s.f. Orificio posterior de las fosas nasales, abierto a la rinofaringe.

coaptación s.f. BIOL.: Ajuste inmediato y perfecto de dos órganos de un mismo individuo que se han formado separadamente o de dos individuos de sexo opuesto (órganos copuladores generalmente).

coartación s.f. Acción de coartar. **2.** MED. Reducción de la aorta.

coartada s.f. Circunstancia de haber estado ausente un presunto culpable en el lugar y el momento en que se perpetró un delito, que se utiliza como prueba de inocencia.

coartar v.tr. (lat. *coartare*). Limitar o impedir algo con una fuerza no física: *coartar la libertad.*

coaseguro s.m. Contrato en el que varios aseguradores asumen simultáneamente el riesgo, dentro de los límites del valor del bien asegurado.

coatí s.m. Mamífero carnívoro de cuerpo y hocico alargados y con el pelaje rojizo o gris amarillento, que se alimenta de lagartos e insectos; vive en América, desde el N de México hasta el N de Argentina.

coautor, ra s. Autor junto con otro u otros. **2.** DER. Persona que ha cometido una infracción en participación directa y principal con otras personas.

coaxial adj. Que tiene el mismo eje que otro cuerpo. ◇ **Cable coaxial** Cable integrado por dos conductores concéntricos y separados por una sustancia dieléctrica. **Hélices coaxiales** Conjunto formado por dos hélices de avión que giran en sentido inverso, de tal modo que el árbol de una de ellas gira en el interior del árbol hueco de la otra.

coba s.f. Esp y Méx. *Fam.* Adulación exagerada e interesada para conseguir algo: *dar coba.*

cobáltico, a adj. Relativo al cobalto.

cobaltina s.f. Arseniosulfuro natural de cobalto de fórmula AsCoS.

cobalto s.m. (alem. *kobalt*). Metal de color gris, dúctil y algo maleable, de densidad 8,9, cuyo punto de fusión es de 1 490 °C. **2.** Elemento químico (Co), de número atómico 27 y masa atómica 58,933. (Se emplea en aleaciones con el cobre, el hierro y el acero, y en la preparación de ciertos pigmentos azules.) ◇ **Bomba de cobalto** Generador de rayos terapéuticos, emitidos por una carga de radiocobalto y utilizado en el tratamiento de los tumores cancerosos. **Cobalto 60,** o **radiactivo** Radiocobalto.

cobaltoterapia s.f. Tratamiento mediante rayos gamma (γ) emitidos por el cobalto 60.

cobarde adj. y s.m. y f. (fr. ant. *coart*). Que muestra falta de valor ante situaciones peligrosas o que conllevan riesgo.

cobardía s.f. Cualidad de cobarde.

cobaya s.m. o f. Pequeño mamífero del orden de los roedores, originario de América del Sur. (Se emplea en la experimentación científica.) SIN.: *cobayo, conejo de Indias.*

cobea s.f. Planta trepadora de flores azules en campanilla, originaria de México. (Familia polemoniáceas.)

cobertera s.f. Tapa de una olla u otro recipiente. ◆ adj. y s.f. Se dice de las plumas de ave situada en la inserción de las remeras y timoneras.

cobertizo s.m. Tejado saledizo para guarecerse de la lluvia. **2.** Sitio cubierto, generalmente de forma rudimentaria, para resguardar a personas, animales o cosas.

cobertor s.m. Colcha o manta para la cama.

cobertura s.f. Acción de cubrir. **2.** Cosa que sirve para tapar o resguardar algo. **3.** Alcance de algunos servicios, como los de telecomunicaciones: *cadena de cobertura nacional.* **4.** FIN. Conjunto de valores que sirven como garantía de una operación financiera o comercial. **5.** GEOL. Conjunto de sedimentos que cubren un zócalo. **6.** MIL. Dispositivo de protección de una zona o de una operación.

cobija s.f. Teja semicilíndrica que, puesta con la parte cóncava hacia abajo, abraza dos canales de un tejado. **2.** Méx. y Venez. Manta. ◆ **cobijas** s.f.pl. Amér. Ropa de cama, especialmente la de abrigo.

cobijar v.tr. y prnl. Albergar, dar hospedaje. **2.** *Fig.* Amparar, proteger. **3.** Cubrir o tapar.

cobijo s.m. Acción de cobijar: *dar cobijo.* **2.** Lugar que sirve para cobijarse.

cobista s.m. y f. Esp. *Fam.* Persona que da coba para conseguir algo.

cobla s.f. Copla, unidad métrica de la poesía trovadoresca que equivale a la estrofa.

cobo s.m. C. Rica. Manta peluda que se pone sobre la cama. **2.** Cuba. Caracol grande cuyo interior es rosa y nacarado.

cobol s.m. (acrónimo del ingl. *common business oriented language*). Lenguaje de programación utilizado para resolver los problemas de gestión.

cobra s.f. Serpiente venenosa de las regiones cálidas de África y Asia, cuya longitud rebasa los 4 m.

cobra

La cobra asiática también se denomina *cobra de anteojos* por el dibujo que puede verse detrás de su cuello cuando el animal se asusta y dilata la piel; familia elápidos.

cobradero, a adj. Que puede o debe ser cobrado.

cobrador, ra s. Persona que tiene por oficio cobrar.

cobranza s.f. Acción de cobrar, especialmente la contribución.

cobrar v.tr. Recibir una cantidad como pago de algo. **2.** Adquirir, conseguir: *cobrar fama.* **3.** Tomar o sentir algún afecto: *cobrar cariño a alguien.* **4.** Aprehender, recoger: *cobrar las piezas de caza.* ◆ v.tr. e intr. Recibir una paliza. ◆ **cobrarse** v.prnl. Recobrarse, recuperarse: *cobrarse del susto.*

cobre s.m. (lat. *cuprum*). Metal de color rojizo, de densidad 8,9, cuyo punto de fusión es de 1 084 °C. **2.** Elemento químico (Cu), de número atómico 29 y masa atómica 63,546. **3.** Objeto de ese metal. **4.** ART. GRÁF. Plancha grabada sobre cobre. ◆ **cobres** s.m.pl. MÚS. Conjunto de los instrumentos metálicos de viento de una orquesta. ◇ **Batir el cobre** *Fam.* Tratar un asunto con mucha viveza y empeño. **Cobre amarillo** Latón. **Cobre blanco** Aleación de cobre, cinc y arsénico. **Cobre rojo** Cobre puro.

cobre

Después de la plata, es el mejor conductor del calor y la electricidad. Es maleable y dúctil y, en contacto con el aire, se cubre por una capa tóxica de carbonato básico. Se extrae sobre todo de la calcopirita ($CuFeS_2$). Actúa como monovalente en los compuestos *cuprosos* como el óxido Cu_2O, rojo, y como divalente en los compuestos *cúpricos,* como el óxido CuO, negro. Las numerosas aleaciones de cobre se utilizan en la mayoría de las industrias por la gran variedad de sus propiedades: las *ligeras,* se usan en las industrias eléctrica, automovilística y de electrodomésticos; los *latones* (cobre y zinc) por su facilidad de trabajado, en perfilados y laminados; los *bronces* (cobre y estaño) por sus características mecánicas y de rozamiento, en fundiciones y moldeado de piezas mecánicas.

cobreado s.m. Operación que consiste en revestir una superficie con una capa de cobre.

cobrear v.tr. Recubrir con una capa de cobre.

cobreño, a adj. Que es de cobre.

cobrizo, a adj. Parecido al cobre en el color: *tez cobriza.* **2.** Que contiene cobre.

cobro s.m. Acción de cobrar.

1. coca s.f. (quechua *kuka*). Arbusto de flores blanquecinas y fruto en baya roja, cuyas hojas tienen una acción estimulante y proporcionan la cocaína. **2.** Hoja de esta planta. **3.** *Fam.* Cocaína.

2. coca s.f. Moño redondo con que se recogen el cabello las mujeres. **2.** *Fam.* Cabeza. **3.** *Fam.* Golpe dado con los nudillos en la cabeza de alguien.

cocacho s.m. Amér. Merid. Golpe dado en la cabeza. **2.** Perú. Variedad de frijol que se endurece al cocer.

coca-cola s.f. (marca registrada). Bebida compuesta de extractos de hojas de coca sin cocaína y de nuez de cola.

cocada s.f. Bol., Colomb. y Perú. Especie de turrón. **2.** Perú. Provisión de hojas de coca.

cocaína s.f. Alcaloide extraído de las hojas de coca, anestésico local y excitante del sistema nervioso central, cuyo uso prolongado da lugar a una toxicomanía grave.

cocainismo s.m. Adicción a la cocaína. SIN.: *cocainomanía.*

cocainómano, a adj. y s. Adicto a la cocaína.

cocán s.m. Perú. Pechuga de ave.

cocaví s.m. Argent., Bol. y Perú. Provisión de víveres para un viaje.

coccidio, a adj. y s.m. Relativo a un orden de esporozoos, parásitos de las células epiteliales de los vertebrados y de los invertebrados.

coccidiosis s.f. Enfermedad grave y muy común en el ganado y en las aves de corral, cuyo agente es un coccidio.

coccígeo, a adj. Relativo al cóccix.

cocción s.f. (lat. *coctio, -onis*). Acción de cocer o cocerse. SIN.: *cocedura, cochura, cocimiento.*

cóccix s.m. → **coxis.**

coceador, ra adj. y s. Se dice del animal, especialmente del caballo, que tiene el hábito de cocear.

cocear v.intr. Dar o tirar coces. **2.** *Fig.* y *fam.* Resistirse a algo.

cocedero, a adj. Cocedizo. ◆ s.m. Lugar donde se cuece algo: *un cocedero de vino.* **2.** Lugar donde hace mucho calor.

cocedizo, a adj. Fácil de cocer. SIN.: *cocedero.*

cocer v.tr. (lat. vulgar *cocere*) [conj.: *mover*]. Mantener un alimento en agua u otro líquido hirviendo hasta que se ponga blando. **2.** Someter ciertas cosas a la acción del calor para que adquieran propiedades determinadas: *cocer el pan.* **3.** *Fig.* Pensar o tramar algo: *cocer un plan.* ◆ v.intr. Hervir: *el agua cuece.* **2.** Fermentar: *el vino cuece.*

cocha s.f. Chile, Colomb. y Ecuad. Charco, laguna.

cochada s.f. Colomb. Cocción.

cochambre s.m. o f. (de *cochino*). *Fam.* Suciedad, basura.

cochambroso, a adj. y s. *Fam.* Lleno de cochambre.

cochayuyo s.m. Amér. Merid. Alga marina comestible con tallo en forma de cinta.

coche s.m. Vehículo que sirve para el transporte de personas y cosas. **2.** Esp. y Méx. Automóvil. **3.** Méx. Cerdo, puerco. **4.** F. C. Vagón de un tren. <> **Coche cama** Vagón dispuesto con literas para poder dormir. **Coche correo** Vagón reservado al servicio de correos. **Coche fúnebre** Vehículo construido para llevar los difuntos al cementerio. **Coche restaurante** Vagón preparado para el servicio de comidas. **En el coche de san Fernando** *Fam.* Andando.

cochera s.f. Lugar donde se encierran y guardan vehículos automóviles.

cochero s.m. y f. Persona que tiene por oficio guiar vehículos tirados por caballos.

cochifrito s.m. Esp. Guisado de cabrito o cordero medio cocido y después frito y condimentado.

cochinada s.f. *Fam.* Porquería, suciedad. SIN.: *cochinería.* **2.** *Fig.* y *fam.* Acción ruin, grosera. SIN.: *cochinería.*

cochinilla s.f. Insecto de pequeño tamaño que produce graves plagas en los cultivos, sobre todo en los frutales. **2.** Crustáceo terrestre que vive debajo de las piedras o en lugares oscuros y húmedos. SIN.: *cochinilla de humedad.* <> **Cochinilla de san Antón** Mariquita.

cochinillo s.m. Cochino o cerdo de leche.

cochino, a s. (de *coch,* interjección para llamar al cerdo). Cerdo. **2.** Cerdo cebado que se destina a la matanza. ◆ s. y adj. *Fig.* y *fam.* Persona sucia y desaseada, o indecorosa.

cochitril s.m. → **cuchitril.**

cochizo s.m. Parte más rica de una mina.

cocho, a adj. Que está cocido. **2.** Colomb. Crudo. ◆ s.m. Chile. Mazamorra de harina tostada.

cocido s.m. Guiso elaborado a base de carne, garbanzos, tocino y, a veces, jamón, chorizo, papas, puerros, apios, zanahorias, etc.

cociente s.m. (bajo lat. *quotiens, -ntis*). Resultado de la operación aritmética de la división. <> **Cociente electoral** Resultado de la división del número de sufragios emitidos por el número de puestos a proveer entre las diversas listas, cuando el sistema electoral se basa en la representación proporcional. **Cociente intelectual (CI)** PSICOL. Relación de la edad mental de un niño, determinada por tests de nivel intelectual del tipo Binet y Simon, con la edad real; para los adultos, índice de la superioridad o inferioridad de la capacidad intelectual de un adulto, determinada por tests del tipo Wechler-Bellevue, con relación a la de individuos de su mismo grupo de edad. (El cociente intelectual medio es igual a 100.) **Cociente respiratorio** FISIOL. Relación entre el volumen de gas carbónico espirado y el volumen del oxígeno absorbido durante el mismo tiempo por un animal o un vegetal.

cocimiento s.m. Cocción. **2.** TEXT. Baño dispuesto con diversos ingredientes para preparar y abrir los poros de la lana, a fin de que reciba mejor el tinte.

cocina s.f. (voz del lat. vulgar). Pieza de la casa en que se guisa la comida. **2.** Dispositivo o aparato en el que se hace fuego o produce calor para guisar los alimentos: *cocina eléctrica.* **3.** Arte de preparar la comida: *cocina francesa.* <> **Libro de cocina** Libro de recetas para preparar comidas.

cocinar v.tr. e intr. Guisar. ◆ v.intr. *Fam.* Entremeterse en asuntos ajenos.

cocinería s.f. Chile y Perú. Tienda de comidas preparadas, figón.

cocinero, a s. Persona que cocina, especialmente la que lo hace por oficio.

cocinilla s.f. Hornillo portátil que funciona con electricidad o con combustibles líquidos o gaseosos.

cocker adj. y s.m. (voz inglesa). Se dice del perro de caza de pelo largo y con orejas muy largas y colgantes.

cockney s.m. y f. (voz inglesa). Londinense caracterizado por su acento popular. ◆ s.m. Argot londinense.

cóclea s.f. Parte u órgano de un animal o una planta en forma de espiral. **2.** MEC. Tornillo de Arquímedes.

coclearia s.f. Planta crucífera de las zonas costeras o de los lugares húmedos, que se usaba como antiescorbútico.

1. **coco** s.m. Fruto del cocotero. **2.** Segunda cáscara de este fruto. **3.** Cocotero. **4.** *Fig.* y *fam.* Cabeza. <> **Leche de coco** Albumen líquido y blanco contenido en la nuez de coco.

2. **coco** s.m. (voz de creación expresiva). Ser fantástico con el que se asusta a los niños para que obedezcan. **2.** *Fam.* Persona muy fea.

3. **coco** s.m. (gr. *kókkos,* grano, semilla) Bacteria de forma redondeada.

4. **coco** s.m. Danza típica del noreste y norte de Brasil.

cococha s.f. Protuberancia carnosa en la parte baja de la cabeza de la merluza y el bacalao.

cocodrilo s.m. (lat. *krokódeilos*). Reptil carnívoro de gran tamaño, del orden crocodilianos, que vive en los grandes ríos de zonas intertropicales.

cocol s.m. Méx. Figura con forma de rombo. **2.** Méx. Pan que tiene esta forma. **3.** Méx. Cocoliste.

cocolía s.f. P. Rico. Cangrejo de mar.

cocoliche s.m. Argent. y Urug. Jerga que remeda la mezcla de italiano y español del período inmigratorio, difundida y recreada por el sainete. **2.** Argent. y Urug. *Desp.* Habla poco inteligible.

cocoliste s.m. Méx. Cualquier enfermedad epidérmica. **2.** Méx. Tifus.

cocolitos s.m.pl. Escamas fósiles de un protisto marino del período cretácico cuya acumulación constituye depósitos sedimentarios marinos.

cócora s.m. y f. y adj. *Fam.* Persona molesta e impertinente.

cocoroco, a adj. Chile. Altanero, ufano.

cocotal s.m. Terreno poblado de cocoteros.

cocotero s.m. Palmera tropical, que alcanza 25 m de alt., con una corteza anillada, grandes hojas y flores en racimo, cuyo fruto es el coco.

cocotte s.f. (voz francesa). Prostituta de lujo.

cóctel o **coctel** s.m. (ingl. *cocktail*). Mezcla de bebidas alcohólicas u otros líquidos y hielo. SIN.: *combinado.* **2.** Reunión en la que se suele beber cócteles. **3.** Mezcla de cosas homogéneas o heterogéneas. <> **Cóctel Molótov** Botella explosiva a base de gasolina.

coctelera s.f. Recipiente en que se mezclan los componentes para preparar un cóctel.

cocuisa s.f. Colomb., P. Rico y Venez. Especie de pita. **2.** Colomb., P. Rico y Venez. Hilo obtenido de esta planta.

cocuma s.f. Perú. Mazorca asada de maíz.

cocuyo s.m. Árbol de las Antillas de unos 10 m de alt., de hojas lanceoladas, fruto del tamaño de una aceituna y madera muy dura empleada en construcción. (Familia sapotáceas.) **2.** Coleóptero de América tropical, de unos 3 cm de long., con dos manchas amarillentas a los lados del tórax, por las que despide de noche una luz azulada. (Familia elatéridos.)

coda s.f. (ital. *coda,* cola, extremo). Período musical con el que finaliza un fragmento o un episodio de dicho fragmento. **2.** COREOGR. **a.** Tercera y última parte de un paso a dos. **b.** Final de un ballet clásico. **3.** FONÉT. Margen final de una sílaba.

codal adj. Que consta de un codo. **2.** Que tiene medida o figura de codo. ◆ s.m. Pieza de la armadura que protegía el codo. **2.** Madero atravesado horizontalmente entre las jambas de un vano o entre los hastiales de una excavación. **3.** Cada uno de los listones en que se asegura la hoja de la sierra. **4.** Cada una de las dos reglas que se colocan transversalmente en las cabezas de un madero para desalabear sus caras. **5.** CONSTR. Aguja que mantiene las paredes de un tapial.

codaste s.m. MAR. Madero vertical o perfil metálico que limita la parte posterior del buque.

codazo s.m. Golpe dado con el codo.

codeador, ra adj. y s. Amér. Merid. Pedigüeño.

codear v.intr. Mover los codos o dar golpes con ellos. ◆ v.tr. Amér. Merid. Pedir reiteradamente o con insistencia, sonsacar. ◆ **codearse** v.prnl. *Fig.* Tratarse de igual a igual una persona con otra: *codearse con la aristocracia.*

codeína s.f. (gr. *kódeia* o *kódya,* cabeza de la adormidera). Alcaloide extraído del opio que tiene propiedades analgésicas y narcóticas. (Se usa para calmar la tos.)

codera s.f. Pieza ovalada, de adorno o de remiendo, que se pone en los codos de un saco de vestir.

codeso s.m. (lat. vulgar *cutisus*). Arbusto, de hasta 7 m de alt., de flores amarillas en racimos, a menudo cultivada como planta ornamental. (Familia papilionáceas.)

códex s.m. (lat. *codex*). Códice. **2.** Farmacopea oficial de un país.

códice s.m. Manuscrito de importancia histórica o literaria que se presenta en forma de libro encuadernado, especialmente el anterior a la invención de la imprenta.

códice

Los *códices precolombinos* son unos manuscritos prehispánicos, escritos sobre papel de amate, o piel de venado raspada, en tiras de 10 o más metros de largo, dobladas en forma de acordeón. Se dividen en tres grupos, según su contenido y estilo: *a)* los códices aztecas que contienen el calendario augúrico, entre los que destaca, por su belleza, el *códice borbónico; b)* el grupo encabezado por el *códice Borgia,* proveniente de Tlaxcala o Cholula, que presenta la sabiduría de los sacerdotes con mayor riqueza que los aztecas; y *c)* los códices mixtecas, como el *códice Nuttal,* el *de Viena* y el *Bodley,* que presentan cronologías de dinastías reinantes. Se conservan cuatro códices mayas precolombinos: el *de Dresde,* el *Grolier,* el *Peresiano* y el *Tro-cortesiano.*

codicia s.f. (bajo lat. *cupiditia*). Deseo excesivo de riquezas u otras cosas.

codiciar v.tr. Desear mucho riquezas u otras cosas.

codicilar adj. Relativo al codicilo.

codicilo s.m. Acto posterior a un testamento y que lo modifica; documento que lo contiene.

codicioso, a adj. y s. Que tiene codicia. ◆ adj. TAUROM. Se dice del toro que embiste con vehemencia.

codificación s.f. Acción y efecto de codificar. **2.** Conjunto de códigos utilizados en un mensaje. **3.** INFORMÁT. Operación consistente en representar una información mediante un código, por ejemplo, representar cada carácter alfanumérico mediante un conjunto de bits de valor 0 a 1.

codificador, ra adj. Que codifica. ◆ s.m. Dispositivo que efectúa automáticamente la codificación de los elementos de un mensaje literal en código.

codificar v.tr. Reunir en un libro un conjunto de normas relativas a una rama del derecho: *codificar leyes.* **2.** Enunciar un mensaje mediante un código. **3.** Atribuir a algo cierto valor o propiedad mediante un sistema de códigos.

código s.m. (lat. *codex, -icis,* libro). Conjunto de preceptos legislativos que reglamentan las diversas instituciones constitutivas de una rama del derecho: *código civil, penal.* **2.** Sistema de signos y reglas que permite formular y comprender un mensaje. **3.** Signo que tiene un valor o propiedad determinados. **4.** Conjunto de reglas que permiten cambiar de sistema de símbolos sin modificar la información que expresa. **5.** INFORMÁT. Conjunto de reglas que proporcionan una correspondencia biunívoca que permite representar datos, programas u otras informaciones con vistas a facilitar su tratamiento automático o su transmisión. ◇ **Código de barras** Código consistente en un conjunto de trazos verticales de distinto grosor y número que sirven para identificar algo, especialmente un producto. **Código genético** Sucesión de bases nitrogenadas a lo largo de una hélice de ADN de las células vivas, que determina rigurosamente la sucesión de los aminoácidos en las proteínas que han sido elaboradas por estas células. **Código postal** Número de una dirección postal que representa la provincia, el encaminamiento y el distrito postal del destinatario.

codillera s.f. Tumor blando que produce el callo de la herradura en el codillo del caballo cuando este está acostado.

codillo s.m. En los cuadrúpedos, coyuntura del brazo próxima al pecho; parte comprendida entre esta unión y la rodilla. **2.** BOT. Parte de la rama que queda unida al tronco por el nudo, después de haber sido cortada.

codo s.m. (lat. *cubitus, -i*). Articulación situada en la parte media de las extremidades superiores, que une el brazo con el antebrazo. **2.** Parte de la manga de una prenda de vestir que cubre el codo. **3.** Trozo de tubo metálico que permite variar la dirección de las cañerías o conducciones. **4.** Parte doblada de un tubo o cañería. **5.** Antigua medida de longitud equivalente a la distancia que separa el codo del extremo del dedo medio, alrededor de 50 cm. ◆ adj. Méx. Tacaño, agarrado. ◇ **Alzar,** o **empinar,** o **levantar, el codo** *Fam.* Tomar bebidas alcohólicas, especialmente si se hace en exceso. **Codo a,** o **con, codo** En colaboración con otra persona. **De codos** Apoyado en los codos. **Hablar por los codos** *Fam.* Hablar mucho. **Hincar los codos** Estudiar con ahínco.

codon s.m. Segmento muy corto de la hélice de ADN de las células vivas, que determina la síntesis de un aminoácido definido.

codoñate s.m. (cat. *codonyat*). Dulce de membrillo.

codorniz s.f. (lat. *coturnix, -icis*). Ave gallinácea migratoria, de plumaje marrón con manchas amarillas y rojizas y pequeñas rayas longitudinales blancas. (Su carne es apreciada; familia fasiánidos.)

coedición s.f. Edición de una obra realizada conjuntamente por dos o más editores.

coeducación s.f. Educación que se da conjuntamente a alumnos de ambos sexos.

coeficiente s.m. Número con que se representa de forma convencional el grado o intensidad de una determinada cualidad o fenómeno: *coeficiente de inteligencia; coeficiente de adherencia.* **2.** MAT. En un monomio, factor constante que multiplica la parte algebraica variable. ◇ **Coeficiente angular de una recta** Número que representa su inclinación con respecto a la horizontal; es igual a la tangente trigonométrica del ángulo de inclinación.

coéfora s.m. y f. En la Grecia antigua, persona que llevaba las ofrendas destinadas a los muertos.

coendú s.m. Roedor con el cuerpo cubierto de espinas y

una larga cola prensil, de pelaje marrón oscuro con motas blancas. (Vive en América del Sur; familia eretizóntidos.)

coenzima s.m. Parte no proteica de un enzima, necesaria para el desarrollo de la catálisis bioquímica.

coercer v.tr. (lat. *coercere*) [conj.: *mecer*]. Limitar, refrenar o reprimir.

coercibilidad s.f. Cualidad de coercible. **2.** DER. Posibilidad que tiene el estado de imponer coactivamente la observancia de una norma o, en su defecto, la sanción correspondiente.

coerción s.f. Acción de coercer.

coercitivo, a adj. Que coerce. ◇ **Campo coercitivo** Valor mínimo del campo magnético en que debe ponerse una barra de acero previamente imantada para anular su imantación.

coetáneo, a adj. y s. (lat. *coetaneus*). Que es de la misma edad o tiempo.

coexistencia s.f. Existencia simultánea de personas o cosas. ◇ **Coexistencia pacífica** Principio según el cual dos o más estados que pertenecen a sistemas políticos distintos participan en una organización del mundo que acepta la existencia de cada uno de ellos.

coexistir v.intr. Existir simultáneamente personas o cosas.

cofa s.f. (cat. *cofa*). MAR. Plataforma colocada en el cuello de los palos machos.

cofia s.f. (lat. tardío *cofia*). Tocado femenino de tela con que se mantiene recogido el cabello, típico de algunas profesiones como la de camarera o enfermera. **2.** Caperuza que recubre la cápsula de los musgos. **3.** Membrana fetal que cubre a veces la cabeza del feto en el momento del parto.

cofín s.m. Cesto o canasto, de esparto o mimbre, para llevar frutos y otras cosas: *un cofín de pasas.*

cofinanciación s.f. Financiación realizada simultáneamente por dos o más instituciones financieras.

cofrade s.m. y f. (del lat. *frater, -tis*). Miembro de una cofradía.

cofradía s.f. Asociación de personas de un mismo oficio o bajo una misma advocación religiosa para fines mutualistas o espirituales: *cofradía de pescadores.*

cofre s.m. (fr. *coffre*). Mueble parecido al arca, generalmente de tapa convexa. **2.** Caja con cerradura, para guardar objetos de valor. **3.** Colomb. Joyero, cajita para guardar joyas. **4.** Méx. Tapa que protege el motor de los automóviles. ◇ **Pez cofre** Pez óseo de los mares cálidos, de caparazón rígido. (Orden tetraodontiformes.)

cogedera s.f. Utensilio para recoger fruta, que consiste en unas tijeras montadas en el extremo de un palo y un cestillo para echar la fruta.

cogedero, a adj. Que puede ser agarrado. ◆ s.m. Mango o asidero.

cogedor s.m. Pala para recoger la basura.

coger v.tr. (lat. *colligere*, recoger, allegar). Asir o tomar con la mano una cosa. **2.** Alcanzar o apresar a alguien o algo que huye: *coger a un ladrón.* **3.** Sobrevenir, sorprender: *coger con las manos en la masa.* **4.** Amér. *Vulg.* Realizar el acto sexual. **5.** Esp. Pasar a tener una enfermedad o un sentimiento determinados: *coger una borrachera; coger un resfriado; coger rabia.* **6.** Esp. Montar en un vehículo: *coger el autobús.* **7.** Esp. Atropellar a alguien un vehículo: *al cruzar la calle le cogió un automóvil.* **8.** Esp. Llegar a tener algo que se desea o se necesita: *coger tanda.* **9.** Esp. Proveerse de algo, contratar, alquilar: *coger entradas para el cine.* **10.** Esp. Abarcar, ocupar cierto espacio: *la alfombra coge toda la habitación.* **11.** Esp. Alcanzar, llegar junto a una persona o cosa que va delante. **12.** Esp. y Méx. Entender, comprender: *coger el sentido de un chiste.* **13.** Esp. y Méx. Captar, recibir: *coger radio París.* **14.** Esp. TAUROM. Herir o enganchar el toro a una persona con los cuernos. ◆ v.intr. Esp. Seguido de la conj. *y* y otro verbo, indica una resolución o determinación: *cogió y se metió en un bar.* **2.** Esp. Hallarse a cierta distancia: *la casa coge lejos del centro.* **3.** Esp. *Vulg.* Caber: *no coger todos en un sitio.* ◆ **cogerse** v.prnl. Esp. Asirse, agarrarse a algo para no caer. ◇ **Coger desprevenido** Sorprender a alguien con una acción, noticia, etc., para la que no estaba preparado.

cogestión s.f. Participación de los trabajadores en la gestión de la empresa, sin que ello suponga una alteración de las relaciones de producción.

cogida s.f. TAUROM. Acción de enganchar el toro con los cuernos al torero.

cogitabundo, a adj. Pensativo, meditabundo.

cogitar v.tr. Pensar, meditar, reflexionar.

cogitativo, a adj. Que tiene facultad de pensar.

cognación s.f. Consanguinidad entre personas por descendencia femenina. **2.** Parentesco.

cognado, a s. DER. ROM. Persona unida a otras por lazos de parentesco natural, y, especialmente, pariente por descendencia femenina.

cognición s.f. Conocimiento, acción y efecto de conocer. **2.** DER. Conocimiento judicial de un asunto, para resolverlo. **3.** PSICOL. Conjunto de estructuras y actividades psicológicas cuya función es el conocimiento, por oposición a los dominios de la afectividad.

cognitivo, a adj. Relativo a la cognición. ◇ **Ciencias cognitivas** Conjunto de ciencias relativas a la cognición, como la psicología, la lingüística, la epistemología, etc.

cognoscible adj. Que puede ser conocido. SIN.: *conocible.*

cognoscitivo, a adj. Relativo al conocimiento: *potencia cognoscitiva.*

cogollo s.m. (lat. *cucullus*, capucha de un vestido). Yema apical, considerablemente desarrollada en ciertas plantas, como la col, lechuga, etc. **2.** Brote de cualquier vegetal. **3.** *Fig.* Lo mejor o más selecto de alguna cosa. **4.** Núcleo o centro vital de algo. **5.** Parte alta de la copa del pino, que se desecha para madera.

cogolludo, a adj. Se dice de la hortaliza que tiene mucho cogollo.

cogorza s.f. (de *cohorzar*, celebrar un banquete fúnebre). Esp. *Vulg.* Borrachera.

cogote s.m. Parte superior y posterior del cuello. ◇ **Estar hasta el cogote de algo o alguien** Estar harto de sufrir una situación incómoda o a una persona.

cogotera s.f. Trozo de tela sujeto en la parte posterior de una prenda que cubre la cabeza, para resguardar la nuca del sol o la lluvia. **2.** Sombrero que se pone a las bestias de tiro para protegerlas del sol.

cogotudo, a adj. Que tiene el cogote muy grueso. **2.** *Fig.* y *fam.* Muy orgulloso. ◆ adj. y s. Amér. Se dice de la persona adinerada y orgullosa.

cogujada s.f. (del lat. *cucullatus*, provisto de capucha). Ave paseriforme, algo mayor que el gorrión, provista de un gran copete.

cogulla s.f. (lat. tardío *cuculla*, capucha de un vestido). Vestidura monacal con capucha y de mangas muy anchas o sin mangas, que se lleva sobre el hábito.

cohabitación s.f. Acción de cohabitar. **2.** Simultaneidad en el ejercicio del poder de un presidente de la república y un gobierno de tendencia opuesta.

cohabitar v.intr. Vivir juntas dos o más personas. **2.** Vivir juntas dos personas como si estuvieran casadas.

cohechar v.tr. (lat. *conficere*). Sobornar a un juez o funcionario público. **2.** Alzar el barbecho o dar a la tierra la última labor antes de sembrarla.

cohecho s.m. Acción y efecto de cohechar o dejarse cohechar: *delito de cohecho.* **2.** Tiempo de cohechar la tierra.

coherencia s.f. Conexión lógica entre dos cosas o entre las partes o elementos de algo sin que se opongan ni contradigan entre sí: *coherencia de un discurso.* **2.** FÍS. Carácter de un conjunto de vibraciones que presentan una diferencia de fase constante. **3.** LING. Estado de un sistema lingüístico cuando sus componentes aparecen en conjuntos solidarios. **4.** LÓG.

Propiedad de un sistema lógico por la cual de este sistema no pueden derivarse contradicciones.

coherente adj. (lat. *cohaerens, -tis*). Que tiene coherencia. **2.** GEOL. Se dice de una roca cuyos elementos están soldados entre sí.

cohesión s.f. (del lat. *cohaerere*). Acción y efecto de reunirse o adherirse las cosas entre sí o la materia de que están formadas.

cohesor s.m. Aparato creado por Branly para la recepción de señales electromagnéticas.

cohete s.m. Artificio pirotécnico consistente en un cartucho lleno de pólvora u otro explosivo, generalmente sujeto al extremo de una varilla, que se eleva en el aire y explota produciendo efectos luminosos. **2.** Artefacto propulsado por reacción merced a la combustión de una carga de pólvora u otro explosivo: *cohete de señales; cohete lanzacabos.* **3.** Motor cohete. **4.** Conjunto constituido por el motorcohete y el aparato que vehicula (proyectil, satélite, etc.). ◇ **Al cohete** Argent. *Fam.* Inútilmente, en vano. **Cohete sonda** Cohete utilizado para la exploración de la alta atmósfera.

cohibir v.tr. (lat. *cohibire*) [conj.: *prohibir*]. Impedir alguien o algo actuar con libertad o naturalidad a una persona. **2.** Méx. Obligar a alguien a que actúe de una manera determinada.

cohobo s.m. Piel de ciervo. **2.** Ecuad. y Perú. Ciervo.

cohombrillo s.m. Planta medicinal de tallos rastreros, hojas acorazonadas y flores amarillas, que crece en las regiones mediterráneas; también recibe el nombre de cohombrillo amargo. (Familia cucurbitáceas.) **2.** Fruto de esta planta.

cohombro s.m. (lat. *cucumis, -eris*). Pepino. ◇ **Cohombro de mar** Equinodermo de cuerpo alargado, cilindroide, y con la boca rodeada de tentáculos. (Familia holotúridos.)

cohonestar v.tr. (lat. *cohonestare,* realzar o embellecer). Armonizar o hacer compatible una cualidad, actitud o acción con otra. **2.** Dar visos de honesta a una acción indecorosa.

cohorte s.f. Unidad táctica de base de la legión romana, o cuerpo de tropas auxiliares. **2.** *Fam.* Grupo de personas, especialmente si van armadas. **3.** Conjunto, serie: *cohorte de males.* **4.** ESTADÍST. Conjunto de personas o de parejas que han vivido un mismo acontecimiento demográfico en el curso de un mismo período.

coihué s.m. Argent. y Chile. Árbol de hojas caducas y cuya madera es muy semejante a la del roble. (Familia fagáceas.) **2.** Argent. y Chile. Madera de esta planta, utilizada en carpintería y ebanistería.

coima s.f. (voz portuguesa). Concubina. **2.** Pago que recibe el dueño de un garito por preparar las mesas de juego. **3.** Argent., Chile, Perú y Urug. Acción de coimear, sobornar. **4.** Argent., Chile, Perú y Urug. Soborno, regalo.

coimear v.tr. Argent., Chile, Perú y Urug. Dar o recibir coimas o sobornos.

coimero, a s. Argent., Chile, Perú y Urug. Persona que recibe o acepta coimas, sobornos.

coincidencia s.f. Circunstancia de coincidir dos o más personas o cosas en algo. **2.** Cosa, aspecto o característica que coincide. **3.** MAT. Estado de dos figuras geométricas que se superponen.

coincidir v.intr. (lat. *coincidere*). Concurrir dos o más personas en un mismo lugar. **2.** Ocurrir dos o más cosas al mismo tiempo. **3.** Ajustarse materialmente una cosa con otra. **4.** Tener dos o más personas la misma opinión sobre algo.

coiné s.f. → **koiné.**

coipa s.f. Tierra rica en sales potásicas, abundante en los Andes.

coipo s.m. Argent. y Chile. Mamífero roedor, que tiene un pelaje similar al de la nutria, de gran calidad.

coirón s.m. Bol. y Chile. Planta gramínea de hojas duras y punzantes, que se utiliza principalmente para techar casas.

coito s.m. (lat. *coitus, -us*). Cópula de un macho con una hembra, en la especie humana y en los animales superiores.

coitus interruptus s.m. (voces latinas). Método anticonceptivo que consiste en retirar el pene del interior de la vagina antes de la eyaculación.

cojear v.intr. Andar con movimiento o ritmo desigual por algún problema físico, como una lesión, la falta de un pie, una pierna o una pata, etc. **2.** Moverse un mueble por falta de estabilidad o por tener mal asiento. **3.** *Fig.* y *fam.* Adolecer de algún vicio o defecto.

cojera s.f. Defecto o lesión que impide andar con normalidad.

cojijoso, a adj. Quejón o susceptible.

cojín s.m. (lat. *coxa*). Almohadón.

cojinete s.m. MEC. Elemento que sirve para soportar y guiar un eje o árbol de maquinaria.

cojitranco, a adj. y s. *Desp.* Se dice del cojo, especialmente del que da grandes zancadas.

cojo, a adj. y s. (lat. vulgar *coxus*). Que cojea de un pie, una pierna, una pata, o los tiene defectuosos. ◆ adj. *Fig.* Incompleto, mal equilibrado, que carece de una parte necesaria: *frase coja; verso cojo.*

cojón s.m. (lat. vulgar *coleo, -onis*). *Vulg.* Testículo. ◆ **¡cojones!** interj. *Vulg.* Expresa sorpresa, alegría, dolor, etc. (El uso de esta voz se considera inconveniente.) ◇ **Tener cojones** *Vulg.* Tener hombría, no amilanarse.

cojonudo, a adj. *Vulg.* Muy bien.

cojudo s.m. Amér. Merid. Estúpido, imbécil. **2.** Argent., Par. y Urug. Caballo destinado a la procreación.

cok s.m. → **coque.**

col s.f. (lat. *caulis*). Planta hortense de la familia crucíferas, de tallo carnoso y hojas anchas y lampiñas, que crece espontánea en las costas de Europa occidental. (Presenta numerosas variedades, todas comestibles, que se distinguen por el color y forma de sus hojas y por el tamaño: col roja o lombarda, col de Bruselas, coliflor, col brécol, etc.)

1. **cola** s.f. (lat. vulgar *coda*). Parte del cuerpo de numerosos vertebrados, posterior al ano, a menudo alargada y flexible, que es una prolongación de la columna vertebral. **2.** Prolongación alargada en la posterior de algo: *vestido de cola.* **3.** Parte posterior o final de una cosa (por oposición a *cabeza* o *principio*): *cola de un ejército en marcha; cola de un avión.* **4.** Fila de personas que esperan su turno. **5.** Pecíolo de las hojas; pedúnculo de las flores y de los frutos. **6.** Estela luminosa formada por gas y polvo, que prolonga la cabeza de un cometa en dirección opuesta al Sol. **7.** La fracción más pesada de una mezcla de hidrocarburos. ◇ **Cola de caballo** ANAT. Conjunto de fibras nerviosas contenidas en la parte baja del conducto raquídeo, formadas por raíces de los nervios lumbares, sacros y del coxis; BOT. helecho con tallos estriados y entrenudos frecuentemente verticilados, que crece en prados y lugares húmedos; *Fig.* peinado con los cabellos recogidos atrás con un nudo o un pasador, de forma que caigan sobre la nuca y la espalda. **Cola de milano,** o **de pato** Espiga de ensamblaje, en forma de trapecio, con la base menor en el arranque, utilizada en arquitectura y carpintería. **Cola de zorra** Planta gramínea de tallo erguido y panoja cilíndrica. **Tener,** o **traer, cola algo** *Fam.* Tener o traer consecuencias graves.

2. **cola** s.f. (gr. *kólla*). Pasta fuerte, traslúcida y pegajosa, que, disuelta en agua caliente, sirve para adherir cosas. **2.** Sustancia que se adiciona a determinados productos industriales (papel, pinturas, etc.). ◇ **Cola de pescado** Cola preparada a partir de pescados, utilizada para clarificar vinos. **No pegar ni con cola** Ser una cosa notablemente incongruente con otra.

3. **cola** s.f. Árbol africano cuyo fruto *(nuez de cola)* se emplea como tónico y estimulante.

colaboración s.f. Acción de colaborar. **2.** Trabajo o cosa hecho por dos o más personas conjuntamente. **3.** Trabajo que se hace para una editorial, un periódico, etc.

colaboracionismo s.m. Conjunto de ideas, actitudes y tendencias favorables a la colaboración con un régimen que la mayoría de los ciudadanos de una nación consideran opresivo o nefasto, especialmente si se trata de un régimen de ocupación.

colaboracionista adj. y s.m. y f. Relativo al colaboracionismo; partidario del colaboracionismo.

colaborador, ra s. Persona que colabora.

colaborar v.intr. Trabajar con otras personas, especialmente en obras intelectuales. **2.** Realizar un trabajo determinado para una editorial, un periódico, etc., sin formar parte de la plantilla. **3.** Contribuir una cosa en la formación de otra.

colación s.f. (lat. *collatio, -onis,* acción de conferir). Acción de conferir un beneficio eclesiástico o un grado universitario. **2.** Comida ligera. **3.** Comparación o cotejo de una cosa con otra. **4.** Amér. Golosina de formas diversas, hecha de masa ligera y recubierta de un baño de azúcar. ◇ **Colación de bienes** DER. Manifestación que un heredero forzoso hace de los bienes que recibió gratuitamente en vida del causante para que le sean descontados. **Sacar,** o **traer, a colación** *Fam.* Aducir pruebas o razones en favor de una causa; mencionar en una conversación cierto asunto.

colacionar v.tr. Cotejar o confrontar. **2.** Traer a colación y partición.

1. **colada** s.f. Lavado de la ropa de la casa: *hacer la colada.* **2.** Operación que se hace en los altos hornos para sacar el hierro fundido. **3.** Vertido del metal fundido en el molde o la lingotera. **4.** Colomb. Postre similar al arroz con leche. **5.** Masa de lava líquida que fluye por la ladera de un volcán hasta que solidifica. ◇ **Colada en surtidor** Vertido del metal fundido en un canal vertical que desemboca en la parte inferior del molde.

2. **colada** s.f. Esp. Espada de gran calidad.

coladera s.f. Méx. Cloaca. **2.** Méx. Sumidero agujereado.

coladero s.m. *Fam.* Centro de enseñanza donde resulta muy fácil aprobar. **2.** Camino o paso estrecho. **3.** Colador.

colado, a adj. Esp. *Fig.* y *fam.* Se dice del que está muy enamorado. **2.** METAL. Se dice del hierro que sale fundido del cubilote y se vierte en los moldes, y, en general, de todo metal que previa fusión ha sido moldeado: *estufa de hierro colado.*

colador s.m. Utensilio para colar líquidos que está formado por una tela metálica o plástica, o por una plancha con agujeros y un mango. SIN.: *coladero.*

coladura s.f. Acción y efecto de colar líquidos. **2.** *Fig.* y *fam.* Equivocación.

colágeno s.m. Proteína compleja que constituye la sustancia intercelular del tejido conjuntivo.

colagenosis s.f. Enfermedad debida a una alteración difusa del colágeno.

colagogo, a adj. y s.m. Se dice de la sustancia que provoca la excreción biliar.

colanilla s.f. Pasador pequeño con que se cierran puertas y ventanas.

colapez s.f. *Cola de pescado.

colapsar v.tr. Producir un colapso en un lugar o una cosa. ◆ v.intr. y prnl. Sufrir un colapso. **2.** Esp y Méx. *Fig.* Paralizar o disminuir mucho una actividad.

colapso s.m. (lat. *collapsus, -us,* caída, hundimiento). Alteración repentina y brusca de las funciones vitales que produce una debilidad extrema. **2.** Falla de la presión arterial en el curso de una enfermedad, operación quirúrgica, etc. **3.** Laxitud de un órgano o de las paredes de una víscera o vaso. **4.** *Fig.* Paralización o disminución de una actividad.

colar v.tr. y prnl. (lat. *colare*) [conj.: *contar*]. Filtrar un líquido. **2.** QUÍM. Separar las partes solubles con la ayuda de una lejía: *colar las cenizas.* ◆ v.tr. e intr. *Fam.* Pasar una cosa con engaño o artificio: *colar un billete falso.* **2.** *Fam.* Hacer creer algo que no es verdad: *colar una mentira.* ◆ v.intr. y prnl. Pasar por un lugar estrecho: *colarse por una brecha.* ◆ **colarse** v.prnl. *Fam.* Introducirse subrepticiamente o sin permiso en un sitio. **2.** Esp. *Fig.* y *fam.* Equivocarse. **3.** Esp. *Fam.* Enamorarse perdidamente.

colateral adj. Se dice de las cosas que están a uno y otro lado de otra principal: *altar colateral.* **2.** Se dice de la arteria, vena o nervio que proceden de un tronco principal o desembocan en él. **3.** Se dice del punto cardinal (NE, NO, SE, SO) situado entre otros dos, a igual distancia de ambos. **4.** Que se produce de forma involuntaria como consecuencia de las acciones realizadas para alcanzar un fin determinado: *daños colaterales.* ◆ adj. y s.m. y f. Se dice del pariente que no lo es por línea directa, como los primos.

colbac s.m. Morrión de pelo, con una manga cónica lateral de paño, utilizado como cubrecabeza por determinados cuerpos militares en el s. XIX.

colbertismo s.m. Sistema económico del que Colbert fue el teórico y el generalizador, y que constituye la versión francesa del mercantilismo.

colcha s.f. (fr. ant. *colche,* lecho). Cobertura de cama para adorno o abrigo.

colchadura s.f. Acción y efecto de acolchar una tela.

colchar v.tr. Acolchar una tela.

colchón s.m. Saco rectangular y aplanado, relleno de cualquier materia blanda o elástica, o provisto de muelles en su interior, cosido por todos sus lados y de tamaño apropiado para dormir sobre él. **2.** Cosa que se usa como colchón. ◇ **Colchón de aire** Sistema de suspensión de un vehículo o una embarcación, en que la función de transporte se realiza por aire, bajo una ligera sobrepresión infiltrada bajo el aparato. **Colchón hinchable,** o **neumático,** o **de viento** Colchón de tela recauchutada o de materia plástica y relleno de aire que se pone sobre el agua para tumbarse sobre él.

colchoneta s.f. Colchón delgado y estrecho. **2.** Colchón hinchable.

colcótar s.m. (hispano-ár. *qulquṭâr*). Óxido férrico que se emplea para pulir el vidrio.

cold-cream s.m. (ingl. *cold cream*). Pomada hecha con grasa de ballena, cera y aceite de almendras dulces, utilizada en cosmética y como excipiente en dermatología.

coleada s.f. Sacudida que dan con la cola algunos animales. **2.** Amér. Acción de colear una res para derribarla.

colear v.intr. Mover la cola. **2.** *Fam.* Durar un asunto o sus consecuencias más de lo previsto. ◆ v.tr. Colomb. Molestar **2.** Méx. y Venez. Tirar de la cola de una res para derribarla. ◆ v.tr. y prnl. Chile. Negar o frustrar a alguien un intento o pretensión.

colección s.f. (del lat. *colligere*). Conjunto de cosas de la misma clase reunidas por afición o interés: *una colección de sellos.* **2.** *Fig.* Gran cantidad de personas o cosas: *una colección de disparates.* **3.** Conjunto de modelos nuevos presentados cada temporada por los profesionales del vestido: *la colección de otoño-invierno.* **4.** MED. Acumulación de líquido o de gas en una cavidad del organismo.

coleccionar v.tr. Hacer una colección.

coleccionismo s.m. Afición a coleccionar.

coleccionista s.m. y f. Persona que colecciona una cosa por afición.

colecistectomía s.f. Extirpación de la vesícula biliar.

colecistitis s.f. Inflamación de la vesícula biliar.

colecistografía s.f. Radiografía de la vesícula biliar tras su preparación mediante una sustancia de contraste.

colecistostomía s.f. CIR. Operación quirúrgica consistente en practicar una abertura en la vesícula biliar.

colecta s.f. (del lat. *collecta,* neutro pl. del p. *collectus,* cogido). Recogida de donativos, generalmente para fines benéficos. **2.** CATOL. Oración que el sacerdote dice en la misa antes de la epístola.

colectar v.tr. Recaudar, recoger, especialmente dinero.

colecticio, a adj. Se dice del cuerpo de tropa compuesto de gente nueva y sin disciplina. **2.** Se dice del tomo formado por obras sueltas.

colectivero s.m. Argent. y Perú. Persona que maneja un colectivo o autobús.

colectividad s.f. Grupo de personas que comparten unos mismos intereses o ideas. SIN.: *colectivo.*

colectivismo s.m. Sistema económico que propugna la

propiedad en común de los medios de producción en beneficio de la colectividad.

colectivización s.f. Acción de colectivizar.

colectivizar v.tr. Convertir en colectiva una propiedad privada. **2.** ECON. Poner los medios de producción y de intercambio al servicio de la colectividad por medio de la expropiación o la nacionalización. ◆ v.tr. y prnl. Aplicar la doctrina o las doctrinas colectivistas. ◆ **colectivizarse** v.prnl. Agruparse para defender intereses comunes.

colectivo, a adj. (lat. *collecticius*). Que es realizado por un grupo de personas: *un trabajo colectivo.* **2.** Que afecta a una colectividad: *una tragedia colectiva.* ◆ adj. y s.m. Se dice del sustantivo singular que denota un conjunto de personas o cosas, como *docena, leña y ejército.* ◆ s.m. Colectividad. **2.** Argent., Bol. y Perú. Vehículo de transporte de pasajeros, autobús. SIN.: *ómnibus.* **3.** Chile. Taxi con recorrido fijo que recoge pasaje hasta llenarse.

colector, ra adj. Que recoge. ◆ s.m. Conducto principal que en la conducción de aguas, vapor, etc., recibe los ramales secundarios. **2.** Pieza de una dinamo o un motor eléctrico contra la que rozan las escobillas. **3.** Zona de un transistor en la que se recoge la señal amplificada. ◇ **Colector de admisión** Tubo que hace de enlace entre el carburador o el filtro de aire y la culata de un motor de explosión. **Colector de escape** Tubo que recoge los gases quemados de un motor para su evacuación. **Colector de ondas** Conductor eléctrico cuya función es captar ondas hercianas.

colédoco s.m. y adj. Conducto formado por la reunión de los conductos hepático y cístico que lleva la bilis al duodeno.

colega s.m. y f. (lat. *collega*). Persona que tiene la misma profesión que otra, especialmente si es liberal. **2.** *Fam.* Compañero, amigo.

colegiado, a adj. y s. Que pertenece a un colegio profesional. ◆ adj. Se dice del conjunto de profesionales o practicantes de una actividad que está constituido en colegio. **2.** Formado por varias personas: *dirección colegiada.* ◆ s.m. DEP. Árbitro de fútbol.

1. **colegial** adj. Relativo al colegio: *cuota colegial.* ◇ **Cabildo colegial** REL. Cabildo de canónigos establecidos en una iglesia que no tiene sede episcopal.

2. **colegial, la** s. Persona que asiste a cualquier colegio. **2.** Persona que tiene beca o plaza en un colegio. **3.** *Fig.* y *fam.* Persona joven inexperta y tímida. ◆ s.m.pl. **colegiales** Miembros de un colectivo que desempeñó una fuerte influencia a fines del reinado de Fernando VI, defensor de los intereses de la aristocracia.

colegialidad s.f. Carácter de las instituciones organizadas colegialmente.

colegiarse v.prnl. Afiliarse a un colegio profesional. **2.** Constituirse en colegio las personas que comparten la misma profesión.

colegiata s.f. Iglesia no catedral que posee un cabildo de canónigos. SIN.: *iglesia colegial.*

colegio s.m. (lat. *collegium,* conjunto de colegas). Institución destinada a la enseñanza primaria o secundaria. ◇ **Colegio electoral** Conjunto de electores de una misma unidad electoral; lugar al que acuden los electores para depositar su voto. **Colegio mayor** Residencia de estudiantes de enseñanza superior, donde se desarrollan actividades destinadas a completar su formación académica profesional. **Colegio menor** Residencia de estudiantes de enseñanzas de grado medio. **Colegio profesional** ADM. y DER. Corporación con personalidad jurídica propia, cuyo fin es ordenar el ejercicio de una determinada profesión y defender los intereses profesionales de los colegiados. **Colegio universitario** Centro de enseñanza superior adscrito a la universidad estatal. **Sacro colegio cardenalicio** Cuerpo formado por los cardenales de la Iglesia romana.

colegir v.tr. (lat. *colligere,* recoger, allegar) [conj.: *pedir*]. Deducir una cosa de otra. **2.** Juntar o reunir cosas que están sueltas.

colegislador, ra adj. Se dice del cuerpo que concurre con otro para la formación de las leyes.

colémbolo, a adj. y s.m. Relativo a un orden de insectos muy pequeños (entre 0,5 y 5 mm), primitivos, sin alas ni metamorfosis, que pululan en todos los suelos vegetales.

colemia s.f. Tasa elevada de bilis en la sangre, que es síntoma de ictericia.

colénquima s.m. Tejido de sostén de los vegetales superiores, formado casi únicamente por celulosa.

coleóptero, a adj. y s.m. (gr. *koleóptcros*). Relativo a un orden de insectos de metamorfosis completa, provistos de piezas bucales masticatorias y de alas posteriores plegables, protegidas por un par de élitros córneos, como el abejorro o la mariquita.

coleóptilo s.m. Vaina que rodea el tallo joven de las gramíneas y que segrega la auxina, hormona del crecimiento.

cólera s.f. (lat. tardío *cholera, -erum*). *Fig.* Ira, enojo muy violento. **2.** Bilis, líquido amargo segregado por el hígado. ◆ s.m. Enfermedad epidémica contagiosa, producida por el vibrión colérico y caracterizada por diarrea, vómitos, sed intensa, calambres dolorosos en los miembros, adelgazamiento rápido, y abatimiento profundo con descenso de la temperatura, que puede causar la muerte. ◇ **Cólera nostras** Diarrea estacional observada en Europa y debida a un colibacilo. **Montar en cólera** Airarse, encolerizarse.

colerético, a adj. y s.m. Se dice de la sustancia o el alimento, como la alcachofa, el boldo, etc., que incrementa la secreción biliar.

colérico, a adj. Que se encoleriza fácilmente: *temperamento colérico.* ◆ adj. y s. Relativo a la cólera o al cólera; que padece cólera.

coleriforme adj. Que es característico del cólera o constituye un síntoma de esa enfermedad: *diarrea coleriforme.*

colerina s.f. Forma premonitoria del cólera o forma benigna del cólera nostras.

colero s.m. Amér. Ayudante del capataz de una mina.

colesterol s.m. Esterol de origen animal presente en todas las células, en la sangre y, en mayor proporción, en la bilis. SIN.: *colesterina.*

colesterolemia s.f. Tasa de colesterol en la sangre. (La colesterolemia normal está entre 1,50 y 2,50 g por litro.)

coleta s.f. Cabello, o mechón del mismo, recogido con una goma o una cinta en la parte posterior o lateral de la cabeza. **2.** Coletilla. ◇ **Cortarse la coleta** Cesar en una actividad u oficio; especialmente dejar de torear.

coletazo s.m. Golpe que se da con la cola. **2.** Manifestación de algo que se está terminando: *dar los últimos coletazos.*

coletilla s.f. Adición breve a lo escrito o hablado, generalmente con el fin de salvar alguna omisión o de reforzar lo que antes se ha escrito o dicho.

coleto s.m. (ital. antic. *colletto*). Vestidura de ante o cuero que se ajustaba al cuerpo hasta la cintura, usada por la tropa en los ss. XVI y XVII. **2.** *Fam.* Interior de una persona. ◇ **Echarse una cosa al coleto** *Fam.* Comérsela o bebérsela.

colgadero s.m. Utensilio o dispositivo para colgar algo.

colgadizo s.m. Tejadillo adosado a un muro.

colgado, a adj. *Fam.* Se dice de la persona que se ha quedado esperando algo que no se ha cumplido: *quedamos pero me dejó colgado.* **2.** Que está sin resolver: *todavía nos queda un tema colgado.* **3.** Que está obsesionado o dominado por algo. **4.** *Fam.* Que está bajo los efectos de una droga. ◆ adj. y s. Se dice de la persona que actúa de forma poco usual, al margen de las conveniencias sociales.

colgador s.m. Percha portátil para colgar una prenda de vestir, generalmente de forma triangular, que tiene un gancho para colgarla, a su vez, de la varilla de un armario.

colgadura s.f. Tapiz o tela con que se cubre y adorna una pared interior o exterior, un balcón, etc.

colgajo s.m. Cosa antiestética o de poco valor que cuelga de un sitio. **2.** Porción de frutas colgadas para conservarlas.

colgante adj. Que cuelga. ◆ s.m. Joya o adorno que cuelga de un collar, pulsera, cadena, etc.

colgar v.tr. (lat. *collocare,* colocar) [conj.: *rogar*]. Poner una cosa suspendida de otra sin que llegue a apoyarse en el suelo. **2.** *Fam.* Ahorcar. **3.** *Fig.* Imputar: *colgar a alguien la culpa de algo.* **4.** Revestir o adornar con tapices y colgaduras. **5.** Esp. Entre estudiantes, suspender en un examen: *me han colgado en matemáticas.* **6.** Incorporar textos, aplicaciones, imágenes, etc., en una página web. ◆ v.intr. Estar una cosa suspendida de otra: *una lámpara colgaba del techo.* **2.** Cortar una comunicación telefónica poniendo en su lugar el receptor. ◆ **colgarse** v.prnl. Adquirir dependencia de una cosa, en especial de una droga. **2.** *Fam.* Quedarse bloqueada una computadora o un programa.

colibacilo s.m. Bacteria presente en el suelo y a menudo en el agua, la leche y ciertos alimentos, que vive normalmente en el intestino del ser humano y de los animales, pero que puede invadir diferentes tejidos y órganos y convertirse en patógena.

colibacilosis s.f. Enfermedad causada por el colibacilo.

colibrí s.m. (fr. *colibri*). Nombre de ciertas aves de América, de pequeño tamaño (algunas no son mayores que un abejorro) y pico largo, que hunden en las flores para absorber su néctar. (Su vuelo es muy rápido, y su plumaje, brillante.) SIN.: *pájaro mosca, picaflor.*

cólico, a adj. (lat. *colicus morbus*). Relativo al colon. ◆ s.m. Dolor en el colon y, por ext., cualquier dolor de la cavidad abdominal o de un órgano hueco, con un principio y un final bruscos. ◇ **Cólico hepático** Dolor agudo de las vías biliares. **Cólico nefrítico** Dolor agudo provocado por la obstrucción súbita de un uréter.

coliflor s.f. Variedad de col cuyos pedúnculos forman una pella blanca y compacta, que constituye una hortaliza muy apreciada.

coligar v.tr. y prnl. (lat. *colligare*). Unir, aliar: *coligarse dos naciones.*

coligativo, a adj. Se dice de la propiedad de una sustancia que solo depende de la concentración molecular de esa sustancia y no de su naturaleza.

coliguacho s.m. Chile. Especie de tábano negro con los bordes del tórax y el abdomen cubiertos de pelos anaranjados o rojizos.

coligüe s.m. Argent. y Chile. Planta gramínea trepadora de hojas perennes y madera muy dura.

colilla s.f. (del lat. *coda,* rabo). Punta del cigarro que queda después de fumar el resto.

colimador s.m. (del lat. *collimatio, -onis*). Instrumento óptico que permite obtener un haz de rayos luminosos paralelos. **2.** Anteojo que va montado sobre los grandes telescopios astronómicos, para facilitar su puntería. **3.** Elemento del visor de tiro aéreo.

colimar v.tr. Obtener un haz de rayos paralelos a partir de un foco luminoso.

colimba s.f. Argent. *Fam.* Servicio militar. ◆ s.m. Argent. *Fam.* Recluta, soldado mientras recibe la instrucción militar.

colimbiforme adj. y s.m. Relativo a un orden de aves acuáticas de tamaño mediano y plumaje denso, al que pertenece el colimbo. SIN.: *gaviforme.*

colimbo s.m. (gr. *kólymbos*). Ave palmípeda de pico largo y recto, que bucea para capturar peces y vive en las costas de los países fríos. (Familia gávidos.)

colín, na adj. Se dice del caballo o yegua con el maslo cortado a un tercio aproximadamente de su base. **2.** Se dice del piano de cola pequeño. ◆ s.m. Barrita de pan larga y del grosor de un dedo.

1. **colina** s.f. (ital. *collina*). Monte pequeño y de formas suaves. SIN.: *alcor.*

2. **colina** s.f. Simiente de coles y berzas.

3. **colina** s.f. (del gr. *kholé,* bilis). Cuerpo nitrogenado que interviene en la composición de la materia viva y protege la célula hepática.

colinabo s.m. Variedad de col, de raíz muy gruesa.

colindante adj. Que colinda. **2.** Se dice de los propietarios de fincas que colindan.

colindar v.intr. Lindar entre sí dos o más fincas, términos municipales, etc.

colinérgico, a adj. Se dice de los elementos nerviosos cuyo mediador químico es la acetilcolina, tales como los nervios parasimpáticos y las fibras preganglionares del simpático.

colinesterasa s.f. Enzima que asegura la rápida destrucción de la acetilcolina formada en las terminaciones de los nervios parasimpáticos, limitando así la duración de los efectos inducidos por dichos nervios.

colineta s.f. Venez. Dulce de almendra y huevo.

colirio s.m. (lat. *collyrium*). Medicamento que se aplica en la conjuntiva del ojo.

colirrábano s.m. Variedad de col.

colirrojo s.m. Ave paseriforme que tiene la cola de color castaño rojizo. (Familia túrdidos.)

colisa s.f. (fr. *coulisse*). Plataforma giratoria sobre la cual gira la cureña sin ruedas de un cañón. **2.** Cañón montado de ese modo.

coliseo s.m. Teatro o sala de espectáculos con capacidad para un gran número de personas.

colisión s.f. Choque violento entre dos o más cuerpos, de los cuales al menos uno está en movimiento. **2.** *Fig.* Enfrentamiento entre ideas, principios o intereses opuestos, o entre las personas que los representan o defienden. **3.** FÍS. Fenómeno que consiste en una interacción más o menos violenta entre dos o más partículas que se acercan hasta una distancia del orden de su tamaño.

colisionar v.tr. y prnl. Chocar violentamente dos o más cuerpos entre sí. **2.** *Fig.* Oponerse ideas, principios o intereses o las personas que los representan o defienden.

colista s.m. y f. *Irón.* Persona que espera en una cola. **2.** *Irón.* Persona o equipo que ocupa el último puesto de la clasificación en una competición.

colitis s.f. (del lat. *colon*). Inflamación del colon.

collado s.m. (del lat. *collis*). Colina, pequeña elevación. **2.** Depresión suave del terreno por donde se puede pasar fácilmente de un lado a otro de una sierra.

collage s.m. (voz francesa). Conjunto de textos, imágenes. etc., de procedencia diversa, agrupados formando una unidad. **2.** ART. MOD. Y CONTEMP. Procedimiento de composición plástica, musical y literaria que consiste en introducir en una obra elementos heterogéneos preexistentes, para crear contrastes inesperados.

collalba s.f. Ave paseriforme de la familia túrdidos, del tamaño de una alondra, con pico recto y plumaje suave y abundante.

collar s.m. (lat. *collare*). Adorno que rodea el cuello: *collar de perlas.* **2.** Insignia de algunas magistraturas, dignidades y órdenes de caballería. **3.** Aro o correa de cuero o de metal que se coloca en el cuello de algunos animales domésticos. **4.** Banda de plumas que rodea el cuello de algunas aves, cuyo color difiere del resto del cuerpo. **5.** Abrazadera o anillo metálico circular que rodea una tubería, un conducto, etc., para fijarlos a un apoyo.

collareja s.f. Colomb. y C. Rica. Paloma de color azul, apreciada por su carne. **2.** Méx. Comadreja.

collarín s.m. Aparato ortopédico de forma circular que se coloca alrededor del cuello para inmovilizar las vértebras cervicales. **2.** Alzacuello de los eclesiásticos. **3.** Reborde que rodea el orificio de la espoleta de las bombas, para facilitar su manejo.

collarino o **collarín** s.m. ARQ. Moldura que rodea la parte superior del fuste de una columna.

colleja s.f. (lat. vulgar *caulicula*). Planta herbácea de hojas blanquecinas y flores blancas en panojas colgantes, que en algunas partes se come como verdura. (Familia cariofiláceas.)

collera s.f. Collar de cuero o lona, relleno de paja, borra, etc., que se pone al cuello de las caballerías o bueyes para evitar que el correaje y demás arreos los lastimen. **2.** TAUROM. Pareja de jinetes que acosan a una res en el campo para derribarla. ◆ **colleras** s.f.pl. Chile y Colomb. Gemelos de camisa.

collie s.m. y f. y adj. Perro pastor que pertenece a una raza escocesa, de cabeza fina, hocico alargado y pelo largo y abundante.

colmado s.m. Esp. Tienda de comestibles. **2.** Esp. Establecimiento donde se sirven bebidas y comidas, principalmente mariscos: *un colmado andaluz.*

colmar v.tr. (lat. *cumulare*). Llenar un recipiente hasta que el contenido rebase los bordes: *colmar un vaso de vino.* **2.** *Fig.* Satisfacer plenamente: *la victoria colmó sus aspiraciones.* **3.** *Fig.* Llenar algo o a alguien de atenciones, quejas, alabanzas o insultos: *colmar de atenciones.*

colmatar v.tr. AGRIC. Rellenar y fertilizar artificialmente los terrenos bajos o estériles con limos depositados por ríos o mares. ◆ **colmatarse** v.prnl. GEOMORFOL. Rellenarse una depresión o cuenca con los materiales arrastrados por una corriente de agua u otro agente de transporte.

colmena s.f. Habitáculo donde se refugia, reproduce y guarda la miel un enjambre de abejas. (La colmena puede ser natural o estar hecha de forma artificial, con una caja de madera, de corcho, etc.) **2.** Comunidad de abejas que vive en ese habitáculo. **3.** *Fig.* Edificio o lugar donde viven apiñadas gran cantidad de personas. **4.** Méx. Abeja.

colmenar s.m. Lugar donde están las colmenas o conjunto de colmenas.

colmenero, a s. Persona que tiene colmenas o cuida de ellas.

colmenilla s.f. Seta comestible, de sombrerillo alveolado, consistente y carnoso, de pie liso y cilíndrico y color amarillento oscuro. (Clase ascomicetes.)

colmilleja s.f. Pez de agua dulce, de forma alargada, que presenta seis barbitas en el labio superior.

colmillo s.m. (lat. vulgar *columellus*). Diente agudo colocado entre el último incisivo y el primer molar. **2.** Cada uno de los incisivos prolongados en forma de cuerno que tienen los elefantes en la mandíbula superior.

colmilludo, a adj. Que tiene grandes colmillos. **2.** *Fig.* Sagaz, astuto, difícil de engañar.

1. **colmo** s.m. Parte de una sustancia que rebasa los bordes del recipiente que la contiene. **2.** Grado máximo de algo. **3.** *Fig.* Complemento o término de alguna cosa con que se expresa su grado máximo: *el colmo de la felicidad.* ◇ **Para colmo** Expresa que a un acontecimiento negativo le sigue otro que lo es tanto o más: *ha llegado tarde y, para colmo, bebido y armando escándalo.* **Ser el colmo** Ser inadmisible o intolerable alguna cosa.

2. **colmo, a** adj. Que está colmado.

colobo s.m. Simio de África ecuatorial, de cuerpo alargado, color blanco y negro, cola larga y pelaje largo y sedoso, próximo a los semnopitecos. (Familia cercopitécidos.)

colocación s.f. Acción de colocar. **2.** Situación, disposición de una cosa. **3.** Empleo, trabajo remunerado. **4.** DEP. Posición que en la cancha debe adoptar un jugador, de acuerdo con la táctica que emplea su equipo o su compañero.

colocado, a adj. Que tiene un empleo. **2.** Esp. Que se encuentra bajo los efectos de una droga o del alcohol. ◆ adj. y s. En las carreras de caballos, se dice del que llega en segundo lugar a la meta.

colocar v.tr. y prnl. (lat. *collocare*). Poner a una persona o cosa en su debido lugar o en un lugar determinado: *colocar los libros en un estante.* **2.** Proporcionar o conseguir un empleo o condición determinada de vida: *colocarse en una fábrica.* ◆ v.tr. Invertir un capital. **2.** Vender una mercancía o hallarle mercado. **3.** Esp. *Fam.* Producir una droga efectos alucinógenos en quien la consume. ◆ **colocarse** v.prnl. Estar bajo los efectos alucinógenos de una droga.

colocho, a adj. y s. Salv. Se dice de la persona que tiene el cabello rizado. ◆ s.m. Amér. Central. Viruta o doladura de madera. **2.** Amér. Central. Rizo, tirabuzón. **3.** Salv. Servicio, favor.

colodión s.m. (del gr. *kollódes,* pegajoso). Solución de nitrocelulosa en una mezcla de alcohol y éter, que se utiliza en fotografía, farmacia, etc.

colodra s.f. Recipiente de madera que usan los pastores para ordeñar las cabras, ovejas y vacas. **2.** Recipiente de madera en que se tiene el vino que se va midiendo y vendiendo al detall. **3.** Estuche que contiene agua o hierba mojada en que el segador lleva la piedra de afilar.

colodrillo s.m. Parte posterior de la cabeza.

colofón s.m. (gr. *kolophón, -ónos*). Texto o anotación al final de los libros. **2.** *Fig.* Término, remate de un asunto.

colofonia s.f. Resina amarilla, sólida y transparente, que queda como residuo de la destilación de la trementina.

cologaritmo s.m. MAT. Logaritmo del inverso del número real considerado:

$$\text{colg}\, a = \lg \frac{1}{a} = -\lg a.$$

coloidal adj. De los coloides. ◇ **Estado coloidal** Estado de dispersión de la materia en el seno de un líquido, caracterizado por la presencia de partículas de tamaño comprendido por término medio entre 0,2 y 0,002 micras.

coloide adj. y s.m. Se dice de un sistema físico-químico en el cual partículas de una sutancia se encuentran suspendidas en un líquido sin formar disolución, gracias a una clase de equilibrio dinámico llamado estado coloidal.

colombianismo s.m. Palabra, expresión o giro propios del español de Colombia. **2.** Estima o admiración por la cultura y las tradiciones de Colombia.

colombiano, a adj. y s. De Colombia. ◆ s.m. Variedad del español que se habla en Colombia.

colombino, a adj. Relativo a Cristóbal Colón.

colombo s.m. Arbusto del África tropical, cuya raíz posee propiedades astringentes y tónicas.

colombofilia s.f. Afición a la cría, adiestramiento, cuidado, etc., de palomas, en especial, de las mensajeras.

colombófilo, a adj. y s. Que se dedica a la colombofilia.

colon s.m. (lat. *colon*). Parte del intestino grueso que empieza en el ciego y termina en el recto. (Se divide en colon *ascendente, transverso* y *descendente.*)

colón s.m. Unidad monetaria principal de Costa Rica. **2.** Unidad monetaria de El Salvador, junto con el dólar EUA.

colonato s.m. Sistema de explotación agrícola de tierras por medio de colonos.

1. **colonia** s.f. Territorio ocupado y administrado por una potencia extranjera, de la que depende en los planos político, económico, cultural, etc. **2.** Conjunto de extranjeros oriundos de un mismo país que viven en la misma ciudad o en la misma región: *la colonia española de París.* **3.** Conjunto de personas que pasan temporadas en un sitio que no es su lugar habitual de residencia, con fines recreativos, de veraneo, etc. **4.** Grupo de animales que viven en colectividad: *colonia de abejas.* **5.** Méx. Barrio urbano, cada una de las zonas en que se dividen las ciudades. **6.** Méx. Coloniaje. **7.** HIST. Población que se expatriaba e iba a vivir a otro país. ◇ **Colonia penitenciaria** Colonia en la que los condenados cumplen la pena que les ha sido impuesta.

2. **colonia** s.f. (de *Colonia,* c. de Alemania). *Agua de colonia.

coloniaje s.m. Amér. Nombre dado al período colonial español de la historia de América.

colonial adj. Relativo a una colonia, territorio. ◆ adj. y s.m. Se dice de los productos alimenticios que eran traídos de las colonias. ◇ **Arte colonial** Cualquiera de las modalidades artísticas surgidas en los territorios colonizados por las potencias europeas. (El arte colonial de la América española se denomina también arte *hispanocolonial* o *hispanoamericano.*)

colonialismo s.m. Doctrina que tiende a legitimar la dominación política y económica de un territorio o de una nación por el gobierno de un estado extranjero.

colonialista adj. y s.m. y f. Relativo al colonialismo; partidario de esta doctrina.

colonización s.f. Establecimiento de un grupo de personas en un territorio con la intención de poblarlo y explotar sus riquezas.

colonización

En la época moderna, la ocupación territorial, junto a la explotación económica y a la dominación política y cultural, constituyó el sistema de expansión de muchas naciones europeas. Los pioneros de esta expansión fueron los portugueses, que establecieron factorías litorales en las costas africanas y asiáticas para la obtención de oro, esclavos y especias, y en la segunda mitad del s. XVI colonizaron Brasil. El imperio español, que alcanzó sus límites máximos hacia 1570, se centró en el Nuevo Mundo. Castilla impuso un régimen de explotación sistemática controlado por el estado cuya única función era suministrar materias primas y metales preciosos a la Península. Otros colonialismos importantes de la época fueron el francés y el inglés (costas norteamericanas) y el neerlandés (Insulindia). Desde 1880, y hasta principios del s. XX, la búsqueda de nuevos mercados y de materias primas provocó el resurgimiento del colonialismo (repartición de África entre las grandes potencias europeas, sobre todo Gran Bretaña y Francia).

colonizar v.tr. Establecer colonia o colonias en un territorio o transformar un país en colonia. **2.** Poblar de colonos una región.

colono s.m. (lat. *colonus,* labriego). Habitante inmigrado o descendiente de inmigrados de una colonia. **2.** DER. Labrador arrendatario de tierras.

colonoscopia s.f. MED. Exploración o examen visual del interior del colon mediante un colonoscopio.

colonoscopio s.m. MED. Instrumento óptico para examinar el interior del colon.

coloquial adj. Relativo al coloquio. **2.** Se dice del lenguaje usado corrientemente en la conversación: *estilo coloquial.*

coloquíntida s.f. (lat. tardío *coloquinthida*). Planta de tallos rastreros, cuyo fruto proporciona una pulpa amarga y purgante. (Familia cucurbitáceas.)

coloquio s.m. Conversación entre dos o más personas. **2.** Discusión organizada para tratar un tema determinado, que se desarrolla bajo el cuidado de un moderador.

color s.m. (lat. *color, -oris*). Impresión que produce en el ojo la luz emitida por los focos luminosos o difundida por los cuerpos. **2.** Sustancia preparada para pintar o para dar a las cosas un tinte determinado. **3.** *Fig.* Carácter peculiar o aparente de una cosa: *la situación presenta colores sombríos.* **4.** Animación, viveza: *una descripción llena de color.* **5.** Señal distintiva que adopta un país, una entidad, un equipo, etc.: *defender los colores nacionales.* **6.** *Fig.* Ideología o partido al que pertenece alguien. **7.** Timbre de la voz. **8.** HERÁLD. Nombre dado a los esmaltes distintos de los forros y de los metales. ◇ **Dar color** Cubrir con un color la superficie de las cosas; vivificar, dar animación. **De color** Se dice eufemísticamente de las personas mulatas o de raza negra. **De,** o **en, color** Distinto de blanco y negro. **De color de rosa** Agradable, halagüeño. **Ponerse de mil colores** Cambiarle a alguien el color del rostro por vergüenza, cólera, etc. **Sacarle,** o **salirle, los colores a alguien** Sonrojar o sonrojarse. **Tomar color** Adquirir una cosa el color o el aspecto que corresponde a la transformación que sufre.

coloración s.f. Acción de colorear. **2.** Estado de un cuerpo coloreado: *la coloración de la piel.*

1. **colorado,** pueblo amerindio de Ecuador (Santo Domingo de los Colorados), del grupo talamanca-barbacoa de la familia lingüística chibcha. (Son cazadores y pescadores.)

2. **colorado, a** adj. y s.m. Rojo. ◇ **Poner,** o **ponerse, colorado** Avergonzar o avergonzarse.

colorante s.m. y adj. Sustancia soluble, natural o sintética, que se utiliza para dar a una materia (un tejido, un alimento, etc.) una coloración distinta de la propia.

coloratura s.f. y adj. MÚS. **a.** Ornamentación de la melodía. **b.** Cantante, especialmente soprano, capaz de grandes virtuosismos vocales.

coloreado s.m. Transformación de imágenes en blanco y negro en imágenes en color.

colorear v.tr. y prnl. Dar color, o teñir de color. ◆ v.tr. Transformar imágenes por coloreado. **2.** *Fig.* Justificar o cohonestar una acción poco justa. ◆ v.intr. Mostrar algunos frutos el color colorado que le es propio en la madurez. ◆ v.intr. y prnl. Tirar a colorado.

colorete s.m. Cosmético de color encarnado que suele aplicarse en las mejillas.

colorido s.m. Disposición y grado de intensidad de los diversos colores de algo. **2.** *Fig.* Color, animación.

colorimetría s.f. Conjunto de técnicas que permite definir y catalogar los colores. **2.** QUÍM. Método de análisis cuantitativo basado en la medida de los colores.

colorímetro s.m. Aparato que sirve para definir un color por comparación con un patrón.

colorín, na adj. Chile. Se dice de la persona de pelo rojizo. ◆ s.m. Color vivo y llamativo. (Suele usarse en plural.) **2.** Jilguero. **3.** Méx. Árbol de ramas espinosas, madera blanca y flores comestibles. **4.** Méx. Fruto de esta planta.

colorinche adj. Amér. *Fam.* Se dice de una mala combinación de colores con resultado chillón.

colorismo s.m. Tendencia artística que se caracteriza por la exageración del colorido.

colorista adj. y s.m. y f. Se dice del pintor que se expresa sobre todo mediante el color. **2.** Se dice del escritor que emplea imágenes y descripciones muy expresivas.

colosal adj. De estatura o proporciones mayores que las naturales: *una estatua colosal.* **2.** *Fig.* Excelente, extraordinario: *un discurso colosal.*

coloso s.m. (lat. *colossus*). Estatua que excede mucho del tamaño natural: *el coloso de Rodas.* **2.** *Fig.* Persona o cosa sobresaliente.

colposcopia s.m. Exploración del conducto vaginal y del cuello del útero por método endoscópico.

colquicina s.f. Alcaloide extraído de las semillas del cólquico, utilizado en el tratamiento de la gota, pero muy tóxico en dosis elevadas. (Esta sustancia bloquea las mitosis celulares.)

cólquico s.m. (lat. *colchicum*). Planta herbácea de flores rosadas, muy venenosa a causa de la colquicina que contiene. (Familia liliáceas.)

colt s.m. (de S. *Colt,* ingeniero estadounidense). Pistola automática de 11,43 mm, cuya forma definitiva salió al mercado en EUA en 1911. **2.** En el Lejano oeste, revólver.

colúbrido, a adj. y s.m. Relativo a una familia de serpientes con colmillos situados en la parte posterior de la boca, como la culebra. (Los colúbridos forman una familia que incluye el 80 % de los ofidios.)

columbario s.m. (del lat. *columba,* paloma). Conjunto de nichos en que se conservaban las cenizas de los cadáveres incinerados.

columbicultura s.f. Parte de la avicultura que se ocupa de la cría y mejora de la paloma y especies afines.

columbiforme adj. y s.m. Relativo a un orden de aves de cuerpo macizo, con costumbres terrestres y vegetarianas, como la paloma, la ganga y la tórtola. (Algunas de las especies incapaces de volar *[drontes]* fueron exterminadas por el ser humano.)

columbino, a adj. Relativo a la paloma. ◆ s.m. Color amoratado de algunos granates.

columbio s.m. Niobio.

columbrar v.tr. Atisbar, vislumbrar.

columbrete s.m. Arrecife poco elevado en medio del mar.

columela s.f. Órgano animal o vegetal en forma de columna, en particular eje de la concha en espiral de los moluscos gasterópodos. **2.** ANAT. Eje cónico del caracol o cóclea del oído interno.

columna s.f. (lat. *columna*). Elemento arquitectónico vertical de soporte constituido por un fuste de sección circular o poligonal y, generalmente, una base y un capitel. **2.** Monumento conmemorativo de forma cilíndrica y alargada. **3.** Conjunto de cosas colocadas ordenadamente una sobre otra, formando una columna o pilar. **4.** *Fig.* Persona o cosa que sirve de referencia, apoyo o protección. **5.** Sección vertical de una página impresa o manuscrita, dividida por un espacio: *página a tres columnas.* **6.** Espacio fijo reservado en un periódico a la colaboración de un columnista. **7.** FÍS. Masa de fluido que tiene la forma de un cilindro de eje vertical: *columna de humo, de agua.* **8.** MAT. En un determinante o una matriz, conjunto de elementos dispuestos perpendicularmente a una fila. **9.** MIL. **a.** Porción de tropa dispuesta en formación de poco frente y mucho fondo: *columna de a dos, de a tres.* **b.** Parte de un ejército en campaña. ◇ **Columna barométrica** Mercurio del tubo de un barómetro, que se encuentra por encima del nivel del mercurio de la cubeta. **Columna basáltica** GEOL. Prisma que compone un conjunto de gran regularidad, formada por el enfriamiento perpendicular de lava, basáltica generalmente. (Pueden alcanzar 30-45 m de altura.) **Columna embebida** Columna que está parcialmente embutida en el muro. **Columna montante** Canalización principal de un inmueble, a la que están conectados los tubos o cables que conducen el agua, el gas o la electricidad a la vivienda de cada abonado. **Columna vertebral** Tronco óseo que se extiende desde la base del cráneo al nacimiento de las piernas, en los animales vertebrados. (En el hombre, está constituida por la superposición de treinta y tres vértebras y presenta cuatro zonas de curvatura.) SIN.: *raquis.* **Quinta columna** Conjunto de personas infiltrado en el ejército enemigo o en una organización que no es la suya, y que se dedica al espionaje, sabotaje y otras acciones.

colores (adjetivos de)

Se dice que un color puede ser:

frío/cálido	nítido/sucio	descolorido/brillante	luminoso/opaco
claro/oscuro	vivo/pálido	pastel/fuerte	encendido/apagado

blanco	negro	azul	rojo	amarillo
alabastro	azabache	añil	bermejo	amarillento
albino	moreno	azul marino	bermellón	ámbar
albo	negrura	azul turquesa	burdeos	áureo
albor	negruzco	azulado	cárdeno	azafrán
blancor		azur	carmesí	cetrino
blancura		cárdeno	carmín	crema
blancuzco		celeste	cereza	crudo
blanquecino		garzo	cobre	dorado
nacarado		lila	cobrizo	gualdo
nevado		malva	colorado	oro
		morado	corinto	paja
		violeta	encarnado	rubio
		violáceo	escarlata	
			grana	
			granate	
			púrpura	
			purpúreo	
			rojizo	
			rubicundo	
			rubí	
			rubor	
			sanguíneo	
			tinto	

gris	verde	marrón	rosa	naranja
ceniciento	aceituno	beige	fucsia	anaranjado
cenizo	glauco	café	rosado	butano
gris marengo	verderón	canela	rosáceo	
gris perla	verdín	canelo	salmón	
grisáceo	verdinegro	caqui		
plateado	verdor	castaño		
plomiza	verdoso	nogal		
	verdusco	ocre		
		pardo		
		pardusco		
		sepia		
		tabaco		
		tostado		

columnario, a adj. Se dice de la moneda de plata acuñada en América en el s. XVIII, con un sello en el que están esculpidas dos columnas y la inscripción *plus ultra.*

columnata s.f. Serie de columnas separadas regularmente que adornan un edificio o que forman parte de su sustentación.

columnista s.m. y f. Periodista o colaborador de un periódico en el que se le reserva un espacio fijo, que normalmente ocupa una columna.

columpiar v.tr. y prnl. (del gr. *kolymban,* zambullirse). Impulsar a alguien que está sentado en un columpio o imprimir un movimiento semejante a algo.

columpio s.m. Asiento o tabla que se suspende de unas cuerdas o cadenas, para mecerse. **2.** Chile. Mecedora, balancín.

colunela s.f. En los ejércitos españoles durante el s. XVI, agrupación táctica de varias compañías, que solía contar con unos mil hombres.

coluria s.f. Presencia en la orina de los elementos de la bilis, constante en las ictericias.

coluro s.m. (gr. *kóloyros,* de *kólos,* truncado, y *oyrá,* cola). Cada uno de los dos meridianos de la esfera celeste. (El primero contiene los dos solsticios; y el segundo, los dos equinoccios.)

colusión s.f. Acuerdo secreto para engañar o causar perjuicio.

colutorio s.m. (del lat. *colluere,* lavar o rociar). Medicamento antiséptico líquido que sirve para enjuagarse la boca.

coluvión s.f. GEOL. Depósito resultante de una movilización y desplazamiento a poca distancia sobre una vertiente.

colza s.f. (fr. *colza*). Planta forrajera de flores amarillas, cultivada por sus semillas que proporcionan hasta un 45 % de aceite. (Familia crucíferas.)

1. **coma** s.f. (lat. *comma,* miembro del período). Signo ortográfico de puntuación (,) que se emplea para separar elementos dentro de la oración, para encerrar incisos o aclaraciones, para señalar omisiones, etc.; normalmente indica una pausa breve dentro de la frase. **2.** Signo aritmético que se utiliza en la escritura de números decimales para separar su parte entera de la decimal. SIN.: *coma decimal.* **3.** Sistema de representación de un número fraccionario en la memoria de una computadora. **4.** Microintervalo que representa la quinta parte de un tono. **5.** Cada una de las nueve partes en que se divide un tono teórico e imperceptible. (1/8 y 1/9, según la escala adoptada, entre el re sostenido y el mi bemol.)

2. **coma** s.m. Estado caracterizado por la falta de motricidad voluntaria y de sensibilidad, acompañado de pérdida más o menos profunda de la conciencia con conservación de las funciones vegetativas.

comadre s.f. (lat. tardío *commater*). Madrina de una criatura, respecto de la madre, el padre o el padrino de esta. **2.** *Fam.* Vecina o amiga de confianza. **3.** *Fam.* Mujer chismosa.

comadrear v.intr. *Fam.* Chismorrear, murmurar.

comadreja s.f. (de *comadre*). Mamífero carnívoro, de unos 25 cm de long., cuerpo alargado y flexible, patas cortas, pelaje leonado en el dorso y blanco en el vientre. (Vive en setos y zonas boscosas, y se defiende emitiendo una secreción fétida por sus glándulas odoríferas anales; familia mustélidos.)

comadreo s.m. *Fam.* Acción de comadrear.

comadrería s.f. *Fam.* Conjunto de chismes, habladurías.

comadrero, a adj. y s. Aficionado a comadrear.

comadrón, na s. Auxiliar médico cuya función está limitada a los partos y a la vigilancia de las embarazadas, pero que puede dispensar el conjunto de cuidados médicos prescritos o aconsejados por un ginecólogo.

comal s.m. Amér. Central y Méx. Disco bajo y delgado de barro sin vidriar o de metal para cocer tortillas de maíz, tostar café o cacao o para asar cualquier tipo de alimentos.

comalia s.f. Enfermedad de algunos animales, especialmente del ganado lanar, consistente en una hidropesía general.

comanche adj. y s.m. y f. De un pueblo amerindio de América del Norte (Oklahoma, Colorado, Wyoming, Kansas), del grupo shoshon, que habla una lengua de la familia lingüística uto-azteca, y que vive act. en reservas en Wyoming.

comandancia s.f. Empleo de comandante. **2.** Territorio sujeto militarmente a él. **3.** Oficina donde despacha. ◇ **Comandancia de marina** Subdivisión de un departamento marítimo.

comandante s.m. Oficial de los ejércitos de tierra y aire, de grado intermedio entre el de capitán y el de teniente coronel. **2.** Militar que ejerce el mando de un puesto, fuerte o plaza. **3.** Oficial o jefe del cuerpo general de la armada que tiene el mando de un buque de guerra o mercante, de un centro de la marina de guerra, de un arsenal, etc. **4.** Piloto que tiene el mando de una aeronave.

comandar v.tr. Mandar un ejército, una flota, etc.

comandita s.f. (fr. *commandite*). **Sociedad en comandita** Sociedad comercial en la que una parte de los asociados aporta capital sin tomar parte en la gestión del negocio.

comanditario, a adj. Relativo a la sociedad en comandita. **2.** Persona que suministra capital en una sociedad en comandita.

comando s.m. Formación militar de pocos efectivos, encargada de misiones especiales y que actúa aisladamente. **2.** Soldado que integra un comando. **3.** Grupo reducido que efectúa acciones aisladas de tipo guerrillero. **4.** INFORMÁT. Cualquier instrucción que genera varias acciones preestablecidas.

comanos o **comanianos** → **cumanos.**

comarca s.f. (de *marca,* frontera). Territorio que tiene una extensión más circunscrita y reducida que una región, con una clara unidad geográfica y unos límites bastante precisos, que comprende un buen número de aldeas y lugares.

comarcal adj. Relativo a la comarca.

comatoso, a adj. Relativo al coma, estado vegetativo.

comba s.f. Curvatura que toma un cuerpo alargado cuando se encorva. **2.** Esp. Juego infantil en que hay que saltar por encima de una cuerda que se hace pasar, en un movimiento giratorio continuo, por debajo de los pies y sobre la cabeza del que salta. **3.** Esp. Cuerda que se usa para este juego. SIN.: *saltador.*

combadura s.f. Acción y efecto de combar.

combar v.tr. y prnl. Encorvar, torcer.

combate s.m. Lucha entablada entre personas o animales, especialmente la que está reglada, como en los deportes de lucha. **2.** Lucha contra un obstáculo, una enfermedad, una idea, etc., para erradicarlos: *el combate contra la intolerancia.* **3.** MIL. Enfrentamiento limitado en el espacio y en el tiempo de formaciones aéreas, terrestres o navales adversarias. ◇ **Fuera de combate** Vencido, imposibilitado para continuar la lucha.

combatiente adj. Que combate. ◆ s. Persona que toma parte directa en un combate, una guerra o una riña. ◆ s.m. Pez pequeño de colores vivos, originario de Tailandia. (Los machos libran combates a menudo mortales.) ◆ adj. y s.m. ZOOL. Se dice de una raza de aves de corral, de 30 cm de long., caracterizada por los combates furiosos, pero poco peligrosos, de los machos. ◇ **No combatiente** Personal militar que no toma parte activa en el combate.

combatir v.intr. y tr. Luchar con las armas en un combate. ◆ v.intr. Luchar personas o animales, especialmente según unas reglas, como en los deportes de lucha. ◆ v.tr. Luchar contra un obstáculo, una enfermedad, una idea, etc., para vencerlos o erradicarlos: *combatir la corrupción, la enfermedad.* ◆ v.tr., intr. y prnl. *Fig.* Agitar el ánimo los sentimientos o pasiones.

combatividad s.f. Cualidad o condición de combativo.

combativo, a adj. Inclinado o dispuesto al combate, a la contienda o a la polémica.

combe s.f. (voz francesa). GEOGR. Depresión formada en la parte central de un anticlinal, constituida por capas blandas recubiertas por capas duras.

combina s.f. *Vulg.* Combinación, especialmente plan, artimaña.

combinación s.f. Acción de combinar: *combinación de colores.* **2.** Plan, artimaña. **3.** Dispositivo mecánico interno de una caja fuerte que permite su apertura. **4.** Clave que da la posición de dicho dispositivo para que se abra la cerradura. **5.** Cóctel, combinado. **6.** Enlace entre diversos medios de transporte público. **7.** Prenda de vestir femenina de una sola pieza que se lleva debajo del vestido. **8.** QUÍM. Unión de varios cuerpos simples para formar un compuesto homogéneo, distinto de los componentes. ◇ **Combinación de orden n de m elementos** MAT. Cada uno de los grupos que pueden formarse con *n* de los *m* elementos, de modo que dos grupos difieran al menos en un elemento.

combinada s.f. DEP. Prueba que reúne varias especialidades de un deporte.

combinado, a adj. MIL. Que afecta a las fuerzas de diferentes países que integran una coalición: *operación combinada; mando combinado.* ◆ s.m. Conjunto, mezcla de elementos diversos. **2.** Cóctel, mezcla de licores. **3.** Aparato telefónico o radiotelefónico en el que el micrófono y el auricular están reunidos en el mismo dispositivo por medio de una sola empuñadura. **4.** Aparato que presenta a la vez las características del avión y las del helicóptero.

combinador s.m. Aparato destinado a regular la marcha de los vehículos eléctricos combinando los circuitos de los motores.

combinar v.tr. (lat. tardío *combinare,* de *bini,* dos cada vez). Unir cosas diversas de manera que formen un conjunto coherente y equilibrado: *combinar unas letras.* **2.** *Fig.* Concertar, disponer varios elementos para conseguir un fin: *combinar un plan de actuación.* ◆ v.tr. y prnl. QUÍM. Producir una combinación: *combinar el hidrógeno y el oxígeno.*

combinat s.m. (ruso *kombinat*) [pl. *combinats*]. En la URSS, unidad industrial que agrupaba, en un territorio determinado, un conjunto de establecimientos industriales de actividades solidarias. **2.** En la URSS, conjunto de regiones industriales con aptitudes complementarias, y, por ello, ligadas por intercambios privilegiados.

combinatoria s.f. MAT. **a.** Conjunto de las relaciones distribucionales de los elementos de un conjunto. **b.** Análisis de estas relaciones.

combinatorio, a adj. Relativo a las combinaciones o a la combinatoria. ◇ **Análisis combinatorio** MAT. Dominio de las matemáticas, en el que se trata de los grupos finitos de elementos, engendrados por ciertas operaciones o por la combinación de ciertas operaciones.

1. **combo** s.m. Pequeña formación de músicos. (Proviene del jazz, donde se aplica a los pequeños conjuntos.) **2.** Amér. Mazo, almádana. **3.** Chile y Perú. Puñetazo.

2. **combo, a** adj. Que está combado. ◆ s.m. Asiento sobre el que se colocan los toneles y las cubas.

comburente adj. y s.m. (del lat. *comburere*). Se dice de un cuerpo que, por combinación con otro, produce la combustión de este último. (El oxígeno es comburente pero no combustible.)

combustible adj. y s.m. Que puede arder, o que arde con facilidad. ◆ s.m. Material cuya combustión produce energía calorífica. **2.** Material capaz de desprender energía por fisión o fusión nucleares.

combustión s.f. Acción de arder o quemarse una materia. **2.** Tercer tiempo del funcionamiento de un motor, en el ciclo de cuatro tiempos. **3.** QUÍM. Conjunto de fenómenos que acompañan a la combinación de un cuerpo con oxígeno.

comechingón, pueblo amerindio que vivía en las cuevas de las sierras de Córdoba (Argentina).

comecocos s.m. y adj. (pl. *comecocos*). Esp. *Fam.* Persona o cosa que absorbe los pensamientos o la atención de alguien. ◆ s.m. y f. Persona que maneja o convence a alguien. ◆ s.m. Juego electrónico que consiste en un laberinto cerrado por el que circula una bola con boca, manejada por el jugador, que devora dibujos y ha de ir salvando los obstáculos que se encuentra a su paso.

comecome s.m. Amér. Merid. Comezón, desazón interior.

comedero s.m. Recipiente donde se echa la comida a algunos animales.

comedia s.f. (lat. *comoedia*). Obra dramática. **2.** Obra teatral o cinematográfica destinadas a provocar la risa mediante la descripción de costumbres y caracteres, o mediante la sucesión de situaciones extravagantes o graciosas. **3.** *Fig.* Suceso de la vida real, capaz de interesar y mover a risa. **4.** *Fig.* Farsa o fingimiento: *hacer la comedia.* ◇ **Comedia de capa y espada** En el teatro español del s. XVII, la que describe las costumbres de los caballeros de aquel tiempo. **Comedia musical** Género teatral o cinematográfico en el que se alternan las escenas de baile, las canciones, los textos hablados y la música. (La comedia musical surgió a finales del s. XIX en EUA y Gran Bretaña.)

comediante, a s. Actor, el que representa en el teatro. **2.** *Fig.* y *fam.* Persona que aparenta lo que no siente.

comedido, a adj. Prudente o contenido a la hora de hablar y actuar: *ser comedido a la hora de opinar.*

comedimiento s.m. Cortesía, moderación, urbanidad.

comediógrafo, a s. Escritor de comedias.

comedirse v.prnl. (del lat. *commetiri*) [conj.: *pedir*]. Moderarse, contenerse. **2.** Amér. Acomedirse, prestarse espontáneamente para hacer algo.

comedón s.m. Pequeña acumulación de materia sebácea, con el extremo de color negro, que se forma en la piel.

comedor, ra s.m. Habitación destinada en las casas para comer. **2.** Conjunto de los muebles de dicha habitación. **3.** Establecimiento destinado a servir comidas a personas determinadas: *el comedor de una fábrica.* ◆ adj. y s. Comilón.

comején s.m. Termes.

comendador s.m. (del fr. ant. *comendeor,* persona que manda). Caballero que tiene encomienda en alguna de las órdenes militares o de caballeros. ◇ **Comendador de los creyentes** Título de los antiguos sultanes de Turquía. **Gran comendador** Primer dignatario de la orden de Malta, inmediatamente después del gran maestre.

comendatario, a adj. y s. Se dice del eclesiástico secular que goza de un beneficio regular en encomienda.

comendatorio, a adj. Se dice de los papeles y cartas de recomendación.

comensal s.m. y f. (bajo lat. *commensalis*). Persona que come junto a otras en una misma mesa o celebración: *un banquete de trescientos comensales.* ◆ adj. y s.m. BIOL. Se dice de ciertas especies animales que viven asociadas a otras, aprovechándose de los restos de sus comidas, pero sin perjudicarlas.

comensalismo s.m. BIOL. Forma de vida característica de las especies comensales.

comentar v.tr. (lat. *commentari,* meditar). Realizar o hacer comentarios.

comentario s.m. Observación, opinión o juicio personal que se hace de algo o alguien. **2.** Explicación, ilustración o crítica del sentido de una obra, discurso, etc. ◆ **comentarios** s.m.pl. *Fam.* Murmuraciones, interpretaciones sobre un hecho o un dicho. **2.** Título que se da a algunas memorias históricas escritas con brevedad, concisamente. ◇ **Comentario de texto** Valoración, análisis o estudio en el que se interpreta tanto el fondo como la forma de un texto.

comentarista s.m. y f. Persona que comenta noticias de actualidad en los medios de comunicación: *un comentarista deportivo.*

comento s.m. Acción de comentar. **2.** Comentario de una obra. **3.** Embuste, murmuración.

comenzar v.tr. (del lat. *initiare,* iniciar, instruir) [conj.: *empezar*]. Empezar, dar principio a algo. ◆ v.intr. Empezar, pasar algo de no existir a existir.

comer v.tr., intr. y prnl. (lat. *comedere*). Tomar alimento por la boca, masticándolo y pasándolo al estómago. ◆ v.tr. e intr. Tomar los alimentos que componen la comida principal del día. ◆ v.tr. y prnl. En algunos juegos de mesa (ajedrez, damas), ganar una pieza al contrario: *comerse un alfil.* **2.** *Fig.* Gastar, consumir: *comerse la estufa todo el carbón.* **3.** *Fig.* Sentir comezón física o moral: *estar comidos por la envidia.*

4. *Fig.* Hacer que una cosa parezca más pequeña: *la barba se le come el rostro.* ◆ **comerse** v.prnl. *Fig.* Suprimir letras, palabras, sonidos, etc., en una conversación o escrito: *comerse las eses.* ◇ **Comer algo o a alguien con los ojos** Mirarlo con codicia, envidia, amor o cólera. **Ser de buen comer** Ser persona de comer mucho. **Sin comerlo ni beberlo** *Fam.* Sin hacer nada para recibir daño o provecho.

comercial adj. Relativo al comercio: *redes comerciales.* **2.** Que tiene aceptación en el mercado y se vende bien. ◆ s.m. Amér. Anuncio publicitario. ◆ s.m. y f. Persona que se encarga de la comercialización de un producto.

comercializar v.tr. Dar a un producto condiciones y organización comercial para su venta.

comerciante adj. y s.m. y f. Que comercia. ◆ s.m. y f. Persona que es propietaria de un establecimiento comercial.

comerciar v.intr. Comprar, vender o permutar géneros, con fin lucrativo: *comerciar en frutas.*

comercio s.m. (lat. *commercium*). Acción de comerciar. **2.** Establecimiento donde se comercia. **3.** Conjunto de establecimientos comerciales: *el comercio no cierra los sábados.* ◇ **Código de comercio** Conjunto de leyes que rigen la actividad comercial. **Comercio electrónico** ECON. Modo de distribución de los productos y de los servicios a través de las páginas web de las empresas. (También *comercio* o *venta en línea.*) **Comercio exterior** ECON. Conjunto de las transacciones mercantiles que los ciudadanos de un país hacen con el resto del mundo. **Comercio interior** ECON. Conjunto de las transacciones mercantiles realizadas dentro de un mismo país. **Comercio internacional** ECON. Conjunto de los intercambios mercantiles entre estados.

comestible adj. (lat. tardío *comestibilis*). Que puede comerse. ◆ s.m. Cualquier producto que sirve de alimento: *una tienda de comestibles.* (Suele usarse en plural.)

cometa s.m. (del lat. *coma,* crin o cabellera). Cuerpo celeste del sistema solar de pequeñas dimensiones que, cuando se acerca al Sol, deja tras de sí una cola luminosa de miles de kilómetros. ◆ s.f. Juguete que consiste en una armazón ligera de forma poligonal, cubierta de papel o de tela, sujeto con una cuerda larga, y que se hace volar echándolo al aire para que la corriente de aire lo eleve y mueva.

cometa

Los cometas están constituidos por un núcleo irregular de hielo, rocas y polvo, de dimensiones kilométricas, que gira sobre sí mismo. Cuando el cometa se acerca al Sol, este calienta y evapora el hielo al tiempo que libera y esparce polvo; se forma entonces una nebulosidad, la *cabellera,* luminosa por efecto de la luz solar difundida por el polvo y por su fluorescencia al contacto con el gas. Prolongada en dirección opuesta al Sol, la cabellera produce una hermosa *cola de gas* (o *de plasma*) azulada y rectilínea cuya longitud puede alcanzar centenares de millones de kilómetros. Por su parte, el polvo expulsado del núcleo por efecto de la presión de la radiación solar forma una *cola de polvo* amarillenta, más larga, difusa y curva. Desde la antigüedad se han registrado cerca de 1200 apariciones de cometas, y cada año se descubre una veintena de ellos. Sin embargo, se cree que existe cerca de un billón de cometas, distribuidos en un amplio halo en los confines del sistema solar.

cometer v.tr. Realizar una acción que constituye un error, una falta o un delito.

cometido s.m. Comisión, encargo. **2.** Deber, obligación.

comezón s.f. (lat. *comestio, -onis,* acción de comer). Picazón, picor. **2.** *Fig.* Desasosiego, intranquilidad.

cómic s.m. (ingl. *comic*) [pl. *cómics* o *comics*]. Relato o historia contada mediante viñetas o recuadros que contienen ilustraciones gráficas, generalmente acompañadas de un texto. **2.** Publicación que contiene uno o varios de estos relatos.

comicastro, a s. *Desp.* Cómico malo.

comicial adj. Relativo a los comicios. ◇ **Mal comicial** Epilepsia.

comicidad s.f. Cualidad de cómico, divertido: *la comicidad de una escena.*

comicios s.m.pl. (del lat. *comitium,* lugar donde se reunía el pueblo). Asambleas del pueblo romano, en número de tres: *los comicios curiados, centuriados* y *tributos.* **2.** En el s. XIX, reuniones de electores para nombrar los miembros de asambleas deliberantes, etc. **3.** Elecciones.

cómico, a adj. Relativo a la comedia: *teatro cómico.* **2.** Gracioso, que hace reír: *situación cómica.* ◆ s. *Fam.* Actor. ◇ **Cómico de la legua** Actor que va representando de pueblo en pueblo.

comida s.f. Alimento, sustancia que se come y proporciona energía al organismo. **2.** Acción de comer o tomar alimentos a una hora determinada del día, especialmente al mediodía. **3.** Alimento que se toma a mediodía; generalmente es el principal y más completo del día. SIN.: *almuerzo.*

comidilla s.f. *Fig.* y *fam.* Tema de murmuración o chismorreo: *ser alguien la comidilla del pueblo.* **2.** *Fam.* Gusto o agrado especial que alguien encuentra en las cosas a las que tiene afición.

comienzo s.m. Principio o inicio de algo: *el comienzo de la película.*

comilla s.f. Signo ortográfico que se pone antes y después de una cita textual o de una expresión que tiene un sentido especial; suele usarse en plural. (Las comillas pueden ser simples [''], o dobles [«»].)

comilón, na adj. y s. Esp. Que come mucho.

comilona s.f. (del lat. *comedo, -onis*). *Fam.* Comida abundante.

cominear v.intr. Entremeterse el hombre en cosas propias de mujeres.

cominería s.f. Menudencia, insignificancia en dichos o hechos. (Suele usarse en plural.)

comino s.m. (lat. *cuminum*). Planta herbácea de flores pequeñas y rojizas y fruto de olor aromático y sabor acre. (Familia umbelíferas.) **2.** Fruto y semilla de esta planta. **3.** Esp. y Méx. *Fig.* Cosa de ínfima importancia o valor: *me importa un comino.* **4.** Esp. y Méx. Persona de pequeño tamaño, especialmente los niños.

comisar v.tr. Declarar que una cosa ha caído en comiso: *comisar la correspondencia de alguien.* SIN.: *decomisar.*

comisaría s.f. Empleo del comisario. **2.** Oficina del comisario.

comisariato s.m. Comisaría. **2.** Colomb., Nicar. y Pan. Economato, almacén.

comisario, a s. (del lat. *committere,* confiar). Persona que desempeña un cargo o función por encargo de una autoridad superior: *comisario europeo; comisario de una exposición.* **2.** Persona oficialmente encargada de hacer respetar los reglamentos en ciertas pruebas deportivas. **3.** Persona que se encarga de organizar y dirigir una exposición artística o una actividad cultural o académica de duración determinada. ◇ **Comisario de policía** Agente del cuerpo general de policía, que cuida del cumplimiento y ejecución de las leyes y órdenes de la autoridad relativa al orden público. **Comisario político** Delegado del poder civil o de un partido político que, en determinados ejércitos, tiene como misión fundamental la educación y la vigilancia político-social de la unidad en que está destinado.

comiscar v.tr. e intr. Comer a menudo y en poca cantidad. SIN.: *comisquear.*

comisión s.f. Acción de cometer: *la comisión de un delito.* **2.** Misión encargada a alguien. **3.** Conjunto de personas delegadas temporalmente para hacer alguna cosa: *una comisión de estudiantes.* **4.** Retribución o porcentaje que se percibe en concepto de mediación en un negocio o compra. **5.** Contrato por el que alguien se compromete a realizar algo por cuenta de otro: *comisión mercantil.* ◇ **Comisión parlamentaria** Organismo de trabajo creado por las cámaras, integrado por un número restringido de miembros de estas, con el fin de dictaminar o informar sobre los asuntos sometidos a ellas.

comisionado, a adj. y s. (del lat. *committere,* poner juntos). Persona encargada de una comisión.

comisionar v.tr. Delegar un poder, atribuir una función a alguien. **2.** Hacer el encargo de comprar o de vender mercancías.

comisionista s.m. y f. Persona que media en un negocio o compra a cambio de una comisión.

comiso s.m. DER. **a.** Pena de pérdida de la mercancía, en que incurre el que comercia con géneros prohibidos o falta a un contrato en que se estipuló esta sanción. **b.** Pena accesoria de privación de los efectos o instrumentos de un delito. **c.** Mercancía decomisada.

comisorio, a adj. DER. Obligatorio o válido por determinado tiempo o aplazado para cierto día: *pacto comisorio; pacto de ley comisoria.*

comisura s.f. Zona de unión de los bordes de una abertura orgánica: *la comisura de los labios.*

comité s.m. (voz francesa). Conjunto reducido de personas que, representando a una colectividad más numerosa, tiene a su cargo determinadas gestiones o funciones. ◇ **Comité central** Órgano dirigente de un partido político compuesto por miembros elegidos. **Comité de empresa** Esp. Órgano colegiado y representativo de los trabajadores de una empresa para la defensa de sus intereses.

comitente s.m. y f. Cliente que encarga a un comisionista comprar o vender mercancías por su cuenta, de forma onerosa.

comitiva s.f. (del lat. tardío *comitiva dignitas,* categoría de conde, acompañante del emperador). Acompañamiento, séquito, cortejo.

cómitre s.m. Persona que en las galeras dirigía la boga y a cuyo cargo estaba el castigo de los galeotes.

commedia dell'arte s.f. (voces italianas). Forma teatral italiana, particularmente floreciente en el s. XVI, basada en la improvisación (acrobacias, pantomimas, etc.) y en una tipología de personas tradicionales («máscaras»): Arlequín, Pantalón, Matamoros, Scaramouche, etc.

como adv.m. Expresa idea de equivalencia, semejanza o igualdad; introduce el segundo término de una comparación de igualdad: *pasar como una exhalación.* **2.** Expresa el modo de suceder o de ser de algo: *como dijiste.* ◆ prep. En calidad de: *asistir a una boda como testigo.* ◆ conj.caus. Porque: *como llegué tarde no pude verle.* ◆ conj.cond. Si: *como no me creas me enojaré.* ◆ conj.cop. Que: *¡tanto tiempo como llevo diciéndotelo y aún no lo sabes!* ◇ **Como quiera que** De cualquier modo que: *como quiera que sea, no hay remedio;* dado que.

cómo adv.m.interrog. (lat. vulgar *quomo,* contracción de *quomodo,* ¿de qué manera? o de la manera que). Introduce una interrogación acerca del modo o manera de ser, suceder o hacer algo: *¿cómo va?; no sé cómo empezar.* **2.** Introduce una interrogación acerca del motivo o razón de ser, suceder o hacer algo: *¿cómo dices esto?* ◆ adv.m.exclam. Expresa admiración o sorpresa: *¡cómo llueve!* ◆ s.m. Modo, manera: *lo importante es el cómo se vive.* ◇ **Cómo no** Sí: *—¿Vienes? —¡Cómo no!*

cómoda s.f. Mueble con tablero de mesa, provisto de cajones. (Suele estar en el dormitorio y sirve para guardar ropa.)

comodato s.m. DER. Contrato en virtud del cual una de las partes *(comodante)* entrega a la otra *(comodatario)* una cosa, para que use de ella durante cierto tiempo y se la devuelva una vez finalizado el uso o el tiempo.

comodidad s.f. Cualidad de cómodo. **2.** Cosa que hace la vida más fácil, hace sentirse cómodo o facilita la estancia en un lugar o la realización de ciertas tareas.

comodín s.m. En algunos juegos de naipes, carta que toma el valor que le da el jugador que la posee. **2.** *Fig.* Persona o cosa que sirve para fines diversos, según las necesidades del momento. **3.** *Fig.* Pretexto habitual o poco justificado.

cómodo, a adj. (lat. *commodus,* conveniente, apropiado u oportuno). Que se usa, consigue, lleva, etc., con facilidad, sin ningún inconveniente, molestia, etc.: *llevar ropa cómoda.* **2.** Que proporciona comodidad, bienestar o descanso: *unos sillones cómodos.* **3.** Oportuno, fácil, acomodado. **4.** Que está a gusto, bien, sin sentirse cohibido. **5.** Comodón.

comodón, na adj. *Fam.* Que busca la comodidad y evita el esfuerzo.

comodoro s.m. (ingl. *commodore*). Título que se da, en la marina de algunos países, a los oficiales al mando de una división naval.

comoquiera adv.m. De cualquier manera.

compactación s.f. Acción de compactar. **2.** TECNOL. Apisonamiento de la tierra para comprimirla e incrementar su densidad.

compactador, ra adj. INFORMÁT. Se dice del programa que reduce por codificación la extensión de los datos sin pérdida de información.

compactadora s.f. Instrumento de obras públicas destinado a aglomerar y comprimir uniformemente los elementos constitutivos de una calzada.

compactar v.tr. Hacer compacto.

compact disc s.m. (voces inglesas). *Disco compacto. **2.** Aparato para la reproducción de discos compactos.

compactible adj. Que puede hacerse más compacto.

compacto, a adj. (lat. *compactus*). Se dice de los cuerpos de textura apretada y poco porosa: *madera compacta.* **2.** Apretado, apiñado: *un grupo compacto de personas.* ◆ s.m. Disco compacto.

compadecer v.tr. y prnl. (lat. *compati*) [conj.: *parecer*]. Sentir compasión. ◆ **compadecerse** v.prnl. Estar en armonía o tener buena relación una cosa con otra: *la modestia no se compadece con la fama.*

compadraje s.m. *Fam.* Unión o pacto de varias personas para ayudarse mutuamente.

compadrazgo s.m. Relación de parentesco que contrae el padrino de una criatura con los padres de esta. **2.** Compadraje.

compadre s.m. (lat. *compater, -patris*). Padrino de un niño con respecto a los padres de este y viceversa. **2.** *Fam.* Tratamiento que utilizan los hombres entre sí: *oiga, compadre, ¿cómo le fue?*

compadrear v.intr. Tratarse familiarmente con el apelativo *compadre.* **2.** Entablar o tener una relación amistosa dos o más personas, generalmente con fines poco lícitos. **3.** Argent., Par. y Urug. Fanfarronear, bravuconear, alardear.

compadrería s.f. Relación entre compadres, amigos o camaradas.

compadrito s.m. Argent., Par. y Urug. *Fam.* Tipo popular pendenciero, afectado en sus ropas y maneras de vestir.

compaginación s.f. Acción de compaginar o compaginarse.

compaginar v.tr. y prnl. Poner en buen orden cosas que tienen alguna relación o conexión mutua. **2.** Hacer compatibles dos o más actividades entre sí: *compagina los estudios con el deporte.* ◆ v.tr. IMPR. Ajustar, distribuir las galeradas en planas. ◆ **compaginarse** v.prnl. *Fig.* Corresponder bien una cosa con otra: *compaginarse el respeto con las buenas costumbres.*

compaña s.f. Esp. *Fam.* Compañía.

compañerismo s.m. Vínculo que existe entre compañeros. **2.** Concordia y buena correspondencia entre ellos.

compañero, a s. (lat. merovingio *companio, -onis*). Persona con la que se comparte la estancia en un lugar, un trabajo, los estudios u otra actividad. **2.** Persona con la que se comparte la misma ideología o forma parte del mismo partido político. **3.** *Fig.* Cosa que hace juego o tiene correspondencia con otra u otras.

compañía s.f. Circunstancia de estar acompañado. **2.** Persona, animal o cosa que acompaña. **3.** Cuerpo de actores, formado para representar en los teatros. **4.** Sociedad o junta de varias personas unidas para un mismo objeto, especialmente para fines comerciales o industriales. **5.** MIL. Primera unidad orgánica, administrativa y táctica que existe en los ejércitos regulares y que está bajo el mando de un capitán. ◇ **Compañía de comercio y de navegación** Sociedad que recibía del estado el privilegio o monopolio de comerciar con las colonias.

comparación s.f. Acción de comparar: *comparación de resultados.* **2.** Igualdad y proporción correspondiente entre las cosas que se comparan. **3.** Figura retórica de pensamiento que consiste en establecer explícitamente una relación de similitud entre dos objetos. SIN.: *símil.* ◇ **Grados de comparación** Grados de significación del adjetivo y del adverbio (positivo, comparativo y superlativo) que expresan una idea de evaluación con respecto a un punto de comparación, o una idea de superioridad independiente de toda comparación.

comparado, a adj. Que procede por comparación. ◇ **Anatomía comparada** Parte de la anatomía que se ocupa del estudio de las variaciones de una misma estructura en las diferentes especies animales. **Gramática,** o **lingüística, comparada** Rama de la lingüística que estudia las relaciones entre las lenguas. **Literatura comparada** Rama de la historia de la literatura que estudia las relaciones entre las literaturas de diferentes países o la evolución de un género o de un tema literario en épocas distintas o en dominios culturales diferentes.

comparador s.m. METROL. Instrumento amplificador utilizado para comparar una dimensión de una pieza con la de un patrón.

comparanza s.f. Comparación.

comparar v.tr. (lat. *comparare*). Examinar dos o más cosas para descubrir sus relaciones, diferencias o semejanzas. **2.** Establecer una relación de semejanza entre dos cosas.

comparatismo s.m. Gramática comparada y período de su desarrollo científico.

comparatista s.m. y f. Especialista en gramática comparada o en literatura comparada.

comparativo, a adj. Que compara o sirve para comparar. ◆ adj. y s.m. Se dice del grado de significación de los adjetivos y de los adverbios, que expresa una cualidad igual, superior o inferior.

comparecencia s.f. DER. Hecho de comparecer ante alguna autoridad: *comparecencia ante el juez.*

comparecer v.intr. (del lat. *parescere,* de *parere,* aparecer o parecer) [conj.: *parecer*]. Presentarse una persona en un lugar donde ha sido convocada o donde ha quedado con alguien: *compareció ante el juez para prestar declaración.*

compareciente s.m. y f. DER. Persona que comparece ante el juez.

comparsa s.f. (voz italiana, *acción de comparecer*). Conjunto de personas que, en una obra teatral o cinematográfica, figuran, pero no hablan o apenas lo hacen. **2.** Conjunto de personas que desfilan en una fiesta popular vestidas con trajes de una misma clase. ◆ s.m. y f. Persona que forma parte del acompañamiento.

comparsería s.f. Conjunto de comparsas que participan en una representación teatral o cinematográfica.

compartimentación s.f. Acción y efecto de compartimentar.

compartimentar v.tr. Dividir un barco en compartimentos estancos. **2.** *Fig.* Dividir o agrupar algo material o inmaterial en compartimentos estancos.

compartimento o **compartimiento** s.m. Acción de compartir. **2.** Cada una de las partes en que se divide un espacio, mediante paredes u otro tipo de separación.

compartir v.tr. (del lat. *partiri,* partir o repartir). Dar una persona parte de lo que tiene para que los demás puedan disfrutarlo con ella. **2.** Consumir, poseer o usar algo con otras personas: *compartir vivienda.* **3.** Tener la misma opinión que otro o tener, por simpatía con otra persona, el mismo sentimiento o estado de ánimo: *no compartir la misma opinión que otro.*

compás s.m. Instrumento de dibujo y medición, compuesto por dos varillas que acaban en punta en el extremo inferior y están articuladas por un eje en su extremo superior. **2.** Brújula, especialmente la usada en navegación. **3.** MÚS. **a.** Cada uno de los períodos de tiempos iguales en que se marca el ritmo de una frase musical, cuya división natural viene indicada en el pentagrama por unas líneas verticales. **b.** Ritmo o cadencia de una pieza musical. ◇ **Compás de espera** *Fig.* Detención de un asunto por un espacio de tiempo corto. **Compás de vara** Compás en el que la punta y el trazador se deslizan sobre una barra horizontal. **Compás giroscópico** MAR. Compás construido de acuerdo con la estabilidad mecánica del giroscopio, y, por ello, insensible a las influencias magnéticas. **Llevar el compás** Seguir el ritmo.

compasado, a adj. Moderado, cuerdo.

compasar v.tr. Medir con el compás. **2.** *Fig.* Acomodar o adecuar el ritmo, frecuencia o intensidad de algo: *compasar los gastos.*

compasión s.f. (del lat. *compati*). Sentimiento de lástima hacia el mal o desgracia ajenos: *sentir compasión por un enfermo.*

compasivo, a adj. Que tiene compasión o es propenso a sentirla. **2.** Que denota compasión: *ser de condición compasiva.*

compatibilidad s.f. Cualidad de compatible. **2.** INFORMÁT. **a.** Cualidad relativa de dos computadoras, en que uno puede ejecutar programas escritos para el otro sin necesidad de traducción o reescritura. **b.** Cualidad de varios programas o ficheros, que les permiten constituir, reunidos, un conjunto coherente de tratamiento.

compatibilizar v.tr. Hacer compatible: *compatibilizar el trabajo con la familia.*

compatible adj. Que puede existir, ocurrir o hacerse al mismo tiempo que otra cosa y de forma armónica con ella: *hacer compatible el trabajo con la diversión.* **2.** Se dice de las persona que por su carácter congenia con otra. **3.** TECNOL. Se dice de las computadoras, sistemas de telecomunicación, etc., que poseen características de compatibilidad. ◇ **Sucesos compatibles** ESTADÍST. Sucesos que pueden producirse simultáneamente.

compatriota s.m. y f. Respecto a una persona, otra de su misma patria.

compeler v.tr. (lat. *compellere,* empujar en bloque). Intentar obligar a alguien, con fuerza o por autoridad, a hacer algo.

compendiar v.tr. Reducir a compendio: *compendiar un discurso en unas líneas.*

compendio s.m. (lat. *compendium,* ahorro, economía o abreviación). Exposición breve de los aspectos fundamentales de una materia.

compenetración s.f. Acción y efecto de compenetrarse.

compenetrarse v.prnl. Penetrar las partículas de una sustancia entre las de otra. **2.** *Fig.* Llegar dos personas a estar muy unidas o a identificarse en sus ideas y sentimientos.

compensación s.f. Acción de compensar. **2.** Cosa con que se compensa: *una compensación económica.* **3.** DER. Modo de extinción de dos obligaciones recíprocas. **4.** ECON. Operación financiera en la que las compras y las ventas se liquidan mediante transferencias recíprocas. **5.** MED. Mecanismo por el cual un órgano determinado o el organismo entero palía la alteración de una función fisiológica. **6.** TECNOL. Ajuste, corrección de una desviación en un parámetro u órgano de una máquina.

compensador, ra adj. Que compensa. ◆ s.m. Aparato destinado a compensar una diferencia o, más corrientemente, una variación.

compensar v.tr. y prnl. Neutralizar el efecto de una cosa con el de otra. **2.** Dar o hacer una cosa en resarcimiento del daño o molestias causados.

compensatorio, a adj. Que compensa o iguala.

competencia s.f. Acción y efecto de competir. **2.** Empresa o comercio que compite con otra en el mercado. **3.** Incumbencia. **4.** Capacidad para el desarrollo de algo. **5.** Amér.

Competición. **6.** DER. Conjunto de funciones atribuidas por un ordenamiento a un órgano de una persona jurídica de la administración del estado. **7.** GEOGR. Aptitud de un fluido para desplazar elementos de una talla determinada. **8.** LING. Conjunto de conocimientos lingüísticos interiorizado por las personas que utilizan una lengua. ◇ **Régimen de libre competencia** Régimen económico en que la creación de las empresas privadas es libre y los poderes públicos solo intervienen para garantizar el libre juego de las leyes económicas.

competente adj. Se dice de la persona a quien compete o incumbe alguna cosa: *la autoridad competente.* **2.** Experto, apto: *un ayudante competente.*

competer v.intr. Ser algo responsabilidad de alguien: *la sanidad compete al gobierno.*

competición s.f. Competencia. **2.** Acción y efecto de competir, especialmente en deportes, certámenes, etc.

competir v.intr. y prnl. (lat. *competere,* ir al encuentro de algo) [conj.: *pedir*]. Luchar entre sí dos o más personas, animales o cosas para conseguir un mismo objetivo o para alcanzar una mejor posición o estado: *competir para ganar el premio.* ◆ v.intr. Tener dos o más personas o cosas cualidades parecidas o un grado similar de perfección: *competir en belleza.*

competitividad s.f. Capacidad para competir. **2.** Rivalidad o competencia para conseguir algo.

competitivo, a adj. Relativo a la competición o a la competencia. **2.** Capaz de competir con otros: *precios competitivos.*

compilación s.f. Acción y efecto de compilar. **2.** Colección de varias noticias, leyes o materias: *una compilación de artículos periodísticos.* **3.** INFORMÁT. Operación de traducir un programa al lenguaje máquina de una computadora.

compilador, ra adj. y s. Que compila. ◆ s.m. INFORMÁT. Programa que traduce a lenguaje máquina un programa escrito en lenguaje simbólico.

compilar v.tr. (lat. *compilare,* saquear o plagiar). Reunir en un solo cuerpo de obra, extractos de diferentes libros, documentos, etc.: *compilar un cancionero popular.* **2.** INFORMÁT. Traducir a lenguaje máquina un programa escrito en lenguaje simbólico.

compinche s.m. y f. *Fam.* Amigo, camarada.

complacencia s.f. Satisfacción o placer con que se hace o se recibe algo. **2.** Tolerancia excesiva.

complacer v.tr. (lat. *complacere,* gustar a varios a la vez) [conj.: *parecer*]. Satisfacer los deseos o gustos de otro: *complacer a los hijos.* ◆ **complacerse** v.prnl. Alegrarse, hallar plena satisfacción en una cosa: *complacerse en la familia, en la virtud.*

complaciente adj. Propenso a complacer: *unos padres complacientes.*

complejidad o **complexidad** s.f. Cualidad de complejo.

complejo, a adj. (lat. *complexus,* que abarca). Se dice de lo que se compone de elementos diversos: *un problema complejo.* **2.** Que es difícil de entender o comprender por estar formado de diversos aspectos. ◆ s.m. Conjunto de varias cosas. **2.** Conjunto de edificios o instalaciones destinados a una determinada actividad o que están situados en el mismo lugar: *complejo deportivo; complejo industrial.* **3.** *Fam.* Sentimiento de inferioridad, conducta tímida o inhibida. (Suele usarse en plural.) **4.** QUÍM. Compuesto formado por uno o varios átomos o por un ion central, generalmente metálico, ligado a un cierto número de iones o de moléculas. **5.** PSICOANÁL. Conjunto de sentimientos y recuerdos parcial o totalmente inconscientes, provistos de un poder afectivo que determina una manera estereotipada de comportarse para con los demás. ◇ **Cantidad compleja** Cantidad que está expresada en unidades de distintos órdenes. **Complejo absorbente** EDAFOL. Conjunto de los coloides electronegativos que tienen poder absorbente en el suelo. **Número complejo** Número que consta de una parte real y otra imaginaria.

complementar v.tr. Dar complemento a una cosa.

complementariedad s.f. Cualidad de lo que es complementario. ◇ **Principio de complementariedad** FÍS. Principio enunciado por Bohr según el cual los dos aspectos, corpuscular y ondulatorio, de la radiación y de la materia, son dos formas «complementarias» de una misma realidad.

complementario, a adj. Que forma el complemento de una cosa. ◇ **Arcos,** o **ángulos, complementarios** Conjunto de dos arcos o dos ángulos cuya suma vale 90°. **Colores complementarios** Conjunto de un color primario y de un color derivado cuya mezcla óptica produce el color blanco. (El verde es el color complementario del rojo; el violeta, del amarillo; el anaranjado, del azul.) **Complementario de un conjunto *N* (incluido en un conjunto *M*)** MAT. Conjunto formado por los elementos de *M* que no pertenecen a *N.*

complemento s.m. (lat. *complementum*). Cosa que se añade a algo para completarlo o hacerlo más completo. **2.** BIOL. Mezcla de globulinas que interviene en las reacciones inmunológicas. **3.** LING. Palabra o grupo de palabras que se añade a otras para completar o precisar su sentido. **4.** MAT. Ángulo que hay que añadir a un ángulo agudo para obtener un ángulo recto. ◇ **Escala de complemento** Cuadros de mando no profesionales del ejército, que pueden ser llamados a prestar servicio en filas cuando el alto mando lo estime conveniente.

completar v.tr. Hacer completa una cosa.

completas s.f.pl. Última parte del oficio divino, después de las vísperas, destinada a santificar el reposo de la noche.

completitud s.f. LÓG. Propiedad de unateoría deductiva no contradictoria, en la que toda fórmula es decidible.

completivo, a adj. Se dice de lo que completa y llena. ◆ adj. y s.f. **Oración completiva** GRAM. Oración subordinada que sirve de complemento a la principal.

completo, a adj. (lat. *completus*). Entero, lleno, cabal: *la obra completa de Galdós.* **2.** Acabado, perfecto. ◇ **Al completo** Completo, entero, lleno.

complexidad s.f. → **complejidad.**

complexión s.f. Constitución fisiológica propia de una persona o de un animal: *ser de complexión fuerte.*

complexo, a adj. Complejo. ◆ adj. y s.m. ANAT. Se dice de uno de los músculos principales para el movimiento de la cabeza.

complicación s.f. Embrollo, dificultad. **2.** Concurrencia de cosas diversas. **3.** MED. Fenómeno que sobreviene en el curso evolutivo de una enfermedad y que dificulta o impide la curación.

complicado, a adj. Compuesto de muchas partes: *un mecanismo complicado.* **2.** Difícil de entender, abordar o resolver por estar formado de diversos aspectos: *una cuestión complicada.* **3.** Se dice de la persona cuyo carácter y conducta son difíciles de entender.

complicar v.tr. y prnl. (lat. *complicare*). *Fig.* Hacer una cosa complicada o difícil de comprender o resolver: *complicar una situación.* ◆ v.tr. Mezclar, unir cosas diversas entre sí. **2.** Mezclar o comprometer a alguien en un asunto. ◆ **complicarse** v.prnl. Confundirse, embrollarse: *complicarse un fenómeno con otro.*

cómplice s.m. y f. (lat. *complix, -icis*). Persona que participa en un delito sin ser el autor material o participa en él junto con otros: *detener a un ladrón y a sus cómplices.* ◆ adj. Que muestra adhesión o complicidad: *le dirigió una mirada cómplice.*

complicidad s.f. Cualidad de cómplice: *probar la complicidad de alguien en un delito.*

complot o **compló** s.m. (voz francesa) [pl. *complots*]. Conjunto de maniobras secretas y concertadas contra alguien, particularmente contra la seguridad interior del estado.

complutense adj. y s.m. y f. De Alcalá de Henares (España).

componado, a adj. HERÁLD. Se dice de la pieza formada por cuadros de esmaltes alternados.

componedor, ra s. Persona que compone. **2.** Argent., Chile y Colomb. Persona diestra en tratar dislocaciones de huesos, algebrista. ◆ s.m. Regla o listón en que el tipógrafo reúne los caracteres a fin de formar líneas de igual longitud. ◇ **Amigable componedor** DER. Persona cuya decisión o sentencia se han comprometido a acatar las partes afectadas por una divergencia.

componedora s.f. Máquina de componer.

componenda s.f. Arreglo o transacción poco escrupulosa entre varias personas.

componente adj. y s.m. Que compone o entra en la composición de un todo ◆ s.m. QUÍM. Elemento que se combina con otro o con otros para formar un cuerpo compuesto. **2.** TECNOL. Constituyente elemental de una máquina, aparato o circuito. ◆ s.f. MAT. Proyección de un vector sobre uno de los ejes o planos de un sistema de coordenadas. **2.** MEC. Cada una de las fuerzas que contribuyen a la formación de una resultante.

componer v.tr. [conj.: *poner*]. Formar un todo juntando o disponiendo adecuadamente elementos diversos. **2.** Escribir obras literarias, musicales, etc.: *componer versos, música.* **3.** Ordenar, reparar, restablecer el buen estado estropeado: *componer una puerta.* **4.** Amér. Merid. Colocar en su lugar los huesos dislocados. **5.** IMPR. Reproducir un texto juntando los caracteres tipográficos y formando palabras, líneas y planas. ◆ v.tr. y prnl. Formar parte de un todo, ser elemento constituyente.: *una obra que se compone de varias partes; la palabra se compone de sílabas.* **2.** Adornar, acicalar. ◇ **Componérselas** *Fam.* Ingeniárselas para conseguir algo.

comporta s.f. Canasta para transportar las uvas en la vendimia.

comportamiento s.m. Manera de comportarse; conjunto de reacciones de un individuo, conducta. **2.** PSICOL. Conjunto de reacciones de un organismo que actúa en respuesta a un estímulo procedente de su medio interno o del medio externo y observables objetivamente.

comportar v.tr. Sufrir, tolerar. **2.** Implicar: *este asunto comporta unos riesgos.* ◆ **comportarse** v.prnl. Portarse, conducirse: *comportarse con educación.*

composición s.f. Acción y efecto de componer. **2.** Obra científica, literaria o musical. **3.** Forma o manera en que algo está compuesto. **4.** Ajuste, convenio entre dos o más personas. **5.** ART. GRÁF. Acción de juntar manual, mecánica o automáticamente los caracteres tipográficos para formar con ellos palabras, líneas y planas. **6.** B. ART. Estructura de una obra, la obra misma. **7.** QUÍM. Proporción de los elementos que entran en una combinación química. ◇ **Formar,** o **hacer, una composición de lugar** Meditar las circunstancias de un asunto y formar una idea, determinación o proyecto. **Ley de composición** MAT. Ley que permite definir un elemento de un conjunto C a partir de un par ordenado de elementos de C (ley interna) o de un par formado por un elemento de C y un elemento de otro conjunto (ley externa).

compositor, ra s. Autor de una obra musical o persona que compone música para otros, en especial si se dedica a ello profesionalmente.

compost s.m. Mezcla de residuos orgánicos, cal y tierra que se transforma en mantillo por fermentación.

compostelano, a adj. y s. De Santiago de Compostela (España).

compostura s.f. Acción y efecto de componer. **2.** Comedimiento, moderación, prudencia: *guardar la compostura.* **3.** Aspecto aseado y arreglado de una persona o una cosa.

compota s.f. (fr. *compote,* compuesta). Dulce de fruta hervida con agua y azúcar.

compotera s.f. Recipiente en el que se guarda o se sirve compota, mermelada, etc.

compound adj. (voz inglesa, *compuesto*). Se dice de ciertos aparatos asociados. ◇ **Máquina compound** Máquina en la que el vapor actúa sucesivamente en varios cilindros de diámetros desiguales.

compra s.f. Acción de comprar. **2.** Esp. y Méx. Cosa o conjunto de cosas compradas.

comprar v.tr. (lat. *comparare,* proporcionar, adquirir). Adquirir algo a cambio de cierta cantidad de dinero. **2.** Sobornar: *comprar al juez.*

compraventa s.f. Negocio que consiste en comprar objetos usados para revenderlos. **2.** DER. Contrato consensual, bilateral, oneroso, generalmente conmutativo, y traslativo de dominio, por el cual una de las partes se obliga a entregar una cosa determinada y la otra a pagar por ella un precio cierto en dinero o signo que lo represente.

comprender v.tr. (lat. *comprehendere*). Entender, percibir: *comprender un texto.* **2.** Encontrar razonables, justificados o naturales los actos o sentimientos de alguien: *comprendo los motivos de su enojo.* **3.** Rodear por todas partes. ◆ v.tr. y prnl. Contener, llevar o incluir dentro de sí: *la colección comprende 30 títulos.*

comprensión s.f. Acción o facultad de comprender: *texto de difícil comprensión.* **2.** LÓG. Totalidad de los caracteres contenidos en una idea general, un concepto o un conjunto.

comprensivo, a adj. Que comprende, contiene o incluye dentro de sí varias cosas. **2.** *Fig.* Que tiende a la benevolencia o tolerancia. **3.** LÓG. Que abarca en su significación un número más o menos grande de caracteres.

compresa s.f. Trozo de gasa, tela u otro material, empleado para empapar líquidos y para comprimir o curar alguna parte del organismo.

compresibilidad s.f. Propiedad de un cuerpo de disminuir su volumen bajo la influencia de una presión. ◇ **Coeficiente de compresibilidad** Cociente entre la presión ejercida sobre un cuerpo y la disminución unitaria de volumen que resulta.

compresión s.f. Acción y efecto de comprimir: *bomba de compresión.* **2.** En un motor, presión alcanzada por la mezcla detonante en la cámara de explosión, antes de su encendido. CONTR.: *dilatación.* ◇ **Máquina frigorífica de compresión** Máquina frigorífica en la que el fluido frigorígeno se pone en circulación por medio de un compresor mecánico.

compresivo, a adj. CIR. Que sirve para comprimir: *venda compresiva.*

compresor, ra adj. Que comprime o sirve para comprimir. ◆ s.m. Aparato que sirve para comprimir un fluido a una presión dada. ◇ **Compresor frigorífico** Aparato de una instalación frigorífica que aspira los vapores formados en el evaporador, comprimiéndolos a una presión tal que el fluido se licua a la temperatura del condensador.

comprimido, a s.m. Pastilla farmacéutica que contiene cierta dosis de medicamento en un pequeño volumen. ◆ adj. Reducido a menor volumen por presión.

comprimir v.tr. y prnl. (lat. *comprimere*). Reducir el volumen de algo mediante presión.

comprobación s.f. Acción y efecto de comprobar.

comprobante s.m. Documento que se extiende para atestiguar una transacción, trato o gestión.

comprobar v.tr. (lat. *comprobare*) [conj.: *contar*]. Verificar, confirmar una cosa mediante pruebas que la acreditan como cierta: *comprobar una cuenta, la verdad.*

comprometedor, ra adj. y s. Que compromete o expone a un peligro: *papeles comprometedores.*

comprometer v.tr. y prnl. Exponer a un riesgo o peligro: *comprometer la buena reputación.* **2.** Asignar o adquirir una obligación, hacer responsable: *comprometerse a cumplir algo.* **3.** Acordar formalmente la realización de una cosa, en especial una operación comercial.

comprometido, a adj. Se dice de la situación difícil, peligrosa o complicada. **2.** Se dice de la persona u obra que toma partido en materia política o social.

compromisario, a adj. y s. Se dice de la persona que participa en representación de otra en un asunto o negocio. ◆ s.m. Persona a quien los electores designan para que proceda a la elección de quien haya de ocupar un cargo, o para que los represente. **2.** Árbitro.

compromiso s.m. (del lat. *computare*). Acuerdo obtenido mediante concesiones recíprocas. **2.** Situación comprometida o difícil. **3.** Acto con el que los novios anuncian su intención de casarse. **4.** DER. Convenio por el cual se decide someter un litigio a un árbitro. ◇ **De compromiso** De importancia: *visita de compromiso;* por obligación o necesidad; para complacer.

compuerta s.f. Dispositivo que sirve para controlar el paso del agua de un canal, una presa, etc.

compuesto, a adj. Formado por varios elementos. **2.** Se dice de un orden arquitectónico creado por los romanos y adoptado por los arquitectos clásicos, caracterizado especialmente porque el capitel combina las volutas del jónico y las hojas de acanto del corintio. ◆ adj. y s.f. Relativo a una familia de plantas herbáceas cuyas flores, pequeñas y numerosas, están reunidas en capítulos apretados que parecen a veces flores simples, como la margarita y el amargón. ◆ s.m. Agregado de varias cosas que componen un todo. ◇ **Aplicación compuesta** MAT. La que resulta de aplicar sucesivamente un cierto conjunto en un segundo y este en un tercero. **(Material) compuesto** Material compuesto por elementos distintos la unión de los cuales confiere a la mezcla propiedades que no poseen los integrantes por separado. **Palabra compuesta** Palabra formada por varias palabras o elementos que forman una unidad significativa. (Por ej.: *claroscuro, mediodía.*) **Tiempo compuesto** Tiempo de un verbo que se conjuga con el participio pasado precedido del auxiliar (haber).

material compuesto

Se investiga mucho sobre los materiales compuestos debido a su ligereza y resistencia. En nuestros días tienen muchas aplicaciones en la construcción aeronáutica (timones, alas de avión), aeroespacial, naval (mástiles y cascos de navíos), automovilística (carrocerías, parachoques), en las industrias mecánica y eléctrica, para la fabricación de artículos deportivos (esquís, raquetas de tenis, tablas para velear), etc. Los más extendidos constan de una matriz de resina orgánica (epóxidos, poliésteres, policarbonatos, polietilenos, etc.) reforzada por una armadura de fibras (vidrio, carbono, boro, poliamidas, etc.). Para las aplicaciones a altas temperaturas se recurre a los compuestos carbono-carbono (fibras y matriz de carbono) o cerámica-cerámica.

compulsa s.f. Acción de compulsar. SIN.: *compulsación.* **2.** DER. Copia de un documento compulsada o cotejada con su original.

compulsar v.tr. Comprobar un texto con el original o con el de otras ediciones o copias. **2.** DER. Sacar compulsas.

compulsión s.f. PSIQUIATR. Tipo de conducta que el sujeto se siente impulsado a seguir a causa de una fuerza interior a la que no puede resistir sin angustia.

compulsivo, a adj. Relativo a la compulsión.

compulsorio, a adj. y s.m. Se dice del mandato que da el juez para compulsar un instrumento o proceso.

compunción s.f. Acción de compungir. **2.** Estado de compungido. **3.** REL. Pesar por haber ofendido a Dios.

compungir v.tr. y prnl. Apenar, entristecer.

computacional adj. Relacionado con la informática: *lingüística computacional.*

computador, ra adj. y s. Que computa o calcula. ◆ s.m. Computadora. **2.** Calculador, aparato o máquina de cálculo.

computadora s.f. Calculador, aparato o máquina de cálculo. **2.** INFORMÁT. Máquina automática para el tratamiento de la información, que obedece a programas formados por sucesiones de operaciones aritméticas y lógicas. SIN.: *computador.* GEOSIN.: Esp. *ordenador.* ◇ **Computadora personal** Computadora que permite realizar un tratamiento completo de la información y trabajar con ella autónomamente sin estar conectado a una red informática. (Se abrevia *PC.*)

computadora

Una computadora comprende una parte física (*hardware*), constituida por circuitos electrónicos de alta integración, y una parte no física (*software*).

El hardware agrupa uno o varios procesadores, una memoria, unidades de entrada-salida y unidades de comunicación. El procesador ejecuta, instrucción tras instrucción, los programas contenidos en la memoria. Entre las unidades de entrada-salida figuran el teclado, la pantalla, las unidades de almacenamiento en discos o cintas magnéticas, la impresora, etc.; estas unidades permiten la introducción de datos y la salida de resultados. Las unidades de comunicación autorizan la conexión de la computadora con terminales o con otras computadoras organizadas en redes. El software se escribe en un lenguaje particular que la computadora es capaz de traducir en una serie limitada de instrucciones elementales directamente realizables por los circuitos electrónicos. El encadenamiento de instrucciones es susceptible de ser modificado por los resultados mismos de las operaciones que se efectúan o por la llegada de nuevas informaciones procedentes del exterior. La función de una computadora se limita a ordenar, clasificar, calcular, seleccionar, buscar, editar y representar informaciones que previamente han sido codificadas según una representación binaria.

computar v.tr. Determinar indirectamente una cantidad por el cálculo de ciertos datos. **2.** Contar o considerar una cosa, en general o de manera determinada, como equivalente, en cantidad o en calidad, a cierto valor.

computerizar v.tr. Introducir datos en la memoria de una computadora.

cómputo s.m. Determinación indirecta de una cantidad mediante el cálculo de ciertos datos. ◇ **Cómputo eclesiástico,** o **pascual** Cálculo que determina el tiempo para uso eclesiástico y en particular la fecha de la Pascua.

comulgante adj. y s.m. y f. Que comulga.

comulgar v.tr. e intr. (del lat. *communicare*). Administrar o recibir la comunión. ◆ v.intr. *Fig.* Compartir con otro u otros los mismos principios, ideas o sentimientos: *comulgan en las mismas ideas.* ◇ **Comulgar con ruedas de molino** Creer las cosas más inverosímiles, dejarse engañar.

comulgatorio s.m. En las iglesias católicas, barandilla situada delante del altar, ante la que los fieles se arrodillan para tomar la comunión.

común adj. (lat. *communis*). Que no es privativo de uno, sino compartido por dos o más al mismo tiempo: *obra común; amigo común.* **2.** Relativo a la mayoría o a todo el mundo: *interés común.* **3.** Ordinario, regular, corriente, vulgar, frecuente: *expresión poco común.* ◆ s.m. Comunidad, generalidad de personas. ◆ **comunes** s.m.pl. Bienes comunales que se destinan al aprovechamiento directo y gratuito de los vecinos. ◇ **El común de las gentes,** o **de los mortales** La mayor parte de la gente. **En común** Denota que se goza o posee una cosa por muchos y no por uno en particular; conjuntamente. **Nombre común** LING. Nombre que se puede aplicar a todos los seres o cosas de la misma especie, y no indica rasgos individualizadores (por oposición a *nombre propio*). **Por lo común** De forma usual.

comuna s.f. Forma de autoorganización de los habitantes de una localidad. **2.** Célula básica de convivencia, alternativa a la organización familiar. **3.** Amér. Municipio, ayuntamiento. ◇ **Comuna popular** En China, organismo que agrupa varias aldeas con el fin de mejorar la agricultura y de coordinar los trabajos de interés general.

comunal adj. Se dice de la propiedad poseída en común por los vecinos de un municipio, y en especial de las tierras, prados y bosques.

comunero, a adj. y s. Relativo a las Comunidades de Castilla, movimiento insurreccional del s. XVI, o a otros alzamientos populares de Nueva Granada o Paraguay en el s. XVIII; partidario de dichas Comunidades o alzamientos. ◆ s.m. Persona que tiene parte indivisa con otro u otros en un inmueble, un derecho, etc. ◆ **comuneros** s.m.pl. Pueblos que tienen comunidad de pastos.

comunicación s.f. Acción y efecto de comunicar o comunicarse: *estar en comunicación con alguien.* **2.** Escrito en que se comunica algo: *presentar una comunicación.* **3.** Medio de unión: *la comunicación entre dos pueblos.* **4.** PSICOL. Transmisión de la información en el seno de un grupo, considerada en sus relaciones con la estructura de este grupo. ◆ **comunicaciones** s.f.pl. Correos, telégrafos, teléfonos, etc.: *cortar las comunicaciones.* ◇ **Comunicación de masas** SOCIOL. Conjunto de técnicas que permiten la difusión de mensajes escritos o audiovisuales a una audiencia numerosa y heterogénea.

comunicado s.m. Aviso o información transmitidos oficialmente; información difundida por los medios de comunicación.

comunicar v.tr. (lat. *comunicare,* compartir, tener comunicaciones con alguien). Hacer saber una cosa: *comunicar una noticia.* **2.** Hacer partícipe a otra persona o cosa de algo que se tiene: *comunicar alegría.* ◆ v.tr., intr. y prnl. Esp. y Méx. Conversar o tratar con alguno de palabra o por escrito. ◆ v.intr. Esp. Dar un teléfono, al marcar un número, la señal indicadora de que la línea está ocupada. ◆ v.intr. y prnl. Esp. y Méx. Tener correspondencia o paso unas cosas con otras: *la alcoba comunica con el baño.*

comunicativo, a adj. Que tiene facilidad para comunicar a otro lo que piensa o siente: *sonrisa comunicativa.* **2.** Fácil y accesible al trato de los demás: *persona comunicativa.*

comunicólogo, a s. Profesional de los medios de comunicación de masas.

comunidad s.f. Cualidad de común, compartido por dos o más: *comunidad de intereses.* **2.** Conjunto de personas que conviven bajo ciertas reglas o que tienen intereses comunes: *comunidad de propietarios; comunidad religiosa.* **3.** Grupo social al que pertenece una persona: *ocasionar daños materiales a la comunidad.* **4.** HIST. Agrupación de varias villas y aldeas dependientes de un núcleo urbano principal, cabeza de estas. ◇ **Comunidad autónoma** Denominación adoptada por la constitución española de 1978 para designar a las regiones y nacionalidades históricas que, en virtud de la nueva organización territorial del poder del estado, están dotadas de autonomía. **Comunidad terapéutica** PSIQUIATR. Método de tratamiento que utiliza el medio social formado por los enfermos y el personal de un hospital psiquiátrico, considerado como el agente terapéutico principal. **En comunidad** En común, juntos.

comunión s.f. (lat. *communio, -onis*). Participación en lo que es común. **2.** Congregación de personas que profesan la misma fe religiosa. **3.** REL. **a.** Recepción del sacramento de la eucaristía. **b.** Parte de la misa en la que se recibe este sacramento. **c.** Canto ejecutado en este momento. **d.** Sacramento de la eucaristía. ◇ **Comunión de los santos** Comunidad espiritual de todos los cristianos vivos y muertos.

comunismo s.m. Doctrina económica, política y social que defiende una organización social basada en la colectivización de los medios de producción, la distribución de los bienes de consumo según las necesidades de cada uno y la supresión de las clases sociales. **2.** Sistema económico, político y social basado en esa doctrina. ◇ **Comunismo primitivo** Hipótesis según la cual las sociedades primitivas estarían caracterizadas por la ausencia de propiedad privada.

comunismo

El partido comunista (1918) de Lenin pretendió convertir la revolución rusa (1917) en una revolución mundial. Con los sectores izquierdistas de la socialdemocracia creó la III Internacional, cuyo órgano ejecutivo era el Komintern. Con Stalin en el poder (1927) la causa del comunismo se confundió con la de la URSS. En los años treinta, el movimiento adoptó la táctica de los frentes populares contra los fascismos (España y Francia, 1936). Se establecieron regímenes afines a la URSS en Alemania oriental y Rumania (1946), Polonia (1947) y Checoslovaquia (1948), bajo la coordinación soviética del Kominform (1947). El enfrentamiento del presidente yugoslavo Tito con el poder central de Moscú originó la primera crisis del sistema, compensada por el triunfo de la revolución china en 1949. El Partido comunista chino encabezó en los años sesenta la disidencia interna del movimiento. Algunos partidos occidentales, encabezados por el italiano, proclamaron la total autonomía de los partidos comunistas nacionales y desarrollaron una política de integración parlamentaria que condujo al eurocomunismo. Al final de los años ochenta el proceso de reformas soviético (perestroika), unido a la inoperancia de la economía planificada, originó un proceso de apertura pluralista y de transformación (hacia la economía de mercado) en los países del Este europeo y la URSS. En Europa el mayor partido comunista, el italiano, se orientó hacia la izquierda socialista en 1991.

---

comunista adj. y s.m. y f. Relativo al comunismo; seguidor de esta doctrina. **2.** Relativo a cualquiera de los partidos comunistas; miembro de uno de ellos.

comunitario, a adj. Relativo a la comunidad o a una comunidad. **2.** Relativo a la Unión europea.

comuña s.f. Trigo mezclado con centeno.

con prep. (lat. *cum*). Indica el instrumento, medio o modo para hacer algo: *recibir con agrado; abrir con una llave.* **2.** Indica que una persona acompaña a otra o hace algo junto a ella: *llegó con su padre; trabaja conmigo.* **3.** Indica el contenido de un recipiente: *una bolsa con dinero.* **4.** Indica una característica o cualidad de un objeto o una persona: *una casa con balcón.* **5.** Indica idea de reciprocidad o de comparación: *se escribe con ella.* **6.** Indica idea de relación o comunicación: *hablar con todos.* **7.** Antepuesta al infinitivo, equivale a gerundio: *con declarar se eximió del tormento*; o a la conjunción concesiva *aunque*: *con ser tan antiguo le han postergado.* **8.** A pesar de: *con lo joven que es y ya es director.* **9.** Se utiliza al comienzo de ciertas exclamaciones: *¡con lo que me estaba divirtiendo!* ◆ conj.cond. **Con (tal) que** o **con solo que** En el caso de que.

conato s.m. (lat. *conatus, -us,* esfuerzo). Inicio de una acción que no llega a realizarse plenamente: *un conato de incendio.* **2.** Intento, tendencia.

concatenación s.f. Acción y efecto de concatenar. **2.** Encadenamiento lógico y evidente de las ideas, las causas y los efectos de los elementos constitutivos de una frase. **3.** Figura de dicción que consiste en repetir la última o últimas palabras de un verso en el principio del verso siguiente.

concatenar o **concadenar** v.tr. (lat. tardío *concatenare*). Unir o enlazar unas cosas con otras.

concausa s.f. Causa que, junto con otra, produce un determinado efecto.

concavidad s.f. Cualidad de cóncavo. **2.** Lugar cóncavo.

cóncavo, a adj. Se dice de la línea o superficie curva que, respecto del que la mira, tiene su parte más deprimida en el centro. CONTR.: *convexo.*

concebir v.intr. y tr. (lat. *concipere*) [conj.: *pedir*]. Quedar fecundada la hembra. **2.** *Fig.* Formar en la mente idea o concepto de algo: *no concibo tal disparate.* ◆ v.tr. *Fig.* Empezar a experimentar un sentimiento o deseo: *concebir esperanzas.* **2.** *Galic.* Expresar, redactar, contener: *una carta concebida en estos términos.*

conceder v.tr. Dar, otorgar, atribuir: *conceder una beca; no conceder importancia.* **2.** Convenir en lo que alguien dice o afirma: *concedo que tienes razón.*

concejal, la s. Miembro de un concejo o ayuntamiento.

concejalía s.f. Oficio o cargo de concejal.

concejo s.m. (lat. *concilium*). Ayuntamiento. **2.** Reunión de los vecinos de una localidad o distrito para tratar de asuntos de interés común. **3.** Municipio. **4.** Reunión de algunas juntas.

concelebrar v.tr. Celebrar entre varios un acto litúrgico.

concentración s.f. Acción y efecto de concentrar o concentrarse. **2.** ECON. Conjunto de lazos que se establece entre empresas para luchar contra la competencia; puede establecerse en un mismo estadio (concentración horizontal) o en distintos estadios (concentración vertical) de la producción de un producto. **3.** FÍS. Masa de un cuerpo disuelto por unidad de volumen de una disolución. ◇ **Concentración parcelaria** Reunión de diferentes parcelas en una, efectuando una redistribución de la propiedad rural para racionalizar la explotación agrícola.

concentrado, a adj. Que contiene menos agua de la que suele tener. ◆ s.m. Extracto de una sustancia obtenido por eliminación de agua. ◇ **Leche concentrada** Leche que se obtiene tras haber extraído alrededor del 65 % de su agua y que puede reconstituirse por adición de esta. **Leche concentrada azucarada** o **condensada.** Leche concentrada a la que una fuerte proporción de azúcar da una consistencia de jarabe.

concentrar v.tr. y prnl. Reunir en un centro o punto: *concentrar tropas.* **2.** *Fig.* Fijar la atención con intensidad. ◆ v.tr. TECNOL. Eliminar de un mineral nativo, por un procedimiento mecánico o químico, la mayor cantidad posible de cuerpos extraños o de ganga. ◆ **concentrarse** v.prnl. Reunirse. **2.** Abstraerse. ◇ **Concentrar una solución** FÍS. Hacer que una sustancia espese eliminando parte del agua que contiene.

concéntrico, a adj. MAT. Se dice de las curvas o superficies que tienen el mismo centro: *círculos concéntricos.*

concepción s.f. (lat. *conceptio, -onis*). Acción y efecto de concebir: *una concepción clara de la vida.* **2.** Acto de la unión de los dos gametos, masculino y femenino, para la formación de un nuevo ser.

concepcionista adj. y s.f. Relativo a alguna de las congregaciones y a la orden de la Inmaculada Concepción; religiosa de alguna de estas congregaciones.

conceptáculo s.m. BOT. Cavidad pequeña en la que se forman los gametos, en algunas algas, como las fucáceas.

conceptismo s.m. Estilo literario caracterizado por la complicación conceptual.

conceptismo

Referido, en contraposición al culteranismo, a una de las dos vertientes del barroco español, el conceptismo se caracteriza por el recurso del ingenio, el uso sutil y alambicado de conceptos que da lugar a asociaciones inesperadas, efectos de antítesis y toda suerte de juegos verbales. En el choque súbito de los conceptos está la agudeza, término clave de la percepción y escritura de Quevedo y Gracián, los más destacados conceptistas.

conceptista adj. y s.m. y f. Relativo al conceptismo; que cultiva el conceptismo.

concepto s.m. (lat. *conceptus, -us*). Idea abstracta y general. **2.** Pensamiento o idea expresado con palabras. **3.** Opinión: *tener un gran concepto de alguien.* **4.** Sentencia, dicho ingenioso.

conceptual adj. FILOS. Relativo al concepto. ◇ **Arte conceptual** Tendencia artística contemporánea que da más importancia a la idea que a la realidad material de la obra.

arte conceptual

Está representado, desde finales de la década de 1960, por los estadounidenses Joseph Kosuth y Lawrence Weiner, el británico Victor Burgin y la alemana Hanne Darboven.

conceptualismo s.m. Doctrina escolástica según la cual el concepto tiene una realidad distinta de la palabra que lo expresa, realidad que solo se encuentra en el espíritu.

conceptualista adj. y s.m. y f. Relativo al conceptualismo; partidario de esta doctrina.

conceptualizar v.tr. Organizar en conceptos.

conceptuar v.tr. [conj.: *actuar*]. Formar concepto, opinión o juicio.

conceptuoso, a adj. Sentencioso, lleno de conceptos demasiado sutiles o complicados.

concerniente adj. Relacionado con lo que se expresa.

concernir v.intr. (lat. *concernere*) [conj.: *discernir*]. Corresponder a alguien la realización de algo: *defenderte en el juicio concierne al abogado.* **2.** Interesar algo a alguien, o afectarle de alguna manera: *esta ley concierne a todos.*

concertación s.f. Acción y efecto de concertar, pactar: *política de concertación.*

concertante adj. Que concierta. **2.** MÚS. Se dice de una composición musical que supone intercambios entre distintos planos sonoros, vocales o instrumentales, sin que predomine ninguno de ellos.

concertar v.tr. y prnl. (lat. *concertare,* combatir o pelear) [conj.: *pensar*]. Acordar o pactar una cosa entre dos o más personas: *concertar una entrevista.* ◆ v.intr. y prnl. Concordar, convenir entre sí una cosa con otra: *la codicia se concierta con la malicia.*

concertina s.f. Instrumento musical en el que se utiliza el principio de la lengüeta metálica libre, que vibra al paso de una corriente alterna de aire, producida por un fuelle natural.

concertino s.m. (voz italiana). MÚS. **a.** Concierto de dimensiones reducidas. **b.** Conjunto de solistas de un *concerto grosso.* **c.** Primer violín de una orquesta.

concertista s.m. y f. Instrumentista que toca en un concierto. **2.** Solista de un concierto.

concerto s.m. (voz italiana). **Concerto grosso** Sucesión de movimientos en el que la orquesta se divide en *ripieno* y *concertino.*

concesión s.f. Acción de conceder. **2.** Cosa que se concede. **3.** Acción de ceder en una posición ideológica o en una actitud. ◇ **Concesión administrativa** Contrato por el que la administración concede a un particular el derecho a ejecutar una obra o a asegurar un servicio, a cambio de percibir un determinado canon de los usuarios.

concesionario, a adj. y s. Se dice de la persona o empresa que recibe una concesión en exclusiva de un organismo público o privado para construir, vender un producto o explotar un negocio.

concesivo, a adj. Que se concede o puede concederse. ◆ adj. y s.f. **Conjunción concesiva** LING. Conjunción que sirve para introducir una oración concesiva. **Oración concesiva** LING. Oración subordinada introducida por una conjunción concesiva que expresa una objeción o impedimento para el cumplimiento de lo que se dice en la oración principal, sin que ello impida su realización. (Ej.: *aunque llegues tarde, podrás entrar.*)

concha s.f. (lat. tardío *conchula,* dim. *concha*). Envoltura dura, de naturaleza calcárea, que cubre el cuerpo de numerosos moluscos y de algunos otros animales invertebrados (braquiópodos). **2.** Carey, materia córnea traslúcida. **3.** Amér. *Vulg.* Órgano genital de la mujer. **4.** ARM. Pieza cóncava de la empuñadura de una espada, que sirve para proteger la mano. **5.** ARQ. Bóveda en cuarto de esfera, decorada con estrías y que recuerda la forma de una concha. **6.** MAR. Ensenada o golfo muy cerrado y profundo. **7.** TEATR. Mueble colocado en medio del proscenio para ocultar al apuntador. ◇ **Meterse en su concha** Retraerse, apartarse del trato de la gente. **Tener conchas,** o **más conchas que un galápago** Ser astuto o cauteloso.

conchabar v.tr. (del lat. *conclave,* habitación reservada). Unir, juntar, asociar. ◆ v.tr. y prnl. Amér. Merid. Asalariar, tomar sirviente a sueldo. **2.** Chile. Cambiar cosas de escaso valor. ◆ **conchabarse** v.prnl. *Fam.* Unirse dos o más personas para algún fin, generalmente ilícito.

conchabo s.m. Amér. Merid. Contratación rudimentaria del servicio doméstico, mediante un intermediario. **2.** Chile. Cambio, permuta.

conchero s.m. Depósito de conchas de moluscos que caracterizan ciertas culturas prehistóricas.

conchesta s.f. Acumulación de nieve amontonada por el viento.

conchil s.m. Gasterópodo marino de gran tamaño cuya concha no tiene púas ni tubérculos.

concho s.m. Amér. Poso, sedimento. **2.** Amér. Resto de comida. **3.** Chile. *Fam.* Hijo menor de una familia. **4.** Dom. Taxi. **5.** Ecuad. Túnica de la mazorca de maíz.

conchudo, a adj. y s. Amér. *Fam.* Sinvergüenza, caradura. **2.** Amér. *Vulg.* Estúpido, bobo. **3.** Méx. Se dice de la persona perezosa que se aprovecha del trabajo de los demás. **4.** Méx. *Fig.* Indiferente, desentendido.

conciencia s.f. Conocimiento que el ser humano tiene de su propia existencia, de sus estados, de sus actos y de las cosas: *tener conciencia de la propia capacidad.* **2.** Integridad moral: *un hombre de conciencia.* ◇ **A conciencia** Bien hecho, con solidez, sin fraude ni engaño. **Conciencia de clase** Conciencia que tiene una persona de pertenencia a una clase social, que implica practicar los valores que se consideran propios de ella y por medio de los cuales se ve a sí misma en relación con otras clases. **En conciencia** Con honradez, con justicia, sinceramente. **Tomar conciencia (de algo)** Percatarse intencionadamente de ello.

concienciación s.f. Acción mediante la cual se pretende que alguien tome conciencia de algo.

concienciar v.tr. Hacer adquirir conciencia de algo. GEOSIN.: Amér. *concientizar.* ◆ **concienciarse** v.prnl. Adquirir conciencia de algo. GEOSIN.: Amér. *concientizarse.*

concientizar v.tr. [7]. Amér. Hacer adquirir conciencia de algo. GEOSIN.: Esp. *concienciar.* ◆ **concientizarse** v.prnl. Adquirir conciencia de algo. GEOSIN.: Esp. *concienciarse.*

concienzudo, a adj. Que obra o está hecho a conciencia: *un trabajo concienzudo.*

1. **concierto** s.m. (ital. *concerto*). Espectáculo en el que se interpretan obras musicales. **2.** MÚS. Composición musical en la que uno o más instrumentos se destacan del acompañamiento de la orquesta.

2. **concierto** s.m. (del lat. *concertare,* combatir, discutir). Acción y efecto de concertar una cosa o concertarse para algún fin. **2.** Convenio entre dos o más personas o entidades sobre un fin común.

conciliábulo s.m. Junta para intrigar o tratar de algo que es o se presume ilícito.

conciliación s.f. Acción y efecto de conciliar. **2.** DER. Avenencia de las partes en un acto previo a la iniciación de un procedimiento contencioso.

1. **conciliar** v.tr. (lat. *conciliare*). Concertar, poner de acuerdo: *conciliar a las personas en litigio.* **2.** Conformar doctrinas aparentemente contrarias. ◆ **conciliarse** v.prnl. Granjear, atraerse las voluntades y la benevolencia: *conciliarse el respeto de todos.*

2. **conciliar** adj. Relativo a los concilios.

conciliatorio, a adj. Que puede o pretende conciliar: *actitud conciliatoria.*

concilio s.m. (lat. *concilium,* reunión, asamblea). Asamblea regular de obispos y teólogos, que deciden cuestiones de doctrina o de disciplina eclesiásticas.

concisión s.f. Cualidad de conciso.

conciso, a adj. (del lat. *conciso, -onis*). Breve y preciso en el modo de expresar los conceptos.

concitar v.tr. Promover sentimientos o actitudes hacia uno mismo: *concitó múltiples adhesiones a su causa.*

conciudadano, a s. Cada uno de los ciudadanos de una misma ciudad, respecto de los demás. **2.** Cada uno de los naturales de una misma nación, respecto de los demás.

cónclave o **conclave** s.m. (lat. *conclave,* habitación pequeña). Asamblea de cardenales reunidos para elegir papa. **2.** *Fig.* Junta para tratar algún asunto.

conclavista s.m. Persona encargada del servicio de los cardenales durante la elección del papa.

concluir v.tr. e intr. (lat. *concludere*). [conj.: *huir*] Acabar, terminar: *la sesión ha concluido.* ◆ v.tr. Inferir, deducir: *de lo que ha dicho se concluye que tiene razón.* ◆ v.intr. Finalizar, rematar: *concluyó por quedarse un mes más.*

conclusión s.f. Acción y efecto de concluir. **2.** Fin de una cosa: *la conclusión de la guerra.* **3.** Consecuencia de un razonamiento: *llegar a una conclusión.* **4.** DER. Cada una de las afirmaciones contenidas en un escrito de calificación penal. ◇ **En conclusión** En suma, por último.

concluso, a adj. Que está terminado.

concluyente adj. Categórico, decisivo.

concomerse v.prnl. Consumirse de impaciencia, arrepentimiento, envidia o cualquier otro sentimiento.

concomitancia s.f. Simultaneidad de dos o varios hechos.

concomitante adj. Que acompaña a algo o actúa al mismo tiempo. ◇ **Variaciones concomitantes** LÓG. Variaciones simultáneas y proporcionales de ciertos fenómenos.

concomitar v.tr. (lat. *concomitari,* acompañar). Acompañar una cosa a otra en una acción.

concordancia s.f. Correspondencia o conformidad de una cosa con otra: *concordancia de opiniones.* **2.** GEOL. Disposición paralela de las capas sedimentarias, que revela una continuidad en su formación. **3.** LING. Relación entre palabras que varían simultáneamente: *concordancia entre sujeto y verbo.* ◇ **Concordancia de fases** FÍS. Estado de varias vibraciones sinusoidales de la misma naturaleza e idéntico período, en el que la diferencia de fases es nula.

concordante adj. Que concuerda: *opiniones concordantes.* **2.** GEOL. Se dice de un terreno que reposa en concordancia sobre la capa subyacente.

concordar v.intr. (lat. *concordare*) [conj.: *contar*]. Coincidir, guardar concordancia, estar de acuerdo: *los datos concuerdan.* ◆ v.tr. Armonizar o poner de acuerdo una cosa con otra o varías entre sí. ◆ v.tr. e intr. LING. Guardar concordancia las palabras variables de una oración.

concordato s.m. REL. Convenio solemne entre la Santa Sede y la autoridad suprema de un país, para reglamentar las relaciones mutuas entre la Iglesia católica y el estado.

concorde adj. De acuerdo, conforme.

concordia s.f. Conformidad, unión, acuerdo, convenio, armonía.

concreción s.f. (lat. *croncretio, -onis*). Acción y efecto de concretar. **2.** Reunión de partículas para formar un cuerpo sólido. **3.** Formación sólida en los tejidos vivos: *concreciones biliares.* **4.** GEOL. Masa de materia cristalizada que resulta de la precipitación, alrededor de un germen, de sales disueltas en las aguas de percolación.

concretar v.tr. Reducir a lo más esencial la materia de que se trata: *concretar los términos de la negociación.* **2.** Precisar alguna cosa: *concretemos la cita: a las tres en punto en tu casa.* ◆ **concretarse** v.prnl. Limitarse a tratar de una sola cosa, sin hacer referencia a otras.

concreto, a adj. Se dice de cualquier objeto considerado en sí mismo, con exclusión de cuanto pueda serle extraño o accesorio. **2.** Particular, determinado: *un hecho concreto.* **3.** Real, que puede captarse por los sentidos. ◆ s.m. Concreción. **2.** Amér. Cemento armado. ◇ **Arte concreto** Arte abstracto geométrico, considerado como realidad objetiva y como creación de hechos plásticos. **En concreto** En resumen, en conclusión. **Música concreta** Lenguaje sonoro que utiliza los ruidos producidos por diversos objetos grabados en cinta magnetofónica y susceptibles de transformación. **Nombre concreto** LING. Término que designa un ser o un objeto asequibles a los sentidos. **Pensamiento concreto** PSICOL. Pensamiento cuyas estructuras operatorias se apoyan directamente en la realidad.

concubina s.f. (lat. *concubina*). *Desp.* Mujer que convive con un hombre con el que mantiene relaciones sexuales sin estar casada con él.

concubinato s.m. Hecho de vivir juntas dos personas y mantener relaciones sexuales sin estar casadas entre sí.

conculcación s.f. Acción y efecto de conculcar.

conculcar v.tr. (lat. *conculcare,* pisotear). Quebrantar, infringir: *conculcar las normas de la moral.*

concuñado, a s. (lat. *cognatus,* pariente consanguíneo).

Con respecto a una persona, el cuñado de un hermano suyo o el cónyuge de un cuñado.

concuño, a s. Amér. Concuñado.

concupiscencia s.f. Deseo de bienes o placeres materiales, especialmente, los placeres sexuales.

concupiscente adj. (del lat. *concupiscens, -tis*). Que tiende a la concupiscencia.

concurrencia s.f. Acción de concurrir. **2.** Reunión en un mismo lugar o tiempo de personas, sucesos o cosas. ◇ **Concurrencia de créditos** DER. Reunión de los créditos que poseen varios acreedores contra una misma persona, que no quiere o no puede satisfacerlos, para determinar su efectividad y la preferencia entre ellos.

concurrente adj. y s.m. y f. Que concurre: *elementos concurrentes de un hecho.*

concurrir v.intr. (lat. *concurrere,* correr junto a otros). Coincidir, juntarse en un mismo lugar o tiempo diferentes personas, sucesos o cosas. **2.** Contribuir, influir. **3.** Acudir a un lugar junto con otras personas: *concurrir a un certamen académico.*

concursante adj. y s.m. y f. Que participa en un concurso o certamen.

concursar v.intr. Tomar parte en un concurso o certamen. **2.** DER. Ordenar que los bienes de una persona se pongan en concurso de acreedores.

concurso s.m. (del lat. *concurrere*). Competición entre varias personas en quienes concurren las mismas condiciones, para escoger a la mejor o mejores: *concurso de poesía, de belleza.* **2.** Competencia entre varias empresas que quieren encargarse de ejecutar una obra o prestar un servicio, a fin de elegir la propuesta más ventajosa. **3.** Concurrencia. **4.** DER. Medio utilizado para proveer ciertos cargos o empleos públicos. ◇ **Concurso de acreedores** DER. Procedimiento judicial para aplicar el activo de un deudor al pago de sus acreedores.

concusión s.f. Exacción hecha por un funcionario en provecho propio.

condado s.m. Dignidad de conde. **2.** Territorio bajo la jurisdicción de un conde. **3.** En Canadá, EUA, Gran Bretaña y algunos países de la Commonwealth, división administrativa.

condal adj. Relativo al conde o a su dignidad.

conde, esa s. (lat. *comes, -itis,* compañero). Miembro de la nobleza de categoría inferior al de marqués y superior al de vizconde. ◆ s.f. Esposa del conde. ◆ s.m. Dignatario del Imperio romano. **2.** Personaje a quien los monarcas de la alta edad media confiaban misiones civiles y militares. **3.** En el régimen feudal, señor que gobierna una comarca.

condecoración s.f. Acción de condecorar. **2.** Distintivo que se concede a una persona, o en ocasiones, con carácter colectivo, a una unidad militar, en consideración y como recompensa a los méritos contraídos.

condecorar v.tr. Conceder o imponer una condecoración.

condena s.f. Extensión y grado de la sentencia. **2.** Parte de la sentencia que dicta un juez o tribunal, en la cual se impone la pena al acusado de un delito o falta. **3.** Pronunciamiento contenido en el fallo o parte dispositiva de la sentencia en la que el juez o tribunal resuelve la controversia de un pleito civil o contencioso administrativo. **4.** Testimonio que da el escribano de la sentencia para indicar el destino del reo. **3.** ◇ **Condena condicional** Condena que deja en suspenso la ejecución de la pena siempre que el reo se halle en unas circunstancias determinadas, como haber delinquido por primera vez.

condenación s.f. Acción de condenar o condenarse. **2.** Pena eterna.

condenado, a adj. y s. Que ha sido castigado con una pena por haber cometido un delito. **2.** Réprobo. **3.** *Fig.* y *fam.* Que perjudica, disgusta o molesta.

condenar v.tr. (lat. *condemnare*). Dictar el juez o el tribu-

concordancia

La concordancia gramatical es la correspondencia obligatoria de género, número o persona entre dos o más palabras variables. Las reglas generales son:

concordancia en el sintagma nominal	ejemplos
Los determinantes y el adjetivo calificativo concuerdan en género y número con el sustantivo. — El adjetivo antepuesto a varios sustantivos concuerda con el primero de ellos. — El adjetivo pospuesto a varios sustantivos va en masculino si alguno de ellos es masculino.	*el caballo, árboles altos, la selva oscura* *extraordinaria* fuerza y valor Mario y Paula están *contentos.*
concordancia de sujeto	**ejemplos**
— El verbo concuerda con su sujeto en número y persona. — Un adjetivo y un verbo copulativo concuerdan en género y número con el sujeto. — Un sujeto colectivo en singular con complemento en plural puede llevar el verbo en singular o plural.	*Yo leo. Mi madre y mi padre escriben.* *Ella es buena. Nosotros somos buenos.* *La mayoría de las oraciones tiene (o tienen)* un sujeto.
concordancia del pronombre relativo	**ejemplos**
— El artículo que acompaña a *que* y *cual* concuerda en género y número con su antecedente. — *Quien* concuerda en número con su antecedente. — *Cuyo* concuerda en género y número con el sustantivo que le sigue. — Si el antecedente es un pronombre de primera o segunda persona, el verbo subordinado de *el que* o *el cual* puede ir en tercera persona o concordar con el antecedente.	*Los individuos* con *los* que tratas. *Las personas* a *las* cuales te diriges. *Los muchachos* a *quienes* enseñaste. El sol, *cuyos rayos* iluminan la tierra. Tú eres el que lo *hizo* (o *hiciste).* Yo soy quien lo *hizo* (o *hice).*

nal sentencia, por la que se impone al acusado la pena correspondiente al delito o falta cometidos. **2.** Desaprobar o reprobar una doctrina u opinión. **3.** Obligar, reducir, forzar. **4.** Tabicar permanentemente o tapiar una habitación o una abertura de un muro. ◆ **condenarse** v.prnl. En la religión católica, ir al infierno.

condenatorio, a adj. Que contiene condena o puede motivarla.

condensación s.f. Acción de condensar o condensarse. **2.** Paso de un vapor del estado gaseoso al estado líquido. **3.** Unión de varias moléculas químicas, con eliminación de otras generalmente sencillas (agua, cloruro de hidrógeno, etc.).

condensador, ra adj. Que condensa. ◆ s.m. FÍS. Componente eléctrico para aumentar la capacidad eléctrica y la carga sin aumentar el potencial, constituido por dos armaduras conductoras separadas por un medio aislante. **2.** ÓPT. Sistema óptico convergente que sirve para concentrar un flujo luminoso sobre una superficie o en una dirección determinada. (En el microscopio ilumina el objeto examinado.) **3.** TÉRM. **a.** Aparato que sirve para condensar un vapor. **b.** En una instalación frigorífica, aparato en el que el fluido frigorífico, previamente comprimido, pasa del estado de vapor al estado líquido, por la acción de un agente exterior (agua, aire).

condensar v.tr. y prnl. (lat. *condensare*). Reducir el volumen de una cosa, dándole mayor densidad, especialmente pasar un gas al estado líquido. **2.** Apretar unas cosas contra otras para hacerlas más tupidas. ◆ v.tr. *Fig.* Reducir la extensión de un texto o exposición sin quitarle nada de lo esencial.

condescendencia s.f. Acción de condescender. **2.** Cualidad de condescendiente. **3.** Actitud de la persona condescendiente.

condescender v.intr. (lat. *condescendere*) [conj.: *tender*]. Acceder o acomodarse a la voluntad o parecer de otro.

condescendiente adj. Se dice de la persona que actúa con condescendencia. **2.** Que denota o implica condescendencia.

condestable s.m. Antiguamente, el que ejercía en nombre del rey la primera autoridad en la milicia. **2.** Suboficial de la armada, especialista en artillería.

condestablía s.f. Dignidad de condestable.

condición s.f. (lat. *condicio, -onis*). Cualidad o circunstancia para que una cosa sea u ocurra. **2.** Índole, naturaleza, modo de ser de las personas o cosas: *niño de condición rebelde.* **3.** Estado, situación o categoría social: *ser de condición humilde.* **4.** DER. Hecho incierto y futuro del que se hace depender la existencia de los efectos jurídicos de un negocio. **5.** MAT. Relación impuesta por el enunciado de un problema entre los datos y la incógnita. ◆ **condiciones** s.f.pl. Aptitud o disposición. **2.** Circunstancias: *condiciones climáticas.* ◇ **A condición (de) que** Con tal que, siempre que. **Condiciones normales de presión y temperatura** Presión de 760 mm de mercurio y temperatura de 0°C.

condicionado, a adj. Condicional, que incluye y lleva consigo una condición o requisito. ◇ **Estímulo condicionado** PSICOL. Cualquier señal (un timbre, una luz) que, tras haber sido asociada a la presentación de un estímulo incondicionado, provoca por sí misma una reacción en el sujeto.

condicional adj. Que incluye una condición. ◆ adj. y s.f. GRAM. Se dice de la oración subordinada que expresa una condición para que se efectúe la acción, el proceso o el estado expresado por la oración principal. ◇ **Condicional compuesto,** o **perfecto** LING. En la clasificación tradicional de los tiempos verbales, antepospretérito. **Condicional simple** LING. En la clasificación tradicional de los tiempos verbales, pospretérito. **Proposición condicional** LÓG. Implicación.

condicionamiento s.m. Acción y efecto de condicionar, determinar las condiciones. **2.** PSICOL. Procedimiento experimental mediante el cual se construye un comportamiento nuevo en un ser vivo, creando una relación entre este comportamiento y un estímulo cualquiera incapaz de desencadenarlo de modo natural.

condicionante adj. Que determina o condiciona. ◆ s.m. Circunstancia que condiciona.

condicionar v.tr. Hacer depender una cosa de alguna condición. **2.** Influir una persona o cosa sobre otras: *el clima condiciona el ritmo de trabajo.* ◆ v.intr. Acomodarse una cosa a otra.

condigno, a adj. Que corresponde a una cosa o se deriva de ella: *el condigno castigo.*

condíleo, a adj. Relativo al cóndilo.

cóndilo s.m. (lat. *condylus*). Eminencia redondeada, pero no esférica, de la extremidad articular de un hueso.

condiloma s.m. Tumor benigno viral que se transmite por vía sexual y afecta a la piel o a las mucosas de la zona anal y genital.

condimentación s.f. Acción de condimentar. **2.** Conjunto de condimentos que se usa para condimentar un alimento.

condimentar v.tr. Añadir a un alimento determinadas sustancias para darle más sabor, como sal, pimienta, azafrán, etc. SIN.: *sazonar.*

condimento s.m. (lat. *condimentum*). Sustancia que se emplea en pequeña cantidad para condimentar.

condiscípulo, a s. (lat. *discipulus*). Con relación a una persona, otra que estudia o ha estudiado al mismo tiempo bajo la dirección de un mismo maestro.

condolencia s.f. Manifestación con que se expresa el pesar o dolor por algún hecho desgraciado. **2.** Pésame.

condolerse v.prnl. [conj.: *mover*]. Compadecerse.

condominio s.m. (del lat. *dominus*). Amér. Edificio poseído en régimen de propiedad horizontal. **2.** DER. **a.** Derecho de dominio en común que tienen dos o más personas sobre una cosa. **b.** Derecho de soberanía ejercido en común por varias potencias sobre un país.

condón s.m. (de *Condom,* higienista inglés que inventó los preservativos). Preservativo masculino.

condonación s.f. Acción y efecto de condonar: *condonación de la deuda.*

condonar v.tr. Perdonar o remitir una pena o deuda.

cóndor s.m. (quechua *cúntur*). Ave rapaz originaria de América, de unos 3 m de envergadura, de color negro y blanco, con el cuello y la cabeza desnudos y de color rojo oscuro. (Es común en los Andes y el S de California; familia catártidos.)

condotiero s.m. (ital. *condottiere, -ero,* de *condotta,* conducta). En la edad media y el renacimiento, jefe de soldados mercenarios en Italia.

condrioma s.m. Conjunto de los condriosomas.

condriosoma s.m. Orgánulo en forma de grano pequeño, bastoncillo o filamento, presente en el citoplasma de toda célula animal o vegetal. SIN.: *mitocondria.*

condroblasto s.m. Célula cartilaginosa.

condrocalcinosis s.f. Trastorno metabólico que se manifiesta por crisis dolorosas localizadas en las articulaciones importantes, parecidas a crisis de gota.

condrodistrofia s.f. Conjunto de afecciones hereditarias que desembocan en un enanismo disarmónico.

condroma s.m. Tumor benigno del tejido cartilaginoso.

condrosarcoma s.m. Tumor maligno del tejido cartilaginoso.

condrósteo, a adj. y s.m. Relativo a una subclase de peces cartilaginosos, dotados de escamas óseas, como el esturión.

conducción s.f. Conjunto de tuberías, cables, etc., para conducir un fluido. **2.** Acción de transmitir el calor, la electricidad, etc. **3.** Acción de transmitir los estímulos nerviosos. **4.** Esp. y Méx. Acción y efecto de conducir.

conducir v.tr. (lat. *conducere*). Dirigir y guiar hacia un lugar. **2.** Gobernar, regir. **3.** Ser causa de que una persona o cosa llegue a cierto estado: *su irresponsabilidad lo conducirá al despido.* **4.** Transportar de una parte a otra. **5.** Dirigir o presentar un programa televisivo. **6.** Guiar un vehículo automóvil. GEOSIN.: Amér. *manejar.* ◆ v.intr. Llevar, dar acceso.

conducir

INDICATIVO	SUBJUNTIVO
presente	**presente**
conduzco	*conduzca*
conduces (conducís)	*conduzcas*
conduce	*conduzca*
conducimos	*conduzcamos*
conducís	*conduzcáis*
conducen	*conduzcan*
copretérito o pret. imperfecto	**pretérito o pret. imperfecto**
conducía	*condujera* o *condujese*
conducías	*condujeras* o *condujeses*
conducía	*condujera* o *condujese*
conducíamos	*condujéramos* o *condujésemos*
conducíais	*condujerais* o *condujeseis*
conducían	*condujeran* o *condujesen*
pretérito o pret. perf. simple	**futuro o fut. simple**
conduje	*condujere*
condujiste	*condujeres*
condujo	*condujere*
condujimos	*condujéremos*
condujisteis	*condujereis*
condujeron	*condujeren*
futuro o fut. simple	**IMPERATIVO**
conduciré	conduce (conducí) (tú, vos)
conducirás	*conduzca* (él)
conducirá	*conduzcamos* (nosotros)
conduciremos	conducid (vosotros)
conduciréis	*conduzcan* (ellos)
conducirán	
pospretérito o condicional simple	**FORMAS NO PERSONALES**
conduciría	**infinitivo** conducir
conducirías	**gerundio** conduciendo
conduciría	**participio** conducido
conduciríamos	
conduciríais	
conducirían	

2. Convenir, ser a propósito para algún fin. ◆ **conducirse** v.prnl. Comportarse, proceder de cierta manera.

conducta s.f. Manera de comportarse una persona. **2.** Iguala que se hace con el médico.

conductancia s.f. BIOL. Propiedad de la membrana de las células que define su permeabilidad a los iones. **2.** ELECTR. Valor inverso de la resistencia.

conductismo s.m. Corriente de la psicología científica que se asigna el comportamiento como objeto de estudio y la observación como método, y que excluye de su campo, como inverificables por naturaleza, los datos de la introspección. SIN.: *behaviorismo.*

conductismo

El conductismo, en su deseo de elevar la psicología al rango de ciencia objetiva, propone establecer leyes constantes que relacionen el estímulo con la respuesta, de forma que se pueda prever el comportamiento si se conoce el estímulo. Nacido a principios del s. XX en EUA, el conductismo tomó impulso a partir de la publicación de los artículos de J. B. Watson (1913). Esta concepción determinista y reductora permitió a la psicología experimentar un desarrollo considerable, sobre todo gracias a Clark Hull (1884-1952), Edward Tolman (1886-1959) y Burrhus Skinner (1904-1990).

conductividad s.f. Propiedad que tienen los cuerpos de transmitir el calor o la electricidad. SIN.: *conductibilidad.* **2.** FISIOL. Facultad de propagación del impulso nervioso a lo largo de los nervios. SIN.: *conductibilidad.*

conductivo, a adj. Que permite conducir el calor y la electricidad.

conducto s.m. (bajo lat. *conductus*). Canal o tubo por el que circula un fluido. **2.** Camino que sigue una instancia, orden o documento. **3.** *Fig.* Persona por quien se dirige un negocio o pretensión, o por quien se tiene noticia de una cosa. ◇ **Conducto auditivo externo** Canal que atraviesa el hueso temporal, por el que los sonidos llegan al tímpano. **Conducto auditivo interno** Canal que atraviesa el peñasco, por el que pasan los nervios auditivo y facial. **Conducto eferente** Conducto por donde salen las secreciones de las glándulas. **Conductos de Havers** Conductos nutricios de los huesos largos. **Por conducto de** A través de, por medio de.

conductor, ra adj. y s. Que conduce, especialmente vehículos de motor. ◆ adj. y s.m. Se dice del cuerpo capaz de transmitir calor o electricidad. ◆ s. *Amér.* Cobrador de billetes en un vehículo.

condumio s.m. Comida que se come con pan. **2.** *Fam.* Comida en general.

conectar v.tr. (ingl. *to connect,* unir). Poner en contacto, unir. **2.** En los circuitos eléctricos, máquinas, etc., establecer una conexión.

conectivo, a adj. Que sirve para conectar. ◆ adj. y s.f. LÓG. Se dice de la conjunción que permite componer una proposición compleja a partir de una o de varias proposiciones simples. ◆ s.m. BOT. Parte de la antera que une las dos tecas.

conejar s.m. Lugar arbolado donde viven los conejos en estado salvaje. **2.** Vivar o sitio Çespecialmente acondicionado para criar conejos.

conejero, a adj. Que caza conejos. ◆ s. Persona que tiene por oficio criar o vender conejos.

conejillo, a s. **Conejillo de Indias** Cobaya.

conejo, a s. (lat. *cuniculus*). Mamífero roedor, salvaje o doméstico, muy prolífico; tiene el pelo espeso, de color generalmente gris, orejas tan largas como la cabeza, patas posteriores más largas que las anteriores, y cola muy corta.

conejo

El conejo de campo, o de monte, es una presa apreciada y vive en terrenos arbolados y arenosos, donde excava madrigueras colectivas. El conejo doméstico se cría para aprovechar su carne y, a veces, su piel; familia lepóridos.

conejuno, a adj. Relativo al conejo. **2.** Parecido al conejo.

conepatl s.m. *Méx.* Zorrillo.

conexión s.f. Relación o enlace entre personas, ideas, cosas, etc.: *no hay conexión entre lo que tú dices y el tema de conversación.* **2.** Pieza de un aparato o parte de un sistema que asegura la unión o conexión con otros. **3.** Puesta en funcionamiento de circuitos, aparatos o máquinas eléctricas o electrónicas.

conexionarse v.prnl. Ponerse en conexión.

conexo, a adj. (lat. *connexus,* p. de *connectere,* conectar). Que tiene conexión: *temas conexos.* **2.** MAT. Se dice de un espacio topológico tal que no existe participación del mismo en dos partes cerradas no vacías o en dos partes abiertas no vacías.

confabulación s.f. Acción y efecto de confabularse.

confabular v.intr. (lat. *confabulari,* conversar). Conferir, conversar, tratar familiarmente. ◆ **confabularse** v.prnl.

Ponerse de acuerdo varias personas para realizar una acción, generalmente en contra de alguien.

confalón s.m. (ital. *confalone*). Bandera.

confección s.f. Acción y efecto de confeccionar algo, especialmente prendas de vestir. **2.** Hechura de las prendas de vestir. **3.** Actividad de fabricar prendas de vestir. ◆ **confecciones** s.f.pl. Prendas de vestir que se venden hechas, a diferencia de las que se encargan a medida.

confeccionar v.tr. (lat. *conficere*). Producir alguien una obra material, combinando sus diversos elementos o ingredientes, especialmente las que requieren un trabajo manual, como prendas de vestir, comidas, etc. **2.** *Por ext.* Preparar o hacer algo que requiere un proceso intelectual, como una idea, una teoría, etc.

confederación s.f. Acción de confederar. **2.** Unión de estados soberanos que constituye una forma transitoria cuyo punto final consiste bien en su disolución, bien en su transformación en estado federal. **3.** Agrupación de asociaciones sindicales, deportivas, etc.: *Confederación general del trabajo.*

confederado, a adj. y s. Relativo a una confederación. ◆ **confederados** s.m.pl. Estados, pueblos, personas unidos contra un adversario: *el ejército de los confederados.*

confederar v.tr. y prnl. (lat. *confoederare,* asociar por tratado). Hacer alianza o unión entre varias personas, naciones o estados.

confederativo, a adj. Federativo. **2.** Relativo a la confederación.

conferencia s.f. Disertación en público sobre una cuestión científica, literaria, doctrinal, etc. **2.** Reunión de dos o más personas para tratar de un negocio, asunto, etc. **3.** Reunión de representantes de gobiernos o estados para tratar asuntos internacionales. ◇ **Conferencia de prensa** Reunión en el curso de la cual una o varias personalidades se dirigen a los periodistas y responden a sus preguntas. **Conferencia episcopal** Reunión de todos los obispos de una nación o territorio. **Conferencia telefónica** Esp. y Méx. Conversación por teléfono entre poblaciones distintas.

conferenciante s.m. y f. Persona que pronuncia una conferencia o disertación.

conferencista s.m. y f. Amér. Conferenciante.

conferir v.tr. (lat. *conferre*) [conj.: *sentir*]. Conceder a alguien dignidad, empleo o facultades. **2.** Comunicar cierta cualidad o valor a alguien o algo.

confesando, a s. Persona que acude al tribunal de la penitencia.

confesante adj. y s.m. y f. Que confiesa en juicio.

confesar v.tr. e intr. (bajo lat. *confessare*) [conj.: *pensar*]. Manifestar algo que se había mantenido oculto. **2.** Declarar la verdad obligado por las circunstancias. **3.** Oír el confesor al penitente. ◆ v.tr. y prnl. Declarar el penitente al confesor sus pecados. **2.** Reconocer alguien lo que no puede negar, por motivos de razón, fe, etc.

confesión s.f. Acción y efecto de confesar. **2.** Afirmación pública de la fe que uno profesa: *la confesión de Augsburgo.* **3.** Credo religioso y conjunto de personas que lo profesan.

confesional adj. Relativo a una confesión religiosa. **2.** Se dice del estado que reconoce como propia en su constitución una o varias confesiones religiosas.

confeso, a adj. y s. Se dice de la persona que ha confesado haber cometido un delito o falta. **2.** Se dice del judío convertido.

confesonario o **confesionario** s.m. Cabina con celosías a los lados, en cuyo interior se sienta el sacerdote para confesar.

confesor s.m. Cristiano que había hecho manifestación de su fe. **2.** Sacerdote que oye las confesiones.

confeti s.m. (ital. *confetti,* pl. de *confetto,* confite). Conjunto de papelitos de diversos colores que se arrojan en determinadas fiestas y procesiones, especialmente en carnaval.

confiado, a adj. Crédulo. **2.** Que tiene confianza excesiva y es poco precavido.

confianza s.f. Seguridad que alguien tiene en sí mismo, en otro o en una cosa. **2.** Familiaridad en el trato. **3.** Ánimo, aliento y vigor para obrar. ◇ **De confianza** Se dice de la persona con quien se tiene trato familiar o en quien puede confiarse; que inspira seguridad o confianza porque posee las cualidades recomendables para su cometido. **En confianza** Con seguridad; en secreto.

confianzudo, a adj. Que se toma demasiada confianza. **2.** Confiado, crédulo.

confiar v.intr. y prnl. (lat. *confidere*) [conj.: *desviar*]. Tener confianza, seguridad. ◆ v.tr. Poner una persona o cosa al cuidado de alguien. **2.** Decir, explicar en confianza. ◆ **confiarse** v.prnl. Franquearse.

confidencia s.f. Revelación reservada o secreta, especialmente si es personal.

confidencial adj. Que se hace o se dice en confianza o en secreto, reservado.

confidente, a s. Persona a quien se confían secretos e intimidades. **2.** Persona que transmite a otra, en forma confidencial, información que a esta última le interesa conocer. ◆ s.m. Asiento formado por dos o tres sillones de respaldo dispuestos en forma de S.

configuración s.f. Disposición de laspartes que componen una cosa y le dan su peculiar forma o manera de ser. **2.** INFORMÁT. Conjunto de elementos que constituyen un sistema informático, como la unidad central, procesadores de entrada y salida, memoria central y auxiliar, y líneas de intercomunicaciones.

configurar v.tr. y prnl. Dar o adquirir determinada configuración.

confín adj. (del lat. *confinis,* contiguo). Que confina o linda. ◆ s.m. Límite o frontera entre dos territorios. **2.** Punto más lejano a que alcanza la vista. **3.** Punto o zona más alejados respecto del que se toma como referencia.

confinado, a adj. y s. Que sufre la pena de confinamiento. ◆ adj. Desterrado.

confinamiento s.m. Acción y efecto de confinar. SIN.: *confinación.* **2.** Pena grave restrictiva de la libertad consistente en la residencia forzosa del condenado en un determinado lugar. **3.** Situación de una especie animal que habita un espacio reducido.

confinar v.tr. Desterrar a alguien imponiéndole la pena de confinamiento. ◆ v.intr. Lindar dos cosas o personas, estar contiguas o inmediatas. ◆ **confinarse** v.prnl. Encerrarse, recluirse.

confirmación s.f. Acción y efecto de confirmar. **2.** Prueba o hecho que confirma la verdad y certeza de un suceso, dictamen, etc. **3.** Para los católicos, sacramento, habitualmente administrado por el obispo, que completa la gracia conferida por el bautismo. **4.** Para los protestantes, acto sin valor sacramental por el que se confirman públicamente los votos del bautismo antes de ser admitido a la cena. **5.** DER. Ratificación de un acto jurídico para su plena eficacia en derecho.

confirmando, a s. Persona que va a recibir el sacramento de la confirmación.

confirmar v.tr. (lat. *confirmare*). Corroborar la verdad o certeza de una cosa. **2.** Revalidar lo ya aprobado. **3.** REL. Administrar la confirmación. ◆ v.tr. y prnl. Asegurar, dar mayor firmeza.

confirmatorio, a adj. Se dice del auto o sentencia por el que se confirma otro anterior. SIN.: *confirmativo.*

confiscación s.f. Acción de confiscar.

confiscar v.tr. (lat. *confiscare,* incorporar al fisco). Atribuir al fisco bienes de propiedad privada. **2.** Apropiarse la autoridad de una mercancía prohibida o que circula en el mercado ilegalmente.

confitar v.tr. Cubrir con baño de azúcar frutas cocidas. **2.** Cocer las frutas en almíbar.

confite s.m. (cat. *confit*). Dulce en forma de bola pequeña que se elabora con una masa de azúcar y algún otro ingrediente.

confitería s.f. Establecimiento en el que se elaboran y se venden dulces y pasteles. **2.** Conjunto de los productos de este establecimiento. **3.** Amér. Merid. Bar, cafetería.

confitero, a s. Persona que tiene por oficio elaborar o vender dulces y confituras.

confitura s.f. Dulce elaborado con azúcar refinado o cristalizado y frutas frescas o jugo de frutas frescas.

confituría s.f. Colomb. Confitería, establecimiento.

conflagración s.f. *Fig.* Hecho de estallar un conflicto entre pueblos o naciones, especialmente una guerra. **2.** Incendio, fuego o siniestro.

conflagrar v.tr. (lat. *conflagrare*). Inflamar, quemar.

conflictividad s.f. Cualidad de conflictivo: *alto índice de conflictividad en una zona.*

conflictivo, a adj. Que origina conflicto. **2.** Relativo al conflicto. **3.** Se dice del tiempo, situación, circunstancias, etc., en los que se origina conflicto.

conflicto s.m. (lat. *conflictus, -us,* de *confligere,* chocar). Oposición o desacuerdo: *conflicto generacional.* **2.** Choque, combate, lucha, pugna. **3.** *Fig.* Apuro, dificultad, peligro. **4.** PSICOANÁL. Oposición vivida por el individuo entre las pulsiones y las prohibiciones sociales y entre las distintas instancias del aparato psíquico. **5.** PSICOL. Estado de un ser vivo sometido a motivaciones incompatibles. ◇ **Conflicto colectivo de trabajo** DER. Conflicto que enfrenta a una pluralidad de trabajadores con uno o varios empresarios, a resultas de una discusión o controversia sobre las condiciones de trabajo. **Conflicto de competencia** DER. Conflicto que se produce cuando dos órganos jurisdiccionales pretenden conocer el mismo asunto o los dos pretenden inhibirse de él.

confluencia s.f. Acción de confluir. **2.** Lugar donde confluyen dos o más cosas.

confluir v.intr. (lat. *confluere*) [conj.: *huir*]. Juntarse en un lugar dos o más ríos, corrientes de agua, caminos, etc. **2.** Concurrir en un sitio mucha gente. **3.** *Fig.* Concurrir diversos factores en un determinado hecho o fenómeno.

conformación s.f. Disposición de las partes que forman una cosa, especialmente inmaterial. **2.** QUÍM. Disposición que puede tomar una molécula orgánica por rotación alrededor de uno o varios enlaces simples. **3.** TECNOL. Operación para dar forma a una plancha o placa.

conformacional adj. **Análisis conformacional** QUÍM. Estudio de los factores que determinan las conformaciones preferidas de una molécula.

conformador s.m. Instrumento que permite tomar la medida o configuración exacta del perfil de un objeto.

conformar v.tr., intr. y prnl. (lat. *conformare,* dar forma). Dar o adquirir una forma o característica determinada. **2.** Ajustar, hacer coincidir una cosa con otra. ◆ v.intr. y prnl. Estar de acuerdo dos personas. ◆ v.tr. Poner el conforme en un escrito. ◆ **conformarse** v.prnl. Aceptar sin protesta algo que puede considerarse malo, insatisfactorio o insuficiente.

conforme adj. (lat. tardío *conformis,* muy semejante). Acorde con otra cosa tomada como término de comparación, que se corresponde con ciertos principios u órdenes. **2.** Que está de acuerdo con otro o con una cosa: *están conformes con la decisión.* ◆ s.m. Fórmula que se pone al pie de un escrito para indicar aprobación o validez. ◆ adv.m. Según, con arreglo a. **2.** Tan pronto como, a medida que. ◇ **Según y conforme** De igual suerte o manera que.

conformidad s.f. Cualidad o actitud de conforme. ◇ **De conformidad** Con unión. **En conformidad** Conforme, según, con arreglo a.

conformismo s.m. Cualidad o actitud de conformista.

conformista adj. y s.m. y f. Que está de acuerdo con lo oficialmente establecido o que se conforma por rutina u oportunismo a las tradiciones y a las costumbres.

confort s.m. (voz francesa). *Galic.* Comodidad, bienestar.

confortable adj. Que proporciona confort. **2.** Que conforta, anima.

confortación s.f. Acción y efecto de confortar. SIN.: *confortamiento.*

confortante adj. Confortador.

confortar v.tr. y prnl. (lat. *confortare*). Animar, consolar, dar vigor.

confraternidad s.f. Unión o relación entre personas que confraternizan.

confraternizar v.intr. Tratarse dos o más personas con amistad y compañerismo. **2.** Hermanarse una persona con otra.

confrontación s.f. Acción de confrontar.

confrontar v.tr. Examinar conjuntamente dos o más cosas para averiguar sus semejanzas o diferencias. **2.** Poner a dos personas una frente a otra para que defiendan sus respectivas afirmaciones. ◆ v.tr. y prnl. Encarar con una actitud de oposición una situación, problema o dificultad. ◆ v.intr. Confinar, lindar.

confucianismo o **confucionismo** s.m. Doctrina de Confucio y de sus discípulos (en especial Mengzi y Xunzi), basada en la importancia de la bondad y del espíritu ritual, que se enriqueció con especulaciones sobre la naturaleza humana, la virtud, la educación y el ideal político.

confuciano, a adj. y s. Relativo al confucianismo; seguidor de esta doctrina. SIN.: *confucianista, confucionista.*

confundir v.tr. y prnl. (lat. *confundere*). Tomar o hacer que alguien tome erróneamente una cosa por otra. **2.** Mezclar varias personas o varias cosas de modo que no puedan distinguirse unas de otras. **3.** Alterar el orden de algo. **4.** *Fig.* Turbar, dejar o quedar confuso. **5.** *Fig.* Humillar, abatir el orgullo: *le confundió con su desprecio.*

confusión s.f. Falta de orden, de concierto y de claridad. **2.** DER. Situación que se produce cuando una persona es titular de dos situaciones jurídicas, cuya atribución simultánea a un mismo sujeto es contraria a su propia naturaleza. ◇ **Confusión mental** Síndrome psiquiátrico caracterizado por la disolución más o menos completa de la conciencia, por trastornos de la ideación, la percepción y la memoria, por una desorientación espacio temporal y, frecuentemente, por onirismo.

confusionismo s.m. Confusión y oscuridad en las ideas o en el lenguaje.

confuso, a adj. Oscuro, dudoso, ambiguo. **2.** Difícil de distinguir, poco perceptible. **3.** Mezclado, desordenado. **4.** *Fig.* Turbado, temeroso, avergonzado.

1. **conga** s.f. Danza popular cubana, de origen africano, que se ejecuta por grupos colocados en fila doble y al compás de un tambor. **2.** Composición musical de cuatro tiempos, con la que se acompaña este baile. **3.** Instrumento musical de percusión de origen afrocubano, parecido al tambor pero de 1 m de altura aprox., cuya base es más estrecha que la parte superior.

2. **conga** s.f. Roedor que alcanza hasta 30 o 40 cm, de color ceniciento o rojizo, de carne comestible, que vive en las Antillas.

congal s.m. Méx. Prostíbulo.

congelación s.f. Acción y efecto de congelar. SIN.: *congelamiento.* **2.** ECON. Proceso por el cual, mediante la intervención estatal, una variable económica permanece sin modificación sensible.

congelado s.m. Alimento conservado a bajas temperaturas para mantener sus propiedades nutritivas.

congelador s.m. Aparato utilizado para la congelación y conservación en tal estado de alimentos y otras sustancias. **2.** Compartimiento de congelación en los refrigeradores.

congelar v.tr. y prnl. (lat. *congelare*). Transformar un líquido en sólido mediante el frío. **2.** Enfriar un sólido hasta congelar la parte líquida que contiene: *congelar carne.* **3.** Detener o aplazar el curso o desarrollo de algún proceso (legislativo, educativo, político, etc.). **4.** Efectuar una congelación de precios, salarios, etc.

congénere adj. y s.m. y f. Respecto a una persona o cosa, otra del mismo género, clase u origen.

congeniar v.intr. Avenirse una persona con otra u otras por tener el mismo genio, carácter o inclinaciones.

congénito, a adj. (lat. *congenitus,* engendrado juntamente). Connatural, originado en la época fetal: *enfermedades congénitas.* **2.** Que se engendra juntamente con otra cosa.

congestión s.f. (lat. *congestio,* acumulación). Acumulación anormal de sangre en los vasos sanguíneos de un órgano. **2.** Fig. Acumulación, aglomeración en general.

congestionar v.tr. y prnl. Producir congestión.

conglomeración s.f. Acción y efecto de conglomerar o conglomerarse.

conglomerado s.m. (del lat. *conglomerare,* amontonar). Aglomeración. **2.** Masa compacta que resulta de unir fragmentos de una sustancia. **3.** Roca sedimentaria detrítica, formada por cantos rodados (pudingas) o angulosos (brechas) de otras cosas ulteriormente cimentadas. **4.** ECON. Forma de expansión de una firma por medio de fusiones o del control de distintas empresas que fabrican productos muy diversificados.

conglomerar v.tr. Aglomerar. ◆ **conglomerarse** v.prnl. Agruparse fragmentos o corpúsculos de una misma o de diversas sustancias de modo que resulte una masa compacta.

conglutinar v.tr. Unir, pegar una cosa con otra. ◆ **conglutinarse** v.prnl. Conglomerarse por medio de una sustancia viscosa, bituminosa, etc.

congo s.m. Cuba y Méx. Cada uno de los huesos mayores de las piernas posteriores del cerdo.

congoja s.f. (cat. *congoixa,* del lat. vulgar *congustia,* angostura). Fatiga y aflicción del ánimo.

congojar v.tr. y prnl. Acongojar.

congojoso, a adj. Que produce congoja. **2.** Afligido, angustiado.

congola s.f. Colomb. Pipa de fumar.

congoleño, a adj. y s. De la República del Congo.

congoña s.f. Argent. Hierba mate.

congosto s.m. Desfiladero entre montañas.

congraciar v.tr. y prnl. Conseguir o atraerse la benevolencia o la estimación de alguien.

congratulación s.f. Acción y efecto de congratular.

congratular v.tr. y prnl. (lat. *congratulari*). Manifestar alegría y satisfacción una persona a quien ha sucedido algo favorable.

congregación s.f. Reunión de personas religiosas o seglares que se rigen por los mismos estatutos o que tienen unos mismos fines piadosos. **2.** Junta o asamblea para tratar de alguna cosa. ◇ **Congregación de los fieles** La Iglesia católica. **Congregaciones romanas** Comisiones permanentes de cardenales cuya función es despachar los asuntos ordinarios de la Iglesia.

congregacionalismo s.m. Forma de organización de la Iglesia protestante, basada en la autoridad y en la autonomía de las comunidades locales.

congregacionalista adj. y s.m. y f. Relativo al congregacionalismo; partidario de este sistema.

congregante, a s. Miembro de una congregación.

congregar v.tr. y prnl. (lat. *congregare*). Juntar, reunir.

congresal s.m. y f. Amér. Congresista.

congresista s.m. y f. Miembro de un congreso, cuerpo legislativo. **2.** Persona que asiste a un congreso.

congreso s.m. (lat. *congressus, -us*). Cuerpo legislativo compuesto por diputados o representantes nombrados por elección. **2.** Edificio donde este cuerpo celebra sus sesiones. **3.** Junta o asamblea de varias personas para deliberar sobre intereses o estudios comunes: *congreso político.* **4.** Reunión de soberanos, embajadores o delegados de diversos países.

congrio s.m. (lat. *congrum,* acusativo de *conger*). Pez marino, de 2 a 3 m de long. y de color gris azulado oscuro, que vive en las hendiduras de las rocas. (Familia cóngridos.)

congruencia s.f. Conveniencia, oportunidad, ilación o conexión de ideas, palabras, etc. **2.** MAT. **a.** Igualdad, dependencia: *congruencia de dos figuras.* **b.** Relación que expresa que dos números dan el mismo resto cuando se les divide por un mismo número o módulo. ◇ **Congruencia de rectas** Familia de rectas que depende de dos parámetros.

congruente adj. Que implica congruencia. SIN.: *congruo.* **2.** Se dice de dos números que dan el mismo resto cuando se los divide por el mismo número.

conguito s.m. Amér. Ají o chile.

cónica s.f. Curva que resulta de cortar la superficie de un cono circular por un plano (circunferencia, elipse, hipérbola o parábola).

conicidad s.f. Cualidad de cónico. **2.** Forma cónica.

cónico, a adj. Relativo al cono. **2.** De forma de cono.

conidio s.m. BOT. Espora responsable de la reproducción asexual de los hongos.

cónido, a adj. y s.m. Relativo a una familia de moluscos gasterópodos de concha cónica provistos de un órgano venenoso.

conífero, a adj. y s.f. BOT. Relativo a un orden de gimnospermas formado fundamentalmente por árboles de hoja perenne, resinosos, cuyos frutos tienen forma cónica, como el pino y el abeto.

conirrostro adj. y s.m. Que tiene pico cónico y corto, como ciertas aves, sobre todo granívoras, como el gorrión, el pardillo y el pinzón.

conjetura s.f. (lat. *conjectura*). Juicio que se forma de una cosa o acaecimiento por las señales o indicios que se tienen.

conjeturar v.tr. Suponer algo por conjeturas.

conjugación s.f. Acción de conjugar o combinar de dos o más cosas. **2.** BIOL. Modo de reproducción sexual isógama de ciertos protozoos ciliados y de ciertas algas verdes. **3.** LING. Flexión propia del verbo, que adopta formas distintas según los accidentes de persona, número, aspecto, tiempo, modo y voz. **4.** LING. Conjunto de estas formas, ordenadas en paradigmas. (En español se distinguen tradicionalmente tres conjugaciones regulares [según que los infinitivos terminen en *ar, er, ir*].)

conjugado, a adj. MAT. Se dice de dos elementos entre los cuales existe una correspondencia determinada. ◆ adj. y s.f. Relativo a una subclase de algas verdes unicelulares o filamentosas, que no producen nunca esporas móviles. ◇ **Puntos conjugados** GEOMETR. Puntos que dividen un segmento de recta según una división armónica; ÓPT. sistema de dos puntos tales que un haz de rayos que parte de uno se encuentra en el otro.

conjugar v.tr. y prnl. (lat. *conjugare,* unir). Unir, enlazar, combinar. ◇ **Conjugar un verbo** Enumerar todas sus formas, en todos los tiempos y modos, en todas las personas del singular y del plural.

conjunción s.f. Acción y efecto de unirse dos o más cosas. **2.** ASTRON. Encuentro aparente de dos o más astros en la misma parte del cielo. **3.** LING. Partícula invariable que sirve para unir dos palabras o dos oraciones, estableciendo un enlace gramatical entre ellas, aunque a veces signifique contrariedad o separación de sentido. **4.** LÓG. Unión de dos proposiciones por medio de la partícula *y,* que generalmente se simboliza por $\wedge$ o &. [V. cuadro pág. 301.]

conjuntar v.tr. y prnl. Armonizar los elementos de un conjunto para aumentar su eficacia.

conjuntiva s.f. Mucosa que cubre la cara posterior de los párpados y la cara anterior de la esclerótica.

conjuntival adj. Relativo a la conjuntiva.

conjuntivitis s.f. Inflamación de la conjuntiva.

conjuntivo, a adj. Que junta o une. ◇ **Locución conjuntiva** LING. Grupo de palabras que desempeña el papel de una conjunción, como *a fin de que, a pesar de que,* etc. **Tejido conjuntivo** ANAT. Tejido animal que realiza funciones de sostén o de protección.

conjunto, a adj. Unido o simultáneo a otra cosa o tenden-

conjugación regular e irregular

El conjunto de formas que puede presentar un verbo recibe el nombre de *conjugación*. Los *verbos regulares* son los que, al flexionar, no sufren variaciones en la raíz en ninguna de sus formas y utilizan las mismas desinencias de tiempo, modo, aspecto, persona y número que los verbos que se toman como modelo de conjugación. En esta obra, los verbos regulares no llevan indicación sobre el modelo que siguen, ya que se conjugan como *amar*, *temer* o *partir*, según terminen en *-ar*, *-er* o *-ir*. Los *verbos irregulares* se apartan de las conjugaciones regulares, ya sea por presentar variaciones en la raíz o diferencias en las desinencias. Todos los verbos irregulares contenidos en esta obra llevan indicación sobre el modelo de conjugación que siguen.

amar

INDICATIVO

presente
- amo
- amas *o* amás
- ama
- amamos
- amáis
- aman

copretérito o **pret. imperfecto**
- amaba
- amabas
- amaba
- amábamos
- amabais
- amaban

pretérito o **pret. perfecto simple**
- amé
- amaste
- amó
- amamos
- amasteis
- amaron

futuro o **fut. simple**
- amaré
- amarás
- amará
- amaremos
- amaréis
- amarán

pospretérito o **condicional simple**
- amaría
- amarías
- amaría
- amaríamos
- amaríais
- amarían

antepresente o **pret. perf. compuesto**
- he amado
- has amado
- ha amado
- hemos amado
- habéis amado
- han amado

antecopretérito o **pret. pluscuamperfecto**
- había amado
- habías amado
- había amado
- habíamos amado
- habíais amado
- habían amado

antepretérito o **pret. anterior**
- hube amado
- hubiste amado
- hubo amado
- hubimos amado
- hubisteis amado
- hubieron amado

antefuturo o **fut. perfecto**
- habré amado
- habrás amado
- habrá amado
- habremos amado
- habréis amado
- habrán amado

antepospretérito o **condicional compuesto**
- habría amado
- habrías amado
- habría amado
- habríamos amado
- habríais amado
- habrían amado

SUBJUNTIVO

presente
- ame
- ames
- ame
- amemos
- améis
- amen

pretérito o **pret. imperfecto**
- amara *o* amase
- amaras *o* amases
- amara *o* amase
- amáramos *o* amásemos
- amarais *o* amaseis
- amaran *o* amasen

futuro o **fut. simple**
- amare
- amares
- amare
- amáremos
- amareis
- amaren

antepresente o **pret. perf. compuesto**
- haya amado
- hayas amado
- haya amado
- hayamos amado
- hayáis amado
- hayan amado

antecopretérito o **pret. pluscuamperfecto**
- hubiera *o* hubiese amado
- hubieras *o* hubieses amado
- hubiera *o* hubiese amado
- hubiéramos *o* hubiésemos amado
- hubierais *o* hubieseis amado
- hubieran *o* hubiesen amado

antefuturo o **fut. perfecto**
- hubiere amado
- hubieres amado
- hubiere amado
- hubiéremos amado
- hubiereis amado
- hubieren amado

IMPERATIVO

- ama *o* amá
- ame
- amemos
- amad
- amen

FORMAS NO PERSONALES

infinitivo: amar
gerundio: amando
participio: amado
infinitivo compuesto: haber amado
gerundio compuesto: habiendo amando

temer

INDICATIVO

presente
- temo
- temes *o* temés
- teme
- tememos
- teméis
- temen

copretérito o **pret. imperfecto**
- temía
- temías
- temía
- temíamos
- temíais
- temían

antepresente o **pret. perf. compuesto**
- he temido
- has temido
- ha temido
- hemos temido
- habéis temido
- han temido

antecopretérito o **pret. pluscuamperfecto**
- había temido
- habías temido
- había temido
- habíamos temido
- habíais temido
- habían temido

SUBJUNTIVO

presente
- tema
- temas
- tema
- temamos
- temáis
- teman

pretérito o **pret. imperfecto**
- temiera *o* temiese
- temieras *o* temieses
- temiera *o* temiese
- temiéramos *o* temiésemos
- temierais *o* temieseis
- temieran *o* temiesen

antepresente o **pret. perf. compuesto**
- haya temido
- hayas temido
- haya temido
- hayamos temido
- hayáis temido
- hayan temido

antecopretérito o **pret. pluscuamperfecto**
- hubiera *o* hubiese temido
- hubieras *o* hubieses temido
- hubiera *o* hubiese temido
- hubiéramos *o* hubiésemos temido
- hubierais *o* hubieseis temido
- hubieran *o* hubiesen temido

temer

INDICATIVO

pretérito o **pret. perfecto simple**
temí
temiste
temió
temimos
temisteis
temieron

antepretérito o **pret. anterior**
hube temido
hubiste temido
hubo temido
hubimos temido
hubisteis temido
hubieron temido

futuro o **fut. simple**
temeré
temerás
temerá
temeremos
temeréis
temerán

antefuturo o **fut. perfecto**
habré temido
habrás temido
habrá temido
habremos temido
habréis temido
habrán temido

pospretérito o **condicional simple**
temería
temerías
temería
temeríamos
temeríais
temerían

antepospretérito o **condicional compuesto**
habría temido
habrías temido
habría temido
habríamos temido
habríais temido
habrían temido

SUBJUNTIVO

futuro o **fut. simple**
temiere
temieres
temiere
temiéremos
temiereis
temieren

antefuturo o **fut. perfecto**
hubiere temido
hubieres temido
hubiere temido
hubiéremos temido
hubiereis temido
hubieren temido

IMPERATIVO

teme *o* temé
tema
temamos
temed
teman

FORMAS NO PERSONALES

infinitivo temer
gerundio temiendo
participio temido
infinitivo compuesto haber temido
gerundio compuesto habiendo temido

partir

INDICATIVO

presente
parto
partes o partís
parte
partimos
partís
parten

antepresente o **pret. perf. compuesto**
he partido
has partido
ha partido
hemos partido
habéis partido
han partido

copretérito o **pret. imperfecto**
partía
partías
partía
partíamos
partíais
partían

antecopretérito o **pret. pluscuamperfecto**
había partido
habías partido
había partido
habíamos partido
habíais partido
habían partido

pretérito o **pret. perfecto simple**
partí
partiste
partió
partimos
partisteis
partieron

antepretérito o **pret. anterior**
hube partido
hubiste partido
hubo partido
hubimos partido
hubisteis partido
hubieron partido

futuro o **fut. simple**
partiré
partirás
partirá
partiremos
partiréis
partirán

antefuturo o **fut. perfecto**
habré partido
habrás partido
habrá partido
habremos partido
habréis partido
habrán partido

pospretérito o **condicional simple**
partiría
partirías
partiría
partiríamos
partiríais
partirían

antepospretérito o **condicional compuesto**
habría partido
habrías partido
habría partido
habríamos partido
habríais partido
habrían partido

SUBJUNTIVO

presente
parta
partas
parta
partamos
partáis
partan

antefuturo o **fut. perfecto**
hubiere partido
hubieres partido
hubiere partido
hubiéremos partido
hubiereis partido
hubieren partido

pretérito o **pret. imperfecto**
partiera *o* partiese
partieras *o* partieses
partiera *o* partiese
partiéramos *o* partiésemos
partierais *o* partieseis
partieran *o* partiesen

antecopretérito o **pret. pluscuamperfecto**
hubiera *o* hubiese partido
hubieras *o* hubieses partido
hubiera *o* hubiese partido
hubiéramos *o* hubiésemos partido
hubierais *o* hubieseis partido
hubieran *o* hubiesen partido

futuro o **fut. simple**
partiere
partieres
partiere
partiéremos
partiereis
partieren

antefuturo o **fut. perfecto**
hubiere partido
hubieres partido
hubiere partido
hubiéremos partido
hubiereis partido
hubieren partido

IMPERATIVO

parte *o* partí
parta
partamos
partid
partan

FORMAS NO PERSONALES

infinitivo partir
gerundio partiendo
participio partido
infinitivo compuesto haber partido
gerundio compuesto habiendo partido

conjunción

Las conjunciones son palabras invariables que unen oraciones, palabras o sintagmas. Hay conjunciones coordinantes (unen elementos de un mismo nivel sintáctico) y subordinantes (subordinan una oración a otra o a un constituyente oracional).

coordinantes	relación que expresan	ejemplos
copulativas *y, e, ni*	Indican adición.	La madre *y* el niño.
distributivas *bien...bien, ya...ya, ora...ora*	Indican alternativas posibles.	*Ya* entraba, *ya* salía.
disyuntivas: *o, u*	Indican alternativas que se oponen.	Un cine *o* un teatro.
adversativas *pero, sino, mas, sin embargo,* etc.	Indican oposición.	Es difícil *pero* lo haré.
subordinantes sustantivas	**relación que expresan**	**ejemplos**
sustantivas *que, si*	Introducen una oración con función de sustantivo.	Pregunta *si* vienes.
subordinantes adverbiales	**relación que expresan**	**ejemplos**
causales *porque, pues, ya que, como, que,* etc.	Indican la causa.	No iré *porque* estoy enfermo.
consecutivas *luego, por lo tanto, así pues,* etc.	Indican la consecuencia.	Tenía sed, *luego* se acercó a la fuente.
finales *para que, a fin de que,* etc.	Indican finalidad.	Lo compré *para* que lo uses.
condicionales *si, siempre que, cuando,* etc.	Indican una condición.	*Si* voy, te avisaré.
concesivas *aunque, por más que, si bien,* etc.	Indican un obstáculo que no impide el cumplimiento de lo expresado en la oración principal.	*Aunque* llueva, haremos el paseo.

te a un mismo fin: *esfuerzo conjunto.* ◆ s.m. Agrupación de varios elementos en un todo: *un conjunto de reglas.* **2.** Totalidad de una cosa, considerada sin atender a sus partes o detalles: *el conjunto de la sociedad rechaza su propuesta.* **3.** Grupo de intérpretes vocales o instrumentales que ejecutan composiciones a varias partes. **4.** Juego de prendas de vestir que combinan adecuadamente. **5.** Coro que actúa en una revista musical. **6.** MAT. y ESTADÍST. Colección de elementos o de números que tienen en común una o varias propiedades que los caracterizan. ◇ **Conjunto cociente** MAT. Conjunto de las clases de equivalencia formado en un conjunto C por una relación de equivalencia. **Conjunto finito** MAT. Conjunto con un número limitado de elementos. **Conjunto infinito** MAT. Conjunto no finito. **Teoría de conjuntos** Parte de las matemáticas que estudia las propiedades de los conjuntos y las operaciones a las que pueden ser sometidos.

conjuntor s.m. Dispositivo utilizado en telefonía para la conexión de conductores. SIN.: *jack.*

conjura s.f. Conjuración.

conjuración s.f. Confabulación, conspiración. SIN.: *conjura.* **2.** Acuerdo concertado secretamente por juramento común, para subvertir el orden de un estado. SIN.: *conjura.*

conjurado, a adj. y s. Que participa en una conjuración.

conjurar v.intr. y prnl. Aliarse varias personas para llevar a término alguna empresa, generalmente de carácter secreto, subversivo o fuera de la ley. ◆ v.tr. Invocar la presencia y la manifestación de algún espíritu o ser sobrenatural. **2.** Pronunciar exorcismos contra un espíritu maligno, especialmente contra el demonio, para alejarlo de un lugar o del cuerpo de una persona. **3.** Pedir con instancia o con alguna especie de autoridad. **4.** Tomar juramento a alguien. **5.** *Fig.* Impedir, evitar algún daño o peligro.

conjuro s.m. Acción y efecto de conjurar. **2.** Palabras mágicas que se utilizan para conjurar. **3.** Ruego encarecido.

conllevar v.tr. Llevar consigo, tener como consecuencia: *jugar tan rápido conlleva numerosos errores.* **2.** Sufrir, tolerar el genio y las impertinencias de una persona. **3.** Soportar con resignación una enfermedad, una pena o una situación desagradable.

conmemoración s.f. Acción de conmemorar. **2.** REL. Memoria de un santo que se hace en su fiesta, cuando esta concurre con otra festividad mayor.

conmemorar v.tr. (lat. *conmemorare*). Celebrar solemnemente el recuerdo de una persona o acontecimiento.

conmensurable adj. Se dice de cualquier cantidad que tenga con otra una medida común. **2.** Que puede medirse o ser medido.

conmensurar v.tr. Medir con igual o debida proporción.

conmigo pron.pers. Forma del pronombre personal tónico de 1ª persona del singular cuando se une a la preposición *con.* Funciona como complemento circunstancial.

conminación s.f. Acción y efecto de conminar.

conminar v.tr. (lat. *comminari*). Amenazar con alguna pena o castigo, especialmente el que tiene potestad o fuerza para hacerlo.

conminatorio, a adj. y s. DER. Se dice del mandamiento que incluye amenaza de alguna pena, y del juramento con que se conmina a una persona.

conminuto, a adj. CIR. Se dice de una fractura que presenta numerosos fragmentos.

conmiseración s.f. (lat. *commiseratio, -onis*). Compasión por el mal o desgracia ajena.

conmixtión s.f. DER. Mezcla de cosas sólidas, fungibles, pertenecientes a distintos dueños. (Es una de las modalidades de la accesión de bienes inmuebles.)

conmoción s.f. Alteración violenta del ánimo o del cuerpo. **2.** Levantamiento, tumulto, disturbio. ◇ **Conmoción cerebral,** estado de pérdida pasajera de la conciencia, secundario a un traumatismo de relativa intensidad.

conmocionar v.tr. y prnl. Producir una conmoción.

conmonitorio s.m. Memoria o relación escrita de algunas cosas o noticias.

conmover v.tr. y prnl. [conj.: *mover*]. Enternecer, emocionar o impresionar: *el discurso conmovió a los asistentes.* **2.** Sacudir, hacer temblar, mover fuertemente: *el terremoto conmovió la ciudad.*

conmuta s.f. Amér. Conmutación, permuta.

conmutabilidad s.f. Cualidad de conmutable.

conmutación s.f. Acción y efecto de conmutar. **2.** Cambio de circuito de una corriente eléctrica; en general, acción de abrir, cerrar o dirigir un circuito eléctrico. **3.** Conjunto de las operaciones necesarias para poner en comunicación a dos abonados telefónicos. **4.** DER. Cambio de una pena por otra menos rigurosa; indulto parcial. SIN.: *retruécano.* **5.** INFORMÁT. Técnica de envío de datos entre dos computadoras conectadas por una red de transmisión.

conmutador, ra adj. Que conmuta. ◆ s.m. Aparato destinado a sustituir una porción de circuito por otra, o bien a modificar sucesivamente las conexiones de varios circuitos. **2.** Dispositivo que permite establecer la conexión entre dos abonados telefónicos. **3.** Amér. Centralita telefónica.

conmutar v.tr. (lat. *conmutare*). Trocar, permutar, cambiar una cosa por otra.

conmutatividad s.f. Carácter de lo que es conmutativo.

conmutativo, a adj. Relativo a la conmutación. **2.** DER. Se dice de los contratos cuando el interés pecuniario de las prestaciones de las partes se determina en el momento de la celebración de estos. **3.** LÓG. y MAT. Se dice de la propiedad de ciertas operaciones cuyo resultado no varía cambiando el orden de sus términos o elementos.

conmutatriz s.f. ELECTR. Convertidor que sirve para transformar corriente alterna en corriente continua o viceversa.

connacional adj. y s.m. y f. Que pertenece a la misma nación que otro.

connatural adj. Propio o conforme a la naturaleza del ser de que se trata.

connaturalizar v.tr. Hacer connatural. ◆ **connaturalizarse** v.prnl. Acostumbrarse a una cosa: *connaturalizarse con el trabajo.*

connivencia s.f. Acuerdo o complicidad entre varias personas. SIN.: *confabulación.* **2.** Tolerancia de un superior con las faltas de sus subordinados.

connivente adj. (lat. *conivens, -tis*). Que actúa con connivencia. **2.** Referido a las partes de una planta, que tienden a aproximarse. ◇ **Válvulas conniventes** En el hombre, repliegues existentes en la mucosa intestinal.

connotación s.f. Acción y efecto de connotar. **2.** Parentesco en grado remoto.

connotado, a adj. Amér. Notable, conspicuo.

connotar v.tr. Sugerir una palabra otra significación, además de la primera: *«León» denota el animal de este nombre y connota 'valentía'.*

connubio s.m. *Poét.* Matrimonio.

cono s.m. (lat. *conus*). Cuerpo geométrico limitado por una superficie cónica de directriz cerrada, su vértice, y un plano que la corta y que constituye su base. **2.** ANAT. Prolongación en forma de cono de ciertas células de la retina, sede de la visión de los colores. **3.** HIST. NAT. Fruto de las coníferas. ◇ **Cono de fricción,** o **de embrague** Aparato compuesto por dos conos, macho y hembra, que al penetrar uno en el otro giran solidariamente los troncos a los cuales van unidos. **Cono de revolución** Sólido engendrado por la rotación de un triángulo rectángulo alrededor de uno de los catetos. **Cono de sombra** Sombra en forma de cono, proyectada por un planeta en la dirección opuesta a la del sol. **Cono oblicuo** Cono en el que la recta que une el vértice con el centro de la base es oblicua con respecto al plano de esta. **Cono volcánico** Relieve formado por la acumulación de los productos emitidos por un volcán (lavas y proyecciones) alrededor de la chimenea.

conocedor, ra adj. y s. Que conoce bien la naturaleza y propiedades de una cosa. SIN.: *sabedor.*

conocer v.tr. (lat. vulgar *conoscere*) [conj.: *parecer*]. Tener información, por el ejercicio de las facultades intelectuales, de la naturaleza, cualidades y relaciones de las cosas. **2.** Saber diferenciar unas cosas de otras: *conocer las hierbas buenas y las malas.* **3.** Reconocer: *después de tantos años de ausencia conoció aún la casa donde había vivido.* **4.** Tener noticia, información de algo: *ya conocemos los resultados.* **5.** Ocuparse de un asunto con facultad legítima para ello: *el juez conoció una causa.* **6.** *Fig.* Tener relaciones sexuales con una persona. ◆ v.tr. y prnl. Tener una idea formada del carácter o la forma de ser de una persona. **2.** Tener trato o relación con alguien.

conocible adj. → **cognoscible.**

conocido, a adj. Famoso, ilustre: *un conocido escritor.* ◆ s. Persona con quien se tiene trato, pero no amistad.

conocimiento s.m. Acción y efecto de conocer. **2.** Facultad de comprender y de conocer: *el misterio del amor se escapa al conocimiento.* **3.** Conciencia de la propia existencia. ◆ **conocimientos** s.m.pl. Nociones, datos o ideas que se conocen de una determinada ciencia o materia: *conocimientos de historia.*

conoidal adj. Relativo al conoide.

conoide adj. y s.m. Se dice de la superficie engendrada por una recta que se apoya constantemente sobre una recta fija y es paralela a un plano fijo. ◆ adj. Que tiene forma parecida a la de un cono.

conopeo s.m. CATÓL. Velo de seda o de damasco que recubre el sagrario.

conopial adj. (del lat. *conopeum*, pabellón de cama). ARQ. Se dice del arco formado por dos curvas simétricas, alternativamente convexa y cóncava, cuya unión forma un ángulo agudo.

conque conj.consec. Anuncia una consecuencia natural de lo que acaba de decirse o de lo que se tiene ya sabido.

conquense adj. y s.m. y f. De Cuenca (España). SIN.: *cuencano.*

conquiliología s.f. Parte de la malacología que estudia las conchas de los moluscos.

conquiliólogo, a s. Biólogo especialista en conquiliología.

conquista s.f. Acción de conquistar: *la conquista del oeste.* **2.** Cosa o persona conquistada.

conquistador, ra adj. y s. Que conquista. **2.** Se dice de la persona que busca y consigue que otras personas sientan atracción, deseo o amor por ella. ◆ s.m. Nombre dado a los españoles que fueron a conquistar América.

conquistar v.tr. (lat. *conquirere,* buscar por todas partes). Apoderarse, hacerse dueño en la guerra de una población o territorio enemigo. **2.** *Fig.* Conseguir algo con esfuerzo, habilidad o venciendo dificultades: *conquistar un alto cargo.* **3.** *Fig.* Ganar la voluntad de alguien: *conquistar los corazones.* **4.** *Fig.* Conseguir una persona que otra sienta atracción, deseo o amor por ella.

consabido, a adj. Sabido de antemano, expresado anteriormente o que es habitual o frecuente.

consagración s.f. Acción consagrar. **2.** REL. **a.** Acto por el cual se efectúa en la misa la conversión del pan y del vino en el cuerpo y sangre de Jesucristo. **b.** Momento de la misa en que se efectúa este acto. **c.** Rito litúrgico por el que se dedica al servicio de Dios una persona o cosa que, de este modo, entra en la categoría de lo sagrado: *la consagración de un templo.*

consagrar v.tr. (lat. tardío *consacrare*). Erigir un monumento o celebrar un homenaje para perpetuar la memoria de una persona, suceso, etc. **2.** REL. **a.** Realizar el acto de la consagración eucarística. **b.** Dedicar al servicio de Dios. ◆ v.tr. y prnl. Dedicar trabajo, esfuerzo y entusiasmo en la consecución de algo: *consagrar su vida al estudio.* **2.** Lograr fama o reputación por causa de algo que se expresa: *esta novela le consagró como un gran literato.*

consanguíneo, a adj. y s. (lat. *consanguineus*). Se dice de las personas que tienen un ascendente común. **2.** Pariente por parte paterna: *hermano consanguíneo.*

consanguinidad s.f. Parentesco natural de las personas que pertenecen a un mismo tronco de familia y poseen caracteres hereditarios semejantes.

consciencia s.f. (lat. *conscientia*). Conciencia.

consciente adj. Que tiene conciencia, conocimiento: *ser consciente de las responsabilidades.* **2.** Se dice de un nivel de la estructura de la personalidad en que se tiene conciencia de los fenómenos psíquicos.

conscripción s.f. *Galic.* Reclutamiento, quinta. **2.** Argent. Servicio militar.

conscripto, a adj. **Padres conscriptos** Senadores romanos. ◆ s.m. Amér. Merid. Recluta, quinto, soldado que recibe la instrucción militar obligatoria.

consecución s.f. Acción y efecto de conseguir.

consecuencia s.f. Hecho o acontecimiento que se sigue o resulta necesariamente de otro: *las consecuencias de una guerra.* **2.** Cualidad de la persona consecuente. **3.** Proposición que se deduce lógicamente de otra o de un sistema de proposiciones dado. ◇ **A consecuencia** Por efecto, como resultado de. **En consecuencia** Conforme a lo dicho, mandado o acordado anteriormente. **Por consecuencia** Da a entender que una cosa se infiere de otra. **Ser de consecuencia** Ser de importancia. **Tener,** o **traer, consecuencia** Tener, o traer, resultados, o producir necesariamente otros.

consecuente adj. Se dice de la persona que actúa de acuerdo a sus ideas y principios. **2.** Que es el resultado de algo. ◆ s.m. Proposición que se deduce de otra que se llama antecedente. **2.** MAT. y LÓG. El segundo de dos enunciados unidos por una relación de implicación. ◇ **Río consecuente** GEOGR. Río que, en un relieve en pendiente, fluye siguiendo una dirección paralela al buzamiento de las capas geológicas.

consecutivo, a adj. Que sigue inmediatamente a algo: *tres días consecutivos.* ◆ adj. y s.f. **Conjunción consecutiva** LING. Conjunción que sirve para introducir oraciones consecutivas. **Oración consecutiva** LING. Oración subordinada que expresa la consecuencia real o lógica de lo que se ha expresado en la principal o en la oración de la que depende.

conseguir v.tr. (lat. *consequi*) [conj.: *pedir*]. Lograr lo que se pretende o desea. SIN.: *alcanzar.*

conseja s.f. Cuento, fábula, leyenda.

consejería s.f. Cargo y función de consejero. **2.** Departamento del consejo de gobierno de las comunidades autónomas; oficina o edificio donde se encuentra este departamento.

consejero, a s. Persona que aconseja o sirve para aconsejar. **2.** Esp. y Méx. Persona que forma parte de algún consejo o, en determinadas regiones o estados, de un ministerio.

consejo s.m. (lat. *consilium*). Advertencia u opinión que se da a alguien sobre cómo se debe obrar en un asunto: *seguir un consejo.* **2.** Organismo formado por un conjunto de personas encargadas de realizar una determinada labor legislativa, administrativa o judicial. **3.** Reunión celebrada por este organismo: *convocar un consejo.* **4.** Corporación consultiva encargada de informar al gobierno sobre determinada materia o ramo de la administración pública. **5.** En España, durante el Antiguo régimen, cuerpo consultivo que asesoraba al rey en cuestiones de gobierno y actuaba como tribunal superior. ◇ **Consejo de administración** Órgano permanente y colegiado de las sociedades anónimas, con poderes ejecutivos, designado por los accionistas en junta general. **Consejo de disciplina** Asamblea encargada de hacer respetar las reglas de una profesión, la disciplina en un instituto, etc. **Consejo de familia** Órgano que, por mandato de la ley, interviene en la tutela de un menor o un incapacitado. **Consejo de gobierno** Órgano institucional de gobierno de las comunidades autónomas. **Consejo de guerra** En algunos países, tribunal de justicia encargado de las causas de la jurisdicción militar. **Consejo de ministros** Reunión de los ministros bajo la presidencia del jefe de gobierno. **Consejo municipal** Asamblea electiva presidida por el alcalde y encargada de deliberar sobre los asuntos del municipio.

consenso s.m. Asenso, consentimiento. **2.** Acuerdo o conformidad en algo entre todas las personas que forman una colectividad, corporación, etc.

consensual adj. Relativo al consenso. **2.** DER. Se dice del contrato que se perfecciona por el mero consentimiento de los contratantes.

consensuar v.tr. [conj.: *actuar*]. Alcanzar un acuerdo entre dos o más personas o asociaciones.

consentido, a adj. y s. Mimado con exceso. ◆ adj. y s.m. Se dice del marido que tolera la infidelidad de su mujer.

consentimiento s.m. Acción y efecto de consentir: *dar su consentimiento.*

consentir v.tr. e intr. [conj.: *sentir*]. Permitir algo o condescender a que se haga. ◆ v.tr. Mimar con exceso, ser muy indulgente con alguien. **2.** Resistir, sufrir, admitir: *este estante consiente mucho peso.* **3.** DER. Otorgar, obligarse. ◆ v.intr. y prnl. Ceder, aflojarse las piezas que componen un mueble, construcción, etc. ◆ **consentirse** v.prnl. Empezar a rajarse o henderse algo: *el buque se consintió al varar.*

conserje s.m. y f. (fr. *concierge*). Persona que tiene por oficio custodiar un edificio o establecimiento público.

conserjería s.f. Local de un edificio destinado al conserje. **2.** Oficio y ejercicio de conserje.

conserva s.f. Sustancia alimenticia esterilizada y envasada herméticamente, que, en virtud de cierta preparación, se conserva durante mucho tiempo. **2.** MAR. Compañía que se hacen varias embarcaciones, navegando juntas para auxiliarse o defenderse mutuamente.

conservación s.f. Acción y efecto de conservar o conservarse: *edificio en buen estado de conservación.* ◇ **Conservación de los suelos** Conjunto de medidas adoptadas para luchar contra la erosión del suelo. **Ley de conservación** Ley según la cual, bajo ciertas condiciones, ciertas magnitudes físicas permanecen constantes en la evolución de un sistema dado.

conservacionista adj. y s.m. y f. Que tiende a conservar una cosa o una situación.

conservador, ra adj. y s. Que conserva. **2.** Que es partidario del conservadurismo. **3.** Se dice del partido político caracterizado por el mantenimiento de los valores y estructuras tradicionales y se opone a cualquier cambio. ◆ s. Persona que tiene por oficio conservar los fondos de un museo o de una sección de un museo.

conservaduría s.f. Oficina del conservador. **2.** Cargo de conservador en algunas dependencias públicas.

conservadurismo s.m. Doctrina política que defiende los valores y estructuras tradicionales y se opone a las innovaciones políticas o sociales. **2.** Actitud o tendencia conservadora.

conservar v.tr. y prnl. (lat. *conservare*). Mantener una cosa en buen estado; preservarla de alteraciones: *conservar la salud.* ◆ v.tr. Continuar la práctica de una costumbre, virtud, etc. **2.** Guardar con cuidado una cosa: *conservar un recuerdo.*

conservatorio, a adj. Que conserva. ◆ s.m. Centro oficial para la enseñanza y el fomento de la música, declamación, danza académica, etc. **2.** Argent. Colegio o academia particular.

conservería s.f. Actividad relativa a la fabricación de conservas.

conservero, a adj. Relativo a las conservas: *industria conservera.* ◆ s. Persona que tiene por oficio hacer conservas. **2.** Industrial de conservas.

considerable adj. Grande, cuantioso: *una fortuna considerable.* **2.** Digno de consideración: *un hecho considerable.*

consideración s.f. Acción y efecto de considerar: *someter a consideración.* **2.** Urbanidad, respeto, deferencia: *tener consideración con los mayores.* ◇ **De consideración** Importante. **En consideración** En atención. **Tomar en consideración** Considerar algo digno de atención.

considerado, a adj. Que actúa con consideración y respeto. **2.** Que es muy respetado y admirado.

considerando s.m. DER. En las sentencias y autos, cada uno de los párrafos separados en que se aprecian los puntos de derecho invocados por las partes.

considerar v.tr. (lat. *considerare,* examinar atentamente). Reflexionar una cosa con atención: *considerar las posibilidades.* **2.** Tratar a alguien con urbanidad, respeto y deferencia. ◆ v.tr. y prnl. Juzgar, estimar.

consigna s.f. Orden que se da a un subordinado. **2.** Orden que dan los dirigentes de un partido político, sindicato, etc., a sus afiliados. **3.** Lugar en una estación de tren, autobús, etc., donde se deposita y guarda el equipaje provisionalmente. **4.** PSICOL. Instrucciones para la aplicación de un test, con vistas a asegurar la invariabilidad de las condiciones a las que se someten los sujetos.

consignación s.f. Cantidad de dinero consignada en presupuesto para un determinado fin. **2.** Depósito efectuado por el deudor en el lugar señalado por la ley a título de garantía o a título liberatorio. **3.** Remisión de mercancías a una persona o personas determinadas, distintas del destinatario.

consignador, ra s. Persona que consigna sus mercancías o naves a la disposición de un corresponsal suyo.

consignar v.tr. (lat. *consignare*). Manifestar por escrito las opiniones, votos, doctrinas, etc.: *consignar un hecho.* **2.** Señalar una cantidad de dinero en el presupuesto para un fin determinado. **3.** Entregar algo por vía de depósito: *consignar las maletas.* **4.** Enviar una mercancía a su destinatario.

consignatario, a adj. y s.m. Se dice de la empresa o de la persona a quien va consignada una mercancía.

consigo pron.pers. Forma del pronombre personal tónico reflexivo de 3ª persona cuando se une a la preposición *con.* Funciona como complemento circunstancial.

consiguiente adj. (del lat. *consequi*). Que es el resultado de algo o se deduce de ello. ◇ **Por consiguiente** Como consecuencia.

consiliario, a s. Consejero, persona que aconseja.

consistencia s.f. Cualidad de la materia que no se rompe ni se deforma con facilidad. **2.** Cualidad de un argumento, idea, teoría, etc., que no puede refutarse con facilidad. **3.** LÓG. Propiedad de un sistema lógico cuando no contiene como teoremas a todas sus fórmulas bien formadas.

consistente adj. Que tiene consistencia. **2.** Que consiste en lo que se indica.

consistir v.intr. (lat. *consistere*). Ser, estar formado por lo que se indica. **2.** Estar una cosa fundada o basada en otra: *su encanto consiste en su sencillez.*

consistorial adj. Relativo a un consistorio: *casa consistorial.*

consistorio s.m. (lat. *consistorium,* lugar de reunión). En algunas ciudades y villas de España, ayuntamiento o cabildo secular. **2.** Asamblea de cardenales convocada por el papa. **3.** Asamblea de ministros protestantes o de rabinos, reunidos para discutir los asuntos de su Iglesia.

consol s.m. Procedimiento de navegación radioeléctrico que utiliza señales audibles.

consola s.f. (fr. *console*). Mesa adosada a una pared sobre la que se colocan objetos decorativos. **2.** INFORMÁT. Periférico o terminal de una computadora que permite la comunicación directa con la unidad central. ◇ **Consola de juego** Aparato electrónico que se conecta a un monitor de televisión y en el que se introducen cartuchos o casetes de juegos de vídeo. **Consola de órgano** Mueble fijo o móvil que agrupa los mandos del instrumento. **Consola gráfica,** o **de visualización** Periférico o terminal de una computadora que posee una pantalla catódica para la exposición o el trazado de los resultados.

consolación s.f. Acción de consolar o consolarse. **2.** Cosa que consuela. ◇ **Premio de consolación** Premio de menor importancia que se concede en algunos casos a los concursantes que no han tenido suerte.

consolador, ra adj. y s. Que consuela. ◆ s.m. Objeto en forma de pene en erección que se utiliza principalmente en la masturbación femenina.

consolar v.tr. y prnl. (lat. *consolari*). Aliviar la pena o el sufrimiento de alguien: *sus palabras me consolaron.*

consolidación s.f. Acción y efecto de consolidar.

consolidar v.tr. (lat. *consolidare*). Dar firmeza o solidez a una cosa: *consolidar un muro.* **2.** *Fig.* Hacer que una cosa inmaterial adquiera firmeza o solidez: *consolidar el poder.* **3.** Convertir una deuda flotante en deuda a largo plazo.

consomé s.m. (fr. *consommé*). Caldo, especialmente el de carne.

consonancia s.f. *Fig.* Acuerdo, armonía o conformidad entre personas o cosas: *no existe consonancia entre los diferentes partidos.* **2.** Afinidad entre dos o más sonidos, emitidos sucesivamente o, sobre todo, simultáneamente. **3.** Coincidencia de sonidos vocálicos y consonánticos a partir de la última vocal acentuada, en dos o más versos. **4.** Uso inmotivado, o no requerido por la rima, de voces consonantes muy próximas unas de otras.

consonante adj. (del lat. *consonare,* sonar juntamente). Que tiene consonancia: *rima consonante.* ◆ s.f. Sonido articulado resultante del cierre, completo o parcial, de la boca, seguido de una apertura; letra que representa este tipo de sonido. ◇ **Acorde consonante** MÚS. Acorde cuya percepción produce un efecto acústico satisfactorio.

consonántico, a adj. Relativo a las consonantes o a la consonancia.

consonantismo s.m. LING. Sistema consonántico de una lengua.

consonar v.intr. [conj.: *contar*]. Estar en consonancia. **2.** Formar consonancia.

consorcio s.m. (lat. *consortium*). Unión de varias cosas que contribuyen a un mismo fin, especialmente de varias empresas, con vistas a operaciones conjuntas. **2.** Argent. Entidad constituida por los dueños de un edificio de propiedad horizontal.

consorte s.m. y f. (lat. *consors, -tis,* que tiene la misma suerte). Cónyuge. **2.** Se usa en aposición de nombres como *rey, príncipe,* etc., para indicar que la persona comparte el título por matrimonio. **3.** Persona que juntamente con otra es responsable de un delito.

conspicuo, a adj. (lat. *conspicuus,* visible o notable). Ilustre, visible, sobresaliente: *un conspicuo artista.*

conspiración s.f. Acción y efecto de conspirar.

conspirador, ra s. Persona que conspira.

conspirar v.intr. (lat. *conspirare,* respirar juntos, estar de acuerdo). Ponerse de acuerdo varias personas para obrar contra alguien, especialmente contra el poder establecido. **2.** *Fig.* Concurrir varias cosas a un mismo fin, generalmente malo: *la malicia y la ignorancia conspiran a corromper las costumbres.*

1. **constancia** s.f. Firmeza y perseverancia en la realización de una actividad: *estudiar con constancia.* ◇ **Constancia perceptiva** PSICOL. Permanencia en la percepción de ciertas características de un objeto, a pesar de las modificaciones del campo sensorial.

2. **constancia** s.f. Acción y efecto de hacer constar alguna cosa de manera fehaciente: *dejar constancia de los hechos.*

constantán s.m. Aleación de cobre y de níquel (generalmente 40 %) cuya resistencia eléctrica es prácticamente independiente de la temperatura.

constante adj. Que tiene constancia, firmeza y perseverancia. **2.** Que persiste, dura o no se interrumpe. ◆ s.f. Tendencia que se manifiesta de forma duradera. **2.** *Fig.* Característica física (punto de fusión o de ebullición, densidad, etc.) que permite la identificación de un cuerpo puro. **3.** MAT. Cantidad de valor fijo; número independiente de las variables que figuran en una ecuación. <> **Constante fundamental** FÍS. Valor fijo de ciertas magnitudes particulares (masa y carga del electrón, constante de Planck, etc.) que desempeñan un papel importante en física.

constantinopolitano, a adj. y s. De Constantinopla.

constar v.intr. Estar compuesto un todo de determinadas partes: *la obra consta de tres actos.* **2.** Figurar, estar, hallarse: *su nombre no consta en la lista.* **3.** Ser cierto y evidente: *me consta que tienes razón.*

constatación s.f. Acción y efecto de constatar.

constatar v.tr. Comprobar un hecho, establecer su veracidad o dar constancia de él: *constatar la muerte de alguien.*

constelación s.f. (lat. *constellatio, -onis*). Grupo de estrellas próximas en la esfera celeste, que aparentemente forman una figura que recibe un nombre particular. **2.** *Fig.* y *fam.* Grupo de cosas o personas: *una constelación de manchas.*

constelado, a adj. *Galic.* Estrellado, lleno de estrellas. **2.** *Fig.* Sembrado, cubierto.

constelar v.tr. *Galic.* Cubrir o llenar.

consternación s.f. Sentimiento de abatimiento, disgusto, pena o indignación.

consternar v.tr. y prnl. (lat. *consternare*). Causar abatimiento, disgusto, pena o indignación a alguien.

constipado s.m. Catarro, resfriado, destemple general del cuerpo ocasionado por alterarse la transpiración.

constipar v.tr. (lat. *constipare,* ceñir). Cerrar los poros impidiendo la transpiración. ◆ **constiparse** v.prnl. Resfriarse, acatarrarse.

constitución s.f. Acción de constituir o constituirse. **2.** Manera de estar constituido algo. **3.** Conjunto de caracteres morfológicos, fisiológicos y psíquicos de un individuo. **4.** Conjunto de leyes fundamentales que establecen la forma de gobierno, regulan las relaciones entre gobernantes y ciudadanos, y determinan la organización de un estado. **5.** Forma de gobierno de un estado: *constitución parlamentaria.* **6.** Ordenanza o estatuto que forma parte de las normas con que se gobierna una corporación.

constitucional adj. y s.m. y f. Relativo a la constitución de un estado; partidario de ella: *derechos constitucionales.* **2.** Que se ajusta o es conforme a la constitución de un país. ◆ adj. Propio de la constitución de un individuo o relativo a ella: *defecto constitucional.*

constitucionalidad s.f. Cualidad de lo que se ajusta o es conforme a la constitución de un país.

constitucionalismo s.m. Doctrina política que propugna la organización y reglamentación de los estados a través de la adopción de una constitución. **2.** Régimen constitucional. **3.** Respeto a las formas constitucionales.

constituir v.tr. (lat. *constituere*) [conj.: *huir*]. Formar, componer, ser parte o elemento esencial de un todo. **2.** Otorgar o adquirir cierta calidad, condición o situación legal: *constituir heredero.* ◆ v.tr. y prnl. Fundar, establecer, ordenar: *constituir una sociedad.* ◆ **constituirse** v.prnl. Asumir obligación, cargo o cuidado. **2.** Personarse, presentarse.

constitutivo, a adj. y s.m. Que forma parte de la constitución y composición de algo: *los elementos constitutivos de un cuerpo.*

constituyente adj. y s.m. Constitutivo. ◆ adj. y s.f. Se dice de las cortes, asambleas, congresos, etc., que tienen como misión establecer una constitución política. ◆ s.m. LING. Cada uno de los elementos de una unidad sintáctica.

constreñir v.tr. (lat. *constringere*) [conj.: *ceñir*]. Obligar, forzar a que se haga algo. **2.** Apretar y cerrar como oprimiendo.

constricción s.f. Acción de constreñir.

constrictor, ra adj. Que constriñe o aprieta. **2.** ANAT. Se dice del músculo que cierra ciertos canales u orificios. <> **Boa constrictor** Boa cuyo nombre se debe a su manera de apretar entre sus pliegues a los animales que quiere ahogar.

construcción s.f. Acción y efecto de construir. **2.** Actividad o técnica de construir: *la construcción aeronáutica.* **3.** Obra construida. **4.** PSICOANÁL. Elaboración que hace el analista de la historia del paciente a partir de los fragmentos dispersos que este le revela. <> **Construcción civil** Obra pública. **Construcción de material** Amér. Merid. y P. Rico. Construcción hecha de ladrillos.

constructivismo s.m. Movimiento artístico del s. XX que privilegia una construcción geométrica de las formas.

constructivismo

De origen ruso, el movimiento fue de naturaleza espiritual y estética en los hermanos Gabo y Pevsner, autores del *Manifiesto realista* de 1920, así como en Maliévich, en la misma época. Todos ellos buscaban en las construcciones escultóricas o pictóricas de líneas y planos la expresión de una esencia del universo; por el contrario, el movimiento tendió hacia realizaciones prácticas en Tatlin (quien lo había inaugurado con sus «relieves pictóricos», composiciones de 1914), con quien hacia 1923 coincidieron Malévich y Lissitski en un mismo deseo de aplicación a la arquitectura, al diseño y a las artes gráficas. En occidente, movimientos como De Stijl se incluyen en el constructivismo, en sentido amplio, así como la escultura abstracta de tendencia geométrica; el arte cinético nació también del constructivismo.

constructivista adj. y s.m. y f. Relativo al constructivismo; adscrito a este movimiento.

constructivo, a adj. Se dice de lo que construye o sirve para construir.

constructor, ra adj. y s. Que construye, especialmente si se dedica a la construcción de obras de arquitectura o ingeniería.

construir v.tr. (lat. *construere*) [conj.: *huir*]. Hacer una obra material o inmaterial, ordenando y juntando los elementos necesarios de acuerdo con un plan: *construir un edificio; construir una teoría.* **2.** LING. Ordenar y enlazar debidamente las palabras en la oración o frase. **3.** MAT. Trazar: *construir un polígono.*

consubstanciación s.f. → **consustanciación.**

consubstancial adj. → **consustancial.**

consuegro, a s. (del lat. *consocrus,* consuegra). Suegro o suegra del hijo o la hija de una persona.

consuelda s.f. Planta herbácea de 1 m de alt., que crece en lugares húmedos y se emplea en medicina. (Familia borragináceas.)

consuelo s.m. Acción y efecto de consolar o consolarse. **2.** Cosa que consuela.

consuetudinario, a adj. (del lat. *consuetudo, -udinis,* costumbre). Que se rige por la costumbre. <> **Derecho consuetudinario** Usos y costumbres jurídicas de un país, una región, comarca o lugar.

cónsul, lesa s.m. y f. (lat. *consul, -ulis,* magistrado de la República de Roma). Agente diplomático que se encarga de la protección y defensa de los súbditos del país que representa y de los intereses de estos, en una ciudad del extranjero. ◆ s.m. En Roma, magistrado de los dos investidos, que ostentaba la máxima autoridad. **2.** En Francia, nombre de cada uno de los tres jefes del poder ejecutivo desde 1799 (año VIII) hasta el imperio (1804). ◆ s.f. Mujer del cónsul. SIN.: *cónsula.* <> **Cónsul general** Jefe del servicio consular de su nación.

consulado s.m. Cargo de cónsul. **2.** Oficina y jurisdicción de un cónsul. **3.** Tribunal que se encargaba de resolver los pleitos de los comerciantes de mar y tierra. **4.** Función de cónsul en la república romana, y duración de su mandato.

consular adj. Relativo al cónsul o al consulado: *autoridad consular.* **2.** Se dice de la jurisdicción que ejerce el cónsul establecido en un puerto o plaza de comercio.

consulta s.f. Acción y efecto de consultar. **2.** Acción de examinar el médico al paciente. **3.** Despacho donde el médico visita a los enfermos. **4.** Parecer o dictamen que por escrito o de palabra se pide o se da acerca de una cosa. **5.** Reunión de dos o más médicos para discutir el diagnóstico y tratamiento de un determinado caso clínico.

consultar v.tr. (lat. *consultare*). Someter una duda, caso o asunto a la consideración de otra persona. **2.** Pedir parecer, dictamen o consejo y deliberar sobre un determinado asunto: *consultar antes de tomar una decisión.* **3.** Buscar información en un libro o texto: *consultar un diccionario.*

consultivo, a adj. Que está establecido para dar asesoramiento o consejo en determinadas materias: *comisión consultiva.*

consultor, ra adj. y s. Se dice de la persona o empresa dedicada a atender consultas sobre un tema determinado: *consultor bursátil.* **2.** Que consulta. ◆ s.m. **Consultor del Santo Oficio** Magistrado de la Inquisición que daba su parecer antes que el ordinario y que, posteriormente, hacía de suplente de los abogados de los presos pobres.

consultorio s.m. Establecimiento donde uno o varios médicos reciben a los pacientes. **2.** Establecimiento privado donde se atienden consultas sobre una materia determinada: *consultorio jurídico.* **3.** Sección de periódicos, radio, etc., en la que se contesta a consultas formuladas por el público.

consumación s.f. Acción y efecto de consumar. ◇ **La consumación de los siglos** El fin del mundo.

consumado, a adj. Se dice de la persona que posee una cualidad en su grado máximo o es perfecto en una actividad: *un consumado hipócrita; artista consumado.*

consumar v.tr. Llevar a cabo totalmente una cosa: *no llegar a consumar un crimen.*

consumible adj. Que puede consumirse o ser consumido: *productos consumibles.* **2.** DER. Se dice de los bienes que se consumen con el uso.

consumición s.f. Acción de consumir o consumirse. **2.** Producto, generalmente una bebida, que se consume en un café, bar, etc.

consumido, a adj. *Fam.* Muy delgado. SIN.: *chupado.*

consumidor, ra adj. y s. Que consume. ◆ s. Persona física o jurídica que adquiere, utiliza o disfruta algún tipo de bien o servicio, que recibe de quien lo produce, suministra o expide.

consumir v.tr. (lat. *consumere*). Utilizar una cosa como fuente de energía o materia prima: *una industria que consume electricidad.* **2.** Tomar una persona alimentos u otros productos para satisfacer sus necesidades o gustos: *consumir mucha fibra.* **3.** Tomar una consumición en un café, bar, etc.: *los clientes están obligados a consumir.* ◆ v.tr. y prnl. Destruir, extinguir, gastar: *el fuego consumió la casa.* **2.** *Fig.* y *fam.* Causar desasosiego, afligir: *los celos la consumen.*

consumismo s.m. Tendencia al consumo excesivo de bienes sin aparente necesidad.

consumista adj. Relativo al consumismo.

consumo s.m. Acción de consumir una energía, un alimento u otros productos: *sociedad de consumo.* **2.** Gasto de lo que con el uso se extingue o destruye: *consumo de gasolina.*

consunción s.f. Enflaquecimiento, extenuación. **2.** Consumición, acción y efecto de consumir.

consuno (de) loc. Juntamente, de común acuerdo.

consustanciación o **consubstanciación** s.f. REL. Doctrina luterana según la cual el cuerpo y la sangre de Jesucristo se hallan presentes en la eucaristía, sin que por ello quede destruida la sustancia del pan y del vino.

consustancial o **consubstancial** adj. Que está íntimamente unido a algo. **2.** De la misma sustancia: *las tres personas de la Santísima Trinidad son consustanciales.*

contabilidad s.f. Conjunto de cuentas de las operaciones económicas que realiza una empresa, sociedad u organismo público. **2.** Parte de la economía que estudia las operaciones económicas que realiza una empresa, sociedad u organismo público. **3.** Cualidad de contable. ◇ **Contabilidad analítica** Procedimiento que permite a las empresas evaluar sus costos sin intervención de la contabilidad general. **Contabilidad material** Contabilidad relativa a las materias primas, los productos en curso de elaboración y los productos elaborados. **Contabilidad nacional** Presentación cuantitativa del conjunto de las informaciones relativas a la actividad económica nacional. **Contabilidad por partida doble** Registro de operaciones comerciales que se inscribe en dos escrituras iguales y de sentido contrario, en las que cada operación se analiza y el valor desplazado se asienta en el Debe y en el Haber. **Contabilidad pública** Conjunto de reglas especiales aplicables a la gestión de los fondos públicos.

contabilizadora s.f. Máquina que sirve para establecer documentos contables o comerciales que incluyen uno o varios cálculos.

contabilizar v.tr. Registrar una partida o cantidad en un libro de cuentas.

contable adj. Que puede ser contado. ◆ s.m. y f. Esp. Persona que tiene por oficio llevar la contabilidad de una empresa, sociedad u organismo público. ◇ **Hecho contable** Fenómeno económico, hecho, acto o negocio jurídico productor de un movimiento de la estructura patrimonial de la empresa, susceptible de captación, medida y representación, a través de la técnica contable. **Método contable** Conjunto de normas cuyo fin es el registro de los hechos contables para la aplicación de los sistemas contables. **Sistema contable** Conjunto de postulados y leyes para la representación de las masas patrimoniales y la conexión de los instrumentos conceptuales de la contabilidad.

contactar v.intr. Establecer o mantener contacto con alguien.

contacto s.m. (lat. *contactus, -us*). Hecho de tocarse dos cosas o personas. **2.** Trato o correspondencia entre personas. **3.** Conexión entre dos partes de un circuito eléctrico. **4.** Persona que actúa de enlace con una empresa, organización, organismo, etc. ◇ **Lentes de contacto** Lentes correctoras de la visión que se aplican directamente sobre la córnea. **Línea,** o **hilo, de contacto** En las instalaciones de tracción eléctrica, hilo conductor contra el que frota el pantógrafo o el trole. **Punto de contacto** MAT. Punto común a una curva y a su tangente, a dos curvas tangentes, etc. **Toma de contacto** MIL. Acción destinada a precisar sobre el terreno la posición del enemigo.

contactología s.f. Parte de la oftalmología que se ocupa de las lentes de contacto, de sus indicaciones y contraindicaciones.

contactor s.m. Interruptor automático que sirve para restablecer los enlaces entre distintos circuitos o aparatos eléctricos.

contadero, a adj. Que puede o debe contarse: *20 días contaderos desde la fecha.*

contado, a adj. Raro, poco. (Suele usarse en plural: *nos vemos en contadas ocasiones.*) ◆ s.m. **Al contado** Se dice de una forma de efectuar el pago, que consiste en entregar el comprador al vendedor el importe completo de la mercancía en el momento de su entrega o en un lapso de tiempo muy corto: *pagar al contado; venta al contado.*

contador, ra adj. y s. Que cuenta o relata. ◆ s.m. Aparato que sirve para medir, contar o registrar ciertas magnitudes o determinados efectos mecánicos (cantidades de gas, de electricidad, de agua, etc.). **2.** HIST. Funcionario de la administración real española que varió en sus atribuciones según la época. ◆ s. Persona que tiene por oficio llevar la contabilidad de una empresa, sociedad u organismo público. SIN.: *contable.* ◇ **Contador Geiger,** o **de centelleo** Instrumentos que sirven para detectar y contar las partículas emitidas por un cuerpo radiactivo.

contagiar v.tr. y prnl. Transmitir a uno, o adquirir una enfermedad infecciosa directa o indirectamente de una persona o animal enfermos a otra u otro: *contagiar la gripe.* **2.** *Fig.* Comunicar o adquirir costumbres, gustos, vicios, etc.

contagio s.m. (lat. *contagium,* de *tangere,* tocar). Acción de contagiar o contagiarse.
contagioso, a adj. Que se contagia: *enfermedad contagiosa; risa contagiosa.* **2.** Que padece una enfermedad que se contagia.
container s.m. (voz inglesa) [pl. *containers.*]. Contenedor.
contaminación s.f. Acción y efecto de contaminar o contaminarse. **2.** FÍS. NUCL. Estado de una sustancia maculada por una impureza radiactiva, que emite una radiación peligrosa. **3.** LING. Alteración de la forma de una palabra o texto por influencia de otro.

contaminación

Aunque también puede ser el resultado de causas naturales (emanaciones volcánicas, radiactividad natural), la contaminación es fundamentalmente obra del hombre (combustiones, vertidos industriales y domésticos, tratamientos agrícolas e industriales y actividades nucleares). La contaminación atmosférica es tal vez la más importante, ya que al provocar un aumento de los gases de efecto invernadero, principalmente CO_2, contribuye a largo plazo al calentamiento del planeta. Además del dióxido de carbono, contaminan también la atmósfera los óxidos de nitrógeno y el monóxido de carbono, los hidrocarburos no quemados, el benceno de los derivados oxigenados de los hidrocarburos, y el plomo procedente de los antidetonantes de la gasolina. La contaminación del suelo se debe esencialmente a los residuos agrícolas y urbanos. La primera es relativamente escasa, pero la segunda (básicamente basuras domésticas e industriales) plantea problemas debido a su abundancia y a su variada composición. Algunos residuos son biodegradables (papeles, residuos alimentarios) y otros pueden ser reciclados (vidrios, metales, cartones); otros aún, como los plásticos, deben ser incinerados. La contaminación de las aguas la producen sobre todo las aguas de alcantarillado, los efluentes industriales y las mareas negras. La contaminación radiactiva puede producirse en todas las fases del combustible nuclear, pero sobre todo en la explotación de los reactores y de las plantas de reciclaje y en el almacenamiento de los residuos.

contaminante adj. y s.m. Que contamina.
contaminar v.tr. y prnl. (lat. *contaminare*). Alterar nocivamente una sustancia u organismo por efecto de los residuos procedentes de la actividad humana o por la presencia de determinados gérmenes microbianos. **2.** Contagiar. **3.** *Fig.* Pervertir, corromper. **4.** Alterar la forma de una palabra o texto por influencia de otro.
contante adj. Se dice del dinero efectivo. (Se usa principalmente en la loc. *contante y sonante.*)
contar v.tr. (lat. *computare*). Determinar la cantidad de unidades que hay en un conjunto de elementos. **2.** Referir o narrar un suceso, una historia, etc., imaginarios o reales: *contar su vida.* **3.** Dar por supuesta una cosa que va a suceder, tener por cierto. **4.** Hacer un cálculo: *cuenta lo que nos hemos gastado.* ◆ v.tr. y prnl. Incluir a una persona o una cosa en el número, clase u opinión que les corresponde: *sin contar con él, somos dos.* ◆ v.intr. Decir los números por orden. **2.** Tener presente a una persona o cosa, o confiar en ella: *puedes contar con mi ayuda.* (Seguido de la prep. *con.*) **3.** Tener importancia: *ella cuenta mucho en mi vida.* **4.** Se usa con el significado de *tener, haber, existir,* hablando de cosas que pueden numerarse: *contar pocos años.*
contemplación s.f. Acción de contemplar. **2.** TEOL. Estado de la persona que está absorta en la vista y consideración de Dios o en los misterios de la religión. ◆ **contemplaciones** s.f.pl. Complacencias, miramientos.
contemplar v.tr. (lat. *contemplari*). Mirar durante largo tiempo y con atención: *contemplar el mar.* **2.** Considerar o tener en cuenta: *en el artículo no se contempla.* **3.** Complacer, ser muy condescendiente con alguien.
contemplativo, a adj. Relativo a la contemplación. **2.** Que contempla o suele contemplar. ◇ **Vida contemplativa** Vida consagrada a la contemplación.
contemporaneidad s.f. Cualidad de contemporáneo.
contemporáneo, a adj. y s. Que existe al mismo tiempo o es de la misma época que otra persona o cosa: *Voltaire y Franklin fueron contemporáneos.* ◆ adj. Que es de la época actual: *arte contemporáneo.*
contemporizar v.intr. Acomodarse al gusto o la voluntad de otro con algún fin, generalmente para evitar conflictos.
contención s.f. Acción y efecto de contener o contenerse. ◇ **Medios de contención** Procedimiento o aparato que inmovilizan momentáneamente una parte del cuerpo humano con un objetivo terapéutico.
contencioso, a adj. Que tiene por costumbre contradecir o discutir lo que otros afirman. **2.** DER. Se dice de las materias que son objeto de litigio, con oposición entre partes. **3.** DER. Se dice del procedimiento judicial mediante el cual se ventilan. ◆ s.m. **Contencioso administrativo** DER. Proceso que se sigue contra actos de la administración pública que violan el ordenamiento jurídico o lesionan intereses privados, protegidos por el derecho administrativo.
contender v.intr. (lat. *contendere*) [conj.: *tender*]. Pelear, luchar, competir. **2.** Disputar, debatir.
contendiente adj. y s.m. y f. Que contiende.

contar

INDICATIVO	SUBJUNTIVO
presente	**presente**
cuento	*cuente*
cuentas (contás)	*cuentes*
cuenta	*cuente*
contamos	contemos
contáis	contéis
cuentan	*cuenten*
copretérito o pret. imperfecto	**pretérito o pret. imperfecto**
contaba	contara o contase
contabas	contaras o contases
contaba	contara o contase
contábamos	contáramos o contásemos
contabais	contarais o contaseis
contaban	contaran o contasen
pretérito o pret. perf. simple	**futuro o fut. simple**
conté	contare
contaste	contares
contó	contare
contamos	contáremos
contasteis	contareis
contaron	contaren
futuro o fut. simple	**IMPERATIVO**
contaré	
contarás	*cuenta* (contá) (tú, vos)
contará	*cuente* (él)
contaremos	contemos (nosotros)
contaréis	contad (vosotros)
contarán	*cuenten* (ellos)
pospretérito o condicional simple	**FORMAS NO PERSONALES**
contaría	
contarías	**infinitivo** **gerundio**
contaría	contar contando
contaríamos	**participio**
contaríais	contado
contarían	

contenedor s.m. Recipiente muy grande y metálico, de dimensiones normalizadas internacionalmente, que sirve para transportar mercancías a grandes distancias.

contenencia s.f. Parada o suspensión momentánea que hacen algunas aves en el aire, especialmente las de rapiña. **2.** COREOGR. Paso de lado, en el cual parece que se contiene o detiene el que danza.

contener v.tr. y prnl. (lat. *continere*) [conj.: *tener*]. Llevar o encerrar dentro de sí una cosa a otra: *este libro contiene profundas verdades.* **2.** Detener, reprimir, moderar.

contenido, a adj. Que no exterioriza sus sentimientos o emociones. ◆ s.m. Cosa contenida en otra: *el contenido de una botella; el contenido de un discurso.* **2.** Tema o argumento de una obra o escrito. **3.** LING. Significado o sentido abstracto, conceptual, de un signo lingüístico o enunciado.

contentadizo, a adj. Que es fácil de contentar: *espíritu contentadizo.*

contentar v.tr. Satisfacer o complacer a alguien. ◆ **contentarse** v.prnl. Conformarse, darse por satisfecho: *contentarse con poco.*

contentivo, a adj. y s.m. CIR. Se dice del medio apto para la contención de algo.

contento, a adj. (lat. *contentus*). Alegre, feliz. ◆ s.m. Alegría, satisfacción: *mostraron su contento por lo resultados.* ◇ **Darse por contento** Encontrar satisfactoria una cosa, aunque no sea lo que se desea o espera.

contera s.f. Pieza, generalmente de metal, que recubre la punta de un bastón, un paraguas, un arma blanca, etc., para protegerla. **2.** *Fig.* Fin o remate de algo.

contertulio, a s. Con respecto a una persona, otra que asiste a la misma tertulia.

contesta s.f. Amér. Contestación.

contestación s.f. Acción de contestar. **2.** Oposición o rechazo: *la nueva ley ha sido objeto de una fuerte contestación.*

contestador s.m. Aparato que permite registrar un mensaje telefónico o dar informaciones automáticamente a la persona que llama a un teléfono. (También *contestador automático.*)

contestano, a adj. y s. De un pueblo ibero de la España primitiva, que habitaba entre los ríos Júcar y Segura. Sus principales ciudades fueron *Saitabi* (act. Játiva) e *Ilici* (act. Elche).

contestar v.tr. (lat. *contestari,* empezar una disputa con testigos). Dar una respuesta, de forma oral o escrita, a lo que se pregunta, se habla o se escribe, o a una acción o comportamiento. **2.** Adoptar una actitud de rechazo, protesta o duda contra algo o alguien, especialmente contra lo establecido o las autoridades. **3.** Oponer una objeción o inconveniente a una orden o indicación.

contestatario, a adj. y s. Que contesta, adopta una actitud de rechazo contra lo establecido.

contexto s.m. Conjunto de circunstancias en que se sitúa un hecho. **2.** LING. Conjunto de los elementos (fonema, morfema, frase, etc.) que preceden o siguen a una unidad lingüística dentro de un enunciado y que pueden determinar su correcta interpretación.

contextura s.f. Disposición, forma en que están unidas las partes que contienen un todo. **2.** *Fig.* Constitución física de una persona.

contienda s.f. Acción de contender. **2.** Encuentro deportivo entre dos equipos.

contigo pron.pers. Forma del pronombre personal tónico de 2ª persona del singular cuando se une a la preposición *con.* Funciona como complemento circunstancial.

contigüidad s.f. Cualidad de contiguo.

contiguo, a adj. (lat. *contiguus*). Que está junto a otra cosa.

continencia s.f. Acción de contener. **2.** Abstinencia en la satisfacción de los placeres, especialmente del sexual. **3.** MED. Estado de un esfínter que funciona normalmente.

continental adj. Relativo al continente, superficie de tierra. **2.** Relativo al conjunto de países que forman un continente. ◇ **Clima continental** Clima que se da en las regiones interiores de los continentes, y que se caracteriza por las grandes oscilaciones de temperatura entre el verano y el invierno y por la escasez de lluvias, más frecuentes en verano.

continentalidad s.f. Conjunto de las características climáticas determinadas por la ausencia de influencia marítima, que se aprecia en las regiones interiores de los continentes.

1. **continente** s.m. Gran extensión de tierra limitada por uno o varios océanos. (Se puede usar como contraposición de *isla.*) ◇ **Antiguo,** o **viejo, continente** Europa, Asia y África. **Nuevo continente** América.

2. **continente** adj. (lat. *continens, -entis,* p. activo de *continere,* contener). Que posee y practica la continencia. ◆ s.m. Cosa que contiene dentro de sí a otra. **2.** Aspecto, actitud, compostura.

contingencia s.f. Posibilidad de que una cosa suceda o no. **2.** Suceso que puede suceder o no, especialmente de carácter negativo. **3.** Riesgo.

contingentar v.tr. ECON. Limitar la importación o la distribución de un producto.

1. **contingente** s.m. Tropa o conjunto de tropas de un ejército: *contingente militar.* **2.** Parte proporcional que cada uno aporta cuando son varios los que contribuyen a un mismo fin. **3.** Cuota que se señala a un país o a un industrial para la importación, exportación o producción de determinadas mercancías.

2. **contingente** adj. FILOS. Que puede suceder o no: *acontecimiento contingente.*

continuación s.f. Acción de continuar. **2.** Parte o cosa con que se continúa algo. ◇ **A continuación** Inmediatamente detrás o después de lo que se expresa.

continuador, ra adj. y s. Que continúa algo empezado por otra persona, como una obra arquitectónica, una doctrina, etc.

continuar v.tr. [conj.: *actuar*]. Proseguir lo comenzado: *continuar con su trabajo.* ◆ v.intr. Persistir, durar, permanecer: *la miseria continúa.* ◆ **continuarse** v.prnl. Seguir, extenderse.

continuidad s.f. Unión natural que tienen entre sí las partes de un todo homogéneo. **2.** Circunstancia de hacer o sucederse algo sin interrupción.

continuo, a adj. (lat. *continuus*). Que se produce sin interrupción, en el espacio o en el tiempo. **2.** Que se repite con frecuencia. ◆ adj. y s.f. **Máquina continua de hilar** Máquina de hilar que permite transformar la mecha en hilo, dándole una cierta torsión y arrollándola sobre un soporte. ◆ s.m. Todo compuesto de partes unidas entre sí. **2.** Conjunto compuesto de partes entre las cuales no se establece separación o diferenciación. ◇ **Bajo continuo** Bajo que sirve de acompañamiento instrumental en las composiciones de los ss. XVII y XVIII. **De continuo** Continuamente. **Función continua en un punto** Función $f(x)$ que tiende hacia un límite igual a $f(x_0)$ cuando x tiende a x_0. **Potencia del continuo** Potencia del conjunto de los puntos de una recta, o del conjunto R de los números reales.

contínuum s.m. (lat. *continuum*). Conjunto de elementos tales que puede pasarse de uno a otro de manera continua. ◇ **Contínuum espacio-tiempo** En las teorías relativistas, espacio de cuatro dimensiones, de las cuales la cuarta es el tiempo.

contonearse v.prnl. Mover con afectación los hombros y caderas al andar.

contoneo s.m. (del lat. *canto, -onis*). Acción de contonearse.

contornado, a adj. Se dice de ciertas medallas romanas cuyo contorno era de mayor relieve. **2.** HERÁLD. Se dice de los animales representados de perfil y que están vueltos a la siniestra.

contornear v.tr. Trazar el contorno de algo. **2.** Dar vueltas alrededor de un lugar.

contorneo s.m. Acción de contornear.

contorno s.m. (voz italiana). Línea formada por el límite de un dibujo, figura o superficie. **2.** Territorio que rodea un lugar o población: *los contornos de la ciudad.* (Suele usarse en plural.) **3.** Canto de una moneda o una medalla. ◇ **Contorno aparente** MAT. Límite extremo de una figura vista en perspectiva o en proyección cilíndrica.

contorsión s.f. Movimiento brusco por el que el cuerpo o una parte de él adopta una posición forzada.

contorsionarse v.prnl. Hacer contorsiones.

contorsionista s.m. y f. Artista de circo que ejecuta contorsiones difíciles.

1. **contra** prep. (lat. *contra*). Indica oposición o pugna entre personas o cosas: *todos contra la guerra.* **2.** Expresa contacto o apoyo: *la apretó contra su pecho.* **3.** A cambio de, a condición de: *contra rembolso.* ◆ s.m. MÚS. Pedal del órgano. ◆ s.f. Dificultad, inconveniente o aspecto desfavorable de algo. (Se usa el género masculino en la loc. *los pros y los contras.*) ◆ **contras** s.m.pl. Bajos más profundos en algunos órganos. ◇ **Llevar,** o **hacer, a alguien la contra** *Fam.* Oponerse a lo que dice o intenta.

2. **contra** adj. y s.m. y f. (apócope de *contrarrevolucionario*). Relativo a la oposición armada al sandinismo y, en general, al gobierno revolucionario instalado en Nicaragua en 1979; miembro de dicha oposición.

contraalisio adj. y s.m. Se dice del viento que sopla en las capas altas de la atmósfera, en dirección opuesta al alisio. (Como sustantivo, suele usarse en plural.)

contraalmirante o **contralmirante** s.m. Oficial general de la armada de grado inmediatamente inferior al de vicealmirante.

contraarmiños s.m.pl. HERÁLD. Armiños con los esmaltes cambiados, siendo el campo, sable, y las motas, plata.

contraatacar v.tr. e intr. Atacar al contrario como respuesta a un ataque suyo previo.

contraataque s.m. Acción de contraatacar.

contrabajo s.m. Instrumento musical de cuerda, de forma parecida a la del violín pero mucho más grande y de tono más grave. **2.** Voz más grave que la del bajo ordinario. ◆ s.m. y f. Persona que toca el contrabajo. SIN.: *contrabajista.*

contrabajón s.m. Instrumento musical de viento de la familia de la madera, de lengüeta doble, que tiene el pabellón más pequeño que el bajón y que suena una octava más grave que este.

contrabalancear v.tr. Equilibrar el peso de un platillo de la balanza poniendo pesas en el otro. **2.** *Fig.* Compensar o contrapesar el efecto de algo con otra cosa.

contrabandista adj. y s.m. y f. Que hace habitualmente contrabando.

contrabando s.m. Actividad ilegal que consiste en comerciar con productos estancados prohibidos en un país, o en comerciar con productos sin pagar los derechos de aduana correspondientes. **2.** Conjunto de mercancías importadas o exportadas a través de estas actividades.

contrabarrera s.f. Segunda fila de localidades en las plazas de toros.

contrabatería s.f. Batería que se pone frente a otra para anular su actividad. **2.** Acción de la artillería que tiene por objeto anular, neutralizar o disminuir el fuego de las baterías enemigas.

contrabatir v.tr. Disparar contra una batería enemiga.

contracampo s.m. CIN. Contraplano.

contracarril s.m. Carril que se coloca en el interior de una vía para guiar las pestañas de las ruedas en las agujas, pasos a nivel, etcétera.

contracarro adj. MIL. Que se opone a la acción de los carros de combate y de otros vehículos blindados: *arma, mina contracarro.*

contracción s.f. Acción de contraer o contraerse. **2.** FISIOL. Respuesta mecánica de un músculo ante una excitación, que consiste en el acortamiento y engrosamiento de sus fibras. **3.** LING. Metaplasmo que consiste en hacer de dos palabras una sola. (Así, *al, del,* por *a* y *el* y *de* y *el.*)

contracepción s.f. Conjunto de métodos empleados para impedir la fecundidad. SIN.: *anticoncepción.*

contracepción

El método de contracepción más empleado y eficaz es la «píldora», que contiene un estrógeno y un progestativo. El dispositivo intrauterino (DIU) es un pequeño aparato que se introduce en la cavidad del útero, y se deja alojado en él durante varios años. El preservativo masculino, satisfactorio desde el punto de vista contraceptivo, además es un medio seguro de prevención de las enfermedades de transmisión sexual.

contrachapado s.m. Material formado por láminas delgadas de madera, encoladas y superpuestas de forma que las fibras alternen en direcciones perpendiculares.

contraclave s.f. Cada una de las dovelas colocadas al lado de la clave de una bóveda o un arco.

contracorriente s.f. METEOROL. Corriente derivada y de dirección opuesta a la de la principal de que procede. **2.** QUÍM. Procedimiento que consiste en dar movimientos opuestos a dos cuerpos que tienen que actuar uno sobre otro.

contráctil adj. Que es capaz de contraerse.

contractilidad s.f. Cualidad de contráctil. SIN.: *contractibilidad.*

contracto, a adj. LING. Que ha sufrido contracción.

contractura s.f. Contracción muscular duradera e involuntaria.

contracubierta s.f. Parte interior de la cubierta de un libro. **2.** Cubierta posterior de una revista o un libro.

contracultura s.f. Conjunto de manifestaciones sociales y culturales que exteriorizan una rebelión contra las actividades ideológicas y artísticas dominantes.

contradanza s.f. (fr. *contredanse*). Baile popular de origen inglés, muy en boga en los ss. XVII y XVIII, ejecutado por parejas que hacen figuras, al mismo tiempo.

contradecir v.tr. [conj.: *decir*]. Decir o hacer alguien lo contrario de lo que otro dice. ◆ **contradecirse** v.prnl. Decir o hacer alguien lo contrario de lo que él mismo piensa o ha dicho o hecho. **2.** Oponerse, contraponerse.

contradicción s.f. Acción de contradecir o contradecirse. **2.** Oposición, contrariedad. **3.** FILOS. **a.** Escisión de un mismo sustrato en el que dos términos se oponen y superan su oposición reconciliándose. **b.** Movimiento dialéctico cuyos términos son realidades diferenciadas y no idénticas. **4.** LÓG. Proposición falsa para cualquier valor de sus variables.

contradictorio, a adj. Que está en contradicción con otra cosa. **2.** Se dice de la persona que se contradice o incurre en contradicciones. ◇ **Proposiciones contradictorias** LÓG. Proposiciones opuestas tales que la falsedad de una de ellas implica la verdad de la otra.

contradique s.m. Dique destinado a consolidar o reforzar el dique principal.

contraer v.tr. y prnl. (lat. *contrahere*) [conj.: *traer*]. Encoger o reducir a menor volumen o extensión. ◆ v.tr. Adquirir una enfermedad, vicio, obligación, vínculo de parentesco o cosa parecida. ◆ **contraerse** v.prnl. Limitarse, dedicarse exclusivamente a algo.

contraescarpa s.f. Disminución progresiva, de abajo arriba, del espesor de un muro, cuyo paramento o cara externa es perfectamente vertical. **2.** FORT. Talud o pendiente que está en el lado exterior de las paredes de un foso.

contraespaldera s.f. Plantación de árboles frutales en línea y sostenidos por enrejados o alambres sin apoyarlos en muro alguno.

contraespionaje s.m. Actividad que se lleva a cabo para detectar y reprimir el espionaje de un país, tanto en el interior como en el exterior del territorio nacional.

contrafagot o **contrafagote** s.m. Instrumento musical de viento de la familia de la madera, de tono más grave que el fagot.

contrafajado, a adj. HERÁLD. Se dice del escudo cortado y fajado, de modo que las fajas del jefe están opuestas a las del otro esmalte, situadas en la punta.

contrafallar v.tr. En algunos juegos de naipes, poner un triunfo superior al que había jugado el que falló antes.

contrafigura s.f. Persona o maniquí con aspecto muy parecido a otra persona, con la que pueden ser confundidos; especialmente se decía de los que sustituían a los actores de una representación teatral.

contrafuego s.m. Operación consistente en quemar una parte de bosque, en la dirección en que avanza un incendio, a fin de crear un vacío que impida dicho avance.

contrafuerte s.m. Pieza de cuero que refuerza la parte posterior del calzado, por encima del talón. **2.** ARQ. Parte de una obra que sobresale del paramento de un muro y que está destinada a reforzarlo. **3.** GEOGR. Parte de una montaña formada por una arista secundaria que se apoya contra una arista principal.

contrafuga s.f. MÚS. Modalidad de fuga, en la cual la repetición del tema se ejecuta en sentido inverso al establecido comúnmente.

contragolpe s.m. DEP. Jugada rápida sobre la meta del equipo contrario, que sorprende a su defensa descolocada y avanzada. **2.** MED. Efecto que se produce en una parte del cuerpo por un golpe sufrido en otra.

contrahaz s.f. Revés en las ropas o cosas semejantes.

contrahecho, a adj. y s. (de *contrecho*). Se dice de la persona de cuerpo torcido o deforme.

contrahierba s.f. Planta herbácea de tallo nudoso y raíz fusiforme, que crece en América Meridional y se utiliza en medicina como contraveneno. (Familia moráceas.)

contrahierro s.m. Pieza metálica ajustada y apretada contra la hoja cortante o hierro de algunos utensilios, para desbastar madera (cepillo, garlopa), que facilita el acepillado y la evacuación de las virutas.

contraindicación s.f. Circunstancia particular que se opone al empleo de un medicamento.

contralecho (a) loc. Se dice de la forma de colocar los sillares, de modo que el plano medio de sus lechos de cantera se encuentra vertical al plano de hilada.

contralmirante s.m. → **contraalmirante.**

contralor s.m. (fr. *contrôleur,* empleado administrativo). Funcionario de la casa real de los Austria, que se ocupaba de las cuentas. **2.** Chile, Colomb., Méx. y Venez. Funcionario encargado de controlar los gastos públicos.

contraloría s.f. Chile, Colomb., Méx. y Venez. Oficina de la nación encargada de revisar las diversas cuentas del gobierno.

contralto s.m. (voz italiana). MÚS. Voz media entre la de tiple y la de tenor. ◆ s.m. y f. MÚS. Persona que tiene esta voz.

contraluz s.f. Aspecto de una cosa o una persona vistos desde el lado opuesto a la luz; fotografía tomada de esta manera. ◇ **A contraluz** Mirando un objeto o una persona por el lado opuesto a la luz.

contramaestre s.m. (cat. ant. *contramaestre*). Jefe o encargado de los obreros, en algunos talleres o fábricas. **2.** MAR. **a.** Suboficial jefe de marinería que dirige las tareas de a bordo. **b.** Oficial de mar que dirige la marinería bajo las órdenes del oficial de guerra.

contramano (a) loc. En dirección contraria a la acostumbrada o a la prescrita por la autoridad.

contramarcha s.f. Vuelta atrás por el camino ya andado. **2.** Operación o maniobra de una tropa militar, que consiste en retroceder o volver en la dirección contraria a la que se seguía.

contramina s.f. MIL. Galería de mina que construye el defensor para apoderarse de la mina contraria o para volarla.

contramuralla s.f. Contramuro.

contramuro s.m. Muro adosado a otro para servirle de refuerzo o apoyo.

contra natura loc. (voces latinas, *contra la naturaleza*). Indica que algo es antinatural, que va contra las leyes de la naturaleza.

contraofensiva s.f. Ofensiva que se emprende contra la realizada por el enemigo.

contraorden s.f. Orden con que se revoca otra dada previamente.

contrapartida s.f. Compensación, cosa que compensa o resarce a otra. **2.** Asiento para corregir algún error en la contabilidad por partida doble.

contrapaso s.m. COREOGR. Paso dado en sentido contrario al del anterior.

contrapear v.tr. Aplicar hojas de madera unas con otras, de forma que sus fibras queden cruzadas. **2.** Revestir con chapas delgadas de madera muebles u objetos construidos con madera de otra clase.

contrapelo (a) loc. **a.** En dirección opuesta a la inclinación natural del pelo. **b.** *Fam.* En contra de la tendencia natural de algo, o a la fuerza.

contrapesar v.tr. Hacer una cosa de contrapeso a otra. **2.** *Fig.* Compensar el efecto de una cosa con el de otra de efecto contrario: *contrapesar la firmeza con la generosidad.*

contrapeso s.m. Peso con que se equilibra otro peso o una fuerza: *el contrapeso de un elevador.* **2.** *Fig.* Cosa que compensa, equilibra o modera a otra.

contrapicado s.m. CIN. Plano tomado desde un ángulo de toma, del mismo nombre, en el que la cámara se sitúa debajo del objeto filmado, según un eje vertical.

contraplano s.m. CIN. Plano tomado desde un ángulo de toma en el que la cámara se sitúa por encima del objeto filmado, según un eje casi vertical.

contraponer v.tr. [conj.: *poner*]. Poner dos cosas juntas o una enfrente de otra para apreciar sus diferencias. ◆ v.tr. y prnl. Oponer: *contraponer su voluntad a la de otra persona.*

contraportada s.f. Última página de una revista, un periódico, etc., o envés de una funda de disco.

contraposición s.f. Acción y efecto de contraponer o contraponerse.

contraprestación s.f. DER. En los negocios bilaterales, conjunto de prestaciones a que se obligan recíprocamente las partes.

contraproducente adj. Que produce un efecto opuesto al que se desea o pretende obtener.

contraprogramación s.f. Programación realizada por una cadena de televisión en función de la programación de las otras cadenas, para hacerles la competencia.

contrapuerta s.f. Puerta situada inmediatamente detrás de otra.

contrapunta s.f. Punto fijo en rotación y móvil en traslación, que, en un torno, sirve de punto de apoyo a la pieza que se está trabajando.

contrapuntear v.tr. Cantar de contrapunto. ◆ v.tr. y prnl. *Fig.* Zaherir una persona a otra. ◆ **contrapuntearse** v.prnl. Enojarse o enemistarse dos personas.

contrapuntista s.m. y f. MÚS. Compositor que utiliza el contrapunto.

contrapuntístico, a adj. Relativo al contrapunto.

contrapunto s.m. Contraste entre dos cosas simultáneas o que están juntas. **2.** Argent., Chile y Urug. Certamen poético entre payadores. **3.** MÚS. **a.** Técnica de composición musical que consiste en combinar varias líneas melódicas. **b.** Composición musical escrita según las reglas de esta técnica.

contrariar v.tr. [conj.: *desviar*]. Poner obstáculos al deseo, propósito, intención, etc., de una persona. **2.** Disgustar o afligir a alguien.

contrariedad s.f. Contratiempo o dificultad imprevista que impide o retrasa el logro de algo. **2.** Disgusto, desazón. **3.** Oposición entre dos cosas.

contrario, a adj. (lat. *contrarius*). Opuesto, adverso a una cosa. **2.** Que daña o perjudica. ◆ s. Enemigo, adversario o rival. **2.** Persona que pleitea con otra. ◆ s.m. Impedimento, embarazo, contradicción. **2.** GRAM. Palabra que tiene un significado opuesto a otra: *alto y bajo son contrarios.* ◇ **Al,** o **por el,** o **todo lo, contrario** De forma totalmente distinta u opuesta. **Juicio contrario** o **proposición contraria** LÓG. Juicio o proposición que enuncia dos cosas contrarias. **Llevar,** o **hacer, la contraria** *Fam.* Oponerse a las iniciativas, opiniones, deseos, etc., de alguien.

contrarreloj adj. y s.f. (pl. *contrarreloj*). Se dice de la prueba deportiva que consiste en cubrir una determinada distancia en el menor tiempo posible. ◆ adv. Muy deprisa. (También se escribe *contra reloj.*)

contrarrestar v.tr. y prnl. Neutralizar una cosa los efectos, generalmente negativos, de otra.

contrarrevolución s.f. Movimiento encaminado a combatir una revolución o a destruir sus resultados.

contrarrevolucionario, a adj. y s. Relativo a la contrarrevolución; partidario de la contrarrevolución.

contrasello s.m. Sello pequeño que se estampa sobre el principal para dificultar las falsificaciones.

contrasentido s.m. Acción, actitud o razonamiento contrario a la lógica.

contraseña s.f. Palabra, frase o señal que solo conocen los pertenecientes a un mismo bando u organización, y que les sirve para reconocerse entre sí.

contrastar v.intr. (lat. *contrastare,* oponerse). Mostrar una persona o cosa una gran diferencia con otra cuando se comparan: *su agradable sonrisa contrasta con la aspereza de su voz.* ◆ v.tr. Someter a prueba algo para comprobar su valor, autenticidad o pureza.

contraste s.m. Acción y efecto de contrastar. **2.** Oposición o diferencia notable que existe entre personas o cosas. **3.** Marca estampada en las aleaciones de metales nobles para atestiguar que su ley se ajusta a las normas legales. **4.** TELEV. Diferencia de intensidades de iluminación entre las partes más claras y las más oscuras de una imagen. ◇ **Sustancia de contraste** Sustancia opaca a los rayos X, que se introduce en el organismo para visualizar en las radiografías las cavidades o conductos que no son espontáneamente perceptibles.

contrasujeto s.m. MÚS. Frase musical que acompaña la entrada de un tema, sobre todo en la fuga.

contrata s.f. Contrato hecho para ejecutar una obra material o prestar un servicio por precio determinado, especialmente con la administración pública.

contratación s.f. Acción de contratar.

contratar v.tr. Pactar, convenir, hacer contratos o contratas; en general, hacer operaciones de comercio. **2.** Ajustar, mediante convenio, un servicio.

contratenor s.m. MÚS. **a.** Voz masculina más aguda que la de tenor, que corresponde a la femenina de contralto. **b.** MÚS. Cantante que tiene esta voz.

contratiempo s.m. Suceso o accidenteinesperados que causan un perjuicio o que dificultan la realización de algo. **2.** MÚS. Procedimiento rítmico que consiste en emitir un sonido sobre un tiempo débil o sobre la parte débil de un tiempo, al que se hace seguir un silencio sobre el tiempo fuerte o la parte fuerte del tiempo que le sigue.

contratimbre s.m. Marca estampada en los papeles timbrados para indicar una modificación del valor del timbre original.

contratipar v.tr. Hacer contratipos.

contratipo s.m. Facsímil de una imagen fotográfica, obtenido al fotografiar dicha imagen. **2.** Copia positiva de una película, obtenida a partir de una copia del negativo original.

contratista adj. y s.m. y f. Se dice de la persona que realiza una obra por contrata.

contrato s.m. Convenio o acuerdo oral o escrito, por el que dos o más partes se obligan a cumplir unas determinadas condiciones. **2.** Documento en que consta un convenio o acuerdo escrito. ◇ **Contrato basura** *Fam.* Contrato que ofrece unas condiciones muy malas, generalmente a tiempo parcial y con una remuneración muy baja. **Contrato blindado** Contrato que contempla una fuerte indemnización en caso de rescisión.

contratuerca s.f. MEC. Tuerca de seguridad con que se aprieta otra tuerca para evitar que esta se afloje.

contravalación s.f. FORT. Línea establecida por el sitiador de una plaza para protegerse de las salidas de los sitiados.

contravalor s.m. Valor comercial que se da a cambio de otro.

contravapor s.m. Sistema que permite la inversión del vapor y sirve para frenar un tren que circula a gran velocidad.

contravención s.f. Incumplimiento de una ley, norma o mandato establecidos.

contraveneno s.m. Sustancia que tiene una acción contraria a la de uno o varios tóxicos determinados.

contravenir v.tr. [conj.: *venir*]. Obrar en contra de una ley, norma o mandato.

contraventana s.f. Puerta de madera que se pone en la parte exterior de una ventana o balcón para regular el paso de la luz y para resguardar del frío y del calor.

contraveros s.m.pl. HERÁLD. Veros que están unidos dos a dos por su base y que son del mismo esmalte, siempre que este sea argent o azur.

contravía s.f. Vía paralela a la que sigue un tren.

contraviento s.m. Conjunto de piezas utilizadas en una construcción para mantener indeformable una estructura.

contrayente adj. y s.m. y f. Se dice de la persona que contrae matrimonio.

contri s.m. Chile. Molleja, estómago de las aves. **2.** Chile. *Fig.* Corazón, entraña, lo más interior de algo.

contribución s.f. Acción de contribuir. **2.** Cosa con que se contribuye a un fin: *la contribución intelectual.* **3.** Imposición fiscal a los beneficiados por una obra o servicio de la administración. ◇ **Poner a contribución** Recurrir a cualquier medio que pueda cooperar en la consecución de algún fin.

contribuir v.intr. (lat. *contribuire*) [conj.: *huir*]. Dar una cantidad de dinero para un determinado fin en el que participan otras personas. **2.** *Fig.* Ayudar y cooperar con otras personas al logro de algún fin. ◆ v.tr. e intr. Pagar una persona la cuota que le corresponde por un impuesto.

contributivo, a adj. Relativo a las contribuciones o impuestos.

contribuyente adj. y s.m. y f. Que contribuye. **2.** Que paga contribución o impuestos al estado.

contrición s.f. Arrepentimiento por haber obrado mal. **2.** TEOL. Arrepentimiento por haber ofendido a Dios: *acto de contrición.*

contrincante s.m. y f. Persona o grupo con los que se compite o rivaliza.

contristar v.tr. y prnl. Entristecer, poner triste.

contrito, a adj. Arrepentido, abatido y triste por haber cometido una falta.

control s.m. (fr. *contrôler*). Comprobación, inspección o intervención. **2.** Dirección, mando, regulación. **3.** Lugar donde se verifica alguna inspección. ◇ **Control de natalidad** Expresión traducida del inglés *birth control,* utilizada para designar el conjunto de procedimientos que tienden a modificar la natalidad. **Control remoto** Dispositivo que regula a distancia el funcionamiento de un aparato, máquina, etc. GEOSIN.: Esp. *mando a distancia.*

controlador, ra adj. y s. Que controla. ◆ s. **Controlador aéreo** Técnico encargado de controlar y dirigir la navegación aérea desde un aeropuerto.

controlar v.tr. Comprobar, intervenir, inspeccionar. **2.** Dirigir, regular, dominar, moderar.

controversia s.f. (lat. *controversia*). Discusión reiterada sobre algún asunto.

controvertir v.intr. y tr. [conj.: *sentir*]. Mantener una controversia.

contubernio s.m. *Desp.* Alianza o asociación vituperable. **2.** Amancebamiento.

contumacia s.f. Cualidad de contumaz.

contumaz adj. (lat. *contumax, -acis*). Obstinado en la defensa o en la comisión de un error o acción censurable. ◆ adj. y s.m. y f. Se dice de la persona que ha sido declarada judicialmente en rebeldía por no comparecer en un juicio.

contumelia s.f. (lat. *contumelia*). Injuria u ofensa dicha a una persona.

contundencia s.f. Cualidad de contundente.

contundente adj. Que produce o es capaz de producir una contusión: *instrumento contundente; golpe contundente.* **2.** *Fig.* Rotundo o convincente, sin dejar lugar a dudas: *discurso contundente.*

conturbar v.tr. y prnl. Inquietar, turbar.

contusión s.f. Lesión causada por un golpe o una compresión, sin herida exterior.

contusionar v.tr. y prnl. Causar contusión o contusiones.

contuso, a adj. y s. Que padece una contusión.

conuco s.m. Antillas, Colomb. y Venez. Heredad o campo pequeño con su rancho. **2.** Cuba, Dom. y P. Rico. Montículo de tierra en el que se siembran ritualmente las raíces de la yuca.

conuquero, a s. Antillas, Colomb. y Venez. Persona que explota un conuco.

conurbación s.f. Conjunto de poblaciones vecinas cuyos extrarradios se han unido.

conurbado s.m. Amér. Conurbación.

convalecencia s.f. Estado de convaleciente; período de tiempo que dura.

convalecer v.intr. (lat. *convalescere*) [conj.: *parecer*]. Estar recuperando la salud tras una enfermedad, un accidente o una intervención quirúrgica: *el herido convalece en el hospital.* **2.** *Fig.* Estar volviendo a una situación de normalidad alguien o algo tras un período de crisis, un conflicto, etc.: *la economía convalece tras los años de recesión.*

convaleciente adj. y s.m. y f. Se dice de la persona que se está recuperando tras una enfermedad.

convalidación s.f. Acción de convalidar.

convalidar v.tr. Declarar válido o confirmar la validez de algo ya aprobado: *convalidar unos estudios por otros.*

convección s.f. Movimiento de un fluido bajo la influencia de diferencias de temperatura. **2.** Movimiento vertical del aire, de origen a menudo térmico u orográfico.

convecino, a adj. y s. Que es vecino de otra persona. ◆ adj. Cercano, próximo.

convector s.m. Aparato de calefacción en el cual el aire se calienta por convección en contacto con una superficie de caldeo.

convencer v.tr. (lat. *convincere*) [conj.: *mecer*]. Conseguir con argumentos o pruebas que una persona actúe o piense de una manera determinada. **2.** *Fam.* Gustar o satisfacer una persona o una cosa. ◆ **convencerse** v.prnl. Llegar a creer o pensar algo por las razones de otra persona o por la propia reflexión.

convencimiento s.m. Acción de convencer. **2.** Creencia firme.

convención s.f. Conveniencia, conformidad. **2.** Norma o práctica admitida por costumbre, acuerdo o tradición: *las convenciones sociales.* **3.** Convenio entre naciones, organismos o individuos. **4.** Asamblea o reunión de personas para tratar de un determinado asunto. **5.** Nombre dado a algunas asambleas nacionales constituyentes. **6.** En EUA, congreso de un partido, reunido con vistas a designar un candidato para la presidencia.

convencional adj. Que resulta de una convención o pacto. **2.** Se dice de las cosas que se ajustan a los cánones fijados por la tradición o costumbre: *boda convencional.* **3.** Se dice de la persona que actúa según los convencionalismos sociales. **4.** Se dice de las armas clásicas o tradicionales con exclusión de las nucleares, biológicas y químicas. ◆ s.m. y f. Persona que forma parte de una convención.

convencionalismo s.m. Práctica u opinión que por comodidad o conveniencia social se considera norma. **2.** FILOS. Concepción según la cual los axiomas de las ciencias, los principios morales, las bases del lenguaje, etc., solo constituyen sistemas de convenciones.

conveniencia s.f. Cualidad de conveniente. **2.** Cosa o situación conveniente: *mirar solo su propia conveniencia.*

conveniente adj. Que conviene: *temperatura conveniente; no es conveniente que te vean demasiado.* SIN.: *oportuno, adecuado.*

convenio s.m. Acuerdo o pacto. ◇ **Convenio colectivo** Acuerdo tomado entre asalariados y empresarios para reglamentar las condiciones de trabajo.

convenir v.intr. (lat. *convenire,* ir al mismo lugar) [conj.: *venir*]. Ser una cosa buena, oportuna o útil para alguien o algo. **2.** Coincidir. **3.** Ser de un mismo parecer u opinión. ◆ v.tr. y prnl. Acordar algo con alguien.

conventillo s.m. Amér. Merid. Casa de vecindad.

convento s.m. (lat. *conventus, -us,* reunión). Casa donde viven en comunidad miembros de una orden religiosa.

conventual adj. y s.m. y f. Relativo al convento. ◆ s.m. Monje, miembro de una comunidad monástica.

convergencia s.f. Acción y efecto de convergir. **2.** Ligera inclinación hacia el interior de las partes delanteras de las ruedas directrices de un automóvil detenido. **3.** BIOL. Tendencia evolutiva de diversos organismos, pertenecientes a grupos muy diferentes, hacia formas, estructuras o funciones semejantes. **4.** MAT. Propiedad de determinadas sucesiones y series, que consiste en poseer un límite o suma finitos, respectivamente. **5.** ÓPT. Inverso de la distancia focal. ◇ **Convergencia de los meridianos** Variación del ángulo (acimut) en el cual un mismo círculo máximo de la esfera corta los meridianos sucesivos. **Línea de convergencia** OCEANOGR. Límite entre dos masas de agua de densidades diferentes. **Línea de convergencia intertropical** Línea de contacto entre los dos alisios.

convergente adj. Que converge. **2.** MAT. Se dice de las sucesiones que tienen límite finito o de las series sumables. ◇ **Lente convergente** Lente que hace converger los rayos paralelos.

converger v.intr. Convergir. **2.** MAT. Para sucesiones y series, poseer un límite.

convergir v.intr. (lat. tardío *convergere*). Dirigirse a un mismo punto dos o más líneas, caminos, etc. **2.** *Fig.* Concurrir al mismo fin los dictámenes u opiniones de dos o más personas.

conversación s.f. Acción de conversar, hablar. ◇ **Dar conversación** Entretener a una persona hablando con ella.

conversacional adj. INFORMÁT. Interactivo.

conversador, ra adj. y s. Se dice de la persona que conversa, especialmente la de conversación agradable. ◆ adj. Amér. Charlatán.

conversar v.intr. (lat. *conversari,* vivir en compañía). Hablar unas personas con otras.

conversión s.f. Acción y efecto de convertir o convertirse. **2.** Cambio de la tasa de interés de una deuda pública. **3.** Transformación del resultado de una medida expresado con ciertas unidades en un nuevo resultado expresado con otras unidades. **4.** Operación metalúrgica realizada en un convertidor. **5.** MIL. Cambio de la dirección del frente de combate de un ejército. **6.** PSIQUIATR. Trasposición de un conflicto psíquico, con tentativa de resolución de este, en determinados síntomas somáticos.

converso, a adj. y s. Se dice de la persona que ha cambiado de religión, especialmente cuando se ha convertido al cristianismo. **2.** En los ss. XIV al XVI, se decía del judío o musulmán que se convertía al cristianismo. ◆ s.m. En algunas órdenes religiosas, lego.

convertibilidad s.f. Cualidad de convertible. **2.** Cualidad de una moneda que, por medio de ciertos procedimientos internacionales, puede cambiarse por otras monedas.

convertible adj. Que puede ser convertido o transformado: *obligaciones convertibles en rentas.* ◆ adj. y s.m. Se dice del automóvil descapotable. ◇ **Avión convertible** Avión que puede efectuar la propulsión vertical u horizontalmente.

convertidor s.m. Máquina destinada a transformar la corriente eléctrica. **2.** Aparato que permite hacer variar de manera continua, entre determinados límites, el valor de un par motor. **3.** Gran retorta metálica con revestimiento interior refractario, ácido o básico, en la que se produce una reacción de oxidación y que se utiliza en las metalurgias del acero, del cobre y del níquel. **4.** INFORMÁT. Aparato o dispositivo que permite cambiar el modo de representación de una información.

convertir v.tr. y prnl. (lat. *convertere*) [conj.: *sentir*]. Mudar, transformar. **2.** Llevar a una religión determinada al que pertenece a otra o a ninguna; llevar a la práctica de una religión o de las buenas costumbres. **3.** Hacer cambiar a alguien o cambiar alguien sus ideas, opiniones, o actitudes en otras.

convexidad s.f. Cualidad de convexo. **2.** Parte o forma convexas.

convexo, a adj. (lat., *convexus*). Se dice de la línea o superficie curva que, respecto del que la mira, tiene su parte más saliente en el centro. CONTR.: *cóncavo.* **2.** MAT. Se dice de un conjunto lineal tal que, si *a* y *b* son dos cualesquiera de sus elementos, contiene todos los elementos del intervalo cerrado [*a, b*].

conveyor s.m. Transportador continuo en circuito cerrado, utilizado para el transporte de materias en piezas o fardos.

convicción s.f. Convencimiento. ◆ **convicciones** s.f.pl. Ideas religiosas, éticas o políticas en las que alguien cree firmemente.

convicto, a adj. y s. Se dice del acusado cuyo delito ha sido probado legalmente, aunque no lo haya confesado. **2.** Presidiario.

convidar v.tr. (del lat. *invitare*). Rogar a alguien que participe en un acto o celebración. **2.** Ofrecer a alguien que haga algo que se supone grato para él. **3.** *Fig.* Animar o estimular a hacer algo: *el silencio convidaba a la lectura.*

convincente adj. Que convence.

convite s.m. (cat. *convit*). Acción de convidar. **2.** Banquete o comida al que asisten personas que han sido convidadas.

convivencia s.f. Acción de convivir. **2.** Relación entre los que conviven.

convivir v.intr. Vivir con otras personas.

convocar v.tr. (lat. *convocare,* llamar a reunión). Llamar a una o varias personas para que acudan a un acto o lugar determinados: *convocar a los socios a una asamblea.*

convocatoria s.f. Acción de convocar. SIN.: *convocación.* **2.** Anuncio o escrito con que se convoca.

convocatorio, a adj. Que convoca. SIN.: *convocador.*

convoluto, a adj. BOT. Arrollado en espiral.

convolvuláceo, a adj. y s.f. Relativo a una familia de plantas de tallo voluble y pétalos completamente soldados, como la campanilla.

convoy s.m. (fr. *convoi*). Tren. **2.** Conjunto de vehículos de transporte que tienen el mismo destino. **3.** Serie de vagones unidos unos con otros y arrastrados por la misma máquina. **4.** Escolta o guardia.

convulsión s.f. Contracción muscular violenta, involuntaria y de origen patológico. **2.** *Fig.* Agitación política o social de carácter violento que transforma la normalidad de la vida colectiva. **3.** GEOL. Sacudida producida por un terremoto.

convulsionar v.tr. y prnl. Producir convulsiones.

convulsionario, a adj. Que padece convulsiones. ◆ adj. y s. Se dice de los fanáticos jansenistas de principios del s. XVIII, que se entregaban, bajo el efecto de la exaltación religiosa, a manifestaciones de histeria colectiva.

convulsivo, a adj. Relativo a la convulsión o que tiene sus características.

convulso, a adj. (lat. *convulsus*). Que padece convulsiones. **2.** *Fig.* Que está muy excitado.

conyugal adj. Relativo a los cónyuges: *domicilio conyugal.*

cónyuge s.m. y f. (lat. *conjux, -ugis*). Esposo o esposa de una persona.

conyugicidio s.m. Acción de matar uno de los cónyuges al otro.

conyugio s.m. Matrimonio.

coña s.f. Esp. *Vulg.* Ironía o burla con que se dice algo: *decir algo en coña.* **2.** Esp. *Vulg.* Cosa molesta o fastidiosa: *hacer cola resulta una coña.*

coñac o **coñá** s.m. (fr. *cognac,* de *Cognac,* c. de Francia) [pl. *coñacs* o *coñás*]. Bebida alcohólica elaborada en la región francesa de Cognac, que se obtiene por destilación del vino y se añeja en toneles.

coñazo s.m. Esp. *Vulg.* Persona o cosa pesada y molesta. ◇ **Dar el coñazo** Esp. *Vulg.* Molestar.

coñearse v.prnl. Esp. *Vulg.* Burlarse.

coñete adj. Chile y Perú. Tacaño, cicatero, mezquino.

coño s.m. (lat. *cunnus*). *Vulg.* Parte externa del aparato genital femenino. **2.** Chile. *Vulg.* Español. ◆ interj. *Vulg.* Expresa enojo, extrañeza.

cool adj. (voz inglesa). Se dice de un estilo de jazz aparecido a finales de los años cuarenta, de ritmo menos complejo que el be-bop.

coona s.f. Planta venenosa con cuyo jugo los indios envenenaban las flechas; hoja de esta planta.

cooperación s.f. Acción y efecto de cooperar. **2.** Política de entendimiento y de intercambios entre dos estados. **3.** Política de ayuda económica en beneficio de los países subdesarrollados. **4.** Método de acción económica por el que personas que tienen intereses comunes constituyen una empresa en la que los derechos de todos a la gestión son iguales y las ganancias realizadas son repartidas entre los asociados.

cooperante s.m. y f. Persona que, a título de cooperación institucional o particular, presta su ayuda profesional en un país en vías de desarrollo.

cooperar v.intr. (lat. *cooperare*). Obrar conjuntamente dos o más personas o entidades para conseguir un mismo fin.

cooperativismo s.m. Tendencia favorable a la cooperación en el campo económico y social. SIN.: *cooperatismo.* **2.** Tendencia favorable a las cooperativas.

cooperativa s.f. Asociación de compradores, vendedores o productores cuyo fin es ofrecer las condiciones que sean más ventajosas para todos. **2.** Establecimiento donde se venden los artículos suministrados por una asociación de este tipo.

cooperativista adj. y s.m. y f. Relativo al cooperativismo. ◆ s.m. y f. Persona que pertenece a una cooperativa.

cooptación s.f. Designación de un nuevo miembro de una asamblea, comunidad o corporación por los miembros que la integran.

coordenado, a adj. y s.f. Se dice de la línea que junto a otras sirve para determinar la posición de un punto, y a los ejes y planos a que se refieren dichas líneas. (Suele usarse en plural.) ◇ **Coordenadas geográficas** En los mapas, cuadrícula de líneas (meridianos y paralelos) que permiten localizar un punto de la superficie terrestre.

coordinación s.f. Acción y efecto de coordinar. **2.** GRAM. Relación gramatical que se establece entre dos proposiciones de una oración compuesta, independientes entre sí. **3.** QUÍM. Valencia particular que explica la unión de varias moléculas en un complejo. **4.** QUÍM. Número total de iones o de átomos unidos a un elemento central.

coordinado, a adj. Se dice del átomo o radical químico que, en un compuesto complejo, está unido al átomo central por valencias de coordinación. ◇ **Conjunción coordinada** GRAM. Palabra que sirve para unir oraciones sin dependencia de subordinación. **Oración coordinada** GRAM. Oración independiente unida a otra independiente por conjunción coordinada.

coordinar v.tr. Organizar los distintos recursos y actividades destinados a alcanzar un objetivo común. **2.** Disponer ordenadamente varias cosas siguiendo un método. **3.** GRAM. Unir dos o más elementos de la misma categoría con una conjunción coordinada.

copa s.f. (lat. vulgar *cuppa*). Vaso con pie, generalmente de vidrio, que sirve para beber. **2.** Bebida, generalmente alcohólica, que cabe en este vaso. **3.** Trofeo de forma parecida a la de este vaso, que se concede al vencedor de una competición deportiva; esta misma competición. **4.** Parte hueca del sombrero o del sujetador. **5.** Conjunto de las ramas de un árbol, con su follaje o sin él. **6.** Carta del palo de copas; as de copas. ◆ **copas** s.f.pl. Palo de la baraja española representado por la figura de una copa. <> **Apurar la copa** Llegar al extremo del dolor, pena, calamidad, infortunio u otro padecimiento.

copaiba s.f. (port. *copaíba*). Secreción oleorresinosa del copayero, utilizada antiguamente con fines terapéuticos.

copal s.m. Resina que se extrae de diversos árboles tropicales, que se utiliza para fabricar barnices.

copar v.tr. (fr. *couper,* cortar). *Fig.* Conseguir todos los puestos en unas elecciones o en cualquier otro asunto. **2.** Apresar por sorpresa al enemigo. **3.** En los juegos de azar, hacer una apuesta equivalente a todo el dinero de que dispone la banca.

copartícipe s.m. y f. Persona que participa con alguien en alguna cosa.

copayero s.m. Árbol resinoso que crece en América tropical. (Familia cesalpiniáceas.)

copear v.intr. Tomar copas en un bar, discoteca, etc.

copec s.m. → **kopek.**

copela s.f. Pequeño crisol, hecho de huesos calcinados, que sirve para la copelación. <> **Horno de copela** Horno de reverbero y bóveda o plana movibles, en que se efectúa la copelación.

copelar v.tr. Fundir minerales o metales, mediante oxidación, en una copela o en un horno de copela.

copeo s.m. Acción de copear.

copépodo, a adj. y s.m. Relativo a una subclase de crustáceos de pequeño tamaño, que forman parte del plancton de agua dulce o salada.

copernicio s.m. Elemento químico (Cn), de número atómico 112, obtenido artificialmente.

copero, a adj. Relativo a una copa deportiva o a la competición para ganarla: *partido copero.* ◆ s.m. Hombre que tenía por oficio traer la copa y dar de beber a su señor.

copete s.m. (de *copo,* mechón). Tupé levantado sobre la frente. **2.** Colmo que rebasa del borde de un recipiente, especialmente en los refrescos y bebidas heladas. **3.** Penacho de plumas que llevan algunas aves sobre la cabeza. **4.** Adorno situado en la parte superior de algunos muebles, como armarios, sillones o espejos. **5.** Argent. *Fig.* Breve resumen y anticipación de una noticia periodística, que sigue inmediatamente al título. **6.** R. de la Plata. Hierba seca o espuma que corona la boca del mate, cuando está bien cebado. <> **De alto copete** Se dice de la persona que pertenece a una clase social noble o alta.

copetín s.m. Amér. Aperitivo, cóctel. **2.** Amér. Copa de licor.

copetudo, a adj. Que es de alto copete.

copia s.f. (lat. *copia,* abundancia). Reproducción exacta de un escrito, impreso, composición musical, obra artística, etc. **2.** Persona muy parecida a otra. **3.** Acción de copiar. **4.** *Formal.* Gran cantidad: *una copia de datos.* **5.** Cada uno de los ejemplares de una película, fotografía, programa informático, etc.

copiado s.m. Reproducción automática de una pieza efectuada por una máquina a partir de un modelo.

copiador, ra adj. y s. Que copia. **2.** Multicopista. ◆ s.m. Libro o registro en el que se conserva la copia de la correspondencia enviada. <> **Máquina copiadora de cortar** Máquina que permite obtener una o varias piezas a partir de un modelo.

copiar v.tr. Hacer una cosa, especialmente una obra artística, igual a otra que se toma como modelo. **2.** Hacer un examen valiéndose fraudulentamente de un libro, apuntes, etc. **3.** Imitar a una persona. **4.** Escribir lo que otro dice o dicta.

copihue s.m. Chile. Arbusto trepador de flores rojas y blancas y fruto en forma de baya.

copiloto s.m. Piloto cuya función consiste en asistir al primer piloto en un barco o en una aeronave.

copión, na adj. y s. *Desp.* Que copia fraudulentamente o imita a alguien.

copiosidad s.f. Cualidad de copioso.

copioso, a adj. Abundante: *una comida copiosa.*

copista s.m. y f. y adj. Persona que tiene por oficio copiar escritos u obras literarias, especialmente la que copiaba manuscritos antes de la invención de la imprenta. **2.** IMPR. Obrero que efectúa la copia de los clichés sobre una forma de impresión.

copla s.f. (lat. *copula,* lazo o unión). Composición poética de cuatro versos de arte menor, de rima asonante en los pares y libre en los impares, que está destinada a ser cantada. **2.** Canción popular española derivada del cuplé e influenciada por varios géneros; género musical constituido por estas canciones populares. ◆ **coplas** s.f.pl. *Fam.* Versos. <> **Andar en coplas** Ser algo muy público y notorio, especialmente lo que afecta negativamente a la opinión o estimación que se tiene de una persona.

copla

Esta composición lírica popular, imitada por los poetas cultos, tenía en la edad media, en el renacimiento y aún en épocas posteriores un sentido tan difuso y amplio que designaba prácticamente todo tipo de estrofas. Un uso más preciso del término permite distinguir las siguientes modalidades: la copla castellana, la copla caudata, la copla de arte mayor y la copla de pie quebrado, que utilizó Jorge Manrique en las célebres *Coplas a la muerte del maestre don Rodrigo*, mejor conocidas como *Coplas a la muerte de su padre*.

coplanario, a adj. MAT. Se dice de los puntos, rectas, vectores libres paralelos, etc., situados en un mismo plano.

coplear v.intr. Hacer, decir o cantar coplas.

coplero, a s. Persona que compone coplas. **2.** *Desp.* Poeta de poco interés.

1. **copo** s.m. (de *copa*). Porción pequeña y ligera de nieve trabada que cae cuando nieva. **2.** Porción pequeña de una sustancia que, por su aspecto y ligereza, se asemeja a un copo de nieve: *copos de avena.* **3.** Porción de cáñamo, lana u otra materia dispuesta para hilarse.

2. **copo** s.m. Acción de copar. **2.** Bolsa de red con que terminan varias artes de pesca; pesca capturada en esta bolsa.

copolimerización s.f. QUÍM. Polimerización efectuada a partir de una mezcla de dos o varios monómeros.

copolímero s.m. QUÍM. Sustancia química obtenida por copolimerización.

copón s.m. Copa grande de metal, con tapa rematada por una cruz, en la que se guardan las hostias consagradas.

copra s.f. Médula del coco de la palma, partida en trozos y desecada, de la que se extrae el aceite de coco.

copretérito s.m. LING. Tiempo verbal que expresa una acción pasada no acabada, simultánea a otra pasada y acabada. SIN.: *pretérito imperfecto.*

coproducción s.f. Producción artística en la que intervienen productoras de diversos países.

coprofagia s.f. Ingestión de excrementos.

coprófago, a adj. y s. (del gr. *kópros,* estiércol, y *phagein,* comer). Que come excrementos.

coprofilia s.f. PSICOL. Placer de manipular, tocar u oler los excrementos.

coprolito s.m. Excremento fósil. **2.** Cálculo intestinal de excrementos endurecidos.

coprología s.f. Estudio biológico de los excrementos.

copropiedad s.f. Propiedad compartida por dos o más personas.

copropietario, a adj. y s. Persona que posee una propiedad junto con otra u otras.

copto, a adj. y s. Relativo a los cristianos de Egipto y de Etiopía, que profesan el monofisismo. ◆ s.m. LING. Lengua camíticosemítica derivada del antiguo egipcio, escrita en un alfabeto derivado del griego y que actualmente se usa como lengua litúrgica de la Iglesia copta.

copucha s.f. Chile. Vasija que sirve para varios usos domésticos. **2.** Chile. *Fig.* Mentira. ◇ **Hacer copuchas** Chile. Inflar los carrillos.

copuchento, a adj. Chile. Exagerado, mentiroso.

copudo, a adj. Que tiene mucha copa: *una encina copuda.*

cópula s.f. (lat. *copula*). Acto en el que el órgano sexual masculino se introduce en el órgano sexual femenino. **2.** Ligamento, unión. **3.** LING. Palabra que une el sujeto de una proposición con el predicado: *los verbos* ser *y* estar *son las cópulas más frecuentes.*

copulación s.f. Acción de copular.

copular v.tr. Realizar la cópula o acto sexual.

copulativo, a adj. Que une o enlaza una cosa con otra. ◇ **Conjunción copulativa** La que une frases o elementos de frases de igual rango sintáctico. **Oración copulativa** La relacionada con otra u otras por mera adición o por dependencia común de una misma principal. **Verbo copulativo** Verbo que no constituye el núcleo significativo del predicado de la oración, sino que más bien ejerce una función de cópula.

copyright s.m. (voz inglesa) [pl. *copyrights*]. Derecho exclusivo de un autor o de su editor de explotar durante varios años una obra literaria, artística o científica. **2.** Marca impresa de este derecho (simb. ©), junto a la que se escribe el año de la primera edición y el nombre del titular de los derechos de autor de la obra.

coque o **cok** s.m. (ingl. *coke*) [pl. *coques*]. Combustible obtenido de la destilación de la hulla, que se usa en metalurgia y altos hornos y en la fabricación de abrasivos y colorantes.

coquear v.intr. Argent. y Bol. Mascar acullico.

coquería s.f. Fábrica o lugar donde se destila la hulla para obtener el coque.

coqueta s.f. (fr. *coquette,* de *coqueter,* coquetear). Mueble en forma de mesa estrecha, provisto de un espejo para mirarse y en el que se guardan o dejan los utensilios para peinarse, maquillarse, etc.

coquetear v.intr. Tratar de agradar y atraer a alguien por vanidad o pasatiempo. **2.** Tener una relación o contacto superficial con una actividad, ideología, etc.

coqueteo s.m. Acción de coquetear.

coquetería s.f. Cualidad de coqueto. **2.** Falta de naturalidad en los modales y adornos.

coqueto, a adj. y s. Que coquetea. **2.** Se dice de la persona presumida que tiene esmero en su arreglo personal. ◆ adj. Se dice del lugar o del objeto que tiene cierto encanto y está bien dispuesto: *una vivienda coqueta.*

coquilla s.f. Molde permanente, por lo general metálico, utilizado en fundición.

coquillo s.m. Cuba. Tela de algodón blanco y fino que se usó para confeccionar vestidos antes de introducirse el uso del dril.

coquina s.f. Molusco bivalvo, comestible, que abunda en las costas andaluzas.

coquito s.m. Ave gallinácea, parecida a la tórtola, que vive en América. (Familia colúmbidos.) **2.** Amér. Nombre de diversas plantas pertenecientes a distintas familias, en especial a las palmáceas.

coquización s.f. Transformación de la hulla y los residuos pesados del petróleo en coque por la acción del calor. SIN.: *coquificación.*

1. **cora** s.f. (ár. *kûra,* país). Circunscripción provincial de la España musulmana.

2. **cora,** pueblo amerindio agricultor de la familia lingüística nahua, que vive en la sierra de Nayarit (México).

coracero s.m. Soldado que llevaba coraza, especialmente el de caballería.

coracha s.f. Saco de cuero que se usa para transportar mercancías como el cacao, el tabaco, etc., de América.

coraciforme adj. y s.f. Relativo a un orden de aves de plumaje brillantemente coloreado, que hacen sus nidos en agujeros, como el cálao, el martín pescador, el abejaruco, etc.

coracoides adj. y s.f. Se dice de una apófisis del omóplato de los mamíferos. **2.** Se dice de un hueso independiente que tienen las aves y los reptiles en la parte correspondiente al omoplato de los mamíferos.

coraje s.m. (fr. ant. *corages*). Valor, energía, decisión: *trabajar con coraje.* **2.** Rabia, enojo o irritación violenta: *dar coraje la injusticia.*

corajina s.f. *Fam.* Arrebato de ira.

corajudo, a adj. Capaz de obrar con coraje. **2.** Propenso a la cólera.

1. **coral** s.m. (lat. tardío *corallum*). Octocoralario de los mares cálidos, de una altura máxima de 30 cm, que vive fijo a una cierta profundidad, constituido por una colonia de pólipos sobre un eje calcáreo. (Tipo cnidarios; orden gorgonarios.) **2.** Materia calcárea, roja o blanca, que forma el esqueleto de los corales y que se utiliza en joyería. ◇ **Serpiente de coral** Serpiente muy venenosa de América, de cuerpo anillado de color negro, amarillo y rojo.

2. **coral** adj. Relativo al coro. ◆ s.f. Conjunto de personas que interpretan al unísono o a varias voces alguna obra musical. ◆ s.m. Composición vocal armonizada a cuatro voces y ajustada a un texto de carácter religioso; composición instrumental inspirada en este canto.

coralario, a adj. y s.m. ZOOL. Antozoo.

coralero, a s. Persona que tiene por oficio extraer el coral del fondo del mar o que comercia con él.

coralífero, a adj. Que contiene corales.

coralillo s.m. Méx. Serpiente venenosa, con anillos de color rojo, amarillo y negro alternados, que vive en regiones calurosas cercanas a la costa.

coralina s.f. Alga marina calcárea que vive adherida a las rocas. (Familia coralináceas.)

coralino, a adj. Relativo al coral o que por su forma se parece a él.

corambre s.f. Conjunto de cueros o pieles.

coránico, a adj. Relativo al Corán.

coraza s.f. (del lat. *coriacea,* hecha de cuero). Pieza de la armadura que protegía la espalda y el pecho. **2.** Blindaje. **3.** Cubierta o envoltura rígida que recubre el cuerpo de algunos animales, como la tortuga, el cocodrilo, etc. **4.** GEOL. Caparazón.

corazón s.m. (del lat. *cor*). Órgano torácico, hueco y muscular, de forma ovoide, que constituye el órgano principal de la circulación de la sangre. **2.** Sede de la sensibilidad afectiva y de los sentimientos, especialmente de la bondad y el amor: *tener buen corazón.* **3.** Sede del ánimo y del valor: *tener un valeroso corazón.* **4.** Apelativo cariñoso. **5.** Interior o centro de algo: *el corazón de la ciudad.* **6.** Carta del palo de corazones. **7.** BOT. Parte de la madera más vieja, dura y de color más o menos oscuro, que ocupa el centro del tronco y de las ramas de muchos árboles. ◆ **corazones** s.m.pl. Palo de la baraja francesa representado por la figura de un corazón rojo. ◇ **Abrir el corazón** Manifestar los sentimientos con toda franqueza. **A corazón abierto** Se dice de la intervención quirúrgica en la que, antes de abrir la cavidad cardíaca, se desvía la circulación por un aparato llamado *corazón artificial.* **A corazón cerrado** Se dice de la intervención quirúrgica en la que se actúa sin detener la acción fisiológica del corazón. **Anunciarle, darle,** o **decirle, a alguien el corazón una cosa** Hacérsela presentir. **Con el corazón en la mano** Con toda franqueza y sinceridad. **De,** o **de todo, corazón** Con verdad, seguridad y afecto; se dice de la persona buena, de buena voluntad. **Encogérsele a alguien el corazón** Acobardarse; sentir compasión o aflicción. **No caberle a alguien el corazón en el pecho** Estar muy sobresaltado o inquieto; ser magnánimo, animoso. **No tener corazón** Ser insensible. **Partirle,** o **romperle, el corazón** Causar gran pena a alguien o sentirla él.

corazón

Está situado en el mediastino de la cavidad torácica. Se compone de una túnica muscular gruesa (*miocardio*), una membrana que reviste la superficie interna del miocardio y limita las cavidades cardíacas (*endocardio*) y una membrana serosa que recubre la superficie externa del miocardio (*pericardio*). Está dividido en cuatro cavidades: dos aurículas (derecha e izquierda) y dos ventrículos (derecho e izquierdo). La aurícula y el ventrículo derechos se comunican y están separados de la aurícula y el ventrículo izquierdos, que también se comunican, por los tabiques interauricular e interventricular. La aurícula derecha posee los orificios de las venas cavas y del seno de las venas coronarias. La aurícula izquierda recibe las cuatro venas pulmonares. Las arterias y venas coronarias vascularizan el corazón. Hay también un *sistema nervioso intrínseco* que asegura las contracciones del corazón y el sincronismo auriculoventricular, y un *sistema nervioso extrínseco* que adapta el trabajo del corazón a las necesidades del organismo.

corazonada s.f. Presentimiento. **2.** Impulso repentino que mueve a ejecutar una acción.

corazoncillo s.m. Planta cuyas hojas contienen numerosas glándulas traslúcidas que las hacen aparecer como si estuvieran acribilladas de agujeros y cuyas flores, de color amarillo, se han utilizado en infusiones vulnerarias y balsámicas. (Familia hipericáceas.)

corbacho s.m. Azote o látigo usado por el cómitre para castigar a los galeotes.

corbata s.f. (ital. *corvatta* o *crovatta,* croata o corbata). Banda de tela que se pone alrededor del cuello, por debajo de la camisa, y se anuda por delante, quedando las puntas sueltas por encima del pecho. **2.** Insignia de ciertas órdenes civiles. **3.** Divisa honorífica que se ata en el asta de banderas y estandartes. **4.** Colomb. Parte anterior del cuello de los gallos. **5.** Colomb. *Fig.* Empleo de poco esfuerzo y bien remunerado.

corbatín s.m. Corbata corta que se ata por detrás con un broche, o por delante con un lazo sin que sus puntas caigan sobre el pecho.

corbeta s.f. (fr. *corvette*). Barco de guerra de tonelaje medio, con armas antisubmarinas. **2.** Barco de guerra antiguo más pequeño que la fragata.

corcel s.m. (fr. ant. *coriser*). Caballo ligero de gran alzada.

corchar v.tr. Colomb. Confundir, aturullar. **2.** MAR. Trenzar, torcer conjuntamente varias filásticas formando los cordones que constituyen los cabos.

corchea s.f. MÚS. Nota musical cuya duración equivale a la mitad de una negra.

corchero, a adj. Relativo al corcho. ◆ s. Persona que tiene por oficio descorchar los alcornoques.

corcheta s.f. Pieza hembra de un corchete, en la que entra el macho.

corchete s.m. (fr. *crochet,* gancho, dim. de *croc*). Cierre de metal compuesto de dos piezas, un macho y una hembra, que se enganchan una con otra. **2.** Pieza macho de este tipo de cierre que entra en la corcheta. **3.** Signo de puntuación que sirve para encerrar un conjunto de palabras o números y su representación es [ ]. **4.** Utensilio de madera con unos dientes de hierro que utilizan los carpinteros para sujetar el madero que han de labrar.

corcho s.m. (del lat. *cortex, -icis,* corteza). Tejido vegetal formado por células muertas que recubre la parte exterior de las raíces, el tronco y las ramas de algunos árboles, como el alcornoque. **2.** Tapón de este material. **3.** Objeto flotante de este material que se usa para sujetar las artes de pesca.

corcholata s.f. Méx. Tapón metálico para cerrar botellas.

¡córcholis! interj. Esp. Expresa extrañeza, contrariedad o enojo.

corcova s.f. (bajo lat. hispánico *cucurvus,* encorvado). Curvatura anómala de la espalda, del pecho, o de ambos a la vez. SIN.: *joroba.* **2.** Chile. Día o días de fiesta que siguen a una celebración.

corcovar v.tr. Doblar o torcer una cosa dándole una forma curva.

corcovo s.m. Salto que da un animal encorvando el lomo.

cordada s.f. Grupo de alpinistas unidos por una misma cuerda.

cordado, a adj. y s.m. Relativo a un tipo de animales que se caracterizan por tener un eje gelatinoso dorsal, como los vertebrados, los procordados y los estomocordados.

cordaje s.m. Conjunto de cuerdas. **2.** MAR. Jarcia de una embarcación.

cordal s.m. Pieza de madera situada en la parte inferior de un instrumento de cuerda y que sirve para atar las cuerdas.

cordel s.m. (cat. *cordell*). Cuerda delgada. **2.** Cualquier clase de líneas de fondo que llevan un anzuelo. ◇ **A cordel** En línea recta.

cordelería s.f. Establecimiento donde se fabrican o venden cordeles y otros objetos de cáñamo. **2.** Oficio del cordelero.

cordelero, a s. Persona que tiene por oficio fabricar o vender cordeles y otros objetos de cáñamo.

corderillo s.m. Piel de cordero curtida con su lana.

cordero, a s. (del lat. *cordus,* tardío, especialmente aplicado a los corderos). Cría de la oveja de menos de un año, cuya piel es muy apreciada. (La hembra del cordero es la oveja; el cordero bala.) **2.** *Fig.* Persona dócil y humilde. ◆ s.m. Piel de cordero adobada. ◇ **Cordero pascual** Cordero inmolado cada año por los israelitas para conmemorar la salida de Egipto. **El Cordero de Dios** Jesucristo.

cordial adj. Afectuoso, amistoso. **2.** Se dice del medicamento que sirve para fortalecer el corazón. ◆ s.m. Bebida para confortar a los enfermos.

cordialidad s.f. Cualidad de cordial o afectuoso. **2.** Actitud cordial.

cordierita s.f. Silicato natural de aluminio, magnesio y hierro.

cordiforme adj. Que tiene forma de corazón.

cordila s.f. (gr. *kordílos*). Atún recién nacido.

cordillera s.f. Cadena de montañas alineadas a lo largo de un eje, formada por la aproximación de dos placas litosféricas.

cordillerano, a adj. Amér. Relativo a la cordillera, y especialmente a la de los Andes.

cordita s.f. Explosivo muy potente, compuesto de nitrocelulosa y nitroglicerina.

córdoba s.m. Unidad monetaria de Nicaragua.

cordobán s.m. (de *Córdoba,* c. de España). Piel curtida de macho cabrío o de cabra, que se trabajaba originariamente en Córdoba.

cordobés, sa adj. y s. De Córdoba (España).

cordón s.m. Cuerda o cordel, generalmente de estructura tubular, fabricado con materiales finos: *el cordón de los zapatos.* **2.** Cable eléctrico de pequeño diámetro y muy flexible, cubierto generalmente por un aislamiento textil o plástico. **3.** Conjunto de personas alineadas para impedir el paso de un lado a otro de la línea que forman: *cordón policial.* **4.** Nombre de diversas estructuras del organismo: *cordón espermático, medular.* **5.** Amér. Merid. y Cuba. Bordillo de la acera. **6.** Colomb. Corriente de agua de un río. **7.** ARQ. Moldura, adornada o no, que sobresale horizontalmente en una fachada. ◆ **cordones** s.m.pl. Divisa militar que sirve de distintivo y que se lleva sujeta en la hombrera. ◇ **Cordón litoral** Lengua de arena formada en un golfo o bahía por residuos depositados por una corriente costera, y que encierra a veces por detrás una capa de agua. **Cordón sanitario** Conjunto de medidas de tipo higiénico y sanitario que se toman en una región para impedir la propagación de una epidemia. **Cordón umbilical** Conducto flexible que une el feto con la placenta.

cordoncillo s.m. Lista con cierto relieve que forma el tejido de algunas telas. **2.** Cordón muy fino, de hilo, seda, oro o plata, que se emplea para bordar. **3.** Labor que se hace en el canto de las monedas.

cordonero, a s. Persona que tiene por oficio fabricar o vender cordones, flecos, etc.

cordura s.f. Prudencia, sensatez, juicio: *obrar con cordura.*

core s.f. → **kore.**

corea s.f. (lat. *chorea*). Síndrome neurológico caracterizado por movimientos bruscos y anormales que afectan a una o varias partes del cuerpo. SIN.: *baile de san Vito.* **2.** Danza antigua que por lo común se acompaña con canto.

coreano, a adj. y s. De Corea. ◆ s.m. Lengua que se habla en Corea del Norte y Corea del Sur.

corear v.tr. Acompañar con coros o repetir a coro lo que alguien canta o dice. **2.** *Fig.* Asentir ostensiblemente, a veces por adulación, al parecer ajeno.

corega o **corego** s.m. (gr. *khoregós*). ANT. GR. Ciudadano que costeaba la organización de los coros de los concursos dramáticos y musicales.

coreico, a adj. y s. Relativo a la corea; que padece esta enfermedad.

coreografía s.f. Conjunto de pasos, figuras y evoluciones de un ballet. **2.** Arte y técnica de componer bailes o danzas y, en general, el arte de la danza. **3.** Transcripción de la danza por medio de signos escenográficos.

coreográfico, a adj. Relativo a la coreografía.

coreógrafo, a s. Persona que compone la coreografía de un ballet.

coreuta s.m. y f. Miembro del coro, en el teatro griego.

coriáceo, a adj. Que tiene el aspecto o las características del cuero.

coribante s.m. Sacerdote del culto de Cibeles.

corifeo s.m. (lat. *coryphaueus*). *Fig.* Persona que asume la representación de otros, y se expresa por ellos. **2.** Director del coro, en el teatro griego.

corimbo s.m. Inflorescencia en la que los pedúnculos son de longitud desigual pero cuyas flores están aproximadamente en el mismo plano, como la del peral o del manzano.

corindón s.m. (fr. *corindon,* del tamul *kurundam,* rubí). Alúmina cristalizada, la más dura después del diamante, que se utiliza como abrasivo o en joyería. (Sus variedades más bellas son el *rubí* y el *zafiro.*)

corintio, a adj. y s. De Corinto. ◆ adj. Se dice de un orden arquitectónico clásico, aparecido a finales del s. V a.C., caracterizado por un capitel adornado con dos hileras de hojas de acanto y por un entablamento ricamente decorado.

corinto s.m. Variedad de vid de las regiones vitícolas de Oriente, cuyo fruto es objeto de un importante comercio.

corion s.m. (gr. *khórion*). Membrana externa del embrión de los vertebrados superiores.

corista s.f. Persona que canta o baila como miembro del coro de una revista musical o espectáculo semejante. ◆ s.m. y f. Persona que canta en un coro, especialmente de una ópera, zarzuela, etc.

corito, a adj. Desnudo. **2.** *Fig.* Encogido y pusilánime.

coriza s.f. (lat. *coryza*). Inflamación de la mucosa de las fosas nasales. SIN.: *romadizo.*

corladura s.f. Barniz que se usaba para dar una tono dorado a una pieza plateada y bruñida.

corlar v.tr. Cubrir una pieza plateada y bruñida con corladura. SIN.: *corlear.*

corma s.f. (ár. *qúrma*). Cepo formado por dos piezas de madera que se adaptaban al pie de una persona o de un animal para impedir que andase libremente. **2.** *Fig.* Molestia o gravamen.

cormo s.m. Aparato vegetativo de una planta caracterizado por poseer un sistema de tejidos conductores y estar bien diferenciado en raíz, tallo y hojas.

cormófito, a adj. y s.m. Se dice de las plantas cuyo aparato vegetativo es un cormo (por oposición a *talófito*).

cormorán s.m. (fr. *cormoran,* de *corp,* cuervo, y *marenc,* marino). Ave palmípeda piscívora, de 60 a 80 cm de long., plumaje oscuro, que vive en las costas y lagos.

cornac o **cornaca** s.m. (port. *cornaca*). Persona encargada de domar, cuidar y guiar un elefante.

cornáceo, a adj. y s.f. Relativo a una familia de plantas dialipétalas en la que se incluye el cornejo.

cornada s.f. Golpe o herida producida por un animal con la punta del cuerno.

cornado s.m. Moneda de vellón que llevaba en el anverso la figura del rey. (Se acuñó en Castilla y Navarra.)

cornalina s.f. Variedad roja del ágata, empleada en bisutería.

cornamenta s.f. Conjunto de los cuernos de un animal.

cornamusa s.f. (fr. *cornemuse*). Instrumento musical de viento compuesto por un depósito de aire y unos tubos provistos de lengüetas. **2.** MAR. Pieza de hierro o de metal para amarrar los cabos.

cornatillo s.m. Aceituna larga y encorvada cuya forma se asemeja a un cuerno.

córnea s.f. (del lat. *corneus,* de cuerno). Capa membranosa transparente en forma de disco abombado, que constituye la parte anterior del globo ocular.

cornear v.tr. Dar cornadas.

corneja s.f. (lat. *cornicula,* diminutivo de *cornix, -icis*). Nombre común de diversas aves paseriformes parecidas al cuervo pero de menor talla y pico más puntiagudo. SIN.: *chova.*

cornejo s.m. (del lat. *cornus, -i*). Arbusto de flores amarillas o blancas, fruto en drupa y madera muy dura. (Familia cornáceas.) SIN.: *sanguino.*

córneo, a adj. Que tiene la apariencia o las características del cuerno. **2.** Relativo a la córnea del ojo.

córner s.m. (pl. *córners* o *córneres*). En el fútbol y otros deportes de equipo, jugada en la que el balón sale del campo cruzando la línea de meta después de haber sido tocado por un jugador del equipo defensor. **2.** Lanzamiento que se concede al equipo atacante tras haberse efectuado esta jugada y que se realiza desde una esquina del campo.

corneta s.f. Instrumento musical de viento formado por un tubo enrollado, sin llaves ni pistones, utilizado sobre todo en el ejército. **2.** MIL. Estandarte que termina en dos puntas. ◆ s.m. y f. Persona que toca la corneta. ◇ **Corneta acústica** Aparato con forma de pequeño cuerno hueco que se usaba para ampliar la sensibilidad sonora de las personas sordas.

cornete s.m. ANAT. Cada una de las tres láminas óseas arrolladas sobre sí mismas, que forman parte del esqueleto de las fosas nasales.

cornetín s.m. (de *cuerno*). Instrumento musical de viento de la familia del cobre, parecido a la corneta pero con tres pistones. ◆ s.m. y f. Persona que toca este instrumento.

cornezuelo s.m. Enfermedad de las gramíneas causada por un ascomicete.

corn flakes s.m.pl. (voces angloamericanas). Alimento presentado bajo la forma de copos horneados, preparado a partir de sémola de maíz.

cornicabra s.f. Árbol que crece en las regiones mediterráneas, de cuya corteza se obtiene la trementina de Chio. (Familia terebintáceas.)

córnico s.m. Lengua celta que se hablaba en Cornualles.

cornijal s.m. CONSTR. Punta, ángulo o esquina. **2.** CRIST. Lienzo con el que el sacerdote se limpia los dedos en el lavatorio de la misa.

cornisa s.f. (gr. *koronís, -idos,* remate). Elemento arquitectónico decorativo, compuesto por una serie de molduras, que se pone entre la parte superior de la fachada y el inicio del tejado. **2.** Parte superior del entablamento. **3.** Moldura que remata un mueble, pedestal, puerta o ventana, o que cubre el ángulo formado por el cielo raso y la pared. **4.** Formación de nieve que orla la mayor parte de las aristas afiladas a partir de cierta altura. **5.** GEOMORFOL. Escarpe rocoso abrupto, de altura más o menos constante, que corona una pendiente suave.

cornisamento o **cornisamiento** s.m. Entablamento, conjunto formado por arquitrabe, friso y cornisa.

1. **corno** s.m. Instrumento musical de viento de la familia del metal, formado por un tubo cónico y curvado. <> **Corno inglés** Instrumento musical de viento de la familia de la madera, parecido al oboe pero de mayor tamaño y sonido más grave.

2. **corno** s.m. (voz italiana, *cuerno*). Tocado de los dux de Venecia, en forma de bonete cónico.

cornucopia s.f. (del lat. *cornu copia,* la abundancia del cuerno). Espejo pequeño de marco tallado y dorado, que suele tener uno o más brazos a modo de candelabros. **2.** Vaso con forma de cuerno, rebosante de frutas y flores, que entre los griegos y los romanos simbolizaba la abundancia.

cornudo, a adj. Que tiene cuernos. ◆ adj. y s. *Fig.* y *vulg.* Se dice de la persona cuya pareja le es infiel con otra persona.

cornúpeta s.m. y f. (lat. tardío *cornupeta*). Cornúpeto. **2.** *Fig.* Cornudo.

cornúpeto s.m. Res brava de lidia. SIN.: *cornúpeta.*

coro s.m. (lat. *chorus,* danza en corro o coro de una tragedia). Conjunto de personas que cantan juntos una composición musical. **2.** Fragmento de una obra musical o pieza musical destinado a ser cantado por un conjunto numeroso de voces. **3.** Conjunto de actores o actrices que cantan o declaman con un ritmo particular un fragmento de texto en determinadas obras teatrales, especialmente en las tragedias clásicas. **4.** Parte de una iglesia donde se sitúan los cantores o en la que se reúnen los eclesiásticos o religiosos para cantar o rezar oficios. **5.** Canto o rezo comunitario de los oficios divinos en iglesias y monasterios. **6.** REL. Cada uno de los nueve grupos en que se dividen los espíritus angélicos. <> **A coro** De manera simultánea entre varias personas. **Hacer coro** Apoyar la opinión de otra persona.

corocha s.f. Larva de coleóptero que vive sobre las hojas de la vid. (Familia crisomélidos.)

corografía s.f. Descripción geográfica de un país o territorio.

coroideo, a adj. Relativo a la coroides.

coroides s.f. Membrana pigmentada y vascularizada del ojo, situada entre la retina y la esclerótica, que se prolonga hacia adelante en el iris.

corojo o **corozo** s.m. Árbol de fruto parecido al coco que crece en América Meridional y el endospermo de sus semillas suministra el marfil vegetal. (Familia palmáceas.)

corola s.f. (lat. *corolla,* corona pequeña). BOT. Conjunto de pétalos de una flor, a menudo de vistosos colores.

corolario, a adj. y s.m. LÓG. y MAT. Se dice de la proposición que se deduce por sí sola de lo demostrado anteriormente.

corología s.f. Estudio de la distribución de los seres vivos sobre la superficie terrestre.

corona s.f. (lat. *corona*). Cerco de ramas, de flores o de metal, con que se ciñe la cabeza como señal de premio, recompensa o dignidad. **2.** *Fig.* Dignidad y autoridad real: *jurar fidelidad a la corona.* **3.** *Fig.* Reino o monarquía: *la Corona de Aragón.* **4.** Aureola de los santos. **5.** Conjunto de flores y de hojas dispuestas en círculo: *corona mortuoria.* **6.** Parte del diente que, recubierta de esmalte, sobresale del maxilar. **7.** Unidad monetaria principal de Dinamarca, Eslovaquia, Estonia, Islandia, Noruega, República Checa y Suecia. **8.** Determinadas piezas de moneda en diversos países. **9.** Coronilla, parte de la cabeza. **10.** Tonsura que se hace a los clérigos y monjes en la cabeza: *la corona clerical.* **11.** AUTOM. Rueda dentada que engrana en ángulo recto con el piñón del extremo del árbol de transmisión. **12.** FORT. Conjunto de obras de fortificación de trazado abastionado. <> **Ceñir,** o **ceñirse, la corona** Empezar a reinar. **Corona circular** MAT. Superficie comprendida entre dos circunferencias coplanarias y concéntricas. **Corona de sondeo** Trépano de forma anular, que gira en el fondo del agujero de sonda disgregando el terreno. **Corona imperial** Planta de adorno de flores azafranadas dispuestas en círculo en la extremidad del tallo, que termina en una corona de hojas. (Familia liliáceas.) **Corona solar** Región externa de la atmósfera del sol, difusa y de temperatura muy alta. **Triple corona** La tiara papal.

coronación s.f. Acción de coronar o coronarse un rey o emperador. **2.** Coronamiento o conclusión de una obra. **3.** Coronamiento, adorno que remata un edificio.

coronamiento s.m. Elemento arquitectónico decorativo que se pone a modo de corona en la parte superior de un edificio. **2.** Conclusión o fin de una obra. **3.** OBST. Momento en que la cabeza u otra parte del feto asoma al exterior.

coronar v.tr. y prnl. Poner una corona en la cabeza, en especial ponerla sobre la cabeza de un rey o emperador para dar por empezado su reinado. ◆ v.tr. *Fig.* Poner o hallarse en la parte superior de algo. **2.** *Fig.* Acabar, concluir, perfeccionar, completar una obra. ◆ **coronarse** v.prnl. Producirse el coronamiento del feto.

coronario, a adj. Se dice del vaso sanguíneo que irriga el corazón.

coronaritis s.f. Inflamación de las arterias coronarias.

corondel s.m. (cat. *corondell*). IMPR. Regleta que se pone en el molde para dividir la plana en columnas.

coronel s.m. (ital. *colonnello,* columna de soldados). Oficial de los ejércitos de tierra y aire, de grado inmediatamente superior al de teniente coronel e inmediatamente inferior al de general de brigada. **2.** Cuba. Cometa grande.

coronilla s.f. Parte superior y posterior de la cabeza humana, de donde arranca el pelo en distintas direcciones. **2.** Planta herbácea o arbusto anual o perenne, de flores amarillas. (Familia papilionáceas.) <> **Andar,** o **ir, de coronilla** *Fam.* Hacer una cosa con todo esfuerzo y diligencia. **Estar hasta la coronilla** *Fam.* Estar harto de una cosa.

coronografía s.f. Radiografía de las arterias coronarias y sus ramificaciones realizada con un líquido de contraste. SIN.: *arteriografía coronaria selectiva, coronarografía.*

coronógrafo s.m. Instrumento óptico que sirve para el estudio de la corona solar.

coronta s.f. Amér. Merid. Mazorca del maíz después de desgranada.

corosol s.m. Árbol tropical cuyo fruto es comestible. (Familia anonáceas.)

corotos s.m.pl. Colomb. y Venez. Trastos, cosas.

coroza s.f. Capa de junco, generalmente con caperuza, que usan los labradores gallegos para protegerse de la lluvia. **2.** Capirote de papel engrudado y de figura cónica que se ponía por castigo en la cabeza de ciertos condenados por la Inquisición.

corozo s.m. → **corojo.**

corpachón s.m. *Fam.* Cuerpo grande y fuerte de una persona. **2.** Cuerpo de ave despojado de las pechugas y piernas.

corpiño s.m. Prenda de vestir femenina, ajustada y sin mangas, que cubre del busto a la cintura y generalmente se ata con cordones.

corporación s.f. (ingl. *corporation*). Persona jurídica constituida por la agrupación de varias personas con una finalidad común: *las cámaras de comercio y los colegios de abogados son corporaciones.*

corporal adj. Relativo al cuerpo. ◆ s.m. Lienzo bendecido sobre el cual coloca el sacerdote la hostia y el cáliz. ◇ **Arte corporal** Forma de arte contemporáneo en la que el artista toma como material su propio cuerpo. SIN.: *body art*.

corporalidad s.f. Cualidad de corporal.

corporativismo s.m. Doctrina económico-social que preconiza la creación de instituciones profesionales corporativas dotadas de poder económico, social e incluso político.

corporativo, a adj. Relativo a una corporación.

corporeizar v.tr. [conj.: *aislar*]. Dar cuerpo a una idea u otra cosa no material. SIN.: *corporificar*.

corpóreo, a adj. (lat. *corporeus*). Corporal. **2.** Que tiene cuerpo o volumen.

corpulencia s.f. Cualidad de corpulento.

corpulento, a adj. (lat. *corpulentus*). Que tiene el cuerpo grande, de gran tamaño.

corpus s.m. (voz latina, *cuerpo*). Recopilación de textos sobre una misma materia, doctrina, etc., u obras de un mismo autor. **2.** LING. Conjunto finito de enunciados escritos o registrados, constituido para su análisis lingüístico.

Corpus Christi s.m. Fiesta católica en honor a la Eucaristía. (También *Corpus*.)

corpuscular adj. Relativo a los corpúsculos o a los átomos. ◇ **Teoría corpuscular** FÍS. Teoría basada en la discontinuidad de la materia, la electricidad y la energía.

corpúsculo s.m. (lat. *corpusuculum*, dim. de *corpus*, cuerpo). Partícula de materia de tamaño microscópico. **2.** Partícula elemental, electrizada o no, proveniente de la desintegración del átomo. **3.** MED. Nombre que reciben, por su tamaño microscópico, diversas estructuras histológicas, hemáticas o patológicas.

corral s.m. Espacio cerrado y descubierto, generalmente adosado a una casa rural, donde se tienen los animales domésticos, como gallinas, conejos, etc. **2.** Patio cerrado, rodeado de viviendas, donde se representaban comedias: *el corral de la Pacheca*. **3.** Amér. Lugar donde se encierran los bueyes o caballos para contarlos, herrarlos, etc.

corraleja s.f. Amér. Central. Barrera, valla.

corraliza s.f. Corral, espacio cerrado y descubierto.

corrasión s.f. Erosión producida por el viento que transporta arena.

correa s.f. (lat. *corrigia*). Tira de cuero. **2.** Cinta de cuero para sujetar los pantalones. **3.** CONSTR. Cada uno de los maderos o viguetas colocados horizontalmente, en sentido longitudinal, sobre los pares de las armaduras y que sirven de apoyo a los cabios de la cubierta. **4.** MEC. Órgano de transmisión constituido por una tira o banda flexible (de cuero, tejido o materia sintética), que sirve para conectar dos ejes de rotación por medio de poleas. ◆ **correas** s.f.pl. Tiras delgadas de cuero sujetas a un mango, para sacudir el polvo. ◇ **Tener correa** *Fam.* Tener paciencia para soportar bromas o burlas sin enojarse; tener resistencia para el trabajo corporal.

correaje s.m. Conjunto de correas.

corrección s.f. Acción de corregir un error o defecto. **2.** Tachadura, anotación o señal que queda en una cosa al corregirla. **3.** Cualidad de correcto. **4.** Modificación hecha en una obra para mejorarla. **5.** Acción de reprender o amonestar a alguien. **6.** Argent. Conjunto de hormigas carnívoras que se desplazan formando columnas. **7.** ART. GRÁF. Control de la composición con indicación y rectificación de los errores.

correccional adj. Que sirve o se usa para corregir. ◆ s.m. Establecimiento penitenciario donde se recluye a los menores que han cometido un delito o falta, o cuyo comportamiento es peligroso.

correctivo, a adj. y s.m. Que corrige o atenúa. ◆ s.m. Castigo que se impone a una persona para corregirla.

correcto, a adj. (lat. *correctus*, p. de *corrigere*, corregir). Que no tiene ningún error o defecto, o es conforme a las reglas establecidas. **2.** Comedido, cortés, educado. **3.** Que ha sido enmendado. ◇ **Políticamente correcto** Que se considera correcto desde un punto de vista ético o social.

corrector, ra adj. y s. Que corrige. ◆ s. Persona que tiene como oficio corregir las faltas de ortografía o la redacción de un texto antes de su impresión definitiva: *corrector de estilo*. ◆ s.m. AGRIC. Sustancia o producto que mejora las propiedades físicas de un suelo.

corredera s.f. Ranura o carril por donde corre o se desliza una pieza de un mecanismo. **2.** Pieza que se desliza sobre dicha ranura o carril. **3.** MAR. Aparato que sirve para medir la velocidad aparente de un barco. ◇ **Corredera de distribución** TECNOL. Órgano mecánico animado de un movimiento de traslación, que asegura la distribución de un fluido según una ley determinada. **Puerta,** o **ventana, corredera** Puerta o ventana que se abre deslizándose por unas guías metálicas.

corredizo, a adj. Que se desata o se corre con facilidad: *nudo corredizo*.

corredor, ra adj. y s. Que corre. ◆ s. Persona que participa en una carrera deportiva. **2.** Persona que tiene por oficio actuar de intermediario en determinados tipos de operaciones de compraventa. ◆ s.m. Pasillo, pieza de paso, larga y estrecha, de un edificio o casa. ◇ **Corredor aéreo** Itinerario que deben seguir los aviones. **Corredor de aludes** Barranco que corta una vertiente montañosa y que siguen regularmente los aludes.

correduría s.f. Oficio de corredor. **2.** Oficina donde trabaja el corredor.

corregidor, ra adj. Que corrige. ◆ s.m. Oficial nombrado por el rey para que representase la soberanía real en aquellos municipios que lo pidiesen o cuya situación hiciese conveniente el envío de un delegado real.

corregimiento s.m. Cargo de corregidor; territorio de su jurisdicción.

corregir v.tr. (lat. *corrigere*) [conj.: *pedir*]. Rectificar, subsanar los errores o defectos de algo, o dejar de tener una falta o defecto algo. **2.** Reprender o censurar a alguien. **3.** Examinar el profesor los ejercicios de los alumnos. **4.** AGRIC. Mejorar las propiedades del suelo con un producto adecuado. ◆ **corregirse** v.prnl. Rectificarse, enmendarse.

correhuela o **corregüela** s.f. Nombre de diversas plantas herbáceas o volubles, de las familias asclepiadáceas, convolvuláceas, hipuridáceas y poligonáceas.

correlación s.f. Relación recíproca o mutua entre dos o más cosas. ◇ **Coeficiente de correlación** ESTADÍST. Índice que indica el grado de relación entre dos variables aleatorias. **Función de correlación** Función matemática que indica el grado de correlación de una variable con otra.

correlativo, a adj. Que tiene o indica una correlación. **2.** LING. **a.** Se dice de las palabras que al usarse juntas en un período, señalan relación mutua entre las oraciones o elementos sintácticos en que figuran, como *cuanto... tanto, tal... cual*. **b.** Se dice de las oraciones unidas con estas palabras.

correlato s.m. Elemento que está en correlación con otro.

correligionario, a adj. y s. Se dice de la persona que tiene la misma religión o ideología que otra.

correlimos s.m. (pl. *correlimos*). Nombre de diversas aves caradriformes de la familia escolopácidos.

correlón, na adj. Amér. Se dice de la persona que corre mucho. **2.** Colomb., Guat., Méx. y Venez. Cobarde.

correntada s.f. Amér. Merid. Corriente fuerte de un río o arroyo.

correntino, a adj. y s. De Corrientes, provincia de Argentina.

correntío adj. Se dice del líquido que corre. **2.** *Fig.* y *fam.* Desenvuelto, desenfadado o ligero.

correntoso, a adj. Amér. Se dice del curso de agua de un río o arroyo de corriente muy rápida.

1. **correo** s.m. (cat. *correu*). Persona encargada de llevar cartas y mensajes de un lugar a otro. **2.** Esp. y Méx. Servicio público que se encarga del transporte y reparto de la correspondencia. **3.** Esp. y Méx. Conjunto de cartas y paquetes expedidos o recibidos a través de dicho servicio. **4.** Esp. y Méx.

Oficina donde se recibe, clasifica y entrega la correspondencia. ◆ adj. y s.m. Se dice del medio de locomoción que transporta la correspondencia: *tren correo; avión correo.* ◇ **Correo electrónico** Sistema de mensajería electrónica que permite intercambiar mensajes entre computadoras interconectadas a través de una red. SIN.: *e-mail.*

2. **correo** s.m. DER. Responsable con otro u otros de un delito. **2.** Esp. y Ecuad. DER. Coautor del delito de adulterio de la mujer.

correoso, a adj. Blando, flexible y difícil de partir. **2.** *Fig.* Se dice de la persona que tiene correa o resistencia física.

correr v.intr. (lat. *currere*). Trasladarse de un lugar a otro moviendo las piernas de modo que a cada paso hay un momento en que ninguno de los dos pies tocan el suelo. **2.** Trasladarse rápidamente: *corre demasiado por la carretera.* **3.** Moverse progresivamente de una parte a otra los fluidos. **4.** Transmitirse, comunicarse una cosa de unos a otros: *la noticia corrió rápidamente.* **5.** Transcurrir el tiempo: *correr los días.* **6.** Apresurarse a poner en ejecución una cosa. **7.** Participar en una carrera. **8.** Ir devengándose una paga o salario: *el alquiler corre desde principios de año.* **9.** Ir, pasar, extenderse de una parte a otra: *un seto de boj corre a lo largo de la verja.* ◆ v.tr. Perseguir, acosar: *correr perros a pedradas.* **2.** Echar o pasar un dispositivo de cierre. **3.** Echar, tender o recoger las velas, cortinas, etc. **4.** Estar expuesto a contingencias o peligros; arrostrarlos, pasar por ellos: *correr riesgos inútiles.* **5.** Recorrer, ir o transitar por un lugar: *correr mundo.* **6.** Recorrer los comercios, visitar a los clientes un corredor para comprar o vender algo: *correr fincas.* **7.** Chile y Méx. Echar fuera, despachar a alguien de un lugar. ◆ v.tr. y prnl. Hacer que una cosa pase o se deslice de un lado para otro: *correr la silla.* **2.** Avergonzar, confundir: *correrse de vergüenza.* ◆ v.tr. Costear: *correr con los gastos.* ◆ **correrse** v.prnl. Hacerse a la derecha o izquierda los que están en línea. **2.** Esparcirse la tinta, pintura, etc., por el papel o lienzo, dejando los trazos borrosos. **3.** Esp. *Vulg.* Llegar al orgasmo. ◇ **Correr a cargo,** o **por cuenta, de** Ser de incumbencia un asunto de una oficina o persona determinada.

correría s.f. Incursión de gente armada en territorio enemigo para saquearlo. **2.** Viaje corto.

correspondencia s.f. Acción de corresponder o corresponderse. **2.** Comunicación entre dos o más personas por carta. **3.** Conjunto de cartas y paquetes que se transportan, reparten o reciben. **4.** Palabra de un idioma que equivale a otra de otro idioma. **5.** MAT. Relación entre dos conjuntos que permite pasar de un elemento del primero a uno del segundo.

corresponder v.intr. Tocar o pertenecer. **2.** Compensar a una persona dándole o haciendo algo equivalente a lo que se ha recibido de ella, ya sea material o inmaterial. ◆ v.intr. y prnl. Tener proporción o conexión una cosa con otra. **2.** Responder una persona a otra con el mismo sentimiento que esta tiene hacia ella. ◆ **corresponderse** v.prnl. Comunicarse por escrito una persona con otra.

correspondiente adj. Que corresponde a algo o se corresponde con algo. **2.** Se dice del miembro de determinadas asociaciones que colabora con ellas por correspondencia. **3.** Se dice de dos ángulos iguales formados por una secante que corta dos rectas paralelas y situados en un mismo lado de la secante, uno de ellos interior y el otro exterior. ◆ adj. y s.m. y f. Que tiene correspondencia con una persona o corporación.

corresponsal s.m. y f. Periodista enviado a una determinada población o a un país extranjero que de forma sistemática y por encargo envía crónicas o informaciones de actualidad de ese lugar al medio de comunicación para el que trabaja. ◆ adj. y s.m. y f. Se dice de la persona que mantiene correspondencia con otra.

corresponsalía s.f. Cargo de corresponsal de un medio de comunicación.

corretaje s.m. Comisión que percibe el corredor o intermediario por su gestión.

correteada s.f. Chile y Perú. Acción y efecto de corretear o perseguir.

corretear v.intr. Ir corriendo de un lado para otro. **2.** Callejear. ◆ v.tr. Amér. Perseguir, acosar.

correveidile s.m. y f. (pl. *correveidile*). Persona chismosa.

correverás s.m. (pl. *correverás*). Juguete que se mueve por un resorte oculto.

corrida s.f. Espectáculo en el que se lidian toros en una plaza cerrada. **2.** Acción de correr cierto espacio. **3.** Canto popular andaluz. (Suele usarse en plural.)

corrido, a adj. y s. *Fam.* Se dice de la persona de mucha experiencia, especialmente sexual. ◆ adj. Que supera la medida o peso exactos. **2.** Se dice del elemento arquitectónico que va de un lado a otro sin interrupción: *balcón corrido; capitel corrido.* **3.** Esp. Avergonzado. ◆ s.m. Composición musical popular propia de México, Venezuela y otros países latinoamericanos. ◇ **De corrido** Con presteza y sin entorpecimientos.

corriente adj. Que es ordinario o habitual. **2.** Que tiene un trato o comportamiento sencillo o natural con los demás. **3.** Que corre. **4.** Se dice de la semana, del mes, etc., actual, en curso. ◆ s.f. Fluido que corre por un cauce o conducción. **2.** *Fig.* Curso o movimiento de los sentimientos y de las tendencias. ◇ **Agua corriente** Agua potable que se distribuye por tuberías a las casas. **Al corriente** Sin retraso, con exactitud; enterado de algo. **Corriente aérea** METEOROL. Movimiento del aire en la atmósfera. **Corriente alterna** Corriente eléctrica que circula alternativamente en uno y otro sentido, cuya intensidad es una función periódica del tiempo, de valor medio nulo. **Corriente continua** Corriente eléctrica que tiene siempre el mismo sentido. **Corriente de aire** Masa de aire que se desplaza de un sitio a otro. **Corriente de fango** Deslizamiento en masa, en estado pastoso, de fango empapado en agua. **Corriente de marea** Corriente a veces violenta en la proximidad de las costas y de los estrechos, provocada por los movimientos de flujo y reflujo de las mareas. **Corriente inducida** Corriente que se origina en una masa metálica conductora que se desplaza en el seno de un campo magnético. **Corriente oceánica,** o **marina** Movimiento que arrastra masas considerables de agua en la superficie y, en ocasiones, en las profundidades de los océanos. **Corriente portadora** Corriente alterna de frecuencia elevada que se modula con el fin de transmitir señales. **Corrientes de Foucault** Corrientes eléctricas inducidas en masas metálicas sometidas a campos magnéticos variables. **Corriente y moliente** *Fam.* Que no destaca por nada especial. **Dejarse llevar por la corriente** Seguir la opinión o comportamiento de los demás, sin cuestionarlos ni oponerse al curso de los acontecimientos. **Ir,** o **navegar, contra la corriente** Pensar u obrar de manera contraria a la predominante. **Llevar,** o **seguir, la corriente** Dar la razón a una persona, no contrariarla, aunque no se esté de acuerdo con ella. **Al corriente** Con información actualizada y reciente: *poner al corriente.*

corrillo s.m. Corro de personas que hablan o discuten, separadas del resto de personas que hay en un lugar.

corrimiento s.m. Acción y efecto de correr o correrse. **2.** *Fig.* Vergüenza, rubor. **3.** GEOL. Empuje lateral que provoca el desplazamiento de masas de terreno lejos de su lugar de origen. ◇ **Manto de corrimiento** Paquete de capas de terreno que se separa de su lugar de origen y queda superpuesto de manera anómala a zonas de terreno más recientes.

corro s.m. Grupo de personas que forman un círculo para hablar o rodear a alguien. **2.** En la bolsa, espacio circular rodeado por una balaustrada, alrededor de la cual se reúnen los agentes de cambio. **3.** Juego de niños que consiste en formar un círculo agarrándose de las manos y cantar dando vueltas en derredor. **4.** Espacio circular o casi circular.

corroboración s.f. Acción y efecto de corroborar.

corroborar v.tr. y prnl. (lat. *corroborare*). Confirmar o ratificar una idea, un hecho, una teoría, etc., con nuevos argumentos o datos.

corroer v.tr. y prnl. (lat. *corrodere*) [conj.: *roer*]. Desgastar lentamente un agente un material inorgánico o un tejido orgánico. **2.** *Fig.* Causar algo inquietud o sufrimiento.

corromper v.tr. y prnl. (lat. *corrompere*). Alterar, echar a perder, pudrir: *el calor corrompe la carne.* **2.** *Fig.* Viciar, pervertir: *corromper a la juventud.* ◆ v.tr. Sobornar, cohechar.

corronchoso, a adj. Amér. Central, Colomb. y Venez. Rudo, tosco.

corrosca s.f. Colomb. Sombrero de paja gruesa tejido a mano, con grandes alas, que usan los campesinos.

corrosión s.f. Acción y efecto de corroer o corroerse.

corrosivo, a adj. Que corroe. **2.** Mordaz, cáustico.

corrupción s.f. Acción y efecto de corromper o corromperse.

corruptela s.f. Mala costumbre o abuso, especialmente los introducidos contra la ley. **2.** Corrupción.

corrupto, a adj. Que está corrompido.

corrusco s.m. *Fam.* Mendrugo, pedazo de pan duro. SIN.: *cuscurro.*

corsario, a adj. y s. (del lat. *cursus,* acción de correr). Se dice de los tripulantes de la embarcación que, en virtud de contrato estipulado con el estado bajo cuyo pabellón navegaban, atacaban a barcos mercantes de otros países. ◆ adj. Se dice de la embarcación en la que navegaban estos tripulantes.

corsé s.m. (fr. *corset*). Prenda interior femenina para ceñir el cuerpo desde el busto hasta las caderas, generalmente provista de ballenas. ◇ **Corsé ortopédico** Corsé que sirve para corregir las deformaciones de la columna vertebral.

corselete s.m. Corsé femenino, muy ceñido, que cubre desde el busto hasta el inicio de la pierna.

corsetería s.f. Establecimiento donde se fabrican o venden corsés.

1. **corso** s.m. Campaña de los navíos corsarios. **2.** Armamento especial de un navío destinado a este género de operaciones: *armar en corso.* ◇ **Patente de corso** Cédula con la que el gobierno de un estado autorizaba dicha campaña.

2. **corso, a** adj. y s. De Córcega. ◆ s.m. Lengua hablada en Córcega, cuyas formas septentrionales se aproximan al toscano y las meridionales a los dialectos del S de Italia.

corta s.f. Acción de cortar árboles u otras plantas.

cortacésped s.m. Máquina para igualar o cortar el césped o la hierba de jardines, prados, etc.

cortacircuitos s.m. (pl. *cortacircuitos*). Dispositivo destinado a interrumpir, por fusión de uno de sus elementos, el circuito en el que está intercalado, cuando la intensidad de la corriente que circula por él sobrepasa un cierto valor.

cortada s.f. Amér. Herida hecha con un instrumento cortante. **2.** Argent. Calle corta que suele tener un único acceso. **3.** Argent., R. de la Plata y Urug. Atajo.

cortadera s.f. Cuña de acero sujeta a un mango que se usa para cortar el hierro candente. **2.** Argent., Chile y Cuba. Planta herbácea de hojas con bordes cortantes como una navaja, que crece en lugares pantanosos y cuyo tallo se usa para tejer cuerdas y sombreros. (Familia gramíneas.)

cortadillo s.m. **Azúcar de cortadillo** El que se expende fraccionado en pequeños trozos o terrones.

cortado, a adj. Se dice del modo de escribir en que los conceptos se exponen separadamente, en cláusulas breves y sueltas. **2.** Esp. y Méx. Se dice de la persona tímida y retraída. **3.** HERÁLD. Se dice del escudo dividido horizontalmente en dos partes iguales. ◆ s.m. Café con algo de leche. **2.** COREOGR. Cabriola con salto violento.

cortador, ra adj. Que corta. ◆ s. Persona que corta, prueba y ajusta una pieza de acuerdo con un modelo.

cortadora s.f. MIN. Máquina utilizada para cortar y rebajar por capas el carbón en las minas. **2.** Nombre genérico de diversas máquinas que sirven para cortar: *cortadora de chapas; cortadora de césped.*

cortadura s.f. Herida producida por un instrumento cortante. **2.** Paso entre dos montañas. **3.** Corte, división o hendidura. ◆ **cortaduras** s.f.pl. Recortes, porciones sobrantes de cualquier recortadura.

cortafrío s.m. Cincel fuerte para cortar hierro o metales duros en frío. **2.** Instrumento que usan los hojalateros para cortar la plancha metálica.

cortafuego s.m. Franja ancha de terreno sin vegetación que se hace en un bosque, sembrado, etc., para impedir la propagación del fuego. **2.** Muro grueso que con igual finalidad separa edificios o partes de un edificio.

cortante adj. Que corta, especialmente con filo capaz de cortar.

cortapapeles s.m. (pl. *cortapapeles*). Plegadera.

cortapisa s.f. (cat. ant. *cortapisa,* adorno de los vestidos). Condición o restricción que dificulta y limita la realización de algo.

cortaplumas s.m. (pl. *cortaplumas*). Navaja pequeña.

cortapuros s.m. (pl. *cortapuros*). Instrumento para cortar la punta del cigarro puro.

cortar v.tr. (lat. *cortare*). Dividir una cosa en dos o más partes o separar una parte del todo, utilizando un instrumento afilado: *cortar un pastel; cortar las uñas.* **2.** Hacer una raja o hendidura en la superficie de algo con un instrumento afilado: *se cortó en el dedo.* **3.** Atravesar o separar una superficie o una sustancia: *la carretera corta el pueblo.* **4.** Dar la forma conveniente a las piezas de que se compone una prenda de vestir o un calzado. **5.** Separar un mazo de cartas o naipes en dos montones después de haber sido barajadas por el adversario. **6.** Atajar, detener, impedir el curso o paso: *cortar la retirada.* **7.** *Fig.* Censurar, suprimir una parte de una obra: *cortar un párrafo de un artículo.* **8.** *Fig.* Suspender o interrumpir la continuidad de una acción o proceso: *cortar una conversación.* ◆ v.tr. y prnl. Ser muy intenso y penetrante el aire o el frío: *hace un frío que corta.* **2.** Separar las partes que componen la leche o las salsas u otras preparaciones culinarias, perdiendo estas su homogeneidad. ◆ v.intr. Tomar el camino más corto: *cortar por un atajo.* **2.** Tener una cosa capacidad para hacer una raja o hendidura o para dividir una cosa en dos o más partes: *estas tijeras cortan bien.* **3.** Chile. Tomar una dirección. ◆ **cortarse** v.prnl. Herirse o hacerse un corte. **2.** Abrirse una tela o vestido por los dobleces o arrugas. **3.** Esp. y Méx. Turbarse, faltarle a uno la palabra, quedarse sin saber qué decir.

cortarraíces s.m. (pl. *cortarraíces*). Máquina para cortar raíces o tubérculos.

cortaúñas s.m. (pl. *cortaúñas*). Instrumento para cortar las uñas.

cortaviento s.m. Pieza situada en la parte delantera de un vehículo, que sirve para reducir la resistencia del aire.

1. **corte** s.m. Acción de cortar o cortarse. **2.** Raja o herida producidas por un instrumento cortante. **3.** Filo, arista fina de un instrumento cortante. **4.** Arte de cortar prendas de vestir: *corte y confección.* **5.** Cantidad de tela o cuero necesaria para hacer un vestido, calzado, etc. **6.** Manera como está confeccionada una prendad de vestir: *un traje de corte impecable.* **7.** Interrupción de una acción o proceso: *corte publicitario.* **8.** Interrupción del paso o el acceso por un camino, circuito, canal, etc.: *corte del suministro eléctrico.* **9.** Sección que resulta al cortar algo con un plano. **10.** Superficie que forman los cantos de un libro. **11.** Conjunto de operaciones consistentes en dividir longitudinalmente un tronco de árbol o un madero rollizo. **12.** *Fig.* y *fam.* Réplica o contestación ingeniosa e inesperada que dejan al interlocutor sin capacidad de reacción. **13.** BIOL. Tenue lámina orgánica que permite la observación microscópica de las células por transparencia. **14.** TECNOL. Operación por la cual un instrumento cortante arranca materia, en forma de virutas, de la pieza que se trabaja. ◇ **Ángulo de corte** Ángulo formado por la cara cortante de una herramienta con el plano tangente a la pieza que se trabaja. **Corte geológico** Perfil establecido según un trazado lineal, de acuerdo con un mapa topográfico y el mapa geológico correspondiente.

2. **corte** s.f. (lat. vulgar *cors, cortis,* recinto, corral). Pobla-

ción donde reside el rey. **2.** Conjunto de personas que componen la familia y la comitiva del rey. **3.** Amér. Tribunal de justicia. ◆ **cortes** s.f.pl. A partir del s. XIX, asamblea parlamentaria española. **2.** Asambleas legislativas de las comunidades autónomas de Aragón, Castilla-La Mancha, Castilla y León, Comunidad Valenciana y Navarra. **3.** Durante el Antiguo régimen, asambleas convocadas por el rey para asesorarle en las tareas legislativas y para votar la concesión de impuestos y subsidios. ◇ **Corte celestial** Cielo. **Hacer la corte** Cortejar, galantear.

cortes

Las cortes medievales hispánicas, surgidas de la *curia plena* entre los ss. XII y XIII, se estructuraron por estamentos (clero, nobleza, ciudades) y tuvieron una función consultiva y sobre todo fiscal (las de Aragón, también legislativa). Desde el s. XVI entraron en decadencia y en el s. XVIII, unificadas en las cortes de Castilla, eran meras instancias protocolarias. La constitución de Cádiz (1812) creó unas cortes monocamerales de carácter legislativo moderno. De 1837 hasta la dictadura de 1923 se mantuvieron las cortes bicamerales (senado y congreso de diputados), para volver al monocameralismo con la Segunda república. Durante el franquismo aparecieron unas cortes corporativas, en parte de designación directa (por el jefe del estado), en parte indirecta (por instituciones como la familia, el sindicato y el municipio). Tras la reforma de 1976 se volvió al bicameralismo por sufragio universal, consagrado por la constitución de 1978, y hecho efectivo en 1979.

cortedad s.f. *Fig.* Falta o escasez de talento, cultura o inteligencia. **2.** *Fig.* Falta de ánimo y decisión. SIN.: *encogimiento, pusilanimidad.* **3.** Cualidad de corto.

cortejar v.tr. Tratar de enamorar o seducir a una mujer. **2.** Hablar entre sí los novios.

cortejo s.m. (ital. *corteggio*). Acción de cortejar. **2.** Conjunto de personas que se trasladan con solemnidad de un sitio a otro en una ceremonia.

cortés adj. Amable y educado: *un joven cortés; un gesto cortés.* ◇ **Amor cortés** Se dice del amor idealista y vasallático propio de la poesía trovadoresca.

cortesano, a adj. (ital. *cortigiano*). De la corte del rey. ◆ s. Persona que forma parte de la corte de un rey. ◆ s.f. Prostituta, especialmente la que es elegante y tiene cultura.

cortesía s.f. Cualidad de cortés. **2.** Demostración o actitud cortés. **3.** Regalo, dádiva. **4.** Gracia o merced. **5.** Prórroga que se concede en el cumplimiento de algo. **6.** Espacio en blanco que se deja en algunos libros o impresos.

córtex s.m. (lat. *cortex*). Corteza, parte externa de algunos órganos. ◇ **Córtex cerebral** ANAT. Revestimiento superficial, compuesto por sustancia gris, de los hemisferios cerebrales. SIN.: *corteza cerebral.*

corteza s.f. (lat. *corticea*). Parte externa de algunos cuerpos y órganos animales o vegetales que tienen una estructura más o menos concéntrica. **2.** *Fig.* Apariencia externa de algo no material: *la corteza de un problema.* **3.** FÍS. Parte externa del átomo, que rodea al núcleo, formada por electrones dispuestos en capas o niveles de energía. **4.** GEOL. Zona superficial del globo terráqueo, de un espesor medio de 35 km bajo los continentes *(corteza continental)* y de 10 km bajo los océanos *(corteza oceánica).*

Corti. Órgano de Corti Receptor periférico de la audición, formado por un conjunto de células ciliadas.

cortical adj. Relativo a la corteza.

corticoide s.m. Nombre genérico aplicado a las hormonas corticosuprarrenales, sus derivados y a la corticoestimulina.

corticosteroide s.m. Hormona esteroide de la corteza suprarrenal.

corticosterona s.f. Hormona del grupo de los glucocorticoides secretada por el córtex suprarrenal.

corticosuprarrenal adj. Relativo a la región periférica de la glándula suprarrenal, cuyas hormonas actúan sobre el metabolismo de las sustancias orgánicas y minerales.

corticoterapia s.f. Tratamiento a base de corticoides.

corticotrofina s.f. Hormona de la hipófisis que estimula la secreción de la corteza suprarrenal. SIN.: *ACTH.*

cortijo s.m. Hacienda y casa de labranza características de Andalucía y Extremadura.

cortina s.f. (lat. tardío *cortina,* del lat. *cohors,* recinto). Pieza, generalmente de tela, que se cuelga para adornar o cubrir puertas, ventanas, etc. **2.** *Fig.* Conjunto de acontecimientos o circunstancias que encubren, velan u ocultan algo. **3.** Lienzo de muralla entre dos baluartes. ◇ **Cortina de hierro** Amér. Telón de acero.

cortinado s.m. Argent. y Urug. Cortinaje.

cortinaje s.m. Conjunto de cortinas.

cortinario s.m. Hongo con el sombrerillo carnoso que se une al pie mediante una cortina. (Existen unas 400 especies, de las cuales muchas son comestibles y otras venenosas, e incluso mortales.)

cortinilla s.f. Cortina pequeña, especialmente la que cubre los cristales de algunos vehículos.

cortisona s.f. Hormona corticosuprarrenal que posee propiedades antiinflamatorias y metabólicas.

1. **corto** s.m. (apócope). Cortometraje.

2. **corto, a** adj. (lat. *curtus*). Que tiene poca longitud o un tamaño pequeño, en comparación con otros de su misma especie. **2.** Breve, que tiene poca duración. **3.** Que es escaso o no alcanza hasta donde debiera. **4.** Esp. y Méx. *Fig.* Tímido, encogido. **5.** Esp. y Méx. *Fig.* Que tiene poco talento, inteligencia o cultura.

cortocircuito s.m. Fenómeno eléctrico que se produce al unir con un conductor de resistencia muy débil dos puntos entre los cuales existe una diferencia de potencial.

cortometraje s.m. Película cuya duración es inferior a los treinta minutos. (Se abrevia *corto.*)

corúa s.f. Ave marina, de pico recto y comprimido en la punta, plumaje de color negro verdoso con rayas en el cuello, buena nadadora y notable zambullidora, que vive en las Antillas. (Familia falacrocorácidos.)

coruñés, sa adj. y s. De La Coruña (España).

corva s.f. Parte de la pierna opuesta a la rodilla.

corvadura s.f. Parte por donde se tuerce, dobla o encorva una cosa. **2.** Curvatura.

corvato s.m. Cría del cuervo.

corvaza s.f. Tumoración que aparece en la parte posterior e inferior de las extremidades del ganado equino.

corvejón s.m. Parte de la pata posterior de los solípedos, en la articulación entre la tibia y el fémur, que corresponde a la rodilla humana.

corveta s.f. (fr. *courbette*). Movimiento del caballo que consiste en andar o sostenerse sobre las patas traseras manteniendo las delanteras en el aire.

córvido, a adj. y s.m. Relativo a una familia de aves paseriformes con el pico fuerte y ligeramente curvado, como el cuervo, la urraca, etc.

corvina s.f. Pez teleósteo marino, de cuerpo alargado y de gran tamaño, carne muy sabrosa, color marrón con manchas negras en el dorso y plateado en el vientre, que vive en el Mediterráneo y el Atlántico.

corvino, a adj. Relativo al cuervo o que se asemeja a él.

corvo, a adj. (lat. *curvus*). Curvo.

corzo, a s. (del ant. *corzar* o *acorzar,* dejar sin cola). Rumiante de unos 70 cm de alt., pelaje gris rojizo, cola corta, astas erectas adornadas con numerosas protuberancias, que vive en Europa y Asia. (El corzo brama; su cría es el gabato; familia cérvidos.)

corzuela s.f. Rumiante de pequeño tamaño que vive en América del Sur. (Familia cérvidos.)

cosa s.f. (lat. *causa,* motivo). Palabra con que se designa todo lo que existe, o puede concebirse como existente, ya sea corporal o espiritual, natural o artificial, real o abstracto, como entidad separada. **2.** Objeto inanimado (por oposición a *ser viviente*). **3.** En oraciones negativas, nada: *no hacer cosa de provecho.* **4.** *Fam.* Asunto: *no andar bien las cosas.* ◇ **Como si tal cosa** *Fam.* Con indiferencia o como si no hubiera pasado nada. **Cosa juzgada** DER. Cuestión resuelta por sentencia firme. **Poquita cosa** Se dice de la persona física o moralmente pequeña o débil.

cosaco, a adj. y s. (kirguiz *kasak*, caballero). De una población de los confines meridionales de Rusia, formada por campesinos libres y soldados que defendía las fronteras rusas y polacas de los turcos y de los tártaros. ◆ s.m. Soldado de un cuerpo de infantería y caballería ruso, reclutado según las normas de las poblaciones cosacas.

cosaco

Sometidos a Rusia desde 1654, en el s. XIX los cosacos formaron cuerpos de élite dentro del ejército imperial. En 1917 combatieron en su mayoría contra los bolcheviques.

cosario, a s.m. Recadero o mensajero.

coscacho s.m. Amér. Merid. Coscorrón, golpe dado en la cabeza con los nudillos.

coscoja s.f. Árbol de corta altura, achaparrado, follaje denso, cuyo fruto es una bellota recubierta por una cúpula de escamas. (Familia fagáceas.) **2.** Hoja seca de la carrasca o encina. **3.** Argent. Rueda de metal situada en el puente del freno de la caballería.

coscojo s.m. (lat. *cosculium*, coscoja). Agalla producida por el quermes en la coscoja. ◆ **coscojos** s.m.pl. Piezas de hierro, a modo de cuentas, que forman con la salivera los sabores del freno.

coscolino, a adj. y s. Méx. *Fam.* Se dice de la persona que tiene muchas relaciones amorosas o le gusta coquetear.

coscomate s.m. Méx. Troje cerrada de barro y zacate, parecida a una gran copa sin pie, para conservar el maíz.

coscorrón s.m. (voz de origen onomatopéyico). Golpe dado en la cabeza. **2.** Chile. Variedad del poroto, planta. **3.** Colomb. Mendrugo de pan. **4.** Colomb. Puñetazo.

cosecante s.f. MAT. Inverso del seno de un ángulo o de un arco (símb. cosec).

cosecha s.f. (ant. p. f. de *coger*). Conjunto de frutos que se recogen de la tierra al llegar la época en que están maduros. **2.** Acción de recogerlos. **3.** Temporada en que se recogen. **4.** *Fig.* Conjunto de ciertas cosas no materiales. ◇ **Ser de la cosecha de alguien** *Fam.* Estar inventado, proyectado o realizado por él.

cosechadora s.f. **Cosechadora trilladora** Máquina que corta las mieses, separa el grano y expulsa la paja.

cosechar v.intr. y tr. Recoger los frutos de la tierra al llegar la época en que están maduros. **2.** Obtener algo como resultado de un esfuerzo o trabajo.

cosechero, a s. Persona que cosecha.

coselete s.m. (fr. ant. *corselet*). Coraza ligera, generalmente de cuero. **2.** Soldado que llevaba coselete. **3.** Tórax de los insectos cuando los tres segmentos que lo componen están fuertemente unidos entre sí.

coseno s.m. MAT. Seno del complemento de un ángulo (símb: cos).

coser v.tr. (lat. *consuere*). Unir con hilo enhebrado en una aguja dos o más pedazos de tela u otro material semejante. **2.** Hacer dobladillos, pespuntes y otras labores de aguja. **3.** *Fig.* Unir estrechamente. **4.** Acribillar: *coser a puñaladas.* ◇ **Máquina de coser** Máquina de uso doméstico o industrial que realiza mecánicamente el cosido de tejidos o cueros. **Ser algo coser y cantar** *Fam.* Ser muy fácil.

cosetano, a o **cessetano, a** adj. y s. De Cosetania, territorio que en la época prerromana y romana comprendía aprox. la mitad de la provincia de Tarragona, en torno a su capital.

cosido s.m. Acción y efecto de coser.

cosificación s.f. Acción de cosificar.

cosificar v.tr. Convertir en cosa algo que no lo es o considerarlo y tratarlo como cosa.

cosmética s.f. Técnica de fabricación y empleo de productos cosméticos.

cosmético, a adj. y s.m. Se dice del producto destinado a limpiar, cuidar y embellecer la piel o el cabello.

cósmico, a adj. Relativo al universo o cosmos. **2.** Se dice del orto u ocaso de un astro que coincide con la salida del sol. ◇ **Rayos cósmicos** Radiación compleja, de gran energía, procedente del espacio, que al atravesar la atmósfera arranca electrones a los átomos, produciendo la ionización del aire.

cosmódromo s.m. Base de lanzamiento de naves espaciales.

cosmogonía s.f. Ciencia que estudia la formación de los objetos celestes: planetas, estrellas, sistemas de estrellas, galaxias, etc. **2.** FILOS. Concepción sobre el origen del mundo.

cosmogónico, a adj. Relativo a la cosmogonía.

cosmografía s.f. (del gr. *kósmos*, mundo, y *gráphein*, describir). Parte de la astronomía que estudia los sistemas astronómicos del universo, utilizando nociones elementales de las ciencias matemáticas y físicas.

cosmología s.f. Parte de la astronomía que estudia la estructura y la evolución del universo considerado en su conjunto.

cosmológico, a adj. Relativo a la cosmología.

cosmonauta s.m. y f. Astronauta. (Designaba en especial a los tripulantes de las naves espaciales soviéticas.)

cosmopolita adj. y s.m. y f. (del gr. *kósmos*, mundo, y *polítes*, ciudadano). Relativo a las personas que han vivido en muchos países y han adquirido algunas de sus costumbres. ◆ adj. Se dice de los grupos sociales y de los lugares donde hay personas de muchos países distintos. **2.** BOT. y ZOOL. Se dice de una especie animal o vegetal que vive de forma natural en todas o casi todas las regiones del mundo.

cosmopolitismo s.m. Condición de cosmopolita.

cosmos s.m. (lat. *cosmos*, gr. *kósmos*). Mundo, conjunto de todo lo existente. **2.** Universo, considerado en su conjunto como un todo ordenado (por oposición a *caos*).

cosmovisión s.f. Modo de concebir e interpretar el universo.

1. coso s.m. Plaza o lugar cercado para corridas de toros y otras fiestas públicas. **2.** Calle principal en algunas poblaciones.

2. coso s.m. **Coso de los sauces** Mariposa nocturna de alas marrones, de 6 a 9 cm de envergadura, cuyas orugas excavan galerías en la madera de los árboles. (Familia cósidos.)

cosquillas s.f.pl. (voz de origen onomatopéyico). Sensación producida por el roce suave sobre ciertas partes del cuerpo, que provoca involuntariamente la risa y, continuada, da convulsiones. ◇ **Buscarle las cosquillas a alguien** *Fam.* Hacer lo posible por impacientarle.

cosquillear v.tr. Hacer cosquillas.

cosquilleo s.m. Sensación parecida a las cosquillas pero más leve.

cosquilloso, a adj. *Fig.* Que es muy susceptible.

1. costa s.f. (lat. *costa*, lado, costilla). Tierra que bordea la orilla del mar o de grandes ríos o lagos. **2.** Argent. Faja de terreno que se extiende al pie de una sierra.

2. costa s.f. (de *costar*). Costo de manutención del trabajador, cuando se añade al salario. **2.** Cantidad que se paga por una cosa. ◆ **costas** s.f.pl. Gastos ocasionados por una acción o suceso, especialmente los producidos por la administración de justicia. ◇ **A costa de** Mediante, a fuerza de; a expensas. **A toda costa** Sin limitación.

costadillo s.m. **Torear de costadillo** TAUROM. Torear de perfil preparando la huida.

costado s.m. Parte lateral exterior, entre el pecho y la espalda, del cuerpo humano. **2.** Lado, flanco: *los dos costados de la calle.* ◇ **Por los cuatro costados** Por todas partes; por parte de los abuelos paternos y maternos. **Punta de cos-**

tado Dolor muy agudo, punzante, persistente un cierto tiempo, localizado en la pared torácica, que inmoviliza, impidiendo los movimientos respiratorios amplios.

costal adj. (lat. *costalis*). ANAT. Relativo a las costillas. ◆ s.m. Saco grande de tela ordinaria. ◇ **Estar, o quedarse, hecho un costal de huesos** *Fam.* Estar o quedarse muy flaco.

costalada s.f. Golpe recibido al caer de espaldas o de costado. SIN.: *costalazo.*

costalearse v.prnl. Chile. Recibir una costalada. **2.** Chile. *Fig.* Sufrir un desengaño o decepción.

costanera s.f. Cuesta, terreno en pendiente. **2.** Argent. Avenida que corre a lo largo de la costa del mar o de un río.

costanilla s.f. Calle corta y con más pendiente que las que la rodean.

costar v.intr. (lat. *constare*) [conj.: *contar*]. Ser pagada o tener que ser pagada una cosa a determinado precio: *¿cuánto cuestan estos libros?* **2.** *Fig.* Causar u ocasionar una cosa disgustos, molestias, perjuicios, etc.: *este asunto le costará problemas.* ◇ **Costarle caro algo a alguien** *Fam.* Ocasionarle mucho perjuicio o daño.

costarricense adj. y s.m. y f. De Costa Rica. ◆ s.m. Modalidad adoptada por el español en Costa Rica.

costarriqueñismo s.m. Vocablo o giro propio de los costarriqueños.

costarriqueño, a adj. y s. Costarricense.

coste s.m. Esp. Costo, valor de una mercancía.

1. **costear** v.tr. y prnl. Pagar el valor de una cosa. ◆ **costearse** v.prnl. Producir lo suficiente para cubrir los gastos. **2.** Argent., Chile y Urug. Tomarse la molestia de ir hasta un sitio, distante o de difícil acceso.

2. **costear** v.tr. Navegar sin perder de vista la costa. **2.** Ir por el costado o borde de un lugar: *costear el río.* **3.** Esquivar una dificultad o un peligro. **4.** Perú. Mofarse, burlarse de uno.

costeño, a adj. y s. De la costa.

costeo s.m. Perú. Mofa, burla a expensas de alguien.

costero, a adj. Costeño. ◆ s.m. Cada una de las dos piezas más inmediatas a la corteza, que salen al aserrar un tronco en el sentido de su longitud. **2.** Cada uno de los dos muros que forman los costados de un alto horno.

costilla s.f. Cada uno de los huesos alargados y curvados que forman la caja torácica. **2.** Cada uno de estos huesos, con la carne adherida a él, de las reses para el consumo. **3.** *Fig.* y *fam.* Esposa. **4.** Cuaderna de un buque. ◆ **costillas** s.f.pl. Espalda, dorso. ◇ **Costilla flotante** Costilla que no está unida al esternón. **Medir las costillas a alguien** *Fam.* Pegarle.

costillar s.m. Conjunto de costillas. **2.** Parte del cuerpo en que están las costillas.

costino, a adj. Chile. Costeño.

1. **costo** s.m. Valor o precio que tiene una mercancía. GEOSIN.: Esp. *coste.* ◇ **Costo de distribución** Diferencia entre el precio de venta de un bien al consumidor y el precio de producción. **Costo de la vida** Noción que resume, en un período determinado, el nivel de los precios de cierto número de bienes y servicios que entran en un presupuesto tomado como referencia y su evolución entre dos o varios períodos. **Costo de producción** Conjunto de las remuneraciones pagadas en el proceso de producción de una mercancía.

2. **costo** s.m. (lat. *costus*). Planta herbácea, de propiedades tónicas, diuréticas y carminativas, que crece en las regiones tropicales. (Familia compuestas.) **2.** Raíz de esta planta.

costoso, a adj. Que cuesta mucho.

costra s.f. (lat. *crusta*). Producto desecado de la secreción de una mucosa o una herida. **2.** Corteza que se forma sobre una sustancia blanda y húmeda: *la costra del pan.*

costumbre s.f. (lat. *consuetudo, -udinis*). Manera de obrar establecida por un largo uso o adquirida por repetición de actos de la misma especie. **2.** DER. Norma jurídica establecida en virtud del uso o los hechos constantes y repetidos. ◆ **costumbres** s.f.pl. Conjunto de prácticas y usos de una persona o una colectividad. ◇ **De costumbre** Usual y ordinario, de manera acostumbrada.

costumbrismo s.m. Tendencia literaria y artística que se basa en la descripción de las costumbres de un país o región.

costumbrismo

En España se entiende por costumbrismo, de modo más concreto, una corriente literaria decimonónica de signo romántico que mantuvo su vigor a través de periódicos y revistas. Larra, Estébanez Calderón y Mesonero Romanos, las tres principales figuras del costumbrismo, contribuyeron con artículos y cuadros descriptivos en la revista *Cartas españolas* (1831). En Hispanoamérica, el costumbrismo formó parte de prácticamente todo tipo de narraciones, pues con ello no solo se buscaba que las obras se hallaran más cerca de los lectores locales, sino también que ofrecieran un ambiente típicamente americano que las diferenciara de las obras europeas. Entre otros autores, su influencia puede verse en E. Echevarría, D. F. Sarmiento y R. Palma.

costumbrista adj. y s.m. y f. Relativo al costumbrismo; adscrito al costumbrismo.

costura s.f. (lat. vulgar *consutura*). Acción de coser. **2.** Actividad o arte de coser: *dedicarse a la costura.* **3.** Serie de puntadas que une dos piezas cosidas. ◇ **Alta costura** Confección de prendas de vestir de gran calidad y exclusivas para cada cliente; conjunto de los grandes modistas que crean estos modelos originales. **Meter en costura a alguien** *Fam.* Hacerle entrar en razón.

costurar v.tr. Amér. Coser.

costurera s.f. Mujer que tiene por oficio coser.

costurero s.m. Pequeño mueble, caja, estuche, etc., para guardar los útiles de costura. **2.** Cuarto de costura.

1. **cota** s.f. (del lat. *quota pars,* qué parte, *quota nota,* qué cifra). Número que indica la diferencia entre los niveles en los planos topográficos. **2.** Altura de un punto sobre el nivel del mar u otro plano de nivel. **3.** MAT. El menor de los mayorantes *(cota superior)* o el mayor de los minorantes *(cota inferior).*

2. **cota** s.f. (fr. ant. *cote*). Cierto tipo de arma defensiva. ◇ **Cota de armar, o de armas** Vestidura sin mangas o de mangas cortas y anchas, que se llevaba debajo de la armadura. **Cota de mallas** Armadura de cuero, guarnecida con piezas de hierro, que cubría el cuerpo.

cotana s.f. Muesca que se abre en la madera para encajar allí otro madero o una espiga. **2.** Escoplo con que se abre dicha muesca.

cotangente s.f. MAT. Valor recíproco de la tangente de un ángulo (símb. cotg).

cotarro s.m. Reunión bulliciosa. ◇ **Alborotar el cotarro** Esp. *Fam.* Alterar, turbar la tranquilidad de un grupo de personas. **Dirigir el cotarro** Esp. *Fam.* Mandar en algún asunto. **El amo del cotarro** Esp. *Desp.* Persona que manda en un lugar.

cotejar v.tr. Confrontar una cosa con otra u otras teniéndolas a la vista.

cotejo s.m. Acción de cotejar.

cotelé s.m. Chile. Pana, tejido.

cotense s.m. Bol., Chile y Urug. Tela basta de cáñamo.

coterráneo, a adj. y s. Persona que es del mismo país que otra.

cotidal adj. (voz inglesa). GEOGR. Se dice de una curva que pasa por todos los puntos en que se produce la marea a la misma hora.

cotidiano, a o **cuotidiano, a** adj. (lat. *quotidianus*). Diario: *trabajo cotidiano.*

cotiledón s.m. (gr. *kotyledón, -ónos,* hueco en un recipiente o cavidad en la cadera). ANAT. Lóbulo de la placenta.

2. BOT. Lóbulo carnoso o foliáceo inserto en el eje de la plántula, en la semilla.
1. **cotilla** s.m. y f. *Fam.* Persona chismosa y murmuradora.
2. **cotilla** s.f. (del fr. ant. *cote,* armadura de cuero o malla). Esp. Corsé con ballenas.
cotillear v.intr. Esp. Chismorrear.
cotilleo s.m. Esp. Acción de cotillear.
cotillo s.m. Parte del martillo y otras herramientas que sirve para golpear.
cotillón s.m. (fr. *cotillon*). Baile bullicioso con que finaliza una fiesta. **2.** Danza efectuada por un grupo de cuatro u ocho personas.
cotilo s.m. ANAT. Cavidad articular de un hueso.
cotiloideo, a adj. ANAT. Se dice de la cavidad articular del hueso ilíaco en la que encaja la cabeza del fémur.
1. **cotiza** s.f. (fr. *cotice*). HERÁLD. Banda o barra de anchura reducida.
2. **cotiza** s.f. Colomb. y Venez. Especie de alpargata usada por la gente del campo.
cotización s.f. Acción de cotizar. **2.** Precio que alcanza un valor en la bolsa. ◇ **Valores fuera de cotización** Valores negociables sin recurrir a los agentes de cambio.
cotizar v.intr. (fr. *coter,* por confusión con *cotiser*). Pagar o recaudar una cuota, especialmente la impuesta por los sindicatos a sus asociados: *cotizar a la seguridad social, a un partido.* ◆ v.tr. y prnl. Asignar el precio de un valor en la bolsa o en el mercado. ◆ **cotizarse** v.prnl. Alcanzar un precio determinado una mercancía. **2.** Valorar a una persona o cosa, o alguna de sus características.
1. **coto** s.m. (lat. *cautum*). Terreno acotado. **2.** Término, límite: *poner coto a los desmanes.*
2. **coto** s.m. (gr. *kóttos*). Pez de cabeza grande y boca ancha que mide de 10 a 30 cm de long. y vive en aguas dulces bien oxigenadas o en las costas rocosas. (Familia cótidos.) **2.** Simio aullador de América del Sur, de color castaño oscuro.
3. **coto** s.m. (quechua *koto*). Amér. Merid. Bocio.
cotón s.m. (fr. *coton*). Tela de algodón estampada de varios colores.
cotona s.f. Amér. Camiseta fuerte de algodón u otra materia.
cotonada s.f. Tela tejida con fibras de algodón puro mezclado con fibras diferentes.
cotonía s.f. Tela blanca de algodón, especie de lona delgada, que forma cordoncillo.
cotonificio s.m. Industria del algodón.
cotorra s.f. Ave trepadora americana, parecida al papagayo, pero de menor tamaño. (Familia sitácidos.) **2.** *Fig.* y *fam.* Persona que cotorrea. **3.** Urraca.
cotorrear v.intr. Hablar excesivamente. **2.** Méx. *Fam.* Engañar a alguien para hacer burla: *me cotorrearon diciéndome que había sacado la lotería.* **3.** Méx. *Fam.* Hacer burla de alguien: *siempre se lo cotorrean por tonto.* **4.** Méx. *Fam.* Conversar animadamente.
cototo s.m. Amér. Hinchazón en la cabeza por efecto de un golpe.
cotudo, a adj. Amér. Que tiene coto o bocio.
coturno s.m. (lat. *cothurnus*). ANT. Calzado con suela gruesa que llevaban los actores de la tragedia griega y romana.
coulomb s.m. (de *Coulomb,* físico francés). En la nomenclatura internacional, culombio.
country s.m. y adj. (voz inglesa). Estilo de música popular aparecido hacia 1920 en el SE de EUA, procedente de los folclores escocés, galés e irlandés. (Se modernizó en los años 1960 con el *country-rock* y se integró en la música pop.). ◆ s.m. Barrio de viviendas unifamiliares y espacios de recreación compartidos.
coupage s.m. (voz francesa). Acción de mezclar dos o más vinos de distinta graduación.
covacha s.f. Cueva pequeña. **2.** Vivienda humilde y pobre. **3.** Ecuad. Tienda donde se venden comestibles. **4.** Méx. Habitación del portero situada debajo de la escalera.
covadera s.f. Chile. Espacio de tierra de donde se extrae guano.
covalencia s.f. Unión química entre dos átomos por la que comparten un par de electrones.
covarianza s.f. ESTADÍST. Valor medio del producto de los términos homólogos entre dos variables centradas.
cowboy o **cow-boy** s.m. (voz inglesa) [pl. *cowboys* o *cowboys*]. Persona que cuida del ganado en un rancho estadounidense.
cowper s.m. Aparato de inversión que se utiliza en siderurgia para la recuperación del calor latente de los gases de los altos hornos y para el recalentamiento del aire que se introduce en las toberas.
cow-pox s.m. (ingl. *cowpox*). Viruela que afecta al ganado vacuno.
coxal adj. Relativo a la cadera. ◇ **Hueso coxal** Hueso ilíaco.
coxalgia s.f. Artritis tuberculosa de la cadera.
coxartritis s.f. Coxitis. SIN.: *coxartria.*
coxis o **cóccix** s.m. (gr. *kókkyx, -ygos*) [pl. *coxis* o *cóccix*]. Hueso formado por la fusión de varias vértebras rudimentarias, en la extremidad del sacro.
coxitis s.f. Artrosis de la cadera. SIN.: *coxartria, coxartritis.*
coy s.m. (neerlandés *kooi*). Trozo rectangular de lona que, colgado de sus cuatro puntas, sirve de cama en un barco.
coya s.f. Entre los antiguos peruanos, mujer del inca, señora, soberana o princesa. (Desde los tiempos de Topa Inca, por lo menos, existía la costumbre de que la *coya* fuera una hermana del inca.)
coyol s.m. Amér. Central y Méx. Palmera de mediana altura con espinas largas. **2.** Amér. Central y Méx. Fruto de esta planta, del que se extrae una bebida y de cuya semilla se hacen dijes, botones, etc.
coyolar s.m. Amér. Central y Méx. Terreno poblado de coyoles.
coyoleo s.m. Amér. Especie de codorniz.
coyote s.m. Mamífero carnívoro de América del Norte, parecido al lobo y al chacal.
coyotero, a adj. y s. Méx. Se dice del perro amaestrado para perseguir coyotes.
coyunda s.f. Correa fuerte, o soga de cáñamo, con que se uncen los bueyes al yugo. **2.** *Fig.* Unión matrimonial. **3.** Nicar. Látigo.
coyuntura s.f. (del romance *conjungere,* juntar). Circunstancia que caracteriza una situación en un momento determinado. **2.** Circunstancia adecuada para conseguir algo. **3.** Articulación movible de un hueso con otro.
coyuntural adj. Relativo a la coyuntura.
coyuyo s.m. Argent. Cigarra grande. **2.** Argent. Tuco, insecto coleóptero. **3.** Argent. Luciérnaga.
coz s.f. (lat. *calx, -cis,* talón). Acción de levantar y sacudir violentamente hacia atrás una o las dos patas posteriores un caballo u otro équido. **2.** Golpe dado de este modo. **3.** Retroceso producido por el disparo de un arma de fuego. ◇ **A coces** *Fam.* Con desconsideración, despóticamente.
CPU s.f. (sigla del inglés *central processing unit,* unidad central de proceso). INFORMÁT. Conjunto de la memoria principal, la unidad aritmeticológica y los registros de control de una computadora.
crac o **crack** s.m. ECON. Quiebra financiera, situación de la bolsa en la que la baja cotización de los valores provoca desconfianza en los mercados.
1. **crack** s.m. (voz inglesa, *famoso*). Persona que destaca notablemente en su especialidad: *un crack de la edición.* **2.** Jugador de fútbol o de cualquier otro deporte de gran calidad y extraordinarias facultades.
2. **crack** s.m. (voz inglesa, *latigazo*). Cocaína cristalizada fumable, muy tóxica.

cracking s.m. (voz inglesa). Procedimiento de refino que modifica la composición de una fracción de petróleo por el efecto combinado de la temperatura, la presión y, generalmente, de un catalizador. SIN.: *craqueo.*

cracoviana s.f. Danza popular de origen polaco, de moda en España hacia 1840.

crampón s.m. (fr. *crampon*). Sobresuela de puntas metálicas que se fija en la suela del calzado de montaña para andar sobre el hielo sin resbalar.

cran s.m. (voz francesa). Muesca de las letras de imprenta que sirve para comprobar si se ha colocado correctamente en el componedor.

craneal adj. Relativo al cráneo. SIN.: *craneano.*

cráneo s.m. (gr. *kraníon*). Cavidad ósea que contiene y protege el encéfalo en los vertebrados.

craneofaringioma s.m. Tumor intracraneal situado por encima de la pared posterior de la faringe y desarrollado a partir de secuelas embrionarias de la región de la hipófisis.

craneopatía s.f. Enfermedad del cráneo.

craneostenosis s.f. Malformación congénita caracterizada por la contracción prematura de las hendiduras de la cavidad craneana, provocando una deformación del cráneo.

crápula s.f. (lat. *crapula,* embriaguez, borrachera). Disipación, libertinaje. **2.** Borrachera. ◆ s.m. y f. Persona de vida licenciosa.

craquear v.tr. Realizar el cracking de un producto petrolífero.

craquelado s.m. (fr. *craquelé*). En cerámica, procedimiento decorativo que utiliza los dibujos formados por las grietas de un vidriado cuyo coeficiente de dilatación o elasticidad no concuerda con el de la pasta. **2.** Cuarteado que presentan las pinturas antiguas.

craqueo s.m. Cracking.

crascitar v.intr. Graznar el cuervo.

crash s.m. (voz inglesa). Aterrizaje forzoso efectuado por un avión sin tren de aterrizaje. **2.** ECON. Crac.

crasis s.f. En griego, contracción particular de vocales, indicada por un signo especial.

crasitud s.f. Cualidad de craso, grueso.

craso, a adj. Grueso, gordo o espeso. **2.** *Fig.* Burdo, grosero: *error craso; crasa ignorancia.*

crasuláceo, a adj. y s.f. Relativo a una familia de plantas dicotiledóneas carnosas que crecen en países templados y cálidos.

cráter s.m. (lat. *crater, -eris*). Depresión situada en la parte superior de un volcán, por donde salen los materiales de proyección y la lava. ◇ **Cráter meteórico** Depresión casi circular causada por el impacto de un meteorito en la superficie de un astro, en particular de la Luna. **Lago de cráter** Lago formado en el cráter de un volcán apagado.

crátera o **cratera** s.f. Vasija de boca ancha y con dos asas utilizado en la antigüedad para mezclar el agua y el vino.

cratón s.m. GEOL. Sector de la corteza terrestre que solo puede experimentar deformaciones de tipo germánico.

crawl s.m. (voz inglesa). → **crol.**

creación s.f. Acción de crear; cosa creada. **2.** Mundo, todo lo creado.

creacionismo s.m. Antigua teoría biológica según la cual los animales y las plantas fueron creados de forma súbita y aislada, y que considera que las especies no han sufrido ninguna evolución desde su creación. (Esta doctrina, de inspiración religiosa, niega la evolución de la vida sobre la Tierra y ha sido descartada por la comunidad científica.) **2.** Corriente poética hispanoamericana de vanguardia, surgida en París de la obra de V. Huidobro, en contacto con renovadores franceses (Apollinaire, Reverdy), que propugnaba la libertad creativa y la autonomía de la imagen, sin injerencias del entorno referencial.

creador, ra adj. y s. Que crea. ◆ s.m. Dios. (Se escribe con mayúscula.)

crear v.tr. (lat. *creare*). Hacer algo de nada. **2.** Instituir, fundar: *crear una empresa.* **3.** Formar, forjar: *crear enemistades.* **4.** Componer artística o intelectualmente. ◆ **crearse** v.prnl. Imaginarse, formarse en la mente: *crearse un mundo de ilusiones.*

creatina s.f. Sustancia nitrogenada, producto intermedio del metabolismo de los prótidos, que se encuentra en los músculos y, en muy baja proporción (0,01 o 0,02 %), en el plasma sanguíneo.

creatinina s.f. Desecho nitrogenado derivado de la creatina.

creatividad s.f. Capacidad humana de producir contenidos mentales de cualquier tipo.

creativo, a adj. Relativo a la creatividad. **2.** Se dice de la persona con gran capacidad de creación. ◆ s. Persona encargada de tener ideas originales, de crear productos originales en la publicidad industrial o comercial.

crecer v.intr. (lat. *crescere*) [conj.: *parecer*]. Aumentar de tamaño, de intensidad, de número, etc.: *crecer un río.* **2.** Extenderse, propagarse: *crecer un rumor.* **3.** Aumentar la parte iluminada de la Luna. **4.** Añadir puntos en las labores de media o ganchillo. ◆ **crecerse** v.prnl. Adquirir alguien más ánimo, decisión y atrevimiento: *crecerse ante las dificultades.* **2.** Engreírse o envanecerse.

creces s.f.pl. Aumento aparente de volumen que adquiere el trigo, la sal, etc., cuando se traspasa de una parte a otra. ◇ **Con creces** Más de lo necesario.

crecida s.f. Aumento del caudal de una corriente de agua.

crecido, a adj. Grande con respecto a su edad. **2.** Que es elevado: *cifras crecidas.* **3.** Orgulloso, soberbio.

creciente adj. Que está creciendo. ◆ s.m. **Creciente (de la Luna)** Período durante el cual crece la parte iluminada de la Luna, comprendido entre el novilunio y el plenilunio. ◇ **Cuarto creciente** Fase de la Luna, intermedia entre el novilunio y el plenilunio, en la que es visible la mitad del disco lunar. **Función creciente en un intervalo (a, b)** Función $f(x)$ de la variable x definida en este intervalo, tal que la relación $f(x) - f(x')$ sea positiva cualquiera que sean los números x y x' pertenecientes al intervalo (a, b).

crecimiento s.m. Desarrollo progresivo de un ser vivo o de una cosa, considerados en su aspecto cuantitativo, como la talla, el peso, el valor numérico, etc. ◇ **Crecimiento cero** Ausencia de desarrollo demográfico y económico en un país. **Crecimiento económico** Aumento de las distintas magnitudes que caracterizan la actividad económica.

credencia s.f. REL. Mesa sobre la que se colocan los objetos necesarios para el culto.

credencial adj. Que acredita. ◆ s.f. Documento que acredita el nombramiento de un empleado público para poder tomar posesión de su cargo. ◇ **Cartas credenciales** Documento que entrega un embajador o ministro para que se le admita y reconozca como tal.

credibilidad s.f. Cualidad de creíble.

crediticio, a adj. Relativo al crédito público y privado.

crédito s.m. (lat. *creditum*). Aceptación de algo como cierto. **2.** Reputación: *gozar de gran crédito.* **3.** Acto por el cual un banco o un organismo financiero efectúa un anticipo de fondos; aplazamiento que se concede a un rembolso; importe del anticipo. **4.** Unidad valorativa de una materia o asignatura. ◇ **A crédito** Sin pago inmediato. **Apertura de crédito** Compromiso de poner una suma de dinero a disposición de alguien. **Carta de crédito,** o **carta-orden de crédito** Documento que entrega un banquero a su cliente y que permite a este obtener fondos de otro banco. **Crédito a corto plazo** Crédito concedido por un período inferior a un año. **Crédito a largo plazo** Crédito concedido para inversiones en bienes de capital. **Crédito a plazo medio** Crédito concedido por un plazo comprendido, en general, entre uno y dos años. **Crédito blando** Crédito a bajo interés o por debajo del preferencial. **Crédito documentado** Modalidad del crédito a corto plazo en la que el beneficiario solo puede disponer de la cantidad acreditada contra entrega de los documentos relativos a la compraventa en que se va a emplear. **Crédito oficial** Crédito que la administración pública gestiona a través de entidades oficiales financieras con el fin de apoyar determinadas actividades o sectores. **Crédito público** Conjunto de actos y compromisos que nacen de la facultad que tiene el estado de contratar una deuda pública a través del empréstito; cantidad de dinero consignada en una partida del estado de gastos de un presupuesto público. **Dar crédito** Creer.

credo s.m. Oración cristiana de profesión de fe que contiene los artículos fundamentales de la fe. **2.** *Fig.* Conjunto de doctrinas u opiniones que comparte una colectividad. ◇ **En un credo** *Fam.* En muy poco tiempo.

credulidad s.f. Cualidad de crédulo.

crédulo, a adj. Que cree con excesiva facilidad.

cree o **cri,** pueblo amerindio algonquino de la región de los Grandes Lagos, en la bahía de Hudson.

creencia s.f. Firme asentimiento y conformidad con una cosa. **2.** Completo crédito prestado a un hecho o noticia. **3.** Religión, secta.

creer v.intr. (lat. *credere*) [conj.: *leer*]. Dar por cierta una cosa que no está comprobada o demostrada. **2.** Tener confianza en algo: *creer en la justicia.* **3.** Tener fe en los dogmas de una religión. ◆ v.tr. Considerar que una persona dice la verdad: *no te creo.* **2.** Tener cierta opinión sobre algo: *creo que es verdad.* ◆ **creerse** v.prnl. Considerar una persona que tiene una posición social relevante o que tiene cierta cualidad o virtud, aunque no sea verdad: *se cree inteligente.*

creíble adj. Que puede o merece ser creído.

creído, a adj. Satisfecho de sí mismo, de sus propias cualidades o virtudes.

1. **crema** s.f. (fr. *crème*). Sustancia grasa de la leche (3 a 4 %) con que se hace la mantequilla. **2.** Sopa de puré tamizada y espesada con leche y yemas de huevo: *crema de verduras.* **3.** Natillas espesas. **4.** Nata de la leche. **5.** Sustancia de consistencia pastosa empleada en dermatología y cosmética. **6.** Pasta compuesta de ceras disueltas en esencia de trementina, etc.: *crema para calzado.* **7.** Licor espeso: *crema de cacao.* **8.** Queso fundido. **9.** *Fig.* Persona o cosa más selecta de un conjunto o colectividad: *la crema de la sociedad.*

2. **crema** s.f. (alteración del gr. *trepa, -atos*). Diéresis.

cremación s.f. (lat. *crematio, -onis*). Acción de quemar.

cremallera s.f. (fr. *crémaillère*). Sistema de cierre flexible consistente en dos tiras de tela con hileras de pequeños dientes metálicos o de plástico que engranan entre sí al efectuar el movimiento de apertura o cierre. **2.** Barra de madera o metálica provista de dientes para diversos oficios mecánicos. **3.** Pieza de acero que encaja en una rueda dentada y sirve para transformar un movimiento rectilíneo en movimiento de rotación, o viceversa. **4.** En algunas vías férreas, riel suplementario provisto de dientes, en los cuales engrana una rueda dentada dispuesta en la locomotora.

crematística s.f. Economía política, y especialmente la parte de esta que se refiere al dinero. **2.** Interés pecuniario de un negocio.

crematístico, a adj. (gr. *crematistikós*). Relativo a la crematística.

crematorio, a adj. De la cremación. ◆ s.m. Lugar donde se incineran cadáveres. ◇ **Horno crematorio** Horno en que se incineran cadáveres.

cremería s.f. Argent. Establecimiento donde se elaboran algunos de los productos derivados de la leche, como mantequilla o queso.

cremona s.f. Falleba con dos varillas que se deslizan en sentido longitudinal mediante un sistema accionado por un puño o manija.

cremoso, a adj. Que tiene la naturaleza o el aspecto de la crema. **2.** Que tiene mucha crema: *leche cremosa.*

crencha s.f. Raya que divide el cabello en dos partes. **2.** Cada una de estas dos partes.

crenoterapia s.f. MED. Terapia con aguas minerales.

creole s.m. Lengua criolla.

creosota s.f. (del gr. *kréas,* carne, y *sózein,* preservar). Líquido incoloro, de olor fuerte y cáustico que se extrae del alquitrán por destilación.

creosotar v.tr. Impregnar de creosota la madera para protegerla.

crep o **crÊpe** s.f. (fr. *crêpe*). Torta ligera de harina, huevos, leche y mantequilla.

crepé s.m. Tejido fino de aspecto rugoso que puede confeccionarse con fibras de seda, lana, poliéster u otro material. **2.** Caucho bruto obtenido por secado en aire caliente de un coagulado de látex. **3.** Bola de cabello postizo usado para dar mayor volumen al peinado.

crepitación s.f. Acción de crepitar. **2.** Ruido que se produce al crepitar algo, especialmente la madera al arder. **3.** MED. Ruido anormal producido por un líquido y el aire en los alvéolos pulmonares.

crepitar v.intr. (lat. *crepitare*). Producir chasquidos repetidamente una cosa que arde.

crepuscular adj. Relativo al crepúsculo: *luz crepuscular.* ◇ **Estado crepuscular** PSIQUIATR. Obnubilación de la conciencia.

crepúsculo s.m. (lat. *crepusculum*). Claridad al salir o ponerse el sol; especialmente la del anochecer. **2.** Tiempo que dura esta claridad.

crescendo s.m. y adv. (voz italiana). MÚS. Aumento progresivo de la intensidad de los sonidos. ◇ **In crescendo** En aumento, cada vez más.

creso s.m. (de *Creso,* último rey de Lidia). Hombre muy rico.

cresol s.m. Fenol derivado del tolueno que se extrae del alquitrán.

crespín s.m. Argent. Pájaro de unos 30 cm de long., de color pardo con el pecho amarillo.

crespo, a adj. (lat. *crispus,* rizado u ondulado). Se dice del cabello ensortijado o rizado. **2.** *Fig.* Irritado, alterado. **3.** Se dice del estilo artificioso y oscuro.

crespón s.m. Tejido que presenta un característico aspecto ondulado: *crespón de China.* **2.** Tela o cinta negra que se utiliza como señal de luto.

cresta s.f. (lat. *crista*). Carnosidad o carúncula de la cabeza de algunas gallináceas; en el macho está más desarrollada. **2.** Copete, moño o penacho de pluma de algunas aves. **3.** *Fig.* Cumbre peñascosa de una montaña. **4.** *Fig.* Cima de una ola coronada de espuma. ◇ **Potencia de cresta** ELECTR. Valor instantáneo máximo de la potencia durante un cierto período de tiempo.

crestado, a adj. Que tiene cresta.

crestería s.f. Adorno continuo calado que se utilizó en la edad media y en el renacimiento para rematar las partes altas de los edificios. **2.** Conjunto de almenas de las antiguas fortificaciones.

crestomatía s.f. (gr. *khrestomátheia,* de *khrestós,* útil, y *manthánein,* aprender). Colección de textos escogidos destinados a la enseñanza.

creta s.f. Roca caliza de origen orgánico, blanda, formada por finísimos restos de equinodermos, moluscos y otros organismos y caparazones de foraminíferos.

cretáceo, a adj. y s.m. GEOL. Cretácico. ◆ adj. Que tiene la naturaleza de la creta o que la contiene.

cretácico, a adj. y s.m. GEOL. Se dice del tercer y último período de la era secundaria (entre los 136 millones de años y los 65 millones de años), durante el cual se extinguieron los dinosaurios. SIN.: *cretáceo.* ◆ adj. Relativo a este período. SIN.: *cretáceo.*

cretense adj. y s.m. y f. De Creta.

cretinismo s.m. Forma de atraso intelectual producido por hipotiroidismo.

cretino, a adj. y s. (fr. *crétin*). Estúpido, necio. **2.** Que padece cretinismo.

cretona s.f. (fr. *cretonne,* de *Creton,* población de Normandía). Tejido de algodón confeccionado siguiendo la plantilla de la armadura de la tela.

Creutzfelt-Jakob. Enfermedad de Creutzfelt-Jakob Encefalopatía espongiforme que afecta al ser humano.

creyente adj. y s.m. y f. Que tiene una determinada fe religiosa. ◆ **creyentes** s.m.pl. Nombre que se dan los musulmanes a sí mismos.

cri → **cree.**

cría s.f. Acción de criar. **2.** Animal que se está criando. **3.** Conjunto de animales que nacen de una sola vez.

criadero, a adj. Fecundo en criar. ◆ s.m. Lugar destinado a la cría de determinados animales o plantas. **2.** MIN. Agregado de sustancias inorgánicas de útil explotación, que se hallan entre la masa de un terreno.

criadilla s.f. Testículo de los animales. **2.** Tubérculo de la planta de la papa.

criado, a s. Persona que sirve a otra, especialmente en el servicio doméstico, a cambio de un salario. ◆ adj. Con los adverbios *bien* o *mal,* se dice de la persona bien o mal educada.

criador, ra adj. Que nutre y alimenta. ◆ adj. y s.m. Se aplica a Dios como autor de la creación. ◆ s. Persona que se dedica a criar ciertos animales. **2.** Vinicultor.

criancero, a adj. Chile. Que cría animales. ◆ s. Argent. Pastor trashumante del S.

criandera s.f. Amér. Nodriza.

crianza s.f. Acción de criar. **2.** Época de la lactancia. **3.** Atención, cortesía, educación. (Suele usarse con los adjetivos *buena* o *mala.*) **4.** Chile. Conjunto de animales nacidos en una finca y destinados a ella. ◇ **Crianza de los vinos** Conjunto de cuidados a que se someten los vinos, después de fermentados, para acabar su formación.

criar v.tr. (lat. *creare*) [conj.: *desviar*]. Nutrir, alimentar, amamantar. **2.** Cuidar y educar a un niño. **3.** Cuidar animales para su explotación industrial. **4.** Cultivar plantas. **5.** Someter el vino, después de la fermentación, a ciertas operaciones y cuidados. ◆ v.tr. y prnl. Producir, engendrar. ◆ **criarse** v.prnl. Crecer, desarrollarse.

criatura s.f. Niño recién nacido o de poca edad. **2.** Ser creado por la divinidad.

criba s.f. Instrumento para cribar, compuesto por un aro o un marco al cual está asegurado un cuero agujereado o una tela metálica. **2.** *Fig.* Selección para separar lo verdadero o bueno de lo que no lo es. **3.** BOT. Tabique perforado, transversal u oblicuo, de los vasos cribosos. ◇ **Criba de Eratóstenes** Método que permite establecer una tabla de números primos.

cribado s.m. Acción y efecto de cribar.

cribar v.tr. (lat. *cribare*). Pasar una semilla o un mineral por la criba para limpiarlo de impurezas o separar las partes menudas de las gruesas.

criboso, a adj. BOT. Se dice de los vasos que tienen cribas y sirven para conducir la savia descendente de los vegetales.

cricket s.m. → **críquet.**

cricoides adj. y s.m. (gr. *krikoeidés,* circular, de *kríkos,* anillo, círculo, y *eidos,* forma). Cartílago de la laringe, en forma de anillo.

crimen s.m. (lat. *crimen, -minis*). Delito grave, en especial el que conlleva derramamiento de sangre. ◇ **Crimen contra la humanidad** Ejecución de un plan concertado (genocidio, deportación, exterminación, esclavización) inspirada en motivos políticos, filosóficos, raciales o religiosos y perpetrado contra una parte o la totalidad de un grupo de población civil. **Crimen de guerra** Violación del derecho de guerra.

crías y grupos de animales

animal	cría
águila	aguilucho
anguila	angula
asno	pollino
ballena	ballenato
caballo/yegua	potro
cabra	cabrito, chivo
calamar	chipirón
cerdo	lechón, cochinillo
ciervo	cervatillo, cervato
conejo	gazapo
gallo/gallina y otras aves	pollo, polluelo
jabalí	jabato
liebre	lebrato
lobo	lobato, lobezno
merluza	pescadilla
oso	osezno
oveja	borrego, cordero
paloma brava	palomino
paloma doméstica	pichón
peces en general	alevín
perdiz	perdigón
perro lobo y otros animales cuadrúpedos	cachorro
rana	renacuajo
toro/vaca	ternero, becerro, novillo

animales	grupos
abejas	enjambre
animales cuadrúpedos (numeroso ganado)	rebaño
animales cuadrúpedos (poco ganado)	hato
animales cuadrúpedos (salvajes/en libertad)	manada
animales de carga	recua
cachorros del mismo parto	camada
cerdos	piara
mosquitos	nube
pájaros volando	bandada
perros	jauría
peces en general	banco

crimen contra la humanidad

Los crímenes de guerra o contra la humanidad, definidos en 1945 por la ONU, son materia de derecho internacional. Los crímenes contra la humanidad no prescriben. Los que se cometieron durante la segunda guerra mundial se juzgaron en el Tribunal internacional de Nuremberg.

criminal adj. y s.m. y f. Que ha cometido un crimen. ◆ adj. Relativo al crimen: *responsabilidad criminal.* **2.** Se dice de la ley, instituto o acción destinados a perseguir y castigar los crímenes: *ley de enjuiciamiento criminal.*

criminalidad s.f. Cualidad o circunstancia que determina un crimen. **2.** Proporción de los crímenes cometidos en un lugar y un tiempo determinados.

criminalista s.m. y f. y adj. Abogado que se dedica a asuntos penales. **2.** Persona dedicada al estudio de las materias criminales o penales.

criminología s.f. Estudio científico de los hechos criminales.

criminólogo, a s. y adj. Especialista en criminología.

crin s.f. (lat. *crinis,* cabello o cabellera). Conjunto de pelos largos y duros que tienen algunos animales en la cerviz, en la parte superior del cuello y en la cola. ◇ **Crin vegetal** Materia filamentosa extraída del agave y otras plantas.

crinolina s.f. Méx. Miriñaque.

crío, a s. Criatura, niño de corta edad.

crioconductor, ra adj. y s.m. Se dice de un conductor eléctrico llevado a muy baja temperatura para que disminuya su resistividad.

crioelectrónica s.f. Parte de la electrónica que recurre a las criotemperaturas y, más especialmente, a los superconductores para el funcionamiento de equipos.

criogenia s.f. Generación de temperaturas muy bajas, lo más cercanas posible al cero absoluto (–273,15 °C). **2.** Técnica de diseñar métodos prácticos para generar temperaturas muy bajas y mantenerlas.

criogenización s.f. MED. Proceso por el cual la temperatura de un organismo se hace descender hasta –190 °C, para congelarlo y lograr su conservación.

criollismo s.m. Exaltación de las cualidades, arte, costumbres, etc., criollas.

criollo, a adj. y s. (port. *crioulo*). Se dice del hispanoamericano nacido o descendiente de europeos, especialmente españoles. ◆ adj. Se dice de las cosas o costumbres propias de los países hispanoamericanos. ◆ adj. y s.m. Se dice de la lengua mixta fruto de la fusión de una lengua europea y una lengua indígena.

criollo

A pesar de ser un grupo reducido comparado con el de los mestizos, los criollos representaron la clase dominante en la etapa colonial. Desarrollaron un proceso de diferenciación conciencial respecto a los españoles europeos, monopolizadores de los altos cargos de la administración y de la Iglesia. Artífices principales de la emancipación, los criollos comenzaron a perder su hegemonía en el s. XX, con la irrupción, en unos casos, de una burguesía mestiza vinculada a la economía europea, o de las masas mestizas, en otros, que pusieron en marcha un proceso revolucionario.

criología s.f. Parte de la física que estudia el agua en estado sólido (hielo, granizo, etc.) y los fenómenos relativos a las bajas temperaturas.

crioluminiscencia s.f. Emisión de luz fría por ciertos cuerpos sometidos a temperatura muy baja.

crioscopia s.f. FÍS. Medida del descenso de la temperatura de fusión de un disolvente cuando se disuelve en él una sustancia. SIN.: *criometría.*

criostato s.m. Aparato que sirve para mantener temperaturas muy bajas.

criotemperatura s.f. Temperatura inferior a los 120 °K.

crioterapia s.f. Tratamiento de enfermedades por medio del frío.

criotrón s.m. Dispositivo electrónico basado en la superconductividad de ciertos metales a muy baja temperatura.

crioturbación s.f. Desplazamiento de partículas del suelo bajo los efectos de alternancias de hielo y de deshielo. SIN.: *geliturbación.*

cripta s.f. (lat. *crypta*). Lugar subterráneo en que se enterraba a los muertos. **2.** Capilla pequeña situada en la parte subterránea de una iglesia, generalmente bajo el altar mayor.

criptestesia s.f. Capacidad para percibir sensaciones o informaciones que escapan a la inmensa mayoría de seres humanos.

críptico, a adj. (del gr. *krýptein*). Oscuro, enigmático: *lenguaje críptico.*

criptófito, a adj. Se dice de las plantas de las regiones áridas cuyas partes aéreas solo aparecen durante un corto período cada año.

criptógamo, a adj. y s.f. Relativo a las plantas pluricelulares que carecen de flores, frutos y semillas (por oposición a *fanerógamas*). [Las *criptógamas* comprenden tres tipos: *talófitas* (algas, hongos), *briófitos* (musgos) y *pteridófitos* (helechos).] ◇ **Criptógamas vasculares** Nombre dado a los pteridófitos, por poseer vasos.

criptogenético, a adj. MED. Se dice de la enfermedad cuyo origen se desconoce.

criptografía s.f. Técnica para asegurar la transmisión de información privada, que utiliza una escritura convencional secreta, de manera que sea ilegible para cualquiera que no posea la clave de descifrado.

criptograma s.m. Especie de crucigrama. **2.** Mensaje escrito mediante un sistema cifrado o codificado.

criptón s.m. → **kriptón.**

críquet o **cricket** s.m. (ingl. *cricket*) Juego de pelota inglés que se practica con bates de madera.

cris s.m. (pl. *cris*). Puñal malayo de hoja en forma de llama.

crisálida s.f. (gr. *khrysallís, -idos*, de *khrysós*, dorado). Insecto, especialmente el lepidóptero, que se halla entre el estadio de oruga y el de mariposa.

crisantemo s.m. Planta ornamental, con flores de variado colorido, muy utilizada para guarnecer tumbas. (Familia compuestas.) **2.** Flor de esta planta.

criselefantino, a adj. Se dice de una técnica de la antigüedad que empleaba oro y marfil para la realización de estatuas, y de las estatuas labradas con esta técnica.

crisis s.f. (gr. *krísis*, decisión, de *krínein*, separar, juzgar). Situación difícil y tensa de cuyo fin depende la reanudación de la normalidad. **2.** Manifestación aguda de un trastorno físico o mental. ◇ **Crisis económica** Ruptura del equilibrio entre la producción y el consumo, que se traduce en una caída general de la inversión, el nivel de empleo, la renta y el consumo. **Crisis ministerial** Período intermedio entre la dimisión de un gobierno y la formación de otro; dimisión del gobierno. **Crisis nerviosa** Estado de agitación breve y súbito acompañado de gritos y de gesticulación.

crisis

El origen de las crisis económicas se explica por la ruptura en las relaciones entre los diferentes elementos del sistema económico. Se distinguen: las *crisis agrícolas*, cuando la producción de productos alimentarios es insuficiente para satisfacer las necesidades de la población; las *crisis industriales*, cuando la producción de bienes no tiene salida suficiente al haber disminuido el poder adquisitivo de los consumidores; las *crisis financieras*, cuando se produce un desequilibrio entre el ámbito real (bienes y servicios) y el ámbito financiero (bancos y Bolsa). La gran crisis de 1929, al igual que el crac bursátil de 1987, la crisis asiática de 1997, la crisis de la «nueva economía» (también llamada de las «puntocom») de 2001 y la grave crisis financiera de 2007-2008, que tuvo su origen en Estados Unidos, son el resultado de operaciones de índole especulativa en que la riqueza material no se correspondía con la posibilidad de que la población pudiera acceder a ella. Esta última crisis, a partir de 2010 en los países del ámbito europeo, es una *crisis de la deuda.*

crisma s.m. (lat. tardío *chrisma, -atis*, acción de ungir). Mezcla de aceite y bálsamo que consagran los obispos católicos el Jueves Santo para ungir a los que se bautizan, confirman u ordenan. ◆ s.f. *Fam.* Cabeza: *romperse la crisma.*

crismera s.f. Recipiente en que se guarda el crisma.

crismón s.m. Monograma de Cristo, compuesto por las letras griegas X y P entrelazadas, o por la P acompañada por las letras α y ω y cruzadas en su trazo vertical por una barra horizontal.

crisoberilo s.m. Aluminato natural de berilo, que forma parte de algunas piedras finas.

crisóbula s.f. Edicto de un emperador bizantino sellado con la bula de oro.

crisocola s.f. Silicato hidratado de cobre, de color azul turquesa intenso.

crisol s.m. (cat. ant. y dialectal *cresol*). Recipiente de tierra refractaria, metal, aleación, etc., que se utiliza en el laboratorio para fundir o calcinar. **2.** *Fig.* Medio de purificación moral o intelectual, de ensayo o de análisis. **3.** INDUSTR. Parte inferior de un alto horno, donde se acumula el metal fundido.

crisolita s.f. Variedad de peridoto verde claro.

crisomélido, a adj. y s.m. Relativo a una familia de coleópteros de colores brillantes y aspecto metálico, la mayoría de ellos perjudiciales para las plantas.

crisoprasa s.f. Variedad de calcedonia de color verdoso.

crispación s.f. Acción y efecto de crispar. SIN.: *crispamiento.*

crispar v.tr. y prnl. Contraer repentina y pasajeramente los músculos o nervios de una parte del cuerpo. **2.** *Fig.* Irritar, exasperar.

crispatura s.f. MED. Contracción de los músculos debida a una irritación nerviosa.

cristal s.m. (lat. *crystallus*). Vidrio compuesto por tres partes de sílice, dos de óxido de plomo y una de potasa. **2.** Lámina de cristal o vidrio con que se forman las vidrieras, ventanas, etc. **3.** Cuerpo sólido, que puede adoptar una forma geométrica bien definida, caracterizado por una distribución regular y periódica de los átomos. ◇ **Cristal de roca** Cuarzo hialino, duro y límpido, que en su forma primitiva se presenta en prismas hexagonales finalizados en pirámides de seis caras laterales. **Cristal líquido** Sustancia líquida dotada de estructura cristalina.

cristalera s.f. Cierre o puerta de cristales. **2.** Armario con cristales.

cristalería s.f. Juego de vasos, copas y jarros de cristal que se usan para el servicio de mesa. **2.** Establecimiento donde se fabrican o se venden objetos de cristal. **3.** Conjunto de esos objetos. **4.** Fabricación y comercio de vasos, copas y otros objetos de cristal.

cristalinidad s.f. QUÍM. Propiedad de un compuesto macromolecular que corresponde a una disposición regular de las macromoléculas entre sí.

cristalino, a adj. Que es de cristal o tiene sus características. ◆ s.m. Elemento del ojo, en forma de lente biconvexa, situado en el globo ocular, detrás de la pupila, y que forma parte de los medios refringentes que hacen converger los rayos luminosos sobre la retina. ◇ **Sistema cristalino** Conjunto de los elementos de simetría característicos de la red de un cristal. (Existen siete sistemas cristalinos, que se designan con el nombre de la forma-tipo correspondiente: cúbico, tetragonal, rómbico, monoclínico, triclínico, romboédrico y hexagonal.)

cristalizador s.m. Recipiente de vidrio para verter una disolución y que cristalice.

cristalizar v.intr. y prnl. Tomar cierta sustancia forma o estructura cristalina. ◆ v.intr. *Fig.* Tomar forma definida un proyecto, una idea o un sentimiento: *las diversas propuestas cristalizaron en un manifiesto.* ◆ v.tr. Hacer tomar a una sustancia forma o estructura cristalina.

cristalografía s.f. Ciencia que estudia los cristales y las leyes que rigen su formación.

cristaloide adj. Parecido, semejante a un cristal. ◆ adj. y s.m. Se dice del cuerpo disuelto que puede ser dializado.

cristalomancia o **cristalomancía** s.f. Procedimiento de adivinación fundado en la contemplación de objetos de vidrio o de cristal.

cristaloquímica s.f. Rama de la química que se ocupa del estudio de los medios cristalizados.

cristero, a adj. y s. HIST.: Relativo a la sublevación de sectores católicos intransigentes contra el gobierno del presidente mexicano Plutarco Elías Calles; partidario de esta sublevación.

cristianar v.tr. *Fam.* Bautizar.

cristiandad s.f. Conjunto de los países, los pueblos o los fieles cristianos. **2.** Observancia de la ley de Cristo.

cristianía s.m. Movimiento que permite al esquiador efectuar un viraje o una parada mediante un cuarto de vuelta brusco.

cristianismo s.m. Conjunto de las religiones que se basan en las enseñanzas de Jesucristo. **2.** Conjunto de las personas que tienen esta religión.

cristianismo

El cristianismo se funda en la revelación divina inaugurada por el Antiguo testamento y manifestada en las enseñanzas (la Buena Nueva) de Jesucristo, hijo de Dios y salvador del mundo. De manera progresiva, el cristianismo elaboró una fe común con base en la trinidad, la encarnación y la redención. Tras la muerte de Jesús, los apóstoles difundieron el cristianismo, desplazándose desde Jerusalén a otras ciudades y pueblos de Palestina e incluso más lejos. San Pedro fue el primer obispo de Roma, pero el apóstol más activo difusor de la doctrina fue san Pablo, judío de nacimiento y convertido a la nueva doctrina. Aunque el cristianismo sufrió persecuciones desde el s. I, el número de adeptos aumentó hasta que finalmente Constantino lo reconoció (edicto de Milán, 313) y Teodosio lo declaró religión oficial del Estado (fines del s. IV). Durante la edad media se extendió, a pesar de que, desde su nacimiento, se enfrentó con graves problemas: las herejías, el cisma de Oriente (1054), que separó la iglesia bizantina de la latina, el cisma de Occidente (1378) y la Reforma (s. XVI), que separó el protestantismo de la iglesia romana. Frenado por el auge del racionalismo en el s. XVIII, se difundió por todo el mundo en el s. XIX gracias a las misiones. Con el movimiento ecuménico y el concilio Vaticano II, el cristianismo intenta superar sus divisiones (católicos, protestantes, ortodoxos) y recobrar su unidad.

cristianizar v.tr. y prnl. Convertir al cristianismo a alguien. **2.** Conformar una cosa con el dogma o con el rito cristiano.

cristiano, a adj. (lat. *christianus*). Relativo al cristianismo: *la fe cristiana.* **2.** Conforme a la doctrina y a la moral del cristianismo: *una familia cristiana.* ◆ adj. y s. Que profesa el cristianismo. ◆ s. *Fam.* Persona, alma viviente. ◇ **Cristiano antiguo,** o **viejo** Denominación que en España y Portugal se daba en los ss. XV y XVI a los cristianos que descendían de cristianos, por oposición a cristiano nuevo, como moros y judíos conversos. **Hablar en cristiano** *Fam.* De manera que sea clara y comprensible; en una lengua que conozca el interlocutor.

cristino, a adj. y s. Partidario de la regente María Cristina y de su hija Isabel, en oposición a carlista, durante la primera guerra carlista; relativo a este bando.

Cristo s.m. Jesucristo. (Se escribe con mayúscula.) **2.** Crucifijo. ◇ **Estar,** o **ponerse, hecho un Cristo** *Fam.* Tener un aspecto deplorable, normalmente con heridas, suciedad o harapos. **Ni Cristo** *Fam.* Nadie.

cristobalina s.f. Planta herbácea de raíz negruzca, que florece de mayo a junio y da unas bayas venenosas. (Familia ranunculáceas.)

cristobalita s.f. Variedad de sílice (SiO_2) cristalizada.

cristofué s.m. Ave paseriforme algo mayor que la alondra, de color amarillo verdoso, abundante en Venezuela. (Familia tiránidos.)

cristología s.f. Parte de la teología consagrada a la persona y a la obra de Cristo.

criterio s.m. (lat. *criterium*). Principio o norma de discernimiento o decisión: *criterio de verdad.* **2.** Opinión que se tiene sobre algo. **3.** Juicio o discernimiento.

critérium s.m. Prueba deportiva no oficial que sirve para poder apreciar los méritos de los participantes: *critérium ciclista.*

crítica s.f. Conjunto de opiniones o juicios que responden al análisis de algo. **2.** Conjunto de los que se dedican profesionalmente a emitir estos juicios: *la crítica es unánime.* **3.** Acción de criticar, censurar. **4.** FILOS. Parte de la lógica que estudia los criterios de verdad.

criticar v.tr. Examinar y juzgar una obra artística, literaria,

etc. **2.** Expresar una opinión o un juicio negativos sobre una persona o cosa.
criticastro, a s. Persona que critica algo sin conocimiento ni autoridad.
criticismo s.m. Sistema filosófico fundado sobre la crítica del conocimiento y cuyo promotor fue Kant.
crítico, a adj. (lat. *criticus*). Relativo a la crítica. **2.** *Fig.* Se dice de los valores de las magnitudes, como masa, temperatura, presión, etc., para las que se produce un cambio en las propiedades de un cuerpo o en las características de un proceso. **3.** Decisivo, preciso, oportuno: *momento crítico.* **4.** MED. Relativo a la crisis de una enfermedad. ◆ adj. y s. Que juzga las cualidades y los defectos de una obra artística, literaria, de un hecho, costumbre, etc., especialmente la persona que se dedica a ello profesionalmente.
croar v.intr. (voz de origen onomatopéyico). Cantar la rana o el sapo.
croata adj. y s.m. y f. De Croacia. ◆ s.m. Lengua eslava que tiene el estatuto de lengua oficial en Croacia y, junto al bosnio y el serbio, en Bosnia-Herzegovina.
crocante s.m. Picada de almendras tostadas y cubiertas de caramelo que se usa en repostería. SIN.: *crocanti.*
crocanti s.m. Crocante. **2.** Helado cubierto de crocante.
croché s.m. (fr. *crochet*). Labor de ganchillo.
crochet s.m. (voz francesa). En boxeo, golpe que se da lateralmente, con el brazo doblado en forma de gancho.
croco s.m. (lat. *crocum*). Azafrán.
crocodilio, a adj. y s.m. Relativo a un orden de reptiles de vida acuática, con paladar óseo, dientes implantados en alvéolos y esternón abdominal.
croissant s.m. (voz francesa) [pl. croissants]. → **cruasán.**
crol o **crawl** s.m. (ingl. *crawl*). Estilo de natación que consiste en una rotación vertical alternativa de los brazos y un movimiento pendular continuo de los pies.
cromado s.m. Operación consistente en revestir una superficie metálica con un baño electrolítico de cromo. **2.** Resultado de dicha operación.
cromar v.tr. Dar un baño de cromo a una pieza metálica.
cromático, a adj. Relativo a los colores. **2.** Relativo a la cromatina. **3.** MÚS. Se dice de una serie de sonidos que proceden por semitonos ascendentes o descendentes. ◇ **Abstracción cromática** Tipo de pintura abstracta creado por Newman, Rothko, etc. (En el mundo anglosajón se denomina *color-field painting,* pintura del campo de color.)
cromatina s.f. Sustancia característica del núcleo de las células, que fija los colorantes básicos, como la fucsina.
cromatismo s.m. Cualidad de cromático. **2.** MÚS. Sistema cromático.
cromato s.m. Sal del ácido crómico.
cromatóforo s.m. Célula de la piel del ser humano y de los animales que contiene un pigmento que da su color al tegumento.
cromatografía s.f. Método de separación de los constituyentes de una mezcla, fundado en su adsorción selectiva por sólidos pulverulentos o en su partición entre dos disolventes.
cromatograma s.m. Imagen obtenida por cromatografía.
cromista s.m. y f. Técnico encargado de controlar y eventualmente de retocar las películas obtenidas en fotograbado por selección de colores, para asegurar la calidad deseada en la reproducción del original.
crómlech s.m. (fr. *cromlech*) [pl. *crómlechs*]. Monumento megalítico formado por varios menhires dispuestos en forma de círculo.
cromo s.m. (gr. *khroma,* color). Metal de color blanco azulado, duro, inoxidable, que se emplea como revestimiento protector y en determinadas aleaciones. **2.** Elemento químico (Cr), de número atómico 24 y masa atómica 51,996. **3.** Cromolitografía.
cromolitografía s.f. Impresión de imágenes con colores superpuestos mediante procedimientos litográficos. **2.** Estampa obtenida por este procedimiento.
cromosfera s.f. Capa media de la atmósfera solar, entre la fotosfera y la corona.
cromoso, a adj. Se dice de los compuestos del cromo divalente.
cromosoma s.m. Orgánulo de la célula que se halla en el interior del núcleo y contiene el material genético.

cromosoma

Los cromosomas se disponen por pares en las células diploides (23 pares, es decir, 46 cromosomas en el ser humano, por ejemplo) y por unidades en las células haploides (23 cromosomas en los gametos humanos). Cada cromosoma está formado por una única macromolécula de ADN asociada a proteínas.

cromosómico, a adj. Relativo a los cromosomas.
crónica s.f. (lat. *chronica, -orum*). Recopilación de hechos históricos en orden cronológico. **2.** Artículo periodístico en que se comenta algún tema de actualidad. **3.** ESTADÍST. Sucesión ordenada de observaciones de una variable en el curso del tiempo, que corresponden a fechas sucesivas situadas a intervalos de tiempo iguales.
crónico, a adj. Se dice de una enfermedad que no tiene curación y se padece durante mucho tiempo: *bronquitis crónica.* **2.** Se dice del problema, mal o defecto que es permanente o dura desde hace mucho tiempo.
cronicón s.m. Narración histórica, anónima muchas veces, y sin la unidad interna que suele caracterizar a la crónica.
cronista s.m. y f. Autor de una crónica.
cronofotografía s.f. Procedimiento de análisis del movimiento mediante fotografías sucesivas.
cronografía s.f. Cronología.
cronógrafo s.m. Reloj de precisión que permite medir intervalos de tiempo. **2.** Aparato que permite evidenciar mediante métodos gráficos la duración de un fenómeno.
cronograma s.m. Representación gráfica de un conjunto de hechos en función del tiempo.
cronología s.f. Sucesión en el tiempo de los acontecimientos históricos. **2.** Ciencia que se ocupa de determinar el orden y las fechas de los sucesos históricos.
cronológico, a adj. De la cronología: *tabla cronológica.*
cronometraje s.m. Acción de cronometrar.
cronometrar v.tr. Medir el tiempo exacto durante el cual se realiza una acción, una prueba deportiva o una operación industrial.
cronometría s.f. Parte de la física que se ocupa de la medida del tiempo.
cronométrico, a adj. Relativo a la cronometría o al cronómetro.
cronómetro s.m. Reloj de precisión, reglado en diferentes posiciones y a temperaturas variadas, provisto de un certificado oficial de homologación y control.
crónulo s.m. FARM. Forma de administración de los medicamentos de acción prolongada.
croquet s.m. (voz inglesa). Juego que consiste en hacer pasar bajo unos aros unas bolas de madera, golpeándolas con un mazo, siguiendo un trayecto determinado.
croqueta s.f. (fr. *croquant,* crujiente). Porción de masa hecha con carne, pollo, pescado, etc., ligada con bechamel, rebozada y frita, a la que se da forma ovalada o redonda.
croquis s.m. (voz francesa). Dibujo rápido a mano alzada, que solo esboza la imagen de un ser o una cosa.
crosopterigio, a adj. y s.m. Relativo a un orden de peces marinos huesudos, de cuerpo macizo, con dos pares de aletas carnosas, cuya estructura recuerda la de los primeros anfibios; el celacanto es su único representante.
cross s.m. Cross-country. **2.** En boxeo, golpe cruzado, levemente ascendente.

cross-country s.m. (voz inglesa). Carrera de atletismo por terrenos variados con obstáculos. (Se abrevia *cross.*)

crossing-over s.m. (voz inglesa). BIOL. Cruzamiento de dos cromosomas, en el transcurso de la formación de las células reproductoras, que permite nuevas combinaciones de caracteres hereditarios. SIN.: *entrecruzamiento.*

crótalo s.m. (lat. *crotalum*). Variedad de castañuelas de madera o de metal. **2.** Serpiente venenosa de la familia crotálidos, básicamente americana, llamada también serpiente de cascabel a causa del cascabel formado por estuches córneos, restos de mudas, situado al final de la cola.

crotorar v.intr. Producir la cigüeña un ruido peculiar con el pico.

crow (ingl. *crow*). → **2. cuervo.**

crown-glass s.m. (ingl. *crown glass*). Vidrio blanco de primera calidad, que se utiliza en óptica, a menudo combinado con el flint.

cruasán o **croissant** s.m. (fr. *croissant*) [pl. *cruasanes* o *croissants*]. Bollo en forma de media luna.

cruce s.m. Acción de cruzar. **2.** Interferencia en las conversaciones telefónicas o emisiones radiadas. **3.** Punto donde se cortan mutuamente dos líneas. **4.** Lugar en que se cruzan dos o más calles o carreteras.

crucería s.f. Conjunto de nervios moldurados que refuerzan y adornan las aristas de las bóvedas. ◇ **Bóveda de crucería** Bóveda que se apoya o parece apoyarse en ojivas que se cruzan.

crucero s.m. Embarcación de guerra rápida, armada con cañones y destinada a la vigilancia en alta mar, al apoyo de una escuadra o convoy y a la protección de los aviones y barcos de línea. **2.** Viaje turístico en barco que dura varios días y en el que se hacen escalas turísticas. **3.** Espacio de una iglesia donde se cruza la nave central y la transversal. **4.** Hombre que lleva la cruz en las procesiones y otras funciones sagradas. **5.** Méx. Cruce de dos calles, avenidas o caminos.

cruceta s.f. Cruz o aspa que resulta de la intersección de dos líneas paralelas. **2.** MEC. En las máquinas de vapor y motores de combustión, parte del mecanismo que sirve para transmitir al cigüeñal, por medio de la biela, el movimiento del vástago del émbolo. ◆ s.m. Chile. Torniquete colocado en las entradas para que las personas pasen ordenadamente de una en una. **2.** Colomb. Llave, dispositivo. **3.** Méx. Palo con los extremos terminados en cruz.

crucial adj. Decisivo para el desarrollo de algo.

crucífero, a adj. Que tiene o lleva la insignia de la cruz. ◆ adj. y s.f. Relativo a una familia de plantas herbáceas cuya flor tiene cuatro pétalos libres dispuestos en cruz y seis estambres, dos de los cuales son más pequeños y cuyo fruto es una silicua. (Son crucíferas la mostaza, la col, el berro, etc.)

crucificado s.m. **El Crucificado** *Por antonom.* Jesús. (Se escribe con mayúscula.)

crucificar v.tr. (lat. *crucifigere*). Fijar o clavar a alguien en una cruz. **2.** *Fig. y fam.* Molestar, perjudicar. **3.** *Fig. y fam.* Criticar con saña.

crucifijo s.m. Efigie o imagen de Cristo crucificado.

crucifixión s.f. Acción y efecto de crucificar. **2.** Suplicio de Jesucristo en la cruz. **3.** Representación artística de este suplicio.

cruciforme adj. En forma de cruz.

crucigrama s.m. Pasatiempo que consiste en rellenar un casillero con palabras a partir de unas definiciones dadas.

cruda s.f. Méx. Malestar después de una borrachera.

crudeza s.f. Cualidad de crudo. **2.** *Fig.* Rigor o aspereza.

crudillo s.m. Tela áspera y dura, semejante al lienzo crudo, usada para entretelas.

crudo, a adj. (lat. *crudus*). Se dice de un alimento cuando no ha sido preparado por medio de la acción del fuego, o cuando no lo está suficientemente. **2.** Se dice de la fruta que no está madura. **3.** Que no ha sufrido la preparación necesaria para su uso o manipulación. **4.** *Fig.* Se dice de un relato, noticia, película, etc., que no oculta ningún aspecto por desagradable que resulte: *una cruda descripción de la realidad.* **5.** Se dice del estilo realista y que choca con los convencionalismos. **6.** Se dice del tiempo muy frío y desapacible: *un crudo invierno.* **7.** Se dice del color blanco amarillento, parecido al de la seda cruda. ◆ adj. y s.m. Se dice del petróleo bruto, sin refinar. ◆ s.m. Chile y Perú. Especie de arpillera, tela. **2.** Méx. Tela de cáñamo utilizada para hacer sacos y empacar. ◇ **Estar alguien crudo** Méx. *Fam.* Padecer el malestar que sigue a una borrachera.

cruel adj. Que disfruta haciendo sufrir o contemplando el sufrimiento ajeno. **2.** *Fig.* Violento, duro, sangriento; que causa sufrimiento: *una derrota cruel.*

crueldad s.f. Cualidad de cruel. **2.** Acción cruel.

cruento, a adj. (lat. *cruentus*). Sangriento.

crujía s.f. (ital. *corsìa*). Corredor largo de un edificio, que da acceso a piezas situadas a ambos lados. **2.** Espacio comprendido entre dos muros de carga. **3.** MAR. Espacio de popa a proa en medio de la cubierta de una embarcación mayor. SIN.: *galería.*

crujido s.m. Acción y efecto de crujir.

crujir v.intr. Hacer un ruido como el que se produce al quebrarse una rama o romperse un hueso.

crúor s.m. (lat. *cruor,* sangre). FISIOL. Parte de la sangre que se coagula.

crup s.m. (ingl. *croup*). Localización laríngea de la difteria, cuyas falsas membranas obstruyen el orificio glótico, produciendo una disnea laríngea grave.

crupier s.m. y f.(fr. *croupier*) [pl. *crupiers*]. Empleado de una casa de juego, que dirige las partidas, promueve las apuestas y canta los números.

crupón s.m. Trozo de piel de buey o de vaca, perteneciente a la grupa y el lomo del animal.

crural adj. (lat. *cruralis*). Relativo a las extremidades inferiores.

crustáceo, a adj. Que tiene costra. ◆ adj. y s.m. Relativo a una clase de artrópodos generalmente acuáticos, de respiración branquial, y cuyo caparazón está formado por quitina impregnada de caliza (cangrejo, gamba, percebe, etc.).

cruz s.f. (lat. *crux, crucis*). Figura formada por dos líneas que se cruzan perpendicularmente. **2.** Madero hincado verticalmente en el suelo y atravesado en su parte superior por otro, que suele ser más corto, en que antiguamente se clavaba o ataba a los condenados. **3.** *Fig.* Sufrimiento o agobio prolongado. **4.** Reverso de una moneda (por oposición a *cara* o *anverso*). **5.** En los cuadrúpedos, parte alta del lomo, donde se cruzan los huesos de las extremidades anteriores con el espinazo. **6.** Condecoración, objeto o joya en forma de cruz. ◇ **Cruz de Lorena** Cruz que tiene dos travesaños. **Cruz de Malta** Cruz de cuatro brazos iguales que se ensanchan en los extremos. **Cruz de San Andrés** Cruz en forma de X. **Cruz gamada** Cruz de brazos iguales cuyos extremos doblan en la misma dirección. **Cruz griega** Cruz cuyos brazos son de longitud igual. **Cruz latina** Cruz que tiene un brazo más largo que los otros tres. **Cruz roja** Insignia de los servicios de sanidad, constituida por una cruz roja sobre fondo blanco reconocida y protegida por las convenciones internacionales. **Cruz svástica** Cruz gamada cuyos extremos doblan a la derecha. **Cruz tau** Cruz que tiene forma de T. **Cruz y raya** Expresa el firme propósito de no volver a tratar de un asunto o con alguna persona. **Gran cruz** La mayor dignidad en la mayoría de órdenes de distinción. **Hacerse cruces,** o **la cruz** *Fam.* Demostrar admiración o extrañeza por alguna cosa.

cruzada s.f. Expedición militar realizada con una finalidad religiosa, especialmente las realizadas contra los infieles o herejes durante la edad media y las encaminadas a rescatar los Santos Lugares. **2.** Tropa que iba a esta expedición. **3.** Campaña, conjunto de actos o esfuerzos aplicados a un fin.

cruzado, a adj. y s. Se dice del que se alistaba para alguna cruzada. ◆ adj. Se dice de la prenda de vestir en la que puede sobreponerse un delantero sobre otro. **2.** Se aplica a un animal nacido de un cruzamiento. ◆ s.m. Unidad monetaria principal de Brasil de 1986 a 1990. (En este período sustituyó al cruzeiro.) <> **Fuego cruzado** MIL. Fuego que converge sobre el mismo objetivo y procede de distintos puntos. **Palabras cruzadas** Juego que consiste en adivinar unas palabras que, colocadas en forma de cuadrado, pueden leerse tanto horizontal como verticalmente.

cruzamen s.m. MAR. Longitud de las vergas en los barcos de cruz.

cruzamiento s.m. BIOL. Reproducción sexual a partir de dos individuos de distinta raza.

cruzar v.tr. y prnl. Atravesar una cosa sobre otra, especialmente formando una cruz. **2.** Intercambiar palabras, saludos, sonrisas, etc. **3.** Juntar un macho y una hembra de una misma especie pero de distinta raza para que procreen: *cruzar una yegua inglesa con un caballo árabe.* ◆ v.tr. Atravesar una calle, el campo, etc., pasando de una parte a otra. ◆ v.intr. Pasar por delante de una persona o cosa. ◆ **cruzarse** v.prnl. Pasar por un lugar dos o más personas, vehículos, etc., en distinta dirección. **2.** Atravesarse, interponerse una cosa ante otra.

cruzeiro s.m. Antigua unidad monetaria principal de Brasil. (De 1986 a 1990 fue sustituida por el cruzado, y en 1994, por el real.)

ctenóforo, a adj. y s.m. Relativo a un tipo de celentéreos marinos desprovistos de células urticantes que presentan una clase particular de simetría.

ctónico, a adj. MIT. Se aplica a las divinidades infernales.

1. **cu** s.f. Nombre de la letra *q*.

2. **cu** s.m. Nombre con que los cronistas españoles designaban a un templo mexicano precolombino.

cuacar v.tr. Amér. *Vulg.* Gustar, cuadrar alguna cosa.

cuácara s.f. Chile. Blusa ordinaria. **2.** Colomb. y Venez. Levita.

cuache, a adj. Guat. Se dice de la cosa que consta de dos partes iguales y ofrece duplicidad. ◆ adj. y s. Guat. Gemelo, mellizo.

cuaco s.m. Harina de la raíz de yuca. **2.** Méx. Rocín, caballo.

cuaderna s.f. Elemento rígido transversal del casco de una embarcación que forma parte del costillaje o armazón: *cuaderna maestra.* <> **Cuaderna vía** Estrofa compuesta por cuatro versos alejandrinos monorrimos aconsonantados. SIN.: *tetrástrofo monorrimo.*

cuadernillo s.m. Conjunto de cinco pliegos de papel.

cuaderno s.m. (de *quaderno,* cuádruple). Conjunto de algunos pliegos de papel, doblados y cosidos en forma de libro. SIN.: *libreta.* <> **Cuaderno de bitácora** MAR. Libro en que se anotan las incidencias ocurridas durante la navegación.

cuados, pueblo germánico que vivía en la actual Moravia y desapareció en el s. IV d.C.

cuadra s.f. (lat. *quadra,* cuadrado). Caballeriza. **2.** Conjunto de caballos de un mismo propietario. **3.** Grupo de corredores de caballos que pertenecen a un mismo equipo. **4.** Cuarta parte de una milla. **5.** Sala o pieza espaciosa. **6.** Amér. Manzana de casas. **7.** Amér. Medida de longitud cuya equivalencia varía según los países. **8.** Perú. Sala para recibir.

cuadradillo s.m. Barra de hierro poco gruesa y de sección cuadrada. **2.** Regla prismática de sección cuadrada. **3.** Azúcar de pilón cortado en terrones cuadrados.

cuadrado, a adj. Que tiene la forma de un cuadrilátero de lados iguales y ángulos rectos. **2.** *Fig.* Perfecto, cabal. **3.** *Fig.* Se dice de la persona de complexión fuerte y musculosa. ◆ s.m. Figura geométrica que tiene cuatro lados iguales y cuatro ángulos rectos. **2.** ART. GRÁF. Pequeña pieza de metal del mismo cuerpo que las letras de imprenta, que sirve para completar intervalos o blancos. **3.** MAT. **a.** Cuadrilátero que tiene sus lados iguales y sus ángulos rectos. **b.** Resultado de multiplicar un factor por sí mismo: *metro cuadrado.* <> **Cuadrado perfecto** Número que tiene raíz cuadrada exacta. **Elevar al cuadrado** Multiplicar un número por sí mismo. **Matriz cuadrada** MAT. Matriz que posee tantas filas como columnas.

cuadrafonía s.f. Procedimiento de registro y de reproducción de sonidos a través de cuatro canales.

cuadragenario, a adj. (lat. *quadragenarius*). Que tiene cuarenta años o más pero no llega a los cincuenta.

cuadragésima s.f. Cuaresma. **2.** Primer domingo de cuaresma.

cuadragésimo, a adj. Que corresponde en orden al número cuarenta: *el cuadragésimo día.* ◆ adj. y s.m. Cuarentavo.

cuadrangular adj. Que tiene cuatro ángulos.

cuadrángulo s.m. Figura geométrica formada por cuatro puntos y seis rectas que los unen dos a dos, cortándose estas en tres vértices diferentes.

cuadrante s.m. Antiguo instrumento astronómico de medida de ángulos, que tiene forma de una cuarta parte de círculo y está dividido en grados, minutos y segundos. **2.** MAT. Cuarta parte de la circunferencia: *un cuadrante equivale a 90 º.* **3.** En geometría analítica, cada uno de los ángulos rectos formados por los ejes de coordenadas. <> **Cuadrante solar** Superficie plana en la que se han trazado unas líneas, que permiten conocer la hora de acuerdo con la sombra que proyecta el Sol.

cuadrar v.tr. Dar a una cosa figura de cuadro o de cuadrado. **2.** Amér. Sentar bien o mal en una persona una cosa. **3.** Venez. Lucirse, agradar, quedar airoso. **4.** Tratándose de cuentas, balances, etc., hacer que coincidan los totales del debe y el haber. **5.** MAT. Efectuar una cuadratura. ◆ v.intr. Conformarse o ajustarse una cosa con otra. **2.** Agradar una cosa. **3.** Méx. *Fam.* Gustar, parecer bien una persona o una cosa a alguien: *me cuadra su manera de ser.* ◆ **cuadrarse** v.prnl. Ponerse una persona en posición erguida y con los pies en escuadra. **2.** Mostrar una persona firmeza o gravedad de forma repentina. **3.** Chile. Suscribirse con una importante cantidad de dinero, o dar de hecho esa cantidad o valor. **4.** TAUROM. Quedarse quieto el toro, con las cuatro patas en firme, sin adelantar ni atrasar ninguna.

cuadrático, a adj. MAT. **a.** Del cuadrado. **b.** Se dice de un valor elevado al cuadrado: *media cuadrática.* <> **Forma cuadrática** MAT. Aplicación que, a un vector de un espacio vectorial, hace corresponder un número calculado como polinomio de segundo grado de los componentes de este vector.

cuadratín s.m. IMPR. Cuadrado que tiene por cada lado tantos puntos como el tipo de letra al que pertenece.

cuadratura s.f. (lat. *quadratura*). ASTRON. **a.** Posición de dos astros en relación con la Tierra cuando sus direcciones forman un ángulo recto. **b.** Fase del primero y del último cuarto de la Luna. **2.** GEOM. Construcción geométrica de un cuadrado equivalente a un área dada. **3.** MAT. En análisis, evaluación de un área por medio de una integral. **4.** TECNOL. Conjunto de las piezas que mueven las agujas de un reloj. <> **Magnitudes en cuadratura** Magnitudes sinusoidales de la misma frecuencia, entre las que existe una diferencia de fase de un cuarto de período.

cuádriceps s.m. y adj. Músculo anterior del muslo, formado por cuatro haces que se reúnen en la rótula.

cuádrico, a adj. y s.f. Se dice de las superficies de segundo orden, representadas por una ecuación de segundo grado.

cuadrícula s.f. Dibujo consistente en una serie de cuadros formados por la intersección de líneas verticales y horizontales.

1. **cuadricular** v.tr. Trazar líneas que formen una cuadrícula: *cuadricular un papel.* **2.** Someter una cosa a un orden o a una estructura muy rígida.

2. **cuadricular** adj. De la cuadrícula.

cuadridimensional adj. Que tiene cuatro dimensiones.

cuadrienal o **cuatrienal** adj. Que dura cuatro años: *rotación cuadrienal.* **2.** Que tiene lugar o se repite cada cuatro años: *los juegos olímpicos son cuadrienales.*

cuadrienio o **cuatrienio** s.m. Período de cuatro años.

cuadrifolio s.m. Motivo decorativo formado por cuatro partes de círculos tangentes, característico del arte gótico.

cuadrifoliado, a adj. BOT. Que tiene las hojas dispuestas en grupos de cuatro.

cuadriga s.f. Carro tirado por cuatro caballos enganchados de frente. **2.** Tiro de cuatro caballos enganchados.

cuadrigémino, a adj. y s.m. ANAT. Se dice de cuatro pequeños tubérculos situados en la base del cerebro de los mamíferos y que están en relación con las vías ópticas y las vías auditivas.

cuadril s.m. Hueso que forma el anca. **2.** Anca. **3.** Cadera.

cuadrilátero, a adj. Que tiene cuatro lados. ◆ s.m. Figura geométrica que tiene cuatro lados. **2.** Lugar donde se disputan los combates de boxeo o de lucha. SIN.: *ring.* **3.** MIL. Posición estratégica que se apoya sobre cuatro puntos o zonas fortificadas. ◇ **Cuadrilátero completo** Figura formada por cuatro rectas y sus puntos de intersección dos a dos. **Cuadrilátero esférico** Figura formada sobre la superficie de una esfera por una serie cerrada de cuatro arcos de círculos máximos.

cuadrilla s.f. Conjunto de personas que se reúnen para realizar un trabajo. **2.** Grupo de jinetes que dan vueltas en un carrusel o ejercicio ecuestre. **3.** COREOGR. Número par de parejas que bailan realizando figuras derivadas de las antiguas contradanzas. **4.** HIST. **a.** Grupo armado de la Santa Hermandad, que perseguía la delincuencia en una pequeña demarcación. **b.** Cualquiera de las cuatro partes de que se componía el consejo de la Mesta. **5.** TAUROM. Conjunto de diestros que lidian toros bajo las órdenes de un matador.

cuadrillazo s.m. Amér. Merid. Ataque de varias personas contra una.

cuadrilongo, a adj. Rectangular.

cuadrinomio s.m. Expresión algebraica que consta de cuatro términos.

cuadripolo s.m. Parte de una red eléctrica comprendida entre dos pares de bornes de acceso.

cuadrirreme adj. y s.m. Se dice de una antigua embarcación de cuatro hileras de remos.

cuadrisílabo, a adj. → **cuatrisílabo.**

cuadrivalente adj. Que tiene por valencia química 4.

cuadro s.m. (lat. *quadrum,* cuadrado). Pintura, dibujo o grabado ejecutado sobre papel, tela, etc., generalmente con un marco, que se cuelga en la pared para adornar. **2.** Objeto o figura con forma de cuadrado. **3.** Espectáculo de la naturaleza o escena que se ofrece a la vista y despierta en el ánimo algún sentimiento. **4.** Descripción literaria. **5.** Conjunto de nombres, cifras u otros datos presentados gráficamente de manera que se advierta la relación existente entre ellos. **6.** Conjunto de personas que dirigen y coordinan un equipo o una actividad profesional: *el cuadro técnico de la empresa.* **7.** Conjunto de piezas y dispositivos que regulan un aparato o máquina: *cuadro de mandos.* **8.** Elemento principal de sostén de una galería de mina, trapezoidal o en forma de pórtico. **9.** Colector de ondas utilizado en radiotecnia. **10.** Chile. Calzón, prenda interior femenina. **11.** Colomb. Pizarra, encerado. **12.** MIL. Antigua formación militar de infantería que daba frente por cuatro caras. **13.** TEATR. Subdivisión de un acto señalada por un cambio de decorado. ◇ **Cuadro de control** Conjunto de los aparatos de mando, medida, ajuste y seguridad de una máquina, de un grupo de máquinas o de una instalación completa. **Cuadro de honor** Lista de los alumnos de más mérito. **Cuadro de mandos** Conjunto de instrumentos situados a la vista del piloto o del conductor, con el fin de permitirle vigilar la marcha de su vehículo. **Cuadro vivo,** o **plástico** Escenificación de un tema religioso, histórico, etc., realizado con personajes vivientes que permanecen inmóviles en el escenario. **Estar,** o **quedarse, en cuadro** *Fam.* Estar o quedarse muy pocos en un lugar en que antes había muchos.

cuadrúmano, a o **cuadrumano, a** adj. y s.m. Que tiene cuatro manos: *los simios son cuadrúmanos.*

cuadrúpedo, a adj. y s.m. (lat. tardío *quadrupes, -edis*). Se dice del animal que anda o se sostiene sobre los cuatro pies.

cuádruple adj. Que se repite cuatro veces o está formado por cuatro elementos iguales o similares. ◆ adj. y s.m. Cuádruplo.

cuádruplex s.m. y adj. Sistema de transmisión telegráfica que permite la transmisión simultánea de cuatro despachos distintos.

cuadruplicar v.tr. Ser o hacer cuádruplo una cosa. **2.** Multiplicar por cuatro.

cuádruplo, a adj. y s.m. Que contiene un número cuatro veces exactamente. SIN.: *cuádruple.*

cuaima s.f. Serpiente ágil y venenosa, negra en el dorso, que vive en la región oriental de Venezuela. (Familia crotálidos.) **2.** Venez. *Fam.* Persona lista, peligrosa y cruel.

cuajada s.f. Parte de la leche obtenida por coagulación natural o artificial, que sirve para elaborar el queso. **2.** Requesón.

1\. **cuajar** v.tr. y prnl. (lat. *coagulare*). Hacer que un líquido se haga pastoso o llegue a solidificarse. ◆ v.intr. *Fig.* Gustar, ser aceptado. ◆ v.intr. y prnl. *Fig.* Obtener el resultado o éxito esperados. ◆ **cuajarse** v.prnl. Llenarse completamente.

2\. **cuajar** s.m. Última cavidad del estómago de los rumiantes, que segrega el jugo gástrico.

cuajarón s.m. Porción de sangre o de otro líquido cuajado.

cuajo s.m. Sustancia con que se cuaja un líquido, especialmente materia para cuajar la leche, contenida en el cuajar de los rumiantes. **2.** *Fam.* Calma, lentitud. ◇ **De cuajo** De raíz.

cual pron.relat. (lat. *qualis*). Equivale al pronombre relativo *que,* y va precedido del artículo *el, la, lo, los, las: la muchacha de la cual me hablaste.* ◆ pron.relat.correlativo. Se emplea en oraciones comparativas denotando idea de igualdad o semejanza cualitativa, o modal: *dulce cual la miel.* ◆ adv.m.relat. Equivale a *como, así como, de igual manera que: escuchamos su demanda cual si frisase en locura.*

cuál pron.interrog. Pregunta sobre las personas o cosas, en interrogación directa o indirecta, o en frase exclamativa o dubitativa: *¿cuál es tu nombre?*

cualidad s.f. (lat. *qualitas, -atis*). Aspecto distintivo y peculiar que caracteriza a una persona o cosa y que contribuye a que sea como es. **2.** Virtud, aspecto positivo de la manera de ser de una persona: *tener buenas cualidades.* **3.** Calidad.

cualificación s.f. Categoría de un trabajador según su formación y experiencia.

cualificado, a adj. Se dice del obrero especialmente preparado para una determinada fase de producción.

cualificar v.tr. Calificar.

cualitativo, a adj. Relativo a la calidad, a la naturaleza de las cosas: *análisis cualitativo.*

cualquier pron.indef. Apócope de *cualquiera.* (Se emplea antepuesto al sustantivo en singular: *cualquier tipo; cualquier persona.*)

cualquiera pron.indef. (pl. *cualesquiera*). Indica un elemento indeterminado o sin valor del conjunto del que forma parte. ◆ s.m. y f. (pl. *cualquieras*). Persona vulgar y poco importante. ◆ s.f. (pl. *cualquieras*). Prostituta.

1\. **cuan** adv.c. Apócope de *cuanto.* (Se emplea antepuesto al adjetivo o al adverbio, excepto delante de *mayor, menor, más* y *menos: cayó cuan largo era.*)

2\. **cuan** s.m. Colomb. Cuerda de esparto.

cuán adv.interrog. y exclam. Apócope de *cuánto.* (Se emplea antepuesto al adjetivo o al adverbio, excepto delante de *mayor, menor, más* y *menos: ¡cuán triste estaba!*)

cuando adv.t.relat. (lat. *quando*). Introduce oraciones de matiz temporal con el significado de *en el punto, en el tiempo, en la ocasión en que: la catástrofe ocurrió cuando intentaban desembarcar.* **2.** A veces tiene un antecedente en la oración principal, que puede ir seguido del verbo *ser: el lunes es cuando las sesiones son más borrascosas.* ◆ prep. Indica tiempo y equivale a *durante: cuando la guerra se pasó hambre.* ◆ conj.cond. En caso de que, si: *cuando él lo dice será verdad.* ◆ conj.advers. Aunque: *no faltaría a la verdad cuando le fuera en ello la vida.* (En este caso puede ir reforzado con el adv. *aun.*) ◆ conj.conc. Puesto que: *cuando tú lo dices será verdad.* ◆ conj.cop. Se emplea en el lugar de *que* con algunos verbos que suelen exigirla: *esperaba cuando viniese su señor.* ◇ **De cuando en cuando** Algunas veces, de tiempo en tiempo.

cuándo adv.t.interrog. En qué tiempo: *¿cuándo vendrás?* **2.** Se sustantiva precedido del artículo *el*: *el porqué, el cómo y el cuándo.* ◆ conj.distrib. Equivale a unas veces y otras veces: *cuándo con razón, cuándo sin ella.*

cuantía s.f. Cantidad en su significación concreta. **2.** Importancia: *un problema de menor cuantía.* **3.** DER. Cantidad a que asciende el importe de lo reclamado por la demanda en los juicios civiles ordinarios.

cuántico, a adj. FÍS. Relativo a los cuantos y a los cuantones: *mecánica cuántica.* ◇ **Números cuánticos** Conjunto de cuatro números que definen las características de cada uno de los electrones planetarios de un átomo. **Teoría cuántica** Teoría física que trata del comportamiento de los objetos físicos a nivel microscópico (átomos, núcleos, partículas).

teoría cuántica

La teoría cuántica tiene un triple origen: el estudio de Planck (1900) sobre la «radiación de cuerpo negro» con base en la hipótesis de la cuantificación de la energía luminosa; el artículo de Einstein (1905) sobre el efecto fotoeléctrico que, retomando la hipótesis de Planck, inventa el «grano» de luz; el modelo atómico de Bohr (1913), que explica el espectro en rayas de los átomos al suponer que la energía de los electrones está cuantificada. Con el señalamiento de un «objeto» de tipo nuevo, el cuanton, el artículo de Einstein representa el inicio auténtico de la teoría cuántica. Los objetos cuánticos pueden clasificarse en dos grandes categorías —los bosones y los fermiones—, que se distinguen una de la otra por la manera en que estos objetos se comportan cuando se hallan en gran número (se habla de *comportamiento estático*).

cuantificación s.f. Acción de cuantificar.

cuantificado, a adj. FÍS. Se dice de una magnitud que no puede variar más que de una manera discontinua por cantidades distintas y múltiples de un mismo valor elemental.

cuantificador s.m. MAT. y LÓG. Símbolo que indica que una propiedad se aplica a todos los elementos de un conjunto, o solamente a algunos de ellos: *el cuantificador universal, el cuantificador existencial.*

cuantificar v.tr. Determinar la cantidad de algo. **2.** FÍS. Imponer a una magnitud una variación discontinua por cantidades distintas y múltiples de una misma variación elemental.

cuantimás adv.m. Contracción de *cuanto* y *más.*

cuantioso, a adj. Grande en cantidad.

cuantitativo, a adj. Relativo a la cantidad: *análisis cuantitativo.*

1. **cuanto** o **quanto** s.m. FÍS. Cantidad mínima de energía que puede ser emitida, propagada o absorbida.

2. **cuanto, a** pron.relat. En correlación con *tanto* o con *todo,* expresos o tácitos, compara oraciones denotando idea de equivalencia o igualdad cuantitativa: *cuanta alegría él lleva, tanta tristeza nos deja.* **2.** Con el antecedente omiso significa *todo lo que*: *iba anotando cuantas novedades se ofrecían.* **3.** En plural y precedido de *unos* u otro pronombre indefinido, tiene el significado de *algunos*: *tengo unos cuantos.* ◆ adv.c.relat. Antepuesto a otros adverbios o correspondiéndose con *tanto,* compara oraciones e indica equivalencia cuantitativa: *cuanto más habla, menos le entiendo.* ◆ adv.t.relat. Enlaza oraciones subordinadas temporales indicando simultaneidad y equivale a *mientras*: *durará la privanza cuanto durare la obediencia.* ◇ **Cuanto antes** Con diligencia, lo más pronto posible.

cuánto, a pron.interrog. y exclam. Sirve para preguntar por la cantidad, o intensidad de algo: *¿cuántos necesitas?* ◆ adv.c.interrog. y exclam. En qué grado o manera, hasta qué punto, qué cantidad: *¡cuánto has dormido!*

cuanton s.m. FÍS. Objeto del que trata específicamente la teoría cuántica.

cuáquero, a s. Miembro de una secta religiosa fundada en 1652 por un joven zapatero inglés, George Fox, como reacción contra el ritualismo y el conformismo de la Iglesia anglicana, que se extendió sobre todo en EUA.

cuarango s.m. Árbol originario de Perú, muy apreciado por su corteza. (Familia rubiáceas.)

cuarcífero, a adj. Que contiene cuarzo.

cuarcita s.f. Roca dura, constituida principalmente por cuarzo, que se emplea para el empedrado de las calles.

cuarenta adj.num.cardin. y s.m. (lat. vulgar *quaraginta*). Cuatro veces diez. ◆ adj.num.ordin. y s.m. y f. Que corresponde en orden al número cuarenta. ◇ **Los (años) cuarenta** Década que empieza en el año cuarenta y termina en el cincuenta.

cuarentavo, a adj. y s.m. Se dice de cada una de las partes que resultan de dividir un todo en tres partes iguales.

cuarentena s.f. Conjunto de cuarenta unidades. **2.** Aislamiento preventivo de personas, animales o cosas que proceden de algún lugar en que hay una enfermedad contagiosa. **3.** *Fig.* Suspensión del asenso a una noticia o hecho para asegurarse de su veracidad.

cuarentón, na adj. y s. *Fam.* Cuadragenario.

cuaresma s.f. (del lat. tardío *quadragesima dies,* día cuadragésimo). Para los católicos, período de cuarenta y seis días, dedicado a la penitencia, que abarca desde el miércoles de ceniza hasta el domingo de pascua. **2.** Penitencia y privación de alimentos: *hacer cuaresma; romper la cuaresma.*

cuaresmal adj. Relativo a la cuaresma.

cuarta s.f. Palmo, medida. **2.** Argent. Soga, cadena o barra utilizada para tirar de un vehículo que está atascado o tiene defectos mecánicos. **3.** Méx. Látigo para las caballerías. **4.** MÚS. En la escala diatónica, intervalo de cuatro grados.

cuartana s.f. Variedad de fiebre palúdica con recidivas cada cuatro días.

cuartazo s.m. Cuba, Méx. y P. Rico. Golpe dado con la cuarta o látigo.

cuartear v.tr. Partir o dividir una cosa en partes. **2.** Descuartizar. **3.** Andar zigzagueando por una cuesta, para suavizar la subida o bajada. ◆ **cuartearse** v.prnl. Henderse, agrietarse una pared, un techo, etc.

1. **cuartel** s.m. Edificio donde se aloja la tropa en una guarnición permanente. **2.** Cada uno de los distritos o términos en que se suelen dividir las grandes poblaciones. ◇ **Cuartel de invierno** Acantonamiento que ocupaban las tropas durante esta estación, entre dos campañas; tiempo que dura. **Cuartel general** Conjunto de los que asesoran al general jefe de una gran unidad; lugar donde se establece este órgano de mando. **Sin cuartel** Sin pacificación, sin tregua: *lucha sin cuartel.*

2. **cuartel** s.m. (cat. *quarter*). HERÁLD. Una o varias de las divisiones o subdivisiones en que puede distribuirse el escudo.

cuartelada s.f. Pronunciamiento militar de escasa trascendencia. SIN.: *cuartelazo.*

cuartelado, a adj. HERÁLD. Se dice del escudo dividido en cuarteles.

cuartelar v.tr. HERÁLD. Dividir un escudo en cuarteles.

cuartelero, a adj. y s. Relativo al cuartel. ◆ s.m. Soldado que cuida del aseo y seguridad del dormitorio que ocupa su compañía.

cuartelillo s.m. Local donde está instalado un puesto o retén de policía, guardias municipales, bomberos, etc.

cuarteo s.m. Acción de cuartear o cuartearse.

cuartería s.f. Chile, Cuba y Dom. Casa de vecindad, por lo común en una hacienda de campo.
cuartero, a adj. Amér. Se dice del animal que tira de una carreta.
cuarterón, na adj. y s. Nacido de mestizo y española o de español y mestiza. ◆ s.m. Cada uno de los cuadros que hay entre los peinazos de las puertas y ventanas. **2.** Postigo, puertecilla de una ventana. **3.** Cuarta parte de una cosa. **4.** Medida de peso igual a la cuarta parte de la libra.
cuarteta s.f. Estrofa de cuatro versos generalmente octosílabos, con rima solo en los pares.
cuarteto s.m. Estrofa compuesta por cuatro versos de más de ocho sílabas. **2.** MÚS. **a.** Composición escrita en cuatro partes. **b.** Conjunto de sus ejecutantes.
cuartilla s.f. Cuarta parte de un pliego de papel. **2.** Medida de capacidad para áridos igual a la cuarta parte de la fanega. **3.** Medida de peso igual a la cuarta parte de la arroba. **4.** Parte que media entre el menudillo y la corona del casco de las caballerías. **5.** Antigua moneda mexicana de plata.
cuartillo s.m. Medida para líquidos que es cuarta parte de la azumbre (0,504 l). **2.** Medida para áridos, que es cuarta parte del celemín (1,156 l). **3.** Moneda de vellón castellana que equivalía a la cuarta parte de un real.
cuarto, a adj.num.ordin. y s. (lat. *quartus*). Que corresponde en orden al número cuatro. ◆ adj. y s.m. Se dice de cada una de las partes que resultan de dividir un todo en cuatro partes iguales. ◆ s.m. Habitación, parte o pieza de una casa. **2.** Cuarta parte de algo: *un cuarto de hora.* **3.** Cada una de las fases de la Luna. **4.** Denominación que se aplicaba a las monedas de cuatro maravedís. **5.** Servidumbre de un rey o de una reina: *cuarto militar de Su Majestad.* **6.** Abertura longitudinal que se hace por golpe en las partes laterales de los cascos de las caballerías. **7.** Esp. *Fig.* y *fam.* Dinero. (Suele usarse en plural.) ◇ **Cuarta enfermedad** Nombre que se da a algunas enfermedades, en relación con otras del mismo tipo y más clásicas. **Cuarto de final** DEP. Cada una de las cuatro antepenúltimas competiciones del campeonato que se gana por eliminación del contrario y no por puntos. (Suele usarse en plural.) **Cuarto delantero, trasero** Parte anterior o posterior de los cuadrúpedos. **Cuarto oscuro** Argent. Cabina electoral. **De tres al cuarto** De poca categoría.
cuartucho s.m. *Desp.* Habitación ruin.
cuarzo s.m. (fr. *quarz*). Sílice cristalizada que se encuentra en numerosas rocas (granito, arena, gres, etc.). [El cuarzo, habitualmente incoloro (cristal de roca), puede tener también coloración blanca, violeta (falsa amatista), negra (cuarzo ahumado), etc.]
cuasia s.f. (lat. botánico *quassia,* en honor a *Quassy,* hechicero de Surinam). Arbusto con hojas compuestas y flores rojas, de cuya corteza y raíz se obtiene una sustancia amarga y tónica; es originario de América tropical. (Familia simarubáceas.)
cuasicastrense adj. Se dice de los bienes que adquiere el hijo de familia ejerciendo cargo público, profesión o arte liberal.
cuasicontrato s.m. DER. Acto lícito y voluntario que produce, aun sin mediar convención expresa, obligaciones.
cuasidelito s.m. DER. Hecho no delictivo por el que, interviniendo culpa o negligencia, se causa daño a otro.
cuasiusufructo s.m. DER. Usufructo de las cosas consumibles.
cuate, a adj. y s. (náhuatl *cóatl,* serpiente, mellizo). Guat. y Méx. Amigo, camarada. **2.** Méx. Mellizo, gemelo.
cuatequil s.m. Méx. Maíz.
cuaternario, a adj. y s.m. Que consta de cuatro unidades o elementos. **2.** GEOL. Se dice de la era geológica comprendida entre los 2 millones de años y la actualidad, en la que se producen los grandes cambios climáticos y aparecen los homínidos. **3.** GEOL. Según algunas escuelas actuales, se dice del período geológico, último de la era cenozoica, comprendido entre los 2 millones de años y la actualidad. ◆ adj. GEOL. Relativo a la era o el período cuaternarios. **2.** QUÍM. Se dice del compuesto que contiene cuatro elementos que son diferentes.
cuaternio s.m. MAT. Número hipercomplejo formado por el conjunto de cuatro números reales, tomados en un orden determinado y que se combinan siguiendo ciertas leyes.
cuatezón, na adj. Méx. Se dice del animal que debería tener cuernos y carece de ellos.
cuatreño, a adj. Se dice del novillo que tiene cuatro años y no ha cumplido cinco.
cuatrero, a adj. y s. Se dice del ladrón que hurta bestias, especialmente caballos.
cuatricromía s.f. Impresión en cuatro colores (amarillo, magenta, cyan y negro).
cuatrienal adj. → **cuadrienal.**
cuatrienio s.m. → **cuadrienio.**
cuatrillizo, a s. y adj. Cada uno de los niños que nace en un parto cuádruple.
cuatrillón s.m. Un millón de trillones (10^{24}).
cuatrimestral adj. Que dura cuatro meses. **2.** Que sucede o se repite cada cuatro meses.
cuatrimestre s.m. Período de tiempo de cuatro meses.
cuatrimotor s.m. y adj. Avión que posee cuatro motores.
cuatrirreactor s.m. y adj. Avión provisto de cuatro reactores.
cuatrirremo s.m. ANT. Navío de cuatro filas de remeros, o de cuatro remeros por remo.
cuatrisílabo, a o **cuadrisílabo, a** adj. Tetrasílabo.
cuatro adj.num.cardin. y s.m. (lat. *quattuor*). Tres y uno. **2.** Se usa para indicar una cantidad pequeña: *cayeron cuatro gotas.* ◆ adj.num.ordin. y s.m. y f. Cuarto. ◆ s.m. Méx. *Fam.* Trampa, celada: *ponerle a alguien un cuatro.* **2.** P. Rico. y Venez. Guitarra de cuatro cuerdas. ◇ **Cuatro por cuatro** Vehículo todoterreno.
cuatrocentista adj. y s.m. y f. Relativo al quattrocento; escritor o artista de este período.
cuatrocientos, as adj.num.cardin. y s.m. Cuatro veces ciento. ◆ adj.num.ordin. y s.m y f. Cuadringentésimo. ◆ s.m. Siglo XV. **2.** Quattrocento.
cuatropeado s.m. COREOGR. Movimiento de danza.
cuauhxicalli s.m. Méx. Recipiente de piedra, esculpido en forma de animal, que usaban los sacerdotes aztecas para poner el corazón y la sangre de víctimas humanas.
cuba s.f. (lat. *cupa*). Recipiente de madera para contener líquidos. **2.** *Fig.* y *fam.* Persona que bebe mucho. **3.** Líquido que cabe en una cuba. **4.** METAL. Parte principal de ciertos tipos de hornos metalúrgicos, que abarca la zona de fusión. ◇ **Estar como,** o **hecho, una cuba** Estar borracho.
cuba-libre s.m. (pl. *cuba-libres*). Bebida alcohólica, mezcla de ron o ginebra con un refresco de cola.
cubanicú s.m. Cuba. Planta silvestre cuyas hojas, pulverizadas, se usan para curar llagas y heridas. (Familia eritroxiláceas.)
cubanismo s.m. Vocablo o giro privativo de Cuba.
cubano, a adj. y s. De Cuba. ◆ s.m. Modalidad adoptada por el español en Cuba.
cubata s.m. *Fam.* Cuba-libre.
cubeba s.f. (ár. *kubâba*). Arbusto trepador, de hojas lisas y fruto a modo de pimienta, liso, de color pardo oscuro, con un cabillo de cada baya más largo que esta. (Familia piperáceas.) **2.** Fruto de esta planta.
cubelo s.m. FORT. Cuerpo redondo puesto en los ángulos de las murallas o cortinas.
cubertería s.f. Conjunto de cucharas, tenedores, cuchillos y demás utensilios que se utilizan para el servicio de mesa.
cubeta s.f. Recipiente poco profundo y de base rectangular: *cubeta de revelado.* **2.** Depósito de mercurio en la parte inferior de ciertos barómetros. **3.** Depresión del terreno sin avenamiento hacia el exterior. **4.** Méx. Balde.
cubicación s.f. Acción de cubicar. **2.** Volumen que cubica un cuerpo.

cubicaje s.m. Cilindrada, total de las cilindradas de un motor.

cubicar v.tr. Determinar la capacidad o volumen de un cuerpo conociendo sus dimensiones: *cubicar una habitación.* **2.** Tener determinado cubicaje. **3.** Elevar un número al cubo.

cúbico, a adj. Que tiene figura de cubo geométrico, o es parecido a él: *forma cúbica.* **2.** Relativo al cubo, producto de tres factores iguales de un número: *raíz cúbica.* **3.** Se dice de las unidades del sistema métrico decimal, destinadas a la medida de volúmenes, que equivalen a un cubo, cuya arista es igual a la unidad lineal correspondiente. **4.** Se dice del sistema cristalográfico cuyas formas holoédricas se caracterizan por tener tres ejes principales y perpendiculares entre sí.

cubículo s.m. Recinto pequeño.

cubierta s.f. Lo que se pone encima de una cosa para taparla o cubrirla. **2.** Parte exterior de la techumbre de un edificio y armazón que sustenta dicha techumbre. **3.** Parte exterior del libro encuadernado. **4.** Envuelta protectora, de tejido recubierto de caucho, que rodea la cámara de aire o neumático propiamente dicho. **5.** Cada uno de los pisos horizontales que unen los costados del barco y lo dividen en el sentido de la altura. **6.** MIL. Dispositivo de protección de una zona o una operación. ◇ **Cubierta vegetal** Conjunto de vegetales que cubren un suelo.

cubierto, a adj. Provisto de una cubierta. **2.** Ocupado, lleno. ◆ s.m. Servicio de mesa para cada uno de los comensales. **2.** Juego de cuchara, tenedor y cuchillo. **3.** Cada una de estas tres piezas. **4.** Comida que se sirve en una fonda, hotel o restaurante por un precio determinado. ◇ **A cubierto** Bajo techado, protegido; en posesión de un saldo acreedor en la cuenta de los créditos. **Cielo cubierto** Cielo tapado por las nubes.

cubil s.m. Lugar donde se recogen para dormir los animales, principalmente las fieras.

cubilete s.m. (del fr. *gobelet,* vaso sin pie ni asa). Recipiente sin asa y en forma de vaso que se emplea para remover los dados en ciertos juegos. **2.** Recipiente metálico que se emplea como molde en pastelería. **3.** Amér. Sombrero de copa.

cubiletear v.intr. *Fig.* Valerse de mañas y artificios para lograr un fin. **2.** Manejar los cubiletes.

cubiletero, a s. Prestidigitador que emplea cubiletes. ◆ s.m. Cubilete de cocinero o pastelero.

cubilote s.m. Horno metalúrgico de cuba, con envoltura metálica y revestimiento refractario interior, utilizado para refundir lingotes de hierro y, a veces, acero.

cubismo s.m. Estilo artístico, surgido a principios del s. XX (1908-1920), que se caracteriza por la descomposición de la realidad en figuras geométricas; sustituyó los tipos de representación procedentes del renacimiento por métodos nuevos y más autónomos de construcción plástica.

cubismo

Al abandonar, a comienzos del s. XX, la concepción clásica del espacio y de la figuración, el cubismo revolucionó la pintura. La influencia de Cézanne y el descubrimiento del arte negro y de las artes primitivas abrieron camino a los trabajos de Picasso y de Braque. Con el período analítico, el cubismo adoptó una multiplicidad de ángulos visuales para alcanzar una visión total y crear un «objeto estético extremadamente estructurado», que favoreció el monocromatismo y el estudio de la luz (Juan Gris). De un modo progresivo, la síntesis de la imagen fue sustituyendo al procedimiento analítico. La fase sintética del cubismo es la de la organización del cuadro en un todo coherente con algunos signos esenciales, geométricos, y con elementos extraídos de la realidad. El color volvió a cobrar importancia, en especial con el «cubismo órfico» de Delaunay.

cubista adj. y s.m. y f. Relativo al cubismo; adscrito al cubismo.

cúbito s.m. (lat. *cubitus, -ti,* codo). Hueso más grueso del antebrazo, que tiene en su extremo superior una apófisis (olécranon) que forma el saliente del codo.

1. **cubo** s.m. (lat. *cubus*). Cuerpo geométrico de seis caras, cuyas aristas y ángulos son iguales. ◇ **Cubo de aire** Volumen de aire. **Cubo de un número** Producto de tres factores iguales a este número: *27 es el cubo de 3.* **Cubo de un sólido** Su volumen. **Cubo perfecto** Número entero que es el cubo de otro número entero.

2. **cubo** s.m. Pieza central en que se encajan los rayos de las ruedas de diversos vehículos. **2.** Esp. y Méx. Balde.

cubrecáliz s.m. Tela de seda que cubre el cáliz y la patena.

cubrecama s.m. Cobertor o colcha con que se cubre la cama.

cubrejunta s.f. Placa metálica que cubre la junta de dos piezas.

cubreobjetos s.m. (pl. *cubreobjetos*). Lámina de vidrio muy fina con que se recubren los objetos que se quieren examinar al microscopio.

cubrepiés s.m. (pl. *cubrepiés*). Manta pequeña que se pone a los pies de la cama.

cubreplatos s.m. (pl. *cubreplatos*). Campana metálica que sirve para cubrir un plato.

cubrición s.f. Acción de cubrir el macho a la hembra.

cubrir v.tr. y prnl. (lat. *cooperire*). Ocultar y tapar una cosa con otra: *la nieve cubre el camino.* **2.** *Fig.* Proteger, defender: *cubrirse del fuego enemigo.* **3.** *Fig.* Ocultar, disimular: *cubrir un defecto.* ◆ v.tr. Llenar, no dejar espacio vacío: *los libros cubrían la mesa.* **2.** Llenar, hacer objeto: *cubrir de atenciones.* **3.** Ocupar una plaza, puesto, etc. **4.** Pagar, satisfacer una deuda. **5.** Montar el macho a la hembra para fecundarla. **6.** Recorrer una distancia. **7.** Encargarse de una noticia, reportaje o información periodística. ◆ **cubrirse** v.prnl. Ponerse el sombrero, la gorra u otra prenda. **2.** Suscribir un empréstito o emisión de valores. **3.** Vestirse. **4.** Tomar precauciones para un posible riesgo: *cubrirse con un seguro.* **5.** ESGR. Mantenerse en guardia. **6.** TAUROM. Protegerse el torero con el engaño, el picador con el caballo y el toro cuando permanece a la defensiva.

OBS.: participio: *cubierto.*

cucaburra s.m. Ave coraciforme tropical, que caza insectos y reptiles.

cucalón s.m. Chile. Civil que asiste a las maniobras del ejército en calidad de espectador o de reportero.

cucamba adj. y s.f. Perú. Se dice de la mujer gorda, pequeña y desgarbada. ◆ adj. y s.m. y f. Hond. Cobarde.

cucamonas s.f.pl. *Fam.* Carantoñas, halagos, caricias.

cucaña s.f. (ital. *cuccagna*). Palo largo, untado de jabón o de grasa, por el cual se ha de andar en equilibrio o trepar por él para tomar como premio un objeto atado a su extremo. **2.** *Fig.* Lo que se consigue con poco trabajo.

cucar v.tr. Guiñar el ojo. **2.** Hacer burla, mofar.

cucaracha s.f. (de *cuca,* oruga o larva de mariposa). Insecto aplanado de costumbres nocturnas, que se mueve rápidamente y vive en lugares oscuros y húmedos. (Varias de sus especies tropicales se alimentan de residuos humanos; orden dictióptero.)

cucarro, a adj. Chile. Se dice del trompo que baila mal. **2.** Chile. *Fig.* Ebrio, borracho. ◆ s.m. Chile. Trompo.

cucha s.f. Méx. Ramera, prostituta.

cuchara s.f. (del lat. *cochlear, -aris*). Instrumento compuesto de un mango y una parte cóncava, que sirve para comer alimentos líquidos o poco consistentes. **2.** Cualquier utensilio en forma de cuchara que se emplea en diversos oficios. **3.** Pala metálica articulada de una máquina excavadora, una grúa, etc., que sirve para recoger y trasladar tierra o materiales de desecho o de construcción. **4.** Utensilio para sacar y transportar metal líquido o vidrio fundido. **5.** Amér. Central, Amér. Merid., Can., Cuba y Méx. Instrumento de albañilería para remover la mezcla, consistente en una plancha metálica triangular y un mango de madera. ◇ **De cuchara** *Fam.* Se dice del militar que no ha estudiado en una academia. **Me-**

ter con cuchara *Fam.* Explicar algo a alguien minuciosamente cuando no lo comprende. **Meter cuchara** Intervenir alguien en algún asunto que no le concierne.

cucharada s.f. Porción que cabe en una cuchara. ◇ **Meter cucharada** Entrometerse en los asuntos ajenos.

cucharetear v.intr. *Fam.* Revolver la olla o cazuela con la cuchara. **2.** *Fig.* Entrometerse una persona en asuntos que no le incumben.

cucharilla s.f. Cuchara pequeña para azúcar o para dar vueltas a un líquido que se toma en taza o vaso. **2.** Señuelo, generalmente de metal, en forma de cuchara sin mango y provisto de anzuelos. **3.** Enfermedad del hígado en los cerdos.

cucharón s.m. Cuchara grande con mango largo que se sirve para servir alimentos líquidos o para cocinar. **2.** Guat. Tucán.

cuché adj. (del fr. *couche,* capa). Se dice del papel recubierto con un baño especial que mejora su opacidad e impermeabilidad, para que la pureza de la impresión quede realzada.

cuchepo s.m. Chile. Mutilado de las piernas. **2.** Chile. Carrito que suele usar este.

cucheta s.f. Litera de un barco, un ferrocarril, etc.

cuchí s.m. Argent., Bol. y Perú. Cochino, animal.

cuchichear v.intr. (voz de origen onomatopéyico). Hablar en voz baja o al oído a alguien.

cuchicheo s.m. Acción y efecto de cuchichear.

cuchichiar v.intr. [conj.: *desviar*]. Cantar la perdiz.

cuchilla s.f. Instrumento de hierro acerado para cortar. **2.** Hoja de un arma o instrumento cortante. **3.** Hoja de afeitar. **4.** Cuchillo grande. **5.** Cuchillo de hoja ancha y corta para cocina y carnicería. **6.** *Poét.* y *fig.* Espada, arma blanca. **7.** Cumbre o loma alargada y estrecha de paredes verticales. **8.** Vela triangular o trapezoidal, característica de las embarcaciones denominadas latinas o de aparejo latino. SIN.: *vela de cuchillo.* **9.** Argent., Cuba y Urug. Eminencia prolongada cuyas pendientes se extienden hasta el llano.

cuchillada s.f. Golpe dado con el cuchillo u otra arma semejante. **2.** Herida que resulta de este golpe. ◆ **cuchilladas** s.f.pl. Aberturas hechas en un vestido para dejar ver una prenda que se lleva debajo.

cuchillar s.m. Montaña con varias cumbres alargadas y estrechas de paredes verticales.

cuchillazo s.m. Amér. Cuchillada.

cuchillero, a s. Persona que hace o vende cuchillos. ◆ s.m. Amér. Merid. y Hond. Persona pendenciera y diestra en el manejo del cuchillo que utiliza en sus peleas.

cuchillo s.m. (lat. *cultellus,* diminutivo de *culter*). Instrumento cortante formado por una hoja, generalmente de hierro o acero de un solo corte, y un mango. **2.** Cada uno de los colmillos inferiores del jabalí. **3.** *Fig.* Cosa cortada o terminada en ángulo agudo. **4.** Estructura triangular de maderos o hierros que, junto con otras del mismo tipo, sirve para sostener un tejado o cubierta. **5.** Pieza, generalmente triangular, que se pone en los vestidos para ensanchar su vuelo. **6.** Arista de prisma que soporta el fiel de una balanza. ◇ **Cuchillo eléctrico** Utensilio de cocina compuesto por un pequeño motor eléctrico con mango que mueve, de modo alternativo, unas láminas de acero. **Pasar a cuchillo** Dar muerte a un grupo de personas que se han rendido o han sido vencidas o apresadas. **Vela de cuchillo** Cuchilla.

cuchipanda s.f. (de *cocho,* cocido, y *pando,* hinchado, lleno, vanidoso). *Fam.* Francachela, juerga.

cuchitril s.m. Habitación o vivienda pequeña y desaseada. **2.** Pocilga.

cucho, a adj. Méx. *Fam.* Se dice de la persona que tiene el labio leporino. **2.** Méx. *Por ext.* y *fam.* Estropeado, mal hecho: *te quedó cucho trabajo.* ◆ s.m. Chile. Gato. **2.** Colomb. Rincón.

cuchuco s.m. Colomb. Sopa de carne de cerdo y cebada.

cuchufleta s.f. *Fam.* Dicho burlesco que provoca risa.

cuchugo s.m. Amér. Merid. Cada una de las dos cajas de cuero que suelen llevarse en el arzón de la silla de montar. (Suele usarse en plural.)

cuchumbo s.m. Amér. Juego de dados. **2.** Amér. Central. Cubilete para los dados.

cuclillas (en) loc.adv. Con las piernas dobladas de modo que las nalgas se apoyen en los talones sin llegar a tocar el suelo.

cuclillo s.m. Ave muy común en los bosques de Europa occidental, insectívora, con el dorso gris y el vientre blanco con rayas marrones, de unos 35 cm de long. SIN.: *cuco.*

1. **cuco** s.m. *Fam.* Cuna portátil para el bebé. SIN.: *moisés.*

2. **cuco, a** adj. Bonito, gracioso y coqueto. ◆ adj. y s. Esp. Astuto, taimado, ladino. ◆ s.m. Cuclillo.

cucú s.m. Canto del cuclillo. **2.** Reloj de pared, de madera, provisto de una ventanilla por la que aparece, cada hora, media hora o cuarto de hora, una figurita que imita el canto del cuco.

cucubano s.m. P. Rico. Luciérnaga.

cucufato, a adj. Perú. Se dice de la persona beata, mojigata.

cucuiza s.f. Amér. Hilo obtenido de la pita.

cuculí s.m. Paloma torcaz del tamaño de las domésticas, pero de forma más esbelta, que vive en América Meridional. (Familia colúmbidos.)

cucúrbita s.f. (lat. *cucurbita,* calabaza). Parte inferior de la caldera del alambique.

cucurbitáceo, a adj. y s.f. Relativo a una familia de plantas dicotiledóneas, de fuertes tallos trepadores y frutos de gran tamaño, a la que pertenecen la calabaza, el pepino y el melón.

cucurucho s.m. Recipiente de papel o cartón en forma cónica que se usa para contener cosas que se venden a granel. **2.** Helado que se sirve en un barquillo cónico; también este barquillo. **3.** Capirote que se ponían los disciplinantes o penitentes. **4.** Colomb., C. Rica, Dom., Nicar., P. Rico y Venez. Elevación natural de un terreno. **5.** Colomb., C. Rica, Dom., Nicar., P. Rico y Venez. Parte más alta de algo.

cudú s.m. Artiodáctilo de gran tamaño, con el pelaje corto y gris con rayas transversales blancas. (El macho presenta cuernos que forman tres o cuatro espirales; vive en África; familia bóvidos.)

cueca s.f. Amér. Merid. Danza de pareja suelta que se baila con unos pañuelos con los que se trazan figuras. **2.** Chile. Baile popular, de ritmo vivo, que se baila por parejas y constituye la danza nacional chilena por excelencia.

cuello s.m. (lat. *collum*). Parte del cuerpo comprendida entre el tronco y la cabeza. **2.** Parte de una prenda de vestir o adorno suelto que rodea el cuello. **3.** Parte más estrecha y delgada de un cuerpo o de un órgano: *cuello de la botella; cuello de la matriz.* **4.** Parte del cuerpo del caballo que va desde la cabeza hasta el codillo y el pecho. **5.** Parte comprendida entre el tallo de una planta y la zona de ramificación.

cuenca s.f. (lat. *concha,* concha de molusco). Cavidad del cráneo en que se encuentra el ojo. **2.** Depresión topográfica menos profunda que un valle en la que las aguas se concentran en un río, un lago o un mar. **3.** Amplio yacimiento de hulla o de hierro que forma una unidad geográfica y geológica. **4.** OCEANOGR. Depresión extensa del fondo oceánico. ◇ **Cuenca de hundimiento** GEOMORFOL. Depresión tectónica resultante de fallas. **Cuenca de recepción** Embudo natural de gran pendiente que recoge las aguas de arroyada caídas en la montaña y que forma la parte superior de un torrente. **Cuenca hidrográfica** Región avenada por un río y sus afluentes. **Cuenca sedimentaria** Amplia hondonada en un zócalo donde las capas sedimentarias se han acumulado en capas concéntricas, las más recientes en el centro y las más antiguas hacia el exterior.

cuencano, a adj. y s. Conquense. **2.** De Cuenca (Ecuador).

cuenco s.m. Recipiente hondo y ancho, sin borde o labio, que se usa para beber, trasvasar pequeñas cantidades de líquido, etc. **2.** Concavidad, parte o sitio cóncavo.

cuenta s.f. Acción y efecto de contar. **2.** Cálculo, cómputo u operación aritmética: *echar las cuentas de los gastos.* **3.** Nota escrita en la que se detalla el valor de un conjunto de servicios o de cosas adquiridas: *la cuenta del restaurante.* **4.** Razón, satisfacción de algo: *dar cuenta de lo ocurrido.* **5.** Responsabilidad de una persona con algo o alguien: *los gastos corren de mi cuenta.* **6.** Bolita o pieza perforada con que se hacen rosarios, collares, etc. **7.** CONTAB. Cada una de las divisiones del libro Mayor, que captan, representan y miden elementos del balance de situación, del patrimonio o de situaciones especiales. ◇ **A cuenta** Se dice de la cantidad que se da o recibe sin finalizar la cuenta. **Ajustar las cuentas a alguien** *Fam.* Reprenderle con amenaza. **Caer,** o **dar, en la cuenta** *Fam.* Percatarse de algo que no se comprendía o no se había notado. **Cuenta corriente** Contrato entre dos personas que convienen que el saldo solo será exigible al finalizar aquel. **Cuenta corriente bancaria** Cuenta abierta por un banquero a sus clientes alimentada por los depósitos de cada titular. **Dar cuenta de** *Fam.* Acabar una cosa gastándola o malgastándola; informar de algo. **Darse cuenta de algo** Percatarse de ello. **Estar fuera,** o **salir, de cuenta,** o **cuentas** Haber cumplido una mujer embarazada el período de gestación. **Tener en cuenta** Considerar importante algo o a alguien para un fin.

cuentagotas s.m. (pl. *cuentagotas*). Pequeño instrumento que permite verter y contar gota a gota un líquido. ◇ **A,** o **con, cuentagotas** Con tacañería; muy poco a poco.

cuentahílos s.m. (pl. *cuentahílos*). Pequeña lupa de gran aumento montada sobre un eje, que sirve para contar los hilos de un tejido, examinar un dibujo, un negativo, etc.

cuentakilómetros s.m. (pl. *cuentakilómetros*). Contador que registra las revoluciones de las ruedas de un vehículo e indica el número de kilómetros recorridos.

cuentarrevoluciones s.m. Dispositivo que cuenta el número de vueltas dadas por un árbol o eje móvil en un tiempo determinado. SIN.: *cuentavueltas.*

cuentear v.intr. Amér. Chismorrear, comadrear. **2.** Méx. Engañar, decir mentiras.

cuentista s.m. y f. Escritor de cuentos. ◆ adj. y s.m. y f. *Fam.* Chismoso. SIN.: *cuentero.* **2.** *Fam.* Exagerado, aspaventero, presumido.

1. **cuento** s.m. (lat. *computus,* cuenta). Narración de un suceso. **2.** Narración breve, oral o escrita, de un suceso ficticio en el que generalmente intervienen pocos personajes: *cuento de hadas.* **3.** Género literario de este tipo de narración. **4.** *Fam.* Mentira que se explica sobre una persona, generalmente para hacer que esta se enoje con otra. **5.** Chiste, historieta. **6.** Cómputo: *el cuento de los años.* ◇ **A cuento** Al propósito: *venir a cuento.* **Dejarse,** o **quitarse, de cuentos** *Fam.* Omitir los rodeos e ir a lo sustancial de una cosa. **Tener cuento,** o **mucho cuento** Esp. Se dice de la persona que finge algo, especialmente un dolor, tristeza, etc. **Traer a cuento** Introducir un tema relacionado con lo que se trata. **Sin cuento** Incontable.

2. **cuento** s.m. Pieza metálica en la punta de una pica, una lanza, un bastón, etc.

cuera s.f. Hond. Polaina burda.

cuerazo s.m. Amér. Latigazo.

cuerda s.f. (lat. *chorda*). Conjunto de hilos de lino, cáñamo, u otra materia semejante, torcidos y formando un solo cuerpo cilíndrico, largo y flexible que sirve para atar o sujetar cosas. **2.** Hilo hecho de tripa de carnero, a veces envuelta por alambre en hélice, que, por vibración, produce los sonidos en ciertos instrumentos músicos. **3.** Conjunto de instrumentos de música que producen el sonido mediante la vibración de cuerdas simples o dobles, como el violín, la viola, el contrabajo, etc. **4.** Cada una de las cuatro voces fundamentales de tiple, contralto, tenor y bajo. **5.** Parte propulsora del mecanismo del reloj. **6.** MAT. Segmento que une dos puntos de una curva. ◇ **Aflojar,** o **apretar, la cuerda** Disminuir, o aumentar el rigor de la ley, disciplina, etc. **Andar,** o **bailar, en la cuerda floja** Hallarse en una situación peligrosa o crítica. **Cuerda del tímpano** Nervio que atraviesa la caja del tímpano a lo largo de su membrana. **Cuerda floja** Alambre con poca tensión sobre el cual hacen ejercicios los acróbatas. **Cuerdas vocales** Pliegues musculares del interior de la laringe que al pasar el aire vibran y producen la voz. **Dar cuerda a alguien** Hacer que una persona hable mucho. **Por bajo,** o **debajo de, cuerda** De manera reservada o secreta. **Tener cuerda para rato** *Fam.* Ser propenso a hablar con demasiada extensión. **Tener mucha cuerda** *Fam.* Tener mucha salud, gran vitalidad; sufrir bromas o burlas sin enojarse.

cuerdo, a adj. y s. (del lat. *cordatus*). Que no padece ningún trastorno mental. **2.** Prudente.

cuereada s.f. Amér. Azotaina. **2.** Amér. Merid. Temporada en que se obtienen los cueros secos.

cuerear v.tr. Amér. Merid. Ocuparse en las operaciones de la cuereada. **2.** Argent. *Fig.* y *fam.* Chismorrear, hablar mal de alguien. **3.** Argent. y Urug. Despellejar. **4.** Ecuad. y Nicar. Azotar.

cueriza s.f. Amér. Azotaina.

cuerna s.f. Cuerno macizo que algunos animales, como el ciervo, mudan todos los años. **2.** Trompa semejante al cuerno bovino, que se utilizó en la montería y que aún usan algunas personas en el campo para comunicarse. **3.** Vaso rústico hecho con un cuerno de buey.

cuerno s.m. (lat. *cornu*). Órgano par, duro y puntiagudo, que tienen en la cabeza muchos rumiantes y que constituye una prolongación ósea del hueso frontal. **2.** Órgano semejante que tienen los rinocerontes. **3.** Materia que forma el estuche córneo de las astas de los bovinos, empleada en la industria. **4.** Extremidad de una cosa que remata en punta y se asemeja al cuerno. **5.** Instrumento musical de viento, en forma de cuerno, que tiene un sonido semejante al de la trompa. ◆ **cuernos** s.m.pl. *Fig.* y *vulg.* Con el verbo *poner,* faltar a la fidelidad conyugal. **2.** *Fig.* y *vulg.* Con los verbos *llevar, tener,* etc., ser objeto de infidelidad conyugal. ◇ **Cuerno de niebla** Instrumento destinado, a bordo de un barco, a producir señales sonoras en tiempo de niebla. **Echar,** o **enviar,** o **mandar, al cuerno** *Fam.* Despedir a alguien con enojo y malos modales; prescindir de algo con desagrado y violencia. **Irse al cuerno** *Fam.* Malograrse. **Oler,** o **saber, a cuerno quemado** *Fam.* Oler mal una cosa; producir una impresión desagradable; despertar sospechas.

cuero s.m. (lat. *corium,* piel del ser humano o los animales). Pellejo que cubre la carne de los animales. **2.** Piel de cabra u otro animal que, cosida y pegada, se usa para contener líquidos (vino, aceite). SIN.: *odre.* **3.** Pellejo del buey y otros animales, especialmente después de curtido y preparado para ciertos usos. ◇ **Cuero cabelludo** Parte de la piel del cráneo cubierta por el cabello. **En cueros (vivos)** Desnudo; completamente arruinado. **Sacar el cuero** Argent. *Fig.* y *fam.* Chismorrear, hablar mal de alguien.

cuerpear v.intr. Argent. y Urug. Esquivar, capotear, evadirse.

cuerpo s.m. (lat. *corpus, -oris*). Conjunto de las partes materiales de un ser vivo. **2.** Tronco (por oposición a *cabeza* y *extremidades*). **3.** Cadáver. **4.** Objeto material: *la caída de los cuerpos.* **5.** Sustancia material, orgánica o inorgánica: *cuerpo sólido, líquido, gaseoso.* **6.** Cualquier cosa de extensión limitada que produce impresión en los sentidos por cualidades que le son propias. **7.** Grueso, densidad, espesura, solidez: *una tela de poco cuerpo; vino de mucho cuerpo.* **8.** Parte principal de algo: *el cuerpo de un edificio, de un texto.* **9.** Conjunto de personas que forman un pueblo, comunidad o asociación, o que ejercen la misma profesión: *cuerpo médico.* **10.** Conjunto de reglas o principios: *el cuerpo de una doctrina.* **11.** ANAT. Nombre dado a diversos elementos anatómicos u órganos. **12.** IMPR. **a.** Tamaño de un carácter tipográfico. **b.** Distancia que separa una línea de texto de la siguiente sin interlineado. **13.** MAT. En álgebra moderna, anillo tal que, si se suprime el elemento neutro de la primera ley de composición interna, el conjunto restante forma un grupo en relación con la segunda ley. **14.** MIL. Conjunto de personas que poseen determinados conocimientos técnicos y que forman una institución militar. ◇ **A cuerpo (gentil)** Sin prenda de abrigo o protección. **A cuerpo de rey** Con todo regalo y comodidad. **A cuerpo descubierto,** o **limpio** Sin protección ni ayuda. **Cuerpo a cuerpo** Se dice de la lucha sin armas. **Cuerpo a tierra** MIL. Posición del soldado para protegerse del fuego enemigo, que consiste en echarse al suelo boca abajo. **Cuerpo compuesto** Cuerpo formado por la unión de varios elementos químicos diferentes. **Cuerpo de ejército** MIL. Conjunto de tropas formado por varias divisiones. **Cuerpo de guardia** MIL. Lugar donde descansan los soldados que hacen guardia. **Cuerpo del delito** Elemento material que sirve para probar un delito. **Cuerpo diplomático** Conjunto de representantes de las potencias extranjeras ante un gobierno. **Cuerpo muerto** MAR. Ancla de grandes dimensiones, que sirve para fondear los buques en rada. **Cuerpo propio** FILOS. Para la fenomenología, conjunto de relaciones vividas por el sujeto con su cuerpo, al término de las cuales este no puede concebirse como un objeto. **Cuerpo simple** Cuerpo que solo contiene un elemento químico. **De cuerpo presente** Se dice del cadáver que todavía no ha sido enterrado. **En cuerpo y alma** *Fam.* Totalmente, con total dedicación. **Hacer de,** o **del, cuerpo** *Fam.* Evacuar el vientre. **Pedir el cuerpo algo** Apetecerlo, desearlo. **Tomar cuerpo algo** Aumentar de tamaño materialmente o empezar a realizarse o a adquirir importancia.

cuerudo, a adj. Amér. Se dice de las caballerías torpes. **2.** Amér. Que tiene la piel muy gruesa y dura. **3.** Colomb. Tonto, lerdo.

1. **cuervo** s.m. (lat. *corvum*). Ave paseriforme de gran tamaño, con el plumaje, las patas, los ojos y el pico negros, que se alimenta de carroña, pequeños animales y frutos. (El cuervo grazna; familia córvidos.)

2. **cuervo** o **crow,** pueblo amerindio de lengua siux de las llanuras de América del Norte (Montana, Wyoming), act. internado en reservas en Montana.

cuesco s.m. Hueso de la fruta. **2.** *Fam.* Pedo ruidoso. **3.** Chile. Persona enamorada. **4.** Chile. Cabeza. **5.** Méx. Masa de mineral grande y redondeada. ◇ **Cuesco de lobo** *Pedo de lobo.

cuesta s.f. (lat. *costa,* costilla, lado). Terreno en pendiente. **2.** En una región de estructura débilmente inclinada en la que alternan capas duras y capas blandas, forma de relieve caracterizada por un talud de perfil cóncavo en pendiente pronunciada (frente) y por una ladera suavemente inclinada en sentido contrario (reverso). ◇ **A cuestas** Sobre los hombros o espaldas; a su cargo, sobre sí. **Cuesta de enero** *Fam.* Período de dificultades económicas que coincide con el primer mes del año y que es el resultado de los gastos extraordinarios de las fiestas de Navidad. **Hacérsele a alguien cuesta arriba algo** Sentirlo mucho, hacerlo con gran esfuerzo. **Ir cuesta abajo** Decaer, declinar.

cuestación s.f. Petición de limosnas para un fin piadoso o benéfico.

cuestión s.f. Aspecto controvertible, problema que se trata de resolver, tema sobre el cual se discute. **2.** Pregunta de un cuestionario o encuesta. **3.** Disputa, riña. **4.** MAT. Problema. ◇ **Cuestión de confianza** Asunto que un gobierno o su presidente presenta al parlamento, haciendo depender su continuidad de la aprobación de dicho asunto.

cuestionable adj. Dudoso, que puede discutirse.

cuestionar v.tr. Poner en duda lo que se acepta como cierto.

cuestionario s.m. Lista de cuestiones o preguntas a las que se debe dar una respuesta. **2.** Programa de examen u oposición. **3.** Libro que trata de cuestiones.

cuestor s.m. En la antigua Roma, magistrado encargado de las funciones financieras. **2.** En las asambleas legislativas francesas, miembro encargado de dirigir el empleo de los fondos, la administración interior y material de la asamblea.

cuete s.m. Méx. Lonja de carne que se saca del muslo de la res. **2.** Méx. Borrachera.

cueva s.f. (del lat. *cavus,* hueco). Cavidad de la tierra, natural o artificial. **2.** Sótano.

cuévano s.m. (lat. *cophinus*). Cesto de mimbres grande y hondo, para la vendimia y otros usos.

cuezo s.m. Artesa que usan los albañiles para amasar el yeso.

cúfico, a adj. Se dice de la más antigua de las formas de escritura árabe, rígida y angular, empleada en inscripciones de monumentos y monedas.

cufifo, a adj. Chile. Se dice de la persona borracha.

cui o **cuis** s.m. (pl. *cuis* o *cuises*). Amér. Merid. Cobaya.

cuicateco, pueblo amerindio del NO del est. mexicano de Oaxaca, que habla una lengua del grupo otomangue.

cuidado s.m. Interés y atención que se pone en hacer algo: *secar la vajilla con cuidado.* **2.** Acción de cuidar algo o a alguien. **3.** Preocupación o temor. **4.** Seguido de la prep. *con* y un nombre significativo de persona, denota enojo contra ella: *¡cuidado con la niña, si será mal educada!* ◆ interj. Se emplea en son de amenaza o para advertir de la proximidad de un peligro o la contingencia de caer en error: *¡cuidado, no te caigas!* ◇ **De cuidado** Cauteloso, peligroso; enfermo de gravedad. **Traer sin cuidado** *Fam.* No importar.

cuidador, ra adj. y s. Persona que se encarga de cuidar a otra, una cosa o un lugar; especialmente, persona que asiste a un deportista durante las competiciones. **2.** Amér. Preparador, entrenador.

cuidadoso, a adj. Que cuida sus cosas o pone cuidado en lo que hace.

cuidar v.tr. e intr. (lat. *cogitare,* pensar). Asistir, especialmente a un enfermo. **2.** Guardar una cosa o tratarla con esmero para que se conserve en buen estado. **3.** Poner cuidado, atención e interés al hacer algo. ◆ **cuidarse** v.prnl. Preocuparse uno por su salud, darse buena vida. **2.** Seguido de la preposición *de,* vivir con advertencia respecto de algo.

cuija s.f. Saurio de pequeño tamaño, nocturno, que emite un sonido especial, y que es frecuente en las regiones cálidas de México. (Familia gecónidos.) **2.** Méx. Lagartija muy delgada y pequeña de las regiones cálidas.

cuis s.m. (pl. *cuises*). Amér. Merid. → **cui.**

cuita s.f. (del lat. *coactus*). Pena, aflicción, desventura.

cuitado, a adj. Afligido o desventurado. **2.** *Fig.* Apocado, tímido.

cuitlateca o **popoloca de Michoacán,** pueblo amerindio que ocupaba una extensa región de la costa del Pacífico, al S del río Balsas (México); act., muy reducido, vive en el est. de Guerrero.

cuja s.f. Bolsa de cuero asida a la silla del caballo, que sirve para colocar la extremidad inferior de la lanza o de la bandera.

cujinillo s.m. Guat. Alforja o maleta que se tercia sobre una bestia, para acarrear el agua. (Suele usarse en plural.) ◆ **cujinillos** s.m.pl. Hond. Alforjas.

cujito s.m. Cuba. Persona extremadamente delgada.

culantrillo s.m. Nombre de varios helechos de largos pecíolos, delgados y oscuros. (Familia polipodiáceas.)

culata s.f. Parte posterior de un arma de fuego portátil que sirve para asirla y apoyarla en el momento de disparar. **2.** *Fig.* Parte posterior de algunas cosas. **3.** Anca, parte posterior de las caballerías. **4.** Pieza de acero destinada a asegurar la obturación del orificio posterior del cañón de un arma de fuego. **5.** Cubierta que cierra la parte superior de los cilindros en un motor de explosión. **6.** Faceta tallada en la parte inferior de una piedra de joyería. **7.** CARN. Cuarto trasero de las reses bovinas.

culear v.intr. Chile y Méx. *Vulg.* Realizar el acto sexual. ◆ **culearse** v.prnl. Méx. *Vulg.* Asustarse, acobardarse: *se culeó y no quiso discutir.*

culebra s.f. (lat. *colubra*). Nombre dado a todas las serpientes de la familia colúbridos, y más particularmente a las que están desprovistas de veneno o no lo pueden inyectar. (La *culebra de collar* mide hasta 2 m de long. y vive en lugares húmedos.)

culebrear v.intr. Andar haciendo eses.

culebrilla s.f. Cría de la culebra. **2.** Enfermedad cutánea herpética, propia de países tropicales.

culebrina s.f. Pieza de artillería larga y de pequeño calibre, utilizada entre los ss. XV y XVIII.

culebrón s.m. *Fam.* Serial de televisión con muchos episodios en el que se establecen numerosas relaciones sentimentales y situaciones melodramáticas entre los personajes. **2.** *Fig.* y *fam.* Hombre astuto que oculta maliciosamente sus pensamientos.

culera s.f. Remiendo en los calzones o pantalones sobre la parte que cubre las asentaderas.

culí s.m. Nombre que se daba a los hindúes, a los chinos y a otros asiáticos que eran contratados para ir a trabajar en una colonia. SIN.: *coolie.*

culiblanco s.m. Nombre común a varios pájaros de Europa que tienen la rabadilla blanca.

culinario, a adj. Relativo a la cocina.

culle s.m. Lengua prehispánica de Perú.

culminación s.f. Acción y efecto de culminar. **2.** Paso de un astro por su punto más elevado por encima del horizonte. **3.** Tiempo que dura este paso.

culminante adj. Que llega a la posición más elevada, a la situación más relevante o interesante: *momento culminante de una obra.*

culminar v.intr. Llegar algo al punto culminante. **2.** ASTRON. Pasar un astro por el meridiano superior del observador. ◆ v.tr. Acabar o terminar algo.

culo s.m. (lat. *culus*). Conjunto de nalgas de una persona, o parte semejante de ciertos animales. **2.** *Fam.* Ano. **3.** *Fig.* y *fam.* Extremidad inferior o posterior de una cosa: *culo de una vasija.* **4.** *Fig.* y *fam.* Porción muy pequeña de un líquido que queda en el fondo de un recipiente. ◇ **Culo de lámpara** ARQ. Adorno que figura en ciertas bóvedas o en los techos artesonados; ART. GRÁF. viñeta colocada al final de un capítulo. **Ir de culo** Esp. *Fam.* Tener muchos asuntos que resolver en poco tiempo.

culombio s.m. (de *Coulomb,* físico francés). Unidad de medida de cantidad de electricidad y de carga eléctrica (símb. C) equivalente a la cantidad de electricidad que transporta en 1 segundo una corriente de 1 amperio.

culote s.m. ARM. Parte posterior del proyectil. **2.** INDUSTR. Restos de metal que quedan en el fondo del crisol.

culpa s.f. (lat. *culpa*). Falta más o menos grave cometida voluntariamente. **2.** Responsabilidad, causa imputable. **3.** DER. Acción u omisión no dolosa, pero realizada sin la diligencia debida, que causa un resultado dañoso, previsible y penado por la ley.

culpabilidad s.f. Circunstancia de ser culpable.

culpabilizar v.tr. Considerar que una persona es culpable de un daño o falta.

culpable adj. y s.m. y f. Se dice de la persona que tiene la culpa de una cosa. **2.** DER. **a.** Que ha incurrido en culpa. **b.** Responsable de un delito o falta.

culpar v.tr. y prnl. Atribuir la culpa a alguien.

cultalatiniparla s.f. *Fam.* Lenguaje pedante.

culteranismo s.m. Estilo literario caracterizado por sus metáforas violentas, alusiones oscuras, hipérboles extremadas, latinismos, etc.

culteranismo

El culteranismo es una modalidad del barroco español, acuñada a principios del s. XVII. Conocido también como *gongorismo,* por el nombre de su principal representante, Luis de Góngora, significó un enriquecimiento del poder creativo, original y expresivo del lenguaje, aunque por la complicación y oscuridad de su estilo fue objeto de abundantes detracciones y burlas.

culterano, a adj. y s. Relativo al culteranismo; escritor adscrito a este estilo literario. ◆ adj. Oscuro, alambicado.

cultismo s.m. Palabra, giro o expresión tomado directamente de una lengua clásica, especialmente el latín o el griego, por lo que no ha sufrido ninguna transformación fonética regular.

cultivado, a adj. Se dice de la persona culta y refinada.

cultivar v.tr. (bajo lat., *cultivare*). Trabajar la tierra para que produzca plantas y frutos. **2.** *Fig.* Hacer lo necesario para mejorar o potenciar una facultad, actividad, amistad, etc. **3.** *Fig.* Ejercitar una ciencia o arte. **4.** MICROB. Sembrar y hacer crecer en un medio adecuado un germen.

cultivo s.m. Acción de cultivar. **2.** Tierra o plantas cultivadas. ◇ **Cultivo hidropónico,** o **sin suelo** Método que consiste en cultivar plantas en un medio líquido que contiene elementos nutritivos. **Cultivo microbiano, de tejidos** BIOL. Técnica consistente en hacer vivir y desarrollarse microorganismos o tejidos en un medio preparado al efecto. **Sistema de cultivo** Combinación, en el tiempo y en el espacio, de las producciones vegetales practicadas en una explotación agrícola o en una región.

culto, a adj. (lat. *cultus,* p. de *colere,* cultivar). Dotado de cultura o conocimientos. **2.** Que implica cultura. **3.** Se dice de lo que es propio de las personas cultas: *lengua culta.* **4.** Se dice de las tierras y plantas cultivadas. ◆ s.m. Homenaje de reverencia que el ser humano tributa a la divinidad o a lo sagrado. **2.** Conjunto de actos y ceremonias con que se tributa este homenaje. **3.** Admiración de que es objeto alguien o algo.

cultura s.f. Acción de cultivar, especialmente las facultades humanas. **2.** Conjunto de conocimientos científicos, literarios y artísticos adquiridos. **3.** Conjunto de estructuras sociales, religiosas, etc., y de manifestaciones intelectuales, artísticas, etc., que caracterizan una sociedad o una época: *cultura helénica.* ◇ **Cultura de masas** Conjunto de los hechos ideológicos comunes a una gran masa de personas consideradas al margen de las distinciones de estructura social, difundidos en su seno por medio de técnicas industriales. **Cultura física** Desarrollo racional del cuerpo mediante ejercicios apropiados. **Lengua de cultura,** o **de civilización** Lengua que ha servido o sirve de vehículo de expresión a una civilización y a una literatura importantes.

cultural adj. Relativo a la cultura.

culturalismo s.m. Corriente de la antropología norteamericana que considera que toda cultura dada modela una personalidad individual típica, una estructura psicológica, un comportamiento, unas ideas y una mentalidad particular.

culturismo s.m. Práctica sistemática de ejercicios destinados a desarrollar la musculatura.

culturista adj. y s.m. Que practica el culturismo.

culturizar v.tr. Educar, dar cultura.

cuma s.f. Amér. Central. Cuchillo grande.

cumangoto, pueblo amerindio de la costa venezolana, perteneciente a la familia caribe.

cumanés, sa o **cumanagoto, a** adj. y s. De Cumaná.

cumanos, comanos o **comanianos,** pueblo turco que ocupó las estepas del S de Rusia a partir del s. XI, y que fundó un gran imperio nómada que se extendía hasta el Dniéper.

cumarina s.f. Sustancia olorosa que se extrae del haba tonca o que se obtiene, en ocasiones, por síntesis.

cumbamba s.f. Colomb. Barbilla, mentón.

cumbarí adj. Argent. Se dice de un ají pequeño, rojo y muy picante.

cumbia s.f. Baile típico de Colombia, que tiene sus orígenes en el cumbé (danza de Guinea Ecuatorial).

cumbre s.f. (lat. *culmen, -inis*). Parte más elevada de una montaña u otra elevación del terreno. **2.** *Fig.* Punto más alto o máximo grado de desarrollo al que puede llegar algo. **3.** Conferencia internacional que reúne a los dirigentes de los países implicados en un problema particular.

cúmel o **kümmel** s.m. Licor alcohólico de origen ruso, aromatizado con comino.

cumiche s.m. Amér. Central. El hijo menor de una familia.

cum laude (voces latinas, *con laureles*). Calificación máxima de una tesis doctoral.

cumpa s.m. y f. Amér. Merid. Amigo, camarada. **2.** Amér. Merid. Compadre.

cumpleaños s.m. (pl. *cumpleaños*). Aniversario del nacimiento de una persona y fiesta que se celebra.

cumplidero, a adj. Se dice del plazo que se ha de cumplir a cierto tiempo.

cumplido, a adj. Exacto en todos los cumplimientos, atenciones y muestras de urbanidad para con los otros. **2.** Completo, lleno, cabal. **3.** Acabado, perfecto. **4.** Largo o abundante. ◆ s.m. Muestra de cortesía. SIN.: *cumplimiento.*

cumplidor, ra adj. y s. Que cumple o da cumplimiento.

cumplimentar v.tr. Poner en ejecución una orden, diligencia o trámite. **2.** Saludar o felicitar con determinadas normas a alguien importante. **3.** Rellenar un impreso, formulario, etc.

cumplimentero, a adj. y s. *Fam.* Que hace demasiados cumplimientos.

cumplimiento s.m. Acción de cumplir o cumplirse. **2.** Cumplido, muestra de cortesía. **3.** Perfección en el modo de obrar o de hacer alguna cosa.

cumplir v.tr. (lat. *complere,* llenar o completar). Ejecutar, llevar a cabo. **2.** Llegar a tener cierta edad o un número determinado de años o meses. ◆ v.intr. Hacer lo que se debe o corresponde: *cumplir con sus obligaciones.* **2.** Convenir, importar. **3.** Seguido de la prep. *con*, satisfacer una obligación o cortesía: *cumplir lo acordado.* ◆ v.intr. y prnl. Terminar o vencer un plazo: *el viernes cumple el plazo de inscripción.* ◇ **Por cumplir** Por cortesía.

cúmulo s.m. (lat. *cumulus*). Montón, multitud, acumulación. **2.** Concentración de estrellas pertenecientes a un mismo sistema galáctico. **3.** Concentración de galaxias en el espacio. **4.** Nube blanca de contornos definidos, cuya base es plana, mientras que la parte superior, en forma de cúpula, dibuja protuberancias redondeadas. ◇ **Cúmulo abierto** Cúmulo relativamente poco cerrado, que comprende solo algunos centenares de estrellas. **Cúmulo globular** Cúmulo muy concentrado, aproximadamente esférico, formado por varios cientos de miles de estrellas.

cumuloestrato s.m.pl. Estratocúmulo.

cumulonimbo s.m. Formación de nubes de grandes dimensiones, de gran desarrollo vertical y aspecto oscuro, que, muy a menudo, anuncia tormenta.

cumulovolcán s.m. Volcán cuya lava, ácida y viscosa, se solidifica y obstruye la chimenea.

1. **cuna** s.f. (lat. *cunam*). Cama especial para bebés o niños pequeños, generalmente provista de barandillas. **2.** *Fig.* Lugar de nacimiento de una persona o cosa. **3.** *Fig.* Estirpe, linaje. **4.** Origen o principio.

2. **cuna,** pueblo amerindio de la familia chibcha que habita en el istmo de Panamá. Los cuna se dedican a la agricultura, la pesca y la manufactura (alfarería, cestería, tejidos, talla de madera).

cuncuna s.f. Chile. Oruga. **2.** Colomb. Paloma silvestre.

cundir v.intr. Dar mucho de sí o producir mucho provecho algo. **2.** Propagarse algo inmaterial: *cundir el pánico, un rumor.* **3.** Extenderse en todas direcciones un líquido, especialmente el aceite. **4.** Adelantar, progresar en cualquier trabajo: *cundir el estudio.*

cuneco, a s. Venez. Cumiche.

cuneiforme adj. De figura de cuña. **2.** Se dice de la escritura en forma de cuña, propia de la mayor parte de pueblos del antiguo oriente, inventada por los sumerios en el transcurso del IV milenio. ◆ adj. y s.m. Se dice de cada uno de los tres huesos del tarso que se articulan con el escafoide y los metatarsianos.

cunero, a adj. y s. Expósito.

cuneta s.f. (ital. *cunetta,* charco y zanja en los fosos de fortificaciones). Zanja existente en cada uno de los lados de una carretera o un camino, destinada a recoger las aguas de lluvia.

cunicultura s.f. Cría del conejo doméstico.

cunnilingus s.m. Excitación de los órganos genitales femeninos que se realiza con la boca.

cuña s.f. Pieza de madera o de metal terminada en ángulo diedro, muy agudo, que sirve para hender cuerpos sólidos, para ajustar uno con otro, etc. **2.** *Fig.* Influencia o medio que se emplea para lograr algún fin. **3.** En los medios audiovisuales, breve espacio publicitario que se emite en medio de un programa. **4.** Noticia breve que se incluye en texto escrito para ajustar mejor la compaginación. **5.** Nombre de tres huesos del tarso. **6.** Movimiento de los esquís, en el que estos quedan dispuestos en forma de V, con las espátulas juntas. **7.** Amér. Influencia, enchufe. **8.** MAT. Parte de un cuerpo de revolución comprendida entre dos planos que pasan por el eje del cuerpo: *cuña esférica.* ◇ **Cuña esférica** Parte de la esfera comprendida entre los planos de dos semicírculos máximos. **Meter cuña** Encizañar.

cuñado, a s. Hermano o hermana de un cónyuge o cónyuge de un hermano o hermana. SIN.: *hermano político.*

cuño s.m. (lat. *cuneus,* cuña). Troquel para sellar monedas, medallas y otros objetos análogos. **2.** Dibujo que deja este sello. ◇ **De nuevo cuño** Que ha aparecido recientemente.

cuota s.f. (der. culto del lat. *quota pars*). Parte o porción fija o proporcional. **2.** Cantidad de dinero que pagan cada uno de los miembros de una sociedad, asociación, etc. ◇ **Cuota de pantalla** ESTADÍST. Porcentaje de audiencia que atiende en un momento dado a un determinado programa televisivo. **Muestreo por cuota** ESTADÍST. Modelo reducido de una población que permite la designación de un muestreo representativo.

cuotidiano, a adj. → **cotidiano.**

cupé s.m. (fr. *coupé*). Automóvil de dos o cuatro plazas, con dos puertas y techo fijo. **2.** Vehículo tirado por caballos, cerrado y de cuatro ruedas, que generalmente era de dos plazas. **3.** Parte anterior de una diligencia.

cuperosis s.f. MED. Coloración roja de la cara, debida a una dilatación de los vasos capilares.

cupilca s.f. Chile. Mazamorra suelta que se prepara con una mezcla de harina tostada de trigo y vino agrio o chicha de uvas o manzanas.

cuplé s.m. (fr. *couplet*). Canción de carácter ligero y de melodía fácil, que se popularizó, sobre todo, desde principios del s. XX hasta el período de entreguerras.

cupletista s.f. Artista que canta cuplés.

cupo s.m. Cuota, parte proporcional que corresponde a un pueblo o a un particular en un impuesto, empréstito o servicio. **2.** Colomb., Méx. y Pan. Cabida. **3.** Colomb., Méx. y Pan. Plaza en un vehículo.

cupón s.m. Cualquier porción de papel que forma con otras iguales un conjunto, y puede separarse para hacer uso de ella. **2.** Cada una de las partes de una acción o una obligación que periódicamente se van cortando para presentarlas al cobro de los intereses vencidos. ◇ **Cupón de respuesta internacional** Cupón que se adjunta a una carta dirigida al extranjero y que permite obtener, en el país de destino, sellos de correos por el valor del franqueo ordinario.

cupresáceo, a adj. y s.f. Relativo a una familia de coníferas resinosas, a la que pertenecen el enebro y algunas variedades de ciprés.

cupresino, a adj. *Poét.* Relativo al ciprés.

cúprico, a adj. (del lat. *cuprum,* cobre). Relativo al cobre o que lo contiene. **2.** Se dice de los compuestos de cobre divalente.

cuproaleación s.f. Aleación rica en cobre, como el latón o el bronce.

cuproaluminio s.m. Aleación de cobre y aluminio, llamada impropiamente *bronce de aluminio.*

cuproamoniacal adj. **Licor cuproamoniacal** Solución amoniacal de óxido de cobre, que disuelve la celulosa.

cuproníquel s.m. Aleación de cobre y de níquel.

cuproplomo s.m. Aleación de cobre y plomo, utilizada como aleación antifricción.

cuproso, a adj. Se dice de los compuestos de cobre univalente.

cúpula s.f. (ital. *cùpola,* dim. del lat. *cupa,* cuba). Bóveda semiesférica, semielíptica o en forma de segmento esférico, que en ciertos edificios cubre una planta circular o poligonal. **2.** ANAT. Nombre que se da a la parte más alta de ciertos órganos. **3.** BOT. Órgano que sostiene o envuelve las bases de los frutos de las fagáceas.

cupulífero, a adj. y s.f. Relativo a un antiguo grupo de plantas, generalmente arborescentes, cuyos frutos reposan en una cúpula.

cuquería s.f. Cualidad de cuco. **2.** Picardía, astucia.

cuquillo s.m. ORNITOL. Cuco.

1. **cura** s.m. Sacerdote católico.

2. **cura** s.f. (lat. *cura,* cuidado). Curación. **2.** Conjunto de tratamientos a que se somete a un enfermo o herido. (Se dice también de la aplicación de ciertos productos y apósitos sobre una determinada lesión.) **3.** Chile. Borrachera. ◇ **No tener cura** *Fam.* Ser incorregible.

curaca s.m. En el imperio incaico, jefe o gobernador de un ayllu.

curaçao s.m. → **curasao.**

curación s.f. Acción y efecto de curar o curarse.

curadera s.f. Chile. Cura, borrachera.

curado, a adj. y s. Chile. Ebrio, borracho. ◆ s.m. Acción y efecto de curar, secar o preparar algo para su conservación.

curador, ra s. DER. Persona elegida o nombrada para cuidar de los bienes o negocios del menor, del ausente o de algunos incapacitados.

curagua s.f. Amér. Merid. Maíz de grano duro y hojas dentadas. (Familia gramíneas.)

curalotodo s.m. *Fam.* Remedio aplicable a muchas cosas.

curandero, a s. Persona que, sin tener estudios de medicina, se dedica a curar aplicando procedimientos sin base científica.

curanto s.m. Chile. Guiso de mariscos, carnes y legumbres que se cuecen en un hoyo tapado con piedras calientes.

curar v.intr. y prnl. (lat. *curare,* cuidar). Sanar, recobrar la salud. **2.** Chile. Embriagarse, emborracharse. ◆ v.tr. Sanar, poner bien a una persona o animal, a un organismo o a una parte de él que están enfermos. **2.** Secar o preparar convenientemente una cosa para su conservación, especialmente las carnes y pescados por medio de la sal, el humo, etc. **3.** Curtir o preparar la piel de un animal para fabricar objetos con ella. ◆ v.tr. y prnl. Aplicar los remedios necesarios para que un enfermo recobre la salud. **2.** Extinguir una pasión.

curare s.m. Veneno vegetal, de acción paralizadora, con el cual los indios del Amazonas, del Orinoco y de las selvas de las Guayanas embadurnan sus flechas. (Se emplea también en medicina como antitetánico y relajante muscular.)

curasao o **curaçao** s.m. (de *Curaçao,* isla de las Antillas Neerlandesas). Licor fabricado con cáscaras de naranjas, azúcar y aguardiente.

curatela s.f. DER. Institución cuasi familiar que somete los bienes de los incapaces a guarda y protección.

curativo, a adj. Que sirve para curar.

curato s.m. Cargo espiritual del cura. **2.** Territorio que está bajo su jurisdicción.

curbaril s.m. Árbol que crece en América tropical. (Familia cesalpiniáceas.)

curco, a adj. y s. Chile, Ecuad. y Perú. Jorobado.

curculiónido, a adj. y s.m. Relativo a una familia de coleópteros que comprende las formas conocidas como gorgojos.

cúrcuma s.f. (ár. *kúrkum*). Planta herbácea que crece en Asia oriental, de cuyo rizoma se extrae un producto empleado como colorante y como especia. (Familia cingiberáceas.)

curcuncho, a adj. y s. Amér. Merid. Jorobado.

curda adj. y s.m. y f. Esp. Borracho. ◆ s.f. Esp. Borrachera.

curdo, a adj. y s. → **kurdo.**

cureoa s.f. Armazón de madera o de metal que sirve de soporte y de vehículo de transporte al cañón de artillería.

curí s.m. Árbol que da una piña grande, con piñones como castañas que se comen cocidos; es originario de América Meridional. (Familia araucariáceas.)

curia s.f. (voz latina, *local del Senado y otras asambleas*). En Roma, subdivisión de la tribu. (Había 10 curias por tribu.) **2.** Lugar donde se reunía el senado romano. **3.** Este mismo senado. **4.** Organismo administrativo, judicial y de gobierno de la Santa Sede *(curia romana)* o de las diócesis católicas *(curia diocesana).* **5.** Conjunto de abogados, procuradores y empleados en la administración de justicia. **6.** Tribunal donde se tratan los negocios contenciosos, especialmente los canónicos. ◇ **Curia regis** Órgano fundamental del gobierno monárquico en la edad media.

curial adj. Relativo a la curia. ◆ s.m. Empleado subalterno de los tribunales de justicia.

curiara s.f. Embarcación de vela y remo más ligera y larga que la canoa, que usan los indios de la América Meridional.

curiche s.m. Bol. Cenagal que queda en una zona llana después de una crecida. **2.** Chile. Persona muy morena o negra.

curie s.m. (de Pierre y Marie *Curie,* físicos). Antigua unidad de medida de radiactividad (símb. Ci) equivalente a la actividad de una cantidad de núcleos radiactivos cuyo número de transiciones nucleares espontáneas por segundo es de $3,7 \times 10^{10}$.

curieterapia s.f. Tratamiento por radiación radiactiva.

curio s.m. Elemento químico (Cm), radiactivo, de número atómico 96, descubierto en 1944 por G. Seaborg al bombardear el plutonio 239 con núcleos de helio.

curiosear v.intr. y tr. Fisgonear, husmear, intentar enterarse de algo que no le incumbe.

curiosidad s.f. Deseo de saber y averiguar algo. **2.** Cosa o circunstancia curiosa, rara, extraña. **3.** Aseo, limpieza. **4.** Esmero y cuidado en lo que se hace.

curioso, a adj. y s. (lat. *curiosus*). Que tiene curiosidad. ◆ adj. Que llama la atención o despierta la curiosidad. **2.** Limpio, aseado, ordenado. **3.** Que hace su trabajo con mucho cuidado. ◆ s. Curandero.

curiquingue s.m. Ave falconiforme de pico y patas fuertes, que constituía el ave sagrada de los incas. (Familia falcónidos.)

curita s.f. Tira adhesiva por una cara, en cuyo centro tiene un apósito esterilizado que se coloca sobre heridas pequeñas para protegerlas. SIN.: *tirita.*

curling s.m. (voz inglesa). Deporte de invierno practicado sobre hielo, con una piedra pulida, en forma de disco, que se hace deslizar hacia una meta.

curos s.m. → **kuros.**

currante s.m. y f. Esp. *Fam.* Trabajador.

currar v.tr. Esp. *Fam.* Trabajar.

curricán s.m. (port. *corricão*). Aparejo de pesca de un solo anzuelo.

currículo s.m. Currículum vítae. **2.** Plan de estudios. **3.** Conjunto de estudios y prácticas destinadas a que el alumno pueda ampliar lo que ha aprendido. **4.** Método de organización de las actividades educativas y de aprendizaje elaborado en función de los contenidos, de los métodos y de las técnicas didácticas.

currículum vítae s.m. (lat. *curriculum vitae,* carrera de la vida). Conjunto de datos relativos al estado civil, los estudios y las aptitudes profesionales de una persona. (También *currículum* o *currículo.*)

1. **curro** s.m. Esp. *Fam.* Trabajo.

2. **curro, a** adj. *Fam.* Majo, afectado en los movimientos o en el vestir.

curruca s.f. Ave paseriforme insectívora de unos 15 cm de long., de plumaje pardo en la región dorsal y blanco en la ventral, de canto agradable. (Familia sílvidos.)

currutaco, a adj. y s. (de *curro* y *retaco*, rechoncho). *Fam.* Muy afectado en el uso de las modas. **2.** Pequeño y bastante grueso.

curry s.m. (voz inglesa). Mezcla de especias, principalmente jengibre, clavo, azafrán y cilantro: *arroz, pollo al curry.*

cursar v.tr. Estar estudiando cierta materia en un centro dedicado a este fin. **2.** Hacer que algo siga una tramitación o proceso.

cursi adj. y s.m. y f. Se dice de la persona que intenta ser fina y elegante pero resulta afectada y ridícula. ◆ adj. *Fam.* Se dice de algo que pretende ser fino y elegante pero resulta ridículo y de mal gusto.

cursilería s.f. Cosa cursi. SIN.: *cursilada.* **2.** Cualidad de cursi.

cursillo s.m. Curso de poca duración. **2.** Breve serie de conferencias acerca de una materia.

cursivo, a adj. y s.f. Se dice de la letra de imprenta que se caracteriza por su inclinación y por parecerse a la escritura a mano.

curso s.m. Movimiento del agua u otro líquido trasladándose en masa continua por un cauce. **2.** Serie de estados por los que pasa una acción, un asunto, un proceso cualquiera. **3.** Movimiento continuo en el tiempo, encadenamiento: *el curso de los años.* **4.** Período de tiempo destinado a la explicación de lecciones, prácticas o seminarios en las escuelas y universidades, o a la celebración de sesiones en academias o corporaciones parecidas. **5.** Conjunto orgánico de enseñanzas expuestas en un período de tiempo. **6.** Conjunto de estudiantes que pertenecen o han pertenecido al mismo grado de estudios. **7.** Circulación, difusión entre la gente: *moneda de curso legal.* **8.** Evolución de una enfermedad. **9.** Movimiento real o aparente de los astros: *el curso del sol.* **10.** Explicación orgánica de una disciplina. ◇ **Dar curso** Remitir, tramitar; soltar, dar rienda suelta. **En curso** Actual.

cursor s.m. Pieza pequeña que se desliza a lo largo de otra mayor en algunos aparatos. **2.** ASTRON. Hilo móvil que atraviesa el campo de un micrómetro y que sirve para medir el diámetro aparente de un astro. **3.** INFORMÁT. Marca intermitente, visible en una pantalla, que indica la posición en la que puede realizarse una acción de escritura, como añadido, borrado, inserción o sustitución de caracteres.

cursus honórum s.m. (lat. *cursus honorum*, sucesión de honores). Orden en el que debía efectuarse forzosamente la carrera política en Roma y las condiciones exigidas para ocupar las magistraturas.

curtido, a adj. Avezado, baqueteado, experimentado. **2.** Méx. Sonrojado, avergonzado. ◆ s.m. Acción y efecto de curtir las pieles. ◆ **curtidos** s.m.pl. Amér. Encurtidos.

curtiduría s.f. Establecimiento donde se curten y trabajan las pieles. SIN.: *tenería.*

curtiembre s.m. Amér. Taller donde se curten y trabajan las pieles, curtiduría, tenería.

curtiente adj. y s.m. Que sirve o es propio para curtir pieles: *licores curtientes.*

curtir v.tr. Someter la piel de los animales a una preparación y tratamiento adecuados para transformarla en cuero. **2.** Amér. Castigar azotando. ◆ v.tr. y prnl. *Fig.* Endurecer o tostar el cutis el sol o el aire. **2.** Acostumbrar a una persona a situaciones difíciles para que adquiera madurez y resistencia.

curú s.m. Perú. Larva de la polilla.

curucú s.m. Amér. Quetzal.

curucutear v.intr. Colomb. y Venez. Cambiar de sitio los trastos.

curul adj. (lat. *curulis*). Se decía de una silla de marfil reservada a ciertos magistrados romanos, y de las magistraturas de las que dicha silla constituía el símbolo.

cururasca s.f. Perú. Ovillo de hilo.

cururo, a adj. Chile. Que es de color negro. ◆ s.m. Chile. Especie de rata campestre, de color negro y muy dañina.

curva s.f. Línea curva. **2.** En una carretera, camino, línea férrea, etc., tramo que se aparta de la dirección recta y toma forma curva. **3.** Gráfica que representa las variaciones de un fenómeno: *curva de temperatura.* **4.** MAT. Lugar geométrico de las posiciones sucesivas de un punto que se mueve de acuerdo con una ley determinada.

curvar v.tr. y prnl. Dar forma curva a algo.

curvatura s.f. Desvío de la dirección recta. ◇ **Radio de curvatura en un punto** MAT. Radio del círculo osculador en dicho punto.

curvilíneo, a adj. Formado por curvas.

curvímetro s.m. Instrumento que sirve para medir la longitud de las líneas curvas.

curvo, a adj. (lat. *curvus*). Que constantemente se aparta de la dirección recta, sin formar ángulos: *línea curva.*

cusca s.f. Colomb. Borrachera. **2.** Colomb. Colilla de cigarro. **3.** Méx. *Vulg.* Prostituta. ◇ **Hacer la cusca** Molestar, importunar o perjudicar a alguien.

cuscús s.m. (ár. *kuskus*). Especialidad culinaria del N de África, preparada con sémola de trigo cocida al vapor, carne, legumbres, verduras y salsas. **2.** Sémola con que se elabora. SIN.: *alcuzcuz, cuzcuz.*

cuscuta s.f. (bajo lat. *cuscuta*). Planta sin hojas, raíces ni clorofila, parásita de los cereales y otras plantas, a los que rodea con sus tallos ramificados, provistos de haustorios.

Cushing. Síndrome de Cushing Conjunto de alteraciones observadas principalmente en la mujer joven, debidas a un exceso de secreción de las hormonas corticosuprarrenales y relacionadas con un tumor en la corteza surprarrenal o con un adenoma de la hipófisis.

cusma s.f. Perú. Camisa usada por los indígenas de las serranías.

cuspe s.m. Mamífero roedor que vive en la vertiente del Pacífico de América del Sur. (Familia dasipróctidos.)

cúspide s.f. (lat. *cuspis, -idis*, punta u objeto puntiagudo). Cumbre puntiaguda de los montes. **2.** Remate superior y en punta de una cosa. **3.** Punto o momento culminante de algo: *la cúspide de la fama, del poder.* **4.** BOT. Punta afilada y alargada. **5.** GEOMETR. Punto donde concurren los vértices de todos los triángulos que forman las caras de la pirámide o de las generatrices del cono.

custodia s.f. (lat. *custodia*, de *custos, -odis*, guardián). Acción de custodiar. **2.** Persona o escolta que custodia a un preso. **3.** Pieza de oro, plata, etc., en que se expone la eucaristía,para la veneración de los fieles. **4.** Chile. Consigna de una estación o aeropuerto, donde los viajeros depositan temporalmente sus equipajes y paquetes.

custodiar v.tr. Guardar, vigilar.

custodio adj. y s.m. Que custodia: *ángel custodio.*

cusuco s.m. Amér. Central. Armadillo. **2.** Salv. Lío, dificultad.

cususa s.f. Amér. Central. Aguardiente de caña.

cutacha s.f. Amér. Central. Machete pequeño.

cutama s.f. Chile. Costal, talego. **2.** Chile. *Fig.* Persona torpe y pesada.

cutáneo, a adj. Relativo a la piel. **2.** Se dice de diversos músculos que tienen por lo menos una de sus inserciones en la piel.

cutara s.f. Cuba. y Méx. Chancleta. **2.** Hond. Zapato alto hasta la caña de la pierna.

cutback s.m. Betún asfáltico fluidificado por un disolvente que se evapora una vez aplicado aquel.

1. **cúter** s.m. (ingl. *cutter*). Pequeña embarcación de vela con un solo mástil.

2. **cúter** o **cutter** s.m. (ingl. *cutter*, cortador, de *cut*, cortar). Instrumento para cortar papel, cartón, etc., compuesto de un mango en cuyo interior hay una cuchilla dividida en varios trozos, que se eliminan cuando han perdido el filo.

cutí s.m. (fr. *coutil,* del lat. *culcita,* colchón). Tejido cruzado y muy ceñido, de hilo o algodón, utilizado para confeccionar la tela de colchones, de ropa de trabajo, etc.

cutícula s.f. Película o piel delgada. **2.** ANAT. **a.** Epidermis o capa más externa de la piel. **b.** Cualquier membrana muy fina que recubra una estructura: *cutícula dental.* **3.** BOT. Película superficial de los tallos jóvenes y de las hojas, que contiene cutina. **4.** ZOOL. Zona superficial del tegumento de los artrópodos (insectos, crustáceos), que contiene quitina.

cutina s.f. Sustancia impermeable contenida en la cutícula de los vegetales.

cutirreacción s.f. Test destinado a detectar diversas enfermedades, como tuberculosis y alergias, que consiste en depositar sobre la piel escarificada ciertas sustancias (tuberculina, alérgenos, etc.), que producen o no una reacción visible.

cutis s.m. (lat. *cutis,* piel o pellejo). Piel de una persona, especialmente la del rostro.

cutre adj. Tacaño, mezquino. **2.** *Por ext.* Miserable, sucio o de mala calidad: *un hotel cutre.*

cutter s.m. (voz inglesa, *cortador,* de *cut,* cortar). → **2. cúter.**

cutuco s.m. Salv. Calabaza. **2.** Salv. Fruto de esta planta.

cuy s.m. Amér. Merid. Cobaya.

cuyano, a adj. y s. De Cuyo (Argentina).

cuyo, a pron.relat.poses. (lat. *cuius*). Forma equivalente al pronombre *que* en función adjetiva: *el amigo a cuya casa me dirijo; la mujer de cuyos padres me hablaste.*

cyan s.m. y adj. Color azul verdoso. ◆ adj. Que es de este color.

czarda s.f. Baile popular húngaro.

d

d s.f. Quinta letra del alfabeto español, y cuarta de sus consonantes. (Representa un sonido dental sonoro, oclusivo en posición inicial absoluta o tras *l* o *n*, y fricativo en las demás posiciones.) **2.** Abrev. de *don.* <> **D** Cifra romana que vale *quinientos*; MÚS. en la notación inglesa y alemana, nota *re.* **Día D** Fecha prefijada para llevar a cabo una acción militar: *el día D a la hora H.*

dable adj. Posible: *es dable que venga hoy.*

daca. Toma y daca → tomar.

da capo loc.adv. (voces italianas, *desde el principio*). MÚS. Volviendo a repetir la obra ejecutada desde el principio.

dacha s.f. Casa de campo rusa, en las afueras de una gran ciudad.

dacio, a adj. y s. De Dacia.

dación s.f. (del lat. *datio, -onis*). DER. Acción y efecto de dar. <> **Dación en pago** DER. Pago de una deuda en que el deudor, de acuerdo con el acreedor, transmite la propiedad de una cosa diferente de la debida.

dacriadenitis s.f. Inflamación de la glándula lacrimal.

dacriocistitis s.f. Inflamación del saco lacrimal situado en el ángulo interior del ojo.

dactilar adj. (del gr. *dáktylos*). Digital: *huellas dactilares.*

dactílico, a adj. y s.m. MÉTRIC. Se dice de un metro o de un verso en el que domina el dáctilo.

dáctilo s.m. MÉTRIC. Pie o cláusula rítmica de la poesía grecolatina compuesto por una sílaba larga y seguida de dos breves.

dactilografía s.f. Mecanografía. **2.** Estudio de las huellas dactilares.

dactilografiar v.tr. [conj.: *desviar*]. Mecanografiar.

dactilógrafo, a s. Mecanógrafo. ◆ s.m. Instrumento de teclado que sirve para hacer percibir por el tacto los signos de las palabras, a los sordomudos ciegos. **2.** Nombre antiguo de la máquina de escribir.

dactilología s.f. Técnica de comunicarse con los dedos o con el abecedario manual, utilizada especialmente por los sordomudos.

dactiloscopia s.f. Procedimiento de identificación de personas por medio de las huellas digitales.

dadá s.m. y adj. (fr. *dada*, voz infantil que designa el caballo). Movimiento artístico y literario fundado en 1916, que se basaba en el absurdo, en la liberación de la fantasía y ponía en tela de juicio todos los modos de expresión tradicionales.

dadá

Los orígenes del movimiento dadá deben atribuirse a dos grupos diferentes: un cenáculo de escritores refugiados en Suiza durante la primera guerra mundial (Tristan Tzara, Hans Arp, etc.), que procedieron a la «invención» del nombre que debía agruparlos; y un grupo de Nueva York (Marcel Duchamp, Francis Picabia y Man Ray), que adoptaba actitudes iconoclastas muy semejantes a las del grupo de Zurich. La unión de ambas tendencias se produjo en Lausana en 1918, y el movimiento se extendió (Ernst, Breton) hasta que, a partir de 1920, la mayoría de dadaístas evolucionaron hacia la acción revolucionaria o hacia el surrealismo.

dadaísmo s.m. Movimiento dadá.

dadaísta adj. y s.m. y f. Relativo al dadaísmo; adscrito a este movimiento.

dádiva s.f. (bajo lat. *dativa*, pl. de *dativum*, donativo). Cosa que se da voluntaria o desinteresadamente.

dadivoso, a adj. y s. Propenso a hacer dádivas.

1. dado s.m. Pieza cúbica que en cada una de las caras tiene señalados puntos, desde uno hasta seis, o figuras, y que se utiliza en varios juegos de azar. **2.** Pieza cúbica de metal de una máquina, que sirve de apoyo a los ejes, tornillos, etc. **3.** ARQ. Neto.

2. dado, a adj. Que ha sido determinado o fijado. <> **Dado que** Siempre que, a condición que; puesto que. **Ser dado a** Sentir inclinación o tendencia hacia algo.

dador, ra adj. y s. Que da. ◆ s.m. Librador de una letra de cambio. **2.** Jugador que distribuye las cartas. **3.** Átomo, ion o molécula que cede electrones, en el transcurso de una reacción química.

daga s.f. Arma blanca de mano, de hoja ancha, corta y puntiaguda. **2.** Punta que corona una apófisis del hueso frontal de los cérvidos. **3.** Defensa del jabalí.

dagame s.m. Cuba. Árbol silvestre de tronco alto, copa pequeña de hojas menudas y flores blancas. (Familia rubiáceas.)

daguerrotipia s.f. Procedimiento fotográfico inventado por Daguerre (h. 1837), que consiste en fijar químicamente en una lámina de plata pura, dispuesta sobre un soporte de cobre, la imagen obtenida en la cámara oscura.

daguerrotipo s.m. (de J. *Daguerre*, su inventor, y el gr. *týpos*, golpe). Dispositivo que permite registrar una imagen sobre una placa yodada superficialmente. **2.** Imagen obtenida por daguerrotipia.

daguestano, a adj. y s. De Daguestán.

daiquiri s.m. Cóctel preparado con zumo de limón, ron y azúcar.

Dakin. Líquido de Dakin Solución diluida de hipoclorito de sodio y permanganato de potasa, empleada para desinfectar llagas.

dakota, pueblo de América del Norte de la familia lingüística siux, que habitaba en el curso alto del Mississippi y las grandes praderas del O norteamericano, y que desde 1862 vive en reservas.

dala s.f. (fr. *dale*). MAR. Canal de algunas embarcaciones, por donde se vierte al mar el agua que achica la bomba de desagüe.

dalai-lama o **talai-lama** s.m. (traducción mongola del tibetano *rgyal-tso*). Jefe espiritual del budismo tibetano, considerado como el representante del Avalokiteśvara.

dalia s.f. (de *Dahl,* botánico sueco). Planta herbácea de raíces tuberculosas y flores ornamentales del mismo nombre, de la que se cultivan numerosas variedades. (Familia compuestas.)

dalla s.f. Guadaña. SIN.: *dalle.*

dallar v.tr. Guadañar.

dálmata adj. y s.m. y f. De Dalmacia. ◆ adj. y s.m. Se dice del perro de una raza de pelaje corto y blanco con numerosas manchas negras o marrón oscuro. ◆ s.m. Lengua muerta que se habló en las costas de Dalmacia.

dalmática s.f. (del lat. tardío *dalmatica vestis,* túnica de los dálmatas). Vestidura litúrgica de mangas anchas que usan los diáconos y subdiáconos. **2.** Túnica blanca y púrpura de mangas largas que usaban los emperadores romanos. **3.** Prenda de vestir solemne que usaban los reyes en la edad media.

daltoniano, a adj. y s. Relativo al daltonismo; daltónico.

daltónico, a adj. Que padece daltonismo.

daltonismo s.m. (de *Dalton,* físico inglés). Defecto de la visión que afecta a la percepción de los colores, y produce normalmente la confusión entre el rojo y el verde.

dama s.f. (fr. *dame*). Mujer distinguida, de clase social elevada o de alta educación. **2.** Mujer cortejada o pretendida por un hombre. **3.** Actriz que interpreta un papel principal. **4.** En el juego de ajedrez y en la baraja francesa, reina. **5.** En el juego de damas, peón coronado que se puede desplazar en diagonal por todo el tablero. ◆ **damas** s.f.pl. Juego practicado entre dos personas con veinticuatro piezas que avanzan en diagonal sobre un tablero o damero de sesenta y cuatro escaques, si es a la española, o con cuarenta piezas sobre uno de cien escaques, si es a la polonesa. (También *juego de damas.*) ◇ **Dama de honor** Mujer que acompaña y sirve a una novia, a una princesa o a señoras principales en bodas, celebraciones, etc.; título que se da en concursos o ceremonias a las jóvenes que siguen en méritos a la más destacada. **Dama de noche** Planta de flores blancas muy olorosas durante la noche. (Familia solanáceas.)

damajagua s.m. Ecuad. Árbol de tronco grueso, con cuya corteza interior elaboran los indios vestidos y esteras de cama.

damajuana s.f. (del fr. *dame-jeanne,* señora Juana). Recipiente en forma de garrafa grande, de gres o de vidrio, revestido generalmente con una funda de mimbre, cuya capacidad oscila entre 20 y 50 l.

damalisco s.m. Antílope africano de lomo inclinado y coloración uniforme. (Familia bóvidos.)

damán s.m. Mamífero herbívoro ungulado parecido a la marmota, originario de África y de Asia Menor, que mide unos 50 cm.

damasana s.f. Amér. Damajuana.

damasceno, a adj. y s. De Damasco. SIN.: *damaceno, damasquino.*

damasco s.m. (de *Damasco,* c. de Siria). Tejido de seda o de lana de un solo color, con dibujos mates sobre fondo satinado, que se obtienen mezclando hilos de diferentes gruesos. ◇ **Acero de damasco** Acero muy fino.

damasquinar v.tr. Incrustar con un martillo hilos u hojas de oro, plata, cobre, etc., en los cortes previamente realizados en una superficie metálica.

damasquino, a adj. Damasceno. **2.** Se dice de la ropa u otra labor confeccionada con damasco.

damero s.m. Tablero de madera, dividido en sesenta y cuatro escaques o casillas, blancas y negras, alternativamente, sobre el cual se juega a las damas. **2.** Superficie dividida en cuadrados iguales. **3.** Pasatiempo parecido al crucigrama, en el que, a partir de unas definiciones, se completa un casillero donde se lee una frase.

damisela s.f. (fr. ant. *dameisele*). Muchacha con pretensiones de dama.

damnación s.f. Condenación.

damnificado, a adj. y s. Que ha sido dañado, especialmente cuando ha resultado afectado por un desastre de carácter colectivo: *los damnificados por un terremoto.*

damnificar v.tr. Causar daño, especialmente un desastre de carácter colectivo.

damper s.m. (voz inglesa). TECNOL. Amortiguador del extremo del cigüeñal de un motor para anular las vibraciones.

dan s.m. (voz japonesa, *clase, rango*). Grado de calificación de los judokas titulares del cinturón negro: *de primer, segundo dan.*

danakil → **afar.**

dancing s.m. (abrev. del ingl. *dancing house,* casa de baile) [pl. *dancings*]. Establecimiento público donde se baila.

dandi o **dandy** s.m. (ingl. *dandy*). Hombre de gran elegancia en su actitud y aspecto.

dandismo s.m. Moda indumentaria y estética, basada en el refinamiento de la elegancia continuamente renovada, asociada a cierto amaneramiento del carácter.

danés, sa adj. y s. De Dinamarca. SIN.: *dinamarqués.* ◆ s.m. Lengua germánica hablada en Dinamarca y Groenlandia. ◇ **Gran danés** Perro de una raza de pelo corto y de gran tamaño, originaria de Dinamarca.

dantelado, a adj. HERÁLD. Se dice del escudo dividido en triángulos isósceles de esmaltes alternados.

dantesco, a adj. Que inspira terror, especialmente cuando se trata de algo de grandes proporciones. **2.** Relativo al poeta Dante Alighieri.

danto s.m. Amér. Central. Pájaro de plumaje negro y azulado y pecho rojizo sin plumas.

danza s.f. Acción de danzar. **2.** Sucesión de posiciones y de pasos ejecutados al compás de un ritmo musical. ◇ **Danza de la muerte,** o **macabra** Tema iconográfico frecuente en la edad media, en el que aparecen gentes de toda edad y condición en una danza frenética, guiados por un esqueleto. **Danza moderna** Forma contemporánea adoptada por la danza tradicional, surgida del rechazo a aceptar las reglas de la danza académica, que se caracteriza por una mayor libertad de expresión y de movimientos. **En danza** En continua actividad, de un lado para otro.

danzante, a s. y adj. Persona que danza. **2.** *Fig.* y *fam.* Persona ligera de juicio o entrometida.

danzar v.intr. y tr. (fr. ant. *dancier*). Bailar, ejecutar una sucesión de pasos al compás de la música. ◆ v.intr. Ir o moverse de un lado para otro: *las hojas danzaban al viento.* **2.** *Fig.* y *fam.* Entrometerse en un asunto.

danzarín, na s. Persona que danza, especialmente cuando lo hace con destreza.

dañable adj. Dañino, perjudicial.

dañar v.tr. y prnl. Causar daño o perjuicio físico o moral: *el sol le daña la vista; dañar su reputación.* **2.** Deteriorarse o estropearse algo: *dañarse la cosecha.*

dañino, a adj. Que daña. SIN.: *dañoso.*

daño s.m. (lat. *damnum*). Efecto de dañar o dañarse. **2.** Amér. Maleficio, mal de ojo. ◆ **daños** s.m.pl. DER. Delito consistente en todo daño causado voluntariamente en la propiedad ajena, siempre que los hechos no queden comprendidos en otro precepto del código penal. ◇ **Daños y perjui-**

cios Valor de la pérdida que ha sufrido y de la ganancia que ha dejado de obtener una persona por culpa de otra.

dao s.m. → **tao.**

dar v.tr. (lat. *dare*). Ceder: *dar pan a los pobres.* **2.** Poner en manos o a disposición de otro: *dar un vaso de agua.* **3.** Proponer, indicar: *dar tema para un libro.* **4.** Conferir, conceder un empleo u oficio: *dar el título de marqués.* **5.** Conceder: *¿da usted su permiso?* **6.** Ordenar, aplicar: *dar las órdenes oportunas.* **7.** Ceder algo a cambio de otra cosa: *te lo doy por poco dinero.* **8.** Producir beneficio, rendir fruto: *esta tierra da mucho fruto.* **9.** Transmitir, mostrar: *dar una buena película.* **10.** Comunicar felicitaciones, pésames, etc.: *dar la enhorabuena.* **11.** Seguido de ciertos sustantivos, hacer, practicar o ejecutar la acción que estos significan: *dar un paseo, una bofetada.* **12.** Con palabras que expresan daño o dolor, ejecutar la acción significada por estas: *dar una puñalada.* **13.** Causar, ocasionar, provocar: *dar problemas; dar asco.* **14.** Importar, significar, valer: *¡qué más da!* **15.** Celebrar u ofrecer un baile, banquete, fiesta, etc.: *dar una recepción.* **16.** Accionar un dispositivo, generalmente para permitir el paso de la luz, el agua, etc. **17.** Explicar una lección, pronunciar una conferencia. **18.** Repartir los naipes: *dar las cartas.* ◆ v.tr. e intr. Sonar en el reloj las campanadas correspondientes a una hora determinada: *dar las seis.* **2.** Golpear, zurrar. ◆ v.intr. Sobrevenir, empezar a sentir: *le dio una embolia.* **2.** Seguido de las prep. *con, contra* y *en*, encontrar, acertar, chocar: *dar en el clavo.* **3.** Estar orientado o situado en determinada dirección o lugar: *la ventana da al jardín.* **4.** Seguido de la prep. *por*, empezar alguien a sentir mucha afición por algo: *le ha dado por la pesca.* ◆ v.intr. y prnl. Seguido de la prep. *por*, creer o considerar: *dar por bien empleado.* ◆ **darse** v.prnl. Suceder, existir, determinar: *se da la circunstancia de que...* **2.** Cesar, ceder la resistencia: *el suéter se ha dado bastante.* **3.** Seguido de la prep. *a* y de un nombre o un verbo en infinitivo, entregarse a algo con ahínco: *darse a la bebida.* ◇ **Dar de sí** Extenderse, ensancharse, especialmente las telas y pieles; producir, rendir. **Dar (en) qué pensar** Propiciar ocasión o motivo para sospechar. **Darse a conocer** Hacer saber alguien quién es; descubrir alguien su carácter y cualidades. **Dárselas de** *Fam.* Presumir: *dárselas de valiente.* **Dar tras** *Fam.* Perseguir a alguien, acosarlo con furia.

dar

INDICATIVO	SUBJUNTIVO
presente	**presente**
doy	*dé*
das	des
da	*dé*
damos	demos
dais	*deis*
dan	den
copretérito o pret. imperfecto	**pretérito o pret. imperfecto**
daba	*diera* o *diese*
dabas	*dieras* o *dieses*
daba	*diera* o *diese*
dábamos	*diéramos* o *diésemos*
dabais	*dierais* o *dieseis*
daban	*dieran* o *diesen*
pretérito o pret. perf. simple	**futuro o fut. simple**
di	*diere*
diste	*dieres*
dio	*diere*
dimos	*diéremos*
disteis	*diereis*
dieron	*dieren*
futuro o fut. simple	
daré	**IMPERATIVO**
darás	da (tú, vos)
dará	dé (él)
daremos	demos (nosotros)
daréis	dad (vosotros)
darán	den (ellos)
pospretérito o condicional simple	**FORMAS NO PERSONALES**
daría	
darías	**infinitivo** / **gerundio**
daría	dar / dando
daríamos	**participio**
daríais	dado
darían	

darbismo s.m. Doctrina religiosa de J. N. Darby (1800-1882), que rechaza toda organización eclesiástica. (Es un calvinismo estricto que se extendió por los países anglosajones.)

darbuka s.f. Instrumento musical de percusión de terracota, con un parche de piel tensado que se golpea con la mano, originario del Magreb y del Oriente medio.

dardanismo s.m. Destrucción voluntaria de la producción, que permite mantener los precios elevados.

dardo s.m. (fr. *dard*). Arma arrojadiza alargada y acabada en punta, especialmente la intermedia entre la flecha y la jabalina. **2.** *Fig.* Dicho agudo o satírico que se dirige contra alguien o algo. **3.** Aguijón venenoso de la abeja o el escorpión. **4.** AGRIC. Brote pequeño de un árbol frutal.

dares. Dares y tomares *Fam.* Cantidades dadas y recibidas; enfrentamientos y problemas entre dos o más personas.

darguinios → **darwa.**

dárico s.m. Moneda de oro persa acuñada por Darío I, que se empleó hasta la época helenística.

darmstadtio s.m. (de *Darmstadt*, c. de Alemania). Elemento químico (Ds), de número atómico 110, obtenido artificialmente por fusión nuclear.

dársena s.f. (ital. *dàrsena*). MAR. Parte más resguardada de un puerto.

dartros s.m. (fr. *dartre*). Lesión de la piel en forma de costras o exfoliaciones, producida por diversas enfermedades.

dartrosis s.f. Enfermedad de la papa, causada por la acción de un hongo.

darviniano, a o **darwiniano, a** adj. Relativo al darvinismo.

darvinismo o **darwinismo** s.m. (de C. *Darwin,* naturalista británico). Teoría biológica formulada por Charles Darwin en su obra *El origen de las especies*, según la cual la evolución de los seres vivos se produce por la lucha por la vida y la selección natural.

darvinista o **darwinista** adj. y s.m. y f. Darviniano; partidario del darvinismo.

darwa o **darguinios,** pueblo caucásico musulmán de Daguestán, islamizado a partir del s. XI.

dasocracia s.f. Parte de la dasonomía que estudia el régimen de explotación para los montes y bosques.

dasonomía s.f. (del gr. *dásos,* bosque espeso, y *nómos,* ley). Ciencia que estudia la conservación, cultivo y aprovechamiento de los montes y bosques.

DAT s.m. (sigla del inglés *digital audio tape*). Banda magnética que registra digitalmente el sonido. ◇ **Casete DAT** Casete de registro que utiliza este tipo de banda.

data s.f. Indicación de lugar y tiempo que aparece en un documento para fechar su escritura o ejecución. **2.** Fecha en que sucede o se hace algo. **3.** Partida o conjunto de partidas que componen el descargo de lo recibido en una cuenta.

datación s.f. Acción y efecto de datar o fechar. **2.** Fórmula de un documento que manifiesta la fecha en que ha sido extendido.

datar v.tr. Poner la data o determinarla si no se conoce. ◆ v.tr. y prnl. Anotar en las cuentas partidas de data, abonar o acreditar. ◆ v.intr. Existir desde una determinada época o fecha: *el manuscrito data del s. XVII.*

dataría s.f. Tribunal de la cancillería de la curia romana, suprimido en 1967.

dátil s.m. (lat. *datylus*). Fruto comestible del datilero o palmera datilera, en forma de elipse, de pulpa azucarada y nutritiva. **2.** *Fam.* Dedo de la mano. ◇ **Dátil de mar** Molusco comestible de forma y color parecidos a los del dátil, pero más alargado.

datilero, a adj. y s.m. Se dice de la palmera cuyo fruto, el dátil, está agrupado en grandes racimos y se cultiva en regiones cálidas y secas, pero irrigadas, como los oasis.

dativo, a adj. (lat. *dativus*). DER. Nombrado por un juez. ◆ s.m. y adj. Caso de las lenguas con declinaciones, que indica el destinatario o beneficiario de la acción del verbo y que cumple la función de complemento indirecto.

dato s.m. (lat. *datum,* p. de *dare*). Elemento que sirve de base a un razonamiento o a una investigación. **2.** Resultado de observaciones o de experiencias. **3.** Representación convencional de una información bajo la forma conveniente para su tratamiento por computadora. **4.** MAT. Cada una de las cantidades conocidas que son citadas en el enunciado de un problema y que constituyen la base para su resolución. ◇ **Análisis de datos** Procedimiento de elaboración de datos recogidos por la estadística destinado a facilitar la utilización de estos.

datura s.f. Planta herbácea muy tóxica, de flores tubulares. (Muchas especies exóticas se cultivan con fines medicinales u ornamentales; el estramonio proporciona la *daturina,* alcaloide narcótico y antiespasmódico; familia solanáceas.)

daudá s.f. Chile. Planta morácea que crece en América Meridional.

dayak, pueblo de Malaysia y Borneo, que habla una lengua malayo-polinesia.

dazibao s.m. (voz china). Periódico mural de China, escrito a mano, que se expone en espacios públicos.

DDT s.m. (sigla de *dicloro difenil tricloroetano*). Insecticida muy tóxico. (Se escribe también *dedeté.*)

1. **de** prep. (lat. *de*). Indica la materia de que está hecha una cosa: *mesa de madera.* **2.** Indica posesión o pertenencia: *el libro de Pedro.* **3.** Expresa la atribución del contenido al continente: *vaso de vino.* **4.** Expresa el asunto o tema de que se trata: *lección de historia.* **5.** Indica la naturaleza o condición de una persona o cosa: *caballo de carreras.* **6.** Indica el tiempo en que sucede una cosa: *trabajar de noche.* **7.** Indica el origen o procedencia: *venir de casa.* **8.** Denota la causa de algo: *morirse de miedo.* **9.** Expresa el modo de estar o de producirse algo: *estar de pie, derribar de un golpe.* **10.** Indica el destino o la finalidad: *máquina de afeitar.* **11.** Precediendo un infinitivo, expresa condición: *de saberlo, no habría venido.* **12.** En correlación con la prep. *a,* equivale a *desde*: *volé de Nueva York a Tokio.* **13.** En correlación con la prep. *en,* indica cambio de lugar o estado: *de mal en peor, de pueblo en pueblo.* **14.** Denota ilación: *de esto se sigue.* **15.** Interviene en numerosos modismos: *fuera de serie.* **16.** Acompañado de un adverbio, forma numerosas locuciones: *antes de, delante de, lejos de.*

2. **de** s.f. Nombre de la letra *d.*

dea s.f. *Poét.* Diosa.

deambular v.intr. (lat. *deambulare*). Andar o pasear sin un objetivo determinado.

deambulatorio s.m. Galería semicircular que rodea la capilla mayor de una iglesia.

deán s.m. Párroco católico de la parroquia más importante de la ciudad. ◇ **Deán de la catedral** Funcionario eclesiástico de la Iglesia anglicana cuyo puesto viene inmediatamente después del obispo. **Deán del cabildo** Presidente de este cuerpo.

deanato s.m. Dignidad y oficio de deán. SIN.: *deanazgo.* **2.** Territorio eclesiástico del deán. SIN.: *deanazgo.*

debacle s.f. Desastre, catástrofe, ruina.

debajo adv.l. En lugar o puesto inferior a otro que sirve de referencia: *debajo de la mesa; está debajo.* **2.** *Fig.* Con sumisión o subordinación a personas o cosas: *por debajo del director.*

debate s.m. Acción de debatir.

debatir v.tr. Discutir, tratar una cuestión personas con puntos de vista distintos: *debatir un problema, un proyecto.* ◆ **debatirse** v.prnl. *Galic.* Luchar para escapar o librarse de algo: *debatirse entre la vida y la muerte.*

debe s.m. Parte de una cuenta en la que se anotan las cantidades que ha de pagar una persona o entidad. (Suele escribirse con mayúscula.) ◇ **Debe y Haber** Pasivo y activo.

debelar v.tr. Vencer por la fuerza de las armas al enemigo.

1. **deber** v.tr. (lat. *debere*). Seguido de un infinitivo, expresa obligación de que se haga lo que ese infinitivo indica: *debo trabajar.* **2.** Tener obligación de cumplir o satisfacer una deuda: *deber una invitación.* **3.** Seguido de un infinitivo y generalmente con la prep. *de,* expresa suposición de que ha sucedido, sucede o sucederá algo: *debe de haber venido; deben de ser las tres.* ◆ **deberse** v.prnl. Sentirse obligado a mostrar obediencia, gratitud, respeto, etc.: *te debes a tu profesión.* **2.** Tener algo una causa, ser consecuencia de algo: *esta situación se debe a un error.*

2. **deber** s.m. Obligación que afecta a cada persona de actuar según los principios de la moral, la autoridad o su propia conciencia: *cumple con tu deber.* **2.** Deuda. **3.** Trabajo que un alumno debe realizar fuera de las horas de clase. (Suele usarse en plural.)

debido, a adj. Justo, razonable: *con el debido respeto.* ◇ **Como es debido** Como corresponde o es correcto: *portarse como es debido.* **Debido a** A causa de, en virtud de.

débil adj. y s.m. y f. (lat. *debilis*). Que no tiene suficiente fuerza física o moral: *estar muy débil; ser una persona débil.* ◆ adj. *Fig.* Escaso, insuficiente: *luz débil.* **2.** Se dice de un fonema cuando su lugar, en una palabra o en un grupo fonético, lo expone a alteraciones o cambios que lo hacen menos perceptible. **3.** QUÍM. Se dice del ácido, base o electrólito poco disociados. ◆ s.m. y f. **Débil mental** Persona que padece debilidad mental.

debilidad s.f. Estado de falta o escasez de fuerza física o moral. **2.** *Galic.* Gusto o preferencia exagerada por alguien o algo. ◇ **Debilidad mental** Insuficiencia del desarrollo intelectual que se define oficialmente por un coeficiente intelectual comprendido entre 50 y 80, pero que permite el aprendizaje de la lectura y la escritura.

debilitamiento s.f. Acción y efecto de debilitar o debilitarse. SIN.: *debilitación.*

debilitar v.tr. y prnl. Disminuir la resistencia o la fuerza física o moral.

debitar v.tr. Adeudar, cargar una cantidad en el debe de una cuenta.

débito s.m. Deuda. **2.** Conjunto de cantidades anotadas en el debe de la cuenta y que representan bienes o derechos poseídos por la empresa.

debla s.f. MÚS. Cante popular andaluz de cuatro versos.

debocar v.tr. e intr. Argent. Vomitar.

deboulé s.m. (fr. *déboulé*). COREOGR. Paso compuesto por dos medias vueltas seguidas, efectuadas girando rápidamente sobre medias puntas o puntas.

debut s.m. (fr. *début*) [pl. *debuts*]. Estreno, presentación de un artista o de un espectáculo, o comienzo de una actividad cualquiera.

debutante adj. y s.m. y f. Que debuta en una actividad.

debutar v.intr. Realizar un debut.

debye s.m. (de P. *Debye,* físico norteamericano). Unidad de momento dipolar eléctrico que sirve para evaluar el momento de las moléculas polares.

decabrista adj. y s.m. y f. → **decembrista.**

década s.f. Período de diez años: *la última década del s. XIX.* **2.** *Poét.* Período de diez días. **3.** *Poét.* Conjunto de diez elementos, especialmente de libros y capítulos: Las Décadas *de Tito Livio.*

decadencia s.f. Acción y efecto de decaer. **2.** Período en el que un estado, cultura, movimiento, etc., tienden a debilitarse y desintegrarse.

decadente adj. Que decae o refleja decadencia. **2.** Que gusta de lo pasado de moda estéticamente. **3.** Decadentista.

decadentismo s.m. Corriente literaria y estética de finales del s. XIX, caracterizada por el escepticismo de sus temas y la propensión a un refinamiento exagerado.

decadentista adj. y s.m. y f. Relativo al decadentismo; partidario del decadentismo.

decaedro s.m. Cuerpo geométrico de diez caras.

decaer v.intr. (lat. *decidere*) [conj.: *caer*]. Perder gradualmente fuerza o importancia, pasar a un estado o situación inferior: *su prestigio ha decaído.* **2.** Separarse una embarcación de su rumbo a causa del viento, la marejada o la corriente.

decagonal adj. Relativo al decágono. **2.** Que tiene diez lados.

decágono s.m. Figura geométrica de diez lados.

decagramo s.m. Medida de masa (símb. dag) que vale 10 gramos.

decaimiento s.m. Decadencia, acción y efecto de decaer. **2.** Flaqueza, debilidad.

decalaje s.m. *Galic.* Falta de correspondencia o concordancia entre dos cosas, dos personas, dos situaciones, etc.

decalcificación s.f. → **descalcificación.**

decalcificar v.tr. y prnl. → **descalcificar.**

decalitro s.m. Medida de capacidad (símb. dal o Dl) que vale 10 litros.

decálogo s.m. Conjunto de los diez mandamientos de la ley de Dios dados a Moisés en el monte Sinaí. **2.** *Fig.* Conjunto de reglas, preceptos, etc. que se consideran básicos para ejercer una actividad.

decalvar v.tr. Rapar la cabeza a una persona, generalmente como castigo por un delito.

decámetro s.m. Medida de longitud (símb. dam o Dm) que vale 10 m. **2.** Cadena o cinta de acero de 10 m para medir distancias en un terreno.

decanato s.m. Dignidad de decano. **2.** Período de tiempo en el que se ejerce esta dignidad. **3.** Despacho oficial del decano.

decano, a adj. y s. (lat. *decanus,* cabo de diez soldados). Se dice de la persona más antigua o de más edad de una comunidad, cuerpo, junta, etc. ◆ s. Persona que dirige una facultad universitaria o que preside determinadas corporaciones.

decantación s.f. Acción y efecto de decantar o decantarse.

decantador s.m. Aparato o instalación para efectuar la decantación de un líquido.

decantar v.tr. Inclinar suavemente un recipiente sobre otro para que caiga el líquido sin que salga el poso. **2.** Limpiar de impurezas un líquido haciendo que se depositen en el fondo del recipiente: *decantar un jarabe.* ◆ **decantarse** v.prnl. Inclinarse, tender o propender: *decantarse hacia otras ideas.*

decapado s.m. Acción de decapar.

decapar v.tr. Limpiar una superficie quitando la capa de impurezas que la recubre.

decapitación s.f. Acción de decapitar.

decapitar v.tr. Cortar la cabeza: *decapitar a un reo.* SIN.: *descabezar.*

decápodo, a adj. y s.m. Relativo a un orden de crustáceos superiores, generalmente marinos, que tienen ocho pares de grandes patas torácicas, cinco de las cuales son locomotoras, como por ejemplo el cangrejo de mar, el de río, el camarón, la langosta, etc.

decarboxilación s.f. Reacción enzimática que libera un grupo CO_2 a un radical carboxílico de un aminoácido.

decárea s.f. Medida de superficie (símb. daa o Da) que vale 10 áreas.

decasílabo, a adj. y s.m. Se dice del verso de diez sílabas.

decatlón o **decathlón** s.m. Competición masculina de atletismo que comprende 10 especialidades: carreras (100 m, 400 m, 1 500 m, 110 m vallas), pruebas de salto (altura, longitud, salto con pértiga) y de lanzamiento (peso, disco y jabalina).

decca s.m. (de *Decca,* empresa inglesa). Sistema de radionavegación marítima o aérea que permite señalar la posición mediante la recepción sincrónica de diferentes ondas puras.

deceleración s.f. Aceleración negativa o reducción de la velocidad de un móvil.

decelerar v.intr. Efectuar una deceleración.

decembrista o **decabrista** adj. y s.m. y f. Relativo a la conspiración contra Nicolás I que se organizó en San Petersburgo, en diciembre de 1825. **2.** Se dice de la persona que participó en esta conspiración.

decena s.f. Conjunto de diez unidades. **2.** Sucesión de diez días consecutivos.

decenal adj. Que se repite cada decenio: *fiesta decenal.* **2.** Que dura un decenio.

decencia s.f. Respeto exterior a las buenas costumbres o a las conveniencias sociales. **2.** *Fig.* Dignidad en la manera de actuar y expresarse. **3.** Respeto moral que impide avergonzar o herir la sensibilidad ajena.

decenio s.m. Período de diez años.

decentar v.tr. (de *encetar,* empezar, emprender) [conj.: *pensar*]. Empezar a cortar o gastar algo: *decentar un jamón.* **2.** *Fig.* Empezar a perder lo que se había conservado sano: *decentar la salud.* ◆ **decentarse** v.prnl. Producirse úlceras por posición horizontal prolongada.

decente adj. (lat. *decens, -ntis*). Que manifiesta o tiene decencia: *conducta decente.* **2.** Limpio, aseado, arreglado. **3.** De calidad o cantidad suficiente: *sueldo decente.*

decenvirato s.m. Dignidad de decenviro. **2.** Tiempo que duraba esta dignidad.

decenviro o **decenvir** s.m. Miembro de un colegio de diez magistrados en la antigua Roma, cuyas funciones variaron según las épocas.

decepción s.f. Sentimiento de pesar que se experimenta al ocurrir algo de modo distinto a como se esperaba o deseaba.

decepcionar v.tr. Causar decepción: *su actuación me decepcionó.*

deceso s.m. Muerte.

dechado s.m. (lat. *dictatum,* texto dictado). Ejemplo, modelo que puede imitarse: *ser un dechado de virtudes.*

decibelio o **decibel** s.m. Décima parte del *bel* (símb. dB), que sirve en acústica para definir una escala de intensidad sonora. (La voz media tiene una intensidad de 55 dB.)

decidibilidad s.f. LÓG. Propiedad de una fórmula decidible.

decidible adj. LÓG. Se dice de una fórmula que es demostrable o refutable en una teoría deductiva.

decidido, a adj. Que se comporta con decisión y audacia: *persona decidida.*

decidir v.tr. (lat. *decidere*). Formar juicio definitivo sobre un asunto, controversia, etc.: *decidió no opinar.* **2.** Hacer que alguien forme juicio definitivo sobre algo: *tus palabras me han decidido.* ◆ v.tr. y prnl. Resolver, tomar una resolución: *se decidió a salir.*

decidor, ra adj. y s. Que habla con gracia y soltura.

decigramo s.m. Décima parte del gramo (símb. dg).

decila s.f. ESTADÍST. Décima parte de un conjunto de datos clasificados en un orden determinado.

decilitro s.m. Décima parte del litro (símb. dl).

décima s.f. Cada una de las diez partes en que se divide un todo. **2.** Décima parte de un grado del termómetro clínico: *tener unas décimas de fiebre.* **3.** HIST. Diezmo. **4.** MÉTRIC.

Estrofa de diez versos octosílabos con rima consonante abba; ac; cddc. SIN.: *espinela.*

decimal adj. Se dice de cada una de las diez partes iguales en que se divide un todo. **2.** Que tiene por base el número diez. ◆ adj. y s.m. Se dice del número con que se representa una unidad entera más partes de la unidad, que se separan por una coma. ◇ **Logaritmo decimal** Logaritmo cuya base es diez. **Sistema decimal** Sistema de numeración de base diez.

decimalizar v.tr. Aplicar el sistema decimal a las magnitudes.

decímetro s.m. Décima parte del metro (símb. dm). ◇ **Doble decímetro** Regla de 2 dm de long., dividida en centímetros y milímetros.

décimo, a adj. y s.m. (lat. *decimus*). Se dice de cada una de las partes que resultan de dividir un todo en diez partes iguales. ◆ adj.num.ordin. y s. Que corresponde en orden al número diez. ◆ s.m. Boleto de lotería que vale la décima parte de un billete completo. **2.** Moneda de plata de Colombia, México y Ecuador.

decimoctavo, a adj.num.ordin. y s. Que corresponde en orden al número dieciocho.

decimocuarto, a adj.num.ordin. y s. Que corresponde en orden al número catorce.

decimonónico, a adj. Relativo al s. XIX. **2.** *Desp.* Anticuado: *ideas decimonónicas.*

decimonoveno, a o **decimonono, a** adj.num.ordin. y s. Que corresponde en orden al número diecinueve.

decimoquinto, a adj.num.ordin. y s. Que corresponde en orden al número quince.

decimoséptimo, a adj.num.ordin. y s. Que corresponde en orden al número diecisiete.

decimosexto, a adj.num.ordin. y s. Que corresponde en orden al número dieciséis.

decimotercero, a o **decimotercio, a** adj.num.ordin. y s. Que corresponde en orden al número trece.

1. **decir** v.tr. (lat. *dicere*). Expresar algo con palabras: *no tener nada que decir.* **2.** Asegurar, juzgar: *lo digo yo.* **3.** *Fam.* Llamar a alguien o algo de cierta manera: *le dicen Miguel.* **4.** *Fig.* Expresar, mostrar o dar a entender algo: *tu cara lo dice todo.* **5.** *Fig.* Contener un libro o escrito cierta información o doctrina: *en el letrero dice «No fumar».* **6.** Recitar, repetir de memoria o leyendo: *decir una poesía.* **7.** Armonizar una cosa con otra: *el pantalón no dice con ese calzado.* ◆ **decirse** v.prnl. Hablar consigo mismo, monologar interiormente: *me dije que no volvería.* ◇ **A decir verdad** En verdad. **Decir bien** Hablar en favor de alguien; explicarse con claridad y facilidad. **Decir entre,** o **para, sí** Razonar consigo mismo. **Decir misa** Celebrarla. **Decir por decir** Hablar sin fundamento. **Decir y hacer** Ejecutar algo inmediatamente y con rapidez. **¡Digo!** Expresión de sorpresa, asombro, etc. **El qué dirán** La opinión pública. **He dicho** Fórmula con que se indica que se ha terminado de hablar. **No decir nada algo a alguien** No importar a alguien, serle indiferente.

2. **decir** s.m. Dicho con que se expresa una persona: *parco en el decir.* **2.** Conjunto de habladurías: *el decir de las gentes.* **3.** Composición poética del s. XV de carácter didáctico, político y cortesano. ◇ **Ser un decir** Se usa para hacer una suposición o suavizar lo que se ha afirmado.

decisión s.f. Resolución adoptada en un caso de duda: *tomar una decisión.* **2.** Firmeza y valentía para realizar algo: *actuar con decisión.* **3.** Sentencia o fallo en cualquier pleito o causa. **4.** Parte dispositiva de una ley. ◇ **Teoría de la decisión** Teoría que, a partir de datos psicológicos, económicos, sociológicos, etc., intenta determinar el comportamiento óptimo en una situación determinada con ayuda de modelos matemáticos.

decisivo, a adj. Que decide o resuelve: *combate decisivo; argumento decisivo.*

decisorio, a adj. Relativo a la decisión: *poder decisorio.* **2.** Decisivo: *minoría decisoria.*

declamación s.f. Acción o arte de declamar.

declamar v.intr. y tr. (lat. *declamare*). Hablar o recitar en voz alta, con la entonación adecuada y los ademanes convenientes. ◆ v.intr. Hablar y expresarse con demasiada vehemencia. **2.** Hablar en público o ejercitarse para ello.

declamatoria s.f. Manera de perorar vehemente.

declamatorio, a adj. Se dice del estilo, lenguaje, etc., enfático y exagerado.

declaración s.f. Acción y efecto de declarar o declararse: *declaración de amor.* **2.** DER. **a.** Deposición que hace el testigo o perito en causas criminales o civiles bajo juramento, y la que hace el reo sin juramento. **b.** Acto por el que un estado define la actitud que va a adoptar ante un hecho determinado.

declarante s.m. y f. DER. Persona que declara ante un juez o tribunal.

declarar v.tr. (lat. *declarare*). Manifestar algo que está oculto, reservado o confuso: *declarar las intenciones.* **2.** DER. **a.** Manifestar a la administración la naturaleza y cantidad de una materia imponible. **b.** Dar a conocer la cantidad y naturaleza de una mercancía u objeto para devengar los derechos a los que está sometido su tráfico: *declarar las joyas en la aduana.* **c.** Manifestar los juzgadores su decisión. ◆ v.tr. y

decir

INDICATIVO	SUBJUNTIVO
presente	**presente**
digo	*diga*
dices (decís)	*digas*
dice	*diga*
decimos	*digamos*
decís	*digáis*
dicen	*digan*
copretérito o **pret. imperfecto**	**pretérito** o **pret. imperfecto**
decía	*dijera* o *dijese*
decías	*dijeras* o *dijeses*
decía	*dijera* o *dijese*
decíamos	*dijéramos* o *dijésemos*
decíais	*dijerais* o *dijeseis*
decían	*dijeran* o *dijesen*
pretérito o **pret. perf. simple**	**futuro** o **fut. simple**
dije	*dijere*
dijiste	*dijeres*
dijo	*dijere*
dijimos	*dijéremos*
dijisteis	*dijereis*
dijeron	*dijeren*

INDICATIVO	IMPERATIVO	
futuro o **fut. simple**		
diré		
dirás	*di* (decí)	(tú, vos)
dirá	*diga*	(él)
diremos	*digamos*	(nosotros)
diréis	decid	(vosotros)
dirán	*digan*	(ellos)
pospretérito o **condicional simple**	**FORMAS NO PERSONALES**	
diría	**infinitivo**	**gerundio**
dirías	decir	diciendo
diría	**participio**	
diríamos	dicho	
diríais		
dirían		

prnl. Dar a conocer, confesar o explicar algo no manifiesto, etc. **2.** Adoptar una actitud ante un hecho determinado. ◆ v.tr. e intr. DER. Manifestar un testigo o el reo ante el juez lo que saben acerca de lo que se les pregunta o expone. ◆ **declararse** v.prnl. Aparecer, manifestarse o producirse abiertamente algo: *declararse una enfermedad.* **2.** Decir a alguien que se está enamorado de él. **3.** MAR. Fijarse el viento en dirección, carácter e intensidad.

declaratorio, a adj. DER. Que declara jurídicamente.

declinación s.f. Pendiente, inclinación del terreno. **2.** *Fig.* Declive, decadencia. **3.** ASTRON. Distancia angular de un astro o de un punto cualquiera del cielo al ecuador celeste, que se mide sobre un arco de círculo máximo perpendicular al ecuador. **4.** LING. Sistema de formas o casos que toman los nombres, los adjetivos, los pronombres y los artículos de las lenguas flexivas para indicar su función sintáctica. ◇ **Declinación magnética** Ángulo formado por el meridiano magnético, indicado por la aguja imantada, y el meridiano geográfico en un punto de la superficie del globo terrestre.

declinar v.intr. (lat. *declinare*). Decaer, disminuir, aproximarse al fin: *las fuerzas declinan con la edad.* **2.** Alejarse un astro del ecuador celeste. **3.** *Fig.* Ir cambiando de naturaleza o de costumbre hasta llegar al extremo contrario. ◆ v.tr. Rehusar, renunciar: *declinar toda responsabilidad.* **2.** LING. Poner palabras en los casos gramaticales que les corresponde.

declinatoria s.f. DER. Acto por el que un litigante rechaza o impugna la competencia de un tribunal.

declinatorio s.m. Instrumento con una aguja imantada para medir la declinación de un terreno, utilizado en topografía.

declive s.m. (del lat. *declivis,* que forma cuesta). Inclinación del terreno u otra superficie: *tejado en declive.* **2.** *Fig.* Decadencia: *el declive del Imperio romano.*

decocción s.f. Acción de sumergir un cuerpo en un líquido en ebullición. **2.** Producto obtenido con esta operación.

decodificación s.f. → **descodificación.**

decodificador s.m. → **descodificador.**

decodificar v.tr. → **descodificar.**

decollage s.m. (fr. *décollage,* despegadura). Proceso de transformación de materiales de consumo para su incorporación a la obra artística.

decoloración s.f. Acción y efecto de decolorar o decolorarse.

decolorante s.m. Sustancia química que sirve para decolorar.

decolorar v.tr. y prnl. Quitar o atenuar el color de una cosa.

decomisar v.tr. (del lat. *comittere,* confiar). Comisar, confiscar una mercancía.

decomiso s.m. Acción de decomisar. **2.** Lo que ha sido decomisado.

decoración s.f. Acción o arte de decorar. **2.** Conjunto de cosas que decoran: *la decoración de una vivienda.*

decorado s.m. Conjunto de elementos que ambientan el escenario de obras teatrales, cinematográficas o programas de televisión. **2.** Decoración.

decorador, ra s. y adj. Persona que tiene por oficio decorar interiores de edificios, locales, etc., o que proyecta o realiza una escenografía.

decorar v.tr. (lat. *decorare*). Adornar, engalanar un objeto. **2.** Poner en un lugar muebles, objetos y accesorios para embellecerlo. **3.** *Poét.* Condecorar.

decorativo, a adj. Que decora, adorna. **2.** Relativo a la decoración. ◇ **Artes decorativas** Disciplinas dedicadas a la producción de elementos decorativos y de objetos más o menos funcionales provistos de valor estético (tapicería, vidriería, pintura y escultura ornamentales, ebanistería, cerámica, orfebrería, etc.).

decoro s.m. (lat. *decorum,* neutro del adj. *decorus,* adornado). Dignidad, nivel requerido conforme a una categoría: *vivir con decoro.* **2.** Respeto y estimación que se debe a alguien: *tratar con decoro.* **3.** Pudor, decencia.

decoroso, a adj. Que tiene o manifiesta decoro: *conducta decorosa.*

decorticación s.f. CIR. Ablación de la envoltura conjuntiva de un órgano.

decrecer v.intr. [conj.: *parecer*]. Hacerse menor: *decrecer las ganancias.* SIN.: *disminuir.*

decreciente adj. Que decrece. **2.** Que sigue un orden de mayor a menor. ◇ **Función decreciente** Función numérica, definida en un intervalo, que varía en sentido contrario al de la variable de la que depende. **Impuesto decreciente** Impuesto cuyo índice se reduce cuando la materia imponible aumenta. **Sucesión decreciente** Sucesión tal que a partir de cierto término se verifica $u_n + 1 \leqslant u_n$. **Sucesión estrictamente decreciente** Sucesión tal que a partir de un cierto término se verifica $u_{n+1} < u_n$, excluyendo la igualdad.

decrecimiento s.m. Disminución. **2.** MAT. Disminución del valor de una cantidad variable.

decremento s.m. Disminución. **2.** Reducción de las oscilaciones eléctricas.

decrepitar v.intr. Producir unos ruidos secos una sal al calentarse.

decrépito, a adj. y s. Que está en gran decadencia.

decrepitud s.f. Estado de decrépito.

decrescendo adv. (voz italiana). MÚS. Disminuyendo progresivamente la intensidad de los sonidos. SIN.: *diminuendo.* ◆ s.m. MÚS. Serie de notas que se deben ejecutar con una progresiva disminución de intensidad.

decretal adj. Relativo a las decretales. ◆ s.f. Carta en la que el papa decide sobre una consulta y sienta una regla de carácter general. ◆ **decretales** s.f.pl. Libro en que se reúnen las epístolas y decisiones papales.

decretar v.tr. Ordenar por decreto: *decretar nuevas leyes.* **2.** Indicar en el margen el curso o respuesta que se ha de dar a un escrito.

decretazo s.m. Decreto que se promulga sin haber sido pactado previamente entre las fuerzas políticas, generalmente de contenido polémico.

decreto s.m. (lat. *decretum,* de *decernere,* decidir). Decisión tomada por la autoridad competente en materia de su jurisdicción. **2.** Disposición del poder ejecutivo, de carácter general. **3.** Decisión de la autoridad eclesiástica, de carácter general. ◇ **Decreto ley** o **decreto-ley** Decreto del gobierno que tiene fuerza de ley.

decúbito s.m. (lat. *decubitus, -us*). Posición del cuerpo cuando reposa sobre un plano horizontal.

de cuius s.m. (voces latinas, *del cual*). DER. Persona cuya sucesión queda abierta.

deculturación s.f. Pérdida de toda o parte de la cultura tradicional de una persona en beneficio de una cultura nueva.

decuplicar o **decuplar** v.tr. Hacer una cosa diez veces mayor: *decuplicar los precios.*

décuplo, a adj. y s.m. Que es diez veces mayor.

decuria s.f. HIST. En Roma, división de la centuria que agrupaba diez soldados.

decurión s.m. HIST. **a.** En Roma, jefe de una decuria. **b.** En las provincias romanas, miembro integrante de una asamblea municipal.

decurrente adj. BOT. Se dice de la hoja que se prolonga sobre el tallo.

decurso s.m. (lat. *decursus, -us*). Sucesión o transcurso del tiempo: *en el decurso de la historia.*

decuso, a adj. BOT. Se dice de las hojas opuestas cuando cada par de ellas forma ángulo recto con el superior e inferior inmediatos.

dedada s.f. Cantidad que se toma con el dedo: *una dedada de nata.* ◇ **Dedada de miel** *Fig.* y *fam.* Acción que se hace o cosa que se da a alguien para consolarlo o compensarlo de lo que no ha podido conseguir.

dedal s.m. (del lat. *digitale*). Utensilio de metal, hueso, etc., cilíndrico y hueco, que sirve para proteger la punta del dedo que empuja la aguja al coser. **2.** Dedil de un operario.

dedalera s.f. Digital, planta.

dédalo s.m. (de *Dédalo,* personaje mitológico). Laberinto: *un dédalo de callejuelas.*

dedazo s.m. Méx. Acto por el que se designa a una persona para un cargo público sin seguir un procedimiento democrático.

dedicación s.f. Acción de dedicar o dedicarse. **2.** Inscripción de la dedicación de un edificio.

dedicar v.tr. y prnl. (lat. *dedicare*). Destinar algo a un determinado fin o empleo: *dedicó su vida a la investigación.* ◆ v.tr. Poner una cosa bajo la advocación de Dios o de los santos, consagrándola al culto. **2.** Consagrar una cosa, especialmente una obra artística, a personajes eminentes, representaciones, hechos religiosos: *dedicar un monumento.* **3.** Ofrecer algo a una persona como obsequio: *dedicar un libro a alguien.* ◆ **dedicarse** v.prnl. Tener un oficio, ocupación o educación: *dedicarse a la enseñanza.*

dedicatoria s.f. Nota o escrito con que se dedica una obra a alguien.

dedicatorio, a adj. Que tiene o supone dedicación. SIN.: *dedicativo.*

dedil s.m. Funda de piel, caucho, etc., usada en ciertos oficios o trabajos, para proteger el dedo.

dedillo (al) loc. Con todo detalle, perfectamente.

dedo s.m. (lat. *digitus*). Cada uno de los apéndices articulados en que terminan las manos y los pies del ser humano y de algunos animales. **2.** Medida equivalente al ancho de un dedo: *un dedo de vino.* ◇ **A dedo** Al azar o por influencia. **A dos dedos de** *Fam.* Muy cerca de, a punto de. **Chuparse el dedo** *Fam.* Ser tonto, falto de capacidad. **Cogerse,** o **pillarse, los dedos** Esp. Sufrir las consecuencias de un descuido o equivocación. **Comerse,** o **chuparse, los dedos** Sentir gran placer con el sabor de algo que se come, o con lo que se oye o se ve. **Hacer dedo** Argent., Chile, Esp. y Urug. Hacer autostop. **No tener dos dedos de frente** Tener poco entendimiento. **Poner el dedo en la llaga** Acertar y señalar el origen de un mal, el punto difícil de una cuestión o lo que más afecta a una persona.

deducción s.f. Acción y efecto de deducir: *hacer la deducción de los gastos.* **2.** Suma que, en determinados casos, se deduce de la renta tasable sometida a impuestos. **3.** LÓG. Razonamiento que, partiendo de hipótesis, conduce a la verdad de una proposición usando reglas de inferencia.

deducir v.tr. (lat. *deducere*) [conj.: *conducir*]. Sacar una conclusión u opinión a partir de la observación o el conocimiento de algo: *de tus palabras deduzco que estás en contra.* **2.** Rebajar, descontar de una cantidad: *deducir los gastos.*

deductivo, a adj. Que procede por deducción lógica.

de facto loc. (voces latinas, *de hecho*). DER. Se emplea para reconocer un hecho político por la existencia del hecho en sí.

defalcar v.tr. → **desfalcar.**

defasado, a adj. Se dice de una magnitud alterna que presenta una diferencia de fase con otra magnitud de la misma frecuencia.

defasaje s.m. Diferencia de fases entre dos fenómenos alternativos de la misma frecuencia.

defecación s.f. Acción de defecar. **2.** En la industria azucarera, tratamiento de depuración que consiste en agregar determinada cantidad de cal al jugo extraído de los difusores: *defecación seca.*

defecar v.tr. e intr. Evacuar el vientre. ◆ v.tr. Clarificar, poner claro, especialmente un licor.

defección s.f. Acción de separarse de una causa con deslealtad.

defectivo, a adj. Defectuoso. **2.** LING. Se dice de una palabra declinable que no tiene todos sus casos, géneros o números. ◇ **Verbo defectivo** LING. Verbo que no tiene todos sus tiempos, modos o personas, como *abolir.*

defecto s.m. Carencia de lo que se considera propio de alguien o de algo. **2.** Imperfección. **3.** DER. Vicio de una cosa, que disminuye su valor. ◆ **defectos** s.m.pl. IMPR. Pliegos que sobran de una tirada o que faltan para completarla. ◇ **Defecto de forma** DER. Falta en que se incurre cuando no se aplican estrictamente las leyes procesales. **Defecto de masa** FÍS. Diferencia entre la suma de las masas de las partículas constitutivas de un átomo y la masa de este átomo. **Defecto legal** DER. Falta de alguno de los requisitos exigidos por la ley para la validez de ciertos actos jurídicos. **En defecto de** A falta de, en lugar de. **Por defecto** Se dice de la diferencia o inexactitud que no llega a lo que debiera: *error por defecto;* se dice de la opción que se selecciona automáticamente si no se explicita lo contrario.

defectuoso, a adj. Imperfecto, con algún defecto.

defender v.tr. y prnl. (lat. *defendere*) [conj.: *tender*]. Amparar, proteger de un daño o cosa perjudicial. ◆ v.tr. Presentar argumentos a favor de alguien o algo que es acusado o atacado: *defender al acusado; defender una teoría.* **2.** Luchar en favor de alguien o algo que es atacado: *defender sus ideas.*

defendido, a adj. y s. Se dice de la persona a quien defiende un abogado. ◆ adj. HERÁLD. Se dice de todo animal aculado a otra figura.

defenestración s.f. Acción de defenestrar.

defenestrar v.tr. Destituir o echar a alguien de un cargo u ocupación. **2.** Arrojar a una persona por una ventana.

defensa s.f. Acción de defender o defenderse. **2.** Protección, socorro: *acudir en defensa de otro.* **3.** Arma o instrumento con que alguien se defiende de un peligro. **4.** Mecanismo u órgano con que se defiende un animal o una planta, como la tinta de los cefalópodos, los cuernos de un toro, las espinas de una planta o el aguijón de la abeja o del escorpión. **5.** DEP. Conjunto de jugadores encargado de proteger la portería y detener el avance de las líneas de ataque del oponente. **6.** DER. **a.** Parte que se defiende; representación de esta parte. **b.** Exposición de los argumentos jurídicos que el defendido y su abogado oponen a la acusación. ◆ s.m. y f. DEP. Jugador que forma parte del equipo encargado de proteger la portería. ◆ **defensas** s.f.pl. Mecanismo biológico de un ser vivo mediante el cual se protege contra enfermedades o ataques. **2.** MAR. Conjunto de maderas, cuerdas o neumáticos viejos que se ponen a lo largo de la borda de un barco para amortiguar un golpe o impedir rozamientos contra el muelle u otra embarcación. **3.** MIL. Conjunto de organizaciones destinadas a proteger una plaza. ◇ **Defensa pasiva** MIL. Conjunto de medidas de protección que se exigen a la población civil en tiempos de guerra. **Legítima defensa** Violencia autorizada en ciertos casos para rechazar una agresión: *matar en legítima defensa.* **Mecanismo de defensa** PSICOANÁL. Proceso al servicio del yo, para luchar contra las tensiones resultantes de las exigencias del mundo exterior o contra todo lo que puede ser generador de angustia.

defensiva s.f. Situación o actitud del que trata de defenderse. ◇ **A la defensiva** En estado de defenderse, sin intención de atacar.

defensivo, a adj. Que sirve para defender.

defensor, ra adj. y s. Que defiende. ◆ s.m. Persona, en general un abogado, encargada de defender a un acusado en un juicio. ◇ **Defensor del pueblo** Esp. Persona que dirige la institución de ordenamiento constitucional encargada de la defensa de los derechos y libertades constitucionales frente a las arbitrariedades de la administración.

deferencia s.f. Muestra de amabilidad o de cortesía: *tener una deferencia con alguien.*

deferente adj. Que muestra o demuestra deferencia. ◆ adj. y s.m. ANAT. Se dice del conducto excretor del esperma que va del testículo a la uretra.

deferir v.tr. (lat. *deferre,* dar, otorgar) [conj.: *sentir*]. Delegar alguien parte de su autoridad o poder. ◆ v.intr. Adherirse a la opinión de alguien o acceder a hacer algo por respeto, amabilidad o cortesía.

defervescencia s.f. MED. Disminución o desaparición de la fiebre.

deficiencia s.f. Carencia o imperfección de algo: *deficiencias auditivas, en la justicia.* **2.** Insuficiencia orgánica o psíquica. ◇ **Deficiencia mental** Insuficiencia del desarrollo intelectual, sin que se asuma en el déficit intelectual el aspecto clínico.

deficiente adj. Defectuoso o incompleto. **2.** Insuficiente, que no alcanza el nivel adecuado. ◆ adj. y s.m. y f. Se dice de la persona que padece una deficiencia orgánica o psíquica.

déficit s.m. (del lat. *deficere,* faltar) [pl. *déficit* o *déficits*]. Cantidad que falta a los ingresos para que se equilibren con los gastos. **2.** Cantidad que falta para llegar al nivel necesario.

deficitario, a adj. Que se salda con déficit: *balance deficitario.*

definición s.f. Acción y efecto de definir. **2.** Proposición o fórmula por medio de la cual se define. **3.** Explicación de una duda efectuada por una autoridad. **4.** LÓG. Proposición afirmativa que tiene por objeto hacer conocer exactamente la extensión y la comprensión de un concepto. **5.** TELEV. Grado de nitidez de una imagen transmitida, medido por su número de líneas. ◆ **definiciones** s.f.pl. Conjunto de estatutos y ordenanzas de las órdenes militares, excepto de la de Santiago. ◇ **Dominio de definición** MAT. Para una correspondencia entre dos conjuntos C y C', subconjunto de C cuyos elementos admiten elementos correspondientes en C'.

definidor, ra adj. y s. Que define. ◆ s.m. Religioso delegado por el capítulo de su orden para tratar acerca de cuestiones disciplinarias, administrativas, etc.

definir v.tr. (lat. *definere*). Fijar y enunciar con claridad y exactitud el significado de una palabra. **2.** Delimitar, fijar o explicar la naturaleza o características de una persona o cosa. **3.** Decidir por autoridad legítima un punto dudoso de dogma, de disciplina, etc. **4.** Concluir una obra pictórica en sus menores detalles. ◆ v.tr. y prnl. Declarar una persona su opinión o posición sobre un asunto.

definitivo, a adj. Que decide o concluye sin admitir cambios: *acuerdo definitivo.* ◇ **En definitiva** En resumen, en conclusión.

definitorio, a adj. Que sirve para definir, diferenciar o precisar.

deflación s.f. ECON. Disminución general de los precios realizada por los poderes públicos, mediante una restricción de créditos, o la reducción de la masa monetaria y del gasto público.

deflacionario, a adj. Deflacionista.

deflacionista adj. y s.m. y f. ECON. Relativo a la deflación; partidario de esta política.

deflactor s.m. ECON. Índice de precios que sirve para corregir el valor monetario de una magnitud económica, permitiendo efectuar comparaciones a lo largo del tiempo.

deflagración s.f. Acción y efecto de deflagrar.

deflagrar v.intr. Arder rápidamente con llama y sin explosión.

deflector, ra adj. ELECTRÓN. Que sirve para desviar la dirección de un fluido. ◆ s.m. Órgano que sirve para modificar la dirección de una corriente o flujo. **2.** AUTOM. Postigo móvil pequeño, colocado en el marco del cristal de la puerta delantera, que sirve para orientar el aire. ◇ **Bobinas deflectoras** Par de bobinas que originan una desviación análoga, por la acción de un campo magnético. **Placas deflectoras** Par de placas horizontales o verticales que, cuando se establece entre las mismas una diferencia de potencial, sirven para desviar los haces de electrones.

deflexión s.f. Estado de un miembro o de una parte del cuerpo que no está flexionada. **2.** FÍS. Cambio de dirección de un haz de electrones o partículas cargadas por la acción de un campo magnético.

defoliación s.f. BOT. Caída prematura de las hojas de las plantas causada por enfermedades, fenómenos atmosféricos o productos defoliantes.

defoliante adj. y s.m. Se dice del producto químico que causa defoliación.

deforestación s.f. Acción y efecto de deforestar.

deforestar v.tr. Despojar de árboles y plantas un bosque.

deformación s.f. Acción y efecto de deformar o deformarse. **2.** Alteración morfológica de una parte del organismo. ◇ **Deformación profesional** Hábitos adquiridos por la práctica de una profesión y aplicados abusivamente a la vida corriente.

deformar v.tr. y prnl. Alterar una cosa en su forma: *deformar la realidad.*

deforme adj. Que presenta una gran irregularidad o anomalía en su forma.

deformidad s.f. Cualidad de deforme. **2.** Cosa deforme: *tener una deformidad en el pie.* **3.** *Fig.* Error basto.

defraudación s.f. Acción y efecto de defraudar. **2.** DER. Infracción cometida mediante actos de resistencia o engaño para eludir el pago de impuestos.

defraudar v.tr. (lat. *defraudare*). Resultar alguien o algo menos bueno o satisfactorio de lo que se esperaba: *la película premiada nos defraudó.* **2.** Eludir el pago de un impuesto.

defuera adv.l. Fuera, por la parte exterior: *se ve por defuera.* (Suele ir precedido de la prep. *por.*)

defunción s.f. (lat. *defunctio, -onis*). Muerte, fallecimiento.

degeneración s.f. Acción y efecto de degenerar. **2.** Alteración de una célula o tejido.

degenerado, a adj. y s. Que es anormal mental o moralmente.

degenerar v.intr. (lat. *degenerare*). Perder cualidades, pasar de una condición o estado a otro contrario y peor. **2.** Transformarse una cosa en algo peor: *el nerviosismo degeneró en histeria.* **3.** MAT. Descomponerse una curva en otras más simples.

degenerativo, a adj. Que causa o implica degeneración: *afección degenerativa.*

deglución s.f. Acción de pasar el bolo alimenticio de la boca al esófago y después al estómago.

deglutir v.intr. y tr. Tragar un alimento.

degolladero s.m. Lugar donde se degüellan las reses. **2.** Parte del cuello por donde se degüella al animal.

degollador, ra adj. y s. Que degüella. ◆ s.m. Cuchillo para degollar. **2.** Pescador encargado de cortar la cabeza y la lengua de los bacalaos. **3.** ORNITOL. Alcaudón.

degolladura s.f. Herida hecha en la garganta. **2.** Escote que se hace en los vestidos femeninos.

degollar v.tr. (lat. *decollare,* de *collum,* cuello) [conj.: *contar*]. Matar a una persona o animal cortándole el cuello: *degollar las reses.* **2.** Escotar el cuello de un vestido.

degollina s.f. Esp. *Fam.* Matanza de un gran número de personas o animales.

degradación s.f. Acción y efecto de degradar o degradarse. **2.** Destrucción o alteración de las propiedades de un material macromolecular. **3.** EDAFOL. Acidificación y descenso de la fertilidad del suelo. **4.** MIL. Pena que se aplica a los militares culpables de delitos de extrema gravedad, consistente en la destitución pública del grado. **5.** PINT. Cambio insensible y continuado en la intensidad del color o de la luz. ◇ **Degradación de la energía** Transformación irreversible de la energía de una forma a otra menos apta para producir trabajo mecánico.

degradar v.tr. (lat. tardío *degradare*). Desposeer o rebajar a una persona de la dignidad, honor, etc., que posee. ◆ v.tr. y prnl. Hacer indigno a alguien: *el uso de la violencia degrada a las personas.* **2.** Hacer perder a algo su valor, sus cualidades; deteriorar. **3.** PINT. Disminuir de forma insensible y continuada la viveza del color y el tamaño de las figuras para dar sensación de distancia.

degras s.m. Mezcla de aceite de pescado y de ácido nítrico utilizada para suavizar e impermeabilizar las pieles.

degüello s.m. Acción de degollar.

degustación s.m. Acción de degustar.

degustar v.tr. Probar una comida o bebida para valorar su sabor.

dehesa s.f. (lat. tardío *defensa,* defensa). Terreno acotado destinado generalmente al pasto del ganado.

dehiscencia s.f. BOT. Apertura espontánea de un órgano cerrado, como la antera o la vaina. **2.** FISIOL. y PATOL. Apertura, generalmente espontánea, de una estructura.

dehiscente adj. BOT. Se dice del órgano cerrado que se abre espontáneamente cuando está maduro.

deicida adj. y s.m. y f. Que es culpable o cómplice de la muerte de Cristo. **2.** Que mata o elimina a Dios.

deicidio s.m. Asesinato de Dios, especialmente crucifixión de Cristo.

deíctico, a adj. LING. Que sirve para señalar o designar. ◆ s.m. LING. Elemento gramatical que realiza una deixis.

deidad s.f. Cualidad de divino. **2.** Divinidad, especialmente referido a religiones politeístas.

deificar v.tr. Divinizar.

deífico, a adj. Relativo a Dios o a una divinidad.

deísmo s.m. Doctrina religiosa que cree en la existencia de Dios y en la religión, pero que rechaza toda revelación.

deísta adj. y s.m. y f. Relativo al deísmo; adepto a esta doctrina.

de iure loc. (voces latinas, *según el derecho*). De derecho, de acuerdo con la ley: *reconocer un gobierno «de iure».*

deixis s.f. (pl. *deixis*). LING. Función de algunos elementos lingüísticos que hace referencia a la situación en que se produce un enunciado, definido por su relación con el hablante, y con el lugar y el tiempo del enunciado. (Algunos de estos elementos son los pronombres, el tiempo verbal, los adverbios de lugar y de tiempo o los demostrativos.)

dejación s.f. Acción y efecto de dejar: *hacer alguien dejación de sus deberes.* **2.** DER. Cesión, desistimiento o abandono de bienes, derechos o acciones.

dejadez s.f. Abandono o falta de cuidado de uno mismo o de sus cosas. **2.** Debilidad física, decaimiento, flojera.

dejante prep. Chile, Colomb. y Guat. Aparte de, además de.

dejar v.tr. (del lat. *laxare,* aflojar, relajar). Poner o colocar algo en un lugar: *déjalo sobre la mesa.* **2.** Abandonar, apartarse o alejarse de una persona o cosa: *dejar la bebida.* **3.** Omitir: *no dejar punto ni coma.* **4.** Permitir que alguien haga algo: *déjame salir.* **5.** Producir ganancia: *las ventas no le dejan casi nada.* **6.** Confiar o encomendar algo a alguien: *te dejo al frente del negocio.* **7.** Permitir o hacer que alguien o algo quede en determinado estado: *dejar sumido en un profundo sueño, dejar sin luz.* **8.** No inquietar ni perturbar o molestar: *¡déjame en paz!* **9.** Dar una persona que se ausenta o hace testamento una cosa a alguien: *no ha dejado más que deudas.* **10.** Esp. y Méx. Prestar: *déjame tu automóvil.* ◆ v.tr. y prnl. Seguido de un infinitivo, indica el modo especial de suceder o ejecutarse lo que significa el verbo que lo acompaña: *luego le dejó marchar.* **2.** Cesar, no proseguir lo empezado: *saldremos cuando deje de llover.* ◆ **dejarse** v.prnl. Abandonarse, descuidarse alguien en sus actos, obligaciones o aspecto. <> **Dejar aparte,** o **a un lado,** o **fuera** Prescindir de una persona o cosa en un asunto; no ocuparse de algo por el momento. **Dejar atrás** Adelantar a alguien andando o corriendo: *no conseguirás dejarme atrás;* superar a alguien en cualquier asunto. **Dejar correr** Permitir, tolerar una cosa sin ocuparse más de ella. **Dejar que desear** Ser alguien o algo de calidad, estimación o aprecio inferior al que debería: *tu comportamiento deja mucho que desear.*

déjà-vu s.m. (voz francesa). Sensación de haber vivido anteriormente una situación que se está experimentando por primera vez.

deje o dejo s.m. Pronunciación particular de un grupo lingüístico: *un deje andaluz, barriobajero.* **2.** Gusto peculiar que queda después de ingerir algo: *un deje salado.* **3.** *Fig.* Sensación que queda después de una acción.

del, contracción de la prep. *de* y el art. *el*: *despacho del abogado.*

delación s.f. Acción de delatar o denunciar.

delantal s.m. (cat. *devantal*). Prenda de distintas formas que se usa para proteger las prendas de vestir. **2.** Mandil de cuero o tela fuerte.

delante adv.l. (del lat. tardío *inante*). En posición anterior a algo que se toma como referencia o en primera posición de un conjunto: *ponte delante de mí.* **2.** En un lugar más cercano que otros con respecto a lo que se toma como punto de referencia o dejando atrás algo que se nombra: *siéntate delante.* **3.** En la parte exterior y principal de algo: *los faros de delante.* **4.** Enfrente. ◆ adv.m. A la vista, en presencia: *hablar delante de todos.*

delantera s.f. Parte anterior de una cosa. **2.** Pieza de una prenda de vestir que se sitúa en la parte anterior del cuerpo. **3.** Distancia de ventaja que tiene una persona con respecto a otra que recorre un mismo camino: *llevar la delantera.* **4.** Asiento o serie de asientos situados en la primera fila de cada clase de localidades de una plaza de toros, un teatro y otros locales de espectáculos: *ocupamos tres delanteras de andanada.* **5.** *Fam.* Pecho femenino. **6.** DEP. Línea de jugadores que se ocupan del ataque a la meta contraria. <> **Coger,** o **tomar,** o **ganar, la delantera** *Fam.* Adelantarse, anticiparse a alguien en una solicitud, empresa o negocio.

delantero, a adj. Que está o va delante. ◆ s. Jugador de un equipo deportivo que forma parte de la línea de ataque o delantera. <> **Delantero centro** Jugador de un equipo que se coloca en medio de la línea de ataque.

delatar v.tr. Poner en conocimiento de una autoridad un delito o falta y la identidad de la persona que lo ha cometido. **2.** Descubrir, revelar. ◆ **delatarse** v.prnl. Dar a conocer una situación, intención, estado, etc., involuntariamente.

delator, ra adj. y s. (lat. *delator, -oris*). Que delata.

delaware o **lenape,** pueblo amerindio algonquino de la costa atlántica de EUA, entre el Hudson y Baltimore, que fue deportado a reservas de Oklahoma a fines del s. XIX.

delco s.m. (marca registrada). Esp. Dispositivo de encendido de los motores de explosión.

dele s.m. (del lat. *deleatur,* suprime, borra). Signo de corrección tipográfico [φ] que indica una supresión.

deleble adj. (lat. *delebilis*). Que puede borrarse fácilmente.

delectación s.f. Deleite. <> **Delectación morosa** Complacencia deliberada en un pensamiento pecaminoso.

delegación s.f. Acción y efecto de delegar: *iré por delegación suya.* **2.** Cargo y oficina del delegado. **3.** Conjunto de personas con autoridad para representar a otras: *una delegación de padres de familia.* **4.** Esp. Nombre dado a determinados organismos de la administración pública, de carácter provincial: *delegación de hacienda.* **5.** Méx. Área administrativa menor básica.

delegado, a s. y adj. Persona en quien se delega una facultad o poder. <> **Delegado del gobierno** En España, representante del gobierno de la nación ante la administración de las comunidades autónomas.

delegar v.tr. e intr. Transferir una persona o entidad un poder o autoridad a alguien para que actúe en representación suya en algún asunto.

delegatorio, a adj. Que delega o que implica alguna delegación.

deleitable adj. Deleitoso.

deleitar v.tr. y prnl. Producir deleite.

deleite s.m. Placer del ánimo o de los sentidos.

deleitoso, a adj. Que causa deleite.

deletéreo, a adj. *Poét.* Venenoso, mortífero: *vapor deletéreo.*

deletrear v.intr. y tr. Nombrar sucesivamente las letras que componen una palabra. **2.** Pronunciar por orden las letras de las sílabas, después las sílabas hasta formar la palabra.

deletreo s.m. Acción de deletrear.

deleznable adj. Que puede ser despreciado o rechazado: *su conducta es vil y deleznable.* **2.** Que se disgrega o deshace fácilmente. **3.** Que se desliza y resbala con mucha facilidad.

1. **delfín** s.m. (lat. *delphinus, -ni*). Mamífero marino de unos 2 m de long., del orden cetáceos, negruzco por encima y blanquecino por debajo, con hocico delgado y agudo, que vive en grupos en todos los mares y se alimenta de peces. (Familia delfínidos.)

2. **delfín** s.m. (fr. *dauphin*). Heredero primogénito del rey de Francia. **2.** Sucesor, designado o probable, de una personalidad importante.

delfina s.f. Esposa del delfín de Francia.

delfinés, sa adj. y s. Del Delfinado.

delga s.f. ELECTR. Cada una de las láminas o varas pequeñas de cobre que forman el colector de una dinamo.

delgadez s.f. Cualidad de delgado.

delgado, a adj. (lat. *delicatus,* delicado). Flaco, que tiene poca carne. **2.** Fino, poco grueso. **3.** *Fig.* Se dice del terreno de poca sustancia, endeble o de escasa profundidad laborable.

deliberación s.f. Acción y efecto de deliberar.

deliberado, a adj. Que se hace con premeditación: *la provocación fue deliberada.*

deliberante adj. Que delibera. **2.** Se dice de una junta o asamblea encargada de deliberar y cuyos acuerdos tienen eficacia ejecutiva.

deliberar v.intr. (lat. *deliberare*). Examinar atentamente los pros y los contras de algo antes de tomar una decisión. ◆ v.tr. Decidir, resolver una cosa después de un cuidadoso examen.

deliberativo, a adj. Relativo a la deliberación. ◆ adj. y s.m. LING. Se dice de la forma verbal o de la construcción que expresa la idea de que el sujeto se pregunta sobre su decisión.

delicadeza s.f. Cualidad de delicado. **2.** Acción delicada.

delicado, a adj. Fácil de deteriorar, lastimar o romper. **2.** Débil, enfermizo: *delicado del estómago.* **3.** Fino, suave, tenue. **4.** Atento, educado y cortés. **5.** Exquisito, de gusto refinado: *un postre delicado, un paladar delicado.* **6.** Se dice de algo que por su complejidad exige tacto o cuidado: *un asunto delicado.* **7.** Escrupuloso o remilgado. **8.** Sutil, ingenioso.

delicatessen s.m. o f. (voz inglesa, del alem. *Delikatessen,* delicadezas). Establecimiento donde se venden alimentos exquisitos ya preparados. ◆ s.f.pl. Platos o alimentos exquisitos que se venden preparados.

delicia s.f. (lat. *deliciae*). Placer vivo e intenso. **2.** Persona o cosa que causa alegría o placer.

delicioso, a adj. Que causa delicia.

delictivo, a adj. Relativo al delito. **2.** Que constituye delito.

delicuescencia s.f. FÍS. Propiedad que tienen ciertos cuerpos de absorber la humedad del aire hasta convertirse en líquidos.

delicuescente adj. FÍS. Dotado de delicuescencia.

delimitación s.f. Acción y efecto de delimitar.

delimitar v.tr. Señalar los límites: *delimitar el campo.*

delincuencia s.f. Conjunto de crímenes y delitos en un tiempo y espacio determinados. **2.** Comisión de delitos.

delincuente adj. y s.m. y f. Que delinque.

delineante s.m. y f. Persona que tiene por oficio trazar planos o proyectos, generalmente ideados por otro.

delinear v.tr. Trazar las líneas de una figura, especialmente de un plano.

delinquir v.intr. (lat. *delinquere*). Cometer un delito.

deliquio s.m. (lat. *deliquium*). Desmayo, éxtasis.

delirar v.intr. (lat. *delirare*). Tener delirios: *delirar con la fiebre.* **2.** *Fig.* Hacer, pensar o decir disparates. SIN.: *desvariar.*

delirio s.m. Trastorno psíquico caracterizado por la persistencia de ideas en oposición manifiesta a la realidad o al sentido común, generalmente causado por fiebre alta o intoxicación. **2.** *Fig.* Disparate, desvarío. ◇ **Delirio sistematizado** PSIQUIATR. Delirio en el que las ideas delirantes aparecen organizadas progresivamente y dan una impresión de coherencia y de lógica.

delírium trémens s.m. (lat. científico, término creado por el Dr. Sutton). Estado de agitación con fiebre, temblor de piernas y brazos, onirismo y trastornos de la conciencia, propio del alcohólico crónico.

delitescencia s.f. MED. Desaparición brusca de los signos y síntomas de una enfermedad. **2.** QUÍM. Disgregación de un cuerpo por pérdida de agua.

delito s.m. (lat. *delictum*). DER. Hecho ilícito sancionado por la ley con una pena grave. ◇ **Delito común** Delito que no tiene carácter político. **Delito político** Delito cometido contra el orden político de un estado; delito determinado por móviles políticos.

delta s.f. Nombre de la cuarta letra del alfabeto griego (δ, Δ), derivada del signo fenicio *dalet,* que corresponde a la *d* española. ◆ s.m. GEOGR. Zona de acumulación aluvial de forma aproximadamente triangular, que se forma en la desembocadura de un río.

deltoide adj. Que tiene forma de delta mayúscula.

deltoideo, a adj. Relativo al deltoides.

deltoides s.m. y adj. ANAT. Músculo triangular de la región superior del hombro, que sirve para elevar el brazo.

demacrar v.tr. y prnl. Hacer que una persona pierda mucho peso quedando pálida y ojerosa, con aspecto de enfermo.

demagogia s.f. Actitud que consiste en halagar las aspiraciones populares o los prejuicios de un gran número de personas para incrementar la propia popularidad y obtener o incrementar el poder.

demagógico, a adj. Relativo a la demagogia o al demagogo: *discurso demagógico.*

demagogo, a s. (gr. *demagogós,* que conduce al pueblo o capta su favor). Persona que practica la demagogia.

demanda s.f. Petición, solicitud: *atender una demanda.* **2.** Pregunta. **3.** Empresa, intento, empeño. **4.** DER. **a.** Petición que un litigante sustenta en el juicio. **b.** Acción que se interpone en justicia para hacer reconocer un derecho: *interponer una demanda.* **5.** ECON. Cantidad de una mercancía o de un servicio que los consumidores están dispuestos a comprar a un precio y en un período determinado.

demandado, a adj. y s. DER. Se dice de la persona contra quien se intenta la acción en un juicio.

demandante adj. y s.m. y f. DER. Se dice de la persona que interpone una acción en juicio.

demandar v.tr. (lat. *demandare*). Pedir, solicitar: *demandar ayuda.* **2.** Preguntar: *me demandó por la salud de mi esposo.* **3.** DER. Formular una demanda ante los tribunales.

demarcación s.f. Acción y efecto de demarcar. **2.** Terreno demarcado. **3.** Territorio en que una autoridad ejerce su jurisdicción. **4.** FONÉT. Indicación de los límites, inicial o final, de una unidad significativa.

demarcar v.tr. Señalar o marcar los límites de algo, especialmente de un país o terreno.

demarraje s.m. Acción y efecto de demarrar.

demarrar v.intr. Acelerar repentinamente la marcha en una carrera para distanciarse de los demás participantes.

demás pron. y adj.indef. El resto, la parte no mencionada de un todo: *ordene que salgan los demás.* ◆ adv.c. Además. ◇ **Por demás** En vano, inútilmente; en demasía. **Por lo demás** En lo que se refiere a otras consideraciones no mencionadas con anterioridad.

demasía s.f. Exceso, abuso. **2.** Atrevimiento, insolencia. ◇ **En demasía** Con exceso.

1. **demasiado** adv.c. En demasía, con exceso: *llueve demasiado.*

2. **demasiado, a** adj. Que está o se da en mayor número, cantidad o grado de lo conveniente o necesario: *has hecho demasiada comida.*

demencia s.f. Pérdida global, progresiva e irreversible de las facultades mentales: *demencia senil.* **2.** Locura, trastorno mental.

demencial adj. Relativo a la demencia. **2.** *Fig.* Caótico, disparatado, desproporcionado.

demente adj. y s.m. y f. (lat. *demens, -tis*). Que padece demencia.

demérito s.m. Falta de mérito. **2.** Acción por la cual se desmerece.

demiurgo s.m. (lat. *demiurgus*). Dios creador del alma del mundo, en la filosofía platónica.

1. **demo** s.m. (gr. *demos,* pueblo). Circunscripción administrativa de Grecia. **2.** En el Imperio bizantino, cada uno de los partidos en los que se dividía el pueblo de Constantinopla y las grandes ciudades.

2. **demo** s.f. Demostración del funcionamiento de un aparato u objeto nuevos. **2.** INFORMÁT. Programa de demostración.

democracia s.f. (lat. tardío *democratia*). Régimen político en el cual el pueblo ejerce la soberanía por sí mismo, sin mediación de un órgano representativo (*democracia directa*) o por representantes intermediarios (*democracia representativa*). **2.** País gobernado en régimen democrático. ◇ **Democracia cristiana** Movimiento cuyo fin es conciliar los principios democráticos y las exigencias de la fe cristiana. **Democracia popular** Régimen de los países que han adoptado el comunismo como forma de gobierno.

demócrata adj. y s.m. y f. Partidario de la democracia. **2.** Relativo a uno de los dos grandes partidos políticos de EUA; miembro o partidario de dicho partido.

democratacristiano, a adj. y s. Democristiano.

democrático, a adj. y s. Relativo a la democracia; partidario de la democracia.

democratizar v.tr. y prnl. Hacer democrática una sociedad, ley, institución, etc.

democristiano, a adj. y s. Relativo a la democracia cristiana, partidario de la democracia cristiana. SIN.: *democratacristiano.*

demografía s.f. (gr. *demos,* pueblo, y *gráfein,* describir). Ciencia que estudia estadísticamente las poblaciones humanas, su estado y sus variaciones. **2.** Tasa de la población humana en una región o un país determinados: *demografía en baja.*

demográfico, a adj. Relativo a la demografía.

demógrafo, a s. Especialista en demografía.

demoledor, ra adj. y s. Que demuele.

demoler v.tr. [conj.: *mover*]. Derribar o destruir una construcción. **2.** *Fig.* Destruir algo no material: *ha demolido todas sus teorías.*

demolición s.f. Acción de demoler.

demoníaco, a o **demoniaco, a** adj. Relativo al demonio. **2.** Perverso o astuto como el demonio. ◆ adj. y s. Endemoniado, poseído del demonio.

demonio s.m. (lat. tardío *daemonium*). Diablo, nombre dado en diversas religiones al ángel rebelde o espíritu que encarna el mal. **2.** Satanás, príncipe de los demonios en las religiones cristiana y judía. **3.** *Fam.* Persona muy perversa, traviesa o hábil: *este niño es un demonio.* **4.** En la antigüedad, divinidad o espíritu bueno o malo, adscrito al destino de una persona, una ciudad, etc. ◆ interj. *Fam.* Expresa enojo o sorpresa. ◇ **Llevarse el demonio,** o **(todos) los demonios,** o **ponerse como,** o **hecho, un demonio** Encolerizarse o irritarse demasiado. **Tener el demonio,** o **los demonios, en el cuerpo** *Fam.* Ser excesivamente inquieto o travieso, o ser muy astuto.

demonismo s.m. Creencia en la acción de los demonios. **2.** Forma de religión primitiva en la que los diversos acontecimientos de la existencia son considerados efecto de la lucha entre los espíritus (demonios) buenos y malos.

demonología s.f. Estudio de la naturaleza y las características de los demonios.

¡demontre! interj. *Fam.* Expresa enojo o disgusto.

demora s.f. Tardanza, dilación, retraso: *debes acudir sin demora.* **2.** Temporada de ocho meses que los amerindios estaban obligados a trabajar en las minas de la América española. **3.** DER. Tardanza en el cumplimiento de una obligación.

demorar v.tr. Retardar. ◆ v.intr. y prnl. Detenerse en algún lugar.

demoroso, a adj. y s. Chile. Se dice de la persona lenta, tarda.

demoscopia s.f. ESTADÍST. Técnica de estudio de las orientaciones de la opinión pública sobre algún asunto. SIN.: *encuesta.*

demostrabilidad s.f. LÓG. Propiedad de toda fórmula de una teoría deductiva para la que existe una demostración.

demostración s.f. Acción y efecto de demostrar. **2.** Manifestación exterior de sentimientos o intenciones. **3.** Exhibición pública de habilidad, fuerza u otra destreza. **4.** LÓG. Razonamiento que deduce la verdad de una proposición partiendo de axiomas que se han enunciado. **5.** MIL. Maniobra para inducir al adversario a un error o intimidarlo.

demostrar v.tr. (lat. *demonstrare*) [conj.: *contar*]. Probar de forma inequívoca la verdad de algo. **2.** Manifestar claramente cierta actitud o sentimiento: *su tono demuestra exaltación.* **3.** Enseñar a hacer algo mediante un ejercicio práctico: *demostrar cómo funciona una máquina.*

demostrativo, a adj. Que demuestra o sirve para demostrar. ◆ adj. y s.m. Se dice del pronombre o el adjetivo que sirve para señalar un objeto presente o citado, al tiempo que lo sitúa en relación con las personas gramaticales, como *este, esa, aquello,* etc.

demótico, a adj. y s.m. Se dice de un tipo de escritura del antiguo Egipto, derivada de la escritura hierática y corrientemente utilizada a partir del s. VII a.C. **2.** Se dice del estado popular de una lengua, especialmente del griego moderno, por oposición al estado culto.

demudación s.f. Acción y efecto de demudar o demudarse. SIN.: *demudamiento.*

demudar v.tr. Mudar, cambiar. ◆ v.tr. y prnl. Alterar de forma repentina una cosa, especialmente el color o la expresión de la cara: *se demudó al conocer los resultados.*

demultiplicación s.f. MEC. Relación de reducción de velocidad entre los dos piñones de una transmisión.

denario s.m. Moneda romana antigua, aparecida durante el s. III a.C.

dendrita s.f. (lat. *dendritis*). Prolongación ramificada del citoplasma de una célula nerviosa. **2.** Forma ramificada en las tres direcciones espaciales que toman ciertos cristales.

dendrítico, a adj. Que tiene forma de dendrita. **2.** Se dice de una red fluvial densa y regularmente ramificada.

dendroclimatología s.f. Datación absoluta de los climas mediante el estudio de las variaciones de espesor de los anillos de crecimiento de los árboles.

dendrocronología s.f. Método cronológico basado en el estudio de los anillos concéntricos anuales que aparecen en la sección transversal del tronco de los árboles.

dendrografía s.f. Descripción de los árboles.

denegación s.f. Acción y efecto de denegar: *denegación de visado.*

denegar v.tr. [conj.: *regar*]. No conceder una petición.

denegatorio, a adj. Que incluye denegación.

dengoso, a adj. Melindroso, que muestra una delicadeza exagerada. SIN.: *denguero.*

1. **dengue** s.m. (voz de creación expresiva). Nombre común de una enfermedad aguda febril, de origen vírico, análoga a la gripe. **2.** Melindre, delicadeza afectada o exagerada en el lenguaje o en los modales. **3.** Amér. Contoneo. **4.** Méx. Berrinche. ◆ s.m. y f. Persona que hace melindres. ◆ **dengues** s.m.pl. Méx. Muecas, gestos con el rostro.

2. **dengue** s.m. Chile. Planta herbácea ramosa, de flores del

mismo nombre, inodoras, blancas, amarillas o rojas, que se marchitan al menor contacto.
denguear v.intr. Hacer dengues o melindres.
denier s.m. (voz francesa). Unidad de medida de la finura de los hilos y de las fibras textiles equivalente al peso, evaluado en gramos, de una longitud de 9 000 m de hilo o de fibra.
denigrante adj. Que denigra, injuria.
denigrar v.tr. (lat. *denigrare*). Hablar mal de una persona o cosa, destruyendo así su buena fama u opinión. **2.** Insultar, ultrajar.
denodado, a adj. Se dice de la persona valiente e intrépida: *denodado luchador.* **2.** Enérgico, decidido: *denodada defensa de los derechos humanos.*
denominación s.f. Acción y efecto de denominar o denominarse. ◇ **Denominación de origen** Denominación geográfica que se utiliza para garantizar oficialmente que un producto es originario de determinada región o localidad.
denominador, ra adj. y s. Que denomina. ◆ s.m. MAT. Término inferior de una fracción que indica en cuántas partes está dividida la unidad.
denominar v.tr. y prnl. Dar un nombre determinado a una persona o cosa.
denominativo, a adj. Que implica o denota denominación.
denostar v.tr. (lat. *dehonestare,* deshonrar, infamar) [conj.: *contar*]. Ofender gravemente de palabra.
denotación s.f. Acción y efecto de denotar. **2.** LING. y LÓG. Relación existente entre un signo y un objeto real concreto perteneciente a la clase de objetos designada por aquel.
denotar v.tr. Indicar, anunciar, significar.
denotativo, a adj. Que denota.
densidad s.f. Cualidad de denso: *densidad de un líquido.* **2.** Relación entre la masa de un determinado volumen de un cuerpo y la masa del mismo volumen de agua, o de aire, para los gases. ◇ **Densidad de corriente** ELECTR. Cociente entre la intensidad de la corriente que circula por un conductor y la superficie de su sección recta. **Densidad de población** Número de habitantes por kilómetro cuadrado.
densificar v.tr. y prnl. Hacer denso o más denso. **2.** TECNOL. Mejorar una madera por compresión.
densimetría s.f. Técnica de medida de densidades.
densímetro s.m. Areómetro.
denso, a adj. (lat. *densus*). Compacto, que contiene mucha materia en poco espacio. **2.** Espeso, pastoso, poco fluido: *líquido denso.* **3.** *Fig.* Apiñado, apretado: *un denso bosque.* **4.** *Fig.* Que tiene mucho contenido. **5.** MAT. Se dice de la parte de un espacio topológico tal que, en todo abierto de este espacio, hay elementos de dicha parte.
dentado, a adj. Que tiene dientes o salientes en forma de dientes: *hoja dentada.*
dentadura s.f. Conjunto de los dientes de una persona o animal. **2.** Prótesis dentaria parcial o total: *dentadura postiza.*
dental adj. Relativo a los dientes. ◆ adj. y s.f. FONÉT. Se dice del sonido que se articula aplicando la punta de la lengua contra los dientes: *la* d *y la* t *son consonantes dentales.* ◆ s.m. Palo donde se encaja la reja del arado.
dentar v.tr. [conj.: *pensar*]. Poner dientes o salientes en el borde de algo. ◆ v.intr. Echar los dientes un niño. SIN.: *endentecer.*
dentario, a adj. Relativo a los dientes.
dentelaria s.f. Planta herbácea de rocalla, de flores violetas, cuyas raíces machacadas se utilizaban para curar el dolor de muelas. (Familia plumbagináceas.)
dentellada s.f. Acción de clavar los dientes en algo. **2.** Señal o herida producida al morder. ◇ **A dentelladas** Con los dientes: *herir a dentelladas.*
dentellado, a adj. Que tiene dientes o salientes en forma de dientes. **2.** HERÁLD. Se dice de la pieza de perfil formado por dientes menudos.
dentellar v.intr. Chocar los dientes unos contra otros.
dentellear v.tr. Mordisquear.
dentellón s.m. En la arquitectura clásica, cada uno de los pequeños bloques cúbicos que se disponen en hilera como ornamento de las cornisas. SIN.: *dentículo.*
dentera s.f. Sensación desagradable que se experimenta en dientes y encías en determinadas circunstancias, en particular al contacto con algún ácido o astringente. **2.** *Fig.* y *fam.* Envidia.
dentición s.f. (lat. *dentitio, -onis*). FISIOL. Formación, aparición y desarrollo de los dientes. (En el ser humano, la dentición primaria o de leche aparece entre los 6 y 34 meses, y se desprende entre los 6 y los 12 años; la dentición secundaria o permanente empieza hacia los 6 años por los primeros molares.) **2.** Número y disposición de las diferentes clases de dientes en las mandíbulas.
denticulado, a adj. Que está provisto de dentículos.
denticular adj. Con forma de diente.
dentículo s.m. Diente pequeño o poco desarrollado. **2.** ARQ. Dentellón.
dentífrico, a adj. y s.m. (del lat. *dens, -tis,* diente, y *fricare,* frotar). Se dice del preparado específico para la limpieza de los dientes, cuidado de las encías y antisepsia de la boca.
dentina s.f. Marfil de los dientes.
dentirrostro, a adj. y s.m. Relativo a un antiguo suborden de aves caracterizadas por tener puntas y escotaduras a los lados del pico.
dentista s.m. y f. Odontólogo.
dentistería s.f. Amér. Merid. y C. Rica. Odontología. **2.** Colomb., C. Rica, Ecuad. y Venez. Consultorio del dentista, clínica dental.
dentón, na adj. y s. Dentudo. ◆ s.m. Pez provisto de dientes fuertes, semejantes a caninos, que vive en el Mediterráneo. (Familia espáridos.)
dentro adv.l. y t. (del lat. *intro*). En la parte interior de un espacio real o imaginario: *dentro de la casa; dentro de mi alma.* **2.** Durante un período de tiempo o al cabo de él: *dentro de un momento.*
dentrodera s.f. Colomb. Empleada del servicio doméstico que no cocina ni lava.
dentudo, a adj. Que tiene dientes desproporcionados.
denudación s.f. Acción de denudar o denudarse. **2.** Estado de un árbol despojado de su corteza o de su follaje; estado de la tierra privada de su vegetación, etc. **3.** CIR. Proceso por el que quirúrgicamente, o como consecuencia de una enfermedad, se priva a un órgano (diente, hueso, vena) de su cubierta normal.
denudar v.tr. y prnl. Quitar lo que recubre una cosa en estado natural.
denuedo s.m. Esfuerzo, brío, arrojo: *trabajar con denuedo.*
denuesto s.m. Insulto, ofensa de palabra o por escrito.
denuncia s.f. (lat. *delatio, -onis*). Acción de denunciar. **2.** DER. **a.** Notificación a la autoridad competente de una violación de la ley penal perseguible de oficio: *presentar una denuncia.* **b.** Documento en que consta dicha notificación.
denunciar v.tr. (lat. *denuntiare*). Comunicar a la autoridad un delito. **2.** Declarar públicamente el estado ilegal, irregular o indebido de alguna cosa: *denunciar un tratado.* **3.** *Fig.* Poner de manifiesto: *sus modales denuncian su deficiente educación.*
denunciatorio, a adj. Relativo a la denuncia.
de occultis loc.adv. (voces latinas). Disimuladamente, en secreto.
deogracias s.m. (del lat. *Deo gratias,* gracias a Dios) [pl. *deogracias*]. *Fam.* Se emplea para expresar el descanso que se experimenta al término de una situación difícil o enojosa.
deontología s.f. Parte de la ética que trata de los deberes y principios que afectan a una profesión: *deontología médica.*
deontológico, a adj. Relativo a la deontología.

deparar v.tr. Proporcionar, ofrecer: *no sé que me deparará el destino.* **2.** Poner delante, presentar.

departamental adj. Relativo a un departamento.

departamento s.m. Parte en que se divide un espacio: *los departamentos de un tren, de una caja de herramientas, de un refrigerador.* **2.** Nombre con que se designan algunas divisiones administrativas de Hispanoamérica. **3.** Ministerio o rama de la administración. **4.** Unidad estructural universitaria que se ocupa de una determinada disciplina o disciplinas afines. **5.** Amér. Vivienda independiente que ocupa total o parcialmente una de las plantas en que se divide un edificio. SIN.: *apartamento.* GEOSIN.: Esp. *piso.* ◇ **Departamento marítimo** Antigua división administrativa de la jurisdicción naval española, sustituida por la zona marítima.

departamento

En Bolivia, Colombia, El Salvador, Guatemala, Honduras, Nicaragua, Paraguay, Perú y Uruguay constituye la división administrativa mayor; en Argentina es la menor (equivalente al municipio español); y en algunas áreas de Venezuela, es de carácter intermedio, entre el estado o territorio y el municipio.

departir v.intr. Conversar, hablar.

depauperación s.f. Empobrecimiento.

depauperar v.tr. (del lat. *pauper, -eris,* pobre). Empobrecer. ◆ v.tr. y prnl. Debilitar física o moralmente.

dependencia s.f. Situación de la persona o cosa que depende de otra. **2.** Oficina que depende de otra superior. **3.** Conjunto de dependientes. **4.** ECON. Estado en el que se encuentra la economía de una nación con referencia a la de otra, y, especialmente, de un país desarrollado. **5.** POL. En sentido amplio, territorio no soberano, colonia. **6.** PSIQUIATR. Necesidad imperiosa de continuar consumiendo cierta droga a fin de disipar las molestias somáticas o psíquicas provocadas por la abstinencia. ◆ **dependencias** s.f.pl. Cosas accesorias de otra principal.

depender v.intr. Estar subordinada una cosa a las condiciones que le impone otra; estar una cosa conectada con otra. **2.** Estar una persona bajo el dominio o autoridad de otra, necesitar del auxilio o protección de esta.

dependiente, a adj. Que depende. (Como adjetivo se utiliza, tanto para masculino como para femenino, la forma *dependiente.*) ◆ s. Persona que sirve a alguien o es subalterno de una autoridad. **2.** Auxiliar del comerciante.

depilación s.f. Acción de depilar o depilarse. **2.** TECNOL. Eliminación del pelo que cubre una piel, para curtirla.

depilar v.tr. y prnl. Quitar el pelo o el vello de una parte del cuerpo.

depilatorio, a adj. y s.m. Que sirve para depilar: *crema depilatoria.*

depleción s.f. ASTRON. Disminución local del campo de gravedad de un astro. **2.** MED. Disminución de la cantidad de líquido, en particular de sangre, contenido en el organismo o en un órgano.

deplorable adj. Lamentable, digno de ser deplorado.

deplorar v.tr. (lat. *deplorare*). Lamentar, sentir pena y disgusto.

deponente adj. y s.m. LING. En gramática latina, se dice del verbo que posee solo desinencias pasivas y sentido activo.

deponer v.tr. [conj.: *poner*]. Abandonar, dejar a un lado: *deponer una actitud hostil.* **2.** Privar a una persona de su empleo, retirarle sus honores, dignidades, etc.: *algunos militares fueron depuestos.* **3.** Declarar ante el juez u otro magistrado. **4.** Guat., Hond., Méx. y Nicar. Vomitar. ◆ v.intr. Evacuar el vientre. ◇ **Deponer las armas** Cesar en la lucha armada; pedir o hacer la paz.

deportación s.f. DER. **a.** Pena consistente en trasladar a un condenado a un lugar determinado, normalmente ultramarino. **b.** Internamiento en un campo de concentración situado en el extranjero o en un lugar aislado.

deportar v.tr. (lat. *deportare,* trasladar). Condenar a deportación.

deporte s.m. (del ingl. *sport*). Conjunto de los ejercicios físicos que se presentan en forma de juegos, individuales o colectivos, practicados observando ciertas reglas. ◇ **Deportes de invierno** Deportes que se desarrollan sobre la nieve (esquí, bobsleigh) y el hielo (patinaje, hockey).

deportismo s.m. Afición de los deportes o ejercicio de ellos.

deportista s.m. y f. y adj. Persona que practica algún deporte, especialmente si lo hace habitualmente o como profesional.

deportividad s.f. Cualidad de deportivo. **2.** Correcta observancia de las reglas del juego. **3.** Imparcialidad, nobleza, generosidad.

deportivo, a adj. Relativo a los deportes. **2.** Que se ajusta a las normas de corrección que deben darse en el deporte. **3.** Ropa o calzado informal y cómodo. ◆ s.m. Automóvil de dos puertas, carrocería aerodinámica y gran potencia.

deposición s.f. Exposición o declaración. **2.** Destitución de un empleo, cargo o dignidad. **3.** Evacuación de vientre. **4.** Tema iconográfico que representa el cuerpo de Cristo colocado al pie de la cruz, una vez descendido de ella. **5.** DER. Declaración verbal ante un juez o tribunal.

depositante s.m. y f. y adj. DER. Persona que entrega una cosa en depósito.

depositar v.tr. Poner algo o a alguien en un sitio determinado. **2.** Poner algo bajo custodia: *depositar dinero en un banco.* **3.** Poner algo no material como esperanzas, ilusiones, etc., en algo o en alguien: *la oposición depositó su confianza en el gobierno.* **4.** Poner a una persona, mediante orden judicial, en un lugar donde pueda manifestar libremente su voluntad sin temor a ser amenazada por ello. **5.** Sedimentar, posar sedimento un líquido. ◆ **depositarse** v.prnl. Caer en el fondo de un líquido una materia que se encuentre en suspensión.

depositaría s.f. Lugar donde se hacen los depósitos. **2.** Cargo de depositario.

depositario, a adj. y s. DER. Se dice de la persona en quien se deposita una cosa. ◆ s. Intermediario al que son confiadas unas mercancías para que las venda en nombre de su propietario.

depósito s.m. Acción de depositar o depositarse. **2.** Cosa depositada. **3.** Lugar destinado a guardar, almacenar o retener alguna cosa. **4.** Recipiente destinado a contener productos líquidos o gaseosos. **5.** Acción de depositar dinero, valores, etc., en un organismo crediticio que los garantiza. **6.** DER. Contrato por el que una persona, depositante o deponente, entrega algo a otra, depositario, con la obligación de guardarla y restituirla. **7.** F. C. Cochera de locomotoras con su correspondiente servicio de reparaciones y talleres de entretenimiento y conservación de material. **8.** GEOMORFOL. Acumulación de materia sólida efectuada por un agente de transporte, como los depósitos eólicos, fluviales, marinos. ◇ **Depósito bancario** Suma de dinero confiada a un banco. **Depósito de cadáveres** Local existente en los cementerios, hospitales, etc., en los que se guarda el cadáver antes de proceder a su inhumación. **Depósito legal** Envío obligatorio a la administración de ejemplares de una obra o de una publicación impresa, fotografiada o grabada.

depravación s.f. Acción de depravar o depravarse. **2.** Inclinación antinatural en los instintos o el comportamiento.

depravar v.tr. y prnl. (lat. *depravare*). Viciar, adulterar, corromper.

deprecación s.f. Plegaria, invocación, súplica.

deprecar v.tr. Suplicar, pedir con humildad e insistencia.

depreciación s.f. Disminución del valor de un bien, especialmente de una moneda. **2.** Situación de depreciado.

depreciar v.tr. y prnl. Disminuir el valor o precio de una cosa.

depredación s.f. Saqueo acompañado de violencia y destrucción. **2.** Exacción injusta y gravosa realizada por un soberano o gobernante. **3.** Sistema de alimentación propio de los animales depredadores. **4.** PREHIST. Modo de adquisición de alimento en la época prehistórica consistente en la caza y la recolección.

depredador, ra adj. y s.m. Que depreda. **2.** Se dice del animal que caza animales de otras especies para alimentarse.

depredar v.tr. (lat. *depraedari*). Efectuar una depredación.

depresión s.f. Acción de deprimir o deprimirse. **2.** Superficie de terreno que está más baja o hundida que la que la rodea. **3.** Decaimiento del ánimo o de la voluntad. **4.** ECON. Fase del ciclo económico en la que las posibilidades de ganancia alcanzan su nivel mínimo. **5.** FÍS. Disminución de la presión. **6.** PSIQUIATR. Estado patológico caracterizado por un decaimiento del sentimiento del valor personal, por pesimismo, y por la inhibición o disminución de las funciones psíquicas. ◇ **Depresión barométrica** Masa atmosférica dominada por bajas presiones y que es el centro de movimientos ascendentes.

depresión

PSIQUIATR. La depresión abarca distintos grados, desde la forma más profunda (melancolía) hasta distintas depresiones neuróticas de carácter reactivo. Se caracteriza por una disminución de la actividad psíquica e intelectual, así como por la presencia de autoacusaciones de culpas imaginarias o exageradamente aumentadas. Hay un deseo de la propia muerte que se traduce a nivel somático por una sensación de cansancio y de falta de ánimo. En la psicosis maníaco-depresiva, emparentada con la depresión, alternan episodios maníacos y episodios melancólicos.

depresivo, a adj. Que deprime el ánimo. **2.** PSIQUIATR. Propenso a la depresión: *carácter depresivo.*

depresor, ra adj. y s. Que deprime o humilla. ◆ adj. y s.m. ANAT. Se dice de algunos músculos cuya principal acción estriba en hacer que descienda uno de los puntos en que se insertan. ◆ s.m. MED. Nombre que se aplica a algunos instrumentos que tienen como finalidad apartar, haciéndolos descender, determinados órganos o parte de ellos: *depresor de lengua.*

deprimente adj. Que deprime, debilita, abate o resta energía. **2.** Que pone triste o desmoraliza.

deprimido, a adj. PSIQUIATR. Se dice de la persona que padece un proceso depresivo mental.

deprimir v.tr. y prnl. (lat. *deprimere*). Abatir, quitar el ánimo. ◆ v.tr. Reducir el volumen de un cuerpo por medio de la presión. **2.** Hundir alguna parte de la superficie de un cuerpo. ◆ **deprimirse** v.prnl. Disminuirse el volumen de un cuerpo o deformarse a causa de un hundimiento parcial. **2.** Estar una superficie o línea más baja que las inmediatas. **3.** PSIQUIATR. Padecer una depresión.

deprisa adv.m. Con prontitud, aceleradamente. ◇ **Deprisa y corriendo** Con precipitación, atropelladamente.

de profundis s.m. (voces latinas, *desde lo profundo del abismo*). Sexto de los siete salmos penitenciales que comienza con estas palabras y se recita en la liturgia de difuntos.

depuración s.f. Acción y efecto de depurar o depurarse.

depurado, a adj. Que alcanza gran perfección por estar muy trabajado: *estilo depurado.*

depurador, ra adj. y s. Que depura. ◆ s.m. Aparato que se utiliza para eliminar las impurezas de un producto.

depuradora s.f. Aparato o instalación que depura las aguas.

depurar v.tr. y prnl. Quitar las impurezas de una cosa. **2.** *Fig.* Perfeccionar el estilo o el lenguaje. ◆ v.tr. Someter a investigación una institución, partido político, etc., para hallar las personas desafectas a las directrices de los mismos. **2.** Eliminar de dichos organismos a la persona o personas halladas desafectas a ellos.

depurativo, a adj. y s.m. MED. Se dice de determinadas sustancias a las que se atribuye el efecto de purificar los humores del organismo.

depuratorio, a adj. INDUSTR. Que sirve para depurar.

dequeísmo s.m. LING. Uso incorrecto de la locución *de que* cuando el régimen verbal no admite la preposición *de.*

derbi o **derby** s.m. (ingl. *derby*). Vehículo de tracción animal de cuatro ruedas, abierto y muy ligero. **2.** Prueba hípica que se celebra anualmente en Epsom (Gran Bretaña). **3.** Esp. Encuentro deportivo entre equipos vecinos.

derecha s.f. Lo que está situado con respecto a la persona al lado opuesto del corazón. **2.** Parte de una asamblea deliberante, que se sienta habitualmente a la derecha del presidente, y que está constituida por los representantes de los partidos conservadores. **3.** Conjunto de los que tienen ideas conservadoras. ◇ **A derechas** Indica que una cosa se hace bien o como se debe. **Ceder la derecha** Ponerse al lado izquierdo de una persona en señal de cortesía.

derechazo s.m. En boxeo, golpe que se da con la derecha. **2.** TAUROM. Pase de muleta ejecutado con la mano derecha.

derechismo s.m. POL. Actitud propia de la derecha política.

derechista adj. y s.m. y f. POL. Perteneciente a la derecha política.

derechización s.f. POL. Tendencia a adoptar actitudes o posiciones de derechas, conservadoras.

1. **derecho** adv. Directamente, sin rodeos: *ir derecho al problema.*

2. **derecho, a** adj. (lat. vulgar *derectus,* recto, directo). Recto, siempre en la misma dirección, sin ángulos ni torceduras. **2.** Erguido, no encogido ni encorvado. **3.** En posición vertical. **4.** Se dice de las partes del cuerpo que están situadas al lado opuesto al del corazón: *mano derecha.* **5.** Se dice de lo que está situado con respecto a la persona al lado opuesto del corazón: *ir por el camino de la derecha.* **6.** Se dice de la orilla o margen de un río que cae a la derecha de quien se coloca mirando hacia donde corren las aguas. **7.** *Fig.* Justo, sincero. ◆ s.m. Conjunto de leyes, preceptos y reglas que deben obedecer las personas en su vida social. **2.** Ciencia que estudia las leyes y su aplicación: *estudiar la carrera de derecho.* **3.** Facultad para hacer o exigir algo que comúnmente se considera justo y razonable: *tiene derecho a quejarse; derecho a una vivienda digna.* **4.** Facultad de hacer o exigir todo lo que la ley o autoridad establece en favor de alguien o que le permite quien puede hacerlo. **5.** Justicia, razón. **6.** Lado mejor labrado de una tela, papel, tabla, etc. ◆ **derechos** s.m.pl. Lo que un estado, una región, una provincia, una ciudad o un particular tiene derecho a cobrar. ◇ **Derecho administrativo** Rama del derecho público que tiene por objeto el funcionamiento de la administración y sus relaciones con los particulares. **Derecho canónico** Conjunto de normas jurídicas dictadas por la Iglesia católica, que regulan su organización y las relaciones de los fieles con la jerarquía en lo relativo al fuero externo. SIN.: *cánones.* **Derecho civil** Rama del derecho privado que se refiere al estado y capacidad de las personas, la familia, el patrimonio, la transmisión de bienes, los contratos y las obligaciones. **Derecho común** El derecho romano y el derecho canónico; en España, derecho civil aplicable en toda el área del estado. **Derecho constitucional** Rama del derecho público que define la estructura y las relaciones de los poderes públicos así como la participación de los ciudadanos en su formación. **Derecho de gentes** Antigua denominación del derecho internacional público. **Derecho divino** Derecho que viene de Dios. **Derecho escrito** Derecho expresado en un texto elaborado a este efecto por el legislador. **Derecho fiscal** Parte del derecho público que se refiere a los impuestos y a las técnicas que permiten recaudarlos. **Derecho foral** Derecho aplicable en las regiones o comarcas españolas que poseen una legislación civil particular. **Derecho internacional privado** Conjunto de reglas que sirven para dilucidar los conflictos entre personas de nacionalidades diferentes. **Derecho internacional público** Conjunto de reglas que los estados aplican en sus relaciones. **Derecho laboral** Conjunto de reglas y normas

que rigen las relaciones entre los empresarios y los empleados. **Derecho natural** Conjunto de normas que toman en consideración la naturaleza del ser humano y su finalidad en el mundo. **Derecho penal** Conjunto de reglas que definen, previenen y sancionan las infracciones. **Derecho positivo** El establecido por las leyes y sancionado o reconocido por el poder público. **Derecho privado** Conjunto de reglas que rigen las relaciones de los individuos entre ellos. **Derecho público** Conjunto de reglas relativas a la organización del estado y a sus relaciones con los particulares. **Derechos civiles** Conjunto de derechos reconocidos y garantizados por las leyes a los ciudadanos de un estado. **Derechos humanos** Conjunto de derechos y libertades considerados como inherentes a la naturaleza humana, lo que implica especialmente su aplicación y respeto por todo el poder político. **Derechos reales** Impuesto que grava las transmisiones de bienes y otros actos civiles. **Estado de derecho** Sistema de organización de la sociedad en el que el conjunto de relaciones políticas y sociales está sometido a derecho.

derechohabiente s.m. y f. DER. Persona que deriva su derecho de otra.

derechura s.f. Cualidad de derecho.

deriva s.f. Desviación de un barco o un avión de su ruta por efecto de una corriente o del viento. **2.** Orza móvil sumergida para reducir la deriva de un barco, especialmente de vela. **3.** Plano vertical de una aeronave, provisto de timones de dirección. **4.** ARM. Ángulo que hay que desviar la puntería de un arma para corregir la derivación. ◇ **Deriva de los continentes** Teoría desarrollada por Wegener, según la cual los continentes flotarían en el sima después de la escisión de un continente único. **Deriva genética** BIOL. En una población limitada, evolución debida al azar. **Ir a la deriva** Ir una embarcación sin gobierno, a merced de las olas.

derivable adj. MAT. Se dice de la función que admite una derivada en un punto o en un intervalo.

derivación s.f. Acción de derivar o derivarse. **2.** Cosa que deriva de otra: *el haiku es una derivación del haikai.* **3.** Conducción, camino, cable, etc., que sale de otro. **4.** ARM. Desviación de un proyectil en relación con el plano de tiro, debido a su rotación a lo largo de la trayectoria. **5.** ELECTR. Comunicación por medio de un segundo conductor entre dos puntos de un circuito cerrado. **6.** LING. Procedimiento para la formación de palabras que consiste en añadir un sufijo o un prefijo a otra palabra o radical. **7.** MAT. Cálculo de la derivada de una función. **8.** MED. Desvío de líquidos orgánicos de un circuito natural. ◇ **En derivación** ELECTR. Se dice de los circuitos bifurcados entre los que se reparte la corriente. SIN.: *en paralelo.*

derivada s.f. MAT. Límite hacia el cual tiende el cociente entre el incremento de una función y el incremento arbitrario de la variable independiente, cuando este último tiende a cero.

derivado, a adj. y s.m. GRAM. Se dice de una palabra que deriva de otra. ◆ s.m. QUÍM. Cuerpo obtenido por la transformación de otro: *una sal es un derivado de un ácido.* ◇ **Corrientes derivadas** Corrientes eléctricas que circulan por diversas derivaciones.

derivar v.intr. y prnl. (lat. *derivare,* desviar una corriente de agua). Proceder, originarse una cosa de otra. ◆ v.intr. Tomar una cosa una dirección nueva. **2.** LING. Proceder una palabra por derivación. **3.** MAR. Desviarse una nave del rumbo. ◆ v.tr. Cambiar la dirección de una cosa. **2.** Encaminar, conducir una cosa. **3.** ELECTR. Establecer una comunicación por medio de un conductor o hilo derivado. **4.** LING. Formar una palabra por derivación. ◇ **Derivar una función** MAT. Buscar su derivada.

dermatitis s.f. (del gr. *dérma, -atos,* piel). Inflamación de la dermis. SIN.: *dermitis.*

dermatoheliosis s.f. Afección de la piel causada por una exposición excesiva a los rayos solares.

dermatología s.f. Parte de la medicina que se ocupa de las enfermedades de la piel.

dermatólogo, a s. y adj. Médico especialista en dermatología.

dermatomiositis s.f. Enfermedad de origen desconocido que ataca a la piel y a los músculos estriados.

dermatosis s.f. Nombre genérico de las enfermedades de la piel.

dermesto s.m. Insecto coleóptero gris o negruzco, que alcanza 1 cm de long. y se alimenta de carne seca, plumas, etc.

dérmico, a adj. Relativo a la dermis. **2.** Relativo a la piel.

dermis s.f. Capa de la piel, la intermedia entre la más superficial o epidermis y la más profunda o hipodermis.

dermitis s.f. Dermatitis.

dermografismo s.m. Aparición de marcas elevadas y rojizas en la piel cuando se hacen en ella trazos con un estilete o con la uña.

derogación s.f. Acción de derogar: *derogación de una ley.*

derogar v.tr. (lat. *derogare,* anular parte de una ley). Anular o modificar una ley o precepto con una ley o precepto nuevos.

derogatorio, a adj. DER. Que deroga: *cláusula derogatoria.*

derrama s.f. Impuesto temporal o extraordinario. **2.** Repartición de un impuesto o un gasto eventual entre varias personas que deben pagarlo.

derramamiento s.m. Acción de derramar o derramarse: *derramamiento de sangre.*

derramar v.tr. y prnl. (lat. vulgar *diramare*). Hacer que un líquido o cosas menudas salgan de un recipiente y se esparzan: *derramar la leche sobre la mesa.* ◆ v.tr. Repartir o distribuir entre los vecinos de una localidad los impuestos o pechos. ◆ **derramarse** v.prnl. Esparcirse desordenadamente. **2.** Desembocar una corriente de agua en un lugar.

derrame s.m. Derramamiento. **2.** Corte oblicuo practicado a los lados del hueco de una puerta o ventana, para facilitar la abertura de los batientes o para dar más luz. SIN.: *derramo.* **3.** MED. Existencia de una cantidad anormal de líquido en alguna estructura, órgano o cavidad: *derrame de sangre.*

derrapar v.intr. Patinar de lado un automóvil.

derredor s.m. Circuito, contorno de una cosa: *en derredor de la mesa.*

derrengado, a adj. Se dice del animal que tiene borrado el saliente óseo de la cadera como consecuencia de una fractura del hueso ilíaco.

derrengar v.tr. y prnl. (lat. vulgar *derenicare,* de *renes,* riñones). Lastimar la columna vertebral de una persona o los lomos de un animal a la altura de los riñones. SIN.: *deslomar, desriñonar.* **2.** Inclinar a un lado más que a otro. **3.** Cansar, fatigar.

derretimiento s.m. Acción de derretir o derretirse.

derretir v.tr. y prnl. (de *retir*) [conj.: *pedir*]. Disolver una cosa sólida o pastosa por la acción del calor. ◆ **derretirse** v.prnl. *Fig.* y *fam.* Mostrarse muy enamorado y tierno. **2.** *Fig.* y *fam.* Impacientarse, inquietarse.

derriba s.f. Colomb., Méx., Nicar. y Pan. Acción y efecto de desmontar.

derribar v.tr. (de *riba*). Tirar, hacer caer al suelo un edificio u otra construcción. **2.** Tirar, hacer caer al suelo una cosa o a una persona que está de pie o en un lugar alto. **3.** *Fig.* Hacer perder a una persona su empleo, poder, estimación o dignidad.

derribo s.m. Acción y efecto de derribar. **2.** Conjunto de materiales que se obtienen de la demolición de un edificio.

derrick s.m. (voz inglesa). Torre de armazón metálica que soporta la maquinaria de perforación de un pozo de petróleo. SIN.: *torre de sondeo.* **2.** Grúa usada en obras públicas.

derriscar v.tr. y prnl. Cuba y P. Rico. Despeñar.

derrocamiento s.m. Acción de derrocar.

derrocar v.tr. Despeñar, precipitar. **2.** Derribar un edificio. **3.** *Fig.* Hacer caer a una persona de su empleo, poder o dignidad.

derrochador, ra adj. y s. Que derrocha o malbarata.
derrochar v.tr. (del mozár. *rocha,* roca). Malgastar el dinero u otra cosa. **2.** Tener en gran abundancia una cualidad buena: *derrochar simpatía.*
derroche s.m. Abundancia de una cualidad buena. **2.** Acción de derrochar.
1. **derrota** s.f. Acción de derrotar a alguien en una contienda bélica, una competición, etc. **2.** Efecto de ser derrotado en una contienda bélica, una competición, etc.
2. **derrota** s.f. (de *derromper,* romper o cortar). Camino o senda. **2.** MAR. **a.** Rumbo de un buque, en el sentido de dirección. **b.** Navegación o ruta que se hace para ir de un punto a otro.
1. **derrotar** v.tr. Vencer a alguien en una contienda bélica, una competición, etc.
2. **derrotar** v.intr. TAUROM. Tirar derrotes.
derrote s.m. TAUROM. Golpe que da el toro con las astas, levantando la cabeza.
derrotero s.m. *Fig.* Camino, dirección. **2.** *Fig.* Camino tomado para lograr el fin propuesto: *ir alguien por malos derroteros.* **3.** Línea, dirección o camino señalado en la carta de navegación para gobierno de los pilotos. **4.** Libro de navegación que contiene estas direcciones o caminos. **5.** Derrota, rumbo que sigue una embarcación.
derrotismo s.m. Cualidad de derrotista.
derrotista adj. y s.m. y f. Se dice de la persona que muestra una actitud pesimista sobre el resultado de cualquier empresa. ◆ adj. Que presagia la derrota.
derrubiar v.tr. y prnl. Formar derrubios.
derrubio s.m. Depósito formado por fragmentos de rocas que se acumulan en las laderas y el fondo de valles.
derruir v.tr. (lat. *diruere*) [conj.: *huir*]. Derribar un edificio.
derrumbadero s.m. Despeñadero, precipicio. **2.** *Fig.* Riesgo o peligro al que se expone alguien al hacer algo.
derrumbamiento s.m. Acción y efecto de derrumbar o derrumbarse. SIN.: *derrumbe.*
derrumbar v.tr. y prnl. (del lat. *rupes,* precipicio, ribazo). Derribar o hundir un edificio, construcción, etc. **2.** Precipitar, despeñar. ◆ **derrumbarse** v.prnl. Perder una persona el ánimo o la fuerza moral.
derviche s.m. (del persa *darvis,* pobre o fraile pobre). Miembro de una cofradía musulmana de monjes mendicantes que practican la mística.
desabastecer v.tr. y prnl. [conj.: *parecer*]. Dejar de abastecer.
desabollador s.m. Instrumento utilizado por algunos artesanos para desabollar.
desabollar v.tr. Quitar las abolladuras.
desabordarse v.prnl. MAR. Separarse una embarcación de otra después de haberla abordado.
desaborido, a adj. Que tiene poco o ningún sabor o sustancia. ◆ adj. y s. *Fam.* Se dice de la persona sosa, sin gracia o sin interés.
desabotonar v.tr. y prnl. Abrir una prenda de vestir, sacando los botones de los ojales. ◆ v.intr. *Fig.* Abrirse los capullos de las flores.
desabrido, a adj. (de *sabor*). Que tiene poco o ningún sabor o sustancia. **2.** Se dice del tiempo destemplado, desigual. **3.** Esp. *Fig.* Áspero y desagradable en el trato.
desabrigar v.tr. y prnl. Quitar la ropa que abriga.
desabrigo s.m. Acción y efecto de desabrigar o desabrigarse. **2.** *Fig.* Desamparo, abandono.
desabrimiento s.m. Cualidad de desabrido. **2.** *Fig.* Disgusto o pena. **3.** *Fig.* Actitud desabrida o áspera.
desabrochar v.tr. Soltar o abrir los broches, corchetes, botones, etc., de una prenda de vestir u otro objeto.
desacatar v.tr. y prnl. Faltar al respeto a una autoridad que está ejerciendo. **2.** No aceptar o desobedecer una ley o una orden.
desacato s.m. DER. Delito que se comete al calumniar, injuriar, insultar o amenazar a una autoridad en el ejercicio de sus funciones.
desaceitar v.tr. Separar de una materia el aceite que contiene.
desacerar v.tr. y prnl. Eliminar la aceración de un producto, herramienta, etc., para conferirle las propiedades del hierro exento de carbono.
desacertar v.tr. [conj.: *pensar*]. No acertar.
desacierto s.m. Dicho o hecho que resulta equivocado, inoportuno o poco apropiado.
desacomodar v.tr. Dejar sin comodidad a una persona o cosa. ◆ v.tr. y prnl. Quitar el empleo u ocupación a alguien.
desacomodo s.m. Acción y efecto de desacomodar.
desaconsejar v.tr. Disuadir, aconsejar a alguien no hacer una cosa.
desacoplar v.tr. Separar lo que estaba acoplado. **2.** ELECTR. Desconectar dos circuitos eléctricos.
desacordar v.tr. y prnl. [conj.: *contar*]. Destemplar un instrumento musical. ◆ v.tr. *Fig.* Poner desacuerdo, desunir.
desacorde adj. Que no concuerda con otra cosa.
desacostumbrado, a adj. Extraño, fuera de lo común: *desacostumbrado interés.*
desacostumbrar v.tr. y prnl. Perder o hacer perder a alguien una costumbre.
desacreditar v.tr. y prnl. Hacer perder el buen crédito o la reputación a alguien o algo.
desactivar v.tr. Manipular la espoleta o sistema detonador de un artefacto explosivo para evitar su explosión. **2.** Anular o disminuir la actividad o funcionamiento de un proceso dinámico, de una organización, etc.
desacuerdo s.m. Falta de acuerdo o conformidad.
desafección s.f. Desafecto. **2.** DER. Decisión por la que la administración retira del dominio público un bien determinado, suprimiéndolo del uso o servicio público al que estaba destinado.
desafecto, a adj. Que no siente o muestra afecto por alguien o algo. **2.** Que se muestra contrario a alguien o algo, especialmente a un régimen político: *los desafectos al régimen se encontraban en el exilio.* ◆ s.m. Falta de afecto o cariño.
desaferrar v.tr. y prnl. Soltar algo que está aferrado. ◆ v.tr. *Fig.* Disuadir a alguien de una opinión que sostiene tenazmente.
desafiante adj. Que desafía.
desafiar v.tr. [conj.: *desviar*]. Retar, provocar a combate, contienda o discusión. **2.** Enfrentarse con valor a una situación difícil o peligrosa. **3.** Hacer frente al enojo de una persona u oponerse a sus opiniones y mandatos. **4.** Contradecir aparentemente una ley o fenómeno: *desafiar las leyes de la naturaleza.* **5.** TAUROM. Pararse el toro ante el bulto y, sin arrancarse, escarbar la arena y humillar hasta dar con el hocico en el suelo.
desaficionar v.tr. y prnl. Hacer perder la afición.
desafinar v.intr. y prnl. Apartarse la voz o un instrumento del tono adecuado. **2.** *Fig.* y *fam.* Decir cosas indiscretas o inoportunas. ◆ v.tr. Hacer que un instrumento pierda el tono adecuado.
desafío s.m. Acción y efecto de desafiar. **2.** MÚS. Composición popular brasileña, en la que dos cantores se hacen preguntas y se contestan sucesivamente.
desaforado, a adj. Excesivamente grande o intenso. **2.** Que actúa sin tener en cuenta la ley o la justicia.
desaforar v.tr. [conj.: *contar*]. Actuar en contra del fuero. **2.** Quitar a alguien sus fueros o privilegios. ◆ **desaforarse** v.prnl. Descomponerse, perder la serenidad.
desaforo s.m. Acción y efecto de desaforar o desaforarse.
desafortunado, a adj. y s. Que no tiene fortuna o buena suerte: *desafortunado en amores.* **2.** Que no es oportuno o acertado: *comentario desafortunado.*
desafuero s.m. Abuso o atropello cometido contra la ley. **2.** DER. Acto que priva de fuero al que lo tenía. **3.** HIST. En la

edad media, acto por el que el rey vulneraba los fueros y privilegios del vasallo en los reinos de Aragón, Castilla y Navarra.

desagradar v.intr. y prnl. Provocar desagrado.

desagradecer v.tr. [conj.: *parecer*]. No agradecer un beneficio o favor recibido.

desagradecido, a adj. y s. Que no agradece un beneficio o favor recibido. **2.** Que es propio de las personas desagradecidas.

desagrado s.m. Disgusto, sensación negativa que produce algo que no agrada. **2.** Actitud que refleja disgusto: *escuchar con desagrado.*

desagraviar v.tr. y prnl. Reparar el agravio hecho a alguien. **2.** Compensar el perjuicio causado.

desagravio s.m. Acción de desagraviar.

desagregar v.tr. y prnl. Separar, apartar lo que está unido.

desaguadero s.m. Desagüe.

desaguar v.tr. [conj.: *averiguar*]. Extraer, quitar el agua de un lugar. ◆ v.intr. Entrar, desembocar una corriente de agua en el mar. ◆ v.intr. y prnl. Vaciarse un depósito o recipiente por el desagüe. **2.** Orinar.

desagüe s.m. Acción de desaguar. **2.** Conducto o canal por donde desagua un líquido. SIN.: *desaguadero.*

desaguisado, a s.m. Agravio, delito, insulto. **2.** Destrozo, fechoría. ◆ adj. Hecho contra la ley o la razón.

desahogado, a adj. Se dice del lugar amplio o espacioso. **2.** Que disfruta de bienestar económico o lo tiene.

desahogar v.tr. y prnl. Expresar violentamente una pena o un estado pasional para aliviarse. **2.** Aliviar a alguien de un trabajo, aflicción, etc. ◆ **desahogarse** v.prnl. Hacer confidencias una persona a otra, expansionarse. **2.** Salir del ahogo de las deudas contraídas.

desahogo s.m. Acción y efecto de desahogar o desahogarse. **2.** Cualidad de desahogado. **3.** Alivio de la pena, trabajo o aflicción. ◇ **Vivir con desahogo** *Fam.* Disfrutar de bienestar económico o tenerlo.

desahuciar v.tr. Considerar el médico al enfermo sin esperanza de salvación. **2.** DER. Despedir o expulsar al inquilino o arrendatario de una finca rústica o urbana. ◆ v.tr. y prnl. Quitar a alguien la esperanza de conseguir algo que desea.

desahucio s.m. Acción de desahuciar.

desairado, a adj. Se dice de la situación del que queda menospreciado o desatendido. **2.** Se dice de la persona que no queda airosa en lo que pretende o tiene a su cargo. **3.** Que carece de garbo.

desairar v.tr. Despreciar, desatender, desestimar.

desaire s.m. Acción de desairar. **2.** Falta de garbo.

desajustar v.tr. Hacer que una cosa deje de estar ajustada.

desajuste s.m. Falta de ajuste.

desalación s.f. Acción y efecto de desalar. SIN.: *desalado.*

desalar v.tr. Quitar la sal a una cosa: *desalar el bacalao.*

desalentar v.tr. y prnl. [conj.: *pensar*]. Desanimar, quitar el ánimo.

desalfombrar v.tr. Quitar las alfombras.

desaliento s.m. Decaimiento del ánimo, falta de vigor o de esfuerzo.

desalinear v.tr. y prnl. Hacer perder la posición de las cosas o las personas que están colocadas en línea recta o alineadas.

desalinización s.f. Acción y efecto de desalinizar.

desalinizar v.tr. Quitar o disminuir la salinidad del agua del mar para convertirla en potable o para ciertos usos industriales.

desaliñado, a adj. Que carece de aliño.

desaliñar v.tr. y prnl. Producir desaliño.

desaliño s.m. Descuido en el aseo personal, falta de aseo. **2.** Negligencia, descuido.

desalmado, a adj. y s. Cruel, malvado.

desalmenar v.tr. Quitar o destruir las almenas de un castillo u otro edificio.

desalmidonado s.m. Operación textil destinada a eliminar los productos amiláceos de los tejidos.

desalmidonar v.tr. Proceder al desalmidonado.

desalojar v.tr. Hacer salir a alguien o algo de un lugar. **2.** Abandonar un lugar dejándolo vacío. ◆ v.intr. Dejar voluntariamente el alojamiento.

desalojo s.m. Acción y efecto de desalojar. SIN.: *desalojamiento.*

desalquilar v.tr. Dejar de tener alquilado un lugar o una cosa. ◆ **desalquilarse** v.prnl. Quedar sin inquilinos un local.

desamarrar v.tr. y prnl. MAR. Soltar las amarras de una embarcación. **2.** Dejar una embarcación sobre una sola ancla o amarra.

desambientado, a adj. Que está fuera de su ambiente habitual y se encuentra inadaptado.

desambiguar v.tr. [conj.: *averiguar*]. Hacer desaparecer la ambigüedad o el carácter dudoso o incierto de una cosa.

desamor s.m. Falta de amor o amistad.

desamortización s.f. Acción legal encaminada a liberar y entregar a la contratación general las propiedades inmuebles acumuladas en poder de entidades incapacitadas para enajenar sus bienes.

desamortizar v.tr. Proceder a una desamortización.

desamparar v.tr. Abandonar, dejar sin amparo. **2.** DER. Dejar una cosa renunciando a todo derecho sobre ella.

desamparo s.m. Acción y efecto de desamparar.

desamueblar v.tr. Dejar sin muebles una casa o parte de ella.

desanclar v.tr. MAR. Levantar las anclas para zarpar.

desandar v.tr. [conj.: *andar*]. Recorrer en sentido contrario un camino recorrido previamente.

desangelado, a adj. Falto de gracia, soso.

desangramiento s.m. Acción y efecto de desangrar o desangrarse.

desangrar v.tr. y prnl. Hacer que una persona o a un animal pierda mucha sangre o toda la sangre. **2.** *Fig.* Empobrecer a alguien, haciéndole gastar los bienes.

desanidar v.intr. Abandonar el nido las aves.

desanimado, a adj. Se aplica a la persona que muestra desánimo. **2.** Que tiene poca animación.

desanimar v.tr. y prnl. Quitar el ánimo o la animación.

desánimo s.m. Falta de ánimo, fuerza o energía.

desanudar v.tr. Deshacer un nudo. **2.** *Fig.* Aclarar, desenmarañar.

desapacible adj. Que es desagradable a los sentidos. **2.** Se dice del tiempo desagradable debido a las inclemencias. **3.** Se dice de la persona que carece de amabilidad y consideración y es propenso a la irritación.

desaparear v.tr. Desparejar.

desaparecer v.intr. [conj.: *parecer*]. Ocultarse, quitarse de la vista de alguien repentina o gradualmente. **2.** Dejar de ser o existir: *desaparecer en una guerra.*

desaparecido, a s. y adj. Persona que está en paradero desconocido o muerta sin que se sepa dónde está el cuerpo, víctima de una catástrofe, represión policial o política, secuestro, etc.

desaparejar v.tr. y prnl. Quitar el aparejo a una caballería. **2.** Desparejar. ◆ v.tr. MAR. Desarbolar.

desaparición s.f. Acción y efecto de desaparecer.

desapartar v.tr. y prnl. Apartar.

desapasionar v.tr. y prnl. Hacer perder la pasión o interés.

desapegarse v.prnl. Desprenderse del apego o afecto a una persona o cosa.

desapego s.m. Acción y efecto de desapegarse.

desapercibido, a adj. Inadvertido: *pasar desapercibido.*

desapercibimiento s.m. Desprevención.

desaplicado, a adj. Falto de aplicación.

desapolillar v.tr. Quitar la polilla. ◆ **desapolillarse**

v.prnl. *Fig.* y *fam.* Salir de casa después de haber pasado mucho tiempo recluido en ella.

desaporcar v.tr. [conj.: *contar*]. Quitar la tierra arrimada al pie de las plantas.

desaposentar v.tr. Privar del aposentamiento al que lo tenía. **2.** *Fig.* Apartar, echar de sí.

desaprensión s.f. Falta de justicia o de moral en determinados actos, generalmente por desprecio a los derechos de los demás.

desaprensivo, a adj. y s. Que tiene desaprensión.

desaprestar v.tr. Someter un tejido a la acción del vapor para quitarle apresto.

desapretar v.tr. y prnl. [conj.: *pensar*]. Aflojar lo que está apretado.

desaprobación s.f. Acción y efecto de desaprobar.

desaprobar v.tr. Considerar que una acción o conducta no está bien, no es buena o no es conforme con algo.

desapropiar v.tr. Quitar a uno la propiedad de una cosa. ◆ **desapropiarse** v.prnl. Desprenderse, renunciar a algo que se posee.

desaprovechamiento s.m. Acción y efecto de desaprovechar.

desaprovechar v.tr. Desperdiciar, emplear mal una cosa: *desaprovechar el tiempo.*

desapuntar v.tr. Borrar lo apuntado. **2.** Dejar de apuntar con un arma o hacer perder la puntería a alguien.

desarbolar v.tr. MAR. Quitar o derribar la arboladura de una nave.

desarenar v.tr. Quitar la arena.

desarmador s.m. Méx. Destornillador.

desarmar v.tr. Separar las piezas de que se compone una cosa: *desarmar un aparato de radio.* **2.** *Fig.* Aplacar los ánimos de una persona. **3.** *Fig.* Dejar a una persona sin respuesta o reacción confundiéndola o sorprendiéndola: *su inesperada respuesta lo desarmó y no supo qué contestar.* **4.** En esgrima, quitar el arma del adversario con un movimiento rápido de la propia. **5.** Retirar de una embarcación la artillería y el aparejo. **6.** Quitar o hacer entregar a una persona, a un cuerpo o a una plaza, las armas que tiene: *desarmar al enemigo.* **7.** TAUROM. Arrebatar el toro los trastos de la mano del torero, dejándolo indefenso. ◆ v.intr. TAUROM. Taparse el toro mediante derrotes. ◇ **Desarmar un país** MIL. Retirar las armas a los ciudadanos, disolver sus tropas y desmantelar sus plazas.

desarme s.m. Acción de desarmar. **2.** Acción concertada entre naciones tendente a limitar, suprimir o prohibir la fabricación o empleo de determinadas armas.

desarme

Los esfuerzos para limitar los efectos de los conflictos bélicos estuvieron representados en el s. XIX por los congresos pacifistas internacionales y la creación de la Cruz roja. La Sociedad de naciones, creada por el tratado de Versalles (1919), llevó a cabo una acción en favor de la paz basada en el arbitraje, la seguridad y el desarme. La ONU prevé en su carta (1945) la limitación y el control de armamento. Tras la crisis de Cuba (1961-1962), que puso en evidencia el peligro de un enfrentamiento nuclear, EUA y la URSS entablaron negociaciones directas que condujeron a diversos acuerdos parciales. En 1990 se firmó en París un acuerdo de no enfrentamiento y colaboración entre la OTAN y el pacto de Varsovia, y la *Carta de París* de la Conferencia sobre seguridad y cooperación en Europa (CSCE), en la que se convino la reducción de fuerzas convencionales en Europa. La guerra del Golfo (1990-1991) puso de manifiesto la necesidad de controlar el suministro de armas a terceros países y la escasa efectividad de los convenios sobre armas químicas y biológicas. EUA y Rusia acordaron la reducción escalonada de dos tercios de los misiles nucleares de largo alcance (1992) y la reducción a la tercera parte de sus arsenales atómicos (1993). También en 1993, 120 países firmaron el tratado de armas químicas (TAQ), que prohíbe la investigación, producción, almacenaje y empleo de este tipo de armas. En 1996 Rusia, Francia, China, Gran Bretaña y EUA firmaron el tratado para la prohibición de pruebas nucleares y comenzaron las primeras negociaciones para la prohibición de minas antipersona.

desarraigado, a adj. y s. Que ha perdido los vínculos afectivos con su país, familia, etc.

desarraigar v.tr. y prnl. Arrancar de raíz un árbol o una planta. **2.** Separar a alguien del lugar en que tiene su hogar y sus vínculos sociales y afectivos. **3.** *Fig.* Eliminar una pasión, una costumbre o un vicio: *desarraigar un amor, desarraigar la droga.*

desarraigo s.m. Acción y efecto de desarraigar.

desarrapado, a adj. → **desharrapado.**

desarreglar v.tr. y prnl. Deshacer el orden, arreglo o disposición que tenía una cosa.

desarreglo s.m. Acción y efecto de desarreglar.

desarrendar v.tr. [conj.: *pensar*]. Dejar o hacer dejar una finca que se tenía arrendada.

desarrollable adj. Que puede ser desarrollado. ◆ adj. y s.f. MAT. Se dice de la superficie que puede desarrollarse sobre un plano sin desgarraduras. (Un cono es desarrollable, pero una esfera no.)

desarrollado, a adj. Que ha logrado un buen desarrollo. **2.** Se dice de los países que han alcanzado un sistema productivo moderno y eficiente y un alto grado de crecimiento económico. ◆ s.m. TECNOL. Transformación de un tronco o rollizo de madera en una lámina fina y continua.

desarrolladora s.f. Máquina que efectúa el desarrollado de la madera.

desarrollar v.tr. y prnl. Desenrollar lo que está arrollado. **2.** *Fig.* Hacer pasar una cosa del orden físico, intelectual o moral por una serie de estados sucesivos, cada uno de ellos más perfecto o más complejo que el anterior: *desarrollar la capacidad intelectual.* ◆ v.tr. *Fig.* Llevar a cabo una idea, un proyecto, etc., que necesita cierto tiempo. **2.** *Fig.* Explicar con detalle y amplitud un tema. ◆ **desarrollarse** v.prnl. *Fig.* Suceder una cosa de un modo determinado: *los acontecimientos se desarrollaron de manera imprevista.* ◇ **Desarrollar un cálculo** Efectuar las operaciones sucesivas que constituyen este cálculo. **Desarrollar una función en serie** Formar la serie entera que, en un cierto intervalo, tenga por suma la función considerada. **Desarrollar una superficie sobre otra** En el caso de superficies aplicables, establecer la ley de correspondencia entre sus elementos.

desarrollismo s.m. Concepción economicista del desarrollo que tiende a primar los aspectos cuantitativos despreciando los cualitativos, especialmente los costos sociales.

desarrollo s.m. Acción y efecto de desarrollar o desarrollarse. **2.** Distancia que recorre una bicicleta cuando sus pedales dan una vuelta completa. **3.** ECON. Mejora cualitativa y durable de una economía y de su funcionamiento. **4.** MAT. Aplicación, sobre un plano, de una superficie desarrollable o de un poliedro. **5.** MÚS. Parte central de una sonata o de una fuga, que sigue a la exposición, y en la que el o los temas se transforman. ◇ **Desarrollo humano sostenible** ECON. Proceso de desarrollo en el que el tamaño y crecimiento de la población y los modos de vida están acordes con las posibilidades de producción del ecosistema. (El desarrollo humano se mide por el *índice de desarrollo humano* [IDH].) **Desarrollo sostenible o sustentable** ECON. Proceso de crecimiento económico en el que la tecnología, la explotación de los recursos y la organización social satisfacen las necesidades del presente sin comprometer la capacidad de satisfacer las de las generaciones futuras. **País en vías de desarrollo** Expresión que se aplica a los países subdesarrollados.

desarropar v.tr. y prnl. Desabrigar.

desarrugar v.tr. y prnl. Hacer desaparecer las arrugas.

desarrumar v.tr. MAR. Deshacer la estiba de las mercancías. SIN.: *desatorar.*

desarticulación s.f. Acción y efecto de desarticular. **2.** MED. **a.** Luxación. **b.** Amputación por la línea de articulación.

desarticular v.tr. y prnl. Hacer salir un miembro de su articulación. ◆ v.tr. Separar las piezas de una máquina o artefacto. **2.** *Fig.* Quebrantar un plan, una organización.

desartillar v.tr. Quitar la artillería a un buque, fortaleza, etc.

desarzonar v.tr. Derribar el caballo de la silla al jinete.

desasado, a adj. Que tiene rotas las asas: *taza desasada.*

desasear v.tr. Quitar el aseo o limpieza, ensuciar: *desasear la casa.*

desasimiento s.m. Acción de desasir o desasirse. **2.** Desprendimiento o desapego por la posesión de cosas.

desasimilación s.f. Conjunto de reacciones químicas, exotérmicas, que, en los seres vivos, transforman las sustancias orgánicas complejas en productos más simples, que finalmente son excretados.

desasir v.tr. y prnl. [conj.: *asir*]. Soltar algo que está asido o sujeto. ◆ **desasirse** v.prnl. *Fig.* Desprenderse de una cosa o renunciar a ella. **2.** *Fig.* Dejar de estar asido o sujeto a algo.

desasistir v.tr. Desatender, desamparar.

desasnar v.tr. y prnl. *Fam.* Quitar la rudeza a una persona por medio de la enseñanza.

desasociar v.tr. y prnl. Disolver una asociación.

desasosegar v.tr. y prnl. [conj.: *pensar*]. Quitar el sosiego o tranquilidad: *las alarmantes noticias la desasosegaron.*

desasosiego s.m. Falta de sosiego.

desastillar v.tr. Amér. Sacar astillas de la madera.

desastrado, a adj. y s. Se dice de la persona que tiene un aspecto descuidado, desaseado. ◆ adj. Desgraciado, infeliz.

desastre s.m. Suceso que causa mucho daño o destrucción. **2.** *Fig.* y *fam.* Cosa mal hecha, de mala calidad o que produce mala impresión. **3.** *Fig.* y *fam.* Persona falta de suerte o habilidad, o que tiene mal aspecto. ◇ **Desastre natural** Suceso de origen natural (inundaciones, incendios, erupciones, sismos) que provoca un grave perjuicio para la vida humana, el medio natural, etc.

desastroso, a adj. Que implica desastre.

desatado, a adj. Que no tiene freno o moderación en sus actos.

desatar v.tr. y prnl. Soltar lo que está atado: *desatar las cuerdas de un paquete.* ◆ **desatarse** v.prnl. *Fig.* Perder la contención y la mesura en la forma de hablar o de comportarse. **2.** *Fig.* Desencadenarse, estallar con violencia: *desatarse un temporal.*

desatascador, ra adj. y s.m. Que desatasca.

desatascar v.tr. y prnl. Sacar del atascadero. **2.** Limpiar, dejar libre un conducto que está obstruido: *desatascar una tubería.*

desataviar v.tr. [conj.: *desviar*]. Quitar los atavíos.

desatelizar v.tr. Hacer que un ingenio espacial en órbita alrededor de la tierra o de otro astro abandone su órbita.

desatención s.f. Acción de desatender. **2.** Falta de atención, respeto o cortesía.

desatender v.tr. [conj.: *tender*]. No atender debidamente a alguien o algo que requiere atención o cuidado: *desatender el trabajo.* **2.** No atender o hacer caso: *desatender un consejo.*

desatentado, a adj. Sin orden, moderación o cordura.

desatento, a adj. Distraído, que no pone la atención debida. ◆ adj. y s. Descortés.

desaterrar v.tr. [conj.: *pensar*]. Amér. Quitar los escombros.

desatierre s.m. Amér. Escombrera.

desatinar v.intr. Decir o hacer desatinos. **2.** Perder el tino o el juicio. ◆ v.tr. Turbar el sentido, hacer perder el tino.

desatino s.m. Falta de tino, acierto o cordura. **2.** Dicho o hecho desacertado.

desatorar v.tr. Desatascar. **2.** Desarrumar, deshacer la estiba de las mercancías. **3.** Quitar los escombros de una excavación.

desatornillar o **destornillar** v.tr. Sacar un tornillo dándole vueltas.

desatracar v.tr. y prnl. Apartar una embarcación de otra o del atracadero, levando el ancla o soltando lo que la ata. ◆ v.intr. Apartarse la embarcación de otra o del lugar donde está atracada.

desatrancar v.tr. Quitar la tranca que asegura el cierre de una puerta o ventana. **2.** Desatascar, desembozar.

desatufarse v.prnl. Desintoxicarse del tufo. **2.** *Fig.* Desenojarse.

desaturdir v.tr. y prnl. Quitar el aturdimiento.

desautorización s.f. Acción y efecto de desautorizar.

desautorizar v.tr. y prnl. Quitar autoridad, poder, crédito o estimación: *desautorizar un acto.*

desavenencia s.f. Falta de avenencia entre dos personas o cosas.

desavenir v.tr. y prnl. [conj.: *venir*]. Producir desavenencia.

desaventajado, a adj. Que es peor que otra cosa con que se compara. **2.** Desventajoso.

desavío s.m. Desorden, desaliño, incomodidad.

desayunador s.m. Méx. Habitación pequeña contigua a la cocina que se utiliza como comedor informal.

desayunar v.tr., intr. y prnl. Tomar algo de desayuno. ◆ **desayunarse** v.prnl. *Fig.* Tener la primera noticia de un suceso cuando ya es sabido por los demás.

desayuno s.m. Primer alimento que se toma por la mañana. **2.** Acción de desayunar.

desazón s.f. Desabrimiento, insipidez. **2.** Picazón, molestia causada por una cosa que pica. **3.** *Fig.* Sensación de inquietud o desasosiego.

desazonar v.tr. Quitar la sazón o el sabor a la comida. ◆ v.tr. y prnl. **2.** *Fig.* Producir disgusto o desasosiego.

desbabar v.tr. Méx., Perú, P. Rico y Venez. Quitar la baba al café y al cacao.

desbalagar v.tr. Méx. Dispersar, esparcir.

desbancar v.tr. Quitar a alguien de una posición o consideración privilegiada y ocuparla uno mismo: *desbancar al campeón.* **2.** Ganar un jugador todo el dinero que el banquero aporta. ◆ v.intr. Arrastrar la corriente de un río fragmentos de hielo rotos y medio fundidos por el deshielo.

desbandada s.f. Acción de desbandarse. ◇ **En,** o **a la, desbandada** Desordenadamente: *huir en desbandada.*

desbandarse v.prnl. Separarse desordenadamente: *desbandarse una manada.*

desbarajustar v.tr. Producir desbarajuste.

desbarajuste s.m. Desorden o gran confusión.

desbaratamiento s.m. Acción de desbaratar o desbaratarse.

desbaratar v.tr. Deshacer o estropear algo: *desbaratar el peinado.* **2.** Derrochar, malgastar el dinero o los bienes: *desbaratar la fortuna.* **3.** Frustrar, hacer que no se realicen ideas, intrigas, planes, etc. ◆ **desbaratarse** v.prnl. *Fig.* Descomponerse, perder la serenidad o circunspección habitual.

desbarbado, a adj. Que carece de barba. ◆ s.m. Operación que consiste en quitar el excedente de metal o rebaba de una pieza matrizada o estampada. **2.** Acción de desbarbar las piezas de hierro o de metal. **3.** Fase del acabado de las piezas de fundición.

desbarbadora s.f. Máquina para desbarbar piezas de metal colado.

desbarbar v.tr. Quitar las rebabas de una pieza moldeada o trabajada. **2.** AGRIC. Cortar la raíz de una planta. **3.** ENCUAD. Cortar los bordes irregulares que sobresalen de las hojas de un libro.

desbarrar v.intr. Esp. Discurrir, hablar u obrar sin lógica ni razón.

desbastado s.m. Acción de dar una primera forma a una pieza.

desbastador s.m. Herramienta para desbastar.
desbastadora s.f. Primera carda con que comienza la operación de cardado de la lana.
desbastar v.tr. Quitar las partes más bastas de una pieza que se va a trabajar: *desbastar un bloque de mármol.* ◆ v.tr. y prnl. *Fig.* Educar a una persona para que pierda su rudeza o tosquedad.
desbaste s.m. Acción y efecto de desbastar. **2.** Estado de un material destinado a labrarse, despojado de las partes más bastas.
desbloquear v.tr. Eliminar o quitar el bloqueo. **2.** Permitir la variación de salarios o precios. **3.** Levantar una autoridad la prohibición de transportar o vender alimentos, de disponer libremente de créditos o de cuentas bancarias, etc.
desbloqueo s.m. Acción y efecto de desbloquear.
desbocado, a adj. Se aplica a la pieza de artillería que tiene la boca más ancha que el resto del ánima. **2.** Se dice de la caballería que galopa precipitada y alocadamente sin obedecer la acción del freno. ◆ adj. y s. *Fig.* y *fam.* Que no tiene freno o moderación en sus actos.
desbocar v.tr. Quitar, romper o estropear la boca a una cosa: *desbocar una botella.* ◆ v.intr. Desembocar una corriente de agua. ◆ **desbocarse** v.prnl. Abrirse más de lo normal una abertura: *desbocarse las mangas de un suéter.* **2.** *Fig.* Descomponerse, perder la calma. **3.** EQUIT. Lanzarse a galopar alocadamente una caballería dejando de obedecer la acción del freno y las riendas.
desbordamiento s.m. Acción y efecto de desbordar. **2.** INFORMÁT. Situación que se produce en los registros de una computadora en el curso de una operación aritmética.
desbordar v.intr. y prnl. Salir algo, especialmente un líquido, de los bordes o límites de un cauce o recipiente: *desbordarse un río, una piscina.* **2.** Rebasar, sobrepasar. **3.** Ser algo excesivo, debido generalmente a su exaltación.
desbotonar v.tr. Cuba. Quitar los botones y la guía a las plantas, para impedir su crecimiento y hacer que sus hojas aumenten de tamaño.
desbraguetado, a adj. *Fam.* Que lleva desabrochada la bragueta.
desbravar v.tr. Amansar el ganado cerril: *desbravar un caballo salvaje.* **2.** Hacer que desaparezcan los gases disueltos en una bebida. ◆ v.intr. y prnl. *Fig.* Desahogarse el ímpetu de la cólera. **2.** Perder los licores su fuerza: *el coñac se ha desbravado.*
desbridar v.tr. CIR. Cortar las bridas o adherencias que taponan una cavidad infectada o inmovilizan un órgano.
desbriznar v.tr. Reducir a briznas, desmenuzar.
desbrozadora s.f. Máquina que sirve para desbrozar un lugar.
desbrozar v.tr. Quitar la broza de un lugar, un camino, etc.
desbrozo s.m. Acción de desbrozar. SIN.: *desbroce.* **2.** Cantidad de broza que produce la monda de los árboles y la limpieza de las tierras o de las acequias.
desbullador s.m. Tenedor para desbullar las ostras.
desbullar v.tr. (del port. *esbulhar,* pelar). Separar la concha de las ostras.
descabalar v.tr. y prnl. Quitar, romper o perder alguna de las partes que componen un conjunto, dejándolo incompleto.
descabalgar v.intr. Desmontar, bajar de una cabalgadura. ◆ v.tr. y prnl. Desmontar un cañón.
descabellado, a adj. Que es contrario a la razón o a la prudencia: *ideas descabelladas.*
descabellar v.tr. y prnl. Despeinar, desgreñar. ◆ v.tr. TAUROM. Matar al toro, hiriéndolo entre las últimas vértebras cervicales con el verduguillo.
descabello s.m. TAUROM. Acción y efecto de descabellar.
descabezado, a adj. y s. Que no razona con serenidad: *persona descabezada.* **2.** Que tiene poca memoria o carece de ella. SIN.: *desmemoriado.*
descabezar v.tr. Cortar o arrancar la cabeza: *descabezar un clavo.* **2.** *Fig.* Cortar la parte superior de algo: *descabezar las vides.* **3.** Argent. y Colomb. Destituir. **4.** Bol. y P. Rico. Disminuir la graduación de un licor añadiéndole agua. ◆ **descabezarse** v.prnl. *Fig.* y *fam.* Esforzarse en averiguar algo, sin lograrlo. ◇ **Descabezar el,** o **un, sueño** Adormilarse un poco.
descachalandrado, a adj. Amér. Desaliñado, andrajoso.
descachalandrarse v.prnl. Amér. Descuidarse en el vestido y aseo personal.
descachar v.tr. Chile, Colomb., Méx. y Venez. Descornar. **2.** Méx. Recortar las puntas de las cachas del ganado.
descacharrar v.tr. y prnl. Romper, destrozar: *descacharrar un juguete.*
descachazar v.tr. Amér. Quitar la cachaza al guarapo.
descafeinado s.m. y adj. Café al que se ha extraído la mayor parte de cafeína.
descalabradura s.f. Herida producida por un golpe recibido en la cabeza. **2.** Cicatriz que queda de esa herida.
descalabrar v.tr. y prnl. Herir de un golpe a una persona, especialmente en la cabeza. ◆ v.tr. *Fig.* Causar un descalabro.
descalabro s.m. Suceso en que se experimenta un gran daño o perjuicio: *descalabro electoral.*
descalcificación o **decalcificación** s.f. Disminución de la cantidad de calcio contenido en el organismo.
descalcificar o **decalcificar** v.tr. y prnl. Hacer perder a un cuerpo o a un organismo el calcio que contiene.
descalificación s.f. Acción y efecto de descalificar.
descalificar v.tr. Desacreditar o desprestigiar a alguien: *descalificar al director.* **2.** En algunas competiciones, poner fuera de concurso por infracción del reglamento.
descalzar v.tr. y prnl. Quitar el calzado. ◆ v.tr. Quitar el calzo o cuña que inmoviliza un objeto. **2.** Socavar la tierra alrededor del pie o la base: *descalzar un árbol.*
descalzo, a adj. Con los pies desnudos: *andar descalzo.* ◆ adj. y s. Se dice de las comunidades reformadas de diversas órdenes religiosas.
descamación s.f. Desprendimiento, caída de las escamas. **2.** Proceso de desprendimiento de las capas más superficiales de la epidermis. **3.** Disgregación de una roca coherente en forma de escamas más o menos concéntricas.
descamar v.tr. Escamar. ◆ **descamarse** v.prnl. Desprenderse la piel en forma de pequeñas escamas.
descambiar v.tr. Cambiar o deshacer un cambio o una compra. **2.** Amér. Convertir billetes o monedas grandes en dinero menudo equivalente, o viceversa.
descaminar v.tr. y prnl. Desencaminar.
descamisado, a adj. *Fam.* Que no lleva camisa o lleva los faldones de esta por fuera del pantalón. ◆ adj. y s. *Fig.* y *desp.* Miserable, muy pobre. ◆ **descamisados** s.m.pl. Nombre dado a los miembros de las clases humildes, especialmente en Argentina a los obreros partidarios de Perón.
descampado, a adj. y s.m. Se aplica al terreno despejado y limpio de maleza.
descansar v.intr. Cesar en el trabajo o una actividad, reposar para reponer fuerzas. **2.** *Fig.* Tener alivio después de superar un daño o una preocupación: *no descansará hasta que acabe de pagar la casa.* **3.** Poner un trabajo o una preocupación al cuidado de cierta persona de confianza: *la dirección de la empresa descansa en su hijo.* **4.** Reposar, dormir: *esta noche he descansado bien.* **5.** Estar sin cultivo uno o más años la tierra de labor. **6.** Estar enterrado, reposar en el sepulcro ◆ v.tr. e intr. Asentar o apoyar una cosa sobre otra: *la vida descansa sobre dos columnas.* ◆ v.tr. Aliviar o ayudar a alguien en el trabajo. ◇ **¡Descansen!** Voz de mando preventiva para descansar el arma.
descansillo s.m. CONSTR. Plataforma mayor que el escalón, en que acaban los tramos consecutivos de una escalera. SIN.: *descanso.*
descanso s.m. Cesación o pausa en el trabajo o actividad. **2.** Cosa que proporciona alivio físico o moral. **3.** Asiento so-

bre el que se apoya o asegura una cosa. **4.** Intermedio en un espectáculo o representación. **5.** Calzado de abrigo para la nieve. **6.** Posición militar contraria a la de firmes. **7.** CONSTR. Descansillo. <> **Descanso semanal** Interrupción del trabajo por un tiempo mínimo semanal de veinticuatro horas, que el empresario ha de conceder a sus asalariados.

descantillar o **descantonar** v.tr. y prnl. Romper o quebrar las aristas o los cantos de una cosa. ◆ v.tr. *Fig.* Desfalcar o rebajar algo de una cantidad.

descapirotar v.tr. y prnl. Quitar el capirote a un ave de presa dispuesta para volar.

descapitalización s.f. Acción y efecto de descapitalizar o descapitalizarse.

descapitalizar v.tr. y prnl. Hacer perder las riquezas históricas o culturales acumuladas por un país o grupo social. **2.** Disminuir el valor de un capital.

descapotable adj. y s.m. Se dice de los automóviles cuya capota puede replegarse, dejándolos descubiertos.

descapotar v.tr. Bajar o plegar la capota de un automóvil.

descapsulación s.f. Ablación de la cápsula de una víscera.

descarado, a adj. y s. Que habla u obra con desvergüenza, descortés y atrevidamente, o sin pudor.

descarapelar v.intr. y prnl. Méx. Reñir. ◆ **descarapelarse** v.prnl. Despellejarse.

descararse v.prnl. Hablar u obrar con descaro.

descarbonatar v.tr. Quitar el anhídrido carbónico de una sustancia.

descarburación s.f. Eliminación de todo el carbono, o parte de él, de un producto metalúrgico.

descarburar v.tr. Efectuar una descarburación.

descarga s.f. Acción de descargar. **2.** Proyectil disparado. **3.** Aflujo rápido de las aguas estancadas. **4.** ARQ. Sistema de construcción que consiste en trasladar la carga de fábrica sobre unos puntos de apoyo sólidos. <> **Corriente de descarga** Corriente marina que provoca el vaciado de una bahía o un golfo. **Descarga eléctrica** Fenómeno que se produce cuando un cuerpo electrizado pierde su carga.

descargadero s.m. Lugar destinado para descargar.

descargador, ra adj. y s. Que descarga. ◆ s.m. Persona que tiene por oficio descargar mercancías. **2.** Aparato compuesto de dos piezas metálicas entre las que salta una chispa eléctrica, en las estaciones radiotelegráficas de emisión de ondas amortiguadas. **3.** Dispositivo mecánico que permite descargar mediante movimientos de báscula, en una sola operación, un tonel, un contenedor, una vagoneta, etc.

descargar v.tr. Quitar o aliviar la carga de un lugar: *descargar los paquetes.* **2.** Producir lluvia, granizo u otro fenómeno atmosférico una nube, tormenta, etc. **3.** Dar un golpe, un disparo, etc.: *descargar una patada.* ◆ v.tr. y prnl. Disparar con arma de fuego, o extraer de ella la carga: *descargar una pistola.* **2.** Anular una carga eléctrica. **3.** *Fig.* Liberar de una preocupación u obligación: *descargar a alguien de una responsabilidad.* **4.** *Fig.* Desahogar el enojo, el mal humor o la irritación sobre alguien o algo. **5.** Transferir información a la memoria de una computadora desde otra, especialmente a través de Internet u otra red informática. SIN.: *bajar.* ◆ v.intr. Desembocar una corriente de agua en otra, en el mar o en un lago. ◆ **descargarse** v.prnl. Eximirse de sus obligaciones encargando a otro lo que debía ejecutar por sí. **2.** Dar satisfacción a los cargos que se hacen a las personas procesadas o sometidas a expediente: *descargarse de un delito.*

descargo s.m. Acción de descargar. **2.** DER. **a.** Satisfacción, respuesta o excusa de la acusación o cargo que se hace a una persona. **b.** Acto por el que se exime a alguien de un cargo. <> **En descargo** Como excusa o disculpa.

descargue s.m. Descarga de un peso o transporte.

descarnación s.f. Acción de descarnar las pieles y cueros.

descarnado, a adj. Se dice de los asuntos, descripciones o relatos crudos o realistas.

descarnador, ra adj. Que descarna. ◆ s.m. Instrumento de acero que usan los dentistas para despegar de la encía una muela o un diente. **2.** Cuchilla ancha, con dos empuñaduras y filo embotado, que se usa para descarnar las pieles.

descarnadura s.f. Acción y efecto de descarnar.

descarnar v.tr. y prnl. Quitar la carne al hueso o a la piel. **2.** *Fig.* Quitar o arrancar la capa superficial de algo: *descarnar una pared.* **3.** *Fig.* Dejar escuálido y enflaquecido.

descaro s.m. Desvergüenza, atrevimiento, insolencia.

descarozar v.tr. Amér. Quitar el hueso o carozo a las frutas.

descarriar v.tr. (de *carro*) [conj.: *desviar*]. Apartar a alguien o algo del camino que debe seguir. ◆ **descarriarse** v.prnl. Apartarse una res del rebaño. **2.** Separarse o perderse alguien de los demás con quienes iba en compañía. **3.** *Fig.* Apartarse alguien de la conducta considerada razonable y adecuada.

descarrilador s.m. Dispositivo que permite provocar el descarrilamiento de los vagones, para proteger las instalaciones situadas en un nivel inferior.

descarrilamiento s.m. Acción y efecto de descarrilar.

descarrilar v.intr. Salir fuera del carril: *descarrilar un tren.*

descarrío s.m. Acción y efecto de descarriar o descarriarse. SIN.: *descarriamiento.*

descartar v.tr. Apartar, rechazar: *descartar una posibilidad.* ◆ **descartarse** v.prnl. En algunos juegos de naipes, dejar las cartas que se consideran inútiles.

descarte s.m. Acción y efecto de descartar o descartarse. **2.** Cartas desechadas.

descartelización s.f. Disolución legal de un cártel de productores.

descasar v.tr. y prnl. *Fig.* Alterar o descomponer la disposición de dos cosas que casaban bien. **2.** Separar a los que, no estando legítimamente casados, viven como tales. ◆ v.tr. Deshacer un matrimonio. **2.** IMPR. Alterar la disposición de las planas que componen una forma para ordenarlas de otro modo.

descascarar v.tr. Quitar la cáscara, en especial a un fruto. ◆ **descascararse** v.prnl. *Fig.* Desprenderse y caer la cáscara de algunas cosas.

descascarillar v.tr. y prnl. Quitar la envoltura de los frutos y semillas. **2.** Hacer saltar en pequeños trozos o cascarillas la capa que cubre la superficie de algo, como una pared.

descastado, a adj. y s. Esp. Que muestra distanciamiento con sus familiares o amigos.

descastar v.tr. Exterminar una especie animal, en especial si es dañina.

descatalogado, a adj. Que ya no figura en catálogo.

descatolizar v.tr. y prnl. Apartar de la religión católica.

descebar v.tr. Quitar el cebo de una munición o el detonador de un cartucho cebado.

descendencia s.f. Conjunto de descendientes. **2.** Casta, estirpe.

descendente adj. Que desciende: *marea descendente.* <> **Línea descendente** Sucesión de individuos procedentes de un mismo antepasado.

descender v.intr. (lat. *descendere*) [conj.: *tender*]. Bajar, pasar de un lugar alto a otro bajo: *descender por las escaleras; el arroyo desciende entre cascadas.* **2.** *Fig.* Pasar de una dignidad o estado a otro inferior: *descender de categoría; la temperatura ha descendido.* **3.** Proceder, por generaciones sucesivas, de una persona o linaje: *desciende de familia noble.* **4.** Derivarse, proceder una cosa de otra: *tal consecuencia desciende de tal principio.* **5.** Pasar de lo general a lo particular: *descender a los detalles.* **6.** Bajar, disminuir el nivel de las aguas. **7.** Dirigirse una embarcación hacia la desembocadura del río en que navega. ◆ v.tr. e intr. Hacerse más pequeño el valor o la cuantía de una cosa. ◆ v.tr. Bajar, poner en un lugar más bajo: *descender las maletas del altillo.*

descendiente s.m. y f. Persona o animal que desciende de otro.

descendimiento s.m. Acción de descender o bajar a alguien de un lugar. **2.** Representación del cuerpo de Cristo muerto, desclavado de la cruz, pero todavía no depositado en el suelo.

descenso s.m. Acción de descender. **2.** Pérdida regular de altitud de un avión. **3.** DEP. Prueba de esquí realizada en pistas de fuerte pendiente, sin puertas que sortear y en la que solo cuenta la rapidez del corredor. ◇ **Descenso non stop** DEP. En esquí, descenso que se efectúa la víspera de la competición, para reconocer la pista.

descentrado, a adj. Se dice del instrumento o de la pieza de una máquina cuyo centro está fuera de la posición debida. **2.** Se dice de la persona que no tiene la atención puesta en lo que hace. **3.** Que no está en el lugar que le corresponde.

descentralización s.f. Acción y efecto de descentralizar.

descentralizar v.tr. Hacer menos dependientes del poder o la administración central ciertas funciones, servicios, atribuciones, etc.

descentramiento s.m. Acción de descentrar. **2.** ÓPT. **a.** Defecto de alineación de los centros de las lentes. **b.** Acción de descentrar el objetivo de una cámara fotográfica.

descentrar v.tr. y prnl. Sacar una cosa de su centro o dejar de estar centrada. **2.** ÓPT. Efectuar un descentramiento.

desceñir v.tr. y prnl. [conj.: *ceñir*]. Soltar lo que ciñe o está ceñido.

descepar v.tr. Arrancar de raíz los árboles o plantas que tienen cepa. ◆ **desceparse** v.prnl. TAUROM. Desprenderse el cuerno de la cabeza del toro por la cepa.

descercar v.tr. Derribar una muralla o un cercado. **2.** Levantar o forzar a levantar el sitio puesto a una plaza o fortaleza.

descerco s.m. Acción de descercar.

descerebrado, a adj. y s. *Fam.* Que actúa sin pensar, alocado. **2.** MED. Que no tiene cerebro o que carece de actividad funcional en él por lesión medular.

descerezar v.tr. Quitar la carne de la baya o cereza que recubre la semilla del café.

descerrajar v.tr. Arrancar o forzar la cerradura de una puerta, cofre, etc. **2.** *Fig.* y *fam.* Disparar tiros con arma de fuego.

descerrumarse v.prnl. Herirse una caballería la articulación del menudillo con la cerruma.

deschapar v.tr. Bol., Ecuad. y Perú. Descerrajar una cerradura.

descharchar v.tr. Amér. Central. Dejar a alguien sin su empleo.

deschavetarse v.prnl. Amér. Perder el juicio, atolondrarse.

descifrar v.tr. Descubrir el significado de un mensaje cifrado escrito en caracteres o lengua desconocidos: *descifrar una inscripción.* **2.** *Fig.* Llegar a comprender algo intrincado y difícil de entender.

descimbrar v.tr. ARQ. Quitar las cimbras de una obra.

descinchar v.tr. Quitar o soltar las cinchas.

desclasado, a adj. y s. Que ha dejado de pertenecer a una determinada clase social o ha perdido la conciencia de pertenecer a ella.

desclavador s.m. Cincel de boca ancha, recta y poco afilada, usado para sacar clavos.

desclavar v.tr. Arrancar o quitar los clavos a alguna cosa. SIN.: *desenclavar.* **2.** Desprender una cosa del clavo que la asegura o sujeta: *desclavar un cuadro.* SIN.: *desenclavar.* **3.** Desengastar las piedras preciosas de la guarnición de metal. SIN.: *desenclavar.*

descocado, a adj. y s. Que muestra descoco.

descocador s.m. Instrumento formado por una cizalla unida a una pértiga que sirve para descocar los árboles.

descocar v.tr. Quitar las orugas de los árboles.

descocarse v.prnl. (de *2. coca,* cabeza). *Fam.* Hablar o actuar con descoco.

descoco s.m. *Fam.* Descaro, especialmente en las costumbres y en el modo de vestir.

descodificación o **decodificación** s.f. Acción y efecto de descodificar.

descodificador, ra o **decodificador, ra** adj. Que descodifica. ◆ s.m. Dispositivo que sirve para descodificar.

descodificar o **decodificar** v.tr. Descifrar una información codificada.

descogotado, a adj. *Fam.* Que tiene el cogote pelado y descubierto.

descolar v.tr. Quitar a la pieza de paño la punta o el extremo opuesto a aquel en que está el sello o la marca de fábrica. **2.** Seccionar los músculos depresores de la cola del caballo para mantenerla horizontal.

descolgar v.tr. [conj.: *rogar*]. Quitar algo de donde está colgado: *descolgar un cuadro.* **2.** Bajar poco a poco de un lugar elevado a alguien o algo sosteniéndolo con una cuerda, cadena o cinta: *descolgar un mueble desde el balcón.* **3.** Separar el auricular del teléfono de su soporte. ◆ v.tr. y prnl. En algunas pruebas deportivas, dejar atrás un corredor a sus competidores: *descolgarse del pelotón.* ◆ **descolgarse** v.prnl. Bajar una persona por una cuerda u otra cosa parecida: *descolgarse por un muro.* **2.** *Fig.* y *fam.* Decir o hacer una cosa inesperada o inoportuna: *se descolgó con unas desafortunadas declaraciones.* **3.** Presentarse inesperadamente una persona en un lugar.

descollar v.intr. y prnl. [conj.: *contar*]. Sobresalir, destacar: *descollar en los estudios.*

descolonización s.f. Proceso de independencia de una colonia del país extranjero del que depende.

descolonizar v.tr. Poner un país fin a una situación colonial; proceder a la descolonización.

descolorar v.tr. y prnl. Decolorar.

descolorido, a adj. Que ha perdido o disminuido su color natural.

descombrar v.tr. Quitar los escombros de un lugar: *descombrar un solar.*

descombro s.m. Acción y efecto de descombrar.

descomedido, a adj. Excesivo, desmesurado, desproporcionado.

descomedimiento s.m. Acción y efecto de descomedirse.

descomedirse v.prnl. [conj.: *pedir*]. Perder el comedimiento, la cortesía o la moderación: *descomedirse ante sus superiores.*

descompasado, a adj. Descomedido, desmedido, excesivo: *tamaño descompasado.*

descompensación s.f. Acción y efecto de descompensar. **2.** MED. Agravamiento del estado de un órgano, de un organismo, cuando el fenómeno de compensación de la enfermedad en curso no es posible.

descompensar v.tr. y prnl. Hacer perder la compensación o equilibrio.

descomponer v.tr. y prnl. [conj.: *poner*]. Separar las diversas partes que forman un todo, particularmente un compuesto. **2.** Desordenar, alterar el orden de algo: *descomponer la casa.* **3.** Averiar, impedir el funcionamiento de algo. **4.** Pudrir una materia orgánica: *el calor descompuso la fruta.* ◆ v.tr. *Fig.* Enojar, irritar, encolerizar a alguien: *los insultos lo descompusieron.* ◆ **descomponerse** v.prnl. Indisponerse, perder la salud. **2.** *Fig.* Perder la serenidad o la circunspección habitual.

descomposición s.f. Acción y efecto de descomponer o descomponerse: *cadáver en descomposición; la descomposición del rostro.* **2.** *Fam.* Diarrea.

descompostura s.f. Falta de compostura. **2.** Descomposición.

descompresión s.f. Disminución de la presión. **2.** INFORMÁT. Acción de descomprimir un archivo informático. ◇ **Síndrome de descompresión** Trastornos que sobrevienen a los submarinistas, buzos, etc., cuando la vuelta a la presión atmosférica es demasiado rápida.

descompresor s.m. Aparato que sirve para reducir la presión de un fluido contenido en un depósito.

descompuesto, a adj. Estropeado. **2.** Irritado, encolerizado. **3.** Indispuesto. **4.** Amér. Central, Chile, Perú y P. Rico. Borracho.

descomulgar v.tr. Excomulgar.

descomunal adj. Muy grande: *una obra descomunal.*

desconcentración s.f. DER. ADM. Acción de conceder mayores poderes a los órganos del estado en las colectividades territoriales.

desconceptuar v.tr. y prnl. [conj.: *actuar*]. Desacreditar, descalificar.

desconcertante adj. Que desconcierta.

desconcertar v.tr. [conj.: *pensar*]. *Fig.* Sorprender, turbar el ánimo de una persona: *el incendio nos desconcertó.* ◆ v.tr. y prnl. Desordenar, turbar el orden, composición y concierto. **2.** Dislocar los huesos.

desconchabar v.tr. y prnl. Amér. Central, Chile y Méx. Descomponer, descoyuntar.

desconchado s.m. Parte de la superficie de una pared o un objeto de loza o porcelana en la que ha saltado algún trozo de la capa de yeso, esmalte, pintura, etc., que la cubre.

desconchadura s.f. Desconchado.

desconchar v.tr. y prnl. Hacer saltar algún trozo de la capa de yeso, esmalte, pintura, etc., que cubre la superficie de un objeto.

desconchinflado, a adj. Méx. *Fam.* Descompuesto, estropeado.

desconchón s.m. Desconchado grande.

desconcierto s.m. (del lat. *concertare,* combatir, discutir). *Fig.* Confusión o desorientación. **2.** *Fig.* Falta de orden o concierto.

desconectar v.tr. Interrumpir la conexión entre aparatos, tuberías, etc., que están en contacto. **2.** Interrumpir la conexión con una fuente de energía. **3.** Deshacer o interrumpir una persona la relación o comunicación con alguien o algo.

desconexión s.f. Acción de desconectar.

desconfianza s.f. Falta de confianza.

desconfiar v.intr. [conj.: *desviar*]. Tener desconfianza: *desconfiar de alguien.*

descongelación s.f. Acción de descongelar o descongelarse.

descongelar v.tr. Hacer que algo deje de estar congelado. **2.** ECON. Liberar magnitudes económicas, como precios, salarios o alquileres, que se hallaban congelados.

descongestionar v.tr. y prnl. Disminuir o quitar la congestión: *descongestionar los pulmones.* **2.** Disminuir la aglomeración o acumulación: *descongestionar el tráfico.*

desconocedor, ra adj. Que desconoce o ignora.

desconocer v.tr. [conj.: *parecer*]. No conocer, ignorar: *desconocer los hechos.* **2.** No reconocer a una persona o cosa que se había conocido antes por haber cambiado su aspecto, su comportamiento, etc. **3.** No hacer caso de una cosa, especialmente una norma o regla.

desconocido, a adj. y s. No conocido.

desconocimiento s.m. Ignorancia.

desconsideración s.f. Acción y efecto de desconsiderar.

desconsiderar v.tr. Tratar a alguien sin consideración o respeto.

desconsolar v.tr. y prnl. [conj.: *contar*]. Producir desconsuelo: *su desgracia me desconsuela.*

desconsuelo s.m. Angustia, aflicción, falta de consuelo: *llorar con desconsuelo.*

descontado (por) loc. *Fam.* Sin duda alguna, dado por cierto o por hecho.

descontaminación s.f. Operación que tiende a eliminar o reducir los agentes y efectos de la contaminación.

descontaminar v.tr. Eliminar o reducir la contaminación del medio ambiente o de otra cosa.

descontar v.tr. [conj.: *contar*]. Disminuir la cantidad o rebajar el precio de algo. **2.** Abonar al contado, antes de su vencimiento, los valores que se había decidido comprar a plazos, rebajando la cantidad que se estipule en concepto de intereses. ◆ **descontarse** v.prnl. Perder la cuenta de lo que se lleva contado o equivocarse al contar algo.

descontentadizo, a adj. y s. Que se descontenta con facilidad. **2.** Difícil de contentar.

descontentar v.tr. y prnl. Causar descontento.

descontento, a adj. Que siente disgusto o insatisfacción. ◆ s.m. Sentimiento de disgusto o insatisfacción.

descontón s.m. Méx. *Fam.* Golpe.

descontrol s.m. Falta de control y de orden.

descontrolar v.tr. y prnl. Hacer que algo o alguien pierda el control o dominio.

desconveniencia s.f. Inconveniente, molestia o perjuicio.

desconvenir v.intr. y prnl. [conj.: *venir*]. No ser de una misma opinión dos o más personas. **2.** No estar en conveniente proporción y concordancia dos o más personas o cosas. **3.** No convenir entre sí dos objetos visibles.

desconvocar v.tr. Anular una convocatoria: *desconvocar una huelga.*

descorazonamiento s.m. Acción y efecto de descorazonar.

descorazonar v.tr. y prnl. Desanimar, desalentar: *el suspenso lo descorazonó.*

descorchador, ra adj. Que descorcha. ◆ s. Persona que tiene por oficio descorchar el alcornoque para sacar el corcho. ◆ s.m. Sacacorchos.

descorchar v.tr. Sacar el corcho que cierra un envase: *descorchar una botella.* **2.** Quitar o arrancar el corcho al alcornoque.

descorche s.m. Acción y efecto de descorchar. **2.** Prima que cobran determinados empleados por cada botella que consume el cliente.

descordar v.tr. [conj.: *contar*]. TAUROM. Descabellar al toro.

descornar v.tr. y prnl. [conj.: *contar*]. Quitar o arrancar los cuernos a un animal. ◆ **descornarse** v.prnl. *Fig.* y *fam.* Descabezarse. **2.** Esp. Esforzarse, poner todo el empeño en conseguir alguna cosa.

descorrer v.tr. Correr una cosa en el sentido contrario al que se había corrido anteriormente por lo general para descubrirla o abrirla. **2.** Correr en sentido contrario el trayecto recorrido.

descort s.m. → **discor.**

descortés adj. y s.m. y f. (de *2. corte*). Que habla o actúa con descortesía.

descortesía s.f. Falta de cortesía.

descortezador, ra s. Persona que tiene por oficio descortezar troncos en los depósitos de madera o en el área de corta.

descortezadura s.f. Trozo de corteza que se arranca a una cosa. **2.** Parte descortezada de una cosa.

descortezar v.tr. y prnl. Quitar la corteza.

descoser v.tr. y prnl. Deshacer o soltar las puntadas de lo que está cosido.

descosido s.m. Parte descosida en una prenda. ◇ **Como un descosido** *Fam.* Con ahínco o exceso.

descostrar v.tr. Quitar la costra, corteza o capa superficial.

descoyuntar v.tr. y prnl. Dislocar, desencajar un hueso: *descoyuntar la cadera.* **2.** Desencajar una cosa articulada.

descrédito s.m. Disminución o pérdida del crédito o reputación.

descreer v.intr. [conj.: *leer*]. Dejar de creer en algo: *descreer en la amistad.* **2.** Desconfiar o dudar de alguien o algo: *descree de las soluciones milagrosas.*

descreído, a adj. y s. Que no tiene fe religiosa, porque ha dejado de tenerla.

descreimiento s.m. Incredulidad, falta o abandono de fe o de confianza. SIN.: *descreencia.*

descremado, a adj. Sin crema o grasa: *leche descremada.*

descremar v.tr. Quitar la crema o grasa a la leche, yogur, etc.

describir v.tr. Representar por medio del lenguaje: *describir un rostro.* **2.** Dibujar un cuerpo al moverse una línea, una figura o una trayectoria imaginarias: *el balón describió un círculo debido al efecto que llevaba.*
OBS.: participio: *descrito.*

descripción s.f. Acción y efecto de describir. **2.** DER. Inventario. **3.** LING. Estudio de una lengua o de un estado de la lengua que sea a la vez un inventario de las unidades fónicas, léxicas y sintácticas, y de sus variaciones morfológicas, así como la representación estructural de sus combinaciones. **4.** LÓG. Procedimiento lógico para la caracterización de objetos singulares.

descriptivo, a adj. Que describe: *gramática descriptiva.* ◇ **Anatomía descriptiva** Parte de la anatomía que describe las formas y la disposición de cada órgano. **Geometría descriptiva** Parte de la geometría en la que se representan figuras del espacio con ayuda de figuras planas.

descriptor, ra adj. y s. Que describe. ◆ s.m. INFORMÁT. Palabra clave que define el contenido de un documento y que permite localizarlo en el seno de un archivo manual o automatizado.

descrismar v.tr. y prnl. *Fam.* Golpear a alguien con fuerza en la cabeza. ◆ **descrismarse** v.prnl. *Fig.* y *fam.* Descabezarse.

descristianizar v.tr. Apartar o separar del cristianismo.

descruzar v.tr. Hacer que algo deje de estar cruzado: *descruzar las piernas.*

descuajar v.tr. (del lat. *coagulare,* liquidar, descoagular). Arrancar de cuajo una planta o un árbol. ◆ v.tr. y prnl. Licuar lo que está cuajado o solidificado: *descuajar la sangre.*

descuajaringar o **descuajeringar** v.tr. y prnl. Estropear algo, aflojando la unión entre sus partes o desuniéndolas: *descuajaringar una silla.* ◆ **descuajaringarse** o **descuajeringarse** v.prnl. *Fig.* y *fam.* Sentirse muy cansada una persona después de haber realizado mucho esfuerzo físico. **2.** *Fig.* y *fam.* Desternillarse de risa.

descuaje s.m. Descuajo.

descuajeringado, a adj. Amér. Desvencijado. **2.** Amér. Descuidado en el aseo y en el vestir.

descuajo s.m. Acción de descuajar, arrancar de raíz. SIN.: *descuaje.*

descuartizamiento s.m. Acción de descuartizar. **2.** Suplicio que consistía en descuartizar a un condenado.

descuartizar v.tr. Dividir un cuerpo en cuartos o pedazos: *descuartizar una res.*

descubierta s.f. MAR. **a.** Reconocimiento del horizonte al salir y ponerse el sol. **b.** Inspección matutina y vespertina del aparejo de un buque. **2.** MIL. **a.** Reconocimiento del terreno, para ver si en las inmediaciones hay enemigos. **b.** Patrulla, avanzadilla o tropa que hace este servicio.

descubierto, a adj. Que no está cubierto. **2.** Se dice de la persona que está expuesta a cargos o reconvenciones, adeudado. ◆ s.m. Anticipo de fondos o de crédito que hace un banquero a un comerciante. **2.** Déficit en una cuenta. ◇ **Al descubierto** o **a la descubierta** Al raso, sin albergue, a la inclemencia del tiempo. **Estar en descubierto** Tener alguien un déficit en su cuenta bancaria. **Vender al descubierto** Vender en bolsa valores que no se poseen.

descubridor, ra adj. y s. Que descubre algo desconocido, especialmente el autor de un descubrimiento geográfico o científico.

descubrimiento s.m. Acción y efecto de descubrir, especialmente tierras o cosas científicas: *descubrimiento de la penicilina.* **2.** La cosa descubierta.

descubrir v.tr. Dar a conocer algo: *descubrir sus secretos al mundo.* **2.** Dejar a la vista algo que estaba cubierto o tapado. **3.** Encontrar algo que no se conocía o estaba escondido: *descubrir una isla.* **4.** Divisar, percibir desde lejos: *desde aquí se descubre la ciudad.* ◆ **descubrirse** v.prnl. Quitarse de la cabeza el sombrero u otra prenda similar: *al entrar en la iglesia se descubrió.* **2.** TAUROM. **a.** Bajar el toro la cabeza para acometer. **b.** Quedarse el torero sin protección por no señalar bien la salida al toro con el engaño.
OBS.: participio: *descubierto.*

descuento s.m. Reducción de la cantidad o el precio de algo. **2.** Cantidad descontada. **3.** Adelanto que hace el banco del importe de una letra de cambio antes de su vencimiento, rebajando la cantidad que se estipule en concepto de intereses. **4.** Ejercicio del derecho, concedido en la adquisición de un título, de reclamar su entrega en un plazo de cinco días. ◇ **Política del descuento** Política económica basada en la tasa de redescuento.

descueve s.m. Chile. *Vulg.* Grado máximo de excelencia de una persona, cosa o circunstancia.

descuidar v.tr. y prnl. No prestar el cuidado o la atención debidos a una cosa o persona: *descuidar la educación de los hijos.* ◆ v.tr. e intr. Descargar, eximir a alguien de un cuidado u obligación. ◆ v.intr. Asegurar a alguien que se hará lo que se ha mandado o encargado; se usa en imperativo: *descuida, que no pienso volver nunca más.*

descuidero, a adj. y s. Se dice del ladrón que hurta aprovechando descuidos.

descuido s.m. Distracción, falta de atención: *el origen del gol fue un descuido de la defensa.* **2.** Falta de cuidado en el aseo personal o en la indumentaria: *vestir con descuido.*

descular v.tr. y prnl. *Vulg.* Desfondar, romper o quitar el fondo.

desdar v.tr. [conj.: *dar*]. Dar vueltas en sentido inverso a un manubrio, carrete u otro dispositivo similar.

desde prep. (de *des,* desde, del lat. *de ex,* desde dentro, y *de*). Indica el punto de origen de algo o el punto a partir del cual se empieza a contar o empieza a suceder alguna cosa; se refiere tanto al tiempo como al espacio: *no lo he visto desde que se fue; ha venido desde América para verte.* **2.** Indica la perspectiva o el enfoque con que se aborda un tema, se expone un punto de vista, etc.

desdecir v. intr. [conj.: *decir*]. Desmentir algo o a alguien: *desdecir sus palabras.* **2.** *Fig.* No corresponder el carácter, conducta o aspecto de alguien o algo con su origen, educación o clase: *su grosería desdice de su familia.* **3.** *Fig.* No ser algo de la misma calidad que lo que lo rodea o acompaña: *este vino desdice de la comida.* ◆ **desdecirse** v.prnl. Decir lo contrario o volverse atrás de algo dicho anteriormente: *el acusado se desdijo de su confesión.*

desdén s.m. (occitano *desdenh*). Indiferencia y desapego: *actuar con desdén.* ◇ **Al desdén** Con descuido afectado.

desdentado, a adj. Que no tiene dientes o tiene muy pocos. ◆ adj. y s.m. Relativo a un orden de mamíferos desprovistos de dientes o con dientes reducidos, al que pertenecen el armadillo y el oso hormiguero, entre otros.

desdentar v.tr. y prnl. [conj.: *pensar*]. Quitar, sacar o perder los dientes.

desdeñable adj. Que es despreciable o insignificante.

desdeñar v.tr. (lat. *dedignari*). Tratar con desdén, rechazar: *desdeñar a un pretendiente.* ◆ v.tr. y prnl. Considerar indigno, inapropiado o poco importante.

desdeñoso, a adj. y s. Que manifiesta desdén e indiferencia.

desdibujar v.tr. y prnl. Hacer confusos o borrosos los perfiles y contornos de una imagen, un dibujo, etc. **2.** Olvidar paulatinamente los detalles de un suceso determinado: *desdibujarse los recuerdos de la infancia.*

desdicha s.f. Desgracia, adversidad, motivo de aflicción.

desdichado, a adj. y s. Desgraciado, desafortunado. **2.** *Fig.* y *fam.* Sin carácter o sin malicia.

desdiferenciación s.f. BIOL. Pérdida total o parcial de los caracteres particulares de una célula o de un tejido vivo.

desdinerar v.tr. Hacer que un país se empobrezca despojándolo de moneda. ◆ **desdinerarse** v.prnl. Hacer una inversión excesiva de dinero o quedarse sin dinero.

desdoblamiento s.m. Acción y efecto de desdoblar. **2.** *Fig.* Explicación, aclaración de un texto, doctrina, etc. ◇ **Des-**

doblamiento de personalidad Trastorno psíquico consistente en la existencia, en una misma persona, de dos personalidades, una normal y otra patológica, que presenta carácter de automatismo y está vinculada a motivaciones inconscientes.

desdoblar v.tr. y prnl. Extender lo que está doblado: *desdoblar un pañuelo.* **2.** *Fig.* Hacer que una cosa se divida en dos o más cosas iguales o de similares características: *desdoblar una imagen, un cargo.* ◇ **Desdoblar un tren** F. C. Poner en marcha un tren que tiene el mismo horario que el precedente, pero adelantado o retrasado con relación a este último.

desdorar v.tr. y prnl. Quitar el oro de algo dorado. **2.** *Fig.* Desacreditar o deslucir el buen nombre o la buena fama de una persona o una cosa.

desdoro s.m. Descrédito del prestigio, la credibilidad o la fama de alguien o de algo.

deseabilidad s.f. ECON. Utilidad de un bien o de un servicio.

desear v.tr. (lat. *desiderare*). Sentir atracción por algo hasta el punto de quererlo poseer o alcanzar: *desear riquezas.* **2.** Querer algo determinado, generalmente bueno: *desear felicidad.*

desecación s.f. Acción y efecto de desecar. **2.** Eliminación de la humedad de un cuerpo.

desecar v.tr. y prnl. Secar, eliminar la humedad de un cuerpo.

desecativo, a adj. Que tiene la propiedad de desecar.

desechable adj. Que se puede desechar. **2.** Se dice de los objetos que se usan solo una vez.

desechar v.tr. Dejar de usar algo por considerarlo inútil. **2.** Apartar de sí una idea, un temor o una sospecha: *desechar el miedo.* **3.** Rechazar o no tener en cuenta algo: *desechar una propuesta.*

desecho s.m. Cosa que se desecha por considerarlo inútil: *desecho radiactivo.* **2.** Residuo que queda de una cosa, después de haber escogido lo mejor. **3.** *Fig.* Desprecio, vilipendio: *ser un desecho de la sociedad.* **4.** Amér. Atajo, senda.

deseconomía s.f. ECON. Repercusión negativa en una unidad económica, manifestada por el aumento desproporcionado de los costos.

deselectrizar v.tr. y prnl. Descargar de electricidad un cuerpo.

desembalaje s.m. Acción de desembalar.

desembalar v.tr. Deshacer un embalaje: *desembalar una caja.*

desembaldosar v.tr. Arrancar las baldosas.

desembalsar v.tr. y prnl. Dar salida al agua de un embalse.

desembalse s.m. Acción de desembalsar.

desembarazar v.tr. y prnl. Dejar a una persona o una cosa libre de obstáculos o impedimentos: *desembarazar el paso.* ◆ **desembarazarse** v.prnl. *Fig.* Apartar alguien de sí lo que le estorba para algún fin: *desembarazarse de alguien.*

desembarazo s.m. Desenvoltura, decisión.

desembarcadero s.m. Lugar destinado al embarque o desembarco por mar de pasajeros y mercancías.

desembarcar v.tr. Sacar personas o mercancías de un barco o avión. ◆ v.intr. y prnl. Salir de una embarcación o avión.

desembarco s.m. Acción de desembarcar. SIN.: *desembarque.* **2.** Operación militar que realiza en tierra la dotación de un buque o de una escuadra, o las tropas que llevan. ◇ **Desembarco aéreo** Acción de situar en tierra, por medios aéreos, tropas y material de guerra.

desembargar v.tr. Quitar el impedimento o embarazo a una cosa. **2.** DER. Levantar el embargo o secuestro de una cosa: *desembargar una finca.*

desembargo s.m. DER. Acción y efecto de desembargar.

desembarque s.m. Desembarco, acción de desembarcar.

desembarrancar v.tr. e intr. Sacar o salir a flote una nave embarrancada.

desembarrar v.tr. Quitar el barro de algo.

desembaular v.tr. [conj.: *aunar*]. Sacar algo de un baúl, arca u otro mueble similar. **2.** *Fig.* y *fam.* Decir o expresar algo que se mantenía callado o en secreto: *desembaular los recuerdos.*

desembocadura s.f. Lugar en el que una corriente de agua desemboca en otra, en el mar o en un lago: *la desembocadura del Ebro.* **2.** Salida de una calle.

desembocar v.intr. Entrar una corriente de agua en otra, en el mar o en un lago. **2.** Salir o tener salida una calle, un camino, conducto, pasillo, etc., a determinado lugar. **3.** Tener un asunto o situación determinado desenlace.

desembojar v.tr. Quitar, desprender los capullos de seda del embojo o enramada.

desembolsar v.tr. Pagar o entregar una cantidad de dinero.

desembolso s.m. Pago o entrega de dinero. **2.** *Fig.* Cantidad de dinero que se paga.

desembotar v.tr. y prnl. Hacer que lo que estaba embotado deje de estarlo.

desembozar v.tr. y prnl. Quitar el embozo: *desembozar el rostro.* **2.** Desatascar un conducto: *desembozar una tubería.*

desembragar v.tr. MEC. Desprender del árbol motor un mecanismo o parte de él mediante el embrague.

desembrague s.m. Acción y efecto de desembragar. ◇ **Palanca de desembrague** Dispositivo que comanda el mecanismo que permite desembragar y embragar en un automóvil.

desembriagar v.tr. y prnl. Quitar la embriaguez.

desembridar v.tr. Quitar las bridas a una caballería.

desembrollar v.tr. *Fam.* Desenredar, deshacer un embrollo.

desembuchar v.tr. *Fig.* y *fam.* Dar alguien información que antes ocultaba: *la policía hizo que el detenido desembuchara lo que sabía.* **2.** Echar las aves lo que tienen en el buche.

desemejanza s.f. Diferencia, falta de semejanza.

desemejar v.intr. Existir desemejanza. ◆ v.tr. Desfigurar.

desempacar v.tr. Deshacer las pacas en que van las mercancías. **2.** Deshacer el equipaje. ◆ **desempacarse** v.prnl. *Fig.* Aplacarse, mitigarse, desenojarse.

desempachar v.tr. y prnl. Quitar el empacho o indigestión. ◆ **desempacharse** v.prnl. Perder el empacho o timidez.

desempacho s.m. Desenvoltura, falta de timidez.

desempalagar v.tr. y prnl. Quitar a alguien el empalago. ◆ v.tr. Quitar el agua estancada y sucia de un molino que dificulta el movimiento de la rueda.

desempalmar v.tr. Desconectar un empalme o conexión.

desempañar v.tr. y prnl. Limpiar una cosa empañada: *desempañar los cristales.* ◆ v.tr. Quitar los pañales a un niño.

desempapelar v.tr. Quitar el papel que envuelve o cubre una cosa.

desempaquetar v.tr. Sacar una cosa del paquete en el que está.

desemparejar v.tr. y prnl. Desigualar lo que estaba parejo. **2.** Hacer que algo o alguien deje de formar pareja.

desempastar v.tr. Quitar el empaste de una muela.

desempatar v.tr. e intr. Deshacer un empate.

desempate s.m. Acción de desempatar.

desempedrar v.tr. [conj.: *pensar*]. Arrancar las piedras de un empedrado.

desempegar v.tr. Quitar el baño de pez a una cosa empegada.

desempeñar v.tr. Realizar una persona las labores o las funciones que corresponden a su cargo, profesión, papel o empleo: *desempeña el cargo de presidente desde hace dos años; el debutante desempeñó bien su papel.* **2.** Recuperar, mediante el pago de una cantidad acordada, lo que estaba en poder de otro en garantía de préstamo: *después de mucho ahorro pudo desempeñar las joyas de su madre.* ◆ v.tr. y prnl. Librar a alguien de los empeños o deudas que tenía contraídos.

desempeño s.m. Acción de desempeñar.

desempernar v.tr. Quitar los pernos que sujetan las piezas, bastidores, vías, etc.: *desempernar un carril.*

desempleado, a adj. y s. Se dice del trabajador que está sin empleo. SIN.: *desocupado.* GEOSIN.: Esp. *parado.*

desempleo s.m. Situación de la persona que se encuentra privada de trabajo o sin trabajo. SIN.: *desocupación.* GEOSIN.: Esp. *paro.*

desempolvar v.tr. y prnl. Quitar el polvo a algo. ◆ v.tr. *Fig.* Volver a usar lo que se había abandonado. **2.** Traer a la memoria o consideración algo que estuvo mucho tiempo olvidado: *desempolvar recuerdos.*

desemponzoñar v.tr. Quitar la ponzoña o el daño que esta produce.

desenalbardar v.tr. Quitar la albarda a una caballería. **2.** Desaparejar las bestias.

desenamorar v.tr. y prnl. Hacer perder el afecto o amor.

desencadenador, ra adj. Que desencadena. ◇ **Esquema desencadenador** ETOL. Configuración perceptiva capaz de desencadenar en una especie animal determinada un comportamiento innato.

desencadenamiento s.m. Acción y efecto de desencadenar.

desencadenar v.tr. Soltar a alguien que está amarrado con cadenas. ◆ v.tr. y prnl. Hacer que comience una actividad determinada, especialmente cuando implica violencia: *desencadenar una guerra.* ◆ **desencadenarse** v.prnl. *Fig.* Estallar con violencia las fuerzas naturales o las pasiones: *desencadenarse una tormenta.*

desencajar v.tr. y prnl. Desunir una cosa del encaje que tenía con otra. **2.** Separar, desuniendo sus juntas, dos tubos contiguos en una conducción de aguas. ◆ **desencajarse** v.prnl. Desfigurarse, descomponerse el semblante por enfermedad, o por una alteración psíquica.

desencaje s.m. Acción y efecto de desencajar o desencajarse. SIN.: *desencajamiento.*

desencajonamiento s.m. Acción de sacar a un toro o una vaca del vagón en que es transportado.

desencajonar v.tr. Sacar algo de un cajón. **2.** Sacar a un toro o una vaca del vagón en que es transportado.

desencallar v.tr. e intr. Poner a flote una embarcación encallada.

desencaminar v.tr. Apartar a alguien del camino que debe seguir. **2.** *Fig.* Apartar a una persona de un buen propósito, inducirla a que haga lo que no es justo ni le conviene.

desencantar v.tr. y prnl. Deshacer un encantamiento mágico. **2.** Desilusionar, decepcionar: *su película desencantó a sus fans.*

desencanto s.m. Acción y efecto de desencantar o desencantarse: *sufrir un desencanto.* SIN.: *desencantamiento.*

desencapotar v.tr. y prnl. Quitar el capote. ◆ v.tr. Hacer que levante la cabeza la caballería que suele llevarla baja. ◆ **desencapotarse** v.prnl. *Fig.* Despejarse, aclararse el cielo, horizonte, etc.

desencaprichar v.tr. y prnl. Disuadir a alguien de un capricho.

desencarcelar v.tr. Excarcelar, sacar de la cárcel.

desencerrar v.tr. [conj.: *pensar*]. Sacar algo del lugar en que está encerrado. **2.** Abrir algo que está cerrado. **3.** Descubrir lo que está oculto.

desenchuecar v.tr. Amér. Enderezar lo que está torcido.

desenchufar v.tr. Separar el enchufe de una máquina o aparato del lugar donde está conectado a la corriente eléctrica.

desencintar v.tr. Quitar las cintas que atan o adornan una cosa. **2.** Quitar el encintado a un pavimento.

desenclavar v.tr. Desclavar.

desenclavijar v.tr. TECNOL. Quitar las clavijas.

desencobrar v.tr. Quitar el cobreado por disolución química o electrolítica.

desencofrado s.m. Acción de desencofrar.

desencofrar v.tr. Quitar los encofrados de una obra de hormigón armado, después de haberse endurecido este.

desencoger v.tr. Estirar o extender lo que estaba encogido o arrugado. ◆ **desencogerse** v.prnl. *Fig.* Perder la timidez.

desencogimiento s.m. Acción de desencoger. **2.** *Fig.* Desembarazo, desenfado.

desencolar v.tr. y prnl. Despegar lo que está pegado con cola.

desencolerizar v.tr. y prnl. Apaciguar a alguien que está encolerizado o furioso.

desenconar v.tr. y prnl. Desinflamar, quitar la inflamación. **2.** *Fig.* Apaciguar, quitar el encono o enojo. ◆ **desenconarse** v.prnl. Suavizarse, perder la aspereza una cosa.

desencono s.m. Acción y efecto de desenconar o desenconarse. SIN.: *desenconamiento.*

desencordar v.tr. [conj.: *contar*]. Quitar las cuerdas a un instrumento, especialmente a los instrumentos de música.

desencorvar v.tr. Enderezar algo que está encorvado o torcido.

desencuadernado s.m. *Fig.* y *fam.* Baraja, conjunto de naipes.

desencuadernar v.tr. y prnl. Deshacer la encuadernación de un libro o un cuaderno.

desencuadre s.m. Aparición simultánea de dos imágenes parciales en la pantalla durante una proyección cinematográfica.

desendemoniar v.tr. Desposeer, lanzar los demonios del cuerpo de alguien. SIN.: *desendiablar.*

desendiosar v.tr. Humillar al que se muestra endiosado.

desenfadaderas s.f.pl. *Fam.* Recursos para salir de los problemas y dificultades.

desenfadado, a adj. Que muestra desenfado o desenvoltura. **2.** Se dice del lenguaje, ambiente, situación, etc., alegre, animado y libre de formalidades.

desenfadar v.tr. y prnl. Quitar el enfado o enojo a una persona.

desenfado s.m. Desenvoltura, desparpajo. **2.** Diversión, expansión, esparcimiento.

desenfilado, a adj. MIL. Se dice del itinerario o de la zona de terreno al abrigo de la vista y del fuego del enemigo.

desenfilar v.tr. y prnl. MIL. Disponer las tropas, armas u obras de forma que permanezcan invisibles para el enemigo y protegidas contra su fuego.

desenfocar v.tr. Recoger o captar la imagen de un objeto sin nitidez o con un enfoque indebido. **2.** Cambiar el verdadero sentido de algo o no verlo con claridad.

desenfoque s.m. Falta de enfoque o enfoque defectuoso. **2.** Defecto de una imagen fotográfica o cinematográfica por falta de nitidez en el enfoque de sus figuras.

desenfrenado, a adj. y s. Que no tiene freno, contención o moderación.

desenfrenar v.tr. Quitar el freno. ◆ **desenfrenarse** v.prnl. *Fig.* Perder el freno o moderación en la conducta.

desenfreno s.m. Acción y efecto de desenfrenarse. SIN.: *desenfrenamiento.*

desenfundar v.tr. Sacar una cosa de su funda: *desenfundar la pistola.*

desenfurecer v.tr. y prnl. [conj.: *parecer*]. Apaciguar a alguien que está enfurecido o furioso.

desenganchar v.tr. y prnl. Soltar lo que está enganchado. ◆ **desengancharse** v.prnl. Dejar de ser adicto a una droga.

desengañar v.tr. y prnl. Hacer conocer a alguien la verdad sobre algo o alguien para deshacer el engaño o error en que está. **2.** Hacer que alguien pierda la esperanza o ilusión de conseguir lo que pretende.

desengaño s.m. Acción y efecto de desengañar.

desengarzar v.tr. y prnl. Desprender lo que está engarzado: *desengarzar un brillante de un anillo.*

desengastar v.tr. Sacar una cosa de su engaste.

desengranar v.tr. MEC. Separar las piezas que componen un engranaje.

desengrasar v.tr. Quitar o limpiar la grasa de algo. ◆ v.intr. *Fam.* Enflaquecer, quedarse flaco. **2.** Quitarse el sabor o la sensación de grasa.

desengrase s.m. Acción de desengrasar. **2.** Operación consistente en frotar, limpiar y pulir una materia, con vistas a una ulterior manipulación.

desengrosar v.tr. e intr. [conj.: *contar*]. Adelgazar, enflaquecer.

desengrudar v.tr. Quitar el engrudo.

desenhebrar v.tr. y prnl. Sacar o salirse la hebra de la aguja.

desenjaezar v.tr. Quitar los jaeces de una caballería.

desenjalmar v.tr. Quitar la enjalma a una caballería.

desenlace s.m. Acción y efecto de desenlazar. **2.** Final de un suceso, de una narración, de una obra literaria, cinematográfica o televisiva, donde se resuelve la trama.

desenladrillar v.tr. Deshacer el enladrillado.

desenlazar v.tr. y prnl. Desatar los lazos, desasir y soltar lo que está atado. ◆ v.tr. *Fig.* Dar desenlace a un asunto o una dificultad, especialmente a una obra literaria, cinematográfica o televisiva.

desenlodar v.tr. Quitar el lodo a una cosa.

desenlosar v.tr. Deshacer el enlosado.

desenlutar v.tr. y prnl. Quitar el luto.

desenmallar v.tr. Recoger los peces de las redes.

desenmarañar v.tr. Desenredar.

desenmascarar v.tr. y prnl. Quitar la máscara. **2.** *Fig.* Descubrir la manera de ser de alguien dando a conocer los verdaderos propósitos, sentimientos, etc., que intenta esconder: *desenmascarar al culpable.*

desenmohecer v.tr. [conj.: *parecer*]. Quitar el moho. **2.** Desentumecer.

desenmudecer v.intr. y prnl. [conj.: *parecer*]. Verse alguien libre del impedimento natural que tenía para hablar. ◆ v.intr. Romper el silencio.

desenojar v.tr. y prnl. Hacer perder a alguien el enojo.

desenredar v.tr. Deshacer un enredo. **2.** *Fig.* Poner orden a lo que estaba confuso y desordenado. ◆ **desenredarse** v.prnl. *Fig.* Salir de una dificultad o lance.

desenrollar v.tr. y prnl. Extender lo que está enrollado, deshacer un rollo.

desenroscar v.tr. y prnl. Extender lo que está enroscado. **2.** Sacar o salirse un tornillo o tuerca de donde está enroscado.

desensamblar v.tr. y prnl. Separar las piezas de madera ensambladas.

desensartar v.tr. Desprender lo que está ensartado.

desensibilización s.f. Tratamiento que hace desaparecer la sensibilidad del organismo respecto a ciertas sustancias (polen, polvo, proteínas, etc.). **2.** Disminución de la sensibilidad de una emulsión fotográfica.

desensibilizador s.m. Producto que disminuye la sensibilidad de una emulsión fotográfica.

desensillar v.tr. Quitar la silla a una caballería.

desentenderse v.prnl. [conj.: *tender*]. Fingir que no se entiende algo. **2.** Dejar de ocuparse de algo o no hacerse cargo de ello: *desentenderse de un problema.*

desenterrar v.tr. [conj.: *pensar*]. Sacar algo que está enterrado: *desenterrar un tesoro.* **2.** *Fig.* Sacar algo del olvido: *desenterrar las antiguas tradiciones.*

desentonar v.intr. Desafinar la voz o un instrumento. ◆ v.intr. y prnl. Estar algo o alguien en contraste desagradable con lo que hay o sucede alrededor.

desentrampar v.tr. y prnl. *Fam.* Librar a alguien de las trampas o deudas que tiene.

desentrañamiento s.m. Acción de desentrañar.

desentrañar v.tr. Penetrar, averiguar lo más dificultoso de una materia o asunto.

desentrenar v.tr. y prnl. Perder el entrenamiento en hacer algo o la habilidad para hacerlo.

desentronizar v.tr. Destronar. **2.** *Fig.* Deponer a alguien de la autoridad que tenía.

desentumecer v.tr. y prnl. [conj.: *parecer*]. Quitar el entumecimiento a un miembro del cuerpo: *desentumecer las piernas.*

desentumecimiento s.m. Acción y efecto de desentumecer.

desenvainar v.tr. Sacar un arma blanca de la vaina. **2.** Sacar de una vaina las semillas que contiene.

desenvendar v.tr. y prnl. Desvendar.

desenvoltura s.f. Agilidad, facilidad, gracia, soltura. **2.** *Fig.* Despreocupación, desvergüenza.

desenvolver v.tr. y prnl. [conj.: *mover*]. Quitar la envoltura a algo. **2.** *Fig.* Desarrollar, hacer pasar una cosa por una serie de estados sucesivos. ◆ v.tr. *Fig.* Descifrar o aclarar una cosa que está oscura o enredada. ◆ **desenvolverse** v.prnl. *Fig.* Hablar u obrar con soltura o habilidad, manejarse.
OBS.: participio: *desenvuelto.*

desenvolvimiento s.m. Acción y efecto de desenvolver o desenvolverse.

desenvuelto, a adj. Que tiene desenvoltura: *persona desenvuelta.*

desenzarzar v.tr. y prnl. Sacar algo de las zarzas en que está atrapado. **2.** *Fam.* Separar a los que riñen o disputan.

desenzolvar v.tr. Méx. Destapar un conducto, limpiarlo.

deseo s.m. (lat. *desidium,* deseo erótico). Acción y efecto de desear. **2.** Atracción sexual. **3.** PSICOL. Movimiento intenso de la voluntad hacia la consecución de algo.

deseoso, a adj. Que desea algo intensamente.

desequilibrar v.tr. Hacer perder el equilibrio o la posición vertical. **2.** Hacer perder la estabilidad mental a una persona. ◆ **desequilibrarse** v.prnl. Perder el equilibrio o la posición vertical. **2.** Perder la estabilidad mental.

desequilibrio s.m. Falta de equilibrio. **2.** ECON. Exceso de oferta o de demanda que tiende a destruir una situación de equilibrio económico. ◇ **Desequilibrio mental** Psicopatía.

deserción s.f. Acción de desertar.

desertar v.intr. (fr. *déserter*). Dejar de frecuentar un lugar. **2.** Abandonar una persona una obligación, una organización: *desertar de sus deberes; desertar de un partido.* **3.** MIL. Abandonar un soldado la unidad militar a la que pertenece sin autorización.

desértico, a adj. Relativo al desierto. **2.** Se dice del lugar que no está poblado por seres vivos.

desertización s.f. Transformación de un terreno en desierto. SIN.: *desertificación.*

desertor, ra adj. y s. (fr. *déserteur*). Que deserta: *los soldados desertores.*

desescalada s.f. Disminución progresiva de la intensidad o el valor de algo.

desescombrar v.tr. Descombrar.

desescoriar v.intr. Separar las escorias e impurezas del metal o del vidrio en fusión.

desesperación s.f. Alteración del ánimo causada por la consideración de un mal irreparable o por la impotencia de lograr éxito. **2.** Pérdida total de la esperanza.

desesperado, a adj. y s. Que ha perdido la esperanza. ◇ **A la desesperada** Acudiendo a remedios extremos para lograr lo que parece imposible conseguir: *actuar a la desesperada.*

desesperante adj. Que desespera.

desesperanzador, ra adj. Que hace perder la esperanza.

desesperanzar v.tr. Hacer perder la esperanza. ◆ **desesperanzarse** v.prnl. Perder la esperanza.
desesperar v.tr. Hacer perder la paciencia o la tranquilidad. ◆ v.intr. y prnl. Perder la esperanza de que algo ocurra. ◆ **desesperarse** v.prnl. Perder la paciencia o la tranquilidad.
desestabilizar v.tr. Hacer perder la estabilidad. ◆ **desestabilizarse** v.prnl. Perder la estabilidad.
desestalinización s.f. Conjunto de medidas tomadas en la URSS y en los demás países socialistas tras la muerte de Stalin para combatir el estalinismo.
desestanco s.m. HIST. Acción y efecto de poner fin a los estancos administrativos de determinados productos.
desestimación s.f. Acción y efecto de desestimar. SIN.: *desestima.*
desestimar v.tr. Denegar, rechazar: *desestimó sus observaciones.* **2.** Tener poca estimación a algo.
desexcitación s.f. Retorno de una molécula, un átomo o un núcleo excitados a su estado de energía mínima.
desfachatez s.f. Descaro, desvergüenza.
desfalcar o **defalcar** v.tr. DER. Sustraer una persona dinero o bienes que estaban bajo su custodia.
desfalco s.m. DER. Acción y efecto de desfalcar.
desfallecer v.intr. [conj.: *parecer*]. Perder las fuerzas y estar a punto de desmayarse. **2.** Perder el ánimo.
desfallecimiento s.m. Acción y efecto de desfallecer. **2.** MED. Fase inicial de síncope.
desfasado, a adj. Que no se ajusta a las tendencias o circunstancias del momento.
desfase s.m. Falta de ajuste entre una persona o cosa y otra: *el desfase entre la producción y las ventas.* **2.** Falta de ajuste entre una persona o cosa y otra en relación con las tendencias o circunstancias del momento.
desfavorable adj. Adverso, perjudicial, contrario: *situación desfavorable.*
desfavorecer v.tr. [conj.: *parecer*]. Perjudicar a una persona o cosa favoreciendo a otra. **2.** Dejar de favorecer a alguien: *la suerte me desfavoreció.*
desfecha s.f. Canción breve inspirada en el asunto de otra poesía, de la que presenta una condensación.
desfibrado s.m. Operación que consiste en desfibrar.
desfibradora s.f. Máquina que sirve para desfibrar la madera.
desfibrar v.tr. Quitar las fibras a algo.
desfibrilación s.f. Método terapéutico que emplea un shock eléctrico para detener la fibrilación del músculo cardíaco.
desfibrilador s.m. Instrumento que sirve para la desfibrilación.
desfiguración s.f. Acción y efecto de desfigurar o desfigurarse. SIN.: *desfiguramiento.*
desfigurar v.tr. Cambiar la forma o las características externas de una cosa. **2.** *Fig.* Referir algo alterando las verdaderas circunstancias: *desfigurar los hechos.* ◆ v.tr. y prnl. Afear o deformar el rostro de una persona. ◆ **desfigurarse** v.prnl. Alterarse el color o la expresión del rostro a causa de una emoción o una impresión.
desfiguro s.m. Méx. Ridículo: *hizo un desfiguro la otra noche; una serie de desfiguros.*
desfiladero s.m. Paso estrecho entre montañas.
desfilar v.intr. (fr. *défiler*). Marchar gente en fila. **2.** Ir saliendo la gente de alguna parte. **3.** MIL. Pasar las tropas en formación ante un superior, monumento, etc.
desfile s.m. Acción de desfilar.
desfloración s.f. Acción y efecto de desflorar. SIN.: *desfloramiento.*
desflorar v.tr. Ajar, estropear, quitar a una cosa su buena apariencia. **2.** *Fig.* Tratar un asunto o materia superficialmente. **3.** MED. Romper el himen.
desfogar v.tr. y prnl. Exteriorizar una pasión o estado de ánimo violentamente.
desfogue s.m. Acción y efecto de desfogar o desfogarse.
desfondamiento s.m. Acción de desfondar o desfondarse. SIN.: *desfonde.*
desfondar v.tr. y prnl. Quitar o romper el fondo a algo, especialmente un recipiente o mueble. **2.** Quitar alguna cosa fuerza o empuje a un deportista: *desfondarse un corredor.* ◆ v.tr. Dar a la tierra labores profundas.
desforestación s.f. Acción de destruir los bosques: *la desforestación de la selva.*
desfosfatar v.tr. Eliminar parte de los fosfatos del suelo o del agua.
desfosforación s.f. METAL. Operación que consiste en eliminar el fósforo del hierro y el acero.
desfosforar v.tr. Efectuar la desfosforación.
desfrenar v.tr. y prnl. Soltar el freno.
desgaire s.m. Descuido, despreocupación. **2.** Ademán de desprecio. ◇ **Al desgaire** Con descuido.
desgajadura s.f. Rotura de una rama que se lleva consigo parte del tronco.
desgajar v.tr. y prnl. Separar una rama del tronco con violencia. **2.** Dividir una cosa en las partes que la componen: *desgajar una naranja.* **3.** Separar una cosa de otra.
desgalichado, a adj. (de un cruce entre *desgalibado* y *desdichado*). Desgarbado, falto de gracia y elegancia.
desgalillarse v.prnl. Amér. Central. Desgañitarse.
desgana s.f. Falta de apetito. **2.** Falta de interés, indiferencia, fastidio: *trabajar con desgana.*
desganar v.tr. Quitar el deseo o las ganas de hacer algo. ◆ **desganarse** v.prnl. Perder el apetito. **2.** *Fig.* Perder las ganas de hacer algo.
desgano s.m. Amér. Desgana.
desgañitarse v.prnl. (de *gañir,* aullar). *Fam.* Gritar o vocear una persona haciendo un gran esfuerzo.
desgarbado, a adj. Falto de garbo.
desgarrado, a adj. y s. Que actúa con descaro.
desgarrador, ra adj. Que desgarra: *aullido desgarrador.*
desgarradura s.f. Desgarrón.
desgarramiento s.m. Acción y efecto de desgarrar.
desgarrar v.tr. y prnl. Rasgar o romper una cosa de poca consistencia o resistencia, como papel o tela, tirando de ella. **2.** *Fig.* Causar una gran tristeza o pena a una persona.
desgarriare s.m. Méx. *Fam.* Desorden.
desgarro s.m. Rotura que se hace en una cosa de poca consistencia o resistencia, como papel o tela, tirando de ella: *tener un desgarro en la camisa.* **2.** *Fig.* Descaro, desvergüenza. **3.** *Fig.* Chulería, fanfarronería. **4.** OBST. Herida lineal que, en ciertos casos, se produce en el periné durante el parto.
desgarrón s.m. Desgarro grande, rotura. **2.** Jirón, trozo desgarrado de una tela.
desgasificar v.tr. Eliminar el aire o el gas contenido en un líquido o en un producto sólido fundido. **2.** Eliminar los gases y sedimentos que quedan en las cisternas de un petrolero después de la descarga.
desgasolinar v.tr. Extraer los hidrocarburos líquidos de un gas natural.
desgastar v.tr. y prnl. Gastar parte de la superficie de una cosa por el uso o el roce. ◆ **desgastarse** v.prnl. *Fig.* Perder fuerza, debilitarse.
desgaste s.m. Acción y efecto de desgastar o desgastarse.
desglaciación s.f. GEOGR. Recesión de los glaciares.
desglosar v.tr. Dividir una cosa en las partes que la componen para considerar cada parte por separado. **2.** Separar una hoja, pliego, etc., de otros con los cuales está encuadernado. **3.** DER. Separar algunas hojas de una pieza de autos.
desglose s.m. Acción y efecto de desglosar.

desgobernar v.tr. [conj.: *pensar*]. Gobernar mal. **2.** Alterar el orden o dirección de una cosa.

desgobierno s.m. Desorden, falta de gobierno: *reinar el desgobierno en una casa.*

desgolletar v.tr. Quitar el gollete o cuello a una recipiente. ◆ v.tr. y prnl. Aflojar o quitar las prendas que rodean el cuello.

desgracia s.f. Suerte adversa. **2.** Suceso o acontecimiento que causa pena o sufrimiento: *ocurrir una desgracia.* **3.** Mal que constituye un perpetuo motivo de aflicción. **4.** Pérdida de gracia, favor o valimiento: *caer en desgracia.* ◇ **Hecho una desgracia** Muy sucio, estropeado o roto.

desgraciado, a adj. y s. Que padece o implica desgracia. **2.** Desafortunado. ◆ s. *Fam.* y *desp.* Persona a la que se atribuye poco valor.

desgraciar v.tr. y prnl. Echar a perder, malograr, impedir su desarrollo, quitar la gracia.

desgranadora s.f. Máquina para desgranar el maíz, el lino, el algodón, etc.

desgranar v.tr. y prnl. Sacar o separar los granos de una cosa. **2.** Pasar una a una las cuentas del rosario cuando se reza. **3.** Decir varias cosas una detrás de otra. ◆ **desgranarse** v.prnl. Soltarse las piezas ensartadas.

desgrasar v.tr. Quitar o limpiar la grasa de algo.

desgravar v.tr. DER. Reducir los impuestos o los aranceles de una mercancía.

desgreñar v.tr. y prnl. Despeinar, desordenar el cabello. ◆ **desgreñarse** v.prnl. Reñir, pelearse acaloradamente.

desguace s.m. Acción y efecto de desguazar: *estar un automóvil para el desguace.* **2.** Esp. Lugar donde se desguaza.

desguarnecer v.tr. [conj.: *parecer*]. Quitar la fortaleza o la fuerza a una plaza, a un castillo, etc. **2.** Quitar la guarnición o adorno a una cosa. **3.** Quitar las guarniciones a una caballería. **4.** Quitar piezas esenciales de una cosa.

desguazar v.tr. Deshacer un buque, automóvil, máquina, etc., total o parcialmente. **2.** Amér. Romper alguna cosa, rasgándola.

desguince s.m. TECNOL. Utensilio con que se cortan los trapos en los molinos de papel.

deshabillé s.m. (voz francesa). *Salto de cama.

deshabitar v.tr. Dejar de habitar un lugar o casa. **2.** Dejar un lugar sin habitantes.

deshabituación s.f. Acción y efecto de deshabituar.

deshabituar v.tr. y prnl. [conj.: *actuar*]. Hacer perder a alguien un hábito, especialmente si es perjudicial: *deshabituarse del tabaco.*

deshacer v.tr. y prnl. [conj.: *hacer*]. Hacer que una cosa hecha quede como al principio de hacerla, generalmente descompuesta en sus diversas partes: *deshacer una trenza.* **2.** Convertir algo sólido en líquido: *deshacer chocolate.* ◆ v.tr. Derrotar a alguien en un enfrentamiento, especialmente deportivo. **2.** Partir, separar en partes: *deshacer una res.* **3.** *Fig.* Hacer que un acuerdo o negocio pierda su validez: *deshacer un trato.* ◆ **deshacerse** v.prnl. *Fig.* Manifestar vehementemente pena, malestar o inquietud: *deshacerse en lágrimas.* **2.** *Fig.* Trabajar con mucho esfuerzo e interés. **3.** *Fig.* Estropearse, lisiarse: *deshacerse las manos fregando.* **4.** *Fig.* Desaparecer una cosa. **5.** Desprenderse de algo molesto: *deshacerse de los trastos viejos.* **6.** Desvivirse, esforzarse por complacer a alguien: *se deshace por sus hijos.* **7.** Prodigar en extremo a una persona alabanzas o atenciones: *deshacerse en cumplidos.*

desharrapado, a o **desarrapado, a** adj. y s. Andrajoso, lleno de harapos.

deshecha s.f. COREOGR. Mudanza de la danza española que se hace con el pie contrario, deshaciendo la misma que se había hecho.

deshechizar v.tr. Deshacer un hechizo.

deshecho, a adj. Se dice del temporal, la lluvia, borrasca, etc., fuertes y violentos. **2.** Amér. Merid. Desaliñado. ◆ s.m. Amér. Desecho, atajo.

deshelar v.tr. y prnl. [conj.: *pensar*]. Convertir una cosa helada en líquido.

desherbar v.tr. [conj.: *pensar*]. Arrancar las hierbas perjudiciales de un campo. SIN.: *desyerbar.*

desheredación s.f. DER. Declaración explícita de voluntad por la que el testador priva de su legítima herencia a un heredero forzoso. SIN.: *desheredamiento.*

desheredado, a adj. y s. Pobre, menesteroso.

desheredar v.tr. Excluir a una persona de una herencia: *desheredó a sus hijos.*

deshidratación s.f. Acción y efecto de deshidratar. **2.** Operación o técnica de conservación de los productos alimenticios que consiste en extraer de un producto la totalidad o parte del agua que contiene. **3.** MED. Estado de un organismo que ha perdido parte de su agua.

deshidratadora s.f. Aparato que sirve para disminuir la tasa de humedad de los forrajes hasta un 10 %, para asegurar su conservación.

deshidratar v.tr. y prnl. Quitar a un cuerpo el agua que contiene o parte de ella. ◆ **deshidratarse** Perder un cuerpo el agua que contiene o parte de ella.

deshidrogenación s.f. Acción de deshidrogenar. **2.** Oxidación de un compuesto orgánico por liberación de hidrógeno, bajo la acción de un enzima (deshidrogenasa).

deshidrogenar v.tr. Quitar uno o varios átomos de hidrógeno a un compuesto químico.

deshielo s.m. Acción y efecto de deshelar o deshelarse, especialmente la nieve y el hielo en primavera como consecuencia de la elevación de la temperatura: *el deshielo se produce en primavera.* **2.** Época del año en que la nieve y el hielo se deshielan como consecuencia del aumento de la elevación de la temperatura. **3.** Conjunto de cambios llevados a cabo en URSS tras la muerte de Stalin.

deshilachar v.tr. y prnl. Deshilar una tela formando hilachas.

deshilado s.m. Acción y efecto de deshilar o deshilarse. **2.** Labor que se hace con aguja en una tela sacando o juntando hilos y haciendo calados con los que quedan.

deshilar v.tr. y prnl. Sacar hilos de una tela dejándola en forma de fleco.

deshilvanado, a adj. Que no tiene enlace ni trabazón entre sus partes: *discurso deshilvanado.* ◆ s.m. Acción y efecto de deshilvanar.

deshilvanar v.tr. y prnl. Quitar los hilvanes a una tela.

deshinchar v.tr. y prnl. Hacer que una parte del cuerpo de una persona o animal pierda la hinchazón: *deshincharse un tobillo.* **2.** Sacar el contenido de una cosa hinchada. **3.** *Fig.* y *fam.* Desahogar la cólera o enojo, abandonar la presunción o vanidad.

deshipotecar v.tr. Cancelar o suspender una hipoteca.

deshojadura s.f. Acción de deshojar o deshojarse.

deshojar v.tr. y prnl. Quitar las hojas a algo, especialmente los pétalos a una flor: *deshojar un libro; deshojar una margarita.*

deshoje s.m. Acción de deshojar una planta para facilitar la madurez del fruto.

deshollinador, ra adj. y s. Que deshollina, especialmente la persona que se dedica profesionalmente a ello. ◆ s.m. Utensilio para deshollinar chimeneas.

deshollinar v.tr. Quitar el hollín de las chimeneas. **2.** Limpiar techos y paredes.

deshonestidad s.f. Cualidad de deshonesto. **2.** Dicho o hecho deshonesto.

deshonesto, a adj. Que no es honesto.

deshonor s.m. Pérdida del honor.

deshonra s.f. Pérdida de la honra. **2.** Cosa deshonrosa. ◇ **Tener a deshonra** Considerar una persona que algo es indecente o indecoroso para su forma de vivir.

deshonrar v.tr. y prnl. Quitar la honra. ◆ v.tr. Injuriar. **2.** Despreciar y escarnecer a alguien.

deshonroso, a adj. Que implica deshonra o incurre en ella.
deshora s.f. Tiempo inoportuno, no conveniente. ◇ **A deshora, o deshoras** Fuera de hora o tiempo: *comer a deshora.*
deshornar v.tr. Sacar del horno algo que se estaba cociendo en él.
deshuesadora s.f. Máquina o aparato que sirve para quitar los huesos a la carne de un animal o a un fruto.
deshuesar v.tr. Quitar los huesos a la carne de un animal o a un fruto. SIN.: *desosar.*
deshumanización s.f. Acción de deshumanizar.
deshumanizar v.tr. Quitar carácter humano a alguien o algo, especialmente a las obras de arte. ◆ **deshumanizarse** v.prnl. Perder una persona su carácter humano.
deshumidificación s.f. Acción de eliminar la humedad. SIN.: *deshumectación.*
desiderata s.f. (voz latina, *cosas deseadas*). Lista de cosas que se desea adquirir, especialmente libros en las bibliotecas.
desiderativo, a adj. (del lat. *desdiderare,* desear). Que expresa deseo: *oración desiderativa.*
desiderátum s.m. (lat. *desideratum,* cosa deseada). Deseo o aspiración. **2.** Cosa más digna de ser apreciada en su línea.
desidia s.f. (lat. *desidia*). Descuido, negligencia, dejadez.
desidioso, a adj. y s. Que actúa con desidia o que la muestra.
desierto, a adj. (lat. *desertus, -a, -um,* p. de *deserere,* abandonar, desertar). Se dice del lugar que no está poblado por personas o donde no hay gente: *calles desiertas.* **2.** Se dice de la subasta o certamen en que nadie toma parte; se dice del premio o trofeo que a nadie se adjudica: *el primer premio quedó desierto.* ◆ s.m. Región extensa y seca de escasa población y vegetación debida a la escasez de precipitaciones.

los desiertos más grandes del mundo	
Sahara (norte de África)	9100000 km²
Gran desierto de Victoria (Australia)	3830000 km²
Gobi (Asia)	1290000 km²
Rub al-Khali (Arabia Saudí)	650000 km²
Kalahari (sur de África)	520000 km²
Karakorum (Asia central)	340000 km²
Takla-Makán (Asia)	327000 km²

designación s.f. Acción y efecto de designar.
designar v.tr. (lat. *designare*). Nombrar a una persona o cosa. **2.** Señalar a alguien para desempeñar un empleo, cargo o función: *designar a alguien como director.* **3.** Formar designio o propósito de realizar algo.
designativo, a adj. y s. Que implica o denota designación.
designio s.m. (bajo lat. *designium*). Pensamiento, idea, intención para realizar algo.
desigual adj. Que no es igual. **2.** De distinto nivel, no liso: *superficie desigual.* **3.** *Fig.* Inconstante, variable.
desigualar v.tr. Hacer que una persona o cosa no sea igual a otra.
desigualdad s.f. Cualidad de desigual. **2.** Elevación o depresiones de un terreno o una superficie. **3.** MAT. Relación algebraica en la que figuran dos cantidades desiguales separadas por un signo > (mayor que) o < (menor que).
desilusión s.f. Pérdida de la ilusión. **2.** Desengaño.
desilusionar v.tr. y prnl. Hacer sufrir una desilusión.
desimanar o **desimantar** v.tr. y prnl. Hacer que algo pierda la imanación.
desincrustar v.tr. Quitar las incrustaciones.
desindustrialización s.f. Reducción de la producción industrial de un sector, una región, un país o lugar. **2.** Reducción del número de puestos de trabajo en un sector industrial de un país.
desinencia s.f. (del lat. *desinens, -ntis,* el que cesa, p. activo de *desinere,* cesar, terminar). LING. Morfema final o parte final de una palabra que indica algún tipo de variación gramatical, como el género, el número, el tiempo verbal, etc.
desinfección s.f. Acción de desinfectar.
desinfectante adj. y s.m. Se dice de la sustancia, el agente físico o producto que sirve para desinfectar.
desinfectar v.tr. y prnl. Eliminar los gérmenes nocivos de una cosa.
desinflamación s.f. Acción y efecto de desinflamar.
desinflamar v.tr. y prnl. Hacer que una parte del cuerpo de una persona o animal pierda la inflamación.
desinflar v.tr. y prnl. Sacar el aire o el gas que contiene un cuerpo inflado. **2.** *Fig.* y *fam.* Desanimar, desilusionar. **3.** *Fig.* y *fam.* Disminuir la importancia de algo.
desinformación s.f. Acción de desinformar. **2.** Falta de información.
desinformar v.tr. Informar ocultando o manipulando datos.
desinhibición s.f. Acción y efecto de desinhibir o desinhibirse.
desinhibir v.tr. y prnl. Hacer que alguien pierda sus inhibiciones.
desinsacular v.tr. Sacar las papeletas o cédulas en que se hallan los nombres de las personas insaculadas.
desinsectación s.f. Eliminación de los insectos nocivos de un lugar por procedimientos físicos, químicos o biológicos.
desintegración s.f. Acción y efecto de desintegrar o desintegrarse. **2.** FÍS. Transformación espontánea o provocada de un núcleo atómico o de una partícula elemental, dando lugar a uno o varios átomos o a otras partículas.
desintegrar v.tr. y prnl. Dividir una cosa en fragmentos o en las partes que la componen. **2.** FÍS. Provocar una desintegración.
desinterés s.m. Falta de interés. **2.** Desapego y desprendimiento de todo provecho personal, próximo o remoto.
desinteresado, a adj. Que actúa sin interés. **2.** Que siente desinterés por alguna cosa: *alumnos desinteresados.* **3.** Que se hace o dice sin ánimo de obtener ningún beneficio: *esfuerzo desinteresado.*
desinteresarse v.prnl. Perder alguien el interés por una persona o cosa.
desintoxicación s.f. Tratamiento destinado a anular la dependencia con respecto a un tóxico, como el alcohol o los estupefacientes.
desintoxicar v.tr. y prnl. Hacer desaparecer en una persona una intoxicación. **2.** *Fig.* Hacer desaparecer en una persona los efectos de una información negativa.
desinversión s.f. Acción de suprimir o reducir las inversiones en un sector económico o en una empresa.
desistir v.intr. (lat. *desistere*). Abandonar un propósito o intento que se había empezado: *tras un largo esfuerzo, desistió.* **2.** DER. Abdicar, abandonar un derecho.
desjarretar v.tr. Cortar a una res las patas por el jarrete. **2.** *Fig.* y *fam.* Debilitar a alguien.
deslabonar v.tr. y prnl. Desunir o separar eslabones. **2.** *Fig.* Desunir una cosa de otra de la que forma parte.
deslavazado, a adj. Desordenado, alterado. **2.** Blando, falto de firmeza.
deslave s.m. Amér. Derrubio.
desleal adj. y s.m. y f. Que obra sin lealtad: *amigo desleal.*
deslealtad s.f. Cualidad de desleal.
desleimiento s.m. Acción y efecto de desleír.
desleír v.tr. y prnl. (del lat. *eligere,* escoger, seleccionar) [conj.: *reír*]. Disolver un cosa sólida o pastosa en un líquido: *desleír azúcar en leche.*
deslenguado, a adj. *Fig.* Que habla con desvergüenza y atrevimiento.

deslenguamiento s.m. *Fam.* Acción y efecto de deslenguarse.

deslenguar v.tr. [conj.: *averiguar*]. Quitar o cortar la lengua. ◆ **deslenguarse** v.prnl. *Fig.* y *fam.* Faltar al respeto, de obra o de palabra. SIN.: *descomedirse.*

1. **desliar** v.tr. y prnl. [conj.: *desviar*]. Deshacer algo que esté atado, liado o envuelto.

2. **desliar** v.tr. [conj.: *desviar*]. Quitar las lías, heces o partículas sólidas que enturbian el vino.

desligar v.tr. y prnl. Desatar las ligaduras. **2.** *Fig.* Separar una cosa de otra. **3.** *Fig.* Librar de un compromiso, obligación, etc.

deslindar v.tr. Señalar los límites de una cosa o entre varias cosas. **2.** *Fig.* Diferenciar una cosa de otra señalando las características que no comparten: *deslindar farmacología y magia.*

deslinde s.m. Acción y efecto de deslindar. SIN.: *deslindamiento.* **2.** DER. Operación por la cual se determinan los límites de una finca o un terreno. SIN.: *deslindamiento.*

desliz s.m. Error leve por falta de reflexión, especialmente cuando se trata de una falta moral relacionada con el sexo: *tener un desliz.* **2.** Deslizamiento.

deslizamiento s.m. Acción y efecto de deslizar o deslizarse. ◇ **Superficie de deslizamiento** GEOL. Superficie a lo largo de la cual dos porciones de terreno han resbalado en relación mutua.

deslizante adj. Que desliza o se desliza. ◇ **Vector deslizante** MAT. Vector de módulo y sentido fijos, que puede tener como origen cualquier punto de una recta dada *(recta de aplicación).*

deslizar v.tr. y prnl. Pasar una persona una cosa sobre la superficie de otra suavemente. **2.** Introducir un cosa en un lugar disimuladamente. **3.** *Fig.* Decir con disimulo algo intencionado. ◆ **deslizarse** v.prnl. Moverse sobre una superficie suavemente. **2.** *Fig.* Salir de un lugar o entrar en algún lugar disimuladamente. **3.** *Fig.* Transcurrir el tiempo, una acción o un suceso. **4.** *Fig.* Cometer un error, indiscreción, falta, etc.

deslocalizar v.tr. Trasladar una empresa alguno de sus centros de producción a otra zona geográfica, generalmente para abaratar los costes de mano de obra y obtener mejoras fiscales.

deslomar v.tr. Herir a un animal dándole golpes en el lomo. **2.** *Fam.* Dar una paliza a alguien. ◆ v.tr. y prnl. *Fam.* Cansar o agotar mucho la dureza de un trabajo o esfuerzo.

deslucimiento s.m. Acción y efecto de deslucir.

deslucir v.tr. y prnl. [conj.: *lucir*]. Quitar una cosa la gracia, la buena apariencia o el atractivo a otra.

deslumbramiento s.m. Acción y efecto de deslumbrar o deslumbrarse.

deslumbrante adj. Que deslumbra. SIN.: *deslumbrador.*

deslumbrar v.tr. y prnl. Hacer el exceso de luz que una persona pierda momentáneamente la visión. **2.** *Fig.* Causar una persona o una cosa por belleza una fuerte impresión.

deslustrar v.tr. Quitar el lustre a una cosa. **2.** Quitar la transparencia al vidrio o al cristal frotándolo con esmeril o por otro procedimiento.

desmadejar v.tr. y prnl. Causar flojedad y debilidad en el cuerpo.

desmadrarse v.prnl. *Fam.* Actuar una persona sin inhibiciones, sin atenerse a las normas establecidas.

desmadre s.m. Acción y efecto de desmadrarse.

desmagnetización s.f. Acción y efecto de desmagnetizar. **2.** Creación de un dispositivo de protección individual de los buques contra las minas magnéticas.

desmagnetizar v.tr. Hacer que algo pierda la imantación.

desmalezar v.tr. Amér. Quitar la maleza.

desmallar v.tr. y prnl. Deshacer o cortar las mallas.

desmamar v.tr. Destetar.

1. **desmán** s.m. (del ant. *desmanarse,* desbandarse, dispersarse las tropas). Desorden, alteración del orden público: *desmanes callejeros.* **2.** Acto que implica abuso de autoridad: *el dictador cometió numerosos desmanes.*

2. **desmán** s.m. (del sueco *desman-ratta,* rata de almizcle). Mamífero de hocico con forma de trompa y color pardusco, que mide unos 15 cm de long. (El desmán vive cerca de los ríos de los Pirineos y de Rusia y se alimenta de insectos acuáticos; orden insectívoros.)

desmanchar v.tr. Amér. Abandonar el grupo o compañía del que se forma parte, alejarse de las amistades. ◆ v.intr. Amér. Desbandarse, huir, salir corriendo. **2.** Amér. Quitar las manchas. ◆ **desmancharse** v.prnl. Amér. Salirse de la manada un animal.

desmandarse v.prnl. Insubordinarse, propasarse, sublevarse.

desmano (a) loc. A trasmano.

desmanotado, a adj. y s. *Fam.* Torpe, inhábil, desmañado.

desmantelamiento s.m. Acción y efecto de desmantelar.

desmantelar v.tr. Destruir una fortificación. **2.** *Fig.* Dejar un lugar sin muebles o los complementos necesarios. **3.** MAR. Desarbolar o desaparejar una embarcación.

desmañado, a adj. y s. Torpe, inhábil, desmanotado.

desmañarse v.prnl. Méx. Despertarse muy temprano.

desmaquillador, ra adj. y s.m. Que sirve para desmaquillar.

desmaquillar v.tr. y prnl. Quitar el maquillaje del rostro o del cuerpo de una persona.

desmarañar v.tr. Desenredar.

desmarcarse v.prnl. DEP. Librarse un jugador de un equipo del marcaje de un adversario.

desmaterialización s.f. Aniquilación de las partículas materiales y correlativa aparición de energía. **2.** Desaparición pretendidamente paranormal de un objeto material.

desmayado, a adj. Se dice del color pálido.

desmayar v.tr. (fr. ant. *esmaïer,* perturbar, espantar). Causar desmayo. ◆ v.intr. *Fig.* Perder ánimo, valor o energía. ◆ **desmayarse** v.prnl. Sufrir un desmayo, perder el conocimiento. SIN.: *desvanecerse.*

desmayo s.m. Pérdida momentánea del conocimiento. **2.** Desaliento, pérdida de las fuerzas.

desmedido, a adj. Excesivo, falto de medida: *un desmedido afán de riquezas.*

desmedirse v.prnl. [conj.: *pedir*]. Desmandarse, excederse.

desmedrar v.tr. y prnl. Deteriorar. ◆ v.intr. Decaer, debilitarse, enflaquecer.

desmejoramiento s.m. Acción y efecto de desmejorar.

desmejorar v.intr. y prnl. Ir perdiendo la salud. ◆ v.tr. y prnl. Ajar, deslucir, hacer perder el lustre y la perfección.

desmelenamiento s.m. Acción y efecto de desmelenar o desmelenarse.

desmelenar v.tr. y prnl. Despeinar, desordenar el cabello. ◆ **desmelenarse** v.prnl. *Fig.* y *fam.* Perder una persona sus inhibiciones y actuar con libertad y, generalmente, sin moderación.

desmembración s.f. Acción y efecto de desmembrar o desmembrarse.

desmembrar v.tr. [conj.: *pensar*]. Separar los miembros de un cuerpo. ◆ v.tr. y prnl. *Fig.* Dividir una colectividad: *desmembrarse un estado, un partido.*

desmemoriado, a adj. y s. Que tiene mala memoria o que carece de ella.

desmemoriarse v.prnl. Dejar de tener en la memoria, olvidarse. **2.** Perder la memoria.

desmentido s.m. Acción y efecto de desmentir. SIN.: *desmentida.*

desmentir v.tr. [conj.: *sentir*]. Decir o demostrar que algo no es verdad: *desmentir una noticia.* **2.** Ser una cosa peor de lo que le corresponde por su origen, circunstancias o estado. ◆ v.intr. *Fig.* Desviarse una cosa de la línea, nivel o dirección que le corresponde.

desmenuzamiento s.m. Acción y efecto de desmenuzar o desmenuzarse.

desmenuzar v.tr. y prnl. Deshacer algo en fragmentos muy pequeños, especialmente con los dedos: *desmenuzar el pescado.* ◆ v.tr. *Fig.* Analizar minuciosamente algo: *desmenuzar un discurso.*

desmerecedor, ra adj. Que desmerece: *una actitud desmerecedora de aprobación.*

desmerecer v.tr. [conj.: *parecer*]. No merecer algo o hacerse indigno de ello. ◆ v.intr. Perder algo parte de su valor: *un automóvil desmerece con el uso.* **2.** Ser una persona o cosa inferior a otra con la que se compara: *la imitación desmerece del original.*

desmerecimiento s.m. Acción y efecto de desmerecer.

desmesura s.f. Falta de mesura o moderación.

desmesurado, a adj. Excesivo, mayor de lo común.

desmesurarse v.prnl. Descomedirse, excederse, insolentarse, atreverse.

desmigajar v.tr. y prnl. Desmenuzar una cosa, especialmente un alimento. SIN.: *desmigar.*

desmilitarización s.f. Medida de seguridad prevista por tratado que prohíbe toda presencia o actividad militar en una zona determinada.

desmilitarizar v.tr. Efectuar una desmilitarización.

desmineralización s.f. MED. Eliminación excesiva de sales minerales por la orina o las heces en el curso de ciertas enfermedades.

desmirriado, a adj. → **esmirriado.**

desmitificar v.tr. y prnl. Quitar el concepto o sentido mítico a alguien o algo.

desmochadora s.f. Máquina que sirve para desmochar.

desmochar v.tr. Dejar mocho algo quitándole la punta o parte superior: *desmochar un árbol, un toro, una torre.*

desmoche s.m. Acción de desmochar.

desmocho s.m. Conjunto de partes desmochadas de una cosa.

desmogar v.intr. Mudar los cuernos el venado y otros animales.

desmolasa s.f. Enzima que provoca una oxidación o una reducción.

desmoldear v.tr. METAL. Extraer una pieza de fundición del molde en que ha sido colada.

desmonetizar v.tr. Prohibir el uso de un metal en la acuñación de monedas. ◆ v.tr. y prnl. Argent., Chile, Par. y P. Rico. Despreciar, desacreditar.

desmontar v.tr. Separar las piezas que componen una cosa: *desmontar un reloj.* SIN.: *desarmar.* **2.** Derribar un edificio o parte de él. **3.** Poner el mecanismo de disparo de un arma de fuego en posición de que no funcione. **4.** Limpiar un monte de vegetación. **5.** Allanar un terreno. ◆ v.tr., intr. y prnl. Bajar a una persona de una caballería o de un vehículo.

desmonte s.m. Acción y efecto de desmontar. **2.** Operación que consiste en limpiar de vegetación parte de un terreno para hacer un camino, carretera, vía férrea, canal, etc. **3.** Conjunto de escombros que resulta de desmontar un terreno. **4.** Terreno desmontado. (Suele usarse en plural.)

desmoralización s.f. Acción y efecto de desmoralizar o desmoralizarse.

desmoralizador, ra adj. y s. Que desmoraliza.

desmoralizar v.tr. y prnl. Hacer perder la moral o las buenas costumbres. **2.** Hacer perder el valor o la decisión: *desmoralizarse por algún fracaso.*

desmoronadizo, a adj. Que tiende a desmoronarse.

desmoronamiento s.m. Acción y efecto de desmoronar o desmoronarse.

desmoronar v.tr. y prnl. (de *borona,* pan de mijo o de maíz, migaja). Deshacer poco a poco un cuerpo formado por una aglomeración de elementos: *desmoronar una pared.* ◆ **desmoronarse** v.prnl. *Fig.* Perder una persona el ánimo o el valor poco a poco.

desmotado s.m. TEXT. Acción y efecto de desmotar.

desmotar v.tr. Quitar las motas, cadillos o partículas vegetales adheridas a la lana. **2.** Quitar la semilla al algodón después de la recolección.

desmotivar v.tr. Hacer perder a alguien la motivación o el interés por algo.

desmovilizar v.tr. Licenciar a las tropas.

desmultiplicación s.f. Proporción en que es reducida la velocidad en la transmisión de un movimiento.

desnacificación s.f. Conjunto de medidas que se tomó en Alemania después de 1945 para eliminar los residuos del nacionalsocialismo.

desnacionalizar v.tr. y prnl. Quitar el carácter nacional a alguien o algo. **2.** Restituir al sector privado una empresa o industria previamente nacionalizada o expropiada.

desnarigar v.tr. y prnl. *Fam.* Quitar la nariz a alguien o herírsela gravemente.

desnatadora s.f. Máquina que sirve para desnatar.

desnatar v.tr. Quitar la nata a la leche o a un producto lácteo.

desnaturalización s.f. Acción y efecto de desnaturalizar o desnaturalizarse.

desnaturalizar v.tr. Hacer perder a una cosa las propiedades, cualidades o condiciones naturales. **2.** Privar a alguien del derecho de naturaleza.

desnaturarse v.prnl. Romper un vasallo los lazos de vasallaje que había establecido con el rey de Castilla.

desnebulización s.f. Conjunto de procedimientos que tienen por objeto eliminar la niebla, principalmente en los aeródromos.

desnicotinizar v.tr. Quitar o reducir la cantidad de nicotina del tabaco.

desnitración s.f. Acción de eliminar del suelo o de las aguas los compuestos nitratos que contienen.

desnitrificación s.f. QUÍM. Acción y efecto de desnitrificar.

desnitrificar v.tr. QUÍM. Extraer el nitrógeno de una sustancia.

desnivel s.m. Diferencia de nivel o altura entre dos o más puntos. **2.** Parte del terreno o del piso en que hay un cambio de nivel: *tropezó con un desnivel.*

desnivelar v.tr. y prnl. Hacer que una cosa tenga desnivel.

desnucar v.tr. y prnl. Fracturar los huesos de la nuca.

desnuclearizar v.tr. y prnl. Prohibir o limitar el almacenamiento, la posesión y la fabricación de armas nucleares. **2.** Prohibir o limitar la instalación de centrales de energía nuclear.

desnudar v.tr. y prnl. (lat. *denudare*). Dejar desnuda a una persona, quitarle la ropa o parte de ella. **2.** *Fig.* Quitar lo que cubre o adorna una cosa: *desnudar la espada.* ◆ **desnudarse** v.prnl. *Fig.* Rechazar, apartar de sí una cosa: *desnudarse de prejuicios.*

desnudez s.f. Cualidad de desnudo.

desnudismo s.m. Nudismo.

desnudista adj. y s.m. y f. Nudista.

desnudo, a adj. Que no lleva el cuerpo cubierto de ropa o lleva muy poca. **2.** *Fig.* Que no tiene adornos, complementos o revestimientos: *una sala desnuda.* **3.** Que carece de algo, especialmente inmaterial: *desnudo de hipocresía.* ◆ s.m. B. ART. Representación del cuerpo humano o de parte de él desprovisto de ropas. ◇ **Al desnudo** Descubiertamente, a la vista de todos.

desnutrición s.f. Estado patológico del organismo debido a una nutrición deficiente o a trastornos en el metabolismo.

desnutrirse v.prnl. Padecer desnutrición.

desobedecer v.tr. [conj.: *parecer*]. No hacer lo que alguien manda: *desobedecer las órdenes.*

desobediencia s.f. Acción y efecto de desobedecer. ◇ **Desobediencia civil, o pacífica** Resistencia pacífica.

desobediente adj. Que desobedece o es propenso a desobedecer.

desobligado, a adj. Méx. Irresponsable: *es un padre muy desobligado.*
desobstruir v.tr. [conj.: *huir*]. Quitar las obstrucciones. **2.** Desembarazar, desocupar.
desocupación s.f. Desempleo.
desocupado, a adj. y s. Que no está ocupado, ocioso. **2.** Desempleado.
desocupar v.tr. Dejar libre un lugar. **2.** Sacar lo que hay dentro de alguna cosa. ◆ **desocuparse** v.prnl. Quedar libre de un empleo u ocupación.
desodorante adj. y s.m. Que neutraliza el mal olor.
desodorizar v.tr. Neutralizar el mal olor.
desoír v.tr. [conj.: *huir*]. Desatender, no atender o hacer caso a alguien o algo.
desojar v.tr. y prnl. Romper el ojo de un instrumento. ◆ **desojarse** v.prnl. *Fig.* Mirar con mucho ahínco para ver o hallar una cosa.
desolación s.f. Acción y efecto de desolar o desolarse.
desolador, ra adj. Que desuela o aflige: *paisaje desolador.* **2.** Que está destruido.
desolar v.tr. [conj.: *contar*]. Asolar, destruir: *desolar las murallas.* ◆ v.tr. y prnl. Entristecer, apenar.
desoldar v.tr. y prnl. [conj.: *contar*]. Quitar la soldadura.
desolladero s.m. Lugar donde se desuellan reses.
desollado, a adj. y s. *Fam.* Descarado, desvergonzado. ◆ s.m. B. ART. Representación de una persona o animal despojados de su piel.
desollar v.tr. y prnl. (del lat. vulgar hispánico *exfollare,* sacar la piel) [conj.: *contar*]. Quitar la piel o parte de ella a una persona o animal: *desollar un conejo.* SIN.: *despellejar.* ◆ v.tr. *Fig.* y *fam.* Causar a alguien grave daño moral, material o económico. **2.** *Fig.* Criticar duramente.
desopilante adj. Que es divertido o causa risa.
desopilar v.tr. y prnl. Curar la opilación.
desorbitar v.tr. y prnl. Hacer que una cosa se salga de su órbita. ◆ v.tr. *Fig.* Alterar, interpretar con exageración.
desorción s.f. Fenómeno que consiste en abandonar un sólido, por encima de cierta temperatura, los gases que ha absorbido o adsorbido.
desorden s.m. Falta de orden. **2.** Alteración del orden público, social, etc.: *desórdenes callejeros.* (Suele usarse en plural.) **3.** Falta de orden en las costumbres, especialmente si es un exceso. (Suele usarse en plural.)
desordenar v.tr. y prnl. Alterar el orden de una cosa. ◆ **desordenarse** v.prnl. Descomedirse, excederse.
desorejado, a adj. y s. *Fam.* Vil, infame, abyecto. ◆ adj. Amér. Central y Colomb. Tonto. **2.** Amér. Merid. y Pan. Que tiene mal oído para la música. **3.** Argent., Chile y Colomb. Sin asas. **4.** Argent., Cuba y Urug. Derrochador. **5.** Argent. y Urug. Irresponsable, desfachatado.
desorejar v.tr. Cortar las orejas.
desorganización s.f. Acción y efecto de desorganizar.
desorganizar v.tr. y prnl. Alterar la disposición de un conjunto de personas o cosas que estaba organizado.
desorientación s.f. Acción y efecto de desorientar. ◇ **Desorientación espaciotemporal** Estado patológico que se caracteriza por la incapacidad de situarse en el espacio y en el tiempo.
desorientar v.tr. y prnl. Hacer perder la orientación. **2.** *Fig.* Confundir, ofuscar, turbar.
desorillar v.tr. Quitar las orillas a algo, especialmente a una tela o papel.
desosar v.tr. Deshuesar.
desovar v.intr. Depositar sus huevos las hembras de los peces, insectos y anfibios.
desove s.m. Acción y efecto de desovar. **2.** Época en la que las hembras de los peces y anfibios desovan.
desovillar v.tr. Deshacer un ovillo.
desoxidante adj. y s.m. Que desoxida.
desoxidar v.tr. y prnl. Quitar el oxígeno a una sustancia. ◆ v.tr. Limpiar de óxido un metal.
desoxigenar v.tr. y prnl. Desoxidar, quitar el oxígeno.
desoxirribonucleico, a adj. **Ácido desoxirribonucleico** BIOQUÍM. ADN.
despabiladeras s.f.pl. Instrumento a modo de tijeras que sirve para cortar la parte quemada del pabilo. SIN.: *despabilador, despavesaderas.*
despabilar v.tr., intr. y prnl. Espabilar. ◆ v.tr. Cortar la parte quemada del pabilo para avivar la luz. SIN.: *despavesar, espabilar.*
despachaderas s.f.pl. *Fam.* Atrevimiento, descaro al responder. **2.** Facilidad o desparpajo para resolver asuntos o dificultades.
despachante s.m. y f. Argent. Dependiente de un comercio. ◆ s.m. **Despachante de aduana** Argent., Par. y Urug. Agente que tramita el despacho de las mercancías en la aduana.
despachar v.tr., intr. y prnl. (fr. ant. *despeechier*). Acabar un trabajo. ◆ v.tr. e intr. Atender a un cliente en un establecimiento público, especialmente una tienda o un bar. **2.** Ven-

desosar

INDICATIVO

presente
deshueso
deshuesas (desosás)
deshuesa
desosamos
desosáis
deshuesan

copretérito o pret. imperfecto
desosaba
desosabas
desosaba
desosábamos
desosabais
desosaban

pretérito o pret. perf. simple
desosé
desosaste
desosó
desosamos
desosasteis
desosaron

futuro o fut. simple
desosaré
desosarás
desosará
desosaremos
desosaréis
desosarán

pospretérito o condicional simple
desosaría
desosarías
desosaría
desosaríamos
desosaríais
desosarían

SUBJUNTIVO

presente
deshuese
deshueses
deshuese
desosemos
desoséis
deshuesen

pretérito o pret. imperfecto
desosara o desosase
desosaras o desosases
desosara o desosase
desosáramos o desosásemos
desosarais o desosaseis
desosaran o desosasen

futuro o fut. simple
desosare
desosares
desosare
desosáremos
desosareis
desosaren

IMPERATIVO

deshuesa (desosá)	(tú, vos)
deshuese	(él)
desosemos	(nosotros)
desosad	(vosotros)
deshuesen	(ellos)

FORMAS NO PERSONALES

infinitivo desosar
gerundio desosando
participio desosado

der algo en un establecimiento público, especialmente una tienda. **3.** Esp. y Méx. Resolver o tratar un asunto o negocio. ◆ v.tr. Enviar a una persona o cosa a alguna parte. **2.** *Fam.* Despedir, echar a una persona de un trabajo. ◆ v.tr. y prnl. *Fig.* y *fam.* Matar. ◆ v.intr. *Fam.* Morir. ◆ **despacharse** v.prnl. Desembarazarse de una cosa. **2.** Esp. *Fam.* Hablar sin contención, decir alguien todo lo que le parece: *despacharse a gusto.*

despachero, a s. Chile. Persona que tiene un despacho o tienda.

despacho s.m. Habitación o local donde se realiza un trabajo no manual. **2.** Conjunto de muebles de esta habitación o local. **3.** Acción y efecto de despachar. **4.** Establecimiento o parte de este donde se vende o despacha algo. **5.** Comunicación transmitida por telégrafo, teléfono, etc. **6.** Expediente, resolución. **7.** Chile. Establecimiento pequeño donde se venden comestibles. **8.** DER. Escrito que utilizan las autoridades judiciales para comunicarse entre sí. **9.** DER. INTERN. Comunicación oficial, especialmente la que se establece entre el gobierno de una nación y sus representantes en los distintos países extranjeros.

despachurramiento s.m. Acción y efecto de despachurrar o despachurrarse.

despachurrar v.tr. y prnl. *Fam.* Aplastar una cosa haciendo presión sobre ella o dándole un golpe. SIN.: *espachurrar.*

despacio adv.m. (de *de espacio*). Poco a poco, lentamente: *andar despacio.* **2.** Amér. En voz baja. ◆ adv.t. Con tiempo suficiente, con detenimiento: *mañana hablaremos despacio de esto.* ◆ interj. Expresa comedimiento o moderación.

despacioso, a adj. Espacioso, lento, pausado.

despalillado s.m. Acción y efecto de despalillar.

despalillar v.tr. Quitar los palillos a las hojas del tabaco o el escobajo a la uva.

despampanante adj. *Fam.* Asombroso, llamativo, que llama mucho la atención: *mujer despampanante.*

despampanar v.tr. Quitar los pámpanos a las vides. **2.** *Fig.* y *fam.* Dejar atónito.

despancar v.tr. Bol. y Perú. Separar la envoltura o panca de la mazorca del maíz.

despanzurrar v.tr. y prnl. *Fam.* Despachurrar, reventar.

despapaye s.m. Méx. *Vulg.* Desorden.

despapucho s.m. Perú. Disparate, tontería.

desparafinado s.m. Operación que consiste en quitar la parafina a un aceite mineral o al petróleo bruto.

desparasitar v.tr. Eliminar los parásitos de un organismo.

desparejar v.tr. y prnl. Separar dos cosas que forman par o pareja.

desparejo, a adj. Dispar, desigual.

desparpajo s.m. *Fam.* Desenvoltura para decir o hacer algo: *moverse con desparpajo.* **2.** Amér. Central. *Fam.* Desorden, confusión.

desparramamiento s.m. Acción y efecto de desparramar o desparramarse.

desparramar v.tr. y prnl. Esparcir, separar lo que está junto o amontonado. ◆ v.tr. *Fig.* Malgastar, derrochar. **2.** Argent. Diluir un líquido espeso. **3.** Argent., Méx., Par. y P. Rico. Divulgar una noticia. ◆ **desparramarse** v.prnl. *Fam.* Echarse cómoda y desordenadamente en alguna parte.

desparramo s.m. Argent., Chile y Cuba. Acción y efecto de desparramar o desparramarse. **2.** Chile y Urug. *Fig.* Desbarajuste, desconcierto.

despatarrarse v.prnl. *Fam.* Quedar o ponerse con las piernas muy abiertas.

despavesaderas s.f.pl. Despabiladeras.

despavesar v.tr. Despabilar, cortar la parte quemada del pabilo. **2.** Quitar la ceniza de las brasas.

despavorido adj. Que siente gran pavor o miedo: *huir despavorido.*

despavorir v.intr. y prnl. Llenar de pavor o miedo.

despecharse v.prnl. Sentir despecho.

despecho s.m. (del lat. *despectus, -us,* desprecio). Indignación o resentimiento causado por un desengaño, que incita a la venganza. ◇ **A despecho de** A pesar de, contra la voluntad.

despechugar v.tr. Quitar la pechuga a un ave. ◆ **despechugarse** v.prnl. *Fig.* y *fam.* Dejar el pecho o parte de él al descubierto, quitándose la ropa que lo cubre o desabrochándose la ropa.

despectivo, a adj. (lat. *despectus, -us,* desprecio). Despreciativo. ◆ adj. y s.m. Se dice del sufijo, la palabra o expresión que denota o implica desprecio.

despedazamiento s.m. Acción y efecto de despedazar o despedazarse.

despedazar v.tr. y prnl. Hacer pedazos. **2.** *Fig.* Causar un gran daño moral.

despedida s.f. Acción y efecto de despedir o despedirse. **2.** Expresión o gesto que usa una persona para decirle adiós a otra. **3.** Copla final de ciertos cantos populares en la que la persona que canta se despide del público.

despedir v.tr. (del lat. *expetere,* reclamar, reivindicar) [conj.: *pedir*]. Lanzar una cosa con violencia otra cosa que estaba en su interior: *un volcán despide lava.* **2.** Esparcir una cosa otra que sale de su interior: *despedir buen olor.* **3.** Apartar, separar. ◆ v.tr. y prnl. Decir adiós a una persona utilizando una expresión o gesto, generalmente cualquier fórmula estereotipada para ello. **2.** Echar a una persona de un trabajo.

despedregar v.tr. Limpiar de piedras un lugar.

despegar v.tr. y prnl. Separar una cosa de otra a la que está pegada o muy junta. **2.** TAUROM. Torear distanciado del toro. ◆ v.intr. Separarse una aeronave de la superficie sobre la cual está al levantar el vuelo. ◆ **despegarse** v.prnl. Perder el afecto o el interés que se sentía a alguien o algo. **2.** DEP. Separarse del grupo uno de los participantes de la carrera. **3.** MIL. Abandonar una unidad una posición rompiendo el contacto con el enemigo. ◇ **Despegar los labios** Hablar: *no despegó los labios en toda la tarde.*

despego s.m. Falta de afecto o interés hacia alguien o algo.

despegue s.m. Acción y efecto de despegar una aeronave. **2.** ECON. Etapa de impulso inicial que conduce a un crecimiento económico autosostenido.

despeinar v.tr. y prnl. Deshacer el peinado, desordenar o enredar el cabello.

despejado, a adj. Se dice del lugar que no tiene objetos que obstaculizan el paso a través de él. **2.** Que entiende las cosas con rapidez y obra convenientemente.

despejar v.tr. (port. *despejar,* vaciar, desembarazar). Desocupar un lugar. **2.** MAT. Aislar por medio del cálculo la incógnita de una ecuación para calcular su valor en función de las otras cantidades que figuran en ella. ◆ v.tr. e intr. Alejar un jugador el balón de su área de juego ◆ v.tr. y prnl. Aclarar una duda. **2.** Hacer que una persona recobre la claridad mental. **3.** Espabilar, mantener despierto. ◆ **despejarse** v.prnl. Adquirir o mostrar desenvoltura en el trato. **2.** Hacer desaparecer las nubes del cielo.

despeje o **despejo** s.m. Acción y efecto de despejar o despejarse.

despellejamiento s.m. Desuello. **2.** Suplicio que consistía en despellejar vivo al condenado.

despellejar v.tr. y prnl. Desollar. **2.** Criticar cruelmente.

despelotarse v.prnl. Esp. *Fam.* Desnudarse.

despelote s.m. Argent. y Urug. *Vulg.* Desorden, confusión.

despelucar v.tr. y prnl. Chile, Colomb. y Pan. Despeluzar, descomponer. ◆ v.tr. Argent. y Méx. *Fam.* Robar, ganar en el juego a alguien todo el dinero.

despeluzar v.tr. Cuba y Nicar. Desplumar, dejar a alguien sin dinero.

despenalización s.f. Acción y efecto de despenalizar.

despenalizar v.tr. Dejar de considerar la autoridad competente algo como delito: *despenalizar el aborto.*

despender v.tr. Derrochar, malgastar.

despensa s.f. (del ant. *despesa,* gasto). Lugar de la casa donde se guardan las provisiones de alimentos. **2.** Provisión de comestibles. **3.** Méx. Lugar bien asegurado que se destina en las minas a guardar los minerales ricos.

despensero, a s. Persona que tiene por oficio encargarse de la despensa.

despeñadero s.m. Precipicio, abismo, cavidad o declive alto. **2.** *Fig.* Riesgo o peligro a que alguien se expone.

despeñar v.tr. y prnl. Precipitar, arrojar a una persona o cosa desde un lugar alto o un precipicio.

despepitarse v.prnl. Hablar o gritar con vehemencia o con enojo. **2.** *Fig.* Sentir gran afición por algo o desear mucho una cosa.

despercudido, a adj. Amér. De piel clara. **2.** Chile. Despabilado, vivo, despejado.

desperdiciar v.tr. Malgastar, gastar dinero, tiempo, etc., en cosas inútiles o que no lo merecen: *desperdiciar una buena ocasión.*

desperdicio s.m. (bajo lat. *disperdotio, -onis,* acción de perderse totalmente). Acción de desperdiciar. **2.** Residuo que queda al usar una cosa. (Suele usarse en plural.) ◇ **No tener desperdicio** Ser muy útil, de mucho provecho: *el discurso no tiene desperdicio.*

desperdigar v.tr. y prnl. Dispersar.

desperezarse v.prnl. Estirar los miembros para desentumecerse o quitarse la pereza: *se levantó y se desperezó.*

desperfecto s.m. Daño o deterioro que sufre algo: *la inundación ocasionó desperfectos en los desagües.* **2.** Defecto o falta que tiene una cosa.

despernado, a adj. Cansado de andar.

despernancarse v.prnl. Amér. Despatarrarse.

despernar v.tr. y prnl. [conj.: *pensar*]. Cortar o estropear las piernas.

despersonalización s.f. Acción y efecto de despersonalizar o despersonalizarse. **2.** PSIQUIATR. Alteración de la conciencia del cuerpo o de la vivencia corporal, caracterizada por un sentimiento de extrañeza, que se da en ciertos trastornos psíquicos.

despersonalizar v.tr. y prnl. Hacer perder a una persona su personalidad.

despertador, ra adj. y s. Que despierta. ◆ adj. y s.m. Se dice del reloj que suena a la hora que previamente se ha fijado.

1. **despertar** v.tr. [conj.: *pensar*]. Interrumpir el sueño de alguien: *el ruido lo despertó.* **2.** *Fig.* Hacer que una cosa ya olvidada vuelva a la memoria: *despertar un recuerdo.* **3.** *Fig.* Hacer que alguien se dé cuenta del estado de engaño en el que vive y recapacite. **4.** *Fig.* Producir un sentimiento, deseo o sensación: *despertar simpatías.* ◆ v.intr. y prnl. Dejar de estar dormido. **2.** Producirse un sentimiento, deseo o una sensación en una persona. ◆ v.intr. *Fig.* Hacerse más listo y astuto. ◆ **despertarse** v.prnl. Volver una cosa ya olvidada a la memoria.

2. **despertar** s.m. Momento en el que se interrumpe el sueño de alguien. **2.** Modo de despertarse. **3.** Inicio de una actividad.

despezuñarse v.prnl. Estropearse las pezuñas un animal. **2.** Chile, Colomb., Hond. y P. Rico. *Fig.* Andar muy deprisa. **3.** Chile, Colomb., Hond. y P. Rico. *Fig.* Poner mucho empeño en algo.

despiadado, a adj. Inhumano, cruel.

despicarse v.prnl. Argent. Perder el gallo de pelea la parte más aguda del pico.

despido s.m. Acción y efecto de despedir a alguien de un trabajo.

despiece s.m. Acción y efecto de dividir algo en piezas, especialmente la carne de un animal destinado a la alimentación.

despierto, a adj. (del lat. vulgar *expertus,* de *expergisci,* despertarse). Que no está durmiendo. **2.** *Fig.* Espabilado, listo, inteligente.

despilaramiento s.m. MIN. Explotación de los pilares de mineral.

despilarar v.tr. MIN. Recuperar el mineral que forma los pilares, quitando o extrayendo los mismos.

despilfarrador, ra adj. y s. Que despilfarra.

despilfarrar v.tr. (de *pelfa,* variante dialectal de *felpa*). Malgastar el dinero de manera excesiva.

despilfarro s.m. Acción y efecto de despilfarrar.

despimpollar v.tr. Quitarlos pimpollos superfluos a la vid.

despinochar v.tr. Quitar las hojas a las mazorcas de maíz.

despintar v.tr. Quitar la pintura. **2.** *Fig.* Cambiar, desfigurar una cosa. ◆ v.tr. y prnl. Chile, Colomb. y P. Rico. Retirar, apartar la vista: *no despintar la mirada mientras se habla.* (Suele usarse en forma negativa.) ◆ **despintarse** v.prnl. Perder algo el color. **2.** *Fam.* Borrársele a alguien el recuerdo de una persona o cosa: *no se me va a despintar nunca su cara de sorpresa.*

despinte s.m. Chile. Mineral de calidad inferior.

despiojar v.tr. y prnl. Quitar los piojos. **2.** *Fig.* y *fam.* Sacar a alguien de la miseria.

despiole s.m. Argent. Situación de confusión y desorden, jaleo.

despiporre s.m. *Fam.* Desorden festivo, escándalo.

despistado, a adj. y s. Se dice de la persona que presta poca atención a lo que ocurre a su alrededor y comete desaciertos y distracciones: *no saluda porque es una persona muy despistada.*

despistar v.tr. y prnl. Desorientar, desconcertar, distraer.

despiste s.m. Acción y efecto de despistar. **2.** Argent. Salida involuntaria de un automóvil de la pista de competición.

despitorrado, a adj. Se dice del toro de lidia que tiene rota una o las dos astas, pero mantiene punta en ellas.

desplacer v.tr. [conj.: *parecer*]. Disgustar.

desplanchar v.tr. y prnl. Arrugar algo planchado.

desplantar v.tr. Desarraigar una planta. ◆ v.tr. y prnl. Desviar una cosa de la línea vertical. ◆ **desplantarse** v.prnl. Perder un bailarín o un esgrimidor la planta o postura recta.

desplante s.m. Dicho o hecho arrogante, descarado o insolente. **2.** Postura irregular de un bailarín o un esgrimidor. **3.** TAUROM. Adorno que consiste en volverse de espaldas al toro, arrojando a veces el engaño y arrodillándose.

desplayado s.m. Argent. Playa de arena que queda descubierta en la marea baja. **2.** Argent., Guat. y Urug. Descampado, terreno abierto desprovisto de árboles o construcciones.

desplayar v.intr. Retirarse el mar de la playa.

desplaye s.m. Chile. Acción y efecto de desplayar. ◇ **Zona de desplaye** Región comprendida entre la bajamar más baja y la pleamar más alta.

desplazado, a adj. Se dice de la persona descentrada, no adaptada al sitio o ambiente en el que está: *sentirse desplazado.*

desplazamiento s.m. Acción y efecto de desplazar o desplazarse. **2.** Volumen de agua, que un buque desaloja cuando flota y cuyo peso es igual al peso total de la embarcación. **3.** QUÍM. Reacción en el curso de la cual un átomo o grupo atómico remplaza a otro en un compuesto. **4.** PSICOANÁL. Traslado de la energía psíquica ligada a un deseo inconsciente hacia un objeto sustitutivo. ◇ **Actividad de desplazamiento** ETOL. Conjunto de movimientos que realiza un animal sin relación con el comportamiento que pretende desarrollar y que se manifiesta en las situaciones de conflicto. SIN.: *actividad de sustitución.*

desplazar v.tr. (fr. *déplacer,* de *place,* lugar). Desalojar un cuerpo, especialmente una embarcación, un volumen de agua u otro líquido, igual al de la parte de su casco sumergida: *desplazar un barco cuatro mil toneladas.* **2.** Quitar una persona a otra del puesto o cargo que ocupa o del papel que desempeña. ◆ v.tr. y prnl. Mover del lugar en el que está. ◆ **desplazarse** v.prnl. Ir de un lugar a otro.

desplegar v.tr. y prnl. Extender, desdoblar o soltar lo que está plegado, arrollado o recogido. **2.** MIL. Hacer pasar una persona con autoridad a los soldados del orden de marcha al de combate, del de columna al de batalla y del profundo o cerrado al extenso y abierto. ◆ v.tr. *Fig.* Realizar una actividad o manifestar una cualidad. ◆ **desplegarse** v.prnl. ESGR. Tirarse a fondo.

despliegue s.m. Acción y efecto de desplegar o desplegarse.

desplomarse v.prnl. Perder una construcción la posición vertical. **2.** Caer una cosa de gran peso a plomo. **3.** *Fig.* Caer una persona sin conocimiento o sin vida. **4.** *Fig.* Arruinarse, perderse.

desplome s.m. Acción y efecto de desplomarse.

desplumar v.tr. y prnl. Quitar las plumas a un ave. ◆ v.tr. *Fig.* y *fam.* Dejar a alguien sin dinero.

despoblación s.f. Acción y efecto de despoblar o despoblarse. SIN.: *despoblamiento.*

despoblado s.m. Lugar sin habitantes, especialmente si antes estuvo poblado.

despoblar v.tr. y prnl. [conj.: *contar*]. Dejar un lugar sin habitantes o con muy pocos. ◆ v.tr. *Fig.* Dejar un lugar sin lo que hay en él habitualmente: *despoblar un terreno de árboles.*

despoetizar v.tr. Quitar a una cosa su carácter poético.

despojar v.tr. (lat. *despoliare*). Quitar a una persona algo, con violencia. SIN.: *desposeer.* **2.** DER. Quitar la posesión de los bienes o habitación que tenía una persona, para dársela a su legítimo dueño, precediendo sentencia para ello. ◆ **despojarse** v.prnl. Quitarse alguna prenda de vestir.

despojo s.m. Acción de despojar o despojarse. **2.** Botín que se toma del enemigo vencido. **3.** *Fig.* Lo que se pierde por la muerte o por el paso del tiempo. ◆ **despojos** s.m.pl. Sobras, restos o desperdicios. **2.** Restos mortales de una persona. **3.** Materiales aprovechables de un edificio que se derriba. **4.** Partes y órganos, de menos valor que la carne, de un ave o una res destinada a la alimentación. (Los despojos de un ave son la cabeza, el pescuezo, los alones, las patas y la molleja; los de una res, la cabeza, las manos, la asadura y el vientre.)

despolarizante adj. y s.m. FÍS. Se dice del producto empleado en la fabricación de pilas eléctricas para impedir ciertas acciones electroquímicas que modifican las condiciones de funcionamiento de la pila.

despolarizar v.tr. FÍS. Hacer que algo pierda la polarización.

despolimerización s.f. Degradación de un polímero en monómeros que pueden combinarse de nuevo para formar otros polímeros.

despolitización s.f. Acción y efecto de despolitizar o despolitizarse.

despolitizar v.tr. y prnl. Quitar el carácter político a algo o a alguien: *despolitizar un acto público.*

desporrondingarse v.prnl. Colomb. y Venez. *Fam.* Despilfarrar.

desportilladura s.f. Acción y efecto de desportillar o desportillarse.

desportillar v.tr. y prnl. Deteriorar una cosa, especialmente un recipiente, haciéndole un portillo en su boca o canto.

desposado, a adj. y s. Recién casado.

desposar v.tr. (lat. *desponsare*). Unir una persona con autoridad competente en matrimonio a dos personas. ◆ **desposarse** v.prnl. Casar, contraer matrimonio. SIN.: *maridar.* **2.** Contraer esponsales.

desposeer v.tr. [conj.: *leer*]. Despojar, quitar a una persona algo, con violencia. ◆ **desposeerse** v.prnl. Renunciar una persona a lo que posee.

desposorio s.m. DER. Promesa que se hacen mutuamente dos personas para contraer matrimonio. (Suele usarse en plural.)

despostador s.m. Argent. Persona que tiene por oficio unir en matrimonio a dos personas.

despostar v.tr. Amér. Merid. Descuartizar una res o un ave.

despostillar v.tr. Amér. Desportillar.

déspota s.m. (gr. *despótis,* dueño, señor absoluto). Gobernante que ejerce su poder sin limitarse a las leyes. **2.** HIST. Príncipe que gozaba en su territorio de gran independencia respecto al poder central. ◆ s.m. y f. Persona que abusa de su poder o autoridad sobre los demás.

despotado s.m. HIST. Territorio del imperio bizantino gobernado por un príncipe que gozaba de gran independencia respecto al poder central.

despótico, a adj. (gr. *despotikós*). Relativo al déspota o al despotismo. **2.** Absoluto, sin ley, tiránico.

despotismo s.m. Forma de gobierno en la cual el gobernante ejerce su poder sin limitarse a las leyes. **2.** Poder o autoridad que una persona ejerce abusivamente sobre las demás. ◇ **Despotismo ilustrado** HIST. Despotismo monárquico conforme con las ideas de la ilustración, que se desarrolló en varios países europeos a lo largo de la segunda mitad del s. XVIII.

despotizar v.tr. Amér. Merid. Gobernar despóticamente, tiranizar.

despotricar v.intr. y prnl. *Fam.* Dirigir críticas, protestas o expresiones ofensivas contra alguien: *despotricar contra el gobierno.*

despreciable adj. Digno de ser despreciado. **2.** MAT. Que se puede despreciar sin cometer un error superior al máximo admitido en la aproximación con que se ha decidido trabajar.

despreciar v.tr. y prnl. Considerar a alguien indigno de estimación y tratarlo con desdén. **2.** Considerar algo de poco valor o importancia: *despreciar la amistad, una propuesta.* **3.** MAT. Omitir términos en alguna expresión o cifras decimales.

despreciativo, a adj. Que implica o denota desprecio.

desprecio s.m. Acción y efecto de despreciar.

desprender v.tr. y prnl. Separar o despegar algo que está unido o sujeto a otra cosa: *desprenderse una roca.* ◆ v.tr. QUÍM. Separar un producto volátil de una combinación. ◆ **desprenderse** v.prnl. *Fig.* Librarse de una persona o una cosa material o inmaterial que se sienten o perciben como una carga: *desprenderse de un abrigo viejo. Fig.* Dar o vender voluntariamente o por necesidad algo que se posee: *desprenderse de las joyas.* **2.** *Fig.* Deducirse, inferirse: *de sus palabras se desprende enojo.*

desprendido, a adj. Dadivoso, desinteresado, generoso.

desprendimiento s.m. Acción y efecto de desprender o desprenderse. **2.** *Fig.* Generosidad, largueza, desinterés. **3.** B. ART. Representación del descendimiento del cuerpo de Cristo. **4.** MED. Separación entre tejidos que normalmente se hallan adheridos. **5.** MED. Fase de la expulsión de la cabeza del feto.

despreocupación s.f. Falta de preocupación. **2.** Descuido, negligencia.

despreocuparse v.prnl. Dejar de preocuparse por alguien o algo. **2.** Dejar de atender a alguien o algo.

despresar v.tr. Amér. Merid. Descuartizar, despedazar, trinchar un ave.

desprestigiar v.tr. y prnl. Quitar el prestigio a alguien o algo: *desprestigiar al clero.*

desprestigio s.m. Acción y efecto de desprestigiar o desprestigiarse.

despresurizar v.tr. Quitar o disminuir la presurización de una aeronave.

desprevención s.f. Falta de prevención.

desprevenido, a adj. Que no está prevenido o preparado. **2.** Desprovisto de lo necesario.

desprolijo, a adj. Argent., Chile y Urug. Falto de prolijidad, poco esmerado.

desproporción s.f. Falta de proporción.

desproporcionar v.tr. Quitar la proporción a algo.

despropósito s.m. Dicho o hecho fuera de razón o sentido.

desproveer v.tr. [conj.: *leer*]. Quitar lo necesario o las provisiones a alguien.
OBS.: doble participio: *desproveído* (poco usado) o *desprovisto*.

desprovisto, a adj. Que carece de algo necesario.

después adv.t. Indica posterioridad en el tiempo con respecto al momento en que se habla o del que se habla: *iré después de clase.* ◆ adv.l. Indica posterioridad en el espacio con respecto al punto en el que se encuentra o del que se habla: *el banco está después de la panadería.* ◆ adv. Indica posterioridad en el orden, jerarquía o preferencia: *es el que manda más, después del director.* ◆ adj. Con sustantivos que indican división de tiempo, expresa posterioridad: *un año después.* ◇ **Después de** Tiene valor concesivo: *después de lo que hice por ti, me pagas con tu indiferencia.*

despuesito adv.t. Guat., Méx. y P. Rico. *Fam.* Después, dentro de un momento, en seguida.

despulpador s.m. Instrumento que sirve para extraer la pulpa de un fruto.

despulpar v.tr. Sacar o deshacer la pulpa de un fruto.

despumación s.f. Acción y efecto de despumar. **2.** Extracción o separación de las escorias e impurezas.

despumar v.tr. Espumar, quitar la espuma.

despuntar v.tr. y prnl. Quitar o gastar la punta de alguna cosa: *despuntar un lápiz.* ◆ v.tr. Argent. Remontar un río u otro caudal de agua por las márgenes hasta las puntas. ◆ v.intr. Empezar a brotar una planta: *despuntar la cebada.* **2.** *Fig.* Distinguirse, sobresalir una persona en una actividad. **3.** Empezar a manifestarse o aparecer algo, especialmente la luz del sol.

despunte s.m. Acción y efecto de despuntar o despuntarse. **2.** Argent. y Chile. Leña delgada o desmocho.

desqueje s.m. Multiplicación artificial de los vegetales por esqueje.

desquiciar v.tr. y prnl. Desencajar una puerta o ventana de su quicio. **2.** *Fig.* Hacer perder a una cosa el orden. **3.** *Fig.* Hacer perder a una persona el aplomo y la seguridad.

desquitar v.tr. y prnl. Compensar a alguien de una pérdida o contratiempo.

desquite s.m. Acción y efecto de desquitar o desquitarse.

desraspar v.tr. Quitar el escobajo de la uva pisada antes de ponerla a fermentar.

desratización s.f. Acción y efecto de desratizar.

desratizar v.tr. Exterminar las ratas y ratones de un lugar.

desreglamentación s.f. ECON. Supresión de las normas y regulaciones gubernamentales y jurídicas que permite el libre funcionamiento de las fuerzas de la oferta y la demanda.

desregulación s.f. ECON. *Anglic.* Proceso de liberalización o desreglamentación.

desrielar v.intr. y prnl. Amér. Central, Bol., Chile, Perú y Venez. Descarrilar.

desriñonar v.tr. y prnl. Derrengar, descaderar.

desrizar v.tr. y prnl. Deshacer los rizos de algo: *desrizar el cabello.*

desrodrigar v.tr. AGRIC. Quitar los rodrigones a una planta, especialmente una vid.

destacado, a adj. Que destaca o sobresale: *un destacado filósofo.*

destacamento s.m. Grupo de soldados separado de su núcleo orgánico o táctico para realizar una misión determinada.

destacar v.tr. y prnl. MIL. Separar un grupo de soldados de su núcleo orgánico o táctico para realizar una misión determinada. **2.** MÚS. Ejecutar las notas con nitidez, pero sin martilleo. ◆ v.tr. *Fig.* Poner de relieve las cualidades de algo: *destacar el rojo sobre el negro.* ◆ v.intr. y prnl. *Fig.* Sobresalir: *destaca por su buen gusto.* SIN.: *descollar.*

destace s.m. Acción y efecto de destazar.

destajar v.tr. Ecuad. y Méx. Destazar, descuartizar una res.

destajista s.m. y f. Persona que trabaja a destajo. SIN.: *destajero.*

destajo s.m. Trabajo que se paga en función del volumen de trabajo realizado. **2.** *Fig.* Obra o empresa que una persona toma por su cuenta. ◇ **A destajo** Con empeño, sin descanso y aprisa; Argent. y Chile. A bulto, a ojo. **Hablar a destajo** *Fig.* y *fam.* Hablar demasiado.

destalonar v.tr. y prnl. Quitar o romper el talón del calzado. **2.** TECNOL. Afilar un útil de manera que durante el trabajo la cara del útil que está frente a la superficie trabajada no entre en contacto con esta superficie.

destapar v.tr. Quitar la tapa o el tapón de un recipiente: *destapar una botella.* ◆ v.tr. y prnl. Descubrir algo que estaba oculto. ◆ **destaparse** v.prnl. *Fig.* Mostrar alguien sentimientos o intenciones que estaban ocultos.

destape s.m. Acción y efecto de destapar o destaparse. **2.** *Fam.* Acción de desnudarse un artista total o parcialmente en una película o espectáculo.

destara s.f. Peso que se descuenta de lo que se ha pesado con tara.

destarar v.tr. Descontar la tara de lo que se ha pesado con ella.

destartalado, a adj. y s. Deteriorado, desordenado, desproporcionado.

destazar v.tr. Dividir en piezas o pedazos, especialmente la carne de un animal destinada a la alimentación.

destejer v.tr. y prnl. Deshacer algo que se ha tejido. **2.** *Fig.* Desbaratar lo dispuesto o tramado.

destellar v.tr. (lat. *destillare,* gotear). Despedir destellos.

destello s.m. Resplandor de luz intensa y de breve duración. **2.** *Fig.* Manifestación momentánea de alguna cualidad en alguien o algo: *destello de alegría.*

destemplanza s.f. Falta de templanza en las condiciones atmosféricas. **2.** Falta de moderación en el comportamiento: *comer con destemplanza.* **3.** Sensación de malestar, a veces acompañada de escalofríos o febrícula.

destemplar v.tr. Alterar la armonía y el buen orden de algo. ◆ v.tr. y prnl. Desafinar un instrumento musical de cuerda: *destemplar la guitarra.* **2.** Hacer perder el temple a un metal. ◆ **destemplarse** v.prnl. Sentir malestar físico. **2.** *Fig.* Perder la moderación. **3.** Chile, Ecuad., Guat., Méx. y Perú. Sentir dentera. (En México se usa siempre como loc.: *destemplarse los dientes.*)

desteñir v.tr., intr. y prnl. [conj.: *ceñir*]. Quitar el tinte a una cosa o empalidecer los colores.

desternillarse v.prnl. Romperse las ternillas o cartílagos. **2.** *Fig.* Reírse mucho y de modo estentóreo: *desternillarse de risa.*

desterrar v.tr. (de *tierra*) [conj.: *pensar*]. Expulsar una autoridad competente a alguien del país al que legalmente pertenece. **2.** *Fig.* Apartar o alejar algo inmaterial: *desterrar una idea de la mente.* **3.** *Fig.* Abandonar o hacer abandonar una costumbre, hábito o práctica: *la calefacción ha desterrado el uso del brasero.*

desterronador s.m. Instrumento que sirve para desterronar.

desterronar v.tr. y prnl. Deshacer o romper los terrones.

destetar v.tr. y prnl. Hacer que un niño o una cría de animal termine el período de lactancia. SIN.: *desmamar.* ◆ v.tr. *Fig.* Hacer que un hijo se valga por sí mismo fuera del hogar.

destete s.m. Acción y efecto de destetar o destetarse.

destiempo (a) loc. Fuera de tiempo, en momento inoportuno: *pitar penalti por una entrada a destiempo.*

destierro s.m. Pena que consiste en expulsar a una persona de un territorio determinado. **2.** Lugar donde vive la persona desterrada. **3.** Lugar alejado o incomunicado.

destilación s.f. Operación que consiste en vaporizar parcialmente un líquido y en condensar los vapores formados para separarlos: *la destilación del vino proporciona alcohol.* **2.** Operación que consiste en liberar un sólido de sus componentes gaseosos: *el coque se obtiene por destilación de la hulla grasa.*

destilado s.m. Producto obtenido por destilación.

destilador, ra adj. y s. Que destila. ◆ s.m. Alambique. **2.** Reactor nuclear de pequeñas dimensiones, en el cual la materia activa es una sal de uranio disuelta en agua corriente.

destilar v.tr. (del lat. *destillare,* gotear). Efectuar una destilación. **2.** Segregar una cosa una sustancia gota a gota. ◆ v.intr. Salir una sustancia gota a gota. ◆ v.tr. y prnl. Mostrar alguna cualidad o sentimiento de manera muy intensa: *el poema destila ternura.*

destilería s.f. Establecimiento donde se efectúan destilaciones.

destinar v.tr. (lat. *destinare*). Señalar o determinar una cosa para algún uso o tarea. **2.** Designar a una persona para un empleo o ejercicio, o para que preste sus servicios en determinado lugar. **3.** Enviar algo a alguien o a un lugar.

destinatario, a s. Persona a quien se envía o dirige algo.

destino s.m. Lugar al que se dirige una persona o cosa. **2.** Uso o empleo que se da a una cosa: *su destino es servir de apoyo.* **3.** Empleo u ocupación al que se destina a una persona: *un destino de cartero.* **4.** Lugar donde está destinada una persona para ejercer su empleo o prestar sus servicios. **5.** Fuerza o causa que determina lo que va ocurrir de manera inexorable. **6.** Conjunto de sucesos que se considera determinado por esa fuerza o causa. **7.** Situación a la que una persona o cosa ha de llegar inevitablemente.

destitución s.f. Acción y efecto de destituir.

destituir v.tr. (lat. *destituere,* abandonar, suprimir) [conj.: *huir*]. Desposeer a alguien de su empleo o cargo: *destituir a un ministro.*

destocarse v.prnl. Quitarse alguien el sombrero o la prenda de vestir que le cubre la cabeza.

destoconar v.tr. Quitar los tocones a un árbol después de cortado.

destorcer v.tr. y prnl. [conj.: *mover*]. Deshacer algo que está retorcido. ◆ v.tr. *Fig.* Enderezar algo que está torcido: *destorcer una vara.*

destornillador s.m. Instrumento que sirve para atornillar y destornillar.

destornillar v.tr. → **desatornillar.**

destrabar v.tr. y prnl. Quitar las trabas.

destral s.m. (lat. hispánico *dextralis*). Hacha pequeña.

destrenzar v.tr. y prnl. Deshacer las trenzas del pelo.

destreza s.f. (de *diestro*). Agilidad, soltura, habilidad, arte.

destripador, ra adj. y s. Que destripa.

destripar v.tr. Sacar las tripas a un animal: *destripar un toro.* **2.** *Fig.* y *fam.* Despedazar, reventar. **3.** *Fig.* y *fam.* Destruir el efecto de un relato anticipando el desenlace o solución. ◆ v.intr. *Méx. Fam.* Abandonar los estudios.

destripaterrones s.m. (pl. *destripaterrones*). *Fam.* Jornalero que trabaja la tierra.

destronamiento s.m. Acción y efecto de destronar.

destronar v.tr. Echar a un rey del trono. **2.** *Fig.* Quitar a alguien o algo la posición preeminente que ocupa.

destrozar v.tr. y prnl. Romper o hacer trozos una cosa: *destrozar un sillón.* **2.** *Fig.* Causar un gran daño moral o físico a una persona. ◆ v.tr. *Fig.* Estropear, dejar algo en mal estado: *destroza el calzado jugando al fútbol.* **2.** Causar un grave daño a algo. **3.** Derrotar a una persona de manera contundente en un enfrentamiento.

destrozo s.m. Acción y efecto de destrozar o destrozarse.

destrozón, na adj. y s. Que destroza o rompe mucho las cosas.

destrucción s.f. Acción y efecto de destruir.

destructivo, a adj. Que destruye o puede destruir.

destructor, ra adj. Que destruye. ◆ s.m. Buque de guerra de tonelaje medio, rápido, fuertemente armado, encargado especialmente de misiones de escolta.

destruir v.tr. y prnl. (lat. *destruere*) [conj.: *huir*]. Deshacer o reducir a trozos pequeños una cosa material, o hacerla desaparecer: *destruir la cosecha; destruir pruebas.* ◆ v.tr. *Fig.* Hacer desaparecer o inutilizar algo inmaterial: *destruir las esperanzas.*

destusar v.tr. Amér. Central. Quitar la hoja al maíz.

destutanarse v.prnl. Amér. Esforzarse, desvivirse.

desuardado s.m. Operación que consiste en eliminar la suarda de la lana bruta.

desuello s.m. Acción y efecto de desollar o desollarse: SIN.: *despellejamiento.*

desuerar v.tr. Quitar el suero a algo.

desulfitación s.f. Operación que consiste en eliminar parte del anhídrido sulfuroso con que se había enriquecido el mosto o el vino por sulfitación.

desulfuración s.f. Operación que consiste en extraer el azufre o los compuestos sulfurados de una sustancia.

desulfurar v.tr. Efectuar una desulfuración.

desuncir v.tr. Desyugar.

desunión s.f. Acción y efecto de desunir o desunirse.

desunir v.tr. y prnl. Separar algo que está unido. **2.** *Fig.* Introducir discordia entre dos o más personas: *desunir un equipo.*

desusado, a adj. Inusual, desacostumbrado, insólito: *un desusado interés por la artesanía.* **2.** Que no se usa: *voz desusada.*

desusar v.tr. y prnl. Dejar de usar.

desuso s.m. Falta de uso: *expresión caída en desuso.*

desvaído, a adj. Se dice del color pálido y poco intenso. **2.** Que tiene las líneas del contorno desdibujadas. **3.** Que es poco claro y preciso.

desvalido, a adj. y s. Desamparado, falto de ayuda o protección.

desvalijamiento s.m. Acción y efecto de desvalijar. SIN.: *desvalijo.*

desvalijar v.tr. Robar a alguien todo lo que tiene o lleva encima.

desvalimiento s.m. Desamparo, falta de ayuda y protección.

desvalorización s.f. Disminución del valor de una moneda fiduciaria con relación al oro. **2.** *Fig.* Disminución del valor, del crédito, de la eficacia.

desvalorizar v.tr. y prnl. Hacer perder valor a alguien o algo.

desván s.m. (de *vano,* vacío, inútil). Parte de la casa situada inmediatamente debajo del tejado, que suele destinarse a guardar cosas en desuso.

desvanecedor, ra adj. Que desvanece. ◆ s.m. Aparato que sirve para desvanecer parte de una fotografía al sacarla en papel.

desvanecer v.tr. y prnl. (de *evanescere,* desaparecer) [conj.: *parecer*]. Hacer desaparecer algo disminuyendo su densidad o intensidad de forma gradual: *el humo se desvaneció lentamente.* **2.** *Fig.* Hacer desaparecer una idea, imagen o un sentimiento de la mente: *desvanecer la duda.* ◆ **desvanecerse** v.prnl. Desmayarse, sufrir un desmayo: *se desvaneció al oír la noticia.* **2.** Evaporarse la parte volátil de una cosa.

desvanecimiento s.m. Acción y efecto de desvanecer o desvanecerse. **2.** RADIODIF. Disminución temporal de la intensidad de las señales radioeléctricas. SIN.: *fading.*

desvariar v.intr. [conj.: *desviar*]. Delirar, hacer, pensar o decir disparates.

desvarío s.m. Dicho o hecho propios de la persona que desvaría. **2.** Estado en que se encuentra la persona que desvaría. **3.** *Fig.* Monstruosidad, cosa fuera de lo común.

desvelar v.tr. y prnl. (del lat. *evigilare,* despertarse). Quitar el sueño a alguien. ◆ v.tr. Descubrir o poner de manifiesto algo oculto: *desvelar un secreto.* ◆ **desvelarse** v.prnl. *Fig.* Esforzarse o desvivirse por alguien o por algo: *desvelarse por aprobar.*

desvelo s.m. Acción y efecto de desvelar o desvelarse.

desviar

INDICATIVO	SUBJUNTIVO
presente	**presente**
desvío	desvíe
desvías (desviás)	desvíes
desvía	desvíe
desviamos	desviemos
desviáis	desviéis
desvían	desvíen
copretérito o pret. imperfecto	**pretérito o pret. imperfecto**
desviaba	desviara o desviase
desviabas	desviaras o desviases
desviaba	desviara o desviase
desviábamos	desviáramos o desviásemos
desviabais	desviarais o desviaseis
desviaban	desviaran o desviasen
pretérito o pret. perf. simple	**futuro o fut. simple**
desvié	desviare
desviaste	desviares
desvió	desviare
desviamos	desviáremos
desviasteis	desviareis
desviaron	desviaren
futuro o fut. simple	**IMPERATIVO**
desviaré	
desviarás	desvía (desviá) (tú, vos)
desviará	desvíe (él)
desviaremos	desviemos (nosotros)
desviaréis	desviad (vosotros)
desviarán	desvíen (ellos)
pospretérito o condicional simple	**FORMAS NO PERSONALES**
desviaría	**infinitivo** desviar / **gerundio** desviando
desviarías	
desviaría	**participio** desviado
desviaríamos	
desviaríais	
desviarían	

desvenar v.tr. Méx. Quitar las nervaduras a los chiles para que piquen menos.

desvencijar v.tr. y prnl. Aflojar, desunir o separar las partes de una cosa.

desvendar v.tr. y prnl. Quitar o desatar la venda con que está atada o cubierta una cosa. SIN.: *desenvendar.*

desveno s.m. Arco que en el centro del bocado forma el hueco necesario para alojar la lengua del caballo. **2.** Brida.

desventaja s.f. Circunstancia o situación menos favorable de una persona o cosa con respecto a otra.

desventura s.f. Desgracia, suerte adversa.

desventurado, a adj. Que padece o implica desventuras o desgracias. ◆ adj. y s. Que es apocado, tímido. **2.** Tacaño, miserable.

desvergonzarse v.prnl. [conj.: *contar*]. Perder la vergüenza.

desvergüenza s.f. Falta de vergüenza, comedimiento o dignidad. **2.** Dicho o hecho atrevido o irrespetuoso.

desvestir v.tr. y prnl. [conj.: *pedir*]. Desnudar, quitar la ropa.

desviación s.f. Acción y efecto de desviar o desviarse. **2.** Desplazamiento lateral de un cuerpo respecto de su posición media: *desviación del péndulo.* **3.** Camino distinto del habitual, que han de seguir los vehículos cuando un tramo de la carretera no está operativo. **4.** ESTADÍST. Discrepancia, diferencia algebraica entre dos valores. **5.** PSICOL. Actitud de un una persona o de un subgrupo que contesta, transgrede y se aparta de las reglas y normas en vigencia en un grupo o sistema social determinado. <> **Desviación aritmética,** o **absoluta** ESTADÍST. Media aritmética de las desviaciones de los datos estadísticos, tomadas en valor absoluto, con respecto a su media aritmética. **Desviación cuadrática media,** o **tipo** ESTADÍST. Raíz cuadrada de la media de los cuadrados de las desviaciones de los elementos, cuando estas se toman con respecto a la media aritmética.

desviacionismo s.m. Separación o distanciamiento de la línea que determina un partido político u otra organización de los que se forma parte.

desviacionista adj. y s.m. y f. Relativo al desviacionismo; partidario de esta actitud.

desviador, ra adj. Que desvía o aparta. ◆ s.m. Instrumento que permite desviar de la vertical un pozo en perforación. **2.** ELECTRÓN. Bobina magnética que, en un tubo catódico, sirve para desviar el haz electrónico que explora la pantalla para formar la imagen. <> **Desviador del chorro** Dispositivo que permite orientar el chorro de un turborreactor o de un cohete.

desviar v.tr. y prnl. (lat. *deviare*). Apartar, separar de su lugar, camino o dirección a una persona o cosa. **2.** *Fig.* Disuadir o apartar a alguien de su propósito.

desvinculación s.f. Acción y efecto de desvincular o desvincularse. **2.** HIST. Liberación o desamortización de un bien vinculado, especialmente de un mayorazgo.

desvincular v.tr. y prnl. Anular el vínculo o relación que une varias cosas o personas: *desvincularse de su familia.*

desvío s.m. Desviación, acción y efecto de desviar. **2.** Desviación, camino distinto del habitual. **3.** *Fig.* Desapego, frialdad. **4.** Amér. Merid. y P. Rico. Apartadero de una línea férrea. **5.** F. C. Dispositivo para bifurcar o unir vías de ferrocarril.

desvirgar v.tr. Hacer perder la virginidad a una mujer.

desvirtuar v.tr. y prnl. [conj.: *actuar*]. Hacer que algo pierda la virtud, el rigor, la sustancia o el mérito.

desvitrificación s.f. Cristalización del vidrio por la acción del calor, causando una pérdida de transparencia.

desvitrificar v.tr. Efectuar la desvitrificación.

desvivirse v.prnl. Mostrar mucho interés por una persona o cosa.

desyemar v.tr. Sacar las yemas superfluas de un árbol o una vid.

desyerbar v.tr. Desherbar.

desyugar v.tr. Quitar el yugo.

detall (al) loc. Al por menor: *venta al detall.* CONTR.: *al por mayor.*

detallar v.tr. (fr. *détailler*). Contar o explicar una cosa con todos los detalles. **2.** Vender al detall.

detalle s.m. (fr. *détail*). Pormenor, circunstancia o parte de algo, considerados como secundarios. **2.** Rasgo de atención, cortesía o delicadeza; regalo de poca importancia que se da como muestra de afecto o cortesía. **3.** Fragmento o aspecto parcial de algo, especialmente de una obra de arte.

detallista adj. y s.m. y f. Se dice de la persona que cuida mucho de los detalles o que tiene detalles con otra. **2.** Se dice del comerciante que vende al por menor. ◆ adj. Se dice del establecimiento comercial que vende al por menor.

detasa s.f. DER. Rectificación de los portes pagados en los ferrocarriles, u otros medios de transporte, para efectuar la debida rebaja y obtener la devolución del exceso cobrado.

detección s.f. Acción de detectar. **2.** MIL. Operación que tiene por objeto determinar la posición de los aviones, submarinos, etc.

detectar v.tr. Descubrir la presencia de alguien o algo que no se percibe a simple vista.

detective s.m. y f. Persona que tiene por oficio investigar asuntos por encargo de un cliente. SIN.: *detective privado.* **2.** Oficial de policía que investiga delitos.

detector, ra adj. Que sirve para detectar. ◆ s.m. Cualquier aparato utilizado para detectar, descubrir o poner de manifiesto la presencia de un cuerpo o de un fenómeno oculto: *detector de gases tóxicos, de mentiras.*

detención s.f. Acción y efecto de detener o detenerse. **2.** Detenimiento, tardanza. **3.** DER. Privación de libertad. ◇ **Detención preventiva** La que se impone a una persona que se supone ha intervenido en un hecho delictivo.

detener v.tr. y prnl. (lat. *detinere*) [conj.: *tener*]. Impedir que algo o alguien siga moviéndose o realizando una actividad. ◆ v.tr. Arrestar, poner en prisión: *detener al presunto asesino.* ◆ **detenerse** v.prnl. Pararse. **2.** Pararse a reflexionar sobre algo: *detenerse en un poema; detenerse a pensar.*

detenido, a adj. y s. Arrestado, preso. ◆ adj. Minucioso.

detenimiento s.m. Atención o detención que se pone al realizar una actividad, al explicar algo o al reflexionar sobre un asunto.

detentación s.f. DER. Acción de detentar.

detentador, ra s. DER. Persona que detenta. SIN.: *detentor.*

detentar v.tr. DER. Retener alguien sin derecho lo que no le pertenece.

detergente adj. y s.m. Que disuelve o deja en suspensión las manchas y suciedad.

deterger v.tr. (lat. *detergere,* de *tergere,* enjuagar, limpiar). Limpiar un objeto sin producir abrasión ni corrosión.

deteriorar v.tr. y prnl. (lat. tardío *deteriorare*). Estropear una cosa, echarla a perder.

deterioro s.m. Acción y efecto de deteriorar o deteriorarse. ◇ **Deterioro mental** PSIQUIATR. Pérdida de alguna de las capacidades intelectuales de la persona.

determinación s.f. Acción y efecto de determinar. **2.** Osadía, valor o resolución en la manera de actuar.

determinado, a adj. y s. Osado, valeroso. ◆ adj. LING. Se dice del elemento que ha de ser completado por otro llamado *determinante,* para definir y precisar su significación. ◇ **Artículo determinado** Artículo que se emplea con un nombre que designa un objeto individualmente determinado *(el, la, lo, los, las).*

determinante adj. Que determina. ◆ s.m. LING. **a.** En sintaxis, término que completa la idea principal contenida en otro término. **b.** Palabra que acompaña al sustantivo y limita o concreta su referencia. **2.** MAT. Expresión que se forma según ciertas leyes y que se representa con la ayuda de cantidades alineadas según un número igual de líneas y columnas.

determinar v.tr. y prnl. (lat. *determinare*). Tomar o hacer tomar una resolución. SIN.: *decidir.* **2.** Fijar algo con precisión: *determinar la fecha de un examen.* SIN.: *establecer.* **3.** Discernir y precisar algo a partir de los datos conocidos: *determinar las causas de ciertos síntomas.* **4.** Motivar cierta cosa un efecto concreto: *su política determinó la recesión económica.* **5.** DER. Sentenciar. **6.** LING. Precisar el determinante el significado del sustantivo al que acompaña.

determinativo, a adj. Que determina o resuelve.

determinismo s.m. FILOS. Teoría filosófica según la cual los fenómenos naturales y los hechos humanos están motivados por las circunstancias o condiciones en que se producen.

determinista adj. y s.m. y f. Relativo al determinismo; partidario de esta teoría.

detersión s.f. Acción de deterger o limpiar.

detersorio, a adj. y s.m. Detergente. SIN.: *detersivo.*

detestable adj. Que merece ser detestado por su maldad.

detestar v.tr. (lat. *detestari,* alejar con imprecaciones tomando a los dioses como testigos). Aborrecer, odiar.

detienebuey s.m. BOT. Gatuña, planta.

detonación s.f. Acción y efecto de detonar. **2.** Ruido fuerte producido por una explosión; se dice, específicamente, del ruido producido por el motor de un vehículo cuando la combustión es anómala.

detonador s.m. Dispositivo que sirve para provocar la detonación de un explosivo.

detonante adj. Que es capaz de producir una detonación. **2.** *Fig.* Chocante, estridente, chillón. **3.** Se dice del explosivo cuya velocidad de reacción es de varios kilómetros por segundo. ◆ s.m. Sustancia o mezcla que puede producir detonación. ◇ **Mezcla detonante** Mezcla de gases cuya inflamación ocasiona una reacción explosiva.

detonar v.intr. (del lat. *tonare,* tronar). Producir un estampido. **2.** Explotar, estallar: *detonar un artefacto.* **3.** *Fig.* Llamar la atención.

detracción s.f. Acción de detraer.

detractar v.tr. Denigrar, hablar mal de alguien o algo.

determinantes

Los determinantes son palabras que preceden al sustantivo y a los adjetivos que lo acompañan y sirven para precisar el significado de ese sustantivo, señalando su orden, número, pertenencia, etc. En su mayoría concuerdan en género y número con el sustantivo.

tipo	función	ejemplos
artículo determinado	Indica que el sustantivo al que acompaña es conocido por el hablante u oyente.	*el* alcalde, *la* oficina, *los* alumnos, *las* llaves, ¡*lo* bien que canta!
artículo indeterminado	Introduce un sustantivo que no es conocido por el hablante o que aparece por primera vez en el discurso.	*un* mensajero, *una* cita, *unos* soldados, *unas* cabras
demostrativo	Señala un sustantivo, expresando la distancia que media entre este y el oyente.	*este* lápiz, *ese* perro, *aquella* acuarela
indefinido	Indica cantidad, grado o intensidad aproximada.	*algún* teléfono, *ninguna* posibilidad, *muchos* jugadores, *demasiados* coches, dormir *bastante*
numeral cardinal	Especifica el número de elementos de un conjunto.	*tres* niños, *veinte* papeletas
posesivo	Relaciona un sustantivo con su poseedor.	*mi* bicicleta, *tus* alegrías, *nuestro* barrio, *su* examen

detractor, ra adj. y s. Difamador. **2.** Que se opone a una opinión o a una persona.

detraer v.tr. y prnl. (lat. *detrahere*) [conj.: *traer*]. Sustraer, tomar parte de una cosa. **2.** *Fig.* Denigrar, infamar.

detrás adv.l. (de *tras*). En la parte posterior: *esconderse detrás de la puerta.* ◇ **Por detrás** A espaldas de alguien, en su ausencia.

detrimento s.m. (lat. *detrimentum,* pérdida). Daño, perjuicio, quebranto.

detrítico, a adj. GEOL. Se dice de toda formación sedimentaria resultante de la disgregación mecánica de rocas preexistentes.

detritívoro, a adj. y s.m. Se dice del animal o de la bacteria que se nutren de detritos orgánicos de origen natural o industrial.

detrito s.m. (lat. *detritus, -us,* acción de quitar restregando). Residuo resultante de la disgregación de una masa sólida, particularmente de una roca. (Suele usarse en plural.) SIN.: *detritus.*

detritófago, a adj. y s.m. Detritívoro.

detumescencia s.f. MED. Disminución del volumen de una hinchazón.

deuda s.f. (lat. *debita,* pl. de *debitum,* deuda). Obligación de pagar o devolver algo, generalmente dinero. **2.** Obligación moral de dar o devolver algo inmaterial: *estar en deuda con su tutor.* **3.** Pecado, falta. **4.** Conjunto de obligaciones a cargo del estado, compuesto por la deuda interior y la deuda exterior. SIN.: *deuda pública.*

deuda

La *deuda interior* de un país consta de la *deuda flotante*, contratada por el tesoro y representada especialmente por los depósitos o valores (bonos del tesoro) a corto plazo; de la *deuda amortizable* o *pignorable*, que el estado debe rembolsar en dinero en un plazo determinado, en condiciones y tiempo fijados por el acto del empréstito (deuda a largo plazo y deuda a medio plazo); de la *deuda perpetua*, y de la *deuda vitalicia*, constituida por el conjunto de pensiones a cargo del tesoro. La *deuda exterior* o *externa* es la que se paga en el extranjero y con moneda extranjera.

deudo, a s. Pariente o familiar.

deudor, ra adj. y s. (lat. *debitor, -oris*). Que debe algo. ◆ s. DER. Sujeto pasivo de una relación jurídica, especialmente de una obligación.

deus ex máchina loc. (lat. *deus ex machina,* dios [bajado] por medio de una máquina). Intervención imprevista que resuelve una situación dramática.

deuterio s.m. QUÍM. Isótopo del hidrógeno (D), de masa atómica 2, que forma con el oxígeno el agua pesada.

deuterostoma adj. y s.m. Se dice del animal cuyo desarrollo embrionario asigna al blastoporo la función de ano, y cuya boca se forma secundariamente. (Los *deuterostomas* comprenden los *equinodermos,* los *procordados* y los *vertebrados.*)

deutón s.m. QUÍM. Núcleo del átomo del deuterio, formado por un protón y un neutrón. SIN.: *deuterón.*

devaluación s.f. Acción de devaluar o devaluarse.

devaluar v.tr. y prnl. [conj.: *actuar*]. Disminuir el valor de la moneda de un país en el mercado de los cambios, como consecuencia de una depreciación monetaria anterior o para favorecer la exportación. **2.** Quitar valor a una cosa.

devanadera s.f. Instrumento que sirve para devanar hilo, seda, mangas de incendio, etc.

devanado s.m. Acción de devanar. **2.** Hilo de cobre que forma parte del circuito de ciertos aparatos o máquinas eléctricas.

devanadora s.f. Pieza de la máquina de coser que sirve para devanar la bobina.

devanagari s.m. y adj. Escritura moderna del sánscrito clásico y de algunas lenguas de la India. SIN.: *nagari.*

devanar v.tr. (del lat. *panus,* hilo de trama puesto en la devanadera). Arrollar hilo, seda o algo semejante formando un ovillo o carrete. ◆ **devanarse** v.prnl. Cuba y Méx. Retorcerse de risa, dolor, llanto, etc.

devaneo s.m. Acción realizada por puro entretenimiento. **2.** Relación amorosa superficial y pasajera.

devastación s.f. Acción y efecto de devastar.

devastar v.tr. (lat. *devastare*). Destruir, arrasar un edificio, una población, etc.

devengar v.tr. Adquirir derecho a retribución como pago de un trabajo, servicio, etc.: *devengar salarios.*

devengo s.m. Acción de devengar. **2.** Cantidad devengada.

1\. **devenir** v.intr. (fr. *devenir*) [conj.: *venir*]. Acaecer. **2.** Llegar a ser, transformarse.

2\. **devenir** s.m. FILOS. Movimiento progresivo por el cual las cosas se transforman.

deverbal adj. y s.m. LING. Se dice de la palabra que deriva de un verbo.

de visu loc.adv. (voces latinas, *de vista, por haberlo visto*). Con sus propios ojos, por sí mismo.

devoción s.f. (lat. *devotio, -onis,* abnegación). Veneración y fervor religiosos. **2.** Respeto y admiración que se siente hacia alguien. **3.** Predilección, afición especial. **4.** Oración o práctica religiosas.

devocionario s.m. Libro que contiene oraciones y prácticas piadosas para uso de los fieles.

devolución s.f. Acción de devolver: *devolución de excedentes.* **2.** Cosa para devolver.

devolutivo, a adj. DER. Que devuelve.

devolver v.tr. (lat. *devolvere,* rodar tumbado). Volver una cosa al estado o situación que tenía. **2.** Restituir una cosa a la persona que la poseía. **3.** Corresponder a un favor o a un agravio. **4.** Vomitar lo contenido en el estómago. **5.** Dar a la persona que hace un pago la cantidad de diferencia entre el dinero entregado y el importe exacto. ◆ **devolverse** v.prnl. Amér. Volverse, dar la vuelta.

OBS.: participio: *devuelto.*

devónico, a adj. y s.m. Se dice del cuarto período de la era primaria, durante la cual aparecieron los primeros vertebrados terrestres y las primeras plantas vasculares, o de los terrenos y fósiles que datan de este período.

devorar v.tr. Comer con ansia y apresuradamente. **2.** Comer un animal a otro o a una persona. **3.** *Fig.* Destruir o consumir totalmente: *el fuego devoró el matorral.* **4.** *Fig.* Leer con avidez.

devotio s.f. (voz latina, *voto, consagración*). HIST. Relación por la que unos guerreros se vinculaban personalmente a un jefe.

devoto, a adj. y s. (lat. *devotus,* lleno de celo, sumiso, entregado). Que tiene devoción. **2.** Que siente respeto o admiración por una persona. ◆ adj. Se dice de la imagen, templo o lugar que inspira devoción.

dexiocardia s.f. (del gr. *dexiós,* derecho, y *kardía,* corazón). Posición anormal del corazón en el lado derecho de la cavidad torácica, causada generalmente por una malformación congénita. SIN.: *dextrocardia.*

dextrina s.f. Sustancia gomosa, de color blanco amarillento, que se extrae del almidón y se usa en tintorería.

dextrocardia s.f. Dexiocardia.

dextrógiro, a adj. QUÍM. Se dice del compuesto que hace girar el plano de polarización de la luz a la derecha: *la glucosa es dextrógira.* CONTR.: *levógiro.*

dextrosa s.f. QUÍM. Glucosa.

dey s.m. Oficial de jenízaros en las regencias berberiscas.

deyección s.f. Defecación de los excrementos; excremento. ◇ **Cono de deyección** Acumulación detrítica efectuada por un torrente en el extremo inferior de su curso.

dharma s.m. En el hinduismo y budismo, ley universal que rige el orden de los seres y las cosas.

día s.m. (lat. *dies*). Tiempo que tarda la Tierra en dar una vuelta sobre sí misma, equivalente a 24 horas; por extensión, tiempo que tarda un astro del sistema solar en dar una vuelta sobre sí mismo. **2.** Parte de este tiempo en que dura la claridad del sol. **3.** Tiempo atmosférico que hace durante el día o parte de él: *día soleado.* **4.** Fecha en que se conmemora algún acontecimiento: *el día de santa Clara.* ◆ **días** s.m.pl. *Fig.* Vida de una persona: *llegó al fin de sus días.* ◇ **Abrirse,** o **despuntar,** o **rayar,** o **romper, el día** Amanecer. **A tantos días fecha,** o **vista** Expresión usada en letras y pagarés para indicar que serán abonados al cumplirse los días que se expresan, a contar desde la fecha o desde la aceptación. **Al día** Al corriente, sin retraso, con exactitud: *llevar el trabajo al día.* **Buenos días** Fórmula usada para saludar por la mañana. **Dar el día** *Irón.* Causar molestias, importunar. **Del día** De actualidad; fresco, reciente, hecho en el mismo día. **Día civil** Día solar medio cuya duración es de 24 h exactas y se cuenta a partir de 0 h. **Día de autos** Día en que sucedió un hecho determinado, que generalmente ya se ha mencionado. **Día de fiesta,** o **festivo** Día en que no se trabaja por ser fiesta oficial o eclesiástica. **Día del juicio final** Según la doctrina cristiana, último día de los tiempos, en que Dios juzgará a los vivos y a los muertos; *Fig.* y *fam.* se usa para designar una fecha muy lejana o que no llegará nunca. **Día de misa** Aquel en que la Iglesia mandaba que se oyese misa. **Día de trabajo,** o **laborable** Día en que oficialmente se trabaja. **Día hábil** DER. Día laborable para las oficinas públicas, tribunales y otras entidades. **Día lectivo** Día en que oficialmente se da clase en los centros de enseñanza. **Día (solar) medio** Intervalo de tiempo que separa dos pasos consecutivos por el meridiano de un lugar de un sol ficticio (sol medio) que se supone se desplaza a una velocidad constante por el ecuador celeste. **Día sideral,** o **sidéreo** ASTRON. Tiempo que tarda la Tierra en dar una vuelta sobre sí misma, calculado respecto de la dirección del punto vernal (aprox. 23 h 56 m 4 s). **Día verdadero** Intervalo de tiempo, cercano a las 24 h, pero variable según la época del año, que separa dos pasos consecutivos del Sol por el meridiano de un lugar. **Día y noche** Constantemente, a todas horas. **El día de mañana** En el futuro. **En su día** A su tiempo, en el momento oportuno. **Poner al día** Actualizar, renovar. **Vivir al día** Gastar todo aquello de que se dispone, sin ahorrar nada.

diabetes s.f. (lat. *diabetes,* del gr. *diabítis*). Enfermedad que se caracteriza por exceso de azúcar en la sangre y se manifiesta por una abundante eliminación de orina.

diabetes

La *diabetes mellitus,* o *diabetes sacarina,* es una afección a menudo hereditaria que puede manifestarse desde la infancia. Se caracteriza por una alteración del metabolismo de los glúcidos. El tratamiento debe tener en cuenta, además de la determinación de azúcar sanguíneo (glucemia) y de su detección en la orina (glucosuria), la dosificación de la hemoglobina glucosilada. El régimen alimenticio y los medicamentos (insulina, hipoglucemiantes de síntesis) permiten a los diabéticos evitar las complicaciones nerviosas y vasculares a que podrían estar expuestos. La *diabetes bronceada,* la *diabetes insípida* y la *diabetes renal* son enfermedades distintas.

diabético, a adj. y s. Relativo a la diabetes; que padece diabetes.

diablada s.f. Amér. Comparsa de máscaras en procesiones, fiestas, etc.

diablear v.intr. *Fam.* Hacer diabluras.

diablesa s.f. *Fam.* Diablo hembra.

diablesco, a adj. Diabólico.

diablillo, a s. Persona traviesa y astuta.

diablo s.m. (lat. tardío *diabolus,* del gr. *diábolos*). Ser sobrenatural que en diversas creencias y religiones representa al mal. **2.** *Fig.* Persona traviesa, inquieta o atrevida, intrigante o hábil para conseguir lo que se propone. ◆ interj. *Fam.* Expresa extrañeza, sorpresa, admiración o disgusto. (También *¡diablos!*) ◇ **Donde el diablo perdió el poncho** Argent., Chile y Perú. *Fam.* En un lugar lejano o poco transitado. **Pobre diablo** *Fam.* Persona infeliz, sin malicia o de poco carácter. **Tener el diablo,** o **los diablos, en el cuerpo** *Fam.* Ser excesivamente inquieto o travieso; ser muy astuto.

diablura s.f. Travesura.

diabólico, a adj. (lat. *diabolicus,* del gr. *diabolikós*). Relativo al diablo. **2.** *Fig.* y *fam.* Malo, perverso. **3.** *Fig.* Enrevesado, intrincado.

diábolo s.m. Juguete formado por dos conos unidos por sus vértices, que se lanza al aire y se recoge por medio de un cordón tensado entre dos palos.

diacetilmorfina s.f. Denominación científica de la heroína.

diácido s.m. Cuerpo que posee dos funciones ácidas.

diaclasa s.f. Fisura de una roca, que facilita la penetración del agua.

diaconal adj. Relativo al diácono.

diaconato o **diaconado** s.m. CATOL. Segunda de las órdenes mayores por la cual el subdiácono recibe la dignidad y atribuciones de diácono.

diaconisa s.f. (lat. tardío *diaconissa*). En la iglesia primitiva, mujer que estaba encargada de funciones de caridad. **2.** Entre los protestantes, mujer que se consagra a obras de piedad y caridad.

diácono s.m. (lat. tardío *diaconus,* del gr. *diákonos,* sirviente). Entre los católicos, aquel que ha recibido la orden inmediatamente inferior al sacerdocio. **2.** Entre los protestantes, laico encargado del cuidado de los pobres y de la administración de los fondos de la iglesia.

diacrítico, a adj. y s.m. (gr. *diakritikós,* que distingue). Se dice del signo gráfico que da un valor especial a un carácter de un alfabeto: *la diéresis es un diacrítico.*

diacronía s.f. Estudio de la evolución de un hecho, fenómeno o circunstancia sociales a través del tiempo.

diacrónico, a adj. Se aplica a los fenómenos que ocurren a lo largo del tiempo y a los estudios referentes a ellos. (Se opone a *sincrónico.*) ◇ **Lingüística diacrónica** Estudio de los fenómenos lingüísticos desde el punto de vista de su evolución en el tiempo.

diacústica s.f. Parte de la física que estudia la refracción de los sonidos.

díada s.f. FILOS. Unión de dos principios que se completan recíprocamente.

diadelfo, a adj. (del gr. *di-,* dos, y *adelfós,* hermano). BOT. Se dice del estambre que está soldado a otro por el filamento, formando dos haces distintos; planta o flor con los estambres soldados de esta manera.

diadema s.f. (lat. *diadema,* del gr. *diádima,-atos*). Cinta o banda que se utiliza para sujetar los cabellos. **2.** Adorno de oro, plata o pedrería, en forma de media corona, usado por las mujeres como complemento de un traje de gala. **3.** Arco de los que cierran por la parte superior algunas coronas. **4.** Corona, aureola o cerco que ciñe la cabeza.

diadoco s.m. Título dado a los generales de Alejandro Magno que se disputaron el imperio tras su muerte (323 a.C.).

diáfano, a adj. (gr. *diaphanís,* transparente). Se dice del cuerpo que deja pasar la luz casi en su totalidad. **2.** *Fig.* Claro, límpido, transparente.

diafanoscopia s.f. MED. Procedimiento de examen que consiste en iluminar por transparencia ciertos órganos o ciertas partes del cuerpo.

diáfisis s.f. ANAT. Parte media de un hueso largo que, en el ser humano que no ha terminado el crecimiento, está separada de la epífisis por sendos cartílagos.

diafonía s.f. Interferencia de señales que proviene de dos emisores, de dos circuitos o de dos zonas de un mismo registro.

diaforesis s.f. (lat. tardío *diaphoresis,* del gr. *diaphórisis,* evacuación de humores). MED. Transpiración abundante.

diaforético, a adj. y s.m. (gr. *diaphoritikós*). Que provoca la transpiración.

diafragma s.m. (lat. tardío *diaphragma*, del gr. *diáfragma, -atos*, separación, barrera). Músculo transversal que separa las cavidades torácica y abdominal, cuya contracción provoca el aumento del volumen de la caja torácica y, como consecuencia, la inspiración. **2.** Abertura de diámetro regulable que sirve para variar la cantidad de luz que entra en un aparato óptico o fotográfico. **3.** Membrana de caucho que, situada de manera que obture el cuello del útero, se emplea como medio anticonceptivo femenino. **4.** Tabique transversal que separa los tubos de diversos instrumentos o máquinas.

diafragmar v.intr. FOT. Disminuir la abertura de un objetivo, cerrando el diafragma.

diafragmático, a adj. ANAT. Relativo al diafragma.

diagénesis s.f. Conjunto de fenómenos que aseguran la transformación de un sedimento móvil en una roca coherente.

diagnosis s.f. (pl. *diagnosis*). BIOL. Descripción científica, breve pero precisa, de una especie, un género o una familia. **2.** MED. Conocimiento diferencial de los signos y síntomas de la enfermedad que presenta un enfermo. SIN.: *diagnóstico.*

diagnosticar v.tr. MED. Determinar una enfermedad a través del examen de los signos y síntomas que presenta.

diagnóstico, a adj. (gr. *diagnostikós*, distintivo). MED. **a.** Relativo a la diagnosis. **b.** Que sirve para reconocer. ◆ s.m. ECON. Conclusión prospectiva del análisis de la situación económica de una región o una empresa. **2.** INFORMÁT. Resultado de un examen destinado a detectar los errores que pueden existir en una parte material de una computadora o en un programa. **3.** MED. Diagnosis.

diagonal adj. y s.f. (lat. *diagonalis*, del gr. *diagónios*). Se dice de la recta que une dos vértices no consecutivos de un polígono, o dos vértices de un poliedro que no pertenecen a la misma cara. ◇ **En diagonal** Oblicuamente. **Matriz diagonal** Matriz cuadrada en la que todos los elementos exteriores a la diagonal principal son nulos.

diagonalizable adj. MAT. Se dice de la matriz cuadrada para la que existe una matriz semejante diagonal.

diagonalización s.f. MAT. Para una matriz cuadrada considerada como operador de una transformación lineal de un espacio vectorial, operación consistente en buscar una base para la cual la matriz de la transformación se reduzca a una matriz diagonal.

diagrafía s.f. Arte de dibujar valiéndose de un diágrafo.

diágrafo s.m. Instrumento que permite reproducir objetos o dibujos con ayuda de una cámara clara.

diagrama s.m. (gr. *diágramma*, dibujo, trazado). Representación gráfica de las variaciones de un fenómeno o de la correlación de los factores o las partes de un conjunto. ◇ **Diagrama de Venn** Representación gráfica de operaciones tales como la reunión y la intersección, efectuadas en teoría de conjuntos. **Diagrama floral** BOT. Representación del número y la disposición de los verticilos de una flor. **Diagrama termodinámico** Representación gráfica del estado termodinámico de un sistema en el que determinadas variables se toman como coordenadas (volumen, presión, temperatura).

diagramación s.f. ART. GRÁF. Amér. Acción y efecto de diagramar.

diagramar v.tr. ART. GRÁF. Amér. Realizar una maqueta de una revista, libro, etc.

diaguita, pueblo amerindio agricultor ya extinguido que vivía en el NO de Argentina (Catamarca, SO de Salta) y Chile (entre los ríos Copiapó y Choapa), del que destaca el grupo calchaquí. Se han descubierto poblados fortificados *(pucará)*, objetos de cobre, oro y plata, y urnas funerarias de cerámica. Tras la conquista de su territorio por los españoles, concluida en 1670, los diaguita fueron trasladados a las proximidades de Buenos Aires.

dial s.m. (ingl. *dial*). Superficie graduada sobre la que se mueve un indicador que señala o mide una determinada magnitud, como el peso, el voltaje o la longitud de onda: *el dial de un aparato de radio.*

dialcohol s.m. QUÍM. Cuerpo que tiene dos veces la función alcohol.

dialectal adj. Relativo a un dialecto: *variantes dialectales.*

dialectalismo s.m. Palabra, sonido o giro propios de un dialecto. **2.** Cualidad de dialectal.

dialéctica s.f. Arte de discutir o argumentar. **2.** Razonamiento que, al igual que un diálogo, contiene oposiciones y diversidad de pensamientos y se encamina hacia una síntesis. **3.** Evolución de las cosas, mediante la oposición y la superación de la oposición. **4.** Sutilezas, argucias, distinciones ingeniosas e inútiles.

dialéctico, a adj. y s. (gr. *dialektikós*, referente a la discusión). Relativo a la dialéctica; que profesa la dialéctica.

dialecto s.m. (gr. *diálektos*, manera de hablar). Variedad de una lengua hablada en un determinado territorio. **2.** Lengua que procede o se deriva de otra.

dialectología s.f. Parte de la lingüística que estudia los dialectos.

dialectólogo, a s. y adj. Persona que se dedica a la dialectología.

dialipétalo, a adj. BOT. Se dice de la corola de pétalos libres. ◆ adj. y s.f. BOT. Relativo a una antigua subclase de angiospermas de pétalos libres o separados.

dialisépalo, a adj. BOT. Se dice del cáliz de sépalos libres o separados.

diálisis s.f. (gr. *diálysis*). Separación de los constituyentes de una mezcla o disolución, basada en la propiedad que poseen las membranas de filtrar más fácilmente unas moléculas que otras. **2.** Depuración artificial de la sangre basada en el mismo principio y destinada a eliminar las sustancias nocivas o tóxicas, especialmente en el caso de insuficiencia renal. ◇ **Diálisis peritoneal** Diálisis en la que se utiliza el peritoneo como membrana de filtración y de intercambio entre la sangre y un líquido inyectado.

dializador s.m. Aparato para efectuar la diálisis.

dializar v.tr. Analizar una sustancia por medio de la diálisis.

dialogante adj. Que está dispuesto a dialogar y negociar o a discutir sobre una cuestión sin imponer su criterio u opinión.

dialogar v.intr. Hablar una persona con otra sosteniendo un diálogo.

dialogístico, a adj. Relativo al diálogo. **2.** Que está escrito en diálogo.

diálogo s.m. (lat. *dialogus*, del gr. *diálogos*). Conversación entre dos o más personas que exponen sus opiniones alternativamente. **2.** Debate entre personas, grupos o ideologías de opiniones distintas y aparentemente irreconciliables, en busca de llegar a un acuerdo. **3.** FILOS. Forma de expresión filosófica que comporta un modo de pensar esencialmente no dogmático. **4.** LIT. **a.** Género literario en que se finge una plática o controversia. **b.** Obra literaria en verso o en prosa que está escrita en forma de diálogo.

dialoguista s.m. y f. Persona que escribe diálogos.

diamagnético, a adj. y s.m. Se dice de la sustancia que, sometida a un campo magnético, toma una imantación dirigida en sentido inverso.

diamagnetismo s.m. Propiedad de las sustancias diamagnéticas.

diamantado, a adj. TECNOL. Se dice de aquello en cuya constitución entra el polvo de diamante.

diamante s.m. (lat. vulgar *diamas, -antis*). Piedra preciosa compuesta de carbono puro cristalizado. **2.** Instrumento que usan los vidrieros para cortar el vidrio. **3.** Carta del palo de diamantes. ◆ adj. IMPR. Se dice de la edición de tamaño y caracteres pequeños. ◆ **diamantes** s.m.pl. Palo de la baraja francesa representado por la forma de un diamante o rombo rojo. ◇ **Diamante (en) bruto** El que está aún sin labrar; persona que tiene muchas cualidades, pero carece de educación o experiencia. **Punta de diamante** B. ART. Ornamento en forma de pirámide de poca altura que se labra en las piedras u otras materias.

diamante

El diamante es el más duro de los minerales naturales. De densidad 3,5, cristaliza en el sistema cúbico. El *diamante carbonado,* de color negro, se emplea para la perforación de rocas duras. El *incoloro* es valorado como una de las piedras preciosas más bellas. Generalmente se talla en facetas para aumentar su brillo.

diamantífero, a adj. Que contiene diamantes: *terreno diamantífero.*

diamantino, a adj. Relativo al diamante. **2.** *Fig.* y *poét.* Que tiene las cualidades propias del diamante, especialmente brillo o dureza: *personalidad diamantina.*

diamantista s.m. y f. Persona que tiene por oficio labrar o vender diamantes.

diametral adj. Relativo al diámetro. **2.** Que divide una superficie en dos partes equivalentes. **3.** *Fig.* Directo, absoluto, total.

diámetro s.m. (gr. *diámetros,* diametral). Línea recta que une dos puntos de una circunferencia, una curva cerrada o una superficie esférica, pasado por su centro; anchura de un objeto circular, cilíndrico o esférico. ◇ **Diámetro aparente de un astro** ASTRON. Ángulo bajo el cual se percibe, desde un lugar de observación, la imagen de un astro que no presenta un aspecto puntiforme.

diamida s.f. Cuerpo que posee dos veces la función amida.

diamina s.f. Cuerpo que posee dos veces la función amina.

diaminofenol s.m. Derivado del pirogalol, cuyo cloruro se emplea como revelador en fotografía.

diana s.f. (ital. *diana*). Punto central de un blanco de tiro. ◇ **Hacer diana** Alojar el proyectil en la diana. **Toque de diana** Toque militar de corneta o trompeta, dado para que la tropa se levante.

¡diantre! interj. Expresa sorpresa o enojo.

diapasón s.m. (lat. *diapason,* del gr. *diá pason khordon,* a través de todas las cuerdas). MÚS. **a.** Altura relativa de un sonido determinado, dentro de una escala sonora. **b.** Instrumento que al vibrar produce un tono determinado: *diapasón de horquilla.* **c.** Pieza de madera que cubre el mástil del violín y de otros instrumentos de arco. **d.** Distancia exacta que separa los agujeros de los instrumentos de viento. **e.** Relación entre el diámetro de un tubo de órgano y su longitud.

diapédesis s.f. (gr. *diapídisis*). MED. Paso de los elementos celulares de la sangre a través de los capilares.

diapiro s.f. GEOL. Ascenso de rocas profundas, plásticas y de baja densidad a través de terrenos suprayacentes.

diapositiva s.f. Imagen fotográfica positiva en soporte transparente que se proyecta sobre una pantalla.

diarero, a s. Argent. y Urug. Diariero.

diariero, a s. Amér. Merid. Persona que tiene por oficio vender diarios o periódicos.

diario, a adj. Que ocurre, se hace, etc., todos los días. ◆ s.m. Libro o cuaderno donde se escriben cada día sucesos y reflexiones. **2.** Periódico que se publica todos los días.◇ **A diario** Todos los días, cada día. **De diario** De todos los días: *ropa de diario.* **Diario de navegación** MAR. Libro que está obligado a llevar cada oficial náutico. **Diario hablado** Noticiario radiofónico.

diarismo s.m. Amér. Periodismo.

diarquía s.f. Gobierno simultáneo de dos soberanos.

diarrea s.f. (lat. tardío *diarrhoea,* del gr. *diárroia*). Deposiciones líquidas y frecuentes, causadas por una intoxicación, una infección, etc.

diarreico, a adj. Relativo a la diarrea.

diartrosis s.f. ANAT. Articulación que permite una gran movilidad (rodilla, codo), en la que los huesos están unidos por una cápsula fibrosa, cuyas superficies están recubiertas de cartílago.

diascopio s.m. Instrumento óptico empleado en los vehículos blindados para observar el exterior.

diáspora s.f. (gr. *diaspora,* dispersión). Conjunto de comunidades judías establecidas fuera de Palestina, a partir del Exilio (s. VI a.C.). **2.** Conjunto de diversas comunidades con un mismo origen y establecidas en países diferentes. **3.** Dispersión de un pueblo o una etnia a través del mundo.

diaspro s.m. Jaspe.

diastasa s.f. Amilasa.

diástole s.f. (lat. *diastole,* del gr. *diastolí,* dilatación). Fase de dilatación en los movimientos rítmicos del corazón. **2.** Licencia poética propia de la prosodia clásica que consiste en alargar una vocal breve.

diastólico, a adj. Relativo a la diástole: *soplo diastólico.*

diatérmano, a adj. Que deja pasar el calor. SIN.: *diatérmico.*

diatermia s.f. Terapéutica que utiliza el calor producido por una corriente de alta frecuencia.

diatomea s.f. (gr. *diátomos,* cortado por la mitad). Alga unicelular provista de una concha silícea bivalva, a menudo finamente decorada, que vive en el mar o en el agua dulce.

diatómico, a adj. QUÍM. Se dice de la molécula formada por dos átomos.

diatomita s.f. Roca sedimentaria silícea formada esencialmente por diatomeas.

diatónico, a adj. MÚS. Que procede por la alternancia de tonos y semitonos.

diatriba s.f. (del lat. *diatriba,* discusión filosófica, del gr. *diatribí,* entretenimiento). Discurso o escrito que contiene un ataque violento: *lanzar una diatriba contra alguien.*

diazoico, a adj. y s.m. Se dice de ciertos cuerpos orgánicos cuya molécula contiene un grupo de dos átomos de nitrógeno, utilizados para la preparación de numerosos colorantes.

dibujante s.m. y f. Persona que se dedica profesionalmente a dibujar.

dibujar v.tr. y prnl. Representar figuras de personas, animales o cosas con un lápiz, carboncillo, etc. ◆ v.tr. *Fig.* Describir la realidad con palabras. ◆ **dibujarse** v.prnl. *Fig.* Aparecer o revelarse lo que estaba callado u oculto. **2.** Aparecer de forma vaga e imprecisa la silueta de una cosa.

dibujo s.m. Arte y técnica de dibujar. **2.** Representación gráfica en la que la imagen se traza, de modo más o menos complejo, sobre una superficie o fondo. **3.** En una pintura, delineación de las figuras y su ordenación general, consideradas independientemente del colorido. **4.** Motivo decorativo, natural o artificial, de ciertos objetos. ◇ **Dibujo del natural** Dibujo que se hace copiando directamente del modelo. **Dibujo lineal** Dibujo que representa figuras geométricas trazadas con escuadra, compás, etc. **Dibujos animados** Película en la que los personajes son figuras dibujadas animadas mediante técnicas cinematográficas. **Dibujo técnico** Dibujo geométrico y a escala con fines técnicos.

dicacidad s.f. Agudeza, mordacidad ingeniosa.

dicarbonilado, a adj. Que contiene dos veces el grupo carbonilo.

dicario s.m. Célula con dos núcleos, característica de los hongos superiores.

dicariótico, a adj. Relativo al dicario.

dicción s.f. (lat. *dictio, -onis*). Manera de hablar o escribir. **2.** Pronunciación.

diccionario s.m. Obra de consulta en que se recogen un conjunto de palabras de una o más lenguas, generalmente por orden alfabético, seguidas de su definición o traducción a otra lengua. **2.** Recopilación de las palabras relativas a una ciencia, a una técnica, etc., ordenadas alfabéticamente. ◇ **Diccionario enciclopédico** Diccionario que, aparte de las informaciones sobre las palabras en sí mismas, contiene explicaciones científicas, históricas, literarias, etc., de las realidades designadas.

diccionarista s.m. y f. Lexicógrafo.

díceres s.m.pl. Amér. Murmuraciones.

dicetona s.f. Cuerpo que posee dos veces la función cetona.

dicha s.f. (lat. *dicta,* cosas dichas). Felicidad. **2.** Suerte.

dicharachero, a adj. y s. *Fam.* Propenso a decir dicharachos o que conversa animada y jovialmente.

dicharacho s.m. *Fam.* Dicho chocante por gracioso, impropio, vulgar, indecente, etc.

dicho s.m. Palabra o conjunto de palabras que resume una idea o enseñanza que se considera cierta o juiciosa, como «es mejor tener que desear». **2.** Expresión oral ocurrente y oportuna. **3.** DER. Deposición del testigo. <> **Dicho y hecho** Expresa la prontitud con que se hace algo.

dichoso, a adj. Feliz. **2.** Que implica o conlleva dicha: *época dichosa.* **3.** *Fam.* Fastidioso, molesto: *¡dichoso despertador!*

diciembre s.m. (lat. *december, -bris*). Duodécimo y último mes del año. (Tiene 31 días.)

diclino, a adj. Se dice de la flor que tiene órganos de un solo sexo (estambres o pistilo).

dicotiledóneo, a adj. y s.f. Relativo a una clase de plantas cuya semilla tiene una plántula con dos cotiledones, generalmente de hojas horizontales, con nerviación ramificada y con las dos caras distintas; si son vivaces, tienen formaciones secundarias, lo que las diferencia de las *monocotiledóneas.*

dicotomía s.f. (gr. *dikhtomía*). División en dos elementos o partes, especialmente cuando son opuestos. **2.** ASTRON. Fase de la Luna en su primero y último cuadrante. **3.** BOT. División de ciertos tallos en ramas bifurcadas. **4.** LÓG. División de un concepto en otros dos que agotan toda su extensión.

dicotómico, a adj. Relativo a la dicotomía.

dicótomo, a adj. (gr. *dikhótomos*). Que se divide en dos: *tallo dicótomo.* **2.** Se dice de la Luna cuando solo se ve la mitad de su disco.

dicroísmo s.m. Pleocroísmo.

dicromático, a adj. De dos colores.

dícroto, a adj. Se dice del latido arterial que se aprecia como un pulso doble.

dictado s.m. Acción de dictar para que otro escriba. **2.** Ejercicio escolar cuya finalidad es el aprendizaje de la ortografía. ◆ **dictados** s.m.pl. *Fig.* Conjunto de preceptos, indicaciones o sugerencias de la razón o de la conciencia. <> **Al dictado** Indica que algo se hace por mandato o indicación de alguien o algo.

dictador, ra s. (lat. *dictator*). Persona que concentra en sí todos los poderes. **2.** Persona que abusa de su poder y autoridad. ◆ s.m. ANT. ROM. Durante la república, magistrado supremo investido en caso de crisis de los poderes políticos y militares.

dictadura s.f. Ejercicio sin control del poder absoluto y soberano. **2.** Tiempo durante el cual ejerce el poder un dictador. **3.** ANT. ROM. Magistratura extraordinaria ejercida por el dictador. <> **Dictadura del proletariado** Según el marxismo, período transitorio en el que los representantes del proletariado deben ejercer todo el poder para acabar con el estado burgués y establecer una sociedad sin clases.

dictáfono s.m. (marca registrada). Aparato fonográfico que recoge y reproduce lo que se habla o dicta.

dictamen s.m. (lat. tardío *dictamen,* acción de dictar). Opinión que emite sobre una materia alguien con autoridad en ella.

dictaminar v.intr. y tr. Dar dictamen sobre algo.

díctamo s.m. (del gr. *díktamnon*). BOT. Planta labiada originaria de Creta que se utilizaba para curar heridas y llagas. <> **Díctamo blanco** Planta herbácea de tallo pubescente, hojas sencillas ovaladas y flores blancas o rosadas en racimos terminales. (Familia rutáceas.) **Díctamo real** Amér. Planta de tallo quebradizo que destila un jugo lechoso y purgante.

dictar v.tr. (lat. *dictare*). Decir o leer algo a una persona para que lo vaya escribiendo. **2.** Dar, expedir, pronunciar leyes, fallos, decretos, etc. **3.** *Fig.* Inspirar la conciencia, la razón, etc., un comportamiento a alguien: *haz lo que te dicte el corazón.*

dictatorial adj. Relativo a la dictadura o al dictador.

dicterio s.m. (lat. *dicterium*). Insulto dirigido a alguien.

dictióptero, a adj. y s.m. Relativo a un orden de insectos con metamorfosis incompleta y alas reticuladas, como la cucaracha, la mantis, etc.

didáctica s.f. Parte de la pedagogía que estudia las técnicas y métodos de enseñanza.

didáctico, a adj. (gr. tardío *didaktikós*) Que tiene por objeto enseñar o instruir; pedagógico. **2.** Relativo a la didáctica.

didactismo s.m. Cualidad de didáctico. SIN.: *didacticismo.*

didascalia s.f. En el teatro antiguo, indicaciones dadas a un actor por el autor sobre su manuscrito.

didimio s.m. Tierra rara que es una mezcla del neodimio y del praseodimio.

dídimo, a adj. (gr. *dídimos,* doble, gemelo). BOT. Se dice de todo órgano formado por dos lóbulos iguales y colocados simétricamente.

didjeridoo o **didjeridu** s.m. (voz de una lengua australiana). Instrumento de viento de los aborígenes australianos formado por una larga pieza de madera hueca.

diducción s.f. FISIOL. Movimiento lateral del maxilar inferior.

diecinueve adj.num.cardin. y s.m. Diez más nueve. ◆ adj. num.ordin. y s.m. y f. Decimonono.

diecinueveavo, a adj. y s.m. Se dice de cada una de las partes que resultan de dividir un todo en diecinueve partes iguales.

dieciochesco, a adj. Relativo al s. XVIII. SIN.: *dieciochista.*

dieciocho adj.num.cardin. y s.m. Diez más ocho. ◆ adj. num.ordin. y s.m. y f. Decimoctavo.

dieciochoavo, a adj. y s.m. Se dice de cada una de las partes que resultan de dividir un todo en dieciocho partes iguales.

dieciséis adj.num.cardin. y s.m. (del lat. *sedecim*). Diez más seis. ◆ adj.num.ordin. y s.m. y f. Decimosexto.

dieciseisavo, a adj. y s.m. Se dice de cada una de las partes que resultan de dividir un todo en dieciséis partes iguales.

diecisiete adj.num.cardin. y s.m. Diez más siete. ◆ adj. num.ordin. y s.m. y f. Decimoséptimo.

diecisieteavo, a adj. y s.m. Se dice de cada una de las partes que resultan de dividir un todo en diecisiete partes iguales.

diedro s.m. y adj. (del gr. *di-,* dos, y *édra,* asiento, base). MAT. Porción de espacio comprendida entre dos semiplanos, o caras, concurrentes en una recta o arista. **2.** En aviación, ángulo formado por el plano horizontal y el plano de las alas de un avión. <> **Ángulo plano,** o **rectilíneo, de un diedro** MAT. Sección de un diedro por un plano perpendicular a la arista.

dieléctrico, a adj. y s.m. Se dice de la sustancia aislante o mal conductora de la electricidad.

diencefálico, a adj. Relativo al diencéfalo.

diencéfalo s.m. Parte del cerebro situada entre los hemisferios cerebrales, que comprende el tálamo, el hipotálamo y las paredes del tercer ventrículo.

dieno s.m. Hidrocarburo dietilénico.

diente s.m. (lat. *dens, dentis*). Pieza dura y blanca que crece en la boca de la mayoría de los vertebrados y sirve para triturar los alimentos y para morder; en especial se usa para designar las que están en la parte delantera. (En los mamíferos, se distinguen, de delante hacia atrás, los incisivos, los caninos, los premolares y los molares.) **2.** Punta o resalto en el borde de un objeto, especialmente de algunas herramientas: *los dientes de una sierra.* **3.** Saliente de una rueda de engranaje. **4.** Cumbre aguda y aislada. <> **Dar diente con diente** *Fam.* Temblar de frío o de miedo. **Diente de ajo** Cada una de las partes en que se divide la cabeza del ajo, separadas por una envoltura blanquecina o amarillenta. **Diente de leche** Cada uno de los de la primera dentición de los mamíferos. **Diente de león** Amargón. **Diente de lobo** Clavo grande. **Diente de perro** Formón o escoplo hendido que usan los escultores. **Enseñar, o mostrar, los dientes** *Fam.* Ponerse en actitud desafiante. **Entre dientes** *Fam.* Se aplica generalmente a la manera de hablar o decir algo murmurando o refunfuñando, sin que se entienda claramente lo que se dice. **Hincar el diente** *Fam.* Apropiarse de algo que pertenece a otra persona; criticar o desacreditar a alguien; emprender un asunto con decisión. **Pelar el diente** Amér. Central y Colomb. Sonreír insistentemente con coquetería; halagar a alguien, adular; Méx. *Fam.* ponerse alguien agresivo. **Poner los dientes largos** *Fam.* Provocar en alguien un deseo intenso o envidia. **Rechinarle los dientes** *Fam.* Ser víctima una persona de un acceso de rabia o desesperación. **Tener (buen) diente** Ser muy comedor.

diéresis s.f. (lat. *diaresis,* del gr. *diaíresis,* división, separación) [pl. *diéresis*]. CIR. División, separación de dos partes cuya continuidad podría resultar nociva. **2.** FONÉT. Pronunciación en dos sílabas de dos vocales consecutivas que en otros casos forman diptongo. **3.** GRAM. Signo ortográfico (¨) que en español se coloca sobre la vocal *u* de los grupos constituidos por *gu + e, i* para indicar que la *u* debe pronunciarse.

diergol s.m. Propergol formado por dos ergoles líquidos, un combustible y un comburente, que se inyectan separadamente en la cámara de combustión.

diésel o **diesel** s.m. (de R. *Diesel,* ingeniero alemán) [pl. *diéseles* o *dieseles*]. Motor de combustión interna que consume aceites pesados y que funciona por autoencendido del combustible inyectado por aire fuertemente comprimido. SIN.: *motor diésel.*

dieseléctrico, a adj. Se dice de la locomotora cuya potencia es suministrada por un motor diésel, el cual acciona un generador eléctrico que suministra corriente a los motores acoplados a los ejes.

dies írae s.m. (lat. *dies irae,* día de ira). Canto de la misa de difuntos en la liturgia católica romana.

diesis o **diesi** s.f. (lat. *diesis,* del gr. *díesis,* separación, disolución). MÚS. Alteración que eleva un semitono cromático la nota que precede. ◆ adj. Se dice de la misma nota afectada por este signo: *«fa» diesis.* ◇ **Doble diesis** Alteración que eleva dos semitonos cromáticos la nota que precede.

diestra s.f. Mano derecha.

diestro, a adj. (lat. *dexter, dextra, dextrum*). Que está en el lado derecho. **2.** Se dice de la persona que usa preferentemente la mano derecha. **3.** Que tiene habilidad y experiencia para realizar una determinada actividad. (Suele usarse con la preposición *en.*) ◆ s.m. TAUROM. Matador de toros. ◇ **A diestro y siniestro** Sin tino, sin orden; sin discreción ni miramiento.

1. **dieta** s.f. Supresión de una parte o de la totalidad de los alimentos o uso exclusivo de algunos, generalmente con fines médicos o de control de peso. **2.** Conjunto de alimentos que un ser vivo toma habitualmente. **3.** Retribución o indemnización diarias que se dan a un trabajador que, por motivos laborales, debe desplazarse fuera de la población donde trabaja o reside y que le sirven para cubrir gastos de desplazamiento, alojamiento o manutención. (Suele usarse en plural.) ◇ **Dieta hídrica** Régimen que incluye solo agua, infusiones, zumos de fruta, etc.

2. **dieta** s.f. (lat. *diaeta,* del gr. *díaita,* manera de vivir). Asamblea deliberante en algunos países (Polonia, Hungría, Suecia, Suiza, etc.).

dietario s.m. (bajo lat. *dietarium*). Libro en que se anotan los ingresos y gastos diarios. **2.** Agenda.

dietética s.f. Parte de la medicina que estudia el valor alimenticio de los alimentos y las enfermedades que provoca la mala nutrición, así como la determinación de las cantidades de alimentos que convienen a las diversas categorías de consumidores.

dietético, a adj. (lat. tardío *diaeteticus,* del gr. *diaititikós*). Relativo a la dieta o a la dietética.

dietilénico, a adj. Que posee dos veces el carácter etilénico.

dietista s.m. y f. Médico especialista en dietética.

diez adj.num.cardin. y s.m. (lat. *decem*). Nueve más uno. ◆ adj.num.ordin. y s.m. y f. Décimo.

diezmar v.tr. Separar una de cada diez personas o cosas. **2.** *Fig.* Causar gran mortandad en un país la guerra, las epidemias u otra calamidad.

diezmero s.m. HIST. Persona que cobraba diezmos.

diezmilésimo, a adj. y s.m. Se dice de cada una de las partes que resultan de dividir un todo en diez mil partes iguales.

diezmo s.m. En la edad media y el antiguo régimen, parte variable del producto de las cosechas y de la ganadería, generalmente la décima parte, que se entregaba a la Iglesia. (En España, se abolió definitivamente en 1841.)

difamación s.f. Acción de difamar. **2.** Información que se publica o se dice de una persona en contra de su buena opinión y fama.

difamar v.tr. (lat. *diffamare*). Desacreditar a alguien publicando o diciendo cosas contra su buena opinión y fama. SIN.: *infamar.*

difamatorio, a adj. Que difama.

difásico, a adj. ELECTR. Se dice de la corriente de dos fases.

difenol s.m. Cuerpo que posee dos veces la función fenol.

diferencia s.f. Cualidad, rasgo o característica que distingue a una persona o cosa de otra. **2.** *Fig.* Controversia, discrepancia o incompatibilidad entre dos o más personas. **3.** MAT. Resultado de la sustracción de dos magnitudes: *2 es la diferencia entre 7 y 5.* ◇ **A diferencia de** Denota la discrepancia que hay entre dos personas o cosas comparadas entre sí. **Diferencia de dos conjuntos A y B** Conjunto que se nota A – B, formado por los elementos de A que no pertenecen a B. **Diferencia simétrica de dos conjuntos A y B** Conjunto formado por los elementos de A que no pertenecen a B y por los elementos de B que no pertenecen a A, es decir, reunión de las diferencias A – B y B – A.

diferenciación s.f. Acción y efecto de diferenciar o diferenciarse. **2.** BIOL. En el curso del desarrollo de un ser vivo, aparición de varios tipos diferentes de células, de tejidos o de órganos, a partir de un mismo tronco original. **3.** MAT. Cálculo de una o varias diferenciales.

diferenciador s.m. Órgano de cálculo analógico o numérico que efectúa automáticamente el cálculo de diferenciales y derivadas.

diferencial adj. Relativo a la diferencia. **2.** MAT. Que procede por diferencias infinitamente pequeñas. ◆ adj. y s.m. Se dice de un mecanismo de engranajes que permite transmitir a un árbol rotativo un movimiento equivalente a la suma o a la diferencia de otros dos movimientos. ◆ s.f. MAT. Incremento infinitésimo de una variable, sea independiente, o función de otra u otras. ◇ **Psicología diferencial** Parte de la psicología que estudia las diferencias entre individuos, especialmente en sus cualidades intelectuales. **Tarifa diferencial** Tarifa de transporte calculada en función inversa del peso y de la distancia.

diferenciar v.tr. Averiguar, percibir y señalar diferencias entre dos o más cosas o personas. **2.** Constituir algo la diferencia entre dos o más cosas o personas. **3.** MAT. Calcular la diferencial de una función. ◆ **diferenciarse** v.prnl. Distinguirse, no ser igual.

diferendo s.m. Amér. Merid. Diferencia, discrepancia entre instituciones o estados.

diferente adj. Diverso, distinto. ◆ adv.m. De modo distinto: *hablar diferente.*

diferido, a adj. INFORMÁT. Se dice del tratamiento de datos que se ejecuta en una fase distinta y ulterior de la de su adquisición y de su almacenamiento. **2.** TELECOM. En el servicio internacional, se dice del telegrama al que se aplica tarifa reducida y se transmite después de los telegramas ordinarios y despachos de prensa; en el servicio interior y nacional, se dice del telegrama que el expedidor entrega en la oficina de telégrafos en hora nocturna para ser cursado a la mañana siguiente. ◆ s.m. **En diferido** Se dice de la emisión radiofónica o televisiva transmitida después de su grabación.

diferir v.tr. (lat. *diferre*) [conj.: *sentir*]. Aplazar, retardar o suspender la ejecución de una cosa. ◆ v.intr. Haber diferencias, diferenciarse: *diferimos en este punto.*

difícil adj. (lat. *difficilis*). Que requiere inteligencia, habilidad y esfuerzo para hacerlo, superarlo, entenderlo, etc. **2.** Descontentadizo, rebelde o poco tratable: *un niño difícil.*

dificultad s.f. (lat. *difficultas, -atis*). Cualidad de difícil. **2.** Objeción opuesta a lo que alguien sostiene o propone: *poner dificultades.* **3.** Situación difícil de resolver, especialmente por falta de dinero: *pasar muchas dificultades.* (Suele usarse en plural.)

dificultar v.tr. Hacer difícil o más difícil algo: *el frío dificulta el ascenso a la cumbre.* ◆ v.intr. Estimar difícil una cosa.

dificultoso, a adj. Difícil, que implica dificultad.

difluencia s.f. División de un curso de agua, o de un glaciar, en varios brazos que no vuelven a reunirse.

difluente adj. y s.m. Que se desarrolla en direcciones divergentes o se dispersa.

difracción s.f. Desviación que sufre la propagación de las ondas acústicas, luminosas, hercianas, rayos X, etc., cuando encuentran un obstáculo o una abertura de dimensiones sensiblemente iguales a su longitud de onda.

difractar v.tr. y prnl. Efectuar la difracción.

difteria s.f. (gr. *diphthéra,* piel, membrana). Enfermedad contagiosa debida a la toxina del bacilo de Klebs-Löffler, que se propaga a diferentes órganos (corazón, hígado, sistema nervioso, etc.). [Se manifiesta por una fuerte angina blanca, caracterizada por falsas membranas adherentes que invaden la garganta, inflamación de ganglios del cuello y grave estado general.]

diftérico, a adj. y s. Relativo a la difteria; que padece difteria.

difuminar v.tr. Esfumar los trazos del lápiz. ◆ v.tr. y prnl. Volver imprecisos los contornos de algo.

difumino s.m. Rollo pequeño de papel poroso o de piel suave que se utiliza para esfumar los trazos del lápiz.

difundir v.tr. y prnl. (lat. *diffundere*). Hacer que la luz, un fluido, etc., se extienda en todas las direcciones. **2.** *Fig.* Divulgar, propagar: *difundir una noticia.*

difunto, a adj. y s. (lat. *defunctus,* p. de *defungi,* pagar una deuda). Se dice de la persona que ha fallecido. ◇ **Misa de difuntos** Misa que se celebra por un difunto.

difusión s.f. Acción y efecto de difundir o difundirse. **2.** Número total de ejemplares de una publicación que ha llegado efectivamente al público. **3.** FÍS. **a.** Movimiento de un conjunto de partículas en un medio ambiente bajo la acción de diferencias de concentración, temperatura, etc. **b.** Dispersión de una radiación incidente (luz, rayos X, sonido, etc.) en todas las direcciones al atravesar ciertos medios. **c.** Cambio de la dirección o de la energía de una partícula tras una colisión con otra partícula. **4.** MED. Distribución de una sustancia en el organismo.

difusionismo s.m. Teoría antropológica desarrollada en el s. XX según la cual las diferencias entre las culturas se explican por la difusión de rasgos culturales particulares a partir de unas regiones determinadas.

difusionista adj. y s.m. y f. Relativo al difusionismo; partidario de esta doctrina.

difusivo, a adj. Que tiene la propiedad de difundir o difundirse.

difuso, a adj. Derramado, propagado: *dolor difuso; luz difusa.* **2.** Poco preciso: *una difusa sensación de angustia.*

difusor, ra adj. Que difunde. ◆ s.m. Accesorio de iluminación que da una luz difusa. **2.** Parte del carburador de un motor de explosión en la cual se efectúa la mezcla carburada. **3.** Altavoz. **4.** Aparato que sirve para extraer el jugo azucarado de la remolacha. **5.** Conducto que sirve para aminorar la velocidad de circulación de un fluido, aumentando su presión. **6.** Boquilla ajustada a la boca de las mangas de incendio para proyectar el agua pulverizándola. **7.** Parte de un túnel aerodinámico situada a continuación de la cámara de medición o tramo de pruebas.

digamma s.f. Nombre de la sexta letra del alfabeto griego arcaico derivada del signo fenicio *wau*; tenía la forma de la F latina y era una fricativa velar. SIN.: *wau.*

digástrico, a adj. y s.m. Se dice del músculo que tiene dos grupos de fibras musculares separados por un tendón.

digerible o **digestible** adj. Que se puede digerir con facilidad.

digerir v.tr. (lat. *digerere,* distribuir) [conj.: *sentir*]. Transformar un alimento en sustancia asimilable. **2.** *Fig.* Asimilar y superar una desgracia u ofensa: *no poder digerir un insulto.* **3.** *Fig.* Entender y asimilar ideas, noticias, enseñanzas, etc.: *digerir una lectura.*

digestibilidad s.f. FISIOL. Aptitud de una sustancia para ser digerida.

digestible adj. → **digerible.**

digestión s.f. (lat. *digestio, -onis*). Proceso por el cual un alimento es transformado, en el aparato digestivo, en una sustancia asimilable.

digestión

La digestión es una función animal y vegetal puramente química (hidrólisis enzimática). En ella los alimentos (o las reservas internas del organismo) se descomponen por acción de los jugos digestivos (enzimas) y por la fijación de agua, en moléculas solubles muy pequeñas, capaces de circular a través de la sangre de los animales, o a través de la savia de los vegetales, y de incorporarse a las células. La digestión es *externa* cuando el organismo segrega jugos digestivos alrededor del alimento (bacterias, plantas insectívoras, diversos animales como arañas o estrellas de mar). Se denomina *interna* cuando tiene lugar en el interior de un aparato digestivo.

digestivo, a adj. Relativo a la digestión. ◆ s.m. Medicamento o sustancia que facilita la digestión. ◇ **Aparato digestivo** Conjunto de órganos que participan en la digestión. **Jugo digestivo** Líquido segregado por una glándula digestiva y que contiene enzimas.

digesto s.m. Recopilación metódica de derecho. (El más célebre es el *Digesto* de Justiniano [533].)

digestólogo, a s. Médico especialista en enfermedades del aparato digestivo.

digestor s.m. Aparato que sirve para extraer las partes solubles de ciertas sustancias.

digitación s.f. MÚS. **a.** Indicación escrita del orden en que deben usarse los dedos en una ejecución musical. **b.** Movimiento de los dedos al tocar un instrumento musical.

digitado, a adj. Que tiene forma semejante a un dedo.

1\. **digital** adj. (lat. *digitalis*). Relativo a los dedos. **2.** Que se expresa o suministra los datos por medio de números. SIN.: *numérico.*

2\. **digital** s.f. Planta de tallo sencillo o poco ramoso, hojas lanceoladas y flores con forma de un dedo de guante, que crece en los sotobosques claros, en suelo silíceo. (Familia escrofulariáceas.)

digitalina s.f. Sustancia que se extrae de la hoja de la digital, que se usa como medicamento para enfermedades cardíacas y que en grandes dosis es muy tóxica.

digitalizar v.tr. INFORMÁT. Codificar numéricamente una información.

digitígrado, a adj. y s.m. ZOOL. Que al andar apoya en el suelo solo los dedos, como el gato.

dígito, a adj. y s.m. Se dice del número que en el sistema de numeración decimal se expresa con una sola cifra. ◆ s.m. Elemento de información digital que puede tomar un número determinado de valores determinados. ◇ **Dígito binario** Bit.

digitoplastia s.f. Intervención quirúrgica que consiste en la reconstrucción plástica de uno o varios dedos.

digitopuntura s.f. Método terapéutico derivado de la acupuntura que consiste en presionar con los dedos diferentes puntos del cuerpo.

digitoxina s.f. Heteróxido extraído de la digital, próximo a la digitalina.

diglosia s.f. LING. Situación de coexistencia de dos lenguas en una comunidad de hablantes en la que una de las dos lenguas tiene una condición político-social inferior.

dignarse v.prnl. (lat. *dignare,* juzgar digno). Acceder, consentir en lo que otro solicita o quiere.

dignatario, a s. (del lat. *dignitas,* dignidad). Persona investida de una dignidad.

dignidad s.f. (lat. *dignitas,* dignidad). Cualidad de digno. **2.** Cargo honorífico y de autoridad: *la dignidad de condestable.*

dignificar v.tr. y prnl. (lat. tardío *dignificare*). Hacer digno o presentar como tal.

digno, a adj. (lat. *dignus*). Que merece lo que se expresa: *ser digno de recompensa.* **2.** Que corresponde al mérito y condición de alguien o algo. **3.** Que se comporta con responsabilidad, seriedad y respeto o que inspira respeto. **4.** Decente, no humillante: *una casa digna.*

dígrafo s.m. Grupo de dos letras que representan un solo sonido: *la* ch *es un dígrafo.*

digrama s.m. LING. Dígrafo.

digresión s.f. (lat. *digressio,* de *digredi,* apartarse). Parte de un discurso o conversación que no tiene relación directa con el asunto de que se trata.

diholósido s.m. QUÍM. ORG. Compuesto que resulta de la unión de dos osas: *la lactosa y la sacarosa son diholósidos.*

dihueñe o **dihueñi** s.m. Chile. Nombre vulgar de varios hongos comestibles de los cuales los indios obtienen una especie de chicha.

dije s.m. Joya, relicario y otras alhajas que suelen llevarse colgadas como adorno. ◆ adj. Chile. *Fam.* Simpático, afable.

dijes s.m.pl. Bravatas.

dilacerar v.tr. y prnl. Desgarrar la carne de una persona o animal.

dilación s.f. (lat. *dilatio, -onis*). Retraso o detención de algo.

dilapidación s.f. Acción de dilapidar.

dilapidar v.tr. (lat. *dilapidare,* lanzar piedras pequeñas). Despilfarrar, malgastar los bienes.

dilatabilidad s.f. FÍS. Propiedad de los cuerpos de dilatarse por calentamiento.

dilatación s.f. Acción y efecto de dilatar o dilatarse. **2.** FÍS. Aumento del volumen de un cuerpo por elevación de la temperatura, sin cambios en la naturaleza del mismo. **3.** MED. Aumento del calibre de un conducto natural, sea patológicamente (dilatación de los bronquios), sea terapéuticamente (dilatación del útero).

dilatador, ra adj. Que dilata. ◆ adj. y s.m. ANAT. Se dice del músculo que al contraerse dilata las paredes de las cavidades en que se inserta. ◆ s.m. CIR. Instrumento que sirve para dilatar un orificio o una cavidad.

dilatar v.tr. y prnl. (lat. *dilatare*). Hacer que algo aumente de volumen. **2.** Hacer que un conducto natural se ensanche. **3.** Aplazar o retrasar: *dilatar un acto.* ◆ **dilatarse** v.prnl. Extenderse mucho en un discurso, una narración o una explicación.

dilatómetro s.m. FÍS. Instrumento para medir la dilatación.

dilatoria s.f. Dilación, retraso: *andar con dilatorias.* (Suele usarse en plural.)

dilatorio, a adj. DER. Que retrasa o aplaza un juicio o la tramitación de un asunto.

dilección s.f. (lat. *dilectio, -onis*). Amor tierno y puro.

dilecto, a adj. (lat. *dilectus,* p. pasivo de *diligere*). Que se ama o aprecia con dilección.

dilema s.m. (lat. *dilemma,* del gr. *dílimma*). Situación de alguien cuando tiene que decidir entre dos cosas igualmente buenas o malas. **2.** LÓG. Razonamiento formado por dos premisas contradictorias, pero que conducen a una misma conclusión que, por consecuencia, se impone.

diletante adj. y s.m. y f. (ital. *dilettante*). Se dice de la persona que cultiva un arte o ciencia por simple afición o sin la preparación necesaria.

diletantismo s.m. Cualidad de diletante.

diligencia s.f. (lat. *diligentia*). Cuidado, esfuerzo y eficacia en hacer algo. **2.** Prontitud o rapidez en hacer algo. **3.** *Fam.* Negocio, gestión, encargo. **4.** Vehículo tirado por caballos, grande, que se utilizaba para el transporte de viajeros entre poblaciones. **5.** DER. **a.** Celo en el desempeño de una función, la ejecución de algún acto o en las relaciones con otras personas. **b.** Cumplimiento de una resolución judicial. **c.** Acta en la que se consignan las actuaciones judiciales.

diligenciar v.tr. Hacer las diligencias o gestiones oportunas para algo. **2.** DER. Tramitar un asunto mediante las oportunas diligencias.

diligente adj. (lat. *diligens, -tis,* lleno de celo, escrupuloso). Se dice de la persona que hace las cosas con cuidado, esmero y prontitud. **2.** Que se hace con cuidado, esmero y rapidez.

dilucidación s.f. Acción de dilucidar.

dilucidar v.tr. Explicar, aclarar un asunto o una cuestión.

dilución s.f. (lat. *dilutio, -onis*). Acción de diluir o diluirse. **2.** Sustancia que se obtiene al diluir o diluirse algo en un líquido.

diluir v.tr. y prnl. (lat. *diluere*) [conj.: *huir*]. Aumentar la proporción de un líquido, alterando su contenido por añadidura de cierta cantidad de agua u otro líquido: *diluir el alcohol con agua.* **2.** Desleír, disolver.

diluviano, a adj. Relativo al diluvio universal o que hiperbólicamente se compara con él: *aguacero diluviano.*

diluviar v.intr. Llover copiosamente.

diluvio s.m. (lat. *diluvium*). Inundación que cubrió toda la tierra, según la Biblia. (Se usa también *diluvio universal.*) **2.** *Fig.* y *fam.* Lluvia muy abundante. **3.** *Fig.* y *fam.* Abundancia de algo: *un diluvio de felicitaciones.*

dimanación s.f. Acción de dimanar.

dimanar v.intr. (lat. *dimanare*). Provenir el agua de sus manantiales. **2.** *Fig.* Provenir, derivar o tener origen una cosa de otra: *el poder dimana del pueblo.*

dimensión s.f. (lat. *dimensio, -onis*). Cada una de las magnitudes necesarias para la evaluación de las figuras planas y de los sólidos (longitud, anchura, altura o profundidad). **2.** *Fig.* Importancia o gravedad de algo: *una tragedia de grandes dimensiones.* **3.** FÍS. Cada una de las magnitudes fundamentales (longitud, masa, tiempo, etc.) a las que se puede reducir toda magnitud física. **4.** MAT. Número máximo de vectores linealmente independientes que pueden hallarse en un espacio vectorial. ◇ **Cuarta dimensión** Tiempo. (Se usa en la teoría de la relatividad.)

dimensional adj. Relativo a la dimensión. ◇ **Análisis dimensional** FÍS. Estudio de las dimensiones de las magnitudes físicas, que sirven para verificar la homogeneidad de una fórmula o para establecer, por similitud, unos modelos de sistemas complejos.

dimensionar v.tr. Determinar las dimensiones o, de manera más general, las características que conviene dar a un elemento mecánico, hidráulico, neumático o eléctrico para que desempeñe convenientemente el papel que le corresponde en el conjunto del que forma parte. **2.** Argent. y Méx. Estimar o ponderar la magnitud de una situación o acontecimiento.

dimes. Dimes y diretes *Fam.* Contestaciones, discusiones o debates entre dos o más personas: *andar en dimes y diretes con alguno.*

dimicado s.m. Argent. Calado o deshilado que se hace en las telas blancas.

diminuendo adv. (voz italiana). MÚS. Decrescendo.

diminutivo, a adj. Se dice del sufijo que adoptan ciertas palabras para expresar pequeñez, poca importancia, intensidad o afectividad. (Los sufijos diminutivos más usuales en español son *-ito, -ico, -illo* e *-ín* con sus correspondientes femeninos y plurales.) ◆ s.m. Palabra modificada por un sufijo diminutivo.

diminuto, a adj. Que tiene un tamaño muy pequeño.

dimisión s.f. Renuncia de algo que se posee, especialmente los empleos y cargos.

dimisionario, a adj. y s. Que presenta o ha presentado su dimisión: *ministro dimisionario.*

dimitir v.tr. e intr. (lat. *dimittere*). Renunciar a un cargo que se tiene.

dimorfismo s.m. Propiedad de los cuerpos dimorfos. ◇ **Dimorfismo sexual** BIOL. Conjunto de rasgos no indispensables para la reproducción y que permiten distinguir los dos sexos de una especie.

dimorfo, a adj. Que se presenta con dos formas diferentes. **2.** MINER. Que puede cristalizar en dos sistemas diferentes.

DIN, conjunto de normas unificadoras de tolerancias, tamaños, etc., de elementos industriales.

dina s.f. Unidad de medida de fuerza (símb. din) equivalente a 10^{-5} newton.

dinamarqués, sa adj. y s. Danés.

dinámica s.f. Parte de la mecánica que estudia las relaciones entre las fuerzas y los movimientos. ◇ **Dinámica de grupo** PSICOL. Estudio experimental de la evolución de pequeños grupos, que atañe especialmente a las comunicaciones, decisiones y creatividad. **Dinámica de las poblaciones** ECON. Conjunto de procesos que determinan el tamaño y composición de una población.

dinámico, a adj. (gr. *dynamikós,* potente, fuerte). Relativo a la dinámica. **2.** Que implica movimiento o lo produce. **3.** *Fig.* y *fam.* Se aplica a la persona muy activa y emprendedora. **4.** B. ART. Se dice de un arte caracterizado por la fuerza y el movimiento.

dinamismo s.m. Cualidad de dinámico. **2.** Diligencia, prontitud en el obrar. **3.** FILOS. Doctrina según la cual los elementos materiales se reducen a combinaciones de fuerzas.

dinamista adj. y s.m. y f. Partidario del dinamismo, doctrina filosófica.

dinamita s.f. Sustancia explosiva, inventada por Nobel, que está compuesta por nitroglicerina y un cuerpo absorbente que convierte al explosivo en estable.

dinamitar v.tr. Hacer saltar o destruir algo mediante dinamita.

dinamitero, a adj. y s. Persona especializada en voladuras con dinamita.

dinamizar v.tr. Comunicar energía, dinamismo. **2.** En homeopatía, aumentar la homogeneidad y la acción terapéutica de un medicamento por dilución, trituración, etc.

dinamo o **dínamo** s.f. Máquina que transforma la energía mecánica en energía eléctrica, en forma de corriente continua. SIN.: *máquina dinamoeléctrica.*

dinamoeléctrico, a adj. Relativo a la conversión de la energía mecánica en eléctrica o viceversa. ◇ **Máquina dinamoeléctrica** Dinamo.

dinamogénesis s.f. FISIOL. Desarrollo, mediante estímulo, de la función de un órgano.

dinamométrico, a adj. Relativo a la medición de fuerzas.

dinamómetro s.m. Aparato que sirve para medir fuerzas.

dinar s.m. Unidad monetaria de Argelia, Bahrayn, Iraq, Jordania, Kuwayt, Libia, Macedonia, Serbia y Túnez. **2.** NUMISM. Moneda de oro acuñada en los países islámicos, que se difundió en la península Ibérica durante la edad media. (Los dinares almorávides, llamados por los cristianos *morabatinos* [maravedíes], fueron convertidos por estos en su propia unidad monetaria.)

dinasta s.m. (gr. *dynástis,* príncipe, soberano). ANT. GR. Soberano que reinaba en un pequeño territorio.

dinastía s.f. (gr. *dynásteia,* dominación, gobierno). Serie de reyes o soberanos de un país pertenecientes a una misma familia. **2.** Familia cuyos miembros van traspasando de generación en generación su poder o influencia en una área determinada: *una dinastía de banqueros.*

dinástico, a adj. y s. Relativo a la dinastía; partidario de una dinastía.

dinastismo s.m. Fidelidad y adhesión a una dinastía.

dineral s.m. Cantidad grande de dinero.

dinerario, a adj. Relativo al dinero.

dinerillo s.m. Antigua moneda de vellón. **2.** *Fam.* Cantidad pequeña de dinero.

dinero s.m. (lat. *denarius,* moneda de plata romana). Conjunto de monedas y billetes de curso legal. **2.** Caudal, fortuna. ◇ **Dinero caliente** ECON. Dinero sometido a una rápida circulación para beneficiarse de las variaciones de las tasas de interés. SIN.: *hot money.* **Dinero contante y sonante** Dinero que se tiene en monedas o billetes para usarlo en cualquier momento. **Dinero de bolsillo** *Fam.* El destinado a cubrir gastos cotidianos o inmediatos, por oposición al destinado a gastos fijos. **Dinero de san Pedro** Contribución que los príncipes cristianos recaudaban para entregar al papa. **Dinero negro** Dinero que circula al margen de los circuitos de cualquier tipo de registro o control por parte de la autoridad monetaria. **Interés,** o **precio, del dinero** Tasa a la que pueden procurarse préstamos a largo, medio o corto plazo, en el mercado de capitales.

dingo s.m. Mamífero cánido parecido al lobo, de pelaje amarillo rojizo, que vive en Australia.

dingui s.f. Bote neumático de salvamento.

dinitrotolueno s.m. Derivado dos veces nitrado del tolueno que entra en la composición de determinados explosivos.

dinka, pueblo nilótico de Sudán, emparentado con los nuer.

dinosaurio, a adj. y s.m. (del gr. *deinós,* terrible, extraordinaio, y *sayros,* lagarto). Relativo a un grupo de reptiles fósiles de la era secundaria que comprende animales de tamaño y morfología muy diversos.

dinosaurio

Los dinosaurios aparecieron en el triásico hace unos 200 millones de años y desaparecieron hace unos 65 millones de años.

dintel s.m. (fr. *lintel*). Elemento horizontal de madera, piedra o hierro, que cubre el vano de una puerta o ventana y soporta la carga del muro superior.

diñar v.tr. (voz caló). Esp. *Fam.* Dar, entregar. ◆ **diñarse** v.prnl. Esp. *Fam.* Fugarse, escaparse. ◇ **Diñarla** Esp. *Fam.* Morir. **Diñársela** Esp. *Fam.* Engañar a alguien.

diocesano, a adj. y s. Relativo a la diócesis; miembro de una diócesis. ◆ adj. y s.m. Se dice del obispo o arzobispo que tiene una diócesis a su cargo.

diócesis s.f. (lat. tardío *diocesis*) [pl. *diócesis*]. Territorio colocado bajo la jurisdicción de un obispo. **2.** HIST. Circunscripción administrativa del Imperio romano, creada por Diocleciano, que agrupaba varias provincias y que estaba colocada bajo la autoridad de un vicario.

diodo s.m. ELECTR. Componente electrónico utilizado como rectificador de corriente (tubo de dos electrodos, unión de dos semiconductores). ◇ **Diodo electroluminiscente** Diodo que emite unas radiaciones luminosas cuando es recorrido por una corriente eléctrica.

dioico, a adj. BOT. Se dice de la planta que tiene las flores masculinas y las flores femeninas en pies separados, como el cáñamo, lúpulo y la palmera datilera.

diola, pueblo que habita entre los ríos Casamance (Senegal) y Gambia.

dionea s.f. (del gr. *Aionaia,* epíteto de Afrodita). Atrapamoscas.

dionisíaco, a o **dionisiaco, a** adj. (gr. *dionysiakós*). Relativo a Dioniso. **2.** En la filosofía de Nietzsche, lo irracional e instintivo en el ser humano, entendido como afirmación de la vida o voluntad de vivir, por oposición a *apolíneo.*

dionisias s.f.pl. En la Grecia antigua, fiestas en honor de Dioniso.

dioptría s.f. Unidad de medida de convergencia de los sistemas ópticos (símb. δ) equivalente a la convergencia de un sistema óptico cuya distancia focal es 1 m en un medio cuyo índice de refracción es 1.

dióptrica s.f. Parte de la física que se ocupa de la refracción de la luz.

dioptrio s.m. Superficie óptica que separa dos medios transparentes de distinta refringencia.

diorama s.m. Panorama o lienzo de grandes dimensiones con figuras pintadas y con el que, presentado en una sala oscura y utilizando juegos de luces, se da la sensación de movimiento real. (El primer diorama fue instalado en París en 1822 por Daguerre y Bouton.)

diorita s.f. Roca plutónica constituida esencialmente por plagioclasa, anfíbol y mica.

dios, a s.m. y f. (lat. *deus*). En las religiones politeístas, ser inmortal, dotado de poderes sobrenaturales y al que se rinde culto. **2.** Persona de cualidades excepcionales. ◆ s.m. En las religiones monoteístas, ser supremo, creador y dueño del universo y de los destinos humanos, al que se rinde culto. (Suele escribirse con mayúscula.) ◆ interj. Expresa admiración, asombro, dolor, extrañeza o susto. (También *¡Dios mío!*) ◇ **A la buena de Dios** *Fam.* Al azar, sin preparación, de cualquier manera. **Dios mediante** Si Dios quiere: *llegaré, Dios mediante, el próximo jueves.* **Hacer algo como Dios manda** *Fam.* Hacerlo bien, con acierto. **La de Dios es Cristo** *Fig.* y *fam.* Gran disputa, riña o pelea.

dioscoreáceo, a adj. y s.f. Relativo a una familia de plantas monocotiledóneas que crecen en las regiones cálidas y templadas, como el ñame.

diostedé s.m. Ave trepadora de América Meridional, de plumaje negro, con el pecho y las extremidades de las alas amarillas. (Familia ranfástidos.)

dióxido s.m. QUÍM. Óxido que contiene dos átomos de oxígeno.

dioses griegos y romanos

griegos	romanos	simbología
Afrodita	Venus	la gracia y el amor
Apolo	Apolo	las artes, el intelecto y las profecías
Ares	Marte	la guerra
Artemisa	Diana	la caza
Asclepios	Esculapio	la medicina
Atenea	Minerva	la sabiduría y las artes
Cronos	Saturno	el tiempo, la cosecha y la agricultura
Deméter	Ceres	la agricultura
Dioniso	Baco	el vino
Eros	Cupido	el amor
Hades	Plutón	los muertos
Hefestos	Vulcano	el fuego y los artesanos
Hera	Juno	el matrimonio y el hogar
Hermes	Mercurio	los libros y la comunicación
Hestia	Vesta	el hogar
Perséfone	Proserpina	los infiernos
Poseidón	Neptuno	el mar
Zeus	Júpiter	dios supremo

diploblástico, a adj. Se dice del animal que solo tiene dos hojas embrionarias en lugar de tres, como la medusa.

diplococo s.m. (del gr. *diploys,* doble, y *kókkos,* grano). Bacteria cuyos elementos, esféricos, están agrupados de dos en dos (neumococos, meningococos, etc.).

diplodocus o **diplodoco** s.m. Dinosaurio herbívoro, de unos 25 m. de long., cuello y cola muy alargados, que vivía en América en el cretácico.

diploide adj. BIOL. Se dice de la célula cuyo núcleo tiene un número par de cromosomas o de la fase del ciclo biológico en que las células tienen esta característica.

diploma s.m. (lat. *diploma, -atis,* documento oficial). Título expedido para acreditar la obtención de un grado académico o un premio o para certificar la asistencia a un curso o seminario. **2.** Documento autorizado por un soberano con sello y armas.

diplomacia s.f. Parte de la política que se ocupa de las relaciones internacionales. **2.** Carrera o profesión de diplomático. **3.** *Fig.* y *fam.* Tacto o habilidad para tratar a las personas.

diplomado, a adj. y s. Se dice de la persona que ha obtenido una titulación académica al finalizar los estudios de una escuela universitaria o el primer ciclo de una facultad universitaria. **2.** Se dice de la persona que ha obtenido una titulación al finalizar los estudios en organismos y centros docentes estatales o privados que imparten enseñanzas no incluidas en los niveles educativos oficialmente establecidos.

diplomar v.tr. y prnl. Dar un título académico o universitario a alguien.

diplomática s.f. Ciencia que estudia las reglas formales que rigen la elaboración de los escritos que dan cuenta de actos jurídicos (cartas, títulos) o hechos jurídicos (correspondencia, relaciones, etc.).

diplomático, a adj. Relativo a la diplomacia. **2.** Relativo al diploma. **3.** *Fig.* Que tiene un trato muy correcto con las personas y sabe decir las cosas sin molestar. ◆ adj. y s. Se dice de la persona que representa a su país en el extranjero.

diplomatura s.f. Grado de diplomado universitario; conjunto de estudios necesarios para obtenerlo.

diplopía s.f. (del gr. *diploys,* doble, y *óps,* vista). Trastorno de la visión que hace ver dobles los objetos.

dipneo, a adj. y s. Se dice del animal dotado de respiración branquial y pulmonar.

dipnoo, a adj. y s.m. Relativo a una pequeña subclase de peces óseos que pueden respirar por branquias o por pulmones, según el medio en que se hallan. SIN.: *dipneusto.*

dipolar adj. FÍS. Que tiene dos polos.

dipolo s.m. FÍS. Conjunto de dos polos magnéticos o eléctricos de signos opuestos, situados a poca distancia.

dipsacáceo, a adj. y s.f. (del gr. *dípsakos,* cardencha). Relativo a una familia de plantas herbáceas gamopétalas parecidas a las compuestas, como la cardencha.

dipsomanía s.f. Necesidad irresistible e intermitente de beber grandes cantidades de bebidas alcohólicas.

dipsomaníaco, a, o **dipsomaniaco, a** adj. y s. Que padece dipsomanía. SIN.: *dipsómano.*

díptero, a adj. (gr. *dipteros*). Que tiene dos alas. **2.** ARQ. Se dice de los edificios clásicos rectangulares, con peristilo y doble hilera de columnas a los lados. ◆ adj. y s.m. Relativo a un orden de insectos que posee un solo par de alas membranosas en el segundo anillo del tórax, un par de balancines (utilizados para mantener el equilibrio durante el vuelo) en el tercer anillo, y cuyas piezas bucales están dispuestas para la succión o para picar, como la mosca y el mosquito.

díptico s.m. (gr. *diptykhos*). Obra de arte compuesta por dos paneles, fijos o móviles. **2.** En la antigüedad, registro público formado por dos tabletas articuladas por una bisagra.

diptongación s.f. Proceso de transformación de una vocal en diptongo. **2.** Pronunciación de dos vocales en una sílaba formando diptongo.

diptongar v.tr. y prnl. Pronunciar dos vocales en una sílaba. ◆ v.intr. y prnl. En gramática histórica, alterarse el timbre de una vocal, de manera que se desdoble en un diptongo.

diptongo s.m. (lat. tardío *diphtongus,* del gr. *díphthoggos*). Unión de dos vocales diferentes y contiguas que se pronuncian en una sola sílaba.

diputación s.f. Acción de diputar. **2.** Conjunto de diputados o reunión de personas nombradas como representación de un cuerpo. **3.** Edificio o salón donde los diputados provinciales celebran sus sesiones. **4.** Cargo de diputado. ◇ **Diputación foral** Entidad pública de los territorios históricos forales de Álava, Guipúzcoa y Vizcaya, que se ocupa de gestionar los intereses económico-administrativos del territorio foral. **Diputación permanente** Institución parlamentaria española representativa de las cortes en el período de vacaciones o en el supuesto de que hayan sido disueltas o haya expirado su mandato. **Diputación provincial** Entidad pública territorial española, que se ocupa de gestionar los intereses económico-administrativos de las provincias.

diputado, a s. Persona nombrada por los electores para componer una cámara legislativa o designada por una corporación para que la represente. ◇ **Diputado del congreso** Miembro de una de las dos cámaras de las cortes que representan al pueblo español. **Diputado provincial** Persona elegida por un distrito para que lo represente en la diputación provincial.

diputar v.tr. (lat. *deputare,* evaluar, estimar). Reputar, juzgar de cierta manera: *diputar válido; diputar como falso; diputar por bueno.* **2.** Destinar o elegir a alguien o algo para una función determinada. **3.** Designar una colectividad a uno o más de sus miembros para que la representen.

dique s.m. (neerlandés *dijk*). Muro grueso construido para contener las aguas, elevar su nivel o desviar su curso. **2.** Cavidad revestida de fábrica en la orilla de una dársena, río, etc., con compuertas para llenarla o vaciarla, y donde se hacen entrar los buques para limpiarlos y carenarlos. **3.** *Fig.* Obstáculo que actúa como defensa de algo perjudicial. ◇ **Dique flotante** Estructura de hierro o acero a modo de dique, móvil y flotante, que permite carenar los navíos. **Dique seco,** o **de carena** Esclusa que puede vaciarse y en la que puede repararse un buque.

diquelar v.tr. Ver, comprender, advertir.

dirección s.f. Acción de dirigir o dirigirse. **2.** Camino o rumbo que un cuerpo sigue cuando se mueve. **3.** Sentido, modo de recorrer un camino o trayectoria. **4.** Indicación precisa del lugar donde alguien habita o se encuentra un establecimiento, etc. **5.** Persona o conjunto de personas encargadas de dirigir una sociedad, establecimiento, negocio, etc. **6.** Cargo de director. **7.** Despacho u oficina del director. **8.** Tendencia u orientación que sigue alguien o algo en función de sus objetivos: *las negociaciones avanzan en la dirección adecuada.* **9.** AUTOM. Mecanismo que, gobernado por el volante, permite orientar las ruedas directrices de un vehículo. **10.** INFORMÁT. **a.** Información constituida por un símbolo o un número, generalmente una cadena de caracteres, que identifica de manera biunívoca un emplazamiento en la memoria de una computadora. **b.** Emplazamiento de memoria identificado por un símbolo o un número. ◇ **Dirección de una fuerza** MEC. Dirección de su recta de aplicación. **Dirección general** Subdivisión principal de un ministerio que se ocupa de un área determinada.

direccional adj. Que emite o recibe en una sola dirección.

direccionamiento s.m. INFORMÁT. Acción de establecer el acceso a un elemento para leer o modificar el contenido de una célula de memoria o establecer una vía de transmisión de informaciones entre dos unidades de una computadora.

direccionar v.tr. INFORMÁT. Proporcionar la dirección de un elemento situado en la memoria de una computadora.

directa s.f. Velocidad mayor de las que permite el cambio de marchas de un vehículo automóvil.

directiva s.f. Conjunto de personas que gobiernan una corporación, sociedad, etc. **2.** Norma o conjunto de normas.

directivo, a adj. y s.m. Que tiene función de dirigir o es miembro de una directiva.

directo, a adj. Derecho, en línea recta. **2.** Que se dirige a su destino sin detenerse en puntos intermedios. **3.** Inmediato, sin intermediarios. **4.** Se aplica a la persona que actúa afrontando las cosas con claridad y se expresa sin rodeos, y a sus actos: *una pregunta directa.* **5.** Que mantiene una relación de parentesco que solo incluye ascendientes y descendientes: *sucesión en línea directa.* ◆ adj. y s.m. Se dice del tren que solo se detiene en las estaciones principales. ◆ s.m. En boxeo, golpe que se ejecuta extendiendo bruscamente el brazo hacia adelante. ◇ **Complemento directo** GRAM. Complemento de un verbo transitivo que expresa la persona o cosa sobre la que recae la acción verbal. **En directo** Se dice de la emisión de radiodifusión o televisión que se transmiten sin grabación previa.

director, ra adj. Que dirige: *función directora; órgano director.* (El femenino también es *directriz: ruedas directrices.*) ◆ s. Persona que dirige una empresa, organismo, conjunto musical, etc. **2.** CIN. Responsable artístico de una película cinematográfica, que manda y coordina al equipo encargado de la elaboración de la misma. ◇ **Director espiritual** Sacerdote que aconseja a una persona en asuntos morales o que se ocupa de su formación espiritual.

directorio, a adj. Que es oportuno o adecuado para dirigir. ◆ s.m. Conjunto de normas o instrucciones que rigen una materia. **2.** Conjunto de personas que dirigen o gobiernan una asociación, partido u organismo similar. **3.** INFORMÁT. Sistema de organización de las unidades de información, especialmente ficheros.

directriz s.f. y adj.f. Norma o conjunto de normas e instrucciones que se establecen o se tienen en cuenta al proyectar una acción o un plan: *las directrices del nuevo negocio.* **2.** En una turbina, cada una de las paletas que tienen por función dirigir el fluido propulsor hacia las paletas o álabes de la rueda móvil. **3.** GEOMETR. **a.** Línea sobre la que se apoya constantemente otra (generatriz) para engendrar una superficie. **b.** Recta que sirve, con el foco, para definir las cónicas. ◆ adj.f. Que dirige: *ruedas directrices.* (También *directora.*)

dirham s.m. Unidad monetaria principal de la Unión de Emiratos Árabes y de Marruecos.

dirigencia s.f. Amér. Conjunto de dirigentes políticos, gremiales, etc.

dirigente adj. y s.m. y f. Que dirige: *dirigente sindical.* ◇ **Clase dirigente** Grupo social que ejerce una influencia preponderante sobre otros grupos sociales en el campo económico, político e ideológico.

dirigible adj. Que puede ser dirigido. ◆ s.m. y adj. Aeróstato más ligero que el aire, que está equipado con hélices propulsoras y provisto de un sistema de dirección. SIN.: *globo dirigible.*

dirigir v.tr. y prnl. (lat. *dirigere,* de *regere,* reinar). Hacer que algo vaya hacia un lugar determinado. ◆ v.tr. Gobernar, regir, dar reglas para el manejo de una empresa, negocio, asunto, etc. **2.** Encaminar, enderezar, dedicar a determinado fin los pensamientos, intenciones, atenciones, etc.: *dirigir todos sus esfuerzos a un mismo fin.* **3.** Aconsejar, guiar, hacer seguir a alguien cierta conducta. **4.** Hacer que alguien o algo sea el destinatario de lo que se expresa: *dirigir una carta al diario; dirigir un discurso al enardecido público.*

dirigismo s.m. Sistema según el cual el gobierno ejerce un poder de orientación o de decisión en materia económica.

dirimente adj. DER. Se dice de la circunstancia que impide la celebración del matrimonio a aquel en quien concurra y que lo anula en el caso de que se hubiere celebrado sin dispensa.

dirimir v.tr. (lat. *dirimere,* partir, separar). Anular un contrato o deshacer un vínculo entre dos o más personas. **2.** Acabar o resolver una dificultad o controversia: *dirimir una contienda.*

dirty realism s.m. (voz inglesa). *Realismo sucio.

disacárido s.m. QUÍM. ORG. Diholósido.

disámara s.f. BOT. Fruto que resulta de la unión de dos sámaras, como el del arce.

disarmonía s.f. Alteración del funcionamiento normal de un grupo de actividades orgánicas que están correlacionadas entre sí.

disartria s.f. Dificultad de articular las palabras como resultado de una parálisis o de una ataxia de los centros nerviosos que rigen los órganos fonatorios. SIN.: *anartria.*

1. **discal** adj. MED. Relativo a los discos intervertebrales. <> **Hernia discal** MED. Desplazamiento del disco del espacio que ocupa entre dos cuerpos vertebrales.

2. **discal** adj. y s.m. Discomicete.

discalculia s.f. PSIQUIATR. Dificultad de aprendizaje del cálculo vinculado a una dificultad de utilización del sistema simbólico.

discapacidad s.f. Cualidad de discapacitado.

discapacidad

Una discapacidad puede ser sensorial (visual, auditiva) o incluso mental (deficiencia intelectual, problema psiquiátrico). Las causas, muy variadas, consisten sobre todo en traumatismos, malformaciones, anomalías genéticas, infecciones, enfermedades cardiovasculares, respiratorias o reumáticas.

discapacitado, a adj. y s. (calco del ingl. *disabled*). Se dice de la persona que padece alguna limitación en sus facultades físicas o mentales y que le impide o dificulta realizar las actividades consideradas propias de una vida normal.

discar v.tr. Argent. y Urug. Marcar un número de teléfono.

discente adj. y s.m. y f. Que recibe enseñanza.

discernimiento s.m. Acción de discernir. **2.** Capacidad para discernir. **3.** DER. Nombramiento o ratificación judicial o del consejo de familia que habilita a una persona para ejercer un cargo.

discernir v.tr. (lat. *discerenere*). Distinguir o diferenciar una cosa de otra: *discernir entre el bien y el mal.* **2.** Conceder un premio o una distinción. **3.** DER. Designar el juez a alguien para una función, particularmente la tutela de un menor.

discinesia s.f. Trastorno de la actividad motriz, sea cual sea su causa.

disciplina s.f. (lat. *disciplina,* enseñanza, educación). Conjunto de reglas para mantener el orden y la subordinación entre los miembros de un cuerpo. **2.** Sujeción de las personas a estas reglas. **3.** Arte, ciencia o rama de conocimiento: *abarca disciplinas muy diversas, como la heráldica y la informática.* **4.** Látigo que sirve de instrumento de penitencia. (Suele usarse en plural.) <> **Disciplina de voto** Actitud política por la que los miembros de un partido o de un grupo parlamentario siguen las directrices de voto de su partido o de su grupo.

disciplinante adj. y s.m. y f. Que se disciplina.

disciplinar v.tr. Imponer, hacer guardar la disciplina o reglas: *disciplinar a los alumnos.* ◆ v.tr. y prnl. Azotar con disciplinas por mortificación o castigo.

disciplinario, a adj. Que sirve para mantener la disciplina o para imponer algún castigo o sanción. **2.** Se dice de cualquiera de las penas que se imponen por vía de corrección: *abrir un expediente disciplinario a alguien.*

discípulo, a s. Persona que recibe las enseñanzas de un maestro, o que cursa en una escuela. **2.** Persona que sigue el pensamiento de un maestro o una escuela: *Aristóteles fue discípulo de Platón.* ◆ s.m. REL. Cada uno de los doce apóstoles de Jesús.

disc-jockey s.m. y f. (del ingl. *disc jockey*). Persona que escoge y presenta los discos en programas de radio y discotecas. SIN.: *pinchadiscos, pincha.*

1. **disco** s.m. (lat. *discus,* gr. *dískos*). Cuerpo plano y delgado con forma circular. **2.** Lámina circular de materia plástica para el registro y la reproducción de sonidos. **3.** Tejo que lanzan los atletas. **4.** Pieza circular giratoria empleada para marcar en algunos modelos de teléfono. **5.** Cada una de las tres señalizaciones luminosas de que consta un semáforo. **6.** *Fig.* y *fam.* Tema de conversación que se repite con impertinencia y monotonía. **7.** ASTRON. Superficie aparente de un astro o de un sistema solar. **8.** F. C. Placa móvil que, por su colocación o por su color, indica si una vía está libre o no. **9.** INFORMÁT. Soporte circular recubierto de una superficie magnetizable que permite grabar informaciones en forma binaria sobre pistas concéntricas para formar una memoria de discos. <> **Disco compacto (CD)** ELECTRÓN. Disco que utiliza la técnica de grabación digital del sonido. **Disco compacto interactivo (CD-I)** ELECTRÓN. Sistema constituido por un microprocesador y un lector de discos compactos, que se conecta a un televisor, para la exploración interactiva de informaciones. **Disco compacto de vídeo (CDV)** ELECTRÓN. Disco compacto en el que están registrados programas audiovisuales reproducibles a través del televisor. **Disco duro** INFORMÁT. Disco de gran capacidad constituido por un soporte rígido y estático, revestido de material magnetizable. **Disco flexible** INFORMÁT. Disquete. **Disco óptico** INFORMÁT. Disco en el que la grabación y la lectura se hacen por procedimiento óptico. **Discos intervertebrales** ANAT. Cartílagos elásticos que separan dos vértebras superpuestas. **Discos**

discernir

INDICATIVO

presente
discierno
disciernes (discernís)
discierne
discernimos
discernís
disciernen

copretérito o pret. imperfecto
discernía
discernías
discernía
discerníamos
discerníais
discernían

pretérito o pret. perf. simple
discerní
discerniste
discernió
discernimos
discernisteis
discernieron

futuro o fut. simple
discerniré
discernirás
discernirá
discerniremos
discerniréis
discernirán

pospretérito o condicional simple
discerniría
discernirías
discerniría
discerniríamos
discerniríais
discernirían

SUBJUNTIVO

presente
discierna
disciernas
discierna
discernamos
discernáis
disciernan

pretérito o pret. imperfecto
discerniera o discerniese
discernieras o discernieses
discerniera o discerniese
discerniéramos o discerniésemos
discernierais o discernieseis
discernieran o discerniesen

futuro o fut. simple
discerniere
discernieres
discerniere
discerniéremos
discerniereis
discernieren

IMPERATIVO

discierne (discerní)	(tú, vos)
discierna	(él)
discernamos	(nosotros)
discernid	(vosotros)
disciernan	(ellos)

FORMAS NO PERSONALES

infinitivo	gerundio
discernir	discerniendo

participio
discernido

musculares Cada uno de los elementos alternativamente claros y oscuros, que constituyen las fibrillas de los músculos estriados.

disco

En el disco de larga duración (LP) el registro era mecánico, derivado de los registros en cilindros de los primeros fonógrafos. Un buril grababa en cera un surco cuyas orillas se modulaban de acuerdo con las vibraciones sonoras. El sistema permitía la estereofonía, con el registro en cada orilla de una de las vías. A partir de la grabación en cera, se realizaba por electrólisis un molde metálico que, más tarde, se utilizaba para la impresión en serie de discos de material vinílico plástico. Los registros así obtenidos (microsurcos) no podían borrarse. En el disco magnético, el surco se reemplaza con pistas concéntricas y el registro se lleva a cabo por medio de una cabeza cuyo campo magnético se modula con una señal eléctrica. El registro magnético permite borrar a voluntad y reescribir sobre el mismo soporte. Con la aparición del disco compacto (CD), el disco se ha convertido en soporte de registro no solo de sonido, sino también de imágenes fijas o animadas, textos y conjuntos informáticos. La información se guarda en formato digital: la amplitud de la señal analógica de origen se mide en intervalos regulares (preparación) y se expresa en forma de números (cuantificación). Estos últimos se codifican en lenguaje binario y se graban en la cara de un disco en forma de microalvéolos a lo largo de una pista espiral. La lectura se lleva a cabo con un rayo láser, del centro del disco hacia la periferia.

2. **disco** s.m. y adj. (apócope de *discoteca*). Estilo de música popular destinada especialmente a ser bailada, de moda entre 1975 y comienzos de los años ochenta. ◆ s.f. *Fam.* Discoteca, local donde se baila.

discóbolo s.m. (gr. *diskóbolos*). ANT. GR. Y ROM. Atleta que lanzaba el disco o el tejo.

discografía s.f. Conjunto de discos de un tema determinado, un autor, etc.

discográfico, a adj. Relativo al disco o a la discografía.

discoidal adj. En forma de disco. SIN.: *discoideo.*

díscolo, a adj. y s. (lat. tardío *dyscolus,* del gr. *dýskolos,* de trato desagradable, malhumorado). Desobediente, indócil, rebelde: *un joven díscolo.*

discomicete adj. y s.m. BOT. Relativo a un orden de hongos ascomicetes con peritecio en forma de copa, como la trufa y la colmenilla; los ascos que lleva en la parte superior se abren ampliamente en la madurez.

disconforme adj. Que no está conforme con algo. **2.** Falto de acuerdo o correspondencia.

disconformidad s.f. Cualidad de disconforme; desacuerdo.

discontinuidad s.f. Cualidad de discontinuo. **2.** MAT. Carencia de continuidad de una función en un punto.

discontinuo, a adj. Intermitente, que no tiene continuidad: *línea discontinua.* **2.** FILOS. Que está constituido de elementos originalmente exteriores unos a otros.

discopatía s.f. MED. Enfermedad de los discos intervertebrales.

discor o **descort** s.m. Canción breve, frecuente en la poesía del s. XV, de tema amoroso o satírico, compuesta por un número variable de estrofas, con predominio de versos breves.

discordancia s.f. Falta de concordancia. **2.** GEOL. Disposición de una serie de capas que reposan sobre otras más antiguas, que no les son paralelas.

discordante adj. Que presenta discordancia. **2.** GEOL. Se dice de un terreno que se encuentra en discordancia con respecto a las capas subyacentes.

discordar v.intr. (lat. *discordare*) [conj.: *contar*]. Discrepar, desentonar, diferenciarse entre sí dos o más cosas. **2.** Disentir, estar en desacuerdo con otro. **3.** MÚS. No estar acordes las voces o los instrumentos.

discorde adj. (lat. *discors, -dis*). Que discuerda. SIN.: *discordante.* **2.** MÚS. Disonante.

discordia s.f. (lat. *discordia*). Desavenencia, diversidad, oposición de pareceres u opiniones.

discoteca s.f. (de *disco,* y gr. *thíki,* caja para depositar algo). Local donde se baila y escucha música de discos. (Se abrevia *disco.*) **2.** Colección ordenada de discos. **3.** Local o mueble en que se guarda esta colección.

discreción s.f. (lat. *discretio, -onis,* dicernimiento, selección). Sensatez, prudencia y tacto para juzgar u obrar. **2.** Reserva o prudencia para guardar un secreto o para no contar lo que se sabe y no hay necesidad de que conozcan los demás. ◇ **A discreción** Según el arbitrio, antojo o voluntad de alguien; sin límites o en la cantidad que considere oportuna o necesaria.

discrecional adj. Que se deja al juicio o discreción de alguien y no está sometido a reglas. ◇ **Poder discrecional** DER. Facultad otorgada a un funcionario, tribunal o presidente de una asamblea para tomar la decisión que estime conveniente.

discrepancia s.f. Aspecto sobre el que dos o más personas discrepan o están en desacuerdo. **2.** Disentimiento o desacuerdo personal entre dos o más personas.

discrepar v.intr. Estar en desacuerdo una persona con otra o alguien con algo: *discrepar del coordinador; discrepar en las soluciones.* SIN.: *disentir.* **2.** Carecer de armonía, identidad o correspondencia dos o más cosas: *discrepar dos teorías.*

discreto, a adj. y s. (lat. *discretus,* p. de *discernere,* distinguir). Que actúa con discreción, prudencia o tacto. ◆ adj. Que se hace con discreción o sencillez: *acto discreto.* **2.** MAT. Se dice de la magnitud compuesta de unidades distintas, por oposición a las magnitudes continuas (longitud, tiempo), o de una variación (de un fenómeno, de un proceso, etc.) que tiene lugar por cantidades enteras.

discriminación s.f. Acción de discriminar: *discriminación positiva.*

discriminante adj. Que discrimina. ◆ s.m. MAT. Expresión formada con los coeficientes de una ecuación de segundo grado y que sirve para determinar la existencia y la naturaleza de las raíces reales.

discriminar v.tr. (lat. *dicriminare*). Diferenciar o distinguir una cosa de otra. **2.** Dar trato de inferioridad a una persona o colectividad, generalmente por razón de su raza, religión o ideología.

discriminatorio, a adj. Que discrimina.

discromatopsia s.f. Trastorno de la visión de los colores.

discromía s.f. Alteración de la pigmentación cutánea.

disculpa s.f. Acción de disculpar o disculparse. **2.** Razón que se da o se encuentra para justificar un error o una falta, o para demostrar que alguien no es culpable o responsable de algo.

disculpar v.tr. y prnl. Justificar algo o a alguien dando razones o argumentos que constituyen la disculpa.

discurrir v.intr. (lat. *discurrere,* correr de un sitio para otro). Pensar, razonar, reflexionar sobre una cosa o tratar de ella con cierto método: *discurrir sobre un problema.* **2.** Transcurrir el tiempo o una acción que se desarrolla en el tiempo: *discurrir los días, los acontecimientos.* **3.** Fluir un río o una corriente de agua por su cauce: *el río discurre entre montañas.* ◆ v.tr. Idear, inventar.

discursear v.intr. *Fam.* e *irón.* Pronunciar discursos con frecuencia.

discursivo, a adj. Relativo al discurso. **2.** Que discurre, reflexivo, meditabundo. **3.** LÓG. Que procede por etapas, de una proposición a otra por razonamiento.

discurso s.m. (lat. *discursus, -us*). Exposición sobre un tema determinado, realizada en público por un orador, con intención laudatoria o persuasiva. **2.** Enunciado o conjunto de enunciados con que se expresa, de forma escrita u oral, un pensamiento, razonamiento, sentimiento o deseo. **3.** Capacidad de discurrir, pensar y deducir unas cosas a partir de otras. **4.** Escrito didáctico o tratado de poca extensión sobre una materia determinada. **5.** Transcurso, espacio, duración de tiempo. **6.** LING. Unidad lingüística superior a la frase u oración. **7.** LÓG. Lenguaje lógico que sirve para desarrollar el pensamiento.

discusión s.f. (lat. *discussio, -onis*). Acción de discutir: *sostener una discusión.*

discutir v.tr. e intr. (lat. *discutere,* quebrar, disipar, decidir). Examinar y tratar una cuestión, presentando consideraciones favorables y contrarias. **2.** Disputar, sostener opiniones opuestas. ◆ v.tr. Manifestar una opinión crítica o contraria a algo o a alguien: *le gusta discutir sus argumentos.*

disecación s.f. Preparación de un animal muerto para que mantenga apariencia de vivo.

disecar v.tr. Preparar un animal muerto para que mantenga apariencia de vivo. **2.** Dividir en partes o abrir un organismo para su estudio o examen. **3.** Preparar una planta, secándola para su conservación.

disección s.f. Práctica que consiste en dividir en partes o abrir un organismo para su estudio o examen.

disembrioma s.m. Lesión tumoral formada a partir de restos embrionarios.

disembrioplasia s.f. Trastorno grave del desarrollo de un tejido durante la vida intrauterina, causa de anomalías importantes.

diseminación s.f. Acción y efecto de diseminar o diseminarse. **2.** BOT. Dispersión natural de las semillas y, en general, de toda clase de disemínulos.

diseminar v.tr. y prnl. (lat. *disseminare*). Extender o esparcir: *diseminar una noticia.*

disemínulo s.m. BOT. Cada uno de los órganos que, producidos por vía agámica o sexual, se pueden separar de un individuo y, diseminados, producir uno igual al que los engendró.

disensión s.f. Disentimiento. **2.** *Fig.* Contienda, riña, disputa.

disenso s.m. Disentimiento. **2.** DER. Negativa. ◇ **Mutuo disenso** DER. Conformidad de las partes en disolver o dejar sin efecto el contrato u obligación existente entre ellos.

disentería s.f. (gr. *dysentería*). Enfermedad infecciosa o parasitaria que provoca una diarrea dolorosa y sangrante. ◇ **Disentería amebiana** Afección crónica producida por las amebas, que se caracteriza por úlceras intestinales y complicaciones hepáticas.

disentérico, a adj. Relativo a la disentería.

disentir v.intr. [conj.: *sentir*]. Discrepar, no estar de acuerdo: *disentir de alguien o de algo.*

diseñador, ra s. Persona que diseña, especialmente la que lo hace profesionalmente: *diseñador de modas.* **2.** Especialista en diseños.

diseñar v.tr. (ital. *disegnare,* dibujar). Hacer un diseño: *diseñar una nueva máquina.* **2.** Idear, determinar la forma concreta de algo.

diseño s.m. Representación sobre una superficie de la forma (y, eventualmente, de los valores de luminosidad y sombra) de un objeto, de una figura, etc., que sirve de modelo para su realización. **2.** Disciplina que tiene por objeto una armonización del entorno humano, desde la concepción de los objetos de uso hasta el urbanismo. **3.** Aspecto exterior de algo que ha sido diseñado: *una moto de diseño futurista.* ◇ **Diseño asistido por computadora** Conjunto de técnicas informáticas de ayuda a la concepción y gestión de proyectos de diseño de nuevos productos. **Diseño gráfico** Grafismo. **Diseño industrial** Dibujo técnico.

disertación s.f. Acción y efecto de disertar. **2.** Escrito o discurso en que se diserta.

disertar v.intr. (lat. *dissertare*). Tratar detenidamente sobre una materia, especialmente en público: *disertar sobre el románico.*

disfagia s.f. Dificultad de tragar los alimentos, incluso líquidos.

disfavor s.m. Desaire o desprecio que se hace a alguien.

disfonía s.f. Denominación genérica de los trastornos de la fonación.

disfraz s.m. Traje que representa a un animal, personaje, etc., en especial el que se lleva en ciertas fiestas: *disfraz de carnaval.* **2.** Artificio con que se deforma la apariencia de algo para que no sea reconocido. **3.** *Fig.* Simulación con que se disimula u oculta algo.

disfrazar v.tr. y prnl. Cambiar el aspecto de alguien o algo para que no sea conocido: *disfrazar la realidad.* **2.** Vestir a alguien de manera que sea difícil reconocerlo o que cambie completamente su aspecto: *disfrazarse de Superman.* ◆ v.tr. *Fig.* Disimular con palabras los verdaderos sentimientos.

disfrutar v.intr. (bajo lat. *exfructare*). Gozar, sentir placer: *disfrutar de la vida.* ◆ v.tr. e intr. Tener o poseer una cosa buena o gratificante: *disfrutar de unas vacaciones.* SIN.: *gozar.* **2.** Aprovechar una cosa o sacar beneficio de ella: *disfrutar de una beca.*

disfrute s.m. Acción de disfrutar.

disfuerzo s.m. Perú. Melindre, remilgo.

disfunción s.f. Funcionamiento irregular, anormal, exagerado o disminuido de un órgano, de un mecanismo, etc. **2.** SOCIOL. Conjunto de las dificultades de adaptación de una unidad social a su contexto.

disgenesia s.f. Denominación genérica de las malformaciones congénitas.

disgrafía s.f. Alteración de la facultad de escribir, sin que existan lesión neurológica ni déficit intelectual.

disgregación s.f. Acción y efecto de disgregar.

disgregar v.tr. y prnl. (lat. tardío *disgregare*). Apartar, separar, desunir las partes integrantes de una cosa.

disgregativo, a adj. Que tiene virtud o facultad de disgregar.

disgustar v.tr. y prnl. Causar disgusto. ◆ **disgustarse** v.prnl. Pelearse o enemistarse una persona con otra.

disgusto s.m. Sentimiento, pesadumbre o inquietud causados por una desgracia o contrariedad. **2.** Cosa que produce ese sentimiento, pesadumbre o inquietud. **3.** Fastidio, tedio. ◇ **A disgusto** Contra la voluntad y gusto de alguien.

dishidrosis s.f. Trastorno de la sudoración que produce lesiones en la piel.

disidencia s.f. Divergencia que conduce a una persona o a un grupo a oficializar su postura crítica en el seno de una organización o a colocarse en una situación de ruptura en el seno de una comunidad. **2.** Cualidad de disidente.

disidente adj. y s.m. y f. Que se separa de una doctrina, creencia o partido.

disidir v.intr. Ser disidente.

disímbolo, a adj. Méx. Disímil, disconforme, diferente.

disimetría s.f. Falta de simetría.

disimétrico, a adj. Que carece de simetría.

disímil adj. Distinto, diferente.

disimilación s.f. FONÉT. Fenómeno fonético por el que se altera un sonido para diferenciarse de otro igual o semejante dentro de una misma palabra.

disimilitud s.f. Diferencia.

disimulación s.f. Disimulo.

disimular v.tr. (lat. *dissimulare*). Ocultar, encubrir una cosa para que no se vea o no se note: *disimular un defecto de la madera.* **2.** Ocultar un sentimiento, un sufrimiento, etc. **3.** Fingir, simular el conocimiento de una cosa. **4.** Disfrazar, desfigurar una cosa representándola distinta de lo que es. **5.** Ocultar una cosa mezclándola con otra para que no se conozca. **6.** Disculpar, tolerar una cosa afectando ignorarla o no dándole importancia.

disimulo s.m. Acción de disimular. **2.** Actitud de la persona que disimula.

disipación s.f. Acción de disipar. **2.** Cualidad y actitud de disipado. **3.** FÍS. Pérdida de energía mecánica, eléctrica, etc., por transformación en energía térmica.

disipado, a adj. y s. Entregado con exceso a placeres y diversiones.

disipador, ra adj. y s. Que despilfarra y malgasta los bienes o el dinero.

disipar v.tr. y prnl. (lat. *dissipare,* desparramar, aniquilar). Desvanecer, disolver o evaporar una cosa por la disgregación y dispersión de sus partes. **2.** Hacer desaparecer algo: *disipar todas las dudas.* ◆ v.tr. Despilfarrar, malgastar: *disipar alguien su fortuna.*

disjunto, a adj. MAT. Se dice de dos conjuntos que no tienen ningún elemento común. ◇ **Intervalo disjunto** MÚS. Intervalo que separa dos notas que no se siguen en la escala, por oposición a *intervalo conjunto.*

diskette s.m. → **disquete.**

dislalia s.f. (del gr. *dys-,* defecto, y *lalein,* charlar). Trastorno en la pronunciación debido a malformación o defecto de los órganos que intervienen en el habla.

dislate s.m. Disparate, absurdo.

dislexia s.f. (del gr. *dys-,* defecto, y *léxis,* habla, dicción). Dificultad específica en el aprendizaje de la lectura en un niño que no presenta ningún otro déficit intelectual o sensorial y que está sometido a un régimen normal de escolarización.

disléxico, a adj. y s. Relativo a la dislexia. **2.** Que padece dislexia.

dislipidemia o **dislipemia** s.f. MED. Aumento anormal de los valores del colesterol y de otros lípidos en la sangre.

dislocación s.f. Acción y efecto de dislocar o dislocarse. SIN.: *dislocadura.* **2.** Separación de las partes de un todo; dispersión. **3.** FÍS. Defecto de un cristal caracterizado por la ausencia de átomos a lo largo de una línea de la red.

dislocar v.tr. y prnl. (del gr. *dys-,* defecto, y lat. *locare,* colocar). Desencajar una cosa, especialmente un hueso o miembro del cuerpo: *dislocarse el codo.* **2.** *Fig.* Alterar.

disloque s.m. *Fam.* El colmo, el grado sumo.

dismenorrea s.f. Denominación genérica de los trastornos de flujo menstrual, especialmente de los dolorosos.

disminución s.f. Acción y efecto de disminuir.

disminuido, a adj. y s. Minusválido.

disminuir v.tr., intr. y prnl. (lat. *deminuere*) [conj.: *huir*]. Hacer menor, menos numeroso o menos intenso algo: *disminuir el desempleo, el calor.*

dismorfía s.f. Dismorfismo.

dismorfismo s.m. Anomalía en la forma de una parte del cuerpo.

disnea s.f. (del gr. *dýspnoia*). Dificultad para respirar, acompañada de una sensación de molestia o de opresión.

disociación s.f. Acción y efecto de disociar. **2.** QUÍM. Ruptura de un compuesto químico en elementos susceptibles de volverse a combinar de igual manera o de otra. ◇ **Disociación de la personalidad** PSIQUIATR. Ruptura de la unidad psíquica, considerada como uno de los principales síntomas de la esquizofrenia.

disociar v.tr. y prnl. (lat. *dissociare*). Separar una cosa de otra. **2.** Separar los distintos componentes de una sustancia: *disociar un ácido.*

disoluble adj. Soluble, que puede disolverse. **2.** DER. Que se puede romper, disolver, anular.

disolución s.f. (lat. *dissolutio*). Acción y efecto de disolver. **2.** *Fig.* Relajación o debilitamiento de la moralidad. **3.** *Fig.* Ruptura de los lazos o vínculos existentes entre dos o más personas. **4.** DER. **a.** Ruptura de un contrato de asociación o de sociedad por las partes, el poder administrativo o el juez. **b.** Procedimiento mediante el cual el poder ejecutivo pone fin a los poderes de una asamblea antes del plazo legal. **5.** FÍS. Absorción de un gas o de un sólido por un líquido que forma con él una solución. **6.** GEOMORFOL. Erosión química consistente en la acción de las aguas meteóricas sobre algunos elementos que constituyen las rocas. **7.** TECNOL. Solución viscosa de caucho que sirve para reparar las cámaras de los neumáticos.

disoluto, a adj. y s. (lat. *dissolutus*). Entregado a la disolución, relajación de costumbres.

disolvente adj. y s.m. Que tiene la propiedad de disolver. **2.** *Fig.* Que causa una corrupción moral. ◆ s.m. Líquido volátil incorporado a las pinturas y barnices para obtener las características requeridas para su aplicación.

disolver v.tr. y prnl. (lat. *dissolvere*) [conj.: *mover*]. Disgregar una sustancia en un líquido: *disolver el azúcar en la leche.* **2.** Separar, desunir lo que está unido, deshacer un grupo de personas: *disolver una manifestación.* ◆ v.tr. FÍS. y QUÍM. Hacer pasar al estado de disolución un cuerpo por la acción de otro cuerpo, generalmente líquido.

OBS.: participio: *disuelto.*

disonancia s.f. Sonido desagradable. **2.** *Fig.* Falta de consonancia, conformidad o proporción entre algunas cosas. **3.** MÚS. Falta de concordancia en la audición de dos o más sonidos sucesivos o, sobre todo, simultáneos.

disonante adj. Que destaca por no guardar una relación de consonancia con los demás elementos de un conjunto. SIN.: *discordante.* **2.** Que no guarda consonancia armónica con los demás sonidos de un conjunto. SIN.: *discordante.*

disonar v.intr. (lat. *dissonare*) [conj.: *contar*]. Faltar consonancia o armonía entre dos o más sonidos emitidos sucesiva o simultáneamente. **2.** *Fig.* Resultar algo extraño, inoportuno. **3.** *Fig.* Discrepar, estar en desacuerdo: *disonar de la opinión general.*

disortografía s.f. Dificultad específica en el aprendizaje de la ortografía en niños que no presentan déficit intelectual ni sensorial y que están normalmente escolarizados.

dispar adj. Desigual, diferente.

disparada s.f. Argent., Méx., Nicar. y Urug. Acción de echar a correr de repente o de partir con precipitación, fuga. ◇ **A la disparada** Argent., Chile, Par., Perú y Urug. *Fig.* Precipitada y atolondradamente. **De una disparada** Argent. *Fam.* Con gran prontitud, al momento. **Pegar una disparada** Argent. *Fig.* Dirigirse rápidamente hacia un lugar.

disparadero s.m. Disparador de un arma de fuego. ◇ **Poner a alguien en el disparadero** *Fam.* Provocarlo para que diga o haga lo que de por sí no diría o no haría.

disparador s.m. Pieza del mecanismo de un arma de fuego portátil que al ser accionada provoca el movimiento de la palanca de disparo. **2.** FOT. Mecanismo que libera el obturador de la cámara.

disparar v.tr. y prnl. (lat. *disparare,* separar). Hacer que un arma lance un proyectil. **2.** Accionar el disparador de una cámara fotográfica. ◆ v.tr. Lanzar con violencia una cosa. **2.** Méx. *Fam.* Invitar. ◆ **dispararse** v.prnl. Ponerse bruscamente en movimiento, ir o aumentar precipitadamente algo. **2.** Perder la moderación y mostrar irritación o enojo con palabras y gestos excesivos.

disparatar v.intr. (lat. *desbaratare,* derrota, desconcierto). Decir o hacer disparates.

disparate s.m. Dicho o hecho contrario a la razón, a la normalidad o a determinadas reglas establecidas. **2.** *Fam.* Atrocidad, exceso.

disparejo, a adj. Dispar, desigual.

dispareunia s.f. Dolor provocado en la mujer por las relaciones sexuales.

disparidad s.f. Desigualdad, diferencia: *disparidad de criterios.*

disparo s.m. Acción y efecto de disparar o dispararse. **2.** Impacto que se produce al disparar un arma. **3.** DEP. En algunos deportes de pelota, y especialmente en el fútbol, tiro potente que impulsa el balón con gran fuerza, generalmente hacia la portería.

dispendio s.m. (lat. *dispendium,* gasto). Gasto excesivo, por lo general innecesario.

dispendioso, a adj. Caro, costoso.

dispensa s.f. Privilegio que exime a alguien del cumplimiento de una norma: *dispensa papal.* **2.** Documento en que consta ese privilegio.

dispensar v.tr. (lat. *dispensare*). Conceder, otorgar: *dispensar elogios.* **2.** Eximir a alguien de una obligación o de lo que se considera como tal: *dispensen su falta de asistencia al acto.* ◆ v.tr. e intr. Perdonar una falta leve o lo que se considera como tal.

dispensario s.m. Local en que se realiza la visita médica sin que los pacientes puedan residir en él. SIN.: *ambulatorio.*

dispepsia s.f. (del gr. *péttein,* cocer, digerir). Digestión difícil.

dispéptico, a adj. y s. Relativo a la dispepsia; que padece dispepsia.

dispersar v.tr. y prnl. (fr. *disperser*). Separar algo que está junto o reunido.

dispersión s.f. (lat. *dispersio, -onis*). Acción y efecto de dispersar. **2.** Fenómeno balístico consistente en que, al disparar varias veces con una misma arma en idénticas condiciones, los impactos no coinciden. **3.** ESTADÍST. Expresión de alejamiento, más o menos grande, de los términos de una serie, los unos respecto a los otros o respecto a un valor central tomado como media. **4.** FÍS. Descomposición de una radiación compleja en diferentes radiaciones. **5.** QUÍM. Mezcla homogénea de dos o más sustancias, cualquiera que sea su estado físico, repartidas de modo uniforme.

disperso, a adj. y s. (lat. *dispersus,* p. de *dispergere,* esparcir). Que está dispersado.

displasia s.f. (del gr. *dys-,* defecto, y *plásso,* formar). Trastorno del desarrollo de los tejidos que ocasiona malformaciones.

display s.m. (voz inglesa). Soporte publicitario, generalmente de cartón, para vitrinas y escaparates. **2.** INFORMÁT. Terminal de salida de información de una computadora, capaz de editar los resultados en algún medio físico.

displicencia s.f. Falta de afecto o interés: *tratar con displicencia.* **2.** Desaliento o vacilación en la ejecución de alguna cosa.

displicente adj. (lat. *displicens, -tis,* p. activo de *displicere,* desagradar). Que desagrada o disgusta: *trato displicente.* ◆ adj. y s.m. y f. Falto de interés, entusiasmo o afecto.

disponer v.tr. y prnl. (lat. *disponere,* poner separadamente) [conj.: *poner*]. Colocar, poner en orden de manera conveniente: *disponer la mesa.* ◆ v.tr. Preparar algo para un fin: *dispuso todo lo necesario para la recepción.* **2.** Deliberar, mandar lo que se ha de hacer: *el general dispuso el plan de ataque.* ◆ v.intr. Dejar que una persona utilice algo o se sirva de alguien sobre lo que no tiene derecho: *puede disponer de mí.* ◆ **disponerse** v.prnl. Prepararse para hacer alguna cosa, tener la intención de hacerla: *disponerse a salir.*

disponibilidad s.f. Cualidad de disponible. **2.** Cantidad disponible. **3.** Situación del funcionario que temporalmente se encuentra sin destino.

disponible adj. Que puede ser utilizado libremente: *espacio disponible.* **2.** Se dice de la situación del militar o funcionario en servicio activo sin destino, pero que puede ser destinado inmediatamente.

disposición s.f. Acción y efecto de disponer o disponerse. **2.** Estado de ánimo para hacer algo: *estar en buena disposición.* **3.** Aptitud, capacidad, soltura. **4.** Deliberación, orden, mandato de una autoridad: *aceptar las disposiciones del superior.* **5.** Medio que se emplea para ejecutar un propósito, o para atenuar o evitar un mal. **6.** DER. Cada uno de los puntos regulados por una ley o una decisión judicial. ◇ **A (la) disposición de alguien** Fórmula de cortesía con que alguien se ofrece a otro. **Estar,** o **hallarse, en disposición** *Fam.* Hallarse en condiciones para algún fin.

dispositivo, a adj. Que dispone. ◆ s.m. Pieza o conjunto de piezas que constituyen un aparato, una máquina; el mismo aparato: *un dispositivo de alarma.* **2.** MIL. Despliegue de los medios de una formación terrestre, naval o aérea adoptados para la ejecución de una misión. ◇ **Parte dispositiva** DER. Parte de un acto legislativo o de una decisión judicial que dispone de forma imperativa.

dispraxia s.f. Desorden de la realización motriz, unida a un trastorno de la representación corporal y de la organización espacial.

disprosio s.m. Metal de color blanco, del grupo de las tierras raras, cuyo punto de fusión es de 1 407 °C aprox. **2.** Elemento químico (Dy), de número atómico 66 y masa atómica 162,50.

dispuesto, a adj. Apto, capaz, preparado o a punto para llevar a cabo cierta cosa. ◇ **Bien,** o **mal, dispuesto** Con ánimo favorable, o adverso: *estar bien dispuesto para hacer algo.*

disputa s.f. Acción de disputar.

disputar v.tr. y prnl. (lat. *disputare,* examinar o discutir una cuestión). Contender con otro para alcanzar o defender alguna cosa: *se disputan el primer puesto.* ◆ v.intr. Discutir, altercar. ◆ v.tr. Debatir, discutir.

disqueratosis s.f. Anomalía de la formación de la capa córnea de la piel, observada en numerosas dermatosis.

disquete o **diskette** s.m. INFORMÁT. Soporte magnético de información, de pequeña capacidad, parecido a un disco de pequeño formato, empleado en microinformática y en burótica.

disquetera s.f. INFORMÁT. Parte de un sistema informático en que se introducen los disquetes para su grabación o lectura.

disquisición s.f. (lat. *disquisitio, -onis,* de *disquerere,* indagar). Análisis o exposición rigurosa y detallada de un tema.

disrupción s.f. Abertura brusca de un circuito eléctrico.

disruptivo, a adj. Que produce disrupción. **2.** ELECTR. Se dice de la descarga eléctrica que produce chispa. ◇ **Campo disruptivo** En un condensador, campo eléctrico capaz de provocar una disrupción. **Librea disruptiva** BIOL. Conjunto de las manchas o rayas de color que tienen diferentes animales (mariposas, peces, cebra, leopardo) y que engañan a los depredadores sobre el verdadero contorno de la presa. (Se trata de un caso particular de homocromía.)

distal adj. Se dice de las partes de un organismo situadas en la posición más alejada del centro de este.

distancia s.f. Espacio lineal que media entre dos personas o cosas. **2.** Intervalo de tiempo entre dos sucesos, personas, etc. **3.** *Fig.* Diferencia notable entre unas cosas y otras. **4.** Alejamiento, falta de afecto entre personas. **5.** Longitud del segmento que une dos puntos, o longitud mínima de los caminos posibles de un punto a otro. **6.** MAT. Para dos números x e y del cuerpo de números reales, valor absoluto de la diferencia $x - y$. ◇ **A distancia** Desde lejos o apartadamente. **Distancia angular** Ángulo formado por las semirrectas que unen al observador con dos puntos considerados. **Guardar las distancias** *Fig.* No permitir familiaridad en el trato.

distanciación s.f. Distanciamiento.

distanciamiento s.m. Acción y efecto de distanciar. **2.** Enfriamiento de la relación amistosa y disminución de la frecuencia en el trato entre dos personas. **3.** Alejamiento de una persona en su relación con un grupo humano, ideología, etc. **4.** En teatro, procedimiento estético que consiste, a través de las técnicas particulares de la actuación y de la puesta en escena, en destruir la ilusión y en sustituir la identificación del espectador con el actor por una actitud crítica. (Es característico del teatro de Bertolt Brecht.)

distanciar v.tr. y prnl. Apartar, alejar, poner a distancia.

distante adj. Que dista. **2.** Apartado, lejano, remoto. **3.** *Fig.* Que no admite familiaridades en su trato.

distar v.intr. (lat. *distare,* estar apartado). Estar una persona o cosa separada de otra por una determinada distancia. **2.** *Fig.* Diferenciarse notablemente una persona o cosa de otra.

distena s.f. MINER. Silicato natural de aluminio.

distender v.tr. [conj.: *tender*]. Aflojar lo que está tenso o tirante. ◆ v.tr. y prnl. MED. Producir una tensión violenta en un tejido, tendón o ligamento de una articulación.

distensión s.f. Acción y efecto de distender: *distensión de ligamentos.*

dístico s.m. (gr. *dístikhos,* que tiene dos hileras). Entre los griegos y latinos, composición poética formada por un hexámetro y un pentámetro. **2.** En la poesía castellana, composición que consta de dos versos con los cuales se expresa un concepto completo.

distimia s.f. Trastorno de la regulación de los estados de ánimo (excitación o depresión).

distinción s.f. (lat. *distinctio, -onis*). Acción y efecto de distinguir o distinguirse. **2.** Diferencia que hace a cada cosa distinta de las demás. **3.** Premio, honor o privilegio concedido a alguien: *recibir muchas distinciones.* **4.** Elegancia, buenas maneras, refinamiento: *dar un toque de distinción.* **5.** Consideración y amabilidad especial que se tiene con alguien: *tratar con distinción.*

distingo s.m. Distinción lógica en una proposición de dos sentidos, de los cuales uno se concede y otro se niega. **2.** Sutileza o reparo que se indica con cierta sutileza, minuciosidad o malicia.

distinguido, a adj. Que denota distinción, elegancia: *modales distinguidos.*

distinguir v.tr. (lat. *distinguere,* separar, dividir). Reconocer a una persona o cosa por aquello que la diferencia de otra. **2.** Manifestar la diferencia que hay entre dos cosas que se pueden confundir. **3.** Reconocer un objeto a pesar de la dificultad que pueda haber para verlo. **4.** Caracterizar. **5.** Otorgar a alguien un premio, honor o privilegio. **6.** Preferir, mostrar particular estimación por alguien: *lo distingue con su amistad.* **7.** LÓG. Especificar de manera precisa los diversos sentidos de una proposición o las diversas acepciones de una palabra. ◆ v.tr. y prnl. Hacer que una cosa se diferencie de otra por medio de alguna particularidad, señal, divisa, etc. ◆ **distinguirse** v.prnl. Destacar, sobresalir entre otros: *distinguirse un escritor por su riqueza léxica.*

distintivo, a adj. Que distingue o sirve para distinguir una cosa de otras: *los rasgos distintivos de una consonante.* ◆ s.m. Insignia, señal, brazalete u otro objeto cualquiera usado para distinguir o reconocer a alguien.

distinto, a adj. (lat. *distinctus,* p. de *distinguere,* separar, dividir). Que no es lo mismo, igual o que es otro. **2.** Que se percibe con claridad: *voz distinta.* ◆ **distintos** adj.pl. Diversos, varios: *problema con distintas soluciones.*

distocia s.f. (del gr. *dys,* mal, y *tókos,* parto). Dificultad en el parto provocada por una anomalía de origen maternal o fetal.

distomiasis s.f. Enfermedad parasitaria provocada por una duela. ◇ **Distomiasis sanguínea** Bilharziosis.

distonía s.f. Anomalía del tono muscular. ◇ **Distonía neurovegetativa** Trastorno del funcionamiento de los sistemas simpático y parasimpático, causa de múltiples síntomas.

distorsión s.f. Acción y efecto de distorsionar, torcer, deformar. **2.** Torsión de una parte del cuerpo. **3.** *Fig.* Desequilibrio, falta de armonía en una evolución. **4.** Aberración geométrica de un instrumento óptico, que deforma las imágenes. **5.** ACÚST. Deformación parasitaria de una señal (distorsión de amplitud, de frecuencia, de fase).

distorsionar v.tr. Producir una distorsión: *distorsionar el sonido.* **2.** *Fig.* Torcer, deformar.

distracción s.f. Acción y efecto de distraer o distraerse. **2.** Cosa que atrae la atención, especialmente la que divierte o entretiene.

distraer v.tr. y prnl. (lat. *distrahere*) [conj.: *traer*]. Entretener, hacer algo para divertir o animar: *distraer con cuentos.* **2.** Apartar, desviar. **3.** Desviar la atención de alguien: *lo distrajo el ruido de la puerta.* ◆ v.tr. Malversar, sustraer fondos o dinero.

distraído, a adj. y s. Que se distrae con facilidad. **2.** Que no pone atención en lo que ocurre a su alrededor. ◆ adj. Chile y Méx. Desaliñado, desaseado.

distribución s.f. Acción y efecto de distribuir. **2.** Ordenación y reparto de las distintas piezas que componen el interior de una vivienda. **3.** AUTOM. Accionamiento y gobierno, por el motor, de ciertos órganos y dispositivos auxiliares. **4.** CIN. Fase intermedia de la explotación de películas, entre la producción y la exhibición. **5.** ECON. **a.** Conjunto de operaciones mediante las cuales los productos y los servicios llegan a los diversos consumidores dentro del marco nacional. **b.** Parte de la ciencia económica que estudia los mecanismos de formación de ingresos. **6.** MEC. Manera como el fluido motor se reparte y actúa en el cilindro de una máquina de émbolo. **7.** URBAN. Conjunto de las instalaciones y de los medios empleados para permitir y asegurar el abastecimiento de agua potable, gas, etc., a una población. ◆ **distribuciones** s.f.pl. TECNOL. Conjunto de los dispositivos mecánicos que regulan la admisión y el escape del fluido motor.

distribucional adj. LING. Relativo a la distribución de los elementos de un enunciado. ◇ **Lingüística distribucional** Teoría lingüística basada en la distribución de los elementos lingüísticos.

distribuidor, ra adj. y s. Que distribuye. **2.** Se dice de la persona o entidad que efectúa la comercialización de uno o varios productos, generalmente con exclusividad. ◆ s.m. Pieza de paso de una casa donde convergen varias habitaciones. **2.** AUTOM. Mecanismo del encendido que distribuye la corriente secundaria a las bujías. **3.** TECNOL. Canalización que sirve para repartir o expedir un producto en varias direcciones. ◇ **Distribuidor automático** Aparato que, mediante la introducción de monedas, suministra objetos de pequeño tamaño o líquidos.

distribuidora s.f. CIN. Empresa dedicada a la comercialización de películas cinematográficas.

distribuir v.tr. (lat. *distribuere*) [conj.: *huir*]. Repartir una cosa entre varias personas, designando lo que corresponde a cada una: *distribuir equitativamente el trabajo.* **2.** Comercializar un producto. ◆ v.tr. y prnl. Repartir, dividir una cosa en partes, designando a cada una de ellas su destino o colocación.

distributividad s.f. MAT. Carácter de una operación distributiva con relación a otra operación.

distributivo, a adj. Relativo a la distribución. **2.** LÓG. Que se aplica a cada una de las partes de un todo. **3.** MAT. Se dice de la operación que, efectuada sobre una suma de términos, da el mismo resultado que se obtiene sumando los resultados obtenidos efectuando esta operación sobre cada término de la suma. ◇ **Conjunción distributiva** Conjunción que sirve para introducir oraciones distributivas. **Justicia distributiva** La que da a cada uno lo que le corresponde. **Oración coordinada distributiva** Oración compuesta en la que se enumeran y contraponen sujetos, predicados, tiempos, lugares, etc., enlazándose por simple yuxtaposición.

distrito s.m. (lat. *districtus, -us,* de *distringere,* separar). Subdivisión territorial con fines administrativos o jurídicos. (La extensión varía según los estados en que ha sido adoptada.) **2.** Área administrativa utilizada en distintos países latinoamericanos con significación diferente. ◇ **Distrito federal** Nombre dado, en las repúblicas federales de América y en Australia, al territorio que constituye la capital general de la federación, sin pertenecer a ningún estado en particular. **Distrito postal** Cada uno de los sectores en que se halla dividido un municipio de cierta entidad de población, a efectos de reparto a los usuarios de los servicios de correos y telégrafos. **Distrito universitario** Cada una de las divisiones del territorio nacional que engloba una o varias universidades, a las que se adscriben otros centros docentes.

distrofia s.f. Lesión orgánica debida a un trastorno de la nutrición.

disturbio s.m. (del lat. *disturbare,* estorbar). Perturbación, alteración de la tranquilidad y orden público.

disuadir v.tr. (lat. *dissuadere*). Convencer a alguien con razones a cambiar de opinión o desistir de su propósito.

disuasión s.f. Acción y efecto de disuadir. **2.** MIL. Acción llevada a cabo por un país para desalentar a un eventual adversario de emprender contra él un acto de agresión, probándole que lo que pretende conseguir con dicho acto es inferior a los daños que el país amenazado está determinado a infligirle.

disuasivo, a adj. Que disuade o puede disuadir. SIN.: *disuasorio.*

disuasorio, a adj. Disuasivo.

disuria s.f. (lat. *dysuria*). Dificultad o dolor en la evacuación de orina.

disyunción s.f. Acción y efecto de separar y desunir. **2.** LÓG. Conectiva lógica binaria que corresponde en su sentido intuitivo al de la conjunción gramatical alternativa *o.* (Se escribe con la notación **V**.)

disyuntiva s.f. Situación en la que se ha de elegir entre dos opciones.

disyuntivo, a adj. Que desune, separa o expresa incompatibilidad. <> **Conjunción disyuntiva** Conjunción que sirve para introducir oraciones disyuntivas. **Oración coordinada disyuntiva** Oración que expresa una disyunción, es decir, que una de las oraciones excluye a las demás.

disyuntor s.m. ELECTR. Interruptor automático de corriente, que funciona cuando hay una variación anormal de la intensidad o de la tensión.

1. **dita** s.f. Amér. Central y Chile. Deuda.

2. **dita** s.f. P. Rico. Vasija hecha con la segunda corteza del coco.

ditirámbico, a adj. Relativo al ditirambo.

ditirambo s.m. (lat. *dithyrambus,* del gr. *dithýrambos,* epíteto de Baco). En la antigüedad, canto litúrgico en honor de Dioniso. **2.** Poema lírico, escrito en tono entusiasta. **3.** *Fig.* Alabanza entusiasta y generalmente exagerada.

ditisco s.m. Insecto coleóptero carnívoro, de hasta 5 cm de long., cuerpo ovalado y patas posteriores nadadoras, que vive en las aguas dulces.

diu s.m. Método anticonceptivo consistente en un aparato que se coloca en el interior del útero e impide el anidamiento del óvulo fecundado.

diuca s.f. Ave de Argentina y Chile, cuyo macho es de color gris plomizo, con el vientre y la garganta blancos y el abdomen castaño rojizo, y la hembra es de tonos parduscos. (Familia fringílidos.)

diuresis s.f. (del gr. *diouréo,* orinar). Secreción de orina.

diurético, a adj. y s.m. Se dice de la sustancia que favorece la secreción de orina. (Se puede también usar contra la hipertensión arterial, los edemas y la insuficiencia cardíaca.)

diurno, a adj. (lat. *diurnus*). Relativo al día, en oposición a nocturno. **2.** Que transcurre, tiene lugar o se hace durante el día o tiempo en que hay luz. **3.** Se dice de los animales que desarrollan su actividad durante el día y de las flores que solo se abren durante el día. ◆ s.m. REL. Libro de rezo eclesiástico, que contiene el oficio divino desde laudes hasta completas. SIN.: *diurnal.* <> **Movimiento diurno** Movimiento cotidiano aparente de rotación del cielo, debido al movimiento de rotación de la Tierra sobre sí misma.

divagación s.f. Acción y efecto de divagar.

divagar v.intr. (lat. tardío *divagare*). Separarse del asunto de que se trata, hablar o escribir sin concierto ni precisión. **2.** Vagar, errar. **3.** HIDROL. Salirse de madre un río, desplazar su cauce.

divalente adj. Que tiene valencia 2.

diván s.m. Asiento mullido sin brazos ni respaldo, generalmente estrecho y alargado, con almohadones sueltos, en el que se puede tender una persona.

divergencia s.f. Acción y efecto de divergir. **2.** Establecimiento de una reacción en cadena en un reactor atómico. **3.** MAT. Propiedad de una serie cuya suma de términos no tiene límite.

divergente adj. Que diverge. <> **Lente divergente** ÓPT. Lente que hace que diverjan los rayos primitivamente paralelos.

divergir v.intr. Irse apartando sucesivamente de una línea, camino, etc. **2.** *Fig.* Discrepar, disentir.

diversidad s.f. Abundancia de cosas distintas. **2.** Diferencia, variedad.

diversificación s.f. Acción y efecto de diversificar. **2.** Estrategia de desarrollo de una empresa, que consiste en ampliar la gama de actividades y mercados a los que se dedica.

diversificar v.tr. y prnl. Hacer diversa una cosa que era única.

diversiforme adj. Que presenta diversidad de formas.

diversión s.f. Acción y efecto de divertir. **2.** Espectáculo, juego, fiesta, etc., que divierte.

diverso, a adj. (lat. *diversus*). Diferente, distinto. **2.** Que tiene variedad o abundancia de cosas distintas.

divertículo s.m. MED. Cavidad anormal que comunica con un órgano hueco.

diverticulosis s.f. MED. Enfermedad caracterizada por la presencia de numerosos divertículos.

divertido, a adj. Que divierte. **2.** Alegre, aficionado a divertirse. **3.** Argent., Chile, Guat. y Perú. Ligeramente bebido.

divertimento s.m. COREOGR. **a.** En el ballet clásico, serie de danzas que se sitúan generalmente al final del primer acto. **b.** Composición coreográfica que se introduce en una ópera. **2.** MÚS. Intermedio en una fuga.

divertimiento s.m. Diversión. **2.** Divertimento.

divertir v.tr. y prnl. (lat. *divertere,* apartarse) [conj.: *sentir*]. Hacer disfrutar a alguien entreteniéndolo. SIN.: *entretener, recrear.*

dividendo s.m. ECON. Parte del interés o del beneficio que corresponde a cada accionista. **2.** MAT. En una división, número que se divide por otro.

dividir v.tr. y prnl. (lat. *dividere*). Partir, separar algo en partes: *dividir un pastel.* **2.** Repartir algo entre varias personas: *dividir el trabajo.* **3.** *Fig.* Separar introduciendo discordia entre las personas: *dividir a la opinión pública.* ◆ v.tr. MAT. Efectuar una división. **2.** TECNOL. Marcar divisiones o escalas matemáticamente exactas en los instrumentos de precisión utilizados en metrología.

divieso s.m. Forúnculo.

divinidad s.f. Naturaleza de lo divino. **2.** Ser divino; dios, deidad. **3.** *Fig.* Persona o cosa dotada de gran belleza o hermosura.

divinizar v.tr. Atribuir carácter divino a alguien o algo. **2.** *Fig.* Alabar excesivamente a alguien.

divino, a adj. (lat. *divinus*). Relativo a Dios o a los dioses. **2.** *Fig.* Sublime, excepcional, exquisito, adorable, maravilloso.

divisa s.f. Insignia o emblema que es el símbolo de una persona, familia, grado, etc. **2.** Decoración esculpida o pintada, que se compone de una inscripción acompañada o no de figuras. **3.** ECON. **a.** Título de crédito que se expresa en moneda extranjera y es pagadero en su país de origen. **b.** Moneda extranjera. **4.** HERÁLD. Lema o mote expresado en términos sucintos o por algunas figuras, que puede ir escrito en un listel. **5.** MIL. Símbolo de cada una de las jerarquías militares. **6.** TAUROM. Distintivo de las ganaderías, consistente en un lazo de cintas de colores que, por medio de un arponcillo, se clava en el morrillo de los toros destinados a la lidia.

divisar v.tr. y prnl. Ver a distancia y confusamente un objeto: *divisar las cumbres de las montañas a lo lejos.*

divisibilidad s.f. MAT. Cualidad de lo que es divisible sin resto.

divisible adj. Que puede dividirse. **2.** MAT. Que se divide exactamente o que no da resto en la división.

división s.f. (lat. *divisio, -onis*). Acción y efecto de dividir. **2.** DEP. Agrupación que se hace de los clubes, según méritos o condiciones. **3.** MAT. Operación por la cual se halla, a partir de dos números, llamados dividendo y divisor, dos números llamados cociente y resto, tales que el dividendo sea igual al producto del cociente por el divisor más el resto. **4.** MIL. Unidad militar en la que se agrupan formaciones de todas las armas y servicios: *división motorizada.* ◇ **División administrativa** Parte del territorio de un estado, con rango inferior al del gobierno nacional. **División celular** Procedimiento de reproducción de las células. (Se distinguen la *división directa,* o *amitosis,* y la *división indirecta,* o *mitosis.*) **División del trabajo** Especialización de los trabajadores en tareas diferenciadas.

divisionario, a adj. Se dice de la moneda que tiene legalmente un valor convencional superior al efectivo, como la de cobre. ◆ s.m. General que manda una división.

divisionismo s.m. Puntillismo, técnica pictórica.

divismo s.m. Condición de divo.

divisor s.m. y adj. En una división, número por el que se divide otro **2.** MEC. Parte de las máquinas-herramienta que sirve para hacer divisiones. ◇ **Común divisor** Número que divide exactamente a otros: *el 5 es divisor de 15 y 20.* **Divisor de cero** En un anillo, elemento *a* no nulo al que se puede asociar un segundo elemento *b,* tal que el producto $a \times b$ sea nulo. **Máximo común divisor** El mayor de todos los divisores comunes de varios números: el *15 es máximo común divisor de 30 y 45.*

divisorio, a adj. Que establece una separación o división: *línea divisoria.*

divo, a s. (lat. *divus,* de *deus,* dios). Artista, en especial cantante de ópera, de gran mérito y fama, que sobresale o destaca entre otros. ◆ adj. y s. Altivo, engreído.

divorciar v.tr. y prnl. Disolver legalmente un matrimonio cuando se reúnen las condiciones necesarias que establece la ley. **2.** *Fig.* Separar, apartar lo que está unido o debe estarlo.

divorcio s.m. (lat. *divortium*). Disolución legal de un matrimonio válido cuando se reúnen las condiciones necesarias que establece la ley. **2.** *Fig.* Separación, divergencia. **3.** Colomb. Cárcel de mujeres.

divorcio

La mayoría de las legislaciones fundamentan el divorcio en el carácter contractual del matrimonio, a pesar de la indisolubilidad que le atribuyen determinadas religiones y personas. Las principales causas legales de divorcio son el cese de la convivencia conyugal, en algunos casos con proceso previo de separación, y los malos tratos al otro cónyuge. Las distintas legislaciones distinguen entre el divorcio solicitado de mutuo acuerdo o por uno solo de los cónyuges. En el primer caso, se acompaña a la demanda un convenio regulador de las condiciones del divorcio. La sentencia desvincula a los cónyuges, liquida el régimen patrimonial y regula la guardia y custodia de los hijos menores.

divulgación s.f. Acción y efecto de divulgar: *divulgación científica.*

divulgar v.tr. y prnl. (lat. *divulgare*). Propagar, publicar, extender, poner al alcance del público una cosa: *divulgar una noticia.*

divulsión s.f. CIR. Dilatación forzada de un canal o conducto (recto, útero).

dixieland s.m. Estilo de jazz, nacido en el sur de EUA a principios del s. XX, que resulta de una combinación del ragtime, el blues y las marchas militares, y que se practica por pequeños grupos que se libran a la improvisación colectiva. (También *dixie.*)

DNA → **ADN.**

DNI s.m. (sigla.) *Documento nacional de identidad.

1\. **do** s.m. (ital. *do*). Nota musical, primer grado de la escala. ◇ **Do de pecho** Una de las notas más agudas que alcanza la voz de tenor; *Fig.* esfuerzo extraordinario.

2\. **do** adv.l. (del ant. *o,* del lat. *ubi*). *Poét.* Donde. **2.** *Poét.* De donde.

dó adv.interrog. *Poét.* Dónde: *¿dó vas, triste de ti?* **2.** *Poét.* De dónde.

doberman adj. y s.m. (alem. *Dobermann,* del nombre del aficionado que hizo los cruces para obtener esta raza). Perro guardián que pertenece a una raza de origen alemán, de figura esbelta y pelo negro, raso y duro.

dobla s.f. (de *doble*). Moneda de oro castellana de la baja edad media. (La dobla logró arrinconar al maravedí de oro y fue la unidad áurea principal en Castilla hasta la reforma monetaria de 1497.) **2.** Chile. Beneficio que el dueño de una mina concede a alguien para que saque durante un día todo el mineral que pueda. **3.** Chile. *Fig.* y *fam.* Provecho que saca alguien de una cosa a la que no ha contribuido.

dobladillo s.m. Pliegue que se hace en el borde de una tela, cosido de modo que el canto quede oculto y no se pueda deshilar. **2.** Hilo fuerte usado para hacer calceta.

doblado, a adj. Se aplica a la persona robusta y de pequeña o mediana estatura. **2.** Se aplica al terreno escabroso o quebrado. **3.** *Fig.* Que muestra algo distinto de lo que siente o piensa.

doblador, ra adj. y s. Persona que efectúa el doblaje de una película, en especial si se dedica a ello profesionalmente.

dobladura s.f. Parte por donde se dobla o pliega algo. **2.** Señal que queda en la parte por donde se ha doblado algo.

doblaje s.m. CIN. Grabación de los diálogos de una película en una lengua diferente de la original.

doblar v.tr. (lat. tardío *duplare,* hacer algo doble). Poner una sobre otra dos partes de algo flexible: *doblar una sábana, una hoja de papel.* **2.** Hacer doble el tamaño, número o cantidad de algo: *doblar la apuesta.* **3.** Hacer un actor dos papeles en una misma obra. **4.** Pasar a otro lado de una esquina, cerro, etc., cambiando de dirección en el camino. **5.** *Fig.* y *fam.* Dejar a alguien baldado a causa de una paliza. **6.** Méx. *Fam.* Derribar a alguien de un balazo. **7.** CIN. Sustituir los diálogos de una banda sonora original por su traducción en otro idioma. **8.** DEP. En las carreras sobre pista, distanciarse un corredor de otro una vuelta completa. ◆ v.tr. y prnl. Torcer algo formando ángulo: *doblar un alambre.* ◆ v.intr. Tocar las campanas en señal de duelo por la muerte de alguien ◆ v.intr. y prnl. Ceder a la persuasión, a la fuerza o al interés. ◆ **doblarse** v.prnl. Hacerse un terreno más desigual y quebrado.

doble adj. y s.m. Duplo. **2.** En el juego del dominó, se aplica a la ficha que tiene el mismo número de puntos en los dos cuadrados: *el doble cuatro.* ◆ adj. Que se compone de dos partes, de dos cosas iguales o de la misma especie. **2.** En los tejidos y otras cosas, que es más grueso o consistente de lo normal. ◆ adj. y s. *Fig.* Simulado, falso, hipócrita. ◆ s.m. Doblez. ◆ s.m. y f. Persona que tiene un gran parecido con otra y que puede sustituirla sin que se note. **2.** Persona que sustituye a un actor o una actriz de cine o televisión en las escenas peligrosas o que requieren alguna habilidad especial. ◆ adv.m. Dos veces una cantidad, un número o tamaño. ◆ **dobles** s.m.pl. DEP. Partido en el que intervienen, formando equipo, dos concursantes. ◇ **Doble enlace** QUÍM. Enlace entre dos átomos formado por dos pares de electrones. (Se representa por el signo = colocado entre los dos átomos.) **Flor doble** BOT. Flor que tiene más pétalos de lo normal en ella. **Punto doble** MAT. Punto que, en una transformación, coincide con su imagen.

doblegar v.tr. y prnl. (lat. *duplicare,* hacer algo doble). Doblar, torcer una cosa encorvándola. **2.** *Fig.* Someter, obligar a obedecer.

doblete s.m. En billar, jugada en la que se obliga a la bola contraria a dar en una banda para volver a la opuesta. **2.** Piedra falsa que se obtiene fijando un cuerpo coloreado detrás de un pedazo de cristal. **3.** LING. Par de palabras que tienen la misma etimología, pero que han evolucionado de distinta manera: *las palabras* delicado *y* delgado *son un doblete, porque las dos proceden del latín* delicatus. ◇ **Doblete electrónico** Conjunto de dos electrones mediante el cual se forma el enlace de los átomos en determinadas moléculas. **Hacer doblete** Desempeñar un actor dos papeles en la misma obra; DEP. conseguir dos títulos en un mismo año o en un mismo torneo.

doblez s.m. Parte que se dobla o pliega de una cosa. **2.** Pliegue que queda en la parte por donde se ha doblado una cosa. ◆ s.m. o f. *Fig.* Cualidad de la persona que actúa con falsedad o hipocresía, expresando lo contrario de lo que se siente realmente.

doblón s.m. (de *dobla*). Moneda de oro española de la edad moderna.

doca s.f. Chile. Planta rastrera de la familia de las aizoáceas, de flores rosadas y fruto comestible.

doce adj.num.cardin. y s.m. (lat. *duodecim*). Diez más dos. ◆ adj.num.ordin. y s.m. Duodécimo. ◇ **Doce por ocho** MÚS. Compás a cuatro tiempos, que tiene una negra punteada (o tres corcheas) por unidad de tiempo.

doceañista adj. y s.m. y f. Relativo a la constitución aprobada por las cortes de Cádiz en 1812; partidario de esta constitución.

doceavo, a o **dozavo, a** adj. y s.m. Se dice de cada una de las partes que resultan de dividir un todo en doce partes iguales.

docena s.f. Conjunto de doce cosas: *docena de huevos.*

docencia s.f. Enseñanza.

docente adj. (lat. *docens, -tis,* p. de *docere,* enseñar). Que enseña o instruye. **2.** Relativo a la enseñanza: *estamento docente.*

docetismo s.m. Doctrina religiosa de los primeros siglos del cristianismo que enseñaba que el cuerpo de Cristo no fue más que una pura apariencia y que la pasión y muerte de Jesús no tiene ninguna realidad.

dócil adj. (lat. *docilis,* que aprende fácilmente). Obediente, que hace lo que se le manda o aconseja, o que es fácil de educar: *animal dócil.* **2.** Se aplica a la materia que puede ser labrada con facilidad: *un metal dócil.*

docilidad s.f. Cualidad de dócil.

docimasia s.f. (gr. *dokimasía,* prueba, ensayo). ANT. GR. En Atenas, indagación sobre los ciudadanos llamados a ocupar ciertas funciones. **2.** MED. Investigación de las circunstancias causantes de la muerte por medio de exámenes especiales de ciertos órganos.

docto, a adj. y s. (lat. *doctus,* p. de *docere,* enseñar). Que tiene muchos conocimientos.

doctor, ra s. (lat. *doctor, -oris,* maestro, el que enseña). Médico. **2.** Persona que posee un doctorado. **3.** Persona que enseña una ciencia o arte. ◇ **Doctor de la Iglesia** Escritor eclesiástico de gran autoridad, notable por su santidad de vida, la pureza de ortodoxia o el valor de su ciencia. **Doctor de la ley** Intérprete de los libros del Antiguo testamento. **Doctor honoris causa** Título honorífico que conceden las universidades a una persona eminente.

doctorado s.m. Grado máximo académico conferido por una universidad u otro establecimiento autorizado para ello. **2.** Estudios necesarios para obtener este grado.

doctoral adj. Relativo al doctor o al doctorado: *tesis doctoral.*

doctorando, a s. Persona que va a pasar el examen para el grado de doctor o que estudia para ello.

doctorar v.tr. Dar el título o grado de doctor a alguien. ◆ **doctorarse** v.prnl. Obtener el título o grado de doctor. **2.** TAUROM. Tomar la alternativa.

doctrina s.f. (lat. *doctrina*). Conjunto de ideas, enseñanzas o principios básicos defendidos por un movimiento religioso, ideológico, político, etc. **2.** Conjunto de conocimientos teóricos sobre un tema. **3.** Opinión o conjunto de ideas de un autor o escuela. **4.** DER. Conjunto de trabajos que tienen por objeto exponer o interpretar el derecho, y que constituye una de las fuentes de las ciencias jurídicas.

doctrinal adj. Relativo a la doctrina. ◆ s.m. Libro que contiene reglas y preceptos.

doctrinario, a adj. y s. Partidario de una doctrina determinada, especialmente la de un partido político o una institución. **2.** Que atiende más a las doctrinas y teorías abstractas que a la práctica.

doctrinarismo s.m. Cualidad de doctrinario.

doctrinero s.m. Párroco o cura que, durante la colonización americana, servía en una iglesia de un pueblo de españoles o de indios.

docudrama s.m. Género de radio y televisión que contiene características propias del drama y del documental.

documentación s.f. Acción y efecto de documentar o documentarse. **2.** Conjunto de documentos con que se acredita una cosa, generalmente oficial, legal o histórica. **3.** Conjunto de operaciones, métodos, etc., que facilita la recopilación, almacenamiento, búsqueda y circulación de documentos e información. ◇ **Documentación automática** INFORMÁT. Técnica de documentación que se basa en la utilización de la informática.

documentado, a adj. Enterado. **2.** Se dice de la persona que posee noticias o pruebas acerca de un asunto. **3.** Se dice del memorial, pedimento, etc., acompañado de los documentos necesarios. **4.** Se dice de la persona que tiene documentos de identidad personal.

documental adj. Que se basa en documentos o relacionado con ellos: *prueba documental.* ◆ s.m. Película cinematográfica realizada basándose en documentos tomados de la realidad, generalmente de carácter pedagógico o informativo.

documentalista adj. y s.m. y f. Relativo al tratamiento de documentos; que estudia o elabora documentos: *escuela documentalista.* ◆ s.m. y f. Persona que realiza documentales.

documentar v.tr. Probar o demostrar algo con documentos. ◆ v.tr. y prnl. Informar a alguien de las pruebas relacionadas con un asunto.

documento s.m. (lat. *documentum,* enseñanza, ejemplo). Escrito con que se acredita una cosa, generalmente oficial, legal o histórica. ◇ **Documento nacional de identidad (DNI)** Tarjeta oficial que sirve para la identificación de los súbditos españoles. SIN.: *carné de identidad.*

dodecaedro s.m. MAT. Poliedro de doce caras.

dodecafónico, a adj. Relativo al dodecafonismo.

dodecafonismo s.m. Técnica musical basada en el empleo de los doce sonidos de la escala cromática temperada occidental.

dodecafonista adj. y s.m. y f. Se dice del compositor que practica el dodecafonismo.

dodecágono s.m. MAT. Polígono que tiene doce ángulos y doce lados.

dodecasílabo, a adj. y s.m. Que tiene doce sílabas.

dodo s.m. Dronte.

dogal s.m. (lat. tardío *ducale*). Cuerda o soga con un nudo corredizo que se ata al cuello de las caballerías para dirigirlas. **2.** Soga para ahorcar a un reo.

dogaresa s.f. (ital. *dogaressa*). Mujer del dux.

dogma s.m. (lat. *dogma, -atis,* del gr. *dógma,* decisión, decreto). Punto fundamental de doctrina, en religión o en filosofía, que no se puede poner en duda. **2.** Conjunto de creencias u opiniones; principios: *el dogma católico.*

dogmática s.f. REL. Exposición sistemática de las verdades de la fe.

dogmático, a adj. Relativo al dogma. ◆ adj. y s. Que expresa una opinión de manera categórica e irrefutable: *tono dogmático.*

dogmatismo s.m. Actitud que no admite discusión sobre la afirmación de ciertas ideas, creencias u opiniones. **2.** Filosofía o religión que rechaza categóricamente la duda y la crítica.

dogmatizar v.tr. Afirmar o exponer algo de forma dogmática. **2.** Enseñar los dogmas, especialmente los religiosos.

1. **dogo** s.m. Dux.

2. **dogo, a** adj. y s.m. Se dice de diferentes razas de perros guardianes, de cabeza gruesa, hocico achatado y orejas pequeñas con la punta doblada.

dogon, pueblo negro de Malí, de lengua nigeriano-congoleña, que vive en la meseta de Bandiagara.

doladera s.f. Herramienta afilada para afinar o desbastar la madera.

dólar s.m. (ingl. *dollar*). Unidad monetaria principal de EUA, Australia, Canadá, Hong Kong, Liberia, Nueva Zelanda y Zimbabwe, y de otros países de influencia anglosajona.

dolby s.m. (marca registrada). Procedimiento de reducción del ruido de fondo de las grabaciones sonoras, en especial de las musicales. **2.** Dispositivo que utiliza este procedimiento.

dolce adv. (voz italiana). MÚS. Con suavidad.

dolcissimo adv. (voz italiana). MÚS. De una manera muy suave.

doldrums s.m.pl. (voz inglesa). METEOROL. Zona de bajas presiones ecuatoriales.

dolencia s.f. Indisposición, enfermedad.

doler v.intr. (lat. *dolere*) [conj.: *mover*]. Tener sensación de dolor en alguna parte del cuerpo: *le duele una pierna.* ◆ v.intr. y prnl. Causar disgusto, pesar, dolor o arrepentimiento: *duele verlo sufrir.* ◆ **dolerse** v.prnl. Quejarse o lamentarse de algo que causa pesar.

dolicocéfalo, a adj. y s. (del gr. *dolikhós*, largo, y *kephalē*, cabeza). Se dice de la persona cuyo cráneo es más largo que ancho. CONTR.: *braquicéfalo.*

dolicocolon s.m. Intestino grueso anormalmente largo.

doliente adj. Enfermo, que padece enfermedad.

dolina s.f. (voz eslava, *valle*). GEOGR. Pequeña depresión circular con fondo llano, característica de la topografía cársica.

dolmán s.m. → **dormán.**

dolmen s.m. (fr. *dolmen*). Monumento megalítico construido con una losa horizontal que se apoya sobre bloques verticales que forman las paredes de la cámara funeraria.

dolo s.m. (lat. *dolus*, astucia, fraude). DER. Maniobra fraudulenta destinada a engañar.

dolomía s.f. (fr. *dolomie*, de *Dolomieu*, geólogo francés). Roca sedimentaria constituida esencialmente de dolomita a la que se mezcla a menudo calcita, cuya diferente disolución origina relieves ruiniformes característicos.

dolomita s.f. Carbonato natural doble de calcio y magnesio.

dolor s.m. (lat. *dolor, -oris*). Sensación penosa y desagradable que se siente en una parte del cuerpo. **2.** Sentimiento anímico de sufrimiento producido por una gran contrariedad: *el dolor de una desgracia.* ◇ **Dolor de corazón** *Fig.* Sentimiento, pena, aflicción por un daño causado. **Dolor moral** PSIQUIATR. Tristeza profunda, acompañada de autoacusaciones injustificadas, que constituye uno de los síntomas principales del estado depresivo. **Estar con dolores** Estar en los preliminares del parto una mujer.

dolorida s.f. Perú. Plañidera, mujer contratada para llorar en los entierros.

dolorido, a adj. Que duele ligeramente o se resiente de un dolor. **2.** Apenado, desconsolado, lleno de dolor y angustia.

dolorosa s.f. y adj. Imagen de la Virgen afligida por la muerte de Jesús. (Con este significado, suele escribirse con mayúscula.)

doloroso, a adj. Que causa dolor: *golpe doloroso.* **2.** Lamentable, lastimoso, que mueve a compasión: *suceso doloroso.*

doloso, a adj. (lat. *dolosus*). DER. Que presenta el carácter del dolo, del fraude, del engaño: *anular un contrato doloso.*

dom s.m. (del lat. *dominus*, dueño, señor). Título que se da a ciertos religiosos (benedictinos, cartujos, etc.). **2.** Título de honor que se da a los nobles en Portugal.

doma s.f. Acción y efecto de domar. SIN.: *domadura.*

domador, ra s. Persona que doma. **2.** Persona que exhibe y maneja fieras domadas.

domar v.tr. (lat. *domare*). Amansar, hacer dócil a un animal salvaje. **2.** *Fig.* Sujetar, someter, reprimir: *domar el carácter.*

domeñar v.tr. (del lat. *dominuim*, dominio). Domar, sujetar, someter: *domeñar la voluntad.*

domesticación s.f. Acción y efecto de domesticar.

domesticar v.tr. Hacer doméstico o dócil a un animal salvaje. ◆ v.tr. y prnl. *Fig.* Hacer tratable a una persona de carácter áspero o rebelde.

doméstico, a adj. (lat. *domesticus*). Relativo a la casa o al hogar: *trabajo doméstico.* **2.** Se dice del animal que ha sido domesticado. ◆ adj. y s. Se dice de la persona que tiene por oficio servir en una casa. ◆ s.m. Ciclista que tiene la misión de ayudar al corredor principal de su equipo.

domiciliación s.f. Esp. Autorización para realizar pagos o cobros con cargo a una cuenta bancaria.

domiciliar v.tr. Autorizar un pago o un cobro con cargo a una cuenta bancaria. ◆ **domiciliarse** v.prnl. Establecer, fijar alguien su domicilio en un lugar.

domiciliario, a adj. Relativo al domicilio. **2.** Que se ejecuta o cumple en el domicilio del interesado: *arresto domiciliario.* ◆ s. Persona que tiene domicilio en un lugar.

domiciliatario, a s. DER. Tercera persona en cuyo domicilio es pagable un efecto comercial, en general un efecto bancario.

domicilio s.m. (lat. *domicilium*). Vivienda fija y permanente donde habita o se hospeda una persona. ◇ **A domicilio** En el propio domicilio del interesado. **Domicilio conyugal** Domicilio común de los esposos. **Domicilio legal** Lugar en que la ley presume que se encuentra una persona para el ejercicio de sus derechos y el cumplimiento de sus obligaciones. **Domicilio social** Domicilio de una empresa.

dominación s.f. Acción de dominar, especialmente un soberano sobre un pueblo o una nación sobre otra. ◆ **dominaciones** s.f.pl. Nombre con que san Pablo alude a las jerarquías angélicas; en la clasificación del Seudo-Dionisio, primer coro de la segunda jerarquía angélica.

dominancia s.f. BIOL. Estado presentado por un carácter o un gen dominante. **2.** ETOL. Superioridad de un animal sobre sus congéneres, establecida como resultado de relaciones agresivas y que se manifiesta por medio de comportamientos particulares. **3.** FISIOL. Cometido funcional predominante de una de las dos partes de un órgano par y simétrico.

dominante adj. Que domina: *tendencia dominante.* **2.** Se aplica a la persona que tiende a dominar y dirigir a los que la rodean. **3.** Se aplica al carácter hereditario que siempre se manifiesta en el fenotipo. ◆ s.f. ESTADÍST. Moda. **2.** MÚS. Quinto grado de la escala, y una de las tres notas generatrices. ◇ **Especie dominante** La especie más frecuente en una región o asociación. **Séptima de dominan-te** Acorde mayor que contiene una séptima menor, situada a partir del 5º grado de una escala.

dominar v.tr. (lat. *dominare*). Tener dominio sobre personas o cosas: *dominar la situación.* **2.** *Fig.* Conocer a fondo una ciencia o arte. **3.** Divisar algo desde una altura: *dominar todo el valle.* ◆ v.tr. y prnl. Contener, reprimir, sujetar una acción, sentimiento, pasión, etc.: *dominar el odio.* ◆ v.intr. y tr. Ser una cosa más alta que otras entre las que está. **2.** Resaltar, ser una cosa más perceptible que otras: *un color que domina.*

dómine s.m. (lat. *dominus*, amo, maestro). Maestro de gramática latina. **2.** Maestro que emplea métodos anticuados. **3.** *Desp.* Persona que pretende dar lecciones sin tener conocimientos ni cualidades para ello.

domingo s.m. Séptimo día de la semana.

dominguejo s.m. Dominguillo. **2.** Amér. Persona insignificante.

dominguero, a adj. *Fam.* Que sucede o se suele usar en domingo. ◆ adj. y s. *Desp.* Se dice de la persona que acostumbra a salir o divertirse solamente los domingos o días festivos. ◆ s. *Desp.* Conductor que solo utiliza el automóvil los días festivos para salir de la ciudad. **2.** *Por ext.* y *desp.* Conductor inexperto.

dominguillo s.m. Muñeco con un contrapeso en la base

que, movido en cualquier dirección, siempre vuelve a la vertical.

domínica o **dominica** s.f. En lenguaje y estilo eclesiástico, domingo.

dominical adj. Relativo al domingo: *descanso dominical.* ◇ **Oración dominical** El padrenuestro.

dominicanismo s.m. Palabra, expresión o giro propios del español de la República Dominicana. **2.** Estima o admiración por la cultura y las tradiciones de la República Dominicana.

dominicano, a adj. Dominico, relativo a la orden de Santo Domingo. ◆ adj. y s. De la República Dominicana. ◆ s.m. Variedad del español que se habla en la República Dominicana.

dominico, a adj. y s. De la orden de santo Domingo. ◆ s.m. Variedad de banano de pequeño tamaño. **2.** Ave paseriforme de América Meridional, con el pico alargado, recto, robusto y grueso, que se alimenta de frutas, semillas, granos, etc. (Familia fringílidos.)

dominico

La orden de los dominicos, u orden de predicadores, fundada por santo Domingo de Guzmán (1215) para luchar contra la herejía albigense, se orientó hacia una forma de vida comunitaria y democrática guiada únicamente por la predicación de la palabra de Dios. Los dominicos españoles destacaron en la defensa de la fe católica, ejerciendo funciones judiciales en el tribunal de la Inquisición. Fray Bartolomé de las Casas sobresalió en la empresa evangelizadora de América.

1. **dominio** s.m. (lat. *dominium,* propiedad). Acción de dominar o dominarse. **2.** Poder, autoridad, fuerza, etc., que tiene una persona sobre alguien o algo. **3.** Lugar en el que alguien ejerce la máxima autoridad. **4.** *Fig.* Campo que corresponde a una ciencia o a una actividad de tipo intelectual o artístico: *el dominio de la literatura.* **5.** Propiedad agraria. **6.** Plenitud de los atributos que las leyes reconocen al propietario de una cosa para disponer de ella. **7.** INFORMÁT. Parte de una dirección de Internet que identifica un sitio web y que describe el tipo de empresa u organización a la que pertenece o bien el país donde está registrado. **8.** LING. Territorio donde se habla una lengua o dialecto. **9.** MAT. Conjunto en el que cada elemento tiene definida una función o una operación. ◆ **dominios** s.m.pl. Territorios bajo el poder de un rey o de un estado. ◇ **Dominio del estado** Bienes del estado divididos en dominio público y en dominio privado; administración de estos bienes. **Dominio privado** Conjunto de bienes del estado o de la colectividad pública sometidos a las reglas del derecho privado. **Dominio público** Conjunto de bienes muebles o inmuebles que pertenecen al estado o a una colectividad local que, por ser indispensables al logro del bien común, están sometidos a un régimen protector particular. **Dominio real** HIST. En la época feudal, conjunto de posesiones que dependían directamente del rey. **Pasar al dominio público** Se dice de una producción literaria o artística que, después de un tiempo determinado tras la muerte del autor, puede ser reproducida y vendida en todo el mundo sin derechos de autor. **Ser del dominio común,** o **público** Ser una cosa sabida de todos.

2. **dominio** o **dominion** s.m. Nombre dado, especialmente antes de 1947, a diversos estados miembros de la Commonwealth (Canadá, Australia, Nueva Zelanda, etc.).

dominó s.m. (del lat. *domino,* yo gano). Juego de mesa para un máximo de cuatro jugadores en el que se utilizan 28 fichas rectangulares, divididas en dos partes iguales, cada una de las cuales tiene de 0 a 6 puntos. **2.** Conjunto de fichas que se emplean en este juego. **3.** Traje talar con capucha, que se usa como disfraz. ◇ **Hacer dominó** Ganar un jugador la partida de dominó al quedarse sin fichas.

domo s.m. (fr. *dôme*). ARQ. Cúpula o bóveda semiesférica. **2.** GEOGR. Relieve de forma toscamente semiesférica. **3.** TECNOL. Depósito esférico que remata una caldera.

domótica s.f. (del lat. *domus,* casa). Conjunto de técnicas orientadas a integrar en la vivienda automatismos relacionados con la seguridad, la gestión energética, las comunicaciones, etc.

dompedro s.m. *Fam.* Bacín, orinal.

1. **don** s.m. (lat. *donum*). Dádiva o regalo, material o inmaterial, especialmente el concedido por un ser superior. **2.** Cualidad natural, talento, habilidad: *tener el don de la palabra.* ◇ **Don de gentes** Habilidad para tratar, convencer o atraer la simpatía de otras personas. **Don de lenguas** REL. Manifestación carismática en la Iglesia cristiana primitiva que consistía en la emisión de una serie de sonidos y palabras ininteligibles para los oyentes de la asamblea sin la ayuda del don de la interpretación. SIN.: *glosolalia.*

2. **don, ña** s. (lat. *dominum*). Tratamiento de cortesía que se antepone al nombre de pila de una persona: *don Felipe; doña Juana.* **2.** Palabra que se antepone a un nombre o adjetivo para motejar a una persona que se caracteriza por el uso y abuso de lo que esa palabra expresa: *doña virtudes.* **3.** Amér. Voz que se usa para dirigirse a una persona cuyo nombre se desconoce. ◇ **Don nadie** *Desp.* Persona poco conocida, o con escaso poder.

dona s.f. Amér. Central, Méx. y P. Rico. Rosquilla de masa esponjosa frita en aceite y cubierta con chocolate o azúcar.

donación s.f. Acción de donar. **2.** Cosa donada. **3.** MED. Acción de ofrecer una persona un órgano propio para efectuar un trasplante o para investigación. ◇ **Donación esponsalicia** Donación realizada antes de celebrarse el matrimonio a favor de uno de los contrayentes o de ambos.

donador, ra adj. y s. Donante.

donaire s.m. (lat. tardío *donarium,* donativo). Gracia, agilidad o ingenio para expresarse: *hablar con donaire.* **2.** Chiste u ocurrencia graciosa. **3.** Gallardía, garbo, soltura de cuerpo: *caminar con donaire.*

donante adj. y s.m. y f. Se dice de la persona que hace una donación: *donante de sangre; donante de bienes.* SIN.: *donador.* ◆ s.m. y f. **Donante universal** Persona del grupo sanguíneo 0 que puede donar sangre a personas que pertenecen a cualquier otro grupo sanguíneo.

donar v.tr. (lat. *donare*). Dar algo voluntariamente.

donatario, a s. DER. Persona que recibe una donación.

donatismo s.m. Cisma del obispo Donato, en el s. IV, que negaba todo valor a los sacramentos administrados por los obispos indignos o los juzgados como tales.

donativo s.m. (lat. *donativum*). Regalo, dádiva.

doncel s.m. (cat. *donzell*). Joven adolescente. **2.** En Castilla, paje o caballero joven, antes de ser armado.

doncella s.f. (del lat. *domina,* señora). Mujer joven, especialmente la que es virgen. **2.** Criada encargada de tareas del hogar ajenas a la cocina.

doncellez s.f. Estado de la persona que conserva su virginidad. SIN.: *doncellería.*

donde adv.l. (del lat. *unde*). En el lugar en que sucede algo o está algo o alguien: *donde ellos están.* (Puede ir precedido de diversas preposiciones.) **2.** *Fam.* A casa de, en casa de, o el sitio en que está: *mañana iré donde Juan.* **3.** Adonde: *irás donde tú quieras.* ◆ pron.relat. Introduce oraciones subordinadas adjetivas: *la ciudad donde nací.* **2.** Con las preposiciones *de* y *por,* indica deducción o consecuencia: *estaban juntos, de donde deduje que eran amigos.*

dónde adv.l.interrog. En qué lugar sucede algo o está algo o alguien: *¿dónde estás?; dime dónde irás.* ◇ **Por dónde** Por qué razón, causa o motivo: *por dónde se habrá enterado.*

dondequiera adv.l. En cualquier parte: *me persigue dondequiera que vaya.*

dondiego s.m. Planta herbácea, originaria de América, cultivada por sus flores, grandes y coloreadas, que se abren al anochecer. (Familia nictagináceas.) SIN.: *dondiego de noche.* ◇ **Dondiego de día** Planta anual, de flores de corolas azules que se abren con el día y se cierran al ponerse el sol. (Familia convolvuláceas.)

1. **dong** s.m. Unidad monetaria principal de Vietnam.

2. **dong** o **tong,** pueblo de China (Hunan, Guizhou, Guangxi), vinculado al grupo lingüístico thai.

donguindo s.m. Variedad de peral, cuyas peras, de forma irregular, son grandes y de carne azucarada.

donjuán s.m. Hombre que tiene facilidad para seducir y conquistar a las mujeres.

donjuanismo s.m. Conjunto de caracteres y cualidades propias de don Juan Tenorio. **2.** Conjunto de rasgos y cualidades propios de un donjuán.

donoso, a adj. Que tiene donaire.

donostiarra adj. y s.m. y f. De San Sebastián (España).

donosura s.f. Donaire, gracia. SIN.: *donosidad.*

donut s.m. (marca registrada). Bollo en forma de rosquilla recubierto o relleno con algún ingrediente dulce.

dopado, a adj. Se dice del deportista que se dopa. ◆ s.m. Dopaje. **2.** ELECTRÓN. Adición de una cantidad mínima de impurezas a un monocristal para transformarlo en semiconductor.

dopaje s.m. Acción de dopar o doparse.

dopamina s.f. Denominación usual de la hidroxitiramina, precursora de la adrenalina y hormonas próximas.

dopar v.tr. y prnl. (ingl. *to dope,* drogar). DEP. Administrar fármacos o sustancias estimulantes para potenciar artificialmente el rendimiento. ◆ v.tr. ELECTRÓN. Añadir impurezas a un monocristal.

doping s.m. (voz inglesa). Dopaje.

doquier o **doquiera** adv.l. Dondequiera: *doquiera que vaya.*

dorada s.f. (lat. *aurata*). Pez teleósteo del Atlántico y del Mediterráneo, de carne muy estimada, que presenta coloración dorada y una mancha del mismo color sobre la cabeza. (Familia espáridos.)

doradillo, a adj. y s.m. Argent., C. Rica y Urug. Se dice de las caballerías de color melado brillante.

dorado, a adj. Se dice del color que es amarillo como el oro o tiene el brillo del oro. **2.** Recubierto de una capa fina de oro o de otra sustancia parecida. **3.** *Fig.* Esplendoroso, feliz: *época dorada.* **4.** Chile y Cuba. Se dice de las caballerías de color melado. ◆ s.m. Doradura. **2.** Arte de ornamentar las cubiertas de los libros encuadernados mediante estampaciones a las que se aplica oro fino. **3.** Argent., Par. y Urug. Pez fluvial, de unos 70 cm de long., de color dorado con el vientre plateado, muy apreciado para la pesca deportiva por la gran resistencia que ofrece a ser sacado del agua. ◆ **dorados** s.m.pl. Conjunto de adornos metálicos o de objetos de latón. ◇ **Juventud dorada** Jóvenes de la alta burguesía francesa que participaron en la lucha contra el terror impuesto por Robespierre, derrocándolo.

dorador, ra s. Persona que tiene por oficio dorar.

doradura s.f. Acción y efecto de dorar. SIN.: *dorado.*

dorar v.tr. (lat. *deaurare*). Recubrir con una capa fina de oro: *dorar los cantos de un libro.* **2.** Dar el color u otras características del oro. **3.** *Fig.* Presentar algo desagradable dándole una apariencia mejor o más agradable: *dorar a alguien la verdad.* ◆ v.tr. y prnl. CULINAR. **a.** Freír o asar ligeramente con aceite o manteca. **b.** Cubrir un manjar con una ligera capa de yema de huevo. ◆ **dorarse** v.prnl. Tomar color dorado: *las espigas se doran en el campo.*

dórico, a adj. y s. De la Dórida. ◆ s.m. Variedad dialectal del griego antiguo que se hablaba en esta región. (El dórico es uno de los cuatro principales dialectos del griego antiguo.) ◇ **Modo dórico** MÚS. Modo griego clásico más importante. **Orden dórico** El más antiguo de los órdenes de arquitectura griega, definido por una columna acanalada de aristas vivas, sin basa, un capitel sin molduras y un entablamento con triglifos y metopas alternados.

dorífora s.f. Insecto coleóptero, de 1 cm de long. y con diez líneas negras en los élitros, que se alimenta de las hojas de la papa.

dorio, a adj. y s. De un pueblo indoeuropeo que invadió Grecia a fines del segundo milenio a.C., que se organizaban como una sociedad guerrera, de la que Esparta conservó muchos rasgos.

dormán o **dolmán** s.m. (fr. *dolman,* del turco *dolamân,* traje largo y ceñido de mangas estrechas). Saco de uniforme, con adornos de alamares y vueltas de piel.

dormición s.f. REL. En la liturgia antigua, muerte de la Virgen.

dormida s.f. Acción de dormir. **2.** Amér. Merid. Lugar donde se pernocta.

dormilón, na adj. y s. *Fam.* Que duerme mucho o se duerme con facilidad. SIN.: *dormidor.*

dormir v.intr., tr. y prnl. (lat. *dormire*). Estar, entrar o hacer entrar en el estado periódico de reposo, durante el cual se suspenden o quedan inactivos los sentidos y los movimientos voluntarios. **2.** Reposar, descansar: *dejar dormir un asunto.* ◆ v.intr. Pernoctar: *dormir en un hotel.* ◆ v.tr. Anestesiar. ◆ **dormirse** v.prnl. *Fig.* Quedarse un miembro del cuerpo sin sensibilidad y con una sensación de hormigueo: *dormirse un pie.* **2.** *Fig.* Descuidarse, obrar con poca solicitud: *si te duermes no conseguirás el cargo.* ◇ **Dormirla** Dormir después de una borrachera.

dormitar v.intr. (lat. *dormitare*). Dormir con sueño poco profundo.

dormir

INDICATIVO

presente
duermo
duermes (dormís)
duerme
dormimos
dormís
duermen

copretérito o pret. imperfecto
dormía
dormías
dormía
dormíamos
dormíais
dormían

pretérito o pret. perf. simple
dormí
dormiste
durmió
dormimos
dormisteis
durmieron

futuro o fut. simple
dormiré
dormirás
dormirá
dormiremos
dormiréis
dormirán

pospretérito o condicional simple
dormiría
dormirías
dormiría
dormiríamos
dormiríais
dormirían

SUBJUNTIVO

presente
duerma
duermas
duerma
durmamos
durmáis
duerman

pretérito o pret. imperfecto
durmiera o *durmiese*
durmieras o *durmieses*
durmiera o *durmiese*
durmiéramos o *durmiésemos*
durmierais o *durmieseis*
durmieran o *durmiesen*

futuro o fut. simple
durmiere
durmieres
durmiere
durmiéremos
durmiereis
durmieren

IMPERATIVO

duerme (dormí)	(tú, vos)
duerma	(él)
durmamos	(nosotros)
dormid	(vosotros)
duerman	(ellos)

FORMAS NO PERSONALES

infinitivo	**gerundio**
dormir	durmiendo

participio
dormido

dormitivo, a adj. y s.m. Que posee propiedades somníferas.

dormitorio s.m. Habitación destinada a dormir. **2.** Conjunto de los muebles que componen esta habitación.

dornajo s.m. Cuenco redondo y pequeño que sirve para fregar, dar de comer a los animales, etc. SIN.: *dornillo.*

dorsal adj. Relativo al dorso o al lomo: *vértebras dorsales.* **2.** FONÉT. Se dice de un fonema en cuya articulación interviene el dorso de la lengua. ◆ s.m. Número que llevan los deportistas en la espalda para distinguirlos durante el juego o en una competición. ◆ s.f. Cordillera submarina. **2.** Línea continua de montanas terrestres o submarinas. ◇ **Dorsal barométrica** Línea continua de altas presiones.

dorsalgia s.f. Dolor en la espalda, particularmente en la columna vertebral.

dorso s.m. (lat. *dorsum,* espalda). Parte posterior de una cosa: *el dorso de una hoja.* **2.** ZOOL. Parte posterior o superior del tronco de los vertebrados, desde los hombros hasta la pelvis.

dos adj.num.cardin. y s.m. (lat. *duos*). Uno más uno. ◆ adj.num.ordin. y s.m. Segundo: *el número dos de la lista.* ◆ s.m. ◇ **Cada dos por tres** Con frecuencia, a menudo. **Dos por cuatro** MÚS. Medida de dos tiempos, que tiene la blanca como unidad de medida. **Dos por dieciséis** MÚS. Medida de dos tiempos, que tiene la corchea por unidad de medida. **Dos por ocho** MÚS. Medida poco utilizada, a dos tiempos, que tiene la negra por unidad de medida.

doscientos, as adj.num.cardin. y s.m. (del lat. *ducenti*). Dos veces cien. ◆ adj.num.ordin. y s.m. Duocentésimo: *quedar en el puesto doscientos.*

dosel s.m. Coronamiento de un trono, sitial, púlpito o lecho. **2.** Antepuerta o tapiz.

doselete s.m. Miembro ornamental voladizo que se coloca sobre estatuas, sillas de coro, etc., para resguardarlas.

dosificador s.m. Aparato que sirve para dosificar.

dosificar v.tr. Establecer una dosis, especialmente de un medicamento. **2.** *Fig.* Realizar algo en pequeñas dosis: *dosificar los esfuerzos.*

dosímetro s.m. Aparato que sirve para medir las dosis de irradiaciones absorbidas.

dosis s.f. (gr. *dósis,* acción de dar, porción). Cantidad de un medicamento que se prescribe para lograr una acción determinada. **2.** *Fig.* Cantidad o porción de algo: *una gran dosis de humanidad.*

dossier s.m. (fr. *dossier*). Expediente, legajo, sumario. **2.** Conjunto de documentos o informaciones referentes a una persona o a un asunto.

dotación s.f. Acción de dotar. **2.** Conjunto de aquello con que alguien o algo está dotado. **3.** Personal de un taller, oficina, etc. **4.** Tripulación de un buque.

dotal adj. Relativo al dote o a la dote.

dotar v.tr. Dar una dote a la mujer que va a casarse o a ingresar en una orden religiosa. **2.** *Fig.* Añadir a una persona o cosa alguna cualidad o característica para mejorarla o perfeccionarla: *dotar de inteligencia; vehículo dotado de climatizador.* **3.** Proveer de personal o de dinero.

dote s.m. o f. (lat. *dos, dotis*). Conjunto de bienes o dinero que aporta la mujer al matrimonio, o del que dispone para casarse. **2.** Conjunto de bienes que entregaba una profesa al convento en que ingresaba como religiosa. ◆ **dotes** s.f.pl. Conjunto de cualidades de una persona: *dotes de mando.*

dovela s.f. Piedra aparejada, con forma de cuña, cuya yuxtaposición sirve para formar arcos, bóvedas o las molduras de una puerta, ventana, cornisa o dosel en arco. **2.** Piedra que forma el saliente sobre el plano de una arcada, o en medio de un dintel. **3.** OBR. PÚBL. **a.** Elemento curvo prefabricado, de hormigón o de fundición, ensamblado por compresión, para formar el revestimiento de un túnel. **b.** Elemento de estructura comprendido entre dos planos transversales contiguos, que forma un tramo transversal que constituye un puente de hormigón pretensado construido mediante salientes.

dovelaje s.m. Conjunto de dovelas.

dovelar v.tr. Labrar una piedra dándole forma de dovela.

Down. Síndrome de Down Aberración cromosómica caracterizada por una deficiencia intelectual y modificaciones somáticas particulares, como talla pequeña, extremidades cortas, región occipital aplanada, hendiduras palpebrales oblicuas y angostas, con repliegue del ángulo cutáneo interno de los párpados.

doxología s.f. Fórmula de alabanza a la Santísima Trinidad, en la liturgia católica. **2.** Enunciado que se limita a reproducir una opinión común o una apariencia.

dozavo, a adj. y s.m. → **doceavo.**

dracma s.f. (lat. *drachma,* del gr. *drakhmí*). Unidad principal de peso y de moneda de la antigua Grecia. **2.** Unidad monetaria de Grecia, sustituida en 2002 por el euro.

draconiano, a adj. Relativo a Dracón, legislador de Atenas: *código draconiano.* **2.** *Fig.* Se dice de las leyes o providencias muy severas: *medidas draconianas.*

draga s.f. (ingl. *drag*). Máquina excavadora que sirve para extraer escombros y materiales que se hallan bajo las aguas, o cualquier maquinaria destinada a extraer o elevar tierras o áridos. **2.** Barco dragador.

dragado s.m. Acción y efecto de dragar. **2.** Operación que tiene por objeto la extracción o la destrucción de las minas existentes en determinada zona marítima.

dragador, ra adj. y s.m. Se dice de la embarcación provista de una máquina para dragar. **2.** Se dice de la persona que trabaja a bordo de una draga.

dragalina s.f. Máquina mixta de excavación, que actúa mediante el rascado del terreno mediante un cangilón arrastrado por un cable.

dragaminas s.m. (pl. *dragaminas*). Barco de guerra pequeño equipado para el dragado de minas y, accesoriamente, para la lucha antisubmarina o antiaérea.

dragar v.tr. Excavar y limpiar de piedras, barro o arena el fondo de los puertos, vías fluviales, canales, etc.

drago s.m. Árbol de los países cálidos, grueso, ramificado y liso, copa ancha de color blanco amarillento y en forma de campana, y fruto en forma de baya de color anaranjado. (Puede alcanzar más de 20 m de alt. y vivir más de mil años; familia liliáceas.)

dragomán s.m. HIST. Antiguo nombre de los intérpretes oficiales en Constantinopla y en todo el levante musulmán.

1. **dragón** s.m. (lat. *draco, -onis*). Monstruo fabuloso que se representa con alas y con cola de serpiente, y que echa fuego por la boca. **2.** Reptil parecido al lagarto. **3.** Pez marino, de cuerpo alargado, cabeza de gran tamaño, plana y ancha, con dos ojos en el dorso, y grandes aletas dorsales, sobre todo en los machos. (Familia calionímidos.) **4.** Soldado de un cuerpo militar de caballería creado en el s. XVI.

2. **dragón** s.m. Embarcación de vela usada en competiciones deportivas, con velas triangulares a proa y trapezoidales a popa.

dragona s.f. Charretera de estambre que usaron los soldados que pertenecían a cuerpos de preferencia.

dragonear v.intr. Amér. Ejercer un cargo sin tener título para ello. **2.** Amér. Alardear, jactarse de algo.

dragontea s.f. Planta herbácea vivaz, de rizoma feculento y grueso, que se cultiva como planta de adorno, a pesar de su mal olor durante la floración. (Familia aráceas.)

draisiana o **draisina** s.f. (de K. F. *Drais,* ingeniero alemán). Antiguo vehículo de dos ruedas, movido por la acción alternativa de los pies contra el suelo y provisto de un pivote de dirección.

drakkar, drake o **dreki** s.m. Barco utilizado por los antiguos escandinavos para sus expediciones, propulsado a remos y con una vela cuadrada. (Es el barco característico de los vikingos.)

dralón s.m. (marca registrada). Fibra sintética de fabricación alemana.

drama s.m. (lat. tardío *drama, -atis,* del gr. *drama,* acción, pieza teatral). Obra teatral, escrita para ser representada. **2.** Obra teatral o cinematográfica de tema triste o desgraciado, que no llega a alcanzar la intensidad de la tragedia. **3.** Género literario que comprende las obras escritas para ser representadas. **4.** *Fig.* Suceso o situación de la vida real en el que ocurren desgracias o hay personas que las sufren. ◇ **Drama litúrgico** En la edad media, representación de textos sagrados. **Drama satírico** En la antigua Grecia, obra cómica en la que el coro estaba compuesto de sátiros y que acompañaba a todas las trilogías trágicas en las representaciones oficiales.

dramática s.f. Arte de componer y poner en escena obras dramáticas. SIN.: *dramaturgia.*

dramático, a adj. (lat. *dramaticus,* del gr. *dramatikós*). Relativo al teatro: *género dramático.* **2.** *Fig.* Que emociona y conmueve, patético: *el huracán provocó una situación dramática.* ◆ adj. y s. Se dice del autor o actor de obras dramáticas.

dramatismo s.m. Cualidad de dramático.

dramatización s.f. Acción y efecto de dramatizar.

dramatizar v.tr. Dar forma y condiciones dramáticas a algo. **2.** *Fig.* Exagerar un suceso o situación con el fin de emocionar y conmover.

dramaturgia s.f. Dramática. **2.** Conjunto de las obras dramáticas de un autor o una época. **3.** Tratado sobre la composición de obras de teatro.

dramaturgo, a s. (gr. *dramatoyrgós*). Autor de obras dramáticas.

dramón s.m. Drama en que se exageran los efectos dramáticos.

drapeado s.m. Acción de drapear.

drapear v.tr. Disponer o dibujar los pliegues de los paños.

draque s.m. Amér. Bebida confeccionada con agua, aguardiente y nuez moscada.

drástico, a adj. (gr. *drastikós,* activo, energético). Enérgico, de gran severidad: *medidas drásticas.* **2.** Que actúa rápida y violentamente: *efecto drástico.*

drávida adj. y s.m. y f. De un conjunto de pueblos que se extiende desde el S de la India y Srī Lanka hasta Birmania, cuya unidad es de tipo cultural lingüístico.

dravídico, a adj. y s. De los drávidas. ◆ adj. Se dice de la lengua de estos pueblos. ◆ s.m. Estilo artístico medieval del S de la India, que se manifiesta especialmente por la construcción de templos o recintos múltiples de gopuras monumentales.

draw-back s.m. (ingl. *drawback*). Devolución, en la reexportación de productos elaborados, de los derechos de aduana pagados por las materias primas que han servido para fabricarlos.

dreki s.m. → **drakkar.**

drenaje s.m. Acción y efecto de drenar. **2.** Méx. Instalación en una casa, pueblo o ciudad que sirve para sacar las aguas negras. **3.** MED. Evacuación de secreciones de una herida, un absceso o una cavidad del organismo con una cánula. ◇ **Drenaje linfático** Masaje terapéutico, que se realiza con movimientos suaves, lentos y circulares, para estimular la circulación linfática.

drenar v.tr. (fr. *drainer*). Avenar. **2.** Realizar un drenaje en una herida.

dríade o **dríada** s.f. (lat. *dryas, -adis,* del gr. *dryás, dryádos*). MIT. Ninfa de los bosques.

driblar v.tr. e intr. Esp. y Méx. Fintar. GEOSIN.: Esp. *regatear.*

dribling s.m. (del ingl. *to dribble*). Esp. y Méx. Finta. GEOSIN.: Amér. Central y Merid. *gambeta;* Esp. *regate.*

1. **dril** s.m. Simio cinocéfalo de Camerún, parecido al mandril, de 70 cm de long. sin la cola, pelaje oscuro y cara negra.

2. **dril** s.m. (ingl. *drill*). Tela fuerte de hilo o de algodón sin tratar, generalmente de color crudo. (Se utiliza principalmente para ropa de verano, de trabajo o fundas.)

driopitecino, a adj. y s.m. Relativo a un grupo de primates antropoides fósiles, que vivieron en amplias zonas boscosas de Eurasia y África desde el final del oligoceno hasta el final del mioceno.

dripping s.m. Procedimiento pictórico que consiste en hacer gotear el color fluido por el fondo horadado de un recipiente que el pintor desplaza por encima del soporte para obtener colores y salpicaduras sobre este. **2.** Cuadro obtenido por este procedimiento.

drive s.m. (voz inglesa). En tenis, golpe de derecha. **2.** En el golf, golpe de larga distancia dado desde la salida de un agujero.

driver s.m. (voz inglesa). En el golf, palo con que se ejecuta el drive. **2.** INFORMÁT. Programa que gestiona la información interna de la computadora.

driza s.f. (ital. *drizza*). MAR. Cuerda que sirve para izar las vergas. ◇ **Puño de driza** Punto de la verga o de la vela donde se ata la driza.

droga s.f. Nombre genérico de los alucinógenos, barbitúricos y, en general, de todas las sustancias estupefacientes o con propiedades toxicomaníacas. **2.** Nombre genérico de ciertas sustancias usadas en química, industria, medicina, etc. **3.** Nombre genérico, inespecífico y antiguo de los medicamentos.

droga

La droga se caracteriza por provocar fenómenos de hábito y tolerancia a dosis cada vez más elevadas y, sobre todo, de dependencia (conjunto de síntomas físicos y psíquicos que aparecen en el llamado síndrome de abstinencia), que induce a la inmediata necesidad y, por consiguiente, a su búsqueda. Además de los estupefacientes, se suelen considerar drogas el alcohol, el tabaco y algunos fármacos psicotrópicos (barbitúricos, ansiolíticos). La distinción entre droga *dura* (que genera dependencia física y psíquica) y *blanda* (que generalmente no comporta dependencia psíquica) constituye un importante elemento evaluatorio en el tratamiento y pronóstico de las toxicomanías.

drogadicción s.f. Adicción a las drogas.

drogadicto, a adj. y s. Adicto a las drogas. SIN.: *toxicómano.*

drogar v.tr. Administrar drogas. ◆ **drogarse** v.prnl. Tomar o consumir drogas.

droguería s.f. Comercio de productos de limpieza, pinturas y sustancias parecidas. **2.** Establecimiento donde se venden estos productos. **3.** Amér. Central. Farmacia.

droguero, a s. Persona que comercia con productos de droguería. **2.** Amér. Persona tramposa, que contrae deudas y no las paga.

droguete s.m. (fr. *droguet*). Tejido de lana listada de varios colores, que suele estar adornado con flores entre las listas.

dromedario s.m. (lat. *dromedarius,* del gr. *dromás, -ádos*). Camello con una sola joroba, utilizado como medio de transporte y bestia de carga en los desiertos de África y Arabia.

drómona s.f. Barco de guerra propulsado por remos, típico de la flota bizantina.

dronte s.m. Ave de las islas Mascareñas; maciza e incapaz de volar, que fue exterminada en el s. XVIII.

drop-goal s.m. (voz inglesa). En rugby, puntapié dado al balón inmediatamente después de un rebote y que, en pleno juego, lo impulsa por encima de la barra del campo contrario. (También *drop.*)

drosera s.f. Planta herbácea que crece en terrenos pantanosos y turberas de las regiones cálidas y templadas, con hojas de limbo redondeado cubierto por pelos glandulares que capturan y digieren los insectos que se posan sobre ellos. SIN.: *rosela.*

drosofila s.f. Insecto díptero muy frecuente en lugares habitados y que se utiliza en numerosos experimentos de genética.

drugstore s.m. (voz angloamericana). Establecimiento comercial dedicado a la venta al por menor de diversas mercancías (productos farmacéuticos y alimenticios, libros, discos, perfumería, tabacos, artículos de regalo, etc.), dotado además de cafetería y snack-bar, cuyo horario comercial es mucho más amplio que el de otros establecimientos.

druida, esa s. (lat. *druida*). Sacerdote celta.

druídico, a adj. Relativo a los druidas.

druidismo s.m. Religión de los celtas.

drumlin s.m. (voz irlandesa). GEOGR. Montículo elíptico y alargado constituido por elementos de morrena, característico de los países de acumulación glaciar.

drupa s.f. (lat. *druppa,* aceituna madura). BOT. Fruto carnoso redondeado cuyo endocarpio forma un hueso (cereza, albaricoque, ciruela, etc.).

drupáceo, a adj. BOT. **a.** Que se parece a una drupa. **b.** Que tiene por fruto una drupa.

druso, a adj. y s. De un pueblo de Oriente próximo (Líbano, Siria, Israel), que practica desde el s. XI una religión iniciática surgida del chiismo ismailí de los fatimíes.

dry adj. y s.m. (voz inglesa). Seco, referido al champán, vermú, jerez, etc.

dry-farming s.m. (voz inglesa). Método de cultivo empleado en las regiones semiáridas, que intenta retener el agua en las tierras por medio de frecuentes labores superficiales durante la época de barbecho.

dual adj. (lat. *dualis*). Que reúne dos caracteres o fenómenos distintos, o una relación de interacción o reciprocidad. ◆ adj. y s.m. LING. En ciertas lenguas como el sánscrito, el griego antiguo o el germánico antiguo, número gramatical que se emplea en las declinaciones y las conjugaciones para designar dos personas o dos cosas. **2.** LÓG. Se dice de dos relaciones de orden tales que si, para la primera, *a* precede a *b,* para la segunda, *b* precede a *a.* **3.** MAT. Se dice del espacio vectorial constituido por las formas lineales sobre un espacio vectorial.

dualidad s.f. Cualidad de dual. **2.** Existencia de dos caracteres o fenómenos opuestos o complementarios en una misma persona o cosa: *la dualidad del ser humano.* **3.** MAT. Correspondencia biunívoca entre dos conjuntos, con iguales leyes formales, por lo que a toda aserción relativa a los elementos de uno corresponde una aserción relativa a los elementos del otro.

dualismo s.m. Pensamiento religioso o filosófico que admite dos principios, como la materia y el espíritu, el cuerpo y el alma, el bien y el mal, opuestos desde sus orígenes. CONTR.: *monismo.* **2.** Dualidad: *el dualismo de partidos.* **3.** HIST. Sistema político que, de 1867 a 1918, reguló las relaciones entre Austria y Hungría.

dualista adj. y s.m. y f. Relativo al dualismo; partidario del dualismo.

dubitación s.f. Duda.

dubitativo, a adj. Que implica o denota duda: *carácter dubitativo.*

dublé s.m. (fr. *doublé*). En bisutería y orfebrería, chapeado en oro sobre latón o similar, que se obtiene sometiendo las hojas de ambos metales a una fuerte presión.

dubnio s.m. Elemento químico artificial (Db), de número atómico 105 y masa atómica 262,114.

ducado s.m. Título nobiliario de duque. **2.** Conjunto de tierras y señoríos a los que estaba unido el título de duque y sobre los que ejercía su autoridad. **3.** Antigua moneda, generalmente de oro, con diferente valor según el país.

ducal adj. Relativo al duque: *palacio ducal.*

duce s.m. (voz italiana). Título adoptado por Mussolini, jefe de la Italia fascista desde 1922 hasta 1945.

ducentésimo, a adj.num.ordin. y s. Que corresponde en orden al número doscientos: *ocupa el ducentésimo lugar en el escalafón.* ◆ adj. y s.m. Se dice de cada una de las partes que resultan de dividir un todo en doscientas partes iguales.

ducha s.f. (fr. *douche*). Aplicación de agua en forma de chorro o de lluvia sobre el cuerpo o una parte de él para limpiarlo o refrescarlo, o con fines medicinales. **2.** Aparato o instalación para ducharse. GEOSIN.: Méx. *regadera.*

duchar v.tr. y prnl. Dar una ducha.

ducho, a adj. (lat. *ductus,* conducido, guiado). Diestro, hábil, experto: *ser alguien ducho en una materia.*

dúctil adj. Se dice de los metales que se pueden extender mecánicamente en alambres o hilos, sin romperse. **2.** Maleable, que cambia de forma con facilidad. **3.** *Fig.* Se dice de la persona dócil y condescendiente.

ductilidad s.f. Cualidad de dúctil.

duda s.f. Vacilación o indeterminación ante varias posibilidades juicios o decisiones: *asaltar la duda a alguien.* **2.** Cuestión que implica o denota vacilación o indeterminación. **3.** Falta de convicción o firmeza en la fe religiosa. <> **Sin duda** Con certeza.

dudar v.intr. (del lat. *dubitare*). Tener duda de algo: *duda entre casarse o quedarse soltero.* ◆ v.tr. Dar poco crédito a algo: *dijo que vendría, pero yo lo dudo.*

dudoso, a adj. Que implica o denota duda: *persona de moral dudosa.* **2.** Que tiene dudas sobre algo. **3.** Que es poco probable: *es dudoso que lo propongan para el cargo.*

duela s.f. (fr. ant. *douelle*). Cada una de las tablas que forman las paredes curvas de los toneles, cubas, barriles, etc. **2.** Gusano plano, de unos 3 cm de long., que en estado adulto parasita el hígado de varios mamíferos (personas, corderos y bueyes), y es agente de las distomatosis. (Familia esquitosómidos.) **3.** Méx. Cada una de las tablas angostas de un piso o entarimado.

1. **duelo** s.m. (bajo lat. *duellum*). Combate entre dos adversarios, según unas normas establecidas, para reparar alguna cuestión de honor. **2.** Enfrentamiento dialéctico, deportivo o de otro tipo entre dos equipos, jugadores o participantes. <> **Duelo judicial** En la alta edad media, combate entre un acusador y un acusado, admitido como prueba jurídica.

2. **duelo** s.m. (lat. tardío *dolus*). Dolor o lástima, especialmente por la muerte de alguien. **2.** Reunión de personas que asisten al entierro o a los funerales de alguien.

duende s.m. Espíritu que la gente cree que habita en algunas casas, causando en ellas trastornos y estruendo y asustando a la gente. **2.** Ser fantástico de los cuentos que altera, positiva o negativamente, la vida de la gente. **3.** Gracia o encanto especial, casi mágico, que tiene una persona o cosa: *esa ciudad tiene mucho duende.*

duendo, a adj. Manso, doméstico: *palomas duendas.*

dueño, a s. (lat. vulgar *domnus*). Poseedor de una cosa respecto a esta. **2.** Jefe de la casa respecto de los criados. ◆ s.f. Mujer de edad y generalmente viuda que, en las casas principales, acompañaba a la señora o estaba al frente de la servidumbre. **2.** Monja o beata que vivía en comunidad y solía ser mujer principal. <> **Hacerse dueño de algo** Disponer de la cosa que se expresa; imponer la propia voluntad, con o sin el consentimiento de los demás. **Ser (muy) dueño de hacer algo** *Fam.* Tener derecho a hacerlo. **Ser dueño de sí mismo** Saber alguien dominar sus impulsos y actuar con serenidad y reflexión.

duermevela s.m. *Fam.* Sueño ligero, inquieto e interrumpido con frecuencia.

dueto s.m. (ital. *duetto*). Pieza vocal o instrumental que necesita, respectivamente, de dos cantantes o de dos instrumentos. SIN.: *dúo.* **2.** Conjunto de dos voces o instrumentos. SIN.: *dúo.*

dugo s.m. Amér. Central. Ayuda, auxilio.

dugón o **dugongo** s.m. Mamífero marino de 3 m de long. y cuerpo macizo, que vive en el litoral del océano Índico. (Orden sirenios.)

dula s.f. (ár. vulgar *dûla,* turno, alternativa). Cada una de las porciones de tierra que se riegan por turno de una misma acequia.

dulcamara s.f. Planta sarmentosa de tallo leñoso, tóxica, con flores violetas y bayas rojas.

dulce adj. (lat. *dulcis*). Se dice del sabor agradable, como el del azúcar o la miel. **2.** Que no es agrio, amargo o salado, comparado con otras cosas de la misma especie: *agua dulce.* **3.** Insípido, soso: *el guiso está dulce.* **4.** *Fig.* Grato, agradable: *voz dulce.* **5.** *Fig.* Afable, afectuoso: *carácter dulce.* **6.** METAL. Maleable, dúctil, poco duro y no frágil: *acero dulce.* ◆ s.m. Alimento en cuya composición entra el azúcar como elemento fundamental. **2.** Fruta cocida con azúcar o almíbar. **3.** Amér. Chancaca, azúcar mascabado. **4.** Méx. Caramelo. ◇ **Dulce de leche** Argent. y Urug. Dulce de consistencia pastosa que se prepara cociendo, a fuego lento, leche y azúcar hasta que adquiere un color marrón claro y consistencia espesa. **Tirarse al dulce** Chile. *Vulg.* Entablar una relación amorosa.

dulceacuícola adj. Que habita en las aguas dulces: *fauna dulceacuícola.*

dulcería s.f. Confitería.

dulcero, a adj. Confitero. **2.** *Fam.* Aficionado al dulce.

dulcificar v.tr. Dulcificar. **2.** Mitigar la acerbidad, hacer suave y grata una cosa.

dulcinea s.f. (de *Dulcinea del Toboso,* personaje de *El Quijote*). *Fam.* Mujer amada: *fue a ver a su dulcinea.*

dulcísono, a adj. (lat. *dulcisonus*). *Poét.* Que suena dulcemente.

dulcita s.f. QUÍM. Materia azucarada que se obtiene del melampiro.

dulía s.f. (gr. *doyleía,* esclavitud). **Culto de dulía** Culto de homenaje que se rinde a los ángeles y a los santos, por oposición al culto de adoración llamado *latría,* que se rinde solo a Dios.

dulleta s.f. Prenda doméstica enguatada o forrada. **2.** Prenda de abrigo de los eclesiásticos, que se pone sobre la sotana.

dulzaina s.f. (fr. ant. *douçaine*). MÚS. Instrumento de viento, hecho de madera, parecido por su forma al clarinete pero de tonos más altos.

dulzainero, a s. Persona que toca la dulzaina.

dulzaino, a adj. *Fam.* y *desp.* Demasiado dulce.

dulzón, na adj. *Fam.* Que es excesivamente dulce, empalagoso. SIN.: *dulzarrón.*

dulzor s.m. Cualidad de dulce. **2.** Sabor dulce.

dulzura s.f. Dulzor. **2.** *Fig.* Afabilidad, suavidad o bondad que expresa o denota una persona o cosa: *dulzura de carácter; hablar con dulzura.* ◆ **dulzuras** s.f.pl. Palabras o expresiones cariñosas.

1. **duma** s.f. (voz rusa, *consejo*). Asamblea legislativa rusa durante el reinado de Nicolás II.

2. **duma** s.f. Palmera africana de tallo bifurcado.

dumdum o **dum-dum** s.f. Bala explosiva, con incisiones en forma de cruz, que produce heridas muy graves.

dumper s.m. (voz inglesa). OBR. PÚBL. Volcador automotor sobre neumáticos, equipado con una caja basculante.

dumping s.m. (voz angloamericana). Venta de una mercancía en un mercado extranjero a un precio inferior al del mercado interior o, como consecuencia de circunstancias de orden monetario o social, a un precio inferior al precio de costo de los competidores extranjeros.

duna s.f. (neerlandés *duin*). Colina formada por un montón de arena acumulada por el viento.

dundera s.f. Amér. Simpleza, tontería.

dundo, a adj. Amér. Tonto.

dúo s.m. (lat. *duo,* dos). Pieza vocal o instrumental que necesita, respectivamente, de dos cantantes o de dos instrumentos. SIN.: *dueto.* **2.** Conjunto de dos voces o instrumentos. SIN.: *dueto.* ◇ **A dúo** Entre dos personas.

duodecimal adj. Duodécimo. **2.** Se dice del sistema de numeración de base doce.

duodécimo, a adj.num.ordin. y s. Que corresponde en orden al número doce. ◆ adj. y s.m. Se dice de cada una de las partes que resultan de dividir un todo en doce partes iguales.

duodenal adj. Relativo al duodeno.

duodenitis s.f. Inflamación del duodeno.

duodeno, a adj. y s.m. Duodécimo. ◆ s.m. Primer segmento del intestino que sigue al estómago y en el que desembocan el canal pancreático y el colédoco.

duopolio s.m. Situación de privilegio en la que el comercio o la explotación de algo depende solo de dos personas o empresas.

dúplex s.m. y adj. (lat. *duplex, -icis*). Vivienda que consta de dos plantas unidas por una escalera interior. **2.** Enlace eléctrico o radioeléctrico entre dos puntos, que se puede utilizar simultáneamente en los dos sentidos.

dúplica s.f. DER. Escrito que presenta el demandado contestando a la réplica del actor o demandante.

duplicación s.f. Acción de duplicar o duplicarse. **2.** BIOL. Fenómeno por el cual existe con carácter doble cualquier estructura orgánica. **3.** GENÉT. Mutación o aberración cromosómica por la que un segmento cromosómico se repite en el mismo cromosoma o en la misma serie cromosómica. **4.** TELECOM. Acción y efecto de establecer un dúplex. SIN.: *duplexado.*

duplicado s.m. Copia de un escrito que se hace por si el original se pierde o se necesitan dos ejemplares. **2.** Ejemplar doble o repetido de una obra. **3.** LING. Doblete.

duplicar v.tr. y prnl. Hacer dos veces mayor una cosa o multiplicar por dos una cantidad. ◆ v.tr. Ser dos veces mayor una cosa o cantidad que otra. **2.** DER. Contestar el demandado la réplica del actor. **3.** TELECOM. Establecer una instalación en dúplex. SIN.: *duplexar.*

duplicativo, a adj. Que duplica o dobla.

duplicidad s.f. Cualidad de doble: *duplicidad de cargos.* **2.** Doblez, falsedad.

duplo, a adj. y s.m. (lat. *duplus*). Que contiene dos veces el número o cantidad de algo: *el duplo de cinco es diez.* SIN.: *doble.*

duque, esa s. (fr. ant. *duc*). Título nobiliario inferior al de príncipe y superior a los de marqués y conde. ◆ s.m. Título del que estaba en posesión antiguamente el soberano de un ducado. **2.** En la organización feudal, primera dignidad de la jerarquía señorial. **3.** Antiguo carruaje de lujo de cuatro ruedas y dos plazas, con un asiento a la zaga para los criados. ◇ **Duque de alba** MAR. Conjunto de pilones hincados en el fondo de una dársena o río y en el cual se amarran los barcos. **Gran duque** Título de algunos príncipes soberanos.

duración s.f. Tiempo que transcurre desde el principio hasta el final de algo: *la duración de la cinta es de 90 minutos.* **2.** MÚS. Tiempo durante el cual debe mantenerse un sonido, una nota o un silencio, que varía según el movimiento y el compás de cada fragmento musical.

duradero, a adj. Que dura mucho: *amistad duradera.* SIN.: *durable.*

duraluminio s.m. (marca registrada). Aleación ligera de aluminio, de alta resistencia mecánica.

duramadre s.f. ANAT. Capa más externa y resistente de las tres que constituyen las meninges.

duramen s.m. (voz latina). Parte central, más seca y compacta, del tronco y de las ramas gruesas de un árbol.

durante prep. Indica el espacio de tiempo en el que sucede o se produce algo: *durante la recepción habló el director.*

durar v.intr. (lat. *durare*). Existir o estar ocurriendo algo en un cierto espacio de tiempo: *la película duró dos horas.* **2.** Permanecer, aguantar.

durativo, a adj. LING. Se dice de una forma verbal que considera una acción en su desarrollo y en su duración.

duraznero s.m. Árbol originario de Asia, de hojas lanceoladas y flores rosadas cuyo fruto es el durazno. GEOSIN.: Esp. *melocotonero.*

duraznillo s.m. Planta herbácea de tallos ramosos y flores rosáceas o blancas, que forman espigas laterales; crece en las orillas de los ríos y lagos del hemisferio norte. (Familia poligonáceas.)

durazno s.m. (lat. *duracinus,* de carne fuertemente adherida al hueso). Duraznero. **2.** Fruto de este árbol. GEOSIN.: Esp. *melocotón.*

dureza s.f. Cualidad de duro. **2.** B. ART. **a.** Falta de armonía, de suavidad en los contornos. **b.** Oposición demasiado viva de los colores. **3.** MED. Callosidad. SIN.: *induración.* **4.** MINER. Resistencia que opone un mineral a ser rayado por otro: *el diamante es el mineral de mayor dureza.* **5.** QUÍM. Contenido en el agua de sales disueltas de calcio y magnesio, principalmente sulfatos. ◇ **Cláusula de dureza** Cláusula que atenúa el carácter automático del divorcio en aquellos casos en que se pueden derivar consecuencias muy graves para uno de los cónyuges o para los hijos.

durham s.f. y adj. Raza bovina originaria de Durham y de York, de cuerpo robusto y patas cortas, que se cría para aprovechar su carne.

durillo s.m. Arbusto de hojas coriáceas persistentes y flores blancas en ramilletes terminales, muy abundante en los matorrales de la península Ibérica. (Familia caprifoliáceas.)

durina s.f. Enfermedad contagiosa de los équidos producida por un *Trypanosoma.*

durmiente adj. y s.m. y f. Que duerme. ◆ s.m. Madero colocado horizontalmente, sobre el cual se apoyan otros, verticales u horizontales, que distribuye la carga sobre el suelo. **2.** F. C. Traviesa de vía férrea. **3.** MAR. Cada una de las piezas que forman la cintura interior de un buque y que sirven para ligar las cuadernas entre sí y para sostener los baos por sus extremos.

duro, a adj. (lat. *durus*). Se dice del cuerpo poco blando, o que ofrece fuerte resistencia a ser penetrado, partido, rayado y que no cede fácilmente a la presión. **2.** *Fig.* Difícil, penoso: *vida dura.* **3.** *Fig.* Violento, cruel, insensible: *palabras duras.* **4.** *Fig.* Terco y obstinado: *ser duro de mollera.* **5.** *Fig.* Se dice del rayo X más penetrante. ◆ s.m. Moneda que valía cinco pesetas. **2.** CIN. Actor que interpreta un personaje insensible. ◆ adv.m. Con fuerza, con violencia: *pégale duro.* ◇ **Agua dura** Agua que, por contener ciertos compuestos minerales, no forma espuma con el jabón. **Duro y parejo** Argent., Chile, Colomb., Méx., Par., Perú y Urug. *Fam.* Con fuerza y constancia. **Mar dura** Mar cuyas olas son cortas y picadas.

duty-free s.m. (ingl. *duty-free shop,* tienda exenta de impuestos). Tienda de artículos libres de impuestos.

duunvirato s.m. HIST. **a.** Dignidad y cargo de duunviro. **b.** Tiempo en que cada pareja de duunviros goza de esta dignidad. **c.** Régimen político en que el gobierno se encomendaba a duunviros.

duunviro s.m. (lat. *duumvir*). HIST. Magistrado romano que ejercía un cargo conjuntamente con otro magistrado.

dux s.m. (lat. *dux, ducis,* guía, conductor). HIST. Jefe electivo de las antiguas repúblicas de Génova y Venecia.

DVD s.m. (sigla del angloamericano *digital versatile disc*). Videodisco en el que las imágenes y sonidos se hallan grabados en formato digital.

e

1. **e** s.f. Sexta letra del alfabeto español, y segunda de sus vocales. **2.** Nombre de la letra *e*. **3.** Base de los logaritmos neperianos. ◇ **E** MÚS. En la notación inglesa y alemana, nota *mi*.

2. **e** conj.cop. Se usa en lugar de *y* para evitar la repetición del mismo sonido antes de palabras que empiecen por *i* o *hi: Juan e Ignacio; padre e hijo.*

3. **E,** abrev. de *este*.

¡ea! interj. (lat. *eia*). Se usa, sola o repetida, para animar o estimular a alguien o para dar énfasis a algo que se acaba de decir o se va a decir.

ebanista s.m. y f. Persona que tiene por oficio hacer muebles y objetos con maderas finas.

ebanistería s.f. Arte u oficio del ebanista. **2.** Taller del ebanista. **3.** Conjunto de obras de objetos y muebles hechos con maderas finas.

ébano s.m. (lat. *ebenus*). Árbol del sudeste de Asia que proporciona la madera del mismo nombre. **2.** Madera negra, dura y pesada de este árbol. ◇ **Ébano vivo** Nombre que daban los negreros a los negros.

ebenáceo, a adj. y s.f. Relativo a una familia de árboles o arbustos de las regiones tropicales, entre los que se encuentra el ébano.

ebionita adj. y s.m. y f. Se dice de los miembros de ciertas sectas judeocristianas extendidas por el oriente cristiano en los ss. II y III, que negaban la divinidad de Cristo.

ébola s.m. Virus que ocasiona una infección contagiosa y epidémica grave, caracterizada por fuertes hemorragias y fiebre, y que provoca la muerte en poco tiempo; también la enfermedad producida por este virus.

ebonita s.f. (ingl. *ebonite*). Material plástico que se obtiene del caucho endurecido por adición de azufre, y que tiene propiedades aislantes.

e-book s.m. (voz angloamericana) [pl. *e-books*]. *Libro electrónico.

eborario, a adj. Ebúrneo.

ebrancado, a adj. HERÁLD. Se dice del árbol o del tronco que tiene ramas cortadas.

ebriedad s.f. Estado de ebrio.

ebrio, a adj. y s. (lat. *ebrius*). Que tiene las facultades mentales trastornadas por efecto del consumo excesivo de bebidas alcohólicas. SIN.: *beodo, borracho.* ◆ adj. *Fig.* Ofuscado por una pasión: *ebrio de amor.*

ebullición s.f. (lat. *ebullitio, -onis*). Estado de un líquido que hierve formando burbujas de vapor al ser sometido a altas temperaturas, o al estar en fermentación o efervescencia.

ebulloscopia s.f. Medida del aumento de temperatura de ebullición de un disolvente cuando se disuelve en él una sustancia. SIN.: *ebullometría.*

ebulloscopio s.m. Aparato que sirve para determinar las temperaturas de ebullición. SIN.: *ebullómetro.*

ebúrneo, a adj. (lat. *eburneus*). Relativo al marfil o que tiene sus características: *dientes ebúrneos.* SIN.: *eborario.*

ecapacle s.m. Méx. Planta de la familia de las leguminosas, que posee propiedades medicinales.

ecarté s.m. (fr. *écarté*, descartado). Juego de cartas que se juega generalmente entre dos personas, con 32 naipes.

eccehomo s.m. (lat. *ecce homo*, he aquí el hombre, palabras pronunciadas por Poncio Pilato). Representación de Jesucristo coronado de espinas y con una caña como cetro. **2.** *Fig.* Persona cubierta de heridas, de aspecto lastimoso. (También *ecce homo.*)

eccema o **eczema** s.m. o f. (gr. *ékzma, -atos*). Enfermedad de la piel, de naturaleza inflamatoria, caracterizada por un eritema y por finas vesículas epidérmicas. (Según su origen, se diferencian varios tipos de eccema: *atópico* o *constitucional*, que implica una predisposición genética; *de contacto* [provocado por detergentes, cosméticos, metales, tejidos, medicamentos, etc.], e *infeccioso* [origen microbiano]).

ecclesia s.f. → **eclesia.**

ecdisona s.f. Hormona que determina la muda de las larvas de insectos y de crustáceos.

ecfonema s.m. RET. Exclamación que aparece como inciso en un enunciado.

ECG, abrev. de *electrocardiograma.*

echada s.f. Acción y efecto de echar o echarse. **2.** Méx. Fanfarronada.

echado, a adj. y s. C. Rica y Nicar. Indolente, perezoso.

echador, ra adj. y s. Cuba, Méx. y Venez. Bravucón, fanfarrón, hablador. ◇ **Echador de cartas** Persona que practica la cartomancia.

echar v.tr. (lat. *jactare*, arrojar, lanzar). Dar un impulso a algo que se tiene agarrado con la mano para que vaya a parar a alguna parte: *echar una piedra.* **2.** Despedir algo de sí un fluido: *echar humo una chimenea.* **3.** Dejar caer o introducir algo en un sitio determinado: *echar azúcar al café; echar un folleto en el buzón.* **4.** Derribar, demoler: *echar una puerta abajo.* **5.** Expulsar a alguien de un lugar. **6.** Destituir a alguien de su empleo o dignidad. **7.** Producir un organismo animal algo que nace y forma parte de él: *echar los dientes el niño.* **8.** Juntar a un animal macho con su hembra para que procreen: *echar el semental a la yegua.* **9.** Poner o aplicar algo: *echar pomada en la herida.* **10.** Dar a un instrumento el movimiento necesario para cerrar: *echar el cerrojo, la llave.* **11.** Confiar algo a la suerte: *echarlo a cara o cruz.* **12.** Jugar una partida de un juego: *echar una partida de dados.* **13.** Dar, entregar, repartir: *echar de comer al perro.* **14.** Hacer cálculos: *echar cuentas.* **15.** Suponer o conjeturar: *¿qué edad le echas?* **16.** Decir o pronunciar algo: *echar un piropo, maldiciones.* **17.** Con algunos nombres, hacer lo que estos expresan: *echar un vistazo, una firma.* **18.** Condenar a una pena o reclusión: *le han echado dos años de prisión.* **19.** Esp. Proyectar una película o representar una obra teatral o musical: *¿qué película echan hoy?* ◆ v.tr. e intr. Dar una planta hojas, flores o frutos. ◆ v.tr. y prnl. Mover el cuerpo o parte de él en una determinada dirección: *echar la cabeza a un lado.* **2.** Con la preposición *a* y un infinitivo, ser causa o motivo de la acción que expresa dicho infinitivo: *echar a rodar la pelota.* **3.** Poner una prenda de vestir a una persona sobre el cuerpo: *echarse el saco sobre los hombros.* ◆ v.intr. Dirigirse en una determinada dirección: *echar calle abajo.* ◆ v.intr. y prnl. Seguido de la prep. *a* y un infinitivo, empezar a hacer lo que indica el infinitivo: *echarse a llorar.* ◆ **echarse** v.prnl. Arrojarse, precipitarse: *echarse al agua.* **2.** Tenderse en posición horizontal: *echarse en la cama.* **3.** Ponerse las aves sobre los huevos para empollarlos. **4.** Dedicarse a una cosa: *echarse a la buena vida.* **5.** Empezar a tener cierto trato o relación con alguien: *echarse novia.* <> **Echar a perder** Deteriorar, estropear, malograr algo o a alguien. **Echar de menos** Advertir la ausencia o falta de una persona o cosa y sentir pena por ello. **Echarse atrás** *Fam.* Eludir un compromiso, desistir de alguna cosa. **Echarse encima** *Fig.* Ser inminente o muy próxima una cosa: *se echan encima las fiestas;* llegar de forma inesperada: *se nos echó encima la policía.*

echarpe s.m. (fr. *écharpe*). Chal, prenda femenina.

echazón s.f. MAR. Operación que consiste en echar al mar una parte o toda la carga de un barco con el fin de aligerarlo de peso.

echón, na adj. y s. Venez. Fanfarrón, jactancioso.

echona s.f. Argent. y Chile. Hoz para segar.

ecidio s.m. Forma de fructificación de la roya del trigo localizada en las hojas del agracejo.

eclampsia s.f. (gr. *eklampsis,* aparición súbita). Crisis convulsiva que sobreviene a las mujeres embarazadas debido a una toxicosis gravídica.

eclecticismo s.m. Método que consiste en escoger de entre diversos sistemas las tesis que parecen más aceptables, para formar con ellas un cuerpo de doctrina. **2.** Doctrina así formada. **3.** Tendencia artística que trata de reunir y conciliar elementos del pasado para crear un estilo nuevo. **4.** Actitud de la persona que adopta una posición indefinida en su forma de pensar o actuar.

ecléctico, a adj. y s. (gr. *eklektikós,* miembro de una escuela filosófica que profesaba escoger las mejores doctrinas de todos los sistemas). Relativo al eclecticismo; partidario del eclecticismo o adscrito a él. **2.** Se dice de la persona que adopta una actitud o una posición indefinida en su forma de pensar o actuar.

eclesia o **ecclesia** s.f. Asamblea de ciudadanos que gozaban de sus derechos políticos en una ciudad griega antigua, y particularmente en Atenas.

eclesial adj. Relativo a la Iglesia: *comunidad eclesial.* SIN.: *eclesiástico.*

eclesiástico, a adj. (lat. *ecclesiasticus,* del gr. *ekklisiastikós*). Eclesial. ◆ s.m. Clérigo, sacerdote.

eclesiología s.f. Parte de la teología que trata de la naturaleza y vida de la Iglesia.

eclímetro s.m. Instrumento topográfico que sirve para medir las pendientes.

eclipsar v.tr. y prnl. Producir un eclipse. **2.** Hacer que una persona o una cosa parezca menos valiosa o importante al compararla con otra: *la gloria de César eclipsó la de Pompeyo.* ◆ **eclipsarse** v.prnl. Ausentarse o evadirse: *eclipsarse con disimulo de una reunión.*

eclipse s.m. (lat. *eclipsis,* del gr. *ékleipsis,* deserción, desaparición). ASTRON. Desaparición temporal completa (eclipse total) o parcial (eclipse parcial) de un astro producida por la interposición de un cuerpo entre este astro y el ojo del observador o entre este astro y el sol que lo ilumina. <> **Eclipse de Luna** Desaparición de la Luna en el cono de sombra de la Tierra. **Eclipse de Sol** Desaparición del Sol producida por la interposición de la Luna entre este astro y la Tierra.

eclíptica s.f. ASTRON. **a.** Círculo máximo de la esfera celeste descrito en un año por el Sol en su movimiento propio aparente, o por la Tierra en su movimiento real de revolución alrededor del Sol. **b.** Plano determinado por este gran círculo.

eclíptico, a adj. (lat. *eclipticus,* gr. *ekleiptikós*). Relativo al eclipse o a la eclíptica.

eclisa s.f. (fr. *éclisse*). Plancha metálica que une dos carriles.

eclogita s.f. Roca metamórfica constituida por granate y piroxeno sódico, que se forma a muy alta presión.

eclosión s.f. Brote, nacimiento, aparición súbita.

ecmnesia s.f. PSIQUIATR. Trastorno que consiste en la pérdida de la memoria reciente sin que afecte a la memoria de acontecimientos pasados, de manera que los recuerdos son tan vivos que el paciente los revive como si pertenecieran al presente.

eco s.m. (lat. *echo, echus,* del gr. *íkso,* sonido). Repetición de un sonido debido al choque de las ondas sonoras con un obstáculo y su reflexión. **2.** Sonido que se percibe a lo lejos, de manera débil y confusa: *el eco de los tambores.* **3.** *Fig.* Rumor o noticia no verificada. **4.** Difusión que alcanza un suceso: *sus palabras tuvieron mucho eco.* **5.** *Fig.* Influencia de alguien o algo: *aún se perciben ecos del cubismo en su obra.* **6.** Onda electromagnética emitida por un radar que vuelve al punto de partida después de reflejarse en un obstáculo. **7.** Imagen perturbadora de televisión, debida a una onda indirecta que ha recorrido un trayecto más largo que la onda directa. **8.** INFORMÁT. Método de comparación para detectar eventuales errores de transmisión, entre una señal emitida y una señal recibida, por reemisión de la señal recibida hacia el emisor de origen. <> **Hacer eco** Hacerse notable y digno de atención y reflexión. **Hacerse eco** Aceptar algo y contribuir a su difusión.

¡eco!, ¡école! o **¡ecolecuá!** interj. Méx. ¡Exactamente! **2.** Méx. ¡Aquí está!

ecoencefalograma s.m. Registro gráfico, por ecografía, de las estructuras del cerebro.

ecofisiología s.f. Parte de la ecología que trata del funcionamiento de los procesos fisiológicos de los seres vivos, bajo la acción de factores ecológicos tales como la luz, la presión o la temperatura.

ecografía s.f. MED. **a.** Método de exploración del interior de un cuerpo, que utiliza la reflexión o eco de los ultrasonidos en los órganos. **b.** Imagen obtenida de ese modo.

ecolalia s.f. (de *eco* y el gr. *lalein,* hablar). PSIQUIATR. Perturbación del habla que consiste en repetir el enfermo las palabras oídas o las dichas por él mismo.

ecolocación s.f. Modo particular de orientación basado en el principio del eco, que emplean algunos animales, como murciélagos y cetáceos, y aplicado por el ser humano en sistemas como el radar.

ecología s.f. (del gr. *oikos,* casa, y *lógos,* tratado). Estudio científico de las relaciones entre los seres vivos y el medio ambiente en que viven. **2.** Defensa y protección del medio ambiente.

ecología

La palabra *ecología* fue creada en 1866 por el biólogo alemán Ernst Haeckel. Sin embargo, no adquirió importancia hasta la década de 1930, a partir de los trabajos relativos a la acción de las condiciones físicas del ambiente (factores *abióticos*) en los seres vivos y la acción de estos últimos sobre su ambiente (factores *bióticos*). Más tarde la ecología se desarrolló con la integración de conocimientos de la biología y otras ciencias (geología, climatología, economía, etc.). La ecología fundamental estudia la estructura y el funcionamiento de los ecosistemas, en los que las transferencias de energía y materia (cadenas alimenticias, ciclos ecológicos) determinan la rapidez de crecimiento de la biomasa (productividad). La ecología aplicada toma en cuenta la acción del ser humano en la tarea de limitar las consecuencias nefastas de su actividad (degradación del ambiente, polución, reducción de la biodiversidad, etc.) y favorecer la gestión racional de la naturaleza. Después de 1960, las preocupaciones ecológicas han sido el motor de movimientos asociativos, ideológicos (*ecologismo*) y políticos.

ecológico, a adj. Relativo a la ecología.
ecologismo s.m. Extensión y generalización de los conceptos de la ecología transferidos al terreno de la realidad social.
ecologista adj. y s.m. y f. Relativo al ecologismo; que defiende el ecologismo.
ecologizar v.tr. Hacer ecológico.
ecólogo, a s. Especialista en ecología.
ecometría s.f. ARQ. Técnica de descubrir y modificar los puntos de reflexión de los sonidos en los edificios ya construidos o por construir.
economato s.m. Almacén de mercancías, creado y mantenido por empresa pública o privada, destinado exclusivamente a su personal, donde pueden adquirir los productos en condiciones económicamente ventajosas. **2.** Cargo y despacho del ecónomo.
económetra s.m. y f. Especialista en econometría.
econometría s.f. Investigación económica basada en el análisis matemático y en la estadística.
economía s.f. (gr. *oikonomía*, administración de una casa). Administración organizada de los bienes: *vivir con economía.* **2.** Buena distribución del tiempo y de otras cosas inmateriales: *economía de esfuerzos.* **3.** Reducción de gasto: *economía de palabras.* **4.** Conjunto de actividades de una colectividad humana relativas a la producción y consumo de las riquezas. **5.** Sistema económico de un país, una región, etc. ◆ **economías** s.f.pl. Ahorros: *gastar todas las economías.* **2.** Reducción de gastos en un presupuesto. ◇ **Economía concertada** Sistema económico intermedio entre la economía liberal, que supone la ausencia de toda intervención del estado, y la economía dirigida o planificada, que comporta una planificación autoritaria impuesta. **Economía de mercado** Sistema económico en el que los precios se regulan en función de la oferta y la demanda. **Economía doméstica,** o **privada** Administración organizada del dinero

los eclipses totales y parciales de Sol de 2006 a 2015

fecha	tipo	zona de visibilidad
29 de marzo de 2006	total	África, Turquía, Rusia
22 de setiembre de 2006	parcial	Guyana, Surinam, Atlántico sur
7 de febrero de 2008	parcial	Antártida
1 de agosto de 2008	total	Groenlandia, Rusia, China
26 de enero de 2009	parcial	Océano Índico, Indonesia
22 de julio de 2009	total	India, Nepal, China, océano Pacífico
15 de enero de 2010	parcial	África central, India, Birmania, China
11 de julio de 2010	total	Pacífico sur
20 de mayo de 2012	parcial	Japón, Pacífico Norte
13 de noviembre de 2012	total	Pacífico sur
10 de mayo de 2013	parcial	Pacífico sur
03 de noviembre de 2013	mixto	Atlántico, África Central
20 de marzo de 2015	total	Polo Norte

los eclipses totales de Luna de 2006 a 2015

fecha	tamaño	zona de visibilidad en Europa
3 de marzo de 2007	1,24	Totalmente visible
28 de agosto de 2007	1,48	Invisible
21 de febrero de 2008	1,11	Totalmente visible
16 de agosto de 2008	0,81	Fin visible
31 de diciembre de 2009	0,08	Totalmente visible
26 de junio de 2010	0,54	Invisible
21 de diciembre de 2010	1,26	Inicio visible
15 de junio de 2011	1,71	Fin visible
10 de diciembre de 2011	1,11	Fin visible
25 de abril de 2013	0,02	Totalmente visible
25 de mayo de 2013	1,30	Visible comienzo (parcialidad pero sólo en el oeste: Inglaterra, Francia, España)
18 de octubre de 2013	1,17	Invisible
15 de abril de 2014	1,01	Invisible
8 de octubre de 2014	1,28	Totalmente visible
4 de abril de 2015		
28 de setiembre de 2015		

de una familia. **Economía mixta** Sistema que permite organizar, en el seno de ciertas empresas, la colaboración entre las colectividades públicas y la iniciativa privada; coexistencia del sector público y el sector privado en economía. **Economía política** Disciplina singular que trata de las relaciones sociales de producción y distribución, así como las leyes que las regulan. **Economía social** Parte de la economía dedicada a las estructuras y organizaciones que permiten la participación activa de los trabajadores en el capital y gestión de las mismas, como las cooperativas o las sociedades anónimas laborales. **Economía sumergida** Actividad económica que se mantiene al margen de la normativa legal, y que incluye desde actividades relativamente legales hasta algunas prohibidas o delictivas. **Economías de escala** Ganancias logradas por una empresa mediante una reducción de los costos medios de producción a través de un aumento de sus dimensiones. **Economías externas** Las realizadas por empresas fuera de su propio esfuerzo y que son el resultado de un entorno económico favorable.

economicismo s.m. Doctrina que concede primacía a los hechos económicos en la explicación de los fenómenos sociales y políticos. SIN.: *economismo.*

económico, a adj. (gr. *oikonomikós,* relativo a la administración de una casa). Relativo a la economía. **2.** Poco costoso: *producto económico.* **3.** Que gasta poco o requiere poco esfuerzo. ◇ **Ciencia económica** Ciencia que estudia la producción, distribución y consumo de los bienes y los recursos naturales para satisfacer las necesidades humanas.

economista adj. y s.m. y f. Especialista en economía.

economizar v.tr. Ahorrar, reservar alguna parte del gasto ordinario: *economizar el dinero.* **2.** *Fig.* Ahorrar, evitar un trabajo, riesgo, dificultad, etc.: *economizar esfuerzos.*

ecónomo s.m. y adj. (gr. *oikonómos*). Eclesiástico que regenta una parroquia vacante hasta el nombramiento del párroco, o bien por ausencia o enfermedad de este.

ecosistema s.m. ECOL. Unidad fundamental de estudio de la ecología constituida por una comunidad de seres vivos (biocenosis), el medio natural en el que vive (biotopo) y el conjunto de fenómenos atmosféricos y climatológicos a los que está sometida.

ecosistema

Los ecosistemas —un bosque, un lago, un campo cultivado o un simple charco de agua— son sistemas termodinámicamente abiertos que reciben energía del exterior (sol, materia orgánica) y la transmiten a los ecosistemas vecinos a través de los flujos de materia o los desplazamientos de animales (migración). Su estudio se basa fundamentalmente en la teoría de sistemas y en la cibernética, que asimilan el ecosistema a un conjunto de elementos bióticos (especies) y abióticos en constante interacción. Un ecosistema será más estable cuanto mayor sea su diversidad. Esta complejidad solo se obtiene en los ecosistemas maduros, generalmente antiguos.

ecotipo s.m. ECOL. Forma particular que adopta una especie viva cuando habita en un medio bien determinado, como la orilla del mar, alta montaña, aglomeración urbana, etc.

ecotono s.m. ECOL. Zona fronteriza entre dos medios naturales diferentes.

ecoturismo s.m. Actividad turística por la que se intenta disfrutar de la naturaleza sin dañar su equilibrio.

ecovirus s.m. Virus del grupo enterovirus que, en el ser humano, actúa como agente de la meningitis, de erupciones cutáneas o de fiebres aisladas.

ectima s.f. Infección en forma de costra de la piel.

ectinita s.f. Roca metamórfica que se ha formado por simple recombinación de la materia de una roca preexistente, sin aporte exterior.

ectodérmico, a adj. Relativo al ectodermo o que deriva del mismo.

ectodermo s.m. Capa u hoja embrionaria externa que proporciona la piel y sus anexos, y el sistema nervioso.

ectoparásito, a adj. y s.m. ZOOL. Se dice de un parásito externo, como la pulga y la chinche de cama.

ectopia s.f. Anomalía congénita en la posición de un órgano, especialmente de las vísceras.

ectoplasma s.m. MICROB. Zona superficial hialina del citoplasma de determinados protozoos. **2.** PARAPSICOL. Cuerpo material que se desprende del médium en estado de trance.

ectropión s.m. MED. Estado de los párpados vueltos hacia fuera.

ECU s.m. (sigla de *European currency unit*). Antigua unidad monetaria del Sistema monetario europeo (SME), que entró en vigor en marzo de 1979. (Ha sido remplazada por el euro.)

ecuación s.f. (del lat. *aequare,* igualar). Cantidad con la que debe ser modificada la posición de un cuerpo celeste para conducirlo a la posición que ocuparía si estuviera animado por un movimiento uniforme. **2.** MAT. Igualdad que solo se verifica para valores convenientes de determinadas cantidades que figuran en ella, o incógnitas. ◇ **Ecuación de dimensión,** o **dimensional** Fórmula que indica cómo, en un sistema coherente de unidades, una unidad derivada depende de las unidades fundamentales. **Ecuación del tiempo** Diferencia entre el tiempo solar medio y el tiempo solar verdadero. **Ecuación de una curva** En geometría plana, relación que une las coordenadas de un punto de esta curva; en geometría del espacio, sistema formado por las ecuaciones de dos superficies que, al cortarse, determinan la curva. **Ecuación diferencial** Ecuación en la que figuran una función incógnita de una variable y sus derivadas de diferentes órdenes respecto a dicha variable. **Ecuación integral** Ecuación que une una función incógnita de una variable y una integral definida en la que figura dicha función. **Ecuación personal** Corrección que debe hacerse a una observación de un fenómeno fugitivo, del que se quiere apreciar exactamente el instante en que se ha producido.

ecuador s.m. (del lat. *aequare,* igualar). Círculo imaginario de la esfera terrestre cuyo plano es perpendicular a la línea de los polos. **2.** MAT. Paralela de radio máximo de una superficie de revolución. ◇ **Ecuador celeste** Gran círculo de la esfera celeste, perpendicular al eje del mundo y que sirve como punto de referencia para las coordenadas ecuatoriales. **Ecuador magnético** Lugar de los puntos de la superficie terrestre en los que la inclinación es nula.

ecualizador s.m. ELECTR. Red que corrige tensiones y respuestas de amplitud y frecuencia o de fase y frecuencia, mediante una bobina especial que actúa como autotransformador.

ecuánime adj. Que tiene ecuanimidad.

ecuanimidad s.f. Imparcialidad en los juicios. **2.** Tranquilidad o serenidad de ánimo.

ecuatorial adj. Relativo al ecuador. ◆ s.m. Telescopio o anteojo provisto de montura ecuatorial. ◇ **Clima ecuatorial** Clima de las regiones cercanas al ecuador, que se caracteriza por una temperatura constantemente elevada y una pluviosidad abundante y regular, con dos máximos, que corresponden a los equinoccios. **Coordenadas ecuatoriales de un astro** Su ascensión recta y su declinación. **Montura ecuatorial** Dispositivo que permite hacer girar un instrumento astronómico alrededor de dos ejes perpendiculares, uno de los cuales es paralelo al eje del mundo. **Placa ecuatorial** BIOL. CEL. Plano mediano de una célula en el que los cromosomas fisurados se agrupan durante la mitosis, antes de separarse en dos grupos iguales.

ecuatorianismo s.m. Palabra, giro o expresión propios del español hablado en Ecuador.

ecuatoriano, a adj. y s. De Ecuador. ◆ s.m. Variedad del español hablada en Ecuador.

ecuestre adj. (lat. *equester*). Relativo al caballo. **2.** Se dice de la representación plástica de una figura a caballo. **3.** Relativo al caballero o la caballería. ◇ **Orden ecuestre** Clase privilegiada de la antigua Roma, constituida por los caballeros.

ecúmene s.m. Orbe, mundo habitado.

ecuménico, a adj. (gr, *oikumenikos,* de *oikumene,* tierra habitada). Universal, que se extiende a todo el orbe. ◇ **Concilio ecuménico** Concilio al que son invitados todos los obispos católicos y que preside el papa o sus legados.

ecumenismo s.m. Movimiento que defiende la unión de todas las Iglesias cristianas en una sola.

ecumenismo

El ecumenismo contemporáneo tiene su origen en la conferencia internacional protestante de Edimburgo (1910). El consejo ecuménico de las Iglesias, fundado en 1948, cuya sede se encuentra en Ginebra, agrupa a un gran número de Iglesias protestantes y a la mayor parte de las ortodoxas orientales. Tras el concilio Vaticano II (1962), la Iglesia católica, durante largo tiempo ajena a este movimiento, multiplicó los contactos con los no católicos y los no cristianos (encuentro auspiciado por el papa Juan Pablo II, el 27 de octubre de 1986, en Asís, de representantes de todas las religiones del mundo).

ecumenista adj. y s.m. y f. Relativo al ecumenismo; partidario del ecumenismo.

écuyère o **ecuyere** s.f. (voz francesa). Amazona de circo.

eczema s.m. o f. → **eccema.**

edad s.f. (lat. *aetas, -atis,* vida, tiempo que se vive). Tiempo que una persona u otro ser vivo ha vivido desde su nacimiento. **2.** Tiempo, época: *edad de la ilusión; edad escolar.* **3.** Cada una de las divisiones empleadas en las periodizaciones de la prehistoria *(edad de la piedra, edad de los metales)* y de la historia (*edad antigua* [hasta el s. V], *edad media* [del s. V a fines del s. XV], edad *moderna* [s. XV hasta la Revolución francesa], *edad contemporánea* [ss. XIX y XX]). ◇ **De edad** Viejo o próximo a la vejez. **Edad del pavo** Adolescencia. **Edad de oro** Período de esplendor. **Edad escolar** Edad en la que los niños deben asistir a la escuela. **Edad mental** Nivel de desarrollo intelectual de una persona. **Tercera edad** Período que sigue a la edad adulta, en la que cesan las actividades profesionales.

edáfico, a adj. Perteneciente o relativo al suelo o a los factores relacionados con este y que tienen una profunda influencia en la distribución de los seres vivos.

edafogénesis s.f. Formación y evolución de los suelos.

edafología s.f. Ciencia que estudia las características físicas, químicas y biológicas de los suelos.

edafológico, a adj. Relativo a la edafología.

edam s.m. (de *Edam,* c. de Holanda). Queso elaborado con leche de vaca, en forma de bola generalmente cubierta de parafina roja, típico de Holanda. (En España se llama también *queso de Holanda* o *queso de bola.*)

edecán s.m. (fr. *aide de camp*). Ayudante de campo de la milicia antigua. **2.** *Irón.* Acompañante o correveidile de alguien. ◆ s.m. y f. Méx. Persona que en reuniones oficiales y actos públicos especiales atiende a los invitados o participantes.

edelweiss s.m. (voz alemana, de *edel,* hermoso, y *weiss,* blanco). Planta herbácea con hojas y tallos vellosos, cuyas flores están agrupadas en cabezuelas rodeadas por brácteas blancas y lanudas; crece en las montañas de Europa occidental. (Familia compuestas.)

edema s.m. (gr. *oídima, -ímatos,* hinchazón, tumor). Hinchazón patológica del tejido subcutáneo o de otros órganos, como el pulmón y la glotis, por infiltración de líquido seroso.

edén s.m. (hebr. *eden,* deleite). Según el Antiguo testamento, paraíso terrenal. (Suele escribirse con mayúscula.) **2.** Lugar agradable y ameno.

edénico, a adj. Relativo al edén.

edetanos, pueblo ibérico de la España primitiva que en la época de la romanización estaba establecido entre los ríos Júcar y Mijares y cuyo centro era *Edeta* (act. Liria).

edición s.f. (lat. *editio, -onis,* parto, publicación). Preparación de un texto, una obra musical, un programa radiofónico o de televisión para su publicación o emisión. **2.** Conjunto de ejemplares de una obra impresa de una sola vez sobre el mismo molde. **3.** *Fig.* Cada celebración de un acto que se repite con determinada periodicidad: *la novena edición de una exposición.* **4.** INFORMÁT. Preparación de datos, en el curso de una operación de tratamiento en computadora con vistas a una operación posterior; impresión, normalmente en forma de texto, de los resultados de los tratamientos en una computadora. ◇ **Edición crítica** Edición que establece el estado original de una obra cotejando el texto o textos originales que se conservan de la misma. **Edición diamante** IMPR. Edición hecha en tamaño muy pequeño y con caracteres muy menudos.

edicto s.m. (lat. *edictum*). Mandato, decreto publicado por la autoridad competente. ◇ **Edicto matrimonial** Edicto que se fija en razón de un matrimonio, para que quien tenga noticia de algún impedimento lo denuncie.

edículo s.m. (lat. *aediculum*). Edificio pequeño.

edificación s.f. Acción de edificar. **2.** Obra edificada.

edificante adj. Que infunde buenos sentimientos. SIN.: *edificador, edificativo.*

edificar v.tr. (lat. *aedificare*). Construir un edificio u otro lugar para albergar personas. **2.** *Fig.* Infundir, con el buen ejemplo, sentimientos de piedad y virtud.

edificio s.m. (lat. *aedificium*). Construcción hecha con materiales resistentes y destinada a albergar personas.

edil, la s. (lat. *aedilis*). Concejal, miembro de un ayuntamiento. ◆ s.m. Magistrado romano encargado de la administración municipal.

edilicio, a adj. Argent. y Urug. Concerniente a los edificios o a la construcción.

edípico, a adj. Relativo al complejo de Edipo.

Edipo. Complejo de Edipo Conjunto de sentimientos amorosos y hostiles que cada niño siente en relación con sus padres durante el estadio fálico (atracción sexual hacia el progenitor de sexo opuesto y odio hacia el del mismo sexo, que considera rival), y cuyo resultado normal es la identificación con el progenitor del mismo sexo.

editar v.tr. (fr. *éditer*). Preparar un texto, una obra musical, un programa radiofónico o de televisión para su publicación o emisión. **2.** INFORMÁT. Presentar de una forma y sobre un soporte que faciliten su utilización los resultados de los tratamientos efectuados sobre una computadora.

editor, ra adj. y s.f. (lat. *editor, -oris,* autor, fundador). Se dice de la empresa que edita libros, revistas, discos, etc. ◆ s. Persona que tiene por oficio editar textos para su publicación. **2.** Filólogo que realiza la edición crítica de una obra. ◆ s.m. INFORMÁT. Programa de utilidad que permite redactar, modificar, corregir, reorganizar y archivar textos.

editorial adj. Relativo al editor o la edición. ◆ s.m. Artículo sin firma de una publicación periódica que suele aparecer en un lugar determinado de la misma y recoge la opinión de la dirección sobre un tema de actualidad. ◆ s.f. Empresa que se dedica a editar o preparar textos para su publicación.

editorialista s.m. y f. Persona que escribe el editorial de un periódico.

edometría s.f. Técnica que tiene por objeto el estudio y la medida del asiento de los suelos bajo los fundamentos.

edómetro s.m. Aparato de laboratorio que sirve para calcular el asiento del suelo bajo el peso de la edificación.

edomitas o **idumeos,** pueblo semítico establecido al SE del mar Muerto, descendiente de Esaú *(Edom)* y sometido por David. En la época grecorromana, los edomitas fueron llamados *idumeos.*

edredón s.m. (fr. *édredon*). Plumón muy fino con el que se confeccionan colchas y otras prendas de abrigo. **2.** Cobertor formado por dos tejidos superpuestos y unidos mediante pespuntes y relleno de una capa de plumón, miraguano o fibra artificial.

educación s.f. Acción o conjunto de ellas destinadas a desarrollar en la persona su capacidad intelectual, una determinada facultad o el carácter: *educación audiovisual.* **2.** Conocimiento de las costumbres y buenos modales conforme a ciertas normas y costumbres de la sociedad: *persona sin educación.* ◇ **Educación a distancia** Modalidad de enseñanza que se realiza por correo u otro medio de comunicación, sin que el alumno asista habitualmente a clase. **Educación especial** Modalidad de enseñanza primaria para niños a quienes no conviene un régimen normal de escolarización, por sus minusvalías físicas o mentales, o bien por su inadaptación social. **Educación física** Conjunto de ejercicios corporales que tienden a mejorar las cualidades físicas del ser humano. **Educación social** Conjunto de acciones de la educación no formal dirigida a colectivos con escasos recursos.

educacional adj. Relativo a la educación. **2.** Amér. Educativo.

educador, ra adj. y s. Que educa. ◆ s. **Educador social** Persona que se dedica profesionalmente a la educación social.

educando, a adj. y s. Que está recibiendo educación.

educar v.tr. (lat. *educare*). Formar o instruir a una persona. **2.** Desarrollar o perfeccionar las facultades intelectuales, morales o cognitivas para un determinado fin. **3.** Desarrollar o perfeccionar el rendimiento físico por medio del ejercicio: *educar los abdominales; educar la mano izquierda para escribir.* **4.** Perfeccionar o desarrollar mediante la enseñanza los sentidos o las aptitudes: *educar el oído; educar el paladar; educar la mente.*

educativo, a adj. Relativo a la educación: *sistema educativo.*

edulcorante adj. y s.m. Se dice de la sustancia que comunica sabor dulce.

edulcorar v.tr. (bajo lat. *edulcorare,* de *dulcor,* dulzura). Añadir azúcar u otra sustancia dulce a un alimento o a un medicamento para modificar su sabor.

eduos, pueblo de la Galia céltica, cuya ciudad pral. era *Bibracte.* Aunque aliados de los romanos, se unieron temporalmente a Vercingetórix.

efe s.f. Nombre de la letra *f.* ◆ **efes** s.f.pl. Aberturas que ciertos instrumentos de cuerda tienen a ambos lados del puente.

efebo s.m. (lat. *ephebus*). *Poét.* Adolescente, en especial si es atractivo.

efectismo s.m. Cualidad de efectista. **2.** Acción de las cosas efectistas.

efectista adj. Que pretende causar mucho efecto o llamar la atención: *recursos efectistas.*

efectividad s.f. Cualidad de efectivo.

efectivo, a adj. Que produce el efecto deseado: *métodos efectivos.* SIN.: *eficaz.* **2.** Real, verdadero o que se cumple: *poder efectivo.* **3.** Válido: *hizo efectiva su renuncia el lunes.* ◆ s.m. Dinero en monedas o billetes: *pagar en efectivo; disponer de efectivo.* **2.** ESTADÍST. Número de elementos de una población o de una serie estadística. ◆ **efectivos** s.m.pl. Tropas que componen una unidad del ejército. ◇ **Hacer efectivo** Realizar una acción que se ha planeado; pagar o cobrar una cantidad, crédito o documento.

efecto s.m. (lat. *effectus, -us,* de *efficere,* producir un efecto). Resultado de una acción o cosa que resulta de otra: *el efecto de un medicamento.* **2.** Fin o propósito con el que se hace algo. **3.** Impresión viva causada en el ánimo. **4.** Artículo o documento mercantil. **5.** Fenómeno particular en física, biología, etc.: *efecto Joule.* **6.** Rotación que se imprime a una bola o a una pelota para que adquiera trayectorias voluntariamente anormales. ◆ **efectos** s.m.pl. Bienes u objetos que se poseen: *efectos personales.* ◇ **Al efecto de** o **a, para, efectos de** Con la finalidad de. **Efecto de colusión** Efecto de comercio puesto en circulación sin que se haya realizado ningún negocio, con vistas a obtener, fraudulentamente, fondos por medio del descuento. **Efecto de comercio** Nombre genérico de cualquier título a la orden, transmisible por endoso, y que hace constar la obligación de pagar una cantidad de dinero en una época determinada. (La letra de cambio, el pagaré y el cheque son efectos de comercio.) **Efecto invernadero** Elevación de la temperatura de la atmósfera próxima a la corteza terrestre, por la dificultad de disipación de la radiación calorífica, debida a la presencia de una capa de óxidos de carbono procedentes de las combustiones industriales. **Efecto mariposa** Resultado que es consecuencia de una casualidad o un imprevisto. **Efecto público** Título emitido por el estado, el municipio u otras entidades públicas. **Efectos especiales** Trucos que se utilizan en cine y teatro para lograr que ciertas imágenes y sonidos parezcan reales. **En efecto** Se usa para expresar asentimiento. **Hacer efecto** Causar buena impresión. **Surtir efecto** Dar algo el resultado que se esperaba.

efectuar v.tr. y prnl. [conj.: *actuar*]. Ejecutar, realizar algo.

efedrina s.f. Alcaloide extraído de la *Ephedra vulgaris,* que se usa en otorrinolaringología por sus efectos vasoconstrictores.

efélide s.f. Pequeña mancha amarillenta de la epidermis.

efemérides s.f.pl. (lat. *ephemeris, -idis,* memorial diario). Sucesos notables ocurridos en diferentes épocas. **2.** Libro que indica los acontecimientos sucedidos el mismo día del año, en diferentes épocas. **3.** Obra que enumera los acontecimientos previsibles a lo largo de un año. ◇ **Efemérides astronómicas** ASTRON. Tablas que dan, para cada día del año, los valores de algunas magnitudes astronómicas variables, en particular las de las coordenadas de los planetas, de la Luna y del Sol.

efendi s.m. (voz turca). Título que recibían los sabios, magistrados y dignatarios en el Imperio otomano.

eferencia s.f. Transmisión de sangre o linfa, de una secreción o un impulso nervioso, desde una parte del organismo a otra periférica a ella.

eferente adj. ANAT. Se dice de la formación anatómica, como un nervio o un vaso, que conduce o transmite sangre o linfa, una secreción o un impulso nervioso, de una parte del organismo a otra periférica a ella.

efervescencia s.f. Fenómeno de desprenderse burbujas de la masa de un líquido, debido a la fermentación o a una reacción química. **2.** *Fig.* Agitación, inquietud: *efervescencia política.*

efervescente adj. Que está o puede estar en efervescencia.

efesio, a adj. y s. De Éfeso. SIN.: *efesino.*

eficacia s.f. (lat. *efficacia*). Capacidad de producir un buen efecto.

eficaz adj. (lat. *efficax, -acis*). Que produce el efecto deseado: *remedio eficaz.* SIN.: *efectivo.* **2.** Se dice de la persona que realiza con eficiencia su trabajo o función. ◇ **Intensidad eficaz de una corriente alterna** Intensidad de una corriente continua que produciría el mismo desprendimiento de calor en el mismo conductor en el mismo intervalo de tiempo.

eficiencia s.f. Capacidad para cumplir o realizar bien una función.

eficiente adj. (lat. *efficiens, -tis,* p. activo de *efficere*). Que tiene o actúa con eficiencia: *persona eficiente.* ◇ **Causa eficiente** En la filosofía escolástica, fenómeno que provoca otro.

efigie s.f. (lat. *effigies*). Imagen dibujada, pintada o esculpida que representa una persona. **2.** *Fig.* Persona que muestra tan vivamente un sentimiento o un estado que puede tomarse como representación del mismo: *ser la efigie de la bondad.*

efímero, a adj. (gr. *ephímeros,* que solo dura un día). Que es pasajero o dura muy poco. **2.** Que dura un solo día.

eflorescencia s.f. QUÍM. **a.** Transformación de las sales hidratadas que pierden parte del agua de cristalización en contacto con el aire. **b.** Polvo resultante de este proceso.

eflorescente adj. Que se halla en estado de eflorescencia. **2.** Se dice del mineral cubierto por una capa de óxido metálico.

efluente adj. Se dice del fluido que brota o mana de una fuente. ◆ s.m. **Efluente pluvial** Aguas residuales de lluvia. **Efluente urbano** Conjunto de las aguas sobrantes, residuales y superficiales evacuadas por las alcantarillas de las poblaciones.

efluvio s.m. (lat. *effluvium,* acto de manar). Emisión o exhalación de pequeñas partículas o vapores de un cuerpo. **2.** *Fig.* Irradiación en lo inmaterial: *efluvio de bondad.* **3.** ELECTR. Descarga eléctrica de luminiscencia débil que se produce en la proximidad de un conductor sin que este se caliente demasiado.

efod s.m. Vestidura litúrgica de los sacerdotes israelitas.

eforato s.m. Dignidad de éforo.

éforo s.m. Magistrado de Esparta, elegido anualmente.

efusión s.f. Derramamiento de un líquido: *efusión de sangre.* **2.** *Fig.* Muestra intensa de sentimientos afectuosos o alegres: *saludar con efusión.* **3.** Salida de un gas por un poro u orificio pequeño.

efusivo, a adj. Que manifiesta mucho afecto y alegría. ◇ **Roca efusiva** GEOL. Roca resultante de un enfriamiento del magma desparramado en contacto con el aire.

egagrópila s.f. Bola de residuos de alimentos no digeridos que ciertas rapaces pequeñas regurgitan.

egeo, a adj. Relativo al Egeo. ◆ adj. y s. De un conjunto de pueblos prehelénicos, cuya civilización se desarrolló en las islas y en las costas del mar Egeo en el III y II milenios a.C. y a los que sucedió la civilización micénica. ◆ s.m. Variedad del griego moderno hablado en las islas del mar Egeo.

egesta s.f. Conjunto de materias expulsadas por el tubo digestivo.

égida o **egida** s.f. (lat. *aegis, -idis,* del gr. *aíx, aigós,* cabra). Escudo o coraza maravillosos de Zeus y de Atenea. **2.** *Fig.* Protección, defensa.

egipán s.m. Ser fabuloso, mitad cabra y mitad hombre.

egipciaco, a o **egipcíaco, a** adj. y s. Egipcio.

egipcio, a adj. y s. De Egipto. ◆ s.m. Lengua camitosemítica del antiguo Egipto.

egiptología s.f. Estudio de la antigüedad egipcia.

eglantina s.f. Arbusto espinoso, de hojas alternas con estípulas y bellas flores. (Familia rosáceas.)

eglefino s.m. Pez del mar del Norte, de 1 m de long., parecido al bacalao, que se consume ahumado. (Familia gádidos.)

égloga s.f. (lat. *ecloga,* del gr. *eklogí,* selección). Composición poética de tema pastoril.

ego s.m. (voz latina, *yo*). FILOS. Sujeto consciente y pensante. **2.** PSICOANÁL. El yo. **3.** ANTROPOL. El sujeto considerado como término de referencia en términos de parentesco.

egocéntrico, a adj. y s. Que muestra egocentrismo.

egocentrismo s.m. Tendencia a considerar solo el propio punto de vista y los propios intereses.

egoísmo s.m. (fr. *égoïsme,* del lat. *ego,* yo). Cualidad de egoísta.

egoísta adj. y s.m. y f. Se dice de la persona que antepone el interés propio al ajeno, aunque acarree perjuicio a los demás; también se dice de sus acciones y comportamiento.

ególatra adj. y s.m. y f. Que manifiesta egolatría.

egolatría s.f. (del lat. *ego,* yo, y *latreia,* adoración). Culto excesivo de la propia persona.

egotismo s.m. (ingl. *egotism*). Manía de hablar una persona sobre sí misma.

egotista adj. y s.m. y f. Que manifiesta egotismo.

egregio, a adj. (lat. *egregius,* el que se destaca del rebaño). Insigne o ilustre.

egresar v.intr. Amér. Terminar un ciclo de estudios medios y superiores con la obtención del título correspondiente.

egreso s.m. (lat. *egresus, -us*). Gasto o partida de descargo en una cuenta. **2.** Amér. Acción de egresar. **3.** ECON. Gasto.

¡eh! interj. Se emplea para llamar la atención: *¡eh, cuidado!* **2.** Se emplea para reforzar una advertencia: *que no te vea hacerlo de nuevo, ¡eh!* **3.** *Fam.* Se emplea para pedir que se repita algo que no se ha oído bien: *¿eh? ¿qué decías?*

eíder s.m. (islandés *aedur*). Pato marino que anida en las costas escandinavas y cuyo plumón se usa en la confección de edredones. (Mide unos 60 cm de long.)

eidético, a adj. (lat. *ethicus,* del gr. *ithikós,* moral, relativo al carácter). FILOS. En fenomenología, relativo a la esencia de las cosas. ◇ **Imagen eidética** PSICOL. Reviviscencia de una percepción después de cierto tiempo de latencia.

eidetismo s.m. Facultad de volver a ver, con gran agudeza sensorial, objetos percibidos cierto tiempo atrás, sin creer en la realidad material del fenómeno.

einstenio s.m. (de A. *Einstein,* físico alemán). Elemento químico (Es), artificial, de número atómico 99.

eirá s.m. Argent. y Par. Pequeño carnívoro semejante al hurón, de poco más de un metro de long., de patas relativamente largas, pelaje pardo oscuro, corto y liso, que se alimenta de pequeños mamíferos y de miel.

eje s.m. (lat. *axis*). Varilla o barra que atraviesa un cuerpo giratorio. **2.** Pieza transversal, situada en la parte inferior de un vehículo y afirmada en el cubo de las ruedas en las que aquel se apoya. **3.** Línea imaginaria alrededor de la cual se mueve un cuerpo: *el eje de la Tierra.* **4.** Línea que divide por la mitad una superficie: *el eje de la calzada.* **5.** *Fig.* Aspecto esencial de una obra o empresa: *el eje de un negocio, de una novela.* **6.** *Fig.* Fundamento de un raciocinio, escrito, conducta, etc.: *el eje de una nueva ideología.* ◇ **Eje cerebrospinal** Conjunto de la médula espinal y del encéfalo. **Eje del mundo** Diámetro que pasa por los polos de la esfera celeste y es perpendicular al ecuador celeste. **Eje de repetición,** o **de simetría de orden n de una figura** Recta tal que la figura coincide con su posición primitiva después de una rotación de $\frac{1}{n}$ vuelta alrededor de dicha recta. **Eje de revolución** Recta alrededor de la cual una figura de revolución se superpone a sí misma por rotación. **Eje de rotación** Recta alrededor de la cual puede girar una figura o cuerpo sólido. **Eje de simetría** Recta en relación con la cual los puntos de una figura son simétricos dos a dos. **Eje óptico de una lente** Recta que pasa por los centros de curvatura de sus dos caras. **Ejes de referencia** Rectas que se cortan y en relación con las cuales se fija la posición de un elemento variable. **Partir por el eje a alguien** *Fam.* Causarle un perjuicio o contrariedad.

ejecución s.f. Acción de ejecutar: *la ejecución de un plan, de una obra musical.* **2.** Manera de ejecutar algo: *una ejecución impecable.*

ejecutar v.tr. (del lat. *exsequi,* seguir hasta el final). Hacer una cosa ideada o proyectada: *ejecutar un proyecto.* **2.** Hacer una cosa por mandato o encargo: *ejecutar las órdenes.* **3.** Realizar un acto: *ejecutar un movimiento.* **4.** Aplicar la pena de muerte a un condenado. **5.** Tocar una pieza musical. **6.** DER. Reclamar el cumplimiento de una deuda o la aplicación de una sentencia por vía o procedimiento ejecutivo. **7.** INFORMÁT. Interpretar la unidad central de un sistema informático las instrucciones de un programa cargado en la memoria principal.

ejecutiva s.f. Junta directiva de una empresa o asociación.

ejecutivo, a adj. Que ha de ser ejecutado de forma inmediata. ◆ adj. y s.m. Se dice del poder encargado de aplicar las leyes. ◆ s. Persona que realiza tareas directivas en una empresa o asociación.

ejecutor, ra adj. y s. (lat. *exsecutor*). Que ejecuta. ◆ s.m. **Ejecutor de la justicia** Verdugo.

ejecutoria s.f. Diploma en que consta legalmente la nobleza de una persona o familia. **2.** Acción que ennoblece. SIN.: *timbre.* **3.** DER. Sentencia firme.

ejecutorio, a adj. DER. Firme.

ejemplar adj. (lat. *exemplaris*). Que sirve de ejemplo o que merece ser puesto como ejemplo: *vida ejemplar.* **2.** Que sirve de enseñanza por escarmentar: *castigo ejemplar.* ◆ s.m. Cada una de las obras obtenidas de un mismo original: *edición de diez mil ejemplares.* **2.** Individuo de una especie, raza, género, etc. **3.** Objeto que forma parte de una colección.

ejemplaridad s.f. Cualidad de ejemplar.

ejemplarizar v.tr. Dar ejemplo o buen ejemplo.

ejemplificación s.f. Acción y efecto de ejemplificar.

ejemplificar v.tr. Demostrar o autorizar con ejemplos.

ejemplo s.m. (lat. *exemplum*). Persona, cosa, acción o conducta dignas de ser imitadas: *un ejemplo a seguir.* **2.** Hecho o texto que se cita para aclarar o ilustrar una afirmación. ◇ **Dar ejemplo** Actuar de manera que el comportamiento sirva de ejemplo a otras personas. **Por ejemplo** Se emplea para introducir un ejemplo o caso que sirva de modelo.

ejercer v.tr. e intr. (lat. *exercere,* agitar, hacer trabajar sin descanso) [conj.: *mecer*]. Realizar las actividades propias de una profesión: *ejercer de médico; ejercer la abogacía.* **2.** Realizar una acción, influjo, poder, etc.: *ejercer la tiranía; ejercer un control.* **3.** Hacer lo que permite un derecho o privilegio: *ejercer el derecho a voto.*

ejercicio s.m. (lat. *exercitium*). Acción y efecto de ejercer: *el ejercicio del poder.* **2.** Actividad corporal o intelectual que permite la adquisición o el mantenimiento de una facultad o capacidad: *ejercicios de matemáticas; ejercicios gimnásticos; hacer ejercicios al piano.* **3.** Pregunta o prueba de las que componen un examen u oposición. **4.** Trabajo intelectual que sirve de práctica de lo aprendido en una lección. **5.** Período comprendido entre dos inventarios contables o dos presupuestos. ◆ **ejercicios** s.m.pl. Sesión de instrucción militar práctica. ◇ **Ejercicios espirituales** Práctica religiosa en que un grupo de personas, bajo la dirección de un sacerdote que les predica, se dedican durante unos días a la meditación, oración y reflexión. **En ejercicio** Se dice de la persona que está ejerciendo su profesión o cargo.

ejercitación s.f. Acción de ejercitar o ejercitarse.

ejercitar v.tr. (lat. *exercitare*). Ejercer un poder, facultad, etc.: *ejercitar un derecho.* **2.** Dedicarse al ejercicio de un arte, oficio o profesión: *ejercitar la pintura.* ◆ v.tr. y prnl. Hacer que se practique algo para adiestrarse en ello: *ejercitarse en esgrima.*

ejército s.m. (lat. *exercitus, -us*). Conjunto de las fuerzas militares de una nación. **2.** Cada uno de los cuerpos militares en que se divide este conjunto: *ejército de tierra; ejército del aire.* **3.** Conjunto numeroso de soldados o de personas armadas bajo las órdenes de un jefe. **4.** *Fig.* Grupo numeroso de personas o animales: *un ejército de hormigas.*

ejército

A lo largo de la historia la forma y la importancia de los ejércitos reflejaron la demografía, la evolución técnica, la riqueza y el tipo de sociedad de donde surgieron las guerras. Se distinguen diversos tipos de ejércitos que han podido coexistir simultáneamente. Desde la antigüedad los ejércitos de mercenarios, compuestos por extranjeros contratados por un estado o un soberano, participaron en los conflictos regionales. Los ejércitos feudales constituyeron la reunión temporal de vasallos bajo la autoridad de un señor (nobles a caballo rodeados de soldados a pie). Los ejércitos, formados por habitantes de una nación obligados a servir durante un largo plazo, caracterizan los sistemas militares europeos del s. XIX. En el ejército nacional, todo ciudadano es un soldado potencial. Los avances de la táctica y de la técnica, y el deseo de disponer de forma automática de una fuerza armada (ejército permanente) llevó a los estados a instaurar el servicio militar activo, seguido de la posibilidad de incorporación al ejército de reserva o al ejército territorial.

ejidal adj. Relativo al ejido.

ejidario, a s. Méx. Persona que forma parte de un ejido.

ejidatario, a s. Campesino que disfruta de tierras en un ejido.

ejido s.m. (del ant. *exir,* salir, del lat. *exire*). Terreno inculto en las afueras de una población, destinado a usos comunes diversos, como lugar de recreo, para establecer las eras, estacionar el ganado, etc. **2.** Méx. Terreno concedido por el gobierno a un grupo de campesinos para su explotación.

ejote s.m. Amér. Central y Méx. Fruto del frijol. GEOSIN.: Amér. Merid. *chaucha;* Esp. *judía.* **2.** Amér. Central y Méx. *Fig.* Puntada grande y mal hecha en la costura.

ekele s.m. Unidad monetaria de Guinea Ecuatorial.

el, la, los, las art.det. (lat. *ille, illa, illum*). Se anteponen a los nombres para individualizarlos y para indicar su género y su número.

él, ella pron.pers. (lat. *ille,* aquel) [pl. *ellos, ellas*]. Forma tónica de la 3ª persona del singular, que designa algo o a alguien distinto del emisor y el receptor en un acto de comunicación. (Funciona como sujeto, predicado nominal o como complemento precedido de preposición; cuando funciona como sujeto, predicado nominal y complemento directo o indirecto solo se refiere a persona: *él no lo sabe*; *sale con él*; *es muy él.)*

elaboración s.f. Acción y efecto de elaborar: *pan de elaboración artesanal.* ◇ **Elaboración de los metales** METAL. Conjunto de operaciones que permiten extraer el metal de su mineral, tras el refinado del metal bruto, para obtener un metal puro.

elaborar v.tr. (lat. *elaborare*). Preparar un producto transformando una o varias materias en una serie de operaciones: *elaborar el chocolate.* **2.** Idear algo complejo: *elaborar un plan.* **3.** METAL. Practicar una elaboración.

elafebolias s.f.pl. ANT. GR. Fiestas en honor de Artemisa cazadora. (Se celebran en Atenas y en Fócida, en el mes de elafebolión.)

elafebolión s.m. ANT. GR. Noveno mes del calendario ático, que corresponde a marzo-abril.

eláfodo s.m. Mamífero artiodáctilo rumiante, llamado también ciervo de mechón, por su mechón de largos pelos en lo alto de la cabeza.

elágico, a adj. **Ácido elágico** QUÍM. Ácido obtenido por oxidación del ácido gálico.

elasticidad s.f. Propiedad que poseen determinados cuerpos de recuperar su forma cuando la fuerza que los deformaba cesa. **2.** Cualidad de elástico. **3.** ECON. Facultad de variación de un fenómeno en función de la variación de otro. ◇ **Límite de elasticidad** Valor máximo de la fuerza deformadora que actúa sobre un cuerpo cuya deformación desaparece totalmente cuando cesa la fuerza. **Módulo de elasticidad** Cociente entre la deformación producida por una fuerza y el valor de esta.

elástico, a adj. (gr. *elastós,* dúctil). Se dice del cuerpo que se puede estirar o deformar, y, al cesar la fuerza que lo altera, recobrar su forma anterior: *goma elástica.* **2.** *Fig.* Que puede ser aplicado a distintas circunstancias. ◆ s.m. Tejido, cinta o cordón elástico. **2.** Parte de una prenda de vestir hecha de un punto más elástico que el resto, en especial la parte superior del calcetín.

elastina s.f. BIOQUÍM. Proteína que constituye el principal componente de los tejidos conjuntivo, óseo y cartilaginoso. (Se utiliza en la fabricación de cosméticos.)

elastómero s.m. Polímero natural o sintético que presenta propiedades elásticas.

elatérido, a adj. y s.m. Relativo a una familia de insectos coleópteros que al caer sobre el dorso, saltan produciendo un ruido seco. (Las larvas de la familia *elatéridos,* a menudo vegetarianas, son perjudiciales.)

elaterio s.m. (lat. *elaterium,* purgante obtenido del cohombro). Cohombro silvestre.

elativo s.m. LING. Superlativo absoluto.

ele s.f. Nombre de la letra *l.*

¡ele! interj. *Fam.* Se usa para jalear o asentir.

eleata adj. y s.m. y f. Eleático.

eleático, a adj. y s. De Elea. **2.** Relativo a la escuela filosófica de Elea; miembro de esta escuela.

eléboro s.m. (lat. *helleborus,* del gr. *elléboros*). Planta vivaz, de hojas en abanico, cuyas flores se abren en invierno. (Familia ranunculáceas.) ◇ **Eléboro blanco** Planta herbácea de hojas anchas y flores agrupadas en panículas, cuya cepa, carnosa, es venenosa.

elección s.f. (lat. *electio, -onis*). Acción de elegir: *votaciones para la elección de gobernador.* **2.** Nombramiento de una persona para un cargo, hecho por votación. **3.** Posibilidad de elegir: *no tener otra elección.* ◆ **elecciones** s.f.pl. Votación para elegir cargos. ◇ **Elección de domicilio** DER. Acto por el que se elige un domicilio legal **Tratamiento de elección** Forma de tratamiento más idónea para una determinada afección.

eleccionario, a adj. Amér. Electoral.

electivo, a adj. Que se hace o se da por elección: *cargo electivo.*

electo, a adj. Que ha sido elegido. ◆ adj. y s. Se dice de la persona elegida para una dignidad, empleo, cargo, etc., mientras no toma posesión: *el presidente electo.*

elector, ra adj. y s. Que elige o tiene derecho o potestad para elegir. ◆ s. Persona que reúne las condiciones exigidas por la ley para ejercitar el derecho de sufragio. ◆ s.m. HIST. Miembro de un colegio constituido, en 1138, por tres arzobispos y cuatro duques, para proponer a la dieta germánica un candidato para el Sacro imperio. (A partir de 1438 el colegio de electores dejó de influir en la elección del emperador y la corona pasó a ser monopolio de los Habsburgo.)

electorado s.m. Conjunto de electores. **2.** HIST. **a.** Dignidad de los príncipes u obispos electores en el Sacro imperio romano germánico. **b.** País sometido a la jurisdicción de un elector germánico: *el electorado de Trèves.*

electoral adj. Relativo a los electores o a las elecciones: *ley electoral.* **2.** Relativo a la dignidad o a la cualidad de elector. **3.** HIST. Relativo a la dignidad o a la cualidad de elector del Sacro imperio.

electoralismo s.m. Intervención de consideraciones puramente electorales en la política de un partido.

electoralista adj. y s.m. y f. Relativo al electoralismo; partidario de esta actitud.

electorero, a s. Persona que lleva a cabo intrigas a favor de un candidato en unas elecciones.

electreto s.m. (ingl. *electret*). Cuerpo cuyas moléculas conservan una orientación dada por las líneas de fuerza de un campo eléctrico.

electricidad s.f. Forma de energía que manifiesta su acción por fenómenos mecánicos, caloríficos, luminosos, químicos, etc. **2.** Aplicaciones de esta energía. ◇ **Cantidad de electricidad** Producto de la intensidad de una corriente eléctrica por el tiempo de circulación. **Electricidad animal** Descargas producidas por diversos peces que paralizan así a sus presas o a sus depredadores. SIN.: *bioelectricidad.*

electricidad

La materia está constituida por átomos que contienen un número igual de electrones (de carga negativa) que de protones (de carga positiva): por tanto, es eléctricamente neutra. Un déficit de electrones da lugar a una carga eléctrica positiva; un exceso de electrones, a una carga eléctrica negativa.

La electricidad, que se ocupa de su estudio, abarca varios campos. La *electrostática* es el estudio de las cargas en reposo; la *electrocinética*, el de las cargas en movimiento. Teorías en principio distintas, la electricidad y el magnetismo se unificaron en el *electromagnetismo*. Gracias a este, la electricidad encontró aplicaciones industriales y se convirtió en un indicador energético sinónimo de desarrollo económico. De esta manera, las corrientes alternas, durante mucho tiempo desconocidas, dieron lugar a las aplicaciones industriales más importantes de la *electrotécnica*. Su utilización en alta frecuencia permitió la comunicación a largas distancias, al mismo tiempo que el descubrimiento de la estructura granular condujo al desarrollo de la *electrónica*.

electricista adj. y s.m. y f. Se dice del especialista en electricidad o en instalaciones eléctricas.

eléctrico, a adj. Relativo a la electricidad o que es producido por ella: *luz eléctrica.* **2.** Que sirve para producir electricidad o es utilizado por ella: *aparato eléctrico.*

electrificar v.tr. Hacer que una máquina, una instalación, etc., funcionen con energía eléctrica. **2.** Establecer en un lugar instalaciones de suministro de electricidad.

electrización s.f. Acción y efecto de electrizar o electrizarse.

electrizante adj. Que electriza o sirve para electrizar.

electrizar v.tr. y prnl. Comunicar o producir la electricidad en un cuerpo. **2.** *Fig.* Entusiasmar, emocionar.

electro s.m. (lat. *electrum,* del gr. *ḗlektron*). Ámbar, resina fósil de color amarillento. **2.** Aleación natural de cuatro partes de oro y una de plata, de color parecido al del ámbar, que se emplea en orfebrería. **3.** *Fam.* Electrocardiograma.

electroacústico, a adj. y s.f. Se dice de la técnica de conversión de señales acústicas en señales eléctricas y viceversa, cuya finalidad es la producción, transmisión, grabación y reproducción de los sonidos. **2.** Se dice de la música que utiliza esta técnica. (La música electroacústica agrupa la *música concreta* y la *música electrónica.*)

electroafinidad s.f. Propiedad de un elemento químico para transformarse en ion, captando o perdiendo electrones.

electrocapilaridad s.f. Variación de la tensión superficial debido a la acción de un campo eléctrico.

electrocardiografía s.f. Técnica de la realización e interpretación de los electrocardiogramas.

electrocardiógrafo s.m. Aparato que permite hacer electrocardiogramas.

electrocardiograma s.m. Gráfico que se obtiene mediante el registro de las corrientes producidas por la contracción del músculo cardíaco y permite el diagnóstico de las afecciones del miocardio y de los trastornos del ritmo. (Se abrevia *electro.*)

electrocauterio s.m. MED. Instrumento empleado para la coagulación de los tejidos mediante el calor, y que realiza su acción por medio de una corriente eléctrica.

electrochoque s.m. → **electroshock.**

electrocinesis s.f. ETOL. Desplazamiento de un animal provocado por un campo eléctrico.

electrocinética s.f. Estudio de las corrientes eléctricas.

electrocoagulación s.f. MED. Técnica de destrucción de los tejidos mediante corrientes de alta frecuencia, utilizada para destruir algunos tumores sin riesgo de diseminación ni hemorragia.

electrocopia s.f. Procedimiento de reproducción de imágenes basado en la electrostática.

electrocución s.f. (ingl. *electrocution*). Muerte producida por el paso de una corriente eléctrica por el organismo.

electrocutar v.tr. y prnl. (ingl. *electrocute*). Producir una electrocución.

electrodiagnóstico s.m. Diagnóstico de las enfermedades de los nervios y de los músculos mediante su excitación con una corriente eléctrica moderada.

electrodiálisis s.f. Purificación iónica de un líquido entre dos membranas semipermeables en presencia de un campo eléctrico.

electrodinámica s.f. Parte de la física que estudia la acción dinámica de las corrientes eléctricas.

electrodinamómetro s.m. Aparato que mide la intensidad de una corriente eléctrica.

electrodo s.m. (ingl. *electrode*). En un voltámetro, tubo de gas enrarecido o arco eléctrico, extremo de cada uno de los conductores fijados a los polos de un generador eléctrico. (El que comunica con el polo positivo es el *ánodo*, y el otro, el *cátodo*.)

electrodoméstico, a adj. y s.m. Se dice del aparato eléctrico de uso doméstico, como la plancha, el aspirador, el refrigerador, etc.

electroencefalografía s.f. Registro y estudio de los electroencefalogramas.

electroencefalograma s.m. Gráfico que se obtiene por el registro de los potenciales eléctricos de las neuronas del cerebro, mediante unos electrodos que se fijan en el cuero cabelludo. (Las ondas varían de amplitud de frecuencia según el nivel de la actividad del cerebro.)

electroerosión s.f. Formación de pequeños cráteres en la superficie de un conductor sometido a una sucesión extremadamente rápida de descargas eléctricas de corta duración.

electrofisiología s.f. Parte de la fisiología que estudia las corrientes eléctricas producidas por los organismos vivos y la acción de las corrientes eléctricas en estos.

electrófono s.m. Aparato que reproduce los sonidos grabados en un disco de vinilo.

electroforesis s.f. Método de separación de los constituyentes de las soluciones coloidales utilizando la acción de un campo eléctrico sobre las micelas cargadas eléctricamente.

electroformación s.f. METAL. Procedimiento de obtención de piezas formadas directamente por electrodeposición.

electrógeno, a adj. Que produce electricidad.

electroimán s.m. Aparato que sirve para la producción de campos magnéticos, gracias a un sistema de bobinas con núcleo de hierro dulce, recorridas por una corriente eléctrica.

electrólisis o **electrolisis** s.f. Descomposición química de determinadas sustancias fundidas o en solución mediante el paso de una corriente eléctrica. (Se obtiene aluminio por electrólisis de la alúmina.)

electrólito o **electrolito** s.m. Compuesto químico que, fundido o disuelto, puede descomponerse por electrólisis.

electrolizador s.m. Aparato destinado a producir las corrientes que se emplean para la electrólisis.

electrolizar v.tr. Someter un cuerpo a la electrólisis.

electroluminiscencia s.f. Luminiscencia provocada por un fenómeno eléctrico.

electromagnético, a adj. Relativo al electromagnetismo.

electromagnetismo s.m. Parte de la física que estudia las interacciones entre corrientes eléctricas y campos magnéticos.

electromecánica s.f. Ciencia de las aplicaciones comunes de la electricidad y la mecánica.

electromecánico, a adj. (lat. *mechanicus*). Se dice de todo dispositivo mecánico de mando eléctrico. ◆ s. Profesional de la electromecánica.

electrometalurgia s.f. Utilización de las propiedades térmicas y electrolíticas de la electricidad para la producción, refino o tratamiento térmico de los productos metalúrgicos.

electrometría s.f. Conjunto de métodos que se sirven de electrómetros para medir las magnitudes eléctricas.

electrómetro s.m. Instrumento para medir magnitudes eléctricas, principalmente diferencias de potencial, que se basa en la acción de las fuerzas electrostáticas.

electromiografía s.f. Estudio de los fenómenos eléctricos que acompañan la contracción muscular.

electromotor, ra adj. Que produce electricidad bajo la influencia de una acción química o mecánica. ◆ s.m. Aparato que transforma la energía eléctrica en energía mecánica.

electromotriz adj.f. Electromotora.

electrón s.m. (ingl. *electron*, de *electric*, eléctrico, y *anion*, anión). Partícula de carga eléctrica negativa que se halla alrededor del átomo. (El número y la disposición de los electrones de la capa más periférica determinan la valencia y las propiedades químicas del elemento.) **2.** Aleación ligera a base de magnesio.

electronegativo, a adj. Se dice de un elemento o de un radical que se dirige al ánodo en la electrólisis: *los halógenos, el oxígeno y los metaloides son elementos electronegativos.*

electrón-gramo s.m. (pl. *electrones-gramo*). Masa total de los electrones contenidos en un átomo gramo de hidrógeno.

electrónica s.f. Parte de la física que estudia las variaciones de las magnitudes eléctricas, como campos electromagnéticos, cargas, corrientes y tensiones eléctricas para captar, transmitir y aprovechar información. **2.** Técnica de la aplicación industrial de estos fenómenos.

electrónico, a adj. Relativo al electrón: *haz electrónico.* **2.** Que funciona según los principios de la electrónica: *microscopio electrónico.* ◇ **Música electrónica** Música que utiliza oscilaciones eléctricas para crear sonidos.

electronuclear adj. **Central electronuclear** Central eléctrica que utiliza la energía térmica producida por un reactor nuclear.

electronvoltio s.m. Unidad de medida de energía utilizada en física nuclear (símb. eV), equivalente a la energía adquirida por un electrón acelerado bajo una diferencia de potencial de 1 voltio en el vacío, que es, aproximadamente, $1{,}60219 \times 10^{-19}$ julios.

electroóptica s.f. Parte de la física que estudia los fenómenos electroópticos. **2.** Conjunto de técnicas para la construcción de dispositivos que transforman señales ópticas en señales electrónicas y viceversa.

electroósmosis s.f. Filtración de un líquido a través de una pared por la acción de una corriente eléctrica.

electropositivo, a adj. Se dice del elemento o del radical que se dirige al cátodo en la electrólisis: *los metales y el hidrógeno son electropositivos.*

electropuntura s.f. Método terapéutico que consiste en hacer pasar una corriente eléctrica por los tejidos mediante agujas.

electroquímica s.f. Técnica de las aplicaciones de la energía eléctrica a las operaciones químicas.

electrorradiología s.f. Especialidad médica que engloba las aplicaciones de la electricidad y de las radiaciones al diagnóstico y tratamiento de las enfermedades.

electroscopio s.m. Instrumento que permite detectar las cargas eléctricas y determinar su signo.

electroshock o **electrochoque** s.m. Terapéutica de algunas enfermedades mentales que consiste en hacer pasar a través del cerebro una corriente eléctrica, que provoca, durante un corto espacio de tiempo, una crisis epiléptica.

electrostática s.f. Parte de la física que trata de los fenómenos de la electricidad en equilibrio sobre los cuerpos electrizados.

electrotecnia o **electrotécnica** s.f. Estudio de las aplicaciones técnicas de la electricidad.

electroterapia s.f. Tratamiento de las enfermedades que se basa en la aplicación de la electricidad en sus distintas formas.

electrotermia s.f. Estudio de las transformaciones de la energía eléctrica en calor. **2.** Utilización de este fenómeno en electrometalurgia.

electrotropismo s.m. ETOL. Reacción de orientación de algunos animales con relación a un campo eléctrico.

electrovalencia s.f. Valencia química de un elemento o de un radical, definida por los fenómenos de electrólisis.

electroválvula s.f. Válvula que regula el caudal de un fluido y está dirigida por un electroimán.

electuario s.m. (lat. tardío *electuarium*). Medicamento hecho con varios ingredientes, generalmente vegetales, y jarabe o miel.

elefancíaco, a o **elefanciaco, a** adj. y s. Elefantiásico.

elefante, a s. (lat. *elephas, -antis*, del gr. *eléphas, -antos*). Mamífero ungulado del suborden proboscídeos, herbívoro, con la piel muy gruesa, largos incisivos superiores que utiliza como defensa, y con una trompa prensil que constituye la nariz y labio superior; hay dos especies, la asiática y la africana.

◆ s.m. **Año del elefante** Año en que, según la tradición musulmana, nació Mahoma. ◇ **Elefante blanco** Amér. Cosa que cuesta mucho mantener y no produce utilidad. **Elefante marino** Foca de hasta 6 m de long. y 3 t de peso, con un apéndice nasal, alargado y móvil en el caso del macho, que vive en los mares australes y antárticos.

elefante

Con una altura de 2 a 3,7 m y un peso de hasta 6 t, el elefante es el animal terrestre más voluminoso; puede vivir cien años y su gestación dura veintiún meses; el elefante barrita; la especie africana (género *Loxodonta*) está muy amenazada y su caza está sujeta a una reglamentación muy severa.

elefantiásico, a adj. y s. Relativo a la elefantiasis; que padece elefantiasis. SIN.: *elefancíaco, elefanciaco.*

elefantiasis s.f. Enfermedad parasitaria que da a la piel un aspecto rugoso, como el del elefante, y que, a veces, produce la hinchazón de los tejidos. SIN.: *elefancía.*

elefantino, a adj. Relativo al elefante.

elegancia s.f. (lat. *elegantia*). Cualidad de elegante.

elegante adj. (lat. *elegans, -tis,* distinguido, de buen gusto). Que tiene distinción, es sencillo y de buen gusto. **2.** Se dice de la persona que se comporta con naturalidad y viste de forma armoniosa y sencilla. **3.** Que tiene distinción y gracia: *movimientos elegantes.*

elegantoso, a adj. Amér. *Fam.* Muy elegante; que pretende ser elegante.

elegía s.f. (lat. *elegia,* del gr. *elegeía*). Composición poética de la lírica grecorromana formada por hexámetros y pentámetros alternados. **2.** Poema lírico que generalmente expresa sentimientos de tristeza.

elegíaco, a o **elegiaco, a** adj. (gr. *elegeiakós*). Relativo a la elegía. **2.** Lastimero o triste como la elegía: *tono elegíaco.* ◆ s. Poeta que compone elegías.

elegido, a adj. y s. En lenguaje teológico, predestinado por la voluntad de Dios a la gloria eterna. ◆ adj. **El pueblo elegido** REL. El pueblo hebreo.

elegir v.tr. (lat. *eligere,* sacar, arrancar, escoger) [conj.: *pedir*]. Seleccionar a alguien o algo entre varios: *elegir un plato del menú.* **2.** Nombrar o designar por votación a una persona para un premio, cargo o dignidad. **3.** REL. Predestinar para la salvación.

elementado, a adj. Chile y Colomb. Distraído, alelado.

elemental adj. Relativo al elemento. **2.** Relativo a los principios o elementos de una ciencia o arte: *física elemental.* **3.** *Fig.* Que es básico, primordial o esencial: *normas elementales.* **4.** Que es obvio, evidente: *una verdad elemental.*

elemento s.m. (lat. *elementum*). Parte de una cosa que puede ser percibida o analizada independientemente de las demás partes constitutivas de esa cosa. **2.** *Fig.* Cada uno de los pares de una pila eléctrica o de un acumulador. **3.** Chile y P. Rico. *Fig.* y *fam.* Persona de cortos alcances. **4.** Esp. *Fig.* Persona conceptuada positiva o negativamente. **5.** LING. Forma prefija o sufija, generalmente de formación culta, procedente de una voz latina o griega, que sirve para la composición de palabras: *anti- y pre- son elementos prefijos.* **6.** MAT. Cada uno de los objetos que componen un conjunto. **7.** QUÍM. Clase de átomos que tienen el mismo número atómico. ◆ **elementos** s.m.pl. Fundamentos, nociones, primeros principios de las ciencias y artes: *elementos de geometría.* **2.** Conjunto de fuerzas de la naturaleza: *luchar contra los elementos.* ◇ **Elemento neutro** En un conjunto dotado de una ley de composición interna, elemento *e* tal que, compuesto con cualquier otro elemento *a,* da por resultado *a.* **Elementos simétricos** En un conjunto dotado de una ley de composición interna con elemento neutro, elementos cuya composición da el elemento neutro. **Estar alguien en su elemento** Estar alguien en la situación más cómoda, agradable y apropiada. **Los cuatro elementos** El aire, el fuego, la tierra y el agua, considerados por los antiguos como los componentes últimos de la realidad.

elementos

La comparación de las propiedades físicas y químicas de los elementos llevó, en 1869, al químico ruso Mendeléiev a proponer una clasificación periódica que se ha ido validando con las posteriores investigaciones de la física acerca de la estructura de los átomos.

elenco s.m. (lat. *elenchus,* apéndice de un libro, del gr. *élegkhos*). Conjunto de artistas que intervienen en un espectáculo: *elenco dramático.* **2.** Esp. Catálogo, índice.

eleotecnia s.f. Técnica de la fabricación, conservación y análisis de los aceites. SIN.: *oleotecnia.*

elepé s.m. Disco musical de larga duración, en especial en soporte de vinilo.

elevación s.f. Acción de elevar o elevarse. **2.** Parte de cualquier cosa que está más alta que lo de alrededor. **3.** Cualidad de elevado: *la elevación de los pensamientos.* **4.** COREOGR. Capacidad del bailarín para saltar y efectuar movimientos en el aire. **5.** GEOMETR. Representación de un objeto o de la fachada de una construcción, proyectados sobre el plano vertical paralelo al eje de este objeto. **6.** MAT. Formación de una potencia de un número o de una expresión: *elevación al cubo.* **7.** REL. Momento de la misa en que el sacerdote eleva la hostia y el cáliz después de la consagración.

elevado, a adj. Alto: *edificio elevado.* **2.** Sublime, excelso: *pensamiento elevado.*

elevador, ra adj. Que eleva: *bomba elevadora de aguas subterráneas.* **2.** Se dice del aparato capaz de levantar, suspender y bajar cargas. ◆ adj. y s.m. ANAT. Se dice del músculo cuya acción es levantar las partes en que se insertan. ◆ s.m. Mecanismo o aparato utilizado para transportar verticalmente, o por pendientes muy pronunciadas, carga o personas. ◇ **Elevador de tensión** Transformador elevador que proporciona en los bornes del arrollamiento secundario una tensión superior a la aplicada al primario.

elevadorista s.m. y f. Amér. Persona que tiene por oficio manejar un elevador.

elevalunas s.m. (pl. *elevalunas*). Mecanismo para subir los cristales de las ventanillas en los automóviles, que puede ser manual o eléctrico.

elevamiento s.m. Elevación.

elevar v.tr. y prnl. (lat. *elevare*). Hacer que algo ocupe un sitio más alto. **2.** *Fig.* Mejorar la condición social o laboral de alguien. ◆ v.tr. *Fig.* Dirigir un escrito o petición a una autoridad: *elevar sus súplicas.* **2.** MAT. **a.** Multiplicar un número por sí mismo tantas veces como indica su exponente: *elevar un número al cuadrado.* **b.** Trazar una perpendicular a una recta o a un plano, partiendo de un punto tomado sobre la recta o el plano: *elevar una perpendicular a un plano.*

elevón s.m. Aleta móvil o superficie de control de una aeronave, que actúa a la vez como estabilizador y como alerón.

elfo s.m. (ingl. *elf*). Genio de la mitología nórdica que simboliza las fuerzas de la naturaleza y, en especial, los fenómenos atmosféricos.

elícito, a adj. FILOS. Completamente voluntario: *actos elícitos.*

elidir v.tr. (lat. *elidere,* expulsar golpeando). Frustrar, malograr, desvanecer una cosa. **2.** GRAM. **a.** Suprimir, en la escritura o en la pronunciación, la vocal final de una palabra ante la vocal inicial o la *h* muda de la palabra siguiente. **b.** Omitir una o más palabras de una oración cuyo significado se sobreentiende.

eliminación s.f. Acción y efecto de eliminar. **2.** FISIOL. Excreción. **3.** MAT. Operación que consiste en hacer desaparecer una incógnita de un sistema de ecuaciones. ◇ **Reacción de eliminación** QUÍM. Reacción en la que dos radicales monovalentes se separan simultáneamente de una molécula orgánica.

eliminar v.tr. (lat. *eliminare,* hacer salir, expulsar). Hacer que algo desaparezca o deje de existir: *eliminar barreras arquitectónicas.* **2.** Excluir a alguien de un grupo o de un asunto. **3.** *Fam.* Matar. **4.** DEP. Dejar a un concursante o equipo fuera de la competición o torneo. **5.** MAT. Efectuar la eliminación de una incógnita. **6.** MED. Expeler fuera del organismo las sustancias de desecho.

eliminatoria s.f. DEP. Prueba preliminar que sirve para eliminar participantes.

eliminatorio, a adj. Que elimina o sirve para eliminar.

elipse s.f. (del lat. *ellipsis,* del gr. *elleipsis*). MAT. Sección cónica con dos ejes de simetría en la que cada punto es tal que la suma de sus distancias a dos puntos fijos, llamados focos, es constante.

elipsis s.f. (lat. *ellipsis,* del gr. *élleipsis,* insuficiencia). CIN. y TELEV. Espacio y tiempo que se suprimen en los cambios de plano o secuencia. **2.** LING. Hecho sintáctico o estilístico que consiste en suprimir uno o varios elementos de la frase. **3.** PSICOL. En la terminología psicoanalítica, omisión de alguna palabra o idea que el paciente hace en el curso de una terapéutica analítica.

elipsoide s.m. MAT. Superficie cuádrica que admite tres planos de simetría ortogonales dos a dos y tres ejes de simetría ortogonales dos a dos, que se cortan en un mismo punto o centro del elipsoide. ◇ **Elipsoide de revolución** Superficie engendrada por la rotación de una elipse alrededor de uno de sus ejes.

elíptico, a adj. (gr. *elleiptikós*). Que tiene forma de elipse. **2.** LING. Que está omitido: *sujeto elíptico.* **3.** MAT. Relativo a la elipse.

elíseo, a adj. Relativo a los Campos Elíseos, morada de las almas de los héroes y de las personas virtuosas, según la mitología grecorromana. ◆ s.m. Paraíso.

elisión s.f. LING. Supresión, en la escritura o en la pronunciación, de la vocal final de una palabra ante la vocal inicial de la palabra siguiente o de la *h* muda; generalmente se señala con un apóstrofo.

élite o **elite** s.f. (fr. *élite*). Grupo minoritario de personas que reúnen unas características especialmente selectas dentro del ámbito al que pertenecen: *élite intelectual; élite social.*

elitista adj. y s.m. y f. Relativo a la élite. **2.** Partidario del predominio de las élites. **3.** Que se comporta como miembro de una élite.

élitro s.m. (gr. *élytron,* envoltorio). Ala anterior, coriácea, de ciertos insectos, como los coleópteros, los ortópteros, etc., que protege el ala posterior membranosa cuando está en reposo.

elixir o **elíxir** s.m. (del ár. *'iksîr,* piedra filosofal, polvos empleados para hacer oro). Medicamento líquido formado por una o varias sustancias disueltas en alcohol. **2.** Remedio maravilloso. **3.** Piedra filosofal.

elle s.f. Nombre del dígrafo *ll.*

ello pron.pers. (lat. *illum,* aquello). Forma neutra tónica de la 3ª persona del singular. Designa algo que ya se ha mencionado. Funciona como sujeto o como complemento precedido de preposición. ◆ s.m. PSICOANÁL. Una de las tres instancias psíquicas descritas por Freud, y que constituye el polo pulsional de la personalidad.

ellos, as pron.pers. → **él, ella.**

elocución s.f. Manera de expresarse oralmente. **2.** Conjunto de oraciones que constituyen un pensamiento concreto.

elocuencia s.f. Facultad de hablar de manera clara, fluida y persuasiva. **2.** Eficacia de las palabras, gestos o actitudes en la comunicación.

elocuente adj. Que tiene elocuencia: *orador elocuente; silencio elocuente.*

elodea s.f. Planta de agua dulce de origen americano, de tallos largos y poco ramificados, que se planta a menudo en los acuarios. (Familia hidrocaritáceas.)

elogiar v.tr. Hacer elogios: *elogiar una obra.*

elogio s.m. (lat. *elogium,* epitafio). Alabanza que se hace a una persona o cosa: *merecer grandes elogios.*

elogioso, a adj. Que elogia o es digno de ser elogiado: *comportamiento elogioso.*

elongación s.f. ASTRON. Distancia angular de un astro al Sol para un observador terrestre. **2.** FÍS. Abscisa, en un momento dado, de un punto animado de un movimiento vibratorio. (Su valor máximo es la *amplitud.*) **3.** MED. Aumento accidental o terapéutico de la longitud de un miembro o de un nervio.

elotada s.f. Méx. Merienda a base de elotes.

elote s.m. (náhuatl *elotl*). Amér. Central y Méx. Mazorca tierna de maíz.

elucidación s.f. Explicación aclaratoria.

elucidar v.tr. Dilucidar.

eluctable adj. Que se puede vencer luchando: *perderse en elucubraciones.*

elucubración s.f. Acción y efecto de elucubrar.

elucubrar o **lucubrar** v.tr. (lat. *elucubrari*). Divagar, reflexionar, hacer cábalas.

eludir v.tr. (lat. *eludere,* escapar jugando). Evitar, impedir que algo tenga efecto, con algún pretexto, habilidad o astucia: *eludir una pregunta.*

eluvión s.m. GEOL. Conjunto de fragmentos de roca que permanecen *in situ* tras su desagregación por los agentes atmosféricos, a menudo por ausencia de un agente transportador suficientemente potente.

elzeviriano, a adj. Relativo a los elzevirios. ◆ adj. y s.m. Se dice de unos caracteres tipográficos que reproducen los tipos que empleaban los Elzevir.

elzevirio o **elzevir** s.m. Volumen impreso o publicado por los Elzevir, familia neerlandesa de libreros e impresores del s. XVII.

emaciación s.f. Adelgazamiento exagerado por causa patológica.

e-mail s.m. (voz angloamericana). *Correo electrónico.

emanación s.f. Acción por la que las sustancias volátiles abandonan, en estado gaseoso, los cuerpos que las contienen. **2.** QUÍM. Cuerpo simple gaseoso que proviene de la desintegración del radio, del torio o del actinio, llamado, según los casos, radón (Rn), torón o actinón.

emanar v.intr. y tr. (lat. *emanare*). Desprenderse de un cuerpo algo, como olor, luz, etc. **2.** Provenir una cosa de otra: *el poder emana del pueblo.*

emancipación s.f. Acción de emancipar o emanciparse. **2.** Acto jurídico que confiere a un hijo menor de edad el gobierno de su persona y la capacidad de cumplir los actos de la vida civil. **3.** Proceso de toma de conciencia de una colonia que conduce a la reclamación de su independencia política.

emancipar v.tr. y prnl. (lat. *emancipare*). Liberar a alguien de la subordinación o sujeción. ◆ v.tr. DER. Conferir la emancipación a un menor de edad. ◆ **emanciparse** v.prnl. Acceder a la emancipación política.

emasculación s.f. Castración de un macho.

emascular v.tr. (lat. *emasculare,* castrar). Castrar.

embadurnar v.tr. y prnl. Untar algo con una sustancia cremosa o pastosa.

embaír v.tr. (lat. *invadere,* invadir, acometer). Embaucar, hacer creer lo que no es.

embajada s.f. (occitano ant. *ambaissada,* encargo). Cargo de embajador. **2.** Edificio que alberga las oficinas y la residencia del embajador. **3.** Conjunto de personas que están bajo las órdenes del embajador. **4.** Mensaje para tratar algún asunto importante, en especial los que se envían recíprocamente los jefes de estado por medio de sus embajadores.

embajador, ra s. Agente diplomático de primera clase, con misión permanente cerca de otro gobierno, representante del estado que lo envía y de la persona de su jefe de estado. **2.** *Fig.* Emisario, mensajero.

embalaje s.m. Acción de embalar objetos. **2.** Papel, tela, caja, etc., con que está embalado un objeto. **3.** Valor de este embalaje. <> **Embalaje perdido** Embalaje que solo se puede utilizar una vez.

1. **embalar** v.tr. (de *2. bala*). Envolver o empaquetar un objeto que se ha de transportar.

2. **embalar** v.intr. y prnl. (fr. *emballer*). Aumentar notablemente la velocidad un corredor o un vehículo. ◆ **embalarse** v.prnl. Dejarse llevar por un afán, deseo, sentimiento, etc.

3. **embalar** v.tr. e intr. Méx. Introducir la bala en un cañón sin poner carga de pólvora.

embaldosado s.m. Acción de embaldosar. **2.** Pavimento de baldosas.

embaldosar v.tr. Cubrir con baldosas un pavimento, pared, etc.

emballenar v.tr. Armar con ballenas una prenda de vestir.

embalsadero s.m. Lugar hondo y pantanoso donde se suelen recoger el agua de la lluvia o de los ríos desbordados.

embalsado s.m. Argent. Formación vegetal, típica de algunos arroyos y esteros, y particularmente de la laguna Iberá.

embalsamador, ra adj. y s. Que embalsama.

embaír

INDICATIVO	SUBJUNTIVO
presente	presente
—	—
—	—
—	—
embaímos	—
embaís	—
—	—
copretérito o pret. imperfecto	pretérito o pret. imperfecto
embaía	—
embaías	—
embaía	—
embaíamos	—
embaíais	—
embaían	—
pretérito o pret. perf. simple	futuro o fut. simple
embaí	—
embaíste	—
—	—
embaímos	—
embaísteis	—
—	—
futuro o fut. simple	
embairé	IMPERATIVO
embairás	embaíd (vosotros)
embairá	
embairemos	FORMAS
embairéis	NO PERSONALES
embairan	infinitivo gerundio
pospretérito o condicional simple	embaír —
	participio
embairía	embaído
embairías	
embairía	
embairíamos	
embairíais	
embairían	

embalsamar v.tr. Preparar un cadáver con sustancias balsámicas o antisépticas para evitar su putrefacción. ◆ v.tr. y prnl. Perfumar.

embalsar v.tr. y prnl. Acumular agua en una balsa u otra depresión del terreno.

embalse s.m. Acción de embalsar. **2.** Gran depósito que se forma artificialmente para almacenar las aguas de un río o arroyo.

embalumar v.tr. Cargar con cosas de mucho volumen o peso. ◆ **embalumarse** v.prnl. Cargarse excesivamente de ocupaciones graves y embarazosas.

embanastar v.tr. Meter algo en una banasta o cesta: *embanastar uva.* ◆ v.tr. y prnl. *Fig.* Meter demasiada gente en un espacio cerrado.

embancadura s.f. Obstáculo en un río.

embanquetar v.tr. Méx. Hacer banquetas o aceras en las calles.

embarazado, a adj. y s.f. Que lleva un feto o un embrión: *mujer embarazada.*

embarazar v.tr. y prnl. (port. *embaraçar*). Poner encinta a una mujer. ◆ v.tr. Embargar, estorbar. **2.** Hacer que alguien se sienta cohibido o turbado. ◆ **embarazarse** v.prnl. Hallarse impedido con cualquier obstáculo.

embarazo s.m. Estado de la mujer encinta, desde la fecundación hasta el parto. **2.** Acción de embarazar. <> **Embarazo psicológico** Conjunto de manifestaciones somáticas que evocan un embarazo sin que haya habido fecundación y ligado a motivaciones inconscientes.

embarazo

El embarazo es el desarrollo dentro del útero del producto de la fecundación (huevo), que se convierte en embrión, se rodea de membranas y se alimenta de la madre a través de la placenta. El embrión se denomina feto a partir de los 3 meses. El embarazo tiene una duración media de 270 a 280 días y termina con el parto. El *embarazo extrauterino* es el desarrollo del huevo fecundado fuera del útero (trompas y abdomen).

embarazoso, a adj. Que embaraza, incomoda o cohíbe: *situación embarazosa.*

embarbar v.tr. TAUROM. Sujetar al toro por las astas.

embarbecer v.intr. (lat. *imbarbescere*) [conj.: *parecer*]. Echar barba.

embarbillado s.m. Acoplamiento oblicuo de dos piezas de madera.

embarbillar v.tr. e intr. Unir mediante un embarbillado.

embarcación s.f. MAR. **a.** Nombre genérico de todo objeto cóncavo flotante que sirve para el transporte por agua. **b.** Embarco. **c.** Tiempo que dura una travesía.

embarcadero s.m. Muelle, escollera o pontón para facilitar el embarque y desembarque. **2.** Lugar de salida y de llegada de los barcos que realizan el servicio de transporte de viajeros. **3.** Pendiente de hormigón o escalera que permiten bajar hasta la orilla. **4.** Construcción rural destinada a embarcar productos en vagones de ferrocarril o en camiones.

embarcado, a adj. **Aviación embarcada** Conjunto de los aviones y helicópteros pertenecientes a las fuerzas aeronavales, con base en portaaviones.

embarcar v.tr., intr. y prnl. Introducir mercancías en un vehículo, en especial en un barco o avión, o hacer que los viajeros entren en él. ◆ v.tr. y prnl. *Fig.* Incluir a alguien en una empresa arriesgada: *embarcarse en un negocio.* ◆ v.tr. TAUROM. Tirar de la res con el capote o muleta para ejercer sobre ella el mando.

embarco s.m. Acción de embarcar o embarcarse.

embargado, a adj. y s. DER. Se dice de la persona a la que han embargado bienes. ◆ adj. Se dice de los bienes que han sido objeto de embargo.

embargar v.tr. *Fig.* Suspender, paralizar, enajenar los sentidos: *la emoción me embarga.* **2.** Estorbar, impedir algo, en especial un movimiento. SIN.: *embarazar.* **3.** DER. Retener una autoridad judicial los bienes de alguien para satisfacer una deuda.

embargo s.m. Acción y efecto de embargar. **2.** Ocupación e intervención judicial de determinados bienes, con la finalidad de sujetarlos al cumplimiento de responsabilidades derivadas de un débito. **3.** Prohibición del comercio y transporte de armas decretada por un gobierno. **4.** Incautación de un barco neutral o sospechoso, mientras se espera una decisión de captura o liberación. ◇ **Embargo de retención** DER. Embargo efectuado por un acreedor (embargador) sobre una persona que retiene las sumas debidas o los objetos muebles que pertenecen al deudor del embargador (embargado). **Embargo ejecutivo** Embargo de los bienes muebles del deudor, que exige un título ejecutorio y va precedido de una orden. **Embargo preventivo** Medida acordada en favor del acreedor que le permite poner los bienes muebles de su deudor en manos de la justicia, para evitar que este los haga desaparecer o disminuya su valor. **Sin embargo** No obstante, sin que lo previamente expresado constituya obstáculo o impedimento: *con lo mal que se encontraba podía haberse quedado en casa, sin embargo vino.*

embarque s.m. Acción y efecto de embarcar. **2.** Destino de un marino a un buque de guerra donde debe prestar servicio durante un período reglamentario.

embarrada s.f. Argent., Chile y Colomb. Error grande, patochada.

embarradilla s.f. Méx. Empanadilla grande rellena de dulce de leche, coco, huevo y otros ingredientes.

1. **embarrado** s.m. Revestimiento de barro o tierra en paredes o muros.

2. **embarrado, a** adj. Méx. Se dice de la ropa que queda muy ajustada.

embarrancar v.intr. y tr. Encallarse una embarcación en el fondo. **2.** *Fig.* Atascarse en una dificultad. ◆ **embarrancarse** v.prnl. Atascarse en un barranco o atolladero.

1. **embarrar** v.tr. y prnl. Untar, cubrir o manchar con barro u otra materia semejante. **2.** Amér. *Fig.* Calumniar, desacreditar. **3.** Amér. Cometer un delito. **4.** Amér. Central y Méx. Complicar a alguien en un asunto sucio. ◆ v.tr. Revocar con barro o tierra.

2. **embarrar** v.tr. y prnl. Colocar una palanca debajo de un peso para levantarlo.

embarullar v.tr. *Fam.* Crear barullo o lío al mezclar cosas desordenadamente. ◆ v.tr. y prnl. *Fam.* Hacer o decir cosas atropellada y desordenadamente.

embasamiento o **embasamento** s.m. Basa de un edificio.

embastar v.tr. (de *basta*). Hilvanar una tela: *embastar el bajo de la falda.*

embate s.m. Golpe fuerte del mar. **2.** Ataque fuerte y súbito de algo, especialmente de algún estado o pasión: *embate de genio.* ◆ **embates** s.m.pl. Vientos periódicos del Mediterráneo, después de la canícula.

embaucar v.tr. Engañar a alguien aprovechándose de su ingenuidad o falta de experiencia.

embaular v.tr. [conj.: *aunar*]. Meter algo dentro de un baúl. **2.** *Fig.* y *fam.* Comer mucho y con ansia. ◆ v.tr. y prnl. *Fig.* Meter gente muy apretada en un sitio estrecho.

embeber v.tr. Absorber un cuerpo sólido otro en estado líquido. **2.** Encajar una cosa dentro de otra: *embeber una persiana en el muro.* ◆ v.intr. Encogerse, apretarse, tupirse: *la lana embebe.* ◆ **embeberse** v.prnl. *Fig.* Embelesarse. **2.** *Fig.* Instruirse radicalmente y con fundamento en una materia: *embeberse en filosofía.* **3.** TAUROM. Quedarse el toro parado y con la cabeza alta al recibir la estocada.

embebido, a adj. ARQ. Se dice de la columna que se integra aparentemente en un muro u otro elemento arquitectónico. ◆ s.m. TEXT. Acortamiento que experimentan los hilos de urdimbre en el tejido.

embejucar v.tr. Antillas, Colomb. y Venez. Cubrir, envolver con bejucos. **2.** Colomb. Desorientar. ◆ **embejucarse** v.prnl. Colomb. Enojarse, airarse. **2.** Colomb. y Venez. Enredarse.

embelecador, ra adj. y s. Que embeleca o sirve para embelecar.

embelecar v.tr. Engañar con halagos y zalamerías.

embeleco s.m. Engaño que consiste en halagar a alguien para conseguir de él lo que se quiere. **2.** *Fig.* y *fam.* Persona o cosa molesta.

embeleñar v.tr. Adormecer con beleño.

embelesar v.tr. y prnl. (de *belesa,* planta con propiedades narcóticas). Causar algo tanto placer que permite olvidarse de todo.

embeleso s.m. Efecto de embelesar o embelesarse. SIN.: *embelesamiento.* **2.** Persona o cosa que embelesa.

embellecedor, ra adj. y s.m. Que embellece: *crema embellecedora.* ◆ s.m. Chapa metálica brillante con la que se adornan diversas partes de las carrocerías de los automóviles.

embellecer v.tr. y prnl. [conj.: *parecer*]. Hacer bello a alguien o algo.

embellecimiento s.m. Acción y efecto de embellecer.

embero s.m. Madera fina de color marrón grisáceo que se obtiene de una meliácea, y que se utiliza en ebanistería y placado.

emberrincharse v.prnl. *Fam.* Enojarse mucho, encolerizarse. SIN.: *emberrenchinarse.*

embestida s.f. Ataque impetuoso y violento, en especial el del toro.

embestir v.tr. e intr. (ital. *investire,* atacar con violencia) [conj.: *pedir*]. Arrojarse con ímpetu sobre una persona o cosa, en especial un toro. ◆ v.tr. *Fig.* y *fam.* Acometer para pedir algo con impertinencia o para inducir a algo.

embetunado s.m. Acción y efecto de embetunar.

embetunar v.tr. Cubrir con betún.

embicadura s.f. MAR. Acción y efecto de embicar.

embicar v.intr. (del port. *bico,* pico). Dirigirse a tierra en línea recta con una embarcación. ◆ v.tr. Cuba. Embocar, acertar a introducir una cosa en una cavidad. **2.** Cuba. Beber alcohol en exceso. **3.** MAR. Poner una verga en dirección oblicua en señal de luto.

embijado, a adj. Méx. Dispar, formado de piezas desiguales.

embijar v.tr. y prnl. Pintar o teñir con bija. ◆ v.tr. Hond. y Nicar. Ensuciar, manchar.

embije s.m. Acción y efecto de embijar.

emblema s.m. o f. (lat. *emblema,* adorno en relieve, del gr. *émblima*). Figura simbólica acompañada de una leyenda explicativa. ◆ s.m. Figura, atributo, ser u objeto concretos destinados a simbolizar una noción abstracta, o a representar a una colectividad, un personaje, etc.: *la paloma es el emblema de la paz.*

emblemático, a adj. Relativo al emblema o que lo incluye.

embobamiento s.m. Efecto de embobar o embobarse.

embobar v.tr. y prnl. Hacer que una persona quede absorta ante algo sorprendente.

embocadura s.f. Acción de embocar: *la embocadura de los tubos.* **2.** Sabor de un vino. SIN.: *emboque.* **3.** Parte del bocado del caballo que penetra en la boca. **4.** MAR. Boca de un canal, un río o un puerto. **5.** MÚS. Boquilla, parte de un instrumento de viento a la que se aplica la boca.

embocar v.tr. Meter por la boca. **2.** MAR. Entrar por un paso estrecho. **3.** MÚS. Poner los labios en la boquilla de un instrumento de viento para tocarlo.

embochinchar v.tr. y prnl. Amér. Merid. Alborotar.

embocinada s.f. Colomb. Objetivo plenamente alcanzado.

embodegar v.tr. Meter y guardar en la bodega, vino, aceite, etc.

embojar v.tr. Poner embojos alrededor de los zarzos donde se crían los gusanos de seda.

embojo s.m. Enramada que se dispone en los criaderos de gusanos de seda para favorecer la formación de capullos.

embolada s.f. Movimiento de vaivén que hace un émbolo dentro de un cilindro.

embolado s.m. *Fam.* Mentira, embuste: *meter un embolado.*

embolador s.m. Colomb. Lustrabotas.

1. **embolar** v.tr. TAUROM. Poner bolas de madera en las puntas de los cuernos de una res.

2. **embolar** v.tr. Dar la última mano de bol para dorar.

embolatar v.tr. Colomb. Dilatar, demorar. **2.** Colomb. y Pan. Engañar. **3.** Colomb. y Pan. Enredar, enmarañar. ◆ **embolatarse** v.prnl. Colomb. Estar absorbido por un asunto, entretenerse. **2.** Colomb. Perderse, extraviarse. **3.** Colomb. Alborotarse. **4.** Pan. Entregarse al jolgorio.

embolia s.f. (lat. *embolismus,* intercalación). Obstrucción de un vaso sanguíneo por un coágulo o un cuerpo extraño transportado por la sangre hasta el lugar donde el calibre es insuficiente para permitir su paso. ◇ **Embolia gaseosa** Obstrucción de los vasos por burbujas de gas acompañadas de una brusca descompresión del aire respirado, o que penetran a través de una herida de los vasos.

embolismal adj. Se decía del año al que se le incluía un mes suplementario de treinta días. SIN.: *embolístico.*

embolismar v.tr. *Fam.* Meter chismes y enredos.

émbolo s.m. (lat. *embolus,* del gr. *émbolos,* pene). MEC. Disco o pieza cilíndrica de metal que se mueve alternativamente entre dos fluidos, a diferente presión, destinado a transmitir un esfuerzo motor. **2.** MED. Coágulo, burbuja de aire u otro cuerpo extraño que, arrastrado por la circulación sanguínea, puede producir una embolia.

embolsar v.tr. Cobrar una cantidad de dinero. **2.** Guardar una cosa en la bolsa. ◆ **embolsarse** v.prnl. *Fam.* Ganar una cantidad de dinero.

embolso s.m. Acción y efecto de embolsar o embolsarse.

embonada s.f. Acción y efecto de embonar una embarcación.

embonar v.tr. Forrar exteriormente con tablones el casco de una embarcación para ensanchar su manga. ◆ v.intr. Cuba, Ecuad. y Méx. Empalmar, unir una cosa con otra.

embono s.m. Forro de tablones con que se embona una embarcación.

emboque s.m. En ciertos juegos, paso de la bola por el aro o por una parte estrecha. **2.** Abertura del escenario hacia el teatro. **3.** *Fig.* y *fam.* Engaño. **4.** Embocadura de un vino. **5.** Chile. Boliche, juguete.

emboquillado s.m. y adj. Cigarrillo con boquilla.

emboquillar v.tr. Poner boquilla a un cigarrillo.

emborrachamiento s.m. *Fam.* Embriaguez.

emborrachar v.tr. y prnl. Poner ebrio o borracho. **2.** Atontar o perturbar los sentidos: *la altura me emborracha.* ◆ **emborracharse** v.prnl. Mezclarse los colores.

emborradura s.f. Acción de emborrar. **2.** Material para emborrar.

emborrar v.tr. Rellenar con borra.

emborrascar v.tr. y prnl. Irritar, enfurecer. ◆ **emborrascarse** v.prnl. Hacerse borrascoso el tiempo. **2.** Amér. Empobrecerse o perderse la veta en las minas.

emborronar v.tr. Hacer borrones en un escrito, dibujo, etc. **2.** *Desp.* y *fig.* Escribir. **3.** *Fig.* Llenar un papel de dibujos o garabatos hechos deprisa y sin mucho gusto.

emborucarse v.prnl. Méx. Confundirse.

emboscada s.f. (ital. *imboscata*). Acción y efecto de emboscar. **2.** *Fig.* Asechanza, intriga. **3.** Operación de guerra que consiste en ocultar una tropa en un lugar para atacar a otra por sorpresa. **4.** Tropa que se embosca.

emboscar v.tr. y prnl. (ital. *imboscare*). Apostar una partida de gente en un sitio para atacar por sorpresa a alguien que ha de acudir a él. ◆ **emboscarse** v.prnl. Introducirse y ocultarse entre el ramaje: *emboscarse en la espesura.* **2.** *Fig.* Escudarse en una ocupación cómoda para no hacer frente a una obligación.

embostar v.tr. Venez. Dejar la ropa enjabonada algún tiempo.

embotado, a adj. ESGR. Se dice del florete cuya punta se embota con un botón para que no ofrezca peligro.

embotadura s.f. Efecto de embotar un instrumento cortante.

1. **embotar** v.tr. y prnl. Cubrir, engrosar o mellar el filo o la punta de un instrumento cortante. **2.** Debilitar, quitar agudeza o eficacia a los sentidos: *embotar la mente.*

2. **embotar** v.tr. Poner algo dentro de un bote: *embotar tabaco; embotar tomate.*

embotellado s.m. Acción de embotellar un líquido.

embotellador, ra s. Persona que tiene por oficio embotellar. ◆ adj. y s.f. Se dice de la máquina que sirve para embotellar.

embotellamiento s.m. Acción y efecto de embotellar.

embotellar v.tr. Introducir un líquido en botellas. **2.** Obstruir el tráfico rodado en una vía pública. **3.** *Fig.* Aprender de memoria algo. **4.** Impedir que las naves enemigas salgan al mar.

emboticar v.tr. y prnl. Chile. Medicar.

embozar v.tr. y prnl. Obstruir un conducto: *embozar una cañería.* **2.** Cubrir el rostro por la parte inferior con un pañuelo o una prenda de vestir. **3.** *Fig.* Disfrazar u ocultar una opinión o un plan. **4.** TAUROM. Recoger el toro con el capote cuando viene arrancado.

embozo s.m. Doblez de la sábana por la parte que toca al rostro. **2.** Parte de una prenda con que se emboza el rostro una persona. **3.** Cada una de las tiras que guarnecen los lados de la capa. **4.** *Fig.* Cautela o prudencia con que se dice algo tratando de ser poco claro: *hablar sin embozo.*

embragar v.tr. (fr. *embrayer*). Pisar el pedal del embrague en un vehículo para cambiar la marcha.

embrague s.m. Mecanismo que permite poner en movimiento una máquina acoplándola al motor. **2.** Pedal con que se acciona este mecanismo.

embravecer v.tr. y prnl. [conj.: *parecer*]. Hacer que una persona o un animal se enfurezcan o irriten. ◆ **embravecerse** v.prnl. Encresparse el mar.

embrazado, a adj. HERÁLD. Se dice del escudo partido, en forma triangular, por dos líneas cuyo vértice toca en la mitad de uno de los flancos del escudo.

embrazadura s.f. Acción y efecto de embrazar. **2.** Asa por donde se embraza un escudo.

embrazar v.tr. Meter el brazo por el asa del escudo.

embreadura s.f. Acción y efecto de embrear. SIN.: *embreado.*

embrear v.tr. Untar con brea.

embriagador, ra adj. Que embriaga.

embriagar v.tr. y prnl. (del ant. *embriago,* borracho, del lat. vulgar *ebriacus*). Emborrachar, causar embriaguez. **2.** *Fig.* Enajenar, extasiar: *embriagar un perfume.*

embriaguez s.f. Estado de excitación psíquica y de falta de coordinación motriz, por la ingestión masiva de alcohol, barbitúricos o ciertos estupefacientes, o a la intoxicación por óxido de carbono. **2.** Enajenación del ánimo: *la embriaguez del éxito.*

embridar v.tr. Poner la brida a las caballerías. **2.** Obligar al caballo a llevar y mover bien la cabeza.

embriogénesis s.f. Transformaciones sucesivas que sufre un organismo animal o vegetal, desde el estado de huevo o espora hasta el estado adulto.

embriología s.f. Parte de la biología que estudia el embrión.

embriológico, a adj. Relativo a la embriología.

embrión s.m. (gr. *émbryon*). Organismo en vías de desarrollo, a partir del huevo fecundado hasta la realización de una forma capaz de vida autónoma y activa (larva, polluelo, etc.). [Se llama *feto* al embrión humano de más de tres meses.] **2.** *Fig.* Fase primitiva e incipiente en el desarrollo de algo: *embrión de una novela.*

embrionario, a adj. Relativo al embrión. **2.** Que está empezando a formarse, que no está completo.

embriopatía s.f. Enfermedad de un embrión, que da lugar a numerosas malformaciones congénitas.

embrocación s.f. MED. **a.** Aplicación en una parte enferma de un líquido graso. **b.** Líquido que se aplica.

1. **embrocar** v.tr. Vaciar el contenido de un recipiente en otro poniéndolo boca abajo. ◆ v.tr. y prnl. Hond. Poner boca abajo cualquier cosa. ◆ v.tr., intr. y prnl. Méx. Ponerse una prenda de vestir por la cabeza.

2. **embrocar** v.tr. Devanar en la broca los hilos y cordoncillos de seda. **2.** Sujetar con brocas o clavos las suelas para hacer zapatos.

3. **embrocar** v.tr. TAUROM. Embestir el toro al diestro entre las astas.

embrochalado s.m. Parte del armazón que forma un marco alrededor del hueco de la chimenea o de una escalera.

embrochalar v.tr. TECNOL. Sostener con un brochal.

embrollar v.tr. y prnl. (fr. *embrouiller*). Causar embrollos. ◆ v.tr. Chile y Urug. Apropiarse de algo mediante engaño.

embrollo s.m. Enredo o lío de cosas entremezcladas: *embrollo de hilos.* **2.** Embuste, mentira. **3.** *Fig.* Situación complicada de la que no se sabe cómo salir: *meterse en un embrollo.*

embrollón, na adj. y s. Que embrolla. SIN.: *embrollador.*

embromar v.tr. Gastar una broma. **2.** Engañar por diversión y sin intención de ofender. ◆ v.tr. Amér. Fastidiar, molestar. ◆ v.tr. y prnl. Amér. Perjudicar, causar daño moral o material. **2.** Chile y Perú. Entretener, hacer perder el tiempo.

embroncarse v.prnl. Argent. *Fam.* Enojarse. **2.** Argent. *Fam.* Ponerse de mal humor.

embroque s.m. TAUROM. Momento de ganar el toro el terreno del diestro.

embrujamiento s.m. Acción y efecto de embrujar.

embrujar v.tr. Hechizar, ejercer sobre alguien una acción de hechicería o brujería, generalmente dañosa. **2.** Ejercer sobre alguien un atractivo extraordinario.

embrujo s.m. Embrujamiento. **2.** Hechizo, atractivo o encanto misterioso: *el embrujo de la Alhambra.*

embrutecer v.tr. y prnl. [conj.: *parecer*]. Entorpecer las facultades del espíritu: *el exceso de alcohol embrutece.*

embrutecimiento s.m. Acción y efecto de embrutecer.

embuchado s.m. Embutido de carne de cerdo entera o picada y condimentada. **2.** *Fig.* Asunto tras el cual se oculta algo de más gravedad e importancia. **3.** *Fig.* Introducción fraudulenta de votos en una urna electoral. **4.** *Fig.* y *fam.* Texto de su propia invención que añade un actor de teatro en su papel. SIN.: *morcilla.*

embuchadora s.f. Aparato con se que embuchan las aves.

embuchamiento s.m. Acción de embuchar a un ave.

embuchar v.tr. Embutir carne picada en un buche o tripa de animal. **2.** Cebar un ave introduciendo comida en su buche. **3.** *Fam.* Comer mucho, deprisa y casi sin masticar. **4.** IMPR. Colocar hojas o cuadernillos impresos unos dentro de otros.

embudar v.tr. Hacer entrar la caza en un lugar cerrado que se estrecha gradualmente para conducirla hasta donde se la espera.

embudo s.m. (lat. tardío *imbutum*). Utensilio en forma de cono que sirve para trasvasar líquidos. **2.** Cavidad que va estrechándose y puede ser natural o formada por la explosión de un proyectil.

emburujar v.tr. y prnl. *Fam.* Hacer que se formen burujos. ◆ v.tr. *Fig.* Amontonar y mezclar desordenadamente cosas. **2.** Cuba. Embarullar o confundir a alguien. ◆ **emburujarse** v.prnl. Colomb., Méx., P. Rico y Venez. Arrebujarse, cubrirse bien el cuerpo.

embuste s.m. Mentira, en especial la disfrazada con artificio.

embustero, a adj. y s. Que dice embustes. ◆ adj. Chile. Que comete erratas al escribir.

embutición s.f. TECNOL. Operación mediante la cual se da forma cóncava o hueca a una chapa metálica, embutiéndola en una matriz de acero o de hierro colado con ayuda de un macho o estampa. SIN.: *embutido.*

embutido s.m. Acción y efecto de embutir. **2.** Tripa rellena de carne de cerdo u otra carne picada y condimentada. **3.** Amér. Entredós de bordado o de encaje. **4.** TECNOL. Embutición.

embutir v.tr. (del ant. *embotir,* de *boto,* odre). Introducir carne picada y condimentada en una tripa para hacer embutido. **2.** Llenar, meter una cosa dentro de otra y apretarla: *embutir la lana en un colchón.* **3.** Martillear, comprimir, en frío o en caliente, una pieza de metal para darle una forma determinada. **4.** Hundir la cabeza de un tornillo o clavo en el material en que se introduce. **5.** Incluir, encajar con arte materias diferentes o de distintos colores en un objeto. **6.** *Fig.* Reducir, condensar.

eme s.f. Nombre de la letra *m.* **2.** Eufemismo por *mierda.*

emenagogo s.m. y adj. (gr. *agein,* empujar, y *emmina,* menstruación). Medicamento o tratamiento que provoca o regula la menstruación.

emergencia s.f. Suceso o accidente que requieren auxilio inmediato. **2.** Acción de emerger. **3.** Cosa que emerge.

emergente adj. ECON. Se dice del país o de la zona que tiene una alta tasa de crecimiento y una rápida industrialización, acompañadas de una gran predisposición a los intercambios internacionales. **2.** ÓPT. Que sale de un medio después de haberlo atravesado.

emerger v.intr. (lat. *emergere*). Brotar o salir a la superficie del agua u otro líquido. **2.** Salir o aparecer por detrás o del interior de algo.

emeritense adj. y s.m. y f. De Mérida (España).

emérito, a adj. Se dice del funcionario retirado que disfruta de algún premio por sus buenos servicios, en especial al profesor universitario que puede seguir impartiendo algunas clases.

emersión s.f. Movimiento de un cuerpo que sale de un fluido en el que estaba sumergido. **2.** ASTRON. Reaparición de un astro después de la ocultación. **3.** GEOL. Levantamiento de un continente, debido a una fuerza profunda o al descenso del nivel medio de los mares.

emético, a adj. y s.m. (lat. *emeticus,* del gr. *emetikós*). Se dice de la sustancia que provoca el vómito.

emetina s.f. Alcaloide de la raíz de ipecacuana, usado en el tratamiento de la amebiasis.

emétrope adj. y s.m. y f. Que tiene visión normal.

emigración s.f. Acción y efecto de emigrar. **2.** Conjunto de emigrantes. **3.** ZOOL. Migración.

emigrado, a s. Persona que vive en la emigración, generalmente por causas políticas.

emigrante adj. Que emigra. ◆ s.m. y f. Persona que vive en un país o región que no es el suyo propio.

emigrar v.intr. (lat. *emigrare,* mudar de casa). Dejar una persona el lugar de origen para establecerse en otro país o región temporal o definitivamente, por motivos económicos o sociales. **2.** Dejar un animal un lugar para buscar otro con mejores condiciones climáticas, mayores recursos alimenticios, etc.

emigratorio, a adj. Relativo a la emigración.

emiliano, a adj. y s. De la Emilia-Romaña. ◇ **Escuela emiliana** Escuela artística de la región de Emilia. (Tuvo un papel preponderante en la historia de arte italiano, principalmente gracias a Correggio y a los Carracci.)

eminencia s.f. (lat. *eminentia*). Cualidad de eminente. **2.** Persona eminente en cierto campo. **3.** Elevación del terreno. **4.** ANAT. Nombre dado a diversos salientes óseos. **5.** REL. Título concedido a los obispos, al gran maestre de la orden de

Malta y a los cardenales. ◇ **Eminencia gris** Consejero íntimo que maniobra en la sombra.

eminente adj. (lat. *eminens, -tis*). Alto, elevado: *terreno eminente.* **2.** *Fig.* Que sobresale entre los de su clase: *profesor eminente.*

eminentísimo, a adj. Tratamiento honorífico que se concede a la persona a quien corresponde el grado de *eminencia.*

emir s.m. (ár. *'amîrel,* que manda). En el mundo musulmán, jefe, persona que tiene una dignidad política o militar.

emirato s.m. Estado gobernado por un emir. **2.** Dignidad de emir. **3.** Tiempo que dura el gobierno de un emir.

emisario, a s. Persona enviada a un lugar para llevar un mensaje, tratar un asunto o mediar en una situación. ◆ s.m. Canal o curso de agua que evacua el sobrante de una laguna, un lago, etc.: *el Ródano es el emisario del lago Leman.* **2.** Canal de desagüe de las aguas de drenaje.

emisión s.f. Acción y efecto de emitir: *emisión de luz.* **2.** Serie de cosas emitidas a la vez: *emisión de sellos.* **3.** Programa o parte de un programa de radio o televisión que se emite con continuidad. **4.** Operación que consiste en poner en circulación moneda, títulos, valores, efectos públicos, de comercio o bancarios. ◇ **Emisión de voz** Producción de un sonido articulado.

emisor, ra adj. y s. Que emite. ◆ adj. Se dice del establecimiento que goza del privilegio de emisión. ◆ s.m. y f. Persona que emite o produce el mensaje en el acto de la comunicación. ◆ s.m. Aparato que emite señales electromagnéticas portadoras de mensajes telegráficos, sonidos o imágenes. **2.** ELECTRÓN. Unión semiconductora, unida generalmente a la masa, que forma un transistor con la base y el colector.

emisora s.f. RADIODIF. Estación de emisión de radio.

emitir v.tr. (lat. *emittere*). Arrojar, despedir, producir una cosa otra que sale de ella: *emitir rayos, calor, sonidos.* **2.** Exponer, expresar, manifestar: *emitir un juicio.* **3.** Poner en circulación: *emitir billetes de banco.* ◆ v.tr. e intr. Hacer una emisión de radio o de televisión.

emmental o **emmenthal** s.m. Variedad de queso gruyère de formato grande, fabricado inicialmente en el Emmental (Suiza) y después en el Jura francés.

emoción s.f. (gr. *émotion*). Turbación súbita o agitación pasajera producidas por un sentimiento de miedo, sorpresa, alegría, cólera, etc.

emocionable adj. Que tiene tendencia a emocionarse.

emocionante adj. Que causa o produce emoción.

emocionar v.tr. y prnl. Causar emoción.

emoliente adj. y s.m. MED. Que relaja y ablanda los tejidos.

emolumento s.m. Remuneración que corresponde a un cargo o empleo.

emotividad s.f. Capacidad de experimentar emociones o sentimientos. **2.** Capacidad de una cosa para causar emoción: *algunos cuentos están escritos con gran emotividad.*

emotivo, a adj. Relativo a la emoción: *trastornos emotivos.* **2.** Que produce o denota emoción: *palabras emotivas.* **3.** Se dice de la persona que se emociona fácilmente.

empacado s.m. Operación de empacar.

empacadora s.f. Máquina para empacar.

empacamiento s.m. Amér. Acción y efecto de empacarse.

empacar v.tr. Hacer pacas o balas de una cosa. **2.** Empaquetar. **3.** Méx. Poner en conserva. ◆ v.intr. y tr. Amér. Hacer las maletas.

empacarse v.prnl. Amér. Pararse una caballería y no querer seguir.

empachada s.f. Méx. Acción y efecto de empacharse.

empachar v.tr. y prnl. (fr. ant. *empeechier,* impedir, estorbar). Causar indigestión una comida: *los dulces me empachan.* **2.** Llegar a hartar algo a alguien por reiterativo y excesivo: *tantas zalamerías me empachan.* ◆ **empacharse** v.prnl. Sentir vergüenza.

empacho s.m. Indisposición causada por comer en exceso y sufrir una digestión difícil, que comporta náuseas e incluso vómitos. **2.** Cansancio o aburrimiento causados por algún exceso: *empacho de lectura.* **3.** Cortedad, vergüenza, turbación.

empacón, na adj. Amér. Se dice del caballo o yegua que se empaca.

empadrarse v.prnl. Encariñarse un niño de forma exagerada con su padre o padres.

empadronamiento s.m. Acción de empadronar o empadronarse. **2.** Padrón, registro. ◇ **Empadronamiento de la población** Operación estadística elemental que consiste en el recuento de los individuos de un territorio por unidades administrativas.

empadronar v.tr. y prnl. Inscribir a alguien en el padrón o registro.

empajar v.tr. Cubrir o rellenar algo con paja. **2.** Chile. Mezclar con paja. **3.** Chile, Colomb., Ecuad. y Nicar. Techar de paja. ◆ **empajarse** v.prnl. Chile. Echar los cereales mucha paja y poco fruto. **2.** P. Rico y Venez. Hartarse, llenarse de comida.

empalagada s.f. Méx. Empalago.

empalagar v.intr. y prnl. Causar desagrado o cansancio un alimento, en especial si es dulce. **2.** *Fig.* Cansar o fastidiar una persona o cosa por ser excesivamente sentimental, artificiosa o amable: *me empalaga su manera de hablar.*

empalago s.m. Acción y efecto de empalagar o empalagarse. SIN.: *empalagamiento.*

empalamiento s.m. Acción y efecto de empalar.

empalar v.tr. Atravesar a alguien con un palo. ◆ **empalarse** v.prnl. Chile. Envararse, entumecerse. **2.** Chile y Perú. Obstinarse, encapricharse.

empalicar v.tr. Chile. Engatusar.

empalidecer v.tr. e intr. [conj.: *parecer*]. Poner o ponerse pálido. **2.** Perder o hacer disminuir el valor o la importancia de una cosa por comparación con otra.

empalizada s.f. Cercado o vallado hecho con estacas o tablas estrechas yuxtapuestas, clavadas en el suelo, que sirve de defensa o para cercar un lugar.

empalizar v.tr. Rodear de empalizadas: *empalizar un jardín.* **2.** Construir empalizadas o estacadas. **3.** Cortar a manera de muro o pared: *empalizar un seto.*

empalmado s.m. CARP. Ensamblaje, por empalme, de piezas de madera cortas en sentido longitudinal.

empalmadora s.f. CIN. Instrumento utilizado para unir por sus extremos dos fragmentos de película cinematográfica.

empalmar v.tr. (de *empalomar,* coser la relinga a la vela con ligadas fuertes). Unir dos maderos, tubos, cables, etc., para que conserven la continuidad. **2.** *Fig.* Ligar o combinar planes, ideas, etc. ◆ v.intr. Unirse o corresponderse dos ferrocarriles, carreteras, etc.: *el camino empalma con la carretera.* ◆ v.intr. y prnl. Seguir o suceder una cosa a continuación de otra sin interrupción. ◆ **empalmarse** v.prnl. Esp. *Fam.* Excitarse sexualmente el hombre, con erección del pene.

empalme s.m. Acción de empalmar. **2.** Punto en que empalman dos cosas. **3.** Cosa que empalma con otra. **4.** Ensamble de piezas de madera por sus extremos, de modo que queden en prolongación. **5.** Conexión eléctrica. **6.** Punto de encuentro de dos líneas férreas. **7.** Punto de arranque de un ramal.

empamparse v.prnl. Amér. Merid. Extraviarse en la pampa.

empanada s.f. Pastel salado de forma plana consistente en una envoltura de masa hojaldrada rellena de distintos ingredientes. **2.** *Fig.* Acción y efecto de encubrir o disimular una cosa. ◇ **Empanada mental** Esp. *Fig.* y *fam.* Confusión mental.

empanadilla s.f. Pastel hojaldrado pequeño de forma de media luna relleno de ingredientes dulces o salados, que se fríe en aceite o se cuece al horno.

empanar v.tr. Rebozar carne o pescado con huevo batido, harina o pan rallado, para freírlo. **2.** Rellenar una empanada.

◆ **empanarse** v.prnl. Sofocarse los sembrados por exceso de simiente.

empanizar v.tr. Méx. Empanar.

empantanar v.tr. y prnl. Inundar un terreno de agua y barro. **2.** *Fig.* Detener o dilatar el curso de un asunto.

empañar v.tr. Envolver a un niño en pañales. ◆ v.tr. y prnl. Quitar la tersura, el brillo o la transparencia de una cosa. **2.** Cubrirse un cristal de vapor de agua. **3.** *Fig.* Manchar u oscurecer la fama, el mérito, etc.: *empañar el buen nombre de la familia.*

empañetar v.tr. Amér. Central, Ecuad. y P. Rico. Embarrar, cubrir una pared con mezcla de barro, paja y boñiga. **2.** Colomb. y P. Rico. Enlucir, encalar las paredes.

empapada s.f. Méx. Acción y efecto de empaparse.

empapar v.tr. y prnl. Hacer que algo quede completamente impregnado de un líquido: *empapar un algodón.* **2.** Penetrar un líquido un cuerpo de modo que este absorba todo el líquido que pueda contener: *la lluvia empapó la colada.* **3.** Absorber y retener un cuerpo algún líquido: *la bayeta empapa bien el agua.* ◆ **empaparse** v.prnl. *Fig.* Llenarse o imbuirse de algo, como un sentimiento, una idea, etc.: *empaparse de moral cristiana.* **2.** *Fig.* y *fam.* Enterarse bien de una cosa: *empápate antes de castigarla.* **3.** *Fam.* Empacharse, hartarse de comida.

empapelado s.m. Recubrimiento de papel de una superficie. **2.** Papel con que se recubre una superficie. **3.** Méx. Pescado cocido dentro de un papel.

empapelar v.tr. Cubrir con papel, especialmente con papel pintado, una pared. **2.** Esp. *Fam.* Formar causa criminal o expediente administrativo a alguien.

empapuzar v.tr. y prnl. *Fam.* Hartar, hacer comer demasiado.

1. **empaque** s.m. *Fam.* Distinción, presencia en la forma o en los modales. **2.** Seriedad algo afectada. **3.** Amér. Acción y efecto de empacarse un animal. **4.** Chile, Perú y P. Rico. Descaro, desfachatez.

2. **empaque** s.m. Acción y efecto de empacar. **2.** Envoltura y armazón de un paquete. **3.** Colomb. y C. Rica. Trozo de material para mantener herméticamente cerradas dos piezas distintas. **4.** Méx. Trozo de hule que sirve para apretar dos piezas de un aparato y evitar que se escape el líquido o vapor que por ahí fluye.

empaquetado s.m. Operación de empaquetar. SIN.: *empaquetamiento.*

empaquetadura s.f. Arandela, disco o guarnición que se emplea para impedir las fugas o escapes de fluidos por las uniones de los tubos, en las válvulas de las llaves de paso, etc.

empaquetar v.tr. Meter en un paquete. **2.** *Fig.* Acomodar en un recinto a un número excesivo de personas. **3.** *Fig.* y *fam.* Imponer un castigo a alguien. **4.** Argent. *Fig.* y *fam.* Envolver, engañar a alguien.

emparamar v.tr. y prnl. Colomb. y Venez. Aterir, helar. **2.** Colomb. y Venez. Mojar la lluvia o la humedad.

emparchar v.tr. y prnl. Poner parches.

empardar v.tr. Argent. y Urug. Empatar, igualar, particularmente en el juego de cartas.

emparedado, a adj. y s. Que está recluido por castigo, penitencia o por propia voluntad. ◆ s.m. Sándwich.

emparedar v.tr. y prnl. Encerrar a una persona en un sitio privado de comunicación con el exterior. ◆ v.tr. Ocultar en el espesor de una pared o entre dos paredes.

emparejamiento s.m. Unión de dos cosas en pareja.

emparejar v.tr. y prnl. Unir formando una pareja. ◆ v.tr. Poner una cosa al mismo nivel que otra: *emparejar el poste con la puerta.* ◆ v.intr. Alcanzar o llegar a ponerse junto a otro que iba delante. **2.** Ser pareja una cosa con otra. **3.** ZOOL. Aparear. ◆ **emparejarse** v.prnl. Méx. Equilibrarse económicamente gracias a una actividad secundaria o ilícita.

emparentado, a adj. Se dice de las lenguas que, por evoluciones diferentes, proceden de una misma lengua hablada anteriormente.

emparentar v.intr. [conj.: *pensar*]. Contraer parentesco por casamiento: *emparentar con la nobleza.*

emparrado s.m. Sujeción de los sarmientos o ramas a tutores o soportes. **2.** Conjunto de los vástagos y hojas de una o varias parras que, sostenidas por una armazón apropiada, forman cubierto. **3.** *Fig.* y *fam.* Peinado que consiste en cubrir con el pelo largo de los lados de la cabeza la calvicie de la parte superior.

emparrar v.tr. Hacer o formar emparrado.

emparrillado s.m. Armazón horizontal de vigas o barras cruzadas que, en los terrenos deleznables o aguanosos, sirve de base firme de cimentación. **2.** En los diques de carena, conjunto de maderos trabados sobre los que descansa el buque.

emparvar v.tr. Poner en parva las mieses.

empastado, a adj. Argent., Chile y Urug. Se dice del campo que tiene pasto para el ganado.

empastador, ra adj. Que empasta. ◆ s.m. Pincel para empastar. **2.** Instrumento usado en odontología para rellenar con pasta el túnel fraguado en una pieza dentaria. ◆ s. Amér. Encuadernador de libros.

empastadura s.f. Chile. Acción y efecto de empastar un libro.

empastar v.tr. Cubrir o rellenar algo con pasta. **2.** Rellenar con una pasta especial el hueco producido por las caries en los dientes. **3.** Encuadernar en pasta los libros. ◆ v.tr. y prnl. Argent. y Chile. Padecer meteorismo el animal. **2.** Chile, Méx. y Nicar. Empradizar un terreno. **3.** PINT. Poner el color en bastante cantidad sobre la tela para que cubra la imprimación. ◆ **empastarse** v.prnl. Chile. Llenarse de maleza un sembrado.

empaste s.m. Acción de empastar. **2.** Pasta especial empleada para rellenar una cavidad en una pieza dentaria en el tratamiento de las caries. **3.** Unión perfecta de los colores de una pintura. **4.** Relieve producido en una tela mediante la aplicación de espesas capas de pasta. **5.** Argent. y Urug. Meteorismo del ganado.

empastelar v.tr. y prnl. IMPR. Mezclar o barajar las letras de un molde o composición tipográfica de modo que no formen sentido.

empatar v.tr. y prnl. (ital. *impattare*). Obtener el mismo número de votos o de tantos que el adversario en una votación o competición deportiva. ◆ v.tr. Can., Colomb., C. Rica, Méx., P. Rico y Venez. Empalmar, juntar una cosa con otra. **2.** Colomb. Gastar el tiempo en cosas molestas.

empate s.m. Acción y efecto de empatar. **2.** Situación que se produce en una votación o competición deportiva cuando los contrincantes obtienen el mismo número de votos o tantos.

empatía s.f. Facultad de identificarse con otro grupo o persona, de ponerse en su lugar y percibir lo que siente. **2.** PSICOL. Proyección imaginaria o mental de sí mismo en los elementos de una obra de arte o de un objeto natural.

empavesada s.f. Defensa que se hacía con los paveses o escudos. **2.** MAR. **a.** Encerado clavado por la parte exterior de la borda, que sirve de protección. **b.** Conjunto de adornos de la borda de los barcos para ciertas solemnidades.

empavesado, a adj. Armado de pavés. ◆ s.m. Soldado que llevaba pavés u otra arma defensiva. **2.** MAR. Conjunto de banderas y gallardetes con que se empavesaba la borda de los barcos.

empavesar v.tr. Formar empavesadas o adornar con ellas.

empavonar v.tr. Chile. Dar color empañado a los vidrios. **2.** Colomb. y P. Rico. Untar, pringar.

empecatado, a adj. Muy malo, travieso, díscolo. **2.** Condenado, endemoniado, maldito.

empecer v.tr. [conj.: *parecer*]. Dañar, causar perjuicios. ◆ v.intr. Impedir, obstar.

empecinado, a adj. Terco, obstinado.

empecinamiento s.m. Acción de empecinarse.
empecinar v.tr. Untar algo con pecina o pez.
empecinarse v.prnl. Obstinarse en una idea, opinión, etc.
empedar v.tr. Argent. y Méx. *Vulg.* Emborrachar.
empedernido, a adj. Que tiene muy arraigado un vicio o costumbre: *fumador empedernido.*
empedernir v.tr. y prnl. Endurecer mucho ago. ◆ **empedernirse** v.prnl. *Fig.* Hacerse alguien insensible.
empedrado s.m. Acción de empedrar. **2.** Pavimento formado de adoquines o de piedras partidas, sentados y apisonados de manera que constituyan una superficie resistente y apta para facilitar el tránsito.
empedrar v.tr. [conj.: *pensar*]. Cubrir el suelo con piedras clavadas en la tierra o ajustadas unas con otras. **2.** *Fig.* Cubrir una superficie con objetos extraños a ella: *empedrar de almendras un pastel.*
empegado s.m. Tela o piel untada de pez.
empegadura s.f. Baño de pez que se da interiormente a ciertas vasijas, pellejos, etc.
empegar v.tr. Bañar o cubrir con pez. **2.** Marcar con pez el ganado lanar.
1. **empeine** s.m. Parte superior del pie comprendida entre el principio de la pierna y el principio de los dedos. **2.** Parte del calzado que cubre esta parte del pie.
2. **empeine** s.m. (del lat. *pecten,* pelo del pubis). Pubis.
3. **empeine** s.m. (lat. vulgar *impedigo, -iginis*). Enfermedad del cutis que lo pone áspero y encarnado, y provoca picazón. **2.** Planta hepática, muy común en los lugares húmedos. (Familia marchantiáceas.)
empella s.f. Pala, parte superior del calzado. **2.** Amér. Pella de manteca.
empellar v.tr. (lat. *impellere,* impulsar). Empujar, dar empellones.
empellón s.m. Empujón dado con el cuerpo. ◇ **A empellones** *Fam.* Bruscamente.
empelotarse v.prnl. *Fam.* Desnudarse, quedarse en cueros. **2.** *Fam.* Enredarse las personas, en especial a causa de una riña. **3.** Cuba y Méx. Enamorarse apasionadamente. **4.** Cuba y Méx. Encapricharse, tener antojo de algo.
empenachar v.tr. Adornar algo con penachos de plumas.
empenado, a adj. HERÁLD. Se dice de las flechas o dardos que tienen plumas de diferente esmalte en el cabo.
empenaje s.m. Cada una de las superficies de la parte trasera de las alas o de la cola del avión que le dan estabilidad. **2.** Conjunto de aletas colocadas en la parte posterior de un proyectil destinadas a asegurar su estabilidad.
empeñar v.tr. (del ant. *peños,* prenda). Entregar algo de valor en depósito para obtener un préstamo de cuya devolución responde lo entregado: *empeñar las joyas.* **2.** Utilizar a alguien como mediador para conseguir algo: *empeñar a Juan en el asunto.* ◆ **empeñarse** v.prnl. Endeudarse o entramparse. **2.** Insistir con tesón en algo: *puesto que te empeñas te lo diré.* **3.** Interceder para que otro consiga lo que pretende: *empeñarse por alguno.*
empeño s.m. Acción de empeñar o empeñarse. **2.** Deseo vehemente de hacer o conseguir algo. **3.** Tesón y constancia. **4.** Intento, empresa: *morir en el empeño.* **5.** Obligación de pagar que asume el que empeña una cosa. **6.** Méx. Casa de empeños.
empeñoso, a adj. Amér. Se dice de la persona con grandes deseos de lograr algún fin y que trabaja en ello con perseverancia.
empeoramiento s.m. Acción y efecto de empeorar.
empeorar v.tr. Hacer que una cosa sea peor de lo que era. ◆ v.intr. y prnl. Poner o ponerse peor: *este mes ha empeorado el tiempo; el enfermo empeora.*
empequeñecer v.tr. [conj.: *parecer*] Reducir el tamaño de una cosa. **2.** Disminuir o quitar importancia a una cosa al compararla con otra.
empequeñecimiento s.m. Acción y efecto de empequeñecer.
emperador, triz s. (lat. *imperator, -oris,* el que manda). Soberano de un imperio: *Napoleón fue nombrado emperador por el senado.* ◆ s.m. Soberano del Sacro imperio romano germánico. **2.** Pez espada. **3.** ZOOL. Pez de hasta 2 m de long., con el cuerpo comprimido y recubierto de tubérculos escamosos. (Familia luváridos.) ◆ s.f. Mujer del emperador.
emperejilar v.tr. y prnl. *Fam.* Emperifollar.
emperezar v.intr. y prnl. Dejarse dominar por la pereza. ◆ v.tr. *Fig.* Demorar, retardar.
empergaminar v.tr. Cubrir o forrar con pergamino, en especial los libros.
empericarse v.prnl. Méx. Encaramarse en un lugar.
emperifollar v.tr. y prnl. *Fam.* Adornar con profusión y esmero: *emperifollarse para una ceremonia.*
empernado s.m. Acción de empernar. **2.** Ensamblaje por medio de pernos. **3.** Método especial para la sustentación de un techo de excavación.
empernar v.tr. Afianzar con pernos.
empero conj.advers. Pero, sin embargo. (Se puede colocar en el interior o al final del período; actualmente, su uso es afectado o literario.)
emperrarse v.prnl. *Fam.* Empeñarse en algo.
empesado s.m. Operación que consiste en añadir engrudo de almidón al hilo o tela, para aumentar su peso.
empetatar v.tr. Amér. Cubrir con petate.
empezar v.tr. e intr. (de *pieza*). Pasar una cosa de no existir, ocurrir o hacerse a existir, ocurrir o hacerse: *el curso empieza en septiembre.* ◆ v.tr. Comenzar a usar o consumir una cosa: *empezar una hogaza.* ◆ v.intr. Seguido de la prep. *a* y un infinitivo, expresa comienzo de la acción contenida en dicho infinitivo: *empezar a llover.* ◇ **Para empezar** Expresa enfáticamente el comienzo de una acción: *para empezar, se olvidó el vino.* [V. cuadro pág. siguiente.]
empiece s.m. *Fam.* Acción de empezar.
empiema s.m. (del gr. *pýon,* pus). MED. Acumulación de pus en una cavidad natural.
empietando adj. HERÁLD. Se dice del ave rapaz representada con su presa entre las garras.
empiezo s.m. Colomb., Ecuad. y Guat. Empiece.
empilchar v.tr. y prnl. Argent. y Urug. Vestir, en especial si se aplica gran esmero en ello: *se empilchó para la fiesta.*
empiluchar v.tr. y prnl. Chile. Desnudar.
empinado, a adj. Muy alto. **2.** Que tiene una pendiente muy pronunciada. **3.** Estirado, orgulloso.
empinar v.tr. Poner una cosa erguida o vertical: *empinar la cabeza.* **2.** Inclinar un recipiente, sosteniéndolo en alto, para beber: *empinar la bota.* ◆ v.intr. y prnl. *Fig.* y *fam.* Beber bebidas alcohólicas. ◆ **empinarse** v.prnl. Ponerse alguien sobre las puntas de los pies, o un animal sobre las dos patas traseras levantando las delanteras. **2.** *Fig.* Alcanzar gran altura los árboles, torres, montañas, etc.
empingorotado, a adj. Se dice de la persona de clase social elevada que presume de ello. **2.** Encopetado, ensoberbecido.
empingorotar v.tr. y prnl. Encumbrar o elevar a alguien a una posición social ventajosa.
empiojarse v.prnl. Méx. Llenarse de piojos.
empipada s.f. Chile, Ecuad. y P. Rico. Atracón, hartazgo.
empíreo, a adj. y s.m. (gr. *empýrios,* en llamas). MIT. Se dice de la parte más elevada del cielo, habitada por los dioses. ◆ s.m. Cielo, gloria, paraíso.
empireuma s.m. (del gr. *empyreýein,* poner a asar). QUÍM. Sabor y olor acres que adquiere una materia orgánica sometida a la acción de un fuego violento.
empireumático, a adj. Relativo al empireuma.
empírico, a adj. (lat. *empiricus,* del gr. *empeirikós*). Que se apoya exclusivamente en la experiencia y la observación, y no en la teoría: *procedimiento empírico.* ◆ adj. y s. Que procede empíricamente. **2.** FILOS. Partidario del empirismo.

empezar

INDICATIVO	SUBJUNTIVO
presente	**presente**
empiezo	*empiece*
empiezas (empezás)	*empieces*
empieza	*empiece*
empezamos	*empecemos*
empezáis	*empecéis*
empiezan	*empiecen*
copretérito o pret. imperfecto	**pretérito o pret. imperfecto**
empezaba	empezara o empezase
empezabas	empezaras o empezases
empezaba	empezara o empezase
empezábamos	empezáramos o empezásemos
empezabais	empezarais o empezaseis
empezaban	empezaran o empezasen
pretérito o pret. perf. simple	**futuro o fut. simple**
empecé	empezare
empezaste	empezares
empezó	empezare
empezamos	empezáremos
empezasteis	empezareis
empezaron	empezaren
futuro o fut. simple	**IMPERATIVO**
empezaré	*empieza* (empezá) (tú, vos)
empezarás	*empiece* (él)
empezará	*empecemos* (nosotros)
empezaremos	empezad (vosotros)
empezaréis	*empiecen* (ellos)
empezarán	
pospretérito o condicional simple	**FORMAS NO PERSONALES**
empezaría	**infinitivo** empezar
empezarías	**gerundio** empezando
empezaría	**participio** empezado
empezaríamos	
empezaríais	
empezarían	

empiriocriticismo s.m. Teoría epistemológica de fines del s. XIX y principios del s. XX, que se propone una crítica de la experiencia, con el objetivo de eliminar los conceptos metafísicos que desvirtúan el conocimiento.

empirismo s.m. Método fundado únicamente en la experiencia y la observación. **2.** Doctrina filosófica desarrollada en el s. XVIII en Gran Bretaña, según la cual todos los conocimientos proceden de la experiencia sensible. (Locke y Hume son sus principales representantes.) ◇ **Empirismo lógico** Movimiento filosófico representado principalmente por el círculo de Viena que, negando cualquier significado a los anunciados metafísicos, se esforzó en dar una forma lógica y axiomática a las proposiciones empíricas sobre las cuales se fundamentan las ciencias de la materia. SIN.: *neopositivismo, positivismo lógico.*

empirismo

Opuesto al racionalismo de Descartes o de Leibniz, el empirismo considera al espíritu humano una *tabla rasa* que solo puede adquirir conocimientos probables, aunque experimentales, elaborados a partir de las sensaciones y su asociación según ciertas leyes. Después de contribuir en gran medida, durante el Siglo de las Luces, a la búsqueda de causas de las pretensiones de la metafísica, ejerció una influencia determinante en la evolución ulterior del pensamiento anglosajón.

empitonar v.tr. TAUROM. Prender el toro el bulto con el pitón.

empizarrar v.tr. Cubrir un techo u otra superficie con pizarra.

emplantillar v.tr. Chile y Perú. Rellenar con cascotes los cimientos de una pared.

emplastar v.tr. Poner emplastos. **2.** *Fam.* Entorpecer o detener la marcha de un asunto. ◆ **emplastarse** v.prnl. Embadurnarse o ensuciarse con cualquier compuesto pegajoso.

emplastecer v.tr. [conj.: *parecer*]. Igualar y llenar las desigualdades de una superficie que se va a pintar.

emplástico, a o **emplástrico, a** adj. Que tiene las características y adherencias propias del emplasto. **2.** MED. Se dice de la sustancia que tiene poder supurativo o disolutivo.

emplasto s.m. (lat. *emplastrum,* del gr. *émplastron*). Preparado medicamentoso de uso externo, elaborado con una sustancia espesa que se extiende en un paño y se coloca sobre la parte del cuerpo que se quiere curar. **2.** *Fig.* y *fam.* Arreglo chapucero. **3.** *Fig.* y *fam.* Persona de salud delicada. **4.** Amér. *Fig.* y *fam.* Parche, pegote. **5.** METAL. Defecto superficial local en una pieza de fundición constituida por una mezcla de arena y metal fundido.

1. **emplazamiento** s.m. Colocación de una cosa en un lugar determinado. **2.** Lugar donde está emplazado algo. **3.** GEOGR. Configuración propia del lugar ocupado por un establecimiento humano y que le proporciona los elementos locales de vida material y las posibilidades de expansión.

2. **emplazamiento** s.m. Acción y efecto de emplazar, citar.

1. **emplazar** v.tr. (de *plaza*). Colocar o situar una cosa en un lugar determinado. ◆ **emplazarse** v.prnl. Estar una cosa, en especial una población, situada en un lugar.

2. **emplazar** v.tr. (de *plazo*). Citar a alguien en un lugar y momento determinados, en especial para que justifique algo. **2.** DER. Requerir judicialmente a una persona para que acuda ante el juez o tribunal competente.

empleado, a s. Persona que ocupa un cargo o empleo retribuido, y, especialmente, dependiente asalariado que trabaja en una oficina o establecimiento mercantil. ◆ s.f. **Empleada de hogar** Esp. Persona que presta sus servicios en los trabajos domésticos de un hogar.

emplear v.tr. y prnl. (fr. arcaico *empleiier*). Dar trabajo, empleo. ◆ v.tr. Hacer servir una cosa para un fin determinado: *emplear el agua para regar.* **2.** Gastar o consumir algo, especialmente tiempo y dinero: *emplear todas las energías.* ◆ **emplearse** v.prnl. Esforzarse para la consecución de un fin determinado: *emplearse a fondo para los exámenes finales.*

empleo s.m. Acción de emplear. **2.** Ocupación laboral que desempeña alguien para ganarse la vida. **3.** ECON. Nivel de ocupación de los trabajadores de un país o de una profesión. **4.** MIL. Cada uno de los escalones de la jerarquía militar. ◇ **Suspender de empleo** Sancionar a un empleado con una interrupción temporal de su ocupación laboral.

emplomado s.m. Cubierta fabricada en plomo. **2.** Conjunto de las piezas de plomo que forman el armazón de una vidriera.

emplomadura s.f. Acción y efecto de emplomar. **2.** Argent. y Urug. Empaste de un diente.

emplomar v.tr. Cubrir, asegurar o soldar con plomo, en especial los cristales de una vidriera. **2.** Poner sellos de plomo a las cosas que se precintan. **3.** Argent. y Urug. Rellenar con una pasta especial los huecos dejados en los dientes por la caries; empastar.

emplumar v.tr. Poner plumas a una cosa o persona: *emplumar un sombrero.* **2.** Amér. Central y Cuba. Engañar a alguien. **3.** Ecuad. y Venez. Enviar a alguien a algún sitio de castigo. **4.** Esp. *Fig.* y *fam.* Arrestar, condenar. ◆ v.intr. Emplumecer. **2.** Chile, Colomb., Ecuad. y P. Rico. Huir, fugarse.

emplumecer v.intr. [conj.: *parecer*]. Echar plumas las aves.

empobrecer v.tr. [conj.: *parecer*]. Hacer pobre o más pobre. **2.** Hacer que algo pierda valor o calidad: *tu trabajo se empobrece con tanta cita de autor.*

empobrecimiento s.m. Acción y efecto de empobrecer o empobrecerse: *el empobrecimiento del suelo de cultivo.*

empollar v.tr. y prnl. (de *pollo*). Incubar los huevos un ave. ◆ v.tr. Esp. *Fig.* y *fam.* Estudiar mucho, generalmente de memoria. ◆ v.intr. Producir pollos las aves o crías las abejas. **2.** Ampollar, levantar ampollas.

empollón, na adj. y s. Esp. *Fam.* Se dice del estudiante que empolla.

empolvado, a adj. Méx. Que no está al día en una profesión: *este doctor está un poco empolvado.*

empolvar v.tr. y prnl. Poner polvos, especialmente para maquillarse. ◆ **empolvarse** v.prnl. Cubrirse de polvo una cosa.

emponchado, a adj. Amér. Merid. Se dice del que está cubierto con el poncho. **2.** Argent. *Fig.* y *fam.* Muy abrigado.

emponzoñamiento s.m. Acción y efecto de emponzoñar.

emponzoñar v.tr. y prnl. Envenenar, poner ponzoña en algo, especialmente en una comida o bebida. **2.** *Fig.* Corromper, dañar, envilecer: *los residuos industriales emponzoñan el medio ambiente.*

emporcar v.tr. y prnl. [conj.: *contar*]. Ensuciar, llenar de porquería: *emporcarse los pies.*

emporio s.m. (lat. *emporium,* mercado). Lugar donde concurrían para el comercio personas de distintos lugares. **2.** Centro comercial de un país. **3.** *Fig.* Lugar destacado por su riqueza material o por sus actividades culturales, artísticas, etc. **4.** Amér. Central. Gran establecimiento comercial donde se puede comprar todo lo necesario para una casa.

empotrar v.tr. Hacer que algo quede encajado y fijo en un lugar, especialmente en el interior de una pared o en el suelo. ◆ **empotrarse** v.prnl. Quedar algo encajado en otra cosa, en especial como consecuencia de un choque: *la moto se empotró contra el muro.*

empotrerar v.tr. Amér. Meter el ganado en el potrero para que paste.

emprendedor, ra adj. Que emprende con resolución acciones, que tiene iniciativas, en especial en los negocios: *joven emprendedor.* **2.** Que es propio de estas personas: *carácter emprendedor.*

emprender v.tr. Empezar o dar principio a una obra o empresa, en especial cuando exige esfuerzo o riesgo: *emprender un negocio.* ◇ **Emprenderla a** *Fam.* Empezar a dar gritos, golpes o disparos: *discutieron hasta que la emprendió a golpes con él.* **Emprenderla con,** o **contra** Importunar o agredir a una persona o casa de forma continua.

empreñar v.tr. Preñar a una hembra. ◆ v.intr. y prnl. Quedarse preñada una hembra: *la yegua empreñó de un pura sangre.*

empresa s.f. Acción de emprender. **2.** Acción arriesgada o de cierta dificultad, en especial cuando se emprende con la intervención de varias personas. **3.** Símbolo o figura enigmática. **4.** DER. Conjunto de actividades, bienes patrimoniales y relaciones de hecho. **5.** ECON. Unidad económica de producción de bienes y servicios. ◇ **Empresa de trabajo temporal (ETT)** Empresa que ejerce de intermediaria entre empresas que buscan trabajadores temporales y personas que buscan empleo. **Empresa pública** Empresa cuyo capital es total o parcialmente de titularidad estatal, así como la responsabilidad y resultados de su gestión.

empresarial adj. Relativo a las empresas o a los empresarios.

empresario, a s. Director de una empresa, que reúne los factores de producción y los dispone con arreglo a un plan para obtener su mejor rendimiento. **2.** Propietario o contratista de una obra, explotación o industria que concierta los servicios de otras personas a cambio de una remuneración. ◆ adj. Argent. Empresarial: *sector empresario.*

empréstito s.m. Contrato en virtud del cual una persona física o jurídica participa en la financiación de una empresa u organismo público a cambio de una rentabilidad fija y periódica, y con la promesa de serle devuelto el importe de esta participación al cabo de un período de tiempo. **2.** Importe de esta participación.

empretecer v.intr. y prnl. [conj.: *parecer*]. Ecuad. Ennegrecer.

emprimar v.tr. Dar una segunda carda a la lana o repasarla para hacer el paño más fino. **2.** *Fig.* y *fam.* Engañar a alguien abusando de su inexperiencia para hacerle pagar algo, o para divertirse a su costa. **3.** PINT. Imprimar.

empuercar v.tr. Argent. y Méx. Emporcar, ensuciar.

empujada s.f. Argent., Guat., Urug. y Venez. Empujón.

empujar v.tr. (del lat. *impellere,* impulsar). Hacer fuerza contra algo o alguien para desplazarlo. **2.** *Fig.* Hacer que una persona pierda el puesto o cargo. **3.** *Fig.* Hacer presión, intrigar o impulsar para hacer o conseguir algo: *empujó a su hijo a estudiar derecho.*

empuje s.m. Acción de empujar. **2.** *Fig.* Energía o resolución con que se acomete una determinada acción o actividad. **3.** Fuerza vertical dirigida de abajo arriba, a la que está sometido todo cuerpo sumergido en un líquido. **4.** Fuerza que ejerce un elemento de construcción sobre sus soportes. **5.** Fuerza de propulsión que desarrolla un motor de reacción. (El empuje es una fuerza que se mide en newtons. No debe confundirse con la potencia, que se expresa en caballos.) ◇ **Centro de empuje** Punto de aplicación de la resultante de las fuerzas de empuje. **Empuje de tierra** Presión ejercida sobre un muro de contención por la tierra que este sostiene.

empujón s.m. Impulso fuerte que se da a una persona o cosa que lo mueve o desplaza. **2.** Avance rápido dado a una obra trabajando con ahínco en ella. ◇ **A empujones** *Fam.* Con violencia, bruscamente.

empulgar v.tr. Preparar el arco o la ballesta para disparar.

empulguera s.f. Cada uno de los extremos de la verga de la ballesta, provistos de un ojete para afianzar en él la cuerda. **2.** MAR. Ojo, anillo o asa que se forma por medio de una costura corta en el chicote de un cabo o cable. ◆ **empulgueras** s.f.pl. Cuerda, cadenilla con candado o instrumento con el que se apretaban los dedos pulgares de un prisionero.

empuntar v.tr. Colomb. y Ecuad. Orientar, encauzar, guiar. ◆ v.intr. Colomb. y Ecuad. Irse, marcharse. ◆ **empuntarse** v.prnl. Venez. Empecinarse, insistir uno en un tema.

empuñadura s.f. Guarnición o puño de una espada o un fusil, y de algunas herramientas y utensilios como un bastón o un paraguas.

empuñar v.tr. Asir una cosa por la empuñadura: *empuñar el bastón; empuñar un látigo.* **2.** Chile. Cerrar la mano para formar o presentar el puño.

empuñidura s.f. MAR. **a.** Cada uno de los cabos que sujetan los puños de grátil de las velas. **b.** Amarradura con que se hace firme el puño de una cangreja u otra vela a una botavara o pico.

empurpurado, a adj. Que está vestido de color púrpura.

empurrarse v.prnl. Amér. Central. Enfurruñarse, emberrincharse.

emputecer v.tr. y prnl. [conj.: *parecer*]. Prostituir.

emú s.m. Ave corredora de gran tamaño, parecida al avestruz, incapaz de volar, de plumaje marrón, y cuyas alas, muy reducidas, se esconden bajo las plumas. (El emú puede alcanzar una velocidad de 50km/h; familia dromiceidos.)

emulación s.f. Acción de emular.

emular v.tr. y prnl. (lat. *aemulari*). Imitar el comportamiento de otra persona, procurando igualarla o superarla.

emulgente adj. Se dice de las arterias y de las venas de los animales que conducen la sangre que va a los riñones.

émulo, a s. (lat. *aemulus*). Que trata de emular o imitar a otro.

emulsión s.f. (lat. *emulgere,* ordeñar). Medio heterogéneo constituido por la dispersión en forma de glóbulos finos de un líquido en otro líquido en fase continua. **2.** Preparación farmacéutica que contiene una sustancia emulsionante (mucílago de goma, yema de huevo) destinada a mantener en suspensión, en forma de partículas finas, cuerpos insolubles. **3.** Mezcla sensible a la luz depositada en forma de capa fina sobre placas, películas o papeles destinados a la fotografía.

emulsionante s.m. Producto capaz de facilitar y, a veces, incluso estabilizar las emulsiones.

emulsionar v.tr. Poner en estado de emulsión.

emunción s.f. FISIOL. Eliminación de alguna sustancia por vías naturales.

emuntorio s.m. (del lat. *emungere,* limpiar los mocos). Órgano o abertura natural o artificial del cuerpo que da salida a las secreciones.

en prep. (lat. *in*). Expresa relación de lugar, tiempo, modo o manera, medio o instrumento, precio, etc.: *vivir en el campo; en la noche de autos; conservar en naftalina; viajar en tren; me lo dejó en diez pesos.* **2.** Precediendo a un infinitivo, forma oraciones adverbiales: *esforzarse en callar.* **3.** Precediendo a ciertos sustantivos y adjetivos, forma complementos adverbiales: *hablar en broma.*

enaciado s.m. Súbdito de los reyes cristianos españoles unido a los moros por vínculos de amistad o interés.

enagua s.f. (del ant. *naguas,* del taíno de Santo Domingo). Prenda interior femenina que se lleva bajo la falda desde la cintura abajo. (Suele usarse en plural.) **2.** Combinación, prenda de este mismo uso que baja desde los hombros. ◆ **enaguas** s.f.pl. Méx. Falda.

enagüillas s.f.pl. Falda corta que se usa en algunos trajes masculinos, como el escocés y el griego.

enajenación s.f. Acción y efecto de enajenar o enajenarse. SIN.: *enajenamiento.* **2.** Trastorno mental que impide al individuo llevar una vida compatible con la vida social. SIN.: *enajenación mental.* **3.** *Fig.* Distracción o falta de atención.

enajenado, a adj. y s. Loco. ◆ s. DER. Persona que sufre una enfermedad o deficiencia persistente de carácter psíquico que le impide gobernarse por sí misma.

enajenar v.tr. (de *ajeno*). DER. Vender, ceder o donar la propiedad, el dominio o el derecho sobre una cosa. ◆ v.tr. y prnl. *Fig.* Poner a alguien fuera de sí, hacerle perder la razón: *la cólera lo enajena.* **2.** Producir una visión o un pensamiento una fuerte impresión o admiración a alguien, hasta el punto de absorber su atención o sus sentidos. ◆ **enajenarse** v.prnl. Apartarse del trato que se tenía con alguien: *enajenarse de un amigo.* **2.** Privarse de algo.

enálage s.f. (gr. *anallagí,* inversión, cambio). GRAM. Figura de construcción gramatical que consiste en usar unas partes de la oración por otras o en alterar sus accidentes normales.

enalbardar v.tr. Poner la albarda a una caballería. SIN.: *albardar.*

enaltecer v.tr. y prnl. [conj.: *parecer*]. Ensalzar.

enaltecimiento s.m. Acción y efecto de enaltecer.

enamoradizo, a adj. y s. Que se enamora con facilidad.

enamorado, a adj. y s. Se dice de la persona que siente amor por otra: *pareja de enamorados.* **2.** Se dice de la persona que siente gran afición o entusiasmo por algo: *enamorado de la música.*

enamoramiento s.m. Acción y efecto de enamorar o enamorarse.

enamorar v.tr. Hacer alguien o algo que una persona sienta amor por ella. ◆ v.tr. e intr. Hacer una cosa que alguien sienta gran afición o entusiasmo por ella: *el Caribe enamora.* ◆ **enamorarse** v.prnl. Empezar a sentir amor por una persona: *se enamoró de ella en cuanto la vio.* **2.** Aficionarse mucho a una cosa: *enamorarse de la ópera.*

enamoriscarse o **enamoricarse** v.prnl. *Fam.* Enamorarse levemente de alguien. **2.** Empezar a enamorarse.

enancarse v.prnl. Amér. Subirse a las ancas. **2.** Amér. *Fig.* Meterse alguien donde no lo llaman.

enanismo s.m. Trastorno del crecimiento de origen genético, metabólico o endocrino, caracterizado por alcanzar el individuo una talla por debajo de los límites considerados normales para su especie o raza.

enano, a adj. (del lat. *nanus*). Se dice de lo que es diminuto en su especie. ◆ s. Persona que padece enanismo. **2.** *Fig.* Persona muy pequeña. **3.** *Fig.* y *fam.* Se usa como apelativo cariñoso dirigido a los niños. ◆ adj. y s.f. ASTRON. Se dice de las estrellas que tienen a la vez un pequeño volumen y una débil luminosidad intrínseca. ◇ **Disfrutar como un enano** *Fam.* Pasarlo muy bien.

enante s.f. Felandrio acuático.

enantema s.m. MED. Erupción roja en las mucosas de las cavidades naturales.

enántico, a adj. Del aroma de los vinos.

enantiomorfo, a adj. Que está formado por las mismas partes dispuestas en orden inverso, de forma que sean simétricas en relación con un plano. **2.** QUÍM. Se dice de los compuestos que son inversos ópticos.

enarbolado s.m. Conjunto de piezas de madera ensamblada que forman la armadura de una torre o bóveda.

enarbolar v.tr. Levantar en alto una bandera, estandarte, etc. ◆ **enarbolarse** v.prnl. Ponerse el caballo sobre las dos patas traseras levantando las delanteras. SIN.: *encabritarse.* **2.** Enojarse mucho una persona.

enarcar v.tr. y prnl. Arquear, dar forma de arco: *enarcar las cejas.* ◆ v.tr. Poner cercos o arcos a las cubas o toneles. ◆ **enarcarse** v.prnl. Encogerse, intimidarse.

enardecer v.tr. y prnl. [conj.: *parecer*]. Excitar o avivar: *enardecer los ánimos.* ◆ **enardecerse** v.prnl. Inflamarse una parte del cuerpo.

enardecimiento s.m. Acción de enardecer o enardecerse.

enarenar v.tr. y prnl. Echar arena para cubrir una superficie: *enarenar una calle.* ◆ **enarenarse** v.prnl. MAR. Encallar o varar las embarcaciones.

enarmonía s.f. MÚS. Relación entre dos notas consecutivas que solo se distinguen por una coma y que, en la práctica, se confunden; por ej., en un piano, *do* sostenido y *re* bemol se ejecutan con la misma tecla.

enarmónico, a adj. MÚS. Se dice de las notas de nombre distinto pero que, por efecto de los sostenidos y los bemoles, tienen la misma entonación.

enastado, a adj. Que tiene astas o cuernos. **2.** Que tiene mango.

enastar v.tr. Poner el mango o asta a un arma o una herramienta.

encabalgamiento s.m. Acción y efecto de encabalgar. **2.** Armazón de maderos cruzados donde se apoya alguna cosa. **3.** MÉTRIC. Licencia métrica que consiste en enlazar el final de un verso con el principio de otro.

encabalgar v.intr. Apoyarse una cosa sobre otra. ◆ v.tr. Proveer de caballos. **2.** Solapar, imbricar.

encabestrar v.tr. Poner el cabestro a los animales. **2.** *Fig.* Atraer o seducir a alguien. ◆ **encabestrarse** v.prnl. Enredarse la bestia una mano en el cabestro con que está atada.

encabezado s.m. Argent., Guat. y Méx. Titular de un periódico.

encabezamiento s.m. Acción de encabezar. **2.** Fórmula, expresión o conjunto de expresiones que se ponen al comienzo de una carta o escrito.

encabezar v.tr. Ir una persona en primer lugar o en cabeza de algo: *encabezar una manifestación, una clasificación.* **2.** Figurar en primer lugar de una lista. **3.** Poner el encabezamiento de una carta, un libro o cualquier escrito. **4.** Amér. Acaudillar, dirigir a otros. **5.** ENOL. Agregar alcohol a los vinos para aumentar su graduación.

encabillar v.tr. MAR. Sujetar o asegurar con cabillas.

encabritar v.tr. Provocar agitación o excitación en algo o a alguien. ◆ **encabritarse** v.prnl. Empinarse el caballo. **2.** *Fig.*

Levantarse la parte anterior de una embarcación, aeroplano, etc., súbitamente hacia arriba. **3.** *Fig.* Enojarse, cabrearse.

encabronar v.tr. y prnl. Esp. y Méx. *Vulg.* Hacer enojar, disgustar profundamente a alguien.

encabuyar v.tr. Cuba, P. Rico y Venez. Liar o envolver alguna cosa con cabuya.

encachado, a adj. Chile. Bien presentado. ◆ s.m. Solado de piedra o revestimiento de hormigón con que se refuerza el cauce de una corriente de agua, para evitar las erosiones o derrubios. **2.** Capa de cimentación o lecho formada de piedras piramidales sobre la cual se construye la superficie o pavimento de una carretera.

encachar v.tr. Hacer un encachado. **2.** Poner las cachas o piezas del mango a un cuchillo o a una navaja. **3.** Chile. Bajar la cabeza el animal vacuno para embestir. ◆ **encacharse** v.prnl. Chile y Venez. Empecinarse, encapricharse.

encadenado, a adj. Se dice del verso que se inicia con el final del verso anterior. ◆ s.m. CIN. Transición gradual de una imagen que desaparece mientras aparece la otra por sobreimpresión. **2.** CONSTR. **a.** Armadura de hierro que sirve para impedir la separación de los muros de una construcción. **b.** Operación consistente en colocar dicha armadura.

encadenamiento s.m. Acción y efecto de encadenar: *encadenamiento de presos.* **2.** Conexión, trabazón. **3.** COREOGR. Conjunto de pasos que constituyen una fase coreográfica. **4.** MÚS. Yuxtaposición lógica de dos acordes.

encadenar v.tr. y prnl. Sujetar o atar con una cadena. **2.** *Fig.* Impedir algo, como una obligación, una afición, prejuicios, etc., que una persona actúe libremente. **3.** *Fig.* Trabar y enlazar unas cosas con otras, de modo que guarden algún tipo de relación entre ellas.

encajado, a adj. HERÁLD. Se dice del escudo formado por ángulos entrantes y salientes, que lo dividen.

encajadura s.f. Acción de encajar. **2.** Encaje, lugar en que se encaja algo.

encajamiento s.m. Descenso del feto en la cavidad pelviana, por debajo del plano del estrecho superior de la pelvis.

encajar v.tr. Meter una cosa dentro de otra ajustadamente: *encajar una ficha en la ranura.* **2.** Recibir un daño, especialmente un golpe. **3.** *Fig.* y *fam.* Introducir inoportunamente algo en una conversación. **4.** *Fig.* Reaccionar bien y convenientemente ante una desgracia, contratiempo, reprensión o advertencia: *encajar un castigo.* **5.** *Fig.* y *fam.* Hacer oír algo a alguien causándole molestia o enojo. **6.** *Fig.* y *fam.* Dar algo a alguien engañándolo o causándole molestia: *le encajaron un medicamento caducado.* **7.** MED. Realizar el encajamiento. ◆ v.intr. Quedar una cosa ajustada en otra. **2.** *Fig.* y *fam.* Ser alguien o algo oportuno o adecuado: *esta fotografía no encaja en este artículo.* **3.** Coincidir, completarse o confirmarse recíprocamente una cosa con otra: *las dos versiones encajan.*

encaje s.m. Acción de encajar una cosa en otra. **2.** Tejido calado, de mallas finas, que forma un fondo de redecilla decorado con dibujos más opacos y de formas variadas. **3.** Encajadura, hueco en que se mete o encaja una pieza. **4.** Superficie de unión de dos piezas, dispuesta de manera que asegure la inmovilidad de estas: *encaje de maderos.* **5.** ENCUAD. Hoja o pliego de número de páginas variable que se coloca en el interior de otro pliego. ◆ **encajes** s.m.pl. Objetos de adorno hechos de encaje. **2.** HERÁLD. Particiones del escudo en formas triangulares alternas, de color y metal, y encajadas unas en otras. ◇ **Encaje de aguja** Encaje hecho con hilo de lino blanco, con todas las variantes del punto de festón. **Encaje de bolillos** Encaje hecho sobre mundillo o almohadilla, con hilos arrollados sobre bolillos.

encajetillar v.tr. Meter los cigarrillos o el tabaco picado en cajetillas.

encajonado s.m. Acción y efecto de encajonar. **2.** Obra de tapia de tierra, que se hace encajonando la tierra y apisonándola dentro de tapiales.

encajonar v.tr. Meter una cosa o animal dentro de un cajón. **2.** Construir cimientos en cajones o zanjas abiertas. **3.** Reforzar un muro a trechos con machones formando encajonados. **4.** Plantar en una caja llena de tierra: *encajonar naranjos.* ◆ v.tr. y prnl. Meter algo o a alguien en un sitio estrecho: *encajonar un batallón.* ◆ **encajonarse** v.prnl. Pasar a circular un río o un arroyo por un lugar muy estrecho.

encajoso, a adj. Méx. Pedigüeño, desfachatado, desconsiderado.

encalabrinar v.tr. y prnl. Turbar los sentidos el olor o vaho de una cosa: *el vino lo encalabrinó.* **2.** Hacer concebir a alguien ambiciones, deseos, ilusiones, etc. **3.** Excitar, irritar. ◆ **encalabrinarse** v.prnl. *Fam.* Obstinarse en una cosa por capricho.

encalado s.m. Acción y efecto de encalar o blanquear. **2.** Procedimiento de apelambrado de las pieles que consiste en aplicarles una pasta alcalina o de cal.

encaladura s.f. Acción y efecto de encalar los terrenos, las semillas y los árboles.

encalambrarse v.prnl. Chile, Colomb. y P. Rico. Entumecerse, aterirse.

encalamocar v.tr. y prnl. Colomb. y Venez. Alelar.

encalar v.tr. Cubrir algo con cal, especialmente para blanquearlo: *encalar una pared.* **2.** Esparcir cal en los terrenos de cultivo para mejorarlos.

encalillarse v.prnl. Chile. Endeudarse.

encalladero s.m. Lugar donde puede encallar un barco.

encalladura s.f. Acción y efecto de encallar.

encallar v.intr. Varar una embarcación en un banco de arena o encajonarse entre piedras. ◆ v.intr. y prnl. *Fig.* Quedar detenido un asunto o empresa por alguna dificultad.

encallecer v.tr. y prnl. [conj.: *parecer*]. Hacer que se formen callos en alguna parte del cuerpo: *encallecer las manos.* **2.** *Fig.* Endurecerse, curtirse.

encallecimiento s.m. Acción y efecto de encallecer.

encallejonar v.tr. y prnl. Meter algo por un callejón, o por un paso estrecho y largo. ◆ **encallejonarse** v.prnl. TAUROM. Meterse el toro entre tablas sin querer abandonar el callejón.

encalmado, a adj. Se dice del tiempo calmoso, sin la más ligera brisa. **2.** MAR. Se dice de un barco de vela que, por escasez de viento, adelanta muy poco o no puede moverse.

encalmar v.tr. y prnl. Tranquilizar a una persona. ◆ **encalmarse** v.prnl. Quedarse en calma el mar o el viento.

encalvecer v.intr. [conj.: *parecer*]. Quedarse calvo.

encamada s.f. Argent. y Urug. *Vulg.* Acción de acostarse juntos para mantener relaciones sexuales.

encamar v.tr. Tender o echar una cosa en el suelo. ◆ **encamarse** v.prnl. Meterse en la cama por enfermedad. **2.** *Vulg.* Acostarse para mantener relaciones sexuales. **3.** Tumbarse o abatirse las mieses. **4.** Agazaparse las piezas de caza o echarse en los lugares que buscan para su descanso.

encaminar v.tr. Poner a alguien en camino, enseñarle el camino. ◆ v.tr. y prnl. Dirigir hacia un punto determinado: *encaminar los pasos; encaminarse hacia la libertad.* **2.** *Fig.* Enderezar la intención hacia un fin determinado. ◆ **encaminarse** v.prnl. Ir a un lugar.

encamisado s.m. CONSTR. Acción de revestir con una capa continua las paredes interiores de un conducto. **2.** MEC. Fijación de una camisa o forro de acero delgado en un cilindro de motor.

encamisar v.tr. y prnl. Poner una camisa o funda: *encamisar las butacas.* **2.** *Fig.* Encubrir, disimular, disfrazar una cosa.

encamonado, a adj. ARQ. Que está hecho con camones, armazones de caña o listones: *bóveda encamonada.*

encamotarse v.prnl. Amér. Merid., C. Rica y Nicar. *Fam.* Enamorarse.

encampanar v.tr. y prnl. Colomb., Dom., P. Rico y Venez. Encumbrar a alguien. **2.** TAUROM. Levantar el toro parado la cabeza como desafiando. ◆ v.tr. Méx. Involucrar a alguien en una empresa generalmente fallida. **2.** Méx. Engañar con halagos y promesas. ◆ **encampanarse** v.prnl. Colomb.

Enamorarse. **2.** Perú. Complicarse un asunto. **3.** Venez. Internarse, avanzar hacia dentro.

encanallar v.tr. y prnl. Convertir a alguien en un canalla.

encanamento s.m. ARQ. Conjunto formado por las cabezas de las carreras que sobresalen al exterior y que sostienen una cornisa o parte voladiza de la fachada.

encanarse v.prnl. Quedarse envarado por el llanto o la risa.

encanastar v.tr. Poner dentro de una canasta.

encandelillar v.tr. Amér. Merid. Sobrehilar una tela. ◆ v.tr. y prnl. Amér. Merid. y Hond. Encandilar, deslumbrar.

encandilado, a adj. *Fam.* Erguido, levantado.

encandilar v.tr. y prnl. (de *candela,* lumbre). Deslumbrar o pasmar, generalmente con falsas apariencias. **2.** Suscitar un deseo o ilusión. ◆ **encandilarse** v.prnl. Encenderse los ojos por la bebida o la pasión. **2.** P. Rico. Enojarse.

encanecer v.intr. y prnl. [conj.: *parecer*]. Volverse canoso: *encaneció muy joven.* **2.** *Fig.* Ponerse algo mohoso: *encanecerse el pan.* **3.** *Fig.* Envejecer una persona. ◆ v.tr. Hacer salir canas.

encanecimiento s.m. Efecto de encanecer.

encanijar v.tr. y prnl. Poner canijo, débil y enfermizo. ◆ **encanijarse** v.prnl. Méx. Enojarse.

encanillado s.m. TEXT. Operación que consiste en arrollar en una canilla el hilo destinado a constituir la trama de un tejido.

encanilladora s.f. TEXT. Máquina que sirve para arrollar el hilo de trama sobre una canilla.

encanillar v.tr. TEXT. Poner en las canillas el hilo de la trama o formar canillas para lanzaderas.

encantado, a adj. Muy complacido: *encantado de conocerte.* **2.** Esp. Que está distraído o embobado.

encantador, ra adj. y s. Que tiene poder para encantar. ◆ adj. *Fig.* Muy amable, agradable, simpático o bello: *niño encantador.*

encantamiento s.m. Acción y efecto de encantar o encantarse.

encantar v.tr. Ejercer sobre algo o alguien artes de magia. **2.** Gustar o complacer mucho: *me encanta el chocolate.* ◆ **encantarse** v.prnl. Permanecer inmóvil contemplando una cosa o distraerse de lo que se está haciendo.

encante s.m. (cat. *encant*). Lugar en que se hacen ventas en pública subasta, especialmente de objetos de segunda mano.

encanto s.m. Encantamiento. **2.** *Fig.* Atractivo. **3.** Apelativo cariñoso. ◆ **encantos** s.m.pl. Atractivos físicos de una persona: *mostrar sus encantos.*

1. **encañado** s.m. Enrejado de cañas que se pone en los jardines para enredar las plantas.

2. **encañado** s.m. Conducto para conducir el agua.

encañar v.tr. Hacer pasar el agua por un encañado o conducto.

encañizada s.f. Cerca de cañas que se dispone junto a la desembocadura de los ríos o en las albuferas o mares de poco fondo, para encerrar la pesca. **2.** Encañado, enrejado de cañas.

encañonado, a adj. Se dice del humo y del viento que circulan con cierta fuerza por sitios estrechos.

encañonar v.tr. Apuntar con un arma de fuego. **2.** Hacer pasar el agua de una corriente por un conducto estrecho o por una tubería.

encapotamiento s.m. Acción y efecto de encapotar o encapotarse.

encapotar v.tr. y prnl. Cubrir con el capote. ◆ **encapotarse** v.prnl. Cubrirse el cielo de nubes, especialmente de nubes oscuras que amenazan lluvia. **2.** *Fig.* Poner gesto de enojo frunciendo el ceño.

encapricharse v.prnl. Empeñarse en conseguir un capricho: *encapricharse con un juguete.*

encapsular v.tr. Meter en cápsulas.

encapuchar v.tr. y prnl. Cubrir o tapar con capucha.

encaramar v.tr. y prnl. Subir o poner a algo o a alguien en un lugar alto y difícil de alcanzar. **2.** *Fig.* y *fam.* Colocar a alguien en un puesto alto y honorífico.

encarar v.tr. Poner dos cosas cara a cara o poner una cosa con la cara hacia un determinado lugar: *encarar dos armarios.* **2.** Afrontar una situación difícil o complicada con una determinada actitud, generalmente con resolución y decisión. **3.** Dirigir la puntería, la mirada, los pasos, etc., hacia determinado lugar. ◆ **encararse** v.prnl. *Fig.* Oponerse a una persona o cosa con una actitud agresiva o desafiante: *se encaró con los asaltantes.*

encarcelamiento s.m. Acción y efecto de encarcelar. SIN.: *encarcelación.*

encarcelar v.tr. Poner a alguien preso en la cárcel: *encarcelar a un delincuente.* **2.** Asegurar con yeso, cal o cemento una pieza de madera o de hierro: *encarcelar una reja.*

encarecedor, ra adj. y s. Que encarece o que exagera.

encarecer v.tr. y prnl. (de *caro*). [conj.: *parecer*]. Aumentar el precio de una cosa: *encarecer los productos de consumo.* ◆ v.tr. *Fig.* Alabar mucho las cualidades de una persona o cosa: *encarecieron su belleza y su bondad.* **2.** *Fig.* Pedir o encargar algo con empeño o insistencia.

encarecimiento s.m. Acción y efecto de encarecer. ◇ **Con encarecimiento** Con insistencia o empeño.

encargado, a adj. Que ha recibido un encargo. ◆ s. Persona que tiene a su cargo un establecimiento, negocio, etc., en representación del dueño o interesado. ◇ **Encargado de cátedra** Profesor no numerario que ocupa una cátedra vacante. **Encargado de curso** Profesor no numerario de universidad que enseña una disciplina de la que no existe plaza dotada de catedrático, agregado o adjunto. **Encargado de negocios** Agente diplomático de categoría inferior al ministro residente.

encargar v.tr. Ordenar o pedir a alguien que haga algo. **2.** Ordenar o pedir una persona a otra que le suministre o sirva algo. ◆ v.intr. Argent. y Méx. Quedar embarazada una mujer. ◆ **encargarse** v.prnl. Tener o tomar alguien una cosa bajo su cuidado o responsabilidad: *encargarse del mantenimiento.*

encargo s.m. Acción y efecto de encargar. **2.** Cosa encargada. ◇ **Estar de encargo** Argent. y Méx. Estar embarazada.

encariñar v.tr. Hacer que una persona o animal tome cariño a alguien o algo. ◆ **encariñarse** v.prnl. Tomar cariño a alguien o algo.

encarnación s.f. Adopción de una forma material o carnal por parte de un ser espiritual. **2.** Personificación, representación de una idea, doctrina, etc.

encarnado, a adj. y s.m. Se dice del color rojo o colorado: *tela encarnada.* ◆ adj. Que es de este color. **2.** REL. Que está unido a la naturaleza humana: *el Verbo encarnado.*

encarnadura s.f. Cualidad de la carne viva con respecto a la curación de las heridas: *tener buena encarnadura.*

encarnar v.intr. Adoptar un ser espiritual una forma material o carnal. ◆ v.tr. *Fig.* Personificar, representar alguna idea o doctrina: *un juez que encarna la justicia.* **2.** *Fig.* Representar un personaje de una obra teatral, cinematográfica, etc.: *encarnar el papel de malo.* ◆ **encarnarse** v.prnl. Introducirse una uña en la carne produciendo molestias. **2.** *Fig.* Mezclarse o unirse una cosa con otra.

encarne s.m. MONT. Parte del animal muerto que se da a la jauría.

encarnizamiento s.m. Crueldad con que alguien se ceba en el daño de otro.

encarnizarse v.prnl. Cebarse los animales en su víctima. **2.** *Fig.* Mostrarse cruel y despiadado.

encarpetar v.tr. Guardar algo en carpetas, en especial papeles. **2.** Amér. Merid. y Nicar. Dar carpetazo, suspender la tramitación de una solicitud o un expediente.

encarrerarse v.prnl. Méx. Acelerar el paso. **2.** Méx. Encarrilarse.

encarrilar v.tr. y prnl. Dirigir o enderezar un carro, automóvil, etc., para que siga el camino o carril debido. ◆ v.tr. *Fig.* Dirigir una cosa o a una persona por el camino adecuado o acertado. **2.** Colocar sobre los carriles los vehículos que se han salido de las vías.

encartación s.f. Empadronamiento para el pago de tributos en virtud de la carta de privilegio. **2.** Reconocimiento del vasallaje al señor que hacían los pueblos, pagándole tributo. **3.** Territorio al cual se hacen extensivos fueros y exenciones de una comarca limítrofe.

encartar v.tr. En los juegos de naipes, jugar al contrario o al compañero una carta a la cual pueda asistir. **2.** DER. Procesar a una persona. **3.** ENCUAD. Colocar encartes. ◆ **encartarse** v.prnl. Tomar un jugador cartas del mismo palo que otro, para así obligarlo a que lo siga, y que no pueda descartarse de las que lo perjudican.

encarte s.m. Acción y efecto de encartar o encartarse en los juegos de naipes. **2.** Hoja o pliego que se coloca, suelto, en un libro ya encuadernado.

encartonado s.m. Acción y efecto de encartonar. **2.** ENCUAD. Tipo de encuadernación en que los cartones de la cubierta van revestidos de papel de color.

encartonador, ra s. Persona que tiene por oficio encartonar los libros para encuadernarlos.

encartonar v.tr. Cubrir algo con cartones para protegerlo. **2.** Encuadernar con tapas de cartón revestidas de papel. SIN.: *cartoné.*

encartuchar v.tr. Meter la pólvora en los cartuchos. ◆ v.tr. y prnl. Chile, Colomb., Ecuad. y P. Rico. Enrollar en forma de cucurucho.

encascotar v.tr. Rellenar con cascotes una cavidad.

encasillado s.m. Conjunto de casillas. **2.** Lista de candidatos apoyados por el gobierno en las elecciones.

encasillar v.tr. Poner en casillas. **2.** Clasificar a personas o cosas.

encasquetar v.tr. y prnl. Encajar bien algo en la cabeza, como el sombrero, gorra, etc. **2.** *Fig.* Enseñar a alguien o persuadirlo de algo a fuerza de insistencia. ◆ v.tr. Encargar a alguien una cosa molesta o pesada. ◆ **encasquetarse** v.prnl. Formarse una idea en la mente de forma obstinada.

encasquillador s.m. Colomb., Ecuad. y Perú. Herrador.

encasquillar v.tr. Poner casquillos. **2.** Amér. Herrar una caballería. **3.** Cuba. *Fig.* y *fam.* Acobardarse, acoquinarse. ◆ **encasquillarse** v.prnl. Atascarse un arma de fuego con el casquillo de la bala al disparar.

encastar v.tr. Mejorar una casta de animales por cruzamiento.

encastillado, a adj. *Fig.* Orgulloso o soberbio.

encastillamiento s.m. Acción y efecto de encastillar o encastillarse.

encastillar v.tr. Apilar o poner unas cosas sobre otras: *encastillar los maderos.* **2.** Fortificar con castillos. ◆ **encastillarse** v.prnl. Encerrarse en un castillo para defenderse. **2.** *Fig.* Refugiarse en un lugar alto o de difícil acceso. **3.** *Fig.* Perseverar con tesón u obstinación en un parecer.

encastrar v.tr. Acoplar dos piezas.

encatrado s.m. Argent. y Chile. Catre.

encauchado, a adj. y s. Colomb., Ecuad. y Venez. Se dice de la tela impermeabilizada con caucho. ◆ s.m. Colomb., Ecuad. y Venez. Ruana o poncho impermeabilizados con caucho.

encauchar v.tr. Cubrir con caucho.

encausar v.tr. DER. Procesar o formar causa a alguien.

encáustica s.f. Encáustico. **2.** B. ART. Procedimiento de pintura a base de colores diluidos en cera fundida, cuya aplicación se realiza en caliente.

encáustico, a adj. Se dice de la pintura o del barniz preparados con ceras. ◆ s.m. Preparado a base de cera fundida que sirve para recubrir las superficies pulimentadas, pavimentos, etc., a fin de darles brillo o preservarlos de la humedad. SIN.: *encáustica.*

encausto s.m. (gr. *egkaystos,* pintado con fuego). Tinta roja con la que escribían solo los emperadores. SIN.: *encauste.*

encauzamiento s.m. Acción y de encauzar.

encauzar v.tr. Conducir una corriente por un cauce. **2.** *Fig.* Encaminar, dirigir, normalizar, regular: *encauzar el debate.*

encebollado s.m. Guiso de carne o pescado hecho con mucha cebolla: *encebollado de bacalao.*

encefalalgia s.f. Dolor de cabeza muy intenso.

encefálico, a adj. Relativo al encéfalo: *masa encefálica.*

encefalina s.f. NEUROL. Sustancia polipeptídica de bajo peso molecular, neuromediador del sistema nervioso central provisto de propiedades antálgicas.

encefalitis s.f. NEUROL. Proceso inflamatorio que afecta al encéfalo.

encéfalo s.m. (gr. *egképhalon*). Conjunto de centros nerviosos, cerebro, cerebelo y tronco cerebral, contenidos en la cavidad craneal de los vertebrados.

encefalografía s.f. Descripción anatómica del encéfalo. ◇ **Encefalografía gaseosa** Técnica radiológica que permite, mediante insuflación de aire o gas en el canal raquídeo o en los ventrículos cerebrales, visualizar, por contraste, los espacios por donde circula el líquido cefalorraquídeo.

encefalomielitis s.f. Inflamación del cerebro y de la médula espinal.

encefalopatía s.f. Afección del encéfalo. ◇ **Encefalopatía espongiforme** Encefalopatía provocada por un prion, caracterizada por trastornos nerviosos sensitivos y motores, que se transmite por la ingestión de carne contaminada. (Afecta tanto a los seres humanos [enfermedad de Creutzfelt-Jakob y kuru, mortales ambas] como a los animales [encefalopatía espongiforme bovina, conocida como *enfermedad de las vacas locas,* y *scrapie* o prurito ovino en ovejas y cabras].)

encelamiento s.m. Acción y efecto de encelar o encelarse.

encelar v.tr. Dar celos o poner celoso. ◆ **encelarse** v.prnl. Concebir celos de alguien. **2.** Estar en celo un animal.

encella s.f. (del lat. *fiscella*). Molde o recipiente para hacer quesos y requesones.

encellar v.tr. Dar forma en la encella: *encellar el queso.*

encenagarse v.prnl. Meterse en el cieno o ensuciarse en él. **2.** *Fig.* Envilecerse.

encendedor, ra adj. y s. Que enciende. ◆ s.m. Utensilio de pequeño tamaño para encender, que tiene combustible gaseoso o líquido y produce llama o chispa. GEOSIN.: Esp. *mechero;* P. Rico. *yesquero.*

encender v.tr. (lat. *incendere*) [conj.: *tender*]. Prender fuego, incendiar, quemar. **2.** Conectar un circuito eléctrico: *encender la luz.* ◆ v.tr. y prnl. Causar un sentimiento intenso o una pasión en alguien. **2.** *Fig.* Provocar enfrentamientos. **3.** *Fig.* Irritar o excitar a alguien. **4.** *Fig.* Ruborizarse, ponerse rojo el rostro.

encendido, a adj. Que es de color rojo muy subido: *tener el rostro encendido.* ◆ s.m. Acción de encender: *el encendido de una caldera.* **2.** Inflamación, mediante un quemador o una bujía, de la mezcla gaseosa en un motor de explosión. **3.** Dispositivo que realiza esta inflamación.

encenizar v.tr. y prnl. Echar ceniza sobre algo.

encepar v.tr. Poner algo en un cepo. **2.** Poner un cepo. **3.** Asegurar mediante un cepo. ◆ v.intr. y prnl. Arraigar bien las plantas y los árboles.

encerado s.m. Acción y efecto de encerar. **2.** Capa ligera de cera con que se cubren los muebles. **3.** Lienzo impermeabilizado con cera u otra materia. **4.** Esp. Cuadro de hule, etc., usado para escribir en él con clarión o tiza.

encerador, ra s. Persona que tiene por oficio encerar.

enceradora s.f. Aparato electrodoméstico que sirve para encerar el suelo.

encerar v.tr. Aplicar cera a algo: *encerar una superficie.*

encerradero s.m. Lugar donde se recoge el rebaño. **2.** TAUROM. Lugar destinado a encerrar los toros.

encerrar v.tr. [conj.: *pensar*]. Recluir a alguien en un sitio de donde no pueda salir o escaparse: *encerrar en la cárcel.* **2.** Guardar o meter algo en un sitio cerrado: *encerrar el dinero en una caja.* **3.** *Fig.* Contener, llevar implícita una cosa: *encerrar un peligro.* **4.** Poner cosas escritas entre ciertos signos que las separan del resto del escrito: *encerrar entre paréntesis.* **5.** En el juego de las damas y en otros de tablero, poner al contrario en situación de no poder mover las piezas. ◆ **encerrarse** v.prnl. Recluirse voluntariamente en un lugar cerrado para apartarse de los demás: *encerrarse para meditar.*

encerrona s.f. *Fam.* Celada, asechanza, emboscada: *preparar una encerrona.* **2.** En el dominó, cierre del juego cuando quedan muchas fichas en manos de los jugadores. **3.** Corrida de toros, novillos o becerros, celebrada en local cerrado y sin público que haya pagado su localidad.

encestar v.tr. En baloncesto, introducir el balón en el cesto. **2.** Meter algo en una cesta.

enceste s.m. En baloncesto, tanto que se consigue al encestar el balón.

encha s.f. Durante la edad media y en Castilla, reparación por los daños producidos en la guerra.

enchapado s.m. Hoja de madera de poco espesor, obtenida por corte o por desarrollo.

encharcamiento s.m. Acción y efecto de encharcar.

encharcar v.tr. y prnl. Cubrir de agua un terreno formando charcos. **2.** *Fig.* Causar empacho de estómago al beber mucho.

enchastrar v.tr. y prnl. Argent. *Fam.* Ensuciar, embadurnar.

enchastre s.m. Argent. *Fam.* Acción y efecto de enchastrar.

enchilada s.f. En el juego del tresillo, puesta común que recoge quien gana un lance determinado. **2.** Guat., Méx. y Nicar. Torta de maíz aderezada con chile y rellena de diversos manjares.

enchilado s.m. Cuba y Méx. Guisado de mariscos con salsa de chile.

enchilar v.tr. Amér. Central y Méx. Aderezar con chile algún manjar. ◆ v.tr. y prnl. Méx. y Nicar. *Fig.* Fastidiar, enojar, exasperar a alguien.

enchinar v.tr. Empedrar con chinas o piedrecillas. **2.** Méx. Formar rizos en los cabellos. ◇ **Enchinar el pelo** Méx. Rizarlo. **Enchinarse el cuerpo** Méx. Ponerse la carne de gallina.

enchinchar v.tr. Guat. y Méx. Molestar, fastidiar. ◆ **enchincharse** v.prnl. Amér. Enojarse, embroncarse.

enchipar v.tr. Colomb. Enrollar.

enchiquerar v.tr. Encerrar al toro en el chiquero. **2.** *Fig.* y *fam.* Meter en prisión.

enchironar v.tr. *Fam.* Meter a alguien en chirona, encarcelar.

enchivarse v.prnl. Colomb., Ecuad. y P. Rico. Encolerizarse.

enchuecar v.tr. y prnl. Chile y Méx. *Fam.* Torcer, encorvar.

enchufar v.tr. Empalmar dos tubos o piezas semejantes introduciendo el extremo de una en el de otra. **2.** ELECTR. Encajar las dos piezas de un enchufe para establecer una conexión eléctrica. ◆ v.tr. y prnl. Esp. *Fig.* y *fam.* Dar u obtener un empleo, cargo o situación ventajosos por enchufe.

enchufe s.m. (de *chuf,* voz onomatopéyica). Acción y efecto de enchufar. **2.** Dispositivo o aparato compuesto de dos piezas que encajan una en otra y sirven para conectar un aparato eléctrico a los hilos conductores de la corriente. **3.** Esp. *Fig.* y *fam.* Influencia o recomendación para obtener un cargo o situación ventajosos.

enchumbar v.tr. Antillas y Colomb. Ensopar, empapar de agua.

encía s.f. (lat. *gingiva*). Mucosa muy vascularizada que rodea la base de los dientes.

encíclica s.f. (gr. *egkýklios,* circular). Carta solemne que el papa dirige a los obispos y a los fieles adoctrinando en cuestiones de fe o de costumbres.

enciclopedia s.f. (del gr. *enkýklo paideía,* educación en círculo, panorámica). Conjunto de todas las ciencias o de todas las partes de una ciencia. **2.** Obra en que se expone metódicamente el conjunto de los conocimientos humanos o de los referentes a una ciencia. **3.** Enciclopedismo. **4.** Diccionario enciclopédico.

enciclopedia

Desde la antigüedad (Aristóteles) hasta la edad media (*Etimologías* de Isidoro de Sevilla, *Libro del tesoro* de Brunetto Latini) y el renacimiento, la palabra *enciclopedia* conserva su sentido griego, es decir, «educación que incluya el círculo completo de conocimientos». Fue a principios del s. XVII, con Francis Bacon, cuando aparece la enciclopedia en el sentido moderno del término. Durante el s. XVII y a principios del s. XVIII se impuso el orden alfabético del diccionario y la *Enciclopedia* de Diderot como modelo del género. Con la *Enciclopedia metódica* de la Libraire Panckouke (1781) comenzó la edición de la enciclopedia moderna que, tanto por su forma de exposición metódica como por la presentación alfabética, busca resumir el conjunto de los conocimientos. Entre las grandes enciclopedias de los ss. XIX y XX se hallan el *Diccionario universal* de P. Larousse y la *Enciclopedia británica.* En español, la *Enciclopedia universal ilustrada* de Espasa-Calpe (1908-1930, 82 vols.) fue la pionera.

enciclopédico, a adj. Relativo a la enciclopedia: *diccionario enciclopédico.*

enciclopedismo s.m. Ideología de los colaboradores de la *Enciclopedia* y de sus seguidores.

enciclopedista adj. y s.m. y f. Relativo a la *Enciclopedia* o al enciclopedismo; colaborador de la *Enciclopedia,* seguidor de los principios de esta obra.

encielar v.tr. Chile. Poner techo o cubierta a una cosa.

encierro s.m. Acción y efecto de encerrar o encerrarse. **2.** Lugar donde se encierra a alguien o donde alguien se mantiene voluntariamente encerrado. **3.** Situación de aislamiento o clausura en que se mantiene una persona por voluntad propia o ajena. **4.** Acción de conducir los toros al toril antes de la corrida, en especial cuando es una fiesta popular. **5.** TAUROM. Lugar de una plaza de toros donde se encierra a los toros hasta el momento de la corrida.

encima adv.l. (de *cima*). Indica posición superior de una cosa respecto a otra que está más baja en su misma vertical y en contacto o no con ella: *el libro está encima de la mesa.* **2.** *Fig.* En situación superior, más elevada: *gastar por encima de sus posibilidades.* **3.** Cubriendo u ocultando otra cosa: *ponerse un abrigo encima de la camisa.* **4.** Expresa un peso o carga sobre algo o alguien: *echarse mucho trabajo encima.* **5.** *Fig.* Indica la admisión y aceptación de un trabajo, culpa o pena: *echarse encima una responsabilidad.* **6.** Sobre sí, consigo: *no llevo encima ni un duro.* **7.** Cerca, de inmediata realización: *ya están encima las fiestas.* ◆ adv.c. Además, por añadidura. ◇ **Echarse encima de alguien** Contradecir violentamente o vituperar a alguien. **Por encima** Superficialmente, de pasada: *repasar por encima los apuntes.* **Por encima de** A pesar de alguien o algo.

encimera s.f. Esp. Superficie plana que cubre los muebles y electrodomésticos de una cocina y aloja el fregadero.

encimero, a adj. Que está o se pone encima: *sábana encimera.*

encimoso, a adj. y s. Méx. Se dice de la persona molesta y latosa.

encina s.f. (lat. vulgar *ilicina*). Árbol de tronco grueso y ramificado y hoja perenne, que tiene por fruto la bellota y es muy frecuente y típica en la península Ibérica. (Familia fagáceas.) **2.** Madera de este árbol.

encinar o **encinal** s.m. Bosque poblado de encinas.

encino s.m. Méx. Nombre de diversas fagáceas de tronco grande ramificado (*encino amarillo, encino cascalote,* etc.).

encinta adj. Se dice de la mujer que está embarazada.

encintado s.m. Acción y efecto de encintar. **2.** Hilera de piedra que forma el borde de una acera, de un andén, etc.

encintar v.tr. Adornar una cosa con cintas. **2.** Poner el encintado o bordillo de la acera.

encizañar v.tr. Provocar cizaña, discordia.

enclaustrar v.tr. y prnl. Meter, encerrar en un claustro o convento. ◆ **enclaustrarse** v.prnl. Apartarse de la vida social, para llevar una vida retirada o para hacer algo que exige mucha dedicación y concentración.

enclavado, a adj. Se dice del hueso fracturado al que se ha colocado un clavo como técnica de osteosíntesis. **2.** ARQ. Se dice de un tipo de entramado en que las uniones o ensambladuras están enclavadas. **3.** HERÁLD. Se dice del escudo partido, etc., que enclava una o dos piezas cuadradas en la otra partición. **4.** MED. Se dice de las estructuras que tienen bloqueadas sus posibilidades de movimiento.

enclavadura s.m. Muesca por donde se unen dos maderos.

enclavamiento s.m. Acción y efecto de enclavar. **2.** Dispositivo mecánico, eléctrico o de cualquier otro tipo, destinado a subordinar el accionamiento de un aparato al estado o posición de otro u otros. **3.** CIR. Fijación de una fractura mediante una prótesis en forma de clavo.

enclavar v.tr. Clavar, asegurar, fijar con clavos. **2.** *Fig.* Traspasar, atravesar de parte a parte. **3.** Practicar un enclavamiento en el tratamiento de una fractura de un hueso largo. ◆ **enclavarse** v.prnl. Estar situado en un lugar.

enclave s.m. Territorio o lugar rodeado por otro, o lugar donde se enclava otro. **2.** Grupo étnico, político, ideológico o lingüístico que convive o se encuentra inserto en otro más extenso y de características diferentes.

enclenque adj. y s.m. y f. Enfermizo, débil, raquítico: *niño enclenque.*

énclisis s.f. (pl. *énclisis*). LING. Fenómeno gramatical que consiste en la unión de una forma átona a la palabra que la precede: *en* devuélveselo, se *y* lo *son partículas en énclisis.*

enclítico, a adj. y s. (gr. *egklitikós,* de *egklínein,* apoyar). LING. Que participa de la énclisis: *pronombre enclítico.*

enclosure s.f. (voz inglesa). Técnica utilizada por los grandes propietarios británicos de los ss. XVI al XVIII, que consistía en cercar las tierras adquiridas tras el reparto de las tierras comunales, impidiendo el acceso de los campesinos a los prados, con lo que se creaba una mano de obra barata para la naciente industria.

encochar v.intr. Recoger pasajeros un vehículo, en especial un taxi.

encocorar v.tr. y prnl. *Fam.* Causar a alguien un gran enojo o mucha molestia.

encofrado s.m. Bastidor de madera, de metal o de otra materia, que sirve de molde al hormigón. **2.** Revestimiento de madera para sostener la tierra en las galerías de las minas o contener los materiales de construcción hasta su fraguado completo en la obra.

encofrador, ra s. Persona que tiene por oficio encofrar.

encofrar v.tr. Formar o colocar un encofrado.

encoger v.tr., intr. y prnl. Estrechar, reducir a menor volumen o extensión. ◆ v.tr. y prnl. Retirar contrayendo el cuerpo o alguna parte de él: *encoger las piernas; encogerse de hombros.* **2.** *Fig.* Apocar el ánimo, acobardarse, dejarse dominar.

encogimiento s.m. Acción y efecto de encoger. **2.** *Fig.* Cualidad de la persona tímida, poco decidida o fácilmente influenciable.

encohetarse v.prnl. C. Rica. Enfurecerse, encolerizarse.

encojar v.tr. y prnl. Poner cojo a alguien.

encolado, a adj. Chile. *Fig.* Muy acicalado. **2.** Chile y Méx. *Fig.* Vanidoso. ◆ s.m. Acción y efecto de encolar.

encolador, ra s. Persona que tiene por oficio encolar.

encoladora s.f. Máquina que sirve para encolar.

encoladura s.m. Encolamiento.

encolamiento s.m. Acción y efecto de encolar. SIN.: *encoladura.*

encolar v.tr. Pegar con cola una cosa: *encolar las maderas.* **2.** Aprestar con cola la pasta de papel. **3.** Dar una o más capas de cola caliente a una superficie que ha de pintarse al temple. **4.** Clarificar vinos con gelatina, clara de huevo, etc. **5.** TEXT. **a.** Impregnar la urdimbre con una cola. **b.** Aprestar una tela.

encolerizar v.tr. y prnl. Enfurecer, poner colérico a alguien.

encomendado s.m. En las órdenes militares, dependiente del comendador. **2.** Indio de una encomienda.

encomendar v.tr. [conj.: *pensar*]. Encargar a alguien que haga alguna comisión o cuide de una persona o cosa. **2.** Dar encomienda, hacer comendador a alguien. ◆ v.intr. Llegar a tener encomienda de orden. ◆ **encomendarse** v.prnl. Entregarse, confiarse al amparo de alguien: *encomendarse a todos los santos.*

encomendería s.f. Perú. Abacería.

encomendero, a s. Persona que lleva encargos de otro. **2.** Cuba. Persona que se dedica a suministrar carne a la ciudad. **3.** Perú. Comerciante de una tienda de comestibles. ◆ s.m. HIST. Persona que por concesión real tenía indios encomendados.

encomiar v.tr. Alabar con vehemencia a alguien o algo: *encomiar un trabajo.*

encomiástico, a adj. Que alaba o contiene alabanza: *palabras encomiásticas.*

encomienda s.f. Encargo que se hace a alguien de que haga alguna comisión o cuide de una persona o cosa. **2.** Dignidad de comendador de una orden militar o civil. **3.** Jurisdicción sobre un territorio y rentas que se otorgaba a esta dignidad. **4.** Cruz que llevan los caballeros de las órdenes militares. **5.** Institución jurídica implantada por España en América en 1503 para reglamentar las relaciones entre españoles e indígenas. **6.** Amér. Merid., C. Rica, Guat. y Pan. Envío que se manda por correo u otro servicio público de transporte, paquete postal.

---

encomienda

La encomienda consistía en la cesión por parte del rey a un súbdito español (encomendero) de la percepción del tributo o servicio personal que el indio debía pagar a la corona, a cambio de su evangelización por el beneficiario de la cesión. La primera, en Santo Domingo, fue de servicio personal y provocó desastrosos efectos sobre la población, originando un conflicto que desembocó en las leyes de Burgos (1512), que no pusieron fin a los abusos. La conquista de México impulsó el desarrollo de encomiendas de tributos en el continente. Las Leyes nuevas (1542), que denegaron la concesión de nuevas encomiendas, provocaron en Perú la sublevación acaudillada por Gonzalo Pizarro. Los títulos más rigurosos de las Leyes nuevas fueron revocados y durante el s. XVII se siguieron concediendo encomiendas, aunque se limitó su traspaso hereditario. En el s. XVIII se inició su desaparición.

---

encomio s.m. (gr. *egkómion,* elogio). Alabanza vehemente: *digno de encomio.*

encomioso, a adj. Chile y Guat. Encomiástico.

enconamiento s.m. Inflamación de una herida o llaga. **2.** *Fig.* Encono.

enconar v.tr. y prnl. (lat. *inquinare,* manchar, mancillar). Empeorar o inflamar una herida o llaga: *la herida se enconó con el polvo.* **2.** *Fig.* Hacer que en una lucha, discusión, etc., los contendientes se exciten excesivamente: *enconar el ánimo.* ◆ **enconarse** v.prnl. Pringarse, ensuciarse, mancharse.

enconcharse v.prnl. Amér. Meterse en su concha, retraerse.

encono s.m. Animadversión, rencor. **2.** Colomb. Llaga con supuración.

enconoso, a adj. Propenso a sentir animadversión hacia otras personas.

encontradizo, a adj. **Hacerse el encontradizo** Procurar coincidir con una persona en un lugar sin que parezca que se hace intencionadamente.

encontrado, a adj. Opuesto o contrario a otra cosa: *caracteres encontrados.*

encontrar v.tr. y prnl. (del lat. *in contra,* en contra) [conj.: *contar*]. Hallar. **2.** Coincidir o entrar en contacto una cosa con otra. ◆ v.tr. Formar una opinión o juicio sobre una cosa, asunto o persona: *encuentro interesante tu propuesta.* ◆ **encontrarse** v.prnl. Oponerse o enfrentarse una persona o cosa con otra. **2.** Reunirse una persona con otra u otras en un mismo lugar: *hemos quedado en encontrarnos con ellos en la puerta del teatro.*

encontronazo s.m. Golpe accidental entre dos cuerpos, de los cuales uno ha de estar en movimiento. SIN.: *encontrón.* **2.** Discusión o enfrentamiento puntual entre dos personas: *tuvo un encontronazo con su padre por el tema de las salidas nocturnas.* SIN.: *encontrón.*

encopetado, a adj. De alto copete o categoría social. **2.** Que presume demasiado de sí mismo o de alguna de sus cualidades.

encopetar v.tr. y prnl. Elevar en alto o formar copete. ◆ **encopetarse** v.prnl. *Fig.* Vanagloriarse, presumir o alabarse demasiado.

encopresis s.f. (pl. *encopresis*). Defecación involuntaria de un niño de más de tres años que no padece ninguna afección orgánica.

encorajar v.tr. Dar coraje, valor. ◆ **encorajarse** v.prnl. Encorajinarse.

encorajinarse v.prnl. *Fam.* Encolerizarse. **2.** Chile. Echarse a perder un negocio.

encorchar v.tr. Poner tapones de corcho a las botellas.

encordadura s.f. Conjunto de las cuerdas de un instrumento musical.

encordar v.tr. [conj.: *contar*]. Poner cuerdas a los instrumentos de música. **2.** Rodear, ceñir. ◆ **encordarse** v.prnl. ALP. Atarse el montañista a la cuerda de seguridad.

encornadura s.f. Cornamenta. **2.** Forma de los cuernos de un animal.

encornar v.tr. [conj.: *contar*]. Dar cornadas el toro contra algo.

encorozar v.tr. Chile. Emparejar una pared.

encorselar v.tr. y prnl. Amér. Encorsetar.

encorsetar v.tr. y prnl. *Fam.* Restringir la libertad o someter a unas normas muy rígidas. **2.** Poner corsé.

encorvadura s.f. Acción y efecto de encorvarse. SIN.: *encorvamiento.*

encorvar v.tr. y prnl. Hacer que una cosa tome forma curva. ◆ **encorvarse** v.prnl. Inclinarse una persona doblando la espalda, generalmente por la edad, por una enfermedad o por algún dolor.

encostrar v.tr. Cubrir con costra. ◆ **encostrarse** v.prnl. Formar costra una cosa.

encrespadura s.f. Acción y efecto de encrespar o rizar el cabello.

encrespamiento s.m. Acción y efecto de encrespar o encresparse.

encrespar v.tr. y prnl. Ensortijar o rizar el cabello con rizos pequeños. **2.** Erizar una emoción fuerte el pelo, plumaje, etc. **3.** Enfurecer o irritar mucho a una persona o animal: *encresparse por un insulto.* **4.** *Fig.* Producir olas en el mar: *el viento encrespó violentamente el mar.* ◆ **encresparse** v.prnl. *Fig.* Complicarse un asunto.

encrestado, a adj. Altivo, orgulloso.

encriptar v.tr. INFORMÁT. Ocultar datos mediante una determinada clave.

encrucijada s.f. Lugar donde se cruzan dos o más calles o caminos. **2.** *Fig.* Situación difícil que puede resolverse de diversas maneras y en la que no se sabe qué conducta seguir.

encuadernación s.f. Acción de encuadernar. **2.** Cubierta o forro de cartón, plástico u otro material con que se encuaderna un libro.

encuadernador, ra s. Persona que tiene por oficio encuadernar.

encuadernar v.tr. Coser o pegar las hojas o pliegos que formarán un libro y ponerle cubiertas o tapas.

encuadrar v.tr. Encerrar una cosa en un marco o cuadro. **2.** *Fig.* Encajar o ajustar una cosa dentro de otra. **3.** CIN. y FOT. Efectuar un encuadre. **4.** TELEV. Ajustar la frecuencia de repetición de imagen de un televisor, para mantener la imagen fija en la pantalla. ◆ v.tr. y prnl. Incorporar.

encuadre s.m. Fragmento de espacio que capta el visor de una cámara fotográfica o cinematográfica; también el plano obtenido a través del visor. **2.** TELEV. Ajuste de la imagen en la pantalla.

encuartar v.tr. Enganchar el encuarte a un vehículo.

encuarte s.m. Caballería de refuerzo que, para subir cuestas o salir de malos pasos, se añade al tiro de un carruaje.

encuartelar v.tr. Méx. Acuartelar.

encubado s.m. Operación que consiste en dejar que las uvas fermenten dentro de cubas. **2.** MIN. **a.** Acción de encubar un pozo minero, de colocar un revestimiento o blindaje metálico en aquellos puntos en que atraviesa capas acuíferas. **b.** El propio revestimiento.

encubar v.tr. Echar un líquido en las cubas. **2.** MIN. Entibar en redondo el interior de un pozo.

encubrimiento s.m. Acción de encubrir. **2.** DER. Ocultación de un delito o de sus culpables, con el fin de eludir la acción de la justicia.

encubrir v.tr. Ocultar algo para impedir que sea percibido: *encubrir un disparate.* **2.** Hacer lo necesario para que no llegue a saberse algo. **3.** DER. Participar en el encubrimiento de un delito o delincuente.

OBS.: participio: *encubierto.*

encuclillarse v.prnl. Méx. Ponerse en cuclillas.

encuentro s.m. Coincidencia o reunión de dos o más personas o cosas en un mismo lugar. **2.** Entrevista o reunión entre dos o más personas. **3.** Competición deportiva. ◇ **Ir al encuentro de alguien** Ir en su busca concurriendo en un mismo sitio con él.

encuerado, a adj. Colomb., Cuba, Dom., Méx. y Perú. En cueros, desnudo.

encuerar v.tr. Méx. Desnudar.

encuesta s.f. (fr. *enquête*). Serie de preguntas que se hace a un conjunto de personas para reunir datos o conocer su opinión sobre algún asunto: *encuesta sociológica.* **2.** Investigación, pesquisa.

encuestador, ra s. Persona que realiza encuestas.

encuestar v.tr. Someter a encuesta. ◆ v.intr. Hacer encuestas.

encuetarse v.prnl. Méx. Emborracharse.

encularse v.prnl. Argent. *Fam.* Enojarse, enfadarse. **2.** Méx. *Vulg.* Enamorarse.

encumbramiento s.m. Acción de encumbrar o encumbrarse. **2.** *Fig.* Ensalzamiento o enaltecimiento de alguien.

encumbrar v.tr. y prnl. Levantar una cosa. **2.** *Fig.* Colocar a alguien en una posición social o laboral elevada: *encumbrarse en el liderazgo.* ◆ **encumbrarse** v.prnl. *Fig.* Envanecerse, vanagloriarse.

encurtido s.m. Fruto o legumbre que se ha conservado en vinagre.

encurtir v.tr. Conservar en vinagre ciertos frutos o legumbres.

ende adv.l. (lat. *inde,* de allí). **Por ende** Por lo tanto.

endeble adj. (lat. vulgar *indebilis*). Que es débil, que tiene poca resistencia. **2.** *Fig.* De escaso valor: *versos endebles.*

endecágono, a adj. Que tiene once ángulos. ◆ s.m. Polígono que tiene once ángulos y, por consiguiente, once lados: *un endecágono regular.*

endecasílabo, a adj. y s.m. (gr. *hendekasyllabos*). Se dice del verso de once sílabas, de acentuación variable.

endecha s.f. (lat. *indicta,* cosas proclamadas públicamente). LIT. Composición poética de carácter luctuoso sin forma estrófica definida, que aparece frecuentemente en versos pentasílabos, hexasílabos o heptasílabos, en forma de romancillos, redondillas y versos sueltos. ◇ **Endecha real** Composición poética de carácter similar al de la endecha, pero de tono más solemne, que consta de varios cuartetos de tres versos heptasílabos y otro endecasílabo que forma asonancia con el segundo.

endemia s.f. Enfermedad que afecta a una región o país determinados de forma habitual o en determinadas épocas.

endémico, a adj. Se dice de la enfermedad que afecta habitualmente a una región o país. **2.** *Fig.* Se dice de actos o sucesos que se repiten frecuentemente en un país: *revueltas endémicas.* **3.** Se dice de las especies vegetales y animales de área restringida, que son oriundas del país donde se encuentran y solo se encuentran en él.

endemismo s.m. Cualidad de endémico. **2.** Distribución geográfica limitada, propia de las especies vivas endémicas.

endemoniado, a adj. y s. Poseído por el demonio. **2.** Malo, perverso. ◆ adj. Se dice de lo que fastidia, molesta o da mucho trabajo: *carácter endemoniado.* **2.** De muy mala calidad o muy desagradable: *olor endemoniado.*

endenantes adv. Amér. *Vulg.* Hace poco.

endentar v.tr. [conj.: *pensar*]. Encajar una cosa en otra que tenga dientes o muescas. **2.** Labrar o formar los dientes de una rueda.

endentecer v.intr. [conj.: *parecer*]. Empezar los niños a echar dientes.

enderezado, a adj. y s. Que es favorable o adecuado para algo.

enderezamiento s.m. Acción de enderezar o enderezarse.

enderezar v.tr. y prnl. (del bajo lat. *directiare*). Poner derecho o vertical lo que está torcido, inclinado, o tendido: *enderezar un árbol; enderezarse un caballo.* **2.** *Fig.* Enmendar o corregir el comportamiento de una persona. **3.** *Fig.* Dirigir u orientar algo en una dirección o hacia un fin u objetivo: *enderezar el rumbo; enderezar los pasos a la salida; enderezan sus esfuerzos hacia el fin del conflicto.* **4.** *Fig.* Enmendar o arreglar algo que no va bien para que empiece a funcionar: *enderezar un negocio; enderezar un equipo una mala temporada.*

endeudar v.tr. Hacer que alguien contraiga deudas. ◆ **endeudarse** v.prnl. Contraer deudas: *se endeuda con todo el mundo: siempre pidiendo dinero o favores.*

endiablado, a adj. *Fig.* y *fam.* Endemoniado.

endíadis s.f. (gr. *en dia dyoin*, una cosa por medio de dos) [pl. *endíadis*]. Figura retórica que consiste en expresar un solo concepto con dos nombres coordinados.

endibia o **endivia** s.f. Planta herbácea cuyas hojas largas, lanceoladas y apretadas entre sí, se blanquean protegiéndolas de la luz y se consumen cocidas o en ensalada. (Familia compuestas.)

endilgar v.tr. *Fam.* Hacer que alguien reciba o tenga que soportar algo molesto o desagradable: *endilgar una bazofia; endilgar un sermón.*

endiñar v.tr. Esp. *Fam.* Dar un golpe.

endiosamiento s.m. Acción y efecto de endiosar o endiosarse.

endiosar v.tr. Considerar a alguien un dios y tratarlo como tal. **2.** Ensalzar desmesuradamente a alguien. ◆ **endiosarse** v.prnl. *Fig.* Engreírse, ensoberbecerse.

enditarse v.prnl. Chile. Endeudarse.

endivia s.f. → **endibia.**

endoblasto s.m. BIOL. Hoja embrionaria interna que da lugar al tubo digestivo, a sus glándulas anexas, hígado y páncreas, y al aparato respiratorio.

endocárdico, a adj. Relativo al endocardio.

endocardio s.m. Membrana que recubre internamente las cavidades del corazón.

endocarditis s.f. (pl. *endocarditis*). Inflamación del endocardio, que puede afectar a las válvulas.

endocarpio o **endocarpo** s.m. BOT. Parte más interna del pericarpio de un fruto.

endocrino, a adj. ANAT. Se dice de la glándula que produce hormonas o secreciones que se vierten directamente en la sangre, como la hipófisis, el tiroides, los ovarios, los testículos y las suprarrenales.

endocrinología s.f. Parte de la biología y de la medicina que estudia el desarrollo, las funciones y las enfermedades de las glándulas endocrinas.

endocrinólogo, a s. Médico especialista en endocrinología.

endodermis s.f. (pl. *endodermis*). BOT. Capa más profunda de la corteza primaria de las raíces y tallos.

endodoncia s.f. Parte de la odontología que estudia la patología y tratamiento de las enfermedades de la pulpa y raíz dentarias. **2.** Tratamiento de las enfermedades de la pulpa dentaria.

endogamia s.f. Régimen de reproducción en el cual los cruzamientos se realizan entre individuos que tienen parentesco biológico. **2.** ETNOL. Obligación que tiene un individuo de contraer matrimonio en el interior de su propio grupo.

endógeno, a adj. Que se forma en el interior. **2.** GEOL. Se dice de una roca que se forma en el interior de la tierra, como las volcánicas, plutónicas y metamórficas.

endometrio s.m. Mucosa que recubre el interior del útero.

endometriosis s.f. (pl. *endometriosis*). Enfermedad ginecológica caracterizada por la presencia de mucosa uterina normal fuera de la cavidad del útero.

endometritis s.f. (pl. *endometritis*). Inflamación del endometrio.

endomingarse v.prnl. Arreglarse y vestirse con ropa especial, como de fiesta.

endomorfismo s.m. MAT. Morfismo de un conjunto en sí mismo.

endoparásito, a adj. y s.m. BIOL. Se dice del parásito que habita dentro del cuerpo de su huésped, como la tenia.

endoplasma s.m. Parte interna o central del cuerpo celular de los seres unicelulares.

endorfina s.f. FISIOL. Sustancia polipeptídica, neuromediador del sistema nervioso central, con propiedades antálgicas. SIN.: *endomorfina.*

endorreísmo s.m. GEOGR. Fenómeno que consiste en la afluencia de las aguas de una región hacia el interior de esta, sin que lleguen a desaguar en el mar.

endosante s.m. y f. Persona que endosa o cede un documento de crédito a un tercero.

endosar v.tr. (fr. *endosser*). Ceder a favor de otro un documento de crédito, haciéndolo constar en el dorso: *endosar una letra de cambio.* **2.** *Fig.* Traspasar a alguien una carga, trabajo o cosa molesta.

endosatario, a s. Persona que se beneficia con un endoso.

endoscopia s.f. Examen de una cavidad interna del cuerpo con un endoscopio.

endoscopio s.m. MED. Aparato óptico, provisto con un dispositivo de iluminación, que se introduce en una cavidad del organismo para examinarla.

endosfera s.f. Núcleo central de la parte sólida de la esfera terrestre.

endósmosis o **endosmosis** s.f. (pl. *endósmosis* o *endosmosis*). Penetración de agua en las células vivas, debido a que la concentración molecular es más elevada en su interior que en el medio líquido que las rodea.

endoso s.m. Acción y efecto de endosar. **2.** Mención firmada en el dorso de un efecto comercial, que transfiere su propiedad a otra persona.

endosperma o **endospermo** s.m. BOT. Tejido haploide, propio de las plantas gimnospermas, que asegura la nutrición del embrión cuando madura la semilla.

endotelial adj. Del endotelio. **2.** Que tiene la estructura de un endotelio.

endotelio s.m. HISTOL. Tejido formado por células planas que recubre los vasos y las cavidades internas.

endotérmico, a adj. QUÍM. Se dice de una transformación que absorbe calor.

endotoxina s.f. Toxina contenida en algunas bacterias que solo se libera después de la destrucción del microorganismo.

endovenoso, a adj. Intravenoso.

endriago s.m. (de *hidria,* serpiente de muchas cabezas, y *drago,* dragón). Monstruo fabuloso que tiene una mezcla de facciones humanas y de las de varias fieras.

endrina s.f. (del lat. vulgar [*pruna*] *atrina,* ciruelas negruzcas). Fruto del endrino.

endrino, a adj. y s.m. Se dice del color negro azulado, como el de la endrina. ◆ adj. Que es de este color. ◆ s.m. Ciruelo silvestre de ramas espinosas, hojas lanceoladas, y fruto pequeño, esférico, de color negro azulado y áspero al gusto.

endrogarse v.prnl. Chile, Méx. y Perú. Contraer deudas. **2.** Dom. y P. Rico. Drogarse.

endulzar v.tr. y prnl. Hacer dulce una cosa. **2.** *Fig.* Atenuar, suavizar: *endulzar el sufrimiento.*

endurecer v.tr. y prnl. [conj.: *parecer*]. Poner dura una cosa. **2.** *Fig.* Hacer más fuerte a alguien, acostumbrándolo a trabajar y a soportar la fatiga. **3.** *Fig.* Hacer a alguien más severo e inflexible.

endurecimiento s.m. Acción y efecto de endurecer. **2.** TECNOL. Modificación de las propiedades mecánicas y estructurales de un material, debida a una deformación permanente, producida en frío o en caliente.

ene s.f. Nombre de la letra n. **2.** Nombre del signo potencial indeterminado en álgebra. ◆ adj. Expresa cantidad indeterminada: *ene veces.*

enea s.f. → **anea.**

enéada o **eneada** s.f. Conjunto de nueve cosas parecidas.

eneagonal adj. Que tiene nueve ángulos.

eneágono s.m. Polígono que tiene nueve ángulos y, por lo tanto, nueve lados.

eneasílabo, a adj. y s.m. Se dice de un verso de nueve sílabas.

enebral s.m. Terreno poblado de enebros.

enebrina s.f. Fruto del enebro.

enebro s.m. (lat. vulgar *jiniperus*). Arbusto de hasta 6 m de alt., de tronco ramoso, copa espesa, hojas espinosas y bayas de color violeta que poseen propiedades diuréticas. (Familia cupresáceas.)

eneldo s.m. (del lat. *anethulum*). Planta herbácea de hasta 1 m de alt., de hojas con segmentos divididos en lacinias filiformes y flores amarillas. (Familia umbelíferas.)

enema s.m. (lat. *enema, -atis,* del gr. *énema*). Inyección de una masa líquida en la cavidad rectal, a través del orificio del ano, con fines laxantes, terapéuticos o diagnósticos. SIN.: *lavativa.*

enemiga s.f. Enemistad, odio, oposición.

enemigo, a adj. (lat. *inimicus*). Que es contrario a algo o a alguien, o es opuesto a ellos: *enemigo del alcohol.* **2.** Que tiene mala voluntad a otro y le desea o hace mal. **3.** Rival: *derrotar al enemigo.*

enemistad s.f. (lat. vulgar *inicitas, -atis*). Relación de aversión u odio entre personas.

enemistar v.tr. y prnl. Hacer que dos personas sean enemigas, o hacer perder la amistad existente entre dos o más personas: *se enemistó con la familia.* SIN.: *indisponer.*

eneolítico, a adj. y s.m. Calcolítico.

energética s.f. FÍS. Ciencia y técnica que se ocupa de la producción de la energía, de su empleo y de la conversión de sus diferentes formas.

energético, a adj. Relativo a la energía.

energía s.f. (lat. tardío *energia,* del gr. *enérgeia,* fuerza en acción). Potencia activa de un organismo. **2.** Capacidad para obrar o producir un efecto. **3.** Vigor: *quedarse sin energías.* **4.** Fuerza de voluntad, tesón en la actividad. **5.** FÍS. Facultad que posee un sistema de cuerpos de proporcionar trabajo mecánico o su equivalente. ◇ **Energía renovable** Energía cuyo consumo no agota las fuentes naturales que la producen (las radiaciones solares, el viento, las mareas, etc.). **Fuentes de energía** Materias primas y fenómenos naturales utilizados para la producción de energía, como carbón, hidrocarburos, uranio, hulla blanca, sol, geotermia, viento, marea, etc.

energía

El concepto de «energía» es básico en física. En la física clásica y en química, no hay creación ni destrucción de energía sino solo transformación de una forma en otra (principio de Lavoisier) o transferencia de energía de un sistema a otro (principios de Carnot). En cambio, en la física de las altas energías (por ej., en las reacciones nucleares), son posibles las transformaciones recíprocas de energía en materia según la fórmula de Einstein: $E = mc^2$, en la que E es la variación de energía, m la variación de la masa y c la velocidad de la luz. Por último, de acuerdo con las leyes de la termodinámica, toda conversión de energía va acompañada de pérdidas; es decir, la energía de la primera forma no se transforma íntegramente en energía de la segunda forma. Tales pérdidas son particularmente importantes en la conversión de energía térmica en energía mecánica, por ej., en los motores térmicos.

enérgico, a adj. Que tiene energía o vigor: *respuesta enérgica.*

energizar v.intr. y prnl. Colomb. Actuar con ímpetu. ◆ v.tr. Colomb. Estimular, dar energía.

energúmeno, a s. (gr. *energoúmenos,* influido por un mal espíritu). Persona poseída por el demonio. **2.** *Fig.* Persona colérica y que suele expresarse con violencia: *gritar como un energúmeno.*

enero s.m. (lat. vulgar *jenuarius*). Primer mes del año. (Tiene 31 días.)

enervación s.f. Acción y efecto de enervar. **2.** En la edad media, suplicio que consistía en quemar los tendones de las corvas y las rodillas. **3.** MED. Sección traumática o quirúrgica de un nervio o grupo de nervios.

enervamiento s.m. Enervación, acción y efecto de enervar.

enervar v.tr. y prnl. (lat. *enervare*). Debilitar o quitar la fuerza o la energía física o mental a alguien. **2.** Poner nervioso. ◆ v.tr. MED. Practicar una enervación.

enésimo, a adj. Se usa para indicar que algo se dice una vez más, aparte de las veces que ya se ha dicho anteriormente: *te lo digo por enésima vez, recoge tus cosas.* **2.** MAT. Se dice de lo que ocupa un lugar indeterminado en una sucesión o serie.

enfadadizo, a adj. Esp. Propenso a enfadarse o enojarse.

enfadar v.tr. y prnl. (del gall.-port. *enfadar-se,* desalentarse, cansarse). Enojar.

enfado s.m. Enojo. **2.** Esp. Impresión desagradable y molesta.

enfadoso, a adj. Colomb., Esp. y Méx. Molesto, enojoso, fastidioso.

enfajillar v.tr. Amér. Central y Méx. Envolver con fajilla los impresos para ponerlos en el correo.

enfajinado s.m. Obra de defensa formada por capas de fajinas sobrepuestas y cargadas con piedras, para proteger las obras fluviales y marítimas.

enfajinar v.tr. Proteger con fajinas las obras fluviales o marítimas.

enfangar v.tr. y prnl. Cubrir o ensuciar con fango. ◆ **enfangarse** v.prnl. *Fig.* y *fam.* Mezclarse en negocios sucios o vergonzosos, envilecerse.

enfardar v.tr. Hacer fardos. **2.** Empaquetar mercancías.

énfasis s.m. (lat. *emphasis,* del gr. *émphasis,* demostración, explicación) [pl. *énfasis*]. Fuerza de expresión o de entonación con que se realza la importancia de lo que se dice o se lee: *puso mucho énfasis en su queja.* **2.** Afectación o intencionalidad precisa que se refleja en el tono de la voz o en el gesto: *se notaba un énfasis especial en su discurso.*

enfático, a adj. Que contiene o denota énfasis: *afirmación enfática.* **2.** Que expresa algo con énfasis. **3.** GRAM. Se dice de las partículas o expresiones que se intercalan en el lenguaje solo para acentuar la expresión: *pronombre enfático.*

enfatizar v.tr. (ingl. *emphasize*). Dar énfasis. **2.** Poner énfasis en la expresión de algo.

enfebrecido, a adj. Febril.

enfermar v.intr. Contraer enfermedad. ◆ v.tr. Causar enfermedad.

enfermedad s.f. Alteración del funcionamiento de un órgano o del organismo animal o vegetal causada por algún factor externo o interno. **2.** *Fig.* Alteración del estado o del funcionamiento normal de algo o de alguien: *enfermedades del espíritu.* ◇ **Enfermedad profesional** DER. Enfermedad producida a consecuencia del trabajo y que ocasiona al trabajador una incapacidad para el ejercicio normal de su profesión, o la muerte.

enfermería s.f. Sala de algunos establecimientos donde se instala o atiende a los enfermos, heridos, lesionados, etc.: *enfermería de una plaza de toros.*

enfermero, a s. Persona que tiene por oficio asistir a los enfermos.

enfermizo, a adj. Propenso a padecer enfermedades. **2.** Propio de una persona enferma: *aspecto enfermizo; siente una pasión enfermiza.*

enfermo, a adj. y s. (lat. *infirmus,* débil, endeble). Que tiene o padece una enfermedad. ◇ **Unción de los enfermos** REL. Extremaunción.

enfermoso, a adj. Amér. Central, Colomb., Ecuad. y Venez. De salud frágil, enfermizo.

enfervorizar v.tr. y prnl. Despertar en alguien fervor o entusiasmo: *enfervorizar a las masas.*

enfeudación s.f. Contrato feudal por el que el señor enajenaba una tierra y la entregaba para que fuese tenida en feudo dependiente de él. **2.** Acto por el que se unía un bien o un derecho a un feudo.

enfeudar v.tr. Entregar a título de feudo.

enfiestarse v.prnl. Chile, Colomb., Hond., Méx., Nicar. y Venez. Estar de fiesta, divertirse.

enfilar v.tr. (fr. *enfiler*). Dirigir hacia un lugar determinado la puntería o la orientación de algo, como un telescopio, una visual o un cañón. **2.** Tomar un camino para ir a algún lugar: *enfilar una calle.* **3.** Poner cosas en fila.

enfisema s.m. (gr. *emphýsema, -tos,* hinchazón). MED. Hinchazón del tejido celular por introducción de aire, a consecuencia de un traumatismo de las vías respiratorias. ◇ **Enfisema pulmonar** Dilatación excesiva y permanente de los alvéolos pulmonares, con ruptura de los tabiques interalveolares.

enfisematoso, a adj. y s. Relativo al enfisema; que padece enfisema.

enfiteusis s.f. (pl. *enfiteusis*). DER. Contrato y derecho real que consiste en la cesión del dominio útil de una finca, mediante el pago anual de un canon a la persona cedente, la cual se reserva el dominio directo de la finca.

enfiteuta s.m. y f. Persona que tiene el dominio útil de la enfiteusis.

enfitéutico, a adj. Relativo a la enfiteusis.

enflaquecer v.tr., intr. y prnl. [conj.: *parecer*]. Poner o ponerse flaco o más flaco. ◆ v.intr. *Fig.* Perder ánimo o desfallecer: *enflaquecer en su propósito.*

enflaquecimiento s.m. Acción y efecto de enflaquecer.

enflautada s.f. Hond. Patochada, disparate.

enflautar v.tr. Soplar o hinchar una cosa. **2.** *Fam.* Hacer creer a alguien algo que no es verdad. **3.** Colomb., Guat. y Méx. *Fam.* Encajar algo inoportuno o molesto.

enfloración s.f. Procedimiento de extracción en frío de los perfumes de ciertas flores por contacto con cuerpos grasos.

enfocar v.tr. Dirigir un foco de luz hacia cierto lugar u objeto. **2.** Hacer que la imagen de un objeto obtenida en un aparato óptico se produzca exactamente en un plano u objeto determinado, como una placa fotográfica, etc. **3.** *Fig.* Analizar, estudiar o examinar un asunto para adquirir una visión clara de él y resolverlo acertadamente.

enfoque s.m. Acción y efecto de enfocar.

enfoscar v.tr. Poner mortero en un muro para enlucirlo. **2.** Tapar los agujeros que quedan en una pared recién construida.

enfrascarse v.prnl. (ital. *infrascarsi,* enredarse). Aplicarse con mucha intensidad a una cosa: *enfrascarse en la lectura.*

enfrenar v.tr. Poner el freno a una caballería. **2.** Con el adv. *bien,* hacer que una caballería lleve la cabeza derecha y bien puesta. **3.** *Fig.* Refrenar, reprimir.

enfrentamiento s.m. Acción de enfrentar.

enfrentar v.tr. y prnl. Poner frente a frente en una comparación, competición, lucha, etc.: *enfrentar a dos rivales.* **2.** Afrontar, arrostrar, hacer frente: *enfrentar las adversidades; enfrentarse a las adversidades.*

enfrente adv.l. A cierta distancia de alguien o de algo y en dirección opuesta a ellos o delante de ellos: *vivir enfrente del mar.* ◆ adv.m. En contra de alguien o en pugna con alguien: *tenía enfrente un adversario muy difícil.*

enfriamiento s.m. Acción de enfriar o enfriarse. **2.** Catarro.

enfriar v.tr., intr. y prnl. [conj.: *desviar*]. Hacer que baje la temperatura de un cuerpo hasta ponerlo frío o más frío: *enfriar el agua.* ◆ v.tr. y prnl. *Fig.* Entibiar, amortiguar: *sus relaciones se han enfriado.* ◆ v.tr. Méx. *Fam.* Matar. ◆ **enfriarse** v.prnl. Acatarrarse.

enfrijolada s.f. Méx. Tortilla de maíz rellena de diversos ingredientes y banada en crema de frijol.

enfullinarse v.prnl. Chile y Méx. Amoscarse, amostazarse.

enfunchar v.tr. y prnl. Cuba y P. Rico. Disgustar, fastidiar.

enfundar v.tr. Poner una cosa dentro de su funda: *enfundar la espada.* **2.** Poner una funda sobre algo para protegerlo: *enfundar los muebles.* ◆ **enfundarse** v.prnl. *Fig.* Ponerse o cubrirse con una prenda de vestir: *enfundarse un abrigo.*

enfurecer v.tr. y prnl. [conj.: *parecer*]. Hacer que alguien se ponga furioso. ◆ **enfurecerse** v.prnl. *Fig.* Agitarse el viento, el mar, etc.

enfurecimiento s.m. Acción y efecto de enfurecer o enfurecerse.

enfurruñamiento s.m. Acción y efecto de enfurruñarse.

enfurruñarse v.prnl. *Fam.* Enojarse. **2.** *Fam.* Encapotarse el cielo.

enfurruscarse v.prnl. Chile. *Fam.* Enfurruñarse.

enfurtido s.m. TEXT. Operación de enfurtir.

enfurtir v.tr. y prnl. (cat. *enfortir,* fortalecer). TEXT. Dar a los tejidos de lana el cuerpo correspondiente abatanándolos.

engaitar v.tr. *Fam.* Engatusar.

engalanar v.tr. y prnl. Arreglar con galas y adornos.

engalgadura s.f. Acción y efecto de poner las rastras o galgas a un carruaje o carro. **2.** MAR. Acción y efecto de engalgar.

engalgar v.tr. Apretar la galga contra el cubo de la rueda de un carruaje para impedir que gire. **2.** MAR. Afirmar a la cruz de un ancla el cable de un anclote para que no garre el buque.

engallamiento s.m. Acción y efecto de engallar.

engallar v.tr. y prnl. Poner erguido, especialmente la cabeza del caballo mediante el freno. ◆ **engallarse** v.prnl. Engreírse, envalentonarse.

engalle s.m. Parte del arnés de lujo de los caballos que consiste en dos correas que se reúnen en una hebilla en la parte superior de la collera.

enganchar v.tr., intr. y prnl. Agarrar o sujetar una cosa con un gancho o con algo similar. ◆ v.tr. *Fig.* y *fam.* Atraer, conquistar. **2.** Alistar a alguien como soldado. **3.** F. C. Unir, acoplar dos unidades o vehículos, enlazar los vagones, coches, etc., que constituyen un tren. ◆ v.tr. e intr. Poner las caballerías en los carruajes. ◆ **engancharse** v.prnl. Quedarse prendido en un gancho, clavo, etc. **2.** Adquirir una adicción, especialmente a una droga.

enganche s.m. Acción de enganchar. **2.** Dispositivo o pieza que sirve para enganchar algo: *el enganche de un tren eléctrico.* **3.** Méx. Cantidad de dinero que se da en anticipo para comprar algo a plazos. **4.** MIL. Acto voluntario de alistarse en el ejército.

enganchón s.m. Desgarrón o deterioro que resulta en una prenda al engancharse.

engañabobos s.m. (pl. *engañabobos*). Cosa engañosa. ◆ s.m. y f. *Fam.* Embaucador, farsante.

engañapichanga s.m. y f. Argent. Cosa que engaña o defrauda con su apariencia, engañabobos.

engañar v.tr. (lat. vulgar *ingannare,* escarnecer, burlarse de alguien). Hacer creer algo que no es verdad: *engañar a un inocente.* **2.** Estafar o defraudar a alguien. **3.** Ser infiel una persona a su pareja. **4.** Seducir una persona a otra. **5.** Entretener, distraer: *engañar el hambre.* **6.** Engatusar. ◆ v.tr. y prnl. Hacer ver una cosa distinta de como es, generalmente mejor o mayor. ◆ **engañarse** v.prnl. Negarse a admitir la verdad por ser más grato el error.

engañifa s.f. *Fam.* Engaño, en especial el que consiste en adquirir algo aparentemente muy bueno o muy útil que finalmente resulta no serlo.

engaño s.m. Acción y efecto de engañar o engañarse. **2.** Cualquier arte o dispositivo para pescar. **3.** TAUROM. Instrumento con que se burla al toro. ◇ **Llamarse a engaño** Retraerse de lo pactado alegando haber sido engañado.

engañoso, a adj. Que engaña o induce a engañarse.

engarabitar v.intr. y prnl. Trepar o subir a un lugar elevado. ◆ v.tr. y prnl. Poner algo en forma de gancho o garabato, especialmente los dedos entumecidos por el frío. SIN.: *engarabatar.*

engaratusar v.tr. Amér. Central y Colomb. Engatusar.

engarbullar v.tr. *Fam.* Confundir o enredar las cosas.

engarce s.m. Acción y efecto de engarzar. **2.** Pieza de metal en que se engarza una cosa.

engarrotar v.tr. Agarrotar. ◆ v.tr. y prnl. Entumecer los miembros el frío o la enfermedad.

engarzar v.tr. Trabar o enganchar cosas entre sí formando una cadena. **2.** Enlazar, relacionar. **3.** Engastar o hacer encajar algo, como una piedra preciosa, en un metal: *engarzar un rubí en oro.* **4.** Rizar o ensortijar el pelo.

engastado s.m. Operación que se realiza para fijar y mantener piedras preciosas por medio de dientes o labios de metal.

engastar v.tr. (lat. vulgar *incastrare,* insertar, articular). Encajar y embutir una cosa en otra. **2.** Encajar piedras preciosas o finas en oro, plata u otro metal.

engaste s.m. Acción y efecto de engastar. **2.** Guarnición o cerco de metal en el que se encaja la piedra engastada. **3.** Perla que por un lado es plana y por el otro redonda.

engatillado s.m. METAL. Procedimiento que consiste en doblar, enlazar y machacar los bordes de dos chapas de metal para unirlos.

engatillar v.tr. Fallar el mecanismo de disparo de un arma de fuego. **2.** METAL. Unir dos chapas metálicas por medio de un engatillado.

engatusamiento s.m. *Fam.* Acción y efecto de engatusar.

engatusar v.tr. *Fam.* Ganar la voluntad de alguien con halagos y engaños: *dejarse engatusar.*

engavillar v.tr. Poner la mies en gavillas.

engendramiento s.m. Acción y efecto de engendrar.

engendrar v.tr. (lat. *ingenerare*). Producir un animal superior seres de su misma especie, por reproducción: *engendrar un hijo.* **2.** *Fig.* Causar o producir algo.

engendro s.m. Ser deforme o repulsivo. **2.** *Fig.* Plan u obra artística mal concebida o absurda. **3.** Feto.

engentarse v.prnl. Méx. Aturdirse por la presencia de mucha gente.

englobar v.tr. Reunir varias cosas en una o incluir en un conjunto una cosa determinada.

engobe s.m. Materia arcillosa con que se recubre una pieza de cerámica, antes de vidriarla.

engolado, a adj. *Fig.* Presuntuoso, afectado, especialmente en el modo de hablar. **2.** *Fig.* Se dice del tono de voz enfático o afectado. **3.** Que tiene gola. **4.** Méx. Muy acicalado.

engolfar v.tr. MAR. Meter una embarcación en un golfo. ◆ v.tr. y prnl. Entrar una embarcación en el mar hasta no ver tierra. ◆ **engolfarse** v.prnl. *Fig.* Ocuparse intensamente en algún asunto, abstraerse en un pensamiento o sentimiento: *engolfarse en la lectura.*

engolosinar v.tr. Excitar o provocar el deseo de alguien. ◆ **engolosinarse** v.prnl. Aficionarse mucho a algo.

engomado, a adj. Recubierto de una capa de goma adherente, que se diluye al contacto con un líquido: *papel engomado.* **2.** Chile. Emperifollado, atildado. ◆ s.m. Acción y efecto de engomar: *engomado de las telas.*

engomar v.tr. Impregnar y untar de goma: *engomar un papel.* **2.** Pegar con goma adherente. **3.** Mezclar una sustancia con goma.

engorda s.f. Chile y Méx. Engorde o ceba. **2.** Chile y Méx. Conjunto de animales que se ceban para la matanza.

engordar v.intr. y prnl. Ponerse gordo o más gordo. **2.** *Fig.* y *fam.* Enriquecer. ◆ v.tr. Dar a alguien mucha comida para que engorde. SIN.: *cebar.*

engorde s.m. Acción y efecto de engordaro cebar el ganado y otros animales domésticos para su consumo.

engorrar v.tr. Venez. Incomodar, irritar, fastidiar.

engorro s.m. Embarazo, impedimento, molestia.

engorroso, a adj. Que ocasiona engorro o es causa de él.

engrama s.m. PSICOL. Huella que deja cualquier acontecimiento en la memoria.

engranaje s.m. Transmisión del movimiento mediante piñones o ruedas dentadas. **2.** Cilindro dentado que transmite un movimiento de rotación entre dos árboles o ejes. **3.** Disposición, acoplamiento o conjunto de ruedas que se engranan: *los engranajes del reloj.* **4.** *Fig.* Enlace o encadenamiento de ideas, circunstancias o hechos relacionados.

engranar v.intr. y tr. (fr. *engrener*). Endentar, encajar piezas dentadas. **2.** *Fig.* Enlazar, trabar ideas, frases, etc.

engrandecer v.tr. [conj.: *parecer*]. Hacer grande o más grande una cosa. ◆ v.tr. y prnl. *Fig.* Elevar a alguien a una dignidad o categoría superior.

engrandecimiento s.m. Acción y efecto de engrandecer o engrandecerse.

engrapadora s.f. Utensilio para unir con grapas metálicas algo.

engrapar v.tr. Asegurar o sujetar con grapas.

engrasador, ra adj. y s. Que engrasa o lubrica. ◆ s.m. Aparato o dispositivo para la lubricación de una parte de una máquina.

engrasar v.tr. y prnl. Untar con grasa: *engrasar un arma.* ◆ **engrasarse** v.prnl. Méx. Enfermar de saturnismo.

engrase s.m. Acción de engrasar o engrasarse. **2.** Materia lubricante.

engreimiento s.m. Acción y efecto de engreír o engreírse.

engreír v.tr. y prnl. [conj.: *reír*]. Envanecer, enorgullecer. **2.** Amér. Mimar, aficionar, encariñar.

engrescar v.tr. y prnl. Incitar a alguien a que riña o arme jaleo. **2.** Meter a alguien en una broma u otra diversión.

engringarse v.prnl. Amér. Copiar o adoptar los usos y costumbres de los gringos.

engrosamiento s.m. Acción y efecto de engrosar o engrosarse.
engrosar v.tr. y prnl. [conj.: *contar*]. Hacer grueso o más grueso. ◆ v.tr. *Fig.* Aumentar, crecer: *engrosar la lista de detenidos.* ◆ v.intr. Hacerse más grueso y corpulento.
engrudar v.tr. Untar o dar con engrudo.
engrudo s.m. (del lat. tardío *glus, -tis,* cola, goma). Masa de harina o almidón cocidos en agua, utilizada para pegar.
engrumecerse v.prnl. [conj.: *parecer*]. Hacerse grumos: *engrumecerse la sangre.*
engualdrapar v.tr. Poner la gualdrapa a una caballería.
engualichar v.tr. Argent., Chile y Urug. Hechizar, embrujar.
enguantar v.tr. y prnl. Cubrir las manos con guantes.
enguatar v.tr. Esp. Entretelar con guata.
engüinchar v.tr. Chile. → **enhuinchar.**
enguirnaldar v.tr. Adornar con guirnaldas.
enguitarrarse v.prnl. Venez. Vestirse de levita u otro traje de ceremonia.
engullir v.tr. e intr. (del ant. *engollir,* del cat. *gola,* garganta). Comer muy deprisa y casi sin masticar.

engullir

INDICATIVO

presente
engullo
engulles (engullís)
engulle
engullimos
engullís
engullen

copretérito o pret. imperfecto
engullía
engullías
engullía
engullíamos
engulliais
engullían

pretérito o pret. perf. simple
engullí
engulliste
engulló
engullimos
engullisteis
engulleron

futuro o fut. simple
engulliré
engullirás
engullirá
engulliremos
engulliréis
engullirán

pospretérito o condicional simple
engulliría
engullirías
engulliría
engulliríamos
engulliríais
engullirían

SUBJUNTIVO

presente
engulla
engullas
engulla
engullamos
engulláis
engullan

pretérito o pret. imperfecto
engullera o *engullese*
engulleras o *engulleses*
engullera o *engullese*
engulléramos o *engullésemos*
engullerais o *engulleseis*
engulleran o *engullesen*

futuro o fut. simple
engullere
engulleres
engullere
engulléremos
engullereis
engulleren

IMPERATIVO

engulle (engullí)	(tú, vos)
engulla	(él)
engullamos	(nosotros)
engullid	(vosotros)
engullan	(ellos)

FORMAS NO PERSONALES

infinitivo	**gerundio**
engullir	*engullendo*

participio
engullido

enharinar v.tr. y prnl. Cubrir o espolvorear con harina. ◆ **enharinarse** v.prnl. *Fig.* y *fam.* Empolvarse.
enhebrar v.tr. Pasar la hebra por el ojo de la aguja. **2.** Ensartar, pasar por un hilo, alambre, etc., varias cosas. **3.** *Fig.* Ensartar, hablar sin conexión: *enhebrar refranes.*
enhestar v.tr. y prnl. [conj.: *pensar*]. Levantar en alto, poner vertical una cosa.
enhiesto, a o **inhiesto, a** adj. (lat. *infestus,* hostil, dirigido contra alguien). Levantado, erguido: *cabeza enhiesta.*
enhorabuena s.f. Felicitación: *dar la enhorabuena.* ◆ adv.m. En buena hora, con fortuna.
enhoramala adv.m. Con mala suerte.
enhornado s.m. Acción de enhornar.
enhornar v.tr. Meter algo en el horno. SIN.: *hornear.*
enhorquetar v.tr. y prnl. Argent., Cuba, P. Rico y Urug. Poner a horcajadas.
enhuinchar o **engüinchar** v.tr. Chile. Ribetear.
enigma s.m. (lat. *aenigma, -atis,* del gr. *aínigma,* frase equívoca u oscura). Cosa de la que debe adivinarse su significado a partir de una descripción o definición oscuras. **2.** Persona o cosa que es difícil de definir o de conocer a fondo. **3.** LIT. Composición, generalmente en verso, que equivale al acertijo.
enigmático, a adj. Que contiene o denota enigma: *mirada enigmática.*
enilismo s.m. Alcoholismo debido al abuso de vino.
enjabegarse v.prnl. MAR. Enredarse algún cabo en el fondo del mar.
enjabonado, a adj. Cuba y Perú. Se dice de la caballería que tiene pelo oscuro sobre fondo blanco. ◆ s.m. Acción y efecto de enjabonar. SIN.: *enjabonadura.*
enjabonar v.tr. Aplicar jabón. **2.** *Fig.* y *fam.* Adular a alguien. **3.** *Fig.* Reprender a alguien.
enjaezar v.tr. Poner los jaeces a una caballería.
enjagüe s.m. Amér. Enjuague.
enjalbegadura s.f. Acción y efecto de enjalbegar. SIN.: *enjalbegado.*
enjalbegar v.tr. Blanquear una pared, especialmente con cal.
enjalma s.f. (del lat. vulgar *salma*). Albarda ligera para bestias de carga.
enjambrar v.intr. (lat. *examinare*). Formar un nuevo enjambre una parte de las abejas de una colmena, para separarse y fundar una nueva colonia. ◆ v.tr. Encerrar dentro de las colmenas los enjambres o abejas que andan esparcidas. **2.** Sacar un enjambre de una colmena muy poblada de abejas.
enjambrazón s.f. Multiplicación de enjambres que consiste en la emigración de una parte de las abejas de una colmena. **2.** Época en que las abejas enjambran.
enjambre s.m. (lat. *examen*). Grupo de individuos que se segrega del resto de la colonia de abejas, generalmente por la aparición de una nueva reina. **2.** *Fig.* Conjunto numeroso de personas o cosas. **3.** ASTRON. Conjunto de estrellas o galaxias agrupadas por la gravitación.
enjarciar v.tr. MAR. Poner la jarcia a una embarcación.
enjaretado s.m. Tablero formado de tablones pequeños que forman enrejado.
enjaretar v.tr. *Fig.* y *fam.* Hacer o decir algo muy deprisa, sin la debida tranquilidad. **2.** *Fig.* y *fam.* Hacer que una persona tenga que aguantar algo molesto o inoportuno. **3.** Hacer pasar una cinta o cordón por una jareta. **4.** Méx. y Venez. *Fam.* Intercalar, incluir.
enjaular v.tr. Encerrar o meter dentro de una jaula. **2.** *Fig.* y *fam.* Encarcelar.
enjoyar v.tr. y prnl. Adornar con joyas.**2.** *Fig.* Adornar o enriquecer algo.
enjuagar v.tr. (del lat. vulgar *exaquare,* lavar con agua). Aclarar con agua algo que se ha jabonado o fregado. ◆ v.tr. y prnl. Limpiar la boca y los dientes con líquido.
enjuague s.m. Acción de enjuagar. **2.** Líquido con que se

enjuaga. **3.** Intriga o enredo para conseguir algo que no se espera lograr por medios normales.

enjugar v.tr. (lat. tardío *exsucare,* dejar sin jugo). Secar, quitar la humedad. ◆ v.tr. y prnl. Limpiar o quitar las lágrimas, el sudor, la sangre o cualquier humedad del cuerpo. **2.** *Fig.* Cancelar o liquidar una deuda. ◆ **enjugarse** v.prnl. Adelgazarse, hacerse menos gordo.

enjuiciamiento s.m. Acción y efecto de enjuiciar. **2.** DER. Forma legal de proceder en la tramitación y terminación de los negocios judiciales.

enjuiciar v.tr. Someter una cuestión a examen o juicio. **2.** DER. **a.** Juzgar o sentenciar una causa. **b.** Instruir una causa.

enjulio o **enjullo** s.m. (lat. tardío *insubulum*). Rodillo en el que se enrolla la urdimbre.

enjundia s.f. (lat. *axungia,* grasa de cerdo). Grasa de un animal, especialmente de un ave. **2.** *Fig.* Cosa más sustanciosa e importante de algo inmaterial. **3.** *Fig.* Fuerza o vigor. **4.** *Fig.* Constitución o cualidad propia de la naturaleza de una persona.

enjundioso, a adj. Que tiene enjundia: *un plato enjundioso; una opinión enjundiosa.*

enjuta s.f. ARQ. Cada uno de los espacios triangulares que deja en un cuadrado el círculo inscrito en él.

enjuto, a adj. (lat. *exsuctus,* p. de *exsugere,* chupar, secar). Flaco, delgado: *rostro enjuto.* **2.** Seco, sin agua o humedad. **3.** *Fig.* Parco y escaso en palabras y obras.

enlace s.m. Acción y efecto de enlazar o enlazarse. **2.** Unión, conexión. **3.** *Fig.* Casamiento. **4.** Persona que sirve para que por su mediación se comuniquen otros entre sí. **5.** Comunicación regular entre dos puntos del globo: *enlace aéreo.* **6.** *Fig.* Parentesco. **7.** FONÉT. Pronunciación que consiste en unir la última consonante de un vocablo con la vocal inicial del siguiente. SIN.: *liaison.* **8.** INFORMÁT. Acceso automatizado de un documento a otro o a otra parte del mismo documento. SIN.: *link.*

enlaciar v.tr., intr. y prnl. Poner lacio.

enladrillado s.m. Pavimento hecho con ladrillos.

enladrillar v.tr. Formar el pavimento con ladrillos.

enlajado s.m. Venez. Suelo cubierto de lajas.

enlatar v.tr. Meter en latas. **2.** Amér. Cubrir con latas una armadura de techumbre.

enlazar v.tr. Unir con lazos: *enlazar los cabellos.* **2.** Apresar a un animal arrojándole el lazo. ◆ v.tr. y prnl. Atar o unir una cosa con otra. ◆ v.intr. Empalmar, estar en combinación, en lugar y horas determinados, un transporte con otro. ◆ **enlazarse** v.prnl. Casar, contraer matrimonio. **2.** *Fig.* Unirse las familias por medio de casamientos.

enlistonado s.m. Conjunto de listones u obra hecha con listones.

enllantar v.tr. Poner llantas a las ruedas.

enlodamiento s.m. Acción y efecto de enlodar o enlodarse.

enlodar v.tr. y prnl. Manchar o cubrir una cosa con lodo. **2.** *Fig.* Manchar la reputación de alguien.

enlomar v.tr. ENCUAD. Formar el lomo de un libro, haciendo un reborde en los primeros y últimos pliegos.

enloquecer v.intr. y prnl. [conj.: *parecer*]. Perder el juicio o volverse loco. ◆ v.tr. Trastornar profundamente: *la miseria lo enloqueció.* ◆ v.tr. y prnl. Gustar una cosa exageradamente a alguien: *viajar me enloquece.*

enloquecimiento s.m. Acción y efecto de enloquecer o enloquecerse.

enlosado s.m. Revestimiento del suelo con materiales de poco espesor y de amplia superficie. **2.** Acción y efecto de enlosar.

enlosar v.tr. Pavimentar con losas o baldosas.

enlozar v.tr. Amér. Cubrir con un baño de loza o de esmalte vítreo.

enlucido s.m. Revestimiento o segunda mano de revoque que se da a los muros o paredes para que presenten una superficie unida y lisa.

enlucir v.tr. [conj.: *lucir*]. Revestir con enlucido. **2.** Limpiar, poner brillante la plata, las armas, etc.

enlutar v.tr. y prnl. Cubrir o vestir de luto. **2.** *Fig.* Oscurecer, privar de luz y claridad. ◆ v.tr. *Fig.* Entristecer profundamente a alguien.

enmaderado s.m. Obra de madera con que se reviste el interior de una casa o un edificio, y, especialmente, muros o paredes. SIN.: *enmaderamiento.*

enmaderar v.tr. Cubrir con madera: *enmaderar un techo, una pared.*

enmadrarse v.prnl. Esp. Encariñarse excesivamente un niño con su madre.

enmangar v.tr. Poner mango a un instrumento o utensilio.

enmarañamiento s.m. Acción y efecto de enmarañar o enmarañarse.

enmarañar v.tr. y prnl. Enredar una cosa, como el cabello, una madeja de hilo, etc. **2.** *Fig.* Hacer que un asunto sea confuso o de difícil solución.

enmarcar v.tr. Poner una lámina, dibujo, fotografía, etc., en un marco. **2.** Situar algo dentro de unos límites temporales, espaciales, estilísticos, culturales, etc.

enmarillecerse v.prnl. [conj.: *parecer*]. Ponerse descolorido y amarillo.

enmascarado, a s. Persona que lleva el rostro cubierto con una máscara.

enmascaramiento s.m. Acción y efecto de enmascarar o enmascararse.

enmascarar v.tr. y prnl. Cubrir el rostro con una máscara. **2.** *Fig.* Encubrir, disfrazar: *enmascarar sus intenciones.*

enmasillar v.tr. Cubrir con plaste o masilla las irregularidades de una superficie para pintarla. **2.** Sujetar una cosa con masilla, especialmente los cristales de las vidrieras.

enmelar v.tr. [conj.: *pensar*]. Untar o endulzar con miel una cosa. **2.** Hacer miel las abejas.

enmendar v.tr. y prnl. (lat. *emendare*) [conj.: *pensar*]. Corregir, quitar defectos a una persona o cosa: *enmendar un error.* **2.** Subsanar o reparar los daños: *enmendar un desastre.*

enmendatura s.f. Amér. Enmienda, corrección.

enmicado s.m. Méx. Funda plástica.

enmienda s.f. Corrección o eliminación de un error. **2.** Modificación o propuesta de modificación que se hace a un proyecto de ley, etc.: *votar una enmienda.* **3.** DER. Rectificación perceptible de errores en un escrito, que debe señalarse al final. ◆ **enmiendas** s.f.pl. AGRIC. Sustancias que se mezclan con la tierra para mejorar sus propiedades físicas.

enmohecer v.tr. y prnl. [conj.: *parecer*]. Cubrir de moho. **2.** *Fig.* Inutilizar, dejar en desuso.

enmohecimiento s.m. Acción y efecto de enmohecer o enmohecerse.

enmonarse v.prnl. Chile y Perú. Emborracharse, embriagarse.

enmontarse v.prnl. Amér. Volverse monte un campo, cubrirse de maleza.

enmoquetar v.tr. Esp. Cubrir con moqueta o alfombra.

enmudecer v.intr. [conj.: *parecer*]. Quedar mudo o callado a causa del miedo, la sorpresa, etc. **2.** *Fig.* Guardar silencio cuando se debiera hablar. ◆ v.tr. Hacer callar a alguien.

enmudecimiento s.m. Acción y efecto de enmudecer.

enmugrar v.tr. Chile, Colomb. y Méx. Ensuciar, manchar con mugre.

enmugrecer v.tr. y prnl. [conj.: *parecer*]. Cubrir de mugre.

ennegrecer v.tr. y prnl. [conj.: *parecer*]. Poner negro o teñir de negro. ◆ v.intr. y prnl. *Fig.* Ponerse el cielo muy oscuro, nublarse.

ennegrecimiento s.m. Acción y efecto de ennegrecer o ennegrecerse.

ennoblecer v.tr. y prnl. [conj.: *parecer*]. Conceder o adquirir un título de nobleza. **2.** *Fig.* Dignificar, dar carácter noble. **3.** *Fig.* Adornar, enriquecer.

ennoblecimiento s.m. Acción y efecto de ennoblecer o ennoblecerse.

enoftalmos s.m. (pl. *enoftalmos*). Hundimiento patológico del glóbulo ocular en la órbita.

enojadizo, a adj. Que se enoja con facilidad.

enojar v.tr. y prnl. (occitano ant. *enojar,* aburrir, fastidiar, molestar). Causar enojo. (De uso restringido en España.) SIN.: *enfadar.*

enojo s.m. Alteración del ánimo producida por algo que contraría o perjudica. **2.** Molestia, pena, trabajo.

enojón, na adj. y s. Chile, Ecuad. y Méx. Irritable, quisquilloso.

enojoso, a adj. Que causa enojo o molestia.

enol s.m. Nombre genérico de los compuestos que contienen un doble enlace de carbono y un grupo hidroxilo.

enólico, a adj. QUÍM. Relativo a los enoles. ◇ **Ácido enólico** Nombre dado a una serie de materias colorantes que se encuentran en los vinos tintos.

enología s.f. (del gr. *oinós,* vino, y *logos,* tratado). Ciencia que estudia la conservación y la elaboración de los vinos.

enológico, a adj. Relativo a la enología.

enólogo, a adj. y s. Persona que se dedica a la enología.

enometría s.f. Determinación de la riqueza alcohólica de los vinos.

enométrico, a adj. Relativo a la enometría.

enorgullecer v.tr. y prnl. [conj.: *parecer*]. Hacer que alguien sienta orgullo: *los éxitos de sus hijos lo enorgullecen.*

enorgullecimiento s.m. Acción y efecto de enorgullecer o enorgullecerse.

enorme adj. (lat. *enormis*). Muy grande, excepcionalmente grande: *un monumento enorme; una deuda enorme; una enorme admiración.* **2.** Perverso, muy malo.

enormidad s.f. Cantidad muy grande. **2.** Disparate, desatino. **3.** Cualidad de enorme.

enoteráceo, a adj. y s.f. Onagráceo.

enquerre s.m. **Armas de enquerre** HERÁLD. Armas falsas.

enquiciar v.tr. y prnl. Poner una puerta, ventana, etc., en el quicio. **2.** *Fig.* Poner una cosa en orden: *enquiciar la sociedad.*

enquistado, a adj. Que tiene forma de quiste o parecido a él. **2.** Se dice del cuerpo extraño o de la lesión que permanece en un organismo sin inflamación aguda y que se rodea de tejido conjuntivo. **3.** *Fig.* Que está encajado en otra cosa. **4.** ZOOL. Se dice del animal en estado de vida latente rodeado de una membrana de protección.

enquistamiento s.m. MED. Fijación de un cuerpo extraño insoluble o de una lesión tórpida en un tejido.

enquistarse v.prnl. Encerrarse algo dentro de un quiste.

enrabiar v.tr. y prnl. Encolerizar a alguien.

enraizar v.intr. y prnl. Arraigar, echar raíces. **2.** *Fig.* Establecerse en un lugar.

enralecer v.intr. [conj.: *parecer*]. Ponerse ralo.

enramada s.f. Conjunto de ramas espesas entrelazadas. **2.** Adorno de ramas de árboles. **3.** Cobertizo hecho con ramas de árboles para sombra o abrigo.

enramado s.m. MAR. Conjunto de las cuadernas de una embarcación.

enramar v.tr. Cubrir con ramas entrelazadas, para adornar o para dar sombra. **2.** MAR. Armar y afirmar las cuadernas principales de una embarcación en construcción. ◆ v.intr. Echar ramas un árbol u otra planta.

enranciar v.tr. y prnl. Poner rancia una cosa.

enrarecer v.tr., intr. y prnl. [conj.: *parecer*]. Hacer que algo sea raro o poco abundante. ◆ v.tr. y prnl. Dilatar un cuerpo gaseoso haciéndolo menos denso. **2.** Hacer menos respirable, contaminar. **3.** *Fig.* Hacer que se enfríen o deterioren las buenas relaciones entre los integrantes de un grupo.

enrarecimiento s.m. Acción y efecto de enrarecer o enrarecerse.

enrasar v.tr. e intr. Igualar el nivel de una cosa con otra. **2.** Allanar la superficie de algo.

enrase s.m. Acción y efecto de enrasar. **2.** Parte superior de una obra de albañilería, dispuesta en un plano perfectamente horizontal.

enrayado s.m. CONSTR. Maderamen horizontal con que se aseguran los cuchillos y medios cuchillos de un entramado de cubierta.

enredadera adj. y s.f. Se dice de la planta de tallo voluble o trepador. ◆ s.f. Planta de tallos trepadores y flores en forma de campanilla, de color rosáceo con cinco radios más oscuros. (Familia convolvuláceas.)

enredador, ra adj. y s. Que enreda. **2.** *Fig.* y *fam.* Chismoso, embustero.

enredar v.tr. y prnl. (de *red*). Enmarañar, liar una cosa con otra: *enredarse los cabellos.* **2.** Complicar un asunto. **3.** Esp. Entretener, hacer perder el tiempo. ◆ v.tr. Intrigar o tramar enredos. **2.** Comprometer a alguien en un asunto peligroso o expuesto. ◆ **enredarse** v.prnl. Meterse en dificultades y complicaciones. **2.** *Fam.* Tener un enredo amoroso con otra persona. **3.** *Fam.* Empezar una riña, discusión, etc. **4.** Trepar las enredaderas.

enredijo s.m. *Fam.* Enredo, maraña de hilos o cosas flexibles.

enredista s.m. y f. Chile, Colomb. y Perú. Enredador, chismoso.

enredo s.m. Maraña que resulta de trabarse entre sí desordenadamente hilos u otras cosas flexibles. **2.** Asunto complicado o confuso y, a veces, peligroso o ilícito. **3.** Amancebamiento, relación pasajera. **4.** Argent., Dom. y Urug. *Fig.* y *fam.* Amorío. (Suele usarse en plural.) **5.** Nudo o conjunto de sucesos que preceden al desenlace en una obra cinematográfica, dramática o narrativa: *comedia de enredo.* ◆ **enredos** s.m.pl. *Fam.* Cosas diversas de poca importancia.

enredoso, a adj. Que encierra enredos o dificultades: *un trabajo enredoso.* **2.** Chile y Méx. Enredador, chismoso.

enrejado s.m. Conjunto de rejas. **2.** Reja de cañas o varas entretejidas que sirve para cubrir algo o para que trepen las enredaderas.

enrejar v.tr. Poner rejas o cercar con rejas. **2.** Méx. Zurcir la ropa.

enrevesado, a adj. Difícil de hacer o entender. **2.** Intrincado, con muchas vueltas: *laberinto enrevesado.*

enriamiento s.m. Acción de enriar las plantas textiles SIN.: *enriado.*

enriar v.tr. [conj.: *desviar*]. Macerar las fibras textiles de los tallos del lino, cáñamo, yute, etc., mediante inmersión en el agua o por simple exposición al aire y con intervención de bacterias que hacen solubles las materias pécticas.

enrielar v.tr. Chile. *Fig.* Encarrilar, encauzar un asunto, etc. ◆ v.tr. y prnl. Chile y Méx. Meter en el riel, encarrilar un vagón, vagoneta, etc.

enriendar v.tr. Argent. Poner las riendas.

enripiar v.tr. Poner ripio en un hueco.

enriquecer v.tr. y prnl. [conj.: *parecer*]. Hacer rico o más rico: *el trabajo enriquece al país; se enriqueció con la lotería.* ◆ v.intr. y prnl. Hacerse rico o engrandecerse. **2.** Prosperar, mejorar: *la nación se enriquece.* ◆ v.tr. *Fig.* Hacer que alguien sea mejor o más rico en conocimientos, experiencias, cualidades, etc. **2.** Hacer que algo tenga mejores características: *enriquecer el suelo con abono.* ◆ **enriquecerse** v.prnl. MIN. Aumentar localmente el metal presente en una mena.

enriquecido, a adj. FÍS. Se dice de un cuerpo en el que uno de sus componentes está en proporción más elevada que la normal.

enriquecimiento s.m. Acción y efecto de enriquecer o enriquecerse. **2.** Procedimiento que aumenta la cantidad de metal en un mineral o la concentración de un isótopo en una mezcla de isótopos.

enriscado, a adj. Lleno de riscos.

1. **enristrar** v.tr. Poner la lanza en el ristre o bajo el brazo derecho para acometer.

2. **enristrar** v.tr. Hacer ristras con ajos, cebollas, etc.

enrocar v.tr. e intr. En el ajedrez, efectuar enroque.

enrocarse v.prnl. Quedarse algo trabado en las rocas del fondo del mar: *enrocarse un anzuelo.*

enrojecer v.tr. y prnl. [conj.: *parecer*]. Poner rojo con el calor: *enrojecerse la leña.* ◆ v.tr., intr. y prnl. Hacer que se ponga roja una parte del cuerpo, especialmente el rostro por algún sentimiento o pasión, como la vergüenza o la ira: *el golpe le enrojeció el dedo; enrojeció de rabia; se enrojeció al verla.* ◆ v.tr. Dar color rojo a algo: *enrojecer los labios.*

enrojecimiento s.m. Acción y efecto de enrojecer o enrojecerse.

enrolamiento s.m. Acción y efecto de enrolar o enrolarse.

enrolar v.tr. y prnl. (de *rol*). Alistar, inscribir, especialmente en el ejército o en el rol o lista de los tripulantes de un barco.

enrollamiento s.m. Acción y efecto de enrollar o enrollarse.

enrollar v.tr. y prnl. Poner algo en forma de rollo. ◆ **enrollarse** v.prnl. *Fig.* y *fam.* Establecer relaciones amorosas o sexuales con otra persona. **2.** Esp. *Fig.* y *fam.* Extenderse de manera ininterrumpida o repetitiva al hablar o al escribir. **3.** Esp. *Fig.* y *fam.* Relacionarse o tener un trato bueno con otras personas: *se enrolla bien con sus amigos.*

enronchar v.tr. Méx. Llenar de ronchas. **2.** Méx. *Fig.* Hartar a alguien.

enronquecer v.tr. y prnl. [conj.: *parecer*]. Poner o quedarse ronco: *gritar mucho enronquece la voz.*

enronquecimiento s.m. Ronquera.

enroque s.m. En el ajedrez, movimiento simultáneo del rey y la torre que se efectúa cuando todavía no han sido movidos, en que el rey se aproxima dos casillas hacia la posición de la torre, y esta salta sobre él y se coloca a su lado.

enroscamiento s.m. Acción y efecto de enroscar o enroscarse. SIN.: *enroscadura.*

enroscar v.tr. y prnl. Poner una cosa alargada en forma de rosca, dando vueltas sobre sí misma o sobre otra cosa. ◆ v.tr. Introducir algo con rosca en un agujero: *enroscar un tornillo.*

enrostrar v.tr. Amér. Reprochar, echar en cara.

ensabanado, a adj. TAUROM. Se dice del toro que tiene negras u oscuras la cabeza y las extremidades y blanco el resto del cuerpo.

ensacado s.m. Acción de ensacar.

ensacar v.tr. Meter en saco o en sacos.

ensaimada s.f. (cat. *ensaïmada*). Bollo de pasta hojaldrada en forma de espiral.

ensalada s.f. Plato que se sirve frío, elaborado con varios vegetales, crudos o cocidos, y a veces otros alimentos, sazonados con sal y otros condimentos. **2.** *Fig.* Mezcla confusa de cosas muy diferentes: *una ensalada de argumentos.* **3.** Cuba. Refresco preparado con agua de limón, hierbabuena y piña. <> **Ensalada de frutas** Macedonia. **Ensalada rusa** Ensaladilla.

ensaladera s.f. Recipiente en que se prepara y sirve la ensalada.

ensaladilla s.f. Esp. Plato frío elaborado básicamente con legumbres y verduras cortadas en trozos pequeños, hervidas y aderezadas con salsa mayonesa. (También *ensaladilla rusa* o *ensalada rusa.*)

ensalivar v.tr. y prnl. Llenar o empapar de saliva.

ensalmador, ra s. Persona que tenía por oficio ensalmar.

ensalmar v.tr. Curar utilizando ensalmos. **2.** Componer el ensalmador un hueso dislocado o roto.

ensalmista s.m. y f. Persona que intenta curar mediante ensalmos.

ensalmo s.m. Rezo o práctica supersticiosa con que se pretende curar. <> **Como por ensalmo** Con rapidez extraordinaria y por causas desconocidas.

ensalzamiento s.m. Acción y efecto de ensalzar.

ensalzar v.tr. (lat. vulgar *exaltiare*). Alabar, elogiar, enaltecer: *ensalzar las virtudes de alguien.* **2.** Exaltar, elevar a mayor auge y dignidad.

ensamblador, ra adj. y s.m. INFORMÁT. Se dice del programa informático que traduce en lenguaje máquina los programas escritos en código de ensambladura.

ensambladura s.f. Acción y efecto de ensamblar. **2.** TECNOL. Unión, ajuste, acoplamiento de diversas piezas, de modo que formen un todo. <> **Lenguaje de ensambladura** INFORMÁT. Lenguaje formado por las instrucciones de una computadora escritas en forma simbólica, de modo que son fácilmente legibles.

ensamblaje s.m. Ensambladura. **2.** ART. CONTEMP. Assemblage.

ensamblar v.tr. (fr. ant. *ensembler,* juntar, reunir). Unir, juntar varias piezas que encajan entre sí. **2.** INFORMÁT. Traducir en lenguaje máquina un programa escrito en lenguaje de ensambladura.

ensamble s.m. Ensambladura.

ensanchador, ra adj. y s.m. Que ensancha o sirve para ensanchar.

ensanchamiento s.m. Acción y efecto de ensanchar o ensancharse.

ensanchar v.tr. (lat. vulgar *examplare*). Extender, dilatar, hacer más ancho o grande. **2.** Mostrar satisfacción efusivamente. ◆ v.intr. y prnl. Sentir vanidad u orgullo.

ensanche s.m. Ensanchamiento. **2.** Reserva de tela que se deja en las costuras de un vestido. **3.** Esp. Ampliación del casco urbano de una ciudad.

ensangrentar v.tr. y prnl. [conj.: *pensar*]. Manchar de sangre. ◆ v.tr. Causar muertes o un derramamiento de sangre en un lugar.

ensañamiento s.m. Acción y efecto de ensañarse. **2.** DER. Circunstancia agravante de la responsabilidad penal que consiste en aumentar deliberada e innecesariamente el mal del delito.

ensañarse v.prnl. Dedicarse a hacer daño con placer o furia: *ensañarse con el enemigo.*

ensartar v.tr. Pasar por un hilo, alambre, etc., varias cosas: *ensartar perlas en un collar.* **2.** Enhebrar en la aguja. **3.** Atravesar algo con un objeto puntiagudo: *el toro le ensartó el cuerno.* **4.** *Fig.* Decir muchas cosas de forma continua. ◆ v.tr. y prnl. Chile, Méx., Nicar., Perú y Urug. Engañar, hacer caer en una trampa o embuste.

ensayada s.f. Méx. Acción y efecto de ensayar: *dar una ensayada antes del partido.*

ensayar v.tr. e intr. Poner en práctica una cosa para perfeccionarla o antes de ejecutarla en público: *ensayar una canción.* ◆ v.tr. Probar, someter algo a determinadas condiciones para ver su funcionamiento o su resultado: *ensayar un nuevo sistema.* **2.** Someter un material a las operaciones físicas y químicas de prueba o reconocimiento: *ensayar un mineral; ensayar un lingote de oro.* ◆ v.intr. y prnl. Intentar, probar a hacer una cosa: *ensayar a entrenar un perro.*

ensayismo s.m. Género literario constituido por los ensayos.

ensayista s.m. y f. Autor de ensayos.

ensayística s.f. Ensayismo.

ensayístico, a adj. Relativo al ensayismo o al ensayo.

ensayo s.m. (lat. tardío *exagium,* acto de pesar algo). Acción y efecto de ensayar: *ensayo de la ceremonia.* **2.** Prueba que se hace de una cosa para ver si es apta para lo que se espera de ella. **3.** LIT. Género literario en prosa, de carácter didáctico, basado en reflexiones del autor sobre temas filosóficos, artísticos, históricos, etc. **4.** LIT. Obra de este género literario. **5.** MIN. Operación de buscar metales en un mineral del filón. <> **Cine de arte y ensayo** Local de cine que proyecta películas fuera de la red comercial normal. **Ensayo general** Representación completa de un espectáculo, realizada antes de presentarlo al público.

ensebar v.tr. Untar con sebo.

enseguida adv.t. A continuación, inmediatamente después.

ensenada s.f. Entrada de mar en la tierra formando un seno o refugio para las embarcaciones. **2.** Argent. Corral, lugar destinado a encerrar animales.

enseña s.f. Insignia o bandera que representa a una colectividad.

enseñante adj. y s.m. y f. Que enseña.

enseñanza s.f. Acción y efecto de enseñar. **2.** Profesión o actividad del que enseña: *dedicarse a la enseñanza.* **3.** Sistema y método de dar instrucción a alguien: *enseñanza a distancia.* **4.** Conocimiento, experiencia o suceso que sirve de aprendizaje: *la enseñanza de un fracaso.* ◇ **Enseñanza media,** o **secundaria** Enseñanza impartida entre la primaria y la superior, que proporciona al alumno conocimientos de cultura general. **Enseñanza primaria** Enseñanza impartida en la escuela, que da los conocimientos básicos al alumno. **Enseñanza privada** Enseñanza impartida en centros que no dependen del estado. **Enseñanza programada** Enseñanza basada en un avance sistemático mediante programas preestructurados e individualizados, generalmente preparados con métodos informáticos. **Enseñanza pública** Enseñanza impartida en centros que dependen del estado. **Enseñanza técnica** Enseñanza que tiene por finalidad la formación de obreros y empleados cualificados y especializados, y de técnicos superiores. **Enseñanza universitaria,** o **superior** Enseñanza impartida en universidades y escuelas superiores, que proporciona estudios especializados.

enseñar v.tr. (lat. *insignare,* marcar). Mostrar, poner algo delante de alguien para que lo vea: *enseñar un muestrario.* **2.** Hacer que alguien aprenda algo: *enseñar piano.* **3.** Dar advertencia, ejemplo o escarmiento: *la desgracia te enseñará.* **4.** Indicar, dar señas o instrucciones de una cosa: *enseñar el camino.* **5.** Dejar ver una cosa involuntariamente. ◆ **enseñarse** v.prnl. Acostumbrarse a una cosa.

enseñorearse v.tr. y prnl. Hacerse señor y dueño.

enseres s.m.pl. Cosas necesarias para el servicio en una casa o para el ejercicio de una profesión.

enseriarse v.prnl. Amér. Ponerse serio.

ensiforme adj. (del lat. *ensis,* espada, y *forma,* forma). Que tiene forma de espada.

ensilado s.m. Método de conservación de productos agrícolas que consiste en guardarlos en silos. SIN.: *ensilaje.* **2.** Alimento para el ganado que se obtiene de los forrajes húmedos, conservados en silos y transformados por fermentación láctica. SIN.: *ensilaje.*

ensiladora s.f. Máquina agrícola que desmenuza el forraje verde y lo transporta a un silo.

ensilar v.tr. Guardar en silos.

ensillada s.f. GEOGR. Depresión del relieve entre dos alturas.

ensillado, a adj. Se dice del cuadrúpedo, como el caballo o el toro, que tiene el lomo hundido.

ensilladura s.f. Entrante que forma la columna vertebral en la región lumbar. **2.** Acción de ensillar. **3.** Parte de la caballería en la que se pone la silla de montar.

ensillar v.tr. Poner la silla a una caballería.

ensimado s.m. Operación que consiste en engrasar las fibras textiles para facilitar el cardado y el hilado.

ensimismamiento s.m. Acción y efecto de ensimismarse.

ensimismarse v.prnl. Abstraerse, concentrarse una persona aislándose de lo que la rodea. **2.** Chile y Colomb. Envanecerse, engreírse.

ensoberbecer v.tr. y prnl. [conj.: *parecer*]. Hacer que alguien se ponga soberbio. ◆ **ensoberbecerse** v.prnl. Fig. Agitarse, encresparse las olas.

ensoberbecimiento s.m. Acción y efecto de ensoberbecer o ensoberbecerse.

ensombrecer v.tr. y prnl. [conj.: *parecer*]. Oscurecer o cubrir algo de sombras. ◆ **ensombrecerse** v.prnl. Fig. Ponerse triste y melancólica una persona.

ensoñación s.f. Ensueño.

ensoñador, ra adj. y s. Que tiene ensueños.

ensoñar v.tr. e intr. Tener ensueños o ilusiones.

ensopada s.f. Méx. Acción y efecto de ensopar.

ensopar v.tr. y prnl. Amér. Merid. Empapar.

ensordecer v.tr. [conj.: *parecer*]. Causar sordera: *la infección lo ensordeció.* **2.** Fig. Perturbar un ruido muy fuerte la capacidad de oír otra cosa: *la explosión nos ensordeció.* **3.** FONÉT. Convertir en sordo un fonema sonoro. ◆ v.intr. Contraer sordera: *ensordecer por la edad.*

ensordecimiento s.m. Acción y efecto de ensordecer. **2.** FONÉT. Transformación de un fonema sonoro en sordo.

ensortijamiento s.m. Acción de ensortijar o ensortijarse. **2.** Conjunto de sortijas formadas en el cabello.

ensortijar v.tr. y prnl. Rizar el cabello, hilo, etc. ◆ v.tr. Efectuar la operación de anillado de los animales.

ensuciamiento s.m. Acción y efecto de ensuciar o ensuciarse.

ensuciar v.tr. y prnl. Manchar, poner sucio: *ensuciar la ropa.* **2.** Fig. Perjudicar el honor, el buen nombre, etc.: *ensuciar la fama con la conducta.* ◆ **ensuciarse** v.prnl. Evacuar el vientre manchándose.

ensueño s.m. Sueño o representación fantástica que se imagina mientras se duerme. **2.** Ilusión o fantasía improbable que alguien imagina y en la que se recrea. SIN.: *ensoñación.*

entablado s.m. Suelo de tablas. **2.** Conjunto de tablas que forman el armazón que sustenta el tejado de un edificio.

entabladura s.f. Efecto de entablar.

entablamento s.m. Parte superior de un edificio o de un orden arquitectónico, formado por el arquitrabe, el friso y la cornisa. **2.** Techo formado de tablas.

entablar v.tr. Iniciar una actividad que conlleva la relación con otra u otras personas, especialmente una conversación, un pleito, una lucha: *entablar una acción judicial.* **2.** Cubrir, cercar o asegurar con tablas. **3.** Colocar las piezas en el tablero para empezar el juego. **4.** Amér. Igualar, empatar. **5.** Argent. Acostumbrar al ganado mayor a ir en manada. ◆ **entablarse** v.prnl. Resistirse el caballo a volverse a una u otra mano, por falta de flexibilidad o por vicio.

entable s.m. Acción de entablarse el caballo. **2.** Manera de colocar las piezas en los juegos de tablero.

entablerarse v.prnl. TAUROM. **a.** Refugiarse la res en las tablas para defenderse. **b.** Refugiarse el diestro en las tablas al ser acosado por el toro.

entablillar v.tr. Sujetar con tablillas y vendaje un miembro que tiene un hueso roto para mantenerlo en su sitio.

entado, a adj. (fr. *enté*). HERÁLD. Se dice del escudo o de la pieza cuyo perfil forma entrantes y salientes.

entalegar v.tr. Meter en un talego o en talegos. **2.** Fig. Ahorrar, guardar, atesorar.

entalla s.f. Corte o muesca que se hace en una piedra o trozo de madera.

entalladura s.f. Acción y efecto de entallar.

1. **entallar** v.tr., intr. y prnl. Ajustar una prenda de vestir al talle. **2.** Estar una prenda ajustada al talle.

2. **entallar** v.tr. Esculpir o grabar en madera, piedra, bronce, etc. **2.** Hacer una entalla.

entalle s.m. Piedra dura grabada en hueco.

entallecer v.intr. y prnl. [conj.: *parecer*]. Echar tallos las plantas y árboles.

entalpía s.f. FÍS. Magnitud termodinámica equivalente a la suma de la energía interna y del producto de la presión por el volumen.

entarimado s.m. Suelo cubierto con tablas.

entarimar v.tr. Cubrir el suelo con tablas o tarimas.

éntasis s.f. (lat. *entasis,* del gr. *entasis,* tensión, intensidad). Abultamiento del fuste de una columna.

ente s.m. (lat. tardío *ens, entis*). Aquello que es o existe. **2.** Entidad, colectividad, corporación: *el ente público.* **3.** *Fig.* Persona ridícula o extraña. **4.** Argent. Asociación u organismo, particularmente el vinculado al estado.

entecarse v.prnl. Chile. Obstinarse, emperrarse.

enteco, a adj. Se dice de la persona enfermiza, débil o muy flaca.

entelequia s.f. (gr. *enelekhia,* de *entelis,* acabado, perfecto, y *ékhein,* tener). Ser o entidad fantástico o ficticio. **2.** En la filosofía de Aristóteles, realidad que ha alcanzado o está en vías de alcanzar su perfección.

entelerido, a adj. C. Rica, Hond. y Venez. Enteco, flaco, enclenque.

entena s.f. Madero redondo de gran longitud y diámetro variable. **2.** MAR. Vara o percha encorvada y muy larga en la que se enverga la vela latina.

entenado, a s. DER. Hijastro o hijo de un cónyuge, con respecto al otro, habido de un matrimonio anterior.

entenallas s.f.pl. Torno de mano para apretar piezas pequeñas.

entendederas s.f.pl. *Fam.* Entendimiento.

entender v.tr. (lat. *intendere,* extender) [conj.: *tender*]. Percibir y comprender por medio de la inteligencia el sentido o significado de algo: *entender un problema.* **2.** Percibir las causas o motivos de algo. **3.** Saber, averiguar el ánimo, carácter o modo de ser: *saber entender a los hijos.* **4.** Conocer las intenciones o móviles de alguien. **5.** Suponer, opinar, juzgar: *entiendo por su actitud que está nervioso.* **6.** Percibir y comprender el significado de lo que se dice en un idioma extranjero: *entender el inglés.* **7.** Percibir claramente lo que se oye o está escrito: *entender una conversación; no entiendo tu letra.* ◆ v.intr. Seguido de la prep. *en* o *de,* tener conocimientos sobre una materia determinada: *entender en física; entender de automóviles.* **2.** En argot, ser homosexual: *a este local suele ir gente que entiende.* ◆ **entenderse** v.prnl. Avenirse, estar de acuerdo o tener buenas relaciones: *se entiende bien con todos.* **2.** *Fam.* Tener dos personas relaciones amorosas o sexuales de forma encubierta. **3.** Saber lo que se hace, estar acorde lo que se dice o hace con un pensamiento propio definido: *yo ya me entiendo.* **4.** Conocerse, comprenderse a sí mismo: *ni él mismo se entiende.* **5.** *Fig.* Saber manejar una cosa, conocer su funcionamiento: *entenderse con las máquinas.* ◇ **Al entender de** Según juicio o modo de pensar de alguien. **Dar a entender** Decir algo encubierta o indirectamente.

entendido, a adj. y s. Se dice de la persona que tiene muchos conocimientos sobre una materia: *entendido en música.* ◇ **Darse por entendido** Manifestar, fingir una persona que sabe algo.

entendimiento s.m. Inteligencia, facultad de comprender y de razonar. **2.** Juicio, aptitud para comprender algo. **3.** Acuerdo, relación amistosa entre pueblos o sus gobiernos.

entenebrecer v.tr. y prnl. [conj.: *parecer*]. Oscurecer o llenar de tinieblas.

entente s.f. (voz francesa). Acción de entenderse, acuerdo. **2.** Acuerdo o concordia entre estados, grupos o empresas: *política de entente.*

enterado, a adj. y s. *Fam.* Experto en una materia determinada. **2.** Chile. Orgulloso, estirado. **3.** Esp. Sabiondo, persona que presume de saber mucho. ◆ s.m. Diligencia que consiste en poner al pie de un documento, delante de la firma de la autoridad o persona interesada, la constatación de que se conoce el contenido del mismo.

enteralgia s.f. Dolor intestinal.

enterar v.tr. (de *entero*). Hacer conocer a alguien una noticia o un asunto. **2.** Chile. Completar, integrar una cantidad. **3.** Colomb., C. Rica, Hond. y Méx. Pagar, entregar dinero. ◆ **enterarse** v.prnl. Adquirir alguien conocimiento de algo que pasa delante de él, de lo que se dice, de lo que se lee.

entercarse v.prnl. Ponerse terco, obstinarse.

enterciar v.tr. Cuba. Empacar, formar tercios con una mercancía.

entereza s.f. Fortaleza, firmeza de ánimo: *obrar con entereza.*

entérico, a adj. Relativo a los intestinos.

enteritis s.f. (pl. *enteritis*). Inflamación del intestino delgado, generalmente acompañada de diarrea.

enterizo, a adj. Que es de una sola pieza.

enternecer v.tr. y prnl. [conj.: *parecer*]. *Fig.* Producir ternura: *su relato nos enterneció.* **2.** Ablandar, poner tierno.

enternecimiento s.m. Acción y efecto de enternecer o enternecerse.

entero, a adj. (lat. *integer, -egra, -egrum*). Íntegro, que tiene todas sus partes: *compró un jamón entero.* **2.** *Fig.* y *fam.* Que tiene entereza: *carácter entero.* **3.** *Fig.* Recto, justo. **4.** Que no ha sido castrado: *caballo entero.* **5.** Guat., Perú y Venez. Idéntico. ◆ adj. MAT. Se dice de la serie cuyo término general depende de una variable compleja, $u_n = a_n Z^n$, que converge en el interior de un círculo de centro O, de radio R, eventualmente nulo o infinito, llamado radio de convergencia de la serie. ◆ adj. y s.m. MAT. Se dice de cada uno de los números sin fracciones más pequeñas que la unidad, tomado positiva o negativamente. ◆ s.m. Unidad de medida de los cambios bursátiles equivalente a la centésima parte del valor nominal de un título. **2.** Chile, Colomb. y C. Rica. Entrega de dinero. ◇ **Por entero** Totalmente, por completo.

enterococo s.m. Diplococo del intestino que a veces es patógeno.

enterocolitis s.f. (pl. *enterocolitis*). Inflamación del intestino delgado y del colon.

enteroquinasa s.f. Enzima secretado por la mucosa intestinal, que activa la secreción pancreática.

enterovirus s.m. Grupo de virus que se localizan en el tubo digestivo y que pueden provocar gastroenteritis, hepatitis viral A o poliomielitis.

enterrador, ra s. Sepulturero. ◆ s.m. TAUROM. Peón que intenta marear al toro a capotazos para que se eche, tras haber recibido la estocada.

enterramiento s.m. Entierro, acción de enterrar. **2.** Sepultura, fosa. **3.** Sepulcro, construcción donde se da sepultura al cadáver.

enterrar v.tr. [conj.: *pensar*]. Poner bajo tierra: *enterrar un tesoro.* **2.** Dar sepultura a un cadáver: *enterrar en un mausoleo.* **3.** *Fig.* Ocultar una cosa debajo de otra, como si estuviera bajo tierra. **4.** *Fig.* Relegar algo al olvido: *enterrar los malos recuerdos.* **5.** *Fig.* Sobrevivir a alguien: *el abuelo enterró a toda la familia.* ◆ v.tr. y prnl. Amér. Clavar, hincar algo punzante, especialmente un arma. ◆ **enterrarse** v.prnl. *Fig.* Retirarse alguien del trato de los demás.

entibación s.f. MIN. **a.** Acción de entibar. **b.** MIN. Conjunto de obras y reparaciones destinadas a proteger las excavaciones, galerías y pozos.

entibador s.m. Persona que tiene por oficio entibar.

entibar v.tr. e intr. MIN. Apuntalar y sostener las tierras de una excavación con maderos o armazones.

entibiar v.tr. y prnl. Poner tibia o templada una cosa, especialmente un líquido: *entibiar el café.* **2.** *Fig.* Templar, moderar una pasión o un sentimiento: *entibiar el amor.*

entibo s.m. Macizo de fábrica que sirve para sostener una bóveda y contrarrestar su empuje. SIN.: *estribo.* **2.** Madero que se utiliza en las minas para apuntalar.

entidad s.f. *Fig.* Valor o importancia de algo: *asunto de poca entidad.* **2.** Colectividad o asociación de personas de cualquier tipo, especialmente la que lleva a cabo una determinada actividad reconocida jurídicamente: *entidad municipal; entidad deportiva.* **3.** Ente o realidad, especialmente cuando no es material. **4.** FILOS. Aquello que constituye la esencia de un ser. ◇ **Entidad morbosa** Enfermedad.

entierrar v.tr. Méx. Llenar de tierra o polvo.

entierro s.m. Acción de enterrar un cadáver. **2.** Comitiva que acompaña al cadáver que se lleva a enterrar. **3.** Ceremonia en la que se entierra un cadáver.

entintado s.m. Acción de entintar, particularmente los rodillos de una máquina de imprimir. SIN.: *entinte.*

entintar v.tr. Manchar o cubrir con tinta. **2.** *Fig.* Teñir algo, darle un color distinto del que tenía.

entoldado s.m. Conjunto de toldos que sirven para dar sombra. **2.** Lugar cubierto con toldos. **3.** Acción de entoldar.

entoldar v.tr. Cubrir con un toldo o con toldos.

entomatada s.f. Méx. Tortilla de maíz llena de diferentes ingredientes y bañada en salsa de tomate.

entomófago, a adj. y s.m. Que se alimenta de insectos.

entomófilo, a adj. Se dice de la planta cuya polinización es realizada por insectos.

entomología s.f. (gr. *éntomos,* insecto, y *lógos,* tratado). Parte de la zoología que estudia los insectos.

entomológico, a adj. Relativo a la entomología.

entomólogo, a s. Persona que se dedica a la entomología.

entomostráceo, a adj. y s.m. Relativo a una antigua subclase de crustáceos inferiores que incluía la dafnia, la anatifa, etc.

entonación s.f. Acción y efecto de entonar. **2.** Movimiento melódico o musical de la frase, caracterizado por la variación de altura y tono de los sonidos.

entonado, a adj. Acertado, fortalecido.

entonar v.tr. e intr. Dar el tono debido al cantar algo: *entonar una canción; entonar bien.* **2.** Dar determinado tono a la voz: *entonar con voz fuerte.* **3.** Empezar a cantar para que los demás continúen en el mismo tono. **4.** Dar tensión y fuerza al organismo. **5.** Armonizar un conjunto de cosas: *entonar los colores.* ◆ **entonarse** v.prnl. Animarse: *entonarse una fiesta con la música.* **2.** *Fig.* Envanecerse, engreírse.

entonces adv.t. En un momento u ocasión determinados: *me enteré entonces.* ◆ adv.m. Expresa una consecuencia de lo dicho anteriormente: *entonces no hablemos más.* ◆ interj. Se usa para hacer entender al interlocutor que lo que acaba de decir constituye un argumento a favor de lo que este rechazaba o negaba. ◇ **En, o por, aquel entonces** En aquel tiempo.

entonelar v.tr. Meter en un tonel o en toneles.

entontecer v.tr. [conj.: *parecer*]. Poner tonto. ◆ v.intr. y prnl. Volverse tonto.

entontecimiento s.m. Acción y efecto de entontecer.

entorchado s.m. Bordado hecho en oro o plata que llevan en el uniforme, como distintivo, los generales, ministros y otros altos funcionarios. **2.** Cuerda o hilo, alrededor del cual se enrolla otro para darle consistencia.

entorchar v.tr. Enrollar sobre una cuerda o hilo otro hilo o cuerda. **2.** Retorcer juntas varias velas para formar una antorcha.

entornar v.tr. Cerrar algo a medias: *entornar la puerta, los ojos.* ◆ v.tr. y prnl. Torcer, inclinar, poner casi volcado: *entornar un recipiente.*

entorno s.m. Ambiente, circunstancias, personas o cosas que rodean y afectan a alguien o algo. **2.** INFORMÁT. Sistema operativo, hardware e informaciones de software organizadas, con el que un proceso está destinado a operar. **3.** MAT. Para un punto *a* de un espacio topológico E, subconjunto de E que contiene un conjunto abierto del cual *a* sea elemento.

entorpecer v.tr. y prnl. [conj.: *parecer*]. Hacer torpe: *entorpecerse los miembros.* **2.** *Fig.* Hacer difícil o trabajoso el funcionamiento, la percepción o la ejecución de algo.

entorpecimiento s.m. Acción y efecto de entorpecer.

entrabar v.tr. Chile, Colomb. y Perú. Trabar, estorbar.

entrada s.f. Acción de entrar en alguna parte: *la entrada tuvo lugar a la hora en punto.* **2.** Acto de ser recibido en alguna colectividad, o de empezar a gozar de algo: *la entrada en el gobierno.* **3.** Espacio por donde se entra a alguna parte: *ir hacia la entrada.* **4.** Billete o boleto que sirve para asistir a un espectáculo: *comprar las entradas.* **5.** Conjunto de personas que asisten a un espectáculo: *ayer hubo una gran entrada.* **6.** Habitación o sala de una casa que comunica con el exterior y con las otras habitaciones. SIN.: *vestíbulo.* **7.** Ángulo entrante en la parte superior de la frente que se forma por la caída del cabello. **8.** Comienzo de una unidad de tiempo: *la entrada de la primavera, del año.* **9.** Plato que se sirve antes del principal. **10.** Cantidad de dinero recaudada en un espectáculo. **11.** Argent., Chile y Urug. Ingreso económico. **12.** Cuba y Méx. Arremetida, zurra. **13.** ECON. Cantidad inicial de dinero que debe depositarse al alquilar o comprar una vivienda, hacerse socio de un club, etc. **14.** INFORMÁT. Introducción de datos en una computadora. **15.** LING. Palabra o voz que se define en un diccionario o enciclopedia. **16.** MÚS. Escena de un ballet cortesano o de una ópera ballet. **17.** MÚS. Señal que hace el director para que los ejecutantes intervengan oportunamente. ◇ **Dar entrada** Méx. Aceptar un coqueteo; *Por ext.* acceder a algo no deseado: *si no te cae bien, para qué le diste entrada.*

entradilla s.f. Conjunto de frases iniciales de una noticia que resumen lo más importante de esta.

entrado, a adj. Méx. *Fam.* Que está dedicado por completo a algo. **2.** Méx. *Fam.* Que acomete fácilmente empresas arriesgadas.

entrador, ra adj. Argent., C. Rica y Urug. Simpático, agradable. **2.** Chile y Perú. Entrometido, intruso. **3.** Perú y Venez. Que acomete fácilmente empresas arriesgadas.

entramado s.m. Armazón de hierro o maderas unidas o entrecruzadas que sirve de soporte a una obra de albañilería, especialmente un suelo o una pared.

entramar v.tr. Hacer un entramado: *entramar un techo.*

entrambos, as adj. y pron.pl. Ambos.

entrampar v.tr. Hacer que un animal caiga en una trampa. **2.** *Fig.* Enredar un negocio. ◆ **entramparse** v.prnl. Meterse en una situación difícil. **2.** *Fig.* y *fam.* Contraer muchas deudas.

entrante adj. y s.m. Se dice de la parte de una cosa que entra dentro de otra o forma parte de ella. ◆ s.m. Plato inicial de una comida.

entraña s.f. (lat. *interanea,* intestinos). Conjunto de órganos de las cavidades torácica y abdominal. (Suele usarse en plural.) **2.** *Fig.* Parte más importante o esencial de algo: *la entraña del asunto.* **3.** *Fig.* Corazón, sentimientos: *ser de buenas entrañas.* (Suele usarse en plural.) **4.** *Fig.* Parte central o más oculta de algo: *las entrañas de la tierra.* (Suele usarse en plural.) ◇ **Arrancársele las entrañas** Sentir dolor, pesar, ante algún suceso lastimoso. **No tener entrañas** Ser cruel y desalmado. **Sacar las entrañas** Matar a alguien o hacerle mucho daño; hacer gastar a alguien cuanto tiene.

entrañable adj. Se dice del afecto o el cariño muy íntimo, profundo y auténtico. **2.** Se dice de la persona o cosa que inspiran este tipo de afecto o cariño: *un amigo, una canción entrañable.*

entrañar v.tr. Contener o llevar incluido en sí: *esto entraña un gran peligro.*

entrar v.intr. (lat. *intrare*). Ir o pasar de fuera a dentro de un lugar. **2.** Penetrar total o parcialmente una cosa en el interior de otra: *la bala le entró por la espalda.* **3.** Encajar una cosa en otra: *entrar el anillo en el dedo.* **4.** Caber alguien o algo en un recinto o en un receptáculo: *ya no entraba nadie más en la sala.* **5.** *Fig.* Ser admitido o tener entrada en un determinado lugar: *en ese club no entran menores.* **6.** *Fig.* Incorporarse a una colectividad, a un cuerpo de empleados: *entrar como director de la empresa.* **7.** *Fig.* Empezar un período de tiempo: *entrar el verano.* **8.** *Fig.* Con la prep. *a* e infinitivo, dar principio a una acción: *entrar a hablar.* **9.** *Fig.* Seguir o adoptar un uso o una costumbre: *entrar en nuevas ideas.* **10.** *Fig.* Empezar a sentir algo: *entrar sed, prisa.* **11.** *Fig.* Ser contado con otros en un grupo o clase: *entrar en la lista de premiados.* **12.** *Fig.* Caber cierta porción o número de cosas para algún fin: *entrar seis naranjas en un kilo.* **13.** *Fig.* Estar incluido o formar parte de algo: *en la obra entran varios estilos.* **14.** *Fig.* Intervenir o tomar parte en algo: *entrar en la* *conversación.* **15.** *Fig.* Seguido de la prep. *en*, empezar a estar en un período o época determinados: *entrar en la adolescencia.* **16.** Empezar la intervención en un espectáculo o la interpretación musical en el momento preciso. **17.** TAUROM. Acometer, arremeter: *entrar el astado.* ◆ v.tr. Meter, introducir: *entrar la llave en la cerradura.* **2.** *Fig.* Acometer o influir en el ánimo de alguien. **3.** *Fam.* Ser una cosa de la aprobación de alguien. **4.** *Fam.* Aprender o comprender algo: *no le entra la química.* **5.** Estrechar o acortar una prenda de vestir: *entrar un vestido.* ◇ **No entrarle alguien** *Fam.* No tenerle simpatía.

entre prep. (lat. *inter*). Indica situación de alguien o de algo dentro del espacio o del tiempo que separa dos cosas: *entre Madrid y Buenos Aires; entre las once y las doce.* **2.** Indica un estado o cualidad intermedio que posee características de los otros que se mencionan: *estaba entre alegre y triste.* **3.** Indica que una persona o cosa está rodeada de algo o en medio de algo: *lo metió entre las hojas del libro.* **4.** Indica pertenencia a una colectividad: *es una superstición entre actores.* **5.** Indica reciprocidad: *nos entendemos entre nosotros.* **6.** Indica participación o cooperación de dos o más componentes en una acción: *entre todos pintaron la casa.* **7.** Sirve para comparar dos elementos: *entre él y yo no existe gran diferencia de estatura.* **8.** Indica la operación aritmética de la división. **9.** Seguida de los pronombres personales *mí, ti, sí* y algunos verbos, denota que la acción de estos es interior, secreta: *hablaban entre sí.* ◇ **Entre (tanto) que** Expresa simultaneidad.

entreabrir v.tr. y prnl. Abrir un poco o a medias.
OBS.: participio: *entreabierto.*

entreacto s.m. Intermedio, número que se ejecuta entre los actos de una función teatral. **2.** Intervalo de tiempo durante el cual se interrumpe la representación de un espectáculo, especialmente entre dos actos dramáticos.

entrecanal s.f. Espacio entre las estrías de una columna.

entrecano, a adj. Se dice del pelo o barba con algunas canas. **2.** Se dice de la persona que tiene así el pelo.

entrecavar v.tr. Cavar ligeramente, sin ahondar.

entrecejo s.m. (lat. tardío *intercilium*). Espacio entre las dos cejas. **2.** Ceño, fruncimiento de la frente y cejas.

entrecerrar v.tr. y prnl. [conj.: *pensar*]. Cerrar parcialmente algo.

entrechocar v.tr. y prnl. Chocar dos cosas entre sí: *entrechocar los dientes.*

entreclaro, a adj. y s. Que tiene alguna claridad: *noche entreclara.*

entrecoger v.tr. Agarrar a alguien o algo de manera que no se pueda escapar fácilmente.

entrecomar v.tr. Poner entre comas.

entrecomillado s.m. Palabra o palabras citadas entre comillas.

entrecomillar v.tr. Poner entre comillas.

entrecortar v.tr. Cortar algo sin acabar de dividirlo. **2.** Emitir algo con intermitencias: *voz entrecortada.*

entrecot s.m. (fr. *entrecôte*). Filete de carne de las costillas del buey.

entrecruzamiento s.m. Acción y efecto de entrecruzar o entrecruzarse. **2.** BIOL. Crossing-over.

entrecruzar v.tr. y prnl. Cruzar dos o más cosas entre sí: *entrecruzar los dedos.*

entrecubierta s.f. Entrepuente.

entredicho s.m. Censuras canónica consistente en la privación de ciertos bienes espirituales, aunque sin perder la comunión con la Iglesia católica. ◇ **En entredicho** En duda, cuestionando su veracidad o conveniencia.: *poner en entredicho la honradez de alguien.*

entredós s.m. (fr. *entre-deux*). Tira bordada de encaje o de tapicería, que se cose entre dos telas. **2.** Armario de poca altura que suele colocarse entre dos balcones.

entrefilete s.m. Artículo pequeño de un periódico.

entrefino, a adj. (de *fin*, lo sumo, lo perfecto). Que es de una calidad o de un grosor medio, entre fino y basto: *fideos entrefinos.* **2.** Se dice del vino de Jerez que tiene algunas de las cualidades del llamado fino.

entreforro s.m. Entretela de una prenda.

entrega s.f. Acción y efecto de entregar o entregarse. **2.** Cosa que se entrega de una vez. **3.** Acción de entregar al adquisidor una cosa vendida. **4.** Atención, interés o esfuerzo en apoyo de una acción, persona o cosa. **5.** Publicación u obra cinematográfica que forma parte de una colección o una serie y que se ofrece al público por separado. **6.** Parte de un sillar o madero introducido en la pared.

entregar v.tr. (lat. *integrare*, reparar, rehacer) [conj.: *pagar*]. Poner en poder de otro: *entregar un paquete.* ◆ **entregarse** v.prnl. Ponerse alguien a disposición de otro, especialmente de la policía o la justicia. **2.** Dedicarse enteramente a algo: *entregarse al trabajo.* **3.** *Fig.* Abandonarse, dejarse dominar: *entregarse al vicio.* **4.** Declararse vencido o sin fuerzas para continuar una labor.

entreguerras (de) loc. Que sucede o se sitúa entre dos guerras, especialmente entre las dos guerras mundiales.

entreguismo s.m. Méx. *Fam.* Actitud pusilánime en una negociación, adoptada por cobardía o por soborno.

entreguista s.m. y f. Argent., Chile, Méx., Par. y Urug. *Fam.* Persona que traiciona en una negociación a sus representados.

entrelazado, a adj. HERÁLD. Se dice de las figuras iguales que se entrelazan entre sí, cuando son en número de tres.

entrelazamiento s.m. Acción y efecto de entrelazarse. **2.** INFORMÁT. Técnica de organización de la memoria central de una computadora en la que las direcciones sucesivas se almacenan en bloques de memoria independientes.

entrelazar v.tr. y prnl. Enlazar o cruzar cosas entre sí: *entrelazar hilos; entrelazar las manos.*

entrelazo s.m. Adorno formado por líneas o figuras entrelazadas.

entrelínea s.f. Espacio entre dos líneas. **2.** Palabra o texto escrito entre dos líneas.

entrelinear v.tr. Escribir algo entre dos líneas.

entrelistado, a adj. Que tiene algún dibujo entre lista y lista.

entrelucir v.intr. [conj.: *lucir*]. Dejarse ver una cosa entre otras.

entremedias adv.t. y l. Entre uno y otro tiempo, espacio, lugar o cosa: *merendó, cenó y entremedias también estuvo comiendo.* SIN.: *entremedio.*

entremedio, a adj. Intermedio, que está en medio de los extremos. ◆ adv.t. y l. Entremedias.

entremés s.m. (cat. *entremès*, manjar entre dos platos principales). Plato ligero y frío que se sirve antes del primer plato. **2.** LIT. Obra dramática cómica de un solo acto, que solía representarse entre una y otra jornada de la comedia.

entremesista s.m. y f. Escritor de entremeses.

entremeter v.tr. Meter algo entre otras cosas de distinto tipo. ◆ **entremeterse** v.prnl. Ponerse alguien en medio o entre otros: *entremeterse en el bullicio.* **2.** *Fig.* Entrometerse una persona en asuntos que no le conciernen: *entremeterse en la conversación.*

entremetimiento s.m. Acción y efecto de entremeter o entremeterse.

entremezclar v.tr. Mezclar una cosa con otra.

entrenador, ra adj. y s. Se dice de la persona encargada del entrenamiento de una actividad, especialmente un deporte.

entrenamiento s.m. Acción y efecto de entrenar o entrenarse. **2.** Preparación para un deporte o una competición.

entrenar v.tr. y prnl. (fr. *entraîner*). Adiestrar y ejercitar para la práctica de un deporte u otra actividad.

entrenervios s.m.pl. Espacios que quedan entre los nervios del lomo de un libro.

entrenudo s.m. BOT. Espacio comprendido entre dos nudos de un tallo.

entreoír v.tr. [conj.: *oír*]. Oír algo a medias o sin entenderlo del todo.

entrepanes s.m.pl. Tierras no sembradas situadas entre otras que lo están.

entrepaño s.m. Espacio de pared entre dos columnas, pilastras o huecos. **2.** Tabla pequeña o cuarterón que se mete entre los maderos transversales de puertas y ventanas.

entrepaso s.m. EQUIT. Marcha del caballo en la que marca cuatro tiempos.

entrepelado, a adj. Argent. Se dice del caballo de pelos de diferentes colores mezclados.

entrepierna s.f. Parte interior de los muslos. **2.** Pieza de los pantalones por la parte interior de los muslos. **3.** Chile. Traje de baño de dimensiones muy reducidas.

entrepuente s.m. Espacio comprendido entre las dos cubiertas de un barco. (Suele usarse en plural.) SIN.: *entrecubierta.*

entrerriano, a adj. y s. De Entre Ríos.

entrerriel s.m. Entrevía.

entresacar v.tr. Escoger una cosa entre otras. **2.** Cortar algunos árboles de un monte para aclararlo.

entresijo s.m. (del lat. *trans,* a través, y *ilia,* vientre). Mesenterio. **2.** *Fig.* Cosa interior, escondida.

entresuelo s.m. Planta inmediatamente superior a la del nivel de la calle.

entretalla s.f. Media talla, bajorrelieve. SIN.: *entretalladura.*

entretanto adv.t. Entre tanto, mientras. ◆ s.m. Intermedio, tiempo que media entre dos sucesos.

entretecho s.m. Chile y Colomb. Habitáculo en la parte más alta de la casa, inmediatamente bajo el tejado, desván.

entretejer v.tr. Mezclar, enlazar una cosa con otra: *entretejer hilos, ideas, palabras.* **2.** Poner en una tela hilos u otro material diferentes de los que se están tejiendo para hacer un dibujo o adorno.

entretela s.f. Tela, generalmente rígida y fuerte, que se pone entre la tela y el forro de una prenda de vestir como refuerzo. SIN.: *entreforro.* ◆ **entretelas** s.f.pl. *Fig.* y *fam.* Sentimientos que se perciben en lo más íntimo del corazón: *llegar a las entretelas.*

entretelar v.tr. Poner entretela. **2.** IMPR. Satinar, hacer que desaparezca la huella en los pliegos impresos.

entretención s.f. Amér. Entretenimiento, diversión.

entretener v.tr. y prnl. [conj.: *tener*]. Distraer a alguien impidiéndole hacer algo. **2.** Hacer cosas para divertir, animar o distraer a alguien: *entretener a los niños.* ◆ v.tr. Retrasar un asunto con pretextos: *entretener una petición.* **2.** Hacer menos molesta y más soportable una cosa: *entretener la espera leyendo.* **3.** Mantener, conservar.

entretenida s.f. Mujer mantenida por su amante. **2.** Prostituta.

entretenidamente adv. Méx. Divertidamente, de forma entretenida.

entretenido, a adj. Que entretiene: *libro entretenido.* **2.** HERÁLD. Se dice de dos figuras iguales *(llaves)* que se entrelazan.

entretenimiento s.m. Acción y efecto de entretener o entretenerse. **2.** Cosa para entretener o divertir.

entretiempo s.m. Tiempo intermedio entre el de frío o calor riguroso: *traje de entretiempo.*

entreventana s.f. Espacio macizo de pared entre dos ventanas.

entrever v.tr. (fr. *entrevoir*) [conj.: *ver*]. Ver confusamente una cosa: *entrever una luz a lo lejos.* **2.** Conjeturar, adivinar una cosa: *entrever sus intenciones.*

entreverado s.m. Venez. Asado de cordero o de cabrito aderezado con sal y vinagre.

entreverar v.tr. Intercalar, introducir una cosa entre otras. ◆ **entreverarse** v.prnl. Argent. Encontrarse dos masas de caballería y luchar cuerpo a cuerpo los jinetes. **2.** Argent. y Perú. Mezclarse desordenadamente.

entrevero s.m. Amér. Merid. Acción y efecto de entreverarse. **2.** Argent., Chile, Perú y Urug. Embrollo, revoltijo, mezcolanza.

entrevía s.f. Espacio comprendido entre los bordes interiores de los carriles de una vía férrea. SIN.: *entrerriel.*

entrevigado s.m. Trabajo de albañilería que consiste en rellenar el espacio entre dos vigas. **2.** Relleno utilizado en este trabajo. **3.** Espacio que media entre dos vigas de un suelo.

entrevista s.f. (fr. *entrevue*). Reunión concertada entre dos o más personas para tratar un asunto. **2.** Diálogo entre un representante de los medios de difusión y una personalidad, en vistas a su divulgación. **3.** SOCIOL. Tipo de encuesta que tiene como fin establecer una relación de comunicación verbal entre el entrevistado y el entrevistador, con objeto de recoger informaciones y opiniones del primero.

entrevistar v.tr. (del ingl. *interview*). Realizar una entrevista. ◆ **entrevistarse** v.prnl. Tener una entrevista.

entrismo s.m. Introducción sistemática en un partido o sindicato de militantes de otra organización, para modificar sus prácticas o sus objetivos.

entristecer v.tr. y prnl. [conj.: *parecer*]. Poner o ponerse triste. ◆ v.tr. Dar aspecto triste a algo.

entristecimiento s.m. Acción y efecto de entristecer o entristecerse.

entrojar v.tr. Guardar en una troje.

entrometerse v.prnl. Introducirse alguien en un sitio o medio sin corresponderle estar en él o sin ser llamado o invitado. **2.** Intervenir alguien oficiosa o indirectamente en un asunto ajeno.

entrometimiento s.m. Acción y efecto de entrometerse.

entrón, na adj. Méx. Animoso, atrevido, valiente.

entroncamiento s.m. Acción y efecto de entroncar.

entroncar v.tr. Demostrar, probar el parentesco de una persona con una familia o un linaje. **2.** Establecer relación una cosa con otra. ◆ v.intr. Tener o contraer parentesco con una persona o con una familia por casamiento. ◆ v.intr. y prnl. Cuba, Perú y P. Rico. Empalmar, unirse o combinarse dos líneas de transporte.

entronización s.f. Acción y efecto de entronizar o entronizarse.

entronizar v.tr. y prnl. Colocar a alguien en el trono. **2.** *Fig.* Ensalzar o venerar a alguien. ◆ **entronizarse** v.prnl. *Fig.* Envanecerse, vanagloriarse.

entronque s.m. Relación de parentesco entre personas que tienen un origen familiar común. **2.** Empalme de caminos, ferrocarriles, etc. **3.** Argent., Cuba y P. Rico. Acción y efecto de entroncar, empalmar. **4.** AERON. Línea de unión del ala con el fuselaje.

entropía s.f. (gr. *entropia,* vuelta). FÍS. Medida termodinámica que permite evaluar la degradación de la energía de un sistema. **2.** SOCIOL. En la teoría de la comunicación, denominación que designa la incertidumbre de la naturaleza de un mensaje dentro de un conjunto de ellos.

entropillar v.tr. Argent. y Urug. Acostumbrar a los caballos a vivir en tropilla.

entropión s.m. Inversión de los párpados hacia el globo del ojo.

entubación s.f. Acción y efecto de entubar.

entubado s.m. MED. Introducción de un tubo en la laringe para combatir la asfixia, o en el estómago para los análisis biológicos o bacteriológicos. **2.** MIN. y PETRÓL. Operación que consiste en revestir las piezas de un pozo minero o de sondeo con segmentos tubulares de fundición o de aceros.

entubar v.tr. Poner tubos o meter en tubo o en tubos.

entuerto s.m. Injusticia: *deshacer entuertos.* **2.** Dolor intenso que aparece después del parto.

entumecer v.tr. y prnl. (lat. *intumescere,* hincharse) [conj.:

parecer]. Entorpecer algo el movimiento de un miembro: *el frío entumece las articulaciones.*

entumecimiento s.m. Acción y efecto de entumecer o entumecerse.

entumida s.f. Méx. Acción y efecto de entumir.

entumir v.tr. Méx. Entumecer.

enturbiamiento s.m. Acción y efecto de enturbiar o enturbiarse.

enturbiar v.tr. y prnl. Poner turbio: *enturbiar el agua.* **2.** *Fig.* Alterar, aminorar, oscurecer: *enturbiar la mente.*

entusiasmar v.tr. y prnl. Causar o provocar entusiasmo en alguien: *le entusiasma la pintura.*

entusiasmo s.m. (gr. *enthousismós,* arrobamiento, éxtasis). Exaltación emocional provocada por un sentimiento de admiración: *recibir con entusiasmo.* **2.** Adhesión fervorosa a una causa o empeño. **3.** Exaltación del ánimo bajo la inspiración divina: *el entusiasmo de los profetas.* **4.** Inspiración del escritor o del artista.

entusiasta adj. y s.m. y f. (fr. *enthousiaste*). Que siente entusiasmo o es propenso a sentirlo. **2.** Que denota entusiasmo.

entusiástico, a adj. (ingl. *enthusiastic*). Relativo al entusiasmo.

enucleación s.f. Extirpación de un órgano después de una incisión.

enuclear v.tr. Practicar una enucleación.

enumeración s.f. Acción y efecto de enumerar. **2.** Figura retórica de pensamiento que consiste en presentar una serie de objetos, circunstancias o cualidades relativas a un mismo concepto o idea.

enumerar v.tr. (lat. *enumerare*). Enunciar o exponer de forma sucesiva una serie de elementos, a veces con números.

enumerativo, a adj. Que enumera o que contiene una enumeración: *exposición enumerativa.*

enunciación s.f. Enunciado. **2.** LING. Acto de utilización de la lengua en el que lo fundamental es el análisis del texto.

enunciado s.m. Acción y efecto de enunciar: *el enunciado de una cláusula.* **2.** LING. Secuencia finita de palabras delimitada por silencios muy marcados. **3.** MAT. Conjunto de datos de un problema, de una proposición o de una relación entre dos entes matemáticos: *el enunciado de un teorema.*

enunciar v.tr. (lat. *enuntiare*). Expresar oralmente o por escrito, formular: *enunciar un axioma.*

enunciativo, a adj. Que enuncia.

enuresis s.f. (pl. *enuresis*). Emisión involuntaria de la orina, generalmente por la noche, que persiste o aparece a una edad en la que habitualmente ya se ha adquirido el dominio fisiológico de las micciones.

envainador, ra adj. Que envaina. **2.** BOT. Se dice de una hoja cuya vaina rodea el tallo.

envainar v.tr. Meter un arma blanca en la vaina: *envainar la espada.* **2.** Envolver una cosa a otra ajustándose a manera de vaina.

envalentonamiento s.m. Acción y efecto de envalentonar o envalentonarse.

envalentonar v.tr. Infundir valentía o arrogancia. ◆ **envalentonarse** v.prnl. Ponerse atrevido o desafiante.

envanecer v.tr. y prnl. [conj.: *parecer*]. Infundir vanidad o soberbia: *se envaneció con su liderazgo.* **2.** Chile. Quedar vano el fruto de una planta por haberse secado o podrido su meollo.

envanecimiento s.m. Acción y efecto de envanecer o envanecerse.

envaramiento s.m. Acción y efecto de envarar o envararse.

envarar v.tr. y prnl. Poner rígida una extremidad o entorpecer su movimiento. **2.** Mostrar orgullo o soberbia.

envasador, ra adj. y s. Que envasa. ◆ adj. **Máquina envasadora** Máquina automática para envasar productos en cadena. ◆ s.m. Embudo grande por el que se echan los líquidos en pellejos o toneles.

envasar v.tr. Introducir en recipientes adecuados líquidos, granos, etc., para su transporte o conservación.

envase s.m. Recipiente en que se conservan o transportan ciertos productos: *envase de plástico.* **2.** Acción y efecto de envasar.

envedijarse v.prnl. Enredarse o hacerse vedijas el pelo, la lana, etc.

envegarse v.prnl. Chile. Empantanarse.

envejecer v.tr., intr. y prnl. [conj.: *parecer*]. Hacer o hacerse viejo: *ha envejecido mucho desde el año último.*

envejecimiento s.m. Acción y efecto de envejecer o envejecerse. **2.** FIS. Variación de las propiedades de las materias coloidales a lo largo del tiempo. **3.** FISIOL. Proceso de evolución de los organismos que han alcanzado el estado adulto. **4.** METAL. Fenómeno producido en ciertas aleaciones templadas o trabajadas en frío, que se manifiesta por un notable aumento de dureza en el transcurso de un mantenimiento prolongado a temperatura moderada. ◇ **Envejecimiento de la población** Aumento de personas de edad avanzada en la población de un país o región.

envelar v.intr. Chile. Huir.

envenenamiento s.m. Acción y efecto de envenenar o envenenarse. **2.** Crimen que consiste en administrar una sustancia tóxica a una persona, con la intención de matarla.

envenenar v.tr. y prnl. Hacer enfermar o matar a alguien con veneno introducido en el organismo. ◆ v.tr. Poner veneno en algo. **2.** *Fig.* Hacer que las relaciones entre personas degeneren en discordias o enemistad. **3.** *Fig.* Tergiversar o dar una interpretación errónea a las palabras o acciones.

enverar v.intr. Empezar a tomar color de estar maduras las frutas, especialmente la uva.

enverdecer v.intr. [conj.: *parecer*]. Reverdecer una planta o el campo.

envergadura s.f. Distancia entre las puntas de las alas de las aves cuando están extendidas. **2.** Distancia entre las puntas de las alas de un avión. **3.** Distancia entre las puntas de los dedos de la mano de una persona cuando están extendidos en cruz. **4.** Importancia, fuste, prestigio: *asunto de envergadura.* **5.** MAR. Ancho de una vela contado en el grátil.

envergar v.tr. MAR. Sujetar a la verga: *envergar una vela.*

envergue s.m. MAR. Cabo delgado que sirve para envergar.

envero s.m. Color dorado o rojizo que adquiere un fruto cuando empieza a madurar. **2.** Uva que tiene este color.

envés s.m. Revés, parte de algo opuesta a la cara.

envesado, a adj. Que manifiesta o muestra el envés.

enviado, a s. Persona enviada a alguna parte para cumplir una misión. ◇ **Enviado especial** Periodista encargado de recoger información en el mismo lugar de los hechos.

enviar v.tr. (lat. tardío *inviare,* recorrer un camino) [conj.: *desviar*]. Hacer que alguien vaya a alguna parte: *enviar a los niños a la cama.* **2.** Hacer que algo se dirija o llegue a alguna parte: *enviar un cheque por correo.*

enviciar v.tr. Mal acostumbrar, pervertir con un vicio: *enviciar a alguien con el juego.* ◆ v.intr. Echar las plantas muchas hojas y pocos frutos. ◆ **enviciarse** v.prnl. Acostumbrarse a hacer algo hasta convertirlo en una necesidad: *se envició con el paseo nocturno y ahora si no lo da, no duerme.*

envidar v.tr. (lat. *invitiare*). Esp. Hacer un envite en el juego.

envidia s.f. (lat. *invidia,* de *invidere,* mirar con malos ojos). Padecimiento de una persona al no tener o conseguir cosas que tiene o consigue otra persona. **2.** Deseo de hacer o tener lo que hace o tiene otra persona.

envidiable adj. Digno de ser deseado y envidiado.

envidiar v.tr. Tener o sentir envidia: *envidiar el éxito.* ◇ **No tener,** o **tener poco, que envidiar** No ser inferior una persona o cosa a otra.

envidioso, a adj. y s. Que tiene o siente envidia.

envigar v.tr. e intr. Asentar las vigas de una construcción.

envilecer v.tr. y prnl. [conj.: *parecer*]. Hacer vil o despreciable. **2.** Hacer descender el valor de algo.

envilecimiento s.m. Acción y efecto de envilecer o envilecerse.

envinagrar v.tr. Sazonar con vinagre.

envinar v.tr. Echar vino en el agua. **2.** Méx. Poner vino o licor en un postre.

envío s.m. Acción de enviar. **2.** Cosa enviada. **3.** Expedición de mercancías, de dinero en metálico, efectos, títulos, etc., hecha a una persona.

envión s.m. Empujón.

environment s.m. (voz inglesa, *ambiente*). ART. CONTEMP. Obra hecha de distintos elementos repartidos en un espacio por el que se puede transitar.

enviscar v.tr. Untar con liga o con una materia viscosa las ramas de los árboles para cazar pájaros.

envite s.m. Apuesta que se hace en algunos juegos, añadiendo cierta cantidad a los tantos ordinarios. **2.** *Fig.* Ofrecimiento de algo: *aceptar un envite.* **3.** Posición que, en esgrima, se toma con el arma, por la que se ofrece un blanco al adversario con el fin de inducirlo al ataque. ◇ **Al primer envite** De buenas a primeras.

enviudar v.intr. Quedar viudo.

envoltorio s.m. Lío, conjunto de cosas atadas o envueltas. **2.** Envoltura, cosa que sirve para envolver.

envoltura s.m. Capa exterior que envuelve una cosa.

envolvente adj. Que envuelve o rodea: *superficie envolvente.* ◆ s.f. MAT. **a.** Línea que envuelve a otra. **b.** Curva fija a la que otra curva plana, móvil en su plano, es constantemente tangente.

envolver v.tr. (lat. *involvere*) [conj.: *mover*]. Cubrir una cosa total o parcialmente, rodeándola y ciñéndola con algo: *envolver un regalo.* **2.** Cubrir o rodear una cosa a otra. **3.** *Fig.* Acorralar a alguien dejándolo cortado y sin salida: *envolver con razones.* ◆ v.tr. y prnl. *Fig.* Mezclar o complicar a alguien en un asunto, haciéndole tomar parte en él.
OBS.: participio: *envuelto.*

envuelta s.f. Revestimiento metálico del proyectil destinado a aumentar su adherencia en el ánima de un cañón rayado.

enyerbar v.tr. Méx. Dar a alguien un bebedizo para embrujarlo. ◆ **enyerbarse** v.prnl. Amér. Cubrirse de hierba un terreno.

enyesado s.m. Acción y efecto de enyesar. **2.** CIR. Vendaje que se coloca en casos de fractura para impedir la movilidad de los fragmentos óseos.

enyesar v.tr. Tapar o cubrir con yeso: *enyesar las paredes.* **2.** Abonar un terreno con yeso. **3.** Poner yeso en un vino para acidificarlo. **4.** CIR. Inmovilizar una parte del cuerpo cubriéndola con yeso.

enyugar v.tr. Uncir y poner el yugo a los bueyes o mulas de labranza.

enzarzar v.tr. Cubrir o llenar un lugar o cosa con zarzas. **2.** *Fig.* Hacer que riñan dos o más personas. ◆ **enzarzarse** v.prnl. *Fig.* Enredarse en algo difícil o comprometido. **2.** *Fig.* Disputarse, pelearse. **3.** Enredarse en las zarzas.

enzima s.m. o f. (del gr. *en,* dentro de, y *zými,* fermento). Proteína orgánica soluble, que provoca o acelera una reacción bioquímica.

enzimático, a adj. Relativo a los enzimas.

enzimología s.f. Ciencia que estudia los enzimas.

enzimopatía s.f. Enfermedad hereditaria debida a la falta de participación de un enzima.

enzolvar v.tr. Méx. Cegar un conducto.

enzootia s.f. Enfermedad epidémica que afecta a una o varias especies de animales de una sola localidad.

enzunchar v.tr. Sujetar, ceñir y reforzar con zunchos o flejes.

eñe s.f. Nombre de la letra *ñ.*

eocénico, a adj. Relativo al eoceno.

eoceno adj. y s.m. (del gr. *eós,* aurora, y *kainós,* nuevo). Se dice del segundo período de la era terciaria comprendido entre los 70 millones de años y los 50 millones de años durante el cual se empezó a formar la cadena alpina y se diversificaron los mamíferos.

1. **eólico, a** adj. (de *Eolo,* dios de los vientos). Relativo al viento: *energía eólica.* **2.** Que funciona por la acción del viento: *motor eólico.* ◇ **Acción eólica** Erosión producida por el viento en los desiertos, que se caracteriza por un trabajo de destrucción (deflación y corrimiento), y por un trabajo de acumulación (dunas). **Arpa eólica** Instrumento musical cuyas cuerdas vibraban con el viento.

2. **eólico, a** adj. y s. De Eolia. SIN.: *eolio.*

eolio, a adj. y s. Eólico, de Eolia.

eolípila s.f. Aparato para medir la fuerza motriz del vapor de agua, inventado por Herón de Alejandría.

eolito s.m. (del gr. *eós,* aurora, y *líthos,* piedra). Fragmento de piedra de sílice modelado por la acción de agentes naturales, que se ha confundido con las piedras trabajadas en la prehistoria.

eolización s.f. Acción del viento sobre la superficie terrestre. **2.** Erosión eólica.

eosina s.f. Materia colorante roja derivada de la fluoresceína.

eosinofilia s.f. MED. Presencia excesiva de eosinófilos en la sangre.

eosinófilo, a adj. y s.m. Se dice de los leucocitos polinucleares cuyo citoplasma contiene granulaciones sensibles a los colorantes ácidos, como la eosina.

¡epa! interj. Chile y Perú. Se usa para animar. **2.** Hond., Perú y Venez. ¡Hola! **3.** Méx. Se usa para detener o avisar de algún peligro.

epacta s.f. (lat. *epactae,* del gr. *epaktaì emérai,* días intercalados). Número de días en que el año solar excede al año lunar.

epagneul adj. y s.m. Se dice del perro de diferentes razas de caza y de salón, de pelo largo y orejas colgantes.

eparca s.m. (gr. *eparkhos*). Gobernador de una provincia griega en el Imperio romano. **2.** Prefecto de Constantinopla durante el Imperio bizantino. **3.** Obispo entre los rusos y orientales.

eparquía s.f. (gr. *eparkhia*). Circunscripción civil del Imperio romano de Oriente. **2.** En la organización religiosa bizantina, subdivisión de la diócesis. **3.** Diócesis de un obispo o de un arzobispo.

epatar v.tr. y prnl. *Galic.* Deslumbrar y asombrar a alguien con la exhibición de algo propio.

epazote s.m. Méx. Planta herbácea de hojas olorosas y flores pequeñas, que se usa como condimento.

epeira s.f. Araña muy común en Europa, de cefalotórax muy desarrollado, que teje telarañas en bosques y jardines. (Familia arácnidos.)

epeirogénesis s.f. → **epirogénesis.**

epéndimo s.m. Membrana delgada que protege los ventrículos cerebrales y el conducto central de la médula espinal.

epéntesis s.f. (gr. *epenthesis*) [pl. *epéntesis*]. Aparición de una vocal o consonante no etimológicas en el interior de una palabra: *la presencia de la* b *en* hombro (*que procede del latín* humerum) *es un fenómeno de epéntesis.*

epentético, a adj. Relativo a la epéntesis: *vocal epentética.*

eperlano s.m. (fr. *éperlan*). Pez marino parecido al salmón, de unos de 25 cm y carne delicada, que aova en primavera en las desembocaduras de los ríos.

épica s.f. Género literario en verso en el que se narran hazañas de personajes heroicos o de pueblos, al que pertenece la epopeya.

epicanto s.m. Repliegue cutáneo que aparece en el ángulo interno del ojo.

epicarpio o **epicarpo** s.m. BOT. Película que cubre el fruto. (Se suele llamar corrientemente «*piel*» del fruto.)

epiceno, a adj. (lat. *epicoenus,* del gr. *epíkoinos,* común). LING. Se dice del nombre que tiene el mismo género para designar a los dos sexos: *águila, perdiz y jilguero tienen género epiceno.*

epicentro s.m. Punto de la superficie terrestre en donde un movimiento sísmico ha sido más intenso.

epiciclo s.m. (gr. *epíkyklos*). En la antigua astronomía griega, supuesta trayectoria circular del Sol, la Luna y los planetas, cuyo centro describía a su vez un círculo más grande (deferente) alrededor de la Tierra.

epicicloidal adj. Relativo al epicicloide. ◇ **Tren epicicloidal** Tren de engranajes, algunos de cuyos ejes pueden girar sobre sí mismos alrededor del árbol que los dirige.

epicicloide s.f. MAT. Curva descrita por un punto de una curva móvil que gira sin deslizarse sobre una curva fija. **2.** MAT. Curva descrita por un punto de una circunferencia móvil que gira sin deslizarse sobre una circunferencia fija que puede ser interior o exterior a la móvil.

épico, a adj. (lat. *epicus,* del gr.*epikós*). Relativo a la epopeya o a la épica. **2.** *Fig.* e *irón.* Extraordinario, memorable: *una discusión épica.* **3.** Digno de ser cantado en verso: *hazaña épica.* **4.** Que cultiva el género de la épica.

epicondilitis s.f. Inflamación de los tendones de los músculos que se insertan en el epicóndilo.

epicóndilo s.m. Apófisis de la extremidad inferior del húmero.

epicontinental adj. Se dice del mar u océano situado sobre la plataforma continental.

epicraneano, a adj. ANAT. Que rodea el cráneo o se produce en su superficie: *aponeurosis epicraneana.*

epicureísmo s.m. Doctrina de Epicuro y de los epicúreos. **2.** *Fig.* Actitud de la persona que busca los placeres de la vida evitando el dolor.

epicureísmo

El epicureísmo conjuga en una perspectiva materialista una física atomista, inspirada en Demócrito, con una moral hedonista centrada en la búsqueda de los placeres naturales y necesarios, en la que la *ataraxia* es el fin último (*De rerum natura*, de Lucrecio, es la principal exposición). En competencia con el estoicismo en la busca de una sabiduría austera y desengañada, el epicureísmo fue acusado de preconizar la entrega a la inmoralidad y el desenfreno (tema de la «piara de Epicuro»), acusación que fue retomada y aumentada por la tradición cristiana. Se analizó con más justicia a partir del renacimiento y el s. XVII y el materialismo moderno (Marx) reivindicó su herencia.

epicúreo, a adj. y s. Relativo a Epicuro o al epicureísmo; partidario de esta doctrina. **2.** *Fig.* Voluptuoso, sensual.

epidemia s.f. (gr. *epidemía,* residencia en un lugar). Enfermedad infecciosa y contagiosa que aparece en forma aguda y masiva en un determinado lugar geográfico. **2.** *Fig.* Aparición repentina y masiva de algo que es considerado negativo.

epidémico, a adj. Relativo a la epidemia.

epidemiología s.f. Disciplina médica que estudia los factores que intervienen en la aparición de las enfermedades y de ciertos fenómenos mórbidos, así como su frecuencia, su distribución geográfica y su evolución, y se ocupa de la creación de medios para erradicarlos o prevenirlos. (La epidemiología se interesa por todas las enfermedades, no solo por las infecciones.)

epidemiólogo, a s. Persona que se dedica al estudio de la epidemiología.

epidérmico, a adj. Relativo a la epidermis.

epidermis s.f. (lat. *epidermis,* del gr. *epidermis*) [pl. *epidermis*]. Membrana epitelial que cubre la superficie del cuerpo de los animales. (Los pelos, plumas, cuernos, uñas, garras y pezuñas son producciones de la epidermis.) **2.** BOT. Película celular que cubre las hojas, los tallos y las raíces jóvenes.

epidermofitia s.f. Afección debida al desarrollo de un hongo microscópico y parásito en la piel.

epidiascopio o **epidiáscopo** s.m. Aparato de proyección por reflexión y transparencia.

epididimitis s.f. (pl. *epididimitis*). Proceso infeccioso, agudo o crónico, del epidídimo.

epidídimo s.m. ANAT. Estructura pequeña en forma de capuchón, situada en el polo superior de cada testículo.

epidota s.f. Silicato hidratado natural de aluminio, calcio y hierro, que se encuentra en las rocas débilmente metamórficas.

epidural adj. Situado alrededor de la duramadre y entre esta y el canal raquídeo óseo. ◇ **Anestesia epidural** o **epidural** Anestesia *peridural.

epifanía s.f. (gr. *epipháneia,* aparición). Fiesta cristiana que se celebra el 6 de enero para conmemorar la manifestación de Cristo a los gentiles y que en el Evangelio figura como la adoración de Jesús por los Reyes Magos. (Suele escribirse con mayúscula.)

epifenomenismo s.m. Teoría filosófica según la cual la conciencia se añade a los fenómenos fisiológicos, sin influir en ellos.

epifenomenista adj. y s.m. y f. Relativo al epifenomenismo; partidario de esta teoría filosófica.

epifenómeno s.m. (gr. *epiphainómena,* las cosas que aparecen pronto o después). FILOS. Fenómeno que se suma a otro sin modificarlo.

epífisis s.f. (gr. *epíphysis,* excrecencia) [pl. *epífisis*]. Extremidad de un hueso largo, que contiene la médula roja. **2.** Glándula situada en la cara posterior del diencéfalo. SIN.: *glándula pineal.*

epifitia s.f. Enfermedad contagiosa que afecta local o regionalmente a una especie vegetal.

epifito, a adj. y s.m. Se dice de la planta fijada sobre otra, sin ser parásita, como es el caso de algunas orquídeas ecuatoriales y de los árboles.

epifonema s.m. (del gr. *epiphónema,* interjección). Figura retórica de pensamiento de las llamadas lógicas, que consiste en concluir una narración o pensamiento mediante una exclamación o reflexión profunda.

epigástrico, a adj. (del gr. *gastir, -trós,* vientre, estómago). Relativo al epigastrio.

epigastrio s.m. Parte superior del abdomen comprendida entre el ombligo y el esternón.

epigénesis s.f. (pl. *epigénesis*). BIOL. Teoría según la cual el embrión se constituye gradualmente en el huevo por formación sucesiva de sus partes. **2.** GEOMORFOL. Sobreimposición. **3.** MINER. Sustitución de un mineral por otro en una roca.

epigeo, a adj. BOT. Se dice de una forma de germinación en la que el crecimiento de la gémula eleva los cotiledones por encima del suelo.

epigino, a adj. BOT. Se dice de la pieza floral inserta encima del ovario. **2.** BOT. Se aplica al periantio o androceo insertos por encima del ovario, llamado en este caso *ínfero.*

epiglotis s.f. (pl. *epiglotis*). Cartílago que permite la oclusión de la glotis durante la deglución.

epígono s.m. (gr. *epígonos,* nacido después). Persona que sigue las tendencias o enseñanzas de otra, especialmente en materia artística, filosófica, etc. **2.** Persona que pertenece a la segunda generación.

epígrafe s.m. (gr. *epigraphé,* inscripción, título). Texto que precede a cada capítulo o división de un libro, a los artículos de periódico, etc., anunciando su contenido. **2.** Frase, sentencia o cita que se coloca al principio de un escrito sugiriendo algo de su contenido o lo que lo ha inspirado. **3.** Título, rótulo. **4.** Inscripción en piedra, metal, etc., para conservar el recuerdo de alguien o de algún suceso.

epigrafía s.f. Ciencia auxiliar de la historia que estudia las inscripciones sobre materiales duros, como piedra, metal o madera.

epigráfico, a adj. (lat. *graphicus,* dibujado magistralmente, del gr. *graphikós,* de la escritura o el dibujo). Relativo a la epigrafía.

epigrafista s.m. y f. Persona que se dedica a la epigrafía.

epigrama s.m. (del gr. *epigramma,* inscripción). Composición breve, generalmente en verso en la que se expresa un pensamiento satírico o ingenioso.

epigramático, a adj. (lat. *grammaticus,* del gr. *grammatikós*). Relativo al epigrama.

epigramista s.m. y f. Autor de epigramas. SIN.: *epigramatista.*

epilepsia s.f. (lat. *epilepsia,* del gr. *epilepsía,* interrupción brusca). Enfermedad que se manifiesta mediante crisis convulsivas paroxísticas, correspondientes a descargas encefálicas bilaterales o localizadas, que pueden ir acompañadas de pérdida de conciencia o de alucinaciones.

epilepsia

Se distinguen dos formas de epilepsia: las crisis generalizadas, debidas a descargas encefálicas bilaterales súbitas, sincrónicas y simétricas, y las crisis parciales, debidas a una descarga en una zona parcial. Las primeras se presentan o bien en forma de *gran mal,* con la aparición sucesiva de rigidez del cuerpo, convulsiones generalizadas y, finalmente, coma profundo; o bien en forma de *pequeño mal,* específico del niño, con ausencia o suspensión brusca de las funciones de la conciencia de diez a quince segundos, y mioclonías. El pequeño mal desaparece en la pubertad o se transforma en gran mal.

epiléptico, a adj. y s. (lat. *epilepticus,* del gr. *epileptikós*). Relativo a la epilepsia; que padece esta enfermedad.

epilogar v.tr. Compendiar un escrito.

epílogo s.m. (gr. *epílogos*). Recapitulación de todo lo dicho anteriormente, especialmente en una obra literaria. **2.** Parte añadida a algunas obras literarias, en la que se hace alguna consideración general acerca de ellas o se finaliza una acción secundaria. **3.** Suceso que ocurre después de otro que ya se consideraba como terminado y que cambia su final: *la fiesta tuvo un triste epílogo.*

epimaco s.m. Ave paseriforme de Nueva Guinea, con una larga cola y abanicos de grandes plumas a cada lado del pecho.

epímone s.f. (gr. *epimoné,* perseverancia). Figura retórica de pensamiento que consiste en una repetición insistente de una palabra con intención de dar cierto énfasis a lo que se dice.

epipaleolítico, a adj. y s.m. Se dice del período prehistórico que sigue al paleolítico a partir del holoceno, caracterizado por el desarrollo de las herramientas microlíticas, sin abandono de la economía de depredación, y que se opone, de este modo, al mesolítico.

epiplón s.m. (gr. *epíploon*). ANAT. Repliegue del peritoneo que une el estómago con el colon transverso (epiplón mayor) o el hígado con el estómago (epiplón menor).

epirogénesis o **epeirogénesis** s.f. (pl. *epirogénesis* o *epeirogénesis*). GEOL. Levantamiento o hundimiento conjunto de una gran parte de la corteza terrestre.

epirogénico, a adj. Relativo a la epirogénesis.

epirota adj. y s.m. y f. De Epiro. ◆ s.m. Dialecto dórico hablado en Epiro en la antigüedad.

episcleritis s.f. Inflamación superficial de la esclerótica, que se manifiesta por un ligero enrojecimiento del blanco del ojo.

episcopado s.m. Dignidad del obispo. **2.** Tiempo que dura el gobierno de un obispo. **3.** Conjunto de obispos: *el episcopado latinoamericano.* **4.** Orden sagrada por la que se recibe la plenitud del sacerdocio.

episcopal adj. (del lat. *episcopus*). Relativo al episcopado: *jurisdicción episcopal.*

episcopaliano, a adj. y s. Relativo al episcopalismo; partidario de esta doctrina. ◆ adj. **Iglesia episcopaliana** Nombre de la Iglesia anglicana en EUA.

episcopalismo s.m. Doctrina según la cual la asamblea de los obispos es superior al papa.

episcopio s.m. Aparato que sirve para proyectar objetos opacos en una pantalla por reflexión.

episiotomía s.f. Incisión de la vulva y de los músculos del periné, que se practica en algunos partos para facilitar el paso de la cabeza del feto.

episódico, a adj. Circunstancial. **2.** Relativo al episodio.

episodio s.m. (gr. *epeisódion,* parte del drama entre dos entradas del coro). Suceso que, enlazado con otros, forma un todo o conjunto. **2.** LIT. Suceso que constituye una unidad narrativa parcial y secundaria y que forma parte de la acción principal: *el episodio de los molinos de viento.*

episoma s.m. Partícula celular del citoplasma, portadora de información genética.

epistasis s.f. (gr. *epistasis,* dominación). BIOL. Carácter dominante de un gen sobre otro no alelo.

epistaxis s.f. (gr. *epístaxis*). MED. Hemorragia nasal.

epistemología s.f. Estudio crítico del desarrollo, métodos y resultados de las ciencias. ◇ **Epistemología genética** Teoría del conocimiento científico, desarrollada por J. Piaget, que confronta el análisis del propio desarrollo de este conocimiento en el niño, y el de la constitución del sistema de nociones utilizadas por una ciencia en particular a lo largo de su trayectoria.

epistemológico, a adj. Relativo a la epistemología.

epístola s.f. (lat. *epistula,* del gr. *epistolí,* mensaje escrito). Carta misiva que se escribe a una o varias personas. **2.** LIT. Composición poética en forma de carta, cuyo fin es moralizar, instruir o satirizar. **3.** REL. Fragmento de las epístolas del Antiguo y, en especial, del Nuevo Testamento que se lee o se canta durante la misa.

epistolar adj. Relativo a la epístola o carta.

epistolario s.m. Colección o conjunto de cartas o epístolas de uno o varios autores.

epitafio s.m. (lat. tardío *epithaphium,* del gr. *epitáfios,* fúnebre). Inscripción sepulcral.

epitalamio s.m. (lat. *epithalamion,* del gr. *epithalámion,* relativo a las nupcias). LIT. Poema lírico compuesto con ocasión de una boda.

epitaxia s.f. Fenómeno de orientación mutua de los cristales de sustancias diferentes, debido a las estrechas analogías de la distribución de los átomos de las caras comunes. SIN.: *epitaxis.*

epitelial adj. Relativo al epitelio.

epitelio s.m. (del gr. *thilí,* pezón del pecho). HISTOL. Tejido formado por una o varias capas de células, que recubre el cuerpo, las cavidades internas y los órganos. (Se distinguen los *epitelios de revestimiento,* que constituyen la capa superficial de la piel [epidermis] y de las mucosas, y los *epitelios glandulares,* que tienen una función de secreción.)

epitelioma s.m. Tumor maligno formado en el tejido epitelial.

epitelización s.f. Regeneración del epitelio sobre el tejido conjuntivo, durante la cicatrización.

epíteto s.m. (del gr. *epítheton,* añadido). Adjetivo que atribuye al nombre al que acompaña una cualidad inherente al mismo. **2.** Calificación injuriosa o elogiosa.

epítome s.m. (lat. *epitome,* del gr. *epitomé,* corte, resumen). Compendio en el que se expone lo más fundamental o preciso de una obra extensa.

epizootia s.f. Enfermedad contagiosa que afecta a un gran número de animales.

epo s.f. (acrónimo). Eritropoyetina.

época s.f. (gr. *epokhé,* detención, lugar del cielo donde un astro se detiene). Período de la historia marcado por un acontecimiento importante o por un estado de cosas: *la época de las cruzadas.* **2.** Momento determinado del año, de la vida de una persona o de una sociedad: *la época de la vendimia.* **3.** Tiempo de considerable duración caracterizado por algo. ◇ **De época** No contemporáneo o ambientado en un pasado no cercano: *película de época.* **Formar,** o **hacer, época** Tener un suceso mucha resonancia en el tiempo en que ocurre.

epodo s.m. (lat. *apodos*). Estrofa lírica formada por dos versos desiguales. **2.** Composición poética que utiliza esta estrofa: *los epodos de Horacio son satíricos.* **3.** Parte lírica cantada en los coros de las tragedias después de la estrofa y antistrofa.

epónimo, a adj. (gr. *epónymos*). Que da su nombre a una cosa, especialmente una localidad o una época. <> **Magistrado epónimo** Arconte de Atenas que daba su nombre al año.

epopeya s.f. (gr. *epopoeia*). Poema narrativo extenso de acciones bélicas y nobles y personajes heroicos. **2.** Conjunto de poemas que forman la tradición épica de un pueblo. **3.** *Fig.* Acción realizada con dificultades y sufrimientos.

epóxido s.m. QUÍM. Función de enlace de dos átomos vecinos de una cadena de carbono con un mismo átomo de oxígeno exterior a la cadena.

épsilon s.f. Nombre de la quinta letra del alfabeto griego (ε, Ε), que corresponde a la *e* española.

epsomita s.f. Sulfato natural hidratado de magnesio.

épulis s.m. Tumor inflamatorio de la encía.

equiángulo adj. Que tiene los ángulos iguales: *un triángulo equiángulo es también equilátero.*

equidad s.f. (lat. *aequitas, -atis*). Cualidad que consiste en juzgar con imparcialidad. **2.** Cualidad que consiste en atribuir a cada uno aquello a lo que tiene derecho. **3.** DER. Justicia natural, por oposición a justicia legal y a justicia ideal.

equidistancia s.f. Cualidad de equidistante.

equidistante adj. Que equidista.

equidistar v.intr. Estar a igual distancia dos o más puntos o cosas de un punto de referencia o entre sí: *todos los puntos de la circunferencia equidistan del centro.*

equidna s.m. Mamífero ovíparo de Australia y Nueva Guinea de unos 25 cm de long., excavador e insectívoro, con el cuerpo cubierto de pinchos y cuyo hocico se prolonga en una especie de pico córneo.

équido, a adj. y s.m. Relativo a una familia de mamíferos herbívoros ungulados que poseen un solo dedo por pata, como el caballo, la cebra y el asno.

equilátero, a adj. GEOMETR. Se dice de la figura de lados iguales. **2.** GEOMETR. Se dice de la hipérbola cuyas asíntotas son perpendiculares entre sí.

equilibrado, a adj. Se dice de la persona que es justa, prudente y sensata. ◆ s.m. Acción y efecto de equilibrar.

equilibrador s.m. Órgano o dispositivo que mantiene el equilibrio: *los aviones están provistos de equilibradores automáticos.*

equilibrar v.tr. y prnl. Poner en equilibrio. **2.** *Fig.* Hacer que una cosa no exceda ni supere a otra o a otras. ◆ v.tr. MEC. Determinar la medida en que una pieza en rotación se halla desequilibrada.

equilibrio s.m. (lat. *aequilibrium*). Estado de reposo de un cuerpo, resultante de la actuación de fuerzas que se contrarrestan. **2.** Posición de estabilidad de un cuerpo que se mantiene sobre una base. **3.** *Fig.* Armonía, combinación adecuada entre cosas diversas. **4.** *Fig.* Capacidad de una persona de juzgar, opinar o actuar de manera justa, mesurada y sensata. **5.** QUÍM. Estado de un sistema de cuerpos cuya composición no varía por la ausencia de reacción o por la existencia de dos reacciones inversas de igual velocidad. ◆ **equilibrios** s.m.pl. *Fig.* Actos encaminados a sostener una situación dificultosa. <> **Equilibrio económico** Situación de un país o de un grupo de países caracterizada por la igualdad entre los volúmenes de oferta y de demanda en los mercados de bienes, capitales y trabajo, así como por una tendencia al retorno de la estabilidad y por la interdependencia de distintos mercados. **Equilibrio estable** Equilibrio en el que un cuerpo, ligeramente desplazado de su posición inicial, tiende a volver a ella. **Equilibrio indiferente** Equilibrio en el que un cuerpo, ligeramente apartado de su posición de equilibrio, permanece en equilibrio en su nueva posición. **Equilibrio inestable** Equilibrio en el que un cuerpo, separado de su posición, no la recupera. **Equilibrio natural** Estado de un ecosistema cuya biocenosis se mantiene largo tiempo sin grandes cambios, debido a que las influencias climáticas, edáficas y bióticas son muy estables y se limitan unas a otras. **Equilibrio presupuestario** Situación en la que el presupuesto público anual debe asegurar la cobertura completa de los gastos ordinarios con los ingresos de carácter fiscal. **Sentido del equilibrio** Función que asegura el mantenimiento del cuerpo en equilibrio y cuyo centro principal es el cerebelo, que reacciona ante los mensajes del oído interno.

equilibrismo s.m. Conjunto de ejercicios que practica el equilibrista.

equilibrista adj. y s.m. y f. Se dice de la persona que realiza ejercicios de destreza o de equilibrio acrobático.

equimolecular adj. QUÍM. Se dice de la mezcla que contiene distintos cuerpos en iguales proporciones moleculares.

equimosis s.f. (gr. *ekkhýmosis*). MED. **a.** Mancha de la piel resultante de un derrame de sangre a nivel del tejido celular subcutáneo. **b.** Presencia de sangre en el tejido celular, al extravasarse por efracción de los vasos.

equimúltiplo, a adj. y s.m. MAT. Se dice de dos números con relación a otros dos cuando son el resultado de la multiplicación de estos últimos por un mismo número.

equinismo s.m. MED. Deformación del pie que, al estar en tensión forzada, solo descansa sobre los dedos.

1. **equino** s.m. (lat. *equinus,* erizo, del gr. *ekhinos*). ARQ. Moldura convexa gruesa, que forma el cuerpo del capitel dórico.

2. **equino, a** adj. (del lat. *equus,* caballo). Relativo al caballo. ◆ s.m. Animal équido. <> **Pie equino** Deformidad del pie que solo permite apoyarse sobre los dedos.

equinoccial adj. Relativo al equinoccio.

equinoccio s.m. (lat. *aequinoctium*). Momento del año en el que el Sol, en su movimiento propio aparente sobre la eclíptica, corta el ecuador celeste, y en que la duración del día y la noche es igual. (Existen dos equinoccios al año, el 20 o 21 de marzo y el 22 o 23 de septiembre.) <> **Línea de equinoccios** Recta de intersección de los dos planos de la eclíptica y del ecuador celeste.

equinococo s.m. Cestodo que vive en el intestino de algunos animales carnívoros en estado adulto, cuya larva se desarrolla en el hígado de numerosos mamíferos.

equinococosis s.f. Enfermedad parasitaria producida por la existencia del cisticerco del equinococo en los tejidos orgánicos.

equinodermo, a adj. y s.m. Relativo a un tipo de animales marinos invertebrados que presentan simetría axial pentámera y están dotados de un sistema de ventosas, como el erizo de mar y la estrella de mar.

equipaje s.m. Conjunto de cosas que se llevan de viaje. **2.** MAR. Conjunto de marinería y tropa que constituye la dotación de un barco. **3.** MIL. Conjunto de ropas y efectos que forma parte de la impedimenta de un ejército en campaña.

equipal s.m. Méx. Silla de varas entretejidas, con el asiento y el respaldo de cuero o de palma tejida.

equipamiento s.m. Acción de equipar o equiparse. **2.** Conjunto de elementos con que se equipa alguien o algo. <> **Equipamiento social** Conjunto de medios y de inversiones con los que los agentes sociales promueven sus proyectos de acuerdo con sus necesidades, y que necesitan el concurso financiero de las entidades públicas.

equipar v.tr. y prnl. (fr. *équiper,* del escand. ant. *skipa,* equipar un barco). Proveer del conjunto de cosas necesario para un uso determinado.

equiparación s.f. Acción de equiparar.

equiparar v.tr. (lat. *aequiparare*). Comparar una persona o cosa con otra, considerándolas o haciéndolas iguales o equivalentes.

equipo s.m. Grupo de personas que realizan el mismo trabajo de manera organizada: *equipo médico.* **2.** Conjunto de personas que practican un deporte o un juego competitivo: *equipo de fútbol.* **3.** Conjunto de ropas y otras cosas para uso particular de una persona: *equipo de soldado.* **4.** Conjunto de objetos y material necesarios para un fin. **5.** Equipamiento.

equipolado, a adj. HERÁLD. Se dice de cada uno de los cuatro puntos que se interpolan con otros cinco de diferente esmalte, estando dispuestos los nueve en forma de tablero de ajedrez.

equipolencia s.f. Relación existente entre dos o más vectores iguales, paralelos y del mismo sentido.

equipolente adj. Se dice del vector relacionado con otro por equipolencia.

equipotencial adj. Que tiene el mismo potencial.

equis s.f. Nombre de la letra *x*. **2.** Nombre del signo de la incógnita en los cálculos. ◆ adj. Que es o representa una cantidad indeterminada de aquello que se expresa: *equis veces.*

equisetal adj. y s.f. Relativo a un orden de plantas sin flores, con prótalos unisexuados.

equiseto s.m. Planta que crece en lugares húmedos, de hasta 1,50 m de alt., tallo hueco, hojas dispuestas en verticilos y espigas terminales de esporangios en escamas, que producen esporas.

equitación s.f. (lat. *equitatio, -onis*). Arte o actividad de montar a caballo. **2.** Deporte de montar a caballo.

equitador s.m. Amér. Caballista, el que monta bien y sabe de caballos.

equitativo, a adj. Que tiene equidad.

équite s.m. (lat. *eques, -itis,* jinete). Ciudadano romano perteneciente a una clase intermedia entre los patricios y los plebeyos.

equiuroideo, a adj. y s.m. Relativo a un grupo de metazoos vermiformes dotados de una larga trompa retráctil, que viven sobre todo en los litorales marinos.

equivalencia s.f. Relación de igualdad en el valor, la potencia, etc., de dos o varias personas o cosas: *equivalencia de pesos.* **2.** Persona o cosa que equivale a otra. ◇ **Relación de equivalencia** Relación que une dos elementos *a* y *b* de un conjunto, que se verifica si *a* y *b* son el mismo elemento (relación reflexiva), es verdadera para *b* y *a* cuando lo es para *a* y *b* (relación simétrica), es verdadera para *a* y *c* si lo es para *a* y *b* por una parte, y para *b* y *c* por otra (relación transitiva).

equivalente adj. Que equivale a otra cosa. ◆ s.m. Cosa que equivale a otra en cantidad o en calidad: *emplear equivalentes.* ◇ **Equivalente electroquímico** Cociente del peso atómico de cada elemento químico por su electrovalencia. **Equivalente mecánico del calor** Relación constante, igual a 4,185 julios por caloría, que existe entre un trabajo determinado y la cantidad de calor correspondiente. **Equivalente químico** Cantidad de una determinada entidad química que en unas condiciones dadas suministra, desplaza o reacciona con un mol de átomos de hidrógeno o de otro átomo o grupo de átomos monovalente. SIN.: *peso equivalente.* **Figuras equivalentes** Figuras con igual área, pero que pueden tener forma distinta. **Proyección equivalente** Proyección cartográfica que respeta las superficies y las proporciones, pero que deforma el dibujo de los continentes.

equivalente-gramo s.m. (pl. *equivalentes-gramo*). QUÍM. Cantidad de una sustancia o radical cuya masa expresada en gramos es numéricamente igual a su equivalente químico.

equivaler v.intr. [conj.: *valer*]. Tener algo el mismo valor, potencia, etc., que otra cosa.

equivocación s.f. Acción de equivocar o equivocarse. **2.** Cosa que se hace o dice de forma equivocada.

equivocada s.f. Méx. Acción y efecto de equivocarse.

equivocado, a adj. Se dice de la cosa que contiene equivocación.

equivocar v.tr. y prnl. Tomar por correcto o por cierto algo que no lo es: *equivocar el rumbo.* **2.** Hacer que alguien tome por correcto o cierto algo que no lo es.

equívoco, a adj. (lat. tardío *aequivocus*). Que puede tener varios significados o interpretaciones. **2.** Se dice de la persona que por su aspecto o maneras hace sospechar inmoralidad. **3.** Relativo a dicha persona: *aspecto equívoco.* ◆ s.m. Malentendido.

1. **era** s.f. (lat. tardío *aera, -ae,* número, cifra, año). Sistema de cómputo cronológico en que se asigna a cada año, siglo o milenio un número de orden a partir de una fecha determinada. **2.** Período histórico caracterizado por un orden de cosas o por un acontecimiento importante: *la era atómica.* **3.** Punto de partida de una cronología determinada. **4.** GEOL. Subdivisión de primer orden de los tiempos geológicos.

2. **era** s.f. (lat. *area,* solar sin edificar). Espacio descubierto, llano y a veces empedrado, donde se trillan las mieses.

eral, la s. (de *1. era*). Res vacuna que no pasa de dos años.

erario s.m. Conjunto de bienes públicos. **2.** Lugar donde se guarda.

erasmismo s.m. Ideología suscitada en el s. XVI por el humanista Erasmo de Rotterdam, basada en un cristianismo moral y tolerante.

erasmista adj. y s.m. y f. Relativo al erasmismo; partidario de esta ideología.

erbio s.m. (de *Ytterby,* localidad sueca). Metal del grupo de los lantánidos. **2.** Elemento químico (Er), de número atómico 68 y masa atómica 167,26.

ere s.f. Nombre de la letra *r* en su sonido simple.

erección s.f. (lat. *erectio, -onis*). Acción de erigir o erigirse. **2.** Acción de ponerse erecta una cosa. **3.** FISIOL. Estado de rigidez de algunos tejidos orgánicos y de algunos órganos, en particular el pene, en estado de turgencia.

eréctil adj. Que puede levantarse, enderezarse o ponerse rígido.

erecto, a adj. Erguido, levantado: *ramas erectas.*

erector, ra adj. y s. Que erige. ◆ adj. FISIOL. Relativo a la erección: *músculo erector.*

eremita s.m. y f. (lat. *eremita*). Ermitaño, asceta que vive en soledad.

eremítico, a adj. Relativo a los eremitas.

erepsina s.f. Enzima del jugo intestinal que transforma las peptonas en aminoácidos.

eretismo s.m. (gr. *erethismós,* irritación). MED. Estado anormal de irritabilidad de algunos tejidos o sistemas nerviosos.

erg s.m. (voz árabe). Región sahariana ocupada por las dunas.

ergastoplasma s.m. Orgánulo intracelular formado por una red compleja de pliegues membranosos, en el que se fijan los ribosomas.

ergástula s.f. Prisión de la antigua Roma, generalmente subterránea, donde se encerraban los esclavos castigados y los condenados a trabajos forzados.

ergativo s.m. LING. Caso gramatical que, en algunas lenguas flexivas, indica el agente de una acción que se ejerce sobre un objeto.

ergio s.m. Unidad de medida de trabajo, de energía y de cantidad de calor (símb. erg), equivalente a 10^{-7} julios.

ergo conj.consec. (voz latina). Por tanto, luego, pues.

ergógrafo s.m. Aparato utilizado para el estudio del trabajo muscular.

ergol s.m. Sustancia química susceptible de entrar en la composición de una mezcla propulsora.

ergonomía s.f. Estudio sobre la organización metódica del trabajo y el acondicionamiento del equipo en función de las características del trabajador. **2.** Búsqueda de una mejor adaptación entre una función, un hardware y el usuario. **3.** Cualidad de un hardware concebido de este modo.

ergonómico, a adj. Relativo a la ergonomía. **2.** Que se caracteriza por una buena ergonomía.

ergosterol s.m. Esterol presente en los tejidos animales o vegetales, que puede transformarse en vitamina D por la influencia de los rayos ultravioletas.

ergotamina s.f. Base nitrogenada tóxica, extraída del cornezuelo del centeno, que se utiliza en medicina como simpaticolítico.

ergoterapia s.f. Terapéutica basada en la actividad física o manual, aplicada especialmente en las afecciones mentales como medio de readaptación social.

ergotina s.f. (fr. *ergotine*). Alcaloide del cornezuelo del centeno.

ergotismo s.m. Intoxicación producida por el cornezuelo de centeno, que se manifiesta por trastornos nerviosos y psíquicos o por trastornos vasculares.

erguén s.m. Árbol espinoso de poca altura y copa muy extendida, de cuyas semillas se extrae aceite. (Familia sapotáceas.)

erguimiento s.m. Acción y efecto de erguir o erguirse.

erguir v.tr. y prnl. (lat. *erigere*). Levantar y poner derecha una cosa: *erguía el cuello para ver por encima de las cabezas.*

erguir

INDICATIVO

presente
irgo o *yergo*
irgues o *yergues* (erguís)
irgue o *yergue*
erguimos
erguís
irguen o *yerguen*

copretérito o **pret. imperfecto**
erguía
erguías
erguía
erguíamos
erguíais
erguían

pretérito o **pret. perf. simple**
erguí
erguiste
irguió
erguimos
erguisteis
irguieron

futuro o **fut. simple**
erguiré
erguirás
erguirá
erguiremos
erguiréis
erguirán

pospretérito o **condicional simple**
erguiría
erguirías
erguiría
erguiríamos
erguiríais
erguirían

SUBJUNTIVO

presente
irga o *yerga*
irgas o *yergas*
irga o *yerga*
irgamos o *yergamos*
irgáis o *yergáis*
irgan o *yergan*

pretérito o **pret. imperfecto**
irguiera o *irguiese*
irguieras o *irguieses*
irguiera o *irguiese*
irguiéramos o *irguiésemos*
irguierais o *irguieseis*
irguieran o *irguiesen*

futuro o **fut. simple**
irguiere
irguieres
irguiere
irguiéremos
irguiereis
irguieren

IMPERATIVO

irgue o *yergue* (erguí)	(tú, vos)
irga o *yerga*	(él)
irgamos o *yergamos*	(nosotros)
erguid	(vosotros)
irgan o *yergan*	(ellos)

FORMAS NO PERSONALES

infinitivo	**gerundio**
erguir	irguiendo

participio
erguido

erial adj. y s.m. Se dice de la tierra o campo sin cultivar ni labrar.

ericáceo, a adj. y s.f. (del lat. *erice*, jara, del gr. *eryggos*). Relativo a una familia de plantas dicotiledóneas gamopétalas, como el brezo, el rododendro y la azalea.

erigir v.tr. Construir o levantar un edificio o un monumento. **2.** Fundar o instituir algo. ◆ v.tr. y prnl. Elevar a cierta condición: *erigirse en cabecilla.*

erina s.f. CIR. Instrumento que sirve para mantener separados los tejidos durante una operación.

erisipela s.f. (lat. *erysipelas, -atis*, del gr. *erysípelas, -atos*). Enfermedad infecciosa, debida a un estreptococo, caracterizada por una inflamación de la piel, que afecta sobre todo a la dermis y se localiza frecuentemente en la cara.

erisipelatoso, a adj. Relativo a la erisipela.

eristalis s.m. Mosca grande de abdomen amarillo y negro, parecida a una avispa. (Familia sírfidos.)

erística s.f. Arte de la controversia.

eritema s.m. (lat. *erythima*, rubicundez). Enrojecimiento de la piel provocado por una congestión cutánea.

eritrasma s.f. MED. Dermatosis muy frecuente en las ingles, que se caracteriza por una placa de color rojo amarronado simétrica y es debida a una micosis.

eritreo, a adj. y s. De Eritrea. ◆ adj. Relativo al mar Rojo.

eritroblasto s.m. Célula progenitora de los eritrocitos, que conserva su núcleo.

eritroblastosis s.f. Presencia patológica de eritroblastos en la sangre.

eritrocito s.m. Hematíe.

eritrofobia s.f. Temor obsesivo a ruborizarse en público.

eritromicina s.f. Antibiótico activo contra las bacterias grampositivas y contra las del género *Brucella.*

eritropoyetina s.f. Hormona que contribuye a aumentar la producción de hematíes. (Esta sustancia puede ser natural, segregada por el riñón o el hígado; o bien, sintética, utilizada por algunos deportistas para aumentar su rendimiento.)

erizado, a adj. BOT. Se dice de la planta y de sus órganos cubiertos de pelos tiesos, rígidos, casi punzantes.

erizamiento s.m. Acción y efecto de erizar o erizarse.

erizar v.tr. y prnl. Levantar, poner algo rígido y tieso, especialmente el pelo. ◆ v.tr. *Fig.* Llenar o estar llena una cosa de obstáculos o asperezas.

erizo s.m. (lat. *ericius*). Mamífero insectívoro de unos 20 cm de long., caracterizado por sus púas agudas en el dorso y los costados, y por la facultad de arrollarse en forma de bola, que se alimenta de insectos, gusanos, moluscos y reptiles. **2.** *Fig.* y *fam.* Persona de carácter áspero. **3.** BOT. Cúpula erizada de pinchos que recubre los frutos del castaño. **4.** MIL. Conjunto de puntas de hierro que coronaba una muralla, etc., para dificultar el paso sobre ella. **5.** MIL. Obstáculo formado por maderos unidos con alambre de espino. ◇ **Erizo de mar,** o **marino** Animal equinodermo marino con caparazón calcáreo globuloso, cubierto de púas móviles y cuyas glándulas reproductoras son comestibles. (Clase equínidos.)

erke o **erque** s.m. Argent. Instrumento musical de viento parecido a la trompeta, con embocadura lateral, cuyo pabellón se prolonga en dos o más cañas insertadas entre sí hasta alcanzar entre 2 y 6 m de long.

erkencho o **erquencho** s.m. Argent. Trompeta rústica cuyo pabellón se construye con un cuerno de vacuno en el que se inserta una boquilla de caña terminada a modo de lengüeta.

ermita s.f. (del lat. *eremita*, ermitaño). Capilla o iglesia pequeña situada en despoblado o en las afueras de una población.

ermitaño, a s. (del ant. *ermitano*, del bajo lat. *eremitanem*). Persona que vive en una ermita y cuida de ella. **2.** Asceta que vive en soledad. ◆ s.m. Decápodo marino, de abdomen blando y grande, que protege alojándose en la concha vacía de algún molusco. (Familia pagúridos.)

erogación s.f. Acción y efecto de erogar. **2.** Méx. Gasto, pago.

erogar v.tr. (lat. *erogare*). Distribuir bienes o caudales. **2.** Bol. Gastar el dinero. ◆ v.intr. Méx. Gastar, pagar.

erógeno, a adj. Que provoca excitación sexual o es susceptible de sentirla: *zonas erógenas.* SIN.: *erotógeno.*

eros s.m. (voz griega, *amor*). PSICOANÁL. Conjunto de las pulsiones de vida en la teoría freudiana.

erosión s.f. (lat. *erosion, -onis,* de *erodere,* roer, corroer). Conjunto de fenómenos de desgaste de la corteza terrestre, constituidos por la degradación del relieve y el transporte y acumulación de los materiales arrancados, producidos por agentes geológicos y por seres vivos. **2.** Desgaste producido en la superficie de un cuerpo por la fricción de otro. **3.** *Fig.* Pérdida o disminución de prestigio o de influencia de una persona o una institución. ◇ **Erosión del suelo** Degradación debida principalmente a la acción del ser humano. **Erosión diferencial** Ablación desigual resultante de las diferencias de resistencia de las distintas rocas frente a los agentes de erosión. **Erosión regresiva** Excavación que se desplaza remontando el curso de un río, torrente, etc., a causa de un descenso del nivel de base. **Sistema de erosión** Combinación relativamente constante, en una zona climática, de distintos procesos de erosión. **Superficie de erosión** Superficie que resulta de un largo trabajo de erosión.

erosionar v.tr. Producir erosión. ◆ v.tr. y prnl. *Fig.* Desgastar el prestigio o influencia de una persona, partido, etc.

erosivo, a adj. Relativo a la erosión.

erótico, a adj. (lat. *eroticus,* del gr. *erotikós,* relativo al amor). Relativo al amor, especialmente al sexual. **2.** Que excita sexualmente.

erotismo s.m. Búsqueda de la excitación y el placer sexual. **2.** Carácter de erótico. **3.** PSICOANÁL. Aptitud de la excitación de las zonas erógenas para acompañarse de placer sexual.

erotizar v.tr. y prnl. Dar carácter erótico a algo o alguien.

erotógeno, a adj. Erógeno.

erotología s.f. Estudio del amor físico y de las obras eróticas.

erotomanía s.f. PSIQUIATR. Trastorno mental caracterizado por una obsesión sexual.

erotómano, a adj. y s. PSIQUIATR. Que padece erotomanía.

erque s.m. Argent. → **erke.**

erquencho s.m. Argent. → **erkencho.**

errabundo, a adj. Errante.

erradicación s.f. Acción de erradicar: *la erradicación de la miseria.* **2.** Supresión de una infección contagiosa en un territorio, mediante el tratamiento y la vacunación de los individuos o mediante la destrucción del vector.

erradicar v.tr. Arrancar de raíz o eliminar completamente algo.

erraj o **herraj** s.m. Cisco de huesos de aceituna machacados.

errante adj. Que anda vagando. SIN.: *errabundo.*

errar v.tr., intr. y prnl. (lat. *errare*). No acertar, equivocarse. ◆ v.intr. Andar vagando, sin destino o sin domicilio fijo.

errata s.f. (lat. *errata,* pl. de *erratum,* cosa errada). Equivocación en un texto escrito: *fe de erratas.*

errático, a adj. Que va de un sitio a otro sin rumbo fijo. **2.** Inestable o inconstante. **3.** MED. Intermitente, irregular. ◇ **Bloque errático** GEOL. Bloque redondeado o anguloso que subsiste después del retroceso de un glaciar.

erre s.f. Nombre de la letra *r,* especialmente en su sonido fuerte o de vibrante múltiple. ◇ **Erre que erre** *Fam.* Con obstinación, tercamente.

errona s.f. Chile. Suerte en que no acierta el jugador.

erróneo, a adj. Que contiene error: *suposición errónea.*

error s.m. Concepto o expresión falsos, no conformes a la verdad: *el examen estaba plagado de errores.* **2.** Acción desacertada o equivocada: *fue un error llegar tarde a la entrevista.* **3.** Conducta reprochable, particularmente desde un punto de vista religioso: *vivir en el error.* **4.** DER. Conocimiento falso o disconformidad entre el conocimiento y la realidad de las cosas en cualquier acto o contrato jurídico. ◇ **Error absoluto** Diferencia entre el valor exacto de una magnitud y el valor dado por su medida. **Error relativo** Relación entre el error absoluto y el valor de la dimensión medida.

erse adj. (ingl. *Erse*). Relativo a los habitantes de la alta Escocia. ◆ s.m. Dialecto gaélico hablado en Escocia.

erubescencia s.f. Vergüenza, rubor.

erubescente adj. Avergonzado, ruborizado.

eruciforme adj. ZOOL. Se dice de la larva de insecto con aspecto de oruga.

eructar v.intr. (lat. *eructare*). Echar por la boca y con ruido los gases del estómago.

eructo s.m. Acción y efecto de eructar. **2.** Gases expelidos al eructar.

erudición s.f. Saber profundo en un tipo de conocimientos, especialmente en los referentes a disciplinas literarias e históricas.

erudito, a adj. y s. (lat. *eruditus,* de *erudire,* quitar la rudeza). Que tiene erudición.

errar

INDICATIVO	SUBJUNTIVO
presente	**presente**
yerro	*yerre*
yerras (errás)	*yerres*
yerra	*yerre*
erramos	erremos
erráis	erréis
yerran	*yerren*
copretérito o pret. imperfecto	**pretérito o pret. imperfecto**
erraba	errara o errase
errabas	erraras o errases
erraba	errara o errase
errábamos	erráramos o errásemos
errabais	errarais o erraseis
erraban	erraran o errasen
pretérito o pret. perf. simple	**futuro o fut. simple**
erré	errare
erraste	errares
erró	errare
erramos	erráremos
errasteis	errareis
erraron	erraren

futuro o fut. simple	**IMPERATIVO**	
erraré	*yerra* (errá)	(tú, vos)
errarás	*yerre*	(él)
errará	erremos	(nosotros)
erraremos	errad	(vosotros)
erraréis	*yerren*	(ellos)
errarán		

pospretérito o condicional simple	**FORMAS NO PERSONALES**	
	infinitivo	**gerundio**
erraría	errar	errando
errarías	**participio**	
erraría	errado	
erraríamos		
erraríais		
errarían		

erupción s.f. (lat. *eruptio, -onis,* de *erumpere,* precipitarse afuera). Expulsión violenta de algo contenido en un sitio: *erupción volcánica.* ◇ **Erupción cromosférica** Fenómeno de la actividad solar que se manifiesta por el incremento repentino y temporal de las emisiones de radiaciones electromagnéticas y de corpúsculos de una región de la cromosfera, y provoca importantes trastornos en el campo magnético de la Tierra.

erupcionar v.tr. Colomb. Hacer erupción un volcán.

eruptivo, a adj. Relativo a la erupción o que procede de esta. ◇ **Enfermedad eruptiva** Enfermedad que se caracteriza por la aparición de manchas o lesiones rojizas en la piel, como el sarampión, la escarlatina, la rubéola, etc. **Roca eruptiva** Roca que procede de la cristalización del magma.

esbatimento s.m. (ital. *sbattimento*). PINT. Sombra que hace un cuerpo sobre otro.

esbeltez s.f. Cualidad de esbelto.

esbelto, a adj. (ital. *svelto*). Delgado, alto y de formas ágiles.

esbirro s.m. (ital. *sbirro*). Persona que sirve a otra que le paga para realizar lo que se le ordena, especialmente actos violentos o amenazas. **2.** Persona que tiene por oficio prender a las personas o ejecutar personalmente órdenes de una autoridad. **3.** *Desp.* Alguacil.

esbozar v.tr. Bosquejar.

esbozo s.m. (ital. *sbozzo*). Bosquejo.

escabechar v.tr. Poner en escabeche. **2.** *Fig.* y *fam.* Matar. **3.** Esp. *Fig.* y *fam.* Suspender a alguien en un examen.

escabeche s.m. (del ár. *sikbâŷ,* guiso de carne con vinagre). Adobo de aceite, vinagre, laurel y otras especias para macerar carne o pescado. **2.** Pescado en escabeche. **3.** Argent. Fruto en vinagre, encurtido.

escabechina s.f. Esp. *Fam.* Gran destrozo, estrago. **2.** Esp. *Fam.* Cantidad de suspensos muy superior a lo normal en un examen.

escabel s.m. (lat. *scabellum*). Tarima pequeña colocada delante de la silla para descansar los pies. **2.** Asiento pequeño y sin respaldo. **3.** *Fig.* Persona o circunstancia de que alguien se aprovecha para medrar.

escabinato s.m. DER. Tribunal formado por jueces que no son expertos en materia jurídica (legos) y por jueces expertos en materia jurídica (letrados) que deliberan conjuntamente.

escabiosa s.f. (del lat. *scabiosus,* áspero, rugoso). Planta de flores blancas o azuladas, que se utilizaba contra las enfermedades de la piel. (Familia dipsacáceas.)

escabioso, a adj. Relativo a la sarna.

escabrosidad s.f. Cualidad de escabroso.

escabroso, a adj. (lat. tardío *scabrosus*). Se dice del terreno abrupto, áspero, quebrado. **2.** *Fig.* Se dice del asunto difícil de manejar o resolver. **3.** *Fig.* Áspero, duro: *carácter escabroso.* **4.** *Fig.* Que está al borde de lo inmoral u obsceno.

escabullarse v.prnl. Antillas, Colomb. y Venez. Escabullirse.

escabullirse v.prnl. [conj.: *engullir*]. Irse disimuladamente de un lugar. **2.** Escaparse una cosa de las manos: *escabullirse una anguila.*

escacharrar v.tr. y prnl. Estropear una cosa, especialmente un aparato.

escafandra s.f. (fr. *scaphandre,* del gr. *skáfi andrós,* bote o esquife para hombre). Traje protector herméticamente cerrado, que usan los buzos para sumergirse, en el que la circulación del aire está asegurada por medio de una bomba. ◇ **Escafandra autónoma** Aparato respiratorio individual, que permite a un submarinista evolucionar por debajo del agua sin ningún enlace o dependencia con la superficie. **Escafandra espacial** Escafandra que llevan los astronautas ya sea dentro de las naves, durante las fases más delicadas de los vuelos espaciales, o para salir a realizar trabajos en el espacio.

escafandrista s.m. y f. Submarinista provisto de escafandra.

escafoides s.m. y adj. (del gr. *skáfi,* bote, y *eidos,* aspecto) [pl. *escafoides*]. ANAT. Hueso más externo del carpo. SIN.: *hueso navicular.* **2.** Hueso situado en la parte superior y central del tarso.

escafópodo, a adj. y s.m. Relativo a un orden de moluscos que tienen la concha en forma de tubo.

escajocote s.m. Árbol corpulento, de América Central, cuyo fruto tiene el aspecto de una bola de algodón cuando se le quita la cáscara.

escala s.f. (lat. *scala,* escalón, escalera). Escalera portátil. **2.** Serie graduada de cosas distintas, pero de la misma especie. SIN.: *gama.* **3.** Sucesión de notas musicales ordenadas por tono. **4.** Serie de divisiones de un instrumento de medida. **5.** Sistema de niveles o grados que constituyen una jerarquía o una estructura jerarquizada. **6.** Serie continua y progresiva: *escala de precios.* **7.** *Fig.* Tamaño o proporción en que se desarrolla un plano o idea. **8.** En una representación gráfica, cartográfica o fotográfica, o en una maqueta, un modelo reducido, etc., proporción entre una longitud determinada y la longitud correspondiente. (La escala puede estar indicada mediante un número que expresa esta proporción o mediante una línea o guion.) **9.** Lugar previsto en el recorrido de una línea aérea o marítima donde se detiene una nave para abastecerse de combustible, descargar o cargar mercancías, recoger pasajeros, etc. **10.** MIL. Escalafón. ◆ **escalas** s.f.pl. HIST. Establecimientos comerciales fundados por las naciones cristianas en los países infieles. ◇ **En escala** Por mayor, en grueso. **Hacer escala** Detenerse una avión o barco para abastecerse de combustible, descargar o cargar mercancías, recoger pasajeros, etc.

---

escala

En la música occidental, las escalas se dividen en *diatónicas* y *cromáticas.* Hay dos clases de escalas diatónicas: la *mayor,* que consta de cinco tonos y dos semitonos, y la *menor,* de tres tonos, un tono y medio y tres semitonos. Todas las escalas toman el nombre de la nota por la que empiezan. Cada escala cromática incluye los doce sonidos de la escala.

---

escalada s.f. Acción de escalar. SIN.: *escalamiento, escalo.* **2.** *Fig.* Aumento o intensificación progresiva de una acción o de una variable económica: *escalada de violencia; escalada de precios.* **3.** ALP. Acción de trepar por una gran pendiente. **4.** DEP. Prueba ciclista en la que los participantes deben ascender cuestas prolongadas o con fuerte inclinación. ◇ **Escalada artificial** ALP. Escalada que se practica con presas y apoyos artificiales. **Escalada libre** ALP. Escalada que se practica con los apoyos que ofrece la roca.

escalador, ra adj. y s. Que escala. ◆ s. ALP. Persona que practica la escalada alpina.

escalafón s.m. Lista de los funcionarios de la administración, clasificados según su empleo, antigüedad, etc.

escalamiento s.m. DER. Acción de entrar en un lugar por vía no destinada al efecto. SIN.: *escalo.*

escálamo s.m. (del lat. *scalmus*). MAR. Estaca pequeña y redonda, fijada en la borda de una embarcación, a la cual se ata el remo.

1. **escalar** v.tr. Subir, trepar a una gran altura. **2.** Entrar subrepticia o violentamente en un lugar cercado. **3.** *Fig.* Subir puestos en el escalafón social. **4.** Entrar en una plaza u otro lugar valiéndose de escalas.

2. **escalar** adj. MAT. Se dice de una magnitud enteramente definida por su medida en función de una cierta unidad. ◆ s.m. MAT. En un espacio vectorial definido sobre un cuerpo conmutativo K, cada uno de los elementos de K.

escalaris s.m. Pez de cuerpo comprimido verticalmente, de 15 cm de long., originario de América del Sur, que a menudo se cría en acuario. (Familia cíclidos.)

escaldado, a adj. *Fam.* Receloso por haber sido escarmentado. ◆ adj. y s.m. Se dice de los cereales que han sufrido los efectos de un calor excepcional y como consecuencia los granos han quedado pequeños y arrugados.

escaldamiento s.m. Acción y efecto de escaldar. SIN.: *escaldadura.*

escaldar v.tr. y prnl. Bañar una cosa con agua hirviendo. ◆ **escaldarse** v.prnl. Escocerse, ponerse roja e inflamarse la piel.

escalde s.m. Enfermedad que ocasionan las bacterias en diversas plantas.

escaldo s.m. LIT. Poeta escandinavo autor de una saga.

escaleno adj. (lat. tardío *scalenus,* del gr. *skalinós,* cojo, oblicuo). MAT. Se dice del triángulo que tiene los tres lados desiguales. ◆ s.m. y adj. ANAT. Músculo de forma irregularmente triangular que va de las vértebras cervicales a las dos primeras costillas.

escalera s.f. (del lat. *scalaria,* peldaños). Serie de escalones para subir y bajar, o que comunica dos superficies a distinto nivel. **2.** En el póquer, combinación de cinco cartas de valor correlativo. **3.** Corte irregular en el pelo, en forma de escalón. ◇ **Escalera de caracol,** o **de husillo** Escalera de forma helicoidal. **Escalera de mano** Escalera portátil, formada de dos largueros paralelos unidos a intervalos iguales por travesaños. **Escalera de servicio** Escalera accesoria que tienen algunos edificios para el servicio doméstico y para los proveedores. **Escalera mecánica** Escalera de peldaños articulados en la que no es necesario realizar el movimiento de subida o bajada.

escalerilla s.f. Escalera de pocos escalones.

escalfado, a adj. Se dice de la pared mal encalada y que forma burbujas.

escalfar v.tr. (del lat. *calefacere*). Cocer en agua hirviendo o caldo un huevo sin la cáscara.

escalinata s.f. (ital. *scalinata*). Escalera exterior de un solo tramo y hecha de fábrica.

escalio s.m. Tierra yerma que se destina al cultivo.

escalo s.m. Acción de escalar. **2.** DER. Escalamiento.

escalofriante adj. Aterrador, horrible: *un grito escalofriante.* **2.** Asombroso.

escalofriar v.tr., intr. y prnl. [conj.: *desviar*]. Producir escalofríos.

escalofrío s.m. (del ant. *calofrío,* de *calor* y *frío*). Contracción muscular de breve duración, debida a una sensación de frío repentino.

escalón s.m. Peldaño. **2.** Grado de una serie continua y progresiva.

escalonamiento s.m. Acción y efecto de escalonar.

escalonar v.tr. y prnl. Situar ordenadamente personas o cosas dejando entre ellos intervalos espaciales. ◆ v.tr. Hacer algo en diferentes etapas: *escalonar la salida de vacaciones.*

escalope s.m. Loncha delgada de carne empanada y frita. SIN.: *escalopa.*

escalpar v.tr. Arrancar el cuero de la cabeza con el cabello adherido.

escalpelo s.m. (lat. *scalpellum*). Bisturí con corte en uno o ambos lados, utilizado principalmente en disecciones anatómicas.

escalpo s.m. Cabellera arrancada del cráneo junto con la piel y que algunos pueblos amerindios de América septentrional conservaban como trofeo de guerra.

escama s.f. (lat. *squama*). Cada una de las láminas que cubren el cuerpo de ciertos animales, córneas en los reptiles, y óseas en los peces. **2.** Cosa que tiene esta forma: *jabón en escamas.* **3.** Parte más alta y externa del hueso temporal. **4.** BOT. Hoja rudimentaria que protege las yemas en invierno. **5.** MED. Laminilla epidérmica que se desprende de la piel, particularmente en las dermatosis.

escamada s.f. Méx. *Fam.* Susto.

escamar v.tr. Quitar las escamas a los peces. **2.** Méx. *Fam.* Asustar, intimidar. ◆ v.tr. y prnl. *Fam.* Hacer que una persona desconfíe de alguien o algo.

escamoles s.m.pl. Méx. Hueva comestible de cierto tipo de hormiga, muy apreciable por su sabor.

escamón, na adj. Receloso o desconfiado.

escamondar v.tr. Cortar las ramas inútiles de un árbol.

escamondo s.m. Acción y efecto de escamondar. SIN.: *escamonda.*

escamonea s.f. Planta herbácea, que crece en Asia Menor y Siria, de la que se obtiene una gomorresina muy purgante. (Familia convolvuláceas.) **2.** Gomorresina de esta planta.

escamoso, a adj. Que tiene escamas.

escamotear v.tr. (fr. *escamoter*). Robar con habilidad y astucia. **2.** Eliminar algo de modo arbitrario. **3.** Hacer desaparecer de la vista a una persona o una cosa con habilidad.

escamoteo s.m. Acción y efecto de escamotear.

escampada s.f. *Fam.* Intervalo de tiempo en que deja de llover.

escampar v.intr. Dejar de llover. ◆ v.tr. Despejar un sitio.

escámula s.f. Pequeña escama, como las que recubren las alas de las mariposas.

escanciar v.tr. (del gót. *skankjan*). Servir el vino u otra bebida alcohólica. ◆ v.intr. Beber vino.

escanda s.f. (lat. tardío *scandula*). Trigo que crece terrenos pobres, cuyo grano se adhiere con fuerza al cascabillo.

escandalera s.f. *Fam.* Escándalo o alboroto grandes.

escandalizar v.tr. y prnl. Producir o causar escándalo. ◆ **escandalizarse** v.prnl. Mostrarse indignado u horrorizado por algo.

escandallar v.tr. Aplicar el escandallo a una mercancía. **2.** Sondear, medir el fondo del mar con el escandallo.

escandallo s.m. (cat. *escandall*). Procedimiento para determinar el valor, peso o calidad de un conjunto de cosas tomando al azar una de ellas como tipo. **2.** Parte de la sonda que sirve para reconocer la calidad del fondo del agua.

escándalo s.m. (lat. *scandalum,* del gr. *skándalon*). Alboroto, tumulto. **2.** Acción deshonesta, inmoral, que conmueve la opinión pública. **3.** Acción que provoca indignación o que es digna de desprecio. ◇ **Escándalo público** DER. Delito que se caracteriza por una conducta contraria a la moral pública o a las buenas costumbres.

escandaloso, a adj. Que provoca o causa escándalo: *acto escandaloso.* **2.** Se dice de la persona que es inquieta o revoltosa.

escandinavo, a adj. y s. De Escandinavia.

escandio s.m. Metal muy ligero, de propiedades muy parecidas a las de los lantánidos, de densidad 3,0, cuyo punto de fusión es de 1 538 °C. **2.** Elemento químico (Sc), de número atómico 21 y masa atómica 44,956. (Se emplea en la industria aeroespacial.)

escandir v.tr. (lat. *scandere,* medir versos). Medir un verso contando el número de pies o de sílabas de que consta.

escanear v.tr. Digitalizar un documento (texto o imagen) mediante un escáner.

escáner o **scanner** s.m. Aparato de teledetección capaz de captar, gracias a un dispositivo que opera por exploración, las radiaciones electromagnéticas emitidas por superficies extensas. **2.** ART. GRÁF. Aparato que sirve para digitalizar un documento (texto o imagen). **3.** MED. Aparato de radiodiagnóstico compuesto por un sistema de tomografía y una computadora que analiza los datos para reconstruir imágenes de las diversas partes del organismo en finas capas.

escansión s.f. (lat. *scansio, -onis*). Acción de escandir.

escantillón s.m. (fr. *échantillon*). Regla o patrón para trazar las líneas según las cuales se han de labrar las piezas.

escaña s.f. Planta herbácea que presenta el tallo desnudo en la parte superior y la espiga comprimida lateralmente.

escaño s.m. (lat. *scamnun,* escambel). Banco que ocupan los diputados en las cámaras legislativas. **2.** Acta de diputado. **3.** Banco con respaldo.

escapada s.f. Acción de escapar, salir de un lugar deprisa u ocultamente. **2.** Esfuerzo que permite a un corredor distanciarse del pelotón. **3.** TAUROM. Huida apresurada del toro. ◇ **En una escapada** A escape.

escapar v.intr. y prnl. (del lat. *cappa,* capa). Salir de un encierro, o de alguna enfermedad o peligro. **2.** Quedar fuera del dominio o influencia de una persona o cosa. **3.** Salir alguien deprisa u ocultamente. ◆ v.intr. Ponerse fuera del alcance de cierta cosa, no ser asequible. ◆ **escaparse** v.prnl. Salirse un fluido por algún resquicio. **2.** Soltarse cualquier cosa que está sujeta: *escaparse algún punto de media.* **3.** No poder retener algo. **4.** Decir o hacer algo involuntariamente o sin pensar: *se le escapó la risa.* **5.** *Fig.* No advertir o no darse cuenta de algo: *escapársele a alguien el sentido de un chascarrillo.*

escaparate s.m. (neerlandés ant. *schaprade,* armario, especialmente el de cocina). Esp. Espacio de un establecimiento comercial, generalmente acristalado y situado a la entrada, donde se exponen las mercancías.

escaparatista s.m. y f. Esp. Persona que tiene por oficio decorar escaparates.

escapatoria s.f. Acción de escapar o escaparse. **2.** *Fam.* Medio para escapar de un aprieto o dificultad. **3.** Lugar por donde se escapa.

escape s.m. Acción de escapar o escaparse. **2.** *Fig.* Salida, solución. **3.** Pérdida de un fluido por un orificio o grieta. **4.** Expulsión a la atmósfera de los gases de la combustión de un motor térmico. **5.** Dispositivo que permite esta expulsión. **6.** Mecanismo que regula el movimiento del péndulo de un reloj. ◇ **A escape** Con gran rapidez. **Escape libre** Tubo de escape desprovisto de silenciador.

escapismo s.m. Actitud del que se evade de la realidad. **2.** Espectáculo consistente en escapar de ataduras y encierros exagerados.

escapo s.m. (lat. *scapus*). ARQ. Fuste de la columna. **2.** BOT. Tallo que, arrancando de un rizoma, bulbo, etc., está desprovisto de hojas y presenta las flores en el ápice. SIN.: *bohordo.*

escápula s.f. (lat. *scapula*). Omóplato.

escapular adj. ANAT. Relativo a la escápula. ◇ **Cintura escapular** Esqueleto del hombro, formado por tres huesos: clavícula, esternón y escápulas.

escapulario s.m. (bajo lat. *scapularia,* de *scapularis,* que cuelga de los hombros). Distintivo de algunas órdenes religiosas que consiste en una tira de tela que cuelga sobre el pecho y la espalda. **2.** Objeto devoto similar usado por seglares.

escapulohumeral adj. Relativo a la escápula y al húmero.

escaque s.m. Cada una de las casillas del tablero de ajedrez o damas. ◆ **escaques** s.m.pl. Juego de ajedrez.

escaqueado, a adj. HERÁLD. Jaquelado.

escaquearse v.prnl. Esp. Desaparecer, eludir o esquivar un trabajo.

escara s.f. MED. Costra negruzca que se forma sobre la piel, las llagas, etc., por necrosis de los tejidos.

escarabajear v.intr. Bullir, agitarse. **2.** *Fig.* y *fam.* Desazonar a alguien un pensamiento. **3.** *Fig.* Trazar garabatos.

escarabajeo s.m. *Fam.* Acción de escarabajear.

escarabajo s.m. (del lat. *scarabaeus*). Nombre dado a diversos coleópteros, en particular a los de cuerpo ovalado y patas cortas. ◇ **Escarabajo sagrado,** o **pelotero,** o **bolero** Coleóptero que se alimenta de los excrementos de los herbívoros. **Escarabajo sanjuanero** Coleóptero de Europa central y occidental que vuela en el crepúsculo en el mes de junio. (El adulto y la larva o *gusano blanco,* que vive bajo tierra durante tres años, son herbívoros y muy dañinos.)

escarabeido, a adj. y s.m. Relativo a una familia de insectos coleópteros que tienen antenas formadas por laminillas, como el escarabajo pelotero.

escarabeo s.m. ARQUEOL. Representación escultórica del escarabajo pelotero.

escaramujo s.m. Rosal silvestre del cual provienen los rosales cultivados. (Familia rosáceas.)

escaramuza s.f. En la guerra, combate de poca importancia, especialmente el sostenido por las avanzadas de los ejércitos. **2.** Riña o discusión poco violenta.

escaramuzar v.intr. Sostener una escaramuza. **2.** Revolver el caballo a un lado y otro.

escarapela s.f. Roseta de cintas o plumas que se utiliza como adorno o distintivo y generalmente se coloca en el sombrero.

escarapelar v.intr. Colomb. Ajar, manosear. ◆ v.intr. y prnl. Colomb., C. Rica y Venez. Quitar la cáscara, pelar, desconchar. ◆ **escarapelarse** v.prnl. Perú. Ponérsele a alguien carne de gallina.

escarbadientes s.m. (pl. *escarbadientes*). Palillo para limpiarse los dientes.

escarbar v.tr. Remover la tierra u otra cosa semejante para buscar algo. **2.** Atizar la lumbre removiéndola. **3.** *Fig.* Escudriñar, fisgar. ◆ v.tr. y prnl. Hurgar, tocar repetida e insistentemente con los dedos u otra cosa.

escarbillo s.m. Residuo de combustible, no quemado del todo, que se escapa de un hogar.

escarcear v.intr. Argent., Urug. y Venez. Hacer escarceos el caballo.

escarcela s.f. (ital. *scarsella,* bolsa para el dinero). Especie de bolsa que se colgaba de la cintura. **2.** Especie de cofia de mujer. **3.** ARM. Pieza de la armadura que cubría el muslo.

escarceo s.m. Aventura amorosa superficial. **2.** Oleaje menudo que se levanta en la superficie del mar, en lugares donde hay corrientes. ◆ **escarceos** s.m.pl. *Fig.* Acciones o divagaciones poco serias o poco profundas. **2.** Vueltas que dan los caballos.

escarcha s.f. Capa de hielo que se forma sobre el terreno y la vegetación en las madrugadas de invierno.

escarchado s.m. Cierto bordado hecho con oro o plata sobre tela.

escarchar v.intr. Formarse escarcha. ◆ v.tr. Preparar dulces de modo que el azúcar cristalice en la capa exterior. **2.** Hacer que en el aguardiente cristalice el azúcar sobre un ramo de anís. **3.** Cubrir una superficie con talco u otra sustancia semejante a la escarcha.

escarda s.f. Escardo. **2.** Época del año en que se realiza esta labor.

escardar v.tr. Arrancar las hierbas nocivas de un sembrado. **2.** *Fig.* Separar en una cosa lo malo de lo bueno.

escardo s.m. Acción de escardar o desherbar. SIN.: *escarda.*

escariado s.m. Acción y efecto de escariar.

escariador s.m. Herramienta para escariar.

escariar v.tr. Agrandar o redondear un agujero abierto en metal, o el diámetro de un tubo.

escarificación s.f. Acción y efecto de escarificar. **2.** ETNOL. Adorno corporal realizado mediante pequeñas incisiones en la piel, que practican ciertos pueblos primitivos, generalmente melanodermos. **3.** MED. Proceso de formación de una escara.

escarificado s.m. Acción de escarificar la tierra.

escarificador, ra adj. Que escarifica. ◆ s.m. AGRIC. Instrumento agrícola que sirve para mullir la tierra sin voltearla. **2.** CIR. Instrumento para hacer pequeñas incisiones en la piel.

escarificar v.tr. (lat. *scarificare,* rascar). Hacer una incisión muy superficial en la piel para provocar la salida de una pequeña cantidad de linfa o sangre. **2.** Mullir la tierra con el escarificador.

escarioso, a adj. BOT. Se dice de los órganos delgados y traslúcidos.

escarlata adj. y s.m. (hispano-ár. *iškirlâta,* del ár. *siqillât,* tejido de seda brocado de oro). Se dice del color rojo intenso: *mejillas escarlata.* ◆ adj. Que es de este color.

escarlatina s.f. Enfermedad febril contagiosa que se caracteriza por la formación de manchas escarlatas en la piel y en las mucosas.

escarmentar v.intr. [conj.: *pensar*]. Aprender de la experiencia propia o ajena para evitar nuevos daños o problemas. ◆ v.tr. Corregir con rigor al que ha errado para que se enmiende.

escarmiento s.m. (del ant. *escarnir,* escarnecer). Acción de escarmentar. **2.** Reprensión severa.

escarnecer v.tr. (del ant. *escarnir,* del germ. *skernjan*) [conj.: *parecer*]. Burlarse de una persona para humillarla o despreciarla.

escarnio s.m. Burla humillante o despreciativa. SIN.: *escarnecimiento.*

escaro s.m. (gr. *skáros*). Pez de los arrecifes coralinos, de colores variados y brillantes, que mide de 20 a 30 cm de long.

escarola s.f. (lat. tardío *escariola*). Planta hortense de hojas rizadas que se comen en ensalada.

escarpa s.f. (ital. *scarpa*). Declive áspero de cualquier terreno. SIN.: *escarpadura, escarpe.* **2.** Talud interior del foso de una fortificación.

escarpado, a adj. Que tiene mucha pendiente: *ladera escarpada.* **2.** Se dice del terreno o lugar rocoso, con pendientes pronunciadas o con fuertes desniveles.

escarpar v.tr. (ital. *scarpare*). Cortar una montaña o terreno en plano inclinado.

escarpe s.m. Escarpa, declive. **2.** ARM. Parte de la armadura, formada de placas modeladas, que servía para proteger el pie.

escarpia s.f. Clavo con cabeza acodillada. SIN.: *alcayata.*

escarpín s.m. (ital. *scarpino,* de *scarpa,* zapato). Zapato de terciopelo acuchillado y con punta roma. **2.** Calzado interior que se colocaba encima de la media o el calcetín. **3.** Argent. y Urug. Calzado de bebé, hecho con lana o hilo tejidos, que cubre el pie y el tobillo.

escarza s.f. Enfermedad del pie del caballo, consistente en una retracción de la parte posterior.

escasamente adv.m. Con poca cantidad. **2.** Apenas, con dificultad.

escasear v.intr. Faltar: *el pan escasea.*

escasez s.f. Insuficiencia, falta de una cosa. **2.** Pobreza, falta de lo necesario para vivir.

escaso, a adj. (lat. vulgar *excarsus,* entresacado). Poco, insuficiente en cantidad o número. **2.** Con insuficiente cantidad o número de la cosa que se expresa: *escasos recursos.*

escatimar v.tr. Dar lo menos posible de algo: *no escatimar esfuerzos.*

escatofagia s.f. (del gr. *skór, skatós,* excremento, y *phagein,* comer). Hábito de ingerir excrementos, que se considera patológico en las personas.

escatófilo, a adj. (del gr. *skór, skatós,* excremento, y *filos,* amigo). Se dice de ciertos insectos que viven o se desarrollan en los excrementos.

escatol s.m. QUÍM. Compuesto, con olor de materia fecal, que tiene su origen en la putrefacción de las proteínas.

1. **escatología** s.f. (del gr. *eskhatos,* último, y *lógos,* tratado). Conjunto de doctrinas y creencias relacionadas con el destino último del ser humano y del universo.

2. **escatología** s.f. (del gr. *skór, skatós,* excremento, y *lógos,* tratado). Estudio de los excrementos.

1. **escatológico, a** adj. Relativo a la escatología, conjunto de doctrinas y creencias.

2. **escatológico, a** adj. Relativo a los excrementos.

escaupil s.m. Sayo acolchado con algodón que usaban los antiguos mexicanos para defenderse de las flechas enemigas.

escayola s.f. (ital. *scagliuola*). Yeso calcinado que, amasado con agua, se emplea como material plástico en escultura, para sacar moldes, para sostener huesos fracturados, etc.

escayolar v.tr. Inmovilizar un miembro del cuerpo con una venda de escayola.

escena s.f. (lat. *scaena,* escenario, teatro, del gr. *skiní,* choza, tienda). Parte del teatro donde actúan los actores. **2.** Caracterización del escenario para que represente el lugar donde se supone que ocurre la acción: *cambio de escena.* **3.** *Fig.* Arte dramático. **4.** Parte de una obra dramática que tiene una unidad en sí, suficiente para caracterizarla. **5.** *Fig.* Suceso o acción real digno de atención, al que se asiste como espectador: *escena terrorífica.* **6.** Actuación algo teatral o exagerada para impresionar. ◇ **Poner en escena** Representar una obra dramática en el teatro.

escenario s.m. Lugar del teatro en que se actúa o lugar en que se desarrolla la acción de una película. **2.** Lugar de un suceso. **3.** Conjunto de cosas o circunstancias que se consideran en torno a alguien o algún suceso.

escénico, a adj. Relativo a la escena.

escenificación s.f. Acción y efecto de escenificar.

escenificar v.tr. Representar una obra literaria en un escenario. **2.** Adaptar un texto literario para que sea representado.

escenografía s.f. Estudio y práctica de toda forma de expresión capaz de inscribirse en el universo del teatro, el espectáculo y la organización espacial. **2.** Decorado de una obra dramática.

escenográfico, a adj. Relativo a la escenografía.

escenógrafo, a s. Autor de una escenografía o especialista en escenografía.

escepticismo s.m. Cualidad de escéptico. **2.** Doctrina epistemológica que pone en duda la posibilidad del conocimiento de la realidad objetiva.

escéptico, a adj. y s. (gr. *skeptikós,* que observa sin afirmar). Que duda de lo que está probado o es incuestionable. **2.** Relativo al escepticismo; partidario de esta doctrina.

escialítico, a adj. Se dice del dispositivo de iluminación que no proyecta sombras, utilizado en cirugía.

esciénido, a adj. y s.m. Relativo a una familia de peces óseos teleósteos, que viven en las aguas poco profundas de los mares cálidos y templados, como el corvallo y el verrugato.

esciente adj. Que sabe.

escifozoo, a adj. y s.m. Acalefo.

escíncido, a adj. y s.m. Relativo a una familia de reptiles lacértidos, que vive principalmente en las regiones áridas de África, Asia meridional y Australia, como el eslizón.

escindir v.tr. y prnl. (lat. *scindere,* rasgar). Cortar o dividir algo.

escintilografía s.f. Estudio gráfico de las emisiones radiactivas de un órgano determinado.

escirro s.m. MED. Tumor constituido por un epitelioma acompañado de una reacción fibrosa.

escisión s.f. (lat. *scissio, -onis*). Acción y efecto de escindir. **2.** División, separación de personas que formaban una asociación o partido. **3.** CIR. Extirpación, mediante un instrumento cortante, de un órgano o de parte de él.

escisionista adj. Que produce una división.

escisiparidad s.f. Fisiparidad.

escita adj. y s.m. y f. De un pueblo de lengua irania, establecido entre el Danubio y el Don a partir del s. XII a.C. (Fueron bravos jinetes y guerreros temibles; desaparecieron en el s. II a.C.)

escitamíneo, a adj. y s.f. Relativo a un orden de plantas monocotiledóneas con ovario ínfero y estambres de dos tipos, uno de los cuales es estéril, como el banano.

esciúrido, a adj. y s.m. Relativo a una familia de mamíferos roedores de pequeña talla, como la ardilla.

esclarecer v.tr. [conj.: *parecer*]. *Fig.* Hacer más claro o comprensible algo: *esclarecer un asunto.* SIN.: *aclarar.* ◆ v.intr. Empezar a amanecer.

esclarecido, a adj. Ilustre, distinguido, insigne: *un esclarecido filósofo.*

esclarecimiento s.m. Acción y efecto de esclarecer.

esclava s.f. Pulsera sin adornos y que no se abre.

esclavina s.f. (del gr. *sklabinós*). Prenda de vestir en forma de capa pequeña, que se echa sobre los hombros.

esclavismo s.m. Sistema social fundado en la esclavitud.

esclavista adj. y s.m. y f. Relativo al esclavismo; que practica o defiende la esclavitud.

esclavitud s.f. Estado de la persona sometida por otra a un régimen que la priva de libertad y la fuerza a realizar determinadas funciones económicas, a veces a cambio de alojamiento y sustento mínimos. **2.** *Fig.* Dependencia excesiva de alguien o algo, como un trabajo o una obligación. **3.** *Fig.* Dependencia excesiva de las pasiones y sentimientos.

esclavitud

La esclavitud aparece ligada a economías primitivas que basan su potencial en la fuerza humana y animal. Aceptada en la antigua Grecia y en Roma, como un sistema natural, fue sustituida paulatinamente durante la edad media por la servidumbre. Los descubrimientos, especialmente el de América, impulsaron la captura y traslado de negros africanos para trabajar en las plantaciones de Brasil o las Antillas. También la América española importó esclavos africanos. El movimiento abolicionista, iniciado en Gran Bretaña a principios del s. XIX, provocó prohibiciones internacionales que dificultaron el comercio de esclavos. Las reiteradas condenas internacionales a la esclavitud (acta de Berlín [1885], declaración de los derechos humanos de la ONU [1948]), se explican por el hecho de que la esclavitud no ha desaparecido por completo.

esclavización s.f. Acción y efecto de esclavizar.

esclavizar v.tr. Hacer esclavo a alguien. **2.** *Fig.* Hacer trabajar a alguien como si fuese un esclavo, sin compensarlo por su esfuerzo.

esclavo, a adj. y s. (gr. bizantino *sklábos,* eslavo). Que se encuentra bajo el dominio absoluto de un amo, quien lo ha capturado o comprado, y carece de libertad. **2.** *Fig.* Sometido rigurosa o fuertemente a alguien o algo.

esclavón, na adj. y s. Eslavo. **2.** Eslavón. ◆ s.m. En la Córdoba omeya, esclavo de procedencia nórdica, frecuentemente eunuco, y que era adquirido en los mercados de Verdún y Praga. SIN.: *eslavo.*

escleral adj. Relativo a la esclerótica.

esclerénquima s.f. BOT. Tejido vegetal de sostén.

esclerodermia s.f. Enfermedad de las fibras colágenas de la dermis, que endurece la piel y reduce su flexibilidad y movilidad.

esclerófilo, a adj. BOT. Que tiene las hojas duras, con la cutícula espesa y, por ello, bien adaptadas a la sequía.

esclerógeno adj. MED. Que engendra la formación de tejido escleroso.

esclerómetro s.m. Instrumento que sirve para medir la dureza de los sólidos, según el esfuerzo que se necesita para rayarlos.

escleroproteína s.f. Proteína muy resistente, como la queratina.

esclerosar v.tr. y prnl. MED. Provocar artificialmente la esclerosis. ◆ **esclerosarse** v.prnl. Alterarse un órgano o tejido con producción de esclerosis.

esclerósico, a adj. Escleroso.

esclerosis s.f. (gr. *sklírosis*). MED. Endurecimiento patológico de un tejido o un órgano debido al aumento anormal y progresivo de células de tejido conjuntivo que forman su estructura. ◇ **Esclerosis múltiple** MED. Enfermedad crónica del sistema nervioso que provoca trastornos sensoriales y motores (marcha inestable, movimientos poco firmes, temblores, alteración en la pronunciación, etc.).

escleroso, a adj. y s. Relativo a la esclerosis; que padece esta enfermedad.

esclerótica s.f. (del gr. *sklírosis,* endurecimiento). Membrana externa del globo ocular, resistente y de naturaleza conjuntiva, que forma el blanco del ojo.

esclerótico, a adj. Relativo a la esclerosis.

esclusa s.f. (fr. *écluse*). Obra construida en las vías de agua, con puertas de entrada y salida, que permite a los barcos franquear un desnivel, llenando de agua o vaciando el espacio comprendido entre dichas puertas. **2.** Puerta de dicha obra.

esclusada s.f. Cantidad de agua que fluye en el intervalo de tiempo que media entre la apertura y el cierre de una esclusa.

esclusero, a s. Persona encargada del manejo de las puertas de una esclusa.

escoa s.f. (cat. *escoa*). Punto de mayor curvatura de la cuaderna de un buque.

escoba s.f. (lat. *scopa*). Utensilio para barrer que se hace con un manojo de ramas flexibles o de diversos filamentos, atado al extremo de un palo o caña. **2.** Arbusto de 2 m de alt., con ramas angulosas, verdes y lampiñas, y flores amarillas en racimo, que se emplea para hacer escobas. (Familia papilionáceas.) **3.** Juego de naipes de baraja española que consiste en tratar de sumar 15 puntos en cada uno de los turnos. **4.** Colomb. y Hond. Planta malvácea de hojas mucilaginosas. **5.** C. Rica y Nicar. Pequeño arbusto de la familia de las borragináceas del cual se hacen escobas. ◇ **Camión escoba** Vehículo que sigue al grupo de ciclistas para recoger a los deportistas que abandonan la competición.

escobada s.f. Cada uno de los movimientos que se hacen con la escoba al barrer para arrastrar la suciedad.

escobajo s.m. Raspa que queda del racimo después de quitarle las uvas. **2.** Escoba vieja.

escobar v.tr. Barrer con escoba.

escobazo s.m. Golpe dado con una escoba. **2.** Argent. y Chile. Barredura ligera. ◇ **Echar a escobazos** *Fam.* Despedir a alguien de mala manera.

escobén s.m. Conducto de fundición o acero moldeado que se abre a uno u otro lado de la roda de un barco para dar paso a la cadena del ancla.

escobeta s.f. Méx. Escobilla recia y corta hecha con raíz de zacatón o con fibras plásticas.

escobilla s.f. Escoba pequeña, de cerdas o de alambre. **2.** Pieza conductora destinada a garantizar, mediante contacto por rozamiento, la conexión eléctrica entre un órgano móvil y otro fijo.

escobillar v.tr. Limpiar con la escobilla, cepillar. **2.** Méx. En ciertos bailes, hacer un movimiento rápido con los pies restregando el suelo. ◆ v.intr. Amér. En algunos bailes tradicionales, zapatear suavemente. ◆ **escobillarse** v.prnl. TAUROM. Abrírsele al toro la punta del cuerno, por haber corneado en objetos duros.

escobilleo s.m. Amér. Acción y efecto de escobillar. SIN.: *escobillado.*

escobillón s.m. Cepillo unido al extremo de un astil, que se usa para barrer el suelo. **2.** Cepillo cilíndrico con mango para limpiar el cañón de un arma de fuego. **3.** CIR. Pequeño instrumento que sirve para limpiar o drenar una cavidad natural.

escobón s.m. Escoba de palo largo para limpiar objetos o cuerpos huecos, techos, hornos, etc.

escocedura s.f. Acción y efecto de escocer o escocerse.

escocer v.intr. [conj.: *mover*]. Causar escozor: *el alcohol escuece en la herida.* **2.** *Fig.* Causar desagrado o aflicción: *los disgustos escuecen.* ◆ **escocerse** v.prnl. *Fig.* Irritarse una parte del cuerpo: *escocerse los pies.* **2.** Sentirse dolido por algo: *escocerse de una contrariedad.*

escocés, sa adj. y s. De Escocia. ◆ adj. y s.m. Se dice de un tejido a cuadros de diversos colores. ◆ s.m. Lengua céltica hablada en Escocia.

escocia s.f. (lat. *escotia,* del gr. *skotía,* oscuridad). ARQ. Moldura de perfil cóncavo constituido por el acorde de dos arcos de círculo de diferente diámetro. SIN.: *escota.*

escocimiento s.m. Escozor.

escoda s.f. Martillo con punta o corte en ambos lados, para labrar piedras y picar paredes.

escodadura s.f. Huella que deja en la piedra la escoda.

escodar v.tr. Labrar con la escoda los paramentos de un sillar. **2.** Picar paredes o muros con la escoda.

escofina s.f. (del lat. *scobina*). Lima de dientes gruesos y triangulares, usada para desbastar algo que se ha de labrar.

escofinar v.tr. Limar con la escofina.

escoger v.tr. Tomar a una o más personas o cosas entre otras: *escoger un regalo; escoger a un representante.*

escogido, a adj. Selecto: *gente escogida.*

escolanía s.f. Escuela de música de un monasterio. **2.** Coro de niños de las iglesias.

escolano s.m. Miembro de una escolanía.

escolapio, a adj. y s. Relativo a la orden de las Escuelas pías; miembro de esta orden.

escolar adj. Relativo al estudiante o a la escuela: *edad, año escolar.* ◆ s.m. y f. Estudiante que va a la escuela.

escolaridad s.f. Período de tiempo durante el cual se asiste a la escuela. **2.** Tiempo que se asiste a un centro de enseñanza para llevar a cabo en él los estudios.

escolarización s.f. Acción y efecto de escolarizar.

escolarizar v.tr. Suministrar instrucción en régimen escolar: *escolarizar un país.*

escolástica s.f. Filosofía cristiana que se enseñaba en las escuelas y universidades medievales, que ha formado una tradición filosófica que persiste hasta la actualidad. **2.** Enseñanza de las artes liberales en las escuelas monacales medievales.

escolasticismo s.m. Filosofía enseñada en las universidades y escuelas eclesiásticas medievales. **2.** Exclusivismo de escuela.

escolástico, a adj. y s. (lat. *scholasticus,* del gr. *skholastikós*). Relativo a la escolástica; partidario de esta corriente filosófica. **2.** Se dice de toda doctrina considerada dogmática.

escólex s.m. (gr. *skólix, -ikos,* gusano). Extremidad anterior de la tenia, provista de ventosas.

escoliar v.tr. Poner escolios a un texto.

escoliasta s.m. y f. Comentarista que pone notas en los textos antiguos. SIN.: *escoliador.*

escolio s.m. (gr. *skhólion*). Nota que se pone a un texto para explicarlo. **2.** Nota gramatical o crítica sobre autores antiguos.

escoliosis s.f. (del gr. *skoliós,* oblicuo). Desviación lateral de la columna vertebral.

escoliótico, a adj. y s. Relativo a la escoliosis; que padece escoliosis.

escolítido, a adj. y s.m. Relativo a una familia de insectos coleópteros muy pequeños, de cabeza corta y antenas en forma de maza, que excavan galerías en la madera de los árboles.

escollar v.intr. Argent. Tropezar una embarcación en un escollo. **2.** Argent. y Chile. *Fig.* Malograrse un propósito por haber tropezado con algún inconveniente.

escollera s.f. Obra marítima hecha de piedras arrojadas al fondo del agua para formar un dique de defensa contra el oleaje, para servir de cimiento a un muelle, o para resguardar el pie de otra obra.

escollo s.m. (ital. *scoglio*). Peñasco a poca profundidad o que no se ve bien y que constituye un peligro para la navegación. **2.** *Fig.* Cosa que supone un peligro, dificultad o riesgo para el desarrollo o la realización de algo.

escolopendra s.f. (lat. *scolopendra,* del gr. *skolópendra*). Artrópodo de unos 10 cm de long., provisto de veintiún pares de patas y un par de uñas venenosas.

escolta s.f. (ital. *scòrta*). Conjunto de personas que escoltan. **2.** Formación militar terrestre, aérea o naval encargada de escoltar. <> **Buque de escolta** Barco de guerra especialmente equipado para la protección y la lucha antisubmarina.

escoltar v.tr. (ital. *scortare*). Acompañar a alguien para proteger, vigilar o en señal de honra: *escoltar un convoy.*

escombrera s.f. Conjunto de escombros o desechos de albañilería. **2.** Lugar donde se echan o se amontonan los escombros.

escombrero, a adj. y s. Argent. Se dice de la persona exagerada o aparatosa.

escómbrido, a adj. y s.m. Relativo a una familia de peces óseos de alta mar, que suelen ser de color azul verdoso metálico, como la caballa y el atún.

escombro s.m. Conjunto de los materiales de desecho, broza y cascote que quedan de una obra de albañilería, una mina o un derribo. <> **Hacer escombro** Argent. *Fam.* Magnificar la importancia de un hecho o el modo de realizarlo.

esconder v.tr. y prnl. (del lat. *abscondere*). Poner a alguien o algo en un lugar o sitio retirado o secreto para no ser visto o encontrado fácilmente: *esconder a un fugitivo; esconder un tesoro.* **2.** *Fig.* Incluir o contener en sí una cosa que no es manifiesta a todos: *esconder un doble sentido.*

escondidas s.f.pl. Amér. Juego del escondite. <> **A escondidas** De manera oculta.

escondidillas s.f.pl. Méx. Juego del escondite.

escondidos s.m.pl. Perú. Juego del escondite.

escondite s.m. Escondrijo. **2.** Juego infantil en el cual uno de los jugadores busca a sus compañeros, que se han escondido previamente.

escondrijo s.m. Rincón o lugar oculto y retirado, adecuado para esconder o guardar algo.

escopeta s.f. (ital. ant. *scoppieta*). Arma de fuego portátil, con uno o dos cañones montados en una caja. **2.** Término general con el que se han designado durante los ss. XV al XVIII diversas armas de fuego portátiles.

escopetazo s.m. Tiro de escopeta. **2.** Herida hecha por el tiro de una escopeta. **3.** *Fig.* Noticia o suceso súbito e inesperado.

escopetear v.tr. Disparar repetidamente con la escopeta. ◆ **escopetearse** v.prnl. *Fig.* y *fam.* Dirigirse cumplidos o insultos dos o más personas recíprocamente.

escopeteo s.m. Acción de escopetear o escopetearse.

escoplear v.tr. Hacer un corte, canal o ranura en una pieza de madera, con un escoplo, formón, etc.

escoplo s.m. (del ant. *escopro,* lat. *scalprum*). Herramienta para labrar madera que consiste en una barra de hierro acerado de sección rectangular, generalmente acabada en bisel.

escopolamina s.f. Alcaloide que se extrae de la mandrágora, parecido a la atropina, que tiene los mismos efectos que esta.

escora s.f. (fr. ant. *escore*). Inclinación que toma una embarcación por la fuerza del viento sobre sus velas, por el ladeamiento de la carga, etc. **2.** Puntal que sostiene una embarcación en construcción o en reparación.

escoraje s.m. MAR. Acción de escorar un barco.

escorar v.intr. MAR. Inclinarse una embarcación por la fuerza del viento, por ladeamiento de la carga, etc. ◆ v.tr. MAR. Apuntalar una embarcación con escoras.

escorbútico, a adj. Relativo al escorbuto.

escorbuto s.m. (fr. *scorbut*). Enfermedad causada por la carencia de vitamina C en el organismo, que se caracteriza por hemorragias múltiples y caquexia progresiva. <> **Escorbuto infantil** Enfermedad propia de la primera infancia, que se caracteriza por dolores óseos y hemorragias subperiósticas.

escorchado, a adj. HERÁLD. Se dice del animal que aparece degollado o despellejado y de color de gules.

escoria s.f. (lat. *scoria*). Sustancia vítrea que sobrenada en un baño de metal fundido y contiene las impurezas. **2.** Materia que al ser golpeada suelta el hierro candente salido de la fragua. **3.** Residuo mineral de una combustión o de una fusión, y especialmente, subproducto de un proceso o tratamiento metalúrgico. **4.** *Fig.* Lo más despreciable de algo: *la escoria de la sociedad.* ◆ **escorias** s.f.pl. Denominación genérica de las materias terrosas de diversos combustibles, cenizas fundidas de los hornos que queman hulla o coque, residuos de alto horno, cagafierro, etc. <> **Escoria básica** Residuo de la desfosforación del mineral de hierro, utilizado como abono. **Escoria volcánica** GEOL. Materia volcánica tosca, áspera al tacto y ligera.

escoriáceo, a adj. Que tiene la naturaleza de las escorias.

escoriación s.f. → **excoriación.**

escorial s.m. Montón de escorias de una fábrica metalúrgica. **2.** Sitio donde se echan o se amontonan las escorias de las fábricas metalúrgicas.

escoriar v.tr. y prnl. → **excoriar.**

escorpio o **escorpión** adj. y s.m. y f. (pl. *escorpio* o *escorpión*). Se dice de la persona nacida entre el 24 de octubre y el 22 de noviembre, bajo el signo de Escorpión. (Suele escribirse con mayúscula.)

escorpión s.m. (lat. *scorpio, -onis*). Artrópodo de los países cálidos, de un tamaño que varía entre los 3 y los 20 cm, dotado de un par de pinzas delanteras, cuyo abdomen móvil termina en un aguijón venenoso, y cuya picadura es dolorosa y en algunas especies, mortal. ◆ adj. y s.m. y f. Escorpio. ◇ **Escorpión de agua** Insecto de unos 5 cm de long., que vive en las aguas estancadas, carnívoro, plano y que respira por un tubo abdominal. (Orden hemípteros.) **Escorpión de mar** Pez de 15 a 30 cm de long., cuerpo subcilíndrico y cabeza grande, que presenta el cuerpo lleno de espinas y aguijones. (Familia cótidos.)

escorrentía s.f. Agua procedente de la lluvia o del deshielo que circula por la superficie del suelo.

escorzar v.tr. (lat. *scorciare*). Dibujar las cosas que se extienden en sentido oblicuo al plano del papel acortándolas según las reglas de la perspectiva.

escorzo s.m. Acción y efecto de escorzar. **2.** Posición o representación de una figura, especialmente humana, cuando una parte de ella está vuelta o presenta un giro con respecto al resto.

escorzonera s.f. (cat. *escurçonera*). Planta herbácea cuya raíz, gruesa y carnosa, se emplea como alimento.

escota s.f. (fr. ant. *escote*). ARQ. Escocia, moldura. **2.** MAR. Cabo que sirve para templar y tensar las velas de manera que reciban bien el viento. ◇ **Puño de escota** MAR. En las velas redondas, puño o ángulo bajos; en las velas de cuchillo, puño bajo de popa.

escotado, a adj. HERÁLD. Se dice del escudo con una escotadura, división angular.

escotadura s.f. Escote de una prenda de vestir. SIN.: *escotado.* **2.** Depresión o incisura en el borde de una estructura anatómica, en especial de un hueso. **3.** HERÁLD. División angular de un escudo que cubre un cantón.

1. **escotar** v.tr. Hacer un escote en una prenda de vestir.

2. **escotar** v.tr. Pagar el escote: *entre todos escotaremos los gastos del viaje.*

1. **escote** s.m. (de *escotar*). Abertura alrededor del cuello en una prenda de vestir. **2.** Parte del busto que deja al descubierto una prenda escotada.

2. **escote** s.m. (fr. ant. *escot,* del fráncico *skot,* contribución en dinero). Parte que corresponde pagar a cada una de dos o más personas que han hecho un gasto en común.

escotilla s.f. MAR. Abertura en la cubierta de una embarcación que permite el acceso a los compartimientos interiores.

escotillón s.m. Trampa cerradiza en el suelo. **2.** TEATR. Parte del piso del escenario que puede abrirse para que aparezcan o desaparezcan personas o cosas.

escotismo s.m. Doctrina filosófica y teológica de Duns Escoto.

escotista adj. y s.m. y f. Relativo al escotismo; partidario de esta doctrina.

escotoma s.m. Zona desprovista de visión en el campo visual, causada generalmente por una lesión.

escotos, nombre genérico de los piratas y aventureros irlandeses de la alta edad media y, en particular, de los colonos establecidos en Escocia en el s. VI que dieron nombre al país.

escozor s.m. Sensación de picor en la piel semejante a la que produce una quemadura. SIN.: *escocimiento.* **2.** *Fig.* Sentimiento o resentimiento por un desaire o reproche.

escrache s.m. Acción intimidatoria que realizan los ciudadanos contra personas del ámbito político, administrativo o militar, que consiste en dar difusión, ante los domicilios particulares de estas o en cualquier lugar público donde se las identifique, a los abusos cometidos durante su gestión.

escriba s.m. Copista, escribano o secretario de distintos pueblos de la antigüedad, en especial de los egipcios. **2.** Doctor o intérprete de la ley entre los hebreos.

escribana s.f. Mujer del escribano. **2.** Argent., Par. y Urug. Mujer que ejerce la escribanía o notaría.

escribanía s.f. Escritorio. **2.** Juego compuesto de tintero, secante, pluma y otras piezas, colocado en un soporte. **3.** Oficio u oficina del secretario judicial en los juzgados de primera instancia e instrucción. **4.** Argent., C. Rica, Ecuad., Par. y Urug. Notaría.

escribano s.m. (bajo lat. *scriba, -anis*). Hombre que estaba autorizado para dar fe de las escrituras y demás actos que pasaban ante él. **2.** Coleóptero acuático con el segundo y tercer par de patas con misión impulsora y forma de barquilla. (Familia girínidos.) **3.** Ave de 20 cm de long., que habita en campos, praderas y jardines. (Familia fringílidos.) ◇ **Escribano apostólico** Secretario de la cancillería del papa.

escribidor, ra s. *Desp.* Mal escritor.

escribiente s.m. y f. Empleado de oficina que escribe o copia lo que le mandan.

escribir v.tr. (lat. *scribere*). Representar las ideas, los sonidos o las expresiones lingüísticas por medio de letras u otros signos convencionales. **2.** Representar los sonidos musicales por medio de las notas y demás signos de la música. ◆ v.tr. e intr. Componer textos artísticos, literarios o científicos. **2.** Comunicar a alguien por escrito algo.

OBS.: participio: *escrito.*

escrito, a adj. *Fig.* Se dice de lo que tiene manchas o rayas que parecen letras o signos de escritura: *un melón escrito.* ◆ s.m. Cualquier cosa escrita, especialmente en un papel: *firmar un escrito.* **2.** Obra científica o literaria. **3.** DER. Alegación o pedimento en pleito o causa. ◇ **Estar escrito** Estar predestinado o ser inevitable. **Por escrito** Por medio de la escritura.

escritor, ra s. Autor de obras escritas o impresas.

escritorio s.m. (lat. tardío *scriptorium*). Mueble formado por un tablero para escribir y cajones o compartimentos para guardar papeles. **2.** INFORMÁT. Pantalla de la computadora en que aparecen los iconos de programas y archivos.

escritura s.f. Representación del pensamiento por signos gráficos convencionales. **2.** Conjunto de signos gráficos que expresan un enunciado, forma particular de escribir: *escritura cuneiforme; escritura apretada.* **3.** Conjunto de libros de la Biblia. (Con este significado se escribe con mayúscula.) SIN.: *escrituras, sagrada escritura, sagradas escrituras.* **4.** Escrito, carta, documento. **5.** DER. Documento suscrito por las partes que intervienen en un negocio jurídico.

escriturar v.tr. Hacer constar en escritura pública un hecho, otorgamiento o contrato, para dar mayor seguridad jurídica al mismo.

escriturario, a adj. DER. Que consta en escritura pública.

escrófula s.f. (lat. tardío *scrofula,* dim. de *scrofa,* hembra del cerdo). Inflamación y absceso de origen tuberculoso, que alcanza principalmente los paquetes ganglionares linfáticos del cuello.

escrofularia s.f. Planta herbácea de tallo tetragonal y flores en panícula.

escrofulariáceo, a adj. y s.f. Relativo a una familia de plantas gamopétalas, como la escrofularia, la digital y el dragón.

escrofulosis s.f. Adenopatía tuberculosa que se localiza con preferencia en el cuello.

escrofuloso, a adj. y s. Relativo a la escrófula o de su naturaleza; que padece escrofulosis.

escrotal adj. Relativo al escroto.

escroto s.m. (lat. tardío *scrotum*). Bolsa que protege los testículos y las membranas que los envuelven.

escrupulizar v.intr. *Formal.* Tener o poner escrúpulos: *escrupulizar en pequeñeces.*

escrúpulo s.m. (lat. *scrupulus,* dim. de *scrupus,* guijarro). Duda y recelo que inquieta y desasosiega el ánimo o la conciencia: *no tener escrúpulos.* **2.** Aprensión de tomar algún alimento o usar algo por temor a la suciedad o al contagio.

3. Escrupulosidad: *trabajar con escrúpulo.* <> **Sin escrúpulos** Falto de preocupación por obrar honrada y justamente.
escrupulosidad s.f. Característica de la persona que ejecuta las cosas que emprende con exactitud y minuciosidad.
escrupuloso, a adj. y s. (lat. *scrupulosus*). Se dice de la persona que tiene escrúpulos de conciencia. **2.** Se dice de la persona que tiene escrúpulos o siente temor. **3.** Se dice de la persona que actúa con escrupulosidad: *ser muy escrupuloso en el trabajo.* ◆ adj. Que se hace con escrupulosidad: *análisis escrupuloso.*
escrutador, ra adj. Que examina con detenimiento: *mirada escrutadora.* ◆ adj. y s. Se dice de la persona que cuenta y computa los votos en unas elecciones.
escrutar v.tr. (lat. *scrutari,* escudriñar, rebuscar). Explorar o examinar algo con detenimiento. **2.** Reconocer y contabilizar los sufragios de una votación.
escrutinio s.m. (lat. *scrutinium,* escudriñamiento). Acción de escrutar. **2.** Conjunto de operaciones que comprende una votación o una elección. **3.** ESTADÍST. Operación que tiene por objeto repartir en clases de unidades estadísticas sucesivos valores de los caracteres distintivos y completar las unidades de cada clase.
escuadra s.f. Instrumento de dibujo lineal con figura de triángulo rectángulo isósceles, o compuesto solamente de dos reglas en ángulo recto. **2.** Instrumento formado por dos piezas ajustadas en ángulo recto y utilizado para verificar ángulos diedros rectos y para trazar ángulos planos rectos. **3.** Pieza de metal con dos ramas en ángulo recto, que se usa en carpintería, ebanistería, etc. **4.** Conjunto de barcos de guerra mandado, generalmente, por un vicealmirante. **5.** Grupo de soldados a las órdenes de un cabo. **6.** Plaza de cabo de este grupo de soldados. **7.** Amér. Revólver automático que tiene forma de escuadra. **8.** HERÁLD. Figura compuesta de medio palo y media faja que forman ángulos y cuyos extremos van pegados al borde del escudo. <> **A escuadra** En ángulo recto. **Escuadra de agrimensor** Instrumento de topografía para el levantamiento de planos o el trazado de alineaciones en el terreno. **Escuadra de albañil** Armadura que forma un ángulo recto en el vértice del cual pende una plomada. **Escuadra óptica** Moderna escuadra de agrimensura, en la que la realización del ángulo recto se consigue por métodos ópticos. **Falsa escuadra** Escuadra de brazos articulados.
escuadración s.f. Operación que consiste en labrar un tronco o un bloque de piedra, transformándolos en un paralelepípedo de sección cuadrada o rectangular.
escuadrar v.tr. Disponer un objeto, o labrar la materia para obtenerlo, de modo que sus caras planas formen entre sí ángulos rectos.
escuadreo s.m. Acción y efecto de escuadrar.
escuadría s.f. Conjunto de las dos dimensiones de la sección transversal de un madero labrado a escuadra.
escuadrilla s.f. Grupo de aviones que realizan un mismo vuelo al mando de un jefe. **2.** Escuadra de buques de pequeño porte.
escuadrón s.m. Unidad táctica y administrativa de caballería, al mando de un capitán, división básica del regimiento. **2.** Unidad táctica y administrativa de las fuerzas aéreas: *escuadrón de cazabombarderos.* <> **Escuadrón de la muerte** Denominación de diferentes grupos armados de extrema derecha de algunos países latinoamericanos.
escuadronar v.tr. Formar escuadrones.
escualidez s.f. Cualidad de escuálido.
escuálido, a adj. (lat. *squalidus,* áspero, tosco). Flaco, macilento. ◆ adj. y s.m. Relativo a una familia de peces selacios de cuerpo alargado con hendiduras branquiales a los lados, detrás de la cabeza, como el tiburón o el pez sierra.
escualo adj. y s.m. Relativo a un superorden de peces elasmobranquios, como el tiburón o la lija.
escucha s.f. Acción de escuchar. **2.** Control de comunicaciones o conversaciones ajenas, especialmente telefónicas. **3.** MIL. Detección por el sonido de la presencia y actividad del enemigo. ◆ s.m. Centinela que se adelanta de noche para observar de cerca los movimientos del enemigo. <> **A la escucha** Dispuesto para escuchar.
escuchar v.tr. (del lat. *auscultare*). Aplicar el oído para oír: *escuchar a través de la puerta.* **2.** Prestar atención a lo que se oye: *escuchar música.* **3.** Atender a lo que alguien dice: *escuchar un consejo.* **4.** Méx. Oír. ◆ **escucharse** v.prnl. Hablar o recitar con pausas afectadas.
escuchimizado, a adj. Muy flaco y débil.
escuchón, na adj. y s. Que escucha con curiosidad indiscreta o lo que no debe.
escudar v.tr. y prnl. Amparar y resguardar con el escudo. ◆ v.tr. *Fig.* Resguardar y defender de algún peligro. ◆ **escudarse** v.prnl. *Fig.* Usar algo como pretexto.
escudería s.f. Conjunto de corredores y personal técnico adscrito a una marca, asociación, club, etc., automovilísticos. **2.** Servicio y ministerio del escudero.
escuderil adj. Relativo al empleo de escudero.
escudero s.m. Paje que acompañaba a un caballero para llevarle el escudo y servirlo, o persona que servía a otra de distinción y tenía la obligación de asistirla en determinadas cosas. **2.** Hidalgo, persona de clase noble.
escudete s.m. Objeto semejante a un escudo pequeño. <> **Injerto de escudete** Injerto que consiste en introducir un trozo de corteza provisto de una yema. SIN.: *injerto de yema.*
escudilla s.f. (lat. *scutella,* copita, bandeja). Recipiente ancho y de forma de media esfera, en que se suele servir la sopa y el caldo.
escudillar v.tr. Distribuir comida en escudillas. **2.** Echar caldo hirviendo sobre el pan con que se hace la sopa.
escudillo s.m. Antigua moneda castellana de oro.
escudo s.m. (lat. *scutum*). Arma defensiva consistente en una lámina grande de cuero, madera o metal que protege el tronco y se sujeta con el brazo. **2.** Placa blindada que llevan las piezas de artillería para defender a los soldados que las manejan. **3.** *Fig.* Amparo, defensa o protección. **4.** Especie de encofrado o mamparo metálico muy resistente, para proteger el frente de trabajo de una obra o excavación que se realiza en terreno flojo. **5.** Parte dura o córnea de diversos animales, especialmente la que cubre el cuerpo de algunos peces. **6.** Disposición del pelo cerca de las ubres de la vaca. **7.** Chapa de metal que rodea el ojo de la cerradura. **8.** Moneda de oro o de plata que llevaba un escudo de armas grabado en una de sus caras. **9.** Unidad monetaria de Cabo Verde. **10.** Unidad monetaria de Portugal, sustituida por el euro en 2002. **11.** Unidad monetaria de Chile entre 1960 y 1975. **13.** GEOL. Vasta superficie constituida por terrenos muy antiguos y nivelados por la erosión. **13.** HERÁLD. Campo en forma de escudo, en que se pintan los blasones.
escudriñamiento s.m. Acción y efecto de escudriñar.
escudriñar v.tr. (del lat. *scrutinium,* escudriñamiento). Tratar de averiguar todos los detalles de algo oculto o no manifiesto: *escudriñar el asunto.* **2.** Mirar con mucha atención algo o a alguien para descubrir algo en ello.
escuela s.f. (lat. *schola,* del gr. *skholí,* tiempo libre, estudio). Establecimiento donde se imparte la primera enseñanza. **2.** Institución colectiva, de carácter público o privado, donde se imparte cualquier tipo de enseñanza: *escuela de teología; escuela de pintura.* **3.** Establecimiento donde se cursan determinadas carreras: *escuela de bellas artes, de comercio.* **4.** Edificio donde se imparte cualquiera de estos tipos de enseñanza. **5.** Conjunto de personas que comparten una misma doctrina filosófica, científica o artística: *escuela aristotélica; escuela flamenca.* **6.** Conjunto de los discípulos o seguidores de un maestro: *crear escuela.* **7.** Método o sistema de enseñanza: *escuela moderna.* **8.** Enseñanza que se da o se adquiere: *tener buena escuela.* **9.** Lo que en algún modo alecciona o da ejemplo y experiencia: *la escuela de la vida.* <> **Alta escuela** Equitación sabia o académica. **Baja escuela** Conjunto de ejercicios que se enseñan al caballo de buena doma. **Escuela activa** Práctica pedagógica centrada

en el aprendizaje activo de los alumnos, en situaciones vitales, que recogen sus intereses y además están próximas a su realidad social. **Escuela normal,** o **del magisterio** En algunos países, centro de enseñanza donde se cursan los estudios para obtener el título de maestro de primera enseñanza. **Escuela técnica superior** Centro universitario donde se imparten enseñanzas técnicas superiores de ingeniería y arquitectura. **Escuela universitaria** Centro universitario donde se imparten enseñanzas del primer ciclo que conducen al grado de diplomado o ingeniero técnico.

escueto, a adj. Sin rodeos o palabras innecesarias: *explicación escueta.* **2.** Breve o pequeño: *ganancias escuetas.* **3.** Sin adornos o detalles superfluos: *dibujo escueto.*

escuincle, a s. Méx. *Fam.* Chiquillo, chaval.

esculina s.f. Glucósido extraído de la corteza del castaño de Indias, que posee la acción de la vitamina P.

esculpir v.tr. (lat. imperial *sculpere,* del lat. *scalpere,* rascar, esculpir). Cincelar piedra, madera, etc.: *esculpir un bajorrelieve.* **2.** Grabar.

escultismo o **escutismo** s.m. Organización mundial, creada en 1909 por Baden-Powell, que tiene por objeto organizar a niños y adolescentes de ambos sexos en grupos jerarquizados, con el fin de desarrollar en ellos cualidades morales y deportivas.

escultor, ra s. (lat. *sculptor, -oris*). Persona que hace esculturas, especialmente si se dedica profesionalmente.

escultórico, a adj. Relativo a la escultura: *obra escultórica.* SIN.: *escultural.*

escultura s.f. (lat. *sculptura*). Arte de esculpir. **2.** Obra del escultor. **3.** Conjunto de estas obras realizadas en una época o por un autor determinados: *la escultura griega.*

escultural adj. Que participa de las proporciones y caracteres exigidos para la belleza de la estatua: *formas esculturales.* **2.** Escultórico.

escuna s.f. (ingl. *schooner*). MAR. Goleta.

escupidera s.f. Pequeño recipiente que sirve para escupir en él. **2.** Argent., Chile, Ecuad. y Venez. Orinal, bacín.

escupidero s.m. Lugar donde se escupe.

escupidor s.m. Chile y P. Rico. Recipiente para escupir.

escupidura s.f. Saliva, sangre o flema escupida. **2.** Excoriación en los labios.

escupiña s.f. Molusco bivalvo comestible, de 5 cm de long., que vive en la arena.

escupir v.intr. Arrojar saliva o flema por la boca. ◆ v.tr. *Fig.* Arrojar algo de la boca con violencia: *escupir insultos.* **2.** *Fig.* Despedir un cuerpo a la superficie otra sustancia que estaba mezclada o unida a él, o que formaba parte de su masa: *el basalto escupe la humedad.* **3.** TAUROM. Expulsar de su cuerpo el toro el estoque después de tenerlo clavado. ◆ **escupirse** v.prnl. TAUROM. **a.** Salirse el toro de la suerte, por blando, al sentir el hierro. **b.** Irse el diestro del centro de la suerte, por temor o por cualquier accidente.

escupitajo s.m. *Fam.* Esputo.

escurana s.f. Amér. Oscuridad.

escurialense adj. Relativo al monasterio de El Escorial.

escurreplatos s.m. (pl. *escurreplatos*). Escurridero especial para los platos.

escurridero s.m. Lugar o dispositivo donde se coloca algo para que se escurra. SIN.: *escurridor.*

escurridizo, a adj. Que se escurre o se desliza fácilmente o que hace escurrir o deslizar: *suelo escurridizo; el jabón es muy escurridizo.* **2.** Que evita algo, que no se compromete.

escurrido, a adj. Delgado y sin curvas: *persona escurrida.* **2.** P. Rico. Confuso, avergonzado. **3.** TAUROM. Se dice del toro enjuto, de pocas carnes. ◆ s.m. Acción de escurrir. SIN.: *escurrimiento.* **2.** TECNOL. Operación consistente en extraer de un producto el líquido que lo empapa, por la acción de la fuerza centrífuga o por presión.

escurridor s.m. Escurridero. **2.** Colador para escurrir las viandas después de lavadas, hervidas, etc.

escurridura s.f. Última gota o resto de un líquido que quedan en un vaso, recipiente, etc.

escurrimiento s.m. Acción de escurrir o escurrirse.

escurrir v.tr. y prnl. Hacer o dejar que una cosa mojada suelte el agua o líquido que retiene: *escurrir la ropa.* ◆ v.intr. y prnl. Caer poco a poco el líquido contenido en un recipiente. **2.** Correr, resbalar una cosa por encima de otra. ◆ v.tr. Apurar las últimas gotas del contenido de un recipiente. ◆ **escurrirse** v.prnl. Deslizarse algo, especialmente de entre las manos.

escusado s.m. Excusado, retrete.

escusón s.m. (fr. ant. *escuçon,* de *escu,* escudo). HERÁLD. Escudo pequeño de armas.

escúter o **scooter** s.m. (pl. *escúteres* o *scooters*). Vehículo de dos ruedas, de cuadro abierto y con motor protegido por un capó, en el que la persona que lo maneja o conduce va sentada, en lugar de ir montada a horcajadas.

escutismo s.m. → **escultismo.**

esdrujulizar v.tr. Dar acentuación esdrújula a una palabra.

esdrújulo, a adj. y s.m. (ital. *sdrucciolo,* de *sdrucciolare,* deslizarse). Se dice de la voz que lleva el acento en la antepenúltima sílaba, como *máximo, mecánica* o *súbito.* ◇ **Verso esdrújulo** Verso acabado en palabra esdrújula.

1. **ese** s.f. Nombre de la letra *s.* **2.** Eslabón de una cadena en forma de S. **3.** Grapa de acero en forma de S. ◆ **eses** s.f.pl. Aberturas que ciertos instrumentos de cuerda tienen a ambos lados del puente. ◇ **Hacer eses** *Fam.* Balancearse al andar por estar ebrio.

2. **ese, a** pron. y adj.dem. (lat. *ipse, ipsa, ipsum,* mismo) [pl. *esos, esas*]. Indica proximidad en el espacio o en el tiempo respecto a la persona que escucha: *quiero esa; ese libro.* **2.** Pospuesto a un sustantivo, toma a veces un matiz despectivo: *el crío ese.* **3.** Designa a alguien con cierto matiz despectivo: *díselo a ese.* ◇ **Ni por esas** Expresión con que se comenta la imposibilidad de hacer o conseguir algo.

esecilla s.f. Pieza pequeña en forma de ese, como las asas con que se traban algunos botones.

esencia s.f. (lat. *esentia*). Naturaleza propia y necesaria, por la que cada ser es lo que es; conjunto de sus caracteres constitutivos. **2.** *Fig.* Lo más puro y acendrado de una cosa. **3.** Perfume líquido con gran concentración de una sustancia aromática. **4.** QUÍM. Sustancia líquida muy volátil y de olor muy penetrante que se obtiene de ciertos vegetales o que está formada por una mezcla de hidrocarburos. ◇ **Quinta esencia** Quinto elemento que consideraba la filosofía antigua en la composición del universo.

esencial adj. Relativo a la esencia. **2.** Sustancial, principal, necesario: *principios esenciales.* ◇ **Enfermedad esencial** MED. Enfermedad de causa desconocida.

esenciero s.m. Frasco para esencia.

esenio, a adj. y s. De una secta judía (s. II a.C.- s. I) cuyos miembros vivían en comunidades y llevaban una vida ascética.

eserina s.f. Alcaloide muy tóxico de la haba del calabar.

esfacelo s.m. (del gr. *sphákelos,* gangrena seca). MED. Tejido necrosado en vías de eliminación.

esfenoidal adj. Relativo al esfenoides.

esfenoides s.m. y adj. (gr. *sphinoeidís,* de forma de cuña). Hueso de la cabeza situado en la base del cráneo.

esfera s.f. (lat. *sphaera,* del gr. *sphara,* pelota). Sólido o espacio limitado por una superficie curva cuyos puntos equidistan todos de otro interior llamado centro. **2.** Espacio a que se extiende la acción, el influjo, etc., de una persona o cosa. **3.** *Fig.* Rango, condición social de una persona. **4.** Círculo en que giran las manecillas del reloj. ◇ **Esfera celeste** ASTRON. Esfera imaginaria, de radio indeterminado, que tiene por centro el ojo del observador y sirve para definir la dirección de los astros independientemente de su distancia. **Esfera de influencia** Región del globo en la que, explícita o tácitamente, se reconoce a una gran potencia unos derechos de intervención particulares.

esférico, a adj. Relativo a la esfera. **2.** Que tiene forma de esfera: *figura esférica.* ◆ s.m. En algunos deportes, balón.

esferográfico, a s. Amér. Merid. Bolígrafo.

esferoidal adj. Relativo al esferoide o que tiene esa forma.

esferoide s.m. GEOMETR. Elipsoide de revolución aplanado. (La superficie de la Tierra es un *esferoide.*)

esferómetro s.m. Instrumento que permite medir la curvatura de las superficies esféricas.

esfigmomanómetro s.m. Aparato que permite medir la presión arterial.

esfinge s.f. (lat. *sphinx, -ngis,* del gr. *sphígx, -ggós*). Monstruo con cuerpo de león y cabeza humana, a veces con alas de grifo, que en Egipto custodiaba los santuarios funerarios. (La más famosa es la de Gizeh. La esfinge pasó después a Grecia, donde fue relacionada sobre todo con la leyenda de Edipo.) **2.** *Fig.* Persona que no trasluce sus sentimientos e ideas, impenetrable, enigmática. **3.** Diversos lepidópteros de la familia esfíngidos.

esfíngido, a adj. y s.m. Relativo a una familia de mariposas provistas de larga trompa, y que presentan las alas anteriores largas y estrechas.

esfínter s.m. (lat. *sphincter,* del gr. *sphigktír, -iros,* lazo, atadijo). Músculo anular que sirve para cerrar un conducto natural del cuerpo.

esfinteriano, a adj. Relativo al esfínter.

esforzado, a adj. Alentado, animoso, valiente.

esforzar v.tr. [conj.: *forzar*]. Obligar a alguien o algo a hacer un esfuerzo superior al normal: *esforzar la mente, el oído.* ◆ **esforzarse** v.prnl. Hacer un gran esfuerzo físico o intelectual para lograr algo: *esforzarse para aprobar.*

esfuerzo s.m. Empleo enérgico de las fuerza física, intelectual o moral para lograr algo. **2.** FÍS. Fuerza que tiende a deformar un material por tracción, compresión, flexión, torsión o cizallamiento.

esfumar v.tr. (ital. *sfummare*). Extender los trazos de lápiz de un dibujo con el esfumino. SIN.: *esfuminar.* **2.** Rebajar los tonos de una composición pictórica, y principalmente los contornos. ◆ **esfumarse** v.prnl. *Fig.* Desvanecerse. **2.** *Fig.* y *fam.* Marcharse, irse de un lugar, especialmente con rapidez y disimulo.

esfumino s.m. (ital. *sfummino*). Pequeño rollo de piel o papel estoposo terminado en punta, utilizado para esfumar un dibujo. SIN.: *difumino.*

esgrafiado s.m. Técnica decorativa para el exterior de edificios, consistente en la superposición de capas de revoque de distinto color, alguna de las cuales se quita en determinadas zonas, según un dibujo previo, con lo que se obtiene una decoración policroma.

esgrafiar v.tr. (ital. *sgraffiare*) [conj.: *desviar*]. Decorar una pared o muro con esgrafiado.

esgrima s.f. (occitano *escrima*). Arte del manejo del florete, la espada y el sable. **2.** Deporte de lucha en el que dos personas protegidas con un traje especial se enfrentan con espadas, floretes o sables.

esgrimidor, ra adj. y s. Persona que practica la esgrima.

esgrimir v.tr. (del fráncico *skermjan,* proteger, defender). Manejar un arma, especialmente una espada. **2.** *Fig.* Usar algo como ataque o defensa: *esgrimir argumentos.*

esgrimista s.m. y f. Argent., Chile, Ecuad., Perú y Venez. Esgrimidor.

esguazar v.tr. (ital. *sguazzare,* chapotear en el agua). Vadear, pasar de una parte a otra de un río o brazo de mar bajo.

esguín s.m. (vasc. *izokin,* salmón). Cría del salmón cuando aún no ha pasado del río al mar.

esguince s.m. Distensión de uno o varios ligamentos en una articulación. **2.** Ademán hecho con el cuerpo para evitar un golpe o caída.

eslabón s.m. (del ant. *esclavón,* esclavo). Pieza que, enlazada con otras, forma una cadena. **2.** *Fig.* Elemento imprescindible para el enlace de una sucesión de hechos, argumentos, etc.: *el eslabón perdido.* **3.** Pieza de acero con que se golpea el pedernal para que salte la chispa. ◆ **eslabones** s.m.pl. En el golf, conjunto de hoyos de un terreno. **2.** Recorrido total de una prueba de golf.

eslabonar v.tr. y prnl. *Fig.* Unir o relacionar una sucesión de ideas, motivos, hechos, etc. ◆ v.tr. Unir unos eslabones con otros formando cadena.

eslalon o **slalom** s.m. (noruego *slalom*). En esquí, descenso por un recorrido sinuoso jalonado de obstáculos que hay que franquear, marcados por postes coronados de banderines.

eslavismo s.m. Paneslavismo. **2.** Estima o admiración por lo eslavo.

eslavística s.f. Ciencia y estudio de las lenguas eslavas.

eslavo, a adj. y s. De un grupo de pueblos indoeuropeos que ocupa la mayor parte de Europa central y oriental y que habla lenguas del mismo origen (lenguas eslavas). ◆ s.m. Conjunto de lenguas indoeuropeas habladas en Europa oriental y central por los pueblos eslavos.

eslavo

Los eslavos, 270 millones aprox., se dividen en *eslavos orientales* (rusos, ucranianos y bielorrusos), *eslavos occidentales* (polacos, checos, eslovacos y sorabos o serbios de Lusacia) y *eslavos meridionales* (serbios, croatas, búlgaros, eslovenos y macedonios).

eslavófilo, a adj. y s. Se dice de la persona que ensalza los valores espirituales tradicionales propios de Rusia.

eslavón, na adj. y s. De Eslavonia. ◆ s.m. Lengua artificial desarrollada a partir del eslavo antiguo y utilizada antaño como lengua religiosa y literaria en Rusia, Serbia y Bulgaria.

eslizón s.m. Reptil escamoso de 20 cm de long., de patas muy cortas, que vive en los países mediterráneos.

eslogan o **slogan** s.m. (ingl. *slogan*) [pl. *eslóganes* o *slogans*]. Frase publicitaria o fórmula de propaganda, breve y contundente.

eslora s.f. (neerlandés *sloerie*). MAR. Longitud de una embarcación de proa a popa. **2.** MAR. Pieza o tablón longitudinal que forma el borde de las escotillas o de cualquier abertura de cubierta.

eslovaco, a adj. y s. De Eslovaquia. ◆ s.m. Lengua eslava hablada en Eslovaquia.

esloveno, a adj. y s. De Eslovenia. **2.** De la rama más occidental de los eslavos del sur, que habitan en Eslovenia.

esmaltado, a adj. Que tiene esmalte o la naturaleza del esmalte. ◆ s.m. Acción y efecto de esmaltar. **2.** Operación que consiste en recubrir una pieza de cerámica o metálica con una capa de esmalte. **3.** FOT. Barnizado brillante de las copias fotográficas.

esmaltador, ra s. Persona que tiene por oficio esmaltar piezas de cerámica o metálicas.

esmaltar v.tr. Cubrir con esmalte. **2.** *Fig.* Adornar o ilustrar con adornos.

esmalte s.m. (fráncico *smalt*). Sustancia vítrea, opaca o transparente, con la que se recubren algunas materias para darles brillo o color permanentes. (Generalmente está compuesto por arena silicosa, una mezcla de potasa y sosa, y óxidos metálicos colorantes.) **2.** Labor que se hace con el esmalte. **3.** Objeto revestido o adornado de esmalte. **4.** Sustancia dura y blanca que, en el ser humano y algunos animales, recubre la corona de los dientes. **5.** HERÁLD. Nombre de los colores heráldicos. ◇ **Esmalte de uñas** Preparado para dar color y brillo a las uñas. **Pintura al esmalte** Pintura que, como vehículo, lleva barniz en lugar de aceite.

esmaltina s.f. Arseniuro natural de cobalto.

esméctico, a adj. (lat. *smecticus,* del gr. *smiktikós*). Se dice de una sustancia que sirve para desengrasar la lana. **2.** FÍS. Se dice de un estado mesomorfo en el cual los centros de las moléculas están situados en planos paralelos.

esmegma s.m. Materia blanquecina que se deposita en los repliegues de los órganos genitales externos.

esmerado, a adj. Realizado con esmero: *trabajo esmerado.*

esmeralda s.f. (lat. *smaragdus,* del gr. *smáragdos*). Piedra preciosa de color verde brillante, compuesta por silicato doble de aluminio y berilio. ◆ adj. y s.m. Se dice del color verde semejante al de la esmeralda. ◆ adj. Que es de este color. ◇ **Esmeralda de Brasil** Turmalina. **Esmeralda oriental** Variedad de corindón que es de color verde.

esmeraldero, a adj. y s. Colomb. Se dice de la persona que se dedica al comercio de esmeraldas.

esmerar v.tr. Pulir o limpiar. ◆ **esmerarse** v.prnl. Poner mucho cuidado en lo que se hace. **2.** Lucirse.

esmerejón s.m. Halcón de pequeño tamaño, rápido y agresivo, que habita normalmente en el N de Europa y Asia y emigra hacia el S de Asia y N de África en invierno.

esmeril s.m. (del gr. bizantino *smerí*). Materia pulverulenta compuesta de corindón, cuarzo o mica, magnetita y oligisto, que se usa para pulir metales y piedras preciosas: *papel o tela de esmeril.* **2.** Cristal esmerilado.

esmerilado, a adj. Se dice del cristal cuya superficie ha sido sometida a la acción de un abrasivo relativamente grueso. SIN.: *esmeril.* ◆ s.m. ÓPT. Operación intermedia entre el desbastado y el pulido. **2.** TEXT. Acción de suavizar el tacto de los tejidos de algodón, poniéndolos en contacto con un cilindro revestido de esmeril muy fino y que gira a gran velocidad.

esmerilar v.tr. Pulir con esmeril.

esmero s.m. Gran cuidado y atención que se pone en hacer algo: *trabajar con esmero.*

esmirriado, a o **desmirriado, a** adj. *Fam.* Flaco, raquítico.

esmoquin o **smoking** s.m. (ingl. *smoking*) [pl. *esmóquines* o *smokings*]. Traje de etiqueta masculino, con solapas de seda.

esmorecer v.intr. y prnl. [conj.: *parecer*]. C. Rica, Cuba y Venez. Desfallecer, perder el aliento.

esnifar v.intr. y tr. (ingl. *to sniff*). Inhalar una droga por la nariz.

esnob o **snob** adj. y s.m. y f. (ingl. *snob*) [pl. *esnobs* o *snobs*]. Se dice de la persona que adopta e imita comportamientos, usos y formas que considera distinguidos o elegantes. ◆ adj. Propio de la persona esnob: *lenguaje esnob.*

esnobismo o **snobismo** s.m. Cualidad o actitud de esnob.

eso pron.dem.neutro. (lat. *ipsum,* mismo). Se refiere a objetos o situaciones anteriormente aludidos, señalándolos sin nombrarlos.

esofágico, a adj. Relativo al esófago.

esofagitis s.f. Inflamación del esófago.

esófago s.m. (gr. *oisophagos,* de oíso, llevaré, y *phagein,* comer). Primera parte del tubo digestivo, comprendida desde la faringe hasta el cardias del estómago, cuyas paredes anterior y posterior, normalmente adaptadas una contra otra, solo se separan para dejar pasar el bolo alimenticio.

esofagoscopio s.m. Tubo especial para el examen endoscópico del esófago.

esotérico, a adj. (gr. *esoterikós,* íntimo). Que es enseñado únicamente a los iniciados. **2.** Se dice de los conocimientos de las obras que son incomprensibles para los que no están iniciados: *lenguaje, poesía esotérica.* **3.** Oculto, enigmático o reservado.

esoterismo s.m. Toda doctrina que requiere un cierto grado de iniciación para participar en ella. **2.** Parte de la filosofía pitagórica, cabalista o análoga, que no era conocida por los profanos.

esotro, a adj.dem. y pron.dem. Contracción de *ese, esa* o *eso* y *otro.*

espabilar v.tr. y prnl. Hacer que alguien se despierte o deje de estar adormilado. SIN.: *despabilar.* ◆ v.tr. e intr. Avivar y ejercitar el entendimiento o el ingenio. SIN.: *despabilar.* ◆ v.tr. Despabilar una vela. ◆ v.intr. y prnl. *Fig.* Acabar una cosa con rapidez y prontitud. SIN.: *despabilar.*

espachurrar v.tr. y prnl. Despachurrar.

espaciado s.m. IMPR. Conjunto de espacios que se ponen en una composición.

espaciador s.m. Tecla de una computadora o una máquina de escribir que deja espacios en blanco.

espacial adj. Relativo al espacio: *viajes espaciales.*

espacialidad s.f. Carácter de espacial.

espaciar v.tr. y prnl. Dejar un espacio entre dos o más cosas en el tiempo o en el espacio: *espaciar las visitas.* **2.** IMPR. En las composiciones tipográficas, separar las dicciones, las letras o los renglones con espacios o regletas. ◆ **espaciarse** v.prnl. Extenderse en el discurso oral o escrito.

espacio s.m. (lat. *spatium,* campo para correr). Medio en el que se sitúan las cosas. **2.** Sitio ocupado por un cuerpo. **3.** Distancia entre dos o más cuerpos. **4.** Período de tiempo determinado: *hablar por espacio de una hora.* **5.** Cada una de las partes que componen un programa radiofónico o de televisión. **6.** IMPR. Pequeña pieza de metal, más baja que los caracteres tipográficos, que sirve para separar las palabras. **7.** MAT. Extensión indefinida de tres dimensiones que constituye el objeto de la geometría clásica, llamada *geometría del espacio.* **8.** MAT. Conjunto provisto de algunas estructuras algebraicas, geométricas o topológicas: *espacio vectorial, proyectivo, normado.* **9.** MÚS. Zona de separación entre dos líneas consecutivas del pentagrama. ◇ **Espacio aéreo** Zona atmosférica de soberanía de un estado, situada sobre el territorio terrestre y las aguas jurisdiccionales. **Espacio verde** Superficie reservada a parques y jardines en una zona urbana. **Espacio vital** Superficie indispensable para vivir una población dada.

espacioso, a adj. Se dice del lugar o recinto que tiene mucho espacio para lo que está destinado: *habitación espaciosa.*

espacio-tiempo s.m. Espacio de cuatro dimensiones (las tres que corresponden al espacio ordinario y el tiempo) necesario para situar un acontecimiento, según la formulación de la teoría de la relatividad.

espada s.f. (lat. *sphata,* pala de tejedor, espátula). Arma blanca, larga, recta, aguda y cortante, con guarnición y empuñadura. **2.** Carta del palo de espadas. **3.** Ejercicio de esgrima en que se utiliza la espada. ◆ s.m. y f. Persona diestra en el manejo de esta arma. ◆ s.m. TAUROM. Diestro que en la lidia mata al toro con estoque. ◆ **espadas** s.f.pl. Palo de la baraja española. ◇ **Entre la espada y la pared** En situación de tener que decidirse por una cosa u otra, sin escapatoria. **Espada de Damocles** Amenaza persistente de un peligro.

espadachín s.m. (ital. *spadaccino*). Hombre que maneja bien la espada.

espadaña s.f. Campanario formado por una sola pared, en la que están abiertos los huecos para colocar las campanas. **2.** Planta herbácea que crece junto a las aguas estancadas, parecida a una caña y cuyas flores forman una espiga compacta. (Familia tifáceas.) SIN.: *anea, enea.*

espadañada s.f. Salivazo, vómito o sangre que se arroja bruscamente por la boca.

espadañal s.m. Terreno en que abunda la espadaña.

espadañar v.tr. Abrir o separar el ave las plumas de la cola.

espadero, a s. Persona que fabrica, compone o vende espadas.

espádice s.m. (gr. *spádix, -ikos,* rama de palmera arrancada con sus frutos). BOT. Inflorescencia constituida por una espiga envuelta en una bráctea llamada *espata,* que se encuentra en los aros.

espadicifloro, a adj. y s.f. Relativo a un orden de plantas monocotiledóneas que presenta las inflorescencias dispuestas en espádice.

espadilla s.f. Insignia roja, en forma de espada, que traen los caballeros de la orden militar de Santiago. **2.** As de espadas. **3.** MAR. Remo grande que sirve de timón en algunas embarcaciones menores.

espadín s.m. Espada de hoja muy estrecha o triangular,

montada en una empuñadura más o menos adornada. **2.** Espada de hoja estrecha y empuñadura en cruz, usada por los cadetes como prenda de gala. **3.** Pez marino costero, casi tan gregario como el arenque, que en los períodos fríos penetra en la desembocadura de los ríos. (Familia clupeidos.)

espadón s.m. (lat. *spado, -onis*). Espada grande y ancha, utilizada entre los ss. XV y XVII, que se empuñaba con las dos manos.

espagueti s.m. (ital. *spaghetti*). Pasta alimenticia de harina de trigo en forma de cilindros macizos, largos y delgados.

espahí s.m. (fr. *spahi*). Soldado de caballería turca. **2.** En Argelia, soldado de caballería del ejército francés.

espalación s.f. (ingl. *spallation*). FÍS. Fragmentación, en numerosas partículas, del núcleo de un átomo por efecto de un bombardeo corpuscular intenso.

espalda s.f. (lat. tardío *spatula*, omóplato). Parte posterior del cuerpo humano y de algunos animales, desde los hombros hasta la región lumbar. **2.** Envés o parte posterior de una cosa. ◇ **A espaldas de alguien** En su ausencia, sin que se entere. **Caer(se) de espaldas** Asombrarse, sorprenderse mucho. **Espalda mojada** Méx. Persona que traspasa ilegalmente una frontera, especialmente la que lo hace de México a EUA cruzando el río Grande. **Guardar las espaldas a alguien** Protegerlo de algún peligro. **Por la espalda** A traición. **Tener cubiertas las espaldas** Estar a cubierto, tener protección suficiente.

espaldar s.m. Espalda, parte posterior del cuerpo. **2.** Respaldo, parte de un asiento en que descansa la espalda. **3.** Conjunto de árboles plantados contra un muro, sobre el que las ramas se apoyan. **4.** Enrejado sobrepuesto a una pared para que trepen por él y se extiendan ciertas plantas. **5.** ARM. Pieza de la coraza y del coselete que cubría la espalda.

espaldarazo s.m. Reconocimiento de la competencia o habilidad de alguien en una profesión o actividad. **2.** Golpe dado de plano con la espada en la espalda de alguien como ceremonia en el acto de armar caballero.

espaldarcete s.m. ARM. Pieza de la armadura con que solo se cubría la parte superior de la espalda.

espaldarón s.m. ARM. Pieza de la armadura que cubría y defendía las espaldas.

espaldear v.tr. Chile. Defender a una persona.

espalder s.m. Remero de galeras que regulaba los movimientos de los demás remeros. **2.** DEP. En los deportes de remo, remero que boga en la proa y gobierna con el remo a los demás.

espaldera s.f. Espaldar, enrejado sobrepuesto a una pared. **2.** Línea de árboles frutales, alineados sobre hilos de hierro o sobre una tela, al aire libre. ◆ **espalderas** s.f. Aparato de gimnasia consistente en una armazón alta de barras horizontales de madera y fijada en la pared.

espaldilla s.f. Cuarto delantero de las reses. **2.** Omóplato, especialmente el de los animales. **3.** Méx. Brazuelo o lacón del cerdo.

espaldón s.m. Barrera o dique destinado a resistir el empuje de la tierra o el agua. **2.** Parte maciza y saliente que queda en un madero al abrir en él una entalladura. **3.** FORT. Masa de tierra u otro material destinada a cubrir del fuego de enfilada. **4.** MEC. Variación brusca que forma la sección de una pieza, destinada a servir de apoyo o de tope.

espantada s.f. Huida o abandono súbito, ocasionado por el miedo: *pegar una espantada.* **2.** Huida repentina de un animal.

espantadizo, a adj. Que se espanta o asusta fácilmente.

espantador, ra adj. Argent., Colomb. y Guat. Se dice del caballo espantadizo.

espantajo s.m. Cosa que se pone en un lugar para espantar, especialmente a los pájaros. **2.** *Fig.* Cosa o persona que infunde falso temor. **3.** Persona fea, ridícula o ridículamente vestida.

espantalobos s.m. (pl. *espantalobos*). Arbusto de las regiones mediterráneas, de flores amarillas y legumbres vesiculares. (Familia papilionáceas.)

espantamoscas s.m. (pl. *espantamoscas*). Conjunto de plumas o tiras de papel que se emplea para espantar las moscas.

espantapájaros s.m. (pl. *espantapájaros*). Espantajo, generalmente en forma de muñeco, que se pone en árboles y sembrados para ahuyentar a los pájaros.

espantar v.tr. (del lat. *expavere*, temer). Ahuyentar, echar de un lugar. ◆ v.tr. y prnl. Causar espanto o infundir miedo.

espanto s.m. Terror. **2.** Méx. Fantasma. ◇ **De espanto** Muy intenso: *hacer un frío de espanto.*

espantosidad s.f. Méx. Cosa muy fea.

espantoso, a adj. Que causa espanto. **2.** *Fig.* Muy feo. **3.** Desmesurado: *hambre espantosa.*

español, la adj. y s. De España. ◆ s.m. Lengua hablada en España, en los países de Hispanoamérica y en algunos territorios de cultura española.

español

El español es un idioma derivado del latín, en el que influyeron principalmente los sustratos ibérico y céltico. La primera unidad lingüística de Hispania fue consecuencia de la romanización. El latín de Hispania viene configurado por las interferencias en el uso hablado y el literario del latín durante la romanización, los rasgos dialectales latinos de colonos y soldados, y la persistencia de hábitos propios de las lenguas indígenas en el latín. Las invasiones germánicas favorecieron la progresiva diferenciación del latín, que desembocó en las diversas lenguas románicas. El árabe influyó de un modo especial en el léxico. En la etapa medieval fue constante la expansión del castellano y la desaparición de otros dialectos peninsulares. En el s. XIV, con el nacimiento de la literatura, se creó una norma lingüística y el castellano se convirtió en lengua oficial del estado, estableciéndose como lengua de cultura. La fundación, en 1713, de la Real academia española de la lengua señaló, en el plano lingüístico, el paso a una nueva época.

El español de América. Hay pocos fenómenos de carácter lingüístico fundamental que separen el español americano del de España. En las divergencias dialectales del español americano influyeron los sustratos indígenas: arawak, caribe, náhuatl y maya, quechua, araucano o mapuche y guaraní. En el conjunto de fenómenos que caracterizan el español americano pueden señalarse el voseo, una mayor actividad de las formas derivadas con diminutivo u otros sufijos, y el léxico, que además del sustrato indígena presenta préstamos de diversas lenguas extranjeras (italianismos, anglicismos, etc.).

españolada s.f. Acción, espectáculo, etc., en que se falsean, por exageración o por limitación al aspecto más espectacular, lo típico de España. **2.** Dicho o hecho propio de españoles.

españoleta s.f. (fr. *espagnolette*). *Galic.* Falleba.

españolismo s.m. Palabra, giro o expresión propios del español. **2.** Estima o admiración a lo típico de España. **3.** Carácter español acentuado o definido.

españolista adj. y s.m. y f. Se dice de la persona que muestra gran estima o admiración por lo típico de España.

españolización s.f. Acción y efecto de españolizar.

españolizar v.tr. y prnl. Dar carácter español. **2.** Dar forma española a una palabra o expresión de otro idioma.

esparadrapo s.m. (ital. ant. *sparadrappo*). Tira de tela o papel cubierta por una de sus caras con una sustancia adherente, que se usa para sujetar vendajes o cubrir heridas.

esparaván s.m. Gavilán. **2.** VET. Tumor óseo en la parte interna del corvejón de los solípedos.

esparavel s.m. (cat. *esparver*). Red redonda para pescar en aguas poco profundas.

esparceta s.f. (occitano *esparseto*). Pipirigallo.

esparcidora s.f. Máquina para esparcir el abono.

esparcilla s.f. Planta herbácea de hojas laciniadas, cultivada como forraje. (Familia cariofiláceas.)

esparcimiento s.m. Acción y efecto de esparcir. **2.** Actividad con que se ocupa el tiempo libre. **3.** Diversión, recreo.

esparcir v.tr. y prnl. (lat. *spergere*). Separar, extender, desparramar algo que está junto o amontonado. **2.** Derramar extendiendo. **3.** Difundir, extender, especialmente una noticia. **4.** Divertir, recrear.

espárido, a adj. y s.m. Relativo a una familia de peces provistos de aletas pelvianas insertas en el tórax, con una sola aleta dorsal, que presenta un radio espinoso, como la breca.

esparragal s.m. Lugar donde se cultivan espárragos.

espárrago s.m. (lat. *asparagus,* brote, tallino). Brote tierno y comestible de la esparraguera. **2.** TECNOL. Pasador o perno metálico con rosca en ambos extremos y sin cabeza que sirve para unir y asegurar dos piezas entre sí. ◇ **Enviar,** o **mandar, a freír espárragos** *Fam.* Se usa para despedir o rechazar a alguien de forma tajante.

esparragón s.m. Tejido de seda que forma un cordoncillo muy grueso y fuerte.

esparraguera s.f. Hortaliza de tallo recto, hojas en forma de aguja, agrupadas en haces, flores de color blanco verdoso y fruto en baya roja, los brotes de cuya raíz son comestibles. (Familia liliáceas.)

esparrancado, a adj. Que está demasiado separado o esparcido.

esparrancarse v.prnl. *Fam.* Ponerse con las piernas muy abiertas.

espartano, a adj. y s. De Esparta. ◆ adj. Austero, sobrio, que se ajusta a las normas con severidad.

espartaquismo s.m. Movimiento socialista alemán, posteriormente comunista, dirigido por Karl Liebknecht y Rosa Luxemburgo, de 1914 a 1919, que agrupó elementos minoritarios de la socialdemocracia.

espartaquista adj. y s.m. y f. Relativo al espartaquismo; partidario de este movimiento.

esparteína s.f. Alcaloide que se obtiene de la retama, empleado como tónico cardíaco y diurético.

espartería s.f. Establecimiento donde se hacen o venden cosas de esparto. **2.** Oficio de espartero.

espartero, a s. Persona que fabrica o vende cosas de esparto.

espartizal s.m. Terreno plantado de esparto. SIN.: *espartal.*

esparto s.m. (lat. *spartum,* del gr. *spártos,* especie de retama). Planta herbácea que crece en el N de África y en el centro y S de la península Ibérica, cuyas hojas se utilizan en la fabricación de cuerdas, alpargatas, tejidos bastos, papel de imprenta, etc. (Familia gramíneas.) **2.** Fibra obtenida con las hojas de esta planta.

esparvero s.m. Falconiforme rapaz delgado, caracterizado por su larga cola y alas cortas. (Familia accipítridos.)

esparza s.f. Composición poética, frecuente en las canciones castellanas de los ss. XIV y XV, que se caracteriza por constar de una sola estrofa, generalmente de arte mayor.

espasmo s.m. (del gr. *spasmós*). Contracción involuntaria de las fibras musculares, especialmente de la musculatura lisa.

espasmódico, a adj. (gr. *spasmódis*). Relativo al espasmo, o acompañado de este síntoma.

espasmofilia s.f. Afección del sistema nervioso caracterizada por calambres, hormigueos, crisis de agitación y malestar, en el curso de la cual aparecen crisis de tetania.

espasmolítico, a adj. y s.m. Antiespasmódico.

espata s.f. BOT. Bráctea en forma de cucurucho que rodea ciertas inflorescencias.

espatarrarse v.prnl. *Fam.* Despatarrarse.

espático, a adj. Se dice del mineral que se divide fácilmente en láminas. **2.** Que contiene espato.

espato s.m. (alem. *spat*). Mineral pétreo de estructura laminar. ◇ **Espato de Islandia** Variedad transparente de calcita cristalizada, birrefringente, que se emplea en la fabricación de lentes para instrumentos ópticos.

espátula s.f. Utensilio de metal, madera, etc., en forma de paleta plana. **2.** Parte anterior y curvada del esquí. **3.** Ave zancuda, de 80 cm de long., de pico ancho, que anida en las costas o en los cañaverales.

especia s.f. (lat. *species,* especie, mercancía). Sustancia aromática de origen vegetal, como el clavo, la nuez moscada, etc., utilizada para sazonar alimentos.

especiación s.f. BIOL. Aparición de diferencias entre dos especies próximas, que motivan su separación definitiva.

especial adj. (lat. *specialis*). Singular o particular, en oposición a general y ordinario. **2.** Muy adecuado o propio para algún efecto. ◇ **En especial** De forma singular o particular.

especialidad s.f. Parte de una ciencia o arte que tiene un cuerpo de doctrina suficiente para ejercerse de modo independiente. **2.** Aquello a que alguien se dedica con cierta exclusividad y competencia. **3.** Circunstancia de ser especial o carácter especial. ◇ **Especialidad farmacéutica** *Fam.* Específico, medicamento.

especialista adj. y s.m. y f. Se dice de la persona que se dedica a una especialidad o sobresale en ella. ◆ s.m. y f. CIN. Persona que sustituye al actor en escenas de riesgo o destreza.

especialización s.f. Acción y efecto de especializar. **2.** LING. Fenómeno semántico por el cual una palabra restringe el área de su significado.

especializar v.intr. y prnl. Adquirir conocimientos especializados en una rama determinada de una ciencia o arte: *especializarse en pediatría.* ◆ v.tr. Limitar o restringir la potencialidad de alguien o algo para un determinado fin: *especializar la tierra en un cultivo.*

especiar v.tr. Sazonar un alimento con especias.

especie s.f. (lat. *species,* especie, mercancía). Conjunto de cosas que tienen ciertas características iguales. **2.** Grupo de personas, animales o vegetales con un aspecto parecido, un hábitat particular, fecundos entre sí pero generalmente estériles con individuos de otras especies: *la especie humana.* **3.** Clase, tipo: *una especie de flauta.* **4.** Noticia. **5.** Apariencia, pretexto. ◇ **En especie,** o **especies** En género y no en dinero. **Especie química** Cuerpo puro. **Especies sacramentales** TEOL. CATÓL. Apariencias del pan y del vino después de la transustanciación.

especiería s.f. Establecimiento donde se venden especias. **2.** Conjunto de especias.

especiero, a s. Persona que comercia con especias. ◆ s.m. Utensilio o recipiente para guardar las especias.

especificación s.f. Acción y efecto de especificar.

especificar v.tr. Determinar o precisar algo señalando lo distintivo o característico.

especificativo, a adj. Que especifica. **2.** GRAM. Se dice del adjetivo que expresa una cualidad que limita la aplicación del nombre a determinados objetos de los designados por él. ◇ **Oración especificativa** GRAM. Oración que limita o determina a algún elemento de la oración principal.

especificidad s.f. Cualidad de específico.

específico, a adj. Propio de una especie, de una cosa con exclusión de otra. ◆ s.m. Medicamento específico para una enfermedad. **2.** Medicamento fabricado al por mayor por un laboratorio y suministrado al público bajo una marca registrada.

espécimen s.m. (lat. *specimen, -iminis*) [pl. *especímenes*]. Ejemplar, muestra, modelo, señal.

especioso, a adj. (lat. *speciosus*). *Fig.* Engañoso. **2.** Hermoso o perfecto.

espectacular adj. Que impresiona o llama la atención por su vistosidad o por ser fuera de lo común.

espectacularidad s.f. Cualidad de espectacular.

espectáculo s.m. (lat. *spectaculum,* de *spectare,* contemplar). Acción que se ejecuta en público para divertir o recrear. **2.** Conjunto de las actividades del teatro, del circo, etc.: *el mundo del espectáculo.* **3.** Acción o cosa llamativa y vistosa: *un espectáculo de luces.* **4.** Acción escandalosa, extravagante o inconveniente: *dar un espectáculo en la calle.*

espectador, ra adj. y s. Que asiste a un espectáculo. ◆ adj. Que mira algo con atención.

espectral adj. Relativo al espectro.

espectro s.m. (lat. *spectrum,* simulacro). Fantasma o figura irreal, normalmente terrorífica, que alguien ve o se imagina como si fuera real. **2.** Persona que ha llegado a un grado extremo de delgadez o decadencia física. **3.** *Fig.* Conjunto variado de elementos, aplicaciones, tendencias o rodeos de que consta algo: *alianza política de amplio espectro.* **4.** FÍS. **a.** Conjunto de las líneas resultantes de la descomposición de una luz compleja. **b.** Distribución de la intensidad de una onda, acústica o electromagnética, o de un haz de partículas, en función de la frecuencia o de la energía. **5.** MED. Conjunto de bacterias sobre las que es activo un antibiótico. <> **Espectro acústico** Distribución de la intensidad acústica en función de la frecuencia. **Espectro atómico,** o **molecular** Espectro de la radiación emitida por excitación de los átomos (espectro de rayas) o de las moléculas (espectro de bandas). **Espectro de absorción** Espectro que se obtiene haciendo que una radiación, continua en frecuencia, atraviese una sustancia que absorbe ciertas radiaciones características de ella. **Espectro de emisión** Espectro de la radiación electromagnética emitida por una fuente convenientemente excitada (llama, descarga o arco eléctricos, chispa). **Espectro de frecuencia** Representación, en función de la frecuencia, de las amplitudes, y eventualmente de las fases, de los componentes sinusoidales de una magnitud física en función del tiempo. **Espectro magnético,** o **eléctrico** Figura que materializa las líneas de fuerza de un campo magnético o eléctrico, obtenida esparciendo limaduras de hierro o partículas conductoras sobre una superficie donde se produce este campo.

espectrofotometría s.f. Estudio realizado con un espectrofotómetro.

espectrofotómetro s.m. Aparato que sirve para medir, en función de la longitud de onda, la relación entre valores de una misma magnitud fotométrica relativos a dos haces de radiaciones.

espectrografía s.f. Estudio de los espectros por medio del espectrógrafo.

espectrógrafo s.m. Aparato que sirve para registrar los espectros luminosos en una placa fotográfica. <> **Espectrógrafo de masas** Aparato que sirve para separar los átomos de uno o de varios cuerpos según sus masas.

espectrograma s.m. (de *espectro* y el gr. *grámma,* línea). Fotografía o diagrama de un espectro.

espectroheliógrafo s.m. Instrumento que sirve para fotografiar los detalles de la superficie solar, mediante la utilización de la luz procedente de una radiación única del espectro.

espectrometría s.f. Estudio de los espectros mediante el espectrómetro.

espectrómetro s.m. Aparato para medir la distribución de una radiación compleja en función de la longitud de onda o de la frecuencia si se trata de ondas, y de la masa o de la energía de las partículas individuales si se trata de partículas.

espectroscopia s.f. FÍS. Estudio de los espectros. <> **Espectroscopia de las radiofrecuencias,** o **herciana** FÍS. Conjunto de los estudios realizados sobre los fenómenos de interacción resonante, en especial, resonancia magnética, entre átomos, moléculas y ondas hercianas. **Espectroscopia nuclear** FÍS. Estudio de la distribución según su energía de las radiaciones electromagnéticas y de las partículas emitidas por un núcleo excitado.

espectroscópico, a adj. Relativo a la espectroscopia.

espectroscopio s.m. (de *espectro* y el gr. *skopein,* mirar). Aparato destinado a observar los espectros luminosos.

especulación s.f. Acción y efecto de especular. **2.** Operación comercial consistente en adquirir mercancías, valores o efectos públicos, con ánimo de obtener lucro en su reventa. **3.** FILOS. Conocimiento teórico y desinteresado cuyo fin es la contemplación del objeto.

especulador, ra adj. y s. Que especula.

1. **especular** v.tr. e intr. (lat. *speculari,* de *specula,* puesto de observación). Meditar, reflexionar. ◆ v.intr. Comerciar, negociar. **2.** Procurar provecho o ganancia con algo. **3.** Efectuar operaciones comerciales o financieras, cuyo beneficio se obtendrá por las variaciones en los precios de los cambios. ◆ v.intr. y prnl. Hacer cábalas.

2. **especular** adj. (del lat. *speculum,* espejo). Se dice de los minerales compuestos por hojas brillantes. <> **Alucinación especular** Alucinación en la cual el sujeto ve su propia imagen como en un espejo. **Pulido especular** Pulido perfecto de una pieza mecánica. **Simetría especular** FÍS. y MAT. Simetría respecto a un plano.

especulativo, a adj. Relativo a la especulación. **2.** Dado a la especulación. **3.** FILOS. Que tiene aptitud para especular.

espéculo s.m. (lat. *speculum,* espejo). Instrumento que utiliza el cirujano para dilatar ciertas cavidades del cuerpo y explorarlas.

espejismo s.m. Fenómeno óptico que consiste en ver la imagen invertida de objetos lejanos, como si se reflejasen en la superficie del agua, debido a la reflexión total de la luz cuando atraviesa capas de aire de densidad distinta. **2.** *Fig.* Apariencia seductora y engañosa.

espejo s.m. (lat. *speculum*). Superficie pulida y, especialmente, vidrio pulido y metalizado que refleja la luz y da imágenes de los objetos. **2.** *Fig.* Cosa que representa otra: *el teatro es el espejo de la vida.* **3.** *Fig.* Persona o cosa digna de imitación: *espejo de virtudes.* <> **Espejo de Venus** Planta herbácea de flores de color blanco o violeta. (Familia campanuláceas.) **Espejo ustorio** Espejo cóncavo que puede inflamar objetos por concentración de los rayos solares en un punto llamado foco.

espejuelo s.m. Reflejo producido en ciertas maderas cortadas a lo largo de los radios medulares. **2.** Utensilio de caza para atraer a las alondras. **3.** MINER. Yeso cristalizado en láminas brillantes. ◆ **espejuelos** s.m.pl. Cristales de los anteojos. **2.** Anteojos, instrumento óptico.

espeleología s.f. Ciencia y deporte que tienen por objeto el estudio o exploración de las cavidades naturales del subsuelo.

espeleológico, a adj. Relativo a la espeleología.

espeleólogo, a s. Persona que se dedica a la espeleología.

espeluznante adj. Que espeluzna.

espeluznar v.tr. y prnl. Causar mucho miedo.

espeluzno s.m. *Fam.* Escalofrío, estremecimiento.

espeo s.m. ARQUEOL. Templo o tumba subterránea egipcia.

espeque s.m. Palanca o barra recta de madera resistente. SIN.: *leva.*

espera s.f. Acción de esperar. **2.** Paciencia, facultad de saberse contener y esperar. <> **A la,** o **en, espera de** Con la esperanza de que suceda algo. **Circuito de espera** AERON. Circuito que describen los aviones en las proximidades de un aeropuerto, cuando varios aparatos se disponen a aterrizar.

esperantista adj. y s.m. y f. Relativo al esperanto; que habla esta lengua y defiende su difusión.

esperanto s.m. (de *Esperanto,* seudónimo de Zamenhof). Lengua internacional, creada en 1887 por Zamenhof, que se basa en la máxima internacionalidad de las raíces y la invariabilidad de los elementos léxicos.

esperanza s.f. (de *esperar*). Confianza de lograr una cosa o de que se realice lo que se desea. **2.** TEOL. CRIST. Una de las tres virtudes teologales. <> **Esperanza de vida** Duración media de la vida en un grupo humano determinado. **Esperanza matemática de una variable aleatoria discreta X** MAT. Media aritmética ponderada de los valores posibles xi de la variable X por su probabilidad pi.

esperanzar v.tr., intr. y prnl. Dar esperanza.

esperar v.tr. (lat. *sperare*). Tener esperanza de conseguir lo que se desea. **2.** Permanecer en un sitio hasta que llegue una persona o cosa. **3.** Confiar en, contar con la ayuda o colaboración de una persona o cosa. **4.** Dejar de hacer cierta cosa hasta que ocurra otra. **5.** Ser inevitable o inminente que suceda a alguien una cosa: *nos espera un largo viaje.* ◆ v.tr. e intr. Creer que ha de suceder una cosa. ◆ v.intr. Seguido de la prep. *en,* confiar en alguien: *esperar en el Señor.* ◆ **esperarse** v.prnl. Imaginarse, figurarse: *nadie se esperaba que vinieras.* ◇ **Ser de esperar** Indica que hay motivos para creer que va a ocurrir lo esperado.

esperma s.m. o f. (lat. *sperma, -atis,* del gr. *spérma,* semilla, esperma). Líquido que secretan las glándulas reproductoras masculinas y que contiene los espermatozoides. ◇ **Esperma de ballena** Sustancia oleaginosa que se encuentra en la cabeza de ciertos cetáceos. SIN.: *espermaceti.*

espermaticida adj. y s.m. Espermicida.

espermático, a adj. Relativo al esperma o a los espermatozoides. ◇ **Cordón espermático** Conjunto del conducto deferente y de las venas y arterias del testículo.

espermatida s.f. BIOL. Gameto masculino inmaduro que se convertirá en un espermatozoide.

espermatocito s.m. Célula germinal masculina que experimenta la primera o la segunda división de la meyosis.

espermatófito, a adj. y s.m. Planta fanerógama.

espermatóforo s.m. Órgano que contiene los espermatozoides en diversos invertebrados, y del que estos animales pueden desprenderse para pasarlo a las hembras.

espermatogénesis s.f. (pl. *espermatogénesis*). Formación de las células reproductoras masculinas.

espermatogonia s.f. ZOOL. Célula sexual masculina inmadura y diploide.

espermatozoide s.m. (del lat. *sperma, -atis,* y el gr. *zoon,* animal). Célula sexual masculina, constituida por una cabeza con núcleo haploide y un flagelo que asegura su desplazamiento. SIN.: *espermatozoo.*

espermatozoo s.m. (del lat. *sperma, -atis,* y el gr. *zoon,* animal). Espermatozoide.

espermicida adj. y s.m. Se dice del medicamento o la sustancia química que destruye los espermatozoides. SIN.: *espermiticida.*

espermofilo s.m. Animal roedor parecido a la marmota.

espernada s.f. Remate de la cadena que suele tener el eslabón abierto.

esperón s.m. (ital. *sperone*). Espolón para embestir a los buques.

esperonte s.m. FORT. Obra en ángulo saliente que se hacía en las cortinas de las murallas.

esperpéntico, a adj. Relativo al esperpento.

esperpento s.m. *Fam.* Persona o cosa extravagante y ridícula. **2.** Suceso o situación absurdos. **3.** LIT. **a.** Título dado por Ramón del Valle-Inclán a varias de sus obras, caracterizadas por presentar el sentido trágico de la vida con una estética deformada. **b.** Obra literaria que presenta rasgos parecidos a esas obras.

espesamiento s.m. Acción y efecto de espesar.

espesante s.m. Materia que espesa o aumenta la viscosidad.

espesar v.tr. y prnl. Hacer espeso o más espeso.

espeso, a adj. (lat. *spissus*). Se dice de la sustancia fluida que tiene mucha densidad o condensación. **2.** Se dice del conjunto o agregado de cosas, partículas, etc., muy próximas unas a otras. **3.** Grueso, recio. **4.** *Fig.* Enrevesado, de difícil comprensión. **5.** Argent., Perú, Urug. y Venez. *Fig.* Pesado, impertinente. **6.** Argent. y Urug. *Fig.* Referido a una situación, conflictiva, complicada.

espesor s.m. Grosor de un sólido de forma laminar. **2.** Densidad o condensación de un fluido o una masa.

espesura s.f. Cualidad de espeso. **2.** Vegetación densa.

espetar v.tr. Atravesar algo con un instrumento puntiagudo. **2.** *Fig.* y *fam.* Decir a alguien algo que causa sorpresa o molestia.

espetera s.f. Tabla con ganchos donde se cuelgan utensilios de cocina. **2.** Conjunto de utensilios de cocina que se cuelgan en esta tabla. **3.** *Fam.* Pecho de la mujer, especialmente cuando es muy voluminoso.

espetón s.m. Varilla de hierro u otro material, larga y delgada, como el asador o el estoque. **2.** Golpe dado con este instrumento.

1. **espía** s.m. y f. (got. *spaíha*). Persona que espía u observa con disimulo. **2.** Persona que comunica al gobierno o mando militar o a una empresa de un país informaciones secretas de otro.

2. **espía** s.f. Cuerda o tirante con que se mantiene fijo y vertical un madero. **2.** MAR. Acción de espiar.

1. **espiar** v.tr. (got. *spaíhôn*) [conj.: *desviar*]. Observar algo o acechar a alguien con atención, continuidad y disimulo: *espiar al enemigo.*

2. **espiar** v.intr. (port. *espiar*) [conj.: *desviar*]. MAR. Tirar de un cabo firme en un objeto fijo para hacer mover una nave en dirección al mismo.

espicanardo s.m. (lat. *spica nardi,* espiga del nardo). Planta, de 50 cm de alt., con tallo en caña delgada, inflorescencias terminales, y rizomas con numerosas raicillas fibrosas, de olor agradable, cuyo extracto se ha usado como perfume. (Familia gramíneas.) **2.** Rizoma de estas plantas.

espichar v.tr. Pinchar, punzar o herir con una cosa aguda o punzante. ◆ v.intr. *Fam.* Morir, acabar la vida. **2.** Venez. Perder aire el neumático a causa de un pinchazo. ◆ **espicharse** v.prnl. Cuba Enflaquecer, adelgazar.

espiche s.m. Arma o instrumento puntiagudo. **2.** Estaca pequeña de madera o corcho para cerrar un agujero, como el de una cuba para que no se salga el líquido.

espiciforme adj. Que tiene forma de espiga.

espicilegio s.m. Colección de diplomas, tratados, etc. **2.** Florilegio.

espícula s.f. Inflorescencia elemental de las gramíneas. **2.** Corpúsculo silíceo o calcáreo que forma parte del esqueleto de las esponjas. **3.** ASTRON. Elemento constitutivo de la cromosfera solar.

espiga s.f. (lat. *spica*). Inflorescencia ramosa, simple, formada por un conjunto de flores hermafroditas, sésiles, dispuestas a lo largo de un eje. **2.** Conjunto de granos agrupados a lo largo de un eje. **3.** Vástago de un árbol que se introduce en otro para injertarlo. **4.** Extremo de una pieza de madera entallado para que entre y encaje en un hueco de igual sección abierto en otra pieza que se ha de ensamblar con la primera. **5.** Parte saliente en una pieza metálica que se introduce en una cavidad.

espigado, a adj. Se dice de las plantas que tienen espiga u otra inflorescencia ya formada. **2.** En forma de espiga.

espigador, ra s. Persona que recoge las espigas del rastrojo.

espigadora s.f. Máquina-herramienta utilizada en los talleres de carpintería mecánica para labrar espigas de ensamblaje.

espigar v.tr. Recoger las espigas que han quedado en el rastrojo. **2.** Labrar espigas en una pieza de madera que se ha de ensamblar. ◆ v.intr. Empezar los cereales a echar espiga. ◆ **espigarse** v.prnl. Crecer un niño mucho y en poco tiempo sin engordar.

espigón s.m. Aguijón, punta o extremo del palo con que se aguija. **2.** Espiga áspera y espinosa. **3.** Columna que constituye el eje o núcleo de una escalera de caracol. **4.** Mazorca de maíz. **5.** OBR. PÚBL. Dique perpendicular a la orilla del mar o de un río para proteger un puerto contra el oleaje.

espiguear v.intr. Méx. Mover el caballo la cola, sacudiéndola de arriba abajo.

espigueo s.m. Acción de espigar o recoger las espigas que han quedado en el rastrojo.

espiguilla s.f. Cinta estrecha o fleco, con picos, que se emplea como adorno.

espina s.f. (lat. *spina*). Astilla pequeña y puntiaguda. **2.** *Fig.* Pena o sentimiento que pesan en la conciencia y causan intranquilidad: *tener una espina clavada en el corazón.* **3.** Excrecencia que, en los peces, toma formas distintas, ya sean simples asperezas puntiagudas de los huesos de la cabeza, ya sean radios duros, puntiagudos y formados de una sola pieza. **4.** ANAT. Nombre de diversas estructuras anatómicas óseas: *espinas ilíacas, ciáticas, etc.* **5.** BOT. **a.** Órgano, o parte orgánica axial apendicular, endurecido y puntiagudo. **b.** Árbol espinoso, originario de Australia. (Familia mimosáceas.) **6.** ZOOL. Columna vertebral. <> **Dar mala espina** Hacer que alguien desconfíe o recele. **Espina bífida** Malformación congénita de la columna vertebral, consistente en una hernia de parte del contenido del canal raquídeo. **Espina de Cristo,** o **santa,** o **vera** Arbusto de unos 3 m de alt., de hojas pecioladas, que presenta espinas estipuladas y flores de pequeño tamaño, amarillentas. (Familia ramnáceas.) **Sacarse la espina** Desquitarse de una pérdida, especialmente en el juego; hacer o decir algo que se ha estado reprimiendo. **Santa espina** Cada una de las espinas de la corona que ciñó la cabeza de Jesús durante su pasión.

espinaca s.f. (hispano-ár. *ispinâj*). Planta herbácea hortense, originaria de Asia central, cuyas hojas alargadas y verdes son comestibles. (Familia quenopodiáceas.)

espinal adj. Relativo a la columna vertebral o espinazo. <> **Nervio espinal** Nervio craneal par, motor de los músculos del cuello, la laringe y la faringe.

espinapez s.m. En los solados y entarimados, modo de disponer las piezas o tablas, que consiste en colocarlas diagonalmente en zigzag y con las testas machihembradas en ángulo recto.

1. **espinar** s.m. Lugar donde crecen arbustos espinosos. **2.** *Fig.* Enredo, asunto que presenta muchas dificultades.

2. **espinar** v.intr. y prnl. Pinchar o herir con espinas. ◆ v.tr. Proteger con tallos espinosos los árboles recién plantados.

espinazo s.m. Columna vertebral.

espinel s.m. PESC. Palangre de ramales cortos y cordel grueso.

1. **espinela** s.f. (ital. ant. *spinella*). Mineral constituido por aluminato de magnesio, que puede dar piedras finas de color rosado, rojo, marrón rojizo, azul gris, azul violeta, grisáceo y verdoso. **2.** Grupo de minerales compuestos de óxidos dobles.

2. **espinela** s.f. (de V. *Espinel,* escritor español). MÉTRIC. Décima.

espineta s.f. (ital. *spinetta*). Instrumento de teclado, con cuerdas pulsadas.

espingarda s.f. (fr. ant. *espingarde,* balista de lanzar piedras). Escopeta muy larga que usaban los moros. **2.** *Fig.* Mujer alta, delgada y de aspecto desvaído. **3.** Cañón de artillería, mayor que el falconete y menor que la pieza de batir.

espinilla s.f. Parte delantera de la pierna, entre la rodilla y el pie, donde se aprecia el hueso. **2.** Comedón.

espinillera s.f. Pieza rígida de protección que llevan los jugadores de algunos deportes para proteger la espinilla.

espinillo s.m. Argent. Nombre de diversos árboles de la familia de las rosáceas o de las leguminosas, con espinas en sus ramas y flores esféricas de color amarillo, muy perfumadas.

espino s.m. (lat. *spinus*). Árbol, de 4 a 6 m de alt., de ramas espinosas y flores blancas y olorosas. (Familia rosáceas.) **2.** Argent. Arbusto leguminoso de flores muy aromáticas y madera muy apreciada por sus vetas jaspeadas. **3.** Cuba. Arbusto silvestre de la familia de las rubiáceas, con muchas ramas y espinas. <> **Espino amarillo,** o **falso** Arbusto o árbol pequeño de 1 a 3 m de alt., de ramas espinosas y hojas blancas y lustrosas. (Familia oleanáceas.) **Espino artificial** Cable delgado formado de alambres de hierro torcidos conjuntamente y que lleva pinchos de trecho en trecho. **Espino cerval** Arbusto de frutos negros, cuyas semillas se emplean como purgantes.

espinocelular adj. Relativo al estrato espinoso del tejido epitelial.

espinosismo s.m. Doctrina filosófica de Spinoza.

espinosista adj. y s.m. y f. Relativo al espinosismo; partidario de esta doctrina.

espinoso, a adj. (lat. *spinosus*). Que tiene espinas: *zarza espinosa.* **2.** *Fig.* Arduo, difícil, comprometido. **3.** ANAT. Se dice de algunas estructuras anatómicas atendiendo a su forma o a su relación con la columna vertebral: *apófisis espinosas.* ◆ s.m. Pequeño pez marino o de agua dulce, que presenta espinas en el dorso.

espinudo, a adj. Chile, C. Rica, Nicar. y Urug. Espinoso.

espionaje s.m. (fr. *espionnage*). Acción de espiar disimuladamente lo que se dice o hace. **2.** Actividad de espiar; conjunto de personas que se dedican a espiar con fines militares o políticos. <> **Espionaje industrial** Búsqueda de información concerniente a la industria y, preferentemente, a los procedimientos de fabricación.

espira s.f. (lat. *spira,* espiral, del gr. *speira*). Vuelta de una línea espiral, de una hélice. **2.** Parte elemental de un arrollamiento eléctrico, cuyos extremos están por lo general muy cerca uno de otro. **3.** Conjunto de vueltas de una concha enrollada, como la de los gasterópodos.

espiración s.f. Acción y efecto de espirar, especialmente el aire de los pulmones.

espiráculo s.m. ZOOL. Orificio para la evacuación del agua que baña las branquias internas de los renacuajos de los anuros.

espirador, ra adj. FISIOL. Que participa en el movimiento de espiración, de expulsión del aire de las vías respiratorias.

espiral adj. Relativo a la espira. **2.** Que tiene forma de espira: *broca espiral.* ◆ s.f. Espira. **2.** Serie de circunvoluciones o volutas. **3.** Pequeño resorte o muelle espiral de un reloj, que asegura su isocronismo. **4.** MAT. Curva plana cuyo radio polar crece, o decrece, mientras gira en el mismo sentido. <> **Espiral precios-salarios** Repercusión recíproca de los incrementos de los precios y de los salarios en un proceso inflacionario.

espiralado, a adj. Arrollado en espiral.

espirar v.tr. e intr. (lat. *spirare,* soplar, respirar). FISIOL. Expulsar el aire de las vías respiratorias. ◆ v.tr. Despedir un cuerpo cierto olor.

espiratorio, a adj. Relativo a la espiración.

espirilo s.m. BIOL. Bacteria en forma de filamento alargado y dispuesta en espiral.

espirilosis s.f. Enfermedad provocada por un espirilo.

espiritado, a adj. *Fam.* Se dice de la persona excesivamente delgada.

espiritar v.tr. y prnl. Introducir demonios o malos espíritus en el cuerpo de una persona. **2.** *Fig.* y *fam.* Agitar o irritar a alguien.

espiritismo s.m. Creencia basada en la existencia y la manifestación de espíritus; práctica que consiste en provocar la manifestación de espíritus y comunicarse con ellos con la ayuda de objetos (tablero ouija) o de personas en estado de trance hipnótico (médiums).

espiritista adj. y s.m. y f. Relativo al espiritismo; persona que cree en el espiritismo o lo practica.

espiritoso, a adj. Espirituoso. **2.** Vivo, animoso.

espíritu s.m. (lat. *spiritus, -us,* soplo, espíritu). Principio inmaterial, sustancia incorpórea, en oposición a material, corpórea. **2.** Facilidad o agudeza para comprender. **3.** Ánimo, valor o brío: *recuperar sus espíritus.* **4.** Idea central, carácter fundamental, esencia de algo. **5.** En oposición a letra, sentido o intención real de un texto: *el espíritu de la ley.* **6.** Inclinación de alguien hacia algo: *espíritu de contradicción.* **7.** Sentimiento de solidaridad hacia una comunidad: *espíritu de clase.* **8.** Alma individual, especialmente la de un muerto. **9.** Ser inmaterial y sobrenatural: *no creer en espíritus.* **10.** FARM. Denominación dada a ciertos medicamentos volátiles: *espíritu de madera.* **11.** GRAM. Signo gráfico particular de la lengua griega. <> **Espíritu maligno** Demonio. **Pobre de espíritu** Persona tímida y de poca iniciativa; se dice de la persona que desprecia los honores y los bienes materiales.

espiritual adj. Relativo al espíritu. **2.** Que está relacionado con lo religioso. **3.** Se dice de alguien o algo que tiene más relación con los sentimientos, la razón o lo religioso que con las cosas materiales. ◆ adj. y s.m. Se dice de los miembros de una corriente de la orden de los franciscanos que, por fidelidad al ideal de absoluta pobreza del fundador, se separó de la orden en el s. XIII y se enfrentó al papado.

espiritualidad s.f. Cualidad de las personas o las cosas espirituales. **2.** Conjunto de principios o actitudes que constituyen la vida espiritual de una persona o colectividad.

espiritualismo s.m. Doctrina filosófica que considera el espíritu como una realidad irreducible al cuerpo o materia y le atribuye un valor superior. (Se opone al materialismo.) **2.** Inclinación a la vida espiritual.

espiritualista adj. y s.m. y f. Relativo al espiritualismo; partidario de esta doctrina.

espiritualización s.f. Acción y efecto de espiritualizar o espiritualizarse.

espiritualizar v.tr. y prnl. Hacer espiritual o más espiritual a algo o a alguien. ◆ v.tr. Reducir algunos bienes a la condición de eclesiásticos.

espirituoso, a adj. Que contiene mucho alcohol: *bebidas espirituosas.*

espiritusanto s.m. C. Rica y Nicar. Flor del cacto, blanca y de gran tamaño.

espiroidal adj. Que tiene forma de espiral.

espirómetro s.m. Aparato que sirve para medir la capacidad respiratoria de los pulmones.

espiroqueta s.f. (del gr. *speira,* espiral, y *khaíti,* cabellera). Microorganismo que presenta un filamento axial, alrededor del cual se arrolla el protoplasma en espiral. SIN.: *espiroqueto.*

espiroquetosis s.f. Enfermedad causada por una espiroqueta.

espita s.f. (gót. *spitus,* asador, espetón). Canuto que se mete en el agujero de un tonel u otro recipiente para que salga por él el líquido que contiene. **2.** Llave pequeña, dispositivo.

espitoso, a adj. *Fam.* Que tiene mucha euforia, en especial por efecto de una droga.

esplácnico, a adj. ANAT. Relativo a las vísceras.

esplender v.intr. (lat. *splendere*). *Poét.* Resplandecer.

esplendidez s.f. Cualidad de espléndido.

espléndido, a adj. (lat. *splendidus*). Que destaca por su belleza, bondad o abundancia. **2.** Que es desprendido y generoso con los demás. **3.** Resplandeciente.

esplendor s.m. (lat. *splendor, -oris*). Momento en que algo llega al mayor grado de perfección o intensidad. **2.** Resplandor. **3.** *Fig.* Lustre, nobleza, magnificencia.

esplendoroso, a adj. Que resplandece: *luz esplendorosa; esplendorosa civilización.*

esplenectomía s.f. CIR. Extirpación del bazo.

esplénico, a adj. (lat. *splenicus,* del gr. *splinikós*). ANAT. Relativo al bazo.

esplenitis s.f. Inflamación del bazo.

esplenomegalia s.f. Aumento patológico del tamaño del bazo.

espliego s.m. (del ant. *espligo,* del lat. *spiculum,* dim. de *spicum,* espiga). Arbusto aromático, de hojas lanceoladas, flores olorosas y azuladas, de las que se extrae una esencia utilizada en perfumería, que crece en los terrenos secos y rocosos de la región mediterránea. SIN.: *lavanda.*

esplín s.m. (ingl. *spleen,* bazo, esplín, del gr. *splín*). Melancolía que produce falta de ilusiones e interés por la vida.

espolada s.f. Golpe dado con la espuela a la caballería para que ande. SIN.: *espolazo.*

espolear v.tr. Aguijar con la espuela a la caballería. **2.** *Fig.* Incitar, estimular a alguien para que haga algo.

espoleta s.f. (ital. *spoletta*). Mecanismo de un artefacto explosivo, que sirve para provocar la explosión de la carga. **2.** Horquilla que forman las clavículas del ave.

1. espolín s.m. Espuela fija en el tacón de la bota.

2. espolín s.m. (fr. u occitano *espoulin*). Tela de seda con flores o motivos esparcidos, y como sobretejidos, a la manera del brocado de oro o de seda. **2.** Lanzadera pequeña.

espolio s.m. (lat. *spolium*). Conjunto de bienes derivados de rentas eclesiásticas que, al morir un obispo sin testar, pasaban a formar parte de la Iglesia.

espolique s.m. Mozo que caminaba a pie delante de la caballería de su señor.

espolón s.m. Pequeño saliente óseo que tienen algunas aves en las extremidades. **2.** ANAT. Nombre que se da al vértice del ángulo agudo que forman diversas estructuras al bifurcarse. **3.** ARQ. Contrafuerte. **4.** BOT. Protuberancia en la base de los pétalos o de los sépalos de algunas flores. **5.** CONSTR. Construcción en forma de ángulo agudo que se coloca en la base del pilar de un puente para repartir la presión del agua. SIN.: *tajamar.* **6.** MAR. Parte saliente y reforzada en que remataba la proa de ciertos navíos de guerra, usada como arma para embestir de costado las naves enemigas y hundirlas.

espolvorear v.tr. Esparcir algo hecho polvo.

espondeo s.m. (lat. *spondeus,* del gr. *spondeios*). MÉTRIC. CLÁS. Pie compuesto por dos sílabas largas.

espondilartritis s.f. Reumatismo inflamatorio que evoluciona por accesos y que afecta al raquis y articulaciones sacroilíacas.

espondilitis s.f. Inflamación de una o de varias vértebras.

espóndilo o **espóndil** s.m. (lat. *spondylus,* del gr. *sphóndylos*). Vértebra.

espongiario s.m. y adj. ZOOL. Nombre con que se designaba a los poríferos en la antigua taxonomía.

esponja s.f. (lat. *spongia,* del gr. *spoggia*). Nombre con que se designa a los animales acuáticos poríferos. **2.** Masa porosa y elástica que constituye el esqueleto de algunos poríferos de los mares cálidos y que se manipula para ser usada como utensilio doméstico de higiene o limpieza, debido a su capacidad absorbente. **3.** Objeto que se fabrica con materiales sintéticos, imitando las características de esta masa, para los mismos usos. ◇ **Esponja de platino** Platino esponjoso, obtenido por calcinación de ciertas sales de este metal.

esponjamiento s.m. Acción y efecto de esponjar o esponjarse. SIN.: *esponjadura.*

esponjar v.tr. Hacer más poroso un cuerpo. ◆ **esponjarse** v.prnl. *Fig.* Envanecerse. **2.** Adquirir alguien aspecto saludable.

esponjera s.f. Recipiente para colocar la esponja de baño.

esponjosidad s.f. Cualidad de esponjoso.

esponjoso, a adj. Se dice del cuerpo de aspecto o estructura muy porosa, como la esponja.

esponsales s.m.pl. (lat. *sponsalis,* relativo a la promesa de casamiento). Promesa mutua de matrimonio, hecha con cierta solemnidad.

esponsalicio, a adj. Relativo a los esponsales.

espónsor o **sponsor** s.m. y f. (ingl. *sponsor*). Patrocinador que sufraga los gastos de una actividad cultural, deportiva, etc., a cambio de que aparezca su nombre.

espontanearse v.prnl. Confesar algo voluntariamente a la autoridad, con el fin de ser perdonado o de obtener algún beneficio. **2.** Sincerarse con alguien.

espontaneidad s.f. Cualidad de espontáneo. **2.** Naturalidad, falta de artificio o reserva.

espontaneísmo s.m. Actitud o doctrina de quienes, en la extrema izquierda, tratan de desarrollar acciones revolucionarias en el pueblo, sin tener en cuenta partidos ni sindicatos, aprovechando acontecimientos que juzgan capaces de movilizar a las masas.

espontaneísta adj. y s.m. y f. Relativo al espontaneísmo; partidario de esta doctrina.

espontáneo, a adj. (lat. *spontaneus,* de *sponte* voluntariamente). Se dice de lo que procede de un impulso interior. **2.** Se dice de la acción realizada por propia voluntad, sin coacción o indicación de otro. **3.** BOT. Se dice de la planta que crece de manera natural en un país, sin ser cultivada. ◆ adj. y s. Se dice del espectador que, en un momento determinado, interviene en el espectáculo por iniciativa propia, especialmente en una corrida de toros.

espontón s.m. (fr. *esponton*). Pica de mango corto que llevaban los oficiales de infantería durante los ss. XVII y XVIII.

espora s.f. (gr. *sporá,* semilla, de *speírein,* sembrar). BOT. Elemento unicelular producido y diseminado por los vegetales y cuya germinación da lugar a un nuevo individuo (bacterias) o a una forma preparatoria de la reproducción sexuada (musgo, prótalo de helecho, micelio primario del hongo, tubo polínico de las plantas florales). [La espora masculina de las plantas florales es el grano de polen.]

esporádico, a adj. (gr. *sporadikós,* disperso). Se dice de lo que es ocasional y aislado, sin relación con otras cosas o fenómenos. **2.** BOT. Se dice de las especies que aparecen raramente y en forma de individuos aislados o casi aislados, en el seno de la asociación respectiva. **3.** MED. Se dice de la enfermedad que afecta a algunos individuos aisladamente.

esporangio s.m. (del gr. *sporá,* semilla, y *ággos,* vaso). BOT. Saco o receptáculo que contiene las esporas.

esporófito s.m. Organismo vegetal nacido de un óvulo fecundado y que, en la madurez, es portador de esporas.

esporogonio s.m. Nombre que se da, en los musgos, al conjunto del esporangio y de la seta o cerda que lo lleva.

esporotricosis s.f. Micosis causada por hongos del género *Sporothrichum.*

esporozoo adj. y s.m. Relativo a un tipo de protozoos con reproducción alternante, sexual y por esporas.

esportada s.f. Cantidad que cabe en una espuerta.

esporulación s.f. BIOL. Formación de esporas; emisión de esporas.

esporular v.intr. Formar esporas, o pasar al estado de espora, cuando las condiciones de vida se hacen desfavorables.

esposa s.f. Amér. Anillo episcopal. ◆ **esposas** s.f.pl. Objeto formado por dos aros unidos por una cadena que se sujeta a las muñecas de los detenidos o los presos para inmovilizar sus manos.

esposar v.tr. Sujetar a alguien con esposas.

esposo, a s. (lat. *sponsus,* p. de *spondere,* prometer). Persona casada con otra.

esprea s.f. Méx. Llave que deja salir la gasolina en el motor del automóvil.

esprín, esprint o **sprint** s.m. (ingl. *sprint*). Aceleración repentina y poco duradera que hace un corredor, particularmente al aproximarse a la meta. **2.** Carrera disputada en una distancia corta.

esprínter o **sprinter** s.m. y f. (ingl. *sprinter*). Corredor de velocidad en pequeñas distancias o capaz de máximas velocidades al final de una carrera larga.

espuela s.f. (gót. *spaúra*). Espiga de metal terminada en una ruedecita con puntas, que se ajusta al talón de la bota del jinete para picar a la cabalgadura. **2.** *Fig.* Aviso, estímulo, incitativo. **3.** En la riña de gallos, hoja de acero, aguda y cortante, con que se arma el espolón de los gallos. **4.** Amér. Espolón de las aves. <> **Espuela de caballero** BOT. Ranunculácea silvestre, de flores en espiga azules, rosadas o blancas y cáliz en forma de espuela.

espuerta s.f. (lat. *sporta*). Recipiente cóncavo de esparto, palma u otra materia flexible, con dos asas pequeñas, para transportar escombros, tierras, etc. <> **A espuertas** A montones, en abundancia.

espulgar v.tr. y prnl. Quitar las pulgas o piojos a alguien.

espulgo s.m. Acción de espulgar.

espuma s.f. (lat. *spuma*). Conjunto de burbujas que se forman en la superficie de algunos líquidos. **2.** Conjunto de burbujas que se forman con el jugo y las impurezas segregadas por un alimento o sustancia al cocer en el agua. **3.** Masa espumosa que se encuentra a menudo en primavera sobre ciertas plantas. **4.** INDUSTR. Conjunto de escorias que sobrenadan en los metales en fusión. <> **Crecer como la espuma** *Fam.* Prosperar algo con rapidez. **Espuma de mar** Silicato natural de magnesio hidratado, blanquecino y poroso, con el que se fabrican pipas. **Espuma de nailon** Nailon especialmente preparado para obtener una gran elasticidad.

espumadera s.f. Utensilio de cocina en forma de paleta con agujeros que sirve para espumar y para sacar y escurrir los alimentos de un líquido caliente.

espumaje s.m. Masa abundante de espuma.

espumajear v.intr. Espumarajear.

espumajo s.m. Espumarajo.

espumante s.m. Reactivo utilizado en el procedimiento de flotación para mantener una espuma persistente.

espumar v.tr. Quitar la espuma de la superficie de un líquido caliente. ◆ v.intr. Hacer espuma. SIN.: *espumear.*

espumarajear v.intr. Echar espumarajos. SIN.: *espumajear.*

espumarajo s.m. Salivazo espumoso arrojado por la boca. SIN.: *espumajo.*

espumilla s.f. Tela muy ligera, rala y delicada, semejante al crespón.

espumoso, a adj. Que tiene o hace mucha espuma: *leche espumosa; jabón espumoso.* ◆ adj. y s.m. Se dice del vino blanco y de la sidra que forman una ligera espuma o burbujas.

espundia s.f. Úlcera maligna de las caballerías.

espurio, a o **espúreo, a** adj. (lat. *spurius*). Bastardo, degenerado. **2.** Falto de legitimidad o autenticidad. **3.** DER. CIV. Se dice del hijo de padre incierto o desconocido.

espurrear v.tr. Rociar algo con un líquido arrojado por la boca. SIN.: *espurriar.*

esputar v.tr. Expectorar.

esputo s.m. (lat. *sputum,* de *spuere,* escupir). Secreción de las vías respiratorias que se escupe de una vez por la boca en una expectoración.

esquejar v.tr. Plantar esquejes.

esqueje s.m. (cat. *esqueix*). Brote joven arrancado de una planta, que, colocado en tierra húmeda, se nutre de raíces adventicias y es el origen de un nuevo tallo.

esquela s.f. Notificación de la muerte de una persona que se envía particularmente o se publica en un periódico. **2.** Carta breve.

esquelético, a adj. Relativo al esqueleto. **2.** Muy flaco.

esqueleto s.m. (gr. *skeletós,* de *skéllein,* secar). Armazón del cuerpo de los vertebrados, de naturaleza ósea o, más raramente, cartilaginosa. **2.** Conjunto de partes duras de un animal cualquiera. **3.** Armadura, armazón; *el esqueleto de un barco.* **4.** *Fig.* y *fam.* Persona muy flaca. **5.** *Fig.* Bosquejo general, boceto. **6.** Chile. *Fig.* Bosquejo de una obra literaria. **7.** Colomb., C. Rica, Guat., Méx. y Nicar. *Fig.* Hoja de papel con un modelo impreso en el que se dejan espacios en blanco para rellenarlos a mano.

esquema s.m. (lat. *schema, -atis,* figura geométrica). Representación de algo atendiendo solo a sus líneas o caracteres esenciales. **2.** Representación gráfica y simbólica de cosas inmateriales. **3.** Programa de puntos que se van a tratar, de actos que se van a realizar, etc., sin detallarlos. <> **Esquema trascendental** FILOS. Representación intermedia entre el concepto y los datos de la percepción.

esquemático, a adj. Relativo al esquema. **2.** Que está explicado o hecho de una manera simple, a rasgos generales, sin entrar en detalles. **3.** Que esquematiza en exceso: *interpretación esquemática.* **4.** Que muestra la disposición de un objeto, de un órgano, etc.: *corte esquemático de la oreja.* <> **Estilo esquemático** Estilo pictórico de la prehistoria en la península Ibérica, caracterizado por la esquematización de las figuras, reducidas a símbolos.

esquematismo s.m. Cualidad de esquemático. **2.** FILOS. Sistema basado en el esquema trascendental.

esquematizar v.tr. Reducir la exposición o enunciado de algo a un esquema.

esquí s.m. (fr. *ski,* del noruego *ski,* tronco cortado) [pl. *esquís* o *esquíes*]. Tabla larga y delgada, de madera, metal o materias sintéticas, que se usa para deslizarse sobre la nieve o el agua. **2.** Deporte que consiste en deslizarse con estas tablas sobre la nieve. (El esquí deportivo nació a finales del s. XIX en Noruega y en los Alpes.) <> **Esquí alpino** Esquí practicado en pendientes por lo general pronunciadas. (Como prueba deportiva comprende el descenso, prueba de velocidad en una distancia de 2,5 a 4 km, y dos eslálones: el especial y el gigante.) **Esquí de fondo** Esquí practicado en recorridos de poco desnivel. **Esquí náutico** Deporte acuático en que el deportista, unido por una cuerda a una lancha motora, se desliza sobre el agua a gran velocidad, manteniéndose sobre uno o dos esquís. **Esquí nórdico** Modalidad deportiva que engloba principalmente una carrera de esquí de fondo (con un tercio de recorrido llano, un tercio de pendiente suave y un tercio de descenso) y un salto a partir de un trampolín de 70, 90 o 150 m.

esquiador, ra s. Persona que practica el esquí.

esquiar v.intr. Practicar el esquí.

esquiascopia s.f. Método que permite determinar de una manera objetiva las características ópticas del ojo, fundado en el estudio de la sombra de la pupila sobre la retina.

esquifado, a adj. **Bóveda esquifada** Bóveda formada por la intersección de dos bóvedas de cañón y cuyo vértice está sustituido por una línea recta o una superficie plana.

esquife s.m. (cat. *esquif*). Bote que se lleva en una embarcación, especialmente para saltar a tierra. **2.** Embarcación de regatas de un solo remero, muy estrecha y ligera. SIN.: *skiff.* **3.** Modalidad de competición en el deporte náutico del remo. **4.** ARQ. Cañón de bóveda en figura cilíndrica.

esquila s.f. (gót. *skilla*). Cencerro en forma de campana.

esquiladora adj. y s.f. Se dice de la máquina que sirve para esquilar.

esquilar v.tr. (del aragonés ant. *esquirar,* del gótico *skairan*). Cortar el pelo, vellón o lana de un animal.

esquileo s.m. Acción de esquilar. SIN.: *esquila.* **2.** Lugar destinado para esquilar. **3.** Temporada en que se esquila.

esquilmar v.tr. (del ant. *esquimar,* dejar un árbol sin ramas). *Fig.* Agotar o mermar una fuente de riqueza, por extraer de ella mayor provecho que el debido. **2.** Recoger los productos o provechos obtenidos del cultivo o la ganadería. **3.** Empobrecer las plantas la tierra en que se encuentran.

esquilmo s.m. Acción de esquilmar. **2.** Conjunto de productos o provechos de menor cuantía obtenidos del cultivo o la ganadería. **3.** Chile. Escobajo de la uva.

esquimal adj. y s.m. y f. De un pueblo que vive en las tierras árticas de América y Groenlandia. (Los *esquimales* viven esencialmente de la caza y de la pesca y, cada vez en mayor medida, de la artesanía [escultura y pintura]. Están agrupados en dos familias lingüísticas: *inuit* y *yupit.* Su población experimenta un progresivo crecimiento demográfico.) ◆ s.m. Conjunto de lenguas habladas por los esquimales.

esquina s.f. Arista, especialmente la que resulta del encuentro de las paredes de un edificio. **2.** Sitio donde se juntan dos lados. <> **Doblar la esquina** Darle la vuelta.

esquinado, a adj. Se dice de la persona de trato difícil.

esquinar v.tr. e intr. Hacer o formar esquina. ◆ v.tr. Poner en esquina una cosa: *esquinar un armario.* ◆ v.tr. y prnl. *Fig.* Enemistar o indisponer a una persona con otra.

esquinazo s.m. *Fam.* Esquina. **2.** Chile. Serenata. <> **Dar esquinazo** *Fam.* Dejar a una persona plantada.; rehuir el encuentro con alguien.

esquinera s.f. Amér. Rinconera, mueble.

esquirla s.f. Astilla desprendida de un hueso, vidrio, piedra, madera, etc.

esquirol s.m. y f. (voz catalana, *ardilla*). Esp. Obrero que no sigue la orden de huelga o que remplaza en su trabajo al huelguista.

esquisto s.m. (lat. *schistos lapis,* del gr. *skhistós,* rajado). Nombre de las rocas sedimentarias o metamórficas que se exfolian mecánicamente en hojas. **2.** Roca metamórfica hojosa que presenta una débil recristalización.

esquistosidad s.f. Disposición de una roca sedimentaria o metamórfica en láminas delgadas.

esquistosomiasis s.f. Bilharziosis.

esquite s.m. (náhuatl *izquitl*). Amér. Central y Méx. Guiso elaborado con granos de maíz cocidos con epazote y condimentado con limón y chile.

esquivar v.tr. y prnl. Procurar o conseguir con habilidad no hacer algo, no encontrarse con alguien o que no ocurra algo: *esquivar un peligro.*

esquivo, a adj. Que esquiva o rehúye las atenciones y muestras de afecto: *mostrarse esquivo.*

esquizofasia s.f. PSIQUIATR. Trastorno del lenguaje hablado que consiste en dar a las palabras un sentido diferente del habitual, abusar de los neologismos, de manera que el discurso resulta incoherente e incomprensible.

esquizofíceo, a adj. y s.f. Cianofíceo.

esquizofrenia s.f. (del gr. *skhízein,* partir, y *phrín,* inteligencia). Psicosis delirante crónica caracterizada por la pérdida de contacto con el mundo exterior.

esquizofrenia

La esquizofrenia, conocida antaño como *demencia precoz,* es una enfermedad del adulto joven. En principio se manifiesta por una escisión entre una vida intelectual brillante y una desorganización de las relaciones afectivas, con un estado anímico depresivo y sobre todo paradójico. Inmediatamente después aparecen alteraciones del comportamiento, que pasa a ser raro y autista, con excentricidad en la conducta, alucinaciones diversas sobre todo auditivas, e ideas delirantes. Va acompañado de problemas en el lenguaje que reflejan la alteración del desarrollo del pensamiento, que se vuelve hermético y caótico. Algunas investigaciones neuroquímicas intentan demostrar una alteración de la actividad de ciertos neurotransmisores.

esquizofrénico, a adj. y s. Relativo a la esquizofrenia; que padece esta psicosis.

esquizogamia s.f. BIOL. Reproducción asexual de ciertos anélidos por división del organismo.

esquizogonia s.f. BIOL. Reproducción asexual de los esporozoos que comporta cerrazón tardía de las células.

esquizoide adj. y s.m. y f. Se dice de la personalidad caracterizada por la introversión y la insociabilidad; que tiene esta personalidad.

esquizotimia s.f. Temperamento no patológico caracterizado por el retraimiento.

esquizotímico, a adj. y s. Relativo a la esquizotimia; que tiene este temperamento.

estabilidad s.f. Cualidad de estable: *la estabilidad de una moneda.* **2.** ECON. Situación en la que no se producen oscilaciones en el volumen de empleo, producción, o en el índice general de precios de una unidad económica nacional. **3.** FÍS. Aptitud de una magnitud para recuperar un valor llamado normal, cuando momentánea y accidentalmente se aparta de él. **4.** MEC. Estado de un sólido en equilibrio, que tiende a volver a su posición inicial después de haber sido apartado de ella. **5.** METEOROL. Estado de la atmósfera caracterizado por la superposición de capas de densidades decrecientes hacia arriba. **6.** QUÍM. Cualidad de una combinación difícil de descomponer.

estabilización s.f. Acción y efecto de estabilizar o estabilizarse.

estabilizador, ra adj. Que estabiliza. ◆ s.m. Dispositivo destinado a evitar o amortiguar las oscilaciones. **2.** Plano fijo de los que forman el empenaje de un avión, uno vertical y el otro horizontal. **3.** Sustancia incorporada a una materia para mejorar la estabilidad química. ◇ **Estabilizador de balance** Aparato que permite una importante reducción del balance de un barco por medio de aletas dispuestas a cada costado. **Estabilizador de tensión** Dispositivo que sirve para paliar las fluctuaciones de tensión de la red o sector, especialmente para proporcionar una tensión constante a los receptores de televisión.

estabilizar v.tr. y prnl. Hacer estable algo: *estabilizar los precios.*

estable adj. (lat. *stabilis*). Que se mantiene o permanece invariable e indefinidamente en el mismo estado, situación o lugar. **2.** MEC. Se dice de un equilibrio que no es destruido por una variación débil de las condiciones. **3.** QUÍM. Se dice de un compuesto químico que resiste la descomposición.

establecer v.tr. [conj.: *parecer*]. Dejar puesto algo en un lugar para que permanezca y realice su función en él: *establecer controles de policía.* **2.** Crear algo que empieza a funcionar: *establecer una entidad.* **3.** Disponer lo que ha de regir o hacerse: *establecer una disciplina.* **4.** Expresar un pensamiento de valor general: *establecer una opinión.* ◆ **establecerse** v.prnl. Avecindarse. **2.** Abrir, crear alguien por su cuenta un establecimiento comercial.

establecimiento s.m. Acción y efecto de establecer o establecerse: *el establecimiento de nuevas normas.* **2.** Lugar donde se realiza una actividad comercial, industrial, profesional, etc.: *establecimiento comercial, público.* ◇ **Establecimiento penal,** o **penitenciario** Prisión, cárcel.

establishment s.m. (voz inglesa). Conjunto de personas con poder que defienden sus privilegios y procuran mantener el orden establecido.

establo s.m. (lat. *stabulum*). Lugar cubierto donde se encierra el ganado.

estabulación s.f. (lat. *stabulationem,* de *stabulum,* establo). Cría del ganado en establos. ◇ **Estabulación libre** Forma de alojamiento del ganado, principalmente bovino, en la que los animales no están sujetos.

estabular v.tr. (lat. *stabulare*). Criar el ganado en establos.

estaca s.f. Palo con punta en un extremo para clavarlo. **2.** Palo grueso. **3.** Clavo largo de hierro para clavar vigas y maderos. **4.** Amér. Pertenencia minera. **5.** Amér. Espolón de ave.

estacada s.f. Serie de estacas clavadas en la tierra para cercar, atajar o defender algo. **2.** Serie de pilotes formando enjaretado, para proteger las márgenes de un puerto o para canalizar la corriente en un curso de agua. SIN.: *estacada de pilotes.* ◇ **Dejar en la estacada** Abandonar a alguien en una situación difícil o comprometida. **Quedar(se) en la estacada** Fracasar en una empresa; ser vencido en una riña o disputa.

estacar v.tr. Atar un animal a una estaca clavada en la tierra. **2.** Señalar el límite de un terreno con estacas. **3.** Amér. Extender algo sobre una superficie sujetándolo o clavándolo con estacas: *estacar un cuero.* ◆ **estacarse** v.prnl. Colomb. y C. Rica. Clavarse una astilla.

estacazo s.m. Golpe fuerte dado con una estaca, palo grueso. **2.** *Fig.* Varapalo, daño o contratiempo grande.

estacha s.f. Cuerda o cable atado al arpón que se clava a las ballenas. **2.** Cabo grueso y resistente con que se ata una riña o embarcación a otra fondeada o a un objeto fijo.

estación s.f. (lat. *statio, -onis,* permanencia, lugar de estancia). Cada uno de los cuatro períodos en que está dividido el año por los equinoccios y los solsticios. **2.** Período del año caracterizado por algo, especialmente por unas condiciones climáticas determinadas o por la realización de una actividad: *la estación de las lluvias; la estación de la vendimia.* **3.** Lugar donde un tren o un autobús se detienen para dejar o recoger viajeros, o para cargar o descargar mercancías; edificio o conjunto de instalaciones que hay en este lugar. **4.** Conjunto de instalaciones, fijas o móviles, destinadas a realizar una actividad determinada: *estación meteorológica.* **5.** Lugar en que se coloca el que, en las operaciones de topografía y geodesia, hace las observaciones. **6.** Lugar en que se hace alto para descansar durante un viaje, paseo, etc.: *hacer estación a mitad del camino.* **7.** REL. Cada una de las catorce pausas del vía crucis. ◇ **Estación de esquí,** o **de invierno** Conjunto de instalaciones donde se practica el esquí. **Estación de servicio** Conjunto de instalaciones destinadas al aprovisionamiento de vehículos automotores. **Estación emisora** Instalación emisora de radio o televisión. **Estación espacial,** u **orbital** Ingenio espacial con medios limitados de propulsión autónoma, destinado a realizar una misión determinada, en el espacio o en un astro, con cierta permanencia. **Estación marítima** Conjunto de instalaciones portuarias destinadas al tránsito de pasajeros y mercancías. **Estación término,** o **terminal** Estación situada en el punto inicial o final de un trayecto.

estación

La división del año en cuatro estaciones es resultado del movimiento de la Tierra en torno al Sol. La primavera comienza en el equinoccio de primavera y termina en el solsticio de verano; vienen a continuación el verano, el otoño y el invierno, que respectivamente terminan en el equinoccio de otoño, el solsticio de invierno y el equinoccio de primavera. La Tierra no se desplaza a una velocidad constante sobre su órbita, pues es elíptica, lo que provoca una desigualdad en la duración de las estaciones. En la actualidad, la primavera, el verano y el invierno tienen en el hemisferio norte duraciones medias, respectivamente, de 92 d, 19 h; 93 d, 23 h; 89 d, 13 h; 89 d. (estas duraciones experimentan variaciones seculares). En el hemisferio sur las estaciones se invierten en relación con las del hemisferio norte. Su mecanismo es común al de todos los planetas cuyo eje de rotación no es perpendicular al plano de la órbita.

estacional adj. Propio de una de las estaciones del año: *calenturas estacionales.*

estacionamiento s.m. Acción y efecto de estacionar o estacionarse. **2.** Zona señalizada en la vía pública para estacionar vehículos, generalmente de pago. ◇ **Disco de estacionamiento** Dispositivo que se encuentra en algunas de estas zonas y que indica la hora en la que el vehículo ha sido estacionado.

estacionar v.tr. y prnl. Colocar transitoriamente en un lugar, especialmente un vehículo.

estacionario, a adj. Que permanece en el mismo punto o situación, sin adelanto ni retroceso: *la natalidad permanece estacionaria.* **2.** MAT. Se dice de una sucesión de números que, a partir de cierto estado, son todos iguales. ◆ s.m. Librero jurado de la baja edad media. **2.** En la antigüedad romana, soldado de un puesto de policía. ◇ **Estado estacionario** ECON. Situación teórica de un sistema económico que hubiese llegado al límite de su proceso de crecimiento. **Teoría del universo estacionario** FÍS. Teoría cosmológica según la cual el universo conserva una densidad de materia constante en el transcurso del tiempo.

estada s.f. Estancia o permanencia en un lugar.

estadía s.f. Tiempo en que se permanece en algún sitio. **2.** MAR. Plazo estipulado para la carga y descarga de un barco mercante. **3.** TECNOL. Mira graduada utilizada para medir con el taquímetro la distancia entre dos puntos.

estadígrafo, a s. Estadístico.

estadio s.m. (lat. *stadium*). Lugar de grandes dimensiones donde se realizan competiciones deportivas y que tiene graderías para los espectadores. SIN.: *estádium.* **2.** Grado de desarrollo de un fenómeno: *los diferentes estadios de una evolución.* **3.** En la antigüedad griega, unidad de medida de longitud de 600 pies equivalente, según la región, a 147 o 192 m.

estadista s.m. y f. Persona experta en política que ejerce un alto cargo en la administración del estado.

estadística s.f. (fr. *statistique*). Ciencia cuyo objeto es reunir una información cuantitativa concerniente a individuos, grupos, series de hechos, etc., y deducir de ella, gracias al análisis de estos datos, unos significados precisos o unas previsiones para el futuro. **2.** Cuadro numérico de un hecho que se presta a la estadística.

estadístico, a adj. Relativo a la estadística: *método estadístico.* ◆ s. Persona que se dedica a la estadística.

estádium s.m. Estadio.

estadizo, a adj. Que lleva mucho tiempo sin moverse o renovarse: *aguas estadizas.*

estado s.m. (lat. *statum*). Situación en que está una persona o cosa: *estado de salud; edificio en mal estado.* **2.** Condición de un cuerpo en cuanto a la cohesión, fluidez, distribución o ionización de sus átomos: *estado sólido, cristalino.* **3.** Entidad política que preside los destinos colectivos de una sociedad y que ejerce, por esta razón, el poder legal. ◇ **Ecuación de estado** FÍS. Ecuación entre las dimensiones que definen el estado de un cuerpo puro. **Estado benefactor** Estado que se basa en el principio de que el bienestar del individuo depende del de la colectividad. SIN.: *estado providencia.* **Estado civil** Condición de una persona en cuanto a las relaciones de familia, nacimiento, filiación, matrimonio y defunción. **Estado contable** Documento que reproduce el detalle o el análisis de cifras y datos extraídos de las cuentas contables. **Estado de ánimo** Estado moral en que se encuentra alguien, de alegría, tristeza, abatimiento, etc. **Estado de cosas** Conjunto de circunstancias que concurren en un asunto determinado. **Estado del bienestar** Sistema de organización social en que se procura compensar las deficiencias e injusticias de la economía de mercado con redistribuciones de renta y prestaciones sociales otorgadas a los menos favorecidos. **Estado de naturaleza** Estado hipotético de la humanidad, lógicamente anterior a la vida en sociedad. **Estado de necesidad** DER. PEN. Situación de peligro actual o inmediato para un bien jurídicamente protegido, que solo puede evitarse mediante la lesión de un bien de otra persona, también protegido jurídicamente. **Estado de un sistema** FÍS. Conjunto de las características de un sistema necesarias y suficientes para su descripción y para la previsión de su evolución. **Estado límite** PSIQUIATR. Estructura patológica de la personalidad que se caracteriza por la combinación de alteraciones psicóticas, neuróticas y caracteriales, a las que se yuxtaponen elementos normales. **Estado mayor** Cuerpo de oficiales encargados en los ejércitos de informar técnicamente a los jefes superiores, distribuir las órdenes y procurar y vigilar su cumplimiento. **Estados generales** En el Antiguo régimen francés, asambleas convocadas por el rey de Francia para tratar asuntos importantes concernientes al estado. **Estado social y democrático de derecho** El caracterizado por la intervención de los poderes públicos en materias económicas y sociales y por la ampliación de derechos políticos individuales a esferas de ámbito colectivo y social (sanidad, educación, etc.). **Estar en estado** Estar preñada una mujer. **Golpe de estado** Acción de una autoridad que viola las formas constitucionales; conquista del poder político por medios ilegales. **Hombre de estado** Hombre que participa en la dirección del estado o desempeña un papel político importante. **Razón de estado** Consideración del interés público en nombre del cual se justifica una acción generalmente injusta. **Tercer estado** En el Antiguo régimen, grupo social que no pertenecía ni a la nobleza ni al clero.

estadounidense adj. y s.m. y f. De Estados Unidos.

estadual adj. Amér. Relativo a los estados que integran una federación o confederación.

1. **estafa** s.f. Acción de estafar. **2.** Delito de apropiación patrimonial, en perjuicio de un tercero, realizado con ánimo de lucro y mediante engaño.

2. **estafa** s.f. (ital. *staffa,* estribo). Lazo en el que un acróbata asegura la mano o el pie para hacer ejercicios sobre aparatos gimnásticos.

estafador, ra s. Persona que estafa.

estafar v.tr. (ital. *staffare,* sacar el pie del estribo). Quitar a una persona dinero o algo de valor con engaño, o darle menos de lo que le corresponde, o cobrarle una cantidad de dinero superior a la justa. **2.** No satisfacer lo que se ha prometido pagar.

estafermo s.m. (ital. *sta fermo,* está firme). Poste o maniquí que servía antiguamente para la instrucción de los caballeros en el empleo de la lanza.

estafeta s.f. (ital. *staffeta,* de *corriere a staffeta,* correo especial que viaja a caballo). Oficina del servicio de correos, particularmente cada sucursal de la central en una población grande. **2.** Correo ordinario que iba a caballo de un lugar a otro.

estafilínido, a adj. y s.m. Relativo a una familia de coleópteros carnívoros, con élitros cortos y abdomen móvil.

estafilino, a adj. ANAT. Relativo a la úvula.

estafilococia s.f. Infección causada por un estafilococo.

estafilococo s.m. (del gr. *staphylí,* racimo, y *kokkós,* grano). Bacteria de forma redondeada que se encuentra especialmente en la piel y las mucosas y cuyos individuos están agrupados en racimos. (Es una bacteria abundante en la naturaleza y una de sus especies, el *estafilococo dorado,* causa infecciones como los forúnculos, el ántrax, la septicemia, la osteomielitis, etc.)

estafiloma s.m. (lat. *staphyloma, -atis,* del gr. *staphýloma*). Tumor de la córnea del ojo.

estafisagria s.f. (del gr. *staphís,* uva, pasa, y *agría,* silvestre). Planta herbácea, llamada también *hierba piojera* y *matapiojos,* usada para combatir los piojos. (Familia ranunculáceas.)

estagnación s.f. Estancamiento.

estajadera s.f. Martillo que usan los herreros. SIN.: *estajador.*

estajanovismo o **stajanovismo** s.m. (de A. G. *Stajánov,* minero ruso). En los países de economía socialista, método basado en la iniciativa del trabajador para aumentar el rendimiento.

estajanovista o **stajanovista** adj. y s.m. y f. Relativo al estajanovismo; partidario de este método.

estajar v.tr. Disminuir el espesor de una pieza de hierro.

estalación s.f. Cada una de las categorías en que se dividen los individuos de una comunidad o cuerpo.

estalactita s.f. (del gr. *stalaktós,* que gotea). Concreción calcárea alargada y puntiaguda que desciende del techo de algunas grutas.

estalagmita s.f. (del gr. *stalagmós,* goteo). Concreción calcárea alargada y puntiaguda que se forma en el suelo de algunas grutas.

estalagmometría s.f. Medida de la tensión superficial mediante la determinación de la masa o del volumen de una gota de líquido dispuesta en el extremo de un tubo capilar.

estalagmómetro s.m. Instrumento para medir la tensión superficial por medición del número de gotas en una cantidad de líquido.

estalinismo o **stalinismo** s.m. Teoría y conjunto de las prácticas políticas desarrolladas por Stalin y sus partidarios.

estalinista o **stalinista** adj. y s.m. y f. Relativo al estalinismo; partidario del estalinismo.

estallar v.intr. (del ant. *astiella,* astilla). Reventar algo de golpe, de manera violenta y produciendo ruido: *estallar un globo; estallar una bomba.* **2.** Restallar: *estallar el látigo.* **3.** Fig. Sobrevenir o iniciarse algo violento: *estallar la guerra; estallar la tormenta.* **4.** Fig. Sentir y manifestar violentamente un sentimiento: *estallar de ira; estallar en llanto.*

estallido s.m. Acción de estallar. **2.** Ruido que produce algo al estallar.

estambrar v.tr. Torcer la lana y convertirla en estambre.

estambre s.m. (lat. *stamen,* urdimbre). Parte del vellón de lana compuesta de hebras largas. **2.** Hilo de lana peinada, formado de estas hebras, y tela obtenida con este hilo. **3.** Órgano sexual masculino de algunas flores, que consta de una parte estrecha, filamento, y otra ancha, antera, que contiene el polen.

estamenara s.f. MAR. Madero de los que forman la armazón de una embarcación hasta la cinta.

estamental adj. Relativo al estamento.

estamento s.m. (cat. *estament*). Grupo social integrado por las personas que tienen una misma situación jurídica y gozan de unos mismos privilegios.

estameña s.f. (lat. *texta staminea*). Tejido basto de estambre, usado principalmente para confeccionar hábitos.

estaminado, a adj. Se dice de la flor provista de estambres.

estaminal adj. Relativo a los estambres de las flores.

estamíneo, a adj. (lat. *stamineus*). Que es de estambre. **2.** Relativo al estambre.

estaminífero, a adj. (lat. *stamen*, estambre, y *ferre*, producir). Se dice de la flor que tiene solo estambres.

estampa s.f. Efigie o figura impresa. **2.** *Fig.* Aspecto o apariencia de alguien o algo: *mujer de fina estampa.* **3.** *Fig.* Reproducción, representación o ejemplo de alguien o algo: *ser la estampa de su padre.* **4.** Molde o matriz huecos que sirven para el forjado de piezas. **5.** Punzón o macho de embutir. **6.** Imprenta o impresión: *dar un texto a la estampa.* **7.** Huella, señal del pie.

estampación s.f. Acción y efecto de estampar. **2.** Impresión en hueco, con ayuda de planchas grabadas en relieve, calentadas y sometidas a fuerte presión, sobre las tapas de los volúmenes encuadernados. **3.** Elaboración, por deformación plástica de una masa de metal mediante matrices, para darle una forma y dimensión determinadas, parecidas a las definitivas. **4.** Huella de una inscripción, de un sello o de un bajorrelieve, obtenida por presión sobre una hoja de papel mojado, un bloque de yeso húmedo o una cerámica sin cocer. ◇ **Estampación de telas** Procedimiento de tinción localizada, que forma, en la superficie de los tejidos, dibujos multicolores o de un solo color.

estampado, a adj. y s.m. Se dice del tejido en que se estampan diferentes labores o dibujos. ◆ s.m. Estampación.

estampador, ra adj. Que estampa. ◆ s. Persona que tiene por oficio estampar.

estampadora s.f. Máquina que sirve para estampar.

estampar v.tr. e intr. Imprimir, sacar en estampas las figuras, dibujos o letras contenidos en un molde, ejerciendo presión sobre un papel, tela, etc., o sobre un objeto de metal, cuero, etc. **2.** Dar al cuero un grano artificial por medio de la prensa o máquina de estampar. **3.** Dar forma a las piezas de metal forjándolas entre dos matrices o estampas. **4.** Imprimir en relieve sobre metal, cuero, cartón, etc. **5.** Escribir, especialmente firmar: *estampar la firma.* ◆ v.tr. y prnl. Dejar marcada una señal o huella sobre una superficie mediante presión: *estampar una pisada en la arena.* **2.** *Fig.* Producir algo una fuerte impresión en el ánimo: *estampar dulzura.* **3.** *Fam.* Arrojar a alguien o algo haciéndolo chocar contra otra cosa: *estampar contra la pared.*

estampía (de) loc. Con precipitación, muy de prisa: *salir de estampía.*

estampida s.f. Carrera rápida e impetuosa que emprende un grupo de personas o animales. **2.** Amér. Huida impetuosa. ◇ **De estampida** *Fam.* Con precipitación, muy de prisa.

estampido s.m. Ruido fuerte y seco, como el producido por una explosión.

estampilla s.f. Sello que contiene en facsímil la firma y rúbrica de una persona. **2.** Sello con letrero para estampar en ciertos documentos. **3.** Marca impresa por medio de cualquiera de estos sellos. **4.** Marca de fábrica que proporciona indicaciones seguras sobre la datación y procedencia de los vasos de cerámica, tejas y ladrillos. **5.** Amér. Sello de correos o fiscal.

estampillado s.m. Esp. Acción y efecto de estampillar.

estampillar v.tr. Esp. Sellar, marcar con estampilla.

estancamiento s.m. Acción y efecto de estancar. SIN.: *estancación.*

estancar v.tr. y prnl. Detener el curso de algo, especialmente de un fluido. ◆ v.tr. Prohibir el curso o venta libre de una mercancía, convirtiéndola en monopolio del estado o de una entidad.

estancia s.f. Permanencia en un lugar. **2.** Habitación o pieza de una vivienda destinada a ser utilizada ordinariamente. **3.** Argent., Chile, Perú y Urug. Hacienda agrícola destinada principalmente a la ganadería y a determinados tipos de cultivo extensivo. **4.** Cuba, Dom. y Venez. Casa de campo con huerta que está próxima a la ciudad. **5.** MÉTRIC. **a.** Estrofa formada por versos heptasílabos y endecasílabos en número variable, con rima libre. **b.** Composición poética formada por estas estrofas.

estanciero, a s. Persona que posee una estancia o finca, o que se ocupa de su mantenimiento.

estanco, a adj. Completamente cerrado. ◆ s.m. Establecimiento donde se venden géneros estancados, especialmente sellos, tabaco y fósforos. **2.** Monopolio de la producción o venta de alguna mercancía, concedido por el estado en arrendamiento o administrado directamente por este. ◇ **Compartimiento estanco** Cualquier cosa totalmente independiente de otra.

estándar o **standard** adj. (ingl. *standard*) [pl. *estándares* o *standards*]. Conforme a una norma de fabricación, a un modelo o a un tipo. **2.** Uniforme, comúnmente aceptado o utilizado. ◆ s.m. Regla establecida en una empresa para caracterizar un producto, un método de trabajo, una cantidad que producir, etc. ◇ **Desviación estándar** ESTADÍST. Desviación tipo. **Estándar de vida** Nivel de vida. **Precio estándar** Precio de orden establecido para todos los costos de la empresa a fin de obtener unos resultados contables independientes de la variación de los precios.

estandarización o **estandardización** s.f. (de *estándar*). Acción y efecto deestandarizar. **2.** SOCIOL. Proceso por el que las actitudes, ideas y gustos son moldeados según un patrón común.

estandarizar o **estandardizar** v.tr. Establecer un estándar, normalizar, unificar, simplificar. ◆ **estandarizarse** v.prnl. Adocenarse, perder los rasgos distintivos, las cualidades originales.

estandarte s.m. (fr. ant. *estandart*). Insignia o bandera que usan los cuerpos montados, las tropas de aviación y algunas corporaciones civiles o religiosas. **2.** BOT. Pétalo superior de la corola de las papilionáceas. SIN.: *vexilo.* **3.** ORNITOL. Conjunto de las barbas y barbillas de la pluma de un ave.

estanflación s.f. (ingl. *stagflation*). Situación económica de un país que se caracteriza por el estancamiento o la recesión del crecimiento, a la vez que persiste el alza de los precios y los salarios, pese a mantenerse un nivel de desempleo relativamente importante.

estánnico, a adj. QUÍM. Se dice de los compuestos del estaño tetravalente.

estannífero, a adj. Que contiene estaño.

estannoso, a adj. QUÍM. Se dice de los compuestos del estaño divalente.

estanque s.m. Extensión artificial de agua estancada. ◇ **Estanque lateral** Estanque lindante a una esclusa destinado a reducir la pérdida de agua cada vez que se abre la esclusa.

estanquero, a s. Propietario de un estanco o persona que trabaja en él. ◆ adj. y s. De un partido político chileno creado en 1826 por Diego Portales, que se enfrentó a los liberales o *pipiolos* con el apoyo del grupo de los *pelucones*, al que muchos de ellos se integraron en 1830. (Se denominó así porque entre 1824 y 1826 Portales había administrado el estanco del tabaco.)

estanquillo s.m. Estanco, lugar donde se venden géneros estancados. **2.** Ecuad. Taberna de vinos y licores. **3.** Méx. Tienda mal abastecida, tenducho.

estante s.m. Tabla horizontal que forma parte de un mueble o está adosada a la pared y sirve para colocar cosas encima. **2.** Amér. Madero incorruptible que sirve de sostén al armazón de las casas en las ciudades tropicales.

estantería s.f. Mueble formado por estantes superpuestos.

estantigua s.f. (del lat. *hostis antiquus,* el viejo enemigo). Fantasma o visión que causa pavor; procesión de fantasmas. **2.** *Fig.* y *fam.* Persona alta, desgarbada y mal vestida.

estantío, a adj. Que no tiene curso.

estañador, ra s. Persona que tiene por oficio estañar. ◆ adj. y s.m. Que sirve para estañar.

estañadura s.f. Acción y efecto de estañar. **2.** METAL. Baño o revestimiento con que se ha estañado un recipiente u objeto.

estañar v.tr. Cubrir o bañar con estaño, especialmente una pieza u objeto de otro metal. **2.** Soldar una cosa con estaño.

estaño s.m. (lat. *stagnum*). Metal de color blanco, brillante, relativamente ligero y muy maleable, de densidad 7,31, cuyo punto de fusión es de 232 °C y el de ebullición de 2 507 °C. **2.** Elemento químico (Sn), de número atómico 50 y masa atómica 118,710.

estaño

El estaño es inalterable en contacto con el aire. Se encuentra en la naturaleza sobre todo en estado de óxido, principalmente en Malaysia. Se alea con cobre para constituir los bronces; con el plomo forma aleaciones utilizadas en la soldadura de bajo punto de fusión. Se utiliza como metal de protección para el cobre y el hierro (hojalata).

estaqueadero s.m. Argent. y Urug. Lugar donde se ponen al aire, sujetas por estacas, las pieles de los animales recién desollados para que se oreen.

estaqueador s.m. Argent. Persona que tiene por oficio estaquear cueros.

estaquear v.tr. Argent. Estirar un cuero fijándolo con estacas. **2.** Argent. *Por ext.* En el s. XIX, atar las extremidades de una persona a cuatro estacas clavadas en el suelo de manera que los brazos y las piernas quedan muy estirados, y dejarla en esta posición durante mucho rato como forma de castigo.

estaquilla s.f. Clavo de hierro de 30 a 40 cm de long. que sirve para clavar vigas y maderos. **2.** Clavo pequeño de hierro, de forma piramidal y sin cabeza.

estar v.intr. (lat. *stare,* estar en pie, estar inmóvil). Verbo de amplia gama significativa, según la función que desempeñe en la oración: 1°, en función predicativa tiene el sentido de encontrarse, hallarse, permanecer: *el señor está en casa; estamos en octubre*; 2°, función auxiliar: *estuvieron trabajando; está cerrado; estoy sin dormir*; 3°, en función copulativa, va unido a sustantivos generalmente introducidos por preposición o por alguna otra partícula: *estar a régimen; estar de humor; estar en guardia; no estar para bromas*; 4°, con los adverbios *bien* y *mal* indica, respectivamente, sentido aprobatorio, salud, suficiencia, conveniencia, etc., o sus opuestos: *está bien que salgas*; *ya está bien de la gripe; estuvo mal lo que hiciste*; 5°, seguido de adjetivo expresa duración o mutabilidad: *la calle está sucia; avisa cuando estés lista.* ◇ **Estar de más** Sobrar, ser inútil o molesto. **Estar en todo** Atender con eficacia y a un tiempo muchas cosas. **Estar por ver** Dudar sobre la certeza o ejecución de algo.

estarcido s.m. Dibujo hecho estarciendo.

estarcir v.tr. (lat. *extergere,* enjuagar, limpiar). Estampar formas, dibujos, etc., pasando una brocha sobre una plantilla donde esas formas han sido recortadas.

estasiología s.f. SOCIOL. Parte de la sociología política que estudia los partidos políticos.

estasis s.f. (gr. *stasis,* estabilidad, fijeza). Detención o ralentización de la circulación de un líquido orgánico.

estatal adj. Relativo al estado: *organización estatal.*

estatalizar v.tr. Poner bajo la intervención o administración del estado servicios, instituciones, empresas, etc., que eran de propiedad privada.

estatera s.f. Unidad de peso y unidad monetaria de la Grecia antigua.

estática s.f. Parte de la mecánica que tiene por objeto el estudio del equilibrio de los sistemas de fuerzas.

estático, a adj. (del gr. *statikós,* relativo al equilibrio de los cuerpos). Relativo a la estática. **2.** Que no se mueve, que permanece en un mismo estado. **3.** *Fig.* Paralizado por el asombro o la emoción.

estatificar v.tr. Poner bajo la intervención y administración del estado servicios, instituciones, empresas, etc., que eran de propiedad privada.

1. **estatismo** s.m. Cualidad de estático.

2. **estatismo** s.m. Sistema político en el que el estado interviene directamente en los campos económico y social.

estatista adj. y s.m. y f. Relativo al estatismo; partidario de este sistema político.

estatización s.f. Proceso por el cual una empresa o sector económico pasa a ser controlado directamente por el estado.

estatocisto s.m. FISIOL. Órgano hueco que contiene corpúsculos pesados, rodeado de una pared sensible, que proporciona información a los animales de numerosas especies sobre su orientación en el campo gravitatorio.

estator s.m. TECNOL. Parte fija de un motor o generador eléctrico (por oposición a la parte móvil, o *rotor*).

estar

INDICATIVO

presente
estoy
estás
está
estamos
estáis
están

copretérito o pret. imperfecto
estaba
estabas
estaba
estábamos
estabais
estaban

pretérito o pret. perf. simple
estuve
estuviste
estuvo
estuvimos
estuvisteis
estuvieron

futuro o fut. simple
estaré
estarás
estará
estaremos
estaréis
estarán

pospretérito o condicional simple
estaría
estarías
estaría
estaríamos
estaríais
estarían

SUBJUNTIVO

presente
esté
estés
esté
estemos
estéis
estén

pretérito o pret. imperfecto
estuviera o *estuviese*
estuvieras o *estuvieses*
estuviera o *estuviese*
estuviéramos o *estuviésemos*
estuvierais o *estuvieseis*
estuvieran o *estuviesen*

futuro o fut. simple
estuviere
estuvieres
estuviere
estuviéremos
estuviereis
estuvieren

IMPERATIVO

está	(tú, vos)
esté	(él)
estemos	(nosotros)
estad	(vosotros)
estén	(ellos)

FORMAS NO PERSONALES

infinitivo	gerundio
estar	estando

participio
estado

estatorreactor s.m. AERON. Propulsor de reacción sin órgano móvil, constituido por una tobera termopropulsiva.

estatua s.f. (lat. *statua*). Escultura que representa una figura humana o animal.

estatuaria s.f. Arte de hacer estatuas.

estatuario, a adj. Relativo a las estatuas.

estatúder s.m. (neerlandés *stathouder* o *stadhouder,* lugarteniente). HIST. **a.** En los Países Bajos españoles, gobernador de provincia, elegido por el soberano. **b.** En las Provincias Unidas, jefe del poder ejecutivo de una provincia o del conjunto de la Unión.

estatuir v.tr. (lat. *statuere*) [conj.: *huir*]. Establecer, determinar especialmente lo que debe regir a personas o cosas: *estatuir normas.* **2.** Demostrar, establecer como verdad una doctrina o un hecho.

estatura s.f. (lat. *statura*). Altura de una persona desde los pies a la cabeza.

estatus o **status** s.m. (voz latina) [pl. *estatus* o *status*]. Posición social de una persona, definida por comparación con la de su sociedad y determinada por ciertos atributos.

estatutario, a adj. Estipulado en los estatutos o relativo a ellos.

estatuto s.m. (lat. *statutum*). Conjunto de normas que rigen la organización y vida de una colectividad: *estatutos de una sociedad anónima, de un partido político.* ◇ **Estatuto de autonomía** Ley constitucional de una comunidad territorial autónoma en el interior de un estado.

estay s.m. (fr. ant. *estay*). Cabo que sujeta la cabeza de un mástil al pie del inmediato y en dirección hacia proa. ◇ **Vela de estay** MAR. Vela de cuchillo izada en un estay.

1. **este** s.m. (ingl. ant. *east*). Punto cardinal por donde sale el sol en los equinoccios (abrev. E). **2.** Región o lugar situados en dirección a este punto. ◆ adj. y s.m. Se dice del viento que sopla desde este punto.

2. **este, a** pron. y adj.dem. (lat. *iste, ista, istud,* ese) [pl. *estos, as*]. Expresa proximidad en espacio y tiempo respecto a la persona que habla. **2.** *Desp.* y *vulg.* Se emplea para designar a una persona presente: *este no quiere venir.* **3.** La forma femenina se emplea en la correspondencia para referirse a la población donde está el que escribe: *llegué a esta en el primer tren.* (Como pronombre, también se usa la forma acentuada *éste, ésta, éstos, éstas.*)

estearato s.m. Sal o éster del ácido esteárico.

esteárico, a adj. Se dice de un ácido contenido en las grasas animales y que se utiliza para fabricar velas.

estearina s.f. Compuesto de ácido esteárico y ácido palmítico, principal constituyente de las grasas animales.

esteatoma s.m. MED. Tumor benigno formado por materia grasa.

esteatopigia s.f. Presencia de una masa adiposa gruesa en la región del sacro y de las nalgas, que reposa sobre una curvatura lumbosacra muy pronunciada. (Es frecuente entre los bosquimanos y los hotentotes.)

esteatosis s.f. MED. Degeneración grasa de un tejido.

estefanote s.m. Venez. Planta de la familia de las asclepiadáceas, que se cultiva en los jardines por sus hermosas flores blancas.

esteganópodo, a adj. y s.m. Pelecaniforme.

estegocéfalo, a adj. y s.m. Relativo a una subclase de anfibios fósiles del primario y del triásico, de cráneo bien osificado.

estegomía s.f. Mosquito de los países cálidos que transmite la fiebre amarilla con su picadura.

1. **estela** s.f. (lat. *aestuaria,* agitación del mar). Zona de turbulencia que deja tras de sí un cuerpo que se mueve en un fluido. **2.** Señal o rastro que deja en el aire un cuerpo luminoso en movimiento: *estela luminosa.*

2. **estela** s.f. (gr. *stíli*). Monumento monolítico de carácter conmemorativo que se erige en posición vertical sobre el suelo. **2.** *Por. ext.* Columna rota, cipo, lápida o pedestal que lleva una inscripción, generalmente funeraria.

estelar adj. Relativo a las estrellas: *magnitud estelar.* **2.** *Fig.* Extraordinario, de gran categoría o importancia: *figura estelar.* ◇ **Ganglio estelar** Ganglio cervical del sistema simpático que presenta ramificaciones en estrella.

estelionato s.m. DER. Fraude cometido por medio de un contrato que encubre la obligación o carga que pesa sobre un bien.

estelita s.f. (marca registrada). Aleación de cobalto, cromo, volframio y molibdeno, utilizada por sus propiedades de resistencia al desgaste y al calor.

estemma s.m. ZOOL. Ojo simple de las larvas de los insectos superiores.

estenio o **esteno** s.m. Antigua unidad de medida de fuerza (símb. sn) que equivalía a la fuerza que, en 1 segundo, comunica a una masa de 1 tonelada un aumento de velocidad de 1 metro por segundo.

estenodactilografía s.f. Taquimecanografía.

estenografía s.f. (del gr. *stenós,* estrecho, y *gráphein,* escribir). Taquigrafía.

estenografiar v.tr. [conj.: *desviar*]. Taquigrafiar.

estenohalino, a adj. ZOOL. Se dice del animal marino que solo puede vivir en aguas de salinidad constante.

estenoreste o **estenordeste** s.m. Punto del horizonte equidistante del este y del noreste (abrev. ENE).

estenosaje s.m. Tratamiento de las fibras celulósicas para endurecerlas.

estenosis s.f. (del gr. *stenós,* estrecho). MED. Estrechamiento de un conducto o de un orificio.

estenotermo, a adj. Se dice del animal marino que solo puede vivir en un medio cuya temperatura varía muy poco.

estenotipia s.f. Máquina para transcribir discursos a la misma velocidad que alguien habla y cuyos textos impresos tienen una forma muy simplificada. **2.** Técnica de estenotipiar.

estenotipiar v.tr. Escribir con la estenotipia.

estenotipista s.m. y f. Persona que tiene por oficio transcribir discursos con la estenotipia.

estentóreo, a adj. (lat. tardío *stentoreus,* relativo a *Stentor,* héroe de la Ilíada). Se dice de la voz o el sonido humano o animal muy potentes: *carcajada estentórea.*

1. **estepa** s.f. (fr. *steppe,* del ruso *estep*). Formación discontinua de vegetales xerófitos, con frecuencia herbáceos, de las regiones tropicales y de las regiones de clima continental semiáridas. **2.** Erial llano y muy extenso. ◇ **Arte de las estepas** Producción artística, en la edad del bronce, de los pueblos nómadas de las estepas euroasiáticas, que alcanzó su apogeo entre los ss. VIII y III a.C.

2. **estepa** s.f. (hispano-lat. *stippa*). Arbusto sin estípulas, con ramas leñosas y erguidas, empleado como leña. (Familia cistáceas.)

estepario, a adj. Propio de la estepa, formación vegetal.

estequiometría s.f. Parte de la química que estudia las proporciones en que se combinan los cuerpos.

estequiométrico, a adj. Relativo a la estequiometría.

éster s.m. Compuesto que resulta de la acción de un ácido carboxílico sobre un alcohol, con eliminación de agua.

estera s.f. (lat. *storea*). Tejido grueso de fibras vegetales usado especialmente como alfombra.

esteral s.m. Argent. y Urug. Estero, terreno pantanoso.

esterar v.tr. Cubrir con esteras el suelo de una habitación.

estercoladura s.f. Acción de estercolar.

estercolar v.tr. Abonar las tierras con estiércol.

estercolero s.m. Lugar donde se recoge y fermenta el estiércol.

estercóreo, a adj. (lat. *stercoreus*). Relativo a los excrementos.

esterculiáceo, a adj. y s.f. Relativo a una familia de plantas dialipétalas arbóreas, arbustivas o herbáceas, como el cacao.

1. **estéreo** adj. (apócope). Estereofónico: *grabación estéreo; sistemas estéreo.* (Es invariable.)
2. **estéreo** s.m. (apócope). Estereofonía.
3. **estéreo** s.m. Unidad de medida de volumen (símb. st) equivalente a 1 m^3, empleada para medir volúmenes de madera.
estereóbato s.m. ARQ. Pedestal situado en la base de un edificio, columnata, etc.
estereocomparador s.m. Instrumento óptico utilizado en los levantamientos de planos mediante fotografías para efectuar mediciones de coordenadas de gran precisión y para deducir de ellas la situación de puntos topográficos.
estereoespecífico, a adj. QUÍM. **a.** Se dice del catalizador que permite la formación de altos polímeros de estructura regular. **b.** Relativo a una reacción en la que un compuesto que posee una configuración determinada y única conduce a la formación de un compuesto que tiene asimismo una configuración única.
estereofonía s.f. Técnica de la reproducción de los sonidos registrados o radiodifundidos, caracterizada por la reconstitución espacial de las fuentes sonoras.
estereofónico, a adj. Relativo a la estereofonía.
estereognosia s.f. Percepción de la forma y los volúmenes de los cuerpos, utilizando las sensibilidades táctil y muscular.
estereografía s.f. Técnica de representar los sólidos por proyección sobre un plano.
estereográfico, a adj. Relativo a la estereografía.
estereoisomería s.f. QUÍM. Isomería que consiste en la distinta posición en el espacio de los átomos de una misma sustancia.
estereoisómero, a adj. QUÍM. Que presenta estereoisomería.
estereometría s.f. Parte de la geometría que se ocupa de la medida de los sólidos.
estereométrico, a adj. Relativo a la estereometría.
estereoquímica s.f. Parte de la química que estudia la estructura tridimensional de los átomos de una molécula.
estereoquímico, a adj. Relativo a la estereoquímica.
estereorradián s.m. Unidad de medida de ángulo sólido (símb. sr) equivalente al ángulo sólido que, teniendo su vértice en el centro de una esfera, abarca, sobre la superficie de esta esfera, un área equivalente a la de un cuadrado de lado igual al radio de la esfera.
estereoscopia s.f. Visión en relieve con la ayuda de un estereoscopio.
estereoscópico, a adj. Relativo a la estereoscopia.
estereoscopio s.m. Instrumento óptico en el cual dos imágenes planas, superpuestas por la visión binocular, dan la impresión de una sola imagen en relieve.
estereotipado, a adj. Se dice de las manifestaciones externas que se adoptan formulariamente o se repiten sin variación: *sonrisa estereotipada.*
estereotipia s.f. ART. GRÁF. Procedimiento que consiste en imprimir composiciones tipográficas con planchas fundidas en lugar de moldes compuestos de letras sueltas. **2.** PSICOL. Repetición inmotivada, automática e inadaptada a la situación, de palabras, movimientos o actitudes.
estereotípico, a adj. Relativo a la estereotipia.
estereotipo s.m. Concepción simplificada y comúnmente aceptada por un grupo sobre un personaje, aspecto de la estructura social o determinado programa social. **2.** ART. GRÁF. Cliché obtenido por colada de plomo fundido.
estereotomía s.f. Técnica de cortar cuerpos sólidos para su empleo en la industria y en la construcción.
estereotómico, a adj. Relativo a la estereotomía.
esterería s.f. Lugar donde se hacen o venden esteras.
esterero, a s. Persona que tiene por oficio hacer, vender o colocar esteras.
estérico, a adj. QUÍM. Relativo a la configuración espacial de un compuesto químico.
esterificación s.f. QUÍM. Reacción reversible de un ácido carboxílico sobre un alcohol.
esterificar v.tr. y prnl. QUÍM. Transformar en éster.
estéril adj. (lat. *sterilis*). Que no da fruto, o no produce nada. **2.** Que no contiene ningún elemento microbiano. **3.** BIOL. Se dice del animal que no es capaz de reproducirse por medios naturales. ◆ s.m. Roca no mineralizada.
esterilidad s.f. Cualidad de estéril.
esterilización s.f. Acción y efecto de esterilizar. **2.** Intervención quirúrgica practicada a una persona o un animal para hacerlos estériles.
esterilizado, a adj. Sometido a esterilización. <> **Leche esterilizada** Leche que ha sido sometida a una temperatura alta y que puede ser conservada varios meses.
esterilizador, ra adj. Que esteriliza. ◆ s.m. Aparato que se emplea para esterilizar utensilios o instrumentos.
esterilizar v.tr. y prnl. Hacer estéril. ◆ v.tr. BACTER. y MICROB. Destruir los elementos microbianos de un medio que pueden provocar una infección.
esterilla s.f. Tela de hilos gruesos y separados. **2.** Argent., Chile, C. Rica, Ecuad. y Urug. Tejido de trama parecida a la del cañamazo. **3.** Argent. y Ecuad. Rejilla para construir asientos.
esterlete s.m. Pez muy próximo al esturión común, del que se distingue por tener el hocico más puntiagudo y por su menor tamaño.
esternocleidomastoideo adj. y s.m. ANAT. Se dice de un músculo que se inserta en el esternón, la clavícula y la apófisis mastoides.
esternón s.m. (fr. ant. *sternon*). Hueso plano situado en la parte anterior de la caja torácica al que están unidas las diez primeras costillas en el ser humano.
estero s.m. (lat. *aestuarium*). Zona del litoral inundada durante la pleamar. **2.** Amér. Brazo que forman los ríos que enlazan unos cauces con otros. **3.** Bol., Colomb. y Venez. Aguazal, terreno cenagoso. **4.** Chile. Arroyo, riachuelo.
esteroide s.m. y adj. Compuesto químico orgánico de origen animal o vegetal que tiene una cadena carbonada con cuatro núcleos cíclicos enlazados.
esterol s.m. QUÍM. Compuesto químico orgánico que tiene la estructura básica de los esteroides y una función alcohol, como el colesterol.
estertor s.m. (lat. *stertere*). Respiración anhelosa, con ronquido silbante, característica de la agonía y el coma. **2.** Ruido que produce el paso del aire por las vías respiratorias obstruidas por mucosidades.
estesiología s.f. Parte de la anatomía que se ocupa de los órganos de los sentidos.
esteta s.m. y f. Persona que muestra una inclinación muy fuerte por la belleza formal, o por el arte, y los antepone a cualquier otro valor. **2.** Persona especialista en estética.
estética s.f. Teoría filosófica de la belleza formal y del sentimiento que esta despierta en el ser humano. **2.** Teoría del arte. **3.** Aspecto exterior de algo o alguien desde el punto de vista de la belleza formal. <> **Estética industrial** Disciplina que, en la fabricación de los objetos, tiene en cuenta criterios estéticos, manteniendo la utilidad para la que están hechos.
esteticismo s.m. Doctrina o actitud que concede una importancia primordial a los valores estéticos, especialmente en las obras literarias o artísticas. SIN.: *estetismo.*
esteticista adj. Relativo al esteticismo. ◆ s.m. y f. Persona que tiene por oficio cuidar y embellecer el cuerpo humano con cosméticos o tratamientos de belleza.
estético, a adj. (gr. *aisthitikós,* susceptible de percibirse por los sentidos). Relativo a la estética. **2.** Artístico o bello. <> **Cirugía estética** Parte de la cirugía plástica que se ocupa de mejorar la forma o el aspecto externo de una parte del cuerpo.
estetoscopia s.f. MED. **a.** Auscultación por medio del estetoscopio. **b.** Conjunto de signos que aporta esta auscultación.
estetoscopio s.m. (del gr. *stithos,* pecho, y *skopein,* examinar). Instrumento médico que sirve para auscultar, forma-

do por un disco pequeño de metal unido a un tubo que se bifurca en dos auriculares.

esteva s.f. (del lat. *stiva*). Pieza curva del arado en la parte posterior, sobre la que se apoya la mano.

estevado, a adj. y s. Que tiene las piernas torcidas en arco.

esthéticienne s.f. (voz francesa). Mujer esteticista.

estiaje s.m. (fr. *étiage*). Nivel más bajo o caudal mínimo de un curso de agua. **2.** Período que dura este nivel.

estiba s.f. Acción y efecto de estibar. SIN.: *estibación.* **2.** MAR. Colocación conveniente de las mercancías en un barco.

estibador, ra s. Persona que tiene por oficio estibar en los muelles.

estibadora s.f. Máquina de manutención que permite colocar cargas de formas regulares, una encima de la otra, en dos o varios niveles.

estibar v.tr. (lat. *stipare,* amontonar). Apretar materiales o cosas sueltas para que ocupen el menor espacio posible. **2.** MAR. **a.** Distribuir convenientemente la carga de un barco. **b.** Cargar y descargar mercancías en los muelles.

estibiado, a adj. FARM. Que contiene antimonio.

estibina s.f. Sulfuro natural de antimonio y principal mena de este metal. SIN.: *antimonita.*

estiércol s.m. (lat. *stercus, -oris*). Excremento de animal. **2.** Conjunto de materias orgánicas, detritos animales y vegetales en descomposición, que constituyen un abono natural para las tierras.

estigma s.m. (lat. *stigma, -atis,* marca impuesta con hierro candente). Marca en el cuerpo, hecha con hierro candente, como castigo o como signo de esclavitud. **2.** *Fig.* Señal de infamia, de deshonra, de bajeza moral: *el estigma del vicio.* **3.** Marca o señal que aparece en el cuerpo a consecuencia de un proceso patológico. **4.** BOT. Parte superior del pistilo. **5.** ZOOL. Orificio respiratorio de las tráqueas, en los insectos y arácnidos. ◆ **estigmas** s.m.pl. Llagas de origen sobrenatural que aparecen en el cuerpo de ciertos místicos cristianos y que reproducen las de Jesús crucificado.

estigmático, a adj. Relativo al estigma. **2.** Se dice de un sistema óptico que da una imagen neta de un punto u objeto.

estigmatismo s.m. ÓPT. Propiedad de un sistema óptico que es estigmático.

estigmatizar v.tr. Marcar a alguien con un hierro candente. **2.** Ofender a una persona públicamente.

estilar v.tr., intr. y prnl. Usar, acostumbrar, estar de moda: *ya no se estila el sombrero.*

estilete s.m. (fr. *stylet*). Puñal de hoja estrecha y afilada. **2.** Instrumento quirúrgico.

estilicidio s.m. Goteo de un líquido que mana.

estilismo s.m. Tendencia a cuidar exageradamente del estilo, atendiendo más a la forma que al fondo de la obra literaria. **2.** Actividad o profesión del estilista.

estilista s.m. y f. Escritor y orador que se distingue por lo esmerado y elegante de su estilo. **2.** Persona que tiene por oficio cuidar el estilo y la imagen, particularmente en el mundo de la moda y la decoración.

estilística s.f. LING. Estudio científico del estilo en función a unos criterios léxicos, fonéticos, sintácticos y retóricos.

estilístico, a adj. Relativo al estilo.

estilita adj. y s.m. Se dice de los anacoretas que vivían en lo alto de una columna.

estilización s.f. Acción y efecto de estilizar o estilizarse.

estilizar v.tr. Representar algo destacando sus rasgos más característicos o los que responden a la idea que se quiere transmitir. ◆ v.tr. y prnl. Hacer más esbelto o delgado.

estilo s.m. (lat. *stilus*). Modo peculiar de actuar, pensar o vivir: *estilo de vida.* **2.** Conjunto de rasgos o características que determinan a alguien o algo: *atuendo de estilo oriental.* **3.** Manera peculiar de ejecutar una obra, propia de un artista, un género, una época o un país: *estilo barroco.* **4.** Punzón metálico que se empleaba para escribir sobre tabletas de cera. **5.** Argent. y Urug. Canción típica que se compone de dos partes: una lenta, en compás binario, y otra rápida, en ternario, que se acompaña con la guitarra. **6.** Manera de contar los años. **7.** BOT. Región media del pistilo, comprendida entre el ovario y el estigma. ◇ **Por el estilo** Indica una vaga similitud. **Tener estilo** Tener elegancia y personalidad.

estilóbato s.m. (del gr. *stylos,* columna, y *baínein,* andar). ARQ. Pedestal o basamento sobre el cual se apoya una columnata.

estilográfico, a adj. y s.f. (ingl. *stylographic*). Se dice de la pluma cuyo mango contiene un depósito de tinta.

estiloides adj. ANAT. Se dice de la apófisis ósea en forma de estilete.

estima s.f. Consideración o valoración que se hace de alguien o algo. **2.** Afecto o cariño que se siente por alguien o algo. **3.** MAR. Cálculo de la situación aproximada de un barco a partir de los rumbos seguidos y distancias navegadas.

estimación s.f. Acción de estimar. **2.** Aprecio o consideración: *ganarse la estimación de los compañeros.* **3.** ESTADÍST. Búsqueda de uno o varios parámetros característicos de una población entre la que se ha efectuado un muestreo.

estimar v.tr., intr. y prnl. (lat. *aestimare*). Valorar, atribuir un valor. ◆ v.tr. y prnl. Sentir afecto por alguien o algo. ◆ v.tr. Juzgar, creer. **2.** ESTADÍST. Realizar una estimación. **3.** MAR. Verificar el cálculo de una estima.

estimativa s.f. Facultad psíquica con que se juzga el aprecio que merecen las cosas.

estimativo, a adj. Que constituye una estimación: *presupuesto estimativo.*

estimatorio, a adj. Relativo a la estimación.

estimulante adj. Que estimula. SIN.: *estimulador.* ◆ adj. y s.m. Se dice de la sustancia o medicamento que incrementa o facilita el desarrollo de una actividad orgánica.

estimular v.tr. (lat. *stimulare,* pinchar). Hacer que alguien sienta un deseo intenso de realizar algo, o hacer que algo se active, especialmente una actividad orgánica.

estimulina s.f. Hormona secretada por la hipófisis, cuya acción consiste en estimular la actividad de una glándula endocrina.

estímulo s.m. (lat. *stimulus,* aguijón). Cosa que estimula o incita a hacer algo. **2.** BIOL. Agente físico, químico, mecánico, o de otra índole, que desencadena una reacción funcional en un organismo. ◇ **Estímulo signo** ETOL. Estímulo capaz de desencadenar una reacción motora en un animal.

estío s.m. (lat. *aestivum [tempus]*). *Poét.* Verano.

estipendio s.m. (lat. *stipendium*). Remuneración dada a una persona por su trabajo y servicio.

estípite s.m. (lat. *stipes, -itis,* tronco, estaca). ARQ. Pilastra en forma de pirámide truncada, con la base menor hacia abajo. **2.** BOT. Tallo o tronco largo, no ramificado, que termina en un penacho de hojas, como en las palmeras; tallo simple de los helechos.

estíptico, a adj. y s.m. (gr. *styptikós,* astringente). MED. Se dice del astringente poderoso, como el alumbre, las sales de plomo, de hierro, etc.

estiptiquez o **estitiquez** s.f. Amér. Central, Chile, Colomb., Ecuad. y Venez. Estreñimiento.

estípula s.f. (lat. *stipula,* rastrojo). BOT. Apéndice membranoso o foliáceo que se encuentra en el punto de inserción de las hojas.

estipulación s.f. DER. **a.** Convenio, pacto, especialmente verbal. **b.** Cláusula de un contrato u otro documento.

estipular v.tr. (lat. *stipulari*). Convenir o acordar algo. **2.** DER. Determinar verbalmente las condiciones de un contrato.

estirada s.f. Estirón, crecimiento rápido en altura.

estirado, a adj. Se dice de la persona distante y orgullosa en el trato con los demás. ◆ s.m. Operación que tiene por objeto obtener una mayor longitud y menor sección de una barra o un tubo, haciéndolos pasar en frío a través de una hilera. **2.** En el proceso de hilatura, operación que tiene por objeto adelgazar las cintas de fibras textiles. **3.** Procedimiento continuo de fabricación de vidrio plano directamente a partir de la masa vítrea blanda. ◇ **Banco de estirado** Máquina utilizada para el estirado de las cintas de fibras textiles.

estiramiento s.m. Acción y efecto de estirar o estirarse. **2.** Orgullo, arrogancia.

estirar v.tr. y prnl. Hacer fuerza en direcciones opuestas en los dos extremos de una cosa para alargarla. **2.** Atirantar, poner tenso y tirante. ◆ v.tr. Ir poniendo recto un miembro, especialmente los brazos, para desentumecerlo o desperezarse. **2.** *Fig.* Administrar el dinero con cuidado para atender con él el mayor número de necesidades. **3.** TECNOL. Realizar el estirado de una pieza metálica o de una cinta de fibra textil. ◆ v.intr. Tirar, hacer fuerza sujetando el extremo de algo: *estirar de la punta.* ◆ **estirarse** v.prnl. Desperezarse. **2.** Tenderse: *estirarse en la cama.* **3.** Crecer un niño o un adolescente.

estireno s.m. Hidrocarburo bencénico, de fórmula $C_6H_5CH{=}CH_2$, que sirve de materia prima para numerosas materias plásticas. SIN.: *estiroleno.*

estirón s.m. Tirón brusco. **2.** Crecimiento rápido en altura.

estirpe s.f. (lat. *stirpis, -pis,* base del tronco de un árbol). Linaje.

estitiquez s.f. Amér. Central, Chile, Colomb., Ecuad. y Venez. → **estiptiquez.**

estivación s.f. ZOOL. Letargo de algunos animales en verano.

estival adj. (lat. *aestivalem*). Relativo al estío: *temporada estival.*

esto pron.dem.neutro. (lat. *istum,* eso). Se refiere a objetos o situaciones anteriores aludidos, señalándolos sin nombrarlos.

estocada s.f. Acción de clavar el estoque o espada de punta; herida producida por este pinchazo.

estocafís s.m. (neerlandés *stokvisch,* de *stock,* bastón, y *visch,* pez). Pejepalo.

estocástico, a adj. (del gr. *stokhastés,* adivino). Se dice del proceso que solo está sometido al azar y que es objeto de análisis estadístico.

estofa s.f. (fr. ant. *estofe,* materiales de todas clases). *Fig.* Calidad, clase. **2.** Tela o tejido de labores, generalmente de seda. ◇ **Gente de baja estofa** Se dice de la persona despreciable o grosera.

1. **estofado** s.m. Procedimiento de cocción que consiste en rehogar trozos de carne u otro alimento y cocerlos a fuego lento en un recipiente bien tapado con agua, aceite, vino o vinagre, cebolla y especias; guiso elaborado de esta manera.

2. **estofado** s.m. Acción y efecto de estofar, acolchar una tela. **2.** Adorno que resulta de estofar un dorado.

1. **estofar** v.tr. (del ant. *estufar,* calentar como con una estufa). Cocer a fuego lento un alimento previamente rehogado, en un recipiente bien tapado con agua y varios ingredientes y especias.

2. **estofar** v.tr. Raer con la punta del garfio el color dado sobre el dorado de la madera para que se descubra el oro. **2.** Pintar sobre el oro bruñido algunos relieves a temple. **3.** Acolchar una tela o prenda.

estoicidad s.f. Entereza, impasibilidad.

estoicismo s.m. Doctrina filosófica fundada por Zenón de Citio y, después, de Crisipo, Séneca, Epicteto y Marco Aurelio. **2.** Fortaleza, austeridad.

estoicismo

El estoicismo, junto con el epicureísmo, fue una de las doctrinas filosóficas más influyentes de la antigüedad. Se convirtió en fuente duradera de inspiración en el renacimiento. De manera general, el estoicismo es un racionalismo que liga en forma indisoluble la lógica, la física y la moral. Esta doctrina considera el universo como un todo gobernado por la razón y predica la aceptación del destino, el dolor y la muerte. El sabio es aquel que se comporta conforme al orden natural. Otros grandes temas estoicos: la igualdad natural y la solidaridad entre los seres humanos; la destrucción y renacimiento periódicos del universo (*el eterno retorno*).

estoico, a adj. y s. (lat. *stoicus,* del gr. *stoikós*). Relativo al estoicismo; partidario de esta doctrina. **2.** *Fig.* Que manifiesta indiferencia por el placer y el dolor, o que tiene gran entereza ante la desgracia.

estola s.f. (lat. *stola,* vestido largo). Prenda de vestir femenina en forma de tira alargada de piel o material semejante que se lleva alrededor del cuello o sobre los hombros. **2.** Ornamento litúrgico en forma de tira ancha de tela que se lleva de forma distinta según se trate de un obispo, un sacerdote o un diácono. **3.** Prenda de vestir femenina en forma de túnica, ceñida a la cintura con una banda de tela, que se usaba antiguamente en Grecia y Roma.

estolidez s.f. Cualidad de estólido.

estólido, a adj. y s. (lat. *stolidus*). Bobo, estúpido.

estolón s.m. (lat. *stolo, -onis,* retoño). BOT. Tallo aéreo rastrero, terminado en una yema, que cada cierta distancia echa raíces adventicias que producen nuevas plantas, como en la fresa. **2.** ZOOL. Yema que asegura la multiplicación asexual de ciertos animales marinos.

estolonífero, a adj. BOT. Que produce estolones.

estoma s.m. (gr. *stóma, stómatos,* boca). BOT. Abertura microscópica de la epidermis de las plantas superiores, en especial de las hojas o partes verdes.

estomacal adj. Relativo al estómago. ◆ adj. y s.m. Se dice del medicamento o licor que tonifica el estómago y favorece la digestión.

estomagar v.tr. y prnl. Empachar, causar indigestión.

estómago s.m. (lat. *stomachus,* del gr. *stómakos,* esófago). Parte del tubo digestivo en forma de bolsa situado bajo el diafragma, entre el esófago y el intestino delgado, donde los alimentos permanecen durante varias horas y se impregnan del jugo gástrico que coagula la leche e hidroliza las proteínas. ◇ **Tener estómago** Ser poco escrupuloso y delicado.

estómago

La parte superior del estómago, o *porción vertical,* comprende a su vez dos porciones superpuestas, la tuberosidad mayor, arriba, y el cuerpo del estómago, abajo, que acaba en la tuberosidad menor; la parte inferior, o *porción horizontal,* está separada del duodeno por el *píloro.* El orificio que comunica el estómago con el esófago se llama *cardias.* El estómago tiene una función mecánica: almacena los alimentos y asegura su mezcla y evacuación progresiva. Tiene también una función química: el jugo gástrico, ácido cuyo enzima es la *pepsina,* tiene una función indispensable en la digestión de los prótidos y en la absorción de la vitamina B_{12}.

estomatitis s.f. Inflamación de la mucosa bucal.

estomatología s.f. Parte de la medicina que se ocupa de las enfermedades de la boca y del sistema dentario.

estomatólogo, a s. Médico especialista en estomatología.

estomatoplastia s.f. Reconstrucción quirúrgica de la boca.

estomocordado, a adj. y s.m. Relativo a un grupo de animales marinos primitivos próximos a los cordados.

estonio, a adj. y s. De Estonia. ◆ s.m. Lengua ugrofinesa hablada en Estonia.

estopa s.f. (lat. *stuppa*). Residuo que dejan las operaciones de espadillado, rastrillado o peinado de las fibras textiles de lino y de cáñamo. **2.** Tela basta tejida con la hilaza de la estopa. **3.** Cuerda o cáñamo sin retorcer, usado para hacer juntas. **4.** MAR. Jarcia deshilada empleada para calafatear.

estopada s.f. Porción de estopa para hilar o para juntas de tuberías.

estopeño, a adj. Relativo a la estopa. **2.** Hecho o fabricado de estopa.

estoperol s.m. Amér. Tachuela grande dorada o plateada que se usa como adorno en prendas de vestir.

estopín s.m. Artificio con una composición fulminante que sirve para inflamar una carga explosiva.

estopor s.m. (fr. *stoppeur*). MAR. Aparato para frenar o retener la cadena del ancla.

estoque s.m. (fr. ant. *estoc,* punta de una espada). Espada estrecha con la que solo se puede herir de punta, utilizada en los ss. XV y XVI. **2.** Arma blanca, de forma prismática rectangular o cilíndrica, aguzada en la punta, que solía llevarse metida en un bastón. **3.** TAUROM. Espada para matar al toro.

estoquear v.tr. Herir de punta con estoque o espada.

estoqueo s.m. Acción de estoquear.

estoquillo s.m. Chile. Planta de tallo triangular y cortante que crece en terrenos húmedos. (Familia ciperáceas.)

estor s.m. (fr. *store,* cortinilla). Cortina transparente que cubre el hueco de una ventana o balcón.

estoraque s.m. (lat. tardío *storax, -acis*). Árbol de las regiones tropicales, de cuyo tronco se obtiene un bálsamo oloroso, del mismo nombre. (Familia estiracáceas.)

estorbar v.tr. Obstaculizar la ejecución de una cosa. **2.** *Fig.* Hacer que alguien se sienta molesto o incómodo: *el sol me estorba.*

estorbo s.m. Persona o cosa que estorba.

estornino s.m. (del lat. *sturnus*). Ave paseriforme, de unos 20 cm de long., plumaje oscuro con manchas blancas, insectívoro y frugívoro. (Familia estúrnidos.)

estornudar v.intr. (lat. *sternutare*). Dar o hacer un estornudo.

estornudo s.m. (lat. tardío *sternutus*). Expulsión brusca de aire por la nariz y la boca mediante una contracción súbita de los músculos respiratorios, provocada por una excitación de la mucosa nasal.

estrábico, a adj. y s. Relativo al estrabismo; que padece estrabismo.

estrabismo s.m. (gr. *strabismós,* de *strabós,* bizco). Defecto de paralelismo de los ejes ópticos de los ojos que ocasiona un trastorno de la visión binocular.

estrada s.f. (lat. *strata*). Camino, tierra hollada por donde se transita. **2.** Vía que se construye para transitar.

estradiol s.m. Estrógeno del ovario.

estradiota s.f. Lanza de unos 3 m de long. que usaban los estradiotes.

estradiote s.m. (ital. *stradiotto*). En los ss. XV y XVI, soldado de caballería ligera que era originario de Grecia o de Albania.

estrado s.m. (lat. *stratum,* yacija). Tarima sobre la que se coloca el trono real, la mesa presidencial, etc., en un acto solemne. **2.** Lugar separado del público, donde solo tienen derecho a permanecer los agentes de cambio para recibir sus órdenes. ◆ **estrados** s.m.pl. Salas de los tribunales de justicia.

estrafalario, a adj. (ital. dialectal *strafalario*). *Fam.* Desaliñado, extravagante: *persona estrafalaria; vestido estrafalario.*

estragamiento s.m. Acción y efecto de estragar o estragarse.

estragar v.tr. (del lat. *strages,* ruinas). Causar grandes daños o estragos: *estragar la cosecha.* ◆ v.tr. y prnl. Corromper o estropear el sentido de algo o la sensibilidad: *estragar el gusto.*

estrago s.m. Daño o destrucción causados por una guerra o por un agente natural. **2.** Daño o perjuicio moral.

estragón s.m. (fr. *estragon*). Planta herbácea aromática que suele usarse como condimento. (Familia compuestas.)

estral adj. Relativo al estro. ◇ **Ciclo estral** Conjunto de modificaciones periódicas de los órganos genitales femeninos, en relación con la liberación de los óvulos. (En la mujer, el *ciclo estral* dura 28 días y tiene dos fases: folicular y lútea; está bajo la dependencia de las hormonas, cesa provisionalmente durante el embarazo y definitivamente en la menopausia.)

estrambote s.m. Versos que a veces se añaden al final de una composición métrica, especialmente en un soneto.

estrambótico, a adj. *Fam.* Extravagante, fuera de lo considerado normal o de buen gusto.

estramonio s.m. (lat. botánico *stramonium*). Planta herbácea venenosa, de flores blancas, hojas grandes y fruto espinoso. (Familia solanáceas.)

estrangulación s.f. Acción de estrangular o estrangularse: *muerte por estrangulación.*

estrangulador, ra adj. y s. Que estrangula. ◆ s.m. Difusor, tubo Venturi o estrechamiento del conducto de aspiración para el paso del aire al carburador. **2.** Válvula dispuesta en la entrada de aire al carburador.

estrangulamiento s.m. Estrangulación.

estrangular v.tr. y prnl. (lat. *strangulare*). Ahogar oprimiendo el cuello hasta impedir la respiración. **2.** Estrechar una vía o conducto por un punto: *estrangular una vena.* **3.** Impedir la continuación o la consumación de algo: *estrangular los planes.*

estranguria s.f. (gr. *stranggoyría*). MED. Micción lenta y dolorosa, con pujo en la vejiga.

estrapada s.f. (ital. *strapatta*). Suplicio que consistía en izar al condenado a lo alto de un mástil y dejarlo caer hasta cerca del suelo.

estrapalucio s.m. *Fam.* Estropicio, destrozo, trastorno.

estraperlear v.tr. Comerciar con artículos de estraperlo.

estraperlista adj. y s.m. y f. Se dice de la persona que se dedica al comercio de estraperlo.

estraperlo s.m. (de *Straperlo,* especie de ruleta, de *Strauss* y *Perlo,* sus propietarios). Comercio ilegal y clandestino de artículos intervenidos por el estado o sujetos a tasas. (Se aplica especialmente al comercio de artículos de primera necesidad en épocas de escasez.) **2.** Mercancía que es objeto de este tráfico.

estratagema s.f. (lat. *stratagema,* del gr. *strategema, -ímatos*). Ardid de guerra. **2.** Astucia, fingimiento: *valerse de estratagemas.*

estratega s.m. (fr. *stratègue,* del gr. *stra-tegós*). Militar especializado en estrategia. **2.** HIST. En Atenas, principal magistrado; jefe de un ejército.

estrategia s.f. (gr. *strategía,* generalato). Arte de dirigir un conjunto de disposiciones para alcanzar un objetivo. **2.** Arte de coordinar la acción de las fuerzas militares, políticas, económicas y morales, implicadas en la conducción de un conflicto o en la preparación de la defensa de una nación o de una comunidad de naciones.

estratégico, a adj. Relativo a la estrategia.

estratificación s.f. Disposición en capas superpuestas. **2.** GEOL. Disposición de los sedimentos o rocas sedimentarias en estratos superpuestos. **3.** PSICOL. Técnica particular de encuesta por sondeo, en la que la población a estudiar se divide previamente en estratos. **4.** SOCIOL. División de una sociedad en grupos jerarquizados y desiguales, en función de la profesión, estudios, riqueza, prestigio, etc.

estratificado, a adj. Que se presenta en capas o en estratos superpuestos. **2.** Se dice del producto fabricado con varios soportes (papel, telas, etc.) e impregnado de un barniz termoplástico.

estratificar v.tr. Disponer por capas superpuestas. ◆ v.tr. y prnl. Disponer en estratos.

estratigrafía s.f. Parte de la geología que estudia las capas de la corteza terrestre para establecer el orden normal de superposición y la edad relativa. **2.** Método de investigación arqueológica que consiste en excavar y aislar el contenido de los niveles de un sitio, siguiendo la configuración que presentan.

estratigráfico, a adj. Relativo a la estratigrafía. ◇ **Escala estratigráfica** Cronología de los acontecimientos que se han sucedido en la superficie de la Tierra en el transcurso de los períodos geológicos.

estrato s.m. (lat. *stratum,* yacija). Capa de materiales que constituyen un terreno, en particular un terreno sedimentario. **2.** Nube baja, densa y gris, semejante a una capa de niebla paralela al horizonte. **3.** PSICOL. En una encuesta, subdivisión de una muestra en conjuntos homogéneos.

estratocúmulo s.m. Capa continua o conjunto de bancos nubosos, generalmente finos y de espesor regular, de forma más extendida y plana que el altocúmulo.

estratofortaleza s.f. Bombardero norteamericano intercontinental.

estratopausa s.f. Zona de transición que separa la estratosfera y la mesosfera.

estratosfera s.f. Capa de la atmósfera situada entre la troposfera y la mesosfera, que tiene un espesor de unos 30 km y en la que la temperatura es sensiblemente constante.

estratosférico, a adj. Relativo a la estratosfera.

estratovisión s.f. Técnica de difusión de programas de televisión mediante emisores situados a bordo de aviones o de globos a gran altura, que permite el servicio de comunicaciones a grandes extensiones.

estratovolcán s.m. Cono volcánico constituido por amontonamiento de coladas de lava que alternan con capas de proyecciones.

estrave s.m. (fr. ant. *estrave*). MAR. Remate de la quilla del barco.

estraza s.f. Trapo o pedazo de ropa basta. <> **Papel de estraza** Papel de tina, áspero y muy basto, sin encolar.

estrechamiento s.m. Acción y efecto de estrechar o estrecharse.

estrechar v.tr. Hacer estrecho o más estrecho. **2.** *Fig.* Manejar, empujar a decir o hacer algo: *estrechar al culpable a que confiese.* ◆ v.tr. y prnl. Abrazar o apretar algo o a alguien: *estrechar la mano.* **2.** Aumentar el cariño, la intimidad o el parentesco: *estrechar los lazos de amistad.* ◆ **estrecharse** v.prnl. Apretarse en un sitio para que quepa más gente. **2.** Disminuir los gastos. **3.** TAUROM. Ceñirse o arrimarse al ejecutar las suertes.

estrechez s.f. Cualidad de estrecho. SIN.: *estrechura.* **2.** *Fig.* Dificultad, apuro, escasez de medios económicos: *vivir con estrecheces.* (Suele usarse en plural.) SIN.: *estrechura.* **3.** *Fig.* Limitación, pobreza o falta de amplitud intelectual o moral: *estrechez de miras.* SIN.: *estrechura.*

estrecho, a adj. (lat. *strictus,* p. de *estringere,* estrechar). Que tiene menos anchura que la ordinaria o que otras cosas de la misma clase. **2.** Excesivamente ajustado o ceñido: *falda estrecha.* **3.** *Fig.* Cercano, íntimo: *estrecha amistad; estrecho parentesco.* ◆ adj. y s. *Fam.* y *desp.* Se dice de la persona que tiene unas convicciones morales muy estrictas o que no accede con facilidad a mantener relaciones sexuales. ◆ s.m. Brazo de mar comprendido entre dos tierras.

estrechura s.f. Estrechez.

estregadura s.f. Acción y efecto de estregar o estregarse. SIN.: *estregamiento.*

estregar v.tr. y prnl. Pasar con fuerza una cosa sobre otra: *estregar la ropa; estregarse los ojos.*

estrella s.f. (lat. *stella*). Astro dotado de luz propia. **2.** Astro o cuerpo celeste que brilla en el cielo, a excepción de la Luna y el Sol. **3.** Objeto o adorno, formado de líneas o ramas que irradian a partir de un punto central. **4.** Signo único o repetido que indica la categoría o la calidad de un restaurante, hotel, paraje turístico, etc. **5.** *Fig.* Persona que sobresale en su profesión por sus dotes excepcionales, especialmente un artista del cine o de la canción. **6.** Divisa o símbolo de determinadas jerarquías militares: *estrellas de capitán.* **7.** Insignia de ciertas condecoraciones. **8.** Influencia atribuida a los astros sobre la suerte de las personas. <> **Estrella de David** Signo distintivo de color amarillo, de seis puntas, símbolo del judaísmo. **Estrella de mar** Equinodermo de cuerpo radiado. SIN.: *estrellamar.* **Estrella doble** Conjunto de dos estrellas cercanas en el cielo. **Estrella enana** Estrella de densidad media muy alta y luminosidad relativamente débil. **Estrella errante,** o **errática** Planeta, cuerpo celeste opaco. **Estrella fugaz** Fenómeno luminoso provocado por el desplazamiento rápido de un corpúsculo sólido, generalmente de pequeñas dimensiones, incandescente debido a un frotamiento en las capas atmosféricas superiores. **Estrella gigante** Estrella con mucha luminosidad y poca densidad. **Estrella nova,** o **temporaria** Estrella joven que se caracteriza por los cambios bruscos y breves de brillo y espectro. **Estrella polar** Estrella que está en el extremo de la lanza de la constelación de la Osa Menor. **Estrella variable** Estrella sometida a importantes variaciones de brillo. **Tener,** o **nacer, con estrella** Tener suerte. **Ver las estrellas** *Fam.* Sentir un dolor físico muy fuerte e intenso.

estrella

Las estrellas nacen de la contracción de grandes nubes de materia interestelar (protoestrellas). Cuando su temperatura es muy elevada, se desencadenan reacciones termonucleares en sus regiones centrales. La evolución del proceso comporta una sucesión de períodos durante los cuales las estrellas se contraen bajo el efecto de su propia gravitación; la materia que las forma experimenta un calentamiento progresivo que permite el desencadenamiento de reacciones nucleares entre elementos cada vez más pesados. Durante la mayor parte de su vida, las estrellas extraen su energía de la transformación de hidrógeno en helio (caso del Sol actual). Cuando su combustible nuclear se agota, las estrellas pasan por una fase explosiva y a continuación experimentan una última fase de colapso gravitacional que genera, según sea la masa, una enana blanca, una estrella de neutrones o un agujero negro.

estrellado, a adj. Que tiene forma de estrella. **2.** Que está lleno de estrellas: *cielo estrellado.* <> **Bóveda estrellada** Bóveda con el intradós adornado con nervios, braguetones, cadenas, etc., formando una estrella.

estrellamar s.f. Estrella de mar.

estrellar v.tr. y prnl. *Fam.* Arrojar con violencia una cosa contra algo duro o dejarla caer al suelo, haciéndola pedazos: *estrellar un vaso contra la pared.* ◆ v.tr. Freír huevos. ◆ **es-**

las veinte estrellas más brillantes del firmamento

nombre usual	nombre oficial	distancia en años luz
Sirio	α Can Mayor	8,6
Canope	α Carena	300
Rigil Kentarus	α Centauro	4,35
Arturo	α Boyero	37
Vega	α Lira	25,3
Capela	α Cochero	42
Rigel	α Orión	800
Procyon	α Can Menor	11,4
Achernar	α Erídano	140
Betelgeuse	α Orión	400
Agena	β Centauro	500
Altair	α Águila	17
Aldebarán	α Tauro	65
Acrux	α Cruz del Sur	300
Espiga	α Virgo	270
Antares	α Escorpión	700
Pólux	β Géminis	34
Fomalhaut	α Pez Austral	25
Deneb	α Cisne	3000
Mimosa	β Cruz del Sur	490

trellarse v.prnl. Caer o chocar violentamente contra una superficie dura, quedando malherido o muerto. **2.** *Fig.* Fracasar en un asunto por tropezar contra un obstáculo o una dificultad insuperable: *estrellarse los planes.*

estrellato s.m. Condición del artista que ha alcanzado el éxito.

estrellón s.m. Bol., Dom., Ecuad. y Hond. Choque, encontrón.

estremecer v.tr. [conj.: *parecer*]. Hacer temblar algo: *el terremoto estremeció los cimientos de los edificios.* **2.** *Fig.* Causar sobresalto algo extraordinario o imprevisto: *estremecer los ánimos.* ◆ **estremecerse** v.prnl. Temblar alguien con movimiento agitado y súbito: *estremecerse de frío.* **2.** *Fig.* Sentir una agitación o sobresalto repentinos: *estremecerse de miedo.*

estremecimiento s.m. Acción y efecto de estremecer o estremecerse.

estremezón s.m. Colomb. Estremecimiento.

estrenar v.tr. Usar algo por primera vez: *estrenar un vestido.* **2.** Proyectar por primera vez una película en un cine o representar o ejecutar por primera vez una comedia u otro espectáculo. ◆ **estrenarse** v.prnl. Empezar a ejercer o a practicar un empleo, oficio, etc. **2.** Hacer un comerciante la primera transacción del día.

estreno s.m. Acción de estrenar o estrenarse. **2.** Primera presentación ante el público de un lugar de una obra de teatro, película o espectáculo.

estreñimiento s.m. Evacuación dificultosa o infrecuente de heces duras y secas.

estreñir v.tr. y prnl. (lat. *stringere,* estrechar) [conj.: *ceñir*]. Producir estreñimiento.

estrépito s.m. (lat. *strepitus, -us*). Estruendo. **2.** *Fig.* Ostentación o exageración en la forma de hacer algo.

estrepitoso, a adj. Que causa estrépito. **2.** Muy ostensible, espectacular.

estrepsíptero, a adj. y s.m. Relativo a un orden de insectos minúsculos, parásitos de otros insectos.

estreptococia s.f. Infección causada por un estreptococo.

estreptocócico, a adj. Relativo a los estreptococos.

estreptococo s.m. (del gr. *streptós,* trenzado, redondeado, y *kókkos,* grano). Bacteria de forma redondeada que se agrupa con otras formando cadenas y de la que existen varias especies que causan enfermedades infecciosas graves, como la erisipela, el impétigo, etc.

estreptomicina s.f. Antibiótico obtenido a partir de un moho del suelo, activo contra el bacilo de la tuberculosis y contra otras bacterias.

estrés o **stress** s.m. (ingl. *stress*) [pl. *estreses* o *stress*]. Estado de tensión exagerada a la que se llega por un exceso de actividad, de trabajo o de responsabilidad, y que conlleva trastornos físicos y psicológicos en la persona que lo padece.

estrés

El cerebro desencadena el estrés en situaciones que considera peligrosas, al estimular la secreción de corticoides y adrenalina de las suprarrenales. A continuación sucede una activación general no específica, física o psíquica, favorable a la defensa del organismo. Sin embargo, el estrés intenso o prolongado es fuente de diversos problemas (ansiedad, fatiga, úlcera gástrica, angina de pecho, eczema, etc.).

estresar v.tr. y prnl. Causar estrés.

estría s.f. (lat. *stria,* surco). Ranura longitudinal de algunas columnas y pilastras. **2.** Línea fina en la superficie de un objeto, de una roca, etc. ◆ **estrías** s.f.pl. Cicatrices lineales de la piel, debidas a una distensión excesiva de las fibras de la dermis.

estriado, a adj. Que tiene estrías. ◇ **Cuerpos estriados** ANAT. Masas de sustancia gris situadas en la base del cerebro, que intervienen en el tono muscular y en la realización de los movimientos automáticos. **Músculo estriado** Músculo de contracción rápida y voluntaria, cuyas fibras muestran al microscopio una estriación transversal, debida a la alternancia de discos claros y oscuros en las fibrillas, por oposición al músculo liso.

estriar v.tr. y prnl. [conj.: *desviar*] Formar estrías en una superficie.

estribación s.f. Ramal corto de una cadena montañosa.

estribar v.intr. *Fig.* Fundarse o apoyarse una cosa en otra: *su atractivo estriba en su sencillez.* **2.** Descansar una cosa sobre otra sólida y firme. **3.** Argent. Calzar el jinete los pies en el estribo.

estribera s.f. Estribo de la montura, de un carruaje, etc. **2.** Argent. y Urug. Correa del estribo.

estribillo s.m. Verso o conjunto de versos que se repiten al final de cada estrofa en algunas composiciones poéticas y, en ocasiones, aparece también en su inicio. **2.** Fórmula musical, vocal o instrumental, que se repite con regularidad en una composición. **3.** Palabra o frase que una persona utiliza o repite con frecuencia.

estribo s.m. Anillo de metal, suspendido por una correa a cada lado de la silla de montar y sobre el cual el jinete apoya el pie. **2.** Plataforma que, a modo de escalón, sirve para subir a algunos vehículos o bajar de ellos. **3.** Macizo de fábrica que sirve para sostener una bóveda y contrarrestar su empuje. **4.** Contrafuerte de un muro. **5.** Chapa de hierro doblada en ángulo recto por sus dos extremos que se emplea para asegurar la unión de ciertas piezas. **6.** Pequeña escala de cuerdas con barras de metal ligero que se utiliza en alpinismo para la escalada artificial. **7.** ANAT. Huesecillo de la parte media del oído. **8.** TAUROM. Parte saliente de madera que se extiende alrededor de la barrera de las plazas de toros, para servir de apoyo al torero cuando salta al callejón. ◇ **La del estribo** Argent., Méx. y Urug. Última copa o consumición que toma alguien antes de irse. **Perder los estribos** Desbarrar; hablar u obrar fuera de razón; impacientarse mucho.

estribor s.m. (fr. ant. *estribord*). MAR. Costado derecho del barco, mirando de popa a proa. CONTR.: *babor.*

estribote s.m. En el s. XV, zéjel utilizado especialmente en poemas satíricos.

estricción s.f. FÍS. **a.** Disminución de la sección de flujo de un fluido bajo la acción de elementos mecánicos o de otro flujo. **b.** Aproximación de las trayectorias de las partículas electrizadas cuando se somete un gas a una descarga eléctrica de gran intensidad, empleada para confinar los plasmas. **2.** METAL. Reducción de sección que experimenta una barreta metálica sometida a ensayo de tracción, poco antes de la rotura, en la zona donde esta se producirá.

estricnina s.f. (del gr. *strýkhnos,* nombre de varias solanáceas venenosas). Alcaloide muy tóxico extraído de la nuez vómica.

estricote s.m. Venez. Vida licenciosa.

estricto, a adj. (lat. *strictus,* p. de *stringere,* estrechar). Exacto y riguroso: *sentido estricto; profesor estricto.* ◇ **Desigualdad estricta** MAT. Desigualdad que excluye la igualdad.

estridencia s.f. Cualidad de estridente. **2.** Sonido estridente. **3.** Cosa estridente.

estridente adj. (lat. *stridens, -ntis,* p. activo de *stridere,* chillar). Se dice del sonido agudo y chirriante. **2.** Que desentona o produce una sensación molesta por ser muy exagerado: *color estridente.*

estridor s.m. (lat. *stridor, -oris*). MED. Sonido agudo que se produce en la inspiración.

estridoroso, a adj. MED. Relativo al estridor.

estridulación s.f. Sonido estridente que emiten ciertos insectos, como los saltamontes, los grillos, las cigarras, etc.

estridulante adj. Que emite un sonido estridente.

estridular v.intr. (del lat. *stridulus,* estridente). Emitir un sonido estridente.

estrígido, a adj. y s.m. Relativo a una familia de aves rapaces nocturnas, como el búho y el mochuelo.

estrígila s.f. (lat. *strigilem,* raedera). ANT. Raedera curva que se usaba para el aseo personal. **2.** ARQUEOL. Estría sinuosa utilizada como motivo ornamental en ciertos sarcófagos antiguos.

estrioscopia s.f. Estudio, por método fotográfico, del surco producido en el aire por un proyectil o por un perfil de ala ensayado en un túnel aerodinámico.

estriptís o **estriptis** s.m. → **striptease.**

estro s.m. (lat. *oestrus,* tábano, delirio poético). Inspiración de los artistas. **2.** Moscardón. **3.** Modificación de la mucosa del útero, que permite la nidificación del huevo fecundado. **4.** En los animales, período de celo.

estróbilo s.m. (gr. *stróbilos,* peonza, piña). BOT. Fruto en forma de cono. **2.** ZOOL. Estado larvario de ciertas medusas.

estrobo s.m. (del lat. *struppus*). MAR. Trozo de cabo en forma de anillo o argolla que sirve para suspender una polea, sujetar el remo al tolete, etc.

estroboscopia s.f. Método de observación de un movimiento periódico muy rápido (vibración, rotación, etc.), a partir de unos destellos regulares cuya frecuencia es próxima a la del movimiento.

estroboscópico, a adj. Relativo a la estroboscopia.

estroboscopio s.m. Aparato que sirve para observar por medio de estroboscopia.

estrofa s.f. (lat. *stropha,* del gr. *strophí,* vuelta, estrofa que canta el coro). Grupo de versos que forman una unidad y se ordenan de manera que presenten una correspondencia métrica con uno o varios grupos semejantes. **2.** Primera de las tres partes líricas cantadas por el coro de la tragedia griega.

estrofantina s.f. Alcaloide obtenido del estrofanto y utilizado como tónico cardíaco.

estrofanto s.m. (del gr. *strophí,* vuelta, y *anphos,* flor). Arbusto de las regiones tropicales que contiene un veneno con el que los indígenas emponzoñan las flechas. (Familia apocináceas.) **2.** Sustancia que se extrae de las semillas de dicha planta.

estrófico, a adj. Relativo a la estrofa. **2.** Dividido en estrofas.

estrógeno, a adj. y s.m. Se dice de la hormona secretada por el ovario y que interviene en la formación, mantenimiento y función de los órganos reproductores y mamas de la mujer.

estroma s.m. ANAT. Tejido conjuntivo que forma el armazón de un órgano o de un tumor.

estromboliano, a adj. (de *Stromboli,* isla de Italia). Se dice de la erupción volcánica caracterizada por la alternancia de explosiones y de emisiones de lava.

estronciana s.f. (ingl. *Strontian,* pueblo de Escocia). Óxido o hidróxido de estroncio, empleado en la fabricación de azúcar.

estroncio s.m. Metal alcalinotérreo, de color amarillo, parecido al calcio, de densidad 2,6, cuyo punto de fusión es de 757 °C. **2.** Elemento químico (Sr), de número atómico 38 y masa atómica 87,62.

estrongilosis s.m. VET. Enfermedad parasitaria de algunos animales domésticos, provocada por nematodos.

estropajo s.m. Útil de limpieza para fregar que consiste en un trozo de esparto machacado, o de otro material.

estropajoso, a adj. *Fam.* Se dice de la manera de hablar o de pronunciar que es confusa y torpe. **2.** *Fig.* y *fam.* Se dice de la persona muy desaseada y andrajosa. **3.** *Fig.* y *fam.* Se dice del alimento, especialmente carne, fibroso y difícil de masticar.

estropear v.tr. y prnl. Poner algo en mal estado o en peor estado del que tenía, especialmente dejándola inservible. **2.** Malograr o hacer fracasar un plan, proyecto, etc.

estropicio s.m. Destrozo o rotura estrepitosa pero poco importante de cosas: *estropicio de platos.* **2.** Jaleo o actividad que genera ruido y alguna molestia de poca importancia.

estructura s.f. (lat. *structura,* construcción, disposición, de *struere,* construir). Manera en que las diferentes partes de un conjunto, concreto o abstracto, están conectadas o relacionadas entre sí: *la estructura de una red de carreteras.* **2.** Armadura que constituye el esqueleto de algo y que sirve para sostener un conjunto: *la estructura de un edificio.* **3.** ECON. Conjunto de caracteres relativamente estables de un sistema económico en un período determinado (por oposición a *coyuntura*). **4.** FILOS. Conjunto ordenado y autónomo de elementos interdependientes cuyas relaciones están reguladas por leyes. **5.** GEOL. Disposición de las capas geológicas relacionadas unas con otras. **6.** MAT. Carácter de un conjunto resultante de las operaciones que se definen en él y de las propiedades de estas operaciones. **7.** QUÍM. Disposición espacial de los átomos, las moléculas o los iones en las especies químicas consideradas en sus distintos estados físicos. ◇ **Estructura de una roca** Disposición de los minerales que constituyen una roca, relacionados unos con otros.

estructuración s.f. Acción y efecto de estructurar o estructurarse.

estructurado, a adj. Que tiene una determinada estructura.

estructural adj. Relativo a la estructura o al estructuralismo. ◇ **Causalidad estructural** FILOS. Producción de efectos de una estructura sobre los elementos que la constituyen, según el lugar que estos ocupan en ella. **Geología estructural** Parte de la geología que estudia la estructura de la corteza terrestre. **Paro estructural** Paro de un país en el que las condiciones económicas fundamentales impiden que una fracción importante de la población encuentre trabajo. **Superficie estructural** Superficie constituida por la parte superior de una capa dura, puesta al descubierto por erosión de una capa blanda situada encima.

estructuralismo s.m. Teoría lingüística que considera la lengua como un conjunto autónomo y estructurado, en el que las relaciones definen los términos a los diversos niveles (fonemas, morfemas, frases). **2.** Corriente de pensamiento común a diversas ciencias humanas (psicología, antropología, etc.) que trata de definir un hecho humano en función de un conjunto organizado y dar cuenta de este último con modelos matemáticos.

estructurar v.tr. y prnl. Dar estructura a algo: *estructurar un programa.*

estruendo s.m. (del ant. *atruendo,* del lat. *attonitus,* p. de *attonare,* tronar). Ruido muy grande: *el estruendo de una explosión.* **2.** *Fig.* Confusión, bullicio: *el estruendo del gentío.*

estruendoso, a adj. Ruidoso, que causa estruendo: *ovación estruendosa.*

estrujar v.tr. (lat. vulgar *extorculare,* exprimir en el trujal). Apretar una cosa para sacarle el zumo: *estrujar un limón.* **2.** Apretar arrugando, aplastando o deformando: *estrujar un papel.* **3.** *Fig.* y *fam.* Sacar todo el partido posible: *estrujar la mente.*

estrujón s.m. Acción y efecto de estrujar, apretar.

estuario s.m. (lat. *aestuarium*). Desembocadura de un río de gran anchura y caudal por donde el agua del mar penetra al subir la marea.

estucado s.m. Acción y efecto de estucar. **2.** PAPEL. Operación que consiste en cubrir la superficie de un papel o cartón con una o varias capas de baño de estucado en estado líquido, para dar al papel mejor aspecto y mejor aptitud para la impresión.

estucador, ra s. Persona que tiene por oficio estucar. SIN.: *estuquista.*

estucar v.tr. Cubrir la superficie de una cosa con estuco.

estuche s.m. (occitano ant. *estug*). Caja o funda para guardar objetos: *estuche para los anteojos.* **2.** Conjunto de utensilios que se guardan en esta caja o funda: *estuche de aseo.*

estuco s.m. (ital. *stucco*). Masa de yeso fino, agua y cola, polvo de mármol y creta que se usa para enlucir. **2.** Revestimiento mural decorativo realizado con este material.

estudiado, a adj. Fingido, afectado, que no es espontáneo: *gestos estudiados.*

estudiantado s.m. Conjunto de estudiantes de un centro docente. SIN.: *alumnado.*

estudiante s.m. y f. Persona que cursa estudios, particularmente de grado secundario o superior.

estudiantil adj. *Fam.* Relativo a los estudiantes: *vida estudiantil.*

estudiantina s.f. Grupo de estudiantes universitarios vestidos con trajes antiguos que canta y toca varios instrumentos, especialmente de cuerda. SIN.: *tuna.*

estudiar v.tr. Ejercitar el entendimiento para conocer o comprender algo: *estudiar matemáticas, música.* **2.** Pensar sobre un asunto detenidamente para resolverlo: *estudiar un proyecto, un fenómeno.* ◆ v.tr. e intr. Recibir conocimientos sobre una materia en un centro docente: *estudiar química en la universidad.*

estudio s.m. (lat. *studium,* aplicación, diligencia, estudio). Ejercicio del entendimiento para conocer o comprender algo: *interesarse en el estudio de las ciencias.* **2.** Trabajo en el que se expresan los resultados de una investigación: *sabio estudio de un autor.* **3.** Conjunto de trabajos que preceden o preparan la ejecución de un proyecto: *estudio de un puerto.* **4.** Lugar donde una persona realiza sus tareas intelectuales o artísticas. **5.** Vivienda pequeña compuesta de una sola pieza principal, cocina y cuarto de baño. **6.** Fragmento de música instrumental o vocal compuesto para que una persona perfeccione una dificultad técnica. **7.** Dibujo, pintura o escultura que se hace como preparación para otra principal. **8.** *Fig.* Cuidado, afectación: *hablar con estudio.* ◆ **estudios** s.m.pl. Conjunto de cursos que conforman una carrera o un ciclo académico: *acabar los estudios de biología.* **2.** Edificio o conjunto de locales donde se realizan las tomas de vista o de sonido para el cine, la televisión, los programas de radio, etc. **3.** Chile y R. de la Plata. Bufete de abogado. ◇ **En estudio** Que está siendo objeto de análisis. **Sala de estudios** Sala de un centro docente donde los alumnos estudian fuera del horario de clases. **Tener estudios** Tener un título académico, especialmente universitario.

estudioso, a adj. Que estudia mucho. ◆ s. Persona que se dedica al estudio de una materia y tiene un conocimiento amplio y profundo sobre esta.

estufa s.f. (de *estufar*). Aparato que sirve para calentar un lugar cerrado. **2.** Habitación de un baño termal destinada a producir en los enfermos un sudor copioso. **3.** Aparato de calefacción para la cría de polluelos. **4.** Aparato usado en microbiología para mantener los cultivos a una temperatura constante. **5.** Aparato para el secado industrial. **6.** Cámara para la desecación artificial de la madera. **7.** Méx. Mueble de cocina con hornillas sobre el cual se guisan los alimentos, cocina. ◇ **Criar en estufa** *Fam.* Criar a alguien con cuidados excesivos.

estufado s.m. Acción de estufar.

estufar v.tr. Secar o calentar con una estufa.

estufilla s.f. Manguito, pieza tubular. **2.** Calientapiés.

estulticia s.f. (lat. *stultitiam*). Cualidad de estulto.

estulto, a adj. (lat. *stultus*). Necio.

estupefacción s.f. Pasmo o asombro muy intenso.

estupefaciente adj. (lat. *stupefacens, -tis,* p. activo de *stupefacere,* causar estupor). Que produce estupefacción. ◆ s.m. Sustancia sedante que produce sensación de bienestar y puede provocar hábito.

estupefacto, a adj. (lat. *stupefactus,* p. pasivo de *stupefacere,* causar estupor). Atónito, pasmado: *quedarse estupefacto.*

estupendo, a adj. (lat. *stupendus*). Que es muy bueno, bonito o sorprendente.

estupidez s.f. Cualidad de estúpido. **2.** Dicho o hecho propios de un estúpido: *un texto plagado de estupideces.*

estúpido, a adj. y s. (lat. *stupidus,* aturdido, estupefacto). Que es muy torpe para comprender las cosas. ◆ adj. Que es propio de la persona muy torpe para comprender algo: *actitud estúpida; razonamiento estúpido.*

estupor s.m. (lat. *stupor, -oris*). Gran asombro. **2.** PSIQUIATR. Estado de inhibición motora de origen psíquico.

estuporoso, a adj. PSIQUIATR. Relativo al estupor.

estuprador, ra s. Persona que estupra.

estuprar v.tr. (lat. *struprare*). Cometer estupro.

estupro s.m. (lat. *stuprum*). Delito que consiste en mantener una relación sexual con un menor valiéndose del engaño o de la superioridad que se tiene sobre él.

esturión s.m. (bajo lat. *sturio, -onis*). Pez condrósteo de boca ventral, con cinco hileras longitudinales de placas en los lados, que vive entre un y dos años en los estuarios antes de acabar su crecimiento en el mar. (Las hembras, en el caso del *beluga* del mar Negro, llegan a medir hasta una long. de 6 m y un peso de 500 kg; desovan en agua dulce entre 100 000 y 2 millones de huevas, con las que se prepara el caviar.)

estúrnido, a adj. y s.m. Relativo a una familia de paseriformes de pico grande y plumaje con vivos colores, como el estornino.

esvástica o **svástica** s.f. Cruz gamada. (También *swástica.*)

esviaje s.m. (del cat. *biaix,* sesgo). Oblicuidad de la superficie de un muro o del eje de una bóveda respecto al frente de la obra.

1. **eta** s.f. Nombre de la séptima letra del alfabeto griego (η, Η), que corresponde a una *e* larga.

2. **eta** adj. y s.m. y f. → **aeta.**

etalaje s.m. (fr. *étalage,* de *étaler,* exhibir, extender). Parte de un alto horno comprendida entre el vientre y las toberas.

etamín s.m. (fr. *étamine*). Tejido ralo y flexible. **2.** Cañamazo fabricado con lino o algodón y con mucho apresto.

etano s.m. QUÍM. Hidrocarburo saturado formado por dos átomos de carbono y seis de hidrógeno.

etanol s.m. Alcohol etílico.

etapa s.f. (fr. *étape,* localidad donde pernoctan las tropas). Punto de un recorrido que se establece como lugar de parada. **2.** Distancia entre dos puntos de un recorrido que se hace de una sola vez. **3.** *Fig.* Parte de una acción o proceso diferenciada de otra u otras: *proceder por etapas.* SIN.: *fase.* ◇ **Etapa propulsora** Parte autónoma y separable de un vehículo espacial, generalmente dotada de medios de propulsión, con ciertas funciones seguras durante una fase determinada del vuelo.

etarra adj. y s.m. y f. Relativo a ETA; miembro de ETA.

etc., abrev. de *etcétera.*

etcétera s.m. (del lat. *et cetera,* y las demás cosas). Expresión que se añade al final de una enumeración para sustituir otros elementos de esta. (Se abrevia *etc.*)

éter s.m. (lat. *aeter, -eris,* del gr. *aihtír, -eros,* cielo). Fluido imponderable y elástico, que era considerado como el agente de transmisión de la luz. **2.** *Poét.* Cielo, bóveda celeste. **3.** QUÍM. Óxido de etilo $(C_2H_5)_2O$, líquido muy volátil, inflamable y buen disolvente. (Se empleaba como anestésico general en inhalaciones.) [También *éter sulfúrico.*]

etéreo, a adj. Relativo al éter. **2.** *Poét.* Vago, inmaterial, sutil, sublime.

eterismo s.m. Conjunto de fenómenos patológicos causados por la absorción de éter.

eternal adj. Eterno.

eternidad s.f. Tiempo que no tiene principio ni fin. **2.** REL. Vida del alma después de la muerte: *pensar en la eternidad.* **3.** *Fig.* Espacio de tiempo muy largo: *hace una eternidad que no la he visto.*

eternizar v.tr. y prnl. Hacer durar algo mucho tiempo: *eternizar un proceso, un debate; la crisis se eterniza.* ◆ v.tr. Hacer durar algo para siempre: *eternizar un instante en una foto.* ◆ **eternizarse** v.prnl. Tardar mucho en hacer algo.

eterno, a adj. (lat. *aeternus*). Que no tiene principio ni fin: *Dios como ser eterno.* **2.** Que no tiene fin: *le juró amor* *eterno.* **3.** Válido o existente en todos los tiempos: *verdades eternas.* **4.** Que dura mucho. **5.** Que se repite con frecuencia o insistencia: *una espera eterna.*

eteromanía s.f. Intoxicación crónica por éter tomado mediante inhalación, bebida o inyección.

eterómano, a adj. y s. Se dice de la persona que es adicta al éter.

etesio, a adj. y s.m. (lat. *etesius,* del gr. *etísios,* anual). Se dice del viento que soplan periódicamente del N, durante el verano, sobre el Mediterráneo oriental.

ethos o **etos** s.m. ANTROP. Carácter común de comportamiento o forma de vida que adopta un grupo de individuos que pertenecen a una misma sociedad.

ética s.f. (lat. *ehica,* del gr. *ithiká*). FILOS. **a.** Parte de la filosofía que estudia la valoración moral de los actos humanos. **b.** Conjunto de principios y normas morales que regulan las actividades humanas.

ético, a adj. Relativo a la ética: *juicio ético.* ◇ **Dativo ético** GRAM. Dativo que se usa para expresar la ventaja, el inconveniente o el interés tomado en una acción.

etilénico, a adj. Se dice del compuesto, como el etileno, en cuya molécula existe un doble enlace carbono-carbono.

etileno s.m. Hidrocarburo gaseoso incoloro (C_2H_4), ligeramente oloroso, obtenido a partir del petróleo y que se encuentra en la base de muchas síntesis.

etílico, a adj. Que contiene el radical etilo: *alcohol etílico.* **2.** Que se produce por la ingestión excesiva de alcohol.

etilismo s.m. Alcoholismo.

etilo s.m. (de *éter* y el gr. *yli,* materia). Radical monovalente C_2H_5, derivado del alcohol etílico.

etilsulfúrico, a adj. Sulfovínico.

étimo s.m. (gr. *etymos,* sentido verdadero). LING. Palabra o raíz de la que procede otra.

etimología s.f. (lat. *etymologia,* del gr. *etymología,* sentido verdadero de la palabra). Parte de la lingüística que estudia el origen y evolución de las palabras. **2.** Origen y evolución de una palabra.

etimológico, a adj. Relativo a la etimología.

etimólogo, a s. Persona que se dedica al estudio de la etimología. SIN.: *etimologista.*

etino s.m. QUÍM. Acetileno.

etiología s.f. (lat. *aetiologia,* del gr. *aitiología,* de *aitía,* causa, y *lógos,* tratado). Parte de la medicina que estudia las causas de las enfermedades.

etiológico, a adj. Relativo a la etiología.

etíope o **etiope** adj. y s.m. y f. De Etiopía.

etiópico, a adj. Relativo a Etiopía. ◇ **Lenguas etiópicas** Lenguas semíticas habladas en Etiopía y Eritrea. (Son lenguas etiópicas el geez y el amárico.)

etiqueta s.f. (fr. *étiquette,* rótulo o membrete). Trozo de papel o tela que se pone a una cosa, especialmente un producto que se ofrece al público, para indicar alguna información como composición, contenido, procedencia, talla, etc. **2.** Conjunto de reglas que deben seguirse en un acto oficial o solemne. **3.** Calificación que se aplica a alguien para englobarlo en un grupo que se caracteriza por seguir una determinada ideología o actitud. **4.** INFORMÁT. **a.** Instrucción particular en un programa. **b.** Conjunto de caracteres unido a un grupo de datos que sirve para identificarlo. ◇ **De etiqueta** Se dice de la fiesta o reunión solemne que exige llevar un traje adecuado; se dice del traje que debe llevarse a esta fiesta o reunión.

etiquetadora s.f. Máquina para etiquetar botellas.

etiquetar v.tr. Poner una etiqueta a algo. **2.** *Fig.* Poner una etiqueta a alguien.

etiquetero, a adj. *Fam.* Se dice de la persona que se ajusta a las normas de etiqueta y exige lo mismo a los demás.

etmoidal adj. Relativo al etmoides.

etmoides s.m. Hueso impar del cráneo, que forma la parte superior del esqueleto de la nariz y cuya lámina acribillada, situada en el compartimiento anterior de la base del cráneo, está atravesada por los nervios olfatorios.

etnarca s.m. ANT. ROM. **a.** Gobernador de las provincias de oriente, relativamente autónomas, vasallas de Roma. **b.** Jefe civil de las comunidades judías de la diáspora romana.

etnarquía s.f. Dignidad del etnarca. **2.** Provincia gobernada por un etnarca.

etnia s.f. Grupo de personas que pertenecen a una misma raza y comparten lengua y cultura.

étnico, a adj. (gr. *ethnikós,* de las naciones). Relativo a la etnia: *influencias étnicas.* **2.** Gentilicio.

etnocéntrico, a adj. Relativo al etnocentrismo.

etnocentrismo s.m. Tendencia a sobrevalorar la etnia a la que se pertenece y a valorar las restantes en relación con aquella.

etnocidio s.m. Destrucción de una etnia.

etnografía s.f. Parte de la antropología que describe las etnias.

etnográfico, a adj. Relativo a la etnografía.

etnógrafo, a s. Persona que se dedica al estudio de la etnografía.

etnolingüística s.f. Parte de la lingüística que estudia las relaciones entre la lengua y el contexto sociocultural en el cual se utiliza.

etnolingüístico, a adj. Relativo a la etnolingüística.

etnología s.f. Parte de la antropología que estudia las etnias.

etnólogo, a s. Persona que se dedica al estudio de la etnología.

etnomusicología s.f. Parte de la musicología que estudia la música popular de una etnia.

etnopsiquiatría s.f. PSIQUIATR. Estudio de los desórdenes psíquicos que padece una persona en función de la etnia a la que pertenece.

etoespecie s.f. ETOL. Conjunto de animales de características morfológicas y fisiológicas parecidas a las de los demás de su especie, de los que se diferencian únicamente por presentar distinto comportamiento.

etograma s.m. Registro gráfico del conjunto de movimientos y desplazamientos espontáneos de un animal en libertad aparente.

etolio, a adj. y s. De Etolia.

etología s.f. Ciencia que estudia el comportamiento de los animales en su medio natural, que se interesa tanto por la evolución ontogenética como por la filogenética.

etológico, a adj. Relativo a la etología.

etólogo, a s. Persona que se dedica al estudio de la etología.

etopeya s.f. (lat. *ethopeia,* del gr. *ithopoiía*). RET. Descripción del carácter, las costumbres y el modo de actuar de una persona.

etos s.m. ANTROP. → **ethos.**

etrusco, a adj. y s. De un pueblo que vivió en Toscana a finales del s. VIII a.C. ◆ s.m. Lengua no indoeuropea hablada por los etruscos.

etrusco

Los etruscos fundaron poderosas y ricas ciudades, agrupadas en confederaciones, gobernadas por reyes (*lucumones*), y, hacia fines del s. VI a.C., por magistrados anuales y colegiados. Del s. VII al s. VI a.C. extendieron su dominio hasta Campania y la llanura del Po, y dotaron a Roma de su primer patrimonio monumental (reinados de Servio Tulio y de los Tarquinos). Por el particularismo de sus ciudades eran vulnerables a los ataques de los griegos, los samnitas, los galos y, sobre todo, los romanos, quienes, a partir del s. IV a.C. se apoderaron de la totalidad de Toscana. La civilización etrusca, que sobrevivió a las derrotas, influyó profundamente en la religión y las instituciones romanas. La evolución artística se desarrolló a lo largo de casi siete siglos y su apogeo correspondió al período arcaico (610-460 a.C.), del que se conservan, entre otros vestigios, vastas necrópolis (Cerveteri,

Chiusi, Tarquinia, Volterra, etc.) con elementos arquitectónicos y adornos de pinturas murales en las cámaras funerarias.

---

etruscología s.f. Ciencia que estudia el mundo etrusco, según los textos, monumentos y excavaciones.

ETT s.f. (sigla.) *Empresa de trabajo temporal.

etusa s.f. BOT. Planta de raíz abultada y tronco derecho muy tóxica. SIN.: *cicuta menor.* (Familia umbelíferas.)

eucalipto s.m. (del gr. *kalyptós,* cubierto, tapado). Árbol originario de Australia, de gran tamaño y hojas muy olorosas, que crece preferentemente en las regiones cálidas. (En Australia llega a medir hasta 100 m de alt.; familia mirtáceas.)

eucaliptol s.m. Cineol.

eucariota s.m. Organismo con organización celular eucariótica. CONTR.: *procariota.*

eucariótico, a adj. Se dice de la célula de un organismo que tiene el núcleo separado del citoplasma por una membrana.

eucaristía s.f. (gr. *eykharistía,* reconocimiento, acción de gracias). Sacramento cristiano según el cual el pan y el vino que el sacerdote consagra en la misa se transforman en el cuerpo y la sangre de Jesucristo.

eucarístico, a adj. Relativo a la eucaristía. <> **Congreso eucarístico** Asamblea de clérigos y fieles que se reúnen para estudiar cuestiones relacionadas con la eucaristía y celebrar ceremonias litúrgicas en honor del Santísimo Sacramento.

euclidiano, a adj. Relativo a Euclides y a su método. SIN.: *euclídeo.* <> **Geometría euclidiana** Geometría que se basa en los postulados de Euclides.

eudiometría s.f. FÍS. Determinación de la composición de un gas mediante el eudiómetro.

eudiométrico, a adj. FÍS. Relativo a la eudiometría.

eudiómetro s.m. (del gr. *eydios,* sereno, tranquilo, y *metros,* medir). FÍS. Instrumento que sirve para medir las variaciones de volumen en las reacciones químicas entre gases.

eudista s.m. Miembro de la congregación de Jesús y María, fundada en Caen, en 1643, por san Juan Eudes para la dirección de los seminarios.

eué o **ewé,** pueblo negroafricano de Ghana, Togo y Benín, originario del actual país yoruba.

eufemismo s.m. (gr. *ayphimismós,* de *eyphimós,* que habla bien). Palabra o expresión que se usa para sustituir otra que se considera de mal gusto, inoportuna o malsonante.

eufemístico, a adj. Relativo al eufemismo.

eufilical adj. y s.f. Relativo a un orden de plantas con esporangios isospóricos y prótalos bien desarrollados. SIN.: *filical.*

eufonía s.f. (gr. *eyphonía,* voz hermosa). Cualidad de los sonidos agradables al oído, a la que se recurre para dar cuenta de ciertos cambios fonéticos.

eufónico, a adj. Que tiene eufonía.

euforbia s.f. (del lat. *euphorbium,* del gr. *eyphórbion*). Planta herbácea o leñosa que segrega un látex blanco muy acre. (Familia euforbiáceas.)

euforbiáceo, a adj. y s.f. Relativo a una familia de plantas dicotiledóneas que comprende alrededor de 7 000 especies: el árbol del caucho y la mandioca pertenecen a la familia euforbiáceas.

euforia s.f. (gr. *eyphoría,* de *eyphoros,* robusto, vigoroso). Estado de excitación psíquica que tiende al optimismo, provocada por ciertas satisfacciones físicas o psíquicas o por la administración de determinadas sustancias.

eufórico, a adj. Relativo a la euforia: *estado eufórico.* **2.** Que denota euforia: *risas eufóricas.*

eufrasia s.f. (gr. *eyphrasía,* alegría). Planta herbácea vellosa, de tallo erguido y flores pequeñas, blancas, con rayas purpúreas y una mancha amarilla. (Familia escrofulariáceas.)

eufuismo s.m. Estilo literario afectado que estuvo de moda en la corte de Isabel I de Inglaterra.

eugenesia s.f. Conjunto de métodos para mejorar el patrimonio genético de los grupos humanos, limitando la reproducción de los individuos portadores de caracteres considerados desfavorables o promoviendo la de los individuos portadores de caracteres considerados favorables; teoría que preconiza estos métodos.

eugenésico, a adj. Relativo a la eugenesia.

eugenista s.m. y f. Persona que se dedica al estudio de la eugenesia.

eunuco s.m. (lat. *eunuchus,* del gr. *eynoykos*). Hombre castrado encargado de importantes funciones administrativas y militares, así como de la custodia de los harenes imperiales (antiguo Irán, Bizancio, China, mundo musulmán medieval, Imperio otomano).

eupatorio s.m. (gr. *eypatórion,* de *Eupátor,* sobrenombre de Mitrídates VI, rey de Ponto). Planta de 1,50 m de alt., de flores blancas y rosadas, propia de lugares húmedos. (Familia compuestas.)

eupátrida s.m. Miembro de la nobleza de la antigua Grecia. (Tuvieron el poder en los ss. VIII y VII a.C.)

eupepsia s.f. (del gr. *ey,* bien, y *péttein,* cocer, digerir). Digestión normal. CONTR.: *dispepsia.*

eupéptico, a adj. Se dice de la sustancia que facilita la eupepsia.

eurasiático, a adj. → **euroasiático.**

¡eureka! interj. (gr. *eúreka,* he hallado, exclamación atribuida a Arquímedes). Se usa para expresar júbilo al resolver o conseguir algo.

eurihalino, a adj. Se dice del organismo marino capaz de soportar grandes variaciones de salinidad.

euritermia s.f. Capacidad que tiene un organismo poiquilotermo para soportar grandes diferencias de temperatura.

euritérmico, a adj. Se dice del organismo poiquilotermos capaz de soportar grandes diferencias de temperatura.

euritmia s.f. Combinación armónica, especialmente en las proporciones, líneas, colores o sonidos.

eurítmico, a adj. Relativo a la euritmia.

1. **euro** s.m. Unidad monetaria de Alemania, Andorra, Austria, Bélgica, Chipre, Eslovenia, España, Finlandia, Francia, Grecia, Irlanda, Italia, Luxemburgo, Malta, Mónaco, Montenegro, Países Bajos, Portugal, San Marino y Ciudad del Vaticano, fraccionada en 100 céntimos [símb. €]. (Entró en vigor en 1999 [en.] y se puso en circulación en 2002 [en.].)

2. **euro** s.m. (lat. *eurus*). *Poét.* Viento del este.

euroasiático, a o **eurasiático, a** adj. Relativo a Eurasia (conjunto geográfico formado por Europa y Asia). • adj. y s. Se dice del hijo de una persona europea y otra asiática.

eurocentrismo s.m. Tendencia a estudiar la historia y civilización humana tomando a Europa como centro o protagonista de estas.

eurocomunismo s.m. Corriente ideológica de algunos partidos comunistas europeos que defendían la adaptación de las teorías comunistas a la situación política de los países de la Europa occidental. (La siguieron los partidos comunistas de España, Italia y Francia.)

euroconector s.m. Esp. Clavija estándar de 24 varillas que sirve para conectar transmisiones europeas de sonido e imagen.

eurocrédito s.m. Crédito bancario que se realiza gracias a los recursos procedentes del mercado monetario internacional de eurodivisas, por oposición a los realizados en moneda nacional.

eurodiputado, a s. Diputado del parlamento europeo.

eurodivisa s.f. Divisa depositada en un banco europeo.

eurodólar s.m. Dólar estadounidense depositado en un banco europeo fuera de EUA.

euroescéptico, a adj. y s. Que desconfía de los beneficios del proceso de unión política europea.

euroobligación s.f. Valor liberado en eurodivisas o en unidades de cuenta y emitido por el mercado financiero internacional a través de bancos de distintas nacionalidades, asociados circunstancialmente en agrupaciones internacionales de garantía.

europeísmo s.m. Tendencia que propugna la unidad económica, política o cultural de las naciones europeas.

europeísta adj. y s.m. y f. Relativo al europeísmo; partidario de esta tendencia.

europeización s.f. Acción y efecto de europeizar o europeizarse.

europeizar v.tr. [conj.: *aislar*]. Dar carácter europeo. ◆ **europeizarse** v.prnl. Adquirir carácter europeo.

europeo, a adj. y s. De Europa. ◆ adj. Relativo a la Unión europea.

europio s.m. Metal del grupo de los lantánidos. **2.** Elemento químico (Eu), de número atómico 63 y masa atómica 151,964.

eurotúnel s.m. Túnel submarino que enlaza el continente europeo con las islas británicas.

euskera o eusquera s.m. Lengua hablada en el País Vasco y zonas lindantes. SIN.: *vasco, vascuence.*

eustático, a adj. Relativo al eustatismo.

eustatismo s.m. Variación lenta del nivel general de los mares y océanos debido a un cambio climático o a movimientos tectónicos.

eusthenopteron s.m. Pez crosopterigio del devónico cuyas aletas pares constituyen una fase evolutiva anterior a la de las patas de los primeros anfibios.

eutanasia s.f. (gr. *eythanasía*). Muerte natural sin sufrimiento físico. **2.** Acción de provocar la muerte de un enfermo incurable para abreviar sus sufrimientos o su agonía, siempre y cuando lo solicite el propio enfermo o la persona que legalmente se hace cargo de él.

eutéctico, a adj. Se dice de la mezcla de cuerpos sólidos cuya fusión se realiza a una temperatura constante, como la de los cuerpos puros.

euterio, a adj. y s.m. Placentario.

eutexia s.f. **Temperatura, o punto, de eutexia** Temperatura de fusión de una mezcla eutéctica.

eutocia s.f. Parto normal.

eutrapelia s.f. (gr. *eutrapelía,* chiste, gracia). Moderación en las diversiones.

eutrofización s.f. ECOL. Enriquecimiento natural o artificial del agua en materias nutritivas que favorece la proliferación de algas.

evacuación s.f. Acción y efecto de evacuar.

evacuado, a s. Persona que ha sido obligada a abandonar un territorio en guerra, por razones de seguridad.

evacuador, ra adj. Que sirve para evacuar: *conducto evacuador.*

evacuar v.tr. (lat. *evacuare*) [conj.: *adecuar*]. Desalojar a las personas que están en un lugar para evitar un peligro. **2.** Expulsar una persona excrementos o humores: *evacuar el vientre.* **3.** DER. Cumplir un trámite: *evacuar una diligencia.*

evacuatorio s.m. Lugar público destinado a evacuar excrementos u orinar.

evadir v.tr. y prnl. (lat. *evadere,* escapar). Evitar un peligro, una obligación o dificultad con arte y astucia: *evadir los impuestos.* ◆ **evadirse** v.prnl. Fugarse, escaparse.

evaginación s.f. MED. Salida de un órgano fuera de su vaina.

evaluación s.f. Acción y efecto de evaluar. **2.** Valoración de los conocimientos, actitudes, aptitudes y rendimiento de un alumno. <> **Evaluación global** DER. FISC. Sistema de determinación de la base imponible sobre el monto total del impuesto, valorado según el rendimiento neto presunto a liquidar de forma colectiva.

evaluar v.tr. (fr. *évaluer*) [conj.: *actuar*]. Determinar el valor de alguien o algo. **2.** Valorar los conocimientos, actitudes, aptitudes y rendimiento de un alumno.

evanescencia s.f. Cualidad de evanescente.

evanescente adj. (del lat. *evanescere,* desaparecer). Que se desvanece.

evangeliario s.m. Libro litúrgico que contiene los evangelios de cada día del año.

evangélico, a adj. Relativo al Evangelio. ◆ adj. y s. Relativo a la iglesia surgida de la Reforma; miembro de esta iglesia.

evangelio s.m. (lat. *evangelium,* del gr. *evanggelios,* la buena nueva). Historia de la vida y doctrina de Jesucristo: *predicar el Evangelio.* (Con este significado suele escribirse con mayúscula.) **2.** Libro donde se recoge la historia de la vida y doctrina de Jesucristo. (Los evangelios son cuatro y sus autores son san Juan, san Lucas, san Mateo y san Marcos.) **3.** Pasaje del evangelio que se lee durante la misa. **4.** *Fig.* Religión cristiana. **5.** *Fig.* y *fam.* Verdad indiscutible.

evangelismo s.m. Fiesta de la Anunciación en la Iglesia griega. **2.** Doctrina de la Iglesia evangélica.

evangelista s.m. Autor de un evangelio. **2.** *Méx.* Memorialista, persona que tiene por oficio escribir cartas u otros papeles que necesita la gente que no sabe hacerlo.

evangelización s.f. Acción y efecto de evangelizar.

evangelizador, ra adj. y s. Que evangeliza.

evangelizar v.tr. Instruir a alguien en la doctrina del Evangelio, predicar la fe o las virtudes cristianas.

evaporación s.f. Transformación de un líquido en vapor, sin que se produzca ebullición.

evaporador s.m. Aparato que sirve para la deshidratación de frutas, legumbres, leche, etc. **2.** Elemento de una máquina frigorífica en el que el líquido frigorígeno se vaporiza produciendo frío.

evaporar v.tr. y prnl. (lat. *evaporare*). Convertir un líquido en vapor. SIN.: *evaporizar, vaporizar.* **2.** *Fig.* Disipar, desvanecer. ◆ **evaporarse** v.prnl. *Fig.* Desaparecer una persona de un lugar sin que nadie se dé cuenta.

evaporita s.f. Formación sedimentaria (sal gema y yeso), resultado de una evaporación.

evaporizar v.tr. y prnl. Evaporar, convertir en vapor. SIN.: *vaporizar.*

evapotranspiración s.f. Restitución a la atmósfera de parte del agua contenida en el suelo, gracias a la evaporación y a la transpiración de las plantas.

evasión s.f. Acción y efecto de evadir o evadirse. <> **De evasión** Se dice de la obra literaria o cinematográfica que solo pretende distraer al público haciéndole olvidar las preocupaciones diarias: *novela de evasión; película de evasión.* **Evasión de capital** Transferencia ilegal de capital a un país extranjero. **Evasión fiscal** Acción del contribuyente para evitar un determinado impuesto.

evasiva s.f. Recurso para eludir una dificultad o un compromiso.

evasivo, a adj. Que tiende a eludir una dificultad o un compromiso.

evasor, ra adj. Que evade.

evección s.f. ASTRON. Desigualdad periódica en el movimiento de la Luna.

evemerismo s.m. Conjunto de las teorías antiguas y modernas sobre el origen de las religiones basadas en el pensamiento del griego Evémero (s. III a.C.), que consideraba lo sobrenatural como una derivación de los hechos históricos trasladados al plano mitológico.

evento s.m. (lat. *eventus, -tus*). Suceso o acontecimiento.

eventración s.f. Ruptura de la pared muscular abdominal, que deja la piel como única contención de las vísceras.

eventual adj. Que puede suceder o no, dependiendo del desarrollo de los acontecimientos. <> **Trabajador eventual** Trabajador temporal, que no está fijo en una empresa.

eventualidad s.f. Cualidad de eventual. **2.** Hecho o circunstancia de realización incierta o conjetural.

eversión s.f. (lat. *eversio, -onis*). Destrucción o desolación. **2.** Versión de una mucosa hacia fuera, en especial la de los labios.

evicción s.f. (lat. *evictio, -onis,* de *evincere,* sacar de la posesión jurídicamente). DER. Acción de privar el adquiriente a título oneroso, en virtud de un derecho preexistente, de todo o parte de la cosa adquirida.

evidencia s.f. Certeza clara y manifiesta de algo. **2.** Amér. Prueba judicial. ◇ **En evidencia** En situación comprometida o en ridículo: *dejar a alguien en evidencia ante sus amigos*; en situación de ser públicamente conocido: *poner en evidencia la actuación del gobierno.*

evidenciar v.tr. y prnl. Hacer patente y manifiesta la certeza de una cosa.

evidente s.m. (lat. *evidens, -ntis*). Cierto, claro, patente y sin la menor duda.

evisceración s.f. Acción de eviscerar un animal.

eviscerar v.tr. Extraer las vísceras, especialmente de los animales destinados al consumo.

evitar v.tr. (lat. *evitare*). Impedir que suceda algún mal, peligro o molestia: *evitar las dificultades.* **2.** Procurar no encontrarse en una situación determinada o con alguien a quien no se desea ver: *evitar una conversación; evita a su jefe para no darle explicaciones.* **3.** Intentar no encontrarse con una persona.

eviterno, a adj. (lat. *aeviternus*). Que tiene principio pero no fin: *los ángeles son eviternos.*

evo s.m. (del lat. *aevum,* duración, tiempo, vida). REL. Duración de las cosas eternas. **2.** *Poét.* Duración de tiempo sin fin.

evocación s.f. Acción y efecto de evocar. ◇ **Evocación de recuerdos** Actividad mental que hace actuales los engramas mnémicos ya fijados.

evocador, ra adj. Que evoca.

evocar v.tr. (lat. *evocare,* hacer salir llamando). Recrear en la memoria algo del pasado o de lugares lejanos: *evocar paisajes lunares.*

¡evoé! o **¡evohé!** interj. (fr. *évohé*). ANT. ROM. Era usada por las bacantes para aclamar o invocar a Baco.

evolución s.f. (fr. *évolution*). Acción y efecto de evolucionar. **2.** BIOL. Serie de transformaciones sucesivas que han experimentado los seres vivos durante las eras geológicas. **3.** MED. Sucesión de fases de una enfermedad: *la evolución de un tumor.*

evolucionar v.intr. Sufrir cambios progresivos alguien o algo. **2.** Realizar movimientos describiendo curvas. **3.** Hacer un movimiento o cambio de formación una unidad táctica militar, especialmente una unidad naval o aérea.

evolucionismo s.m. Teoría biológica que explica el desarrollo de una especie por evolución. **2.** Doctrina sociológica y antropológica según la cual la historia de las sociedades humanas se desarrolla de forma progresiva y continua.

evolucionista adj. y s.m. y f. Relativo al evolucionismo; partidario del evolucionismo.

evoluta s.f. GEOMETR. Envolvente de las normales de una curva plana; para una curva cualquiera, curva cuyas tangentes son normales a la curva dada.

evolutivo, a adj. Relativo a la evolución. **2.** Que se produce por evolución.

evolvente s.f. y adj. GEOMETR. Curva que puede considerarse como descrita por un hilo tenso arrollado en uno de sus extremos sobre una curva a la cual está fijo por el otro extremo.

ewé → **eué**.

1. **ex** Partícula que se antepone a sustantivos o adjetivos de persona para indicar que esta ha dejado de ser lo que aquellos significan. (Si la partícula acompaña a una sola palabra se une a ella *[expresidente]*, si acompaña a dos palabras se escribe separada *[ex primer ministro]*.)

2. **ex** s.m. y f. Persona que ya no es la pareja sentimental de alguien.

exabrupto s.m. Dicho o hecho brusco e inconveniente.

ex abrupto loc.adv. (voces latinas). De improviso.

exacción s.f. (lat. *exactio, -onis,* acto de cobrar). Acción y efecto de exigir impuestos, multas, etc.

exacerbación s.f. Acción y efecto de exacerbar o exacerbarse.

exacerbar v.tr. y prnl. (lat. *exacerbare*). Irritar, causar gran enojo. **2.** Hacer más intenso un sentimiento o agravar una enfermedad.

exactitud s.f. Cualidad de exacto.

exacto, a adj. (lat. *exactus*). Medido, calculado o expresado con todo rigor: *la hora exacta.* **2.** Que es rigurosamente conforme a las reglas prescritas: *una disciplina exacta.* **3.** Que reproduce fielmente el modelo: *una copia exacta.* **4.** Que no tiene error lógico: *un razonamiento exacto.* ◆ interj. Expresa asentimiento.

ex aequo loc.adv. y adj. (voces latinas). En situación de igualdad o empate. (Se usa referido a los participantes en competiciones deportivas, concursos, oposiciones, etc.)

exageración s.f. Acción de exagerar. **2.** Cosa exagerada.

exagerar v.tr. e intr. (lat. *exaggerare,* colmar, amplificar). Presentar algo haciéndolo más grande o importante. **2.** Hacer que algo sobrepase los límites de lo normal, justo, necesario o conveniente.

exagonal adj. → **hexagonal**.

exágono s.m. → **hexágono**.

exaltación s.f. Acción y efecto de exaltar o exaltarse.

exaltado, a adj. Apasionado o entusiasta en exceso. ◆ s.m. Liberal extremista español del primer tercio del s. XIX.

exaltamiento s.m. Exaltación.

exaltar v.tr. (lat. *exaltare*). Elevar a una persona a una posición de gran dignidad. **2.** *Fig.* Alabar a alguien o algo realzando su mérito, valor o importancia con mucho énfasis. ◆ **exaltarse** v.prnl. Excitarse mucho por algo y perder la calma: *la discusión fue fuerte, todos se exaltaron mucho.*

examen s.m. (lat. *examen,* fiel de la balanza, acción de pesar). Estudio minucioso de las cualidades y circunstancias de algo. **2.** Prueba que se realiza para comprobar la aptitud de una persona para realizar alguna actividad o la adquisición de unos conocimientos: *examen de inglés.* ◇ **Examen de conciencia** Examen crítico de la propia conducta. **Libre examen** Derecho que tiene cualquier persona de creer únicamente lo que su razón individual puede controlar.

examinar v.tr. (lat. *examinare,* examinar, pesar). Estudiar minuciosamente las cualidades y circunstancias de algo: *examinar una cuestión.* ◆ v.tr. y prnl. Juzgar la aptitud de una persona para realizar una actividad o la adquisición de unos conocimientos mediante un examen: *examinarse de una asignatura.*

exangüe adj. (lat. *exsanguem*). Sin fuerzas. **2.** Muerto, sin vida.

exanguinotransfusión s.f. Sustitución total o parcial de la sangre de un sujeto.

exánime adj. (lat. *exanimis*). Sin señales de vida. **2.** *Fig.* Que está muy debilitado, desmayado.

ex ante loc.adj. (voces latinas, *con anterioridad a*). Se usa para designar el período anterior a los hechos económicos que se analizan. CONTR.: *ex post.*

exantema s.m. (gr. *exanthima, -atos,* eflorescencia). Erupción cutánea que acompaña a ciertas enfermedades infecciosas, como la rubéola, la escarlatina, la erisipela, el tifus, etc.

exarca s.m. (gr. *éxarkos,* jefe, presidente). Funcionario militar que gobernaba un exarcado. **2.** Dignidad eclesiástica de la Iglesia oriental que administra un exarcado.

exarcado s.m. HIST. Circunscripción militar bizantina en la que gobernaba un exarca. **2.** Circunscripción eclesiástica administrada por un exarca.

exárico s.m. (ár. *šarīk,* partícipe, compañero). Aparcero musulmán de la edad media que pagaba una renta proporcional a los frutos de la cosecha. **2.** Siervo de la gleba de origen musulmán.

exasperación s.f. Acción y efecto de exasperar o exasperarse.

exasperar v.tr. y prnl. (lat. *exasperare*). Irritar, enfurecer, enojar.

excarcelación o **excarceración** s.f. Acción y efecto de excarcelar.

excarcelar v.tr. Poner en libertad a un preso la autoridad competente.

ex cáthedra o **ex cátedra** loc. (lat. *ex cathedra,* desde la cátedra). Con la autoridad propia de cierto cargo o posición. **2.** *Fig.* y *fam.* En tono magistral y decisivo.

excavación s.f. Operación de hacer hoyos o cavidades en un terreno para construir una obra, exhumar monumentos u objetos de interés arqueológico. **2.** Hoyo o cavidad que resulta de esta operación.

excavadora s.f. Máquina para excavar. ◇ **Excavadora de cangilones** Excavadora provista de una cadena sin fin de cangilones. **Excavadora de cuchara de arrastre** Excavadora que actúa arañando el terreno mediante una cuchara.

excavar v.tr. Hacer hoyos o cavidades en un terreno.

excedencia s.f. Situación laboral del trabajador, especialmente del empleado público, que ha obtenido un permiso para poder interrumpir temporalmente el desempeño de un cargo o empleo.

excedente adj. y s.m. Sobrante, que sobra. ◆ adj. y s.m. y f. Se dice del trabajador, especialmente el empleado público, que ha obtenido un permiso para poder interrumpir temporalmente el desempeño de un cargo o empleo. ◆ s.m. Diferencia entre la producción social y el consumo. ◇ **Excedente de cupo** Persona que queda libre de hacer el servicio militar al sacar un número superior al del cupo correspondiente en el sorteo de las quintas.

exceder v.tr. (lat. *excedere,* salir). Sobrepasar una persona o cosa un límite. ◆ v.intr. Sobrepasar una cosa un límite. ◆ v.tr. e intr. Superar una persona o cosa a otra en algo. ◆ **excederse** v.prnl. Sobrepasar una persona los límites de lo lícito o razonable.

excelencia s.f. (lat. *excellentia*). Cualidad de excelente. **2.** Tratamiento honorífico que se da a una persona por su dignidad y empleo. ◇ **Por excelencia** De forma excelente; por antonomasia.

excelente adj. (lat. *excellens, -ntis,* sobresaliente, mayor en altura). Se dice de la cosa que sobresale entre los de su género por sus cualidades: *un plato excelente.* **2.** Se dice de la persona que destaca por sus cualidades, especialmente por su bondad, mérito o estimación.

excelentísimo, a adj. Tratamiento honorífico que se da a la persona que le corresponde el tratamiento de excelencia.

excelsitud s.f. Cualidad de excelso.

excelso, a adj. (lat. *excelsus,* p. de *excellere,* ser superior). Se dice de la persona que tiene una cualidad en su grado más elevado.

excentración s.f. MEC. Desplazamiento del centro.

excéntrica s.f. MEC. Dispositivo colocado sobre un eje de giro, que se utiliza para la dirección de algunos movimientos.

excentricidad s.f. Cualidad de excéntrico. **2.** Dicho o hecho extravagante o raro. **3.** Alejamiento con relación a un centro. ◇ **Excentricidad de la órbita de un planeta** ASTRON. Excentricidad de la elipse descrita alrededor del Sol. **Excentricidad de una cónica** MAT. Relación constante entre las distancias de un punto de la curva a un foco y a la directriz correspondiente.

excéntrico, a adj. Situado fuera del centro. **2.** MAT. Se dice de la circunferencia que, encerrada dentro de otra, no tiene el mismo centro que esta última. ◆ adj. y s. *Fig.* Que es extravagante o raro.

excepción s.f. (lat. *exceptio, -onis*). Acción de exceptuar. **2.** Persona o cosa que se aparta de una ley general: *la excepción de la regla.* **3.** DER. Título o motivo jurídico que el demandado alega para hacer ineficaz la acción del demandante. ◇ **A,** o **con, excepción de** Exceptuando a la persona o cosa que se expresa. **De excepción** Extraordinario, privilegiado. **Estado de excepción** Situación político-social decretada por el gobierno de un territorio como grave que conlleva la suspensión de las garantías civiles.

excepcional adj. Que es una excepción de la regla común o que ocurre rara vez: *circunstancias excepcionales.* **2.** Extraordinario, único: *libro excepcional.*

excepcionar v.tr. DER. Alegar excepción en el juicio: *excepcionar una incapacidad.*

excepto prep. (lat. *exceptus,* p. de *excepere,* sacar). A excepción de.

exceptuar v.tr. y prnl. [conj.: *actuar*]. Excluir algo o a alguien de la generalidad o de la regla común.

excesivo, a adj. Que excede el límite de lo que se considera necesario o conveniente: *gordura excesiva.*

exceso s.m. (lat. *escessus, -us,* salida). Cantidad, acción, hecho, etc., que excede de la medida o regla, o de lo razonable o lícito: *exceso de velocidad; exceso de confianza.* **2.** Abuso: *cometer excesos con la comida.*

excipiente s.m. (lat. *escipiens, -ntis,* p. activo de *excipere,* sacar). Sustancia inactiva que se emplea en la composición de los medicamentos para darles consistencia.

excisión s.f. (lat. *scissionem,* corte). CIR. Ablación de un tejido enfermo en una pequeña región del cuerpo: *excisión de un panadizo.*

excitabilidad s.f. Cualidad de excitable.

excitable adj. Que puede excitarse. **2.** Que se excita fácilmente.

excitación s.f. Acción y efecto de excitar o excitarse.

excitador, ra adj. Que excita. ◆ s.m. FÍS. Instrumento con mangos aislantes que sirve para descargar un condensador.

excitante adj. y s.m. Que excita.

excitar v.tr. (lat. *excitare*). Hacer que algo se ponga en actividad. **2.** Hacer que se produzca o intensifique una actividad, estado o sentimiento. **3.** Incitar a una persona a actuar. **4.** FÍS. **a.** Hacer pasar un átomo, un núcleo o una molécula de un nivel de energía a otro superior. **b.** Producir un flujo de inducción magnética en un generador o motor eléctrico. ◆ v.tr. y prnl. Causar nerviosismo o impaciencia. **2.** Provocar deseo sexual.

excitatriz s.f. Máquina eléctrica secundaria que envía corriente al circuito inductor de un alternador.

exclamación s.f. Grito o frase que expresa un sentimiento intenso y súbito, como dolor, alegría, admiración, etc. **2.** LING. Signo ortográfico que se pone al principio y al final de una oración exclamativa.

exclamar v.tr. e intr. (lat. *exclamare*). Decir bruscamente una expresión a consecuencia de cierta impresión recibida.

exclamativo, a adj. Relativo a la exclamación. SIN.: *exclamatorio.* **2.** Se dice de la oración que expresa una exclamación.

exclaustrar v.tr. y prnl. Permitir u ordenar a un religioso que abandone el claustro.

excluir v.tr. (lat. *excludere,* cerrar fuera) [conj.: *huir*]. Sacar o dejar fuera de un grupo o situación a una persona o cosa. **2.** Descartar una cosa. ◆ **excluirse** v.prnl. Ser una persona o cosa incompatible con otra: *las dos opiniones se excluyen.*

exclusión s.f. (lat. *exclusio, -onis*). Acción y efecto de excluir o excluirse.

exclusiva s.f. Privilegio por el que alguien es el único autorizado para realizar algo. SIN.: *exclusividad.* **2.** Noticia o información cuyos derechos de difusión corresponden a un solo medio informativo.

exclusive adv.m. De forma exclusiva: *hasta el tres de abril exclusive.* CONTR.: *inclusive.* (Se usa pospuesto a un sustantivo e indica que no debe tenerse en cuenta el elemento del grupo o de la serie mencionado.)

exclusividad s.f. Cualidad de exclusivo. **2.** Exclusiva.

exclusivismo s.m. Adhesión a alguien o algo, con exclusión de cualquier otra. **2.** Cualidad de exclusivo.

exclusivista adj. Relativo al exclusivismo.

exclusivo, a adj. Que excluye. **2.** Único o solo, con exclusión de cualquier otro. ◇ **Dedicación exclusiva** Dedicación a un único trabajo que ocupa toda la jornada laboral excluyendo la posibilidad de realizar cualquier otro trabajo.

excluyente adj. Que excluye.

excogitar v.tr. Descubrir algo mediante la reflexión.

excomulgado, a s. Persona que ha sido excomulgada.

excomulgar v.tr. Apartar la autoridad eclesiástica a alguien de la comunidad de los fieles y del uso de los sacramentos. SIN.: *descomulgar.*

excomunión s.f. Acción y efecto de excomulgar. **2.** Carta, edicto con que se intima y publica la censura.

excoriación o **escoriación** s.f. Pérdida de sustancia superficial de la piel, de origen traumático.

excoriar o **escoriar** v.tr. y prnl. (lat. *excoriare,* sacar la piel). Producir una excoriación.

excrecencia s.f. Formación de tipo tumoral que aparece haciendo prominencia sobre una superficie orgánica. **2.** Adherencia superflua. **3.** Excrescencia.

excreción s.f. Acción y efecto de excretar.

excremento s.m. (lat. *excrementum,* secreción). Materia que expulsa un organismo animal que proviene de residuos indigeridos o de procesos catabólicos.

excrescencia s.f. BOT. Prominencia debida a un crecimiento parcial y externo del tallo u otro órgano vegetal, que solo afecta a la epidermis o al tejido cortical. SIN.: *excrecencia.*

excretar v.intr. Expulsar los excrementos. SIN.: *excrementar.* **2.** Expeler una glándula las sustancias que elabora.

excretas s.f.pl. Sustancias de desecho eliminadas por el organismo.

excretor, ra adj. Relativo a la excreción. **2.** Que sirve para excretar: *aparato excretor.*

exculpación s.f. Acción y efecto de exculpar. **2.** Circunstancia que exculpa.

exculpar v.tr. y prnl. (lat. *exculpare*). Librar a alguien de culpa.

exculpatorio, a adj. Que exculpa.

excursión s.f. (lat. *excursio, -onis,* de *excurrere,* correr afuera). Viaje de corta duración, con finalidad deportiva, científica o recreativa.

excursionismo s.m. Actividad de hacer excursiones como deporte o con fines lúdicos o científicos.

excursionista adj. Relativo al excursionismo. ◆ s.m. y f. (cat. *excursionista*). Persona que hace una excursión o practica el excursionismo.

excusa s.f. Justificación que se da para justificar algo que se ha hecho o se ha dejado de hacer. **2.** Pretexto que se da para hacer o dejar de hacer algo. **3.** DER. Excepción o descargo.

excusado, a adj. Superfluo o inútil. ◆ s.m. Retrete. **2.** Impuesto sobre los bienes del clero concedido a Felipe II en 1567, y que consistía en una participación en el cobro de los diezmos.

excusar v.tr. y prnl. (lat. *excusare,* disculpar). Alegar excusas para justificar algo que se ha hecho o se ha dejado de hacer. ◆ v.tr. Evitar algo que resulta desagradable: *excusar una respuesta.* **2.** Librar a alguien de una obligación.

éxeat s.m. (lat. *exeat,* que salga). Permiso que un obispo otorga a un sacerdote para que este abandone la diócesis.

execrable adj. Que merece ser condenado o reprobado con severidad.

execración s.f. Acción y efecto de execrar. **2.** RET. Figura de pensamiento que se diferencia de la imprecación en que los deseos de que sobrevenga algún mal recaen en la misma persona que los expresa.

execrar v.tr. (lat. *execrari,* maldecir). Condenar o reprobar severamente a alguien o algo: *execrar una conducta.* **2.** Aborrecer, tener aversión. **3.** Condenar o maldecir una autoridad religiosa a alguien o algo.

exedra s.f. ANT. Sala de conversación, con asientos, especie de locutorio.

exégesis o **exegesis** s.f. Explicación o interpretación filológica, histórica o doctrinal de un texto, especialmente de la Biblia.

exégeta o **exegeta** s.m. y f. Intérprete de un texto, especialmente de la Biblia.

exegético, a adj. (gr. *exigitikós,* propio para la exposición o la interpretación). Relativo a la exégesis: *comentario exegético.*

exención s.f. Acción y efecto de eximir.

exento, a adj. (lat. *exemptus,* p. de *eximere,* eximir). Libre de una obligación o de algo negativo: *exento de impuestos.*

exequátur s.m. (lat. *exsequatur,* que se ejecute). Autorización que concede un jefe de estado a un agente diplomático extranjero para que ejerza sus funciones. **2.** Autorización que da un estado para que se ejecute una sentencia civil pronunciada en un estado extranjero.

exequial adj. Relativo a las exequias.

exequias s.f.pl. (lat. *exequiae*). Ceremonias religiosas que se hacen por los difuntos.

exéresis s.f. Ablación.

exergo s.m. (fr. *exergue,* del gr. *ex érgoy,* fuera de la obra). Espacio que se deja en la parte inferior de una moneda para poner una inscripción, una fecha, etc.

exfoliación s.f. Acción y efecto de exfoliar o exfoliarse. **2.** MED. Desprendimiento de las partes más superficiales de una estructura, comúnmente de un epitelio de revestimiento.

exfoliador, ra adj. Amér. Se dice del cuaderno que tiene las hojas ligeramente pegadas para desprenderlas fácilmente.

exfoliante adj. y s.m. y f. Se dice del producto cosmético que elimina las células muertas de la piel: *crema exfoliante.*

exfoliar v.tr. y prnl. Dividir una cosa en láminas o escamas. ◆ **exfoliarse** v.prnl. Disgregarse una roca o mineral de textura laminada por levantamiento o desprendimiento sucesivo de hojas o escamas.

exhalación s.f. Acción y efecto de exhalar o exhalarse. **2.** Estrella fugaz. **3.** Rayo, centella. ◇ **Como una exhalación** A toda velocidad.

exhalar v.tr. y prnl. Despedir gases, vapores u olores. **2.** *Fig.* Emitir una persona quejas, suspiros, etc. ◆ **exhalarse** v.prnl. *Fig.* Andar o correr aceleradamente hacia un sitio.

exhaustivo, a adj. Que agota o apura por completo: *bibliografía exhaustiva.*

exhausto, a adj. (lat. *exhaustus,* p. de *exhaurire,* vaciar de agua, agotar). Apurado, agotado: *tierra exhausta.* **2.** Se dice de la persona que está cansada, sin fuerzas.

exhibición s.f. Acción y efecto de exhibir o exhibirse. **2.** Prueba deportiva que tiene carácter de espectáculo, sin ser válida para una clasificación.

exhibicionismo s.m. Comportamiento de la persona a quien le gusta exhibirse. **2.** Tendencia patológica a mostrar en público los órganos genitales.

exhibicionista adj. Relativo al exhibicionismo. ◆ s.m. y f. Persona que tiene tendencia al exhibicionismo.

exhibir v.tr. y prnl. (lat. *exhibere*). Mostrar en público. ◆ v.tr. Méx. Pagar una cantidad: *exhibió mil pesos al contado.* **2.** DER. Presentar escrituras, documentos, pruebas, etc., ante quien corresponda.

exhortación s.f. Acción de exhortar. **2.** Discurso o conjunto de palabras con el que se exhorta a alguien.

exhortar v.tr. (lat. *exhortari,* de *hortari,* animar, estimular). Inducir a alguien con palabras a que haga o deje de hacer algo: *lo exhortó a deponer las armas.*

exhortativo, a adj. Relativo a la exhortación. SIN.: *exhortatorio.* ◇ **Oración exhortativa** GRAM. Oración que expresa ruego o mandato.

exhorto s.m. Escrito por el que un juez o tribunal competente en un asunto pide a otro de igual categoría que ejecute alguna diligencia judicial que interesa al primero.

exhumación s.f. Acción de exhumar.

exhumar v.tr. (lat. *exhumare,* de *humus,* tierra). Desenterrar restos humanos. **2.** *Fig.* Traer a la memoria el recuerdo de alguien o algo.

exigencia s.f. Acción de exigir. **2.** Pretensión caprichosa o desmedida. (Suele usarse en plural.): *no me vengas con exigencias.*

exigente adj. y s.m. y f. Que exige mucho o demasiado: *un jefe exigente.*

exigir v.tr. (lat. *exigere,* cobrar, reclamar). Pedir una persona algo a lo que tiene derecho: *exigir los tributos.* **2.** *Fig.* Hacer una cosa que otra sea necesaria para complementarla o perfeccionarla: *este trabajo exige mucho tiempo.* **3.** *Fig.* Pedir o reclamar algo imperiosamente: *exigir silencio.*

exiguo, a adj. (lat. *exiguus,* de pequeña talla). Insuficiente, escaso.

exilado, a s. *Galic.* Exiliado.

exilar v.tr. y prnl. (fr. *exiler*). *Galic.* Exiliar.

exiliado, a s. (cat. *exiliat*). Persona que se ha visto obligada a abandonar su país, generalmente por razones políticas.

exiliar v.tr. Obligar a alguien a abandonar su país, generalmente por razones políticas. ◆ **exiliarse** v.prnl. Abandonar una persona su país, generalmente por razones políticas.

exilio s.m. (lat. *exilium,* destierro). Hecho de abandonar el país o el lugar donde se vive por propia voluntad o forzado por circunstancias políticas, económicas, etc. **2.** Lugar donde vive esa persona: *exilio dorado.*

eximente adj. Que exime. ◇ **Circunstancia eximente** Circunstancia que exime a una persona de su responsabilidad penal.

eximio, a adj. (lat. *eximius,* privilegiado). Que es muy excelente.

eximir v.tr. y prnl. (lat. *eximere,* sacar fuera). Liberar a alguien de algo, especialmente una obligación o culpa.

exinscrito, a adj. MAT. Se dice de la circunferencia tangente a un lado del triángulo y a las prolongaciones de los otros dos.

existencia s.f. Acto de existir. **2.** Vida de una persona. **3.** FILOS. Acto cuya potencia es la esencia, según el pensamiento clásico; modo de ser característico del ser humano, según el pensamiento contemporáneo. ◆ **existencias** s.f.pl. Conjunto de cosas de un establecimiento, especialmente mercancías, que no han tenido aún salida o no se han empleado. **2.** Conjunto de bienes pertenecientes, en una fecha determinada, a una empresa.

existencial adj. Relativo al acto de existir. ◇ **Cuantificador existencial** LÓG. Símbolo que se escribe ∃ (se lee *existe*), que expresa el hecho de que determinados elementos de un conjunto, por lo menos uno, verifican una propiedad dada.

existencialismo s.m. Doctrina filosófica que reflexiona sobre la noción de ser a partir de la existencia vivida por el ser humano.

existencialista adj. y s.m. y f. Relativo al existencialismo; partidario de esta doctrina.

existir v.intr. (lat. *exsistere,* salir, nacer, aparecer). Tener una cosa realidad material o espiritual. **2.** Tener vida: *dejar de existir.*

éxito s.m. (lat. *exitus, -us,* salida, resultado). Resultado muy bueno. **2.** Aprobación del público: *una comedia de éxito.*

exlibris s.m. (lat. *ex libris,* de entre los libros). Etiqueta o sello que se adhiere al verso de la tapa de un libro para indicar el nombre de su dueño. (También *ex libris.*)

exobiología s.f. Ciencia que estudia las posibilidades de existencia de vida en el universo, fuera de la Tierra.

exocrino, a adj. Se dice de la glándula que libera su secreción en el exterior del organismo (como las glándulas sebáceas) o en alguna de sus cavidades (como las digestivas).

éxodo s.m. (gr. *éxodos,* salida). Emigración de un pueblo hacia otro país. **2.** Partida de mucha gente hacia un lugar: *el éxodo vacacional.* ◇ **Éxodo agrícola,** o **rural** Emigración de los habitantes del campo a la ciudad.

exoftalmia s.f. Exoftalmos.

exoftalmos s.m. Prominencia del globo ocular fuera de su órbita. SIN.: *exoftalmia.*

exogamia s.f. ANTROP. Regla que obliga a un individuo a escoger su cónyuge fuera del grupo al que pertenece.

exogámico, a adj. Relativo a la exogamia.

exógeno, a adj. Que se forma en el exterior de un cuerpo u organismo.

exoneración s.f. Acción y efecto de exonerar o exonerarse.

exonerar v.tr. y prnl. Liberar a alguien de una carga u obligación. ◆ v.tr. Destituir a una persona de un cargo, especialmente si es público. ◇ **Exonerar el vientre** Expulsar los excrementos por el ano.

exoplaneta s.m. Planeta extrasolar.

exorbitancia s.f. Exceso notable o exagerado.

exorbitante adj. Que excede de lo que se considera normal: *precio exorbitante.*

exorbitar v.tr. Hacer que algo sobrepase los límites de lo que se considera normal.

exorcismo s.m. (lat. tardío *exorcismus,* del gr. *exorkismós,* acción de hacer prestar juramento, exorcismo). Conjunto de prácticas para expulsar el demonio o un espíritu maligno del cuerpo de una persona o de un lugar.

exorcista s.m. y f. (lat. *exorcista,* del gr. *exorkistí*). Persona que practica el exorcismo. **2.** CATOL. Clérigo que había recibido el exorcistado.

exorcistado s.m. CATOL. Orden menor que ocupaba el tercer lugar y que facultaba para practicar exorcismos. (Fue suprimida en 1972 por Paulo VI.)

exorcizar v.tr. Expulsar una persona el demonio o un espíritu maligno del cuerpo de otra persona o de un lugar.

exordio s.m. (lat. *exordium,* de *exordiri,* empezar a urdir una tela). Introducción o preámbulo de una obra o discurso.

exornar v.tr. Adornar.

exorreísmo s.m. Característica de la región cuyas aguas corrientes llegan al mar.

exosfera s.f. Capa atmosférica que se extiende por encima de los 1 000 km aproximadamente, en la que las moléculas más ligeras escapan a la fuerza de la gravedad y se elevan lentamente hacia el espacio interplanetario.

exósmosis o **exosmosis** s.f. FÍS. Corriente de líquido que se establece desde un sistema cerrado, por ejemplo una célula, hacia el exterior, a través de una membrana semiimpermeable, cuando el medio exterior es más concentrado.

exosqueleto s.m. ZOOL. Esqueleto externo superficial.

exóstosis s.f. Prominencia que aparece en un hueso, causada por un traumatismo, una inflamación o un trastorno de la osificación.

exotérico, a adj. (gr. *exoterikós,* externo, público). Se dice de la doctrina filosófica y religiosa enseñada públicamente.

exotérmico, a adj. QUÍM. Se dice de la transformación que desprende calor.

exótica s.f. Méx. Bailarina de cabaret.

exótico, a adj. (lat. *exoticus,* del gr. *exotikós,* externo). Que pertenece a un país lejano: *fruta exótica.* **2.** Que es poco común: *personaje exótico.*

exotismo s.m. (fr. *exotisme*). Cualidad de exótico.

exotoxina s.f. Toxina difundida en el medio exterior por una bacteria.

expandido, a adj. Se dice del material plástico que tiene una estructura celular.

expandir v.tr. y prnl. (lat. *expandire*). Hacer que algo que estaba apretado se extienda. **2.** Hacer que un cuerpo se dilate. **3.** Hacer que algo sea conocido por más gente.

expansibilidad s.f. Tendencia de los cuerpos gaseosos a ocupar más espacio.

expansible adj. FÍS. Que puede extenderse o dilatarse.

expansión s.f. (lat. *expansio, -onis*). Acción y efecto de expandir o expandirse. **2.** *Fig.* Exteriorización de un estado de ánimo. **3.** Recreo, distracción. ◇ **Expansión del universo** ASTRON. Teoría relativa a un estado de evolución permanente del universo y que implica que las distintas galaxias se alejan sistemáticamente las unas de las otras. (Esta teoría fue sugerida por W. De Sitter en 1917.) **Expansión demográfica** Aumento del efectivo de una población por efecto de un crecimiento natural y/o un movimiento migratorio del que, globalmente, el saldo es positivo. **Expansión económica** Desarrollo económico.

expansionarse v.prnl. Extenderse algo o ocupar más espacio. **2.** Dilatarse un gas. **3.** Manifestar una persona sus sentimientos a otra. **4.** Divertirse, recrearse.

expansionismo s.m. Doctrina que preconiza la expansión territorial o económica de un país fuera de sus fronteras. **2.** Política de un país orientada a la expansión territorial o económica más allá de sus fronteras.

expansionista adj. Relativo al expansionismo; partidario de esta doctrina o política.

expansivo, a adj. Que tiende a expandirse. **2.** *Fig.* Que tiende a manifestar sus sentimientos o pensamientos. ◇ **Cemento expansivo** Cemento cuyo endurecimiento va acompañado de un aumento controlable de volumen.

expatriación s.f. Acción y efecto de expatriar o expatriarse.

expatriar v.tr. y prnl. Hacer que una persona abandone su patria.

expectación s.f. (lat. *exspectatio, -onis*). Estado de curiosidad o interés con que se espera algo: *había mucha expectación entre el público.* **2.** Contemplación de lo que se expone o muestra al público.

expectante adj. Que espera algo con curiosidad o interés especial. **2.** DER. Se dice del hecho, la obligación o el derecho que, con certeza o sin ella, se espera que existan.

expectativa s.f. Esperanza de conseguir una cosa. ◇ **Estar a la expectativa** Mantenerse sin actuar hasta ver qué pasa; estar atento para enterarse de algo cuando ocurra y obrar correspondientemente. **Expectativa de vida** Función que representa el promedio de vida que le queda a una persona a partir de una edad determinada, según las estadísticas.

expectorante adj. y s.m. Que ayuda a expectorar.

expectorar v.tr. (lat. *expectorare*). Expulsar por la boca las secreciones depositadas en los bronquios. SIN.: *esputar.*

expedición s.f. Acción y efecto de expedir. **2.** Viaje o marcha de un grupo de personas con un fin concreto, especialmente militar, científico o deportivo. **3.** Conjunto de personas que realizan este viaje o marcha. **4.** MIL. Operación realizada generalmente fuera del territorio nacional.

expedicionario, a adj. y s. Que lleva a cabo una expedición o forma parte de ella.

expedidor, ra s. Persona que expide.

expedientar v.tr. Formar a una persona, especialmente un funcionario, expediente.

expediente s.m. Conjunto de documentos correspondientes a un asunto o negocio. **2.** Procedimiento administrativo para enjuiciar la actuación de una persona, especialmente un funcionario. **3.** Documento donde constan los servicios prestados por una persona durante su carrera profesional. **4.** Documento donde constan las calificaciones recibidas por un estudiante durante su carrera académica. ◇ **Cubrir el expediente** *Fam.* Hacer una persona solo lo indispensable en su quehacer para que no puedan castigarla o censurarla.

expedir v.tr. (lat. *expedire,* despachar) [conj.: *pedir*]. Enviar algo a un lugar mediante cualquier sistema de envío, como el correo: *expedir una carta, un telegrama.* **2.** Dar curso o despacho a un documento o una orden. **3.** Pronunciar un auto, decreto o resolución. ◆ **expedirse** v.prnl. Chile y Urug. Arreglárselas, componérselas.

expeditivo, a adj. Que obra con eficacia y rapidez.

expedito, a adj. Libre de obstáculos o inconvenientes.

expeler v.tr. (lat. *expellere*). Expulsar.

expendedor, ra adj. y s. Que expende o gasta. ◆ s. Persona que vende al por menor algo, especialmente tabaco, sellos, billetes de lotería, billetes de ferrocarril o entradas para un espectáculo.

expendeduría s.f. Establecimiento donde se expenden al por menor artículos controlados por la administración, como tabaco o sellos.

expender v.tr. (lat. *expendere,* pesar moneda, gastar). Vender al por menor algo, especialmente tabaco, sellos, billetes de lotería, billetes de ferrocarril o entradas para un espectáculo. **2.** Gastar, hacer expensas.

expendio s.m. Argent., Méx., Perú y Urug. Venta al por menor. **2.** Méx. Expendeduría.

expensar v.tr. Chile y Méx. Costear los gastos de alguna gestión o negocio.

expensas s.f.pl. (del lat. *expensus,* p. de *expendere,* pesar moneda, gastar). Costas. ◇ **A expensas de** A costa de, por cuenta de, a cargo de.

experiencia s.f. (lat. *experientia,* de *experiri,* intentar, ensayar). Conjunto de conocimientos que se adquiere con la práctica. **2.** Experimento. **3.** FILOS. **a.** Todo lo que es aprehendido por los sentidos y constituye la materia del conocimiento humano. **b.** Conjunto de fenómenos conocidos y conocibles.

experimentación s.f. Acción y efecto de experimentar. **2.** EPISTEMOL. Utilización de medios técnicos para analizar la producción de fenómenos y comprobar las hipótesis científicas.

experimentado, a adj. Se dice de la persona que tiene experiencia.

experimentador, ra adj. y s. Que experimenta.

experimental adj. Fundado en la experiencia científica: *método experimental.* **2.** Que sirve de experimento: *avión experimental.*

experimentar v.tr. Someter una cosa a experimento, especialmente un producto, aplicándolo a alguien o algo. **2.** Percibir algo por propia experiencia. **3.** Sufrir alguien o algo un cambio de estado. **4.** Percibir una sensación o tener un determinado estado de ánimo. ◆ v.intr. Hacer experimentos con algo.

experimento s.m. (lat. *experimentum,* ensayo, prueba por la experiencia). Acción y efecto de experimentar. **2.** Prueba que consiste en provocar un fenómeno en determinadas condiciones, observar el desarrollo del mismo y verificar una hipótesis, como medio de investigación científica.

experto, a adj. y s (lat. *expertus,* p. de *experiri,* intentar, ensayar). Que tiene mucha experiencia o conoce muy bien una materia.

expiación s.f. Acción y efecto de expiar.

expiar v.tr. (lat. *expiare*) [conj.: *desviar*]. Borrar las culpas por medio de algún sacrificio. **2.** Cumplir un condenado una pena impuesta por sentencia judicial. **3.** *Fig.* Padecer las consecuencias de desaciertos: *expiar una imprudencia.*

expiración s.f. Acción y efecto de expirar.

expirar v.intr. (lat. *expirare,* exhalar). Morir, dejar de vivir. **2.** *Fig.* Llegar un plazo o periodo de tiempo señalado para realizar algo al término de su duración.

explanación s.f. Acción y efecto de explanar. **2.** *Fig.* Explicación de un texto o doctrina de sentido oscuro.

explanada s.f. (ital. *spianata*). Espacio de terreno llano o allanado. **2.** FORT. Parte más elevada de la muralla, sobre la cual se levantan las almenas.

explanar v.tr. Allanar, poner llano o igual una cosa. **2.** *Fig.* Explicar algo en detalle. **3.** Dar a un terreno la nivelación o el declive que se desea.

explayar v.tr. y prnl. (de *playa,* por ser esta ancha y extensa). Extender o ensanchar. ◆ **explayarse** v.prnl. Extenderse mucho al hablar o al escribir: *explayarse en un tema.* **2.** *Fig.* Divertirse. **3.** *Fig.* Expresar una persona a otra sus preocupaciones o sentimientos para desahogarse: *explayarse con un amigo.*

expletivo, a adj. (lat. *expletivus,* de *explere,* llenar del todo). LING. Se dice de la palabra o expresión que no es necesaria para el sentido de la frase, pero que le añade valores expresivos.

explicación s.f. Acción y efecto de explicar, declarar o exponer una materia difícil en forma comprensible. **2.** Satisfacción dada a una persona o colectividad sobre actos o palabras que exigen ser justificados.

explicaderas s.f.pl. *Fam.* Manera de explicarse una persona.

explicar v.tr. (lat. *explicare,* desplegar). Exponer algo con claridad y precisión para que sea conocido o comprendido por alguien. **2.** Dar a conocer la causa, el motivo o la justificación de algo. ◆ **explicarse** v.prnl. Dar una persona a conocer lo que piensa o siente. **2.** Darse cuenta de algo, llegar a comprenderlo: *no me explico cómo lo consiguió.*

explicativo, a adj. Que explica o sirve para explicar: *nota explicativa.* **2.** GRAM. Se dice del adjetivo que añade al sustantivo al que acompaña una cualidad complementaria. ◇ **Oración explicativa** Oración que añade al antecedente una explicación no indispensable, y que podría ser suprimida sin perjudicar esencialmente el sentido de la frase. (También *oración relativa explicativa.*)

explicitar v.tr. Hacer explícito algo.

explícito, a adj. (lat. *explicitus*). Expresado de manera clara y precisa.

exploración s.f. Acción y efecto de explorar. **2.** MIL. Misión de reconocimiento de un territorio enemigo encomendada a una unidad que, en principio, debe evitar entrar en combate. **3.** TELEV. Modo de transmisión secuencial de la imagen.

explorador, ra adj. y s. Que explora. ◆ s.m. Boy-scout. **2.** Soldado que recorre un territorio enemigo para reconocerlo. **3.** Buque ligero, idóneo para realizar misiones de reconocimiento o de superficie a distancia.

explorar v.tr. (lat. *explorare,* observar, examinar). Recorrer un territorio para conocerlo o investigarlo. **2.** Examinar minuciosamente una cosa para conocerla mejor. **3.** MED. Reconocer minuciosamente el estado de una parte interna del cuerpo para formar diagnóstico.

exploratorio, a adj. y s. Que sirve para explorar. ◆ adj. Relativo a la exploración de un enfermo.

explosión s.f. (lat. *explosio, -ionis,* abucheo, expulsión ruidosa). Acción de romperse algo violenta y ruidosamente por exceso de presión en su interior. **2.** *Fig.* Manifestación súbita y violenta de un estado de ánimo: *explosión de alegría.* **3.** Tercer tiempo del funcionamiento de un motor con un ciclo de cuatro tiempos.

explosionar v.intr. Esp. Hacer explosión algo. ◆ v.tr. Esp. Hacer que algo explote.

explosivo, a adj. Que explosiona o puede explosionar. ◆ adj. y s.f. Se dice de la consonante producida por un cierre completo de la boca, al que sucede una abertura brusca que permite al aire escaparse y determina una especie de explosión. ◆ s.m. Cuerpo capaz de transformarse rápidamente, por una violenta reacción química, en gas a temperatura elevada, produciendo una explosión.

explosor s.m. Aparato que sirve para hacer explotar a distancia una carga explosiva mediante una corriente eléctrica.

explotación s.f. Acción y efecto de explotar. **2.** Conjunto de instalaciones para explotar un producto: *explotación agrícola; explotación minera.* **3.** ECON. Conjunto de operaciones que constituyen la actividad de una empresa. ◇ **Cuenta de explotación** Estado contable que inventaría los gastos y productos resultantes de la actividad normal de una empresa durante un ejercicio. **Explotación del éxito** MIL. Fase final de un combate que intenta sacar el máximo partido del éxito de un ataque.

1. **explotar** v.intr. (lat. *explodere,* expulsar ruidosamente, de *plaudere,* aplaudir). Hacer explosión algo.

2. **explotar** v.tr. (fr. *exploiter,* sacar partido, del lat. *explicitum,* cosa desplegada o desarrollada). Extraer minerales de una mina. **2.** *Fig.* Sacar provecho o utilidad de algo. **3.** Hacer una persona trabajar a otra de manera abusiva.

expoliación s.f. Acción y efecto de expoliar.

expoliador, ra adj. y s. Que expolia.

expoliar v.tr. (lat. *exspoliare*). Despojar a alguien de una cosa con violencia o sin derecho.

expolición s.f. RET. Figura que consiste en repetir un mismo pensamiento con distintas formas.

expolio s.m. Acción y efecto de expoliar.

exponencial adj. Que tiene un exponente variable, indeterminado o desconocido: *función exponencial.* **2.** MAT. Relativo al exponente. ◇ **Ecuación exponencial** Ecuación en la que la incógnita está en un exponente.

exponente adj. Que expone. ◆ s.m. Persona o cosa representativa del género al que pertenece. **2.** MAT. Signo, letra o cifra que indican la potencia a la que se eleva una cantidad. (Se escribe a la derecha y encima de esta cantidad.)

exponer v.tr. (lat. *exponere*) [conj.: *poner*]. Poner una cosa a la vista de alguien. **2.** Someter a la acción de algo: *exponer las plantas al sol.* **3.** Expresar o explicar algo a alguien de manera ordenada: *exponer sus ideas.* **4.** Presentar públicamente una empresa u organismo productos agrícolas, industriales, artísticos o científicos para estimular la producción, el comercio y la cultura. **5.** FOT. Someter una superficie sensible a una radiación. ◆ v.tr. e intr. Presentar un artista su obra al público. ◆ v.tr. y prnl. Poner a alguien o algo en peligro: *exponer la vida; exponerse a las críticas.*

exportación s.f. Acción y efecto de exportar. **2.** Conjunto de cosas que se exportan.

exportador, ra adj. y s. Que exporta.

exportar v.tr. Enviar o vender algo a un país extranjero.

exposición s.f. Acción y efecto de exponer o exponerse. **2.** Presentación pública de productos agrícolas, industriales, artísticos o científicos por parte de una empresa u organismo para estimular la producción, el comercio y la cultura. **3.** Presentación pública de la obra de un artista. **4.** Lugar donde se exponen estos productos. **5.** Parte de una obra literaria en la que se expone el tema. **6.** Situación de un objeto con respecto a los puntos cardinales del horizonte. **7.** FOT. Acción de someter una superficie sensible a una radiación. **8.** MÚS. Parte de una fuga o de una obra en forma de sonata en la que se enuncia el tema. ◇ **Exposición de motivos** DER. Conjunto de anotaciones que preceden a la disposición de un proyecto de ley, para explicar las razones de su origen. **Exposición universal** Exposición donde se presentan los productos de un gran número de países. **Tiempo de exposición** FOT. Duración conveniente de exposición de una placa sensible para obtener un negativo satisfactorio.

exposímetro s.m. FOT. Instrumento que sirve para calcular el tiempo de exposición.

expositivo, a adj. Que expone o sirve para exponer: *explicación expositiva.*

principales exposiciones universales

fecha	ciudad	fecha	ciudad
1851	Londres	1915	San Francisco
1855	París	1933-1934	Chicago
1862	Londres	1935	Bruselas
1867	París	1937	París
1873	Viena	1939-1940	Nueva York
1876	Filadelfia	1958	Bruselas
1878	París	1967	Montreal
1889	París	1970	Osaka
1893	Chicago	1992	Sevilla
1900	París	2000	Hannover
1904	San Luis	2005	Aichi (Japón)

expósito, a adj. y s. Se dice de la persona que se ha criado en un hospicio desde recién nacida.

expositor, ra s. Artista que presenta su obra públicamente. **2.** Empresa u organismo que presenta productos agrícolas, industriales, artísticos o científicos públicamente para estimular la producción, el comercio y la cultura. ◆ adj. y s. Que expone algo, especialmente una teoría o doctrina, de manera ordenada.

ex post loc.adj. (voces latinas, *con posterioridad a*). Se usa para designar el período posterior a los hechos económicos que se analizan. CONTR.: *ex ante.*

exprés adj. (fr. *exprès*). Se dice del servicio de correos rápido y del documento o paquete enviado a través de este servicio. ◆ adj. y s.m. Expreso. **2.** Se dice del café elaborado en una cafetera exprés. ◆ adj. y s.f. Se dice de la cafetera u olla que funciona a presión.

expresar v.tr. y prnl. (de *expreso*). Manifestar una persona lo que piensa o siente: *expresarse con gestos.* ◆ v.tr. Manifestar el artista lo que pretende con su arte. ◆ **expresarse** v.prnl. Hablar o comunicarse por medio de la palabra: *expresarse bien, mal.*

expresión s.f. (lat. *expressio, -onis*). Representación del pensamiento o de los sentimientos por medio de la palabra, de signos exteriores, de gestos, etc.: *expresión de alegría.* **2.** Palabra o frase: *expresión anticuada.* **3.** MÚS. Facultad por la que un compositor o un intérprete pueden hacer perceptibles ciertas ideas de una obra. ◆ **expresiones** s.f.pl. Memoria, saludo afectuoso a un ausente por escrito o por medio de tercera persona. ◇ **Expresión algebraica** MAT. Conjunto de letras y números unidos entre sí por signos de operaciones algebraicas, que indican las operaciones que deberían efectuarse sobre las magnitudes dadas o desconocidas para deducir la magnitud que depende de ellas. **Expresión corporal** Modo de expresarse un artista a través de los gestos y movimientos del cuerpo. **Expresión manual** OBST. Presión que se realiza en el abdomen para ayudar a la expulsión del feto durante el parto. **Reducir a la mínima expresión** Disminuir algo todo lo posible.

expresionismo s.m. Movimiento artístico iniciado en el primer tercio del s. XX que se caracteriza por la intensidad de la expresión. **2.** Intensidad y singularidad expresivas.

expresionismo

B. ART. Esta corriente se desarrolló en Alemania con los pintores del grupo *Die Brüke* (1905-1913), quienes impregnados de primitivismo cultivaron las simplificaciones formales, la violencia gráfica y los colores irreales. En Munich, el grupo *Der Blaue Reiter* evolucionó hacia la abstracción lírica. La primera guerra mundial suscitó la crítica social de G. Grosz y de O. Dix (movimiento de la *nueva objetividad*), y después de 1945 se dio un renacimiento del expresionismo en las corrientes que combinan la propensión al primitivismo con la espontaneidad gestual tomada de los surrealistas; en Europa el movimiento *Cobra*; en Estados Unidos el *expresionismo abstracto*, la *action painting* (con base en el gesto) de Pollock, De Kooning o el *abstraccionismo cromático* de Rothko o Newman.

COREOGR. En la danza moderna europea, el expresionismo se desarrolló sobre todo en la Alemania de la república de Weimar. Con mucha influencia de los principios de Rudolf von Laban, los coreógrafos (Mary Wigman, Kurt Jooss) buscaron la adecuación entre el gesto y el sentimiento que deben traducir y exacerbaron la forma en aras de la expresión. Tras la segunda guerra mundial, el expresionismo impregnó de manera notable la danza moderna contemporánea (Pina Bausch).

LIT. El expresionismo floreció en especial en Alemania entre 1910 y principios de la década siguiente, ilustrado por novelistas (Heinrich Mann, Alfred Döblin) y sobre todo por poetas (Gottfried Benn, Georg Trakl). En el teatro, una serie de dramaturgos (Walter Hasenclever, Ernst Toller), directores de escena (Leopold Jessner) y actores (Fritz Kortner) intentaron llevar a cabo la proyección violenta y dislocada de la subjetividad del individuo, a través de la composición de cuadros, el tratamiento del espacio escénico y la utilización de la luz.

CIN. El expresionismo cinematográfico, derivado de los experimentos de la vanguardia teatral (M. Reinhardt) y pictórica (Kokoschka, Kubin), apareció después de la primera guerra mundial. Con preferencia por los temas del horror o de inspiración fantástica, este movimiento se dedicó a la tarea de expresar las atmósferas o los estados del alma de los personajes, por medio del simbolismo y la estilización de decorados, la luz y el trabajo de los actores. Robert Wiene (*El gabinete del doctor Caligari*, 1919) y F. W. Murnau (*Nosferatu el vampiro*, 1922) son representantes de esta tendencia.

MÚS. El expresionismo musical se caracterizó por una gran riqueza de elementos variados (cromatismo, agregados) para expresar los sentimientos de manera exasperada. Los compositores de la escuela de Viena A. Schönberg, A. Berg y A. von Webern son sus principales representantes.

---

expresionista adj. y s.m. y f. Relativo al expresionismo; adscrito a este movimiento.

expresividad s.f. Cualidad de expresivo.

expresivo, a adj. Que expresa con gran viveza sus ideas o sentimientos. **2.** Que expresa con gran viveza una idea o un sentimiento de una persona: *un gesto expresivo.* **3.** Afectuoso, amoroso, cariñoso. **4.** MÚS. Lleno de sentimiento.

1. **expreso** adv.m. Ex profeso, con particular intención: *vino expreso para verte.*

2. **expreso, a** adj. (lat. *expressus,* declarado, expresado, p. de *exprimere,* exprimir, expresar). Que está claro, explícito o especificado: *orden expresa.* ◆ adj. y s.m. Se dice del tren rápido de viajeros que para solo en las estaciones importantes. SIN.: *exprés.*

exprimidor s.m. Utensilio que sirve para extraer el zumo de los frutos.

exprimir v.tr. (lat. *exprimere,* exprimir, expresar de *premere,* apretar). Apretar o retorcer una cosa para extraer el zumo o líquido que contiene: *exprimir una naranja.* **2.** *Fig.* Sacar todo el partido posible de alguien o algo: *exprimir el cerebro.* **3.** *Fig.* Explotar a una persona.

ex profeso loc.adv. (voces latinas). Con particular intención, a propósito. SIN.: *expresamente.*

expromissio s.f. DER. ROM. Sustitución de deudores en la que el nuevo deudor se compromete sin haberse puesto de acuerdo previamente con aquel al que sustituye.

expropiación s.f. Acción y efecto de expropiar. ◇ **Expropiación forzosa** Transferencia coactiva de la propiedad de un particular a la administración pública, o a otro particular, por razón de interés público y previo pago de su valor económico.

expropiar v.tr. Quitar la autoridad competente una propiedad a una persona por motivos de utilidad pública, generalmente a cambio de una indemnización.

expuesto, a adj. Peligroso: *una acción muy expuesta.*

expugnar v.tr. (lat. *expugnare*). Tomar un lugar por las armas.

expulsar v.tr. (lat. *expulsare*). Hacer salir a una persona de un lugar: *expulsar del país; expulsar a un alumno.* **2.** Hacer que una cosa salga violentamente del interior de otra : *la chimenea expulsa humo.* SIN.: *expeler.*

expulsión s.f. Acción y efecto de expulsar. **2.** Proyección del piloto al exterior del avión por medio de un asiento expulsable. **3.** Operación por la que se proyecta automáticamente fuera del arma la vaina del cartucho, después de un disparo. **4.** MED. Fase final del parto.

expulsivo, a adj. y s.m. MED. Que acompaña o favorece la expulsión.

expulsor, ra adj. Que expulsa. ◆ s.m. Mecanismo de un arma de fuego que efectúa la expulsión. SIN.: *eyector.*

expurgación s.f. Acción y efecto de expurgar. SIN.: *expurgo.*

expurgar v.tr. (lat. *expurgare*). Eliminar lo peligroso o dañino de una cosa. **2.** Eliminar la autoridad competente los fragmentos ofensivos o erróneos de un texto.

exquisitez s.f. Cualidad de exquisito. **2.** Cosa exquisita.

exquisito, a adj. (lat. *exquisitus,* de *exquirere,* rebuscar). Que tiene un gusto refinado o un trato delicado. **2.** Que es capaz de satisfacer a una persona de gusto refinado: *poema exquisito; vino exquisito.*

extasiar v.tr. y prnl. Causar éxtasis: *extasiarse ante la belleza de un paisaje.*

éxtasis s.m. (lat. tardío *ecstasis,* del gr. *ékstasis,* desviación). Estado de la persona que une su alma a Dios por medio de la contemplación y se muestra insensible a cualquier estímulo. **2.** Estado de la persona que siente una admiración o alegría muy intensas hasta el punto de ser insensible a cualquier estímulo. **3.** Droga sintética de efectos afrodisíacos y alucinógenos.

extemporáneo, a adj. Impropio del tiempo en que sucede. **2.** Que es inoportuno o inconveniente. **3.** FARM. Preparado fuera del tiempo adecuado.

extender v.tr. y prnl. (lat. *extendere*) [conj.: *tender*]. Hacer que una cosa ocupe más espacio o superficie o todo el espacio o superficie que puede ocupar desplegándola, desenrollándola, etc.: *extender el mantel; extender los brazos.* **2.** Aumentar, ampliar, aplicando a más cosas algo originariamente más restringido: *extender su poder, un castigo.* **3.** Hacer que una noticia llegue a un gran número de personas ◆ v.tr. Poner por escrito un documento: *extender un certificado.* ◆ **extenderse** v.prnl. Ocupar una cosa cierto espacio. **2.** Durar una cosa cierto tiempo. **3.** Detenerse mucho en la explicación o narración de algo: *extenderse en consideraciones.* **4.** *Fig.* Llegar la fuerza o la acción de una cosa a influir o actuar en otras. **5.** Ponerse alguien en posición horizontal.

extensión s.f. Acción y efecto de extender o extenderse: *la extensión del brazo.* **2.** Espacio ocupado por un cuerpo: *la extensión de un terreno.* **3.** Amér. Aparato telefónico auxiliar que está conectado a la misma línea que el principal. **4.** Argent. y Méx. Cable que se añade a un aparato eléctrico para que pueda enchufarse desde más lejos. **5.** ESTADÍST. Diferencia entre el valor más grande y más pequeño de un grupo de observaciones o valores. **6.** FILOS. **a.** Propiedad de la materia por la cual los cuerpos ocupan espacio. **b.** Conjunto de objetos que puede designar un concepto. **7.** INFORMÁT. Parte del nombre de un archivo, situada después de un punto, que consiste en una cadena de un máximo de tres caracteres y es distintiva del tipo de archivo: *los archivos ejecutables llevan la extensión* exe. **8.** LING. Acción de extender por analogía el significado de una palabra. **9.** TELECOM. Línea telefónica conectada a una centralita: *póngame con la extensión dos, siete, cero.*

extensivo, a adj. Que se extiende o se puede extender, comunicar o aplicar a más personas o cosas que a las que ordinariamente comprende. ◇ **Cultivo extensivo** Cultivo que se extiende sobre una gran superficie, con poca inversión de capital y bajo rendimiento.

extenso, a adj. Que tiene mucha extensión: *un extenso repertorio.* ◇ **Por extenso** Ampliamente y con todo detalle.

extensómetro s.m. Instrumento que sirve para medir las deformaciones producidas en un cuerpo por efecto de tensiones mecánicas.

extensor, ra adj. y s.m. Que extiende o hace que se extienda algo: *músculos extensores.*

extenuación s.f. Acción y efecto de extenuar o extenuarse.

extenuar v.tr. y prnl. [conj.: *actuar*]. Debilitar o cansar en extremo: *extenuar las fuerzas.*

exterior adj. (lat. *exterior, -oris,* de *exterus,* externo). Que está fuera de algo: *un muro exterior.* **2.** Que existe fuera del individuo: *influencia exterior.* **3.** Aparente, visible por la parte de fuera: *aspecto exterior.* **4.** Se dice de la actividad comercial o política que se establece con un país extranjero: *política exterior; comercio exterior.* ◆ s.m. Parte externa de algo: *el exterior de un edificio.* **2.** Aspecto de una persona. **3.** Conjunto de países extranjeros: *las relaciones con el exterior.* ◆ **exteriores** s.m.pl. CIN. **a.** Escenas filmadas fuera de un estudio. **b.** Espacios al aire libre donde se ruedan estas escenas. ◇ **Ángulo exterior a una circunferencia** MAT. Ángulo cuyo vértice se encuentra en el exterior de una circunferencia y cuyos lados la cortan o tocan. **Ángulo exterior de un triángulo,** o **polígono** MAT. Ángulo formado por un lado del triángulo, o del polígono, con la prolongación del lado adyacente. **Punto exterior a un conjunto** MAT. Aquel tal que existe un entorno del mismo en que no hay puntos del conjunto.

exteriorizar v.tr. y prnl. Mostrar a los demás los sentimientos o pensamientos.

exterminación s.f. Exterminio.

exterminar v.tr. (lat. *exterminare*). Eliminar por completo una especie animal o vegetal o un grupo de personas que pertenecen a una misma raza o cultura o comparten una ideología. **2.** Eliminar o destruir por completo una cosa.

exterminio s.m. Acción y efecto de exterminar. SIN.: *exterminación.*

externo, a adj. (lat. *externus*). Exterior o de fuera. **2.** Que se manifiesta exteriormente: *alegría externa.* **3.** No tapado: *parte externa de la planta.* ◆ adj. y s. Se dice del alumno que solo permanece en el centro educativo durante las horas de clase.

exteroceptivo, a adj. **Sensibilidad exteroceptiva** Conjunto de informaciones recogidas por los receptores sensoriales situados en la superficie del cuerpo, estimulados por agentes externos al organismo, como sensaciones auditivas, táctiles, olfatorias, gustativas, etc.

extinción s.f. Acción y efecto de extinguir o extinguirse.

extinguir v.tr. y prnl. (lat. *extinguere,* apagar). Hacer que cese el fuego o la luz: *extinguir la llama, el día.* **2.** *Fig.* Hacer que una cosa desaparezca, especialmente poco a poco: *extinguir el entusiasmo.* **3.** Hacer desaparecer una especie animal o vegetal.

extinto, a adj. Que se ha extinguido: *cenizas extintas.* ◆ adj. y s. Muerto, difunto.

extintor, ra adj. Que extingue. ◆ s.m. y adj. Aparato que sirve para extinguir pequeños incendios.

extirpación s.f. Acción y efecto de extirpar: *extirpación de un forúnculo.*

extirpador, ra adj. Que extirpa. ◆ s.m. Instrumento agrícola que sirve para arrancar las malas hierbas y efectuar labores superficiales ligeras.

extirpar v.tr. (lat. *extirpare,* desarraigar). Arrancar de raíz una planta. **2.** Separar quirúrgicamente del organismo una parte dañada: *extirpar una muela, un tumor.* **3.** *Fig.* Hacer desaparecer radicalmente algo negativo fuertemente arraigado: *extirpar el terrorismo.*

extorno s.m. Parte de la prima que el asegurador devuelve al asegurado por haberse modificado alguna de las condiciones de la póliza del seguro.

extorsión s.f. (lat. *extorsio, -onis,* de *extorquere,* sacar por la fuerza). Acción y efecto de extorsionar.

extorsionar v.tr. Obtener algo utilizando la fuerza, violencia o amenaza: *extorsionar dinero a alguien.* **2.** Alterar el estado o desarrollo de algo causando molestias a alguien: *extorsionar los planes.*

extra adj. (voz latina, *fuera*). Extraordinario, óptimo: *fruta extra.* ◆ adj. y s.m. Que se sale de lo ordinario, habitual, previsto o acordado: *paga extra; hacer un extra para los invitados.* ◆ s.m. y f. Persona que participa en una película, representación teatral o espectáculo sin texto, solo para ambientar una escena. SIN.: *comparsa, figurante.*

extracción s.f. Acción y efecto de extraer: *la extracción de una muela.* **2.** Origen, linaje: *ser de noble extracción.* **3.** MAT. Operación que tiene por objeto encontrar la raíz de un número.

extracorriente s.f. Corriente que se produce en el aire en el momento en que se abre un circuito recorrido por una corriente eléctrica, debida al fenómeno de autoinducción, y que se manifiesta por un arco.

extracto s.m. Resumen de un escrito o exposición. **2.** Notificación de los movimientos de una cuenta bancaria en un período de tiempo determinado. **3.** Sustancia extraída de otra por una operación física o química: *extracto de quinquina.* **4.** Preparación soluble y concentrada obtenida a partir de un alimento: *extracto de carne.* **5.** Perfume concentrado.

extractor, ra adj. Que extrae: *dispositivo extractor.* ◆ s.m. Aparato o pieza que sirve para extraer. **2.** Elemento mecánico que sirve para retirar la vaina de los cartuchos de la recámara o del cañón. **3.** Aparato que sirve para extraer la miel de los panales por aplicación de la fuerza centrífuga. **4.** CIR. Instrumento para extraer cuerpos extraños del organismo. **5.** QUÍM. Aparato que sirve para extraer una sustancia. **6.** TECNOL. Aparato o dispositivo que permite la aireación de un local o habitación.

extradición s.f. Entrega de un presunto delincuente por parte del país donde se ha refugiado al país que lo reclama para juzgarlo.

extraditar v.tr. Entregar un país a un presunto delincuente que se ha refugiado en él al país que lo reclama para juzgarlo.

extradós s.m. (fr. *extrados,* de *extra,* fuera, y *dos,* dorso). Superficie exterior de un arco, un ala de avión, etc.

extraer v.tr. (lat. *extrahere*) [conj.: *traer*]. Sacar una cosa del lugar donde está contenida: *extraer un pasaje de un libro.* **2.** Separar por medios físicos o químicos una sustancia de un cuerpo.

extraescolar adj. Que se desarrolla al margen del programa del plan de estudios: *actividad extraescolar.*

extragaláctico, a adj. Que no pertenece a la galaxia donde está situado el sistema solar.

extrajudicial adj. Que se hace o trata al margen de la vía judicial.

extralimitación s.f. Acción y efecto de extralimitar o extralimitarse.

extralimitarse v.prnl. Excederse en algo más allá de los límites legales, morales o razonables.

extramuros adv.l. Fuera del recinto de una población.

extranjería s.f. Conjunto de normas que regulan las condiciones de la estancia de un extranjero en un país. **2.** Condición legal de la persona extranjera en el país donde reside.

extranjerismo s.m. Palabra, expresión o giro procedente de una lengua que se usa en otra lengua. **2.** Estima o admiración por la cultura y las tradiciones de los países extranjeros.

extranjerizar v.tr. y prnl. Dar carácter extranjero. ◆ **extranjerizar** v.prnl. Adquirir carácter extranjero.

extranjero, a adj. y s. (fr. *estrangier,* de *estrange,* extraño). De un país que no es el propio de la persona que habla ◆ s.m. País o conjunto de países que no son el propio de la persona que habla: *viajar por el extranjero.*

extranjis (de) loc. *Fam.* En secreto, ocultamente.

extrañamiento s.m. Pena restrictiva de libertad que consiste en la expulsión de un condenado del territorio nacional por el tiempo que dura la condena.

extrañar v.tr. y prnl. Causar extrañeza. ◆ v.tr. Echar de menos a alguien o algo: *extrañar a los padres.* **2.** Expulsar a alguien de un país.

extrañeza s.f. Cualidad de extraño. **2.** Sorpresa o asombro. **3.** Cosa que asombra o sorprende por ser extraña. **4.** FÍS. Número cuántico que se emplea para caracterizar a ciertas partículas que están sujetas a interacciones de tipo fuerte.

extraño, a adj. (lat. *extraneus,* exterior, extranjero, de *extra,* fuera). Raro, singular o extravagante. **2.** Que no tiene parte en algo: *extraño a la conversación.* ◆ adj. y s. Se dice de la persona que es de nacionalidad, familia o condición distinta de la que se nombra o sobreentiende: *propios y extraños.* ◇ **Cuerpo extraño** MED. Cuerpo que se encuentra, contra natura, en el interior de un organismo.

extraoficial adj. Que no tiene carácter oficial: *información extraoficial.*

extraordinario, a adj. Fuera del orden o regla natural o común: *suceso extraordinario.* **2.** Mayor o mejor que lo ordinario: *un talento extraordinario.* ◆ adj. y s.m. Se dice del número de una revista o periódico que se publica por algún motivo especial. ◆ s.m. Correo especial que se despacha con urgencia. **2.** Plato especial que se añade a la comida diaria.

extraparlamentario, a adj. Se dice de lo que está o de lo que ocurre fuera del parlamento: *comisión extraparlamentaria.* **2.** Que no tiene representación en el parlamento. ◆ s. Miembro de un partido político que no tiene representación en el parlamento.

extrapiramidal adj. **Sistema extrapiramidal** Conjunto de centros nerviosos situados en el cerebro, que rigen los movimientos automáticos y semiautomáticos que acompañan la motricidad voluntaria. **Síndrome extrapiramidal** Conjunto de manifestaciones (temblores, hipertonía, acinesia, discinesia) debidas a una lesión del sistema extrapiramidal.

extrapolación s.f. Extensión, generalización. **2.** MAT. Procedimiento que consiste en prolongar una serie estadística introduciendo en los términos antiguos un término nuevo que obedece a la ley de la serie, o en determinar la ordenada de un punto situado en la prolongación de una curva y que verifica la ecuación de esta.

extrapolar v.tr. Aplicar una conclusión a un dominio distinto para extraer hipótesis. **2.** MAT. Practicar la extrapolación.

extrarradio s.m. Sector que rodea el casco urbano de una población.

extrasensorial adj. Que se percibe o acontece sin la intervención de los órganos sensoriales o que queda fuera de su alcance.

extrasístole s.f. Contracción suplementaria del corazón, que sobreviene entre contracciones normales y que a veces produce un ligero dolor.

extraterrestre adj. y s. De un planeta o conjunto de planetas exceptuando la Tierra. ◆ adj. Que está fuera del planeta Tierra: *espacio extraterrestre.* **2.** Relacionado con lo que está fuera del planeta Tierra.

extraterritorial adj. Fuera de los límites territoriales de una jurisdicción.

extraterritorialidad s.f. Privilegio por el cual un diplomático, una embajada o un barco no pueden ser sometidos a la leyes del país donde se encuentran, sino que tienen derecho a regirse por las leyes de su propio país.

extrauterino, a adj. Que se encuentra o evoluciona fuera del útero: *embarazo extrauterino.*

extravagancia s.f. Cualidad de extravagante. **2.** Cosa extravagante: *hacer mil extravagancias.*

extravagante adj. y s.m. y f. Raro, fuera de lo normal: *idea extravagante; un grupo de extravagantes.*

extravasarse v.prnl. Salirse la sangre, savia, etc., del conducto en que están contenidos.

extraversión o **extroversión** s.f. PSICOL. Rasgo de la personalidad caracterizada por exteriorizar fácilmente los sentimientos, comunicarse fácilmente con los demás y ser receptiva a las modificaciones de su entorno.

extravertido, a o **extrovertido, a** adj. y s. Se dice de la persona que exterioriza fácilmente sus sentimientos, se comunica fácilmente con los demás y es receptiva a las modificaciones de su entorno.

extraviado, a adj. Se dice del lugar apartado y poco transitado. **2.** Que tiene costumbres moralmente reprobables.

extraviar v.tr. [conj.: *desviar*]. Dejar de tener una cosa que se tenía porque no se sabe donde está: *extraviar las llaves.* **2.** No fijar la vista en un objeto determinado: *extraviar la mirada.* ◆ **extraviarse** v.prnl. Perderse, ir a parar algo a un lugar que se desconoce: *extraviarse un guante.* **2.** Perderse, equivocar el camino o dirección que se quería seguir. **3.** *Fig.* Seguir una conducta desordenada.

extravío s.m. Acción y efecto de extraviar o extraviarse. **2.** *Fig.* Desorden o inmoralidad en las costumbres: *los extravíos juveniles.* **3.** *Fam.* Molestia o perjuicio.

extremado, a adj. Que es sumamente bueno o malo en su género: *su extremada generosidad.* **2.** Que se sale de lo normal o llama la atención.

extremar v.tr. Llevar una cosa al extremo: *extremar los cuidados.* ◆ **extremarse** v.prnl. Esmerarse mucho en la ejecución de algo: *extremarse en el trabajo.*

extremaunción s.f. REL. Sacramento de la Iglesia católica que consiste en aplicar el sacerdote óleo sagrado a un enfermo en peligro de muerte. SIN.: *unción.*

extremeño, a adj. y s. De Extremadura. ◆ s.m. Variedad del español hablada en Extremadura.

extremidad s.f. Parte extrema o última de una cosa: *la extremidad de una cuerda.* **2.** *Fig.* Grado último que puede alcanzar algo. **3.** Pie, mano, pierna o brazo de una persona. (Suele usarse en plural.) **4.** Parte de un animal que sobresale del tronco, como las patas, las alas, las aletas, la cola o la cabeza. (Suele usarse en plural.)

extremismo s.m. Tendencia a adoptar ideas o actitudes extremas o radicales.

extremo, a adj. (lat. *extremus,* superlativo de *externus,* externo). Que está al final: *el límite extremo del territorio.* **2.** Se dice del lugar que está más alejado del punto en que se sitúa el que habla: *la parte extrema de la calle.* **3.** *Fig.* Que es el grado más elevado de una cosa: *frío extremo.* **4.** Excesivo, que sobrepasa los límites ordinarios: *extrema dulzura.* **5.** Que es radical o extremado: *la extrema derecha.* ◆ s.m. Parte que está al principio o al final de una cosa: *el extremo del cordón.* **2.** Punto último a que puede llegar algo: *al extremo de la paciencia.* **3.** Lo opuesto, lo contrario: *pasar de un extremo a otro.* **4.** Jugador de fútbol o de otro deporte de equipo que forma parte de la línea de ataque y se sitúa en la zona más cercana a la banda. **5.** MAT. Para un subconjunto E de un conjunto C provisto de una relación de orden, el mayor de sus minorantes, extremo inferior, o el menor de sus mayorantes, extremo superior. ◆ **extremos** s.m.pl. MAT. Términos que ocupan el primer y último lugar de una proposición. ◇ **Con,** o **en,** o **por, extremo** Muchísimo, excesivamente. **En último extremo** En último caso, si no hay otra solución o remedio.

extremoso, a adj. Que es muy expresivo en demostraciones cariñosas. **2.** Extremado en sus sentimientos o acciones.

extrínseco, a adj. (lat. *extrinsecus,* de *extrim,* fuera, y *secus,* a lo largo de). Que no pertenece a la naturaleza de algo sino que es añadido. ◇ **Valor extrínseco de una moneda** Valor legal, convencional. SIN.: *valor facial.*

extrofia s.f. **Extrofia vesical** Malformación de las vías urinarias en la que la vejiga desemboca directamente en la piel del abdomen.

extrasolar adj. Que está situado fuera del Sistema solar: *planeta extrasolar.*

extrorso, a adj. BOT. Se dice de la antera que se abre hacia el exterior de la flor, como en las ranunculáceas. CONTR.: *introrso.*

extroversión s.f. → **extraversión.**

extrovertido, a adj. y s. → **extravertido.**

extrusión s.f. GEOL. Aparición de materias volcánicas que resulta principalmente de la subida de una masa casi sólida, sin efusión ni proyección. **2.** TECNOL. Acción de dar a una materia moldeable la forma de un perfil de sección recta constante.

extrusor s.m. Máquina para la transformación de materiales plásticos, en la que el material fluidificado circula a través de una hilera.

exuberancia s.f. Cualidad de exuberante.

exuberante adj. Abundante, desbordante, desarrollado en exceso: *vegetación exuberante.*

exudación s.f. Acción y efecto de exudar. **2.** MED. Supuración patológica. **3.** METAL. Presencia anormal, en la superficie de una aleación, de uno de sus componentes.

exudado s.m. MED. Producto que se encuentra en los tejidos por exudación de los líquidos o de la sangre, a través de las paredes vasculares.

exudar v.intr. y tr. Salir un líquido fuera de sus vasos o continentes. **2.** METAL. Presentar una exudación. ◆ v.intr. MED. Formarse un exudado.

exulceración s.f. MED. Ulceración superficial, en un relieve.

exultante adj. Que exulta.

exultar v.intr. Mostrar alegría con mucha excitación.

exvoto s.m. Ofrenda que se hace a una imagen sagrada en agradecimiento por un beneficio recibido. ◇ **Exvoto ibérico** Figura pequeña de bronce, de carácter votivo, de los santuarios ibéricos del S y SE de España. (También *ex voto.*)

eyaculación s.f. Acción y efecto de eyacular. ◇ **Eyaculación precoz** Eyaculación que se produce antes de la introducción del pene en la vagina o apenas iniciado el coito.

eyacular v.tr. Expulsar con fuerza un órgano, cavidad o conducto su contenido, especialmente semen.

eyección s.f. FISIOL. Evacuación, expulsión: *eyección de orina.*

eyectar v.tr. Catapultar al exterior, especialmente los asientos del piloto y copiloto de un avión militar o prototipo de avión muy rápido.

eyectoconvector s.m. Aparato de acondicionamiento de aire, similar a un convector de calefacción, que regula la temperatura de un local.

eyector s.m. Aparato que sirve para la evacuación de un fluido. **2.** Expulsor.

ezquerdear v.intr. Torcerse hacia la izquierda algo que debería estar recto, como una hilada de sillares, un muro, etc.

f

f s.f. Séptima letra del alfabeto español, y quinta de sus consonantes. (Representa un sonido fricativo labiodental sordo.) ◇ **F** MÚS. En la notación inglesa y alemana, nota *fa.*
fa s.m. Nota musical, cuarto grado de la escala de *do* mayor. ◇ **Clave de fa** Clave representada por una C invertida seguida de dos puntos, que indica que la nota situada en la línea del pentagrama que pasa entre los dos puntos es un *fa.*
fabada s.f. Esp. Plato típico de la cocina asturiana preparado con judías blancas, chorizo, tocino y otros ingredientes.
fabiano, a adj. y s. Relativo a la Fabian society, asociación socialista británica, fundada en 1884; miembro de dicha asociación.
fabla s.f. Aragonés, variedad lingüística del navarroaragonés hablada en Aragón y parte de Navarra hasta el s. XV y reducida actualmente a los altos valles pirenaicos y pequeñas comarcas de Huesca.
fabliau s.m. (voz francesa) [pl. *fabliaux*]. Narración corta en verso, de carácter satírico, propia de los ss. XII y XIII franceses.
fabordón s.m. (fr. *faux-bourdon,* de *faux,* falso, y *bourdon,* tono bajo). MÚS. Modalidad de canto que consistía en acompañar el canto litúrgico con sucesiones de tercera y de sexta, acordes que al final y al principio del inciso eran sustituidos por los de octava y de quinta.
fábrica s.f. (lat. *fabrica,* oficio de artesano, arquitectura, taller). Edificación con las instalaciones adecuadas para la transformación de materias primas en productos semielaborados o de estos en productos finales. **2.** Fabricación: *defecto de fábrica.* **3.** Construcción hecha con piedra o ladrillo y argamasa: *pared de fábrica.* **4.** Invención o trama de historias, mentiras, etc.: *fábrica de embustes.* ◇ **Consejo de fábrica** Grupo de clérigos o de laicos que administran los bienes de una iglesia. **Precio de fábrica** Precio al que el fabricante vende sus productos al comercio.
fabricación s.f. Acción y efecto de fabricar. **2.** Proceso de elaboración de un producto mediante una serie de operaciones.
fabricador, ra adj. y s. Que inventa o dispone algo no material: *fabricador de embustes.*
fabricante adj. Que fabrica. ◆ s.m. y f. Industrial.
fabricar v.tr. (lat. *fabricare,* componer, confeccionar). Hacer un producto industrial por medios mecánicos: *fabricar tejidos, muebles.* **2.** Construir, elaborar: *las abejas fabrican la miel.* **3.** Fig. Hacer, disponer o inventar algo no material: *fabricar historias.*
fabril adj. (lat. *fabrilis,* del artesano). Relativo a la fábrica o a sus operarios: *industria fabril.*
fábula s.f. (lat. *fabula,* relato, conversación). Narración corta, frecuentemente en verso, de la que se extrae una moraleja o enseñanza: *las fábulas de Esopo.* **2.** Objeto de murmuración irrisoria o despreciativa: *ser la fábula del barrio.* **3.** Relato falso.
fabulación s.f. Acción y efecto de fabular. **2.** Tendencia de un enfermo psíquico a la invención, o a dar explicaciones falsas.
fabulador, ra s. Fabulista. **2.** Persona que fabula.
fabular v.tr. Inventar historias o fantasías.
fabulario s.m. Repertorio de fábulas.
fabulesco, a adj. Propio o característico de la fábula como género literario.
fabulista s.m. y f. Autor de fábulas literarias.
fabuloso, a adj. Que es imaginario o inventado. **2.** Se dice de la narración fantástica y de los temas que trata: *un relato fabuloso.* **3.** Extraordinario o muy grande en cantidad, número o calidad: *memoria fabulosa.*
faca s.f. Cuchillo corvo. **2.** Cuchillo de grandes dimensiones y con punta.
facción s.f. (lat. *factio, -onis,* manera de hacer, facción). Bando o grupo de gente que actúa con violencia o está en rebelión: *facción revolucionaria.* **2.** Grupo o partido con una manera de pensar o actuar propia dentro de un grupo más importante. **3.** Rasgo del rostro humano: *facciones regulares.* (Suele usarse en plural.) **4.** HIST. Nombre dado en España a cada uno de los grupos insurgentes absolutistas durante el trienio constitucional, de 1820 a 1823, y a los de los carlistas a lo largo de todo el s. XIX.
faccioso, a adj. y s. (lat. *factiosus*). Perturbador de la paz pública. **2.** Que pertenece a una facción o parcialidad.
facenda o **fazenda** s.f. Explotación agrícola cafetera y ganadera de gran extensión, en el área cultural portuguesa de América del Sur.
facería s.f. Convenio de paz entre valles pirenaicos franceses y españoles vecinos, que incluía disposiciones para facilitar su convivencia.
facero, a adj. Relativo a la facería.
faceta s.f. (fr. *facette,* dim. de *face,* cara). Cada una de las caras de un poliedro, especialmente cuando es pequeño: *las facetas de una esmeralda.* **2.** Fig. Cada uno de los aspectos que presenta un asunto: *considerar un problema en todas sus facetas.* **3.** ZOOL. Superficie de cada uno de los ocelos que constituyen los ojos compuestos de los artrópodos.
facetada s.f. Méx. Chiste sin gracia.

facetar v.tr. TECNOL. Tallar en facetas.

faceto, a adj. (lat. *facetus,* elegante, gracioso). Méx. Chistoso sin gracia. **2.** Méx. Presuntuoso.

1. **facha** s.f. (ital. *faccia,* rostro). *Fam.* Aspecto o traza: *tener buena facha.* **2.** *Fam.* Persona o cosa muy fea, ridícula o extravagante: *estar hecho una facha.* SIN.: *adefesio.* **3.** Chile. Fachenda. ◆ **fachas** s.f.pl. Méx. Disfraz.

2. **facha** s.m. y f. Esp. Fascista.

fachada s.f. (ital. *facciata*). Parte exterior y generalmente principal de un edificio. **2.** Aspecto exterior: *la fachada de un buque.* **3.** Apariencia de alguien o algo que oculta la realidad: *todo en él es pura fachada.*

fachenda s.f. (ital. *faccenda,* quehacer, trabajo). *Fam.* Presunción, vanidad. ◆ s.m. y f. *Fam.* Persona fachendosa.

fachendear v.intr. Hacer ostentación fachendosa o vanidosa.

fachendoso, a adj. y s. *Fam.* Presuntuoso, vanidoso. ◆ adj. Méx. Que viste de forma inadecuada. **2.** Méx. Que hace las cosas con descuido.

fachinal s.m. Argent. Lugar anegadizo cubierto de vegetación, como el junco o la paja brava.

fachoso, a adj. *Fam.* Que tiene mala facha. **2.** Chile, Ecuad. y Méx. Presuntuoso. **3.** Méx. Que viste de forma inadecuada.

facial adj. (lat. *facialis*). Relativo al rostro. ◇ **Ángulo facial** Ángulo formado por la intersección de dos líneas, una desde los incisivos superiores al punto más saliente de la frente, y otra que va desde el conducto auditivo a los dientes. **Nervio facial** Séptimo nervio craneal que dirige los músculos cutáneos de la cara y del cráneo.

facies s.f. Aspecto de la cara: *facies cadavérica.* **2.** BOT. Fisonomía particular de una asociación vegetal en un lugar determinado. **3.** GEOL. Conjunto de características de una roca o terreno consideradas desde el punto de vista de su formación. **4.** PREHIST. Conjunto de rasgos que constituyen un aspecto particular de un período cultural.

fácil adj. (lat. *facilis,* factible, fácil). Que no requiere gran esfuerzo o que no opone obstáculos: *una lectura fácil.* **2.** Dócil, sociable: *carácter fácil.* **3.** Se dice de la mujer dispuesta a tener relaciones sexuales. **4.** Probable o posible: *es fácil que venga.* ◆ adv.m. Con facilidad.

facilidad s.f. Capacidad o aptitud especial para hacer algo sin gran esfuerzo: *tener facilidad para el estudio.* **2.** Condición o situación propicia o favorable para algo: *su cargo le ofrece más facilidad para decidir.* ◆ **facilidades** s.f.pl. Medios o condiciones para hacer más fácil algo: *facilidades de pago.*

facilitación s.f. Acción y efecto de facilitar.

facilitar v.tr. Hacer fácil o posible: *estos datos facilitan mi trabajo.* **2.** Proporcionar o entregar algo a alguien: *facilitar informes.*

facineroso, a adj. y s. (lat. *facinerosus,* de *facinus, -inoris,* hazaña, crimen). Malhechor.

facistol s.m. (occitano ant. *faldestol*). Atril grande de las iglesias donde se ponen libros para cantar. **2.** Antillas y Venez. Persona pedante, vanidosa.

facómetro s.m. ÓPT. Instrumento que determina por lectura directa el número de dioptrías de una lente.

facón s.m. Argent., Bol. y Urug. Cuchillo grande, recto y puntiagudo, usado por los campesinos.

facsímil o **facsímile** s.m. (del lat. *fac simile,* haz algo semejante). Reproducción exacta de firmas, escritos, pinturas, dibujos, objetos de arte, etc. **2.** ART. GRÁF. Procedimiento de transmisión a distancia de páginas montadas que permite la publicación simultánea de revistas y periódicos en talleres distintos.

facsimilar adj. Se dice de la reproducción, edición, etc., hecha en facsímil.

factible adj. Que se puede hacer.

facticidad s.f. FILOS. Carácter de lo que existe de hecho y está desprovisto de necesidad.

facticio, a adj. Que no es natural. ◇ **Idea facticia** FILOS. Según Descartes, idea producida por el conocimiento racional o por la imaginación, por oposición a las ideas innatas o adventicias.

fáctico, a adj. Relativo al hecho o a los hechos. ◇ **Poder fáctico** Grupo con mucho poder o influencia.

factitivo, a adj. LING. Se dice del verbo cuyo sujeto no realiza la acción sino que la hace ejecutar. SIN.: *causativo, factivo.*

factivo, a adj. LING. Factitivo.

factor s.m. Agente, elemento que contribuye a causar un efecto. **2.** BIOL. Agente causal hereditario que determina cierto carácter en la descendencia. **3.** F. C. Persona que tiene por oficio cuidar de la recepción, expedición y entrega de los equipajes, mercancías, etc., en las estaciones de ferrocarril. **4.** MAT. Cada uno de los números que figuran en una multiplicación. ◇ **Factor de liberación** MED. Polipéptido secretado por el hipotálamo, que desencadena la secreción de una de las hormonas del lóbulo anterior de la hipófisis. SIN.: *releasing factor.* **Factor de multiplicación** Número de neutrones liberados cuando un neutrón desaparece en el curso de una reacción nuclear. **Factor de potencia** Relación entre la potencia activa disipada en un circuito eléctrico, expresada en vatios, y la potencia aparente, expresada en voltamperios. **Factores de producción** Elementos que concurren en la producción de los bienes o de los servicios, esencialmente el capital y el trabajo. **Factores primos de un número** MAT. Números primos, distintos o no, cuyo producto es igual a este número. **Factor general,** o **G** PSICOL. Aptitud general intelectual de una persona, que corresponde a la correlación entre los resultados que haya obtenido en diversos tests de nivel.

factoraje s.m. Técnica financiera consistente en una transferencia de créditos comerciales por parte de un titular a un intermediario financiero (factor) que gestiona y garantiza el cobro. (También *factoring.*)

factoría s.f. Fábrica. **2.** Establecimiento de comercio o industrial fundado por una nación o por particulares en el extranjero. **3.** Empleo y oficina del factor. **4.** En Latinoamérica, campamento que establecen las expediciones balleneras en las costas de la Antártida.

factorial adj. En estadística y psicología, se dice de los tests elegidos en función de los resultados de análisis factoriales, considerados buenos indicadores de determinados factores. ◇ **Análisis factorial** Método estadístico que tiene como finalidad la búsqueda de factores comunes a un conjunto de variables que tienen entre sí grandes correlaciones. **Factorial de** n Producto de los *n* primeros números enteros: *el factorial de 5 es* $5! = 5 \times 4 \times 3 \times 2 \times 1 = 120$.

factorización s.f. MAT. Transformación de una expresión en producto de factores.

factótum s.m. y f. (del lat. *fac totum,* haz todo) [pl. *factótums*]. *Fam.* Persona de plena confianza de otra y que en nombre de esta desempeña sus funciones.

factual adj. Relativo a los hechos.

factura s.f. Escrito donde figuran el detalle y el precio de las mercancías vendidas o de los servicios prestados y que se entrega a la persona que paga dicho precio. **2.** Hechura, ejecución: *la factura de un tejido.* **3.** Argent. Panecillo dulce, horneado o frito, que suele fabricarse y venderse en las panaderías.

facturación s.f. Acción y efecto de facturar. **2.** Conjunto de operaciones contables que comprenden desde el simple registro de pedidos hasta la contabilización y control estadístico de los elementos de la factura. **3.** Servicio o sección donde se llevan a cabo estas operaciones: *departamento de facturación.*

facturar v.tr. Extender facturas. **2.** Registrar mercancías o equipajes en las estaciones de ferrocarriles o terminales de aeropuerto para que sean remitidos a su destino. **3.** Ganar una persona o una empresa una determinada cantidad de dinero por los servicios o ventas registrados en facturas: *facturó diez millones el año pasado.*

fácula s.f. (lat *facula,* dim. de *fax, -cis,* antorcha). ASTRON. Zona pequeña muy brillante del disco solar, cuya aparición precede generalmente a la de una mancha solar.

facultad s.f. (lat. *facultas, -atis*). Aptitud, capacidad para ejercer una actividad: *perder facultades; la facultad de pensar.* **2.** Autoridad y derecho para hacer una cosa: *conceder facultad para dirigir.* **3.** Centro universitario que coordina las enseñanzas de una determinada rama del saber. <> **Facultades mentales** PSIQUIATR. Conjunto de funciones psíquicas de una persona.

facultar v.tr. Autorizar, conceder facultades a alguien para hacer algo.

facultativo, a adj. Relativo a una facultad: *dictamen facultativo.* **2.** Voluntario, no obligatorio: *trabajo facultativo.* ◆ s. Esp. Médico o cirujano.

facundia s.f. Exceso o facilidad de palabra.

facundo, a adj. Que tiene facundia.

fading s.m. (voz inglesa). RADIODIF. Desvanecimiento.

fado s.m. (port. *fado,* del lat. *fatum,* destino). Canción popular portuguesa de carácter melancólico.

faena s.f. (cat. valenciano *faena,* quehacer, trabajo). Trabajo corporal: *faenas del campo.* **2.** *Fig.* Trabajo mental: *faena de investigación.* **3.** *Fam.* Mala pasada. **4.** Chile. Trabajo duro de realizar. **5.** Chile. Grupo de trabajadores que realizan una tarea común. **6.** Chile. Lugar donde estos realizan la tarea. **7.** Guat. Trabajo que en una hacienda se hace fuera de horario. **8.** TAUROM. Conjunto de las suertes realizadas, especialmente con la muleta, desde el primer pase hasta la estocada o descabello final. <> **Meterse en faena** Entregarse de lleno a un trabajo o actividad.

faenar v.tr. Realizar un trabajo, especialmente los pescadores profesionales.

faenero s.m. Chile. Trabajador del campo.

faetón s.m. (de *Faetón,* en la mitología griega, hijo del Sol). Vehículo tirado por caballerías, de cuatro ruedas, alto, ligero y descubierto, con dos asientos paralelos.

fafarachero, a adj. Amér. Fanfarrón, jactancioso.

fagal adj. y s.f. Relativo a un orden de plantas dicotiledóneas, de flores sin pétalos y unisexuadas, agrupadas en amentos, con fruto inserto en una cúpula, como el roble y el haya.

fagedenismo s.m. Tendencia de una úlcera a extenderse de forma indefinida.

fago s.m. MICROB. Bacteriófago.

fagocitar v.tr. MED. Destruir por fagocitosis.

fagocitario, a adj. Relativo a la fagocitosis o a los fagocitos.

fagocito s.m. (del gr. *phágos,* comilón, y *kýtos,* célula). Célula del organismo que fagocita, como los leucocitos y las células del tejido reticuloendotelial.

fagocitosis s.f. Proceso por el que algunas células absorben partículas, microbios, etc., los engloban con seudópodos y después los digieren.

fagot s.m. (fr. ant. *fagot*). Instrumento musical de viento, de madera y lengüeta doble, que en la orquesta constituye el bajo de la familia de los oboes. ◆ s.m. y f. Fagotista.

fagotista s.m. y f. Persona que en un conjunto musical toca el fagot.

fair play s.m. (voces inglesas). Juego limpio, respeto por las reglas de un deporte, deportividad.

faisán, na s. (occitano ant. *faisan*). Ave gallinácea originaria de Asia, que en algunas especies alcanza los 2 m de long., de cola larga y plumaje brillante, sobre todo en el macho, y de carne apreciada. <> **Faisán neozelandés** Ave de Nueva Zelanda y Australia, de largos dedos, que deposita los huevos en montones de vegetales en descomposición, de hasta 4 m de alt., para que se incuben solos.

faisanería s.f. Lugar dedicado a la cría de faisanes.

faja s.f. (lat. *fascia,* venda, faja, de *fascis,* haz). Tira de tela u otro material que rodea una persona o una cosa ciñéndola: *la faja de un bebé.* **2.** Prenda interior femenina de materia elástica que rodea la cintura con fines estéticos o terapéuticos. **3.** Banda usada como insignia o distintivo honorífico por algunos cargos militares, civiles o eclesiásticos. **4.** Porción más larga que ancha, especialmente de terreno. **5.** ARQ. Moldura ancha y de poco vuelo. **6.** HERÁLD. Pieza que se coloca horizontalmente en la mitad del escudo y que ocupa la tercera parte del mismo.

fajada s.f. Amér. Acometida, embestida.

fajador s.m. DEP. Púgil de gran resistencia a los golpes del adversario.

fajadura s.f. Acción y efecto de fajar o fajarse.

fajamiento s.m. Fajadura.

1. fajar v.tr. y prnl. Rodear o envolver con faja. ◆ v.tr. Argent. *Fig.* y *fam.* Cobrar en exceso por una venta o servicio. **2.** C. Rica, Dom. y P. Rico. Emprender con ahínco un trabajo o estudio: *se fajó con la reparación de la máquina.* **3.** Cuba. Seducir a una mujer con propósitos deshonestos. **4.** Dom. y P. Rico Pedir dinero prestado. **5.** Méx. *Vulg.* Acariciar y besar a alguien con lascivia, excitarse sexualmente con caricias.

2. fajar v.tr. y prnl. Amér. Merid., C. Rica y Cuba. Golpear a uno, pegarle: *los vecinos fajaron al ladrón.* ◆ v.tr. C. Rica, Cuba y Dom. Liarse a golpes: *fajarse a puñetazos.*

fajín s.m. Faja o ceñidor de seda de determinados colores y distintivos que usan los generales y algunos cargos civiles.

fajina s.f. (ital. *fascina*). Leña ligera para encender. **2.** Conjunto de haces de mies que se pone en las eras. **3.** Méx. Comida que se hace al mediodía, en el trabajo del campo. **4.** FORT. Haz de ramas muy apretadas que se usan para revestimientos. **5.** MIL. Toque de formación para las comidas.

fajo s.m. Haz, atado, paquete de cosas: *un fajo de leña, de billetes de banco.* **2.** Méx. *Vulg.* Golpe, cintarazo. ◆ **fajos** s.m.pl. Prendas con que se viste a los recién nacidos.

fajón s.m. Moldura ancha de yeso que enmarca una puerta o una ventana.

fakir s.m. → **faquir.**

falachas o **falashas,** judíos negros de Etiopía, act. establecidos en Israel.

falacia s.f. Cualidad de falaz. **2.** Mentira, engaño.

falafel s.m. (voz árabe). Albóndiga de pasta de garbanzo muy especiada que se sirve a menudo dentro de un pan pita. (Es típica del Próximo oriente.) **2.** *Por ext.* Bocadillo que se hace con esta pasta.

falange s.f. (lat. *phalanx, -gis,* del gr. *phálanx, -ggos,* garrote, rodillo, línea de batalla). Cada uno de los huesos alargados que componen los dedos. **2.** Conjunto de tropas numeroso. **3.** ANT. GR. En la época clásica, formación de combate en la que los hoplitas formaban una masa profunda de varias hileras. **4.** ANT. GR. En la época helénica, infantería macedónica que formaba una masa compacta protegida por escudos y provista de largas lanzas. **5.** POL. Organización política de carácter paramilitar y generalmente de tendencias derechistas: *Falange española.*

falangero s.m. Marsupial australiano arborícola, algunas de cuyas especies, dotadas de un patagio, pueden planear.

falangeta s.f. ANAT. Falange distal o ungular del dedo.

falángido, a adj. ANAT. Relativo a la falange.

falangina s.f. ANAT. Falange segunda o media del dedo.

falangismo s.m. Tendencia política de la Falange española.

falangista adj. y s.m. y f. Relativo a la falange, partido político, especialmente a la Falange española; militante de este partido.

falansterio s.m. (fr. *phalanstère*). Asociación de producción del sistema ideado por Fourier, en la que los trabajadores vivían en comunidad.

falashas → **falachas.**

falaz adj. (lat. *fallax, -acis*). Falso o engañoso: *argumentos falaces.*

falca s.f. Cuña o pieza que se coloca bajo un cuerpo para inmovilizarlo o afirmarlo: *poner una falca bajo la pata de la mesa que cojea.* **2.** Colomb. Cerco que se pone como suplemento a las pailas. (Suele usarse en plural.) **3.** Méx. y Venez.

Especie de canoa grande provista de techo. **4.** MAR. Tabla delgada que, colocada de canto sobre la borda de una embarcación menor, impide que entre el agua.

falcado, a adj. Que tiene una curvatura semejante a la de la hoz. **2.** HERÁLD. Se dice de la cruz cuyos brazos rematan en media luna.

falcar v.tr. Colocar una falca o falcas en algo: *falcar un automóvil.*

falcata s.f. Espada curva empleada por las tribus prerromanas del E y S de la península Ibérica.

falciforme adj. Que tiene forma de hoz.

falcón s.m. Cañón de los ss. XVI-XVII.

falconete s.m. Pieza pequeña de artillería, reducción del falcón.

falcónido, a adj. y s.m. Relativo a una familia de aves que comprende la mayoría de las rapaces diurnas, como el águila y el halcón.

falda s.f. Parte del vestido o prenda de vestir que va desde la cintura hacia abajo. **2.** Regazo: *tener al niño en la falda.* **3.** Parte de la carne bovina que, en el despiece, comprende la región inferior de las paredes abdominales. **4.** ARM. Parte de la armadura que colgaba desde la cintura hacia abajo. **5.** GEOGR. Sector bajo de una vertiente montañosa. ◆ **faldas** s.f.pl. Mujer o mujeres, en oposición al hombre. ◇ **Falda del pistón** Superficie lateral del pistón que asegura su guía en el interior del cilindro.

faldar s.m. ARM. Parte de la armadura que caía desde el extremo inferior del peto.

faldear v.tr. Caminar por la falda de una montaña.

faldellín s.m. Falda corta.

faldeo s.m. Argent., Chile y Cuba. Falda de un monte.

faldero, a adj. Relativo a la falda. **2.** *Fig.* Aficionado a tratar con mujeres.

faldicorto, a adj. Corto de falda.

faldillas s.f.pl. Partes de una prenda de vestir que cuelgan de la cintura.

faldistorio s.m. Sillón de tijera usado en ciertas solemnidades religiosas.

faldón s.m. Parte de las prendas de vestir que cae suelta desde la cintura. **2.** Parte inferior de alguna ropa, colgadura, etc. **3.** CONSTR. **a.** Vertiente triangular de un tejado. **b.** Conjunto de los dos lienzos y el dintel que forman la boca de una chimenea. **4.** EQUIT. Parte de una silla sobre la que apoya las piernas el jinete.

faldriquera s.f. → **faltriquera.**

falena s.f. (gr. *phálaina*). Mariposa de la familia geométridos, algunas de cuyas especies son dañinas para los cultivos y bosques.

falencia s.f. Argent. En lenguaje administrativo, quiebra de un comerciante. **2.** Argent. Carencia, defecto.

falerno s.m. Vino que se cosechaba en Campania (región de Italia), muy apreciado en la antigua Roma.

falible adj. Que se puede equivocar: *toda persona es falible.* **2.** Que puede fallar.

fálico, a adj. Relativo al falo. ◇ **Estadio fálico** PSICOANÁL. Fase de la sexualidad infantil, entre los 3 y los 6 años, en la que las pulsiones se organizan alrededor del falo.

falismo s.m. Culto rendido en algunas culturas al falo.

1. **falla** s.f. (lat. vulgar *falla*). Defecto material de una cosa. GEOSIN.: Esp. *fallo.* **2.** Falta, quebrantamiento de la obligación de alguien. GEOSIN.: Esp. *fallo.* **3.** Amér. Deficiencia en el funcionamiento. GEOSIN.: Esp. *fallo.* **4.** Amér. Error, equivocación. GEOSIN.: Esp. *fallo.*

2. **falla** s.f. (fr. *faille*). Fractura de una capa geológica, acompañada de un desplazamiento vertical, oblicuo u horizontal de los bloques. ◇ **Escarpe de falla** GEOGR. Talud rígido, casi siempre de trazado rectilíneo, creado por una falla.

3. **falla** s.f. (voz catalana, del lat. *facula,* antorcha). Conjunto de figuras de madera y cartón que reproducen de forma satírica escenas y personajes de actualidad, y que se construyen en Valencia para quemarlas. ◆ **fallas** s.f.pl. Festejos que se celebran en Valencia, durante los que se queman estas figuras en la noche de san José.

fallado, a adj. GEOL. Cortado por fallas.

1. **fallar** v.intr. Fracasar, no dar algo el resultado esperado: *fallar una estrategia.* ◆ v.tr. En algunos juegos de cartas, poner un triunfo por no tener el palo que se juega. **2.** Perder algo su firmeza y resistencia: *fallar una pared.*

2. **fallar** v.tr. (del lat. *afflare,* soplar, dar con algo, encontrar). DER. Decidir un litigio o proceso, pronunciando un tribunal, un jurado o una autoridad el fallo o sentencia.

falleba s.f. (ár. vulgar *jallāba*). Varilla de hierro acodillada en sus extremos, que sirve para cerrar las puertas o ventanas.

fallecer v.intr. [conj.: *parecer*]. Morir.

fallecido, a s. Persona muerta.

fallecimiento s.m. Acción de fallecer.

fallero, a adj. Relativo a las fallas de Valencia. ◆ s. Persona que toma parte en las fallas de Valencia.

fallido, a adj. (p. del ant. *fallir,* faltar, errar). Frustrado, que no alcanza lo que pretende o espera: *intento fallido.* **2.** Se dice de la cantidad o crédito que no se puede cobrar.

1. **fallo** s.m. Esp. Falla, defecto: *fallos de serie.* **2.** Esp. Falla, deficiencia. **3.** Esp. Falla, error.

2. **fallo** s.m. Decisión tomada por una autoridad sobre un asunto: *el fallo de un concurso.* **2.** DER. Sentencia del juez, tribunal o árbitro.

falluto, a adj. Argent. y Urug. *Vulg.* Hipócrita.

falo s.m. (lat. *phallus,* del gr. *phallós,* emblema de la generación). Pene. **2.** Hongo basidiomicete de olor repelente y forma fálica.

falocracia s.f. Comportamiento de la persona que tiene la idea de que el hombre es superior a la mujer.

falsación s.f. Acción y efecto de falsar.

falsar v.tr. EPISTEMOL. Contrastar una proposición con los hechos de forma que se pueda refutar.

falsario, a adj. y s. Que inventa falsedades, especialmente calumniosas.

falseador, ra adj. Que falsea o falsifica alguna cosa.

falseamiento s.m. Acción y efecto de falsear.

falsear v.tr. Corromper o falsificar una cosa haciéndola disconforme con la verdad, la exactitud, etc.: *falsear los hechos.* **2.** ARQ. Desviar ligeramente un corte de la perpendicular. ◆ v.intr. Perder algo su firmeza y resistencia: *la columna falsea.* **2.** Disonar una cuerda de un instrumento musical.

falsedad s.f. Cualidad de falso. **2.** Dicho o hecho falso.

falseo s.m. ARQ. **a.** Acción y efecto de falsear un corte. **b.** Corte o cara de una piedra o madero falseados. SIN.: *alambor.*

falsete s.m. (fr. *fausset*). Voz artificial, más aguda que la natural.

falsía s.f. Falsedad, hipocresía.

falsificación s.f. Acción y efecto de falsificar.

falsificar v.tr. (del lat. *falsificatus,* falsificado). Imitar fraudulentamente, hacer una cosa falsa: *falsificar una firma, moneda, una obra de arte.*

falsilla s.f. Hoja de papel con líneas muy señaladas, que se pone debajo de otra para que aquellas sirvan de guía.

falso, a adj. (lat. *falsus,* p. de *fallere,* engañar). No verdadero, no auténtico o no correspondiente a la verdad: *perlas falsas; falsas promesas.* **2.** Que no es real, aparente: *falsa modestia.* **3.** Engañoso, fingido, traidor: *persona falsa; una falsa mirada.* **4.** *Galic.* Torpe, inadecuado: *falsa maniobra.* **5.** CONSTR. En arquitectura y otras artes, se dice de la pieza que suple la falta de dimensiones o de fuerza: *falso pilote.* ◆ s.m. Pieza de la misma tela que se pone interiormente en la parte del vestido donde la costura hace más fuerza. **2.** Ruedo de un vestido. ◇ **Armas falsas** HERÁLD. Armas que violan las leyes heráldicas. SIN.: *armas de enquerre.* **De,** o **en,** o **sobre, falso** Con intención contraria a la que se quiere dar a entender. **Entrar en falso** TAUROM. Acometer la ejecución de una suerte y abandonar el designio sin consumarla. **Falso testimonio** DER. PEN. Delito consistente en la declaración de un testigo, perito o intérprete que falta maliciosamente a la verdad en una causa civil o criminal. **Nota falsa** MÚS. Nota afinada en sí misma, pero emitida cuando no le corresponde.

falta s.f. (del lat. vulgar *fallitus,* p. del lat. *fallere,* faltar). Carencia o privación de una cosa necesaria o útil: *falta de medios económicos.* **2.** Acto contrario al deber u obligación: *falta de respeto.* **3.** Ausencia de una persona del sitio en que hubiera debido estar: *su falta al acto fue muy notoria.* **4.** Cualidad o circunstancia que quita perfección a una cosa: *no encuentro ninguna falta en tu traje.* **5.** Error, equivocación: *falta de ortografía.* **6.** DEP. Infracción del reglamento en un determinado deporte. **7.** DER. Hecho ilícito sancionado con una pena leve. **8.** FISIOL. Supresión de la regla o menstruo en la mujer, principalmente durante el embarazo. **9.** JUEG. Suerte simple de la ruleta que comprende los números del 1 al 18 inclusive. ◇ **A falta de** En sustitución de. **Echar en falta** Sentir la necesidad de algo o alguien; notar que falta algo o alguien. **Hacer falta** Ser preciso para algún fin. **Sin falta** Puntualmente, con seguridad.

faltar v.intr. No haber o no estar una persona o cosa donde debiera estar o haber menos de lo necesario: *falta un jugador para completar el equipo; aquí falta aire.* **2.** No tener o haber una cualidad o circunstancia que debiera existir: *le faltó valor para decírselo.* **3.** Quedar un tiempo por transcurrir o alguna acción sin realizar: *falta una hora para salir; solo falta firmar la carta.* **4.** No acudir a un sitio donde se tenía que ir: *faltar a la cita.* **5.** Dejar de existir, fallecer, morir. **6.** No cumplir alguien con lo que debe o se espera de él: *faltar a sus obligaciones.* **7.** Dejar de tratar a una persona con la consideración debida: *ha faltado a su director.* **8.** Cometer adulterio uno de los cónyuges. ◇ **Faltar poco para** Estar a punto de suceder algo: *faltó poco para que los alcanzaran.*

falto, a adj. Carente o necesitado de algo: *falto de cariño.*

faltón, na adj. *Fam.* Que falta con frecuencia a sus obligaciones o citas. **2.** *Fam.* Que comete faltas de respeto u ofende a otros.

faltriquera o **faldriquera** s.f. (de *faldica,* dim. de *falda*). Bolsa pequeña que se ata a la cintura y se lleva colgada debajo del vestido o delantal. **2.** Bolsillo de una prenda de vestir.

falúa s.f. Embarcación pequeña que emplean los jefes y autoridades de marina en los puertos. **2.** Embarcación ligera de vela latina.

falucho s.m. Falúa, embarcación de vela latina. **2.** Argent. Sombrero de dos picos que usaban los diplomáticos y los jefes militares en las funciones de gala y recepciones oficiales.

falun s.m. (voz provenzal). Depósito calcáreo rico en restos fósiles, que data del terciario.

fama s.f. (lat. *fama,* rumor, voz pública). Reconocimiento público de las extraordinarias cualidades de alguien o algo: *la fama de un héroe.* **2.** Opinión sobre alguien o algo en determinado ambiente o medio: *tener buena o mala fama.*

famélico, a adj. Hambriento, que tiene mucha hambre.

familia s.f. (lat. *familia,* conjunto de criados y esclavos, familia, de *famulus,* sirviente). Conjunto de personas emparentadas que viven juntas, especialmente el padre, la madre y los hijos. **2.** Grupo de personas con parentesco sanguíneo o legal entre ellas. **3.** Dinastía, estirpe, origen social de una persona: *ser de familia aristocrática.* **4.** Prole, hijos: *estar cargado de familia.* **5.** Conjunto de personas o cosas que tienen alguna condición común: *familia espiritual.* **6.** Chile. Enjambre de abejas. **7.** HIST. NAT. Unidad sistemática de las clasificaciones de los seres vivos que comprende cierto número de géneros y es de categoría inferior al orden. ◇ **De buena familia** Que pertenece a una familia con buena posición económica y social. **En familia** Sin gente extraña, en la intimidad. **Familia de curvas** MAT. Conjunto de curvas que dependen de uno o varios parámetros. **Familia de lenguas** Grupo de lenguas que tienen un origen común o vínculos de parentesco estructurales estrechos. **Familia de palabras** Grupo de palabras procedentes de una raíz común. **Familia de vectores** MAT. Conjunto constituido por un determinado número de vectores. **Familia indexada** MAT. Sucesión de elementos tomados de un conjunto a los que se hace corresponder de forma biunívoca la sucesión de los números naturales. **Familia nuclear** ANTROP. Conjunto formado por el padre, la madre y sus hijos.

familiar adj. (lat. *familiaris*). Relativo a la familia. **2.** Se dice del trato sencillo y sin ceremonia: *una relación muy familiar.* **3.** Que es o resulta conocido: *una voz familiar.* **4.** LING. Se dice de una palabra o de una construcción característica de la lengua coloquial. **5.** Que tiene un tamaño o capacidad superior al modelo normal: *automóvil familiar; envase familiar.* ◆ adj. y s.m. y f. Pariente: *el director es un familiar suyo.* ◆ s.m. HIST. **a.** Consejero íntimo del rey, en la edad media. **b.** Agente de la Inquisición española no retribuido, sin obligaciones bien definidas. ◇ **Hacerse familiar** Familiarizarse.

familiaridad s.f. Naturalidad y confianza en el trato.

familiarizar v.tr. Hacer familiar o común una cosa: *familiarizar a alguien con la vida del campo.* ◆ **familiarizarse** v.prnl. Llegar a tener trato familiar con alguien: *familiarizarse con los nuevos compañeros.* **2.** Adaptarse o acostumbrarse a algo: *familiarizarse con el bullicio de la ciudad.*

famoso, a adj. (lat. *famosus*). Que tiene fama, buena o mala: *Cervantes es un escritor famoso; se hizo famoso por su crueldad.* **2.** *Fam.* Se dice de la persona o cosa de la que se habla mucho: *esta noche lucirá su famoso vestido azul.*

fámulo, a s. (lat. *famulus,* criado, sirviente). *Fam.* Criado, doméstico, sirviente.

fan s.m. y f. (voz inglesa) [pl. *fans*]. Admirador o seguidor de una persona o de una moda.

fanal s.m. (ital. *fanale*). Linterna o luz empleadas a bordo de una embarcación y para el balizamiento de las costas. **2.** Campana de cristal para resguardar algún objeto, luz, etc. **3.** Farol de locomotora.

fanariotas, grupo social griego, que tomó su nombre del barrio griego de Istanbul, *Fanar,* formado por nobles, prelados y ricos comerciantes que participaron, a partir del s. XVII, en el sistema administrativo del Imperio otomano y desempeñaron un importante papel en la lucha por la independencia de Grecia (1830).

fanático, a adj. y s. (lat. *fanaticus,* del templo, exaltado, frenético, de *fanum,* templo). Que defiende con apasionamiento y celo desmedidos una creencia, una causa, un partido, etc.: *creyente fanático.* **2.** Que es muy aficionado a una cosa: *fanático de la música.*

fanatismo s.m. (fr. *fanatisme*). Apasionamiento a favor de una creencia o partido.

fanatizar v.tr. (fr. *fanatiser*). Provocar el fanatismo: *fanatizar a las masas.*

fandango s.m. Canción o baile, ejecutado por una pareja, con acompañamiento de castañuelas, al compás 3/4 o 6/8. **2.** *Fig.* y *fam.* Bullicio, jaleo.

fandanguero, a adj. y s. Aficionado a bailes y festejos.

fandanguillo s.m. Baile popular parecido a los fandangos andaluces.

fané adj. (voz francesa). Ajado, estropeado.

faneca s.f. Pez gadiforme comestible de unos 30 cm, con tres aletas dorsales y tres anales, que vive en el Atlántico y Mediterráneo. (Familia gádidos.)

fanega s.f. (ár. *faníqa,* saco grande, medida equivalente al contenido de un saco). Esp. Medida de capacidad para áridos que es distinta según las regiones. **2.** Esp. Porción de áridos que cabe en una fanega. ◇ **Fanega de tierra** Esp. Medida agraria de superficie que varía según las regiones.

fanegada s.f. Fanega de tierra.

fanera s.f. ANAT. Órgano de origen epitelial, como los pelos, las plumas, las uñas, las garras y las pezuñas.

fanerógamo, a adj. y s.f. (del gr. *phanerós,* aparente, y *gámos,* matrimonio). Relativo a un tipo de plantas que se reproducen por flores y semillas. (El tipo *fanerógamas* incluye las angiospermas y las gimnospermas.) SIN.: *espermatófito.*

fanfarrear v.intr. Fanfarronear.

fanfarria s.f. Fanfarronada. **2.** Banda militar de música.

fanfarrón, na adj. y s. (voz de creación expresiva). Se dice de la persona que presume con ostentación de alguna cualidad o posesión.

fanfarronada s.f. Dicho o hecho del fanfarrón.

fanfarronear v.intr. Decir o hacer fanfarronadas.

fanfarronería s.f. Cualidad de fanfarrón. **2.** Fanfarronada.

fang, pamue o **pahouin,** pueblo de Gabón, Camerún y Guinea Ecuatorial, que habla una lengua bantú.

fangal s.m. Terreno lleno de fango.

fango s.m. (cat. *fang*). Mezcla de tierra y agua que se forma en una corriente de agua o en un lugar donde queda agua estancada. **2.** *Fig.* Deshonra que cae sobre una persona, o indignidad en que vive.

fangoso, a adj. Lleno de fango. **2.** *Fig.* Semejante al fango.

fangoterapia s.f. Tratamiento a base de baños de barro.

fanón s.m. Prenda de vestir ornamental en forma de doble esclavina cerrada, con la inferior más larga que la superior, que lleva el papa sobre el alba en la misa pontifical. **2.** ZOOL. Producción córnea, como las crines de los caballos y de otros animales.

fanotrón s.m. Tubo electrónico de vapor de mercurio, usado como rectificador de corriente.

fantasear v.intr. Dejar correr la fantasía o imaginación. **2.** Preciarse, vanagloriarse de algo que no se posee: *fantasear de rico.* ◆ v.tr. Imaginar algo por medio de la fantasía.

fantasía s.f. (gr. *phantasía,* aparición, espectáculo, imagen). Facultad de la mente para representar cosas inexistentes. **2.** Producto mental creado por la imaginación o que no tiene fundamento real. (Suele usarse en plural.) **3.** MÚS. Obra instrumental que hasta el s. XVIII tenía una estructura bastante libre y a veces contrapuntística, y que en el s. XIX se convirtió en una yuxtaposición de episodios de carácter improvisado. ◇ **De fantasía** Se dice de los objetos de adorno de bisutería; se aplica de la prenda de vestir u objeto adornados de forma vistosa y que se considera poco corriente.

fantasioso, a adj. Que tiene mucha imaginación. **2.** Vanidoso, presuntuoso.

fantasma s.m. (lat. *phantasma,* del gr. *phántasma,* aparición, imagen, espectro). Aparición o imagen de algo imaginado, o de un ser inmaterial, como el alma de un difunto. **2.** Imagen o recuerdo fijados en la fantasía. ◆ s.m. y f. Esp. *Fam.* Persona presuntuosa o que alardea de algo que no posee. ◆ s.m. o f. Cosa que infunde temor o persona que simula una aparición o un espectro. (Suele preferirse en forma masculina.) ◆ adj. Se dice de una cosa inexistente, dudosa o poco precisa: *noticia, venta, buque fantasma.* ◇ **Embarazo fantasma** Situación en que una hembra cree estar embarazada, cuando en realidad no lo está.

fantasmada s.f. Esp. *Fam.* Acción o palabras propias de un fanfarrón.

fantasmagoría s.f. (fr. *fantasmagorie*). Arte y técnica de representar figuras mediante ilusiones ópticas. **2.** *Fig.* Fantasía, producto mental de la imaginación.

fantasmagórico, a adj. Relativo a la fantasmagoría.

fantasmal adj. Del fantasma. **2.** Que es o parece irreal.

fantasmón, na adj. y s. Fantasma, presuntuoso.

fantástico, a adj. (lat. *phantasticus,* del gr. *phantastikós*). Quimérico, aparente, irreal. **2.** Relativo a la fantasía. **3.** Estupendo, asombroso. **4.** *Fig.* Presuntuoso y orgulloso. **5.** Se dice del género literario, cinematográfico o artístico en el que aparecen elementos sobrenaturales o irracionales.

fanti, pueblo de Ghana que habla una lengua kwa.

fantochada s.f. Dicho o hecho propio de fantoche.

fantoche s.m. (fr. *fantoche,* del ital. *fantoccio*). Títere, figura pequeña de pasta u otra materia que se mueve con cuerdas. **2.** *Fig.* y *fam.* Persona de figura ridícula, grotesca o pequeña. **3.** *Fig.* Fanfarrón, fachendoso.

fanzine s.m. Revista de poco presupuesto y poca difusión hecha por aficionados a un tema concreto.

fañoso, a adj. Antillas, Can., Méx. y Venez. Gangoso.

faquín s.m. Ganapán, mozo de cuerda.

faquir o **fakir** s.m. (del ár. *faqîr,* pobre, mendigo). Santón musulmán o hindú que vive de forma austera y practica actos extremos de mortificación. **2.** Artista circense que se mortifica el cuerpo en público sin sufrir ningún daño.

faquirismo s.m. Conjunto de actividades de los faquires, que tienen apariencia extraordinaria y se atribuyen a un poder sobrenatural.

fara s.f. Colomb. Zarigüeya.

faraday s.m. (de *Faraday,* físico británico). Cantidad de electricidad, igual a 96 490 culombios, que disocia un equivalente gramo de un electrólito.

farádico, a adj. Se dice de la corriente de inducción.

faradio s.m. (de *Faraday,* físico británico). Unidad de medida de capacidad eléctrica (símb. F) equivalente a la capacidad de un condensador eléctrico entre cuyas armaduras aparece una diferencia de potencial de 1 voltio cuando está cargado con una cantidad de electricidad de 1 culombio.

faradización s.f. Utilización terapéutica de las corrientes eléctricas en psiquiatría.

faralá s.m. Volante, banda de tela plisada o fruncida con que se adornan cortinas, tapetes, enaguas, vestidos, etc. **2.** *Fam.* Adorno excesivo y de mal gusto.

farallón s.m. (cat. *faralló*). Roca alta y tajada que sobresale en el mar o en la costa. **2.** Parte superior y saliente de un filón o de una roca.

faramalla s.f. (del ant. *farmalio,* engaño, del bajo lat. hispánico *malfarium,* crimen). Méx. *Fam.* Situación exagerada, aparatosa o escandalosa con que se pretende llamar la atención.

faramallero, a adj. y s. Chile y Méx. Bravucón, farolero.

farandola s.f. Danza típica de Provenza que se baila formando una cadena con las manos agarradas.

farándula s.f. Arte, ambiente y profesión de las personas dedicadas al teatro.

farandulear v.intr. Fanfarronear.

farandulero, a adj. y s. Relativo a la farándula. **2.** Se dice de la persona que habla mucho para confundir o engañar.

faraón s.m. Soberano del antiguo Egipto. **2.** Juego de naipes parecido al monte y en el que se emplean dos barajas.

faraónico, a adj. Relativo a los faraones y a su época. **2.** Grandioso, fastuoso: *proyecto faraónico.*

faraute s.m. Mensajero, heraldo. **2.** Rey de armas de segunda clase. **3.** *Fam.* Persona bulliciosa y entrometida.

1. **farda** s.f. Contribución que pagaban los musulmanes y los judíos en los reinos cristianos.

2. **farda** s.f. Conjunto de ropas atadas.

3. **farda** s.f. (ár. *fard,* muesca). CARP. Corte hecho en un madero para encajar la barbilla de otro.

fardaje s.m. Conjunto de fardos que constituye una carga. SIN.: *fardería.*

fardar v.intr. Esp. *Fam.* Alardear, presumir de algo.

fardel s.m. Talega o saco de los pastores y caminantes.

fardo s.m. (de *fardel*). Paquete grande y apretado que se hace con cosas para transportarlas.

fardón, na adj. Esp. *Fam.* Que resulta atractivo o que sirve para fardar. **2.** Se dice de la persona que farda.

farfallón, na adj. y s. Farfullador, chapucero.

farfán s.m. Soldado cristiano al servicio de los musulmanes.

fárfara s.f. Membrana cortical del huevo de las aves, que rodea por completo la clara del huevo y está adherida a la superficie interior de la cáscara.

farfolla s.f. Envoltura de la panoja del maíz, mijo o panizo. **2.** *Fig.* Cosa de mucha apariencia y poca entidad.

farfulla s.f. Defecto de la fonación que consiste en la pronunciación precipitada y poco diferenciada de las palabras. ◆ s.m. y f. y adj. *Fam.* Persona que tiene este defecto.

farfullador, ra adj. y s. Que habla farfullando. SIN.: *farfullero.*

farfullar v.tr. (voz de origen onomatopéyico). Decir una cosa de manera atropellada y confusa. **2.** *Fig.* y *fam.* Hacer una cosa con atropello y confusión.

farináceo, a adj. Harinoso.

faringe s.f. (gr. *phárygx, -ggos*). Conducto muscular y membranoso que va desde las fosas nasales y la boca hasta el esófago, en el que las vías digestivas se cruzan con las vías respiratorias.

faríngeo, a adj. Relativo a la faringe. **2.** Se dice del sonido que se articula acercando la raíz de la lengua a la pared posterior de la faringe.

faringitis s.f. Inflamación de la faringe.

fariña s.f. Argent., Colomb., Perú y Urug. Harina gruesa de mandioca.

farisaico, a adj. Relativo a los fariseos. **2.** *Fig.* Hipócrita, que actúa como un fariseo.

fariseísmo s.m. Hipocresía.

fariseo, a s. *Fig.* Persona hipócrita, especialmente si aparenta una virtud o una creencia que no tiene. ◆ s.m. Miembro de una secta judía aparecida en el s. II a.C., caracterizada por su fervor y austeridad, a la que la tradición cristiana atribuye una preocupación excesiva por los signos externos de cumplimiento de la Ley.

farmacéutico, a adj. (lat. *pharmaceuticus,* del gr. *pharmakeytikós*). Relativo a la farmacia. ◆ s. Persona que se dedica a la farmacia o que regenta una farmacia.

farmacia s.f. (gr. *pharmakeía,* empleo de los medicamentos). Ciencia que estudia la composición y la preparación de medicamentos. **2.** Establecimiento donde se venden medicamentos.

fármaco s.m. (gr. *phármakon,* medicamento). Medicamento.

farmacodependencia s.f. Estado de la persona que experimenta una necesidad absoluta de ingerir un medicamento a intervalos regulares.

farmacodinamia s.f. Parte de la farmacología que estudia los efectos de los medicamentos sobre el organismo.

farmacología s.f. Ciencia que estudia los medicamentos y su uso.

farmacológico, a adj. Relativo a la farmacología.

farmacólogo, a s. Persona que se dedica a la farmacología.

farmacopea s.f. (gr. *pharmakopoiía,* confección de drogas). Libro oficial de los medicamentos y su descripción, destinado a ayudar a los farmacéuticos en la práctica de su profesión.

faro s.m. (lat. *pharo,* del gr. *Pháros,* isla del ant. Egipto). Torre elevada con un potente foco luminoso para guiar los barcos y los aviones durante la noche. **2.** Proyector de luz situado en la parte delantera de un vehículo. **3.** *Fig.* Persona o cosa que sirve de guía moral o intelectual.

farol s.m. Utensilio que consiste en una caja hecha o guarnecida de una materia transparente, con una luz en su interior para que alumbre. **2.** Dicho o hecho jactancioso que carece de fundamento. **3.** *Fig.* y *fam.* Persona jactanciosa, muy amiga de llamar la atención. **4.** Esp. JUEG. Jugada o envite falso que se hace para deslumbrar o desorientar. **5.** TAUROM. Lance de frente dado con la capa, que consiste en girar el diestro pasándose esta por la cabeza al efectuarlo. ◇ **Adelante con los faroles** *Fam.* Se usa para animar a alguien o a uno mismo a continuar o perseverar en un intento, a pesar de las dificultades que se presentan. **Echarse,** o **marcarse,** o **tirarse, un farol** Decir algo exagerado o prometer algo sin fundamento.

farola s.f. Farol grande para el alumbrado público.

farolazo s.m. Amér. Central y Méx. Trago de licor: *lo invitaron a darse un farolazo.*

farolear v.intr. Fanfarronear.

farolero, a adj. y s. Fanfarrón. ◆ s. Persona que tenía por oficio cuidar de las farolas del alumbrado público.

farolillo s.m. Farol hecho de papel de colores, de distintas formas, que se emplea como adorno en verbenas y fiestas. ◆ **farolillos** s.m.pl. Planta herbácea de unos 80 cm de alt., de flores azules o blancas, que se cultiva en jardines y florece todo el verano. (Familia campanuláceas.) ◇ **Farolillo rojo** Último clasificado en algunas competiciones deportivas.

farpa s.f. Punta de las que quedan al hacer una escotadura en el borde de algunas cosas, como banderas, estandartes, etc.

1. **farra** s.f. Juerga, fiesta bulliciosa: *irse de farra.* SIN.: *parranda.* **2.** Argent. y Urug. Burla. ◇ **Tomar a alguien para la farra** Argent., Par. y Urug. *Fam.* Burlarse de alguien.

2. **farra** s.f. Pez parecido al salmón, que vive en lagos alpinos, muy apreciado por su carne.

fárrago s.m. (lat. *farrago, -aginis,* mezcla de varios granos, compilación de poco valor). Conjunto de cosas desordenadas o ideas inconexas.

farragoso, a adj. Desordenado y confuso: *texto farragoso.*

farrear v.intr. Andar de farra.

farrista adj. y s.m. y f. Aficionado a la farra, juerga.

farro s.m. (del lat. *far, farris,* especie de trigo, harina). Cebada a medio moler, remojada y mondada.

farruca s.f. Cante y baile flamenco de ritmo binario y de influjo galaicoasturiano.

farruco, a adj. y s. (dim. de *Francisco*). Gallego o asturiano recién salido de su tierra. ◆ adj. **2.** Esp. *Fam.* Valiente, desafiante, terco.

farruto, a adj. Bol. y Chile. Enteco, enfermizo.

farsa s.f. (fr. ant. *farse,* pieza cómica breve, de *fars,* relleno). Obra dramática de estilo y temática diferentes, según la nacionalidad y la época. **2.** Pieza cómica breve. **3.** *Fig.* Cosa que se hace para aparentar o engañar. **4.** *Desp.* Obra dramática chabacana y grotesca..

farsante, a adj. y s. (ital. *farsante*). *Fam.* Que finge ser lo que no es o sentimientos falsos.

farseto s.m. (ital. *farsetto*). Jubón acolchado que se ponía debajo de la armadura.

fasces s.f.pl. Emblema del fascismo. **2.** ANT. ROM. Insignia del lictor romano, formada por un haz de varas en torno a un hacha.

fascia s.f. ANAT. Formación aponeurótica que recubre músculos u órganos.

fasciación s.f. BOT. Anomalía de una planta consistente en que algunos órganos se aplanan y se agrupan en haces.

fascial s.m. ARQ. Piedra o sillar más alto de un edificio.

fasciculado, a adj. Dispuesto en fascículos. **2.** ARQ. Se dice de la columna compuesta, como mínimo, de cinco columnillas unidas. **3.** BOT. Se dice de la raíz en la que no se puede distinguir el eje principal.

fascicular adj. Relativo al fascículo.

fascículo s.m. (lat. *fasciculus,* dim. de *fascis,* haz). Entrega, cada uno de los cuadernos impresos en que se divide y expende una obra que se publica por partes. **2.** ANAT. Haz de fibras musculares o nerviosas. **3.** BOT. Hacecillo. ◇ **Fascículo de His** ANAT. Fascículo de fibras nerviosas del corazón que empieza en el nudo de Tawara y se divide en dos ramas para transmitir el influjo nervioso a los ventrículos.

fascinación s.f. Acción y efecto de fascinar.

fascinante adj. Que fascina.

fascinar v.tr. (lat. *fascinare,* embrujar). Atraer, seducir, retener la atención.

fascio s.m. (voz italiana). Liga o agrupación italiana de acción política o social.

fascismo s.m. (ital. *fascismo*). Régimen establecido en Italia de 1922 a 1945, fundado por Mussolini y basado en la dictadura de un partido único, la exaltación nacionalista y el corporativismo. **2.** Doctrina encaminada al establecimiento de un régimen jerarquizado, nacionalista y totalitario.

fascismo

El fascismo apareció en 1919 con la creación por parte de Mussolini de los Fascios italianos de combate, milicias formadas por los llamados camisas negras, que iniciándose en un vago programa socializante, se orientaron hacia los presupuestos tradicionales de la extrema derecha nacionalista. Llegó al poder cuando el rey Víctor Manuel III, para poner fin a la crisis ministerial, nombró a Mussolini primer ministro (oct. 1922), y consagró su victoria tras la célebre «marcha sobre Roma». Mussolini estableció progresivamente una dictadura de partido único, censura y represión de las libertades, basada en el culto al jefe (el Duce), a la obediencia y al estado. En el exterior, practicó una política expansionista con el afán de restablecer el antiguo Imperio romano (invasiones de Libia y Etiopía) y se comprometió en la segunda guerra mundial del lado de Hitler (desde 1940). Extendido a otros regímenes distintos, como la Alemania de Hitler, donde el racismo proario y el antisemitismo ocuparon un lugar destacado, y la España de Franco, inducida a desarrollar el espíritu corporativista en nombre de valores tradicionales (ejército, iglesia), el término fascismo se aplica a todo sistema político que se caracterice por su rechazo simultáneo del socialismo y del igualitarismo democrático.

fascista adj. y s.m. y f. Relativo al fascismo; partidario del fascismo.

fascistización s.f. Proceso a través del cual una sociedad o grupo adquiere características propias del fascismo.

fase s.f. (gr. *phásis,* aparición de una estrella). Cada uno de los estados sucesivos de un fenómeno en evolución: *las fases de un combate, de una enfermedad.* **2.** Cada uno de los aspectos sucesivos con que la Luna y otros planetas se presentan a la vista humana, según los ilumina el Sol. **3.** ELECTR. Cada una de las corrientes alternas de la misma frecuencia e intensidad, pero retrasadas en el tiempo unas respecto de otras, que, producidas en un mismo generador y acopladas, originan las corrientes polifásicas. **4.** FÍS. **a.** Estado, forma de agregación de la materia. **b.** Cantidad $\omega t + \varphi$ cuyo coseno da el modo de variación de una magnitud sinusoidal. **5.** INDUSTR. Conjunto de actividades efectuadas en un mismo puesto de trabajo, para o en una misma unidad de producción. **6.** QUÍM. Parte homogénea de un sistema de sustancias en contacto y en interacción las unas con las otras. ◇ **En fase** Se dice de dos o más fenómenos periódicos que varían de la misma manera en cada instante.

faseoláceo, a adj. BOT. Parecido a una semilla de frijol o judía. SIN.: *faseoliforme.*

fasiánido, a adj. y s.m. Relativo a una familia de aves gallináceas de mediano tamaño, pico fuerte y mejillas desnudas y verrugosas, como el gallo, el faisán o la perdiz.

fasímetro s.m. Aparato para medir el desfase de dos tensiones sinusoidales de igual frecuencia.

fásmido, a adj. y s.m. Relativo a una familia de insectos ortópteros de cuerpo alargado y fino que viven preferentemente en las regiones cálidas.

fast-food s.m. (voz angloamericana) [pl. *fast-food*]. Tipo de comida cuya elaboración está totalmente automatizada, que se sirve empaquetada para consumirla con rapidez o para llevársela, resultando muy económica.

fastidiar v.tr. y prnl. Causar fastidio. **2.** *Fig.* Enojar o molestar. **3.** Echar a perder algo. ◇ **Estar fastidiado** Esp. Encontrarse mal de salud.

fastidio s.m. Disgusto o molestia producidos por una contrariedad o por algo que causa desagrado. **2.** *Fig.* y *fam.* Enojo, cansancio.

fastidioso, a adj. Que causa fastidio.

fastigio s.m. (lat. *fastigium,* pendiente, inclinación). Cúspide, vértice. **2.** *Fig.* Apogeo, grado superior que puede alcanzar algo.

fasto, a adj. (lat. *fastus, -a, -um,* de *fas,* lo permitido). En la antigua Roma, se decía del día en que era lícito tratar los negocios públicos y administrar justicia. **2.** Memorable, venturoso. ◆ s.m. Fausto, suntuosidad, lujo extraordinario. ◆ **fastos** s.m.pl. Tablas cronológicas de los antiguos romanos: *fastos consulares.* **2.** Anales o relación de sucesos memorables por orden cronológico.

fastuosidad s.f. Cualidad de fastuoso.

fastuoso, a adj. (lat. *fastuosus*). Hecho con fausto, suntuosidad o lujo extraordinario.

fatal adj. Inevitable o predestinado: *destino fatal.* **2.** Aciago, nefasto, funesto: *consecuencias fatales.* **3.** Mortal: *accidente fatal; fatal desenlace.* **4.** Esp. Malo, pésimo: *realizar un examen fatal.* ◆ adv.m. Muy mal.

fatalidad s.f. Cualidad de fatal. **2.** Destino, fuerza a la que se atribuye la determinación de lo que ha de suceder. **3.** Adversidad inevitable.

fatalismo s.m. Teoría que considera todos los acontecimientos como irrevocables y previamente establecidos por una causa única y sobrehumana. **2.** Actitud de la persona que acepta los acontecimientos sin intentar modificarlos.

fatalista adj. y s.m. y f. Relativo al fatalismo; partidario de esta teoría. **2.** Se dice de la persona que acepta los acontecimientos sin intentar influir en ellos.

fatídico, a adj. (lat. *fatidicus*). Que vaticina el porvenir, anunciando generalmente desgracias. **2.** Desgraciado, nefasto.

fatiga s.f. Sensación de pérdida de fuerza que se experimenta después de un trabajo, físico o intelectual, prolongado e intenso. **2.** Molestia ocasionada por la respiración frecuente o difícil. **3.** *Fig.* Molestia, penalidad. (Suele usarse en plural.) **4.** Esfuerzo que soporta, por unidad de sección, un cuerpo sometido a fuerzas exteriores. **5.** Deterioro interno de un material sometido a esfuerzos repetidos superiores al límite de resistencia e inferiores al límite de elasticidad.

fatigador, ra adj. Que fatiga a otro.

fatigar v.tr. y prnl. (lat. *fatigare*). Causar fatiga. ◆ v.tr. Fastidiar, molestar.

fatigoso, a adj. Que causa fatiga.

fatimí o **fatimita** adj. y s.m. y f. Relativo a los Fatimíes, dinastía musulmana que reinó en el NE de África y en Egipto.

fatua s.f. → **fetua.**

fatuidad s.f. Cualidad de fatuo. **2.** Dicho o hecho fatuo.

fatuo, a adj. y s. (lat. *fatuus,* soso, extravagante, insensato). Que manifiesta una presunción ridícula.

fauces s.f.pl. ANAT. Parte posterior de la boca de los mamíferos.

fauna s.f. (lat. *fauna,* de *Fauna,* diosa romana de la fecundidad). Conjunto de especies animales que viven en una región o un medio: *la fauna alpina.* **2.** Obra que describe los animales de un país.

faunesa s.f. Ninfa que tenía las mismas costumbres y los mismos rasgos que los faunos, con quienes se unía.

fauno s.m. (lat. *faunus*). Divinidad campestre de los romanos de apariencia humana y cuernos y patas de cabra.

1. **fausto** s.m. (lat. *fastus, -us,* orgullo, soberbia). Suntuosidad, pompa, lujo extraordinario.

2. **fausto, a** adj. Que causa alegría o felicidad.

fauvismo s.m. (fr. *fauvisme*). Corriente pictórica desarrollada en París a principios del s. XX.

fauvismo

Entre los fauvistas se hallan varios alumnos del taller de Gustave Moreau (quien manifestaba no creer en otra realidad que la del *sentimiento interior*) como Matisse, Vlaminck y Derain. Hacia 1908, las audacias del fauvismo se difuminaron en algunos autores y, en otros, abrieron la puerta de nuevas libertades, de modo que todos estos artistas siguieron caminos diferentes.

fauvista adj. y s.m. y f. Relativo al fauvismo; seguidor de esta corriente pictórica.

favela s.f. (voz brasileña). Barraca en la periferia de las grandes ciudades de Brasil.

favo s.m. (lat. *favus,* panal). MED. Dermatosis debida a un hongo microscópico.

favor s.m. (lat. *favor, -oris,* favor, simpatía). Ayuda, servicio o protección que se presta por afecto o cortesía: *hacer un favor a alguien.* **2.** Beneficio, preferencia, protección, aprobación: *gozar del favor del público.* **3.** Ayuda prestada arbitrariamente a alguien por una persona con autoridad. **4.** Situación de alguien que recibe la confianza de una persona con autoridad. **5.** Concesión amorosa o sexual que le hace una mujer a un hombre. **6.** Colomb. Moño, lazo de cinta. ◇ **A,** o **en, favor de** En beneficio y utilidad de uno: *testar a favor de alguien;* a beneficio, en virtud de. **¡Por favor!** Se usa para hacer una petición de forma educada. **Tener a su favor** Servir a alguien para su beneficio.

favorable adj. (lat. *favorabilis*). Conveniente, propicio: *viento favorable.*

favorecer v.tr. [conj.: *parecer*]. Ayudar, socorrer a alguien. **2.** Dar o hacer un favor a alguien. **3.** Apoyar, secundar un intento, empresa u opinión. ◆ v.intr. Sentar bien a una persona una cosa haciéndola más atractiva.

favoritismo s.m. Parcialidad de la persona que atiende antes al favor que al mérito o a la equidad.

favorito, a adj. (fr. *favori, -ite*). Que se estima o aprecia con preferencia. ◆ adj. y s. DEP. Que tiene muchas posibilidades de ganar una competición. ◆ s. Valido, privado, persona que goza del favor de un rey o autoridad.

fax s.m. (apócope de *telefax*). Servicio de telecopia que utiliza la red telefónica para enviar y recibir documentos. **2.** Aparato para enviar o recibir estos documentos. **3.** Documento enviado o recibido mediante este servicio.

faya s.f. (fr. *faille*). TEXT. Tejido compuesto de urdimbre de seda y trama poco densa, que forma canutillos en el sentido de la trama.

fayenza s.f. Loza fina fabricada en la ciudad de Faenza. **2.** Loza fina cubierta con esmalte estannífero.

fayuca s.f. Méx. Contrabando, estraperlo.

fayuquero, a adj. y s. Méx. Contrabandista, estraperlista.

faz s.f. (lat. *facies,* aspecto, rostro). Rostro o cara. **2.** Anverso, lado principal de una cosa. **3.** Superficie o lado de una cosa. ◇ **Sacra,** o **Santa, Faz** REL. Imagen del rostro de Jesús.

fazaña s.f. Sentencia o fallo dictado por los jueces castellanos de los ss. X y XI, basándose en su propio albedrío.

fazenda s.f. → **facenda.**

fcem, abrev. de **fuerza contraelectromotriz.*

fe s.f. (lat. *fides,* fe, confianza). Creencia en una cosa no basada en evidencias o argumentos racionales. **2.** Conjunto de creencias religiosas. **3.** Confianza que alguien tiene en sí mismo, en otro o en una cosa: *tener fe en sus posibilidades.* **4.** Creencia en verdades religiosas reveladas, que orienta el pensamiento y la acción. **5.** DER. Documento que acredita o certifica una cosa: *fe de bautismo, de viudedad.* ◇ **A fe (mía)** o **por mi fe** En verdad. **Buena fe** Honradez, sinceridad, ingenuidad. **Dar fe** Declarar la verdad de lo presenciado o afirmar la autenticidad de un hecho. **Fe de erratas** Lista de las erratas de un libro o texto impreso con sus respectivas enmiendas, y que está inserta en el mismo. **Mala fe** Malicia, mala intención.

feacios, pueblo mítico que, según la *Odisea,* habitaba en la isla de Corcira (act. Corfú), donde Nausica acogió a Ulises.

fealdad s.f. (lat. *fidelitatem,* fidelidad). Cualidad de feo.

febrero s.m. (lat. *febrarius*). Segundo mes del año. (Tiene 28 días o 29 si el año es bisiesto.)

febrícula s.f. MED. Fiebre inferior a los 38 °C, generalmente duradera, que suele manifestarse al atardecer o por la noche.

febrífugo, a adj. y s.m. Que hace bajar la fiebre.

febril adj. Relativo a la fiebre. **2.** Fig. Vehemente o muy intenso: *actividad febril; deseo febril.*

febronianismo s.m. Doctrina de Febronius, condenada por Clemente XIII en 1764, que pretendía limitar la influencia directa del papa al favorecer a una Iglesia católica nacional en Alemania.

fecal adj. (del lat. *faex,* impureza). FISIOL. Relativo a las heces.

fecaloma s.f. Acumulación de materias fecales endurecidas que obstruyen el recto o el colon.

fecha s.f. (p. del ant. *facer,* hacer). Indicación del tiempo y a veces del lugar en que se hace u ocurre algo, especialmente la puesta al principio o al fin de un escrito. **2.** Tiempo o momento determinado: *yo no estaba aquí en esa fecha.* **3.** Tiempo o momento actual: *hasta la fecha no ha habido noticias.* **4.** Número de días que median entre dos momentos determinados: *esta carta ha tardado tres fechas.*

fechador s.m. Utensilio para estampar fechas. **2.** Chile, Méx. y Perú. Matasellos.

fechar v.tr. Poner fecha a un escrito: *fechó la carta antes de partir.* **2.** Determinar la fecha de un acontecimiento, documento, objeto, etc.

fechoría s.f. (del ant. *fechor,* el que hace). Acción mala, delito.

fécula s.f. (lat. *faecula,* dim. de *faex,* poso, impureza). Sustancia pulverulenta, compuesta de granos de almidón, abundante en determinados tubérculos, como la papa.

feculencia s.f. Estado de una sustancia feculenta. **2.** Estado de un líquido que deposita sedimentos.

fecundabilidad s.f. Aptitud de las mujeres de ser fecundadas.

fecundable adj. Que puede ser fecundado.

fecundación s.f. Acción de fecundar. **2.** BIOL. Unión de dos células sexuales, masculina y femenina (dos gametos), cada una de las cuales contiene *n* cromosomas, que origina el huevo o cigoto cuyo desarrollo da lugar a un nuevo individuo. ◇ **Fecundación artificial** BIOL. Fecundación del óvulo en condiciones no naturales. **Fecundación in vitro** BIOL. Fecundación del óvulo fuera del organismo, en un medio de cultivo apropiado, seguida de la implantación del huevo, después de las primeras divisiones, en un útero que permita su nidación.

fecundar v.tr. (lat. *fecundare*). Hacer fecunda o productiva una cosa. **2.** BIOL. Unir o unirse el elemento reproductor masculino al femenino para engendrar un nuevo ser.

fecundidad s.f. Cualidad de fecundo.

fecundización s.f. Acción y efecto de fecundizar.

fecundizar v.tr. Hacer que una cosa pueda producir o admitir fecundación: *fecundizar un terreno con los abonos.*

fecundo, a adj. (lat. *fecundus*). Capaz de reproducirse por medios naturales. **2.** Fig. Se dice de la persona que produce abundantes obras o resultados. **3.** Fértil, que produce mucho: *tierra fecunda.*

fedatario s.m. DER. Funcionario que certifica o da fe, especialmente el notario.

fedayin s.m. Miembro de los comandos guerrilleros palestinos.

federación s.f. (lat. *foederatio, -onis,* alianza). Agrupación de estados, con frecuencia subsiguiente a una confederación, que constituye una unidad internacional distinta, superpuesta a los estados miembros, y a la que pertenece exclusivamente la soberanía externa. **2.** Agrupación orgánica de colectividades humanas con un fin común: estados, asociaciones, sindicatos, etc. **3.** DEP. Organismo que regula un deporte y agrupa a todos los equipos de esta modalidad deportiva.

federado, a adj. Que forma parte de una federación: *ciudades federadas.* ◆ s. Miembro de una confederación. **2.** HIST. Insurrecto parisiense de la Comuna de 1871.

1. **federal** adj. y s.m. y f. Relativo a la federación; partidario del federalismo. ◆ adj. Se dice del sistema de gobierno de una confederación de estados autónomos que en los asuntos

de interés general están sujetos a las decisiones de una autoridad central.
2. **federal** s.m. Ave paseriforme que vive en América meridional, de plumaje negro con el cuello y pecho rojos. (Familia ictéridos.)
federalismo s.m. Sistema político en el que varios estados independientes traspasan a una autoridad superior una parte de sus funciones.
federalista adj. y s.m. y f. Relativo al federalismo; partidario de este sistema. ◇ **Partido federalista** Primer partido político que existió en EUA, liderado por industriales, banqueros y comerciantes del noreste.
federar v.tr. y prnl. (lat. *foederare,* unir por medio de una alianza, de *foedus, -eris,* tratado, alianza). Formar federación o unir a una federación.
federativo, a adj. Relativo a la federación. ◆ s. Dirigente de una federación.
feed-back s.m. (ingl. *feedback*). Retroacción. **2.** Capacidad del emisor, en un acto de comunicación, para recoger las reacciones de los receptores y, de acuerdo con la actitud de estos, modificar su mensaje.
feeling s.m. (voz inglesa, *sentimiento*). Emoción y sensibilidad con que se interpreta una música. **2.** Sentimiento, generalmente positivo.
feérico, a adj. (fr. *féerique*). Maravilloso, mágico.
féferes s.m.pl. Colomb., C. Rica, Cuba, Dom., Ecuad. y Méx. Bártulos, trastos, chismes.
fehaciente adj. Que prueba algo considerándolo irrefutable. **2.** DER. Que da fe en juicio.
feísmo s.m. Tendencia estética que concede valor a lo feo.
felación s.f. Excitación bucal del pene. SIN.: *fellatio.*
felandrio s.m. **Felandrio acuático** Planta de unos 2 m de alt., de fruto diurético y narcótico. (Familia umbelíferas.) SIN.: *enante.*
feldespático, a adj. Relativo al feldespato. **2.** Que contiene feldespato.
feldespato s.m. (alem. *feldspat*). Aluminosilicato natural de potasio, sodio o calcio, frecuente en las rocas eruptivas.
feldespatoide s.m. Silicato natural presente en las rocas con escaso sílice.
felibre s.m. y f. (occitano *felibre*). Poeta o escritor en lengua de oc.
felibrismo s.m. Escuela literaria creada en 1854 para recuperar la lengua provenzal como lengua literaria.
felicidad s.f. (lat. *felicitas, -tatis*). Estado de ánimo de la persona alegre y satisfecha por la situación en que vive. **2.** Cosa que produce este estado de ánimo: *tenerte a mi lado es mi mayor felicidad.* **3.** Suerte feliz: *salir con felicidad de un empeño.*
felicitación s.f. Acción de felicitar: *mi más sincera felicitación.* **2.** Expresión o escrito con que se felicita: *felicitación navideña.*
felicitar v.tr. y prnl. (lat. *felicitare,* hacer feliz). Expresar buenos deseos hacia alguien. **2.** Expresar a alguien satisfacción y alegría con motivo de algún suceso favorable a esa persona: *felicitar por la victoria.*
félido, a adj. y s.m. Relativo a una familia de mamíferos carnívoros digitígrados, de garras retráctiles, caninos desarrollados y molares cortantes y poco numerosos, como el gato, el león, el lince, etc.
feligrés, sa s. (del lat. vulgar hispánico *fili eclesiae,* hijo de la iglesia). Persona que pertenece a una parroquia.
feligresía s.f. Conjunto de feligreses de una parroquia. **2.** Parroquia, territorio que está bajo la jurisdicción de un cura párroco.
felino, a adj. (lat. *felinus,* de *feles,* gato). Relativo al gato. **2.** Que es característico del gato: *movimientos felinos.* ◆ adj. y s.m. Félido.
feliz adj. (lat. *felix, -icis*). Que siente o tiene felicidad: *existencia feliz.* **2.** Que ocasiona felicidad: *feliz acontecimiento.* **3.** Acertado u oportuno: *respuesta feliz; feliz intervención.*

fellatio s.f. Felación.
felodermis s.f. Tejido vegetal que produce el felógeno hacia el interior de la planta, habitualmente poco desarrollado.
felógeno, a adj. y s.m. Se dice del tejido vegetal que produce el corcho.
felón, na adj. y s. Que comete felonía.
felonía s.f. (fr. *félonie*). Deslealtad, ofensa o traición.
felpa s.f. Tela suave de algodón, seda, lana, etc., con pelo o pelusilla. **2.** *Fig.* y *fam.* Paliza o reprensión severa.
felpada s.f. Argent. y Urug. Felpa, paliza o reprimenda.
felpar v.tr. Cubrir con felpa. ◆ v.intr. Méx. *Fam.* Morir. **2.** Méx. Acabarse algo por completo: *felpó la botella.*
felpear v.tr. Argent. y Urug. *Fam.* Pegar o reprender ásperamente a alguien.
felpilla s.f. Cordón o tira de pasamanería afelpados.
felpudo, a adj. Afelpado. ◆ s.m. Esterilla afelpada que suele ponerse a la entrada de las casas o al pie de las escaleras para limpiarse los zapatos.
felús s.m. Moneda de cobre con el menor valor dentro del sistema monetario musulmán.
fem, abrev. de **fuerza electromotriz.*
femenil adj. (lat. tardío *feminilis,* de *femina,* mujer). Relativo a la mujer.
femenino, a adj. (lat. *femininus,* de *femina,* mujer). Relativo a la mujer o propio de la mujer. **2.** Se dice del individuo o del órgano animal o vegetal apto para producir células fecundables. ◆ adj. y s.m. LING. **a.** Se dice del género gramatical de los nombres que designan seres del sexo femenino, de otros nombres que poseen la misma terminación y de los adjetivos y determinantes que concuerdan con ellos: *un nombre, un pronombre, un adjetivo femenino.* **b.** Se dice del nombre, adjetivo o determinante de este género gramatical.
fementido, a adj. Que no es fiel a su palabra: *fementido rufián.* **2.** Engañoso, falso: *fementido argumento.*
fémina s.f. Mujer.
femineidad s.f. Cualidad de femenino. SIN.: *feminidad.*
feminidad s.f. Femineidad. **2.** Conjunto de caracteres anatómicos y fisiológicos propios de la mujer. **3.** Conjunto de rasgos psicológicos considerados como femeninos, por oposición a los que son atribuidos al hombre.
feminismo s.m. Conjunto de movimientos cuya doctrina común es la de mejorar la situación de la mujer en la sociedad, y que esta acepte sus derechos para lograr así su emancipación.

feminismo

El feminismo tuvo su origen en el s. XVIII, creció durante la Revolución francesa (con O. de Gouges) y se desarrolló durante el s. XIX, relacionado con las ideas sansimonianas y fourieristas e impulsado por F. Tristan, P. Roland, etc. Más adelante, la lucha por la igualdad de derechos (el movimiento de las «sufragistas», animado por E. Pankhurst en Gran Bretaña) y la influencia de la obra de S. Beauvoir abrieron la brecha para la militancia de la década de 1970 (*Women's Lib* estadounidense, MLF), que reivindicaba para las mujeres la libre disposición de sus cuerpos y la abolición de toda forma de discriminación.

feminista adj. y s.m. y f. Relativo al feminismo; partidario del feminismo.
feminización s.f. BIOL. Acción de feminizar o feminizarse.
feminizar v.tr. y prnl. BIOL. Hacer que en un macho se desarrollen características femeninas.
feminoide adj. Se dice del conjunto de caracteres de feminidad que presenta un individuo del sexo masculino. **2.** Se dice del individuo que presenta estos caracteres.
femoral adj. Relativo al fémur.
femorocutáneo, a adj. Se dice de un nervio sensitivo importante de la parte externa del muslo, y de la neuralgia de la que puede ser el centro.
fémur s.m. (lat. *femur, -oris,* muslo). Hueso que forma el

eje del muslo, el más fuerte y largo de los huesos del cuerpo. (Las partes del fémur son: *la cabeza,* el *trocánter medio,* la *diáfisis* y los *cóndilos.*)

fenantreno s.m. Hidrocarburo cíclico $C_{14}H_{10}$, isómero del antraceno.

fenaquistiscopio s.m. Aparato antiguo que daba la ilusión de movimiento por la persistencia de las sensaciones ópticas.

fenato s.m. Combinación de fenol con una base.

fenda s.f. Grieta abierta en la madera.

fenec s.m. Mamífero carnívoro parecido al zorro, que vive en el N de África, de unos 60 cm, hocico puntiagudo y enormes orejas. (Familia cánidos.)

fenecer v.intr. (del ant. *fenir,* acabar) [conj.: *parecer*]. Morir, fallecer. **2.** Acabar o tener fin una cosa.

fenecimiento s.m. Acción de fenecer.

feniano, a adj. y s. Relativo a la Fraternidad republicana irlandesa, movimiento de liberación de Irlanda, dirigido contra la dominación británica; partidario de este movimiento.

fenicio, a adj. y s. De un antiguo pueblo semítico, que ocupó el corredor del litoral sirio, o Fenicia. ◆ s.m. Lengua semítica de este pueblo, cuyo alfabeto sirvió para transcribir el griego. **2.** Vino seco español, elaborado en Sanlúcar de Barrameda.

fénico, a adj. **Ácido fénico** Fenol.

fenilalanina s.f. Aminoácido esencial, presente en múltiples proteínas y precursor bioquímico de algunas hormonas como la adrenalina y la tiroxina.

fenilbutazona s.f. Medicamento antiinflamatorio y analgésico.

fenilcetonuria s.f. Enfermedad hereditaria debida al déficit de fenilalanina, que se manifiesta por una deficiencia intelectual grave y trastornos neurológicos.

fenilo s.m. QUÍM. ORG. Radical monovalente —C_6H_5, derivado del benceno.

fénix s.m. o f. (lat. *phoenix, -icis,* del gr. *phoinix, -ikos*). Ave fabulosa de la mitología egipcia a la que la leyenda atribuía el poder de renacer de sus propias cenizas, por lo que se convirtió en símbolo de la inmortalidad. SIN.: *ave fénix.* **2.** *Fig.* Persona o cosa única en su género: *el fénix de los ingenios.*

fenobarbital s.m. Medicamento barbitúrico, sedante e hipnótico.

fenocristal s.m. GEOL. Cristal de una roca volcánica que por su tamaño destaca sobre el fondo uniforme constituido por pequeños cristales.

fenol s.m. (del gr. *phaímein*). Derivado oxigenado (C_6H_5OH) del benceno, presente en el alquitrán de hulla y producido industrialmente a partir del benceno. **2.** Compuesto análogo al anterior, derivado de los hidrocarburos bencénicos.

fenolftaleína s.f. QUÍM. Derivado del fenol, utilizado como indicador de color.

fenólico, a adj. Relativo al fenol y a sus derivados.

fenología s.f. Parte de la meteorología que estudia las repercusiones del clima sobre los fenómenos biológicos de ritmo periódico, como el florecimiento o la migración.

fenomenal adj. *Fam.* Que es muy grande, muy bueno o muy hermoso: *éxito, comida, mujer fenomenal.* **2.** Fenoménico.

fenoménico, a adj. Relativo al fenómeno.

fenomenismo s.m. FILOS. Doctrina que limita el conocimiento humano al de los fenómenos.

fenómeno s.m. (lat. tardío *phaenomenon,* del gr. *phainómenon*). Cosa o hecho que puede percibirse por los sentidos: *fenómeno óptico, acústico.* **2.** Manifestación de una actividad que se produce en la naturaleza: *fenómeno atmosférico.* **3.** Suceso: *las crisis políticas son un fenómeno frecuente.* **4.** *Fam.* Persona o animal extraordinario o monstruoso. **5.** Cosa extraordinaria o sorprendente. **6.** FILOS. Lo que es percibido por los sentidos, lo que aparece y se manifiesta a la conciencia. ◆ adj. Magnífico, estupendo. ◆ adv.m. Muy bien: *pasarlo fenómeno.*

fenomenología s.f. Estudio filosófico de los fenómenos, que consiste esencialmente en describirlos y en describir las estructuras de la conciencia que tienen que ver con ellos.

fenomenológico, a adj. Relativo a la fenomenología.

fenomenólogo, a s. Filósofo que utiliza el método fenomenológico.

fenoplástico s.m. QUÍM. Resina obtenida por condensación del fenol o sus derivados con aldehídos.

fenotiacina s.f. Derivado azufrado y aminado del fenol, base de múltiples antihistamínicos y neurolépticos.

fenotípico, a adj. Relativo al fenotipo.

fenotipo s.m. BIOL. Conjunto de caracteres que se manifiestan visiblemente en un individuo y que expresan la interacción de su genotipo con su medio.

feo, a adj. (lat. *foedus, -a, -um,* vergonzoso, feo). Que impresiona de forma desagradable a los sentidos, especialmente a la vista. **2.** *Fig.* Que causa desagrado o es moralmente reprobable: *es feo escupir en la calle.* **3.** *Fig.* Que tiene aspecto malo o desfavorable: *el tiempo se pone feo.* ◆ s.m. Desaire manifiesto y grosero: *le hizo un feo al no aceptar el regalo.*

feocromocitoma s.m. Tumor de la médula suprarrenal que provoca accesos de hipertensión.

feofíceo, a adj. y s.f. Feófito.

feófito, a adj. y s.m. Relativo a una clase de algas marinas comunes en las costas, que contienen un pigmento marrón que enmascara la clorofila. SIN.: *alga parda.*

feral adj. Cruel, feroz.

feralias s.f.pl. (voz latina). Fiestas romanas en honor de los muertos.

feraz adj. (lat. *ferax, -acis*). Se dice del terreno muy fértil: *vega feraz.*

féretro s.m. (lat. *feretrum*). Ataúd.

feria s.f. (lat. *feria,* día de fiesta). Mercado, generalmente anual, que se celebra en lugar público y días señalados y fiestas que se celebran con tal ocasión. **2.** Lugar público en que se exponen los géneros de este mercado. **3.** Conjunto de instalaciones temporales destinadas a diversiones y espectáculos, que se montan con ocasión de determinadas fiestas. **4.** Instalación donde se exhiben, con periodicidad determinada, productos de un ramo industrial o comercial para su promoción y venta. **5.** C. Rica. Propina. **6.** Méx. Moneda fraccionaria, cambio. **7.** CATOL. Día de la semana en que no se celebra ninguna fiesta religiosa. ◇ **Irle como en feria** Méx. Irle muy mal: *le fue como en feria en el examen.*

feriado, a adj. Se dice del día en que están cerrados los tribunales y se suspenden los negocios de justicia. ◆ s.m. Argent. y Urug. Día de la semana laborable en que se suspende el trabajo por celebrarse alguna festividad.

ferial adj. Relativo a la feria o a los días de la semana. ◆ s.m. Feria, mercado de mayor importancia que el ordinario. **2.** Feria, lugar en que están expuestos los géneros de este mercado.

feriante adj. y s.m. y f. Se dice de la persona que va a una feria para comprar o vender.

feriar v.tr. y prnl. Comprar algo en una feria. **2.** Regalar. ◆ v.tr. Vender, comprar, permutar. ◆ v.intr. Hacer fiesta uno o varios días.

fermata s.f. (ital. *fermata,* parada). MÚS. **a.** Suspensión del movimiento del compás. **b.** Sucesión de notas de adorno, por lo común en forma de cadencia, que se ejecuta suspendiendo momentáneamente el compás.

fermentación s.f. Transformación de sustancias orgánicas por la acción de enzimas microbianos, acompañada con frecuencia de desprendimientos gaseosos.

fermentación

La *fermentación alcohólica* transforma los jugos azucarados de los frutos en bebidas alcohólicas; la *fermentación acética* transforma el vino en vinagre; la *fermentación láctica* es responsable de la coagulación de la leche.

fermentar v.intr. Sufrir una sustancia una fermentación. **2.** *Fig.* Agitarse o alterarse los ánimos. ◆ v.tr. Hacer que una sustancia sufra una fermentación: *fermentar el vino, la leche.*

fermentativo, a adj. Que produce una fermentación.

fermento s.m. (lat. *fermentum*). Agente productor de la fermentación de una sustancia.

fermi s.m. (de E. *Fermi,* físico italiano). Unidad de medida de longitud utilizada en mecánica cuántica, equivalente a 10^{-15} m.

fermio s.m. (de E. *Fermi,* físico italiano). Elemento químico (Fm), artificial, radiactivo, de la familia de los transuránicos, de número atómico 100.

fermión s.m. Partícula que obedece a la estadística de Fermi-Dirac, al tener un spin múltiplo de 1/2, como el electrón, el nucleón, etc.

1. **fernandino, a** adj. y s. De la isla de Fernando Poo.

2. **fernandino, a** adj. y s. Relativo a cualquiera de los monarcas de nombre Fernando, especialmente Fernando VII; partidario de Fernando VII.

ferocidad s.f. Cualidad de feroz.

ferodo s.m. (de *Ferodo,* empresa francesa). Material formado con fibras de amianto e hilos metálicos que se emplea principalmente para forrar las zapatas o segmentos de freno.

feromona s.f. Sustancia secretada por un animal que actúa sobre el comportamiento de los animales de la misma especie.

feroz adj. (lat. *ferox, -ocis*). Se dice del animal que ataca y devora. **2.** Se dice de la persona cruel y sanguinaria. **3.** Se dice de algo que causa terror: *aspecto feroz.* **4.** Que es muy grande o intenso: *tener un hambre feroz.*

ferrado, a adj. Férreo, de hierro.

ferralita s.f. Suelo rojizo de las regiones tropicales húmedas, caracterizado por la presencia de alúmina libre y de óxidos de hierro. SIN.: *laterita.*

ferralítico, a adj. Se dice del suelo en el que existe alúmina y hierro.

ferrarés, sa adj. y s. De Ferrara.

ferreiro s.m. Rana arbórea de unos 8 cm de long., que vive en América meridional. (Familia hílidos.)

férreo, a adj. (lat. *ferreus*). Que es de hierro o que lo contiene. **2.** Que tiene alguna de las propiedades del hierro. **3.** *Fig.* Duro, resistente: *carácter férreo.* **4.** Relativo al ferrocarril: *línea, vía, férrea.*

ferrería s.f. Industria donde se procesa el mineral de hierro, reduciéndolo a metal.

ferretería s.f. Establecimiento donde se venden herramientas, utensilios de metal y otros materiales, que se utilizan en oficios manuales y en trabajos caseros.

ferretero, a s. Persona que posee una ferretería o que trabaja en ella.

ferricianuro s.m. QUÍM. Sal compleja formada por la unión de cianuro férrico y de un cianuro alcalino.

férrico, a adj. QUÍM. Se dice del compuesto de hierro trivalente: *cloruro férrico* $FeCl_3$.

ferrimagnetismo s.m. Magnetismo particular presentado por las ferritas.

ferrita s.f. Cerámica magnética compuesta de óxidos binarios de fórmula MFe_2O_4, en la que M representa uno o varios metales tales como níquel, manganeso, cinc, magnesio o cobre. **2.** METAL. Variedad alotrópica de hierro puro presente en las aleaciones ferrosas.

ferroaleación s.f. Aleación que contiene hierro.

ferrocarril s.m. (del lat. *ferrum,* hierro, y *carril*). Camino con dos rieles paralelos, sobre los cuales ruedan los trenes. SIN.: *vía férrea.* **2.** Tren que circula por este camino. **3.** Empresa que gestiona la explotación de este medio de transporte: *red nacional de ferrocarriles españoles.*

ferrocarril

Desde 1830, en que se inauguró la primera línea de transporte de viajeros y mercancías entre Liverpool y Manchester, hasta la actualidad, se han tendido alrededor de 1 300 000 km de vías férreas. Las dos terceras partes, con redes densas, formadas por líneas principales conectadas a derivaciones secundarias, se encuentran en Europa, América del Norte y Japón. En el resto del mundo existen líneas aisladas que recorren extensiones inmensas y sirven de base para el establecimiento de redes locales en aquellas regiones donde se desarrollan las actividades humanas. Varios países disponen de trenes de alta velocidad, con una media de 300 km/h. En España se inauguró en 1992 la primera línea de alta velocidad (AVE), entre Madrid y Sevilla.

ferrocarrilero, a adj. y s. Amér. *Fam.* Ferroviario.

ferrocemento s.m. Material constituido por un mortero de cemento fuertemente armado con hilos de acero de pequeño diámetro o con tela metálica de malla fina en varias capas.

ferrocerio s.m. Aleación de hierro y cerio.

ferrocianuro s.m. QUÍM. Sal compleja formada por la unión de cianuro ferroso y de un cianuro alcalino. SIN.: *ferroprusiato.*

ferrocromo s.m. Aleación de hierro y cromo para la fabricación de aceros inoxidables y especiales.

ferroelectricidad s.f. Propiedad que presentan determinados cristales de poseer una polarización eléctrica espontánea, permanente y reversible bajo la acción de un campo eléctrico exterior.

ferromagnético, a adj. Se dice de la sustancia dotada de ferromagnetismo.

ferromagnetismo s.m. Propiedad de determinadas sustancias, como el hierro, el cobalto o el níquel, de adquirir una fuerte imantación.

ferromanganeso s.m. Aleación de hierro y manganeso, con una proporción de este último que puede alcanzar hasta el 80 %.

ferromolibdeno s.m. Aleación de hierro y molibdeno (del 40 al 80 %).

ferroníquel s.m. Aleación de hierro y níquel.

ferroprusiato s.m. Ferrocianuro.

ferroso, a adj. Que es de hierro o lo contiene. **2.** QUÍM. Se dice de los compuestos del hierro divalente.

ferroviario, a adj. (del ital. *ferrovia,* ferrocarril). Relativo a los ferrocarriles y a su explotación. ◆ s. Persona que trabaja en los ferrocarriles.

ferruginoso, a adj. Que contiene hierro: *mineral ferruginoso; aguas ferruginosas.*

ferry s.m. (apócope del ingl. *ferry-boat*). Embarcación acondicionada para el transporte de viajeros, vehículos automóviles y cargas. (También *ferry-boat.*)

fértil adj. (lat. *fertilis*). Que produce mucho: *terreno fértil; imaginación fértil.* **2.** Se dice del período en que algo es productivo. **3.** BIOL. Se dice de la hembra capaz de procrear. **4.** FÍS. Se aplica al elemento químico que puede convertirse en fisible por la acción de los neutrones.

fertilidad s.f. Cualidad de fértil.

fertilización s.f. Acción de fertilizar.

fertilizante adj. BOT. Se dice de la planta que acrecienta la fertilidad del suelo. ◆ s.m. y adj. Abono, producto que acrecienta la fertilidad del suelo.

fertilizar v.tr. Fecundizar la tierra para que dé abundantes frutos.

férula s.f. (lat. *ferula,* cañaheja). Palmeta, instrumento usado por los maestros de escuela para castigar a los muchachos. **2.** *Fig.* Dominio que ejerce una persona sobre otra. **3.** CIR. Estructura dotada de cierta rigidez que se utiliza para inmovilizar una parte determinada del organismo, generalmente una extremidad, y conseguir la consolidación de una fractura. ◇ **Bajo la férula de alguien** Sujeto a él.

férvido, a adj. Ardiente. **2.** Hirviente.

ferviente adj. Que tiene fervor o actúa con él. SIN.: *fervoroso.*

fervor s.m. (lat. *fervor, -oris,* hervor). *Fig.* Celo apasionado, especialmente en prácticas religiosas: *rezar con fervor.* **2.** *Fig.* Interés grande o pasión con que se hace algo: *trabajar con fervor.* **3.** Calor intenso: *fervor estival.*

fervorín s.m. Jaculatoria o exhortación breve. (Suele usarse en plural.)

fervoroso, a adj. Ferviente.

festejar v.tr. (cat. *festejar*). Organizar festejos en honor a alguien: *festejar a un huésped.* **2.** Galantear a una mujer. **3.** Conmemorar, celebrar: *festejar un aniversario.* **4.** Méx. Golpear, zurrar.

festejo s.m. Acción y efecto de festejar. ◆ **festejos** s.m.pl. Actos públicos de diversión.

festero, a adj. **Cantes y bailes festeros** Grupo de modalidades flamencas que entrañan un deliberado y bullicioso regocijo, en oposición al repertorio dramático del cante primitivo.

festín s.m. (fr. *festin*). Banquete espléndido. **2.** Festejo particular con comida, baile, etc.

festinación s.f. Celeridad, prisa. **2.** NEUROL. Tendencia involuntaria a acelerar la marcha.

festinar v.tr. (lat. *festinare*). Amér. Apresurar, precipitar, activar.

festival s.m. (ingl. *festival*). Serie de representaciones artísticas dedicadas a un género o artista determinado.

festividad s.f. Día en que la Iglesia conmemora un hecho o a un santo. **2.** Fiesta o solemnidad con que se celebra una cosa.

festivo, a adj. Relativo a la fiesta. **2.** Se dice del día en que oficialmente no se trabaja: *los domingos son festivos.* **3.** Chistoso, que tiene gracia: *ocurrencia festiva.* **4.** Alegre, jubiloso: *tono festivo.*

festón s.m. (ital. *festone,* de *festa,* fiesta). Dibujo o recorte en forma de onda o puntas que adorna la orilla o el borde de una cosa. **2.** Bordado de realce cuyas puntadas están rematadas por un nudo, para que pueda cortarse la tela a ras del bordado sin que este se deshaga. **3.** ARQ. Adorno arquitectónico a manera de guirnalda o en forma de ondas o puntas.

festonear v.tr. Adornar con festón. SIN.: *festonar.* **2.** Constituir el borde ondulado de algo. SIN.: *festonar.*

feta s.f. Argent. Lonja de fiambre.

fetal adj. Relativo al feto.

fetén s.f. (pl. *fetén*). Esp. *Fam.* Verdad: *decir la fetén.* ◆ adj. Esp. Auténtico, verdadero, sincero. **2.** Esp. Que es muy bueno. ◇ **Estar fetén** Esp. Estar muy bien.

fetiche s.m. (fr. *fétiche,* del port. *feitiço,* hechizo). Objeto material al que se le rinde culto y se le atribuyen propiedades mágicas, benéficas. **2.** PSICOANAL. Objeto inanimado o parte no sexual del cuerpo, capaz de convertirse por sí misma en objeto de la sexualidad.

fetichismo s.m. Culto o veneración que se tributa a un fetiche. **2.** *Fig.* Idolatría, veneración excesiva. **3.** PSICOANÁL. Conducta sexual de la persona condicionada por un fetiche. ◇ **Fetichismo de la mercancía** Según la teoría marxista, ilusión por la cual el valor de intercambio de las mercancías aparece como el resultado de la relación entre ellas, cuando es el resultado de las relaciones sociales.

fetichista adj. y s.m. y f. Relativo al fetichismo; que actúa con fetichismo.

fetidez s.f. Olor desagradable.

fétido, a adj. (lat. *foetidus*). Que huele de manera muy desagradable.

feto s.m. (lat. *fetus, -us,* producto de un parto). Producto de la concepción de un animal vivíparo que no ha llegado todavía a término, pero que ya tiene las formas de la especie. (En el ser humano, se denomina feto al embrión desde el tercer mes de gestación hasta el nacimiento.)

fetua o **fatua** s.f. Respuesta dada por un muftí musulmán a una consulta jurídica.

feúcho, a adj. *Desp.* Feo.

feudal adj. Relativo al feudalismo o al feudo. ◇ **Modo de producción feudal** Modo de producción caracterizado por el dominio de un grupo familiar propietario y por la supremacía del campo sobre la ciudad.

feudalismo s.m. Sistema político, económico y social que se dio en Europa durante la edad media, que implicaba el predominio de una clase social de guerreros y la existencia de vínculos de dependencia entre señor y campesino. **2.** Potencia económica o social que recuerda la organización feudal: *feudalismo financiero.*

feudalismo

El régimen feudal se basaba en las relaciones de sujeción personal establecidas entre los campesinos y los señores; estos les entregaban tierras a cambio de bienes en especie y prestaciones, ejercían dominio sobre ellos y administraban justicia. Ante la inseguridad creada por la desintegración de la autoridad real, los pequeños propietarios (hombres libres) se pusieron bajo la protección de un señor más poderoso y se convirtieron en sus vasallos (*homenaje*); en algunos casos el vasallo recibía algunas tierras (*beneficio,* y a partir de los ss. IX-X, *feudo*). El feudalismo institucional que tuvo su origen en la crisis del bajo imperio romano, se mantuvo hasta los ss. XIV-XV, pero persistió como sistema de relaciones de producción hasta las revoluciones liberales del s. XIX.

feudar v.tr. Tributar, entregar el vasallo al señor en reconocimiento del señorío, o el súbdito al estado, cierta cantidad en dinero o en especies para las cargas y atenciones públicas.

feudatario, a adj. y s. Se dice del vasallo que estaba investido de un feudo.

feudista adj. y s.m. y f. Relativo al feudo; autor que escribe sobre feudos.

feudo s.m. (bajo lat. *feudum*). Tierra u otro bien de que un señor investía a un vasallo con determinadas obligaciones y derechos. **2.** Zona o parcela en que alguien ejerce gran influencia o dominio: *feudo de moralistas.*

feuillants s.m.pl. (voz francesa). HIST. Nombre dado, en 1781-1792, a los monárquicos «constitucionales» franceses, cuyo club tenía la sede en el antiguo convento de este nombre, cerca de las Tullerías.

fez s.m. (de *Fez,* c. de Marruecos). Gorro de lana en forma de cono truncado con una borla, generalmente rojo, utilizado en algunos países musulmanes.

fi s.f. Nombre de la vigésima primera letra del alfabeto griego (φ, Φ), que corresponde a la *f* española.

fiabilidad s.f. Cualidad de fiable. **2.** Probabilidad de que una pieza, dispositivo, circuito hidráulico, eléctrico o electrónico, o un equipo completo, pueda ser utilizado sin que falle durante un período de tiempo y en unas condiciones determinados. **3.** PSICOL. Cualidad de un test, prueba, etc., para proporcionar resultados fiables. SIN.: *fidelidad.*

fiable adj. Digno de confianza.

fiaca s.f. Argent., Chile, Méx. y Urug. *Fam.* Pereza, flojera.

fiado (al) loc. Sin dar o tomar al momento presente el precio convenido: *comprar al fiado.* (También *de fiado.*)

fiador, ra s. DER. Persona que se compromete a satisfacer una obligación al acreedor si no lo hiciera el deudor. ◆ s.m. Pieza o dispositivo que sirve para asegurar algo: *fiador de la escopeta; fiador de un broche; fiador de una puerta.* **2.** Chile y Ecuad. Cinta que sujeta el sombrero por debajo de la barba.

fiambre s.m. Carne cocida y preparada para que pueda conservarse y que se come fría, como el jamón o los embutidos. **2.** *Vulg.* Cadáver. **3.** Guat. Plato nacional elaborado con toda clase de carnes y conservas que se come frío el día de Todos los Santos. **4.** Méx. Ensalada de lechuga, pies de cerdo, cebolla, aguacate y chiles verdes.

fiambrera s.f. Recipiente con tapa muy ajustada, para llevar alimentos. **2.** Argent. y Urug. Fresquera.

fiambrería s.f. Argent., Chile y Urug. Establecimiento donde se venden o preparan fiambres.

fianza s.f. Fiador. **2.** DER. Garantía, personal o real, prestada para el cumplimiento de una obligación.

fiar v.tr. (del lat. *fidere*) [conj.: *desviar*]. Asegurar una persona que otra cumplirá lo que promete o pagará lo que debe, obligándose, en caso de que no lo haga, a satisfacer por ella. **2.** Vender algo sin cobrarlo al instante para hacerlo más adelante. ◆ v.intr. Confiar y esperar con firmeza y seguridad: *fiar en Dios.* ◆ **fiarse** v.prnl. Confiar en alguien. ◇ **Ser de fiar** Merecer confianza.

fiasco s.m. (ital. *fiasco*). Chasco, fracaso.

fíat s.m. (lat. *fiat,* hágase). Consentimiento o mandato para que una cosa tenga efecto.

fibra s.f. (lat. *fibra,* filamento de las plantas). Filamento o célula alargada que constituye determinados tejidos animales y vegetales o determinadas sustancias minerales: *fibra muscular; fibra leñosa.* **2.** Elemento alargado natural o químico que por su flexibilidad y finura se utiliza para la elaboración de materias textiles. **3.** *Fig.* Vigor, energía, robustez. ◇ **Fibra alimentaria** MED. Parte de los alimentos vegetales que al ingerirse favorece la secreción biliar y obstaculiza la absorción del colesterol y de sustancias tóxicas. **Fibra artificial** Fibra textil fabricada químicamente a partir de productos naturales o de sustancias proteicas vegetales o animales. **Fibra de vidrio** Filamento de vidrio muy delgado utilizado como aislante térmico, acústico y eléctrico y para reforzar materias plásticas. **Fibra neutra** Plano horizontal del casco de un barco no sometido a fatigas o esfuerzos longitudinales. **Fibra óptica** Filamento de sílice, vidrio u otro material dieléctrico, utilizado en telecomunicación, por el que se propaga la luz, visible o infrarroja. (La fibra óptica constituye el principal soporte utilizado en la transmisión de información en formato digital en las redes de alta velocidad.) **Fibra química** Fibra artificial o sintética. **Fibra sintética** Fibra textil fabricada a partir de productos obtenidos por síntesis.

fibrana s.f. Fibra textil artificial a base de celulosa regenerada.

fibrilación s.f. Serie de contracciones violentas e irregulares de las fibras del músculo cardíaco.

fibrilar adj. Relativo a las fibrillas.

fibrilla s.f. Elemento contráctil alargado, liso o estriado de las fibras musculares.

fibrina s.f. Sustancia proteica filamentosa procedente del fibrinógeno, que aprisiona los glóbulos de la sangre y de la linfa en el curso de la coagulación y contribuye a la formación del coágulo.

fibrinógeno s.m. Proteína del plasma sanguíneo que se transforma en fibrina en el curso de la coagulación.

fibrinogenopenia s.f. Déficit de fibrinógeno en el plasma sanguíneo, que dificulta la coagulación de la sangre y es causa de hemorragias graves.

fibrinólisis s.f. Fenómeno de degradación y disolución de la fibrina.

fibroblasto s.m. Célula conjuntiva joven que genera las células del tejido fibroso.

fibrocemento s.m. (marca registrada). Material compuesto de cemento y amianto utilizado en la construcción.

fibroína s.f. BIOQUÍM. Proteína que constituye la parte esencial de la seda, a la que confiere solidez y elasticidad.

fibroma s.m. Tumor benigno constituido por tejido fibroso.

fibromatosis s.f. MED. Afección caracterizada por la existencia de varios fibromas.

fibromialgia s.f. Dolor muscular crónico de origen desconocido, que va acomañado de sensación de fatiga e insomnio.

fibromioma s.m. Tumor benigno que invade un músculo liso, formado por nódulos fibrosos.

fibroscopio s.m. Endoscopio flexible en el que la luz está canalizada por un haz de fibras de cuarzo.

fibrosis s.f. MED. Proceso de formación de tejido fibroso.

fibroso, a adj. Que tiene muchas fibras: *carne fibrosa.* **2.** HISTOL. Se dice del tejido conjuntivo rico en fibras y pobre en células.

fíbula s.f. ANT. Alfiler o broche de metal que servía para sujetar los vestidos. (Se utilizó desde la edad del bronce hasta la edad media. Son de ornamentación rica, frecuentemente animalística, y existen muchos tipos: fíbulas ibéricas, galas y visigóticas.)

ficción s.f. (lat. *fictio, -onis*). Acción y efecto de fingir o simular. **2.** Invención, creación de la imaginación: *personaje de ficción.*

ficha s.f. (fr. *fiche,* estaca, ficha, de *ficher,* clavar). Placa pequeña de cartón, metal, etc., a la que se asigna un valor convencional: *fichas de la ruleta.* **2.** Pieza de ciertos juegos de mesa: *ficha de dominó, de parchís.* **3.** Hoja de papel o cartulina para tomar notas y que luego se coloca de forma ordenada junto a otras del mismo tema. **4.** DEP. Documento por el cual un jugador o un técnico queda adscrito por contrato a la disciplina de un club deportivo. ◇ **Ficha perforada** Rectángulo de cartulina gruesa y rígida en el que se inscriben, en forma de perforaciones, datos numéricos o alfabéticos.

fichaje s.m. Acción de fichar o contratar, especialmente a un deportista. **2.** Importe en metálico de este contrato. **3.** Persona que se ha fichado.

fichar v.tr. Rellenar una ficha con datos y clasificarla donde corresponda: *la policía ficha delincuentes.* **2.** Controlar a una persona o sospechar de ella por algo que no merece confianza o es desfavorable. **3.** Esp. DEP. Adquirir un club los servicios de un deportista mediante contrato o convenio. ◆ v.intr. Marcar los trabajadores en un reloj especial la hora de entrada y salida.

fichera s.f. Méx. Mujer que en algunos locales baila con los clientes o los acompaña a cambio del pago con fichas que se adquieren en el mismo local.

fichero s.m. Caja o mueble adecuados para contener fichas ordenadas. **2.** Conjunto de fichas o de tarjetas ordenadas. **3.** INFORMÁT. Conjunto organizado de informaciones del mismo tipo, que pueden utilizarse en un mismo tratamiento; soporte material de estas informaciones. SIN.: *archivo.*

ficocianina s.f. Pigmento azul violáceo que se encuentra en las cianofíceas.

ficoeritrina s.f. Pigmento característico de las algas rojas que permite la absorción de las radiaciones luminosas de corta longitud de onda que penetran en el mar.

ficología s.f. Parte de la botánica que estudia las algas.

ficomicete adj. y s.m. BOT. Sifomicete.

ficticio, a adj. Falso, no verdadero: *personaje ficticio.* **2.** Aparente, fingido: *el valor de los billetes de banco es puramente ficticio.*

ficus s.f. Árbol o arbusto de origen tropical, cultivado como planta ornamental, por el caucho que se obtiene de su látex o por su fruto.

fidancia s.f. Garantía o fianza que estaba obligado a dar el vasallo al señor en la Corona de Aragón, con la cual respondía del cumplimiento de sus obligaciones.

fidedigno, a adj. (del lat. *fide dignus,* digno de fe). Digno de fe y crédito.

fideicomisario, a adj. Relativo al fideicomiso. ◆ adj. y s. Se dice del beneficiario real de una liberalidad dejada a otra persona por fideicomiso. ◆ s.m. Magistrado encargado de velar por la ejecución de los fideicomisos.

fideicomiso s.m. (del lat. *fidei commissum,* confiado a la fe). DER. Disposición por la que el testador deja su herencia o parte de ella encomendada a la buena fe de una persona para que, en caso y término determinados, la transmita a otra persona o la invierta del modo que se le señale. **2.** DER. INTER. Situación jurídica por la que un país (fideicomitido), que se entiende sin capacidad suficiente para autogobernarse, es sometido a la tutela de la ONU.

fideísmo s.m. Doctrina según la cual la fe es la base del conocimiento religioso, negando todo valor a la razón.

fidelidad s.f. (lat. *fidelitas, -atis*). Cualidad de fiel, leal. **2.** Exactitud o precisión en la ejecución de algo. **3.** HIST. Juramento que prestaba el vasallo a su señor en señal de acatamiento. <> **Alta fidelidad** Técnica electrónica para reproducir el sonido sin distorsión de señal.

fidelizar v.tr. En mercadotecnia, hacer que la clientela permanezca fiel a una marca, producto, empresa, etc.

fideo s.m. (voz mozárabe). Pasta de harina de trigo en forma de hilo más o menos delgado, corto y de grosor variable. **2.** *Fig.* y *fam.* Persona muy delgada.

fiducia s.f. (lat. *fiducia,* confianza). Operación jurídica consistente en la transferencia de un bien a una persona, a condición de que lo devuelva después de un tiempo convenido y en unas condiciones determinadas.

fiduciario, a adj. y s. DER. Que está encargado de un fideicomiso o tiene la carga de una fiducia: *heredero fiduciario.* ◆ adj. Se dice de los valores ficticios, basados solo en la confianza tenida en el que los emite: *título fiduciario.* <> **Circulación fiduciaria** Circulación de los billetes de banco.

fiebre s.f. (lat. *febris*). Elevación patológica de la temperatura central del cuerpo, por encima de lo normal, de los animales superiores y del ser humano. **2.** Conjunto de alteraciones que acompañan este estado, como sudación, aceleración del pulso y de la respiración, sensación de calor, malestar, etc. **3.** *Fig.* Estado de tensión o de agitación de una persona o una colectividad: *fiebre política.* <> **Fiebre cuartana, terciana** Formas de paludismo en que los accesos de fiebre tienen lugar cada 72 o 48 horas. **Fiebre del heno** Síndrome alérgico primaveral, caracterizado por conjuntivitis, catarro nasal, asma, etc. **Fiebre de Malta,** o **mediterránea** Brucelosis.

1. **fiel** adj. (lat. *fidelis,* de *fides,* fe). Se dice de la persona que es firme y constante en sus afectos, obligaciones o ideas, y cumple con los compromisos contraídos con alguien o algo: *se mantuvo fiel a sus principios.* **2.** Exacto, verídico. ◆ adj. y s.m. y f. Que sigue una doctrina o religión. **2.** REL. Que tiene fe, según prescribe su propia religión.

2. **fiel** adj. (lat. *filum,* hilo). METROL. Se dice del instrumento de medida que da siempre la misma indicación cuando se encuentra bajo las mismas condiciones. ◆ s.m. Clavillo que asegura las hojas de las tijeras. **2.** Aguja que, en las balanzas y romanas, marca la igualdad de pesos cuando está en completa verticalidad.

fielato s.m. Oficina que había a la entrada de las poblaciones, donde se pagaba el impuesto de consumo.

fieltro s.m. (germ. *filt*). Paño hecho de borra, lana o pelo conglomerado, sin tejer, que se obtiene por prensado. (Se utiliza en la confección de sombreros y otras prendas de vestir.)

fiemo s.m. (lat. vulgar *femus*). Fimo, estiércol.

fiera s.f. Animal salvaje e indómito, especialmente el mamífero depredador. **2.** *Fig.* Persona cruel o de mal carácter. <> **Ponerse hecho una fiera** Enfurecerse alguien. **Ser una fiera para,** o **en, algo** *Fam.* Ser muy bueno o un especialista en cierta actividad.

fierabrás s.m. y f. (de *Fierabrás,* gigante sarraceno héroe de un cantar de gesta francés). Persona mala, ingobernable o traviesa.

fiereza s.f. Cualidad de fiero.

fiero, a adj. (lat. *ferus,* silvestre, feroz). Relativo a las fieras. **2.** Feroz, duro, cruel: *aspecto fiero.* **3.** Grande, excesivo: *hambre fiera.*

fierro s.m. Amér. Hierro. **2.** Amér. Hierro, marca para el ganado. **3.** Argent., Chile, Méx. y Urug. *Vulg.* Puñal, arma blanca. **4.** Méx. Acelerador de un vehículo: *pisar el fierro.* ◆ **fierros** s.m.pl. Argent. Genéricamente, automotor. **2.** Méx. Dinero: *préstame unos fierros.*

fiesta s.f. (lat. *festa,* pl. de *festum*). Reunión de personas para divertirse o celebrar algún acontecimiento. **2.** Conjunto de actos y diversiones que se organizan para regocijo público con motivo de un acontecimiento o fecha especial. (Suele usarse en plural.) **3.** Día oficialmente no laborable en que se celebra alguna solemnidad nacional, civil o religiosa. **4.** Alegría, regocijo, diversión o cosa que los provoca. **5.** Caricia o demostración de cariño. (Suele usarse en plural.) **6.** REL. Solemnidad con que la Iglesia católica celebra la memoria de un santo. ◆ **fiestas** s.f.pl. Conjunto de algunos días entre los cuales hay varios de fiesta: *las fiestas de Navidad; las fiestas de Pascua.* **2.** En ciertas regiones de España, festejos que se celebran una vez al año, generalmente con motivo de una conmemoración religiosa. SIN.: *fiesta mayor, fiestas mayores.* <> **Aguar la fiesta** *Fam.* Estropear o interrumpir una diversión o un momento de alegría. **Fiesta nacional** Esp. Día en que se celebra alguna solemnidad nacional; corrida de toros. **Hacer fiesta** Descansar un día laborable. [V. cuadro pág. siguiente.]

fiestero, a adj. y s. Que es muy aficionado a las fiestas.

fifí adj. y s.m. y f. Argent., Par. y Urug. Se dice de la persona ociosa, presuntuosa e insustancial, de familia adinerada.

fifiriche adj. C. Rica y Méx. Raquítico, flaco, enclenque.

fifty-fifty s.m. (voz inglesa). Yate de crucero en el que se ha dado la misma importancia a la propulsión mecánica que al velamen.

fígaro s.m. (de *Fígaro,* personaje de comedias). Barbero. **2.** Torera, chaquetilla ceñida.

figle s.m. Instrumento músical de viento, de sonoridad grave.

figón s.m. (del ant. *figo,* tumor anal). Establecimiento de poca categoría donde se guisan y venden cosas de comer.

figonero, a s. Persona encargada de un figón.

figulina s.f. Estatuilla de barro cocido.

figulino, a adj. (lat. *figulinus,* de barro, de *figulus,* alfarero). De barro cocido.

figura s.f. (lat. *figura,* forma, estructura, figura, de *fingere,* dar forma). Forma exterior de un cuerpo por la que se diferencia de otro. **2.** Cosa dibujada o hecha de algún material: *figuras de cera.* **3.** Tipo, silueta: *su figura ha perdido esbeltez.* **4.** Cara, parte anterior de la cabeza desde la frente hasta la barba. **5.** Personaje, persona de renombre: *prestigiosa figura de nuestra literatura.* **6.** Cosa que representa o significa otra: *tomar el lobo la figura del cordero.* **7.** Serie de variaciones, evoluciones y posturas ejecutadas en la danza, el patinaje artístico, las demostraciones ecuestres, etc. **8.** Estatua, pintura, dibujo, que representa el cuerpo de una persona o un animal. **9.** GEOMETR. Espacio cerrado por líneas o superficies: *figura plana; figura del espacio.* **10.** JUEG. **a.** Pieza de algunos juegos de mesa. **b.** Naipe de cada palo que representa personas (rey, caballo y sota). **11.** MÚS. En la notación actual, signo que representa la duración o valor de un sonido o de un silencio. **12.** TEATR. Personaje de una obra dramática y actor que lo representa. <> **Figura decorativa** *Fig.* Persona que ocupa un puesto sin ejercer las funciones esenciales de este, o asiste a un acto solemne sin tomar parte activa en él. **Figura del delito** DER. Definición legal específica de cada delito que determina los elementos o caracteres típicos de este. [V. cuadro pág. 527.]

figuración s.f. Acción y efecto de figurar o figurarse una cosa. **2.** CIN. Conjunto de extras o figurantes de una película. <> **Nueva figuración** En el arte contemporáneo, conjunto de corrientes figurativas que, frecuentemente con espíritu sociopolítico, se desarrollaron a partir de 1960.

figurado, a adj. Se dice del sentido de una palabra o expresión que no es el literal o recto, sino otro relacionado con este.

figurante, a s. Extra de una película, obra de teatro, etc. (Suele usarse en forma masculina.) **2.** Persona que desempeña una función poco importante.

figurar v.tr. (lat. *figurare,* dar forma, representar). Representar, delinear y formar la figura de una cosa. **2.** Aparentar o fingir: *figuró una retirada.* ◆ v.intr. Destacar o sobresalir en alguna actividad o ser considerado importante en ciertos ambientes. **2.** Estar en un lugar determinado o formando parte de un conjunto de cosas: *figurar en la lista; el número figura al final de la hoja.* ◆ **figurarse** v.prnl. Imaginarse o suponer una persona algo que no conoce.

figurativo, a adj. Que representa una cosa. <> **Arte figurativo** Arte que representa las cosas de la naturaleza tal como las capta el ojo (por oposición a *abstracto* o *no figurativo*).

principales fiestas religiosas		
cristianismo		
Navidad	nacimiento de Cristo	25 de diciembre
Epifanía	manifestación de Cristo a los Magos	6 de enero
Pascua de Resurrección	resurrección de Cristo	
Ascensión	ascensión de Cristo al cielo	40 días después de Pascua
Pentecostés	venida del Espíritu Santo a los Apóstoles	50 días después de Pascua
Trinidad		domingo siguiente a Pentecostés
Asunción	elevación de la Virgen María al cielo	15 de agosto
Todos los Santos	Fiesta de Todos los Santos	1 de noviembre
judaísmo		
Purim	liberación de los judíos por Ester	antes de Pascua
Pesah	Pascua	marzo-abril
Shavuot	Pentecostés o fiesta de las Semanas	mayo-junio
Rosh Hashana	Año Nuevo	inicios del otoño
Yom Kippur	Gran Perdón	10 días después de Rosh Hashana
Sukkot	Fiesta de los Tabernáculos	septiembre-octubre
Hannuká	Fiesta de la Dedicación o de las Luces	noviembre-diciembre
islam		
Commemoración de la hégira		1 muharram
Ashura	conmemoración de la pasión de Husayn	10 muharram
Mulud	nacimiento del Profeta	12 rabí al-awwal (tercer mes del año)
Ramadán	mes del Corán y de ayuno	ramadán (noveno mes del año)
Id al-Fitr	fin del Ramadán (Pequeña fiesta)	1 shawwal (décimo mes del año)
Id al-Adha	sacrificio del cordero (Gran fiesta)	10 du al-hijjah (duodécimo mes del año)
En el calendario musulmán, que es puramente lunar, el año consta de 12 lunaciones de 29 o 30 días, esto es, de 354 o 355 días; en consecuencia, cuenta con 11 días menos que el año solar y no se corresponde ni con las estaciones ni con el año gregoriano.		

figurilla s.f. Estatuilla de terracota, bronce, etcétera.

figurín s.m. (ital. *figurino*). Dibujo o modelo pequeño para trajes y adornos de moda. **2.** Revista de modas. **3.** *Fig.* Persona que viste con elegancia afectada.

figurinista s.m. y f. Persona que se dedica profesionalmente a crear y dibujar figurines.

figurita s.f. Argent. Estampa con que juegan los niños, cromo.

figurón s.m. *Fam.* Persona presumida que aparenta lo que no es. **2.** *Fam.* Mangoneador.

fija s.f. Argent. En el lenguaje hípico, competidor al que se le adjudica un triunfo seguro. **2.** Argent. Información pretendidamente cierta respecto de algún asunto controvertido o posible. ◇ **Esfera de las fijas** Esfera celeste imaginaria que participa en el movimiento diurno de las estrellas.

fijación s.f. Acción de fijar. **2.** Obsesión o idea fija. **3.** BIOL. Operación mediante la cual un tejido vivo se trata con un fijador antes de su examen microscópico. **4.** PSICOANÁL. Estadio en el que se fija la libido y que se caracteriza por la persistencia de sistemas de satisfacción vinculados a un objeto remoto.

fijado s.m. Operación mediante la cual una imagen fotográfica se convierte en inalterable a la luz.

fijador, ra adj. Que fija. ◆ s.m. Producto mucilaginoso, con brillantina, que sirve para fijar los cabellos. SIN.: *fijapelo.* **2.** Líquido que, esparcido con pulverizador, sirve para fijar un dibujo sobre un papel. **3.** Baño utilizado para el fijado de imágenes fotográficas. **4.** BIOL. Líquido que coagula las proteínas de las células sin alterar su estructura.

fijar v.tr. Clavar, pegar o sujetar algo en algún sitio: *fijar un clavo en la pared; fijar los esquís a las botas.* **2.** Dirigir, determinar, establecer o precisar: *fijar la atención en algo; fijar la residencia en la ciudad.* **3.** FOT. Tratar una emulsión fotográfica con un baño de fijado. ◆ v.tr. y prnl. Hacer estable una cosa o darle un estado o forma permanente. **2.** Precisar o puntualizar la cuantía, la fecha, el significado u otros detalles de algo. ◆ **fijarse** v.prnl. Percatarse, darse cuenta de algo que se ve o se tiene delante. **2.** Prestar o dirigir la atención con interés sobre algo.

fijeza s.f. Firmeza o seguridad de opinión. **2.** Persistencia, continuidad.

fijismo s.m. Creacionismo.

fijista adj. y s.m. y f. Relativo al fijismo; partidario de esta teoría.

fijo, a adj. (lat. *fixus,* p. de *figere,* clavar). Colocado de modo que no pueda moverse o desprenderse. **2.** Inmóvil: *mirada fija.* **3.** No sujeto a cambios: *precio fijo.* **4.** MAT. Se dice del vector de origen fijo. ◇ **Coma fija** INFORMÁT. Forma de representación de los números con ayuda de una cantidad determinada de cifras, en la que la coma decimal ocupa una posición fija con relación a uno de los extremos del conjunto de cifras. **De fijo** Seguramente, sin duda.

fijón, na adj. Méx. *Fam.* Se dice del que se fija continuamente en los defectos de los demás y le gusta criticar. ◇ **No haber fijón** Méx. No haber problema o inconveniente.

fila s.f. (fr. *file*). Línea formada por personas o cosas colocadas unas detrás de otras: *ponerse en fila los soldados.* **2.** *Fig.* y *fam.* Tirria, odio, antipatía. ◆ **filas** s.f.pl. *Fig.* Bando, partido, agrupación. ◇ **En filas** En servicio militar activo: *entrar en filas.* **Fila india** Fila que forman varias personas una tras otra. **Llamar a filas** Convocar a una persona para que se aliste en el ejército.

filacteria s.f. (lat. *phylacterium,* del gr. *phylaktírion,* salva-

figuras geométricas		
lados/caras	**polígono** (figura plana delimitada por rectas o lados)	**poliedro** (cuerpo delimitado por caras o polígonos)
3	triángulo	
4	cuadrilátero (paralelogramo, cuadrado, rectángulo, rombo, trapecio, trapezoide)	tetraedro
5	pentágono	pentaedro
6	hexágono	hexaedro (paralelepípedo, cubo)
7	heptágono	heptaedro
8	octágono	octaedro
10	decágono	decaedro
12	dodecágono	dodecaedro
20	icoságono	icosaedro
	círculo	pirámide
	circunferencia	cono
		prisma
		cilindro
		esfera

guarda, amuleto). Amuleto o talismán que se usaba antiguamente. **2.** Tira de piel o pergamino con pasajes de las Escrituras, que los judíos llevaban atada al brazo izquierdo o a la frente. **3.** Tira, banda o friso que se utilizó como elemento decorativo durante la edad media.

filamento s.m. (lat. *filamentum*). Cuerpo filiforme, flexible o rígido. **2.** BOT. Porción basilar alargada del estambre, que sostiene la antera. **3.** ELECTR. En los focos o lámparas eléctricas, hilo conductor muy fino que se pone incandescente cuando lo atraviesa la corriente. **4.** HISTOL. Nombre de diversas estructuras histológicas: *filamento axial de la cola del espermatozoo.*

filamentoso, a adj. Que tiene filamentos.

filantropía s.f. (gr. *philanthropía,* sentimiento de humanidad, afabilidad, de *philein,* amar, y *ánthropos,* hombre). Cualidad de filántropo.

filantrópico, a adj. Relativo a la filantropía.

filántropo, a s. (gr. *philánthropos*). Persona que se destaca por su amor hacia sus semejantes y que emplea actividad, capital, etc., en beneficio de los demás.

filar v.tr. Fijarse en una persona o estar precavido contra ella.

filarca s.m. ANT. GR. Magistrado que dirigía las asambleas de cada una de las diez tribus de Atenas.

filariosis s.f. Enfermedad parasitaria ocasionada por individuos del género *Filaria.*

filarmonía s.f. (del gr. *philein,* amar, y *armonía,* armonía). Afición a la música.

filarmónico, a adj. y s. Apasionado por la música. ◆ adj. y s.f. Se dice de determinadas sociedades musicales.

filástica s.f. MAR. Hilo que se obtiene de un cable viejo, que sirve para formar los cabos y jarcias.

filatelia s.f. (del gr. *philein,* amar, y *atelís,* gratuito, pago, aplicado al sello). Estudio y colección de los sellos de correos.

filatélico, a adj. y s. Relativo a la filatelia; filatelista.

filatelista s.m. y f. Coleccionista de sellos de correos.

filatura s.f. Hilandería.

filera s.f. Arte de pesca que se cala a la entrada de las albuferas y consiste en varias filas de redes que tienen unas nasas pequeñas en el extremo.

fileta s.f. En las máquinas de hilatura, urdidores, telares, etc., cuadro o bastidor que sostiene las bobinas o carretes de alimentación.

1. **filete** s.m. (fr. *filet*). Lonja fina de carne, ave o pescado: *filete de ternera; filete de pollo; filete de huachinango.* **2.** Solomillo.

2. **filete** s.m. (ital. *filetto,* lista de moldura). Faja lisa y estrecha que separa dos molduras. **2.** Elemento superior de una cornisa. **3.** Espiral saliente del tornillo o de la tuerca. **4.** Remate que se hace en el borde de una prenda de vestir para que no se desgaste. **5.** Línea o lista fina de adorno. **6.** HISTOL. Nombre que suele darse a las finas ramificaciones nerviosas. **7.** IMPR. **a.** Lámina metálica, generalmente de la misma altura que los caracteres, terminada en una o más rayas de distintos gruesos. **b.** Trazo que se obtiene, en la impresión, por medio de esta lámina, y que se utiliza para separar o enmarcar los textos o las ilustraciones.

fileteado s.m. Argent. Ornamentación artesanal de filetes hecha sobre la carrocería de un vehículo. **2.** Argent. Técnica de esta artesanía. **3.** TECNOL. Operación consistente en labrar una ranura helicoidal alrededor de una superficie cilíndrica. SIN.: *roscado.*

fileteador, ra s. Persona que tiene por oficio hacer fileteados.

filetear v.tr. Cortar un alimento en filetes: *filetear la pechuga de pollo.* **2.** Adornar con filetes.

filético, a adj. Relativo a un fílum.

filfa s.f. Mentira, noticia falsa. **2.** Méx. Pifia, error.

filia s.f. Simpatía por alguien o afición por algo.

filiación s.f. Acción y efecto de filiar o filiarse. **2.** Conjunto de datos que sirven para identificar a una persona. **3.** Afiliación a un partido o asociación o dependencia de una doctrina. **4.** DER. Lazo natural y jurídico que une a los hijos con sus padres.

filial adj. Relativo al hijo. ◆ adj. y s.f. Se dice de la empresa que se encuentra, de hecho, bajo la dependencia o la dirección de una sociedad madre.

filiar v.tr. Tomar la filiación.

filibusterismo s.m. Piratería, pillaje en el mar. **2.** Acción de los filibusteros. **3.** Obstruccionismo.

filibustero s.m. Pirata del mar de las Antillas, que en los ss. XVI-XVIII saqueó las colonias españolas de América. **2.** Parlamentario que obstaculiza la aprobación de una ley, mediante una larga disertación. **3.** HIST. Partidario de la independencia de las provincias ultramarinas españolas.

filical adj. y s.f. Eufilical.

filicida adj. y s.m. y f. Que comete filicidio.

filicidio s.m. Muerte que uno de los padres da a un hijo.

filiforme adj. Que tiene forma de hilo.

filigrana s.f. (ital. *filigrana*). Trabajo de orfebrería realizado con hilos de plata u oro. **2.** *Fig.* Obra hecha con gran habilidad y finura. **3.** PAPEL. Marca hecha en el cuerpo del papel durante su manufactura, y que solo es visible por transparencia.

filipéndula s.f. (del lat. *filum,* hilo, y *pendulus,* colgante). BOT. Planta herbácea de hojas divididas en muchos segmentos desiguales, estípulas semicirculares y dentadas, flores blancas o rosadas y raíces tuberculadas. (Familia rosáceas.)

filipense adj. y s.m. Relativo al oratorio de san Felipe Neri; miembro de este oratorio. ◆ adj. y s.f. Relativo al instituto de religiosas puesto bajo la advocación de san Felipe Neri; religiosa de este instituto.

filípica s.f. (del lat. *philippica oratio,* discurso relativo a Filipo). Reprensión extensa y dura dirigida contra alguien.

filipinismo s.m. Palabra, expresión o giro propios del español de Filipinas. **2.** Estima o admiración por la cultura y las tradiciones de Filipinas.

filipinista s.m. y f. Estudioso de las lenguas e historia de Filipinas.

filipino, a adj. y s. De Filipinas.

filisteísmo s.m. Cerrazón de espíritu con respecto a las letras, artes, novedades, etc.

filisteo, a adj. y s. (lat. *philistaeus,* hebreo *pelistí*). De un pueblo indoeuropeo que participó en la migración de los **pueblos del mar* y se estableció en el s. XII a.C. en la costa de Palestina (región que les debe su nombre, el «país de los filisteos»).

filler s.m. (voz inglesa). Materia mineral finamente molida, que se añade al asfalto para la pavimentación de carreteras y que se utiliza también para modificar las propiedades de determinados materiales como el hormigón, las materias plásticas, etc.

film o **filme** s.m. (voz inglesa) [pl. *films*]. Obra cinematográfica, película.

filmación s.f. Acción y efecto de filmar. **2.** Película filmada. **3.** CIN. Rodaje.

filmadora s.f. Cámara cinematográfica de manejo sencillo y pequeño formato, destinada a usos no profesionales.

filmar v.tr. Tomar o fotografiar una escena en movimiento en una película. **2.** CIN. Rodar.

filme s.m. → **film.**

filmlet s.m. (pl. *filmlets*). Film publicitario breve.

filmografía s.f. Conjunto de películas realizadas por un director, productor, o interpretadas por un actor.

filmología s.f. Ciencia que estudia el cine, su estética y sus influencias.

filmoteca s.f. Local o establecimiento donde se conservan películas cinematográficas para su difusión y proyección con fines culturales. SIN.: *cinemateca.* **2.** Colección de films.

filo s.m. Lado afilado de un instrumento cortante. ◇ **Al filo de** Muy cerca o alrededor: *al filo de la media noche.* **Dar (un) filo** Afilar, amolar; *Fig.* avivar, incitar. **De doble filo** o **de dos filos** Que puede tener dos efectos opuestos.

filodendro s.m. Planta ornamental de hojas digitadas y flores olorosas. (Familia aráceas.)

filogenético, a adj. Relativo a la filogenia.

filogenia s.f. Formación y encadenamiento de líneas evolutivas animales o vegetales. SIN.: *filogénesis.* **2.** Estudio de esta formación.

filogénesis s.f. Filogenia.

filología s.f. Ciencia que estudia una lengua y la literatura producida en ella. **2.** Estudio de los textos y de su transmisión.

filológico, a adj. Relativo a la filología.

filólogo, a s. (lat. *philologus,* del gr. *philólogos,* aficionado a las letras, erudito). Persona que se dedica al estudio de la filología.

filón s.m. Masa mineral que rellena la grieta de una formación rocosa. **2.** *Fig.* Materia, negocio o recurso del que se saca mucho provecho.

filoso, a adj. Que tiene filo. **2.** Méx. Se aplica a la persona bien preparada para hacer algo y dispuesta a emprenderlo de inmediato: *llegó filoso al examen.*

filosofador, ra adj. y s. *Desp.* Que filosofa, en especial si aporta meditaciones banales.

filosofal adj. *Piedra filosofal.

filosofar v.intr. Discurrir, meditar sobre los problemas y cuestiones de la filosofía. **2.** *Fam.* Expresar ideas sin valor sobre temas trascendentales.

filosofastro, a s. *Desp.* Persona que pretende filosofar sin tener capacidad para ello.

filosofía s.f. (gr. *philosophía*). Conjunto de consideraciones y reflexiones generales sobre los principios fundamentales del conocimiento, pensamiento y acción humanos, integrado en una doctrina o sistema: *la filosofía de Kant.* **2.** Conjunto de principios que se establecen o suponen para explicar u ordenar cierta clase de hechos: *filosofía de la historia.* **3.** *Fig.* Tranquilidad o conformidad para soportar los contratiempos.

filosofía

La filosofía fue, en un principio, una reflexión científica sobre la naturaleza y las causas que provocan la existencia del universo, el ser humano y la sociedad. El pensamiento occidental se manifestó en este sentido desde el s. VII a.C. en Grecia, donde Platón y Aristóteles (s. IV a.C.) se erigieron en las grandes figuras de esta reflexión. Con la aparición del cristianismo, la filosofía se fue apartando poco a poco de la teología. La edad media (Bacon) y el renacimiento (Maquiavelo) plantearon la problemática del ser humano en el mundo y en la ciudad. Durante los ss. XVI y XVII, con Copérnico y Descartes se empezó a distinguir entre filosofía y problemas físicos: fue entonces cuando la ciencia adquirió su autonomía. La reflexión sobre el ser humano, su moral y su libertad, se fue haciendo más precisa gracias a los sistemas de Leibniz, Spinoza y, más tarde, de Kant. Este fue quien señaló la autonomía de la filosofía respecto de la metafísica, considerada como especulación acerca de lo que va más allá de la experiencia. Hegel, por su parte, creó una nueva forma de aproximación a la historia, mientras que Marx se propuso, en lugar de interpretarlo, transformar el mundo. Nietzsche hizo de la filosofía un medio para escapar a todas las servidumbres del espíritu. En este momento se constituyen y se separan de la filosofía las ciencias que tratan del ser humano. La psicología y la sociología adquieren autonomía propia, mientras que nace el psicoanálisis, con Freud; la lógica se constituye como disciplina independiente con Frege. Husserl sentó los fundamentos de la fenomenología y Heidegger llevó su reflexión hacia la ontología.

filosófico, a adj. Relativo a la filosofía.

filósofo, a s. (lat. *philosophus,* del gr. *philósophos,* el que gusta de un arte, filósofo). Persona que, por profesión o estudio, se dedica a la filosofía. **2.** *Fam.* Persona que sabe vivir ajena a las preocupaciones.

filotaxis s.f. BOT. Disposición de las hojas sobre el tallo de las plantas.

filoxera s.f. (del gr. *phíllon,* hoja, y *xirós,* seco). Insecto parecido al pulgón, que ataca las hojas y los filamentos de las raíces de la vid. **2.** Enfermedad de la vid, causada por este insecto.

filtración s.f. Acción y efecto de filtrar o filtrarse. ◇ **Filtración óptica** Técnica que permite la investigación y perfeccionamiento de las informaciones contenidas en un objeto luminoso.

filtrar v.tr. Hacer pasar un fluido por un filtro. ◆ v.intr. y tr. Dejar un cuerpo sólido pasar un fluido a través de sus poros o resquicios. ◆ v.intr. y prnl. Penetrar un fluido a través de un cuerpo sólido. ◆ **filtrarse** v.prnl. Desaparecer inadvertidamente los bienes o el dinero. **2.** Dejar pasar subrepticiamente algo, en especial una noticia.

1. **filtro** s.m. Cuerpo poroso o aparato a través del cual se hace pasar un fluido, para limpiarlo de las materias que contiene en suspensión o separarlo de las materias con que está mezclado. **2.** FOT. Cuerpo transparente coloreado que se coloca delante de un objetivo para interceptar determinados rayos del espectro. **3.** TECNOL. Dispositivo que transmite la energía de una señal sonora o luminosa cuya frecuencia está comprendida en determinadas bandas y se opone a su paso en el caso contrario. **4.** *Fig.* Prueba o dificultad que sirve para seleccionar. ◇ **Filtro prensa** Aparato que filtra los líquidos a presión.

2. **filtro** s.m. (gr. *philtron,* de *philein,* amar). Poción a la que se atribuyen poderes mágicos, especialmente el de conseguir el amor de una persona. **2.** Poción venenosa.

filudo, a adj. Amér. Que tiene mucho filo.

fílum s.m. Serie evolutiva de formas animales o vegetales.

filván s.m. Rebaba finísima que queda en el filo de una herramienta recién amolada.

fimbria s.f. Borde inferior de la vestidura talar. **2.** Orla o franja de adorno.

fimo s.m. Estiércol.

fimosis s.f. (gr. *phímosis*). Estrechamiento del prepucio que impide descubrir el glande.

fin s.m. o f. (lat. *finis,* límite, fin). Hecho de terminarse una cosa. (Suele usarse como masculino.) ◆ s.m. Final, cabo, extremidad o conclusión de una cosa: *fin de año.* **2.** Finalidad, objeto o motivo por lo que se hace una cosa: *actuar con fines inconfesables.* ◇ **A fin de** Con objeto de, para. **Al fin** Después de vencidos todos los obstáculos, por último. **Al fin y al cabo,** o **a la postre** Se emplea para introducir una afirmación en apoyo de algo que se acaba de decir y que, en cierto modo, está en oposición con algo de lo que se ha hablado con anterioridad. **Dar,** o **poner, fin a algo** Terminarlo, acabarlo. **En fin** En resumidas cuentas, en pocas palabras. **En,** o **por, fin** Por último, finalmente. **Fin de fiesta** Actuación extraordinaria con que se acaba un espectáculo determinado. **Fin de semana** Últimos días de la semana (sábado y domingo), en que no se trabaja; Esp. maletín pequeño en que cabe justamente lo necesario para un viaje corto. **Sin fin** Sin número, infinitos, innumerables.

finado, a s. Persona muerta.

final adj. Que remata, cierra o perfecciona una cosa. **2.** LING. Se aplica a la conjunción que indica finalidad, como *a fin de que, para,* etc. ◆ s.m. Fin, término, remate. ◆ s.f. Prueba última y decisiva de una competición deportiva o un concurso. ◇ **Causa final** El fin con el que o por el que se hace una cosa.

finalidad s.f. Fin con que o por que se hace una cosa.

finalismo s.m. FILOS. Sistema que convierte las causas finales en el principio explicativo universal.

finalista adj. y s.m. y f. Que llega a la prueba final en una competición deportiva, concurso literario, etc. **2.** FILOS. Relativo al finalismo; partidario de este sistema.

finalizar v.tr. e intr. Hacer que algo llegue a su fin. ◆ v.intr. Terminarse o consumirse una cosa.

financiación s.f. Acción de financiar.

financiar v.tr. (fr. *financer*). Suministrar dinero para la creación o desarrollo de una empresa. **2.** Sufragar los gastos de una actividad, obra, partido político, etc.

financiero, a adj. Relativo a las finanzas. ◆ s. Especialista en materia de operaciones financieras y de gestión de patrimonios privados o públicos.

financista adj. y s.m. y f. Amér. Se dice de la persona que financia.

finanzas s.f.pl. (del fr. *finance*). Conjunto de bienes, especialmente dinero, que posee una persona. **2.** Conjunto de actividades mercantiles relacionadas con el dinero de los negocios, de la banca y de la bolsa. **3.** Conjunto de mercados o instituciones financieras de ámbito nacional o internacional.

finar v.intr. (del lat. *figicare,* fijar). Fallecer, morir. **2.** Finalizar.

finca s.f. (de *fincar,* permanecer). Superficie delimitada de terreno, perteneciente a un propietario o a varios pro indiviso. ◇ **Finca rústica** Finca que no está enclavada dentro de un perímetro urbano o zona urbanizada. **Finca urbana** Finca comprendida dentro de un casco urbano, zona urbanizada o sector previsto como zona de urbanización.

fincar v.intr. y prnl. Adquirir fincas. **2.** Méx. Construir una casa.

finés, sa adj. y s. De Finlandia. SIN.: *finlandés.* ◆ s.m. Lengua ugrofinesa hablada en Finlandia. SIN.: *finlandés.*

fineza s.f. Finura. **2.** Atención u obsequio delicado que se hace a alguien.

fingimiento s.m. Acción de fingir.

fingir v.tr. y prnl. (lat. *fingere,* amasar, modelar, inventar). Dejar ver o hacer creer con palabras, gestos o acciones algo que no es verdad. **2.** Dar existencia real a lo que no la tiene.

finiquitar v.tr. Saldar una deuda o cuenta. **2.** *Fig.* y *fam.* Acabar o concluir una cosa.

finiquito s.m. (de *fin* y *quito,* libre, pagado de una deuda). Acción de finiquitar una cuenta. **2.** Documento en el que consta.

finisecular adj. Relativo al fin de un siglo determinado.

finitismo s.m. Doctrina metamatemática según la cual solo existen los entes matemáticos que pueden construirse por procesos finitos.

finito, a adj. (lat. *finitus*). Que tiene fin o término.

finitud s.f. FILOS. Cualidad de finito.

fin-keel s.m. (ingl. *fin keel*). Quilla fija lastrada en su parte inferior, inserta en el casco de un velero.

finlandés, sa adj. y s. De Finlandia. SIN.: *finés.* ◆ s.m. Lengua ugrofinesa hablada en Finlandia. SIN.: *finés.*

fino, a adj. Delgado, de poco grosor. **2.** Liso o suave, sin asperezas: *superficie fina.* **3.** Selecto, de buena calidad: *tela fina.* **4.** Elegante, esbelto, de facciones delicadas. **5.** Se dice de los sentidos agudos: *oído fino.* **6.** Astuto o hábil. **7.** Atento, amable, afectuoso ◆ adj. y s.m. Se dice de una variedad de vino de Jerez, de color pajizo, aroma fuerte, delicado y transparente.

finolis adj. y s.m. y f. Se dice de la persona que usa una finura exagerada o afectada.

finougro, a adj. y s.m. Ugrofinés.

finta s.f. (ital. *finta,* p. f. de *fingere,* fingir). Ademán o amago que se hace con intención de engañar a alguien. **2.** Ademán o amago que se hace en algunos deportes para esquivar o superar a un adversario. ◇ **Irse con la finta** Méx. Actuar dejándose llevar por las apariencias o por alguna situación engañosa.

fintar v.tr. e intr. En fútbol y otros deportes, hacer una finta. GEOSIN.: Argent. *gambetear;* Esp. y Méx. *driblar;* Esp. *regatear.*

finura s.f. Cualidad de fino.

fiordo s.m. (noruego *fjord*). Antiguo valle glaciar invadido por el mar.

fique s.m. Colomb., Méx. y Venez. Fibra de la pita, de la que se hacen cuerdas.

firma s.f. Nombre de una persona, generalmente acompañado de la rúbrica, estampado al pie de un escrito para atestiguar que se es el autor o bien que se aprueba su contenido. **2.** Acción de firmar. **3.** Conjunto de cartas y documentos que se firman. **4.** Nombre comercial, empresa o establecimiento mercantil.

firmamento s.m. (lat. *firmamentum,* fundamento, apoyo). Espacio infinito en el que se mueven los astros.

firmán s.m. (persa *firman,* decreto). Edicto del soberano en el Imperio otomano y en Irán.

firmante adj. y s.m. y f. Que firma.

firmar v.tr. Poner la firma en un escrito. ◆ **firmarse** v.prnl. Utilizar un determinado nombre o título en la firma.

firme adj. (lat. vulgar *firmis*). Que no cede o que no se mueve ni vacila: *la mesa está firme.* **2.** *Fig.* Constante, entero, íntegro. ◆ adv.m. Con firmeza, con valor, con violencia. ◆ s.m. Capa sólida de terreno, sobre la cual se pueden poner los cimientos de una obra. **2.** Capa de cubierta o pavimento de una carretera, calle, etc. ◆ **¡firmes!** interj. MIL. Se usa como voz de mando reglamentaria para que la tropa en formación se cuadre si estaba descansando o vuelva la vista al frente cuando termina una alineación. ◇ **De firme** Con constancia e intensidad; mucho, con fuerza: *llueve de firme.* **En firme** Se dice de la operación de compra o venta a plazo, no rescindible.

firmeza s.f. Cualidad de firme. ◇ **La firmeza** Argent. Baile tradicional de galanteo, de ritmo vivaz, en el que las parejas ejecutan la pantomima de lo expresado en el estribillo.

firulete s.m. Amér. Merid. Adorno superfluo y de mal gusto. (Suele usarse en plural.)

fiscal adj. (lat. *fiscalis*). Relativo al fisco: *exención fiscal.* **2.** DER. Relativo al oficio del fiscal. ◆ s.m. y f. Funcionario de la carrera judicial que representa y ejerce el ministerio público en los tribunales. **2.** Empleado que tiene a su cargo, de alguna forma, defender los intereses del fisco: *fiscal de tasas.* **3.** Persona que observa las acciones ajenas para sacarles faltas. **4.** Bol. y Chile. Seglar que cuida de una capilla rural, dirige las funciones del culto y auxilia al párroco. ◇ **Fiscal general del estado** Órgano jerárquico superior del ministerio fiscal.

fiscalía s.f. Cargo de fiscal. **2.** Oficina o despacho del fiscal.

fiscalidad s.f. Conjunto de los impuestos y otros gravámenes que han de pagarse a la administración pública.

fiscalización s.f. Acción de fiscalizar.

fiscalizar v.tr. Sujetar a la inspección fiscal. **2.** *Fig.* Observar las acciones u obras de alguien para sacarle faltas.

fisco s.m. (lat. *fiscus,* cesta de mimbre donde se guardaba el dinero). Conjunto de los bienes del estado. **2.** Hacienda pública que recauda los impuestos de los contribuyentes. **3.** Moneda de cobre de Venezuela.

fiscorno s.m. MÚS. Instrumento musical de viento, de metal, que pertenece a la familia del bugle.

fisga s.f. Arpón para pescar peces grandes, consistente en una barra de hierro provista de tres o más dientes. **2.** Burla que se hace de una persona. **3.** Guat. y Méx. Banderilla del toreo.

fisgar v.tr. (del lat. *figere,* clavar, hincar). Husmear, rastrear con el olfato. ◆ v.tr. e intr. Procurar enterarse indiscretamente de cosas ajenas.

fisgón, na adj. y s. Que tiene por costumbre fisgar.

fisgonear v.tr. e intr. Fisgar cosas ajenas.

fisgoneo s.m. Acción de fisgonear.

fisiatra s.m. y f. Persona que practica la fisiatría.

fisiatría s.f. Naturismo.

fisible adj. Se dice del elemento químico que puede sufrir una fisión nuclear.

física s.f. Ciencia que estudia las propiedades generales de la materia y la energía (con exclusión de los que modifican la estructura molecular de los cuerpos, de los cuales se ocupa la química), y establece las leyes de los fenómenos naturales. ◇ **Física atómica** Estudio teórico y experimental de las propiedades del átomo aislado. **Física matemática** Parte de la física en la que las leyes físicas se traducen en funciones matemáticas. **Física recreativa** Conjunto de experimentos de física destinados a distraer o divertir.

física

La física moderna, en esencia experimental y matemática, se desarrolló gracias al mejoramiento de los instrumentos de observación, la elaboración de teorías matemáticas y la agrupación de leyes dispersas en un conjunto coherente con base en definiciones y principios formulados con claridad. La mecánica ha sido básica en el desarrollo de la física, pues fue la primera en dar un «vuelco» científico. Con ella empezó el despegue verdadero de las ciencias físicas a principios del s. XVII (Kepler, Galileo, Huygens), antes de que Newton fundara la dinámica (1687). En el s. XIX la electricidad tuvo un despliegue sobresaliente, y Maxwell aportó las ecuaciones del electromagnetismo. A finales del s. XIX se elaboraron principios que iban a provocar la revisión de los conceptos fundamentales de la física. Las teorías de la relatividad establecieron un nexo entre masa y energía y condujeron a una concepción por completo nueva de la gravitación y de las relaciones entre masa, espacio y tiempo. Después del descubrimiento de los quanta por parte de Planck en 1900, Einstein demostró la existencia del fotón, un grano de luz. De nuevo se confrontaron las dos concepciones, ondulatoria y corpuscular, de la luz. Esta oposición solo se superó con la creación de la mecánica cuántica, en 1924-1926. Después de reconocer la existencia de átomos, se cuestionó su estructura. Bohr elaboró un primer modelo a partir de los quanta en 1913. La estructura del núcleo empezó a precisarse a partir de 1930 con el descubrimiento del neutrón, de donde procede la constitución de la física nuclear que, en 1939, llevó a la fisión de átomos muy pesados. Después de la segunda guerra mundial nació una física más refinada: la de las partículas elementales o física de altas energías.

fisicalismo s.m. Teoría epistemológica neopositivista que afirma que el lenguaje de la física puede formar un lenguaje universal, apropiado para todas las ciencias. (Fue elaborada por ciertos representantes del círculo de Viena.)

físico, a adj. (lat. *physicus,* del gr. *physikós,* relativo a la naturaleza). Relativo a la física. **2.** Relativo a la naturaleza y constitución corpórea o material: *geografía física; ejercicios físicos.* **3.** Cuba y Méx. Pedante, melindroso. ◆ s. Persona que se dedica a la física. ◆ s.m. Exterior de una persona, lo que forma su constitución y naturaleza.

físico-matemático, a adj. (lat. *mathematicus,* del gr. *mathimatikós,* estudioso, matemático). Relativo a la física y a las matemáticas a la vez.

físico-química s.f. Parte de la química que aplica las leyes de la física al estudio de los sistemas químicos.

físico-químico, a adj. Relativo a la física y a la química a la vez. ◆ s. Especialista en físico-química.

fisiocracia s.f. (del gr. *phýsis,* naturaleza, y *kratein,* dominar). Doctrina de los economistas que, con Quesnay, consideraban la agricultura como la fuente esencial de la riqueza.

fisiócrata adj. y s.m. y f. Fisiocrático; partidario de la fisiocracia.

fisiocrático, a adj. Relativo a la fisiocracia.

fisiognómica s.f. Estudio del carácter de los seres humanos por sus rasgos fisonómicos.

fisiografía s.f. Descripción geomorfológica de una región.

fisiográfico, a adj. Relativo a la fisiografía.

fisiología s.f. (gr. *physiología,* estudio de la naturaleza). Parte de la biología que estudia las funciones orgánicas por medio de las cuales se manifiesta la vida y que aseguran el mantenimiento de la vida individual.

fisiológico, a adj. Relativo a la fisiología.

fisiólogo, a s. Persona que se dedica a la fisiología.

fisión s.f. (ingl. *fission*). División del núcleo de un átomo pesado (uranio, plutonio, etc.) en dos o varios fragmentos, causado por un bombardeo de neutrones, con liberación de una enorme cantidad de energía y varios neutrones.

fisión

La energía liberada en una reacción de fisión procede de la desintegración de una parte de la masa del núcleo atómico fisionado. Los productos de la fisión son radiactivos; son la causa de los efectos radiactivos de las bombas atómicas y constituyen los residuos radiactivos de las centrales nucleares. Los neutrones que se desprenden al fisionarse un núcleo producen a su vez la fisión de otros núcleos vecinos, dando lugar a la reacción en cadena. Pueden sufrir la fisión, con mayor o menor probabilidad, todos los núcleos de elementos pesados a partir del torio. Los neutrones inductores de fisión pueden ser *lentos* (o térmicos), como en el caso del uranio 235, el uranio 233 y el plutonio 239, o *rápidos,* como en el caso del uranio 238.

fisionar v.tr. y prnl. Producir una fisión.

fisionomía s.f. → **fisonomía.**

fisionómico, a adj. → **fisonómico, a.**

fisionomista adj. y s.m. y f. → **fisonomista.**

fisiopatología s.f. Parte de la biología que estudia los trastornos funcionales que perturban las funciones fisiológicas y son responsables de los síntomas patológicos.

fisiopatológico, a adj. Relativo a la fisiopatología.

fisioterapeuta s.m. y f. Persona que se dedica a la fisioterapia.

fisioterapia s.f. (del gr. *phýsis,* naturaleza, y *therapeía,* curación). Tratamiento médico por medio de agentes naturales: luz, calor, frío, electricidad, ejercicio, etc.

fisiparidad s.f. Modo de reproducción asexual en el que el organismo se divide en dos partes.

fisíparo, a adj. Se dice de los seres que se multiplican por fisiparidad.

fisonomía o **fisionomía** s.f. (del lat. *physiognomon, -onis,* del gr. *physiognómon,* quien sabe juzgar por la fisonomía). Aspecto particular del rostro de una persona, que la caracteriza. **2.** *Fig.* Aspecto exterior de las cosas.

fisonómico, a o **fisionómico, a** adj. Relativo a la fisonomía.

fisonomista o **fisionomista** adj. y s.m. y f. Se dice de la persona que recuerda fácilmente los rasgos fisonómicos.

fístula s.f. (lat. *fistula,* caño de agua, tubo). Cañón o conducto por donde pasa el agua o algún otro líquido. **2.** Instrumento musical de viento. **3.** MED. Conducto de origen congénito, traumático, quirúrgico o patológico, que comunica un órgano con el exterior o con otro órgano.

fistular adj. Relativo a la fístula.

fistuloso, a adj. De forma de fístula o parecido a ella.

fisura s.f. Fractura o hendidura longitudinal de un hueso. **2.** Solución de continuidad, de disposición lineal, en la piel o en una mucosa. **3.** GEOL. Hendidura en la superficie de una roca.

fitness s.m. Conjunto de ejercicios gimnásticos que se realizan para conseguir y mantener una buena forma física.

fitobiología s.f. Parte de la biología que estudia los vegetales bajo un aspecto no sistemático.

fitófago, a adj. y s.m. (del gr. *phytón,* vegetal, y *phagein,* comer). Se dice del animal que come materias vegetales.

fitofarmacia s.f. Estudio y preparación de los productos antiparasitarios destinados al tratamiento de las enfermedades de las plantas.

fitoflagelado, a adj. y s.m. Se dice de los protistos flagelados que poseen clorofila.

fitogeografía s.f. Ciencia que estudia la distribución de las plantas sobre la Tierra.

fitohormona s.f. Hormona vegetal.

fitopatología s.f. Estudio de las enfermedades en plantas.

fitoplancton s.m. Plancton vegetal.

fitosanitario, a adj. Relativo a los cuidados que deben dedicarse a los vegetales.

fitosociología s.f. Estudio de las asociaciones vegetales.

fitotrón s.m. Laboratorio equipado para estudiar las condiciones físicas y químicas en las que se desarrollan las plantas.

fitozoo, a adj. y s.m. Zoófito.

fjeld s.m. (voz noruega). GEOGR. Plataforma rocosa modelada por un glaciar continental. SIN.: *fjell.*

flabelo s.m. (lat. *flabellum,* abanico). Abanico grande con mango largo.

flacidez o **flaccidez** s.f. Cualidad de flácido.

flácido, a o **fláccido, a** adj. (lat. *flaccidus*). Blando, flojo y sin consistencia.

flaco, a adj. (lat. *flaccus,* flojo, flácido). Se dice de la persona o animal muy delgados. **2.** *Fig.* Poco entero o poco resistente a las tentaciones. **3.** *Fig.* Endeble, sin fuerza: *argumento flaco.*

flacura s.f. Cualidad de flaco.

flagelación s.f. Acción de flagelar.

flagelado, a adj. y s.m. Relativo a una clase de protozoos caracterizados por la posesión de flagelos.

flagelante s.m. y f. Penitente que se azotaba en público.

flagelar v.tr. y prnl. (lat. *flagellare*). Dar golpes en el cuerpo a alguien con un flagelo. **2.** *Fig.* Dirigir reproches duros a alguien o algo.

flagelo s.m. (lat. *flagellum,* látigo, azote). Azote o instrumento para azotar. **2.** Azote, calamidad. **3.** BIOL. Filamento móvil que sirve de órgano locomotor a ciertos protozoos y a los espermatozoides.

flagrante adj. Que es muy claro y evidente. SIN.: *fragante.* ◇ **Flagrante delito** DER. Delito que se está cometiendo cuando el delincuente ha sido sorprendido.

flama s.f. Llama, masa gaseosa en combustión que se eleva de los cuerpos que arden. **2.** Llama, pasión vehemente.

flamante adj. De apariencia vistosa y lucida. **2.** Nuevo, moderno, reciente, acabado de hacer o de estrenar. **3.** Se dice de la espada cuya hoja está ondeada en forma de llama.

flambear v.tr. Quemar el licor con que se ha rociado un alimento, para darle un gusto específico.

flamboyán o **framboyán** s.m. Árbol oriundo de México, de aproximadamente 15 m de alt., de tronco ramificado y flores muy vistosas y abundantes, de color rojo encendido. (Familia leguminosas.)

flamear v.intr. (cat. *flamejar*). Despedir llamas. **2.** MAR. Ondear las velas orientadas al filo del viento. **3.** MED. Quemar un líquido inflamable en superficies o recipientes que se quieren esterilizar, o pasar por la llama algún instrumento con el mismo fin. **4.** Ondear una bandera.

flamen s.m. [pl. *flámines*]. ANT. ROM. Sacerdote vinculado al culto de un dios particular.

flamenco, a adj. y s. (neerlandés *flaming*). De Flandes. **2.** Achulado. **3.** Se dice de la persona, especialmente de la mujer, de aspecto robusto y sano. ◆ adj. Se dice de lo andaluz que tiende a hacerse agitanado: *cante, aire, tipo flamenco.* ◆ s.m. Conjunto de cantes y bailes formados por la fusión de ciertos elementos del orientalismo musical andaluz dentro de unos peculiares moldes expresivos gitanos. **2.** Conjunto de dialectos neerlandeses hablados en Bélgica y en la región francesa de Dunkerque. **3.** Ave de 1,50 m de alt., de plumaje rosa, escarlata o blanco, con largas patas palmeadas, cuello largo y flexible y un gran pico acodado que le permite filtrar el limo de las aguas costeras y poco profundas. (Familia fenicoptéridos.) ◇ **Escuela flamenca** Conjunto de los artistas y de la producción artística de los países de lengua flamenca antes de la constitución de la actual Bélgica. **Movimiento flamenco** Movimiento político y cultural aparecido en Bélgica en la segunda mitad del s. XIX, que preconiza la autonomía de Flandes y la limitación de la cultura francesa en el territorio flamenco.

flamenco

Poco se sabe sobre las raíces históricas del flamenco, que como rito doméstico gitano se fue forjando paulatinamente durante siglos, sin difusión pública hasta fines del s. XVIII. En la Andalucía mestiza de los ss. XVI y XVII, en contacto con gente de diversas procedencias (moriscos, judaizantes, etc.), los gitanos se apropiaron, con deslumbrante intuición artística, de elementos de la música oriental (modos litúrgicos bizantinos, hebreos, melodías árabes) ya «andaluzados», adaptándolos a sus necesidades expresivas. Las más antiguas modalidades flamencas son las tonás, las siguiriyas y las soleares, de las que han derivado los distintos estilos conocidos en la actualidad: alegrías, fandangos, tientos, bulerías, serranas, saetas, peteneras, etc. El cante jondo y el baile flamenco, caracterizado por el zapateado y los estilos festeros, se difundieron enormemente a mediados del s. XIX, atravesando desde entonces diversas coyunturas de adulteración, autenticidad y renovación.

flamencología s.f. Estudio del cante y el baile flamenco.
flamencólogo, a adj. y s. Especialista en flamencología.
flamenquería s.f. Cualidad de flamenco, chulería.
flamenquismo s.m. Afición a las costumbres flamencas o achuladas. **2.** Flamenquería.
flamígero, a adj. (del lat. *flamma,* llama, y *gerere,* llevar). Que arroja o despide llamas o imita su figura. **2.** ARQ. Se dice del último período del gótico, en el s. XV, caracterizado por la decoración con curvas y contracurvas parecidas a lenguas de fuego.
flan s.m. (fr. *flan*). Dulce elaborado con yemas de huevo, leche y azúcar batidos y cuajados en un molde, puesto al baño María. <> **Como,** o **hecho, un flan** *Fig.* y *fam.* Muy nervioso o inquieto.
flanco s.m. (fr. *flanc,* costado). Lado, cada una de las dos partes laterales de un cuerpo. **2.** Costado, lado de un buque o de un cuerpo de tropa. **3.** ANAT. Parte lateral del tronco situada entre el reborde inferior de las costillas de un lado y el borde superior del hueso coxal de otro. **4.** FORT. Lado de un baluarte que enlaza las caras de este con las cortinas contiguas. **5.** HERÁLD. Cada uno de los rectángulos que ocupan el centro de los costados diestro y siniestro, en el escudo dividido hipotéticamente por dos líneas verticales y dos horizontales.
flanquear v.tr. Estar colocado en el flanco o lado de algo o alguien. **2.** MIL. Guardar los flancos del ejército.
flap s.m. (voz inglesa). AERON. Alerón que al abatirse aumenta la capacidad de sustentación del ala de un avión.
flaquear v.intr. Debilitarse, ir perdiendo la fuerza o la resistencia: *flaquear las piernas; flaquear una viga.* **2.** Estar en cierta materia menos preparado o enterado que en otras o que otros. **3.** *Fig.* Decaer el ánimo, aflojar en una acción.
flaqueza s.f. Fragilidad o acción reprensible cometida por debilidad: *las flaquezas de la carne.* **2.** Cualidad de flaco.
flash o **flas** s.m. (voz angloamericana). Aparato que produce destellos luminosos intensos, para la toma de fotografías. **2.** Destello producido por este aparato. **3.** Información procedente de una agencia de prensa y transmitida rápidamente, de forma concisa, por radio o televisión durante una emisión o en una interrupción de la programación. **4.** CIN. Visión rápida de un plano de escasa duración. <> **Flash electrónico** FOT. Flash que utiliza descargas de condensador en un tubo con gas enrarecido.
flash-back s.m. (ingl. *flashback*). Secuencia cinematográfica que describe una acción pasada con respecto a la acción principal.
flashing s.m. CIN. Procedimiento que consiste en iluminar muy débilmente la película, de manera uniforme, antes, durante o después de la exposición de la cinta en la cámara o en la tiradora.
flato s.m. (lat. *flatus, -us,* soplo, flatulencia). Amér. Central, Colomb., Méx. y Venez. Melancolía, tristeza. **2.** Esp. Acumulación de gases en un punto limitado del tubo digestivo que produce un dolor pasajero.
flatulencia s.f. Acúmulo de gases en la cavidad abdominal, en especial en el estómago y colon transverso.
flatulento, a adj. Se dice de las sustancias que tienden a producir gases de fermentación en el tubo digestivo y, por lo tanto, meteorismo. ◆ adj. y s. Que padece flatulencia.
flauta s.f. Instrumento musical de viento, formado por un tubo vacío y con agujeros. (Se distinguen la *flauta de pico,* o *dulce,* de madera, con embocadura en un extremo y perforación cónica, y la *flauta travesera,* de madera o de metal, con la embocadura a un lado.) ◆ s.m. y f. Flautista. <> **Flauta de Pan** Instrumento músical compuesto por tubos de longitud desigual.
flautado, a adj. De sonido parecido al de la flauta.
flautín s.m. Instrumento musical de viento; flauta de pequeñas dimensiones afinada a la octava superior de la flauta ordinaria.
flautista s.m. y f. Músico que, en una orquesta o conjunto musical, toca la flauta.
flavina s.f. BIOL. Molécula orgánica perteneciente a un grupo que comprende la vitamina B_2 (riboflavina), los pigmentos amarillos que poseen numerosos animales y enzimas respiratorios.
flebitis s.f. Inflamación de una vena, que afecta generalmente a las extremidades inferiores y que puede provocar la formación de un coágulo.
flebotomía s.f. MED. Incisión de una vena.
flecha s.f. (fr. *flèche*). Arma arrojadiza, que se dispara generalmente con arco, compuesta por una varilla delgada y ligera, o astil, en cuyo extremo va una punta afilada. **2.** Indicador de dirección con esta forma. **3.** AERON. Ángulo formado por el borde de ataque de un ala de avión con la perpendicular al eje del fuselaje. **4.** ARQ. **a.** Remate cónico, piramidal o poligonal de un campanario, que se levanta a gran altura. **b.** Altura de la clave de un arco o bóveda sobre la línea de los arranques. **5.** MAT. Perpendicular trazada desde el punto medio de un arco de circunferencia a la cuerda que sostiene este arco.
flechar v.tr. Herir o matar con flechas. **2.** *Fig.* y *fam.* Enamorar.
flechaste s.m. MAR. Cada uno de los cabos delgados horizontales que forman las escalas que sirven para subir a los palos.
flechazo s.m. Acción de disparar la flecha. **2.** Herida causada por una flecha. **3.** *Fig.* Enamoramiento súbito.
flechilla s.f. Planta herbácea que, tierna, se utiliza como pasto para el ganado y crece en Argentina. (Familia gramíneas.)
fleco s.m. (del lat. *floccus,* copo de lana). Adorno compuesto por una serie de hilos o cordoncillos colgantes de una tira de tela, pasamanería, etc. **2.** Flequillo. **3.** Borde de una tela deshilachado por el uso. **4.** *Fig.* Detalle o aspecto que queda por resolver en un asunto o negociación.
fleje s.m. (cat. dialectal *fleix,* fresno, fleje). Tira de hierro con que se hacen los aros de las cubas y toneles y para ceñir las balas o fardos de ciertas mercancías. **2.** Pieza alargada y curva de acero que sirve para muelles y resortes.
flema s.f. (lat. *phlegma, -atis,* mucosidad, humores, del gr. *phlégma,* inflamación, mucosidad). Mucosidad pegajosa que se arroja por la boca, procedente de las vías respiratorias. **2.** *Fig.* Tardanza, lentitud en las operaciones. **3.** Serenidad, impasibilidad.
flemático, a adj. (lat. *phlematicus*). Relativo a la flema. **2.** Tardo y lento en las acciones. **3.** Sereno, impasible.
flemón s.m. (lat. *phlegmone,* del gr. *phlegmoní*). MED. Inflamación difusa del tejido conjuntivo.
flemonoso, a adj. Relativo al flemón.
flemoso, a adj. Que tiene o causa flema.
fleo s.m. (gr. *phleos, -o,* especie de junco acuático). Gramínea forrajera vivaz que crece en los prados, preferentemente en suelos secos y calcáreos.
flequillo s.m. Porción de cabello recortado que cae a manera de fleco sobre la frente.
fletador, ra adj. y s. Que fleta. **2.** DER. En el contrato de fletamento, se dice del que entrega la carga que ha de transportarse.
fletamento o **fletamiento** s.m. Acción de fletar. **2.** DER. Contrato de transporte por mar.
fletán s.m. Halibut.
fletante s.m. y f. Chile y Ecuad. Persona que da en alquiler una nave o una bestia para transportar personas o mercaderías. **2.** DER. En el contrato de fletamento, naviero o quien lo represente.
fletar v.tr. (del cat. ant. y dialectal *fretar*). Alquilar un vehículo para el transporte de cosas o personas. **2.** Argent., Chile y Urug. Echar a una persona de su empleo. **3.** Argent., Chile y Urug. *Fam.* Enviar a alguien a alguna parte en contra de su voluntad. **4.** Chile y Perú. *Fig.* Soltar o espetar palabras agresi-

vas o inconvenientes. ◆ v.tr. y prnl. Embarcar mercancías o personas en una nave para su transporte. ◆ **fletarse** v.prnl. Cuba. Largarse, marcharse de pronto. **2.** Méx. Emprender una tarea de manera forzada y a disgusto. **3.** Méx. Inclinarse.

flete s.m. (fr. *fret*). Precio estipulado para el alquiler de un medio de transporte, especialmente de un buque. **2.** Precio de transporte de mercancías por mar, tierra o aire. **3.** Carga que se transporta en un buque, camión o avión. **4.** Argent. Vehículo que hace transporte de mercancías por alquiler. **5.** Argent. El transporte mismo. **6.** Argent. y Urug. Caballo ligero. **7.** Cuba. Cliente de la fletera o prostituta.

fletera s.m. Cuba. Prostituta callejera.

fletero, a adj. Amér. Se dice del vehículo que se alquila para transporte. ◆ adj. y s. Amér. Se dice de la persona que tiene por oficio hacer transportes. ◆ s.m. Amér. Persona que cobra el precio del transporte. **2.** Chile y Perú. En los puertos, persona encargada de transportar personas o mercancías entre las naves y los muelles.

flexibilidad s.f. Cualidad de flexible.

flexibilizar v.tr. y prnl. Hacer flexible o más flexible: *flexibilizar un tejido.*

flexible adj. (lat. *flexibilis,* de *flectere,* doblar). Que puede doblarse fácilmente. **2.** *Fig.* Se dice de la persona que cede o se acomoda fácilmente al dictamen o resolución de otra. ◆ adj. y s.m. Se dice del sombrero de fieltro flexible.

flexión s.f. (lat. *flexio, -onis*). Acción y efecto de doblar o doblarse. **2.** Deformación de un sólido sometido a fuerzas que actúan sobre su plano de simetría o dispuestas simétricamente dos a dos con relación a dicho plano. **3.** GEOL. Forma intermedia entre la falla y el pliegue, en la que las capas han sido levantadas de una parte y hundidas por la otra, sin que se haya roto su continuidad. **4.** LING. Procedimiento morfológico que consiste en colocar como afijo, al final de un vocablo, desinencias con que se expresan las categorías gramaticales.

flexionar v.tr. y prnl. Hacer flexiones con el cuerpo o un miembro, generalmente en ejercicios gimnásticos.

flexivo, a adj. LING. Que expresa relaciones gramaticales por medio de flexiones: *lenguas flexivas.*

flexo s.m. Esp. Lámpara de mesa con brazo flexible.

flexografía s.f. Procedimiento de impresión con formas en relieve, constituidas por planchas de caucho o de materia plástica.

flexor, ra adj. Que dobla o hace que una cosa se doble con movimiento de flexión. ◆ adj. y s.m. ANAT. Se dice de varios músculos que ejercen un movimiento de flexión. CONTR.: *extensor.*

flictena s.f. (gr. *phlýktaina,* pústula, vesícula). Ampolla, vejiga formada en la piel como consecuencia de una quemadura o de un rozamiento.

flintglas s.m. Cristal a base de plomo, dispersivo y refringente, utilizado en óptica. (También *flint glass.*)

flipar v.tr. Esp. *Fam.* Gustar mucho una cosa: *me flipa la música de este grupo.* ◆ v.intr. Esp. *Fam.* Estar una persona muy admirada, sorprendida o confundida: *yo flipo con este tío.* ◆ **fliparse** v.prnl. Esp. *Fam.* Someterse a la acción de estupefacientes.

flirt s.m. (voz inglesa). Acción de flirtear. SIN.: *flirteo.* **2.** Persona con la que se flirtea.

flirtear v.intr. (ingl. *to flirt*). Coquetear o entablar una relación amorosa superficial y pasajera. **2.** Manifestar simpatía o afición superficial por algo.

flirteo s.m. Flirt, acción de flirtear.

flocadura s.f. Guarnición de flecos.

floculación s.f. Transformación reversible de un sistema coloidal bajo la acción de un factor exterior, con formación de pequeños copos. ◇ **Reacciones de floculación** Reacciones bioquímicas útiles para diagnosticar determinadas enfermedades, entre ellas la sífilis.

flogístico, a adj. Relativo al flogisto.

flogisto s.m. (gr. *phlogistós,* consumido por el fuego). Fluido imaginado por los antiguos químicos para explicar la combustión.

flojear v.intr. Flaquear.

flojedad s.f. Debilidad y flaqueza en alguna cosa. **2.** *Fig.* Pereza, negligencia o descuido con que se hace algo.

flojera s.f. *Fam.* Flojedad.

flojo, a adj. (lat. *fluxus,* fluido, flojo, blando). Mal atado, poco apretado o poco tirante. **2.** Que no tiene mucha actividad, fortaleza o vigor. ◆ adj. y s. *Fig.* Perezoso, negligente, descuidado y tardo para el trabajo, el estudio, etc.

floqueado, a adj. Guarnecido con flecos.

flor s.f. (lat. *flos, floris*). Órgano reproductor de las plantas con semilla (fanerógamas), generalmente con forma y color vistosos. **2.** Parte mejor y más selecta de algo: *flor de harina.* **3.** Piropo, requiebro. **4.** Virginidad. **5.** Capa superior y externa de algunos minerales o líquidos: *la flor del vino.* **6.** Parte exterior de las pieles curtidas que se puede pulimentar. **7.** Producto pulverulento obtenido por sublimación o descomposición: *flor de azufre.* **8.** Argent. Pieza agujereada de la ducha por donde sale el agua. **9.** Chile. Mancha pequeña y blanca que aparece en las uñas. ◇ **A flor de** Casi en la superficie; a punto de. **En flor** En el estado anterior al de la madurez, complemento o perfección. **Flor de** Amér. Merid. Seguido de un sustantivo indica abundancia o exceso de lo expresado por este. **Flor de estufa,** o **de invernadero** Persona muy mimada, delicada o propensa a pequeños achaques. **Flor de la edad,** o **de la vida** Juventud. **Flor de nieve** Edelweiss. **Flor de un día** Planta bulbosa, de la familia de las liliáceas, cultivada por sus flores decorativas, amarillas y rojizas. **Flor y nata** Lo mejor y más selecto.

flor

La flor está unida al tallo por un pedúnculo en cuya base se encuentra una bráctea. Una flor completa está compuesta por: un *periantio,* en el que se distingue un *cáliz* externo, formado por *sépalos,* y una *corola,* formada por *pétalos,* a menudo coloreados y olorosos; un *androceo,* formado por los órganos masculinos, o *estambres,* cuya *antera* produce los granos de *polen*; un *gineceo,* o *pistilo,* órgano femenino, cuyo *ovario,* coronado por un *estilo* y un *estigma,* contiene los *óvulos.* Tras la fecundación, el ovario da un fruto, mientras que cada óvulo proporciona una semilla. En numerosos vegetales las flores son incompletas, sea por reducción del periantio o bien por ausencia de estambres o pistilo.

flora s.f. (de *Flora,* diosa itálica de las flores). Conjunto de las especies vegetales que crecen en una región. **2.** Libro que describe las plantas y permite la determinación de las especies. ◇ **Flora microbiana,** o **bacteriana** MED. Conjunto de bacterias, hongos microscópicos y protozoos que se encuentran en una cavidad del organismo que comunica con el exterior.

floración s.f. Eclosión de las flores. **2.** Tiempo en que tiene lugar.

floral adj. Relativo a la flor.

floreado, a adj. MIL. Se dice de la diana o retreta que se toca en alguna solemnidad, y en la que interviene la música del regimiento, además de la banda.

florear v.tr. Adornar con flores. **2.** Méx. Hacer suertes y figuras con el lazo los charros mexicanos. ◆ v.intr. Vibrar la punta de la espada. **2.** *Fam.* Requebrar, echar flores. **3.** Amér. Florecer, brotar las flores. **4.** MÚS. En la técnica de la guitarra, tocar dos o tres cuerdas con tres dedos sucesivamente, pero sin parar.

florecer v.intr. y tr. (lat. *florescere,* empezar a florecer) [conj.: *parecer*]. Dar flores las plantas. ◆ v.intr. *Fig.* Prosperar. **2.** *Fig.* Vivir una persona o cosa insigne en un tiempo o lugar determinado. ◆ **florecerse** v.prnl. Ponerse mohoso: *florecerse el pan.*

floreciente adj. Próspero.

florecimiento s.m. Acción de florecer o florecerse. **2.** *Fig.* Apogeo, en una ciudad o país, de la cultura, el arte, etc.

florentino, a adj. y s. De Florencia.

floreo s.m. Vibración o movimiento de la punta de la espada. **2.** Conversación, dicho, movimiento, etc., vano y superfluo, hecho sin otro fin que el de hacer alarde de ingenio, maestría o mero pasatiempo. **3.** COREOGR. En la danza española, movimiento de un pie en el aire. **4.** MÚS. Acción de florear en la guitarra.

florería s.f. Méx. Floristería.

florero s.m. Recipiente para poner flores.

florescencia s.f. Época de prosperidad o esplendor. **2.** BOT. Época en que las plantas florecen.

floresta s.f. (fr. ant. *forest,* selva). Terreno frondoso. **2.** *Fig.* Reunión de cosas variadas que se consideran agradables y de buen gusto.

florete s.m. (fr. *fleuret*). Espada delgada, muy ligera, sin filo, terminada en un botón, que se utiliza en las competiciones de esgrima.

florícola adj. Que vive sobre las flores.

floricultor, ra s. Persona que se dedica a la floricultura.

floricultura s.f. Parte de la horticultura que se ocupa especialmente de las flores.

floridano, a adj. y s. De Florida.

florido, a adj. Que tiene flores. **2.** *Fig.* Selecto. **3.** *Fig.* Se dice del lenguaje o estilo muy adornado. ◇ **Pascua florida** Pascua de Resurrección.

florífero, a adj. Que tiene o produce flores.

florilegio s.m. (de *flor* y el lat. *legere,* asir). Colección de fragmentos literarios selectos.

florín s.m. (cat. *florí,* del ital. *fiorino*). Moneda de oro que fue unidad internacional durante la edad media. **2.** Unidad monetaria principal de Hungría, Surinam y Antillas Neerlandesas. **3.** Unidad monetaria de Países Bajos, sustituida por el euro en 2002.

floripondio s.m. Arbusto de unos 30 cm de alt., de flores solitarias blancas, en forma de embudo y muy olorosas, que crece en Perú. (Familia solanáceas.) **2.** *Fig.* y *desp.* Adorno desmesurado y de mal gusto, en ocasiones en forma de flor grande.

florista s.m. y f. Persona que tiene por oficio vender flores.

floristería s.f. Establecimiento donde se venden flores.

florístico, a adj. Relativo a la flora de una localidad.

floritura s.f. Conjunto de adornos añadidos a una melodía. **2.** Adorno, ornato accesorio.

florón s.m. (ital. *fiorone*). Cosa que da lustre, que honra. **2.** ARQ. Adorno en forma de flor grande que se usa en pintura y arquitectura. **3.** HERÁLD. Adorno que se pone en el círculo de algunas coronas.

flósculo s.m. (lat. *flosculus,* dim. de *flos, floris,* flor). BOT. Cada una de las pequeñas flores regulares cuya reunión forma todo o parte del capítulo de las compuestas.

flota s.f. (fr. *flotte*). Conjunto de navíos cuyas actividades están coordinadas por una misma autoridad o que operan en una zona determinada. **2.** Conjunto de fuerzas navales de un país o de una compañía de navegación. **3.** Conjunto de aparatos de aviación para un servicio determinado. **4.** Chile y Ecuad. *Fig.* Muchedumbre, gentío: *una flota invadió el estadio.* **5.** Colomb. Autobús de servicio intermunicipal o interdepartamental: *no alcanzó a abordar la flota.* **6.** Colomb. *Fig.* Fanfarronada.

flotabilidad s.f. Fuerza que ejerce el empuje del agua sobre el volumen sumergido de un cuerpo, opuesta al peso total de este cuerpo. ◇ **Reserva de flotabilidad** Suplemento de flotabilidad correspondiente a la parte del casco de un barco que no está sumergida.

flotable adj. Que flota. **2.** Que permite conducir a flote armadías, balsas, etc.: *río flotable.*

flotación s.f. Acción de flotar. **2.** Transporte de maderas a flote, por vía fluvial. **3.** Procedimiento de separación de las mezclas de sólidos finamente divididos, basado en la diferencia de tensión superficial con relación a sus partículas cuando están en suspensión en el agua. **4.** ECON. Estado de una moneda flotante. **5.** MAR. Plano correspondiente a la superficie del agua en calma en el exterior de un navío, que delimita la parte sumergida y emergida.

flotador, ra adj. Que flota en un líquido. ◆ s.m. Salvavidas, objeto para mantenerse a flote. **2.** Cuerpo ligero que flota sobre un líquido: *el flotador de un sedal de pesca.* **3.** Órgano que permite a un hidroavión posarse sobre el agua.

flotante adj. Que flota sobre un líquido. **2.** Que no está fijo: *costillas flotantes.* ◇ **Capitales flotantes** Capital que pasa rápidamente de un lugar a otro para aprovechar la variación del tipo de interés. **Coma flotante** Manera de representar un número en el que la posición de la coma no es fija con respecto a uno de los extremos del número; método que permite efectuar operaciones aritméticas sobre esta figura. **Deuda flotante** Parte de la deuda pública no consolidada, susceptible de aumento o de disminución diaria. **Fábrica flotante** Construcción realizada en un taller industrial situado en la costa y llevada seguidamente por vía marítima hasta su emplazamiento de explotación. **Moneda flotante** Moneda cuya paridad con respecto a las otras monedas no está determinada por una tasa de cambio fijo. **Motor flotante** Motor de automóvil montado sobre el bastidor mediante fijaciones elásticas.

flotar v.intr. (fr. *flotter*). Permanecer en equilibrio en la superficie de un líquido. **2.** Difundirse en el ambiente algo inmaterial que impresiona o produce alguna sensación: *un misterio flotaba a su alrededor.* **3.** Ondear en el aire: *flotar las banderas al viento.* **4.** Estar sometida una moneda a flotación.

flote s.m. Flotación, acción de flotar. ◇ **A flote** Manteniéndose sobre el agua; a salvo de un peligro, apuro o dificultad.

flotilla s.f. Conjunto de barcos o aviones pequeños que tienen una misma misión o un mismo tipo de actividad.

flou s.m. (voz francesa). CIN. y FOT. Disminución de la nitidez de la imagen.

fluatación s.f. Procedimiento de impermeabilización y endurecimiento superficial de hormigones.

fluctuación s.f. Acción y efecto de fluctuar. **2.** Desplazamiento alternativo dentro de la masa de un líquido. **3.** Variación de una magnitud física a una y otra parte de un valor medio. **4.** Variación continua, transformación alternativa: *fluctuación de los precios.*

fluctuante adj. Que fluctúa.

fluctuar v.intr. (lat. *fluctuari,* ser llevado de una parte a otra por las olas) [conj.: *actuar*]. Oscilar un cuerpo sobre las aguas por el movimiento de ellas. **2.** Variar, oscilar: *fluctuar los precios.* **3.** Tener una moneda un valor variable con respecto al oro o a otra moneda. **4.** *Fig.* Dudar en la resolución de algo: *fluctuar entre dos opciones.*

fluencia s.f. Acción y efecto de fluir. **2.** Deformación lenta que experimenta un material sometido a una carga permanente.

fluente adj. Fluyente. **2.** MED. Se dice de la lesión u órgano que supura o fluye.

fluidez s.f. Cualidad de fluido.

fluídica s.f. Tecnología que utiliza un fluido, así como compuestos sin piezas móviles, para realizar operaciones de amplificación, conmutación, lógica o memoria.

fluídico, a adj. Relativo al fluido.

fluidificación s.f. Acción de fluidificar.

fluidificado, a adj. Se dice de un betún del que se ha disminuido la consistencia por incorporación de productos petrolíferos.

fluidificante adj. y s.m. Se dice de los medicamentos que convierten en más fluidas las secreciones bronquiales.

fluidificar v.tr. Hacer pasar al estado fluido.

fluido, a adj. y s.m. (lat. *fluidus*). Se dice de los cuerpos (gases y líquidos) que se adaptan con facilidad a los recipientes que los contienen. ◆ adj. Que corre fácilmente: *tinta muy fluida.* **2.** *Fig.* Fácil y natural: *lenguaje fluido.* ◆ s.m. Corriente eléctrica. **2.** Energía misteriosa que se supone poseen ciertas personas. <> **Circulación fluida** Circulación que se realiza sin atascos, de forma regular. **Mecánica de los fluidos** Parte de la mecánica que estudia los fluidos considerados como medios continuos deformables.

fluir v.intr. (lat. *fluere*) [conj.: *huir*]. Correr o brotar un fluido: *fluir el agua.* **2.** Fig. Surgir de forma fácil y natural: *fluir las ideas.*

flujo s.m. (lat. *fluxus, -us*). Movimiento de un fluido o de otra cosa: *un flujo de aire fresco; un flujo de palabras.* **2.** Movimiento de subida de la marea. **3.** ECON. Suma de los intercambios efectuados por los distintos agentes de la vida económica. (La noción de flujo se opone a las nociones de *stock* o de *patrimonio.*) **4.** MED. Salida abundante, al exterior del organismo, de un líquido normal o patológico. **5.** METAL. Producto depositado en la superficie de un metal en fusión para afinarlo, fluidificarlo y protegerlo de la oxidación del aire. <> **Flujo de un vector a través de una superficie** Producto de la componente normal de este vector por la superficie de esta. **Flujo eléctrico, magnético** Flujo de los vectores campo eléctrico, campo magnético. **Flujo luminoso** Caudal de energía irradiada, evaluada de acuerdo con la sensación luminosa que produce.

flúor s.m. (lat. *fluor, -oris,* flujo). No metal gaseoso, de color amarillo pálido. **2.** Elemento químico (F), de número atómico 9 y masa atómica 18,998. (Es muy reactivo y el elemento más electronegativo de todos.) <> **Espato de flúor** Fluorita.

fluoresceína s.f. Materia colorante amarilla, con fluorescencia verde, extraída de la resorcina.

fluorescencia s.f. Propiedad de determinados cuerpos de emitir luz cuando reciben una radiación, que puede ser invisible, como los rayos ultravioletas, los rayos X, los rayos catódicos, etc.

fluorescente adj. Relativo a la fluorescencia. ◆ s.m. Tubo de cristal que produce luz fluorescente.

fluorhídrico, a adj. Se dice de un ácido (HF) compuesto de flúor e hidrógeno, utilizado en el grabado sobre vidrio.

fluorita s.f. QUÍM. Fluoruro natural de calcio (CaF_2), cuyos cristales amarillos, verdes o violetas se encuentran asociados al cuarzo o a la calcita en la ganga de los yacimientos mineros.

fluorocarburo s.m. QUÍM. Combinación de carbono y flúor.

fluorografía s.f. Procedimiento fotográfico consistente en impregnar al sujeto con productos fluorescentes que se fijan en los huecos y que hacen resaltar todos los detalles de estos últimos.

fluoruro s.m. Compuesto de flúor. **2.** Sal del ácido fluorhídrico.

flus s.m. Colomb. y Venez. Terno, traje completo de hombre.

flutter s.m. (voz inglesa). MED. Taquicardia importante de las aurículas, con ritmo ventricular dos o tres veces más lento.

fluvial adj. (lat. *fluvialis*). Relativo a los ríos.

fluviátil adj. Que vive o crece en los ríos o en las aguas corrientes: *depósitos fluviátiles.*

fluvioglaciar adj. Relativo a la acción de la corriente de agua que proviene del deshielo de los glaciares. <> **Complejo fluvioglaciar** GEOGR. Glacis de aluviones muy aplanado, extendido gracias a las aguas de los arroyos y a las aguas corrientes, en forma de arcos morrénicos frontales, que han depositado los glaciares cuaternarios.

fluviómetro s.m. Aparato para medir el nivel de un río canalizado. SIN.: *fluviógrafo.*

fluviométrico, a adj. Relativo a la medición del nivel y del caudal de los ríos.

fluxión s.f. (lat. *fluxio, -onis,* acto de correr un líquido). Edema y vasodilatación localizados que representan el estado inicial de una inflamación.

fluxómetro s.m. Galvanómetro especial para medir los flujos magnéticos.

fluyente adj. Que fluye.

flysch o **flysh** s.m. GEOL. Formación detrítica que se deposita en los geosinclinales y que se caracteriza por rápidas variaciones de aspecto (bancos calcáreos, areniscos, esquistosos).

FOB adj. y adv. (sigla del ingl. *free on board*). Se dice de una transacción comercial marítima en la que el precio convenido comprende todos los gastos ocasionados por el transporte de la mercancía hasta su destino en el navío designado por el comprador.

fobia s.f. (del gr. *phobeisthai,* temer). Aversión. CONTR.: *filia.* **2.** PSIQUIATR. Temor irracional a ciertos objetos o a situaciones o personas concretas, del que el sujeto que lo padece reconoce su carácter injustificado, pero del que no se puede librar. (Esta palabra entra en la composición de otros términos que designan distintas clases de miedos injustificados: *agorafobia, claustrofobia,* etc.)

fóbico, a adj. Relativo a la fobia. ◆ adj. y s. Que padece de neurosis fóbica. <> **Neurosis fóbica** PSIQUIATR. Neurosis cuyo principal síntoma está constituido por fobias.

foca s.f. (lat. *phoca,* del gr. *phóki*). Mamífero carnívoro acuático de 1,50 a 2 m de long., de cuerpo fusiforme, cabeza ligeramente deprimida, miembros anteriores cortos y oídos sin pabellón, que vive en las costas árticas, en los mares más cálidos (foca fraile del Mediterráneo) o en el hemisferio austral (foca leopardo). [Familia fócidos.] **2.** Piel de este animal.

focal adj. FÍS. Concerniente al foco de los espejos y lentes. <> **Distancia focal** Distancia del foco principal al centro óptico; en matemáticas, distancia entre los dos focos de una cónica.

focalizar v.tr. Hacer converger en un punto un haz luminoso o flujo de electrones.

focense adj. y s.m. y f. De Focea y de Fócida. SIN.: *foceo, focidio.*

focha s.f. Ave zancuda, de unos 20 cm de long., de plumaje oscuro, parecida a la becada, que vive entre las cañas de lagos y estanques. (Familia rállidos.)

foco s.m. (lat. *focum,* hogar, fuego). Punto central de donde proviene algo: *el foco de la rebelión.* **2.** Lámpara que emite una luz potente. **3.** Amér. Globo de cristal en cuyo interior, donde se ha hecho el vacío, se halla un filamento que se pone incandescente al pasar por él la corriente eléctrica. GEOSIN.: Amér. Central, Antillas, Colomb. y Venez. *bombillo;* Esp. *bombilla.* **4.** Amér. Farola. **5.** Amér. Faro de vehículo. **6.** FÍS. Punto en el que se encuentran rayos inicialmente paralelos, después de la reflexión o refracción. **7.** MED. Centro productor de una enfermedad, centro principal de sus manifestaciones. <> **Foco de una cónica** Punto en el que se puede asociar una recta (directriz relativa a este foco), tal que la cónica es el conjunto de los puntos cuya relación de distancias con respecto al foco y a la directriz tiene un valor constante, denominado *excentricidad de la cónica.* **Profundidad de foco** Distancia máxima entre los puntos extremos del eje de un objetivo fotográfico sin que se altere la nitidez de la imagen.

focomelia s.f. Malformación congénita caracterizada por el acortamiento o ausencia de los segmentos medios de las extremidades, de modo que las manos o los pies quedan unidos directamente a la raíz del miembro, en la axila o en la ingle.

focomelo, a adj. y s. Que padece focomelia.

fodongo, a adj. Méx. Se dice de la persona perezosa y descuidada en su apariencia o en el arreglo y aseo de su casa.

foete s.m. Amér. Látigo.

fofo, a adj. (voz de origen onomatopéyico). Desp. Blando y de poca consistencia: *carnes fofas.*

fogaje s.m. HIST. Tributo que se pagaba por casa o por hogar.

fogara s.m. (voz árabe). En el Sahara, galería subterránea que lleva el agua de irrigación captada al pie de las montañas.

fogarada s.f. Llamarada.

fogata s.f. Fuego que levanta llama.

fogón s.m. Lugar de la cocina donde se hace fuego y se guisa. **2.** Utensilio para hacer fuego y cocinar, que puede funcionar con diversos combustibles: *fogón de gas, de petróleo.* **3.** Argent. En los ranchos y estancias, sitio donde arde el fuego para cocinar: *dejó el puchero en el fogón.* **4.** Argent., Chile, C. Rica y Urug. Fuego de leña u otro combustible que se hace en el suelo. **5.** TECNOL. En los hornos, calderas de vapor, etc., parte del hogar o lugar donde se echa el combustible.

fogonadura s.f. MAR. Cada uno de los agujeros de la cubierta por donde se hacen pasar los palos.

fogonazo s.m. Llama o fuego momentáneo que acompaña a un disparo o a la explosión brusca de algo.

fogonero, a s. Persona que tiene por oficio alimentar el fogón, especialmente en las máquinas de vapor.

fogosidad s.f. Cualidad de fogoso.

fogoso, a adj. Que pone pasión, ímpetu o entusiasmo en lo que hace: *carácter fogoso.*

foguear v.tr. Limpiar con fuego de pólvora un arma: *foguear la escopeta.* **2.** Acostumbrar a personas o caballos al fuego de la pólvora: *un soldado sin foguear.* **3.** *Fig.* Acostumbrar a alguien a las penalidades o trabajos de un estado u ocupación: *la vida lo ha fogueado.* **4.** TAUROM. Clavar al toro banderillas de fuego.

fogueo s.m. Acción y efecto de foguear. ◇ **Munición de fogueo** Munición que no tiene bala o la tiene de madera, y que se emplea para salvas, ejercicios, etc.

foie-gras s.m. → **fuagrás.**

foja s.f. (cat. *fotja*). Hoja de papel de un documento legal.

folclore, folclor o **folklore** s.m. (ingl. *folk-lore*, de *folk*, gente, vulgo, y *lore*, erudición). Conjunto de tradiciones populares y costumbres relativas a la cultura y civilización de un país o región. **2.** Estudio científico de estas tradiciones.

folclórico, a o **folklórico, a** adj. Relativo al folclore: *danza folklórica.* ◆ s.m. y f. Persona que se dedica a cantar o bailar flamenco, coplas, tonadillas, etc.

folclorista o **folklorista** s.m. y f. Especialista en folclore.

folía s.f. (occitano ant. *folia*). Danza de origen portugués que pasó a Europa a través de España. (Suele usarse en plural.) **2.** Canto y danza popular canarios. (Suele usarse en plural.)

foliáceo, a adj. Relativo a las hojas de las plantas. **2.** Que tiene el aspecto de estas.

foliación s.f. Acción y efecto de foliar. **2.** Desarrollo de las yemas y brotes de las hojas en árboles y arbustos caducos. **3.** Época en que tiene lugar este fenómeno.

foliado, a adj. BOT. Que tiene hojas.

foliador s.m. Instrumento que sirve para foliar. SIN.: *foliadora.*

1. **foliar** adj. (del lat. *folium*, hoja). BOT. Relativo a las hojas.

2. **foliar** v.tr. Numerar los folios de un manuscrito, registro o libro.

foliatura s.f. Acción de foliar.

fólico, a adj. (lat. *folliculus*, saquito, hollejo de las legumbres). **Ácido fólico** Vitamina contenida en las hojas de espinaca, en el hígado y en numerosos alimentos. SIN.: *vitamina* B_9.

folicular adj. Relativo a un folículo: *cavidad folicular.*

foliculina s.f. Hormona segregada por el folículo ovárico.

foliculitis s.f. Inflamación de un folículo piloso, lesión elemental del acné.

folículo s.m. Fruto seco que deriva de un carpelo aislado y que se abre por una sola hendidura. **2.** ANAT. Estructura macroscópica o microscópica en forma de saco (folículo piloso) o constituida por un montón de células (folículo ovárico).

folio s.m. (lat. *folium*, hoja). Hoja de papel que resulta de cortar por la mitad un pliego, y cuyo tamaño equivale a dos cuartillas. **2.** Hoja de un libro o de un cuaderno, especialmente cuando se numera por hojas y no por páginas. ◇ **En folio** Se dice del pliego de impresión que ha sido doblado una vez, por lo que consta de dos hojas o cuatro páginas; se dice del libro, folleto, etc., cuyo tamaño iguala a la mitad de un pliego de papel sellado.

folíolo o **foliolo** s.m. (lat. *foliolum*, hoja pequeña). Cada división del limbo de una hoja compuesta, como la de la acacia o la del castaño de Indias.

folk adj. y s.m. (voz angloamericana). Se dice de una corriente de la música pop originaria de EUA que combina elementos de la música tradicional y del rock y cuyas letras suelen tener un carácter comprometido y contestatario. SIN.: *folk song.*

folklore s.m. → **folclore.**

folklórico, a adj. → **folclórico, a.**

folklorista s.m. y f. → **folclorista.**

folla s.f. Diversión teatral compuesta de varios pasos de comedia mezclados con música.

follaje s.m. Conjunto de hojas de un árbol o una planta. **2.** *Fig.* Palabrería, superfluidad en el discurso. **3.** B. ART. Adorno realizado con elementos vegetales enroscados sucesivamente unos con otros.

follar v.tr. e intr. (cat. *follar*). Esp. *Vulg.* Realizar el acto sexual.

folletín s.m. Composición literaria publicada por entregas en un periódico. **2.** Obra literaria, teatral o cinematográfica de enredo, de gran simplicidad psicológica. **3.** Suceso o acontecimiento melodramático.

folletinesco, a adj. Relativo al folletín o que tiene sus características.

folletinista s.m. y f. Escritor de folletines.

folleto s.m. (ital. *foglietto*). Obra impresa, no periódica y de corta extensión, que no constituye un libro. (Suele tener más de cuatro páginas y menos de cuarenta y seis.) **2.** Impreso de poca extensión que informa de algo. **3.** Prospecto.

folletón s.m. *Galic.* Folletín.

follisca s.f. Amér. Central, Antillas, Colomb. y Venez. Riña.

follón, na adj. y s. Flojo, perezoso. **2.** *Poét.* Cobarde y ruin. ◆ s.m. Cohete que no produce ruido. **2.** Ventosidad sin ruido. **3.** Esp. Escena, situación, relato, etc., en que hay gritos, discusiones y riñas; desorden, confusión.

follonas s.f.pl. Ecuad. Vestiduras femeninas que caen de la cintura abajo, como faldas, refajos y enaguas.

fome adj. Chile. Soso. **2.** Chile. Aburrido, tedioso. **3.** Chile. Pasado de moda.

fomentación s.f. MED. Aplicación externa de fomentos.

fomentar v.tr. (lat. tardío *fomentare*). *Fig.* Aumentar la actividad o intensidad de algo: *fomentar el turismo, una pasión.* **2.** Dar calor que vivifique o anime. **3.** MED. Aplicar fomentos a una parte enferma.

fomento s.m. (lat. *fomentum*, bálsamo). Acción y efecto de fomentar. **2.** MED. Medicamento caliente, seco o húmedo, para calmar una inflamación, que se aplica en paños directamente sobre la parte afectada.

1. **fon** s.m. Unidad de sonoridad o percepción sonora equivalente a la sensación que produce un sonido de 1000 hercios de frecuencia y 1 decibelio de intensidad. (Se utiliza para medir la diferencia entre las sensaciones sonoras producidas por dos sonidos de intensidades distintas.)

2. **fon,** pueblo del S de Benín y Nigeria que habla una lengua kwa.

fonación s.f. Conjunto de fenómenos que intervienen en la producción de la voz.

fonador, ra adj. Relativo a la producción de sonidos vocales.

fonda s.f. Establecimiento público donde se da hospedaje y se sirven comidas. **2.** Chile y Perú. Puesto o cantina en que se sirve comida casera.

fondable adj. Se dice de los parajes del mar donde pueden fondear los barcos.

fondant s.m. (voz francesa). Bombón hecho con una pasta azucarada. **2.** Jarabe espeso para recubrir pasteles.

fondeadero s.m. MAR. Lugar situado en la costa, un puerto o río, de profundidad suficiente para que pueda fondear una embarcación.

fondeado, a adj. Chile. Escondido, aislado.

fondear v.tr. Reconocer el fondo del agua. **2.** Registrar una embarcación para ver si trae contrabando. **3.** Sumergir una mina amarrándola al fondo del mar. ◆ v.tr. e intr. Asegurar una embarcación por medio de anclas o pesos. ◆ v.tr. y prnl. Chile. Aislar, esconder.

fondeo s.m. Acción de fondear un barco o una mina. **2.** Acción de registrar o reconocer una embarcación en busca de contrabando.

fondero, a s. Amér. *Desp.* Fondista.

fondillos s.m.pl. Parte de un pantalón que cubre las nalgas.

1. **fondista** s.m. y f. Persona que practica el esquí de fondo. **2.** Persona que participa en carreras de largo recorrido.

2. **fondista** s.m. y f. Persona que regenta una fonda.

fondo s.m. (lat. *fundus*). Parte inferior de un hueco o una concavidad: *el fondo de un pozo.* **2.** Superficie que está por debajo del agua: *el fondo del mar, de un río.* **3.** Parte opuesta al lugar desde el que se habla o la entrada de un lugar: *al fondo a la derecha; el fondo del pasillo.* **4.** Profundidad: *un río de poco fondo.* **5.** Extensión interior de un edificio: *esta casa tiene mucho fondo.* **6.** Base visual, auditiva, etc., sobre la que se destaca alguna cosa: *un bordado sobre fondo rojo; música de fondo.* **7.** *Fig.* Parte esencial o constitutiva de algo: *el fondo del asunto.* **8.** Parte interior, íntima o profunda de las personas o de alguna de sus capacidades: *persona con buen fondo.* **9.** Conjunto de libros o documentos existentes en una biblioteca, librería o archivo, o conjunto de obras publicadas por una editorial. **10.** Primera capa de pintura, de tono neutro, con la que algunos pintores empiezan sus cuadros; campo de un cuadro sobre el que se destaca el tema: *un fondo de paisaje.* **11.** Decoración que cierra el escenario de un teatro, en la parte opuesta a la sala. **12.** Argent. Patio o parte posterior de un edificio. **13.** Cuba. Caldera usada en los ingenios. **14.** Méx. Saya blanca que las mujeres llevan debajo de las enaguas. **15.** DER. Lo que se refiere a la esencia y a la naturaleza de un acto jurídico, por oposición a la *forma.* **16.** FOT. Plano sobre el que destacan, en una fotografía, los objetos que constituyen los restantes planos. **17.** IMPR. Cada uno de los márgenes de las páginas de un libro. ◆ **fondos** s.m.pl. Dinero disponible: *no tener fondos.* **2.** Excedente de los valores de explotación, de los valores realizables y de los valores disponibles sobre los exigibles a corto plazo. ◇ **A fondo** En profundidad, de manera exhaustiva o con todo detalle. **Carrera de fondo** Carrera efectuada sobre un largo recorrido (como mínimo 5 000 m en atletismo). **Dar fondo** Fondear. **Echar a fondo** Echar a pique. **En el fondo** En último término. **Estar en fondos** Tener dinero disponible. **Fondo de comercio** Conjunto de los elementos necesarios a una explotación comercial o industrial. **Fondo de inversión mobiliaria** Sociedad financiera cuyo objeto son las inversiones en valores mobiliarios. **Fondo de reserva** Capital retirado por una empresa para prevenir ciertas eventualidades. **Fondo de vestido** COST. Forro de tela ligera. **Fondos de amortización** Fondos destinados por una empresa a realizar la amortización de capital. **Fondos públicos** Medios financieros en poder del estado; dinero adquirido por el estado. **Ir al fondo** Irse a pique, hundirse. **Irse a fondo** ESGR. Tenderse hacia adelante para tirar una estocada.

fondón, na adj. *Fam.* y *desp.* Se dice de la persona que ha perdido la agilidad por haber engordado.

fonducho s.m. Figón, fonda mala y pobre.

fondue s.f. (voz francesa). Plato compuesto de queso fundido en vino blanco, en el que se sumergen pequeños trozos de pan. ◇ **Fondue bourguignonne** Fondue preparada a base de pequeños trozos de carne que se fríen en aceite hirviendo en el momento de consumirse y que se aderezan con salsas picantes.

fonema s.m. Unidad fonológica mínima que, dentro del sistema de una lengua, se opone a otras en contraste significativo.

fonemática s.f. Parte de la fonología que estudia los fonemas.

fonemático, a adj. Relativo a los fonemas.

fonendoscopio s.m. (del gr. *éndon,* dentro, y *skopein,* examinar). Instrumento médico empleado en la exploración clínica para auscultar los sonidos del organismo.

fonética s.f. Parte de la lingüística que estudia los sonidos del lenguaje desde el punto de vista de su articulación o de su recepción auditiva.

fonético, a adj. (gr. *phonitikós*). Relativo a los sonidos del lenguaje. ◇ **Escritura fonética** Escritura cuyos signos gráficos corresponden a los sonidos del lenguaje.

fonetista s.m. y f. Especialista en fonética.

foniatra s.m. y f. Médico especialista en los trastornos de la voz.

foniatría s.f. Parte de la medicina que estudia los trastornos de la fonación.

fónico, a adj. Relativo a los sonidos o a la voz.

fono s.m. Fon. **2.** Receptor telefónico en el sistema telegráfico fonodúplex inventado por Edison. **3.** Argent., Bol. y Chile. Auricular del teléfono.

fonocaptor s.m. Dispositivo que permite leer la grabación de un disco fonográfico.

fonocardiografía s.f. MED. Método de registro gráfico de los ruidos cardíacos.

fonográfico, a adj. Relativo a la grabación mecánica de los sonidos.

fonógrafo s.m. Aparato que reproduce y registra el sonido.

fonograma s.m. Gráfico que recoge la inscripción de las ondas sonoras en un fonógrafo. **2.** LING. Ideograma que representa un sonido; letra del alfabeto.

fonolita s.f. Roca volcánica ácida que contiene un feldespatoide y que se divide en losas sonoras por percusión.

fonología s.f. Parte de la lingüística que estudia los fonemas de una lengua.

fonológico, a adj. Relativo a la fonología.

fonólogo, a s. Especialista en fonología.

fonometría s.f. Medida de la intensidad del sonido.

fonón s.m. Cuanto de energía acústica que es para las ondas acústicas lo que el fotón para las ondas electromagnéticas.

fonoteca s.f. Establecimiento o archivo donde se conservan documentos sonoros de todo género.

fonotecnia s.f. Estudio de las maneras de obtener, transmitir, registrar y reproducir el sonido.

fontana s.f. (ital. *fontana,* del lat. *fontana aqua,* agua de fuente). *Poét.* Fuente, manantial de agua.

fontanal adj. *Poét.* Relativo a la fuente.

fontanela s.f. (fr. *fontanelle,* dim. de *fontaine,* fuente). Espacio de los que están situados entre los huesos de la bóveda craneal antes de su completa osificación.

fontanería s.f. Esp. Plomería, conjunto de instalaciones y oficio.

fontanero, a s. Esp. Plomero, persona que se ocupa de la conducción de aguas de un edificio.

footing s.m. (voz francesa, del ingl. *to foot,* pisar). Práctica deportiva que consiste en andar y correr a diferentes ritmos, intercalando ejercicios gimnásticos.

foque s.m. (neerlandés, *fok*). MAR. Vela triangular situada en la parte delantera de un navío, entre el trinquete y el bauprés. ◇ **Foque de mesana** Vela de estay que se instala entre el palo mayor y el de mesana.

forado s.m. Amér. Merid. Agujero hecho en una pared.

forajido, a adj. y s. Malhechor que vive fuera de la ley y alejado de lugares poblados, huyendo de la justicia.

foral adj. Relativo al fuero: *guardia foral.* ◇ **Bienes forales** Bienes que concede el dueño a otra persona mediante el pago de un reconocimiento o pensión anual.

foralismo s.m. Tendencia a privilegiar los fueros en los territorios tradicionalmente forales.

foramen s.m. (voz latina). Agujero, orificio.

foraminífero, a adj. y s.m. Relativo a una clase de rizópodos, generalmente marinos, cuyo protoplasma está protegido por una concha calcárea perforada por orificios minúsculos.

foráneo, a adj. (bajo lat. *foraneus*). Forastero: *costumbres foráneas.*

forastero, a adj. y s. (cat. *foraster*). Que viene de fuera. **2.** Relativo al que vive o está en un lugar de donde no es vecino o en donde no ha nacido.

forcejear v.intr. (cat. *forcejar,* de *força,* fuerza). Hacer fuerza o esfuerzos para vencer una resistencia, a veces en contra de algo o de alguien.

forcejeo s.m. Acción de forcejear.

fórceps s.m. (lat. *forceps, -ipis,* tenazas) [pl. *fórceps*]. Instrumento en forma de pinza, que se utiliza para ayudar a extraer al bebé en los partos difíciles.

forcipresión s.f. CIR. Aplicación de una pinza sobre un vaso sanguíneo, lesionado o no, para detener la circulación.

1. **forense** adj. Relativo al foro. SIN.: *judicial.* ◆ s.m. y f. *Médico forense.

2. **forense** s.m. y f. En la edad media, habitante de las villas y aldeas de la isla de Mallorca.

forero, a adj. Perteneciente a fuero o conforme a él.

forestal adj. (bajo lat. *forestalis*). Relativo a los bosques y a sus posibilidades de aprovechamiento: *repoblación forestal.*

forestar v.tr. Poblar un terreno con plantas forestales.

forfait s.m. (voz francesa). Contrato en el que el precio de una cosa o de un servicio se fija por adelantado en una cantidad invariable: *se incluye el transporte y el forfait para los remontes.* **2.** Evaluación por el fisco de las rentas o cifras a que ascienden los negocios de determinados contribuyentes. **3.** Suma que el propietario de un caballo comprometido a correr se ve obligado a pagar si no lo hace competir.

forillo s.m. Telón pequeño que se pone detrás del telón de foro.

forja s.f. Acción y efecto de forjar. **2.** Fragua de platero. **3.** Argamasa de cal, arena y agua para la construcción.

forjador, ra adj. y s. Que forja. ◆ s. Persona que tiene por oficio la forja de metales. **2.** *Fig.* Creador o artífice de alguna cosa: *los forjadores de la independencia.*

forjadura s.f. Forja, acción y efecto de forjar.

forjar v.tr. (fr. *forger*). Dar forma, por lo general en caliente, mediante deformación plástica, a un metal o a una aleación, por golpes o por presión. SIN.: *fraguar.* **2.** *Fig.* Inventar, imaginar: *forjar ilusiones.* **3.** Crear, fabricar: *forjar un gran futuro.*

forlana o **furlana** s.f. Danza oriunda de Friul, muy popular en Venecia a principios del s. XVII.

forma s.f. (lat. *forma*). Modo, manera de hacer o proceder: *hablar de forma oficiosa.* **2.** Distribución peculiar de la materia que constituye cada cuerpo: *la forma de una mesa.* **3.** Apariencia externa de una cosa: *medicamento bajo forma de píldoras.* **4.** Condiciones físicas de una persona: *estar en plena forma.* **5.** Modo de expresar el pensamiento o cualidades del estilo: *interesa más la forma que el fondo de esta obra.* **6.** Patrón, horma o molde para dar forma a una cosa. **7.** DER. Aspecto exterior de un acto jurídico o de un juicio. **8.** IMPR. Número de moldes o páginas que se acuñan en cada rama para imprimir una cara de todo un pliego. **9.** LING. Aspecto bajo el cual se presenta una palabra o una construcción: *forma del singular, del plural.* **10.** MÚS. Estructura, plan de composición de una obra musical. **11.** TECNOL. Molde en que se vacía y forma alguna cosa. ◆ **formas** s.f.pl. Maneras, modales: *guardar las formas.* **2.** Contorno del cuerpo humano. ◇ **Dar forma a** Dar expresión precisa a algo que está todavía impreciso. **De cualquier forma** o **de todas formas** o **de una forma u otra** Expresa que algo dicho antes, o que está en la mente del que habla y del que escucha, no impide lo que se dice a continuación. **De forma que** Indica consecuencia o resultado, de modo que se pueda hacer lo que se expresa a continuación. **En forma** Con formalidad, como es debido; en buenas condiciones físicas o de ánimo para cualquier cosa. **Forma lineal** Forma vinculada a un vector de espacio vectorial, que se calcula como polinomio homogéneo del primer grado de las coordenadas del vector. **Sagrada forma** Hostia pequeña para la comunión de los fieles. **Teoría de la forma** Teoría psicológica de origen alemán (*Gestalttheorie*), que ha subrayado en especial los aspectos de configuración y, más en general, de totalidad, en la vida psíquica. SIN.: *gestaltismo.*

formación s.f. Acción de formar o formarse, proceso que provoca la aparición de algo que no existía antes: *la formación de una palabra, de un absceso.* **2.** Figura o determinación de la materia: *un cuerpo con buena formación.* **3.** Educación, instrucción: *la formación de un niño.* **4.** Grupo de personas: *formación política.* **5.** Orden particular adoptado por un grupo de bailarines o gimnastas en el lugar de la acción. **6.** GEOL. Capa constitutiva del suelo. **7.** MIL. **a.** Término genérico que designa a un grupo militar organizado. **b.** Despliegue realizado por una tropa, un conjunto de aviones o embarcaciones de guerra para la instrucción, la maniobra o el combate. ◇ **Formación ocupacional** Enseñanza no reglada que proporciona una capacitación laboral para desempeñar las tareas de una ocupación o puesto de trabajo determinados. **Formación profesional** Nivel educativo destinado a proporcionar una capacitación para el ejercicio profesional. **Formación reactiva** PSICOANÁL. Rasgo de comportamiento opuesto a un deseo reprimido. **Formación social** Realidad social históricamente determinada, producida por la superposición de varios tipos de modos de producción entre los que domina uno. **Formación vegetal** Grupo natural de plantas del mismo porte: árboles (bosque), hierbas altas (sabana), matorral, hierba baja (estepa), etc. (Una formación se considera *abierta* cuando en algunos lugares deja el suelo desnudo, y *cerrada* cuando lo cubre por entero.)

formaje s.m. (fr. *fromage,* queso). Recipiente de barro, madera o mimbre, con orificios, empleado para escurrir y dar forma al queso.

formal adj. (lat. *formalis*). Relativo a la forma. **2.** Se dice de la persona que tiene formalidad: *persona formal.* **3.** Que cumple con los requisitos que determina la ley o la moral: *compromiso formal.*

formaldehído s.m. Aldehído fórmico.

formalidad s.f. Seriedad y compostura en el comportamiento. **2.** Requisito indispensable para alguna cosa. (Suele usarse en plural.) **3.** Seriedad y responsabilidad en la manera de hacer las cosas. **4.** Ceremonial de ciertos actos públicos. **5.** DER. Operación de la que la ley hace depender la validez de un acto o el cumplimiento de una obligación.

formalismo s.m. Aplicación y observancia rigurosa del método y fórmulas de una escuela en la enseñanza o en la investigación. **2.** Tendencia a concebir y expresar las cosas en su aspecto meramente formal. **3.** EPISTEMOL. Tesis que sostiene que la verdad de las ciencias solo depende de las reglas de utilización de los símbolos convencionales, por oposición a *intuicionismo.* **4.** LÓG. Doctrina según la cual los enunciados matemáticos son conjuntos de signos, vacíos de sentido en tanto que tales. ◇ **Formalismo ruso** Escuela de crítica literaria desarrollada entre 1916 y 1930, en Moscú, Leningrado y, posteriormente, en Praga, que se ocupó de definir las características propiamente literarias de una obra. (Sus principales representantes fueron Roman Jakobson, Víktor Chklovski, Óssip Brik, Yuri Tiniánov, Vladímir Propp.)

formalista adj. y s.m. y f. Relativo al formalismo. **2.** Partidario de esta tendencia. **3.** Que observa escrupulosamente las formas y tradiciones en cualquier asunto.

formalización s.f. Acción y efecto de formalizar.

formalizar v.tr. Hacer que algo cumpla con los requisitos que determina la ley o la moral: *formalizar un contrato, una* *relación.* **2.** Dar la última forma a una cosa. **3.** LÓG. Introducir explícitamente en una teoría deductiva las reglas de formación de las expresiones, o fórmulas, así como las reglas de inferencia según las cuales se razona.

formante s.m. FONÉT. En el análisis espectrográfico, banda que, junto con otras similares, caracteriza el timbre de un sonido.

formar v.tr. y prnl. (lat. *formare*). Hacer o crear algo. ◆ v.tr. y prnl. Constituir, componer, integrar. ◆ v.tr. Adiestrar o educar. **2.** MIL. Disponer las tropas agrupadas de acuerdo con las reglas de la táctica: *formar en columna por compañías.* ◆ v.intr. Colocarse una persona en una formación. ◆ **formarse** v.prnl. Adquirir una persona desarrollo, aptitud o habilidad.

formatear v.tr. INFORMÁT. Dar un formato o estructura a un disco para que se pueda trabajar con él en la computadora.

formativo, a adj. Se dice de lo que forma o da forma.

formato s.m. Tamaño de la tapa o de la cubierta de un libro. **2.** Tamaño o dimensión de algo. **3.** CIN. y FOT. Dimensión de un cliché fotográfico o de un fotograma de película. **4.** INFORMÁT. Estructura que caracteriza la presentación de la información en una computadora, durante una transmisión, o en un soporte de entrada o de edición de resultados.

formero, a adj. Se dice del arco que sostiene el tramo de una bóveda de arista o de crucería y es paralelo al eje mayor del edificio. **2.** Se dice del arco en que descansa una bóveda vaída.

formiato s.m. Sal del ácido fórmico.

formica s.f. (marca registrada). Material estratificado, revestido de una resina artificial.

fórmico, a adj. (del lat. *formica,* hormiga). QUÍM. Se dice de un ácido (HCOOH) que se encuentra en ortigas, hormigas, etc. ◇ **Aldehído fórmico** Líquido volátil (HCHO), de olor fuerte, obtenido por oxidación incompleta del alcohol metílico, que es un antiséptico muy eficaz. SIN.: *formaldehído.*

formidable adj. (lat. *formidabilis,* temible). Muy grande, muy temible o asombroso. **2.** Extraordinario por lo bueno, lo grande, lo agradable, etc.

formol s.m. (de *formaldehído*). Solución acuosa de aldehído fórmico, utilizada como antiséptico.

formón s.m. Instrumento parecido al escoplo, pero más ancho y plano.

formosano, a adj. y s. De Formosa.

fórmula s.f. (lat. *formula,* marco, regla). Forma establecida para expresar alguna cosa o modo convenido para ejecutarla o resolverla. **2.** Escrito en que se enumeran los ingredientes de una cosa y el modo de hacerla, como un medicamento, un guiso, etc. **3.** Receta, prescripción facultativa. **4.** Expresión simbólica de la relación que existe entre dos o más variables, escrita mediante los signos de igualdad, desigualdad o los de las operaciones matemáticas. **5.** Expresión de una ley física. **6.** Conjunto de símbolos químicos y de números que indican la composición y, a veces, la estructura de una combinación química. **7.** Categoría de automóviles que poseen más o menos la misma potencia: *automóvil de fórmula 1.* **8.** DER. Modelo de acto jurídico. **9.** LÓG. Concatenación de un número finito de signos de un sistema formal. ◇ **Fórmula dentaria** Indicación esquemática del número y colocación de los dientes. **Fórmula floral** Indicación esquemática de la constitución de una flor. **Fórmula leucocitaria** Proporción de los

formación de palabras

El vocabulario de una lengua no es un conjunto cerrado de palabras, sino algo vivo que va modificándose con el tiempo, incorporando nuevos vocablos (neologismos) y eliminando palabras anticuadas (arcaísmos). Los procesos de formación de nuevas palabras son, fundamentalmente, la derivación y la composición, a los que se agrega la utilización de raíces de origen griego y latino. La *derivación* consiste en crear palabras nuevas a partir de otra simple, añadiendo morfemas léxicos a su lexema. La *composición* se logra mediante la combinación de dos o más voces en una nueva palabra.

formación por derivación	ejemplos
prefijación Derivación mediante un prefijo.	amoral, *bi*plano, *des*confiar, *in*sano, *ante*cámara, *entre*acto
sufijación Derivación mediante un sufijo.	pastel*ero*, social*ista*, cortin*aje*, cultiv*ar*, am*able*
parasíntesis Derivación mediante un sufijo y un prefijo.	*picapedrero, enlatar*

formación por composición	ejemplos
verbo + sustantivo	*abrecartas, quitamanchas, sacacorchos*
sustantivo + sustantivo	*aguanieve, bocacalle, telaraña*
sustantivo + adjetivo o adjetivo + sustantivo	*hierbabuena, caradura* *medianoche, ciempiés*
adjetivo + adjetivo	*agridulce, verdinegro*
verbo + oración	*hazmerreír, correveidile*
adverbio + verbo	*catalejo(s), dondequiera*

utilización de raíces griegas y latinas	ejemplos
Se pueden comportar como sufijos o como prefijos.	mono*lito*, *lito*grafía fi*lólogo*, *logo*tipo

diferentes tipos de leucocitos contenidos en la sangre. **Por fórmula** Para cubrir apariencias, para salir del paso.

formulación s.f. Acción y efecto de formular.

formular v.tr. Expresar, manifestar. **2.** Expresar algo con una fórmula. **3.** Reducir algo a términos claros y precisos. **4.** Recetar.

formulario, a adj. (lat. *formularius,* referente a las formas jurídicas). Relativo a las fórmulas o al formulismo. **2.** Que se hace para cubrir las apariencias. ◆ s.m. Compilación de fórmulas: *el códex es un formulario farmacéutico.* **2.** Impreso administrativo en el que se formulan las preguntas a las que los interesados han de responder.

formulismo s.m. Sujeción excesiva a las fórmulas. **2.** Forma de actuar para disimular o cubrir las apariencias: *todo lo que hace es puro formulismo.*

formulista adj. y s.m. y f. Partidario del formulismo o habituado a él.

fornicación s.f. Acción de fornicar.

fornicador, ra adj. y s. Que fornica.

fornicar v.intr. y tr. (lat. *fornicare,* mantener relaciones sexuales con una prostituta, de *fornix, -icis,* lupanar). Tener relaciones sexuales fuera del matrimonio.

fornido, a adj. Robusto, de gran corpulencia.

fornitura s.f. (fr. *fourniture*). Provisión, abasto, suministro. **2.** Guarnición, adorno, aderezo. **3.** Correaje y cartuchera que usan los soldados. (Suele usarse en plural.)

foro s.m. (lat. *forum,* recinto sin edificar, plaza, vida judicial). En la antigua Roma, plaza que estaba situada entre el Capitolio y el Palatino, centro de la actividad política, religiosa, comercial y jurídica, correspondiente al ágora griega. (Con este significado suele escribirse con mayúscula.) **2.** Plaza central de las ciudades antiguas de origen romano, en la que estaban situados los principales edificios públicos. **3.** Lugar en que actúan los tribunales de justicia. **4.** *Por ext.* Ejercicio de la abogacía. **5.** Reunión para discutir asuntos de interés actual, ante un auditorio que a veces interviene en la discusión. **6.** La parte del escenario de un teatro opuesta a la embocadura. **7.** DER. **a.** Contrato usado en especial en Galicia, Asturias y León, por el que el dueño de un bien inmueble *(aforante),* reservándose el dominio directo, cede sus derechos sobre este al *forero,* el cual se compromete al pago de una pensión anual, y a conservar dicho bien inmueble, mejorarlo y devolverlo en su caso. **b.** Carga o pensión que el forero paga al aforante en virtud del contrato de foro. **8.** INFORMÁT. En una red telemática, espacio público destinado al intercambio diferido de mensajes sobre un tema determinado. SIN.: *foro electrónico.* ◇ **Desaparecer por el foro** Marcharse sin que se note.

forofo, a s. Esp. *Fam.* Seguidor entusiasta e incondicional de una persona o cosa, en especial de un equipo deportivo.

forraje s.m. (fr. *fourrage*). Cualquier sustancia vegetal, excepto los granos, que sirve para alimentar a los animales. **2.** *Fig.* y *fam.* Mezcla de cosas de poca importancia.

forrajear v.tr. Recoger forraje.

forrajero, a adj. Se dice de las plantas o de las partes de estas que sirven para forraje.

forrar v.tr. (cat. *folrar,* de *foure,* vaina de una rama). Poner forro a una cosa. ◆ **forrarse** v.prnl. *Fam.* Ganar mucho dinero. **2.** *Fam.* Atiborrarse, hartarse.

forro s.m. Resguardo o cubierta que se pone a una cosa interior o exteriormente: *el forro de un vestido, de un libro.* **2.** Tela que se pone por la parte interior de las ropas o vestidos. **3.** Méx. *Fam.* Persona muy bella, guapa: *su hermana es un forro.* **4.** HERÁLD. Uno de los esmaltes del escudo. **5.** MAR. Revestimiento interior o exterior de una embarcación.

fortachón, na adj. *Fam.* Fornido.

fortalecer v.tr. y prnl. [conj.: *parecer*]. Dar vigor y fuerza material o moral. SIN.: *fortificar.*

fortalecimiento s.m. Acción y efecto de fortalecer.

fortaleza s.f. (occitano ant. *fortalessa,* fortificación). Fuerza y vigor. **2.** Recinto fortificado. **3.** REL. Entereza, firmeza para soportar la adversidad y practicar la virtud. ◇ **Fortaleza volante** Conjunto de bombarderos pesados norteamericanos (Boeing B-17, B-29, B-52, 1942-1952). SIN.: *estratofortaleza, superfortaleza.*

forte adv. (voz italiana). MÚS. Indica que un fragmento o pieza musical deben interpretarse con fuerza o intensidad. (Se abrevia *f* o *F.*) ◆ s.m. Pieza musical o fragmento que se interpreta de esta manera.

fortepiano adv. (voz italiana). MÚS. Indica que un fragmento o pieza musical deben interpretarse con un *fuerte* seguido de un *piano.* ◆ s.m. Piano, instrumento musical.

fortificación s.f. Acción de fortificar. **2.** Arte de construir las obras para la defensa militar. **3.** Obra, o conjunto de ellas, con que se fortifica una plaza o posición.

fortificador, ra adj. Que fortifica. SIN.: *fortificante.*

fortificar v.tr. Fortalecer. ◆ v.tr. y prnl. MIL. Proteger con obras de defensa.

fortín s.m. Fuerte pequeño.

fortissimo adv. (voz italiana). MÚS. Indica que un fragmento o pieza musical deben interpretarse tan fuerte como sea posible. (Se abrevia *ff.*) ◆ s.m. Pieza musical o fragmento que se interpreta de esta manera.

fortran s.m. (acrónimo del ingl. *formula translator,* traductor de fórmulas). INFORMÁT. Lenguaje de programación utilizado, especialmente, para los cálculos científicos y técnicos.

fortuito, a adj. (lat. *fortuitus*). Que sucede inopinada y casualmente.

fortuna s.f. (lat. *fortuna*). Causa indeterminable a la que se atribuyen los acontecimientos. **2.** Suerte favorable. **3.** Éxito, aceptación rápida. **4.** Hacienda, capital. ◇ **Fortuna de mar** Conjunto de los bienes marítimos, como el barco, los accesorios y fletes, de un armador, por oposición a su *fortuna de tierra.* **Golpe de fortuna** Suceso extraordinario, próspero o adverso, que sobreviene de repente y determina los acontecimientos futuros de una persona. **Hacer fortuna** Tener mucha aceptación algo. **Por fortuna** Por buena suerta; por casualidad. **Probar fortuna** Intentar una empresa de resultado incierto.

forúnculo o **furúnculo** s.m. (lat. *furunculus,* bulto de la yema de la vid). Proceso inflamatorio de un folículo piloso y de la zona que lo rodea. SIN.: *divieso.*

forunculoso, a adj. Relativo al forúnculo.

forzado, a adj. No espontáneo: *risa forzada.* ◆ s.m. Galeote. ◇ **Cultivo forzado** Cultivo de plantas, como fresas, lechugas, etc., en condiciones no habituales.

forzamiento s.m. Acción de forzar.

forzar v.tr. y prnl. Hacer que algo ceda mediante la fuerza o la violencia. ◆ v.tr. *Fig.* Obligar a alguien a que haga una cosa contra su voluntad. **2.** Violar a una persona. **3.** Conquistar a fuerza de armas una plaza, castillo, etc.

forzoso, a adj. Necesario, inevitable, obligado.

forzudo, a adj. Que tiene mucha fuerza.

fosa s.f. (lat. *fossa*). Hoyo en la tierra para enterrar uno o más cadáveres. **2.** Foso alrededor de una fortaleza. **3.** ANAT. Nombre dado a algunas estructuras óseas del organismo: *fosa canina; fosas nasales.* **4.** OCEANOGR. Depresión alargada del fondo de los océanos. SIN.: *fosa oceánica.* ◇ **Fosa séptica** Fosa destinada a la recepción y desintegración de las materias fecales contenidas en las aguas negras de las casas. **Fosa tectónica** Zona de la corteza terrestre, hundida entre dos fallas. SIN.: *graben.*

fosco, a adj. Hosco.

fosfatado, a adj. Que contiene algún fosfato: *alimento fosfatado.* **2.** Que se halla en estado de fosfato: *cal fosfatada.* ◆ s.m. Acción de fertilizar con fosfatos los terrenos de cultivo. **2.** Procedimiento termoquímico de protección de las aleaciones metálicas por la formación de fosfatos metálicos complejos.

fosfatar v.tr. METAL. Revestir una pieza metálica con una capa protectora de fosfatos complejos.

forzar

INDICATIVO

presente
fuerzo
fuerzas (forzás)
fuerza
forzamos
forzáis
fuerzan

copretérito o pret. imperfecto
forzaba
forzabas
forzaba
forzábamos
forzabais
forzaban

pretérito o pret. perf. simple
forcé
forzaste
forzó
forzamos
forzasteis
forzaron

futuro o fut. simple
forzaré
forzarás
forzará
forzaremos
forzaréis
forzarán

pospretérito o condicional simple
forzaría
forzarías
forzaría
forzaríamos
forzaríais
forzarían

SUBJUNTIVO

presente
fuerce
fuerces
fuerce
forcemos
forcéis
fuercen

pretérito o pret. imperfecto
forzara o forzase
forzaras o forzases
forzara o forzase
forzáramos o forzásemos
forzarais o forzaseis
forzaran o forzasen

futuro o fut. simple
forzare
forzares
forzare
forzáremos
forzareis
forzaren

IMPERATIVO

fuerza (forzá) (tú, vos)
fuerce (él)
forcemos (nosotros)
forzad (vosotros)
fuercen (ellos)

FORMAS NO PERSONALES

infinitivo forzar
gerundio forzando
participio forzado

principales fosas oceánicas

océano Pacífico	
Marianas	11 034 m
Tonga	10 882 m
Kuriles-Kamchatka	10 542 m
Filipinas	10 540 m
Bonin	10 347 m
Kermadec	10 047 m
Nueva Bretaña	9 140 m
océano Atlántico	
Puerto Rico	9 219 m
océano Índico	
Java	7 455 m

fosfatasa s.f. Enzima que libera ácido fosfórico a partir de sus ésteres.

fosfátido s.m. Lípido que contiene fósforo. SIN.: *fosfolípido.*

fosfato s.m. Sal del ácido fosfórico. **2.** Abono fosfatado.

fosfeno s.m. Sensación luminosa elemental, que resulta de la compresión del ojo cuando los párpados están cerrados, o que aparece espontáneamente en algunas enfermedades.

fosfina s.f. Compuesto orgánico derivado del fosfuro de hidrógeno.

fosfito s.m. QUÍM. Sal del ácido fosforoso.

fosfocálcico, a adj. Relativo al fósforo y al calcio: *metabolismo fosfocálcico.*

fosfolípido s.m. Fosfátido.

fosforado, a adj. Que contiene fósforo.

fosforecer o **fosforescer** v.intr. [conj.: *parecer*]. Emitir luz fosforescente.

fosforera s.f. Estuche para fósforos.

fosforescencia s.f. Propiedad que poseen ciertos cuerpos de desprender luz en la oscuridad, sin elevación apreciable de temperatura.

fosforescente adj. Que fosforece.

fosfórico, a adj. Del fósforo. <> **Ácido fosfórico** Denominación dada a varios ácidos, entre ellos H_3PO_4. **Anhídrido fosfórico** Combinación (P_2O_5) de fósforo y oxígeno, formado por combustión viva.

fosforilación s.f. Reacción que transfiere un grupo fosfatado de un compuesto orgánico, y especialmente bioquímico, a otro.

fosforismo s.m. Intoxicación por fósforo.

fosforita s.f. Fosfato natural de calcio.

fósforo s.m. (gr. *phosphóros,* portador de luz). No metal, cuya forma alotrópica de color blanco tiene una densidad de 1,82, punto de fusión de 44,1 °C y de ebullición de 280 °C. **2.** Elemento químico (P), de número atómico 15 y masa atómica 30,974. **3.** Palo pequeño de madera, papel enrollado, cartón, etc., con un extremo impregnado de una mezcla inflamable de fósforo y azufre, que se enciende al frotarlo contra una superficie rugosa. GEOSIN.: Esp. *cerilla;* Méx. *cerillo.*

fósforo

Es un sólido polimorfo con dos variedades muy conocidas: el fósforo blanco (de color ámbar y muy tóxico) y el fósforo rojo (se obtiene lentamente por calentamiento moderado del fósforo rojo). El fósforo se encuentra en los seres vivos, en forma de fosfato de calcio, en los huesos y dientes y en el ADN. Se utiliza para la fabricación de fósforos para encender y productos fosforados (por ej., raticidas), así como para la preparación de bronces fosforados y la síntesis del ácido fosfórico.

fosforoso, a adj. **Ácido fosforoso** Ácido (H_3PO_3). **Anhídrido fosforoso** Compuesto (P_2O_3) formado por la combustión lenta del fósforo.

fosfuro s.m. Cuerpo resultante de la combinación del fósforo con otro elemento.

fosgeno s.m. Combinación de cloro y óxido de carbono ($COCl_2$), que constituye un gas tóxico.

fósil adj. y s.m. (lat. *fossilis,* que se saca cavando la tierra). Se dice del resto orgánico o trazas de actividad orgánica, tales como huellas o pisadas de animales, que se han conservado enterrados en los estratos terrestres anteriores al período geológico actual. **2.** *Fig.* y *fam.* Viejo, anticuado.

fosilífero, a adj. Que contiene fósiles.

fosilización s.f. Acción de fosilizarse. (En la fosilización se produce una mineralización pronunciada de las partes duras y una destrucción de las partes blandas.)

fosilizarse v.prnl. Transformarse la materia orgánica en fósil. **2.** *Fig.* Estancarse alguien sin evolucionar.

foso s.f. (ital. *fosso*). Hoyo. **2.** Cavidad o espacio situado debajo de un escenario, donde se coloca la orquesta. **3.** Hoyo rectangular en el suelo de un taller de reparación de automóviles que sirve para arreglar cómodamente el motor desde abajo. **4.** FORT. Excavación profunda que rodea un castillo o fortaleza.

fot s.m. → **phot.**

foto s.f. (apócope). *Fam.* Fotografía.

fotocátodo s.m. Cátodo de una célula fotoeléctrica.

fotocélula s.f. Célula fotoeléctrica.

fotocinesis s.f. Reacción de desplazamiento de los organismos debido a la excitación de un fotorreceptor y de la sensibilidad protoplasmática.

fotocomposición s.f. IMPR. Procedimiento de composición que proporciona directamente los textos en películas fotográficas.

fotoconductividad s.f. Propiedad de algunas sustancias por la que su resistencia eléctrica varía cuando reciben una radiación luminosa.

fotoconductor, ra adj. Fotorresistente.

fotocopia s.f. Procedimiento de reproducción rápida de un documento mediante el revelado instantáneo de un negativo fotográfico. **2.** Fotografía obtenida por este procedimiento.

fotocopiadora s.f. Máquina para hacer fotocopias.

fotocopiar v.tr. Hacer fotocopias.

fotocrómico, a adj. Se dice de un material vítrico cuya transmisión óptica varía por la acción de las radiaciones luminosas y, en particular, de la radiación solar.

fotodermatosis s.f. Estado inflamatorio de la piel, provocado por una exposición prolongada a los rayos ultravioletas. SIN.: *lucitis.*

fotodiodo s.m. Diodo semiconductor en el que un rayo luminoso incidente determina una variación de la corriente eléctrica.

fotoelasticidad s.f. Propiedad que presentan algunas sustancias transparentes isótropas de volverse birrefringentes bajo la influencia de deformaciones elásticas.

fotoelasticimetría s.f. Estudio óptico de la distribución de las tensiones en masa de una pieza metálica, una obra de arte, etc.

fotoelectricidad s.f. Producción de electricidad por acción de la luz.

fotoeléctrico, a adj. Se dice de todo fenómeno eléctrico provocado por la intervención de radiaciones luminosas.

fotoemisor, ra adj. Que emite electrones por la acción de la luz.

foto-fija s.f. CIN. Fotografía que se toma de las escenas, durante su rodaje cinematográfico, para uso publicitario. ◆ s.m. y f. Fotógrafo que realiza estas fotos.

fotofobia s.f. Intolerancia anormal a la luz, generalmente debida a una enfermedad ocular o neurológica.

fotóforo s.m. Lámpara portátil de manguito incandescente. **2.** Órgano luminoso de los organismos dotados de bioluminiscencia.

fotogénesis s.f. BIOL. Producción de luz por parte de ciertas estructuras orgánicas.

fotogenia s.f. Cualidad de fotogénico.

fotogénico, a adj. Que es especialmente adecuado para la reproducción fotográfica o sale muy favorecido: *facciones fotogénicas; una mujer muy fotogénica.* **2.** FÍS. Relativo a los efectos químicos de la luz sobre algunos cuerpos.

fotógeno, a adj. BIOL. Que produce luz.

fotograbado s.m. Procedimiento fotomecánico que permite obtener planchas de impresión. **2.** Lámina grabada o estampada por este procedimiento.

fotograbar v.tr. Grabar por medio de la fotografía.

fotografía s.f. Técnica y arte de fijar, mediante la luz, imágenes sobre una superficie sensible, como una placa, una película, papel, etc. **2.** Imagen sobre papel obtenida mediante esta técnica: *álbum de fotografías.* ◇ **Fotografía aérea** Fotografía obtenida desde un avión, misil o satélite artificial, para cartografía, investigación militar o arqueológica, etc.

fotografía

Inventada en 1816 por S. Niépce, y más tarde perfeccionada por Daguerre y W H. F. Talbot, la fotografía se basa en la transformación de compuestos por la acción de la luz o radiaciones actínicas. En un aparato fotográfico —en esencia una cámara oscura en la que se colocó un objetivo— se forma una imagen por reacción fotoquímica en un soporte revestido con una delgada capa de uno de esos compuestos. La toma permite obtener una imagen latente, inestable e invisible. La emulsión donde se capturó la imagen debe procesarse con baños (revelado) que provoquen transformaciones químicas para volver los compuestos estables e insensibles a la luz. Se obtiene así una imagen negativa que servirá para realizar impresiones o una positiva (diapositiva) que es posible proyectar. La película en blanco y negro está formada por un soporte en el que se coloca una capa de gelatina con cristales de sales de plata en suspensión. La fotografía en color se basa en el principio según el cual tres colores fundamentales (rojo, verde y azul) bastan para reproducir todos los demás. A esa mezcla se le llama «aditiva». Actualmente, en los aparatos de fotografía digital un microprocesador contenido en el aparato memoriza la imagen y un dispositivo permite su visualización en una pantalla, el tratamiento por computadora y la transmisión por diversos medios digitales. Es posible obtener imágenes en papel con una impresora.

fotografiar v.tr. [conj.: *desviar*]. Hacer una fotografía con una cámara fotográfica.

fotográfico, a adj. Relativo a la fotografía.

fotógrafo, a s. Persona que tiene por oficio hacer fotografías.

fotograma s.m. Cada una de las fotografías que componen una película cinematográfica.

fotogrametría s.f. Aplicación de la estereofotografía a los levantamientos topográficos y al trazado de formas y dimensiones de diversas cosas.

fotólisis s.f. Descomposición química por efecto de la luz.

fotolito s.m. ART. GRÁF. Cliché fotográfico que reproduce el original sobre película o soporte transparente, empleado en la impresión offset y huecograbado.

fotoluminiscencia s.f. Fenómeno de luminiscencia que consiste en el hecho de que una sustancia absorbe una radiación y la restituye luego en una longitud de onda diferente.

fotomatón s.m. (marca registrada). Cabina de uso público con una máquina que, en pocos minutos, obtiene el retrato, revela y fija el negativo, tira los positivos y entrega las copias secas.

fotomecánico, a adj. Se dice de todo procedimiento de impresión en el que el cliché se obtiene por fotografía.

fotometría s.f. Parte de la física que trata de la medida de las magnitudes relativas a la radiación luminosa.

fotómetro s.m. Instrumento que mide la intensidad de una fuente luminosa.

fotomontaje s.m. Unión o combinación de imágenes fotográficas.

fotomultiplicador, ra adj. y s.m. Se dice de la célula fotoeléctrica de multiplicación de electrones.

fotón s.m. Cuanto de energía luminosa.

fotonovela s.f. Narración articulada en una secuencia de fotos fijas, a las que se superponen textos explicativos o diálogos de los personajes fotografiados.

fotoperíodo s.m. Duración del día considerada desde el punto de vista de sus efectos biológicos.

fotopila s.f. Célula fotovoltaica.

fotoquímica s.f. Rama de la química que estudia los efectos de la luz sobre las reacciones químicas.

foto-robot s.f. Retrato elaborado mediante descripciones hechas por testigos.

fotorreceptor s.m. BIOL. Neurorreceptor que recibe y traduce las sensaciones luminosas.

fotorreportaje s.m. Reportaje constituido esencialmente por documentos fotográficos.

fotorresistente adj. Se dice de la sustancia cuya resistencia eléctrica varía en función de la intensidad de luz que recibe. SIN.: *fotoconductor.*

fotosensibilización s.f. MED. Sensibilización de la piel a la luz, principalmente solar, que se manifiesta por la aparición de eritemas.

fotosfera s.f. ASTRON. Superficie luminosa que delimita el contorno aparente del Sol y de las estrellas.

fotosíntesis s.f. Síntesis de un cuerpo químico o de una sustancia orgánica, como los glúcidos, realizada por las plantas clorofílicas mediante la energía luminosa. (La energía de origen solar se introduce en los grandes ciclos bioquímicos terrestres gracias a la fotosíntesis.) SIN.: *función clorofílica.*

fotosintético, a adj. Relativo a la fotosíntesis.

fototactismo s.m. BIOL. Movimiento de reacción de los seres unicelulares cuando se produce una brusca iluminación. SIN.: *fototaxis.*

fototeca s.f. Archivo fotográfico.

fototipia s.f. Técnica de impresión con tinta rasa mediante gelatina bicromatada e insolada.

fototipo s.m. Imagen fotográfica obtenida por la técnica de la fototipia.

fototransistor s.m. Transistor que utiliza el efecto fotoeléctrico.

fototropismo s.m. Movimiento de ciertos organismos como respuesta al estímulo de la luz.

fotovoltaico, a adj. Relativo a la conversión de la energía luminosa en energía eléctrica. ◇ **Célula fotovoltaica** Pila eléctrica, que solo produce corriente cuando está iluminada. SIN.: *fotopila.*

foulard s.m. → **fular.**

fóvea s.f. ANAT. Depresión de la retina, situada en el centro de la mancha amarilla, donde la visión alcanza el máximo de nitidez.

fox-hound s.m. (ingl. *foxhound*) [pl. *fox-hounds*]. Raza de perros británica.

fox-terrier s.m. (del ingl. *fox terrier*) [pl. *fox-terriers*]. Raza de perros terrier, de origen inglés, de la que existen dos variedades, la de pelo duro y la de pelo liso.

fox-trot s.m. (ingl. *foxtrot*). Baile binario de origen anglosajón, que se popularizó a partir de 1913.

foyer s.m. (voz francesa). Sala de un teatro para esparcimiento de los espectadores durante los entreactos.

frac s.m. (fr. *frac*) [pl. *fracs* o *fraques*]. Prenda de vestir masculina de ceremonia, que cubre el cuerpo hasta la cintura, se puede abrochar por delante y lleva dos faldones por la parte posterior.

fracasar v.intr. (ital. *fracassare,* destrozar). No conseguir el resultado pretendido.

fracaso s.m. Acción y efecto de fracasar. **2.** *Fig.* Suceso lastimoso e imprevisto: *fracaso sentimental.* ◇ **Fracaso escolar** Retraso en la escolaridad.

fracción s.f. (lat. *fractio, -onis*). División de un todo en partes. **2.** Cada una de las partes de un todo con relación a este. **3.** MAT. Operador formado por dos números enteros, *a* (numerador) y *b* (denominador), que se escribe *ab* y que define el resultado obtenido a partir de una magnitud, dividiéndola por *b* y multiplicándola por *a,* pudiéndose invertir ambas operaciones. **4.** PETRÓL. Producto obtenido por fraccionamiento o destilación fraccional de una mezcla. **5.** POL. Cada una de las facciones de un partido u organización. ◇ **Fracción decimal** MAT. Fracción cuyo denominador es una potencia de

$$10\text{: } \frac{23}{100} \text{ o } 0{,}23.$$

fraccionado, a adj. Se dice del proceso de destilación, congelación o cristalización de una mezcla líquida que se realiza por partes o fracciones, debido a la diferencia de los puntos de ebullición o fusión, o a la distinta solubilidad de sus componentes.

fraccional adj. Que tiende a la desunión, al fraccionamiento de un partido.

fraccionamiento s.m. Acción y efecto de fraccionar. **2.** Méx. Terreno muy grande, urbanizado y dividido en lotes para la construcción de casas. **3.** Méx. Zona residencial construida en un terreno de este tipo: *viven en un fraccionamiento en las afueras de la ciudad.*

fraccionar v.tr. y prnl. Separar en fracciones un todo.

fraccionario, a adj. Relativo a la fracción. **2.** MAT. Que tiene la forma de una fracción: *expresión fraccionaria.*

fractal adj. y s.f. GEOMETR. Se dice del objeto matemático frecuente en la naturaleza que no se puede explicar por medio de las teorías clásicas y que tiene como origen la irregularidad o la fragmentación. ◆ adj. GEOMETR. Se dice de la parte de las matemáticas que estudia estos objetos: *geometría fractal.* (La naturaleza ofrece numerosos ejemplos de formas que presentan un carácter fractal: copos de nieve, ramificaciones de los bronquios y bronquiolos, redes hidrográficas, etc.)

fractografía s.f. TECNOL. Técnica de lectura e interpretación de la rotura natural o provocada de un material, particularmente de los metales.

fractura s.f. (lat. *fractura*). Acción de fracturar. **2.** Lugar por donde se rompe un cuerpo, y señal que deja. **3.** Ruptura violenta de un hueso o un cartílago duro. **4.** GEOL. Grieta de la corteza terrestre.

fracturación s.f. TECNOL. Activación de un pozo de petróleo por fisuración a alta presión de la roca de reserva.

fracturar v.tr. y prnl. Romper con esfuerzo una cosa: *fracturar una piedra; fracturarse una pierna.*

fragancia s.f. Olor suave y agradable: *fragancia de jazmín.*

1. **fragante** adj. (lat. *fragans, -antis,* p. de *fragrare,* despedir olor). Que despide fragancia o buen olor.

2. **fragante** adj. Flagrante.

fragata s.f. (ital. *fregata*). Barco de guerra que realiza misiones de escolta y patrulla. **2.** Barco de vela de la antigua marina, más ligero que el navío de línea y más pesado que la corbeta. **3.** ORNITOL. Rabihorcado.

frágil adj. (lat. *fragilis*). Quebradizo, que se rompe fácilmente. **2.** Poco fuerte para resistir las tentaciones. **3.** *Fig.* Fácil de estropearse, caduco y perecedero.

fragilidad s.f. Cualidad de frágil.

fragilización s.f. Tratamiento térmico que aumenta la fragilidad de un metal o una aleación por precipitación de un constituyente entre los cristales.

fragmentación s.f. Acción y efecto de fragmentar.

fragmentar v.tr. y prnl. Reducir a fragmentos.

fragmentario, a adj. Que está compuesto de fragmentos. **2.** Incompleto, no acabado.

fragmento s.m. (lat. *fragmentum*). Parte de algo fragmentado. **2.** *Fig.* Parte extraída o conservada de un libro, discurso, obra artística, etc.: *el fragmento de una novela.*

fragor s.m. (lat. *frogor, -oris,* ruido de algo que se rompe). Ruido prolongado y estruendoso: *el fragor de la batalla.*

fragoso, a adj. (lat. *fragosus*). Áspero, intrincado.

fragua s.f. (del lat. *fabrica,* arte del herrero). Horno en que se calientan los metales para forjarlos.

fraguar v.tr. (lat. *fabricari,* modelar, fabricar) [conj.: *averiguar*]. Forjar una pieza de metal. **2.** *Fig.* Pensar y trazar la disposición de algo. ◆ v.intr. Llegar a trabar y endurecerse la cal, yeso, cemento, etc.

fraile s.m. (occitano, *fraire,* hermano). Religioso, especialmente el mendicante. **2.** Doblez hacia fuera de una parte del ruedo de los vestidos. ◇ **Fraile menor** Religioso de la orden de San Francisco de Asís. (Esta orden se divide en tres ramas: franciscanos, capuchinos y conventuales.)

frailecillo s.m. Ave palmípeda de los mares árticos, de pico aplanado azul y rojo, de unos 35 cm de long., afín a los pájaros bobos. (Long. 30 cm; familia álcidos.)

frailejón s.m. Planta herbácea de flores de color amarillo oro, que crece en las cumbres y faldas de los páramos andinos. (Familia compuestas.)

frailesco, a adj. Relativo a los frailes.

frailía s.f. Estado de clérigo regular.

frailuno, a adj. *Fam.* y *desp.* Que es propio de frailes.

framboyán s.m. → **flamboyán.**

frambuesa s.f. (fr. *framboise*). Fruto comestible del frambueso, compuesto por pequeñas drupas, muy parecido a la zarzamora. (Tiene un olor fragante y suave y sabor agridulce.)

frambueso s.m. Planta subarbustiva parecida a la zarza, cultivada por sus frutos perfumados, las frambuesas. (Familia rosáceas.)

frámea s.f. (lat. *framea*). Antigua arma arrojadiza de asta, cuya altura no sobrepasaba la estatura de una persona, cuyo hierro tenía forma de hoja de laurel.

francachela s.f. *Fam.* Reunión de varias personas para divertirse y disfrutar de forma desordenada, en especial cuando se abusa de la comida o de la bebida.

francés, sa adj. y s. De Francia. ◆ s.m. Lengua románica hablada en Francia, Luxemburgo, Mónaco, Canadá, Bélgica y Suiza, y en algunas ex colonias francesas y belgas. **2.** *Vulg.* Felación. ◇ **A la francesa** Al uso de Francia; con los verbos *despedirse, marcharse, irse,* significa hacerlo bruscamente, sin despedirse.

francés

El francés es una lengua románica surgida del latín vulgar hablado en la Galia después de la conquista romana. Esta lengua poseía numerosos dialectos, distribuidos en dos grandes grupos (lengua de oc y lengua de oïl); el franciano, hablado en la Île-de-France, acabó por suplantar a los otros dialectos y se convirtió en el francés. En los ss. XIV-XV el francés sustituyó al latín en todos sus usos y en los ss. XVII-XVIII se elaboró y codificó la lengua literaria.

francesada s.f. Dicho o hecho propio de franceses.

franchipaniero s.m. Arbusto o árbol originario de América, que se cultiva por sus flores. (Familia apocináceas.)

franchute, a s. *Desp.* Francés.

franciano s.m. Dialecto de la lengua de oïl hablado en la Île-de-France en la edad media, que constituye el origen del francés.

fráncico s.m. Lengua de los antiguos francos, que forma parte del germánico occidental.

francio s.m. Metal alcalino radiactivo, que es el más electropositivo de todos los elementos químicos. **2.** Elemento químico (Fr), de número atómico 87.

francisca s.f. Hacha de guerra de los francos y otros pueblos germánicos. ◇ **Francisca gálica** Hacha doble, emblema adoptado por el gobierno francés de Vichy (1940-1944).

franciscano, a s. y adj. Religioso o religiosa de la orden fundada por san Francisco de Asís. ◆ adj. Relativo a san Francisco de Asís o a su orden.

franciscano

La orden de los frailes menores, o franciscanos, es una orden mendicante fundada en 1209 como reacción contra el poder creciente del dinero en la sociedad eclesiástica y laica. Originariamente, los franciscanos no podían tener bienes, vivían de su trabajo o de la limosna y predicaban en las ciudades. En el s. XIII la orden se vio desgarrada entre la tendencia radical, fiel a la tradición de pobreza, y la tendencia conventual. En la actualidad, esta orden se organiza en tres ramas: los franciscanos propiamente dichos, los capuchinos y los conventuales.

francmasón, na s. (fr. *francmaçon*). Masón.

francmasonería s.f. Masonería.

francmasónico, a adj. Masónico.

1. **franco** s.m. Unidad monetaria de Burundi, Comores, Djibouti, Liechtenstein, Madagascar, República de Guinea, República democrática del Congo, Ruanda y Suiza. **2.** Unidad monetaria de Andorra, Bélgica, Francia, Luxemburgo y Mónaco, sustituida en 2002 por el euro. ◇ **Franco CFA** Unidad monetaria principal de los países de la Comunidad financiera africana: Benín, Burkina Faso, Camerún, Chad, Costa de Marfil, Gabón, Guinea-Bissau, Guinea Ecuatorial, Mali, Níger, República Centroafricana, República del Congo, Senegal y Togo. **Franco CFP** Unidad monetaria principal de la comunidad francesa del Pacífico: Nueva Caledonia, Polinesia Francesa y Wallis y Futuna.

2. **franco, a** adj. (del germ. *frank*). Sincero, afable y leal en su trato: *una franca amistad.* **2.** Desembarazado, libre y sin impedimento alguno: *entrada franca.* **3.** Patente, claro, sin lugar a dudas. ◆ adj. y s. De un pueblo germánico, tal vez originario de los países bálticos, que dio su nombre a la Galia romana después de haberla conquistado en los ss. V y VI. (Se distinguen dos grupos de pueblos francos: los *francos salios,* establecidos en el Ijsel, y los *francos del Rin,* instalados en la margen derecha del Rin, llamados *francos ripuarios.*) ◇ **Franco de porte** Se dice de las cartas o mercancías para cuyo porte no hay que pagar nada. **Puerto franco** o **zona franca** Puerto o región fronteriza en las que las mercancías extranjeras entran libremente sin tener que pagar derechos. **Villa franca** HIST. Ciudad que no pagaba franquicias.

francobordo s.m. MAR. Distancia vertical entre la línea de máxima carga y la cubierta principal de una embarcación, medida en la mitad de su eslora. ◇ **Disco de francobordo** Señal trazada en los costados de un barco, que indica su calado máximo autorizado.

francocanadiense adj. y s.m. Se dice del francés de las regiones de Canadá de habla francesa.

francocantábrico, a adj. Se dice del arte que se desarrolló durante el paleolítico superior en el S de Europa.

francofilia s.f. Cualidad de francófilo.

francófilo, a adj. y s. Que siente estima o admiración por Francia y los franceses.

francofobia s.f. Cualidad de francófobo.

francófobo, a adj. y s. Que siente animadversión por Francia y los franceses.

francofonía s.f. Colectividad constituida por los pueblos que hablan francés.

francófono, a adj. y s. Que habla francés.

francolín s.m. Ave gallinácea parecida a la perdiz pero con plumaje gris en la cabeza, el vientre y el pecho.

francoprovenzal adj. y s.m. Se dice de los dialectos franceses de la Suiza romanche, Saboya, el Delfinado, el Lionés y la Bresse.

francote, a adj. *Fam.* Se dice de la persona de carácter abierto, que procede con sinceridad y llaneza.

francotirador, ra s. Combatiente que no forma parte de un ejército regular, y lucha aisladamente. **2.** Persona que lleva una acción independiente, sin observar la disciplina de un grupo.

franela s.f. (fr. *flanelle*). Tejido fino generalmente de lana cardada, perchado y ligeramente batanado.

frangollo s.m. Cuba. Dulce seco hecho de plátano y azúcar.

frangollón, na adj. Amér. Se dice del que hace deprisa y mal una cosa: *ese frangollón reparó mal el auto.*

franja s.f. (fr. *frange*). Faja, lista o tira: *franja horaria.* **2.** Guarnición de pasamanería para adornar especialmente los vestidos.

franklin s.m. (de B. *Franklin,* físico norteamericano). Unidad de carga eléctrica en el sistema CGS electrostático.

franquear v.tr. Dejar una cosa desembarazada o libre para pasar: *franquear la entrada.* **2.** Pasar de una parte a otra venciendo alguna dificultad o impedimento: *franquear un río.* SIN.: *traspasar.* **3.** Pagar un envío postal, generalmente por medio de sellos de correo: *franquear una carta, un paquete.* ◆ **franquearse** v.prnl. Descubrir una persona a otra sus pensamientos, sentimientos o intimidades.

franqueo s.m. Acción y efecto de franquear. SIN.: *franqueamiento.* **2.** Abono previo del importe del servicio postal. **3.** Importe de dicho servicio.

franqueza s.f. Sinceridad, familiaridad, sin ceremonias: *hablar con franqueza.*

franquía s.f. Situación de la embarcación que tiene paso libre para hacerse a la mar o tomar determinado rumbo.

franquicia s.f. Exención determinada por las leyes o reglamentos, en materia de derechos, tasas o impuestos. **2.** DER. MERC. Contrato por el que un comerciante pone a disposición de otro comerciante sus conocimientos, su marca, su organización y su imagen publicitaria a cambio de una remuneración, fija o variable, en función de la cifra de negocios realizada por el comerciante que recibe la franquicia. SIN.: *franchising.* ◇ **Franquicia postal** Transporte gratuito de la correspondencia u objetos asimilados.

franquiciado, a s. y adj. DER. MERC. Persona que acepta una franquicia.

franquiciador, ra s. DER. MERC. Persona o entidad que otorga una franquicia.

franquismo s.m. Régimen instaurado en España, en 1939, por Francisco Franco. **2.** Período histórico que comprende dicho régimen (1939-1975). **3.** Doctrina derivada de las ideas de Franco y de su régimen político.

franquismo

Se pueden distinguir en el franquismo tres etapas diferenciadas: la primera (1938-1957), caracterizada por el predominio político de la Falange y la autarquía económica; la segunda (1957-1973), de ideología desarrollista y tecnócrata, que marca el ascenso del Opus Dei y establece las bases de una economía capitalista con los planes de estabilización y desarrollo; y la tercera (1973-1975), que significa el acceso al poder de la alta burocracia y la preparación de la reforma política, que se veía inminente. Franco supo rodearse, en cada momento histórico, del sector político que mejor garantizaba la continuidad de su obra. Su régimen dictatorial se sustentó en unas fuerzas armadas vinculadas al alzamiento de 1936, una red represiva de las libertades, la fidelidad de la Iglesia católica y el apoyo de las oligarquías financieras españolas. La debilitación del franquismo, iniciada en la década de los sesenta, se acentuó a partir de 1970 (proceso de Burgos).

franquista adj. y s.m. y f. Relativo a Franco o al franquismo; partidario de Franco o del franquismo.

frasca s.f. (ital. *frasca*). Hojarasca y ramas menudas. **2.** Méx. Fiesta, bulla, algazara.

frasco s.m. (gót. *flasko,* funda de mimbre para una botella). Recipiente de cuello estrecho que sirve para contener líquidos. **2.** Contenido de un frasco.

frascuelina s.f. (de *Frascuelo,* matador de toros). TAUROM. Estocada entera, hasta el puño.

frase s.f. (lat. *phrasis,* dicción, elocución, del gr. *phrásis*). Unidad lingüística, formada por más de una palabra, que presenta un enunciado de sentido completo. **2.** Conjunto de palabras a las que no se da valor. **3.** MÚS. Período melódico o armónico que tiene un sentido más o menos acabado. ◇ **Frase hecha** Frase que en sentido figurado y con forma inalterable es de uso coloquial y no incluye sentencia alguna. **Frase proverbial** Frase hecha que incluye una sentencia.

fraseo s.m. MÚS. Arte de matizar y de hacer inteligible el discurso musical, poniendo de relieve sus divisiones y silencios.

fraseología s.f. Conjunto de construcciones y expresiones propias de una lengua o de un escritor. **2.** Demasía de palabras o verbosidad redundante en lo escrito o hablado.

frasqueta s.f. Cuadro ligero que en las prensas de mano sirve para sujetar al tímpano el papel que se va a imprimir.

fratás s.m. Instrumento para alisar el enlucido de una pared.

fratasado s.m. Operación de hacer áspera una pared para que agarre el enyesado.

fratasar v.tr. Igualar con el fratás la superficie de un muro.

fraterna s.f. *Irón.* Corrección o represión áspera.

fraternal adj. (del lat. *fraternus*). Propio de hermanos o relativo a ellos: *amor fraternal.* SIN.: *fraterno.*

fraternidad s.f. Unión y buena correspondencia entre hermanos. **2.** Vínculo de solidaridad y amistad entre las personas o los miembros de una sociedad.

fraternizar v.intr. Tratarse como hermanos, amistosamente.

fraterno, a adj. (del lat. *fraternus*). Fraternal.

fratría s.f. ANT. GR. Grupo de familias, subdivisión de la tribu que se apoya en una base religiosa, social y política. **2.** ANTROP. Reunión de varios clanes, generalmente totémica. **3.** ESTADÍST. Conjunto de hijos de una misma pareja de progenitores, colocándose desde el punto de vista de uno de estos hijos.

fratricida adj. y s.m. y f. (del lat. *fratricida,* de *frater,* hermano, y *caedere,* matar). Que comete fratricidio. ◆ adj. Que opone a seres que deberían ser solidarios: *luchas fratricidas.*

fratricidio s.m. Asesinato de un hermano.

fraude s.m. (lat. *fraus, -dis,* mala fe, engaño). Acto realizado para eludir una disposición legal en perjuicio del estado o de terceros o para burlar los derechos de una persona o una colectividad: *fraude electoral; fraude fiscal.*

fraudulencia s.f. Fraude. **2.** Cualidad de fraudulento.

fraudulento, a adj. (lat. *fraudulentus*). Engañoso, falaz.

fray s.m. Apócope de *fraile.* (Se usa precediendo al nombre de los religiosos de ciertas órdenes.)

frazada s.f. Manta de cama.

freak adj. y s.m. y f. (voz inglesa). *Fam.* y *desp.* Se dice de la persona de comportamiento o aspecto extravagantes.

freático, a adj. **Capa freática** o **manto freático** Capa de agua subterránea formada por la filtración de las aguas de lluvia, que alimenta los manantiales.

frecuencia s.f. (lat. *frequentia,* abundancia). Cualidad de frecuente. **2.** FÍS. Número de vibraciones por unidad de tiempo, en un fenómeno periódico. **3.** FÍS. Número de observaciones de un tipo dado de sucesos. ◇ **Alta frecuencia** Frecuencia de varios millones de hercios. **Baja frecuencia** En las telecomunicaciones, frecuencia comprendida entre 30 kHz y 300 kHz; en las aplicaciones industriales, frecuencia inferior a 250 kHz. **Con frecuencia** Circunstancia de repetirse algo muchas veces o en cortos intervalos de tiempo. **Frecuencia de pulso** Número de pulsaciones cardíacas por minuto. **Frecuencias acumuladas** ESTADÍST. Frecuencias que corresponden a un intervalo determinado de variación de los valores de la variable considerada o al conjunto de los valores inferiores a un valor fijado. **Gama de frecuencias** Conjunto de frecuencias comprendidas en un intervalo dado.

frecuencímetro s.m. Aparato que sirve para medir la frecuencia de una corriente alterna.

frecuentación s.f. Acción de frecuentar.

frecuentar v.tr. (lat. *frecuentare*). Acudir a un lugar con frecuencia. **2.** Tratar a alguien con frecuencia. **3.** Repetir un acto a menudo.

frecuentativo, a adj. y s.m. LING. Iterativo.

frecuente adj. (lat. *frequens, -tis,* abundante, asiduo, frecuente). Que ocurre o se repite a intervalos cortos de tiempo. **2.** Que ocurre muchas veces.

free jazz s.m. (voz angloamericana). Escuela de jazz, aparecida en EUA a principios de los años sesenta, que practica la improvisación íntegramente libre sin la obligación de interpretar la melodía.

freelance adj. y s.m. y f. (voz inglesa) [pl. *freelance*]. Se dice de la persona, como un periodista, un redactor, etc., que colabora con una o varias empresas sin que exista vinculación laboral por medio de contrato.

free shop s.f. Negocio en aeropuertos o embarcaciones donde se pueden comprar productos sin pagar impuestos locales.

fregadazo s.m. Méx. *Vulg.* Golpe fuerte: *darse un fregadazo en la cabeza.*

fregadera s.f. Méx. *Vulg.* Cosa o situación muy molesta o perjudicial.

fregadero s.m. Pila o recipiente con desagüe donde se friegan los utensilios de cocina. SIN.: *fregador.* GEOSIN.: Chile, Colomb. y Méx. *lavaplatos;* Argent., Par. y Urug. *pileta.*

1. **fregado** s.m. Acción y efecto de fregar. **2.** *Fig.* y *fam.* Enredo o asunto embrollado y dificultoso. **3.** Escándalo, discusión, riña.

2. **fregado, a** adj. Amér. Majadero, fastidioso. **2.** Colomb., Ecuad. y Perú. Tenaz o terco. **3.** C. Rica, Ecuad. y Méx. Bellaco o perverso. **4.** C. Rica, Ecuad. y Pan. Exigente, severo. **5.** Méx. *Vulg.* Arruinado, en pésimas condiciones, en muy mal estado físico o moral: *quedó muy fregado después del divorcio.*

fregar v.tr. (lat. *fricare,* frotar) [conj.: *regar*]. Limpiar una cosa restregándola con estropajo, cepillo, etc., empapado en agua y jabón u otro líquido adecuado. **2.** Restregar con fuerza una cosa con otra. **3.** Méx. *Vulg.* Estropear o echar a perder alguna cosa. **4.** Méx. *Vulg.* Provocar un daño muy grande a alguien: *lo fregaron de por vida.* ◆ v.tr. y prnl. Amér. *Fig.* y *fam.* Fastidiar o molestar.

fregón, na adj. Méx. Se dice de la persona muy buena o hábil en alguna actividad: *ser un fregón para los negocios.* **2.** Méx. *Vulg.* Se dice de la persona a la que le gusta molestar a los demás.

fregona s.f. Esp. *Desp.* Mujer que friega, sirvienta. **2.** Esp. *Desp.* Mujer ordinaria. **3.** Esp. Mocho.

fregotear v.tr. *Fam.* Fregar de prisa y mal o fregar con mucho movimiento.

fregoteo s.m. *Fam.* Acción y efecto de fregotear.

frequés s.m. y f. Amér. Merid. Cliente.

freidora o **freidera** s.f. Utensilio que sirve para freír alimentos en aceite.

freidura s.f. Acción y efecto de freír.

freiduría s.f. Establecimiento público donde se consume especialmente pescado frito en general a la vista del público.

freila o **freira** s.f. Religiosa de alguna de las órdenes militares.

freile o **freire** s.m. (de *fraile*). Caballero profeso de ciertas órdenes militares. **2.** Sacerdote de alguna de ellas.

freír v.tr. y prnl. (lat. *frigere*) [conj.: *reír*]. Guisar un alimento en aceite hirviendo con sartén u otro utensilio de cocina. **2.** *Fig.* Molestar, importunar. **3.** *Fam.* Matar, asesinar a tiros. ◆ **freírse** v.prnl. Argent., Méx. y Urug. *Fig.* Sentir extremado ardor o calor.

OBS.: doble participio: *freído* o *frito.*

fréjol o **fríjol** s.m. (del lat. *faseolus*). Esp. Judía, planta, fruto y semilla.

frémito s.m. (lat. *fremitus, -us,* de *fremere,* emitir un ruido sordo). Bramido. **2.** MED. Sensación de estremecimiento o vibración, especialmente la apreciada por palpación.

frenada s.f. Argent., Bol., Chile, Méx. y Par. Acción y efecto de frenar súbita y violentamente, frenazo. **2.** Argent. y Chile. *Fig.* y *fam.* Reprimenda, llamada de atención.

frenado s.m. Acción de frenar.

frenador, ra adj. FISIOL. Que frena la actividad de determinados órganos.

frenar v.tr. Moderar o detener el movimiento por medio de un freno: *frenar un automóvil.* **2.** *Fig.* Contener o detener el desarrollo o la intensidad de algo: *frenar una iniciativa.*

frenazo s.m. Acto de frenar bruscamente.

frenesí s.m. (lat. *phrenesis, -is,* del gr. tardío *phrénisis*). Locura, delirio furioso. **2.** *Fig.* Exaltación violenta y muy manifiesta.

frenético, a adj. (lat. *phreneticus*). Afecto de frenesí. **2.** *Fam.* Furioso, rabioso.

frénico, a adj. ANAT. Relativo al diafragma. ◇ **Nervio frénico** ANAT. Nervio que rige las contracciones del diafragma.

frenillo s.m. Cerco de correa o de cuerda que se ajusta al hocico de algunos animales para que no muerdan. **2.** ANAT. Nombre de varias estructuras anatómicas que limitan el movimiento de algún órgano: *frenillo sublingual.*

freno s.m. (lat. *frenum,* freno, bocado). Mecanismo destinado a disminuir la velocidad o a detener un conjunto mecánico dotado de movimiento. **2.** Instrumento de hierro en el que se atan las riendas y que se coloca en la boca de las caballerías para sujetarlas y dirigirlas. **3.** Lo que aminora o detiene. **4.** *Fig.* Sujeción que modera los actos de una persona.

frenología s.f. Teoría psicológica que pretendía estudiar el carácter y las funciones intelectuales de la persona basándose en la conformación externa del cráneo.

frenopatía s.f. Psiquiatría.

frenopático, a adj. Psiquiátrico.

frente s.f. (lat. *frons, -tis*). Parte superior de la cara, comprendida entre las sienes y desde las órbitas oculares hasta que empieza la vuelta del cráneo. ◆ s.m. Parte delantera de algo. **2.** Organización política que agrupa a varios partidos en torno a un programa. **3.** METEOROL. Superficie ideal que marca el contacto entre las masas de aire convergentes, diferenciadas por su temperatura y por su grado de humedad. **4.** MIL. **a.** Línea exterior presentada por una tropa en orden de batalla. **b.** Zona de combate. ◆ adv.l. Enfrente, en la parte opuesta. ◇ **Al frente** Al mando de un conjunto de personas. **Arrugar la frente** *Fam.* Mostrar en el semblante ira, enojo o miedo. **Frente colonizador,** o **pionero** GEOGR. Zona que separa las regiones aún sin roturar de las ya explotadas. **Frente de avance** MIN. En una galería, superficie de ataque. **Hacer frente** Resistir, oponerse al enemigo.

freón s.m. (marca registrada). Fluido utilizado como agente frigorífico, que es un derivado clorado y fluorado del metano o etano.

1. **fresa** s.f. (fr. *fraise*). Planta herbácea rastrera, que se propaga por estolones, de flores blancas o amarillentas y fruto comestible. (Familia rosáceas.) **2.** Fruto de esta planta, casi redondo, rojo, suculento y fragante, formado por aquenios dispuestos sobre el receptáculo floral. SIN.: *madroncillo.*

2. **fresa** s.f. Herramienta giratoria cortante con varios filos dispuestos regularmente alrededor de un eje. **2.** Instrumento montado en el torno, que sirve para el tratamiento de las lesiones dentales y para las intervenciones que tienen lugar en los tejidos duros de los dientes.

fresado s.m. Acción de fresar.

fresador, ra s. Operario que se dedica al fresado de piezas con fresadora.

fresadora s.f. Máquina que sirve para el fresado.

fresal s.m. Terreno plantado con fresas.

fresar v.tr. Trabajar una pieza con una fresa.

fresca s.f. Frío moderado del ambiente: *cenar a la fresca.* **2.** Insolencia que se dice a alguien y que, aunque es verdad, es molesta u ofensiva: *soltar cuatro frescas.*

frescachón, na adj. Muy robusto y de color sano.

frescales s.m. y f. (pl. *frescales*). Esp. *Fam.* Persona fresca, despreocupada y desvergonzada.

1. **fresco** s.m. (ital. *affresco*). Técnica de pintura mural que consiste en la aplicación de colores disueltos en agua sobre la pared recién revocada: *pintura al fresco.* **2.** Pintura mural que se realiza con esta técnica: *un fresco de Goya.*

2. **fresco, a** adj. (germ. occidental *frisk,* nuevo, joven, vivo). Moderadamente frío. **2.** Se dice del alimento que no ha sido manipulado para su conservación y conserva sus cualidades originales: *pescado fresco.* **3.** *Fig.* Reciente, acabado de suceder: *noticias frescas.* **4.** Que tiene el aspecto sano y juvenil: *tez fresca y rosada.* **5.** *Fig.* Se dice de la persona que se mantiene vigorosa y activa después de un esfuerzo o a pesar de su edad. **6.** *Fig.* Sereno, que no se inmuta en los peli-

gros o contradicciones: *la noticia lo dejó tan fresco.* **7.** *Fig.* Se dice de la colonia o esencia que produce una sensación agradable: *colonia fresca.* **8.** Que ha descansado y está en condiciones de realizar un trabajo: *caballos frescos.* ◆ adj. y s. *Fig.* y *fam.* Se dice de la persona que actúa con frescura, descaro. ◆ s.m. Frescor agradable y no excesivo en el ambiente: *tomar el fresco.* **2.** Tejido ligero de estambre, usado para trajes de hombre en verano. **3.** Traje que se hace con él. **4.** Amér. Refresco, bebida fría. ◇ **Al fresco** A la intemperie: *dormir al fresco.* **Estar fresco** Esp. Estar frustrado en sus pretensiones.

frescor s.m. Frescura, fresco.

frescote, a adj. *Fam.* Se dice de la persona rolliza que tiene el cutis terso y de buen color.

frescura s.f. Cualidad de fresco. **2.** *Fig.* Descaro, desvergüenza. **3.** *Fig.* Impertinencia, respuesta fuera de propósito: *contestar una frescura.* **4.** *Fig.* Tranquilidad, despreocupación: *actuar con frescura.* **5.** Amenidad y fertilidad de un lugar lleno de verdor.

fresneda s.f. (lat. *fraxinetum*). Sitio o lugar poblado de fresnos. SIN.: *fresnedo.*

fresno s.m. (lat. *fraxinus*). Árbol de hasta 40 m de alt., de madera clara, flexible y resistente, que crece en los bosques templados. (Familia oleáceas.)

fresón s.m. Variedad de fresa de mayor tamaño que la común.

fresquera s.f. Armario o lugar de una casa, convenientemente ventilados, donde se dejan los alimentos para que se conserven frescos.

fresquería s.f. Amér. Central, Ecuad., Perú y Venez. Establecimiento donde se hacen y venden bebidas frías y helados.

fresquista adj. y s.m. y f. Relativo a la técnica pictórica del fresco; pintor de frescos.

freudiano, a adj. y s. PSIQUIATR. Relativo a Sigmund Freud o a sus teorías, especialmente del psicoanálisis; partidario de estas ideas o doctrinas.

freudismo s.m. Teoría del funcionamiento psíquico normal y patológico desarrollada por Sigmund Freud.

freudomarxismo s.m. Combinación teórica del marxismo y el psicoanálisis.

freza s.f. Desove. **2.** Huevos de los peces, y pescado menudo recién salido de ellos. **3.** Tiempo del desove. **4.** Señal u hoyo que hace un animal escarbando u hozando.

frezar v.intr. Desovar la hembra del pez.

friabilidad s.f. Facilidad de una cosa para romperse o desmenuzarse.

frialdad s.f.*Fig.* Indiferencia, falta de interés, ardor o animación. **2.** Sensación de falta de calor. **3.** Anafrodisia.

fricandó s.m. (fr. *fricandeau*). Guiso de carne generalmente con setas, y servido con una salsa espesa.

fricar v.tr. (lat. *fricare*). Restregar.

fricasé s.m. (fr. *fricassée*, p. de *fricasser*, guisar un fricasé). Guiso de carne cortada en trozos pequeños, parecido al fricandó.

fricativo, a adj. y s.f. Se dice del sonido consonántico que se produce estrechando el canal vocal en alguno de sus puntos y haciendo salir el aire constreñido, de manera que el rozamiento produce un ruido más o menos fuerte.

fricción s.f. Acción de frotar. **2.** Resistencia que ofrecen dos superficies en contacto al movimiento relativo de una de ellas con respecto a la otra. **3.** *Fig.* Desavenencia entre personas o colectividades.

friccionar v.tr. y prnl. Frotar una parte del cuerpo con algo, especialmente con las manos.

friega s.f. Fricción que se hace como medio curativo. **2.** Amér. Molestia, fastidio.

frigánido, a adj. y s.m. Relativo a una familia de insectos tricópteros de cuatro alas peludas, cuya larva se construye una envoltura de hierbas y granos de arena y anida en los ríos de aguas rápidas.

frigidarium s.m. (voz latina). ANT. ROM. Estancia de las termas destinada al baño frío.

frigider o **friyider** s.m. Chile. Refrigerador.

frigidez s.f. Incapacidad de la mujer para llegar al orgasmo. **2.** Frialdad, falta de calor.

frígido, a adj. (lat. *frigidum*). Que padece frigidez. **2.** *Poét.* Frío.

frigio, a adj. y s. De Frigia. ◇ **Gorro frigio** Tocado semejante al de liberto de la Roma antigua, que fue el emblema de la libertad durante la Revolución francesa.

frigoría s.f. Unidad de medida de cantidad de calor extraída (símb. fg), equivalente a una kilocaloría negativa y que vale $-4{,}185 \cdot 10^3$ julios.

frigorífico, a adj. Que produce frío. ◆ s.m. y adj. Esp. Refrigerador.

frigorífico

Se distinguen dos tipos de máquinas frigoríficas: las de compresión y las de absorción. En las de compresión, un fluido refrigerante se convierte en vapor en un vaporizador gracias a la elevación del calor del medio exterior; un compresor aspira los vapores producidos y los devuelve a un condensador que los enfría y se licúan; un descompresor deja pasar el congelante líquido hacia el vaporizador gracias a un descenso de la presión. En una máquina frigorífica de absorción, el congelante pasa de la fase vapor a la fase líquida, como en las de compresión, pero la compresión mecánica se remplaza por la transferencia entre una solución rica y una solución pobre de refrigerante, obtenida por medio del calor.

frigorígeno, a adj. y s.m. Que produce frío: *fluido frigorígeno.*

frijol s.m. Amér. Central y Méx. Planta anual, originaria de América, de la que se cultivan varias especies por sus flores ornamentales y, sobre todo, por sus frutos comestibles y sus semillas, ricas en féculas. (Familia papilionáceas.) GEOSIN.: Amér. Merid. *poroto;* Esp. *judía, alubia.* **2.** Amér. Central y Méx. Semilla de esta planta, que se come cuando está madura y seca. GEOSIN.: Amér. Merid. *poroto;* Esp. *judía, alubia.*

fríjol s.m. → **fréjol.**

frijolillo s.m. Amér. Nombre de diversas plantas leguminosas que tienen el fruto en legumbre.

frimario s.m. (fr. *frimaire*). Tercer mes del calendario republicano francés, que empieza el 21, 22 o 23 de noviembre.

fringílido, a adj. y s.m. (del lat. *fringilla*, pinzón). Relativo a una familia de aves paseriformes de pequeño tamaño y con plumaje de vivos colores, como el gorrión o el jilguero.

frío, a adj. (lat. *frigidus*). Que tiene una temperatura baja o más baja de lo normal o adecuado: *ambiente frío; un café frío.* **2.** *Fig.* Falto de afecto, pasión o sensibilidad. **3.** *Fig.* Sereno, que no se inmuta fácilmente. **4.** *Fig.* Poco sensible a los estímulos sexuales. **5.** *Fig.* Que es poco acogedor. **6.** Se dice del color del espectro cercano al azul: *el verde es un color frío.* ◆ s.m. Ausencia total o parcial de calor: *en invierno hace frío.* **2.** Sensación que experimenta el cuerpo animal en contacto con algo frío, por disminución del calor ambiental o por causas internas. ◇ **Frío artificial,** o **industrial** Procedimiento que permite la refrigeración y congelación de diversas sustancias para conservarlas. **Operación en frío** Operación realizada fuera de la fase aguda de la enfermedad. **Quedarse frío** Quedarse indiferente o atónito.

friolento, a adj. *Fam.* Se dice de la persona muy sensible al frío.

friolera s.f. Cosa de poca monta. **2.** *Fam.* Gran cantidad de una cosa, especialmente de dinero: *gastar una friolera en vestidos.*

friolero, a adj. (del ant. *frior*, frialdad). Esp. Se dice de la persona muy sensible al frío.

frisa s.f. Tela ordinaria de lana. **2.** Argent. y Chile. Pelo de algunas telas, como la felpa.

frisar v.tr. Levantar y rizar el pelo de un tejido. ◆ v.intr. y tr. Tener aproximadamente la edad que se expresa.

frisbee o **frisbi** s.m. Disco de plástico que se lanza en el aire para que planee girando sobre sí mismo. **2.** Juego en el que se utiliza este disco.

frisca s.f. Chile. Soba, tunda, zurra.

frisio, a adj. y s. Frisón.

friso s.m. ARQ. **a.** Parte del entablamento, entre el arquitrabe y la cornisa. **b.** Pieza larga y estrecha que se coloca en balcones y escaleras a la altura del pecho. **c.** Conjunto de elementos decorativos en forma de faja muy alargada y seguida

frisón, na adj. y s. De Frisia. SIN.: *frisio.* ◆ adj. y s.f. Se dice de una raza bovina lechera francesa de pelaje negro. ◆ s.m. Lengua germánica occidental, hablada en el N de Países Bajos y en Alemania.

frita s.f. (fr. *fritte*). Mezcla de arena silicosa y de sosa, no fundida completamente, que entra en la composición de determinados productos cerámicos y del vidrio.

fritada s.f. Conjunto de alimentos fritos, en especial pescado. SIN.: *fritura.*

fritado s.m. Operación efectuada en pulvimetalurgia, a fin de realizar una aglomeración de los productos tratados con vistas a darles una cohesión y una rigidez suficientes. **2.** Vitrificación preparatoria incompleta de determinados materiales, en cerámica y en esmalte. SIN.: *fritado.*

fritanga s.f. *Desp.* Fritada, especialmente la abundante en grasa.

1. **fritar** v.tr. (de *frito*). Argent., Colomb. y Urug. Freír.

2. **fritar** v.tr. (fr. *fritter*). Someter a la operación de fritado.

frito, a adj. Exasperado o harto por la insistencia de algo molesto: *estar, tener frito.* ◆ s.m. Fritada. **2.** Cualquier manjar frito. <> **Estar frito** Argent. *Fam.* Estar muy cansado físicamente; Argent., Chile y Perú. *Fam.* hallarse en una situación difícil o sin salida.

fritura s.f. Fritada.

frivolidad s.f. Cualidad de frívolo. **2.** Dicho o hecho frívolo.

frivolité s.m. (voz francesa). Encaje que se teje a mano con una o dos lanzaderas y un ganchillo de acero.

frívolo, a adj. (lat. *frivolus*). Ligero, veleidoso, insustancial. **2.** Fútil y de poca sustancia.

friyider s.m. → **frigider.**

frondas s.f.pl. Conjunto de hojas o ramas que forman espesura.

fronde o **fronda** s.f. (lat. *frons, frondis*). BOT. **a.** Hoja del helecho. **b.** Talo de las algas y líquenes cuando tiene aspecto foliáceo o laminar.

frondío, a adj. Colomb. y Méx. Sucio y desaseado.

frondosidad s.f. Cualidad de frondoso.

frondoso, a adj. (lat. *frondosus*). Con abundantes hojas y ramas. **2.** BOT. Se dice de los organismos vegetales provistos de frondas.

frontal adj. (del ant. *fruente,* frente). Relativo a la frente. **2.** Que está situado en la parte delantera: *lavadora de carga frontal.* **3.** Se dice de la lucha o el enfrentamiento que es directo y total: *oposición frontal.* **4.** MAT. En geometría descriptiva, se dice de la recta paralela al plano vertical de proyección. ◆ adj. y s.m. Se dice de uno de los huesos que contribuyen a formar la cavidad craneal. ◆ s.m. En el yelmo o celada, pieza en forma de media luna que caía sobre los ojos y protegía la vista y la frente. <> **Lóbulo frontal** Parte de los hemisferios cerebrales situada delante de la cisura de Silvio y que desempeña un papel importante en la motricidad, la regulación del humor y el dolor.

frontalera s.f. Correa o cuerda de la cabezada y de la brida del caballo, que le ciñe la frente y sujeta las carrilleras.

frontalidad s.f. **Ley de la frontalidad** Principio fundamental de las esculturas arcaicas, que se caracteriza por la simetría del cuerpo humano, que nunca se aparta de su eje para hacer una flexión lateral.

frontenis s.m. Juego de pelota que se juega en frontón con raquetas y pelotas de tenis.

frontera s.f. (del ant. *fruente,* frente). Confín de un estado. **2.** Cualquier cosa que limita la extensión de otra. <> **Frontera natural** Frontera formada por un elemento geográfico, como un río o una cordillera.

fronterizo, a adj. Que está en la frontera. **2.** Que está enfrente de otra cosa.

frontero, a adj. Puesto o colocado enfrente.

frontil s.m. Pieza acolchada de materia basta que se pone a los bueyes entre su frente y la coyunda.

frontis s.m. Frontispicio.

frontispicio s.m. (del lat. tardío *frontispicium,* de *frons, -tis,* frente, y *specere,* mirar). Fachada o delantera de un edificio, libro, etc. SIN.: *frontis.* **2.** ARQ. Frontón.

frontón s.m. Edificio o cancha dispuesta para jugar a la pelota vasca. **2.** ARQ. Remate triangular o semicircular de un pórtico, fachada o ventana. SIN.: *frontispicio.*

frotador s.m. Tirilla situada en el canto de una caja de fósforos y revestida de un producto que facilita la inflamación de aquellos al frotar.

frotamiento s.m. Acción de frotar. SIN.: *frotación, frote.*

frotar v.tr. y prnl. (fr. *frotter*). Pasar repetidamente una cosa sobre otra con fuerza.

frotis s.m. MED. Método de exploración microscópica de un fragmento de tejido o secreción, consistente en realizar una extensión sobre un portaobjetos y examinarla al microscopio.

fructífero, a adj. Que produce fruto.

fructificar v.intr. Convertirse la flor en fruto. **2.** *Fig.* Producir utilidad una cosa.

fructosa s.f. Osa de fórmula $C_6H_{12}O_6$, isómero de la glucosa, contenida en la miel y en numerosas frutas. SIN.: *levulosa.*

fructuoso, a adj. (lat. *fructuosus*). Que da fruto o utilidad.

frufrú s.m. (voz onomatopéyica). Ruido que producen al rozarse ciertas telas.

frugal adj. (lat. *frugalis,* sobrio). Parco en comer y beber. **2.** Se dice de la comida sencilla y poco abundante: *almuerzo frugal.*

frugalidad s.f. Cualidad de frugal.

frugívoro, a adj. (del lat. *frux,* fruto, y *vorare,* comer). Que se nutre de frutos o vegetales: *roedor frugívoro.*

fruición s.f. Placer intenso.

fruir v.intr. (lat. *frui,* disfrutar) [conj.: *huir*]. Sentir gran placer.

frumentario, a adj. (del lat. *frumentum,* trigo, grano). Relativo al trigo y otros cereales.

frunce s.m. Arruga o pliegue que se forma en una tela frunciéndola. SIN.: *fruncido.*

fruncido s.m. Acción de fruncir. **2.** Arruga o pliegue que se forma en una tela frunciéndola. SIN.: *frunce.*

fruncimiento s.m. Acción de fruncir las cejas, la frente, etc.

fruncir v.tr. Arrugar la frente, las cejas, etc.: *fruncir el ceño.* **2.** Arrugar una tela con arrugas pequeñas y paralelas. **3.** *Fig.* Estrechar y recoger una cosa.

fruslería s.f. Cosa de poco valor o entidad.

fruslero, a adj. (de *fruslera,* latón de poca consistencia). Fútil o frívolo.

frustración s.f. Acción y efecto de frustrar. **2.** DER. Realización de todos los actos que deberían producir un resultado delictivo, y que sin embargo no se produce por causas ajenas a la voluntad del agente. **3.** PSICOL. Estado de tensión psicológica engendrado por un obstáculo que se interpone entre un sujeto y un fin valorado positivamente por él.

frustrante adj. Que frustra.

frustrar v.tr. (lat. *frustrari,* engañar, hacer inútil, frustrar). Privar a alguien de lo que esperaba: *frustrar las esperanzas de alguien.* ◆ v.tr. y prnl. Dejar sin efecto, malograr un intento.

fruta s.f. Fruto comestible. ◇ **Fruta de la pasión** Maracuyá. **Fruta del tiempo** Fruta que se come en la misma estación en que madura y se colecta; cosa que sucede con frecuencia en tiempo determinado. **Fruta de sartén** Esp. Masa frita, de varios nombres y figuras. **Fruta prohibida** *Fig.* Todo lo que no está permitido hacer o tomar.

frutal s.m. y adj. Árbol o arbusto que se cultiva para la producción de frutos comestibles.

frutería s.f. Tienda donde se vende fruta.

frutero, a adj. Que sirve para llevar o contener fruta: *barco frutero.* ◆ s. Persona que vende fruta. ◆ s.m. Recipiente para poner fruta.

frutescente adj. Se dice de la planta herbácea que tiene la base del tallo lignificada.

fruticultura s.f. Cultivo de plantas que producen frutas.

frutilla s.f. BOT. Amér. Merid. Fresa.

frutillar s.m. Amér. Sitio donde se crían las frutillas.

frutillero, a s. Amér. Vendedor ambulante de frutillas.

fruto s.m. (lat. *fructus, -us,* usufructo, fruto, de *frui,* disfrutar). Órgano que contiene las semillas de una planta y que procede, generalmente, del ovario de la flor. (Se distinguen los *frutos secos* [vaina, cápsula y aquenio] y los *frutos carnosos* [drupa, baya], con frecuencia comestibles.) **2.** Producto de la tierra, como los vegetales o la fruta. **3.** Producto del ingenio o del trabajo humano. **4.** *Fig.* Utilidad, provecho, resultado. **5.** Hijo que lleva la mujer en su seno. ◆ **frutos** s.m.pl. DER. Productos regulares y periódicos que dan las cosas de acuerdo con su destino y sin pérdida de su sustancia, ya sea de forma natural, ya sea mediante el trabajo humano. ◇ **Fruto seco** Fruto desecado, con o sin cáscara. SIN.: *fruta seca.* **Frutos pendientes** DER. Productos que permanecen unidos a lo que los produce, o productos producidos pero no abonados. **Frutos percibidos** DER. Productos separados de la cosa de la que proceden, o los ya abonados.

ftaleína s.f. Materia colorante incolora en un medio ácido o neutro o de color rojo púrpura en un medio básico.

ftálico, a adj. Se dice de un ácido derivado del benceno, utilizado en la fabricación de colorantes y resinas sintéticas.

ftiriasis s.f. (lat. *phtiriasim,* del gr. *phteirasis,* de *phteir, phteiros,* piojo). Enfermedad de la piel producida por los piojos.

fu s.m. Bufido del gato. ◇ **Ni fu ni fa** *Fam.* Indica que algo es indiferente, ni bueno ni malo.

fuagrás o **foie-gras** s.m. (fr. *foie-gras*). Pasta de hígado, generalmente de ave o de cerdo.

fucal adj. y s.m. Relativo a un orden de algas pardas, feofíceas, cuyos talos pueden alcanzar gran complicación.

fúcar s.m. (de *Fugger,* familia de banqueros de Augsburgo). Hombre muy rico y hacendado.

¡fuchi! interj. Amér. *Fam.* Expresa asco o repugnancia.

fuchsiano, a adj. (de L. *Fuchs,* matemático alemán). MAT. Se dice de las funciones trascendentes que permanecen invariables en determinadas transformaciones que constituyen el *grupo fuchsiano.*

fucilazo s.m. Relámpago sin ruido que ilumina la atmósfera en el horizonte por la noche.

fucsia s.f. (de L. *Fuchs,* botánico alemán). Arbusto originario de América, que se cultiva con frecuencia debido a sus flores rojas decorativas. (Familia enoteráceas.) ◆ adj. y s.m. Se dice del color semejante al de las flores de este arbusto. ◆ adj. Que es de este color.

fucsina s.f. Materia colorante roja, utilizada en citología y en bacteriología.

fucus s.m. (voz latina). Alga de color marrón oscuro, que abunda en las costas rocosas. (Familia fucáceas.)

fuego s.m. (lat. *focus,* hogar, hoguera). Desprendimiento de calor, luz y llamas, producido por la combustión de un cuerpo. **2.** Materia encendida en brasa o llama. **3.** Incendio. **4.** Hoguera. **5.** *Fig.* Casa u hogar. **6.** *Fig.* Pasión, entusiasmo, ardor. **7.** Efecto de disparar las armas de fuego. **8.** Sensación de ardor o quemazón en una región determinada del organismo. ◆ interj. MIL. Se usa como voz de mando para ordenar abrir fuego. ◆ **fuegos** s.m.pl. Cohetes y otros artificios de pólvora que al quemarse producen luces de colores y detonaciones y que se hacen para diversión. SIN.: *fuegos artificiales.* ◇ **Abrir,** o **romper,** o **hacer, fuego** Empezar a disparar. **A fuego lento** Poco a poco, de forma imperceptible. **Fuego amigo** MIL. El producido por las propias tropas sobre sí mismas. **Fuego de san Telmo** Copete luminoso que aparece en las extremidades de los mástiles de los navíos o en los filamentos de las sogas, debido a la electricidad atmosférica. **Fuego eterno** Suplicio sin fin de los condenados por sus pecados. **Fuego fatuo** Llama errática que se produce en el suelo, especialmente en los cementerios, por la inflamación del fosfuro de hidrógeno desprendido de las materias orgánicas en descomposición; *Fig.* ardor pasajero. **Jugar con fuego** Actuar de forma arriesgada **Pegar fuego** Incendiar.

fueguino, a adj. y s. De alguno de los pueblos amerindios alacaluf o yahgán, act. extinguidos, de lengua y características físicas distintas pero de cultura bastante homogénea, muy rudimentaria. (Habitaban en el extremo meridional de América del Sur [Isla Grande de la Tierra del Fuego].)

fuelle s.m. (lat. *follis*). Instrumento que sirve para producir aire a presión dirigido hacia un punto determinado. **2.** Arruga o pliegue de un vestido. **3.** Pieza de materia flexible que se pone en los lados de los bolsos o bolsas, carteras, etc., o en las máquinas de fotografiar, para aumentar o disminuir su volumen. **4.** F. C. En los trenes, corredor flexible que pone en comunicación dos vagones.

fuel-oil s.m. (ingl. *fuel oil*). Combustible líquido de color marrón oscuro o negro y consistencia viscosa, derivado del petróleo. SIN.: *mazut.* (También *fuel.*)

fuente s.f. (lat. *fons, -tis*). Manantial de agua que brota de la tierra. **2.** Construcción de piedra, hierro, etc., que sirve para que salga el agua por uno o varios caños dispuestos en él. **3.** Pila bautismal. **4.** Plato grande, circular u oblongo, que se usa para servir la comida. **5.** Cantidad de comida que cabe en este plato. **6.** *Fig.* Sitio, hecho u ocasión de donde procede algo. **7.** Sistema que puede emitir de forma permanente energía, como calor, luz, electricidad, etc., o partículas. ◇ **De buena fuente** o **de buenas fuentes** Fidedigno. **Fuente de soda** Chile, Méx. y Venez. Bar, cafetería.

fuer s.m. (apócope de *fuero*). **A fuer de** A título de, en razón de, como.

fuera adv.l. y t. (del ant. *fueras,* del lat. *foras,* afuera). A, o en, la parte exterior de un espacio real o imaginario: *lo echó fuera de su casa.* **2.** Seguido de la prep. *de* y un sustantivo, excepto, salvo: *fuera de esto, no queda nada más.* **3.** Seguido de la prep. *de* y determinados nombres de acción, introduce el significado de privación o eliminación de la misma: *fuera de combate; fuera de acción.* ◆ interj. y s.m. Se usa para echar a alguien de un lugar: *¡fuera de mi vista!; aquí se oía un fuera, allá un silbido.* ◇ **De fuera** De otra población o país; por la parte exterior. **Fuera borda** Fueraborda. **Fuera de banda** En algunos deportes de equipo, salida de la pelota del terreno de juego por una de sus bandas laterales. **Fuera de fondo** En algunos deportes de equipo, salida de la pelota del terreno de juego por una de las líneas de fondo. **Fuera de juego** En algunos deportes de equipo, posición irregular de un jugador con relación a sus adversarios.

fueraborda s.m. Motor instalado en la parte trasera y exterior de la borda de una embarcación; pequeña embarcación de recreo o de carreras, propulsada por un motor fuera borda. (También *fuera borda.*)

fuereño, a adj. y s. Méx. Se dice del que proviene de una región, ciudad, país, etc., distinto del lugar en que se está: *en Semana santa llegan muchos fuereños a la ciudad.*

fuerista adj. y s.m. y f. Relativo a los fueros; versado en los fueros o que los defiende.

fuero s.m. (lat. *forum,* plaza pública, vida pública y judicial). Conjunto de derechos o privilegios que se concedían a un territorio, ciudad o persona en la edad media. **2.** Derechos o privilegios que se conceden a ciertas actividades, principios, etc. (Suele usarse en plural.) **3.** Compilación de leyes antiguas. **4.** *Fig.* y *fam.* Arrogancia, presunción. (Suele usarse en plural.) <> **En el fuero interno,** o **interior, de alguien** En lo más íntimo. **Volver por los fueros de algo** Defenderlo de atropellos o ataques injustos.

fuero

A partir de la reconquista, en los reinos cristianos españoles surgieron costumbres, derechos locales y territoriales. De una parte, el fuero es una manifestación de los derechos locales territoriales (fueros municipales), y por otra define determinadas fuentes jurídicas de carácter territorial (fueros territoriales de regiones o reinos). Los fueros municipales están compuestos por privilegios, costumbres y disposiciones reales o del propio consejo de la ciudad. Los fueros territoriales de regiones o reinos son, desde el s. XIII, redacciones en las que se reconoce el derecho tradicional de la región o reino (basadas en textos consuetudinarios, decisiones judiciales, privilegios y disposiciones legales). Los fueros territoriales desaparecieron con el centralismo borbónico o a lo largo del s. XIX (País Vasco), aunque se conservó el de Navarra. Con la configuración autonómica del territorio (constitución de 1978), algunos se actualizaron (Amejoramiento del fuero de Navarra) y otros fueron sustituidos por los estatutos de autonomía.

fuerte adj. (lat. *fortis*). Que tiene fuerza y resistencia: *tela fuerte.* **2.** Robusto, corpulento: *en una lucha, no siempre vence el contrincante más fuerte.* **3.** Animoso, valiente: *hay que ser fuerte para vencer las dificultades.* **4.** Duro, difícil de labrar y trabajar: *el hierro es más fuerte que el plomo.* **5.** Firme o sujeto, muy agarrado: *lazo fuerte.* **6.** *Fig.* Grande, importante: *hacer afirmaciones muy fuertes; tener razones fuertes para callar.* **7.** Que es muy concentrado o tiene gran intensidad: *sabor fuerte; café fuerte.* **8.** Se dice del volumen de sonido muy elevado: *hablar muy fuerte.* **9.** Dotado de medios poderosos: *países económicamente fuertes.* **10.** *Fig.* Versado o docto en una ciencia o arte: *estar fuerte en matemáticas.* **11.** Se dice del terreno áspero y fragoso. **12.** FORT. Se dice del lugar resguardado con obras de defensa capaz de resistir los ataques del enemigo: *plaza fuerte.* **13.** QUÍM. Se dice de una base, un ácido, o un electrólito muy disociados. ◆ s.m. Aspecto o actividad en que más sobresale o destaca una persona: *su fuerte es la música.* **2.** Obra de fortificación que presenta cierto número de frentes. ◆ adv.m. Con fuerza: *pegar fuerte; atar fuerte.* **2.** Mucho, con exceso: *jugar fuerte.*

fuerza s.f. (lat. tardío *fortia*). Capacidad de acción física. **2.** Eficacia para producir un efecto: *la fuerza de unas palabras.* **3.** Capacidad de soportar un peso o de oponerse a un impulso: *la fuerza de un dique.* **4.** Aplicación de la capacidad física o moral: *agarrar una cosa con fuerza.* **5.** Autoridad, poder. **6.** Uso de la violencia para obligar. **7.** Vigor, vitalidad: *esta planta crece con mucha fuerza.* **8.** FÍS. Causa capaz de deformar un cuerpo o de modificar su estado de reposo o movimiento. <> **A fuerza de** Empleando con insistencia un medio o reiterando una acción. **A la,** o **por, fuerza** Por necesidad. **Fuerza animal,** o **de sangre** Fuerza de un ser vivo empleada como motriz. **Fuerza bruta** Fuerza aplicada sin mesura ni inteligencia. **Fuerza contraelectromotriz (fcem)** Fuerza electromotriz inversa que se desarrolla en determinados aparatos eléctricos. **Fuerza de intervención** MIL. Unidades y medios militares organizados para entrar en acción con la máxima rapidez en caso de agresión o amenaza. **Fuerza de ley** DER. Carácter obligatorio análogo al de la ley. **Fuerza de un electrólito** Característica relativa a su mayor o menor disociación. **Fuerza electromotriz (fem)** Característica esencial de una fuente de energía eléctrica, que permite hacer circular una corriente por un circuito y determina la intensidad de esta corriente. **Fuerza mayor** Circunstancia imprevisible e inevitable que impide el cumplimiento de una obligación. **Fuerza política** Partido político, asociación, grupo de presión o movimiento de ideas que influye o pretende influir en la vida política, directa o indirectamente. **Fuerzas armadas** Conjunto de los ejércitos de tierra, mar y aire de un estado o de una organización supranacional. **Fuerzas de orden público,** o **del orden** Conjunto de cuerpos de seguridad del estado que tienen a su cargo el mantenimiento del orden interno. **Fuerzas productivas** Expresión marxista que designa el conjunto de elementos materiales y sociales que intervienen en el proceso productivo. **Fuerzas sociales** Conjunto de las clases sociales, grupos de interés y grupos de presión. **Fuerzas vivas** Clases y grupos impulsores y controladores de la actividad y la prosperidad de un país, localidad, etc.

fuerza

Toda fuerza está definida por su punto de aplicación, su dirección, su sentido y su intensidad. Según la ley fundamental de la dinámica, la aceleración que experimenta un punto material, considerada como vector, es proporcional a la fuerza que la produce.

fuetazo s.m. Amér. Latigazo.

fuete s.m. Amér. Látigo.

fufú s.m. Colomb., Cuba y P. Rico. Comida hecha de plátano, ñame o calabaza. **2.** P. Rico. Hechizo, mal de ojo.

fuga s.f. (lat. *fuga*). Acción y efecto de fugarse. **2.** Salida, escape accidental de un fluido por un orificio o abertura. **3.** Evasión al extranjero de valores necesarios para el propio país: *fuga de capitales.* **4.** Momento de auge o intensidad de una acción. **5.** MÚS. Composición musical de estilo contrapuntístico, basada en el uso de la imitación procedente de un tema generalmente corto, pero bien diferenciado. <> **Fuga de cerebros** Conjunto de movimientos migratorios de personal cualificado hacia países con niveles tecnológicos más elevados o con mayores oportunidades que los de los países de origen. **Punto de fuga** Punto de un dibujo en perspectiva en el que concurren rectas que son paralelas en la realidad.

fugacidad s.f. Cualidad de fugaz.

fugado, a adj. MÚS. En forma de fuga.

fugarse v.prnl. Escaparse, huir.

fugaz adj. (lat. *fugax, -acis*). Que dura poco. **2.** Que huye y desaparece con velocidad.

fugitivo, a adj. y s. (lat. *fugitivus*). Se dice del que anda huyendo y escondiéndose. ◆ adj. Que pasa muy deprisa. **2.** *Fig.* Caduco, perecedero, de corta duración.

fuguillas s.m. y f. Persona de genio vivo e impaciente.

fuina s.f. (fr. *fouine*). Garduña.

fulana s.f. Prostituta.

fulani → **fulbé.**

fulano, a s. (ár. *fulân,* tal). Designa a una persona cuyo nombre se desconoce o no se quiere decir. **2.** Persona indeterminada. **3.** *Fig.* Amante. <> **Fulano de tal** Se usa para indicar el nombre de una persona cualquiera.

fular o **foulard** s.m. (fr. *foulard*). Pañuelo o banda de tejido ligero que se usa como adorno, generalmente alrededor del cuello.

fulbé, fulani o **peul,** conjunto de pueblos, nómadas y sedentarios, dispersos en África occidental, de Senegal a Camerún, que hablan una lengua nigeriano-congoleña.

fulbito s.m. Argent. y Urug. En fútbol, juego intrascendente, sin mayor espíritu competitivo.

fulcro s.m. (lat. *fulcrum,* sostén, puntal, de *fulcire,* sustentar). Punto de apoyo de la palanca.

fulereno s.m. (de R. B. *Fuller,* ingeniero norteamericano). QUÍM. Variedad cristalina de carbono cuya molécula consta de gran número de átomos. (Con ciertos iones metálicos, los fulerenos se vuelven superconductores y ferromagnéticos a muy baja temperatura, por lo que son de gran interés en electrónica.)

fulero, a adj. Chapucero, inaceptable.

fúlgido, a adj. (lat. *fulgidus*). *Poét.* Brillante, resplandeciente.

fulgir v.intr. *Poét.* Brillar, resplandecer.

fulgor s.m. (lat. *fulgor, -oris*). Resplandor y brillantez con luz propia.

fulguración s.f. Acción de fulgurar. ◇ **Fulguración cromosférica** Aumento repentino de brillo de una región próxima a una mancha solar.

fulgurante adj. Resplandeciente, brillante.

fulgurar v.intr. (lat. *fulgurare,* relampaguear). Brillar, resplandecer, despedir rayos de luz.

fuliense adj. y s.m. y f. Se dice del religioso de una rama de la orden del Císter reformada en 1577 y desaparecida en 1789.

fuliginoso, a adj. Que se parece al hollín. **2.** Oscurecido, ennegrecido.

full s.m. (del ingl. *full house*). En el póquer, conjunto formado por un trío y una pareja.

full contact s.m. Deporte de lucha en el que se puede golpear con los puños y con los pies.

fullería s.f. Trampa y engaño que se comete en el juego. **2.** *Fig.* Astucia, cautela y arte con que se pretende engañar.

fullero, a adj. y s. Que hace fullerías o trampas en el juego. **2.** *Fam.* Chapucero, precipitado.

fulmicotón s.m. (fr. *fulmicoton*). Algodón pólvora.

fulminación s.f. Acción de fulminar.

fulminante adj. Se dice de la enfermedad muy grave, repentina y generalmente mortal. **2.** *Fig.* Rápido. ◆ adj. y s.m. Apto para explotar produciendo fuerte ruido y brillante fulgor.

fulminar v.tr. (lat. *fulminare,* lanzar un rayo). Arrojar rayos. **2.** Herir, matar o dañar un rayo a alguien o algo. **3.** *Fig.* Causar muerte repentina una enfermedad. **4.** *Fig.* Dirigir a alguien una mirada muy irritada y colérica. **5.** *Fig.* Hacer que explote una materia explosiva. **6.** *Fig.* Dictar, imponer sentencias, excomuniones, etc.

fulminato s.m. QUÍM. Sal del ácido fulmínico. **2.** QUÍM. Cualquier materia explosiva.

fulmínico, a adj. QUÍM. Se dice del ácido CNOH que forma sales detonantes.

fumable adj. Susceptible de ser fumado.

fumadero s.m. Lugar o sitio destinado para fumar: *fumadero de opio.*

fumador, ra adj. y s. Que tiene costumbre de fumar. ◇ **Fumador pasivo** Persona que inhala el humo producido por un fumador, especialmente la que no es fumadora.

fumagina s.f. Enfermedad criptogámica de los vegetales, caracterizada por la formación de una capa negra en la superficie de las hojas.

fumante adj. Se dice de ciertos ácidos muy concentrados, que humean en contacto con el aire húmedo: *ácido nítrico fumante.*

fumar v.tr. Humear. **2.** Cuba, Méx. y P. Rico. Dominar a alguien. **3.** Méx. *Fam.* Hacer caso a alguien. ◆ v.tr., intr. y prnl. Aspirar y despedir el humo del tabaco u otra sustancia herbácea, que se hace arder en pipas, cigarrillos o cigarros. ◆ **fumarse** v.prnl. *Fig.* y *fam.* Gastar, consumir indebidamente una cosa: *fumarse la paga del mes.* **2.** *Fig.* y *fam.* Descuidar una obligación.

fumarada s.f. Porción de humo que sale de una vez. **2.** Porción de tabaco que cabe en una pipa.

fumariáceo, a adj. y s.f. Relativo a una familia de plantas dialipétalas con el fruto en cápsula o en aquenio, a la que pertenece la amapola. SIN.: *papaveráceo.*

fumarola s.f. (ital. *fumaruola*). Emisión de gases de origen volcánico.

fumata s.f. (ital. *fumata*). Columna de humo que sale de una chimenea de la capilla Sixtina, procedente de la combustión de las papeletas de votación de un cónclave, que cuando es blanca indica que ha sido elegido el nuevo papa.

fumazgo s.m. En el régimen señorial, en Castilla, tributo que debía pagar al señor el habitante de una casa situada en terreno propiedad de aquel.

fumigación s.f. Acción de fumigar.

fumigador, ra s. Persona que se dedica a fumigar los cultivos. ◆ s.m. Máquina para fumigar.

fumigante adj. Que fumiga. ◆ s.m. Pesticida que se evapora o se descompone en productos gaseosos en contacto con el aire o el agua.

fumigar v.tr. (lat. *fumigare,* humear). Desinfectar algo por medio de humo, gas o vapores adecuados.

fumigatorio, a adj. Relativo a la fumigación.

fumígeno, a adj. Que produce humo.

fumista s.m. y f. (fr. *fumiste*). Antiguamente, persona que tenía por oficio hacer o arreglar cocinas, chimeneas o estufas.

fumistería s.f. Tienda o taller del fumista.

fumívoro, a adj. Se dice de una chimenea que no produce humo. **2.** Se dice de un aparato que hace desaparecer el humo.

funambulesco, a adj. Relativo al funámbulo o al funambulismo. **2.** *Fig.* Grotesco, extravagante.

funambulismo s.m. Actividad del funámbulo.

funámbulo, a s. (lat. *funambulus,* de *funis,* cuerda, y *ambulare,* andar). Acróbata que realiza ejercicios de equilibrio sobre la cuerda floja, el alambre o el trapecio.

funche s.m. Antillas, Colomb. y Méx. Papilla elaborada con harina de maíz.

función s.f. (lat. *functio, -onis,* cumplimiento, ejecución de algo). Actividad particular de cada órgano u organismo de los seres vivos, máquinas o instrumentos. **2.** Ejercicio de un empleo, facultad u oficio: *la función del juez.* **3.** Acto público, que constituye un espectáculo de cualquier clase, al que concurre mucha gente: *función académica, religiosa, de teatro.* **4.** Acción propia o característica de alguien o algo: *la función de un abogado es defender a su cliente.* **5.** LING. Papel sintáctico de una palabra o de un grupo de palabras dentro de una oración. **6.** MAT. Magnitud dependiente de una o varias variables. **7.** QUÍM. Conjunto de propiedades pertenecientes a un grupo de cuerpos: *función ácida.* ◇ **En función de** En relación de dependencia con lo que se expresa a continuación. **En funciones** En sustitución del que ejerce un cargo. **Función algebraica** MAT. Función que se calcula mediante las operaciones de álgebra. **Función compleja de una variable real** Función que consta de una parte real y una parte imaginaria. **Función definida en un intervalo (a, b)** Función cuyos valores pueden ser calculados u obtenidos dentro de este intervalo. **Función de función** Función que depende de la variable independiente por intermedio de otra función. **Función lineal** Función en que cada una de las variables solo figura en primer grado, quedando excluidos los productos entre sí de las variables. **Función periódica** Función que vuelve a adquirir los mismos valores cuando la variable de la que depende aumenta un múltiplo entero de una cantidad denominada *período.* **Función proposicional** Fórmula bien formada del cálculo de predicados que contiene varias variables libres y puede convertirse en un enunciado. **Función pública** DER. Acción del poder ejecutivo al dictar y aplicar las disposiciones *(función reglamentaria)* necesarias para el cumplimiento de las leyes *(función de ejecución)* y para la conservación y fomento de los intereses públicos, y al resolver las reclamaciones *(función de jurisdicción).* **Función trascendente** Función no algebraica.

funcional adj. Relativo a las funciones orgánicas, matemáticas, etc., y especialmente a las vitales. **2.** Práctico, eficaz, utilitario. ◇ **Lingüística funcional** Estudio de los elementos de la lengua desde el punto de vista de su función en el enunciado y en la comunicación. **Trastorno funcional** MED. Perturbación en el funcionamiento de un aparato, digestivo, respiratorio o esfinteriano, o en la realización de una función sin alteración orgánica.

funcionalismo s.m. Doctrina del s. XX, prolongación del racionalismo del s. XIX, según la cual, en arquitectura y en las artes decorativas, la forma debe estar determinada por la función. **2.** En antropología y sociología, doctrina que extrae sus instrumentos de observación del postulado según el cual la sociedad es una totalidad orgánica cuyos diversos elementos se explican por la función que desempeñan en la misma.

funcionalista adj. y s.m. y f. Relativo al funcionalismo; partidario de esta doctrina.

funcionamiento s.m. Acción y efecto de funcionar.

funcionar v.intr. Realizar la función que le es propia. **2.** Marchar o ir bien una persona o una cosa: *este entrenador funciona.*

funcionariado s.m. Conjunto de funcionarios.

funcionario, a s. Persona que desempeña una función pública. **2.** Argent. Empleado con cierta jerarquía que trabaja en una dependencia gubernamental.

funcionarismo s.m. Burocracia.

funda s.f. (lat. tardío *funda,* bolsa). Cubierta de tela, piel u otro material, con que se envuelve, cubre o guarda una cosa para protegerla: *funda de sillón, de violín.*

fundación s.f. Acción y efecto de fundar. **2.** Principio y origen de una cosa. **3.** DER. Patrimonio organizado afectado a un fin y sin finalidad lucrativa, al que la ley confiere personalidad jurídica.

fundacional adj. Relativo a la fundación.

fundador, ra adj. y s. Se dice de la persona que ha fundado algo, especialmente una institución. ◆ s. DER. Persona que constituye una fundación o una sociedad.

fundamentación s.f. Acción y efecto de fundamentar.

fundamental adj. Que sirve de fundamento o de base. ◇ **Escala fundamental** Serie de sonidos que sirve de base a un sistema musical, de la que derivan las demás escalas y modos.

fundamentalismo s.m. Integrismo. ◇ **Fundamentalismo islámico** Movimiento religioso musulmán del s. XX que preconiza la vuelta a la estricta observancia de las leyes coránicas.

fundamentalismo

El *fundamentalismo islámico* ha tenido en el s. XX dos principales organizadores: los Hermanos musulmanes de tendencia suní (implantados sobre todo en Egipto) y determinados grupos chiítas (Irán, Líbano, Iraq). Se ha manifestado también en agrupaciones, sectas y partidos políticos de diversos países (Argelia, Níger, Senegal, Afganistán, Malaysia, Pakistán, etc.). La inclusión de la ley coránica en las diversas constituciones de los estados con mayoría islámica se cuenta entre los objetivos principales de este movimiento que, a partir de mediados de la década de 1980, representa una considerable fuerza de masas e incluso electoral en muchos países islámicos, sobre todo de Oriente medio y el Magreb.

fundamentalista adj. y s.m. y f. Relativo al fundamentalismo; integrista o miembro del fundamentalismo islámico.

fundamentar v.tr. Establecer o poner fundamentos, bases. **2.** Poner los cimientos de un edificio.

fundamento s.m. (lat. *fundamentum*). Principio o base de una cosa, especialmente de una ciencia o arte. **2.** Razón principal o motivo con que se pretende afianzar y asegurar una cosa. **3.** Seriedad, sensatez o formalidad de una persona. **4.** Conjunto de los cimientos de un edificio.

fundar v.tr. (lat. *fundare,* poner los fundamentos). Establecer, crear una ciudad, edificio, negocio, institución, etc. ◆ v.tr. y prnl. Apoyar, basar: *fundar una hipótesis.*

fundente adj. y s.m. Que facilita la fundición. ◆ s.m. INDUSTR. Sustancia que facilita la fusión de otro cuerpo.

fundición s.f. Acción y efecto de fundir. **2.** Instalación metalúrgica en la que se funden metales para fabricar lingotes, darles una forma determinada, etc. **3.** Aleación de hierro y carbono, cuyo contenido de este último es superior al 2,5% y que se elabora en estado líquido directamente a partir del mineral de hierro. **4.** ART. GRÁF. Surtido completo de los caracteres de un mismo tipo. ◇ **Fundición acerada** Fundición obtenida por adición de acero en las cargas fundidas en el cubilote, cuyo contenido de carbono es del 2 al 3 %. **Fundición blanca** Fundición que presenta una fractura de aspecto blanco, debido a su estructura a base de carburo de hierro. **Fundición fosforosa** Fundición elaborada a partir de mineral de fósforo. **Fundición gris** Fundición cuya fractura presenta un aspecto gris debido a su estructura a base de carbono bajo forma de grafito. **Fundición maleable** Fundición que presenta una determinada maleabilidad debido a la estructura particular de su grafito.

fundido, a adj. *Fam.* Agotado, abatido: *regresa fundido del trabajo.* **2.** METAL. **a.** Se dice del acero elaborado en crisol. **b.** Se dice del metal en estado líquido. ◆ s.m. CIN. Procedimiento consistente en hacer aparecer o desaparecer lentamente una imagen. ◇ **Fundido encadenado** CIN. Aparición de una imagen en fundido con desaparición de la precedente.

fundidor s.m. Obrero que dirige o efectúa las operaciones de fusión y colada en una fundición.

fundir v.tr. y prnl. (lat. *fundere,* derramar, derretir). Convertir un cuerpo sólido, especialmente un metal, en líquido. **2.** Unir conceptos, ideas, intereses o partidos. **3.** Amér. *Fig.* y *fam.* Arruinar algo o a alguien, hundirlo. ◆ v.tr. METAL. Dar forma en moldes al metal en fusión: *fundir cañones, estatuas.* ◆ **fundirse** v.prnl. Dejar de funcionar un aparato eléctrico debido a un cortocircuito o un exceso de tensión.

fundo s.m. (lat. *fundus,* fondo). Conjunto formado por el suelo de un terreno con todo lo que contiene y lo que produce natural o artificialmente. **2.** Chile y Ecuad. Explotación agrícola de superficie más pequeña que la de la hacienda y mayor que la de la chacra. **3.** Chile y Perú. Finca.

fundus s.m. Región del estómago que comprende la parte vertical y una porción de la parte horizontal de este órgano.

fúnebre adj. (lat. *funebris*). Relativo a los difuntos. **2.** *Fig.* Muy triste y sombrío.

funeral adj. (lat. *funeralis*). Relativo al entierro o las exequias de un difunto. SIN.: *funerario.* ◆ s.m. Oficio religioso que se hace por los difuntos. **2.** Entierro solemne.

funerala (a la) loc. **a.** Forma de llevar las armas los militares en señal de duelo, boca abajo. **b.** *Fam.* Se dice del ojo amoratado a consecuencia de un golpe.

funerario, a adj. (lat. *funerarius*). Funeral. ◆ adj. y s.f. Se dice de la empresa encargada del entierro de difuntos.

funesto, a adj. (lat. *funestus,* funerario, funesto). Que causa, acompaña o constituye desgracia.

fungible adj. (del lat. *fungi,* consumir). Que se consume con el uso. **2.** DER. Se dice de los bienes que pueden ser remplazados por otros de la misma especie, calidad y cantidad.

fungicida s.m. y adj. Sustancia que destruye los hongos microscópicos.

fúngico, a adj. Relativo a los hongos.

fungiforme adj. Con forma de hongo.

fungir v.intr. Hond., Méx. y Salv. Desempeñar un empleo o cargo.

fungoso, a adj. Esponjoso, fofo.

funicular adj. y s.m. Que funciona por medio de una cuerda, que depende de la tensión de una cuerda o cable. **2.** F. C. **a.** Se dice del ferrocarril destinado a ascender por rampas muy pronunciadas y cuya tracción se efectúa por medio de un cable o cadena. **b.** Cualquier medio de transporte por cable aéreo. ◆ adj. MED. Relativo a los cordones de sustancia blanca de la médula espinal o al cordón espermático. ◇ **Polígono funicular** Sistema de puntos en el que cada uno de ellos está sometido a una fuerza dada y unidos entre sí por un hilo flexible e inextensible.

funículo s.m. (lat. *funiculus,* cordón, dim. de *funis,* cuerda). BOT. Cordón delgado que une el óvulo a la placenta en las plantas con semillas.

funk s.m. (voz inglesa). Estilo de rock afroamericano aparecido a principios de los años setenta, basado en un ritmo duro y agresivo, un bajo vibrante y una batería esencialmente binaria.

funk art s.m. Tendencia de arte contemporáneo, surgida en EUA a fines de los años cincuenta, que se caracteriza por la utilización de materiales de desecho en acumulaciones, assemblages, collages, etc.

funky adj. (voz angloamericana). **Jazz funky** Estilo de jazz *hard-bop,* o jazz duro.

furano s.m. Compuesto heterocíclico de fórmula C_4H_4O, que se encuentra en el alquitrán de madera de abeto.

furcia s.f. Esp. *Fam.* Prostituta.

furfuráceo, a adj. Parecido al salvado.

furfural s.m. Aldehído de la serie del furano, obtenido a partir de determinados cereales.

furgón s.m. (fr. *fourgon*). Vehículo largo y cubierto, utilizado para el transporte de mercancías. **2.** Vagón de un tren destinado a los equipajes. ◇ **Furgón funerario** Automóvil fúnebre.

furgoneta s.f. (fr. *fourgonnette*). Vehículo automóvil de cuatro ruedas, destinado al transporte de pequeñas cantidades de mercancías.

furia s.f. (lat. *furia*). Cólera, ira. **2.** *Fig.* Persona muy irritada y colérica. **3.** Ímpetu o violencia de un fenómeno meteorológico: *la furia de los elementos.* SIN.: *furor.* **4.** Prontitud y diligencia con que se ejecuta algo: *nadar con furia.* **5.** *Fig.* Momento de gran intensidad de una moda o costumbre.

furibundo, a adj. (lat. *furibundus*). Airado, colérico, muy propenso a enfurecerse. **2.** Que denota furor.

fúrico, a adj. Méx. Furioso, muy enojado: *se puso fúrico con la noticia.*

furierismo s.m. Doctrina de Ch. Fourier.

furierista adj. y s.m. y f. Relativo al furierismo; partidario de esta doctrina.

1. **furioso** adj. (ital. *furioso*). MÚS. Que tiene un carácter violento: *allegro furioso.*

2. **furioso, a** adj. (lat. *furiosus*). Poseído de furia. **2.** Se dice de un loco violento. **3.** *Fig.* Violento, terrible: *celos furiosos.* **4.** Muy grande y excesivo: *ganas furiosas de reír.*

furlana s.f. → **forlana.**

furnia s.f. Amér. Bodega bajo tierra.

furor s.m. (lat. *furor, -oris*). Cólera, ira exaltada. **2.** Furia de un fenómeno meteorológico. **3.** *Fig.* Prisa, velocidad. **4.** PSIQUIATR. En la demencia o en delirios pasajeros, agitación violenta semejante a la cólera. ◇ **Furor uterino** PSIQUIATR. Exageración del apetito sexual en la mujer. **Hacer furor** Causar sensación, estar de moda.

furriel o **furrier** s.m. y adj. (fr. *fourrier,* oficial encargado de la distribución del forraje). Cabo que tiene a su cargo distribuir el pan y nombrar el servicio de la tropa. **2.** ANT. Oficial encargado de alojar a la tropa. (También *sargento furriel.*)

furruco s.m. Zambomba muy popular en Venezuela.

furtivo, a adj. (lat. *furtivus*). Que se hace a escondidas o disimuladamente: *mirada furtiva.* **2.** Se dice de la persona que actúa de esta manera: *cazador furtivo.*

furúnculo s.m. → **forúnculo.**

fusa s.f. (ital. *fusa*). Nombre de la figura musical que equivale a la mitad de la semicorchea.

fusariosis s.f. Enfermedad de las plantas causada por un hongo parásito.

fusca s.m. Esp. y Méx. *Fam.* Pistola, arma de fuego.

fuselado, a adj. (del fr. *fuseau,* huso). HERÁLD. Cubierto de fusos.

fuselaje s.m. (fr. *fuselage*). Cuerpo de un avión al que se fijan las alas y que contiene el habitáculo.

fusible adj. (del lat. *fusus,* p. de *fundere,* fundir, derramar). Susceptible de fundirse por efecto del calor. **2.** FÍS. Se dice de un medio en el que se pueden dar reacciones de fusión nuclear con desprendimiento de energía. ◆ s.m. Hilo de una aleación especial que, colocado en un circuito eléctrico, interrumpe el paso de corriente al fundirse cuando la intensidad es demasiado fuerte. ◇ **Caja de fusibles** Caja que comprende varios fusibles que protegen una instalación eléctrica.

fusiforme adj. Que tiene forma de huso.

fusil s.m. (fr. *fusil*). Arma de fuego portátil, de tiro tenso e individual, que constituye el armamento básico del combatiente, en especial, de la infantería. ◇ **Fusil ametrallador** Arma automática ligera, con un dispositivo para disparar ráfagas cortas o en modalidad de tiro a tiro. **Fusil subacuático,** o **submarino** Fusil que lanza arpones a gran velocidad, unidos al arma mediante un hilo, utilizado en la pesca submarina.

fusilamiento s.m. Acción y efecto de fusilar.

fusilar v.tr. Ejecutar a una persona con fusiles. **2.** *Fig.* Plagiar, copiar o apropiarse en lo sustancial de obras ajenas.

fusilazo s.m. Tiro de fusil.

fusilería s.f. Conjunto de fusiles o de soldados fusileros. **2.** Fuego de fusiles.

fusilero s.m. Soldado de infantería armado de fusil.

fusión s.f. (lat. *fusionem*). Acción y efecto de fundir o fundirse. **2.** Paso de un cuerpo sólido al estado líquido, por la acción del calor. **3.** *Fig.* Unión de partidos, intereses, ideas, etc. **4.** Reunión de dos o más sociedades independientes que abandonan su identidad jurídica para crear una nueva, reagrupando sus bienes sociales. **5.** FÍS. NUCL. Unión de varios núcleos atómicos ligeros, a temperatura muy elevada, con formación de núcleos más pesados y gran desprendimiento de energía.

fusión

La fusión es, junto con la fisión, uno de los orígenes posibles de la energía nuclear. En la fusión intervienen núcleos ligeros, fundamentalmente los isótopos del hidrógeno: deuterio y tritio. Cuando se fusionan estos núcleos, se libera una gran cantidad de energía procedente de una pérdida de masa, según estableció Einstein ($E = mc^2$). Pero la fusión de los núcleos ligeros presenta dificultades, tanto desde el punto de vista tecnológico, como teórico.

fusionar v.tr. y prnl. Producir una fusión.

fusionista adj. y s.m. y f. Partidario de la fusión de ideas, intereses o partidos.

fuso s.m. (lat. *fusum,* huso). HERÁLD. Losange muy alargado.

fusta s.f. Vara delgada y flexible con una correa sujeta a uno de sus extremos, utilizada para estimular a las caballerías.

fustán s.m. Tejido tupido de algodón con pelo por una de sus caras. SIN.: *fustal.* **2.** Amér. Merid. Enagua ancha de algodón.

fustanela s.f. Falda corta de mucho vuelo y con pliegues, que forma parte del traje popular masculino de Grecia.

fuste s.m. (lat. *fustis,* bastón, garrote). Nervio, entidad, importancia, fundamento. **2.** Madera, parte sólida de los árboles debajo de la corteza. **3.** Palo largo y delgado, especialmente el que sirve de asta a la lanza. **4.** *Poét.* Silla de caballo. **5.** ARQ. Cuerpo de la columna que media entre la basa y el capitel.

fustete s.m. Arbusto de 3 m de alt., cultivado en los parques por sus copas plumosas. (Familia anacardiáceas.)

fustigación s.f. Acción y efecto de fustigar.

fustigar v.tr. Dar azotes, especialmente al caballo con una fusta para estimularlo. **2.** *Fig.* Censurar con dureza a alguien o algo.

fútbol o **futbol** s.m. (ingl. *football,* de *foot,* pie, y *ball,* pelota). Deporte que se practica entre dos equipos de once jugadores, y que consiste en introducir en la portería del equipo contrario un balón esférico, impulsándolo con los pies, el cuerpo, salvo manos y brazos, y la cabeza, siguiendo ciertas reglas. SIN.: *balompié.* ◇ **Fútbol americano** Deporte practicado esencialmente en EUA y más cercano al rugby que al fútbol. **Fútbol sala** Juego de pelota, similar al fútbol, que se disputa sobre un campo cubierto de menores dimensiones y con menor número de jugadores.

futbolín s.m. (marca registrada). Fútbol de mesa que consiste en accionar unas figurillas con ayuda de ejes móviles, simulando un partido.

futbolista s.m. y f. Jugador de fútbol.

futbolístico, a adj. Relativo al fútbol.

futesa s.f. Fruslería, nadería.

fútil adj. (lat. *futilis,* vaso que pierde, frágil, frívolo). Que carece de interés o importancia.

futilidad s.f. Cualidad de fútil. **2.** Cosa fútil: *perder el tiempo en futilidades.*

futón s.m. Colchón de origen japonés, formado por capas de copos de algodón, que se tiende sobre una superficie dura.

futre s.m. Chile. Persona bien vestida. **2.** Chile. En zonas rurales, patrón.

futurible s.m. y adj. Futuro contingente y condicionado. **2.** Cosa, hecho, fenómeno o idea que participa de esas características.

futurismo s.m. Movimiento literario y artístico de principios del s. XX que condena la tradición estética e intenta integrar el mundo moderno, en sus manifestaciones tecnológicas y sociales, tanto en la expresión poética como en la plástica.

futurismo

Nacido en Italia en torno al poeta Marinetti (*Manifiesto del futurismo,* 1909), el futurismo convive con la revolución del expresionismo y anuncia el movimiento dadá. Autores de dos manifiestos en 1910, los primeros pintores del movimiento, Balla, Boccioni, Carrá, recurren al divisionismo y al cubismo para mezclar formas, ritmos, colores y luces con objeto de expresar una *sensación dinámica,* una simultaneidad de los estados del alma y las estructuras del mundo visible. En la poesía pasó del verso libre a las «palabras en libertad» (Marinetti), antecedentes de los caligramas y la *poesía concreta.*

futurista adj. y s.m. y f. Relativo al futurismo; adscrito a este movimiento. ◆ adj. Que evoca la sociedad o las técnicas del futuro: *arquitectura futurista.*

futuro, a adj. (lat. *futurus,* p. de futuro de *esse,* ser). Que está por venir o suceder. ◆ s. Persona prometida formalmente con otra en matrimonio. ◆ s.m. Porvenir, tiempo que ha de venir: *preocuparse por el futuro.* **2.** LING. Tiempo del verbo que expresa una acción o un estado que ha de suceder. SIN.: *futuro imperfecto.* ◆ **futuros** s.m.pl. ECON. Bienes que se comercian en un contrato con un precio que se fija para una fecha posterior a la de la firma del contrato. ◇ **Futuro perfecto** LING. En la clasificación tradicional de los tiempos verbales, antefuturo.

futurología s.f. Conjunto de investigaciones que intentan predecir acontecimientos futuros en lo social, político, etc. **2.** Astrología.

futurólogo, a s. Especialista en futurología.

g

g s.f. Octava letra del alfabeto español, y sexta de las consonantes. (Seguida de *e* o *i,* representa un sonido velar fricativo sordo, como el de la *j: genio, giro.* En cualquier otro caso representa un sonido velar sonoro, oclusivo en posición inicial absoluta o precedido de nasal: *gloria, angustia,* y fricativo en las demás posiciones: *paga, dogma.* Cuando este sonido velar sonoro precede a una *e* o *i,* se escribe interponiendo una *u* que no se pronuncia: *guerra, guía.* Cuando esta *u* se pronuncia, debe llevar diéresis: *argüir.*) ◇ **G** MÚS. Nota *sol,* en la notación inglesa y alemana.

gabachada s.f. Dicho o hecho propio de un gabacho.

gabacho, a adj. y s. (occitano *gavach,* montañés, tosco). *Fam.* y *desp.* Francés. **2.** Del pueblo situado en la parte baja de los Pirineos. **3.** Méx. *Fam.* Estadounidense.

gabán s.m. Abrigo, especialmente el de caballero.

gabardina s.f. (de *gabán* y *tabardina,* dim. de *tabardo*). Abrigo de tejido impermeable. **2.** Tela de tejido diagonal.

gabarra s.f. (vasc. *gabarra* o *kabarra*). Embarcación grande para el transporte de mercancías. **2.** Embarcación pequeña y chata para la carga y descarga de los barcos.

gabarrero, a s. Persona que tiene por oficio gobernar o manejar una gabarra. **2.** Persona que tiene por oficio cargar mercancías en una gabarra o descargarlas.

gabarro s.m. MINER. Nódulo de composición extraña en la masa de una piedra. **2.** VET. Tumor inflamatorio en la parte inferior de las extremidades del caballo y del buey.

gabela s.f. (ital. *gabella*). Impuesto sobre la sal que se implantó en Francia durante el Antiguo régimen. **2.** Carga, gravamen. **3.** Colomb., Dom., Ecuad., P. Rico y Venez. Provecho, ventaja.

gabinete s.m. (fr. medio *gabinet,* dim. de *cabin,* cuarto pequeño). Lugar acondicionado con todo lo necesario para ejercer una determinada profesión. **2.** Conjunto de ministros del gobierno de un estado. **3.** Habitación más pequeña que la sala donde se reciben visitas. **4.** Colomb. Balcón cubierto.

gablete s.m. (fr. *gablet*). Remate triangular de ápice agudo y gran altura colocado sobre un arco gótico.

gabonés, sa adj. y s. De Gabón.

gabrieles s.m.pl. *Fam.* Garbanzos del cocido.

gabro s.m. Roca plutónica constituida principalmente por plagioclasa cálcica y piroxeno.

gacela s.f. (ár. *gazâla*). Antílope originario de África y Asia, de pequeño tamaño, cuernos arqueados en forma de lira y muy veloz. (Familia bóvidos.)

gaceta s.f. (ital. *gazzetta*). Publicación periódica de carácter cultural o de tema especializado. **2.** *Fam.* Persona que se entera de todo lo que pasa. **3.** HIST. Periódico.

gacetero, a s. HIST. Persona que tenía por oficio escribir en una gaceta o vender gacetas.

gacetilla s.f. Noticia breve de un periódico. **2.** *Fig.* y *fam.* Persona que lleva y trae noticias de una parte a otra.

gacetillero, a s. Persona que tiene por oficio redactar gacetillas.

gacha s.f. Masa muy blanda y casi líquida. **2.** Colomb. y Venez. Cuenco de loza o barro. ◆ **gachas** s.f.pl. Plato elaborado con harina tostada y cocida en agua y sal, que se puede aderezar con leche, miel u otro ingrediente. **2.** *Fig.* y *fam.* Lodo, barro.

gacheta s.f. (fr. *gâchette*). Pieza de la cerradura que se coloca debajo del pestillo y que sirve para pararlo cada vez que se hace girar la llave. **2.** Dientes o muesca de la cola del pestillo.

gachí s.f. (caló *gachó,* hombre) [pl. *gachís*]. Esp. *Vulg.* Mujer, muchacha.

gacho, a adj. Inclinado hacia abajo *ir con la cabeza gacha.* **2.** Se dice de la res que tiene uno de los cuernos o ambos inclinados hacia abajo. **3.** Méx. *Fam.* Desagradable, feo, molesto o malo: *está muy gacho este vestido; no seas gacha, ayúdame con mi trabajo.*

gachó s.m. (voz caló). Esp. *Fam.* Hombre, especialmente el amante de una mujer.

gachón, na adj. *Fam.* Que tiene gracia, atractivo y dulzura.

gachonería s.f. *Fam.* Gracia, donaire, atractivo. SIN.: *gachonada.*

gachumbo s.m. Colomb. y Ecuad. Cubierta leñosa y dura de varios frutos. (Con el *gachumbo* se hacen vasijas, tazas y otros utensilios.)

gachupín, na o **cachupín, na** s. Méx. *Desp.* Español establecido en América.

gádido, a adj. y s.m. Relativo a una familia de peces marinos y de agua dulce. (A los *gádidos* pertenecen el bacalao, el abadejo, la pescadilla, la merluza y la lota.)

gaditano, a adj. y s. De Cádiz.

gadolinio s.m. Metal de grupo de las tierras raras. **2.** Elemento químico (Gd), de número atómico 64 y masa atómica 157,25.

gaélico, a adj. y s. De los gaëls. ◆ s.m. y adj. Grupo lingüístico céltico que comprende el escocés e irlandés.

gaëls, pueblo céltico establecido en Irlanda y Escocia hacia fines del I milenio a.C.

gafa s.f. (cat. *gafa,* de *gafar,* asir). Grapa. **2.** Gancho en forma de L que se usa para agarrar o sujetar algo. ◆ **gafas** s.f.pl. Esp. Anteojos, instrumento para corregir defectos visuales o proteger los ojos.

gafar v.tr. *Fam.* Dar mala suerte.

gafe adj. y s.m. y f. Esp. *Fam.* Se dice de la persona que trae mala suerte.

gafete s.m. (cat. *gafet*). Corchete, gancho de metal.

gag s.m. (voz inglesa). Situación o efecto cómico.

gagaku s.m. (voz japonesa, *música elegante*). Música cortesana del imperio japonés, que incluye los conciertos para conjunto instrumental, el canto y la danza.

gagauzo, a adj. y s. De un pueblo cristiano ortodoxo de lengua turca que vive en la República de Moldavia y Dobrudja.

gago, a adj. y s. (voz de origen onomatopéyico). Tartamudo.

gaguear v.intr. Tartamudear.

gaiac s.m. Madera fina y muy dura, de color marrón verdoso o grisáceo, de las Antillas, Guayana francesa y Venezuela. (El *gaiac* se considera la madera más dura y pesada del mundo.)

1. **gaita** s.f. Instrumento musical de viento formado por una bolsa, generalmente de piel, que se llena de aire y a la cual se unen uno o varios tubos que producen el sonido. **2.** Flauta, parecida a la chirimía, que se usa en las fiestas populares. **3.** Instrumento de cuerda que se toca dando vueltas a un manubrio y pulsando unas teclas. **4.** Esp. *Fig.* y *fam.* Cosa difícil, ardua o engorrosa. ◇ **Templar gaitas** *Fam.* Tratar a alguien con contemplaciones para evitar que se moleste o enoje.

2. **gaita** adj. y s.m. y f. Argent. Español.

gaiteo s.m. TAUROM. Acción de aprovechar el toro la flexibilidad de su cuello para embestir con mayor peligrosidad.

gaitero, a s. Persona que toca o que tiene como profesión tocar la gaita. ◆ adj. y s. *Fam.* Se dice de la persona que hace reír poniéndose en ridículo. ◆ adj. *Fam.* Se dice del vestido o adorno extravagante de colores llamativos o mal combinados.

gaje s.m. (fr. *gage,* prenda, sueldo). Cantidad de dinero que se percibe por realizar un cargo o empleo, especialmente el que se recibe además del sueldo. SIN.: *emolumento.* ◇ **Gajes del oficio** Molestias o perjuicios inherentes a un cargo o un empleo.

gajo s.m. (lat. vulg. *galla,* a manera de agalla). Porción en que está dividida una fruta, como la naranja. **2.** Grupo de uvas en que se divide un racimo. **3.** Racimo apiñado de cualquier fruta. **4.** Rama de árbol desprendida. **5.** Argent. Esqueje.

gajoso, a adj. Que tiene gajos.

gal s.m. Unidad de medida de aceleración (símb. Gal) equivalente a 10^{-2} m/s^2. (El *gal* se utiliza en geodesia y geofísica para expresar la aceleración debida a la gravedad.)

gala s.f. (fr. ant. y medieval *gale,* placer, diversión). Adorno o vestido suntuoso: *lucía sus mejores galas.* SIN.: *galanura.* **2.** Cosa o persona que es lo más esmerado, exquisito y selecto de un lugar o una cosa: *ser la gala del pueblo.* **3.** Fiesta o ceremonia solemne, elegante y de carácter extraordinario: *asistir a una gala benéfica.* **4.** Actuación musical de un artista, especialmente si es de carácter excepcional. **5.** Antillas y Méx. Regalo, premio, propina. ◆ **galas** s.f.pl. Regalos que se hacen a los que van a contraer matrimonio. ◇ **De gala** Se dice del vestido suntuoso. **De media gala** Se dice del vestido que no es de gala ni de diario. **Hacer gala de algo** Presumir de algo. **Tener a gala** Estar orgulloso de algo.

galáctico, a adj. Relativo a la galaxia. ◇ **Plano galáctico** Plano de simetría de la Galaxia.

galactóforo, a adj. Se dice del conducto encargado de la excreción de la leche.

galactógeno, a adj. Se dice de una sustancia que favorece la secreción de la leche.

galactómetro s.m. Lactodensímetro. SIN.: *pesaleches.*

galactosa s.f. Azúcar (hexosa) obtenido por hidrólisis de la lactosa.

gálago s.m. Lemuroideo originario de África, carnívoro y de pequeño tamaño.

galaico, a adj. y s. (lat. *laicus*). De un pueblo de la España primitiva que habitaba la zona gallega y el norte de Portugal. (De fondo étnico céltico o precéltico, desarrollaron una importante cultura celtizada, y en la época romana se dividían en *lucenses* [cap. *Lucus,* act. Lugo] y *bracarenses* [cap. *Bracara,* act. Braga].) **2.** Gallego.

galaicoportugués, sa adj. y s.m. Gallegoportugués.

galalita s.f. Materia plástica que se obtiene a partir de la caseína endurecida con aldehído fórmico.

galán adj. (fr. *galant,* de *galer,* divertirse). De hermoso o agradable aspecto. ◆ s.m. Hombre muy atractivo. **2.** Hombre que corteja a una mujer. **3.** Actor atractivo que interpreta el papel de seductor. ◇ **Galán de noche** Mueble que consiste en una percha con pie que sirve para colgar prendas de vestir.

galancete s.m. Actor que representa el papel de galán joven.

galano, na adj. (de *galán*). De hermoso o agradable aspecto: *moza galana.*

galante adj. (ital. *galante*). Se dice del hombre atento, educado y obsequioso con las mujeres. **2.** Que es propio de un hombre galante. **3.** Se dice de la obra artística de tema amoroso algo picante: *novela galante.*

galanteador, ra adj. y s. Se dice del hombre al que le gusta galantear a las mujeres.

galantear v.tr. Decir galanterías a una mujer o mostrarse galante con ella.

galanteo s.m. Acción y efecto de galantear.

galantería s.f. Cualidad de galante. **2.** Dicho o hecho propios de un hombre galante. **3.** Gracia y elegancia en las cosas.

galantina s.f. (fr. *galantine*). Carne rellena de gelatina, que se come fría como fiambre.

galanura s.f. Gala, adorno o vestido suntuoso: *lucir galanuras.* **2.** Gracia, gentileza que caracteriza a una persona o su comportamiento: *vestir con galanura.*

galapagar s.m. Lugar donde abundan los galápagos.

galápago s.m. Reptil de agua dulce, muy parecido a la tortuga pero con los dedos unidos por membranas. **2.** Lingote metálico, en especial plomo y estaño, tal como sale del molde de fundición.

galardón s.m. Premio que se otorga a alguien en reconocimiento de sus méritos: *recibir un galardón.*

galardonar v.tr. Premiar a alguien para reconocer sus méritos: *galardonar a un héroe de guerra.*

gálata adj. y s.m. y f. De Galacia.

galaxia s.f. (gr. *galaxías,* láctico). Conjunto de estrellas, cuerpos celestes y materia interestelar cohesionados por la fuerza de la atracción gravitatoria. **2.** *Fig.* Conjunto de personas o elementos que tienen en común alguna característica.

galaxia

La galaxia a la que pertenece nuestro sistema solar tiene el aspecto de un disco muy aplanado de unos 100 000 años luz de diámetro y unos 5 000 años luz de espesor, con un gran abultamiento central, el bulbo. Su señal en el cielo es la Vía Láctea. El centro se halla, para nosotros, cerca de la constelación de Sagitario. La posición del Sol es excéntrica, a dos tercios de un radio a partir del centro y ligeramente al N del plano medio. La concentración disminuye del centro hacia el borde del disco. Alrededor del disco se distribuyen enjambres globulares en un halo esferoidal. El sol y el sistema solar giran a una velocidad de cerca de 250 km/s y necesitan cerca de 240 millones de años para dar la vuelta a la galaxia.

Actualmente se conocen decenas de millones de galaxias que aparecen como el principal elemento constituyente del Universo. Tradicionalmente se clasifican en tres grandes categorías, en función de su forma: elípticas, espirales (con o sin brazos) e irregulares. Otras subdivisiones más precisas de cada categoría caracterizan su tipo morfológico. En general se admite que todas las galaxias se formaron de manera simultánea (según un proceso que aún no se conoce bien), aproximadamente mil millones de años después del *big-bang, pero que las diferencias en sus tipos morfológicos señalan ritmos distintos en la formación de estrellas. La región central de ciertas galaxias, llamadas activas o de núcleo activo, es una fuente de energía excepcionalmente intensa. Esta energía sería emitida por la materia captada por un *agujero negro de masa extremadamente grande. La mayor parte de las galaxias se agrupan en el seno de enjambres o superenjambres de galaxias de formas variadas, que se extienden por decenas o centenas de millones de años luz y están separados por grandes vacíos.

---

galbana s.f. *Fam.* Pereza, indolencia.

gálbano s.m. (lat. *galbanum*). Fanerógama que proporciona la gomorresina de este nombre. (Familia umbelíferas.) **2.** Gomorresina extraída de esta planta, de color gris amarillento, más o menos sólida y de olor aromático.

gálbulo s.m. (lat. *galbulus,* dim. de *galbus,* verde pálido). Fruto redondeado, carnoso o indehiscente, del ciprés, enebro y otras plantas. SIN.: *gálbula.*

gálea s.f. (lat. *galeam*). Casco del soldado romano.

galeaza s.f. (cat. *galiassa*). Embarcación de vela y remos más fuerte y pesada que la galera, utilizada hasta el s. XVIII.

galega s.f. Planta herbácea de hojas alternas y flores blancas o azules. (La *galega* se emplea para aumentar la producción de leche, aunque puede ser tóxica durante la floración.)

galena s.f. (lat. *galena*). MINER. Sulfuro natural de plomo (PbS) que constituye el principal mineral de plomo.

galénico, a adj. Relativo a Galeno. ◇ **Preparado galénico** Preparado farmacéutico a punto para ser utilizado, que generalmente el farmacéutico prepara con antelación.

galenismo s.m. Doctrina médica de Galeno.

galeno s.m. *Fam.* Médico.

galeón s.m. Embarcación grande de vela con tres o cuatro palos que se usaba en España en los ss. XVII y XVIII.

galeopiteco s.m. Mamífero insectívoro del SE de Asia, provisto de unas membranas laterales (patagios) que al saltar le permiten mantenerse en el aire más tiempo.

galeota s.f. (de *galera*). Galera ligera de 16 a 20 remos por banda y dos palos.

galeote s.m. Persona condenada a remar en las galeras.

galeoto s.m. (de *Galehaut,* caballero de la Tabla Redonda que medió en los amores de Lanzarote y la reina Ginebra). Hombre que procura, encubre o facilita un amor ilícito. (Echegaray recogió este significado en su obra *El gran galeoto.*)

1. **galera** s.f. (del ant. *galea,* del gr. bizantino *galéa*). Embarcación de vela y remos usada principalmente en el Mediterráneo hasta el s. XVIII. **2.** Carruaje grande de cuatro ruedas, generalmente cubierto. **3.** Crustáceo de cuerpo alargado y caparazón muy corto. **4.** Argent., Chile y Urug. Sombrero de copa redondeada, o alta y cilíndrica, y alas abarquilladas. **5.** Méx. Galerada, prueba tipográfica. **6.** IMPR. Tabla cuadrilonga o plancha metálica sobre la que el cajista deposita las líneas compuestas, para formar la galerada. ◆ **galeras** s.f.pl. Conjunto de castigos que consistían en realizar trabajos forzados remando en las galeras reales por un tiempo de dos a diez años. ◇ **Sacar algo de la galera** Argent. *Fam.* Sorprender con un hecho inesperado.

2. **galera** s.f. Amér. Colina de rocas duras, especialmente la de rocas cristalinas del macizo guayanés.

galerada s.f. Carga de una galera (carro). **2.** IMPR. Prueba de una composición tipográfica o parte de ella, que se saca para hacer correcciones.

galería s.f. (bajo lat. *galilaea,* atrio, claustro de una iglesia). Habitación larga y espaciosa, generalmente con muchas ventanas y sostenida por columnas y pilares. **2.** Pasillo descubierto o con vidrieras para iluminar el interior de un edificio. **3.** Camino subterráneo. **4.** Establecimiento donde se exponen o venden obras de arte. **5.** Colección de obras de arte. **6.** Conjunto de personas en general, sin especificar: *actuar para la galería.* **7.** Bastidor que sostiene la cortina. **8.** Gallinero, conjunto de localidades. SIN.: *paraíso.* **9.** MAR. Crujía. **10.** TECNOL. Pasillo estrecho: *galería de ventilación.* ◆ **galerías** s.f.pl. Almacenes o pasaje cubierto en que hay muchas tiendas de venta al por menor. ◇ **Galería cubierta** Alineación de dólmenes en forma de corredor.

galerín s.m. IMPR. Tabla de madera o plancha de metal estrecha, más pequeña que la galera, donde el cajista pone las líneas de composición.

galerna s.f. (fr. *galerne,* viento Noroeste). Viento frío y con fuertes ráfagas que sopla en la costa septentrional de España.

galerón s.m. Amér. Merid. Romance vulgar que se canta en una especie de recitado. **2.** Colomb. y Venez. Aire popular al son del cual se baila y se cantan cuartetas y seguidillas. **3.** C. Rica y Salv. Cobertizo. **4.** Méx. Construcción muy grande y de espacios amplios.

galés, sa adj. y s. Del País de Gales. ◆ s.m. Lengua del grupo céltico hablada en el País de Gales.

1. **galga** s.f. Erupción cutánea, parecida a la sarna.

2. **galga** s.f. Palo atado por los extremos a la caja del carro y que sirve de freno. **2.** MAR. Anclote y orinque o cabo grueso con que se engalga o refuerza en malos tiempos un ancla fondeada. **3.** MEC. Instrumento para medir, controlar, comprobar o verificar las dimensiones o medidas de las piezas fabricadas. **4.** TEXT. Número de mallas de un tejido de punto en una unidad de longitud.

3. **galga** s.f. (de *galgo*). Piedra grande que desde lo alto de una cuesta baja rodando.

galgo, a s. y adj. (del lat. *canis gallicus,* perro de Galia). Perro que pertenece a una raza de figura esbelta y musculatura potente, de color leonado claro, con manchas atigradas muy oscuras, una mancha blanca en la cabeza, y cuello y pies blancos.

gálibo s.m. (ár. *qâlib,* molde). Patrón, galga o plantilla que sirve para trazar, verificar o comprobar el perfil o las medidas que deben tener ciertas piezas.

galicanismo s.m. Doctrina que defiende las libertades de la Iglesia francesa, o galicana, respecto a la Santa Sede.

galicano, a adj. Relativo al galicanismo; partidario de esta doctrina.

galicismo s.m. Palabra, expresión o giro procedentes de la lengua francesa que se usan en otra lengua: *chic es un galicismo del español.*

gálico, a adj. Relativo a la Galia. **2.** Se dice de un ácido que se forma en la infusión de agallas de roble expuesta al aire. ◆ s.m. Sífilis.

galileano, a adj. (lat. *gallicus*). Relativo a Galileo.

galileo, a adj. y s. De Galilea. ◆ HIST. Cristiano.

galimatías s.m. (fr. *galimatias*). (pl. *galimatías.*) *Fam.* Lenguaje oscuro por la impropiedad de la frase o por la confusión de las ideas. **2.** Confusión, desorden.

1. **galio** s.m. Planta herbácea de flores amarillas o blancas. (Familia rubiáceas.)

2. **galio** s.m. (del lat. *Gallia,* Galia). Metal de color blanco azulado, poco frecuente, parecido al aluminio. **2.** Elemento químico (Ga), de número atómico 31 y masa atómica 69,723.

galipodio s.m. (fr. *galipot,* resina de pino). Trementina solidificada del pino por evaporación natural del aceite volátil. SIN.: *trementina francesa, trementina de Burdeos.*

galipote s.m. Mezcla de alquitrán, resina y otras sustancias que se utiliza para calafatear.

galla, pueblo que vive en Kenya y Etiopía muy islamizado.

galladura s.f. Mancha como de sangre que se encuentra en la yema del huevo de gallina fecundado.

gallarda s.f. Composición instrumental de los ss. XVI y XVII, de tres tiempos y ritmo vivo, que sustituyó a la pavana. **2.** Baile que acompaña esta composición.

gallardear v.intr. y prnl. Mostrarse gallardo y valiente.

gallardete s.m. (occitano ant. *galhardet,* banderola de adorno). Bandera pequeña, larga y rematada en punta que utiliza como insignia, o para adorno, aviso o señal.

1. **gallardía** s.f. Cualidad de gallardo.

2. **gallardía** s.f. Planta herbácea de flores amarillas y rojas. (Familia compuestas.)

gallardo, a adj. (fr. *gaillard*). Que tiene buen aspecto, esbeltez y movimientos elegantes. **2.** Valiente y decidido.

gallareta s.f. Ave acuática de pico grueso y abultado, que vive en lagunas y ríos densos de vegetación. (Familia rállidos.)

gallear v.tr. (de *gallo*). Cubrir el gallo a las gallinas. ◆ v.intr. *Fig.* y *fam.* Presumir, bravuconear, fanfarronear. **2.** *Fig.* y *fam.* Sobresalir, descollar.

gallegada s.f. Multitud de gallegos. **2.** Dicho o hecho propio de los gallegos.

gallego, a adj. y s. De Galicia. **2.** Argent., Bol., P. Rico y Urug. *Desp.* Español. ◆ s.m. Lengua románica hablada en Galicia y la franja más occidental de Asturias, León y Zamora.

gallego

Gallego y portugués no son sino variantes de una sola lengua, dialectos de una lengua común, divididos a su vez en subdialectos. La denominación de lengua gallega se reserva al conjunto de dialectos hablados en territorio español. El gallego es una lengua de tendencia arcaizante, no solo en comparación con los grandes romances occidentales (español y francés), sino en relación con su paralelo hispánico (el catalán). A diferencia de este (y también de la lengua vasca, no romance), el gallego no ha sufrido competencia lingüística por inmigración, pero la fuerte y tradicional emigración de los gallegos ha constituido un constante drenaje demográfico y, en consecuencia, lingüístico.

La población potencial de habla gallega se aproxima a los tres millones, aunque son muchos menos los que usan la lengua gallega de modo habitual. La proporción de gallegohablantes es mayor en el ámbito rural y menor en los grandes núcleos de población.

gallegoportugués, sa adj. y s.m. LING. Lengua románica hablada en la edad media en Galicia y el N de Portugal.

gallegoportugués

En el gallegoportugués se insertan tanto el portugués como el gallego moderno, hablado por habitantes de la zona noroccidental de España. La invasión islámica de la península Ibérica favoreció el desarrollo de las peculiaridades del latín galaico frente a los demás dialectos hispanorromanos. La reconquista extendió hacia el sur el nuevo romance, que se afianzó con la independencia del reino de Portugal. A su vez, la participación de Portugal en la gran empresa colonizadora del s. XVI proyectó su lengua sobre lejanas tierras.

galleguismo s.m. Palabra, expresión o giro procedente de la lengua gallega que se usa en otra lengua. **2.** Nacionalismo gallego.

galleguista adj. y s.m. y f. Relativo al nacionalismo gallego; partidario del nacionalismo gallego.

1. **galleo** s.m. Desprendimiento de gas que se produce en el curso de la solidificación de determinados metales o aleaciones, y que forma ampollas irregulares.

2. **galleo** s.m. TAUROM. Quiebro que hace el torero ante el toro con la capa.

gallera s.f. Lugar donde se celebran peleas de gallos. **2.** Lugar donde se crían gallos de pelea.

gallero, a adj. y s. Amér. Aficionado a las riñas de gallos. **2.** Méx. Se dice de la persona que tiene por oficio criar y entrenar gallos de pelea.

1. **galleta** s.f. (fr. *galette*). Dulce pequeño elaborado con una pasta de harina, mantequilla y huevos que se cuece al horno. **2.** Argent. y Chile. Pan de color moreno amarillento que se amasa para los trabajadores del campo. **3.** Esp. *Fam.* Cachete, bofetada. **4.** Méx. *Fam.* Fuerza física, energía, vigor: *jugaron con mucha galleta los futbolistas.* **5.** MIN. Trozo grueso de carbón de piedra.

2. **galleta** s.f. R. de la Plata. Recipiente hecho con una calabaza, chato, redondo y sin asa, que se usa para tomar mate. ◇ **Colgar la galleta** Argent. *Fam.* Abandonar o desairar a alguien.

galletera s.f. Máquina para moldear o cortar ladrillos.

galletero s.m. Recipiente o caja para guardar o servir galletas.

galliforme adj. y s.m. Relativo a un orden de aves omnívoras, de patas robustas, alas cortas y vuelo pesado. (El urogallo, la perdiz, la codorniz, el faisán y el pavo son aves *galliformes.*)

gallina s.f. (lat. *gallina*). Hembra del gallo, que se distingue del macho por ser de menor tamaño, tener la cresta más corta y carecer de espolones. (La gallina cacarea y, cuando está clueca, cloquea.) ◆ s.m. y f. *Fam.* Persona cobarde. ◇ **Gallina ciega** Juego en el que uno de los participantes lleva los ojos vendados e intenta pillar a otro y adivinar quién es.

gallináceo, a adj. Relativo a la gallina.

gallinaza s.f. Excrementos de la gallina. (La *gallinaza* se utiliza como abono.)

gallinazo s.m. Aura, ave. **2.** Amér. Merid. Buitre de plumaje totalmente negro.

gallinería s.f. Establecimiento donde se venden gallinas.

gallinero, a s. Persona que tiene por oficio criar y vender gallina. ◆ s.m. Lugar donde se crían gallinas y gallos. **2.** Conjunto de localidades situadas en la parte más alta de un teatro, cine o sala de espectáculos. SIN.: *galería, paraíso.* **3.** *Fig.* Lugar donde hay mucho ruido a causa del griterío.

gallineta s.f. Pez marino de unos 30 cm de long., de color rojizo con manchas blancas. (Familia escorpénidos.) **2.** Ave gruiforme de alas cortas y patas largas. (Familia rállidos.) **3.** Amér. Pintada. **4.** Amér. Merid. Ave acuática que habita en lagunas y terrenos pantanosos, y tiene el dorso de color marrón, el vientre grisáceo y las patas rojas o violáceas.

gallístico, a adj. Relativo al gallo. **2.** Relativo a la pelea de gallos: *temporada gallística.*

gallito s.m. Hombre que intenta sobresalir sobre los demás presumiendo de su fuerza o valentía. SIN.: *gallo.* **2.** Argent., Chile, Colomb. y Venez. Pájaro, con alas cóncavas y cortas, cola larga, pico corto y cónico y plumaje suave, que se caracteriza por su copete de plumas lanceoladas. **3.** Méx. Proyectil con el que se juega al badminton consistente en un corcho o media esfera de plástico con plumas.

gallización s.f. ENOL. Procedimiento que consiste en reducir la acidez de los mostos y aumentar su contenido en azúcar.

gallo s.m. (lat. *gallus*). Ave doméstica del orden galliformes, con la cabeza adornada con una cresta roja y carnosa, carúnculas rojas, pico corto y arqueado, plumaje abundante y lustroso y tarsos armados de espolones. (La hembra del gallo es la *gallina;* familia fasiánidos.) **2.** *Fig.* Hombre que intenta sobresalir sobre los demás presumiendo de su fuerza o valentía. SIN.: *gallito.* **3.** *Fig.* Sonido agudo desagradable que emite involuntariamente una persona cuando canta, habla o grita: *soltar un gallo.* **4.** Pez de unos 25 cm de long., cuerpo comprimido, verdoso por encima y plateado por el vientre, que habita en las aguas atlánticas y mediterráneas. (Familia escoftálmidos.) **5.** Colomb. Rebilete, volante. **6.** Méx. Serenata. **7.** Perú. Papagayo, orinal de cama para varones. ◆ s.m. y adj. Amér. Hombre fuerte, valiente. ◇ **Gallo de roca** Ave de América del Sur de plumaje anaranjado. **Gallo lira** Gallo del N y E de Europa, de plumaje negro brillante y reflejos azules en cuello y obispillo. **Pelar el gallo** Méx. *Fam.* Huir o morirse alguien. **Peso gallo** Categoría de peso que agrupa a los boxeadores de 44 a 51 kg.

gallón s.m. Motivo ornamental en forma de segmento ovoideo o esférico que se emplea en ebanistería, orfebrería, arquitectura, etc.

galo, a adj. y s. (lat. *gallus*). De un pueblo celta que habitaban la Galia. ◆ s.m. Lengua céltica hablada en la Galia.

galocha s.f. Argent. Protección en forma de zapato que se coloca sobre el calzado para protegerlo de la lluvia.

1. **galón** s.m. (fr. *galon*). Cinta de tejido fuerte que se cose a una prenda de vestir como refuerzo o adorno. **2.** MAR. Listón de madera que guarnece exteriormente el costado de la embarcación, a nivel del agua. **3.** MIL. Cinta de tejido fuerte que se pone en la manga o bocamanga del uniforme como distintivo del grado militar.

2. **galón** s.m. (ingl. *gallon*). Unidad de medida de capacidad equivalente a 4,546 litros en Gran Bretaña y 3,785 litros en EUA.

galonear v.tr. Adornar algo con galones.

galop s.m. (fr. *galop*) [pl. *galops*]. Danza de origen húngaro o bávaro, de ritmo vivo y a dos tiempos. **2.** Música de esta danza. SIN.: *galopa.*

galopada s.f. Carrera al galope.

galopante adj. Que se desarrolla rápidamente: *tuberculosis galopante.*

galopar v.intr. Ir el caballo a galope. **2.** Ir una persona montada sobre un caballo que va a galope.

galope s.m. (fr. *galop*). Marcha más rápida de un caballo. ◇ **A galope (tendido)** A gran velocidad, muy deprisa. **Galope tendido** Galope con saltos muy largos en que el cuerpo y las patas delanteras del caballo están casi en la misma línea. **Ritmo de galope** MED. Ruido anormal del corazón.

galopín s.m. (fr. *galopin,* muchacho de los recados). Muchacho sucio y desharrapado. **2.** *Fig.* y *fam.* Granuja, estafador.

galorrománico, a adj. y s.m. Se dice la lengua románica hablada en la Galia.

galpón s.m. Cobertizo de la hacienda americana que se destinaba a los esclavos. **2.** Amér. Merid. y Nicar. Barracón o cobertizo que sirve de almacén.

galucha s.f. Colomb., Cuba, P. Rico y Venez. Galope.

galvánico, a adj. Relativo al galvanismo.

galvanismo s.m. (de L. *Galvani,* físico y médico italiano). Propiedad de la corriente eléctrica de provocar contracciones en los nervios y músculos de un organismo vivo o muerto. **2.** Corriente eléctrica generada por el contacto de dos metales diferentes sumergidos en un líquido.

galvanización s.f. Acción de galvanizar. SIN.: *galvanizado.*

galvanizador, ra adj. Que galvaniza.

galvanizar v.tr. Someter un organismo vivo o muerto a la acción de la corriente eléctrica para provocar contracciones en los nervios y músculos. **2.** *Fig.* Animar a alguien o algo. **3.** Electrizar por medio de una pila. **4.** TECNOL. **a.** Dar un baño de cinc a otro metal para preservarlo de la oxidación. **b.** Aplicar una capa de metal sobre otro por procedimiento galvánico.

galvano s.m. (apócope). Galvanotipo.

galvanocauterio s.m. Cauterio formado por un hilo de platino que se pone al rojo vivo por la acción de la corriente eléctrica.

galvanómetro s.m. Instrumento que sirve para medir la intensidad de las corrientes eléctricas débiles mediante las desviaciones que se imprimen a una aguja imantada o a un cuadro conductor colocado en el entrehierro de un imán.

galvanoplastia s.f. Procedimiento electrolítico de reproducción de un objeto.

galvanoplástico, a adj. Relativo a la galvanoplastia. **2.** Se dice del objeto obtenido por galvanoplastia.

galvanoscopio s.m. Aparato que sirve para señalar o detectar el paso de una corriente eléctrica, sin efectuar la medida de su intensidad.

galvanostegia s.f. Conjunto de procedimientos electroquímicos para el cromado, plateado, etc.

galvanotecnia s.f. Procedimiento para obtener recubrimientos metálicos sobre objetos por electrólisis.

galvanotipia s.f. Procedimiento galvanoplástico aplicado especialmente a la producción de clichés tipográficos.

galvanotipo s.m. Cliché tipográfico obtenido por galvanoplastia. SIN.: *galvano.*

gama s.f. (del gr. *gamma,* letra con que se designaba la nota más baja de la escala musical). Escala, gradación, especialmente aplicado a colores. **2.** Escala musical. **3.** TELECOM. Conjunto de frecuencias comprendidas en un intervalo dado.

gamarra s.f. (del lat. *camus,* cabezada para atar los animales). Correa de las guarniciones de una caballería que parte de la cincha y se afianza en la muserola.

gamarza s.f. BOT. Alharma.

gamay s.f. Vid de la que se obtiene los vinos de Borgoña del mismo nombre.

1. **gamba** s.f. (cat. *gamba*). Crustáceo decápodo marino de cuerpo alargado y comprimido lateralmente, caparazón débil y antenas y patas largas. (Familia peneidos.) SIN.: *camarón.*

2. **gamba** s.f. (ital. *gamba*). **Meter la gamba** *Fam.* Meter la pata, equivocarse.

3. **gamba** s.f. Chile. *Vulg.* Cien pesos.

gambalúa s.m. *Fam.* Hombre alto, desgarbado y perezoso.

gamberrada s.f. Esp. Acción propia de un gamberro.

gamberrismo s.m. Esp. Comportamiento propio de un gamberro.

gamberro, a adj. y s. Esp. Se dice de la persona grosera e incivilizada.

gambesón s.m. Saco o jubón acolchado que se ponía bajo la armadura.

gambeta s.f. (del ital. *gambettare,* mover ligeramente las piernas). Movimiento especial de las piernas al danzar. **2.** Amér. Central y Merid. Finta. **3.** Argent. y Bol. Ademán hecho con el cuerpo para evitar un golpe o caída. **4.** Argent. y Urug. *Fig.* y *fam.* Justificación inventada para eludir un compromiso.

gambetear v.intr. Hacer gambetas. **2.** En el fútbol, fintar o regatear al adversario.

gambito s.m. (ital. *gambetto,* zancadilla). Jugada de ajedrez que consiste en sacrificar, al principio de la partida, una pieza con el fin de obtener una ventaja en el ataque o una superioridad en la posición.

gambota s.f. MAR. Madero curvo de la bovedilla que está apoyado en el yugo principal y dirigido hacia arriba.

gambusino s.m. Pez originario de América, de unos 5 cm de long., aclimatado en numerosos estanques y pantanos de las regiones tropicales y templadas, que destruye las larvas de los mosquitos. **2.** Méx. Catador, hombre que tiene por oficio buscar yacimientos minerales en una mina. **3.** Méx. Buscador de fortuna.

gamelán s.m. Conjunto musical formado por instrumentos metálicos de percusión indonesios.

gamella s.f. (lat. *camella,* escudilla). Arco del yugo que se ajusta al cuello de un animal de tiro. **2.** Recipiente grande de piedra, madera o metal, que sirve para dar de comer o beber a los animales y para otros usos.

gameto s.m. Célula reproductora, masculina o femenina, cuyo núcleo solo contiene un cromosoma de cada par, y que puede unirse a otro gameto de sexo opuesto, en la fecundación, pero no multiplicarse por sí sola. (La unión de gametos da origen al cigoto.)

gametófito s.m. Individuo vegetal procedente de la germinación de una espora, que desarrolla los gametos de ambos sexos o de uno solo, como el prótalo del helecho o los tallos del musgo. (Todas las células de un gametófito son haploides.)

gametogénesis s.f. Proceso de formación de los gametos.

gamezno s.m. Cría del gamo.

gamitar v.intr. Dar el gamo gamitidos.

gamitido s.m. Voz del gamo.

gamma s.f. Nombre de la tercera letra del alfabeto griego (γ, Γ), que corresponde a la *g* española ante *a, o* y *u.* ◇ **Rayos gamma** Radiaciones emitidas por los cuerpos radiactivos, semejantes a los rayos X, pero mucho más penetrantes y de menor longitud de onda, provistas de una potente acción biológica.

gammaglobulina s.f. Sustancia proteica del plasma sanguíneo, que actúa como soporte material de los anticuerpos.

gammagrafía s.f. Estudio o análisis de la estructura de los cuerpos opacos por medio de los rayos gamma.

gammaterapia s.f. MED. Método terapéutico que utiliza los rayos gamma.

gamo, a s. Mamífero rumiante del grupo de los ciervos, originario de Europa, de 90 cm de alt., con manchas blancas en la piel y cuernos aplastados por sus extremos. (El gamo bala, brama o da gamitidos y ronca cuando está en celo; la cría es el gamezno.)

gamón s.m. Planta herbácea bulbosa de raíces tuberosas y flores blancas o amarillas, de la que una especie es ornamental. (Familia liliáceas.)

gamonal s.m. Terreno poblado de gamones. **2.** Amér. Central y Merid. Cacique de pueblo.

gamonalismo s.m. Amér. Central y Merid. Caciquismo.

gamopétalo, a adj. BOT. Se dice de la corola y flor de pétalos soldados. ◆ adj. y s.f. Relativo a un antiguo grupo de dicotiledóneas, cuyas flores tienen los pétalos soldados.

gamosépalo, a adj. BOT. Se dice del cáliz y la flor de sépalos soldados.

gamuza s.f. (del lat. *camox, -ocis*). Mamífero rumiante que tiene los cuernos negros, lisos y recurvados en anzuelo en la punta y vive en las montañas altas de Europa. (Se conoce con diferentes nombres según la región: rebeco [cordillera Cantábrica], sarrio [Pirineos centrales], isard [Cataluña]; familia bóvidos.) **2.** Piel de gamuza que, adobada, es muy flexible y suave. **3.** Piel de cualquier animal preparada y adobada de forma que adquiera características y cualidades semejantes a la de la gamuza. **4.** Tejido de lana o algodón que imita la piel de gamuza. **5.** Paño utilizado para la limpieza y pulimento de los muebles.

gana s.f. Deseo de hacer algo o de que ocurra algo: *ganas de comer, de dormir.* ◇ **Darle a alguien la (real) gana** *Fam.* y *vulg.* Querer alguien hacer algo porque lo desea. **De buena gana** Con gusto o voluntad. **De mala gana** Con repugnancia y fastidio. **Tenerle ganas a alguien** *Fig.* y *fam.* Desear reñir o pelearse con alguien.

ganadería s.f. Ganado, conjunto de animales. **2.** Conjunto de actividades relacionadas con la cría de ganado. **3.** TAUROM. Conjunto de toros de un propietario.

ganadero, a adj. Relativo al ganado o la ganadería: *región ganadera.* ◆ s. Persona que tiene por oficio criar o vender ganado. **2.** TAUROM. Propietario de una ganadería.

ganado s.m. (de *ganar*). Conjunto de animales cuadrúpedos que cría y explota una persona. SIN.: *ganadería.* **2.** Conjunto de reses que se llevan juntas a pastar. **3.** Conjunto de abejas de una colmena. **4.** *Fam.* y *desp.* Conjunto de personas. ◇ **Ganado mayor** Ganado de reses mayores como caballos, vacas, etc. **Ganado menor** Ganado de reses menores como corderos, cabras, etc.

ganador, ra adj. y s. Que gana, especialmente en una competición, enfrentamiento o sorteo.

ganancia s.f. Beneficio que se obtiene de una cosa: *producir muchas ganancias.* **2.** Chile, Guat. y Méx. Propina. **3.** ELECTRÓN. Magnitud, expresada en decibelios, que caracteriza la amplificación en potencia, intensidad o tensión que da un dispositivo ante una determinada señal. ◇ **No arrendar la ganancia** Pensar una persona que lo que ha hecho otra no le aportará ningún beneficio.

ganancial adj. Relativo a la ganancia. ◇ **Bienes gananciales** Bienes adquiridos por la sociedad conyugal durante el matrimonio.

ganancioso, a adj. Que ocasiona ganancia. ◆ adj. y s. Que obtiene ganancia de un trato, juego, etc.: *salir ganancioso.*

ganapán s.m. (de *ganar* y *pan*). *Desp.* Hombre que se gana la vida llevando recados o transportando bultos. **2.** *Fig.* y *fam.* Hombre rudo y tosco.

ganapierde s.m. o f. (pl. *ganapierde*). Modo de jugar que consiste en dar como ganador a la persona que pierde.

ganar v.tr., intr. y prnl. Adquirir u obtener algo con trabajo o esfuerzo, por suerte, etc.: *ganar dinero, un premio; ganar un pleito; ganarse la estima.* ◆ v.tr. e intr. Tener cierto sueldo. **2.** *Fig.* Aventajar o exceder: *ganar en astucia.* ◆ v.tr. Conquistar, vencer: *ganar una batalla, un territorio, una carrera.* **2.** Alcanzar un lugar: *ganar la meta, la frontera.* **3.** Captar la voluntad de alguien: *lo ganó para su causa.* ◆ v.intr. Prosperar, mejorar: *el vino gana con los años.*

ganchillo s.m. Aguja larga terminada en una punta corva, que se utiliza para tejer. **2.** Labor que se hace con esta aguja.

gancho s.m. Instrumento curvo y puntiagudo en uno o ambos extremos para agarrar o colgar algo. **2.** Cayado, bastón. **3.** *Fig.* y *fam.* Atractivo, gracia: *una persona con gancho.* **4.** *Fig.* Cómplice de un timador que se mezcla entre el público como si no tuviera relación con el timador para inducir al resto de personas a caer en el engaño. **5.** Amér. Horquilla para sujetar el pelo. **6.** Ecuad. Silla de montar de señora. **7.** DEP. **a.** Golpe de boxeo corto que se lanza de abajo arriba, con el brazo y el antebrazo arqueados. **b.** Tiro de baloncesto que se realiza arqueando el brazo sobre la cabeza. ◇ **Echar a alguien el gancho** *Fam.* Atraerlo con habilidad.

ganchoso, a adj. Con gancho o forma de gancho.

ganchudo, a adj. Con forma de gancho: *nariz ganchuda.*

ganda o **baganda,** etnia bantú dominante en Uganda, establecida también en Kenya.

gandalla adj. y s.m. y f. Méx. *Fam.* Que se aprovecha de los demás, que es malo y abusivo.

gandido, a adj. Colomb., C. Rica, Cuba, Dom. y Venez. Comilón, glotón.

gandinga s.f. Cuba y P. Rico. Chanfaina con salsa espesa.

gandola s.f. Planta alimenticia de los países tropicales, semejante a la espinaca.

gandul, la adj. y s. (ár. *gandûr,* joven de clase modesta que afecta elegancia y vive sin trabajar). *Fam.* Holgazán. SIN.: *vago.*

gandulear v.intr. Holgazanear. SIN.: *vaguear.*

gandulería s.f. Cualidad de gandul.

gandumbas adj. y s.m. y f. *Fam.* Gandul.

gang s.m. (voz inglesa). Banda organizada de malhechores.

1. **ganga** s.f. (fr. *gangue*). Cosa que se consigue a buen precio o con poco trabajo. **2.** Materia no aprovechable que se extrae de una mina mezclada con los minerales útiles de un filón.

2. **ganga** s.f. (voz de origen onomatopéyico). Ave columbiforme de unos 30 cm de long. y con un lunar rojo en la pechuga, que vive en la región mediterránea.

gangético, a adj. Relativo al Ganges.

ganglio s.m. (lat. tardío *ganglion,* del gr. *gágglion*). Abultamiento de un nervio o vaso linfático.

ganglionar adj. (del fr. ant. *ganglion,* ganglio). Relativo al ganglio.

gangliopléjico, a adj. y s.m. Se dice del medicamento que tiene la propiedad de cortar o reducir la conducción del influjo nervioso al nivel de los ganglios del sistema neurovegetativo.

gangocho s.m. Amér. Central, Chile y Ecuad. Guangoche.

gangoso, a adj. y s. (voz de origen onomatopéyico). Que ganguea o refleja gangueo: *voz gangosa.*

gangrena o **cangrena** s.f. (lat. *gangraena,* del gr. *gággraina*). Necrosis que se produce en un tejido de una parte del cuerpo de un ser vivo. ◇ **Gangrena gaseosa** Gangrena debida a microbios anaerobios que producen gases en el seno de los tejidos, y que solía presentarse con frecuencia a causa de las heridas sucias de tierra. **Gangrena húmeda** Gangrena que se produce en una llaga o herida infectadas, o como complicación de una gangrena seca. **Gangrena seca** Gangrena debida a la obstrucción de una arteria.

gangrenarse v.prnl. Producirse en un tejido de una parte del cuerpo de un ser vivo gangrena.

gangrenoso, a adj. Relativo a la gangrena. **2.** Que tiene o padece gangrena.

gángster s.m. → **gánster.**

gangsterismo s.m. → **gansterismo.**

ganguear v.intr. Hablar con resonancia nasal.

gangueo s.m. Acción de ganguear.

ganguero, a adj. Se dice de la persona que tiende a buscar. SIN.: *ganguista.*

gánguil s.m. Embarcación de pesca con dos proas y un palo central, en el que se iza una vela latina. **2.** Barco auxiliar de las dragas, destinado a recibir la broza o basuras que estas extraen del fondo de los puertos.

ganoideo, a adj. y s.m. Relativo a una subclase de peces de agua dulce, de esqueleto cartilaginoso y cola de lóbulos desiguales, como el esturión.

ganón, na adj. y s. Méx. *Fam.* Se dice de la persona que resulta beneficiada en una situación determinada.

ganoso, a adj. Deseoso, que tiene gana de algo: *estar ganoso de servir.*

gansada s.f. *Fam.* Dicho o hecho sin sentido.

gansear v.intr. *Fam.* Decir o hacer gansadas.

ganso, a s. (gót. *gans*). Ave palmípeda de plumaje gris o blanco, cuello largo, pico anaranjado y patas cortas. (Se conocen varias especies salvajes y una especie doméstica que se cría para aprovechar su carne y su hígado; el ganso *grazna.*) SIN.: *oca.* ◆ s. y adj. *Fig.* Persona torpe, perezosa, descuidada. **2.** Persona que dice o hace tonterías para divertir a otra persona. ◇ **Gansos del Capitolio** Gansos sagrados del Capitolio que salvaron Roma previniendo con sus graznidos a Manlio y a los romanos del ataque nocturno de los galos.

gánster o **gángster** s.m. (angloamericano *gangster*) [pl. *gánsters* o *gángsters*]. Miembro de una banda organizada de delincuentes, especialmente el de una banda italoamericana que actuaba en EUA en los años veinte. **2.** Persona que recurre a medios poco escrupulosos para ganar dinero u obtener ventajas.

gansterismo o **gangsterismo** s.m. Comportamiento propio de un gánster.

gantés, sa adj. y s. De Gante.

ganzúa s.f. (vasc. *gantzua*). Alambre doblado por un extremo que sirve para abrir una cerradura sin necesidad de utilizar la llave. **2.** *Fig.* y *fam.* Ladrón que roba con maña. **3.** *Fig.* y *fam.* Persona hábil para sonsacar a otra sus secretos.

gañafón s.m. TAUROM. Derrote brusco y violento del toro.

gañán s.m. Mozo de labranza. **2.** *Fig.* Hombre fuerte y rudo.

gañido s.m. Aullido lastimero de un animal, especialmente un perro.

gañil s.m. Garganta de un animal. **2.** Agalla de un pez.

gañir v.intr. (lat. *gannire*) [conj.: *engullir*]. Dar gañidos un animal, especialmente un perro.

gañote s.m. (del ant. *gañón,* antes *cañón,* de *caña,* tráquea). *Fam.* Garganta o gaznate.

gap s.m. (voz inglesa). Desajuste entre dos magnitudes económicas o entre los valores planeados y realizados de una misma magnitud. **2.** INFORMÁT. Intervalo de espacio o de tiempo que separa dos palabras, registros, bloques, etc.

gara s.m. Cerro pequeño tabular del Sahara, de flancos escarpados y cumbre plana.

garabatal s.m. Argent. Terreno poblado de garabatos.

garabatear v.intr. Echar los garabatos para asir una cosa. **2.** *Fig.* y *fam.* Andar con rodeos o no ir derecho en lo que se dice o hace. ◆ v.intr. y tr. Hacer garabatos. SIN.: *garrapatear.*

garabateo s.m. Acción y efecto de garabatear.

garabatero, a adj. y s. Chile. Se dice de la persona que tiene la costumbre de proferir garabatos, insultos.

garabato s.m. Trazo irregular que no pretende representar nada. (Suele usarse en plural). SIN.: *garrapato.* **2.** Gancho de hierro para agarrar o colgar algo. **3.** Garfio de hierro sujeto al extremo de una cuerda que sirve para sacar objetos caídos en un pozo. **4.** Palo de madera con la punta en forma de gancho. **5.** Argent. Arbusto ramoso de la familia de las leguminosas que se caracteriza por sus espinas en forma de garfio. **6.** Chile. Insulto.

garabatoso, a adj. Con garabatos o trazos irregulares.

garage s.m. Méx. Garaje.

garaje s.m. (fr. *garage*). Lugar donde se guardan automóviles. **2.** Taller de reparación, engrase y mantenimiento de automóviles. **3.** P. Rico. Gasolinera.

garambainas s.f.pl. Adornos de mal gusto y superfluos. **2.** *Fam.* Tonterías.

garandumba s.f. Amér. Merid. Barcaza grande para transportar carga, siguiendo la corriente fluvial. **2.** Méx. *Fig.* Mujer gorda y grande.

garante adj. (fr. *garant*). Que garantiza. ◆ s.m. y f. Persona que se hace responsable del cumplimiento de lo prometido por otro en un pacto, convenio o alianza.

garantía s.f. (fr. *grantie*). Acción y efecto de afianzar lo estipulado: *ofrecer garantías.* **2.** Fianza, prenda: *su palabra es la mejor garantía.* **3.** Acción de asegurar, durante un tiempo, el buen funcionamiento de algo que se vende, y de repararlo gratuitamente en caso de avería: *la garantía de un reloj.* **4.** Documento en que consta este seguro. ◇ **Contrato de garantía** Contrato que tiende a asegurar la efectividad de los derechos del acreedor, previniendo el riesgo de insolvencia del deudor.

garantir v.tr. (fr. *garantir*) [conj.: *abolir*]. Garantizar. **2.** *Galic.* Preservar, proteger.

garantizar v.tr. Dar garantías de algo: *garantizar la veracidad de un hecho.* **2.** Asumir una obligación de garantía. **3.** Afianzar el cumplimiento de lo estipulado o la observancia de una obligación o promesa. **4.** Responder de la calidad de un objeto; aceptar lo contrario como cláusula resolutoria de venta o de cambio del objeto.

garañón, na s.m. (germ. *wranjo, -ons,* caballo padre, semental). Asno destinado a la reproducción. ◆ s.m. Amér. Central, Chile, Méx. y Perú. Caballo semental. **2.** Chile y Méx. *Fig.* Mujeriego.

garapiña s.f. → **garrapiña.**

garapiñar v.tr. → **garrapiñar.**

garapiñera s.f. Utensilio para hacer helados.

garbanzal s.m. Terreno sembrado de garbanzos.

garbanzo s.m. Planta herbácea de unos 50 cm de alt., de hojas compuestas, flores blancas axilares y fruto en legumbre. (Familia papilionáceas.) **2.** Fruto y semilla de esta planta. **3.** Chile. *Fam.* Lobanillo, quiste. ◇ **Garbanzo negro** *Fig.* Persona que por su comportamiento o ideas destaca del grupo al que pertenece. SIN.: *oveja negra.*

garbeo s.m. Esp. Paseo corto: *dar un garbeo.*

garbo s.m. (ital. *garbo,* modelo, forma, gracia). Agilidad, gracia o desenvoltura en la manera de actuar o moverse: *andar con garbo.* **2.** *Fig.* Perfección, soltura y elegancia: *escribir con garbo.*

garboso, a adj. Que actúa o se mueve con garbo. **2.** *Fig.* Generoso.

garceta s.f. Ave ciconiforme de color blanco o gris apizarrado, con un penacho corto en la cabeza, del que penden dos plumas filiformes.

garcilla s.f. Ave ciconiforme de cuerpo corto, con alas bastante robustas, y cuyo plumaje no se diferencia entre machos y hembras, excepto en la época de celo, en que los machos adquieren adornos característicos. (Familia ardeidos.)

garçon s.m. (voz francesa). **A lo garçon** Se dice del peinado de mujer que se caracteriza por llevar el pelo muy corto, como solían llevarlo antiguamente los muchachos.

gardenia s.f. (del lat. botánico moderno *gardenia,* de A. *Garden,* naturalista escocés). Planta de flores grandes y olorosas, generalmente blancas. (Familia rubiáceas.) **2.** Flor de esta planta.

garden-party s.m. (ingl. *garden party*). Fiesta que se celebra en un jardín o parque.

gardón s.m. Pez de agua dulce, de 15 a 30 cm de long., con el vientre plateado, el dorso verdoso y las aletas rojizas. (Familia ciprínidos.)

garduña s.f. Mamífero carnívoro nocturno que vive en Europa y Asia, de pelaje marrón grisáceo, patas cortas y de unos 50 cm de long. sin contar la cola. (Familia mustélidos.) SIN.: *fuina.*

garduño, a s. *Fam.* Ladrón.

garete (al) loc. MAR. A merced del viento o de la corriente: *navegar al garete.* ◇ **Irse al garete** *Fam.* Malograrse algo: *irse al garete un negocio.*

garfio s.m. (del lat. *graphium,* punzón para escribir, estilete). Instrumento de hierro curvado y puntiagudo que sirve para sujetar algo.

gargajear v.intr. Esp. Arrojar gargajos.

gargajeo s.m. Esp. Acción de gargajear.

gargajo s.m. (voz de origen onomatopéyico). Esp. Flema, mucosidad pegajosa que se arroja por la boca, procedente de las vías respiratorias.

gargajoso, a adj. y s. Esp. Que gargajea con frecuencia. SIN.: *gargajiento.*

garganta s.f. (voz de origen onomatopéyico). Parte delantera del cuello. **2.** Parte del cuerpo que va desde el velo del paladar hasta la entrada del esófago. **3.** *Fig.* Cuello, parte más estrecha y delgada de un cuerpo o de un órgano. **4.** Ranura semicircular en la periferia de una polea. **5.** ARQ. Moldura cóncava redondeada. **6.** FORT. Parte posterior de una fortificación. **7.** GEOGR. Valle estrecho y encajado. ◇ **Tener a alguien atravesado en la garganta** *Fam.* Sentir antipatía por una persona.

gargantilla s.f. Collar corto ajustado a la base del cuello. **2.** Cuenta de un collar.

gargantillo, a adj. TAUROM. Se dice de la res de cuello oscuro, con una mancha blanca o clara en forma de collarín.

gárgara s.f. Acción de mantener un líquido en la garganta, sin tragarlo, con la boca abierta hacia arriba y expulsando lentamente el aire para hacer que el líquido se mueva. ◆ **gárgaras** s.f.pl. Chile, Colomb., Méx. y P. Rico. Gargarismo, medicamento. ◇ **Mandar a hacer gárgaras** *Fam.* Despedir o expulsar a alguien en señal de reprobación o desprecio.

gargarismo s.m. (gr. *gargarismós*). Medicamento líquido para gargarizar. **2.** Acción de gargarizar.

gargarizar v.intr. (lat. *gargarizare,* del gr. *gargarízein*). Hacer gárgaras.

gárgaro s.m. Venez. Juego del escondite.

1. **gárgola** s.f. Figura humana o animal que decora el final del conducto de desagüe de un tejado.

2. **gárgola** s.f. Cápsula que contiene la linaza.

garguero s.m. *Fam.* Garganta. SIN.: *gaznate.*

garibaldina s.f. (de G. *Garibaldi,* patriota italiano). Blusa de color rojo que usaban las mujeres para imitar la que usaba Garibaldi y sus voluntarios.

garigoleado, a adj. Méx. Que está adornado con exceso: *una fachada garigoleada.*

garita s.f. (fr. ant. *garite*). Construcción pequeña que sirve de refugio a un centinela o vigilante. **2.** Cuarto pequeño del portal de un edificio ocupado por el portero. **3.** Excusado, retrete. **4.** Méx. Oficina o puesto de aduanas.

garito s.m. (voz jergal). Casa de juego. **2.** Establecimiento de diversión, especialmente el de mala fama.

garlito s.m. Cesta que tiene en su parte más estrecha una red, de manera que, una vez que entra el pez, no puede salir. **2.** *Fig.* y *fam.* Celada, trampa, lazo o asechanza que se hace para molestar y hacer daño.

garlopa s.f. (occitano *garlopo*). Cepillo largo y con mango para alisar superficies de madera ya cepilladas.

1. **garnacha** s.f. (occitano ant. *ga(r)nacha,* manto de piel). Vestidura talar de magistrados y abogados, con mangas y un sobrecuello grande que cae sobre los hombros y la espalda.

2. **garnacha** s.f. (ital. *vernaccia*). Variedad de vid cultivada principalmente en Cataluña, Navarra y Aragón que produce una uva de color rojo oscuro y un vino del mismo nombre.

garnierita s.f. Silicato natural de níquel y magnesio, que constituye un mineral de níquel.

garo, pueblo de la India (Assam).

garra s.f. (del ant. *garfa,* garra, puñado). Uña fuerte puntiaguda y curvada que tiene un vertebrado en el extremo del dedo. **2.** *Fig.* y *desp.* Mano del ser humano. **3.** ARQ. Adorno esculpido en los ángulos salientes del plinto de una columna medieval. ◆ **garras** s.f.pl. Pieles de un animal procedentes de las patas que se utilizan en peletería: *garras de astracán.* ◇ **Caer en las garras** Estar bajo la influencia o dominio de alguien. **Sacar de las garras** Liberar a alguien de la influencia o el dominio que ejercía otra persona sobre él. **Tener garra** Tener capacidad para atraer o gustar a alguien.

garrafa s.f. Recipiente ancho y redondo. **2.** Argent. y Urug. Bombona, recipiente metálico.

garrafal adj. Se dice de una cosa no material, especialmente un error, muy grande: *falta, error, mentira garrafal.*

garrafón s.m. Garrafa grande.

garrapata s.f. Ácaro parásito de un animal al que le chupa la sangre. (Familias ixódidos y argásidos.)

garrapatea s.f. MÚS. Figura musical cuyo valor es la mitad de la semifusa.

garrapatear v.intr. y tr. Garabatear.

garrapato s.m. (cruce de *garrapata* y *garabato*). Garabato, trazo irregular.

garrapiña o **garapiña** s.f. Estado del líquido que se solidifica formando grumos.

garrapiñado, a adj. Se dice del fruto seco o la golosina bañados en almíbar.

garrapiñar o **garapiñar** v.tr. (lat. vulg. *carpiniare,* arrancar, arañar, desgarrar). Poner un líquido en estado de garrapiña. **2.** Bañar un fruto seco o una golosina en almíbar de forma que se solidifique formando grumos: *garapiñar almendras.*

garrido, a adj. Que es hermoso, elegante y proporcionado: *mozo garrido.*

garriga s.f. Formación vegetal secundaria de la zona mediterránea, formada por carrascas mezcladas con arbustos y plantas herbáceas, que aparece en suelos calcáreos después de la degradación de un bosque.

garrobo s.m. Saurio de fuerte piel escamosa, que abunda en las tierras cálidas de las costas de América Central. (Familia iguánidos.)

garrocha s.f. (de *garra,* rama de árbol). Vara larga acabada en una punta metálica. **2.** TAUROM. Vara larga con una punta de acero de tres filos, llamada puya, que sirve para picar toros. ◇ **Salto de la garrocha** TAUROM. Suerte que consistía en que el torero saltaba por encima del toro de delante hacia atrás ayudándose con una garrocha.

garrochar v.tr. TAUROM. Picar al toro con la garrocha. SIN.: *garrochear.*

garrochazo s.m. Golpe dado con la garrocha. **2.** Señal que deja este golpe.

garrochista s.m. y f. TAUROM. Persona que practica las faenas taurinas de campo que se ejecutan con la garrocha.

garronear v.tr. Argent. *Fam.* Pedir algo prestado con oportunismo o insistencia.

garronero, a adj. Argent. Se dice de la persona que acostumbra a vivir de prestado, gorrista.

garrotazo s.m. Golpe dado con el garrote.

garrote s.m. Palo grueso y fuerte que sirve como bastón o arma. SIN.: *garrota.* **2.** Instrumento de tortura que se utilizaba en España para ejecutar a los condenados y que consistía en un aro que se le colocaba alrededor del cuello con un tornillo que se iba apretando hasta causarle muerte. SIN.: *garrote vil.* **3.** Método de tortura que consistía en ligar fuertemente un miembro del cuerpo oprimiéndolo. **4.** Rama verde sin raíces que se planta para que crezca un árbol, especialmente la rama de olivo. ◇ **Dar garrote** Matar por medio del garrote vil.

garrotear v.tr. Amér. Dar golpes con un garrote. **2.** Chile. Cobrar precios excesivos sin justificación.

garrotillo s.m. *Fam.* Difteria.

garrotín s.m. Forma tributaria del cante flamenco, procedente de ciertos influjos folclóricos asturianos.

garrucha s.f. (de *carro*). Polea.

garrudo, a adj. Colomb. Se dice de la res muy flaca. **2.** Méx. Forzudo.

garrulería s.f. Cualidad de gárrulo. SIN.: *garrulidad.* **2.** Conversación propia de una persona gárrula.

gárrulo, a adj. Se dice del ave que canta, gorjea o chirría mucho. **2.** *Fig.* Se dice de la persona muy habladora o charlatana.

garúa s.f. (port. dialectal *caruja,* niebla). Amér. Llovizna.

garuar v.intr. [conj.: *actuar*]. Amér. Lloviznar.

garufa s.f. Diversión.

garza s.f. Ave zancuda de hasta 1,50 m de long., con pico largo y cuello alargado y flexible. (La *garza* habita en las riberas, donde pesca diversos animales acuáticos.) **2.** Chile. Copa alta en forma de embudo que se utiliza para beber cerveza.

garzo, a adj. De color azulado: *ojos garzos.*

garzón, na s. (fr. *garçon,* muchacho). Chile. Camarero.

gas s.m. (a partir del lat. *chaos,* caos, gas, voz creada por J. B. van Helmont, químico flamenco). Fluido cuyas moléculas tienden a separarse unas de otras. **2.** Combustible en estado gaseoso. **3.** Servicio de fabricación y distribución del gas ciudad: *un empleado del gas.* **4.** Mezcla de carburante y aire que alimenta el motor de explosión. ◆ **gases** s.m.pl. Residuos gaseosos acumulados en el tubo digestivo como consecuencia de la actividad digestiva. ◇ **A todo gas** A mucha velocidad. **Dar gas** Accionar el acelerador de un motor para permitir la entrada de mezcla carburada en el cilindro. **Gas asfixiante,** o **de guerra** Sustancia química gaseosa o líquida utilizada como arma. **Gas ciudad** Gas combustible obtenido por la destilación de la hulla o de productos derivados del petróleo y cuya distribución se efectúa por conductos. **Gas de agua** Gas combustible resultante de la descomposición del vapor de agua por efectos del coque ardiendo a una temperatura de 1 000 a 1 200 °C. **Gas de aire,** o **pobre** Gas obtenido en un gasómetro haciendo pasar los productos de combustión de combustibles sólidos sobre una masa de coque al rojo vivo. **Gas de los pantanos** Metano. **Gas lacrimógeno** Gas que, a base de bromuro de bencilo, produce irritación en los ojos. **Gas licuado** Hidrocarburo ligero, gaseoso en condiciones normales, que se obtiene del gas natural o del gas de refinería y se conserva en estado líquido en recipientes bajo presión. **Gas mostaza** Gas tóxico derivado de la iperita, utilizado con fines bélicos. **Gas natural** Gas constituido principalmente por metano, que se encuentra comprimido en algunas capas geológicas y que constituye un combustible excelente. **Gas permanente** Gas que no se puede licuar por simple aumento de presión. **Gas raro,** o **inerte** Gas de la columna derecha de la clasificación periódica de los elementos. (Los *gases raros* son el helio, neón, argón, kriptón, xenón y radón.)

gasa s.f. Tela ligera y transparente, generalmente de seda. **2.** Tira o pieza de tela de algodón esterilizada que se usa para compresas, vendajes, etc.

gascón, na adj. y s. De Gascuña. SIN.: *gasconés.* ◆ s.m. Lengua románica hablada en Gascuña.

gaseado, a adj. y s. Que ha sufrido los efectos de los gases asfixiantes: *los gaseados de la primera guerra mundial.* ◆ s.m. TEXT. Acción de gasear.

gasear v.tr. Hacer que un líquido absorba una cantidad de gas. **2.** Someter a alguien o algo a la acción de un gas. **3.** TEXT. Pasar los hilos a través de una llama para eliminar la pelusilla.

gaseiforme adj. Que está en estado de gas.

gaseoducto s.m. → **gasoducto.**

gaseosa s.f. Bebida refrescante que se elabora con agua saturada de ácido carbónico, azúcar o jarabe de limón o naranja.

gaseoso, a adj. Que se halla en estado de gas. **2.** Se dice del líquido que contiene gas: *agua gaseosa.*

gásfiter o **gasfíter** s.m. Chile. Plomero.

gasfitería s.f. Chile, Ecuad. y Perú. Plomería, conjunto de instalaciones y oficio.

gasificación s.f. Acción y efecto de gasificar.

gasificar v.tr. Convertir un sólido o líquido en gas por medio del calor o una reacción química. **2.** Disolver gas carbónico en un líquido.

gasoducto o **gaseoducto** s.m. Conducto para conducir a larga distancia gas natural o gases obtenidos por destilación.

gasógeno s.m. Aparato que sirve para transformar, por oxidación incompleta, el carbón o la madera en gas combustible.

gasóleo o **gasoil** s.m. (del ingl. *gas oil*). Líquido formado por una mezcla de hidrocarburos que se obtiene por destilación fraccionada del petróleo bruto, entre 220 °C y 360 °C. (El *gasóleo* se emplea como combustible.) [También *gas-oil.*]

gasolina s.f. (de *gas* y el lat. *oleum,* aceite). Líquido formado por una mezcla de hidrocarburos que se obtiene por destilación fraccionada del petróleo bruto, entre 60 °C y 200 °C. (La *gasolina* se emplea como combustible.)

gasolinera s.f. Establecimiento donde se expende gasolina u otro combustible para automóviles. **2.** Lancha con motor de gasolina.

gasometría s.f. QUÍM. Método de análisis químico de los productos gaseosos desprendidos en las reacciones.

gasómetro s.m. Depósito para almacenar gas y distribuirlo a una presión constante.

gastado, a adj. Se dice de la persona debilitada físicamente. **2.** Se dice de la persona que ha perdido su prestigio.

gastador, ra adj. y s. Que gasta mucho dinero. ◆ s.m. Soldado que marcha delante de una fuerza a pie en desfiles y paradas: *cabo de gastadores.*

gastar v.tr. (lat. *vastare,* devastar, arruinar). Emplear el dinero en una cosa: *no gastar un céntimo.* **2.** Desgastar, deteriorar una cosa: *gastar unos zapatos.* **3.** Tener o usar por costumbre: *gastar malhumor.* **4.** Con *bromas, cumplidos,* etc., practicarlos: *gastar bromas pesadas.* ◆ v.tr. y prnl. Consumir, invertir, ocupar: *gastar tiempo.* ◇ **Gastarlas** *Fam.* Comportarse, actuar: *ya sabes cómo las gasta mi padre.*

gasterófilo s.m. Mosca grande, cuyas larvas son parásitos del tubo digestivo del caballo.

gasteromicete adj. y s.m. Relativo a un orden de basidiomicetes cuyas esporas se forman en el interior de una envoltura completamente cerrada, como el cuesco de lobo.

gasterópodo, a adj. y s.m. Relativo a una clase de moluscos dotados de un pie ventral ensanchado que les sirve para arrastrarse, tentáculos en la cabeza y generalmente una concha en espiral. (La lapa y el caracol son *gasterópodos.*)

gasto s.m. Acción y efecto de gastar. **2.** Cantidad de dinero que se gasta. **3.** Méx. Dinero que se destina para cubrir las necesidades diarias de una familia: *esta semana no le alcanzó el gasto.* **4.** CONTAB. Costo de una o varias operaciones que constituyen, por lo general, cargas de explotación. **5.** ECON. Aplicación directa o indirecta de los ingresos a la satisfacción de las necesidades. **6.** FÍS. Volumen de un fluido que sale por unidad de tiempo de un orificio practicado en el recipiente que lo contiene. **7.** HIDROL. Caudal ideal de un río calculado en función de la velocidad media y de la sección mojada. ◇ **Cubrir gastos** Producir una cosa lo bastante para resarcir de su costo. **Gasto cardíaco** Cantidad de sangre expulsada por cada ventrículo del corazón en la circulación sistémica en un minuto. **Gasto público** ECON. Gasto que se realiza por cuenta de un patrimonio administrativo. **Gastos de producción,** o **variables** CONTAB. Gastos cuyo volumen varía en función del grado de actividad de la empresa. **Gastos fijos,** o **periódicos** CONTAB. Fracción de los gastos generales independiente del grado de actividad de la empresa. **Gastos generales** CONTAB. Gastos diversos necesarios para el funcionamiento de la empresa. **Gastos sociales** ECON. Gastos que corresponden a los diversos aspectos de la acción social, como salud, vejez, vivienda, etc. **Hacer el gasto** *Fam.* Mantener uno o dos la conversación entre muchos concurrentes.

gastralgia s.f. Dolor de estómago.

gastrectomía s.f. Extirpación total o parcial del estómago.

gástrico, a adj. Relativo al estómago. ◇ **Jugo gástrico** Líquido ácido secretado por el estómago, que contribuye a la digestión.

gastritis s.f. Inflamación de la mucosa del estómago.

gastroenteritis s.f. Inflamación simultánea de las mucosas del estómago y de los intestinos.

gastroenterología s.f. Parte de la medicina que estudia las enfermedades del tubo digestivo.

gastrointestinal adj. Relativo al estómago y al intestino.

gastronomía s.f. (gr. *gastronomía,* tratado de la glotonería). Técnica de preparar una buena comida. **2.** Afición a comer bien.

gastronómico, a adj. Relativo a la gastronomía.

gastrónomo, a s. Especialista en gastronomía. **2.** Persona aficionada a comer bien.

gastroscopia s.f. Examen visual del interior del estómago realizado mediante la introducción de un fibroscopio por el esófago.

gastrotomía s.f. Abertura quirúrgica del estómago.

gástrula s.f. Fase del desarrollo embrionario que sigue a la blástula y que se caracteriza por la formación de dos capas, endoblasto y ectoblasto, que rodean una cavidad central.

gata s.f. Amér. Central. Pez selacio marino de color marrón amarillo. **2.** Chile. Gato, aparato.

gatas (a) loc. Con las manos y las rodillas apoyadas en el suelo.

gateado, a adj. Que tiene alguna característica propia del gato. SIN.: *gatuno.* ◆ adj. y s. Argent. Se dice del caballo o yegua de pelo oscuro y cebrado.

gatear v.intr. Trepar una persona a un lugar alto ayudándose de los brazos y las piernas. **2.** *Fam.* Andar a gatas.

gatera s.f. Agujero en una pared, tejado o puerta, para que puedan entrar o salir los gatos. **2.** Bol., Ecuad. y Perú. Revendedora, y más especialmente, verdulera. **3.** Chile. Cueva de ratones, ratonera.

gatillazo s.m. Golpe que da el gatillo de un arma de fuego, especialmente cuando no sale el tiro.

gatillero s.m. Méx. Pistolero, asesino a sueldo.

gatillo s.m. Parte inferior del disparador de un arma de fuego, en forma de arco, que se presiona con el dedo para disparar. **2.** Chile. Conjunto de crines largas que se dejan a las caballerías en la cruz y de las cuales se agarran los jinetes para montar.

gatismo s.m. MED. Incontinencia diurna y nocturna de la orina y de las materias fecales por deficiencia del control nervioso.

1. **gato** s.m. (quechua *qcatu*). Perú. Mercado al aire libre.

2. **gato, a** s. (lat. tardío *cattus*). Mamífero carnívoro, generalmente doméstico, de cabeza redonda, pelo suave y espeso y largos bigotes. (El gato maúlla; familia félidos.) ◆ s.m. Aparato que sirve para levantar grandes pesos a poca altura. SIN.: *cric.* **2.** Argent. Baile popular bailado por una o dos parejas, con movimientos rápidos. **3.** Argent. Música de esta danza. **4.** Méx. Sirviente. ◇ **Cuatro gatos** *Fam.* Número escaso de personas. **Dar gato por liebre** *Fam.* Engañar haciendo pasar una cosa por otra similar pero de calidad superior. **Gato con relaciones** Argent. Baile cuya música es interrumpida para que quienes bailan intercambien coplas cargadas de intención. **Gato de algalia** Civeta. **Gato de nueve colas** Látigo de nueve cuerdas provistas de puntas de hierro. **Haber gato encerrado** Haber algo oculto. **Llevarse el gato al agua** Conseguir una cosa que se disputaban varias personas. **Pobre gato** Argent. *Fam.* Persona pobre material o espiritualmente.

gatopardo s.m. (ital. *gattopardo*). Ocelote.

gatuno, a adj. Relativo al gato. **2.** Que tiene alguna característica propia del gato. SIN.: *gateado.*

gatuña s.f. (de *gato* y *uña*). Planta de flores rosadas, fruto en vainillas ovales y raíces de gran longitud, común en los campos y en las orillas de los caminos. (Familia papilionáceas.) SIN.: *aznallo, detienebuey.*

gatuperio s.m. *Fig.* y *fam.* Chanchullo, intriga. **2.** Mezcla de sustancias incoherentes.

gauchada s.f. Argent., Chile, Perú y Urug. Acción propia del gaucho. **2.** Argent. y Urug. *Fig.* Servicio ocasional realizado con buena disposición.

gauchaje s.m. Argent., Chile y Urug. Conjunto o reunión de gauchos.

gauchear v.intr. Argent. Andar errante. **2.** Argent. y Urug. Practicar costumbres de gaucho.

gauchesco, a adj. Relativo al gaucho: *literatura gauchesca.*

gauchesco

El tema gauchesco conoció un gran florecimiento poético en Argentina y Uruguay a lo largo del s. XIX. Se fraguó en la época del romanticismo por obra de poetas cultos, como E. Echevarría, pero arranca, propiamente, del encuentro de dos tradiciones principales: una poesía ciudadana en dialecto gaucho y la poesía popular de la pampa. Bartolomé Hidalgo (1788-1822) se puede considerar el iniciador de un género que culmina en el poema épico de José Hernández, *Martín Fierro* (1870) y *La vuelta de Martín Fierro* (1879).

1. **gaucho** s.m. Ave insectívora originaria de América del Sur, de gran tamaño y pico fuerte terminado en gancho. (El *gaucho* construye su nido en el suelo o en los árboles; familia tiránidos.)

2. **gaucho, a** adj. y s. Relativo al habitante de las llanuras rioplatenses de Argentina, Uruguay y Rio Grande do Sul en los ss. XVIII y XIX. **2.** Argent. Se dice de la persona valiente, noble y generosa. ◆ adj. Argent. *Fig.* y *fam.* Se dice del animal o de la cosa que proporcionan satisfacción por su rendimiento. ◆ s.m. Argent., Chile y Urug. Peón rural experimentado en las faenas ganaderas tradicionales.

gaucho

El gaucho apareció en el s. XVI de las necesidades de la explotación ganadera, que exigía un peonaje avezado a montar a caballo y diestro en el manejo del lazo y las boleadoras. Este peonaje surgió en su mayoría de los mestizos de español e india y adquirió unos hábitos de vida muy característicos: habitaba en ranchos y trabajaba a sueldo en las estancias o estaba como *agregado,* viviendo a cambio de algún trabajo ocasional. Su condición de mestizo y de peón hizo del gaucho un individuo al margen tanto de la sociedad colonial como de la surgida tras la independencia. Así apareció el gaucho matrero o alzado, rebelde contra una sociedad que lo acorralaba, descrito en *Martín Fierro.*

gaudeamus s.m. (voz latina, *alegrémonos*). Canto religioso de alegría.

gaullismo s.m. Doctrina y movimiento políticos franceses basados en el pensamiento de Charles de Gaulle.

gaullista adj. y s.m. y f. Relativo al gaullismo; partidario de esta doctrina y movimiento.

gaur s.m. Toro salvaje que vive en los bosques montañosos de la India, Nepal e Indochina.

gauss s.m. (de C. F. *Gauss,* físico alemán). Unidad de medida de inducción magnética (símb. G) del sistema CGS, equivalente a 0,0001 tesla.

gave s.m. (voz francesa). Curso de agua torrencial en la parte occidental de los Pirineos franceses.

gaveta s.f. (lat. *gabata,* escudilla, gamella). Cajón corredizo de un escritorio.

gavia s.f. Zanja para desagüe o linde de propiedades. **2.** En Canarias, campo instalado en el lecho de un valle, que se cierra con un muro de piedra para represar el agua antes de arar la tierra. **3.** MAR. **a.** Vela cuadra que se larga en la verga y mastelero del mismo nombre. **b.** Vela cuadra que se larga en los otros dos masteleros.

gavial s.m. (fr. *gavial,* del hindustani *ghariyal*). Cocodrilo piscívoro originario de la India y Birmania, de entre 7 y 10 m de long. y hocico largo y delgado.

gaviero s.m. Marinero de un buque de vela, experimentado o de primera, que se elige para dirigir las maniobras en las cofas y en lo alto de los palos.

gavieta s.f. MAR. **a.** Garito que se pone sobre la mesana o el bauprés. **b.** Trozo de madera, fijo en el bauprés, para encajar la coz del botalón de foque.

gaviforme adj. y s.m. Colimbiforme.

gavilán s.m. Ave rapaz diurna que vive en los bosques de Europa, de entre 30 y 40 cm de long., color gris azulado y marrón y cola alargada. (Género *Accipiter,* familia accipítridos.) **2.** Chile, Cuba, Méx. y P. Rico. Uñero, borde de la uña, especialmente la del dedo gordo del pie que se clava en la carne.

gavilla s.f. Conjunto de ramas o tallos atados por su centro, mayor que el manojo y menor que el haz.

gavión s.m. Cestón de mimbre lleno de tierra que utilizan los que abren trincheras para defenderse.

gaviota s.f. (del lat. *gavia*). Ave de color blanco en el dorso, alas largas y puntiagudas de color grisáceo y cola variablemente desarrollada, que vive en las costas y se alimenta de peces. (En varias especies, el macho está dotado de una capucha de plumas negras o pardas durante el verano; familia láridos o estercoráridos.)

gaviotín s.m. Ave parecida a la gaviota pero de menor tamaño. (Familia láridos.)

gavota s.f. (fr. *gavotte*). Baile antiguo francés de ritmo binario que se bailaba en pareja. **2.** Música de esta danza.

gay adj. (voz angloamericana). Relativo al hombre homosexual: *movimiento gay.* ◆ s.m. y adj. Hombre homosexual.

gaya s.f. Lista de diverso color que el fondo.

gayadura s.f. Adorno del vestido u otra prenda hecho con listas de distinto color.

gayal s.m. Mamífero rumiante doméstico del SE de Asia, con cuernos cortos y joroba, parecido al gaur pero más pequeño. (Familia bóvidos.)

gayo, a adj. Alegre, vistoso.

gayola s.f. Méx. *Fam.* Parte más alta de la gradería de un teatro, auditorio, estadio, etc.

gayumba s.f. Instrumento de percusión rudimentario típico de algunas regiones colombianas.

gayuna s.f. Arbusto de unos 30 cm de alt., con frutos rojos comestibles. (Familia ericáceas.)

gaza s.f. MAR. Lazo, ojo o asa que se forma en el extremo de un cabo o cable doblándolo y uniéndolo con una costura o ligada.

gazapera s.f. Madriguera del conejo. **2.** *Fig.* y *fam.* Reunión de delincuentes.

1. **gazapo** s.m. *Fam.* Error o equivocación que se comete por distracción al escribir o al hablar.

2. **gazapo** s.m. Cría del conejo.

gazmoñería s.f. Cualidad de gazmoño.

gazmoño, a adj. y s. Que finge ser muy escrupuloso en cuestiones de moral.

gaznápiro, a adj. y s. Palurdo, cándido, torpe, que se queda embobado con cualquier cosa.

gaznatada s.f. Amér. Central, Méx., P. Rico y Venez. Bofetada.

gaznate s.m. *Fam.* Garganta. SIN.: *garguero.* **2.** Méx. Dulce hecho de piña o coco.

gaznawí adj. y s.m. y f. Relativo a los Gaznawíes, dinastía turca.

gazpacho s.m. Plato típico de las regiones del S de España, que consiste en tomate cortado a trozos o pasado por un tamiz, agua, aceite, vinagre, sal y miga de pan, todo mezclado formando una especie de sopa, a la que se añade un picadillo de cebolla, pepino y pimiento.

gazuza s.f. Esp. *Fam.* Hambre.

1. **ge** s.f. Nombre de la letra *g.*

2. **ge** o **gé,** grupo etnolingüístico de Brasil, muy aculturado, establecido desde el E del Xingu hasta el S de Maranhão.(La familia lingüística *ge* parece emparentada con el tupí.) SIN.: *djé.*

geada s.f. Fenómeno fonético que consiste en pronunciar el sonido /*g*/ como /*x*/.

geco s.m. Lagarto insectívoro originario del SE asiático, de ojos grandes y saltones y provisto de dedos adhesivos que le permiten trepar.

gehena s.m. Infierno.

géiser o **géyser** s.m. (islandés *geysir,* surtidor). GEOL. Surtidor de vapor o agua caliente intermitente, de origen volcánico.

geisha s.f. Mujer japonesa formada desde la infancia para el baile, el canto, la conversación, que presta sus servicios en las casas de té o en los banquetes.

gel s.m. (abrev. de *gelatina*). Jabón líquido destinado al aseo personal. (También *gel de baño.*) **2.** Sustancia coloidal de consistencia viscosa que tiende a hincharse al absorber agua.

gelatina s.f. (ital. *gelatina*). Sustancia proteínica incolora que se obtiene cociendo en agua huesos, ligamentos y tendones de los animales o espinas de los pescados. (La *gelatina* se derrite a unos 25 °C y se utiliza en microbiología como medio de cultivo y en industria y en cocina para dar consistencia a las preparaciones frías.) **2.** Alimento que se elabora con esta sustancia: *gelatina de manzana.*

gelatinar v.tr. Cubrir algo con gelatina.

gelatinobromuro s.m. Composición formada por una sal de plata (bromuro) en suspensión en gelatina.

gelatinocloruro s.m. Composición formada por una sal de plata (cloruro) en suspensión en gelatina.

gelatinoso, a adj. Que contiene gelatina. **2.** Que tiene su consistencia. **3.** BIOL. Se dice de la estructura, órgano o ser de consistencia de gel.

gélido, a adj. (lat. *gelidus*). *Poét.* Muy frío.

gelificación s.f. Acción de gelificar o gelificarse.

gelificar v.tr. y prnl. Transformar en gel.

geliturbación s.f. Crioturbación.

gelivable adj. Se dice de la roca que puede fragmentarse al congelarse y aumentar de volumen el agua filtrada en su interior.

gelivación s.f. Fragmentación de una roca que se produce al congelarse y aumentar de volumen el agua filtrada en su interior. SIN.: *gelifracción.*

gelosa s.f. Agar-agar.

gélula s.f. Forma medicamentosa constituida por una pequeña cápsula de gelatina.

gema s.f. (lat. *gemma*). Piedra preciosa. **2.** Yema de una planta.

gemación s.f. BOT. Desarrollo de la yema de una planta para formar una nueva rama, hoja o flor. **2.** ZOOL. Modo de multiplicación asexual de algunos animales a partir de pequeños grupos celulares salientes o yemas.

gemebundo, a adj. *Desp.* Que gime.

gemelar adj. Relativo al gemelo.

gemelas s.f.pl. Dos piezas exactamente iguales que forman parte de una máquina o de una herramienta.

gemelípara s.f. y adj. Hembra que pare gemelos.

gemelo, a adj. y s. (lat. *gemellus*). Que ha nacido en el mismo parto que otro u otros seres, especialmente cuando es fruto de la fecundación de un único óvulo por un único espermatozoide (*gemelos monocigóticos*, frente a los *dicigóticos* o falsos gemelos, en los que dos espermatozoides fecundan dos óvulos). ◆ adj. Se dice de la cosa que cumple la misma función y es idéntica a otra cosa con la cual forma pareja. **2.** ANAT. Se dice del músculo de la parte inferior y posterior de la pierna, que sirve para elevar el talón y flexionar el pie. ◆ **gemelos** s.m.pl. Dos maderos gruesos que, empalmados a un tercero, sirven para dar a este último más resistencia y cuerpo. **2.** Botones iguales que se ponen en los puños de la camisa. **3.** Anteojos. ◇ **Ruedas gemelas** Ruedas provistas de un neumático individual, montadas por pares a cada extremo del puente trasero de ciertos vehículos pesados.

gemido s.m. Acción y efecto de gemir.

gemífero, a adj. BOT. Que trae yemas.

geminación s.f. BIOL. Estado de lo que es doble, dispuesto por pares: *la geminación de los folíolos, de los pistilos.* **2.** LING. Repetición de un sonido, una sílaba o una palabra.

geminado, a adj. Que está formado por elementos que forman una pareja: *columnas geminadas.*

geminar v.intr. y prnl. (del lat. *geminus,* gemelo). Producirse una geminación.

géminis adj. y s.m. y f. (pl. *géminis*). Se dice de la persona nacida entre el 22 de mayo y el 21 de junio, bajo el signo de Géminis. (Suele escribirse con mayúscula.)

gemiparidad s.f. BIOL. Proceso de reproducción por gemación.

gemíparo, a adj. Se dice del animal o planta originado por gemación.

gemiquear v.intr. Chile. Gemir.

gemiqueo s.m. Chile. Acción y efecto de gemiquear.

gemir v.intr. (lat. *gemere*) [conj.: *pedir*]. Emitir una persona sonidos que expresan pena, dolor o placer. **2.** *Fig.* Aullar un animal. **3.** *Fig.* Producir una cosa un sonido semejante al gemido de una persona: *gemir el viento.*

gemología s.f. Ciencia que estudia las gemas o piedras preciosas.

gemológico, a adj. Relativo a la gemología.

gemólogo, a s. Persona que se dedica al estudio de la gemología.

gemonías s.f.pl. ANT. ROM. Derrumbadero del Capitolio donde se exponían los cuerpos de los ajusticiados antes de ser arrojados al Tíber. **2.** Castigo infamante.

gémula s.f. BOT. Brote pequeño de una planta, que durante la germinación proporcionará el tallo y las hojas.

gen o **gene** s.m. BIOL. Elemento de un cromosoma que condiciona la transmisión y la manifestación de un carácter hereditario determinado.

genciana s.f. (lat. *gentiana*). Planta de las zonas montañosas, de raíz amarga y flores gamopétalas, amarillas, azules o violetas según las especies.

gendarme s.m. (fr. *gendarme,* del pl. *gens d'armes,* gente de armas). Agente de policía francés; *Por ext.* agente de policía. **2.** ALP. Montaña afilada y rocosa difícil de franquear.

gendarmería s.f. Cuerpo de gendarmes. **2.** Cuartel o puesto de gendarmes. **3.** Argent. Cuerpo militar que tiene a su cargo la custodia de las fronteras terrestres.

gene s.m. → **gen.**

genealogía s.f. (lat. *genealogia,* del gr. *genealogía,* de *geneá,* generación, y *lógos,* tratado). Conjunto de ascendientes de una persona. **2.** Ciencia que estudia el origen y la filiación de una persona.

genealógico, a adj. Relativo a la genealogía.

genealogista s.m. y f. Persona que se dedica al estudio de la genealogía.

genepí s.m. BOT. Artemisa de los Alpes de Saboya empleada en la fabricación de licor.

generable adj. Que se puede producir por generación.

generación s.f. Acción de generar. **2.** Sucesión de descendientes en línea directa. **3.** Conjunto de personas que tiene una edad similar. **4.** Conjunto de artistas e intelectuales que tiene una edad similar y cuya obra presenta características comunes: *García Lorca pertenece a la generación del 27.* **5.** Conjunto de técnicas y de productos representativo de un estado de evolución tecnológica que supone un avance respecto al conjunto de técnicas y productos que lo precede. ◇ **Generación espontánea** Teoría admitida durante la antigüedad y la edad media para ciertos animales, y hasta Pasteur para los microbios, según la cual existía una formación espontánea de los seres vivos a partir de materias minerales o de sustancias orgánicas en descomposición.

generacional adj. Relativo a la generación.

generador, ra adj. Que genera. ◆ s.m. Aparato que produce corriente eléctrica a partir de energía obtenida por otros medios.

general adj. (lat. *generalis*). Que es común a todas las personas o cosas de un conjunto o a la mayor parte de ellas. **2.** Común, frecuente, usual. **3.** Que hace referencia a algo en su conjunto, sin detenerse en los detalles: *hablar en términos generales.* **4.** Se dice de la persona que ocupa el cargo de mayor responsabilidad de un organismo o sección: *director general.* ◆ adj. y s.m. Prelado de una orden religiosa. ◆ s.m. y f. Militar que tiene el grado más alto de la jerarquía del ejército. ◇ **En,** o **por lo, general** Por lo común, generalmente; sin especificar ni individualizar.

generala s.f. Esposa del general. **2.** MIL. Toque para que las fuerzas de una guarnición o campo se preparen con las armas.

generalato s.m. Empleo o grado de general. **2.** Conjunto de generales de un ejército. **3.** Ministerio u oficio de general de una orden religiosa.

generalidad s.f. Conjunto que comprende la mayoría o casi la totalidad de personas o cosas que componen un todo. **2.** Vaguedad o falta de precisión en lo que se dice o escribe: *abundar en generalidades.*

generalísimo s.m. General que tiene el mando superior de todas las fuerzas armadas de un estado.

generalista adj. y s.m. y f. Se dice de la persona que tiene conocimientos generales de cada una de las especialidades de una materia: *médico generalista.*

generalizable adj. Que puede generalizarse.

generalización s.f. Acción y efecto de generalizar o generalizarse.

generalizador, ra adj. Que generaliza.

generalizar v.tr. y prnl. Hacer general o común una cosa. ◆ v.tr. Abstraer lo que es común y esencial a muchas cosas para formar un concepto que las comprenda a todas.

generar v.tr. (lat. *giggnere*). Producir algo: *generar una corriente eléctrica.* **2.** Engendrar, producir un animal superior seres de su misma especie.

generativo, a adj. Que genera o puede generar. ◇ **Gramática generativa** LING. Gramática que propone una serie finita de reglas capaces de generar el conjunto infinito de las frases gramaticales de una lengua.

generatriz s.f. y adj. Máquina que transforma la energía mecánica en corriente eléctrica continua. **2.** MAT. Línea que genera una superficie al moverse. ◆ adj. BOT. Se dice de la capa de células que garantiza el crecimiento en grosor de las plantas vivaces.

genérico, a adj. Que es común a todos los elementos de un conjunto. **2.** BIOL. Relativo al género. **3.** LING. Se dice de la

género del sustantivo		
El género gramatical en el sustantivo es la categoría que permite la distinción entre el masculino y el femenino. Cuando el género del sustantivo se refiere a seres sexuados (animales, personas, etc.), el género se relaciona con la distinción de sexo. Cuando el sustantivo se refiere a realidades no sexuadas (ideas, lugares, etc.), el género no supone distinción de sexo.		
género gramatical	**sustantivo masculino**	**sustantivo femenino**
distinción mediante flexión La diferencia de género se marca con un morfema de flexión. Se suele utilizar *-o* para el masculino y *-a* para el femenino. Hay también morfemas propios para el femenino *-ina, -triz, -esa,-isa,* etc.	 gat*o*, perr*o*, león gallo, rey actor, emperador conde, marqués papa, sacerdote	 gat*a*, perr*a*, leon*a* gall*ina*, re*ina*, ac*triz*, empera*triz* conde*sa*, marque*sa*, pap*isa*, sacerdot*isa*
heterónimos Dos sustantivos distintos, con sendas raíces, para el masculino y el femenino.	 *padre, yerno, hombre, toro, caballo*	 *madre, nuera, mujer, vaca, yegua*
género común La diferencia de género se indica con los determinantes y adjetivos.	 *el* cónyuge, *el* cantante *el* periodista	 *la* cónyuge, *la* cantante *la* periodista
género epiceno Una forma con género único sirve para designar ambos sexos. Para expresar la diferencia se añade *macho/hembra* en los animales.	 la jirafa *macho,* el leopardo *macho*	 la jirafa *hembra,* el leopardo *hembra*
Ciertos sustantivos aceptan los dos géneros pero cambian de significado.	*el capital, el cólera, el frente*	*la capital, la cólera, la frente*

palabra que comprende una serie de rasgos semánticos comunes a un grupo de palabras (*pájaro* es un término genérico que engloba otros términos como *periquito, paloma* o *gaviota*). **4.** MAT. Se dice del elemento de un conjunto tomado en su forma general. ◆ adj. y s.m. Se dice del medicamento cuya fórmula es de dominio público y que se vende bajo su denominación común a un precio inferior al de la especialidad correspondiente. ◆ s.m. Parte de una película cinematográfica o de un programa de televisión donde se indica los nombres de las personas que han colaborado en ellos.

género s.m. (lat. *genus, -eris,* linaje, especie, género). Conjunto de personas o cosas que comparten una serie de características: *el género humano.* **2.** Clase o categoría a la que pertenece una obra artística por sus características de forma o de contenido: *género literario; género musical.* **3.** Conjunto de características que comparten un grupo de personas o cosas de un todo y que permite agruparlas para diferenciarlas de otro conjunto de ese mismo todo: *llevar un determinado género de vida.* SIN.: *clase, tipo.* **4.** Tejido o tela: *género de punto.* **5.** Mercancía. **6.** BIOL. Categoría taxonómica intermedia entre la familia y la especie. **7.** LING. Categoría gramatical de algunas clases de palabras de algunas lenguas fundada en la distinción natural de sexos o en una distinción convencional. ◇ **Género chico** Género que engloba los sainetes cómicos y de costumbres, en un acto, casi siempre con diálogos y cantables, que tuvieron su auge a fines del s. XIX y principios del XX. **Pintura de género** B. ART. Pintura que representa escenas de la vida familiar o popular o temas anecdóticos.

generosidad s.f. Cualidad de generoso.

generoso, a adj. (lat. *generosus,* noble, persona de linaje).

géneros literarios				
épica	**lírica**	**narrativa**	**drama**	
poesía	**poesía**	**prosa**	**teatro**	**obras musicales**
epopeya poema épico romance cantar de gesta	oda elegía égloga sátira canción	novela cuento relato fábula ensayo crítica crónica artículo periodístico memoria biografía	tragedia comedia drama sainete farsa	ópera zarzuela comedia musical melodrama

Que tiende a sacrificarse por los demás. **2.** Que tiende a dar a los demás lo que tiene.

genesíaco, a o **genesiaco, a** adj. Relativo o perteneciente a la génesis.

genésico, a adj. Relativo a la generación.

génesis s.f. (lat. *genesis,* del gr. *génesis,* creación). Origen o principio de algo. **2.** Proceso de formación de algo. **3.** BIOL. Proceso de formación y diferenciación de los caracteres de cada uno de los órganos y estructuras del ser vivo.

genética s.f. Parte de la biología que estudia los genes y la transmisión de los caracteres hereditarios. (Las leyes de la *genética* fueron establecidas por Gregor Mendel en 1865.)

genético, a adj. Relativo a la génesis u origen o principio de algo. **2.** BIOL. Relativo a la genética o a los genes. ◆ s. Persona que se dedica al estudio de la genética. SIN.: *genetista.* ◇ **Información genética** Información contenida en una secuencia de nucleótidos de ácidos nucleicos, ADN o ARN. **Mapa genético** Descripción de la localización de los genes conocidos en los cromosomas de una especie y de la diferencia existente entre estos y otros genes. **Psicología genética** PSICOL. Estudio del desarrollo mental del niño y del adolescente en tanto que este desarrollo explica la estructura intelectual del adulto.

genetismo s.m. Teoría psicológica según la cual la percepción del espacio se debe a la educación de los sentidos, y no es innata como propugna el nativismo.

genetista s.m. y f. Persona que se dedica al estudio de la genética. SIN.: *genético.*

genetlíaco, a o **genetliaco, a** adj. (del gr. *genethlios,* relativo al nacimiento). **Astrología genetlíaca** Parte de la astrología que estudia las estrellas en el momento del nacimiento de una persona para predecir su futuro.

genial adj. Relativo a la persona de capacidad creativa. **2.** Excelente, placentero, que causa agrado.

genialidad s.f. Capacidad creativa. **2.** Acción original o extravagante.

génico, a adj. Relativo a los genes.

geniculado, a adj. BIOL. Se dice del órgano doblado sobre sí mismo formando un ángulo y del ser que posee tales órganos: *tallo geniculado.*

genio s.m. (lat. *genius,* deidad que velaba por cada persona). Carácter, conjunto de cualidades psíquicas y afectivas que condicionan la conducta de cada ser humano, distinguiéndolo de los demás. **2.** Mal carácter: *estar de genio.* **3.** Estado de ánimo circunstancial. **4.** Habilidad extraordinaria para realizar algo: *tener genio de artista.* **5.** Persona que tiene una habilidad extraordinaria para realizar algo. **6.** Capacidad creativa. **7.** Persona que tiene capacidad creativa. **8.** Ser sobrenatural que tiene poderes mágicos. ◇ **Genio epidémico** Condiciones climáticas, bacteriológicas y fisiológicas que determinan las epidemias. **Pronto,** o **vivo, de genio** Se dice de la persona de irascibilidad fácil y poco duradera.

genipa s.f. (fr. *genipa*). Árbol de América tropical de fruto del tamaño de una naranja y pulpa blanquecina agridulce. (Con la pulpa de la genipa se preparan bebidas refrescantes; familia rubiáceas.)

genital adj. (lat. *genitalis*). Relativo al sexo y al aparato reproductor del ser humano y de los animales. **2.** PSICOANÁL. Se dice del estadio de la evolución de la libido en que esta aparece definitivamente ligada a los órganos y las funciones procreadoras. ◆ **genitales** s.m.pl. Partes externas del aparato reproductor del ser humano y de los animales.

genitales

Las dos gónadas (*ovarios* en la mujer y *testículos* en el hombre) producen los gametos. Las vías genitales comunican las gónadas con el exterior. Además de la uretra, comprenden respectivamente las dos trompas, el útero y la vagina, los canales epididímicos y los deferentes. Las vías genitales reciben las secreciones de glándulas como la próstata.

genitivo, a adj. (lat. tardío *genitivus,* natural, de nacimiento). Que puede engendrar algo. ◆ s.m. LING. Caso que indica pertenencia, posesión o materia.

genitor s.m. (lat. *genitor, -oris*). Ser vivo que engendra a otro.

genitourinario, a adj. Relativo al aparato reproductor y urinario. SIN.: *urogenital.*

genízaro s.m. Jenízaro.

genocidio s.m. Crimen cometido contra una comunidad o un grupo social por razones étnicas, políticas o religiosas.

genocidio

El término *genocidio* se creó en 1944 para calificar la empresa de exterminio de judíos y gitanos llevada a cabo durante la segunda guerra mundial por los nazis. Se empleó para designar las masacres cometidas por Turquía contra los armenios en 1915 y, más allá, para caracterizar el exterminio sistemático de las poblaciones autóctonas amerindias por parte de conquistadores europeos. Se aplica a masacres más recientes, entre ellas la de camboyanos a manos de los khmers rojos (década de 1970) y la de los tutsi por los hutu en Ruanda (década de 1990).

genol s.m. MAR. Cada una de las piezas que servía para unir las varengas con sus respectivas ligazones y formar las cuadernas de la embarcación.

genoma s.m. BIOL. Conjunto de los genes de un organismo.

genómica s.f. Conjunto de disciplinas relacionadas con el estudio de los genomas y su aplicación (terapia génica, biotecnología, etc.).

genómico, a adj. Relativo al genoma.

genoterapia s.f. Método terapéutico consistente en la inserción de determinados genes en las células del paciente.

genotipo s.m. BIOL. Conjunto de factores hereditarios constitucionales de un individuo o de una especie.

genovés, sa adj. y s. De Génova.

genovevano s.m. Canónigo regular de San Agustín de la congregación de Santa Genoveva.

gens s.f. (voz latina). Grupo de familias patricias de la antigua Roma con un antepasado común que llevaba el mismo apellido (gentilicio).

gente s.f. (del lat. *gens, gentis,* raza, familia, tribu). Conjunto de personas: *la gente acudió al estadio.* **2.** Conjunto formado por la mayoría de personas de un lugar. **3.** Clase social: *su familia es gente humilde.* **4.** *Fam.* Familia inmediata de alguien o conjunto de amigos o compañeros: *sentía nostalgia y volvió con su gente.* **5.** Persona: *este muchacho es buena gente.* **6.** Chile, Colomb., Perú y P. Rico. Gente decente, bien portada. ◇ **Gente bien** Personas de clase elevada y distinguida. **Gente de bien** Personas de buena intención y proceder. **Gente menuda** *Fam.* Niños.

gentil adj. (lat. *gentilis,* de una familia, de una nación, no judío). Que tiene buena presencia, apuesto. **2.** Amable, educado. ◆ adj. y s.m. y f. Idólatra o pagano.

gentileza s.f. Cualidad de gentil. **2.** Muestra de amabilidad y cortesía: *tuvo la gentileza de acompañarme a casa.*

gentilhombre s.m. [pl. *gentileshombres*]. Noble que servía en la casa real. **2.** Hidalgo.

gentilicio, a adj. y s.m. Se dice del nombre o adjetivo que expresa lugar de origen o nacionalidad. ◆ adj. Relativo a las gentes o naciones: *nombre gentilicio.* **2.** Relativo al linaje o familia.

gentilidad s.f. Conjunto de todos los gentiles. **2.** Religión que profesan los gentiles o idólatras. **3.** En la antigüedad, conjunto de familias patriarcales de la península Ibérica que se atribuían una ascendencia común.

gentío s.m. Conjunto numeroso de personas en un lugar.

gentleman s.m. (voz inglesa) [pl. *gentlemans* o *gentlemen*]. Hombre distinguido.

gentú s.m. Ave de plumaje gris y blanco que vive en Georgia del Sur, islas Malvinas y algunos islotes de la Antártida. (Familia esfeníscidos.)

gentuza s.f. *Desp.* Chusma.

genuflexión s.f. (lat. *genu flexio,* flexión de rodilla). Acción de doblar la rodilla en señal de reverencia, sumisión o adoración.

genuino, a adj. (lat. *genuinus,* auténtico, natural, innato). Que conserva puras sus características propias y originarias.

geobiología s.f. Ciencia que estudia las relaciones entre la evolución cósmica y geológica de la Tierra, con las condiciones de origen, la composición química y física y la evolución de la materia viva, así como con los organismos que esta última constituye.

gentilicios

Los gentilicios son adjetivos calificativos que denotan la procedencia geográfica de las personas o su nacionalidad. Se usan también como nombres. A continuación se ofrecen los gentilicios de algunos países, sin tener en cuenta regiones ni ciudades.

país	gentilicio
Afganistán	afgano
Albania	albanés
Alemania	alemán
Andorra	andorrano
Angola	angoleño
Arabia Saudí	saudí
Argelia	argelino
Argentina	argentino
Armenia	armenio
Australia	australiano
Austria	austriaco
Azerbaiján	azerbaijanés
Bangla Desh	bengalí
Bélgica	belga
Bielorrusia	bielorruso
Birmania (Myanmar)	birmano
Bolivia	boliviano
Bosnia-Herzegovina	bosnio
Brasil	brasileño
Bulgaria	búlgaro
Camboya	camboyano
Camerún	camerunés
Canadá	canadiense
Chad	chadiano
Checa (República)	checo
Chile	chileno
China	chino
Chipre	chipriota
Colombia	colombiano
Congo (República del)	congoleño
Corea (República de)	surcoreano
Corea (República democrática popular de)	norcoreano
Costa Rica	costarriqueño o costarricense
Croacia	croata
Cuba	cubano
Dinamarca	danés
Dominicana (República)	dominicano
Ecuador	ecuatoriano
Egipto	egipcio
El Salvador	salvadoreño
Eritrea	eritreo

país	gentilicio
Eslovaquia	eslovaco
Eslovenia	esloveno
España	español
Estados Unidos	estadounidense
Estonia	estonio
Etiopía	etíope
Filipinas	filipino
Finlandia	finlandés o finés
Francia	francés
Gabón	gabonés
Gambia	gambiano
Georgia	georgiano
Ghana	ghanés
Gran Bretaña	británico
Grecia	griego
Guatemala	guatemalteco
Guinea (República de)	guineano
Guinea Ecuatorial	ecuatoguineano
Haití	haitiano
Honduras	hondureño
Hungría	húngaro
India	indio
Indonesia	indonesio
Irán	iraní
Iraq	iraquí
Irlanda	irlandés
Islandia	islandés
Israel	israelí
Italia	italiano
Jamaica	jamaicano o jamaiquino
Japón	japonés
Jordania	jordano
Kazajstán	kazaco
Kenya	keniata o keniano
Kuwayt	kuwaytí
Laos	laosiano
Letonia	letón
Líbano	libanés
Liberia	liberiano
Libia	libio
Lituania	lituano
Macedonia	macedonio
Madagascar	malgache
Malaysia	malayo
Malí	malí
Malta	maltés
Marruecos	marroquí

país	gentilicio
Mauritania	mauritano
México	mexicano
Moldavia	moldavo
Mónaco	monegasco
Mongolia	mongol
Mozambique	mozambiqueño
Namibia	namibio
Nicaragua	nicaragüense
Níger	nigerino
Nigeria	nigeriano
Noruega	noruego
Nueva Zelanda	neozelandés
Países Bajos	neerlandés u holandés
Pakistán	pakistaní
Panamá	panameño
Paraguay	paraguayo
Perú	peruano
Polonia	polaco
Portugal	portugués
Puerto Rico	puertorriqueño
Rumania	rumano
Rusia	ruso
Senegal	senegalés
Serbia y Montenegro	serbo montenegrino
Sierra Leona	sierraleonés
Siria	sirio
Somalia	somalí
Sri Lanka	cingalés
Sudáfrica (República de)	sudafricano
Sudán	sudanés
Suecia	sueco
Suiza	suizo
Tailandia	tailandés
Taiwán	taiwanés
Tanzania	tanzano
Timor Oriental	timorense
Túnez	tunecino
Turkmenistán	turcomano
Turquía	turco
Ucrania	ucraniano
Uganda	ugandés
Uruguay	uruguayo
Uzbekistán	uzbeko
Venezuela	venezolano
Vietnam	vietnamita
Yemen	yemení

geobotánica s.f. Estudio de los vegetales y su relación con el medio terrestre.

geocéntrico, a adj. Relativo al centro de la Tierra como punto de referencia. **2.** Que tiene la Tierra como centro. <> **Movimiento geocéntrico** Movimiento aparente de un astro alrededor de la Tierra considerada como centro de observación.

geocentrismo s.m. Teoría astronómica antigua que defendía que la Tierra era el centro del universo.

geocronología s.f. Parte de la geología que se ocupa de determinar la edad de las rocas y los procesos geológicos.

geoda s.f. (gr. *geódis*, semejante a la tierra, de *gi*, tierra, y *eidos*, figura). Cavidad de una roca tapizada interiormente de cristales minerales. **2.** MED. Cavidad patológica en el interior de un hueso.

geodesia s.f. (gr. *geodaisía*, de *gi*, tierra, y *daíein*, partir). Ciencia que estudia la forma y dimensiones de la Tierra, su campo de gravedad y las variaciones eventuales de este en el tiempo.

geodésico, a adj. Relativo a la geodesia. <> **Línea geodésica** La línea más corta que une dos puntos de una superficie.

geodinámica s.f. Parte de la geología que estudia los procesos evolutivos que afectan a la Tierra y analiza las fuerzas que se derivan de ellos.

geoestacionario, a adj. ASTRONÁUT. Se dice del satélite artificial que describe una órbita directa, ecuatorial y circular alrededor de la Tierra, con igual período de revolución.

geofagia s.f. MED. Hábito de comer tierra o sustancias similares no nutricias.

geófago, a adj. y s. Que come tierra.

geofísica s.f. Parte de la geología que aplica los principios de la física al estudio de la estructura del globo terrestre y de los fenómenos que se producen en él. (La geofísica se divide en *geofísica interna* [geodesia, sismología, etc.] y *geofísica externa* [hidrología, oceanología física y meteorología].)

geofísico, a adj. Relativo a la geofísica. ◆ s. Especialista en geofísica.

geognosia s.f. (del gr. *gi*, tierra, y *gnosis*, conocimiento). Parte de la geología que estudia la composición, estructura y disposición de los elementos que integran la Tierra.

geografía s.f. (gr. *geographía*). Ciencia que estudia y describe los fenómenos físicos y humanos en la superficie de la Tierra.

---

geografía

La geografía es la ciencia que trata de la organización del espacio terrestre (continental y, eventualmente, marítimo) desde los puntos de vista del hábitat y de la población (*geografía humana* en sentido estricto), de la producción y de los transportes (*geografía económica*). La geografía, en su investigación explicativa, recurre a diversas disciplinas. El estudio de las condiciones que ofrece el medio natural se sirve de la geomorfología, la climatología, la biogeografía, la edafología (disciplinas que, en ocasiones, se agrupan bajo la denominación de *geografía física*). A pesar de ello, la comprensión de la organización del espacio requiere también de la colaboración de la historia, la sociología, la economía y la demografía. La geografía, auténtica ecología humana y disciplina de síntesis, se sitúa así en la encrucijada de las ciencias de la Tierra y de las ciencias humanas clásicas.

---

geoide s.m. Superficie ideal de la Tierra, que es normal a la vertical del lugar y que coincide con el nivel medio de los mares, haciendo abstracción de las mareas. (Corresponde convencionalmente a la altitud cero.)

geología s.f. Ciencia que estudia y describe los materiales que forman el globo terrestre, las transformaciones y evolución de la Tierra y los fósiles.

---

geología

La geología busca comprender la naturaleza, distribución, historia y génesis de los constituyentes de la Tierra. Sus objetos de estudio pertenecen a distintos niveles de organización: el cristal y el mineral, la roca, el conjunto rocoso (plutonismo, estratigrafía), el conjunto estructural (base sedimentaria, dorsal oceánica, etc.), la placa litosférica, la relación entre las diferentes partes de la Tierra. El estudio de estos objetos diferentes concierne a la *cristalografía*, la *mineralogía*, la *petrología*. La *geodinámica* se ocupa en particular de fenómenos que afectan a los conjuntos rocosos. La *tectónica* estudia las deformaciones (pliegues, fallas, etc.) de las zonas superficiales de la Tierra. Intermediaria entre la biología y la geología, la *paleontología* se divide en paleontología animal y vegetal, micropaleontología y paleontología humana. Las necesidades económicas, sociales e industriales han obligado al desarrollo de una geología aplicada: hidrogeología y geología del ambiente, mecánica de suelos y de las rocas, prospección minera (estudio de yacimientos, metalogenia), explotación de minas y canteras, metalurgia, geología de petróleos o de carbones, etc.

---

geológico, a adj. Relativo a la geología.

geólogo, a s. Persona que se dedica a la geología.

geomagnetismo s.m. Magnetismo terrestre.

geomancia o **geomancía** s.f. (del gr. *ge*, tierra, y *manteía*, adivinación). Adivinación mediante la observación de las figuras que se forman con tierra, polvo, piedras, etc., lanzados al azar sobre una superficie lisa.

geómetra s.m. y f. Persona que se dedica a la geometría.

geometría s.f. (gr. *geometría*, agrimensura, geometría). Parte de las matemáticas que estudia las relaciones entre puntos, rectas, curvas, superficies y volúmenes del espacio. <> **Geometría analítica** Estudio de las figuras por medio del álgebra, gracias al empleo de coordenadas. **Geometría de** n **dimensiones** Geometría que opera en un espacio de *n* dimensiones, pudiendo ser *n* superior a tres. **Geometría del espacio,** o **de tres dimensiones** Geometría que corresponde a la representación intuitiva del espacio que incluye tres dimensiones. **Geometría descriptiva** Estudio de las figuras del espacio a partir de sus proyecciones ortogonales sobre dos planos perpendiculares entre sí. **Geometría diferencial** Estudio de las curvas y de las superficies con ayuda del cálculo infinitesimal. **Geometría elemental** Geometría que trata un programa tradicionalmente limitado a la recta, el círculo y las cónicas, sin recurrir a un sistema de coordenadas. **Geometría plana,** o **de dos dimensiones** Geometría que trata del estudio de las figuras en un plano. **Geometría proyectiva** Geometría que estudia las propiedades proyectivas de las figuras.

geométrico, a adj. Relativo a la geometría. <> **Abstracción geométrica,** o **fría** Tendencia artística del s. XX que experimenta sistemáticamente el poder estético de las líneas, de las figuras geométricas y del color. **Estilo geométrico** Período del arte griego (1050-725 a.C.) que alcanzó su apogeo en el s. VIII y que se define por el carácter geométrico de la decoración en la cerámica.

geométrido, a adj. y s.m. Relativo a una familia de mariposas nocturnas o crepusculares como las falenas, perteneciente al orden lepidópteros.

geomorfogénesis s.f. GEOMORFOL. Creación y evolución de las formas del relieve terrestre.

geomorfología s.f. Parte de la geografía física que estudia y describe el relieve terrestre y su evolución.

geomorfólogo, a s. Persona que se dedica a la geomorfología.

geopolítica s.f. Estudio de las relaciones entre los elementos geográficos y la política de los estados.

geoquímica s.f. Ciencia que estudia la cantidad absoluta y relativa de los elementos e isótopos, su distribución y sus migraciones, en todo el globo terráqueo.

geoquímico, a s. Persona que se dedica a la geoquímica.

georgiano, a adj. y s. De Georgia. ◆ s.m. Lengua caucásica hablada en la república de Georgia.
geórgica s.f. (lat. *georgica,* del gr. *georgós,* agricultor, y *ergon,* obra). Obra literaria que trata temas relacionados con la agricultura.
geórgico, a adj. Relativo a la agricultura.
geosfera s.f. Parte de la Tierra en la que viven los seres vivos. (Comprende la atmósfera, la hidrosfera y la parte externa de la litosfera.)
geosinclinal s.m. Fosa amplia de las zonas orogénicas de la corteza terrestre, que va hundiéndose progresivamente bajo el peso de los sedimentos que se acumulan en ella y cuyo plegamiento interior finaliza con la formación de una cadena montañosa. (La teoría del geosinclinal, que explicaba el origen de los continentes y los océanos, ha sido sustituida por la teoría de la tectónica de placas.)
geosinónimo s.m. LING. Palabra que tiene el mismo significado que otra, pero con distinta distribución geográfica (por ej., en América Central y México llaman *frijol* a la planta que en América Meridional llaman *poroto* y que en España llaman *judía* o *alubia*).
geostrófico, a adj. Se dice del viento que circula paralelo a las isobaras.
geotaxis s.f. ETOL. Movimiento de orientación de un organismo debido a la acción de la gravedad.
geotecnia s.f. Parte de la geología que estudia las propiedades de los suelos y de las rocas en función de proyectos de construcción.
geotermia s.f. Conjunto de los fenómenos térmicos internos del globo terrestre. **2.** Estudio científico de estos fenómenos, considerados como una fuente de energía.
geotérmico, a adj. Relativo a la geotermia. ◇ **Grado geotérmico** Profundización terrestre necesaria para alcanzar un aumento de temperatura de 1 °C. (Es del orden de unos 33 m en la capa superficial.)
geotextil s.m. Producto o artículo textil utilizado en ingeniería.
geotropismo s.m. Orientación del crecimiento de los órganos vegetativos de las plantas debida a la fuerza de la gravedad. **2.** ETOL. Movimiento de orientación de algunas especies, provocado por la fuerza de la gravedad. (El mantenimiento de la posición vertical en el hombre se debe a un *geotropismo negativo.*)
gépido, a adj. y s. De un pueblo germánico de Europa central que fue empujado por los hunos hacia occidente y destruido en el s. VI por los lombardos.
geral adj. **Lingua geral** Dialecto tupí de Brasil convertido en *lingua franca* por los misioneros.
geranio s.m. (gr. *geránion*). Planta herbácea de tallo carnoso y hojas grandes, cultivada por sus flores ornamentales. (Familia geraniáceas.) **2.** Flor de esta planta, de colores vivos.
gerencia s.f. Cargo y gestión del gerente. **2.** Oficina del gerente. **3.** Tiempo que una persona ocupa este cargo.
gerente s.m. y f. (lat. *gerens, -tis,* quien gestiona). Persona que dirige, administra y representa una empresa o sociedad y en la que se personifican sus órganos directores.
geriatra s.m. y f. Médico especialista en geriatría.
geriatría s.f. Parte de la medicina que estudia las enfermedades de la vejez. **2.** Conjunto de medios con los que se retarda la aparición de la senilidad.
geriátrico, a adj. Relativo a la geriatría. ◆ s.m. Residencia de ancianos.
gerifalte s.m. (fr. ant. *girfalt*). Halcón de unos 60 cm de long., de plumaje marrón claro o blanco, que vive en las regiones árticas y se alimenta de roedores y aves marinas. (En cetrería, representaba el ave noble por excelencia, reservada a reyes y príncipes; familia falcónidos.) **2.** *Fam.* Persona poderosa, especialmente si ocupa un cargo importante.
germanesco, a adj. De la germanía.
germanía s.f. (cat. *germania,* hermandad). Jerga española propia del hampa. **2.** Jerga española propia del hampa de los ss. XVI y XVII.
germánico, a adj. y s. De Germania. **2.** De Alemania o de sus habitantes. ◆ s.m. Rama del indoeuropeo de la que surgieron el inglés, el alemán, el neerlandés y las lenguas escandinavas.
germanio s.m. (del lat. *Germania,* Alemania). Metal de color gris, muy frágil, parecido al silicio. **2.** Elemento químico (Ge), de número atómico 32 y masa atómica 72,61. (El germanio se utiliza en la fabricación de semiconductores.)
germanismo s.m. Palabra o expresión propias de la lengua alemana que han sido incorporados a otra lengua.
germanista s.m. y f. Especialista en lengua, cultura y civilización alemanas o germánicas.
germanita s.f. MINER. Sulfuro de hierro, cobre y germanio Cu_6FeGeS_8, cúbico, de brillo metálico rosa violado y opaco, hasta en el polvo muy fino.
germanizar v.tr. y prnl. Hacer que alguien o algo adquiera carácter alemán.
germano, a adj. y s. De un pueblo indoeuropeo originario de Escandinavia meridional, que emigró hacia la zona comprendida entre el Vístula y el Rin en el primer milenio a.C. **2.** Alemán. ◆ adj. Relativo a la germanía.

germano

Los germanos (godos, vándalos, burgundios, suevos, francos, etc.) se establecieron en el centro y norte de Europa en los ss. I y II d.C. y establecieron relaciones con Roma, a la que proporcionaban esclavos y mercenarios. A mediados del s. II, los germanos invadieron el norte de Italia y de los Balcanes; fue el preludio de varios siglos de invasiones en occidente, en los que los germanos acabaron por formar varios reinos (s. V).

germanófilo, a adj. y s. Que siente simpatía o admiración por todo lo que tiene carácter alemán.
germanófobo, a adj. y s. Que siente antipatía por todo lo que tiene carácter alemán.
germen s.m. (lat. *germen, -inis*). Estado simple y primitivo del que deriva todo ser viviente (huevo, embrión, plántula, espora, etc.). **2.** Primer tallo que brota de una semilla. **3.** Causa, origen de alguna cosa: *el germen de un error.* **4.** MED. Microbio patógeno causante de una enfermedad.
germicida adj. y s.m. Que mata gérmenes.
germinación s.f. Desarrollo del germen contenido en una semilla, que pone fin al estado de vida latente o anhidrobiosis.
germinador, ra adj. Que tiene la facultad de hacer germinar.
germinal adj. Relativo al germen.
germinar v.intr. (lat. *germinare,* brotar, germinar). Desarrollar su germen una semilla o una planta. **2.** *Fig.* Empezar a desarrollarse algo: *una idea ha germinado en su mente.*
germinativo, a adj. Que es capaz de germinar o provocar la germinación. ◇ **Facultad germinativa** o **poder germinativo** Facultad de una semilla que todavía está viva y es capaz de germinar cuando se encuentra en un medio favorable.
gerocultor, a s. Persona que tiene por oficio cuidar de ancianos en un geriátrico.
gerontocracia s.f. Sistema de gobierno en el que el poder político lo ejercen los ancianos.
gerontofilia s.f. Atracción sexual hacia personas ancianas.
gerontología s.f. Estudio de la vejez y de los fenómenos del envejecimiento en sus diversos aspectos, morfológicos, fisiopatológicos (geriatría), psicológicos, sociales, etc.
gerundense adj. y s.m. y f. De Gerona.
gerundio s.m. (lat. *gerundium,* de *gerundus,* lo que se ha de llevar a cabo). LING. **a.** Forma verbal del latín que proporciona una especie de flexión al infinitivo. **b.** Forma no personal del verbo que realiza función adjetiva o adverbial.

gerundivo s.m. LING. Forma verbal latina que equivale a un participio de futuro pasivo con carácter atributivo o predicativo.

gerusia s.f. Órgano principal del gobierno de Esparta, integrado por ancianos.

gesta s.f. (lat. *gesta,* pl. de *gestus, -us,* actitud o movimiento del cuerpo). Hazaña o conjunto de hechos memorables de algún personaje o de un pueblo.

gestación s.f. (lat. *gestatio,* acción de llevar). Proceso del desarrollo del embrión de las hembras vivíparas desde su concepción hasta el parto. **2.** Tiempo que dura este proceso, que varía entre los 13 días en el oposum y los 640 días en el elefante. **3.** Embarazo de la mujer. **4.** *Fig.* Período de elaboración de algo: *la gestación de una obra teatral.*

gestar v.tr. Estar una hembra en período de gestación. ◆ v.tr. y prnl. Preparar o desarrollar un suceso, obra, etc.: *se gestaba una revolución.*

gestatorio, a adj. Que ha de ser llevado en brazos: *silla gestatoria.*

gesticulación s.f. Acción y efecto de gesticular.

gesticulador, ra adj. Que gesticula. SIN.: *gestero.*

gesticular v.intr. Hacer gestos.

gestión s.f. (lat. *gestio, -onis,* acción de llevar algo a cabo). Acción de gestionar, administración. ◇ **Gestión de negocios ajenos** Cuasicontrato que consiste en la intervención voluntaria de una persona en los negocios e intereses de un tercero, sin que exista oposición por parte de este. **Gestión presupuestaria** FIN. Sistema que consiste en aplicar todos los gastos e ingresos al presupuesto del año en que se han producido sin tener en cuenta el año en que han sido adoptados.

gestionar v.tr. Hacer diligencias para la consecución de algo o la tramitación de un asunto. **2.** Administrar una empresa o entidad.

gesto s.m. (lat. *gestus, -us,* actitud o movimiento del cuerpo). Expresión del rostro que es reflejo de un estado de ánimo. **2.** Movimiento de una parte del cuerpo con el que generalmente se expresa algo: *hizo un gesto desdeñoso con la mano.* **3.** Acción que demuestra un sentimiento, especialmente amabilidad o generosidad. ◇ **Hacer un mal gesto** Hacer un movimiento que cause dolor muscular. **Torcer el gesto** Poner expresión de enojo o disgusto.

gestor, ra adj. y s. (lat. *gestor, -oris,* quien lleva algo, administrador). Que gestiona. ◆ s. Gestor administrativo, persona que tiene por oficio gestionar y resolver asuntos de otras personas en las oficinas públicas.

gestoría s.f. Oficina del gestor.

gestual adj. Relativo al gesto. ◇ **Pintura gestual** Técnica pictórica que da una importancia fundamental a la velocidad de ejecución y a la espontaneidad del gesto, especialmente en el expresionismo abstracto y en la abstracción lírica.

gestudo, a adj. Que suele poner mala cara.

geta adj. y s.m. y f. De un pueblo tracio establecido entre los Balcanes y el Danubio, sometido por Darío I en 513 a.C., que acabó fusionándose con los dacios.

gétulo, a adj. y s. De un antiguo pueblo berberisco nómada del S del Sahara. (Se aliaron con Yugurta contra los romanos y fueron derrotados [6 a.C.])

géyser s.m. → **géiser.**

ghanés, sa adj. y s. De Ghana.

ghetto s.m. → **gueto.**

giba s.f. (lat. *gibba*). Joroba, deformidad.

gibar v.tr. Hacer que algo tenga forma curva. **2.** Esp. *Fig.* y *fam.* Fastidiar, molestar.

gibelino, a s. y adj. (ital. *ghibellino*). HIST. Partidario de los emperadores romanogermánicos en la Italia medieval, por oposición a los *güelfos,* partidarios de los papas y de la independencia de Italia.

gibelote s.m. (fr. *gibelotte*). Guiso de conejo con vino blanco.

giberelina s.f. Sustancia orgánica extraída de un hongo parásito que acelera el crecimiento y la germinación de numerosas especies de plantas.

gibón s.m. Simio arbóreo de 1 m de long., de largos brazos y desprovisto de cola, que vive en la India y Malaysia.

gibosidad s.f. MED. Deformidad de la columna vertebral en la que existe una curvatura exagerada de una de sus partes.

giboso, a adj. y s. (lat. *gibbosus*). Que tiene giba o corcova.

gibraltareño, a o **jibraltareño, a** adj. y s. De Gibraltar.

giennense adj. y s.m. y f. → **jiennense.**

1. **giga** s.f. (fr. ant. *gigue*). Instrumento musical de cuerdas frotadas, de tapa armónica ovalada y de mango corto, de gran importancia desde el s. XII hasta el s. XVI. **2.** Danza popular antigua originaria de Gran Bretaña, de movimiento vivo y ritmo ternario, con la que generalmente terminaba la suite. **3.** Música de esta danza.

2. **giga** prefijo (sím. G) que, colocado delante de una unidad de medida, la multiplica por 109 o, en informática, por 230.

3. **giga** s.m. (apócope). *Fam.* Gigabyte.

gigabyte s.m. Medida de la memoria de una computadora que es igual a 1 073 741 824 bytes.

1. **gigante** adj. (lat. *gigas, -antis,* del gr. *gigas, -antos*). Que es muy grande, inmenso. ◆ s. Persona que sobresale en una actividad: *Bolívar fue un gigante del arte militar.*

2. **gigante, a** s. Ser fabuloso de enorme estatura que aparece en cuentos, fábulas y leyendas. **2.** Persona con una estatura muy superior a lo que se considera normal. **3.** Figura de madera y cartón de gran tamaño que interviene en algunas fiestas populares.

gigantesco, a adj. (fr. *gigantesque,* del ital. *gigantesco*). Inmenso, muy grande. **2.** Relativo a los gigantes. **3.** *Fig.* Excesivo o muy sobresaliente en su línea: *una obra gigantesca.*

gigantismo s.m. Desarrollo excesivo de las dimensiones del cuerpo o de alguna de sus partes. **2.** Desarrollo excesivo de una cosa: *gigantismo de una célula.*

gigantomaquia s.f. (gr. *gigantomakhía,* de *gigas, -antos,* gigante, y *mákhesthai,* pelear). Combate mitológico de los gigantes contra los dioses del Olimpo.

gigantón, na s. Gigante, figura de gran tamaño de algunas fiestas populares.

gigoló s.m. (fr. *gigolo*). Amante joven de una mujer, generalmente de edad madura y rica, que lo mantiene económicamente.

gigote s.m. (fr. *gigot,* muslo de carnero). Guiso de carne picada que se fríe en manteca a fuego lento. **2.** Comida cortada en pedazos pequeños.

gijonés, sa adj. y s. De Gijón. SIN.: *gijonense.*

gil, la adj. Argent., Chile y Urug. *Fam.* Tonto, incauto, papanatas.

gilí adj. (caló *jili,* inocente, cándido). Tonto, chiflado.

gilipollas s.m. y f. y adj. (pl. *gilipollas*). Persona estúpida o tonta.

gilipollez s.f. *Fam.* Dicho o hecho propios de un gilipollas.

gilvo, a adj. y s.m. (lat. *gilvus,* amarillo pálido). Se dice del color marrón como el de la miel. ◆ adj. Que es de este color.

gimnasia s.f. (gr. *gymnasía*). Conjunto de ejercicios físicos adecuados para fortalecer y desarrollar el cuerpo. **2.** Conjunto de ejercicios encaminados a desarrollar una facultad intelectual: *gimnasia intelectual.* ◇ **Gimnasia artística,** o **deportiva** Disciplina competitiva de gimnasia que se practica utilizando una serie de aparatos, como el potro, las anillas o las barras asimétricas o paralelas. **Gimnasia correctiva** Gimnasia destinada al tratamiento de algunas anomalías musculares y malformaciones. **Gimnasia rítmica** DEP. Disciplina de gimnasia femenina que se practica con acompañamiento musical y que utiliza diversos complementos, como cintas, pelotas, aros, cuerdas, mazas, etc.

gimnasio s.m. (lat. *gymnasium,* escuela, gimnasio, del gr. *gymnásion,* de *gymnázein,* hacer ejercicios físicos). Establecimiento y sala en que se practica gimnasia y otros deportes. **2.** Centro de enseñanza media, en Alemania, Suiza y otros países. **3.** ANT. GR. Edificio público destinado inicialmente a

gigantes del mundo animal y vegetal

especies vivas	
mamíferos	
rorcual azul	longitud: 33 m peso: 130 t
elefante africano	altura: 4 m peso: 6 t
jirafa	altura: 6 m
foca, llamada elefante marino	longitud: 6 m peso: 3 t
oso de Alaska	longitud: 3,5 m peso: 1 t
aves	
avestruz	altura: 2,5 m peso: 120 kg
albatros aullador	envergadura: 3,5 m
reptiles	
anaconda	longitud: 8 m
tortuga marina	longitud: 2,4 m peso: 500 kg
cocodrilo marino	longitud: 7 m peso: 1 t
crustáceos	
cangrejo *Macrochirus*	envergadura de las patas: 4 m
moluscos	
calamar gigante	longitud total: 17 m
gusanos	
parásito del cachalote	longitud: 8,4 m diámetro: 1 cm
nemerte gigante	longitud: 30 m
cnidarios	
medusa *Cyanea capillata*	diámetro: 2 m longitud de los tentáculos: 40 m
plantas y árboles	
secuoya	altura: 110 m circunferencia: 40 m
eucalipto	altura: 110 m
raflesia	diámetro de la flor: 1 m
palmera rota	longitud (lianas): 300 m
especies desaparecidas	
mamíferos terrestres	
balunchitherium	longitud: 10 m altura: 5 m peso: 20 t
aves	
dinornis	altura: 3,5 m
teratornis (buitre)	envergadura: 5 m
reptiles	
diplodocus	longitud: 27 m peso: 20 t
brachiosaurus	longitud: 25 m altura: 12 m peso: 80 t
tyrannosaurus	longitud: 13 m altura: 5 m
quetzalcoatlus (reptil volador)	envergadura: 11 m peso: 40 kg

los ejercicios físicos y que luego se convirtió en un centro de vida intelectual.

gimnasta s.m. y f. (gr. *gymnástis*). Deportista que practica la gimnasia.

gimnástico, a adj. Relativo a la gimnasia. ◇ **Paso gimnástico** Paso lento de carrera.

gímnico, a adj. Relativo a las luchas de los atletas.

gimnosofista s.m. Nombre dado por los griegos de la antigüedad a ciertos ascetas de la India.

gimnospermo, a adj. y s.f. Relativo a una subdivisión de plantas arbóreas fanerógamas que llevan las semillas en un fruto abierto, a la que pertenecen las coníferas.

gimnoto s.m. Pez de agua dulce de América del Sur parecido a la anguila, una de cuyas especies, que alcanza los 2,50 m de long., paraliza a sus presas produciendo fuertes descargas eléctricas.

gimotear v.intr. *Fam.* Gemir, quejarse o llorar sin causa justificada. **2.** Hacer gestos de iniciar a llorar, pero sin llegar a hacerlo.

gimoteo s.m. *Fam.* Acción de gimotear.

gin s.m. (voz inglesa). Ginebra.

ginandromorfismo s.m. Presencia simultánea de caracteres sexuales masculinos y femeninos yuxtapuestos en un mismo individuo.

ginebra s.f. (cat. *ginebra*). Aguardiente de semillas fermentadas, aromatizado con bayas de enebro y otras materias.

ginebrino, a adj. y s. De Ginebra. SIN.: *ginebrés.*

gineceo s.m. (lat. *gynaeceum,* del gr. *gynaikeión*). Lugar de las casas griegas de la antigüedad reservado a las mujeres. **2.** BOT. Verticilo floral formado por los pistilos.

ginecología s.f. Parte de la medicina que estudia las enfermedades propias de la mujer.

ginecológico, a adj. Relativo a la ginecología.

ginecólogo, a s. Médico especialista en ginecología.

ginecomastia s.f. Desarrollo anormal de las glándulas mamarias en el hombre.

gineta s.f. → **1. jineta.**

gin fizz s.m. Cóctel elaborado con ginebra, zumo de limón, soda y azúcar.

gingival adj. (del lat. *gingiva,* encía). Relativo a las encías.

gingivitis s.f. Inflamación de las encías.

ginkgo s.m. Árbol originario de China que se considera sagrado en Extremo oriente, con hojas en forma de abanico y del que se prescriben sus extractos contra los trastornos vasculares.

ginsén o **ginseng** s.m. Planta herbácea de flores amarillas cuya raíz del mismo nombre posee cualidades tónicas. (Familia araliáceas.)

gin tonic s.m. Bebida hecha con ginebra y agua tónica.

giobertita s.f. Magnesita.

gira s.f. Serie de actuaciones de un artista o de un conjunto de artistas en diferentes poblaciones. **2.** Viaje o excursión de una o varias personas por distintos lugares, para volver al punto de partida.

girada s.f. Giro, acción de girar.

giralda s.f. Veleta de una torre con forma humana o de animal.

girándula s.f. (ital. *griandola*). Candelabro de sobremesa con varios brazos y adornado con colgantes de cristal. **2.** Dispositivo giratorio que se pone en una fuente para que arroje chorros de agua. **3.** Rueda de cohetes o fuegos artificiales que gira en un plano horizontal.

girar v.intr. (lat. *gyrare,* de *gyrus,* movimiento circular). Dar vueltas algo sobre su eje o alrededor de un punto. **2.** Desviar o variar una persona o cosa su dirección. **3.** *Fig.* Desarrollar una conversación, negocio, trato, etc., en torno a un tema o interés determinado. ◆ v.tr. Expedir una orden de pago, en especial una letra de cambio. **2.** Enviar una cantidad de dinero a través del servicio de correos o de telégrafos. ◇ **Girarla** Méx. *Fam.* Ocuparse de una actividad determinada, cumplir cierta función, papel, etc.: *¿de qué la giras en la obra?*

girasol s.m. Planta herbácea de flores grandes y amarillas del mismo nombre, que giran siguiendo al sol, y que se cultiva por sus semillas, de las que se extrae un aceite de mesa y un orujo utilizado en la alimentación del ganado. (Familia compuestas.) **2.** Variedad de ópalo lechoso y azulado.

giratorio, a adj. Que puede girar.

giravión s.m. Aeronave de alas giratorias que se sustenta por la rotación de uno o varios rotores con eje de giro casi vertical.

girino s.m. (lat. *gyrinus,* del gr. *gyrinos,* renacuajo). Insecto coleóptero de 5 mm de long., que vuela sobre la superficie de las aguas dulces estancadas.

1. **giro** s.m. (lat. *gyrus,* del gr. *gyros,* círculo). Acción y efecto de girar. **2.** Movimiento circular. **3.** Dirección o aspecto que toma una conversación, un asunto, un negocio, etc. **4.** Transferencia de fondos o dinero por medio de letras de cambio, cheques u otros instrumentos de pago: *giro postal; giro telegráfico.* **5.** Estructura especial de la frase o manera de estar ordenadas sus palabras para expresar un concepto: *este giro parece calderoniano.*

2. **giro, a** adj. Amér. Se dice del gallo que tiene el plumaje amarillo en el cuello y las alas. **2.** Argent., Chile y Colomb. Se dice del gallo o la gallina en cuyo plumaje se entremezclan el rojo, el amarillo y el negro.

girocompás s.m. Aparato de orientación que contiene un giroscopio accionado eléctricamente y cuyo eje conserva una dirección invariable.

girodino s.m. Giravión en que el rotor, accionado por un motor, asegura la sustentación y los movimientos verticales del aparato, mientras que la traslación horizontal se obtiene mediante propulsores independientes.

girola s.f. (fr. ant. *charole,* de *carole,* procesión religiosa, la girola donde se realiza la procesión). Espacio transitable que rodea la cabecera de la nave central de algunas iglesias, especialmente las góticas, y une las naves laterales.

giroláser s.m. Giroscopio sin piezas mecánicas, fundado en las propiedades de la óptica del láser que se utiliza en aeronáutica.

girómetro s.m. Aparato que sirve para indicar los cambios de dirección de un avión.

girondino, a adj. y s. Relativo a los Girondinos, grupo político que actuó durante la Revolución francesa.

giropiloto s.m. AERON. Compás giroscópico que acciona por relés el mecanismo de dirección de un aparato.

giroscópico, a adj. Relativo al giroscopio: *aguja giroscópica; compás giroscópico.*

giroscopio s.m. (de *giro* y el gr. *skopein,* mirar). Aparato formado por un rotor de masa elevada que, animado de un movimiento de rotación alrededor de uno de sus ejes, puede ser desplazado de cualquier forma sin que la dirección de su eje de rotación resulte modificada.

giróstato s.m. Sólido animado de un movimiento de rotación rápido alrededor de su eje.

giróvago, a adj. (lat. *gyrovagus,* de *gyrus,* giro, y *vagus,* vagabundo). Vagabundo. ◆ adj. y s. Se dice del monje que vagaba de uno en otro monasterio por no sujetarse a la vida regular de los anacoretas y cenobitas.

gis s.m. Méx. Tiza.

gitanada s.f. Acción o dicho propios de gitano.

gitanear v.intr. Halagar con gitanería para conseguir algo. **2.** Proceder engañosamente en la compra o venta de algo.

gitanería s.f. Cualidad de gitano. **2.** Gitanada. **3.** Conjunto de gitanos.

gitanesco, a adj. Propio de gitano.

gitanismo s.m. Costumbres y maneras que caracterizan a los gitanos. **2.** Palabra o giro propio de la lengua de los gitanos.

gitano, a adj. y s. De un pueblo en gran parte nómada que, procedente de la India, se estableció en épocas distintas en el norte de África, Europa y posteriormente en América y Australia. **2.** *Fig.* Que tiene gracia y arte para ganarse las voluntades de otros. **3.** *Fig.* y *desp.* Que actúa con engaño. ◆ s.m. Romaní.

gitano

Los gitanos llegaron a España según parece, en dos etapas: a través de Francia, por Cataluña (s. XV), y a través del norte de África. Su asimilación ha sido en general difícil, como lo prueban diversas persecuciones, desde la pragmática de 1499, derogada por Carlos III. La cultura gitana ha tenido especial desarrollo en Andalucía con fuerte influencia en su folclore. Su organización social es patriarcal y se basa en la fidelidad al jefe y al esposo, así como el respeto a la palabra dada. Su lengua es el romaní o cíngaro (en España, caló). La población gitana de Europa se estima en 12 millones aprox., la mayoría en Europa central y oriental; en España son unos 550 000.

glabela s.f. ANAT. Punto del hueso frontal situado entre los dos arcos ciliares.

glabro, a adj. (lat. *glaber, -bra, -brum,* lampiño). Desprovisto de pelos y glándulas: *planta de tallo glabro.*

glaciación s.f. Conjunto de fenómenos de glaciarismo que, a consecuencia de una acusada y permanente disminución de la temperatura, se han presentado en grandes extensiones de la superficie terrestre y en diversas épocas de la historia geológica.

glacial adj. (lat. *glacialis,* de *glacies,* hielo). Helado, muy frío: *zona glacial.* **2.** Que hace helar o helarse: *viento glacial.* **3.** *Fig.* Frío, impasible o indiferente: *acogida glacial.* **4.** QUÍM. Cristalizado o que puede cristalizar en cristales que tienen aspecto de hielo. <> **Período glacial** Período geológico caracterizado por el desarrollo de los glaciares.

glacialismo s.m. Descenso de la temperatura de una región que comporta la formación de glaciares.

glaciar s.m. (fr. *glacier*). Acumulación de nieve transformada en hielo que avanza con movimientos lentos y continuos, y cubre vastas zonas en las regiones polares (*inlandsis* o *glaciar continental*), fluye por los valles (*glaciar de montaña* o *de valle*) o se extiende en forma de lóbulo al salir de una montaña (*glaciar de pie de monte*). ◆ adj. Relativo a los glaciares. <> **Erosión glaciar** Trabajo de desgaste, transporte y acumulación de materiales, efectuado por las lenguas de los glaciares de montaña. **Régimen glaciar** Régimen de un curso de agua que se caracteriza por la subida de aguas en verano (fusión de los glaciares) y el descenso en invierno (retención nival y glaciar).

glaciarismo s.m. Modelado del relieve que se deriva del glacialismo.

glaciología s.f. Ciencia que estudia los glaciares.

glacis s.m. (fr. *glacis,* de *glacer,* helar, resbalar). FORT. Terreno descubierto dispuesto en pendiente suave a partir de los elementos exteriores de una fortaleza. **2.** GEOL. Superficie de erosión en pendiente suave, desarrollada al pie de los relieves montañosos en las regiones semiáridas o periglaciales.

gladiador s.m. (lat. *gladiatorem,* de *gladium,* espada). Hombre que combatía con armas contra otros o contra animales feroces en el circo romano.

gladiolo o **gladíolo** s.m. (lat. *gladiolus,* espada pequeña, espadaña). Planta herbácea bulbosa, cultivada por sus flores del mismo nombre de colores variados. (Familia iridáceas.)

glagolítico, a adj. Se dice de la escritura utilizada en los primeros monumentos de la literatura eslava.

glam adj. y s.m. Se dice de un estilo musical de la década de 1970, variante del rock y del pop, caracterizado por la provocación y la imagen ambigua (maquillaje, pelucas, etc.) de sus intérpretes.

glamour s.m. (voz inglesa). Encanto, atractivo de carácter sensual y sofisticado, generalmente relacionado con el espectáculo y la moda.

glande s.m. (del lat. *glans, -dis,* bellota). Extremidad abultada del pene donde se encuentra el orificio de la uretra. **2.** Bellota envuelta por la cúpula.

glándula s.f. (lat. *glandulam,* amígdala). Órgano cuyas células producen una secreción que desempeña diversas funciones en el organismo. (Se distinguen las *glándulas endocrinas* y las *glándulas exocrinas.*)

glandular adj. Relativo a las glándulas.

glasé s.m. (fr. *glacé,* p. de *glacer,* dar un barniz parecido a una superficie de hielo). Tela de seda muy brillante.

glaseado, a adj. Brillante, lustroso: *papel glaseado.*

glaseamiento s.m. Acción de satinar o glasear papeles, tejidos, pieles, etc. SIN.: *glaseo.*

glasear v.tr. Dar brillo a la superficie de algunas cosas, como papel, telas, etc. **2.** Recubrir un pastel u otro dulce con una mezcla líquida azucarada.

glásnost s.f. (voz rusa). Política de libertad de expresión y transparencia informativa, dentro de las reformas políticas (perestroika) emprendidas en la URSS a partir de 1985 bajo la dirección de M. S. Gorbachov.

glasto s.m. (lat. *glastum*). Planta herbácea de flores amarillas pequeñas, cuyas hojas grandes y lanceoladas, proporcionan el azul de índigo. (Familia crucíferas.)

glauco, a adj. (lat. *glaucus,* del gr. *glaykós,* brillante, glauco). Verde claro.

glaucoma s.m. MED. Enfermedad del ojo caracterizada por un aumento de la presión interior que produce un dolor agudo y, a veces, una pérdida del campo de visión.

glauconita s.f. Silicato hidratado de hierro y potasio, de color verde intenso.

gleba s.f. (lat. *gleba*). Masa de tierra que se levanta con el arado. **2.** Tierra de cultivo. **3.** HIST. Terreno al que estaban adscritos determinados colonos y posteriormente los siervos.

glena s.f. ANAT. Cavidad articular donde se encaja un hueso.

glía s.f. HISTOL. Variedad del tejido nervioso, constituido por la neuroglia, de acción principalmente de sostén, y la microglia.

glial adj. Relativo a la glía.

glicemia s.f. → **glucemia.**

glicérico, a adj. Relativo al ácido formado por oxidación de la glicerina.

glicérido s.m. Éster de la glicerina.

glicerina s.f. (del gr. *glykerós,* de sabor dulce, de *glykýs,* dulce, agradable). Trialcohol líquido, viscoso e incoloro, de fórmula $CH_2OH—CHOH—CH_2OH$, que se extrae de los cuerpos grasos por saponificación.

glicerolado s.m. Medicamento en cuya composición interviene la glicerina.

1. **glicina** s.f. Aminoácido contenido en numerosas proteínas.

2. **glicina** o **glicinia** s.f. (fr. *glycine*). Planta trepadora originaria de China, con inflorescencias en forma de racimos colgantes de flores violadas. (Familia papilionáceas.)

glicocola s.f. Antigua denominación de la glicina, aminoácido.

glicol s.m. Dialcohol de fórmula $CH_2\ OH—CH_2—OH$, utilizado como anticongelante. **2.** Dialcohol, cuerpo que tiene dos veces la función alcohol.

glicólico, a adj. Se dice del ácido derivado de la oxidación del glicol.

glifo s.m. Canal vertical poco profundo, generalmente en sección angular. **2.** Acanaladura en forma de cruz, generalmente vertical, con que se decora un miembro arquitectónico. **3.** Signo de los utilizados por los antiguos mayas para designar los días y los años.

glioma s.m. Tumor del sistema nervioso constituido por una proliferación anormal de las células de sostén de la glía cerebral.

glíptica s.f. (gr. *glyptikós,* propio para grabar). Arte de grabar sobre piedras duras, finas o preciosas. **2.** Arte de grabar en acero los cuños para la fabricación de monedas y medallas.

gliptografía s.f. Estudio de las grabaciones sobre piedras antiguas.

gliptoteca s.f. Colección de piedras grabadas. **2.** Museo de escultura.

glissando s.m. (voz italiana). MÚS. Técnica de ejecución vocal o instrumental que consiste en franquear el intervalo entre dos notas pasando por todos los microintervalos que lo componen.

global adj. Total, que hace referencia a todo un conjunto. **2.** Mundial, relativo a todo el planeta.

globalización s.f. Acción y efecto de globalizar. **2.** Proceso de internacionalización de la política, las relaciones económicas y financieras y el comercio.

globalizar v.tr. e intr. Reunir diferentes elementos en un conjunto, plantear algo de forma global.

globina s.f. Proteína que interviene en la composición de la hemoglobina de la sangre.

globo s.m. (lat. *globus*). Esfera, sólido o espacio limitado por una superficie curva. **2.** La Tierra, el mundo. **3.** Juguete que consiste en una pequeña esfera de material elástico que se llena de aire o de gas ligero. **4.** Pieza hueca esferoidal, de cristal u otro material que cubre una luz para conseguir una mejor difusión y evitar el deslumbramiento. **5.** Aparato aeronáutico compuesto esencialmente de una bolsa de tejido impermeable de forma esférica, que se llena de un gas más ligero que el aire para elevarse en la atmósfera transportando una barquilla en la que pueden viajar personas. ◇ **Globo celeste** Globo representativo de la esfera celeste con un sistema de coordenadas horizontales. **Globo ocular** Ojo. **Globo sonda** Globo dotado de aparatos registradores destinados a la exploración meteorológica de las capas altas de la atmósfera. **Globo terráqueo,** o **terrestre** El planeta Tierra.

globular adj. Que tiene forma de glóbulo. **2.** Compuesto de glóbulos. **3.** Relativo a los glóbulos rojos. **4.** BIOL. Se dice del órgano u organismo que tiene forma de globo: *cuerpo globular; masa globular.*

globulina s.f. Proteína de peso molecular elevado, que se encuentra principalmente en la sangre y en la leche.

glóbulo s.m. (lat. *globulus,* dim. de *globus,* globo). Cuerpo esférico muy pequeño. **2.** Elemento que se encuentra en suspensión en diversos líquidos orgánicos, especialmente en la sangre. ◇ **Glóbulo blanco** Leucocito. **Glóbulo rojo** Hematíe.

globuloso, a adj. Compuesto de glóbulos.

glomérulo s.m. ANAT. Acumulación pequeña de corpúsculos existentes en el organismo, diferenciados histológicamente. **2.** BOT. Inflorescencia formada por una cima muy contraída y de forma más o menos globosa.

glomerulonefritis s.f. Variedad de nefritis que afecta predominantemente a los glomérulos del riñón.

gloria s.f. (lat. *gloria*). Fama, celebridad conseguida por algo meritorio. **2.** Persona, cosa o acción que proporciona esta fama. **3.** Persona o cosa que produce orgullo: *es una gloria nacional.* **4.** Cosa que produce gran placer: *un vino extraordinario, gloria del buen bebedor.* **5.** Representación pictórica de un cielo poblado de ángeles, hecha en una cúpula. **6.** CATOL. Cielo, lugar donde los ángeles, los santos y los bienaventurados gozan de la presencia de Dios. ◆ s.m. Canto de alabanza en la liturgia romana y griega, que comienza con las palabras *Gloria in excelsis Deo.* ◇ **Estar en la gloria** Encontrarse muy bien en cierto lugar, situación, etc. **Gloria Patri** Versículo latino que se reza después del padrenuestro y avemaría y al final de los salmos del oficio divino. (También *gloriapatri.*) **Que en gloria esté** Fórmula de respeto que se usa al referirse a los difuntos. **Saber a gloria** Ser algo muy agradable a alguien; encontrar muy buen sabor a un alimento.

gloriado s.m. Amér. Central y Merid. Bebida hecha con aguardiente, parecida al ponche.

gloriar v.tr. (lat. *gloriari*) [conj.: *desviar*]. Glorificar. ◆ **glo-**

riarse v.prnl. Preciarse demasiado o alabarse de una cosa. **2.** Complacerse, alegrarse mucho.

glorieta s.f. (fr. *gloriette*). Cenador, espacio generalmente redondo que suele haber en los jardines, cercado de plantas trepadoras, parras o árboles. **2.** Plazoleta, generalmente en un jardín, donde suele haber un cenador. **3.** Plaza en la que confluyen calles o alamedas.

glorificación s.f. Acción y efecto de glorificar o glorificarse.

glorificar v.tr. (lat. tardío *glorificare*) [conj.: *sacar*]. Conferir la gloria a alguien: *el martirio la glorificó.* **2.** Ensalzar a una persona o cosa alabándola. ◆ **glorificarse** v.prnl. Gloriarse.

glorioso, a adj. Digno de gloria, fama. **2.** Relativo a la gloria o bienaventuranza celestial.

glosa s.f. (lat. *glossa,* palabra rara, explicación de la misma, del gr. *glossa,* lengua). Explicación o comentario de un texto oscuro o difícil de entender, especialmente los que se anotan en el mismo texto. **2.** Composición poética que desarrolla o explica, en formas estróficas no fijas, unos versos que forman la letra o texto. **3.** MÚS. Variación que ejecuta el músico sobre unas mismas notas, pero sin sujetarse rigurosamente a ellas.

glosador, ra adj. y s. Que hace o reúne glosas.

glosar v.tr. (bajo lat. *glossare*). Hacer o añadir glosas. **2.** Comentar, explicar algo.

glosario s.m. (lat. *glossarium*). Catálogo de palabras acompañadas de su explicación, especialmente las dudosas de un texto, con su explicación. **2.** Conjunto de glosas.

glosemática s.f. LING. Teoría del lenguaje concebida por los lingüistas de la escuela de Copenhague, que se considera una de las manifestaciones más elaboradas del estructuralismo.

glositis s.f. (pl. *glositis*). MED. Inflamación de la lengua.

glosofaríngeo, a adj. Relativo a la lengua y a la faringe.

glosolalia s.f. Lenguaje inventado con una sintaxis deformada, propio de ciertos enfermos mentales. **2.** REL. Don de lenguas.

glosopeda s.f. (del gr. *glossa,* lengua, y el lat. *pes, pedis,* pie). VET. Fiebre aftosa.

glotal adj. Emitido por la glotis.

glótico, a adj. Relativo a la glotis.

glotis s.f. (gr. *glottís,* úvula). ANAT. Orificio de la laringe, circunscrito por las dos cuerdas vocales inferiores.

glotocronología s.f. LING. Técnica estadística para establecer la época en que dos lenguas emparentadas se separaron.

glotón, na adj. y s. (lat. *glutto, -onis*). Que come con exceso y con avidez. ◆ s.m. Mamífero carnívoro parecido a la marta que habita en el N de Europa y de América. (Familia mustélidos.)

glotonear v.intr. Comer en exceso y con avidez.

glotonería s.f. Acción de glotonear. **2.** Cualidad de glotón.

glucagón s.m. Hormona de acción hiperglucemiante, secretada por los islotes de Langerhans del páncreas.

glucemia o **glicemia** s.f. Presencia de glucosa en la sangre. (La tasa normal es de 1 g de glucosa por litro de sangre.)

glúcido s.m. Sustancia orgánica ternaria de fórmula general $C_n(H_2O)_p$, que desempeña una función energética en el organismo. (El principal trastorno del metabolismo de los glúcidos es la diabetes.) SIN.: *hidrato de carbono.*

glucina s.f. Óxido de berilio.

glucocorticoide s.m. Corticoide que actúa en el metabolismo de los glúcidos.

glucogénesis s.f. Proceso de formación del glucógeno o de la glucosa.

glucogénico, a adj. Relativo al glucógeno.

glucógeno s.m. Glúcido complejo almacenado como reserva de la glucosa en el hígado y los músculos.

glucogenogénesis s.f. Formación del glucógeno por polimerización de la glucosa.

glucólisis s.f. Destrucción de la glucosa durante los fenómenos metabólicos.

glucómetro s.m. Areómetro que sirve para calcular la cantidad de azúcar que contiene un mosto.

glucónico, a adj. Se dice del ácido formado por oxidación de la glucosa.

glucoproteína s.f. Proteína combinada con glúcidos.

glucorregulación s.f. Conjunto de procesos fisiológicos que permiten al organismo mantener constante el nivel de azúcar en la sangre.

glucosa s.f. (fr. *glucose*). QUÍM. Glúcido ($C_6H_{12}O_6$) de sabor azucarado, que desempeña un papel fundamental en el metabolismo de los seres vivos, se encuentra en algunos frutos y entra en la composición de casi todos los glúcidos. SIN.: *dextrosa.*

glucósido s.m. Compuesto natural que da origen a la glucosa por hidrólisis, y que se encuentra en numerosos vegetales.

glucosuria s.f. Presencia de azúcar en la orina que suele ser síntoma de la diabetes.

gluglú s.m. (voz onomatopéyica). Ruido que produce el agua al correr o que se produce al dejar escapar aire. **2.** Onomatopeya de la voz del pavo.

gluma s.f. (lat. *gluma, -ae,* película que cubre el grano). BOT. Cada una de las dos brácteas membranosas situadas en la base de las espiguillas de las gramíneas.

glumela s.m. BOT. Cada una de las dos brácteas que envuelven las flores de las espiguillas de las gramíneas.

gluón s.m. Bosón que transmite las interacciones entre los quarks.

glutamato s.m. Sal o éster del ácido glutámico utilizado como aditivo en numerosos alimentos.

glutámico, a adj. Se dice de un ácido aminado importante para el metabolismo que se encuentra en el tejido nervioso.

glutatión s.m. Tripéptido existente en los tejidos animales y vegetales, que actúa en los mecanismos de oxidorreducción.

gluten s.m. (lat. *gluten, -inis,* cola, engrudo). Sustancia albuminoide viscosa que se encuentra en la harina de los cereales.

glúteo, a adj. (del gr. *gloytós,* nalgas). ANAT. Relativo a la nalga. ◆ adj. y s.m. Se dice de cada uno de los tres músculos de la nalga (mayor, mediano y menor).

glutinosidad s.f. Cualidad o estado de glutinoso.

glutinoso, a adj. Pegajoso, que tiene la propiedad de pegar o trabar una cosa con otra.

GMT s.m. (sigla del inglés *Greenwich mean time,* tiempo medio de Greenwich). Tiempo cuyo origen es el mediodía utilizado en astronomía. Suele usarse, de forma impropia, para designar el tiempo universal [TU], tiempo civil cuyo origen es medianoche.

gneis o **neis** s.m. (alem. *gneis*). Roca metamórfica constituida por cristales de mica, cuarzo y feldespato, dispuestos en lechos.

gnéisico, a o **néisico** adj. Relativo al gneis.

gnómico, a o **nómico, a** adj. y s. Que expresa verdades morales en forma de máxima o proverbios: *poesía gnómica.* **2.** LING. Se dice de la forma verbal, tiempo o modo, que expresa un hecho general.

gnomo o **nomo** s.m. (lat. moderno *gnomus,* del gr. *gnómos*). MIT. Ser pequeño y deforme que vive en el interior de la tierra guardando sus riquezas. **2.** *Poét.* Ser fantástico de tamaño muy pequeño.

gnomon o **nomon** s.m. (lat. tardío *gnomon, -onis,* del gr. *gnómon,* sentencia). Reloj de sol primitivo consistente en una vara que proyecta su sombra sobre una superficie plana horizontal. **2.** Varilla que indica las horas en un reloj solar.

gnomónica o **nomónica** s.f. Arte de fabricar gnomones.

gnomónico, a o **nomónico, a** adj. (gr. *gnomikós,* de *gnómi,* sentencia). Relativo a la gnomónica.

gnoseología o **noseología** s.f. FILOS. Parte de la filosofía que estudia el conocimiento.

gnosia o **nosia** s.f. FISIOL. Facultad de reconocer un estímulo.

gnosis o **nosis** s.f. (gr. *gnōsis,* conocimiento). Conocimiento absoluto, superior al saber vulgar, según el gnosticismo y las corrientes afines.

gnosticismo o **nosticismo** s.m. Sistema filosófico y religioso de los ss. I-III d.C., que defendía la existencia de un conocimiento completo y trascendental de la divinidad.

gnóstico, a o **nóstico, a** adj. y s. (gr. *gnostikós*). Relativo al gnosticismo; partidario de este sistema.

go s.m. Juego de estrategia de origen chino para dos jugadores, que consiste en colocar peones en un tablero para ocupar más territorio que el adversario.

goa s.f. Lingote de fundición de primera fusión.

goajiro → **1. guajiro.**

goayaná o **guayaná,** pueblo amerindio cazador-recolector del sub-grupo caingang, familia ge y lengua guaraní, que hasta el s. XVI ocupaba la zona comprendida entre el N de Argentina y el est. brasileño de Bahía, pero actualmente solo vive a orillas del Paraná (Brasil).

gobernación s.f. Gobierno, acción de gobernar. **2.** Ejercicio del gobierno. **3.** HIST. Demarcación administrativa dentro de un virreinato o capitanía general del antiguo territorio español de América.

gobernador, ra adj. y s. Que gobierna. ◆ s. Funcionario encargado del mando de una provincia o de una circunscripción territorial análoga. **2.** Funcionario que está al frente de una colonia para dirigir su administración y representar a la metrópoli. **3.** Titular del poder ejecutivo en el marco de un estado de EUA. **4.** Director de determinadas instituciones públicas: *gobernador del Banco de España.* ◆ s.f. Mujer del gobernador. ◇ **Gobernador civil** Representante permanente del gobierno español en una provincia. (En 1997, un real decreto suprimió la figura de los gobernadores civiles.) **Gobernador militar** Oficial general del ejército español con mando sobre una provincia, plaza o fortaleza.

gobernadora s.f. Arbusto ramoso de origen mexicano, de flores pequeñas y amarillas, con cuyas hojas se prepara una infusión de propiedades diuréticas y antirreumáticas.

gobernalle s.m. (cat. *governall*). Timón de una nave.

gobernanta s.f. Mujer encargada de la administración o mantenimiento de una casa o institución. **2.** Mujer encargada de la servidumbre y el orden en un hotel.

gobernante s.m. y f. Persona que gobierna un país o forma parte de un gobierno.

gobernar v.tr., intr. y prnl. (lat. *gubernare,* gobernar una nave, conducir, del gr. *kybernan*) [conj.: *pensar*]. Administrar, tener el mando de un territorio o una colectividad. ◆ v.tr. y prnl. Dirigir, manejar, conducir, guiar: *gobernar un barco.* ◆ v.intr. MAR. Obedecer una embarcación al timón. ◆ **gobernarse** v.prnl. Administrarse, manejarse. **2.** Comportarse o actuar según una norma o guía.

gobierna s.f. Veleta que indica la dirección en que sopla el viento.

gobierno s.m. Acción de gobernar, administrar, dirigir, guiar. **2.** Constitución política: *gobierno democrático.* **3.** En un estado, conjunto de organismos políticos y de personas que ejercen el poder ejecutivo. **4.** Edificio en que reside un gobierno o un gobernador. ◇ **Acto político de gobierno** DER. Acto que emana de una autoridad administrativa, pero que, por razones políticas, escapa al control jurisdiccional. **Gobierno en la sombra** Nombre que reciben los gabinetes organizados por la oposición política como alternativa de gobierno. **Mirar contra el gobierno** *Fam.* Ser bizco. **Para el gobierno de alguien** Se usa para indicar a alguien que ajuste su conducta, sus actos, etc., a lo que se le hace saber.

gobio s.m. (lat. *gobius,* del gr. *kogiós*). Pez marino o de agua dulce de unos 15 cm de long. y cuerpo alargado, que posee unas aletas ventrales que le permiten fijarse a las superficies. (El *gobio pigmeo* de Filipinas, con una long. de 11 mm, es el pez más pequeño; familia ciprínidos.)

goce s.m. Acción y efecto de gozar o disfrutar de algo.

godo, a adj. y s. De un pueblo de la antigua Germania originario de Escandinavia y establecido en el s. I a.C. en el bajo Vístula. **2.** Amér. Merid. *Desp.* Se decía de los españoles durante la guerra de la Independencia. **3.** Can. Se dice del español oriundo de la Península.

godo

En el s. III los godos se establecieron al NO del mar Negro. En el s. IV, el obispo Ulfilas los convirtió al arrianismo y los dotó de escritura y de lengua literaria. Bajo el empuje de los hunos (h. 375), su imperio se escindió, y cada una de las ramas, visigodos y ostrogodos, tuvieron su propia historia.

gofio s.m. Harina gruesa de maíz, trigo o cebada tostada. **2.** Antillas, Cuba y P. Rico. Plato que se elabora con harina muy fina de maíz tostado y azúcar. **3.** Argent., Bol., Can., Cuba, Ecuad. y P. Rico. Golosina hecha de harina gruesa de maíz, trigo o cebada tostados y azúcar. **4.** C. Rica, Nicar. y Venez. Alfajor hecho con harina de maíz o de cazabe y papelón.

gofrado s.m. Acción de gofrar.

gofrador, ra s. Persona que gofra telas, cueros, etc. ◆ s.m. Instrumento consistente en una caja compuesta de dos piezas planas entre las cuales se coloca la superficie para gofrarla.

gofrar v.tr. (fr. *gaufrer*). Estampar dibujos o motivos sobre tela, piel u otra materia mediante hierros calientes o cilindros grabados.

gogó s.f. Mujer joven que baila como profesional en discotecas y salas de fiesta para animar al público.

gol s.m. (ingl. *goal,* meta, objetivo, gol). En algunos deportes de equipo, introducción de la pelota en la portería del adversario. **2.** Tanto conseguido al introducir la pelota en la portería del adversario: *el equipo se ha apuntado un gol.* ◇ **Gol average** Promedio entre los goles o puntos marcados y los recibidos, que sirve para desempatar dos equipos al final de una competición. **Línea de gol** Línea que separa el área de juego de la de gol.

gola s.f. (del lat. *gula,* garganta). Garganta, parte anterior del cuello. **2.** Pieza metálica de la armadura que protegía la garganta. **3.** ARQ. Moldura con perfil en forma de S. **4.** GEOGR. Canal natural de entrada a un río, un puerto o una ría.

goleada s.f. Cantidad de goles abundante y poco habitual que un equipo deportivo marca a otro en un encuentro.

golear v.intr. Obtener un equipo un número de goles muy superior al del adversario.

golem s.m. (voz hebrea). Según la cultura judía, autómata con forma humana que algunos santos rabinos tenían el poder de animar.

goleta s.f. (fr. *goélette,* golondrina, goleta). MAR. Embarcación pequeña y ligera, generalmente de dos palos. SIN.: *escuna.*

golf s.m. (voz inglesa). Deporte que consiste en introducir una pelota muy pequeña en los dieciocho hoyos que se encuentran distribuidos en un amplio terreno, con la ayuda de unos palos (clubs) y con un mínimo de golpes.

golfante adj. y s.m. y f. Golfo.

golfear v.intr. Esp. Vivir o comportarse como un golfo.

golfería s.f. Acción propia de un golfo: *hacer una golfería.* **2.** Conjunto de golfos, pilluelos, sinvergüenzas.

golfista s.m. y f. Persona que juega al golf.

1. golfo s.m. (lat. vulg. *colphus,* ensenada, del gr. *gólpos,* seno, ensenada). Parte extensa del mar que entra en la tierra.

2. golfo, a s. y adj. Pilluelo, vagabundo. **2.** Sinvergüenza o que tiene pocos escrúpulos. SIN.: *golfante.* ◆ s.f. Prostituta.

goliardesco, a adj. Relativo a los goliardos o a su poesía.

goliardo s.m. (fr. ant. *gouliard*). Clérigo o estudiante medieval que llevaba una vida irregular y se dedicaba en ocasiones a la poesía.

golilla s.f. Adorno masculino que se llevaba alrededor del cuello, consistente en una tira estrecha de tela blanca almidonada sobre una tira de tela negra. **2.** Argent. y Urug. Pañuelo que lleva el campesino alrededor del cuello. **3.** Bol. Chalina que usa el gaucho. **4.** Chile. Anillo de hierro en el eje del carro que se pone entre un clavo de sujeción y la rueda. ◆ s.m. Denominación despectiva dada por la aristocracia al político o funcionario de la pequeña nobleza y la burguesía, durante el s. XVIII, y especialmente durante el reinado de Carlos III.

gollería s.f. Manjar exquisito y delicado. **2.** *Fig.* y *fam.* Cosa superflua demasiado buena o refinada.

golletazo s.m. Golpe que se da en el gollete de una botella cuando no se puede abrir. **2.** TAUROM. Estocada que se da en el gollete.

gollete s.m. (fr. *goulet*). Parte superior de la garganta, por donde se une a la cabeza. **2.** Cuello estrecho de algunos recipientes: *el gollete de una garrafa.*

golondrina s.f. (dim. del ant. *golondre,* del lat. *hirundo, -inis*). Ave paseriforme de 15 a 18 cm de long., lomo negro, vientre blanco y cola recortada, que se alimenta de insectos que atrapa al vuelo con el pico muy abierto. (La golondrina es un ave migratoria que vuela a los trópicos en otoño y a las zonas templadas en primavera.) **2.** Esp. *Fam.* Embarcación de motor destinada al transporte de pasajeros, generalmente por el interior de un puerto. <> **Golondrina de mar** Ave palmípeda menor que la gaviota. **Nido de golondrina** Nido de la salangana, que construye regurgitando del buche una sustancia gelatinosa procedente de las algas absorbidas y que constituye un manjar muy apreciado en la cocina china.

golondrino s.m. *Fam.* Inflamación de las glándulas sudoríparas axilares. **2.** Pollo de la golondrina.

golosear v.intr. Comer golosinas. SIN.: *golosinear.*

golosina s.f. (de *goloso*). Alimento que se come sin necesidad, sino simplemente para dar gusto al paladar, en especial dulces, bombones, caramelos. **2.** *Fig.* Cosa agradable y apetecible pero poco útil.

golosinear v.intr. Golosear. SIN.: *golosinar.*

goloso, a adj. y s. (de *gola*). Aficionado a comer golosinas. **2.** Que siente deseo o afición por algo. ◆ adj. Apetitoso, que excita el apetito o deseo: *un manjar goloso.*

golpazo s.m. Golpe violento o ruidoso.

golpe s.m. (del lat. *colaphus,* puñetazo, del gr. *kólaphos,* bofetón). Encuentro violento y brusco de un cuerpo en movimiento contra otro: *dar un golpe en la puerta.* **2.** Infortunio o desgracia repentina que afecta gravemente: *los duros golpes de la vida.* **3.** Multitud o abundancia de una cosa: *golpe de gente.* **4.** Latido del corazón. **5.** *Fig.* Asalto, atraco: *preparar un golpe.* **6.** *Fig.* Ocurrencia graciosa y oportuna. **7.** Pestillo dispuesto de modo que se encaja al cerrar la puerta con fuerza: *cerradura de golpe.* **8.** En algunos deportes y juegos, jugada. **9.** Méx. Instrumento de hierro parecido a un mazo. <> **A golpe de calcetín** Méx. *Fam.* A pie, caminando. **A golpes** A porrazos; con intermitencias; distribuido con discontinuidad en grupos no homogéneos. **Dar (el) golpe** *Fig.* Causar sorpresa o admiración. **Darle el golpe al cigarro** Méx. Aspirar el humo. **De golpe** Prontamente, con brevedad, de repente, violentamente. **De golpe y porrazo** Precipitadamente, sin reflexión ni meditación. **De un golpe** De una vez, en una sola acción. **Golpe bajo** En boxeo, falta cometida al golpear por debajo de la cintura; *Fig.* acción malintencionada y contraria a las normas admitidas en el trato social. **Golpe de gracia** El que se da para rematar al que está gravemente herido; agravio o revés con que se consuma el descrédito, la desgracia o la ruina de alguien. **Golpe de mano** Asalto brusco e inesperado, realizado con rapidez; MIL. acción militar local, llevada por sorpresa, con el objeto de apoderarse de un puesto importante o de obtener información del enemigo. **Golpe de mar** Ola que por su volumen o fuerza llega a romper contra un buque, peñasco, costa, etc. **Golpe de pecho** Signo externo de dolor o contrición. **Golpe de suerte** Suceso favorable que cambia la situación de alguien. **Golpe de tos** Acceso de tos. **Golpe de viento** Chubasco de viento. **Golpe de vista** Sagacidad y rapidez en la apreciación de algo. **Golpe doble** En esgrima, golpe que se da y que se recibe al mismo tiempo por parte de cada uno de los dos adversarios. **Golpe franco** Penalización con que se sanciona en fútbol cualquier infracción del reglamento que obstruya la realización de una jugada decisiva para el desarrollo del juego, en las proximidades del área de penalti. **No dar golpe** No trabajar en nada; no realizar el trabajo que se tiene obligación de hacer. **Parar el golpe** Evitar un contratiempo o fracaso que amenazaba.

golpear v.tr. e intr. Dar un golpe o repetidos golpes: *golpear la puerta.*

golpetazo s.m. Golpe, choque.

golpetear v.tr. e intr. Golpear continuamente pero sin mucha fuerza.

golpeteo s.m. Acción y efecto de golpetear: *el golpeteo de la lluvia en los cristales.*

golpismo s.m. Actitud de ciertos estamentos sociales, especialmente los militares, favorable a los golpes de estado.

golpista adj. y s.m. y f. Relativo al golpismo; persona que participa en un golpe de estado o lo apoya.

golpiza s.f. Amér. Paliza.

goma s.f. (lat. vulg. *gumma*). Tira o banda elástica a modo de cinta. **2.** Caucho: *suela de goma.* **3.** *Fam.* Condón, preservativo. **4.** Amér. Central. Malestar que se siente al día siguiente de haber bebido mucho. **5.** Argent. Neumático. **6.** Colomb. Afición, manía. **7.** BOT. Sustancia viscosa y transparente que exudan algunos árboles. **8.** MED. Lesión nodular de origen infeccioso, que puede observarse en la sífilis y en la tuberculosis cutánea. <> **Goma arábiga** Goma que se obtiene de distintas especies de acacias y que se recogió por primera vez en Arabia utilizada en farmacia y como pegamento. **Goma de borrar** Goma elástica, a base de caucho, que sirve para borrar el lápiz o la tinta. **Goma de mascar** Chicle. **Goma 2** Explosivo plástico impermeable e insensible al fuego y a los golpes. **Goma laca** Sustancia resinosa producida por una especie de cochinilla de la India, que se utiliza en la fabricación de barnices. **Mandar a alguien a la goma** Méx. *Fam.* Mandarlo a paseo.

gomaespuma s.f. Caucho celular.

gombo s.m. Planta tropical de flores amarillas, cuyo fruto comestible es una cápsula de forma piramidal que se consume especialmente como condimento.

gomera s.f. Argent. Horquilla con una tira elástica para disparar proyectiles. GEOSIN.: Esp. *tirachinas;* Méx. *resortera.*

gomería s.f. Argent. Establecimiento donde se venden o reparan neumáticos.

1. **gomero, a** adj. y s. De Gomera.

2. **gomero, a** adj. Amér. Merid. Se dice del árbol que produce goma. **2.** Argent. Se dice de la persona que trabaja en la industria de la goma. ◆ s.m. Árbol productor de goma, como la acacia. **2.** Amér. Merid. Árbol ornamental de copa ancha y hojas de color verde oscuro. (Familia moráceas.) **3.** Argent. Persona que tiene por oficio reparar y vender cámaras o cubiertas de automóviles.

gomina s.f. Fijador del cabello.

gomorresina s.f. Sustancia vegetal formada por una mezcla de goma y resina, como el gálbano, la mirra, etc.

gomosis s.f. Enfermedad de las plantas caracterizada por una abundante producción de goma.

gomoso, a adj. Que contiene goma o tiene alguna de sus características. ◆ s.m. Petimetre, joven excesivamente acicalado.

gónada s.f. Glándula sexual que produce los gametos y secreta hormonas. (El testículo es la gónada masculina y el ovario la femenina.)

gonadotropina s.f. Hormona gonadotropa.

gonadotropo, a adj. Que actúa sobre las gónadas. <> **Hormona gonadotropa** Hormona que estimula la actividad de las gónadas, secretada por la hipófisis o la placenta, en el caso de la hembra o la mujer embarazada.

góndola s.f. (ital. *gondola*). Embarcación veneciana, larga y plana, movida por un solo remo.

gondolero s.m. Persona que tiene por oficio dirigir una góndola.

gonfalón s.m. Estandarte bajo el cual se alineaban los vasallos en la edad media.

gong s.m. (voz onomatopéyica) [pl. *gongs*]. Batintín.

gongorino, a adj. y s. Relativo a Góngora. **2.** Que sigue o imita el estilo literario de Góngora.

gongorismo s.m. Manifestación particular del culteranismo consistente según Dámaso Alonso en un «recargamiento ornamental y sensorial, entrelazado con una complicación conceptista». **2.** Imitación del estilo literario de Góngora.

gongorista adj. Relativo al gongorismo. **2.** Persona que estudia la vida y la obra de Góngora.

gongorizar v.intr. Hablar o escribir en estilo gongorino.

gonia s.f. Célula que origina los elementos sexuales.

goniometría s.f. Teoría y técnica de la medida de ángulos. **2.** Método de navegación con ayuda del goniómetro.

goniómetro s.m. Instrumento para medir ángulos, utilizado especialmente en topografía.

gonocito s.m. Célula embrionaria de los animales que, según el sexo, producirá cuatro espermatozoides o un solo óvulo.

gonococia s.f. Infección producida por gonococos.

gonococo s.m. Microbio patógeno específico de la gonorrea o blenorragia.

gonocorismo s.m. BIOL. Carácter de las especies animales en que los gametos machos y hembras son producidos por individuos distintos.

gonorrea s.f. Blenorragia.

gopak s.m. → **hopak.**

gopura s.m. Pabellón de acceso en forma de torre piramidal de los templos de estilo drávida, en el S de la India.

gorda s.f. Chile. *Vulg.* Mujer embarazada. **2.** Méx. Tortilla de maíz, más gruesa que la común. <> **Armarse la gorda** *Fam.* Sobrevenir una pelea, discusión ruidosa o trastorno. **Sin gorda** Sin dinero.

gordinflón, na adj. (de *gordo* e *inflar*). *Fam.* Que está gordo y fofo.

gordita s.f. Méx. Tortilla de maíz gruesa y rellena de carne, queso u otros ingredientes: *gordita de chicharrón, de requesón.*

gordo, a adj. (lat. *gurdus,* necio, obtuso). Que tiene muchas carnes: *persona gorda; animal gordo.* **2.** Que excede en volumen o grosor a los de su clase: *libro gordo.* **3.** Pingüe, craso y mantecoso: *gordas tajadas de jamón.* **4.** *Fig.* Que es de consideración, importante o grave: *una falta muy gorda.* ◆ s.m. Sebo o manteca de la carne del animal. **2.** *Fig.* Premio mayor de los que se adjudican en cada sorteo de la lotería. **3.** Argent., Chile y Méx. Apelativo cariñoso que se utiliza para dirigirse a los seres queridos. <> **Dedo gordo** Dedo más grueso de un pie o de una mano.

gordolobo s.m. (del lat. vulg. *coda lupi,* cola de lobo). Planta herbácea de flores algodonosas y amarillentas, que crece en los lugares incultos. (Familia escrofulariáceas.)

gordura s.f. Cualidad de gordo.

gore adj. (voz inglesa, *sangre coagulada*). Relativo a un género cinematográfico en el que abundan las escenas sangrientas.

gore-tex s.m. (marca registrada). Fibra textil sintética impermeable, derivada del Teflón.

gorgojo s.m. (lat. vulg. *gurgulio*). Insecto coleóptero, de color marrón oscuro, cuerpo ovalado y cabeza alargada en forma de pico, que es muy perjudicial para las semillas. (Los gorgojos pertenecen a las familias curculiónidos [más de 50 000 especies] y brúquidos, entre los que destacan el *gorgojo de la arveja* o *guisante* y el *gorgojo de la lenteja.*)

gorgojoso, a adj. Que ha sido atacado por el gorgojo.

gorgonario, a adj. y s.m. Relativo a un orden de cnidarios octocoralarios de la clase antozoos, que comprende animales marinos fijos en fondos rocosos.

gorgonzola s.m. (voz italiana). Queso de origen italiano, elaborado con leche de vaca, con enmohecimiento interno.

gorgorito s.m. Quiebro que se hace con la voz en tono agudo, especialmente al cantar.

gorgotear v.intr. Producir gorgoteo.

gorgoteo s.m. Ruido que produce un líquido que se mueve o agita dentro de alguna cavidad, canalización o recipiente. **2.** Ruido que produce un gas al desprenderse en burbujas en la superficie de un líquido.

gorguera s.f. (del lat. vulg. *gurga,* garganta). Adorno hecho de lienzo fino o telas transparentes que se ponía alrededor del cuello. **2.** ARQ. **a.** Moldura de perfil cóncavo. **b.** Moldura parecida a una cima recta muy acentuada, muy frecuente en la arquitectura gótica.

gorigori s.m. (voz onomatopéyica). *Fam.* Canto fúnebre de los entierros. **2.** Ruido o confusión producidos por varias personas que hablan al mismo tiempo.

gorila s.m. (gr. *Gorílla,* tribu africana cuyos miembros tenían el cuerpo cubierto de bello). Simio antropoide de África ecuatorial, frugívoro y feroz, que alcanza 2 m de alt. y un peso de hasta 250 kg. **2.** Esp. *Fam.* Guardaespaldas.

gorjal s.m. (del ant. *gorja,* garganta, del fr. *gorge*). ARM. Pieza de la armadura que se ajusta al cuello para protegerlo.

gorjear v.intr. (del ant. *gorja,* garganta, del fr. *gorge*). Hacer quiebros con la voz en la garganta las personas o los pájaros. **2.** Amér. Hacer burla.

gorjeo s.m. Canto o voz de algunos pájaros. **2.** Quiebro de la voz en la garganta. **3.** Articulación imperfecta en la voz de un niño.

gorra s.f. Prenda para cubrir la cabeza, de forma circular, sin copa ni alas y generalmente con visera. **2.** Gorro. <> **De gorra** *Fam.* Gratis, a costa ajena: *comer de gorra.* **Gorra de plato** MIL. Gorra que tiene la parte superior más ancha que la cabeza y va provista de visera.

gorrear v.tr. e intr. Gorronear.

gorrería s.f. Establecimiento donde se fabrican o venden gorras.

gorrero, a s. Persona que tiene por oficio hacer o vender gorros o gorras. **2.** Gorrón, persona que vive o se divierte a costa ajena.

gorrinería s.f. Porquería, suciedad.

gorrino, a s. (voz de origen onomatopéyico). Cerdo, especialmente el pequeño que aún no llega a cuatro meses. ◆ s. y adj. *Fig.* Persona desaseada o de mal comportamiento en su trato social.

gorrión, na s. Ave paseriforme de pequeño tamaño, de plumaje marrón, con manchas negras y rojizas, que abunda en las ciudades (gorrión común) y en los campos (gorrión molinero). [Familia ploceidos.] ◆ s.m. Amér. Central. Colibrí.

gorro s.m. Prenda para cubrir y abrigar la cabeza, de forma redonda, especialmente la que no tiene ala ni visera. **2.** Prenda infantil para cubrir la cabeza, que generalmente se sujeta con cintas debajo de la barba. <> **Estar hasta el gorro** *Fig.* y *fam.* Perder la paciencia, no soportar más a alguien o algo; Méx. estar muy borracho. **Poner a alguien el gorro** Chile. Serle infiel. **Valerle a alguien gorro algo** Méx. *Fam.* No importarle nada.

1. gorrón s.m. MEC. Espiga o saliente cilíndrico en que termina un eje o árbol giratorio de maquinaria y que entra en un cojinete.

2. gorrón, na adj. y s. Esp. Que abusa de alguien haciéndose invitar o no pagando lo que utiliza. ◆ s.f. Prostituta.

gorronear v.tr. e intr. Hacer algo de gorra, gratis o a costa ajena. SIN.: *gorrear.*

gorronería s.f. Cualidad o acción de gorrón.

gospel s.m. (voz angloamericana). Canto religioso propio de los negros de América del Norte.

gota s.f. (lat. *gutta*). Cantidad muy pequeña de cualquier líquido con forma esférica: *gotas de lluvia, de sudor.* **2.** Cantidad pequeña de una cosa. **3.** Colomb. Enfermedad de ciertas plantas, como la papa, causada por un hongo. **4.** ARQ. Cono pequeño de los que rodean el sofito de la cornisa, debajo de los triglifos del entablamento dórico. **5.** MED. Enfermedad provocada por un aumento de uricemia, que se caracteriza por una inflamación articular muy dolorosa, localizada casi siempre en el dedo gordo del pie, y por otros trastornos viscerales. **6.** METEOROL. Masa de aire aislada de su región de origen y rodeada de masas más cálidas (gota fría) o más frías (gota cálida). ◇ **Cuatro gotas** Lluvia escasa y de poca duración. **Gota a gota** Método de administración por vía endovenosa de sueros o sangre en cantidad importante, de modo lento; por gotas y con intermisión de una a otra, de forma muy lenta y espaciada. **Gota de sangre** Planta de hojas muy divididas, con flores de sépalos lampiños con una mancha negra en la base. (Familia ranunculáceas.) **Ni gota** Nada.

goteado s.m. Chile. Bebida preparada con pisco, jugo de limón, hielo y whisky.

gotear v.intr. Caer un líquido gota a gota. **2.** *Fig.* Ser dada o recibida una cosa en pequeñas cantidades y de forma espaciada: *las ayudas fueron goteando.* ◆ v.impers. Comenzar a llover gotas espaciadas.

goteo s.m. Acción y efecto de gotear.

gotera s.f. Filtración de agua a través de un techo o pared. **2.** Grieta o sitio por donde se filtra el agua. **3.** Mancha que deja esta filtración. **4.** *Fig.* Achaque, indisposición o enfermedad habitual.

gotero s.m. Amér. Cuentagotas.

goterón s.m. Gota muy grande de agua de lluvia. **2.** ARQ. Canal o surco practicado en la cara inferior de la corona de una cornisa o voladizo.

gótico, a adj. Relativo a los godos. ◆ adj. y s.m. Relativo al arte europeo que se desarrolló desde el s. XII hasta el renacimiento, sucediendo al románico. **2.** LING. Se dice de la lengua de una traducción de la Biblia, hecha a mediados del s. IV para una comunidad cristiana de lengua germánica por el obispo Ulfilas (Wulfila). ◆ adj. y s.f. Se dice de una escritura de trazos rectos y angulosos, utilizada desde el s. XII al XV en la copia de libros manuscritos. ◇ **Novela gótica** LIT. Novela prerromántica de misterio y terror, cuya acción transcurre generalmente en el marco de castillos medievales, cultivada principalmente por escritores ingleses.

---

gótico

El desarrollo del arte gótico se centra en los ss. XII-XV, produciéndose en la mayoría de los países de Europa occidental. Se caracteriza por la aplicación del arco de ojiva y de la bóveda de crucería, así como por la plasmación de nuevos temas figurativos.

ARQ. La arquitectura gótica se caracteriza por la verticalidad y la luz, que es el reflejo de la divinidad. Su expresión más típica es la catedral, en la que encontramos todos los elementos del arte gótico (el arco ojival y la bóveda de crucería posibilitan la existencia de un muro diáfano recubierto con vidrieras, que permiten el paso de una luz tamizada por los colores de los cristales). Su división se ha estructurado a partir de las distintas etapas que se sucedieron en Francia: el período primitivo, de mediados del s. XII hasta 1230-1240 (catedrales de Sens, Laon y París); el período radiante, de 1230-1240 hasta mediados del s. XIV (catedral de Amiens y Santa Capilla de París, catedrales de Salisbury, León y Burgos); y el período flamígero, fines s. XIV hasta el s. XVI (torre de la catedral de Ruán, catedral de Sevilla y monasterio de Batalha).

ESCULT. El hieratismo geométrico de la figura escultórica románica que induce una percepción atemporal y simbólica deja paso a un progresivo naturalismo. Se produce una humanización en los gestos y actitudes de los personajes. En Francia destacan las fachadas occidentales de Saint-Denis y de la catedral de Chartres. En Italia, las puertas del baptisterio de Florencia. En España cabe destacar la escultura castellana (Gil de Siloé) y la escultura de la Corona de Aragón (J. Joan). PINT. La pintura gótica, aplicada especialmente a los libros miniados y las vidrieras, evoluciona desde la pintura románica precedente, con influencias italianas (clasicismo de las figuras y las composiciones de Cimabue y Giotto) y bizantinas (ordenamiento simétrico, elegancia y el recargamiento lujoso de las imágenes). En España cabe señalar las miniaturas de las *Cantigas de Alfonso X* y las pinturas murales del Tinell en Barcelona.

---

gotoso, a adj. y s. Que padece gota.

gourami o **gurami** s.m. Pez de acuario originario de Tailandia y Sumatra, de unos 10 cm de long., que vive en aguas que se encuentran entre los 20 y los 30 °C.

gourde s.f. Unidad monetaria de Haití.

gourmet s.m. y f. (voz francesa) [pl. *gourmets*]. Persona que sabe distinguir y apreciar la buena comida y los buenos vinos.

goy s.m. (voz hebrea, *pueblo*) [f. *goyá;* pl. m. *goyim;* pl. f. *goyot*]. Nombre que dan los judíos a los pueblos extranjeros y a su culto.

goyesco, a adj. Relativo a Goya.

gozada s.f. *Fam.* Gran satisfacción.

gozar v.tr., intr. y prnl. Experimentar gozo o placer. ◆ v.tr. Tener una persona relación sexual con otra. ◆ v.tr. e intr. Tener o poseer algo útil, ventajoso o agradable: *gozar de buena salud.* ◇ **Gozarla** Pasarlo bien, disfrutar con alguien o con algo.

gozne s.m. Charnela o bisagra compuesta de dos piezas metálicas, cuya articulación permite hacer girar las puertas.

gozo s.m. (lat. *gaudium,* placer, gozo). Sentimiento de placer y alegría originado por algo satisfactorio o apetecible. ◆ **gozos** s.m.pl. Composición poética en loor de la Virgen o de los santos, en la que se repite un mismo estribillo al final de cada copla.

gozoso, a adj. Que siente gozo o lo produce.

gozque adj. y s.m. (de *kus(k),* voz empleada para acuciar o llamar al perro). Se dice del perro pequeño muy ladrador.

GPS s.m. (sigla de *global positioning system*). Sistema americano de navegación y localización mediante satélites.

grabación s.f. Acción y efecto de grabar. **2.** Cosa que ha sido grabada.

grabado s.m. Arte de grabar. **2.** Procedimiento para grabar. **3.** Imagen obtenida después de haber sido grabada sobre metal, madera, etc., o dibujada sobre un soporte litográfico. ◇ **Grabado rupestre** Grabado prehistórico sobre roca, realizado por medio de un instrumento cortante de piedra o de metal.

grabadora s.f. Aparato electromecánico utilizado para grabar y reproducir sonidos.

grabador, ra adj. Que graba. **2.** Relativo al arte de grabar. ◆ s. Persona que tiene por oficio grabar: *grabador en metal.* ◆ s.m. Argent., Bol. y Venez. Grabadora.

grabar v.tr. y prnl. (fr. *graver*). Señalar con incisión o abrir y labrar en hueco o en relieve sobre una superficie una figura, dibujo o inscripción. **2.** Fijar profundamente en el ánimo un concepto, un sentimiento o un recuerdo. ◆ v.tr. e intr. Registrar los sonidos por medio de un disco fonográfico, de una cinta magnetofónica u otro soporte para que se puedan reproducir. **2.** INFORMÁT. Registrar información sobre un soporte magnético, como un disco o una cinta.

graben s.m. (alem. *Graben,* fosa). GEOMORFOL. Fosa tectónica.

gracejada s.f. Amér. Central y Méx. Payasada, sobre todo la de mal gusto: *nadie soporta las gracejadas de ese antipático.*

gracejo s.m. Gracia, donaire al hablar o escribir.

gracia s.f. (lat. *gratia*). Cualidad o conjunto de cualidades que hacen agradable a alguien o algo: *tener todas las gracias.* **2.** Cualidad de divertir o hacer reír: *chiste con gracia.* **3.** Acción o dicho que divierte o hace reír: *celebrar las gracias de alguien.* **4.** Atractivo independiente de la perfección formal:

hablar con gracia. **5.** Habilidad o arte para hacer algo: *tener gracia para convencer a la gente.* **6.** Beneficio, concesión gratuita. **7.** Disposición afable, amistosa o protectora respecto a alguien. **8.** Indulto, perdón que la autoridad concede a un condenado. **9.** *Irón.* Acción o dicho que molesta: *estar harto de las gracias de alguien.* **10.** Nombre de una persona, en lenguaje extremadamente afectado. **11.** TEOL. CRIST. Don o ayuda que Dios concede a las personas para su salvación. ◆ **¡gracias!** interj. Se usa para expresarle agradecimiento a alguien. ◇ **Caer en gracia** Agradar. **Dar (las) gracias** Manifestar agradecimiento. **Gracias a** Por causa, por mediación de. **Hacer gracia** Parecer algo agradable o gracioso. **No tener gracia** Ser alguien o algo desagradable o molesto. **Tener gracia algo** Ser chocante, ser absurdo, contradictorio o irritante.

grácil adj. (lat. *gracilis,* delgado, flaco). Sutil, delicado, ligero o menudo.

gracilidad s.f. Cualidad de grácil.

gracioso, a adj. Que tiene gracia. **2.** Que se da de balde o de gracia. **3.** Tratamiento de dignidad que se da a los reyes de Gran Bretaña: *su graciosa majestad.* ◆ s. Personaje cómico que suele aparecer en los dramas españoles del siglo de oro. **2.** Actor dramático que representa siempre papeles cómicos.

1. **grada** s.f. (de *1. grado*). Peldaño, especialmente el de un altar o trono. **2.** Asiento a manera de escalón corrido. **3.** Conjunto de estos asientos en los estadios deportivos y otros lugares públicos. **4.** MAR. Plano inclinado a orilla de un mar o de un río, donde se construyen o carenan los buques: *grada de construcción.* ◆ **gradas** s.f.pl. Conjunto de escalones que suelen tener los edificios grandes, majestuosos, delante de su pórtico o fachada.

2. **grada** s.f. (lat. *cratis,* enrejado, rastrillo). Reja o locutorio de los monasterios de monjas. **2.** Instrumento de madera o de hierro de muy diversas formas, tamaños y tipos, para realizar labores agrícolas, como allanar y ahuecar la tierra: *grada de cota; grada reticulada.*

gradación s.f. Serie de cosas ordenadas gradualmente. **2.** MÚS. Progresión ascendente o descendente de períodos armónicos, relacionados entre sí. **3.** PINT. Paso insensible de una tonalidad a otra. **4.** RET. Figura de dicción que consiste en la repetición de palabras.

gradería s.f. Conjunto o serie de gradas.

graderío s.m. Gradería.

gradiente s.m. (lat. *gradiens, -tis,* p. activo de *gradi,* andar). Tasa de variación de un elemento meteorológico en función de la distancia. **2.** BIOL. Variación, progresivamente decreciente a partir de un punto máximo, de la concentración de una sustancia o de una propiedad fisiológica, en un biotopo, una célula o un organismo. ◆ s.f. Chile, Ecuad., Nicar. y Perú. Pendiente, declive, repecho. ◇ **Gradiente de potencial** ELECTR. Variación del potencial entre dos puntos, en la dirección del campo. **Gradiente de una función** MAT. Vector cuyas componentes son las derivadas parciales de la función respecto de una de las coordenadas.

gradiente

En sentido vertical, el *gradiente de temperatura* se expresa en °C por 100 m; en sentido horizontal, el *gradiente de presión* se expresa en millares por 100 km o por grado geográfico (111 km).

1. **grado** s.m. (lat. *gradus, -us,* paso, peldaño, graduación). Cada uno de los diversos estados, valores o calidades que, en relación de mayor a menor, puede tener algo. **2.** Cada una de las divisiones de una escala adaptada a un aparato de medida. **3.** Escalón o puesto dentro de una institución u organización jerárquica: *el grado de comandante.* **4.** Nivel de estudios: *grado medio, grado superior.* **5.** Conjunto de estudios que conducen a una titulación: *examen de grado.* **6.** Cada uno de los títulos que se concede al superar alguno de los niveles en que se dividen los estudios de enseñanza media o superior: *grado de bachiller; grado de doctor.* **7.** DER. **a.** Cada una de las generaciones que marcan el parentesco entre las personas: *parientes en primer, segundo o tercer grado.* **b.** Cada una de las diferentes instancias que puede tener un pleito: *en grado de apelación.* **8.** GEOMETR. Cada una de las 360 (*grado sexagesimal,* símb. ^{0}) o 400 (*grado centesimal,* símb. gr) partes iguales en que puede dividirse la circunferencia o el círculo correspondiente y que se emplea como unidad de medida de ángulos y arcos de circunferencia. **9.** GRAM. Manera de significar la intensidad relativa de los adjetivos y adverbios: *grado positivo, comparativo, superlativo.* **10.** MÚS. Cada uno de los sonidos de la escala musical. **11.** PETRÓL. Calidad de un aceite lubricante. ◇ **Grado alcohométrico centesimal** Unidad de graduación alcohométrica (símb. °GL), equivalente al grado de la escala centesimal de Gay-Lussac, en la que el título alcohométrico del agua pura es 0 y la del alcohol absoluto 100. **Grado Baumé** Unidad que sirve para medir la concentración de una solución partiendo de su densidad. **Grado Celsius,** o **centígrado,** o **centesimal** Unidad de medida de temperatura (símb. °C), que corresponde a una división del termómetro centesimal. **Grado de dureza** Cualidad por la que un aglomerante retiene los granos de abrasivo en una muela. **Grado de una ecuación entera,** o **de un polinomio** Grado del monomio componente que lo tenga mayor. **Grado de una quemadura** Profundidad de la lesión producida (*primer grado,* simple enrojecimiento; *segundo grado,* vesícula llena de líquido; *tercer grado,* todas las lesiones a mayor profundidad que la dermis). **Grado de un monomio entero con relación a una variable** Exponente de la potencia a que se encuentra elevada esta variable en el monomio. **Grado de un monomio fraccionario** Diferencia de los grados del numerador y del denominador. **Grado Fahrenheit** Unidad de medida de temperatura (símb. °F) igual a la ciento ochentava parte de la diferencia entre la temperatura de fusión del hielo y la temperatura de ebullición del agua a la presión atmosférica, respectivamente 32 °F y 212 °F, es decir, 0 °C y 100 °C.

2. **grado** s.m. (lat. tardío *gratum,* agradecimiento, de *gratus, -a, -um,* grato). Voluntad, gusto. ◇ **De (buen) grado** Voluntaria o gustosamente. **De mal grado** Sin voluntad, con repugnancia y a disgusto.

graduación s.f. Acción y efecto de graduar. **2.** Cantidad proporcional de alcohol que contienen las bebidas espirituosas. **3.** Categoría de un militar en su carrera.

graduado, a adj. Dividido en grados. ◆ adj. y s. Se dice del que ha alcanzado un grado o título, especialmente universitario. ◇ **Graduado escolar** Título que acredita haber realizado los estudios correspondientes a la educación general básica, o haber superado los exámenes de prueba de madurez para los mayores de catorce años. **Graduado social** Profesional que ejerce en las empresas las funciones de organización, control y asesoramiento en asuntos laborales y de previsión social, así como la representación y defensa en los tribunales de lo social. (A partir de 1990 la titulación equivalente, aprobada por el consejo de universidades, es la de diplomado en relaciones laborales.)

gradual adj. Que está por grados o que va de grado en grado. ◆ s.m. Conjunto de versículos que se cantan o se recitan entre la epístola y el evangelio.

graduando, a s. Persona que está estudiando para graduarse en una universidad.

graduar v.tr. (del lat. *gradus, -us,* paso, peldaño, graduación) [conj.: *actuar*]. Dar a algo el grado, calidad o intensidad que le corresponde. **2.** Medir el grado o calidad de algo: *graduar la vista.* **3.** Señalar los grados en los que se divide algo: *graduar un termómetro.* **4.** Dividir y ordenar una cosa en una serie de grados o estados correlativos. ◆ v.tr. y prnl. Dar un grado o título: *graduarse de doctor.*

grafema s.m. LING. Elemento abstracto de un sistema de escritura susceptible de realizarse en un número variado de formas distintas.

grafeno s.m. Cristal de carbono en que los átomos están dispuestos en un plano de forma hexagonal. (Por sus propiedades será un material esencial en electrónica.)

grafía s.f. (gr. *graphē*, acción de escribir). Signo o conjunto de signos con que se representa un sonido o la palabra hablada.

gráfico, a adj. Relativo a la escritura. **2.** Que representa algo por medio del dibujo: *diccionario gráfico.* **3.** *Fig.* Se dice del modo de hablar que expone las cosas con la misma claridad que si estuvieran dibujadas. ◆ adj. y s.m. Se dice de las descripciones, operaciones y demostraciones que se representan por medio de signos o figuras. ◆ s. Representación de datos mediante magnitudes geométricas o figuras. ◇ **Artes gráficas** Conjunto de actividades relacionadas con la impresión y la edición de libros y otros impresos.

grafila o **gráfila** s.f. Orla que rodea la leyenda de ciertas monedas y que suele estar formada por puntos y rayas.

grafismo s.m. Manera de hacer un trazo, de dibujar: *el grafismo de Alberto Durero.* **2.** Arte de proyectar y realizar ediciones (libros, folletos, carteles, etc.) en su aspecto material.

grafista s.m. y f. Especialista del diseño gráfico.

grafiti s.m. (del ital.*graffiti*) [pl.*grafiti*]. Inscripción o dibujo realizado sobre una pared.

grafítico, a adj. Relativo al grafito.

grafitización s.f. Tratamiento térmico efectuado en las fundiciones para precipitar el carbono en estado de grafito.

grafito s.m. (del gr. *gráphein,* dibujar, escribir). Forma alotrópica del carbono, que cristaliza en el sistema hexagonal.

grafo s.m. Sistema de pares de elementos determinados por la aplicación de un conjunto en sí mismo o en otro. (Si los dos conjuntos son el conjunto R de los R de los números reales, el grafo es un sistema de puntos y se confunde con la representación gráfica de una fusión.) **2.** Conjunto de puntos, algunos de cuyos pares están unidos por una línea, orientada o no.

grafología s.f. Estudio de la personalidad de una persona a través del examen de su escritura.

grafológico, a adj. Relativo a la grafología.

grafólogo, a s. Especialista en grafología.

grafomanía s.f. Manía de escribir.

grafómano, a adj. Que tiene grafomanía.

grafómetro s.m. Instrumento usado antiguamente en el levantamiento de planos para medir ángulos sobre el terreno.

grafoterapia s.f. Reeducación que tiene por finalidad modificar el funcionamiento afectivo del sujeto a través de una modificación de su escritura.

gragea s.f. (fr. *dragée*). Confite menudo. **2.** FARM. Una de las formas de presentación de un medicamento de administración por vía oral.

grajilla s.f. Ave paseriforme de unos 35 cm de long. y plumaje negro, salvo en la nuca que es gris, que vive en colonias en las torres y campanarios.

grajo s.m. (lat. *graculus,* corneja). Ave paseriforme parecida a la corneja, que mide unos 45 cm de long. **2.** Antillas, Colomb., Ecuad. y Perú. Olor desagradable que se desprende del sudor. **3.** Cuba. Planta mirtácea de olor fétido.

Gram. Tinción de Gram Técnica de coloración de bacterias que permite clasificarlas según si son violetas (en cuyo caso se llaman *gram positivas*) o rosas (llamadas entonces *gram negativas*).

grama s.f. (lat. *gramina,* pl. de *gramen,* hierba, césped). Planta medicinal, muy común, de flores en espigas filiformes, que salen en número de tres o cinco en el extremo de los tallos. (Familia gramíneas.) ◇ **Grama de olor** Hierba forrajera olorosa, que crece en bosques y prados. (Familia gramíneas.) **Grama en jopillos** Planta graminácea forrajera de las regiones templadas.

gramaje s.m. En la industria papelera, peso del papel o del cartón, expresado en gramos por metro cuadrado.

gramal s.m. Terreno poblado de grama.

gramalote s.m. Colomb., Ecuad. y Perú. Hierba forrajera de la familia de las gramíneas.

gramática s.f. Estudio y descripción de las estructuras sintácticas, morfológicas y fonéticas de una lengua. **2.** Texto que enseña metódicamente estas estructuras. **3.** INFORMÁT. Descripción del conjunto de reglas que permiten generar, a partir de un vocabulario terminal (conjunto de símbolos), las cadenas o series ordenadas de símbolos que constituyen las frases autorizadas en el lenguaje correspondiente. ◇ **Gramática parda** *Fam.* Habilidad natural o adquirida que tienen algunas personas para manejarse.

gramatical adj. Relativo a la gramática: *persona gramatical.* **2.** Que se ajusta a las reglas de la gramática.

gramaticalidad s.f. LING. Propiedad que tiene una frase de ser conforme a las reglas de la gramática de una lengua.

gramaticalización s.f. Acción de gramaticalizarse: *la gramaticalización de la palabra latina «mente» en sufijo adverbial.*

gramaticalizarse v.prnl. LING. Adquirir un elemento léxico una función gramatical.

gramático, a adj. Relativo a la gramática. SIN.: *gramatical* ◆ s. Especialista en gramática.

gramatiquear v.intr. *Fam.* y *desp.* Tratar de cuestiones gramaticales.

gramil s.m. Instrumento empleado en diversos oficios para el trazado de las piezas a trabajar.

gramilla s.f. Amér. Merid. Nombre que se da a diversas gramíneas utilizadas para pasto.

gramíneo, a o **gramináceo, a** adj. y s.f. (lat. *gramineus,* de *gramen,* césped, hierba). Relativo a una familia de plantas monocotiledóneas con espigas de flores poco vistosas, frutos harinosos reducidos a simples granos y tallo herbáceo, como los cereales.

gramo s.m. (fr. *gramme,* del gr. *grámma,* medida de peso). Unidad de masa (símb. g) del sistema cegesimal, que equivale a la masa de un centímetro cúbico de agua pura a 4 °C. **2.** Cantidad de alguna materia cuya masa es un gramo: *doce gramos de azafrán.*

gramófono s.m. Aparato que reproduce las vibraciones sonoras grabadas sobre un disco plano que se apoya en un plato que gira impulsado por un mecanismo de muelle o electromotor.

gramola s.f. (marca registrada). Nombre de ciertos gramófonos de bocina interior, portátiles o en forma de mueble.

gran adj. Apócope de *grande.* (Se emplea antepuesto a un sustantivo en singular: *un gran hotel; una gran mujer.*)

1. **grana** s.f. (lat. *grana,* pl. de *granum,* grano). Excrecencia o agallita que un quermésido forma en la coscoja y que, exprimida, produce color rojo. **2.** Color rojo obtenido de este modo. **3.** Cochinilla. **4.** Quermes, insecto.

2. **grana** s.m. Variedad de queso parmesano.

granada s.f. Fruto del granado, de corteza roja, que contiene muchos granos comestibles rojos o rosados, de sabor agridulce. **2.** MIL. Proyectil ligero que puede lanzarse a corta distancia con la mano, con la ayuda de un fusil, de un arma ligera o de un mortero. ◇ **Granada submarina** Granada concebida para el ataque de submarinos.

granadera s.f. Cartuchera para llevar las granadas.

granadero s.m. Soldado encargado de lanzar granadas. **2.** HIST. Soldado de una compañía que encabezaba el regimiento.

granadilla s.f. Flor de la pasionaria o pasiflora. **2.** Fruto de esta planta.

granadillo s.m. Árbol originario de Antillas, con ramas espinosas y flores blanquecinas, cuya madera, dura, de grano fino y color rojo y amarillo, es muy apreciada en ebanistería. (Familia cesalpiniáceas.)

1. **granadina** s.f. Tejido calado que se hace con seda retorcida. **2.** Hilo de seda constituido por hilos de seda cruda, torcidos por separado y luego conjuntamente.

2. **granadina** s.f. Refresco hecho con zumo de granada.

3. **granadina** s.f. Variedad del fandango, originaria de Granada.

1. **granadino** s.m. Flor del granado, grande y de color rojo.

2. **granadino, a** adj. y s. De Granada, estado insular de las Pequeñas Antillas. **2.** De Granada (España).

1. **granado** s.m. Árbol cultivado en los países mediterráneos, de flores rojas y cuyo fruto es la granada. (Familia punicáceas.)

2. **granado, a** adj. Notable, ilustre y escogido. **2.** Maduro, experto.

granalla s.f. Metal o metaloide reducido a granos pequeños para facilitar su fundición: *granalla de plomo.*

granallar v.tr. Reducir a granalla.

granar v.intr. Producir grano una planta. ◆ v.tr. Granear, reducir a grano.

granate s.m. Silicato doble de ciertos metales que se encuentra en las rocas metamórficas, y del que algunas variedades son piedras finas. ◆ adj. y s.m. Se dice del color rojo oscuro. ◆ adj. Que es de este color.

granatita s.f. Roca metamórfica, de color rojo, constituida fundamentalmente por granate.

granazón s.m. BOT. Formación de granos.

grancé adj. (fr. *garance*). Que es de color rojo ligeramente purpúreo.

grancolombiano, a adj. y s. De la República de la Gran Colombia.

grande adj. (lat. *grandis,* grandioso, de edad avanzada). Que tiene un tamaño mayor al que se considera normal o mayor al de otra cosa de su misma naturaleza. **2.** *Fam.* Se dice de la persona adulta: *apto para pequeños y grandes.* **3.** Que es muy intenso o perceptible: *un amor grande.* **4.** *Fig.* Que es muy noble o de elevada moral: *grandes ideales.* **5.** *Fig.* Famoso, singular, o de mucha importancia: *un gran poeta.* **6.** *Fig.* y *fam.* Ilógico, absurdo, contradictorio: *es grande que pague el más pobre.* **7.** Epíteto que se añade al título de ciertos dignatarios y a ciertos títulos nobiliarios: *los grandes duques.* (El adjetivo *grande* toma la forma *gran* cuando precede inmediatamente a un sustantivo singular.) ◆ s.m. Prócer, magnate, persona de muy elevada jerarquía o nobleza: *una reunión de los cuatro grandes.* <> **A lo grande** Con mucho lujo. **En grande** En cantidad importante; muy bien: *pasarlo en grande.* **Grande de España** Título que representa la jerarquía superior dentro de la nobleza española. **Venir grande** *Fam.* Ser algo excesivo para la capacidad o el mérito de alguien.

grandeza s.f. Cualidad de grande. **2.** Dignidad de grande de España; conjunto de los grandes de España y, en general, conjunto de nobles.

grandilocuencia s.f. Elocuencia altisonante. **2.** Estilo sublime.

grandilocuente adj. (del lat. *grandis,* grandioso, y *loqui,* hablar). Que habla o escribe con grandilocuencia.

grandiosidad s.f. Cualidad de grandioso.

grandioso, a adj. Que causa admiración por su gran tamaño o por alguna de sus cualidades.

grandisonar v.intr. [conj.: *contar*]. *Poét.* Resonar o tronar con fuerza.

grandísono, a adj. *Poét.* Altísono.

grandor s.m. Tamaño de las cosas.

grandullón, na adj. y s. *Fam.* Se dice de la persona corpulenta o de la persona adolescente que está muy crecida para su edad. (En ocasiones, tiene un matiz despectivo.)

grandulón, na adj. Argent. y Méx. *Fam.* Se dice de la persona adolescente que está muy crecida para su edad, especialmente la que tiene una conducta infantil.

graneado, a adj. Salpicado de pintas o motas. ◆ s.m. Acción de reducir a grano. **2.** Acción de transformar la superficie lisa de un cuerpo en una superficie ligeramente rugosa para facilitar un trabajo ulterior. <> **Fuego graneado** Fuego a discreción.

granear v.tr. Esparcir el grano en un terreno. **2.** Hacer rugosa una superficie lisa. **3.** Reducir a grano.

granel (a) loc. (del cat. *graner,* granero). Sin envasar o sin empaquetar; producto que se vende o se compra de esta manera; en abundancia.

granero s.m. (lat. *granarium*). Lugar donde se almacena el grano. **2.** *Fig.* Región fértil que produce grandes cantidades de trigo y es abastecedora de otra: *Cerdeña fue el granero de Cataluña en el s. XIV.*

graniento, a adj. Méx. Que está lleno de granos.

granilla s.f. Grano pequeño que por el revés tiene el paño. **2.** Tejido de lana o algodón de grano grueso.

granítico, a adj. Relativo al granito o que tiene las características de este.

granitización s.f. Transformación de una roca en granito.

granito s.m. (ital. *granito,* p. de *granire,* granar). Roca plutónica formada principalmente por cuarzo, feldespato alcalino y mica, y que constituye la parte esencial de la corteza continental.

granitoide adj. Que tiene la apariencia del granito.

granívoro, a adj. y s. (lat. *granivours,* de *granum,* grano, y *vorare,* comer). Que se alimenta de granos.

granizada s.f. Precipitación grande de granizo. **2.** *Fig.* Caída o afluencia de algo en gran cantidad o fluidez: *granizada de piedras, de insultos.* **3.** Chile. Granizado.

granizado s.m. Bebida refrescante parcialmente congelada y de consistencia granulosa: *granizado de café.*

granizar v.intr. Caer granizo. ◆ v.intr. y tr. *Fig.* Arrojar una cosa con ímpetu y frecuencia.

granizo s.m. Agua congelada que cae con violencia en forma de granos de hielo. **2.** Granizada, precipitación de granizo.

granja s.f. (fr. *grange,* granero, granja). Finca rústica, generalmente cercada, con casa y dependencias para los animales. **2.** Finca rural destinada a la cría de aves o ganado. **3.** Establecimiento donde se sirven productos lácteos, chocolate, helados, pastas, etc.

granjear v.tr. Conseguir, adquirir, obtener. ◆ v.tr. y prnl. Captar, atraer, lograr: *granjearse las simpatías.*

granjería s.f. Beneficio que obtienen las haciendas de campo de la venta de sus frutos, la cría y venta del ganado, etc. **2.** *Fig.* Ganancia y utilidad que se obtiene del comercio o de los negocios.

granjero, a s. Persona que posee una granja o que se ocupa del mantenimiento de las instalaciones y del cuidado de las tierras y animales de una granja.

grano s.m. (lat. *granum*). Fruto y semilla de los cereales: *grano de trigo.* **2.** Semilla pequeña de algunas plantas: *grano de café.* **3.** Baya pequeña: *grano de uva.* **4.** Porción pequeña y esférica de algo: *grano de arena.* **5.** Bulto pequeño que aparece en la superficie de la piel y que suele tener un punto central de pus rodeado de una halo inflamatorio rojizo. **6.** Desigualdad en la superficie del cuero, de una tela, una piedra, una cerámica, etc. **7.** FOT. Partícula que forma la emulsión. ◆ **granos** s.m.pl. Cereales. <> **Grano de arena** *Fig.* Ayuda pequeña con que una persona contribuye para una obra o fin determinado. **Ir al grano** Atender a lo esencial, omitiendo superfluidades. **No ser un grano de anís** No ser despreciable.

granoso, a adj. Que tiene o forma granos. **2.** Se dice de los tejidos bastos, de trama desigual: *tela granosa.*

granudo, a adj. Que se compone de pequeños granos o gránulos: *rocas granudas.*

granuja s.m. y f. Golfo, pilluelo. **2.** Persona que habitualmente engaña, comete fraudes y atiende solo a su propio provecho.

granujada s.f. Acción propia de un granuja.

granujería s.f. Granujada. **2.** Conjunto de granujas.

granujiento, a adj. Que tiene granos: *cara granujienta.*

granulación s.f. Aglomeración en pequeños granos. **2.** MED. Lesión orgánica que consiste en pequeños tumores formados en los órganos, mucosas o llagas. **3.** TECNOL. Fragmentación de un producto fundido sometido a la acción de un chorro de agua y que se solidifica dividiéndose en pequeñas partículas de contornos redondeados. ◇ **Granulación solar** Red formada por el conjunto de gránulos observados en las regiones tranquilas de la fotosfera del Sol.

granulado, a adj. Que forma granos. **2.** Que tiene granulaciones. ◆ s.m. Preparado farmacéutico o medicamento que se presenta en forma de gránulos y está compuesto de una sustancia activa y un excipiente azucarado. **2.** Graneado de las pieles.

1. **granular** adj. Que se compone de pequeños granos.

2. **granular** v.tr. Reducir a gránulos o granos muy pequeños. ◆ **granularse** v.prnl. Cubrirse de granos: *granularse la cara.*

granulia s.f. MED. Tuberculosis grave, caracterizada por la diseminación en los pulmones *(granulia pulmonar)* o en todo el organismo *(granulia generalizada)* de granulaciones tuberculosas del volumen de un grano de mijo. SIN.: *tuberculosis miliar.*

granulita s.f. Roca metamórfica constituida esencialmente de cuarzo y feldespato y, accesoriamente, de granate o piroxeno.

gránulo s.m. Grano pequeño. **2.** Elemento brillante de forma poligonal irregular, de unos 1 000 km, efímero (del orden de 8 min), que se observa en la fotosfera solar. **3.** FARM. Píldora pequeña que contiene una cantidad ínfima pero rigurosamente dosificada de una sustancia muy activa.

granulocito s.m. BIOL. Leucocito polinuclear de la sangre.

granuloma s.m. MED. Lesión inflamatoria pequeña y consistente que contiene glóbulos blancos y es específica de algunas enfermedades (tuberculosis, sarcomas benignos, etc.).

granulometría s.f. Medida del grosor de los granos de una mezcla pulverulenta; determinación de su forma y de la proporción en que se encuentran. **2.** Medida de las partículas minerales del suelo o de una roca.

granulosis s.f. Producción patológica de partículas granulares o cristalinas en el protoplasma celular en vías de degeneración.

granuloso, a adj. Que posee gránulos: *superficie granulosa.*

1. **granza** s.f. (lat. tardío *grandia,* harina gruesa). Carbón mineral lavado y clasificado, cuyos trozos son de un tamaño comprendido entre 15 y 25 mm. **2.** Argent. Ladrillo triturado que suele recubrir los senderos de plazas y jardines. ◆ **granzas** s.f.pl. Residuos de paja, espigas y granos sin descascarillar, que quedan del trigo y otras semillas después de la criba. **2.** Desechos del yeso cuando se cierne. **3.** Residuos de minerales u otros materiales.

2. **granza** s.f. (fr. *garance*). Rubia, planta.

grao s.m. (cat. *grau*). Playa que sirve de desembarcadero.

grapa s.f. Pieza de metal delgada y pequeña que, doblada por los extremos, se clava para unir o sujetar papeles, tela, tejidos orgánicos, etc. **2.** ARQ. **a.** Gancho de metal que sirve para ligar dos bases de piedras o para fijar los paneles de revestimiento de una fachada a la mampostería bruta. **b.** Argolla de hierro que sirve para fijar un postigo, una puerta, etc., a su parte superior. **c.** Ornamento en forma de consola o de mascarón que se esculpe sobre el paramento exterior de la clave de una arcada de puerta o de ventana para sujetar las molduras. **3.** TECNOL. Alambre, con los extremos doblados, que sirve para el ensamblaje mecánico de ciertos tipos de embalajes ligeros. **4.** VET. Llaga que se forma en el pliegue del corvejón de los caballos.

grapadora s.f. Utensilio para grapar.

grapar v.tr. Unir o sujetar con grapa.

Grapo s.m. y f. (sigla de *grupo de resistencia antifascista primero de octubre*). Miembro de la organización GRAPO.

grappa s.f. Aguardiente de brisa que se elabora especialmente en el norte de Italia.

graptolite adj. y s.m. Relativo a un grupo de organismos fósiles marinos de principios de la era primaria, que vivían en colonias y que en la actualidad se relacionan con los procordados.

grara s.f. En el Sahara Occidental, terreno deprimido que conserva más tiempo la humedad y se destina a pastos y cultivos.

grasa s.f. (de *graso*). Sustancia lipídica, untuosa, que funde entre 25 y 50 °C, de origen animal o vegetal. **2.** Cuerpo graso que sirve para lubricar o proteger. **3.** Alteración del vino, la sidra y la cerveza, que consiste en adquirir un aspecto oleaginoso y ahilarse.

grasera s.f. Utensilio de cocina para guardar la grasa. **2.** Utensilio de cocina para recoger la grasa de la carne que se asa.

grasiento, a adj. Impregnado o lleno de grasa.

graso, a adj. (lat. *crassus,* gordo). Que está formado por grasa o la contiene. ◇ **Cuerpo graso** Sustancia neutra de origen orgánico que es un éster de la glicerina, como la manteca, el aceite, la grasa, el cebo, etc. **Hulla grasa** Carbón rico en materias volátiles y que se aglomera con el calor antes de quemar. **Planta grasa** Planta de hojas gruesas y carnosas. **Serie grasa** QUÍM. Conjunto de compuestos orgánicos de cadena abierta.

grasoso, a adj. Grasiento.

grata s.f. Escobilla metálica usada por los plateros, grabadores, albañiles, plomeros, doradores, etc., para raspar, limpiar o bruñir las piezas.

gratar v.tr. (fr. *gratter,* rascar). Limpiar o bruñir una pieza con la grata.

gratén o **gratín** s.m. (fr. *gratin*). Manera especial de guisar los manjares, cubriéndolos con una capa de galleta molida y queso rallado o bien solo este último ingrediente y dorándolos al horno. **2.** Manjar preparado por este sistema. **3.** Costra formada sobre los alimentos así preparados.

gratificación s.f. Acción de gratificar. **2.** Cosa material o inmaterial con se que gratifica a alguien. **3.** Suplemento del salario, que se da regularmente a alguien.

gratificante adj. Que gratifica.

gratificar v.tr. (lat. *gratificari,* mostrarse agradable, generoso). Recompensar a alguien por algún servicio prestado: *gratificó al muchacho por cuidar la casa mientras estuvo fuera.* **2.** Complacer, satisfacer.

grátil o **gratil** s.m. MAR. **a.** Parte central de la verga, donde se sujeta la vela. **b.** Orilla superior de las velas redondas o de cruz. **c.** Caída o lado de proa, en las velas de cuchillo.

gratín s.m. → **gratén.**

gratinar v.tr. Dorar al horno un manjar cubierto de salsa bechamel o mantequilla y queso rallado.

gratis adv.m. (lat. *gratis*). Sin ningún cobro o pago monetario. **2.** Sin cobrar o sin obtener una cosa a cambio: *actuar gratis.* **3.** Sin esfuerzo o trabajo: *conseguir algo gratis.*

gratitud s.f. Sentimiento de estima y reconocimiento que una persona siente hacia otra que le ha hecho un favor o servicio, y a la que desea corresponder.

grato, a adj. (lat. *gratus, -a, -um*). Gustoso, agradable: *grata noticia.* **2.** Bol. y Chile. Agradecido, obligado: *le estoy grato.*

gratuidad s.f. Cualidad de gratuito: *la gratuidad de la enseñanza.*

gratuito, a adj. (lat. *gratuitus*). Que no cuesta dinero. **2.** Arbitrario, infundado: *afirmación gratuita.*

grava s.f. (cat. *grava*). Piedra machacada que se utiliza para cubrir carreteras y caminos y en la producción de hormigón. **2.** GEOL. Conjunto de piedras que proceden de la fragmentación y disgregación de ciertas rocas.

gravamen s.m. Carga u obligación que afecta a una persona. **2.** Derecho real o carga impuesta sobre un inmueble o sobre un caudal. **3.** Tributo.

gravar v.tr. (lat. *gravare*). Pesar un gravamen sobre alguien o algo. **2.** Imponer alguien o algo un gravamen sobre un bien o una actividad: *gravar un inmueble con una hipoteca.*

grave adj. (lat. *gravis,* pesado, grave). Que tiene mucha importancia o trascendencia. **2.** Que encierra peligro o es susceptible de tener consecuencias dañosas: *una grave sequía.*

3. Que tiene una enfermedad que pone en peligro su vida: *estar muy grave.* **4.** Se dice del sonido de baja frecuencia de vibración. **5.** Que se distingue por su circunspección, decoro y nobleza: *estilo grave.* **6.** Se dice de la palabra cuyo acento de intensidad recae sobre la penúltima sílaba. SIN.: *llana, paroxítona.* ◆ s.m. Obra o fragmento de una obra musical de carácter majestuoso y de tempo lento.

gravedad s.f. Cualidad de grave: *la gravedad de una situación; gravedad de espíritu; la gravedad de una falta, de una enfermedad.* **2.** FÍS. Fuerza resultante de la gravitación entre la tierra y los cuerpos situados en sus proximidades, o, más generalmente, entre un cuerpo celeste y los cuerpos próximos a él. **3.** MÚS. Cualidad de un sonido musical relativamente bajo. ◇ **Centro de gravedad** FÍS. Punto en el que se podrían equilibrar todas las fuerzas que actúan en un cuerpo. **Tectónica de gravedad** Movimiento tectónico que corresponde al deslizamiento por gravedad de los mantos de corrimiento.

gravedad

La gravedad es una fuerza que atrae a todos los objetos del universo; constituye una de las cuatro interacciones fundamentales de la materia (las otras tres son la electromagnética, la nuclear fuerte y la nuclear débil) y la más dominante de todas, pues es la única universal y que afecta a todas las formas de materia y energía de la misma manera. Newton fue el primero en elaborar una ley de la gravitación universal, según la cual dos objetos se atraen con una intensidad directamente proporcional a sus masas e inversamente proporcional al cuadrado de su distancia. En el s. XX, la teoría de la relatividad de Einstein precisó la ley de la gravedad newtoniana. A grandes rasgos, concibe la gravedad solo desde el punto de vista de la estructura del continuo espacio-tiempo y describe tanto el efecto de la gravedad en la materia como el de esta en la gravedad. Aunque muy diferente de la de Newton, esta teoría predice casi los mismos efectos en sistemas cuyo campo gravitatorio sea débil y las velocidades lentas en comparación con la de la luz.

gravedoso, a adj. Circunspecto y serio con afectación: *persona gravedosa.*

gravera s.f. Lugar del que se extrae grava.

gravetiense s.m. y adj. (de *La Gravette,* sitio arqueológico en la Dordoña, Francia). Facies cultural del paleolítico superior, caracterizada por un buril en entroncadura retocada y una punta alargada de borde rectilíneo rebajado mediante retoques abruptos.

gravidez s.f. Estado de la hembra preñada. SIN.: *preñez.*

gravídico, a adj. MED. Relativo a la gravidez o embarazo.

grávido, a adj. (lat. *gravidus*). Cargado, lleno, abundante: *una bolsa grávida.* **2.** Que está embarazada o preñada.

gravilla s.f. Piedra machacada cuyos granos tienen un grosor comprendido entre cinco y veinticinco milímetros.

gravimetría s.f. FÍS. Medida de la intensidad del campo de la gravedad. **2.** QUÍM. Análisis efectuado por pesadas.

gravimétrico, a adj. FÍS. Relativo a la gravimetría.

gravímetro s.m. Instrumento que sirve para medir la componente vertical del campo de la gravedad.

gravisfera s.f. Región situada alrededor de un astro en la que la fuerza de atracción de este es superior a la de los astros vecinos.

gravitación s.f. FÍS. Fenómeno por el cual todos los cuerpos materiales se atraen recíprocamente con una fuerza que es proporcional al producto de su masa e inversamente proporcional al cuadrado de su distancia. (Es una de las cuatro interacciones fundamentales de la física.)

gravitar v.intr. Cargar, imponer un gravamen, carga u obligación. **2.** Descansar o hacer fuerza un cuerpo sobre otro. **3.** Pender, pesar algo sobre alguien: *una amenaza gravita sobre él.* **4.** Tener un cuerpo propensión a caer sobre otro por razón de su peso. **5.** FÍS. Describir una trayectoria alrededor de un punto central, en virtud de la gravitación.

gravitatorio, a adj. FÍS. Relativo a la gravitación.

gravitón s.m. Partícula hipotética considerada el vehículo de la interacción gravitatoria.

gravoso, a adj. Molesto, pesado: *esfuerzo gravoso.* **2.** Oneroso, costoso: *edificio de mantenimiento gravoso.*

gray s.m. (de S. *Gray,* físico británico) [pl. *grays*]. MED. Unidad de medida de dosis absorbida durante una irradiación de rayos ionizantes (símb. Gy), equivalente a la dosis absorbida en un elemento de masa 1 kg al que los rayos ionizantes comunican de manera uniforme una energía de 1 julio.

graznar v.intr. (hispano-lat. *gracinare,* de origen onomatopéyico). Emitir graznidos.

graznido s.m. Voz de algunas aves, como el cuervo, el grajo, el ganso, etc.

greba s.f. (fr. ant. *greve,* saliente de la tibia, greva). Pieza de la armadura que cubría la pierna desde la rodilla hasta el tobillo.

1. **greca** s.f. B. ART. Banda ornamental compuesta por líneas quebradas formando una sucesión de ángulos rectos que se repiten periódicamente.

2. **greca** s.f. Antillas, Colomb. y Venez. Aparato para preparar café, usado especialmente en sitios públicos.

grecismo s.m. Helenismo.

grecizar v.tr. Helenizar, dar forma griega a palabras de otra lengua.

greco, a adj. y s. Griego, de Grecia.

grecobúdico, a adj. Se dice del arte de Gandhara influenciado por el arte griego.

grecolatino, a adj. Relativo a la antigüedad clásica o los aspectos comunes de las civilizaciones griega y latina antiguas.

grecorromano, a adj. Grecolatino. **2.** Se dice del período que se extiende desde 146 a.C. (conquista de Grecia por los romanos) hasta fines del s. V (caída del Imperio de occidente).

greda s.f. (lat. *creta*). Arcilla arenosa, usada especialmente para quitar manchas.

gredal adj. y s.m. Se dice del terreno donde abunda la greda.

gredoso, a adj. Que contiene greda o que tiene alguna de sus características.

green s.m. (voz inglesa) [pl. *greens*]. Zona del campo de golf con césped muy bajo y cuidado, alrededor de cada hoyo.

grega o **grege** adj. Se dice de la seda natural, en crudo, tal cual se obtiene del capullo.

1. **gregal** s.m. (de *griego*). Viento del NE que sopla en el Mediterráneo occidental.

2. **gregal** adj. (lat. *gregalis*). Gregario, animal.

gregario, a adj. (lat. *gregarius*). Se dice del animal que vive en grupo o en comunidad, sin ser necesariamente social. **2.** Se dice de la persona que forma parte de un grupo sin distinguirse de las demás, y en especial de la que actúa siguiendo las ideas o iniciativas ajenas. ◆ s.m. Ciclista encargado de ayudar al jefe de equipo o a otro ciclista de categoría superior a la suya.

gregarismo s.m. Tendencia de algunos animales a vivir en grupo. **2.** Tendencia de los seres humanos a formar grupos y a tener el mismo comportamiento.

grege adj. → **grega.**

gregoriano, a adj. Relativo a alguno de los papas llamados Gregorio. ◇ **Canto gregoriano** Canto ritual de la Iglesia latina, atribuido a Gregorio I, base del canto eclesiástico católico. **Misas gregorianas** Serie de treinta misas para un difunto.

canto gregoriano

El canto gregoriano se codificó en el s. IX. Esencialmente melódico, también es monódico u homófono; está escrito en un registro corto, por grados conjuntos e intervalos simples y naturales; utiliza escalas diatónicas (modos) y está inspirado en el latín, por lo que adopta sus acentos y su ritmo. La producción de obras litúrgicas en gregoriano auténtico terminó hacia fines del s. XI, pero se compuso en gregoriano, o a imitación del gregoriano, al menos en el mundo eclesiástico, hasta mediados del s. XVII, con el nombre de canto llano.

---

greguería s.f. Ruido producido conjuntamente por muchas personas hablando o gritando. **2.** Composición breve en prosa creada por Ramón Gómez de la Serna. (De acuerdo con su teoría, es una metáfora con ingredientes de humor y de ingeniosa intuición sobre las relaciones existentes entre las cosas. Su primera colección de *Greguerías* data de 1917.)

gregüescos s.m.pl. Calzones muy anchos usados en los ss. XVI y XVII.

grelo s.m. Brote tierno y comestible del nabo.

gremial adj. Relativo al gremio.

gremialismo s.m. Tendencia política favorable a organizar la sociedad en gremios de productores bajo la autoridad del estado. **2.** Sindicalismo, en algunos países sudamericanos, donde al sindicato de oficio se le llama gremio.

gremialista adj. y s.m. y f. Partidario del gremialismo. ◆ s.m. y f. Persona que pertenece a un gremio. **2.** Argent., Chile, Ecuad. y Venez. Persona que dirige un gremio.

gremio s.m. (lat. *gremium,* regazo, seno, interior). Conjunto de personas que tienen el mismo oficio o profesión. **2.** Corporación de ámbito puramente local integrada por todos los artesanos de un mismo oficio.

greña s.f. Mechón de pelo enredado y mal peinado; cabello de una persona, o pelo de un animal, que es largo y está mal peinado. (Suele usarse en plural.) <> **Andar a la greña** *Fam.* Reñir dos o más personas; estar dos o más personas en desacuerdo o dispuestas a promover disputas. **En greña** Méx. En rama, sin purificar o sin beneficiar.

greñudo, a adj. Que tiene greñas.

gres s.m. (fr. *grès*). Material cerámico cuya dureza e impermeabilidad se deben a una vitrificación parcial de arcilla refractaria (caolín) y de feldespato, obtenida entre 1 150 y 1 300 °C. **2.** Arenisca. **3.** Sustancia secretada por el gusano de seda, que une los dos filamentos que forman el capullo. SIN.: *sericina.*

gresca s.f. (del lat. *graeciscus,* griego). *Fam.* Bulla, algazara. **2.** *Fam.* Riña o disputa.

grévol s.m. Ave gallinácea de plumaje rojizo, de unos 35 cm de long., que vive en los bosques montañosos.

grey s.f. (lat. *grex, gregis,* rebaño). *Poét.* Rebaño. **2.** *Fig.* Conjunto de personas que tienen algún carácter común; comunidad de fieles cristianos.

griego, a adj. y s. De Grecia. ◆ adj. y s.m. *Fam.* Se dice del lenguaje ininteligible. ◆ s.m. Lengua indoeuropea hablada en Grecia. <> **Fuego griego** HIST. Proyectil incendiario fabricado con salitre y nafta. (Podía arder en el agua y se utilizaba en los combates navales.) **Iglesia griega** Se dice de la Iglesia ortodoxa de Grecia. **I griega** Nombre de la letra Y. (Se corresponde con la épsilon griega.)

grieta s.f. (del lat. *crepita,* p. de *crepare,* crepitar, reventar). Abertura larga y estrecha resultado de separarse algo en dos partes. **2.** MED. Solución de continuidad lineal de la piel, que asienta en tejidos muy traumatizados.

grieteado s.m. Conjunto de grietas finas y entrecruzadas que aparecen en la superficie de un revoque o en el esmalte de un objeto cerámico.

grifa s.f. Polvo de hachís o marihuana que se fuman mezclados con tabaco, especialmente de origen marroquí.

grifería s.f. Conjunto de llaves y accesorios destinados a abrir, cerrar o regular el paso de un fluido.

grifero, a s. Perú. Persona que tiene por oficio expender gasolina en un grifo o gasolinera.

grifo, a adj. (lat. tardío *gryphus,* llave de cañería, animal fabuloso, del gr. *gryps, grypós*). Se dice del cabello rizado y enmarañado. ◆ adj. y s. Colomb. Presuntuoso. **2.** Méx. Se dice de la persona que fuma grifa. ◆ s.m. Animal fabuloso con cuerpo de león, cabeza y alas de águila, orejas de caballo y aletas de pez. **2.** Esp. Llave, dispositivo. **3.** Perú. Gasolinera.

grifón s.m. Perro de pelo largo y áspero.

grill s.m. (voz inglesa). Parrilla. **2.** Resistencia eléctrica o fuego situados en la parte superior de un horno, para gratinar o dorar los alimentos.

grilla s.f. Méx. *Fam.* Actividad política, principalmente la que implica deshonestidad o intrigas para favorecer los intereses de un grupo.

grillar v.intr. Méx. Intrigar con fines políticos.

grillarse v.prnl. Echar grillos un bulbo, rizoma o tubérculo. **2.** *Fam.* Volverse loco.

grillera s.f. Jaula para grillos. **2.** *Fig.* y *fam.* Lugar donde hay gran desorden y confusión.

grillete s.m. Arco de hierro, semicircular, con los extremos unidos por un perno, para sujetar una cadena a algún sitio, especialmente para sujetar los pies de los presos. **2.** MAR. Cada uno de los trozos de cadena que unidos entre sí por unos eslabones especiales forman la cadena del ancla.

1. **grillo** s.m. (lat *grillus*). Insecto ortóptero cavador, de unos 3 cm de long., color negro rojizo, que vive en lugares cálidos y oscuros, y cuyo macho produce un sonido agudo y monótono con el roce de los élitros. (Familia grillidos.) ◆ **grillos** s.m.pl. Conjunto de dos grilletes unidos por una cadena, que se colocaban en los dos pies de los presos para impedirles andar. <> **Grillo real,** o **topo** Insecto ortóptero, de unos 5 cm de long., que excava galerías con las patas anteriores, anchas y planas, y es nocivo para la agricultura.

2. **grillo** s.m. Tallo tierno o brote que nace en los rizomas, bulbos o tubérculos.

3. **grillo, a** s. Méx. *Fam.* Persona que se dedica a la política.

grima s.f. (gót. *grimmis,* horrible). Desazón, irritación, o desagrado, causados por una cosa.

grimillón s.m. Chile. Multitud, gran cantidad de personas.

grímpola s.f. (fr. ant. *guimple,* velo de mujer, gallardete de lanza). Insignia militar en forma de gallardete triangular.

gringada s.f. Argent. *Desp.* Acción propia del gringo, inmigrante italiano.

gringo, a adj. y s. (de *griego*). Amér. Extranjero, especialmente el de origen norteamericano o de rasgos anglosajones. **2.** Argent. y Urug. *Desp.* Extranjero, en particular italiano. **3.** Chile. Tonto. ◆ adj. y s.m. Amér. Se dice de la lengua extranjera.

griñolera s.f. Arbusto de flores rosadas en corimbo y frutos globulares con 2 o 3 semillas.

1. **griñón** s.m. Toca de monjas que rodea el rostro.

2. **griñón** s.m. Melocotón de piel lisa y carne adherida al hueso.

griota s.f. Mármol que presenta manchas rojas u oscuras redondeadas.

grip s.m. Posición de las manos en el palo de golf o en la raqueta de tenis. **2.** Revestimiento del mango de un palo de golf o de una raqueta de tenis.

gripa s.f. Amér. Gripe.

gripal adj. Relativo a la gripe.

griparse v.prnl. Bloquearse o adherirse las piezas móviles de un motor por dilatación, falta de lubricación o ajuste.

gripe s.f. (fr. *grippe*). Enfermedad infecciosa y contagiosa, caracterizada por la aparición de fiebre, cefaleas, cansancio y catarro nasal o bronquial. <> **Gripe aviar,** o **aviaria** Enfermedad infecciosa de las aves, de origen vírico. (Es altamente mortal en las aves, especialmente entre las gallináceas, y en algún caso se ha transmitido a mamíferos, entre ellos al ser humano.)

griposo, a adj. y s. Que padece gripe.

gris adj. y s.m. Se dice del color que es de una tonalidad intermedia entre el blanco y el negro. ◆ adj. Que es de este color: *un suéter gris.* **2.** *Fig.* Se dice de alguien o algo que no destaca por nada. **3.** *Fig.* Triste, sombrío, lánguido o apagado: *un día gris.* <> **Gris marengo** Gris muy oscuro. **Gris perla**

Gris muy claro. **Sustancia gris** ANAT. Tejido gris rosáceo situado en la corteza cerebral.

grisáceo, a adj. Que tiene un tono gris.

grisalla s.f. Pintura monocroma, realizada en diferentes tonos de gris, que produce la ilusión del relieve esculpido. **2.** Composición empleada en la pintura sobre vidrio, con que se daba a los vidrios de color los efectos propios del claroscuro. **3.** Méx. Chatarra.

griseofulvina s.f. Antifúngico extraído del *Penicillum griseofulvum,* activo contra las principales micosis de la piel.

grisma s.f. Chile, Guat., Hond. y Nicar. Brizna, pizca.

grisón, na adj. y s. Del cantón de los Grisones.

grisú s.m. (fr. *grisou*). Gas, compuesto principalmente por metano, que se desprende en las minas de carbón y que, mezclado con el aire, explota al contacto con una llama.

grisúmetro s.m. Aparato para determinar la cantidad de grisú en una mina.

grisutoso, a adj. Que desprende o contiene grisú.

gritadera s.f. Argent., Colomb., Chile y Venez. Griterío.

gritar v.intr. Dar gritos. **2.** Hablar con un tono de voz elevado. ◆ v.tr. e intr. Manifestar desagrado ruidosamente.

griterío s.m. Ruido de voces altas y confusas.

grito s.m. Sonido agudo y estridente emitido por una persona o animal expulsando aire por la laringe con fuerza. (Particularmente, se dice del sonido emitido por un animal, como las aves, y que no tiene un nombre específico.) **2.** HIST. En Latinoamérica, y en especial durante el s. XIX, acto que da inicio a un movimiento emancipador y en el que generalmente se proclama la independencia y se trazan las directrices políticas del nuevo país. ◇ **A grito pelado** En voz muy alta o gritando. **El último grito** *Fam.* Se dice de lo que está a la última moda. **Pedir algo a gritos** Necesitar mucho una cosa. **Poner el grito en el cielo** Clamar en voz alta, quejándose vehementemente de alguna cosa.

gritón, na adj. y s. *Fam.* Que grita mucho.

grivna s.f. Unidad monetaria de Ucrania.

grizzly s.m. (voz angloamericana). Oso gris de gran tamaño que vive en las Montañas Rocosas.

groenendael s.m. Raza belga de perro pastor, de pelo largo y negro.

groenlandés, sa o **groelandés, sa** adj. y s. De Groenlandia.

groera s.f. MAR. Abertura hecha en una plancha o tablón para dar paso a un cabo, pinzote, etc.

grog s.m. (voz inglesa). Bebida elaborada con ron, agua caliente azucarada y limón.

grogui adj. Se dice del boxeador muy castigado por el adversario pero que, aunque inconsciente, todavía sigue en pie. **2.** Aturdido, especialmente por el cansancio o el sueño. (También *groggy.*)

grosella s.f. (fr. *groseille*). Fruto del grosellero, en forma de baya, de color rojo y sabor agridulce.

grosellero s.m. Arbusto de la familia saxifragáceas cuyo fruto es la grosella.

grosería s.f. Cualidad de grosero. **2.** Hecho o dicho grosero.

grosero, a adj. Basto, ordinario, tosco. ◆ adj. y s. Carente de educación, cortesía o delicadeza.

grosor s.m. Espesor de un cuerpo.

grosso modo loc.adv. (voces latinas, *de forma amplia*). Sin detallar o especificar.

grotesco, a adj. (ital. *grottesco,* adorno de las grutas). Que provoca risa por ser ridículo o extravagante.

grúa s.f. Máquina que sirve para levantar pesos, compuesta de un brazo montado sobre un eje giratorio y con una o varias poleas. **2.** CIN. Plataforma móvil y dirigible que sostiene la cámara y al operador y que permite movimientos combinados. ◇ **Coche grúa** Esp. Vehículo automóvil provisto de una grúa y destinado al remolque de otros vehículos. **Grúa de torre** Grúa utilizada para elevar los materiales de construcción.

gruesa s.f. Conjunto de doce docenas de cosas.

grueso, a adj. (lat. *grossus*). Se dice de la persona corpulenta. **2.** Grande: *recogió gruesos racimos de uvas.* ◆ s.m. Grosor. **2.** Parte principal, mayor y más fuerte de un todo: *el grueso del ejército.*

gruir v.intr. [conj.: *huir*]. Dar gritos la grulla.

grujidor s.m. (fr. *grugeoir,* de *gruger,* grujir). Utensilio usado por los vidrieros para grujir, consistente en una barreta de hierro con una muesca en cada extremidad. SIN.: *brujidor.*

grujir v.tr. Igualar con el grujidor los bordes de los vidrios.

grulla s.f. Ave zancuda, de unos 120 cm de alt., plumaje gris, marrón o blanco combinado con negro, patas y cuello muy largos, alas grandes y cabeza pequeña. (La grulla gruye; familia gruidos.)

grullo, a adj. Méx. Se dice del caballo o mula de color gris claro. ◆ s.m. Argent., Méx. y P. Rico. Peso, moneda.

grumete s.m. Aprendiz de marinero.

grumo s.m. (lat. *grumus,* montoncito de tierra). Parte coagulada de un líquido. **2.** Pequeña masa compacta que se forma cuando una sustancia en polvo se deslíe sin precaución en un líquido.

grunge adj. (voz inglesa). Se dice de un tipo de moda de aspecto desaliñado y descuidado.

gruñido s.m. Voz del cerdo. **2.** Voz ronca, amenazadora, que emiten algunos animales, como el perro. **3.** *Fig.* Sonido inarticulado y ronco que emite una persona como señal generalmente de enojo.

gruñir v.intr. (lat. *grunnire*) [conj.: *engullir*]. Dar gruñidos un animal. **2.** *Fig.* Mostrar disgusto murmurando entre dientes. **3.** Chirriar, rechinar una cosa: *la puerta gruñe.*

gruñón, na adj. *Fam.* Que gruñe con frecuencia.

grupa s.f. (fr. *croupe*). Ancas de una caballería. ◇ **Volver grupas,** o **la grupa** Volver atrás.

grupal adj. Relativo al grupo.

grupera s.f. (fr. *croupière,* de *croupe,* grupa). Parte de los arneses que descansa sobre la grupa.

grupeto s.m. (ital. *gruppetto*). MÚS. Adorno constituido por 3 o 4 notas breves que preceden o siguen a la nota principal.

grupo s.m. (ital. *gruppo*). Conjunto de seres o cosas que están juntos en un lugar o que tienen alguna característica común. **2.** B. ART. Conjunto de figuras pintadas, esculpidas o fotografiadas: *grupo escultórico.* **3.** BIOL. Categoría de clasificación botánica y zoológica empleada cuando no se puede precisar el valor taxonómico. **4.** MAR. Nudo al revés que se da a los cabos gruesos cuando se necesita unirlos pronto y deshacer después la unión con facilidad. **5.** MAT. En álgebra moderna, conjunto de elementos de la misma naturaleza, provisto de una ley de composición interna que verifica determinadas propiedades. **6.** MIL. Unidad orgánica con distinta composición según las armas. ◇ **Efecto de grupo** ETOL. Conjunto de modificaciones morfológicas, etológicas, etc., provocadas por el agrupamiento, en un mismo espacio vital, de dos o más animales de la misma especie, sin que su concentración signifique un carácter restrictivo para sus desplazamientos o su alimentación. **Grupo de combate** MIL. Unidad táctica que se forma con arreglo a las características de la misión aplicada. **Grupo de presión** Conjunto de personas con intereses económicos o políticos comunes que, en beneficio de sus propios intereses, influyen en una organización, esfera o actividad social. SIN.: *lobby.* **Grupo electrógeno** ELECTR. Generador eléctrico alimentado por un motor de explosión. **Grupo funcional** QUÍM. Radical, cuya presencia en la fórmula de un compuesto caracteriza la existencia de una función química. **Grupo industrial** ECON. Conjunto de empresas relacionadas entre sí, principalmente en el campo de las finanzas. **Grupo local** ASTRON. Cúmulo de galaxias entre las que figura la Galaxia, cuyos espectros no presentan corrimiento hacia el rojo. **Grupo parlamentario** POL. Formación permanente que agrupa a los miembros de una asamblea parlamentaria que comparten las mismas ideas políticas.

Grupo sanguíneo MED. Conjunto de propiedades antigénicas de la sangre que permite clasificar los individuos y regular las transfusiones sanguíneas entre donantes y receptores compatibles. (Los grupos sanguíneos se distribuyen en una veintena de *sistemas,* entre los que destacan el sistema ABO, que comprende los grupos A, B, O [donante universal] y AB [receptor universal], y el sistema *Rhesus.) **Grupo social** SOCIOL. Conjunto de personas estructurado en función de un criterio, objetivo o subjetivo, elegido o impuesto desde el exterior, que dirige el conjunto de sus relaciones. **Grupo tisular** MED. Conjunto de propiedades análogas a las del grupo sanguíneo, que permiten determinar la compatibilidad de un receptor a un injerto o trasplante.

grupúsculo s.m. Organización política con reducido número de miembros, caracterizada por su radicalismo teórico y su práctica activista.

gruta s.f. (napolitano ant. *grutta,* del lat. *crypta*). Cavidad abierta de forma natural o artificial en las rocas; espacio subterráneo artificial que imita esta cavidad, en jardines, etc.

grutesco, a adj. Relativo a la gruta. ◆ **grutescos** s.m.pl. Motivos decorativos, típicos del renacimiento, en los que se combinan, de forma arbitraria, arabescos, elementos vegetales y figurillas de fantasía.

gruyère s.m. (voz francesa). Queso de origen suizo que se elabora con el cuajo de leche de vaca triturado y cocido.

GSM s.m. (sigla del ingl. *global system for movil communications*). Sistema de radiotelefonía celular digital europeo comercializado a partir de 1992.

gua s.m. Juego de canicas que consiste en introducir una bola en un hoyo pequeño hecho en el suelo, impulsándola con el pulgar; este mismo hoyo.

¡gua! interj. Amér. Merid. Expresa temor o admiración, o sirve para animar.

guabán s.m. Cuba. Árbol silvestre con cuya madera se fabrican herramientas y mangos. (Familia meliáceas.)

guabico s.m. Cuba. Árbol anonáceo de madera dura y fina.

guabina s.f. Antillas, Colomb. y Venez. Pez de agua dulce, de carne suave y gustosa.

guabirá s.f. Argent., Par. y Urug. Árbol de gran tamaño, madera fina, hojas con una espina en el ápice y fruto amarillo y del tamaño de una guinda. (Familia mirtáceas.)

guabiyú s.m. (voz guaraní). Argent. y Par. Árbol medicinal, de fruto comestible. (Familia mirtáceas.)

guaca o **huaca** s.f. (quechua *wáka,* dios doméstico). Amér. Central y Merid. Tesoro enterrado. **2.** Amér. Central y Merid. Tumba o sitio arqueológico de la época prehispánica. **3.** Bol., C. Rica y Cuba. Hucha, alcancía. **4.** C. Rica y Cuba. Hoyo donde se deposita la fruta verde para que madure.

guacal s.m. (náhuatl *wakálli*). → **huacal.**

guacalote s.m. Cuba. Planta trepadora de tallos gruesos y espinas fuertes. (Familia cesalpiniáceas.)

guacamayo s.m. (voz arauaca). Ave de América del Sur parecida al papagayo, de unos 90 cm de long., cola larga y plumaje de colores vivos.

guacamole o **guacamol** s.m. (náhuatl *awakamúlli,* manjar de aguacates con chile). Ensalada elaborada con aguacate, cebolla, tomate y chile verde, típica de Cuba, México y otros países de América Central. (También *huacamole.*)

guacamote s.m. Méx. Yuca.

guachada s.f. Argent. *Vulg.* Acción sucia, desleal.

guachafita s.f. Colomb. y Venez. Alboroto, bullicio.

guachaje s.m. Chile. Hato de terneros separados de sus madres.

guachapear v.tr. Chile. Hurtar, robar, arrebatar.

guácharo s.m. Ave nocturna parecida al chotacabras, que vive en cavernas en Colombia y Venezuela.

guache s.m. Pintura a la aguada. **2.** Colomb. y Venez. Hombre vulgar, patán.

guachimán s.m. Amér. Central, Chile, Dom. y Perú. Guardia jurado, vigilante. **2.** Nicar. Sirviente.

guachinango adj. Cuba, Méx. y P. Rico. Se dice de la persona astuta y zalamera. **2.** P. Rico. Se dice de la persona burlona. ◆ s.m. Méx. Pez semejante al pagro.

guacho, a adj. (quechua *wáhča,* pobre, indigente, huérfano). Amér. Se dice de la cría que ha perdido la madre. **2.** Chile. Desparejado, descabalado. ◆ adj. y s. Argent. *Vulg.* Se dice de la persona ruin y despreciable. **2.** Argent., Chile y Perú. Huérfano, desmadrado, expósito. ◆ s. Amér. Merid. *Desp.* Hijo natural, bastardo. ◆ s.m. Pan. Plato elaborado con arroz, carne, pollo y algunas verduras, que tiene la apariencia de una sopa espesa.

guácima s.f. (voz arauaca). Antillas, Colomb. y C. Rica. Árbol silvestre de corteza jabonosa y madera estoposa, que crece en América tropical. (Familia esterculiáceas.)

1. **guaco** s.m. Amér. Planta de la familia de las compuestas, de flores blancas en forma de campanilla, que se utiliza para curar llagas, picaduras venenosas, etc. **2.** Amér. Ave gallinácea, de tamaño parecido al del pavo y carne más apreciada que la del faisán. **3.** C. Rica. Ave falcónida, con el cuerpo negro y el vientre blanco.

2. **guaco** s.m. Amér. Central y Merid. Objeto de cerámica encontrado en una tumba o sitio arqueológico precolombino.

3. **guaco, a** adj. y s. Ecuad. Se dice de la persona que tiene labio leporino.

guadal s.m. Argent. Terreno arenoso que cuando llueve se convierte en un barrizal.

guadalajarense adj. y s.m. y f. De Guadalajara, ciudad de México.

guadalajareño, a adj. y s. De Guadalajara, ciudad y provincia de España.

guadalupano, a adj. y s. Méx. Relativo a la Virgen de Guadalupe; que es devoto de ella.

guadamecí o **guadamecil** s.m. (del ár. *ŷild gadamasî,* cuero de Gadames, c. de Libia). Cuero adobado y adornado con dibujos de pintura o relieve.

guadaña s.f. Apero de labranza formado por una cuchilla de acero corva, enastada en un palo largo provisto de manija, que sirve para segar a ras de tierra. **2.** *Poét.* Símbolo o atributo del tiempo y de la muerte.

guadañadora s.f. Máquina agrícola para guadañar. ◇ **Guadañadora atadora,** o **agavilladora** Máquina agrícola para segar cereales y agavillarlos.

guadañar v.tr. Segar la hierba con la guadaña.

guadarnés, sa s. (de *guardarnés,* de *guardar* y *arnés*). Persona que cuida de las guarniciones de las caballerías. ◆ s.m. Lugar donde se guardan las sillas y guarniciones de las caballerías.

guadianés, sa adj. Relativo al río Guadiana.

guadua s.f. Amér. Merid. Bambú muy grueso y alto, espinoso y lleno de agua. (Familia gramíneas.)

guafe s.m. Amér. Central. Pequeño muelle marítimo.

1. **guagua** s.f. Cosa baladí. **2.** Antillas y Can. Vehículo de transporte de pasajeros, autobús. **3.** Cuba y Dom. Insecto de color blanco o gris que destruye los naranjos y limoneros.

2. **guagua** s.f. (quechua *wáwa,* niño de teta). Amér. Merid. Nene, niñito, rorro. (En Ecuador se usa también como masculino.)

guagualón, na s. Chile. *Fig.* y *fam.* Persona adulta que tiene una actitud infantil.

guahíbo → **guajivo.**

guaica → **waica.**

guaichí s.m. Marsupial que tiene la cara de color marrón negruzco con dos manchas blancas encima de los ojos y vive de México a Brasil. (Familia didélfidos.)

guaicurú adj. y s.m. y f. De un pueblo amerindio del Chaco (río Paraguay, Bajo Paraná). [Comprende numerosas tribus con diversas lenguas propias, pero emparentadas.] SIN.: *mbayá.* ◆ s.m. Argent. y Urug. Planta perenne de tallo áspero, estriado y cuadrangular, hojas vellosas alternas, largas, agudas y con nervaduras, y flores moradas en racimos. (Su raíz se emplea en medicina popular como astringente.)

guaimí, pueblo amerindio agricultor de Panamá, de la familia lingüística chibcha.

guaina adj. y s.m. y f. (quechua *wayna*). Chile. Joven, mozo.

guaipe s.m. Chile. Estopa.

guaipo s.m. Martinete terrícola americano, con alas y cola cortas, parecido a la gallina. (Familia tinámidos.)

1. **guaira** s.f. (quechua *wairačína,* aparato para aventar). Amér. Hornillo de barro en que los indios de Perú funden los minerales de plata. **2.** Amér. Central. Flauta de varios tubos que usan los indios.

2. **guaira** s.f. (de *guairo*). MAR. Vela triangular que se enverga al palo, o a este y a un masteleríllo guindado en él.

guairabo s.m. Chile. Ave nocturna, de plumaje blanco, con la cabeza y el dorso negros. (Familia ardeidos.)

guairo s.m. MAR. Embarcación pequeña y con dos guairas, que se usa en América para el tráfico en las bahías y costas.

guaja s.m. y f. *Fam.* Pillo, tunante, granuja.

guaje adj. y s.m. y f. Amér. Central. Trasto, persona o cosa inútil. ◆ adj. y s.m. Hond. y Méx. Tonto, bobo: *le vieron la cara de guaje.* ◆ s.m. Hond. y Méx. Calabaza ancha en la base y angosta en la parte superior que sirve para llevar líquidos. **2.** Méx. Acacia de fruto comestible.

guajira s.f. Canción aflamencada, procedente de ciertos aires populares cubanos llegados a España en la segunda mitad del s. XIX.

1. **guajiro** o **goajiro,** pueblo amerindio arawak ganadero de la península de La Guajira (Colombia) y de la costa del lago Maracaibo (Venezuela).

2. **guajiro, a** s. Campesino blanco de Cuba. ◆ adj. y s. Colomb. y Cuba. Campesino.

guajivo o **guahíbo,** pueblo amerindio recolector nómada de Venezuela y Colombia.

guajolote s.m. (náhuatl *wešólotl*). Méx. Pavo, ave gallinácea: *mole de guajolote.* ◆ adj. Méx. *Fig.* Tonto, bobo.

gualda s.f. (del germ. *walda*). Planta del género *Reseda,* de la que se extrae un tinte amarillo.

gualdera s.f. Cada uno de los dos tablones laterales que forman una escalera, cureña, etc.

gualdo, a adj. y s.m. Se dice del color amarillo, como el de la flor de la gualda. ◆ adj. Que es de este color.

gualdrapa s.f. Cobertura larga que cubre las ancas de las cabalgaduras.

gualeta s.f. Aleta de buceo. **2.** Chile. Aleta de peces y reptiles. **3.** Chile. Parte saliente y generalmente flexible de cualquier objeto.

gualicho s.f. Argent. y Urug. Maleficio, hechizo. **2.** Argent. y Urug. Objeto producido por hechizo, según las creencias populares.

gualilla s.f. Roedor de color marrón negruzco que vive en los Andes ecuatorianos. (Familia cávidos.)

gualtata s.f. Chile. Hierba de los pantanos que se usa en la medicina aborigen como remedio cardíaco. (Familia compuestas.)

gualve s.m. Chile. Terreno pantanoso.

guama s.f. Fruto del guamo.

guamá s.m. Árbol maderable que crece en América Meridional. (Familia papilionáceas.)

guamazo s.m. Méx. *Fam.* Golpe fuerte.

guambra s.m. y f. Ecuad. Niño mestizo o de raza india.

guamo s.m. Árbol leguminoso de América Meridional. (Familia mimosáceas.)

guampa s.f. (quechua, *wákkhra*). Amér. Merid. Asta o cuerno del animal vacuno.

guampo s.m. Chile. Embarcación pequeña hecha de un tronco de árbol.

guampudo, a adj. Amér. Merid. Se dice del ganado que tiene astas grandes.

guamúchil s.m. Méx. Árbol espinoso de la familia de las leguminosas; fruto comestible de este árbol.

guanábana s.f. (voz taína de Santo Domingo). Antillas y Venez. Chirimoya. **2.** BOT. Fruto del guanábano, de forma acorazonada, corteza y pulpa blanca, sabor jugoso, dulce y refrescante.

guanábano s.m. Árbol de las Antillas, de tronco recto, corteza lisa, hojas lanceoladas y brillantes, y fruto comestible. (Familia anonáceas.)

guanacaste s.m. (voz náhuatl). Madera de origen americano, de color marrón rojizo y fácil de trabajar.

guanaco s.m. (quechua *wanáku*). Camélido de aprox. un metro de alt., cuello largo y patas largas y delgadas, que tiene el pelo lanoso, de color marrón excepto en el vientre, patas y parte delantera del cuello, que son blancos. (Vive en zonas áridas de América del Sur, hasta los 4 000 m de alt.; probablemente es un antepasado de la llama.) **2.** Amér. *Fig.* Tonto, bobo. **3.** Amér. Central. Campesino, rústico. **4.** Chile. *Fam.* Camión policial que lanza agua a gran presión.

guanaquear v.intr. Amér. Cazar guanacos. **2.** Amér. *Fig.* Hacer el bobo.

guanay s.m. Cormorán de Perú, de unos 70 cm de long., que tiene una cresta pequeña, la piel que rodea la órbita del ojo de color verde y la región ventral blanca. (Familia falacrocorácidos.)

guanche s.m. y f. (de *Guan-Achinech,* hombre de la isla). Nombre que se daban a sí mismos los habitantes de la isla de Tenerife. ◆ adj. y s.m. y f. *Por ext.* De los pueblos prehispánicos de las islas Canarias, en los que se distinguen diversos grupos étnicos (mediterráneos, norteafricanos, negroides), procedentes de distintas inmigraciones a partir de finales del neolítico (h. 2500 a.C.). ◆ s.m. Lengua hablada por este pueblo.

guando s.m. (quechua *wántu*). Colomb., Ecuad., Pan. y Perú. Camilla, parihuela.

guanera s.f. Lugar donde se encuentra el guano, materia excrementicia de las aves marinas.

guanero, a adj. Relativo al guano.

guango, a adj. Méx. Ancho, holgado.

guangoche s.m. Amér. Central y Méx. Tela basta parecida a la arpillera, que suele usarse para embalajes, cubiertas, etc.

guangocho, a adj. Méx. Ancho, holgado. ◆ s.m. Hond. Guangoche. **2.** Hond. Saco hecho de guangoche.

guanina s.f. Base nitrogenada del ADN del núcleo celular.

guano s.m. (quechua *wánu,* estiércol, abono, basura). Materia resultante de la acumulación de excrementos y cadáveres de aves marinas, que constituye un abono rico en nitrógeno y ácido fosfórico. **2.** Abono mineral que se fabrica imitando esta materia. **3.** Argent., Chile y Perú. Estiércol.

guantada s.f. *Fam.* Bofetón. SIN.: *guantazo.*

guantanameño, a adj. y s. Guantanamero.

guantanamero, a adj. y s. De Guantánamo. SIN.: *guantanameño.*

guante s.m. (del germánico *want*). Prenda de punto, piel, caucho, etc., que cubre la mano y se usa para abrigarla o protegerla, o como complemento del vestido. ◇ **Arrojar,** o **tirar, el guante** Desafiar, retar, provocar a alguien. **Colgar los guantes** Abandonar la práctica del boxeo. **Echar el guante** *Fam.* Aprehender a alguien. **Recoger el guante** Aceptar un desafío o provocación.

guantear v.tr. Amér. Central y Méx. Golpear con la mano abierta.

guantelete s.m. (fr. *gantelet*). Guante cubierto de láminas de hierro, que forma parte de la armadura.

guantera s.f. Compartimiento en el tablero de un vehículo que sirve para guardar objetos. **2.** Caja para guardar guantes.

guantería s.f. Establecimiento donde se hacen o venden guantes. **2.** Oficio de guantero.

guantero, a s. Persona que fabrica o vende guantes.

guañín s.m. (voz antillana). Nombre que daban los indios al oro bajo y a ciertos objetos hechos con este metal.

guapamente adv.m. *Fam.* Muy bien, de forma espléndida.

guapear v.intr. Argent., Chile y Urug. Bravuconear, fanfarronear.

guapetón s.m. Guapo, bravucón, fanfarrón.

guapeza s.f. Cualidad de guapo.

guapo, a adj. y s. (del lat. *vappa,* vino insípido, bribón, granuja). Que es físicamente atractivo, especialmente de cara. **2.** Que va bien vestido y acicalado. **3.** *Fam.* Bonito: *vi una casa muy guapa.* **4.** Amér. *Fam.* Que desprecia los peligros y los acomete; fiero. ◆ s.m. Bravucón, fanfarrón: *el guapo del barrio.*

guapote, a adj. Se dice de la persona de belleza algo basta.

guapura s.f. *Fam.* Cualidad de guapo.

guaquero, a o **huaquero, a** s.m. Amér. Central y Merid. Persona que ilegalmente se dedica a buscar tesoros en las tumbas y sitios arqueológicos de la época prehispánica.

1. **guara** s.f. Cuba. Árbol parecido al castaño.

2. **guara** s.f. Colomb. Gallinazo que no tiene plumas en la cabeza ni en el cuello. **2.** Hond. Guacamayo.

3. **guara** s.f. Chile. Perifollo, adorno en el vestido.

guaraca s.f. (quechua *waráka,* honda). Chile, Colomb., Ecuad. y Perú. Correa, látigo, trozo de cuerda largo y flexible. ◇ **Dar guaraca** Chile. *Fam.* Ganar de forma tajante y humillante para el que pierde.

guaracha s.f. Chile, Cuba y P. Rico. Baile semejante al zapateado.

guarache s.m. Méx. Sandalia tosca de cuero.

guaragua s.f. Amér. Contoneo, movimiento del cuerpo. **2.** Amér. Rodeo para contar o decir algo.

guarangada s.f. Amér. Merid. Acción propia de una persona maleducada, grosería.

guarango, a adj. (quechua *waranqu*). Amér. Merid. Se dice de la persona mal educada, descarada o grosera.

guaraní adj. y s.m. y f. De un pueblo amerindio que en el s. XVI ocupaba la costa atlántica de América del Sur, act. reducido a algunos grupos aislados en Paraguay y Brasil. ◆ s.m. Familia lingüística de América del Sur. **2.** Unidad monetaria de Paraguay.

guaraní

Los guaraní eran agricultores, tenían creencias animistas y estaban gobernados por chamanes. De su mestizaje con los españoles, llegados a su territorio en 1515, procede la actual población paraguaya. En el s. XVI, llevaron a cabo revueltas contra el régimen de encomiendas, del que se liberaron a partir de 1609 gracias a las reducciones jesuíticas del alto Paraná y la cuenca del Uruguay; las reducciones, que implantaron procedimientos de trabajo comunitario, fueron trasladadas en 1631 a orillas del Paraná. En 1639-1640, sostuvieron guerras con los traficantes de esclavos portugueses. La expulsión de los jesuitas de América (1767) significó el desposeimiento de sus tierras para los guaraníes. En 1848 se abolieron las últimas misiones.

guarapazo s.m. Colomb. *Fam.* Caída, golpe violento.

guarapeta s.f. Méx. Borrachera.

guarapo s.m. Amér. Jugo extraído de la caña de azúcar.

guarapón s.m. Chile y Perú. Sombrero de ala ancha.

guaraúno, pueblo amerindio del delta del Orinoco y la costa de Guayana.

guarda s.m. y f. Persona encargada de conservar o custodiar alguna cosa. ◆ s.f. Acción de guardar, conservar o defender. **2.** Observancia y cumplimiento de un mandato, ley o estatuto. **3.** Hoja de papel blanco que se pone al principio y final de un libro. **4.** Rodete o disco de hierro de una cerradura que solo dejan pasar la llave correspondiente. (Suele usarse en plural.) **5.** Rodaplancha o hueco del paletón de una llave, por donde pasa el rodete. (Suele usarse en plural.) **6.** Amér. Franja con que se adornan los bordes de vestidos, cortinas y telas en general. ◇ **Guarda forestal** Persona encargada de la vigilancia y conservación de los montes y bosques del estado. **Guarda jurado** Guarda que es nombrado por la autoridad a propuesta de un particular.

guardabarrera s.m. y f. Persona encargada de cuidar de la maniobra de las barreras de un paso a nivel.

guardabarros s.m. (pl. *guardabarros*). Pieza de metal o de plástico que se coloca encima de las ruedas de una bicicleta, motocicleta, automóvil, etc., para proteger de las salpicaduras de barro. SIN.: *parafango, salvabarros.*

guardabosques s.m. y f. (pl. *guardabosques*). Guarda forestal.

guardacabo s.m. MAR. Anillo de madera o de metal, con una canal en su superficie exterior, a la cual se ajusta una beta que le hace de estrobo, y sirve para que un cabo de labor pase por dentro sin rozarse o para enganchar un aparejo.

guardacantón s.m. Poste de piedra que se coloca a ambos lados de un camino, para evitar que los vehículos se salgan de él. **2.** Poste de piedra para resguardar las esquinas de las casas de las ruedas de los vehículos.

guardacoches s.m. y f. (pl. *guardacoches*). Esp. Guarda de un aparcamiento.

guardacostas s.m. (pl. *guardacostas*). Embarcación encargada de la vigilancia de las costas.

guardador, ra adj. y s. Que guarda o tiene cuidado de sus cosas. **2.** Que cumple escrupulosamente las leyes y preceptos.

guardaespaldas s.m. y f. (pl. *guardaespaldas*). Persona que tiene por oficio acompañar a otra en público para protegerla de posibles agresiones.

guardafrenos s.m. y f. (pl. *guardafrenos*). Persona encargada del manejo de los frenos en los trenes.

guardafuego s.m. Plancha que se coloca delante de los hornos, a modo de pantalla.

guardagujas s.m. y f. (pl. *guardagujas*). Persona encargada del manejo de las agujas de una vía férrea.

guardainfante s.m. Armazón hueco de forma redondeada, hecho de alambres con cintas, que se ponían antiguamente las mujeres en la cintura, debajo de la falda.

guardajoyas s.m. (pl. *guardajoyas*). Joyero, mueble, caja o estuche para guardar joyas.

guardallamas s.m. (pl. *guardallamas*). F. C. Plancha de hierro situada sobre la portezuela del hogar de la locomotora, para preservar de las llamas al fogonero.

guardalobo s.m. Planta santalácea, de propiedades astringentes.

guardamalleta s.f. Pieza de adorno que pende sobre el cortinaje por la parte superior y que permanece fija.

guardamano s.m. ARM. **a.** Pieza de madera que se fija en el cañón de un arma de fuego. **b.** Guarnición.

guardameta s.m. DEP. Portero.

guardamonte s.m. Capote de monte. **2.** Argent., Bol. y Urug. Conjunto de piezas de cuero que cuelgan de la parte delantera de la montura y sirven para defender las piernas del jinete de la maleza del monte. **3.** Méx. Pieza de piel que se pone sobre las ancas del caballo para evitar la mancha de sudor. **4.** ARM. Pieza que protege el gatillo de un arma de fuego portátil.

guardamuebles s.m. (pl. *guardamuebles*). Local destinado a guardar muebles.

guardapapo s.m. ARM. Pieza de la armadura que cubría el cuello y la barba.

guardapelo s.m. Joya en forma de caja pequeña y chata en la que se guarda un mechón de pelo u otro recuerdo.

guardapesca s.m. Embarcación destinada a vigilar el cumplimiento de los reglamentos de pesca.

guardapeto s.m. ARM. Pieza de refuerzo de la armadura que se colocaba sobre el peto.

guardapiés s.m. (pl. *guardapiés*). Falda de mujer, usada antiguamente.

guardapolvo s.m. Resguardo que se pone sobre un objeto para protegerlo del polvo. **2.** Prenda de vestir que se pone por encima del traje para protegerlo del polvo y las manchas. **3.** Tejadillo voladizo construido sobre un balcón o ventana para desviar las aguas de lluvia. **4.** Caja o tapa interior de un reloj de bolsillo, que sirve como protección.

guardapuntas s.m. (pl. *guardapuntas*). Contera para preservar la punta del lápiz.

guardar v.tr. (germ. *wardôn,* de *warda,* búsqueda con la vista, guardia, vigilancia). Cuidar y custodiar algo o a alguien. **2.** Poner algo en el lugar que le corresponde o donde esté seguro. **3.** Observar y cumplir lo que cada uno debe por obligación: *guardar las leyes.* **4.** No gastar, ahorrar. **5.** Preservar una cosa del daño que le puede sobrevenir. **6.** *Fig.* Mantener una actitud o sentimiento: *guardar silencio; guardar rencor.* ◆ v.tr. e intr. Conservar, retener, o recoger una cosa. ◆ **guardarse** v.prnl. Recelarse y precaverse de un riesgo. **2.** Poner cuidado en dejar de ejecutar una cosa que no es conveniente: *¡guárdate de decir nada!* ◇ **Guardársela a alguien** *Fam.* Diferir para tiempo oportuno la venganza o castigo de una ofensa.

guardarriel s.m. F. C. Trozo de carril que se coloca en las vías férreas al lado de los carriles, para darles más firmeza y evitar los descarrilamientos.

guardarropa s.m. Habitación de un lugar público donde se guardan los abrigos, sombreros, etc. (También *guardarropas.*) **2.** Armario donde se guarda la ropa. SIN.: *ropero.* **3.** Conjunto de prendas de vestir de una persona. ◆ s.m. y f. Persona encargada del guardarropa de un lugar público.

guardarropía s.f. Conjunto de trajes y complementos de cierta clase utilizados en las representaciones escénicas. **2.** Lugar o habitación donde se custodian estos trajes o complementos. **3.** Guardarropa. ◇ **De guardarropía** Se dice de las cosas que aparentan ostentosamente lo que no son en realidad.

guardasellos s.m. (pl. *guardasellos*). Dignatario palatino encargado de custodiar el sello real.

guardasilla s.f. Moldura ancha de madera que se coloca en la pared para evitar el roce de las sillas.

guardavalla s.m. Amér. Portero, guardameta, arquero: *engañó al guardavalla y anotó un tanto.*

guardavía s.m. F. C. Persona encargada de la vigilancia de un tramo de vía férrea.

guardería s.f. Establecimiento destinado al cuidado de los niños cuando todavía no tienen edad para ir a la escuela. **2.** Ocupación u oficio del guarda.

guardia s.f. (gót. *wardja,* el que monta guardia). Acción de guardar o vigilar. **2.** Tropa que vigila o defiende una persona o un puesto. **3.** Servicio efectuado por la tropa encargada de misiones de defensa o vigilancia. **4.** Servicio especial que se realiza en determinadas profesiones, fuera del horario habitual: *médico de guardia.* **5.** Nombre que se da a algunos cuerpos armados encargados específicamente de funciones de vigilancia o defensa: *guardia civil; guardia municipal; guardia real.* **6.** DEP. Postura de protección y defensa, en boxeo, esgrima, etc. ◆ s.m. Miembro de alguno de los cuerpos armados. ◇ **En guardia** En actitud de defensa o desconfianza. **Guardia civil** Miembro de la Guardia civil. **Guardia de tráfico** El urbano destinado a regular el tráfico de las ciudades. **Guardia marina** Alumno del cuerpo general de la armada. SIN.: *guardiamarina.* **Guardia nacional** Milicia cívica francesa creada en 1789, que desempeñó un importante papel en la Revolución francesa. **Vieja guardia** Conjunto de los miembros más antiguos de un grupo o partido, generalmente de ideas más conservadoras que el resto de la colectividad a la que pertenecen.

guardiamarina s.m. Guardia marina.

guardián, na s. (lat. *wardianem,* del gót. *wardjan,* acusativo de *wardja,* el que monta guardia). Persona o animal que guardan o vigilan una cosa. ◆ s.m. En la orden franciscana, prelado ordinario de uno de sus conventos.

guardilla s.f. Buhardilla. **2.** Habitación contigua al tejado.

guardín s.m. MAR. Cabo o cadena que van sujetos a la caña del timón para girarlo.

guarecer v.tr. (del ant. *guarir,* proteger, curar, del germ. *warjan*) [conj.: *parecer*]. Acoger, poner a cubierto, preservar. ◆ **guarecerse** v.prnl. Refugiarse, acogerse o resguardarse en alguna parte para librarse de riesgo, daño o peligro: *guarecerse de la lluvia.*

guarén s.m. Chile. Rata de gran tamaño y dedos palmeados, que es una gran nadadora y se alimenta de ranas y pececillos.

guarés s.m. Balsa o almadía que usan algunos pueblos amerindios.

guaricha s.f. Colomb., Ecuad., Pan. y Venez. Prostituta. **2.** Pan. Lámpara pequeña de queroseno.

guarida s.f. (del ant. *guarir,* proteger, curar, del germ. *warjan*). Cueva o lugar abrigado donde se acogen o refugian los animales. **2.** Lugar oculto al que concurren habitualmente personas, especialmente maleantes.

guarimán s.m. Árbol cuya corteza es de olor y sabor parecidos a la canela. (Familia magnoliáceas.) **2.** Fruto de este árbol.

guaripola s.f. Chile. Vara de madera que termina en una punta metálica y tiene en la base un globo también metálico. (Mide alrededor de un metro y medio y suele ir adornada de colores. Es la insignia que lleva el que dirige una banda militar.) ◆ s.m. y f. Chile. Persona que lleva la insignia o guaripola en una banda militar.

guarisapo s.m. Chile. Renacuajo.

guarismo s.m. (del ant. *alguarismo,* aritmética, del ár. *Al-juwarizmî,* sobrenombre de un matemático árabe). Signo o cifra arábigos que expresan una cantidad. **2.** Cantidad que se expresa con dos o más cifras.

guarnecer v.tr. (del ant. *guarnir,* del germ. occidental *warnjan,* proveer, guarnecer, armar) [conj.: *parecer*]. Dotar a algo de accesorios, complementos o adornos. **2.** MIL. **a.** Dotar un lugar de guarnición. **b.** Estar de guarnición.

guarnición s.f. Adorno que se pone en un vestido, ropa, uniforme, colgadura y otras cosas semejantes. **2.** ARM. **a.** Conjunto de piezas que, en un arma portátil, unen el cañón a la caja y sirven de refuerzo a esta. **b.** Parte de una espada o arma similar que cubre la empuñadura y protege la mano. **3.** Alimento o conjunto de alimentos añadidos a un plato, que sirven para adorno o complemento. **4.** Material de fricción que asegura el embrague o el frenado de un automóvil, motocicleta, etc. **5.** JOY. Engaste de oro, plata u otro metal, en que se sientan y aseguran las piedras preciosas. **6.** MIL. Conjunto de tropas estacionadas en una población o lugar para defenderlos. **7.** TECNOL. Dispositivo o material que forma una junta hermética alrededor de diversos órganos. ◆ **guarniciones** s.f.pl. Conjunto de correas y demás efectos que se ponen a las caballerías para montarlas, cargarlas o engancharlas al vehículo.

guarnicionería s.f. Taller donde se fabrican y reparan las guarniciones y demás efectos que se ponen a las caballerías para tiro, carga o montura. **2.** Oficio de guarnicionero.

guarnicionero, a s. Persona que fabrica o vende guarniciones para caballerías. **2.** Persona que fabrica o vende objetos de cuero, como maletas, bolsos, correas, etc.

1. **guaro** s.m. Amér. Central. Aguardiente de caña.

2. **guaro** s.m. Venez. Loro.

guarrada s.f. Esp. *Fam.* Porquería, suciedad. SIN.: *guarrería.* **2.** Esp. *Fam.* Acción que causa un perjuicio. SIN.: *guarrería.* **3.** Dicho o hecho que se considera indecoroso, especialmente en relación con la conducta sexual. SIN.: *guarrería.*

guarrear v.intr. Gruñir el jabalí o aullar el lobo.

guarrería s.f. Guarrada.

guarro, a adj. y s. (voz de origen onomatopéyico). Esp. Cerdo.

guarura s.m. Méx. Guardaespaldas, gorila.

guasa s.f. Ironía o burla con que se dice algo. ◇ **Estar de guasa** Hablar en broma o tomar algo en broma.

guasada s.f. Argent. *Fam.* Dicho o hecho groseros o chabacanos.

guasanga s.f. Amér. Central, Colomb., Cuba y Méx. Bulla, algazara.

guasca o **huasca** s.f. (quechua *wáskha*). Amér. Merid. y Antillas. Ramal de cuero, cuerda o soga, que sirven de rienda o de látigo. **2.** Argent. y Urug. *Vulg.* Pene.

guascazo s.m. Amér. Merid. Azote dado con la guasca o cosa semejante.

guasearse v.prnl. Chancearse.

guasería s.f. Argent. y Chile. Acción propia de un guaso, grosería.

guaso, a adj. Amér. Merid. Maleducado, descortés, de carácter desabrido.

guasón, na adj. y s. *Fam.* Burlón o bromista.

guasteca → huasteca.

1. **guata** s.f. Esp. Lámina gruesa de algodón que se usa para rellenar ciertas confecciones.

2. **guata** s.f. (mapuche, *huata*). Chile. *Fam.* Barriga, vientre. **2.** Chile. Alabeo, pandeo.

1. **guate** s.m. Amér. Central y Méx. Plantación de maíz destinado a servir de forraje.

2. **guate, a** adj. Salv. Mellizo, gemelo.

guatemalteco, a adj. y s. De Guatemala. ◆ s.m. Variedad del español hablada en Guatemala.

guateque s.m. Esp. Fiesta, generalmente celebrada en una casa particular, en la que se baila y se sirven bebidas, canapés y sándwichs.

guatero s.m. Chile. Bolsa de agua caliente.

guatitas s.f.pl. Chile. Trozos de estómago de animal, generalmente vacuno, que se comen guisados; callos.

guatón, na adj. y s. Chile. *Fam.* Panzudo, barrigón.

guau Onomatopeya de la voz del perro.

guay adj. Esp. *Fam.* Bueno, excelente.

guayaba s.f. Fruto del guayabo. **2.** Antillas, Colomb., Nicar., Salv. y Urug. *Fig.* y *fam.* Mentira, embuste.

guayabazo s.m. Méx. *Fam.* Elogio desmedido que se dirige a alguien con el fin de ganarse su favor.

guayabear v.intr. Antillas, Colomb., Nicar., Salv. y Urug. *Fig.* y *fam.* Mentir.

guayabera s.f. Saco o camisa sueltos de tela ligera.

guayabi s.m. Madera de origen americano, de color rojizo, muy fina y dura, que se trabaja y pule fácilmente.

1. **guayabo** s.m. Árbol de América tropical, de flores blancas y olorosas, y fruto comestible en forma de baya (guayaba). [Familia mirtáceas.]

2. **guayabo, a** s. *Fam.* Persona joven y agraciada.

guayaca s.f. (quechua *wayaga,* bolsa). Argent., Bol. y Chile. Taleguilla para guardar monedas o adminículos de fumar. **2.** Argent., Bol. y Chile. *Fig.* Amuleto.

guayacán s.m. (voz taína). Árbol de hojas persistentes, apreciado por su madera, del mismo nombre, y por sus extractos. (Familia cigofiláceas.) **2.** Amér. Árbol de la familia de las cigofiláceas, que crece hasta unos 12 m de alt., con tronco grande, corteza dura y gruesa, hojas persistentes y pareadas, flores de color blanco azulado y fruto capsular y carnoso. Su madera es muy dura y se emplea en ebanistería y en la construcción de máquinas. SIN.: *guayaco.*

guayaco s.m. (voz taína). Guayacán.

guayacol s.m. Sustancia extraída de la resina del guayacán y de la creosota de haya.

guayaná → goayaná.

guayaquileño, a adj. y s. De Guayaquil.

guayar v.tr. Dom. Rallar, desmenuzar una cosa con el rallador. ◆ **guayarse** v.prnl. P. Rico. Embriagarse, emborracharse.

guayuco s.m. Colomb., Pan. y Venez. Taparrabos, prenda.

guayule s.m. Planta cultivada en grandes extensiones de EUA como productora de caucho. (Familia compuestas.)

guayusa s.f. Planta cuya infusión se toma como bebida y es parecida al mate de Paraguay.

guazábara s.f. Amér. Bullicio, algarada.

guazubirá s.m. Argent. y Par. Venado pequeño, de color generalmente bayo, pardusco o grisáceo, que habita lugares abiertos y bañados por ríos o lagunas.

gubernamental adj. (fr. *gouvernemental*). Relativo al gobierno. **2.** Partidario del gobierno o favorecedor del principio de autoridad.

gubernativo, a adj. Relativo al gobierno.

gubia s.f. (del lat. tardío *gulbia*). Formón en forma de media caña que sirve para hacer muescas y molduras. **2.** Instrumento empleado en cirugía para la resección de fragmentos óseos.

guedeja s.f. (lat. *viticula,* vid pequeña). Cabellera larga; mechón de cabello. **2.** Melena del león.

gueez s.m. y adj. Lengua camitosemítica del grupo etiópico hablada antiguamente en el reino de Aksum y que sigue siendo la lengua litúrgica de la Iglesia de Etiopía.

güegüecho, a adj. Amér. Central y Méx. Que padece bocio. **2.** Colomb. Bobo, tonto.

güelfo, a s. y adj. HIST. Partidario de los papas en las guerras medievales en Italia, enemigo de los gibelinos.

güemul s.m. Argent. y Chile. Huemul, mamífero de la familia de los cérvidos.

guepardo s.m. Mamífero carnívoro de África y Asia, de unos 75 cm de long. sin la cola, que alcanza una velocidad de 100 km/h. (Es el único felino sin garras retráctiles; familia félidos.)

güero, a adj. y s. Méx. y Venez. Rubio.

guerra s.f. (germ. occidental *werra,* discordia, pelea). Lucha armada entre grupos o países. **2.** Lucha o disputa entre personas, que puede originar actos violentos. **3.** *Fig.* Acción encaminada a destruir o poner fin a algo: *declarar la guerra al analfabetismo.* <> **Dar guerra** *Fam.* Causar molestia; *Fam.* e *irón.* vivir. **De antes de la guerra** *Fam.* De hace mucho tiempo. **Declarar la guerra** Notificar o hacer saber un país a otro el estado de guerra contra él; entablar abiertamente lucha o competencia con alguien. **Guerra abierta** Enemistad, hostilidad declarada. **Guerra civil** Guerra entre dos bandos de un mismo pueblo o nación. **Guerra convencional** Guerra en la que está excluido el empleo de armas nucleares. **Guerra fría** Estado de las relaciones entre dos países que se caracteriza por una constante hostilidad en todos los terrenos, pero que excluye deliberadamente el enfrentamiento armado. **Guerra psicológica,** o **de nervios** Utilización sistemática de medios de propaganda de todo tipo destinados a influir en la actitud de los pueblos y del ejército, principalmente para quebrantar su voluntad de resistencia. **Guerra química, nuclear, biológica** Guerra en la que se emplean armas químicas, nucleares, o biológicas. **Guerra revolucionaria** Doctrina encaminada a explotar las contradicciones internas de un adversario con el fin de asegurarse el control de su población. **Guerra santa** Guerra desencadenada por motivos religiosos, cruzada. **Guerra sin cuartel,** o **a muerte** Guerra en la que no se hacen concesiones al enemigo y no se respeta los derechos de los prisioneros. **Guerra subversiva** Acción concertada dirigida contra los poderes públicos de un estado con el fin de paralizar su funcionamiento. **Guerra total** Guerra que abarca todas las actividades de un pueblo o cuyo objetivo es el aniquilamiento total del adversario.

guerrear v.intr. Hacer la guerra. **2.** *Fig.* Resistir, combatir o contradecir.

guerrera s.f. Saco de vestir ajustado, con insignias y divisas, que forma parte de diversos uniformes militares.

guerrero, a adj. Relativo a la guerra. ◆ adj. y s. Que guerrea. **2.** Que tiene afición o inclinación por la guerra: *pueblos guerreros.* **3.** *Fam.* Que es travieso o molesto. ◆ s.m. *Poét.* Soldado, combatiente.

guerrilla s.f. Partida armada que, contando con algún apoyo de la población autóctona, lleva a cabo acciones coordinadas en el territorio dominado por el adversario. **2.** Guerra de hostigamiento o de emboscada.

guerrillear v.intr. Pelear en guerrillas.

guerrillero, a adj. Relativo a la guerrilla. ◆ s. Persona que combate en una guerrilla.

gueto o **ghetto** s.m. (ital. *ghetto*). Grupo social encerrado en sí mismo, condición marginal. **2.** Lugar donde una minoría vive marginada y aislada del resto de la sociedad. **3.** Antiguamente, barrio reservado a los judíos en algunas ciudades. (El primer gueto fue organizado en Venecia en 1516.)

güevón, na adj. y s. → **huevón, na.**

güey adj. y s.m. Méx. *Vulg.* Tonto, estúpido. ◆ s.m. Méx. *Vulg.* Amigo, compañero, colega: *¿qué onda, güey?* **2.** Venez. Problema.

guía s.m. y f. Persona que se dedica a guiar a otra por el camino adecuado, en una montaña, ruta, etc. **2.** Persona que tiene por oficio guiar a otras personas y mostrarles cosas dignas de ser vistas, en una ciudad, museo, etc.: *guía turístico.* **3.** Persona que da consejos, instrucciones, etc. ◆ s.m. En los movimientos que realiza una tropa militar, persona cuya posición sirve de referencia a las demás. ◆ s.f. Norma, indicación para dirigir u orientar. **2.** Libro o folleto de indicaciones que contiene datos o instrucciones diversas para información de la persona que lo consulta: *guía telefónica, turística.* **3.** Documento expedido por la administración pública para acreditar y autorizar el tránsito de géneros o efectos cuyo movimiento o comercio está restringido por razones fiscales, de salud o de orden público. **4.** Extremo del bigote cuando está retorcido. **5.** Manubrio de una bicicleta o ciclomotor. **6.** MAR. Nombre que se da a ciertos cabos. **7.** MEC. Conjunto de dispositivos que obligan a una pieza móvil a seguir una trayectoria determinada. ◆ **guías** s.f.pl. Riendas con que se conduce al caballo, mulo, etc. ◇ **Guía de ondas** Tubo metálico, a veces aislante, en cuyo interior se transmiten las ondas electromagnéticas de elevada frecuencia por reflexión en las paredes internas.

guiadera s.f. Madero o barrote que sirven para dirigir el movimiento rectilíneo de un objeto: *la guiadera de un molino de aceite.*

guiado s.m. Sistema destinado a fijar una trayectoria determinada a un vehículo aéreo o a un misil, para que alcance una ruta o un objetivo concretos.

guiahílos s.m. (pl. *guiahílos*). TECNOL. Aparato para regular la distribución de los hilos en las bobinas de una máquina textil.

guiar v.tr. e intr. [conj.: *desviar*]. Acompañar a alguien para mostrarle el camino: *guiar a un ciego.* **2.** Manejar o conducir un vehículo. **3.** Dirigir a alguien mediante enseñanzas y consejos: *guiar a un niño en sus estudios.* **4.** Indicar a alguien el camino: *los postes indicadores os guiarán.* **5.** Conducir, orientar, regir: *lo guiaba su propio interés.* ◆ **guiarse** v.prnl. Orientarse, regirse por algo o alguien: *guiarse por las indicaciones, por el instinto.*

1. **guija** s.f. (del ant. *aguija*). Guijarro.

2. **guija** s.f. (cat. *guixa*). Planta trepadora que se cultiva como forrajera o como planta ornamental.

guijarral s.m. Terreno en que abundan los guijarros.

guijarreño, a adj. Relativo a los guijarros. **2.** Se aplica al terreno abundante en guijarros.

guijarro s.m. Piedra pequeña y redondeada que se encuentra en las orillas y cauces de ríos y arroyos.

guijo s.m. Conjunto de guijas o guijarros que se usa para consolidar o rellenar caminos.

güila s.f. Méx. *Vulg.* Huila, prostituta.

guilda s.f. En la edad media, organización de mercaderes, obreros o artistas, unidos por un juramento de ayuda y defensa mutuas (ss. XI-XIV). **2.** Asociación privada de interés cultural y comercial.

guilladura s.f. *Fam.* Chifladura.

guillame s.m. (fr. *guillaume,* del nombre propio *Guillaume,* Guillermo). Cepillo de hierro, estrecho y recortado, para practicar ranuras rectas.

guillarse v.prnl. (de *guiñarse,* huir, y el cat. *esquitllar-se,* escabullirse). *Fam.* Irse, escaparse. **2.** Chiflarse, volverse loco.

guillatún s.m. Chile. Ceremonia de los indios araucanos para hacer rogativas por lluvias o bonanza.

guillotina s.f. (fr. *guillotine,* de J. I. *Guillotin,* su inventor). Máquina que servía para decapitar a los condenados a muerte formada por una cuchilla que se desliza rápidamente por dos largueros de un armazón de madera. **2.** Ejecución capital realizada con esta máquina. **3.** Máquina para cortar papel. ◇ **De guillotina** Se dice de la ventana o persiana con uno o varios bastidores superpuestos que se abren y cierran por deslizamiento vertical a su plano.

guillotinar v.tr. Decapitar a alguien con la guillotina. **2.** Cortar papel con la guillotina.

guimbarda s.f. (fr. *guimbarde*). Cepillo de carpintero, de cuchilla estrecha, para labrar el fondo de las cajas y ranuras. **2.** Danza popular antigua. **3.** Instrumento musical de percusión que suena haciendo vibrar una lengüeta de acero.

güin s.m. Cuba. Vástago de algunas cañas que se usa para la armadura de las cometas y para hacer jaulas.

güincha s.f. Chile. → **huincha.**

1. **guinda** s.f. Fruto del guindo, pequeño, redondo, de sabor ácido y color negro o rojo oscuro.

2. **guinda** s.f. (de *guindar*). MAR. Altura de la arboladura de un buque.

guindado s.m. Argent., Chile y Urug. Bebida alcohólica elaborada con aguardiente y guindas cocidas.

guindal s.m. Guindo.

guindaleza s.f. (fr. *guinderesse*). MAR. Cabo grueso.

guindar v.tr. y prnl. (fr. *guinder*). Subir algo que ha de quedar colgado en lo alto. **2.** *Fam.* Ahorcar. ◆ **guindarse** v.prnl. Descolgarse de alguna parte por medio de cuerda, soga u otro artificio.

guindilla s.f. (de *guinda*). Esp. Pimiento pequeño, encarnado, alargado y puntiagudo, de sabor muy picante. (También se cultivan ciertas especies muy parecidas de la misma familia, llamadas *ajís* en América Meridional y Antillas y *chiles* en América Central y México; familia solanáceas.)

guindillo s.m. **Guindillo de Indias** Planta de tamaño pequeño, de fruto parecido a la guinda y sabor muy picante. (Familia solanáceas.)

guindo s.m. Árbol rosáceo, de flores blancas, cuyo fruto es la guinda. SIN.: *guindal.*

guinea s.f. Antigua moneda inglesa de oro equivalente a 21 chelines.

guineano, a adj. y s. De Guinea.

guineo s.m. Amér. Central, Ecuad., Perú, P. Rico y Venez. Plátano de tamaño pequeño y sabor muy dulce.

guiñada s.f. Acción de guiñar. **2.** Movimiento angular de un avión en un plano horizontal. **3.** Movimiento de giro o desvío regular de la proa de un barco hacia un lado u otro del rumbo.

guiñapo s.m. Esp. Andrajo o trapo roto, viejo o deslucido. **2.** Esp. *Fig.* Persona envilecida, andrajosa.

guiñar v.tr. Cerrar y abrir un ojo con rapidez, generalmente para hacer una seña a alguien. **2.** Entornar los ojos para protegerlos de la luz. **3.** MAR. Dar guiñadas un barco.

guiño s.m. Acción de guiñar los ojos. **2.** *Fig.* Mensaje que no se expresa abiertamente sino a través de una referencia o signo.

guiñol s.m. (fr. *guignol*). Teatro de marionetas.

guiñolesco, a adj. Propio del guiñol.

guiñote s.m. Juego de naipes parecido al tute, en que se dan 6 cartas y se canta con reyes y sotas.

guion s.m. Escrito esquemático que sirve como guía o programa para desarrollar un tema, conferencia o actividad. **2.** Texto que contiene todo el desarrollo de una película, programa de radio, o de televisión, expuesto con todos los pormenores. **3.** Signo ortográfico que consiste en una raya horizontal (-), que se utiliza para indicar que una palabra colocada al final de un renglón no está completa y se continúa en el siguiente, y para unir palabras compuestas. **4.** Signo algo más largo (—) que se utiliza para separar oraciones incidentales, para indicar en los diálogos cuando habla cada interlocutor y para suplir al principio de línea, en índices y otros escritos semejantes, el vocablo con que empieza otra línea anterior. **5.** Estandarte o pendón que se lleva delante de una comitiva. **6.** HIST. Estandarte real de Carlos VII y más tarde de los dragones (s. XVII). **7.** MÚS. Nota o señal colocada al final de una línea para anunciar la nota que iniciaba la línea siguiente. ◆ s.m. y adj. Ave delantera en las bandadas que van de paso.

guionista s.m. y f. Persona que se dedica a escribir guiones de cine, radio o televisión.

guipar v.tr. *Vulg.* Ver, percibir, descubrir.

güipil s.m. → **huipil.**

guipur s.m. (fr. *guipure*). Encaje cuyo tejido comprende tres sistemas de hilos y cuyos motivos están trabados en relieve.

guipuzcoano, a adj. y s. De Guipúzcoa. ◆ s.m. Variedad del vascuence hablada en Guipúzcoa.

güira s.f. (del ant. *hibuera,* de origen antillano). Árbol de América tropical. (Familia bignoniáceas.) **2.** Fruto de este árbol, con el que se hacen recipientes.

guiri s.m. y f. Esp. *Fam.* Extranjero, especialmente turista.

guirigay s.m. (voz onomatopéyica) [pl. *guirigays* o *guirigayes*]. Esp. *Fam.* Lenguaje confuso y difícil de entender. **2.** Esp. Griterío y confusión que resulta cuando varios hablan a la vez o cantan desordenadamente.

guirlache s.m. Turrón elaborado con almendras tostadas y caramelo.

guirnalda s.f. Tira ornamental a base de flores, hierbas, papel, etc. **2.** Motivo ornamental que representa follajes, flores, etc., entrelazados o unidos con cintas.

güiro s.m. (voz arauaca). Amér. Calabaza vinatera. **2.** Amér. Central. Güira. **3.** Antillas y Méx. Instrumento musical que tiene como caja una calabaza vinatera.

guisa s.f. (del germ. *wisa*). Modo, manera o semejanza de algo: *procedió de esta guisa.* ◇ **A guisa de** o **en guisa de** A modo de, de tal suerte, en tal manera: *una tabla a guisa de mesa.*

guisado s.m. Guiso de carne o pescado cortados a trozos, que se rehoga con cebolla, tomate y otros condimentos, y luego se cuece añadiendo papas, zanahoria, etc.

guisante s.m. (del lat. *pisum*). Esp. Planta herbácea trepadora, de flores blancas o rojizas, que se cultiva por su fruto comestible, rico en almidón. (Familia papilionáceas.) GEOSIN.: Argent., Chile, Colomb. y Urug. *arveja;* Cuba y Méx. *chícharo.* **2.** Esp. Fruto de esta planta, de pequeño tamaño, forma redondeada y color verde. GEOSIN.: Argent., Chile, Colomb. y Urug. *arveja;* Cuba y Méx. *chícharo.*

guisar v.tr. (de *guisa*). Esp. y Méx. Preparar los alimentos para ser comidos, especialmente cociéndolos con diversos condimentos. ◆ **guisarse** v.prnl. Esp. Tramarse: *algo se guisa en esa reunión.*

guiso s.m. Esp. y Méx. Comida guisada.

guisote s.m. Esp. *Desp.* Guisado hecho con poco cuidado o mal presentado.

güisqui s.m. → **whisky.**

guita s.f. Cuerda delgada de cáñamo. **2.** Esp. *Fig.* y *fam.* Dinero.

guitarra s.f. (ár. *kitâra,* del gr. *kithára,* cítara). Instrumento musical de cuerda, formado por una caja de madera que tiene forma de ocho, con un orificio redondo en el centro, y un mástil donde están los trastes y a lo largo del cual se prolongan las cuerdas, normalmente seis, que se pulsan y oprimen con los dedos. ◆ s.m. y f. Guitarrista. ◇ **Guitarra eléctrica** Guitarra en que la vibración de las cuerdas es captada por un electroimán y amplificada mediante un equipo electrónico.

guitarrear v.intr. Tocar la guitarra.

guitarreo s.m. Toque de guitarra repetido o cansado.

guitarrería s.f. Establecimiento donde se fabrican, venden o arreglan guitarras, bandurrias, bandolines y laúdes.

guitarrero, a s. Persona que fabrica o vende guitarras.

guitarresco, a adj. *Fam.* Relativo a la guitarra.

guitarrillo s.m. Guitarra pequeña de cuatro cuerdas. SIN.: *guitarro.*

guitarrista s.m. y f. Persona que toca la guitarra, especialmente por profesión.

güito s.m. Hueso de albaricoque con que juegan los muchachos. ◆ **güitos** s.m.pl. Juego que se hace con estos huesos.

guizacillo s.m. Planta propia de las regiones cálidas. (Familia gramíneas.)

guja s.f. (del fr. *vouge,* podadera de mango largo). Arma antigua enastada o lanza con hierro en forma de cuchilla ancha y de unos dos o tres decímetros de largo.

gula s.f. (lat. *gula,* garganta). Deseo exagerado de comer y beber.

gulag s.m. (abrev. del ruso *Glavnoïe Oupravlenie Lagereï,* Dirección general de los campos). Organismo soviético encargado de la administración de los campos de trabajo para presos. **2.** Sistema de campos de concentración soviéticos.

gulag

Instaurada en 1919, esta red de campos de trabajo forzado creció en forma considerable con Stalin. Se dirigía a varias categorías sociales o nacionales acusadas de delitos contrarrevolucionarios. Instrumento de represión en masa, el gulag también contribuyó, al brindar mano de obra gratuita al país, al desarrollo económico de la URSS de Stalin.

gulasch s.m. (húngaro *gulyás*). Guiso típico de Hungría elaborado con carne de buey, cebolla, tomate y páprika.

gules s.m. HERÁLD. Color rojo de los esmaltes, que se representa en el dibujo con trazos verticales.

gum s.m. Nombre que se da a la madera de distintos árboles, que se utilizan en carpintería, carrocería, para parquets, etc.

gumía s.f. (ár. marroquí *kummîya*). Arma blanca, con forma de daga encorvada, usada por los moros.

gunita s.f. Hormigón especial proyectado a presión neumática sobre una superficie que se ha de recubrir.

günz s.m. (de *Günz,* río de Alemania). GEOL. Glaciación de la era cuaternaria. (Es la primera de las cuatro que se produjeron en este período.)

guppy s.m. Pez de muy variada coloración, originario de América del Sur, que suele criarse en acuarios ya que soporta temperaturas comprendidas entre los 18 y 38 °C y se reproduce rápidamente.

gura s.f. Paloma grande de Nueva Guinea, con un copete eréctil.

gurami s.m. → **gourami.**

gurbi s.m. (voz árabe). Cabaña de África del norte.

gurí, isa s. Argent. y Urug. Niño, muchacho. **2.** Urug. Muchacho indio o mestizo.

guripa adj. y s.m. Esp. *Desp.* Soldado raso. **2.** Esp. *Desp.* Guardia. **3.** *Fig.* Bribón, golfo.

gurmet s.m. Gourmet.

guro, pueblo de Costa de Marfil, que habla una lengua del grupo mandé.

gurú s.m. (voz sánscrita). En la India, director espiritual o jefe religioso. **2.** *Fig.* Persona a quien se considera maestro o guía espiritual.

gusanear v.intr. Hormiguear.

gusanera s.f. Lugar donde se crían gusanos. **2.** *Fig.* y *fam.* Pasión que domina en el ánimo.

gusanillo s.m. Hilo o alambre arrollado en espiral. ◇ **Gusanillo de la conciencia** *Fig.* y *fam.* Remordimiento. SIN.:

gusano de la conciencia. **Matar el gusanillo** *Fam.* Satisfacer el hambre, momentáneamente, comiendo algo ligero; beber aguardiente por la mañana en ayunas.

gusano s.m. Nombre dado a los animales de cuerpo blando y alargado, sin patas, en especial a los anélidos (gusanos anillados), los platelmintos (aplanados) y los nematelmintos (redondeados). **2.** Nombre dado a ciertos insectos vermiformes. (El *gusano blanco*, larva del abejorro; *gusano de luz*, luciérnaga; *gusano de seda*, oruga de la morera; *gusano de la harina*, larva de los tenebriónidos.) **3.** *Fig.* Persona despreciable o insignificante. **4.** INFORMAT. Programa que se infiltra en una red informática, se copia a sí mismo para reproducirse en ella y se propaga a los sistemas con que está conectada, con el objetivo de alterarlos o destruirlos. ◇ **Gusano de la conciencia** *Fig.* y *fam.* Remordimiento. SIN.: *gusanillo de la conciencia.*

gusanoso, a adj. Que tiene gusano.

gusarapiento, a adj. Que tiene gusarapos o está lleno de ellos.

gusarapo, a s. Cualquier animal vermiforme que habita en un medio líquido.

gustación s.f. Acción de gustar; percepción de los sabores.

gustar v.tr. (lat. *gustare,* catar, probar). Percibir el sabor de un alimento, una bebida, etc. SIN.: *catar.* **2.** *Fig.* Experimentar, probar. ◆ v.tr. e intr. Agradar, satisfacer, placer. ◆ v.intr. Sentir inclinación hacia algo que en cierto modo produce placer: *gustar de ir a cazar.* **2.** Amér. Apetecer una cosa o aceptar algo: *¿gusta de un café?* ◇ **¿Usted gusta?** Fórmula de cortesía que se emplea cuando se empieza a comer o beber ante otras personas.

gustativo, a adj. Relativo al gusto. ◇ **Nervio gustativo** Nombre de dos nervios que proceden de las papilas linguales y llegan al encéfalo.

gustazo s.m. *Fam.* Placer que se experimenta al realizar algo muy esperado: *darse el gustazo de dormir muchas horas.*

gustillo s.m. Regusto.

gusto s.m. (lat. *gustus, -us,* acción de catar, sabor). Sentido que permite percibir y distinguir los sabores. **2.** Sabor de un alimento. **3.** Placer o deleite que producen las cosas que gustan: *el gusto por la lectura.* **4.** Facultad de sentir o apreciar lo bello y lo feo: *fiarse del gusto de alguien.* **5.** Sentido intuitivo de los valores estéticos. **6.** Elegancia, distinción o belleza: *decorar con gusto.* **7.** Capricho, deseo arbitrario o irracional: *tener el gusto de gritar.* ◇ **A gusto** Bien, cómodamente, sin sentirse cohibido. **Con mucho gusto** Fórmula de cortesía que se usa para indicar que se asiente a algo o se dan muestras de complacencia. **Dar gusto** Satisfacer los deseos de alguien. **De mal gusto** Grosero. **Que es un gusto** *Irón.* Expresa ponderación. **Tener el gusto de** Fórmula de cortesía con que se expresa complacencia. **Tomar,** o **coger, gusto a** Aficionarse a una cosa.

gusto

En el ser humano, el gusto se encuentra en las papilas gustativas de la lengua, pudiendo distinguir cuatro sabores: salado, dulce, amargo y ácido; los peces perciben el gusto a través de las barbillas; los insectos trituradores, gracias a las piezas bucales; y las mariposas y las moscas, gracias a los tarsos.

gustoso, a adj. Sabroso. **2.** Que siente gusto o hace con gusto una cosa. **3.** Agradable, divertido, que causa gusto o placer.

gutagamba s.f. Árbol gutiferáceo de la India. **2.** Gomorresina amarilla extraída de este árbol, que se emplea en la fabricación de pinturas y como purgante.

gutapercha s.f. (ingl. *gutta-percha,* del malayo *gata,* goma, y *perča,* árbol del que se extrae la gutapercha). Sustancia plástica y aislante, extraída del látex de las hojas de un árbol de Malasia de la familia sapotáceas.

gutiferáceo, a adj. y s.f. Relativo a una familia de plantas dialipétalas gutiferales de hojas opuestas. SIN.: *hipericáceo.*

gutiferal adj. y s.f. Relativo a un orden de plantas florales que comprende a las teáceas, las dipterocarpáceas y las gutiferáceas.

gutural adj. (del lat. *guttur, -uris,* garganta). Relativo a la garganta. ◆ adj. y s.f. FONÉT. Velar.

guyot s.m. En el océano Pacífico, volcán submarino de cima aplanada.

guzgo, a adj. Méx. Glotón.

gymkhana s.f. (voz inglesa). Conjunto de pruebas en que los concursantes tienen que recorrer, especialmente en automóvil o en moto, un trayecto lleno de obstáculos, barreras, etc.

h

h s.f. Novena letra del alfabeto español, y séptima de sus consonantes. (En español es una consonante muda, aunque en algunas zonas y en algunas palabras extranjeras se pronuncia aspirada.) ◇ **H** MÚS. En la notación inglesa y alemana, nota *si.* **Hora H** Designación convencional de la hora precisa de desencadenamiento de una acción militar.

¡ha! interj. Expresa pena, admiración o sorpresa.

haba s.f. (lat. *faba*). Planta leguminosa anual cultivada por su semilla, utilizada en la alimentación humana y animal. (Familia papilionáceas.) **2.** Fruto y semilla de esta planta. **3.** Roncha que sale en la piel. **4.** Tumor que aparece en el paladar del ganado equino, detrás de los incisivos. ◇ **Ser habas contadas** Esp. *Fig.* Ser algo evidente y no implicar dificultad.

habanera s.f. Música y danza originaria de Cuba, de movimiento y ritmo preciso, en dos partes, cada una de ocho compases a ritmo de 6/8.

habanero, a adj. y s. De La Habana.

habano, a adj. Relativo a La Habana y a la isla de Cuba: *tabaco habano.* ◆ s.m. Cigarro puro, elaborado en la isla de Cuba.

habar s.m. Terreno sembrado de habas.

hábeas corpus s.m. (lat. *habeas corpus,* queda dueño de tu cuerpo). DER. Derecho del detenido de solicitar la comparecencia inmediata ante el juez para que este resuelva sobre la legalidad del arresto. (Este procedimiento jurídico deriva del *habeas corpus* anglosajón institucionalizado desde 1679.)

1. **haber** v.auxiliar. (lat. *habere,* tener). Seguido del participio de otro verbo, forma los tiempos compuestos de este: *ha venido; había comido; hubo llegado.* **2.** Seguido de la preposición *de* y un verbo en infinitivo, indica la obligación, la conveniencia o la necesidad de realizar la acción que expresa dicho infinitivo: *has de estudiar; he de concentrarme; todos han de pasar por el aro.* ◆ v.impers. Estar realmente en alguna parte: *hay mucha gente en la sala; hubo poco público.* **2.** Existir, real o figuradamente: *hay gente de buen corazón; hay motivos para no creer lo que dice.* **3.** Suceder, ocurrir: *hubo altercados.* **4.** Efectuarse, celebrarse: *hoy no hay partidos de fútbol.* **5.** Seguido de la conjunción *que* y un verbo en infinitivo, ser necesario o conveniente lo que expresa el verbo: *hay que soportarlo; no hay que alarmarse.* ◆ **habérselas** v.prnl. Contender, disputar: *si bebía, se las había con todos.* ◇ **No hay de qué** Expresión de cortesía con que se contesta a la persona que da las gracias. **¡Qué hubo!** o **¡qué húbole!** Méx. *Fam.* ¿Qué tal?, ¿cómo estás?, ¿qué hay de nuevo? **Si los hay** Expresión ponderativa que va después de un calificativo para reforzarlo: *es guapo, si los hay.*

2. **haber** s.m. Conjunto de bienes y derechos pertenecien-

haber

INDICATIVO	SUBJUNTIVO	
presente	**presente**	
he	*haya*	
has (habés)	*hayas*	
ha / hay	*haya*	
hemos	*hayamos*	
habéis	*hayáis*	
han	*hayan*	
copretérito o pret. imperfecto	**pretérito o pret. imperfecto**	
había	*hubiera* o *hubiese*	
habías	*hubieras* o *hubieses*	
había	*hubiera* o *hubiese*	
habíamos	*hubiéramos* o *hubiésemos*	
habíais	*hubierais* o *hubieseis*	
habían	*hubieran* o *hubiesen*	
pretérito o pret. perf. simple	**futuro o fut. simple**	
hube	*hubiere*	
hubiste	*hubieres*	
hubo	*hubiere*	
hubimos	*hubiéremos*	
hubisteis	*hubiereis*	
hubieron	*hubieren*	
futuro o fut. simple	**IMPERATIVO**	
habré		
habrás	*he* (habé)	(tú, vos)
habrá	*haya*	(él)
habremos	*hayamos*	(nosotros)
habréis	habed	(vosotros)
habrán	*hayan*	(ellos)
pospretérito o condicional simple	**FORMAS NO PERSONALES**	
habría	**infinitivo**	**gerundio**
habrías	haber	habiendo
habría	**participio**	
habríamos	habido	
habríais		
habrían		

tes a una persona. (Suele usarse en plural.) **2.** *Fig.* Cualidades positivas o méritos que se consideran en una persona o cosa. **3.** Parte de una cuenta en la que constan los abonos de esta. CONTR.: *debe.* **4.** Paga, sueldo. (Se usa más en plural.)

habichuela s.f. Frijol, judía.

hábil adj. (lat. *habilis,* manejable, apto). Capaz, inteligente o dispuesto para cualquier actividad: *una persona hábil en su trabajo.* **2.** Capaz o apto legalmente para una cosa: *días hábiles.*

habilidad s.f. Cualidad de hábil. **2.** Cosa hecha con esta cualidad: *la acrobacia es una habilidad.* **3.** DER. Aptitud legal.

habilidoso, a adj. Que tiene habilidades.

habilitación s.f. Acción de habilitar. **2.** Cargo de habilitado. **3.** Oficina del habilitado. **4.** DER. Autorización legal que se concede a una persona para que pueda realizar un acto jurídico.

habilitado, a s. Persona autorizada para intervenir en un asunto que normalmente no le correspondería, o bien para obrar con atribuciones especiales. ◆ s.m. En algunos organismos, encargado de pagar los sueldos u honorarios: *el habilitado de la universidad.* **2.** Encargado de los intereses de un cuerpo o sociedad.

habilitar v.tr. (lat. tardío *habilitare*). Hacer hábil, apto o capaz para algo: *habilitar una vivienda.* **2.** DER. Hacer capaz, apto desde el punto de vista legal: *habilitar a un menor.*

habiloso, a adj. Chile y Perú. Que tiene habilidad.

habitabilidad s.f. Cualidad de habitable. ◇ **Cédula de habitabilidad** Documento que acredita la habitabilidad de una vivienda.

habitación s.f. Acción de habitar. **2.** Lugar que se destina a ser habitado. **3.** Cualquiera de las piezas de una casa. (Generalmente se excluyen las piezas no destinadas a permanecer en ellas, como la cocina y el baño.) **4.** Dormitorio.

habitáculo s.m. Lugar destinado a ser habitado. **2.** Parte interior de un automóvil, vehículo espacial, etc., donde se acomodan los viajeros.

habitante s.m. y f. Persona que habita una casa, barrio, ciudad, provincia, país, etc.

habitar v.tr. e intr. (lat. *habitare,* ocupar un lugar, vivir en él). Vivir o morar en un lugar o casa: *habitar una amplia mansión; habitar en el campo.*

hábitat s.m. (pl. *hábitats*). Complejo uniforme de condiciones de vida que inciden en el desarrollo de un individuo, una especie o un grupo de especies. **2.** Conjunto de factores geográficos relativos a la residencia del ser humano: *hábitat rural; hábitat urbano.* **3.** Conjunto de condiciones relativas a la vivienda: *mejora del hábitat.*

hábito s.m. (lat. *habitus, -us,* manera de ser, aspecto externo, vestidura). Forma de conducta adquirida por la repetición de los mismos actos: *el hábito de madrugar.* **2.** Estado creado por la ingestión de una sustancia, por lo común de naturaleza tóxica, que crea dependencia. **3.** Aumento de la tolerancia a medicamentos o tóxicos, con disminución de su efecto, a consecuencia de tomarlos repetidamente. **4.** Traje que llevan algunas personas en virtud de algún voto hecho, o por mortificación. ◆ **hábitos** s.m.pl. Vestido talar que usan los eclesiásticos. ◇ **Ahorcar,** o **colgar, los hábitos** Abandonar la carrera o la vida eclesiástica; abandonar los estudios, una profesión u oficio. **Toma de hábito** CATOL. Ceremonia que marca la entrada en religión de un postulante.

habituación s.f. Acción y efecto de habituar o habituarse. **2.** Atenuación o desaparición de la actividad farmacodinámica de un medicamento a consecuencia de su administración repetida. **3.** NEUROL. Disminución de la respuesta a un estímulo, cuando este es aplicado de forma permanente o recurrente.

habitual adj. Ordinario, usual.

habituar v.tr. y prnl. [conj.: *actuar*]. Acostumbrar: *habituar a la música; habituarse al café.*

habla s.f. (lat. *fabula,* conversación, relato, de *fari,* hablar). Facultad de hablar: *perder el habla.* **2.** Acción de hablar, expresar el pensamiento por palabras. **3.** Lengua o idioma: *país de habla hispana.* **4.** Manera particular de hablar: *tener un habla dulce; el habla de los niños.* **5.** LING. **a.** Acto individual de utilización de una lengua por el sujeto hablante. **b.** Conjunto de medios de expresión propios de un grupo determinado, dentro del dominio de una lengua: *las hablas regionales.* ◇ **Al habla** En comunicación con alguien para tratar un asunto. **Quitar el habla** Asustar o dejar muy asombrado a alguien.

hablada s.f. Méx. *Fam.* Fanfarronada, exageración o mentira.

hablado, a adj. Oral, en contraposición a escrito: *la lengua hablada.* **2.** Con los adv. *bien* o *mal,* correcto o grosero en el hablar.

hablador, ra adj. y s. Que habla demasiado o indiscretamente. **2.** Dom. Fanfarrón, valentón o mentiroso. **3.** Méx. Fanfarrón.

habladuría s.f. *Fam.* Chisme, murmuración. (Suele usarse en plural.) SIN.: *hablilla.*

hablantina s.f. Colomb. y Venez. Parloteo, verborrea, plática sin orden ni sustancia.

hablantinoso, a adj. y s. Colomb. y Venez. Hablador, parlanchín.

hablar v.intr. (lat. *fabulari,* conversar, hablar, de *fabula,* conversación, relato). Articular palabras: *el niño ya habla.* **2.** Expresar el pensamiento por medio de la palabra: *hablar en público.* **3.** Darse a entender por medio distinto del de la palabra: *hablar con los ojos.* **4.** Conversar dos o más personas. **5.** Seguido de la preposición *de,* tratar, ocuparse de algo, referirse a ello: *el libro habla de política.* **6.** Murmurar o criticar: *todos hablan de él.* **7.** Confesar, declarar generalmente por coacción: *no lo soltaron hasta que habló.* **8.** Intervenir en un asunto a favor o en contra de alguien. **9.** Esp. Ser novios. ◆ v.tr. Decir: *hablar estupideces.* **2.** Emplear un idioma para darse a entender: *se habla inglés.* ◆ **hablarse** v.prnl. Comunicarse, tratarse de palabra: *hace años que se hablan.* ◇ **Hablar claro** Decir sin rodeos lo que se piensa. **Hablar por hablar** Decir algo sin fundamento y sin venir al caso. **Ni hablar** Se usa para rechazar una propuesta.

hablilla s.f. Habladuría.

hablista s.m. y f. Persona que se distingue por la pureza y corrección del lenguaje.

habón s.m. Roncha, bulto que sale en la piel.

haca s.m. (voz aimara). Amér. Conjunto de bienes muebles e inmuebles del indígena.

hacecillo s.m. BOT. Conjunto de unidades conductoras aisladas o provistas de elementos acompañantes. SIN.: *fascículo, haz.*

hacedero, a adj. Que es posible o fácil de hacer.

hacedor, ra adj. y s. Que hace. ◆ s.m. Dios. (Con este significado se escribe con mayúscula.)

hacendado, a adj. y s. Que tiene una hacienda o haciendas. **2.** Argent. y Chile. Se dice del estanciero que se dedica a la cría de ganado.

hacendístico, a adj. Relativo a la hacienda pública.

hacendoso, a adj. Diligente en las faenas domésticas: *una mujer hacendosa.*

hacer v.tr. (lat. *facere*). Crear, producir de la nada: *Dios hizo el mundo.* **2.** Causar, ocasionar: *hacer ruido.* **3.** Fabricar: *hacen automóviles.* **4.** Crear intelectualmente: *hacer versos.* **5.** Obligar a algo: *me hizo callar.* **6.** Expeler del cuerpo orina o excrementos: *hacer pis.* **7.** Componer según una regla. **8.** Ejercitar los músculos para fomentar su desarrollo y agilidad: *hacer abdominales.* **9.** Referido a comedias u otros espectáculos, representar: *hace cine.* **10.** Sustituye a un verbo anterior, evitando su repetición: *canta como él solo sabe hacerlo.* **11.** Junto a un sustantivo derivado de un verbo, forma una locución verbal con el mismo significado que la raíz verbal del sustantivo: *hacer resistencia (resistir).* **12.** Suponer, imaginar: *te hacía fuera.* **13.** Obtener, conseguir, ganar: *ha hecho fortuna.* ◆ v.tr. y prnl. Ejecutar: *hago mi trabajo.* **2.** Disponer, componer, aderezar: *yo me hago la comida.* **3.** Aparentar, fingir: *hacer el muerto; hacerse el tonto.* **4.** Cortar con arte: *hacer las uñas; hacerse la barba.* **5.** Reducir: *lo hizo trizas.* **6.** Habituar o acostumbrar: *hacerse al frío.* ◆ v.intr. Obrar, actuar: *hace mal.* **2.** Seguido de la preposición *de* y un nombre, ejercer eventualmente de lo que expresa el sustantivo: *hacer de socorrista.* **3.** Importar, afectar: *por lo que hace a mi dinero.* ◆ v.impers. Expresa las condiciones del clima: *hace frío.* **2.** Haber transcurrido cierto tiempo: *hoy hace un año.* ◆ **hacerse** v.prnl. Volverse, transformarse: *el agua se hizo hielo.* **2.** Adquirir o alcanzar determinado estado, profesión, ideología, etc.: *se ha hecho protestante; hacerse médico.* **3.** Seguido de la preposición *con,* obtener, lograr: *se hicieron con ello.* ◇ **A medio hacer** Sin terminar. **Haberla hecho buena** Haber hecho una cosa perjudicial o contraria a un determinado fin. **Hacer de las mías, tuyas, suyas, etc.** Obrar de manera propia y personal. **Hacer mío, tuyo, suyo, etc.** Adoptar como propio. **Hacer y deshacer** Mandar de un modo absoluto. **No le hace** Méx. Fam. No importa: *—No tengo dinero. —No le hace, yo te presto.*

hacer

INDICATIVO	SUBJUNTIVO
presente	**presente**
hago	*haga*
haces (hacés)	*hagas*
hace	*haga*
hacemos	*hagamos*
hacéis	*hagáis*
hacen	*hagan*
copretérito o pret. imperfecto	**pretérito o pret. imperfecto**
hacía	*hiciera* o *hiciese*
hacías	*hicieras* o *hicieses*
hacía	*hiciera* o *hiciese*
hacíamos	*hiciéramos* o *hiciésemos*
hacíais	*hicierais* o *hicieseis*
hacían	*hicieran* o *hiciesen*
pretérito o pret. perf. simple	**futuro o fut. simple**
hice	*hiciere*
hiciste	*hicieres*
hizo	*hiciere*
hicimos	*hiciéremos*
hicisteis	*hiciereis*
hicieron	*hicieren*

futuro o fut. simple	IMPERATIVO	
haré	*haz* (hacé)	(tú, vos)
harás	*haga*	(él)
hará	*hagamos*	(nosotros)
haremos	haced	(vosotros)
haréis	*hagan*	(ellos)
harán		

pospretérito o condicional simple	FORMAS NO PERSONALES	
haría	**infinitivo**	**gerundio**
harías	hacer	haciendo
haría	**participio**	
haríamos	*hecho*	
haríais		
harían		

1. **hacha** s.f. (fr. *hache*). Herramienta cortante, compuesta de una pala acerada, con filo por el lado más ancho y un agujero para enastarla por el lado opuesto. ◇ **Ser un hacha** Sobresalir o destacar una persona en algo.

2. **hacha** s.f. (lat. *facula,* dim. de *fax, -cis,* antorcha). Vela de cera, grande y gruesa. **2.** Mecha de esparto y alquitrán.

hachazo s.m. Golpe dado con un hacha. **2.** Argent. Golpe violento dado de filo con arma blanca. **3.** Argent. Herida y cicatriz así producidas. **4.** Colomb. Espanto súbito y violento del caballo. **5.** TAUROM. Golpe que el toro da lateralmente con un cuerno, produciendo solo contusión.

hache s.f. (fr. *hache*). Nombre de la letra *h.* ◇ **Por hache o por be** Por un motivo u otro.

hachemí o **hachemita** adj. y s.m. y f. Relativo a los Hachemíes, dinastía descendiente del bisabuelo de Mahoma.

hachero s.m. Candelabro para poner el hacha, vela de cera.

hachís s.m. (ár. *ḥašīš,* cáñamo). Resina que se extrae de las hojas y las inflorescencias hembras del cáñamo índico, que se consume mascada o fumada por la sensación especial que provoca. (También *haschich* o *hachich.*)

hachón s.m. Hacha, antorcha; mecha de esparto y alquitrán.

hacia prep. (del ant. *faze a,* cara a). Indica dirección o tendencia: *fue hacia él; ir hacia la ruina.* **2.** Indica proximidad a un lugar o tiempo: *hacia fines de mes.*

hacienda s.f. (lat. *facienda,* cosas por hacer, p. de futuro de *facere,* hacer). Finca o conjunto de fincas que posee una persona. **2.** Bienes que posee alguien. **3.** Bienes pertenecientes al estado. **4.** Conjunto de organismos destinados a la administración de estos bienes. **5.** Amér. Propiedad o finca rural de gran extensión dedicada a actividades agropecuarias. ◇ **Hacienda de beneficio** Méx. Oficina donde se benefician los minerales de plata. **Hacienda pública** Actividad financiera del estado.

hacinamiento s.m. Acción y efecto de hacinar o hacinarse.

hacinar v.tr. y prnl. Amontonar, acumular.

hada s.f. (bajo lat. *fata,* del lat. *fatum,* destino). Ser imaginario con figura de mujer y dotado de poder mágico. ◇ **Cuento de hadas** Cuento en el que intervienen hadas, narración imaginaria; aventura extraordinaria.

hadal adj. Relativo a las profundidades oceánicas superiores a 6 000 m.

hadiz s.m. (ár. *ḥadīṯ*). Narración tradicional que relata un hecho o dicho de Mahoma.

hado s.m. (lat. *fatum,* predicción, oráculo, fatalidad, de *fari,* decir). Fuerza irresistible a la que se atribuye el destino de las personas y la predestinación de los acontecimientos. **2.** En la antigua Roma, divinidad o fuerza irresistible que obraba sobre los dioses, las personas y los hechos.

hadrón s.m. Partícula elemental susceptible de sufrir interacciones fuertes (nucleones, mesones, etc.), por oposición a los *leptones.*

hafnio s.m. Metal del grupo de las tierras raras, parecido al circonio. **2.** Elemento químico (Hf), de número atómico 72 y masa atómica 178,49.

hagiografía s.f. Historia de la vida y del culto a los santos. **2.** Obra que trata de temas santos.

hagiográfico, a adj. Relativo a la hagiografía.

hagiógrafo, a s. (lat. tardío *hagiographus,* del gr. *agios,* santo, sagrado, y *gráphein,* escribir). Persona que escribe hagiografías. ◆ s.m. Autor de cualquiera de los libros de la Biblia.

haida, pueblo amerindio de Canadá, de la familia lingüística nadené, del grupo de indios del Noroeste. Su cultura, basada en los recursos pesqueros y forestales, destaca por la producción artística (máscaras, tótems).

haikai s.m. Forma poética japonesa de la que deriva el haiku.

haiku s.m. Poema breve japonés formado por una estrofa de 17 sílabas distribuidas en tres versos (5/7/5).

haitiano, a adj. De Haití.

hakim s.m. En la España musulmana, funcionario que actuaba como adjunto del cadí.

hakitía s.m. Variedad de judeoespañol hablada en Marruecos.

¡hala! o **¡hale!** interj. Esp. Se emplea para dar prisa, infundir aliento o exhortar a alguien a hacer algo. **2.** Expresa sorpresa o disgusto. (También *¡alá!, ¡ala!* o *¡ale!*)

halach-uinic s.m. (voz maya, *el hombre verdadero*). Entre los antiguos mayas, funcionario administrativo y ejecutivo más importante del estado.

halagar v.tr. (ár. *jalaq*, alisar, pulir, tratar bondadosamente). Satisfacer algo el orgullo o la vanidad de una persona. **2.** Adular. **3.** Dar a alguien muestras de afecto o admiración.

halago s.m. Acción de halagar. **2.** Cosa que halaga.

halagüeño, a adj. Que halaga o que sirve para halagar: *una frase halagüeña.* **2.** Que indica o muestra éxito o satisfacción futuros: *noticia halagüeña.*

halar v.tr. (fr. *haler,* tirar de algo con un cabo). Tirar hacia sí de una cosa. **2.** MAR. Tirar de un cabo, de una lona o de un remo en el acto de bogar.

halcón s.m. (lat. tardío *falco, -onis*). Ave rapaz diurna, de 40 a 50 cm de long., de cabeza pequeña, pico fuerte, curvo y dentado en la mandíbula superior, y vuelo rápido y potente. (Caza en el aire aves más pequeñas y algunas especies se emplean en cetrería.) **2.** En un gobierno u organización política, partidario de una política intransigente y del empleo de la fuerza en la solución de un conflicto. CONTR.: *paloma.* ◇ **Halcón sacre** Halcón de color blanco, con manchas pardas, de aspecto robusto, que vive en Europa meridional y N de África.

halconería s.f. Cetrería.

halda s.f. Falda. **2.** Arpillera grande para hacer fardos.

haldada s.f. Cantidad de una cosa que cabe en el hueco formado por la parte delantera de la falda vuelta hacia arriba.

¡hale! interj. → **¡hala!**

halibut s.m. Pez de los mares fríos, de 2 a 3 m de long. y 250 kg de peso, cuyo hígado es rico en vitaminas A y D. (Familia pleuronéctidos.) SIN.: *fletán.*

haliéutica s.f. Arte de la pesca.

haliéutico, a adj. Relativo a la pesca.

haligrafía s.f. → **halografía.**

halita s.f. Cloruro natural de sodio.

hálito s.m. (lat. *halitus, -us,* vapor, aliento, de *halare,* exhalar). Aliento que sale por la boca. **2.** *Poét.* Soplo suave y apacible del aire.

halitosis s.f. Olor desagradable del aliento.

hall s.m. (voz inglesa). Vestíbulo.

hallar v.tr. (lat. *afflare,* soplar hacia algo). Encontrar a una persona o cosa que se busca: *hallar vivienda; hallar una idea.* **2.** Encontrar por casualidad: *hallar un billete en la calle.* **3.** Averiguar: *hallar una dirección.* **4.** Descubrir, inventar: *hallar un nuevo método.* **5.** Observar, entender, juzgar: *hallo burla en tus palabras; hallo que tienes razón.* ◆ **hallarse** v.prnl. Estar en determinado lugar: *hallarse en el campo.* **2.** Figurar, estar presente: *hallarse entre los pobres.* **3.** Estar en determinada situación o estado: *hallarse enfermo, en pecado.* ◇ **No hallarse** No encontrarse alguien a gusto en un sitio, estar molesto, echar en falta algo.

hallazgo s.m. Acción de hallar. **2.** Cosa hallada. **3.** DER. Encuentro casual de una cosa mueble ajena, que no sea tesoro oculto, perdida por su propietario o poseedor.

hallstático, a adj. y s. Relativo al período protohistórico llamado de *Hallstatt* o primera edad de hierro.

hallulla s.f. Chile. Pan hecho con masa más fina y de factura más delgada que el común. **2.** Chile. *Fig.* Sombrero de paja.

halo s.m. (lat. *halos,* del gr. *álos,* era de trillar, disco). Círculo luminoso ligeramente irisado que rodea algunas veces al Sol o a la Luna, a consecuencia de la difracción de la luz en los cristales de hielo de las nubes. **2.** Círculo luminoso blanco, a veces coloreado, comparable a este círculo luminoso. **3.** *Fig.* Atmósfera que rodea a alguien: *un halo de misterio.* **4.** B. ART. Nimbo o resplandor en forma de disco, a menudo decorado, que se coloca alrededor de la cabeza de los santos. **5.** FOT. Aureola que rodea a veces la imagen fotográfica de un punto brillante.

halófilo, a adj. (del gr. *áls, alós,* sal, mar, y *philos,* amigo). BOT. Se dice de las plantas que viven en hábitats salobres.

halófito, a adj. Se dice de los vegetales que viven en lugares salados.

halogenación s.f. QUÍM. Introducción de halógenos en una molécula orgánica.

halogenado, a adj. Que contiene un halógeno. ◇ **Derivados halogenados** Compuestos orgánicos en cuya molécula hay uno o varios átomos de halógeno, que desempeñan un papel importante en la síntesis.

halógeno s.m. y adj. (del gr. *áls, alós,* sal, mar, y *gennan,* engendrar). Elemento químico no metal que forma sales minerales al unirse directamente con un metal: *los elementos halógenos son el flúor, el cloro, el bromo, el yodo y el ástato.* ◇ **Lámpara de halógeno** Lámpara incandescente, con filamento de volframio, cuya atmósfera gaseosa contiene, además de argón o criptón, cierta proporción de halógeno o de un compuesto orgánico halogenado.

halogenuro s.m. Haluro.

halografía o **haligrafía** s.f. Descripción e historia de las sales.

haloideo, a adj. (del gr. *áls, alós,* sal, mar, y *eidos,* forma). Se dice de la combinación de un metal con un halógeno: *sal haloidea.*

halón s.m. Amér. Tirón, acción y efecto de halar.

haltera s.f. DEP. Aparato gimnástico formado por dos masas metálicas esféricas, o por unos discos también metálicos, unidos por una barra.

halterofilia s.f. Deporte que consiste en el levantamiento de pesos o halteras.

halterófilo, a adj. y s. Que practica la halterofilia.

haluro s.m. Combinación química de un halógeno con otro elemento. SIN.: *halogenuro.*

hamaca s.f. (voz taína). Rectángulo de lona, tejido fuerte o red gruesa que, colgado horizontalmente por los extremos, sirve para dormir, tumbarse o columpiarse. **2.** Asiento consistente en una armadura en la que se sostiene una tela que forma el asiento y el respaldo. **3.** Argent. y Urug. Mecedora. **4.** Urug. Columpio.

hamacar v.tr. y prnl. Argent., Guat., Par. y Urug. Hamaquear, mecer. ◆ **hamacarse** v.prnl. Argent. Hacer que el cuerpo se mueva en vaivén. **2.** Argent. *Fig.* y *fam.* Encarar vehementemente una situación difícil.

hamada s.f. En los desiertos, meseta en la que afloran grandes losas rocosas.

1. **hamadríade** o **hamadríada** s.f. MIT. Ninfa de los bosques, que nacía con un árbol y moría con él.

2. **hamadríade** s.f. Simio de Etiopía, con hocico de perro, cuyo macho posee un rico pelambre en el cuello, hombros y tórax. (Familia cercopitécidos.)

hamaquear v.tr. y prnl. Amér. Mecer, columpiar, especialmente en hamaca. ◆ v.tr. Cuba, P. Rico y Venez. *Fig.* Marear a alguien.

hambre s.f. (lat. vulg. *famis, -inis*). Necesidad o gana de comer, motivado por las contracciones del estómago. **2.** *Fig.* Deseo intenso de algo: *tener hambre de riquezas.* **3.** Escasez de alimentos: *el hambre en el mundo.* ◇ **Apagar,** o **matar, el hambre** Saciarla. **Hambre canina** Gana extraordinaria de comer. **Matar de hambre** Dar poco de comer. **Morirse de hambre** Tener mucha hambre; tener o padecer mucha penuria. **Ser más listo que el hambre** *Fam.* Ser muy listo.

hambriento, a adj. y s. Que tiene mucha hambre. ◆ adj. *Fig.* Deseoso de conseguir algo: *hambriento de poder.*

hambrón, na adj. y s. Esp. Muy hambriento.

hambruna s.f. Hambre grande.

hamburgués, sa adj. y s. De Hamburgo.

hamburguesa s.f. (angloamericano *hamburger*, de *Hamburg*, Hamburgo, c. de Alemania). Filete de carne picada, redondo y plano, preparado con huevo, ajo, perejil, etc.

hamburguesería s.f. Establecimiento donde se sirven hamburguesas y otro tipo de comida rápida.

hameo s.m. → **jameo.**

hammán s.m. Establecimiento de baños, en los países musulmanes.

hamo s.m. (lat. *hamus*). Anzuelo.

hampa s.f. Gente maleante, que se dedica a negocios ilícitos; tipo de vida que practica.

hampesco, a adj. Relativo al hampa: *jerga hampesca.* SIN.: *hampo.*

hampón, na adj. y s. Que comete habitualmente acciones delictivas. **2.** Valentón, bravo.

hámster s.m. Roedor de Europa y Asia Menor, omnívoro, de pelaje amarillo ocre, que vive en madrigueras en las que almacena legumbres y semillas: *el hámster se utiliza en la investigación médica y como animal de compañía.* (El hámster salvaje puede causar daños considerables en los cultivos.)

han, pueblo mayoritario de China (94 % de la población), de familia sinotibetana.

hanbalismo s.m. Una de las cuatro grandes escuelas del islam. (Fundado por Ahmad ibn Hanbal [780-855], se halla en vigor en Arabia Saudí.)

handicap s.m. (voz inglesa). Condición o circunstancia desventajosa. **2.** DEP. En algunas pruebas deportivas, ventaja que los participantes de inferior nivel reciben en tiempo, distancia, peso o puntos, para que se nivelen las probabilidades de triunfo.

hangar s.m. (fr. *hangar*). Cobertizo grande y generalmente abierto, cubierto solo por un techo sostenido con soportes verticales, donde se guardan aviones.

hanifismo s.m. Una de las cuatro grandes escuelas jurídicas del islam sunnita. (Fundado por Abu hanifa [h. 696-767], fue adoptado por el imperio otomano.)

hansa s.f. (alto alem. ant. *Hansa*, tropa, asociación). HIST. **a.** Asociación de ciudades mercantiles del N de Alemania, que se constituyó a partir del s. XIII con objeto de favorecer la penetración del flujo comercial en el mundo eslavo y de encontrar mercados en el mar del Norte, Escandinavia y Europa occidental para los productos del Báltico. (Con este significado se escribe con mayúscula.) SIN.: *ansa.* **b.** Compañía de comerciantes.

hanseático, a adj. y s. Relativo a la Hansa; miembro de cualquiera de estas ligas. SIN.: *anseático.*

hapálido, a adj. y s.m. Relativo a una familia de primates americanos muy primitivos, de pequeño tamaño, como los titís. SIN.: *calitrícido.*

hápax o **hapax** s.m. (del gr. *hapax*, una vez, y *legomenon*, dicho). LING. Palabra o expresión que está documentada una sola vez en una lengua, en un autor o en un texto. (También *hapax legomenon* o *hapaxlegómeno.*)

haploide adj. BIOL. Se dice de un núcleo celular que posee la mitad del número de cromosomas del huevo fecundado, como el de las células reproductoras o el de un organismo formado por células provistas de tales núcleos.

haplología s.f. (del gr. *aploys*, sencillo, y *lógos*, habla). FONÉT. Eliminación en una palabra de una sílaba contigua a otra igual o parecida: *la palabra latina* nutrix *procede de la haplología de* nutritix.

happening s.m. (voz inglesa). Espectáculo teatral de origen norteamericano (aparecido en los años 1950-1960) que exige la participación activa del público e intenta provocar una creación artística espontánea.

happy end s.m. (voces inglesas). Final feliz de una película, una novela o una historia cualquiera.

hapteno s.m. Sustancia no proteica que, combinada con otra proteica, adquiere las cualidades de antígeno, o de alergeno, que no posee por sí misma.

haragán, na adj. y s. Perezoso, holgazán, que rehúye el trabajo.

haraganear v.intr. Holgazanear.

haraganería s.f. Holgazanería, falta de aplicación en el trabajo.

harakiri o **haraquiri** s.m. (voz japonesa). Suicidio ritual japonés por motivos de honor, que consiste en abrirse el vientre con un arma blanca. (En japonés recibe el nombre de *seppuku* en un registro más culto.)

harapiento, a adj. Vestido con harapos. SIN.: *haraposo.*

harapo s.m. (del ant. *farpar* o *harpar*, desgarrar). Trozo de un traje o prenda que cuelga roto.

haraquiri s.m. → **harakiri.**

harca s.f. (ár. marroquí *ḥárka*, expedición militar). En Marruecos, grupo de tropas indígenas de organización irregular.

hard-core adj. (ingl. *hard core*). Se dice de una película pornográfica en la que se representan los actos sexuales no simulados. (Se abrevia *hard.*) ◆ s.m. Estilo musical que comparte características del rock y el punk.

hardware s.m. (voz inglesa). INFORMÁT. Conjunto de elementos físicos de un sistema informático (disco duro, placa madre, monitor, teclado, etc.).

harén o **harem** s.m. (fr. *harem*, del ár. *ḥáram*, cosa prohibida o sagrada). Lugar de la casa musulmana destinado a las mujeres. **2.** Conjunto de mujeres que viven bajo la dependencia de un jefe de familia en las sociedades musulmanas.

harfang s.m. Búho nival.

harina s.f. (lat. *farina*). Polvo resultante de moler los granos de trigo, de otros cereales y de las semillas de diversas leguminosas. ◇ **Harina de flor** Harina muy blanca y pura, de calidad superior. **Harina de madera** Producto obtenido por trituración de serrín y virutas, utilizado como abrasivo, como producto de limpieza, etc. **Harina de pescado** Polvo de pescado desecado, a partir de los sobrantes de pesca. **Ser algo harina de otro costal** Ser muy diferente de otra con que se la compara; ser completamente ajena al asunto de que se trata.

harinear v.intr. Venez. Llover con gotas muy menudas.

harinero, a adj. Relativo a la harina: *industria harinera.* ◆ s. Persona que tiene por oficio fabricar y comerciar harina.

harinoso, a adj. Que tiene mucha harina. **2.** Farináceo: *peras harinosas.*

harmatán s.m. Viento del este, cálido y seco, originario del Sahara, que sopla en África occidental.

harnear v.tr. Chile y Colomb. Cribar, pasar por el harnero.

harnero s.m. Criba, instrumento.

harpía s.f. Arpía. **2.** ZOOL. Águila de América del Sur, de cabeza grande, patas poderosas y garras muy desarrolladas.

hartada s.f. Hartón.

hartar v.tr. y prnl. Saciar en exceso el apetito de comer o beber. **2.** Fig. Dar una cosa en abundancia: *hartar a los niños de chocolate.* **3.** Fig. Fastidiar, molestar, cansar: *me hartas con tus tonterías; hartarse de esperar.* ◆ **hartarse** v.prnl. Hacer algo intensamente durante un tiempo hasta quedar satisfecho o saciado: *hartarse de leer, de correr, de reír, etc.*

hartazgo s.m. Esp. Acción y efecto de hartar o hartarse de comer: *un hartazgo de dulces.*

harto, a adj. (lat. *fartus*, relleno, p. de *farcire*, rellenar, atiborrar). Lleno, repleto: *sentirse harto.* **2.** Cansado de repetir lo mismo: *estar harto de llamar.* **3.** Bastante, sobrado: *tener harta imaginación.* **4.** Conocido por su reiteración: *estoy harto de verlo.* **5.** Chile, Cuba y Méx. Mucho, gran cantidad. ◆ adv.m. Bastante. ◆ adv.c. Chile. Muy. **2.** Chile y Méx. Mucho.

hartón, na adj. y s. Amér. Central y Dom. Comilón, glotón. ◆ s.m. Esp. Acción y efecto de hartar o hartarse: *un hartón de esperar; un hartón de melón.*

hartura s.f. Hartazgo.

haschich s.m. → **hachís.**

hasidismo s.m. Movimiento popular de renovación religiosa del judaísmo fundado en Ucrania por Ba'al Shem Tov (1700-1780).

hasidismo

Con abandono de la tradición intelectual talmúdica para regresar a la mística de la fe simple y gozosa, el hasidismo se expandió con rapidez durante el s. XIX por Europa oriental. Diversos grupos que salieron de esta corriente muestran, en nuestros días, mucha actividad en numerosas comunidades judías, a veces pregonando un fervor intransigente, como los hasidim de Lubavitch.

hassio s.m. Elemento químico artificial (Hs), de número atómico 108 y masa atómica 265,131.

hasta prep. (lat. *ḥattà*). Expresa el límite de una acción; puede referirse al lugar en que culmina un movimiento, al momento en que deja de realizarse una acción, al grado máximo de una cantidad, etc.: *ir hasta Roma; estuvo hasta las dos; comer hasta saciarse.* **2.** Méx. Señala el momento en que comienza una acción o el momento en que habrá de ocurrir algo: *hasta las cinco llega el doctor; hasta la tarde cierran.* ◆ adv. Incluso, aun: *hasta el más tonto lo sabe.* ◇ **Hasta después** o **hasta luego** Saludo para despedirse de alguien a quien se espera volver a ver pronto. **Hasta (tanto) que** Expresa el término de la duración del verbo principal.

hastial s.m. (del lat. *fastigium,* inclinación, tejado de dos vertientes). Parte superior triangular de un muro, situada entre las dos vertientes del tejado. **2.** En las minas, cara lateral de una excavación.

hastiar v.tr. y prnl. [conj.: *desviar*]. Fastidiar, aburrir, cansar.

hastío s.m. (lat. *fastidium,* asco, repugnancia). *Fig.* Aburrimiento. **2.** Repugnancia a la comida.

hatajo s.m. Pequeño grupo de cabezas de ganado. **2.** Conjunto de gente o de cosas, generalmente despreciables: *hatajo de maleantes; hatajo de insultos.*

hatero, a s. Cuba. Persona que posee un hato, hacienda con ganado.

hatijo s.m. Cubierta de esparto para tapar la boca de las colmenas.

hato s.m. Paquete o envoltorio de ropa y otros objetos personales. **2.** Provisión de víveres. **3.** Lugar fuera de las poblaciones que eligen los pastores para comer y dormir. **4.** Porción de ganado mayor o menor: *un hato de ovejas.* **5.** Hatajo, conjunto de gente o de cosas. **6.** Colomb., Cuba, Dom. y Venez. Finca destinada a la cría de ganado. **7.** HIST. En las Antillas, durante la época de la dominación española, concesión de tierras para pastos.

hausa adj. y s.m. y f. De un pueblo del N de Nigeria y S de Níger, que habla una lengua camitosemítica. ◆ s.m. Lengua negroafricana hablada en el N de Nigeria y en el S de Níger.

haustorio s.m. BOT. Órgano propio de las plantas parásitas que penetra en los órganos de su huésped y absorbe sus jugos.

Havers. Conductos de Havers Canales nutritivos situados en el tejido óseo compacto y alrededor de los cuales se forman las células óseas en láminas concéntricas, formando el *sistema de Havers.*

hawaiano, a adj. y s. De Hawai.

haya s.f. (del lat. *materia fagea,* madera de haya, de *fagus,* haya). Árbol de los bosques templados, de una altura máxima de 40 m, de corteza lisa y madera blanca, compacta y flexible, utilizada en ebanistería. (Familia fagáceas.) **2.** Madera de este árbol.

hayaca s.f. Venez. Pastel de harina de maíz relleno de carne y otros ingredientes, que se prepara especialmente en Navidad.

hayedo s.m. Terreno poblado de hayas. SIN.: *hayal.*

hayo s.m. Colomb. y Venez. Arbusto de coca. **2.** Colomb. y Venez. Coca, hoja de este arbusto. **3.** Colomb. y Venez. Mezcla de hojas de coca y sales calizas o de sosa y a veces ceniza, que mascan los indios de Colombia.

hayuco s.m. Fruto del haya.

hayy o **hayyi** s.m. Título dado al musulmán que ha realizado la peregrinación a La Meca y Medina.

1. **haz** s.m. (lat. *fascis*). Porción de cosas atadas: *haz de leña.* **2.** Flujo de partículas elementales producidas por un acelerador, seleccionadas y después concentradas en un blanco o detector. **3.** ANAT. Conjunto de varias fibras, musculares o nerviosas, agrupadas en un mismo trayecto. **4.** BOT. Hacecillo. **5.** MAT. Conjunto de rectas, de curvas o de superficies que dependen de un parámetro. ◇ **Haz atómico** o **molecular** Conjunto de átomos o de moléculas, de velocidades y direcciones muy próximas, que se propagan en un espacio vacío. **Haz de vías** Conjunto de vías férreas unidas en sus extremos por agujas o empalmes. **Haz herciano** Haz de ondas electromagnéticas o hercianas que sirven para establecer la conexión entre dos puntos. **Haz luminoso** Conjunto de rayos luminosos que parten del mismo punto, limitados por los diafragmas convenientes.

2. **haz** s.f. (lat. *facies,* forma general, aspecto, rostro). Cara o rostro. **2.** Cara anterior del paño, de la tela y de otras cosas, y especialmente la opuesta al envés. **3.** BOT. Parte superior de una hoja.

3. **haz** s.m. (lat. *acies,* punta, filo, línea de batalla). MIL. Antiguamente, tropa formada en divisiones o en filas.

haza s.f. Porción de tierra de cultivo.

hazaña s.f. Acción o hecho ilustre o heroico.

hazañería s.f. Demostración afectada de temor, admiración o entusiasmo, sin ningún motivo para ello.

hazañero, a adj. Que hace hazañerías. **2.** Relativo a la hazañería.

hazañoso, a adj. Que realiza hazañas. **2.** Se dice de los hechos heroicos.

hazara, pueblo musulmán chiita de lengua iraní, que habita en la parte central de Afganistán.

hazmerreír s.m. Persona ridícula que sirve de diversión a los demás.

he adv. (ár. *hā*). Junto con los adv. *aquí, allí, ahí,* o unido a pronombres personales átonos, sirve para señalar o mostrar una cosa o a una persona: *he aquí los papeles que buscabas; helo aquí, por fin.* ◆ interj. Se usa para llamar a una persona.

heavy adj. y s.m. (voz inglesa). Relativo a una corriente del rock, surgida en la década de 1970, que se caracteriza por la simplicidad del ritmo y la acentuación de algunos componentes del rock. ◆ s.m. y f. Aficionado a esta modalidad de rock o que tiene la estética propia de este estilo.

hebdomadario, a adj. Semanal. ◆ s. Persona encargada de una función determinada durante una semana en los cabildos eclesiásticos y comunidades religiosas.

hebefrenia s.f. PSIQUIATR. Una de las formas clínicas de la esquizofrenia juvenil, en la que predomina el retraimiento en el mundo interior.

hebefrénico, a adj. y s. Relativo a la hebefrenia; que padece de hebefrenia.

hebén adj. Se dice de cierta variedad de uva blanca, gorda y vellosa. **2.** Se dice del veduño y vides que producen esa uva.

hebijón s.m. Clavillo o punta metálica de la hebilla.

hebilla s.f. (lat. vulg. *fibella,* dim. del lat. *fibula*). Pieza de metal u otra materia que se coloca en el extremo de una correa, cinta, etc., y que tiene uno o más clavillos articulados que se introducen en algún agujero del otro extremo de la correa o cinta para ceñirla.

hebra s.f. (lat. *fibra,* filamento de las plantas). Trozo de hilo que se pone en la aguja para coser. **2.** Fibra o filamento animal o vegetal. **3.** Tabaco cortado en forma de largos filamentos o briznas de aspecto ensortijado. **4.** Estigma de la flor de azafrán. **5.** *Fig.* Curso de lo que se va diciendo: *perder la hebra.* **6.** *Poét.* Cabello. ◇ **Pegar la hebra** Esp. *Fam.* Trabar accidentalmente conversación con alguien; prolongar la conversación más de la cuenta.

hebraico, a adj. Hebreo, relativo a los hebreos: *literatura hebraica.*

hebraísmo s.m. Profesión de la ley antigua de Moisés. **2.** Palabra, expresión o giro procedentes de la lengua hebrea que se usan en otro idioma.

hebraísta s.m. y f. Estudioso de la lengua y cultura hebreas.

hebraizante s.m. y f. Judaizante.

hebreo, a adj. y s. (lat. *Hebraeus,* del hebreo *'ibrī*). De un pueblo semítico del antiguo oriente cuya historia narra la Biblia. **2.** Relativo al hebraísmo; que profesa el hebraísmo. ◆ s.m. Lengua semítica hablada antiguamente por los hebreos y, en la actualidad, lengua oficial de Israel.

hebroso, a adj. Fibroso.

hebrudo, a adj. C. Rica. Que tiene muchas hebras.

hecatombe s.f. (gr. *ekatómbi*). Desastre con muchas víctimas. **2.** En la antigüedad grecorromana, sacrificio de cien bueyes que se hacía a los dioses.

hecceidad s.f. En la filosofía de Duns Escoto, principio formal constitutivo de cada cosa en cuanto individuo.

hechicería s.f. Operaciones mágicas del hechicero. **2.** ANTROP. Capacidad de curar o de hacer daño por medio de procedimientos y rituales mágicos, propia de una persona en el seno de una sociedad o de un grupo determinado.

hechicero, a adj. *Fig.* Que atrae o cautiva la voluntad: *hermosura hechicera.* ◆ s. y adj. ANTROP. Persona que practica la hechicería.

hechizar v.tr. Ejercer un maleficio sobre alguien con hechicería. **2.** *Fig.* Despertar admiración, afecto o deseo.

hechizo, a adj. (de *hecho,* p. de *hacer*). Artificioso o fingido. **2.** Méx. Se dice del aparato o instrumento que no es de fábrica; que fue hecho de forma rudimentaria. ◆ s.m. Hechicería. **2.** Acción y efecto de hechizar. **3.** *Fig.* Atractivo natural intenso de una persona.

hecho s.m. Acción y efecto de hacer algo: *demostrar algo con hechos.* **2.** Acontecimiento, suceso: *conocer los hechos; observar los hechos.* **3.** Hazaña: *los grandes hechos de la historia.* (Suele usarse en plural.) ◇ **De hecho** En realidad, concretamente: *de hecho, no estaba mal*; en la práctica, en la realidad: *pareja de hecho.* **Hecho consumado** Acción llevada a cabo adelantándose a las reacciones o presiones que pudieran impedirla. **Hecho de armas** Hazaña bélica. **Hecho jurídico** Acontecimiento susceptible de producir alguna adquisición, modificación, transferencia o extinción de los derechos u obligaciones. **Hecho probado** Hecho que como tal se declara en las sentencias por los tribunales de instancia. **Hecho y derecho** Se dice de la persona cabal y responsable.

hechor, ra s. Chile y Ecuad. Malhechor. ◆ s.m. Amér. Merid. Garañón, asno.

hechura s.f. Confección: *las hechuras de un vestido.* (Suele usarse en plural.) **2.** Forma exterior o figura que se da a las cosas. **3.** Manera como está hecha una cosa. **4.** *Fig.* Cariz, aspecto. **5.** Esp. Configuración del cuerpo.

hectárea s.f. Unidad de medida de superficie (símb. Ha) equivalente a 10^4 metros cuadrados.

héctico, a adj. y s. Tísico. ◆ adj. y s.f. Se dice de la fiebre que acompaña a los estados consuntivos graves.

hectogramo s.m. Medida de masa que vale 100 gramos (símb. hg).

hectolitro s.m. Medida de volumen que vale 100 litros (símb. hl).

hectómetro s.m. Medida de longitud que vale 100 metros (símb. hm).

heder v.intr. (lat. *foetere*) [conj.: *tender*]. Despedir mal olor.

hediondez s.f. Cualidad de hediondo. **2.** Cosa hedionda.

hediondo, a adj. Que despide hedor: *callejuela hedionda.* **2.** *Fig.* Repugnante: *aspecto hediondo.* **3.** *Fig.* Sucio, obsceno: *palabras hediondas.* ◆ s.m. Arbusto de flores amarillas y frutos negros, que crece en la península Ibérica. (Familia papilionáceas.)

hedonismo s.m. Doctrina que hace del placer un principio o el objetivo de la vida.

hedonista adj. y s.m. y f. Relativo al hedonismo; partidario de esta doctrina.

hedor s.m. Olor desagradable, que generalmente proviene de sustancias orgánicas en descomposición.

hegelianismo s.m. Doctrina filosófica de Hegel y sus discípulos.

hegeliano, a adj. y s. Relativo a Hegel o al hegelianismo; partidario de esta doctrina.

hegemonía s.f. (gr. *egemonía,* preeminencia de un estado sobre los demás, de *egemón, -onos,* el que marcha a la cabeza). Supremacía, poder preponderante y dominador de un estado o de una clase social sobre otras. **2.** Superioridad en cualquier línea.

hegemónico, a adj. Relativo a la hegemonía.

hégira o **héjira** s.f. Emigración de Mahoma de La Meca a Medina, que tuvo lugar en 622, y se toma como punto de partida de la cronología musulmana.

helada s.f. Descenso de la temperatura por debajo de cero grados, que provoca, cuando es persistente, la congelación del agua. ◇ **Caer heladas** Helar.

heladera s.f. Argent. Refrigerador.

heladería s.f. Establecimiento donde se sirven o venden helados.

heladero, a s. Persona que tiene por oficio elaborar o vender helados. ◆ s.m. *Fig.* Lugar donde hace mucho frío.

heládico, a adj. Relativo a la Hélade. **2.** Relativo a la civilización del bronce en la Grecia continental, que se desarrolló en el tercer y segundo milenios, cuya última fase corresponde a la civilización micénica.

heladizo, a adj. Que se hiela fácilmente.

helado, a adj. Muy frío. **2.** *Fig.* Atónito, estupefacto, pasmado: *quedarse helado.* **3.** *Fig.* Esquivo, desdeñoso: *maneras heladas.* ◆ s.m. Golosina o postre compuesto de leche o nata, azúcar, huevos y otros ingredientes, que una vez mezclados se someten a un proceso de congelación.

heladora s.f. Máquina para hacer helados y sorbetes. **2.** Amér. Refrigerador.

heladura s.f. Atronadura producida en los árboles por el frío.

helaje s.m. Colomb. Frío intenso.

helamiento s.m. Acción y efecto de helar o helarse. **2.** BOT. Fenómeno que consiste en la rotura de los vasos de plantas leñosas por congelación de la savia.

helar v.tr., intr. y prnl. (lat. *gelare*) [conj.: *pensar*]. Congelar, convertir en hielo por la acción del frío. ◆ v.tr. *Fig.* Dejar atónito o pasmado. **2.** Desalentar, acobardar. ◆ **helarse** v.prnl. Tener o pasar una persona mucho frío. **2.** Marchitarse o secarse las plantas a causa del frío. **3.** Solidificarse lo que se había licuado por faltarle el calor necesario para mantenerse en estado líquido.

helechal s.m. Terreno poblado de helechos.

helecho s.m. (lat. *filictum,* matorral de helechos, de *filix, -icis,* helecho). Planta vascular sin flores ni semillas, de hojas (o *frondes*) con frecuencia muy divididas, que se reproduce por esporas y crece en bosques y lugares húmedos. (Algunos helechos tropicales son arborescentes.)

helénico, a adj. Griego, perteneciente a Grecia.

helenio s.m. (lat. *helenium,* del gr. *elénion*). Planta de flores amarillas, raíz amarga y aromática usada en medicina y hojas muy grandes y oblongas, que crece en los lugares húmedos. (Familia compuestas.)

helenismo s.m. Civilización griega; civilización desarrollada fuera de Grecia bajo la influencia de la cultura griega. **2.** LING. Palabra, expresión o giro procedentes de la lengua griega que se usan en otra lengua.

helenista s.m. y f. Persona que se dedica al estudio de la lengua y la cultura griegas.

helenístico, a adj. Se dice del período de la civilización griega que comprende desde la conquista de Alejandro a la conquista romana.

helenización s.f. Acción y efecto de helenizar o helenizarse.

helenizar v.tr. Introducir las costumbres, cultura y arte griegos en un país. ◆ **helenizarse** v.prnl. Adoptar las costumbres o la cultura griegas.

heleno, a adj. y s. Griego, perteneciente a Grecia.

helero s.m. Masa de nieve de pequeñas dimensiones que durante el verano persiste por debajo del límite de las nieves perpetuas.

helgado, a adj. Que tiene dientes ralos y desiguales.

helgadura s.f. Hueco o espacio que hay entre diente y diente. **2.** Desigualdad de los dientes.

helíaco, a o **heliaco, a** adj. Relativo a Helios, el Sol. **2.** ASTRON. Se dice de la salida o puesta de un astro que se produce al mismo tiempo que la salida o puesta del Sol.

heliantina s.f. QUÍM. Indicador coloreado, anaranjado en un medio básico y rojo en un medio ácido. SIN.: *anaranjado de metilo.*

hélice s.f. (lat. tardío *helix, -icis,* voluta de capitel, del gr. *élix, -ixos,* espiral). Órgano de propulsión, tracción o sustentación, constituido por aspas o palas dispuestas regularmente alrededor de un buje accionado por un motor. **2.** ANAT. Hélix. **3.** ARQ. Pequeña voluta del capitel corintio. **4.** GEOMETR. Curva que corta, bajo un ángulo constante, las generatrices de un cilindro de revolución. ◇ **Antena en hélice** Antena direccional de hiperfrecuencias constituida por un hilo conductor enrollado en hélice y por una superficie reflectora perpendicular al eje de la hélice.

helicicultura s.f. Cría de caracoles.

helicoidal adj. En forma de hélice: *engranaje helicoidal.* ◇ **Movimiento helicoidal** Movimiento de un sólido cuyos diferentes puntos describen hélices del mismo eje y del mismo paso.

helicoide s.m. MAT. Superficie (o volumen) originado por una curva (o una superficie) que tiene un movimiento helicoidal.

helicón s.m. (gr. *Elikón, -ónos,* monte cuyo nombre significa montaña tormentosa). Instrumento músico de metal cuyo tubo, de forma circular, permite colocarlo alrededor del cuerpo.

helicóptero s.m. Giravión cuyo rotor o rotores aseguran a la vez la sustentación y la traslación durante el vuelo.

helio s.m. (gr. *elios,* sol). Gas noble, muy ligero e ininflamable, de densidad 0,178 g/l a 0 °C, que se licúa a –268,934 °C. **2.** Elemento químico (He), de número atómico 2 y masa atómica 4,002. (Descubierto en la atmósfera solar, el helio existe en una cantidad muy pequeña en el aire. Se utiliza para hinchar balones y aerostatos y, en estado líquido, en criogenia.)

heliocentrismo s.m. Sistema que considera al Sol como centro del universo o como astro alrededor del cual giran los planetas.

heliogeotermia s.f. Tecnología que consiste en utilizar un yacimiento geotérmico para almacenar el calor solar.

heliograbado s.m. Procedimiento para obtener, mediante la acción de la luz solar, grabados en relieve. **2.** Estampa obtenida por este procedimiento.

heliografía s.f. ART. GRÁF. Procedimiento de reproducción de originales transparentes o translúcidos sobre papel tratado con diazoicos. **2.** ASTRON. **a.** Descripción del Sol. **b.** Fotografía de este astro.

heliógrafo s.m. Aparato que sirve para hacer señales telegráficas por medio de la reflexión de un rayo de sol en un espejo plano que se puede mover. **2.** METEOROL. Aparato que sirve para medir la duración e intensidad del tiempo de insolación.

heliolatría s.f. Culto al sol.

helión s.m. Núcleo del átomo del helio, llamado también *partícula alfa.*

heliosfera s.f. Capa situada en el límite superior de la atmósfera terrestre, por debajo de la geocorona, cuyo principal componente es el helio.

helióstato s.m. Instrumento geodésico consistente en un espejo plano o ligeramente cóncavo, que permite reflejar los rayos del sol en una dirección fija, a pesar del movimiento diurno.

heliotecnia s.f. Técnica para la conversión de la luz solar en energía eléctrica.

helioterapia s.f. Tratamiento médico por exposición a la luz solar, cuya acción es debida a los rayos ultravioletas, utilizado contra el raquitismo, en algunas tuberculosis óseas y enfermedades de la piel.

heliotérmico, a adj. Se dice de un proceso de conversión de la energía solar cuyo objetivo es la producción de calor. SIN.: *heliotermodinámico.*

heliotropina s.f. Compuesto de olor análogo al del heliotropo, que se obtiene a partir de la esencia del sasafrás. SIN.: *piperonal.*

heliotropismo s.m. Movimiento de una planta o un vegetal que consiste en reaccionar al estímulo producido por la luz del sol orientando las hojas, los tallos o las flores hacia él.

heliotropo s.m. Planta herbácea o subarbustiva de flores blancas y violetas, que se cultiva en jardinería y como planta de interior. (Familia borragináceas.) **2.** Flor de esta planta.

helipuerto s.m. Aeropuerto para helicópteros.

hélix s.m. ANAT. Pliegue que forma el pabellón de la oreja. SIN.: *hélice.*

helmintiasis s.f. Enfermedad causada por gusanos.

helminto s.m. (fr. *helminthe,* del gr. *élmins, -inthos*). ZOOL. Gusano.

helmintología s.f. Parte de la zoología que trata de la descripción y estudio de los gusanos.

helobial adj. y s.f. Relativo a un orden de plantas monocotiledóneas acuáticas, al que pertenece la sagitaria.

helor s.m. (cat. *gelor*). Frío intenso y penetrante.

helvecio, a adj. y s. De un pueblo céltico que ocupaba Helvecia hacia mediados del s. I a.C.

helvético, a adj. Relativo a Suiza.

hemartrosis s.f. Derrame sanguíneo en una articulación.

hematemesis s.f. (del gr. *aima, -atos,* sangre, y *emesis,* vómito). Vómito de sangre.

hemático, a adj. Relativo a la sangre. SIN.: *emal.*

hematíe s.m. Glóbulo rojo de la sangre, coloreado por la hemoglobina. SIN.: *eritrocito.*

hematites s.f. (gr. *aimatítis,* sanguíneo). MINER. Óxido férrico natural Fe_2O_2, del que existen dos variedades muy importantes: la hematites roja, u oligisto; y la hematites parda, o limonita.

hematocrito, a adj. y s.m. Se dice del volumen ocupado por los elementos formes de la sangre (glóbulos) en un volumen dado de sangre, expresado porcentualmente.

hematología s.f. Ciencia que estudia la estructura histológica, la composición química y las propiedades físicas de la sangre. **2.** Parte de la medicina que se ocupa de las enfermedades de la sangre y de los órganos de la hemopoyesis.

hematológico, a adj. Relativo a la hematología.

hematólogo, a s. Médico especialista en hematología.

hematoma s.m. Extravasación de sangre en una cavidad natural o bajo la piel, consecutiva a una ruptura de los vasos.

hematopoyesis s.f. (del gr. *aima, -atos,* sangre, y *ptysis,* acción de escupir). Formación de los glóbulos rojos de la sangre, que tiene lugar principalmente en la médula roja de los huesos.

hematopoyético, a adj. Relativo a la hematopoyesis.

hematosis s.f. Transformación de la sangre venosa en sangre arterial, que tiene lugar en el aparato respiratorio por pérdida de gas carbónico y enriquecimiento en oxígeno.

hematozoario s.m. (del gr. *aima, -atos,* sangre, y *zoon,* animal). Protozoo parásito de los glóbulos rojos de la sangre.

(El más importante es el llamado hematozoario de Laveran, causante del paludismo.) SIN.: *hematozoo.*

hematuria s.f. (del gr. *aima, -atos,* sangre, y *oyrein,* orinar). Emisión de sangre por las vías urinarias.

hembra s.f. (lat. *femina*). En los seres vivos que tienen los órganos de reproducción masculinos o femeninos en distinto individuo, el que tiene los femeninos. **2.** Mujer. **3.** TECNOL. Pieza que tiene un hueco o agujero en el que se introduce y encaja otra llamada *macho.*

hembraje s.m. Amér. Merid. Conjunto de las hembras de un ganado. **2.** Argent. y Urug. Desp. En zonas rurales, conjunto o grupo de mujeres.

hembrilla s.f. Pieza pequeña de cualquier utensilio, en la que se introduce otra. **2.** Armella, anillo.

hemerálope adj. y s.m. y f. Se dice de la persona que padece hemeralopía.

hemeralopía s.f. Disminución o pérdida de la visión cuando la luminosidad disminuye.

hemeroteca s.f. (gr. *eméra,* día, y *theke,* depósito). Biblioteca en que se guardan periódicos y revistas.

hemianopsia s.f. Pérdida de la visión que afecta a la mitad del campo visual.

hemiciclo s.m. Semicírculo. **2.** Espacio central de la sala de un parlamento, teatro, etc., rodeado de asientos formando semicírculo.

hemiedría s.f. Propiedad de los cristales cuya simetría es la mitad de la de su red cristalina.

hemiédrico, a adj. Que presenta hemiedría.

hemiedro, a adj. Hemiédrico. ◆ s.m. Cristal hemiédrico.

hemión s.m. Asno salvaje de Asia central, de forma intermedia entre el caballo y otros asnos.

hemióxido s.m. Óxido cuya molécula posee un átomo de oxígeno por cada dos átomos del elemento al que está unido.

hemiplejía o **hemiplejia** s.f. (gr. *emiplegés,* medio herido). Parálisis de la mitad del cuerpo, debida en general a una lesión cerebral en el hemisferio opuesto.

hemipléjico, a adj. y s. Relativo a la hemiplejía; que padece hemiplejía.

hemipteroideo, a adj. y s.m. Relativo a un superorden de insectos como el chinche, la cigarra, los pulgones, con piezas bucales aptas para picar y succionar y, a menudo, con alas anteriores entre coriáceas y membranosas.

hemisférico, a adj. Que tiene la forma de media esfera. SIN.: *semiesférico.*

hemisferio s.m. (gr. *emisphairion*). Cada una de las dos partes del globo terrestre o de la esfera celeste: *hemisferio norte, septentrional o boreal; hemisferio sur, meridional o austral.* **2.** ANAT. Cada una de las dos mitades del cerebro. **3.** MAT. Cada una de las dos mitades iguales de una esfera, en que la divide un plano que pasa por su centro. ◇ **Hemisferios de Magdeburgo** Semiesferas metálicas huecas que Otto von Guericke utilizó en 1654 para probar la presión atmosférica.

hemistiquio s.m. (lat. *emistichium,* del gr. *emistikhion*). Cada una de las dos partes de un verso cortado por la cesura.

hemitropía s.f. MINER. Agrupamiento regular de cristales idénticos.

hemocianina s.f. Sustancia equivalente en el aspecto fisiológico a la hemoglobina que existe en la sangre de moluscos y crustáceos.

hemocromatosis s.f. Enfermedad debida a una sobrecarga de hierro en el organismo.

hemocultivo s.m. Método de investigación de las bacterias que pueden hallarse en la sangre en el curso de determinadas enfermedades.

hemodiálisis s.f. Método de depuración sanguínea extrarrenal que se practica en casos de insuficiencia renal grave.

hemodinámica s.f. Estudio de los diferentes factores que rigen la circulación de la sangre en el organismo.

hemofilia s.f. (del gr. *aima, -atos,* sangre, y *phílos,* amigo). Enfermedad hemorrágica hereditaria que consiste esencialmente en una deficiencia del proceso normal de la coagulación de la sangre. (La transmiten las mujeres y solo afecta a los hombres.)

hemofílico, a adj. y s. Relativo a la hemofilia; que padece hemofilia.

hemoglobina s.f. (de *glóbulo* y el gr. *aima, -atos,* sangre). Pigmento de los glóbulos rojos de la sangre, que garantiza el transporte del oxígeno y del gas carbónico entre el aparato respiratorio y las células del organismo.

hemoglobinopatía s.f. Enfermedad caracterizada por una anomalía hereditaria de la hemoglobina y que se manifiesta por una gran anemia, dolores óseos y crisis de dolores abdominales.

hemoglobinuria s.f. Presencia de hemoglobina en la orina.

hemograma s.m. Estudio cuantitativo y cualitativo de los glóbulos de la sangre. (Comprende la numeración globular y la fórmula leucocitaria.)

hemolisina s.f. Anticuerpos que provocan la hemolisis.

hemolisis s.f. Destrucción de los glóbulos rojos de la sangre por estallido.

hemolítico, a adj. Que provoca la hemolisis. **2.** Acompañado de hemolisis.

hemopatía s.f. Enfermedad de la sangre.

hemopoyesis s.f. (del gr. *aima, -atos,* sangre, y *ptysis,* acción de escupir). Hematopoyesis.

hemopoyético, a adj. Hematopoyético.

hemoptisis s.f. Expectoración de sangre.

hemoptoico, a adj. Relativo a la hemoptisis.

hemorragia s.f. (lat. *haemorrhagia,* del gr. *aimorragía,* de *aima, -atos,* sangre, y *regnynai,* brotar). Salida de sangre fuera de los vasos sanguíneos.

hemorrágico, a adj. Relativo a la hemorragia.

hemorroidal adj. Relativo a las hemorroides.

hemorroide s.f. Variz de las venas del ano. (Suele usarse en plural.) SIN.: *almorrana.*

hemostasia s.f. (del gr. *aima, -atos,* sangre, y *estánai,* detener). Detención de una hemorragia. SIN.: *hemostasis.*

hemostasis s.f. Hemostasia.

hemostático, a adj. y s.m. Se dice de un agente mecánico, físico o medicamentoso que detiene las hemorragias.

henaje s.m. Desecación al aire libre del forraje verde. **2.** Conjunto de operaciones mediante las cuales este se transforma en heno.

henal s.m. → **henil.**

henar s.m. Terreno poblado de heno. **2.** Henil.

henasco s.m. Hierba seca que queda en los prados o entre las matas, en el verano.

henchido, a adj. Lleno, repleto: *un globo henchido de aire; henchido de orgullo.*

henchidura s.f. Acción y efecto de henchir o henchirse. SIN.: *henchimiento.*

henchir v.tr. (lat *implere,* llenar, de *plere*) [conj.: *pedir*]. Llenar plenamente, especialmente algo que se va abultando a medida que se llena: *henchir los pulmones de aire.* ◆ **henchirse** v.prnl. *Fam.* Llenarse, hartarse de comida o bebida.

hendedura s.f. → **hendidura.**

hender o **hendir** v.tr. y prnl. (lat. *findere*) [conj.: *tender*]. Hacer una hendidura. ◆ v.tr. Atravesar un fluido o cortar su superficie algo que se mueve avanzando: *la nave hendía las aguas.*

hendidura o **hendedura** s.f. Abertura, corte en un cuerpo sólido. **2.** ANAT. Nombre de diversas estructuras anatómicas.

hendija s.f. Amér. Rendija.

hendimiento s.m. Acción de hender o hendir.

hendir v.tr. y prnl. → **hender.**

henequén s.m. Planta amarilidácea, de hojas largas, angostas y rígidas, con espinas pequeñas en los bordes, de la que se obtiene una fibra textil con la que se fabrican cuerdas, esteras, etc. (La casi totalidad de la producción mundial está cubierta por México.) **2.** Esta fibra textil.

henequero, a adj. Méx. Relativo al henequén. ◆ s. Méx. Persona que se dedica a sembrar, cosechar, comerciar o industrializar el henequén.

henificar v.tr. Segar plantas forrajeras y secarlas al sol, para conservarlas como heno.

henil o **henal** s.m. Lugar donde se guarda el heno o forraje.

henna s.m. Arbusto originario de Arabia, del que se extrae un tinte rojo utilizado sobre todo para el cabello. **2.** Este tinte.

heno s.m. (lat. *fenum*). Hierba segada y seca que sirve de alimento al ganado. **2.** Hierba de las praderas destinada a ser cortada y secada. **3.** Méx. Planta herbácea de hojas filamentosas de color verde pardusco, que vive encima de algunos árboles y que se emplea en la época navideña para hacer adornos.

henrio s.m. Unidad de medida de la inductancia eléctrica (símb. H), equivalente a la inductancia eléctrica de un circuito cerrado en el cual se genera una fuerza electromotriz de 1 voltio cuando la corriente eléctrica que recorre el circuito varía uniformemente a razón de 1 amperio por segundo.

heñir v.tr. [conj.: *ceñir*]. Amasar, trabajar la masa.

heparina s.f. Sustancia anticoagulante que se extrae del hígado y que se utiliza en todas las enfermedades en las que puede sobrevenir una trombosis.

hepatalgia s.f. Dolor en el hígado.

hepática s.f. Planta que vive generalmente en regiones cálidas y húmedas, sobre la tierra, las rocas o adherida a los árboles. (Las hepáticas forman una clase de briófitos.)

hepático, a adj. (lat. *hepaticus*, del gr. *epatikós*, de *epar, epatos*, hígado). Relativo al hígado: *arteria, canal hepático.* ◆ adj. y s. Que padece del hígado. ◇ **Insuficiencia hepática** Conjunto de trastornos producidos por alteración de una o varias funciones del hígado.

hepatismo s.m. Estado morboso debido a una enfermedad del hígado.

hepatitis s.f. Toda enfermedad inflamatoria del hígado, independientemente de su causa.

hepatitis

Las *hepatitis tóxicas* están causadas por sustancias químicas (p. ej. medicamentos). Las *infecciosas* se deben a parásitos o bacterias. Las *virales* están causadas por virus. De las anteriores, existen: la *hepatitis A*, transmitida por alimentos y agua contaminada por desechos humanos, con un período de incubación de 15 a 45 días, pronóstico bueno y no tiene descrita su evolución a la cronicidad; y la *hepatitis B*, que se transmite sobre todo por la sangre o los productos sanguíneos, aunque también de la madre al feto o por contacto sexual. El virus tipo B es resistente a la esterilización de instrumentos en los hospitales y es frecuente entre los drogadictos que comparten agujas. Suele presentar un episodio inicial de enfermedad hepática y en ocasiones lleva a hepatitis crónica, cirrosis y hepatomas. Su período de incubación es de 30 a 180 días. Existe un tercer tipo de hepatitis viral, que primero se llamó *no A-no B*, cuyo causante se aisló en 1988. Ahora se conoce como *hepatitis C* y es la forma más común de hepatitis viral. Se transmite por la sangre y los productos sanguíneos (que ahora se analizan para detectar el virus) y puede hallarse presente durante muchos años antes de dañar el hígado. Representa un problema serio de salud porque su modo de transmisión y comportamiento aún son poco conocidos. También existe una *hepatitis D*, causada por un virus muy pequeño incapaz de replicarse por sí mismo, por lo que requiere la presencia del virus de hepatitis B; se identificó por primera vez en 1977 y llega a ser crónica.

hepatización s.f. Lesión de un tejido que adquiere el aspecto y la consistencia del hígado.

hepatología s.f. Estudio de la anatomía, fisiología y patología del hígado.

hepatomegalia s.f. Aumento de volumen del hígado.

hepatonefritis s.f. Enfermedad grave simultánea del hígado y los riñones.

hepatopáncreas s.m. Órgano de algunos invertebrados, que realiza las funciones del hígado y del páncreas.

heptaedro s.m. Sólido limitado por siete caras.

heptagonal adj. Relativo al heptágono.

heptágono, a adj. Que tiene siete ángulos. ◆ s.m. MAT. Polígono de siete ángulos y, por consiguiente, de siete lados: *heptágono regular.*

heptarquía s.f. Gobierno simultáneo de siete personas. **2.** País constituido por siete estados.

heptasílabo, a adj. y s.m. Que consta de siete sílabas: *verso heptasílabo.*

heptatlón o **heptathlón** s.m. Conjunto de siete pruebas de atletismo, en su categoría femenina.

heráldica s.f. Código de reglas que permite representar y describir correctamente los escudos de armas. **2.** Blasón.

heráldica

La heráldica estudia los escudos de armas, que son los emblemas de comunidades o familias. Estos aparecieron en el s. XII para distinguir a los combatientes de diferentes bandos. A partir del s. XVIII el uso de los escudos de armas se extendió a las mujeres, el clero y los burgueses, y después a las comunidades civiles y religiosas. Útil a los historiadores y arqueólogos en la medida que permite fechar objetos y monumentos adornados con un blasón o conocer su origen, la heráldica forma por sí misma un arte debido a la extrema riqueza de su escritura y su simbolismo.

heráldico, a adj. Relativo al blasón, a los escudos de armas y a la heráldica.

heraldista s.m. y f. Especialista en heráldica.

heraldo s.m. (fr. *héraut*). Oficial público cuya función consistía en notificar las declaraciones de guerra, llevar mensajes y dirigir las ceremonias.

herbáceo, a adj. BOT. Que tiene la naturaleza o el aspecto de la hierba. ◇ **Plantas herbáceas** Plantas endebles, no leñosas, cuyas partes aéreas mueren después de fructificar.

herbajar v.tr. Apacentar el ganado en un herbazal. ◆ v.intr. Pacer o pastar el ganado. SIN.: *herbajear.*

herbaje s.m. Conjunto de hierbas que se crían en prados y dehesas. **2.** DER. Derecho que cobran los pueblos por el pasto de los ganados forasteros y por arrendamiento de pastos y dehesas.

herbajero, a s. Persona que toma o da en arriendo el herbaje de prados o dehesas.

herbario, a adj. Relativo a las hierbas. ◆ s.m. Colección de plantas, desecadas, rotuladas y denominadas, que se utiliza en los estudios de botánica. **2.** ZOOL. Panza de los rumiantes.

herbazal s.m. Terreno poblado de hierbas.

herbero s.m. (de *hierba*). Esófago de los rumiantes.

herbicida adj. y s.m. Se dice del producto químico que destruye las malas hierbas.

herbívoro, a adj. y s.m. Que se alimenta de hierba o de sustancias vegetales.

herbolario, a s. (del lat. *herbula*, hierbezuela). Persona que recoge o vende hierbas y plantas medicinales. ◆ s.m. Establecimiento donde se venden plantas medicinales. **2.** Herbario, colección de plantas.

herboristería s.f. Herbolario, establecimiento.

herborizar v.intr. (fr. *herboriser*, de *herboriste*, herbolario). Recoger plantas de la naturaleza para estudiarlas.

herboso, a adj. Cubierto de hierba abundante.

herciano, a o **hertziano, a** adj. ELECTR. Se dice de las ondas y los fenómenos radioeléctricos.

herciniano, a adj. **Plegamiento herciniano** Último de

los plegamientos primarios, que tuvo lugar en el carbonífero y que dio lugar a toda una serie de altos relieves, desde los Apalaches al Asia central, pasando por Europa.

hercio o **hertzio** s.m. (de H. *Hertz,* físico alemán). Unidad de medida de frecuencia de todo movimiento vibratorio, expresada en ciclos por segundo (símb. Hz).

hercúleo, a adj. Relativo a Hércules, colosal: *fuerza hercúlea.*

hércules s.m. (de *Hércules,* divinidad romana). Hombre fuerte y robusto.

heredad s.f. (lat. *hereditas, -tatis,* acción de heredar, herencia). Terreno de cultivo que pertenece a un mismo dueño. **2.** Conjunto de tierras y bienes inmuebles que pertenecen a un mismo dueño.

heredar v.tr. (lat. tardío *hereditare*). Recibir, por legal o testamentaria, los bienes, derechos y acciones de una persona cuando esta muere: *heredar una casa de un tío.* **2.** *Fig.* y *fam.* Recibir de una persona algo que esta había usado: *heredar la ropa del hermano mayor.* **3.** *Fig.* Recibir ciertas inclinaciones o características.

heredero, a adj. y s. (lat. *hereditarius,* referente a una herencia). Que hereda o puede heredar de acuerdo con la ley o por un testamento. **2.** Se dice de la persona que hereda los bienes de un difunto. **3.** Que tiene ciertos caracteres de sus padres. ◇ **Príncipe heredero** Príncipe que heredará la corona.

hereditario, a adj. Adquirido o transmisible por herencia: *título hereditario.*

hereditario

Las enfermedades hereditarias forman parte de los problemas genéticos. Afectan los genes de todas las células (no solo un grupo de ellas, como en el caso de los tumores) y se perpetúan a lo largo de las generaciones (no de manera ocasional, como la trisomía 21). El conocimiento del gen responsable, que solo se relaciona con ciertas enfermedades llamadas monogénicas, brinda esperanzas de aplicaciones futuras.

hereford adj. y s.m. y f. Se dice de una raza inglesa de bovinos, especializada en la producción de carne, muy extendida en los países anglosajones y en América latina.

hereje s.m. y f. (occitano ant. *eretge,* del lat. tardío *haereticus*). Persona que incurre en herejía: *la Iglesia excomulga a los herejes.* **2.** *Fig.* Persona que dice o hace irreverencias o blasfemias.

herejía s.f. Doctrina religiosa contraria a la de la Iglesia católica. **2.** Posición contraria a principios comúnmente aceptados en determinada materia. **3.** *Fig.* Disparate, acción desacertada. **4.** *Fig.* Daño causado a personas o animales. **5.** Ofensa, insulto: *proferir herejías.*

herencia s.f. (lat. *haerentia,* cosas vinculadas, pertenencias, p. activo pl. de *haerere,* estar adherido). Derecho a heredar. **2.** Bienes que se heredan. **3.** Lo que se recibe de los padres, a través de generaciones precedentes: *la herencia cultural.* **4.** Transmisión de caracteres genéticos de una generación a las siguientes. **5.** DER. Conjunto de bienes que deja una persona a su muerte.

herero, pueblo nómada de Namibia y Botswana que habla una lengua bantú.

heresiarca s.m. y f. (lat. *haeresiarcha,* del gr. *aeresiárkhes,* de *aeresis,* herejía, y *arkhein,* comenzar). Autor o promotor de una herejía.

herético, a adj. Relativo a la herejía o al hereje: *doctrina herética.*

herida s.f. Lesión local del cuerpo, debido a un golpe, un arma o un accidente. **2.** *Fig.* Ofensa, agravio, pena. ◇ **Respirar por la herida** Dar a conocer un sentimiento que se mantenía oculto.

herido, a adj. y s. Que ha sufrido heridas: *herido en su amor propio; asistir a un herido.*

herir v.tr. (lat. *ferire,* golpear con algo) [conj.: *sentir*]. Causar una herida en los tejidos del cuerpo de un ser vivo. **2.** *Fig.* Ofender, agraviar: *herir la sensibilidad de alguien.* **3.** Impresionar violentamente la vista o el oído: *el sol hería sus ojos.* **4.** Golpear, batir un cuerpo contra otro: *herir el suelo con el pie.* **5.** Dar un rayo de luz sobre algo: *los rayos hieren las aguas.* **6.** Hacer sonar las cuerdas de un instrumento musical.

herma s.m. Busto sin brazos, colocado sobre un estípite.

hermafrodita adj y s.m. y f. (lat. *Hermaphroditus,* del gr. *Ermaphróditos,* personaje mitológico hijo de Hermes y Afrodita). Se dice del ser vivo en el que están reunidos los órganos reproductores de los dos sexos.

hermafrodítico, a adj. Que tiene los dos sexos.

hermafroditismo s.m. Yuxtaposición, en un mismo individuo, de los órganos reproductores de los dos sexos. SIN.: *hermafrodismo.* **2.** Presencia de caracteres somáticos de ambos sexos en un mismo individuo.

hermanamiento s.m. Acción y efecto de hermanar.

hermanar v.tr. y prnl. Unir, armonizar, juntar: *hermanar la ética con la estética; hermanar colores.*

hermanastro, a s. Hermano por parte de uno solo de los padres.

hermandad s.f. Fraternidad. **2.** Asociación de personas, unidas por trabajo, ideas, etc.: *hermandad de ganaderos.* **3.** *Fig.* Correspondencia entre varias cosas. **4.** *Fig.* Conformidad de pareceres y propósitos. **5.** HIST. Asociación de los vecinos de diversas poblaciones que se unían para fines de interés común, por lo general para la defensa del orden público, persecución de los malhechores y resistencia frente a los abusos nobiliarios. **6.** REL. **a.** Cofradía, congregación de devotos. **b.** Privilegio que concede una comunidad religiosa a una o varias personas.

hermandino s.m. → **irmandiño.**

hermano, a s. (lat. *germanus,* de *frater germanus,* hermano verdadero). El que con respecto a otro tiene los mismos padres. **2.** Una cosa respecto de otra a la que es semejante: *estos guantes no son hermanos.* **3.** Título dado a los miembros de determinadas órdenes religiosas. **4.** Miembro de congregaciones religiosas laicas: *hermano de las escuelas cristianas.* **5.** Nombre que se dan entre sí los miembros de determinadas cofradías o asociaciones, como los masones. **6.** Argent. *Fam.* Fórmula de tratamiento con la que se manifiesta confianza y amistad. ◇ **Hermano de leche** Hijo de una nodriza respecto del ajeno que esta crió, y viceversa. **Hermano político** Cuñado. **Medio hermano** Hermanastro.

hermeneuta s.m. y f. Persona que se dedica a la hermenéutica.

hermenéutica s.f. Ciencia que define los principios y métodos de la crítica y la interpretación de los textos antiguos.

hermenéutico, a adj. (gr. *ermeneutikós,* relativo a la interpretación). Relativo a la hermenéutica.

hermes s.m. Figuración particular del dios Hermes, con busto barbado y muñones en lugar de brazos.

hermeticidad s.f. Hermetismo.

hermético, a adj. (bajo lat. *hermeticus,* aplicado a la Alquimia, de *Hermes* Trimegisto, supuesto alquimista egipcio). Se dice de algo perfectamente cerrado. **2.** Difícil de comprender, impenetrable: *un discurso hermético, expresión hermética.* **3.** Relativo al hermetismo, doctrina esotérica.

hermetismo s.m. Cualidad de lo que es hermético o difícil de comprender. **2.** Doctrina esotérica basada en escritos de la época grecorromana, atribuidos a la inspiración del dios Hermes Trimegisto.

hermoseamiento s.m. Acción de hermosear.

hermosear v.tr. y prnl. Hacer o poner hermoso.

hermoso, a adj. (lat. *formosus,* de *forma,* hermosura). Que tiene hermosura: *persona hermosa.* **2.** Se dice del tiempo agradable: *día hermoso.* **3.** Grande, abundante, lozano: *una hermosa cosecha.*

hermosura s.f. Belleza.

hernia s.f. (lat. *hernia*). Salida de un órgano o de una parte de él fuera de la cavidad donde se encuentra normalmente, a través de un orificio natural o accidental de la pared de esta cavidad: *hernias inguinales, umbilicales, lumbares, discales, etc.* **2.** Tumefacción formada por este órgano bajo la piel. ◇ **Hernia estrangulada** Hernia que no se puede hacer volver al interior por medios externos, que expone a graves complicaciones (oclusión, peritonitis) y que debe ser operada con urgencia.

herniado, a adj. y s. Que padece una hernia. SIN.: *hernioso.*

herniario, a adj. Relativo a las hernias.

herniarse v.prnl. Sufrir una hernia.

héroe, ína s. (lat. *heros, -ois,* del gr. *eros, eroos,* semidiós, jefe militar épico). Persona que se distingue por sus cualidades o acciones extraordinarias, particularmente en la guerra. **2.** Personaje principal de una obra literaria o cinematográfica. **3.** En la mitología griega, hijo de una divinidad y un humano, como Hércules o Aquiles.

heroicidad s.f. Cualidad de heroico: *la heroicidad de un hecho.* **2.** Acción heroica.

heroico, a adj. (lat. *heroicus*). Que se comporta como un héroe o implica heroísmo: *combatiente heroico; resistencia heroica.* **2.** Que canta las hazañas de los héroes: *romance heroico.* SIN.: *épico.* **3.** Que se toma en un caso grave o extremo: *decisión heroica.* ◇ **Tiempos heroicos** Tiempo fabuloso en el que vivían los héroes; época en la que se han producido hechos memorables.

heroida s.f. LIT. Composición poética en la que habla un héroe o un personaje famoso.

heroína s.f. (fr. *héroïne*). Sustancia muy tóxica y adictiva, derivada de la morfina. (Suele presentarse en forma de polvo blanco que se inyecta, diluido, por vía intravenosa.)

heroinomanía s.f. Toxicomanía provocada por la heroína.

heroinómano, a s. Toxicómano adicto a la heroína.

heroísmo s.m. Conjunto de cualidades y acciones propias del héroe.

herpes o **herpe** s.m. (lat. *herpes, -etis,* del gr. *érpes, -etos*). Erupción cutánea, de origen viral, formada por vesículas agrupadas sobre una base inflamada.

herpético, a adj. y s. Relativo al herpes; que padece herpes.

herpetología s.f. (del gr. *erpetón,* reptil, y *lógos,* tratado). Parte de las ciencias naturales que trata de los reptiles.

herpetológico, a adj. Relativo a la herpetología.

herpetólogo, a s. Naturalista que estudia los reptiles.

herrada s.f. Balde de madera, con grandes aros de hierro o de latón, más ancho por la base que por la boca.

herrado s.m. Operación de herrar a los cuadrúpedos.

herrador, ra s. Persona que tiene por oficio herrar animales cuadrúpedos.

herradura s.f. Hierro en forma de U, que se clava en los cascos de las caballerías para protegerlos. ◇ **Arco de herradura** ARQ. Arco mayor que una semicircunferencia y cuya flecha es también, por lo tanto, mayor que la semiluz.

herraj s.m. → **erraj.**

herraje s.m. Conjunto de piezas de hierro con que se decora y asegura una puerta, ventana, etc., o que sirve para forrar y consolidar un objeto.

herramental s.m. Herramientas de un oficio.

herramienta s.f. Instrumento, generalmente de hierro o acero, de trabajo manual que usan los obreros, artesanos o artífices. **2.** Conjunto de estos instrumentos. **3.** *Fig.* Parte del cuerpo que desempeña una función activa en la ejecución de un trabajo. **4.** Arma blanca. **5.** *Fig.* y *fam.* Dentadura.

herrar v.tr. [conj.: *pensar*]. Ajustar y clavar las herraduras a las caballerías, o los callos a los bueyes. **2.** Marcar a un animal o una cosa con un hierro candente. **3.** Decorar de hierro un artefacto.

herrería s.f. Taller y tienda del herrero. **2.** Oficio de herrero.

herreriano, a adj. Se dice del estilo arquitectónico característico de Juan Bautista de Herrera y sus seguidores, impuesto durante el reinado de Felipe II.

herrerillo s.m. Ave paseriforme insectívora que corresponde a diversas especies de la familia páridos. SIN.: *herreruelo.*

herrero s.m. (lat. *ferrarius*). Persona que tiene por oficio fabricar o trabajar objetos de hierro.

herreruelo s.m. Herrerillo.

herrete s.m. Cabillo metálico, o diamante, piedra preciosa, que remata el extremo de una agujeta, cordón, cinta, etc.

herrón s.m. Colomb. Hierro, púa del trompo.

herrumbre s.f. (lat. vulg. *ferrumen,* soldadura). Orín del hierro. **2.** Gusto o sabor que algunas cosas toman del hierro.

hertziano, a adj. → **herciano.**

hertzio s.m. → **hercio.**

hérulos, ant. pueblo germánico. Su rey Odoacro invadió Italia y destruyó el imperio de occidente en 476. Desaparecieron en el s. VI como consecuencia de la invasión lombarda.

hervidero s.m. *Fig.* Lugar o situación en los que hay mucho movimiento o actividad: *la sala entera era un hervidero de risas, gritos y susurros.* **2.** Movimiento y ruido que hacen los líquidos al hervir.

hervido s.m. Acción y efecto de hervir. **2.** Amér. Merid. Cocido u olla.

hervidor s.m. Utensilio para hervir líquidos. **2.** TECNOL. **a.** Cilindro metálico situado debajo de una caldera para aumentar la superficie de calentamiento. **b.** Elemento de una máquina frigorífica de absorción en el que el fluido frigorígeno se desprende por calentamiento de la solución en que se halla disuelto, con objeto de alimentar el condensador de la máquina.

hervir v.intr. (lat. *fervere*) [conj.: *sentir*]. Sufrir un líquido, a una temperatura constante, un proceso de vaporización en toda su masa, caracterizado por la formación de burbujas. **2.** Agitarse un líquido por fermentación o efervescencia: *el mosto hierve.* **3.** *Fig.* Haber en algún sitio gran número de personas o animales: *las calles hervían de gentío.* **4.** *Fig.* Excitarse vivamente a causa de un estado emocional: *hervir en cólera.* ◆ v.tr. Hacer que un líquido entre en ebullición. **2.** Mantener algo dentro de un líquido en ebullición: *la enfermera hirvió la jeringuilla.*

hervor s.m. (lat. *fervor, -oris*). Acción de hervir. **2.** *Fig.* Fogosidad, entusiasmo. ◇ **Dar un hervor** Hervir en breve tiempo. **Levantar el hervor** Empezar a hervir.

hesiquiasmo o **hesicasmo** s.m. Escuela de espiritualidad oriental, cuyo principal representante es Gregorio Palamás.

hesitación s.f. (lat. *aesitatio, -onis*). Duda.

hesitar v.intr. (lat. *aesitare,* titubear). Dudar, vacilar.

hesperio, a adj. y s. De Hesperia. SIN.: *hespérico.*

hetaira o **hetera** s.f. Prostituta. **2.** En la antigua Grecia, cortesana.

hetería s.f. En la antigua Grecia, asociación sociopolítica de grandes familias. **2.** En la Grecia moderna, sociedad literaria o política.

heterocerco, a adj. Se dice de la aleta caudal de ciertos peces, cuyo lóbulo dorsal, más desarrollado que el ventral, contiene la extremidad de la columna. **2.** Se dice del pez que tiene este tipo de aleta, como la raya o el tiburón.

heterocíclico, a adj. QUÍM. Se dice del compuesto orgánico de cadena cerrada, en la cual, además de átomos de carbono, hay átomos de otros elementos.

heterocigoto, a adj. y s.m. BIOL. Se dice de un sujeto o de uno de sus caracteres cuyos alelos son diferentes. SIN.: *heterocigótico.*

heteróclito, a adj. (lat. *heteroclitus,* del gr. *eteróklitos,* de *éteros,* otro, y *klínein,* declinar). Se dice de un conjunto de cosas mezcladas sin orden ni armonía. **2.** Se dice de la voz cuya declinación se realiza partiendo de diversos temas. **3.** Se dice de lo que parece oponerse a las reglas gramaticales.

heterocromosoma s.m. BIOL. Cromosoma del cual depende el sexo del cigoto.

heterodino s.m. Aparato que permite producir oscilaciones de alta frecuencia, puras o moduladas.

heterodoxia s.f. Carácter de heterodoxo.

heterodoxo, a adj. y s. (gr. *eteródoxos,* que piensa de otro modo, de *éteros,* otro, y *dóxa,* opinión). Contrario a la doctrina ortodoxa o a una opinión comúnmente admitida.

heterogamético, a adj. Que tiene dos tipos de gametos.

heterogameto s.m. Célula sexual haploide.

heterogamia s.f. BIOL. Fusión de dos gametos diferentes, que constituye el modo de reproducción más frecuente.

heterogámico, a adj. Se dice de la reproducción en la que los gametos son diferentes.

heterogeneidad s.f. Cualidad de heterogéneo.

heterogéneo, a adj. (bajo lat. *heterogeneus,* del gr. *eterogenís,* de *éteros,* otro, y *génos,* género). Compuesto de partes de diversa naturaleza. CONTR.: *homogéneo.*

heteroinjerto s.m. Injerto realizado con material procedente de un individuo de otra especie. SIN.: *heteroplastia.*

heteromancia o **heteromancía** s.f. (del gr. *éteros,* otro, y *manteía,* adivinación). Adivinación supersticiosa a través de la interpretación del vuelo de las aves.

heterometábolo, a adj. Se dice del insecto que tiene metamorfosis progresiva y no presenta ordinariamente estado ninfal.

heteromorfismo s.m. Polimorfismo.

heteromorfo, a adj. Polimorfo.

heteronimia s.f. Fenómeno por el cual dos palabras de significado muy próximo proceden de étimos diferentes: *caballo-yegua.*

heteronomía s.f. Ausencia de autonomía.

heterónomo, a adj. (del gr. *éteros,* otro, y *nómos,* ley). Sometido a un poder externo o determinado por este: *moralidad heterónoma.*

heteroplastia s.f. Heteroinjerto.

heteropolar adj. ELECTR. Que tiene polos diferentes.

heteroproteína s.f. Proteína compleja formada por ácidos aminados y un grupo prostético.

heteróptero, a adj. y s.m. Relativo a un orden de insectos cuyas alas superiores son coriáceas en su primera mitad y membranosas en la segunda: *el chinche y el zapatero son heterópteros.*

heterosexual adj. y s.m. y f. Se dice de la persona que experimenta atracción por otras del sexo contrario. ◆ adj. Se dice de la planta con flores masculinas y femeninas.

heterosexualidad s.f. Carácter heterosexual.

heterosfera s.f. Capa de la atmósfera, situada por encima de la homosfera, entre los 80 y 90 km, compuesta por varias capas de gases ligeros (nitrógeno, oxígeno, helio e hidrógeno).

heterósido s.m. Óxido formado por osas y otras moléculas.

heterosis s.f. Valor medio de los descendientes de un cruzamiento de razas, superior al valor medio de las razas que se cruzan.

heterotermo, a adj. Poiquilotermo.

heterótrofo, a adj. BIOL. Se dice del ser vivo que se alimenta de sustancias orgánicas elaboradas por otros seres vivos.

heterotrófico, a adj. Relativo a los seres heterótrofos.

hético, a adj. y s. (del gr. *ektikós puretós,* fiebre constante, tisis). Tísico. ◆ adj. Relativo al enfermo de tisis.

hetiquez s.f. Estado de hético.

hetmán s.m. Atamán.

heurística s.f. Disciplina que trata de establecer las reglas de la investigación.

heurístico, a adj. (del gr. *eyrískein,* hallar, descubrir). Relativo a la heurística.

hevea s.m. Árbol originario de América del Sur, cultivado sobre todo en el SE de Asia para la obtención del látex, con el que se fabrica el caucho. (Familia euforbiáceas.)

hexaclorociclohexano s.m. Compuesto de fórmula $C_6H_6Cl_6$, derivado del ciclohexano, uno de cuyos isómeros se emplea como insecticida.

hexacloruro s.m. QUÍM. Cloruro cuya molécula contiene seis átomos de cloro.

hexacoralario, a adj. y s.m. Relativo a una subclase de celentéreos con seis (o un múltiplo de seis) tentáculos y otros tantos tabiques.

hexacordo s.m. MÚS. Serie ascendente o descendente de seis grados diatónicos, en la que se basaba el sistema musical empleado hasta el s. XVII.

hexadecimal adj. Se dice del sistema de numeración de base 16.

hexaédrico, a adj. MAT. Que tiene seis caras planas: *prisma hexaédrico.*

hexaedro s.m. MAT. Cuerpo geométrico con seis caras planas.

hexafluoruro s.m. Fluoruro cuya molécula contiene seis átomos de flúor.

hexagonal o **exagonal** adj. Que tiene forma de hexágono. **2.** Se dice del sistema cristalino cuyas formas holoédricas se caracterizan por tener un eje principal senario y seis binarios, equivalentes tres a tres. **3.** Se dice del sólido que pertenece a este sistema.

hexágono o **exágono** s.m. MAT. Figura geométrica de seis ángulos y seis lados.

hexámetro, a adj. y s.m. Se dice del verso que consta de cinco dáctilos más un troqueo o un espondeo.

hexamidina s.f. Potente antiséptico bactericida de uso externo.

hexano s.m. Hidrocarburo saturado C_6H_{14}.

hexápodo, a adj. y s.m. HIST. NAT. Que tiene seis patas, como los insectos.

hexasílabo, a adj. y s.m. MÉTRIC. Se dice del verso de seis sílabas. ◆ adj. Se dice de la palabra de seis sílabas.

hexeno s.m. Hidrocarburo etilénico lineal de seis carbonos.

hexosa s.f. QUÍM. Azúcar de fórmula $C_6H_{12}O_6$, como la glucosa y la galactosa.

hez s.f. (lat. *fex, fecis*). Sedimento, generalmente inútil o perjudicial, que se produce en algunos líquidos. (Suele usarse en plural.) **2.** *Fig.* Lo más vil y despreciable de cualquier clase. ◆ **heces** s.f.pl. Conjunto de materias eliminadas por vía rectal, como consecuencia de la formación de residuos en el proceso fisiológico de la digestión.

¡hi, hi, hi! Imitación irónica de la risa o voz onomatopéyica con que se imita.

hialino, a adj. (gr. *yálinos,* de *yalos,* cristal). Transparente como el vidrio o parecido a este.

hialita s.f. Variedad transparente y vítrea del ópalo.

hialoideo, a adj. FÍS. Que se parece al vidrio, o tiene sus propiedades.

hiato s.m. (lat. *hiatus, -us,* de *hiare,* separarse). Pronunciación en sílabas distintas de dos vocales contiguas. **2.** Interrupción en el tiempo o el espacio. **3.** ANAT. Orificio: *hiato esofágico del diafragma.*

hibernación s.f. Estado de letargo en el que pasan el invierno ciertos animales (marmota, lirón, murciélago, etc.) cuando se produce un descenso de su temperatura corporal. **2.** Mantenimiento de un cadáver en estado incorrupto con la hipotética pretensión de devolverlo a la vida en un futuro. ◇ **Hibernación artificial** Técnica de intervención quirúrgica o para determinados tratamientos que consiste en enfriar el cuerpo del enfermo hasta 30 °C.

hibernal adj. Que tiene lugar en invierno.

hibernante adj. y s.m. y f. Se dice del animal que hiberna de forma natural.

hibernar v.intr. (lat. *hibernare*). Pasar el invierno en hibernación: *la marmota hiberna.*

hibridación s.f. BIOL. Fecundación entre dos individuos de razas diferentes o, más raramente, de especies diferentes.
hibridar v.tr. BIOL. Realizar una hibridación.
hibridismo s.m. Cualidad de híbrido.
híbrido, a adj. y s.m. (fr. *hybride*). Se dice del animal o vegetal que es el resultado del cruce de dos especies o géneros distintos, como la mula, híbrido del asno y la yegua. **2.** *Fig.* Se dice de lo que es producto de elementos de distinta naturaleza. **3.** LING. Se dice de una palabra extraída de dos lenguas diferentes, como *automóvil.*
hicaco s.m. (voz taína). Arbusto americano de la familia rosáceas, cuyo fruto es comestible.
hicadura s.f. Cuba. Conjunto de hicos que sostienen la hamaca.
hic et nunc loc.adv. (voces latinas). Aquí y ahora.
hic iacet loc. (voces latinas, *aquí yace*). Se usa como encabezamiento de inscripciones funerarias.
hickory s.m. Árbol de América del Norte, parecido al nogal, cuya madera, muy resistente, se utiliza en la fabricación de esquís, canoas, etc.
hico s.m. Antillas, Colomb., Pan. y Venez. Cordel de los que sostienen una hamaca. **2.** Antillas, Colomb., Pan. y Venez. Cuerda, soga.
hicsos o **hyksos,** invasores semitas, dominados por una aristocracia indoeuropea, que conquistaron Egipto, donde se establecieron de 1730 a 1580 a.C. (XV y XVI dinastías). Fueron expulsados por los príncipes de Tebas (XVII y XVIII dinastías).
hidalgo, a adj. y s. Generoso, digno, íntegro: *comportamiento hidalgo.* SIN.: *hijodalgo.* ◆ s.m. Nombre dado, en la corona de Castilla durante la edad media y el Antiguo régimen, al infanzón o noble de linaje que constituía el eslabón más bajo de la jerarquía aristocrática castellana.
hidalguense adj. y s.m. y f. De Hidalgo (México).
hidalguía s.f. Cualidad o condición de hidalgo.
hidátide s.f. (gr. *ydatís, -ídos,* ampolla llena de agua). Larva de equinococo, que se desarrolla en el hígado o el pulmón de algunos mamíferos y del ser humano.
hidatídico, a adj. Que contiene hidátides: *quiste hidatídico.*
hidra s.f. (lat. *hydra*). Celentéreo de agua dulce, muy contráctil, que tiene la forma de un pólipo aislado, provisto de 6 a 10 tentáculos, y que se reproducen por gemación. (Clase cnidarios.) **2.** Animal fabuloso en forma de serpiente de agua. (La *Hidra de Lerna* tenía siete cabezas, que se reproducían al cortarlas, y Hércules consiguió matarla cortándoselas todas a la vez.) **3.** *Fig.* Monstruo devorador.
hidrácido s.m. QUÍM. Ácido resultante de la combinación del hidrógeno con un no metal, y que no contiene oxígeno.
hidracina s.f. Compuesto básico, de fórmula $H_2N—NH_2$, utilizado como combustible propulsor en los cohetes.
hidractivo, a adj. Que transforma la fuerza hidráulica en trabajo mecánico.
hidrargirio o **hidrargiro** s.m. (del gr. *ýdor, ýdatos,* agua, y *árgyros,* plata). Antigua denominación del mercurio.
hidrargirismo s.m. Intoxicación originada por la absorción de mercurio.
hidratación s.f. Acción y efecto de hidratar.
hidratante adj. Que hidrata: *crema hidratante.*
hidratar v.tr. y prnl. Incorporar o proporcionar agua a un cuerpo o sustancia: *hidratar la cal; hidratarse la piel.* **2.** Combinar un compuesto químico con agua.
hidrato s.m. QUÍM. Sustancia química compuesta con una o varias moléculas de agua. ◇ **Hidrato de carbono** Glúcido.
hidráulica s.f. Parte de la mecánica que estudia la estabilidad y circulación de los fluidos.
hidráulico, a adj. (lat. *hydraulicus,* del gr. *ydraylikós*). Relativo a la hidráulica. **2.** Que funciona con ayuda de un líquido: *freno hidráulico.* **3.** Se dice de la cal o el cemento que se endurecen en contacto con el agua, y de la obra en que se emplean este tipo de materiales.
hidraulus s.m. ANT. Instrumento musical, precursor del órgano, en el que un depósito de agua estabiliza la presión del aire que va hacia los tubos.
hidria s.f. (lat. *hydria,* del gr. *ydría*). ARQUEOL. Vasija grande para agua, provista de tres asas, una de ellas vertical, utilizada por griegos y romanos.
hídrico, a adj. Relativo al agua: *dieta hídrica.*
hidroavión s.m. Aeronave provista de flotadores o con casco marino para despegar desde el agua y amarar en ella. SIN.: *hidroplano.*
hidrobase s.f. Base aérea de hidroaviones.
hidrobiología s.f. BIOL. Parte de la biología que estudia los animales y plantas que viven en el agua.
hidrocarbonado, a adj. Que contiene hidrógeno y carbono.
hidrocarbonato s.m. Carbonato básico hidratado.
hidrocarburo s.m. Compuesto binario de carbono e hidrógeno: *el petróleo y el gas natural son hidrocarburos.*
hidrocaritáceo, a adj. y s.f. Relativo a una familia de plantas monocotiledóneas que viven en agua dulce.
hidrocefalia s.f. Aumento del líquido cefalorraquídeo, que comporta, en el niño, un aumento del volumen de la cavidad craneal y una insuficiencia del desarrollo intelectual.
hidrocéfalo, a adj. Que padece hidrocefalia.
hidrocele s.m. (del gr. *ýdor, ýdatos,* agua, y *kíli,* tumor). Acumulación de líquido en una cavidad, especialmente en el escroto.
hidrocoralario, a adj. y s.m. Relativo a un orden de cnidarios coloniales con esqueleto calcáreo, como la milepora.
hidrocortisona s.f. Hormona corticosuprarrenal, constituida por un derivado hidrogenado de la cortisona.
hidrocución s.f. Muerte súbita por sumersión en el agua.
hidrodeslizador s.m. Embarcación sin quilla, propulsada por una hélice aérea o un motor a reacción.
hidrodesulfuración s.f. Desulfuración catalítica mediante hidrógeno, con recuperación del azufre.
hidrodinámica s.f. Estudio de las leyes que rigen el movimiento de los líquidos y de la resistencia que oponen a los cuerpos que se mueven en ellos.
hidrodinámico, a adj. Relativo a la hidrodinámica.
hidroelectricidad s.f. Energía eléctrica obtenida a partir de la fuerza hidráulica.
hidroeléctrico, a adj. Relativo a la hidroelectricidad: *central hidroeléctrica.*
hidrófana s.f. (del gr. *ýdor, ýdatos,* agua, y *phaínesthai,* mostrarse). Ópalo que adquiere transparencia dentro del agua.
hidrófilo, a adj. Se dice de la materia que absorbe el agua con gran facilidad: *algodón hidrófilo.* **2.** Se dice del organismo que vive en ambientes húmedos.
hidrofobia s.f. Horror al agua. **2.** Denominación incorrecta de la rabia canina. **3.** QUÍM. Propiedad molecular caracterizada por la falta de fuertes atracciones o afinidad entre la molécula y el agua.
hidrófobo, a adj. y s. Que padece hidrofobia. ◆ adj. QUÍM. Que no posee afinidad respecto al agua.
hidrófugo adj. Que preserva de la humedad; que evita las filtraciones.
hidrogel s.m. Gel obtenido en medio acuoso.
hidrogenación s.f. QUÍM. Operación química que consiste en fijar hidrógeno sobre un cuerpo.
hidrogenado, a adj. Que contiene hidrógeno.
hidrogenante adj. Que cede fácilmente hidrógeno.
hidrogenar v.tr. Combinar con hidrógeno.
hidrógeno s.m. Gas muy ligero, de densidad 0,089 g/l a 0 °C, que se solidifica a –259,14 °C y se licúa a –252,77 °C. **2.** Elemento químico (H), de número atómico 1 y masa atómica 1,008, que está presente en la composición del agua.

hidrógeno

Es un gas incoloro e inodoro, el más abundante del universo conocido y el más ligero de los cuerpos. Es el gas más difícil de licuar después del helio. Se conocen dos isótopos: el *deuterio* y el *tritio*. Se combina directamente con la mayor parte de no metales. Con los halógenos forma hidrácidos, con los metales alcalinos y alcalinotérreos forma hidruros cristalinos que el agua descompone. Arde en el aire con llama azulada y formación de agua y produce con el oxígeno una mezcla detonante. Combinado con otros elementos, forma parte del agua, de numerosos cuerpos minerales y de todos los cuerpos orgánicos. Se obtiene por electrólisis de mezclas gaseosas que lo contienen (gas natural, gas de petróleo), o químicamente. Se utiliza como materia prima en gran número de operaciones químicas, como la síntesis del amoníaco.

hidrogeología s.f. Parte de la geología que se ocupa de la búsqueda y captación de las aguas subterráneas.

hidrografía s.f. Ciencia que estudia las aguas marinas y continentales. **2.** Conjunto de las aguas corrientes o estables de una región.

hidrográfico, a adj. Relativo a la hidrografía: *mapa hidrográfico.* <> **Servicio hidrográfico** Servicio de la marina de guerra, encargado de redactar y poner al día las cartas marinas y otros documentos náuticos.

hidrógrafo, a s. Persona que se dedica a la hidrografía.

hidrolasa s.f. Enzima que interviene en las hidrólisis.

hidrólisis s.f. (del gr. *ýdor, ýdatos,* agua, y *lýsis,* disolución). Descomposición de compuestos químicos por acción del agua.

hidrolita s.f. Hidruro de calcio que, en contacto con el agua, desprende hidrógeno.

hidrolizar v.tr. Someter a hidrólisis.

hidrología s.f. Ciencia que trata de las propiedades mecánicas, físicas y químicas de las aguas marinas (*hidrología marina* u oceanografía) y continentales (*hidrología fluvial* o potamología).

hidrológico, a adj. De la hidrología: *plan hidrológico.*

hidromancia o **hidromancía** s.f. (del gr. *ýdor, ýdatos,* agua, y *manteía,* adivinación). Adivinación supersticiosa a través de la interpretación de las características y el estado del agua.

hidromasaje s.m. Masaje realizado con chorros de agua caliente y aire para estimular la circulación sanguínea y relajar la musculatura.

hidromecánico, a adj. Movido por el agua.

hidrometría s.f. Parte de la hidrodinámica dedicada a la medición del caudal, velocidad o fuerza de los líquidos en movimiento.

hidrométrico, a adj. Relativo a la hidrometría.

hidromiel o **hidromel** s.m. Bebida hecha con agua y miel.

hidromineral adj. Relativo a las aguas minerales.

hidronefrosis s.f. Distensión de los cálices y de la pelvis del riñón, por dificultad de evacuación de la orina filtrada.

hidroneumático, a adj. Que funciona con agua u otro líquido o con un gas comprimido: *freno hidroneumático.*

hidronio s.m. Protón combinado con una molécula de agua H_3O. SIN.: *hidroxonio.*

hidropesía s.f. (b. lat. *hydropisia,* del gr. *ýdrops*). Derrame o acumulación de trasudado seroso en una cavidad natural o intersticio de tejido conjuntivo de un organismo.

hidrópico, a adj. y s. (lat. *hydropicus,* del gr. *ydropikós*). Que padece hidropesía. ◆ adj. *Fig.* Insaciable.

hidroplano s.m. Hidroavión.

hidropónico, a adj. Se dice del método de cultivo industrial de plantas que en lugar de tierra utiliza únicamente soluciones acuosas con nutrientes químicos disueltos, y sustratos estériles (arena, grava, vidrio molido...), como soporte de la raíz de las plantas: *los cultivos hidropónicos son muy útiles en zonas especialmente áridas.*

hidróptero s.m. Embarcación rápida de motor, que posee una especie de alas por debajo del casco, las cuales, a una velocidad suficiente, le permiten navegar con el casco fuera del agua, sustrayéndose así a la resistencia hidrodinámica.

hidroquinona s.f. QUÍM. Compuesto con dos núcleos fenólicos, empleado como revelador en fotografía.

hidrosadenitis s.f. Proceso inflamatorio de las glándulas sudoríparas.

hidrosfera s.f. Parte líquida del globo terráqueo (por oposición a *atmósfera* y *litosfera*).

hidrosilicato s.m. Silicato hidratado.

hidrosol s.m. Solución coloidal en la que el agua actúa como medio dispersivo.

hidrosoluble adj. Se dice del cuerpo soluble en agua.

hidrostática s.f. Estudio de las condiciones de equilibrio de los líquidos.

hidrostático, a adj. Relativo a la hidrostática. <> **Balanza hidrostática** Balanza utilizada para determinar la densidad de los cuerpos. **Nivel hidrostático** Superficie de la capa freática. **Presión hidrostática** Presión que ejerce el agua sobre la superficie de un cuerpo sumergido.

hidroterapia s.f. Método terapéutico basado en el empleo del agua en forma de baños, duchas, etc.

hidroterápico, a adj. Relativo a la hidroterapia.

hidrotermal adj. Relativo a las aguas termales.

hidrotimetría s.f. Determinación de la dureza del agua, es decir, de la cantidad de sales de calcio y magnesio que contiene.

hidrotórax s.m. Derrame de líquido en la cavidad pleural.

hidróxido s.m. QUÍM. Combinación de agua y un óxido metálico.

hidroxilamina s.f. Base $OH—NH_2$, que se forma en la reducción de los nitratos.

hidroxilo s.m. QUÍM. Radical OH que se halla en el agua, los hidróxidos, alcoholes, etc. SIN.: *oxhidrilo.*

hidroxonio s.m. Hidronio.

hidrozoo, a adj. y s.m. Relativo a una clase de celentéreos cnidarios. (Comprende los *hidroides* [hidra], los *hidrocoralarios* [madrépora], los *sifonóforos* y los *traquilinos.*)

hidruro s.m. Combinación de hidrógeno y un cuerpo simple.

hiedra o **yedra** s.f. (lat. *hedera*). Planta trepadora que vive adherida a las paredes o a los árboles mediante zarcillos, de hojas perennes y bayas negras. (Familia araliáceas.) <> **Hiedra terrestre** Pequeña planta de flores violáceas.

hiel s.f. (lat. *fel, fellis*). Bilis, especialmente la de los animales. **2.** *Fig.* Amargura, desabrimiento, mala intención. ◆ **hieles** s.f.pl. *Fig.* Penas, amarguras.

hielera s.f. Argent. Recipiente, generalmente en forma de taza grande, para contener los cubos de hielo que se llevan a la mesa. **2.** Argent., Chile y Méx. Refrigerador portátil.

hielo s.m. (lat. *gelu*). Agua solidificada por el frío. (El hielo es menos denso que el agua líquida.) **2.** *Fig.* Frialdad, indiferencia en los afectos. <> **Hielo seco,** o **carbónico** Anhídrido carbónico sólido. **Romper el hielo** *Fam.* Iniciar una conversación, trato, etc., que nadie se atrevía a empezar.

hiemal adj. Relativo al invierno: *planta hiemal; solsticio hiemal.*

hiena s.f. (lat. *hyaena,* del gr. *yaina*). Mamífero carnívoro de África y Asia, depredador y carroñero, de pelaje gris o leonado con manchas marrones, que mide hasta 1,40 m de longitud. (La hiena ladra y emite un sonido parecido a una risa chillona; familia hiénidos.) **2.** *Fig.* Persona que se ensaña con otras indefensas o vencidas.

hierático, a adj. (lat. *hieraticus,* del gr. *ieratikós,* sacerdotal). Rígido, severo, que no deja traslucir sentimientos o que afecta solemnidad. **2.** Relativo a las cosas o funciones sagradas o a los sacerdotes. **3.** B. ART. En pintura y escultura, se dice de las formas fijadas por la tradición religiosa, y, a menudo y por lo mismo, frías, arcaizantes e inmutables. ◇ **Escritura hierática** Trazado cursivo que esquematizaba la escritura jeroglífica.

hieratismo s.m. Cualidad de hierático.

hierba o **yerba** s.f. (lat. *herba*). Planta pequeña de tallo tierno, que generalmente perece el mismo año de dar la simiente. **2.** Conjunto de dichas plantas: *sentarse en la hierba.* **3.** *Fig.* y *fam.* Droga suave, especialmente hachís. ◆ **hierbas** s.f.pl. Pastos de las dehesas para los ganados. ◇ **Hierba buena** Hierbabuena. **Hierba cana** Planta herbácea de hojas blandas y jugosas, flores amarillas y semillas coronadas de vilanos blancos. (Familia compuestas.) **Hierba centella** Planta herbácea carnosa, de flores amarillas, que crece en los prados. (Familia ranunculáceas.) **Hierba de la plata** Planta de flores olorosas y fruto en forma de disco blanco plateado, que puede medir 5 cm de long., que se cultiva como planta ornamental. (Familia crucíferas.) **Hierba de los canónigos** Hortaliza del género *Valerianella,* que se come en ensalada. **Hierba gatera** Planta herbácea de olor intenso. (Familia labiadas.) **Hierba luisa** Luisa. **Hierba mate** Mate. **Hierbas finas** o **finas hierbas** Hierbas que, picadas muy menudas, se utilizan como condimento en cocina, como el perejil, el estragón, etc. **Mala hierba** Hierba que, sin sembrarla, crece en gran número en los cultivos.

hierbabuena o **yerbabuena** s.f. Planta herbácea, vivaz y aromática, que se usa como condimento. (Familia labiadas.) [También *hierba buena* o *yerba buena.*]

hierbal s.m. Chile. Sitio donde hay mucha hierba, herbazal.

hierbero, a s. Méx. Persona que vende hierbas. **2.** Méx. Curandero, persona que conoce las propiedades de las plantas medicinales y cura con ellas. SIN.: *yerbero.*

hieródulo, a s. (del gr. *doulos,* esclavo). ANT. GR. Esclavo adscrito al servicio de un templo.

hierofante s.m. (gr. *ierophántis*). ANT. GR. Sacerdote que presidía los misterios de Eleusis. ◆ s.m. y f. *Por ext.* Persona que inicia a otra en cosas recónditas o reservadas.

hierra s.f. Amér. Acción de marcar con el hierro al ganado. **2.** Amér. Temporada en que se marca al ganado. **3.** Amér. Fiesta que se celebra con tal motivo.

hierro s.m. (lat. *ferrum*). Metal de color blanco grisáceo, tenaz, dúctil, maleable y magnético, de densidad 7,87, cuyo punto de fusión es de 1 535 °C. **2.** Elemento químico (Fe), de número atómico 26 y masa atómica 55,845. **3.** Instrumento de hierro con que se realiza la operación de marcar al ganado. **4.** Marca que se pone al ganado. **5.** Barra o perfil de hierro o acero dulce que presenta una sección particular: *hierro en T, en U.* **6.** Varilla de acero que sirve de armazón del cemento armado. **7.** Lámina de acero que constituye la parte cortante de un instrumento o arma blanca: *el hierro de la lanza.* ◆ **hierros** s.m.pl. Grillos, prisiones. ◇ **Agarrarse a,** o **de, un hierro ardiendo** Valerse de cualquier medio para salir de una dificultad. **De hierro** De buena salud, muy resistente. **Edad del hierro** Período protohistórico durante el cual se generalizó la metalurgia del hierro. **Hierro batido** Hierro trabajado a golpes de martillo, en forma de chapa o lámina. **Hierro de dorar** Útil de metal grabado en relieve, que se emplea para decorar las cubiertas de los libros. **Hierro dulce** Acero extradulce, recocido, utilizado para construir los núcleos de los circuitos magnéticos. **Hierro electrolítico** Hierro muy puro, obtenido por electrólisis de una sal de hierro. **Hierro forjado** Hierro trabajado por forja sobre el yunque. **Hierro fundido,** o **colado** Hierro elaborado por fusión. **Quitar hierro** Decir algo con que se resta importancia a lo dicho anteriormente.

---

hierro

El hierro, principal cuerpo ferromagnético, es atacado por el aire húmedo, que lo corroe y transforma en herrumbre (óxido férrico hidratado). Existen dos series principales de compuestos de hierro: los *compuestos ferrosos* (molécula bivalente) y los *compuestos férricos* (molécula trivalente). El imán natural (magnetita) es óxido ferroso-férrico, Fe_3O_4. El hierro puro se emplea en la elaboración de aceros finos, aceros ordinarios y especiales, siendo uno de los primeros metales objeto de explotación. Base de la siderurgia, su comercio va dirigido especialmente a la Unión Europea.

---

hifa s.f. Filamento compuesto de células, que forma el aparato vegetativo de los hongos.

hi-fi s.f. (abrev. del ingl. *high fidelity*). Alta fidelidad.

higa s.f. Ademán de desprecio. **2.** *Vulg.* Nada: *no valer una higa.*

higadillo s.m. Hígado de los animales pequeños, especialmente de las aves.

hígado s.m. (lat. vulg. *ficatum,* de *jecur ficatum,* hígado de animal alimentado con higos). Órgano situado en la parte derecha del abdomen, anexionado al tubo digestivo, que segrega bilis y realiza múltiples funciones en el metabolismo de los glúcidos, lípidos y prótidos. **2.** *Fig.* Ánimo, valentía: *tener muchos hígados.* **3.** *Fig.* Falta de escrúpulos. ◇ **Hígado de buey** Seta de color rojo sangre, que crece sobre los troncos de los robles y castaños, y que es comestible cuando es joven. (Familia poliporáceas.) **Ser un hígado** Méx. *Fam.* Ser insoportable por antipático o petulante.

---

hígado

El hígado humano pesa alrededor de 1 500 g en el adulto. Situado debajo del diafragma, a la derecha, presenta tres caras: *superior, inferior* y *posterior.* Está compuesto por multitud de lóbulos, que contienen, además de los conductos biliares, ramificaciones de la vena porta y de la arteria hepática. El hígado interviene en el metabolismo de los lípidos, los glúcidos y los prótidos; asegura la eliminación de la bilirrubina y del colesterol sobrante por la secreción de la bilis y efectúa la desintoxicación de numerosas sustancias, la inactivación de determinadas hormonas y el almacenamiento de la vitamina B_{12}. Todos los animales vertebrados poseen un hígado, con funciones bastante similares a las del hígado humano. Entre las enfermedades más comunes de este órgano están la ictericia, la insuficiencia hepática, la hepatitis, la cirrosis y la esteatosis.

---

high tech s.m. y adj. (abrev. del ingl. *high technology*). Tecnología avanzada. **2.** Estilo de decoración de interiores que se caracteriza por la integración, dentro del ámbito doméstico, de materiales, muebles u objetos concebidos para un uso profesional.

higiene s.f. (fr. *hygiène,* del gr. *ygieinón,* salud, salubridad). Conjunto de reglas y prácticas relativas al mantenimiento de la salud: *higiene bucodental.* **2.** Limpieza, aseo. **3.** Parte de la medicina que trata de los medios en que el ser humano debe vivir y de la forma de modificarlos en el sentido más favorable para su desarrollo. ◇ **Higiene mental** Conjunto de medidas preventivas de la aparición de trastornos mentales.

higiénico, a adj. Relativo a la higiene: *cuidados higiénicos.* ◇ **Papel higiénico** Papel fino para uso sanitario.

higienista adj. y s.m. y f. Especialista en higiene.

higienizar v.tr. Dotar de condiciones higiénicas.

higo s.m. (lat. *ficus,* higo, higuera). Fruto comestible de la higuera, formado por la totalidad de la inflorescencia, que se convierte en carnoso después de la fecundación. ◇ **De higos a brevas** *Fam.* De vez en cuando, con intervalos largos de tiempo. **Hecho un higo** Estar arrugado o estropeado. **Higo chumbo,** o **de Berbería,** o **de Indias** Fruto carnoso y azucarado del nopal.

higrófilo, a adj. Se dice del organismo que vive donde la humedad es abundante.

higrófobo, a adj. Se dice del organismo que no puede adaptarse a lugares húmedos.

higroma s.m. MED. Inflamación de las bolsas serosas.

higrometría o **higroscopia** s.f. Ciencia que tiene por objeto determinar la humedad de la atmósfera y la medida de sus variaciones.

higrométrico, a adj. Relativo a la higrometría.
higrómetro s.m. Aparato para medir el grado de humedad del aire.
higroscópico, a adj. Que tiende a absorber la humedad del aire.
higroscopio o **higróscopo** s.m. (del gr. *ygrós,* húmedo, y *skopein,* mirar, observar). Aparato que indica de forma cualitativa las variaciones del estado higrométrico del aire.
higróstato s.m. Aparato que mantiene constante el estado higrométrico del aire o de un gas.
higuera s.f. Árbol de los países cálidos, de savia láctea y amarga y hojas grandes, cuyo fruto es el higo. (Familia moráceas.) <> **Estar en la higuera** *Fam.* Estar distraído y como ajeno a aquello de que se trata.
higueral s.m. Terreno poblado de higueras.
higuerón s.m. Árbol que crece en América, de tronco corpulento y madera fuerte, empleado para construir embarcaciones. (Familia moráceas.) SIN.: *higuerote.*
hijastro, a s. Respecto de uno de los cónyuges, hijo o hija que el otro ha tenido en una relación anterior.
hijo, a s. (lat. *filius*). Persona o animal respecto de su padre o de su madre. **2.** Persona, respecto del país, provincia o pueblo donde ha nacido. **3.** Obra que es producto de la inteligencia: *hijo del ingenio.* **4.** Yerno o nuera. **5.** Expresión afectuosa, especialmente de protección: *¡pobre hijo!* ◆ s.m. Ser u organismo que procede o sale de otro, como los retoños o los vástagos. **2.** Segunda persona de la Santísima Trinidad. ◆ **hijos** s.m.pl. Descendientes: *los hijos de Adán.* <> **Hijo de familia** Hijo que está bajo la autoridad paterna o tutelar. **Hijo de leche** Cualquier persona respecto a su nodriza. **Hijo de papá** Hijo de padre rico e influyente. **Hijo de puta,** o **de su madre** Expresión injuriosa y de desprecio. **Hijo de vecino** Una persona cualquiera. **Hijo único** Hijo que no tiene hermanos; por ficción legal, el que es el sostén de una familia necesitada, aunque tenga hermanos.
hijodalgo, hijadalgo s. (pl. *hijosdalgo, hijasdalgo*). Hidalgo.
¡híjole! interj. Méx. *Fam.* Expresa admiración o sorpresa: *¡híjole!, ya es muy tarde.*
hijuela s.f. Cosa unida o subordinada a otra principal. **2.** Canal que conduce el agua desde una acequia al campo que se ha de regar. **3.** Camino que parte de uno principal a un lugar determinado. **4.** Tira de tela que se pone en una prenda de vestir para ensancharla. **5.** Chile, C. Rica, Ecuad. y Perú. Finca que resulta de otra mayor al repartir una herencia. **6.** DER. **a.** Documento en que consta la parte de los bienes que toca a cada heredero. **b.** Conjunto de esos bienes.
hijuelar v.tr. Chile. Dividir una finca en hijuelas.
hijuelo s.m. Retoño que nace de la raíz de los árboles.
hila s.f. (lat. *fila,* pl. de *filum,* hilo). Conjunto de hebras para curar llagas o heridas. (Suele usarse en plural.) **2.** Acción de hilar. **3.** Acción de hilar el gusano de seda.
hilacha s.f. Pedazo de hilo que se desprende de la tela. **2.** Porción diminuta de una cosa, residuo. **3.** Méx. Ropa muy vieja y rota, andrajo.
hilachento, a adj. Chile y Colomb. Hilachoso. **2.** Chile y Colomb. Andrajoso.
hilachudo, a adj. Amér. Que tiene muchas hilachas.
hilada s.f. Hilera, orden o formación en línea: *hilada de ladrillos; hilada de carga.*
hiladillo s.m. Hilo que sale de la maraña de la seda.
hilado, a adj. Que tiene forma de hilos: *huevo hilado.* **2.** Se dice del tabaco para mascar, preparado a manera de cordón o cuerda. ◆ s.m. Acción y efecto de hilar. **2.** Hilatura para transformar fibras textiles en hilos. **3.** Porción de lino, algodón, seda, etc., transformada en hilo: *exportación de hilados.*
hilador, ra s. Persona que hila, especialmente seda.
hilanderas s.f.pl. MIT. Las Parcas, que hilaban, devanaban y cortaban el hilo de la vida a las personas.
hilandería s.f. Arte de hilar. **2.** Fábrica de hilados.
hilandero, a s. Persona que tiene por oficio hilar.
hilar v.tr. (lat. tardío *filare*). Convertir en hilo las fibras textiles. **2.** Elaborar el gusano de seda la hebra con que se hace el capullo. **3.** *Fig.* Discurrir, inferir unas cosas de otras: *hilar planes.* **4.** Amér. Preparar tabaco para mascar. <> **Hilar delgado,** o **fino** Discurrir con sutileza; proceder con exactitud y rigor.
hilarante adj. Que provoca risa. <> **Gas hilarante** Antiguo nombre del óxido nitroso (N_2O), empleado como anestésico general.
hilaridad s.f. (del lat. *hilaritas, -atis,* alegría, buen humor). Risa ruidosa y sostenida.
hilatura s.f. (cat. *filatura*). Conjunto de operaciones a que se someten las fibras textiles para transformarlas en hilo. **2.** Establecimiento, taller o fábrica donde se hilan las materias textiles.
hilaza s.f. Hilo con que se teje algo. **2.** Conjunto de hebras que forman un tejido.
hilemorfismo o **hilomorfismo** s.m. FILOS. Doctrina aristotélica según la cual los cuerpos están constituidos por materia y forma.
hilera s.f. Orden o formación en línea: *colocarse en hilera; una hilera de árboles, de columnas.* **2.** Orificio por el que ciertos animales hacen salir los hilos que producen. **3.** Pieza de acero para transformar el metal en hilo o alambre de una sección determinada. **4.** Placa finamente perforada, utilizada para la fabricación de productos textiles químicos.
hilo s.m. (lat. *filum*). Fibra o filamento de una materia textil. **2.** Hebra larga y delgada que se forma ligando entre sí, por medio de la torsión, cierto número de fibras textiles. **3.** Filamento de cualquier material, especialmente el metálico y flexible: *hilo de hierro, de cobre.* **4.** Cable que transmite señales eléctricas: *hilo telefónico.* **5.** *Fig.* Desarrollo de un relato, conversación, actividad mental, etc.: *el hilo de un discurso.* **6.** *Fig.* Sucesión continua, cuya interrupción pone fin a una existencia física o moral: *el hilo de la vida.* **7.** Secreción producida por algunos artrópodos o por sus larvas. **8.** Tela tejida con fibra de lino: *sábana de hilo.* **9.** *Fig.* Corriente o chorro: *hilo de agua.* <> **Al hilo** Argent. y Chile. *Fam.* Según la dirección de las venas o fibras de una cosa; sin interrupción. **Coger el hilo** Darse cuenta del asunto que se trata y disponerse a seguirlo. **Colgar,** o **pender, de un hilo** Estar en grave riesgo. **Hilo de voz** Voz tenue. **Hilo musical** Esp. Sistema de conducción del sonido a través del cable telefónico que permite escuchar programas musicales. **Hilo perlé** Hilo de algodón mercerizado de primera calidad. **Perder el hilo** Dejar de seguir una conversación, discurso, etc. **Tomar el hilo** Continuar una conversación, discurso, etc., que se habían interrumpido o perdido.
hilomorfismo s.m. → **hilemorfismo.**
hilota s.m. y f. → **ilota.**
hilván s.m. Costura de puntadas largas con que se señala el sitio por el que tiene que hacerse el cosido definitivo. **2.** Cada puntada o porción de hilo con que se hace esta costura. **3.** Hilo usado para hilvanar. **4.** Venez. Dobladillo.
hilvanar v.tr. (de *hilo vano,* hilo distanciado). Coser con hilvanes. **2.** Bosquejar algo que se ha de terminar después: *hilvanar un proyecto.* **3.** *Fig.* Enlazar o coordinar: *hilvanar ideas, frases, palabras.* **4.** *Fig.* y *fam.* Trazar, proyectar o preparar con precipitación: *hilvanar un discurso.*
himalayo, a adj. De la cordillera del Himalaya.
himation s.m. ANT. GR. Pieza de tela drapeada que se utilizaba como manto largo.
himen s.m. Membrana que, en general, ocluye parcialmente la entrada de la vagina de la mujer.
himeneal adj. Relativo al himen.
himeneo s.m. (lat. *hymenaeus,* canto nupcial, bodas). *Poét.* Boda, casamiento.
himenio s.m. En los hongos, capa formada por los elementos productores de esporas.
himenomicetal adj. y s.m. Relativo a un orden de hongos

basidiomicetes en los que las esporas nacen en un himenio expuesto al aire libre, como el champiñón, la oronja, etc.

himenóptero, a adj. y s.m. (del gr. *hymín*, membrana, y *pterós*, ala). Relativo a un orden de insectos caracterizados por poseer dos pares de alas motrices que se unen durante el vuelo, y por la incapacidad de la larva de sobrevivir por sí sola a sus necesidades (abejas, avispas, hormigas).

himnario s.m. En la religión católica, libro que contiene los himnos del oficio divino.

himno s.m. (lat. *hymnus*). Composición musical de carácter solemne, generalmente cantada a coro, tomada como símbolo patriótico, religioso, deportivo, etc. **2.** Poesía cuyo objeto es honrar a alguien, o celebrar algún suceso memorable. **3.** Entre los antiguos, canto, poema en honor de los dioses y los héroes. **4.** Cántico latino en forma de poema, que, en la liturgia católica, forma parte del oficio divino. ◇ **Himno nacional** Composición poético musical elegida por cada estado como símbolo patriótico.

himpar v.intr. Gemir con hipo.

himplar v.intr. Emitir la pantera o el ocelote su voz propia.

hincadura s.f. Acción y efecto de hincar o hincarse. SIN.: *hincada, hincado.*

hincapié s.m. Acción de afianzar el pie para apoyarse o para hacer fuerza. ◇ **Hacer hincapié** *Fam.* Insistir con tesón, mantenerse firme en una opinión o solicitud.

hincar v.tr. (del lat. *figere*). Introducir o clavar una cosa en otra. **2.** Apoyar una cosa en otra como para clavarla. ◆ **hincarse** v.prnl. Arrodillarse, postrarse.

hincha s.m. y f. Persona que sigue con gran entusiasmo a un equipo o un deportista. ◆ s.f. *Fam.* Antipatía, odio o enemistad.

hinchable adj. Que toma su forma útil al ser hinchado: *colchón hinchable; muñeco hinchable.*

hinchada s.f. Conjunto de hinchas.

hinchado, a adj. Enfático o grandilocuente: *lenguaje, estilo hinchado.*

hinchamiento s.m. Acción y efecto de hinchar o hincharse. SIN.: *hinchazón.*

hinchar v.tr. y prnl. (lat. *inflare*). Llenar un objeto flexible de aire o gas: *hinchar un globo.* SIN.: *inflar.* **2.** *Fig.* Aumentar: *el río se ha hinchado hasta desbordarse.* **3.** *Fig.* Exagerar: *hinchar una noticia, un suceso.* ◆ v.tr. Argent. y Chile. *Fig.* Molestar. **2.** Argent., Chile, Colomb. y Urug. Alentar a un equipo deportivo. (Va seguido de la prep. *por.*) ◆ **hincharse** v.prnl. Aumentar de volumen una parte del cuerpo, por herida, golpe, inflamación, etc. **2.** *Fig.* Sentirse una persona muy orgullosa de sus cualidades o actos. SIN.: *inflarse.* **3.** Esp. *Fig.* Hartarse de comer.

hinchazón s.f. Hinchamiento: *la hinchazón de una pierna.* **2.** *Fig.* Vanidad, presunción. **3.** *Fig.* Énfasis en el estilo o lenguaje.

hindi s.m. Lengua indoaria hablada en el N de la India. (El hindi utiliza la escritura devanagari, principal característica que lo diferencia del urdu.)

hinduismo s.m. Religión politeísta originaria de la India, cuya base filosófica es la identidad del yo individual con el yo universal o absoluto.

hinduismo

El hinduismo procede de la religión de los invasores arios. Su fundamento teórico se encuentra en textos *(Veda, Upanisad)* que definen un conjunto de creencias comunes al brahmanismo y al budismo (liberación del ciclo de los nacimientos, yoga). Se diferencia de ellos por la creencia en la existencia de un principio universal (atman-brahmán) y por la creencia en un panteón que le está subordinado (Indra, Brahma, Visnú y Siva), así como por una organización social específica, el sistema de castas. El hinduismo comprende diversas corrientes (visnuismo, sivaísmo, tantrismo) y ha dado lugar a numerosas sectas.

hinduista adj. y s.m. y f. Relativo al hinduismo; que practica el hinduismo. SIN.: *hindú.*

hiniesta s.f. Retama.

hinojal s.m. Terreno poblado de hinojos.

1. **hinojo** s.m. (lat. tardío *fenuculum,* dim. de *fenum,* heno). Planta aromática de flores pequeñas y amarillas y hojas recortadas en divisiones casi lineares y con peciolos carnosos, que se utilizan en medicina y como condimento. (Familia umbelíferas.)

2. **hinojo** s.m. (lat. vulg. *genuculum,* dim. de *genu*). Rodilla. ◇ **De hinojos** De rodillas.

hinterland s.m. (alem. *Hinterland,* de *hinter,* detrás, y *Land,* país). GEOGR. Traspaís.

hioides s.m. (gr. *yoeidís,* de *yoeidís ostoyn,* hueso en forma de ypsillon). Hueso en forma de herradura, situado por encima de la laringe.

hipálage s.f. (gr. *hypallagē*). Figura retórica por la que se atribuye a determinadas palabras de una frase lo que conviene a otras.

hipar v.intr. (voz de origen onomatopéyico). Tener hipo. **2.** Gimotear. **3.** *Fig.* Desear con ansia algo.

hiparco s.m. ANT. GR. Comandante de caballería.

hiparquía s.f. ANT. GR. Unidad de caballería.

hipear v.intr. Colomb. Tener hipo.

híper s.m. *Fam.* Hipermercado.

hiperactividad s.f. PSIQUIATR. Estado de actividad constante y de comportamientos cambiantes, acompañado de dificultad de atención, que se observa en personas con cuadros de ansiedad y en niños. **2.** *Por ext.* Actividad muy intensa.

hiperactivo, a adj. y s. PSIQUIATR. Que presenta hiperactividad. **2.** *Por ext.* Que desarrolla una actividad muy intensa

hiperacusia s.f. Sensibilidad excesiva al ruido.

hiperazoemia s.f. MED. Aumento patológico de la cantidad de productos nitrogenados en la sangre como consecuencia de una insuficiencia renal, manifestándose por la cantidad de urea sanguínea.

hiperbárico, a adj. Se dice de un recinto cuya presión interior es superior a la atmosférica.

hipérbaton s.m. (gr. *hyperbatón,* de *hyperbaínein,* pasar por encima) [pl. *hipérbatos* o *hiperbatones*]. Figura retórica de construcción que consiste en una alteración del orden lógico de las palabras.

hipérbola s.f. (gr. *hyperbole,* exageración, hipérbola). MAT. Cónica formada por puntos cuya diferencia de distancias a dos puntos fijos, o focos, es constante.

hipérbole s.f. (gr. *hyperbole*). Figura retórica que consiste en exagerar la expresión.

hiperbólico, a adj. Que es muy exagerado. **2.** Relativo a la hipérbole. **3.** MAT. Que tiene forma de hipérbola.

hiperbolizar v.intr. Emplear hipérboles.

hiperboloide adj. Que se asemeja a una hipérbola. ◆ s.m. MAT. Superficie de segundo grado con centro, que posee un cono asintótico. ◇ **Hiperboloide de revolución** Superficie engendrada por una hipérbola que gira alrededor de uno de sus ejes; sólido limitado por esta superficie.

hiperbóreo, a adj. Relativo a las regiones muy septentrionales: *animales hiperbóreos; plantas hiperbóreas.*

hipercalcemia s.f. Aumento patológico de la tasa normal de calcio en la sangre.

hipercapnia s.f. Aumento patológico del nivel de anhídrido carbónico en la sangre.

hiperclorhidria s.f. Exceso de ácido clorhídrico en la secreción gástrica.

hipercolesterolemia s.f. MED. Aumento patológico de la tasa de colesterol en la sangre.

hipercomplejo, a adj. MAT. Se dice de los números formados con *n* números reales escritos en un orden determinado.

hipercompresor s.m. Aparato que permite obtener una presión muy elevada.

hipercrítico, a adj. Se dice de lo que contiene una hipercrítica y de quien la hace.
hiperdulía s.f. Culto rendido a la Virgen (por oposición al culto de *dulía,* que se rinde a los santos).
hiperemia s.f. Aumento patológico de sangre en un órgano o en parte de este.
hiperespacio s.m. Espacio matemático ficticio de más de tres dimensiones.
hiperestenia s.f. Aumento del tono nervioso y muscular. **2.** Aumento de la fuerza vital.
hiperestesia s.f. PSICOL. Sensibilidad exagerada.
hiperfocal adj. Se dice de la distancia más corta a la que hay que situar un objeto para que un aparato fotográfico pueda obtener una imagen nítida.
hiperfrecuencia s.f. Frecuencia muy elevada de un movimiento periódico. **2.** Onda electromagnética cuya longitud es del orden del centímetro y se utiliza sobre todo en el radar.
hiperfunción s.f. MED. Actividad de un órgano superior a la normal.
hipergénesis s.f. Desarrollo anormal de un elemento anatómico.
hipergólico, a adj. Se dice del conjunto de combustible y comburente de un motor, cuando la reacción se produce espontáneamente por simple contacto.
hiperhidrosis s.f. Aumento de la secreción sudoral. **2.** Exceso de agua en las células o en los tejidos, que comporta un aumento del volumen.
hipericáceo, a adj. y s.f. Gutiferáceo.
hiperkalemia s.f. Aumento patológico del nivel de potasio en la sangre.
hipermenorrea s.f. Hemorragia menstrual de intensidad y duración superior a la normal.
hipermercado s.m. Supermercado de grandes dimensiones, situado generalmente en la periferia de las ciudades.
hipermétrope adj. y s.m. y f. Que padece hipermetropía.
hipermetropía s.f. (del gr. *hypérmetros,* desmesurado). Anomalía de la visión, debida generalmente a un defecto de convergencia del cristalino, en la que la imagen se forma detrás de la retina.
hipermnesia s.f. Exaltación anormal e incontrolable de la memoria.
hiperón s.m. Partícula subatómica de masa superior a la del protón.
hiperónimo, a adj. y s. LING. Se dice del término que tiene un significado general que incluye el de otros más específicos (hipónimos): animal *es el hiperónimo de* caballo.
hiperplano s.m. MAT. En un espacio vectorial de dimensión *n* con relación a un origen fijo, conjunto de puntos cuyas *n* coordenadas escalares verifican una relación de primer grado.
hiperplasia s.f. Desarrollo excesivo de un tejido por multiplicación de sus células, conservando su estructura y capacidad funcional normales.
hiperrealismo s.m. Corriente artística surgida en EUA a finales de la década de 1960 que se caracteriza por la reproducción literal y fotográfica de la realidad.
hipersecreción s.f. Secreción superior a la normal.
hipersensibilidad s.f. Cualidad de hipersensible. **2.** Reacción de un organismo producida como consecuencia de la introducción de un antígeno. (La alergia es una forma de hipersensibilidad.)
hipersensible adj. y s.m. y f. Que tiene una sensibilidad exagerada.
hipersomnia s.f. MED. Exceso de sueño.
hipersónico, a adj. AERON. Se dice de las velocidades que corresponden a un número de Mach igual o superior a 5 (o sea, a 15 °C, alrededor de 6 000 km/h), así como de los movimientos efectuados a estas velocidades.
hipersustentación s.f. AERON. Aumento momentáneo de la fuerza de sustentación de un ala con ayuda de dispositivos especiales.
hipertelia s.f. Resultado nocivo de una evolución biológica que sobrepasa el grado de su función normal.
hipertélico, a adj. Hablando del desarrollo de un órgano, que ha rebasado el grado de función normal.
hipertensión s.f. Aumento de la tensión de las paredes de una cavidad, cuando la presión de los líquidos que contiene es superior a la normal. ◇ **Hipertensión arterial** Elevación por encima de lo normal de la tensión arterial. **Hipertensión intracraneana** Aumento de la presión del líquido cefalorraquídeo.
hipertenso, a adj. y s. Que tiene la tensión arterial superior a la normal.
hipertermia s.f. Fiebre.
hipertexto s.m. Técnica o sistema de consulta de una base de textos, que permite saltar de un documento a otro según caminos preestablecidos o elaborados con este fin.
hipertiroidismo s.m. Aumento de la secreción de la glándula tiroides, que provoca en el ser humano la enfermedad de Basedow.
hipertonía s.f. Estado de una solución hipertónica. **2.** MED. Aumento de la tonicidad muscular.
hipertónico, a adj. Se dice de una solución cuya presión osmótica es superior a la de una solución de referencia. ◆ adj. y s. MED. Relativo a la hipertonía muscular; que padece hipertonía.
hipertrofia s.f. Crecimiento anormal del tejido de un órgano. **2.** Desarrollo excesivo de un sentimiento, actividad, etc.
hipertrofiar v.tr. y prnl. Producir hipertrofia.
hipertrófico, a adj. Relativo a la hipertrofia; que tiene hipertrofia.
hipervínculo s.m. INFORMÁT. Vínculo asociado a un elemento de un documento con hipertexto, que apunta a un elemento de otro texto o elemento multimedia.
hipervitaminosis s.f. Trastorno provocado por la administración excesiva de ciertas vitaminas.
hip-hop adj. y s.m. (del ingl. *hip hop*). Se dice de un movimiento sociocultural nacido entre la juventud urbana de EUA a principios de la década de 1980, que se manifiesta, generalmente en la calle, a través de los graffiti, el baile (breakdance) y la música (rap).
hipiatra s.m. y f. Veterinario especialista en enfermedades de los caballos.
hipiatría s.f. Especialidad veterinaria que se ocupa de los caballos. SIN.: *hipiátrica.*
hipiátrico, a adj. Relativo a la hipiatría.
hípica s.f. Deporte hípico, como las carreras de caballos, los concursos de saltos, etc. SIN.: *hipismo.*
hípico, a adj. (gr. *hippikós*). Relativo a los caballos y a la hípica: *concurso hípico.*
hipido s.m. Acción y efecto de hipar o gimotear.
hipnagógico, a adj. Se dice del estado de adormecimiento que precede al verdadero sueño.
hipnograma s.m. Diagrama obtenido mediante el registro continuo del electroencefalograma durante el sueño y que permite establecer los niveles de sueño a lo largo de la noche.
hipnosis s.f. (del gr. *hýpnos,* sueño). Estado de inconsciencia provocado por sugestión y que da lugar a una sumisión de la voluntad que puede ser utilizada para fines diversos, como analgesia, psicoterapia, etc. **2.** Técnica que provoca este estado. **3.** Hipnotización.
hipnótico, a adj. Relativo a la hipnosis: *sueño hipnótico.* ◆ adj. y s.m. Se dice del medicamento que produce sueño.
hipnotismo s.m. Conjunto de técnicas que permiten provocar un estado hipnótico.
hipnotización s.f. Acción de hipnotizar. SIN.: *hipnosis.*
hipnotizador, ra adj. y s. Se dice de la persona o cosa capaz de hipnotizar.
hipnotizar v.tr. Producir hipnosis. **2.** *Fig.* Fascinar: *aquella belleza la hipnotizó.*

hipo s.m. Contracción brusca y espasmódica del diafragma, que provoca una sacudida de los músculos del abdomen y el tórax, y fuerza a expulsar el aire de los pulmones con violencia y acompañado de un ruido característico, debido a la constricción de la glotis. <> **Quitar el hipo** *Fam.* Asustar, asombrar, desconcertar.

hipoacusia s.f. Disminución de la agudeza auditiva.

hipoalergénico, a adj. y s.m. Se dice de la sustancia que provoca una débil reacción alérgica: *jabón hipoalergénico.*

hipoalgia s.f. Estado caracterizado por la disminución de la percepción y de la reactividad al dolor. SIN.: *hipoalgesia.*

hipocalcemia s.f. Disminución de la tasa de calcio en la sangre.

hipocaliemia s.f. Insuficiencia del nivel de potasio en la sangre.

hipocampo s.m. (gr. *hippokampos*). Caballito de mar. **2.** ANAT. Circunvolución del lóbulo temporal del cerebro. **3.** MIT. Animal fabuloso de la mitología griega, mitad caballo y mitad pez.

hipocastanáceo, a adj. y s.f. Relativo a una familia de plantas dicotiledóneas dialipétalas, de flores hermafroditas o polígamas, como el castaño de Indias.

hipocausto s.m. ARQUEOL. Sistema de calefacción por aire caliente, instalado en el suelo y el subsuelo de las termas romanas.

hipocentro s.m. Región situada a una determinada profundidad, comprendida generalmente entre 10 y 100 km, aunque a veces alcanza los 700 km, en la vertical del epicentro de un seísmo, y de donde parten las ondas sísmicas.

hipocicloidal adj. Epicicloidal. **2.** Se dice de una forma de engranaje en la que una rueda gira dentro de una rueda más grande.

hipocicloide s.f. MAT. Epicicloide.

hipoclorhidria s.f. Disminución de la acidez normal del jugo gástrico.

hipoclorhídrico, a adj. y s. Relativo a la hipoclorhidria; que padece hipoclorhidria.

hipoclorito s.m. QUÍM. Sal del ácido hipocloroso.

hipocloroso, a adj. QUÍM. Se dice del anhídrido Cl_2O y del ácido HClO.

hipocondría s.f. Trastorno mental que se caracteriza por una preocupación obsesiva por la propia salud y la valoración exagerada de los signos de enfermedad que se padecen.

hipocondríaco, a o **hipocondriaco, a** adj. y s. Relativo a la hipocondría; que padece hipocondría.

hipocondrio s.m. (gr. *hypokhóndrion*). Parte lateral de la región superior del abdomen.

hipocorístico, a adj. y s.m. (gr. *hypokoristikós,* diminutivo, de *hypokorizesthai,* hablar como los niños). Se dice del diminutivo, forma abreviada, deformada o infantil del nombre habitual, que se emplea como apelativo cariñoso: *el hipocorístico de* Dolores *es* Lola, *y el de* José, Pepe.

hipocrás s.m. (gr. *hypocrás,* de *Hippocras,* nombre que se daba a Hipócrates en la edad media). Bebida a base de vino azucarado y sustancias aromáticas que se tomaba como tonificante.

hipocrático, a adj. Relativo a Hipócrates o al hipocratismo.

hipocratismo s.m. Doctrina de Hipócrates. <> **Hipocratismo digital** Deformación de las uñas que se curvan en forma de «cristal de reloj».

hipocresía s.f. (gr. tardío *hypokresía*). Cualidad de hipócrita.

hipócrita adj. y s.m. y f. (lat. *hypocrita,* del gr. *hypokrites,* actor teatral). Que finge o aparenta lo que no es o lo que no siente.

hipodérmico, a adj. Relativo a la hipodermis.

hipodermis s.f. Parte profunda de la piel, bajo la dermis, rica en tejido adiposo.

hipodermosis s.f. Enfermedad causada por ciertas larvas, que afecta a los animales y en particular al ganado bovino.

hipódromo s.m. (gr. *hippódromos*). Lugar destinado a las carreras de caballos y trotones.

hipoestesia s.f. Disminución patológica de la sensibilidad.

hipofagia s.f. Costumbre de comer carne de caballo como alimento.

hipofisario, a adj. Relativo a la hipófisis.

hipófisis s.f. Glándula endocrina situada bajo el encéfalo, que produce numerosas hormonas, en particular una hormona de crecimiento, estimulinas que actúan sobre las demás glándulas endocrinas, una hormona que frena la secreción urinaria y otra que contrae los músculos lisos

hipofosfito s.m. Sal del ácido hipofosforoso.

hipofosforoso, a adj. Se dice del ácido menos oxigenado del fósforo (HPO_2H_2).

hipogastrio s.m. Parte central e inferior del abdomen.

1. **hipogeo** s.m. ARQUEOL. Construcción abovedada, subterránea o excavada en la roca, que ciertas civilizaciones prehistóricas, protohistóricas y de la antigüedad utilizaban como tumbas.

2. **hipogeo, a** adj. BOT. Se dice de la planta o el órgano vegetal que se desarrollan bajo tierra.

hipogíneo, a adj. BOT. Se dice de la flor en la que el periantio y el androceo están insertos debajo del ovario. CONTR.: *epigíneo.*

hipogloso, a adj. y s.m. ANAT. Se dice de un nervio que parte del bulbo raquídeo e inerva los músculos de la lengua.

hipoglucemia s.f. MED. Insuficiencia de la tasa de glucosa en la sangre.

hipogonadismo s.m. Insuficiencia de la función endocrina de las gónadas.

hipogrifo s.m. (ital. *ippogrifo*). Animal fabuloso de los poemas caballerescos, mitad caballo y mitad grifo.

hipoide adj. MEC. Se dice de una pareja de engranajes cónicos con dentado espiral, cuyos conos de origen no tienen vértice común.

hipología s.f. Parte de la veterinaria que se ocupa del estudio de los caballos.

hipomóvil adj. Se dice del vehículo tirado por caballos.

hipónimo, a adj. y s. LING. Se dice del término cuyo significado es más específico respecto a otro (hiperónimo) de significado más general: *las palabras* bota *y* zapatilla *son hipónimas de* calzado.

hipoplasia s.f. Insuficiencia de desarrollo de un tejido o un órgano.

hipopótamo s.m. (gr. *hippopótamos*). Mamífero ungulado, de 4 m de long., y de 3 a 4 t de peso, piel gruesa, negruzca y casi desnuda, cabeza enorme con boca amplia y unos grandes caninos inferiores curvados, que vive en los ríos africanos y se alimenta de plantas acuáticas. (El hipopótamo es una especie amenazada debido a que el marfil de sus caninos es muy apreciado.)

hipospadia o **hipospadias** s.m. MED. Malformación del pene, en el que la uretra se abre en la cara inferior y no en el extremo de este.

hipostasiar v.tr. Considerar algo como una realidad absoluta.

hipóstasis s.f. (gr. *hipóstasis,* sustancia). CRIST. Persona de la Santísima Trinidad. **2.** FILOS. Sustancia individual concreta.

hipostático, a adj. CRIST. y FILOS. Relativo a la hipóstasis. <> **Unión hipostática** CRIST. Unión en una sola hipóstasis de dos naturalezas, divina y humana, en Jesucristo.

hipóstilo, a adj. Se dice de una gran sala, especialmente en los templos egipcios, cuyo techo está sostenido por columnas.

hiposulfito s.m. Sal del ácido hiposulfuroso.

hiposulfuroso, a adj. **Ácido hiposulfuroso** QUÍM. Compuesto de azufre, oxígeno e hidrógeno ($H_2S_2O_3$).

hipotálamo s.m. Región del diencéfalo situada en la base del cerebro, donde se hallan numerosos centros reguladores de importantes funciones, como el hambre, la sed, la actividad sexual, el sueño, la vigilia, la termorregulación, etc.

hipoteca s.f. (gr. *hipotheke,* fundamento, prenda). Derecho real de garantía de una obligación, constituido sobre inmuebles, naves o aeronaves, pudiendo los bienes permanecer en posesión de su dueño, y que confiere al acreedor la facultad de pedir la venta pública de estos y resarcirse con su precio si no se cumple la obligación garantizada.

hipotecar v.tr. Imponer una hipoteca sobre un bien. **2.** *Fig.* Realizar una acción con la cual se condiciona futuras actuaciones: *hipotecar el porvenir.*

hipotecario, a adj. Relativo a la hipoteca: *crédito hipotecario.*

hipotecnia s.f. Estudio o tratado de la cría y adiestramiento de caballos.

hipotenar adj. ANAT. Se dice de la parte saliente que forman los músculos motores del dedo meñique en la parte interna de la palma de la mano.

hipotensión s.f. Tensión arterial inferior a la normal. ◇ **Hipotensión controlada** Hipotensión provocada durante determinadas operaciones, especialmente neuroquirúrgicas.

hipotenso, a adj. y s. Que padece hipotensión arterial.

hipotensor s.m. Medicamento que disminuye la tensión arterial.

hipotenusa s.f. (lat. *hypotenusa,* del gr. *hypoteínousa,* de *hipoteínein,* tender fuertemente una cuerda). MAT. Lado opuesto al ángulo recto de un triángulo rectángulo. (El cuadrado de la hipotenusa es igual a la suma de los cuadrados de los otros dos lados.)

hipotermia s.f. Descenso de la temperatura del cuerpo por debajo de lo normal.

hipótesis s.f. (gr. *hypóthesis,* suposición). Suposición de una cosa, sea posible o imposible, para sacar de ella una consecuencia. **2.** EPISTEMOL. Proposición que resulta de una observación o de una inducción y que debe ser verificada. **3.** MAT. Conjunto de datos a partir del cual se intenta demostrar de forma lógica una nueva proposición. ◇ **Hipótesis de trabajo** Suposición que se establece como base de una investigación que puede confirmar o negar su validez.

hipotético, a adj. Basado en una hipótesis.

hipotiroideo, a adj. Relativo al hipotiroidismo.

hipotiroidismo s.m. MED. Insuficiencia de funcionamiento de la glándula tiroides, que provoca mixedema, acompañado, en el niño, de enanismo y deficiencia intelectual.

hipotonía s.f. Disminución del tono muscular. **2.** Estado de una solución hipotónica.

hipotónico, a adj. Se dice de una solución cuya presión osmótica es inferior a la de una solución de referencia.

hipotrofia s.f. Insuficiencia del desarrollo de un órgano o un tejido.

hipoxia s.f. Disminución de la concentración de oxígeno en la sangre. SIN.: *hipoxemia.*

hippy adj. y s.m. y f. (voz angloamericana) [pl. *hippies*]. Relativo a un movimiento cultural, surgido en la década de 1960, basado en el rechazo de la sociedad de consumo, en la libertad integral en el vestir, las costumbres y la vida social y que preconiza la no violencia y la vida en comunidad; miembro de este movimiento.

hipsometría s.f. Medida y representación cartográfica del relieve terrestre. **2.** Extensión respectiva de las diferentes zonas de altitud de una región.

hipsométrico, a adj. Relativo a la hipsometría. ◇ **Mapa hipsométrico** Mapa que representa la distribución de altitudes, generalmente mediante curvas de nivel.

hipsómetro s.m. (del gr. *hypsos,* altura, y *métron,* medida). Instrumento que permite determinar la altitud de un lugar midiendo el punto de ebullición del agua.

hipúrico, a adj. Se dice de un ácido orgánico existente en la orina de los herbívoros y del ser humano.

hirco s.m. (lat. *hircus,* macho cabrío). Cabra montés.

hiriente adj. Que hiere, especialmente en lo moral.

hirsutismo s.m. Desarrollo excesivo de vello, debido a un trastorno de las glándulas suprarrenales.

hirsuto, a adj. (lat. *hirsututs*). Se dice del vello duro y tieso. **2.** Que está cubierto de vello duro y tieso. **3.** *Fig.* Poco afable.

hirudíneo, a adj. y s.m. Relativo a una clase de anélidos cuyo cuerpo termina en una ventosa, como la sanguijuela.

hisopada s.f. Cada aspersión hecha con el hisopo. SIN.: *hisopazo.*

hisopar v.tr. Rociar o esparcir agua con el hisopo. SIN.: *hisopear.*

hisopo s.m. (lat. *hyssopum,* del gr. *hýssopos*). Planta sufruticosa olorosa, de flores azules, blancas o rosadas, cuya infusión es estimulante. (Familia labiadas.) **2.** Manojo de ramitas de hisopo o de otra planta que se utiliza para asperjar con agua bendita. **3.** Utensilio que sirve para el mismo fin. **4.** Amér. Palito con algodón en la punta que se usa para la higiene personal. **5.** Chile y Colomb. Brocha de afeitar. **6.** Colomb. Escobilla empleada para blanquear o pintar paredes.

hispalense adj. y s.m. y f. Sevillano.

hispánico, a adj. Relativo a España o a la hispanidad. **2.** Relativo a Hispania y a los pueblos que vivían en ella. **3.** Hispanoamericano.

hispanidad s.f. Conjunto formado por España, las naciones americanas de habla hispánica y Filipinas. **2.** Conjunto de caracteres, especialmente culturales, que comparten estas naciones.

hispanismo s.m. Palabra, expresión o giro procedentes de la lengua española que se usan en otra lengua. **2.** Estudio de la lengua y la cultura hispánicas.

hispanista s.m. y f. Especialista en la lengua y la cultura hispánicas.

hispanización s.f. Españolización.

hispanizar v.tr. Españolizar.

hispano, a adj. y s. Se dice de los hispanoamericanos y españoles afincados en EUA. **2.** Español. **3.** De la Hispania romana.

hispanoamericanismo s.m. Doctrina que tiende a la unión de todos los pueblos hispanoamericanos.

hispanoamericano, a adj. y s. De Hispanoamérica. ◆ adj. **2.** De Hispanoamérica y España. ◇ **Arte hispanoamericano** Arte de la América española, desde el descubrimiento a la independencia. SIN.: *arte hispanocolonial.*

arte hispanoamericano

El arte realizado en América durante el período de dominio español (ss. XVI-XVIII) abarca fundamentalmente dos estilos: el renacimiento plateresco y el barroco. La impronta del estilo de los talladores indígenas y la transculturación de símbolos y formas se refundieron con el estilo europeo. El plateresco fue el primer estilo que se trasladó a América, a la isla de Santo Domingo (catedral de Santo Domingo y la iglesia y el hospital de San Nicolás de Bari). En México aparecieron las primeras modificaciones al estilo (iglesias de Tepeaca y San Agustín de Acolman). En escultura sobresalen las tallas de artesanos como Juan de Aguirre y Quirio Cataño. En pintura se copiaron reproducciones europeas, aunque se innovó en el color (escuela de Quito). Durante los siglos XVII y XVIII, la arquitectura barroca latinoamericana conservó las pautas marcadas por la península Ibérica pero con algunas peculiaridades. Una de ellas es su extraordinaria diversidad, condicionada por el propio medio físico, la gran variedad de materiales existentes en cada área geográfica y la presencia de un pasado precolombino. Se caracteriza por la utilización del color (piedra, yesería policromada, ladrillo y azulejo), la utilización de formas mixtilíneas y la implantación del estípite. El barroco en Hispanoamérica es esencialmente decorativo, ya que aplica un lenguaje ornamental a esquemas constructivos y estructurales inalterados desde los comienzos de la arquitectura hispanoamericana. Los dos grandes focos, donde con más intensidad iba a encontrar eco el nuevo estilo, son el virreinato de

Nueva España (especialmente en el territorio actual de México y Guatemala) y las ciudades peruanas de Cuzco y Lima. En pintura, la obra de Francisco de Zurbarán causó un profundo impacto en artistas como Sebastián de Arteaga, José Juárez y Melchor Pérez de Holguín. El mismo sentido decorativo afectará a la escultura ornamental, presente en los interiores y exteriores de las numerosas iglesias barrocas que, con un estilo extremadamente recargado, se construyeron a lo largo de las colonias españolas.

hispanoárabe adj. y s.m. y f. Hispanomusulmán.
hispanocolonial adj. Se dice del arte hispanoamericano.
hispanófilo, a adj. y s. Se dice del extranjero aficionado a la cultura, historia y costumbres de España.
hispanohablante adj. y s.m. y f. Se dice de la persona, comunidad, país, etc., que tiene como lengua materna el español. SIN.: *hispanoparlante.*
hispanomusulmán, na adj. y s. Relativo a la España musulmana; natural u originario de la misma. SIN.: *hispanoárabe.* <> **Arte hispanomusulmán** Arte desarrollado en España por los hispanomusulmanes.

arte hispanomusulmán

El auge del arte hispanomusulmán va parejo al emirato y califato de Córdoba a fines del s. X (palacio de Medina Azara). A partir del s. XIII el reino de Granada tomó la supremacía y fue el centro artístico de la España musulmana del s. XIV (arte nazarí), destacando la Alhambra y el Generalife. Los edificios musulmanes fueron realizados a base de materiales pobres (ladrillo y yeso) revestidos de un lujo exuberante a base de estuco, mocárabes y azulejos. Del arte de los reinos de taifas, cabe destacar el palacio de la Aljafería de Zaragoza y las alcazabas de Málaga y de Almería. Del arte almorávid y almohade han quedado más testimonios en Sevilla: la Giralda, el alcázar, la torre del Oro; también cabe señalar, en la España cristiana, las Huelgas (Burgos) y la sinagoga de Santa María la Blanca de Toledo. La influencia del arte musulmán en el resto de la Península se realizó a través de los mozárabes y los mudéjares. Ambos grupos se caracterizan por la utilización del arco de herradura, del ladrillo, de la decoración geométrica y vegetal, y por el cromatismo y luminosidad de sus obras. El arte hispanomusulmán se manifiesta, además, en arquetas de marfil, cofres de metal repujado, cerámica, tejidos y también en la miniatura.

hispanorromano, a adj. y s. De alguno de los pueblos romanizados de la península Ibérica.
híspido, a adj. (lat. *hispidus,* erizado, áspero). Hirsuto.
histamina s.f. Amina derivada de la histidina, presente en los tejidos animales y en el cornezuelo del centeno, que provoca la contracción de los músculos lisos, la vasodilatación de las arteriolas y desempeña una importante función en el mecanismo de la inflamación.
histamínico, a adj. Relativo a la histamina.
histerectomía s.f. CIR. Extirpación del útero.
histéresis s.f. Retraso en la evolución de un fenómeno físico en relación con otro, del que depende. **2.** Propiedad de las sustancias ferromagnéticas, en virtud de la cual la inducción depende no solo del campo magnetizante al que están sometidas, sino también de los estados magnéticos anteriores.
histeria s.f. (fr. *hystérie*). Estado de intensa excitación nerviosa. SIN.: *histerismo.* **2.** Neurosis caracterizada por un tipo de personalidad patológica o por una somatización de los trastornos psíquicos (falsa parálisis, malestar, convulsiones, etc.). <> **Histeria colectiva** Comportamiento irracional de un grupo de personas, producido por una situación anómala. SIN.: *histerismo.*

histeria

Fue descrita por primera vez por Hipócrates como la consecuencia de una enfermedad provocada por la falta de relaciones sexuales en las mujeres. En la edad media, las manifestaciones histéricas se atribuían a la posesión del cuerpo por Satanás y se castigaban con la hoguera. El estudio científico de la histeria se inició en el s. XIX. Charcot la clasificó entre las afecciones orgánicas del sistema nervioso. Freud, recogiendo las enseñanzas de Charcot, determinó la etiología psíquica de la histeria, al tiempo que descubría los conceptos de inconsciente y psicoanálisis.

histérico, a adj. y s. (lat. *hystericus,* del gr. *hysterikós,* relativo a la matriz y a sus enfermedades). Se dice de la persona que se encuentra en un estado de intensa excitación nerviosa. **2.** Relativo a la histeria; que padece histeria.
histeriforme adj. Se dice de la enfermedad o el síntoma que tiene las características de la histeria.
histerismo s.m. Histeria.
histerografía s.f. Radiografía del útero efectuada tras la inyección de un líquido opaco a los rayos X.
hístico, a adj. Propio del tejido orgánico.
histidina s.f. Aminoácido indispensable para el crecimiento y conservación de los mamíferos.
histiocito s.m. BIOL. Célula joven del tejido reticuloendotelial o del tejido conjuntivo.
histocompatibilidad s.f. Conjunto de las condiciones que deben reunir dos tejidos para que uno de ellos pueda injertarse en el otro.
histogénesis s.f. Formación y desarrollo de los diferentes tejidos del embrión. **2.** Reestructuración de los tejidos que, en los insectos, tiene lugar al final de las metamorfosis.
histograma s.m. Gráfico formado por rectángulos de la misma base y cuya altura es proporcional a la cantidad que representan.
histólisis s.f. Destrucción no patológica de los tejidos vivos.
histología s.f. (del gr. *histós,* tejido, y *lógos,* tratado). Parte de la biología que estudia los tejidos constituyentes de los seres vivos.
histológico, a adj. Relativo a la histología.
histólogo, a s. Biólogo especializado en histología.
histona s.f. Proteína existente en forma casi idéntica en todos los seres vivos, tanto vegetales como animales.
histoplasmosis s.f. Enfermedad debida a un hongo parásito del género *Histoplasma,* que afecta a la piel, ganglios, huesos y vísceras.
histoquímica s.f. Estudio de la constitución química y del metabolismo de las células y los tejidos. SIN.: *histoquimia.*
historia s.f. (lat. *historia,* del gr. *historía,* búsqueda, averiguación, historia). Estudio de los acontecimientos del pasado relativos a la persona y a las sociedades humanas. **2.** Desarrollo o sucesión de esos acontecimientos: *las sociedades humanas han cambiado a lo largo de la historia.* **3.** Relato de sucesos del pasado, especialmente cuando se trata de una narración ordenada cronológicamente y verificada con los métodos de la crítica histórica: *la historia de España.* **4.** *Fig.* Narración o relato inventados: *contar historias de duendes.* **5.** *Fig.* Conjunto de acontecimientos de carácter privado relativos a alguien: *contó la historia de su vida.* **6.** *Fig.* Monserga, relato o pretensión fastidiosa: *déjate de historias.* (Suele usarse en plural.) **7.** *Fig.* Chisme, enredo: *contar historias sobre alguien.* (Suele usarse en plural.) <> **Historia natural** Antigua denominación de las ciencias naturales. **Historia sagrada** Conjunto de sucesos contenidos en el Viejo y el Nuevo Testamento. **Pasar a la historia** Tener mucha importancia o trascendencia; perder actualidad. **Pintura de historia** Pintura que toma sus temas de la antigüedad, la mitología, la Biblia y la historia, especialmente antigua, y que ocupaba el primer lugar en la antigua jerarquía académica.
historiado, a adj. Complicado o recargado de adornos: *un encaje historiado.* **2.** B. ART. Se dice de la obra decorada con escenas sagradas o profanas.
historiador, ra s. Especialista en historia.
historial s.m. Reseña detallada y ordenada cronológicamente del desarrollo de una actividad o sobre la carrera de una persona, especialmente de un funcionario. ◆ adj. Histó-

rico. ◇ **Historial clínico** Relación ordenada de los datos relativos a un enfermo, y de los tratamientos a los que ha sido sometido.

historiar v.tr. Narrar algo de manera ordenada y minuciosa. **2.** Representar un suceso histórico o fabuloso en cuadros, estampas o tapices. **3.** Amér. *Fam.* Complicar, confundir, enmarañar.

historicidad s.f. Cualidad de histórico.

historicismo s.m. Actitud que interpreta los fenómenos humanos como producto de su desarrollo histórico, y, por lo tanto, como relativos y limitados.

historicista adj. Relativo al historicismo.

histórico, a adj. (lat. *historicus,* del gr. *historikós*). Relativo a la historia. SIN.: *historial.* **2.** Que ha sucedido o existido realmente: *personaje histórico; hechos históricos.* **3.** Digno de formar parte de la historia. **4.** Se dice del género cinematográfico, literario, etc., que se inspira en hechos históricos: *novela histórica.*

historieta s.f. (fr. *historiette*). Relato breve y curioso o divertido. **2.** Cómic.

historiografía s.f. Estudio bibliográfico y crítico de los escritos sobre historia y sus fuentes. **2.** Conjunto de obras e investigaciones históricas.

historiográfico, a adj. Relativo a la historiografía.

historiógrafo, a s. Especialista en historiografía. **2.** Cronista oficial.

histrión s.m. (lat. *histrio, -onis*). *Fig.* Persona farsante o efectista: *histrión político.* **2.** Actor, especialmente el de la tragedia grecolatina. **3.** Titiritero, acróbata, prestidigitador, etc., que hacía ejercicios para divertir al público. **4.** *Desp.* Persona que se pone en ridículo para divertir a otras.

histriónico, a adj. Relativo al histrión o al histrionismo.

histrionismo s.m. *Desp.* Aparatosidad, teatralidad en los gestos, lenguaje, etc. **2.** PSICOL. Característica de la personalidad definida por la necesidad de atraer la atención de los demás sobre uno mismo.

hit s.m. (voz inglesa). Canción o tema musical que es éxito de ventas.

hitación s.f. Acción y efecto de hitar. ◇ **Hitación de Wamba** Supuesta división de obispados decretada en un concilio de Toledo por aquel rey visigodo.

hitar v.tr. Colocar hitos, delimitar.

hitita adj. y s.m. y f. De un pueblo indoeuropeo que, entre los ss. XX y XII a.C., constituyó un poderoso imperio en Anatolia central. ◆ s.m. Lengua indoeuropea hablada por los hititas.

hitita

La capital de los hititas era Hattusa (act. Bogazkoy). Su poder, eclipsado en el s. XV por Mitanni, alcanzó su auge en los ss. XIV-XIII, equilibrando así el de Egipto (batalla de Qades). El imperio hitita desapareció en el s. XII con la invasión de los **pueblos del mar.*

hitleriano, a adj. y s. Relativo a Hitler; partidario de Hitler y de su doctrina.

hitlerismo s.m. Sistema político de Hitler o de los que se inspiran en su doctrina.

hito s.m. (lat. arcaico y vulg. *fictus,* p. pasivo de *figere,* clavar). Mojón o poste con que se marcan los límites de un terreno o la dirección, distancia, etc., de los caminos. **2.** *Fig.* Hecho importante que constituye un punto de referencia. **3.** Marca hecha sobre un muro, jalón o terreno, para indicar una alineación, nivel, etc. ◇ **Mirar de hito (en hito)** Fijar la vista en un objeto sin apartarla de él.

hit-parade s.m. (del ingl. *hit parade*). Clasificación de las canciones de mayor éxito.

ho, pueblo de la India (Bihar y Orissa), que habla una lengua munda.

hoacín s.m. Ave de la selva amazónica, de unos 70 cm, parduzca, maloliente y provista de un gran moño. (Familia opistocómidos.)

hobachón, na adj. Se dice de la persona corpulenta, pero de poca energía y holgazana.

hobby s.m. (voz inglesa) [pl. *hobbies*]. Actividad que se realiza en el tiempo libre por mero entretenimiento. SIN.: *afición.*

hocicar v.tr. *Fam.* Tropezar con un obstáculo o dificultad insuperable. **2.** *Fam.* Fisgar.

hocico s.m. (de *hocicar*). Parte saliente de la cabeza de ciertos animales donde están la boca y los orificios nasales. **2.** *Fam.* y *desp.* Boca de una persona, especialmente cuando tiene los labios muy abultados. **3.** *Fig.* y *fam.* Cara, parte anterior de la cabeza. **4.** *Fig.* y *fam.* Gesto de enojo o desagrado. ◇ **Meter el hocico,** o **los hocicos** *Fam.* Curiosear.

hocicón, na adj. Méx. *Desp.* Se dice de la persona que tiene la boca grande. **2.** Méx. *Fam.* Fanfarrón, mentiroso.

hocicudo, a adj. *Desp.* Se dice de la persona que tiene la boca muy salida. **2.** Se dice del animal que tiene el hocico muy desarrollado.

1. **hocino** s.m. Hoz pequeña para cortar madera. **2.** Hoz pequeña que usan los hortelanos para trasplantar. **3.** Arma de asta derivada de la hoz, utilizada en los ss. XIII-XV.

2. **hocino** s.m. Terreno formado por la acumulación de materiales entre las faldas de las montañas por donde fluye un río. **2.** Huerto pequeño cultivado en este terreno.

hockey s.m. (voz inglesa). Deporte que se practica entre dos equipos que impulsan una pelota o un disco con un bastón o stick, para tratar de introducirla en la portería del contrario. ◇ **Hockey sobre hielo** Hockey que se practica entre equipos de seis jugadores calzados con patines sobre una pista de hielo. **Hockey sobre hierba** Hockey que se practica entre equipos de once jugadores sobre un campo de hierba. **Hockey sobre patines** Hockey que se practica entre equipos de cinco jugadores calzados con patines sobre una superficie dura.

hoco s.m. Ave gallinácea de Amazonas, de unos 80 cm, cola larga y plumaje oscuro.

Hodgkin. Enfermedad de Hodgkin Linfogranuloma maligno.

hodierno adj. Relativo al día de hoy o al tiempo presente.

hogaño adv.t. En esta época. **2.** En este año.

hogar s.m. (hispano-lat. *focaris*). *Fig.* Domicilio, lugar donde vive alguien, generalmente con la familia. **2.** *Fig.* Familia, conjunto de personas que habitan en el mismo domicilio. **3.** Sitio donde se enciende la lumbre en las cocinas, chimeneas, hornos, etc. **4.** Parte de un horno industrial o doméstico en la que tiene lugar la combustión. **5.** Esp. Conjunto de conocimientos referentes a la casa (estructura, mobiliario, etc.) y labores que en ella se realizan.

hogareño, a adj. Del hogar. **2.** Amante del hogar y de la vida de familia.

hogaza s.f. (lat. *focacia,* pl. de *focacium,* panecillo cocido bajo la ceniza). Pan grande.

hoguera s.f. Fuego hecho con materias combustibles, generalmente al aire libre. **2.** HIST. Pena que la Inquisición aplicaba a los herejes impenitentes y relapsos.

hoja s.f. (lat. *folia,* pl. de *folium*). Órgano vegetal clorofílico en forma de lámina, que nace en un tallo o una rama, y cuya parte plana y ancha contiene numerosos vasos, agrupados en nerviaciones. **2.** Pétalo de las flores. **3.** Lámina delgada de cualquier material: *hoja de papel, madera, metal.* **4.** Folio, conjunto de dos páginas, anverso y reverso, de un libro o cuaderno. **5.** Parte articulada de una cosa que puede plegarse sobre otras. **6.** Parte de una puerta, ventana, persiana, etc., que se abre y se cierra: *puerta de dos hojas.* **7.** Cuchilla de una herramienta o un arma blanca. ◇ **Hoja de afeitar** Lámina pequeña, muy delgada, de acero y con filo que, colocada en un instrumento especial, sirve para afeitar. **Hoja de cálculo,** o **electrónica** Programa informático que efectúa cálculos numéricos a partir de datos y fórmulas de cálculo introducidas por el usuario. **Hoja de lata** Hojalata. **Hoja de**

ruta Documento que acompaña a las mercancías transportadas para ciertos trámites. POL. Programa detallado para la consecución de un objetivo concreto: *la hoja de ruta para la pacificación de una zona en conflicto.* **Hoja de servicios** Documento en que constan los antecedentes de un funcionario en el ejercicio de su empleo. **Hoja suelta** Impreso o publicación que tiene menos páginas que el folleto.

hoja

La cara superior de las hojas (haz), muy rica en clorofila, garantiza la fotosíntesis gracias a la energía solar. De la fotosíntesis resultan unos *intercambios gaseosos* (vapor de agua, oxígeno, dióxido de carbono), a través de los estomas de la cara inferior (envés), y unos *intercambios vasculares* (los vasos llevan savia bruta a la hoja y reciben de esta savia elaborada muy rica en materia orgánica, que será distribuida a toda la planta).

hojalata s.f. Chapa delgada de hierro o acero suave, revestida de estaño por ambas caras. SIN.: *lata.*

hojalatear v.tr. Méx. Reparar las abolladuras de las carrocerías de los automóviles.

hojalatería s.f. Taller en que se hacen piezas de hojalata. **2.** Establecimiento donde se venden estas piezas. **3.** Méx. Taller donde se reparan carrocerías.

hojalatero, a s. Persona que tiene por oficio hacer o vender piezas de hojalata. ◆ s.m. Méx. Persona que tiene por oficio hojalatear carrocerías.

hojaldra s.f. Amér. Hojaldre.

hojaldrado, a adj. Elaborado con hojaldre o semejante a él.

hojaldrar v.tr. Trabajar la masa para hacer hojaldre.

hojaldre s.m. o f. (del lat. tardío *foliatilis,* de hojas, hojoso, de *folia,* hojas). Pasta o masa hecha con harina y mantequilla que, al cocerse al horno, forma hojas delgadas y superpuestas. **2.** Dulce hecho con esta pasta.

hojaranzo s.m. Árbol de los bosques de Europa y Asia menor, de madera blanca y densa que se utiliza como combustible y en ebanistería.

hojarasca s.f. Conjunto de hojas secas que han caído de las plantas. **2.** Frondosidad excesiva de las plantas. **3.** *Fig.* Cosa aparatosa pero de poco provecho, especialmente en lo que se dice o escribe.

hojear v.tr. Mover o pasar ligeramente las hojas de un libro, cuaderno, revista, etc. **2.** Pasar las hojas de un texto, leyendo de forma rápida y somera algunos pasajes.

hojoso, a adj. Que tiene muchas hojas. **2.** Que tiene una estructura en forma de hojas o láminas.

hojuela s.f. Masa muy delgada de harina, huevos y agua que se fríe en aceite. **2.** Tira delgada, estrecha y larga, de oro, plata u otro metal, que sirve para galones, bordados, etc. **3.** Hollejo que queda de la aceituna molida.

hoka, familia lingüística que comprende las lenguas de diversos pueblos amerindios que vivieron o viven entre California y Colombia.

¡hola! interj. Se emplea para saludar. **2.** Expresa sorpresa o extrañeza.

holán s.m. Méx. Faralá, volante, adorno de cortinas o vestidos. SIN.: *olán.*

holanda s.f. Tela de algodón muy fina. ◆ s.m. Queso refinado, de corteza lavada y pasta prensada sin cocer.

holandés, sa adj. y s. De Holanda o de los Países Bajos. ◆ s.m. Variedad del neerlandés hablada en Holanda. ◇ **Salsa holandesa** Salsa elaborada con huevo y mantequilla.

holandesa s.f. Hoja de papel de 22 × 28 cm.

holding s.m. (del ingl. *holding company*) [pl. *holdings*]. Sociedad anónima que, al ser accionista mayoritaria, controla un grupo de empresas de la misma naturaleza, que quedan unidas por una comunidad de intereses.

holgachón, na adj. y s. Se dice de la persona que vive bien y trabaja poco.

holgado, a adj. Que es demasiado ancho o grande en relación con lo que ha de contener. **2.** *Fig.* Se dice de la situación económica de una persona que tiene más bienes de los que necesita.

holganza s.f. Ociosidad.

holgar v.intr. (del lat. tardío *follicare,* resollar, ser una cosa holgada, de *follis,* fuelle) [conj.: *rogar*]. Sobrar, estar de más: *huelgan los comentarios.* **2.** Estar ocioso o entregarse al ocio. ◆ **holgarse** v.prnl. Divertirse, distraerse. **2.** Alegrarse de algún suceso.

holgazán, na adj. y s. Se dice de la persona vaga y ociosa, poco dispuesta a trabajar.

holgazanear v.intr. Estar ocioso por holgazanería.

holgazanería s.f. Cualidad de holgazán.

holgón, na adj. y s. Se dice de la persona a la que le gusta divertirse y vivir cómodamente.

holgorio s.m. → **jolgorio.**

holgura s.f. Amplitud, cualidad o condición de holgado. **2.** Espacio vacío que queda entre dos piezas que han de encajar una en otra. **3.** Desahogo o bienestar económico.

holismo s.m. FILOS. Doctrina epistemológica según la cual la comprensión de las totalidades o realidades complejas se adquiere a partir de leyes específicas, que no se reducen a leyes que afectan a sus elementos.

holladero, a adj. Se dice de la parte del camino por donde ordinariamente se transita.

holladura s.f. Acción y efecto de hollar.

hollar v.tr. (lat. vulg. *fullare,* abatanar) [conj.: *contar*]. Pisar algo con los pies. **2.** *Fig.* Maltratar, humillar.

hollejo s.m. (lat. *folliculus,* saco pequeño). Piel delgada que cubre algunas frutas y legumbres.

hollín s.m. (lat. vulg. *fulligo, -iginis*). Sustancia grasa y negra que el humo deposita en la superficie de los cuerpos.

hollinar v.tr. Cubrir de hollín.

holmio s.m. Metal del grupo de las tierras raras. **2.** Elemento químico (Ho), de número atómico 67 y masa atómica 164,93.

holocausto s.m. (lat. tardío *holocaustum,* del gr. *holókaystos, -on,* en que se abrasa la víctima por entero). Matanza de un gran número de seres humanos. **2.** Sacrificio religioso, entre los judíos, en el que la víctima era totalmente consumida por el fuego. **3.** *Fig.* Sacrificio, acto de abnegación.

holoceno adj. y s.m. GEOL. Se dice del segundo y más reciente período de la era cuaternaria, de una duración de unos 10 000 años.

holocristalino adj. GEOL. Se dice de la roca endógena enteramente cristalizada.

holoenzima s.m. Enzima completo constituido por una parte proteica no dializable (apoenzima), y por una parte no proteica dializable (coenzima).

holofrástico, a adj. LING. Se dice de la lengua incorporante.

holografía s.f. Método de fotografía tridimensional que utiliza las interferencias producidas por dos rayos láser, uno procedente directamente del aparato productor, y el otro reflejado por el objeto a fotografiar.

holográfico, a adj. Relativo a la holografía.

hológrafo, a u **ológrafo, a** adj. (lat. *holographus,* del gr. *holos,* entero, y *graphein,* escribir). Autógrafo. **2.** DER. Se dice del testamento o memoria testamentaria de puño y letra del testador.

holograma s.m. Imagen obtenida por holografía.

holoproteína s.f. Proteína formada únicamente por aminoácidos.

holósido s.m. Ósido formado únicamente por osas.

holósteo, a adj. y s.m. Relativo a una subclase de peces de agua dulce que representa una transición entre los condrósteos y los teleósteos, y que comprende formas fósiles.

holoturia s.f. (lat. *holothuria,* del gr. *holotho˝ria,* pl. de *ho-*

lotho"rion). Equinodermo de los fondos marinos, de cuerpo blando y alargado, que alcanza hasta 25 cm de long.

Holter. Método de Holter Grabación continua del electrocardiograma durante 24 horas, con objeto de registrar las alteraciones cardíacas de corta duración.

homar s.m. Bogavante.

hombracho s.m. *Desp.* Hombre grueso y fornido. **2.** *Desp.* Hombre grosero o despreciable.

hombrada s.f. Acción propia de un hombre fuerte o valiente.

hombre s.m. (lat. *homo, -inis*). Ser dotado de inteligencia y de un lenguaje articulado, clasificado entre los mamíferos del orden primates, y caracterizado por poseer cerebro voluminoso, postura erguida y manos prensiles. **2.** Persona, miembro de la especie humana: *los derechos del hombre.* **3.** Humanidad, la especie humana en sentido colectivo. **4.** Grupo determinado de la especie humana: *el hombre europeo.* **5.** Persona del sexo masculino, especialmente adulta. **6.** Persona del sexo masculino dotado de las cualidades que caracterizan a su sexo. **7.** *Fam.* Marido o amante. **8.** Seguido de la prep. *de* y de un sustantivo, expresa la actividad o cualidad relacionada con dicho sustantivo: *hombre de acción; hombre de estado; hombre de bien.* **9.** HIST. Persona que dependía de un señor. ◆ interj. Expresa sorpresa o asombro. ◇ **Hombre bueno** DER. Mediador en un acto de conciliación. **Hombre de paja** Persona que actúa al dictado de otra que no quiere figurar en primer plano. **Hombre lobo** Personaje que, según la superstición popular, al llegar la noche se transforma en lobo. **Hombre medio** o **el hombre de la calle** Conjunto de personas representativas de las opiniones de una mayoría. **Hombre rana** Persona que, provista de un equipo autónomo de inmersión, se dedica a actividades submarinas.

hombre

Se conoce la evolución del hombre gracias a tres tipos distintos de documentos: el utillaje lítico (cantos rodados, sílex tallados, piedras pulidas), indicios de asentamientos y, en tercer lugar, restos de esqueletos. Los restos óseos humanos y prehumanos, que se descubrieron en primer lugar en Europa (La-Chapelle-aux-Saints, Cro-Magnon, Grimaldi) y más tarde en Asia (Java, China), en Oriente próximo (Israel) y, sobre todo, en África (Etiopía), indican una evolución continua a partir de primates desaparecidos, que son al mismo tiempo los antepasados de los póngidos (grandes simios). Esta evolución se caracteriza por el aumento de la capacidad craneal, el retroceso de la concavidad occipital, reducción de la mandíbula, creciente adaptación a la bipedia, etc. (→ hominización.)

hombrear v.intr. y prnl. Querer alguien igualarse con otro u otros. ◆ v.intr. Querer un joven parecer hombre adulto.

hombrera s.f. Almohadilla pequeña colocada en el interior de una prenda de vestir para levantar los hombros. **2.** Tirante de algunas prendas de vestir. **3.** MIL. Franja de tela que se coloca sobre los hombros del uniforme.

hombría s.f. Cualidad de hombre. **2.** Conjunto de cualidades morales que ensalzan a un hombre. ◇ **Hombría de bien** Honradez y moralidad.

hombrillo s.m. Tira de tela que refuerza la camisa por el hombro. **2.** Pieza de adorno que se pone encima de los hombros.

hombro s.m. (lat. *umerus*). Parte superior y lateral del tronco del ser humano, donde se une el brazo con el tórax. ◇ **A hombros** Sobre los hombros; llevando a una persona sobre los hombros en manifestación de homenaje. **Arrimar el hombro** Cooperar o ayudar en algún trabajo. **Encogerse de hombros** No saber o no querer responder a lo que se pregunta; mostrarse indiferente a lo que se ve u oye. **Mirar por encima del hombro** Despreciar a alguien, sentirse superior a él.

hombruno, a adj. Propio o característico del hombre: *una mujer de carácter hombruno.*

homeland s.m. Bantustán.

homenaje s.m. (occitano ant. *omenatge*, de *ome*, hombre, vasallo). Demostración de admiración, respeto, etc., hacia alguien. **2.** Acto o serie de actos que se celebran en honor de alguien. **3.** HIST. Ceremonia en que un hombre se declaraba vasallo de un señor.

homenajear v.tr. Tributar un homenaje.

homeomorfismo s.m. Analogía de formas que presentan entre ellos ciertos cristales de naturaleza diferente.

homeomorfo, a adj. Se dice del cristal que presenta homeomorfismo.

homeópata adj. y s.m. y f. Se dice del médico que practica la homeopatía.

homeopatía s.f. (del gr. *homoios*, semejante, y *páthos*, enfermedad). Sistema terapéutico que consiste en tratar al paciente con la ayuda de dosis infinitesimales de agentes que determinan una afección análoga a la que se quiere combatir. CONTR.: *alopatía.*

homeopático, a adj. Relativo a la homeopatía. **2.** Se dice de la dosis o cantidad muy reducida.

homeostasis s.f. ECOL. Característica de un ecosistema que resiste a los cambios y conserva un estado de equilibrio. **2.** FISIOL. Tendencia de un organismo vivo a estabilizar sus diversas constantes fisiológicas.

homeostático, a adj. Relativo a la homeostasis.

homeostato s.m. Aparato destinado a estudiar la capacidad que tiene un sistema de una cierta complejidad de alcanzar por sí solo un estado de equilibrio previamente fijado.

homeotermia s.f. Carácter de los organismos homeotermos.

homeotermo, a u **homeotérmico, a** adj. Se dice del ser vivo cuya temperatura central es constante. CONTR.: *poiquilotermo.*

homérico, a adj. Relativo a Homero o a su obra.

homicida adj. y s.m. y f. (lat. *homicida*, de *homo, -inis*, hombre, y *caedere*, matar). Se dice de la persona que causa la muerte de otra. ◆ adj. Se dice de algo que ocasiona la muerte de alguien: *el arma homicida.*

homicidio s.m. (lat. *homicidium*, de *homo, -inis*, hombre, y *caedere*, matar). Acción de matar una persona a otra.

homilía s.f. (lat. tardío *homilia*, del gr. *homilía*, reunión, conversación, de *homós*, igual, y *ili*, grupo). Explicación o sermón sobre materias religiosas, generalmente efectuado durante la misa.

homiliario s.m. Libro que contiene homilías.

homínido, a adj. y s.m. Relativo a un suborden de mamíferos primates, en el que se incluye el ser humano y las especies fósiles relacionadas con él. SIN.: *hominiano.*

hominización s.f. Proceso evolutivo a través del cual una raza de primates dio lugar a la especie humana.

homocéntrico, a adj. *Fig.* Se dice del haz luminoso cuyos rayos pasan todos por el mismo punto. **2.** MAT. Concéntrico.

homocentro s.m. MAT. Centro común a varias circunferencias.

homocerco, a adj. HIST. NAT. Se dice de la aleta caudal de los peces que tiene sus dos lóbulos iguales.

homocíclico, a adj. QUÍM. Se dice del compuesto orgánico que contiene una o varias cadenas cerradas, constituidas exclusivamente por átomos de carbono.

homocigótico, a u **homozigótico, a** adj. Relativo al homocigoto.

homocigoto, a u **homozigoto, a** adj. y s.m. BIOL. Se dice del organismo de genes alelomorfos iguales para un mismo carácter.

homocinético, a adj. Se dice de la partícula que se mueve a la misma velocidad que otra. **2.** MEC. Se dice de la conexión entre dos ejes que asegura una transmisión regular de las velocidades, incluso si los dos ejes no están alineados.

homocromía s.f. BIOL. Propiedad de algunos animales

(reptiles, peces e insectos) de presentar el color de los objetos que los rodean.

homofobia s.f. Aversión o rechazo hacia los homosexuales.

homofocal adj. Se dice de las cónicas que admiten los mismos focos.

homofonía s.f. Cualidad de homófono.

homófono, a adj. y s.m. LING. Se dice de la palabra con idéntica pronunciación que otra, pero con ortografía y significado diferentes. ◆ adj. MÚS. Se dice del canto o música en que todas las voces van al unísono. CONTR.: *polifónico.*

homogamético, a adj. Se dice del sexo en el que todos los gametos son del mismo tipo. (En los mamíferos es la hembra.)

homogeneidad s.f. Cualidad de homogéneo.

homogeneización s.f. Acción de homogeneizar. **2.** Tratamiento de la leche que reduce las partículas grasas para evitar la separación de la nata. **3.** Método de laboratorio que permite mezclar de manera uniforme en un líquido elementos inicialmente aglomerados.

homogeneizado, a adj. Se dice de la leche que ha sido sometida al proceso de homogeneización.

homogeneizador, ra adj. Que homogeneiza. ◆ s.m. Aparato que sirve para homogeneizar.

homogeneizar v.tr. [conj.: *aislar*]. Transformar en homogéneo.

homogéneo, a adj. (lat. *homogeneus,* del gr. *homogen˝s,* de *homós,* igual, y *génos,* linaje, género). Se dice del conjunto formado por elementos de igual naturaleza y condición o en el que no se distinguen sus partes constituyentes. **2.** Que pertenece a un mismo género.

homografía s.f. LING. Condición de las palabras homógrafas. **2.** MAT. Transformación puntual en la que toda forma lineal (recta, plano, etc.) tiene por imagen otra forma lineal.

homográfico, a adj. Relativo a la homografía. ◇ **Función homográfica** Cociente de dos funciones de primer grado.

homógrafo, a adj. LING. Se dice de una palabra que tiene la misma ortografía que otra, pero distinto significado.

homoinjerto s.m. Injerto de un tejido tomado de un sujeto de la misma especie que el sujeto injertado. CONTR.: *heteroinjerto.*

homologación s.f. Acción y efecto de homologar.

homologar v.tr. Reconocer oficial o privadamente que un aparato o técnica de ejecución se corresponden con las características prefijadas. **2.** Equiparar, poner en relación de igualdad o equivalencia dos cosas. **3.** Confirmar, corroborar, revalidar. **4.** DEP. Registrar o confirmar un organismo autorizado el resultado de una prueba deportiva realizada con arreglo a ciertas normas. **5.** DER. **a.** Dar firmeza las partes al fallo de los árbitros, por haber dejado pasar el plazo legal sin impugnarlo. **b.** Confirmar el juez los actos y convenios de las partes para hacerlos más firmes.

homología s.f. Cualidad de homólogo.

homólogo, a adj. y s. (del gr. *homólogos,* acorde, correspondiente, de *homós,* igual, y *légein,* decir, hablar). Se dice de la persona o cosa que se corresponde exactamente con otra. ◆ adj. MAT. Se dice del elemento que se corresponde con otro en una transformación. **2.** QUÍM. Se dice del cuerpo orgánico que tiene las mismas funciones y estructuras análogas que otro.

homomorfismo s.m. MAT. Morfismo.

homonimia s.f. Condición de homónimo.

homónimo, a adj. y s. (lat. *homonymus,* del gr. *homónymos,* que lleva el mismo nombre, de *homós,* igual, y *ónoma,* nombre). Se dice de la persona, lugar, etc., que tiene el mismo nombre que otra. **2.** Se dice de la palabra que tiene la misma pronunciación o la misma ortografía que otra, pero significado diferente.

homopolar adj. QUÍM. Se dice de la molécula cuyos átomos tienen un enlace de covalencia.

homóptero, a adj. y s.m. Relativo a un orden de insectos hemipteroides de alas iguales, generalmente vegetarianos, como la cigarra y el pulgón.

homosexual adj. y s.m. y f. Se dice de la persona que siente atracción sexual por otras de su mismo sexo. ◆ adj. Relativo a la homosexualidad.

homosexualidad s.f. Atracción sexual de una persona hacia otras del mismo sexo.

homosfera s.f. Capa de la atmósfera que llega hasta los 80 km, compuesta principalmente por nitrógeno, oxígeno y argón, que se mantienen en proporciones constantes.

homotecia s.f. MAT. Transformación en la que la imagen de un punto se halla sobre la recta que le une a un punto fijo, y en la que la distancia disminuye o aumenta en una relación constante.

homotermia s.f. Carácter de un cuerpo con temperatura homogénea y constante.

homotético, a adj. Relativo a la homotecia.

homozigótico, a adj. → **homocigótico.**

homozigoto, a adj. y s.m. → **homocigoto.**

homúnculo s.m. (lat. *homunculus,* dim. de *homo*). Ser humano pequeño, sin sexo, y dotado de un poder sobrenatural, que los alquimistas pretendían poder crear.

honda s.f. (lat. *funda*). Utensilio formado por una tira de una materia flexible, especialmente cuero, y que se usa para lanzar piedras.

hondazo s.m. Tiro de honda. SIN.: *hondada.*

hondear v.intr. Disparar con la honda.

hondero s.m. Soldado que se servía de la honda para combatir.

hondo, a adj. (ant. *fondo,* del lat. *profundus*). Que tiene mucha profundidad. **2.** Se dice del sentimiento intenso, muy íntimo y verdadero: *sentir un hondo pesar.* **3.** Se dice de la parte del terreno más baja que la circundante. **4.** *Fig.* Recóndito, que está muy arraigado en el fondo o base de algo: *se plantea hondas cuestiones existenciales.* **5.** TAUROM. Se dice del toro largo de costillas. ◆ s.m. Fondo de cualquier cosa.

hondón s.m. Fondo de una cosa hueca. **2.** Hondonada. **3.** Ojo de la aguja.

hondonada s.f. Parte del terreno que está más honda que la que la rodea.

hondura s.f. Profundidad de una cosa. ◇ **Meterse en honduras** Profundizar demasiado en un asunto; querer averiguar demasiado de algo.

hondureñismo s.m. Palabra o expresión propios del español hablado en Honduras.

hondureño, a adj. y s. De Honduras. ◆ s.m. Variedad del español hablada en Honduras.

honestar v.tr. Honrar a una persona. **2.** Cohonestar una cosa.

honestidad s.f. Cualidad de honesto. ◇ **Delito contra la honestidad** Delito de tipo sexual.

honesto, a adj. Conforme a lo que exige el pudor y la decencia o a las buenas costumbres. **2.** Honrado, incapaz de robar, estafar o defraudar. **3.** Razonable, moderado.

hongkonés, sa adj. y s. De Hong Kong.

hongo s.m. (lat. *fungus*). Vegetal sin flores y sin clorofila, que crece en lugares húmedos, ricos en materia orgánica y poco iluminados, y del que existen cerca de 250 000 especies. **2.** Sombrero de copa baja, rígida y semiesférica.

hongo

Clasificados en un reino distinto del reino vegetal, los hongos cuentan con más de 50 000 especies, de las que solo unos cientos son comestibles. Algunos hongos están formados por una sola célula (levaduras). La mayor parte son pluricelulares, con células agrupadas en redes de filamentos (el *micelio*). En los hongos llamados *superiores,* el micelio subterráneo se condensa para formar órganos aéreos que contienen las esporas: son los *basidiomicetes* (hongos «con sombrero», como boletos y amanitas) y los *ascomicetes* (morillas y trufas). También existen numerosos hongos de micelio reducido o microscópico: la penicilina (entre los hongos superiores) y el conjunto de hongos *inferiores* que incluye mohos, levaduras y numerosos parásitos de los vegetales (mildiu, carbón), de los animales y del hombre (micosis).

honing s.m. Operación de acabado de la superficie de determinadas piezas mecánicas mediante una piedra abrasiva.

honor s.m. (lat. *honos, -oris*). Cualidad moral de la persona, que actúa de acuerdo con su propia estimación: *un hombre de honor.* **2.** Reputación que se alcanza con esta cualidad: *preferir el honor al dinero.* **3.** Dignidad, consideración de la que se está orgulloso: *vengar su honor.* **4.** Virginidad en las mujeres. **5.** Demostración de respeto o estima: *celebrar una fiesta en honor a alguien.* **6.** Cosa por la cual alguien se siente halagado u orgulloso. **7.** Dignidad, cargo, empleo: *aspirar a los honores de la presidencia.* (Suele usarse en plural.) ◆ **honores** s.m.pl. Ceremonial, agasajo en señal de respeto a una persona: *rendir honores.* **2.** Normas de protocolo que deben observarse ante los jefes de estado y altos funcionarios. **3.** Ceremonias con que la guardia o tropa formada honra a determinadas personas, a la bandera, etc. ◇ **Hacer los honores** Atender a los invitados de una fiesta o ceremonia; hacer aprecio de lo que se ofrece, especialmente comida y bebida. **Honores de guerra** Honores que se conceden a un enemigo que capitula honrosamente. **Honores fúnebres** Honores que se tributan a los difuntos. **Tener a honor** Considerar que es causa de orgullo.

honorable adj. Digno de respeto y consideración. **2.** Tratamiento dado a ciertos títulos o cargos. **3.** HERÁLD. Se dice de la pieza heráldica que cubre un tercio del escudo.

honorario, a adj. Se dice de la persona que tiene los honores de un empleo o dignidad pero no lo ejerce ni recibe retribución: *miembro honorario; decano honorario.* ◆ **honorarios** s.m.pl. Retribución percibida por la persona que ejerce una profesión liberal.

honorífico, a adj. (lat. *honorificus*). Que da honor: *un título honorífico.*

honoris causa loc.adj. (voces latinas, *a causa del honor*). Se dice del grado universitario conferido a altas personalidades a título honorífico.

honra s.f. Fama y buena opinión adquirida por la virtud y el mérito: *granjearse mucha honra.* **2.** Honor, castidad en las mujeres. **3.** Motivo de satisfacción y orgullo: *tener algo a mucha honra.* **4.** Circunstancia de ser alguien por su conducta digno de aprecio y respeto: *la honra de una familia.* ◆ **honras** s.f.pl. Oficio solemne que se hace por los difuntos algunos días después del entierro. SIN.: *honras fúnebres.* ◇ **¡A mucha honra!** Respuesta que demuestra orgullo ante algo que ha sido considerado por alguien con desprecio.

honradez s.f. Cualidad de honrado.

honrado, a adj. Incapaz de actuar en contra de la moral. **2.** Honesto, decente. **3.** Se dice de algo que se ejecuta de forma moralmente buena: *intenciones honradas.* **4.** Que cumple con sus deberes: *trabajador honrado.*

honrar v.tr. (lat. *honorare*). Manifestar respeto, estima o consideración: *honrar la memoria de alguien.* **2.** Premiar el mérito de alguien con muestras de reconocimiento: *lo honraron con títulos.* **3.** Ser motivo de estimación o gloria: *lo honra su valentía.* **4.** Conferir honor o elegancia a alguien o algo: *honra mi casa con su presencia.* ◆ **honrarse** v.prnl. Considerarse orgulloso por algo: *una ciudad que se honra de sus monumentos.*

honrilla s.f. *Fam.* Amor propio.

honroso, a adj. Que da honra: *un cargo honroso.* **2.** Decoroso, decente.

hontanar s.m. Sitio en que nacen fuentes o manantiales.

hooligan s.m. y f. (voz inglesa) [pl. *hooligans*]. Hincha exaltado y violento del fútbol británico.

hopa s.f. Hopalanda.

hopak o **gopak** s.m. Danza popular ucraniana y rusa, de ritmo vivo, durante la cual se ejecutan saltos acrobáticos, piruetas y «martillos».

hopalanda s.f. Vestidura talar muy holgada y pomposa. SIN.: *hopa.*

hopear v.intr. Menear la cola un animal, especialmente la zorra cuando la persiguen.

hopi o **moki,** pueblo amerindio de América del Norte (NE de Arizona), del grupo pueblo, de la familia lingüística shoshón, caracterizado por preservar su modo de vida tradicional y hacer máscaras y muñecas de madera pintada que personifican a los espíritus.

hoplita s.m. ANT. GR. Soldado de infantería con armas pesadas.

hopo s.m. (fr. ant. *hope,* copete, mechón, borla). Cola lanuda o peluda.

hoquis (de) loc. Méx. Gratis, de balde.

hora s.f. (lat. *hora,* del gr. *hora,* espacio de tiempo, hora). Unidad de medida de tiempo (símb. h) equivalente a 3 600 segundos, o 60 minutos. **2.** Momento determinado del día: *¿me puede dar la hora?* **3.** Momento cualquiera: *recordar horas agradables.* **4.** Momento oportuno y determinado para hacer una cosa: *llegar antes de hora.* **5.** Momento de la muerte: *cuando llegue mi hora.* ◇ **¡A buena hora!** o **¡a buenas horas!** Exclamación usada cuando llega algo que se esperaba, pero tarde para lo que era necesario. **A la hora de la hora,** o **a la mera hora** Méx. En el momento preciso, crítico o decisivo: *a la hora de la hora se arrepintió.* **A todas horas** A cada momento. **A última hora** Al final del día o al final de la parte del día que se expresa; al final de lo que se expresa o entiende. **Cada hora** Siempre, continuamente. **Dar hora** Señalar plazo o citar en un tiempo determinado. **En buena,** o **mala, hora** De forma oportuna, o inoportuna, o con buena, o mala, suerte. **En su hora** En el momento adecuado. **Entre horas** Entre las horas de las comidas. **Hora extraordinaria** Hora de trabajo realizada fuera de la jornada laboral normal. **Hora hábil** Hora que media entre la salida y la puesta del sol. **Hora inhábil** Hora en que no está permitido practicar actuaciones judiciales válidas. **Hora punta** Esp. Momento en que se produce mayor aglomeración en la circulación urbana. **Horas canónicas** Horas en que tradicionalmente se recitan las diversas partes del breviario; estas mismas partes. **Horas muertas** Tiempo dedicado a una actividad no productiva. **Hora suprema** Hora de la muerte. **Libro de horas** Libro de plegarias para uso de los fieles. **Pedir hora** Solicitar a una persona que señale el momento adecuado para hacer algo.

horadado, a adj. HERÁLD. Se dice de la pieza agujereada cuya abertura es de diferente esmalte que el campo del escudo.

horadamiento s.m. Excavación del suelo, lodo, madera, piedra, etc., que hacen algunos animales.

horadar v.tr. (del ant. *horado,* agujero, del lat. tardío *foratus, -us*). Agujerear una cosa atravesándola de parte a parte.

horario, a adj. Relativo a las horas. ◆ s.m. Repartición de las horas destinadas a una actividad. **2.** Cuadro detallado que señala las horas en que se hace o está previsto algo: *horario de trenes.* **3.** Saeta o mano del reloj que indica la hora. (Es más corta que el segundero.) ◇ **Horario flexible** Horario de trabajo que permite a los empleados de una empresa una cierta elección en las horas de entrada y de salida.

horca s.f. (lat. *furca*). Aparato formado por una barra horizontal sostenida por otras verticales, de la que se cuelga una cuerda y que sirve para ahorcar a los condenados a muerte. **2.** Palo con dos o más púas metálicas, utilizado en faenas agrícolas. **3.** Palo que termina en dos puntas y sirve para sostener las ramas de los árboles, armar los parrales, etc. **4.** Conjunto de dos ristras de ajos o de cebollas atadas por un extremo. **5.** Conjunto formado por un palo que atraviesa a otro con dos puntas, entre las cuales se metía el pescuezo del condenado.

horcajadas (a) loc. Manera de montar a caballo o de sentarse echando una pierna por cada lado.

horcajadura s.f. Ángulo que forman las dos piernas en su nacimiento.

horcate s.m. (cat. *forcat*). Arreo de madera o hierro, en forma de herradura, que se pone a las caballerías en el cuello.

horchata s.f. (del lat. *hordeata,* hecha con cebada, de *hordeum,* cebada). Bebida elaborada con almendras, chufas u otros frutos machacados, a los que se añade agua y azúcar, y que se toma muy fría. **2.** Méx. Bebida que se prepara con harina de arroz, agua, azúcar y canela.

horchatería s.f. Establecimiento donde se hace o vende horchata.

horchatero, a s. Persona que tiene por oficio hacer o vender horchata.

horcón s.m. Amér. Madero vertical que sirve para sostener vigas o aleros de tejado de las casas rústicas. **2.** Chile. Palo para sostener las ramas de los árboles.

horda s.f. (fr. *horde,* del tártaro *urdu,* campamento, tiendas montadas). Comunidad nómada que se distingue de la tribu por el carácter rudimentario de los vínculos sociales que unen a los grupos que la integran. **2.** Grupo de gente indisciplinada: *horda de bandidos.* **3.** HIST. Tribu tártara o estado mongol. (Los dos principales estados mongoles fueron la Horda Blanca y la Horda de Oro.)

hordeína s.f. Proteido vegetal (prolamina), rico en ácido glutámico, que se encuentra en la cebada.

horizontal adj. Paralelo al plano del horizonte y, por tanto, perpendicular a una dirección que representa convencionalmente la vertical. ◆ s.m. MAT. Línea horizontal. ◇ **Coordenadas horizontales de un astro** Altura y acimut de este astro. **Integración horizontal** Operación mediante la cual una empresa absorbe a otra que comparte la misma fabricación y se encuentra a su mismo nivel en un determinado proceso productivo. **Plano horizontal** Plano que pasa por el observador y perpendicular a la dirección del hilo de la plomada, en un lugar determinado.

horizontalidad s.f. Carácter o estado de lo que es horizontal: *la horizontalidad de un plano.*

horizonte s.m. (lat. *horizon, -onis,* del gr. *horizōn, -ontos,* p. de *horizein,* delimitar). Línea en la que, para un observador, parece que se unen el cielo y la tierra o el mar. **2.** Parte de la tierra, el mar o el cielo que señala el límite de esta línea. **3.** Campo o dominio de un pensamiento o de cualquier actividad: *el horizonte político.* **4.** Conjunto de perspectivas que ofrece el porvenir. **5.** ASTRON. Círculo grande de la esfera celeste formado, en un lugar dado, por la intersección de esta esfera y del plano horizontal. **6.** EDAFOL. Capa del suelo, sensiblemente homogénea desde el punto de vista de su composición, estructura y aspectos físicos y químicos. **7.** GEOL. Capa del suelo caracterizada por uno o varios fósiles. **8.** PREHIST. Distribución de las características culturales idénticas en una vasta región, durante un período determinado. ◇ **Horizonte artificial,** o **giroscópico** Aparato de pilotaje de un avión que sirve para materializar una referencia de vertical terrestre. **Horizonte económico** ECON. Duración del conjunto de los períodos de cálculo para los cuales los productores, los consumidores o los ahorradores establecen sus previsiones y sus planes.

horma s.f. (lat. *forma,* figura, imagen, configuración). Molde que se emplea para dar forma a zapatos, sombreros, etc. **2.** Instrumento que se introduce en el zapato para conservar, ensanchar o alargar su forma. **3.** Colomb., Cuba, Perú y Venez. Molde o recipiente para elaborar los panes de azúcar. ◇ **Encontrar,** o **hallar, alguien la horma de su zapato** *Fam.* Encontrar algo que es adecuado para él, o a alguien que entienda sus mañas o se le resista, enfrente y supere.

hormadoras s.f.pl. Colomb. Enaguas.

hormiga s.m. (lat. *formica*). Insecto de pequeño tamaño, color negro o marrón, que vive en sociedades, u hormigueros, donde se encuentran reinas fecundas y numerosas obreras sin alas, hasta 500 000 en algunas colonias. (Orden himenópteros.) ◇ **Hormiga blanca** Termes, termita. **Hormiga león** Insecto de cuatro alas, cuya larva, de 1 cm de long., cava dentro de la arena una fosa en forma de embudo donde captura las hormigas. (Orden neurópteros.) **Ser una hormiga** *Fam.* Ser ahorrador y laborioso.

hormigón s.m. (de *hormigos,* plato de repostería). Aglomerado artificial de piedras menudas, grava y arena, cohesionadas mediante un aglutinante hidráulico, utilizado en construcción. SIN.: *calcina.* ◇ **Hormigón armado** Hormigón que envuelve armaduras metálicas destinadas a resistir esfuerzos de tracción o de flexión mayores que el hormigón ordinario. **Hormigón asfáltico** Mezcla de granulado mineral y de asfalto o masilla asfáltica. **Hormigón celular,** o **alveolar** Hormigón ligero constituido por una mezcla de ligantes hidráulicos y de agregados finos que han sufrido un tratamiento destinado a agrupar en la masa numerosos poros esféricos. **Hormigón pretensado** Hormigón armado en el que la introducción artificial de tensiones internas permanentes compensa las tensiones externas a las que está sometido el hormigón en servicio.

hormigonado s.m. Acción de hormigonar. **2.** Obra de albañilería hecha con hormigón.

hormigonar v.tr. Construir con hormigón.

hormigonera s.f. Máquina compuesta por un tambor que gira sobre su eje que se utiliza para mezclar los materiales con que se fabrica el hormigón.

hormiguear v.intr. Experimentar hormigueo. **2.** *Fig.* Bullir, estar en movimiento una gran cantidad de personas o animales.

hormigueo s.m. Sensación de prurito o desazón en forma de suaves picores, que aparece y desaparece espontáneamente, especialmente en las extremidades, y que puede ser de origen nervioso o vascular. **2.** *Fig.* Desazón física o moral.

hormiguero, a adj. y s.m. Se dice del mamífero desdentado que captura los insectos con su lengua viscosa. ◆ s.m. Nido donde viven las hormigas. **2.** Conjunto de hormigas que habitan en este nido. **3.** *Fig.* Aglomeración de gente en constante movimiento. **4.** Montón pequeño de hierbas inútiles o dañinas cubiertas con tierra, que se queman y esparcen sobre el terreno para que sirvan de abono.

hormiguillar v.tr. Amér. En minería, mezclar el mineral de plata pulverizado con el magistral y la sal común para preparar el beneficio.

hormiguillo s.m. Hormigueo. **2.** Enfermedad que padecen las caballerías en el casco. **3.** Cadena humana que se forma para ir pasando cosas de mano en mano. **4.** Amér. Movimiento que producen las reacciones entre el mineral y los ingredientes incorporados para el beneficio por amalgamación.

hormiguita s.f. Persona laboriosa y buena administradora.

hormilla s.f. Pieza circular y pequeña, de madera, hueso u otra materia, que se forra para utilizarse como botón.

hormona s.f. (gr. *hormon,* p. activo de *horman,* mover, excitar). Sustancia producida por una glándula o por síntesis y que actúa en órganos o tejidos situados a distancia, tras ser transportada por la sangre. **2.** Sustancia reguladora del crecimiento de los vegetales.

hormona

Las hormonas son segregadas por determinados tejidos (placenta, hipotálamo) y particularmente por las glándulas endocrinas, cada una de las cuales puede segregar numerosas hormonas. La hipófisis actúa sobre la secreción del resto de glándulas endocrinas (tiroides, paratiroides, páncreas, suprarrenales, glándulas sexuales). Actualmente se ha conseguido la síntesis de numerosas hormonas y los productos sintéticos que se utilizan en terapéutica son por lo general más eficaces que las hormonas naturales. La *ingeniería genética* ofrece grandes posibilidades en este campo.

hormonal adj. Relativo a las hormonas: *insuficiencia hormonal.*

hormonoterapia s.f. Tratamiento terapéutico por hormonas.

hornacina s.f. (lat. *fornicina,* de *fornix,* bóveda, túnel). Concavidad hecha en un muro, en la que se suele colocar una estatua, una imagen u otro objeto decorativo.

hornada s.f. Cantidad de pan, piezas de cerámica, etc., que se cuecen de una vez en un horno. **2.** *Fig.* y *fam.* Conjunto de personas que acaban a un mismo tiempo unos estudios o reciben a la vez el nombramiento para un cargo: *hornada de senadores vitalicios.*

hornaguearse v.prnl. Chile. Moverse un cuerpo a un lado y otro.

hornaguera s.f. (del lat. *fornacarius,* perteneciente a la hornaza). Carbón de piedra.

hornaguero, a adj. Holgado, espacioso. **2.** Se dice del terreno con hornaguera.

hornaza s.f. (lat. *fornax, -acis,* horno de alfarero). Horno pequeño que utilizan los plateros y fundidores de metales.

hornazo s.m. Méx. *Vulg.* Olor fuerte y penetrante, particularmente el que despide la marihuana.

hornblenda s.f. Aluminosilicato natural de calcio, hierro y magnesio, de color negro o verde oscuro, del grupo de los anfíboles.

hornear v.intr. Enhornar.

hornero, a s. Persona propietaria o encargada de un horno. ◆ s.m. Pájaro de América Central y Meridional, de color generalmente marrón acanelado, pecho blanco y cola de tono herrumbroso vivo, que construye con barro y paja un nido en forma de horno. (Familia furnáridos.)

hornilla s.f. Méx. Hornillo de la cocina o estufa.

hornillo s.m. Cavidad destinada a recibir una carga de explosivo para producir una voladura. **2.** Esp. Utensilio para cocinar, portátil o empotrado, que puede funcionar con diversos combustibles. **3.** Esp. Recipiente, suelto o empotrado en el hogar de una cocina, donde se hace fuego.

horno s.m. (lat. *furnus*). Obra de albañilería abovedada, que sirve para cocer diferentes sustancias o para la producción de temperaturas muy elevadas. **2.** Aparato en el que se calienta una materia con la finalidad de someterla a transformaciones físicas o químicas. **3.** *Fig.* Lugar en que la temperatura es muy elevada. **4.** Establecimiento donde se cuece y vende pan. **5.** Electrodoméstico de cocina independiente y empotrable, en el que se introducen los alimentos para cocerlos o calentarlos. ◇ **Alto horno** Construcción para efectuar la fusión y la reducción de minerales de hierro, con vistas a elaborar la fundición. **Horno bajo** Horno de cuba de poca altura, utilizado para la fusión de ciertos metales y la elaboración de ferroaleaciones, a partir de minerales pobres. **Horno catalítico** Horno autolimpiador eléctrico o de gas en el que las grasas son oxidadas en contacto con el esmalte de las paredes. **Horno de pirolisis** Horno autolimpiador eléctrico en el que la combustión de las grasas se efectúa a 500 °C. **Horno de solera** Horno en el que el calorífero está separado de la zona en que se utiliza el calor. **Horno eléctrico** Horno muy utilizado en metalurgia, en el que el calor está suministrado por el arco eléctrico, por inducción electromagnética, por bombardeo electrónico o por una resistencia que recorre una corriente intensa. **Horno Martin** Horno de soldar para el afinado de la fundición. **Horno solar** Espejo cóncavo de gran diámetro, que concentra los rayos solares en su centro, produciendo una temperatura muy elevada. **Horno túnel** Horno de grandes dimensiones, en el que los productos tratados se desplazan en sentido inverso a los gases calientes, para obtener un calentamiento metódico. **No estar el horno para bollos,** o **tortas** *Fam.* No existir oportunidad o conveniencia para hacer una cosa.

horno

El alto horno, cuyo perfil está determinado para permitir el descenso regular de la carga y la distribución uniforme de los gases, tiene forma de dos troncos de cono unidos por sus bases mayores a través de una parte cilíndrica. Comprende el *tragante,* cerrado por la *tolva de carga,* equilibrada por el *contrapeso,* por donde se carga el mineral, el carbón de coque y el fundente; el *tanque,* en el que tiene lugar la reducción del mineral; el *vientre,* la parte más ancha del horno, donde continúa la reducción del mineral; el *etalaje,* donde finaliza esta reducción; la *obra,* parte cilíndrica a la que las *toberas* conducen el aire, y el *crisol,* donde se recoge la fundición líquida y la escoria, cuya evacuación se efectúa por el agujero de colada.

horóptero s.m. ÓPT. Línea recta paralela a la que une los centros de los ojos y que pasa por el punto donde coinciden los ejes ópticos.

horóscopo s.m. (lat. *horoscopus,* del gr. *horoskópos,* de *hora,* hora, y *skopein,* mirar). Predicción del futuro de personas, países, etc., realizada por un astrólogo a partir de la posición relativa de los astros del sistema solar y de los signos zodiacales en un momento determinado. **2.** Escrito donde figura esta predicción.

horqueta s.f. Argent. Lugar donde se bifurca un camino. **2.** Argent. y Chile. *Fig.* Parte en que un curso fluvial forma un ángulo agudo. **3.** Argent. y Chile. *Fig.* Terreno que queda dentro de este ángulo.

horquilla s.f. Pieza de alambre en forma de U que se utiliza para sujetar el cabello. **2.** Vara larga con un extremo terminado en dos puntas, que sirve para colgar, descolgar o afianzar cosas. **3.** *Fig.* Espacio comprendido entre dos cantidades o magnitudes: *podrán escoger dentro de la horquilla comprendida entre el 5 y el 8 por ciento.* **4.** Parte del cuadro de una bicicleta o una motocicleta que sostiene la rueda delantera y el manubrio. **5.** Utensilio agrícola de mango largo y con dientes o púas de hierro o madera. **6.** AUTOM. Triángulo de empuje y de reacción del eje delantero. **7.** TECNOL. Pieza terminada en dos ramas o dientes que actúa como elemento u órgano intermedio en la realización del movimiento de un mecanismo.

horquillado, a adj. HERÁLD. Se dice de la cola de animal cuando está ramificada en dos, con sendas bolas en cada extremo.

horrar v.tr. y prnl. Amér. Central y Colomb. Perder la cría una yegua, vaca, etc.

horrendo, a adj. (lat. *horrendus,* que hace erizar los cabellos). Horroroso: *un crimen horrendo.*

hórreo s.m. (lat. *horreum,* granero). Granero, lugar donde se recogen los granos. **2.** Construcción para conservar las cosechas, típica del NO de la península Ibérica, sostenida en el aire por pilares y provista de agujeros de ventilación y de sistema de protección contra animales dañinos.

horrible adj. (lat. *horribilis*). Horroroso: *un espectáculo horrible.*

horripilación s.f. Acción y efecto de horripilar u horripilarse. **2.** Erección de los pelos debida al terror, al frío, etc.

horripilador, ra adj. Se dice del músculo fijado en la raíz de cada pelo, cuya contracción produce la horripilación.

horripilante adj. Que horripila: *una historia horripilante.*

horripilar v.tr. y prnl. (lat. tardío *horripilare,* hacer erizar los cabellos, de *horrere,* erizar, temblar, y *pilus,* pelo). Causar horror y espanto: *la miseria me horripila.* **2.** Causar el miedo o el frío una erección de los pelos.

horrísono, a adj. (lat. *horrisonus,* de *horror, -oris,* horror, y *sonare,* sonar). Que causa horror por su sonido: *un grito horrísono.*

horro, a adj. (ár. *ḥurr,* libre). Libre, desembarazado, carente de algo: *horro de vergüenza.* **2.** Se dice del esclavo que alcanza la libertad.

horror s.m. (lat. *horror, -oris,* estremecimiento, pavor, de *horrere,* erizarse, temblar). Temor o disgusto intenso causado por algo muy desagradable: *los exámenes le producen horror.* **2.** Miedo muy intenso: *estar sobrecogido de horror.* **3.** Aversión: *tener horror al desorden.* **4.** Impresión producida por algo catastrófico, sangriento o cruel: *los horrores de la guerra.* **5.** Cosa extraordinaria por ser mala, grande o exagerada. ◇ **Un horror** u **horrores** Mucho, en gran cantidad: *divertirse un horror.*

horrorizar v.tr. y prnl. Causar horror.

horroroso, a adj. Que causa horror: *un espectáculo horroroso; un accidente horroroso.* **2.** *Fam.* Muy feo. **3.** *Fam.* Muy malo: *hace un tiempo horroroso.* **4.** *Fam.* Muy grande: *tener un hambre horrorosa.*

horse-power s.m. (ingl. *horsepower*). Unidad de medida de potencia (símb. HP) adoptada en Gran Bretaña, equivalente a 75,9 kgm/s, a 1,013 CV o a 0,7457 kW.

horst s.m. GEOL. Compartimento elevado entre fallas.

hortaliza s.f. Planta de huerta cuyos frutos, semillas, hojas, tallos o raíces son comestibles. (Se consideran hortalizas las raíces [rábano, zanahoria, remolacha], bulbos o tubérculos [cebolla, ajo], flores e inflorescencias [coliflor, alcachofa], frutos y semillas [pepino, berenjena], hojas [lechuga] y muchas legumbres [frijoles o judías, arvejas o guisantes].)

hortelano, a adj. Relativo a la huerta: *productos hortelanos.* ◆ s. Persona que tiene por oficio cultivar una huerta. ◆ s.m. Ave paseriforme europea, de plumaje gris verdoso en la cabeza, pecho y espalda, amarillento en la garganta y de color ceniza en las partes inferiores. (Familia fringílidos.)

hortense u **hortícola** adj. Relativo a la huerta.

hortensia s.f. Arbusto originario de Extremo Oriente, cultivado por sus flores ornamentales del mismo nombre, de color blanco, rosa o azul. (Familia saxifragáceas.)

hortera adj. y s.m. y f. Esp. *Fam.* Vulgar, poco refinado.

horterada s.f. Esp. *Fam.* Acción o cosa hortera.

hortícola adj. → **hortense.**

horticultor, ra u **hortofruticultor, ra** s. Persona que se dedica a la horticultura.

horticultura u **hortofruticultura** s.f. Parte de la agricultura que se ocupa del cultivo de las plantas de huerta.

hosanna interj. (voz hebrea, *sálvame, te lo ruego*). Exclamación de júbilo que se usa en la liturgia católica, especialmente en el *Sanctus* y *Benedictus* de la misa. ◆ s.m. Himno que se canta el domingo de Ramos.

hosco, a adj. (lat. *fuscus*, oscuro). Falto de amabilidad y poco sociable. **2.** Inhospitalario o amenazador: *lugar, tiempo hosco.*

hospedaje s.m. Acción de hospedar u hospedarse. **2.** Lugar, casa para hospedarse. **3.** Cantidad que se paga por estar hospedado. **4.** Contrato por el que una persona se obliga a prestar a otra alojamiento mediante un precio.

hospedar v.tr. (lat. *hospitari*, hospedarse). Tener a alguien como huésped: *nos hospedó en su casa.* ◆ **hospedarse** v.prnl. Estar como huésped: *hospedarse en un hotel.*

hospedería s.f. Casa donde se alojan huéspedes que pagan su hospedaje. **2.** Habitación de un convento destinada a recibir a los huéspedes.

hospedero, a s. Persona que tiene a su cargo una hospedería.

hospiciano, a adj. y s. Asilado en un hospicio.

hospicio s.m. (lat. *hospitium*, alojamiento). Asilo para niños pobres, expósitos o huérfanos. **2.** Casa destinada para albergar y recibir peregrinos y pobres. **3.** Argent., Chile y Ecuad. Asilo para dementes y ancianos. **4.** Argent., Chile y Perú. Asilo para menesterosos.

hospital s.m. (lat. *hospitale*, habitación para huésped). Establecimiento donde se proporcionan cuidados médicos, se efectúan intervenciones quirúrgicas y se asisten partos. ◇ **Hospital de sangre** Formación sanitaria que, en campaña, constituye el primer escalón de tratamiento. **Hospital psiquiátrico** Establecimiento hospitalario especializado en el tratamiento de los trastornos mentales.

hospitalario, a adj. Se dice de la persona o lugar acogedores. **2.** Relativo al hospital: *un centro hospitalario.* **3.** Se dice del lugar natural que está al abrigo. ◆ adj. y s. Relativo a la orden religiosa militar que se entregaba al servicio de los viajeros, peregrinos o enfermos, como los templarios, o que todavía ejercen una actividad caritativa, como por ejemplo la orden de Malta.

hospitalidad s.f. Cualidad de hospitalario, acogedor. **2.** Estancia de un paciente en el hospital.

hospitalismo s.m. Conjunto de trastornos psíquicos y somáticos que se manifiestan en un niño, especialmente en el menor de 15 meses, como consecuencia de una hospitalización prolongada que le priva de relaciones afectivas con su madre. (Descrito por R. Spitz.)

hospitalización s.f. Acción y efecto de hospitalizar.

hospitalizar v.tr. Internar en un hospital o clínica: *hospitalizar a un enfermo.*

hospodar s.m. HIST. Título de los príncipes vasallos del sultán, particularmente en Moldavia y Valaquia.

hosquedad s.f. Cualidad de hosco.

hostal s.m. (del ant. *ostal*, posada, casa, del lat. *hospitale*, habitación para huésped). Establecimiento donde se albergan huéspedes por dinero, generalmente de menor categoría que un hotel.

hostelería s.f. Conjunto de servicios y establecimientos destinados a satisfacer las necesidades de alojamiento y alimentación de viajeros, a cambio de una compensación económica. SIN.: *hotelería.*

hostelero, a adj. Relativo a la hostelería: *el sector hostelero.* ◆ s. Persona encargada de un establecimiento de hostelería.

hostería s.f. (ital. *osteria*). Establecimiento donde por dinero se da de comer y hospedaje. **2.** Argent. y Chile. Hotel, restaurante turístico.

hostia s.f. (lat. *hostia*, víctima de un sacrificio religioso). Oblea hecha con harina, huevo y azúcar, batidos en agua o leche. **2.** Esp. *Vulg.* Golpe fuerte. **3.** CRIST. Pan ázimo que el sacerdote consagra durante la misa. (Suele tener forma de lámina redonda y delgada.)

hostiario s.m. Caja en que se guardan hostias no consagradas.

hostigamiento s.m. Acción de hostigar. ◇ **Tiros de hostigamiento** Disparos que se hacen para provocar sensación de inseguridad en una zona que se supone ocupada por el enemigo.

hostigar v.tr. (lat. tardío *fustigare*, azotar con el bastón, de *fustis*, bastón, palo). Azotar, golpear con látigo, vara o cosa semejante: *hostigar a los caballos.* **2.** *Fig.* Perseguir, molestar, acosar: *hostigar a alguien con burlas.* **3.** Inquietar al enemigo y entorpecer su actuación. **4.** Incitar a alguien para que haga algo. **5.** Amér. Merid., Méx. y Nicar. Hartar el sabor de un alimento o bebida después de algunos bocados o tragos. **6.** Colomb. y Perú. *Fam.* Molestar, empalagar una persona.

hostigoso, a adj. Chile, Guat. y Perú. Fastidioso, molesto, pesado.

hostil adj. (lat. *hostilis*, enemigo, hostil). Que es contrario, enemigo o que se opone: *hostil al progreso.*

hostilidad s.f. Cualidad de hostil o actitud hostil: *la hostilidad entre dos personas.* **2.** Agresión armada de un pueblo, ejército o tropa. ◇ **Romper,** o **iniciar, las hostilidades** Dar principio a la guerra.

hostilizar v.tr. Realizar actos de hostilidad contra alguien.

hot s.m. y adj. Estilo de jazz expresivo y brillante de los años 1925-1930, que se caracteriza por la abundancia de trémolos, inflexiones, etc.

hot cake s.m. (pl. *hot cakes*.) Méx. Pan delgado y de forma circular que se come con mantequilla y miel.

hot dog s.m. (voz inglesa) [pl. *hot dogs*]. Sándwich caliente compuesto de un panecillo alargado y salchicha, sazonado con mostaza, salsa de tomate u otros ingredientes. SIN.: *perro* o *perrito caliente.*

hotel s.m. (fr. *hôtel*). Establecimiento donde se da alojamiento y comida a personas que, en general, están temporalmente en una población. **2.** Casa aislada de las colindantes y con jardín.

hotelero, a adj. Relativo al hotel: *industria hotelera.* ◆ s. Persona que posee o administra un hotel.

hotentote, a adj. y s. De un pueblo nómada que vive en Namibia y habla una lengua del grupo khoisan.

house s.m. (de *Warehouse,* nombre de un club de Chicago). Estilo musical surgido en Chicago a principios de la década de 1980, con influencias de la cultura musical afroamericana, la música disco y el pop, y cuyas melodías, de ritmo insistente, se crean a través de un sampler, utilizando elementos sonoros preexistentes y ritmos electrónicos.

hovercraft s.m. (voz inglesa). Aerodeslizador.

hoy adv.t. (lat. *hodie*). En este día, en el día presente: *hoy hace tres semanas que llegaron.* **2.** En el tiempo presente: *la juventud de hoy.* ◇ **Hoy por hoy** En la actualidad.

hoya s.f. Concavidad u hondura grande formada en la tierra: *excavar una hoya en el jardín.* **2.** Sepultura. **3.** GEOMORFOL. Depresión del terreno, debida a la erosión, pero generalmente preparada de antemano por la tectónica.

hoyar v.intr. Cuba, Guat. y Méx. Abrir hoyos para hacer ciertos plantíos, como el del cafeto.

hoyatoleslam s.m. → **ayatolislam.**

hoyo s.m. (de *hoya*). Concavidad natural o artificial de la tierra o de cualquier superficie. **2.** Sepultura, hoya. **3.** Agujero de un campo de golf. **4.** Parte del recorrido de un campo de golf que finaliza en uno de estos agujeros. ◇ **Hoyo negro** *Agujero negro.

hoyuelo s.m. Hoyo pequeño en el centro de la barbilla, o el que se forma en la mejilla de algunas personas cuando ríen.

1. **hoz** s.f. (lat. *falx, -cis*). Instrumento para segar, consistente en una hoja acerada y curva, afianzada en un mango de madera. ◇ **La hoz y el martillo** Emblema de la URSS y, en general, de los partidos comunistas.

2. **hoz** s.f. (lat. vulg. *fox, focis,* garganta humana, desfiladero). Paso estrecho formado por un valle profundo entre montañas.

hozada s.f. Movimiento que se hace con la hoz para segar. **2.** Porción de mies o de hierba que se siega de una vez con la hoz.

hozar v.tr. (del lat. *fodere,* cavar). Escarbar la tierra con el hocico, especialmente el cerdo y el jabalí.

huaca s.f. (voz quechua). → **guaca.**

huacal o **guacal** s.m. (náhuatl *wakálli*). Cesta formada de varillas de madera para transportar mercancías. **2.** Amér. Central. Árbol cuyo fruto redondo se utiliza para hacer recipientes. (Familia bignoniáceas.) **3.** Amér. Central y Méx. Recipiente hecho con el fruto del árbol del mismo nombre. **4.** Colomb., Méx. y Venez. Cesta o jaula de varillas que se utiliza para transportar loza, cristal o fruta. ◇ **Salirse del huacal** Méx. *Fam.* Salirse alguien de ciertas normas o alineamientos; quedar fuera del control de alguien: *a esa edad los adolescentes se salen del huacal.*

huacalón, na adj. Méx. *Fam.* Grueso, obeso.

huachafería s.f. Perú. Cursilería, actitud pretenciosa y vanidosa.

huachafo, a adj. y s. Perú. Cursi, pretencioso, vanidoso.

huachafoso, a adj. Perú. Cursi.

huachar v.tr. Ecuad. Arar, hacer surcos.

huachinango s.m. Méx. Pez marino comestible, de carne muy apreciada, que mide unos 60 cm de long. y es de color rojo. (Familia lutiánidos.)

huacho s.m. (quechua *huachu,* camellón). Ecuad. Surco, hendidura hecha con el arado.

huaco s.m. Vasija de cerámica de las huacas prehispánicas de Perú.

huaico s.m. Perú. Riada con barro y piedras.

huaino o **huayno** s.m. Argent., Bol., Chile y Perú. Baile de grupo, cuya música es semejante a la del carnavalito, en el que los participantes forman una ronda y realizan figuras de gran elegancia.

huairuro s.m. (voz quechua). Fruto esférico de una papilionácea que crece en Perú, de color rojo, que se emplea para hacer collares, aretes y objetos de adorno.

huango s.m. Peinado de las indias de Ecuador, consistente en una sola trenza fajada estrechamente que cae por la espalda.

huapango s.m. Baile mexicano zapateado, de tiempo muy vivo.

huaquero, a s. Amér. Central y Merid. → **guaquero.**

huarache s.m. Méx. Calzado, por lo general tosco, consistente en una suela de cuero o hule que se sujeta al pie mediante tiras de cuero u otro material.

huari s.m. MAR. Aparejo compuesto por una vela áurica triangular, envergada en una percha que se desliza verticalmente a lo largo del mástil.

huarpe, pueblo amerindio de la región de Mendoza (Argentina), agricultor y cazador de guanacos, que practicaba el levirato. (Act. está extinguido.)

huasca s.f. Amér. Merid. → **guasca.**

huáscar s.m. Chile. *Fam.* Camión policial que dispara agua y dobla en tamaño y potencia al guanaco.

huasipungo s.m. (voz quechua). Bol., Ecuad. y Perú. Terreno que el hacendado proporciona a sus peones para que siembren sus propios alimentos.

huaso s.m. Bol. y Chile. Hombre rudo del campo.

huasteca, huaxteca o **guasteca,** pueblo amerindio de la familia lingüística maya-zoque, que en época precolombina habitaba una extensa región de la costa del golfo de México, reducido act. a dos pequeños núcleos: al SE de San Luis Potosí y al N de Veracruz. (Se han descubierto numerosos sitios arqueológicos de esta cultura [El Ébano, Tamuín y Vinasco], influida por sus vecinos totonacas y mayas y por los olmecas, con restos arquitectónicos, escultura en piedra [altorrelieves] y cerámica decorada.)

huauzontle s.m. Méx. Planta herbácea, de hasta 2 m de alt., con inflorescencias comestibles que se utilizan en diversos guisos.

huave, pueblo amerindio agricultor y pescador de lengua otomangue de México (est. de Oaxaca).

huayno s.m. → **huaino.**

hucha s.f. (fr. *huche,* cofre para guardar la harina). Esp. Caja o recipiente con una ranura, destinado a guardar dinero.

huebra s.f. Yugada o tierra de labor que se ara en un día.

hueco, a adj. (de *ocar,* cavar, hozar, dejar algo hueco, del lat. *occare,* trillar la tierra). Que tiene un vacío o espacio grande en su interior. **2.** Se dice de una cosa que abulta mucho por estar extendida y dilatada su superficie dejando espacio alrededor de algo que envuelve: *falda hueca.* **3.** *Fig.* Que no contiene lo que debería contener: *cabeza hueca.* **4.** *Fig.* Presumido, orgulloso, vanidoso. **5.** *Fig.* Que expresa conceptos vanos o triviales de forma afectada. ◆ s.m. Cavidad, espacio vacío: *el hueco de la escalera, del elevador.* **2.** Plaza o puesto vacante. **3.** Vano o abertura en un muro. **4.** Intervalo de tiempo disponible: *pude hacer un hueco en mis ocupaciones.* **5.** FÍS. Emplazamiento que queda vacante en una red cristalina, al desplazarse un electrón en el interior de la red.

huecograbado s.m. Procedimiento de obtención de formas de impresión grabadas en hueco, utilizando medios fotomecánicos. **2.** Procedimiento de impresión que utiliza estas formas. **3.** Grabado o estampa obtenidos por estos procedimientos.

huecú s.m. Chile. Terreno empantanado con arenas movedizas.

huehuetl s.m. (voz náhuatl). Tambor primitivo, propio de las antiguas civilizaciones centroamericanas.

huélfago s.m. Estridor que aparece con obstrucciones de las vías respiratorias, o cuando se comprimen las mismas por diversas lesiones. **2.** VET. Enfermedad de algunos animales que les produce respiración fatigosa.

huelga s.f. Suspensión colectiva del trabajo destinada a presionar para obtener alguna reivindicación. **2.** Tiempo en que se está sin trabajar. ◇ **Huelga de celo** Esp. Manifestación de descontento consistente en efectuar el trabajo con excesiva minuciosidad y lentitud. **Huelga de hambre** Abstinencia total de alimentos que se impone a sí misma una persona para protestar o hacer una reivindicación. **Huelga general** Huelga que se plantea simultáneamente en todos los oficios de un territorio. **Huelga salvaje** Suspensión del trabajo efectuada bruscamente sin consignas sindicales.

huelgo s.m. Aliento, respiración, resuello. **2.** MEC. Espacio libre o intervalo calibrado que queda entre las superficies de ajuste de dos piezas acopladas.

huelguista s.m. y f. Persona que participa en una huelga.

huelguístico, a adj. Relativo a la huelga.

huella s.f. Señal que deja en un lugar el pie de una persona o un animal, la rueda de un carro, etc. **2.** Señal o vestigio que queda de una cosa: *en su cara se notaban las huellas del llanto.* **3.** *Fig.* Impresión que deja en alguien una persona, un acontecimiento, etc. **4.** Plano horizontal de los escalones o peldaños de una escalera. **5.** Profundidad del escalón. **6.** Amér. Merid. Camino hecho por el paso de personas, animales o vehículos. **7.** Argent. y Urug. Baile campesino por parejas, de paso moderadamente suave y cadencioso, y cuyas coplas en seguidilla se acompañan con guitarra. ◇ **Huella ecológica** ECOL. Evaluación del impacto humano en el medio ambiente que determina la superficie agrícola que puede satisfacer las necesidades de un individuo, población, actividad industrial, etc., y que es capaz de asimilar los residuos que estos han generado. **Huellas dactilares** Marcas dejadas por los surcos de la piel de los dedos.

huelveño, a adj. y s. Onubense.

huemul s.m. Cérvido que habita estepas y bosques abiertos de los Andes australes, de formas robustas, cola muy corta, orejas bastante desarrolladas y pelaje corto y áspero, de color marrón intenso, con la parte inferior de la cola blanca.

huérfano, a adj. y s. (lat. tardío *orphanus,* del gr. *orphanós*). Se dice de la persona menor de edad a quien se le ha muerto el padre y la madre o uno de ellos. ◆ adj. Falto de alguna cosa, especialmente de amparo.

huero, a adj. (de *gorar,* empollar, incubar un huevo). Hueco, vacío. **2.** *Fig.* Insustancial, vano.

huerta s.f. Terreno destinado al cultivo de hortalizas, legumbres y árboles frutales, mayor que el huerto. **2.** Tierra de regadío en ciertas regiones. **3.** Terreno cultivado del norte de Argentina, donde predominan las matas de sandía.

huertano, a adj. y s. Esp. Se dice del habitante de algunas regiones de regadío, como Murcia, Valencia, etc.

huerto s.m. (lat. *hortus,* jardín, huerto). Terreno de poca extensión, donde se cultivan verduras, legumbres y árboles frutales.

huesa s.m. (lat. *fossa,* excavación, fosa, tumba). Sepultura u hoyo para enterrar un cadáver.

huesecillo s.m. Cada uno de los tres huesos pequeños del oído medio (martillo, yunque y estribo), que transmiten las vibraciones sonoras del tímpano al oído interno.

huesera s.f. Bol. y Chile. Lugar en que se guardan los huesos de los muertos.

huesero, a s. Méx. y Urug. Quiropráctico.

huesillo s.m. Amér. Merid. Durazno secado al sol, orejón.

hueso s.m. (lat. vulg. *ossum*). Parte dura y sólida que forma el esqueleto del cuerpo de los animales vertebrados. **2.** Envoltura leñosa de las semillas de algunas frutas: *hueso de melocotón.* **3.** Esp. *Fig.* Cosa que cuesta trabajo o que constituye una molestia. **4.** Esp. *Fig.* y *fam.* Persona severa y exigente: *el profesor de matemáticas es un hueso.* **5.** Méx. Cargo o puesto oficial de cierta importancia que alguien consigue por influencias: *le dieron un hueso en la oficina del ministro.* ◆ **huesos** s.m.pl. Restos mortales. **2.** *Fam.* Cuerpo, persona: *dio con sus huesos en la cárcel.* ◇ **Estar en los huesos** Estar muy flaco. **Estar por los huesos de alguien** Esp. Estar enamorado de esa persona. **Hueso de santo** Pasta de repostería hecha con harina y huevos, frita en aceite.

hueso

Se distinguen huesos cortos (vértebras, huesos del carpo y del tarso), huesos planos (omóplato, ilíaco, huesos de la bóveda craneana) y huesos largos (fémur, húmero, tibia, radio). Un hueso largo comprende una parte media o *diáfisis,* formada de tejido óseo compacto, una cavidad axial que contiene médula amarilla (compuesta sobre todo por grasa) y dos extremidades o *epífisis* (formadas de tejido óseo esponjoso, en el que las pequeñas cavidades contienen médula roja hematopoyética que produce células sanguíneas). El hueso está rodeado de una sólida membrana conjuntiva, el *periostio,* salvo en las superficies de las articulaciones, donde lo recubre cartílago.

huesoso, a adj. Del hueso. **2.** Que tiene muchos huesos o los huesos muy grandes.

huésped, da s. (lat. *hospes, -itis,* hospedador, hospedado). Persona alojada gratuitamente en casa ajena. **2.** Persona que se aloja en un establecimiento hotelero a cambio de dinero. **3.** Anfitrión, persona que recibe y aloja invitados en su casa. ◆ s.m. Organismo vivo a cuyas expensas vive un parásito. **2.** MED. Organismo que recibe sangre, un órgano o un tejido de otro organismo. SIN.: *receptor.*

hueste s.f. (lat. *hostis,* enemigo, ejército enemigo). Conjunto de partidarios de una persona o de una causa. **2.** Muchedumbre: *hueste de mendigos.* **3.** Ejército o tropa que toma parte en una campaña: *huestes reales.* **4.** HIST. Servicio militar que, durante la edad media, cumplía un vasallo al acudir a una expedición militar, obligado por su señor.

huesudo, a adj. De huesos muy marcados.

hueva s.f. (lat. *ova,* pl. de *ovum,* huevo). Masa oval que forman los huevos de los peces en su interior. SIN.: *ovas.* **2.** Chile. *Vulg.* Testículo. **3.** Guat. y Méx. *Vulg.* Pereza, flojera.

huevada s.f. Conjunto de huevos de aves. **2.** Argent., Bol. y Chile. *Vulg.* Tontería, estupidez.

huevear v.intr. Argent. y Urug. *Vulg.* Estar una persona sin hacer nada útil. **2.** Chile. *Vulg.* Hacer el tonto.

huevera s.f. Recipiente para guardar huevos. **2.** Copa pequeña para servir los huevos pasados por agua o tibios. **3.** ZOOL. Conducto membranoso de las aves en el cual se forman la clara y la cáscara de los huevos.

huevería s.f. Establecimiento donde se venden huevos.

huevero, a s. Persona que vende huevos.

huévil s.m. Chile. Arbusto de olor fétido, del que se emplean las hojas y el tallo contra la disentería y para elaborar un tinte amarillo. (Familia solanáceas.)

huevo s.m. (lat. *ovum*). Célula resultante de la fecundación, y que, por división, da un nuevo ser. **2.** Cuerpo esférico u ovalado que ponen las aves, reptiles, peces, etc., y que es comestible, especialmente el de las gallinas. (Un huevo de ave contiene un embrión rodeado de sustancias de reserva [amarilla, o vitelo, y blanca, rica en albúmina] y protegido por una cáscara calcárea porosa. Las aves incuban sus huevos hasta la eclosión del nuevo ser.) **3.** Gameto femenino maduro sin fecundar. ◆ **huevos** s.m.pl. *Vulg.* Testículos. ◇ **A huevo** *Vulg.* Fácil, sin esfuerzo; a tiro; Méx. por supuesto, claro que sí: *—¿Vas a venir? —¡A huevo!*; Méx. de manera obligada o forzada: *a huevo ni los zapatos entran.* **Costar un huevo** *Vulg.* Costar una cosa mucho, ser muy cara. **Huevo a la copa** Chile. Huevo pasado por agua. **Huevo a la paila** Chile. Huevo frito. **Huevo de Colón,** o **de Juanelo** *Fig.* Cosa que tiene, aparentemente, mucha dificultad y es en realidad muy fácil. **Huevo duro** Huevo cocido con la cáscara en agua hirviendo, hasta llegar a cuajarse enteramente yema y clara. **Huevo frito** Huevo que se fríe, sacado de la cáscara, pero sin batirlo. **Huevo pasado por agua** Huevo que se cuece ligeramente en agua hirviendo, con la cáscara. **Huevos al plato** Huevos cuajados en mantequilla o aceite al calor suave y servidos en el mismo recipiente en que se han hecho. **Huevos hilados** Composición de huevos y azúcar que forma hebras o hilos. **Huevos moles** Yemas de huevo batidas con azúcar. **Huevos pericos** Colomb. Huevos revueltos. **Huevos revueltos** Huevos que se fríen revolviéndolos. **Huevo tibio** Amér. Central, Ecuad., Méx. y Perú. Huevo pasado por agua.

huevón, na o **güevón, na** adj. Méx. *Vulg.* Holgazán, lento, flojo. **2.** Nicar. Animoso, valiente. ◆ adj. y s. Amér. *Vulg.* Lento, bobalicón, ingenuo. **2.** Amér. Merid. y Méx. *Vulg.* Estúpido, imbécil.

huevonear v.intr. Méx. *Vulg.* Flojear, haraganear.

hugonote, a adj. y s. (fr. *huguenot*). Nombre dado antiguamente por los católicos a los calvinistas franceses.

¡huichi pirichi! interj. Chile. Se usa para burlarse de alguien.

huichol, pueblo amerindio de México (est. de Jalisco y Nayarit), de lengua uto-azteca, que fue conquistado tardíamente por los españoles, y se ha resistido fuertemente a la aculturación. Son famosas sus ceremonias alrededor del peyote (hongo alucinógeno).

huida s.f. Acción de huir.

huidizo, a adj. Que huye o que tiende a huir. **2.** Fugaz, breve.

huido, a adj. Se dice de la persona que huye o se esconde por temor u otra causa.

¡huifa! interj. Chile. Expresa alegría.

huila s.f. Chile. Harapo, andrajo. **2.** Méx. *Vulg.* Prostituta.

huiliento, a adj. Chile. Andrajoso, harapiento.

huillín s.m. (mapuche *williñ*). Mamífero carnívoro, de 1 m de long., patas cortas y color marrón oscuro, que vive en los Andes chilenos. (Familia mustélidos.)

huilte s.m. Chile. Tallo comestible del cochayuyo, principalmente cuando está creciendo y antes de ramificarse.

huincha s.f. Bol., Chile y Perú. Cinta de lana o algodón.

huipil s.m. Guat., Hond. y Méx. Camisa de mujer, sin mangas. **2.** Guat. y Méx. Camisa o túnica amplia de algodón o manta, adornada con bordados típicos, que usan principalmente las mujeres indígenas de distintas regiones.

huir v.intr. (lat. *fugere*). Alejarse rápidamente de un lugar para evitar un daño o peligro. **2.** Alejarse velozmente. **3.** *Fig.* Transcurrir o pasar velozmente el tiempo. ◆ v.intr. y tr. Evitar a alguien o apartarse de algo molesto o perjudicial.

huira s.f. Chile. Corteza del maqui, que se utiliza para atar cosas.

1. **huiro** s.m. Bol. y Perú. Tallo de maíz verde.

2. **huiro** s.m. Chile. Alga marina.

huisquil s.m. Amér. Central y Méx. Fruto del huisquilar, con cáscara cubierta de espinas blandas y cortas; que se usa como verdura en cocidos.

huisquilar s.m. Amér. Central y Méx. Planta trepadora espinosa. (Familia cucurbitáceas.) **2.** Guat. Terreno poblado de esta planta.

huitlacoche s.m. Méx. Hongo parásito de las mazorcas tiernas del maíz, de color blanco grisáceo, que se utiliza para preparar gran variedad de platos. SIN.: *cuitlacoche, huiclacoche.*

huitrín s.m. Chile. Racimo de choclos o mazorcas de maíz.

huizache s.m. Méx. Árbol de ramas espinosas y corteza delgada, con vainas largas de color morado negruzco, de las cuales se extrae una sustancia empleada para hacer tinta negra. (Familia leguminosas.)

1. **hule** s.m. (náhuatl *ulli*). Tela pintada y barnizada por uno de sus lados para que resulte impermeable.

2. **hule** s.m. Caucho. **2.** Amér. Goma. **3.** Méx. Árbol que se cultiva en las regiones de clima cálido y húmedo, de 25 m de alt., con hojas alargadas y ásperas, y del que se extrae el caucho. (Familia moráceas.) ◇ **Haber hule** *Fam.* Haber riñas, peleas, etc., en un lugar u ocasión determinados.

hulero, a s. Amér. Persona que tiene por oficio recoger el hule o goma elástica.

hulla s.f. (fr. *houille*). Combustible mineral fósil sólido, de color negro y rico en carbono, formado a partir de vegetales que han sufrido una transformación que les confiere un gran potencial calorífico. ◇ **Hulla blanca** Energía obtenida a partir de los saltos de agua.

hullera s.f. Mina de hulla en explotación.

hullero, a adj. Relativo a la hulla. ◇ **Período hullero** GEOL. Período carbonífero.

hullificación s.f. Transformación de restos vegetales en hulla.

humanidad s.f. Conjunto de todos los seres humanos: *los avances médicos benefician a la humanidad.* **2.** Condición de humano, naturaleza humana. **3.** *Fam.* Bondad, amor y compasión hacia los otros. **4.** *Fam.* Corpulencia, gordura. **5.** *Fam.* Muchedumbre de personas. ◆ **humanidades** s.f.pl. Conjunto de estudios y conocimientos relacionados con las ciencias humanas, como la historia, el arte y la filosofía.

humanismo s.m. Conjunto de tendencias intelectuales y filosóficas destinadas al desarrollo de las cualidades esenciales del ser humano. **2.** Movimiento intelectual nacido en Italia en el s. XIV, que se extendió por Europa durante los ss. XV y XVI, cuyo método y filosofía se basaba en el estudio de los textos antiguos. **3.** Método de formación intelectual fundado en las humanidades.

huir

INDICATIVO

presente
huyo
huyes (huís o huis)
huye
huimos
huís o huis
huyen

copretérito o pret. imperfecto
huía
huías
huía
huíamos
huíais
huían

pretérito o pret. perf. simple
huí o hui
huiste
huyó
huimos
huisteis
huyeron

futuro o fut. simple
huiré
huirás
huirá
huiremos
huiréis
huirán

pospretérito o condicional simple
huiría
huirías
huiría
huiríamos
huiríais
huirían

SUBJUNTIVO

presente
huya
huyas
huya
huyamos
huyáis
huyan

pretérito o pret. imperfecto
huyera o *huyese*
huyeras o *huyeses*
huyera o *huyese*
huyéramos o *huyésemos*
huyerais o *huyeseis*
huyeran o *huyesen*

futuro o fut. simple
huyere
huyeres
huyere
huyéremos
huyereis
huyeren

IMPERATIVO

huye (huí o hui)	(tú, vos)
huya	(él)
huyamos	(nosotros)
huid	(vosotros)
huyan	(ellos)

FORMAS NO PERSONALES

infinitivo	gerundio
huir	*huyendo*

participio
huido

humanismo

El humanismo es una de las bases del renacimiento, época de reforma intelectual, moral y espiritual del ser humano y de la iglesia. El filólogo y el escritor vuelven sus ojos hacia la edad de oro de las letras antiguas y rompen con la tradición medieval y católica. Las corrientes antiguas del pensamiento ya no se estudiaron a la luz de la fe, sino por sí mismas: el platonismo de Marsilio Ficini se extendió por toda Europa. En España, sin embargo, figuras como Arias Montano o fray Luis de León se aplicaron con saber filológico al estudio y traducción de la Biblia. Esta línea de humanismo cristiano es la que representaba Erasmo de Rotterdam, intelectual de gran prestigio e influencia en Europa.

---

humanista s.m. y f. (ital. *umanista*). Persona versada en humanidades. **2.** Intelectual o escritor que en los ss. XV y XVI se dedicó a revalorizar las obras de la antigüedad clásica. **3.** Filósofo que fundamenta su sistema en el desarrollo de las cualidades esenciales del ser humano. ◆ adj. Humanístico.

humanístico, a adj. Relativo al humanismo o a las humanidades.

humanitario, a adj. (fr. *humanitaire*, de *humanité*, humanidad). Humano, solidario o caritativo con los demás.

humanitarismo s.m. Actitud en la que predominan los sentimientos humanitarios.

humanizar v.tr. y prnl. Hacer más humano, menos cruel, menos duro, etc.

humano, a adj. (lat. *humanus*). Relativo al hombre y a la mujer o a la humanidad. **2.** Propio de la persona como ser imperfecto: *es humano equivocarse.* **3.** *Fig.* Solidario, benévolo o compasivo con los demás. ◆ s.m. Persona, ser de la especie humana.

humanoide adj. Que presenta rasgos o características humanas: *el cráneo humanoide de los australopitecos.* ◆ s.m. y f. Ser o robot parecido a una persona.

humareda s.f. Abundancia de humo.

humazo s.m. Humo denso y abundante.

humear v.intr. y prnl. Exhalar, desprender humo. ◆ v.intr. Desprender una cosa vaho o vapor. **2.** *Fig.* Quedar huellas de algo pasado, como una riña o enemistad. ◆ v.tr. Amér. Fumigar.

humectación s.f. Acción y efecto de humedecer o humectar.

humectador, ra adj. Que humedece. ◆ s.m. Aparato que sirve para mantener un grado higrométrico en un punto o en un lugar determinados. **2.** Aparato utilizado para efectuar la humectación de tejidos, papel, etc.

humectar v.tr. Producir o causar humedad. SIN.: *humidificar.*

humectativo, a adj. Que causa o produce humedad.

humedad s.f. (lat. *umiditas, -atis*). Cualidad de húmedo. **2.** Cantidad de un líquido que impregna un cuerpo. **3.** Cantidad de vapor de agua presente en un lugar. ◇ **Humedad absoluta** Número de gramos de vapor de agua que contiene un metro cúbico de aire. **Humedad relativa** Relación entre la presión efectiva del vapor de agua y la presión máxima.

humedal s.m. Terreno húmedo.

humedecer v.tr. y prnl. [conj.: *parecer*]. Mojar ligeramente algo.

húmedo, a adj. (lat. *umidus*, de *umere*, estar húmedo). Que está ligeramente mojado: *ropa húmeda.* **2.** Cargado de vapor de agua: *tiempo húmedo.* **3.** Se dice del país o clima en que llueve mucho o el aire está muy cargado de vapor de agua.

humeral adj. (lat. tardío *umerale*, capa, de *umerus*, hombro). Relativo al húmero. ◆ s.m. y adj. LITURG. Paño blanco que se pone sobre los hombros el sacerdote para tomar la custodia o el copón.

húmero s.m. (lat. *umerus*, hombro). Hueso del brazo, articulado en el hombro con la cavidad glenoidea del omóplato, y en el codo con la cavidad sigmoidea del cúbito y con la cúpula del radio. (Las partes del húmero son: cabeza, troquíter, corredera, tróclea, cóndilo, epitróclea y epicóndilo.)

húmico, a adj. Relativo al humus. ◇ **Abono húmico** Conjunto de aportes orgánicos incorporados al suelo, cuya transformación da lugar a la formación de humus.

humícola adj. Que vive en el humus.

humildad s.f. (lat. *humilitas, -atis*). Ausencia completa de orgullo y presunción. **2.** Sumisión voluntaria por conciencia de la propia insuficiencia o por cálculo. **3.** Condición social modesta o baja.

humilde adj. (del lat. *humilis*, de *humus*, suelo, tierra). Que tiene humildad. **2.** Que pertenece a una clase social baja.

humillación s.f. Acción y efecto de humillar o humillarse.

humilladero s.m. Lugar con una cruz o imagen que suele haber a la entrada de los pueblos o en los caminos.

humillante adj. Que humilla.

humillar v.tr. (lat. tardío *humiliare*). Bajar o inclinar una parte del cuerpo, como la cabeza o la rodilla, en señal de sumisión. **2.** *Fig.* Hacer perder o disminuir el orgullo o la dignidad a alguien. ◆ **humillarse** v.prnl. Adoptar alguien una actitud de inferioridad frente a otra persona.

huminta s.f. Argent. Humita.

humita s.f. (quechua *huminta*). Amér. Merid. Comida hecha con maíz rallado y hervido en agua con sal, al que se añade una salsa de guindilla, tomate y cebolla frita. (Se suele envolver en hojas de maíz.) **2.** Argent., Chile y Perú. Guiso hecho con maíz tierno.

humitero, a s. Chile y Perú. Persona que hace y vende humitas.

humo s.m. (lat. *fumus*). Conjunto de productos gaseosos y partículas sólidas minúsculas que se desprende de los cuerpos en combustión. **2.** Vapor que exhala cualquier cosa que fermenta o hierve. ◆ **humos** s.m.pl. *Fig.* Vanidad, orgullo. **2.** Hogares o casas. ◇ **Bajar a alguien los humos** *Fam.* Humillarlo. **Cortina de humo** Conjunto de hechos o circunstancias con que se pretende desviar la atención para ocultar la realidad. **Irse** o **venirse al humo** Argent. y Urug. Dirigirse rápida y directamente a una persona, por lo general con fines agresivos.

humor s.m. (lat. *umor, -oris*, líquido, especialmente del cuerpo humano). Disposición del ánimo habitual o pasajera: *estar de mal humor.* **2.** Buena disposición del ánimo: *tener humor.* **3.** Facultad de apreciar y manifestar el aspecto cómico y ridículo de algo: *sentido del humor.* **4.** Líquido del cuerpo de un animal. ◇ **Humor gráfico** Medio de expresión en el que, mediante dibujos y con o sin ayuda de palabras, se juega con ideas casi siempre con intención satírica o irónica y a veces sin otro objetivo que la especulación intelectual o la búsqueda gráfica. **Humor negro** Humor que se hace a partir de cosas desagradables o desgraciadas.

humorada s.f. Dicho o hecho caprichoso o extravagante.

humorado, a adj. Que tiene humor.

humoral adj. Relativo a los humores orgánicos.

humorismo s.m. Manera de manifestar o captar el aspecto irónico, cómico y ridículo de la realidad.

humorista s.m. y f. (ingl. *humorist*, de *humour*, humorismo, humor). Persona que tiene por oficio provocar la risa del público.

humorístico, a adj. Relativo al humorismo. **2.** Que está hecho con humor.

humoso, a adj. Que desprende humo. **2.** Que contiene humo.

humus s.m. (lat. *humus*, tierra). Sustancia coloidal negruzca del suelo, resultante de la descomposición parcial de residuos vegetales o animales, realizada por microbios.

hunche s.m. Colomb. Hollejo del maíz y de otros cereales. **2.** Colomb. Zumo del filque.

hunco s.m. Bol. Poncho de lana que no tiene flecos.

hundimiento s.m. Acción y efecto de hundir o hundirse. **2.** MED. Tipo de fractura en que hay una depresión del fragmento roto sobre planos inferiores.

hundir v.tr. y prnl. (lat. *fundere*, fundir, dispersar o derribar al enemigo). Sumergir, introducir algo en un líquido completamente. **2.** Introducir totalmente algo en una masa o materia. **3.** Derrumbar un edificio, construcción, etc. **4.** Hacer descender el peso de algo la superficie sobre la que se apoya. **5.** *Fig.* Arruinar o perjudicar mucho a alguien. **6.** *Fig.* Provocar el fracaso de algo. ◆ v.tr. *Fig.* Derrotar a alguien en una lucha o discusión. ◆ **hundirse** v.prnl. *Fig.* Alborotarse un lugar y producirse mucho ruido: *durante la fiesta la casa se hundía.*

húngaro, a adj. y s. De Hungría. ◆ s.m. Lengua ugrofinesa hablada en Hungría, principalmente. SIN.: *magiar.*

huno, a adj. y s. De un pueblo nómada de Asia, probablemente de origen mongol.

huno

Se supone que fueron dos ramas de un mismo pueblo, los hunos blancos o heftalíes, las que a fines del s. IV irrumpieron en Europa y en Asia central. La primera rama desempeñó un papel decisivo en el desencadenamiento de las grandes invasiones bárbaras. A principios del s. V creó un estado en las llanuras del Danubio. Atila (m. 453) saqueó el Imperio romano; a su muerte, el estado huno se dispersó. La otra rama se estableció en Sogdiana y Bactriana en el s. V, y posteriormente atacó Irán y penetró en el N de la India, donde se mantuvo hasta principios del s. VI.

huracán s.m. (taíno *hurakán*). Tempestad muy violenta, en la que el viento, que normalmente gira sobre un eje, sobrepasa los 117 km por hora. **2.** Viento muy fuerte. **3.** *Fig.* Persona o cosa de mucha fuerza o ímpetu que destruye o trastorna lo que encuentra a su paso: *un huracán de pasiones.*

huracanado, a adj. Que tiene la fuerza o los caracteres del huracán: *viento huracanado.*

huracanarse v.prnl. Convertirse el viento en huracán.

huraco s.m. Colomb. Agujero, oquedad.

huraño, a adj. (del lat. *foraneus,* extranjero, extraño). Que rehúye el trato y la conversación.

hure s.m. Colomb. Olla grande de barro cocido para contener líquidos, como agua o chicha.

hurgamiento s.m. Acción de hurgar o hurgarse.

hurgar v.tr. y prnl. Remover o tocar con insistencia en un hueco o en el interior de algo: *hurgar el fogón; hurgarse la nariz.* ◆ v.tr. *Fig.* Fisgar en asuntos ajenos.

hurgón s.m. Instrumento para remover y atizar la lumbre.

hurguete s.m. Argent. y Chile. Persona que averigua cosas escondidas y secretas.

hurguetear v.tr. Amér. Hurgar, escudriñar.

hurguillas s.m. y f. Persona inquieta y apremiante.

hurí s.f. (fr. *houri,* del persa *ḥurí*). En el Corán, virgen del paraíso, prometida como esposa a los creyentes.

1. **hurón** o **wyandot,** pueblo amerindio de América del Norte, del grupo iroqués, que habitaba entre los lagos Hurón y Ontario, act. en reservas en Oklahoma.

2. **hurón, na** s. (lat. tardío *furo, -onis,* de *fur,* ladrón). Mamífero carnívoro pequeño, variedad albina del turón, que se emplea en la caza de conejos. ◆ s. y adj. *Fig.* y *fam.* Persona huraña e intratable. **2.** *Fig.* y *fam.* Persona que curiosea y averigua las intimidades o secretos ajenos.

huronear v.intr. Cazar con hurón. **2.** *Fig.* y *fam.* Procurar saber algo, fisgar.

huronera s.f. Caja o jaula donde se encierra el hurón.

huroniano, a adj. **Plegamiento huroniano** Plegamiento que, durante el precámbrico, afectó especialmente a Escandinavia y Canadá.

hurra interj. y s.m. (ingl. *hurrah*). Grito de alegría y entusiasmo o aprobación: *ser recibido con hurras de satisfacción; ¡hurra, hemos ganado!* **2.** Grito reglamentario que, en algunos países, da la tripulación de un barco para rendir honores a un huésped ilustre.

hurrita adj. y s.m. y f. De un pueblo asiático, del que existen vestigios en Anatolia, en la alta Mesopotamia y en Siria a partir del s. XXI al XII a.C. (En el s. XVI a.C. fundaron el reino de Mitanni, que desapareció en los ss. XIV-XIII ante la presión de los hititas y los asirios.) ◆ s.m. Lengua hablada por este pueblo.

hurtadillas (a) loc. Furtivamente, con disimulo.

hurtar v.tr. Cometer un hurto: *hurtar dinero.* **2.** Escatimar un vendedor el peso o medida de una mercancía. ◆ v.tr. y prnl. *Fig.* Ocultar, desviar, apartar.

hurto s.m. (lat. *furtum,* de *fur,* ladrón). Robo que se comete sin violencia ni intimidación y con ánimo de lucro. **2.** Cosa hurtada: *encontrar el hurto.*

husada s.f. Porción de lino, lana o estambre que cabe en el huso cuando ya ha sido hilada.

húsar s.m. (del húngaro *huszár*). Militar de un cuerpo de caballería ligera creado en Francia en el s. XVII, cuyo uniforme fue copiado, en un principio, de la caballería húngara.

husillo s.m. Cilindro con rosca de tornillo que se usa para mover prensas u otras máquinas.

husita s.m. Partidario de las doctrinas religiosas de Jan Hus.

husky s.m. Perro de una raza canadiense, especialmente apto para la tracción de trineos sobre la nieve.

husmear v.tr. (gr. *osmasthai,* oler, husmear). Rastrear con el olfato una cosa. **2.** *Fig.* y *fam.* Indagar, tratar alguien de enterarse de algo que no le concierne.

husmeo s.m. Acción y efecto de husmear.

huso s.m. (lat. *fusus*). Instrumento cilíndrico para torcer y enrollar el hilo que se va formando en la operación de hilado a mano. **2.** BIOL. CEL. Conjunto de filamentos que aparecen durante la división celular, y que siguen a los cromosomas durante su ascenso hacia cada esfera que los atrae. **3.** GEOMETR. Parte de una superficie de revolución comprendida entre dos semiplanos que pasan por el eje de dicha superficie y están limitados por esta. **4.** TEXT. Instrumento cónico alrededor del cual se enrolla el hilo de algodón, seda, etc. ◇ **Huso esférico** Porción de superficie esférica comprendida entre dos semicírculos máximos. **Huso horario** Cada uno de los 24 husos geométricos convencionales en los que se divide la superficie de la Tierra, y cuyos puntos tienen la misma hora legal.

hutía s.f. Mamífero roedor de unos 50 cm de long. y unos 8 kg de peso, que vive en las selvas de América. (Familia caprómidos.)

hutu o **bahutu,** pueblo de África oriental, que es el más numeroso en Burundi y Ruanda.

¡huy! interj. Expresa dolor físico, vergüenza o asombro.

hyksos → **hicsos**.

i

i s.f. Décima letra del alfabeto español y tercera de sus vocales. **2.** MAT. En la teoría de los números complejos, unidad llamada *imaginaria,* cuyo cuadrado es igual a –1. ◇ **I** Signo que en la numeración romana equivale a uno. **Poner los puntos sobre las íes** Puntualizar, expresarse de forma clara y minuciosa.

iacetanos, pueblo ibero que habitaba en el alto Aragón y que fue sometido por Catón (194 a.C.).

iatrogénico, a adj. Se dice de la enfermedad provocada por un medicamento. SIN.: *iatrógeno.*

ibérico, a adj. Ibero: *arte ibérico.* **2.** Relativo a España y Portugal a la vez: *pacto Ibérico.*

iberismo s.m. Doctrina política que propugna la intensificación de las relaciones culturales y económicas entre España y Portugal, y la unión pacífica entre ambos países de la península Ibérica.

ibero, a o **íbero, a** adj. y s. De los pueblos prerromanos que habitaban en las zonas mediterránea y meridional de la península Ibérica. ◆ s.m. Lengua preindoeuropea hablada por los iberos.

ibero

El desarrollo de la civilización ibérica se sitúa en el s. VI a.C., con dos grandes momentos en los ss. V-IV y III-II. Los pueblos ibéricos más importantes fueron: contestanos; edetanos; ilercavones; ilergetes; cosetanos; layetanos; indigetes; lacetanos, ausetanos y ceretanos de la Cataluña interior; deitanos de Murcia y sordones del Rosellón. Los pueblos del ant. reino de Tartessos (turdetanos, túrdulos, cinetes, bastetanos) se incluyen en el área ibérica. Su economía se basaba sobre todo en la agricultura, así como en la ganadería, la caza y la pesca. Practicaron la metalurgia del hierro y utilizaron monedas acuñadas por ellos mismos. Realizaron cerámica y joyas de influencia oriental, céltica o helenística y dejaron interesantes esculturas (damas de Elche y de Baza; Cerro de los Santos). Sus poblados, protegidos por un muro, se asentaban generalmente en colinas. Las necrópolis han permitido rastrear la existencia de una capa social aristocrática formada por los guerreros; al parecer existía también una especie de asambleas generales en las que participaba el pueblo, excepto las clases serviles. Aunque no se conoce la filiación de su lengua, se sabe que sus inscripciones presentan una escritura a la vez alfabética y silábica (bronces de Botorrita). La religión de los íberos tenía un carácter mediterráneo, con divinidades femeninas y demoníacas, cultos astrales y magia, naturalismo o zoocultismo.

iberoamericano, a adj. y s. De los pueblos que forman parte de Iberoamérica. ◆ adj. De estos pueblos y de España y Portugal a la vez.

iberorrománico, a adj. y s.m. Se dice de las lenguas derivadas del latín hablado en la antigua Iberia.

iberorromano, a adj. Se dice de las obras producidas por los artistas de la antigua Iberia bajo el estímulo romanizador.

íbice s.m. (lat. *ibex, -icis,* cabra montés). Rumiante parecido a una cabra, que vive en los altos parajes alpinos. (Familia bóvidos.) [También *íbex.*]

ibicenco, a adj. y s. De Ibiza. ◆ s.m. Subdialecto balear, dentro de la lengua catalana.

ibídem adv. (lat. *ibidem*). De allí mismo, o en el mismo lugar. (Se abrevia *ibíd.* o *ibid.*)

ibirapitá s.f. Árbol americano cuya madera es muy apreciada en tornería y carpintería.

ibis s.m. (lat. *ibis,* del gr. *ibis*). Ave del orden zancudas, de pico largo y curvado hacia abajo. (El ibis sagrado, que los antiguos egipcios veneraban como una encarnación del dios Tot, presenta plumaje blanco, excepto en la cabeza, cuello y parte de las alas, que son negros.)

ibo, etnia del SE de Nigeria que habla una lengua del grupo kwa. Su intento de secesión en 1967 provocó la guerra de Biafra.

ibón s.m. Lago de origen glaciar, en los Pirineos de Aragón.

ica, pueblo amerindio del grupo arawak, de la familia lingüística chibcha, que vive en Colombia (sierra Nevada de Santa Marta).

icario, a adj. Relativo a Ícaro. ◆ adj. y s. De Icaria.

ícaro s.m. P. Rico. Especie de ñame.

iceberg s.m. (ingl. *iceberg*). Bloque de hielo de gran tamaño desprendido de los glaciares continentales, que flota en las regiones polares del océano, y cuya porción emergida puede alcanzar 200 m de altura, quedando sumergidas las cuatro quintas partes de su masa.

icho o **ichu** s.m. (voz quechua). Planta herbácea espontánea en los páramos de los Andes. (Familia gramíneas.)

icneumón s.m. (lat. *ichneumon, -onis,* del gr. *ikhneúmon, -onos,* especie de rata de Egipto). Insecto que deposita sus huevos en las larvas de otros insectos, algunas veces a través de las cortezas de los árboles. (Orden himenópteros.)

icónico, a adj. Relativo al icono. **2.** Relativo a la imagen: *mensaje icónico.*

icono s.m. (gr. *eikón, -ónos,* imagen, de *eoika,* asemejarse). En las iglesias de oriente de tradición bizantina, imagen de

Cristo, de la Virgen o de los santos. **2.** Signo que mantiene una relación de semejanza con el objeto representado. **3.** INFORMÁT. Símbolo gráfico que aparece en la pantalla de una computadora y que corresponde a la ejecución particular en un software. **4.** LING. Signo en el que se da una relación de analogía con la realidad exterior.

iconoclasia o **iconoclastia** s.f. Doctrina, proclamada como oficial en el imperio bizantino por los emperadores León III el Isáurico, Constantino V Coprónimo y León V el Armenio, que prohibía como idolátricas la representación y veneración de las imágenes de Cristo y de los santos.

iconoclasta adj. y s.m. y f. (del gr. *eikón, -ónos,* imagen y *kláein,* romper). Relativo a la iconoclasia; partidario de esta doctrina. **2.** *Por ext.* Que es enemigo de signos, emblemas, etc., religiosos, políticos o de cualquier valor establecido.

iconografía s.f. Estudio descriptivo de las diferentes representaciones figuradas de un mismo sujeto. **2.** Conjunto clasificado de las imágenes correspondientes. **3.** Colección de retratos.

iconográfico, a adj. Relativo a la iconografía.

iconolatría s.f. Adoración de las imágenes.

iconología s.f. En la cultura y en el arte clásicos, ciencia y arte de utilizar emblemas, símbolos y alegorías figurativas. **2.** Estudio de la formación, transmisión y significación profunda de las representaciones figuradas en arte.

iconoscopio s.m. Tubo catódico tomavistas de las cámaras de televisión.

iconostasis s.f. (del gr. *eikón, -ónos,* imagen y *stásis,* acción de poner) [pl. *iconostasis*]. En las iglesias de rito oriental, biombo de tres hojas que separa la nave del santuario y está adornado con iconos. SIN.: *iconostasio.*

icor s.m. (gr. *ikhór, -oros,* parte serosa de la sangre). MED. Líquido seroso y fétido que rezuman ciertas úlceras o llagas.

icosaedro s.m. MAT. Cuerpo geométrico que tiene veinte caras planas. (El icosaedro regular tiene por caras veinte triángulos equiláteros iguales.)

icoságono, a s.m. y adj. MAT. Figura geométrica que tiene veinte lados.

ictericia s.f. MED. Enfermedad caracterizada por coloración amarilla de la piel, debida a la presencia en la sangre y en los tejidos de pigmentos biliares.

ictérico, a adj. y s. (lat. *ictericus,* del gr. *ikterikós*). Relativo a la ictericia; que padece esta enfermedad.

ictíneo, a adj. (del gr. *ikhthýs,* pez). Semejante a un pez.

ictiófago, a adj. y s. Que se alimenta de peces.

ictiol s.m. Aceite sulfuroso empleado en el tratamiento de diversas enfermedades de la piel.

ictiología s.f. Parte de la zoología que estudia y describe los peces. SIN.: *ictiografía.*

ictiólogo, a s. Especialista en ictiología.

ictiosaurio s.m. (del gr. *ikhthýs,* pez, y *sauros,* lagarto). Reptil marino de cuerpo housepisciforme, vivíparo, que vivió desde finales del triásico hasta principios del cretáceo superior. (Medía entre 1 y 14 m de longitud, según la especie.)

ictiosis s.f. MED. Enfermedad de la piel caracterizada por la formación de laminillas y la descamación de la epidermis, que aparece seca y rugosa.

ictus s.m. (voz latina, *golpe*). MED. Lesión grave, de aparición brusca. **2.** MÉTRIC. ANT. Apoyo rítmico sobre una sílaba larga o acentuada.

ida s.f. Acción de ir. ◇ **Encuentro de ida** DEP. Primer encuentro de una eliminatoria que se disputa a doble partido.

idea s.f. (gr. *idéa,* apariencia, imagen ideal de un objeto). Representación mental de una cosa real o imaginaria. **2.** Concepción elemental, noción de una cosa: *no tengo ni idea de la hora que es.* **3.** Propósito de realizar algo: *tenía idea de ir hoy al cine.* **4.** Ocurrencia, hallazgo: *fue una gran idea reunirnos.* **5.** Modo de interpretar algo: *tener una idea equivocada de la cuestión.* **6.** Ingenio o maña para inventar o realizar algo. **7.** Fondo, parte sustancial de una doctrina, razonamiento, etc. **8.** Esquema, proyecto: *te ha dado la idea para que la realices.* ◆ **ideas** s.f.pl. Ideología política, religiosa, etc. ◇ **Idea fuerza** Idea principal, eje de un razonamiento y germen de acción.

ideación s.f. Génesis y proceso en la formación de las ideas.

ideal adj. Relativo a la idea o las ideas. **2.** Que solo existe en la imaginación, no es real. **3.** Excelente, perfecto en su clase: *un vehículo ideal.* ◆ s.m. Perfección que el espíritu imagina, sin poder alcanzarla por completo. **2.** Aquello que se pretende o a lo que se aspira. **3.** Doctrina, ideas, etc., que alguien profesa apasionadamente. **4.** MAT. En un anillo conmutativo, en el que las operaciones definidas son la suma y el producto, subgrupo aditivo estable respecto de la multiplicación tal que el producto de un elemento cualquiera del subgrupo por un elemento cualquiera del anillo está contenido en el subgrupo.

idealismo s.m. Propensión a idealizar las cosas. **2.** FILOS. Filosofía que reduce la realidad al ser, y el ser, al pensamiento: *el idealismo hegeliano.*

idealista adj. y s.m. y f. Relativo al idealismo; partidario de esta doctrina. **2.** Se dice de la persona que tiende a idealizar las cosas.

idealización s.f. Acción y efecto de idealizar. **2.** PSICOANÁL. Proceso por el cual el objeto del deseo se encuentra aumentado en la imaginación e investido por el sujeto de cualidades que objetivamente no posee.

idealizar v.tr. Considerar que una persona o una cosa son modelos de perfección, dignas de ser imitadas: *idealizar su infancia.*

idear v.tr. Pensar, discurrir. **2.** Trazar, inventar.

ideario s.m. Repertorio de las principales ideas de un autor, escuela, etc.

ideático, a adj. Amér. Extravagante, maniático, caprichoso. **2.** Hond. Ingenioso.

ídem (lat. *idem*). Voz procedente del pron. lat. *idem,* que significa *el mismo* o *lo mismo,* y se usa para evitar repeticiones. (Se abrevia *íd.* o *id.*)

idempotente adj. En un conjunto en el que está definida una ley de composición interna, se dice de todo elemento que compuesto consigo mismo da el propio elemento.

idéntico, a adj. Completamente igual o muy parecido.

identidad s.f. (lat. tardío *identitas, -atis*). Cualidad de idéntico. **2.** Conjunto de caracteres o circunstancias que hacen que alguien o algo sea reconocido, sin posibilidad de confusión con otro. **3.** Circunstancia de ser efectivamente una persona lo que dice ser. **4.** MAT. Igualdad en la que los dos miembros toman valores numéricos iguales para todo el sistema de valores atribuido a las variables. ◇ **Identidad social** PSICOL. Conciencia que tiene una persona de su pertenencia a uno o varios grupos sociales o a un territorio, y significación emocional y valorativa que resulta de ello. **Placa de identidad** Placa metálica que llevan los militares cuando participan en una operación. **Principio de identidad** Principio fundamental de la lógica tradicional, según el cual toda cosa es igual a sí misma.

identificable adj. Que puede ser identificado.

identificación s.f. Acción y efecto de identificar o identificarse. **2.** PSICOANÁL. Proceso psíquico por el cual el sujeto se asimila a otra persona o a un objeto afectivo.

identificar v.tr. Reconocer que una persona o cosa es la misma que se supone o se busca. ◆ v.tr. y prnl. Considerar dos o más cosas como idénticas. ◆ **identificarse** v.prnl. Solidarizarse. **2.** Acreditar una persona su identidad para ser reconocida.

ideografía s.f. Representación directa del sentido de las palabras mediante símbolos gráficos.

ideográfico, a adj. Relativo a la ideografía: *escritura ideográfica.*

ideograma s.m. LING. Signo gráfico que representa el sentido de una palabra y no sus sonidos.

ideología s.f. Conjunto de ideas que caracterizan a una persona, grupo, época, o movimiento. **2.** Según los marxistas, representación de la realidad propia de una clase social, que depende del lugar que esta clase ocupa en el modo de producción y de su papel en la lucha de clases.

ideológico, a adj. Relativo a la ideología.

ideólogo, a s. Persona que crea ideas o que se atiene excesivamente a las ideas abstractas. **2.** En los ss. XVIII y XIX, filósofo que analizaba el origen de las ideas.

ideoso, a adj. Guat. Ingenioso, ideático. **2.** Méx. Ideático.

id est loc. (voces latinas, *esto es*). Por ejemplo. (Se abrevia *i.e.*)

IDH s.m. (sigla de *índice de desarrollo humano*). Medida utilizada por la ONU para evaluar el desarrollo humano, a través de tres variables ponderadas de forma equitativa: longevidad, educación y nivel de vida.

idílico, a adj. Relativo al idilio. **2.** Sumamente placentero o agradable.

idilio s.m. (lat. *idyllium*, del gr. *eidýllion*, obra pequeña). Episodio o aventura amorosa. **2.** Composición poética de motivo pastoral y generalmente amoroso.

idiocia s.f. MED. Déficit intelectual profundo de origen orgánico o psíquico, definido por un cociente intelectual no superior a 20 y que comporta incapacidad para la adquisición del lenguaje. SIN.: *idiotez, idiotismo.*

idiolecto s.m. LING. Conjunto de las variantes de un idioma propias de una persona en un momento determinado. (Es la única realidad de la que dispone un dialectólogo.)

idiología s.f. Modo peculiar de hablar.

idioma s.m. (lat. tardío *idioma, -atis,* locución propia de una lengua, del gr. *idioma,* carácter propio de alguien, particularidad de estilo). Lengua, considerada como un sistema de signos lingüísticos que usa una comunidad de hablantes para comunicarse.

idiomático, a adj. Relativo al idioma: *expresión idiomática.*

idiopatía s.f. Enfermedad que tiene existencia propia, sin ser la consecuencia de otra.

idiopático, a adj. Relativo a la idiopatía.

idiosincrasia s.f. (gr. *idiosygkrasía,* de *idios,* propio, peculiar, y *sýgkrasis,* temperamento). Temperamento o manera de ser que caracteriza a una persona o a una colectividad.

idiosincrásico, a adj. Relativo a la idiosincrasia.

idiota adj. y s.m. y f. (lat. *idiota,* profano, ignorante, del gr. *idiótis*). Se dice de la persona muy poco inteligente e ignorante. **2.** Que padece idiocia.

idiotez s.f. Tontería. **2.** MED. Idiocia.

idiotismo s.m. (lat. *idiotismus,* locución propia de una lengua, del gr. *idiotismós,* habla del vulgo). Ignorancia. **2.** LING. Expresión o construcción peculiar de una lengua, de forma fija y no analizable por sus componentes. **3.** MED. Idiocia.

idiotizar v.tr. y prnl. Volver idiota.

ido, a adj. Fam. Muy distraído. **2.** Que padece algún trastorno mental.

idólatra adj. y s.m. y f. Que idolatra.

idolatrar v.tr. Adorar ídolos. **2.** Fig. Amar excesivamente a una persona o cosa.

idolatría s.f. Cualidad de idólatra. **2.** Acción y efecto de idolatrar.

ídolo s.m. (gr. *eidolon,* imagen). Objeto inanimado al que se considera dotado de poderes sobrenaturales y al que se rinde culto. **2.** Fig. Persona o cosa excesivamente amada o admirada: *un ídolo de la juventud.*

idoneidad s.f. Cualidad de idóneo.

idóneo, a adj. (lat. *idoneus,* adecuado, apropiado). Que tiene suficiencia o aptitud para alguna cosa.

idumeos → edomitas.

idus s.m.pl. (voz latina). En el calendario romano, decimoquinto día de los meses de marzo, mayo, julio y octubre, y decimotercer día de los otros meses.

iglesia s.f. (del lat. *ecclesia,* asamblea de los primeros cristianos, lugar donde se celebra el culto cristiano, del gr. *ekklesía,* reunión, asamblea). Conjunto de personas que profesan la religión cristiana, fundada por Jesús. (Suele escribirse con mayúscula.) **2.** Conjunto del clero y pueblo de un país en donde el cristianismo tiene adeptos. **3.** Estado eclesiástico, que comprende a todos los ordenados. **4.** Gobierno eclesiástico general del Sumo Pontífice, concilios y prelados. **5.** Comunidad formada por personas que profesan la misma doctrina: *Iglesia católica; Iglesia ortodoxa.* (Suele escribirse con mayúscula.) **6.** Edificio donde se reúnen los fieles.

iglú s.m. (ingl. *igloo*). Construcción de hielo que sirve para refugiarse de las tempestades o para pasar el invierno.

ignaciano, a adj. Relativo a san Ignacio de Loyola y a las instituciones por él fundadas.

ignaro, a adj. (lat. *ignarus*). Ignorante.

ígneo, a adj. (lat. *igneus,* de *ignis,* fuego). Relativo al fuego o que tiene algunas de sus propiedades.

ignición s.f. (del lat. *ignire,* quemar, pegar fuego). Acción y efecto de estar un cuerpo encendido, si es combustible, o enrojecido por un fuerte calor si es incombustible. **2.** Operación de encendido de los propulsores de un cohete.

ignífugo, a adj. Se dice del tejido o material que rechaza la combustión y protege del fuego. ◆ adj. y s.m. Producto o sustancia para hacer ininflamables los objetos combustibles.

ignipuntura s.f. MED. Cauterización mediante punciones practicadas con una aguja candente.

ignitrón s.m. ELECTR. Tubo rectificador cuyo cátodo está constituido por mercurio, en el que el cebado se renueva, al comienzo de cada una de las alternancias, merced a un electrodo especial.

ignominia s.f. (lat. *ignominia*). Situación de una persona que por sus actos o conducta deshonrosa ha perdido el respeto de los demás. **2.** Motivo para esta situación. **3.** Mala acción perpetrada contra alguien.

ignominioso, a adj. Que es ocasión o causa de ignominia.

ignorancia s.f. Falta general de instrucción o conocimientos. **2.** Falta de conocimiento acerca de una materia o asunto determinado.

ignorante adj. y s.m. y f. Que carece de instrucción o conocimientos. **2.** Que ignora una determinada materia o asunto.

ignorantismo s.m. Tendencia a rechazar la instrucción por los peligros sociales que pueda acarrear.

ignorar v.tr. (lat. *ignorare*). No saber una cosa. ◆ v.tr. y prnl. Fig. No prestar atención deliberadamente a alguien o a algo.

ignoto, a adj. (lat. *ignotus*). No conocido ni descubierto.

igorrotes, pueblo de Filipinas (Luzón).

igual adj. (del lat. *aequalis*). Que tiene la misma forma, calidad, tamaño, valor, etc., que otra persona o cosa, o que comparte las mismas características o cualidades. **2.** Liso, sin desniveles: *terreno igual.* **3.** Proporcionado: *el resultado obtenido no es igual al esfuerzo realizado.* **4.** Constante, no variable. **5.** GEOMETR. Se dice de las figuras que se pueden superponer de modo que se confunden en su totalidad. ◆ adj. y s.m. y f. Se dice de la persona de la misma clase, condición, etc., que otra. ◆ s.m. Signo matemático que indica igualdad entre dos expresiones, formado por dos rayas paralelas y horizontales (=). ◆ adv.m. De la misma manera: *comportarse igual que un niño.* **2.** Posiblemente, tal vez: *igual lo encuentra aún en su casa.* **3.** Argent., Chile y Urug. Así y todo; a pesar de todo. ◇ **Sin igual** Singular, extraordinario.

iguala s.f. Igualación. **2.** Composición, ajuste o pacto por el que se contratan los servicios de una asociación o persona. **3.** Cantidad que se paga por este ajuste. **4.** Esp. Convenio por el que el cliente paga al médico una cantidad anual determinada por prestar sus servicios.

igualación s.f. Acción y efecto de igualar o igualarse. SIN.: *iguala.*

igualada s.f. Esp. DEP. Empate. **2.** TAUROM. Acción de igualar el toro.

igualado, a adj. Guat. y Méx. Se dice de la persona que

quiere igualarse con otras de clase social superior. **2.** Méx. Mal educado, grosero.

igualar v.tr. y prnl. Hacer iguales dos o más personas o cosas. **2.** Ajustar o contratar, especialmente una iguala médica. **3.** TAUROM. Hacer que el toro coloque sus cuatro extremidades perpendiculares y paralelas entre sí. ◆ v.tr. Reducir algo a un mismo nivel: *igualar el terreno.* **2.** En todos los juegos de azar, hacer una apuesta igual a la que ha sido propuesta por otro jugador. ◆ v.intr. y prnl. Ser una persona o cosa igual a otra. ◆ **igualarse** v.prnl. Tratar alguien a otros como si fuesen de la misma categoría que él.

igualdad s.f. Cualidad de igual. ◇ **Igualdad algebraica** MAT. Conjunto de dos expresiones algebraicas separadas por el signo =.

igualitario, a adj. (fr. *égalitaire,* de *égalité,* igualdad). Que entraña igualdad o tiende a ella.

igualitarismo s.m. Corriente del pensamiento social que preconiza la supresión de las diferencias sociales.

igualmente adv.m. También, asimismo. **2.** De la misma manera.

1. **iguana** s.f. (arawak antillano *iwana*). Reptil saurio de América tropical, de párpados móviles y lengua gruesa adherida al paladar, que tiene una gran papada, una cresta espinosa en el dorso y puede medir hasta 1,60 m de longitud.

2. **iguana** s.f. Méx. Instrumento músico parecido a la guitarra, que consta de cinco cuerdas dobles.

iguanodonte s.m. Reptil herbívoro terrestre del hemisferio norte, que vivió durante el cretácico, de hasta 12 m de long., bípedo o cuadrúpedo, con las extremidades posteriores mucho más largas que las anteriores y una larga cola que le servía de contrapeso. SIN.: *iguanodón.*

ijada s.f. (del lat. *ilia, ilium,* bajo vientre). Parte del cuerpo humano y de ciertos animales comprendida entre las falsas costillas y los huesos de las caderas. SIN.: *ijar.* **2.** Parte ventral del cuerpo de los peces: *la ijada del atún.*

ijar s.m. Ijada del ser humano y de ciertos animales.

ikebana s.m. (voz japonesa, *composición de flores*). Arte japonés de arreglar las flores, según las tradiciones y filosofía japonesas.

ilación s.f. Relación entre las ideas de un discurso o razonamiento.

ilang-ilang s.m. Esencia que se obtiene de la cananga.

ilativo, a adj. Que establece ilación. ◇ **Conjunción,** u **oración, ilativa** Conjunción, u oración, consecutiva.

ilegal adj. Que no es legal, contrario a las leyes.

ilegalidad s.f. Cualidad de ilegal. **2.** Acto ilegal.

ilegibilidad s.f. Cualidad de ilegible.

ilegible adj. Que no puede leerse: *letra ilegible.* **2.** Que no debe leerse.

ilegitimidad s.f. Cualidad de ilegítimo.

ilegítimo, a adj. (lat. *legitimus*). Que no cumple las condiciones requeridas por la ley: *unión ilegítima.*

ileítis s.f. Inflamación del íleon.

íleo s.m. (lat. *ileum,* del gr. *eileos,* de *eileo,* retorcer). MED. Obstrucción del intestino. SIN.: *oclusión intestinal.* (También *ileus.*)

ileocecal adj. Relativo al íleon y al ciego simultáneamente.

íleon s.m. (lat. *ileum,* del gr. *eileo,* retorcer). Tercera parte del intestino delgado, entre el yeyuno y el intestino grueso.

ilercavón, na o **ilercaón, na** adj. y s. De un pueblo de la península Ibérica que en la época de la dominación romana estaba asentado en el bajo Ebro y cuya principal ciudad era *Dertosa* (Tortosa).

ilerdense adj. y s.m. y f. De la antigua Ilerda y la actual Lérida.

ilergete adj. y s.m. y f. De un pueblo ibérico que en la época de la dominación romana estaba asentado a orillas del Ebro, desde el Segre hasta más allá de Huesca, con cap. en Ilerda, y que con Indíbil y Mandonio presentó fuerte resistencia a los romanos.

ileso, a adj. Que no ha recibido heridas o daño: *salir ileso de un accidente.*

iletrado, a adj. y s. Que no ha recibido instrucción o no ha adquirido cultura.

iletrismo s.m. Disfunción cultural ligada al fracaso escolar y a la primacía de la imagen en el aprendizaje y la información.

1. **ilíaco, a** o **iliaco, a** adj. Relativo a las paredes laterales de la pelvis y al íleon. ◇ **Fosa ilíaca** Región lateral e inferior de la cavidad abdominal. **Hueso ilíaco** Cada uno de los dos huesos que forman la cavidad pélvica, resultado de la soldadura del ilion, el isquion y el pubis.

2. **ilíaco, a** adj. y s. De Ilión o Troya.

ilicitano, a adj. y s. De la antigua Ilici y la actual Elche.

ilícito, a adj. Prohibido por las leyes o por la moral: *negocio ilícito; relaciones ilícitas.*

ilicitud s.f. Cualidad de ilícito.

ilimitado, a adj. Que no tiene o no presenta límites.

ilion s.m. (fr. *ilion*). Porción superior del coxal, ancha y plana, que forma el saliente de la cadera.

ilíquido, a adj. Se dice de la cuenta, deuda, etc., que está por liquidar.

ilirio, a adj. y s. De Iliria. SIN.: *ilírico.*

illita s.f. Mineral de arcilla potásica, de estructura micácea.

ilmenita s.f. (de *Ilmen,* lago de Rusia). Óxido natural de hierro y titanio, que se encuentra en determinados esquistos cristalinos.

ilógico, a adj. Que carece de lógica: *conclusión ilógica; comportamiento ilógico.*

ilota o **hilota** s.m. y f. (gr. *heilos, -otos*). Persona desposeída de los derechos de ciudadano. **2.** HIST. Esclavo propiedad del estado de Esparta.

ilotismo s.m. HIST. Condición de ilota.

iluminación s.f. Acción y efecto de iluminar. **2.** Conjunto de luces dispuestas para iluminar o decorar calles, monumentos públicos, etc. **3.** Conjunto de luces destinadas a realzar un espectáculo, una representación teatral o televisada, etc. **4.** Cantidad de luz. **5.** Decoración e ilustración, generalmente en colores, de un manuscrito. **6.** Inspiración repentina.

iluminado, a adj. y s. Se dice de la persona que ve visiones en materia de religión. ◆ **Iluminados** s.m.pl. Miembros de sectas religiosas que durante los ss. XVI-XVIII pretendían ser iluminados directamente por Dios sin recurrir a los sacramentos. (Tuvieron particular importancia los iluminados de España, llamados *alumbrados.*) **2.** Miembros de antiguas sociedades masónicas.

iluminador, ra adj. y s. Que ilumina: *foco iluminador.* ◆ s. Ilustrador de manuscritos.

iluminar v.tr. (lat. *illuminare*). Alumbrar, dar luz. **2.** Adornar con luces. **3.** Fig. Hacer feliz a alguien o que algo se alegre o anime: *la alegría iluminó su cara.* **4.** Decorar con iluminaciones: *iluminar un misal.*

iluminismo s.m. Doctrina de determinados movimientos religiosos marginales, fundada en la creencia en una iluminación interior o en revelaciones inspiradas directamente por Dios.

ilusión s.f. (lat. *illusio, -onis,* engaño). Imagen de un objeto que se percibe de distinto modo a como es en realidad: *el espejismo es una ilusión visual.* **2.** Alegría que produce la esperanza o la realización de un deseo. **3.** Esperanza poco fundada en la realización de un deseo: *vivir con la ilusión del éxito.* ◇ **Hacerse,** o **forjarse, ilusiones** Esperar, sin fundamento real, la realización de deseos. **Ilusión de Delboeuf** Ilusión óptico-geométrica que hace parecer desiguales dos círculos iguales, uno de los cuales está dentro de un tercer círculo mayor. **Ilusión de Müller-Lyer** Ilusión óptico-geométrica que hace parecer desiguales dos rectas en cuyos extremos se han dibujado dos pequeños segmentos que en una de las rectas forman una línea cóncava, y en la otra, una línea convexa. **Ilusión óptica** Error relativo a la forma, dimensiones y color de los objetos. **Ilusión óptico-geométrica** Error en la percepción visual de figuras geométricas, que se manifiesta por una sobreestimación o una subestimación sistemáticas de la longitud, la superficie, la dirección o la curvatura de los ángulos, la vertical, etc.

ilusionar v.tr. y prnl. Causar ilusión: *la idea me ilusiona; ilusionarse por todo.* **2.** Hacer que alguien conciba ilusiones, esperanzas, etc.: *intentar ilusionar a alguien.*

ilusionismo s.m. Arte de producir fenómenos en aparente contradicción con las leyes naturales.

ilusionista adj. y s.m. y f. Que realiza ejercicios de ilusionismo.

iluso, a adj. Que está engañado con una ilusión o que tiende a ilusionarse con facilidad.

ilusorio, a adj. Que es solo ilusión, sin valor real: *promesas ilusorias.*

ilustración s.f. Acción de ilustrar: *este ejemplo sirve de ilustración del texto.* **2.** Dibujo, fotografía, grabado, etc., que ilustra un texto: *este diccionario tiene ilustraciones.* **3.** Cultura, instrucción: *persona de poca ilustración.* **4.** Movimiento intelectual europeo (y de sus colonias americanas), comprendido entre la segunda revolución inglesa de 1688 y la Revolución francesa (aunque con ampliaciones hasta 1830), caracterizado por el racionalismo utilitarista de la clase burguesa en su etapa ascendente en la consecución de la hegemonía estructural capitalista y por la toma del poder político (que el *despotismo ilustrado* intentó inútilmente conjurar), y de conformación de su ideología. (Con este significado suele escribirse con mayúscula.)

ilustración

En el terreno de la teoría, la ilustración apeló a una moral sin ambiciones totalizadoras para lograr la felicidad general mediante el progreso (Condorcet, Kant) alcanzado mediante la educación (Rousseau, Pestalozzi). La lucha contra la superstición y el rechazo de la religiosidad tradicional, unidos al interés por las ciencias naturales y las matemáticas, condujeron a la vez a un gran progreso en el terreno técnico (revolución industrial) y a un vitalismo preevolucionista (Diderot, Lamarck). La teoría política del *iusnaturalismo* creó el principio soberano de la nación (Pope, Montesquieu) que, unido a la teoría del contrato social (Rousseau), condujo al republicanismo y al liberalismo (Smith). En el terreno artístico se produjo el gran salto musical de Purcell a Beethoven a través de Vivaldi, Bach, Haydn y Mozart.

ilustrado, a adj. Docto, instruido: *persona ilustrada.* **2.** Adornado con grabados, imágenes, fotografías, etc.: *libro ilustrado.* ◆ adj. y s. Relativo a la Ilustración; adscrito a este movimiento.

ilustrador, ra s. Persona que hace ilustraciones, en especial si lo hace profesionalmente.

ilustrar v.tr. y prnl. (lat. *illustrare*). Instruir, proporcionar conocimientos o cultura: *la lectura ilustra.* ◆ v.tr. Aclarar un punto o materia: *ilustrar un texto con notas.* **2.** Incluir en un impreso láminas o grabados alusivos al texto.

ilustrativo, a adj. Que ilustra o proporciona conocimientos: *artículo ilustrativo.*

ilustre adj. (lat. *illustris*). De noble linaje: *familia ilustre.* **2.** Que sobresale extraordinariamente en alguna actividad: *escritor ilustre.* SIN.: *insigne.* **3.** Título de dignidad: *ilustre señor director.*

ilustrísimo, a adj. Tratamiento que se da a ciertas personas constituidas en dignidad. ◇ **Su ilustrísima** Tratamiento que se da a un obispo.

iluviación s.f. EDAFOL. Proceso de acumulación, en un horizonte del terreno, de elementos disueltos en otro horizonte.

iluvial adj. Que resulta de la iluviación.

iluvium s.m. EDAFOL. Horizonte de un terreno caracterizado por la precipitación, en forma de concreciones, de elementos procedentes de otros horizontes.

imagen s.f. (lat. *imago, -inis,* representación, retrato, imagen). Representación de una persona o una cosa por medio de la pintura, la escultura, el dibujo, la fotografía, el cine, etc. **2.** Representación impresa de un sujeto cualquiera. **3.** Reflejo de una persona o un objeto en un espejo o a través de un instrumento óptico. **4.** Representación mental de un ser o un objeto: *imagen mental.* **5.** Parecido; aquello que imita o reproduce; aspecto: *este niño es la imagen de su padre; era la imagen de la desesperación.* **6.** Palabra o expresión que sugiere algo con lo que tiene alguna relación o analogía: *un poema de bellas imágenes.* **7.** MAT. En una aplicación de un conjunto C en un conjunto C', elemento de C que corresponde a un elemento dado de C. ◇ **A imagen (y semejanza) de** De igual o parecida manera. **Derecho a la propia imagen** Derecho que tiene toda persona sobre su propia representación externa. **Frecuencia de imagen** Número de imágenes completas transmitidas por segundo según un determinado sistema de televisión. **Imagen de un conjunto** En la aplicación *f* del conjunto C en el C', conjunto *f*(C) formado por las imágenes de los elementos de C.

imaginable adj. Que puede ser imaginado.

imaginación s.f. Facultad de reproducir en la mente rastros de impresiones sensoriales en ausencia de sus objetos. **2.** Capacidad para inventar, crear o concebir: *un artista con mucha imaginación.* **3.** Idea falsa, ilusión o sospecha sin fundamento real: *eso son imaginaciones tuyas.* ◇ **Ni por imaginación** *Fam.* Sin ni siquiera haber imaginado lo que se trata.

imaginal adj. Relativo al imago, insecto adulto.

imaginar v.tr. y prnl. (lat. *imaginari*). Representar algo en la mente. **2.** Pensar o creer.

imaginaria s.f. (de *centinela imaginaria,* centinela que vigilaba durante la noche el cuarto de las imágenes religiosas). Guardia militar dispuesta para prestar servicio en caso de necesidad. ◆ s.m. Soldado que por turno vela durante la noche en cada dormitorio del cuartel.

imaginario, a adj. (lat. *imaginarius*). Que solo existe en la imaginación: *un temor imaginario.* **2.** MAT. Se dice de la parte de un número complejo resultante del producto de un número real por *i.* ◆ s.m. Concepción popular y colectiva que se tiene de la realidad cultural, social y política de una comunidad, que puede tener fundamento real o no.

imaginativo, a adj. Que tiene mucha imaginación o que predomina esta sobre otras facultades.

imaginería s.f. Arte de los imagineros. **2.** Conjunto de imágenes, especialmente sagradas. **3.** Conjunto de imágenes o expresiones usadas por un autor, escuela, etc.

imaginero, a s. Escultor especializado en realizar imágenes religiosas.

imaginistas s.m.pl. Nombre dado hacia 1920 a un grupo de poetas británicos y norteamericanos que se proponían «transferir a la mente del auditor la impresión directa de sus sentidos, mediante el color y el ritmo».

imago s.m. Insecto adulto que ha alcanzado su completo desarrollo y es capaz de reproducirse. ◆ s.f. PSICOANÁL. Representación de las personas del primer entorno (padre, madre, etc.) que se fija en el inconsciente de una persona y determina su manera de aprehender a los demás. (Noción de C. G. Jung.)

1. **imán** s.m. (fr. *aïmant*). Óxido natural de hierro que atrae el hierro y otros metales. **2.** Barra de acero que ha adquirido artificialmente las mismas propiedades. **3.** *Fig.* Atractivo.

2. **imán** o **imam** s.m. (ár. *imâm,* jefe, imán). Jefe religioso musulmán. **2.** Título de ciertos soberanos musulmanes.

imanato s.m. Dignidad de imán.

imantación o **imanación** s.f. Acción de imantar o imanar.

imantar o **imanar** v.tr. y prnl. Comunicar a un cuerpo las propiedades del imán.

I+D, sigla de **investigación y desarrollo.*

imbatido, a adj. Que no ha sido vencido, especialmente en un combate deportivo.

imbatibilidad s.f. Condición de imbatido.
imbécil adj. y s.m. y f. (lat. *imbecillis,* débil en grado sumo). Poco inteligente, estúpido, tonto. **2.** MED. Que padece imbecilidad, retraso.
imbecilidad s.f. Cualidad o estado de imbécil. **2.** Acción o dicho propio de un imbécil: *hacer imbecilidades.* **3.** MED. Retraso mental definido por un cociente intelectual comprendido entre 20 y 50, y una edad mental situada entre los 2 y 7 años en la edad adulta.
imberbe adj. Que no tiene barba.
imbibición s.f. Acción y efecto de embeber o embeberse.
imbornal s.m. (cat. ant. *embrunal*). Abertura o boca en los bordillos de las aceras para recoger las aguas y conducirlas a las alcantarillas. **2.** Boca o agujero en los terrados para evacuar las aguas. **3.** Pequeño canal empedrado para evacuar las aguas en terrenos de escasa pendiente. **4.** Agujero en los costados de una embarcación, por donde se vacía el agua.
imborrable adj. Indeleble: *un recuerdo imborrable.*
imbricación s.f. Acción y efecto de imbricar. **2.** Estado de cosas imbricadas.
imbricado, a adj. (lat. *imbricatus,* dispuesto a modo de teja, de *imbrex, -icis,* teja). Se dice de las cosas sobrepuestas de modo que se cubren parcialmente, como las tejas de un tejado, las escamas de los peces, etc.
imbricar v.tr. y prnl. Poner parte de una cosa sobre otra, a la manera de las tejas.
imbuia s.m. Madera americana, resistente y de fácil trabajo, que se emplea en ebanistería, torneado, chapado, etc.
imbuir v.tr. y prnl. (lat. *imbuere*) [conj.: *huir*]. Inculcar ciertas ideas o pensamientos: *imbuir creencias; imbuirse de errores.*
imbunchar v.tr. Chile. Hechizar, embrujar. **2.** Chile. Estafar, robar con cierta habilidad y misterio.
imbunche s.m. (voz mapuche). Chile. Ser maligno y contrahecho, con la cara vuelta hacia la espalda y que camina sobre una pierna porque la otra se halla pegada a la nuca. (Según la creencia popular, los brujos robaban a los niños y les obstruían todos los orificios naturales del cuerpo para convertirlos en imbunches, y guardar tesoros en su interior.) **2.** Chile. Brujo que hace este maleficio a los niños. **3.** Chile. *Fig.* Niño feo, gordo y rechoncho. **4.** Chile. *Fig.* Maleficio, hechicería. **5.** Chile. *Fig.* Asunto embrollado, cuya solución es difícil o imposible.
imida s.f. Compuesto químico que resulta del anhídrido de los diácidos por la sustitución de un oxígeno por el radical NH.
imilla s.f. (voz quechua). Argent. y Bol. Muchacha. **2.** Bol. y Perú. Criada india.
imipramina s.f. Medicamento antidepresivo tricíclico.
imitación s.f. Acción de imitar. **2.** Cosa hecha imitando a otra: *esa novela es una imitación.* **3.** Producto fabricado que imita otro más valioso: *perlas de imitación.* **4.** MÚS. Término que designa una escritura basada en la repetición de un corto motivo tratado en el estilo contrapuntístico.
imitar v.tr. (lat. *imitari*). Hacer algo a semejanza de otra persona o cosa: *imitar a su amigo.* **2.** Reproducir de forma exacta o muy parecida determinada cosa o característica: *imitar una firma; imitar los gestos de alguien; imitar el aspecto del oro.*
imitativo, a adj. Relativo a la imitación: *gran capacidad imitativa.*
immelmann s.m. (de M. *Immelman,* aviador alemán inventor de esta figura). Figura de acrobacia aérea que consiste en un semirrizo, o semilooping, vertical seguido de un semitonel, o medio tonel, horizontal.
imoscapo s.m. (del lat. *imus,* muy abajo, y *scapus,* tronco o tallo). Parte curva con que empieza el fuste de una columna. **2.** Diámetro inferior de una columna.
impacción s.f. MED. Penetración de un fragmento óseo en otro.
impaciencia s.f. Cualidad de impaciente. **2.** Exasperación, irritación, desazón: *manifestar impaciencia.*
impacientar v.tr. y prnl. Hacer perder la paciencia: *me impacienta con su tardanza.*
impaciente adj. Que no tiene paciencia para esperar. **2.** Que tiene muchas ganas de que ocurra algo o de saber algo: *estar impaciente por conocer los resultados.* **3.** Intranquilo o preocupado: *volvamos porque estarán impacientes.*
impacto s.m. (lat. *impactus*). Choque del proyectil en el blanco. **2.** Señal que deja en él. **3.** Choque de un objeto con otro. **4.** *Fig.* Efecto intenso que produce un suceso o noticia en el ánimo: *el impacto de una campaña publicitaria.* ◇ **Impacto ambiental** Consecuencia que sobre el medio ambiente producen las modificaciones o perturbaciones parciales o totales del mismo. **Punto de impacto** Punto donde la trayectoria de un proyectil encuentra el terreno o el objetivo.
impagable adj. Que es tan valioso que no puede ser pagado o devuelto: *un favor impagable.*
impagado, a adj. y s.m. Se dice de la deuda o recibo que no han sido pagados.
impago s.m. Situación en que se halla lo que todavía no se ha pagado: *impago de deudas.* **2.** Omisión de pago de la deuda debida o vencida.
impala s.m. Antílope de África austral y oriental, extraordinariamente ágil, que vive en grandes manadas y cuyo macho tiene unos cuernos en forma de lira. (Familia bóvidos.)
impalpable adj. Ligero, sutil, de muy poca densidad.
impaludación s.f. Inoculación del paludismo con fines terapéuticos.
impanación s.f. TEOL. CRIST. Consustanciación.
impar adj. Se dice del número entero que no es divisible por dos. **2.** Que no tiene par o igual: *persona de impar belleza.* ◆ adj. y s.m. Que está expresado por un número o una cifra impar. (Los números impares son los que terminan por 1, 3, 5, 7 y 9.) ◆ s.m. Nombre de una de las suertes más sencillas de la ruleta, la cual comprende los números impares del 1 al 35. ◇ **Función impar** MAT. Función que cambia de signo al mismo tiempo que la variable. **Órgano impar** ANAT. Órgano, como el estómago o el hígado, que no guarda razón de simetría en sus mitades derecha e izquierda.
imparable adj. Que no puede pararse o detenerse.
imparcial adj. y s.m. y f. Que juzga o procede sin parcialidad o pasión, equitativo: *juicio imparcial.*
imparcialidad s.f. Cualidad de imparcial, forma de obrar imparcial.
imparidígito, a adj. y s.m. Se dice de los mamíferos con pezuñas que presentan un número impar de dedos en cada pata, como el caballo, el rinoceronte, etc.
imparipinnado, a adj. BOT. Se dice de las hojas pinnadas terminadas en un folíolo impar.
imparisílabo, a adj. y s.m. LING. Se dice de la palabra latina que posee en el genitivo del singular una sílaba más que en el nominativo.
impartir v.tr. (lat. *impartiri,* repartir, conceder). Comunicar o dar conocimientos u otra cosa que se posee: *impartir clase; impartir la bendición.* ◇ **Impartir el auxilio** DER. Prestar una autoridad o jurisdicción a otra la colaboración que pueda pedir.
impasibilidad s.f. Cualidad de impasible. **2.** Actitud impasible.
impasible adj. (del lat. *pasibilis,* que se puede padecer). Que no se altera ni muestra emoción o turbación: *permanecer impasible ante una situación peligrosa.*
impasse s.m. (voz francesa). Situación crítica en que un asunto no progresa: *las conversaciones de paz están en un impasse.*
impavidez s.f. Cualidad de impávido.
impávido, a adj. Que resiste o hace frente a un peligro sin miedo. **2.** Impasible. **3.** Amér. Fresco, descarado.
impeachment s.m. (voz inglesa). Procedimiento de acu-

sación, ante el congreso, del presidente, del vicepresidente o de un alto funcionario de EUA.

impecable adj. Perfecto, exento de tacha: *hablar un español impecable; vestir de forma impecable.* **2.** TEOL. CRIST. Incapaz de pecar.

impedancia s.f. (ingl. *impedance,* del lat. *impedire,* estorbar). FÍS. Relación entre la amplitud compleja de una magnitud sinusoidal (tensión eléctrica y presión acústica) y la amplitud compleja de la magnitud inducida (corriente eléctrica y flujo de velocidad).

impedido, a adj. y s. Se dice de la persona que tiene una incapacidad física que le impide moverse o mover algún miembro.

impediente adj. DER. CAN. Se dice del impedimento que hace ilícito el matrimonio celebrado bajo su concurrencia, pero que no lo invalida.

impedimenta s.f. (voz latina, *estorbo*). Bagaje que lleva la tropa y que impide la celeridad en la marcha y en las operaciones.

impedimento s.m. Obstáculo, estorbo para una cosa: *surgir impedimentos para proseguir una obra.* **2.** DER. Circunstancias que obstaculizan la celebración de un matrimonio.

impedir v.tr. (lat. *impedire*) [conj.: *pedir*]. Imposibilitar o hacer difícil la ejecución de una cosa: *la lluvia impidió la excursión.*

impeditivo, a adj. Se dice de lo que constituye un impedimento.

impelente adj. Que impele. ◇ **Bomba impelente** Bomba que eleva el agua por medio de la presión ejercida sobre el líquido.

impeler v.tr. (lat. *impellere*). Dar empuje para producir movimiento: *el viento impelía la nave.* **2.** *Fig.* Incitar, estimular, excitar: *impeler a una acción.*

impenetrabilidad s.f. Cualidad de impenetrable. **2.** Propiedad en virtud de la cual dos cuerpos no pueden ocupar simultáneamente el mismo lugar en el espacio.

impenetrable adj. Que no puede ser penetrado: *selva impenetrable.* **2.** *Fig.* Que no puede ser conocido o descubierto: *misterio impenetrable.*

impenitencia s.f. Obstinación en el pecado.

impenitente adj. y s.m. y f. Que muestra impenitencia. **2.** *Fig.* y *fam.* Que es incapaz de escarmentar o corregirse: *bebedor impenitente.*

impensable adj. Absurdo, que no puede pensarse racionalmente. **2.** Muy difícil o imposible de realizar.

impensado, a adj. Que no estaba previsto: *un viaje impensado.*

impensas s.f.pl. DER. Gastos hechos en un inmueble por una persona que tiene su posesión sin ser el propietario.

impepinable adj. Esp. *Fam.* Inevitable, indiscutible.

imperante adj. Que impera: *la moda imperante.*

imperar v.intr. (lat. *imperare*). Dominar, mandar, preponderar: *imperar el caos.*

imperatividad s.f. Característica del derecho por la que toda norma jurídica contiene un mandato positivo o negativo, e impone a los sometidos a ella, con independencia de su voluntad, una determinada conducta, bajo una sanción.

imperativo, a adj. Que impera, manda u ordena: *tono imperativo.* **2.** LING. Que pertenece al modo imperativo: *forma imperativa.* ◆ adj. y s.m. LING. Se dice del modo del verbo que expresa un mandato, una exhortación, una invitación o un ruego. ◆ s.m. Necesidad absoluta: *condenar una acción por imperativo ético.* ◇ **Imperativo categórico** Según Kant, mandamiento moral incondicionado que conlleva su propio fin. **Imperativo hipotético** Mandamiento condicionado a una acción moral posible con vistas a un fin.

imperator s.m. (voz latina). Título otorgado a un general victorioso en tiempo de la república romana.

imperatoria s.f. Planta herbácea de 40 a 60 cm de alt., flores blancas y fruto seco, con semillas menudas y estrechas, que se encuentra en toda la península Ibérica. (Familia umbelíferas.)

imperceptible adj. Que no puede percibirse: *defecto imperceptible.*

impercuso, a adj. Se dice de la moneda de acuñación deficiente.

imperdible s.m. Alfiler de seguridad, doblado formando resorte, y con uno de sus extremos rematado por una caperuza, en la que se introduce el otro extremo, terminado en punta, de modo que no puede abrirse fácilmente.

imperdonable adj. Que no debe o no puede ser perdonado: *error imperdonable.*

imperecedero, a adj. Que no perece, inmortal, eterno: *fama imperecedera.*

imperfección s.f. Cualidad de imperfecto. **2.** Defecto, lo que impide que algo sea perfecto: *un objeto con imperfecciones.*

imperfectivo, a adj. y s.m. LING. Se dice de ciertos verbos y de ciertos tiempos de los mismos que indican un ciclo incompleto de acción, con una duración ilimitada.

imperfecto, a adj. Que tiene defectos, no perfecto: *obra imperfecta.* ◆ s.m. y adj. LING. Denominación aplicada por la Real academia española a cinco tiempos simples de la conjugación verbal: *pretérito imperfecto de indicativo, futuro imperfecto de indicativo, potencial simple* o *imperfecto, pretérito imperfecto de subjuntivo* y *futuro imperfecto de subjuntivo.*

imperforación s.f. MED. Ausencia de orificio en una estructura orgánica que debería poseerlo: *la imperforación del ano.*

imperial adj. Relativo al emperador o al imperio: *dignidad imperial.* ◆ s.m. Cuba. Cigarro puro de buen tamaño y calidad. ◆ s.f. Tejadillo o cubierta de las carrozas. **2.** Nivel superior, con asientos, en un carruaje, tranvía, autobús, etc. ◆ **imperiales** s.m.pl. HIST. Nombre dado a los soldados del Imperio germánico desde el s. XV hasta principios del s. XIX. ◆ s.f.pl. NUMISM. Monedas que se acuñaron por orden de los emperadores romanos.

imperialismo s.m. (ingl. *imperialism*). Política de expansión de un estado en el aspecto continental, colonial, marítimo o económico, que tiende a poner a otros estados bajo su dependencia. **2.** Según la teoría marxista, estadio supremo del capitalismo, caracterizado por el dominio de los monopolios, el desarrollo de las sociedades multinacionales y la multiplicación de las formas de guerra. **3.** Tendencia a dominar moralmente el propio entorno.

imperialista adj. y s.m. y f. Relativo al imperialismo; persona o estado que lo propugnan.

impericia s.f. Falta de pericia.

imperio s.m. (lat. *imperium*). Forma de gobierno monárquico cuyo jefe es un emperador. **2.** Nación gobernada por este sistema. **3.** Conjunto importante de territorios que dependen de un mismo gobierno: *imperios coloniales.* **4.** Dignidad, cargo o ejercicio de emperador. **5.** Espacio de tiempo que dura el gobierno de un emperador. ◇ **Estilo imperio** Estilo artístico desarrollado en Francia en época del Directorio y del Imperio. **Valer un imperio** *Fam.* Ser excelente o de gran mérito.

imperioso, a adj. Que denota dureza y despotismo o que emplea tono de mando. **2.** Necesario.

imperito, a adj. Que carece de pericia.

imperium s.m. (voz latina, *poder público*). ANT. ROM. Término que designaba el poder, en el dominio político, jurídico y militar, de quien gobernaba el estado, como el cónsul, el pretor, el dictador y, más tarde, el emperador. (Se oponía a la *potestas* o poder administrativo.)

impermeabilidad s.f. Cualidad de impermeable.

impermeabilización s.f. Operación que impermeabiliza un tejido.

impermeabilizante adj. y s.m. Se dice de la sustancia

que, al endurecer, forma una película impermeable sobre la superficie de un cuerpo.

impermeabilizar v.tr. Hacer impermeable al agua, a la lluvia, etc.: *impermeabilizar un tejido.*

impermeable adj. Se dice del cuerpo que no puede ser atravesado por la humedad o un líquido: *la arcilla es impermeable.* ◆ s.m. Prenda de abrigo confeccionada con tela impermeable.

impermutable adj. Que no puede permutarse.

impersonal adj. Que no pertenece o no se aplica a una persona en particular: *la ley es impersonal.* **2.** Poco original, de poca calidad: *un estilo impersonal.* ◆ adj. y s.m. LING. Se dice del verbo que solo se conjuga en la tercera persona del singular (*llueve, nieva, graniza*, etc.). ◆ adj. y s.f. LING. Se dice de la oración en que se omite el elemento agente de la acción expresada por el verbo. ◇ **Modos impersonales** El infinitivo, el gerundio y el participio, llamados así porque no expresan la persona gramatical.

impersonalidad s.f. Cualidad de impersonal.

impersonalizar v.tr. Usar como impersonal un verbo.

impertérrito, a adj. Que no se altera o asusta ante circunstancias peligrosas o difíciles: *permanecer impertérrito ante una tragedia.*

impertinencia s.f. Cualidad de impertinente. **2.** Palabras o acciones inconvenientes: *escuchar impertinencias.*

impertinente adj. y s.m. y f. Que molesta, que no tiene o implica consideración o respeto. **2.** Indiscreto, inoportuno. ◆ **impertinentes** s.m.pl. Anteojos con mango.

imperturbabilidad s.f. Cualidad de imperturbable.

imperturbable adj. Que no se altera, que no pierde la tranquilidad o el aplomo.

impétigo s.m. (lat. *impetigo, -inis*). Afección contagiosa de la piel, frecuente en los niños, producida por estreptococos y estafilococos y caracterizada por la erupción de vesículas.

impetración s.f. Acción y efecto de impetrar.

impetrar v.tr. (lat. *impetrare,* lograr). Solicitar algo con ahínco.

impetratorio, a adj. Que sirve para impetrar.

ímpetu s.m. (lat. *impetus, -us,* acción de ir hacia algo). Gran intensidad o fuerza de un movimiento: *el ímpetu de las olas.* **2.** *Fig.* Energía y eficacia con que se realiza algo. SIN.: *impetuosidad.*

impetuoso, a adj. Que se mueve o actúa con ímpetu: *un torrente impetuoso.* ◆ adj. y s. *Fig.* Apasionado, irreflexivo: *carácter impetuoso.*

impiedad s.f. Falta de piedad o de religión.

impío, a adj. y s. Falto de piedad o fe religiosa. **2.** Falto de compasión o piedad: *acción impía.* ◆ adj. Irreverente: *un robo impío.*

implacable adj. (lat. *implacabilis*). Que no se puede aplacar o templar: *ira implacable; huracán implacable.* **2.** Que no se deja ablandar en su rigor.

implantación s.f. Acción y efecto de implantar o implantarse: *la implantación de la democracia.* **2.** MED. Intervención consistente en colocar un implante bajo la piel.

implantar v.tr. y prnl. (fr. *implanter*). Establecer, instaurar, poner en ejecución doctrinas, instituciones, prácticas o costumbres nuevas. ◆ v.tr. MED. Realizar una implantación.

implante s.m. MED. Sustancia medicamentosa que se introduce en el tejido celular subcutáneo, donde se reabsorbe lentamente.

implementación s.f. INFORMÁT. Instalación y puesta en marcha, en una computadora, de un sistema de explotación o de un conjunto de programas de utilidad, destinados a usuarios.

implexo, a adj. Se dice de los poemas épicos en que la fortuna de los héroes experimenta varias vicisitudes.

implicación s.f. Acción y efecto de implicar: *las implicaciones políticas en un asunto económico.* **2.** LÓG. y MAT. Unión de dos proposiciones por *si... entonces,* del tipo «si es cierto que A = B y B = C, entonces A = C». SIN.: *proposición condicional.*

implicancia s.f. Amér. Consecuencia, secuela. **2.** Argent., Chile y Urug. Incompatibilidad o impedimento moral.

implicar v.tr. y prnl. (lat. *implicare,* envolver en pliegues). Envolver, enredar, contener: *implicar a otros en un problema.* ◆ v.tr. *Fig.* Incluir en esencia, contener como consecuencia una cosa: *este propósito implica un arrepentimiento.* ◆ v.intr. Obstar, envolver contradicción.

implicatorio, a adj. Que envuelve o contiene en sí implicación.

implícito, a adj. (lat. *implicitus*). Se dice de lo que se entiende incluido en otra cosa sin expresarlo: *condición, voluntad implícita.*

imploración s.f. Acción y efecto de implorar.

implorante adj. Que implora: *lo pidió en actitud implorante.*

implorar v.tr. (lat. *implorare*). Pedir con ruegos o lágrimas: *implorar perdón.*

implosión s.f. Irrupción violenta de un fluido en un recinto que se halla a una presión mucho menor que la presión exterior y que, en consecuencia, resulta destruido. **2.** LING. Primera fase de la emisión de una consonante oclusiva, correspondiente al término fonético de intensión.

implosivo, a adj. y s.f. LING. Se dice de las consonantes oclusivas que se producen con una cerrazón del canal vocal.

implume adj. (lat. *implumis,* de *pluma,* pluma). Desprovisto de plumas.

impluvio o **implúvium** s.m. Estanque situado en el atrio de las casas romanas donde se recogían las aguas de la lluvia.

impolarizable adj. Se dice de una pila eléctrica que no puede polarizarse.

impolítico, a adj. Falto de política o tacto.

impoluto, a adj. Limpio, inmaculado, sin mancha: *nieve impoluta; una vida impoluta.*

imponderabilidad adj. Cualidad de imponderable.

imponderable adj. y s. Que no puede pesarse, medirse o precisarse. **2.** *Fig.* Que excede a toda ponderación o previsión. ◆ s.m. Factor que interviene en la determinación de ciertos acontecimientos, pero cuya influencia es difícil de precisar.

imponencia s.f. Chile y Colomb. Cualidad de imponente, grandeza, majestad: *su imponencia admiró a todos los presentes.*

imponente adj. Que sorprende por alguna cualidad extraordinaria: *una cena imponente; aspecto imponente.* ◆ s.m. y f. Impositor.

imponer v.tr. y prnl. (lat. *imponere*) [conj.: *poner*]. Obligar a alguien a la aceptación de algo: *imponer condiciones; imponer deberes.* **2.** Infundir respeto o miedo: *su severidad nos impone.* **3.** Poner a alguien el nombre que llevará en lo sucesivo. ◆ v.tr. Esp. Poner dinero a crédito o en depósito. ◆ **imponerse** v.prnl. Predominar, sobresalir: *se han impuesto nuevas modas.* **2.** Hacerse obedecer o respetar: *imponerse a sus subordinados.* **3.** Méx. Acostumbrarse. ◇ **Imponer las manos** CRIST. Extender el sacerdote las manos sobre una persona o cosa para bendecirla. **Imponer una página** IMPR. Hacer su imposición.

imponible adj. Que se puede gravar con impuesto o contribución: *base imponible.*

impopular adj. Que no es grato a la multitud, al pueblo o a una comunidad: *una ley impopular.*

impopularidad s.f. Cualidad de impopular: *la impopularidad de una norma fiscal, de un gobierno.*

importación s.f. Acción de importar mercancías extranjeras. **2.** Conjunto de mercancías que se importan. ◇ **Importación temporal** Régimen aduanero que permite introducir temporalmente una mercancía en un país, sin pago de los derechos de aduana.

importador, ra adj. y s. Que importa o introduce géneros extranjeros.

importancia s.f. Cualidad de importante: *asunto de importancia; detalles sin importancia; la importancia de saber.* ◇ **Darse importancia** *Fam.* Afectar aires de superioridad o influencia.

importante adj. Que tiene valor o interés: *noticia importante; la cultura es importante; una herida importante.* **2.** Se dice de la persona socialmente considerada: *ser gente importante.*

importar v.intr. (lat. *importare,* introducir o llevar dentro). Convenir, interesar, preocupar, hacer al caso, ser de mucha entidad o consecuencia: *sobre todo importa la salud; no me importa acompañarte.* ◆ v.tr. Introducir en un país mercancías procedentes de países extranjeros. **2.** Llegar a tal cantidad el precio de la cosa comprada: *la factura importa cien euros.*

importe s.m. Cantidad de dinero que vale algo o que cuesta un crédito, deuda o saldo.

importunación s.f. Instancia porfiada y molesta.

importunar v.tr. Incomodar o molestar con una pretensión o solicitud: *importunar a alguien con demandas.*

importunidad s.f. Cualidad de importuno. **2.** Cosa importuna.

importuno, a adj. y s. (lat. *importunus*). Inoportuno: *una visita importuna.* **2.** Indiscreto, molesto, enojoso: *trabajo importuno; estar libre de importunos.*

imposibilidad s.f. Falta de posibilidad. **2.** DER. Enfermedad o defecto que estorba o excusa para una función pública: *imposibilidad física.*

imposibilitado, a adj. y s. Tullido, que ha perdido el movimiento del cuerpo o de alguno de sus miembros: *está imposibilitado de ambas piernas.* SIN.: *impedido.*

imposibilitar v.tr. Hacer imposible: *su ignorancia lo imposibilita para ese trabajo.*

imposible adj. No posible: *es imposible saber el futuro.* **2.** Inaguantable, intratable. **3.** Chile. Se dice de la persona desaseada o muy sucia. ◆ s.m. Cosa sumamente difícil: *conseguir lo imposible; pedir imposibles.* ◇ **Hacer lo imposible** *Fam.* Emplear todos los medios posibles para conseguir algo.

imposición s.f. Acción y efecto de imponer o imponerse: *la imposición de una moda; imposición de manos.* **2.** Cantidad que se impone de una vez en cuenta. SIN.: *depósito.* **3.** IMPR. **a.** Colocación de las páginas de composición tipográfica en las formas, observando los blancos establecidos y de manera que el pliego obtenido después de plegada la hoja impresa presente una numeración correlativa. **b.** Cada uno de los lingotes y cuadrados que se utilizan en la confección de la forma de impresión.

impositivo, a adj. Que impone o se impone. **2.** Relativo a los impuestos.

impositor, ra adj. y s. Que ingresa dinero en una institución bancaria. SIN.: *imponente.*

imposta s.f. Hilada de sillares, algo voladiza, sobre la que se asienta un arco o una bóveda. **2.** Tablero fijo o durmiente de una puerta o ventana, sobre el que se cierra la hoja.

impostación s.f. MÚS. Equilibrio que llega a alcanzar la voz humana en su registro normal, por medio de un trabajo adecuado.

impostar v.tr. MÚS. Fijar la voz por medio de una impostación.

impostergable adj. Que no puede postergarse.

impostor, ra adj. y s. Se dice de la persona que se hace pasar por otra. **2.** Que calumnia, que atribuye falsamente a alguien alguna cosa.

impostura s.f. Imputación calumniosa. **2.** Engaño con apariencia de verdad.

impotencia s.f. Cualidad de impotente. **2.** MED. **a.** Disminución del grado normal de actividad de ciertos órganos o estructuras. **b.** Incapacidad, orgánica o psíquica, del hombre para realizar el acto sexual, a consecuencia de una inhibición que puede darse en cualquiera de las fases de este.

impotente adj. Que no tiene potencia o poder para hacer alguna cosa. ◆ adj. y s.m. y f. MED. Afecto de impotencia.

impracticable adj. Que no puede practicarse. **2.** Se dice del camino o lugar por donde es imposible o muy difícil el paso.

imprecación s.f. Expresión exclamativa con que se evidencia el deseo de que a alguien le ocurra algo malo.

imprecar v.tr. (lat. *imprecari,* desear o invocar). Proferir imprecaciones.

imprecatorio, a adj. Que implica o denota imprecación.

imprecisión s.f. Vaguedad, falta de precisión.

impreciso, a adj. Vago, indefinido, no preciso.

impredecible adj. Imprevisto, inesperado.

impregnación s.f. Acción y efecto de impregnar.

impregnar v.tr. y prnl. (lat. *impregnare*). Mojar, empapar. **2.** Introducir entre las moléculas de un cuerpo las de otro en cantidad perceptible, sin que haya propiamente mezcla ni combinación.

impremeditación s.f. Falta de premeditación.

impremeditado, a adj. No premeditado. **2.** Irreflexivo.

imprenta s.f. (cat. *empremta,* impresión o huella). Conjunto de técnicas y artes que concurren en la fabricación de obras impresas. **2.** Establecimiento donde se imprime.

imprentar v.tr. Chile. Planchar los cuellos y solapas, o las perneras de los pantalones, para darles la debida forma. **2.** Chile. Coser en la parte inferior de las perneras de los pantalones una tira circular.

imprescindible adj. Se dice de la persona o cosa de la que no se puede prescindir.

imprescriptible adj. DER. Que no puede prescribir.

impresentable adj. Que no es digno de presentarse ni de ser presentado.

impresión s.f. Acción y efecto de imprimir. **2.** Marca, huella o señal que una cosa deja en otra apretándola. **3.** Efecto o sensación que causa en un cuerpo otro extraño. **4.** *Fig.* Efecto especialmente vivo que las cosas causan en el ánimo. **5.** Opinión sobre un hecho, sentimiento, etc. **6.** ART. GRÁF. **a.** Calidad y forma de letra con que está impresa una obra. **b.** Edición. **c.** Obra impresa.

impresionable adj. Que se impresiona fácilmente.

impresionante adj. Que produce fuerte impresión sobre el ánimo: *escenas de violencia impresionantes.* **2.** Que presenta una importancia, una dimensión, etc., considerables: *una suma de dinero impresionante.*

impresionar v.tr. y prnl. Persuadir por un movimiento afectivo. **2.** Conmover hondamente. **3.** Grabar un disco o una cinta magnetofónica. **4.** FOT. Fijar la imagen por medio de la luz en una placa fotográfica.

impresionismo s.m. Movimiento pictórico iniciado y desarrollado primeramente en Francia durante el último tercio del s. XIX, y cuya influencia se extendió por buena parte de Europa y América, hasta bien entrado el s. XX. **2.** Tendencia general, en arte, a percibir las impresiones fugitivas, la movilidad de los fenómenos, antes que el aspecto estable y conceptual de las cosas.

impresionismo

B. ART. Los pintores impresionistas, seguidores de Courbet, elegían temas de la realidad contemporánea. Trabajaban en contacto con el modelo y desarrollaron mucho el análisis del aire libre, hasta el punto de hacer de la luz un elemento esencial de su pintura, por lo que desecharon los colores sombríos y terrosos a favor de colores puros que plasmaban con un trazo muy irregular (influencia de Delacroix y Turner). Aunque Manet desempeñó un papel importante en la génesis del nuevo movimiento, los impresionistas en sentido estricto fueron Monet (cuyo cuadro *Impresión, sol del amanecer,* expuesto en 1874, brindó a la crítica la oportunidad de forjar de manera peyorativa el nombre que adoptará la escuela), Pisarro y Sisley, a los que acompañan otros artistas cuyas personalidades evolucionaron de maneras distintas: Renoir, Cézanne, Degas, Cassart, etc. El impresionismo fue un punto de partida para Seurat, maestro del neoimpresionismo, para Gauguin, Toulouse-Lautrec, Van Gogh, así como para numerosos *posimpresionistas.*

MÚS. El término llegó a la crítica musical hacia 1887, para calificar las obras de Debussy y de todos los compositores preocupados por la percepción subjetiva de los colores sonoros y los ritmos: Ravel, Dukas, Satie, etc. Los músicos impresionistas dieron prioridad a la libertad de la forma, la frase y el lenguaje armónico.

---

impresionista adj. y s.m. y f. Relativo al impresionismo, partidario del impresionismo político o adscrito al impresionismo artístico.

impreso s.m. (lat. *impressus*). Escrito, signo o estampa reproducido por la imprenta o por otro medio mecánico. **2.** Papel con algún destino especial en el que van impresas ciertas demandas a las que hay que responder por escrito: *un impreso para la declaración de renta.* **3.** Objeto postal impreso que se expide en condiciones especiales de franqueo y distribución.

impresor, ra adj. Que imprime. **2.** Relativo a la imprenta. ◆ s. Propietario de una imprenta. **2.** Persona que tiene por oficio imprimir textos o ilustraciones en una imprenta.

impresora s.f. Periférico de una computadora, constituido por una máquina que permite la salida de resultados escritos sobre papel.

imprevisible adj. Que no puede preverse.

imprevisión s.f. Falta de previsión. ◇ **Teoría de la imprevisión** DER. Teoría elaborada por los tribunales administrativos, según la cual las cláusulas financieras de un contrato de larga duración pueden ser revisadas en razón de una alteración imprevisible de la situación económica, especialmente de una guerra.

imprevisto, a adj. Que ocurre sin haber sido previsto o sin haber contado con ello. ◆ s.m. Gasto no previsto.

imprimación s.f. Acción y efecto de imprimar. **2.** Conjunto de ingredientes con que se imprima.

imprimar v.tr. Preparar con los ingredientes necesarios las cosas o superficies que se han de pintar o teñir. **2.** Colomb. y Perú. Cubrir la superficie no pavimentada de una carretera con un material asfáltico para evitar el polvo y la erosión.

imprimátur s.m. (lat. *imprimatur,* sea impreso). Permiso para la edición de una obra, dado por la autoridad eclesiástica.

imprimir v.tr. (lat. *imprimere*). Estampar o dejar huella por medio de la presión. **2.** Publicar, editar. **3.** Comunicar un movimiento o influencia a una cosa. **4.** Dejar en el ánimo una impresión fuerte. **5.** ART. GRÁF. Trasladar a un papel, tela, etc., caracteres o dibujos grabados en clichés o formas de impresión impregnados de tinta: *imprimir un libro.*
OBS.: doble participio: *imprimido* o *impreso.*

improbabilidad s.f. Cualidad de improbable.

improbable adj. Poco probable o inseguro.

improbidad s.f. Falta de probidad.

ímprobo, a adj. (lat. *improbus*). Falto de probidad. **2.** Se dice del esfuerzo, trabajo, etc., excesivo y continuado.

improcedencia s.f. Cualidad de improcedente.

improcedente adj. No conforme a derecho: *despido improcedente.* **2.** Inadecuado, extemporáneo: *conducta improcedente.*

improductivo, a adj. Se dice de lo que no produce.

impromptu s.m. (lat. *in promptu,* de pronto). MÚS. Pieza musical de carácter y forma indeterminados que aparece en el repertorio pianístico en la época romántica.

impronta s.f. (ital. *impronta*). Reproducción de imágenes en hueco o en relieve, en cualquier materia blanda o dúctil. **2.** *Fig.* Señal o carácter peculiar. **3.** ETOL. Forma de aprendizaje establecida genéticamente, por la que un animal es capaz de aprender un determinado comportamiento durante un espacio limitado de tiempo.

impronunciable adj. Que no puede pronunciarse o resulta muy difícil de pronunciar.

improperio s.m. (lat. *improperium*). Injuria de palabra, especialmente la empleada para echar en cara algo. **2.** Cada uno de los objetos que figuran en la representación de la pasión y muerte de Jesucristo.

impropiedad s.f. Cualidad de impropio. **2.** Falta de propiedad en el lenguaje.

impropio, a adj. No adecuado.

improrrogable adj. Que no puede prorrogarse.

improsulto, a adj. Chile. Sinvergüenza, descarado. **2.** Hond. Malo, inútil.

improvisación s.f. Acción de improvisar. **2.** Obra o composición improvisada.

improvisar v.tr. Hacer algo sin haberlo preparado de antemano: *improvisar un discurso.* **2.** Preparar en poco tiempo algo cuando no se dispone de suficientes medios.

improviso, a adj. Que no se prevé o previene. ◇ **De improviso** Sin prevención ni previsión.

imprudencia s.f. Falta de prudencia. **2.** Acción imprudente. **3.** Indiscreción.

imprudente adj. y s.m. y f. Que no tiene prudencia.

impúber adj. y s.m. y f. (lat. *impubes, -eris*). Que no ha alcanzado todavía la pubertad.

impubertad s.f. Condición de impúber.

impudicia o **impudicicia** s.f. Deshonestidad.

impúdico, a adj. Deshonesto, falto de pudor.

impudor s.m. Falta de pudor y de honestidad. **2.** Cinismo, desvergüenza en defender o practicar cosas vituperables.

impuesto s.m. Prestación pecuniaria requerida a los particulares por vía de autoridad, a título definitivo y sin contrapartida, con el fin de cubrir los gastos públicos. ◇ **Impuesto directo** Impuesto percibido directamente por la administración sobre la renta de las personas físicas y sobre los beneficios industriales y comerciales. **Impuesto indirecto** Impuesto percibido, especialmente, sobre los bienes de consumo, por ejemplo los carburantes. **Impuesto progresivo** Impuesto en el cual el tipo de gravamen crece al mismo tiempo que la materia imponible. **Impuesto proporcional** Impuesto en el cual el tipo de gravamen sobre la base imponible permanece constante. **Impuesto revolucionario** Pago que algunas organizaciones terroristas exigen mediante chantaje. **Impuesto sobre el valor añadido (IVA)** Tributo básico de la imposición indirecta, que incide sobre el consumo y se exige con ocasión de las transacciones, entrega de bienes y prestaciones de servicios, realizadas en el desarrollo de una actividad empresarial o profesional, así como en las imputaciones de bienes. **Impuesto sobre la renta de las personas físicas (IRPF)** Tipo de gravamen que ha de pagar cada año a la hacienda pública una persona por el conjunto de sus ingresos.

impugnación s.f. Acción y efecto de impugnar.

impugnar v.tr. (lat. *impugnare*). Contradecir, combatir, refutar.

impulsar v.tr. y prnl. Impeler, dar empuje para producir movimiento. **2.** *Fig.* Constituir la causa de un obrar. **3.** *Fig.* Aumentar la actividad de algo.

impulsión s.f. Impulso.

impulsividad s.f. Condición de impulsivo.

impulsivo, a adj. Se dice de lo que impele o puede impeler. **2.** Se dice de la persona vehemente, que habla o procede de modo irreflexivo y sin cautela.

impulso s.m. (lat. *impulsus, -us*). Acción y efecto de impeler o impulsar. **2.** Deseo, motivo o pensamiento que mueve a hacer algo. **3.** Grupo de oscilaciones de frecuencia muy elevada, utilizadas en electrónica, que se suceden periódicamente en el tiempo. ◇ **Impulso de una fuerza** Producto de la intensidad de esta fuerza por el tiempo durante el cual actúa. **Impulso nervioso** Fenómeno de naturaleza eléctrica por el cual la excitación de una fibra nerviosa se transmite por el nervio.

impulso

El impulso nervioso es *centrífugo* cuando va desde los centros nerviosos hacia los órganos (nervios motores), y *centrípeto* cuando va desde los órganos hacia los centros nerviosos (nervios sensitivos). Este impulso está propulsado a lo largo de la membrana de elementos nerviosos por medio de *corrientes de acción* debidas a fenómenos de polarización y despolarización en que el ión sodio desempeña un papel fundamental. La velocidad de propagación del impulso es de 10 a 100 m/s, según los nervios o especies iónicas de que se trate.

impune adj. (lat. *impunis*). Que queda sin castigo.
impunidad s.f. Cualidad de impune.
impureza s.f. Cualidad de impuro. **2.** Mezcla de partículas extrañas a un cuerpo o materia.
impurificar v.tr. y prnl. Causar impureza.
impuro, a adj. No puro. ◇ **Espíritus impuros** Los demonios.
imputabilidad s.f. Cualidad de imputable. **2.** DER. Posibilidad de considerar a alguien autor de una infracción.
imputación s.f. Acción de imputar. ◇ **Imputación racional** CONTAB. Sistema de cálculo del precio de costo en el que se contabilizan los gastos fijos en proporción a su utilización para la producción o la venta.
imputado, a adj. y s. DER. Se dice de la persona a la que se atribuye un delito o falta.
imputar v.tr. (lat. *imputare*). Atribuir a otro una culpa, delito o acción. **2.** CONTAB. Afectar a una cuenta los hechos económicos en atención a su origen, naturaleza y destino.
1. **in,** prefijo de origen latino, que indica supresión o negación: *inanimado;* o que tiene el valor de *dentro, sobre: infiltrar.* (Adopta la forma *im* delante de *b* o *p,* y la forma *i* ante *l* o *r: ileso, improductivo.*)
2. **in** adj. (voz inglesa). Que es de gran actualidad o está de moda.
inabarcable adj. Que no puede abarcarse.
inabordable adj. Que no puede abordarse.
inacabable adj. Que parece no tener fin, o que se retarda este con exceso.
inacabado, a adj. Que no está acabado: *sinfonía inacabada.*
inaccesibilidad s.f. Cualidad de inaccesible.
inaccesible adj. No accesible.
inacción s.f. Falta de acción, ociosidad.
inacentuado, a adj. LING. Que no se acentúa, átono.
inaceptable adj. Que no puede aceptarse o creerse.
inactínico, a adj. FÍS. Se dice de la luz que no ejerce acción química.
inactivación s.f. Acción o efecto de inactivar o inactivarse. **2.** BIOL. Destrucción del poder patógeno de una sustancia o de un microorganismo.
inactivar v.intr. Hacer perder la actividad. ◆ **inactivarse** v.prnl. Perder una sustancia su actividad total o temporal.
inactividad s.f. Falta de actividad.
inactivo, a adj. Sin acción, movimiento o actividad.
inadaptabilidad s.f. Cualidad de inadaptable.
inadaptación s.f. Falta de adaptación. **2.** GEOMORFOL. En una región, ausencia de relación entre el trazado de los cursos de agua y la estructura del relieve.
inadaptado, a adj. y s. Se dice de la persona que no está adaptada a ciertas circunstancias o a la sociedad.
inadecuado, a adj. No adecuado.
inadmisible adj. Que no puede admitirse, tolerarse o creerse.
inadvertencia s.f. Imprevisión, distracción, ignorancia.
inadvertido, a adj. Se dice de la persona que no advierte algo que debiera o no está preparado para ello. **2.** No advertido o notado.
in aetérnum loc.adv. (lat. *in aeternum*). Indefinidamente, para siempre.
inagotable adj. Que no puede agotarse.
inaguantable adj. Que no puede aguantarse.
inalámbrico, a adj. Se dice de la comunicación realizada mediante ondas electromagnéticas: *telégrafo inalámbrico.* ◆ adj. y s.m. Se dice del teléfono fijo convencional cuyo auricular no está conectado mediante hilos conductores con la base.
in albis loc.adv. (voces latinas, *en blanco*). Sin comprender nada. **2.** Sin lograr lo que se esperaba.
inalcanzable adj. Que no se puede alcanzar: *un ideal inalcanzable.*
inalienabilidad s.f. DER. Cualidad de inalienable.
inalienable adj. Que no puede enajenarse. **2.** DER. Se dice de los bienes que se encuentran fuera del comercio, por disposición legal, obstáculo natural o convención.
inalterable adj. Que no se altera.
inambú s.m. Ave de unos 40 cm, de plumaje amarillo rojizo, con franjas negras, que vive en América Meridional. (Familia tinámidos.)
inamisible adj. Que no puede perderse.
inamovible adj. Que no puede moverse. **2.** DER. Que no puede ser destituido o trasladado por vía administrativa.
inamovilidad s.f. DER. Garantía acordada a determinados titulares de funciones públicas, especialmente magistrados, de conservar el ejercicio de estas funciones o de no ser separados de ellas más que por procedimientos particulares.
inane adj. (lat. *inanis,* vacío). Vano, fútil, inútil: *pretextos inanes.* **2.** MED. Que padece inanición.
inanición s.f. Estado patológico de desnutrición producido por la falta total o parcial de alimentos.
inanimado, a adj. (lat. tardío *inanimatus*). Que no tiene vida: *objeto inanimado.* **2.** Desmayado. ◇ **Género inanimado** LING. Género gramatical que, en ciertas lenguas, corresponde al neutro.
inapelable adj. Se dice de la sentencia, auto, fallo o resolución contra los que no puede apelarse. **2.** *Fig.* Irremediable, inevitable.
inapetencia s.f. Disminución o falta de apetito.
inapetente adj. Que no tiene hambre.
inaplazable adj. Que no puede aplazarse.
inaplicable adj. Que no puede aplicarse.
inapreciable adj. Que no puede apreciarse o distinguirse. **2.** Que no puede valorarse materialmente.
inaprensible adj. Que no puede agarrarse o asirse. **2.** *Fig.* Que no puede captarse por demasiado sutil.
inarmónico, a adj. Falto de armonía.
inarrugable adj. Que no se arruga: *tejido inarrugable.*
inarticulado, a adj. No articulado. **2.** LING. Se dice del sonido no articulado, como el grito.
in artículo mortis loc.adv. (lat. *in articulo mortis,* en el artículo [hora] de la muerte). En peligro inminente de muerte: *testar in artículo mortis.* ◇ **Matrimonio in artículo mortis** El que se celebra cuando uno de los contrayentes está en peligro de muerte.
inasequible adj. Que no es asequible.
inasible adj. Que no puede asirse.
inasistencia s.f. Falta de asistencia.
inastillable adj. Se dice de un vidrio especial cuya rotura no produce fragmentos agudos y cortantes.
inatacable adj. Que no puede atacarse.
inaudible adj. Que no se puede oír. **2.** Que no se puede oír bien: *murmullos inaudibles.*
inaudito, a adj. *Fig.* Se dice de lo que sorprende o extraña por resultar inverosímil o extraordinario.
inauguración s.f. Acto de inaugurar. **2.** Ceremonia por la que oficialmente se procede a la puesta en servicio de una instalación, edificio, etc.

inaugural adj. Que inaugura: *ceremonia inaugural.*

inaugurar v.tr. (lat. *inaugurare,* observar los agüeros o consagrar un local). Abrir solemnemente un establecimiento público, o estrenar un monumento u obra. **2.** Dar principio a una cosa. **3.** *Fig.* Señalar el principio de algo: *inaugurar una moda.*

inca adj. y s.m. y f. De un pueblo amerindio de lengua quechua, originario del lago Titicaca, que en la época prehispánica constituyó un importante imperio que se extendía desde el S de Colombia, por Ecuador, Perú y Bolivia, al NO de Argentina y el norte y centro de Chile. ◆ s.m. Denominación que se daba al soberano que los gobernaba. **2.** Moneda de oro de la república del Perú.

inca

Los incas vivían en clanes (ayllu) y practicaban una agricultura comunitaria (papa, maíz); la tierra era propiedad del inca, soberano absoluto de origen divino, y estaba repartida entre este, los sacerdotes y el pueblo; los campesinos recibían parcelas en función de sus necesidades. Entre los ss. XII y XIII se inicia un período legendario, que abarca los ocho primeros soberanos. En 1438, con Pachacutec Inca Yupanqui (Pachacuti), se inicia el imperio histórico. Túpac Inca Yupanqui prosiguió la expansión hacia Ecuador, Chile y Tucumán, y su hijo Huayna Cápac consolidó la estructura administrativa del imperio, conquistado en 1533 por Pizarro, que ejecutó al inca Atahualpa.

La forma artística más importante del imperio inca fue la arquitectura. Destaca la ciudad de Cuzco, con el Coricancha y la fortaleza de Sacsahuamán, así como Ollantaytambo, Pisac y Machu Picchu. Los principales dioses eran Inti (el Sol) y Viracocha, el creador del mundo y dios civilizador.

incaico, a adj. Relativo a los incas.

incalculable adj. Que no puede calcularse por ser demasiado numeroso o grande.

incalificable adj. Que no puede calificarse. **2.** Muy vituperable.

incandescencia s.f. Estado de un cuerpo que emite luz por elevación de su temperatura. **2.** *Fig.* Ardor, efervescencia.

incandescente adj. Que está en incandescencia.

incansable adj. Que resiste mucho el cansancio o que no se cansa.

incapacidad s.f. Cualidad de incapaz. **2.** DER. Carencia de capacidad legal para disfrutar de un derecho o para ejercerlo sin asistencia o autorización. <> **Incapacidad para el trabajo** Estado de una persona a quien un accidente o una enfermedad impiden trabajar.

incapacitado, a adj. DER. Se dice, especialmente en el orden civil, de los locos, pródigos, sordomudos, iletrados y reos que sufren pena de interdicción.

incapacitar v.tr. Ser causa de que alguien o algo sea incapaz. **2.** DER. **a.** Declarar la falta de capacidad civil de personas mayores de edad. **b.** Decretar la carencia, en una persona, de las condiciones legales para un cargo público.

incapaz adj. Que no tiene capacidad para una cosa. **2.** Falto de aptitud para algo. **3.** *Fig.* Falto de talento. **4.** DER. Se dice de la persona que carece de aptitud legal para ciertos actos.

incarceración s.f. MED. Retención, bloqueo o aprisionamiento anómalo de un órgano o de parte de él.

incardinación s.f. Acción y efecto de incardinar.

incardinar v.tr. y prnl. (bajo lat. *incardinare*). Admitir un obispo como súbdito propio a un eclesiástico de otra diócesis.

incasable adj. Se dice de la persona que por sus cualidades difícilmente podría hallar cónyuge.

incautación s.f. Acción y efecto de incautarse.

incautarse v.prnl. (bajo lat. hispánico *incautare,* fijar una pena pecuniaria). Tomar posesión una autoridad competente de dinero o bienes de otra clase. **2.** Apoderarse de algo arbitrariamente.

incauto, a adj. y s. Falto de malicia y fácil de engañar.

incendiar v.tr. y prnl. Provocar un incendio.

incendiario, a adj. y s. Se dice de la persona que provoca un incendio intencionadamente. ◆ adj. Se dice del artefacto destinado a incendiar o que puede causar un incendio: *proyectil incendiario.* **2.** *Fig.* Que pretende subvertir el orden establecido y alterar los ánimos del público: *discurso incendiario.*

incendio s.m. (lat. *incendium*). Fuego grande que quema cosas no destinadas a quemarse.

incensar v.tr. [conj.: *pensar*]. Dirigir el humo del incienso que despide el incensario hacia alguien o algo durante las ceremonias religiosas. **2.** *Fig.* Adular, lisonjear.

incensario s.m. Brasero pequeño colgado de unas cadenas donde se quema el incienso durante las ceremonias religiosas.

incentivar v.tr. Estimular con un incentivo a alguien o algo: *incentivar la economía.*

incentivo s.m. y adj. Estímulo que reactiva algo o mueve a alguien a hacer algo.

incertidumbre s.f. Falta de certidumbre. <> **Principio de incertidumbre** Principio de indeterminación.

incesante adj. Que no cesa. **2.** *Fig.* Repetido, frecuente.

incesto s.m. (lat. *incestus, -us*). DER. Relaciones sexuales entre personas consanguíneas o afines, a quienes la ley prohíbe contraer entre sí matrimonio válido.

incestuoso, a adj. Relativo al incesto. ◆ adj. y s. Que comete incesto.

incidencia s.f. Acción de incidir. **2.** Incidente. **3.** ECON. Determinación de la persona o del grupo social que soporta final y realmente el impuesto. <> **Ángulo de incidencia** Ángulo formado por la dirección de un cuerpo en movimiento o de un rayo luminoso con la normal a una superficie en el punto de encuentro. **Punto de incidencia** Punto de encuentro de un cuerpo en movimiento o de una radiación con una superficie.

incidental adj. Que constituye un incidente. **2.** Que tiene poca importancia.

incidente adj. Que incide: *rayo incidente.* ◆ s.m. Hecho o suceso que se produce en el transcurso de algo y que influye en su desarrollo. **2.** DER. Cuestión, distinta de la principal, que surge en el desarrollo de un proceso.

1. **incidir** v.intr. (lat. *incidere*). Caer o incurrir en una falta o error: *incidir en los mismos fallos.* **2.** Llegar algo, especialmente un proyectil o un rayo de luz, a una superficie: *la flecha incide en el blanco.* **3.** Ocurrir o acontecer algo.

2. **incidir** v.intr. Cortar, romper, separar. **2.** MED. Hacer una incisión.

incienso s.m. (lat. *inciensum*). Resina aromática, extraída principalmente de varias especies del género *Boswellia* (familia terebintáceas) originarias de Arabia y Abisinia, que desprende un olor fuerte y agradable cuando se quema. **2.** Mezcla de sustancias resinosas que despiden buen olor cuando se queman. **3.** *Fig.* Adulación, lisonja.

incierto, a adj. Poco seguro. **2.** Impreciso, borroso. **3.** Desconocido o dudoso. **4.** TAUROM. Se dice del toro que mira todos los bultos, sin concentrar su atención en uno.

incineración s.f. Acción y efecto de incinerar.

incinerador, ra adj. y s. Se dice del aparato o instalación destinado a incinerar.

incinerar v.tr. (lat. *incinerare*). Reducir algo a cenizas, especialmente un cadáver.

incipiente adj. (lat. *incipiens, -tis*). Que empieza.

íncipit s.m. (lat. *incipit,* [aquí] comienza). Término con el que se designa las primeras palabras de un documento antiguo, que constituyen su referencia bibliográfica.

incircunciso, a adj. No circuncidado.

incisión s.f. (lat. *incisio, -onis*). Corte hecho con instrumento cortante: *efectuar una incisión con el bisturí.* **2.** AGRIC. Operación que consiste en separar un trozo de corteza de una rama.

incisivo, a adj. Que sirve para abrir o cortar. **2.** *Fig.* Punzante, mordaz. ◆ s.m. y adj. Diente de los mamíferos, generalmente aplastado y cortante, de una sola raíz y situado en la parte anterior de cada uno de los maxilares.

inciso, a adj. (lat. *incisus, -isa*). Que tiene incisiones: *cerámica incisa.* **2.** Se dice del estilo de escritura que se caracteriza por la utilización de cláusulas breves y sueltas. ◆ s.m. Comentario que se intercala en un discurso y se aparta del tema principal. **2.** Oración que se intercala en otra para introducir una explicación.

incisorio, a adj. Que corta o puede cortar.

incitación s.f. Acción y efecto de incitar.

incitante adj. Incitador. **2.** Atractivo, estimulante.

incitar v.tr. (lat. *incitare*). Estimular a alguien a hacer algo.

incitativo, a adj. y s.m. Que incita o tiene virtud de incitar.

incivil adj. Que no tiene civismo. **2.** Que no tiene educación o cortesía.

incivilidad s.f. Cualidad de incivil.

inclemencia s.f. Cualidad de inclemente. **2.** *Fig.* Estado de la atmósfera que se caracteriza por unas condiciones muy duras.

inclemente adj. Que no tiene clemencia.

inclinación s.f. Acción y efecto de inclinar o inclinarse. **2.** Reverencia que se hace con la cabeza o el cuerpo en señal de respeto y cortesía. **3.** *Fig.* Afición a algo o afecto que se siente por alguien: *inclinación a la lectura; inclinación por los niños.* **4.** Dirección que una línea o superficie tiene con relación a otra línea o superficie, especialmente cuando es horizontal o vertical. **5.** ASTRON. **a.** Ángulo formado por el plano de la órbita de un planeta con el plano de la eclíptica. **b.** Ángulo formado por el plano de la órbita de un satélite artificial con un plano de referencia, en general el plano ecuatorial del astro alrededor del cual gravita. ◇ **Inclinación magnética** Ángulo que forma con el plano horizontal una aguja imantada suspendida libremente por su centro de gravedad.

inclinar v.tr. y prnl. (lat. *inclinare*). Desviar una cosa de la posición vertical u horizontal formando un ángulo. **2.** Doblegar el tronco o bajar la cabeza. ◆ v.tr. *Fig.* Influir sobre alguien para que actúe de una determinada manera. ◆ **inclinarse** v.prnl. Tender a algo.

inclinómetro s.m. Aparato que sirve para medir la pendiente de un terreno o una capa geológica.

ínclito, a adj. (lat. *inclitus*). Ilustre, esclarecido.

incluir v.tr. (lat. *includere*) [conj.: *huir*]. Poner una cosa dentro de otra. **2.** Contener una cosa otra cosa. **3.** Hacer que una persona o una cosa forme parte de un grupo.

Inclusa s.f. (de *La Inclusa,* casa de expósitos de Madrid). Establecimiento donde se recoge y cría y educa a niños huérfanos, abandonados o de padres incapacitados.

inclusero, a adj. y s. Que se cría o se ha criado en una inclusa.

inclusión s.f. Acción y efecto de incluir. **2.** Cosa incluida en otra u otras. **3.** Partícula, metálica o no, que altera las propiedades físicas, mecánicas o químicas de un metal, de una aleación o de un medio cristalino. **4.** MAT. Propiedad de un conjunto A por la que todos sus elementos forman parte de otro conjunto B. (Se expresa por la notación $A \subset B$, que se lee *A está incluido en B.*) ◇ **Inclusión dentaria** Déficit de desarrollo de una pieza dentaria, que permanece en el interior del maxilar.

inclusive adv.m. Incluido. (Se usa pospuesto a una palabra.)

inclusivo, a adj. Que incluye o puede incluir algo.

incluso, a adj. Incluido. ◆ adv.m. Con inclusión de: *perdonó a todos, incluso a sus enemigos.*

incoación s.f. Acción de incoar.

incoar v.tr. (lat. *incohare*). Comenzar algo, especialmente un sumario, pleito, proceso, expediente o alguna otra actuación oficial.

incoativo, a adj. Que sirve para incoar. **2.** LING. Se dice del aspecto verbal que indica el inicio de una acción.

incoercible adj. Que no puede ser coercido. **2.** MED. Se dice del accidente patológico, especialmente un vómito o una hemorragia, de gran intensidad y que no puede contenerse.

incógnita s.f. Cosa que se desconoce y se quiere averiguar. **2.** MAT. Variable de una ecuación o inecuación.

incógnito, a adj. (lat. *incognitus,* de *cognitus,* conocido). Desconocido. ◆ s.m. Situación de la persona, especialmente famosa, que no quiere ser reconocida.

incognoscible adj. Que no se puede conocer.

incoherencia s.f. Cualidad de incoherente. **2.** Dicho o hecho incoherente. **3.** FÍS. Característica de un conjunto de vibraciones que no presentan diferencia de fase constante entre ellas.

incoherente adj. Que no tiene coherencia. **2.** FÍS. Que tiene incoherencia.

incoloro, a adj. Que no tiene color.

incólume adj. (lat. *incolumis*). *Poét.* Que no ha sufrido ningún daño.

incolumidad s.f. Estado o cualidad de incólume.

incombustible adj. Que no se puede quemar: *material incombustible.*

incomible adj. Que no se puede comer porque está mal preparado o tiene mal sabor.

incomodar v.tr. y prnl. Causar incomodidad o molestia.

incomodidad s.f. Cualidad de incómodo. **2.** Cosa que no hace la vida más fácil, ni hace sentirse más cómodo ni facilita la estancia en un lugar o la realización de ciertas tareas.

incómodo, a adj. Que no proporciona comodidad, bienestar o descanso. **2.** Que no está a gusto, que se siente cohibido.

incomparable adj. Que no tiene o no admite comparación.

incomparecencia s.f. Hecho de no comparecer.

incompatibilidad s.f. Cualidad de incompatible: *incompatibilidad de caracteres.* **2.** DER. Imposibilidad legal de ejercer simultáneamente determinadas funciones. **3.** Imposibilidad de que un sistema de ecuaciones tenga solución. **4.** MED. Imposibilidad de mezclar o de administrar simultáneamente dos o más medicamentos por el riesgo de modificar su acción o de aumentar su toxicidad.

incompatible adj. Que no puede existir, ocurrir o hacerse al mismo tiempo que otra cosa y de forma armónica con ella. **2.** Se dice de la persona que por su carácter no congenia con otra. **3.** Se dice de la asignatura de la que una persona no puede examinarse sin antes haber aprobado otra. **4.** DER. Se dice de la función que no puede ser ejercida por la persona que ya ejerce otra función. **5.** Se dice del sistema de ecuaciones que no tiene solución.

incompetencia s.f. Incapacidad para el desarrollo de algo. **2.** DER. Carencia de jurisdicción de un tribunal o juez para conocer de una causa.

incompetente adj. Que no es competente.

incompletitud s.f. LÓG. Propiedad de una teoría deductiva en la que existe una fórmula que no es demostrable ni refutable.

incompleto, a adj. Que no está completo.

incomprendido, a adj. y s. Se dice de la persona que no ha recibido el reconocimiento que se merece.

incomprensible adj. Que no se puede comprender.

incomprensión s.f. Falta de comprensión.

incomprensivo, a adj. Se dice de la persona intolerante, incapaz de comprender el sentimiento o la conducta de los demás.

incompresible adj. Que no se puede comprimir o reducir a menor volumen.

incomunicación s.f. Acción y efecto de incomunicar o incomunicarse. **2.** DER. Aislamiento temporal de un procesado o testigo por decisión judicial.

incomunicar v.tr. Privar de comunicación a personas o cosas. ◆ **incomunicarse** v.prnl. Abandonar una persona el trato con otras personas.

inconcebible adj. Que no se puede concebir o comprender, o que parece inexplicable.

inconcluso, a adj. Que no está acabado.

inconcreto, a adj. Vago, impreciso.

inconcuso, a adj. Que no admite duda ni contradicción.

incondicionado, a adj. Que no está sometido a ninguna condición.

incondicional adj. Que no admite condiciones ni restricciones. ◆ s.m. y f. y adj. Partidario de una persona o idea, sin limitación ni condición alguna.

inconducta s.f. Argent. y Urug. En el lenguaje administrativo, comportamiento reprobable.

inconexo, a adj. (lat. *inconnexus*). Que no tiene conexión.

inconfesable adj. Que no se puede confesar por ser deshonroso o vergonzoso.

inconfeso, a adj. Se dice del presunto reo que no confiesa el delito que se le imputa.

inconformidad s.f. Cualidad o condición de inconformista.

inconformismo s.m. Actitud del inconformista.

inconformista adj. y s.m. y f. Que mantiene una actitud de rechazo o desacuerdo contra lo establecido en el orden político, social, moral, etc.

incongruencia s.f. Cualidad de incongruente. **2.** Cosa incongruente.

incongruente adj. Falto de acuerdo, relación o correspondencia entre sus partes.

inconmensurable adj. Que no se puede medir. **2.** MAT. Se dice de dos magnitudes cuya relación no es entera ni racional.

inconocible adj. Amér. Se dice de la persona desconocida por haber sufrido un cambio en su manera de ser.

inconsciencia s.f. Cualidad o estado de inconsciente.

inconsciente adj. y s.m. y f. Que ha perdido el conocimiento. **2.** Que actúa sin reflexión, prudencia ni sentido de la responsabilidad. ◆ adj. Que es involuntario, que no está controlado por la conciencia: *estiró los brazos en un movimiento inconsciente.* ◆ s.m. Conjunto de fenómenos psíquicos que no está controlado por la conciencia. **2.** PSICOANÁL. Una de las tres instancias del aparato psíquico en la primera tópica freudiana.

inconsciente

Las teorías de Sigmund Freud dieron importancia a la noción de inconsciente e hicieron de ella algo distinto del contrario de consciente. Los sueños, actos fallidos y síntomas neuróticos demuestran su existencia. Freud distingue en el psiquismo tres sistemas: el *inconsciente*, noción inseparable de la de represión, que no conoce el tiempo ni la realidad exterior; el *preconsciente* y el *consciente*. Mientras que el inconsciente solo obedece al principio del placer —a la satisfacción inmediata de una pulsión, cualquiera que sean las consecuencias posteriores—, el sistema preconsciente-consciente se caracteriza por el principio de realidad: es capaz de diferir la satisfacción de una pulsión o de adaptar su fin en función de la realidad exterior.

inconsecuencia s.f. Cualidad de inconsecuente. **2.** Dicho o hecho inconsecuente.

inconsecuente adj. y s.m. y f. Se dice de la persona que no actúa de acuerdo a sus ideas y principios.

inconsiderado, a adj. Se dice de la acción que no ha sido considerada ni reflexionada. ◆ adj. y s. Se dice de la persona que trata a alguien sin consideración y respeto. **2.** Que no considera ni reflexiona.

inconsistencia s.f. Cualidad de inconsistente. **2.** LÓG. Propiedad de una teoría deductiva en la que una misma fórmula puede ser a la vez demostrada o rechazada.

inconsistente adj. Que no tiene consistencia.

inconstancia s.f. Cualidad de inconstante.

inconstante adj. Que no tiene constancia.

inconstitucional adj. DER. No conforme a la constitución: *decreto inconstitucional.*

inconstitucionalidad s.f. DER. Cualidad de inconstitucional. ◇ **Recurso de inconstitucionalidad** Instrumento de carácter procesal a través del cual se somete al Tribunal Constitucional la apreciación de la constitucionalidad de las leyes, disposiciones normativas o actos con fuerza de ley.

inconsútil adj. (del lat. *consutilis*). Que no tiene costuras.

incontable adj. Que no puede ser contado porque no es conveniente. **2.** Que no puede ser contado porque es muy numeroso.

incontestable adj. Que no se puede discutir ni cuestionar porque está muy bien argumentado.

incontinencia s.f. Falta de continencia o control sobre los deseos, especialmente el sexual. **2.** MED. Alteración o pérdida del control de los esfínteres anal o vesical.

incontinente adj. Se dice de la persona incapaz de reprimir los deseos, especialmente el sexual. **2.** MED. Que padece incontinencia.

incontinenti adv.t. (del lat. *in continenti*, en continuo). Al instante: *fue destituido incontinenti.*

incontrastable adj. Que no se puede impugnar o discutir con argumentos sólidos. **2.** *Fig.* Que no se deja reducir o convencer.

incontrolado, a adj. Que ocurre, funciona o se desarrolla sin control. **2.** Se dice de la persona que actúa sin control o disciplina.

incontrovertible adj. Que no se puede controvertir o discutir porque no admite duda.

inconvencible adj. Que no se deja convencer.

inconveniencia s.f. Cualidad de inconveniente. **2.** Dicho o hecho inconveniente.

inconveniente adj. Que no conviene o es poco oportuno. **2.** Que resulta socialmente incorrecto. ◆ s.m. Dificultad u obstáculo. **2.** Desventaja que algo ofrece.

incordia s.f. Colomb. Aversión, antipatía.

incordiar v.tr. Esp. *Fam.* Molestar, fastidiar, incomodar.

incordio s.m. Esp. *Fam.* Fastidio, molestia, impertinencia.

incorporación s.f. Acción y efecto de incorporar o incorporarse. **2.** MIL. Fase final del alistamiento de un contingente, que consiste en la presentación de los reclutas a sus unidades.

incorporal adj. Incorpóreo. **2.** DER. Se dice de los bienes que no tienen existencia material.

incorporante adj. Que incorpora. **2.** LING. Se dice de la lengua en que ciertas palabras de una frase hacen un cuerpo con la raíz verbal para formar un solo vocablo. SIN.: *holofrástico.*

incorporar v.tr. (lat. *incorporare*). Unir una cosa a otra para que formen un cuerpo. ◆ v.tr. y prnl. Levantar la persona que está tendida la parte superior del cuerpo para quedar sentado o reclinado. ◆ **incorporarse** v.prnl. Empezar una persona a formar parte de un grupo.

incorpóreo, a adj. Que no tiene cuerpo o consistencia material. SIN.: *incorporal.*

incorrección s.f. Cualidad de incorrecto. **2.** Dicho o hecho incorrecto.

incorrecto, a adj. Que no es correcto.

incorregible adj. Que no se puede corregir. **2.** Se dice de la persona terca y obstinada que no quiere cambiar su comportamiento o sus costumbres.

incorrupción s.f. Estado de incorrupto.

incorruptible adj. Que no puede ser corrompido. **2.** *Fig.* Se dice de la persona honesta y honrada a la que no se puede sobornar.

incorrupto, a adj. Que no se ha corrompido. **2.** Se dice de la persona que no se ha dejado sobornar ni pervertir.

incredibilidad s.f. Imposibilidad o dificultad para que sea creída una cosa.

incredulidad s.f. Cualidad de incrédulo.

incrédulo, a adj. y s. Que no tiene fe religiosa. ◆ adj. Que no cree fácilmente lo que le dicen.

incrementar v.tr. y prnl. Hacer algo más grande, numeroso o intenso.

incremento s.m. (lat. *incrementum*). Acción y efecto de incrementar o incrementarse. ◇ **Incremento de una función** MAT. Diferencia entre los valores que toma una función cuando la variable sufre un incremento. (Se representa por Δy.) **Incremento de una variable** MAT. Diferencia entre dos valores que puede tomar la variable de una función. (Se representa por Δx.)

increpación s.f. Acción de increpar. **2.** Reprensión fuerte, agria y severa.

increpar v.tr. (lat. *increpare*). Reprender a alguien con dureza y severidad. **2.** Insultar.

in crescendo loc.adv. (voces latinas, *en aumento*). Aumentando gradualmente.

incriminación s.f. Acción y efecto de incriminar.

incriminar v.tr. Atribuir a alguien un delito o falta grave.

incromado s.m. METAL. Procedimiento de cementación de los metales por medio de cromo.

incruento, a adj. Que se produce sin derramamiento de sangre.

incrustación s.f. Acción de incrustar o incrustarse. **2.** Cosa incrustada. **3.** Procedimiento decorativo que consiste en engastar en una materia otra distinta, generalmente más preciosa. **4.** Bordado en el que se recorta la tela que queda por debajo del motivo aplicado. **5.** Depósito de sustancias sólidas que deja el agua cargada de sales calcáreas.

incrustante adj. Que tiene la propiedad de recubrir los cuerpos de una costra mineral formada generalmente por carbonato cálcico.

incrustar v.tr. Engastar en una materia otra distinta, generalmente más preciosa, para decorarla. **2.** Cubrir una superficie con una costra dura. **3.** *Fig.* Fijar una persona una idea o un sentimiento en la mente de otro. ◆ v.tr. y prnl. Introducir una cosa en otra de manera que quede adherida a ella.

incubación s.f. Período durante el cual un animal ovíparo calienta los huevos, poniéndose sobre ellos, para que salgan las crías. **2.** Período durante el cual un organismo desarrolla una enfermedad, desde la introducción de un agente infeccioso hasta la aparición de los primeros síntomas. **3.** Período durante el cual empieza a desarrollarse algo, especialmente un movimiento político o social, de manera oculta y silenciosa. ◇ **Incubación artificial** Acción de llevar a la eclosión, generalmente por medio de una incubadora, los huevos de las aves de corral.

incubadora s.f. Aparato que sirve para incubar artificialmente los huevos de un animal ovíparo doméstico. **2.** MED. Aparato donde se tiene a los niños recién nacidos prematuros o con problemas de salud a una temperatura constante.

incubar v.tr. (lat. *incubare*, estar echado sobre algo o empollar). Calentar un animal ovíparo los huevos, poniéndose sobre ellos, para que salgan crías. **2.** Empezar a desarrollar el organismo una enfermedad. **3.** Empezar a desarrollarse algo, especialmente un movimiento político o social, de manera oculta y silenciosa.

íncubo s.m. y adj. (lat. *incubus*, persona que se echa sobre alguien). Demonio que adopta la apariencia de hombre para mantener relaciones sexuales con una mujer.

incuestionable adj. Que no puede ser cuestionado por ser claro o evidente.

inculcación s.f. Acción y efecto de inculcar.

inculcar v.tr. (lat. *inculcare*). Fijar una persona en otra persona una idea o sentimiento, a fuerza de repetirlo con ahínco.

inculpabilidad s.f. Falta de culpabilidad.

inculpación s.f. Acción de inculpar. **2.** Cosa de que se acusa a alguien.

inculpar v.tr. Atribuir un delito a alguien.

inculto, a adj. *Fig.* Que no tiene cultura e instrucción. **2.** Se dice del terreno que no está cultivado. **3.** *Fig.* Se dice del estilo descuidado y tosco.

incultura s.f. Falta de cultura.

inculturación s.f. Proceso de integración de una cultura en otra.

incumbencia s.f. Obligación o cargo que incumbe a alguien.

incumbir v.intr. (lat. *incumbere*). Corresponder una obligación o cargo a alguien.

incumplimiento s.m. Acción y efecto de incumplir.

incumplir v.tr. Dejar de cumplir algo, especialmente una obligación o compromiso.

incunable adj. y s.m. (del fr. *incunable*, del lat. *incunabula*, pl. de cuna). Se dice del texto impreso desde la invención de la imprenta hasta el año 1500.

incurable adj. y s. Que no se puede curar. ◆ adj. Se dice de la persona que no tiene enmienda: *un embustero incurable.*

incuria s.f. (lat. *incuria*). Falta de cuidado, negligencia.

incurrimiento s.m. Acción y efecto de incurrir.

incurrir v.intr. (lat. *incurrere*). Cometer una falta, error o culpa: *incurrir en culpa grave.* **2.** Hacerse objeto del odio, desprecio, o castigo de alguien.

incursión s.f. Acción de incurrir. **2.** Operación que consiste en penetrar una tropa en un territorio enemigo. **3.** Acción de penetrar en un lugar ajeno, generalmente de forma brusca. **4.** Dedicación momentánea y excepcional de una persona a una actividad en la cual no es especialista.

incurso, a adj. Que incurre en una falta, error o culpa.

incuso, a adj. (del lat. *incudere*, golpear o acuñar). Se dice de la moneda o medalla que tiene una sola cara acuñada en relieve.

indagación s.f. Acción y efecto de indagar.

indagar v.tr. (lat. *indagare*). Tratar de llegar al conocimiento de una cosa razonando o haciendo preguntas.

indagatoria s.f. DER. Primera declaración prestada en el sumario por el procesado, cuando se le notifica el auto del procesamiento.

indagatorio, a adj. Que tiende o conduce a indagar.

indayé s.m. Gavilán de Argentina.

indebido, a adj. Que es ilegal, injusto o incorrecto.

indecencia s.f. Falta de decencia. **2.** Dicho o hecho indecente.

indecente adj. Sucio y asqueroso. **2.** Que no respeta las buenas costumbres o las convenciones sociales.

indecible adj. Que no se puede decir o explicar: *un placer indecible.*

indecisión s.f. Falta de decisión.

indeciso, a adj. Que está pendiente de resolución: *asunto indeciso.* **2.** Vago, indeterminado: *horas indecisas.* ◆ adj. y s. Se dice de la persona que no sabe qué decidir.

indeclinable adj. Que necesariamente tiene que hacerse o cumplirse: *invitación indeclinable.* **2.** DER. Se dice de la jurisdicción que no se puede declinar, que ha de conocer forzosamente del asunto. **3.** LING. Se dice de la palabra que no tienen declinación gramatical.

indecoroso, a adj. Que no tiene decoro.

indefectible adj. Que no puede faltar o dejar de ser u ocurrir.

indefendible adj. Que no puede ser defendido: *una causa indefendible.*

indefensión s.f. Situación o estado de la persona que está indefensa.

indefenso, a adj. Que no tiene medios para defenderse o protegerse.

indefinible adj. Que no se puede definir. **2.** Que no se puede precisar o determinar: *persona de edad indefinible.*
indefinido, a adj. Que no está definido o precisado: *dibujo de trazos indefinidos.* **2.** Que no tiene límite señalado o conocido: *plazo indefinido.* **3.** Se dice del adjetivo o pronombre que determina o representa al nombre de una manera vaga o general. (*Algún, cada, ningún* o *varios* son *adjetivos indefinidos; alguien, quienquiera, nadie* o *nada* son *pronombres indefinidos.*) ◇ **Artículo indefinido** Artículo indeterminado.
indeformable adj. Que no se deforma.
indehiscencia s.f. BOT. Estado del fruto indehiscente.
indehiscente adj. BOT. Se dice del fruto que no se abre espontáneamente.
indeleble adj. (lat. *indelebilis*). Que no se puede borrar.
indeliberado, a adj. Que se hace sin deliberación ni reflexión.
indelicado, a adj. Que no tiene delicadeza, descortés.
indemne adj. (lat. *indemnis*). Que no ha sufrido ningún daño.
indemnidad s.f. Situación o estado de indemne.
indemnización s.f. Acción de indemnizar. **2.** Cosa con que se indemniza.
indemnizar v.tr. y prnl. (fr. *indemniser*). Compensar a alguien con algo, especialmente dinero, por haberle causado un daño o perjuicio.
indemostrable adj. Que no puede ser demostrado: *principio indemostrable.*
indeno s.m. Hidrocarburo de dos ciclos benzónicos (C_9H_8) que se extrae del alquitrán de hulla.
independencia s.f. Cualidad de independiente. **2.** Situación de la persona o cosa que no depende de otra. **3.** Situación del territorio que no depende políticamente de otro. **4.** Entereza, firmeza de carácter. **5.** DER. Situación de una colectividad que no está sometida a la autoridad de otra. ◇ **Independencia de un sistema de axiomas** LÓG. Propiedad de una teoría deductiva axiomatizada en la que ningún axioma puede deducirse a partir de los demás.
independentismo s.m. Movimiento político que propugna o reclama la independencia de un territorio.
independentista adj. y s.m. y f. Relativo al independentismo; partidario de este movimiento.
independiente adj. Que no depende de nada ni nadie. **2.** Se dice del territorio que no depende políticamente de otro. **3.** Se dice de la cosa que no tiene relación con otra: *punto independiente de la cuestión.* **4.** Se dice de la actividad artística que no se ciñe a las corrientes estéticas o a las formas de producción establecidas. **5.** ESTADÍST. Se dice de las variables tales que la probabilidad de que una de ellas ocurra es la misma, tanto si las demás ocurren como si no. **6.** DEP. Se dice de la licencia federativa de ciclismo intermedia entre la de aficionado y la de profesional. ◇ **Trabajador independiente** Trabajador que ejerce fuera de una empresa una actividad que puede organizar libremente. **Variable independiente** MAT. Variable susceptible de tomar un valor cualquiera, sea cual sea el valor tomado por las otras variables.
independizar v.tr. y prnl. Hacer independiente.
indescifrable adj. Que no puede ser descifrado: *un jeroglífico indescifrable.*
indescriptible adj. Que no puede ser descrito por lo grande o impresionante: *una alegría indescriptible.*
indeseable adj. y s.m. y f. Se dice de la persona que se considera indigna de trato. **2.** Se dice de la persona que es expulsada de un país por las autoridades competentes por ser considerada peligrosa.
indesmallable adj. Se dice del género o artículo de punto por urdimbre cuya textura es tal que no se rompen o deshacen las mallas de la línea.
indeterminación s.f. Falta de determinación en las cosas. **2.** Falta de resolución en las personas. **3.** MAT. Cualidad de lo que está indeterminado. ◇ **Principio de indeterminación** Principio según el cual en microfísica es posible atribuir simultáneamente a una partícula, en un instante dado, una posición y una cantidad de movimiento infinitamente precisas. SIN.: *principio de incertidumbre.*
indeterminado, a adj. Que no tiene unos límites definidos. **2.** Que no es preciso o claro: *sonido indeterminado.* **3.** MAT. Se dice del sistema de ecuaciones o la ecuación que tiene infinitas soluciones. ◇ **Artículo indeterminado** Artículo que indica un referente desconocido o uno cualquiera de un conjunto. SIN.: *artículo indefinido.* (Los artículos indeterminados en español son *un, una, unos, unas.*)
indeterminismo s.m. Teoría filosófica que niega el determinismo y defiende el libre albedrío.
indeterminista adj. y s.m. y f. Relativo al indeterminismo; partidario de esta teoría.
indexación s.f. Acción y efecto de indexar. **2.** ESTADÍST. Procedimiento de ajuste mediante el cual una variable es modificada automáticamente en función de un índice determinado.
indexar v.tr. Analizar y destacar del título de un documento o de su contenido algunas palabras clave que lo caracterizan para poder ser encontrado posteriormente mediante esta palabra. **2.** ESTADÍST. Realizar una indexación. **3.** INFORMÁT. Ordenar un conjunto de datos para elaborar un índice.
indiada s.f. Amér. Conjunto o muchedumbre de indios. **2.** Amér. Dicho o acción propia de indios. **3.** Amér. Salvajada. **4.** Méx. *Fam.* Vulgo, populacho.
indiana s.f. Tejido de hilo, algodón, o de mezcla de uno y otro, estampado por un solo lado.
indianismo s.m. Estudio de las lenguas y de las civilizaciones de la India. **2.** Movimiento político e ideológico de los indios latinoamericanos, surgido por oposición al indigenismo integrador, que tiene como base la reivindicación de la identidad de los pueblos amerindios.
indianista s.m. y f. Persona que se dedica al estudio de las lenguas y civilizaciones de la India. ◇ **Literatura indianista** Literatura indigenista.
indiano, a adj. De las Indias. ◆ adj. y s. Se dice de la persona que ha emigrado a América y vuelve rico a España.
indicación s.f. Acción de indicar. **2.** Cosa que indica algo, especialmente una nota o señal. **3.** Observación, orden o consejo. **4.** Chile. Propuesta o consulta que se hace acerca de una cosa.
indicado, a adj. Conveniente o adecuado: *ser la persona indicada para un puesto.*
indicador, ra adj. y s. Que indica o sirve para indicar: *poste indicador; indicador de velocidad.* ◆ s.m. Sustancia que indica la concentración de un componente de una solución mediante un cambio de color. ◇ **Indicador económico** Cifra representativa de la situación económica para un período determinado (producto nacional bruto, índice de precios, comercio exterior, etc.).
indicán s.m. Sustancia presente en el índigo natural y en la orina.
indicar v.tr. (lat. *indicare*). Mostrar una cosa con señales, gestos o palabras. **2.** MED. Señalar un determinado medicamento para el tratamiento eficaz de una enfermedad.
indicativo, a adj. y s.m. Que indica o sirve para indicar: *cifras indicativas.* **2.** Se dice del modo de la conjugación verbal que expresa una acción verbal como objetiva y real. ◇ **Indicativo de llamada** Conjunto de letras y cifras que identifica el lugar de origen o el expedidor de un mensaje telegráfico o radiotelegráfico.
indicción s.f. Convocación para una junta sinodal o conciliar. **2.** ANT. ROM. Período de quince años introducido por Constantino en 312.
índice s.m. (lat. *index, -icis*). Indicio o señal de una cosa. **2.** Lista ordenada de los capítulos o apartados de una obra o de los nombres contenidos en ella, con indicación de la página en que comienza cada apartado o se encuentra cada nombre. **3.** Catálogo de las obras de una biblioteca clasificado según

unos criterios, como autor o materia. **4.** Número con que se representa convencionalmente el grado o intensidad de una determinada cualidad o fenómeno: *índice de natalidad.* **5.** Indicador de un instrumento graduado. **6.** Manecilla del reloj. **7.** MAT. Número que indica el grado de una raíz. ◆ s.m. y adj. Dedo de la mano situado entre el corazón y el pulgar. ◇ **Índice de libros prohibidos** Catálogo oficial de los libros prohibidos a los católicos, establecido en el s. XVI y que no tiene fuerza jurídica desde 1966. **Índice de precios al consumo (IPC)** Índice que refleja el estado y la evolución de los precios de los bienes y servicios pagados por las familias.

indiciar v.tr. Dar indicios de algo. **2.** Sospechar una cosa o venir en conocimiento de ella por indicios.

indicio s.m. (lat. *indicium*). Signo que permite presumir algo con fundamento: *hay indicios de delito.* **2.** Primera manifestación de algo. **3.** DER. Circunstancia que da a un hecho un carácter de verosimilitud.

índico, a adj. (del lat. *indicus,* de la India). Relativo a las Indias. **2.** Relativo al océano Índico.

indiferencia s.f. Cualidad de indiferente. **2.** Actitud indiferente. ◇ **Libertad de indiferencia** FILOS. La que resulta de la posibilidad de escoger entre dos cosas, sin preferencia por ninguna de ellas.

indiferenciado, a adj. Que no se diferencia o que no posee caracteres diferenciados.

indiferente adj. Que no presenta en sí ningún motivo de preferencia. **2.** Se dice de la persona hacia la que no se experimenta ningún sentimiento. **3.** De poco interés o importancia. ◆ adj. y s.m. y f. Que no toma interés o no lo manifiesta. **2.** No creyente en materia religiosa.

indiferentismo s.m. Actitud de indiferencia.

indígena adj. y s.m. y f. (lat. *indigena*). Originario del país de que se trata. **2.** Se dice del animal o planta autóctono del país en que se encuentra.

indigencia s.f. Cualidad o estado de indigente.

indigenismo s.m. Condición de indígena. **2.** Tendencia política y cultural, que revaloriza el pasado de los pueblos indígenas americanos precolombinos, contraponiéndolo a las tradiciones europeas, particularmente a la española, considerada conservadora. **3.** Voz procedente de una lengua indígena, que ha sido incorporada a una lengua invasora en el mismo lugar en que se habla o se habló aquella.

indigenista adj. Relativo al indigenismo. **2.** Partidario de esta tendencia. ◇ **Literatura indigenista** Tendencia literaria, especialmente en la narrativa, que revaloriza la cultura, vida y problemática social del indio latinoamericano. SIN.: *literatura indianista.*

literatura indigenista

La literatura sobre tema indigenista tiene en Hispanoamérica especial relieve dentro del género narrativo. Con antecedentes en la novela histórica de tradición romántica, se inició propiamente hacia 1920, centrada en la situación de los indios contemporáneos. Escritores como el boliviano Alcides Arguedas, los ecuatorianos Jorge Icaza y Ángel F. Rojas González, el peruano Ciro Alegría y el guatemalteco M. Á. Asturias tendieron a ver al indio como una fuerza política y lo juzgaron según su capacidad para el cambio y el progreso. Posteriormente, el paraguayo Roa Bastos y los peruanos José María Arguedas y Manuel Scorza han intentado revalorizar las culturas indígenas en un afán de reconstruir desde dentro, con un conocimiento antropológico riguroso, su universo cultural.

indigente adj. y s.m. y f. (lat. *indigens,* p. activo de *indigere,* carecer). Se dice de la persona cuyos recursos son insuficientes para vivir.

indigestarse v.prnl. Sufrir una indigestión. **2.** *Fig.* y *fam.* No agradarle a una persona algo o alguien.

indigestión s.f. Indisposición debida a una digestión realizada de forma anormal, que generalmente termina en vómito.

indigesto, a adj. Que no se digiere o se digiere con dificultad: *comida indigesta.* **2.** Afecto de indigestión: *estar indigesto.* **3.** *Fig.* Confuso y desordenado: *ciencia árida e indigesta.*

indigete adj. y s.m. y f. De un pueblo ibérico que habitaba en el Ampurdán y que se sublevó contra los romanos (195 a.C.), pero fue vencido. (Una de sus principales ciudades se hallaba en Ullastret.)

indignación s.f. Ira, enojo vehemente contra una persona o cosa.

indignante adj. Que causa profunda indignación.

indignar v.tr. y prnl. (lat. *indignari*). Irritar, enojar vehementemente a alguien.

indignidad s.f. Cualidad de indigno. **2.** Acción indigna cometida contra alguien. **3.** DER. **a.** Motivo de exclusión sucesoria, por mal comportamiento del heredero. **b.** Pena que comporta la privación de los derechos cívicos.

indigno, a adj. Que es disconforme o inferior a la calidad y mérito de alguien o algo. **2.** Que no tiene mérito ni disposición para una cosa. **3.** Humillante, vergonzoso.

índigo s.m. (del lat. *indicus,* de la India). Materia colorante que, en su forma primitiva, tiene color azul violáceo y se extrae de las hojas del añil o se obtiene por síntesis. **2.** BOT. Añil.

indigotina s.f. Principio colorante del índigo.

indino, a adj. *Fam.* Indigno. **2.** *Fam.* Se dice de la persona traviesa, terca o descarada.

1. **indio, a** adj. y s. De poblaciones autóctonas de América, y de sus actuales descendientes. (→ **amerindio.**) **2.** De las Indias orientales. ◆ adj. Cuba. Se dice del gallo con pechuga negra y plumaje colorado. ◇ **Indios de las Praderas** Nombre que se da a una serie de pueblos que habitaron las grandes llanuras herbáceas del centro de Norteamérica: pies negros, cree, assiniboine, hidatsa, cuervo, dakota, pawnee, omaha, cheyene, kiowa, comanche, osage. (Desarrollaron una cultura basada en la caza del bisonte en verano y la agricultura en invierno.) **Indios del Noroeste** Denominación de una serie de pueblos amerindios que hasta su contacto con los blancos ocupaban la costa del NO de Canadá: tlingit, haida, tsinshian, kwakiutl, bella-coola, nootka, salish. (Vivían esencialmente de la pesca.)

2. **indio, a** adj. (de *índigo*). De color azul. ◆ s.m. Metal blanco (In), más maleable que el plomo y parecido al aluminio, cuyo punto de fusión es de 156,6 °C. **2.** Elemento químico (In), de número atómico 49 y masa atómica 114,818.

indiófilo, a adj. y s. Protector de los indios.

indirecta s.f. Cosa que se dice con una intención determinada, pero sin expresarla claramente.

indirecto, a adj. Que no va rectamente a un fin, aunque se encamine a él. ◇ **Complemento indirecto** GRAM. Elemento gramatical en que recae indirectamente la acción verbal o directamente el significado conjunto del verbo y el complemento directo.

indiscernible adj. Que no se puede discernir o distinguir de otra cosa determinada.

indisciplina s.f. Falta de disciplina.

indisciplinarse v.prnl. Negarse a obedecer o a sujetarse a la disciplina debida.

indiscreción s.f. Falta de discreción. **2.** Dicho o hecho indiscreto.

indiscreto, a adj. y s. Que obra sin discreción. ◆ adj. Que se hace sin discreción.

indiscriminado, a adj. No sujeto a discriminación.

indisculpable adj. Que no tiene disculpa o que difícilmente puede disculparse.

indiscutible adj. Tan evidente que no se duda ni discute sobre ello.

indisoluble adj. Que no se puede disolver. **2.** *Fig.* Que no se puede desunir: *vínculos indisolubles.*

indispensable adj. Que es absolutamente necesario. **2.** Que no se puede dispensar ni excusar.

indisponer v.tr. y prnl. (del fr. *indisposé,* indispuesto) [conj.: *poner*]. Enemistar. **2.** Producir una indisposición en el estado de salud de alguien. ◆ **indisponerse** v.prnl. Sufrir una indisposición en el estado de salud.
indisposición s.f. Enfermedad ligera y pasajera.
indisputable adj. Que no admite disputa.
indistinguible adj. No distinguible, no claro y perceptible.
indistinto, a adj. Que no se percibe clara y distintamente: *contornos indistintos.* **2.** Indiferente, que no presenta en sí ningún motivo de preferencia: *ser indistinta una cosa u otra.*
individuación s.f. Individualización.
individual adj. No colectivo, de cada individuo. **2.** Destinado a un individuo solo: *cama individual.*
individualidad s.f. Cualidad de individual. **2.** Individuo, especialmente el de mucha personalidad.
individualismo s.m. Tendencia a pensar u obrar con independencia sin tener en cuenta a los demás o sin ceñirse a normas generales. **2.** Tendencia a privilegiar el valor y los derechos del individuo sobre los de los grupos sociales. **3.** FILOS. Doctrina que afirma que el individuo es el fundamento de la sociedad y de los valores morales.
individualista adj. y s.m. y f. Relativo al individualismo; partidario del individualismo.
individualización s.f. Acción y efecto de individualizar.
individualizar v.tr. Distinguir un individuo en una especie por sus peculiaridades. **2.** Caracterizar, particularizar: *hablar en general, sin individualizar.*
individuar v.tr. [conj.: *actuar*]. Individualizar. **2.** FILOS. Determinar, caracterizar como individuo.
individuo s.m. Cada ser distinto, animal o vegetal, que no puede descomponerse en otros más simples: *el género, la especie y el individuo.* **2.** Persona considerada aisladamente, en contraposición a colectividad. **3.** Persona indeterminada o de la que se habla despectivamente: *¿quién es ese individuo?*
indivisibilidad s.f. Cualidad de indivisible.
indivisible adj. Que no puede ser dividido.
indivisión s.f. Carencia de división. **2.** DER. Copropiedad en la que no hay división material de las partes.
indiviso, a adj. No dividido en partes.
indizar v.tr. Hacer índices. **2.** Registrar de forma ordenada datos e informaciones, para elaborar un índice de ellos.
indo, a adj. Relativo a la India.
indoamericano, a adj. y s. Amerindio.
indoario, a adj. y s.m. Se dice de las lenguas indoeuropeas actualmente habladas en la India. (Las principales son el hindi, el urdu, el mahratta, el bengalí, el panjabi, el gujrati, el oriya, el cingalés y el assamés.)
indoblegable adj. Que no desiste de su opinión, propósito, conducta, etc.
indochino, a adj. y s. De Indochina.
indócil adj. Que no tiene docilidad.
indocto, a adj. Falto de instrucción.
indocumentado, a adj. Se dice del que carece de documentos de identificación personal. **2.** Se dice de la persona ignorante.
indoeuropeo, a adj. y s. De un conjunto de sociedades que, entre 2000 y 1500 a.C., ocuparon el SE europeo y el occidente de Asia por sucesivas oleadas de tribus (arios, hititas, etc.), procedentes, al parecer, de las estepas que se extienden del Dniéper a Kazajstán (III milenio). ◆ adj. y s.m. Se dice de una lengua de la que no se tienen testimonios directos pero que ha sido reconstruida a partir de diversas lenguas que derivarían de ella, y de esta misma familia de lenguas derivadas, habladas en Europa y Asia.

indoeuropeo

Las lenguas indoeuropeas se clasifican en doce grupos principales: tokario, indoario, iranio, armenio, anatolio, griego, albanés, lenguas itálicas (latín y lenguas románicas), celta, germánico, báltico y eslavo. Muchas de estas lenguas han desaparecido, pero la mitad de la humanidad habla actualmente una lengua procedente del indoeuropeo.

indofenol s.m. Nombre genérico de las materias colorantes obtenidas gracias a la acción de un fenato alcalino sobre una amina.
indogermánico, a adj. y s.m. Indoeuropeo.
indoico, a adj. Relativo a la civilización del Indo.
indol s.m. QUÍM. Compuesto que está en la base de una serie de sustancias heterocíclicas en las que existe un núcleo bencénico unido a un núcleo de pirrol.
índole s.f. Condición e inclinación natural propia de cada uno: *persona de índole compasiva.* **2.** Naturaleza y cualidad de las cosas: *problema de índole económica.*
indolencia s.f. Cualidad de indolente.
indolente adj. (lat. *indolens, -tis*). Perezoso, inactivo, descuidado.
indoloro, a adj. Que no causa dolor.
indomable adj. Que no se puede domar. SIN.: *indómito.* **2.** *Fig.* Difícil de someter. SIN.: *indómito.*
indomesticable adj. Que no se puede domesticar.
indómito, a adj. Indomable.
indonesio, a adj. y s. De Indonesia. ◆ adj. y s.m. Se dice de un grupo de lenguas pertenecientes a la familia malayopolinesia. **2.** Se dice de la lengua oficial de la República de Indonesia.
indoor adj. (voz inglesa). Se dice de las competiciones deportivas disputadas en un recinto cubierto y cerrado: *una competición de atletismo indoor.*
indormía s.f. Colomb. y Venez. Maña o arbitrio para hacer algo.
indostanés, sa adj. y s. Del Indostán. SIN.: *indostano.*
indostaní adj. Indostánico. ◆ s.m. Lengua indoaria hablada en la India y Pakistán.
indostánico, a adj. Relativo al Indostán.
indostano, a adj. y s. Indostanés.
inducción s.f. (lat. *inductio, -onis*). Acción y efecto de inducir. **2.** Generalización de una observación o un razonamiento establecido a partir de casos singulares. ◇ **Inducción electromagnética** Producción de corriente eléctrica en un circuito por efecto de la variación del flujo de inducción magnética que la atraviesa. **Inducción magnética** Vector que caracteriza la densidad del flujo magnético que atraviesa una sustancia. **Motor de inducción** Motor eléctrico de corriente alterna sin colector, en el que solamente una parte, rotor o estator, está conectada a la red, funcionando la otra por inducción. **Principio de inducción completa** MAT. Principio según el cual si una propiedad de los números naturales se verifica para el cero, y si verificándose para un número natural *n* también se verifica para su siguiente *n',* entonces todo número natural posee dicha propiedad.
inducido s.m. Circuito atravesado por una corriente inducida. **2.** Parte de una máquina eléctrica en la que se producen corrientes inducidas.
inducir v.tr. [conj.: *conducir*]. Hacer, por diversos medios, que alguien realice determinada acción: *inducir a deponer una actitud.* **2.** Deducir, inferir: *de esto se induce que...* **3.** ELECTR. Producir los efectos de la inducción.
inductancia s.f. Cociente del flujo de inducción a través de un circuito, creado por la corriente que atraviesa este circuito, por la intensidad de esta corriente.
inductividad s.f. Coeficiente de inducción mutua.
inductivo, a adj. Que procede por inducción: *método inductivo.* **2.** ELECTR. Que posee una inductancia.
inductor, ra adj. y s. Que induce: *inductor de un crimen.* ◆ adj. ELECTR. Se dice de lo que produce el fenómeno de inducción. ◆ s.m. Imán o electroimán destinado a producir el flujo magnético creador de la inducción. **2.** BIOL. Molécula

que, cuando una célula viva recibe un alimento, provoca la secreción del enzima necesario para digerirlo.

indudable adj. Que no puede ponerse en duda por lo claro, seguro o evidente. SIN.: *indubitable, indubitado.*

indulgencia s.f. Facilidad en perdonar o disimular culpas o en conceder gracias: *tratar con indulgencia.* **2.** TEOL. CATÓL. Remisión total, llamada *indulgencia plenaria,* o parcial, llamada *indulgencia parcial,* de la pena temporal debida a los pecados.

indulgenciar v.tr. TEOL. CATÓL. Conceder indulgencias.

indulgente adj. (lat. *indulgens, -entis*). Fácil en perdonar y disimular culpas, poco exigente.

indulina s.f. Nombre genérico de los colorantes azules derivados de la anilina.

indultar v.tr. Conceder un indulto. ◆ **indultarse** v.prnl. Bol. Entrometerse. **2.** Cuba. Salirse de una situación difícil o comprometida.

indulto s.m. (lat. tardío *indultus, -us*). Gracia otorgada a los condenados por sentencia firme irrevocable, por la que se les remite la pena o se les conmuta por otra menos grave. **2.** REL. Privilegio concedido temporalmente por el papa.

indumentaria s.f. Conjunto de todo lo que sirve para vestirse, especialmente lo que se lleva puesto.

indumentario, a adj. Relativo al vestido.

indumento s.m. (lat. *indumentum,* vestido). Prenda de vestir.

induración s.f. MED. Endurecimiento anormal de un tejido, parte endurecida.

indurado, a adj. MED. Endurecido: *lesión indurada.*

indurar v.tr. y prnl. MED. Hacer duro o volverse duro.

industria s.f. (lat. *industria,* actividad, asiduidad). Conjunto de actividades económicas que producen bienes materiales por transformación de materias primas. **2.** Conjunto de empresas pertenecientes a un sector industrial determinado: *industria textil.* **3.** Conjunto de instalaciones industriales dominadas por el mismo grupo financiero y con entidad económica y jurídica propia. **4.** Planta industrial. **5.** Destreza o habilidad para hacer algo.

industrial adj. Relativo a la industria: *producto, sector industrial.* **2.** Se dice del lugar donde la industria es importante: *zona, barrio industrial.* ◆ s.m. y f. Persona que ejerce funciones directivas en una empresa dedicada a transformar materias primas en productos manufacturados o semimanufacturados. **2.** Propietario de una empresa. ◇ **Centro industrial** Lugar donde reina una gran actividad industrial. **Psicología industrial** Parte de la psicología que se ocupa de los problemas humanos de la industria, como elección y orientación del personal, organización del trabajo, etc.

revolución ndustrial

La primera revolución industrial se basó sobre todo en la mecanización, nacida del progreso de técnicas determinantes en las industrias textil, minera y metalúrgica (máquina de vapor, mecanización del hilado y el telar, extracción de carbón, utilización del coque); también se benefició de la generalización del crédito. Surgida en Gran Bretaña a fines del s. XVIII, antes de propagarse por el resto de Europa esta revolución se tradujo en dinamismo industrial y comercial, acompañado de un fuerte crecimiento de la población urbana. La segunda revolución industrial (en la década de 1880) está ligada a la utilización de nuevas formas de energía (petróleo, gas, electricidad) y a inventos de mayor envergadura (motor de explosión, iluminación eléctrica, teléfono, etc.). La tercera revolución industrial (segunda mitad del s. XX) se desprende de las aplicaciones de la física cuántica, la electrónica y la informática, así como el desarrollo de las comunicaciones.

industrialismo s.m. Tendencia al predominio indebido de los intereses industriales. **2.** Mercantilismo.

industrialización s.f. Acción de industrializar.

industrializado, a adj. ECON. Se dice del país con un alto grado de realización industrial. ◇ **Nuevos países industrializados (NPI)** Países en vías de desarrollo que, por efecto de la especialización internacional del trabajo, han experimentado un crecimiento rápido y sostenido (alrededor del 6-7 %) de su PNB.

industrializar v.tr. Dar carácter industrial a una actividad. **2.** Equipar un país, región, etc., con fábricas o industrias. **3.** Dar predominio a las industrias en la economía de un país. ◆ **industrializarse** v.prnl. Tomar carácter industrial.

industriar v.tr. Instruir, enseñar, adiestrar. ◆ **industriarse** v.prnl. Ingeniarse, sabérselas componer.

industrioso, a adj. Que obra o está hecho con industria o habilidad.

induvia s.f. BOT. Órgano de diseminación del fruto que proviene del periantio de la flor, como en los aquenios de las compuestas.

inecuación s.f. MAT. Desigualdad entre dos expresiones algebraicas que contienen variables, que no se satisface más que para ciertos valores de estas variables.

inédito, a adj. Que no ha sido impreso o publicado: *poema inédito.* **2.** Se dice de los hechos sin precedentes conocidos: *suceso, espectáculo inédito.*

ineducación s.f. Falta de educación.

inefabilidad s.f. Cualidad de inefable.

inefable adj. (lat. *ineffabilis*). Que no se puede expresar con palabras: *alegría inefable.*

inefectivo, a adj. Falto de efecto.

ineficacia s.f. Cualidad de ineficaz.

ineficaz adj. No eficaz: *medio, secretario ineficaz.*

ineficiencia s.f. Cualidad de ineficiente.

ineficiente adj. Falto de eficiencia: *empleada ineficiente.*

inejecución s.f. Chile. Falta de ejecución en una cosa.

inelegancia s.f. Falta de elegancia.

inelegante adj. Falto de elegancia.

inelegibilidad s.f. Estado o condición de una persona no elegible.

inelegible adj. Que no se puede elegir.

ineluctable adj. Que no se puede evitar, inevitable: *la muerte es ineluctable.*

ineludible adj. Que no se puede eludir: *un compromiso ineludible.*

inembargabilidad s.f. Cualidad de los bienes que los acreedores no pueden embargar a sus poseedores: *cláusula de inembargabilidad.*

inembargable adj. Que no puede ser embargado: *el salario es inembargable.*

inenarrable adj. Que por sus cualidades es imposible o muy difícil de describir: *aventura inenarrable.*

inencogible adj. Se dice de las telas o tejidos que conservan una gran estabilidad dimensional, de manera que no encogen por el uso ni por efecto del lavado.

inepcia s.f. Ineptitud.

ineptitud s.f. Cualidad de inepto. SIN.: *inepcia.*

inepto, a adj. y s. (lat. *ineptus*). No apto o a propósito para algo, incapaz: *persona inepta; ser un inepto.*

inequívoco, a adj. Que no admite duda.

inercia s.f. Propiedad de la materia, que hace que los cuerpos no puedan modificar por sí mismos su estado de reposo o de movimiento. **2.** Falta de actividad, energía o iniciativa: *sacar a alguien de su inercia.* ◇ **Fuerza de inercia** Resistencia que los cuerpos, en razón de su masa, oponen al movimiento; resistencia pasiva, que consiste especialmente en no obedecer. **Inercia uterina** MED. Contracción insuficiente del útero durante o después del parto. **Momento de inercia de un sistema sólido S** Suma, extendida a todos los puntos del sistema S, de las cantidades mr^2, siendo m la masa de un punto M del sistema S situado a la distancia r de un punto O, de un plano P o de un eje Δ dados. **Navegación por inercia** Navegación que se basa en la medida y en la integración de las aceleraciones sufridas por un vehículo aéreo, marítimo o espacial. **Principio de inercia** Principio por el que todo punto material que no está sometido a ninguna fuerza permanece en reposo o está animado por un movimiento rectilíneo uniforme.

inercial adj. Relativo a la inercia.

inerme adj. (lat. *inermis*). Desprovisto de defensas: *sentirse inerme.* **2.** BOT. Que no tiene púas ni espinas. **3.** ZOOL. Sin ganchos: *tenia inerme.*

inerte adj. (lat. *iners, -tis*). Sin actividad propia: *materia inerte.* **2.** Sin movimiento, inmóvil: *un cuerpo inerte yacía en la calle.* **3.** Sin energía moral, sin reacción; apático.

inervación s.f. Modo de distribución anatómica y funcional de los nervios que permite la transmisión de un impulso nervioso a una región del organismo.

inervar v.tr. Transmitir los estímulos de origen nervioso a una región determinada.

inescrutable adj. Que no se puede saber ni averiguar: *el destino es inescrutable.*

inesperado, a adj. Que sucede sin haberlo esperado o previsto: *cambio inesperado.*

inestabilidad s.f. Cualidad de inestable: *la inestabilidad económica de un país; inestabilidad atmosférica.* ◇ **Inestabilidad psicomotriz** PSICOL. Rasgo de la personalidad caracterizado por insuficiencia del control de la motricidad y una gran labilidad de la atención y las emociones.

inestable adj. No estable, firme o seguro. **2.** Se dice de un equilibrio destruido por la mínima perturbación o de una combinación química que puede descomponerse espontáneamente. **3.** PSICOL. Que sufre inestabilidad psicomotriz o de carácter.

inestimable adj. Que no puede ser debidamente apreciado o valorado, inapreciable.

inestimado, a adj. Que está sin apreciar ni tasar. **2.** Que no se estima tanto como merece.

inevitable adj. Que no se puede evitar.

inexactitud s.f. Falta de exactitud, de precisión: *una biografía llena de inexactitudes.*

inexacto, a adj. No exacto o justo, falso: *cálculo, dato inexacto.*

inexcitable adj. Que no se puede excitar.

inexcusable adj. Que no se puede eludir excusándose o que no se puede dejar de hacer. **2.** Que no puede ser disculpado.

inexhausto, a adj. Que no se agota: *bondad inexhausta.*

inexistencia s.f. Falta de existencia: *inexistencia de pruebas.* **2.** DER. Cualidad de un acto jurídico al que le falta una cualidad esencial.

inexistente adj. Que no existe: *un monstruo inexistente.* **2.** Fig. Que se considera totalmente nulo.

inexorabilidad s.f. Cualidad de inexorable: *la inexorabilidad del paso del tiempo.*

inexorable adj. Que no se deja vencer por ruegos, implacable: *juez inexorable.* **2.** Que no se puede evitar: *vejez inexorable.*

inexperiencia s.f. Falta de experiencia.

inexperto, a adj. y s. Falto de experiencia o habilidad.

inexpiable adj. Que no se puede expiar: *crimen inexpiable.*

inexplicable adj. Que no se puede explicar.

inexplorado, a adj. No explorado.

inexplosible adj. Que no puede hacer explosión.

inexplotable adj. Que no es susceptible de ser explotado: *fuente inexplotable.*

inexpresable adj. Que no se puede expresar: *dicha inexpresable.*

inexpresivo, a adj. Que carece de expresión, que es poco expresivo: *rostro inexpresivo.*

inexpugnable adj. Que no se puede expugnar. **2.** Fig. Que no se deja vencer ni persuadir.

inextensible adj. Que no se puede extender: *materia inextensible.*

inextenso, a adj. Que carece de extensión.

inextinguible adj. Que no se puede extinguir: *fuego inextinguible.* **2.** Que no se puede calmar o parar: *risa, sed inextinguible.*

inextirpable adj. Que no se puede extirpar.

in extremis loc.adv. (voces latinas, *en la extremidad*). En el último momento; como último recurso.

inextricable adj. (del lat. *extricare,* desenmarañar). Difícil de desenredar por lo intrincado y confuso: *problema inextricable.*

infalibilidad s.f. Imposibilidad de equivocarse. **2.** Carácter de algo que produce el resultado esperado. ◇ **Infalibilidad pontificia** Dogma proclamado en 1870 por el concilio Vaticano I, según el cual el papa, cuando habla *ex cathedra,* no puede equivocarse en materia de fe.

infalibilista adj. y s.m. y f. Partidario de las doctrinas definidas por el concilio Vaticano I sobre la infalibilidad pontificia, por oposición a los que contestaron su oportunidad o las rechazaron (católicos viejos).

infalible adj. Que goza de infalibilidad. **2.** Que produce los resultados esperados, que no puede dejar de suceder: *remedio infalible; hecho infalible.*

infalsificable adj. Que no se puede falsificar.

infamación s.f. Acción y efecto de infamar.

infamar v.tr. y prnl. Difamar.

infamatorio, a adj. Se dice de lo que infama: *palabras infamatorias.*

infame adj. y s.m. y f. (lat. *infamis*). Se dice de la persona vil y detestable. ◆ adj. Se aplica a las acciones indignas, vergonzosas, etc.: *infame traición.* **2.** Muy malo en su línea: *una obra infame; día infame.*

infamia s.f. Cualidad de infame: *la infamia de un crimen.* **2.** Situación de la persona deshonrada: *caer en la infamia.* **3.** Acción mala o vil: *cometer infamias.*

infancia s.f. (lat. *infantia*). Período de la vida humana que va desde el nacimiento hasta la pubertad: *primera, segunda infancia.* **2.** Fig. Conjunto de los niños: *protección a la infancia.* **3.** Fig. Primer período de la existencia de una cosa: *proyecto que está en su infancia.*

infantado s.m. Territorio de un infante o infanta, hijos de reyes.

infantazgo s.m. Señorío atribuido a un infante.

infante, a s. (lat. *infans, -tis,* de *fari,* hablar). Niño de corta edad. **2.** Título de los hijos legítimos de los reyes de España, no herederos al trono. ◆ s.m. Término con que se designa al soldado de infantería. **2.** MÚS. Denominación dada a los niños que cantan en el coro de una catedral. ◆ s.f. Esposa de un infante.

infantería s.f. Tradicionalmente, tropa que combate a pie. **2.** Conjunto de tropas capaces de combatir a pie o desde vehículos acorazados.

infanticida adj. y s.m. y f. Se dice del autor de un infanticidio.

infanticidio s.m. Muerte dada violentamente a un niño, sobre todo si es recién nacido o está próximo a nacer.

infantil adj. Relativo a la infancia: *enfermedad infantil.* **2.** Que implica infantilismo: *comportamiento infantil.* **3.** Fig. Inocente, cándido.

infantilismo s.m. Detención del desarrollo de una persona, debido a una insuficiencia endocrina (hipofisaria o tiroidea) o a una anomalía genética. **2.** Comportamiento infantil, irresponsable, ausencia de madurez, puerilidad.

infanzón, na s. Hijodalgo o hijadalgo que en sus heredamientos tenía potestad y señorío limitados. **2.** En León, Castilla, Navarra y Aragón, durante la edad media, noble de segunda categoría.

infanzonado, a adj. Relativo al infanzón. ◆ s.m. Cualidad de infanzón. **2.** Infanzonazgo.

infanzonazgo s.m. Territorio perteneciente al infanzón. SIN.: *infanzonado.*

infartar v.tr. y prnl. MED. Producir un infarto.

infarto s.m. (lat. *infartus,* lleno, atiborrado). MED. Lesión necrótica de los tejidos debida a un trastorno circulatorio, acompañada generalmente de infiltración sanguínea. (La causa habitual de los infartos es la obliteración de un vaso por arteritis, por trombosis o por embolia. El *infarto de miocardio,* consecuencia de la obliteración de una arteria coronaria, es una lesión del corazón de variable gravedad. El *infarto pulmonar* aparece generalmente como consecuencia de una embolia.)

infatigable adj. Que nada lo fatiga.

infatuar v.tr. y prnl. (lat. *infatuare*) [conj.: *actuar*]. Volver o volverse fatuo.

infausto, a adj. Que constituye, acompaña o anuncia una desgracia: *noticia infausta; recuerdo infausto.*

infección s.f. Penetración y desarrollo en un ser vivo de microbios patógenos, llamados *agentes infecciosos,* que invaden el organismo por vía sanguínea, como en la septicemia, o que permanecen localizados, como en la neumonía o en abscesos, etc., vertiendo sus toxinas en la sangre.

infección

Las principales infecciones son de origen bacteriano, viral, micótico o parasitario. Los signos pueden ser fiebre, dolor, derrame, perturbación del órgano atacado (tos, diarrea, etc.), anomalía sanguínea. Los medicamentos contra las bacterias (antibióticos), los hongos y los parásitos son mucho más eficaces que los que se emplean contra los virus.

infeccioso, a adj. Que produce infección: *germen infeccioso.* **2.** Que resulta o va acompañado de infección.

infectar v.tr. (lat. *infectare,* frecuentativo de *inficere,* infectar). Contaminar por gérmenes infecciosos. **2.** *Fig.* Llenar de emanaciones malolientes y malsanas, apestar. ◆ **infectarse** v.prnl. Estar contaminado por gérmenes: *la herida se ha infectado.*

infecto, a adj. (lat. *infectus,* p. de *inficere,* infectar). Maloliente, sucio, repugnante: *emanaciones infectas de un pantano.* **2.** *Fig.* Fastidioso o muy malo: *tiempo infecto; libro infecto; café infecto.*

infecundidad s.f. Cualidad de infecundo.

infecundo, a adj. No fecundo: *tierras infecundas.*

infelice adj. *Poét.* Infeliz.

infelicidad s.f. Cualidad o estado de infeliz.

infeliz adj. y s.m. y f. Desgraciado, desventurado, no feliz: *suerte infeliz; una madre infeliz.* **2.** *Fam.* Bueno, ingenuo, sin picardía: *en el fondo es un infeliz.*

inferencia s.f. Operación intelectual por la que se pasa de una verdad a otra que se juzga en razón de su unión con la primera: *la deducción es una inferencia.* ◇ **Reglas de inferencia** LÓG. Las que permiten, en una teoría deductiva, llegar a la verdad de una proposición a partir de una o varias proposiciones tomadas como hipótesis.

inferior adj. (lat. *inferior, -oris,* comparativo de *inferus,* inferior, subterráneo). Situado más bajo con respecto a otra cosa: *mandíbula inferior.* **2.** Menor en dignidad, en mérito, en organización, en valor: *rango inferior; número inferior a diez; calidad inferior.* **3.** Se dice de la parte de un río más cercana al mar: *Ródano inferior.* **4.** HIST. NAT. Menos avanzado en la evolución. ◆ s.m. y f. Subordinado, subalterno.

inferioridad s.f. Desventaja en lo que concierne al rango, fuerza, mérito, etc.: *encontrarse en situación de inferioridad.* ◇ **Complejo de inferioridad** Sentimiento mórbido que impulsa al sujeto a subestimarse, debido a su convicción íntima de ser inferior a los que lo rodean.

inferir v.tr. y prnl. (lat. *inferre*) [conj.: *sentir*]. Sacar una consecuencia de un hecho o un principio. ◆ v.tr. Causar o hacer heridas, ofensas, etc.

infermentescible adj. Que no puede fermentar.

infernal adj. Relativo al infierno: *el poder infernal.* **2.** Que posee o anuncia mucha maldad o perfidia: *treta infernal.* **3.** *Fam.* Insoportable: *ruido infernal.* ◇ **Máquina infernal** Ingenio explosivo.

infernillo s.m. → **infiernillo.**

inferno, a adj. *Poét.* Infernal.

ínfero, a adj. (lat. *inferum,* de abajo). BOT. Se dice de un ovario situado debajo de los puntos de inserción de los sépalos, pétalos y estambres, como en el iris, en el manzano, etc. CONTR.: *súpero.*

infestación s.f. MED. Presencia de parásitos en un organismo, que pueden provocar trastornos patológicos.

infestar v.tr. y prnl. Contaminar, corromper: *infestar las aguas.* **2.** Asolar por invasiones brutales o actos de bandidaje: *los piratas infestaban estas costas.* **3.** Abundar en un lugar, hablando de animales o plantas perjudiciales: *las ratas infestan algunos barcos.* **4.** MED. Hablando de parásitos, invadir un organismo.

infesto, a adj. (lat. *infestus*). *Poét.* Dañoso, perjudicial.

infibulación s.f. ANTROP. Operación quirúrgica que se practica a los niños de ambos sexos de determinadas etnias, con el fin de impedir las relaciones sexuales.

inficionar v.tr. y prnl. (del lat. *infectio, -onis,* infección). Infectar, envenenar: *inficionar la sangre.* **2.** *Fig.* Corromper con malas doctrinas o ejemplos: *inficionar a los hijos.*

infidelidad s.f. Falta de fidelidad, especialmente en el matrimonio. **2.** Falta de exactitud, de verdad: *la infidelidad de un historiador.*

infidencia s.f. Violación de la confianza y fe debida a otro.

infiel adj. y s.m. y f. Que no guarda fidelidad, que falta a sus compromisos, especialmente en el matrimonio: *infiel a sus promesas.* **2.** Inexacto, que no expresa la verdad o la realidad: *relato infiel.* **3.** Que no profesa la religión considerada como la verdadera: *pueblo infiel; convertir infieles.*

infiernillo o **infernillo** s.m. Cocinilla, aparato con lámpara de alcohol.

infiernito s.m. C. Rica y Cuba. Cono o pirámide de pólvora humedecida que se quema como si fuera una luz de bengala.

infierno s.m. (lat. *infernum,* de *inferus,* inferior o subterráneo). Según diversas religiones, lugar donde los condenados sufren un castigo eterno. **2.** *Fig.* Lugar en el que hay alboroto, discordia o malestar: *esta casa es un infierno.* **3.** *Fig.* y *fam.* Serie de circunstancias adversas: *su matrimonio es un verdadero infierno.*

infijación s.f. LING. Introducción de un infijo en el seno de una palabra.

infijo s.m. LING. Elemento que se intercala en el interior de una palabra para modificar su sentido o su valor.

infiltración s.f. Paso lento de un líquido a través de los intersticios de un cuerpo. **2.** *Fig.* Penetración lenta y subrepticia: *infiltración de ideas subversivas.* **3.** MED. Invasión de un órgano por líquidos orgánicos procedentes de un conducto natural o por células inflamatorias o tumorales. **4.** MIL. Modo de progresión de la infantería utilizando al máximo los accidentes del terreno y las zonas no batidas por el fuego adversario. **5.** TERAP. Inyección de un medicamento en una región del organismo. ◇ **Aguas de infiltración** Aguas de lluvia que penetran en el suelo por percolación.

infiltrado s.m. MED. Producto de la reacción inflamatoria, acumulado en el intersticio de los tejidos.

infiltrar v.tr. y prnl. Introducir gradualmente un líquido en los poros o intersticios de un cuerpo sólido. **2.** *Fig.* Infundir en el ánimo una idea o doctrina. ◆ **infiltrarse** v.prnl. Penetrar subrepticiamente en alguna parte.

ínfimo, a adj. (lat. *infimus,* lo más humilde). Que en su situación está muy bajo o el más bajo de todos. **2.** En el orden y graduación de las cosas, se dice de la que es última y menos que las demás.

infinidad s.f. Cualidad de infinito. **2.** *Fig.* Gran cantidad de cosas o personas.

infinitamente adv. En extremo.

infinitesimal adj. MAT. Se dice de la magnitud considerada como suma de sus crecimientos sucesivos infinitamente pequeños.

infinitésimo s.m. MAT. Cantidad variable, que puede llegar a ser, en valor absoluto, inferior a todo número positivo, por pequeño que sea.

infinitivo, a adj. y s.m. GRAM. Se dice de la forma del verbo que expresa la acción en abstracto sin concretar persona, tiempo ni número.

infinito, a adj. Que no tiene fin: *el universo es infinito.* **2.** Demasiado grande o numeroso para poderse medir: *lo avisé infinitas veces.* **3.** Muy grande o intenso: *odio infinito.* ◆ s.m. Lo que no tiene límites; el espacio sin límites. **2.** MAT. Cantidad variable, que, en valor absoluto, llega a ser mayor que toda otra cantidad fijada arbitrariamente (símb. ∞, $+\infty$ o $-\infty$, según el signo). ◆ adv.m. Excesivamente, muchísimo: *siento infinito no haber estado aquí.*

infinitud s.f. Infinidad, cualidad de infinito.

infirmar v.tr. (del lat. *infirmus,* enfermo). DER. Declarar nulo, invalidar.

inflación s.f. Acción y efecto de inflar. **2.** Desequilibrio económico que se caracteriza por un alza general de los precios y por un aumento de la circulación monetaria. **3.** Aumento excesivo: *inflación de funcionarios.* ◇ **Inflación reptante** Inflación crónica, generalmente de poca intensidad. (Se opone a la *inflación galopante.*)

inflación

Tradicionalmente se distinguen tres mecanismos productores de inflación: la *inflación de demanda*, o intensificación súbita de la demanda de un producto frente a una oferta que no puede cubrirse de inmediato; la *inflación de costos*, producto del aumento de las cargas —salarios especialmente— que pesan sobre el proceso de producción de los bienes y servicios y que repercuten sobre los precios de estos; la *inflación monetaria*, que responde a la inyección, en el ciclo económico, de un aumento de recursos monetarios y medios de pago, que conduce —por intensificación de la demanda— a un alza de precios. Fenómenos de interacción (espiral salarios-precios) alargan y, a menudo, acrecientan la inflación.

inflacionista adj. Que es causa o señal de inflación: *tensión inflacionista.* SIN.: *inflacionario.*

inflamabilidad s.f. Cualidad de inflamable: *la inflamabilidad de un gas.*

inflamable adj. Fácil de inflamar.

inflamación s.f. Acción y efecto de inflamar. **2.** MED. Reacción patológica que aparece como consecuencia de una agresión traumática, química o microbiana al organismo, y que se caracteriza por calor, enrojecimiento, dolor y tumefacción.

inflamar v.tr. y prnl. (lat. *inflamare,* de *flama,* llama). Encender una cosa que al quemarse produce llama inmediatamente. **2.** *Fig.* Despertar entusiasmo: *inflamar el público.* **3.** Producirse irritación en una parte del organismo: *inflamarse la garganta.* **4.** Producirse una inflamación.

inflamatorio, a adj. MED. Relativo a la inflamación.

inflar v.tr. y prnl. (lat. *inflare*). Hinchar una cosa con aire u otro gas. **2.** *Fig.* Ensoberbecer, engreír, infatuar. ◆ v.tr. *Fig.* Exagerar, abultar hechos, noticias, etc. ◆ v.intr. Méx. Beber alcohol.

inflexibilidad s.f. Cualidad de inflexible.

inflexible adj. Incapaz de torcerse o de doblarse. **2.** *Fig.* Que no se deja ablandar: *carácter inflexible.*

inflexión s.f. (lat. *inflexio, -onis*). Acción y efecto de doblarse una línea o algo lineal en un punto. **2.** Elevación o atenuación hecha con la voz, quebrándola o pasando de un tono a otro. **3.** LING. **a.** Elemento que pone en contacto la raíz con la desinencia. **b.** Cada una de las terminaciones del verbo, el pronombre, y las demás partes variables de la oración. **4.** Cambio de sentido de la curvatura de una curva plana. ◇ **Punto de inflexión** MAT. Punto en que una curva corta a su tangente.

inflexo, a adj. BOT. Encorvado hacia abajo o hacia lo alto.

infligir v.tr. (lat. *infligere*). Aplicar o causar castigos, derrotas, agravios, etc.

inflorescencia s.f. Forma de agruparse las flores en una planta: *los principales tipos de inflorescencia son* racimo, espiga, umbela, capítulo *y* cima. **2.** Conjunto de estas flores.

influencia s.f. Acción y efecto de influir. **2.** *Fig.* Poder que ejerce uno sobre otro o que tiene en un medio por sí o por sus relaciones. **3.** *Fig.* Contacto o relación que proporcionan un trato de favor: *tiene influencias en el ayuntamiento.* ◇ **Electrización por influencia** Carga eléctrica adquirida por un conductor cerca de otro conductor electrizado.

influenciable adj. Que se deja influir con facilidad.

influenciar v.intr. Influir.

influenza s.f. (voz italiana). Gripe.

influir v.intr. (lat. *influere*) [conj.: *huir*]. Causar unas cosas sobre otras ciertos efectos. SIN.: *influenciar.* **2.** *Fig.* Ejercer una persona o cosa predominio en el ánimo. SIN.: *influenciar.*

influjo s.m. Influencia. ◇ **Influjo nervioso** Fenómeno de naturaleza eléctrica por el cual la excitación de una fibra nerviosa se propaga por el nervio.

influyente adj. Que influye.

infografía s.f. Técnica de creación de imágenes de síntesis y de representación gráfica mediante utilización directa de la computadora.

infolio s.m. Libro en folio.

información s.f. Acción y efecto de informar: *te lo digo para tu información.* **2.** Oficina donde se informa de alguna cosa: *preguntar en información.* **3.** Conjunto de noticias o informes. **4.** En cibernética, factor cualitativo que designa la posición de un sistema, y que eventualmente es transmitido por este sistema a otro. **5.** DER. Averiguación jurídica y legal de un hecho o delito. ◇ **Cantidad de información** Medida cuantitativa de la incertidumbre de un mensaje en función del grado de probabilidad de cada una de las señales que lo componen. **Teoría de la información** Teoría que tiene por objeto definir y estudiar las cantidades de información, la codificación de estas informaciones, los canales de transmisión y su capacidad.

informador, ra adj. y s. Que informa; se dice especialmente, respecto a una persona, de otra que la informa o la ha informado sobre cierta cosa.

informal adj. y s.m. y f. Se dice de la persona falta de formalidad. ◆ adj. Que no se ajusta a las circunstancias que le son normales: *reunión informal.* ◇ **Pintura informal** Informalismo.

informalidad s.f. Cualidad de informal. **2.** Acto propio de una persona informal.

informalismo s.m. Tendencia artística que se da en pintura especialmente, desarrollada sobre todo entre 1950 y 1960, que tiende a representar lo real fuera de todo orden lógico de espacio y composición.

informalista adj. y s.m. y f. Relativo al informalismo; partidario de esta tendencia.

informante s.m. y f. y adj. Persona que facilita una información.

informar v.tr. Dar a alguien noticia de alguna cosa. **2.** Imprimir determinadas características: *las mismas ideas informan toda la producción del poeta.* ◆ v.intr. Dar informes acerca de determinadas cuestiones, planos, etc.

informática s.f. (fr. *informatique*). Ciencia del tratamiento automático y racional de la información considerada como el soporte de los conocimientos y las comunicaciones.

informática

Suelen diferenciarse varios campos dentro de la informática: *informática teórica* (análisis numérico, teoría de la información, lenguajes y gramática, autómatas, etc.), *de los sistemas* (arquitectura de las computadoras y de los sistemas de explotación, jerarquía de los recursos, comunicación entre procesadores, redes, etc.), *tecnológica* (hardware: componentes electrónicos, semiconductores, memorias, registros en soportes magnéticos, órganos periféricos de entrada y salida, etc.), metodológica (referida especialmente al software: compilación, lenguajes, técnicas de explotación, análisis, programación estructurada, etc.) y *aplicada* (realizaciones llevadas a cabo por las computadoras y el tratamiento automático de la información).

---

informático, a adj. Perteneciente o relativo a la informática: *tratamiento informático.* ◆ s. Especialista en informática.

informativo, a adj. Se dice de lo que informa o sirve para dar noticia de una cosa: *hoja informativa; reunión informativa.* ◆ s.m. En televisión, espacio dedicado a difundir noticias.

informatización s.f. Acción y efecto de informatizar.

informatizar v.tr. Dotar a un servicio, organismo, etc., de medios informáticos, asegurar su gestión mediante medios informáticos. **2.** Utilizar la informática para tratar con ayuda de computadora las necesidades de un sector profesional o para solucionar un problema.

1. **informe** s.m. Acción y efecto de informar o dictaminar. **2.** Noticias o datos que se dan sobre alguien o algo. **3.** Exposición oral o escrita del estado de una cuestión.

2. **informe** adj. (lat. *informis,* de *forma,* forma). Deforme. **2.** De forma vaga e indeterminada.

infortunado, a adj. y s. Desafortunado, desdichado.

infortunio s.m. (lat. *infortunium*). Suerte desdichada. **2.** Hecho o acontecimiento desgraciado.

infosura s.f. (lat. tardío *infusura,* alimento ingerido). VET. Enfermedad del ganado equino que se presenta con dolores en dos o en todas las extremidades.

infovía s.f. Servicio de Telefónica de España para la conexión informática a los proveedores de información de Internet en España, Chile y Perú.

infracción s.f. Quebrantamiento de una ley, norma o pacto.

infraccionar v.tr. Méx. Multar.

infractor, ra adj. y s. Que infringe.

infraestructura s.f. Conjunto de medios técnicos, servicios e instalaciones necesarios para el desarrollo de una actividad o para el funcionamiento de una organización. **2.** Capa de asiento que hace de almohadilla entre el pavimento y los cimientos o lecho de una carretera. **3.** ECON. **a.** Base física sobre la que se asienta la economía de un estado. **b.** Conjunto de servicios considerados esenciales en la creación de una economía moderna. ◇ **Infraestructura aérea** Conjunto de las instalaciones de tierra indispensables para el tráfico aéreo.

in fraganti loc.adv. (voces latinas, *en flagrante*). Se utiliza para referirse al preciso instante en que se está cometiendo un delito o una falta.

infrahumano, a adj. Inferior a lo humano.

infranqueable adj. Imposible o difícil de franquear o desembarazar.

infraorbitario, a adj. ANAT. Relativo a la cara inferior de la órbita o situado por debajo de ella: *nervio infraorbitario.*

infrarrojo, a adj. y s.m. Se dice de la radiación electromagnética de longitud de onda comprendida entre una micra y un milímetro, que se utiliza en calefacción, terapéutica, armamentos, etc. (Se extiende desde el extremo del rojo visible hacia frecuencias menores, y se caracteriza por sus efectos térmicos, pero no luminosos ni químicos.)

infrascrito, a adj. y s. (del lat. *infra,* abajo y *scribere,* escribir). Que firma al fin de un escrito. ◆ adj. Que se dice más abajo o después de un escrito.

infrasonido s.m. Vibración de la misma naturaleza que el sonido, pero de frecuencia demasiado baja para ser percibida por el oído humano.

infrasonoro, a adj. Relativo al infrasonido.

infravalorar v.tr. Disminuir el valor o la importancia de algo.

infrecuencia s.f. Cualidad de infrecuente.

infrecuente adj. Que no es frecuente.

infringir v.tr. (lat. *infringere*). Quebrantar una ley, norma o pacto.

infructuosidad s.f. Cualidad de infructuoso.

infructuoso, a adj. Que no produce ningún resultado aceptable o estimable.

infrutescencia s.f. BOT. Fructificación formada por la agrupación de varios frutillos procedentes de las flores de una inflorescencia.

ínfula s.f. (lat. *infula*). Cinta de lana blanca, con dos tiras caídas a los lados, con que se ceñían la cabeza los sacerdotes de algunas religiones antiguas y algunos reyes. **2.** Cada una de las dos cintas anchas que penden por la parte posterior de la mitra episcopal. ◆ **ínfulas** s.f.pl. *Fig.* Presunción o vanidad.

infumable adj. Esp. Que no se puede fumar, se dice especialmente del tabaco de mala calidad. **2.** Esp. *Fam.* Que es de muy mala calidad; que no se puede aceptar como bueno o válido por carecer de justificación: *una película, un argumento infumable.*

infundado, a adj. Que no tiene fundamento real o racional.

infundio s.m. Noticia falsa, chisme.

infundioso, a adj. y s. Que constituye un infundio.

infundir v.tr. (lat. *infundere*). Provocar cierto estado de ánimo o sentimiento: *infundir valor.*

infurción s.f. En los estados de la península Ibérica, durante la edad media, renta, prestación o canon anual que pagaban, al señor o al rey, siervos, libres, hombres de behetría o caballeros villanos.

infusibilidad s.f. Cualidad de infusible.

infusible adj. Que no puede fundirse o derretirse.

infusión s.f. Acción y efecto de infundir. **2.** Preparado en forma líquida que resulta de la extracción de los principios activos de ciertas plantas por la acción del agua hirviendo, del alcohol, o, más raramente, de otro solvente.

infuso, a adj. Se dice del conocimiento o el don que se posee o se cree poseer, en cierto sentido, de una manera natural.

infusorio, a adj. y s.m. Protozoo del tipo *ciliados,* que puede desarrollarse en las infusiones vegetales. ◇ **Tierra de infusorios** Roca formada por restos de caparazones de infusorios fósiles, que se emplea como aislante térmico o acústico y como materia inerte.

ingá s.m. Amér. Árbol de la familia de las leguminosas de flores blanquecinas en espigas.

ingeniar v.tr. y prnl. Trazar, idear o inventar algo con ingenio. ◇ **Ingeniárselas** Conseguir algo o salir de una dificultad con ingenio.

ingeniería s.f. Conjunto de conocimientos y técnicas científicos aplicados a la invención, perfeccionamiento y utilización de la técnica industrial en todas sus dimensiones. ◇ **Ingeniería genética** Conjunto de técnicas que permiten la recombinación fuera de un organismo de cromosomas pertenecientes a organismos diferentes.

ingeniero, a s. Persona que se dedica a la ingeniería. ◇ **Arma de ingenieros** Una de las cuatro armas que, con carácter de combatientes, existen en el ejército español. **Ingeniero técnico** Técnico de grado medio en ingeniería, cuyo título oficial, en España, es expedido por las escuelas universitarias.

ingenio s.m. (lat. *ingenium,* conjunto de cualidades innatas de alguien). Talento o habilidad para discurrir e inventar cosas, o para resolver dificultades con facilidad. **2.** Persona de talento. **3.** Maña y artificio para conseguir algo. **4.** Máquina. **5.** Molino y explotación de caña de azúcar.

ingeniosidad s.f. Cualidad de ingenioso. **2.** *Fig.* Dicho o hecho que quiere resultar gracioso y resulta inoportuno.

ingenioso, a adj. Que tiene o implica ingenio: *persona ingeniosa; respuesta ingeniosa.*

ingénito, a adj. (lat. *ingenitus*). No engendrado. **2.** Connatural, congénito.

ingente adj. (lat. *ingens, -enis*). Muy grande.

ingenuidad s.f. Cualidad de ingenuo.

ingenuo, a adj. y s. (lat. *ingenuus*). Que no tiene malicia, crédulo, sincero. ◆ adj. y s. DER. ROM. Se decía del que nacía libre y no perdía su libertad. ◆ s.f. Actriz que representa papeles de muchacha inocente y cándida.

ingerir v.tr. (lat. *inserere,* introducir o injertar) [conj.: *sentir*]. Hacer llegar al estómago, introduciéndolos por la boca, la comida, bebida o medicamentos.

ingesta s.f. Ingestión.

ingestión s.f. (lat. *ingestio, -onis*). Acción y efecto de ingerir.

ingle s.f. (lat. *inguen, -inis*). Parte del cuerpo donde se junta el muslo y el abdomen.

inglés, sa adj. y s. De Inglaterra. **2.** Británico. ◆ s.m. Lengua indoeuropea del grupo germánico, hablada principalmente en Gran Bretaña y EUA. ◇ **A la inglesa** Según el uso de Inglaterra; *Fam.* se dice de la encuadernación cuyas tapas son flexibles y tienen puntas redondeadas. **Letra inglesa** Letra inclinada a la derecha, con perfiles gruesos y delgados. **Pura sangre inglés** Raza de caballos de carreras, muy veloces, enérgicos y nerviosos, y de gran alzada, producto del mestizaje de razas de predominio oriental con las razas inglesas.

inglés

El inglés es, después del chino, la lengua más extendida del mundo: sin distinguir variantes es la lengua materna de cerca de 320 millones de personas (Gran Bretaña, Estados Unidos, antiguo imperio británico). Debido a la importancia económica y científica de los países anglosajones, el inglés se ha convertido en la lengua más estudiada y practicada en los intercambios internacionales y en la difusión de información técnica y científica. Pertenece al grupo occidental de las lenguas germánicas. Los invasores anglos y sajones lo introdujeron en las Islas Británicas hacia el s. V y poco a poco sustituyó al idioma romanocéltico. Durante los ss. XI-XIII, la conquista normanda impuso el francés como lengua oficial, bilingüismo que marcó profundamente el vocabulario.

inglete s.m. (fr. *anglet*). Ángulo de 45° que con cada cateto forma la hipotenusa del cartabón. **2.** Método de ensamble de carpintería, que consiste en cortar las superficies de unión bajo un ángulo de 45°. ◇ **Caja,** o **cortador,** o **patrón, de ingletes** Caja acanalada, abierta por sus dos extremos, y con muescas oblicuas en los costados para guiar la sierra bajo el ángulo deseado al cortar la pieza que se trabaja.

ingratitud s.f. Desagradecimiento, olvido de los favores recibidos.

ingrato, a adj. Desagradecido, que olvida los beneficios recibidos: *persona ingrata.* **2.** Desabrido, desagradable: *tiempo ingrato.* **3.** Se dice del trabajo que no cunde o no compensa el esfuerzo que cuesta: *labor ingrata.*

ingravidez s.f. Cualidad de ingrávido. **2.** Estado en el que los efectos de la gravedad se anulan, especialmente en una aeronave.

ingrávido, a adj. Ligero, leve, que no pesa.

ingrediente s.m. (lat. *ingrediens,* p. activo de *ingredi,* entrar). Cosa que entra en la composición de un remedio, bebida, guisado u otro compuesto.

ingresar v.intr. Entrar a formar parte de una corporación, sociedad, etc. **2.** Entrar como paciente en un establecimiento sanitario. **3.** Aprobar el examen de ingreso. ◆ v.tr. Imponer dinero en una entidad bancaria o comercial. **2.** Esp. Percibir regularmente por cualquier concepto determinada cantidad de dinero.

ingresivo, a adj. LING. Se dice del aspecto verbal que designa el comienzo de la acción. (En español está representado generalmente por perífrasis, como *se puso a cantar, se echó a reír.*) ◇ **Consonante ingresiva** Consonante que se produce con una succión o inspiración de aire.

ingreso s.m. (lat. *ingressus, -us,* entrada). Acción de ingresar. **2.** Examen o conjunto de pruebas que se realizan para entrar en determinados estudios. **3.** Entrada, lugar por donde se entra en alguna parte. ◆ **ingresos** s.m.pl. Cantidad de dinero que se percibe regularmente por cualquier concepto.

íngrimo, a adj. Amér. Central, Colomb., Dom., Ecuad., Pan. y Venez. Solitario, aislado.

inguinal adj. ANAT. Relativo a la ingle: *hernia inguinal.*

ingurgitación s.f. Acción y efecto de ingurgitar.

ingurgitar v.tr. (del lat. *gurges, -itis*). Engullir. ◆ v.tr. y prnl. FISIOL. Aumentar de tamaño un órgano, por repleción.

ingush, pueblo musulmán del Cáucaso nororiental, distribuido principalmente entre las repúblicas de Ingushia y Daguestán.

inhábil adj. Que no tiene habilidad. **2.** Que no tiene las cualidades y condiciones necesarias para hacer una cosa. **3.** Que no puede obtener o desempeñar un cargo, empleo o dignidad por falta de algún requisito, o por una tacha o delito. **4.** DER. Se dice del día feriado y de las horas en que, salvo habilitación expresa, no deben practicarse actuaciones.

inhabilidad s.f. Cualidad de inhábil. **2.** DER. Estado de la persona que no tiene capacidad legal: *inhabilidad para testar.*

inhabilitación s.f. Acción y efecto de inhabilitar. **2.** DER. Pena que priva de algún derecho o incapacita para ciertos cargos.

inhabilitar v.tr. Declarar a una persona inhábil para ejercer cargos públicos o para ejercitar derechos civiles o políticos. ◆ v.tr. y prnl. Imposibilitar para una cosa.

inhabitado, a adj. Que no está habitado.

inhalación s.f. Aspirar por las vías respiratorias un gas, vapor o aerosol.

inhalador s.m. Aparato que sirve para efectuar inhalaciones.

inhalar v.tr. Aspirar gases y vapores, especialmente con fines médicos.

inhamui s.m. Madera comercial americana, cuyo color varía del amarillo gris al marrón.

inherencia s.f. Cualidad de inherente.

inherente adj. (lat. *inhaerens, -tis*). Que está dentro de algo o va junto a él de manera inseparable.

inhibición s.f. Acción y efecto de inhibir o inhibirse. **2.** Fenómeno de cese, bloqueo o disminución de un proceso químico, psicológico o fisiológico. **3.** Disminución de la actividad de una neurona, de una fibra muscular o de una célula secretora, bajo la acción de un influjo nervioso o de una hormona.

inhibidor, ra adj. Que inhibe. ◆ s.m. QUÍM. Sustancia de concentración débil, que bloquea o retrasa una reacción química. ◇ **Inhibidor de la ovulación** Medicamento anticonceptivo que deja en suspenso la periodicidad de la ovulación.

inhibir v.tr. (lat. *inhibere*). DER. Impedir que un juez intervenga o prosiga en el conocimiento de una causa. ◆ v.tr. y prnl. FISIOL. Suspender permanente o transitoriamente una función o actividad del organismo mediante la acción de un estímulo adecuado. ◆ **inhibirse** v.prnl. Abstenerse de intervenir en un asunto o actividad.

inhiesto, a adj. → **enhiesto.**

inhospitalario, a adj. Desagradable para ser habitado o poco acogedor. **2.** Que no ofrece seguridad ni abrigo. SIN.: *inhóspito.*

inhóspito, a adj. Inhospitalario.

inhumación s.f. Acción de inhumar.

inhumanidad s.f. Cualidad de inhumano.
inhumano, a adj. Cruel, despiadado, duro. **2.** Que no parece pertenecer a la naturaleza humana. **3.** Chile. Muy sucio.
inhumar v.tr. (lat. *inhumare,* de *humus,* tierra). Enterrar, dar sepultura.
iniciación s.f. Acción y efecto de iniciar. SIN.: *inicio.* **2.** Introducción solemne de una persona en una secta o sociedad secreta, por medio de ritos o pruebas especiales: *iniciación masónica.*
iniciado, a s. Persona que participa del conocimiento de algo, especialmente algo secreto. **2.** Miembro de una secta o sociedad secreta.
inicial adj. Relativo al principio o comienzo de algo. ◆ adj. y s.f. Se dice de la primera letra de una palabra, un capítulo, etc. **2.** Se dice de la primera letra de un nombre de persona.
inicialización s.f. INFORMÁT. **a.** Proceso por el que una computadora entra en funcionamiento, consistente en introducir en la memoria central un programa que requerirá luego los módulos necesarios del sistema de explotación. **b.** Atribución de un valor inicial a una variable.
inicializar v.tr. INFORMÁT. Realizar un proceso de inicialización.
iniciar v.tr. y prnl. (lat. *initiare*). Empezar una cosa. **2.** Enseñar, hacer que alguien adquiera conocimiento o los primeros conocimientos sobre una materia. ◆ v.tr. Ser el primero en hacer algo determinado. **2.** Introducir a alguien en las prácticas de una religión, secta o asociación secreta.
iniciático, a adj. Que está relacionado con la iniciación a una práctica o a una sociedad secreta: *ritos iniciáticos.*
iniciativa s.f. Idea que sirve para iniciar una acción. **2.** Acción de proponer o de hacer algo el primero: *tomar la iniciativa.* **3.** Capacidad de emprender, inventar, etc.: *tener iniciativa.* **4.** DER. Derecho de someter a una asamblea una proposición sobre el voto de una moción, de una resolución o de una ley. <> **Iniciativa legislativa** Derecho de someter a discusión y a voto en las asambleas parlamentarias el texto de una proposición de ley (iniciativas parlamentarias) o de un proyecto de ley (iniciativa gubernamental). **Iniciativa popular** Derecho reconocido a los ciudadanos de determinados estados de someter al parlamento proposiciones de ley, a condición de reunir un cierto número de firmas en apoyo de su demanda.
inicio s.m. Comienzo, principio.
inicuo, a adj. (lat. *iniquus,* injusto). Contrario a la equidad, injusto: *acción inicua.* **2.** Malvado, perverso.
in illo témpore loc.adv. (lat. *in illo tempore,* en aquel tiempo). En un tiempo remoto.
ininteligible adj. Imposible de entender o de descifrar: *letra ininteligible.*
ininterrumpido, a adj. Continuado, sin interrupción.
iniquidad s.f. Cualidad de inicuo. **2.** Acción inicua.
injerencia s.f. Acción y efecto de injerirse. <> **Derecho de injerencia** Posibilidad de intromisión en los asuntos internos de un estado, reconocida en algunos casos por la ONU, por parte de otros estados o de organizaciones no gubernamentales.
injeridor s.m. Instrumento que sirve para injertar.
injerir v.tr. (lat. *ingerere,* llevar algo a un sitio) [conj.: *sentir*]. Incluir una cosa en otra, haciendo mención de ella. ◆ v.prnl. **injerirse** Entrometerse.
injertado s.m. Operación que consiste en fijar en un polímero, que formará la cadena principal o tronco, cadenas laterales llamadas injertos.
injertar v.tr. Aplicar o implantar un injerto.
injerto s.m. (lat. *insertus,* introducido). Operación que permite la multiplicación asexuada de árboles productores de frutos y flores, mediante la inserción en una planta, o patrón, de una parte de otra planta, o injerto, cuyos caracteres se quieren desarrollar. **2.** Brote, rama o yema separados de una planta para ser injertados en otra. **3.** Operación quirúrgica que consiste en transferir a un individuo, ser humano o animal, tejido procedente de él mismo *(autoinjerto),* de un individuo de la misma especie *(homoinjerto)* o de un individuo de una especie distinta *(heteroinjerto).* **4.** Tejido que se injerta. **5.** Cadena lateral fijada en la cadena principal de un copolímero.

injerto

El tejido o el órgano para injertar pueden tomarse del mismo sujeto (*autoinjerto*), de un individuo genéticamente igual (*isoinjerto*) —es decir, en el caso del ser humano, de un gemelo idéntico—, de otro individuo de la misma especie (*aloinjerto* u *homoinjerto*) o de un individuo de otra especie (*xenoinjerto* o *heteroinjerto*) [operación esta última muy difícil de realizar en el ser humano].

injuria s.f. (lat. *injuria*). Expresión proferida o acción ejecutada en deshonra, descrédito o menosprecio de otra persona.
injuriado s.m. Cuba. Tabaco en rama, de clase inferior.
injuriar v.tr. Proferir o cometer injurias.
injurioso, a adj. Que injuria.
injusticia s.f. Acción injusta. **2.** Cualidad de injusto.
injusto, a adj. Que no es conforme a la justicia o a la equidad: *sentencia injusta.* **2.** Que no es equitativo o imparcial: *un profesor con fama de injusto.*
inlandsis s.m. (voz escandinava, *hielo en el interior del país*). Tipo de glaciar, presente sobre todo en las regiones polares, en forma de gran casquete que oculta el relieve subyacente.
inllevable adj. Que no se puede soportar o tolerar.
inmaculado, a adj. (del lat. *macula,* mancha). Que no tiene mácula, mancha. <> **Inmaculada Concepción de María** Privilegio por el cual la Virgen María fue preservada del pecado original, dogma definido por Pío IX el 8 de diciembre de 1854 (bula *Ineffabilis*).
inmaduración s.f. PSIQUIATR. Trastorno del proceso de maduración, que se expresa por desorden intelectual, afectivo, emocional o psicomotor.
inmaduro, a adj. No maduro. **2.** Que carece de la madurez propia de la edad adulta.
inmanencia s.f. Cualidad de inmanente.
inmanente adj. FILOS. Se dice de lo que es inherente a un ser o a la experiencia.
inmanentismo s.m. FILOS. Sistema que se funda en la noción de inmanencia.
inmarcesible adj. Que no se puede marchitar. SIN.: *inmarchitable.*
inmatriculación s.f. DER. Acción y efecto de matricular, inscribir en un registro.
inmediación s.f. Cualidad de inmediato. ◆ **inmediaciones** s.f.pl. Contorno o parajes que rodean un lugar.
inmediatez s.f. Circunstancia de estar o ser inmediato algo.
inmediato, a adj. Que está al lado o muy cerca de algo: *viven en la casa inmediata a la nuestra.* **2.** Que sucede sin intervalo de tiempo: *surtir efecto inmediato.* <> **Análisis inmediato** QUÍM. Separación de los componentes de una mezcla. **De inmediato** Sin tardanza, lo más rápido posible.
inmemorial adj. Tan antiguo, que no hay memoria de cuándo comenzó.
inmensidad s.f. Cualidad de inmenso: *la inmensidad del océano.* **2.** *Fig.* Número o extensión grande.
inmenso, a adj. (lat. *immensus*). Que no tiene medida. **2.** *Fig.* Muy grande o muy difícil de medirse o contarse.
inmensurable adj. Que no puede medirse o de difícil medida.
inmersión s.f. Acción de sumergir o sumergirse. **2.** ASTRON. Comienzo de la ocultación de un astro. <> **Inmersión lingüística** Introducción de un individuo en un medio lingüístico distinto del propio, sin contacto directo con el medio de origen, para facilitar su asimilación y aprendizaje: *pro-*

ceso de inmersión lingüística en las escuelas de un territorio bilingüe.

inmerso, a adj. (lat. *immersus*). Que está sumergido en un líquido. **2.** Ensimismado, concentrado.

inmigración s.f. Movimiento migratorio que consiste en la llegada de personas a un lugar distinto del lugar de origen, para establecerse en él.

inmigrante adj. y s.m. y f. Que llega a un lugar distinto del de origen para establecerse en él.

inmigrar v.intr. (lat. *immigrare,* penetrar). Realizar una inmigración.

inmigratorio, a adj. Relativo a la inmigración.

inminencia s.f. Cualidad de inminente.

inminente adj. (lat. *imminens, -tis*). Que amenaza o está a punto de suceder.

inmiscuir v.tr. (lat. tardío *immiscuere*) [conj.: *huir*]. Mezclar una sustancia con otra. ◆ **inmiscuirse** v.prnl. *Fig.* Entremeterse en un asunto o negocio.

inmobiliaria s.f. Empresa que construye, vende y administra viviendas.

inmobiliario, a adj. Relativo a bienes inmuebles.

inmoderación s.f. Cualidad de inmoderado.

inmoderado, a adj. Que no tiene moderación.

inmodestia s.f. Falta de modestia.

inmodesto, a adj. No modesto.

inmolación s.f. Acción y efecto de inmolar o inmolarse.

inmolar v.tr. (lat. *immolare*). Sacrificar, hacer sacrificios. ◆ **inmolarse** v.prnl. *Fig.* Sacrificarse por el bien ajeno.

inmoral adj. y s.m. y f. Contrario a los principios de la moral.

inmoralidad s.f. Cualidad de inmoral. **2.** Acción inmoral.

inmortal adj. Eterno, imperecedero: *el alma es inmortal.* **2.** *Fig.* Que dura tiempo indefinido: *la inmortal figura de don Quijote.* ◆ s.f. Galicismo con que se designan varias plantas cuyas flores persisten mucho tiempo. ◆ s.m. Ecuad. y P. Rico. Siempreviva, planta.

inmortalidad s.f. Cualidad de inmortal.

inmortalizar v.tr. Hacer inmortal. ◆ v.tr. y prnl. Hacer perpetua una cosa en la memoria de las personas.

inmotivado, a adj. Sin motivo.

inmovilidad s.f. Estado de inmóvil.

inmovilismo s.m. Tendencia a mantener sin cambios lo establecido o a oponerse a toda forma de innovación en el terreno político, social, religioso, etc.

inmovilista adj. y s.m. y f. Relativo al inmovilismo; partidario de esta tendencia.

inmovilización s.f. Acción de inmovilizar o inmovilizarse. **2.** CIR. Método terapéutico para conseguir de modo temporal o permanente la supresión de todos los movimientos de un miembro. **3.** DEP. En diversos deportes de combate, y especialmente en judo y en lucha, acción que permite mantener en el suelo al adversario sin que este pueda soltarse.

inmovilizado, a adj. En ajedrez, se dice de la pieza que no puede ser cambiada de lugar sin que se produzca jaque contra su propio rey.

inmovilizar v.tr. Hacer que una cosa quede inmóvil. ◆ **inmovilizarse** v.prnl. Quedarse o permanecer inmóvil.

inmueble adj. y s.m. Se dice de la propiedad que no puede separarse del lugar que ocupa. ◆ s.m. Casa y, especialmente, edificio de varias plantas. ◇ **Bien inmueble** DER. Bien como tierras, edificios, construcciones y minas, y de los adornos, artefactos o derechos a los que la ley considera no muebles. SIN.: *bien raíz.*

inmundicia s.f. Cualidad de inmundo. **2.** Suciedad, basura. **3.** *Fig.* Asunto, ambiente, etc., inmoral.

inmundo, a adj. (lat. *inmundus,* impuro). Sucio y asqueroso. ◇ **Espíritu inmundo** El demonio.

inmune adj. (lat. *immunis*). Exento de cierto servicio o carga. **2.** BIOL. Se dice del organismo vivo que posee un estado defensivo suficiente para evitar padecer una determinada enfermedad.

inmunidad s.f. Cualidad de inmune. **2.** BIOL. Resistencia natural o adquirida de un organismo vivo a un *antígeno,* ya sea un agente infeccioso (como los microbios) o tóxico (como venenos y sustancias tóxicas). **3.** DER. Privilegio, derecho a beneficiarse de la derogación personal o estamental de una ley: *las inmunidades feudales.* ◇ **Inmunidad diplomática** Privilegio de los agentes diplomáticos extranjeros, por el cual no pueden ser librados a la jurisdicción del estado en que prestan sus servicios. **Inmunidad parlamentaria** Privilegio de los representantes parlamentarios de no poder ser procesados sin la autorización del parlamento.

inmunitario, a adj. Relativo a la inmunidad. ◇ **Sistema inmunitario** BIOL. Sistema que poseen todos los vertebrados para defender su organismo de los agentes infecciosos.

inmunizante adj. BIOL. Que provoca inmunidad.

inmunizar v.tr. y prnl. Hacer inmune.

inmunodeficiencia s.f. Situación clínica en la que existe una susceptibilidad aumentada a la afección y, a veces, también a las enfermedades autoinmunes y a la neoplasia.

inmunodepresor, ra adj. y s. Se dice de la sustancia o agente físico que disminuye las reacciones inmunitarias, como los corticoides, radiaciones ionizantes, etc.

inmunógeno, a adj. BIOL. Que produce inmunidad.

inmunoglobulina s.f. Globulina plasmática dotada de propiedades inmunitarias, debidas a los anticuerpos de los que es soporte material.

inmunología s.f. Parte de la biología y de la medicina que estudia los fenómenos de la inmunidad.

inmunoterapia s.f. Tratamiento que consiste en provocar o en aumentar la inmunidad del organismo.

inmunotransfusión s.f. Transfusión efectuada a un sujeto que padece una enfermedad infecciosa con sangre de un sujeto inmunizado contra dicha enfermedad.

inmutabilidad s.f. Cualidad de inmutable.

inmutable adj. Que no cambia o no puede ser cambiado: *principios inmutables.* **2.** Que no se inmuta o es poco propenso a ello: *permanecer inmutable.*

inmutar v.tr. (lat. *immutare*). Mudar o variar una cosa. ◆ v.tr. y prnl. *Fig.* Impresionar o alterar de manera visible el ánimo de alguien.

innatismo s.m. Doctrina filosófica fundada sobre la creencia en las ideas innatas.

innato, a adj. Que no es aprendido y pertenece a la naturaleza de un ser desde su origen o nacimiento. ◇ **Ideas innatas** FILOS. Según los cartesianos, ideas que se hallan en potencia en el ser humano desde su nacimiento, como las de Dios, alma o cuerpo.

innavegable adj. No navegable. **2.** Se dice de la embarcación que no está en condiciones de navegar.

innivación s.f. Tiempo de permanencia de la nieve sobre el suelo.

innoble adj. Que no es noble. **2.** Vil y despreciable.

innombrable adj. Que no se puede nombrar, por causar horror, inconveniencia, etc.

innominado, a adj. Que no tiene nombre. ◇ **Contratos innominados** DER. ROM. Contratos que no habían recibido del derecho civil una denominación particular. **Hueso innominado** Hueso ilíaco.

innovación s.f. Acción de innovar. **2.** Cosa que innova: *tener horror a las innovaciones.*

innovar v.tr. Introducir novedades.

innumerable adj. Que no se puede contar o numerar porque es muy numeroso.

inobservancia s.f. Falta de obediencia a las leyes o a los reglamentos.

inocencia s.f. Estado de inocente. **2.** REL. Estado del ser humano antes del pecado original, en el cual estaba exento de pecado y de toda inclinación al mal.

inocentada s.f. *Fam.* Engaño o broma que se hace a alguien, especialmente en el día de los Santos Inocentes. **2.** *Fam.* Acción o palabra muy ingenua o simple.

inocente adj. y s.m. y f. (lat. *innocens, -tis,* quien no perjudica). Libre de culpa. **2.** Falto de malicia o picardía.

inocuidad s.f. Cualidad de inocuo.

inoculación s.f. Acción de inocular.

inocular v.tr. y prnl. (lat. *inoculare*). Introducir accidental o voluntariamente en el organismo, con fines terapéuticos experimentales, agentes patógenos o sus toxinas. **2.** *Fig.* Pervertir a una persona con el mal ejemplo o con ideas nocivas.

inocuo, a adj. (lat. *innocuus*). Que no es nocivo. **2.** Anodino, soso: *discurso inocuo.*

inodoro, a adj. Que no tiene olor. ◆ adj. y s.m. Se dice de los recipientes de retrete provistos de sifón.

inofensivo, a adj. Que no puede causar daño ni molestia.

inoficioso, a adj. Amér. Ocioso, innecesario, inútil. **2.** DER. Se dice de los actos de última voluntad y de las dotes y donaciones que lesionan los derechos del heredero forzoso: *testamento inoficioso.*

inoperante adj. Se dice de lo que no produce efecto: *medidas económicas inoperantes.*

inopia s.f. (del lat. *inops, -opis,* indigente). Pobreza. ◇ **En la inopia** *Fam.* Distraído, sin darse cuenta de lo que pasa.

inopinable adj. No opinable.

inopinado, a adj. Que sucede sin pensar o sin esperarse.

inoportuno, a adj. Fuera de tiempo o de propósito.

inorgánico, a adj. Se dice de un cuerpo sin procesos metabólicos vitales, como son todos los minerales, y que solo pueden crecer por yuxtaposición. **2.** *Fig.* Se dice de un conjunto desordenado o mal concertado. ◇ **Química inorgánica** Parte de la química que estudia los metales, los no metales y sus combinaciones. SIN.: *química mineral.*

inoxidable adj. Que no puede oxidarse. **2.** Se dice de los metales o de las aleaciones resistentes a la oxidación: *acero inoxidable.*

in péctore loc.adv. (lat. *in pectore,* en el pecho). *Fig.* Manteniendo en secreto una resolución ya tomada. ◆ loc.adj. Se dice de la persona que ha sido designada para un cargo, cuya elección se mantiene en reserva: *cardenal in péctore.*

input s.m. (voz inglesa). ECON. Elemento que interviene en la producción de un bien. ◇ **Método input-output** Método de análisis económico basado en un estudio empírico de las interrelaciones existentes entre diversos agregados de un sistema económico.

inquietante adj. Que inquieta.

inquietar v.tr. y prnl. Poner inquieto, desasosegado.

inquieto, a adj. Que no está quieto o es de índole bulliciosa. **2.** Desasosegado por un temor, una aprensión, una duda, etc. **3.** Que tiene inclinación a emprender cosas nuevas o a promover cambios. **4.** Hond. Propenso a algo, inclinado.

inquietud s.f. Cualidad de inquieto. ◆ **inquietudes** s.f.pl. Preocupaciones de tipo espiritual: *inquietudes artísticas.*

inquilinaje s.m. Chile. Sistema de relación laboral existente en el campo mediante el cual el campesino, a cambio de vivienda, elementos de subsistencia y herramientas, cultiva una parcela en beneficio del patrón. **2.** Chile. Inquilinato. **3.** Chile. Conjunto de inquilinos.

inquilinato s.m. Argent., Colomb. y Urug. Casa de vecindad. **2.** Chile. Sistema de explotación de fincas agrícolas por medio de inquilinos. **3.** DER. Contrato de arrendamiento de una casa o parte de ella.

inquilinismo s.m. BIOL. Asociación entre seres vivos, en la que uno de los participantes solo busca la protección del otro.

inquilino, a s. (lat. *inquilinus,* de *incolere,* habitar). Persona que ha tomado una casa o parte de ella en alquiler para vivir en ella. **2.** Arrendatario, especialmente de finca urbana. **3.** HIST. En Chile, campesino sometido a las condiciones de inquilinaje.

inquina s.f. (del lat. *inquinare,* infectar). Antipatía, animadversión.

inquirir v.tr. (lat. *inquirere*) [conj.: *adquirir*]. Indagar o preguntar para adquirir cierta información.

inquirriado, a adj. Hond. Se dice de la persona muy enamoradiza y alegre.

inquisición s.f. Acción y efecto de inquirir. **2.** HIST. **a.** Tribunal permanente, distinto del ordinario, que estaba encargado por el papado de la lucha contra la herejía. (Con este significado suele escribirse con mayúscula.) **b.** Cárcel destinada para los reos pertenecientes a este tribunal.

inquisidor, ra adj. Inquisitivo. ◆ s.m. Miembro de un tribunal de la Inquisición; se llamaba *inquisidor general* al miembro más elevado de la jerarquía inquisitorial; el *inquisidor ordinario* era el obispo o el que en su nombre asistía a sentenciar las causas. **2.** En Aragón, cada uno de los jueces nombrados para hacer inquisición de la conducta del vicecanciller y de los otros magistrados o de los contrafueros cometidos por ellos.

inquisitivo, a adj. Relativo a la indagación o averiguación: *mirada inquisitiva.*

inquisitorial adj. Relativo al inquisidor o a la Inquisición. **2.** *Fig.* Se dice de los procedimientos muy severos o duros.

inri s.m. Nombre que resulta de leer como una palabra las iniciales del rótulo colocado en la cruz de Jesucristo: *Iesus nazarenus rex iudaeorum.* **2.** Esp. *Fig.* Burla o insulto.

insaciabilidad s.f. Cualidad de insaciable.

insacular v.tr. (bajo lat. *insacculare*). Poner en un saco, bombo, etc., boletos con números o nombres, para sacar uno o más por sorteo.

insalificable adj. QUÍM. Que no puede producir una sal: *base insalificable.*

insalivación s.f. Acción de insalivar.

insalivar v.tr. Mezclar los alimentos con la saliva.

insalubre adj. (lat. *insaluber*). Malsano, perjudicial para la salud.

insalubridad s.f. Cualidad de insalubre.

insania s.f. Locura.

insano, a adj. (lat. *insanus*). Loco, furioso: *furor insano.* **2.** Insalubre.

insatisfacción s.f. Estado de insatisfecho.

insatisfactorio, a adj. Que no satisface.

insatisfecho, a adj. Que no está satisfecho o saciado. **2.** Descontento.

inscribir v.tr. (lat. *inscribere*). Grabar algo para que quede constancia duradera. **2.** MAT. Dibujar una figura dentro de otra de modo que tenga todos sus vértices sobre el perímetro de la figura exterior, o que sea tangente a todos los lados de dicha figura. ◆ v.tr. y prnl. Anotar el nombre de una persona en una lista o registro para un fin determinado.

OBS.: participio: *inscrito*

inscripción s.f. Acción y efecto de inscribir o inscribirse. **2.** Escrito breve hecho en un registro, sobre una piedra, en una moneda, etc. **3.** DER. Acción y efecto de inscribir un asiento en uno de los libros de un registro público, con el objeto de que surta determinados efectos jurídicos. ◇ **Inscripción marítima** Registro que llevan las autoridades de marina de todas las personas que se dedican a la navegación, pesca o industrias del mar, y de las que ingresan con carácter permanente en la marina mercante o de guerra.

inscrito, a adj. MAT. Se dice de un polígono cuyos vértices están sobre una curva dada, o de una curva tangente a todos los lados de un polígono dado. ◇ **Ángulo inscrito** Ángulo cuyo vértice se encuentra sobre una circunferencia y cuyos lados la cortan.

inscultura s.f. Grabado rupestre realizado con una técnica de piqueteado continuo, que proporciona incisiones anchas y profundas. (Se aplica este nombre a las representaciones rupestres de la región gallega.)

insectario s.m. Instalación utilizada para conservar y criar insectos.

insecticida adj. y s.m. Se dice del producto que sirve para matar insectos.

insectívoro, a adj. Se dice del animal que se nutre principal o exclusivamente de insectos, como el lagarto y la golondrina. ◆ adj. y s.m. Relativo a un orden de mamíferos de tamaño pequeño y dientes numerosos, pequeños y puntiagudos, que se nutren especialmente de insectos, como el erizo, el topo, etc.

insecto adj. y s.m. (bajo lat. *insectus*, p. de *insecare*, cortar). Relativo a una clase de animales invertebrados del tipo artrópodos, cuyo cuerpo se divide en tres partes: la *cabeza*, con dos antenas, dos ojos compuestos y seis piezas bucales; el *tórax*, con tres pares de patas y, a menudo, dos pares de alas, y el *abdomen*, anillado y provisto de orificios o estigmas, en los que se abren las tráqueas respiratorias. ◇ **Insecto hoja** Insecto cuya particular morfología y coloración hacen que se confunda con las hojas de las plantas sobre las que generalmente se encuentra. **Insecto palo** Insecto sin alas de las regiones cálidas, cuyo cuerpo alargado recuerda las ramas o tallos sobre los que vive. (Orden fásmidos.) **Insectos sociales** Especies de insectos, como las abejas, las hormigas y las termitas, que viven en grupos numerosos y se caracterizan por la existencia de castas de adultos estériles, los obreros y los soldados, así como por la construcción de un nido colectivo.

insecto

Se han descrito más de un millón de especies de insectos del total de aproximadamente dos millones existentes en el mundo, con poblaciones que pueden superar a veces el trillón de individuos. El insecto que sale del huevo (larva) no posee alas y su crecimiento puede acompañarse de metamorfosis, a veces tan compleja que es necesaria una fase de inmovilización total (ninfosis). El tamaño de los insectos adultos varía entre 0,1 y 30 cm. Con pocas excepciones, todos los insectos frecuentan el medio terrestre (tierras emergidas y pequeñas extensiones de agua dulce), donde la mayor parte se manifiestan como peligrosos contrincantes del ser humano, al devorar sus cosechas y picar a sus animales. Los únicos insectos verdaderamente útiles son aquellos que, como el cárabo y la mariquita, devoran a otros insectos, o los que, como el abejorro, contribuyen a la polinización de las plantas forrajeras. En cuanto a la abeja, su miel sigue siendo insustituible en unos tiempos en que ya no se precisa de la seda del gusano de seda ni de la laca de la cochinilla.

inseguridad s.f. Cualidad de inseguro.

inseguro, a adj. Que no tiene seguridad.

inselberg s.m. Monte isla.

inseminación s.f. Llegada del semen del macho al óvulo de la hembra para fecundarlo. ◇ **Inseminación artificial** Técnica de inseminación asistida que consiste en depositar en las vías genitales de la hembra el semen tomado del macho. (Es muy utilizada en ganadería.)

inseminar v.tr. Producir una inseminación.

insensatez s.f. Cualidad de insensato. **2.** *Fig.* Dicho o hecho insensato.

insensato, a adj. y s. Que no tiene sensatez.

insensibilidad s.f. Cualidad de insensible.

insensibilización s.f. Acción y efecto de insensibilizar.

insensibilizar v.tr. y prnl. Quitar la sensibilidad.

insensible adj. Que no tiene sensibilidad: *insensible ante las desgracias ajenas.* **2.** Imperceptible: *experimentar una insensible mejoría.*

inseparable adj. Que no se puede separar o que se separa con dificultad. ◆ adj. y s.m. y f. *Fig.* Se dice de la persona estrechamente unida a otra por vínculos de amistad o de amor: *amigos inseparables.*

insepulto, a adj. Que no está sepultado.

inserción s.f. Acción de insertar. **2.** Punto en el que una cosa se inserta en otra.

inserir v.tr. [conj.: *sentir*]. Insertar. **2.** Injerir. **3.** Injertar.

insertar v.tr. (lat. tardío *insertare*). Incluir una cosa en otra. **2.** Publicar un texto en un periódico, revista, etc.

inserto, a adj. Incluido en algo.

insidia s.f. (lat. *insidiae*, emboscada). Asechanza: *atraer con insidias.* **2.** Acción o palabras malintencionadas: *obrar con insidia.*

insidioso, a adj. y s. Que emplea asechanzas: *persona insidiosa.* ◆ adj. Que implica insidia: *palabras insidiosas.* **2.** MED. Se dice de la enfermedad de comienzo progresivo, cuyos síntomas aparecen cuando la enfermedad ya ha evolucionado.

insigne adj. (lat. *insignis*). Célebre, famoso.

insignia s.f. (lat. *insignia*). Signo distintivo de grados y dignidades: *insignias reales.* **2.** Pendón, imagen, medalla, emblema u otro distintivo de una hermandad o asociación. **3.** MIL. Bandera especial que sirve para distinguir las graduaciones y mandos de los oficiales de divisiones, buques, flotas, escuadras, etc. ◇ **Buque insignia** Buque en que se arbola la insignia del que manda una escuadra o división naval.

insignificancia s.f. Cualidad de insignificante. **2.** Cosa insignificante.

insignificante adj. Que no merece ser tenido en cuenta por pequeño, baladí o despreciable.

insinceridad s.f. Cualidad de insincero.

insincero, a adj. Que no tiene sinceridad.

insinuación s.f. Acción y efecto de insinuar o insinuarse.

insinuar v.tr. (lat. *insinuare*, introducir en el interior). [conj.: *actuar*]. Decir o dar a entender algo de manera sutil, sin expresarlo con claridad. ◆ **insinuarse** v.prnl. Mostrar, sutil o indirectamente, el deseo o la intención de entablar relaciones amorosas o sexuales. **2.** Principiar algo de forma apenas perceptible: *el bozo se insinuaba en su labio superior.* **3.** *Fig.* Introducirse sutilmente en el ánimo un afecto, vicio, virtud, etc.

insinuativo, a adj. Se dice de lo que tiene virtud para insinuar o insinuarse.

insipidez s.f. Cualidad de insípido.

insípido, a adj. (lat. *insipidus*). Que tiene poco o ningún sabor: *comida insípida.* **2.** *Fig.* Que no tiene gracia o interés: *historieta insípida.*

insistencia s.f. Acción de insistir.

insistir v.intr. (lat. *insistere*). Repetir varias veces una petición o una acción, con el fin de lograr lo que se intenta.

in situ loc.adv. (voces latinas, *en el mismo sitio*). En el lugar y momento en que ocurre algo; en el lugar de origen de lo que se expresa.

insociabilidad s.f. Cualidad de insociable.

insociable adj. Se dice de la persona que rehúye el trato con otras.

insolación s.f. Acción y efecto de insolar. **2.** MED. Estado cerebral patológico provocado por una exposición excesiva a los rayos solares. **3.** METEOROL. Tiempo durante el cual ha brillado el sol en un lugar.

insolar v.tr. Poner al sol una cosa. **2.** ART. GRÁF. y FOT. Exponer a la luz una preparación sensible.

insolencia s.f. Cualidad de insolente. **2.** Actitud insolente: *mirar con insolencia.* **3.** Dicho o hecho insolente: *me cansé de sus insolencias.*

insolentar v.tr. Hacer que alguien se insolente. ◆ **insolentarse** v.prnl. Mostrarse alguien insolente.

insolente adj. y s.m. y f. (lat. *insolens, -entis*). Se dice de la persona que trata a los demás de forma descortés o irrespetuosamente. ◆ adj. Despectivo, desafiante: *actitud insolente.*

insólito, a adj. Que es desacostumbrado, fuera de lo común, extraordinario: *en esta ciudad las nevadas son algo insólito.*

insolubilidad s.f. Cualidad o estado de insoluble.

insoluble adj. Que no puede disolverse ni diluirse: *la resi-*

na es insoluble en agua. **2.** Que no se puede resolver, sin solución: *problema insoluble.*

insolvencia s.f. Cualidad de insolvente.

insolvente adj. y s.m. y f. Que no tiene dinero para pagar o no puede hacerse cargo de una obligación. **2.** Que no ofrece garantías para encomendarle una misión o cargo.

insomne adj. Relativo al insomnio. **2.** Que padece de insomnio.

insomnio s.m. Imposibilidad o dificultad para conciliar el sueño o para dormir lo suficiente.

insondable adj. Que no se puede sondear: *mar insondable.* **2.** *Fig.* Que no se puede saber o comprender a fondo por ser impenetrable o indescifrable: *misterios insondables.*

insonoridad s.f. Cualidad de insonoro.

insonorización s.f. Acción y efecto de insonorizar.

insonorizar v.tr. Aislar un lugar cerrado de sonidos o ruidos exteriores, o atenuar los que se producen en su interior, utilizando dispositivos adecuados.

insonoro, a adj. Falto de sonoridad.

insoria s.f. Venez. Pizca, insignificancia.

insoslayable adj. Que no se puede evitar o eludir: *obligaciones insoslayables.*

insospechado, a adj. Que no se sospecha o espera.

insostenible adj. Que no se puede sostener: *gastos insostenibles.* **2.** *Fig.* Que no se puede defender con razones: *opinión insostenible.*

inspección s.f. (lat. *inspectio, -onis*). Acción de inspeccionar: *inspección ocular; inspección del terreno.* **2.** Cargo de una persona que consiste en inspeccionar. **3.** Oficina del inspector, jurisdicción de este y organización dependiente de él: *inspección de hacienda.*

inspeccionar v.tr. Examinar atentamente algo o a alguien.

inspector, ra adj. y s. Que inspecciona: *función inspectora.* ◆ s. Persona encargada de controlar las actividades de otras personas y vigilar el cumplimiento de las leyes, reglamentos y órdenes: *inspector de hacienda.* ◆ s.m. MIL. Oficial general encargado de la inspección o vigilancia de determinados servicios: *inspector de tropas.* <> **Inspector de policía** Funcionario del cuerpo de policía, encargado de la investigación de delitos y de la detención de los presuntos infractores del ordenamiento penal.

inspectoría s.f. Chile. Cuerpo de policía bajo el mando de un inspector. **2.** Chile. Territorio donde dicho cuerpo vigila.

inspiración s.f. Acción de inspirar. **2.** *Fig.* Estímulo o lucidez repentina que favorece o provoca cualquier creación del espíritu, especialmente artística. **3.** *Fig.* Influencia: *un edificio de inspiración modernista.* **4.** FISIOL. Entrada de aire en los pulmones. **5.** TEOL. CATÓL. Acción ejercida por Dios sobre la inteligencia humana.

inspirar v.tr. (lat. *inspirare*). Hacer entrar aire u otra mezcla gaseosa en los pulmones, aspirar. **2.** Hacer que alguien conciba sentimientos, ideas, etc.: *inspirar compasión.* **3.** *Fig.* Sugerir ideas creadoras. **4.** TEOL. CATÓL. *Fig.* Iluminar Dios el entendimiento de una persona y mover su voluntad. ◆ **inspirarse** v.prnl. *Fig.* Sentir inspiración creadora. **2.** *Fig.* Con la prep. *en,* tomar algo como objeto de inspiración: *inspirarse en un paisaje para pintar un cuadro.*

inspiratorio, a adj. Relativo a la inspiración respiratoria: *músculos inspiratorios.*

instalación s.f. Acción de instalar o instalarse. **2.** Conjunto de cosas instaladas: *instalación eléctrica.* **3.** ART. Término con que se denomina a los trabajos artísticos en los que desaparece el concepto de obra de arte como un único objeto para referirse a la conjunción de una serie de elementos que son los que otorgan un sentido unitario a la obra.

instalar v.tr. (fr. *installer,* otorgar un cargo o empleo). Colocar una cosa en el lugar y forma que le es adecuada para la función que ha de realizar: *instalar un aparato de radio en el automóvil.* **2.** Poner en un lugar destinado a algún servicio los aparatos o accesorios que se requieren: *instalar una peluquería.* ◆ v.tr. y prnl. Acomodar, establecer, poner en un lugar: *cruzó la habitación y se instaló detrás de la mesa; se instalaron en el campo.*

instancia s.f. Acción de instar: *la investigación se realizó a instancias del fiscal.* **2.** Solicitud escrita. **3.** Esfera, institución, grupo de poder: *altas instancias.* **4.** DER. **a.** Conjunto de actuaciones practicadas desde la iniciación litigiosa hasta la sentencia definitiva. **b.** Cada uno de los grados jurisdiccionales que la ley ha establecido para dilucidar y sentenciar juicios y pleitos: *fallar en segunda instancia.* **5.** PSICOANÁL. Término genérico que designa una estructura del aparato psíquico. <> **De primera instancia** Al primer ímpetu, de un golpe; primeramente, primer lugar, por primera vez. **En última instancia** Indica que algo se hará si no hay alternativa.

instantánea s.f. Negativo o copia obtenidos por fotografía instantánea.

instantaneidad s.f. Cualidad de instantáneo.

instantáneo, a adj. Que solo dura un instante. **2.** Que se produce en un instante: *muerte instantánea.* **3.** Se dice del producto alimenticio deshidratado (café, sopa, puré, etc.) que se prepara disolviéndolo en agua o leche, generalmente calientes.

instante s.m. Momento, tiempo sin extensión que une dos espacios de tiempo. **2.** *Fig.* Período de tiempo muy breve. <> **Al instante** Con la mayor rapidez, inmediatamente. **(A) cada instante** Frecuentemente, repetidamente. **Por instantes** Progresiva y rápidamente: *la tensión creció por instantes.*

instar v.tr. e intr. (lat. *instare*). Insistir en una petición o súplica o urgir la pronta ejecución de una cosa.

instauración s.f. Acción de instaurar.

instaurar v.tr. Fundar, establecer.

instigación s.f. Acción y efecto de instigar.

instigar v.tr. (lat. *instigare*). Incitar, provocar o inducir a alguien para que haga una cosa.

instilar v.tr. Echar gota a gota o muy lentamente un líquido en algún sitio. **2.** *Fig.* Infundir insensiblemente en el ánimo una cosa.

instintivo, a adj. Que actúa o se produce por instinto.

instinto s.m. (lat. *instinctus, -us,* impulso). Impulso natural, intuición, sentimiento espontáneo. **2.** ETOL. Determinante hereditario del comportamiento de una especie: *instinto reproductor.* <> **Por instinto** Por un impulso o sentimiento espontáneo.

institución s.f. Acción de instituir. **2.** Cosa instituida. **3.** Cada uno de los órganos fundamentales de un estado o de una sociedad. **4.** DER. Cada una de las materias y figuras principales del derecho o de cualquiera de sus ramas: *la patria potestad es una institución del derecho de familia.* ◆ **instituciones** s.f.pl. Colección metódica de los principios o elementos de una ciencia, arte, etc. <> **Ser una institución** Ser alguien muy respetado y admirado por su antigüedad en una colectividad o por sus características o méritos.

institucional adj. Relativo a la institución. <> **Psicoterapia institucional** PSIQUIATR. Práctica psiquiátrica hospitalaria que preconiza un tratamiento colectivo pluridimensional de las enfermedades mentales.

institucionalismo s.m. ECON. Corriente del pensamiento económico y social, iniciada en EUA a fines del s. XIX, que se propone el análisis empírico de las instituciones típicas del sistema capitalista.

institucionalización s.f. Acción y efecto de institucionalizar. **2.** Legalización, acción de legalizar.

institucionalizar v.tr. y prnl. Convertir algo en institucional o darle carácter de institución.

institucionista adj. Relativo a la Institución libre de enseñanza.

instituir v.tr. (lat. *instituere*) [conj.: *huir*]. Fundar, establecer, crear. **2.** Designar por testamento: *instituir heredero.*

instituta s.m.pl. (voz latina). DER. Compendio metódico de derecho romano.

instituto s.m. Institución de enseñanza, de investigaciones científicas, etc. **2.** Corporación científica, literaria, artística, etc.: *Instituto nacional de tecnología.* **3.** REL. Título que se da a una congregación de religiosos no clérigos o de laicos: *el instituto de los hermanos de las escuelas cristianas.* ◇ **Instituto de bachillerato** Centro docente creado y sostenido por la administración del estado, para impartir las enseñanzas del bachillerato. **Instituto de belleza** Establecimiento comercial donde se proporcionan servicios de embellecimiento. **Instituto politécnico** Centro docente de formación profesional que además coordina y orienta los centros de formación profesional a él adscritos.

institutor s.m. Colomb. Profesor, maestro.

institutriz s.f. Maestra o persona encargada de la educación de los niños de una familia.

instrucción s.f. Acción de instruir o instruirse. **2.** Conjunto de conocimientos adquiridos: *persona de poca instrucción.* **3.** INFORMÁT. En una computadora, orden codificada cuya interpretación desencadena la ejecución de una operación elemental de un tipo determinado. (Una sucesión de instrucciones constituye un programa.) ◆ **instrucciones** s.f.pl. Conjunto de reglas o normas dadas para la realización o empleo de algo. ◇ **Instrucción del sumario** Fase preparatoria de un juicio penal en el curso de la cual el juez instructor recoge y materializa los elementos de interés para el proceso. **Instrucción militar** Adiestramiento que se imparte a los militares, y en particular a los reclutas.

instructivo, a adj. Que instruye o sirve para instruir.

instructor, ra adj. y s. Que instruye. ◆ s.m. MIL. Oficial o suboficial encargado de la instrucción de los reclutas.

instruido, a adj. Que tiene instrucción.

instruir v.tr. e intr. (lat. *instruere*) [conj.: *huir*]. Proporcionar conocimientos, habilidades, etc. ◆ v.tr. DER. Formalizar un proceso o expediente conforme a las reglas de derecho. ◆ **instruirse** v.prnl. Adquirir conocimientos, habilidades, etc.

instrumentación s.f. Acción y efecto de instrumentar.

instrumental adj. Relativo a los instrumentos: *música instrumental.* **2.** Que sirve de instrumento o tiene esa función: *agente instrumental; conocimientos instrumentales.* ◆ adj. y s.m. LING. Se dice de un caso de la declinación de algunas lenguas que indica el instrumento de la acción. ◆ s.m. Conjunto de instrumentos: *instrumental quirúrgico.* ◇ **Prueba instrumental** DER. Prueba documental. **Testigo instrumental** DER. Testigo que asiste a una declaración de voluntad y puede dar fe de ella.

instrumentalismo s.m. FILOS. Doctrina filosófica que considera la inteligencia y las teorías como medios destinados a la acción.

instrumentalizar v.tr. Transformar en instrumento para un fin determinado; manipular.

instrumentar v.tr. Acomodar una partitura a cada uno de los instrumentos que han de interpretarla. **2.** *Fig.* Preparar, organizar una acción en la que deben intervenir diversos elementos asignando a cada uno la función que debe realizar: *instrumentar una campaña difamatoria.* **3.** TAUROM. *Fig.* Ejecutar las diversas suertes de la lidia.

instrumentista s.m. y f. Músico que toca un instrumento. **2.** Músico que instrumenta partituras. **3.** Fabricante de instrumentos músicos, quirúrgicos, etc. **4.** CIR. Persona que en una intervención quirúrgica actúa como auxiliar del cirujano.

instrumento s.m. (lat. *instrumentum*). Objeto fabricado, formado por una o varias piezas combinadas, que sirve para realizar un trabajo manual técnico o delicado, o para medir o controlar. **2.** *Fig.* Cosa o persona que sirve de medio para hacer una cosa o conseguir un fin: *esa información es un valioso instrumento.* **3.** DER. Documento escrito en el que se hace constar algún hecho o acto que deba surtir efectos jurídicos. ◇ **Instrumento musical** Objeto formado por una o varias piezas que se usa para producir música.

insubordinación s.f. Falta de subordinación. **2.** MIL. Delito que comprende dos tipos delictivos distintos, el insulto a un superior y la desobediencia.

insubordinar v.tr. Hacer que alguien adopte una actitud de desobediencia o de rebeldía hacia un superior. ◆ **insubordinarse** v.prnl. Adoptar una actitud de desobediencia o rebeldía hacia un superior.

insubstancial adj. → **insustancial.**

insubstancialidad s.f. → **insustancialidad.**

insubstituible adj. → **insustituible.**

insuficiencia s.f. Cualidad de insuficiente, o circunstancia de ser algo insuficiente. **2.** Falta de suficiencia o de inteligencia. **3.** MED. Disminución cualitativa o cuantitativa del funcionamiento de un órgano: *insuficiencia hepática.*

insuficiente adj. Que no es suficiente. ◆ s.m. Valoración negativa del aprovechamiento de un alumno en una disciplina o en el conjunto de ellas.

insuflador s.m. MED. Instrumento que permite la inyección de un vapor o un gas, generalmente aire, a cierta presión.

insuflar v.tr. (lat. *insufflare*). MED. Introducir, con la ayuda de un insuflador o de un aparato especial, un gas o un vapor en alguna cavidad del cuerpo.

insufrible adj. Que no se puede sufrir, aguantar o tolerar.

ínsula s.f. Isla, porción de tierra rodeada de agua por todas partes.

insular adj. y s.m. y f. Isleño.

insularidad s.f. Cualidad de insular. **2.** Conjunto de fenómenos geográficos característicos de las islas.

insulina s.f. Hormona que disminuye la glucemia, secretada por los islotes de Langerhans del páncreas. (Se emplea en el tratamiento de la diabetes.)

insulinasa s.f. Enzima del hígado que inhibe la actividad de la insulina.

insulsez s.f. Cualidad de insulso. **2.** Cosa insulsa.

insulso, a adj. (lat. *insulsus*). Insípido, falto de sabor: *comida insulsa.* **2.** *Fig.* Que no tiene gracia o interés: *descripción insulsa.*

insultada s.f. Amér. Central, Chile, Colomb., Ecuad., Méx., Perú y P. Rico. Serie de insultos.

insultar v.tr. Dirigir a alguien expresiones o gestos ofensivos.

insulto s.m. (lat. *insultus, -us*). Acción de insultar. **2.** Expresión que se emplea para insultar.

insumisión s.f. Cualidad o estado de insumiso.

insumiso, a adj. Que no está sometido, rebelde. ◆ adj. y s. Que se niega a realizar el servicio militar o el servicio social a que obligan las leyes del Estado.

insumo s.m. Conjunto de bienes que se utilizan para producir otros bienes.

insurgente adj. y s.m. y f. Insurrecto, rebelde, sublevado contra la autoridad.

insurrección s.f. Levantamiento, sublevación o rebelión de un pueblo, nación, etc.

insurreccional adj. Relativo a la insurrección.

insurreccionar v.tr. y prnl. Hacer que la gente se subleve contra las autoridades.

insurrecto, a adj. y s. (lat. *insurrectus*). Insurgente.

insustancial o **insubstancial** adj. De poca o ninguna sustancia.

insustancialidad o **insubstancialidad** s.f. Cualidad de insustancial. **2.** Cosa insustancial.

insustituible o **insubstituible** adj. Que no se puede sustituir.

intachable adj. Que no admite o merece tacha o reproche: *conducta intachable.*

intacto, a adj. No tocado o palpado. **2.** *Fig.* Que no ha padecido alteración, menoscabo o deterioro.

intangible adj. Que no debe o no puede tocarse.

integrable adj. Que se puede integrar: *lavavajillas integrable.* **2.** MAT. Se dice de la función que admite una integral.

integración s.f. Acción de integrar o integrarse. **2.** FISIOL. Coordinación de las actividades de varios órganos, para alcanzar un funcionamiento armonioso, realizada por diversos centros nerviosos. **3.** MAT. Cálculo de la integral de una diferencial o de una ecuación diferencial. ◇ **Integración económica empresarial** Reunión, bajo la misma dirección, de establecimientos que se completan mutuamente, de modo que el producto de uno es input del siguiente. **Integración racial** Tendencia que propugna la igualdad de derechos para las personas de orígenes, razas o religiones distintas que habitan en un mismo país.

integracionista s.m. y f. Partidario de la integración política y racial.

integrado, a adj. Se dice de un aparato que reúne en una sola pieza una serie de otros aparatos que podrían existir independientemente. **2.** Se dice de una empresa que abarca varios campos de producción de un bien o de un servicio. ◇ **Comercio integrado** Conjunto de formas de distribución que efectúa un reagrupamiento de todas las funciones al por mayor y al detalle.

integrador, ra adj. Que integra. SIN.: *integrante.* ◆ s.m. Aparato que totaliza indicaciones continuas.

integral adj. Que comprende todas las partes o aspectos de lo que se trata: *renovación integral.* **2.** MAT. Relativo a las integrales: *cálculo integral.* ◆ s.f. MAT. Función solución de una diferencial o de una ecuación diferencial. ◇ **Casco integral** Casco que usan los motoristas y que protege la caja craneana, los ojos, la nariz y las mandíbulas. **Integral de una función f** Función *g* obtenida considerando una integral definida de *f* como dependiente del límite superior del intervalo de integración.

$$\left[\text{Se escribe } g(x) = \int_a^t f(t)\,\mathrm{d}t\right]$$

Integral definida de una función f en un intervalo (a, b) Valor numérico obtenido como límite de una suma de términos infinitesimales y que representa el área (algebraica) comprendida entre la curva representativa de la función *f* y el eje de las *x*.

$$\left[\text{Se escribe } \int_a^b f(x)\,\mathrm{d}x\right]$$

integrar v.tr. y prnl. (lat. *integrare*). Componer un todo con partes diversas. **2.** Hacer que alguien o algo se incorpore a algo para formar parte de ello. ◆ v.tr. Reintegrar. **2.** MAT. Determinar la integral de una función.

integridad s.f. Estado de una cosa que tiene todas sus partes o que no ha sufrido alteración: *la integridad de un conjunto.* **2.** Cualidad de una persona íntegra, recta, honesta.

integrismo s.m. Actitud contraria a cualquier cambio o desviación en las doctrinas y las prácticas consideradas esenciales e inamovibles en un sistema ideológico. SIN.: *fundamentalismo.*

integrista adj. y s.m. y f. Relativo al integrismo; partidario del integrismo.

íntegro, a adj. Que está completo o tiene todas sus partes: *obra íntegra.* **2.** *Fig.* Que actúa con rectitud: *juez íntegro.*

intelect s.m. Juego de letras en el que los jugadores disponen por turnos, sobre un tablero especial, pequeñas fichas cuadradas que llevan grabados valores de puntuación y letras, con la finalidad de formar palabras.

intelectiva s.f. Facultad de entender.

intelectivo, a adj. Relativo al intelecto. **2.** Que puede entenderse.

intelecto s.m. (lat. *intellectus, -us*). Entendimiento, facultad de entender.

intelectual adj. Relativo al entendimiento o a los intelectuales: *un trabajo intelectual; la vida intelectual.* ◆ s.m. y f. y adj. Persona que se dedica a actividades en que predomina el empleo de la inteligencia.

intelectualidad s.f. Intelecto. **2.** Conjunto de los intelectuales de un país, región, etc.

intelectualismo s.m. Doctrina filosófica que afirma la preeminencia de los fenómenos intelectuales sobre los volitivos y afectivos. **2.** Carácter de una obra o de un arte en los que predomina el elemento intelectual.

intelectualista adj. y s.m. y f. Relativo al intelectualismo.

intelectualizar v.tr. Dar carácter o interpretación intelectual a algo.

inteligencia s.f. Facultad de entender, de comprender: *la inteligencia distingue al ser humano del animal.* **2.** Inteligibilidad, cualidad de inteligible: *texto de fácil inteligencia.* **3.** Acuerdo, entente: *llegar a una buena inteligencia.* **4.** PSICOL. Aptitud, variable con los individuos y las especies, para resolver todo tipo de problemas. ◇ **Inteligencia artificial** INFORMÁT. Conjunto de programas que se aplican a la computadora para que realice funciones de aprendizaje y autocorrección.

inteligencia

Los tests de inteligencia que cuantifican el *cociente intelectual* (C. I.) y las teorías de H. Wallon y de J. Piaget consideran el desarrollo intelectual como la imagen de una jerarquía del saber progresivamente adquirido por el niño a través de una serie de *estadios.* En un nivel inferior, se sitúan los comportamientos reflejos, y después los comportamientos concretos, unidos a una *inteligencia práctica* que se encuentra ya en los animales superiores. La *inteligencia concreta* es el primer nivel de la *inteligencia discursiva,* capaz de actuar sobre signos y símbolos; cuando esta operación se libera de la afectividad y de la acción inmediata, el niño alcanza el estadio de la *inteligencia abstracta* (capacidad de distinguir las cualidades de un objeto, de comparar, de clasificar), que se ve complementado por la *inteligencia conceptual* (razonamiento hipotéticodeductivo, recurso a una lógica formal).

inteligenciado, a adj. Se dice de la persona a quien se le ha notificado algo.

inteligente adj. (lat. *intelligens, -entis*). Dotado de inteligencia, capaz de comprender. **2.** Que implica inteligencia: *respuesta inteligente.* **3.** Se dice de las máquinas, sistemas, edificios, etc., que, mediante control informático y redes de conexión, pueden actuar automáticamente, adaptándose a cada situación. ◆ adj. y s.m. y f. Que tiene mucha inteligencia: *alumno inteligente.*

inteligibilidad s.f. Cualidad o carácter de inteligible.

inteligible adj. Que puede ser entendido o comprendido: *hablar de forma inteligible; discurso inteligible; voz inteligible.* **2.** FILOS. Que solo es conocido por el entendimiento.

intelliguentsia s.f. (voz rusa). Conjunto de los intelectuales partidarios de reformas, en la Rusia zarista del s. XIX. **2.** *Por ext.* Conjunto de los intelectuales, considerados como grupo o clase.

intemperancia s.f. Exceso, falta de moderación: *intemperancia en el comportamiento.*

intemperante adj. Que demuestra intemperancia o falta de templanza: *actitud intemperante.*

intemperie s.f. (lat. *intemperies*). Destemplanza o desigualdad del tiempo: *resguardarse de la intemperie.* ◇ **A la intemperie** Al aire libre, sin techo donde guarecerse.

intempestivo, a adj. Que se hace u ocurre fuera del tiempo conveniente u oportuno: *hora intempestiva; lluvia intempestiva.*

intemporal adj. Que es independiente del curso del tiempo: *una luz intemporal.* **2.** LING. Se dice de una forma verbal que no expresa un tiempo.

intención s.f. (lat. *intentio, -onis*). Propósito de hacer algo o conseguir un objetivo: *la intención no basta para acusar de un delito; tener intención de estudiar.* **2.** Idea que se persigue con cierta acción o comportamiento: *lo hizo con la intención de ayudar.* **3.** Fin por el que se celebra una misa. ◇ **De primera intención** *Fam.* En el primer momento. **Doble,** o **segunda, intención** *Fam.* Modo de proceder doble y solapado.

intencionado, a adj. **Bien,** o **mal, intencionado** Que tiene buenas, o malas, intenciones.

intencional adj. Deliberado, hecho con intención: *olvido intencional.*

intencionalidad s.f. Cualidad de intencional. **2.** FILOS. En la filosofía fenomenológica, orientación del espíritu hacia un objeto real o hacia una idea, o a ser consciente de cualquier cosa.

intendencia s.f. Cargo, jurisdicción u oficina del intendente. **2.** Dirección, administración y gobierno de una cosa. ◇ **Intendencia militar** Cuerpo del ejército de tierra encargado de proporcionar los elementos necesarios para la vida de las tropas; oficina o establecimiento que pertenece a este servicio.

intendente s.m. (fr. *intendant*). Jefe de una fábrica u otra empresa dependientes del Estado. **2.** En el ejército y en la marina, jefe superior de la administración militar.

intensidad s.f. Grado de energía con que se realiza una acción o se manifiesta un fenómeno, una cualidad, una expresión o un afecto: *intensidad del viento, de un esfuerzo; odiar con intensidad.* **2.** Expresión del valor numérico de una magnitud, generalmente vectorial: *intensidad de una fuerza.* ◇ **Intensidad de una corriente eléctrica** Cantidad de electricidad que circula por un conductor eléctrico durante la unidad de tiempo. **Intensidad luminosa** Flujo luminoso emitido por una fuente luminosa en un ángulo sólido unitario.

intensificación s.f. Acción de intensificar.

intensificar v.tr. y prnl. Hacer más intenso, más fuerte, más activo: *intensificar las fuerzas; intensificarse un problema.*

intensivista s.m. y f. Persona especializada en cuidados médicos intensivos.

intensivo, a adj. Que se realiza de forma intencionadamente intensa o más intensa, enérgica o activa que de costumbre: *trabajo intensivo.* **2.** FÍS. Que tiene el carácter de la intensidad: *magnitud intensiva.* ◇ **Cultivo intensivo** Cultivo que se realiza sobre una superficie limitada, con gran inversión en abonos, útiles, etc., y cuyo rendimiento bruto por unidad de superficie es muy elevado.

intenso, a adj. (lat. tardío *intensus*). Que se hace o se manifiesta con mucha intensidad: *calor intenso.* **2.** Que está lleno de actividad: *trabajo intenso.*

intentar v.tr. (lat. *intentare*). Trabajar o esforzarse para hacer algo o comenzarlo: *intentar un récord; he intentado abrir pero no puedo; intentar decir algo.*

intento s.m. Acción de intentar algo: *conseguirlo al primer intento.* **2.** Cosa que se intenta: *la sonrisa era un intento de acercamiento.*

intentona s.f. *Fam.* Intento temerario, especialmente el frustrado.

1. **ínter** s.m. (del lat. *inter,* entre). Ínterin.

2. **ínter** s.m. Perú. Sacerdote que ayuda al párroco.

interacción s.f. Influencia recíproca: *la interacción profesor-alumno.* **2.** FÍS. Acción recíproca que se ejercen entre sí las partículas elementales (gravitacional, electromagnética, débil [radiactividad y desintegración] y fuerte [fuerza nuclear]). ◇ **Interacción hombre-máquina** Conjunto de teorías y técnicas relativas al diálogo, a la comunicación entre una persona y una máquina informática o automática.

interaccionar v.intr. Ejercer una interacción.

interactivo, a adj. Se dice de los fenómenos que reaccionan unos sobre otros. **2.** Se dice del sistema o programa informáticos que permite una interacción entre la computadora y el usuario, de modo que este dialoga con los programas de la máquina por medio de una terminal de entrada y salida (teletipo, pantalla de visualización con teclado, etc.). SIN.: *conversacional.* **3.** Se aplica al soporte de comunicación que favorece una interacción con el público: *televisión interactiva.*

interaliado, a adj. Relativo a los aliados de una coalición: *el mando interaliado.*

interamericano, a adj. Relativo a las relaciones multilaterales entre países americanos.

interandino, a adj. Relativo a las relaciones entre diversos países andinos: *tráfico interandino.*

interarticular adj. Que está situado en las articulaciones.

interbancario, a adj. B. Y BOLSA. Se dice del dinero prestado por una institución financiera a otra para hacer frente a las necesidades momentáneas de tesorería, o del mercado al que acuden los intermediarios financieros.

intercadencia s.f. Circunstancia de ser intercadente: *intercadencia del pulso, de la conducta, de la dicción, etc.*

intercadente adj. Que se realiza con discontinuidad en su ritmo.

intercalación s.f. Acción de intercalar o intercalarse. SIN.: *intercaladura.*

1. **intercalar** v.tr. y prnl. (lat. *intercalare*). Poner una cosa entre otras: *intercalar una palabra en un texto.*

2. **intercalar** adj. (lat. *intercalaris*). Que está colocado entre otras cosas: *hoja intercalar.* **2.** Se dice del día que se añade al mes de febrero en los años bisiestos.

intercalo s.m. IMPR. Palabra o texto intercalado, de tipo distinto al resto.

intercambiabilidad s.f. Cualidad de intercambiable. **2.** Sistema de construcción de piezas de máquinas en las que la tolerancia en la fabricación permite montar unas en lugar de otras sin ninguna operación de ajuste.

intercambiador s.m. Aparato que sirve para calentar o enfriar un fluido, mediante otro fluido que circula a diferente temperatura. SIN.: *intercambiador de calor, de temperatura, térmico.* ◇ **Intercambiador iónico** Sustancia sólida, natural o sintética, capaz de intercambiar sus iones con los de los contenidos en una solución.

intercambiar v.tr. y prnl. Realizar un cambio o intercambio: *intercambiar sellos; intercambiar opiniones, sonrisas.*

intercambio s.m. Trueque entre cosas, personas o grupos: *intercambios culturales; intercambio de prisioneros.* **2.** BIOL. Paso y circulación de sustancias entre una célula y el medio exterior. ◇ **Intercambios internacionales** ECON. Transferencias comerciales entre naciones.

interceder v.intr. (lat. *intercedere*). Intervenir en favor de alguien: *interceder por el condenado.*

intercelular adj. Se dice de los espacios comprendidos entre las células en los seres pluricelulares y de los espacios ocupados en los tejidos animales de tipo conjuntivo por una sustancia llamada intersticial.

interceptación s.f. Acción y efecto de interceptar: *interceptación del paso.* **2.** MIL. Acción que consiste, tras haber detectado e identificado aparatos o misiles enemigos, en dirigir hacia ellos formaciones de caza o misiles tierra-aire, para destruirlos.

interceptado, a adj. MAT. Se dice de la porción de línea (recta, arco, etc.) comprendida entre otras dos que la cortan.

interceptar v.tr. (lat. *interceptus*). Apoderarse de algo o detenerlo antes de que llegue a su destino: *interceptar la correspondencia, un mensaje.* **2.** Obstruir una vía de comunicación: *un camión interceptaba la calzada; interceptar el paso.* **3.** MAT. Cortar una línea o una superficie a otra línea o superficie: *la secante de una circunferencia intercepta a esta en dos puntos.*

interceptor s.m. Avión de caza especialmente concebido para impedir las incursiones de aparatos enemigos, destruyéndolos.

intercesión s.f. Acción de interceder.

intercesor, ra adj. y s. Que intercede.

intercity s.m. Tren de largo recorrido que circula a gran velocidad y hace pocas paradas.

intercolumnio s.m. ARQ. Espacio entre dos columnas.

intercomunicación s.f. Comunicación recíproca. **2.** Sistema de comunicación telefónica entre dos o más lugares de un mismo edificio.

intercomunicador s.m. Aparato destinado a la intercomunicación telefónica.

intercomunión s.f. Unión, relaciones oficiales entre varias Iglesias.

interconectar v.tr. Conectar entre sí dos o más elementos. **2.** Poner en relación dos o varios centros de producción o de consumo de electricidad para permitir los intercambios de energía de un centro a otro, pudiendo alimentar cada centro generador varios centros receptores.

interconexión s.f. Acción de interconectar.

intercontinental adj. Que pone en relación dos o más continentes: *llamada intercontinental.*

intercostal adj. Que está entre las costillas: *músculos intercostales.*

intercotidal adj. Intertidal.

intercurrente adj. Que aparece en el curso de una enfermedad y que la modifica en un grado más o menos alto: *complicaciones intercurrentes.*

interdecir v.tr. (lat. *interdicere*) [conj.: *decir*]. Prohibir: *interdecir nuevas disposiciones.*

interdental adj. y s.f. Se dice del sonido consonántico que se articula colocando la punta de la lengua entre los dientes incisivos superiores e inferiores: *la* z *es una consonante interdental.*

interdependencia s.f. Dependencia recíproca.

interdependiente adj. Se dice de las cosas que dependen unas de otras.

interdicción s.f. (lat. *interdictio, -onis*). Prohibición impuesta por la autoridad judicial. ⟡ **Interdicción civil** Pena accesoria que consiste en la privación de los derechos civiles de una persona.

interdicto, a adj. Se dice de la persona sujeta a interdicción. ◆ s.m. Juicio sumario en el que se discute la posesión considerada exclusivamente como hecho.

interdigital adj. Que se halla entre los dedos: *espacio, músculo, membrana interdigital.*

interdisciplinar adj. Que establece relaciones entre varias ciencias o disciplinas.

interés s.m. (del lat. *interesse,* estar interesado). Cualidad de una cosa que la hace importante o valiosa para alguien: *el interés de un libro.* **2.** Atracción sentida hacia alguien o algo: *sentir interés por un amigo.* **3.** Beneficio, provecho, especialmente material: *obrar por interés.* **4.** Retribución del capital monetario. **5.** Cantidad que se paga por la tenencia de dinero ajeno: *préstamo a un alto interés.* **6.** Ganancia producida por el capital monetario: *tanto por ciento de interés anual.* ◆ **intereses** s.m.pl. Bienes materiales: *poseer muchos intereses.* **2.** Conveniencia, necesidad: *solo mira sus intereses.* ⟡ **Interés compuesto** Interés percibido sobre un capital formado por el capital primitivo aumentado por los réditos acumulados hasta la época del vencimiento. (Un capital *a,* colocado al tanto por uno *r* durante *n* años se convierte en: $A = a(1 + r)^n$.) **Intereses creados** Ventajas de que disfrutan los que rodean a una persona o entidad determinadas, supeditadas a la buena situación de estas, por lo cual los que las disfrutan están interesados en mantener dicha situación. **Intereses y descuentos** Cuenta de resultados que recoge los descuentos tanto de tipo financiero, por pronto pago, como de tipo económico, por reajuste de precios o volumen de ventas. **Interés simple** Interés percibido sobre el capital primitivo, sin agregarle ningún rédito vencido. (El interés simple *i* del capital *a,* colocado durante un tiempo *t,* al tanto por ciento *r* es: $i = \frac{art}{100}$.)

interesado, a adj. y s. Que tiene interés en algo: *estar interesado en un asunto; notificar a los interesados.* **2.** Que solo se mueve por el interés propio: *ser muy interesado.*

interesante adj. Que interesa: *noticia interesante.* ⟡ **Estado interesante** Estado de una mujer embarazada. **Hacerse el interesante** *Fam.* Adoptar ciertas actitudes para hacerse notar ante los demás y atraer su interés.

interesar v.tr. Suscitar, adquirir o tomar interés: *esto me interesa; una ley que interesa a los industriales.* **2.** Captar la atención, despertar curiosidad: *este joven me interesa; este libro me interesa.* **3.** Dar parte alguien a otro en negocios o intereses propios. **4.** Invertir dinero en algo: *interesar cierta cantidad en la lotería.* **5.** Afectar algo a algún órgano del cuerpo: *la herida interesa a los pulmones.* ◆ **interesarse** v.prnl. Tener interés en una persona o cosa. **2.** Preguntar por el estado de alguien o algo: *interesarse por un enfermo, por los asuntos económicos.*

interestatal adj. Relativo a las relaciones entre dos o más Estados.

interestelar adj. ASTRON. Situado entre las estrellas de una galaxia. ⟡ **Materia interestelar** Conjunto de los materiales extremadamente difundidos (gases débilmente ionizados y polvo) que existen en el espacio situado entre las estrellas de una galaxia y cuya masa total es una fracción no despreciable de la de la galaxia.

interfase s.f. (ingl. *interface*). Período que separa dos divisiones sucesivas de una célula viva. **2.** Límite común a dos sistemas, que permite intercambios entre ellos: *interfase producción-distribución.*

interfaz s.f. (ingl. *interface*). INFORMÁT. **a.** Frontera convencional entre dos sistemas o dos unidades, que permite intercambios de informaciones. **b.** Módulo de hardware o de software que permite la comunicación con el exterior de un sistema o de un subconjunto.

interfecto, a adj. y s. (lat. *interfectus,* p. de *interficere,* matar). En terminología jurídica, muerto violentamente. **2.** Esp. *Fam.* Se dice de alguien de quien se está hablando.

interferencia s.f. (ingl. *interference*). Acción de interferir. **2.** FÍS. Fenómeno que resulta de la superposición de dos movimientos vibratorios de la misma frecuencia.

interferencial adj. Relativo a las interferencias.

interferente adj. FÍS. Que presenta el fenómeno de interferencia.

interferir v.tr. y prnl. [conj.: *sentir*]. Interponerse o mezclarse una acción o movimiento en otro: *este hecho ha acabado por interferir en mi vida privada.* ◆ v.tr. e intr. Producir interferencias.

interferometría s.f. Técnica de medición de gran precisión, basada en los fenómenos de interferencia.

interferómetro s.m. Aparato para medir interferencias luminosas o radioeléctricas.

interferón s.m. Proteína producida por las células atacadas por un virus, que las hace resistentes a toda otra infección viral.

interfluvio s.m. GEOGR. Relieve que separa dos valles o dos ríos.

interfoliar v.tr. Intercalar entre las hojas de un libro otras en blanco.

interfono s.m. Aparato telefónico empleado para la comunicación entre las distintas dependencias de un mismo local.

interfranja s.f. ÓPT. Distancia que separa dos franjas contiguas.

intergaláctico, a adj. ASTRON. Se dice de la zona espacial situada entre las galaxias.

interglaciar adj. y s.m. Se dice de los períodos del cuaternario comprendidos entre dos glaciaciones.

ínterin s.m. (lat. *interim,* mientras tanto). Intervalo, intermedio. **2.** Interinidad, tiempo que dura el desempeño interino. ◆ adv.t. Entretanto, mientras.

interina s.f. Esp. Asistenta, criada de una casa particular que no pernocta en ella.

interinato s.m. Argent., Méx., Perú y Urug. Interinidad, tiempo que dura el desempeño interino de un cargo. **2.** Chile, Guat., Hond., Perú y P. Rico. Cargo o empleo interino.

interindividual adj. Que concierne a las relaciones entre varios individuos: *psicología interindividual.*

interinidad s.f. Cualidad de interino: *la interinidad de un sustituto.* **2.** Tiempo que dura el desempeño interino. **3.** Amér. Merid., Guat., Hond. y P. Rico. Cargo o empleo interino.

interino, a adj. y s. Que sirve por algún tiempo en sustitución de otra persona o cosa: *trabajador interino; funciones interinas.*

interinsular adj. Se dice de la relación entre dos o más islas.

interior adj. Que está situado en la parte de dentro de algo, bajo su superficie o dentro de sus límites: *ropa interior; páginas interiores de un libro; bolsillo interior del abrigo.* **2.** Se dice de la vivienda o parte de ella que no da a la calle: *patio interior.* **3.** Que concierne a un país o a un territorio: *política interior.* **4.** Fig. Espiritual: *vida, sentimiento interior.* ◆ s.m. La parte de dentro: *el interior de un cuerpo.* **2.** Parte central de un país: *el clima del interior.* **3.** Fig. Pensamientos, sentimientos, etc., propios de alguien, que no se exteriorizan: *en su interior no es mala persona.* **4.** Méx. Provincia. **5.** DEP. En el fútbol y algunos deportes de pelota, jugador que se coloca entre el delantero centro y el extremo. ◆ **interiores** s.m.pl. Entrañas. ◇ **Ángulo interior** Ángulo cuyo vértice se encuentra en el interior de un círculo. **Ministerio del interior** Organismo estatal encargado de los asuntos administrativos centrales y locales, así como de la policía y del mantenimiento del orden interior. **Punto interior a un conjunto** En el plano, punto tal que todos los puntos infinitamente próximos pertenecen a este conjunto.

interioridad s.f. Cualidad de interior. **2.** FILOS. Contenido de la conciencia, intimidad. ◆ **interioridades** s.m.pl. Cosas privativas, generalmente secretas: *interioridades familiares.*

interiorismo s.m. Arte y técnica de acondicionar y decorar los espacios interiores de edificios, viviendas, etc.

interiorización s.f. Acción de interiorizar.

interiorizar v.tr. Hacer propia una cosa o asentarla de manera profunda e íntima, especialmente un pensamiento o un sentimiento: *interiorizar las normas de funcionamiento del centro.* **2.** Hacer más interior.

interjección s.f. (lat. *interjectio, -onis*). LING. Palabra o locución que, pronunciada de forma exclamativa, expresa un estado de ánimo o sirve para captar la atención del oyente.

interjectivo, a adj. LING. Relativo a la interjección.

interlínea s.f. Espacio entre dos líneas escritas. **2.** ART. GRÁF. Lámina de metal que sirve para espaciar las líneas.

interlineación s.f. Acción y efecto de interlinear.

interlineado s.m. Medida del espacio que media entre dos líneas de un texto o párrafo.

interlineal adj. Escrito entre dos líneas.

interlinear v.tr. Espaciar las líneas de un texto mediante las interlíneas. **2.** Escribir algo entre dos líneas.

interlock s.m. Telar o tricotosa circular para géneros de punto. **2.** Tejido fabricado en esta máquina.

interlocutor, ra s. (del lat. *interloqui,* interrumpirse mutuamente los que dialogan). Persona con la que se dialoga.

interlocutorio, a adj. y s.m. DER. Se dice del auto o sentencia que se da antes del fallo definitivo y que no decide sobre el fondo de la cuestión.

intérlope adj. (fr. *interlope*). Fraudulento, ilegal: *comercio intérlope.*

interludio s.m. (del lat. *inter,* entre, y *ludus,* juego). Intermedio dramático o musical entre dos partes de un espectáculo, una emisión de televisión, etc. **2.** MÚS. Pieza musical breve que se ejecuta a modo de intermedio entre las partes de una composición.

interlunio s.m. ASTRON. Tiempo de la conjunción en que no se ve la Luna.

intermediar v.intr. Mediar.

intermediario, a adj. y s. Que media entre dos o más personas, y especialmente entre el productor y el consumidor de géneros o mercancías.

intermedio, a adj. (lat. *medius*). Que está situado en medio de dos espacios, tiempos, categorías, etc. ◆ s.m. Tiempo que existe entre dos cosas o dos acciones. **2.** Espacio de tiempo comprendido entre dos actos o partes de una representación teatral o de otro espectáculo. **3.** TELEV. Tiempo durante el que se interrumpe un programa o retransmisión. ◇ **Por intermedio de** Por medio de.

intermezzo s.m. (voz italiana). MÚS. Divertimento musical intercalado entre las partes de una obra teatral.

interminable adj. Que no tiene término o fin. **2.** Que dura demasiado: *discurso interminable.*

interministerial adj. Relativo a varios ministerios o que los relaciona entre sí.

intermisión s.f. Interrupción o cesación de una cosa durante algún tiempo.

intermitencia s.f. Cualidad de intermitente: *la intermitencia de una señal luminosa.* **2.** MED. Intervalo que separa dos accesos de fiebre.

intermitente adj. Que se interrumpe y prosigue a intervalos. ◆ s.m. Luz lateral de un automóvil que se enciende y se apaga para señalar un cambio de dirección. **2.** Dispositivo que enciende y apaga alternativamente una lámpara. ◇ **Fiebre intermitente** Fiebre que evoluciona a brotes, regulares o no. (La más conocida es la del paludismo.)

intermitir v.tr. Interrumpir durante algún tiempo una cosa.

intermolecular adj. Que está entre las moléculas.

intermuscular adj. Situado entre los músculos.

internación s.f. Internamiento.

internacional adj. Relativo a dos o más naciones. ◆ adj. y s.m. y f. Que toma o ha tomado parte en competiciones internacionales: *jugador internacional.* ◇ **Derecho internacional** Derecho que regula las relaciones entre distintos estados o entre súbditos de diferentes estados.

internacionalidad s.f. Cualidad de internacional.

internacionalismo s.m. Doctrina según la cual los diversos intereses nacionales deben estar subordinados a un interés general supranacional. **2.** Identidad de los fines comunes a determinadas clases sociales o a determinados grupos políticos de diversas naciones. ◇ **Internacionalismo proletario** Doctrina política que defiende la unión internacional de los proletarios.

internacionalista adj. y s.m. y f. Relativo al internacionalismo; partidario de esta doctrina.

internacionalización s.f. Acción de internacionalizar.

internacionalizar v.tr. Hacer internacional. **2.** Poner algo bajo control internacional.

internada s.f. En algunos deportes de pelota, avance rápido de un jugador hasta el área defensiva contraria.

internado s.m. Centro educativo donde los alumnos comen y duermen. **2.** Régimen escolar en que los alumnos estudian, comen y duermen en el mismo centro. **3.** Conjunto de alumnos internos. **4.** Condición de la persona que vive interna en un establecimiento sanitario o benéfico. **5.** Condición del personal que presta servicios en centros sanitarios.

internalizar v.tr. PSICOL. Asimilar ideas, emociones, etc., que provienen del exterior, de forma que no se distinguen como adquiridos.

internamiento s.m. Acción de internar o internarse.

internar v.tr. Hacer que alguien resida en una institución durante algún tiempo. **2.** Instalar a un enfermo en un centro sanitario. ◆ **internarse** v.prnl. Penetrar o adentrarse en un lugar. **2.** Fig. Profundizar en una materia.

internauta s.m. y f. Persona que utiliza la red informática de Internet.

Internet s.f. o m. (voz angloamericana, abrev. de *international network*). Red telemática internacional, que procede de una red militar norteamericana (Arpanet, creada en 1969), que es fruto de la interconexión de múltiples redes que utilizan un mismo protocolo de comunicación (TCP-IP).

Internet

Todo usuario de una computadora personal provista de un módem se puede conectar a Internet a través de un servidor. Los servicios que ofrecen son la consulta de información (sitios web), la mensajería electrónica, el comercio electrónico, etc.

internista adj. y s.m. y f. Se dice del médico especialista en medicina interna.

interno, a adj. (lat. *internus*). Relativo al interior. **2.** Se dice de la parte de la medicina que se ocupa de las enfermedades que afectan a todo el organismo o a un solo órgano y que no requieren intervención quirúrgica. ◆ adj. y s. Se dice del alumno que come y duerme en el mismo centro en el que estudia. **2.** Se dice del personal que presta servicios en centros sanitarios. ◆ s. Esp. y Méx. Recluso, preso. ◇ **Ángulos internos** MAT. Ángulos formados por una secante con dos rectas paralelas y situados entre estas dos rectas. **Energía interna de un sistema** FÍS. Magnitud termodinámica cuyas variaciones son iguales a la suma de la energía mecánica y del calor cedidos por este sistema.

ínter nos loc.adv. (lat. *inter nos,* entre nosotros). Reservadamente, en confianza.

internuncio s.m. Representante del papa en un estado no católico.

interoceánico, a adj. Que pone en comunicación dos océanos.

interoceptivo, a adj. Se dice de la sensibilidad nerviosa que recoge sus informaciones en las vísceras y que es el punto de partida de los reflejos vegetativos.

interóseo, a adj. Situado entre los huesos.

interpaginar v.tr. Interfoliar.

interparlamentario, a adj. Se dice de las comunicaciones y organizaciones que enlazan la actividad internacional entre las representaciones legislativas de diferentes cámaras o regímenes políticos.

interpelación s.f. Acción y efecto de interpelar.

interpelar v.tr. (lat. *interpellare*). Pedir a alguien que dé explicaciones sobre un asunto en que de alguna manera ha intervenido. **2.** DER. Intimar, requerir a alguien para que diga o haga alguna cosa: *interpelar a alguien para que firme.* **3.** Pedir auxilio o protección a alguien.

interpenetrarse v.prnl. Imbricarse una cosa con otra.

interpersonal adj. Que se produce entre las personas: *relaciones interpersonales.*

interplanetario, a adj. ASTRON. Situado entre los planetas del sistema solar.

interpolación s.f. Acción y efecto de interpolar. **2.** Búsqueda, a partir de casos particulares dados, de una ley funcional generalmente válida en un determinado dominio de variaciones. ◇ **Interpolación lineal** MAT. Aproximación del valor de una función, sobre un intervalo dado, mediante la función afín definida por este intervalo, siendo los polos de este intervalo los valores de la función aproximada.

interpolar v.tr. (lat. *interpolare,* cambiar o alterar). Intercalar una cosa entre otras que siguen un orden. **2.** Añadir palabras o fragmentos en un texto, especialmente ajeno. **3.** MAT. Efectuar una interpolación.

interponer v.tr. y prnl. (lat. *interponere*) [conj.: *poner*]. Poner algo o a alguien entre dos cosas o personas, de manera que queden separadas o incomunicadas. ◆ v.tr. *Fig.* Usar alguien su influencia o autoridad con el fin de conseguir algo para otra persona. **2.** DER. Formalizar por medio de un pedimento alguno de los recursos legales. ◆ **interponerse** v.prnl. Hacer que no se lleve a cabo una acción o que se interrumpa o cambie de dirección determinado curso: *interponerse en la pelea.*

interposición s.f. Acción de interponer o interponerse. ◇ **Interposición de personas** DER. Acto por el cual una persona presta su nombre a otra para facilitarle ciertas ventajas que esta no podría obtener directamente.

interpresa s.f. MIL. Ataque por sorpresa.

interpretación s.f. Acción y efecto de interpretar. **2.** Explicación, comentario: *interpretación de un texto, de una obra.* **3.** Investigación dirigida a aprehender el sentido y alcance de una norma jurídica. **4.** Acción o forma de representar o de ejecutar una obra dramática, musical, coreográfica, etc. **5.** PSICOANÁL. Trabajo realizado por el paciente, ayudado por su psicoanalista, para descubrir el sentido inconsciente que hay en su comportamiento. ◇ **Interpretación de una teoría axiomática formalizada** LÓG. Operación que consiste en asociar a los símbolos de una teoría objetos y relaciones entre estos objetos; resultado de esta operación. **Interpretación musical** Ejercicio de improvisación que se hace sobre una partitura musical dada.

interpretadora s.f. INFORMÁT. Máquina que traduce el código de perforación de una tarjeta a caracteres legibles y los imprime en la parte superior de esta tarjeta.

interpretar v.tr. Explicar el significado de algo, especialmente el de un texto que es poco claro. **2.** Dar un significado determinado a palabras, actitudes, acciones, etc.: *interpretar un sueño.* **3.** Representar un actor un papel en una obra dramática, de televisión, etc. **4.** Ejecutar una pieza musical o coreográfica. **5.** INFORMÁT. Analizar un programa y ejecutarlo de inmediato, instrucción por instrucción, sin que pase por una fase de compilación.

interpretativo, a adj. Que sirve para interpretar una cosa: *explicación interpretativa; un juicio interpretativo.*

intérprete s.m. y f. (lat. *interpres, -etis*). Persona que traduce o explica a otras, en una lengua que entienden, lo dicho en otra que les es desconocida. **2.** Persona que interpreta un texto dramático. **3.** Persona que interpreta una pieza musical o coreográfica. **4.** Persona que da forma o realiza algo que está en el ánimo de otros: *hacerse intérprete del sentir general.*

interraíl s.m. Billete de tren individual, a precio reducido, que permite a los menores de 26 años circular libremente por la red de ferrocarriles europeos durante un mes. **2.** Viaje efectuado con este billete.

interregno s.m. Espacio de tiempo en que un estado no tiene soberano. **2.** *Por ext.* Espacio de tiempo en que están suspendidas las funciones gubernamentales.

interrogación s.f. Acción de interrogar o interrogarse. **2.** Signo ortográfico que se escribe al final y al principio de una interrogación directa (¿?). SIN.: *signo de interrogación o interrogante.* **3.** Figura retórica de pensamiento que consiste en preguntar algo no con intención de obtener una respuesta, sino para dar más fuerza a lo que se dice. ◇ **Interrogación directa** Interrogación que se formula directamente al interlocutor, sin que dependa de un verbo. (Ej.: *¿quién ha venido?*) **Interrogación indirecta** Interrogación formulada a través de un verbo de carácter interrogativo, como saber, preguntar, etc. (Ej.: *me pregunto quién habrá venido.*)

interrogante adj. Que interroga. ◆ s.m. o f. Incógnita, problema no aclarado. **2.** Pregunta. **3.** Interrogación, signo ortográfico.

interrogar v.tr. y prnl. (lat. *interrogare*). Hacer una o varias preguntas a alguien.

interrogativo, a adj. Que implica o denota interrogación: *frase interrogativa.*

interrogatorio s.m. Serie de preguntas formuladas a alguien. **2.** Papel o documento que contiene estas preguntas. **3.** Acción de interrogar a alguien reiteradamente.

interrumpir v.tr. (lat. *interrumpere*). Cortar la continuación de una acción en el espacio o en el tiempo: *interrumpir un paseo, una corriente eléctrica.* **2.** Suspender o parar por algún tiempo una obra: *interrumpir la construcción de un puente.* **3.** Impedir el paso por algún lugar: *interrumpir la circulación.* **4.** Impedir que alguien continúe hablando, generalmente tomando la palabra al mismo tiempo.

interrupción s.f. Acción y efecto de interrumpir: *trabajar sin interrupción; hubo muchas interrupciones.* **2.** INFORMÁT. Suspensión automática de la ejecución de un programa informático en beneficio de una secuencia de instrucciones prevista para analizar las mismas causas de la interrupción. ◇ **Punto de interrupción** INFORMÁT. Instante en que un proceso es momentáneamente detenido para efectuar una copia en cinta magnética de la situación de las variables que intervienen en él y de los ficheros con que se trabaja. SIN.: *check-point.*

interruptor, ra adj. Que interrumpe. SIN.: *interruptivo.* ◆ s.m. Dispositivo que sirve para abrir o cerrar un circuito eléctrico.

intersecarse v.prnl. MAT. Cortarse dos líneas o superficies entre sí.

intersección s.f. Lugar donde se cortan dos líneas, superficies o volúmenes. **2.** MAT. Conjunto de puntos o de elementos comunes a dos o varias líneas, superficies o volúmenes. ◇ **Intersección,** o **producto, de clases K y L** LÓG. Clase constituida de elementos que pertenecen a la vez a la clase K y a la clase L; esta misma operación (simbolizada por K ∩ L). **Intersección de dos subconjuntos A y B de un conjunto C** Conjunto de elementos comunes a estos dos subconjuntos, que se escribe A ∩ B (A intersección B).

intersexual adj. Relativo a la intersexualidad.

intersexualidad s.f. BIOL. Estadio intermedio entre el masculino y el femenino.

intersideral adj. ASTRON. Situado entre los astros.

intersindical adj. Establecido entre diversos sindicatos: *reunión intersindical.*

intersticial adj. MED. **a.** Se dice de la formación celular situada entre las células del parénquima de los órganos. **b.** Se dice de la sustancia que separa las células de los tejidos de tipo conjuntivo. ◇ **Fauna intersticial** Conjunto de animales microscópicos que viven en los espacios libres que hay entre los granos de arena.

intersticio s.m. (lat. *interstitium*). Espacio pequeño vacío entre dos cuerpos o entre dos partes de un cuerpo.

intersubjetividad s.f. FILOS. Comunicación que se establece entre dos o más sujetos o conciencias, implicando un intercambio o reciprocidad.

intersubjetivo, a adj. Relativo a la intersubjetividad.

intertidal adj. (de *inter* e ingl. *tide,* marea). Se dice de la zona comprendida entre los niveles de las mareas más altas y los de las más bajas. SIN.: *intercotidal.*

intertrigo s.m. (lat. *intertrigo, -iginis,* rozadura). MED. Dermatosis que se asienta generalmente en los pliegues de la piel.

intertropical adj. Situado entre los dos trópicos.

interurbano, a adj. Establecido entre poblaciones distintas. **2.** Que permite la comunicación entre poblaciones: *llamadas interurbanas.* **3.** Se dice del servicio de locomoción entre poblaciones o entre zonas o barrios de la misma ciudad.

intervalo s.m. (lat. *intervallum*). Porción de espacio o de tiempo que media entre dos cosas: *el intervalo entre dos columnas; diez minutos de intervalo.* **2.** Porción de tiempo cuya extensión se expresa y en la que sucede alguna cosa: *en el intervalo de un mes, se produjeron dos terremotos.* **3.** FÍS. Relación de frecuencias de dos sonidos. **4.** MAT. Conjunto de números *x* comprendidos entre dos números *a* y *b.* **5.** MIL. Espacio que separa dos formaciones, dos posiciones o dos maniobras, contado en relación paralela a su frente. **6.** MÚS. Distancia que separa dos sonidos. ◇ **A intervalos** Con interrupciones más o menos regulares. **Intervalo abierto]a, b[** Conjunto de números *x* tales que $a < x < b$. **Intervalo cerrado [a, b]** Conjunto de números *x* tales que $a \leq x \leq b$.

intervención s.f. Acción de intervenir: *una intervención brillante.* **2.** Acción de un estado o de una organización internacional que se injiere en los asuntos que no son de su competencia. **3.** MED. Operación quirúrgica. ◇ **No intervención** Actitud de un estado que no interviene en los asuntos de otros estados, cuando no está directamente interesado en ellos.

intervencionismo s.m. Doctrina que defiende la intervención del estado en los asuntos económicos. **2.** Doctrina que defiende la intervención de un país en los conflictos que se producen entre otros países, o en los conflictos internos de otros países.

intervencionista adj. y s.m. y f. Relativo al intervencionismo: *política intervencionista*; partidario de esta doctrina.

intervenir v.intr. (lat. *intervenire*) [conj.: *venir*]. Tomar parte en un asunto: *intervenir en un coloquio.* **2.** Interponer alguien su autoridad: *intervenir un juez.* **3.** Mediar, interceder o interponerse: *intervenir en favor de alguien.* **4.** MIL. Enviar tropas a un país extranjero para favorecer un partido, realizar una conquista, reparar una agresión, etc. ◆ v.tr. Realizar una operación quirúrgica. **2.** DER. **a.** Examinar y fiscalizar las cuentas de una sociedad o del estado con autoridad suficiente para ello. **b.** Dirigir, limitar o suspender una autoridad el libre ejercicio de actividades o funciones. **c.** Vigilar una autoridad la comunicación privada: *intervenir el teléfono.* **d.** Fiscalizar la administración de aduanas. **3.** POL. En las relaciones internacionales, dirigir temporalmente una o varias potencias algunos asuntos interiores de otra.

interventor, ra adj. y s. Que interviene: *parte interventora.* ◆ s.m. Persona que se ocupa de examinar y fiscalizar las cuentas del estado o de una sociedad con autoridad suficiente: *interventor general de la administración del estado; interventor del banco.* **2.** Elector designado oficialmente por un candidato para vigilar la regularidad de la votación en unas elecciones y autorizar el resultado de la misma, junto con el presidente y demás componentes de la mesa. **3.** Oficial militar designado para presenciar los arqueos y balances de caja. **4.** Revisor de un tren.

interversión s.f. Metátesis.

interviú o **interview** s.f. (ingl. *interview*). Entrevista hecha a una persona para interrogarla acerca de su vida, sus ideas, proyectos, etc., con el fin de publicar o difundir su contenido, en periodismo, o utilizarla con fines analíticos, en una encuesta psicosociológica.

interviuar v.tr. Hacer a alguien una interviú.

intervocálico, a adj. Situado entre dos vocales.

intestado, a adj. y s. Que no ha hecho testamento. ◆ s.m. DER. Caudal sucesorio acerca del cual no existen o no rigen disposiciones testamentarias.

intestinal adj. Relativo a los intestinos. ◇ **Jugo intestinal** Jugo digestivo segregado por las glándulas del duodeno y del yeyuno, que contiene enzimas que actúan en toda clase de alimentos (amilasa, maltasa, invertasa y lactasa en los glúcidos; lipasa en los líquidos; erepsina y proteasa en los prótidos).

intestino, a adj. (lat. *intestinus, -tinum*). Interno, interior: *luchas intestinas.* ◆ s.m. ANAT. Parte del aparato digestivo que se extiende desde el estómago hasta el ano y que está dividida en dos partes (*intestino delgado* e *intestino grueso* o *colon*).

inti s.m. Unidad monetaria de Perú de 1985 a 1991.

intifada s.f. Rebelión popular de los palestinos de los territorios ocupados por Israel.

íntima s.f. HISTOL. Capa más interna de la estructura de la pared de los vasos.

intimación s.f. DER. Acción de intimar.

intimar v.tr. y prnl. (lat. *intimare,* dar a conocer). Entablar una amistad íntima con alguien. **2.** DER. Exhortar o requerir que se haga algo, especialmente con autoridad o fuerza: *intimar al testigo; intimar una orden.*

intimatorio, a adj. Se dice de lo que intima un decreto u orden: *carta intimatoria.*

intimidación s.f. Acción de intimidar.

intimidad s.f. Cualidad de íntimo. **2.** Sentimientos, pensamientos o hábitos íntimos de una persona. **3.** Relación íntima entre personas: *entre ellos hay gran intimidad.* ◆ **intimidades** s.f.pl. Partes sexuales exteriores del cuerpo humano.

intimidar v.tr. y prnl. Causar o infundir miedo.

intimismo s.m. Tendencia literaria que se caracteriza por la expresión de los sentimientos. **2.** Se dice de la tendencia pictórica que se caracteriza por la representación de escenas de la vida familiar o íntima.

intimista adj. y s.m. y f. Relativo al intimismo; partidario del intimismo.

íntimo, a adj. (lat. *intimus*). Se dice de lo más interior y profundo de la persona. **2.** Se dice de la relación de amistad caracterizada por la confianza y la familiaridad. **3.** Se dice de los actos a los que asisten solo los muy amigos o familiares: *una cena íntima.* **4.** Acogedor y tranquilo: *un lugar íntimo.* ◆ adj. y s. Se dice de la persona con la que se tiene una amistad de total confianza.

intitular v.tr. Poner título o nombre a algo o a alguien.

intocable adj. Intangible: *virtud intocable.* ◆ s.m. y adj. Se dice de la persona que pertenece a la casta más baja en la India.

intolerable adj. Que no se puede tolerar.

intolerancia s.f. Cualidad de intolerante. **2.** MED. Imposibilidad de un organismo para soportar determinadas sustancias, como alimentos o medicamentos.

intolerante adj. y s.m. y f. Que no respeta las opiniones, actitudes, etc., ajenas que son distintas a las propias.

intonso, a adj. Que no tiene cortado el cabello.

intoxicación s.f. Conjunto de trastornos causados por la acción de una sustancia tóxica o en mal estado en el organismo.

intoxicar v.tr. y prnl. Causar en un organismo una intoxicación.

intracardíaco, a adj. Relativo al interior del corazón.

intracelular adj. Que está situado u ocurre en el interior de una célula.

intracerebral adj. Relativo al interior del cerebro.

intradérmico, a adj. Que está situado o se pone en el interior de la dermis.

intradermorreacción s.f. Reacción inflamatoria que se produce en una zona de la dermis en la que se ha inyectado una determinada sustancia, para estudiar su sensibilidad en el organismo.

intradós s.m. (del lat. *intra,* entre, y el fr. *dos,* dorso). Superficie o cara interior o inferior de un arco, una bóveda o un ala de avión. CONTR.: *extradós.*

intraducible adj. Que no se puede traducir.

intraglaciar adj. Que se encuentra en la masa de un glaciar: *morrena intraglaciar; torrente intraglaciar.*

intramedular adj. Situado en el interior de la médula.

intramolecular adj. Relativo al interior de una molécula.

intramontano, a adj. Situado en el interior de un macizo montañoso o de una cordillera.

intramuros adv.l. Dentro de una ciudad, villa o lugar.

intramuscular adj. Que está situado o se realiza en el interior de una masa muscular o de un músculo.

intranet s.m. (pl. *intranets*). Red informática interna de una empresa u organismo, basada en los estándares de Internet, en la que las computadoras están conectadas a un servidor o servidores web.

intranquilidad s.f. Cualidad de intranquilo.

intranquilizar v.tr. y prnl. Poner a alguien intranquilo.

intranquilo, a adj. Falto de tranquilidad por cualquier alteración de ánimo, un estado febril o malestar físico intenso.

intransferible o **intrasferible** adj. Que no se puede transferir.

intransigencia s.f. Cualidad o actitud de intransigente.

intransigente adj. Que no transige o no se presta a transigir.

intransitable adj. Se dice del lugar, especialmente camino, por donde no se puede transitar.

intransitivo, a adj. y s.m. LING. Se dice de los verbos que no van seguidos de un complemento directo, como *dormir, morir, quedar,* etc. ◆ adj. Que es propio de los verbos intransitivos: *forma intransitiva.* ◇ **Oración intransitiva** Oración que no lleva complemento directo.

intransmisible o **intrasmisible** adj. Que no se puede transmitir.

intransmutable o **intrasmutable** adj. Que no se puede transmutar.

intranuclear adj. FÍS. Situado en el interior del núcleo atómico.

intrarraquídeo, a adj. Situado en el interior del conducto vertebral.

intrascendencia s.f. Cualidad de intrascendente.

intrascendental adj. Intrascendente.

intrascendente adj. Que carece de importancia o gravedad.

intrasferible adj. → **intransferible.**

intrasmisible adj. → **intransmisible.**

intrasmutable adj. → **intransmutable.**

intratable adj. No tratable ni manejable: *metal intratable.* **2.** *Fig.* Insociable o de trato difícil: *persona intratable.*

intratar v.tr. Hond. Insultar.

intrauterino, a adj. Que está situado o se realiza en el interior del útero. ◇ **Dispositivo intrauterino** Diu. **Vida intrauterina** La del feto en el interior del útero durante todo el período que dura la gestación.

intravenoso, a adj. Que está situado o se pone en el interior de una vena: *inyección intravenosa.*

intrepidez s.f. Cualidad de intrépido.

intrépido, a adj. (del lat. *trepidus*). Que no teme al peligro. **2.** *Fig.* Que obra o habla sin reflexión.

intriga s.f. Acción que se ejecuta cautelosamente y con astucia para conseguir un fin. **2.** Encadenamiento de hechos y acciones que forman la trama de una obra teatral, una novela, película, etc. **3.** Curiosidad o interés que despierta algo o alguien.

intrigante adj. y s.m. y f. Que intriga.

intrigar v.intr. (fr. *intriguer*). Hacer cautelosamente algo para conseguir un fin: *intrigar contra alguien.* ◆ v.tr. Provocar en alguien curiosidad o interés: *su comportamiento me intriga.*

intrincación s.f. Cualidad de intrincado. **2.** Acción y efecto de intrincar.

intrincado, a adj. Enredado, enmarañado, con rodeos, confuso: *asunto, camino intrincado.*

intrincamiento s.m. Intrincación.

intrincar v.tr. y prnl. (lat. *intricare,* de *tricare,* poner trabas). Enredar o enmarañar una cosa. ◆ v.tr. *Fig.* Confundir los pensamientos o conceptos.

intríngulis s.m. *Fam.* Causa oculta o intención disimulada que se supone en alguna acción. **2.** Dificultad o complicación: *tener algo su intríngulis.*

intrínseco, a adj. (lat. *intrinsecus*). Que es propio de algo por sí mismo. **2.** Que constituye la sustancia de algo: *las dificultades intrínsecas de un asunto; el valor intrínseco de una joya.*

introducción s.f. Acción de introducir o introducirse. **2.** Tratado o curso que sirven de preparación para el estudio de una materia: *introducción a la química.* **3.** Prólogo o preámbulo de una obra o discurso.

introducir v.tr. y prnl. (lat. *introducere*). Meter una cosa en el interior de otra. **2.** Dar entrada a alguien en un lugar: *introducir a un visitante en el salón.* **3.** *Fig.* Hacer que una persona sea recibida o admitida en el trato, la amistad, etc., de otra: *lo introdujeron en el círculo de amigos.* **4.** Hacer adoptar por costumbre, poner en uso: *introducir una moda; nuevas costumbres se han introducido.* ◆ **introducirse** v.prnl. *Fig.* Entremeterse alguien en lo que no le toca: *introducirse en una conversación.*

introductor, ra adj. y s. Que introduce: *capítulo introductor; el introductor de embajadores.* **2.** Que es el primero en introducir una idea, un uso, una costumbre, un objeto, etc.
introito s.m. (lat. *introitus,* entrada). CATOL. Canto de entrada de la misa romana.
intromisión s.f. Acción de entrometerse.
introrso, a adj. BOT. Se dice de la antera que se abre hacia el interior de la flor. CONTR.: *extrorso.*
introspección s.f. (del lat. *introspicere,* mirar hacia dentro). Observación que una persona hace de su propia conciencia o de su estado de ánimo.
introspectivo, a adj. Relativo a la introspección.
introversión s.f. (lat. *introversus*). PSICOL. Rasgo de la personalidad caracterizada por una tendencia a la reflexión interior y la abstracción del mundo exterior.
introvertido, a adj. y s. (ingl. *introverted*). Dado a la introversión.
introyección s.f. PSICOANÁL. Proceso por el que el sujeto integra en su yo todo lo que le satisface del mundo exterior.
intrusión s.f. Acción de introducirse indebidamente en un lugar, en una sociedad, en un oficio, etc. **2.** GEOL. Acción y efecto de introducirse y consolidarse una masa magmática líquida entre las rocas sólidas de la corteza terrestre.
intrusismo s.m. Ejercicio fraudulento de una profesión sin títulos para ello.
intrusivo, a adj. GEOL. Se dice de la roca formada por la consolidación de una masa fundida introducida a presión entre otras rocas ya existentes.
intruso, a adj. y s. (lat. *intrusus,* p. de *intrudere,* introducir). Que penetra en un círculo en el que no es aceptado, o en un lugar donde no ha sido invitado. **2.** Que ocupa un cargo que no le corresponde o ejerce una profesión sin título para ello.
intubación s.f. MED. Introducción en la tráquea de un tubo semirrígido, para aislar las vías respiratorias de los conductos digestivos y permitir la respiración artificial en caso de reanimación o de anestesia general.
intubador s.m. MED. Aparato para intubar.
intubar v.tr. MED. Introducir un tubo o cánula en un conducto del organismo.
intuición s.f. (lat. tardío *intrutio, -onis,* imagen, mirada). Conocimiento inmediato de una cosa, idea o verdad, sin la intervención de la razón: *tener una intuición.*
intuicionismo s.m. Doctrina de los lógicos matemáticos neerlandeses Heyting y Brouwer, según la cual en matemáticas solo se deben considerar las entidades que se pueden construir por intuición.
intuir v.tr. [conj.: *huir*]. Conocer o percibir algo a través de la intuición.
intuitivo, a adj. Relativo a la intuición: *conocimiento intuitivo.* **2.** Se dice de la persona en la que predomina la intuición sobre el razonamiento.
intumescencia s.f. (del lat. *intumescere,* hincharse). Hinchazón de una parte del cuerpo. **2.** FÍS. Onda de superficie que se produce en los canales descubiertos de débil profundidad.
intumescente adj. Que se va hinchando.
intususcepción s.f. (del lat. *intus,* dentro, y *suscipere,* asumir). BIOL. Tipo de crecimiento de un ser vivo en el que hay un depósito de sustancias nuevas junto a las ya existentes, con lo que se logra un aumento de masa.
inuit, nombre con que los esquimales de Groenlandia y del N y E de Canadá se designan a sí mismos.
inulina s.f. QUÍM. Glúcido parecido al almidón, soluble en agua e insoluble en alcohol, que algunas plantas compuestas, como la dalia, el tupinambo, etc., tienen como sustancia de reserva.
inundación s.f. Crecida que llega a un desbordamiento del agua fuera del lecho aparente. **2.** *Fig.* Multitud excesiva: *inundación de papeles.*
inundar v.tr. y prnl. (lat. *inundare*). Cubrir el agua u otro líquido un terreno, una población, etc. **2.** Cubrir alguien un lugar de agua u otro líquido. **3.** *Fig.* Llenar con exceso: *inundar un país de productos extranjeros.*
inurbano, a adj. Falto de urbanidad.
inusitado, a adj. Que no es habitual ni frecuente.
inusual adj. Que no es usual.
inútil adj. y s.m. y f. (del lat. *utilis,* útil). Que no sirve o no es apto, ineficaz, incapaz.
inutilidad s.f. Cualidad de inútil.
inutilizar v.tr. y prnl. Hacer inútil, vano o nulo.
invadeable adj. Que no se puede vadear.
invadir v.tr. (lat. *invadere*). Acometer, entrar por la fuerza en un lugar, especialmente en acción de guerra. **2.** Llenar u ocupar un lugar algo, especialmente perjudicial o molesto. **3.** *Fig.* Apoderarse de alguien un estado de ánimo, sensación, etc.: *invadir una gran alegría.*
invaginación s.f. MED. Repliegue de un órgano hueco sobre sí mismo, como el dedo vuelto de un guante. (La invaginación del intestino causa su oclusión.)
invaginar v.tr. y prnl. Replegar hacia dentro por invaginación.
invalidación s.f. Acción y efecto de invalidar.
invalidar v.tr. Hacer inválida o dejar sin valor y efecto una cosa.
invalidez s.f. Incapacidad permanente y total de una persona para desempeñar el trabajo habitual o incapacidad absoluta para todo trabajo. **2.** DER. Falta de validez que conlleva la nulidad. ◇ **Gran invalidez** Incapacidad en la que la persona afectada no puede realizar por sí misma los actos materiales humanos más esenciales.
inválido, a adj. y s. Que no puede moverse, andar o está falto de algún miembro. ◆ adj. *Fig.* Falto de vigor o validez en el entendimiento. **2.** DER. Que no es válido, que es legalmente nulo.
invaluable adj. Que no se puede valuar.
invar s.m. (marca registrada). Acero al níquel cuyo coeficiente de dilatación térmica es prácticamente nulo.
invariabilidad s.f. Cualidad de invariable.
invariable adj. Que no varía o no puede padecer variación: *el orden invariable de las cuatro estaciones.* **2.** LING. Se dice de la palabra que no tiene diferentes formas para indicar el número, el género, la persona, el tiempo, etc.
invariación s.f. Permanencia de una cosa sin variación.
invariancia s.f. FÍS. Propiedad de ciertas magnitudes físicas que están regidas por leyes de conservación. **2.** MAT. Cualidad de invariante.
invariante adj. Se dice de un sistema físico-químico en equilibrio, en el que la variación es nula. **2.** MAT. Se dice de una magnitud, de una expresión, de una relación, de una propiedad, etc., que, para un grupo de transformaciones, permanecen inalteradas tras la transformación. ◆ s.m. MAT. Cantidad numérica invariante.
invasión s.f. Acción y efecto de invadir un lugar. **2.** MED. Período de una enfermedad que corresponde a la aparición de los primeros síntomas.
invasor, ra adj. y s. Que invade.
invectiva s.f. (del lat. *oratio invectiva,* catilinaria). Discurso o escrito acre y violento: *lanzar invectivas contra alguien.*
invencible adj. Que no puede ser vencido: *ejército invencible.* **2.** *Fig.* Que no se puede superar: *timidez invencible.*
invención s.f. Acción de inventar. **2.** Cosa inventada. **3.** Engaño, ficción. **4.** MÚS. Composición musical breve de estilo contrapuntístico, para instrumentos de teclado.
invencionero, a adj. y s. Inventor. **2.** Embustero.
invendible adj. Que no se puede vender.
inventar v.tr. Crear o idear una cosa nueva o no conocida, o una nueva manera de hacer algo. ◆ v.tr. y prnl. Imaginar cuentos, narraciones, poesías, etc.: *inventar historias.* **2.** Contar como verdadero lo que no lo es: *inventar excusas.* **3.**

Añadir algo, cuando se cuenta o se recita, que no existe en la realidad o en el texto.

inventariar v.tr. Hacer inventario.

inventario s.m. (lat. *inventarium*). Lista en que se inscriben y describen, artículo por artículo, todos los bienes muebles que pertenecen a una persona o se encuentran en una casa: *el inventario de los géneros del almacén.* **2.** Relación y valoración de los bienes, derechos y obligaciones de una empresa, que expresan la estructura de su patrimonio en un momento dado. **3.** Documento en que están escritos el conjunto de bienes y derechos.

inventiva s.f. Capacidad o facilidad para inventar.

inventivo, a adj. Que tiene capacidad o facilidad para inventar.

invento s.m. (lat. *inventum*). Cosa material inventada. **2.** Cosa nueva que alguien idea o pone de moda.

inventor, ra adj. y s. Que inventa. SIN.: *inventador.*

inverecundia s.f. *Poét.* Desvergüenza, desfachatez.

inverecundo, a adj. y s. *Poét.* Desvergonzado.

inverna s.f. Perú. Invernada del ganado.

invernáculo s.m. (lat. *hibernaculum*). Invernadero donde se cultivan productos hortícolas.

invernada s.f. Amér. Invernadero para el ganado. **2.** Argent., Colomb., Perú y Urug. Acción y efecto de invernar el ganado. **3.** Argent., Colomb., Perú y Urug. Época de engorde para el ganado. **4.** AGRIC. Labor dada a las tierras antes o durante el invierno. **5.** GEOGR. En las regiones tropicales, época de lluvias. **6.** MAR. Tiempo de escala para los barcos durante el invierno o durante la estación de las lluvias, de los hielos o de los huracanes.

invernadero s.m. Espacio cerrado con paredes y techo traslúcidos, que permite obtener, para la producción de vegetales, unas condiciones ambientales mejores que las naturales. **2.** Amér. Paraje elevado donde se resguarda el ganado en invierno, durante el período de las inundaciones.

invernal adj. Relativo al invierno: *temporada invernal.* ◆ s.f. Ascensión en alta montaña, durante el invierno.

invernar v.intr. [conj.: *pensar*]. Pasar el invierno en un lugar o de cierto modo. **2.** Argent., Colomb., Perú y Urug. Pastar el ganado en campos durante la época de engorde.

invernazo s.m. Dom. y P. Rico. Período de lluvias de julio a setiembre. **2.** P. Rico. Período de inactividad en los ingenios de azúcar.

invernizo, a adj. Relativo al invierno o que tiene sus características.

inverosímil adj. Que parece mentira o es imposible de creer.

inverosimilitud s.f. Cualidad de inverosímil.

inversible adj. Se dice de la película cuyo revelado por inversión da una imagen positiva.

inversión s.f. Acción y efecto de invertir: *inversión de elementos de la frase.* **2.** ECON. **a.** Adquisición, por parte de un individuo, una empresa o una colectividad, de bienes de capital para aumentar la producción. **b.** Parte no consumida de la renta disponible en un período de un año. **c.** Empleo de fondos líquidos en una cuenta bancaria. **3.** FOT. Serie de operaciones que permite obtener directamente una imagen positiva sobre la capa fotosensible impresionada. **4.** MAT. Transformación en la que a un punto M de una figura le corresponde otro punto M' de la recta OM (siendo O un punto fijo), tal que el producto OM × OM' sea constante. **5.** MED. Anomalía en la colocación de uno o más órganos, que se encuentran en el lado opuesto del que les corresponde. **6.** QUÍM. Transformación de la sacarosa en glucosa y levulosa por hidrólisis. ◇ **Inversión de relieve** GEOL. Forma estructural en que la disposición topográfica es inversa de la de las estructuras. **Inversión sexual** Homosexualidad. **Inversión térmica** Fenómeno según el cual el aire frío, más pesado, se acumula en los valles y cuencas, mientras que el aire de las cimas es relativamente más caliente.

inversionista adj. y s.m. y f. Que invierte una cantidad de dinero para obtener un beneficio.

inverso, a adj. Que está en sentido u orden opuesto o contrario: *en un espejo, los objetos aparecen en sentido inverso.* ◇ **A,** o **por, la inversa** Al revés, de un modo opuesto. **Elementos inversos** MAT. En un conjunto que posee una ley de composición interna, los dos elementos cuya composición proporciona el elemento unidad. **En razón inversa** Se dice de una comparación entre objetos que varían en proporción inversa uno de otro. **Figuras inversas** Figuras que se transforman una en otra por inversión. **Funciones inversas** Funciones $f(x)$ y $g(x)$, tales que $y = f(x)$ y $x = g(y)$ expresan la misma ley funcional. **Inverso de un número** MAT. Fracción que tiene este número por denominador y la unidad por numerador: *1/4 es el inverso de 4.* (Cero no tiene inverso.) **Inversos ópticos** QUÍM. Isómeros simétricos uno de otro, con relación a un plano. SIN.: *compuestos enantiomorfos.* **Números inversos** MAT. Números cuyo producto es igual a la unidad. **Relieve inverso** GEOL. Aquel en que el desnivel topográfico está en sentido inverso de la deformación tectónica.

inversor, ra adj. y s. ECON. Que invierte una cantidad de dinero para obtener un beneficio. ◆ s.m. Agente u organismo que realiza las colocaciones financieras con fines de inversión. **2.** Mecanismo destinado a invertir el sentido de marcha de un conjunto mecánico.

invertasa s.f. Enzima de la transformación de la sacarosa en glucosa y en levulosa. SIN.: *sacarasa.*

invertebrado, a adj. y s.m. Relativo a un grupo de animales desprovistos de columna vertebral. (Los insectos, crustáceos, moluscos, arácnidos, gusanos, erizos, etc., pertenecen al grupo invertebrados.)

invertido, a adj. QUÍM. Se dice de la sacarosa transformada en glucosa y en levulosa por hidrólisis. ◆ adj. y s. *Desp.* Homosexual.

invertir v.tr. (lat. *invertere*) [conj.: *sentir*]. Cambiar el orden, la dirección o la disposición de algo por su opuesto. **2.** Emplear una cantidad determinada de algo, especialmente dinero, en alguna cosa para obtener un beneficio. **3.** Ocupar el tiempo en algo. **4.** QUÍM. Transformar la sacarosa por inversión.

investidura s.f. Acción y efecto de investir. **2.** Carácter que se adquiere con la toma de posesión de ciertos cargos o dignidades. **2.** DER. **a.** Votación parlamentaria que tiene por objeto designar el jefe del estado o del gobierno o ratificar su elección. **b.** Votación por la que un partido político designa un candidato para ocupar una función electiva. **3.** HIST. Entrega de feudo.

investigación s.f. Acción y efecto de investigar. ◇ **Investigación y desarrollo (I + D)** Investigación científica y desarrollo tecnológico que tiene por objeto una movilización y una valorización sistemática de los resultados de la investigación aplicada para crear unos materiales, productos o procesos nuevos.

investigador, ra adj. y s. Que investiga: *comisión investigadora; investigador científico.* ◇ **Investigador privado** Detective.

investigar v.tr. Intentar descubrir o conocer alguna cosa examinando atentamente cualquier indicio o realizando las diligencias para averiguar o aclarar un hecho. **2.** Realizar actividades intelectuales y experimentales de modo sistemático con el propósito de aumentar los conocimientos sobre una materia.

investir v.tr. (lat. *investire*) [conj.: *pedir*]. Conferir a alguien una dignidad o cargo importante.

inveterado, a adj. Antiguo, arraigado.

inviabilidad s.f. Cualidad de inviable.

inviable adj. Que no es apto para alcanzar el fin propuesto: *camino, proyecto inviable.*

invicto, a adj. (lat. *invictus*). Que no ha sido vencido nunca: *ejército invicto.*

invidente adj. y s.m. y f. Privado del sentido de la vista: *persona invidente.*

invierno s.m. (lat. vulgar *hibernum*). Estación del año comprendida entre el otoño y la primavera. (Del 22 de diciembre al 21 de marzo, en el hemisferio norte; del 22 de junio al 23 de septiembre, en el hemisferio sur.) **2.** En las regiones tropicales, temporada de lluvias que dura de tres a seis meses, con algunas intermitencias y alteraciones.

inviolabilidad s.f. Cualidad de inviolable.

inviolable adj. Que no se debe o no se puede violar o profanar: *promesa inviolable.* **2.** Que goza de protección especial: *la persona del embajador es inviolable.*

inviolado, a adj. Que se conserva en toda su integridad y pureza: *santuario inviolado; norma inviolada.*

invisible adj. Que no se puede ver: *un ser invisible.* **2.** Que no se ve por su naturaleza, su tamaño o su situación: *ciertas estrellas son invisibles a simple vista.* **3.** Argent. *Fam.* Horquilla usada para mantener los peinados femeninos.

invitación s.f. Acción de invitar. **2.** Impreso o escrito con que se invita.

invitado, a s. Persona que ha sido invitada a un acontecimiento.

invitar v.tr. (lat. *invitare*). Decir a alguien que asista a una fiesta, espectáculo, comida, etc., o llevarlo allí. **2.** Obsequiar pagando algo, especialmente comida o bebida. **3.** Dar a alguien alojamiento gratuito. **4.** Indicar cortésmente a alguien que haga algo: *invitar a tomar asiento.* **5.** Ordenar o mandar algo: *invitar a abandonar un lugar.* **6.** *Fig.* Incitar determinado lugar o circunstancia a hacer una cosa: *el frío invita a quedarse en casa.*

in vitro loc.adj. y adv. (voces latinas, *en el vidrio*). Se dice de toda experimentación o manipulación biológica que se realiza fuera del organismo, en un medio artificial: *fecundación in vitro.* CONTR.: *in vivo.*

invivible adj. Colomb. Se dice de una casa inhabitable o de una ciudad donde se han deteriorado las condiciones de vida.

in vivo loc.adj. y adv. (voces latinas, *en el ser vivo*). Se dice de toda experimentación o manipulación biológica que se realiza en el organismo vivo. CONTR.: *in vitro.*

invocación s.f. Acción de invocar: *invocación a los santos.* **2.** Palabra o conjunto de palabras con que se invoca.

invocar v.tr. (lat. *invocare*). Pedir auxilio o ayuda a alguien, especialmente a Dios, la Virgen o los santos: *invocar protección.* **2.** Alegar una ley o circunstancia para justificar determinada acción o actitud: *invocar un artículo de una ley.*

invocatorio, a adj. Que sirve para invocar.

involución s.f. Regresión de un órgano, en una persona o en una especie, que sigue los mecanismos de la evolución. **2.** Regresión biológica y psicológica debida al envejecimiento. **3.** Modificación o regresión de una situación: *sufrir una involución el panorama político.* **4.** FILOS. Paso de lo heterogéneo a lo homogéneo, de lo diverso a lo que es igual, de lo múltiple a la unidad. **5.** MAT. Homografía recíproca.

involucionar v.intr. Sufrir una involución.

involucrar v.tr. Abarcar, incluir. **2.** Confundir o enredar unas cosas con otras. **3.** Añadir a los discursos o escritos temas ajenos al objeto de aquellos. ◆ v.tr. y prnl. Complicar a alguien en un asunto, comprometiéndole en él.

involucro s.m. (lat. *involucrum,* envoltura). BOT. Conjunto de brácteas o de órganos foliáceos situado en torno a la base de una flor o de una inflorescencia, especialmente de una umbela o un capítulo.

involuntariedad s.f. Cualidad de involuntario.

involuntario, a adj. Que no es voluntario. **2.** Que escapa al control de la voluntad.

involuta s.f. MAT. Curva plana considerada con relación a su envolvente.

involutivo, a adj. Relativo a la involución, que sufre retroceso: *proceso político involutivo.* **2.** MAT. Se dice de un elemento de un conjunto igual a su inverso. **3.** MED. Se dice del proceso unido al envejecimiento. ◇ **Transformación involutiva** Transformación biyectiva igual a la transformación inversa.

involuto, a adj. (lat. *involutum*). BOT. Arrollado hacia dentro.

invulnerabilidad s.f. Cualidad de invulnerable.

invulnerable adj. Que no puede ser herido o dañado física ni moralmente.

inyección s.f. (lat. *injectio,* de *injicere,* echar en algo). Acción de introducir un líquido o un gas a presión en el interior de un cuerpo. **2.** Acción de introducir un líquido mediante una jeringa con aguja en el interior de un organismo. **3.** Líquido que se inyecta. **4.** MAT. Aplicación inyectiva. ◇ **Motor de inyección** AUTOM. Motor de combustión interna sin carburador, en el que el carburante se inyecta directamente en los cilindros.

inyectable adj. y s.m. Se dice del medicamento que se introduce en el interior de un organismo por medio de una inyección.

inyectado, a adj. Muy lleno o coloreado por un aflujo intenso de sangre: *conjuntiva inyectada; ojos inyectados.*

inyectar v.tr. (lat. *injectare*). Introducir un líquido o un gas a presión en el interior de un cuerpo. **2.** Introducir un líquido, especialmente un medicamento, por medio de una inyección en el interior de un organismo. ◆ **inyectarse** v.prnl. Llenarse o colorearse por aflujo de sangre: *sus ojos se inyectaron en sangre.*

inyectivo, a adj. MAT. Se dice de una aplicación en la que un elemento del segundo conjunto tiene a lo sumo un antecedente.

inyector s.m. Aparato para inyectar un líquido o gas a presión en una máquina o mecanismo.

iñiguista s.m. (de san *Íñigo* de Loyola). Nombre dado antiguamente a los jesuitas en España.

iodación s.f. → **yodación.**

iodado, a adj. → **yodado.**

iodar v.tr. → **yodar.**

iodato s.m. → **yodato.**

iodhídrico, a adj. → **yodhídrico.**

iódico, a adj. → **yódico.**

iodismo s.m. → **yodismo.**

iodo s.m. → **yodo.**

iodomorfo s.m. → **yodomorfo.**

ioduro s.m. → **yoduro.**

ion s.m. (gr. *ión,* p. activo de *iénai,* ir). Átomo o conjunto de átomos que han ganado o han perdido, por electrólisis o bajo la acción de radiaciones, uno o varios electrones.

iónico, a adj. Relativo a los iones. ◇ **Motor iónico** Motor cuyo funcionamiento se basa en el principio de la transformación de la energía nuclear en energía eléctrica.

ionización s.f. Acción de ionizar.

ionizante adj. Que produce iones.

ionizar v.tr. Transformar los átomos o las moléculas neutras en iones.

ionograma s.m. QUÍM. Fórmula que representa las concentraciones de los diferentes iones contenidos en un líquido orgánico.

ionona s.f. Cetona dotada de un fuerte olor de violeta, usada en perfumería.

ionosfera s.f. Conjunto de regiones de la alta atmósfera, aproximadamente entre 60 y 600 km, donde el aire está muy ionizado y, en consecuencia, es conductor de electricidad.

ionosférico, a adj. Relativo a la ionosfera: *capas ionosféricas.*

iota s.f. Nombre de la novena letra del alfabeto griego (ι, Ι), que corresponde a la *i* española.

iotacismo s.m. Itacismo.

iowa, pueblo amerindio de la familia lingüística siux que habitaba en el curso bajo del Missouri, act. en reservas en Kansas y Oklahoma.

IPC s.m. (sigla). *Índice de precios al consumo.

ipecacuana s.f. (lat. botánico, port. *ipecacuanha,* del tupí, lengua de Brasil). Planta de tallos sarmentosos y raíz cilíndrica, torcida y llena de anillos, que crece en América Meridional. (Familia rubiáceas.) **2.** Raíz de esta planta.

ipegüe s.m. Nicar. y Salv. Cosa que se da por añadidura a quien realiza una compra.

iperita s.f. Gas tóxico, a base de sulfuro de etilo diclorado, utilizado en la guerra química.

ipil s.m. Árbol de gran tamaño, hojas opuestas y aladas y flores en panoja, del que se extrae una madera dura y muy pesada, utilizada en ebanistería. (Familia cesalpiniáceas.)

ípsilon s.f. Nombre de la vigésima letra del alfabeto griego (υ, Υ), que corresponde a la *y* española.

ipso facto loc.adv. (voces latinas, *por el mismo hecho*). Inmediatamente, en el acto.

iquito o **akenomi,** pueblo amerindio de lengua záparo, que habita cerca de Iquitos (Perú).

ir v.intr. y prnl. (lat. *ire*). Moverse hacia determinado lugar: *ir a París; ir al cine.* **2.** Moverse hacia determinado lugar del modo en que se expresa: *ir a pie; ir en automóvil.* ◆ v.intr. Asistir con regularidad a algún lugar: *los domingos va a misa.* **2.** Tener determinada dirección: *este tren va a Sevilla.* **3.** *Fig.* Estar, funcionar, ser o suceder de la manera que se expresa: *el automóvil no va bien.* **4.** Cambiar, evolucionar: *el asunto va a mejor.* **5.** Extenderse entre dos límites o puntos: *la calle va desde el puente hasta la plaza.* **6.** Llevar determinada prenda o adorno: *iba sin suéter, ir con sombrero.* **7.** Valer: *¿a cuánto van las uvas?* **8.** Poner en juego: *en este asunto va su reputación.* **9.** Seguido de la conjunción *y* y de un verbo, poner de relieve el significado de este verbo: *va y se enoja.* **10.** Esp. *Fig.* Ser algo adecuado o conveniente para alguien: *este color no te va en absoluto.* ◆ v.auxiliar. Con gerundio intensifica la significación durativa de este: *se han ido cayendo.* **2.** Con la preposición *a* y un infinitivo, indica disposición o inminencia: *iba a salir, va a hablar.* ◆ **irse** v.prnl. Dejar de estar donde se estaba: *se fue ayer.* **2.** Estarse muriendo: *el abuelo se nos va.* **3.** Salirse un líquido o un gas del recipiente en que está: *el agua se iba por una grieta del depósito.* **4.** Deslizarse una cosa o perder el equilibrio: *se me ha ido el pie.* **5.** Desaparecer una mancha o señal: *esta mancha no se va con alcohol.* **6.** Desaparecer o borrarse de la mente una imagen, recuerdo, etc. **7.** Producirse una manifestación física involuntaria: *me fui de la mano y le di un bofetón.* ◇ **Ir a lo mío, tuyo, suyo, etc.** Actuar sin tener en cuenta otros intereses que los propios. **Ir detrás** Intentar insistentemente conseguir algo de alguien. **¡Vamos!,** o **¡vaya!** *Fam.* Expresa desagrado o protesta; sorpresa; da énfasis a la palabra que acompaña: *¡vaya día!* **Vete,** o **vaya usted, a saber** Expresa que no se percibe la motivación de algo.

ir		
INDICATIVO	**SUBJUNTIVO**	
presente	**presente**	
voy	*vaya*	
vas	*vayas*	
va	*vaya*	
vamos	*vayamos*	
vais	*vayáis*	
van	*vayan*	
copretérito o pret. imperfecto	**pretérito o pret. imperfecto**	
iba	*fuera* o *fuese*	
ibas	*fueras* o *fueses*	
iba	*fuera* o *fuese*	
íbamos	*fuéramos* o *fuésemos*	
ibais	*fuerais* o *fueseis*	
iban	*fueran* o *fuesen*	
pretérito o pret. perf. simple	**futuro o fut. simple**	
fui	*fuere*	
fuiste	*fueres*	
fue	*fuere*	
fuimos	*fuéremos*	
fuisteis	*fuereis*	
fueron	*fueren*	
futuro o fut. simple	**IMPERATIVO**	
iré		
irás	*ve* (*andá*)	(tú, vos)
irá	*vaya*	(él)
iremos	*vayamos*	(nosotros)
iréis	id	(vosotros)
irán	*vayan*	(ellos)
pospretérito o condicional simple	**FORMAS NO PERSONALES**	
iría	**infinitivo**	**gerundio**
irías	ir	*yendo*
iría	**participio**	
iríamos	ido	
iríais		
irían		

ira s.f. (lat. *ira*). Sentimiento de irritación y enojo muy violento. **2.** *Fig.* Furia o violencia de los elementos de la naturaleza. ◇ **Ira regia** HIST. Durante la edad media, en la península Ibérica, actuación real por la cual el soberano desterraba a un súbdito caído en desgracia. **Llenarse de ira** *Fig.* Enojarse, irritarse.

iraca s.f. Colomb. Palma utilizada para tejer sombreros.

iracundia s.f. Cualidad o estado de iracundo.

iracundo, a adj. y s. (lat. *iracundus*). Propenso a la ira o dominado por ella.

iraní adj. y s.m. y f. De Irán.

iranio, a adj. y s. De unos pueblos de la familia lingüística indoeuropea que habitaban en la meseta de Irán, E de Asia Menor e Iraq, y se extendían hasta Asia central. ◆ adj. y s.m. Se dice de un grupo de lenguas indoeuropeas que comprende el avéstico y derivados (persa, pasto, etc.).

iraquí adj. y s.m. y f. De Iraq. ◆ s.m. Variedad del árabe hablado en Iraq.

irascibilidad s.f. (del lat. *irasci,* encolerizarse). Cualidad de irascible.

irascible adj. Propenso a irritarse.

irbis s.m. Felino de gran tamaño, que vive en las regiones frías y montañosas del N y centro de Asia.

irénico, a adj. Relativo al irenismo.

irenismo s.m. Actitud pacificadora adoptada entre los cristianos de confesiones diferentes para estudiar los problemas que los separan.

iribú s.m. (voz guaraní). Zopilote.

iridáceo, a adj. y s.f. Relativo a una familia de plantas monocotiledóneas, herbáceas, con bulbos o tubérculos, flores en racimos y fruto en cápsula, como el gladiolo, el azafrán, etc.

íride s.f. BOT. Lirio hediondo.

iridectomía s.f. MED. Resección quirúrgica de una parte del iris.

iridiado, a adj. Se dice de un metal aleado con iridio.

iridiano, a adj. MED. Relativo al iris. SIN.: *irídico.*

irídico, a adj. Iridiano.

iridio s.m. Metal de color blanco grisáceo, muy duro y resistente a la acción de los agentes químicos, cuyo punto de fusión es de 2 450 °C. **2.** Elemento químico (Ir), de número atómico 77 y masa atómica 192,217. (Es parecido al platino, con el que se encuentra aleado en algunos minerales.)

iridiscencia s.f. Cualidad de iridiscente.

iridiscente adj. Que muestra o refleja los colores del arco iris.
irire s.m. Bol. Calabaza ovoide en la que se toma chicha.
irirear v.intr. Bol. Tomar chicha en el irire.
iris s.m. (lat. *iris, -is,* del gr. *iris, -idos,* arco iris). ANAT. Membrana pigmentada del ojo, situada detrás de la córnea y delante del cristalino, y en cuyo centro está la pupila. (Se comporta como un diafragma.) ◇ **Diafragma iris** FOT. Diafragma formado por numerosas laminillas comprendidas entre dos anillos, uno fijo y el otro móvil.
irisación s.f. Acción de irisar. ◆ **irisaciones** s.f.pl. Vislumbre producida en las láminas metálicas delgadas cuando, candentes, se pasan por el agua.
irisado, a adj. Que presenta reflejos con los colores del arco iris.
irisar v.intr. Presentar un cuerpo fajas variadas o reflejos de luz, con los colores del arco iris. ◆ v.tr. Hacer que un cuerpo tenga un aspecto semejante al del arco iris.
iritis s.f. MED. Inflamación del iris.
irlanda s.f. Tejido fabricado con lana y algodón. **2.** Tela fina de lino.
irlandés, sa adj. y s. De Irlanda. ◆ s.m. Lengua céltica hablada en Irlanda. ◇ **Café irlandés** Bebida elaborada con café muy caliente, whisky y nata líquida. SIN.: *irish coffee.*
irmandiño o **hermandino** s.m. Miembro de cualquiera de las diversas hermandades gallegas medievales.
ironía s.f. (lat. *ironia*). Forma de expresión que consiste en modificar o cambiar el valor de las palabras, en hacer entender lo contrario de lo que se dice. **2.** Tono de burla con que se dice algo. **3.** Oposición o contraste entre la realidad y lo que se esperaba: *las ironías del destino.*
irónico, a adj. Que denota o implica ironía, o relativo a ella.
ironista s.m. y f. Persona que habla o escribe con ironía.
ironizar v.tr. Hablar con ironía.
iroqués, sa adj. y s. De un pueblo amerindio que habitaba en las orillas de los lagos Erie, Hurón y Ontario, así como en el valle del San Lorenzo. ◆ s.m. Lengua hablada por los iroqueses y otras tribus (hurón, erie, conestoga y cherokee).

iroqués

Los iroqueses lucharon contra los franceses, aliados de los hurones, de 1655 a 1701. Estaban organizados en cinco tribus o naciones. Act. viven en Quebec y en el est. de Nueva York. La lengua iroquesa se incluye en la familia hoka.

IRPF s.m. (sigla). *Impuesto sobre la renta de las personas físicas.
irracional adj. Que carece de razón: *animal irracional.* **2.** Opuesto a la razón o que va fuera de ella: *acto irracional.* **3.** MAT. Se dice del número que no puede expresarse como un cociente de dos números enteros.
irracionalidad s.f. Cualidad de irracional.
irracionalismo s.m. Doctrina filosófica según la cual la razón no debe tener un valor absoluto en la conducta humana. **2.** Tendencia a negar la importancia de la razón o a prescindir de ella.
irracionalista adj. y s.m. y f. Relativo al irracionalismo; partidario de esta doctrina o tendencia.
irradiación s.f. Acción y efecto de irradiar. **2.** Exposición a una radiación radiactiva, luminosa o a otros tipos de radiaciones. **3.** FISIOL. Fenómeno que se produce al incidir un estímulo de gran intensidad sobre varios elementos nerviosos, cuya irritación se transmite a las fibras nerviosas vecinas.
irradiar v.tr. Despedir un cuerpo radiaciones luminosas, térmicas, magnéticas, etc. **2.** *Fig.* Propagar una acción, efecto, influencia, etc.: *irradiar simpatía.* **3.** FÍS. Someter a una radiación.
irreal adj. Que no es real o no tiene existencia verdadera.
irrealidad s.f. Cualidad de irreal.
irrealismo s.m. Falta de realismo. **2.** B. ART. Tendencia artística que consiste en expresarse sin referirse a la realidad.
irreconciliable adj. Que no puede ser reconciliado: *enemigos irreconciliables.* **2.** Que no puede existir al mismo tiempo que otra cosa: *teorías irreconciliables.*
irredentismo s.m. Movimiento nacionalista de reivindicación territorial. **2.** HIST. Movimiento italiano, posterior a 1870, que reivindicaba las tierras de Trentino, Istria y Dalmacia, y más tarde todos los territorios considerados como italianos.
irredentista adj. y s.m. y f. Partidario del irredentismo.
irredento, a adj. Que permanece sin redimir: *pueblo irredento.*
irreducible adj. Irreductible. **2.** Que no se puede someter o conquistar. ◇ **Fracción irreducible** Fracción cuyo numerador y denominador no tienen más divisor común que la unidad. **Polinomio irreducible en un cuerpo K** Polinomio que no se puede descomponer en producto de polinomios con coeficientes en el cuerpo K.
irreductible adj. Que no puede ser reducido. **2.** CIR. Que no puede ser colocado de nuevo en su posición normal: *hernia irreductible.*
irreflexión s.f. Falta de reflexión.
irreflexivo, a adj. Que no reflexiona: *persona irreflexiva.* **2.** Que se dice o hace sin reflexionar: *acción irreflexiva.*
irrefragable adj. (lat. *irrefragabilis,* de *refragari,* oponerse a alguien). Que no puede ser contrarrestado.
irrefutable adj. Que no puede ser refutado.
irregular adj. Que no es regular, simétrico, uniforme. **2.** Que no es conforme a la ley, regla, uso, etc., establecidos: *conducta irregular.* **3.** BOT. Se dice del cáliz o de la corola cuyas partes no son iguales. **4.** LING. Que no sigue en su flexión las reglas generales: *verbo, plural irregular.* **5.** MAT. Se dice de la figura geométrica que no es regular. **6.** MIL. Se dice del contingente armado que colabora en las operaciones de un ejército regular.
irregularidad s.f. Cualidad de irregular. **2.** *Fig.* y *fam.* Acción o conducta que constituye un delito o falta.
irrelevancia s.f. Cualidad de irrelevante.
irrelevante adj. Que carece de importancia o significación.
irreligioso, a adj. y s. Falto de sentimientos religiosos o que descuida las prácticas de la religión. **2.** Falto de respeto a la religión.
irremisible adj. Que no puede ser remitido o perdonado.
irrenunciable adj. Se dice de algo a lo que no se puede renunciar.
irrepetible adj. Que no puede o debe ser repetido.
irreprensible adj. Que no merece reprensión.
irreprochable adj. Que no tiene ninguna falta que sea motivo de reproche: *conducta irreprochable.*
irresistible adj. Se dice de aquello a lo que no se puede poner resistencia: *fuerza irresistible.* **2.** Inaguantable, insufrible, intolerable: *dolor irresistible.* **3.** *Fig.* Se dice de la persona de mucho atractivo o simpatía.
irresoluble adj. Que no se puede resolver o solucionar.
irresolución s.f. Falta de resolución.
irresoluto, a adj. y s. Que no ha sido resuelto. **2.** Que no se decide en un caso determinado: *permanecer irresoluto ante un dilema.*
irrespetuosidad s.f. Cualidad de irrespetuoso.
irrespetuoso, a adj. Que no muestra respeto.
irrespirable adj. Que no se debe o puede respirar. **2.** Se dice del ambiente en el que la convivencia resulta difícil.
irresponsabilidad s.f. Cualidad de irresponsable. **2.** DER. Impunidad que resulta de no residenciar a los que son responsables.
irresponsable adj. Que carece de responsabilidad. **2.** Que actúa u obra sin tener en cuenta la responsabilidad.
irreverencia s.f. Cualidad de irreverente. **2.** Dicho o hecho irreverente.

irreverente adj. y s.m. y f. Que muestra falta de reverencia o respeto.

irreversible adj. Que no es reversible: *parálisis irreversible.* **2.** Que solo puede funcionar en un sentido: *mecanismo irreversible.* **3.** QUÍM. Se dice de la reacción que no está limitada por la reacción inversa, y se continúa hasta la desaparición de uno de los cuerpos reaccionantes.

irrevocable s.f. Que no puede ser revocado.

irrigación s.f. Acción y efecto de irrigar. **2.** FISIOL. Aportación de sangre a los tejidos por medio de los vasos sanguíneos. **3.** MED. Acción de hacer llegar un líquido a una zona enferma.

irrigador, ra adj. Que irriga. ◆ s.m. MED. Instrumento que se emplea para realizar una irrigación.

irrigar v.tr. (fr. *irriguer*). Regar. **2.** FISIOL. y MED. Efectuar la irrigación.

irrisible adj. Digno de risa y desprecio.

irrisión s.f. (lat. *irrisio, -onis,* de *irridere,* reírse de alguien). Burla insultante. **2.** *Fam.* Persona o cosa que es o puede ser objeto de esta burla.

irrisorio, a adj. Que mueve o provoca a risa y burla. **2.** Insignificante, de poca estimación.

irritabilidad s.f. Cualidad de irritable. **2.** BIOL. Propiedad que posee una célula o un organismo de reaccionar frente a las excitaciones externas.

irritable adj. Que se irrita con facilidad: *carácter irritable.* **2.** BIOL. Que posee la propiedad de la irritabilidad.

irritación s.f. Enojo muy grande. **2.** BIOL. Inflamación o dolor ligero que afecta a un tejido u órgano.

irritamiento s.m. Irritación.

irritante adj. Que causa irritación. **2.** DER. Que anula: *cláusula irritante.*

irritar v.tr. y prnl. (lat. *irritare*). Hacer sentir enojo violento o excitación. **2.** Producir una cosa en el cuerpo cierto escozor, enrojecimiento o ardor.

irritativo, a adj. Que produce irritación.

írrito, a adj. Se dice de lo que es nulo por imperativo de la ley.

irrogar v.tr. y prnl. (lat. *irrogare*). Causar perjuicio o daño a alguien.

irrompible adj. Que no puede romperse.

irruir v.tr. (lat. *irruere*) [conj.: *huir*]. Acometer con ímpetu o invadir un lugar.

irrumpir v.intr. (lat. *irrumpere*). Entrar violentamente en un lugar.

irrupción s.f. Acción de irrumpir. **2.** Ataque brusco y violento: *una irrupción de cólera.*

irruptor, ra adj. Que hace irrupción.

isabelino, a adj. Relativo al período en que reinaron cualquiera de las soberanas que llevaron el nombre de Isabel en España o en Inglaterra. ◆ adj. y s. Se dice de la persona que perteneció a algún movimiento artístico, literario, etc., desarrollados en los períodos llamados isabelinos. **2.** Partidario de la reina Isabel II de España. ◆ adj. y s.f. Se dice de la moneda que lleva el busto de Isabel II de España.

isabelino

Se conoce como *estilo isabelino* al estilo artístico desarrollado en España durante el reinado de Isabel II (1833-1868). Asimismo suele denominarse *estilo isabelino* a la modalidad de gótico tardío español desarrollado durante el reinado de los Reyes Católicos. En referencia a un estilo vinculado a la reina Isabel I de Inglaterra, se prefiere hacer referencia al *arte isabelino* o *elisabetano,* y al *teatro* y a la *música isabelinos.*

isagoge s.f. (gr. *eisagogé,* introducción). Introducción, exordio.

isagógico, a adj. Relativo a la isagoge.

isalóbara s.f. Curva que une los puntos de la Tierra en que la presión atmosférica ha experimentado la misma variación entre dos observaciones consecutivas.

isaloterma s.f. Curva que une los puntos de la Tierra donde las variaciones de la temperatura del aire son iguales en un tiempo dado.

isanémona s.f. Curva trazada sobre un mapa que une los puntos en que el viento alcanza igual velocidad media.

isangas s.f.pl. Argent. Espuertas usadas para el transporte de mercancías a lomo de animales de carga. **2.** Perú. Nasas para la pesca del camarón.

isanómala s.f. Curva que une todos los puntos de la Tierra que presentan la misma anomalía de un elemento meteorológico en relación con la media calculada sobre un círculo de latitud.

isatis s.m. Zorro ártico, más pequeño que el europeo, de pelo espeso, blanco en invierno y pardusco en verano.

isaurio, a adj. y s. Relativo a los Isaurios, dinastía de emperadores de Constantinopla. SIN.: *isáurico.*

isbá o **izbá** s.f. (ruso *izbá*). Casa labriega construida con madera de abeto en algunos pueblos de Rusia y otros países del N de Europa y de Asia; particularmente, choza forestal.

ISBN s.m. (sigla del inglés *international standard book number*). Número de identificación internacional asignado a los libros.

isiaco, a o **isíaco, a** adj. Relativo a Isis o a su culto. ◆ s.m. Sacerdote de Isis.

islas más grandes del mundo

Groenlandia* (Dinamarca)	2 200 000 km²
Nueva Guinea (Indonesia-Papúa y Nueva Guinea)	800 000 km²
Borneo (Brunei-Indonesia-Malaysia)	750 000 km²
Madagascar	587 000 km²
Sumatra (Indonesia)	473 600 km²
Baffin (Canadá)	470 000 km²
Gran Bretaña (Reino Unido)	253 500 km²
Honshu (Japón)	230 000 km²
Victoria (Canadá)	212 000 km²
Ellesmere (Canadá)	196 000 km²

* Tres cuartas partes de la superficie de Groenlandia están cubiertas por el casquete polar.

isla s.f. (lat. *insula*). Porción de tierra rodeada por todas partes de agua. **2.** Manzana de casas. **3.** *Fig.* Zona claramente diferenciada del espacio que la rodea: *isla peatonal.* **4.** *Fig.* Bosquecillo de árboles o matas, aislado en medio de un terreno no poblado. **5.** Chile. *Fig.* Terreno próximo a un río, que ha estado o que está a veces cubierto por las aguas.

islam s.m. Religión de los musulmanes. **2.** Conjunto de los países y pueblos en los que esta religión es la predominante.

islam

El islam, fundado por Mahoma en el s. VII, se extendió por Asia y, en menor medida, por África y Europa. Actualmente se calcula que hay en el mundo más de 800 millones de musulmanes. El Corán, que Alá reveló a Mahoma, es, junto con la tradición, el fundamento de la vida religiosa y política. El dogma fundamental del islam es un monoteísmo estricto. La ley canónica (*saría*) establece los cinco deberes fundamentales (los «cinco pilares») de los creyentes: 1. La profesión de fe, o sahada (no hay más Dios que Alá, y Mahoma es un enviado); 2. La plegaria ritual cinco veces al día; 3. El ayuno durante el ramadán; 4. La peregrinación a La Meca, o hayy, al menos una vez en la vida; 5. La limosna ritual. Esta ley comporta también prescripciones de orden político, jurídico, alimentario e higiénico. En las dos grandes tendencias del islam, el *sunnismo* y el *chiismo,* no hay clero, sino únicamente guías religiosos *(ulema, mullah)* que interpretan la ley y velan por su aplicación.

---

islámico, a adj. Relativo al islam.
islamismo s.m. Islam, religión de los musulmanes. **2.** Movimiento político-religioso que aspira a hacer del islam una verdadera ideología política. (Desde la década de 1970 designa las corrientes más radicales del islam que pretenden aplicar rigurosamente la saría y crear estados islámicos.)
islamista adj. y s.m. y f. Que profesa el islamismo o es partidario de él.
islamita adj. y s.m. y f. Que profesa el islamismo.
islamización s.f. Conversión al islam.
islamizar v.tr. y prnl. Convertir al islam.
islandés, sa adj. y s. De Islandia. ◆ s.m. Lengua escandinava hablada en Islandia.
islario s.m. Descripción de las islas de un mar, continente o nación. **2.** Mapa en que están representadas.
isleño, a adj. y s. De una isla. **2.** De las islas Canarias. **3.** Colomb. De las islas San Andrés y Providencia.
isleo s.m. Isla pequeña cercana a otra mayor. **2.** Porción de terreno rodeado por todas partes de otro de distinta clase.
isleta s.f. Isla pequeña. **2.** Argent. Conjunto de árboles aislados en medio de la llanura.
islote s.m. Isla pequeña y despoblada. **2.** Peñasco muy grande en el mar. ◇ **Islote nuclear** En una central nuclear, conjunto de las instalaciones comprendidas en el edificio del reactor y en el edificio del combustible, así como de las diversas instalaciones auxiliares de la caldera nuclear y las destinadas al tratamiento de los efluentes y de los residuos. **Islotes de Langerhans** ANAT. Grupos de células endocrinas diseminadas por el páncreas que secretan la insulina.
ismaelita adj. y s.m. y f. De las tribus árabes de Transjordania que, según la Biblia, descienden de Ismael, hijo de Abraham.
ismailí adj. y s.m. y f. De una secta chiita que admite como último imán a Ismaíl.
ismo s.m. Tendencia de orientación innovadora, principalmente en las artes, que se opone a la ya existente, como el futurismo, vanguardismo, dadaísmo, etc.
ISO adj. **Escala ISO** Escala de las sensibilidades de las emulsiones fotográficas adaptada internacionalmente en sustitución de las escalas ASA y DIN. **Norma ISO** Norma definida por la Organización Internacional de Normalización que se aplica a los productos y servicios.
isobara o **isóbara** s.f. En un mapa meteorológico, línea que une los puntos de igual presión atmosférica.
isobárico, a adj. Que es de igual presión atmosférica. **2.** Que tiene lugar a presión constante.
isobaro, a adj. Isobárico. ◆ adj. y s.m. Se dice del núcleo que tiene el mismo número de masa pero diferente número atómico que otro.
isobático, a adj. Que tiene igual profundidad.
isobato, a adj. y s.f. Se dice de la línea que, en un mapa batimétrico, une los puntos de igual profundidad del fondo de los mares o los océanos.
isoca s.f. Argent. *Por ext.* En el lenguaje rural, cualquier larva de cuerpo blando y patas cortas. **2.** Argent. y Par. Nombre genérico dado a las larvas de varias familias de mariposas, que son muy perjudiciales para la agricultura.
isocalórico, a adj. Se dice del alimento que con el mismo peso produce la misma cantidad de calorías que otro. **2.** Se dice de la reacción que mantiene constante la temperatura.
isoclinal adj. GEOL. Se dice del pliegue cuyos dos flancos son paralelos.
isoclino, a adj. Que tiene la misma inclinación magnética. ◇ **Línea isoclina** Línea que une los puntos de la superficie terrestre en que la inclinación magnética es igual.
isócoro, a adj. Que corresponde a un volumen constante: *transformación isócora.*
isocromático, a adj. Que es de igual color.
isocronismo s.m. Cualidad de lo que es isócrono.
isócrono, a adj. Que se realiza con un ritmo constante, con períodos de igual duración.
isodinamia s.f. FISIOL. Equivalencia entre los alimentos, desde el punto de vista de la energía que aportan.
isodinámico, a adj. FISIOL. Relativo a la isodinamia. ◆ adj. y s.f. Se dice de la línea que une los puntos de la superficie terrestre en que la componente horizontal del campo magnético terrestre tiene igual valor.
isodontia s.f. Igualdad de los dientes en tamaño y forma.
isoédrico, a adj. MINER. Que tiene facetas parecidas.
isoeléctrico, a adj. Se dice de un cuerpo eléctricamente neutro. ◇ **Punto isoeléctrico** Estado de un sistema coloidal cuyas partículas no son portadoras de cargas eléctricas.
isoentrópico, a adj. Se dice de una transformación en el curso de la cual la entropía permanece constante.
isoflavona s.f. BIOQUÍM. Sustancia vegetal incolora de estructura semejante a la de los estrógenos, que se encuentra en plantas como la soya y otras legumbres.
isogamia s.f. Fusión entre dos gametos semejantes, que se efectúa en diversas especies de algas y de hongos inferiores.
isoglosa s.f. LING. Línea imaginaria que une los lugares que presentan fenómenos lingüísticos análogos.
isógono, a adj. Que tiene los ángulos iguales. ◆ adj. y s.f. Se dice de la línea que une los puntos de la superficie terrestre que presentan la misma declinación magnética.
isohieto, a adj. y s.f. → **isoyeto.**
isohipso, a adj. y s.f. Se dice de la línea que une los puntos de una superficie isobárica situados a la misma altitud.
isoiónico, a adj. Que en la misma concentración contiene la misma cantidad de iones que otro.
isomerasa s.f. Enzima productor de isomerizaciones.
isomería s.f. Cualidad de isómero.
isomérico, a adj. Relativo al isómero. **2.** Que presenta las características de un compuesto isómero.
isomerización s.f. Transformación en un compuesto isómero.
isomerizar v.tr. Transformar por isomerización.
isómero, a adj. y s.m. Se dice del compuesto que tiene la misma composición química y la misma masa molecular, pero diferentes propiedades y estructura atómica que otro.
isometría s.f. MAT. Transformación isométrica.
isométrico, a adj. Se dice del cuerpo que tiene las dimensiones iguales que otro. **2.** Se dice de una transformación puntual que conserva la distancia entre dos puntos cualesquiera. **3.** Se dice de un procedimiento de miografía en el que se registran las variaciones de tensión del músculo excitado, manteniendo este su longitud.
isomorfismo s.m. Cualidad de isomorfo. **2.** MAT. Morfismo definido por una aplicación biyectiva.
isomorfo, a adj. MAT. Se dice de los conjuntos entre los que existe una relación de isomorfismo. **2.** MINER. Se dice del cuerpo que puede formar cristales mixtos en cualquier proporción. **3.** QUÍM. Se dice del cuerpo que tiene la misma forma cristalina que otro.
isoniacida s.f. Nombre con que se designa a un importante medicamento antituberculoso.
isópodo, a adj. y s.m. Relativo a un orden de crustáceos, de cuerpo aplastado y con siete pares de patas semejantes, como la cochinilla.
isopreno s.m. Hidrocarburo dietilénico utilizado en la fabricación de numerosos polímeros.
isóptero, a adj. y s.m. Relativo a un orden de insectos, de alas iguales y boca masticadora, como el termes.
isoquímeno, a adj. y s.f. Se dice de la línea que une los puntos del globo de igual temperatura media en invierno.
isósceles adj. (de *iso,* igual, y gr. *skelos,* pierna). MAT. Que tiene dos lados iguales: *triángulo isósceles.* ◇ **Trapecio isósceles** MAT. Trapecio cuyos lados no paralelos son igua-

les. **Triedro isósceles** MAT. Triedro que tiene dos caras o dos diedros iguales.

isosilábico, a adj. Se dice del verso que tiene el mismo número de sílabas que otro.

isostasia s.f. Teoría según la cual las diferentes capas de la corteza terrestre se mantienen en equilibrio relativo gracias a sus diferencias de densidad.

isostático, a adj. Relativo a la isostasia.

isotermia s.f. Homeotermia.

isotérmico, a adj. Isotermo. **2.** METEOROL. Relativo a las líneas isotermas.

isotermo, a adj. Que mantiene una temperatura constante. **2.** FÍS. Que tiene la misma temperatura que otra cosa de la misma naturaleza. ◆ adj. y s.f. METEOROL. Se dice de la línea que une los puntos de temperatura media idéntica durante un período considerado.

isotero, a adj. y s.f. METEOROL. Se dice de la isoterma media de verano.

isotonía s.f. FÍS. Equilibrio molecular de dos soluciones separadas por una membrana permeable y que tienen la misma presión osmótica.

isotónico, a adj. FÍS. Se dice de la solución que, teniendo la misma concentración molecular que otra, tiene la misma presión osmótica que la primera. **2.** MED. Se dice de la solución, particularmente medicamentosa, que tiene la misma concentración molecular que el plasma sanguíneo.

isotópico, a adj. Relativo a los isótopos. ◇ **Generador isotópico** Generador de corriente eléctrica que utiliza como fuente de energía las radiaciones emitidas por los radioelementos.

isótopo s.m. Átomo que pertenece al mismo elemento químico que otro, tiene igual número de protones y electrones, pero distinto número de neutrones. (Poseen las mismas características químicas pero distintas masas atómicas.) ◇ **Isótopo radiactivo** Radioisótopo.

isotropía s.f. Cualidad de isótropo.

isótropo, a adj. FÍS. Se dice del medio cuyas propiedades físicas son idénticas en todas las direcciones.

isoyeto, a o **isohieto, a** adj. y s.f. (fr. *isohyète,* de *iso,* igual, y gr. *yetós,* lluvia). METEOROL. Se dice de una línea que une los puntos de una región en los que las precipitaciones medias son iguales durante el período que se considera.

isquemia s.f. (del gr. *ískhein,* detener, y *aima,* sangre). MED. Disminución o interrupción de la circulación sanguínea en un órgano o un tejido.

isquemiar v.tr. y prnl. MED. Producir una isquemia en un tejido.

isquémico, a adj. MED. Relativo a la isquemia.

isquiático, a adj. ANAT. Relativo a la cadera o al isquion.

isquion s.m. (del lat. *ischia, -orum,* huesos de la cadera). ANAT. Parte posterior e inferior del hueso ilíaco.

israelí adj. y s.m. y f. (pl. *israelíes* o *israelís*). Del estado de Israel.

israelita adj. y s.m. y f. Del pueblo de Israel.

israelítico, a adj. Relativo a Israel.

issa, pueblo de Djibouti y Somalia, que habla una lengua cusita.

ISSN s.m. (sigla del inglés *international standard serial number*). Número de identificación internacional asignado a las publicaciones periódicas.

istapacle s.m. Méx. Planta apocinácea usada como purgante.

istmeño, a adj. y s. De un istmo.

ístmico, a adj. Relativo a un istmo.

istmo s.m. (lat. *isthmus*). Estrecha lengua de tierra que une dos continentes o una península con un continente. **2.** ANAT. Parte estrecha de una región o de un órgano.

ita adj. y s.m. y f. → **aeta.**

itacate s.m. Méx. Conjunto de provisiones alimenticias que se llevan para el viaje.

itacismo s.m. Evolución hacia el sonido *i* de vocales o diptongos, que se manifiesta particularmente en el griego posclásico y afecta a los sonidos *e* larga, *u, ei* y *oi* del griego clásico. SIN.: *iotacismo.*

italianismo s.m. Palabra, expresión o giro procedentes de la lengua italiana que se usan en otra lengua. **2.** Estima o admiración por la cultura y las tradiciones de Italia.

italianizante adj. B. ART. Que se inspira en los estilos de Italia.

italianizar v.tr. y prnl. Comunicar rasgos, cualidades o costumbres que se consideran propias de Italia.

italiano, a adj. y s. De Italia. ◆ s.m. Lengua románica hablada en Italia.

italiano

El italiano, la lengua vernácula de Italia desde hace relativamente poco tiempo, es en realidad el dialecto toscano elevado a la categoría de lengua literaria por los grandes escritores del renacimiento florentino (Dante, Petrarca y Boccaccio). Durante largo tiempo fue únicamente una lengua escrita, evolucionó poco desde el s. XIII y ha permanecido más próxima a sus orígenes que las demás lenguas románicas. El italiano contemporáneo es una lengua en plena evolución. Los numerosos dialectos siguen siendo muy utilizados. Se distribuyen en cuatro grandes grupos: los del N, los del centro, los del S y los de Cerdeña.

itálico, a adj. y s. De los pueblos indoeuropeos que penetraron en Italia en el II milenio. **2.** Se dice del carácter, o de la letra, de imprenta ligeramente inclinado hacia la derecha, que fue creado en Venecia, hacia 1500, por Aldo Manucio. SIN.: *italiota.*

ítalo, a adj. y s. *Poét.* Italiano.

italogótico, a adj. Se dice del estilo de la segunda etapa de la pintura gótica española (s. XIV) caracterizado por el influjo de la pintura toscana.

ítem adv. (lat. *item*). Además, igualmente. **2.** En una escritura u otro instrumento, indica distinción de artículos o capítulos, o adición. ◆ s.m. *Fig.* Aditamento, añadidura. **2.** INFORMÁT. **a.** Cada uno de los elementos de que consta un conjunto de informaciones procesables por computadora. **b.** Conjunto de caracteres tratados como una unidad lógica de información en un programa.

iteración s.f. Acción y efecto de iterar. SIN.: *repetición.* **2.** INFORMÁT. Cada una de las sucesivas ejecuciones de un bucle durante el desarrollo de un programa.

iterar v.tr. (lat. *iterare*). Repetir.

iterativo, a adj. Que tiene la condición de repetirse o de reiterarse: *acto iterativo.* ◆ adj. y s.m. LING. Se dice de un verbo que indica una acción que se repite, como parpadear o vociferar. SIN.: *frecuentativo.*

iterbio s.m. Metal del grupo de las tierras raras. **2.** Elemento químico (Yb), de número atómico 70 y masa atómica 173,04.

itifálico, a adj. B. ART. Que representa un falo en erección: *estatua itifálica.*

itifalo s.m. Figura que representaba un falo en erección.

itinerante adj. Que se desplaza para ejercer una función determinada. ◇ **Agricultura itinerante** GEOGR. Desplazamiento de las áreas de cultivo y, a menudo, del hábitat, característico de las regiones tropicales, donde el suelo se agota rápidamente.

itinerario, a adj. (lat. *itinerarium,* de *iter, itineris,* camino). De los caminos. ◆ s.m. Descripción o guía de un viaje, expedición, etc., con una serie de datos geográficos o turísticos referentes a él. **2.** Ruta que se sigue para llegar a un lugar. ◇ **Medida itineraria** TOP. Evaluación de una distancia.

itria s.f. Óxido natural de itrio Y_2O_3, sustancia blanca, terrosa e insoluble en agua.

itrialita s.f. Silicato natural de itrio y torio.

itrio s.m. Metal del grupo de las tierras raras, de densidad 4,47. **2.** Elemento químico (Y), de número atómico 39 y masa atómica 88,906. (Algunos compuestos del itrio se usan en las sustancias fosfóricas de los tubos de televisión en color.)

itzá, pueblo amerindio del grupo maya, que vive en el Petén (N de Guatemala y Belice). Procedentes del SO del Yucatán, fundaron la c. de Chichén Itzá. En el s. X, se unieron con los toltecas (esplendor de Chichén Itzá). Del s. XIII al XV, estuvieron sometidos por los mayas. Lucharon contra los españoles, que solo impusieron su dominio en la región en 1697.

ius s.m. (voz latina, *derecho*). DER. ROM. Todo aquello que se consideraba lícito.

iva s.f. Planta herbácea, que crece en los barbechos y lugares incultos, secos y pedregosos de las regiones templadas, exhala un olor aromático, resinoso, y se usa como astringente, aperitivo y tónico. (Familia labiadas.)

IVA s.m. (sigla). *Impuesto sobre el valor añadido.

ixil, pueblo amerindio agricultor de Guatemala, del grupo mam, de la familia lingüística maya-zoque.

ixtle s.m. Méx. Agave, planta. **2.** Méx. Fibra textil que proporciona esta planta.

iza s.f. *Vulg.* Prostituta.

izada s.f. Acción y efecto de izar.

izado s.m. Izada.

izaga s.f. (vasco *izaga,* de *iz,* junco grande). Terreno poblado de juncos.

izapí s.m. Árbol que crece en Misiones, Argentina, en la estación de calor, y despide de sus hojas un abundante rocío que refresca el suelo.

izar v.tr. (fr. *hisser*). Elevar una cosa tirando de la cuerda, cable, etc., a que está sujeta: *izar las velas; izar una bandera.*

izbá s.f. (voz rusa) → **isbá.**

izote s.m. Árbol de América Central, de hasta 10 m de alt., con hojas en abanico, largas y fuertes, y flores muy olorosas, blancas o verdosas, que se cultiva en jardinería y cuyas hojas y capullos carnosos son comestibles. (Familia liliáceas.)

izquierda s.f. Lo que está situado, con respecto al ser humano, en el mismo lado que el corazón: *sentarse a la izquierda.* **2.** Conjunto de grupos y partidos que profesan opiniones avanzadas, por oposición a la derecha, conservadora. ◇ **Extrema izquierda** Partido político o fracción de una asamblea con la opinión de izquierda más radical.

izquierdismo s.m. Doctrina o actitud de los grupos políticos de izquierda.

izquierdista adj. y s.m. y f. Relativo a la izquierda política; partidario de la izquierda política. **2.** Relativo al izquierdismo.

izquierdo, a adj. Se dice de la parte del cuerpo situada en el mismo lado que el corazón. **2.** Se dice de lo que está situado, con respecto al ser humano, en el mismo lado que el corazón: *zapato izquierdo.* **3.** Se dice del lado de un objeto que está situado, en relación con la posición de una persona, en el mismo lado que ocupa el corazón: *el ala izquierda del palacio.* **4.** Se dice de la parte de un río que queda a la izquierda de quien se coloca mirando hacia donde corren las aguas: *margen, orilla izquierda.*

j

j s.f. Undécima letra del alfabeto español y octava de sus consonantes. (Representa un sonido fricativo velar sordo.)

¡ja! Voz onomatopéyica con que se imita o expresa la risa. (Suele usarse repetida.)

jaba s.f. Amér. Cajón enrejado en que se transportan útiles domésticos. **2.** Chile. Cajón lleno de piedras que se pone en la ribera de los ríos para impedir su desborde. **3.** Chile. *Fig., vulg.* y *desp.* Boca. **4.** Cuba. Cesta hecha de tejido de junco o yagua. **5.** Cuba. Cualquier bolsa de plástico para llevar a mano.

jabalcón o **jabalón** s.m. (ár. *ǧamalûn,* techo en forma de caballete, de *ǧaml,* camello). ARQ. Madero ensamblado en otro vertical para apear otro horizontal o inclinado.

jabalconar o **jabalonar** v.tr. Poner jabalcones en una armadura.

jabalí, ina s. (ár. *ǧabalî*). Mamífero común en los montes de España, parecido al cerdo, del cual se distingue por tener la cabeza más aguda, la jeta más prolongada y colmillos muy desarrollados que sobresalen de los labios. ◇ **Jabalí verrugoso** Mamífero ungulado parecido al jabalí, con colmillos curvados hacia arriba, del que viven numerosos ejemplares en las sabanas africanas.

jabalina s.f. (fr. *javeline*). Especie de lanza, arma arrojadiza de los pueblos antiguos. **2.** Instrumento para lanzar, en forma de asta, usado en atletismo. **3.** Prueba de atletismo en la que se lanza este instrumento.

jabardear v.intr. Dar jabardos las colmenas.

jabardillo s.m. Enjambre, conjunto de insectos. **2.** *Fig.* y *fam.* Aglomeración de gente.

jabardo s.m. Enjambre pequeño que se separa de una colmena. **2.** Jabardillo, aglomeración de gente.

jabato, a adj. y s. Esp. Valiente, bravo. ◆ s.m. Cachorro de jabalí.

jabear v.tr. Guat. Robar, hurtar.

jábega o **jábeca** s.f. (ár. *šábaka,* red). Arte de pesca cerca de la costa de 150 a 200 m de long., compuesto de un copo y dos bandas. **2.** Embarcación menor de remos, utilizada para calar el arte homónimo, usada en Andalucía.

jabegote s.m. Hombre que tira de los cabos del arte de jábega.

jabeguero, a adj. Relativo al arte de jábega. ◆ s.m. Pescador que usa el arte de jábega.

jabeque s.m. (ár. vulgar *šabbâk*). Embarcación de tres palos con velas latinas y remos, que los piratas del N de África solían utilizar en el Mediterráneo.

jabera s.f. Canción popular andaluza, en compás de 3/8, integrada por una introducción instrumental, parecida a la malagueña, y una copla.

1. **jabí** adj. y s.m. Se dice de una especie de manzana silvestre. **2.** Se dice de una especie de uva pequeña de Granada.

2. **jabí** s.m. Árbol maderable que crece en América. (Familia cesalpiniáceas.)

jabilla s.f. Árbol que se emplea para la ornamentación de plazas y jardines. (Crece en Cuba y México.)

jabillo s.m. Árbol de madera blanda empleada en la construcción de embarcaciones de pequeño calado. (Familia euforbiáceas.)

jabino s.m. Variedad enana del enebro.

jabirú s.m. Ave zancuda parecida a la cigüeña, que habita en las regiones cálidas.

jablandera s.f. Instrumento que sirve para hacer el jable de los toneles.

1. **jable** s.m. (fr. *jable*). Ranura practicada en las duelas de los toneles y en la que se encajan las tiestas.

2. **jable** s.m. Arena volcánica con que se cubren las plantas para conservar la humedad de la tierra.

jabón s.m. (lat. tardío *sapo, -onis*). Producto obtenido por la acción de una base sobre un cuerpo graso, utilizado para lavar. **2.** Argent., Méx. y Urug. *Fam.* Miedo, susto. ◇ **Dar jabón** Esp. *Fam.* Adular.

jabonada s.f. Jabonadura o jabonado. **2.** *Fig.* y *fam.* Reprimenda. **3.** Chile. Jabonado, reprimenda.

jabonado s.m. Jabonadura. **2.** Chile. Reprimenda, regañina. SIN.: *jabonada, jabonadura.* **3.** Chile. Jabonadura.

jabonadora s.f. Colomb. Lavandera.

jabonadura s.f. Acción y efecto de jabonar. SIN.: *jabonado, jabonada.* ◆ **jabonaduras** s.f.pl. Agua que queda mezclada con el jabón y su espuma. **2.** Espuma que se forma al jabonar. ◇ **Dar a alguien una jabonadura** *Fam.* Reprenderlo duramente.

jabonar v.tr. Enjabonar. **2.** *Fig.* y *fam.* Reprender duramente. ◆ v.tr. y prnl. Humedecer la barba con agua jabonosa para afeitarla.

jaboncillo s.m. Pastilla de jabón aromatizado. **2.** Arbusto de fruto carnoso cuya pulpa contiene saponina. (Familia sapindáceas.) **3.** Amér. Árbol de la familia de las sapindáceas, de flores amarillentas y fruto carnoso y amargo parecido a la cereza. **4.** Cuba. Planta amarantácea. ◇ **Jaboncillo de sastre** Pequeña pieza de esteatita de diversos colores que se emplea para hacer señales en las telas.

jabonera s.f. Recipiente donde se deposita o guarda el jabón. **2.** Planta de flores rosas, que crece en lugares húmedos y cuyo tallo y raíces contienen saponina, que forma espuma con el agua igual que el jabón. (Familia cariofiláceas.)

jabonería s.f. Establecimiento donde se hace o vende jabón.

jabonero, a adj. Relativo al jabón. ◆ adj. y s. TAUROM. Se dice de la res de pelo blanco sucio o amarillento. ◆ s. Persona que fabrica o vende jabón.

jaboneta s.f. Jabonete.

jabonete s.m. Jaboncillo. (También *jabonete de olor.*)

jabonoso, a adj. Que contiene jabón o es de la naturaleza del jabón.

jaborandi s.m. (port. *javarandim*). Arbusto de Brasil y Paraguay, cuyas hojas se utilizan como fuente de policarpina en terapéutica.

jabotí s.m. Amér. Tortuga terrestre de carne comestible.

jaca s.f. (fr. ant. *haque*). Caballo de poca alzada. **2.** Yegua, hembra del caballo. **3.** Argent. Gallo de pelea al que se le dejan crecer los espolones. **4.** Perú. Yegua de poca alzada.

jacal s.m. Méx. y Venez. Choza, casa humilde.

jacalón s.m. Méx. Cobertizo, tinglado.

jacamar s.m. Ave sudamericana de colores brillantes y pico negro que vive en los bosques umbrosos, cerca de las zonas acuáticas. (Familia galbúlidos.)

jacapa s.m. Pájaro que vive en los bosques de América Meridional. (Familia tráupidos.)

jacapucayo s.m. Argent. Árbol que produce un fruto llamado vulgarmente olla de mono, que contiene semillas oleaginosas, gruesas y comestibles. (Familia lecitidáceas.)

jácara s.f. Romance que trataba de la vida de malhechores y rufianes, escrito en la jerga de los bajos fondos de la sociedad. **2.** *Fig.* y *fam.* Molestia o fastidio. **3.** *Fig.* y *fam.* Razonamiento, parrafada. **4.** MÚS. **a.** Música para cantar o bailar en la escena. **b.** Danza que se bailaba al son de esta música.

jacarandá s.m. Amér. Árbol de América tropical y Madagascar, de flores de color malva, del que se aprovecha su madera (el *palisandro*) que es muy apreciada en ebanistería. (Familia bignoniáceas).

jacarandoso, a adj. *Fam.* Alegre, desenvuelto, que tiene donaire.

jacarear v.intr. Cantar jácaras. **2.** *Fig.* y *fam.* Andar por las calles cantando o haciendo bulla. **3.** *Fig.* y *fam.* Molestar a alguien con palabras impertinentes.

jacarero, a s. *Fam.* Persona alegre y amiga de juergas y bromas.

jacarista s.m. y f. Jacarero. **2.** Autor de jácaras.

jácaro, a adj. y s. Se dice de la persona fanfarrona, o de sus actos, palabras, etc.

jácena s.f. (cat. *jàssena,* del ár. vulgar *ğasr,* viga). Viga maestra. **2.** Cada una de las vigas principales, de gran sección, que sirven de apoyo a las viguetas o vigas secundarias y transmiten las cargas a los pilares.

jacerina s.f. En la edad media, cota de malla de acero muy fina.

jacetano, a adj. y s. De Jaca.

jachado, a adj. Hond. Se dice de la persona que tiene una cicatriz producida por herida de arma blanca.

jachalí s.m. Amér. Árbol de fruto aromático y sabroso y de madera dura, muy apreciada en ebanistería.

jacilla s.f. (del lat. *jacere,* estar echado). Señal que deja una cosa sobre la tierra en que ha estado algún tiempo.

jacintino, a adj. *Poét.* Que es de color violado.

jacinto s.m. (lat. *hyacinthus*). Planta bulbosa una de cuyas especies del Asia Menor se cultiva por sus flores en racimos ornamentales. (Familia liliáceas.) **2.** Flor de esta planta. **3.** Piedra preciosa, variedad del circón, de color rojo amarillento.

jack s.m. (voz inglesa). Conjuntor.

jaco s.m. (del fr. *jaquette*). Caballo pequeño rechoncho y poco apreciado. **2.** En el lenguaje de la droga, heroína.

jacobeo, a adj. Relativo al apóstol Santiago: *peregrinación jacobea.*

jacobinismo s.m. Doctrina democrática y centralizadora profesada durante la Revolución francesa por los jacobinos. **2.** *Por ext.* Opinión democrática radical.

jacobino, a adj. Relativo al período en que reinó Jacobo I de Inglaterra. ◆ adj. y s. Relativo al club de los jacobinos; miembro de dicho club. **2.** *Por ext.* Republicano intransigente, partidario de un estado centralizado. ◆ s. Nombre dado durante mucho tiempo en Francia a los religiosos y religiosas dominicos.

jacobita adj. y s.m. y f. Relativo al partido legitimista escocés e inglés que, después de la revolución de 1688, defendió la causa de Jacobo II y de los Estuardo; miembro de dicho partido. **2.** REL. Se dice de la iglesia oriental monofisita, llamada oficialmente *siria ortodoxa*; miembro de dicha iglesia.

jacquard s.m. (de J. M. *Jacquard,* mecánico francés). Máquina de tejer inventada por Jacquard.

jacquez s.m. Vid norteamericana de fruto negro, usada en la reconstitución de las cepas españolas.

jactabundo, a adj. Jactancioso.

jactancia s.f. Cualidad de jactancioso. **2.** Actitud o acción jactanciosa: *hablar sin jactancia.*

jactancioso, a adj. y s. Que se jacta: *es persona más jactanciosa que valiente.* ◆ adj. Se dice de la acción o actitud con que alguien se jacta: *palabras jactanciosas.*

jactarse v.prnl. (del lat. *jactar*). Presumir de algo que se posee o de una cualidad: *jactarse de saber más que todos.*

jacú s.m. Bol. Alimento que como el pan, la yuca, el banano, etc., se come acompañando a otros.

jaculatoria s.f. Oración breve y fervorosa.

jaculatorio, a adj. Breve y fervoroso.

jáculo s.m. Dardo, arma arrojadiza.

jacuzzi s.m. (marca registrada). Piscina pequeña equipada con chorros de agua a presión que crean unas burbujas relajantes.

jade s.m. (fr. *jade*). Silicato natural de aluminio, calcio y magnesio, usado como piedra preciosa, de color verde, más o menos oscuro, y brillo lechoso, muy utilizado en el arte oriental, especialmente el chino.

jadeante adj. Que jadea.

jadear v.intr. (de *ijada*). Respirar con dificultad o entrecortadamente por efecto de cansancio, calor, enfermedad, etc.

jadeíta s.f. Silicato natural de aluminio y sodio.

jadeo s.m. Respiración rítmica, superficial y entrecortada.

jaén adj. y s.f. Se dice de la uva blanca de hollejo grueso y duro; también de la vid y el viduño que la producen.

jaenés, sa adj. y s. → **jiennense.**

jaez s.m. (ár. *ğahâz,* provisiones, arnés). Adorno que se pone a las caballerías. **2.** Cualidad o propiedad de algo o alguien: *gente de semejante jaez resulta indeseable.*

jaezar v.tr. Enjaezar.

jafético, a adj. Relativo a los pueblos o razas de Europa que, según una antigua clasificación, actualmente abandonada, se suponían descendientes de Jafet.

jago s.m. Palmera americana de interés alimentario. (Familia palmáceas.)

jagua s.f. (nahua *xahualli*). Árbol de América intertropical, de flores blanco amarillentas y fruto drupáceo con pulpa agridulce. (Familia rubiáceas.) **2.** Fruto de esta planta. **3.** Colomb. Variedad de frijol.

jaguar o **yaguar** s.m. (tupí-guaraní *yaguará*). Mamífero carnívoro americano, parecido al leopardo, de 1,30 m de long. y color leonado con manchas negras.

jaguareté o **yaguareté** s.m. Argent., Par. y Urug. Jaguar.

jaguay s.m. Cuba. Árbol empleado en ebanistería. (Familia mimosáceas.)

jagüel s.m. Amér. Merid. Jagüey.

jagüey s.m. Amér. Balsa, pozo o zanja llena de agua, bien de forma artificial, bien por filtraciones del terreno. **2.** Amér. Balsa o depósito natural de agua que se emplea como abrevadero. **3.** Cuba. Bejuco de la familia de las moráceas que crece enlazándose con otro árbol, al cual mata.

jaharrar v.tr. Cubrir con una capa de yeso o mortero el paramento de una pared.

jaiba s.f. Chile. Cámbaro. **2.** Chile y Méx. Cangrejo de río. ◆ adj. y s.m. y f. Cuba. Perezoso. **2.** Cuba, Méx. y P. Rico. Astuto, taimado.

jailoso, a adj. Colomb. Se dice del aristócrata o del que pretende serlo.

jaimiquí s.m. Árbol cuya madera se aprecia mucho en ebanistería y cuyos frutos se emplean en la alimentación del ganado bovino y de cerda. (Familia sapotáceas.)

jaimismo s.m. Nombre adoptado por el carlismo entre 1901 y 1931, período en que ejerció su jefatura el pretendiente Jaime III.

jaimista adj. y s.m. y f. Relativo al jaimismo; partidario del pretendiente Jaime III.

jainí adj. y s.m. y f. Relativo al jainismo; partidario de esta doctrina.

jainismo s.m. Religión fundada en la India en el s. VI a.C., que se caracteriza por rechazar el origen divino y la autoridad de los Vedas y cuyo objetivo es que el alma se libere de su cárcel corpórea y alcance el nirvana. (Su nombre proviene del término *Jina* [victorioso], aplicado a su fundador Mahavira, contemporáneo de Buda.)

jaique s.m. (ár. africano *ḥaik,* manto largo de lana). Capa o pieza de tela ligera y sin costuras, que llevan las mujeres árabes para cubrirse.

jairar v.tr. Inclinar hacia fuera la cuchilla los zapateros al realizar ciertos cortes.

jájara s.f. Fárfara, membrana de los huevos.

jakás, pueblo altaico de lengua turcomongol, que vive en la *República de Jakasia* (Rusia).

jal s.m. Méx. Piedra pómez con fragmentos de minerales o metales preciosos.

jala s.f. Colomb. Borrachera.

jalada s.f. Méx. *Fam.* Exageración. **2.** Méx. *Fam.* Fumada de cigarrillo.

jalado, a adj. Méx. Exagerado.

jalador, ra adj. y s. Méx. Se dice de la persona que se suma con entusiasmo a una empresa común.

jalapa s.f. Planta de América septentrional, cuyas raíces tienen propiedades purgativas. (Familia convolvuláceas.)

jalapeño s.m. Méx. Variedad de chile.

jalar v.tr. (de *halar,* tirar de un cabo u otra cosa). *Fam.* Halar. **2.** *Fam.* Tirar, atraer. **3.** Esp. *Vulg.* Comer. ◆ v.tr. e intr. Amér. Largarse, irse. ◆ v.intr. Amér. *Fig.* Correr o andar con gran prisa: *jaló a todo lo que daba.* **2.** Amér. Central. Mantener relaciones amorosas. ◆ **jalarse** v.prnl. Amér. Emborracharse. ◇ **Jalársela** Méx. *Fam.* Exagerar.

jalbegar v.tr. (del lat. vulgar *exalbicare,* de *albus,* blanco). Enjalbegar, blanquear.

jalbegue s.m. Blanqueo de las paredes hecho con cal o arcilla blanca. **2.** Lechada de cal para enjalbegar.

jalca s.f. Perú. Cumbre elevada de la cordillera andina.

jalda s.f. P. Rico. Falda de un monte.

jalde adj. (del lat. *galbinus*). Color amarillo fuerte. **2.** HERÁLD. Oro.

jalea s.f. (del fr. *gelée*). Conserva dulce de aspecto gelatinoso y transparente que se elabora cociendo pulpa o zumo de fruta en agua. ◇ **Jalea real** Sustancia fluida y blanquecina, rica en vitaminas, elaborada por las abejas para alimentar a las larvas o a las reinas.

jalear v.tr. Animar con palmadas, exclamaciones y actitudes a los que cantan, bailan o tocan. **2.** Incitar a los perros a voces para que sigan o ataquen la caza. **3.** Chile. *Vulg.* Importunar, molestar; mofarse, burlarse.

jaleo s.m. *Fam.* Ruido, agitación, desorden, tumulto. **2.** *Fam.* Lío, enredo, intriga. **3.** Acción y efecto de jalear. **4.** Baile popular oriundo de Jerez y Cádiz, de compás ternario. **5.** Copla que acompaña a este baile. **6.** Última parte del merengue dominicano.

jalifa s.m. (ár. *halīfa,* de *hálaf,* suceder). Autoridad suprema del antiguo protectorado español de Marruecos. **2.** En Marruecos, lugarteniente, sustituto. **3.** Califa.

jalifato s.m. Dignidad y jurisdicción del jalifa.

jalisco, a adj. Chile. Se dice de la persona que es mala perdedora o que pretende tener siempre la razón.

1. **jalón** s.m. (fr. *jalon*). Vara con punta de hierro que se clava en el terreno para determinar puntos fijos. **2.** *Fig.* Hito, punto de referencia. **3.** *Fig.* Hecho importante en la historia o en la vida de alguien. **4.** Argent., Bol. y Chile. Trecho, distancia. ◇ **Jalón de alineación,** o **de mira** TOP. Estaca rematada por una tablilla, regulable o no, que se clava en el suelo para efectuar un trazado o un estudio del terreno.

2. **jalón** s.m. Amér. Tirón. **2.** Méx. Trago de bebida alcohólica. **3.** Méx. Fumada de cigarrillo. ◇ **De un jalón** Méx. De principio a fin, sin interrupción: *leí la novela de un jalón.*

3. **jalón** s.m. Nicar. *Fam.* Novio, pretendiente.

jalonamiento s.m. Acción y efecto de jalonar.

jalonar v.tr. Señalar con jalones. **2.** *Fig.* Servir un acontecimiento como punto de referencia en un período de tiempo.

jalonear v.tr. Guat., Méx. y Nicar. Dar tirones. **2.** Guat., Méx. y Nicar. Regatear el precio.

jaloque s.m. Viento del sudeste.

jama s.f. Hond. Iguana de tamaño menor que el común.

jamaica s.f. Cuba y Méx. Planta malvácea de propiedades diuréticas. **2.** Méx. Tómbola o venta de caridad.

jamaicano, a adj. y s. De Jamaica.

jamar v.tr. y prnl. *Fam.* Comer: *se jamó toda la carne.*

jamás adv.t. (del lat. *jam,* ya). En ningún tiempo, nunca.

jamba s.f. (fr. ant. *jambe*). Cada uno de los elementos verticales de mampostería, ladrillo o madera, que sostienen un arco o dintel de una puerta o ventana.

jambado, a adj. Méx. Comilón, tragón, glotón.

jambaje s.m. Conjunto de las dos jambas y el dintel que forman el marco o hueco de una puerta o ventana; también su ornamentación.

jamelgo s.m. Caballo flaco, viejo y desgarbado, de poco valor y utilidad.

jameo o **hameo** s.m. Cueva de origen volcánico en las islas Canarias.

jamerdar v.tr. (del lat. *emerdare,* sacar la porquería). Limpiar los vientres de las reses. **2.** *Fig.* y *fam.* Lavar deprisa y mal.

jamete s.m. (gr. *exámitos,* de seis hilos). Satén fuerte, con trama de seda en la que a veces se entretejían hilos de plata y oro.

jamón s.m. (fr. *jambon,* dim. de *jambe,* pierna). Pierna de cerdo curada. **2.** Carne de esta pierna. ◇ **Jamón cocido,** o **en dulce** Jamón obtenido por cocción, generalmente deshuesado y moldeado. **Jamón serrano** Jamón de calidad superior, secado en climas secos y fríos de montaña.

jamona s.f. y adj. *Fam.* Mujer madura, algo gruesa y de formas pronunciadas.

jamoncillo s.m. Méx. Dulce de leche.

jam-session s.f. (voz inglesa). Reunión de músicos de jazz que improvisan libremente, por placer.

jamsin s.m. (voz árabe). En Egipto, viento de arena, semejante al siroco.

jamuga s.f. (lat. *sambuca,* máquina de guerra). Silla de tijera que se coloca sobre el aparejo de las caballerías para montar a mujeriegas. (Suele usarse en plural.)

jamurar v.tr. (cat. *eixamorar,* secar). Achicar, extraer el agua de un dique, mina, embarcación, etc.

1. **jan** s.m. Cuba. Estaca empleada para sembrar haciendo hoyos.

2. **jan** s.m. Kan.

janano, a adj. Guat., Nicar. y Salv. Se dice de la persona que tiene labio leporino.

jándalo, a adj. y s. Se dice de la persona que ha estado en Andalucía y vuelve con pronunciación y costumbres andaluzas. **2.** *Fam.* Se aplica a los andaluces por su pronunciación gutural.

janeiro s.m. Planta forrajera que crece en Colombia y Ecuador. (Familia gramíneas.)

1. **jangada** s.f. *Fam.* Salida o idea necia e inoportuna. **2.** *Fam.* Trastada.

2. **jangada** s.f. (port. *jangada*). Balsa o almadía.

jangua s.f. Barco pequeño armado, usado en los mares de oriente.

jansenismo s.m. Doctrina inspirada en la creencia de Jansenio, que pretendía limitar la libertad humana partiendo del principio de que la gracia se otorga a algunos seres desde su nacimiento y a otros se les niega.

jansenismo

El jansenismo surgió en el s. XVI a raíz de la polémica sobre la noción de gracia divina que enfrentó a la escuela de san Agustín *(agustinistas)*, que otorgaban mayor poder a la iniciativa divina, y a los jesuitas *(molinistas)*, que concedían primacía a la libertad humana. El agustinismo fue defendido por la escuela de Jansenio, cuyas tesis (*Augustinus*, 1640) constituyen la base de la corriente jansenista. A pesar de las condenas papales (1653, 1656 y 1713) y de la destrucción de su principal foco, el monasterio francés de Port-Royal, su espíritu de austeridad y antiabsolutismo penetró en una parte del clero e influyó, durante tiempo, en toda un área de la espiritualidad católica.

jansenista adj. y s.m. y f. Relativo al jansenismo; partidario de esta doctrina.

japonés, sa adj. y s. De Japón. SIN.: *nipón.* ◆ s.m. Lengua hablada en Japón.

jaque s.m. (ár. *šāh*). Lance del ajedrez en el cual el rey o la reina de un jugador están amenazados por alguna pieza del otro, que tiene obligación de avisarlo. **2.** Palabra con que se avisa este lance. **3.** *Fam.* Valentón, perdonavidas. ◇ **Jaque mate** Mate. **Poner,** o **tener,** o **traer, en jaque** Amenazar o atacar a alguien, inquietándolo o impidiéndole realizar lo que desea.

jaquear v.tr. Dar jaques en el juego del ajedrez. **2.** *Fig.* Hostigar al enemigo.

jaqueca s.f. (ár. *šaqîqa,* mitad o lado de la cabeza). Dolor de cabeza.

jaquecoso, a adj. Fastidioso, cargante.

jaquel s.m. HERÁLD. Cualquier rectángulo que se halle repetido en un escudo o en una pieza, siempre que sea en número de 4 o más.

jaquelado, a adj. y s. Piedra preciosa labrada con facetas cuadradas. ◆ adj. HERÁLD. Se dice del escudo dividido en más de treinta jaqueles. SIN.: *escaqueado.*

jaqués, sa adj. y s. De Jaca. ◇ **Moneda jaquesa** Moneda acuñada en Jaca.

1. **jaquetón** s.m. *Fam.* Jaque, valentón.

2. **jaquetón** s.m. Pez marino, especie de tiburón, de cuerpo fusiforme, boca grande armada de poderosos dientes y color gris y blanco. (Familia isúridos.)

jáquima s.f. (ár. *šakîma*). Cabezada de cordel que hace las veces de cabestro. **2.** Amér. Central. Borrachera.

jara s.f. (ár. vulgar *šára,* mata). Arbusto de hojas brillantes, con el envés pubescente, flores blancas y fruto en cápsula. (Familia cistáceas.) SIN.: *lada.* **2.** Palo de punta aguzada y endurecida al fuego que se usa como arma arrojadiza. **3.** Bol. Descenso o alto en una marcha campestre, por lo común para pernoctar. **4.** Méx. Flecha.

jaraba s.f. Planta herbácea de hojas con bordes aserrados e inflorescencias en umbelas, común en la península Ibérica. (Familia umbelíferas.)

jarabe s.m. (ár. *šarâb,* de *šárib,* beber). Bebida que se elabora cociendo azúcar en agua hasta que espesa, y añadiendo alguna esencia o medicamento. **2.** Bebida muy dulce. **3.** MÚS. Baile popular mexicano de movimiento moderado, derivado del zapateado español. ◇ **Jarabe de palo** *Fig.* y *fam.* Castigo o reprimenda que debería darse a alguien en lugar de los cuidados que aparenta necesitar. **Jarabe de pico** *Fig.* y *fam.* Palabrería.

jarabear v.tr. Dar a un enfermo un jarabe como medicina.

jaracatal s.m. Guat. Multitud, abundancia.

jaraíz s.m. (del ár. *ṣahrîğ,* zafariche, balsa). Lagar.

jaral s.m. Terreno poblado de jaras. **2.** *Fig.* Cosa o asunto muy enredado o intrincado.

jaramago s.m. (ár. *šarmaq,* armuelles). Planta de tallo erecto y ramoso, con flores amarillas y pequeñas y fruto en delgadas silículas. (Familia crucíferas.) **2.** Planta de 1 m de alt., de flores amarillas agrupadas en racimos. (Familia crucíferas.)

jaramugo s.m. Pez pequeño que sirve de cebo.

jarana s.f. Diversión bulliciosa. **2.** Ruido, bullicio. **3.** *Fam.* Pendencia, trifulca. **4.** Méx. Guitarra pequeña de cuatro cuerdas que se usa en la costa de Veracruz. **5.** MÚS. Baile mexicano, en especial del estado de Yucatán.

jaranear v.intr. *Fam.* Ir de jarana. **2.** Cuba. Chancear, burlarse.

jaranero, a adj. *Fam.* Aficionado a la jarana. ◆ s. Méx. Persona que toca la jarana.

jaranista adj. Perú. Jaranero.

jarano adj. y s.m. Se dice del sombrero de fieltro blanco, ancho de ala y bajo de copa.

jarcha s.f. (ár. *jarŷa*). Estrofa escrita en mozárabe que aparece al final de una composición poética árabe llamada moaxaja. (Las jarchas son las primeras manifestaciones líricas en lengua romance.)

jarcia s.f. (gr. bizantino *exártia,* aparejos de una nave). Conjunto de todos los cabos y aparejos de un barco. **2.** Conjunto de instrumentos y redes para pescar.

jarciar v.tr. Enjarciar.

jarcería s.f. Méx. Conjunto de objetos de uso doméstico hechos con fibra.

jarciero, a s. Méx. Persona que vende o fabrica jarcería.

jarcio, a adj. Méx. Borracho.

jardín s.m. (fr. *jardin,* dim. del fr. ant. *jart,* huerto). Terreno donde se cultivan plantas, en especial de adorno, con fines comerciales o de recreo. **2.** TEATR. Lado de la escena que está a la derecha del actor. ◇ **Jardín botánico** Jardín donde se cultivan especies vegetales herbáceas o arbóreas, clasificadas metódicamente para su estudio científico. **Jardín de infancia** Parvulario. **Jardín de infantes** Argent., Par. y Urug. Parvulario. **Jardín zoológico** Zoológico.

jardinera s.f. Mueble o recipiente para colgar plantas de adorno o macetas con flores. **2.** Carruaje de cuatro ruedas, ligero y descubierto. **3.** Tranvía abierto, que se usa en verano. ◇ **A la jardinera** Modo de complementar la presentación de algunos alimentos, especialmente la carne, con diversas verduras cocidas.

jardinería s.f. Arte y técnica de cuidar y cultivar jardines.

jardinero, a s. Persona que tiene por oficio cuidar o cultivar los jardines. ◆ s.m. Ave paseriforme de hasta 30 cm de long. y de colores vistosos. (Familia ptilonorrínquidos.) **2.** Traje de faena, constituido por pantalones muy holgados con pechera provista de tirantes.

jareta s.f. (ár. vulgar *šaríṭa,* cuerda o cinta). Dobladillo que se hace en la ropa y por el que se introduce una cinta, cordón o goma que permite ceñirla y ajustarla. **2.** Lorza que se hace en la ropa como adorno. **3.** C. Rica. Bragueta, abertura de los pantalones. **4.** MAR. Cada uno de los cabos o amarras que sujetan la obencadura y el pie de las arraigadas, desde la banda de babor a la de estribor, por debajo de la cofa.

jaretón s.m. Dobladillo muy ancho, especialmente el que suele hacerse en el embozo de las sábanas.

jargón s.m. Variedad de circón de color amarillo paja.

jargonafasia s.f. Dificultad del lenguaje que se caracteriza por sustituir las palabras adecuadas por términos ininteligibles. SIN.: *jergafasia.*

jaribú s.m. (voz tupí-guaraní). Ave zancuda de las regiones tropicales, de pico potente, que mide aprox. 1,40 m de alt.

jarico s.m. Cuba. Reptil quelonio emídido.

jarifo, a adj. Vistoso, adornado.

jarilla s.f. Planta vivaz de América Meridional, con hojas opuestas, que se utilizaba como antisifilítico. (Familia compuestas.) **2.** Argent., Chile y Urug. Arbusto ramificado y resinoso, con pequeñas flores amarillas, que alcanza los dos metros de altura.

jarillal s.m. Argent. y Chile. Terreno poblado de jarillas.

jarillero, a s. Argent. y Chile. Persona que recoge y vende jarilla.

jaripeo s.m. Méx. Fiesta charra. **2.** Méx. Suertes que los charros realizan con el lazo.

1. **jaro** s.m. Mancha espesa de los montes bajos.

2. **jaro, a** adj. y s. Se dice del animal que tiene el pelo rojizo.

jarocho, a adj. y s. Se dice de la persona de modales bruscos e insolentes. ◆ s. Méx. Originario de la costa del estado de Veracruz. **2.** Méx. Natural de la ciudad de Veracruz.

jaropar v.tr. *Fam.* Dar a alguien muchos jarabes u otra cosa similar. SIN.: *jaropear.*

jarope s.m. Jarabe. **2.** *Fig.* y *fam.* Bebida desagradable.

jaropeo s.m. *Fam.* Abuso de jarabes o medicinas.

jaroso, a adj. Que está lleno o poblado de jaras.

jarovización s.m. Vernalización.

jarra s.f. (ár. *ǧárra*). Recipiente de vidrio, porcelana, barro, etc., de cuello ancho, con una o más asas, y generalmente con un pequeño pico en el borde para verter el líquido cómodamente. **2.** Contenido de este recipiente. ◇ **De,** o **en, jarras,** o **jarra** Con los brazos arqueados y las manos en la cintura.

jarrear v.intr. *Fam.* Sacar frecuentemente agua o vino de algún lugar con una jarra. ◆ v.impers. Llover copiosamente.

jarretar v.tr. y prnl. Enervar, debilitar las fuerzas o el ánimo de alguien.

jarrete s.m. (fr. *jarret*). Corva de la rodilla. **2.** Parte alta y carnosa de la pierna, debajo de la corva, especialmente en las reses.

jarretera s.f. (fr. *jarretière*). Liga con que se sujetaba al jarrete la media o el calzón.

jarro s.m. Jarra. ◇ **A jarros** *Fam.* En abundancia, con mucha fuerza: *llover a jarros.* **Echarle un jarro de agua (fría)** *Fam.* Desanimar a alguien o causarle un desengaño.

jarrón s.m. Pieza arquitectónica ornamental en forma de jarro con dos asas. **2.** Recipiente de cerámica, vidrio, metal, etc., más alto que ancho, que sirve para contener flores o para adorno.

jasar v.tr. Sajar.

jaspe s.m. (lat. *iaspis*). Roca sedimentaria silicosa, de colores vivos y entremezclados (rojo, verde, amarillo, etc.), empleada en joyería.

jaspeado, a adj. Veteado como el jaspe. **2.** TEXT. Se dice del hilo retorcido, de fantasía, compuesto de varios cabos de diferentes colores. ◆ s.m. Acción de jaspear.

jaspear v.tr. Pintar imitando las vetas y salpicaduras del jaspe.

jaspón s.m. Mármol de grano grueso, blanco, o con manchas rojas o amarillas.

jat, pueblo de Pakistán y de la India, al que se considera emparentado con los gitanos.

játib s.m. (ár. *jaṭib*). En la Arabia preislámica, portavoz de la tribu. **2.** En los países islámicos, predicador encargado de dirigir la oración del viernes en la mezquita.

jatibí adj. Se dice de una especie de uva de hollejo duro.

jato, a s. Ternero.

jauja s.f. País imaginario donde se supone reina la felicidad, la prosperidad y la abundancia. (Con este significado suele escribirse con mayúscula.) **2.** Bienestar, abundancia.

jaula s.f. (fr. ant. *jaole*). Caja hecha con listones de mimbre, alambre, hierro, madera, etc., para encerrar animales. **2.** Embalaje de grandes dimensiones, a modo de caja, hecha de mimbre trenzado o de tablas o listones de madera espaciados y formando enrejado. **3.** TAUROM. Chiquero. ◇ **Jaula de ardilla** En algunos motores eléctricos de corriente alterna, dispositivo compuesto de conductores alojados en las ranuras del núcleo, según las generatrices de un cilindro, y unidos a un anillo común en cada extremo que los pone en cortocircuito. **Jaula de extracción** Armazón metálica suspendida del cable de extracción en un pozo de mina, que sirve para transportar vagonetas y a personas. **Jaula de Faraday** Recinto de pared conductora, que permite aislar eléctricamente los objetos situados en su interior.

jauría s.f. Conjunto de perros que cazan dirigidos por un mismo perrero.

java s.m. INFORMÁT. Lenguaje de programación orientado a objetos, independiente del sistema operativo, que se utiliza, especialmente, en las aplicaciones interactivas relacionadas con Internet.

javanés, sa adj. y s. De Java. ◆ s.m. Lengua del grupo indonesio que se habla en Java.

javelización s.f. Tratamiento de esterilización aplicado al agua potable, que consiste en añadir a esta una solución de hipoclorito sódico o de agua clorada.

jayán, na s. Persona de gran estatura y de mucha fuerza. **2.** Persona tosca y grosera. ◆ s.m. Rufián.

jayao s.m. Cuba. Pez marino cuya carne es muy apreciada.

jázaros, pueblo turco que, del s. VII al s. X, dominó la región del mar Caspio, la de Crimea y las estepas entre el Don y el Dniéper. El príncipe de Kíev, Sviatoslav, terminó con el poderío de este pueblo en 969.

jazmín s.m. (ár. *yasamîn*). Arbusto de flores amarillas o blancas del mismo nombre, muy olorosas, que se cultiva por sus aplicaciones en perfumería. (Familia oleáceas.)

jazz s.m. Música afronorteamericana, creada a principios del s. XX por las comunidades negra y criolla del S de EUA, y basada ampliamente en la improvisación, un tratamiento especial del material sonoro y un énfasis en el ritmo *(swing).*

¡je! Voz onomatopéyica con que se imita o expresa la risa. (Suele usarse repetida.)

jean o **yin** s.m. (voz inglesa). Pantalón de tela muy resistente generalmente de color azul, con costuras vistas. (También *jeans* o *yins* para referirse a una sola prenda; también *blue jeans.*) GEOSIN.: Amér. Merid. y Esp. *vaquero;* Esp. *tejano;* Méx. *pantalón de mezclilla.*

jebe s.m. (ár. *šabb*). Alumbre. **2.** Amér. Goma elástica, caucho.

jebuseo, a adj. y s. De un pueblo preisraelita de la región de Jerusalén, sometidos por David.

jedivato s.m. Dignidad de jedive. **2.** Tiempo durante el cual se ejerce esta.

jedive s.m. (ár. o persa *jadiw* o *jidiw,* señor). Título del virrey de Egipto desde 1867 hasta 1914.

jeep s.m. (marca registrada) [pl. *jeeps*]. Automóvil todo terreno.

jefatura s.f. Cargo de jefe. **2.** Sede de cierto tipo de organismos: *jefatura de policía; jefatura de Obras Públicas.*

jefe, a s. (fr. *chef*). Persona que tiene a otras a sus órdenes. ◆ s.m. Líder, guía y cabeza de un partido o corporación. **2.** *Fam.* Tratamiento con mezcla de respeto y confianza. **3.** HERÁLD. Pieza honorable que ocupa el tercio superior del escudo. **4.** MIL. En los tres ejércitos, militar que pertenece a una categoría superior a la de los oficiales e inferior a la de los generales. ◇ **Jefe del estado** Autoridad superior de un país o nación.

jefería s.f. ANTROP. Autoridad política ostentada de modo permanente por una persona en el seno de un grupo.

jegüite s.m. Méx. Maleza.

jeito s.m. Red usada en el Cantábrico para la pesca del boquerón y la sardina.

jején s.m. Amér. Díptero, más pequeño que el mosquito y de picadura más irritante. (Familia simúlidos.)

jeliz s.m. (ár. granadino *ğelís*). Oficial de las alcaicerías de Granada que guardaba y vendía en subasta pública la seda que le llevaban los particulares.

jemal adj. De un jeme de longitud.

jeme s.m. (lat. *semis*, medida que equivale a medio pie). Distancia que media desde la extremidad del dedo pulgar a la del dedo índice, separando uno del otro todo lo posible. **2.** *Fig.* y *fam.* Palmito, cara de mujer.

jemer adj. y s.m. y f. Khmer.

jenabe o **jenable** s.m. (lat. *sinapi*). Mostaza.

jenchicero s.m. P. Rico. Pozo o fuente de donde se saca agua.

jengibre o **jenjibre** s.m. (lat. *zingiber, -iberis*). Planta oriunda de Asia, de rizoma aromático que se utiliza como condimento. (Familia cingiberáceas.)

jeniquén s.m. Colomb., Cuba y P. Rico. Pita, henequén, cierto tipo de agave.

jenízaro, a adj. Mezclado. ◆ s.m. Soldado de un cuerpo de infantería otomano reclutado entre los hijos de los pueblos sometidos. (Se usa también *genízaro*.) **2.** Méx. Miembro del cuerpo de policía.

jenny s.f. (voz inglesa). TEXT. Nombre dado a la primera máquina de hilar algodón.

jeque s.m. (ár. *šáih*). Entre los musulmanes, tratamiento respetuoso que se aplica a los sabios, a los religiosos y a todas las personas respetables por su edad. SIN.: *cheik, sheik.* **2.** En Marruecos y Argelia, jefe de tribu árabe. **3.** Jefe de una cofradía religiosa árabe o de un convento de derviches.

jerarca s.m. Persona que tiene una categoría elevada dentro de una organización, particularmente en la Iglesia. **2.** *Fig.* Personalidad que ocupa un lugar importante en un terreno determinado.

jerarquía s.f. (bajo lat. *hierarchia*, del gr. *ierós*, sagrado, y *arkhesthai*, mandar). Clasificación de las funciones, dignidades o poderes en un grupo social, de acuerdo con una relación de subordinación y de importancia respectiva. **2.** Organización de un conjunto en el que cada elemento es superior al anterior: *jerarquía de valores.* **3.** Persona o conjunto de personas que ocupan el nivel más elevado de una jerarquía. **4.** REL. Orden escalonado de los diversos coros angélicos.

jerárquico, a adj. Relativo a la jerarquía.

jerarquizar v.tr. Organizar en forma jerárquica.

jerbo s.m. (fr. *gerbo*). Mamífero roedor del norte de África, de largas patas posteriores provistas de tres dedos, de pelaje castaño claro.

jeremiada s.f. Lamentación o muestra exagerada de dolor.

jeremías s.m. y f. (de *Jeremías*, profeta bíblico). Persona que se lamenta continuamente.

jeremiquear v.intr. Lloriquear, gimotear. **2.** Amér. Central, Antillas, Chile y Perú. Rogar con insistencia y plañideramente: *jeremiqueó hasta obtener su capricho.*

jeremiqueo s.m. Acción de jeremiquear.

jerez s.m. Vino blanco, seco, de fina calidad y de alta graduación alcohólica.

1. **jerga** s.f. (occitano ant. *gergon*). Lenguaje especial de un colectivo profesional o un grupo social determinado.

2. **jerga** s.f. Jergón, colchón. **2.** Tela de lana o estambre gruesa y tosca, aunque algo más fina que la estameña y con ligamento diagonal. **3.** Méx. Trapo que se utiliza para fregar o limpiar.

jergafasia s.f. Jargonafasia.

jergal adj. Relativo a la jerga, lenguaje especial.

jergón s.m. Colchón de paja, esparto o hierbas y sin bastas. **2.** *Fig.* y *fam.* Vestido mal hecho y poco ajustado al cuerpo. **3.** *Fig.* y *fam.* Persona gorda, pesada y torpe.

jerguilla s.f. Tela delgada de seda o lana que se parece en el tejido a la jerga. **2.** Chile. Pez teleósteo, de hasta 30 cm de long., cuerpo oblongo y comprimido, de tono oliváceo con pintas negras.

jeribeque s.m. Guiño, gesto, contorsión. (Suele usarse en plural.)

jericoplear v.tr. Guat. y Hond. Fastidiar.

jerife s.m. (ár. *šarīf*). Príncipe musulmán descendiente de Mahoma. **2.** En Marruecos, miembro de la dinastía reinante.

jerifiano, a adj. Relativo a los jerifes.

jerigonza s.f. Jerga, lenguaje propio de un grupo. **2.** Lenguaje o discurso enrevesado y difícil de entender. **3.** *Fig.* y *fam.* Acción extraña y ridícula.

jeringa s.f. (del lat. *syringa*, jeringa, lavativa). Instrumento para aspirar o impeler líquidos, o para introducir en algún lugar materias blandas. **2.** Instrumento por medio del cual se pueden inyectar o extraer líquidos de los tejidos o cavidades naturales. ◆ adj. Argent. y Chile. *Vulg.* Se dice de la persona molesta e inoportuna.

jeringar v.tr. y prnl. Inyectar algo por medio de una jeringa. **2.** *Fig.* y *fam.* Fastidiar o pinchar a alguien.

jeringazo s.m. Chorro de líquido despedido de una vez con la jeringa.

jeringuear v.tr. Argent., Chile, Colomb. y Méx. *Vulg.* Jeringar, fastidiar.

jeringuilla s.f. Jeringa pequeña para inyecciones. **2.** Arbusto de unos dos metros de altura, de hoja sencilla y con grandes flores blanquecinas muy olorosas, utilizado en jardinería. (Familia hidrangeáceas.)

jeroglífico, a adj. y s.m. (lat. *hieroglyphicus*). Se dice de la escritura de los egipcios y otros pueblos antiguos, en la que se usaban signos ideográficos, combinados con caracteres fonéticos, que representaban un sonido o una sílaba. ◆ s.m. Signo usado en la escritura jeroglífica. **2.** Juego que consiste en deducir o adivinar palabras o frases a partir de cifras, signos o dibujos. **3.** Escritura o expresión difícil de descifrar.

jeronimiano, a adj. Relativo a san Jerónimo: *la traducción jeronimiana de la Biblia.*

jerónimo, a adj. y s. Relativo a una congregación religiosa que sigue la regla dada por san Jerónimo; miembro de esta congregación. (Llegaron a regentar los monasterios más importantes de España [Yuste, El Escorial, Guadalupe, etc.].)

jerosolimitano, a adj. y s. De Jerusalén.

jerpa s.f. (del lat. *serpere*, arrastrarse). Sarmiento delgado y estéril que brota de las raíces de la vid.

jerricote s.m. Salsa elaborada con almendras, salvia, jengibre y azúcar, con caldo de gallina.

jersey s.m. (ingl. *jersey*) [pl. *jerseys* o *jerséis*]. Amér. Tejido fino de punto. (También *yérsey* o *yersi*.) **2.** Esp. Suéter.

jeruga s.f. (del lat. *siliqua*). Vaina o cáscara de algunas simientes.

jeruva s.f. Ave de América Meridional, de plumaje verde con el pecho castaño. (Familia momótidos.)

jeruza s.f. Guat. y Hond. Cárcel, calabozo.

jesuita s.m. Miembro de la Compañía de Jesús, sociedad de clérigos regulares fundada por san Ignacio de Loyola en 1540. ◆ s.m. y f. y adj. *Desp.* Persona hipócrita y astuta.

jesuita

La Compañía de Jesús fue inicialmente una sociedad misionera, cuyos miembros se comprometían con el papa por un voto especial de obediencia. A raíz de la Contrarreforma adoptó también el ministerio de la enseñanza. La institución creció rápidamente por Europa y más allá de esta, y se manifestó en toda su importancia en el s. XVII, con las querellas en torno al jansenismo. Múltiples causas motivaron la supresión de la Compañía en la mayor parte de los países católicos (1759-1768).

Restablecida por Pío VII (1814), volvió a conocer una gran prosperidad en los ss. XIX y XX. Su espiritualidad se basa en sus constituciones y en los *Ejercicios espirituales* de san Ignacio.

jesuítico, a adj. Relativo a los jesuitas. **2.** *Desp.* Hipócrita, astuto.

jesuitina s.f. Religiosa de cualquiera de las diversas comunidades femeninas que se inspiran en la espiritualidad ignaciana.

jesuitismo s.m. Sistema moral y religioso de los jesuitas. **2.** *Desp.* Hipocresía basada en restricciones mentales.

jesús adj. y s.m. (de *Jesús,* fundador del cristianismo). Se dice del formato de papel de gran tamaño. ◆ interj. Expresa admiración, dolor, susto o lástima.

jesusear v.intr. *Fam.* Repetir muchas veces el nombre de Jesús. ◆ v.tr. Guat. Atribuir falsamente un hecho a una persona.

jet s.m. (voz inglesa). Avión a reacción. **2.** Chorro de fluido que sale por un orificio o una tobera y produce un efecto de propulsión.

jeta s.f. (de *seta* o *xeta,* hongo). *Fam.* Boca saliente por su configuración o por tener los labios abultados. **2.** *Fam.* Cara, parte anterior de la cabeza. **3.** *Vulg.* Cara de enojo. **4.** Méx. *Fam.* Gesto de enojo en el rostro. ◆ s.m. y f. Esp. *Vulg.* Caradura. ◇ **Echarse una jeta** Méx. Dormir una siesta.

jeté s.m. (voz francesa). COREOGR. Paso de danza que consiste en saltar sobre una pierna para caer sobre la otra.

jetearse v.prnl. Méx. *Fam.* Dormir.

jet lag s.m. (voces inglesas). Desajuste temporal de las funciones del cuerpo humano tras un viaje largo en avión.

jetón, na adj. Jetudo. **2.** Méx. *Fam.* Malhumorado, enojado. **3.** Méx. Dormido.

jet-set s.f. (del ingl. *jet set*). Conjunto de personalidades acaudaladas e internacionales del mundo de los negocios, de la política, de los espectáculos, etc., que frecuenta lugares de moda y aparece a menudo en las revistas del corazón y los ecos de sociedad. (Se abrevia *jet.*)

jet-stream s.m. (del ingl. *jet stream*). Corriente del oeste muy rápida, que se observa entre 10 000 m y 15 000 m de altura, en las latitudes subtropicales de los dos hemisferios.

jetudo, a adj. Que tiene jeta. SIN.: *jetón.*

ji s.f. (gr. *khi*). Nombre de la vigésima segunda letra del alfabeto griego (χ, X), que representa una velar sorda aspirada.

¡ji! Voz onomatopéyica con que se imita o expresa la risa. (Suele usarse repetida.)

1. **jíbaro** → **jívaro.**

2. **jíbaro, a** adj. y s. Antillas. Se dice de la gente rústica y de lo relativo a ella. **2.** Dom. Se dice de los animales indómitos. **3.** P. Rico. Relativo al campesino blanco. ◆ s.m. Hond. Hombre vigoroso y alto.

jibe s.m. Cuba y Dom. Criba usada principalmente por los obreros de la construcción.

jibia s.f. (mozár. *xibia*). Sepia.

jibraltareño, a adj. y s. → **gibraltareño.**

jícama s.f. Méx. Tubérculo comestible o medicinal, parecido a una cebolla aunque más grande, carnoso, quebradizo y jugoso; es de color blanco y sabor agradable y, por lo general, se come crudo y aderezado con limón, sal y chile.

jicaque adj. Guat. y Hond. Inculto, necio, cerril.

jícara s.f. Recipiente pequeño, que suele emplearse para tomar chocolate. **2.** Amér. Recipiente pequeño, hecho de la corteza del fruto de la güira. **3.** Amér. Central y Méx. Fruto del jícaro.

jícaro s.m. Amér. Central y Méx. Güira.

jico s.m. Colomb. Cabestro. **2.** Colomb. Cuerda para enlazar. **3.** Cuba. Ramal de muchos cordones con que se rematan los dos extremos de una hamaca.

jicote s.m. Amér. Central y Méx. Avispa gruesa de cuerpo negro, abdomen amarillo, cuya picadura produce una herida muy dolorosa. **2.** Hond. y Nicar. Panal de esta avispa.

jicotea s.f. Cuba, Méx. y P. Rico. Reptil quelonio.

jicotera s.f. Amér. Central y Méx. Nido de avispas o jicotes.

jiennense, jienense o **giennense** adj. y s.m. y f. De Jaén.

jifero s.m. Cuchillo con que se matan y descuartizan las reses. **2.** Oficial que ejecuta este trabajo.

jiguillo s.m. P. Rico. Arbusto de la familia de las piperáceas, de corteza y hojas aromáticas.

jijo, a s. Méx. *Vulg.* y *desp.* Hijo.

jijona s.m. (de *Jijona,* ciudad valenciana). Turrón de almendras, granuloso, grasiento y de color ocre. SIN.: *turrón de Jijona.* ◆ s.f. Variedad de trigo álaga, que se siembra en La Mancha y Murcia.

jilguero s.m. (del ant. *sirguero,* de *sirgo,* paño de seda). Ave paseriforme muy común en España, de pico delgado, colores vivos y canto melodioso. (Familia fringílidos.) SIN.: *colorín.*

jilibioso, a adj. Chile. Se dice de la persona que se queja o llora sin motivo. **2.** Chile. Se dice del caballo que, por molestia o desasosiego, está siempre moviendo alguna parte de su cuerpo. **3.** Chile. Melindroso, dengoso.

jilote s.m. Amér. Central y Méx. Mazorca muy tierna de maíz cuyos granos aún no han cuajado.

jilotear v.intr. Amér. Central y Méx. Empezar a cuajar el maíz.

jimelga s.f. (del lat. *gemellus*). MAR. Pieza de madera, en forma de teja, que se pone como refuerzo en palos, vergas, etcétera.

jinestada s.f. Salsa elaborada con leche, harina de arroz, especias, dátiles y otros ingredientes.

1. **jineta** o **gineta** s.f. Mamífero carnívoro, de pelaje claro moteado de negro, que vive en Europa y África. (Familia vivérridos.)

2. **jineta** s.f. Amér. Mujer que monta a caballo. ◇ **Monta a la jineta** EQUIT. Estilo de monta de origen árabe, en que se llevan los estribos muy cortos y las piernas dobladas y pegadas al vientre de la cabalgadura.

jinete s.m. (ár. vulgar *zenêti*). Persona que monta a caballo. **2.** Soldado de a caballo que peleaba con lanza y adarga. ◇ **Jinetes del Apocalipsis** Ángeles descritos por san Juan en su Apocalipsis como ministros de la venganza divina.

jineteada s.f. Argent. Acción y efecto de jinetear. **2.** Argent. En el ambiente rural, fiesta en la que los jinetes despliegan su destreza.

jinetear v.intr. Presumir montando a caballo. ◆ v.tr. Amér. Domar caballos cerriles. **2.** Argent. Montar potros luciendo el jinete su habilidad y destreza. **3.** Méx. *Fig.* Tardar en pagar un dinero que se debe con el fin de obtener ganancias: *jineteó las cuotas antes de saldar su deuda.* ◆ **jinetearse** v.prnl. Colomb. y Méx. Montarse y asegurarse en la silla.

jinglar v.intr. (fr. ant. *jangler,* burlarse). Oscilar o mecerse algo que está colgado.

jingoísmo s.m. (ingl. *jingoism,* patriotismo agresivo, de *jingo,* patriotero). Patriotería exaltada.

jínjol s.m. Azufaifa.

jinjolero s.m. Azufaifo.

jiña s.f. Excremento humano.

jiote s.m. Méx. Erupción cutánea acompañada de escozor.

jipa s.f. Colomb. Sombrero de ala ancha tejido con paja muy fina.

jipato, a adj. Amér. Central, Antillas, Colomb., Ecuad. y Méx. Se dice de la persona pálida, de color amarillento. **2.** Cuba. Se dice de la fruta que ha perdido la sustancia.

jipi s.m. Sombrero de jipijapa.

jipiar v.intr. [conj.: *desviar*]. Hipar, gemir, gimotear. **2.** Cantar con voz semejante a un gemido.

jipido s.m. Acción y efecto de jipiar. SIN.: *jipío.*

jipijapa s.f. (de *Jipijapa,* ciudad de Ecuador). Tira fina, flexible y muy tenaz, que se saca de las hojas del bombonaje, y se emplea para hacer sombreros, petacas, etc. ◆ s.m. Sombrero que se hace de las tiras sacadas del bombonaje. SIN.: *sombrero de jipijapa.*

jipío s.m. Jipido.

jiquera s.m. Colomb. Saco de cabuya.

jíquera s.f. Amér. Jícara.

1. **jira** s.f. Pedazo algo grande y largo que se corta o rasga de una tela.

2. **jira** s.f. (fr. ant. *chiere,* comida de calidad). Banquete o merienda campestre para diversión y regocijo. **2.** Excursión de un grupo de personas.

jirafa s.f. (ár. *zarâfa*). Mamífero rumiante de África de cuello largo y esbelto, cabeza pequeña con dos cuernos poco desarrollados y pelaje gris claro con manchas leonadas poligonales. (La jirafa anda con paso de ambladura y separa las patas anteriores para beber y pacer.) **2.** CIN. y TELEV. Brazo articulado que sostiene el micrófono.

jirajara, pueblo amerindio cazador-recolector de Venezuela, de la familia lingüística arawak.

jirapliega s.f. (gr. *ierà pikrá,* amarga santa). FARM. Electuario purgante, compuesto de acíbar, miel clarificada y otros ingredientes.

jirel s.m. (ár. vulgar *ğilâl*). Gualdrapa o manta rica de caballo.

jirimiquear v.intr. Amér. Jeremiquear.

jiron s.m. Perú. Vía urbana compuesta de varias calles o tramos entre esquinas.

jirón s.m. (fr. ant. *giron,* pedazo de un vestido que se corta en punta). Trozo desgarrado de una tela, prenda de vestir, etc.: *llevar la camisa hecha jirones.* **2.** *Fig.* Parte pequeña de un todo: *un jirón desgarrado de poesía.* **3.** HERÁLD. Pieza honorable, en forma de triángulo rectángulo, cuyo vértice ocupa el abismo del escudo.

jironado, a adj. Roto, hecho jirones. **2.** HERÁLD. Se dice del escudo dividido en ocho partes triangulares iguales, con esmaltes alternados.

jitanjáfora s.f. Enunciado carente de sentido que pretende conseguir resultados eufónicos.

jitazo s.m. Méx. *Fam.* Éxito.

jitomate s.m. Méx. Variedad de tomate carnoso y grande.

jiu-jitsu o **ju-jitsu** s.m. (jap. *jūjitsu,* arte de la agilidad). Arte marcial de origen japonés, en que los luchadores utilizan golpes dados en los puntos vitales del cuerpo, protecciones, llaves y estrangulamientos.

jívaro o **jíbaro,** pueblo amerindio de la región amazónica de Ecuador y Perú, de lengua independiente. La economía se basa en la agricultura, practicada por las mujeres, y la caza, por los hombres. De creencias animistas y muy belicosos, matan a sus enemigos para acumular poder, y para neutralizar el alma de los muertos les cortan la cabeza y la reducen. Pese a estar muy aculturados, han mantenido su independencia.

jo s.m. Moneda fraccionaria que vale tres centavos de peso mexicano.

¡jo! interj. Esp. Expresa sorpresa, enojo, admiración, fastidio o cólera.

joánico, a adj. Relativo a san Juan Evangelista.

job s.m. (voz inglesa, *trabajo*). INFORMÁT. Conjunto de programas que en su totalidad producen un trabajo utilizable al usuario y que se procesan uno a continuación de otro.

jobillo s.m. Antillas. Jobo. ◇ **Irse de jobillos** P. Rico. *Fig.* y *fam.* Hacer novillos.

jobo s.m. Amér. Central, Antillas, Colomb., Pan., P. Rico y Venez. Árbol de la familia de las anacardiáceas, con flores hermafroditas en panojas y fruto parecido a la ciruela. ◇ **Comer jobos** P. Rico. *Fig.* y *fam.* Irse de jobillos.

jochear v.tr. Bol. Torear, azuzar.

jockey s.m. (voz inglesa). Jinete profesional que monta los caballos de carreras. SIN.: *yóquey, yoqui.*

jocoque s.m. Méx. Alimento semejante al yogur, que se prepara a partir de leche agriada.

jocoserio, a adj. Que participa de las cualidades de lo serio y de lo jocoso.

jocosidad s.f. Cualidad de jocoso. **2.** Chiste, cosa graciosa.

jocoso, a adj. Gracioso, chistoso, festivo: *comentarios jocosos.*

jocotal s.m. Guat. Variedad de jobo cuyo fruto es el jocote.

jocote s.m. (náhuatl *xococ,* agrio). C. Rica, Guat. y Méx. Fruta parecida a la ciruela, de color rojo o amarillo, con una película delgada que cubre la carne y un hueso muy pequeño.

jocotear v.intr. C. Rica y Guat. Ir a cortar o a comer jocotes. ◆ v.intr., tr. y prnl. C. Rica y Guat. *Fig.* Importunar, fastidiar.

jocundo, a adj. (bajo lat. *jocundus*). Alegre, jovial, jocoso.

joda s.f. Argent. *Vulg.* Problema, situación difícil o comprometida. **2.** Argent., Colomb., Chile y Méx. *Vulg.* Acción de joder, molestar o fastidiar. **3.** Méx. *Fam.* Molestia, incomodidad debida principalmente al exceso de trabajo: *es una joda tener que trabajar en domingo.*

joder v.tr. e intr. (lat. *futuere*). *Vulg.* Realizar el coito. ◆ v.tr. *Vulg.* Estropear una cosa o impedir que salga bien. ◆ v.tr., intr. y prnl. *Vulg.* Molestar, fastidiar. ◆ interj. *Vulg.* Expresa sorpresa, enojo, admiración, fastidio o cólera. ◇ **Estar,** o **andar, jodido** *Vulg.* Estar mal de salud; *Vulg.* estar de mala suerte.

jodler s.m. Vocalización de los cantos populares en los Alpes tiroleses, bávaros y suizos.

jodón, na adj. Méx. *Fam.* Persona que molesta mucho.

jofaina s.f. (ár. *ğufáyna,* dim. de *ğáfana* o *ğáfna,* fuente honda). Recipiente de uso doméstico, muy ancho y poco profundo, que sirve para lavarse.

jogging s.m. (voz inglesa). Ejercicio físico que consiste en correr una distancia larga, a un ritmo moderado, como entrenamiento deportivo.

joint venture s.f. (voces inglesas, *riesgo compartido*). Asociación empresarial en la que los socios comparten los riesgos de capital y los beneficios según las tasas acordadas.

jojana s.f. Venez. Modo burlesco de decir las cosas.

jojoba s.f. Amér. Planta euforbiácea.

jojoto, a adj. Venez. Se dice del fruto verde, que no está en sazón. ◆ s.m. Venez. Maíz cuando aún está tierno.

jolgorio s.m. *Fam.* Fiesta o diversión animada o bulliciosa.

¡jolín! interj. Esp. Expresa sorpresa, alegría o enojo. (También *¡jolines!*)

jolito s.m. Calma, quietud, interrupción.

jollín s.m. *Fam.* Jolgorio.

jolote s.m. Guat., Hond. y Méx. Guajolote, pavo. **2.** Méx. Pez común de río.

jondo adj. **Cante jondo** Canto folclórico que tiene su origen en el seno de la comunidad gitana andaluza y que suele calificar a los cantes flamencos de mayor categoría artística (tonás, seguiriyas y soleares).

jónico, a adj. De Jonia. ◆ adj. y s.m. Se dice de uno de los principales dialectos de la lengua griega, que se hablaba en Jonia. ◇ **Orden jónico** Orden arquitectónico griego aparecido hacia el 560 a.C., caracterizado por una columna estriada y esbelta que descansa sobre una basa moldurada y coronada por un capitel, cuyo equino, decorado con ovas y dardos, está flanqueado por dos volutas, y el ábaco está adornado generalmente en su centro con una flor.

jonio, a adj. y s. De Jonia. ◇ **Escuela jonia** FILOS. Escuela de los ss. VII y VI a.C., basada en una amplia observación de la naturaleza para buscar el principio de explicación: el agua para Tales, el infinito para Anaximandro, el aire para Anaxímenes.

jonjabar v.tr. (caló *hohavar,* engañar). *Fam.* Engatusar o lisonjear.

jopo s.m. Cola lanuda o peluda.

jora s.f. Amér. Merid. Maíz germinado que se utiliza para elaborar chicha.

jordano, a adj. y s. De Jordania.

jorfe s.m. (ár. *ğurf*). Muro de contención de tierras. **2.** Peñasco tajado que forma despeñadero.

jornada s.f. (del occitano ant. *jorn,* día). Día, desde el punto de vista de la actividad humana. **2.** Tiempo que se dedica al trabajo en un día o una semana: *jornada de 40 horas semanales; por hoy se acabó la jornada.* SIN.: *jornada laboral.* **3.** Camino que se recorre en un día. **4.** Camino recorrido de una vez en un espacio de tiempo cualquiera. **5.** *Fig.* Tiempo que dura la vida del ser humano. **6.** Época en que oficialmente se trasladan el cuerpo diplomático y el gobierno, o parte de él, a residencia distinta de la capital. **7.** En el poema dramático español y en la ópera del s. XVIII, acto de una obra.

jornal s.m. (voz del occitano ant.). Retribución que percibe un trabajador por cuenta ajena por cada día de trabajo: *cobrar el jornal.* **2.** Este mismo trabajo. **3.** Medida superficial agraria, de extensión varia.

jornalero, a s. Persona que trabaja a jornal, especialmente la que trabaja en el campo.

joroba s.f. (hispano-ár. *ḥadúba* o *ḥudûba*). Deformidad producida en el cuerpo por la torcedura de la columna vertebral. **2.** Esp. *Fig.* y *fam.* Fastidio: *¡qué joroba tener que trabajar!*

jorobado, a adj. y s. Que tiene joroba: *un anciano jorobado.* **2.** *Fam.* Fastidiado, molesto: *estar jorobado del estómago.*

jorobar v.tr. y prnl. *Fam.* Fastidiar, molestar: *me joroba tener que salir ahora.*

jorobeta s.m. y f. *Desp.* Jorobado, giboso.

jorongo s.m. Méx. Poncho con que se cubren los campesinos. **2.** Méx. Colcha de lana.

joropear v.intr. Colomb. y Venez. Bailar el joropo. **2.** Colomb. y Venez. Divertirse.

joropo s.m. Baile popular venezolano de movimiento rápido, que incluye un vistoso zapateado y una leve referencia al vals. **2.** Venez. Fiesta hogareña.

josa s.f. Amér. Heredad sin cerca, plantada de vides y árboles frutales.

josefinismo s.m. Josefismo.

josefinista adj. y s.m. y f. Relativo al josefismo; partidario de este sistema.

josefino, a adj. y s. Se dice de los miembros de ciertas congregaciones fundadas bajo la advocación de san José. **2.** Afrancesado.

josefismo s.m. (de *José II,* emperador germánico). Sistema ideado por José II, emperador germánico, para subordinar la Iglesia al estado. SIN.: *josefinismo.*

1. **jota** s.f. Nombre de la letra *j.* ◇ **Ni jota** *Fam.* Nada: *no saber o no entender ni jota.*

2. **jota** s.f. Baile popular de Aragón y otras regiones españolas, y música y copla propias de este baile.

3. **jota** s.f. Amér. Merid. Ojota, especie de sandalia.

4. **jota** s.f. Potaje de verduras hecho con el caldo de la olla y sazonado con especias y hierbas olorosas.

jote s.m. Argent., Bol., Chile y Perú. Buitre americano de plumaje generalmente negruzco, con la cabeza, según las especies, negra, roja o amarilla. **2.** Chile. Cometa grande de forma cuadrangular. **3.** Chile. *Fig.* y *desp.* Nombre dado a los clérigos que visten de negro.

joto s.m. Colomb. Bulto o paquete pequeño, hatillo. **2.** Méx. *Desp.* Homosexual, marica.

joule s.m. (de J. P. *Joule,* físico británico). En la nomenclatura internacional, nombre del *julio,* unidad de medida de trabajo. ◇ **Efecto Joule** Desprendimiento de calor en un conductor homogéneo durante el paso de una corriente eléctrica.

joven adj. y s.m. y f. (lat. *juvenis*). Se dice de la persona que está en el período de la juventud. ◆ adj. Que tiene poca edad o tiempo, o que está en los primeros momentos de su existencia o desarrollo: *planta, ternero, arte joven.* **2.** *Fig.* Que tiene características consideradas propias de la juventud: *mantener el cuerpo joven.* ◇ **Joven bárbaro** Miembro del movimiento de las juventudes republicanas que se formó en Barcelona en torno a A. Lerroux.

jovenado s.m. En ciertas órdenes religiosas, tiempo en que los que han profesado están bajo la dirección de un maestro. **2.** Casa en que habitan.

jovenazo s.m. Méx. *Fam.* Forma afectuosa de dirigirse a un hombre.

jovial adj. (lat. *jovialis,* de *Júpiter,* dios romano). Contento y de buen humor: *persona jovial.* **2.** Alegre y risueño: *aspecto, actitud jovial.*

jovialidad s.f. Cualidad de jovial.

joya s.f. (fr. *joie*). Objeto de metal precioso, guarnecido a veces de perlas o piedras finas, que sirve principalmente de adorno. **2.** *Fig.* Persona de mucha valía, de muy buenas cualidades: *ser alguien una joya.* **3.** *Fig.* Cosa de mucho valor, generalmente por ser única o difícil de encontrar: *este sello es una joya.*

joyante adj. **Seda joyante** Seda fina y de mucho brillo.

joyel s.m. Joya pequeña.

joyería s.f. Establecimiento donde se fabrican, reparan o venden joyas. **2.** Compra y venta de joyas. **3.** Conjunto de joyas.

joyero, a s. Persona que tiene por oficio hacer, arreglar o vender joyas. ◆ s.m. Estuche o caja para guardar joyas.

joyo s.m. (lat. *lolium*). Cizaña.

joyolina s.f. Guat. Prisión, cárcel.

joystick s.m. (voz inglesa). Palanca de control que permite desplazar el cursor en la pantalla de una computadora o de un videojuego.

joyuyo s.m. Pato de América del Norte y Central, de cuello corto, cabeza grande y plumaje denso. (Familia anátidos.)

juagaza s.f. Colomb. En los ingenios azucareros, meloja.

juanas s.f.pl. Palillos que usan los guanteros para ensanchar los guantes.

juanete s.m. (dim. o despectivo de *Juan*). Prominencia ósea anormal situada en el borde interno del pie, en la unión del primer metatarsiano con la primera falange del dedo grueso. **2.** MAR. En los grandes veleros, nombre de las velas que van sobre la gavia y el velacho, y también de las vergas en que se afirman aquellas. **3.** VET. Sobrehueso que se forma en la cara inferior del tejuelo de las caballerías. ◆ **juanetes** s.m.pl. Colomb. Nalgas. **2.** Hond. Caderas.

juanetudo, a adj. Que tiene juanetes, prominencias óseas.

juarda s.f. Suciedad de las lanas, paños o telas de seda cuando no han sido bien lavadas en su fabricación.

juay s.m. Méx. Cuchillo.

jubertar v.tr. MAR. Meter un bote en el barco y colocarlo de costado sobre una banda.

jubete s.m. Armadura hecha con cuero recubierto con una malla fina y muy tupida de hierro, que protegía el torso contra las flechas.

jubilación s.f. Acción de jubilar o jubilarse. **2.** Estado de la persona que está jubilada. **3.** Pensión que recibe una persona jubilada.

1. **jubilar** v.tr. (lat. *jubilare,* lanzar gritos de júbilo). Retirar a una persona del trabajo por haber cumplido la edad estipulada por la ley o por enfermedad, asignándole una pensión vitalicia. **2.** *Fig.* y *fam.* Dejar de usar una cosa por inútil, vieja o estropeada. ◆ **jubilarse** v.prnl. Conseguir la jubilación. **2.** Colomb. Enloquecer. **3.** Guat. y Venez. Hacer novillos.

2. **jubilar** adj. Perteneciente al jubileo.

jubileo s.m. (lat. *jubilaeus,* solemnidad judía que se celebra cada 50 años). En la religión hebraica, año santo celebrado cada cincuenta años. **2.** En la religión católica, año privilegiado en el que los peregrinos que van a Roma se benefician, en algunas condiciones, de una indulgencia plenaria. **3.** Esa indulgencia: *ganar el jubileo.* **4.** Conmemoración cincuentenaria de una institución, reinado, etc. **5.** *Fig.* Concurrencia frecuente de muchas personas en algún lugar. **6.** *Fig.* y *fam.* Bodas de oro de una persona de alta dignidad.

júbilo s.m. (lat. *jubilum*). Alegría muy intensa y ostensible.

jubiloso, a adj. Lleno de júbilo.

jubón s.m. (del ár. *ǧúbba*). Prenda de vestir ajustada al cuerpo, con mangas o sin ellas, que cubre hasta la cintura.
júcaro s.m. Árbol de flores sin corola, fruto parecido a la aceituna y madera muy dura. (Familia combretáceas.)
jucei s.m. En Cuba, denominación oficial de la unidad política y administrativa municipal y provincial.
juco, a adj. Hond. Agrio, fermentado.
judaico, a adj. Relativo a los judíos.
judaísmo s.m. Conjunto de las ideas y de las instituciones religiosas del pueblo judío.

judaísmo

Con el nombre de judaísmo se designa la forma que tomó la religión israelita tras la destrucción del templo de Jerusalén (587 a.C.) y el exilio (587-538 a.C.). En su sentido corriente, se entiende por judaísmo el conjunto de instituciones religiosas del pueblo judío. La tradición religiosa judía se declara heredera de Abraham, padre de los creyentes, y de Moisés, legislador de Israel. La Biblia (el Antiguo testamento de los cristianos) contiene la ley escrita, cuya parte fundamental le fue revelada a Moisés en el monte Sinaí: es la Torá (doctrina). El Talmud, obra de sabios doctores cuya redacción definitiva terminó en el s. V, contiene la ley oral (Mishná), que es el complemento de la ley escrita.

judaización s.f. Acción de judaizar.
judaizante adj. Que judaíza. ◆ adj. y s.m. y f. Se dice de los judíos hispanoportugueses, bautizados y oficialmente católicos, que conservaron pública o secretamente la fe judaica. ◆ s.m. y f. Miembro de una facción cristiana del s. I, que sostenía que, además de la observancia de la doctrina cristiana, debía observarse la ley mosaica.
judaizar v.intr. [conj.: *aislar*]. Convertirse al judaísmo. **2.** Practicar ocultamente el judaísmo los conversos al cristianismo.
judas s.m. (de *Judas* Iscariote, uno de los doce apóstoles). Hombre malvado y traidor. **2.** Mirilla de la puerta de las celdas en las prisiones. **3.** Méx. Figura de papel que se quema el sábado de gloria.
judeoalemán, na adj. y s. Se dice de los descendientes de los judíos expulsados de Alemania en el s. XIV. ◆ s.m. Yiddish.
judeoespañol s.m. Dialecto del castellano hablado por los judíos sefardíes expulsados de España (1492) y sus descendientes. SIN.: *ladino.*

judeoespañol

Los judíos españoles, expulsados por los Reyes Católicos en 1492, se dispersaron por Europa, África y el Mediterráneo oriental, entonces bajo el dominio otomano. En el imperio otomano desarrollaron importantes comunidades sefardíes, en las que se conservó esta variedad del castellano. La dispersión de las comunidades sometió a los hablantes de cada una de ellas a distintas influencias, por lo que, en la actualidad, pueden apreciarse diferencias entre el judeoespañol de los que se establecieron en Europa o en Asia Menor, Siria o Egipto. Los acontecimientos subsiguientes a la segunda guerra mundial han determinado un cambio importante en el mapa de la distribución de los núcleos sefardíes.

judería s.f. Barrio de las ciudades españolas medievales en que habitaban los judíos.
judía s.f. Esp. Planta anual, originaria de América, de la que se cultivan varias especies por sus flores ornamentales y, sobre todo, por sus frutos comestibles y sus semillas, ricas en féculas. (Familia papilionáceas.) GEOSIN.: Amér. Central y Méx. *frijol;* Amér. Merid. *poroto.* **2.** Esp. Fruto de esta planta, en forma de vaina y de color verde. GEOSIN.: Amér. Central y Méx. *ejote;* Amér. Merid. *chaucha.* **3.** Esp. Semilla de esta planta, que se come cuando está madura y seca. GEOSIN.: Amér. Central y Méx. *frijol;* Amér. Merid. *poroto.* ◇ **Judía de careta** Planta de los países cálidos, de semillas pequeñas, blancas, con una manchita negra en uno de sus extremos. (Familia papilionáceas.)
judiada s.f. *Desp.* Acción mal intencionada o injusta hecha contra alguien. (Su uso se considera discriminatorio.)
judiar s.m. Terreno sembrado de judías.
judicatura s.f. Ejercicio de juzgar. **2.** Cargo de juez y tiempo que dura. **3.** Cuerpo constituido por los jueces de un país.
judicial adj. Relativo a la organización, ejercicio o administración de la justicia: *autoridad judicial.* ◇ **Poder judicial** Órgano de gobierno que está encargado de administrar justicia.
judiego, a adj. Se dice de una especie de aceituna buena para hacer aceite, pero no para la alimentación.
judío, a adj. y s. (lat. *judaeus*). De una comunidad étnica, cultural e histórica procedente de la antigua Palestina, dispersa por todo el mundo. **2.** Se dice del que profesa el judaísmo. **3.** De Judea.
judión s.m. Variedad de judía, con la hoja mayor y más redonda y con las vainas más anchas. SIN.: *judío.*
judo o **yudo** s.m. (jap. *ju,* agilidad, y *do,* vía). Arte marcial derivada del jiu-jitsu, que consiste en utilizar la fuerza del adversario para desequilibrarlo e inmovilizarlo, y en la que la elasticidad y la velocidad desempeñan un papel predominante.
judoka o **yudoka** s.m. y f. Persona que practica el judo.
juego s.m. (lat. *jocus,* broma, diversión). Actividad que se realiza con el fin de divertirse, generalmente siguiendo determinadas reglas. **2.** Conjunto de objetos necesarios para jugar a un juego determinado: *un juego de damas.* **3.** Cartas, fichas, etc., que tiene cada jugador: *tener buen juego.* **4.** Conjunto de piezas semejantes que se complementan en el uso: *un juego de cama.* **5.** Actividad recreativa en la que se apuesta dinero: *perdió cuanto tenía en el juego.* **6.** En algunos juegos, cada una de las divisiones de la partida. **7.** En tenis, cada una de las divisiones de un set. **8.** En pelota vasca y valenciana, tanto. **9.** Sucesión de combinaciones o cambios que resultan de la disposición particular de algunas cosas: *juego de luces.* **10.** Punto de unión entre dos o más cosas articuladas. **11.** Movimiento que pueden realizar dos o más cosas articuladas. **12.** *Fig.* Intriga o maquinación para conseguir algo. ◆ **juegos** s.m.pl. Fiestas o espectáculos públicos que se celebraban en Grecia y Roma. ◇ **Entrar en juego** Intervenir. **Estar en juego algo** Depender de otra cosa. **Hacer el juego a alguien** Secundarlo en la realización de alguna cosa. **Hacer juego** Esp. y Méx. Convenir, adecuarse una cosa con otra; en los juegos de azar, depositar las apuestas. **Juego de azar,** o **de suerte** Aquel en que se hacen apuestas, y cuyo resultado depende casi exclusivamente de la suerte. **Juego de manos** Ejercicio de prestidigitación. **Juego de niños** *Fig.* Cosa que no tiene dificultad o que se hace sin darle importancia. **Juego de órgano** MÚS. Serie de tubos que corresponden a un mismo timbre. **Juego de palabras** Figura que consiste en usar palabras en sentido equívoco, o en varias de sus acepciones, o en emplear dos o más que solo se diferencian en alguna de sus letras. **Juego de pelota** ARQUEOL. Nombre dado a ciertas estructuras arquitectónicas encontradas en centros arqueológicos de México y Guatemala, destinadas al juego de pelota ritual. **Juego de rol** Juego en el que el participante desempeña el papel de uno de los personajes de una historia o aventura. **Juego electrónico** Juego que aplica la electrónica de forma más o menos compleja a un juego tradicional. **Juego limpio** Manera de obrar sin trampas ni engaños. **Juego sucio** Actuación dolosa. **Juegos florales** Concurso poético. **Poner en juego algo** Arriesgarlo, exponerlo, utilizarlo con determinada finalidad. **Teoría de juegos** Nombre dado al conjunto de métodos matemáticos que permiten la resolución de problemas en los que intervienen reglas de decisión y nociones abstractas de táctica y estrategia.

juego

En Grecia, eran célebres los juegos públicos en honor de algún dios y comprendían concursos atléticos, musicales y poéticos. Los más importantes eran los *olímpicos*. En Roma fueron célebres los juegos del circo, el anfiteatro o el teatro (combates de gladiadores, etc.) que acompañaban las fiestas religiosas, los funerales y otras ceremonias.

juerga s.f. Diversión bulliciosa, particularmente la que hacen varias personas reunidas.

juerguista adj. y s.m. y f. Se dice de la persona que es muy aficionada a las juergas o diversiones.

jueves s.m. (del lat. *dies jovis*, día de Júpiter). Cuarto día de la semana, entre el miércoles y el viernes. <> **Jueves gordo,** o **lardero** Jueves anterior al carnaval. **Jueves santo** Jueves de semana santa. **No ser algo cosa del otro jueves** No ser extraordinario o digno de llamar la atención.

juey s.m. P. Rico. Cangrejo de tierra. **2.** P. Rico. Persona codiciosa, avara. <> **Hacerse el juey dormido** P. Rico. *Fig.* y *fam.* Hacerse el mosquita muerta.

juez, za s. (del lat. *judex, -icis*). Persona que tiene a su cargo la aplicación de las leyes, teniendo autoridad y potestad para juzgar y sentenciar. (En todas las acepciones, el femenino también puede ser *la juez*.) **2.** Persona que tiene autoridad para juzgar en un concurso público y hacer que se cumplan las reglas que lo rigen. **3.** Persona designada para resolver una duda o una discusión. **4.** DEP. Persona encargada de hacer que se cumpla el reglamento, resolver cualquier duda y dirimir y sentenciar el resultado de una competición deportiva. ◆ s.m. En Israel, jefe militar provisional de una o varias tribus, encargado de velar por sus compatriotas y de preservar su patrimonio religioso. <> **Jueces de Castilla** HIST. Magistrados legendarios que se suponía habían elegido los castellanos para que los gobernasen, rompiendo con la autoridad de los monarcas asturleoneses. **Juez árbitro** Juez designado por las partes litigantes, que ha de ser letrado, pero no juez oficial, para fallar el pleito conforme a derecho. **Juez de línea** Árbitro auxiliar que desde las líneas de banda ayuda al árbitro en el fútbol y otros deportes. **Juez de paz** Juez que oía a las partes antes de consentir que litigasen, procurando conciliarlas. (Aún existe la institución y, en poblaciones pequeñas donde no hay juez de primera instancia, resuelve cuestiones de poca gravedad; no precisa letrado.) **Juez de primera instancia (y de instrucción)** Juez ordinario de un partido o distrito, que conoce en primera instancia cuestiones no sometidas por la ley a los jueces municipales, y en materia criminal dirige la instrucción de los sumarios. **Juez de raya** Argent. En las carreras de caballos, encargado de fallar sobre el orden de llegada de los competidores. **Juez ordinario** Juez que en primera instancia conoce las causas y pleitos.

jugada s.f. Cada una de las intervenciones de los jugadores en el juego. **2.** Lance de juego. **3.** *Fig.* Acción mala e inesperada contra alguien: *hacerle una jugada a un compañero.*

jugador, ra adj. y s. Que juega. **2.** Que tiene el vicio de apostar al juego. <> **Jugador de ventaja** Fullero.

jugar v.intr. Hacer algo como diversión: *los niños jugaban en el patio.* **2.** Tomar parte en un juego organizado o en determinado deporte de equipo: *jugar al ajedrez, a fútbol.* **3.** Tomar parte en un sorteo o en un juego de azar: *jugar al bingo; dejar de jugar y beber.* **4.** Intervenir los jugadores en el juego cada vez que les corresponde: *te toca jugar a ti.* **5.** Casar, combinar una cosa con otras para producir un efecto: *jugar con las luces y las sombras.* **6.** Intervenir en un negocio o asunto: *yo no juego en eso.* **7.** No tomarse algo o a alguien con seriedad: *no juegues con tu salud.* ◆ v.intr. y tr. Ponerse en movimiento una cosa que consta de piezas. ◆ v.tr. Disputar una partida o un juego: *jugar un partido en campo contrario.* **2.** Hacer uso de las piezas o cartas en un juego: *voy a jugar el as.* ◆ v.tr. y prnl. Arriesgar en el juego: *jugarse el sueldo.* **2.** *Fig.* Exponerse a perder algo: *jugarse la vida.* <> **Jugarla,** o **jugársela, a alguien** Hacer algo con intención de perjudicarlo.

jugarreta s.f. *Fam.* Engaño, mala pasada.

juglar, resa s. (del lat. *jocularis*, que hace gracia). Histrión que cantaba, bailaba o hacía juegos y truhanerías públicamente a cambio de dinero. **2.** Persona que cantaba o recitaba poesías propias o de los trovadores a cambio de dinero.

juglaresco, a adj. Relativo al juglar o al mester de juglaría.

juglaría s.f. Actividad o modo propio de los juglares. **2.** Oficio de juglar.

jugo s.m. (del lat. *sucus*). Líquido contenido en las sustancias vegetales y animales. **2.** Salsa que acompaña a ciertos guisos. **3.** *Fig.* Utilidad o provecho que se saca de algo. **4.** FISIOL. Líquido orgánico producido por la secreción de una o varias glándulas.

jugosidad s.f. Cualidad de jugoso.

jugoso, a adj. Que tiene jugo: *asado jugoso.* **2.** *Fig.* Sustancioso, provechoso: *jugosas vacaciones.*

juguete s.m. Objeto que sirve para que jueguen los niños. **2.** *Fig.* Persona o cosa dominada por una fuerza material o moral que la mueve a su arbitrio: *ser un juguete de las pa-*

jugar

INDICATIVO	SUBJUNTIVO
presente	**presente**
juego	*juegue*
juegas (jugás)	*juegues*
juega	*juegue*
jugamos	juguemos
jugáis	juguéis
juegan	*jueguen*
copretérito o pret. imperfecto	**pretérito o pret. imperfecto**
jugaba	jugara o jugase
jugabas	jugaras o jugases
jugaba	jugara o jugase
jugábamos	jugáramos o jugásemos
jugabais	jugarais o jugaseis
jugaban	jugaran o jugasen
pretérito o pret. perf. simple	**futuro o fut. simple**
jugué	jugare
jugaste	jugares
jugó	jugare
jugamos	jugáremos
jugasteis	jugareis
jugaron	jugaren

INDICATIVO	IMPERATIVO	
futuro o fut. simple		
jugaré		
jugarás	*juega* (jugá)	(tú, vos)
jugará	*juegue*	(él)
jugaremos	juguemos	(nosotros)
jugaréis	jugad	(vosotros)
jugarán	*jueguen*	(ellos)
pospretérito o condicional simple	**FORMAS NO PERSONALES**	
jugaría	**infinitivo**	**gerundio**
jugarías	jugar	jugando
jugaría	**participio**	
jugaríamos	jugado	
jugaríais		
jugarían		

siones. **3.** TEATR. Breve obra teatral, de carácter cómico, que a veces incluye cantables y suele tener uno o dos actos.

juguetear v.intr. Entretenerse, enredar jugando.

jugueteo s.m. Acción de juguetear.

juguetería s.f. Comercio de juguetes o tienda donde se venden.

juguetillo s.m. Cancioncilla popular andaluza, de métrica y melodía muy variables, contagiadas posteriormente de algunos rasgos flamencos.

juguetón, na adj. Se dice de la persona o animal aficionados a jugar, saltar, etc.: *niños juguetones.*

juicio s.m. (lat. *judicium*). Facultad del entendimiento por la que una persona puede conocer y comparar. **2.** Acto de esta facultad. **3.** *Fig.* Cordura, prudencia: *tener juicio.* **4.** *Fig.* Opinión, criterio: *a mi juicio, eso no está bien.* **5.** DER. Tramitación de un pleito o una causa ante un juez o tribunal adecuado, y su resultado. ◇ **Juicio de Dios** Juicio que se practicaba durante la edad media, para determinar la verdad de una cuestión, invocando el testimonio divino. **Juicio final** Juicio general de la humanidad, hecho por Cristo, al final del mundo. **Muela del juicio** Denominación común del último molar inferior, que aparece en edad tardía. **Perder el juicio** Perder la razón.

juicioso, a adj. y s. Se dice de la persona que piensa, habla u obra con buen juicio: *mostrarse juicioso.* ◆ adj. Hecho con juicio: *comentario juicioso.*

juico, a adj. Hond. Sordo.

ju-jitsu s.m. → **jiu-jitsu.**

ju-ju s.m. Pájaro de color predominantemente verde, con la cabeza y el cuello grises y el abdomen anaranjado. (Familia sitácidos.)

juke-box s.m. (angloamericano *jukebox*). Fonógrafo eléctrico automático que entra en funcionamiento al introducir una moneda.

julepe s.m. (ár. *ǧullâb,* del persa *gulâb,* agua de rosas). Juego de naipes que se juega con baraja de cuarenta cartas. (Se reparten cartas hasta cinco a cada jugador, y se descubre otra que sirve para indicar el palo del triunfo. Gana el juego quien consigue hacer dos bazas de las cinco posibles.) **2.** Mezcla de agua destilada, jarabe y otras materias medicamentosas. **3.** *Fig.* y *fam.* Reprimenda, castigo. **4.** Amér. Merid. y P. Rico. *Fig.* y *fam.* Susto, miedo. **5.** P. Rico. *Fig.* Lío, desorden.

julepear v.intr. Jugar al julepe. ◆ v.tr. Colomb. Apremiar, apresurar. **2.** Colomb. Irritar, atosigar. **3.** P. Rico. Embromar. ◆ v.tr. y prnl. Amér. Merid. Infundir miedo.

1. **julia** s.f. Pez marino de cuerpo alargado, cuyas aletas dorsales forman una sola cresta espinosa. (Familia lábridos.)

2. **julia** s.m. Méx. *Fam.* Vehículo policial en el que se lleva a los detenidos.

juliana s.f. Planta de flores blancas, purpúreas o multicolores, cultivada como ornamental. (Familia crucíferas.)

juliano, a adj. Relativo a Julio César. ◇ **Año juliano** Año de 365,25 días. **Calendario juliano** Calendario reformado por Julio César en el año 46 a.C. **Era juliana** Espacio de 7 980 años julianos, utilizado para la cronología de los fenómenos astronómicos. (Su origen fue fijado en el 1 de enero del año 4713 a.C., a las 12 h del tiempo universal.)

1. **julio** s.m. (lat. *julius*). Séptimo mes del año. (Tiene 31 días.)

2. **julio** s.m. (ingl. *joule,* de J. P. *Joule,* físico inglés). Unidad de medida de trabajo, energía y cantidad de calor (símb. J), equivalente al trabajo producido por una fuerza de un newton cuyo punto de aplicación se desplaza un metro en la dirección de la fuerza.

julo s.m. (mozár. *xulo*). Res o caballería que va delante de las demás en el ganado o la recua.

juma s.f. *Fam.* Jumera.

jumarse v.prnl. Colomb. y Cuba. Emborracharse.

jumbo s.m. (voz inglesa). Avión comercial de gran capacidad. **2.** Carretilla pórtico que soporta varias perforadoras para la ejecución de los barrenos en los trabajos de excavación de subterráneos.

jumel s.m. Variedad de algodón egipcio.

jumental adj. Relativo al jumento. SIN.: *jumentil.*

jumentizar v.tr. y prnl. Colomb. Hacer bruto, embrutecer.

jumento, a s. (lat. *jumentum*). Pollino, asno, burro.

jumera s.f. *Fam.* Borrachera. SIN.: *juma.*

jumil s.m. Méx. Insecto hemipteroideo comestible, que se adereza con sal y limón.

jumilla s.m. Vino abocado, de color tinto o rosado, de alta graduación (entre 15 y 18°) y sin ningún aditamento. (Se produce en Murcia, Caravaca, Cieza, Jumilla, Moratalla, Mula, Totana y Yecla.)

jumper s.m. Caballo especialmente adiestrado para el salto y las competiciones de obstáculos.

jumping s.m. Concurso hípico consistente en una sucesión de saltos de obstáculos.

jums s.m. Entre los musulmanes, con ocasión de la guerra santa, parte del botín de guerra (un quinto) que correspondía al califa y era administrada por sus representantes.

junar v.tr. Argent. Mirar, observar.

juncáceo, a adj. y s.f. Relativo a una familia de plantas monocotiledóneas herbáceas, de rizoma reptante, como algunas clases de juncos.

juncal adj. Relativo al junco. **2.** *Fig.* Gallardo, esbelto, de movimientos airosos: *figura juncal.* ◆ s.m. Juncar.

juncar s.m. Terreno poblado de juncos.

juncia s.f. (del lat. *juncea,* semejante al junco). Planta herbácea con cañas triangulares, hojas largas y estrechas de bordes ásperos, flores verdosas en espigas terminales, rizoma tónico y estomacal y frutos en granos secos. (Familia ciperáceas.)

junciana s.f. *Fig.* y *fam.* Jactancia vana y sin fundamento.

junciera s.f. Vasija de barro en que se ponían hierbas o raíces aromáticas en infusión con vinagre, para perfumar.

junción s.f. Juntura, parte o lugar en que se juntan dos o más cosas.

1. **junco** s.m. (lat. *juncus*). Planta herbácea, de tallo recto y flexible, que crece dentro del agua o en lugares húmedos, donde forma matas muy compactas. (Corresponde a diversas clases de las familias ciperáceas, alismáceas y juncáceas.) SIN.: *junquera.* **2.** Bastón, especialmente si es delgado. ◇ **Junco florido** Planta de flores rosadas que crece al borde de las aguas. (Clase monocotiledóneas.)

2. **junco** s.m. (port. *junco*). Velero utilizado en Extremo oriente, cuyas velas de estera o de tela van cosidas sobre enormes listones de bambú horizontales que las mantienen tiesas.

jungla s.f. Formación herbácea característica de la India, constituida por una proporción irregular de árboles (monocotiledóneas, bambúes, palmeras, helechos arborescentes, etc.), y que presenta una fauna variada, en la que el tigre es el animal característico. **2.** *Fig.* Lugar donde hay gran competitividad o donde impera la ley del más fuerte.

jungle s.m. (voz inglesa). Estilo de jazz evocador, característico de Duke Ellington.

junio s.m. (lat. *junius*). Sexto mes del año. (Tiene 30 días.)

júnior o **junior** adj. (ingl. *junior,* lat. *junior,* comparativo de *juvenis*) [pl. *júniors* o *juniors*]. Se usa pospuesto al nombre propio o al apellido de una persona para indicar que esta es hija de otra con el mismo nombre. (Se abrevia *jr.*; en América es más frecuente la forma *junior.*) ◆ adj. y s.m. y f. DEP. Se dice de la categoría en que se engloban los deportistas de edad inmediatamente inferior a la de los séniors; deportista de esta categoría.

junípero s.m. (lat. *juniperus*). Enebro.

junquera s.f. BOT. Junco.

junqueral s.m. Juncar.

junquillo s.m. Planta herbácea de hojas parecidas a las del junco, que se cultiva para extraer su perfume. (Familia amarilidáceas.) **2.** ARQ. Moldura saliente, de unos tres cuartos de círculo, más delgada que el bocel, y aplicada generalmente en esquinas.

junta s.f. Juntura, parte por donde se unen dos o más cosas. **2.** Reunión de personas pertenecientes a determinada entidad para tratar asuntos relacionados con esta. **3.** Conjunto de personas que dirigen una sociedad o empresa: *junta directiva.* **4.** Nombre que toman algunos gobiernos surgidos de un golpe de estado militar. **5.** Consejo de gobierno de las comunidades autónomas de Andalucía, Castilla-La Mancha, Castilla y León, Extremadura y Galicia *(Xunta).* **6.** CONSTR. Espacio entre dos elementos, generalmente relleno de mortero o argamasa. **7.** TECNOL. Pieza de poco espesor interpuesta entre dos superficies apretadas y ajustadas para asegurar su perfecta hermeticidad. <> **Junta de culata** Junta de estanqueidad interpuesta entre el bloque del cilindro y la culata de un motor de combustión interna. **Junta de dilatación** Dispositivo que permite la libre dilatación o contracción en función de la temperatura. **Junta de portavoces** Organismo constituido en el seno del congreso de los diputados y en el senado, que está formado por los portavoces de los grupos parlamentarios, el presidente de la cámara y un representante del gobierno con voz pero sin voto. **Junta electoral** Órgano encargado de velar por la pureza del proceso electoral. **Juntas generales** Órganos deliberativos y consultivos de participación del pueblo de Álava, Guipúzcoa y del señorío de Vizcaya, a través de sus municipios, en el gobierno provincial, que fiscalizan la gestión del órgano administrativo y ejecutivo que es la diputación foral.

juntamente adv.m. A un mismo tiempo.

juntar v.tr. Poner unas cosas en contacto con otras de manera que se toquen: *juntar dos mesas.* **2.** Colocar cosas en un mismo lugar o formando parte de un conjunto: *juntamos todos los trastos en un rincón.* **3.** Reunir determinado número de algo: *juntar dinero.* **4.** Suceder, pensar o imaginar diversos hechos a un mismo tiempo. **5.** Entornar puertas o ventanas. ◆ v.tr. y prnl. Reunir, agrupar: *juntarse en una reunión varios amigos.* ◆ **juntarse** v.prnl. Acompañarse, estar o ir en compañía de alguien. **2.** Amancebarse.

juntera s.f. Garlopa para alisar el canto de las tablas.

junterilla s.f. Juntera pequeña para empezar los rebajos.

juntero s.m. Relativo a una junta o delegado en ella.

junto, a adj. (lat. *junctus,* p. de *jungere,* juntar). Unido, cercano: *tener las camas juntas.* **2.** En compañía: *llegar juntos.* ◆ adv.l. Seguido de la prep. *a,* cerca o al cabo de: *sentarse junto al fuego.*

juntura s.f. Parte o lugar en que se unen dos o más cosas.

jupa s.f. C. Rica y Hond. Calabaza redonda. **2.** C. Rica y Hond. Cabeza.

jupiarse v.prnl. Amér. Central. Emborracharse, embriagarse.

jupón, na adj. y s. Amér. Central. Cabezón.

jura s.f. Acto solemne de jurar obediencia y fidelidad a un soberano, a las leyes de un país, a un cargo, etc.: *jura de la bandera.*

jurado, a adj. Se dice del escrito o declaración realizados bajo juramento: *declaración jurada; relación jurada.* **2.** Méx. Se dice de la persona que ha hecho una promesa ante Dios, la Virgen María o algún santo de no beber alcohol durante un tiempo determinado. ◆ s.m. Grupo de personas a quienes se constituye en tribunal examinador y calificador en concursos, exposiciones, etc. **2.** Persona que forma parte de este grupo. **3.** DER. **a.** Tribunal, formado por sorteo entre los ciudadanos, cuya misión consiste en determinar el hecho justiciable o la culpabilidad del acusado, dejando a cuidado de los magistrados la imposición de la pena. **b.** Persona que forma parte de este tribunal. **4.** HIST. Autoridad del concejo municipal en los diversos reinos hispánicos.

jurador, ra adj. y s. Que tiene hábito de jurar. **2.** DER. Que declara en juicio con juramento.

juraduría s.f. Oficio y dignidad de jurado.

juramentado, a adj. HIST. Durante la Revolución francesa, se decía del sacerdote que había prestado juramento a la constitución civil del clero.

juramentar v.tr. Tomar juramento a alguien. ◆ **juramentarse** v.prnl. Obligarse mediante juramento.

juramento s.m. Afirmación solemne que hace una persona para asegurar la veracidad de algo. **2.** Blasfemia: *proferir juramentos.*

jurar v.tr. Afirmar o prometer algo tomando por testigo a una persona o cosa que se considera sagrada. **2.** Reconocer la soberanía de un monarca o de una institución y someterse a sus leyes. ◆ v.intr. Blasfemar, renegar. <> **Jurar en falso** Jurar sabiendo que lo que se jura no es verdad. **Jurársela,** o **jurárselas** *Fam.* Jurar una persona que se vengará de otra.

jurásico, a adj. Relativo al Jura. ◆ s.m. y adj. GEOL. Período de la era secundaria entre el triásico y el cretácico, que se distingue por la sedimentación de gruesas capas calcáreas, principalmente en el Jura. <> **Relieve jurásico** Tipo de relieve desarrollado en una estructura sedimentaria plegada regularmente, en la que alternan capas resistentes y capas blandas, y en el que la topografía refleja directamente la estructura.

jurel s.m. (mozár. *šurêl* o cat. *sorell,* dims. del lat. *saurus*). Pez teleósteo de unos 20 cm de long., de color azul por el lomo y blanco por el vientre, que se diferencia de la sardina por lo estrecho de la raíz de su cola y por los escudetes de la línea lateral. (Familia carángidos.)

jurero, a s. Chile y Ecuad. Persona que presta falso testimonio a cambio de dinero.

juridicidad s.f. Criterio favorable al predominio del estricto derecho en las cuestiones políticas y sociales.

jurídico, a adj. (lat. *juridicus*). Relativo a las formas judiciales, a la justicia, a las leyes que regulan las relaciones entre los ciudadanos y al derecho en general.

jurificar v.intr. Convertir en ley lo que antes era norma de conducta.

jurisconsulto, a s. (lat. *jurisconsulus*). Persona especializada en cuestiones jurídicas. **2.** Persona dedicada profesionalmente a la teoría o a la práctica del derecho.

jurisdicción s.f. (del lat. *juris dictio,* acto de decir el derecho). Poder para gobernar y poner en ejecución las leyes. **2.** Autoridad, poder, potestad o dominio sobre otro. **3.** DER. **a.** Conjunto de atribuciones que corresponden en materia judicial a un órgano en un territorio determinado. **b.** Territorio en que un juez o tribunal ejercen sus funciones.

jurisdicción

Se distinguen dos tipos de jurisdicción: el orden judicial y el orden administrativo. Los tribunales judiciales son los encargados de juzgar los litigios entre particulares (tribunales de instancia o de gran instancia en materia civil) y de sancionar a los autores de contravenciones, delitos o crímenes (tribunales de policía, tribunales correccionales, cortes). Al lado de los tribunales de derecho común existen los tribunales de excepción, de competencia especial: los tribunales de asuntos de seguridad social, los tribunales marítimos, comerciales, etc. La solicitud de decisiones de un tribunal inferior a un tribunal superior es un principio de derecho para litigios de cierta importancia.

jurisdiccional adj. Relativo a la jurisdicción.

jurisprudencia s.f. Ciencia del derecho. **2.** Enseñanza doctrinal que dimana de los fallos de las autoridades gubernativas o judiciales. **3.** Norma de juicio que suple omisiones de la ley y que se funda en las prácticas seguidas en casos análogos. **4.** Interpretación de la ley hecha por los jueces. **5.** Conjunto de sentencias que determinan un criterio sobre una cuestión jurídica. **6.** Interpretación reiterada del tribunal supremo. **7.** Práctica judicial constante.

jurista s.m. y f. Persona que se dedica al estudio del derecho o lo ejerce como profesión.

juro s.m. (lat. *jus, juris,* derecho, jurisdicción). Forma de propiedad en que esta se concedía a perpetuidad. **2.** En Castilla, pensión o beneficio que el rey concedía en pago de un servicio.

jusello s.m. (cat. *jusell*). Potaje elaborado con caldo de carne, perejil, queso y huevos.

jusi s.m. Tela filipina, parecida a la gasa, y con listas de colores intensos.

justa s.f. Competición literaria: *justas poéticas.* **2.** HIST. Combate caballeresco individual a caballo, de hombre a hombre y con lanza, realizado como entrenamiento o para dar realce a un festejo. (Se diferenciaba de los torneos en que en estos últimos luchaban grupos de caballeros, divididos en dos bandos.)

justamente adv.m. Con justicia. **2.** Precisamente, exactamente.

justar v.intr. (del lat. *juxta,* junto a). Pelear o combatir en las justas.

justero, a adj. Se dice del perro especialmente adiestrado para la caza del zorro.

justicia s.f. (lat. *justitia*). Concepción que cada época, civilización, etc., tiene del bien común: *practicar la justicia.* **2.** Cualidad de justo: *es admirado por su justicia.* **3.** Trato o comportamiento justo: *dirigir con justicia.* **4.** Representante de la ley: *ser apresado por la justicia.* **5.** Conjunto de tribunales y magistrados: *la justicia española.* **6.** Acción de examinar las reclamaciones de alguien, acordando lo que sea justo. **7.** Acción por la que se reconoce o declara lo que pertenece o se debe a alguien. **8.** Jurisdicción: *justicia civil, penal.* **9.** El poder judicial. **10.** REL. Atributo de Dios, por el cual premia o castiga a cada persona según sus merecimientos. ◇ **Alta justicia** HIST. Justicia que concedía a los señores el derecho de pronunciar penas capitales. **Baja justicia** HIST. Justicia que solo se aplicaba a asuntos de poca importancia. **Hacer justicia** Otorgar a alguien aquello de que se le cree merecedor. **Justicia de Aragón** Defensor del pueblo en la comunidad autónoma de Aragón. **Justicia militar** Justicia aplicable al ejército; conjunto de jurisdicciones que aplican esta justicia.

justiciable adj. Que puede o debe someterse a la acción de los tribunales.

justicialismo s.m. Programa político, económico y social desarrollado por el presidente de Argentina, J. D. Perón, y el movimiento que lo encarna.

justicialista adj. y s.m. y f. Relativo al justicialismo; partidario de este movimiento.

justiciar v.tr. Condenar, declarar culpable el juez al condenado.

justiciero, a adj. Que cumple y hace cumplir la justicia: *espíritu justiciero.* **2.** Que cumple con rigor la justicia en el castigo: *la espada justiciera del arcángel san Miguel.*

justificación s.f. Acción de justificar o justificarse. **2.** Palabras con que alguien justifica algo o a sí mismo: *dar una justificación por el retraso.* **3.** IMPR. Longitud de una línea llena. **4.** TEOL. CRIST. Acto por el cual Dios hace pasar a un alma del estado de pecado al estado de gracia. ◇ **Justificación de tirada** IMPR. Fórmula que indica el número de ejemplares de un libro impreso en diferentes clases de papel.

justificado, a adj. Con motivo o razón: *comportamiento justificado.*

justificador, ra adj. Justificante. ◆ s.m. El que santifica, santificador.

justificante adj. Que justifica. ◆ s.m. Documento, comprobante, etc., con que se justifica algo: *presentar un justificante.*

justificar v.tr. y prnl. (lat. *justificare*). Aducir razones para demostrar que algo no es censurable: *justificar una acción.* ◆ v.tr. Constituir algo la razón de que un hecho, acontecimiento, etc., no sea o parezca inadecuado o censurable: *su enfermedad justifica la falta de asistencia.* **2.** IMPR. Establecer la longitud máxima de una línea impresa. **3.** TEOL. CRIST. Poner entre los justos.

justificativo, a adj. Que sirve para justificar: *documento justificativo.*

justillo s.m. Prenda de vestir interior, ceñida y sin mangas, que llegaba hasta la cintura.

justinianeo, a adj. Se dice de los cuerpos legales promulgados por el emperador Justiniano. **2.** Se dice del derecho contenido en ellos.

justipreciación s.f. Acción de justipreciar.

justipreciar v.tr. Valorar o tasar con rigor una cosa: *justipreciar la mercancía.*

justiprecio s.m. Tasación, evaluación, valoración de una cosa. **2.** Valor o justo precio de una cosa. **3.** Valor de una cosa fijado en una estimación pericial.

justo, a adj. y s. (lat. *justus*). Que actúa con justicia: *un juez muy justo.* **2.** Que respeta plenamente los principios de la religión. **3.** Bienaventurado, que goza de la bienaventuranza eterna. ◆ adj. Que está de acuerdo con los principios de la justicia. **2.** Conforme a la verdad, a la razón: *razonamiento justo.* **3.** Lícito, fundado: *es justo que esté orgulloso de su triunfo.* **4.** Preciso, adecuado: *encontrar la palabra justa.* **5.** Que tiene la cantidad, la medida exacta para responder a su función: *tener el pan justo para cenar.* **6.** Ajustado, apretado: *pantalón muy justo.* ◆ adv.m. Justamente: *justo ahora iba a llamarte.* ◇ **Justa causa** DER. Causa lícita, causa justificativa. **Justo precio** Expresión utilizada por los escolásticos para designar el precio por el que debían intercambiarse los bienes para no incurrir en falta moral.

juta s.f. Ecuad. y Perú. Variedad de ganso doméstico.

jutos, pueblo germánico, probablemente originario de Jutlandia meridional, que se estableció en el SE de Inglaterra en el s. V d.C.

juvenil adj. (lat. *juvenilis*). Relativo a la juventud: *amor juvenil; aspecto juvenil.* ◆ adj. y s.m. y f. Se dice de la categoría en que se engloban los deportistas de edad entre los 15 y los 18 años. **2.** Se dice del deportista comprendido en esta categoría.

juventud s.f. (lat. *juventus, -utis*). Edad que comprende desde la infancia a la madurez. **2.** Período de la vida de un organismo, comprendido entre su nacimiento y su total madurez. **3.** Conjunto de jóvenes: *espectáculo para la juventud.* **4.** Cualidad de joven. **5.** Energía, vigor. ◆ **juventudes** s.f.pl. En un partido político, organización formada por los jóvenes.

juvia s.f. Árbol de América Meridional, de hasta 30 m de alt., cuyo fruto, bastante grande, contiene semillas comestibles, de las que se extrae un excelente aceite. (Familia mirtáceas.) **2.** Fruto de este árbol.

juzgado s.m. Tribunal de un solo juez. **2.** Lugar donde se administra justicia. **3.** Conjunto de jueces que forman un tribunal. **4.** Término o territorio de la jurisdicción de un juez. **5.** Judicatura, dignidad y empleo de juez. ◇ **Juzgado de Indias** HIST. Organismo fundado en Cádiz en 1545, que era dependiente de la Casa de contratación de Sevilla.

juzgamundos s.m. y f. *Fam.* Persona murmuradora.

juzgar v.tr. (lat. *judicare*). Deliberar y emitir sentencia sobre un asunto en calidad de juez: *juzgar un delito.* **2.** Opinar, creer, considerar: *juzgo necesario avisarlo.* **3.** FILOS. Afirmar, después de comparar entre dos o más ideas, las relaciones que existen entre ellas.

k

k s.f. Duodécima letra del alfabeto español, y novena de sus consonantes. (Representa un sonido oclusivo velar sordo; solo se encuentra en palabras cultas o de origen extranjero y en español se representa por *c* o *qu.*)

1. **ka** s.f. Nombre de la letra *k.*

2. **ka** s.m. → **kaón**

kabardinos o **kaberdey,** pueblo musulmán del N del Cáucaso, que vive en la *República de Kabardino-Balkaria* (Rusia).

kabila o **kábila** s.f. → **cabila.**

kabuki s.m. (voz japonesa). Género teatral japonés en el que el diálogo alterna con partes salmodiadas o cantadas y con intermedios de ballet.

kacharpaya s.f. Canción boliviana ritual, que se canta al término de cada una de las estaciones del año.

kachin, pueblo de China (Yunnan), Birmania y la India (Assam), que habla una lengua tibetobirmana.

kaersutita s.f. Anfíbol, hornblenda basáltica con algo de óxido de titanio, que se encuentra en Groenlandia septentrional.

kafkiano, a adj. Se dice de una situación inquietante por su absurdidad o carencia de lógica, que recuerda la atmósfera de las novelas de Kafka. **2.** Relativo a Kafka.

kagú s.m. Pájaro gris de Nueva Caledonia, en vías de extinción. (Orden ralliformes.)

Kahler. Afección de Kahler Afección maligna caracterizada por la proliferación de plasmocitos de la médula ósea, que destruyen el tejido óseo en el que se desarrollan, y por modificaciones importantes de las proteínas plasmáticas.

kainita s.f. MINER. Sal doble formada por sulfato de magnesio y cloruro de potasio hidratados naturales.

káiser s.m. (alem. *kaisar,* emperador). Título que se suele aplicar a los tres emperadores del II Reich alemán y especialmente a Guillermo II.

kajkaviano s.m. Dialecto eslavo, hablado y escrito en la región de Zagreb (Croacia).

kakemono s.m. (voz japonesa). Pintura o escritura japonesa sobre seda o papel, que se desenrolla verticalmente.

1. **kaki** s.m. → **1. caqui.**

2. **kaki** adj. y s.m. → **2. caqui.**

kala-azar s.m. (voz indostánica). Enfermedad parasitaria provocada por un protozoario, endémica en Asia y en África, que se caracteriza por un aumento del volumen del bazo, del hígado y de los ganglios.

kaliemia s.f. Concentración de iones de potasio en el plasma sanguíneo.

kalium s.m. Nombre latino del potasio.

kalmuko, a adj. y s. → **calmuco.**

kamba, pueblo de Kenia, de lengua bantú.

kami s.m. (voz japonesa, *superior*). Ser sobrenatural en la religión sintoísta. **2.** En Japón, título de nobleza.

kamikaze s.m. (voz japonesa, *tempestad providencial*). Piloto japonés que se presentaba voluntario para estrellar su avión cargado de explosivos sobre un objetivo. **2.** Este mismo avión. ◆ s.m. y f. *Por ext.* Persona que actúa con gran temeridad, arriesgando incluso su propia vida.

kan, khan o **can** s.m. En la época de Gengis Kan, título inmediatamente inferior al soberano supremo (el gran kan). **2.** Príncipe turco. **3.** En Persia, gobernador de una provincia.

kana s.m. Signo silábico de la escritura japonesa.

kanak → **canaco.**

kanara s.m. y adj. → **canara.**

kanato s.m. Cargo, función y jurisdicción de un kan. **2.** Territorio sometido a su jurisdicción.

kantiano, a adj. y s. Relativo a la filosofía de Kant; partidario de esta filosofía.

kantismo s.m. Filosofía de Kant y sus continuadores.

kaoliang s.m. Variedad de sorgo.

kaón o **ka** s.m. FÍS. Partícula elemental (K), neutra o cargada positiva o negativamente, cuya masa es 965 veces la del electrón.

Kaposi. Sarcoma, o síndrome, de Kaposi Enfermedad maligna de tipo sarcomatoso, que resulta la complicación más frecuente del sida.

kappa o **cappa** s.f. Nombre de la décima letra del alfabeto griego (κ, K), que corresponde a la *k* española.

karachái, pueblo turco musulmán del N del Cáucaso que vive en la *República de Karachái-Cherkesia* (Rusia).

karakalpak, pueblo turco musulmán de Asia central que vive en la *República de Karakalpakia* (Uzbekistán).

karakul o **caracul** adj. y s.m. (de *Karakul,* región de Asia central). Se dice de una variedad de corderos originaria de Asia central, de vellón largo y rizado, que nacido prematuramente proporciona el astracán. ◆ s.m. Vellón de este cordero.

karaoke s.m. (voz japonesa). Establecimiento público en que los clientes interpretan la letra de canciones conocidas con música pregrabada. **2.** Aparato amplificador utilizado en estos establecimientos, que reproduce música pregrabada y dispone de un monitor en el que se lee la letra de las canciones.

karate s.m. Modalidad de lucha de origen japonés, en la que se combate con golpes secos realizados con el borde de la mano, los codos o los pies.

karateka s.m. y f. Persona que practica el karate.

karen, pueblo surmongol de Birmania y Tailandia.

karma s.m. (voz sánscrita). Principio fundamental de las religiones de la India basado en la concepción de la vida como eslabón de una cadena de vidas *(samsara)*, según el cual a cada persona se le retribuyen los actos de su vida anterior.

Karman. Método Karman Técnica de aborto por aspiración, eficaz e inocua durante las seis primeras semanas del embarazo.

karst s.m. (voz alemana). → **carso.**

kárstico, a adj. → **cársico.**

kart s.m. (voz inglesa). Vehículo automóvil de competición de pequeño tamaño, con embrague automático y sin caja de velocidades, carrocería ni suspensión.

karting s.m. Deporte practicado con kart.

kasba o **casba** s.f. Barrio antiguo árabe de algunas ciudades norteafricanas. **2.** Alcazaba.

kassita adj. y s.m. y f. → **casita.**

kata s.m. Conjunto de llaves codificadas de judo, para realizar una demostración técnica.

katabático, a o **katabático** adj. Se dice del viento descendente que sopla desde el centro de los inlandsis hacia la periferia.

katchina s.f. (voz amerindia). En ciertos pueblos amerindios de América del N, ser sobrenatural. **2.** Máscara que representa a este ser.

katiusca s.f. Esp. Bota de caucho que se lleva para protegerse del agua.

katún s.m. (voz maya). Período de veinte años, de 360 días cada uno, del calendario maya.

kaueskar s.m. Aksana.

kawi s.m. LING. Javanés antiguo.

kayak s.m. (pl. *kayaks*). Embarcación de los esquimales, fabricada con pieles de foca extendidas sobre una armazón de madera. **2.** Embarcación de lona engrasada o embreada, que se utiliza en deportes fluviales.

kazaco, a adj. y s. De un pueblo turco musulmán que vive principalmente en Kazajstán, Uzbekistán, Turkmenistán, Rusia y China (Xinjiang). SIN.: *kazaj.*

kazaj adj. y s.m. y f. Kazaco. ◆ s.m. Lengua turca hablada por los kazacos.

kea s.m. Papagayo de gran tamaño, de color verde, combinado con azul y rojo. (Familia sitácidos.)

kebab s.m. (voz árabe). Brocheta sazonada de carne, generalmente de cordero, con verduras. (Es típica del Mediterráneo oriental.)

kéfir s.m. (voz caucásica). Bebida fermentada, preparada con leche de vaca, cabra u oveja.

kelvin s.m. Unidad de medida de temperatura termodinámica (símb. K), equivalente a 1/273,16 de la temperatura termodinámica del punto triple del agua.

kendo s.m. Arte marcial de origen japonés, que se practica con sables de bambú.

kenotrón s.m. Aparato electrónico que regula la alimentación de los tubos de rayos X y rectifica las corrientes alternas de baja intensidad y de alta o muy alta tensión.

kepis s.m. → **quepis.**

kepleriano, a adj. Relativo al sistema de Kepler o partidario de este sistema.

kermes s.m. → **quermes.**

kermés, kermesse o **quermés** s.f. (voz francesa). Fiesta pública al aire libre, generalmente de carácter benéfico. **2.** Fiesta parroquial o feria anual celebradas en Países Bajos y en Flandes.

kermesita s.f. → **quermesita.**

kero s.m. → **quero.**

kerosén o **kerosene** s.m. Amér. Merid. Queroseno.

keroseno s.m. Queroseno.

ketch s.m. → **queche.**

ketchup s.m. (voz inglesa). Salsa elaborada con tomate y sazonada con especias.

kevlar s.m. (marca registrada). Fibra artificial, ligera y resistente al calor.

keynesianismo s.m. Corriente del pensamiento económico basada en la teoría de J. M. Keynes.

khan s.m. → **kan.**

khmer adj. y s.m. y f. De un pueblo de Camboya, que también vive en Tailandia y Vietnam, con una sociedad muy jerarquizada. **2.** Camboyano. ◆ s.m. Lengua oficial de Camboya. ◇ **Khmers rojos** Seguidores camboyanos del Partido comunista khmer.

khoisan adj. y s.m. y f. De grupo de pueblos de África austral que abarca los hotentotes, o *khoi,* y bosquimanos, o *san.* **2.** Se dice de la familia lingüística y de las lenguas de estos pueblos.

kibbutz s.m. (voz hebrea) [pl. *kibutz* o *kibutzim*]. Explotación comunitaria de Israel, generalmente dedicada a la agricultura.

kieselguhr o **kieselgur** s.m. GEOL. Trípoli, roca.

kieserita s.f. MINER. Sulfato hidratado natural de magnesio.

kif s.m. Esp. → **quif.**

kiko s.m. Esp. Maíz tostado y salado.

kikuyu, pueblo de las mesetas de Kenya, que habla una lengua bantú.

kilim s.m. (voz turca). Alfombra de lana, tejida y tramada, que elaboran algunos pueblos nómadas musulmanes, en particular de las zonas de Anatolia, Irán y el Cáucaso.

1. **kilo** s.m. Abrev. de *kilogramo.* **2.** *Fam.* Gran cantidad de algo.

2. **kilo** s.m. Argent. *Argot.* Persona o cosa de importancia, de calidad: *ese tipo es un kilo.*

3. **kilo** o **kili,** prefijo (símb. k) que, situado delante de una unidad de medida, la multiplica por mil. (También *quilo.*)

kilocaloría s.f. Medida de energía térmica (símb. kcal) que vale 1 000 calorías.

kilociclo s.m. FÍS. Medida de frecuencia que vale 1 000 ciclos.

kilográmetro s.m. FÍS. Unidad de medida de energía o de trabajo (símb. kgm o kpm) equivalente al trabajo de una fuerza de 1 kilogramo-fuerza cuyo punto de aplicación se desplaza 1 metro en la dirección de la fuerza. SIN.: *kilopondímetro.*

kilogramo s.m. Unidad de medida de masa (símb. kg) equivalente a la masa del prototipo de platino iridiado, adoptada por la Conferencia general de pesas y medidas celebrada en París en 1889, y que se conserva en la Oficina internacional de pesas y medidas. (También *quilogramo*; se abrevia *kilo.*) ◇ **Kilogramo-fuerza** Kilopondio.

kilometraje s.m. Distancia dada en kilómetros. **2.** Número de kilómetros recorridos.

kilometrar v.tr. Marcar las distancias kilométricas con señales: *kilometrar una carretera.*

kilométrico, a adj. Relativo al kilómetro: *distancias kilométricas.* **2.** Que mide en kilómetros: *poste kilométrico.* **3.** *Fig.* Muy largo.

kilómetro s.m. Medida de longitud (símb. km) que vale 1 000 metros. (También *quilómetro.*) ◇ **Kilómetro por hora** Unidad de medida de velocidad (símb. km/h) equivalente a la velocidad de un cuerpo móvil, animado de un movimiento uniforme, que recorre la distancia de un kilómetro en una hora.

kilopondímetro s.m. Kilográmetro.

kilopondio s.m. FÍS. Antigua unidad de medida de fuerza (símb. kp o kgf) equivalente a la fuerza con que una masa de 1 kilogramo es atraída por la Tierra. (Actualmente la unidad de fuerza es el *newton.*) SIN.: *kilogramo-fuerza.*

kilotón s.m. Unidad que mide la potencia de una bomba o una carga nuclear, equivalente a la energía producida por la explosión de 1 000 toneladas de TNT (trinitrotolueno).

kilovatio s.m. Medida de potencia (símb. kW) que vale 1 000 vatios.

kilt s.m. Falda masculina corta, de lana a cuadros, usada por los escoceses, y que forma parte de la indumentaria tradicional.

kimono s.m. → **quimono.**

kindergarten s.m. (voz alemana). Chile y Méx. Parvulario. SIN.: *kinder.*

kinescopio s.m. Aparato que combina la técnica del vídeo y la del cine, proyectando las imágenes reproducidas por vídeo.

kinesiólogo, a s. Quinesiólogo.

kinesioterapia o **kinesiterapia** s.f. Quinesioterapia.

kinetoscopio s.m. Aparato proyector de imágenes inventado por Edison en 1890, que permite observar las fases sucesivas de un movimiento, y que es el precursor del cinematógrafo.

kiosco s.m. → **quiosco.**

kiowa, pueblo amerindio de las Grandes Praderas de América del Norte, de lengua tano, y de cultura basada en la caza del bisonte y en rituales religiosos y chamánicos, que desapareció con la colonización.

kip s.m. Unidad monetaria de la República Democrática Popular de Laos.

kipá s.f. Bonete semiesférico que usan los judíos practicantes.

kirguiz adj. y s.m. y f. De un pueblo musulmán de lengua turca, que vive principalmente en Kirguizistán y China. ◆ s.m. Variedad del turco hablada por este pueblo.

kirial s.m. Conjunto de las melodías del kirieleisón y de las demás piezas que componen el ordinario de la misa.

kirie, kyrie o **quirie** s.m. (del gr. *Kyrie, eléison,* Señor, apiádate). Invocación de súplica que se utiliza en la liturgia romana y en numerosas liturgias orientales. **2.** Música compuesta para estas palabras. (También *kirieleisón* o *kyrie eleison.*)

kirieleisón s.m. (gr. *Kyrie, eléison,* Señor, apiádate). Kirie. (También *kyrie eleison.*)

kirsch s.m. (voz alemana). Aguardiente extraído de las cerezas fermentadas.

kit s.m. (voz inglesa). Conjunto de piezas sueltas, acompañadas de instrucciones, que se montan o acoplan para formar un objeto. **2.** Juego de herramientas, repuestos, etc., con una utilidad específica: *kit de primeros auxilios.*

kitsch adj. y s.m. (voz alemana, *cursilería*). Que es cursi, de mal gusto. **2.** Se dice del objeto o la persona caracterizados por una estética vulgar y pasada de moda y un formalismo efectista.

1. kiwi, kivi o **quivi** s.m. Arbusto trepador originario de Nueva Zelanda, cuyo fruto comestible, del mismo nombre, es de corteza marrón pilosa y pulpa de color verde.

2. kiwi o **kivi** s.m. Ave corredora de Nueva Zelanda, que mide unos 30 cm de alt., de alas atrofiadas, plumaje pardo, pico largo y barbas desordenadas. (Subclase ratites.)

kleenex s.m. (marca registrada). Pañuelo de guata de celulosa de un solo uso.

Klinefelter. Síndrome de Klinefelter Síndrome que comporta en los varones jóvenes un desarrollo anormal de los senos, una atrofia testicular y la ausencia de formación de espermatozoides, junto a anomalías cromosómicas diversas.

klínker s.m. → **clínker.**

klippe s.m. (voz alemana, *peñasco*). GEOL. Fragmento de un manto de recubrimiento de roca dura sobre una roca más blanda, puesto de relieve por la erosión.

knock-down s.m. (voz inglesa). Caída de un púgil en un combate de boxeo, por un intervalo de tiempo inferior a 10 segundos.

knock-out s.m. (voz inglesa). Caída de un púgil en un combate de boxeo, por un intervalo de tiempo superior a 10 segundos. (Se abrevia *KO.*) ◆ adj. Que está fuera de combate. <> **Knock-out técnico** Derrota declarada por el árbitro por inferioridad manifiesta de uno de los contrincantes.

know-how s.m. (voz inglesa). Conjunto de conocimientos técnicos y administrativos imprescindibles para desarrollar una actividad, que no están protegidos por una patente.

knut s.m. (voz rusa). Suplicio de la Rusia zarista, ejecutado con un látigo de varias correas de cuero terminadas en bolas de metal. **2.** Látigo con que se infligía este castigo.

KO, abrev. de *knock-out.*

koala o **coala** s.m. (ingl. *koala*). Mamífero marsupial trepador de Australia oriental, de unos 80 cm de alt., pelaje gris, orejas redondas y hocico corto, que se alimenta exclusivamente de hojas de eucalipto.

kob s.m. Antílope rumiante de las marismas del S de África. (Familia bóvidos.)

koiné o **coiné** s.f. (del gr. *koiné dialektos,* dialecto común). Lengua común establecida a partir de los dialectos de un territorio. **2.** LING. Lengua común hablada y escrita en Grecia en las épocas helenística y romana.

koljós o **koljoz** s.m. (acrónimo del ruso *kollektívnoie joziaistvo*). Explotación agrícola soviética, basada en la propiedad colectiva de los medios de producción y en la disposición gratuita y a perpetuidad de tierras del estado.

koljosiano, a o **koljoziano, a** adj. y s. Relativo al koljós; miembro de un koljós.

komi o **ziriane,** pueblo ugrofinés que habita en la República de Komi (Rusia), a lo largo del valle del Pechora.

kondo s.m. (voz japonesa). Edificio principal de un monasterio budista japonés, que alberga el santuario con la imagen del buda.

kongo o **bakongo,** pueblo de lengua bantú que habita en las dos repúblicas del Congo.

konzern s.m. (alem. *Konzern*). Grupo formado por varias empresas económicas, más estrechamente ligadas que en un cártel pero sin constituir una fusión completa.

kopek o **copec** s.m. Moneda fraccionaria que vale 0,01 rublos.

kora s.f. Instrumento musical de 21 cuerdas pulsadas, parecido al laúd y originario del O de África.

kore o **core** s.f. (gr. *koré,* muchacha) [pl. *korai* o *corai*]. Escultura de muchacha joven de pie, característica del arte griego arcaico (finales del s. VI a.C.).

Kórsakov. Síndrome de Kórsakov Afección neurológica caracterizada por amnesia de fijación y asociada a menudo con polineuritis de los miembros inferiores, presente en ciertos casos de alcoholismo.

koto s.m. Instrumento musical de cuerda de Extremo oriente, formado por una caja de resonancia plana y rectangular, sobre la que se extienden las cuerdas, cada una de las cuales posee su propio puente.

kouros s.m. → **kuros.**

kraft s.m. y adj. (voz alemana, *fuerza*). Papel de embalaje de color oscuro y muy resistente. <> **Pasta kraft** Pasta de papel obtenida por el procedimiento al sulfato.

krak s.m. (ár. *karāk,* castillo fortificado). Fortificación construida por los cruzados en Palestina y en Siria.

krausismo s.m. (de K. C. F. *Krause,* filósofo alemán). Doctrina filosófica moralista y racionalista, que se desarrolló durante la segunda mitad del s. XIX, tomando como base el pensamiento de F. Krause.

krausista adj. y s.m. y f. Relativo al krausismo; partidario de esta doctrina.

kriptón o **criptón** s.m. Gas noble, presente en la atmósfera en pequeña proporción, incoloro, inodoro y monoatómico. **2.** Elemento químico (Kr), de número atómico 36 y masa atómica 83,80.

kronprinz s.m. (voz alemana, de *Krone,* corona, y *Prinz,* príncipe). Título del heredero de la corona imperial o real, en Alemania y Austria.

kru, conjunto de pueblos de Costa de Marfil y de Liberia, integrado por varios grupos étnicos (evé, kru, beté, dida, etc.).

kuba o **bakuba,** pueblo bantú de la Rep. Dem. del Congo.

kuchen s.m. Chile. Variedad de tarta.

kudurru s.m. Laja inscrita, gruesa y ovoide, con representaciones simbólicas de dioses del antiguo oriente, que servía como garantía de la tutela divina sobre la tierra.

kufía s.f. Tocado masculino, típico de la indumentaria beduina.

kulak s.m. (voz rusa). HIST. Campesino ruso rico de finales del s. XIX y principios del s. XX. (En 1930-1931, Stalin emprendió la liquidación de los kulaks, que quedaron entonces asimilados a campesinos medios.)

kumik o **kumyk,** pueblo turco musulmán del Daguestán y en la costa del mar Caspio, del Terek al Derbent.

kümmel s.m. → **cúmel.**

kung-fu s.m. (voz china). Deporte de combate originario de Extremo oriente.

kunza s.m. Atacameño.

kurdo, a o **curdo, a** adj. y s. De un pueblo que vive en Turquía, Iraq e Irán, así como en Siria y Transcaucasia (aprox. 25 millones). ◆ s.m. Lengua de la familia irania, hablada por los kurdos.

kurdo

Su origen se remonta al s. VII. Los kurdos han resistido, replegados en las montañas del Kurdistán, múltiples invasiones, sin unirse nunca por completo. Privados en 1923 del estado que se les había prometido en el tratado de Sèvres (1920), han intentado obtener una autonomía efectiva de los estados de los que dependen, recurriendo, en ocasiones, a la formación de guerrillas que han sido severamente reprimidas. Ganaderos y agricultores son, en su mayoría, musulmanes sunnitas.

kuros, kouros o **curos** s.m. (voz griega) [pl. *kuroi*]. Escultura de hombre joven desnudo, característica del arte griego arcaico (finales del s. VI a.C.).

kuwaití adj. y s.m. y f. De Kuwait.

kvas s.m. Bebida de cebada fermentada, consumida en los países eslavos.

kwakiutl, pueblo amerindio de la costa N del Pacífico (archipiélago de la Reina Carlota, N de la isla de Vancouver), de lengua wkash.

Kwashiorkor. Síndrome de Kwashiorkor Desnutrición extrema (caquexia) debida a una insuficiencia alimentaria global, que se observa en algunos niños del Tercer mundo.

kyat s.m. Unidad monetaria de Birmania.

l

l s.f. Decimotercera letra del alfabeto español, y décima de sus consonantes. (Representa un sonido lateral fricativo alveolar sonoro.) ◇ **L** Cifra romana que vale *cincuenta.*

1. **la** art.det. → **el, la.**

2. **la** pron.pers. → **lo, la.**

3. **la** s.m. Nota musical, sexto grado de la escala de do mayor.

lábaro s.m. (lat. *labarum*). HIST. Estandarte imperial sobre el que Constantino hizo poner una cruz y el monograma de Cristo, después de su victoria sobre Magencio, en el año 312.

label s.m. (voz inglesa, *etiqueta*). Marca especial establecida por el poder público, por un organismo especializado o por una asociación profesional, que garantiza al comprador el origen, control y calidad de un producto.

labelo s.m. Pétalo superior de la corola de las orquídeas. **2.** Pieza impar articulada en el extremo del lábium de algunos insectos.

laberíntico, a adj. Relativo al laberinto. **2.** Que tiene características propias de un laberinto.

laberintitis s.f. MED. Inflamación del laberinto, en el oído interno.

laberinto s.m. (lat. *labyrinthus*). Construcción compuesta de gran número de pasillos dispuestos de tal forma que resulta muy difícil encontrar la salida. **2.** Cosa muy complicada, con muchos elementos mezclados. **3.** Lugar formado por caminos que se entrecruzan, de manera que es difícil orientarse. **4.** ANAT. Estructura del oído interno. **5.** ARQ. Composición del pavimento de determinadas catedrales de la edad media, en forma de meandros con plano centrado, que los fieles seguían de rodillas como si fuera un vía crucis.

laberintodonto, a adj. y s.m. Relativo a un orden de anfibios fósiles del período triásico de dientes de repliegues complicados.

labia s.f. (del lat. *labia,* pl. de labio). Facilidad para hablar con gracia: *tener mucha labia.*

labiado, a adj. BOT. Se dice de la corola gamopétala y cigomorfa con borde recortado en dos lóbulos principales opuestos entre sí. ◆ adj. y s.f. Relativo a una familia de plantas dicotiledóneas con flores cigomorfas, generalmente perfumadas, como la menta, el tomillo lavanda, etc. SIN.: *labiáceo.*

labial adj. Relativo a los labios. ◆ adj. y s.f. FONÉT. Se dice del fonema en cuya articulación intervienen los labios.

labialización s.f. Acción y efecto de labializar.

labializar v.tr. Hacer que un sonido se articule con los labios.

labiérnago s.m. Arbusto de la península Ibérica, de 2 a 3 m de alt., ramas delgadas, hojas perennes y estrechas de color verde negruzco, flores de color blanco y fruto en drupa globosa y pequeña. (Familia oleáceas.) SIN.: *picadera.*

labihendido, a adj. Que tiene el labio superior hendido o partido.

lábil adj. (lat. *labilis*). Que resbala o se desliza fácilmente. **2.** Inestable, cambiante. **3.** Débil, endeble: *persona lábil; pulso lábil.* **4.** Se dice del compuesto químico poco estable, especialmente al calor, como determinadas proteínas, las vitaminas, etc. **5.** PSICOL. Se dice de un humor cambiante.

labilidad s.f. Cualidad de lábil. **2.** Carácter de un compuesto lábil. **3.** PSICOL. Carácter de un humor lábil.

labio s.m. (lat. *labium*). Parte exterior carnosa de las dos, inferior y superior, que forman la abertura de la boca y que cubre los dientes. **2.** ANAT. Repliegue membranoso de la vulva. (Existen los *labios mayores* y los *labios menores.*) **3.** BOT. Lóbulo de determinadas flores. **4.** ENTOM. Cada una de las piezas horizontales situadas una dorsalmente y otra ventralmente respecto a la abertura bucal. **5.** MED. Borde de una llaga. ◆ **labios** s.m.pl. *Fig.* Boca, órgano de la palabra: *sus labios callaron.* ◇ **Cerrar los labios** Callar. **Labio leporino** MED. Malformación congénita del labio superior, por defecto de soldadura de los arcos maxilares y brote medio intermaxilar. **Morderse los labios** Reprimirse para no reír o hablar. **No descoser,** o **despegar, los labios** *Fam.* Mantenerse callado o sin contestar. **Sellar los labios** Impedir que alguien hable.

labiodental adj. y s.f. FONÉT. Se dice del fonema que se articula aproximando el labio inferior a los incisivos superiores: *la* f *es una consonante labiodental.*

labioso, a adj. Ecuad. *Fig.* Adulador.

lábium s.m. (voz latina). ZOOL. Labio inferior de los insectos.

labor s.f. (lat. *labor, -oris*). Trabajo, acción de trabajar: *una labor muy penosa.* **2.** Obra realizada por alguien: *desarrollar una gran labor.* **3.** Trabajo hecho con hilo u otro material parecido, a mano o a máquina. **4.** Labranza. **5.** Operación agrícola destinada a la preparación o cultivo de las tierras. **6.** Cava que se da a la tierra: *dar dos labores a un campo.* **7.** Grupo de productos que se confecciona en una fábrica de tabaco. (Suele usarse en plural.) ◇ **De labor** Se dice del apero o animal utilizado para el trabajo del campo. **Día de labor** Día laborable.

laborable adj. Se dice del día en que se trabaja. **2.** Se dice del terreno cultivable.

laboral adj. Relativo al trabajo como actividad realizada a cambio de un sueldo: *problemas laborales.*

laboralista adj. y s.m. y f. Se dice del abogado especialista en derecho laboral.

laborar v.tr. Labrar la tierra. ◆ v.intr. Trabajar con esfuerzo para conseguir algo.

laboratorio s.m. Local habilitado para realizar experimentos, investigaciones científicas, análisis biológicos, pruebas industriales, trabajos fotográficos, etc. ◇ **Laboratorio de idiomas** Sala insonorizada destinada a la práctica oral de una lengua extranjera mediante métodos audiovisuales.

laborear v.tr. Labrar la tierra. **2.** Hacer excavaciones en una mina. ◆ v.intr. MAR. Pasar y correr un cabo por la roldana de un motón.

laborero s.m. Bol., Chile y Perú. Capataz, persona que dirige una labor.

laboriosidad s.f. Cualidad de laborioso.

laborioso, a adj. (lat. *laboriosus*). Trabajador, aplicado en el trabajo. **2.** Que cuesta o exige mucho trabajo.

laborismo s.m. Socialismo británico moderado.

laborista adj. y s.m. y f. Relativo al laborismo; partidario del laborismo.

labortano s.m. Variedad dialectal del vasco.

labra s.f. Acción y efecto de labrar piedras, maderas, etc. SIN.: *labrado.* **2.** Operación de tallado de las piedras de cantería antes de asentarlas. **3.** Operación de labrar, pulir o acabar la superficie de los sillares o piedras de talla empleadas en arquitectura.

labrado, a adj. Se dice del tejido con dibujos en relieve: *terciopelo labrado.* ◆ s.m. Campo labrado. (Suele usarse en plural.) **2.** Labra.

labrador, ra adj. y s. Que labra la tierra. ◆ s. Persona que vive en el campo y trabaja la tierra. SIN.: *campesino, labriego.* **2.** Cuba, Dom. y Par. Persona que tiene por oficio labrar la madera sacando la corteza de los árboles para convertirlos en rollizos. ◆ s.m. y adj. Perro de una raza de gran tamaño, de orejas caídas y pelo corto rubio, marrón o negro.

labradoresco, a adj. Relativo al labrador. SIN.: *labradoril.*

labradorita s.f. Feldespato laminar de color gris, presente en la composición de diferentes rocas.

labrantío, a adj. y s.m. Se dice de la tierra de labor.

labranza s.f. Cultivo del campo.

labrapuntas s.m. (pl. *labrapuntas*). Colomb. Sacapuntas.

labrar v.tr. (lat. *laborare,* trabajar). Cultivar la tierra. **2.** Arar la tierra. **3.** Coser o bordar. **4.** Trabajar una materia dándole una forma determinada: *labrar la piedra.* ◆ v.tr. y prnl. *Fig.* Hacer cosas progresivamente para producir algo o conseguir un fin: *labrarse un porvenir.*

labriego, a s. Labrador, persona que trabaja la tierra.

labro s.m. ZOOL. Labio superior de los insectos.

labrusca s.f. (voz latina). Vid silvestre.

laburar v.intr. Argent. y Urug. *Fam.* Trabajar.

laburo s.m. Argent. y Urug. *Fam.* Trabajo.

laca s.f. (ár. *lakk*). Sustancia resinosa de color rojo oscuro que exudan las ramas de varias plantas de Extremo Oriente, a causa de las picaduras de insectos. **2.** Barniz negro o rojo preparado con esta resina, utilizado sobre todo en China. **3.** Objeto barnizado con numerosas capas de laca, y eventualmente pintado, grabado y esculpido. **4.** Producto que se vaporiza sobre el pelo para recubrirlo con una capa protectora. **5.** Sustancia albuminosa coloreada que se utiliza en pintura.

lacado, a adj. Que tiene la superficie recubierta de laca. ◆ s.m. Laqueado. **2.** Mecanismo por el que se produce una liberación de hemoglobina en la sangre. ◇ **Sangre lacada** Sangre que ha liberado hemoglobina porque sus glóbulos rojos han sufrido un proceso de hemólisis.

lacandón, pueblo amerindio agricultor de lengua maya que vive en las montañas del curso alto del Usumacinta (NO de Guatemala) y al E del est. de Chiapas (México).

lacar v.tr. Laquear.

lacasa s.f. Enzima oxidante que se encuentra en la laca, la zanahoria, las frutas, etc.

lacayo s.m. Criado de librea que acompañaba a su amo. **2.** *Fig.* Persona servil.

lacayuno, a adj. Que es propio de lacayo. **2.** *Fig.* Servil, despreciable.

laceador, ra s. Amér. Persona encargada de echar el lazo a las reses.

lacear v.tr. Adornar o atar con lazos. **2.** Disponer la caza para que se ponga a tiro, evitando ser descubierto. **3.** Esp. Cazar con lazo.

lacedemonio, a adj. y s. De Lacedemonia. SIN.: *lacedemón.*

laceración s.f. Acción y efecto de lacerar.

lacerar v.tr. (lat. *lacerare*). Herir, producir un daño en el cuerpo. **2.** *Fig.* Causar dolor moral. ◆ v.intr. Padecer, pasar penalidades.

lacería s.f. B. ART. Ornamentación de líneas, cintas o estilizaciones vegetales que se enlazan geométricamente.

lacero s.m. Persona hábil con el lazo para atrapar animales. **2.** Empleado municipal encargado de cazar con lazo perros vagabundos.

lacertilio, a adj. y s.m. Relativo a un orden de reptiles con escamas, patas y cola larga, generalmente no muy grandes, como el lagarto, el camaleón, etc. SIN.: *saurio.*

lacetano, a adj. y s. De un pueblo ibérico que en la época de la conquista romana estaba establecido en las cuencas del Llobregat y el Cardoner.

1. **lacha** s.f. (del lat. *allec, -cis*). Boquerón.

2. **lacha** s.f. *Fam.* Vergüenza, incomodidad por algo.

lachear v.tr. Chile. Galantear, decir zalamerías a una mujer.

lacho, a adj. y s. (fr. *lâche,* flojo). Chile y Perú. *Fam.* y *vulg.* Galán, amante, enamoradizo.

laciniado, a adj. (del lat. *lacinia,* franja de un vestido). BOT. Se dice del órgano que presenta cortes profundos y estrechos.

1. **lacio** s.m. Conjunto de dialectos hablados en el Lacio.

2. **lacio, a** adj. (lat. *flaccidus,* lánguido, de *flaccus,* lacio). Marchito, ajado: *cuando volví de viaje las flores estaban lacias.* **2.** Flojo, sin fuerza. **3.** Se dice del cabello liso, que no forma ondas ni rizos.

lacolito s.m. Abombamiento de una roca sedimentaria provocado por una subida de lava que no alcanza la superficie.

lacón s.m. (lat. *lacca,* tumor en las extremidades de las caballerías). Brazuelo del cerdo, especialmente el salado y curado.

lacónico, a adj. (lat. *laconicus,* relativo a Laconio o Lacedemonia). Breve, conciso: *respuesta lacónica.* **2.** Que habla o escribe con brevedad y concisión.

laconismo s.m. Cualidad de lacónico.

lacra s.f. Defecto o vicio de alguien o algo: *las lacras de la sociedad.* **2.** Señal que deja una enfermedad o daño físico. **3.** Venez. Úlcera, llaga.

1. **lacrar** v.tr. y prnl. (de *lacra*). Dañar la salud de alguien. ◆ v.tr. *Fig.* Dañar o perjudicar los intereses de alguien.

2. **lacrar** v.tr. Cerrar o sellar con lacre.

1. **lacre** s.m. (del port. *lacre*). Pasta coloreada de goma laca y trementina que se derrite para sellar y cerrar cartas. ◆ adj. Amér. *Fig.* Que es de color rojo.

2. **lacre** s.m. Vino elaborado en Alella (España), añejado, seco o dulce, que se toma después de las comidas.

lacrima s.m. (voz latina, *lágrima*). Vid de uva blanca o negra, cultivada en las regiones centromeridionales de Italia. ◇ **Lacrima Christi** Vino dulce elaborado en la región del Vesubio.

lacrimal adj. Relativo a las lágrimas: *glándula lacrimal.*

lacrimógeno, a adj. Que provoca lágrimas: *gas lacrimóge-*

no. **2.** Que induce al llanto por su carácter emotivo: *película lacrimógena.*

lacrimoso, a adj. Que llora o segrega lágrimas. **2.** Que induce al llanto por su carácter emotivo: *novela lacrimosa.* **3.** Que es propenso a lamentarse.

lactación s.f. Acción de lactar.

lactalbúmina s.f. Proteína de la leche.

lactama s.f. Amida interna cíclica formada por determinados aminoácidos.

lactancia s.f. Período de la vida de un mamífero en el que se alimenta fundamentalmente de leche. **2.** Forma de alimentación de este período: *lactancia materna; lactancia artificial.*

lactante adj. y s.m. y f. Se dice del mamífero que está en el período de lactancia. **2.** Que amamanta.

lactar v.tr. Amamantar o criar con leche. ◆ v.intr. Nutrirse con leche.

lactasa s.f. QUÍM. Enzima que transforma la lactosa en glucosa y galactosa.

lactato s.m. QUÍM. Sal o éster del ácido láctico.

lacteado, a adj. Mezclado con leche.

lácteo, a adj. Relativo a la leche o que tiene alguna de sus características. **2.** Se dice del producto derivado de la leche.

lactescencia s.f. Cualidad de lactescente.

lactescente adj. Que parece leche.

lacticinio s.m. Leche o alimento derivado de ella. **2.** Pasta vítrea de color lechoso con la que se decoran ciertos vidrios.

láctico, a adj. QUÍM. Se dice del ácido alcohol de fórmula CH_3—CHOH—COOH, que se forma en la fermentación de las hexosas bajo la acción de las bacterias lácticas y en la descomposición del glucógeno durante la contracción muscular. ◇ **Fermento láctico** Microorganismo capaz de transformar las hexosas en ácido láctico.

lactífero, a adj. ANAT. Se dice de un canal que conduce la leche al pezón.

lactívoro, a adj. y s.m. Que se alimenta exclusivamente de leche.

lactodensímetro s.m. Lactómetro.

lactoflavina s.f. BIOQUÍM. Materia colorante amarilla que se obtiene de la leche, cuyo éster fosfórico es la vitamina B_2.

lactómetro s.m. Instrumento que sirve para medir la densidad de la leche. SIN.: *lactodensímetro.*

lactona s.f. QUÍM. Éster interno cíclico derivado de un ácido-alcohol.

lactosa s.f. QUÍM. Azúcar de fórmula $C_{12}H_{22}O_{11}$, que se encuentra en la leche y que se divide en glucosa y galactosa.

lactosérum s.m. Suero de la leche.

lacustre adj. (del lat. *lacus,* lago). Relativo al lago: *región lacustre.* **2.** Que vive en un lago o en sus orillas: *planta lacustre.*

lada s.f. (voz latina). Jara.

ladang s.m. Cultivo temporal seminómada que se practica en las regiones selváticas de Indonesia.

ládano s.m. (lat. *ladanum*). Sustancia resinosa que segregan las hojas y ramas de la jara, utilizada en perfumería.

ladeado, a adj. BOT. Se dice de los órganos de una planta cuando están orientados a un mismo lado. **2.** TAUROM. Se dice de la estocada que penetra a un lado del hoyo de las agujas o cruz del toro.

ladear v.tr. y prnl. Inclinar o torcer hacia un lado: *ladear la cabeza.* **2.** Esquivar o evitar a alguien o algo. ◆ v.intr. *Fig.* Desviarse del camino derecho. **2.** Caminar por la ladera de una montaña. ◆ **ladearse** v.prnl. *Fig.* Sentir afición o inclinación por algo. **2.** Chile. *Fig.* y *fam.* Prendarse, enamorarse.

ladeo s.m. Acción y efecto de ladear o ladearse.

ladera s.f. Declive de una montaña o de otra altura.

ladería s.f. Llanura pequeña en una ladera.

ladero s.m. Argent. Caballo de tiro que en los vehículos de varas se ata al lado del varero y, en los de lanza, junto a cualquiera de los troncos. **2.** Argent. *Fig.* Persona que secunda a otra, especialmente a un jefe político.

ladilla s.f. y adj. (dim. del lat. *latus,* ancho). Insecto de unos 2 mm de long., forma redondeada y color amarillento, que vive parásito en las partes vellosas del cuerpo humano, especialmente en el pubis. (Familia tíridos.) **2.** Cebada de granos chatos y pesados. (Familia gramíneas.) **3.** Argent., Chile, Méx. y Urug. *Fam.* Persona molesta, impertinente.

ladillo s.m. IMPR. Nota o adición marginal en un texto impreso.

ladino, a adj. (lat. *latinus,* latino). Astuto, que actúa de forma taimada para conseguir algo. **2.** Se decía de la lengua romance por oposición al árabe, en la edad media. **3.** Amér. Central. Mestizo que solo habla español. **4.** Méx. Indígena o mestizo que reniega de las costumbres de su comunidad o que se aprovecha de los indios que no hablan español. ◆ s.m. Judeoespañol. **2.** Retorromano.

lado s.m. (lat. *latus, -eris*). Parte de algo que se contrapone a la otra: *el lado derecho de la casa.* **2.** Lugar, sitio, especialmente con referencia a otro: *no lo encuentro aquí, debe estar en otro lado.* **3.** Parte de algo próxima a los bordes, en oposición al centro: *la mesa estaba en el centro; las sillas, a los lados.* **4.** Costado del cuerpo humano: *dormir del lado izquierdo.* **5.** Cara, cada una de las superficies de un cuerpo laminar: *cuartillas escritas por un solo lado.* **6.** Parte del contorno de una cosa, que se diferencia por alguna característica especial: *la ciudad se ensancha por el lado del río.* **7.** *Fig.* Aspecto, punto de vista: *el lado bueno de la vida.* **8.** Rama de un parentesco: *por el lado de la madre son primos.* **9.** *Fig.* Medio o camino para hacer algo. **10.** GEOMETR. Línea de las que limitan un ángulo o un polígono. ◇ **Al lado de** Tocando a la persona o cosa expresadas, o muy cerca de ellas. **Dar de lado a alguien** *Fam.* Apartarse de su trato o compañía. **Darle a alguien por su lado** Méx. *Fam.* Fingir estar de acuerdo con él solo por complacerlo, por no discutir, etc. **Dejar a un,** o **de, lado** No tenerla en cuenta a una persona o cosa, prescindir de ella. **Hacerse a un lado** Apartarse, quitarse de en medio. **Mirar de lado** *Fam.* Mirar despectivamente. **Ser del otro lado** Ser homosexual.

ladón s.m. Lada, jara.

ladra s.f. Acción de ladrar.

ladrador, ra adj. Que ladra mucho: *perro ladrador, poco mordedor.*

ladrar v.intr. (lat. *latrate*). Dar ladridos el perro. **2.** *Fig.* y *fam.* Amenazar sin acometer. **3.** *Fig.* y *fam.* Insultar o criticar ásperamente a alguien.

ladrear v.intr. Ladrar el perro con frecuencia y sin motivo.

ladrería s.f. Cisticercosis.

ladrido s.m. Voz que emite el perro. **2.** *Fig.* y *fam.* Grito o expresión áspera.

ladrillado s.m. Enladrillado, pavimento o construcción hechos con ladrillos.

1. **ladrillar** v.tr. Enladrillar, pavimentar con ladrillos.

2. **ladrillar** o **ladrillal** s.m. Lugar donde se fabrican ladrillos.

ladrillazo s.m. Golpe dado con un ladrillo.

ladrillero, a adj. Relativo al ladrillo: *industria ladrillera.* ◆ s. Persona que tiene por oficio fabricar o vender ladrillos.

ladrillo s.m. (dim. romance del lat. *later,-eris*). Pieza de arcilla cocida en forma de paralelepípedo rectangular, que sirve para construir muros, solar habitaciones, etc.

ladrocinio s.m. → **latrocinio.**

ladrón, na adj. y s. (lat. *latro, -onis*). Que hurta o roba. ◆ s.m. Cualquier dispositivo empleado para sustraer o desviar el caudal de un fluido. ◇ **El buen ladrón y el mal ladrón** Los dos ladrones que fueron crucificados junto con Jesús, según los Evangelios, el primero de los cuales, se arrepintió antes de morir.

ladronería s.f. Latrocinio.

ladronesca s.f. *Fam.* Conjunto de ladrones.

ladronesco, a adj. *Fam.* Relativo a los ladrones.

ladronicio s.m. Latrocinio.

ladronzuelo, a s. Ladrón que comete hurtos o robos de poca importancia.

lady s.f. (voz inglesa) [pl. *ladies*]. Tratamiento dado en Gran Bretaña a las señoras de la nobleza.

lagañoso, a adj. Méx. Legañoso.

lagar s.m. (lat. *lacus,* balsa). Recipiente donde se pisa la uva, se prensa la aceituna o la manzana para extraer su zumo. **2.** Edificio donde se encuentra este recipiente. **3.** Olivar en que hay molino de aceite.

lagarero, a s. Persona que tiene por oficio trabajar en un lagar.

lagarta s.f. Lepidóptero nocturno de antenas plumosas, más desarrolladas en los machos que en las hembras, y líneas oscuras en las alas. (Familia limántridos.)

lagartear v.tr. Chile. Oprimir los brazos a alguien para inmovilizarlo, con el fin de atormentarlo o vencerlo en la lucha. **2.** Colomb. Importunar, solicitar con insistencia.

lagarteo s.m. Chile. Acción y efecto de lagartear.

lagartera s.f. Madriguera de lagartos.

lagartero, a adj. Se dice del animal que caza lagartos.

lagartija s.f. Reptil saurio parecido al lagarto pero de menor tamaño. **2.** Méx. Ejercicio gimnástico que consiste en subir y bajar varias veces el cuerpo estirado boca abajo flexionando los brazos y sosteniéndose únicamente con las manos y las puntas de los pies.

lagartijero, a adj. Se dice del animal que caza lagartijas.

lagarto, a s. (del lat. *lacertus*). Reptil de unos 60 cm de long., cuerpo alargado cubierto de escamas y cola larga, que vive generalmente en lugares cálidos y secos. (Orden lacertilios.) ◆ s.m. Piel curtida de este animal. **2.** Méx. Caimán. ◆ adj. y s. *Fig.* y *fam.* Lagartón.

lagartón, na adj. y s. Esp. *Fam.* Astuto, taimado. ◆ s.f. Esp. *Fig.* y *fam.* Prostituta.

lago s.m. (lat. *lacus, -us,* balsa). Masa grande de agua, dulce o salada, acumulada de forma natural en el interior de los continentes.

lagomorfo, a adj. y s.m. Relativo a un suborden de mamíferos roedores herbívoros, dotados de cuatro incisivos superiores, como la liebre y el conejo.

lagón o **lagoon** s.m. Extensión de agua salada situada en el interior de un atolón, o separada del mar por un arrecife coralífero.

lagópodo s.m. (del lat. *lagopus, -odis*). Ave gallinácea que habita en montañas altas y en el N de Europa, de plumaje marrón, que se vuelve totalmente blanco en invierno. (El plumaje del lagópodo de los Alpes se vuelve blanco en invierno; el lagópodo escandinavo no tiene plumaje blanco invernal.)

lagotear v.intr. y tr. *Fam.* Halagar a alguien con zalamerías para conseguir algo.

lagos: principales extensiones de agua dulce

nombre	superficie
lago Superior (América del Norte)	82 700 km²
lago Victoria (África ecuatorial)	68 100 km²
lago Hurón (América del Norte)	59 800 km²
lago Michigan (América del Norte)	58 300 km²
mar de Aral (Asia central)	34 000 km²
lago Tanganyika (África oriental)	31 900 km²
lago Baikal (Siberia)	31 500 km²
Gran Lago del Oso (América del Norte)	31 100 km²
lago Malawi (África oriental)	30 800 km²
Gran Lago del Esclavo (América del Norte)	28 930 km²

lagotería s.f. *Fam.* Zalamería.

lagotero, a adj. y s. (cat. *llagoter* u occitano *lagotier*). *Fam.* Zalamero.

lágrima s.f. (lat. *lacrima*). Líquido salado secretado por dos glándulas situadas bajo los párpados y encima de los globos oculares, que humedece la conjuntiva y penetra en las fosas nasales por las carúnculas lacrimales. (Suele usarse en plural.) **2.** Gota del humor o jugo que algunas plantas destilan después de la poda, o por incisión: *las lágrimas de la vid.* **3.** Gota de cristal coloreado que desluce a veces los objetos de vidrio. ◆ **lágrimas** s.f.pl. *Fig.* Padecimiento, adversidades de una persona. ◇ **Lágrimas de cocodrilo** *Fig.* Pena o arrepentimiento falsos. **Lágrimas de David,** o **de Job,** o **de san Pedro** Planta alta de caña, cultivada en jardinería, con semillas en forma de lágrimas. (Familia gramíneas.) **Llorar a lágrima viva** Llorar mucho y de manera ostensible. **Saltársele, a alguien las lágrimas** Empezar a llorar, sin que lleguen a caer lágrimas. **Vino de lágrima** Vino que destila de la cuba o del lagar antes de haber sido prensada la uva.

lagrimal s.m. Parte del ojo formada por el ángulo próximo a la nariz. ◆ adj. Se dice del órgano de secreción y excreción de las lágrimas.

lagrimear v.intr. Segregar lágrimas los ojos. **2.** Llorar con frecuencia o facilidad.

lagrimeo s.m. Acción de lagrimear.

lagrimoso, a adj. Se dice del ojo lloroso. **2.** Lacrimoso, que induce al llanto. ◆ s. Que lagrimea.

lagua s.f. Bol. y Perú. Sopa que se prepara con fécula de papa o chuño.

laguna s.f. (lat. *lacuna,* hoyo o agujero). Extensión natural de agua acumulada, dulce o salada, más pequeña que el lago. **2.** *Fig.* Vacío, omisión o imperfección en un trabajo. **3.** *Fig.* Olvido o desconocimiento de una cosa. **4.** GEOL. Ausencia de una capa de terreno en una serie estratigráfica.

lagunar adj. Relativo a la laguna. ◆ s.m. Hueco que queda entre los maderos de un techo artesonado.

lagunero, a adj. Relativo a la laguna.

laí o **lay** s.m. (fr. *lai*). Poema medieval breve de versos cortos, generalmente octosílabos, destinado a relatar una leyenda o historia de amor.

laicado s.m. Conjunto de creyentes laicos. **2.** Condición de laico.

laical adj. Relativo a los laicos o a algo laico.

laicidad s.f. Cualidad de laico. **2.** Sistema que excluye a la Iglesia del ejercicio del poder político o administrativo, y en particular de la enseñanza pública.

laicismo s.m. Doctrina que defiende la laicización.

laicista adj. y s.m. y f. Relativo al laicismo; partidario de esta doctrina.

laicización s.f. Acción de laicizar o laicizarse.

laicizar v.tr. Hacer laico.

laico, a adj. y s. Independiente de los organismos religiosos. **2.** Que no es eclesiástico ni religioso. SIN.: *lego.*

laísmo s.m. Uso de los pronombres átonos femeninos de tercera persona *la/las* como complemento indirecto.

laísta adj. y s.m. y f. Se dice de la persona que usa los pronombres *la/las* como complemento indirecto.

laja s.f. (port. *lage* o *laja,* del lat. hispano *lagena*). Lancha, piedra lisa.

lakista adj. y s.m. y f. Se dice del poeta británico de la primera generación del romanticismo, que a finales del s. XVIII y principios del XIX frecuentaba el Lake District, como Wordsworth o Coleridge.

lalopatía s.f. Trastorno del lenguaje.

1. **lama** s.f. Lámina de material duro. **2.** Chile. Tejido de lana con flecos en los bordes.

2. **lama** s.m. (voz tibetana, *superior, maestro venerable*). Monje budista tibetano.

3. **lama** s.f. (lat. *lama,* lodo). Cieno blando de color oscuro que se halla en el fondo del mar, de los ríos, y de otros luga-

res cubiertos de agua. **2.** Bol., Colomb. y Méx. Moho. **3.** Chile, Colomb. y Hond. Capa de plantas criptógamas que crecen en agua dulce. **4.** Chile, Colomb., Hond., Méx. y P. Rico. Musgo.

lamaísmo s.m. Doctrina budista de los lamas, muy extendida en el Tíbet.

lamaísta adj. y s.m. y f. Relativo al lamaísmo; que profesa esta doctrina.

lamarckismo o **lamarquismo** s.m. (de J. B. de Monet, caballero de *Lamarck,* naturalista francés). Teoría evolucionista basada en la influencia de las variaciones del medio sobre el comportamiento y la morfología de los seres vivos.

lamarckista o **lamarquista** adj. y s.m. y f. Relativo al lamarquismo; partidario de esta teoría.

lamasería s.f. Convento de lamas tibetanos.

lambada s.f. Baile basado en el folclore brasileño y de América Central, en el que la pareja ejecuta movimientos sensuales. **2.** Música de este baile.

lambarero, a adj. Cuba. Se dice de la persona ociosa, errante, vagabunda.

lambda s.f. Nombre de la undécima letra del alfabeto griego (λ, Λ), que corresponde a la *l* española. ◆ s.m. Punto craneal donde se unen los dos huesos parietales y el occipital.

lambel s.m. (voz francesa). HERÁLD. Pieza estrecha y larga con pendientes que se coloca en el jefe del escudo. SIN.: *lambeo.*

lambeo s.m. HERÁLD. Lambel.

lamber v.tr. (lat. *lambere*). Lamer.

lambetear v.tr. Amér. Lamer.

lambiche adj. Méx. Se dice de la persona aduladora.

lambiscón, na adj. Méx. *Fam.* Se dice de la persona servil o aduladora. SIN.: *lambiche.*

lambliasis s.f. Parasitosis intestinal debida a un protozoo flagelado.

lambón, na adj. Colomb. Soplón. **2.** Colomb. y Méx. Adulador.

lambrequín s.m. (fr. *lambrequin*). Adorno que se coloca bajo el borde de un alero, de la visera de un tejado, etc., para disimular los canalones o conductos de desagüe. **2.** ARM. y HERÁLD. Adorno en forma de cintas, hojas, plumas o penachos, que penden de la parte posterior del yelmo y rodean el escudo.

lambrija s.f. Lombriz de tierra. **2.** *Fig.* y *fam.* Persona muy delgada.

lambrijo, a adj. Flaco, delgado.

lamburda s.f. HORT. Ramo grueso terminado en un botón fructífero.

lamé s.m. (voz francesa). Tela adornada con hilos de oro o plata o tejida con hilos de metal.

lameculos s.m. y f. (pl. *lameculos*). *Vulg.* Persona que adula de forma exagerada.

lamedal s.m. Lugar donde hay mucha lama o barro.

lamedura s.f. Acción y efecto de lamer o lamerse.

lamela s.f. BOT. Lámina estrecha y delgada.

lamelibranquio, a adj. y s.m. (del lat. *lamella,* laminita, y *branquia,* branquia). Se dice del molusco de branquias laminares y concha bivalva articulada por una charnela, como la almeja o el mejillón. SIN.: *bivalvo.*

lamelicornio, a adj. Se dice del insecto coleóptero con antenas formadas por laminillas que se pueden separar como un abanico, como el escarabajo y el abejorro.

lamelirrostro, a adj. y s.m. ZOOL. Que tiene el pico con laminillas transversales en sus bordes.

lamentable adj. Digno de ser lamentado. **2.** Que produce mala impresión por su estado o apariencia.

lamentación s.f. Manifestación de dolor o tristeza. **2.** Palabras o expresiones con que alguien se lamenta: *estar harto de lamentaciones.*

lamentar v.tr. Experimentar disgusto o contrariedad por alguna causa: *lamento mucho que no haya venido.* ◆ **lamentarse** v.prnl. Quejarse, expresar disgusto por una contrariedad, pena o desgracia.

lamento s.m. (lat. *lamentum*). Queja de dolor o pena. **2.** Canto triste y quejumbroso, utilizado en madrigales y óperas.

lamentoso, a adj. Lamentable. **2.** Que se lamenta con frecuencia.

lameplatos s.m. y f. (pl. *lameplatos*). Persona sin medios económicos para alimentarse.

lamer v.tr. y prnl. (lat. *lambere*). Pasar la lengua por la superficie de una cosa: *lamer el plato.* ◆ v.tr. *Fig.* Tocar un líquido suavemente algo: *las olas lamían la arena de la playa.*

lametón s.m. Contacto de la lengua con una cosa, especialmente si se hace con fuerza.

lamia s.f. (gr. *lámia*). ANT. CLÁS. Monstruo o demonio fabuloso con cabeza de mujer, garras y cola de dragón o serpiente. **2.** ZOOL. Tiburón de hasta 4 m de long. que habita en el Mediterráneo.

lamido, a adj. *Fig.* Relamido, muy pulcro. **2.** *Fig.* Se dice de la persona delgada.

lámina s.f. (lat. *lamina*). Porción de cualquier materia de amplia superficie y poco grosor. **2.** Plancha delgada de un metal. **3.** Plancha de cobre o de otro metal en el que está grabado un dibujo para estamparlo. **4.** Estampa, ilustración o figura impresa. **5.** *Fig.* Aspecto bueno o malo de una persona o animal: *un pura raza de excelente lámina.* **6.** ANAT. Parte ancha de un hueso, cartílago, etc. **7.** BOT. Membrana que se encuentra bajo el sombrerillo de determinados hongos. **8.** ÓPT. Cristal delgado con propiedades interferenciales o polarizantes. ◇ **Lámina cribosa** Parte del hueso etmoides que separa las fosas nasales de la bóveda craneal, por cuyos poros pasan las ramas del nervio olfatorio. **Lámina delgada** Preparación constituida por una capa de roca dispuesta sobre una lámina de cristal delgada, para que el mineral sea transparente y pueda ser observado al microscopio. **Lámina espiral** Cresta ósea que separa las rampas timpánica y vestibular del caracol. **Lámina perpendicular** Parte del etmoides que separa las dos fosas nasales. **Lámina vertebral** Parte del arco posterior de las vértebras, entre la apófisis articular y la apófisis espinosa.

laminación s.f. Acción de laminar. **2.** Operación por la que un metal se deforma por compresión entre dos cilindros para modificar su constitución interna y su forma, aumentando su longitud y reduciendo su sección.

laminado, a adj. Se dice del producto obtenido por laminación: *alambre laminado.* ◆ s.m. Laminación.

laminador, ra adj. Que lamina: *cilindro laminador.* ◆ s.m. Máquina con dos cilindros de ejes paralelos utilizada en la laminación de metales.

1. **laminar** adj. Que tiene forma de lámina: *tallo laminar.* **2.** Que está formado por láminas u hojas superpuestas y paralelas. ◇ **Régimen laminar** FÍS. Régimen de circulación de un fluido, que se efectúa por deslizamiento de unas capas del mismo fluido sobre otras, sin intercambio de partículas entre ellas.

2. **laminar** v.tr. Transformar un material en láminas. **2.** Recubrir algo con láminas.

laminectomía s.f. Resección de las láminas vertebrales. (Es la primera fase de una intervención neuroquirúrgica de la médula espinal.)

laminero, a adj. y s. Goloso.

laminilla s.f. Lámina pequeña y delgada.

laminoso, a adj. Laminar, hojoso. ◇ **Tejido laminoso** ANAT. Tejido conjuntivo dispuesto en láminas paralelas.

lamiscar v.tr. *Fam.* Lamer aprisa y con ansia.

lampa s.f. (voz quechua). Chile, C. Rica, Ecuad. y Perú. Azada.

lampacear v.tr. MAR. Enjugar o secar con lampazo: *lampacear la cubierta.*

lampaceo s.m. MAR. Acción y efecto de lampacear.

lampalagua adj. y s.m. y f. Argent. y Chile. Tragón, glotón. ◆ s.f. Argent. Serpiente de la familia de las boas, de unos

2,50 m de long., de color marrón con manchas amarillentas, que se alimenta de aves y mamíferos pequeños a los que mata por constricción. ◆ s.m. Chile. Monstruo fabuloso que se bebe el agua de los ríos y los deja secos.

lampallo, a adj. Chile. Hambriento.

lampante adj. (cat. *llampant*). Se dice del queroseno purificado empleado para el alumbrado. ◇ **Aceite,** o **petróleo, lampante** Mezcla de hidrocarburos obtenida por destilación del petróleo bruto.

lámpara s.f. (del lat. *lampada,* acusativo de *lampas, -adis,* antorcha). Utensilio para producir luz artificial: *lámpara de techo; lámpara de petróleo.* **2.** Objeto que sirve de soporte o adorno a una o más luces. **3.** Foco eléctrico: *fundirse una lámpara.* **4.** Lamparón, mancha: *un traje lleno de lámparas.* **5.** Utensilio que produce llama y que se utiliza como fuente de calor: *lámpara de alcohol.* **6.** ELECTRÓN. Elemento de los aparatos de radio y televisión que consta de tres electrodos metálicos: un filamento, una rejilla y una placa. SIN.: *tubo de vacío.* ◇ **Lámpara de gasolina** Recipiente relleno de algodón o de fieltro impregnados de gasolina, con una mecha de algodón que sirve de conductor capilar al combustible. **Lámpara de incandescencia** Lámpara que produce luz por la incandescencia de un conductor delgado bajo la acción de una corriente eléctrica en un espacio vacío de aire o en un gas inerte. **Lámpara de petróleo** Lámpara consistente en un recipiente con petróleo que sube por capilaridad, con ayuda de una mecha, a una cámara hueca con agujeros donde arde el combustible. **Lámpara de seguridad** Lámpara que se utiliza en una atmósfera susceptible de explosión. **Lámpara de vapor de mercurio** Tubo que contiene vapor de mercurio y que, atravesado por una corriente eléctrica, emite una luz viva y azulada. **Lámpara piloto** Lámpara que, al encenderse, señala que un aparato o dispositivo está en funcionamiento. **Lámpara relámpago** Foco que produce destellos muy breves pero muy intensos.

lamparazo s.m. Colomb. Porción de líquido que se bebe de un trago.

lamparería s.f. Establecimiento donde se fabrican o venden lámparas.

lamparilla s.f. Lámpara que consiste en un corcho atravesado por una mecha que se enciende en un recipiente con aceite. **2.** Recipiente de esta lámpara. **3.** Encendedor de alcohol. **4.** BOT. Álamo temblón.

lamparín s.m. Cerco metálico para colocar lamparillas en una iglesia. **2.** Chile. Candil.

lámparo, a adj. Colomb. Se dice de la persona que se ha quedado sin dinero.

lamparón s.m. Mancha visible en la ropa, especialmente de grasa. **2.** Chile. Ubrera. (Suele usarse en plural.) **3.** VET. **a.** Localización cutánea del muermo de los équidos. **b.** Actinomicosis exótica de los bóvidos. **c.** Linfangitis epizoótica de los équidos.

lamparones s.m. Planta espinosa de hojas acorazonadas, empleada para tratar enfermedades cutáneas. (Familia compuestas.)

lampazo s.m. (de lat. *lappaceus,* relativo al lampazo). MAR. Manojo grueso de filásticas unidas a un mango, que sirve para limpiar y enjugar la humedad de las cubiertas y costados de las embarcaciones. **2.** METAL. Escobón hecho con ramas verdes que sirve para dirigir la llama del hogar en los hornos de fundición de plomo.

lampear v.tr. Chile. Encuadrar. **2.** Chile y Perú. Remover la tierra con la lampa. **3.** Perú. Desbastar.

lampeza s.f. Tejido de seda con adornos grandes en relieve, de textura diferente a la del fondo, utilizado en tapicería. SIN.: *lampás.*

lampiño, a adj. Que no tiene barba: *joven lampiño.* **2.** Que tiene poco pelo o poco vello: *cabeza lampiña.*

lampión o **lampeón** s.m. (fr. *lampion*). Farol, caja transparente en la que se coloca una luz.

lampista s.m. y f. Persona que tiene por oficio hacer trabajos de electricidad y plomería.

lampistería s.f. Lamparería. **2.** Oficio del lampista.

lampo s.m. (del lat. *lampare,* relampaguear). *Poét.* Resplandor intenso y fugaz: *un lampo de luz.*

lamprea s.f. (del lat. tardío *naupreda*). Pez vertebrado sin mandíbulas, de cuerpo cilíndrico y alargado, piel lisa y viscosa, que puede alcanzar 1 m de long. y remonta los ríos en primavera. (Clase agnatos o ciclóstomos.)

lampreado s.m. Guiso chileno preparado con charqui y otros ingredientes.

lamprear v.tr. Cocinar un alimento, previamente frito o asado, cociéndolo en agua o vino con azúcar o miel y especias.

lamprehuela s.f. Locha. SIN.: *lampreílla.*

lampreílla s.f. Lamprehuela.

lamprófido s.m. Roca eruptiva, generalmente filoniana, caracterizada por su riqueza en minerales ferromagnésicos, especialmente en mica negra.

lampuga s.f. → **llampuga.**

lampuso, a adj. Cuba. Atrevido, desvergonzado.

län s.m. (voz sueca, *comarca*). División administrativa principal de Suecia y Finlandia.

lana s.f. (lat. *lana*). Pelo tupido, suave y rizado de la oveja y otros rumiantes. **2.** Fibra o hilo de esta materia: *lana para un suéter.* **3.** Tela fabricada con esta materia textil: *un traje de lana inglesa.* ◆ s.m. y f. Guat. y Hond. Persona de clase social muy baja. ◆ s.m. Chile, Méx. y Perú. *Fam.* Dinero. ◇ **Emborrado de la lana** Cardado o carda de la lana; tratamiento preliminar que se da a la lana, antes del cardado mecánico. **Lana de escorias,** o **mineral** Producto preparado por proyección de vapor de agua sobre las escorias fundidas, utilizado como aislante térmico y acústico, y en la fabricación de madera artificial. **Lana de vidrio** Fibra de vidrio de diámetro muy pequeño, utilizada como aislante térmico y acústico.

lanada s.f. Instrumento para limpiar y refrescar el alma de un cañón después del disparo, formada por una barra con un extremo cubierto con cuero.

lanar adj. Relativo a la lana. ◇ **Ganado lanar** Ganado ovino.

lance s.m. Acontecimiento, episodio: *lances melodramáticos; los lances de la vida.* **2.** Pelea, riña, desafío: *un lance entre caballeros.* **3.** Acción o jugada destacada en un juego o deporte. **4.** Chile. Esguince, marro, regate. **5.** ARM. Proyectil de ballesta. **6.** TAUROM. Suerte de capa. ◇ **De lance** Se dice del objeto que se compra o se vende por menos de lo que vale. **Lance de fortuna** Casualidad, accidente inesperado. **Lance de honor** Desafío, duelo.

lancear v.intr. TAUROM. Dar lances con la capa.

lancéola s.f. Planta herbácea de hojas lanceoladas, flores pequeñas en espiga terminal y fruto en cápsula. SIN.: *llantén menor.*

lanceolado, a adj. BOT. Se dice del órgano laminar de una planta que termina en forma de lanza: *hoja lanceolada.*

lancera s.f. Armero para colocar las lanzas.

lancero s.m. Soldado de un cuerpo de caballería armado con una lanza. **2.** TAUROM. Picador. ◆ **lanceros** s.m.pl. Baile de origen británico, en el que las parejas van al encuentro unas de otras, se saludan y desfilan paralelamente, etc. **2.** Música de este baile.

lanceta s.f. Instrumento quirúrgico de hoja triangular y punta muy aguda, utilizado para efectuar pequeñas incisiones. ◆ **lancetas** s.f.pl. TAUROM. Cuernos del toro.

1. **lancha** s.f. (voz portuguesa). Embarcación grande para transportar carga y pasajeros entre puntos cercanos. **2.** Embarcación grande que llevan a bordo los barcos grandes para su servicio. **3.** Embarcación pequeña sin cubierta. ◇ **Lancha,** o **barcaza, de desembarco** Embarcación empleada para el desembarco en tierra de tropas bélicas. **Lancha lanzamisiles** Embarcación armada con misiles superficie-superficie. **Lancha rápida** Embarcación automóvil para el servicio de buques de guerra o para la vigilancia costera.

2. **lancha** s.f. Piedra plana, lisa y de escaso grosor, que en algunas regiones se utiliza para cubrir los tejados. **2.** Ecuad. Helada, escarcha.
lanchada s.f. Carga que transporta de una vez una lancha.
lanchaje s.m. Precio que se paga por el servicio de una lancha u otra embarcación menor. **2.** Servicio de transporte efectuado por estas embarcaciones.
1. **lanchar** s.m. Cantera de donde se sacan lanchas.
2. **lanchar** v.intr. Ecuad. Nublarse el cielo. **2.** Ecuad. Helar, escarchar.
lanchero, a s. Patrón o tripulante de una lancha de tráfico portuario.
lancinante adj. Se dice del dolor muy intenso y punzante.
lancinar v.tr. y prnl. Punzar, desgarrar.
lanco s.m. Planta herbácea de América Meridional usada como expectorante. (Familia gramíneas.)
Land s.m. (voz alemana) [pl. *Länder*]. Estado de Alemania. **2.** Provincia de Austria.
landa s.f. (vasc. *landa* o fr. *lande*). Vegetación propia de zonas templadas, compuesta principalmente por brezos, retamas y juncos. **2.** Terreno cubierto por esta vegetación.
land art s.m. Tendencia del arte contemporáneo aparecida en EUA hacia 1967, que abandona las modalidades tradicionales del arte para trabajar en un medio natural, utilizando como tema la misma naturaleza.
landgrave s.m. (alem. *Landgraf*, de *Land*, país, y *Graf*, conde). Título que ostentaban algunos príncipes germánicos soberanos. **2.** Magistrado que administraba justicia en nombre del emperador germánico.
landgraviato s.m. Dignidad de landgrave. **2.** Territorio gobernado por un landgrave.
landó s.m. (fr. *landau*, de la ciudad renana de *Landau*). Vehículo tirado por caballerías, de cuatro ruedas, cuatro asientos situados frente a frente y capotas plegables.
Landtag s.m. Asamblea deliberante de la mayoría de los países germánicos.
lanería s.f. Establecimiento donde se vende lana, especialmente para colchones.
lanero, a adj. Relativo a la lana: *la industria lanera.* ◆ s. Persona que tiene por oficio comerciar con lanas.
langaro, a adj. Argent. Larguirucho. **2.** C. Rica. Vagabundo.
langaruto, a adj. *Fam.* Larguirucho.
langosta s.f. (lat. *locusta*). Crustáceo decápodo de unos 40 cm de long., con fuertes antenas, pero sin pinzas, que vive en los fondos rocosos marinos y es muy apreciado por su carne. **2.** Insecto herbívoro muy voraz, del que existen numerosas especies, que se desplaza saltando y volando. (Algunas especies de las regiones cálidas pululan periódicamente y sus migraciones representan uno de los mayores azotes para los cultivos; orden ortópteros.)
langostera s.f. Trasmallo de hilo grueso para la pesca de langostas y bogavantes, que se cala a mayor profundidad que los corrientes.
langostero, a adj. Se dice de la persona que se dedica a la pesca de la langosta. **2.** Se dice de la embarcación y del utensilio utilizados en la pesca de la langosta.
langostino s.m. Crustáceo decápodo marino, de unos 15 cm de long., cuerpo comprimido, cola muy prolongada, caparazón poco consistente, y carne muy apreciada. (Familia peneidos.)
languedociano, a adj. y s. De Languedoc. ◆ s.m. Variedad dialectal de la lengua de oc, hablado en Languedoc.
languidecer v.intr. [conj.: *parecer*] *Fig.* Perder alguien o algo vigor, intensidad, energía: *la conversación languidece.* **2.** Encontrarse en un estado prolongado de debilidad.
languidez s.f. Cualidad de lánguido.
lánguido, a adj. (lat. *languidus*, de *languere*, estar débil). Falto de fuerza, vigor o intensidad. **2.** Desanimado, falto de alegría: *mirada lánguida.*
langur s.m. Primate del S de Asia, de pelo abundante y fino, orificios nasales muy próximos, abazones pequeños y cola larga. (Familia cercopitécidos.)
lanífero, a adj. Que tiene lana o está cubierto de una materia lanosa.
lanígero, a adj. Que está cubierto de una capa de pelusa parecida a la lana.
lanilla s.f. Tela delgada de lana. **2.** Pelillo que queda en el tejido de la lana por el anverso.
lanolina s.f. Grasa de color ambarino, extraída de la suarda de la lana de oveja, que se utiliza como excipiente en cosmética y farmacia.
lanosidad s.f. Pelusa, especialmente la que recubre las hojas de los vegetales.
lanoso, a adj. Que tiene mucha lana: *raza lanosa.* **2.** BOT. Lanuginoso.
lansquenete s.m. (fr. *landsknecht*). Mercenario alemán que servía en la infantería durante los ss. XV-XVII.
lantánido adj. y s.m. Se dice del elemento químico perteneciente al grupo de los metales de las tierras raras, de número atómico comprendido entre el 57 y el 71.
lantano s.m. (del gr. *lanthánein*, estar oculto). Metal del grupo de las tierras raras o lantánidos. **2.** Elemento químico (La), de número atómico 57 y masa atómica 138,905.
lantén s.m. Méx. Llantén.
lanudo, a adj. Que tiene mucha lana: *perro lanudo.* **2.** Venez. Grosero, rústico.
lanuginoso, a adj. (lat. *lanuginosus*). BOT. Que tiene lanosidad. SIN.: *lanoso.*
lanugo s.m. Vello que recubre la piel del feto.
lanza s.f. (lat. *lancea*). Arma formada por un palo largo con un hierro puntiagudo y cortante en uno de sus extremos. **2.** Soldado armado con lanza. **3.** Vara de madera que va unida por uno de sus extremos al juego delantero de un carruaje y sirve para darle dirección. ◇ **Lanza en ristre** Preparado para acometer. **Romper una lanza,** o **lanzas, por,** o **en favor de** Salir en defensa de alguien o de algo.
lanzaamarras s.m. (pl. *lanzaamarras*). MAR. Lanzacabos.
lanzabombas s.m. (pl. *lanzabombas*).MIL. Arma para disparar bombas.
lanzacabos s.m. (pl. *lanzacabos*). MAR. Aparato (cohete, fusil o pequeño cañón) para lanzar el extremo de un cable o cabo delgado que sirve para izar un cabo grueso, y establecer una amarra resistente. SIN.: *lanzaamarras.*
lanzacohetes s.m. (pl. *lanzacohetes*). MIL. Arma para lanzar cohetes.
lanzada s.f. Golpe dado con una lanza. **2.** Herida producida por una lanza. SIN.: *lanzazo.*
lanzadera s.f. Tren que enlaza regularmente las dos únicas estaciones de una línea. **2.** Vehículo que permite el enlace entre diferentes estaciones o puntos de trayecto: *autobús lanzadera.* **3.** Instrumento del telar para hacer pasar los hilos de la trama por los de la urdimbre en un tejido. **4.** Instrumento destinado a recibir el hilo utilizado para la fabricación de determinados artículos especiales, como las redes de pesca, o la trama de las alfombras confeccionadas manualmente. **5.** Instrumento en forma de huso para pasar el hilo por la labor, que llevaban las máquinas de coser. ◇ **Lanzadera espacial** Astronave reutilizable destinada a transportar aparatos y otros objetos al espacio. SIN.: *transbordador espacial.*

lanzadera

La lanzadera espacial estadounidense, que se viene utilizando desde 1981, constituye a la vez un lanzador y una nave espacial. Su principal ventaja estriba en ser en gran parte reutilizable. Su elemento principal es el orbitador. Tiene forma de avión de ala delta, con una longitud de 37 m y una envergadura de 24 m. Su fuselaje comprende, en proa, una cabina para la tripulación (hasta 7 astronautas), en el centro una amplia bodega de 4,5 m de diámetro y de 18 m de longitud que puede albergar carga útil con una masa de hasta 29,5 t, y, en popa, los tres motores-cohete principales del aparato y dos motores de maniobra. Hasta la fecha, la NASA ha puesto en servicio cuatro orbitadores: *Columbia, Challenger, Discovery* y *Atlantis*. La explosión del *Challenger* (28 en. 1986) y la del *Columbia* (1 febr. 2003) paralizaron por un tiempo el programa de vuelos de las lanzaderas estadounidenses.

---

lanzado, a adj. Se dice de la persona decidida, audaz. ◇ **Pesca al lanzado** Modalidad de pesca que consiste en enviar el cebo lejos mediante una caña provista de carrete.

lanzador, ra adj. y s. Que lanza o arroja: *lanzador de jabalina*. ◆ s.m. Lanzadera espacial.

lanzagranadas s.m. (pl. *lanzagranadas*). MIL. Arma para disparar granadas.

lanzallamas s.m. (pl. *lanzallamas*). MIL. Arma para lanzar chorros de líquido inflamado.

lanzamiento s.m. Acción de lanzar o lanzarse. **2.** Operación publicitaria que consiste en sacar un producto al mercado y promoverlo. **3.** Conjunto de operaciones para hacer despegar un ingenio espacial. **4.** Prueba de atletismo que consiste en lanzar lo más lejos posible un peso, disco, jabalina o martillo. **5.** DER. Acción de obligar a una persona, por mandamiento judicial, a abandonar la posesión de una cosa. **6.** MAR. **a.** Botadura. **b.** Ángulo formado por el codaste o la roda con la prolongación de la quilla. ◇ **Lanzamiento aéreo** Operación que consiste en lanzar personas o material en paracaídas desde un avión. **Lanzamiento de aeroplanos** Acción de impulsar un aeroplano hasta que alcanza la velocidad mínima de sustentación. **Lanzamiento de puentes** Sistema de montaje de puentes, particularmente de los metálicos, y de los tramos de puentes cantilever.

lanzamisiles s.m. (pl. *lanzamisiles*). MIL. Arma para disparar misiles.

lanzaplatos s.m. (pl. *lanzaplatos*). Aparato que se emplea en el deporte del tiro para proyectar al aire platos o palomas de barro a los que se dispara.

lanzar v.tr. (lat. tardío *lanceare*). Impulsar con fuerza a alguien o algo para que recorra una distancia: *lanzar una pelota; lanzarse al agua*. **2.** *Fig.* Divulgar, propagar, dar a conocer: *lanzar un nuevo producto; lanzar a un cantante*. **3.** *Fig.* Dirigir algo hacia un lugar, generalmente con violencia: *lanzar insultos, miradas*. **4.** Arrojar un atleta el disco, la jabalina, el martillo o el peso. **5.** Practicar la pesca al lanzado. ◆ **lanzarse** v.prnl. Dirigirse hacia algo con ímpetu o violencia. **2.** Empezar a hacer algo con fuerza, decisión o audacia.

lanzatorpedos s.m. (pl. *lanzatorpedos*). MIL. Arma para lanzar torpedos.

lanzón s.m. Pez teleósteo largo y delgado, de 20 a 30 cm de long. y dorso verde o azul oscuro, que vive en el fondo arenoso de las costas de mares templados y fríos.

laña s.f. Grapa metálica que sirve para unir dos cosas.

lañar v.tr. (lat. *laniare*). Trabar o unir con lañas.

laosiano, a adj. y s. De Laos. ◆ s.m. Lengua oficial de Laos, de la familia thai.

lapa s.f. Molusco comestible de concha cónica, que vive adherido fuertemente a las rocas y queda fuera del agua cuando baja la marea. (Clase gasterópodos.) **2.** *Fig.* y *fam.* Persona pesada e insistente.

lapachar s.m. Terreno fangoso o muy húmedo.

lapacho o **lapaco** s.m. Árbol tropical grande que crece en América Meridional. (Familia bignoniáceas.) **2.** Madera de este árbol muy dura, utilizada en construcción.

lapalapa s.f. Méx. Llovizna.

laparoscopio s.m. Instrumento médico que sirve para examinar la cavidad abdominal mediante una punción practicada en la pared.

laparotomía s.f. (del gr. *lapára,* ijadas, y *témnein,* cortar). Abertura quirúrgica de la pared abdominal.

lape adj. Chile. Se dice de la lana, hilo, etc., apelmazado o enredado. **2.** Chile. Se dice de la fiesta muy alegre y animada.

lapeado s.m. Operación de acabado de superficies metálicas mediante elementos sueltos de abrasivo y pulimento.

lapiaz s.m. Conjunto de estrías y cavidades irregulares en crestas agudas, propias del relieve cársico, formadas por la erosión de las rocas calcáreas mediante arroyadas. SIN.: *lenar*.

lapicera s.f. Amér. Merid. Pluma estilográfica. **2.** Argent. Utensilio para escribir formado por una pluma metálica insertada en un mango.

lapicero s.m. Esp. Lápiz. **2.** Esp. Portaminas.

lápida s.f. (lat. *lapis, -idis*). Losa con una inscripción en que se conmemora algo o a alguien.

lapidación s.f. Acción de lapidar.

lapidar v.tr. (lat. *lapidare*). Apedrear o matar a pedradas. **2.** Colomb. Labrar piedras preciosas.

lapidario, a adj. Relativo a las lápidas: *inscripción lapidaria*. **2.** Que se refiere a las piedras preciosas. **3.** *Fig.* Digno de perdurar por su concisión y solemnidad: *frase lapidaria*. ◆ s. Persona que tiene por oficio labrar piedras preciosas o comerciar con ellas. ◆ s.m. Trípode con tablero circular que sirve para bruñir y pulimentar piedras preciosas, cristales o lentes, piezas metálicas, etc. **2.** Bruñidor, instrumento o máquina para bruñir. **3.** Máquina de marmolería que sirve para rebajar o alisar los bloques o fragmentos que han de ser labrados. **4.** Libro sobre las piedras preciosas.

lapídeo, a adj. Que es de piedra. **2.** Que tiene características pétreas.

lapidificar v.tr. y prnl. QUÍM. Transformar en piedra.

lapidífico, a adj. QUÍM. Que lapidifica.

lapilli s.m.pl. (voz italiana). Fragmentos pequeños de proyecciones volcánicas de dimensiones comprendidas entre las cenizas y las bombas.

lapislázuli s.m. (ital. *lapislàzzuli*). Mineral opaco, de color azul intenso, compuesto de silicato de aluminio y de sodio con azufre en estado muy dividido, que se utiliza en joyería y bisutería fina. SIN.: *lazurita*.

lapitas, pueblo mitológico de Tesalia, famoso por haber vencido a los centauros durante la ceremonia nupcial del rey Piritoo.

lápiz s.m. (del lat. *lapis, -idis,* piedra). Barra pequeña de grafito encerrada en un cilindro o prisma, generalmente de madera, que sirve para escribir o dibujar. SIN.: *lapicero*. **2.** Sustancia mineral que sirve para dibujar. **3.** Cosmético en forma de lápiz, destinado al maquillaje. **4.** Preparación medicinal, a base de una sustancia activa y de sustancias neutras, generalmente de naturaleza grasa, y desecadas. ◇ **Lápiz óptico,** o **luminoso** INFORMÁT. Dispositivo en forma de lápiz con un elemento fotosensible, que permite al usuario leer señales en la pantalla de una computadora y transmitirlas.

lapo s.m. Bofetada o golpe dado con una vara, correa u otra cosa flexible. **2.** *Fig.* Escupitajo. **3.** *Fig.* Trago de líquido.

lapón, na adj. y s. De Laponia. **2.** De un pueblo de raza alpina que habita en Laponia. ◆ s.m. Lengua ugrofinesa hablada en Laponia.

lapsi s.m.pl. (voz latina, *los que han caído*). Cristianos de la antigüedad que renegaron o actuaron como si hubieran renegado de su fe.

lapso s.m. (lat. *lapsus, -us*). Espacio de tiempo. **2.** Lapsus.

lapsus s.m. (voz latina, *deslizamiento*) [pl. *lapsus*]. Falta o error cometidos por descuido. ◇ **Lapsus cálami** Lapsus cometido al escribir. **Lapsus línguae** Lapsus cometido al hablar, generalmente por sustitución de una palabra por otra.

laque s.m. Chile. Boleadoras.

laqueado s.m. Aplicación de una capa de laca en la superficie de un soporte impreso para hacer más brillante y proteger la impresión. SIN.: *lacado*.

laqueador, ra adj. y s. Que decora obras de madera mediante aplicación de lacas o barnices.

1\. **laquear** v.tr. Cubrir con laca. SIN.: *lacar*.

2\. **laquear** v.tr. Chile. Atrapar o derribar a un animal con el laque.

lar s.m. (voz latina). Hogar, fogón. **2.** Dios protector del hogar doméstico, según la mitología romana. (Suele usarse en plural.) ◆ **lares** s.m.pl. *Fig.* Hogar, lugar donde se habita.

larario s.m. Santuario pequeño destinado al culto de los dioses lares, en algunas casas de la antigua Roma.

lardáceo, a adj. Parecido al lardo.

lardear v.tr. Untar con lardo o grasa un alimento que se va a asar. SIN.: *lardar.*

lardero adj. Se dice del jueves anterior al carnaval.

lardo s.m. (lat. *lardum*). Grasa del tocino o sebo.

lardoso, a adj. Grasiento, pegajoso.

larga s.f. En pelota vasca, pelota que en el saque rebasa la línea del cuadro siete. **2.** TAUROM. Suerte de capa a una mano en la que el diestro cita al toro de frente, haciéndole seguir el movimiento del capote hasta el remate. ◇ **A la larga** Después de que haya pasado bastante tiempo. **Dar largas** Dar excusas con la intención de retrasar algo.

largar v.tr. Soltar, dejar libre: *largar a los perros.* **2.** *Fig.* y *fam.* Dar algo desagradable o con desprecio: *largar una bofetada, una propina, un discurso.* **3.** Aflojar, ir soltando poco a poco una cosa, especialmente a bordo de un barco, como las amarras, las bolinas, las velas, etc. **4.** *Fam.* Echar a alguien. ◆ **largarse** v.prnl. *Fam.* Marcharse, irse. **2.** MAR. Hacerse una embarcación a la mar, o apartarse de una rada o de un fondeadero cuando la violencia de una tempestad le impide permanecer anclada sin peligro de que se rompan las cadenas.

larghetto s.m. (voz italiana). MÚS. **a.** Fragmento que se interpreta en un tiempo un poco menos lento que el largo. **b.** Segundo movimiento de una sonata o de un concierto.

1. **largo** adv.m. Mucho: *hablar largo.* **2.** MÚS. Con un tempo muy lento.

2. **largo, a** adj. (lat. *largus*). Se dice de aquello en que predomina la longitud sobre las demás dimensiones: *un pasillo largo.* **2.** Que tiene excesiva longitud: *cortinas largas para esta ventana.* **3.** Que mide o dura un poco más de lo justo: *un litro largo; dos horas largas.* (Suele posponerse al sustantivo.) **4.** De mucha o excesiva duración: *una larga historia de amor.* **5.** *Fig.* y *fam.* Astuto, listo: *parece tonto pero es muy largo.* **6.** *Fig.* Abundante, mucho: *vivió largos años.* **7.** *Fig.* Liberal, dadivoso: *largo en alabanzas.* **8.** *Fig.* y *fam.* Alto y delgado: *un chico largo.* **9.** ANAT. Se dice de los huesos en que predomina ampliamente el diámetro longitudinal. **10.** FONÉT. Se dice de las vocales o de las sílabas cuya duración de emisión suele ser el doble de las llamadas breves. **11.** MAR. Arriado, suelto. ◆ s.m. Longitud de una cosa: *un metro de largo.* **2.** Trozo de una pieza de tela que tiene la anchura de esta y la longitud necesaria para confeccionar una cosa: *dos largos de tela.* **3.** DEP. **a.** Longitud de una cosa que se toma como referencia para medir la distancia que separa a los participantes durante una carrera. **b.** Distancia recorrida por el lado de mayor longitud de una piscina: *hacer unos largos.* **4.** MÚS. Composición o fragmento ejecutado con lentitud. ◆ interj. Se usa para echar violentamente a alguien de un lugar: *¡largo de aquí!; ¡largo de mi casa!* ◇ **A lo largo** Longitudinalmente. **A lo largo de** Durante el espacio de tiempo que dura una cosa; paralelamente al borde en sentido longitudinal. **A lo largo y a lo ancho** En toda su extensión. **De largo** Desde hace mucho tiempo. **Largo y tendido** *Fam.* Durante mucho rato y con detenimiento: *charlar largo y tendido.* **Viento (a un) largo** Viento que sopla en sentido perpendicular al rumbo que lleva la nave.

largometraje s.m. Película cinematográfica con una duración de más de sesenta minutos.

largueado, a adj. Listado.

larguero, a adj. Chile. Copioso, excesivo. **2.** Chile. Dadivoso, espléndido. ◆ s.m. Viga maestra longitudinal de un puente, bastidor, armadura u otra estructura, destinada a soportar el esfuerzo de carga. **2.** Cada una de las vigas principales del ala de un avión. **3.** DEP. Travesaño horizontal que une los postes de una portería.

largueza s.f. Generosidad para dar o compartir: *recompensar con largueza.*

larguirucho, a adj. Se dice de la persona muy delgada, alta y desgarbada.

largura s.f. Longitud.

lárice s.m. (lat. *larix, -icis*). Alerce.

lariforme adj. y s.m. Relativo a un antiguo orden de aves marinas palmípedas, como la gaviota.

larigot s.m. Flauta pastoril pequeña. **2.** Registro del órgano que suena una octava por encima del nasardo.

laringal adj. y s.f. Se dice del fonema del indoeuropeo de articulación posterior, que podía vocalizarse o funcionar como consonante.

laringe s.f. (gr. *láryge, -yggos*). Órgano fonador del aparato respiratorio, situado delante de la faringe, entre el hueso hioides y la tráquea, que está formado por cartílagos que sostienen las cuerdas vocales.

laringectomía s.f. Ablación quirúrgica de la laringe.

laríngeo, a adj. Relativo a la laringe.

laringitis s.f. Inflamación de la laringe.

laringología s.f. Parte de la medicina que estudia la laringe y su patología.

laringólogo, a s. Médico especialista en laringología.

laringoscopia s.f. Exploración del interior de la laringe.

laringoscopio s.m. Instrumento con el que se examina la laringe.

laringotomía s.f. Incisión quirúrgica de la laringe.

laro, a adj. y s.m. Relativo a un suborden de aves caradriformes de alas alargadas y puntiagudas, plumaje abundante, y colores suaves y mortecinos.

larva s.f. (lat. *larva,* máscara o fantasma). Estadio de desarrollo de numerosos animales, como los batracios, los insectos y los crustáceos, situado entre la eclosión del huevo y el estado adulto, con el que hay diferencias de forma y tipo de vida. **2.** ANT. ROM. Espectro de una persona muerta trágicamente o de un criminal, que los romanos suponían que erraba sobre la tierra para atormentar a los vivos.

larvado, a adj. Se dice del fenómeno, enfermedad, etc., que ocultan su verdadera naturaleza o no se han manifestado totalmente.

larvario, a adj. ZOOL. Relativo a la larva. SIN.: *larval.*

larvicida s.m. Sustancia utilizada para destruir las larvas de los parásitos.

lasaña s.f. (ital. *lasagna*). Plato que se prepara con láminas de pasta de harina entre las que se intercalan diferentes ingredientes, como carne picada, picadillo de verduras, bechamel, etc.

lasca s.f. Trozo pequeño y delgado desprendido de una piedra. **2.** MAR. Nudo doble. **3.** PREHIST. Esquirla de sílex cuya longitud es inferior al doble de su anchura.

1. **lascar** v.tr. (del lat. *laxicare,* de *laxus,* flojo). MAR. Aflojar, ir soltando poco a poco un cabo.

2. **lascar** v.tr. Méx. Lastimar, magullar, rozar.

lascivia s.f. Cualidad de lascivo. **2.** Conducta lasciva.

lascivo, a adj. y s. (lat. *lascivus*). Se dice de la persona con un deseo sexual exagerado. ◆ adj. Sensual, que expresa deseo sexual: *mirada lasciva.*

láser s.m. (acrónimo del ingl. *light amplification by stimulated emission of radiation,* amplificación de la luz por emisión estimulada de radiación). Aparato que genera un haz de luz coherente en el espacio y en el tiempo, de múltiples aplicaciones (investigación científica, armamento, medicina, telecomunicaciones, industria, etc.).

láser

La luz de un láser se caracteriza por su coherencia, su gran intensidad, su monocromatismo y su carácter fuertemente direccional. Un láser requiere tres elementos: un medio ópticamente activo con distintos niveles de energía electrónicos; un sistema de inyección (bombeo óptico) por el cual se produce una inversión de población (algún estado de mayor energía está más poblado que otro de energía menor), y una cavidad resonante que almacena la radiación emitida y alimenta la radiación estimulada. El mecanismo de formación de luz láser es la emisión estimulada: en presencia de un fotón de energía adecuada, un electrón del nivel superior más poblado decae hacia el inferior y emite otro fotón de igual frecuencia que el anterior y coherente con él, que queda disponible para proseguir el proceso de emisión. Los primeros láseres fueron de estado sólido, como el de rubí. Existen también láseres de gas y de semiconductores, que producen ondas mantenidas modulables, con aplicaciones en el campo de las telecomunicaciones.

laserdisc s.m. (voz inglesa) [pl. *laserdiscs*]. Disco videográfico digital de larga duración, que se graba y se reproduce por medio del láser.

laserpicio s.m. (del lat. *laserpicium,* relativo a la sirpe). Planta herbácea umbelífera de tallo grueso, flores blancas y raíz gruesa. **2.** Semilla de esta planta.

lasitud s.f. Cansancio, falta de vigor y fuerza.

laso, a adj. (lat. *lassus*). Cansado, falto de fuerzas. **2.** Lacio, liso: *cabellos lasos.*

lástima s.f. Sentimiento de compasión que suscitan las desgracias y males ajenos: *dar lástima.* **2.** Cosa lamentable o que causa disgusto. **3.** Pena, sufrimiento que inspira compasión.

lastimar v.tr. y prnl. (lat. *blastemare,* alteración de *blasphemare,* blasfemar). Herir ligeramente o hacer daño: *se lastimó las manos.* ◆ v.tr. Agraviar, ofender: *lastimar su reputación.*

lastimero, a adj. Que produce lástima: *voz lastimera.*

lastimoso, a adj. Digno de lástima. **2.** Lamentable, que por cualquier causa produce mala impresión o pena: *quedó en un estado lastimoso.*

lastón s.m. (vasc. *lasto,* paja). Planta vivaz de hojas estrechas y largas, que crece en la parte meridional de la península Ibérica. (Familia gramíneas.)

lastra s.f. Piedra plana y delgada.

lastrar v.tr. Poner lastre a una embarcación, aparejo de pesca, etc. **2.** Reducir la buena marcha o la calidad de algo.

lastre s.m. Materia pesada que se embarca en un vehículo para aumentar su estabilidad y su peso: *los lastres del globo aerostático.* **2.** *Fig.* Cosa que impide moverse con libertad. **3.** *Fig.* Impedimento para llevar algo a buen término. ◇ **Ir,** o **navegar, en lastre** Llevar el lastre como única carga. **Tanque de lastre** Compartimiento que al ser llenado o vaciado de agua de mar permite que un submarino se sumerja o emerja.

lat s.m. Unidad monetaria de Letonia.

lata s.f. (bajo lat. *latta*). Hojalata. **2.** Envase de hojalata. **3.** *Fig.* y *fam.* Cosa fastidiosa, molesta o pesada: *es una lata tener que salir con esta lluvia.* **4.** Tabla sobre la que se aseguran las tejas. ◇ **Dar la lata** *Fam.* Fastidiar o molestar con cosas inoportunas.

latacunga, pueblo amerindio de lengua chibcha que vivía en la región de Quito.

lataz s.m. (gr. *látax, -agos*). Mamífero carnívoro parecido a la nutria, pero de mayor tamaño y pelo sedoso. (Familia mustélidos.)

latazo s.m. Fastidio, pesadez.

latencia s.f. Cualidad o estado de latente. **2.** Período de aparente inactividad metabólica de algunos animales y plantas. ◇ **Período de latencia** PSICOANÁL. Período de retracción normal y fisiológica de la pulsión sexual, que va desde la declinación del complejo de Edipo hasta la pubertad.

latente adj. (lat. *latens, -entis*). Que existe sin exteriorizarse o manifestarse: *agresividad latente.* **2.** Se dice de la enfermedad sin síntomas aparentes. **3.** Se dice de la imagen fotográfica impresionada en una película que no ha sido revelada. ◇ **Calor latente** Calor utilizado por la unidad de masa en un cambio de estado físico que se efectúa a una temperatura fija.

lateral adj. (lat. *lateralis*). Que está en un lado o en la orilla de algo: *puerta lateral.* **2.** *Fig.* Que no es directo: *sucesión lateral.* ◆ adj. y s.f. Se dice del sonido fricativo que se articula elevando la lengua, que obstruye la línea media del canal bucal, y dejando escapar el aire por los lados. ◆ s.m. Lado de una avenida, separado de la zona central de la calzada por un seto o una acera de peatones. ◇ **Superficie lateral** MAT. Superficie de las caras de un cuerpo, sin contar la de las bases.

lateralidad s.f. NEUROL. Preferencia sistematizada, derecha o izquierda, en la utilización de ciertos órganos pares, como las manos, los ojos o los pies.

lateralización s.f. Acción y efecto de lateralizar o lateralizarse. **2.** NEUROL. Predominio de uno de los dos hemisferios cerebrales en las distintas funciones del cerebro, que da lugar a una especialización hemisférica.

lateralizar v.tr. y prnl. Hacer que un sonido sea lateral.

lateranense adj. Relativo al templo de San Juan de Letrán.

latería s.f. Conjunto de latas de conserva. **2.** Amér. Hojalatería.

laterita s.f. Ferralita.

laterítico, a adj. Relativo a la laterita.

lateritización s.f. Transformación de un suelo en laterita por migración de la sílice.

latero, a adj. Latoso. ◆ s. Amér. Hojalatero.

látex s.m. (lat. *latex, -icis,* líquido o licor) [pl. *látex*]. Líquido lechoso blanco o amarillo segregado por determinadas plantas. **2.** Emulsión acuosa de ciertas sustancias macromoleculares sintéticas, utilizada en la industria textil, de la pintura, del papel, etc. ◇ **Test del látex** Test biológico que permite evidenciar el factor reumatoide.

laticífero, a adj. Se dice del vaso de un vegetal que conduce látex.

laticlavo s.m. Banda de púrpura que adornaba la túnica de los senadores romanos. **2.** Túnica con esta banda.

latido s.m. Movimiento alternativo de dilatación y de contracción del corazón y de las arterias. **2.** Golpe producido por este movimiento. **3.** Sensación dolorosa en ciertas partes inflamadas muy sensibles, producida por la diástole de las arterias que las riegan.

latifolio, a adj. BOT. Que tiene las hojas anchas.

latifundio s.m. (lat. *latifundium*). Propiedad agrícola extensa, propia de economías poco desarrolladas y con fuerte concentración de la propiedad de la tierra, trabajada fundamentalmente por jornaleros.

latifundismo s.m. Sistema de distribución de la propiedad de la tierra en el que abundan los latifundios.

latifundista adj. y s.m. y f. Relativo al latifundismo; propietario de uno o varios latifundios.

latigazo s.m. Golpe dado con un látigo: *correrle a latigazos.* **2.** Chasquido del látigo. **3.** *Fig.* Hecho o dicho repentino e inesperado que produce en alguien un efecto estimulante o doloroso. **4.** Esp. *Fig.* y *fam.* Trago de bebida alcohólica. ◇ **Dolor en latigazo** Dolor brusco, agudo e intensísimo, ocasionado casi siempre como consecuencia de algún traumatismo.

látigo s.m. Instrumento largo, delgado y flexible, de cuero, cuerda u otra materia, con que se aviva y castiga a las caballerías. **2.** Atracción de feria en la que una serie de vagonetas giran bruscamente en las curvas de un circuito.

latigudo, a adj. Chile. Correoso, flexible y elástico.

latiguear v.intr. Hacer restallar el látigo.

latiguillo s.m. Frase o expresión efectistas del actor o del orador, destinadas a conseguir un aplauso. **2.** Expresión que una persona repite con frecuencia al hablar o al escribir.

latín s.m. Lengua de la antigua Roma. (El latín ha sido utilizado como lengua de cultura hasta la edad moderna y como lengua del cristianismo en occidente.) ◇ **Bajo latín** Latín hablado o escrito tras la caída del Imperio romano y durante la edad media. **Latín vulgar,** o **popular** Latín hablado, que

latinismos

Los latinismos son palabras o frases procedentes del latín que se emplean en otra lengua. A diferencia de su lengua originaria, en español se acentúan siguiendo las reglas generales. A continuación se ofrece una lista de los más frecuentes.

locución	significado	ejemplos
ad hoc	a propósito para un fin	*programa diseñado ad hoc*
alma máter	persona que impulsa algo	*alma máter de la empresa*
a posteriori	posteriormente	*reclamaciones a posteriori*
a priori	previamente	*condición a priori*
córpore insepulto	con el cuerpo sin enterrar	*misa córpore insepulto*
de facto	de hecho	*dueño de facto*
ex aequo	empatados	*ganadores ex aequo*
ex profeso	expresamente	*artículo encargado ex profeso*
in albis	sin saber nada	*estar in albis*
in artículo mortis	en el trance final	*testar in artículo mortis*
in crescendo	cada vez mayor	*ruido in crescendo*
in extremis	en último momento	*operación in extremis*
in fraganti	en flagrante delito	*sorprendido in fraganti*
in vitro	en el laboratorio	*fecundación in vitro*
ipso facto	inmediatamente	*solución ipso facto*
motu proprio	voluntariamente	*hacer algo motu propio*
númerus clausus	número limitado	*cursos con númerus clausus*
sine die	sin fecha fija	*suspensión sine die*
sui géneris	peculiar, original	*interpretación sui géneris*
vox pópuli	conocido por todos	*nombramiento vox pópuli*

dio lugar a las diferentes lenguas romances. **Saber latín** Ser astuto y vivo.

latinajo s.m. *Fam.* y *desp.* Palabra o expresión latina empleada en español.

latinidad s.f. Cultura latina. **2.** Conjunto de los pueblos de origen latino.

latiniparla s.f. Lenguaje de las personas que emplean palabras o expresiones latinas en otra lengua.

latinismo s.m. Palabra, expresión o giro procedentes del latín que se usan en otra lengua por cultismo.

latinista adj. y s.m. y f. Relativo al latinismo. **2.** Que se dedica al estudio de la lengua y cultura latinas.

latinización s.f. Acción de latinizar.

latinizante adj. y s.m. y f. Se dice de la persona que practica el culto de la Iglesia latina en un país o región de rito ortodoxo: *los cristianos latinizantes.*

latinizar v.tr. Dar forma latina a palabras y expresiones de otra lengua. **2.** Introducir el latín o la cultura latina en una región o cultura.

latino, a adj. y s. Del Lacio, o de cualquiera de los pueblos italianos de que era metrópoli Roma. **2.** De un país en que se habla una lengua derivada del latín. ◆ adj. Relativo al latín. **2.** Se dice de la Iglesia romana de occidente y de su rito. **3.** Se dice de la vela en forma de triángulo. ◆ adj. y s.f. Se dice de la embarcación aparejada con velas envergadas en entenas.

latino

Los antiguos latinos formaban parte de los pueblos indoeuropeos que invadieron Italia durante la segunda mitad del segundo milenio. Los latinos estaban constituidos en ciudades-estado reunidas en confederaciones, entre las que destacó la *Liga latina* (ss. V-IV a.C.). Sufrieron en primer lugar la dominación etrusca (s. VI a.C.) y, posteriormente, la de Roma, que abolió la *Liga latina* en 338-335 a.C.

latinoamericano, a adj. y s. De Latinoamérica.

latir v.intr. (lat. *glattire,* ladrar de forma aguda). Dar latidos el corazón y las arterias, y a veces los capilares y algunas venas. **2.** Estar latente: *bajo sus palabras latía un odio feroz.* ◇ **Latirle algo a alguien** *Méx. Fam.* Tener un presentimiento: *me late que no va a venir*; gustarle: *me laten tus zapatos.*

latirismo s.m. (del lat. *Lathyrus sativus,* nombre botánico de la guija). Intoxicación producida por la ingestión de guijas.

latitud s.f. Ángulo formado por la distancia entre un punto determinado y el plano del ecuador, medido en grados de su meridiano. **2.** Dimensión menor de una figura plana, en contraposición a la mayor o longitud. **3.** Lugar o región que se distingue de otros por sus características, especialmente climáticas: *emigrar hacia latitudes más templadas.* ◇ **Altas latitudes** Latitudes próximas a los polos. **Bajas latitudes** Latitudes próximas al ecuador.

latitudinal adj. Que se extiende a lo ancho.

latitudinario, a s. Partidario de una doctrina religiosa que defiende la posibilidad de salvación fuera de la Iglesia católica. SIN.: *universalistas.*

lato, a adj. (lat. *latus*). Extenso o extendido. **2.** *Fig.* Se dice del significado de una palabra que es más amplio que el literal: *tomar una palabra en sentido lato.*

latomía s.f. ANT. Cantera de piedra o de mármol utilizada en Siracusa como prisión.

latón s.m. (ár. *laṭûn*). Aleación de cobre y cinc.

latonería s.f. Establecimiento donde se fabrican o venden instrumentos y utensilios de latón.

latonero, a s. Persona que tiene por oficio fabricar o vender objetos de latón. **2.** Colomb. Hojalatero.

latoso, a adj. Fastidioso, molesto.

latría s.f. (lat. *latria*). Culto y adoración a Dios.

latrocinio o **ladrocinio** s.m. (lat. *latrocinium*). Robo, hurto o fraude.

latvio, a adj. y s. Letón.

lauca s.f. Chile. Calva, especialmente la de forma circular, peladura.

laucha s.f. (voz mapuche). Argent., Chile y Urug. Ratón de pequeño tamaño. ◆ adj. y s.f. Argent. *Fig.* y *fam.* Se dice de la persona lista y pícara. ◆ adj. Chile. Se dice de la persona de constitución delgada y cara alargada.

laúd s.m. (ár. *'ūd*). Instrumento musical de 7, 13 o 21 cuerdas pulsadas, de cuerpo con forma de media pera y cuyo clavijero forma ángulo recto con el mástil, que se utilizaba en Europa en los ss. XVI y XVII. **2.** Embarcación pequeña de un solo palo con vela latina.

laudable adj. Digno de alabanza.

láudano s.m. (lat. *ladanum,* goma de la jara). Preparado farmacéutico a base de opio, utilizado como calmante.

laudatorio, a adj. Que alaba o contiene alabanza.

laudemio s.m. DER. Derecho que se paga al dueño directo de una heredad sujeta a enfiteusis, cuando aquella se enajena.

laudes s.f.pl. (del lat. *laudes,* alabanzas). CRIST. Segunda parte del oficio, que se dice después de maitines.

laudo s.m. DER. Fallo que pronuncian los árbitros o amigables componedores a los que se ha sometido un asunto de forma voluntaria por las partes.

laura s.f. Colonia religiosa de las regiones cristianas orientales, habitada por monjes que hacían vida aislada. **2.** Gran monasterio.

lauráceo, a adj. y s.f. Relativo a una familia de plantas dicotiledóneas dialipétalas a la que pertenecen árboles y arbustos de regiones tropicales, como el aguacate, el canelo y el laurel.

laureado, a adj. y s. Que ha obtenido un premio o una condecoración.

laurear v.tr. Coronar con laurel a alguien que ha triunfado. **2.** Conceder a alguien un premio o condecoración.

lauredal s.m. Terreno poblado de laureles.

laurel s.m. (occitano ant. *laurier*). Arbusto o árbol de la región mediterránea, cuyas hojas lanceoladas perennes se utilizan como condimento. (En la antigüedad, el laurel simbolizaba la victoria; familia lauráceas.) **2.** *Fig.* Gloria y fama conseguidas con acciones o actividades de mérito. ◇ **Dormirse sobre,** o **en, los laureles** Dejar de trabajar o de esforzarse en un asunto después de haber conseguido un triunfo. **Laurel cerezo** Árbol de hojas coriáceas perennes, flores pequeñas y frutos comestibles. SIN.: *lauroceraso.*

laurencio o **lawrencio** s.m. (de E. O. *Lawrence,* físico estadounidense). Elemento químico transuránico (Lr), de número atómico 103.

láureo, a adj. Que es de laurel o de hojas de laurel.

laureola o **lauréola** s.f. Corona de laurel con que se premiaba a los héroes y se coronaban los sacerdotes paganos.

lauro s.m. Gloria, triunfo: *conquistar lauros imperecederos.*

lauroceraso s.m. Laurel cerezo.

lautista s.m. y f. Persona que toca el laúd.

lava s.f. (lat. *labes*). Materia líquida vomitada por un volcán, que se enfría para formar una roca volcánica.

lavabo s.m. (lat. *lavabo,* lavaré). Pila provista de llaves y desagüe, destinada a lavarse, especialmente la cara y las manos. **2.** Habitación destinada al aseo personal. **3.** Retrete, cuarto de baño. **4.** Soporte de madera o metal provisto de una palangana que se usaba para lavarse. **5.** ARQ. Fuente claustral donde los monjes se lavan las manos después de la comida. **6.** CATOL. Fragmento del salmo XXI recitado por el sacerdote al lavarse las manos durante el ofertorio.

lavacoches s.m. y f. (pl. *lavacoches*). Esp. Persona encargada de la limpieza de los automóviles en garajes y talleres.

lavadero s.m. Lugar donde se lava la ropa: *lavadero público.* **2.** Recipiente en que se lava la ropa, situado generalmente junto a la cocina de una vivienda. **3.** Piedra lisa o tabla sobre la que se lava la ropa. **4.** Instalación para lavar los minerales. **5.** Lugar del lecho de un curso fluvial donde se recogen y lavan las arenas auríferas agitándolas en una batea.

lavado, a adj. MIN. Se dice del carbón u otro mineral cuyo contenido en cenizas ha sido reducido al pasar por el lavadero. ◆ s.m. Acción y efecto de lavar o lavarse. **2.** MIN. Eliminación del estéril o ganga contenidos en el carbón o el mineral bruto. ◇ **Lavado de cerebro** Técnica que se ejerce sobre alguien con métodos psicológicos y físicos para que cambie su forma de pensar o su comportamiento. **Lavado gástrico,** o **de estómago** Introducción en el estómago de una gran cantidad de líquido que es expulsado por una sonda introducida previamente, generalmente para eliminar sustancias tóxicas ingeridas.

lavadora s.f. Máquina para lavar la ropa. **2.** Aparato para limpiar productos y frutos de la tierra.

lavafrutas s.m. (pl. *lavafrutas*). Recipiente con agua que se utiliza en la mesa para lavar la fruta o enjuagarse los dedos.

lavaje s.m. Lavado de heridas, cavidades, etc., con líquidos antisépticos. **2.** Amér. Acción y efecto de lavar.

lavamanos s.m. (pl. *lavamanos*). Lavabo pequeño, destinado a lavarse las manos y la cara.

lavanda s.f. Espliego.

lavandera s.f. Ave paseriforme de 15 a 20 cm de long., cuyo color varía del blanco o gris al verde o amarillo, que se caracteriza por su cola larga, que mueve constantemente. (Familia motacílidos.)

lavandería s.f. Establecimiento dedicado a la industria del lavado de la ropa. **2.** Lugar donde esta se lava y se plancha.

lavandero, a s. Persona que tiene por oficio lavar ropa.

lavandina s.f. Argent. y Par. Líquido clorado que se usa para aclarar y desinfectar ropa blanca, vajilla, suelos, etc., lejía.

lavaojos s.m. (pl. *lavaojos*). Recipiente pequeño para bañar el ojo.

lavaplatos s.m. (pl. *lavaplatos*). Máquina para lavar platos y utensilios de cocina. SIN.: *lavavajillas.* **2.** Argent., Chile y Méx. Mozo que se encarga de lavar los platos en un restaurante o bar. **3.** Chile, Colomb. y Méx. Fregadero.

lavar v.tr. y prnl. (lat. *lavare*). Limpiar con agua u otro líquido: *lavar la ropa.* ◆ v.tr. *Fig.* Hacer desaparecer una mancha moral, purificar: *lavar una ofensa.* **2.** *Fig.* Blanquear dinero. **3.** B. ART. Dar color a un dibujo con aguadas. **4.** MIN. Eliminar, por procedimientos físicos, el estéril contenido en el carbón o la ganga de los minerales metalíferos.

lavaseco s.m. Chile. Tintorería.

lavativa s.f. Enema. **2.** Instrumento manual con que se administra el enema.

lavatorio s.m. Lavamanos. **2.** Amér. Lavabo, recipiente dispuesto para el aseo. **3.** Amér. Lavabo, mueble especial donde se pone la palangana. **4.** Amér. Jofaina. **5.** CATOL. Acción de lavarse los dedos el sacerdote durante la misa. ◇ **Lavatorio de pies** CATOL. Ceremonia de la misa del jueves santo, en que se recuerda que Jesús lavó los pies a los apóstoles antes de la Cena.

lavavajillas s.m. (pl. *lavavajillas*). Lavaplatos, máquina. **2.** Detergente que se utiliza para lavar los platos.

lavazas s.f.pl. Agua mezclada con las impurezas de lo que se ha lavado en ella.

lavotear v.tr. y prnl. *Fam.* Lavar rápido y mal.

lawrencio s.m. → **laurencio.**

laxante adj. Que laxa. ◆ s.m. MED. Purgante de acción suave.

laxar v.tr. y prnl. (lat. *laxare,* dejar). Aflojar, ablandar, dis-

minuir la tensión de una cosa. **2.** MED. Ayudar a la evacuación del vientre mediante la acción de un laxante.
laxismo s.m. Sistema o actitud moral que tiende a tolerar lo que debe considerarse con mayor rigor.
laxista s.m. y f. Partidario del laxismo.
laxitud s.f. Cualidad de laxo. **2.** MED. Estado de falta de tono o distensión de una estructura.
laxo, a adj. (lat. *laxus*). Flojo, que no tiene la tensión o firmeza que debería tener naturalmente: *tener los músculos laxos.* **2.** *Fig.* Poco exigente o severo: *moral laxa.*
lay s.m. → **lai.**
1. **laya** s.f. (vasco *laia*). Pala fuerte de hierro con mango de madera, que sirve para labrar y remover la tierra.
2. **laya** s.f. (del lat. *lana*). Calidad, especie, clase: *gentes de toda laya.*
layetano, a adj. y s. De un pueblo ibérico que en época romana estaba asentado en la act. Cataluña entre los ríos Llobregat y Tordera.
lazada s.f. Nudo que se deshace con facilidad tirando de uno de sus cabos: *lazada corrediza.* **2.** Asa o anilla de este nudo. **3.** Lazo, nudo que sirve de adorno.
lazareto s.m. (ital. *Lazzaretto*). Establecimiento sanitario en el que se atienden y se mantienen aislados enfermos con enfermedades contagiosas. **2.** Hospital de leprosos.
lazarillo s.m. Muchacho que guía a un ciego.
lazarista adj. y s.m. Relativo a la Sociedad de sacerdotes de la misión, fundada en 1625 por san Vicente de Paúl; miembro de esta Sociedad.
lázaro s.m. (de *Lázaro,* personaje de los Evangelios que es curado por Jesús). Pobre andrajoso.
lazo s.m. Atadura o nudo de cintas que sirve de adorno. **2.** Nudo que se deshace con facilidad. **3.** Emblema o distinción del que forma parte una cinta doblada en forma conveniente y reglamentaria: *lazo de la orden de Isabel la Católica.* **4.** Trampa o cuerda con un nudo corredizo que sirve para cazar o sujetar animales. **5.** *Fig.* Trampa, engaño: *caer en el lazo enemigo.* **6.** *Fig.* Vínculo, obligación: *lazos familiares.* **7.** Hond. y Méx. Cuerda. **8.** AERON. Movimiento de un avión alrededor de un eje vertical que pasa por el centro de gravedad del aparato. ◇ **Tirarle un lazo a alguien** Méx. *Fam.* Hacerle caso, prestarle atención.
lazurita s.f. (del lat. *laqueus*). Lapislázuli.
lazzi s.m. (voz italiana). Dicho gracioso o arlequinada.
le pron.pers. (pl. *les*). Forma átona del pronombre personal de 3ª persona del singular. (Va pospuesto y unido al verbo cuando acompaña a un infinitivo, gerundio o imperativo: *dale el libro.*) Funciona como complemento indirecto. Puede funcionar como complemento directo, en lugar de *lo,* cuando se refiere a personas en género masculino. (→ **leísmo.**).
leal adj. y s.m. y f. Se dice de la persona fiel, noble e incapaz de cometer cualquier traición o engaño. ◆ adj. Que es propio de esta persona: *amistad leal.* **2.** Se dice del animal que obedece y guarda fidelidad a su amo.
lealtad s.f. Cualidad de leal.
leasing s.m. (voz inglesa). Operación de financiación a medio y largo plazo que consiste en la compra por una empresa financiera de los bienes de equipo que precisa una empresa industrial y de la cesión de dichos bienes a esta última a cambio de una renta.
lebeche o **leveche** s.m. (ár. hispano *labâğ* o cat. *llebetx*). Viento muy seco del SO que sopla en el litoral oriental del Mediterráneo.
lebrato s.m. Cría de la liebre.
lebrel s. y adj. (cat. *llebrer*). Perro que pertenece a una raza de talla alta, aspecto esbelto, cabeza alargada, hocico largo y pecho estrecho y profundo.
lebrero, a adj. Se dice del perro que sirve para cazar liebres.
lebrillo s.m. Esp. Barreño.
lebruno, a adj. Relativo a la liebre.
lección s.f. (lat. *lectio, -onis*). Explicación que una persona da a otra acerca de una materia para que la aprenda: *da lecciones de piano.* **2.** Parte diferenciada y completa de un libro de texto que facilita el aprendizaje de una materia: *las diez primeras lecciones del libro.* **3.** Parte de la materia que un alumno estudia o aprende de una vez o que un profesor manda a un alumno para estudiarla y aprender: *estudiar la lección.* **4.** *Fig.* Advertencia o consejo que se da a una persona para corregirla o aleccionarla: *le hace falta una buena lección.* ◇ **Lección magistral** Lección o conferencia que da un profesor en un acto público y solemne; intervención de un opositor que constituye una de las pruebas de la oposición. **Tomar la lección** Escuchar una persona a otra; oírsela el maestro al alumno para ver si se la sabe.
lecha s.f. Líquido seminal de los peces. **2.** Bolsa que contiene este líquido.
lechada s.f. Masa líquida de cal, yeso o argamasa para blanquear paredes o para unir piedras o hiladas de ladrillos. **2.** Líquido que tiene en disolución cuerpos insolubles muy divididos. ◇ **Lechada de cal** Suspensión de cal apagada que se emplea para recubrir superficies y en procesos industriales.
lechal adj. y s.m. Se dice del animal que aún mama: *cordero lechal.* ◆ adj. Se dice de la planta y del fruto que tiene un jugo semejante a la leche.
lechazo s.m. Cordero lechal.
leche s.f. (lat. vulgar *lacte*). Líquido de color blanco producido por las mamas de los mamíferos hembras para alimentar a sus crías. (La *leche* es un alimento de gran valor nutritivo, rico en grasas emulsionadas, prótidos, lactosa, vitaminas y sales minerales.) **2.** Líquido que se parece a la leche: *leche de almendras.* **3.** Cosmético cremoso de color blanco. **4.** *Vulg.* Semen. ◇ **De leche** Se dice de la hembra vivípara destinada a dar leche; se dice del animal que aún mama; se dice del diente que se mantiene durante la infancia hasta ser sustituido por el definitivo. **Leche condensada** Leche que se obtiene por evaporación en el vacío entre 45 y 55 ° con adición de azúcar. **Leche de gallina** Planta de hojas paralelinervias que presentan una línea blanca longitudinal. (Familia liliáceas.) **Leche en polvo** Leche deshidratada que se puede reconstituir adicionando agua. **Leche frita** Dulce que consiste en una masa espesa de harina cocida con leche que, una vez fría, se parte en trozos cuadrados que se rebozan, se fríen y se espolvorean con azúcar. **Leche maternizada** Leche de

derivados de la leche	
leches líquidas	crudas, enteras, semidesnatadas, desnatadas (pasteurizadas, esterilizadas y UHT)
leches concentradas	azucaradas no azucaradas
leches fermentadas	tradicionales yogures
cremas	frescas líquidas esterilizadas
mantequillas	sin sal saladas ligeras
quesos	leche de vaca (ej.: fresco) leche de cabra (ej.: blando) leche de oveja (ej.: de pasta verde)
productos proteínicos	caseína péptidos
subproductos industriales	leche en polvo polvo de lactosérum

vaca cuya composición ha sido modificada por adición de lactosa y reducción del contenido de caseína con el fin de que se asemeje a la de la mujer. **Leche merengada** Alimento dulce que se prepara con leche, claras de huevo, azúcar y canela. **Mala leche** *Vulg.* Mal humor; mala intención. (También *malaleche.*) **Ser la leche** Esp. *Vulg.* Ser muy bueno o muy malo.

lechecillas s.f.pl. Asaduras. **2.** Excrecencias carnosas formadas en las reses jóvenes por infarto de diversas glándulas.

lechera s.f. Recipiente para guardar, servir, hervir o transportar leche.

lechería s.f. Establecimiento donde se vende leche y otros productos lácteos. **2.** Parte de una granja o vaquería donde se envasa la leche. **3.** Chile. Vaquería.

lechero, a adj. Relativo a la leche: *industria lechera.* **2.** Se dice de la hembra vivípara destinada a dar leche: *vaca lechera.* ◆ s. Persona que tiene por oficio vender leche.

lechetrezna s.f. (del lat. *lactoris, -is*). Planta herbácea de tallo erguido, hojas en forma de espátula y semillas negras. (El jugo lechoso, acre y mordicante de la *lechetrezna* se ha usado en medicina; familia euforbiáceas.)

lechigada s.f. Conjunto de crías que han nacido en un mismo parto.

lechiguana s.m. Argent. Avispa pequeña y negra del orden de los himenópteros. **2.** Argent. Nido colgante de esta avispa; miel que produce.

lechín adj. y s.m. Se dice del olivo que produce mucha aceituna. ◆ adj. Se dice de la aceituna producida por este olivo.

lecho s.m. (lat. *lectus*). *Poét.* Cama, mueble para dormir. **2.** *Por ext.* Conjunto de cosas extendidas horizontalmente en forma de capa sobre una superficie. **3.** CONSTR. Material extendido horizontalmente en forma de capa sobre una superficie y que sirve de base a otro. **4.** GEOL. Capa muy delgada de roca mineral extendida horizontalmente que forma parte de un conjunto estratificado. (Es la subdivisión litológica más pequeña en una formación sedimentaria.) **5.** HIDROL. Parte del fondo del valle por donde corren las aguas.

lechón s.m. (gr. *laktenton*). Cría del cerdo que todavía mama. **2.** Cerdo macho.

lechosa s.f. Dom. y Venez. Papaya (fruto).

lechoso, a adj. Que tiene alguna de las características de la leche. **2.** Se dice de la planta que contiene látex.

lechucear v.tr. Argent. *Fam.* Presagiar desgracias. **2.** Argent. Curiosear, espiar.

lechuga s.f. (lat. *lactuca*). Planta herbácea de hojas grandes verdes dispuestas en roseta basal. (La *lechuga* se come generalmente en ensalada; existen numerosas variedades: de tallo, romana, de cogollo, de hoja rizada, etc.; familia compuestas.)

lechuguilla s.f. Lechuga silvestre. **2.** Cuello o puño grande, almidonado y rizado usado en la segunda mitad del s. XVI y principios del XVII.

lechuguino s.m. y adj. *Fam.* y *desp.* Hombre joven que se arregla mucho y sigue rigurosamente la moda. ◆ s.m. Lechuga pequeña antes de ser trasplantada.

lechuza s.f. (del lat. *noctua*). Ave rapaz nocturna, de cabeza redonda, con discos faciales y pico corto y encorvado en la punta. (La lechuza, ave consagrada a la diosa Atenea, se convirtió en símbolo de la ciudad griega de Atenas; familia estrígidos y titónidos.)

lechuzón s.m. Argent. Lechuza campestre, de gran tamaño.

lecitina s.f. (del gr. *lekithos,* yema de huevo). Lípido fosfóreo complejo, abundante en algunos alimentos (yema de huevo, soya) y en algunos órganos (cerebro), utilizado como aditivo alimentario.

lecito s.m. → **lequito.**

lectivo, a adj. Se dice del día y del período de tiempo en que se dan clases en un centro docente.

lector, ra adj. y s. Que lee, especialmente la persona que lee habitualmente una publicación determinada. ◆ s. ENSEÑ. Profesor que enseña su lengua materna en un centro docente extranjero. ◆ s.m. Aparato que transforma en impulsos eléctricos las señales o los datos registrados en una cinta magnética, un disco, etc. **2.** INFORMÁT. Máquina o dispositivo que permite la introducción de datos en una computadora a partir de un soporte exterior. **3.** REL. Clérigo que ha recibido el ministerio del lectorado. ◇ **Lector óptico** INFORMÁT. Dispositivo que permite leer automáticamente, por un procedimiento optoelectrónico, caracteres impresos o manuscritos.

lectorado s.m. ENSEÑ. Cargo de lector. **2.** REL. Ministerio de la Iglesia católica, antiguamente la segunda de las cuatro órdenes menores.

lectura s.f. Acción de leer: *horas de lectura.* **2.** Texto que se lee: *selecciona las lecturas de sus hijos.* **3.** Manera de interpretar un texto o hecho. **4.** INFORMÁT. Proceso por el cual se introduce información en la memoria central o en una de las memorias auxiliares de la computadora. ◇ **Cabeza de lectura** ELECTRÓN. Transductor electromecánico accionado por la modulación del surco del soporte del registro, para la reproducción de la señal registrada. **Lectura en memoria** INFORMÁT. Salida de información registrada anteriormente en una memoria electrónica. **Lectura óptica** Reconocimiento de los caracteres impresos o manuscritos por un dispositivo automático utilizando un procedimiento óptico.

led s.m. (sigla del inglés *light emetting diode*, diodo emisor de luz). Diodo que emite radiaciones luminosas cuando es recorrido por una corriente eléctrica.

ledo, a adj. (lat. *laetus*). *Poét.* Alegre, plácido.

leer v.tr. (lat. *legere*). Interpretar los signos de un texto: *leer una novela.* **2.** Dar una determinada interpretación a un texto. **3.** *Fig.* Descubrir, averiguar o comprender los sentimientos o pensamientos de alguien a partir de ciertos indicios: *leer el pánico en sus ojos.* **4.** MÚS. Interpretar el valor de las notas y de los signos.

legación s.f. Cargo diplomático que el gobierno otorga a una persona para que lo represente en el extranjero. **2.** Empleo o cargo del legado religioso. **3.** Asunto o mensaje que se le encarga. **4.** Personal que el legado tiene a sus órdenes. **5.** Casa u oficina del legado.

legado s.m. Conjunto de bienes que una persona deja a otra por disposición testamentaria o codicilar. **2.** Conjunto de cosas, especialmente ideas o tradiciones, que una persona o generación transmite a otra más joven. **3.** Persona que el gobierno envía al extranjero en representación suya para tratar un asunto concreto. **4.** Eclesiástico que representa al papa en un concilio o en el extranjero. **5.** DER. Disposición hecha en el testamento o codicilo en beneficio de una o varias personas: *aceptar un legado.* **6.** HIST. **a.** Persona a quien se encargaba una misión diplomática (embajador), administrativa (adjunto del gobernador de una provincia) o militar (lugarteniente de un general en campaña) del Imperio romano. **b.** Título del Imperio romano concedido a los gobernadores de las provincias imperiales y a los jefes de la legión. ◇ **Legado a látere** Cardenal a quien el papa encarga una misión extraordinaria e importante.

legajo s.m. Conjunto de papeles referentes a un mismo asunto o materia que se guardan generalmente atados.

legal adj. (lat. *legalis*). Relativo a la ley o a la justicia: *medicina legal.* **2.** Que está regulado por la ley o la cumple. **3.** *Fam.* Leal, digno de confianza.

legalidad s.f. Cualidad de legal. **2.** Régimen jurídico-político que viene configurado por el conjunto de leyes fundamentales de cada estado.

legalismo s.m. Actitud de la persona que aplica estrictamente la ley sin tener en cuenta otros condicionamientos.

legalista adj. Relativo al legalismo. ◆ adj. y s.m. y f. Se dice de la persona que considera que debe aplicarse estrictamente la ley sin tener en cuenta otros condicionamientos.

legalización s.f. DER. **a.** Acción de legalizar. **b.** Certificado o nota que acredita la autenticidad de un documento o de una firma.

leer

INDICATIVO	SUBJUNTIVO	
presente	**presente**	
leo	lea	
lees (leés)	leas	
lee	lea	
leemos	leamos	
leéis	leáis	
leen	lean	
copretérito o pret. imperfecto	**pretérito o pret. imperfecto**	
leía	*leyera* o *leyese*	
leías	*leyeras* o *leyeses*	
leía	*leyera* o *leyese*	
leíamos	*leyéramos* o *leyésemos*	
leíais	*leyerais* o *leyeseis*	
leían	*leyeran* o *leyesen*	
pretérito o pret. perf. simple	**futuro o fut. simple**	
leí	*leyere*	
leíste	*leyeres*	
leyó	*leyere*	
leímos	*leyéremos*	
leísteis	*leyereis*	
leyeron	*leyeren*	
futuro o fut. simple	**IMPERATIVO**	
leeré		
leerás	lee (leé)	(tú, vos)
leerá	lea	(él)
leeremos	leamos	(nosotros)
leeréis	leed	(vosotros)
leerán	lean	(ellos)
pospretérito o condicional simple	**FORMAS NO PERSONALES**	
leería		
leerías	**infinitivo**	**gerundio**
leería	leer	*leyendo*
leeríamos	**participio**	
leeríais	leído	
leerían		

legalizar v.tr. DER. **a.** Dar carácter legal a algo. **b.** Certificar la autenticidad de un documento o firma.

légamo o **légano** s.m. Cieno, depósito arcilloso y blando.

legaña s.f. Secreción de las glándulas de los párpados, de color amarillento o blanquecino, que se produce durante el sueño y se acumula en el borde de los ojos.

legañoso, a adj. y s. Que tiene legañas.

legar v.tr. (lat. *legare*). Dejar una persona un conjunto de bienes a otra por disposición testamentaria o codicilar: *legar una fortuna.* **2.** Transmitir una persona o generación un conjunto de cosas, especialmente ideas o tradiciones, a otra más joven. **3.** Enviar a un legado.

legatario, a s. Beneficiario de un conjunto de bienes por disposición testamentaria o codicilar.

legato s.m. (voz italiana). MÚS. Término que indica que los sonidos han de sucederse sin interrupción.

legendario, a adj. Relativo a la leyenda: *héroe legendario.* **2.** De mucha fama.

leghorn s.f. (voz inglesa). Gallina que pertenece a una raza que pone muchos huevos.

legible adj. Que puede ser leído. SIN.: *leíble.*

legión s.f. (lat. *legio, -onis*). Unidad militar fundamental del ejército del Imperio romano. (La legión imperial contaba unos 6 000 hombres repartidos en 10 cohortes, 30 manípulos y 60 centurias.) **2.** Grupo indeterminado y numeroso de personas o seres: *legión de mosquitos.* **3.** MIL. Unidad militar de élite formada por soldados profesionales destinados a misiones ofensivas.

legionario, a adj. Relativo a la legión. ◆ s.m. Soldado de una legión.

legionela s.f. Enfermedad infecciosa causada por una bacteria y que se caracteriza por fiebre y neumonía. SIN.: *enfermedad del legionario, legionelosis.* **2.** Bacteria que causa esta enfermedad.

legionelosis s.f. Legionela. SIN.: *enfermedad del legionario.*

legislación s.f. DER. **a.** Conjunto de leyes que regulan una actividad determinada: *legislación mercantil.* **b.** Conjunto de leyes de un estado: *la legislación vigente.* **c.** Ciencia que estudia las leyes y los códigos. **d.** Acción de legislar.

legislar v.intr. Hacer o establecer leyes.

legislativo, a adj. Relativo al legislador o a la legislación: *disposición legislativa.* **2.** Que hace las leyes: *asamblea legislativa.* ◆ adj. y s.m. Se dice del poder que tiene la potestad de hacer y reformar las leyes.

legislatura s.f. Período de tiempo durante el cual funcionan los órganos legislativos. **2.** Conjunto de órganos legislativos. **3.** Argent. Congreso o cuerpo legislativo de las provincias, en oposición a congreso nacional.

legista s.m. y f. Persona que se dedica al estudio de cuestiones jurídicas.

legítima s.f. DER. Parte de los bienes de una herencia de los cuales el testador no puede disponer por corresponder a los herederos forzosos.

legitimación s.f. Acción y efecto de legitimar.

legitimar v.tr. Certificar o probar la legitimidad de algo. **2.** Habilitar a una persona para un oficio o empleo. **3.** Reconocer como legítimo a un hijo. **4.** POL. Dar carácter legal a algo, especialmente un poder político, régimen o asociación.

legitimario, a adj. Relativo a la legítima. ◆ adj. y s. Que tiene derecho a la legítima.

legitimidad s.f. Cualidad de legítimo: *la legitimidad de una demanda.* **2.** POL. **a.** Cualidad de un poder político que engendra y mantiene las creencias dominantes en una sociedad. **b.** Derecho de una dinastía que se considera legítima.

legitimismo s.m. Doctrina que afirma la legitimidad de una rama de una dinastía, por considerarla con mayores derechos al trono que la rama reinante.

legitimista adj. y s.m. y f. Relativo al legitimismo; partidario de esta doctrina.

legítimo, a adj. Que se ajusta a las leyes o al derecho: *esposa legítima.* **2.** Justo, lícito: *es legítimo exigir garantías.* **3.** Auténtico, verdadero: *oro legítimo.*

lego, a adj. y s. (lat. *laicus*). *Poét.* Que ignora una determinada materia: *ser lego en matemáticas.* **2.** Laico. ◆ adj. y s.m. Se dice del religioso que siendo profeso no tiene opción a las sagradas órdenes. ◆ adj. y s.f. Se dice de la monja profesa exenta de coro, que sirve a la comunidad en las faenas caseras.

legón s.m. (lat. *ligo, -onis*). Azadón.

legra s.f. (lat. *ligula*). MED. Instrumento para efectuar legrados.

legrado s.m. Intervención quirúrgica que consiste en raspar las partes blandas que recubren una superficie ósea o mucosa. SIN.: *raspado.*

legrar v.tr. Raspar las partes blandas que recubren una superficie ósea o mucosa mediante una intervención quirúrgica.

legua s.f. (lat. tardío *leuga*). Antigua unidad de medida de longitud equivalente a 5 572 m. (En Hispanoamérica se emplea aún hoy en varios países, con valores distintos: en Argentina equivale a 5 199 m; en Colombia y Paraguay, a

5 000 m; en Guatemala, a 5 572 m, y en México, a 4 190 m.) ◇ **A la,** o **desde media, legua** o **a leguas** o **de cien,** o **mil** o **muchas, leguas** Desde muy lejos, a gran distancia. **Legua de dieciocho al grado** Antigua unidad de medida de longitud que representa un dieciochoavo del grado de un meridiano terrestre, el cual mide 111 111,11 m. **Legua de diecisiete y medio al grado** Antigua unidad de medida de longitud que representa un diecisieteavo y medio del grado de un meridiano terrestre, el cual mide 111 111,11 m. **Legua de posta** Antigua unidad de medida de longitud equivalente a 4 km. **Legua de quince al grado** Antigua unidad de medida de longitud que representa un quinceavo del grado de un meridiano terrestre, el cual mide 111 111,11 m. **Legua de veinticinco al grado** Antigua unidad de medida de longitud que representa un veinticincoavo del grado de un meridiano terrestre, el cual mide 111 111,11 m. **Legua marina,** o **de veinte al grado** Antigua unidad de medida de longitud equivalente a 5 555 m.

leguleyo s.m. (lat. *legulejus*). *Desp.* Jurista, abogado.

legumbre s.f. (lat. *legumen*). Fruto en forma de vaina que tiene en su interior una o varias semillas. **2.** Semilla que crece en el interior de este fruto. **3.** Hortaliza.

legumbrera s.f. Recipiente en que se sirven las legumbres.

legúmina s.f. Sustancia proteica que se encuentra en determinadas semillas, como la arveja o guisante y el frijol o judía.

leguminoso, a adj. y s.f. Relativo a un orden de plantas dicotiledóneas cuyo fruto es una vaina, o legumbre, como la arveja o guisante, el frijol o judía y la lenteja.

leíble adj. → **legible.**

leída s.f. *Fam.* Lectura, acción de leer.

leído, a adj. Se dice de la persona culta, instruida.

leishmania adj. y s.f. Relativo a un género de protozoos parásitos, comunes al ser humano y a los animales, transmitidos por un insecto díptero de las zonas mediterráneas y tropicales y que causan en el ser humano la leishmaniosis.

leishmaniosis s.f. (de *Leishmania*, género de protozoarios que producen la infección). MED. Enfermedad causada por un parásito del género leishmania.

leísmo s.m. Uso de los pronombres átonos de tercera persona *le/les* como complemento directo de persona: *es leísmo decir «A tu hermano le vi en la calle» por «A tu hermano lo vi en la calle».*

leísta adj. y s.m. y f. Se dice de la persona que usa los pronombres *le/les* como complemento directo de persona.

leitmotiv s.m. (voz alemana, *motivo conductor*). Tema básico de una composición poética o musical que se repite insistentemente. **2.** Idea alrededor de la cual se desarrolla una obra, discurso, conferencia, conversación, monólogo, etc.

lejanía s.f. Cualidad de lejano. **2.** Lugar que se ve a lo lejos.

lejano, a adj. Que está lejos.

lejía s.f. (del lat. *aqua lixiva,* agua de lejía). Líquido formado por una disolución de álcalis o sales alcalinas que se emplea para desinfectar y blanquear la ropa.

lejiado s.m. Lavado de los trapos en la fabricación de la pasta de papel.

lejos adv.l. y t. (lat. *laxius*). A gran distancia en el espacio o en el tiempo: *vive muy lejos de aquí; la Navidad está aún lejos.* ◇ **A lo lejos** A gran distancia. **De,** o **desde, lejos** A determinada distancia. **Lejos de** En vez de (Se usa delante de un infinitivo para señalar cierta oposición respecto a lo que se dice a continuación): *lejos de mejorar, iba de mal en peor.*

lejura s.f. Colomb. y Ecuad. Parte muy lejana, lejanía.

lek s.m. (pl. *lekë*). Unidad monetaria de Albania.

lele adj. y s.m. y f. Amér. Lelo.

lelo, a adj. y s. (voz de creación expresiva). Simple, pasmado, tonto.

lema s.m. (lat. *lemma, -atis,* del gr. *lemma,* provecho o tema). Frase que expresa una idea como guía de conducta. **2.** Frase de un escudo o emblema que expresa un ideal. **3.** Palabra o palabras que sustituyen el nombre del autor de una obra que se presenta a concurso hasta que se hace público el fallo del jurado. **4.** Texto breve que precede una composición literaria para indicar el asunto de la obra. **5.** LING. Entrada de un diccionario. **6.** MAT. Proposición preliminar cuya demostración facilita la de un teorema subsiguiente.

lemming s.m. Mamífero roedor de 10 cm de long., cola y patas cortas, que vive en madrigueras, en Escandinavia, y que efectúa migraciones masivas hacia el sur.

lemnáceo, a adj. y s.f. (del gr. *lémna,* lenteja de agua). Relativo a una familia de plantas monocotiledóneas acuáticas. (La *lenteja de agua* pertenece a la familia *lemnáceas.*)

lemniscata s.f. MAT. Lugar geométrico de los puntos tales que el producto de sus distancias a dos puntos fijos es constante.

lemnisco s.m. (lat. *lemniscus*). ANAT. Fascículo sensitivo posterior a nivel del bulbo y protuberancia.

lemosín, na adj. y s. Del Lemosín. ◆ adj. Se dice de la raza bovina, ovina y porcina originaria del Lemosín. ◆ s.m. Variedad del provenzal hablada en el Lemosín.

lempira s.m. Unidad monetaria de Honduras.

lémur s.m. Mamífero primate arborícola de Madagascar, del tamaño de un gato. (Suborden lemuroideos.)

lémures s.m.pl. Espíritus maléficos de la mitología romana que se aparecían a los vivientes para atemorizarlos.

lemuroideo, a adj. y s.m. Relativo a un suborden de mamíferos primates con lóbulos olfativos muy desarrollados. SIN.: *prosimio.*

lenape → **delaware.**

lenar s.m. Lapiaz.

lenca, pueblo amerindio agricultor de lengua homónima, de las montañas de Honduras y el NE de El Salvador.

lencería s.f. Ropa interior femenina. **2.** Establecimiento donde se vende esta ropa. **3.** Establecimiento donde se confecciona esta ropa.

lencero, a s. Persona que se dedica a confeccionar o vender lencería.

lenco, a adj. y s. Hond. Tartamudo.

lendrera s.f. Peine de púas espesas.

lengón s.m. Colomb. Mentiroso.

1. **lengua** s.f. (lat. *lingua*). Órgano muscular situado en la cavidad bucal, móvil gracias a diecisiete músculos estriados inervados por el hipogloso mayor. (La *lengua* interviene en la deglución y la articulación de sonidos. Las papilas que la recubren contienen botones sensoriales que aseguran la gustación. Algunos animales utilizan la lengua para capturar sus presas o para recibir información táctil u olfativa.) **2.** Cosa que tiene la forma de este órgano: *lengua de tierra.* **3.** Sistema de signos orales o escritos que utilizan los miembros de una comunidad para comunicarse: *la lengua inglesa.* SIN.: *lenguaje, idioma.* ◇ **Irse de la lengua** *Fam.* Revelar algo que no se debía manifestar. **Lengua de ciervo,** o **cerval** Helecho de hojas en punta de lanza que alcanzan 50 cm de long. **Lengua de gato** Galleta dura, larga y plana. **Lengua de serpiente** Helecho de rizoma pequeño, del que sale un escapo que tiene hacia su mitad un fronde entero y una espiga formada por la fusión de los esporangios. **Lengua franca** Lengua que sirve como vehículo de comunicación entre personas de diferentes lenguas maternas y que consiste en una mezcla de elementos de diferentes lenguas. **Lengua glaciar** Parte alargada de un glaciar de valle, a partir del punto en que el hielo forma un río bien individualizado. **Lengua larga** Méx. *Fam.* Persona mentirosa a la que le gusta exagerar cuando habla. **Lengua materna** Lengua primera que aprende una persona. **Lengua muerta** Lengua que ya no se habla, como el latín o el sánscrito. **Lengua viva** Lengua que se habla actualmente. **Malas lenguas** *Fig.* y *fam.* Personas murmuradoras y calumniadoras. **Morderse la lengua** Contenerse en hablar, callando lo que se iba a decir. **Tirar de la lengua** *Fam.* Provocar a alguien para que cuente algo que debería callar.

2. **lengua,** pueblo amerindio de Paraguay, de lengua mascoi.

lenguado s.m. Pez de cuerpo asimétrico, casi plano, boca lateral y ojos a un mismo lado del cuerpo. (Familia soleidos.)

lenguaje s.m. Sistema de signos orales o escritos que utilizan los miembros de una comunidad para comunicarse. SIN.: *lengua, idioma.* **2.** Facultad humana para comunicar ideas o sentimientos. **3.** Manera de expresarse: *lenguaje agresivo, afectado.* **4.** Sistema de signos artificiales que utilizan los miembros de una comunidad para comunicarse: *el lenguaje de las flores.* **5.** Sistema de signos que utilizan los miembros de una misma especie para comunicarse. **6.** INFORMÁT. Conjunto de caracteres, símbolos y reglas que permiten unirlos, utilizado para escribir las instrucciones que se dan a una computadora. <> **Lenguaje de alto nivel** Lenguaje simbólico en el que una instrucción del programa fuente da lugar a varias instrucciones máquina. (Los principales lenguajes de alto nivel son el ALGOL, el COBOL y el FORTRAN.) **Lenguaje máquina** Lenguaje específico de una computadora en la que las instrucciones se expresan en código binario directamente asimilable por la máquina. **Lenguaje simbólico** Lenguaje de programación no ejecutable directamente por la computadora.

lenguaraz adj. Se dice de la persona que habla con descaro y atrevimiento.

lengüeta s.f. Pieza de material flexible situada en la parte superior del zapato, bajo el cierre. **2.** Espiga longitudinal, estrecha y seguida, que se labra en el canto de una tabla y encaja en la canal o ranura de la tabla contigua: *ensamble a ranura y lengüeta.* **3.** MÚS. Lámina pequeña de caña, madera o metal, situada en la embocadura de un instrumento de viento o en los tubos de un órgano que, al vibrar, produce el sonido. **4.** TECNOL. Pieza de metal prismática, de débil sección con relación a su longitud, y que sirve por lo general de chaveta de guía en una ranura.

lengüetada s.f. Movimiento brusco hecho con la lengua para lamer o agarrar algo. SIN.: *lengüetazo.*

lengüetear v.intr. Sacar repetidamente la lengua con movimientos rápidos. **2.** Amér. Hablar mucho, sin sustancia o sin claridad.

lengüilargo, a adj. *Fam.* Lenguaraz, descarado.

lenidad s.f. (del lat. *lenis*). Excesiva condescendencia en exigir el cumplimiento de los deberes o en castigar las faltas.

lenificar v.tr. Suavizar, ablandar.

leninismo s.m. Doctrina política de Lenin. (Se considera como un desarrollo del marxismo, especialmente por su análisis del imperialismo y su concepción de la organización del partido bolchevique.)

leninista adj. y s.m. y f. Relativo a Lenin; partidario de Lenin o del leninismo.

lenitivo, a adj. Que ablanda y suaviza. ◆ s.m. Medio para mitigar un padecimiento físico o moral. **2.** MED. Sustancia que tiene una acción suavizante.

lenocinio s.m. (lat. *lenocinium*). *Poét.* Alcahuetería.

lente s.f. (lat. *lens, -tis,* lenteja). Disco de cristal o de una sustancia refringente, con caras cóncavas o convexas, que se utiliza en instrumentos ópticos. ◆ **lentes** s.m.pl. Anteojos, instrumento para corregir defectos visuales o proteger los ojos. <> **Lente electrónica** Dispositivo que desempeña el mismo papel con respecto a los electrones que una lente óptica con respecto a la luz. **Lente intraocular** Implantación intraocular que sustituye al cristalino.

lenteja s.f. (lat. *lenticula*). Planta herbácea trepadora de hojas compuestas y flores blancas. (Familia papilionáceas.) **2.** Semilla de esta planta. <> **Lenteja de agua** Planta muy pequeña, con dos o tres hojas del tamaño de una lenteja, que crece en gran número en la superficie de las aguas estancadas. (Familia lemnáceas.) **Lenteja de péndulo** Masa metálica, de forma redonda, que se suspende en el extremo inferior del péndulo de un reloj.

lentejar s.m. Terreno sembrado de lentejas.

lentejón s.m. GEOL. Formación de extensión limitada y forma frecuentemente lenticular.

lentejuela s.f. Lámina pequeña, redondeada y brillante que se aplica a los vestidos como adorno.

lentibularia s.f. Planta acuática que captura pequeñas presas animales con los utrículos.

lenticela s.f. BOT. Poro que atraviesa la corteza de los árboles jóvenes y permite la respiración de los tejidos subyacentes.

lenticular adj. Que tiene forma de lenteja.

lentigo s.m. Presencia en la piel de manchas generalmente de pequeño tamaño. **2.** MED. Peca.

lentilla s.f. Esp. Lente de contacto.

lentiscal s.m. Terreno de monte plantado de lentiscos.

lentisco s.m. (lat. *lentiscus*). Arbusto originario de la región mediterránea, de hojas persistentes y paripinnadas, flores unisexuales y frutos pequeños de color marrón-rojizo. (El tronco del *lentisco* proporciona una resina denominada *almáciga* que se utiliza como masticatorio; familia terebintáceas.) SIN.: *almácigo.*

lentitud s.f. Cualidad de lento.

1. **lento** adv.m. (ital. *lento*). MÚS. De forma pausada. ◆ s.m. Fragmento musical que se ejecuta con movimiento pausado.

2. **lento, a** adj. Que tarda más tiempo del necesario en realizar algo o moverse.

leña s.f. (lat. *ligna*). Conjunto de ramas, matas y troncos que se destina a la combustión. **2.** *Fig.* y *fam.* Conjunto de golpes que se da a alguien como castigo o en una pelea: *repartir leña.* <> **Echar leña al fuego** Aumentar el enojo de alguien; aportar medios para acrecentar un mal. **Leña de oveja,** o **de vaca** Argent. y Urug. En el lenguaje rural, estiércol seco que se emplea para hacer fuego.

leñador, ra s. Persona que tiene por oficio cortar leña.

leñatero s.m. Planta trepadora originaria de las regiones tropicales de América de fruto capsular. (Familia ramnáceas.)

leñazo s.m. *Fam.* Garrotazo.

¡leñe! interj. Esp. *Fam.* y *vulg.* Expresa disgusto o sorpresa.

leñera s.f. Lugar destinado a guardar leña.

leñero, a s. Persona que tiene por oficio vender leña.

leño s.m. Trozo de árbol cortado y limpio de ramas. **2.** *Fig.* y *fam.* Persona torpe y de poco talento. **3.** BOT. Conjunto de elementos conductores lignificados de las plantas.

leñoso, a adj. Que tiene alguna de las características de la madera. **2.** Se dice de la planta que contiene los haces lignificados suficientes para que sus tallos sean resistentes.

leo adj. y s.m. y f. (pl. *leo*). Se dice de la persona nacida entre el 23 de julio y el 22 de agosto, bajo el signo de Leo. (Suele escribirse con mayúscula.)

león, na s. (lat. *leo, -onis*). Mamífero carnívoro de unos 2 m de long., cuerpo robusto, pelaje pardo ocráceo y cola larga acabada en un penacho de pelos. (El león vive actualmente en las sabanas de África, después de haber vivido en el Próximo Oriente e incluso en Europa; el león macho se caracteriza por su melena; los leones rugen; familia félidos.) **2.** *Fig.* Persona audaz y valiente. **3.** Argent., Bol., Chile, Par. y Perú. Puma. <> **La parte del león** *Fig.* Parte más grande o mejor de algo. **León americano,** o **plateado** Puma. **León marino** Mamífero carnívoro marino de gran tamaño, parecido a la foca, de la que se distingue por tener pabellones en las orejas y miembros anteriores y posteriores más desarrollados, lo que le permite desplazarse con más facilidad en tierra. SIN.: *otario.*

leonado, a adj. De color rubio oscuro, semejante al del pelo del león: *cabello leonado.* **2.** HERÁLD. Se dice del leopardo en posición rampante.

leone s.m. Unidad monetaria de Sierra Leona. (El *leone* está dividido en 100 céntimos.)

leonera s.f. Lugar donde se encierra a los leones. **2.** Colomb. Reunión de personas de poco seso o de mala vida. **3.** Esp. *Fig.* y *fam.* Lugar donde hay muchas cosas en desorden.

leonero, a adj. Chile. Se dice del perro adiestrado en la caza de pumas.
leonés, sa adj. y s. De León. ◆ s.m. Variedad del español hablada en Asturias, el centro y oeste de Santander, norte y oeste de León, oeste de Zamora y Salamanca, y parte de Cáceres. **2.** Lengua románica que se hablaba en el antiguo reino de León.
leonesismo s.m. Palabra, expresión o giro propios del español hablado en Asturias, el centro y oeste de Santander, norte y oeste de León, oeste de Zamora y Salamanca, y parte de Cáceres. **2.** Palabra, expresión o giro procedente de la lengua del antiguo reino de León que se usa en español.
1. **leonino, a** adj. (lat. *leoninum*). Relativo al león. **2.** Se dice del contrato que ofrece todas las ventajas a una de las partes, sin la adecuada compensación a la otra.
2. **leonino, a** adj. (fr. *léonin*). Se dice del verso latino cuyas sílabas finales forman consonancia con las últimas de su primer hemistiquio.
leontina s.f. (fr. *léontine*). Cadena del reloj de bolsillo.
leopardo s.m. (lat. *leopardus*, abrev. de *leopardalis*). Mamífero carnívoro originario de África y Asia, de cuerpo esbelto y zarpas con uñas muy robustas. (Familia félidos.) SIN.: *pantera.* **2.** Piel de este animal, de colorido que varía desde el ocre claro al amarillo con manchas negras.
leotardo s.m. Prenda de vestir de tejido grueso, especialmente de lana, que cubre de los pies hasta la cintura. (Suele usarse en plural.)
leperada s.f. Amér. Central y Méx. Dicho o hecho propios de un lépero.
lépero, a adj. y s. Amér. Central y Méx. Grosero, ordinario. ◆ adj. Cuba. Astuto, perspicaz. **2.** Ecuad. *Fig.* y *fam.* Se dice de la persona muy pobre y sin recursos.
lepidolita s.f. Mica lítica, principal mineral del que se extrae litio.
lepidóptero, a adj. y s.m. (del gr. *lepís*, escama, y *pterón*, ala). Relativo a un orden de insectos de metamorfosis completa, que en estado adulto tienen cuatro alas membranosas cubiertas de escamas microscópicas coloreadas. (La larva del orden *lepidópteros* se denomina *oruga*, la ninfa *crisálida* y el animal adulto *mariposa.*)
lepidosirena s.f. Pez originario de las ciénagas de la cuenca del Amazonas, de 1,20 m de long., que se esconde en una cavidad preparada en el limo para llevar allí una vida aletargada durante la estación seca, y que respira mediante branquias y pulmones. (Orden dipnoos.)
lepisosteo s.m. Pez originario de los ríos y lagos de EUA, de 1,50 m de long. (Orden ganoideos.)
lepórido, a adj. y s.m. Relativo a una familia de mamíferos roedores lagomorfos, como la liebre y el conejo.
leporino, a adj. (del lat. *lepos, -oris*). Relativo a la liebre.
lepra s.f. (lat. *lepra*). Enfermedad infecciosa crónica que se caracteriza por cubrir la piel de pústulas y escamas y lesionar el sistema nervioso. **2.** VET. Enfermedad del cerdo o del buey causada por el cisticerco de la tenia común.
leprosería s.f. Hospital para leprosos.
leproso, a adj. y s. Que padece lepra.
leptocéfalo s.m. Larva de la anguila, de 6 a 7 cm de longitud máxima, transparente y con forma de hoja.
leptón s.m. Partícula elemental que no sufre interacciones nucleares (electrón, neutrino, muón).
leptospirosis s.f. Enfermedad infecciosa causada por espiroquetas del género *Leptospira.* (La *leptospirosis icterohemorrágica* se caracteriza por fiebre elevada, hepatitis con ictericia y hemorragias.)
lequito o **lecito** s.m. (gr. *lekythos*). ARQUEOL. Vaso pequeño, cilíndrico, de boca estrecha, con asa y pie, que se usó para contener perfume y, a partir del s. V a.C., en las ofrendas funerarias de Ática.
lerdear v.intr. Amér. Central y Argent. Moverse con pesadez o torpeza, hacer algo con lentitud. **2.** Amér. Central y Argent. Demorarse, llegar tarde.
lerdo, a adj. Lento y torpe para realizar o comprender una cosa.
lerdón s.m. VET. Tumor sinovial que padece el ganado equino cerca de las rodillas.
leridano, a adj. y s. De Lérida.
lerrouxismo s.m. Doctrina y actitud políticas de Alejandro Lerroux y sus partidarios, especialmente del partido radical.
lerrouxista adj. y s.m. y f. Relativo al lerrouxismo; partidario de esta doctrina.
lesbiana s.f. Mujer homosexual.
lesbianismo s.m. Homosexualidad femenina.
lésbico, a adj. Relativo al lesbianismo. SIN.: *lesbiano.* **2.** Lesbio.
lesbio, a adj. y s. De Lesbos. SIN.: *lésbico.*
lesear v.intr. Chile. Hacer o decir leseras.
lesera s.f. Bol., Chile y Perú. Tontería, estupidez.
lesgui o **lezgui** adj. y s.m. y f. De un pueblo caucasiano musulmán que vive en Daguestán y en Azerbaiján.
lesión s.f. (lat. *laesio, -onis*). Alteración patológica que se produce en el tejido de un órgano. (Una llaga, contusión, inflamación o un tumor son *lesiones.*) **2.** *Fig.* Daño o perjuicio. **3.** DER. **a.** Perjuicio económico producido a una parte en un contrato o en un reparto. **b.** Delito o falta derivados del daño corporal inferido dolorosamente a una persona sin ánimo de matar.
lesionar v.tr. y prnl. Causar una lesión.
lesivo, a adj. DER. Que causa o puede causar lesión, daño o perjuicio.
leso, a adj. (lat. *laesus*). Que ha sido agraviado, atacado o lastimado: *crimen de lesa humanidad.* (Se usa antepuesto al sustantivo al que acompaña.) **2.** Argent., Bol. y Chile. Tonto, necio, torpe. ◇ **De lesa majestad** DER. Se decía del delito o crimen que consistía en faltar el respeto al soberano.
let s.m. (voz inglesa). DEP. Servicio nulo que se produce en el tenis o el ping-pong cuando la pelota de servicio toca la red antes de caer en los límites del terreno de juego o de la mesa. SIN.: *net.*
letal adj. (lat. *letalis*). Mortífero. **2.** GENÉT. Se dice del gen en estado homocigoto que produce la muerte más o menos precoz de quien lo lleva. **3.** MED. Se dice de la causa que produce la muerte del feto antes del parto.
letalidad s.f. Mortandad: *establecer las tablas de letalidad.* **2.** Carácter de un gen letal.
letanía s.f. (lat. *litania*). *Fam.* Enumeración larga y molesta: *una letanía de reclamaciones.* **2.** CRIST. Plegaria que consiste en una serie de cortas invocaciones, que los fieles rezan o cantan en honor de Dios, la Virgen o los santos.
letárgico, a adj. Relativo al letargo; que padece letargo: *sueño, estado letárgico.*
letargo s.m. (gr. *léthargos*, letárgico, de *léthe*, olvido, y *argós*, inactivo). Enfermedad que se caracteriza por un sueño profundo, anormalmente continuo, sin fiebre ni infección, con relajación muscular completa: *caer en estado de letargo.* **2.** Modorra, sopor: *sacar a alguien de su letargo.* **3.** Disminución de la actividad metabólica de un animal durante una determinada época del año: *temporada de letargo.*
letificar v.tr. Alegrar, animar.
letífico, a adj. Que alegra.
letón, na adj. y s. De Letonia. SIN.: *latvio.* ◆ s.m. Lengua báltica hablada en Letonia.
letra s.f. (lat. *littera*). Signo que representa un sonido de un alfabeto: *el alfabeto español consta de veintisiete letras.* **2.** Conjunto de rasgos que caracterizan la representación de estos signos: *tener mala letra; escribir en letra gótica.* **3.** Texto de una obra musical. **4.** Sentido exacto y literal de las palabras de un texto: *ceñirse a la letra.* **5.** Pieza de metal fundido en forma de prisma rectangular con un signo de escritura en relieve para que pueda estamparse. **6.** Conjunto de rasgos que caracterizan la estampación de estas piezas: *letra itálica.* ◆ **letras** s.f.pl. Ciencias humanas, por oposición a ciencias o conocimientos técnicos: *licenciado en letras.*

2. Conjunto de las diversas ramas de los conocimientos humanos: *ser una persona de letras.* 3. *Fig.* y *fam.* Escrito breve y conciso, especialmente una carta. <> **A,** o **al pie de, la letra** Literalmente, según el sentido literal de las palabras. **Bellas,** o **buenas, letras** Literatura. **Letra abierta** Carta de crédito y orden que se da a una persona para que se franquee a otra el dinero que pida. **Letra a la vista** Letra de cambio pagadera a su presentación. **Letra capitular** Letra adornada que empieza un capítulo. **Letra de cambio** Documento mercantil por el que una persona (librador) manda a otra (librado) pagar una cantidad en una fecha determinada, o se obliga ella misma a hacerlo, a la orden de un tercero (tomador) o a su propia orden. **Letra de imprenta,** o **de molde** Letra impresa. **Letra de mano,** o **manuscrita** Letra escrita a mano con pluma, lápiz, etc. **Letra menuda** Sagacidad o astucia para actuar o comportarse. **Letra muerta** *Fig.* Escrito, regla o precepto que no tiene vigencia o no se cumple. **Primeras letras** Conocimientos básicos sobre las diferentes disciplinas que se adquieren generalmente durante la infancia. **Protestar una letra** Requerir ante notario al que no la ha pagado, para recobrar su importe.

letrado, a adj. y s. Docto, instruido. ◆ s. Abogado.

letrero s.m. Escrito que se coloca en lugar visible para avisar o hacer público algo.

letrilla s.f. Composición poética de versos cortos, generalmente acompañada de música. 2. Composición poética, generalmente de tema satírico y burlesco, compuesta por varias estrofas con estribillo.

letrina s.f. (lat. *latrina*). Lugar acondicionado, generalmente en un campamento, para recoger los excrementos y orines. 2. Lugar sucio y repugnante. 3. *Fig.* Asunto inmoral.

letrista s.m. y f. Persona que tiene por oficio escribir letras de canciones.

leu s.m. (pl. *lei*). Unidad monetaria de Rumania.

leucemia s.f. (del gr. *leuckós,* blanco, y *aima,* sangre). Enfermedad que se caracteriza por un aumento del número de glóbulos blancos en la sangre (hasta 500 000 por mm^3) y por la presencia de células anormales que ponen de manifiesto una alteración de los órganos hematopoyéticos, médula ósea, bazo, ganglios. SIN.: *leucosis.*

leucemia

Las *leucemias agudas* están asociadas a un síndrome infeccioso, anémico y hemorrágico. Entre las *leucemias crónicas* se distinguen las *leucemias mieloides* (caracterizadas por una proliferación en la sangre y en la médula ósea de granulocitos portadores de una anomalía cromosómica —el cromosoma Filadelfia—) y las *leucemias linfoides* que se manifiestan por una proliferación linfocitaria, especialmente en la sangre y la médula ósea.

leucémico, a adj. y s. Relativo a la leucemia; que padece leucemia.

leucina s.f. Aminoácido indispensable, que constituye las proteínas e interviene en el metabolismo.

leucita s.f. Silicato natural de aluminio y potasio, que se encuentra en las rocas volcánicas.

leucito s.m. BOT. Plasto.

leucocitario, a adj. Relativo al leucocito.

leucocito s.m. Glóbulo blanco de la sangre y de la linfa, que asegura la defensa contra los microbios. (Cada milímetro cúbico de sangre contiene de 5 000 a 8 000 leucocitos, de los que un 65 % son polinucleares, y un 35 %, mononucleares.)

leucocitosis s.f. Aumento del número de glóbulos blancos en la sangre, siendo estos normales.

leucoencefalitis s.f. Inflamación de la sustancia blanca de los hemisferios cerebrales, que produce trastornos neurológicos y un deterioro intelectual.

leucoma s.f. Mancha pequeña, blanquecina, que aparece en la córnea, secundaria casi siempre a una herida, ulceración o proceso inflamatorio.

leucopenia s.f. Disminución del número de glóbulos blancos en la sangre.

leucoplasia s.f. Enfermedad que se caracteriza por recubrir una mucosa de placas blanquecinas, algo engrosadas e irregulares.

leucopoyesis s.f. Formación de glóbulos blancos o leucocitos.

leucopoyético, a adj. Relativo a la leucopoyesis.

leucorrea s.f. Secreción mucosa blanquecina procedente de las vías genitales de la mujer.

leucosis s.f. Leucemia.

leucotomía s.f. Lobotomía.

leuda s.f. → **lezda.**

leude s.m. (bajo lat. *leudis*). HIST. Súbdito de un rey merovingio, especialmente el que estaba ligado a él por un vínculo de fidelidad personal.

lev s.m. (pl. *leva*). Unidad monetaria de Bulgaria.

leva s.f. Acción y efecto de levar. 2. Espeque. 3. Mecanismo que realiza una transformación de movimiento mediante un sistema más o menos complicado y merced a curvas o perfiles calculados adecuadamente. 4. Cuba. Saco, prenda de vestir. 5. MIL. Reclutamiento de todos los recursos humanos empleado durante el Antiguo régimen para allegar tropas.

levadizo, a adj. Que se puede levantar utilizando un mecanismo: *puente levadizo.*

levadura s.f. (de *levar*). Hongo unicelular que produce la fermentación alcohólica de las soluciones azucaradas o de las masas harinosas. (Las *levaduras* son hongos ascomicetes.) 2. Masa constituida por estos hongos. 3. Sustancia que hace fermentar el cuerpo con que se la mezcla. <> **Levadura química** Mezcla de productos químicos utilizada en panificación o en pastelería en lugar de la levadura natural y que produce el mismo resultado de fermentación.

levalloisiense adj. y s.m. (de *Levallois-Perret,* c. de Francia). Se dice del período del paleolítico medio que se caracteriza por la talla de lascas de sílex, denominada *técnica Levallois,* que consiste en preparar minuciosamente núcleos, quitando una serie de capas sucesivas.

levantado, a adj. Sublime, elevado. 2. HERÁLD. Se dice del mamífero que se mantiene erguido, apoyado en las patas traseras. 3. TAUROM. Se dice del toro que cuando sale al ruedo, tiene la cabeza muy alta, mira hacia todos los objetos, sin fijar la atención en ninguno, y recorre la plaza con gran celeridad.

levantamiento s.m. Acción y efecto de levantar o levantarse: *levantamiento de cejas; un levantamiento militar.* 2. Elevación del conjunto de la corteza terrestre en una región. <> **Levantamiento del cadáver** Diligencia en la que el juez, acompañado del médico forense u otro facultativo, procede a reconocer un cadáver y dar orden de su traslado al lugar donde habrá de realizarse la autopsia. **Levantamiento topográfico** Conjunto de operaciones necesarias para ejecutar un mapa o plano topográfico.

levantar v.tr. Llevar a un nivel más alto: *levantar la persiana; levantar a un niño del suelo.* 2. Poner algo derecho o en posición vertical: *levantar un poste derribado.* 3. Dirigir una cosa, especialmente la mirada o los ojos, hacia arriba: *levantar la vista.* 4. Construir, edificar: *levantar un edificio.* 5. Desmontar algo que está instalado en un lugar: *levantar una tienda de campaña.* 6. Dar mayor intensidad a algo no material, especialmente la voz: *levantar el tono.* 7. Hacer que una persona recupere la fuerza moral: *levantar los ánimos.* 8. Hacer que un animal abandone su escondite para poder cazarlo. 9. Separar una cosa de la superficie a la que está adherida: *levantar un vendaje.* 10. Producir una prominencia o bulto: *levantar ampollas.* 11. Producir u ocasionar algo una consecuencia que implica la acción conjunta de varias personas: *levantar pasiones, protestas.* 12. Calumniar, imputar: *levantar infamias.* 13. Suprimir una pena o prohibición: *levantar la veda, un castigo.* 14. Ensalzar, encumbrar: *levantar a un actor.* 15. Reclutar personas para el ejército. 16. Cortar o dividir la baraja: *levantar las cartas.* 17. Llevar el caballo al galope, o sobre el cuarto trasero. ◆ v.tr. y prnl. Sublevar, rebelar: *levantar al pueblo; levantarse una ciudad; levantarse en armas.* ◆ **levantarse** v.prnl. Ponerse una persona de pie: *levantarse del suelo.* **2.** Dejar la cama después de haber dormido, descansado, o estado enfermo: *levantarse a las diez.* **3.** Resaltar algo, especialmente un edificio, sobre una superficie o plano: *un castillo se levanta en el horizonte.* **4.** Empezar a hacer viento o a agitarse el mar: *levantarse un vendaval, el oleaje.*

1. **levante** s.m. Este, punto cardinal. **2.** Viento del este.

2. **levante** s.m. Operación periódica que se realiza en los talleres de reparación y conservación del material ferroviario y que consiste en levantar la locomotora o cuerpo de la máquina, por causa del desgaste de las llantas, para separarla de los ejes de ruedas. **2.** Chile. Derecho que paga al dueño de un terreno el que corta maderas en él para beneficiarlas por su cuenta. **3.** Colomb. Edad de un bovino comprendida entre el destete y el principio de la ceba. **4.** Colomb. Actividad ganadera dedicada a la explotación de bovinos que tienen esta edad. **5.** Hond. Difamación, calumnia.

levantino, a adj. y s. Del Levante español. ◇ **Arte levantino** Arte rupestre prehistórico del territorio levantino y SE de España, que se caracterizaba por la técnica de siluetear las figuras y componerlas formando escenas.

levantisco, a adj. Turbulento o rebelde: *tribus levantiscas.*

levar v.tr. e intr. (lat. *levare*). MAR. Levantar el ancla del fondo: *levar anclas.*

leve adj. (lat. *levis*). De poco peso: *carga leve.* **2.** De poca intensidad o importancia: *pecado leve; herida leve.* **3.** Muy fino, sutil: *un leve velo.*

leveche s.m. → **lebeche.**

levedad s.f. Cualidad de leve: *la levedad de la carga, de una falta.*

levigar v.tr. Desleír en agua una materia en polvo para separar la parte más leve de la más pesada, que se deposita en el fondo del recipiente.

levirato s.m. ANTROP. Práctica según la cual la o las esposas de un marido difunto pasan a uno o a los hermanos del marido. **2.** HIST. Ley hebraica que obligaba a un hombre a casarse con la viuda de su hermano fallecido sin descendencia masculina.

1. **levita** s.f. (fr. *lévite*). Prenda de vestir masculina, ajustada y con faldones que tienen el borde delantero recto.

2. **levita** s.m. (lat. *levita*, del hebr. *lewí*). HIST. Miembro de la tribu de Leví, dedicado al servicio del templo.

levitación s.f. Fenómeno que consiste en elevarse un cuerpo del suelo y mantenerse así sin intervención de medios físicos. **2.** Fenómeno que consiste en levantar un objeto sin tocarlo. **3.** PSIQUIATR. Sensación de mantenerse en el aire sin ningún punto de apoyo.

levitar v.intr. Hallarse en estado de levitación.

levitón s.m. Levita de tejido grueso, larga y holgada.

levodopa s.f. Forma levógira y precursora de la dopamina que se utiliza en el tratamiento de la enfermedad de Parkinson. (Abrev. *L- dopa.*)

levógiro, a adj. (del lat. *laevus*, izquierdo, y *gyrare*, girar). Se dice del compuesto que hace girar el plano de polarización de la luz a la izquierda: *la fructosa es levógira.* CONTR.: *dextrógiro.*

levulosa s.f. Fructosa.

lexema s.m. Parte de la unidad léxica, común a todas las unidades lingüísticas de la misma familia, que aporta más significado. (El *lexema* es el elemento de la unidad léxica que queda si se quitan los morfemas léxicos y gramaticales. Así en la unidad *cristalización* el lexema es *cristal.*)

lexicalización s.f. Proceso de formación de palabras que consiste en hacer que una metáfora se transforme en una nueva unidad léxica. **2.** Proceso de formación de palabras que consiste en hacer que un sintagma funcione como una unidad léxica simple.

lexicalizar v.tr. y prnl. Hacer que una metáfora se transforme en una nueva unidad léxica. **2.** Hacer que un sintagma funcione como una unidad léxica simple. (Así la unidad léxica compleja *máquina de escribir* se ha lexicalizado.)

léxico, a adj. Relativo al conjunto de palabras de una lengua. **2.** Relativo al conjunto de palabras propias de una región, actividad o persona. ◆ s.m. (gr. *léxis*). Conjunto de palabras de una lengua. **2.** Conjunto de palabras propias de una región, actividad o persona: *el léxico militar.* **3.** Diccionario que recoge las palabras de una lengua. **4.** Diccionario que recoge las palabras propias de una región, actividad, o persona.

lexicografía s.f. Técnica de elaborar diccionarios. **2.** Ciencia que estudia las técnicas de elaboración de diccionarios.

lexicográfico, a adj. Relativo a la lexicografía.

lexicógrafo, a s. Persona que se dedica a la elaboración de diccionarios. **2.** Persona que se dedica al estudio de la lexicografía.

lexicología s.f. Ciencia que estudia los procesos de formación de palabras de una lengua.

lexicológico, a adj. Relativo a la lexicología.

lexicólogo, a s. Persona que se dedica al estudio de la lexicología.

ley s.f. (lat. *lex, legis*). Norma o regla establecida por la autoridad competente para regular algo. **2.** Conjunto de normas o reglas establecidas por la autoridad competente para regular algo y órganos que lo aplican. **3.** Estatuto o condición establecida para un acto particular: *las leyes dramáticas; respetar las leyes del juego.* **4.** Disposición votada por las Cortes de un régimen constitucional y sancionada por el jefe del estado. **5.** Regla constante e invariable por la que se rige algo, especialmente un fenómeno natural: *ley de la gravitación universal.* **6.** Regla o norma de conducta que regula las actividades de un ámbito determinado: *ley de la oferta y la demanda.* **7.** Regla o norma constante e invariable a la que está sujeta algo. **8.** Lealtad, fidelidad. **9.** Religión: *la ley de los mahometanos.* **10.** Cantidad de metal puro que tiene una aleación. **11.** Cantidad de metal contenido en una mena. ◇ **Con todas las de la ley** Sin omisión de ninguno de los requisitos indispensables para su perfección o buen acabamiento. **Ley autonómica** Ley dictada por la asamblea legislativa de una comunidad autónoma. **Ley de la ventaja** Ley deportiva que consiste en que si el árbitro estima que a un jugador se le ha hecho falta, pero continúa en posesión de la pelota, no sanciona la falta para que aquel pueda proseguir su iniciativa. **Ley del embudo** *Fig.* y *fam.* Forma de proceder con arbitrariedad e injusticia. **Ley del talión** Ley que se aplica a una persona a sufrir el mismo daño que ella provocó. **Ley de una aleación de metal precioso** Relación entre el peso de metal fino contenido en esta aleación y el peso total de la misma. **Ley divina,** o **de Dios** Conjunto de preceptos que provienen de la voluntad de Dios y que han sido manifestados por una revelación. **Ley económica** Exposición de una uniformidad con respecto a dos o más fenómenos de la vida económica. **Ley formal,** o **material** Ley que contiene una o varias disposiciones jurídicas. **Ley fundamental** Constitución; ley que definía y regulaba la actividad, la organización y las instituciones políticas del estado franquista hasta que fue derogada por la constitución de 1978. **Ley marcial** Ley de orden público que se aplica en un estado de guerra; bando de carácter penal o militar aplicado por la autoridad en tal situación. **Ley marco** Ley mediante la cual las Cortes Generales atribuyen a las comunidades autónomas facultad de dictar para sí mismas normas legislativas en materias de competencia estatal. **Ley moral** Ley que ordena hacer el bien y evitar el mal. **Ley natural,** o **de la naturaleza** Regla de conducta fundada en la misma naturaleza del ser humano y de la sociedad. **Ley orgánica** Ley que deriva inmediatamente de la constitución de un estado y determina la organización de un sector o servicio del mismo. **Ley seca** Ley que prohíbe la producción y tráfico de bebidas alcohólicas y su consumo. **Proyecto de ley** Texto presentado por el gobierno al parlamento o al pueblo para su aprobación. **Ser de buena ley** Ser honrado y moral, tener buenas condiciones.

leyenda s.f. (lat. *legenda,* cosas que tienen que leerse). Narración o relato de sucesos fabulosos, a veces con una base histórica, que se transmiten por tradición oral o escrita. **2.** Texto explicativo que aparece al pie de un cuadro, grabado, mapa, etc. **3.** Pieza musical de estructura variable, que casi siempre evoca un ambiente misterioso y arcaico, inspirado en alguna leyenda literaria. **4.** NUMISM. Inscripción de una moneda o medalla, especialmente la inscripción circular que se encuentra en el anverso o en el reverso. ◇ **Leyenda negra** Conjunto de creencias negativas que se tienen acerca de alguien o algo.

lezda o **leuda** s.f. Impuesto sobre las mercancías que se pagaba en Navarra, Aragón y Cataluña.

lezgui adj. y s.m. y f. → **lesgui.**

lezna s.f. (del alem. ant. *lansa, alunsa*). Hoja de acero en forma de rombo, muy afilada y cortante, unida a un mango de madera. ◇ **Lezna de talabartero,** o **de zapatero** Punzón con el que se agujerea el cuero para coserlo.

1. **li** s.m. Unidad de medida de longitud china equivalente a unos 576 m.

2. **li,** pueblo de la isla de Hainan (China), que habla una lengua thai.

1. **lía** s.f. (de *liar*). Soga de esparto machacado tejida en forma de trenza.

2. **lía** s.f. Hez de un líquido, especialmente del vino. (Suele usarse en plural.)

liais s.m. (voz francesa). Piedra caliza dura, de granos finos.

liana s.f. Planta originaria de la selva tropical, generalmente sarmentosa, que se encarama a los árboles hasta alcanzar la parte alta donde ramifica. **2.** *Por ext.* Enredadera o planta trepadora.

liar v.tr. (lat. *ligare*) [conj.: *desviar*]. Atar algo con ligaduras. **2.** Hacer un cigarrillo envolviendo la picadura en el papel de fumar. **3.** Devanar: *liar una madeja.* ◆ v.tr. y prnl. *Fig.* Complicar un asunto: *ándate con cuidado, no lo líes todo más de lo que está.* **2.** *Fig.* Involucrar a una persona en un asunto comprometido: *se lió en un mal negocio.* **3.** Aturdir o embarullar a alguien: *a media argumentación se lió.* ◆ **liarse** v.prnl. Mantener relaciones amorosas o sexuales con alguien. **2.** Esp. Empezar a hacer algo con intensidad: *liarse a estudiar.* **3.** Esp. Empezar a dar golpes: *liarse a bofetadas.*

liard s.m. Moneda de plata de los Países Bajos creada por Carlos V.

lías s.m. GEOL. Jurásico inferior. SIN.: *liásico.*

liásico, a adj. GEOL. Relativo al lías. ◆ s.m. Lías.

libación s.f. Acción y efecto de libar, especialmente una bebida alcohólica. **2.** Ofrenda ritual de los antiguos a una divinidad que consistía en verter un líquido (vino, aceite) sobre el suelo o altar.

libanés, sa adj. y s. Del Líbano.

libar v.tr. (lat. *libare*). Extraer un insecto el néctar de las flores. **2.** Chupar el jugo de algo. **3.** Probar o gustar una bebida, especialmente alcohólica. **4.** Ofrecer una libación a una divinidad.

libatorio s.m. Vaso que utilizaban los antiguos romanos para hacer libaciones.

libelista s.m. y f. Autor de libelos.

libelo s.m. (lat. *libellus,* librito). Escrito infamatorio. **2.** DER. Petición o memorial.

libélula s.f. (lat. científico *libellula,* dim. de *libella,* balanza). Insecto de hasta 5 cm de longitud, de color brillante metálico, con cuatro alas membranosas y dos enormes ojos compuestos. (La *libélula* vive en las cercanías de las aguas donde captura pequeños insectos; su larva es acuática; orden odonatos.)

líber s.m. (lat. *liber,* parte interior de la corteza de las plantas). BOT. Tejido vegetal que se encuentra en la parte profunda de la corteza del tronco y de las ramas y que asegura la conducción de la savia elaborada a través de sus conductos cribosos.

liberación s.f. Acción y efecto de liberar o liberarse. **2.** DER. Cancelación de un gravamen o carga. ◇ **Velocidad de liberación** Velocidad mínima que hay que comunicar a un cuerpo en el momento de partida de un astro para permitirle abandonar el campo de atracción de dicho astro. (La *velocidad de liberación* terrestre es de 11,2 km/s.)

liberado, a adj. B. Y BOLSA. Se dice de la acción entregada sin contraprestación monetaria, con motivo de la entrega de un bien o la prestación de un servicio.

liberador, ra adj. y s. Libertador.

liberal adj. Tolerante o indulgente. **2.** Generoso, dadivoso. ◆ adj. y s.m. y f. Relativo al liberalismo; partidario de esta doctrina política. ◇ **Artes liberales** Disciplinas intelectuales fundamentales de la antigüedad clásica y la edad media que se dividían en dos ciclos: el *trivium* (gramática, retórica, dialéctica) y el *cuadrivium* (aritmética, música, geometría, astronomía). **Profesión liberal** Profesión de tipo intelectual que se ejerce por cuenta propia. (La medicina y la abogacía son *profesiones liberales.*)

liberalesco, a adj. *Desp.* Liberal.

liberalidad s.f. Cualidad de liberal. **2.** DER. Disposición de bienes a favor de alguien, sin pretender ninguna contraprestación.

liberalismo s.m. Doctrina política que sostiene que la autoridad del estado no es absoluta y que los ciudadanos conservan una parte de autonomía que el estado debe respetar. **2.** Doctrina económica que defiende la libre empresa, se opone al socialismo y al dirigismo y sostiene que el estado no debe intervenir en las relaciones económicas que existen entre personas, clases o naciones.

liberalismo

La escuela liberal está representada por los economistas clásicos de los ss. XVIII y XX: en Inglaterra A. Smith, T. R. Malthus, D. Ricardo, J. Stuart Mill; en Francia J.-B. Say, F. Bastiat.

liberalización s.f. Acción y efecto de liberalizar.

liberalizar v.tr. y prnl. Hacer más libre a alguien. **2.** Hacer más libre algo, especialmente las relaciones comerciales o un régimen político.

liberar v.tr. y prnl. (lat. *liberare*). Poner en libertad, dejar libre algo o a alguien que estaba sujeto o preso: *liberar a un rehén.* SIN.: *libertar.* **2.** Eximir a alguien de una obligación o carga: *liberar del cumplimiento de una promesa.* SIN.: *libertar.* ◆ v.tr. B. Y BOLSA. Adquirir una sociedad las acciones que emitió.

liberatorio, a adj. Que libera.

1. **liberiano, a** adj. y s. De Liberia.

2. **liberiano, a** adj. Relativo al líber.

líbero s.m. (lat. *libertus*). Jugador de fútbol que desempeña funciones predominantemente defensivas, pero sin quedar sujeto al marcaje de un delantero contrario.

liberoleñoso, a adj. Compuesto de madera y de líber: *haz liberoleñoso.*

libertad s.f. (lat. *libertas, -atis*). Estado de la persona que no está presa ni sujeta a la voluntad de otra. **2.** Capacidad o facultad que tiene una persona para decidir si quiere o no hacer algo. **3.** Familiaridad, confianza: *tomarse demasiadas libertades.* **4.** Naturalidad, soltura, falta de cohibición en el comportamiento: *moverse con libertad.* **5.** DER. Estado o condición del que no es esclavo o del que no está preso. ◇ **Grado de libertad** FÍS. Traslación o rotación que puede realizar un cuerpo a lo largo de los tres ejes de referencia del sistema de coordenadas. **Libertad condicional** Beneficio que concede la autoridad competente a un penado para abandonar la prisión cuando se han extinguido tres cuartas partes de la condena y ha observado buena conducta. **Libertad de conciencia,** o **de pensamiento** Libertad para manifestar las propias opiniones, especialmente las religiosas, defenderlas y propagarlas. **Libertad de contratación** Posibilidad de que cualquier persona con capacidad suficiente convenga contratos privados bajo la única limitación del respeto al orden público y a las buenas costumbres. **Libertad de cultos** Libertad para disponer edificios religiosos y participar en las respectivas ceremonias. **Libertad de enseñanza** Libertad para abrir libremente centros de enseñanza. **Libertad de pensamiento** Libertad para sostener y propagar una idea. **Libertades públicas** Conjunto de libertades reconocidas a los individuos y a los grupos frente al estado (libertad de opinión, libertad religiosa, libertad de enseñanza, libertad de prensa y expresión, libertad de reunión, libertad de asociación, etc.). **Libertad provisional** Beneficio que concede la autoridad competente a un procesado, bajo fianza o bajo palabra, no sometiéndolo durante la tramitación de la causa a prisión preventiva. **Libertad religiosa** Libertad para practicar una religión. **Libertad vigilada** Medida aplicada en las penas de confinamiento en un pueblo o distrito, por la que los condenados quedan en libertad, bajo la vigilancia de la autoridad correspondiente.

libertador, ra adj. y s. Que liberta. SIN.: *liberador.*

libertar v.tr. y prnl. Liberar, poner en libertad, dejar libre algo o a alguien. **2.** Liberar, eximir a alguien de una obligación o carga.

libertario, a adj. y s. Anarquista. SIN.: *ácrata.* **2.** Esp. Partidario de la rama comunista del anarquismo, llamada también *comunismo libertario.*

libertinaje s.m. Conducta de la persona libertina.

libertino, a adj. y s. Que lleva una vida irregular y licenciosa. ◆ s. Hijo de un liberto.

liberto, a s. Esclavo de la antigua Roma que recibía la libertad de su señor.

líberum veto s.m. (voces latinas, *veto libre*). HIST. Derecho de veto que podía ejercer cada miembro de la dieta polaca.

líbico, a adj. Relativo a Libia.

libidinal adj. Relativo a la libido. ◇ **Estadio libidinal** PSICOANÁL. Etapa del desarrollo de la libido que se caracteriza por la primacía de una zona erógena y de un tipo de relación de objeto.

libídine s.f. (lat. *libido, -inis,* de *libere,* gustar). Lujuria.

libidinoso, a adj. Lujurioso.

libido s.f. (lat. *libido,* deseo). PSICOANÁL. Energía de la pulsión sexual.

libio, a adj. y s. De Libia.

libra s.f. (lat. *libra*). Unidad monetaria de Gran Bretaña (símb. £). [También *libra esterlina.*] **2.** Unidad monetaria de Chipre, Egipto, Líbano, Siria, Sudán y Turquía. **3.** Antigua unidad monetaria de Irlanda, sustituida por el euro en 2002. **4.** Antigua unidad de medida de peso equivalente aproximadamente a medio kilo. (La *libra* estaba dividida en 16 onzas.) **5.** Moneda antigua imaginaria que se utilizaba para hacer cálculos de dinero y que tenía el valor de una libra de oro o de plata. **6.** Cuba. Hoja de tabaco de calidad superior. ◆ adj. y s.m. y f. Se dice de la persona nacida entre el 23 de septiembre y el 23 de octubre, bajo el signo de Libra. (El plural es *libra*; suele escribirse con mayúscula.)

libración s.f. ASTRON. Balanceo aparente de la Luna en torno a su eje.

libraco s.m. *Desp.* Libro.

librado, a s. Persona contra la cual se gira una letra de cambio.

librador, ra s. Persona que libra una letra de cambio.

libramiento s.m. Acción de librar. **2.** Orden que se da por escrito para que uno pague una cantidad de dinero u otro género. SIN.: *libranza.*

librancista s.m. y f. Persona a cuyo favor se da una libranza.

libranza s.f. Orden de pago, expresada generalmente por carta, que da una persona contra otra, que posee fondos del que la expide, para que pague a un tercero. **2.** Libramiento.

librar v.tr. y prnl. (lat. *liberare,* libertar). Dejar libre o preservar a alguien de un trabajo, peligro o situación desagradable: *librarse del suplicio.* ◆ v.tr. Expedir letras de cambio, cheques y otras órdenes de pago. **2.** Méx. Lograr pasar por un lugar estrecho, o alcanzar a esquivar un obstáculo pasando muy cerca de él: *el conductor apenas pudo librar el poste para no chocar.* **3.** DER. Eximir a una persona de una obligación. ◆ v.intr. Parir, dar a luz. **2.** Esp. *Fam.* Disfruta un empleado del día de descanso semanal: *librar los jueves.* ◇ **Librar batalla** Tener lugar una batalla. **Salir bien,** o **mal, librado** Resultar beneficiado, o perjudicado, en una situación.

librario, a adj. Relativo al libro. **2.** Se dice de la escritura que se empleaba para escribir libros, generalmente más regular y más cuidada que la que se empleaba en los documentos.

libre adj. (lat. *liber*). Que tiene libertad o puede obrar con libertad. **2.** Que no está ocupado: *queda un sitio libre.* **3.** Que no sigue las reglas o normas establecidas. **4.** Que no tiene obligaciones, cargos, normas, compromisos, etc.: *está libre de preocupaciones.* **5.** Que no tiene obstáculos: *dejar vía libre.* **6.** Independiente, que no depende de nada ni nadie. **7.** Que no está comprometido en matrimonio. **8.** Disoluto, desenfrenado. **9.** DEP. Ejercicio o figura de libre elección realizada por un gimnasta, patinador artístico, etc. ◆ s.m. Méx. Taxi. ◇ **Traducción libre** Traducción que no sigue exactamente el texto original.

librea s.f. (fr. *livrée*). Uniforme, generalmente con levita y distintivos, que llevan algunos empleados y criados. **2.** Pelaje o plumaje de un animal.

librecambio s.m. Sistema económico que defiende el comercio entre países sin trabas ni derechos aduaneros. (Se opone a *proteccionismo.*)

librecambismo s.m. Doctrina que propugna el establecimiento del librecambio.

librecambista adj. y s.m. y f. Relativo al librecambio o al librecambismo; partidario de esta doctrina.

librepensador, ra adj. y s. Partidario del librepensamiento.

librepensamiento s.m. Doctrina o actitud que propugna la independencia de la razón frente al pensamiento dogmático, principalmente religioso.

librera s.f. Guat. y Pan. Librería, mueble con estanterías para colocar libros.

librería s.f. Establecimiento donde se venden libros. **2.** Ejercicio o profesión de librero. **3.** Argent. Establecimiento comercial donde se venden artículos de escritorio como papeles, cuadernos y lápices. **4.** Esp. Mueble con estanterías para colocar libros. **5.** INFORMÁT. Conjunto de programas disponibles por los usuarios de una computadora. SIN.: *biblioteca.*

librero, a s. Comerciante de libros. ◆ s.m. Méx. Librería, mueble con estanterías para colocar libros.

libresco, a adj. *Desp.* Relativo al libro. **2.** *Desp.* Se dice de la obra o del autor que se inspira en los libros y no en la realidad.

libreta s.f. Cuaderno. ◇ **Libreta cívica** Documento oficial que acreditaba la identidad de una mujer. **Libreta de ahorros** Cartilla que una caja de ahorros o un banco entrega al titular de una cuenta y donde se anotan los movimientos de dinero efectuados. (También *libreta.*) **Libreta de enrolamiento** Argent. Documento oficial que acreditaba la identidad de un hombre.

libretista s.m. y f. Persona que se dedica a escribir libretos.

libreto s.m. (ital. *libretto*). Texto de una obra dramática musical.

librillo s.m. Conjunto de hojas de papel de fumar.

libro s.m. (lat. *liber, -bri*). Conjunto de hojas manuscritas o impresas, cosidas o encuadernadas juntas, que forman un solo volumen. **2.** Obra científica o literaria de bastante extensión para formar volumen. **3.** Conjunto de hojas cosidas o encuadernadas juntas, donde se anotan datos para que consten permanentemente: *libro de reclamaciones.* **4.** Seguido de un adjetivo de color, colección de documentos diplomáticos o políticos que publica un estado para informar a los órganos legislativos o a la opinión pública, o libro publicado por un organismo oficial que trata sobre un tema o contiene un programa de actuación pública: *libro blanco de educación.* **5.** Tercera cavidad del estómago de los rumiantes, que se caracteriza por los repliegues laminados de su pared interna. <> **Colgar los libros** *Fam.* Abandonar los estudios. **Gran libro** Libro utilizado por las oficinas de la deuda pública para anotar las inscripciones nominativas de las rentas perpetuas a cargo del estado. **Libro contable** Instrumento material de la contabilidad formado por un conjunto de folios dispuestos ordenada y sistemáticamente, en el que se efectúan las anotaciones contables. (Los principales *libros contables* son el diario, el mayor y el de inventarios y balances.) **Libro de cabecera** Libro que una persona lee o consulta con frecuencia. **Libro de estilo** Libro que recoge los criterios formales y metodológicos que uniforman lo que publica un periódico o una editorial. **Libro de familia** Libro que se entrega a los cónyuges cuando se celebra el matrimonio, en el que se expresan sumariamente los acontecimientos capitales relativos al estado civil de los esposos y al nacimiento de los hijos. **Libro de texto** Libro que sirve de guía a los alumnos de una disciplina en un centro de enseñanza. **Libro electrónico** INFORMÁT. Computadora del tamaño de un libro que únicamente permite la lectura de obras electrónicas. SIN.: *e-book.*

licantropía s.f. Transformación de una persona en lobo. (Constituye una creencia popular muy antigua que aparece ya en escritos latinos y sobre todo en el folclore de los países que recibieron la influencia celta [Galicia, Bretaña, País de Gales, etc.], lo que motivó su conversión en un tema literario.) **2.** PSIQUIATR. Trastorno mental en que la persona afectada cree estar convertida en un lobo o en cualquier otro animal feroz. SIN.: *zoantropía.*

licántropo adj. y s.m. (del gr. *lúkos,* lobo, y *ánthropos,* hombre). Se dice del hombre que se convierte en lobo. **2.** PSIQUIATR. Relativo a la licantropía; que padece este trastorno.

liceísta s.m. y f. Socio de un liceo.

licencia s.f. (lat. *licentia*). Permiso para hacer algo: *¿quién te ha dado licencia para hablar?* **2.** Libertad abusiva en decir o hacer algo: *tomarse demasiadas licencias con los superiores.* **3.** DEP. Documento expedido por una federación a un deportista, que le permite participar en competiciones oficiales. **4.** DER. **a.** Autorización, permiso. **b.** Documento que acredita esta autorización o permiso: *licencia judicial, marital.* **5.** MIL. Permiso que se concede a un militar para ausentarse de su cuerpo. <> **Licencia fiscal** Esp. Cuota fija que grava el ejercicio de una industria, un comercio, arte u oficio. **Licencia ministerial** Acto por el que el obispo de un lugar concede a un sacerdote el poder de predicar, celebrar misa y confesar dentro de su diócesis. **Licencia poética** Transgresión de las reglas teóricas y gramaticales comúnmente admitidas para lograr un efecto estilístico.

licenciado, a s. Persona que ha obtenido una licenciatura. **2.** Soldado que ha recibido la licencia absoluta.

licenciamiento s.m. Acción y efecto de licenciar a un soldado.

licenciar v.tr. Dar una autoridad militar la licencia absoluta a un soldado. **2.** Conceder una autoridad académica la licenciatura a una persona. ◆ **licenciarse** v.prnl. Obtener un soldado la licencia absoluta. **2.** Obtener una persona una licenciatura.

licenciatura s.f. Grado universitario que consigue la persona que ha aprobado todas las asignaturas que integran el plan de estudios de una carrera de segundo ciclo.

licencioso, a adj. Contrario a las buenas costumbres, especialmente en cuestiones sexuales: *conducta licenciosa.*

licénido, a adj. y s.m. Relativo a una familia de mariposas de colores vivos, diferentes según el sexo, repartidas por todo el globo.

liceo s.m. (lat. *lyceum*). Sociedad literaria o recreativa. **2.** Centro de segunda enseñanza de algunos países.

licitación s.f. Acción y efecto de licitar.

licitador, ra s. Persona que licita. SIN.: *licitante.*

licitante s.m. y f. Licitador.

licitar v.tr. (lat. *licitari*). Ofrecer precio por una cosa en subasta.

lícito, a adj. (lat. *licitus*). Permitido por la ley o la moral.

licitud s.f. Cualidad de lícito.

licopodial adj. y s.f. Relativo a un orden de plantas criptógamas vasculares trepadoras, con numerosas hojitas, que las hacen parecidas a los musgos, como el licopodio.

licopodio s.m. (del gr. *lúkos,* lobo, y *poýs, podós,* pie). Helecho cuyas esporas forman el polvo de licopodio. <> **Polvo de licopodio** Polvo amarillento formado por las esporas de esta planta. (El *polvo de licopodio* se emplea en farmacia para recubrir píldoras, como absorbente y desecante, y en la fabricación de fuegos de artificio.)

licor s.m. (lat. *liquor, -oris,* fluidez o líquido). Bebida alcohólica obtenida sin fermentación por una mezcla de alcohol, agua, sustancias aromáticas y azúcar. **2.** Sustancia líquida.

licorera s.f. Botella, generalmente decorada, para servir el licor. **2.** Utensilio de mesa donde se coloca la botella de licor y las copas o los vasitos donde se sirve.

licorería s.f. Establecimiento donde se elaboran o venden licores.

licorista s.m. y f. Persona que se dedica a la elaboración o venta de licores.

licoroso, a adj. Se dice del vino aromático: *el málaga es un vino licoroso.*

lictor s.m. (voz latina). ANT. ROM. Oficial que precedía a los magistrados y emperadores de la antigua Roma, llevando un haz de varas.

licuación s.f. Acción y efecto de licuar. **2.** Separación, por calentamiento, de dos metales aleados de puntos de fusión diferentes.

licuadora s.f. Electrodoméstico que sirve para licuar un alimento.

licuar v.tr. y prnl. (lat. *liquare,* ser líquido). [conj.: *adecuar*]. Convertir una sustancia sólida o gaseosa en líquido.

licuefacción s.f. FÍS. Transformación de un gas en líquido.

lid s.f. (lat. *lis, litis,* disputa o pleito). Combate, pelea. **2.** *Fig.* Discusión, controversia de razones y argumentos. **3.** *Fig.* Actividad: *era experto en estas lides.* (Suele usarse en plural.) <> **En buena lid** Por medios lícitos.

lidar s.m. (acrónimo del inglés *light detection and ranging*). Radar que funciona con ondas de la gama óptica emitidas por láser y que permite medir la intensidad de la señal retrodifundida por los átomos, moléculas o aerosoles atmosféricos.

líder s.m. y f. (ingl. *leader*). Dirigente o jefe de un grupo: *líder político; líder espiritual.* **2.** Persona, empresa o producto que ocupa el primer lugar en una determinada actividad. **3.** DEP. Persona o equipo que ocupa el primer lugar en una competición o clasificación. (Se emplea también en aposición.)

liderar v.tr. Dirigir o estar a la cabeza de un grupo. **2.** Ocupar una persona, empresa o producto el primer puesto en una determinada actividad. **3.** DEP. Ocupar una persona o equipo el primer puesto en una competición o clasificación.

liderato s.m. Condición de líder o ejercicio de sus actividades. SIN.: *liderazgo.*

liderazgo s.m. Liderato.

lidia s.f. Acción y efecto de lidiar. **2.** TAUROM. Conjunto de suertes que se practican con el toro desde que se le da suelta del toril hasta su arrastre.

lidiable adj. TAUROM. Lidiadero.

lidiadero, a adj. TAUROM. Se dice del ganado apto para ser lidiado. SIN.: *lidiable.*

lidiador, ra adj. y s. Se dice de la persona que lidia. ◆ s. TAUROM. Torero.

lidiar v.intr. (lat. *litigare*). Batallar, pelear: *lidiar contra el enemigo.* **2.** *Fig.* Tratar con personas a las que hay que saber llevar: *lidiar con clientes difíciles.* ◆ v.tr. TAUROM. Torear.

lidio, a adj. y s. De Lidia.

lidita s.f. Explosivo fabricado con ácido pícrico.

lido s.m. (voz italiana). GEOGR. Banda de arena que cierra una bahía y que puede aislar una albufera.

liebre s.f. (lat. *lepus, -oris*). Mamífero de largas patas posteriores adaptadas a la carrera, que tiene las puntas de las orejas negras y se guarece en las depresiones del terreno. (La cría es el lebrato; orden roedores; suborden lagomorfos.) **2.** Chile. Autobús pequeño de transporte urbano. ◇ **Levantar la liebre** *Fam.* Llamar la atención sobre algo que no se conocía o se mantenía en secreto.

lied s.m. (voz alemana, *canción*) [pl. *lieder*]. Composición vocal breve, a una o varias voces, con o sin acompañamiento instrumental, propia de los países germánicos.

---

lied

La fuente del lied se halla en los países germánicos en la edad media. Después de ser polifónico, en el s. XVIII se convierte en melodía de salón y después, a partir del s. XIX, en obra de concierto acompañada de piano u orquesta gracias a Beethoven, Schubert, Schumann, Brahms, H. Wolf, Mahler, R. Strauss, Schönberg, Berg y Webern.

---

liencillo s.m. Amér. Merid. Tela burda de algodón.

liendre s.f. (lat. *lendis, -inis*). Huevo de piojo.

lienzo s.m. (lat. *linteum*). Tela de lino, cáñamo o algodón. **2.** Tela preparada para pintar sobre ella. **3.** Cuadro pintado sobre esta tela. **4.** Fachada o pared de un edificio. **5.** Porción de muralla que corre en línea recta de baluarte a baluarte o de cubo a cubo.

liftar v.tr. (del ingl. *to lift,* levantar). DEP. Dar a la pelota cierto efecto, imprimiéndole un movimiento de rotación.

lifting s.m. Operación de cirugía estética que consiste en estirar la piel para suprimir las arrugas del rostro.

liga s.f. Tira elástica que sirve para sujetar las medias o calcetines a la pierna. **2.** Agrupación o alianza de personas, colectividades humanas o estados con algún interés común: *la Liga Hanseática.* **3.** Sustancia viscosa con que se untan espartos, mimbres o juncos, para cazar pájaros. **4.** Aleación, mezcla. **5.** Cantidad de cobre que se mezcla con el oro o la plata de las monedas o alhajas. **6.** Méx. Banda elástica, oval o circular para sujetar cosas. **7.** DEP. Competición en la que varios equipos de la misma categoría compiten entre sí.

ligada s.f. IMPR. Carácter tipográfico que une varias letras en un solo signo. **2.** MAR. Conjunto de vueltas de cabo delgado, meollar o filástica, que sirven para sujetar un objeto a otro, o para unir dos cabos, formar una gaza, etcétera.

ligado, a adj. BIOL. Se dice de cualquiera de los caracteres adscritos a un determinado cromosoma, especialmente los sexuales, que se distinguen por peculiaridades de la herencia. ◆ s.m. MÚS. **a.** Unión de dos notas sosteniendo su valor y nombrando solo la primera. **b.** Modo de ejecutar una composición musical en que los sonidos de una línea melódica se suceden sin interrupción.

ligadura s.f. Acción y efecto de ligar o ligarse. **2.** Cosa que sirve para atar: *soltarse las ligaduras.* **3.** Operación quirúrgica que consiste en fijar o constreñir un vaso u órgano hueco. **4.** Operación que consiste en atar una planta, un injerto, las ramas de los árboles frutales criados en formas artificiales, etc. **5.** Signo de notación musical en forma de línea ligeramente curvada que indica que las notas deben tocarse sin interrupción.

ligamaza s.f. Sustancia viscosa que exudan las hojas o que recubre las semillas de algunas plantas.

ligamen s.m. (lat. *ligamen*). Atadura, lazo. **2.** Vínculo establecido por un matrimonio válido. **3.** DER. Impedimento dirimente que para un nuevo matrimonio supone el hecho de que subsista otro anterior válido.

ligamento s.m. Conjunto de fibras conjuntivas densas y resistentes, orientadas en el mismo sentido, que unen los huesos al nivel de las articulaciones o mantienen en su sitio los órganos. **2.** TEXT. Manera de cruzarse los hilos de la urdimbre con los de la trama.

ligamiento s.m. Acción y efecto de ligar o ligarse.

ligando s.m. QUÍM. Molécula o ion unido al átomo central de un complejo por un nexo de coordinación.

ligar v.tr. (lat. *ligare*). Atar o sujetar con una cuerda: *ligar las manos; ligar un paquete.* **2.** *Fig.* Establecer una relación fuerte y estrecha entre una persona y otra u otras: *nos ligan intereses comunes.* **3.** *Fig.* Establecer una cosa una relación lógica con otra: *estas declaraciones no ligan.* **4.** Practicar una ligadura en un vaso u órgano hueco: *ligar una arteria.* **5.** Sujetar, mediante una ligadura, el tronco de un arbusto, la rama de un árbol, etc., para corregir su dirección: *ligar un árbol a un tutor.* **6.** Hacer ligaduras en el tronco o en las ramas de los árboles, para acelerar la producción de los frutos. **7.** MAR. Trabar una cosa con otra mediante piezas de madera o ligazones: *ligar las cuadernas.* **8.** MÚS. Producir las notas en una sola emisión de voz o de aire o por un único golpe de arco. **9.** TAUROM. Verificar el torero los lances o suertes en sucesión continuada y sin interrupción. **10.** TECNOL. **a.** Alear metales. **b.** Mezclar cierta porción de metal con oro o plata para fabricar monedas o joyas. ◆ v.intr. Juntar dos o más cartas adecuadas para realizar una buena jugada de algún juego de naipes. ◆ v.tr. e intr. CULINAR. Mezclar varias sustancias hasta formar una masa homogénea: *ligar la mahonesa.* ◆ v.tr., intr. y prnl. Esp. y Méx. *Fam.* Entablar una relación amorosa o sexual con alguien: *ligar con un compañero.* ◆ **ligarse** v.prnl. Obligarse a algo. **2.** Unirse a alguien. **3.** Crearse uno mismo trabas morales.

ligasa s.f. Enzima que cataliza la unión de dos moléculas.

ligazón s.f. Unión, trabazón: *la ligazón de una masa, de dos hechos.*

ligeramente adv.m. Con ligereza: *moverse ligeramente.* **2.** *Fig.* Sin reflexión: *hablar ligeramente.*

ligerear v.intr. Chile. Andar de prisa o despachar algo con ligereza.

ligereza s.f. Cualidad de ligero: *la ligereza de una pluma; actuar con ligereza.* **2.** Dicho o hecho propios de una persona ligera, informal, irreflexiva: *cometer una ligereza.*

ligero, a adj. (del lat. vulgar *leviarius*). Que pesa poco: *un paquete ligero; barco ligero; armamento ligero.* **2.** Que obra o se mueve con rapidez o facilidad: *andar ligero; mente ligera.* **3.** Que es muy fino, sutil: *un vestido ligero.* **4.** Se dice del alimento que se digiere fácilmente: *comida ligera.* **5.** Que es poco intenso: *dolor ligero; sueño ligero.* **6.** Que tiene poca importancia: *ligero incidente.* **7.** Se dice de la persona informal, irreflexiva. ◇ **A la ligera** De manera irreflexiva; sin fundamento; de prisa y sin cuidado, superficialmente; frívolamente. **Peso ligero** Categoría de peso que agrupa a los boxeadores y luchadores.

light adj. (voz inglesa). Se dice del alimento o de la bebida que tiene un porcentaje más bajo de lo habitual de grasas o calorías: *mahonesa light.* **2.** Se dice del producto que tiene un porcentaje más bajo de lo habitual de determinada sustancia que lo compone por considerarse esta sustancia perjudicial a la salud: *cigarrillos lights.*

lignario, a adj. (del lat. *ligna,* leña). Relativo a la madera.

lignícola adj. Que vive en la madera.

lignificación s.f. Proceso que consiste en impregnar de lignina la membrana de las células vegetales.

lignificarse v.prnl. Impregnarse de lignina la membrana de las células vegetales.

ligniforme adj. Semejante a la leña.

lignina s.f. BOT. Sustancia orgánica que impregna las células, fibras y vasos de la madera, haciéndolos impermeables e inextensibles.

lignito s.m. Roca de origen orgánico, que resulta de la descomposición incompleta de residuos vegetales. (Es una roca combustible, que contiene un 70 % de carbono, y tiene un valor calorífico tres veces menor que el de la hulla.)

ligón, na s. y adj. Esp. *Fam.* Persona que liga con facilidad y frecuencia.

liguano, a adj. Chile. Se dice de una raza americana de car-

neros, de lana gruesa y larga. **2.** Chile. Se dice de la lana producida por los carneros de esta raza, y de lo que se fabrica con esta lana.
ligue s.m. Argent., Esp. y Méx. *Fam.* Acción y efecto de ligar, entablar una relación. **2.** Esp. *Fam.* Persona con la que se liga.
liguero, a adj. y s. Relativo a la liga (competición deportiva): *los equipos ligueros de la temporada.* ◆ s.m. Portaligas.
liguilla s.f. DEP. Competición en la que un número reducido de equipos de la misma categoría compiten entre sí.
lígula s.f. (lat. *ligula,* lengüeta). Lámina pequeña saliente que tiene la hoja de las gramíneas en la conjunción del limbo y la vaina.
ligulado, a adj. Que tiene forma de lígula. **2.** Que tiene lígulas.
liguliflоro, a adj. Se dice de la planta o de la flor ligulada.
ligur adj. y s.m. y f. (lat. *ligur, -uris*). De Liguria. SIN.: *ligurino.* **2.** De un antiguo pueblo establecido en la costa mediterránea entre Marsella y La Spezia, sometido o exterminado por los romanos en el s. II a.C. SIN.: *ligurino.*
ligurino, a adj. y s. Ligur.
lija s.f. Pintarroja. **2.** Piel seca de la pintarroja o de otro selacio, que se emplea para pulir. ◇ **Dar lija** Cuba y Dom. *Fam.* Adular. **Darse lija** Cuba y Dom. Darse pisto. **Papel de lija** Papel fuerte, sobre el cual se espolvorean polvos o granos de esmeril o de vidrio, tras embadurnarlo de cola, que sirve como abrasivo para alisar y pulir una superficie. (También *lija.*)
lijado s.m. Operación que consiste en alisar y pulir una superficie: *lijado de la madera.*
lijadora s.f. y adj. Máquina para lijar una superficie. **2.** Máquina para alisar las pieles por el lado de la carne.
lijar v.tr. Alisar o pulir una superficie.
lijoso, a adj. Cuba. Vanidoso.
likan-antai adj. y s.m. y f. Atacameño.
lila s.f. Arbusto originario de Oriente medio, de hojas acorazonadas y racimos de flores olorosas, malvas o blancas. (Familia oleáceas.) **2.** Flor de este arbusto. ◆ adj. y s.m. Se dice del color morado más o menos rosado. ◆ adj. Que es de este color. ◆ adj. y s.m. y f. Esp. *Fam.* Tonto, fatuo.
lile adj. Chile. Débil, decaído.
lilequear v.intr. Chile. Tiritar, temblar.
liliáceo, a adj. y s.f. Relativo a una familia de plantas herbáceas, con flores actinomorfas y hermafroditas, y fruto muy variado, como el lirio, el tulipán, el ajo y el puerro.
lilifloro, a adj. y s.f. Relativo a un orden de plantas monocotiledóneas de flores cíclicas y con tejido nutricio, carnoso o cartilaginoso, y, generalmente, con reservas grasas.
liliputiense adj. y s.m. y f. Que es muy pequeño. **2.** Se dice de la persona de estatura más pequeña de lo normal.
1. **lima** s.f. (lat. *lima*). Instrumento para desgastar y pulir metales y otras materias duras que consiste en una lámina alargada de acero templado con la superficie finamente estriada: *lima plana; lima de cuchillas.* **2.** Acción de limar: *proceder a la lima de un objeto.* **3.** Instrumento para pulir o limar las uñas que consiste en una lámina alargada y estrecha de papel de lija o de metal con la superficie finamente estriada. (También *lima de uñas.*) **4.** *Fam.* Persona que come mucho. **5.** *Fig.* Corrección o enmienda de una obra: *lima de una novela.* **6.** MED. Instrumento para pulir las piezas dentarias y, en particular, para eliminar los raigones no extirpados.
2. **lima** s.f. (ár. *līma*). Limero. **2.** Fruto de este árbol.
3. **lima** s.f. Ángulo de un caballete de tejado. **2.** Madero situado en este ángulo.
limado s.m. Acción y efecto de limar. SIN.: *limadura.*
limador, ra adj. Que lima. **2.** Persona que se dedica a limar metales y otras materias duras.
limadora s.f. Máquina-herramienta acepilladora, en la cual el movimiento de corte se obtiene por desplazamiento del útil.
limadura s.f. Limado. ◆ **limaduras** s.f.pl. Partículas que se desprenden al limar un metal.
limán s.m. GEOGR. Laguna constituida por un cordón litoral que cierra un estuario.
limar v.tr. (lat. *limare*). Poner un metal u otra materia dura lisa y sin asperezas. **2.** Hacer el borde de las uñas regular con la lima. **3.** *Fig.* Debilitar o disminuir algo: *limar asperezas.* **4.** *Fig.* Corregir o enmendar una obra. **5.** Igualar con la lima las piezas dentarias.
1. **limatón** s.m. (del cat. *llimetó*). Lima de desbarbar, que se utiliza principalmente para afilar los dientes de las sierras. **2.** Chile, Colomb. y Hond. Lima para alisar metales, madera, etc.
2. **limatón** s.m. Amér. Madero de refuerzo que se pone en el ángulo formado por dos vertientes de una cubierta.
limaza s.f. (lat. *limax, -acis*). Babosa, gasterópodo.
limba s.f. Madera de África tropical que se traba fácilmente.
limbo s.m. (lat. *limbus,* orilla de un vestido). ANAT. Borde o reborde de algunos órganos. **2.** ASTRON. Borde exterior de un astro. **3.** BOT. **a.** Parte principal, ensanchada y más a la vista de la hoja. **b.** Parte ancha y patente de un sépalo o de un pétalo. **4.** CRIST. Lugar donde van las almas que, no habiendo merecido el infierno, no pudieron, antes de la redención, entrar en el cielo *(limbo de los patriarcas),* o son excluidos de él por el pecado original no perdonado *(limbo de los niños).* **5.** TECNOL. Círculo graduado, de metal o de vidrio, que forma parte de ciertos instrumentos o aparatos de medida. ◇ **Estar en el limbo** *Fam.* Estar ensimismado; no enterarse o no estar enterado de algo.
limen s.m. *Poét.* Umbral.
limeño, a adj. y s. De Lima.
limero s.m. Árbol de flores blancas y olorosas y fruto de corteza amarilla y pulpa jugosa y dulce. SIN.: *lima.* (Familia rutáceas.)
limes s.m. (voz latina). HIST. Zona de fortificaciones del Imperio romano, más o menos continuas, que bordeaban determinadas fronteras desprovistas de defensas naturales.
limeta s.f. (del lat. *nimbus,* chaparrón). Botella de vientre ancho y cuello largo.
limícola adj. y s.m. ZOOL. Que vive en el cieno del fondo de los lagos o del mar, o en los pantanos.
liminal adj. PSICOL. Relativo al umbral.
limitación s.f. Acción y efecto de limitar o limitarse: *sin limitación de tiempo.*
limitado, a adj. Que tiene límites. **2.** Pequeño, escaso, poco: *reservado para un limitado número de personas.* **3.** De corto entendimiento: *inteligencia muy limitada.* ◇ **Sociedad limitada** Sociedad mercantil cuyo capital no se puede dividir libremente.
limitador, ra adj. Limitativo. ◆ s.m. TECNOL. Dispositivo mecánico o eléctrico destinado a impedir que una magnitud determinada fluctúe o varíe rebasando cierto límite, a partir del cual podrían derivarse consecuencias peligrosas.
limitar v.tr. (lat. *limitare*). Señalar los límites de un terreno. **2.** *Fig.* Fijar la influencia de algo, especialmente un cargo, estableciendo unos límites: *limitar las funciones del secretario.* **3.** *Fig.* Reducir algo fijando un límite: *limitar los gastos.* ◆ v.intr. Tener un país o territorio límites comunes con otro: *España limita con Portugal.* SIN.: *lindar.* ◆ **limitarse** v.prnl. Hacer una persona única y exclusivamente lo que compete a sus responsabilidades: *limitarse a escuchar.*
limitativo, a adj. Que limita o sirve para limitar: *derechos limitativos.* SIN.: *limitador.*
límite s.m. (lat. *limes, -itis*). Línea visible o imaginaria que señala el fin de algo o la separación entre dos cosas: *el límite de una finca.* **2.** *Fig.* Punto que indica o determina hasta dónde puede llegar algo no material: *velocidad, edad, precio límite; ambición sin límites.* **3.** DEP. Número de asaltos de boxeo previstos para un combate. **4.** MAT. Valor fijo hacia el que tiende una magnitud variable y del que toma valores tan próximos como se quiera. ◇ **Límite de probabilidad** Cada

uno de los números inferior y superior asignados a un valor estimado, a condición de indicar el margen en el cual se encuentra el valor exacto deducido de las probabilidades.

limítrofe adj. (lat. tardío *limitrophus*). Se dice del país o territorio que tiene límites comunes con otro: *Francia y España son países limítrofes.*

limívoro, a adj. ZOOL. Que se alimenta de residuos orgánicos contenidos en el cieno del fondo de las aguas.

limma s.m. (gr. *leimma*, resto). ACÚST. Semitono diatónico pitagórico, o diferencia de intervalo entre la cuarta justa y la tercera mayor pitagórica.

limneo, a adj. Se dice de la vegetación sumergida, arraigada en el suelo subacuático.

limnología s.f. Ciencia que estudia los fenómenos físicos y biológicos de las aguas dulces, especialmente los lagos.

limnológico, a adj. Relativo a la limnología.

limnoserie s.f. Serie ecológica enteramente acuática, que tiende hacia una agrupación clímax estrictamente acuática.

limo s.m. (lat. *limus*). Depósito fino, transportado por el agua y sedimentado en el fondo de ríos, pantanos o aguas marinas, cuya granulometría está comprendida entre las arenas finas y las arcillas.

1. **limón** s.m. (ár. *laimûn*). Fruto del limonero, de forma ovoide, color amarillo pálido y sabor generalmente ácido.

2. **limón** s.m. (fr. *limon*). Limonera. **2.** Zanca.

limonada s.f. Bebida elaborada con agua, azúcar y zumo de limón.

limonado, a adj. De color de limón.

limonar s.m. Terreno plantado de limoneros. **2.** Guat. Limonero.

limoncillo s.m. Árbol maderable de América Central (Familia rutáceas.) **2.** Madera de Ceilán suministrada por un árbol rutáceo, de color amarillo, fina, dura. (El *limoncillo* se utiliza en taracea y fabricación de tableros.)

limoneno s.m. Hidrocarburo terpénico.

limonera s.f. Vara que sale de uno de los lados de la parte delantera de un carruaje a la que se sujeta la caballería por ese lado. **2.** Conjunto formado por dos de estas varas. SIN.: *limón.* **3.** Zanca.

1. **limonero, a** s. Persona que tiene por oficio vender limones. ◆ s.m. Árbol espinoso, en especial cuando es silvestre, que raramente sobrepasa los 5 m de alt., de flores blancas, teñidas de púrpura exteriormente, y cuyo fruto es el limón. (Familia rutáceas.) **2.** Madera de este árbol. (El *limonero* se emplea en ebanistería y tabletería.)

2. **limonero, a** adj. Se dice de la caballería que se sujeta a la limonera de un carruaje.

limonita s.f. Hematites parda.

limosidad s.f. Cualidad de limoso. **2.** Sarro de la dentadura.

limosna s.f. (lat. *eleemosyna*). Dinero o cosa que se da a una persona necesitada para ayudarla.

limosnear v.intr. Pedir limosna. SIN.: *pordiosear.*

limosnero, a adj. Se dice de la persona a la que le gusta dar limosnas. ◆ s. Amér. Mendigo, pordiosero.

limoso, a adj. Que tiene limo o abunda en él: *fondo limoso.* **2.** Que tiene alguna de las características propias del limo: *barro limoso.*

1. **limpia** s.f. Acción de limpiar. **2.** Operación de vaciado de un pozo mediante cuchara. **3.** Limpieza. **4.** Méx. Cura supersticiosa que consiste en frotar a una persona con ciertas hierbas para liberarla de la mala suerte o de algún hechizo.

2. **limpia** s.m. y f. (apócope). Esp. Limpiabotas.

limpiabarros s.m. (pl. *limpiabarros*). Felpudo que se pone a la entrada de las casas para limpiarse la suela del calzado antes de entrar.

limpiabotas s.m. y f. (pl. *limpiabotas*). Esp. Persona que tiene por oficio limpiar el calzado. (Se abrevia *limpia.*)

limpiachimeneas s.m. y f. (pl. *limpiachimeneas*). Deshollinador.

limpiadera s.f. Cepillo de carpintero. **2.** Aguijada para limpiar el arado.

limpiador, ra adj. Se dice del producto que sirve para limpiar: *producto limpiador.* ◆ adj. y s. Se dice de la persona que tiene por oficio limpiar. **2.** Méx. Limpiaparabrisas.

limpiamente adv.m. Con honradez: *jugar limpiamente.* **2.** Con suma agilidad, desembarazo y destreza: *saltó limpiamente la tapia.*

limpiaparabrisas s.m. (pl. *limpiaparabrisas*). Mecanismo de algunos vehículos situado en los cristales delantero y trasero que consiste en una varilla con una tira de goma o plástico que al ponerse en funcionamiento aparta el agua de los cristales.

limpiar v.tr. y prnl. (lat. tardío *limpidare*). Quitar la suciedad de alguien o algo: *limpiar la casa; limpiarse la cara.* ◆ v.tr. *Fig.* Purificar, depurar. **2.** *Fig.* Quitar lo que estorba o no sirve para una cosa: *limpiar el pescado.* **3.** Echar de un lugar a las personas que se consideran molestas o perjudiciales: *limpiar la ciudad de ladrones.* **4.** *Fig.* y *fam.* Robar, cometer un robo: *le limpiaron la cartera.* **5.** *Fam.* Ganar todo el dinero de alguien en un juego. **6.** Chile. Escardar la tierra. **7.** TEXT. Efectuar la operación de purga o purgado de los hilos de la seda.

limpiaúñas s.m. (pl. *limpiaúñas*). Utensilio para limpiar las uñas.

limpidez s.f. *Poét.* Cualidad de límpido: *la limpidez del cielo.*

límpido, a adj. Limpio, puro, sin mancha: *agua límpida.*

limpieza s.f. Cualidad de limpio: *la limpieza es fundamental para la higiene.* **2.** Acción y efecto de limpiar: *taller de limpieza.* **3.** *Fig.* Destreza, perfección, precisión: *trabajar con limpieza.* **4.** *Fig.* Honradez con que una persona actúa: *obrar con limpieza.* **5.** Cumplimiento estricto de las reglas de un juego. **6.** Labor forestal que tiene por objeto favorecer el desarrollo de los ejemplares destinados a constituir una masa o unidad de cultivo explotable. SIN.: *limpia.* <> **Limpieza de sangre** HIST. Cualidad de descender exclusivamente de cristianos viejos, sin tener ningún antecesor judío, musulmán ni penitenciado por la Inquisición, que se exigía para ocupar determinados cargos en España. **Limpieza étnica** Crimen cometido por un grupo étnico dominante contra un grupo étnico minoritario que ocupa el mismo territorio.

limpio, a adj. (lat. *limpidus*). Que no tiene suciedad. **2.** Se dice de la persona o animal que cuida de su higiene personal y de las cosas que lo rodean. **3.** *Fig.* Que es honrado y sigue las leyes y normas morales. **4.** *Fig.* Exento de culpa: *limpio de toda sospecha.* **5.** Que no tiene mezcla de otras cosas, especialmente impurezas: *aire limpio.* **6.** Se usa precedido de la preposición *a* y seguido de palabras que expresan acciones violentas o actos de fuerza, como *golpe*, *grito*, *palo*, etc., para dar mayor énfasis a dicha palabra: *andaban a pedrada limpia.* **7.** Neto: *mil pesos limpios.* **8.** *Fig.* Que tiene el contorno bien definido: *imagen limpia.* **9.** *Fig.* y *fam.* Sin dinero o sin bienes: *quedarse limpio; dejar limpio a alguien.* **10.** *Fig.* Ignorante o desprovisto de lo necesario en ciertas materias: *en matemáticas está limpio.* <> **En limpio** Expresa el valor fijo que queda de una cosa, deducidos los gastos; sin enmiendas, ni tachones; en concreto, en resumen.

limpión s.m. Limpieza rápida y no hecha a fondo. **2.** Colomb., C. Rica y Venez. Paño para secar y limpiar los platos.

limusina s.f. Automóvil lujoso y muy largo.

lina s.f. Chile. Hebra de lana gruesa y basta. (Suele usarse en plural.)

lináceo, a adj. y s.f. Relativo a una familia de plantas dicotiledóneas, de hojas alternas u opuestas, y flores regulares y hermafroditas, como el lino.

linaje s.m. (cat. *llinyatge*). Ascendencia o descendencia de una persona: *ser de ilustre linaje.* **2.** *Fig.* Clase, especie, índole, naturaleza: *gente de muy distinto linaje.* **3.** ANTROP. Grupo de parentesco unilineal cuyos miembros descienden de un antepasado conocido o fundador.

linajista s.m. y f. Persona que se dedica al estudio de los linajes.
linajudo, a adj. y s. Que es o presume de linaje noble: *familia encopetada y linajuda.*
lináloe s.m. Áloe bastardo.
linao s.m. Juego de pelota usual en la provincia chilena de Chiloé.
linar s.m. Terreno sembrado de lino.
linaria s.f. Planta herbácea cuyas flores poseen una larga espuela. (Familia escrofulariáceas.)
linaza s.f. Semilla del lino.
lince s.m. (lat. *lynx, lyncis*). Mamífero carnívoro, de aspecto parecido a un gato, pero de mayor tamaño, patas largas, cola corta, orejas anchas y puntiagudas y vista vivaz. (El *lince ibérico* está en peligro de extinción; familia félidos.) ◆ s.m. y f. y adj. *Fig.* Persona lista o sagaz.
linchamiento s.m. Acción y efecto de linchar.
linchar v.tr. (ingl. *to lynch*, de *Lynch*, hacendado de Virginia). Ejecutar una muchedumbre exaltada a alguien sospechoso de un delito sin esperar a que sea juzgado por un tribunal de justicia.
lindante adj. Que linda: *tierras lindantes.* SIN.: *lindante.*
lindar v.intr. (cat. *llindar*). Limitar, tener un país o territorio límites comunes con otro. **2.** *Fig.* Presentar una cosa la mayoría de los rasgos que definen otra hasta parecerse mucho a ella: *su descaro linda con la grosería.*
linde s.m. o f. Límite que separa una propiedad de otra o un territorio de poca extensión de otro.
lindera s.f. Linde o conjunto de lindes.
lindero, a adj. Lindante. ◆ s.m. Linde. **2.** Hond. Hito o mojón.
lindeza s.f. Cualidad de lindo. SIN.: *lindura.* **2.** Hecho o dicho gracioso: *reír una lindeza.* ◆ **lindezas** s.f.pl. *Irón.* Insultos o improperios: *proferir lindezas.* **2.** Palabras agradables, galantes y cariñosas: *deshacerse en lindezas.*
lindo, a adj. (del lat. *legitimus*). Bonito: *un lindo cuadro; facciones lindas.* ◇ **De lo lindo** Mucho o con exceso.
lindura s.f. Lindeza.
línea s.f. (lat. *linea*, de *linum*, lino). Sucesión de puntos continua en el espacio. **2.** Sucesión de puntos continua en el espacio que señala un límite o una separación: *la línea de demarcación entre dos regiones.* **3.** Contorno o perfil: *la línea de un automóvil; rostro de líneas desdibujadas.* **4.** Figura armoniosa, delgada y esbelta de una persona: *no come para guardar la línea.* **5.** Serie de personas o cosas colocadas una detrás de otra en la misma dirección: *unas líneas de árboles.* **6.** Serie de palabras escritas horizontalmente una al lado de otra. **7.** Serie de generaciones que forman parte de la familia de una persona. (La línea es *directa* cuando los parientes descienden unos de otros, y *colateral* cuando no es así.) **8.** Sistema de aparatos y cables que permite la transmisión de energía eléctrica o la comunicación telefónica o telegráfica. **9.** Comunicación telefónica. **10.** Vía de comunicación regular, terrestre, marítima o aérea: *autobús de línea periférica.* **11.** Servicio de transporte regular. **12.** Dirección que sigue un cuerpo en movimiento hacia un punto determinado: *seguir en línea recta.* **13.** Conjunto de directrices que caracterizan una tendencia o forma de actuación: *seguir una línea de conducta.* **14.** *Fig.* Categoría, importancia o valor: *escritor de primera línea.* **15.** Tendencia u orientación: *vestir una línea clásica; línea deportiva.* **16.** *Fam.* Dosis de droga en polvo, especialmente cocaína. **17.** B. ART. Trazado de un contorno. **18.** MIL. **a.** Despliegue de personas, unidades o medios de combate colocados uno junto a otro. **b.** Contorno aparente de este despliegue. **c.** Conjunto de fortificaciones permanentes y continuadas, destinadas a proteger una frontera. **19.** MÚS. Trazo horizontal que se utiliza en notación. **20.** TELEV. Superficie de análisis de la imagen que hay que transmitir o de la imagen recibida, constituida por la yuxtaposición de puntos elementales. ◇ **Barco,** o **navío, de línea** MAR. Barco de guerra grande, poderosamente armado, que constituía antiguamente el elemento principal de una escuadra. **En toda la línea** Completa, totalmente. **Leer entre líneas** Comprender el sentido implícito de un mensaje. **Línea aérea** Compañía de transporte aéreo. **Línea de agua,** o **de flotación** MAR. Intersección de la superficie del agua con el casco de un navío. **Línea de batalla** MAR. Orden táctico de los barcos de guerra navegando uno detrás de otro. **Línea de combate** MIL. Despliegue en dirección al enemigo. **Línea de nodos** ASTRON. Línea de intersección del plano de la órbita de un astro con un plano que se toma como referencia. **Línea equinoccial,** o **ecuatorial** ASTRON. Ecuador terrestre. **Línea férrea** Ferrocarril. SIN.: *vía férrea.* **Línea lateral** ZOOL. Hilera longitudinal de escamas perforadas que abriga un órgano sensorial que percibe las alteraciones mecánicas. **Primera línea** Situación más cercana al enemigo.
lineal adj. Relativo a las líneas. **2.** Se dice de una medida de longitud, por oposición a medida de superficie o de volumen. **3.** MAT. Se dice de la magnitud cuya variación puede ser representada por una línea recta.
linealidad s.f. Cualidad de lo que está dispuesto o se produce de manera lineal.
1. linear adj. BOT. y ZOOL. Largo y delgado casi como una línea.
2. linear v.tr. Bosquejar. **2.** Trazar líneas.
lineómetro s.m. Regla graduada que se utiliza en tipografía para contar las líneas de composición.
liner s.m. (voz inglesa). Buque destinado al servicio de una línea de navegación.
linero, a adj. Relativo al lino.
linfa s.f. (lat. *lympha*, divinidad acuática). Líquido orgánico, límpido e incoloro, rico en proteínas y linfocitos que circula por el sistema linfático. (En el ser humano la *linfa* se compone de un 97 % de plasma y un 3 % de leucocitos [8 000 por mm^3].)

linfa

La linfa es el verdadero medio interior en que se bañan las células. Está formada por un líquido intermediario entre la sangre y los constituyentes celulares. Contiene linfocitos procedentes de los ganglios linfáticos y un plasma que, en el intestino delgado, se carga de las grasas de la digestión.

linfadenograma s.m. MED. Examen de las células de un ganglio linfático, obtenidas por punción. SIN.: *adenograma.*
linfangioma s.m. Angioma de un vaso linfático.
linfangitis s.f. Inflamación de los vasos linfáticos. (Se distinguen las *linfangitis reticulares* [placa enrojecida debida a la inflamación de pequeños capilares linfáticos] y las *linfangitis tronculares* [cordón enrojecido debido a la inflamación de un grueso tronco linfático].)
linfático, a adj. Relativo a la linfa: *vaso linfático* ◆ adj. y s. Que padece linfatismo. **2.** Que tiene poca energía: *temperamento linfático.*
linfatismo s.m. Estado de deficiencia constitucional con astenia y aumento de volumen de los ganglios linfáticos.
linfoblasto s.m. Célula joven del tejido linfoide cuya evolución da origen a los linfocitos.
linfocitario, a adj. Relativo a los linfocitos.
linfocitemia s.f. Linfocitosis.
linfocito s.m. Leucocito que tiene de 6 a 8 μ de diámetro, con un gran núcleo, que se origina en los ganglios linfáticos y en los órganos linfoides, y es responsable de la inmunidad celular.
linfocitopenia s.f. Disminución del número de linfocitos en la sangre. SIN.: *linfo-penia.*
linfocitosis s.f. Aumento del número de linfocitos en la sangre. SIN.: *linfocitemia.*
linfografía s.f. Radiografía de los vasos y ganglios linfáticos previa inyección de una sustancia de contraste.
linfogranuloma s.m. Tumor, benigno o maligno, formado

por tejido de granulación en el sistema linfático. ◇ **Linfogranuloma inguinal,** o **venéreo** Enfermedad venérea, cuyo agente etiológico es un virus filtrable. **Linfogranuloma maligno** Enfermedad que afecta a los ganglios linfáticos, el bazo y las vísceras, y que se manifiesta por fiebre, picazones y un dolor general. SIN.: *enfermedad de Hodgkin.*

linfogranulomatosis s.f. Enfermedad que comporta una proliferación del sistema linfático.

linfoide adj. Se dice del tejido conjuntivo donde se forman los linfocitos. ◇ **Órganos linfoides** Órganos ricos en tejido linfoide (ganglios linfáticos, amígdalas, folículos cerrados del intestino, timo, bazo).

linfoma s.m. Tumor maligno de los ganglios linfáticos.

linfopenia s.f. Linfocitopenia.

linfopoyesis s.f. Formación de linfocitos en los tejidos linfoide.

linfoquina s.f. Proteína que interviene como mediador en las reacciones inmunitarias.

linforreticulosis s.f. Enfermedad que se caracteriza por la inflamación de los tejidos linfoide y reticuloendotelial.

linfosarcoma s.m. Tumor maligno del tejido linfoide (ganglio linfático, amígdalas, etc.).

linga o **lingam** s.m. Símbolo fálico del dios indio Śiva.

lingotazo s.m. Esp. *Fam.* Trago de bebida alcohólica.

lingote s.m. (fr. *lingot*). Bloque de metal o de aleación obtenido por colada en lingotera y destinado a la refundición, laminación o forja. **2.** IMPR. Regleta maciza que se usa para márgenes y pies en las imposiciones.

lingoteado s.m. Operación de fundición que consiste en colar el metal fundido en lingotes. SIN.: *lingotaje.*

lingotera s.f. Molde en que se vierte un metal o aleación en fusión y donde se solidifica formando lingotes.

lingual adj. Relativo a la lengua: *músculo lingual.* **2.** FONÉT. Apical.

lingue s.m. Árbol originario de Chile y Argentina, alto y frondoso, de corteza lisa y cenicienta y madera flexible de gran duración. (La madera del *lingue* se usa en la fabricación de muebles, vigas, etc.; familia lauráceas.) **2.** Corteza de este árbol. (El *lingue* se usa para curtir muebles.)

linguete s.m. (fr. *linguet*). MAR. Trinquete o palanquita de hierro que sirve para impedir el retroceso de un cabestrante, molinete, etc.

lingüista s.m. y f. Persona que se dedica al estudio de la lingüística.

lingüística s.f. Ciencia que estudia el lenguaje y las lenguas.

lingüística

Heredera de los estudios sobre gramática, la lingüística como ciencia no surgió hasta el s. XIX con la distinción que estableció F. de Saussure entre los conceptos de *lenguaje* y *lengua*. Esta distinción es en gran parte el origen de muchas de las corrientes estructuralistas: escuela de Praga (N. S. Trubetzkoi), glosemática (L. Hjelmslev), psicosistemática (G. Guillame), funcionalismo (A. Martinet), binarismo (R. Jakobson). En Estados Unidos, se desarrolló una corriente estructuralista, la escuela de L. Bloomfield, nacida del estudio de las lenguas amerindias, que condujo al distribucionismo de Z. S. Harris y a la gramática generativa de N. Chomsky.

lingüístico, a adj. Relativo a la lingüística o al lenguaje.

linier s.m. En el fútbol y otros deportes, juez de línea.

linimento s.m. (lat. *linimentum,* acto de embadurnar). Medicamento untuoso, cuyo excipiente es una materia grasa, que se usa para dar fricciones.

link s.m. INFORMÁT. Enlace. ◆ **links** s.m.pl. Recorrido de un campo de golf.

linkaje s.m. BIOL. Asociación constante, en una especie animal o vegetal, de dos características individuales que no tienen ningún vínculo lógico.

linneano, a adj. y s. Relativo a Linneo; partidario de sus teorías.

lino s.m. (lat. *linum*). Planta herbácea, textil y oleaginosa, de flores azules, cultivada en las regiones templadas. (De su tallo se extraen fibras textiles y su semilla proporciona harina con la que se hacen cataplasmas emolientes, aceite secante que se usa especialmente en pintura, y un pienso que se utiliza para la alimentación del ganado.) **2.** Materia textil extraída de los tallos de esta planta. **3.** Tejido hecho de lino.

linoleico, a adj. Se dice del ácido graso dietilénico $C_{18}H_{32}O_2$.

linoleína s.f. Glicérido del ácido linoleico, contenido en los aceites secantes.

linóleo o **linóleum** s.m. (ingl. *linoleum*). Cubierta que sirve para pavimentos, hecha con una tela de yute impregnada de una mezcla aglomerada de aceite de linaza, resina y harina de corcho.

linón s.m. Tela ligera y fina, con ligamento tafetán que se fabrica con lino y se usa para confeccionar lencería.

linotipia s.f. (ingl. *linotype,* contracción de *line of type,* línea tipográfica). IMPR. Máquina de componer que funde los tipos por líneas enteras.

linotipista s.m. y f. Persona que tiene por oficio manejar la linotipia.

linotipo s.m. Forma tipográfica obtenida con la linotipia.

linsang s.m. Mamífero carnívoro arborícola, de pelaje manchado y cola anillada, que vive en el Sudeste asiático y en África.

línteres s.m.pl. Fibras muy cortas, formadas por celulosa pura, que quedan adheridas a las semillas del algodón después de quitar las fibras largas.

linterna s.f. (lat. *lanterna*). Utensilio manual provisto de un foco que sirve para proyectar luz y funciona con pilas eléctricas. **2.** Farol manual o portátil, con una cara de vidrio u otra materia transparente y un asa en la opuesta. **3.** Pieza del quemador de una estufa de combustible líquido que tiene unas aberturas o lumbreras que aseguran la distribución del aire admitido, o de parte de este aire. **4.** ARQ. Torre pequeña con aberturas que corona una cúpula, protege la parte alta de una escalera o se pone como remate en algunas construcciones. **5.** MAR. Aparato óptico de un faro. **6.** METAL. **a.** Tubo horizontal con agujeros que constituye el núcleo sobre el que se forman los machos de barro para fundición. **b.** Armadura de machos hueca. **7.** TECNOL. **a.** Engranaje, generalmente de madera, formado por dos discos horizontales paralelos, enlazados por una serie de varillas redondas dispuestas en círculo o espaciadas regularmente entre sí. **b.** Pieza metálica con dos fileteados de un eje común y pasos encontrados, que sirven para acoplar dos varillas que forman parte de un conjunto de longitud graduable. ◇ **Linterna de Aristóteles** Aparato masticador del erizo de mar. **Linterna mágica** Aparato óptico para proyectar, amplificadas sobre una superficie blanca, imágenes pintadas en un soporte de vidrio que se coloca cerca del foco. (Puede considerarse precursor de los aparatos de proyección actuales.) **Linterna sorda,** o **flamenca** Linterna cuya luz puede ocultarse a voluntad de la persona que la lleva.

linternón s.m. ARQ. Remate vidriado de una cúpula, para proporcionar luz y ventilación. **2.** MAR. Farol de popa.

linudo, a adj. Chile. Se dice del animal que tiene mucha lina. **2.** Chile. Se dice del tejido hecho con lina.

linyera s.f. Argent. y Urug. Atado en que se guarda ropa y otros efectos personales. **2.** Argent. y Urug. Vagabundo, persona indigente: *bajo el puente duerme un linyera.*

liño s.m. Hilera o carrera de árboles, vides u otras plantas.

liñuelo s.m. Ramal, cada uno de los cabos de una cuerda. **2.** Liño.

lío s.m. Conjunto de ropas u otras cosas atadas. **2.** *Fig.* Situación o problema de difícil solución: *encontrarse en un buen lío.* **3.** *Fig.* y *fam.* Relación amorosa íntima sin compromiso. **4.** *Fig.* Chisme. ◇ **Hacerse,** o **estar hecho, un lío** No entender algo con claridad.

liofilización s.f. Deshidratación por sublimación a baja temperatura al vacío, a la que se someten determinadas sustancias para su conservación.

liofilizar v.tr. Someter a la liofilización.

lionés, sa adj. y s. De Lyon.

lionesa s.f. Pastel pequeño, cuya masa se compone de harina, huevos, mantequilla y azúcar, y que, una vez cocido al horno y dejado enfriar, se rellena de nata, crema o chocolate.

liorna s.f. *Fam.* Jaleo, desorden.

lioso, a adj. *Fam.* Que gusta de armar enredos o de ir contando chismes. **2.** *Fam.* Que es difícil de entender o de solucionar.

lipa s.f. Venez. Barriga.

lipasa s.f. Enzima contenido en varios jugos gástricos que hidroliza los lípidos.

lipectomía s.f. Intervención quirúrgica en que se extirpa tejido adiposo, como tratamiento de la obesidad.

lipemia s.f. Tasa de lípidos del plasma sanguíneo, normalmente comprendida entre 6 y 8 g por litro.

lipidia s.f. (gr. *lipydía*). Amér. Central. Miseria, pobreza.

lipidiar v.tr. Cuba, Méx. y P. Rico. Importunar, fastidiar.

lipídico, a adj. Relativo a los lípidos.

lipidioso, a adj. Cuba, Méx. y P. Rico. Majadero, fastidioso.

lípido s.m. y adj. Sustancia orgánica corrientemente denominada *grasa,* insoluble en el agua, soluble en bencina y éter, y formada por ácidos grasos unidos a otros cuerpos.

lípido

Los lípidos son componentes estructurales importantes de las membranas celulares y, también, sustancias apreciables de reserva. Se clasifican en dos grupos: lípidos sencillos, que son esteres de ácidos grasos con alcoholes (si el alcohol es la glicerina constituyen los glicéridos o grasas), y lípidos complejos, en los cuales la materia grasa está ligada a un no metal, como el fósforo, y a moléculas proteínicas.

lipocito s.m. Célula específica del tejido adiposo.

lipocromo s.m. BIOL. Pigmento soluble en las grasas que las colorea de amarillo.

lipófilo, a adj. Que se deja impregnar por los lípidos o grasas.

lipófobo, a adj. Que no se deja impregnar por los lípidos o grasas.

lipoide s.m. Sustancia semejante a la grasa. **2.** Lípido complejo cuya molécula contiene fósforo y nitrógeno, como los fosfolípidos y cerebrósidos.

lipoideo, a adj. (del gr. *lípos,* grasa, y *eidos,* forma). Lipoide, semejante a la grasa.

lipólisis s.f. Destrucción de las grasas en el organismo.

lipoma s.m. (del gr. *lípos,* grasa). Tumor benigno formado a partir de una hipertrofia local del tejido adiposo.

lipoproteína s.f. Sustancia constituida por una proteína y un lípido. (Las grasas del plasma sanguíneo se transmiten bajo esta forma.)

liposoluble adj. Soluble en las grasas o en los aceites.

liposoma s.m. Partícula lipídica, generalmente esférica, del citoplasma celular que constituye una reserva de alimentos para la célula.

liposucción s.f. Tratamiento de cirugía estética que consiste en succionar las sobrecargas adiposas de los tejidos.

lipotimia s.f. MED. Pérdida transitoria de la conciencia con brusca relajación muscular, sin paro cardíaco ni respiratorio.

lipotrópico, a adj. Se dice de la sustancia que se fija en las grasas o que facilita su metabolismo.

lipuria s.f. Presencia de sustancias lipoideas en la orina.

liquen s.m. (lat. *lichen, -enis*). Vegetal que vive sobre el suelo, los árboles y las piedras, constituido por un talo aplanado o ramoso, donde viven asociados un hongo y un alga. (Los líquenes suelen vivir sobre las rocas y los árboles, en forma de talos aplanados, foliáceos o ramosos, y resisten condiciones extremas de temperatura y sequía.) **2.** MED. Erupción cutánea con numerosas pápulas, con espesamiento de la epidermis, acompañadas de intenso prurito.

liquidabilidad s.f. Criterio de ordenación de las partidas del activo, según la facilidad que tiene cada una de ellas de convertirse en disponibilidades.

liquidación s.f. Acción y efecto de liquidar. **2.** Venta de mercancías a bajo precio por necesidad de eliminar un stock. **3.** En bolsa, cierre periódico de las operaciones para entregar los títulos comprados o pagar las diferencias pendientes. **4.** Operación que consiste en completar las adiciones de sosa y de electrólito para dar al jabón su forma comercial. ◇ **Liquidación del impuesto** DER. FISC. Cálculo definitivo del monto de la deuda impositiva del contribuyente y su realización.

liquidador, ra adj. y s. Que liquida, poniendo término a una cosa o a un estado de cosas. **2.** DER. Que liquida, haciendo el ajuste formal de una cuenta.

liquidámbar s.m. Árbol de Asia menor y de América, del que se extraen diferentes resinas.

liquidar v.tr. (lat. *liquidare*). Pagar enteramente una cuenta. **2.** Vender mercancías en liquidación. **3.** *Fig.* Poner fin a una situación difícil: *liquidar un asunto, un problema.* **4.** *Fig.* y *fam.* Matar: *liquidar al jefe de la banda.* **5.** Gastar algo, especialmente dinero, en un tiempo muy breve: *liquidar una fortuna.* **6.** DER. **a.** Ajustar formalmente unas cuentas. **b.** Poner término a una cosa o a las operaciones de una empresa. ◆ v.tr. y prnl. Licuar, convertir en líquido.

liquidez s.f. Cualidad de líquido. **2.** Disponibilidad de medios de pago. **3.** Conjunto de activos financieros fácilmente realizables en dinero. ◇ **Liquidez internacional** Conjunto de activos, como reservas en oro o en monedas de libre uso internacional (dólares o libras esterlinas), con los que se financian los déficits y superávits de las balanzas de pagos de los distintos países.

líquido, a adj. y s.m. (lat. *liquidus*). Se dice de la sustancia cuyas moléculas se mueven libremente sin tendencia a separarse, y por ello se adapta a la forma de la cavidad que la contiene, y mantiene horizontal la superficie libre. ◆ adj. y s.f. FONÉT. Se dice del sonido consonántico que tiene características comunes con las vocales, como *r* y *l* en *brazo* y *plaza.* ◆ adj. Se dice de los bienes de la máxima liquidabilidad: *renta líquida; capital líquido.* ◆ s.m. CONTAB. Saldo de las cuentas de cajas y bancos. ◇ **Líquido de Knop** Solución acuosa de sales minerales que permite el desarrollo completo de una planta verde. **Líquido de Raulin** Solución acuosa de azúcar, ácido tartárico y sales minerales, que permite el desarrollo completo de las plantas heterótrofas. **Líquido imponible** Cuantía de los ingresos de un contribuyente que se encuentran sujetos al pago de impuestos.

liquidus s.m. Curva que, en un diagrama térmico, indica la temperatura final de fusión de una mezcla, en función de su composición. CONTR.: *solidus.*

1. **lira** s.f. (lat. *lyra*). Instrumento musical compuesto de varias cuerdas tensadas en un marco, que se pulsan con ambas manos, o con un plectro. (Utilizado principalmente en la antigüedad y en la edad media.) **2.** *Fig.* Numen o inspiración de un poeta determinado. **3.** MÉTRIC. Estrofa de cinco versos, tres heptasílabos y dos endecasílabos, de rima consonante.

2. **lira** s.f. Unidad monetaria de Italia, San Marino, Ciudad del Vaticano, sustituida por el euro en 2002. **2.** Unidad monetaria de Turquía. (También *lira turca.*)

lírica s.f. Género de poesía en que predomina la expresión del sentimiento subjetivo. **2.** En la antigüedad, poesía que se cantaba con acompañamiento musical, generalmente con la lira.

lírico, a adj. y s. (lat. *lyricus*). Relativo a la lírica; poeta que cultiva este género literario. ◆ adj. Méx. Se dice de la persona que ha aprendido algún oficio, profesión o arte de forma empírica, sin haber estudiado. **2.** MÚS. **a.** Se dice de la obra dramática cantada o con acompañamiento musical. **b.** Se dice de la compañía de teatro que representa estas obras y de alguno de sus componentes. ◇ **Abstracción lírica** Arte abstracto del s. XX que privilegia la libre efusión del artista en sus formas no figurativas más variadas (por oposición a *abstracción geométrica*).

lirio s.m. (lat. *lilium*). Planta herbácea vivaz, de bulbo escamoso, flores con seis pétalos azules, morados o blancos, y fruto en cápsula. (Familia iridáceas.) **2.** Flor de esta planta. ◇ **Lirio blanco** Azucena. **Lirio de agua** Cala.

lirismo s.m. Cualidad de lírico. **2.** Expresión poética y exaltada de sentimientos personales, de pasiones. **3.** Abuso de las cualidades características de la poesía lírica, o empleo indebido de este género de poesía o del estilo lírico en composiciones de toda clase.

lirón s.m. (del lat. *glis, -iris*). Mamífero roedor, de unos 15 cm de long., que hace sus madrigueras en nidos abandonados por otros animales o en refugios naturales, en los que hiberna enrollado. ◇ **Dormir como un lirón** *Fam.* Dormir mucho tiempo o muy profundamente. **Lirón enano** Lirón de pequeño tamaño, con el pelaje de la región dorsal amarillento. SIN.: *muscardino.* **Lirón gris** Lirón de pequeño tamaño, de pelaje gris, con manchas negras.

lirondo. Mondo y lirondo → **mondo.**

lis s.f. (fr. *lys*). Lirio. ◇ **Flor de lis** Forma heráldica de la flor del lirio, que fue el emblema de la casa real francesa.

lisa s.f. Mújol.

lisamente adv.m. Con lisura. ◇ **Lisa y llanamente** Sin ambages ni rodeos.

lisar v.tr. y prnl. BIOL. Destruir por lisis.

lisboeta adj. y s.m. y f. De Lisboa.

lisérgico adj. Se dice del ácido derivado de un alcaloide del cornezuelo del centeno, que posee propiedades alucinógenas. ◇ **Dietilamida del ácido lisérgico** Derivado del ácido lisérgico, alucinógeno de síntesis que modifica las sensaciones visuales y auditivas. (Se abrevia *LSD.*)

lisiado, a adj. y s. Se dice de la persona que tiene alguna imperfección orgánica, especialmente si es lesión permanente en las extremidades.

lisiar v.tr. y prnl. (del lat. *laesio, -onis,* lesión). Lesionar.

lisimaquia s.f. (del gr. *lýein,* soltar, y *mákhesthai,* combatir). Planta herbácea, de flores amarillas, que crece en lugares húmedos. (Familia primuláceas.)

lisina s.f. Aminoácido indispensable para el crecimiento.

lisis s.f. (gr. *lýsis,* solución). BIOL. Destrucción de un elemento orgánico (célula, bacteria, etc.).

liso, a adj. Sin desigualdades, sin asperezas, sin arrugas: *frente lisa.* **2.** Se dice del pelo que no forma ondas ni rizos. **3.** Sencillo, sin adornos: *vestido liso.* **4.** Que es de un solo color: *preferir las telas lisas a las estampadas.* **5.** *Fig.* Sin dificultades u obstáculos: *una carrera de cien metros lisos.*

lisógeno, a adj. y s.m. BIOL. Se dice de la sustancia que provoca la formación de lisinas.

lisonja s.f. (del occitano ant. *lauzenjar, lauzengier*). Halago exagerado y generalmente interesado que se hace a alguien.

lisonjear v.tr. Adular, halagar. ◆ v.tr. y prnl. Envanecer, satisfacer el amor propio.

lisonjero, a adj. Halagüeño, satisfactorio, prometedor de cosas buenas.

lisosoma s.m. Partícula intracelular, dotada de enzimas, que cumple funciones de desasimilación.

lisozima s.f. Enzima bactericida que se encuentra en las lágrimas, la leche, la saliva, etc.

lista s.f. (germ. occidental *lista*). Tira larga y estrecha de tela, papel, etc. **2.** Línea de color que se distingue del resto de la superficie en la que está, especialmente en los tejidos: *los jugadores vestían camiseta a listas rojas y blancas.* **3.** Relación de nombres de personas, cosas, etc., que suele escribirse en un papel formando columnas. **4.** INFORMÁT. Conjunto de elementos de información, estructurado de tal modo que se conoce la posición relativa de cada elemento en el conjunto. ◇ **Lista civil** Dotación anual de un jefe de estado. **Lista de boda** Lista de regalos seleccionados en una tienda por los futuros esposos. **Lista de correos** Oficina a la que se dirigen las cartas y paquetes, cuyos destinatarios han de presentarse en ella para recogerlos. **Lista electoral** Lista en que están inscritos los electores de una circunscripción. **Lista negra** Relación de personas que se excluyen del trato, de una asociación, etc., por considerarlas indeseables o sospechosas. **Pasar lista** Llamar en voz alta para que respondan las personas cuyos nombres figuran en una relación.

listado, a adj. Que tiene listas o bandas. SIN.: *rayado.* ◆ s.m. Lista, relación de nombres de personas, cosas, etc. **2.** INFORMÁT. Copia que sale de una impresora, en la que aparecen los datos, números, etc,. que resultan de un proceso hecho por una computadora.

listar v.tr. INFORMÁT. Efectuar un listado de datos.

listel s.m. ARQ. **a.** Filete o faja lisa que constituye un miembro o elemento de moldura. **b.** Elemento superior de una cornisa.

listeriosis s.f. Enfermedad infecciosa de los animales y del ser humano, debida a una bacteria grampositiva, *Listeria monocytogenes,* especialmente grave en la mujer embarazada y en el recién nacido.

listero, a s. Persona encargada de pasar lista al personal de una empresa.

listeza s.f. Cualidad de listo.

listín s.m. Publicación en que aparecen el nombre, dirección y número de teléfono de los abonados.

listo, a adj. Se dice de la persona que comprende y asimila las cosas con rapidez y con ingenio. **2.** Diligente, hábil para hacer o llevar a cabo alguna cosa. **3.** Preparado, dispuesto: *estar listo para partir.* ◇ **Estar,** o **ir, listo** Expresa la convicción de que la esperanza o el propósito de una persona saldrán fallidos.

listón s.m. Tabla estrecha y larga. **2.** En atletismo, barra colocada horizontalmente en un soporte que indica la altura que debe sobrepasar el atleta al saltar. **3.** *Fig.* Medida o nivel que establece la calidad o efectividad de una cosa. **4.** Méx. Cinta de tela.

listura s.f. *Fam.* Listeza.

lisura s.f. Cualidad de liso. **2.** *Fig.* Sinceridad, franqueza. **3.** Guat., Pan. y Perú. *Fig.* Palabra o acción irrespetuosa y grosera: *respondió con una de sus lisuras.* **4.** Pan. y Perú. *Fig.* Desenvoltura, desparpajo, atrevimiento: *nos pasmó su lisura.* **5.** Perú. *Fig.* Garbo, apostura: *su lisura cautivaba a todos.*

litam s.f. (voz árabe). Velo con el que las mujeres musulmanas y algunas nómadas del Sahara se cubren la cara.

litargirio s.m. (lat. *lithargyrum*). Óxido de plomo (PbO), de color rojo anaranjado, utilizado en vidriería y en la fabricación de compuestos, como pigmentos, secantes, etc.

litas s.m. Unidad monetaria de Lituania.

litchi s.m. Árbol de Asia oriental y Filipinas, de fruto y madera apreciados. **2.** Fruto comestible de este árbol, de color rojo, que contiene una pulpa blanca de sabor agradable y que se puede conservar en seco.

litera s.f. (cat. *llitera,* de *llit,* cama). Mueble formado por dos o más camas superpuestas. **2.** Cama de los camarotes de un barco o de los compartimentos de un tren. **3.** Vehículo antiguo, a manera de caja, con dos asideros, uno delante y otro atrás, para ser transportado por personas o por caballerías.

literal adj. Conforme al primer sentido de las palabras que forman un texto. **2.** Que se ajusta exactamente a las palabras del original: *traducción literal.* **3.** LING. Se dice de un estado de lengua representado por la lengua escrita, por oposición a la lengua hablada: *árabe literal.* ◇ **Expresión literal** MAT. Expresión algebraica donde ciertas cantidades están expresadas por medio de letras.

literalidad s.f. Cualidad de literal.

literario, a adj. Relativo a las letras o a la literatura.

literato, a adj. y s. Se dice de la persona especialista en literatura. ◆ s. Escritor, persona que escribe obras literarias.

literatura s.f. Arte que emplea la palabra hablada o escrita como forma de expresión. **2.** Conjunto de obras escritas u orales de un determinado género, época o lugar, que tienen una finalidad estética. **3.** Conjunto de escritos relativos a una materia o asunto: *la literatura cervantina.* **4.** Conjunto de teorías relativas a las obras y a los autores literarios. **5.** *Desp.* En el discurso hablado o escrito, exceso de palabras sin contenido esencial: *no dice nada de interés, todo es literatura.*

litergol s.m. Propergol constituido por un ergol sólido y otro líquido. SIN.: *propergol híbrido.*

litiásico, a adj. Relativo a la litiasis.

litiasis s.f. Formación y presencia de cálculos en diversas estructuras del organismo, especialmente en el aparato urinario y las vías biliares: *litiasis renal, uretral* y *vesical.*

1. **lítico, a** adj. PREHIST. Relativo a la industria de la piedra.

2. **lítico, a** adj. Relativo a la lisis. ◇ **Cóctel lítico** Mezcla de medicamentos antálgicos y sedantes, utilizada en anestesia.

litigación s.f. Acción y efecto de litigar.

litigante adj. y s.m. y f. Que litiga.

litigar v.tr. (lat. *litigare*). Disputar sobre una cosa en un juicio: *litigar los bienes.* ◆ v.intr. *Fig.* Altercar, contender.

litigio s.m. (lat. *litigium*). Pleito, disputa en un juicio. **2.** *Fig.* Disputa, contienda.

litigioso, a adj. Se dice de lo que está en pleito. **2.** Se dice de lo que está en duda y se disputa. **3.** Propenso a mover pleitos y acciones judiciales.

litina s.f. Hidróxido de litio.

litínico, a adj. Que contiene litina: *aguas litínicas.*

litio s.m. Metal alcalino, de color blanco, de densidad 0,53, cuyo punto de fusión es de 180,54 °C. (Es el metal más ligero.) **2.** Elemento químico (Li), de número atómico 3 y masa atómica 6,941. (En forma de sales, se utiliza en psiquiatría.)

litisconsorcio s.m. DER. Situación producida por la unión y coordinación de una pluralidad de personas que en un juicio poseen una solidaridad de intereses.

litisconsorte s.m. y f. DER. Persona que litiga por la misma causa o interés que otra, formando con ella una sola parte.

litiscontestación s.f. DER. Trabamiento de la contienda en juicio por medio de la contestación a la demanda, de que resulta un especial estado jurídico del asunto litigioso y de los litigantes entre sí.

litisexpensas s.f.pl. DER. **a.** Gastos o costas causados, o que se presumen que van a producirse, en el seguimiento de un pleito. **b.** Fondos que se asignan a personas que no disponen libremente de sus bienes, para que atiendan a tales gastos. **c.** Cantidad que para gastos judiciales han de aportar algunas personas a fin de que sus representantes legales puedan litigar en defensa de sus derechos, si carecen de recursos propios.

litispendencia s.f. Estado del pleito antes de su terminación. **2.** Tiempo que media desde la contestación a la demanda hasta la sentencia. **3.** Excepción dilatoria debida a encontrarse una causa *sub iudice,* ante otro juez o tribunal competente, o ante el mismo.

litófago, a adj. (del gr. *líthos,* piedra, y *fagein,* comer). Se dice del organismo que perfora las rocas para alojarse en las galerías formadas.

litofanía s.f. Procedimiento que permite obtener efectos por transparencia en la porcelana, cristal opaco, etc., mediante variaciones en el espesor de la pasta.

litogénesis s.f. GEOL. Formación de las rocas. SIN.: *litogenia.*

litografía s.f. Técnica de impresión que consiste en trazar un dibujo, texto, etc., con tinta o lápiz graso sobre una piedra caliza o una plancha metálica. (La litografía fue descubierta en 1796 por Senefelder.) **2.** Estampa impresa mediante este procedimiento. **3.** Taller del litógrafo.

litografiar v.tr. [conj.: *desviar*]. Imprimir mediante los procedimientos de la litografía.

litográfico, a adj. Relativo a la litografía. ◇ **Piedra litográfica** Variedad de piedra caliza de grano muy fino y homogéneo, utilizada en litografía.

litógrafo, a s. Persona que se dedica a la litografía.

litología s.f. Parte de la geología que estudia las rocas.

litológico, a adj. Relativo a la litología.

litopedion s.m. Feto muerto y sobrecargado de sales minerales debido a la prolongada estancia en el útero materno.

litopón s.m. Mezcla de sulfato bárico y sulfuro de cinc, no tóxica, utilizada en pintura.

litoral adj. (lat. *litoralis*). Relativo a la costa: *zona litoral.* ◆ s.m. Conjunto de las costas de un país o de un mar: *el litoral mediterráneo.* **2.** Argent., Par. y Urug. Orilla o franja de tierra al lado de los ríos. ◇ **Erosión litoral** Erosión de la costa bajo la acción conjugada del mar y de los agentes atmosféricos.

litosfera s.f. Capa externa del globo terrestre, rígida, constituida por la corteza (continental y oceánica) y el manto superior, y limitada hacia el interior por la astenosfera.

lítote, litote, lítotes o **litotes** s.f. (lat. *litotes*). Figura retórica de pensamiento que consiste en disminuir las cualidades de un objeto mediante el procedimiento de decir lo contrario de lo que se quiere afirmar. («No estás en lo cierto», «no puedo por menos» son ejemplos frecuentes de esta figura.)

litotipografía s.f. Técnica de reproducir en litografía una plancha impresa en caracteres tipográficos corrientes.

litotomía s.f. (del gr. *líthos,* piedra, y *témnen,* cortar). CIR. Intervención quirúrgica para extraer un cálculo del organismo.

litotricia s.f. (del gr. *líthos,* piedra, y lat. *tritum,* triturado). Trituración de los cálculos vesicales y renales, para su posterior extracción.

litotrofo, a adj. y s.m. Se dice del organismo que utiliza sustancias inorgánicas como donadores de electrones.

litre s.m. Chile. Árbol de la familia de las anacardiáceas, de flores amarillas y frutos pequeños y dulces, de los cuales se extrae una especie de chicha. (Su sombra y el contacto de sus ramas producen un sarpullido.) **2.** Chile. *Fam.* Enfermedad producida por la sombra de este árbol.

litri adj. Se dice de la persona excesivamente atildada y presumida.

litro s.m. (fr. *litre*). Unidad de medida de volumen (símb. l) equivalente a 1 decímetro cúbico.

litrón s.m. Antigua unidad de medida de volumen equivalente a 0,813 litros.

litrona s.f. Esp. *Fam.* Botella de cerveza de un litro.

lituano, a adj. y s. De Lituania. ◆ s.m. Lengua báltica hablada en Lituania.

liturgia s.f. (bajo lat. *liturgia*). Conjunto de ritos y oraciones, determinado por la autoridad competente, que constituye el culto divino de una comunidad religiosa: *la liturgia romana.* **2.** HIST. En la antigua Grecia, servicio público (espectáculos, fiestas, armamento de una embarcación, etc.) cuya organización y financiación no corrían a cargo de la ciudad sino de los ciudadanos ricos.

litúrgico, a adj. Relativo a la liturgia.

liuto s.m. Planta herbácea de cuyas raíces, tuberosas y comestibles, se extrae el chuño. (Familia amarilidáceas.)

livedo s.m. Conjunto de manchas violáceas en los miembros inferiores, que son síntoma de alteraciones circulatorias.

liviana s.f. Cante flamenco.

liviandad s.f. Cualidad de liviano. **2.** *Fig.* Acción liviana.

liviano, a adj. (del lat. vulgar *levianus*). Ligero, de poco peso: *ropa liviana.* **2.** *Fig.* Leve, de poca importancia: *enojarse por motivos livianos.* **3.** *Fig.* Inconstante, voluble, informal: *mujer liviana.*

lividecer v.intr. [conj.: *parecer*]. Ponerse lívido.

lividez s.f. Cualidad de lívido.

lívido, a adj. (lat. *lividus,* azulado negruzco). Que tiene un tono morado. **2.** Que está o es muy pálido.

living s.m. (ingl. *living room*) [pl. *livings*]. Cuarto de estar.

livor s.m. (lat. *livor, -oris*). Color cárdeno. **2.** *Fig.* Malignidad, envidia, odio.

lixiviación s.f. EDAFOL. Proceso de arrastre por el agua de la lluvia de las materias solubles o coloidales de los horizontes superiores de un suelo a horizontes más profundos. **2.** Extracción de las materias solubles de una mezcla con ayuda de disolventes apropiados.

lixiviar v.tr. (del lat. *lixivia,* lejía). Tratar una sustancia con un líquido disolvente para extraer las materias solubles.

liza s.f. (fr. *lice*). Campo dispuesto antiguamente para justas y torneos de caballeros. **2.** *Poét.* Lucha o contienda. **3.** *Fig.* Disputa o controversia.

lizo s.m. (lat. *licium*). Alambre o cordón de hilo que lleva un mallón por el que pasa el hilo de urdimbre en el telar. <> **Telar de alto lizo** Telar en que los hilos de la urdimbre están dispuestos verticalmente. **Telar de bajo lizo** Aquel en que dichos hilos están dispuestos horizontalmente.

ll s.f. Dígrafo que en español representa un sonido palatal, lateral, fricativo y sonoro. (Es la decimocuarta letra del alfabeto español, y undécima de sus consonantes).

llaca s.f. Mamífero marsupial de color gris pálido, que vive en Argentina y Chile, en terrenos pedregosos, y se alimenta de insectos. (Familia didélfidos.)

llaga s.f. (lat. *plaga*). Úlcera. **2.** *Fig.* Pesadumbre, pena.

llagar v.tr. y prnl. Producir llagas.

llague s.m. Chile. Planta solanácea. **2.** Perú. Planta poligonácea.

llallí s.f. (voz arawak). Chile. Palomita o roseta de maíz. <> **Hacer llallí algo** Chile. Destrozarlo.

1. **llama** s.f. (lat. *flamma*). Masa gaseosa en combustión, en forma de lengua, que permanece en contacto con un cuerpo en ignición, y en la que se realiza una interacción química que desprende luz y calor. **2.** *Fig.* Sentimiento apasionado o vivo: *la llama del amor.* <> **Llama neutra** Llama obtenida mezclando volúmenes iguales de acetileno y de aire en el interior de un soplete para la soldadura de metales.

2. **llama** s.f. (voz quechua). Mamífero rumiante de la cordillera de los Andes, de unos 2,50 m de long., que se utiliza como animal de carga y del que se aprovecha la carne y la lana.

3. **llama** s.f. Terreno pantanoso.

llamada s.f. Acción de llamar. **2.** Atracción ejercida por algo sobre alguien: *sentir la llamada del deber.* **3.** Voz o señal con que se llama. **4.** IMPR. Signo, letra o número que se pone en el texto para indicar que hay una cita o nota al pie de la página, al margen, o al fin del capítulo o del volumen. **5.** INFORMÁT. Transferencia temporal de control en una computadora digital, con el fin de cumplimentar una finalidad subsidiaria. **6.** MIL. Toque de corneta o de otro instrumento para que la tropa tome las armas y entre en formación o se reúna en un lugar determinado.

llamado s.m. Amér. Llamada telefónica. **2.** Amér. Llamamiento.

llamador, ra s.m. Aldaba o timbre para llamar. **2.** Botón o pieza redonda que cierra el circuito en el timbre eléctrico. **3.** Aparato que en una estación telegráfica intermedia avisa las llamadas de otra.

llamamiento s.m. Acción de llamar, pedir especialmente al hacerlo solemne o patéticamente. **2.** DER. Designación de personas o estirpes para una herencia, cargo, etc.

llamar v.tr. (lat. *clamare*). Decir el nombre de una persona o animal, o hacer algún ruido o gesto, para que preste atención o vaya a un sitio: *llamar al camarero.* **2.** Aplicar un nombre o apelativo a alguien o algo. **3.** Convocar, citar: *llamar a declarar como testigo.* **4.** Comunicar con alguien a través del teléfono. **5.** Atraer o gustar: *practica la escalada libre porque lo llama el riesgo.* **6.** DER. Hacer llamamiento o designación de personas para una sucesión, cargo, etc. ◆ v.intr. Hacer sonar el timbre, campanilla, etc., para que acudan a abrir, servir, etc.: *llamar a la puerta.* **2.** MIL. Tocar llamada.

llamarada s.f. Llama grande que brota y se apaga con rapidez. **2.** *Fig.* Acceso repentino y pasajero de un sentimiento o de un estado de ánimo. <> **Llamarada de petate** Se dice de algo o alguien que, después de haber despertado grandes expectativas de éxito, resulta un fracaso.

llamarón s.m. Chile, Colomb. y Ecuad. Llamarada.

llamativo, a adj. Que llama o atrae la atención, generalmente por lo exagerado: *color llamativo; persona llamativa.*

llamazar s.m. Terreno pantanoso. SIN.: *llamargo.*

llame s.m. (voz araucana). Chile. Lazo o trampa para cazar pájaros.

llamear v.intr. Echar llamas: *el fuego llamea.*

llampo s.m. Chile. Polvo y parte menuda del mineral que queda una vez separada la parte más gruesa.

llampuga o **lampuga** s.f. Pez comestible, de 1,80 m de long., cuerpo alargado y comprimido y coloración muy variada, con irisaciones nacaradas, que vive en los mares abiertos. (Familia corifénidos.)

1. **llana** s.f. Herramienta de albañil para extender el yeso y la argamasa.

2. **llana** s.f. Plana, cara de un escrito. **2.** Llanura. **3.** TAUROM. Parte externa y plana de la nalga del toro.

llanarca s.m. Argent. Atajacaminos.

llanca s.f. Chile. Mineral de cobre, de color verde azulado. **2.** Chile. Fragmento pequeño de este mineral, usado por los araucanos para hacer collares y adornos de trajes.

llanear v.intr. Ir por terreno llano, evitando las pendientes.

1. **llanero, a** adj. y s. De las llanuras.

2. **llanero, a** adj. y s. De Los Llanos.

llaneza s.f. Sencillez o naturalidad en la manera de hacer o decir las cosas. **2.** *Fig.* Familiaridad, afabilidad en el trato.

llanisto, a adj. y s. Argent. Para el montañés, de las tierras bajas, en particular de los llanos de la provincia de La Rioja.

llanito, a adj. y s. *Fam.* Gibraltareño.

llano, a adj. (lat. *planus*). Se dice de la superficie que carece de desniveles o desigualdades: *terreno llano; plato llano.* **2.** *Fig.* Afable, natural, sencillo: *persona de trato llano.* **3.** *Fig.* Sincero, legal: *un consejo llano.* **4.** *Fig.* Fácil, corriente: *explicación llana.* **5.** Que no goza de privilegios sociales o económicos: *pueblo llano.* **6.** Se dice de la palabra grave. ◆ s.m. Llanura. ◆ **llanos** s.m.pl. En las labores de punto de media, puntos que se hacen sin pasar de lado la hebra y sin crecer. <> **Ángulo llano** Ángulo de 180 grados.

llanque s.m. Perú. Sandalia rústica.

llanta s.f. (fr. *jante*). Cerco metálico de las ruedas de los vehículos. **2.** Fleje. **3.** Pieza de hierro plana, larga y mucho más ancha que gruesa. **4.** Amér. Cubierta de caucho de una rueda, neumático. **5.** Méx. Pliegue que se forma alrededor del cuerpo por acumulación excesiva de grasa.

llantén s.m. Planta herbácea con cuyas hojas se hace una infusión empleada como astringente y contra las oftalmías. (Familia plantagináceas.) <> **Llantén de agua** Alisma.

llantera s.f. *Fam.* Llantina.

llantina s.f. *Fam.* Llanto violento y prolongado. SIN.: *llantera.*

llanto s.m. (lat. *planctus, -us,* lamentación). Acción de fluir lágrimas de los ojos, acompañada generalmente de lamentos y sollozos. <> **Anegarse,** o **deshacerse, en llanto** Llorar mucho.

llanura s.f. Región de escaso relieve y cuya altitud media es próxima al nivel del mar.

llapa s.f. Amér. Merid. Añadidura, añadido.

llapango, a adj. Que no usa calzado.

llapar v.tr. Amér. Merid. En minería, añadir.

llapingacho s.m. Ecuad. Tortilla de papas con queso.

llares s.m.pl. Cadena que pende en el cañón de la chimenea, con un gancho en el extremo inferior para colgar la caldera y, a poca distancia, otro para subirla o bajarla.

llareta s.f. Argent., Bol., Chile y Perú. Planta herbácea, de hojas alternas, cuyo tallo destila una resina balsámica, de uso medicinal, estimulante y estomacal. (Familia umbelíferas.)

llaucana s.f. (voz quechua). Chile. Barreta corta que usan los mineros para picar la veta.

llaullau s.m. Chile. Hongo comestible que se cría en los árboles, empleado para la elaboración de una especie de chicha.

llauquearse v.prnl. Chile. Venirse abajo, desmoronarse.

llave s.f. (lat. *clavis*). Utensilio, comúnmente de metal duro, que sirve para abrir o cerrar una cerradura. **2.** *Fig.* Clave para descubrir lo oculto o secreto. **3.** *Fig.* Principio que facilita el conocimiento de otras cosas. **4.** Dispositivo que sirve para abrir, cerrar o regular el paso de un fluido por un conducto, mediante un obturador manipulado desde el exterior. GEOSIN.: Chile y Colomb. *bitoque;* Colomb. *cruceta;* Colomb., Guat. y Hond. *paja;* Esp. *grifo.* **5.** Instrumento o herramienta para apretar o aflojar tuercas y tornillos, para dar tensión o aflojar el resorte o muelle de un mecanismo, etc. **6.** Interruptor para abrir y cerrar un circuito eléctrico. **7.** Pieza de las armas de fuego portátiles y de algunas piezas de artillería ligera que servía para dispararlas por inflamación de la pólvora. **8.** Signo de puntuación que encierra dos o más guarismos, palabras o renglones. **9.** Pieza metálica de algunos instrumentos musicales de viento que abre o cierra el paso del aire produciendo diversos sonidos. **10.** DEP. En lucha y judo, presa que inmoviliza al adversario. **11.** HERÁLD. Figura muy frecuente en heráldica. ◇ **Debajo de,** o **bajo, llave** En lugar cerrado con llave. **Debajo de,** o **bajo, siete llaves** Muy guardado y seguro. **Llave de paso** Dispositivo que se empalma en un punto intermedio de los tubos o cañerías del agua o gas para regular el paso del fluido. **Llave inglesa** Herramienta provista de un dispositivo que, al girar, abre más o menos las dos partes que forman la cabeza, hasta que esta se acopla a la tuerca o tornillo que se quiere mover. **Llave maestra** La que está hecha de forma que abre y cierra todas las cerraduras de una casa, local, etc. **Llave plana** Llave de dos bocas o cabezas fijas que se sirve para apretar o aflojar las tuercas de las bicicletas y automóviles.

llavear v.tr. Argent. y Par. Cerrar con llave.

llavero s.m. Utensilio donde se guardan las llaves.

llavín s.m. Llave pequeña con que se abre el picaporte.

llegada s.f. Acción de llegar. **2.** En deporte, meta.

llegar v.intr. (lat. vulgar *plicare,* plegar). Pasar a estar en el término o fin de una trayectoria, marcha, etc.: *llegar a casa.* **2.** Hacerse actual un momento o una época: *ya llega el verano.* **3.** Durar, existir hasta cuando se expresa: *llegar a viejo.* **4.** Alcanzar cierta altura, grado o nivel. **5.** Alcanzar el fin perseguido. **6.** Tener capacidad, extensión, potencia, etc., suficientes para determinado objeto: *llegar a comprender algo.* **7.** Ser suficiente un dinero para algo. **8.** Expresa que lo que a continuación se dice es muy extremo o exagerado: *llegó a insultarme.* ◆ **llegarse** v.prnl. *Fam.* Ir a un lugar cercano: *llegarse hasta el parque.* ◇ **¡Hasta ahí podíamos llegar!** Exclamación de protesta o indignación por algún abuso.

lleivún s.m. Planta herbácea, que crece en terrenos húmedos, cuyos tallos se emplean para hacer lazos, atar sarmientos, etc. (Familia ciperáceas.)

llena s.f. Desbordamiento o riada.

llenador, ra adj. Chile. Se dice del alimento que rápidamente produce saciedad.

llenadora s.f. Máquina que llena los barriles en cadena.

llenar v.tr. y prnl. Ocupar un espacio determinado: *llenar las copas; la playa se llenó de bañistas.* **2.** Hartar o hartarse de comida. ◆ v.tr. Ocupar algo un espacio. **2.** Poner en un sitio gran cantidad de algo: *llenar una pared de cuadros.* **3.** Colmar, satisfacer plenamente deseos, aspiraciones, etc.: *el trabajo la llena.* **4.** Colmar, dar con abundancia: *llenar de consejos.* **5.** Rellenar un impreso.

1. **lleno** s.m. Juego auxiliar compuesto del órgano. **2.** Composición para órgano, muy en boga en España en los ss. XVI al XVIII.

2. **lleno, a** adj. (lat. *plenus*). Que contiene todo como su capacidad permite: *el vaso está lleno.* **2.** Que contiene gran cantidad: *casa llena de gente.* **3.** Saciado, satisfecho de comida: *sentirse lleno.* **4.** Algo gordo: *persona un poco llena.* ◆ s.m. Concurrencia de un gran número de personas en un espectáculo público: *haber un lleno total.* **2.** ASTRON. Plenilunio de la Luna. ◇ **De lleno (en lleno)** Enteramente, totalmente.

lleta s.f. BOT. Tallo recién nacido de la semilla o del bulbo de una planta.

llevable adj. Que puede ser llevado. **2.** Llevadero.

llevadero, a adj. Que puede ser soportado o tolerado. *carga, pena llevadera.*

llevador s.m. Tambor o cilindro cuya periferia está recubierta por una guarnición de carda, y que, situado en la proximidad del tambor principal de una máquina de carda, recibe las fibras de este y forma con ellas la napa o velo.

llevar v.tr. (lat. *levare,* aliviar). Transportar algo de una parte a otra que no sea el lugar en donde está el que habla: *llevar la ropa a la lavandería.* **2.** Conducir o transportar en un vehículo, de un sitio a otro: *este autobús me lleva hasta casa.* **3.** Ir a parar un camino a determinado lugar: *un sendero que lleva al pueblo.* **4.** Manejar, conducir, guiar un vehículo, montura, etc. **5.** Acompañar o guiar a alguien a determinado lugar: *llevar a los niños al colegio.* **6.** Tener la cualidad, estado o circunstancia que se especifica: *llevar razón.* **7.** Tener puesta una prenda de vestir o un adorno personal, o usarlos habitualmente. **8.** Traer consigo en la mano, bolsillo, etc.: *llevar el bolso.* **9.** Dirigir, administrar un negocio o asunto: *llevar las cuentas.* **10.** Hacer algo de la manera que se expresa: *llevar bien los estudios.* **11.** Soportar o sufrir: *llevar una enfermedad con resignación.* **12.** Ser causa de que algo suceda: *llevar la alegría a los padres.* **13.** Transmitir, comunicar: *llevar una noticia.* **14.** Con un complemento de tiempo, haberlo pasado uno en la misma situación en que se encuentra o haciendo lo mismo que hace, hasta el momento en que se habla: *llevar una hora esperando.* **15.** Marcar el paso, ritmo, etc.: *llevar mal el paso.* ◆ v.tr. y prnl. Lograr, conseguir: *llevarse un premio.* **2.** Exceder una persona o cosa a otra en la cantidad que se determina: *le llevo diez años.* **3.** Requerir algo cierto trabajo o tiempo: *arreglarlo llevará una hora.* **4.** Esp. Cobrar determinada cantidad por algo. ◆ v.auxiliar. Con algunos participios equivale a *haber: lleva dichas muchas verdades.* ◆ **llevarse** v.prnl. Tomar una cosa de alguien, por lo general, violenta u ocultamente. **2.** Estar algo de moda: *este año se lleva el color negro.* **3.** Recibir o sufrir un disgusto, sofocón, etc.: *llevarse un buen susto.* **4.** Tener una persona una buena o mala relación con otra: *se lleva bien con todo el mundo.* ◇ **Dejarse llevar** Permitir la acción de alguien o de algo sobre uno mismo. **Llevar adelante** Hacer que una cosa prospere. **Llevar consigo** Hacerse alguien acompañar de una o varias personas. **Llevar las de perder** *Fam.* Estar en desventaja o en situación desesperada. **Llevar y traer** *Fam.* Andar en chismes y cuentos.

lliclla s.f. Bol., Ecuad. y Perú. Manteleta vistosa que cubre los hombros y la espalda, de color diferente al de la falda, que forma parte del atuendo típico de las mujeres indígenas.

llicta s.f. Argent. y Bol. Masa semiblanda de sabor salado y coloración gris oscura, a causa de la ceniza de algunas plantas que intervienen en la mezcla, cuya base son papas o patatas hervidas y acompaña las hojas de coca del acullico.

lligues s.m.pl. Chile. Habas pintadas que se utilizan como fichas en algunos juegos.

lloclla s.f. Perú. Avenida anegada de agua a causa de las lluvias torrenciales.

lloica s.f. Chile. Loica.

lloradero s.m. MAR. Sitio o agujero por donde se filtra el agua.

llorar v.intr. y tr. (lat. *plorare*). Derramar lágrimas por dolor, pena, etc. **2.** *Fig.* Caer un líquido gota a gota, o destilar: *este botijo llora.* ◆ v.intr. Fluir lágrimas de los ojos. **2.** Fluir savia después de la poda de los árboles, especialmente las vides. ◆ v.tr. *Fig.* Estar muy afligido por una desgracia: *llorar la* *muerte de alguien.* **2.** *Fig.* Quejarse con el fin de despertar compasión: *llorarle las penas.*

llorera s.f. *Fam.* Llanto violento y prolongado.

llorica s.m. y f. Esp. Persona que llora con frecuencia y por cualquier motivo.

llorido s.m. Méx. Gemido o lloro.

lloriquear v.intr. Llorar de forma débil, desganada o monótona.

lloriqueo s.m. Acción y efecto de lloriquear.

lloro s.m. Acción de llorar. **2.** Llanto.

llorón, na adj. Relativo al lloro o llanto: *borrachera llorona.* **2.** TAUROM. Se dice del toro que tiene alguna mancha en la parte inferior del ojo. ◆ adj. y s. Que llora con poco motivo o se queja habitualmente: *niño llorón.*

lloronas s.f.pl. Argent. y Urug. Espuelas grandes.

lloroso, a adj. Que muestra señales de haber llorado o de ir a llorar: *ojos llorosos.*

llovedizo, a adj. Se dice del tejado o cubierta que, por defecto, deja pasar el agua de la lluvia.

llover v.intr. (lat. vulgar *plovere*) [conj.: *mover*]. Caer agua de las nubes. **2.** *Fig.* Venir u ocurrir de una vez muchas cosas: *los contratos le llueven.* ◇ **Como llovido del cielo** Indica que algo o alguien aparece en el momento oportuno y de modo inesperado. **Llover sobre mojado** Ocurrir algo desagradable a alguien después de que otra cosa del mismo carácter haya afectado ya su ánimo.

llovizna s.f. Lluvia de gotas muy pequeñas que caen uniforme y suavemente.

lloviznar v.intr. Caer llovizna.

lluqui adj. (voz quechua). Ecuad. Zurdo.

lluvia s.f. (lat. *pluvia*). Precipitación líquida de agua atmosférica en forma de gotas. (La lluvia se produce cuando el aumento de tamaño y peso de las gotas que forman las nubes hace que no se puedan mantener en suspensión.) **2.** Caída de objetos o de materias: *una lluvia de ceniza.* **3.** Gran cantidad o abundancia de algo: *lluvia de regalos, de preguntas.* **4.** Argent., Chile y Nicar. Agua que, en forma de lluvia o de chorro, surge de la ducha. **5.** Argent., Chile y Nicar. Dispositivo que regula la caída de este chorro, ducha. ◇ **Lluvia ácida** Lluvia con ácidos disueltos, principalmente ácido sulfúrico y ácido nítrico, procedentes de combustibles y motores de explosión, que es muy dañina para la vegetación, especialmente para los bosques.

lluvioso, a adj. Caracterizado por la lluvia: *tiempo lluvioso; zona lluviosa.*

1. **lo** art.det.neutro. Se antepone a adjetivos, adverbios y frases dándole carácter sustantivo: *lo noble; a lo lejos; lo que me pediste.*

2. **lo** pron.pers. Forma átona del pronombre personal neutro de 3ª persona del singular. Funciona como complemento directo o como predicado nominal. Va pospuesto y unido al verbo cuando acompaña a un infinitivo, gerundio o imperativo: *parecía un general pero no lo era.*

3. **lo** s.m. MAR. Cada una de las relingas de caída en las velas redondas.

4. **lo, la** pron.pers. Forma átona del pronombre personal de 3ª persona del singular. Funciona como complemento directo. Va pospuesto y unido al verbo cuando acompaña a un infinitivo, gerundio o imperativo: *no la he visto; dámelo.*

loa s.f. Acción de loar. **2.** TEATR. En el teatro clásico español, prólogo de una representación teatral en el que se elogiaba a la persona a la que estaba dedicada la obra y se describía el argumento.

loable adj. Laudable, digno de alabanza: *actitudes loables.*

loader s.m. (voz inglesa). Cargadora móvil de gran potencia, empleada en obras públicas para excavar terrenos y descargar los escombros sobre una cinta transportadora.

loar v.tr. (lat. *laudare*). Alabar.

lob s.m. (voz inglesa). DEP. En tenis, jugada que consiste en lanzar la pelota muy alta para que pase por encima del contrario sin que este pueda interceptarla.

1. **loba** s.f. Sotana, vestidura de eclesiásticos y, antiguamente, de estudiantes.

2. **loba** s.f. Lomo no removido por el arado.

lobado s.m. Lesión carbuncosa, de aspecto tumoral, que padecen el ganado equino, vacuno, lanar y cabrío.

lobanillo s.m. Excrecencia leñosa, cubierta de corteza, que se forma en el tronco o en las ramas de un árbol. **2.** MED. Quiste producido por la hipertrofia de una glándula sebácea cuyo producto de secreción no se evacua. SIN.: *lupia.*

lobar adj. Relativo al lobo o lóbulo.

lobato, a s. Cachorro de lobo.

lobby s.m. (voz angloamericana). Grupo de presión.

lobear v.intr. Argent. Cazar lobos marinos.

lobectomía s.f. Ablación quirúrgica de un lóbulo de un órgano.

lobera s.f. Monte donde hacen guarida los lobos. **2.** Guarida del lobo.

lobería s.f. Argent. y Perú. Paraje de la costa donde los lobos marinos hacen su vida en tierra.

lobero, a adj. Lobuno. ◆ s. Persona que caza lobos a cambio de una remuneración. ◆ s.m. Argent. Persona que caza lobos marinos.

lobezno, a s. (lat. tardío *lupicinus*). Cachorro de lobo.

lobi, pueblo de Burkina Faso y de Costa de Marfil, que habla una lengua voltaica.

lobisón s.m. (port. *lobishomem*). Argent., Par. y Urug. Hombre, por lo común el séptimo hijo de una familia, que según las creencias populares se transforma en fiera durante las noches de luna llena. **2.** Argent., Par. y Urug. *Por ext.* Persona intratable.

lobito s.m. **Lobito de río** Amér. Merid. Nutria que vive en los grandes ríos de la región subtropical de Argentina y Brasil.

1. **lobo** s.m. (gr. *lobós*). ANAT. Lóbulo.

2. **lobo, a** s. (lat. *lupus*). Mamífero carnívoro correspondiente a diversos géneros de las familias cánidos y hiénidos. ◆ s.m. Pez de agua dulce, de cuerpo alargado, ojos grandes y hocico prominente. (Familia ciprínidos.) **2.** Pez de agua dulce, de color amarillento, con una incisión en la aleta caudal, que se encuentra en los ríos de toda Europa. (Familia cobítidos.) ◇ **Lobo cerval** Lince. **Lobo de mar** *Fig.* y *fam.* Marinero experimentado. **Lobo marino** Mamífero carnívoro que vive en el mar durante la mayor parte del año, donde se alimenta de peces y moluscos. (Familia otáridos.)

lobo

El más conocido es el *lobo común*, propio de Europa, Asia y América septentrional, de tronco ágil y esbelto, cabeza grande y fuerte con hocico puntiagudo y orejas esbeltas; el *lobo de tierra*, parecido a la hiena, vive en el sur de África, tiene el pelambre corto, con manchas negras, blancas y leonadas; el lobo aúlla u otila; la cría es el lobato o lobezno.

lobotomía s.f. Intervención neuroquirúrgica que se realiza sobre el lóbulo frontal, con la intención de desconectarlo del tálamo para actuar sobre el componente emocional de determinadas alteraciones mentales. SIN.: *leucotomía.*

lóbrego, a adj. (lat. *lubricus*, resbaloso o pecaminoso). Oscuro, sombrío: *cuchitril lóbrego; noche lóbrega.*

lobreguecer v.tr. [conj.: *parecer*]. Hacer lóbrego. ◆ v.intr. Anochecer.

lobulado, a adj. Dividido en lóbulos.

lobular adj. Relativo al lóbulo.

lóbulo s.m. Parte saliente del borde ondulado de una cosa. **2.** ANAT. **a.** Parte inferior carnosa de la oreja. **b.** Parte redondeada de un órgano (pulmón, hígado, cerebro, etc.), relativamente separada del resto del órgano o que tiene una función propia.

lobuno, a adj. Relativo al lobo. **2.** Argent. Se dice del caballo cuyo pelaje es grisáceo en el lomo, más claro en las verijas y en el hocico, y negro en la cara, crines, cola y remos.
locación s.f. Arrendamiento.
local adj. (lat. *localis*). Que es particular de un lugar: *costumbres locales.* **2.** Municipal o provincial, por oposición a general o nacional: *autoridades locales; policía local.* **3.** Se dice de lo que se refiere solo a una parte y no a su totalidad: *anestesia local.* ◆ s.m. Espacio cerrado donde se puede establecer un negocio, una vivienda, etc.
localidad s.f. Población o ciudad. **2.** Plaza o asiento en los locales destinados a espectáculos públicos: *teatro de mil localidades.* **3.** Billete, entrada que da derecho a ocupar uno de estos asientos o plazas: *agotadas las localidades.*
localismo s.m. Apego excesivo hacia el propio país y a sus tradiciones. **2.** Palabra o giro propios de una determinada localidad.
localista adj. Relativo al localismo.
localización s.f. Acción de localizar o localizarse. **2.** AERON. Acción de situar, en función de la población propia o de sus coordenadas geográficas, un objeto. **3.** BOT. Situación que ocupa una especie dentro de un biotopo. ◇ **Localizaciones cerebrales** FISIOL. Relación entre una determinada zona del cerebro y una función concreta.
localizar v.tr. Averiguar el lugar preciso en que se halla una persona o cosa: *no pude localizarte en todo el día.* **2.** Circunscribir, reducir una cosa a ciertos límites. ◆ v.tr. y prnl. Fijar, delimitar el lugar de una cosa: *el dolor se le ha localizado en la pierna.*
locatario, a s. Arrendatario.
locatis s.m. y f. *Fam.* Chiflado.
locativo, a adj. DER. Relativo al contrato de locación o arrendamiento. ◆ s.m. y adj. LING. Caso de algunas lenguas que tienen declinación con el que expresa el lugar donde se desarrolla la acción.
locería s.f. Amér. Fábrica de loza.
loch s.m. (voz escocesa). Lago alargado, establecido en el fondo de un valle, característico de Escocia.
locha s.f. Brótola.
loche s.m. Colomb. Mamífero rumiante, similar al ciervo, de pelo muy lustroso.
loción s.f. (lat. *lotio, -onis,* acción de lavar). Líquido para el cuidado y tratamiento de la piel o del cabello, compuesto de agua y sustancias específicas. **2.** Fricción o lavado dado sobre una parte del cuerpo con un líquido, para limpieza o como medicación.
lock-out s.m. (ingl. *lockout*). Cierre de los centros de trabajo impuesto por los empresarios para hacer presión sobre los trabajadores que están en huelga o que amenazan con hacer huelga.
1. **loco** s.m. Gasterópodo del Pacífico, de carne comestible, sabrosa y dura. (Familia purpúridos.)
2. **loco, a** adj. y s. Se dice de la persona que tiene perturbadas las facultades mentales. SIN.: *demente.* **2.** Se dice de la persona de poco juicio o imprudente. **3.** Se dice de la persona que experimenta un sentimiento de forma muy pasional o sufre un dolor físico intenso: *está loco por esa chica.* ◆ adj. Se dice del sentimiento que provoca una actuación irrazonable: *un orgullo loco.* **2.** *Fig.* Extraordinario, muy grande: *has tenido una suerte loca.* **3.** MEC. Se dice de un mecanismo independiente del árbol o eje en que va montado y sobre el cual gira: *rueda loca, polea loca.* ◇ **A lo loco** o **a locas** Sin reflexión. **Hacer el loco** Divertirse actuando de forma irreflexiva. **Loco de atar** *Fig.* y *fam.* Persona que actúa como si tuviera perturbadas las facultades mentales. **Volver loco a alguien** Marearlo; gustarle mucho; enamorarlo. **Volverse loco por alguien** o **algo** Desear intensamente o desvivirse por dicha persona o cosa.
locomoción s.f. Acción de desplazarse de un punto a otro. **2.** Función que asegura este desplazamiento. ◇ **Medios de locomoción** Término general con que se designan los diversos sistemas que se utilizan para desplazarse de un lugar a otro.
locomotor, ra adj. (ingl. *locomotive*). Que es apto para la locomoción o que la produce. **2.** Se dice de la pata de los insectos o de los crustáceos que únicamente sirve para la marcha.
locomotora s.f. Máquina de vapor, eléctrica, con motor térmico o de aire comprimido, etc., montada sobre ruedas y destinada a arrastrar los vagones de un tren.
locomotriz adj. Locomotor: *fuerza locomotriz.* ◆ s.f. Aparato de tracción ferroviaria de mediana potencia, accionado por un motor térmico o eléctrico.
locomóvil adj. Que puede moverse o llevarse de un lugar a otro. ◆ s.f. y adj. Máquina de vapor montada sobre ruedas.
locotractor s.m. Aparato de tracción sobre rieles accionado por un motor térmico de poca potencia.
locrio s.m. Dom. Arroz cocido con carne.
locro s.m. Amér. Merid. Guiso elaborado con maíz blanco, papas, carne, especias y otros ingredientes.
locuacidad s.f. Cualidad de locuaz.
locuaz adj. (lat. *loquax, -acis*). Que habla mucho.
locución s.f. Modo de hablar. **2.** LING. Expresión formada por un grupo de palabras, de forma fija o con flexión en algún elemento, cuyo sentido unitario, familiar a la comunidad lingüística, no se puede deducir del significado de las palabras que la forman.
locuela s.f. Modo y tono particular de hablar de cada persona.
locuelo, a adj. y s. *Fam.* Atolondrado, ligero.
locular adj. BOT. Relativo al lóculo. (Suele usarse como prefijo en voces compuestas: *bilocular, unilocular.*)
lóculo s.m. BOT. Cavidad de algunos órganos donde se contienen las semillas o esporas.
locura s.f. Denominación antigua e imprecisa de algunos trastornos mentales. **2.** Dicho o hecho disparatado: *decir locuras; cometer locuras.* **3.** Amor o cariño exagerados por alguien o algo: *querer con locura.*
locus s.m. (voz latina, *lugar*) [pl. *loci*]. Lugar cromosómico ocupado por los genes alelos relativos a un carácter hereditario.
locutor, ra s. Persona que tiene por oficio hablar por radio o televisión para dar noticias, presentar un programa, etc.
locutorio s.m. Lugar de un convento, monasterio o cárcel, dividido generalmente por una reja, donde se reciben las visitas. **2.** Departamento que dispone de varias cabinas telefónicas de uso público. **3.** Local convenientemente preparado para realizar una audición transmitida por una emisora de radio.
lodazal o **lodazar** s.m. Terreno lleno de lodo.
loden s.m. Tela de lana tupida parecida al fieltro. **2.** Abrigo confeccionado con esta tela.
lodo s.m. (lat. *lutum*). Mezcla de tierra y de agua, especialmente la que resulta de la lluvia en el suelo. **2.** *Fig.* Deshonra, descrédito: *cubrir de lodo el buen nombre de una familia.*
lodoñero o **lodonero** s.m. Guayacán.
lodoso, a adj. Lleno de lodo.
loes o **loess** s.m. (de *Löss*, localidad alemana) [pl. *loes*]. Limo, de origen eólico, cuya fertilidad está vinculada a la riqueza en materiales calizos.
lofóforo s.m. ZOOL. Corona de los tentáculos peribucales de los briozoos, generalmente con forma de círculo o de herradura.
loft s.m. (voz inglesa). Vivienda o departamento acondicionado a partir de un antiguo local industrial, como un almacén, un taller o una fábrica.
logarítmico, a adj. Relativo al logaritmo. ◇ **Cálculo logarítmico** Cálculo efectuado mediante logaritmos. **Función logarítmica** Función de la forma $\log_a x$ inversa de la función exponencial.

logaritmo s.m. (del gr. *lógos*, razón, y *arithmós*, número). Exponente de la potencia a la que hay que elevar un número base para hallar el número considerado (símb. $\log_a$). <> **Logaritmo natural,** o **neperiano, de un número** Logaritmo de este número en un sistema cuya base es el número *e* (símb. ln). **Logaritmo vulgar,** o **decimal, de un número** Logaritmo de este número en un sistema cuya base es 10 (símb. log).

logia s.f. Lugar en el que los masones celebran sus asambleas. **2.** Asamblea de masones. **3.** Conjunto de miembros de esta asamblea. **4.** Galería anterior, techada y abierta por delante, formada por columnas que soportan arquitrabes o arcadas.

lógica s.f. (lat. *logica*). Parte de la filosofía que estudia la estructura, fundamento y uso de las expresiones del conocimiento humano. **2.** Coherencia de un razonamiento o del modo de razonar de una persona: *su explicación carece de toda lógica.* <> **Lógica formal,** o **simbólica** Conjunto de leyes y de reglas relativas al razonamiento deductivo. **Lógica matemática** Lógica que utiliza el método y los símbolos de las matemáticas. (Esta teoría científica excluye los procesos psicológicos que intervienen en el razonamiento y se divide en *cálculo de enunciados* y *cálculo de predicados.*)

lógica

La lógica constituye un lenguaje, es decir, un sistema de signos con unas determinadas reglas para combinarlos. Este lenguaje está constituido por un sistema de símbolos y de variables relacionados por operadores que determinan la estructura interna de las proposiciones y las relaciones entre estas. La lógica se remonta a Aristóteles (s. IV a.C.). Este fue quien sentó las bases del silogismo, que los filósofos escolásticos se encargaron de formalizar durante la edad media. La lógica pasó a ser matemática en el s. XIX, gracias a Bolzano, Boole y De Morgan. Frege (1884-1951) fue el fundador de la *lógica formal*, y Russell (1872-1970) y Wittgenstein (1889-1951), sus principales teóricos.

logicismo s.m. Actitud filosófica que acentúa la importancia de la lógica de los razonamientos y minimiza su aspecto sociológico. **2.** Doctrina elaborada por Frege y desarrollada por B. Russell, según la cual las matemáticas se reducen a la lógica.

lógico, a adj. (lat. *logicus*). Relativo a la lógica. **2.** Aprobado por la razón como bien deducido o pensado: *excusa lógica y convincente.* **3.** Natural, normal: *es lógico que con los años vengan los achaques.* ◆ s. Persona que se dedica al estudio de la lógica.

logista s.m. y f. Persona que se dedica a la logística.

logística s.f. Lógica matemática. **2.** Conjunto de métodos y de medios relativos a la organización de un servicio, de una empresa, etc. **3.** MIL. Parte de la ciencia militar que calcula, prepara y realiza cuanto se refiere a la vida, movimientos y necesidades de las tropas que están en campaña.

logístico, a adj. Relativo a la logística. <> **Centro logístico** MIL. Órgano que atiende en campaña, dentro de una gran unidad, a las necesidades de las tropas establecidas en un determinado lugar. **Despliegue logístico** MIL. El que adoptan los medios de los diferentes servicios durante una situación determinada o en el transcurso de una operación.

logo s.m. *Fam.* Logotipo.

logógrafo s.m. ANT. GR. **a.** Historiador anterior a Heródoto. **b.** Autor de discursos o de alegatos.

logogrifo s.m. (del gr. *lógos*, palabra, y *griphos*, enigma). Enigma que consiste en adivinar una palabra a partir de la que se forman otras palabras que también han de ser averiguadas.

logomaquia s.f. (gr. *logomakhía*). Discusión en que se atiende más a las palabras que al fondo del asunto.

logopeda s.m. y f. Especialista en logopedia.

logopedia s.f. Técnica que tiene como finalidad corregir los defectos de fonación y de lenguaje.

logorrea s.f. Locuacidad verbal excesiva y desordenada, que se presenta en determinados estados de excitación psíquica.

logos s.m. (voz griega). FILOS. Palabra inteligible.

logotipo s.m. Símbolo gráfico que sirve para distinguir una marca o nombre de una empresa o de un producto.

logrado, a adj. Que está bien hecho o responde a las expectativas creadas.

lograr v.tr. Llegar a obtener lo que se pretendía: *no logré convencerla; lograr el primer premio.* ◆ **lograrse** v.prnl. Llegar a realizar plenamente: *temía abortar y que su hijo no se lograse.*

logrear v.intr. Hacer tratos con usura.

logrería s.f. Ejercicio de la usura.

logrero, a adj. y s. Se dice de la persona que presta dinero a un interés muy alto. **2.** Se dice de la persona que guarda y retiene géneros, para venderlos después a precio excesivo. **3.** Se dice de la persona que explota a sus subordinados. **4.** Chile. Gorrón. ◆ s. Argent., Chile, Colomb., Par. y Urug. Persona que procura lucrarse por cualquier medio.

logro s.m. (lat. *lucrum*, provecho, ganancia). Acción y efecto de lograr.

logroñés, sa adj. y s. De Logroño.

loica s.f. Ave paseriforme algo mayor que el estornino, de color gris y blanco, con la cabeza y el pecho rojo escarlata, que se domestica con facilidad y es muy estimada por su canto melódico. (Vive en la zona S de Chile y Argentina; familia ictéridos.) SIN.: *lloica.*

loísmo s.m. Uso incorrecto de *lo* por *le: lo di una torta.* (Su uso está poco extendido.)

loísta adj. y s.m. y f. Que comete loísmo al hablar o escribir.

lojano, a adj. y s. De Loja (Ecuador).

lolardo s.m. Miembro de determinadas cofradías de penitentes de Alemania y los Países Bajos en el s. XVI. **2.** En Inglaterra, predicador itinerante discípulo de Wyclif.

lolo, a s. Chile. Chico, adolescente.

loma s.f. (de *lomo*). Elevación del terreno pequeña y alargada.

lomada s.f. Amér. Merid. Loma.

lomaje s.m. Chile. Terreno formado por lomas, colinas.

lombarda s.f. Bombarda, pieza de artillería.

lombardero s.m. Artillero encargado de la lombarda.

lombardo, a adj. y s. De Lombardía. **2.** De un pueblo germánico establecido entre el Elba y el Odra, y posteriormente al S del Danubio. SIN.: *longobardo.* <> **Col lombarda** Variedad de col de cabeza repollada, de hojas rizadas y de intenso color violáceo.

lombardo

Los lombardos invadieron Italia en el s. VI y fundaron un estado cuya capital era Pavía (572). Derrotados por Carlomagno, que adoptó el título de rey de los lombardos, mantuvieron una dinastía en Benevento hasta 1047.

lombriciento, a adj. Amér. Que tiene muchas lombrices.

lombriguera s.f. Agujero que las lombrices hacen en la tierra.

lombriz s.f. (lat. vulgar *lumbrix, -icis*). Gusano oligoqueto terrestre, de unos 30 cm de long., cuerpo cilíndrico, que se considera beneficioso para la agricultura por su régimen alimenticio micrófago y por las galerías que excava en el suelo, que contribuyen a airear la tierra. (Familia lumbrícidos.) <> **Lombriz intestinal** Nematodo del intestino delgado del ser humano y de ciertos vertebrados. (Familia ascáridos.)

lomear v.intr. Encorvar violentamente el lomo los caballos.

lomento s.m. BOT. Variedad de fruto en legumbre indehiscente que en la madurez se descompone en fragmentos.

lomera s.f. Correa que, acomodada en el lomo de la caballería, mantiene las demás piezas de la guarnición. **2.** Caballete, línea horizontal y más elevada de un tejado. **3.** Piel o tela que forma el lomo del libro encuadernado en media pasta.

lomienhiesto, a o **lominhiesto, a** adj. Alto de lomos. **2.** *Fig.* y *fam.* Engreído, presuntuoso.

lomillería s.f. Amér. Merid. Guarnicionería, taller o tienda donde se venden lomillos, riendas, etc. **2.** DEP. Conjunto de los aparejos de montar.

lomillo s.m. Parte superior de la albarda. **2.** Punto que se hace a base de puntadas cruzadas. **3.** Amér. Pieza del recado de montar consistente en dos almohadas rellenas de junco o de totora, afianzadas a una lonja de suela. ◆ **lomillos** s.m.pl. Aparejo con dos almohadillas largas y estrechas que se pone a las caballerías de carga.

lomo s.m. (lat. *lumbus*). Parte superior del cuerpo de un cuadrúpedo. **2.** Carne de diversas regiones del cuerpo, variable según el ganado y el tipo de corte que se practica, de las reses destinadas a consumo. **3.** Parte inferior y central de la espalda del ser humano. (Suele usarse en plural.) **4.** Parte del libro opuesta al canal o corte delantero de las hojas, y en la que van cosidos los pliegos. **5.** Tierra que levanta el arado entre surco y surco. **6.** Parte de un instrumento cortante opuesta al filo. **7.** Parte por donde doblan a lo largo de la pieza las pieles, telas y otras cosas. ◇ **Agachar,** o **doblar, el lomo** *Fam.* Trabajar duramente; humillarse. **A lomo** o **a lomos** Sobre una caballería.

lomudo, a adj. Que tiene grandes lomos.

lona s.f. (de *Olonne,* ciudad en la costa oeste de Francia). Tela de lino, cáñamo o algodón, recia e impermeable, con la que se confeccionan toldos, velas, etc. **2.** *Fig.* En boxeo, lucha, etc., piso del cuadrilátero. **3.** Argent. Pieza rectangular de tela gruesa que se emplea en actividades al aire libre. ◇ **Irse,** o **mandar,** o **tirar,** a la **lona** Argent. *Fam.* Perder, arruinar.

lonch, lonche o **lunch** s.m. (angloamericano *lunch*). Méx. Almuerzo, principalmente el que se lleva a la escuela o trabajo.

loncha s.f. Lonja, lámina delgada de un alimento. **2.** Lancha, piedra plana.

lonchería s.f. Amér. Central y Méx. Establecimiento donde se sirve comida rápida.

lonco s.m. (voz araucana). Chile. Cuello, pescuezo.

londinense adj. y s.m. y f. De Londres.

loneta s.f. Lona delgada propia para velas de botes. **2.** Argent. *Por ext.* Lona, pieza rectangular. **3.** Argent. y Chile. Lona delgada.

longanimidad s.f. Grandeza y constancia de ánimo en las adversidades.

longaniza s.f. (lat. vulgar *lucanicia*). Embutido hecho de carne de cerdo adobada y picada.

longevidad s.f. Prolongación de la vida hasta una edad muy avanzada.

longevo, a adj. (lat. *longaevus*). Que ha alcanzado edad muy avanzada.

longicornio, a adj. y s.m. ZOOL. Cerambícido.

longitud s.f. Dimensión única que se considera en una línea, o la mayor dimensión en los cuerpos que tienen varias. **2.** Ángulo diedro formado, en un lugar dado, por el plano meridiano de este lugar con el plano meridiano de otro lugar tomado como origen. **3.** INFORMÁT. Número de elementos binarios, de caracteres o de palabras máquina contenidos en una palabra, un artículo, una cadena o un dato cualquiera.

longitudinal adj. Relativo a la longitud. **2.** Que sigue el sentido o dirección de la longitud.

longobardo, a adj. y s. Lombardo.

longorón s.m. Cuba y Pan. Molusco lamelibranquio comestible, de valvas alargadas y convexas, que vive en lugares cenagosos.

long play s.m. (voz inglesa) [pl. *long plays*]. Disco de larga duración. (Se abrevia *LP.*)

longuera s.f. Porción de tierra larga y estrecha.

longui o **longuis Hacerse el longui,** o **el longuis** Esp. *Fam.* Hacerse el despistado o simular ignorancia.

1. **lonja** s.f. (fr. *longe*). Lámina delgada de un alimento, especialmente de un fiambre o queso, que se corta de una pieza mayor. SIN.: *loncha.* **2.** Argent. Tira de cuero.

2. **lonja** s.f. (cat. *llotja*). Atrio algo levantado a la entrada de un edificio. **2.** Esp. Edificio o lugar oficial de reunión periódica de comerciantes, para realizar sus contratos sobre mercancías, fletes y seguros marítimos.

lonjear v.tr. Argent. Hacer lonjas descarnando y rapando el pelo a un cuero. ◆ **lonjearse** v.prnl. Argent. Cortarse en lonjas la piel.

lontananza s.f. (ital. *lontananza,* lejanía). Lejanía. **2.** Sección de un cuadro más alejada del plano principal. ◇ **En lontananza** Lejos, o a lo lejos.

look s.m. (voz inglesa, *aspecto, apariencia*). Aspecto o estilo propio de alguien o algo, considerados como característicos de una moda.

looping s.m. (voz inglesa). Ejercicio de acrobacia aérea que consiste en describir una circunferencia en el plano vertical.

loor s.m. Alabanza: *entonar cánticos en loor de la Virgen.*

lopista adj. y s.m. y f. Se dice de la persona que se dedica al estudio de la obra de Lope de Vega.

loquear v.intr. Decir o hacer locuras o insensateces. **2.** *Fig.* Divertirse con bulla y alboroto.

loquera s.f. Amér. Locura, desatino.

loquero, a s. *Fam.* Persona que tiene por oficio cuidar y vigilar a los enfermos mentales. **2.** Esp. y Méx. *Fam.* Psiquiatra. ◆ s.m. Argent. y Esp. *Fam.* Manicomio o psiquiátrico.

loquesco, a adj. Alocado. **2.** *Fig.* Chistoso, gracioso.

loquios s.m.pl. MED. Pérdida serohemática, de origen uterino, que se prolonga durante dos o tres semanas después del parto.

lora s.f. Amér. Merid. *Fig.* y *fam.* Mujer charlatana. **2.** Chile. Hembra del loro. **3.** Colomb., C. Rica, Ecuad., Hond., Nicar. y Perú. Loro.

loran s.m. (acrónimo del ingl. *long range aid to navigation,* ayuda de navegación a larga distancia). Procedimiento de radionavegación que permite a un aviador o a un navegante determinar su posición con relación a tres estaciones.

lorcha s.f. Barca de cabotaje china, ligera y rápida.

lord s.m. (voz inglesa) [pl. *lores*]. Título dado en Gran Bretaña a los pares del reino y a los miembros de la cámara alta o cámara de los lores. ◇ **Lord mayor** Primer magistrado o alcalde de varias ciudades británicas. **Primer lord del almirantazgo** Denominación dada hasta 1964 al ministro de la marina británica.

lordosis s.f. (gr. *lórdosis*). ANAT. Curvatura de la columna vertebral con convexidad anterior.

lori s.m. Loro pequeño de Oceanía.

lórica s.f. Especie de coraza que presentan los frutos de ciertas palmáceas. **2.** En las algas, caparazón o cubierta resistente.

loriga s.f. (lat. *lorica*). Cota de mallas medieval. **2.** Conjunto de defensas corporales, distinto de la armadura, que llevaba el guerrero medieval, y que comprendía una túnica de tejido o de cuero reforzada con pequeñas placas o anillos de metal. **3.** Armadura del caballo para la guerra.

loro s.m. (caribe *roro*). Papagayo. **2.** *Fig.* Mujer fea. **3.** *Fig.* Persona que habla mucho. **4.** Chile. Orinal de cristal para los enfermos que no pueden levantarse de la cama. **5.** Chile. Persona enviada para que, con cierto disimulo, averigüe algo. ◇ **Estar al loro** Esp. *Fam.* Estar al corriente de lo que sucede; estar a la moda. **Loro barraquero** Argent. Ave de la familia de las sitácidas, de unos 50 cm de long., de color gris verdoso con el vientre rojo y el dorso y el lomo amarillentos, que forma bandadas y nidifica generalmente en cuevas.

lorry s.m. Vagoneta de cuatro ruedas que puede ser empujada a brazo sobre una vía férrea y que sirve para transportar materiales.

lorza s.f. (del ár. *ḥúzza*). Pliegue que lleva una costura paralela al doblez.

losa s.f. Placa de mármol, piedra, vidrio, hormigón, etc., que se emplea para pavimentar suelos o pisos, revestir muros de edificios, cubrir sepulcros, etc. **2.** *Fig.* Cosa que constituye una carga difícil de sobrellevar.

losange s.m. Rombo colocado de manera que uno de los ángulos quede por pie y su opuesto por cabeza. **2.** Pieza heráldica en forma de rombo, que simboliza la punta de la lanza.

losar v.tr. Enlosar.

loseta s.f. Losa pequeña que se emplea para revestimiento de paredes y pavimentación de suelos o pisos.

lota s.f. Pez de agua dulce, de carne estimada, que mide de 30 a 70 cm de long., y tiene la segunda aleta dorsal muy larga. (Familia gádidos.)

lote s.m. (fr. *lot*). Parte de las que se hacen en un todo que se ha de distribuir entre varias personas: *dividir una herencia en dos lotes.* **2.** Conjunto de objetos que se agrupan con un fin determinado: *un lote de Navidad.* **3.** Premio de la lotería u otro juego en que se sortean sumas desiguales. **4.** Esp. *Vulg.* Magreo: *pegarse, o darse, el lote.* **5.** DER. **a.** Parcela de las que se hacen en una propiedad para su venta fraccionada. **b.** Propiedad así vendida, generalmente a plazos y en subasta pública. **6.** ESTADÍST. Grupo de unidades de un producto, fabricado en idénticas condiciones, con la finalidad de su inspección y control. **7.** INFORMÁT. Conjunto finito de trabajos, destinado a ser tratado de un solo tirón en diferido.

lotería s.f. Juego de azar estatal en que se ponen a la venta billetes numerados y se premian aquellos cuyas cifras coinciden total o parcialmente con los números extraídos de un recipiente. **2.** Establecimiento o despacho donde se venden billetes de lotería. **3.** Bingo. ◇ **Caerle, o tocarle, a alguien la lotería** Corresponderle uno de los premios; *Irón.* sucederle accidentalmente algún acontecimiento desagradable o molesto.

lotero, a s. Persona que se dedica a vender lotería o tiene a su cargo un despacho de billetes de lotería.

loti s.m. Unidad monetaria de Lesotho.

lotiforme adj. Que tiene forma de loto.

1. **loto** s.m. Planta acuática, de flores olorosas, que abunda en las orillas del Nilo. **2.** Flor y fruto de esta planta. **3.** Arbusto de las regiones desérticas, cuyas bayas tónicas son suculentas. **4.** Planta ebenácea de fruto comestible. **5.** ARQ. Cimacio utilizado con frecuencia en los monumentos egipcios.

2. **loto** s.m. Argent. Juego de azar en que se sortean doce números entre cuarenta y dos y recibe el premio mayor quien haya apostado a los seis números extraídos primero. **2.** Esp. Lotería primitiva, juego de azar estatal en que los participantes marcan seis números en un boleto, comprendidos entre 1 y 49, y se premian los boletos que coincidan con 3 o más números de los extraídos de un bombo.

lovaniense adj. y s.m. y f. De Lovaina.

loxodromia s.f. (del gr. *loxós,* oblicuo, y *drómos,* carrera). Línea curva trazada sobre una esfera, que corta todos los meridianos bajo el mismo ángulo. SIN.: *línea loxodrómica, loxodrómica.*

loyalist adj. y s.m. y f. (voz inglesa). Se decía del colono norteamericano que fue fiel al gobierno británico durante y después de la guerra de Independencia.

loyo s.m. Hongo chileno comestible.

loza s.f. (lat. *lautia*). Cerámica de pasta porosa recubierta por un barniz vítreo, transparente u opaco. **2.** Conjunto de objetos fabricados con este material destinados al ajuar doméstico. ◇ **Loza dura, o de pedernal** Loza, cuya pasta, que contiene feldespato, es dura, fina y opaca. **Loza fina** Loza de pasta blanca y fina, revestida de un esmalte transparente.

lozanear v.intr. y prnl. Ostentar lozanía. ◆ v.intr. Estar en la edad lozana.

lozanía s.f. Cualidad de lozano: *la lozanía de la juventud, de una flor.*

lozano, a adj. Que tiene vigor y verdor: *planta lozana.* **2.** Que tiene un aspecto sano, vigoroso y juvenil: *persona lozana.* **3.** Gallardo.

lozi o **rotsé,** pueblo de Zambia que habla una lengua bantú.

LP, abrev. de *long play.*

LSD s.m. (sigla del alemán *Lyserg Säure Diäthylamid*). Dietilamida del ácido *lisérgico.

lúa s.f. (gótico *lôfa*). Guante de esparto sin separaciones de los dedos que se emplea para limpiar las caballerías. **2.** Guante que protege el puño del cetrero de las garras del halcón. **3.** Revés de la vela por la parte donde va cazada a viento largo o en popa. **4.** Tangente de su curvatura por la relinga de sotavento.

luazo s.m. Golpe que da la vela cuando la embarcación toma por la lúa. **2.** Acción y efecto de tomar por la lúa.

luba o **baluba,** pueblo de la Rep. Dem. del Congo que habla una lengua bantú.

lubina s.f. Pez marino, de hasta 1 m de long., cuerpo estilizado y esbelto, de color metálico, y aletas con radios espinosos, común en las costas mediterráneas. (Familia morónidos.)

lubricación s.f. Lubrificación.

lubricante adj. y s.m. Lubrificante.

lubricar v.tr. (lat. *lubricare*). Lubrificar.

lubricativo, a adj. Que sirve para lubrificar.

lúbrico, a adj. (lat. *lubricus*). Resbaladizo. **2.** *Fig.* Lujurioso o lascivo: *persona, mirada, intención lúbrica.*

lubrificación s.f. Acción de lubrificar. SIN.: *lubricación.*

lubrificante adj. y s.m. Se dice de la sustancia que sirve para lubrificar. ◆ s.m. Composición o mezcla, por lo común de naturaleza orgánica, que se agrega a las materias moldeables a fin de facilitar el desmoldeo de las piezas o la fabricación de los materiales. SIN.: *lubricante.*

lubrificar v.tr. (lat. *lubricare*). Poner suave o resbaladiza una cosa, especialmente utilizando una sustancia grasa u oleosa. SIN.: *lubricar.*

lucense adj. y s.m. y f. De Lugo. SIN.: *lugués.* **2.** De alguno de los pueblos galaicos.

lucerna s.f. Claraboya. **2.** Araña, lámpara grande para alumbrar.

lucero s.m. Astro grande y brillante. **2.** Lunar blanco y grande que tienen en la frente algunos cuadrúpedos. ◆ adj. y s.m. Se dice del cuadrúpedo que tiene este lunar en la frente. ◆ **luceros** s.m.pl. *Fig.* Ojos. ◇ **Lucero del alba,** o **de la mañana,** o **matutino,** o **de la tarde,** o **vespertino** Venus, segundo planeta del sistema solar.

lucha s.f. (lat. *lucta*). Acción de luchar. **2.** Esfuerzo realizado por alguien para conseguir un fin. **3.** Acción de dos fuerzas que actúan en sentido contrario, antagonismo: *la lucha de los elementos naturales.* **4.** Deporte en el que, siguiendo ciertas normas, dos personas combaten cuerpo a cuerpo con el fin de derribarse. **5.** *Fig.* Desasosiego, inquietud del ánimo: *lucha interior.* ◇ **Hacer la lucha** Méx. Esforzarse por conseguir algo. **Lucha biológica** Competencia entre diferentes especies o entre individuos de una misma especie para ocupar un mismo hábitat; método de defensa de los cultivos que consiste en combatir una especie perjudicial para el ser humano (parásitos, insectos, transmisores de enfermedades), mediante depredadores, parásitos naturales o sustancias extraídas directamente de organismos vivos. **Lucha de clases** Antagonismo fundamental entre las clases dominantes y las clases dominadas, y particularmente entre el proletariado y la burguesía, en el que el marxismo ve el motor de la historia. **Lucha grecorromana** Modalidad de lucha en la que solo se admiten presas por encima de la cintura y que prohíbe la acción de las piernas para realizarlas. **Lucha libre** Lucha en la que se permite realizar llaves a cualquier altura del cuerpo. **Lucha por la vida** Hecho biológico, constatado por Darwin, que consiste en la lucha directa entre animales y, sobre

todo, en una lucha por el espacio para la reproducción, la adaptación al medio, etc.
luchador, ra adj. y s. Que lucha. **2.** Deportista que practica la lucha.
luchar v.intr. (lat. *luctari*). Contender, pelear cuerpo a cuerpo dos o más personas. **2.** Batallar, batirse. **3.** *Fig.* Contraponerse, estar en oposición: *dos individuos, ideas, tendencias que luchan.* **4.** *Fig.* Tratar de vencer obstáculos, dificultades, para librarse de algo o conseguirlo. **5.** Practicar las modalidades del deporte de la lucha.
lucharniego, a adj. Se dice del perro adiestrado para cazar de noche.
1. **luche** s.m. Chile. Juego de la raya.
2. **luche** s.m. Chile. Alga comestible.
luchón, na adj. *Méx. Fam.* Esforzado, que hace todo lo posible para alcanzar sus objetivos.
lucícola adj. Se dice del animal que prefiere los lugares luminosos para vivir.
lucidez s.f. Cualidad de lúcido.
lúcido, a adj. Claro o inteligible. **2.** Que comprende claramente: *mente lúcida.* **3.** Que está en condiciones normales para pensar. **4.** *Poét.* Resplandeciente. ◇ **Intervalo lúcido** PSIQUIATR. Período del curso de una enfermedad psíquica grave en que el enfermo recupera la normalidad de sus funciones mentales.
luciente adj. Brillante.
luciérnaga s.f. (del lat. *lucerna,* candil). Insecto coleóptero de cuerpo blando, cuya hembra carece de alas y está dotada de un aparato luminiscente.
luciferasa s.f. Enzima de los órganos luminosos de diversos animales.
luciferiano, a adj. y s. HIST. En la edad media, relativo a una secta que rendía culto a Lucifer; miembro de esta secta.
luciferina s.f. (del lat. *lucifer,* que aporta o da luz). Sustancia de los órganos luminosos de diversos animales, como la luciérnaga y algunos peces, cuya oxidación provoca una emisión de luz.
luciferino, a adj. Relativo a Lucifer.
lucífero, a adj. *Poét.* Luminoso.
lucífugo, a adj. Que huye de la luz.
lucimiento s.m. Acción de lucir o lucirse.
lucio s.m. (lat. *lucius*). Pez de agua dulce, voraz, cuya boca, muy alargada, contiene 700 dientes, y cuyas aletas posteriores le permiten alcanzar una gran velocidad para atrapar a su presa; puede vivir varias decenas de años y alcanzar 1 m de long. (Familia esócidos.)
lución s.m. Reptil insectívoro, de 30 a 50 cm de long., de color gris o dorado, sin patas, cuya cola se rompe fácilmente, por lo que se le da también el nombre de *serpiente de cristal.*
lucir v.intr. Brillar, resplandecer. **2.** *Fig.* Dar el esfuerzo empleado en una actividad un provecho o resultado esperado: *el estudio no le ha lucido en los exámenes.* **3.** Amér. Ofrecer cierta imagen, aspecto exterior. ◆ v.tr. Manifestar, mostrar alguna cosa o hacer ostentación de ella: *lucir una joya; lucir su ingenio.* ◆ v.intr. y prnl. *Fig.* Sobresalir, resaltar. ◆ **lucirse** v.prnl. Vestirse y adornarse con esmero. **2.** *Fig.* Actuar con acierto, causando muy buena impresión: *lucirse en un discurso.* **3.** *Irón.* Se usa para indicar que una actuación ha sido desacertada.
lucitis s.f. Fotodermatosis.
lucrar v.tr. Lograr o conseguir algo: *lucrar un buen sueldo.* ◆ **lucrarse** v.prnl. Obtener lucro o provecho de algo o alguien: *lucrarse con un negocio.*
lucrativo, a adj. Que proporciona lucro: *negocio lucrativo.*
lucro s.m. (lat. *lucrum*). Ganancia o provecho que se obtiene de algo, especialmente de un negocio: *afán de lucro.*
luctuoso, a adj. Triste y digno de llanto: *noticia luctuosa.*
lucubración s.f. → **elucubración.**
lucubrar v.tr. (lat. *lucubrare*). → **elucubrar.**
lúcuma s.f. Chile y Perú. Fruto del lúcumo que es muy usado en repostería.
lúcumo s.m. Chile y Perú. Árbol de la familia de las sapotáceas.
ludibrio s.m. (lat. *ludibrium,* burla). Escarnio, desprecio.
lúdico, a o **lúdrico, a** adj. Relativo al juego: *actividad lúdica.*
ludión s.m. Figura pequeña que, suspendida en una esfera hueca que contiene aire y agujereada con un pequeño orificio en su parte inferior, desciende o asciende en un recipiente lleno de agua y cerrado por una membrana elástica, según las variaciones de presión en dicho recipiente.
ludir v.tr. (lat. *ludere*). Frotar, rozar una cosa con otra.
ludismo s.m. Movimiento ideológico surgido entre los obreros británicos que, hacia 1810, se organizaron para destruir las máquinas, consideradas como las responsables de provocar el desempleo forzoso.
ludita adj. y s.m. y f. Relativo al ludismo; partidario de este movimiento.
ludópata adj. y s.m. y f. Relativo a la ludopatía; que padece ludopatía.
ludopatía s.f. Atracción patológica por los juegos de azar.

lucir

INDICATIVO	SUBJUNTIVO
presente	**presente**
luzco	*luzca*
luces (lucís)	*luzcas*
luce	*luzca*
lucimos	*luzcamos*
lucís	*luzcáis*
lucen	*luzcan*
copretérito o pret. imperfecto	**pretérito o pret. imperfecto**
lucía	luciera o luciese
lucías	lucieras o lucieses
lucía	luciera o luciese
lucíamos	luciéramos o luciésemos
lucíais	lucierais o lucieseis
lucían	lucieran o luciesen
pretérito o pret. perf. simple	**futuro o fut. simple**
lucí	luciere
luciste	lucieres
lució	luciere
lucimos	luciéremos
lucisteis	luciereis
lucieron	lucieren
futuro o fut. simple	**IMPERATIVO**
luciré	luce (lucí) (tú, vos)
lucirás	*luzca* (él)
lucirá	*luzcamos* (nosotros)
luciremos	lucid (vosotros)
luciréis	*luzcan* (ellos)
lucirán	
pospretérito o condicional simple	**FORMAS NO PERSONALES**
luciría	**infinitivo** lucir
lucirías	**gerundio** luciendo
luciría	**participio** lucido
luciríamos	
luciríais	
lucirían	

ludoteca s.f. Local con una serie de juegos y de juguetes puestos a disposición del público, en particular de los niños.
ludoterapia s.f. Utilización de las actividades del juego como ayuda para resolver los problemas de adaptación infantil o para el tratamiento de las enfermedades mentales.
lúdrico, a adj. → **lúdico.**
luego adv.t. y l. Después: *primero trabaja y luego te divertirás; allí está su casa y luego la mía.* ◆ adv.t. Pronto, en seguida: *espero luego tu contestación.* ◆ conj. Denota deducción o consecuencia: *esto no puede ser, luego no es verdad.* ◇ **Desde luego** Indudablemente. **Hasta luego** Expresión con que se despide alguien que se espera volver a ver dentro de poco tiempo. **Luego luego** Méx. De inmediato, en seguida: *luego luego nos atendieron.* **Luego que** En seguida que.
luengo, a adj. (lat. *longus*). *Poét.* Largo.
luetismo s.m. Sífilis.
lúgano s.m. Pájaro de unos 12 cm de long., con el plumaje amarillo y verde, manchado de negro, y pico cónico, muy puntiagudo, que vive en América del Norte y Europa y nidifica en Europa central, en los Alpes y los Pirineos. (Familia fringílidos.)
lugar s.m. (del lat. *localis,* del lugar). Porción determinada del espacio: *cada cuerpo ocupa un lugar en el universo.* **2.** Sitio, paraje o localidad: *ir siempre al mismo lugar; cada cosa en su lugar.* **3.** Situación que ocupa alguien o algo en una serie o jerarquía: *ocupar un lugar principal; relegar a un segundo lugar.* **4.** Puesto, empleo, oficio: *ocupar un buen lugar en la empresa.* **5.** Tiempo, ocasión, oportunidad: *hacer lugar para divertirse.* **6.** Causa, motivo: *dar lugar a sospechas.* **7.** Chile. Letrina. ◇ **A como dé lugar** Méx. Sea como sea, a toda costa, cueste lo que cueste: *a como dé lugar tengo que terminar hoy.* **En lugar de** En sustitución de una persona o cosa; al contrario, lejos de. **En primer lugar** Primeramente. **Fuera de lugar** Poco oportuno y no adecuado al momento o a la circunstancia. **Hacer lugar** Dejar libre un sitio o una parte de él. **Hacerse lugar** Hacerse estimar o atender entre otros. **Lugar común** Expresión trivial o ya muy empleada en casos análogos; letrina. **Lugares comunes,** u **oratorios** Principios generales de donde se sacan las pruebas para los argumentos en los discursos; figura retórica de uso universal. **Lugares teológicos** Fuentes de donde la teología extrae sus principios, argumentos e instrumentos. **Lugar geométrico** MAT. Conjunto de puntos que gozan de una propiedad determinada y característica. **No ha lugar** DER. Fórmula que se utiliza para rechazar una petición o queja. **Tener lugar** Ocurrir, suceder algo.
lugareño, a adj. y s. De un lugar o población pequeña.
lugarteniente s.m. (del bajo lat. *locum tenens*). Persona que tiene autoridad y poder para sustituir a otra en algún cargo. **2.** Durante la baja edad media, persona que ejercía el poder real en uno de los estados o en todo el territorio de la Corona de Aragón.
luge s.m. Trineo pequeño utilizado para deslizarse sobre la nieve. **2.** Deporte practicado con este trineo.
lugre s.m. (ingl. *lugger*). MAR. Barco pequeño de cabotaje, arbolado y aparejado como el quechemarín, y con gavias volantes.
lúgubre adj. (lat. *lugubris*). Triste, fúnebre: *lugar, imagen lúgubre.*
lugués, sa adj. y s. Lucense, de Lugo (España).
luir v.tr. (lat. *luere,* pagar) [conj.: *huir*]. Redimir un censo.
luis s.m. (de *Luis* XIII, monarca francés). Antigua moneda de oro francesa que valía 24 libras, con la efigie de Luis XIII y de sus sucesores. **2.** Antigua moneda de oro francesa, llamada también *napoleón.*
luisa s.f. Planta aromática de jardín, cuyas hojas se usan en infusiones estomáquicas y antiespasmódicas. (Familia verbenáceas.) SIN.: *hierba luisa.*
lujo s.m. (lat. *luxus, -us*). Suntuosidad, riqueza ostentosa: *celebraron la boda con gran lujo y boato.* **2.** Cosa cuya realización pone de manifiesto que quien lo hace dispone de mucho dinero, tiempo, libertad, etc.: *no puedo darme el lujo de perder dos horas en la peluquería.* **3.** *Fig.* Abundancia de algo que no siempre es necesario: *un gran lujo de detalles.* ◇ **De lujo** Que corresponde a gustos rebuscados y costosos y no a primeras necesidades: *artículo de lujo.* **Impuesto de lujo** Impuesto de carácter indirecto que grava la adquisición, tenencia o utilización de bienes superfluos que representen un mero adorno, ostentación o regalo, así como los servicios del mismo carácter o que suponga una comodidad manifiestamente superior a la normal.
lujoso, a adj. Relativo al lujo.
lujuria s.f. (lat. *luxuria*). Deseo y actividad sexual desmedidos. SIN.: *libídine.* **2.** *Fig.* Exceso o abundancia de alguna cosa: *ser alguien feo con lujuria.*
lujuriante adj. Abundante, exuberante: *vegetación lujuriante.*
lujurioso, a adj. y s. Dado a la lujuria. SIN.: *libidinoso, salaz.* ◆ adj. Se dice del acto, conducta, etc., en que se manifiesta la lujuria: *mirada lujuriosa.* SIN.: *libidinoso, salaz.*
luliano, a adj. y s. Relativo a Ramon Llull o a su doctrina filosófica; lulista.
lulismo s.m. Doctrina filosófica de Ramon Llull.
lulista adj. y s.m. y f. Partidario del lulismo.
lulo s.m. Chile. Envoltorio, lío o paquete, de forma cilíndrica. **2.** Chile. *Fig.* Persona alta y delgada, en particular refiriéndose a adolescentes.
lulú s.m. y f. y adj. Perro que pertenece a una raza de hocico puntiagudo y pelaje largo y abundante.
luma s.f. Árbol, que puede alcanzar los 20 m de alt., de madera dura y pesada. (Familia mirtáceas.) **2.** Madera de este árbol. **3.** Chile. Bastón que usan los carabineros.
lumaquela s.f. (ital. *lumachella,* caracol pequeño). Roca calcárea que contiene numerosas conchas de moluscos.
lumbago s.m. (lat. *lumbago, -aginis*). Dolor fuerte de la musculatura lumbar, de origen reumático o traumático.
lumbalgia s.m. MED. Lumbago.
lumbar adj. ANAT. Relativo a la región situada en el dorso, entre el borde inferior de las últimas costillas y la cresta ilíaca, en la parte superior e inferior del tronco.
lumbartrosis s.f. Artrosis de las vértebras lumbares.
lumbosacro, a adj. Relativo a la zona que comprende la región lumbar y la sacra.
lumbrarada s.f. Lumbre grande e intensa. SIN.: *lumbrada.*
lumbre s.f. (lat. *lumen, -inis*). Fuego encendido para cocinar o calentarse. **2.** Materia combustible encendida. **3.** Espacio que una puerta, ventana u otro vano dejan franco a la entrada de la luz. **4.** Brillo, claridad. ◇ **Dar lumbre** Arrojar chispas el pedernal herido del eslabón; *Fam.* prestar alguien a un fumador un fósforo, encendedor, etc., para que encienda su cigarrillo.
lumbrera s.f. *Fig.* Persona de talento o sabia. **2.** Cuerpo que despide luz. **3.** CONSTR. Abertura, tronera o caño que, desde el techo de una habitación o desde la bóveda de una galería, comunica con el exterior y proporciona luz o ventilación. **4.** MEC. **a.** Orificio de admisión, de escape o de paso, abierto en las paredes del cilindro de un motor de dos tiempos. **b.** En las máquinas de vapor, cada uno de los orificios o aberturas que permiten que este fluido pase del cilindro a la caja de distribución y viceversa.
lumen s.m. (pl. *lumen* o *lúmenes*). Unidad de medida del flujo luminoso (símb. lm), equivalente al flujo luminoso emitido en un ángulo sólido de un estereorradián por una fuente puntual uniforme de una candela de intensidad, situada en el vértice del ángulo sólido.
lumia s.f. Prostituta.
luminancia s.f. Cociente entre la intensidad luminosa de una superficie y su área aparente, para un observador lejano. **2.** Señal de televisión que transmite el brillo de cada uno de los puntos sucesivos que forman la imagen.
luminar s.m. Estrella, astro. **2.** *Fig.* Lumbrera, persona de talento.

luminaria s.f. Conjunto de luces que se ponen en los balcones, torres, monumentos, etc., en señal de fiesta, solemnidad o ceremonia de carácter público. **2.** Méx. Actor o actriz muy famoso. **3.** REL. Luz que arde en los templos delante del altar.

lumínico, a adj. Relativo a la luz.

luminiscencia s.f. Propiedad de numerosas sustancias que emiten luz a bajas temperaturas bajo el efecto de una excitación. <> **Luminiscencia atmosférica** Emisión luminosa debida a átomos o moléculas atmosféricas, excitados por la radiación solar o por colisiones o reacciones entre partículas.

luminiscente adj. Que emite rayos luminosos por luminiscencia.

luminismo s.m. Tendencia pictórica a acentuar los efectos de la luz en una pintura o dibujo.

luminista adj. Relativo al luminismo; partidario de esta tendencia pictórica.

luminosidad s.f. Cualidad de luminoso. **2.** Potencia total irradiada por un astro, considerada la totalidad del espectro electromagnético y en todas las dimensiones.

luminoso, a adj. Que despide luz. **2.** Que está muy iluminado. **3.** Se dice de las ideas, enseñanzas, explicaciones muy claras o acertadas. <> **Rayo luminoso** Línea hipotética según la cual se propaga la luz.

luminotecnia s.f. Técnica de la iluminación con luz artificial.

luminotécnico, a adj. Relativo a la luminotecnia. ◆ s. Persona que tiene por oficio encargarse de la iluminación de un lugar con luz artificial.

lumpenproletariado s.m. En la terminología marxista, parte más pobre del proletariado, al que su extrema alienación impide la toma de conciencia revolucionaria. SIN.: *subproletariado.*

luna s.f. (lat. *luna*). Satélite natural de la Tierra. (Con este significado suele escribirse con mayúscula.) **2.** Luz del Sol que este satélite refleja. **3.** Satélite natural de un planeta cualquiera: *las lunas de Júpiter.* **4.** *Fig.* Manía pasajera o variación brusca del estado de ánimo: *cambiar de luna cada cinco minutos.* **5.** Esp. y Méx. Espejo o pieza de cristal de gran tamaño: *las lunas de los escaparates.* **6.** Cristal de los anteojos. <> **Dejar a la luna (de Valencia)** *Fam.* Dejar a alguien sin lo que pretendía. **Estar en la luna** *Fam.* Estar distraído. **Luna de miel** Período de tiempo inmediatamente posterior a la unión de una pareja; viaje que suele realizarse en este período de tiempo. **Luna llena** Fase de la Luna en la que esta, al encontrarse en oposición al Sol con respecto a la Tierra, presenta a la Tierra su hemisferio iluminado, por lo que es visible bajo el aspecto de un disco entero. **Luna nueva** Fase de la Luna en la que esta, al encontrarse entre el Sol y la Tierra, presenta a la Tierra su hemisferio oscuro, por lo que es no es visible. **Media luna** *Fig.* Islamismo; imperio turco. **Pedir la luna** *Fam.* Pedir algo imposible o muy difícil.

Luna

La Luna gira alrededor de la Tierra en 27 días 7 horas y 43 minutos (*revolución sideral*), a una distancia media de 384 000 km. En el mismo tiempo, realiza una rotación completa sobre sí misma. En consecuencia, siempre presenta la misma cara a la Tierra. Desprovista de luz propia, solo refleja la luz que recibe del Sol; por consiguiente, tiene permanentemente un hemisferio iluminado y otro sumido en la oscuridad. Los distintos aspectos, o *fases*, según los cuales se la ve desde la Tierra se explican por las variaciones de su posición relativa respecto a nuestro planeta y al Sol. Estas fases se desarrollan siguiendo un ciclo de 29 días 12 horas y 44 minutos (*revolución sinódica, lunación*, o *mes lunar*). El radio de la Luna es de 1 738 km; su densidad media, de 3,34, y su masa, un 1/81 de la de la Tierra. Su superficie presenta amplias llanuras accidentadas, con numerosos cráteres meteoríticos de variadas dimensiones y montañas de formas suaves que pueden alcanzar alturas elevadas (8 200 m). Carece de atmósfera, por lo que está sometida a temperaturas que van desde +100 °C durante el día a −150 °C por la noche. La superficie lunar fue estudiada directamente de 1969 a 1972, a lo largo de seis vuelos de la serie Apolo, que permitieron a doce astronautas norteamericanos posarse sobre el astro y recoger cerca de 400 kg de muestras.

lunación s.f. Tiempo que transcurre entre dos lunas nuevas consecutivas (alrededor de 29,5 días).

lunada s.f. Méx. Fiesta o reunión nocturna al aire libre que se realiza cuando hay luna llena.

lunado, a adj. Que tiene forma de media luna.

lunanco, a adj. (del lat. *clunis,* nalga). Se dice del cuadrúpedo que tiene una anca más alta que la otra.

1. **lunar** s.m. Mancha pequeña, redondeada y de color marrón oscuro, en la piel del ser humano. **2.** Dibujo redondeado que se distingue, por el color, de la superficie que lo rodea: *tela de lunares rojos sobre fondo blanco.* **3.** *Fig.* Defecto o imperfección leve.

2. **lunar** adj. Relativo a la luna.

lunarejo, a adj. y s. Colomb. y Perú. Se dice de la persona que tiene uno o más lunares en la cara. ◆ adj. Amér. Se dice del animal que tiene lunares en el pelo.

lunario, a adj. Relativo a la lunación.

lunático, a adj. y s. Que tiene cambios bruscos del estado de ánimo.

lunch s.m. Refrigerio que se ofrece a los invitados a una fiesta o celebración. **2.** Méx. Lonch.

lundu s.m. Canción y danza brasileñas, de origen africano.

lunes s.m. (del lat. vulgar *dieslunis,* del lat *dies lunae,* día consagrado a la luna). Primer día de la semana.

luneta s.f. Cristal trasero de un automóvil. **2.** Lente de los anteojos. **3.** Amér. Patio de butacas. <> **Luneta térmica** Luneta de automóvil provista de hilos eléctricos que al calentar el cristal lo desempañan.

luneto s.m. ARQ. Hueco de una cúpula o de una bóveda, que suele servir para la iluminación de interiores.

lunfa s.m. Argent. Ratero. **2.** Argent. Lunfardo, jerga.

lunfardismo s.m. Palabra, expresión o giro propios del lunfardo.

lunfardo, a adj. Relativo al lunfardo. ◆ s. Ratero, ladrón. **2.** Chulo, rufián. ◆ s.m. Jerga que originariamente empleaban los delincuentes porteños de Buenos Aires, y que se ha ido extendiendo al lenguaje coloquial de los argentinos.

lunfardo

El lunfardo, lenguaje de *lunfas* (ladrones), puede considerarse una jerga gremial. Posee un amplio léxico con elementos calós, españoles, italianos, etc., y utiliza métodos para la formación de palabras, como la metáfora, la supresión de fonemas, la sustitución de palabras por similitud del significante y la alteración del orden habitual de las sílabas de la palabra.

lunisolar adj. Relativo, conjuntamente, al Sol y a la Luna.

lúnula s.f. Mancha blanca en forma de elipsoide situada en la base de las uñas. **2.** Figura geométrica formada por dos arcos de círculo que tienen las mismas extremidades y cuyas convexidades están orientadas hacia el mismo lado.

lupa s.f. Lente convergente que amplía los objetos.

lupanar s.m. (lat. *lupanar, -aris*). *Poét.* Prostíbulo.

lupercales s.f.pl. HIST. Fiestas anuales celebradas en Roma el 15 de febrero en honor de Luperco, dios protector de los rebaños.

lupia s.f. Lobanillo. **2.** Colomb. Cantidad insignificante de dinero. (Se usa más en plural.)

lúpico, a adj. y s. Relativo al lupus; que padece lupus.

lupino, a adj. Relativo al lobo. ◆ s.m. Altramuz. **2.** Fruto de esta planta.

lupulino s.m. Polvo amarillo de los frutos del lúpulo, que contiene resinas amargas que aromatizan la cerveza.

lúpulo s.m. (lat. tardío *lupulus*). Planta herbácea trepadora, de hasta 5 m de alt., cuyas inflorescencias femeninas se utilizan para aromatizar la cerveza. (Familia cannabináceas.)

lupus s.m. (voz latina, *lobo*). Enfermedad inflamatoria de la piel de la cara, de evolución prolongada.

lusismo s.m. Palabra, expresión o giro procedentes de la lengua portuguesa que se usan en otra lengua. SIN.: *lusitanismo, portuguesismo.*

lusitanismo s.m. Lusismo.

lusitano, a adj. y s. De un pueblo prerromano de la península Ibérica asentado en Lusitania. **2.** Luso.

luso, a adj. y s. Portugués. SIN.: *lusitano.*

lusones, pueblo celtíbero asentado entre el S del Ebro y las fuentes del Tajo, cuyas principales ciudades fueron *Contrebia Belaisca* (Botorrita, Zaragoza) y *Alaun* (Alagón, Zaragoza).

lustrabotas s.m. y f. (pl. *lustrabotas*). Amér. Merid. Persona que tiene por oficio limpiar el calzado. GEOSIN.: Esp. *limpiabotas;* Méx. *bolero;* Nicar. *lustrador.*

lustración s.f. Rito de purificación en algunas religiones.

lustrado s.m. Acción de lustrar, dar lustre. SIN.: *lustramiento.*

lustrador s.m. Argent., Bol., Chile, Perú y Urug. Persona que tiene por oficio lustrar muebles. **2.** Nicar. Persona que tiene por oficio limpiar el calzado.

lustral adj. Relativo a la lustración: *agua lustral.*

lustramiento s.m. Lustrado.

lustrar v.tr. (lat. *lustrare*). Dar lustre a algo frotándolo con insistencia: *lustrar las botas.* **2.** Recorrer, peregrinar por un país. **3.** ANT. ROM. Purificar con sacrificios y ceremonias las cosas que se creían impuras.

lustre s.m. (cat. *llustre* o fr. *lustre*). Luz que reflejan las cosas tersas o bruñidas: *dar lustre a unos zapatos.* **2.** *Fig.* Lucimiento, gloria, distinción: *trabajar por el lustre de la patria.*

lustrear v.tr. Chile. Lustrar, dar lustre.

lustrín s.m. Chile. Persona que tiene por oficio limpiar el calzado.

lustrina s.f. Tela de seda, oro y plata, empleada en ornamentos litúrgicos. **2.** Percalina.

lustro s.m. Período de cinco años. **2.** HIST. Sacrificio expiatorio que se celebraba en Roma cada cinco años.

lustroso, a adj. Que tiene lustre. **2.** Que tiene un aspecto sano o robusto, por el color o la tirantez de la piel. ◇ **Esquisto lustroso** Esquisto preterciario, no fosilífero, metamorfosizado o neógeno, que se encuentra en la zona alpina interna.

lutecio s.m. Metal del grupo de las tierras raras, de color blanco plateado. **2.** Elemento químico (Lu), de número atómico 71 y masa atómica 174,967.

luteína s.f. Progesterona. **2.** BIOL. Xantofila de color amarillo, que se encuentra en las hojas de los vegetales y en la yema de huevo.

lúteo, a adj. (lat. *luteus*). Que contiene lodo.

luteranismo s.m. (de M. *Luther,* teólogo y reformador alemán). Doctrina teológica surgida del pensamiento de Lutero en el s. XVI. (El luteranismo, sólidamente implantado a finales del s. XVI en el norte y el centro de Alemania, en Alsacia y en los países escandinavos, cuenta actualmente con unos 71 millones de fieles.) **2.** Conjunto de las iglesias protestantes unidas en torno a Lutero; doctrina teológica procedente del pensamiento de Lutero.

luterano, a adj. y s. Relativo al luteranismo; partidario del luteranismo.

luthier s.m. (voz francesa). Persona que fabrica instrumentos musicales de cuerda.

luto s.m. (lat. *luctus, -us*). Situación consiguiente a la muerte de un familiar en que se viste de manera especial y se guardan determinadas formas sociales: *guardar luto por un familiar.* **2.** Vestido o cualquier señal exterior, cuyo color varía según los lugares, que acostumbra llevarse tras el fallecimiento de un pariente o durante la asistencia a conmemoraciones fúnebres: *llevar luto.* **3.** Manifestación social de respeto por la muerte de alguien: *día de luto oficial.* **4.** Dolor por el fallecimiento de un ser querido o por alguna desgracia. ◇ **Aliviar el luto** Vestirse de medio luto. **Medio luto** Vestido menos severo que se lleva después del luto riguroso.

lutocar s.m. Chile. Carrito de mano para recoger basura.

lux s.m. Unidad de medida de la iluminación (símb. lx) equivalente a la iluminación de una superficie que recibe, de manera uniformemente repartida, un flujo luminoso de un lumen por metro cuadrado.

luxación s.f. (lat. *luxatio, -ionis*). MED. Pérdida permanente de las relaciones normales entre dos superficies articulares.

luxar v.tr. y prnl. Provocar una luxación.

luxemburgués, sa adj. y s. De Luxemburgo.

lúxmetro s.m. Aparato que sirve para medir las iluminaciones.

luz s.f. (lat. *lux, lucis*). Radiación emitida por cuerpos calentados a altas temperaturas (incandescencia) o por cuerpos excitados (luminiscencia) y que es percibida por los ojos. (La luz está constituida por ondas electromagnéticas, y su velocidad de propagación en el vacío es de 299 792,5 km/s; se puede considerar también como un fluido de partículas energéticas desprovistas de masa *[fotones].*) **2.** Agente físico que hace visibles los objetos. **3.** Lámpara o foco para alumbrar. **4.** *Fig.* Modelo, persona o cosa capaz de ilustrar o guiar. **5.** *Fig.* Esclarecimiento o claridad de la inteligencia. **6.** Méx. Dinero. **7.** ANAT. Calibre interior de un vaso o de cualquier conducto del organismo. **8.** ARQ. **a.** Cada una de las ventanas o troneras por donde se da luz a un edificio. (Suele usarse en plural.) **b.** Dimensión horizontal interior de un arco, un vaso o una habitación. **9.** CONSTR. Distancia entre los puntos de apoyo de una pieza o elemento que solo se sostiene sobre alguna de sus partes. **10.** PINT. Parte clara o más iluminada que las demás en un cuadro, grabado o dibujo. ◆ **luces** s.f.pl. *Fig.* Ilustración, cultura: *persona de pocas luces.* **2.** Méx. Fiestas nocturnas. ◇ **Arrojar,** o **echar, luz sobre un asunto** Aclararlo o ayudar a comprenderlo. **Dar a luz** Parir la hembra. **Entre dos luces** Al amanecer o al anochecer; se aplica a la persona que raya casi la embriaguez por exceso de bebida. **Luces de señalización** Dispositivo, aparato luminoso, semáforo, etc., utilizados para regular el tráfico. **Luz cenicienta,** o **cinérea** Luz solar reflejada por la Tierra sobre la Luna, que ilumina la parte oscura del disco lunar antes y después del novilunio. **Luz cenital** La que en un edificio o patio se recibe por el techo. **Luz de carretera,** o **larga** Luz delantera de un vehículo que debe iluminar una distancia mínima de 100 m. **Luz de cruce,** o **luz corta** Luz delantera de un vehículo que debe iluminar una distancia mínima de 40 m y que debe encenderse como sustituta de la luz de carretera al cruzarse con otro vehículo. **Luz de gálibo** Luz que lleva un vehículo en la parte delantera y en la posterior para indicar que supera los 2,10 m de anchura. **Luz de posición** Luz que ha de llevar una embarcación durante la noche para indicar su rumbo y evitar abordajes; luz de un vehículo de carretera, blanca en la parte delantera y roja en la trasera, que sirve para indicar su presencia y anchura. **Luz eléctrica** La que se produce por medio de la electricidad. **Luz fría** Luz eléctrica que no tiene liberación apreciable de calor. **Luz mala** Argent. y Urug. Fuego fatuo que en el campo producen de noche los huesos en descomposición y que la superstición atribuye a las almas de los muertos que no han sido sepultados. **Luz negra** Radiación ultravioleta, invisible, que provoca la fluorescencia de determinados cuerpos. **Luz zodiacal** Resplandor débil y difuso situado en el plano de la eclíptica, que se puede observar, en las noches claras y sin luna, al O después de la puesta del sol, o al E antes de su salida. **Media luz** La que es escasa. **Sacar a la luz** Publicar una obra; descubrir, manifestar lo que estaba oculto. **Salir a la luz** Aparecer publicada una obra; manifestarse algo que estaba oculto. **Ver la luz** Nacer.

lycra s.f. (marca registrada). Tejido sintético de gran elasticidad que se utiliza en la confección de algunas prendas, como medias o trajes de baño.

m

m s.f. Decimoquinta letra del alfabeto español y undécima de sus consonantes. (Representa el sonido nasal bilabial.) ◇ **M** Cifra romana que vale *mil.*

mabí s.m. Dom. y P. Rico. Árbol pequeño de corteza amarga. (Familia ramnáceas.)

mabita s.f. Venez. Mal de ojo. ◆ s.m. y f. Venez. Persona que tiene o trae mala suerte.

maca s.f. Señal que queda en la fruta tras recibir algún daño. **2.** Defecto, deterioro o daño ligero. **3.** Engaño, fraude.

1. **macá** s.f. Ave palmípeda de vuelo breve, pico puntiagudo, cola muy corta, que vive en agua dulce en Argentina y Chile. (Familia podicipítidos.)

2. **macá,** pueblo amerindio de lengua mataco-macá que habitaba en la región del río Pilcomayo.

macabeo s.m. Cepa de uva blanca con la que se elabora un vino blanco y licoroso de igual nombre. (Se cultiva en abundancia en Cataluña [España] para elaborar cava.)

macabro, a adj. (fr. *macabre*). Que está relacionado con lo más repulsivo o desagradable de la muerte. **2.** Que se siente atraído por lo macabro.

macachín s.m. Argent. y Urug. Pequeña planta de flores amarillas o violadas, hojas parecidas a las del trébol y tubérculo comestible. (Sus hojas y flores se utilizan con fines medicinales.) [Familia oxalidáceas.]

macacinas s.f.pl. Amér. Central. Calzado tosco, apropiado para el campo.

macaco, a s. (voz portuguesa). Simio semejante a los cercopitecos, que mide de 50 a 60 cm de long., sin contar la cola. (El *macaco rhesus* es un animal sagrado en la India; se realizan experimentos con él en los laboratorios, lo que ha permitido el descubrimiento del factor Rh de la sangre. [→ **rhesus.**]) ◆ adj. y s. Chile y Cuba. Feo, deforme.

macacoa s.f. Colomb. y Venez. Murria, tristeza. **2.** P. Rico. Mala suerte.

macadam o **macadán** s.m. (de J. L. *McAdam,* ingeniero británico). Aglomerado de piedra machacada y arena con que se pavimentan calzadas.

macadamizar v.tr. Pavimentar con macadam.

macagua s.f. Árbol originario de Cuba cuyo fruto, semejante a la bellota, comen los cerdos. (Familia rubiáceas.) **2.** Serpiente venenosa, de color negro, que vive en las regiones cálidas de Venezuela, especialmente a orillas del mar. **3.** Ave rapaz diurna, de unos 80 cm de largo, de pico dentado, que se alimenta de culebras y vive en los bosques de América Meridional. (Familia falcónidos.)

macagüita s.f. Palmera espinosa originaria de Venezuela, de fruto parecido a un coco pequeño, casi negro. (Familia palmáceas.)

macana s.f. Arma semejante a una maza de madera, utilizada por algunos pueblos precolombinos. **2.** Amér. Garrote grueso de madera dura y pesada. **3.** Amér. Merid. Chal, generalmente de algodón, que usan las mestizas. **4.** Argent. Regalo de poca importancia. **5.** Argent., Perú y Urug. *Fig.* Desatino, embuste. **6.** BOT. Palmera de madera muy fina y resistente, utilizada para fabricar armas y otros instrumentos. (Familia palmáceas.) **7.** ZOOL. Anfibio anuro que vive en las selvas de Ecuador. (Familia hílidos.) ◇ **¡Qué macana!** Argent. Expresa contrariedad.

macanazo s.m. Golpe dado con la macana.

macaneador, ra s. Argent. Persona que macanea, dice mentiras.

macanear v.tr. Colomb. Dirigir bien un negocio. **2.** Colomb., Nicar. y Venez. Desbrozar. **3.** Cuba, Dom., Méx. y P. Rico. Golpear con la macana. ◆ v.intr. Argent., Bol., Chile, Par. y Urug. Mentir, decir disparates o embustes. **2.** Colomb. y Hond. Realizar una labor con obstinación. (En Nicaragua se usa como pronominal.)

macano s.m. Chile. Sustancia colorante oscura que se obtiene de la corteza del huigán y que se usa para teñir lana.

macanudo, a adj. Chocante por lo grande, gracioso, extraordinario, etc. **2.** Muy bueno, magnífico o excelente.

macao s.m. Crustáceo decápodo parecido al ermitaño. (Familia pagúridos.)

macaón s.m. Mariposa diurna, de alas amarillas con manchas negras, rojas y azules, que mide hasta 9 cm de envergadura. (La larva del macaón, voluminosa y muy coloreada, vive sobre las umbelíferas, como la zanahoria, el perejil, etc.)

macarela s.f. Venez. Caballa.

macareno, a adj. y s. Del barrio de la Macarena, en Sevilla, España.

macareo s.m. (port. *macareu*). Oleada que se produce en la desembocadura de un río al crecer la marea, en contra de la corriente fluvial.

macarra s.m. *Fam.* Hombre pendenciero y sin escrúpulos. **2.** Esp. *Fam.* Hombre que vive de una persona que ejerce la prostitución.

macarrón s.m. (ital. dialectal *maccarone*). Pasta alimenticia de harina de trigo en forma de tubo pequeño. **2.** Grabado rupestre sobre un manto de arcilla húmeda.

macarronea s.f. Composición burlesca en la que se mezclan palabras latinas con otras de una lengua romance a las cuales se les da una forma o una terminación latina.

macarrónico, a adj. (ital. *maccheronico*). Se dice del lenguaje y del estilo incorrectos o faltos de elegancia. **2.** Relativo a la macarronea.

macarse v.prnl. Empezar a pudrirse los frutos por los golpes o magulladuras.

macartismo s.m. → **maccarthismo.**

macasar s.m. Cubierta de punto, tela, encaje, etc., que se pone en los respaldos de los asientos.

macazuchil s.m. Planta cuyo fruto, de sabor fuerte, se empleaba en México para perfumar el chocolate y las bebidas compuestas con cacao. (Familia piperáceas.)

McBurney. Punto de McBurney Punto situado en el abdomen, en la proyección del apéndice, en el que aparece un dolor preciso en caso de apendicitis.

maccarthismo o **macartismo** s.m. (de J. *MacCarthy,* senador estadounidense). Conjunto de medidas policiales que entraron en vigor en EUA después de la segunda guerra mundial, para descubrir e inhabilitar profesionalmente a los supuestos comunistas o a los simpatizantes de ideologías de izquierdas.

macchiaioli s.m.pl. (voz italiana, de *macchia,* mancha). Grupo de pintores italianos del s. XIX, de inspiración antiacadémica, que utilizaban la pincelada larga y valores cromáticos contrastados. (Los más conocidos de estos artistas, que expusieron conjuntamente en Florencia, en 1862, son Giovanni Fattori [1825-1908], Silvestro Lega [1826-1895] y Telemaco Signorini [1835-1901].)

macear v.tr. Golpear con el mazo o la maza. ◆ v.intr. *Fig.* Insistir en algo.

macedonia s.f. Postre elaborado con una mezcla de diversas frutas mondadas y cortadas en trozos pequeños, aderezado con azúcar, licor o zumos de frutas. SIN.: *cóctel de frutas, ensalada de frutas.* **2.** Guiso elaborado con una mezcla de diferentes legumbres, hervidas y aderezadas.

macedonio, a adj. y s. De Macedonia. ◆ s.m. Lengua del grupo eslavo meridional.

macegual s.m. Indio libre de Nueva España. (Los macegualés formaban la mayor parte de la población autóctona.)

maceración s.f. Acción y efecto de macerar. **2.** Operación que consiste en sumergir en un líquido una sustancia para extraer de ella los elementos solubles, o un producto alimenticio para perfumarlo o conservarlo.

macerador, ra adj. y s. Que macera. ◆ s.m. Recipiente donde se realiza una maceración.

macerar v.tr. (lat. *macerare*). Sumergir en un líquido una sustancia sólida para extraer de ella los elementos solubles, o un alimento para darle sabor, conservarlo, etc. **2.** Ablandar algo golpeándolo o estrujándolo. **3.** *Fig.* Mortificar a alguien con penitencias.

macero s.m. Persona que, en las ceremonias, lleva la maza delante de las corporaciones o personas que tienen esta insignia como distinción.

1. **maceta** s.f. Recipiente, generalmente de barro cocido y con un agujero en su base, que, lleno de tierra, sirve para cultivar plantas.

2. **maceta** s.f. Maza pequeña que se usa especialmente para golpear sobre el cincel. **2.** Empuñadura o mango de algunas herramientas. **3.** Chile. Pieza corta de madera dura que sirve para machacar o golpear.

macetero s.m. Soporte o recipiente para colocar macetas con plantas.

macfarlán o **macferlán** s.m. Prenda masculina de abrigo, sin mangas, con dos aberturas para los brazos y una esclavina larga.

Mach s.m. **Número de Mach** Velocidad de un móvil (proyectil, avión, etc.) respecto del sonido en la atmósfera por la que se desplaza. (Esta no es realmente una unidad de velocidad, dado que la velocidad del sonido en el aire es proporcional a la raíz cuadrada de la temperatura.)

macha s.f. Molusco lamelibranquio comestible, propio de los mares de Chile y Perú. (Familia tellínidos.)

machaca s.f. Instrumento que sirve para machacar. SIN.: *machacadera.* **2.** Piedra machacada, reducida a fragmentos de pequeño tamaño y medidas determinadas. **3.** Méx. Carne seca y deshebrada. ◆ s.m. y f. Machacón. **2.** *Fig.* Subordinado que realiza los trabajos más pesados.

machacadera s.f. Machaca.

machacamiento s.m. Acción de machacar. SIN.: *machacadura.*

machacante s.m. *Fam.* Soldado destinado a servir a un sargento. **2.** Esp. *Fam.* Duro, moneda.

machacar v.tr. Triturar, deshacer o aplastar una sustancia sólida mediante golpes. **2.** *Fig.* Destrozar algo o a alguien. **3.** *Fig.* y *fam.* Derrotar con autoridad a alguien. ◆ v.tr. e intr. *Fig.* y *fam.* Estudiar con insistencia y tenacidad una materia. **2.** *Fig.* y *fam.* Importunar a alguien insistiéndole sobre algo.

machacón, na adj. y s. Pesado, que molesta por repetir las cosas con insistencia. ◆ adj. Que implica machaconería: *insistencia machacona.*

machaconería s.f. Insistencia que resulta molesta.

machada s.f. Hato de machos cabríos. **2.** *Fig.* y *fam.* Necedad, dicho o hecho necio. **3.** *Fig.* y *fam.* Acción propia de un machote.

machado s.m. Hacha para cortar madera.

machaje s.m. Chile. Conjunto de animales machos.

machamartillo (a) loc. Con convicción y firmeza: aplicado al modo de construir una cosa, con más solidez que esmero. (También *a macha martillo.*)

machar v.tr. Machacar. ◆ **macharse** v.prnl. Argent. y Bol. Emborracharse.

machetazo s.m. Golpe dado con el machete. **2.** Herida o señal que deja este golpe.

machete s.m. Arma blanca, corta, de hoja ancha y un solo filo. **2.** Cuchillo grande que se utiliza para cortar caña, desmontar y abrirse paso entre la maleza. **3.** Argent. *Fig.* y *fam.* Chuleta, papelito con apuntes que los estudiantes llevan oculto para usar disimuladamente en los exámenes.

machetear v.tr. Dar machetazos. **2.** TAUROM. Quebrantar al toro haciéndole cornear reiteradamente el engaño con uno y otro cuerno. ◆ v.tr. y prnl. Argent. Utilizar un estudiante machetes durante un examen. **2.** Argent. *Fig.* y *fam.* Hacer un machete para un examen. ◆ v.intr. y prnl. Méx. Trabajar con ahínco para alcanzar algún propósito.

machetero, a s. Persona que en los ingenios azucareros corta la caña de azúcar. **2.** Persona que abre camino con el machete a través de la maleza. ◆ adj. y s. Argent. *Fam.* Se dice del estudiante que usa machetes. **2.** Méx. Se dice del estudiante que se dedica con esmero a sus labores escolares.

machi s.m. y f. Argent. y Chile. Curandero.

máchica s.f. (quechua *mačka*). Perú. Harina de maíz tostado, mezclada con azúcar y canela.

machigua s.f. Amér. Agua con residuos de maíz.

machihembrado s.m. Ensamblaje de dos tablas por sus cantos, por medio de ranura y lengüeta.

machihembradora s.f. y adj. Máquina para machihembrar.

machihembrar v.tr. Ensamblar dos tablas a caja y espiga o a ranura y lengüeta.

machín s.m. Colomb., Ecuad. y Venez. Mono, mico.

machina s.f. (voz latina, *maquinación*). Cabria rudimentaria, compuesta de dos largas pértigas o vigas de madera unidas por sus extremos superiores, en cuyo vértice va suspendida una polea. **2.** Grúa muy potente, en forma de cabria metálica, utilizada en los puertos marítimos. ◇ **Machina de arbolar** MAR. Machina fija o flotante, propia para las faenas de arbolar y desarbolar los buques.

machincuepa s.f. Méx. Voltereta que se da poniendo la cabeza en el suelo y dejándose caer sobre la espalda.

machismo s.m. (de *1. macho*). Comportamiento y manera de pensar basados en la superioridad del hombre respecto a la mujer y en la exaltación de las supuestas cualidades viriles, como la fuerza.

machista adj. y s.m. y f. Relativo al machismo; partidario del machismo o persona que se comporta con machismo.

máchmetro s.m. Instrumento que sirve para medir el número de mach en un avión.

1. **macho** s.m. (del lat. *musculus,* de sexo masculino). En los seres vivos que tienen los órganos de reproducción masculinos y femeninos en distinto individuo, el que tiene los masculinos. **2.** *Fam.* Machote. **3.** Pieza que se introduce y encaja en otra en las ensambladuras, empalmes, articulaciones, uniones, etc. **4.** ARQ. Pilar de fábrica que sostiene o fortalece alguna cosa. **5.** BOT. Especie que, comparada con otra, es más robusta y más fuerte: *helecho macho.* **6.** METAL. Pieza de arena, metal u otro material resistente al material en fusión, que se coloca en el molde durante la fase de acabado para obtener cavidades o partes huecas en la pieza colada. **7.** TAUROM. Borla de las que penden de distintas partes del traje de torear. **8.** ZOOTECN. Mulo. ◇ **Macho (de) cabrío** Macho de la cabra. **Macho del timón** MAR. Cada una de las barras fijadas a la cabeza del timón para moverlo. **Macho de roscar,** o **aterrajar,** o **terrajar** MEC. Tornillo de acero para tallar roscas interiores en tuercas, agujeros ciegos u orificios de reducido diámetro en que han de ajustarse tornillos.

2. **macho** s.m. Martillo pesado y de mango largo empleado por los forjadores y herreros. **2.** MÚS. Especie de coda o estribillo final con que se suele rematar la ejecución de algunos cantes flamencos.

machorra adj. y s.f. Se dice del animal hembra, especialmente la oveja, que es estéril. ◆ s.f. Marimacho.

1. **machote** adj. y s.m. *Fam.* Se dice del hombre que tiene cualidades consideradas tradicionalmente masculinas, como la virilidad, el valor, la fuerza, etc. ◆ adj. Chile. Se dice del animal macho que es estéril.

2. **machote** s.m. Amér. Central. Borrador, dechado, modelo. **2.** Méx. Formulario con espacios en blanco para rellenar. **3.** Méx. Señal que se pone para medir los destajos en las minas.

machucadura s.f. Acción y efecto de machucar.

machucante s.m. Colomb. *Fam.* Individuo, tipo.

machucar v.tr. Herir, golpear o machacar a alguien causándole contusiones o magullamientos. **2.** Machacar, destrozar algo.

machucho, a adj. Que es mayor o maduro. **2.** Prudente, juicioso.

machucón s.m. Amér. Machucadura.

maciega s.f. Argent., Bol. y Urug. Hierba silvestre o conjunto de ellas que son perjudiciales para las plantas cultivadas.

macilento, a adj. (lat. *macilentus*). Se dice de la persona pálida y demacrada. **2.** Se aplica a la luz pálida, triste.

macillo s.m. Pieza del piano que, a impulso de la tecla, hiere la cuerda correspondiente. SIN.: *martillo.* **2.** Palillo para tocar los distintos instrumentos de percusión.

macis s.f. (voz del bajo lat., *corteza de un árbol de la India*) [pl. *macis*]. Arilo de la nuez moscada, utilizado como condimento.

macizado s.m. CONSTR. Material de relleno: *macizado de una pared.*

macizar v.tr. CONSTR. Rellenar con mampostería, cascotes u otro material compacto.

macizo, a adj. Que es sólido: *oro macizo.* **2.** Que tiene la carne dura, no fofa: *brazos macizos.* **3.** Esp. *Fam.* Se dice de la persona que tiene un cuerpo atractivo. ◆ s.m. Masa sólida y compacta de algo. **2.** Conjunto de plantas que decoran los cuadros de los jardines: *un macizo de tulipanes.* **3.** Conjunto de montañas que presenta un carácter unitario. **4.** Parte de una pared entre dos vanos. **5.** Obra de hormigón o de mampostería maciza.

macla s.f. Cuerpo compuesto de dos o más cristales asociados simétricamente, orientados de diferente manera y con interpenetración parcial.

macón, na adj. Colomb. Grandote, muy grande.

macondo s.m. Colomb. Árbol corpulento que alcanza de treinta a cuarenta metros de altura. (Familia bombáceas.)

macramé s.m. Tejido reticular hecho a mano con hilos o cuerdas trenzadas y anudadas. **2.** Hilo con que se elabora este tejido.

macro s.f. (apócope de *macroinstrucción*). INFORMÁT. Instrucción compleja que define las operaciones compuestas a partir de las instrucciones de un repertorio de base de una computadora. SIN.: *macroinstrucción.*

macroanálisis s.m. (pl. *macroanálisis*). ECON. Análisis con que se propone determinar el nivel de la renta nacional y, desde una perspectiva global, el empleo de los recursos en capital y mano de obra, y también las relaciones entre vastos conjuntos económicos.

macrobiótica s.f. Sistema de vida cuya principal característica es un régimen alimenticio compuesto fundamentalmente por cereales integrales, legumbres, hortalizas y algas marinas que no han sido sometidos a tratamiento químico ni a manipulación de ningún tipo.

macrobiótico, a adj. Relativo a la macrobiótica: *régimen macrobiótico.*

macrocefalia s.f. MED. Aumento del volumen del cráneo, normalmente como consecuencia de una hidrocefalia.

macrocéfalo, a adj. y s. Que padece macrocefalia.

macrociste s.m. BOT. Receptáculo esporífero de gran tamaño.

macrocito s.f. BIOL. Megalocito.

macroconcierto s.m. Concierto de música al que acude mucho público y en el que generalmente intervienen muchos participantes.

macrocósmico, a adj. Relativo al macrocosmos.

macrocosmos s.m. FILOS. El universo, considerado como una totalidad de estructura compleja, en oposición al ser humano o microcosmos.

macroeconomía s.f. Rama de las ciencias económicas que estudia las magnitudes, colectivas y globales, y su interrelación.

macroeconómico, a adj. Relativo a la macroeconomía.

macroestructura s.f. Conjunto de las estructuras esenciales, de las líneas principales de algo (organismo, sociedad, etc.). **2.** METAL. Estructura de un metal o de una aleación tal como aparece a simple vista o con un ligero aumento tras una preparación adecuada. **3.** QUÍM. Característica de un polímero dada por el conjunto de las cadenas que lo componen, así como por sus disposiciones recíprocas.

macrófago, a adj. y s.m. Se dice de la célula del sistema reticuloendotelial que tiene una función fagocitaria.

macrofotografía s.f. Fotografía de objetos de pequeño tamaño que proporciona una imagen notablemente ampliada.

macroglobulina s.f. Proteína anormal, de gran peso molecular.

macroglobulinemia s.f. Enfermedad que se caracteriza por la presencia excesiva de macroglobulinas en la sangre.

macrografía s.f. Estudio a simple vista o con lupa de la estructura de un sólido después de haber tratado su superficie con un reactivo.

macroinstrucción s.f. INFORMÁT. Macro.

macromolécula s.f. Molécula de gran tamaño formada por el enlace y repetición de un gran número de moléculas sencillas.

macromolecular adj. Relativo a las macromoléculas. **2.** Se dice de la sustancia química cuyas moléculas tienen una masa molecular elevada.

macropsia s.f. MED. Trastorno visual que consiste en la ampliación del tamaño de los objetos.

macroscelídido, a adj. y s.m. Relativo a una familia de mamíferos insectívoros del tamaño y aspecto de una rata, con largas patas y un hocico pronunciado en forma de trompa. SIN.: *macroscélido.*

macroscópico, a adj. Que se ve a simple vista.

macróspora s.f. Espora de gran tamaño que, en ciertas criptógamas, da un prótalo femenino.

macrosporangio s.m. BOT. Esporangio que produce macrósporas.

macrounidad s.f. ECON. Término con el que se designa a los sujetos económicos complejos, como industria, sindicatos, etc.

macruro, a adj. y s.m. Relativo a un suborden de crustáceos decápodos de abdomen muy desarrollado (bogavante, langosta, quisquilla).

macuba s.f. (fr. *macouba,* de *Macouba,* población de la Martinica). Tabaco aromático y de excelente calidad que se cultiva en Macuba. **2.** Coleóptero de color verde bronceado brillante. (Despide un olor almizclado, parecido al del tabaco macuba, por lo que se emplea para aromatizar el rapé; familia cerambícidos.)

macuca s.f. Planta de flores blancas, muy pequeñas, y fruto parecido al del anís. (Familia umbelíferas.) **2.** Arbusto pequeño, parecido al peral, de fruto pequeño, colorado e insípido, de igual nombre. (Familia rosáceas.)

macuco, a adj. Chile. Astuto, cuco, taimado. ◆ s.m. Colomb. y Perú. Muchacho grandullón.

mácula s.f. *Poét.* Mancha. **2.** *Fig.* Engaño, embuste, secreto. **3.** ANAT. Depresión de la retina, llamada también *mácula lútea* (mancha amarilla) situada en el polo posterior del ojo, donde la agudeza visual es máxima. **4.** MED. Mancha roja de la piel, debida a una dilatación de los capilares sanguíneos.

macular v.tr. Manchar. **2.** Desacreditar.

maculatura s.f. IMPR. Hoja manchada en la impresión. **2.** MED. Conjunto de máculas. ◇ **Maculatura de embalaje** Hoja de papel grueso y fuerte que sirve para embalar libros o envolver paquetes.

maculís s.m. Árbol del que se obtiene una madera de gran calidad, el roble americano. (Familia bignoniáceas.)

macuquero, a s. Persona que extrae sin permiso metales de las minas abandonadas.

macuquino, a adj. Se dice de determinadas monedas acuñadas en el Perú colonial.

macurise s.m. Árbol, muy apreciado por su madera, dura, olorosa y de color amarillento. (Familia sapindáceas.)

macuteno, a s. Méx. Ladrón, ratero.

macuto s.m. Mochila, especialmente la del soldado. **2.** Amér. Cesto que usan los mendigos para recoger las limosnas.

madama s.f. Tratamiento afectado de cortesía o título de honor dado a las señoras. **2.** R. de la Plata. Mujer que regenta un prostíbulo.

madame s.f. (voz francesa). Mujer que regenta un prostíbulo.

madapolán s.m. (de *Madapolam,* ciudad en la costa Sudeste de la India). Tela blanca de algodón, de buena calidad.

made in, expresión inglesa que significa *fabricado en* y que, seguida del nombre inglés de un país, indica el origen de un producto manufacturado.

madeira s.m. Vino dulce que se elabora en la isla de Madeira. SIN.: *madera.*

madeja s.f. (lat. *mataxa,* hilo o seda cruda). Conjunto de vueltas de hilo, lana, etc., unidas sin soporte. **2.** Mata de pelo: *una madeja de cabellos negros.* ◆ s.m. *Fam.* Hombre dejado y perezoso.

madera s.f. (lat. *materia*). Sustancia compacta del interior de los árboles, formada por células, fibras y vasos que transportan la savia bruta. **2.** Pieza de madera labrada. **3.** *Fig.* y *fam.* Talento y disposición de las personas para determinada actividad: *tiene madera de artista.* **4.** MÚS. Subfamilia de los instrumentos de viento. (La otra subfamilia es el metal.)

madera

Materia natural tradicional, la madera posee una rigidez excelente, buena resistencia a los agentes químicos, cualidades de aislante térmico y capacidad de amortiguación de las fuerzas bruscas. Sus usos son múltiples: provee energía, sirve para la construcción, la ebanistería, la tonelería, el embalaje y la fabricación de papel y cartón. Una vez cortada, la madera debe tratarse para mejorar su protección y conservación.

maderable adj. Se dice del árbol, bosque, etc., que da madera útil.

maderada s.f. Conjunto de maderos transportados a flote por un río o un lago.

maderamen s.m. Conjunto de maderas que entran en la construcción de una obra. SIN.: *maderaje.*

maderar v.tr. Aprovechar árboles para obtener madera.

maderería s.f. Lugar donde se recoge madera para su venta.

maderero, a adj. Relativo a la industria de la madera. ◆ s. Persona que comercia con la madera. **2.** Persona que conduce armadías.

maderizar v.tr. y prnl. Dar a un vino el sabor o el color del madeira.

madero s.m. Pieza larga de madera escuadrada. **2.** *Fig.* y *fam.* Persona necia, torpe e insensible. **3.** Esp. *Vulg.* Miembro de la policía. ◇ **Madero de la cruz** REL. Cruz.

madi s.m. Chile. Planta herbácea de hojas hediondas y flores amarillas, de cuyas semillas se extrae un aceite comestible. (Familia compuestas.)

madianita adj. y s.m. y f. De un ant. pueblo nómada de Arabia que se extendía entre el Sinaí y Moab y que entró en conflicto con los hebreos en tiempo de los Jueces.

madona s.f. Virgen María. (Se escribe con mayúscula.) **2.** B. ART. Imagen de la Virgen, sola o con el Niño: *las madonas de Rafael.*

mador s.m. (lat. *mador, -oris,* humedad). Ligera humedad que baña el cuerpo, sin llegar a ser sudor.

madrás s.m. Tela fina de seda y algodón, de cuadros, que se usa para confeccionar camisas y trajes femeninos.

madrasa s.f. En los países islámicos, colegio o universidad que depende de la autoridad religiosa.

madrastra s.f. Mujer del padre respecto de los hijos de este habidos en una relación anterior.

madraza s.f. *Fam.* Madre que mima o cuida mucho a sus hijos.

madrazo s.m. Méx. Golpe muy fuerte.

madre s.f. (lat. *mater, matris*). Mujer o animal hembra que ha tenido uno o más hijos o crías. **2.** *Fam.* Mujer anciana del pueblo. **3.** *Fig.* Causa u origen de una cosa: *la experiencia es la madre de la ciencia.* **4.** Cauce de un río o arroyo. **5.** Título que se da a las abadesas y superioras de conventos y, en algunas comunidades, a todas las religiosas de coro. **6.** Heces del mosto, vino o vinagre. **7.** Madero principal o eje de una armazón. **8.** ANAT. Matriz en que se desarrolla el feto. ◇ **A toda madre** Méx. *Vulg.* Estupendo, muy bueno. **Ciento y la madre** Muchas o demasiadas personas. **Dar en la madre** Méx. *Vulg.* Dañar o herir seriamente algo o a alguien. **Estar hasta la madre** Méx. *Vulg.* Estar harto o estar completamente borracho o drogado. **Importarle,** o **valerle, a alguien madre,** o **madres** Méx. *Fam.* No importarle nada algo o alguien. **La madre del cordero** Razón o causa real de un hecho o suceso. **Madre de Dios** La Virgen María. (Se escribe con mayúscula.) **Madre de familia** Mujer que se dedica al cuidado de su casa y de sus hijos. **Madre de leche** Nodriza. **Madre patria** País donde ha nacido una persona; nombre dado por algunos países que son o han sido colonias al país colonizador. **Madre política** Suegra. **Mentar la madre** Insultar a una persona ofendiendo a su madre. **(De) puta madre** *Vulg.* Muy bueno, estupendo. **Sacar de madre** Inquietar a alguien.

madrear v.tr. Méx. Arruinar algo a golpes. **2.** Méx. *Vulg.* Golpear a alguien con fuerza, por lo general dejándolo mal herido.
madrecilla s.f. Huevera de las aves.
madrejón s.m. Argent. Cauce seco del río.
madreña s.f. (de *madera*). Almadreña, zueco.
madreperla s.f. Lamelibranquio de concha casi circular, que vive en el fondo de los mares tropicales, donde se pesca para recoger las perlas que suele contener. (Familia unió-nidos.)
madrépora s.f. Cnidario que desempeña un papel determinante en la formación de los arrecifes coralinos.
madreporario, a adj. y s.m. Relativo a una subclase de hexacoralarios que comprende pólipos provistos de esqueleto calcáreo, muy abundantes en los mares cálidos, donde forman arrecifes barrera o atolones.
madrepórico, a adj. Relativo a las madréporas y a los madreporarios.
madreporita s.f. Coral fósil.
madrero, a adj. *Fam.* Se dice de la persona que está muy encariñada con su madre.
madreselva s.f. Arbusto sarmentoso de flores olorosas con el mismo nombre, que crece en los bosques del S de Europa y en las montañas andinas. (Familia caprifoliáceas.)
madrevieja s.f. Lecho antiguo de un río que a veces tiene agua estancada.
madrigal s.m. (ital. *madrigale*). Composición poética breve que expresa un pensamiento delicado, tierno o galante. **2.** MÚS. Composición para varias voces, sin acompañamiento, que intenta traducir las más delicadas inflexiones de un poema.
madrigalesco, a adj. Relativo al madrigal. **2.** Elegante y delicado.
madrigalista s.m. y f. Compositor de madrigales.
madriguera s.f. Pequeña cueva, estrecha y profunda, en que habitan ciertos animales, especialmente los mamíferos, como el conejo, la liebre, etc. **2.** *Fig.* Lugar donde se refugian o esconden los maleantes.
madrileño, a adj. y s. De Madrid. SIN.: *matritense.*
madrina s.f. Mujer que presenta o asiste al que recibe un sacramento (bautizo, comunión, boda, etc.), por lo que contrae con él un parentesco espiritual del que se derivan ciertas obligaciones. **2.** Mujer que en ciertos actos solemnes, tanto de carácter privado como público, actúa como acompañante o protectora: *madrina en la botadura de un barco.* **3.** *Fig.* Mujer que ayuda o protege a alguien, especialmente en su actividad profesional. **4.** Hond. Cualquier animal manso al que se ata otro cerril para domarlo.
madrinazgo s.m. Cargo de madrina. **2.** Acto de asistir como madrina.
madriza s.f. Méx. *Vulg.* Paliza.
madroncillo s.m. Fresa.
madroñal s.m. Terreno poblado de madroños. SIN.: *madroñera.*
madroño s.m. Arbusto de hojas parecidas a las del laurel, cuyo fruto del mismo nombre es comestible, rojo por fuera y amarillo en su interior. (Familia ericáceas.) **2.** Bolita de forma semejante al fruto del madroño, utilizada como adorno en la montera de los toreros, en la mantilla española y en otras indumentarias.
madrugada s.f. Alba, amanecer. **2.** Conjunto de horas que siguen a la medianoche: *las tres de la madrugada.* **3.** Madrugón.
madrugar v.intr. (del lat. *maturare,* hacer madurar o darse prisa). Levantarse al amanecer o muy temprano. **2.** *Fig.* Anticiparse a otro en la ejecución o solicitud de algo. **3.** Ganar tiempo.
madrugón s.m. *Fam.* Acción de levantarse excesivamente temprano.
maduración s.f. Acción y efecto de madurar. **2.** BOT. Conjunto de transformaciones que sufre un órgano antes de poder cumplir su función. **3.** PSICOL. Conjunto de fenómenos psicológicos y sociales que permiten al niño alcanzar la madurez. **4.** TECNOL. Tratamiento térmico de endurecimiento estructural practicado en ciertas aleaciones de aluminio.
madurar v.tr. (lat. *maturare*). Poner maduro: *el calor madura las frutas.* **2.** *Fig.* Reflexionar sobre algo para preparar su ejecución: *madurar una idea.* **3.** Someter las hojas de tabaco a un tratamiento que hace desaparecer el excedente de agua. ◆ v.intr. y prnl. Volverse maduros los frutos. **2.** *Fig.* Crecer en edad, juicio y prudencia. **3.** BOT. Transformarse el ovario en fruto.
madurativo, a adj. Que madura o sirve para madurar: *proceso madurativo.*
madurez s.f. Cualidad o estado de maduro. **2.** *Fig.* Sensatez, buen juicio o prudencia. **3.** BIOL. Período de la vida del adulto, comprendido entre la juventud y la vejez, variable según el individuo.
maduro, a adj. (lat. *maturus*). Que está en el estado adecuado para ser comido: *fruta madura.* **2.** *Fig.* Preparado para determinado fin: *una idea madura.* **3.** Que ya ha superado la juventud pero no ha llegado a la vejez: *un señor maduro.* **4.** *Fig.* Juicioso, prudente: *actuación madura.* ◇ **Edad madura** Madurez, período de la vida. **Estar a las duras,** o **a las verdes, y a las maduras** Aceptar el aspecto desagradable o malo de algo, lo mismo que se disfruta de lo bueno y agradable.
maërl s.m. GEOGR. Arena calcárea de las costas marinas de Bretaña, utilizada como abono.
maestà s.f. (voz italiana). Cuadro que representa a la Virgen entronizada con el Niño en brazos.
maestoso s.m. (voz italiana). MÚS. Aire solemne, de movimiento pausado.
1. **maestral** adj. Relativo al maestre o al maestrazgo. ◆ s.m. Maestril.
2. **maestral** s.m. y adj. Viento noroeste, frío y seco, que sopla en las costas del golfo de León, en el mar Mediterráneo. SIN.: *mistral.* **2.** MAR. Noroeste en la división de la rosa náutica que se usa en el Mediterráneo.
maestrante s.m. Caballero de la maestranza.
maestranza s.f. Corporación nobiliaria que tomó a su cargo, en el aspecto militar, algunos de los cometidos de las antiguas órdenes de caballería. **2.** Conjunto de talleres donde se construye y repara armamento y material de guerra de todas clases. **3.** Local o edificio ocupado por estos talleres. **4.** Conjunto de personas que trabajan en estos talleres o en los de un arsenal. ◇ **Maestranza de la armada** Cuerpo integrado, en la marina de guerra, por personal no militar que presta servicio en los arsenales o establecimientos navales y, eventualmente, a bordo de los buques.
maestrazgo s.m. Dignidad de maestre de una orden militar. **2.** Ingresos obtenidos de estos señoríos por los monarcas españoles en su condición de maestres de las órdenes militares.
maestre s.m. Superior de una orden militar. **2.** Persona que mandaba en un barco después del capitán. ◇ **Gran maestre** Superior general de una orden militar o de caballería.
maestresala s.m. Criado principal que sirve la mesa de un señor y prueba la comida.
maestrescuela o **maestreescuela** s.m. En algunas universidades antiguas, cancelario, el que tenía autoridad para dar los grados. **2.** HIST. **a.** Superior de una escuela eclesiástica. **b.** Antiguo título de los cancilleres o notarios de las abadías. **c.** Una de las cinco dignidades del cabildo catedralicio.
maestría s.f. Destreza y habilidad para enseñar o ejecutar una cosa. **2.** Grado de maestro.
maestril s.m. Celda del panal de miel, dentro de la cual se transforma en imago la larva de la abeja maestra. SIN.: *maestral.*
maestro, a adj. (lat. *magister, -tri*). Excelente o perfecto en su clase: *una obra maestra.* **2.** Principal: *pared, viga maestra.* ◆ adj. y s.m. Se dice del palo mayor. ◆ s. Persona que tiene

por oficio enseñar, en especial el que se dedica a la enseñanza primaria. **2.** Persona que instruye, alecciona o enseña personalmente o a través de su obra. **3.** Persona de gran sabiduría o habilidad en una ciencia o arte: *ser un maestro en su oficio.* **4.** Persona que dirige el personal o las operaciones de un servicio: *maestro de taller.* **5.** Cosa que instruye, alecciona o enseña: *la experiencia es una gran maestra.* ◆ s.m. Tratamiento popular afectuoso. **2.** B. ART. **a.** Título que se exigía para ejercer el arte por cuenta propia. **b.** Nombre con que se designa a un artista anónimo: *el maestro de Becerril.* **3.** HIST. En los gremios medievales, categoría máxima en un determinado oficio. **4.** MÚS. Compositor o intérprete. **5.** TAUROM. Matador de toros. ◇ **Maestro de armas** Maestro de esgrima. **Maestro de ceremonias** Persona que dirige el ceremonial de un acto público. **Maestro de obras** Profesional que dirige a los albañiles y peones. **Maestro impresor** Propietario de una imprenta o establecimiento tipográfico.

mafia s.f. (voz italiana). Organización clandestina siciliana que impone su justicia y sus leyes por la fuerza. (Se escribe con mayúscula.) **2.** Organización clandestina de criminales. **3.** *Fam.* y *desp.* Grupo clandestino de personas que se apoyan mutuamente y monopolizan ciertos ámbitos y actividades.

mafioso, a adj. y s. Relativo a la mafia; miembro de esta organización.

magallánico, a adj. Relativo al estrecho de Magallanes.

magancear v.intr. Holgazanear.

maganzón, na adj. y s. Colomb. y C. Rica. Holgazán.

magaya s.f. Amér. Central. Colilla.

magazine s.m. (voz inglesa). Revista, generalmente con ilustraciones, que trata sobre temas diversos. **2.** Programa de radio o televisión, de contenido variado.

magdalena s.f. Dulce elaborado con harina, aceite, huevo y leche, con forma de bollo pequeño. **2.** REL. Religiosa de una congregación que tenía por objeto recoger a las mujeres arrepentidas. ◇ **Estar hecha una Magdalena** *Fam.* Estar desconsolada y llorosa. **Llorar como una Magdalena** *Fam.* Llorar desconsoladamente.

magdalénico, a adj. Relativo al río Magdalena.

magdaleniense s.m. y adj. (de *La Madeleine,* en Dordogne, Francia). Se dice del período histórico caracterizado por el conjunto de facies culturales que marcan el apogeo del paleolítico superior en Europa occidental.

magdaleniense

El magdaleniense, que sigue al solutrense, se prolongó hasta fines de la glaciación de Würm (13 000 a 8 000 a.C.). Además de una diversificación continua de la industria lítica, este período se caracteriza por el desarrollo de los útiles de hueso (puntas de azagaya, arpones) y de las pinturas rupestres (cuevas de Altamira, Combarelles).

magenta s.m. y adj. Color rojo oscuro que resulta de una mezcla de rojo y azul y que, con el amarillo y el cian, se emplea en fotografía. (Se emplea en las emulsiones de fotografía en color por síntesis sustractiva.)

magia s.f. Conjunto de creencias y prácticas basadas en la idea de que existen poderes ocultos en la naturaleza, y que se pueden conciliar o conjurar, para conseguir un beneficio o provocar una desgracia. **2.** Conjunto de trucos y habilidades con los que se hacen juegos de manos y cosas sorprendentes y extraordinarias, como hacer aparecer y desaparecer a personas y cosas. **3.** *Fig.* Atractivo o encanto de alguien o algo. ◇ **Magia blanca** ANTROP. Conjunto de ritos y de prácticas cuyo objetivo es alejar los malos espíritus, conjurar la mala suerte, o curar a las víctimas de maleficios, de algún hechizo o de los malos espíritus. **Magia negra** ANTROP. Conjunto de prácticas secretas que tienen como objetivo conciliar los malos espíritus y las fuerzas sobrenaturales, para que ejerzan sus poderes contra alguien a quien se intenta perjudicar.

magia

Antes de que el pensamiento racionalista moderno la desvalorizara y relegara, sin eliminarla, en una especie de oscuridad vergonzosa, la magia produjo numerosas y refinadas teorías. Así, entre la magia blanca y la magia negra, el pensamiento del renacimiento (Cardan, Paracelso, Crolluis, Della Porta, etc.) tendió a elaborar una magia natural, basada en la idea de que todo en la naturaleza es comunicación y símbolo. Por otra parte numerosos etnólogos, entre ellos Lévi-Strauss, se han interesado en las formas del pensamiento mágico.

magiar adj. y s.m. y f. De un pueblo ugrofinés que se estableció en las llanuras de Panonia (Hungría) en el s. IX. **2.** Húngaro.

mágico, a adj. (lat. *magicus*). Relativo a la magia. **2.** Que sorprende o fascina: *espectáculo mágico.* ◆ s. Persona que profesa o ejerce la magia. **2.** Encantador, que encanta o hace encantamientos. ◇ **Cuadrado mágico** Tabla de números en forma de cuadrado, dispuestos de manera que la suma de los elementos de una fila, una columna o una diagonal da el mismo número. **Pensamiento mágico** PSICOL. Pensamiento que recurre a las relaciones de participación para modificar la realidad y que caracteriza al niño entre 2 y 7 años.

magín s.m. Esp. *Fam.* Imaginación.

magíster s.m. Colomb. y Chile. Grado universitario inmediatamente inferior al de doctor.

magisterial adj. Relativo al magisterio.

magisterio s.m. (lat. *magisterium*). Profesión de maestro. **2.** Conjunto de estudios universitarios para obtener el título de maestro. **3.** Conjunto de los maestros de una nación, provincia, etc.

magistrado, a s. (lat. *magistratus, -us*). Superior en el orden civil; en especial, miembro de la judicatura. **2.** Dignidad o empleo de juez o ministro de justicia superior. **3.** Miembro de una sala de la audiencia territorial o provincial o del Tribunal supremo de justicia. **4.** Juez de las magistraturas de trabajo. ◆ s.m. HIST. En la antigüedad, personaje investido de funciones públicas importantes. ◇ **Primer magistrado** Máxima autoridad en el campo civil, normalmente el presidente de la república, aunque puede denominarse también así al monarca.

magistral adj. (lat. *magistralis*). Relativo al magisterio. **2.** Que se hace con maestría: *demostración magistral.* **3.** Se dice de actos externos afectados: *tono magistral.* **4.** Que es muy preciso: *un instrumento magistral.* ◇ **Canónigo magistral** Canónigo que tiene por oficio predicar. **Fórmula magistral** Medicamento que se prepara en la farmacia según receta.

magistralía s.f. Dignidad de canónigo magistral.

magistratura s.f. Oficio o dignidad de magistrado; tiempo que dura su ejercicio. **2.** Conjunto de los magistrados. ◇ **Magistratura del trabajo** Órgano de la administración de justicia española con jurisdicción autónoma para tratar los conflictos de trabajo.

magma s.m. Masa pastosa, espesa y viscosa. **2.** GEOL. Líquido que se forma en el interior de la Tierra por la fusión de la corteza o del manto y que, al enfriarse, da origen a una roca eruptiva.

magmático, a adj. GEOL. Relativo al magma. ◇ **Roca magmática** Roca *eruptiva.

magmatismo s.m. GEOL. **a.** Formación, migración y solidificación de los magmas. **b.** Teoría que atribuye un origen magmático a los granitos y que se opone al metasomatismo y al transformismo.

magnanimidad s.f. Cualidad de magnánimo.

magnánimo, a adj. (lat. *magnanimus*). Que muestra grandeza de ánimo.

magnate s.m. (lat. tardío *magnates*). Persona muy importante del mundo de los negocios, de la industria y de las finanzas. **2.** En la edad media, título honorífico de los altos funcionarios de Hungría. **3.** En España, noble de primera categoría.

magnesia s.f. QUÍM. Óxido o hidróxido de magnesio. (Es una sustancia terrosa, blanca, suave, insípida e inodora que puede utilizarse en medicina como laxante, o purgante.)

magnésico, a adj. Relativo al magnesio. **2.** Se dice de las sales del magnesio.

magnesio s.m. Metal sólido, de color blanco plateado, de densidad 1,74, cuyo punto de fusión es de 651 °C. **2.** Elemento químico (Mg), de número atómico 12 y masa atómica 24,305.

magnesio

Bajo formas diversas, el magnesio arde en el aire con una llama deslumbrante. Es un elemento nutritivo, muy importante para las plantas. En metalurgia, entra en la composición de un buen número de aleaciones de aluminio, mejorando sus propiedades mecánicas.

magnesiotermia s.f. Procedimiento de preparación de metales puros, que utiliza el poder reductor del magnesio sobre ciertos compuestos metálicos.

magnesita s.f. Carbonato natural de magnesio ($MgCO_3$). SIN.: *giobertita.*

magnético, a adj. (lat. *magneticus*). Relativo al imán: *atracción magnética.* **2.** Que tiene las propiedades del imán: *cuerpo magnético.* **3.** Relativo al magnetismo: *campo magnético.* **4.** Que tiene una influencia poderosa y misteriosa: *mirada magnética.*

magnetismo s.m. Fuerza de atracción de un imán. **2.** Parte de la física que estudia las propiedades de los imanes. **3.** Atractivo o influencia que ejerce una persona sobre otra. <> **Magnetismo animal** Influencia, verdadera o supuesta, que una persona puede ejercer sobre otra por medio de movimientos llamados pases, que transmiten un fluido vital, según la teoría de F. Mesmer. **Magnetismo terrestre** Conjunto de los fenómenos magnéticos ligados al globo terráqueo. SIN.: *geomagnetismo.*

magnetismo

La explicación del magnetismo puede realizarse según dos métodos muy diferentes. Uno, exposición coulombiana, recurre a la noción de masa magnética, positiva o negativa, que caracteriza las propiedades del polo norte o del polo sur de un imán, y es análogo al método de estudio empleado en electrostática. El segundo método, preconizado por Ampère, se funda en la existencia de corrientes particulares en todo elemento de materia y ha encontrado su método de interpretación en el movimiento de los electrones de los átomos. Se define como *campo magnético* a la zona del espacio en que se pueden notar los efectos magnéticos de un imán. En cuanto a sus propiedades magnéticas, los diferentes cuerpos pueden clasificarse en tres grupos principales que corresponden al *ferromagnetismo*, al *paramagnetismo* y al *diamagnetismo*.

magnetita s.f. Mezcla de óxidos de hierro, que cristaliza en el sistema cúbico; es de color negruzco, con brillo metálico, muy pesada, frágil y dura, y tiene propiedades magnéticas.

magnetización s.f. Acción y efecto de magnetizar.

magnetizar v.tr. y prnl. Comunicar a un cuerpo propiedades magnéticas. ◆ v.tr. Producir intencionadamente en una persona los fenómenos del magnetismo animal. **2.** *Fig.* Deslumbrar, entusiasmar o fascinar a alguien.

magneto s.f. (apócope de *magnetogeneratriz*). Generador de corriente eléctrica en el que la inducción es producida por un campo magnético creado por un imán permanente.

magnetocalórico, a adj. Se dice de los fenómenos caloríficos que acompañan la imantación.

magnetodinámico, a adj. Se dice del aparato en el cual la excitación magnética es producida por un imán permanente.

magnetoeléctrico, a adj. Que presenta a la vez fenómenos magnéticos y eléctricos.

magnetofónico, a adj. Relativo al magnetófono: *grabación magnetofónica.*

magnetófono o **magnetofón** s.m. Aparato de registro y reproducción del sonido por imantación remanente de una cinta magnética.

magnetohidrodinámica s.f. Parte de la física que estudia la dinámica de los fluidos conductores, por ejemplo, un gas ionizado, en presencia de un campo magnético. (Se abrevia *MHD.*)

magnetohidrodinámico, a adj. Relativo a la magnetohidrodinámica.

magnetometría s.f. Medición de los campos magnéticos y de las propiedades magnéticas de los cuerpos.

magnetómetro s.m. Instrumento empleado para medir un campo magnético.

magnetomotriz adj.f. **Fuerza magnetomotriz** En un circuito magnético, suma de las diferencias de potencial magnético que crea el flujo de inducción.

magnetón s.m. FÍS. Momento magnético elemental. (El magnetón de Bohr es $eh/2\pi m$ [e y m = carga y masa del electrón, h = constante de Planck].)

magnetoóptica s.f. Estudio de las propiedades ópticas de las sustancias sometidas a campos magnéticos.

magnetopausa s.f. Límite externo de la magnetosfera de un planeta con campo magnético, que separa la zona de acción de este campo magnético de la del viento solar.

magnetoquímica s.f. Estudio de las relaciones que existen entre el magnetismo de los compuestos químicos y su estructura microscópica, así como de sus aplicaciones en la química estructural y analítica.

magnetoscopio s.m. Aparato de registro de imágenes y sonido sobre cinta magnética.

magnetosfera s.f. Parte externa de la envoltura de un planeta dotado de campo magnético, en la que este campo se encuentra confinado y ejerce una acción preponderante.

magnetostática s.f. Parte de la física que estudia los fenómenos magnéticos de los imanes o de las masas magnéticas en reposo.

magnetostático, a adj. Relativo a la magnetostática.

magnetostricción s.f. Deformación de un cuerpo ferromagnético bajo la influencia de su imantación.

magnetrón s.m. Tubo de vacío generador o amplificador de corrientes de frecuencia ultraelevada, en que el flujo de electrones es sometido a la acción simultánea de un campo eléctrico y un campo magnético.

magnicida adj. y s.m. y f. Se dice del autor de un magnicidio.

magnicidio s.m. Asesinato de un jefe de estado o de una persona relevante del gobierno.

magnificar v.tr. y prnl. (lat. *magnificare*). Engrandecer, enaltecer, alabar. ◆ v.tr. Dar a un hecho mayor dimensión de la que tiene.

magníficat s.m. (voz latina). Cántico de la Virgen María en el evangelio de Lucas. (Se canta en las liturgias romana y bizantina.)

magnificencia s.f. (lat. *magnificentia*). Cualidad de magnífico.

magnífico, a adj. (lat. *magnificus*). Que tiene gran suntuosidad. **2.** Excelente, admirable. **3.** Tratamiento dado a los rectores de las universidades.

magnitud s.f. (lat. *magnitudo, -inis*). Característica de los cuerpos que puede ser medida: *magnitud física.* **2.** *Fig.* Grandeza o importancia de algo: *la magnitud de una catástrofe.* **3.** Cantidad que sirve para caracterizar el brillo aparente (magnitud *aparente*) o real (magnitud *absoluta*) de un astro. (Disminuye cuando aumenta el brillo.) **4.** ECON. Concepto abstracto genérico que comprende todas las cantidades homogéneas, como precios, productos, costos, rentas, etc.

magno, a adj. (lat. *magnus*). Grande, importante. <> **Aula**

magna Aula de mayor capacidad en una universidad o facultad, destinada a discursos, reuniones, etc.

magnolia s.f. (lat. científico *magnolia,* de P. *Magnol,* botánico francés). Árbol o arbusto originarios de Asia y de América, de porte elegante, hojas alternas, lustrosas, y flores grandes del mismo nombre, de olor suave, muy apreciados para la ornamentación de parques y jardines; fruto de esta planta.

magnolial adj. y s.f. Relativo a un orden de plantas con flores, con caracteres morfológicos arcaicos, como el tulipero, la magnolia y el badián.

magnox s.m. Aleación de aluminio y de magnesio empleada como material de enfundado del combustible, especialmente en ciertos reactores nucleares británicos.

mago, a s. y adj. (lat. *magus*). Persona que practica la magia. **2.** Persona versada en las ciencias ocultas. ◇ **Reyes Magos** Personajes que acudieron, guiados por una estrella, a adorar a Jesús en Belén. (Una tradición posterior les ha dado los nombres de *Melchor, Gaspar* y *Baltasar.*)

magosto s.m. (port. *magusto*). Hoguera en que se asan castañas al aire libre, especialmente en la época de su recolección. **2.** Conjunto de castañas asadas en esa ocasión.

magote s.m. Macaco de unos 75 cm de long., sin cola, que vive en el N de África y en Gibraltar. SIN.: *mona de Gibraltar.*

magra s.f. Carne magra del cerdo, próxima al lomo.

magrear v.tr. Esp. *Vulg.* Manosear a una persona buscando placer sexual.

magrebí o **mogrebí** adj. y s.m. y f. Del Magreb. ◆ s.m. Variedad del árabe hablada en el Magreb.

magreo s.m. Esp. *Vulg.* Acción y efecto de magrear.

magro, a adj. (lat. *macer,* delgado). Con poca o ninguna grasa: *carne magra.* **2.** Pobre, esquilmado: *terreno magro.* ◆ s.m. Esp. Carne magra del cerdo, próxima al lomo.

magua s.f. Cuba, P. Rico y Venez. Decepción.

maguarse v.prnl. [conj.: *averiguar*]. Cuba. Aguarse la fiesta. **2.** Cuba, P. Rico y Venez. Llevarse un chasco.

maguey s.m. (voz antillana). BOT. Amér. Agave, planta.

maguilla s.f. Fruto del maguillo, más pequeño que la manzana y de sabor áspero.

maguillo s.m. Manzano silvestre que se emplea para injertos. (Familia pomáceas.)

magulladura s.f. Magullamiento. **2.** Contusión caracterizada por la aparición de una mancha azulada.

magullamiento s.m. Acción y efecto de magullar. SIN.: *magulladura.*

magullar v.tr. y prnl. Causar daño o contusiones a un tejido orgánico, pero sin producir herida. **2.** Dañar la fruta golpeándola contra algo.

magullón s.m. Chile. Magulladura.

mahaleb s.m. Árbol o arbusto con el porte de un cerezo, de fruto amargo y muy pequeño.

maharajá s.m. (voz sánscrita, *gran rey*). Título que se otorga a los príncipes feudatarios de la India. (La esposa del *maharajá* se denomina *maharani.*)

mahatma s.m. (voz sánscrita, *alma grande*). Título dado en la India a personalidades espirituales eminentes.

mahdí s.m. (voz árabe, *el bien dirigido*). Nombre dado en el islam (sobre todo chiita) al enviado de Alá, que ha de venir en el final de los tiempos para instaurar el reino de la justicia y del islam puro.

mahdismo s.m. Movimiento político y religioso de restauración de la sociedad musulmana.

mahdista adj. y s.m. y f. Relativo al mahdismo; adepto de este movimiento.

mah-jong s.m. (voces chinas, *yo gano*). Juego de mesa de origen chino en el que participan cuatro jugadores, compuesto por 144 fichas con las que deben conseguirse determinadas combinaciones.

maho s.m. Denominación de varios árboles de América del Sur, pertenecientes a diversas familias, como las esterculiáceas, las malvaceas, las anonáceas, etc.

mahometano, a adj. y s. Musulmán.

mahometismo s.m. Islamismo.

mahometizar v.intr. Islamizar.

mahón s.m. (de *Mahón,* c. de Baleares). Queso elaborado en Menorca con leche de vaca, salado y prensado.

mahonés, sa adj. y s. De Mahón.

mahonesa s.f. y adj. → **mayonesa.**

mahratta o **maratha** adj. y s.m. y f. De Maharashtra, estado de la India. (Los mahratta crearon un poderoso reino hindú [1674] y resistieron a los británicos de 1779 a 1812.)

maicillo s.m. Planta herbácea que crece en América Central y Meridional, de hojas aplanadas muy parecidas al mijo, y fruto en cariopsis, muy nutritivo. (Familia gramíneas.) **2.** Chile. Arena gruesa y amarillenta con que se cubre el pavimento de jardines y patios.

maído s.m. Maullido.

mail-coach s.m. (ingl. *mail coach*). Berlina de cuatro caballos, con varias filas de asientos sobre el techo. **2.** Diligencia de correo.

mailing s.m. Envío por correo de cierta información a un gran número de personas.

maillechort s.m. (de *Maillet* y *Chorier,* que elaboraron por primera vez esta aleación). Aleación de cobre, níquel y cinc, que imita la plata.

maillot s.m. (voz francesa) [pl. *maillots*]. Traje de baño, especialmente el de mujer. **2.** DEP. Camiseta deportiva, especialmente la de ciclista. **3.** Traje de tejido elástico, de una sola pieza, ajustado al cuerpo, que llevan los bailarines y algunos gimnastas. ◇ **Maillot amarillo** Camiseta amarilla que viste el ciclista que encabeza la clasificación general en ciertas carreras por etapas; ciclista que ocupa el primer lugar de esa clasificación general.

maimón s.m. Sopa de pan con aceite, propia de la cocina andaluza. (Suele usarse en plural.)

maimonismo s.m. Sistema filosófico de Maimónides y sus discípulos.

maimonista adj. y s.m. y f. Relativo a Maimónides o al maimonismo; partidario del maimonismo.

mainel s.m. ARQ. Columna pequeña de piedra que divide un vano o hueco en dos partes. SIN.: *parteluz.*

maitén s.m. Árbol de Argentina y Chile de flores purpúreas, cuyas hojas sirven de pasto al ganado. (Familia celastráceas.)

maitencito s.m. Chile. Juego de niños parecido al de la gallina ciega.

maitines s.m.pl. (cat. occidental *maitines,* de *matí,* mañana). Primera de las horas del oficio divino, antes del amanecer.

maître s.m. Jefe de comedor de un restaurante u hotel.

maíz s.m. (taíno de Haití *mahís*). Cereal de tallo generalmente único y fuerte, mazorca ancha en la que se encuentran los granos en filas apretadas, que se cultiva en todo el mundo para la alimentación humana (granos) y para la animal (granos o planta entera). [Familia gramíneas.]

maizal s.m. Terreno sembrado de maíz.

majá s.m. Cuba. Culebra no venenosa, de color amarillento con manchas de color marrón rojizo, simétricamente dispuestas, de hasta 4 m de long. **2.** Cuba. *Fig.* y *fam.* Persona holgazana.

majada s.f. Lugar o paraje que sirve de aprisco a los animales y de albergue a los pastores. SIN.: *majadal.* **2.** Estiércol de los animales. **3.** Argent., Chile y Urug. Manada o hato de ganado lanar.

majadear v.intr. Hacer noche el ganado en la majada. **2.** Abonar la tierra con estiércol.

majaderear v.tr. e intr. Amér. Molestar, incomodar una persona a otra. ◆ v.intr. Amér. Insistir con terquedad importuna en una pretensión o negativa.

majadería s.f. Cualidad de majadero. **2.** Dicho o hecho necio, imprudente o molesto.

majaderillo s.m. Bolillo de hacer encaje. SIN.: *majaderito.*

majadero, a adj. y s. (de *majar*). Insensato, inoportuno o pedante. ◆ s.m. Mano de almirez o de mortero.

majado s.m. Argent. y Chile. Caldo de trigo o maíz triturado que a veces incluye carne machacada. **2.** Argent. y Chile. Postre o guiso hecho con maíz o trigo triturados.

majador, ra adj. y s. Que maja.

majadura s.f. Acción y efecto de majar.

majagranzas s.m. y f. (pl. *majagranzas*). Persona necia y pesada.

majagua s.f. (del ant. *damahagua,* voz taína de las Antillas). Antillas, Colomb., Ecuad., Méx., Pan. y Salv. Árbol de hasta 12 m de alt., con tronco recto y grueso, copa poblada, flores purpúreas y fruto amarillo. (Familia malváceas.)

majal s.m. Banco de peces.

majamama s.f. Chile. Enredo, engaño solapado, especialmente en cuentas y negocios.

majano s.m. Montón de piedras sueltas que se forma con las que se retiran de las tierras de labor o que se hace como señal en las encrucijadas y división de fincas y términos.

majar v.tr. (del ant. *majo,* mazo de hierro, del lat. *malleus*). Machacar una cosa desmenuzándola o aplastándola. **2.** *Fig.* y *fam.* Molestar, importunar.

majareta adj. y s.m. y f. Esp. *Fam.* Se dice de la persona que tiene algo perturbadas sus facultades mentales.

majarete s.m. P. Rico. Desorden, barullo, confusión.

maje adj. y s.m. y f. Méx. *Fam.* Tonto, bobo.

majería s.f. Conjunto o reunión de majos.

majestad s.f. (lat. *majestas, -atis*). Condición o aspecto de una persona o cosa que inspira admiración y respeto. **2.** Título que se da a Dios y también a reyes y emperadores. **3.** B. ART. Representación de Cristo o de la Virgen en un trono y en actitud hierática.

majestuosidad s.f. Cualidad de majestuoso: *la majestuosidad de los Andes.*

majestuoso, a adj. Que tiene majestad: *el majestuoso vuelo del águila.*

majeza s.f. Esp. *Fam.* Valentía arrogante, especialmente la del torero.

majo, a s. A fines de s. XVIII y principios del XIX, persona de los barrios bajos de Madrid, que se distinguía por su traje vistoso y su actitud y manera de hablar arrogante y desenfadada. ◆ adj. Esp. *Fam.* Guapo, hermoso, bonito. **2.** Esp. *Fam.* Simpático, agradable de trato.

majorca s.f. Mazorca.

majorero, a adj. y s. De la isla de Fuerteventura.

majorette s.f. (voz francesa). Muchacha con uniforme de fantasía, que desfila en los festejos.

majuela s.f. (del lat. *malleolous,* martillo pequeño). Correa de cuero con que se ajustan y atan los zapatos.

majzén o **majzan** s.m. (voz árabe). En Marruecos, gobierno del sultán. **2.** En la antigua Argelia, cuerpo de caballería suministrado por ciertas tribus.

makemono s.m. (voz japonesa, *cosa que se enrolla*). Pintura japonesa o china realizada en un rollo horizontal.

makí s.m. Mamífero primate del suborden lemúridos, de unos 50 cm de long., hocico alargado y cola larga, abundante en Madagascar.

makiritare → **maquiritare.**

makonde, pueblo de Tanzania y Mozambique que habla una lengua bantú.

1. **mal** adj. Apócope de *malo.* (Se emplea antepuesto a un sustantivo masculino singular: *hace mal día.*)

2. **mal** s.m. Conjunto de las cosas que son malas porque dañan o porque son contrarias a la moral: *distinguir entre el bien y el mal.* **2.** Daño moral o material: *no haber hecho mal a nadie.* **3.** Inconveniente, aspecto pernicioso de un asunto. **4.** Desgracia, calamidad: *trajo el mal a esta casa.* **5.** Enfermedad, dolor. ◇ **Decir mal de alguien** Maldecirlo, denigrarlo. **Gran mal** Epilepsia en la que se presentan accesos convulsivos. **Mal de montaña,** o **de altura** MED. Conjunto de trastornos que afectan a las personas a gran altura por la rarefacción del oxígeno y la disminución de la presión atmosférica. **Mal de ojo** Supuesto influjo maléfico que, por arte de hechicería, ejerce una persona sobre otra mirándola de cierta manera. **Mal francés** Sífilis. **Mal haya,** o **hayas,** o **hayan** Exclamación imprecatoria: *¡mal haya el diablo!* **Pequeño mal** Epilepsia que se manifiesta principalmente por ausencias. **Ponerse a mal con alguien** Romper las buenas relaciones con una persona. **Tomar a mal** Interpretar equivocadamente algo que se dice o hace y ofenderse por ello.

3. **mal** adv.m. (lat. *male*). De forma contraria a la debida, desacertadamente: *hacer las cosas mal.* **2.** Contrario a lo que se apetece o requiere, de manera impropia e inadecuada para un fin: *cenar tarde y mal.* **3.** Con dificultad o imposibilidad: *mal podrás ir si no tienes automóvil.* **4.** Poco, insuficientemente: *oír mal.* **5.** Con verbos como *saber, oler,* etc., de manera desagradable. ◇ **De mal en peor** Expresión que denota un empeoramiento progresivo de algo: *ir las cosas de mal en peor.*

malabar adj. y s.m. y f. (de *Malabar,* región de la India). De la costa de Malabar. ◇ **Juegos malabares** Ejercicios de agilidad y destreza que se practican generalmente como espectáculo, manteniendo objetos en equilibrio inestable, lanzándolos a lo alto y recogiéndolos. SIN.: *malabarismo.*

malabarismo s.m. Actividad del malabarista. **2.** *Fig.* Actuación hábil encaminada a sostener una situación dificultosa.

malabarista s.m. y f. Artista que hace juegos malabares. **2.** Chile. Persona que roba o quita una cosa con astucia.

malabsorción s.f. Trastorno del proceso de absorción en virtud del cual los alimentos digeridos pasan del intestino a la sangre. (Se origina por causas muy diversas y provoca diarreas, anemia, neuritis, edemas, etc.)

malaca s.m. Roten de gran tamaño proveniente de Malaca, utilizado para la armazón de los muebles de palmijunco. **2.** Madera de castaño descortezada y curvada a la manera del malaca de origen.

malacara s.m. Argent. Caballo que tiene blanca la mayor parte de la cara.

malacate s.m. (náhuatl *malákatl,* de *malina,* torcer hilo, y *ákatl,* caña). Máquina que consta de un árbol vertical provisto de una o varias palancas horizontales en cuyo extremo se enganchan las caballerías, que dan vueltas en torno al árbol. **2.** Hond., Méx. y Nicar. Huso, instrumento para hilar. **3.** Méx. Cabestrante para elevar objetos pesados.

malacia s.f. Deseo de comer materias impropias para la nutrición, como tierra, carbón, etc.

malacitano, a adj. y s. Malagueño.

malacología s.f. Parte de la zoología que estudia los moluscos.

malaconsejado, a adj. y s. Que actúa de forma equivocada llevado por los malos consejos de alguien.

malacopterigio, a adj. y s.m. Relativo a un grupo de peces óseos de aletas blandas o flexibles, como el salmón, la carpa o el bacalao.

malacostráceo, a adj. y s.m. Relativo a una subclase de crustáceos de organización superior, entre los que figuran los decápodos, anfípodos e isópodos.

malacostumbrado, a adj. Que tiene malos hábitos y costumbres. **2.** Que está muy mimado y consentido.

málaga s.m. Vino licoroso, de sabor dulce y color oscuro, que se elabora con la uva cosechada en la región de Málaga (Archidona, Coín y Vélez-Málaga).

malagana s.f. *Fam.* Desmayo, mareo.

malagradecido, a adj. Desagradecido.

malagueña s.f. Variedad de fandango de las provincias de Málaga y Murcia.

malagueño, a adj. y s. De Málaga. SIN.: *malacitano.*

malagueta s.f. Planta herbácea que produce unas semillas parecidas a la pimienta. (Familia cingiberáceas.)

malaleche s.m. y f. Esp. *Fig.* y *vulg.* Persona de mala intención o de mal carácter. ◆ s.f. Mal humor o mala intención. (También *mala leche.*)

malambo s.m. Argent., Chile y Urug. Baile rápido de zapateo, acompañado de guitarra, en el que intervienen uno o varios bailarines, siempre hombres, que, en contrapunto, efectúan diversas mudanzas, sin otros movimientos que los de las piernas y pies.

malamente adv.m. *Fam.* Mal.

malamistado, a adj. Chile. Enemistado. **2.** Chile. Amancebado.

malamujer s.f. Méx. Planta espinosa de distintas especies que produce irritación en la piel.

malandante adj. Desgraciado, infeliz.

malandanza s.f. Desgracia, suceso adverso o violento.

malandrín, na adj. y s. (ital. *malandrino,* salteador). Mentiroso, traidor, perverso, etc.

malangay s.m. Colomb. Planta de la familia de las aráceas.

malapata s.m. y f. Esp. Patoso.

malaquita s.f. (del gr. *malákhi,* malva). Carbonato natural de cobre de color verde y brillo vítreo, que se usa en joyería y marquetería como piedra ornamental.

malar adj. (lat. *malaris,* de *mala,* mejilla). Relativo a la mejilla: *región malar.* ◆ s.m. Pómulo.

malaria s.f. Paludismo.

malasangre adj. y s.m. y f. Se dice de la persona de condición aviesa.

malasombra s.m. y f. Persona molesta e inoportuna y falta de gracia.

malatoba o **malatobo** s.m. Amér. Gallo de color rojo claro, con las alas más oscuras y con plumas negras en la pechuga.

malavenido, a adj. Descontento.

malaventura s.f. Desventura, desgracia. SIN.: *malaventuranza.*

malaventurado, a adj. y s. Desgraciado.

malaxar v.tr. Amasar una sustancia para reblandecerla o para darle homogeneidad: *malaxar la mantequilla.*

malaya s.f. Chile y Perú. Corte de carne de vacuno correspondiente a la parte superior de los costillares.

malayalam s.m. Lengua dravídica hablada en el estado de Kerala, India.

malayo, a adj. y s. De un pueblo que ocupa la península de Malaca y las islas de la Sonda. ◆ s.m. Lengua indonesia, hablada en la península de Malaca y en las costas de las islas indonésicas.

malayopolinesio, a adj. y s.m. Se dice de una familia de lenguas habladas en las islas del océano Índico y Oceanía, entre las que figura el indonesio y las lenguas polinesias.

malbaratamiento s.m. Acción y efecto de malbaratar. SIN.: *malbarato.*

malbaratar v.tr. (de *baratar,* negociar, y *mal*). Vender a bajo precio una mercancía. **2.** Despilfarrar, malgastar.

malbaratillo s.m. Baratillo, tienda en que se venden cosas de lance.

malcarado, a adj. Que tiene aspecto repulsivo. **2.** Que pone cara de enojo.

malcasado, a adj. y s. Se dice de la persona que no vive en armonía con su cónyuge, o de la que está separada o divorciada.

malcasar v.tr., intr. y prnl. Casar desacertadamente.

malcocinado s.m. Despojo de las reses. **2.** Lugar donde se venden estos despojos.

malcomer v.tr. e intr. Alimentarse escasa o insuficientemente.

malconsiderado, a adj. Que no guarda consideración.

malcontentadizo, a adj. Descontentadizo.

malcontento, a adj. Descontento, insatisfecho. **2.** Rebelde, revoltoso.

malcriadez s.f. Amér. Cualidad de malcriado, grosería, indecencia. SIN.: *malcriadeza.*

malcriado, a adj. Maleducado.

malcriar v.tr. [conj.: *desviar*]. Educar mal a los hijos por exceso de condescendencia.

maldad s.f. (de *malo*). Cualidad de malo. **2.** Dicho o acción mala.

maldecido, a adj. y s. Maldito.

maldecir v.tr. (lat. *maldicere*) [conj.: *predecir*]. Sentir o expresar abominación, enojo o irritación contra algo o alguien: *maldijo el día en que lo conoció.* ◆ v.intr. Hablar con mordacidad de alguien. **2.** Quejarse de algo.

OBS.: participio: *maldecido.*

maldiciente adj. y s.m. y f. Que tiende a maldecir.

maldición s.f. Acción de maldecir contra una persona o cosa manifestando enojo o aversión. **2.** Deseo expreso de que al prójimo le sobrevenga algún daño. **3.** Expresión con que se maldice: *soltar una maldición.*

maldispuesto, a adj. Indispuesto, enfermo. **2.** Que no tiene la disposición de ánimo necesaria para una cosa.

maldito, a adj. Perverso, de malas costumbres. **2.** Que es objeto de enojo, abominación, etc.: *un escritor maldito; una película maldita.* **3.** Que disgusta o molesta: *estos malditos zapatos no me dejan andar.* **4.** Aplicado a un sustantivo con artículo, equivale al concepto de nada o ninguno, expresando hastío o desilusión: *maldita la falta que me hacen sus consejos.* ◆ s.m. Condenado por la justicia divina; el diablo. ◇ **¡Maldita sea!** Exclamación de disgusto o disconformidad.

maldoso, a adj. Méx. Que gusta de hacer maldades o travesuras.

maleabilidad s.f. TECNOL. Cualidad de maleable.

maleable adj. Que se deja influir o formar. **2.** Se dice del metal que puede batirse y extenderse en planchas o láminas.

maleante adj. y s.m. y f. Delincuente, persona de mala conducta o que tiene antecedentes penales.

malear v.tr. y prnl. Dañar, echar a perder. **2.** *Fig.* Pervertir a alguien.

malecón s.m. Muralla o terraplén para defensa contra las aguas. **2.** Rompeolas adaptado para atracar. **3.** Terraplén que se construye para elevar el nivel de la vía del ferrocarril.

maledicencia s.f. Acción y efecto de maldecir, hablar con mordacidad en perjuicio de alguien.

maleducado, a adj. y s. Que no tiene educación. SIN.: *malcriado.*

maleficencia s.f. Inclinación a hacer daño u obrar mal.

maleficiar v.tr. Ejercer un maleficio. **2.** Causar daño.

maleficio s.m. (lat. *maleficium*). Daño causado por arte de hechicería. **2.** Hechizo que causa este daño.

maléfico, a adj. (lat. *maleficus*). Que perjudica a otro con maleficios. **2.** Que ocasiona o puede ocasionar daño.

malemplear v.tr. y prnl. Desperdiciar, malgastar.

malentender v.tr. [conj.: *tender*]. Entender o interpretar equivocadamente.

malentendido s.m. Mala interpretación de algo.

maleolar adj. Relativo a los maléolos.

maléolo s.m. (lat. *malleolus,* martillo pequeño). Apófisis de la región inferior de la tibia *(maléolo interno)* y del peroné *(maléolo externo)* que forman el tobillo.

malestar s.m. Sensación indefinida de encontrarse mal física o espiritualmente.

1. **maleta** s.f. (fr. ant. *malete,* dim. de *male,* bahúl). Caja de piel, lona u otro material, con asas y cerradura, que se usa como equipaje. **2.** Amér. Lío de ropa. **3.** Chile y Guat. Alforja. ◇ **Hacer la maleta** Llenar de ropa y objetos la maleta para hacer un viaje. **Largar,** o **soltar, la maleta** Chile. Morir.

2. **maleta** s.m. y f. *Fam.* Persona que practica con torpeza y desacierto su profesión, especialmente toreros, jugadores o deportistas.

maletero, a s. Persona que tiene por oficio hacer o vender maletas. ◆ s.m. Mozo que transporta equipajes. **2.** Compartimento de un vehículo donde se pone el equipaje. **3.** Chile. Ladrón, ratero.

maletilla s.m. Aprendiz de torero, que actúa en capeas y tentaderos.

maletín s.m. Maleta pequeña que se utiliza para llevar los útiles de aseo personal o de uso profesional.

maletudo, a adj. Colomb., Cuba, Ecuad. y Méx. Jorobado.

malevaje s.m. Argent. Grupo constituido por malevos, hombres matones.

malevo, a adj. y s. Argent. Relativo al malevo. **2.** Argent., Bol. y Urug. Maleante, malhechor. ◆ s.m. Argent. Hombre matón o pendenciero que vivía en los alrededores de Buenos Aires.

malevolencia s.f. Mala voluntad, mala intención: *actuar con malevolencia.*

malevolente adj. Que tiene mala intención: *trato, mirada malevolente.*

malévolo, a adj. y s. (lat. *malevolus,* de *male,* mal, y *velle,* querer). Malicioso, mal intencionado: *ideas malévolas.*

maleza s.f. (lat. *malitia,* maldad). Abundancia de malas hierbas en los sembrados. SIN.: *broza.* **2.** Espesura de arbustos. **3.** Formación de hierbas, arbustos o pequeños árboles. **4.** Chile, Colomb. y Perú. Cualquier hierba mala. **5.** Dom. y Nicar. Achaque, enfermedad.

malformación s.f. FISIOL. Alteración morfológica congénita de un tejido o un órgano del cuerpo humano: *malformación fetal.*

malgache adj. y s.m. y f. De Madagascar. ◆ s.m. Grupo de lenguas malayopolinesias habladas en Madagascar.

malgastar v.tr. Gastar dinero, tiempo, etc., en cosas inútiles o que no lo merecen: *malgastar el dinero, el tiempo, la paciencia.*

malgenioso, a adj. y s. Amér. Que tiene mal genio. SIN.: *malgeniudo.*

malhablado, a adj. y s. Que acostumbra decir expresiones soeces o inconvenientes.

malhadado, a adj. Infeliz, desdichado, desgraciado.

¡malhaya! o **¡malhayas!** interj. Exclamación imprecatoria.

malhecho, a adj. De cuerpo mal formado o contrahecho.

malhechor, ra adj. y s. Que comete delitos habitualmente.

malherir v.tr. [conj.: *sentir*]. Herir gravemente.

malhora s.m. y f. Méx. *Fam.* Persona aficionada a hacer travesuras o maldades: *un malhora le arruinó la labor de todo el día.*

malhumor s.m. Mal humor.

malhumorado, a adj. Que está de mal humor o tiene malhumor.

malhumorar v.tr. y prnl. Poner de mal humor.

1. **malí** adj. y s.m. y f. De Malí.

2. **malí** s.m. Hipopótamo enano.

malicia s.f. (lat. *malitia*). Maldad, cualidad de malo. **2.** Inclinación a hacer el mal. **3.** Intención malévola y disimulada. **4.** Sagacidad, picardía.

maliciar v.tr. y prnl. Sospechar algo con malicia. **2.** Malear, dañar.

malicioso, a adj. y s. Que tiene malicia, que tiende a atribuir mala intención a los hechos de los demás. ◆ adj. Hecho con malicia, que contiene malicia: *mirada maliciosa.*

málico, a adj. QUÍM. Se dice de un diácido alcohol que se encuentra en las manzanas y en los frutos ácidos.

malignidad s.f. Cualidad de maligno. **2.** PSICOL. Tendencia a hacer el mal voluntariamente.

maligno, a adj. y s. (lat. *malignus*). Se dice de la persona que tiende a hacer daño a las demás. ◆ adj. Propio de la persona maligna: *sonrisa maligna.* **2.** Se dice de la lesión o enfermedad que evoluciona de modo desfavorable. ◇ **Tumor maligno** MED. Tumor canceroso.

maliki adj. y s.m. Relativo a una de las cuatro grandes escuelas jurídicas del islam sunní, que predomina en el Magreb y se caracteriza por su rigorismo; adepto de esta escuela.

malilla s.f. Segunda carta de más valor en algunos juegos de naipes. **2.** Juego de naipes que se juega por parejas, en el cual el nueve es el triunfo máximo.

malinchista adj. y s.m. y f. Méx. Se dice de la persona que da preferencia a las personas, costumbres y cosas extranjeras, despreciando las nacionales, o que adopta una actitud servil frente a los extranjeros.

malinké adj. y s.m. y f. De un pueblo de Malí, que habita también en Senegal, Guinea y Gambia, y habla una lengua nigeriano-congoleña. ◆ s.m. Lengua del grupo mandingo.

malintencionado, a adj. y s. Que tiene mala intención: *idea malintencionada.*

malla s.f. (fr. *maille*). Tejido poco tupido y transparente o translúcido que está hecho con un hilo que va enlazándose consigo mismo formando agujeros. **2.** Anilla que forma el tejido de punto. **3.** Argent., Perú y Urug. *Traje de baño. **4.** Chile. Clase de papa de tubérculo muy pequeño. **5.** ARM. Tejido de anillos o piececitas metálicas utilizado para confeccionar cotas. **6.** ELECTR. Conjunto de conductores que unen los nudos de una red y forman un circuito cerrado. **7.** ESTADÍST. Cuadro rectangular de doble entrada que permite comparar las variaciones de un fenómeno durante períodos de tiempo distintos. **8.** TECNOL. **a.** Rejilla metálica, de hilo de seda u otro material que constituye el fondo de un cedazo o tamiz. **b.** Cada una de las aberturas de un tamiz o de una tela metálica o de rejilla. **9.** TEXT. Elemento constitutivo de todo artículo o género textil, compuesto de una red de hilos más o menos tensos. ◆ **mallas** s.f.pl. Vestido de punto, elástico y ajustado al cuerpo, que se usa para ballet, gimnasia, etc. ◇ **Malla cristalina** Paralelepípedo formado sobre los tres vectores que expresan la periodicidad tridimensional de una red cristalina.

mallado, a adj. HERÁLD. Se dice del escudo o pieza honorable de primer orden cubiertos de mallas.

mallete s.m. (fr. *maillet,* mazo). Mazo pequeño. **2.** MAR. Barrote de madera, en forma de cuña, usado para proporcionar estabilidad a una cosa.

mallín s.m. Argent. Pradera cenagosa.

1. **mallo** s.m. (del lat. *malleus,* mazo de hierro). Mazo, martillo grande de madera. **2.** Macho manejado por el ayudante o machacador para ayudar al forjador o herrador. **3.** Juego que consiste en hacer rodar por el suelo unas bolas de madera, dándoles con un mazo. **4.** Mazo de madera, provisto de mango largo, para impulsar las bolas en este juego. **5.** TECNOL. Mazo, martillo metálico de gran tamaño, utilizado por los canteros.

2. **mallo** s.m. Chile. Plato preparado con papas cocidas y molidas.

mallorquín, na adj. y s. De Mallorca. ◆ s.m. Dialecto del catalán que se habla en Mallorca. ◇ **Escuela mallorquina** Escuela literaria catalana, en la que se inscriben la mayor parte de los poetas mallorquines que escribieron entre 1900 y 1950.

malmandado, a adj. y s. Desobediente.

malmaridada s.f. y adj. Mujer malcasada.

malmeter v.tr. Incitar a obrar mal. **2.** Indisponer, malquistar.

malmirado, a adj. Que está mal considerado por otros.

malnutrición s.f. Adaptación inadecuada de la alimentación a las condiciones de vida de un individuo. **2.** Desequilibrio alimentario en general.

1. **malo** adv.m. Indica desaprobación, disconformidad o contrariedad.

2. **malo, a** adj. (lat. *malus, -a, -um*). Que carece de las cualidades propias que debería poseer por su naturaleza o función: *mala memoria.* **2.** Dañoso, perjudicial: *fumar es malo.* **3.** Contrario a la razón o a la ley: *las malas costumbres.* **4.** Enfermo: *estar malo del hígado.* **5.** Difícil: *gente mala de gobernar.* **6.** Que produce un daño o es desfavorable y perjudicial: *una mala noticia; pasar un rato malo.* **7.** Travieso, revoltoso: *un niño malo.* **8.** Deslucido, dete-

riorado: *un traje que ya está malo.* ◆ adj. y s. Que tiene maldad moral: *una mala persona.* ◇ **A (las) malas,** o **por las malas,** o **la mala** En actitud de hostilidad o enemistad. **De mala,** o **malas** Con desgracia y desacierto. **Pelota mala** En pelota vasca y valenciana, falta.

maloca s.f. Amér. Merid. Malón, ataque inesperado de indios. **2.** Amér. Merid. Invasión de personas de raza blanca en tierra de indios, con pillaje y exterminio. **3.** Colomb. Guarida o pueblo de indios salvajes.

malófago, a adj. y s.m. Relativo a un orden de insectos parásitos de animales de sangre caliente, pero nunca del ser humano, como los piojos de aves.

malogrado, a adj. Se dice de la persona fallecida, especialmente cuando tiene cierta relevancia en su especialidad o actividades: *el malogrado actor.*

malograr v.tr. Perder, desaprovechar algo: *malograr esfuerzos.* ◆ v.tr. y prnl. Echar a perder a alguien o algo: *malograr un chiste; malograrse la cosecha.* **2.** Amér. Estropear.

malogro s.m. Acción y efecto de malograr o malograrse. SIN.: *malogramiento.*

maloja s.f. Cuba. Planta de maíz que se usa como forraje.

malojal s.m. Cuba y Venez. Plantación de maloja.

malojo s.m. Venez. Maloja.

maloliente adj. Que huele mal.

malón s.m. (ant. *maloca,* del araucano *malokan,* pelear). Amér. Merid. Irrupción o ataque inesperado de indios, con saqueo y depredaciones. **2.** Amér. Merid. Grupo de personas que provocan desórdenes en espectáculos o reuniones públicas. **3.** Argent. y Chile. *Fig.* y *fam.* Visita sorpresiva de un grupo de personas a la casa de unos amigos.

malónico, a adj. QUÍM. Se dice de un diácido procedente de la oxidación del ácido málico.

maloquear v.intr. Amér. Merid. Acometer contra el enemigo con malones o malocas.

maloquero, a adj. y s. Amér. Merid. Que maloquea.

malpaís s.m. Nombre dado originariamente en los países de habla española a los terrenos cubiertos de un tipo de corriente de lava de superficie irregular, formada por bloques sueltos, agrietados y ampulosos. (En algunos países de América Latina suele denominarse *huayquería.*)

malparado, a adj. Que ha sufrido un daño o menoscabo considerables: *salir malparado de un negocio.* (Se utiliza generalmente con los verbos *dejar, quedar* o *salir.*)

malparir v.intr. Abortar.

malparto s.m. Aborto.

malpasar v.intr. Vivir con estrecheces.

malpensado, a adj. y s. Que tiene tendencia a ver malicia o mala intención en los actos o palabras de los demás.

malposición s.f. Posición anormal de una estructura anatómica, especialmente de las piezas dentarias. **2.** OBST. Posición anormal del feto en la cavidad uterina o durante el descenso por el canal del parto.

malquerencia s.f. Antipatía, mala voluntad hacia alguien.

malquerer v.tr. [conj.: *querer*]. Sentir antipatía hacia alguien.

malquistar v.tr. y prnl. Enemistar a una persona con otra.

malquisto, a adj. Que está mal considerado por otras personas o que recibe la antipatía o enemistad de otros.

malro s.m. Chile. Maslo, tronco de la cola de las caballerías.

malrotar v.tr. (del ant. *manroto,* roto con las manos). Despilfarrar, malgastar.

malsano, a adj. Perjudicial para la salud: *humo malsano.* **2.** Enfermizo: *deseo malsano.*

malsín s.m. (hebr. *malšín,* de *lašón,* lenguaje). Delator, cizañero, soplón.

malsinar v.tr. Acusar o calumniar a alguien.

malsonante adj. Incorrecto, grosero: *palabras malsonantes.* **2.** Que suena de forma desagradable: *ruido malsonante.*

malsufrido, a adj. Que tiene poca paciencia o que es irritable. **2.** Que soporta mal los dolores físicos.

malta s.f. (ingl. *malt*). Cebada germinada artificialmente, desecada y tostada, utilizada en la elaboración de la cerveza o para hacer infusiones.

maltasa s.f. Enzima del jugo intestinal que hidroliza la maltosa.

malteado, a adj. Mezclado con malta. ◆ s.m. Operación que transforma la cebada u otros cereales en malta.

maltería s.f. Establecimiento donde se elabora la malta.

maltés, sa adj. y s. De Malta. ◆ s.m. Dialecto árabe hablado en la isla de Malta.

malthusianismo s.m. → **maltusianismo.**

malthusiano, a adj. y s. → **maltusiano.**

maltón, na adj. y s. Bol., Chile, Ecuad. y Perú. Se dice del animal o la persona joven de desarrollo precoz.

maltosa s.f. (de *malta*). Disacárido que se forma a partir de la hidrólisis de dos moléculas de glucosa.

maltrabaja s.m. y f. Esp. *Fam.* Haragán, persona perezosa.

maltraer v.tr. [conj.: *traer*]. Maltratar, injuriar. ◇ **Traer,** o **llevar, a maltraer** Molestar o irritar constantemente.

maltraído, a adj. Bol., Chile y Perú. Mal vestido, desaliñado.

maltrato s.m. Acción y efecto de maltratar. SIN.: *maltratamiento.*

maltratar v.tr. y prnl. Tratar mal a alguien dándole golpes, insultándolo, etc. **2.** Estropear, echar a perder algo.

maltrecho, a adj. Que está en mal estado físico o moral por algo.

maltusianismo o **malthusianismo** s.m. (de T. R. *Malthus,* economista británico). Doctrina de Malthus. **2.** Cualquier doctrina que preconiza una restricción voluntaria de la procreación; esta restricción. **3.** ECON. Disminución voluntaria de la producción, de la expansión económica.

maltusiano, a o **malthusiano, a** adj. y s. Relativo a las doctrinas de Malthus. **2.** Opuesto a la expansión económica o demográfica.

malucho, a adj. *Fam.* Que está un poco enfermo.

maluco, a adj. y s. De las Molucas.

maluquera s.f. Colomb. Fealdad. **2.** Colomb. y Cuba. Indisposición, enfermedad.

malura s.f. Chile. Malestar, desazón.

malva s.f. (lat. *malva*). Planta herbácea cuyas flores del mismo nombre, de color rosado o violáceo, se usan en infusiones laxantes y calmantes. (Familia malváceas.) ◆ adj. y s.m. Se dice del color violeta claro. ◆ adj. Que es de este color. (Es invariable en plural.) ◇ **Como una malva** Dócil y apacible. **Criar malvas** *Fam.* Estar muerto y enterrado.

malváceo, a adj. y s.f. De la familia de las malváceas. ◆ **malváceas** s.f.pl. Familia de plantas dicotiledóneas, de hojas alternas, flores generalmente hermafroditas con cinco sépalos y cinco pétalos, y fruto en cápsula, como el algodonero y la malva.

malvado, a adj. y s. (lat. vulgar *malifatus,* desgraciado, de *malus,* malo, y *fatum,* destino). Muy malo, perverso.

malvar s.m. Terreno poblado de malvas.

malvarrosa s.f. Geranio rosa.

malvasía s.f. (de *Malvasía,* c. de Grecia). Uva muy dulce y fragante, de granos grandes y forma ovoide. **2.** Vino licoroso elaborado con esta uva.

malvavisco s.m. (de *malva* y el lat. *hibiscum,* malvavisco). Planta de rizoma grueso, hojas dentadas y flores blancas, rosas o violáceas, cuya raíz se utiliza como emoliente. (Familia malváceas.)

malvender v.tr. Vender a un precio inferior del que le corresponde.

malversación s.f. Sustracción o desviación de fondos públicos en el ejercicio de un cargo.

malversar v.tr. Sustraer caudales públicos. **2.** Gastar indebidamente los fondos públicos el que está encargado de administrarlos.

malvinero, a adj. y s. De las islas Malvinas. SIN.: *malvinense.*

malvís s.m. Tordo de plumaje verde oscuro, manchado de negro y rojo. SIN.: *malviz.*

malvisco s.m. Amér. Merid. Malvavisco.

malvivir v.intr. Vivir con dificultades o penalidades.

malvón s.m. Argent., Méx., Par. y Urug. Planta muy ramificada, con hojas afelpadas y flores rosadas, rojas o, a veces, blancas. (Familia geraniáceas.)

mam o **name,** conjunto de pueblos agricultores de la familia lingüística maya-zoque, que viven en la región fronteriza de México y Guatemala. (Siguen parcialmente el calendario maya.)

mama s.f. (lat. *mamma*). Órgano glandular situado en la cara ventral del tronco de las hembras de los mamíferos, que se desarrolla en la pubertad y segrega, después de la gestación, la leche que alimentará a las crías. **2.** *Fam.* Mamá.

mamá o **mama** s.f. *Fam.* Madre.

mamacona o **mamacuna** s.f. En el Perú precolombino, mujer anciana que dirigía las casas donde vivían en comunidad las vírgenes consagradas al servicio de los templos del Sol. **2.** Bol. Jáquima de cuero torcido que se pone a las caballerías de reata.

mamada s.f. Acción y efecto de mamar. **2.** Cantidad de leche que mama el bebé en una toma. **3.** *Vulg.* Felación. **4.** Amér. Ganga. **5.** Argent., Perú y Urug. *Fig.* y *vulg.* Embriaguez, borrachera. **6.** Méx. *Vulg.* Cosa, hecho o dicho absurdo, disparatado o ridículo: *esta película es una mamada.*

mamadera s.f. Instrumento para succionar el exceso de leche de las mamas o pechos. **2.** Amér. Biberón. **3.** Cuba y P. Rico. Tetilla del biberón. **4.** Venez. Tomadura de pelo.

mamado, a adj. *Vulg.* Ebrio, borracho. **2.** Esp. *Vulg.* Muy fácil. SIN.: *chupado.* **3.** Méx. *Vulg.* Fuerte, musculoso.

mamalogía s.f. Parte de la zoología que estudia los mamíferos.

mamalón, na adj. Cuba y P. Rico. Holgazán.

mamancona s.f. Chile. Mujer vieja y gorda.

mamandurria s.f. Amér. Merid. Sueldo del que se disfruta sin merecerlo.

mamantón, na adj. Se dice del animal que mama todavía.

mamar v.tr. (lat. *mammare,* amamantar). Succionar la leche de las mamas. **2.** Adquirir alguien una costumbre o cualidad por su nacimiento o el ambiente en que se ha criado. **3.** *Vulg.* Hacer una felación. ◆ v.tr. y prnl. Obtener algún beneficio sin méritos ni esfuerzo. ◆ v.intr. Méx. *Vulg.* Echarse a perder, arruinarse algo: *ya mamó la televisión.* ◆ **mamarse** v.prnl. Emborracharse.

mamario, a adj. Relativo a las mamas: *glándula mamaria.*

mamarrachada s.f. Mamarracho, cosa defectuosa, ridícula o extravagante. **2.** *Fam.* Acción ridícula y desconcertante. **3.** *Desp.* Conjunto de mamarrachos.

mamarracho s.m. (del ár. vulgar *muharráŷ,* bromista, bufón). Persona que viste grotescamente y actúa de forma ridícula. **2.** *Fam.* Persona despreciable. **3.** Cosa defectuosa, ridícula o extravagante.

mamba s.f. Serpiente de África de gran tamaño (3 m aprox.) y venenosa, que tiene un maxilar alargado. (Familia elápidos.)

mambí, isa s. (pl. *mambises. mambisas*). Persona que luchó contra España en las guerras de independencia de Santo Domingo y Cuba en el s. XIX. SIN.: *manigüero.*

mambo s.m. Baile de origen cubano, en compás de cuatro por cuatro, mezcla de rumba y de swing, que se sigue con el movimiento de las caderas, mientras una pierna está extendida y la otra está en flexión.

mamboretá s.m. Argent., Par. y Urug. Insecto ortóptero de color verde claro que se alimenta de otros insectos. SIN.: *santateresa.*

mamella s.f. (lat. *mamilla*). Apéndice largo y ovalado que cuelga del cuello de algunos mamíferos.

mamellado, a adj. Se dice del ganado que tiene mamellas.

mamelón s.m. Colina baja, de forma redondeada. **2.** Cumbre o cima de igual forma.

mamelonado, a adj. Que tiene prominencias en forma de mamelones.

mameluco, a adj. y s. (ár. *mamlûk,* esclavo, sirviente, p. de *málak,* poseer). HIST. Relativo a una milicia turcoegipcia, compuesta originariamente de esclavos, que constituyó la dinastía de los mamelucos, y que dominó Egipto de 1250 a 1798. ◆ s. *Fam.* Persona necia y boba. ◆ s.m. Jinete de un escuadrón de la guardia de Napoleón. **2.** Amér. Prenda de vestir enteriza, especial para niños, que cubre el tronco y las extremidades. **3.** Amér. Merid. y Antillas. Prenda de vestir usada por los obreros, de una sola pieza, que cubre todo el cuerpo. SIN.: *mono.* **4.** Hond. Bombacho, calzón. ◇ **Mamelucos paulistas** Denominación que dieron los españoles a los *bandeirantes de São Paulo.

mamertino s.m. De la antigua Messina, ciudad de Italia. ◆ s.m. Vino de renombre que se cosechaba en los alrededores de Messina.

mamey s.m. (voz taína de las Antillas). Árbol que crece en América, de hasta 15 m de alt., con flores blancas olorosas y fruto del mismo nombre casi redondo, de pulpa amarilla, aromática y sabrosa. (Familia gutíferas.) **2.** Árbol de hasta 30 m de alt., con hojas lanceoladas, flores de color blanco rojizo y fruto del mismo nombre, ovoide, de pulpa roja, dulce y muy suave. (Familia sapotáceas.)

mameyero s.m. Amér. Merid. Mamey.

mamífero, a adj. y s.m. Relativo a una clase de animales vertebrados caracterizados por la presencia de glándulas mamarias, piel generalmente cubierta de pelos, dos pulmones, corazón de cuatro cavidades, encéfalo relativamente desarrollado y por una reproducción generalmente vivípara, excepto los monotremas.

mamífero

Los mamíferos son los vertebrados más recientes: no alcanzaron importancia hasta el principio de la era terciaria. Muy diversificados (en la actualidad se contabilizan cerca de 5 000 especies) han conquistado todos los medios: terrestre, aéreo (murciélago), acuático (delfín) y subterráneo (topo). Sus pesos varían de 2 gr (musaraña) a 150 toneladas (ballena azul). Sus principales características son: abundancia de glándulas cutáneas (sebáceas, que lubrican los pelos; sudoríparas, que segregan sudor, y mamarias, que segregan leche); una gran variedad de formaciones córneas y de pelambre (que favorece la temperatura constante del cuerpo); la presencia de tres tipos de dientes (incisivos, caninos y molares); un corazón formado por dos aurículas y dos ventrículos, que separa por completo la circulación general de la circulación pulmonar, y un sistema nervioso central sumamente desarrollado.

mamiforme adj. Se dice del órgano u organismos en forma de mama o pezón.

mamila s.f. Mama de la hembra, exceptuando el pezón. **2.** Tetilla del hombre. **3.** Méx. Biberón.

mamilar adj. Relativo a la mamila.

mamitis s.f. Mastitis.

mamografía s.f. Radiografía de las glándulas mamarias.

mamón, na adj. y s. Que mama demasiado. **2.** Que todavía mama. ◆ adj. Méx. *Vulg.* Se dice de la persona muy arrogante o soberbia. ◆ s.m. Bizcocho de almidón y huevo que se hace en México. **2.** Hond. Garrote, palo. **3.** BOT. Vástago que se suprime de algunos árboles porque les chupa la savia y mengua el fruto.

mamoplastia s.f. Operación de cirugía estética en el seno, para mejorar su forma.

mamotreto s.m. (lat. medieval *mammothreptus,* del gr. *mammóthrettos*). *Fam.* Libro o legajo muy voluminoso. **2.** Objeto grande y embarazoso. SIN.: *armatoste.*

mampara s.f. Cancel movible consistente en un bastidor de madera cubierto generalmente de piel o tela, que sirve para limitar una habitación, cubrir puertas, etc. **2.** Puerta interior, ligera, forrada de paño u otro material.

mamparo s.m. Tabique o reparo que divide el interior del buque en compartimentos. ◇ **Mamparo estanco** Mamparo metálico reforzado para cerrar los espacios dentro del buque, aislándolos con el fin de que no pueda entrar agua.

mampato, a adj. y s. Chile. Se dice del animal de piernas cortas o de poca estatura. ◆ s. Chile. *Fig.* Persona de poca estatura.

mamporrero s.m. Hombre que guía al caballo en el acto de cubrir a la yegua.

mamporro s.m. Esp. *Fam.* Golpe dado con la mano o con una cosa cualquiera. **2.** Esp. *Fam.* Golpe que se recibe al caer o tropezar: *darse un mamporro.*

mampostear v.tr. Trabajar o hacer obras de mampostería.

mampostería s.f. Obra de albañilería hecha de mampuesto o piedras sin labrar, o con labra grosera, unidas con argamasa o mortero, yeso, cal, cemento, etc. **2.** Oficio de mampostero.

mampostero, a s. Persona que trabaja en obras de mampostería.

mampuesto, a adj. Se dice del material que se emplea en la obra de mampostería. ◆ s.m. Piedra sin labrar y de pequeñas dimensiones que se puede colocar en una obra con la mano y solo sirve para relleno. **2.** Amér. Objeto en que se apoya el arma de fuego para apuntar mejor.

mamúa s.f. Argent. y Urug. *Vulg.* Embriaguez, borrachera.

mamullar v.tr. Comer o masticar haciendo los mismos gestos del que mama. **2.** *Fam.* Mascullar.

mamut s.m. Mamífero proboscidio, de la era cuaternaria, próximo al elefante asiático, que se extinguió hace por lo menos 10 000 años y del que se han encontrado cadáveres enteros en las zonas heladas de Siberia. (Tenía el cuerpo cubierto de pelos ásperos y largos, poseía enormes colmillos curvados hacia arriba y medía 3,50 m de alt.)

1. **mana** s.f. Amér. Maná. **2.** Bol. Dulce de maní.

2. **mana** s.m. Fuerza oculta y difusa que está presente en ciertos seres y en ciertos objetos, según ciertas religiones, sobre todo animistas.

1. **maná** s.m. (lat. *manna*). Según la Biblia, alimento milagroso que procuró Dios a los hebreos en el desierto. **2.** Exudación azucarada que proviene de diferentes vegetales, como el fresno, el alerce o el eucalipto.

2. **maná** s.f. Colomb. Manantial.

manada s.f. (de *mano*). Conjunto de animales de una misma especie que viven o se desplazan juntos. **2.** Hato de ganado al cuidado de un pastor. **3.** *Fig.* Grupo de gente. **4.** Porción de una cosa que puede agarrarse de una vez con la mano. SIN.: *manojo.*

management s.m. (voz inglesa). Técnica de dirección y de gestión de la empresa. **2.** Conjunto de dirigentes de una empresa.

mánager s.m. y f. (ingl. *manager*). Persona que se encarga de la dirección de los intereses económicos de un deportista, un cantante, etc. **2.** Persona que planifica, controla y dirige un determinado tipo de organización económica.

managuaco, a adj. Cuba. Se dice de la persona rústica y torpe. **2.** Cuba. Se dice del animal con manchas blancas en las patas o en el hocico.

managüense adj. y s.m. y f. De Managua. SIN.: *managüero.*

manajú s.m. Cuba. Planta que produce una resina medicinal.

manantial s.m. Afloramiento a la superficie de las aguas de circulación subterránea. **2.** Lugar en que se produce el afloramiento. **3.** *Fig.* Origen y principio de una cosa. ◆ adj. Se dice del agua que mana.

manar v.intr. (lat. *manare*). Brotar un líquido de alguna parte. **2.** *Fig.* Fluir de forma fácil y natural: *palabras que manan de la boca.* ◆ v.tr. Rezumar una cosa: *el campo mana agua.*

manare s.m. Colomb. y Venez. Cesta de bejucos o mimbres, para llevar o guardar frutos, verduras o ropas. **2.** Venez. Cedazo hecho de palma, mimbres o bejucos, para cerner el almidón de yuca.

manatí s.m. (voz indígena antillana). Mamífero herbívoro del orden sirenios, de cuerpo macizo, que alcanza 3 m de long. y puede pesar hasta 500 kg. (El manatí vive en los ríos de la zona tropical de África y América.) SIN.: *vaca marina.*

manazas s.m. y f. (pl. *manazas*). Persona torpe, especialmente con las manos.

mancacaballos s.m. (pl. *mancacaballos*). Chile. Insecto coleóptero que pica a las caballerías entre el casco y la carne.

mancaperro s.m. Cuba. Miriápodo que produce lesiones en el perro.

mancarrón s.m. Amér. Merid. Caballón o empalizada para torcer o contener el curso de una corriente de agua.

mancebía s.f. Prostíbulo. **2.** Juventud. **3.** Diversión deshonesta.

mancebo, a adj. y s. (del lat. *mancipium,* esclavo, de *manus,* mano, y *capere,* agarrar). Joven: *un apuesto mancebo.* ◆ s.m. Hombre soltero. **2.** Dependiente o persona que trabaja en una farmacia a las órdenes de un farmacéutico. **3.** Esp. Auxiliar de comercio que presta servicios que no sean puramente materiales o mecánicos. ◆ s.f. Concubina.

mancera s.f. Esteva del arado sobre la cual lleva la mano la persona que ara.

mancha s.f. (lat. *macula*). Señal de distinto color que deja algo en un cuerpo. **2.** *Fig.* Deshonra o desprestigio: *una mancha para el honor familiar.* **3.** Zona de una cosa de color distintos del conjunto: *animal blanco con manchas negras.* **4.** ASTRON. Parte oscura sobre el disco del Sol, la Luna o un planeta. **5.** BIOL. Síntoma de ciertas enfermedades que consiste en la modificación localizada del color normal de algunos órganos vegetales. **6.** IMPR. Superficie impresa de una página. **7.** MED. Nombre de diversas estructuras anatómicas, macro y microscópicas, y de diversas lesiones, en relación con su aspecto.

manchar v.tr. y prnl. (lat. *maculare*). Hacer manchas en una cosa, ensuciar. **2.** *Fig.* Deshonrar, desacreditar.

manchego, a adj. y s. De La Mancha. ◆ s.m. y adj. Queso sin cocer, prensado y salado, que se elabora con leche de oveja.

1. **manchón** s.m. En los sembrados, lugar donde nacen las plantas tupidas. **2.** Parte de una tierra de labor que se reserva por un año para pasto del ganado.

2. **manchón** s.m. Amér. Merid. Manguito.

manchoso, a adj. Que se mancha con facilidad. SIN.: *manchadizo.*

manchú adj. y s.m. y f. De Manchuria. SIN.: *manchuriano.* ◆ s.m. Lengua del grupo tungús hablada en Manchuria.

mancilla s.f. Mancha, deshonra.

mancillar v.tr. Manchar, deshonrar.

mancipación s.f. DER. ROM. Forma solemne de transmisión de la propiedad que consistía, en la época clásica, en una venta ficticia por medio del cobre y la balanza.

manco, a adj. y s. (lat. *mancus,* lisiado). Persona a la que le falta un brazo o una mano, o los dos, o los tiene inutilizados. ◆ adj. *Fig.* Defectuoso, incompleto: *una obra manca.* ◇ **No ser manco** Esp. *Fam.* Tener talento o habilidad notables.

mancomún (de) loc.adv. De común acuerdo dos o más personas.

mancomunar v.tr. y prnl. Unir personas, esfuerzos o intereses para un fin. ◆ v.tr. DER. Obligar a dos o más personas a ejecutar un acto, o a pagar una deuda, pero diferenciando las prestaciones de cada una de ellas.

mancomunidad s.f. Acción y efecto de mancomunar. **2.** DER. En España, agrupación de municipios o provincias para resolver problemas comunes.

mancorna s.f. Colomb. y Chile. Mancuerna, gemelos.

mancornar v.tr. (de *mano* y *cuerno*) [conj.: *contar*]. Derribar a una res asiéndola por los cuernos y doblándole la cabeza. **2.** Atar dos reses por los cuernos para que caminen juntas. **3.** *Fig.* Unir dos cosas de una misma especie que estaban separadas.

mancornera s.f. Chile. Correa que sirve para levantar o bajar los estribos, cuando la acción es fija.

mancuerna s.f. Pareja de animales o cosas mancornadas: *mancuerna de bueyes.* **2.** Conjunto de dos o tres hojas de tabaco, unidas por el tallo. **3.** Colomb., Cuba y Chile. Porción de tallo de la planta del tabaco con un par de hojas. **4.** Colomb., Cuba y Chile. Disposición con que suele hacerse el corte de la planta en tiempo de recolección. **5.** Méx. Pareja de aliados. ◆ **mancuernas** s.f.pl. Amér. Central, Méx. y Venez. Gemelos de los puños de la camisa.

mancuernillas s.f.pl. Méx. Mancuernas, gemelos.

mancuso s.m. HIST. Nombre dado al dinar califal de oro (3,90 g) en los reinos cristianos peninsulares.

manda s.f. Donación que se hace en un testamento. **2.** Argent., Chile y Méx. Voto o promesa hecha a Dios, a la Virgen o a un santo.

mandadero, a s. Persona que lleva encargos o recados de un lugar a otro.

mandado, a s. Persona que ejecuta una comisión por encargo o mandato ajeno. ◆ s.m. Comisión, encargo. **2.** Mandato, orden. **3.** Argent. y Méx. Compra de lo necesario para la comida. **4.** Méx. Conjunto de artículos de consumo familiar: *guarda el mandado en la alacena.* ◇ **Comerle a alguien el mandado** Méx. *Fam.* Ganarle la partida en algo, conseguir para uno alguna cosa que otro deseaba.

mándala o **mandala** s.m. (voz sánscrita, *círculo*). En el budismo y el tantrismo, esquema lineal adornado con bordados de colores simbólicos, que reproduce el universo tal como lo concibe la cosmogonía hindú.

mandamás adj. y s.m. y f. *Fam.* Se dice de la persona que tiene la máxima autoridad o una autoridad superior. **2.** Mandón, persona que tiene una exagerada tendencia a mandar.

mandamiento s.m. Cada uno de los diez preceptos del Decálogo y de los cinco preceptos más generales de la Iglesia. **2.** Mandato, orden. ◆ **mandamientos** s.m.pl. *Fig.* y *fam.* Dedos de la mano. ◇ **Mandamiento judicial** DER. Orden escrita del juez, en la que se ordena la ejecución o el cumplimiento de alguna cosa. **Mandamientos de la Iglesia** Conjunto de los cinco preceptos más generales de la Iglesia. **Mandamientos de la ley de Dios** Conjunto de los diez preceptos que, según el Antiguo Testamento, entregó Dios a Moisés en el monte Sinaí.

mandanga s.f. Pachorra. **2.** Cuento, chisme. (Suele usarse en plural.) **3.** En el lenguaje de la droga, marihuana.

mandante s.m. y f. Persona que, en el contrato consensual de mandato, confiere a otra su representación personal, o le encomienda la gestión o el desempeño de uno o más negocios en su nombre y por su cuenta.

mandapa s.m. (voz sánscrita). Edificio hipóstilo que, en la arquitectura de la India, sirve de vestíbulo al santuario.

mandar v.tr. (lat. *mandare*). Imponer a alguien la realización de una cosa: *mandó que se callaran.* **2.** Encargar que se haga cierta cosa: *mandar a un botones a un recado.* **3.** Enviar, hacer que algo o alguien sea llevado o se traslade a alguna parte: *mandar una carta; mandar a alguien como delegado.* **4.** Chile. Dar la voz de partida en carreras u otros juegos semejantes. **5.** TAUROM. Hacer que el toro se movilice tras el engaño a voluntad del diestro. ◆ v.tr. e intr. Regir, gobernar, dirigir: *mandar una tropa.* ◆ **mandarse** v.prnl. Méx. *Fam.* Sobrepasarse en algo o con alguien: *no te mandes con los gastos.*

mandarín s.m. (port. *mandarim,* del malayo *mantari*). Nombre dado por los europeos a los altos funcionarios del imperio chino. **2.** *Fig.* Persona que ejerce un cargo y es tenida en poco. **3.** *Fig.* Persona influyente en los ambientes políticos, artísticos, sociales, etc. **4.** LING. Dialecto chino, lengua oficial de la República popular, hablado por un 70 % de la población. SIN.: *kuan-hua.*

mandarina s.f. y adj. (de *mandarín*). Fruto del mandarinero, parecido a una naranja pequeña.

mandarinato s.m. HIST. Dignidad o cargo de mandarín. (Se adquiría por oposición.) **2.** Cuerpo de los mandarines chinos.

mandarinero s.m. Mandarino.

mandarinismo s.m. Gobierno arbitrario.

mandarino s.m. Arbusto parecido al naranjo, cuyos frutos, comestibles, son las mandarinas. (Familia rutáceas.) SIN.: *mandarinero.*

mandatario, a s. Persona que, en el contrato consensual de mandato, acepta representar personalmente al mandante, o gestionar sus negocios. **2.** Titular de un mandato político. ◇ **Primer mandatario** Jefe del estado.

mandato s.m. Acción y efecto de mandar. **2.** Palabras o escrito con que se manda: *recibir un mandato.* **3.** Ejercicio del mando por una autoridad. **4.** Título de representación o voto delegado que una asamblea confiere a una o más personas. **5.** Tiempo que dura esa representación. **6.** Contrato consensual por el que una persona (mandante) confía su representación personal a otra (mandatario). **7.** Representación que los electores confieren a las personas elegidas para ocupar un cargo. ◇ **Mandato imperativo** Sistema de representación política en el que el elegido está obligado a pronunciarse en el sentido de las instrucciones recibidas de sus mandantes. (En EUA, los delegados para designar al presidente de la república tienen por lo general un mandato imperativo.) **Mandato legal** Mandato conferido por la ley, que designa a la persona que recibe el poder de representación. **Mandato representativo** El que deja en libertad al elegido, que se convierte en el representante del elector y actúa según su propia voluntad.

mandé adj. y s.m. y f. Mandingo.

mandeísmo s.m. Doctrina religiosa de carácter agnóstico, nacida hacia el s. II, de la cual todavía quedan algunos miles de adeptos en Iraq.

mandeo, a adj. y s. Relativo al mandeísmo; adepto del mandeísmo.

mandí s.m. Argent. Pez de unos 60 cm de long. de carne muy delicada.

mandíbula s.f. (lat. *mandibula,* de *mandere,* masticar). Cada una de las formaciones óseas de la cabeza en las que van incrustados los dientes. (En el ser humano, la *mandíbula superior* está formada por la unión de los dos maxilares superiores y el palatino; la *mandíbula inferior* corresponde, en su totalidad, al maxilar inferior.) **2.** Cada una de las dos piezas quitinosas, córneas u óseas que los vertebrados y algunos artrópodos tienen a los lados o alrededor de la boca, y que sirven para la aprehensión de alimentos y su ulterior desplazamiento o trituración. ◇ **Reír a mandíbula batiente** Reír a carcajadas.

mandibular adj. Relativo a la mandíbula.

mandil s.m. (del lat. *mantele,* toalla). Prenda de cuero o tela fuerte, que se usa para proteger la ropa desde el pecho hasta debajo de las rodillas. **2.** Delantal.

mandilete s.m. Pieza de la armadura que protegía la mano.

mandilón s. *Fam.* Hombre pusilánime.

mandinga s.m. Amér. *Fam.* El diablo, en el lenguaje de los campesinos. **2.** Argent. *Fig.* y *fam.* Muchacho travieso. **3.** Argent. Encantamiento, brujería.

mandingo o **mandinga** adj. y s.m. y f. De un grupo de pueblos en el que se incluyen los malinké, los sarakolé, los bambara, los soninké y los diula, que hablan lenguas de la familia nigeriano-congoleña. ◆ s.m. Familia de lenguas del grupo nigero-senegalés.

mandio s.m. Madera comercial, de origen americano, producida por diversos árboles.

mandioca s.f. (guaraní *mandióg*). Planta euforbiácea que se cultiva en los países tropicales, cuya raíz, en tubérculo, proporciona una fécula de la que se extrae la tapioca.

mando s.m. Autoridad, facultad para mandar que tiene el superior sobre sus subordinados. **2.** Persona u organismo que tienen dicha autoridad. **3.** ELECTR. Dispositivo empleado en los aparatos eléctricos para el manejo de los diferentes controles. **4.** MEC. Procedimiento de puesta en marcha de ciertos mecanismos. <> **Alto mando** MIL. Persona u organismo que ejerce la potestad superior en el ámbito militar. **Doble mando** ELECTR. En un avión o en un automóvil, duplicación de determinados órganos con el fin de que el instructor pueda controlar el vehículo durante el aprendizaje. **Mando a distancia** Esp. *Control remoto. **Mando automático** MEC. Mando asegurado mediante unas cadenas cuyo funcionamiento es siempre operante.

mandoblazo s.m. Estocada dada sin sujeción a las reglas del toreo, pero eficaz.

mandoble s.m. Cuchillada o golpe violento que se da esgrimiendo el arma, especialmente una espada, con ambas manos. **2.** Espada grande. **3.** *Fig.* y *fam.* Represión violenta.

mandolina s.f. (ital. *mandolina*). Instrumento musical, generalmente provisto de cuatro cuerdas dobles, con caja de resonancia abombada o plana. SIN.: *bandolina.*

mandolinista s.m. y f. Persona que toca la mandolina.

mandón, na adj. y s. *Fam.* Se aplica a la persona que tiene una tendencia exagerada a mandar. ◆ s.m. Amér. Capataz de una mina. **2.** Chile. Hombre que da la orden de salida en las carreras de caballos a la chilena. **3.** HIST. En la América española, funcionario subordinado, generalmente indígena de un pueblo, barrio o estancia.

mandora s.f. Instrumento musical de la familia del laúd, de cuerdas dobles.

mandorla s.f. B. ART. Almendra.

mandrágora o **mandrágula** s.f. (lat. *mandragora,* del gr. *mandragóras*). Planta herbácea de las regiones cálidas cuya raíz, tuberizada y bifurcada, recuerda la forma de un cuerpo humano, a la que antiguamente se le atribuían numerosas virtudes y se usaba en las prácticas de hechicería. (Familia solanáceas.)

mandria adj. y s.m. y f. Pusilánime e inútil.

1. **mandril** s.m. (ingl. *manrill*). Simio de África, de unos 80 cm de long., hocico alargado y grueso con surcos azules y nariz escarlata. (Familia cercopitécidos.)

2. **mandril** s.m. (fr. *mandrin*). MEC. **a.** Espiga de centrar del cabezal fijo de un torno. **b.** Plato de sujeción de los tornos al aire. **c.** Herramienta de mecánicos y ajustadores que sirve para ensanchar, igualar y alisar los agujeros o taladros practicados en las piezas de maquinaria. **d.** Instrumento especial utilizado para ensanchar el extremo de los tubos de una caldera de vapor, para fijarlos en las placas tubulares.

mandrilado o **mandrinado** s.m. MEC. Proceso de mecanización consistente en labrar con precisión la superficie interior de un tubo o agujero.

mandriladora o **mandrinadora** s.f. Máquina con que se ejecuta el mandrilado.

mandrilar v.tr. Ajustar el interior de un tubo, agujero, etc., al diámetro exacto. **2.** Taladrar una pieza metálica con un mandril.

mandubí s.m. Argent. y Bol. Cacahuete, maní.

manduca s.f. Esp. *Fam.* Comida, alimento. SIN.: *manducatoria.*

manducación s.f. Esp. *Fam.* Acción de manducar.

manducar v.tr. e intr. (lat. *manducare*). Esp. *Fam.* Comer.

mandurria s.f. Bandurria.

maneado, a adj. Chile. Se dice de la persona torpe, lenta, irresoluta.

maneador s.m. Amér. Tira larga de cuero, que sirve para atar el caballo, apiolar animales y otros usos.

manear v.tr. Poner maniotas a una caballería. **2.** Manejar.

manecilla s.f. Aguja o saeta que señala la hora en la esfera de un reloj. **2.** Broche de algunos objetos: *las manecillas de un misal.* SIN.: *manezuela.*

manejable adj. Que se maneja fácilmente.

manejado, a adj. PINT. Con los adverbios *bien* o *mal.* y otros semejantes, pintado con soltura o sin ella.

manejar v.tr. (ital. *maneggiare*). Usar, utilizar, emplear algo o servirse adecuadamente de ello, especialmente con las manos: *saber manejar los cubiertos; aprender a manejar algo de inglés.* **2.** Regir, dirigir: *manejar un negocio.* **3.** Tener dominio sobre alguien: *maneja al marido a su antojo.* **4.** Amér. Guiar un vehículo automóvil. SIN.: *conducir.* ◆ **manejarse** v.prnl. Adquirir agilidad después de haber estado algún tiempo impedido. **2.** *Fig.* Actuar con desenvoltura: *saber manejarse en la vida.* <> **Manejárselas** *Fig.* Manejarse para conseguir lo que se desea.

manejo s.m. Acción y efecto de manejar o manejarse. **2.** *Fig.* Dirección y gobierno de un negocio. **3.** *Fig.* Maquinación, intriga. (Suele usarse en plural.)

manera s.f. (lat. vulgar *manuaria,* maña, f. de *manuarius,* manejable). Modo particular de ser, de hacer o de suceder algo: *camina de una manera muy graciosa.* **2.** Porte, modales: *tener buenas maneras.* **3.** Estilo de un escritor, un artista o una escuela: *las distintas maneras de Goya.* <> **A la manera de** Como suele hacerlo la persona que se expresa: *a la manera de sus abuelos.* **A manera de** Con la función, apariencia, etc., de lo que se expresa: *llevaba, a manera de barba, una mancha de carbón; cubría sus hombros con una manta a manera de abrigo.* **De cualquier manera** Sin cuidado ni interés. **De,** o **por, manera que** Enlace gramatical que introduce una consecuencia o finalidad. **De ninguna manera** o **en manera alguna** Se usa para reforzar una negación. **De todas maneras** o **de una manera o de otra,** o **u otra** En cualquier caso o circunstancia. **No haber manera** Indica la imposibilidad de conseguir lo que se pretende: *no hay manera de que entre.* **Sobre,** o **en gran, manera** Mucho, excesivamente.

manes s.m.pl. (voz latina). Entre los romanos, espíritus de los difuntos, considerados como divinidades. **2.** *Fig.* Recuerdo, ejemplo dejado por los antepasados.

maneto, a adj. Guat. y Venez. Patizambo. **2.** Hond. Deforme en una o ambas manos.

manezuela s.f. Manecilla, broche. **2.** Manija, mango o manubrio de ciertos utensilios o herramientas.

1. **manga** s.f. (lat. *manica,* de *manus,* mano). Parte de una prenda de vestir que cubre total o parcialmente el brazo. **2.** Colador o filtro de bayeta, de forma cónica. **3.** En algunos deportes, como esquí, motorismo, etc., partes en que puede dividirse una competición. **4.** Parte del eje de un carruaje en la que entra y voltea la rueda. **5.** Brazo de mar o estrecho. **6.** Anchura máxima de un buque. **7.** Amér. Vía entre estacadas para el paso del ganado hacia un corral o embarcadero. **8.** Argent. Nube de langostas. **9.** Argent. *Desp.* Grupo de personas. **10.** Esp. *Fam.* Borrachera. **11.** Méx. Capote impermeable. **12.** F.C. Tubo flexible destinado a enlazar, entre dos vagones de ferrocarril, los conductos de distribución de aire, vapor, etc. **13.** METEOROL. Columna de agua que se eleva con movimiento giratorio por efecto de un torbellino atmosférico. <> **Corte de mangas** Ademán de significado obsceno y despectivo, en el que se levanta el brazo y se golpea en él con la otra mano. **Manga de riego** Tubo que se adapta a las bocas de riego para conducir el agua hasta la lanza o tubo metálico terminal. **Manga de viento** Tubo de lona situado en lo alto de un mástil para indicar la dirección del viento en aeródromos, autopistas, etc.; conducto metálico que sirve para ventilar el interior de un buque. **Manga pastelera** Utensilio de cocina en forma de embudo de tela o plástico y con una boquilla en el extremo agudo, que se rellena con algún alimento cremoso y sirve para adornar ciertos platos o para dar forma a la masa antes de hornearla. **Tener manga ancha** *Fig.* y *fam.* Ser tolerante o benevolente con las faltas o equivocaciones. **Tirar la manga** Argent. *Fig.* y *fam.* Pedir dinero prestado con insistencia y oportunismo.

2. **manga** s.f. (del ingl. *mango*). Árbol tropical, variedad del mango, cuyo fruto del mismo nombre no tiene escotadura.

3. **manga** s.m. Cómic, especialmente el de origen japonés.

mangajo, a s. Ecuad. Persona despreciable. **2.** Ecuad. y Perú. Persona sin voluntad que se deja manejar por otros.

mangana s.f. Lazo que se arroja a las manos de un caballo o toro para apresarlo. **2.** ARM. Máquina de guerra de la edad media, que lanzaba piedras.

manganato s.m. Sal derivada del trióxido de manganeso.

mangancia s.f. *Fam.* Conducta propia de un mangante.

manganear v.tr. Echar manganas a una res. **2.** Perú. *Fig.* Fastidiar, importunar.

manganeso s.m. (de *manganesa,* mineral de donde se saca el manganeso, del fr. *manganèse*). Metal de color grisáceo, de densidad 7,43, cuyo punto de fusión es de 1 244 °C. **2.** Elemento químico (Mn), de número atómico 25 y masa atómica 54,938.

manganeso

Muy duro y quebradizo, el manganeso se encuentra en la naturaleza en estado de óxido y se utiliza principalmente en la fabricación de aceros especiales.

manganeta s.f. Amér. Manganilla, engaño.

mangangá s.m. Amér. Merid. *Fig.* Persona fastidiosa por su continua insistencia. **2.** Argent., Par. y Urug. Especie de abejorro que al volar produce un zumbido fuerte y prolongado.

mangánico, a adj. Se dice del óxido y de las sales del manganeso trivalente.

manganilla s.f. (del lat. *manganum,* máquina de guerra). Ardid, estratagema. **2.** Habilidad de manos.

manganito s.m. Nombre genérico de las sales que derivan del dióxido de manganeso MnO_2.

manganosilicioso, a adj. y s.m. Que contiene manganeso y silicio.

manganoso, a adj. Se dice del óxido de manganeso MnO y de las sales correspondientes.

mangante adj. y s.m. y f. Esp. Que manga, roba. **2.** Esp. Sinvergüenza, vividor.

manganzón, na adj. y s. Amér. Holgazán.

mangar v.tr. (voz caló). Esp. *Fam.* Robar. **2.** Esp. Pedir, mendigar.

mangazo s.m. Argent. *Fig.* y *fam.* Acción de pedir dinero con habilidad o insistencia. Sinvergüenza, vividor. SIN.: *sablazo.*

manglar s.m. Formación vegetal en la que predomina el mangle, característica de las regiones litorales de la región tropical. **2.** Terreno poblado por esta formación vegetal.

mangle s.m. (voz caribe). Árbol con ramas descendentes que llegan al suelo y arraigan en él, cuyas hojas y frutos se utilizan en tenería. (Familia rizoforáceas.)

1. **mango** s.m. (del lat. *manica,* gancho de abordaje, de *manus,* mano). Parte estrecha y larga de un instrumento o utensilio, por donde se agarra o sostiene. **2.** Argent. *Fam.* Dinero.

2. **mango** s.m. (ingl. *mango*). Árbol de las regiones tropicales, de fruto del mismo nombre en drupa, aromático y comestible. (Familia terebintáceas.)

mangón s.m. Revendedor. **2.** Argent., Bol. y Colomb. Cerco para encerrar ganado.

mangonear v.intr. (del lat. *mango, -onis,* traficante). *Fam.* Asumir oficiosamente el mando, para imponerse con arbitrariedad y persistencia sobre los demás. **2.** *Fam.* Manejar a alguien.

mangoneo s.m. *Fam.* Acción y efecto de mangonear.

mangorrero, a adj. *Fam.* Que se tiene habitualmente entre las manos. **2.** *Fig.* y *fam.* Inútil o despreciable.

mangosta s.f. (fr. *mangouste*). Mamífero carnívoro de Asia y África, que alcanza 50 cm de long., de pelaje rojizo o gris oscuro, patas cortas y cola muy larga. (Algunas de sus especies son predadoras de serpientes. En la India, se domestica para luchar contra las ratas.)

mangostán s.m. (port. *mangostao,* del malayo *mangistan*). Árbol originario de Malasia e Insulindia, cuyos frutos son los mangostos. (Familia gutíferas.)

mangosto s.m. Fruto del mangostán, de sabor semejante al de la frambuesa.

mangrullo s.m. Argent. Torre rústica edificada en las proximidades de fortines, estancias y poblaciones de regiones llanas para vigilar los alrededores.

mangual s.m. (lat. *manualis,* manual, que se puede agarrar con la mano). Látigo de guerra. **2.** En algunas provincias del N de España, instrumento formado por un palo que sirve de mango a otro unido a este por una correa, utilizado para desgranar a golpes cereales y legumbres.

manguala s.f. Colomb. *Fam.* y *vulg.* Confabulación con fines ilícitos.

manguardia s.f. Cada uno de los dos murallones que refuerzan por los lados los estribos de un puente.

manguear v.tr. e intr. Argent., Chile y Méx. Acosar al ganado mayor o menor para que entre en la manga, espacio comprendido entre dos palanqueras o estacadas. ◆ v.tr. Argent. *Fam.* Tirar la manga.

manguera s.f. Manga de riego. **2.** Tubo de ventilación. **3.** Pasarela móvil que comunica directamente la terminal del aeropuerto con el avión, y viceversa. **4.** Amér. Corral para el ganado.

manguero, a adj. y s. Argent. *Fam.* Que acostumbra a manguear. SIN.: *sablista.*

mangueta s.f. Vejiga con pitón que sirve para poner lavativas. **2.** Madero que une el par con el tirante, o con un puente, en la armadura de una cubierta. **3.** OBR. PÚBL. Plataforma de tablas para dirigir la corriente de las descargas de agua. **4.** TECNOL. Cada uno de los extremos del eje de dirección, que soportan sendas ruedas y sus rodamientos.

manguito s.m. Pieza tubular, generalmente de piel, en que se introducen las manos para preservarlas del frío. SIN.: *estufilla.* **2.** Media manga que cubre desde el codo hasta la muñeca. **3.** MEC. Pieza cilíndrica que sirve para unir o acoplar tubos, barras, etc. ◇ **Manguito de incandescencia,** o **incandescente** Funda cilíndrica reticular, constituida por óxidos de metales térreos, que se pone incandescente en contacto con la llama de un encendedor de gas.

manguruyú s.m. Argent. y Par. Pez de río, de gran tamaño, sin escamas, de carne muy apreciada.

maní s.m. (voz taína) [pl. *manís* o *manises*]. Planta tropical originaria de Brasil cuyas semillas, del mismo nombre, se consumen una vez tostadas y producen un aceite utilizado en cocina y jabonería. (Familia papilionáceas.) GEOSIN.: Esp. *cacahuete;* Méx. *cacahuate.* **2.** Fruto de esta planta. GEOSIN.: Esp. *cacahuete;* Méx. *cacahuate.*

manía s.f. (gr. *mania,* locura). Idea obsesiva. **2.** Costumbre o aprensión injustificada: *la manía de mirar bajo la cama al acostarse.* **3.** Gusto excesivo, afición exagerada por algo: *desde que le dio la manía del fútbol no vivimos tranquilos.* **4.** *Fam.* Ojeriza: *el profesor me tiene manía.* **5.** PSICOPATOL. Estado de sobreexcitación del psiquismo, caracterizado por la aceleración desordenada del pensamiento, la euforia, el ludismo y los desbordamientos instintuales. ◇ **Manía persecutoria** PSICOPATOL. Delirio de persecución.

maníaco, a o **maniaco, a** adj. y s. (bajo lat. *maniacus,* del gr. *manikós,* loco). PSICOPATOL. Que padece manías.

maníaco-depresivo, a o **maniacodepresivo, a** adj. PSICOPATOL. Se dice de una psicosis caracterizada por una alternancia de fases de excitación maníaca y de depresión melancólica, y de los enfermos que la padecen.

maniatar v.tr. Atar las manos.

maniático, a adj. y s. Que tiene manías o tiene alguna manía.

manicero, a s. Persona que vende maní.

manicomio s.m. (del gr. *mania,* locura, y *komein,* cuidar). Hospital para enfermos mentales.

manicorto, a adj. y s. *Fam.* Poco generoso.

manicura s.f. Cuidado de las manos y las uñas.

manicurista s.m. y f. Antillas, Colomb., Méx., Pan. y Perú. Manicuro.

manicuro, a s. Persona que tiene por oficio cuidar y embellecer las manos, especialmente las uñas.

manido, a adj. (p. ant. de *maner,* permanecer). *Fig.* Falto de originalidad, repetido excesivamente. **2.** Ajado por el uso excesivo. **3.** Se dice de las comidas que empiezan a descomponerse.

manierismo s.m. Estilo artístico que, bajo la influencia de la *maniera* (estilo) de los grandes maestros del renacimiento clásico, fundamentalmente de Miguel Ángel, fue practicado principalmente por un grupo de artistas italianos y europeos del s. XVI. (El manierismo se caracterizó por unos efectos sofisticados de refinamiento o de énfasis, y en ocasiones por una tendencia a lo fantástico. En España destacaron, entre los pintores, Pedro Machuca, Pedro de Campaña, Luis de Morales y, sobre todo, El Greco; entre los escultores, Alonso Berruguete, Juan de Juni y Gaspar Becerra; en arquitectura, Juan de Herrera, autor de El Escorial.) **2.** PSIQUIATR. Trastorno de la expresión en que la palabra, gesto, escritura, etc., ordinarios se ven sobrecargados de movimientos complicados, superfluos y discordantes.

manierista adj. y s.m. y f. Relativo al manierismo; artista adscrito a este estilo artístico.

manifestación s.f. Acción y efecto de manifestar o manifestarse. **2.** Demostración colectiva, generalmente al aire libre, en favor de una opinión o de una reivindicación. **3.** HIST. Provisión por la que la justicia de Aragón colocaba bajo su protección a todo natural de Aragón que, sometido a procedimiento judicial, corriese peligro de coacción o violencia.

manifestante s.m. y f. Persona que participa en una manifestación.

manifestar v.tr. y prnl. [conj.: *pensar*]. Dar a conocer por medio de la palabra: *manifestó sus sentimientos.* **2.** Mostrar, hacer patente. ◆ v.tr. Expresar algo de forma solemne y pública para que se difunda. ◆ **manifestarse** v.prnl. Participar en una manifestación, demostración colectiva.

manifiesto, a adj. (lat. *manifestus*). Evidente, cierto: *una tendencia manifiesta al empeoramiento.* ◆ s.m. Declaración escrita por la cual un partido, un grupo de escritores o de artistas, etc., define sus opiniones, su programa, o justifica su acción pasada. **2.** Obra que equivale a tal declaración. **3.** Lista completa y detallada de todos los bultos y mercancías que forman el cargamento de un buque. **4.** Documento de a bordo de un avión, principalmente, el itinerario del vuelo, el número de pasajeros y la cantidad de carga o flete transportada. ◇ **Poner de manifiesto** Manifestar algo, darlo a conocer.

manigordo s.m. C. Rica. Ocelote.

manigua s.f. En las Antillas, terreno húmedo cubierto de malezas.

manigüero, a adj. y s. Relativo a la manigua. **2.** Mambí.

manija s.f. Mango de utensilios o herramientas. **2.** Órgano de maniobra de una cerradura. **3.** Abrazadera de metal. **4.** Cuero o paño que ciertos obreros se ponen en la mano izquierda para no lastimarse. **5.** TAUROM. Puño del rejón.

manila s.m. Cigarro elaborado en las islas Filipinas.

manilargo, a adj. Que tiene las manos largas. **2.** *Fig.* Aficionado al hurto. **3.** *Fig.* Liberal, generoso, pródigo.

manileño, a adj. y s. De Manila.

manilla s.f. (ital. *maniglia*). Pulsera de adorno. **2.** Anilla de hierro que se pone a los presos en las muñecas. **3.** Manecilla del reloj. **4.** Anillo abierto por uno de sus extremos, empleado para reunir dos ramales de cadena entre sí.

manillar s.m. Esp. y Urug. Manubrio de la bicicleta o motocicleta.

maniobra s.f. (fr. *manoeuvre*). Operación o serie de movimientos que se hacen para poner en funcionamiento o dirigir el manejo de una máquina, instrumento, etc. **2.** *Fig.* Operación que, con habilidad y malicia, se lleva a cabo para conseguir un determinado fin. **3.** F.C. Cada una de las operaciones que se hacen en las estaciones para la carga y descarga de los vagones de mercancías, para la formación de nuevos trenes, etc. **4.** MAR. Conjunto de cabos y aparejos de un buque, de un palo, etc. ◆ **maniobras** s.f.pl. MIL. Evoluciones y simulacros en que se ejercita la tropa.

maniobrar v.intr. y tr. (fr. *manoeuvrer*). Hacer maniobras.

maniota s.f. (de un cruce entre *manear* y *maniatar*). Cuerda o cadena con que se atan las manos de una bestia para que no huya.

manipulación s.f. Acción y efecto de manipular.

manipulador, ra adj. y s. Que manipula. ◆ s.m. Aparato empleado en la telegrafía eléctrica para transmitir despachos en alfabeto Morse, mediante el establecimiento o interrupción de la corriente.

manipular v.tr. (bajo lat. *manipulare*). Operar con las manos, o con cualquier instrumento, ciertas sustancias para obtener un resultado: *manipular alimentos.* **2.** *Fig.* y *fam.* Gobernar los asuntos propios o ajenos. **3.** *Fig.* Influir voluntariamente sobre personas, colectividades, etc., a través de medios de presión o información. **4.** Manejar el manipulador de un telégrafo para transmitir las señales.

manipuleo s.m. *Fam.* Acción y efecto de manipular.

manípulo s.m. (lat. *manipulus,* haz, puñado). Tercera parte de una cohorte romana, formada aproximadamente por 200 hombres. **2.** Ornamento litúrgico que el celebrante lleva en el brazo izquierdo.

maniqueísmo s.m. Doctrina de Manēs, fundada sobre un gnosticismo dualista. (Fue una religión rival del cristianismo hasta la edad media. Su influencia entre los bogomilas y los cátaros fue notable.) **2.** Visión de la realidad reducida a dos principios opuestos, especialmente el bien y el mal.

maniqueo, a adj. y s. Relativo al maniqueísmo; partidario de esta doctrina. **2.** Que reduce estrictamente la explicación de la realidad a dos principios opuestos.

maniquete s.m. (ital. *manichetto*). Mitón, especialmente el de tul negro con calados y labores. **2.** Manija de segador que cubre solo hasta la mitad de los dedos.

maniquí s.m. (del fr. *mannequin*) [pl. *maniquíes* o *maniquís*]. Muñeco de figura humana o armazón que sirve para probar, arreglar o exhibir prendas de ropa. **2.** B. ART. Armadura de metal o figurín de madera, articulado, susceptible de tomar todas las actitudes de una persona o animal. ◆ s.m. y f. Esp. Modelo, persona que exhibe trajes.

manir v.tr. (de *manido*) [conj.: *abolir*]. Hacer que algunos alimentos, especialmente la carne, se pongan tiernos y sazonados, dejándolos cierto tiempo preparados con el condimento necesario.

manirroto, a adj. y s. Derrochador, pródigo.

manita s.f. Dim. de mano. **2.** QUÍM. Sustancia orgánica con seis funciones alcohol, de sabor azucarado, que se encuentra en el maná del fresno. ◇ **Árbol de las manitas** Árbol ornamental que crece en México, de flores rojas, que semejan una mano abierta. (Familia esterculiáceas.) **Hacer manitas** Esp. *Fam.* Acariciarse las manos una pareja. **Manita de gato** Méx. Arreglo rápido y superficial de algo o alguien: *dar una manita de gato a la casa.*

manitas s.m. y f. (pl. *manitas*). Esp. *Fam.* Persona mañosa.

manito, a s. Méx. *Fam.* Tratamiento de confianza que se emplea para dirigirse a hermanos o amigos: *manito, me caes muy bien*; *oye manita, préstame dinero.*

manivela s.f. (fr. *manivelle*). Palanca acodada en ángulo recto, por medio de la cual se imprime un movimiento de rotación al eje del que es solidaria. **2.** Parte de una máquina, que transforma un movimiento rectilíneo alternativo en un movimiento circular continuo. **3.** Parte del plato de la bicicleta que lleva el pedal. ◇ **Primera vuelta de manivela** Primera sesión de rodaje de una película.

manjar s.m. (del cat. ant. u occitano *manjar,* comer). Cualquier comida, especialmente la exquisita y muy bien preparada. **2.** Chile y Pan. Dulce de leche.

manjarete s.m. Cuba y Venez. Dulce hecho de maíz tierno

rallado, cocido con leche y azúcar, que se cuaja al enfriarse. (En Venezuela se prepara con pulpa de coco.)

1. **mano** s.f. Parte del cuerpo humano que va desde la muñeca hasta la punta de los dedos. **2.** En algunos animales, extremidad cuyo dedo pulgar se opone a los demás. **3.** En los cuadrúpedos, cada una de las patas delanteras. **4.** Cada uno de los dos lados, derecho e izquierdo, respecto del que habla. **5.** Persona que ejecuta una cosa: *la mano asesina; se necesitarán todas las manos posibles.* **6.** Capacidad o poder para actuar: *la solución está en su mano.* **7.** Habilidad, destreza. **8.** Intervención: *falta la mano de un especialista.* **9.** Reprensión, castigo: *¡buena mano le espera!* **10.** Cada operación que se hace de una vez en algún trabajo en que se realizan varias repetidas: *dar una mano de jabón.* **11.** Capa de pintura o barniz: *esta pared tiene dos manos de blanco y una de color.* **12.** Cada jugada parcial de una partida en la que se gana o pierde algún tanto. **13.** En ciertas expresiones, mujer que se pretende formalmente por esposa: *petición de mano; pedir la mano.* **14.** Majador que se usa para moler o desmenuzar: *la mano del mortero.* **15.** Manecilla o aguja del reloj. **16.** Amér. Central, Antillas, Ecuad. y Perú. Cada uno de los gajos de varios frutos que forman el racimo de bananas. **17.** Chile, C. Rica y Hond. Aventura, percance. **18.** CONSTR. Sentido de giro de las puertas: *puerta de mano derecha.* **19.** DEP. En fútbol, falta que se comete cuando un jugador toca el balón con la mano o con el brazo. (Suele usarse en plural.) **20.** PAPEL. Conjunto de veinticinco pliegos de papel o vigésima parte de una resma, equivalente a cinco cuadernillos. ◇ **A mano** Sin máquinas: *hecho a mano;* en lugar fácilmente asequible: *tener a mano.* **A mano armada** Con armas: *atraco a mano armada.* **A manos llenas** Generosamente, en gran abundancia. **Bajo,** o **por debajo, mano** De manera oculta o secreta. **Caérsele a alguien la mano** Méx. *Fam.* Ser homosexual. **Cargar la mano** Echar un condimento o ingrediente en exceso. **Con la mano a la cintura** Méx. *Fam.* Con extrema facilidad. **Con las manos en la masa** En el mismo momento de estar cometiendo una falta o delito. **Dar la mano** Saludar a alguien tendiéndole la mano; agarrar la mano de una persona para caminar, acompañarla, etc. **De la mano** Agarrada una mano con la de otro. **De mano en mano** De una persona a otra. **De primera mano** De la persona que lo ha hecho o de la fuente de origen, sin intermediarios. **De segunda mano** Después de haberlo tenido o usado otro; no directamente, a través de otro. **Doblar las manos** Méx. Darse por vencido o ceder en algo: *después de mucho insistir dobló las manos y nos dejó salir.* **Echar una mano** Ayudar. **Estar,** o **quedar, a mano** Méx. Estar, o quedar, en igualdad de condiciones dos o más personas, sin que haya deuda alguna entre ellas: *con esto ya quedamos a mano.* **Ganar por la mano a alguien** Anticipársele en hacer algo. **Llegar,** o **venir, a las manos** Pegarse en una disputa. **Mano a mano** En compañía, con familiaridad y confianza. **Mano de obra** Trabajo físico incorporado al proceso productivo de una empresa; total de fuerza de trabajo disponible en una región o país. **Mano derecha** Persona que es muy útil a otra como auxiliar o colaborador. **Mano dura** Severidad o dureza en el trato o en el mando. **Mano izquierda** Habilidad o astucia para resolver asuntos difíciles. **Mano muerta** HIST. Entidad que tenía prohibido enajenar los bienes raíces que constituían su dotación permanente. **Mano negra** Méx. Intervención indebida de alguien en algo en lo que no tiene derecho de participar. **Manos libres** Dispositivo que permite la utilización de un teléfono o una radio sin necesidad de sostenerlos en la mano. **Meter mano** Investigar algo o a alguien para descubrir un asunto ilegal; tocar a otra persona buscando placer sexual. **Ser mano** Ser el primero en participar en un juego. **Traer entre manos algo** Estar ocupándose en ello. **Un mano a mano** TAUROM. Corrida en que solo actúan dos diestros en competencia. **Untarle la mano a alguien** Esp. y Méx. *Fam.* Darle dinero para sobornarlo. **Venir a mano** Tener oportunidad o facilidad para algo.

2. **mano, a** s. Méx. Manito.

manobrar v.tr. Chile. Maniobrar.

manógrafo s.m. Manómetro registrador.

manojear v.tr. Cuba. Hacer manojos de hojas de tabaco.

manojeo s.m. Amér. Operación que consiste en formar manojos de las hojas de tabaco, atándolos por su base.

manojo s.m. (lat. vulgar *manuculus,* del lat. *manipulus, -upulus,* puñado). Conjunto de cosas, casi siempre alargadas, que pueden agarrarse de una vez con la mano. **2.** Amér. Atado de tabaco en rama, que tiene aproximadamente dos libras. ◇ **Ser un manojo de nervios** *Fig.* Ser muy nervioso.

manoletina s.f. (de *Manolete,* matador de toros). TAUROM. Pase de adorno en que el torero, que lleva la muleta detrás, asido el palo con la mano derecha y una punta del paño con la izquierda, cita al toro de frente y le pasa aquella por encima de la cabeza.

manolo, a s. Majo.

manometría s.f. FÍS. Medida de las presiones de los fluidos.

manométrico, a adj. Relativo a la manometría.

manómetro s.m. (del gr. *manós,* raro, poco denso, y *métros,* medida). Instrumento que sirve para medir la presión de un fluido.

manopla s.f. Pieza de la armadura con que se protegía la mano y el puño. **2.** Guante sin separaciones para los dedos, salvo el pulgar. **3.** Tira de suela o trozo de cuero que rodea y envuelve la mano para no dañarse en el trabajo. **4.** Guante aislante empleado para asir utensilios calientes. **5.** Argent., Chile y Perú. Llave inglesa, arma de hierro en forma de eslabón.

manorreductor s.m. Dispositivo que permite reducir la presión de un fluido comprimido a la presión de uso.

manosa s.f. Glúcido derivado de la manita.

manosear v.tr. y prnl. Tocar repetidamente una cosa con las manos, con riesgo de ajarla o deslucirla. **2.** Argent. Tratar reiterada e imprudentemente un tema o la conducta de una persona para que caiga en descrédito. ◆ v.tr. *Fig.* Insistir demasiado en un asunto o utilizar algo reiterativamente.

manoseo s.m. Acción y efecto de manosear.

manóstato s.m. Aparato que sirve para mantener una presión constante.

manotazo s.m. Golpe dado con la mano.

manotear v.tr. Dar manotazos. ◆ v.intr. Mover las manos exageradamente al hablar.

manoteo s.m. Acción y efecto de manotear.

manquear v.intr. Estar manco.

manquedad s.f. Circunstancia de ser manco. SIN.: *manquera.* **2.** *Fig.* Falta o defecto. SIN.: *manquera.*

mansalino, a adj. Muy grande, extraordinario.

mansalva (a) loc. En gran cantidad.

mansarda s.f. Cubierta con vertientes quebradas, de las cuales la inferior es más empinada que la superior, separadas por una arista en lima tesa. **2.** Amér. Buhardilla, desván.

manseque s.m. Chile. Baile infantil.

mansión s.f. (lat. *mansio, -onis,* permanencia, vivienda). Casa, especialmente la suntuosa. ◇ **Mansiones del cielo** Conjunto de las doce divisiones iguales del cielo, correspondientes a los signos del Zodiaco.

1. **manso** s.m. (bajo lat. *mansus,* finca, villa). Unidad de explotación agrícola, integrada generalmente por la vivienda del campesino y las tierras que cultivaba.

2. **manso, a** adj. (lat. vulgar *mansus, -a,* de *mansuetus,* domesticado). Benigno, apacible. **2.** Se dice de los animales que no son bravos: *las mansas ovejas.* **3.** Sosegado, apacible: *las mansas aguas del río.* **4.** Chile. *Vulg.* Grande, extraordinario. ◆ s.m. Cabestro, animal macho que sirve de guía a los demás del rebaño.

mansurrear v.intr. TAUROM. Mostrar el toro cualidades de manso.

mansurrón, na adj. *Fam.* Muy manso. **2.** TAUROM. Se dice del toro poco bravo y dócil para la lidia.

1. **manta** s.f. (de *manto*). Pieza de lana o algodón grueso,

de forma rectangular, que sirve para abrigarse, especialmente en la cama. GEOSIN.: Amér. Central. *chiva;* Méx. y Venez. *cobija.* **2.** Tela ordinaria de algodón, que se fabrica y usa en México. **3.** Cubierta que sirve de abrigo a la caballería. **4.** Costal de pita que se usa en las minas de América para transportar los minerales. **5.** *Fig.* Tunda, somanta. **6.** Cierto baile popular colombiano. ◇ **Liarse la manta a la cabeza** Esp. Tomar una decisión aventurada. **Tirar de la manta** Esp. Descubrir algo que se desearía mantener en secreto.

2. **manta** s.f. Pez de cuerpo aplanado, parecido a la raya, que puede alcanzar una envergadura de 8 m

3. **manta,** pueblo amerindio precolombino de la costa de Manabí (Ecuador) de lengua puruhá-mochica. Agricultores, tejedores y comerciantes, trabajaban el cobre, el oro y la plata, y eran muy religiosos; ofrecían sacrificios, incluso humanos, a sus dioses (el mar, el jaguar y la serpiente), y enterraban a los muertos en pozos profundos.

mantaca s.f. Chile. Manta de hilos gruesos, que se usa para abrigo en los campos.

mantalona s.f. MAR. Tela fuerte de algodón, que se usa para hacer velas.

mantazo s.m. TAUROM. Lance dado con la muleta sin sujeción a las reglas del arte.

manteado s.m. Amér. Central. Tienda de campaña.

manteamiento s.m. Acción de mantear. SIN.: *manteo.*

mantear v.tr. Hacer saltar repetidas veces a una persona o pelele sobre una manta sostenida entre varios. ◆ **mantearse** v.prnl. Chile. Convertirse en manto una veta de metal.

manteca s.f. Grasa de los animales, especialmente la del cerdo. **2.** Sustancia grasa de la leche, especialmente una vez separada de ella. **3.** Grasa del cuerpo humano cuando es excesiva. (Suele usarse en plural.) **4.** Pomada. **5.** QUÍM. Glicérido sólido a la temperatura ordinaria. ◇ **Manteca de cacao** Materia grasa extraída de las bayas del cacao.

mantecada s.f. Bollo de harina de flor, huevos, azúcar y mantequilla, que suele cocerse en un molde cuadrado de papel.

mantecado s.m. Helado elaborado con leche, huevos y azúcar. **2.** Esp. Pasta hecha a base de harina, azúcar, huevo y manteca de cerdo.

mantecoso, a adj. Que tiene mucha manteca. **2.** Semejante a la manteca.

manteísta s.m. Nombre dado a los estudiantes de las universidades, que vestían ropas talares.

mantel s.m. (lat. *mantele,* toalla). Pieza de tela con que se cubre la mesa para comer. ◇ **Mantel de altar** Lienzo con que se cubre el altar.

mantelería s.f. Juego de mantel y servilletas.

manteleta s.f. Esclavina con las puntas de delante largas, que usan las mujeres para abrigarse o como adorno.

mantelete s.m. Pieza de tela o de malla de una armadura que protegía la nuca y parte de la espalda. **2.** Tablero grueso, forrado de chapa, que servía de resguardo contra los tiros del enemigo.

mantellina s.f. Mantilla para la cabeza.

mantelo s.m. (voz gallega). Especie de delantal de paño que suelen llevar las aldeanas en algunas provincias del N de España.

mantenedor, ra s. Persona que tenía por misión el cumplimiento de las leyes en las justas, torneos, etc. **2.** En algunos certámenes, especialmente los Juegos florales, persona que pronuncia el discurso en nombre del jurado.

mantener v.tr. y prnl. [conj.: *tener*]. Costear las necesidades económicas de alguien, especialmente las de alimentación: *mantener a la familia.* **2.** Conservar una cosa en su ser o estado: *mantener el fuego encendido; mantenerse en pie.* ◆ v.tr. Sostener algo para que no se caiga o se deforme. **2.** Proseguir en lo que se está haciendo: *mantener el contacto.* **3.** Defender una opinión o sistema: *mantengo lo dicho.* ◆ **mantenerse** v.prnl. Perseverar en una acción o posición: *mantenerse firme en una idea.*

mantenido, a s. *Vulg.* Persona que vive a expensas de otra, especialmente cuando mantiene con ella relaciones sexuales.

mantenimiento s.m. Acción y efecto de mantener o mantenerse. **2.** Acción de reparar y mantener o conservar en buen estado el material y las instalaciones de edificios, industrias, etc.: *servicio de mantenimiento.* **3.** Alimento, comida, sustento.

1. **manteo** s.m. Manteamiento.

2. **manteo** s.m. (fr. *manteau*). Capa larga que llevan los eclesiásticos sobre la sotana.

mantequera s.f. Recipiente en que se sirve la mantequilla. **2.** Aparato con el que se hace la mantequilla

mantequería s.f. Lugar donde se elabora la mantequilla. **2.** Establecimiento donde se vende mantequilla y otros productos comestibles.

mantequero, a adj. Relativo a la manteca. ◆ s. Persona que tiene por oficio hacer o vender mantequilla.

mantequilla s.f. Sustancia grasa, de color amarillo claro, que se obtiene de la crema de leche de vaca batiéndola o agitándola.

mantequillera s.f. Amér. Mantequera.

mantequillero, a s. Amér. Mantequero.

mantés, sa adj. y s. *Fam.* Pícaro, pillo.

mántica s.f. Conjunto de artes adivinatorias.

mantilla s.f. Prenda femenina, generalmente de encaje, tul o seda, que cubre la cabeza y, a veces, parte del vestido. **2.** Pieza de tela gruesa con que se envuelve a los niños por encima de los pañales. ◆ **mantillas** s.f.pl. Regalo hecho por un príncipe a otro a quien le nace un hijo. ◇ **Estar en mantillas** Estar poco adelantado o muy ignorante respecto a ciertas cosas.

mantillo s.m. Parte orgánica del suelo formada por la descomposición parcial de materias animales y vegetales. **2.** Abono resultante de la fermentación y putrefacción del estiércol.

mantis s.f. Santateresa, insecto.

mantisa s.f. (lat. *mantisa,* ganancia). MAT. Fracción decimal que sigue a la característica de un logaritmo

manto s.m. (lat. tardío *mantum,* manto corto). Prenda amplia que se coloca sobre la cabeza o los hombros y cubre todo el cuerpo o parte de él. **2.** Velo negro, generalmente de crespón, llevado por las mujeres, en algunos lugares, en señal de luto. **3.** *Fig.* Lo que protege, encubre u oculta una cosa. **4.** GEOL. Parte del globo terrestre comprendida entre la corteza y el núcleo. **5.** HERÁLD. **a.** Pieza formada por dos líneas diagonales que parten de los ángulos del jefe. **b.** Adorno exterior del escudo formado por una capa o cortina escarlata. **6.** MIN. Capa de mineral que yace casi horizontalmente. **7.** ZOOL. **a.** Pelaje de los mamíferos. **b.** En los moluscos, membrana que segrega la concha. ◇ **Arroyada en manto** En las regiones con cobertura vegetal discontinua, escorrentía rápida de las aguas en forma de una delgada película que cubre toda la superficie de una ladera.

mantón s.m. Prenda femenina, generalmente de abrigo, que se lleva sobre los hombros. ◇ **Mantón de Manila** Mantón de seda que lleva motivos ornamentales.

mantuano, a adj. y s. De Mantua.

mantudo, a adj. Se dice del ave cuando tiene las alas caídas y con aspecto parecido a una capa o mantón.

manual adj. (lat. *manualis*). Que se hace con las manos: *trabajo manual.* **2.** Se dice del dispositivo que necesita la intervención de una persona (por oposición a *dispositivo mecánico*). ◆ s.m. Libro en que se resume lo más sustancial de una materia.

manualidad s.f. Trabajo realizado con las manos. ◆ **manualidades** s.f.pl. Trabajos manuales de los escolares.

manuar s.m. TEXT. En hilatura mecánica, máquina que efectúa una operación combinada de estirado y doblado de la materia textil que sale de las cardas.

manubrio s.m. (lat. *manubrium*). Empuñadura o manija de un instrumento. **2.** Argent., Chile, Cuba y Méx. Pieza de la bicicleta o la motocicleta en la que se apoyan las manos y sirve para guiarlas. GEOSIN.: Esp. y Urug. *manillar.* **3.** Chile. Volante del automóvil. **4.** ANAT. **a.** Parte superior del esternón. **b.** Apófisis inferior del martillo. **5.** MÚS. Organillo.

manuela s.f. Vehículo de alquiler abierto y tirado por un caballo que se utilizaba en Madrid.

manuelino, a adj. Se dice de un arte arquitectónico y decorativo complejo que se desarrolló en Portugal a finales del s. XV y principios del s. XVI, en especial bajo el reinado de Manuel I.

manufactura s.f. Obra hecha a mano o con la ayuda de una máquina. **2.** Fábrica, lugar donde se fabrica algo. **3.** Empresa o equipo industrial dedicado a algunas actividades fabriles consideradas ligeras. **4.** Conjunto de estas empresas de una región, zona o país. ◇ **Manufactura real** HIST. Manufactura que gozaba de privilegios reales o que era financiada directamente por la real hacienda.

manufacturable adj. Que puede ser manufacturado, o utilizarse como materia prima en las manufacturas.

manufacturar v.tr. Fabricar.

manumisión s.f. HIST. En Roma y en la edad media, liberación legal de un esclavo o de un siervo.

manumiso, a adj. Esclavo que consigue la libertad.

manumitir v.tr. Dar libertad a un esclavo.

manuscribir v.tr. Escribir a mano.
OBS.: participio: *manuscrito.*

manuscrito s.m. Documento o libro escrito a mano, especialmente el de algún valor o antigüedad.

manutención s.f. Acción y efecto de mantener o mantenerse. **2.** Alimento que se consume para mantener o mantenerse. **3.** Desplazamiento, manual o mecánico, de las materias primas, mercancías y otros materiales en los talleres, almacenes y demás dependencias de una industria o un comercio.

manutener v.tr. [conj.: *tener*]. Mantener o amparar.

manzana s.f. (del lat. *mala mattiana,* cierta clase de manzanas). Fruto comestible del manzano, de forma globosa algo hundida por los extremos del eje. **2.** Unidad topográfica mínima, representada por el bloque de casas delimitado en sus cuatro frentes por calles. ◇ **Manzana de Adán** Nuez de la garganta. **Manzana de la discordia** Cualquier cosa que origina discusiones o luchas.

manzanal s.m. Manzanar. **2.** Manzano.

manzanar s.m. Terreno plantado de manzanos.

manzanero s.m. Ecuad. Manzano.

manzanil adj. Que se parece a la manzana por el color o la figura.

manzanilla s.f. Planta herbácea aromática, cuyas flores, con centro amarillo y circunferencia blanca, tienen propiedades medicinales. (Familia compuestas.) **2.** Flor de esta planta. **3.** Infusión de flores de manzanilla que se toma como digestivo. **4.** Fruto del manzanillo. (También *aceituna manzanilla.*) **5.** Vino blanco, variante del jerez, que se hace principalmente en Sanlúcar de Barrameda (España).

manzanillo, a adj. y s.m. Se dice de cierto olivo que produce una aceituna pequeña. ◆ s.m. Árbol originario de las Antillas y de América ecuatorial, de flores blanquecinas y fruto semejante a la manzana, cuyo jugo, cáustico, es muy venenoso. (Familia euforbiáceas.)

manzano s.m. Árbol de la familia rosáceas, cuyo fruto, la manzana, es una drupa con pepitas, comestible, redonda y carnosa. **2.** Méx. y P. Rico. Variedad de banano, de fruto pequeño y muy dulce.

maña s.f. Destreza, habilidad: *tiene maña para peinarse.* **2.** Ardid, astucia: *emplea todas sus mañas para convencerlo.* (Suele usarse en plural.) **3.** Mala costumbre, resabio: *después de la enfermedad le han quedado muchas mañas.* (Suele usarse en plural.) ◇ **Darse maña** Ingeniarse para hacer algo con habilidad.

mañana s.f. (del lat. *hora maneana,* en hora temprana). Parte del día que transcurre desde el amanecer hasta el mediodía: *desayunar a media mañana.* **2.** Madrugada, horas que siguen a la medianoche hasta que sale el sol: *acostarse a las tres de la mañana.* ◆ s.m. Tiempo futuro, pero indeterminado. ◆ adv.t. En el día que seguirá inmediatamente al de hoy. **2.** *Fig.* En tiempo futuro. ◇ **De mañana** Al amanecer, en las primeras horas del día. **Pasado mañana** En el día que seguirá inmediatamente al de mañana.

mañanear v.intr. Madrugar.

mañanero, a adj. Madrugador. **2.** Matutino.

mañanita s.f. Principio de la mañana. **2.** Manteleta que usan las mujeres sobre el camisón. ◆ **mañanitas** s.f.pl. Méx. Composición musical que se canta para celebrar el cumpleaños o la onomástica de alguien.

mañerear v.intr. Argent. y Chile. Usar un animal malas mañas. **2.** Argent. y Urug. *Vulg.* Obrar, proceder con malas intenciones.

mañería s.f. HIST. En la edad media, en los reinos de León y Castilla, prestación económica satisfecha al señor por el colono estéril (mañero) para poder transmitir por herencia el predio cultivado.

mañero, a adj. (hispano-lat. *mannarius,* de *mannus,* mulo, estéril). Sagaz, astuto. **2.** Fácil de tratar, hacer o manejar. **3.** Argent. Que tiene malas mañas o resabios. **4.** Argent. *Fam.* Mañoso.

mañíu s.m. Chile. Árbol parecido al alerce, de hasta 20 m de alt., cuya madera es muy apreciada.

maño, a s. Esp. *Fam.* Aragonés.

mañosear v.intr. Chile y Perú. Actuar con maña y resabio.

mañoso, a adj. Que tiene maña o habilidad.

maoísmo s.m. Doctrina política que se inspira en el pensamiento de Mao Zedong.

maoísmo

El maoísmo adopta el análisis histórico y dialéctico del marxismo, pero su principio fundamental es la combatividad y creatividad de las masas. Subraya la importancia del desarrollo económico, basado en la industria y en la agricultura por igual. Surgió tras los desacuerdos ideológicos de China con la URSS (1961) y su difusión en Europa tuvo lugar en la década de 1960 (especialmente desde 1968). Adquirió, por un lado, el carácter de renovación de los principios ideológicos del marxismo-leninismo y, por otro, de arma política inmediata para la revolución en occidente.

maoísta adj. y s.m. y f. Relativo al maoísmo; partidario de esta doctrina.

maorí adj. y s.m. y f. De un pueblo polinésico de Nueva Zelanda. ◆ s.m. Lengua del grupo polinesio, hablada por dicho pueblo.

mapa s.m. (del lat. *mappa mundi,* mapamundi, de *mappa,* pañuelo, y *mundus,* mundo). Representación convencional, sobre un plano, de la distribución de fenómenos geográficos, geológicos, etc. ◇ **Mapa astronómico** ASTRON. Representación, sobre un plano, de una porción de cielo estrellado o de un objeto celeste. **Mapa mudo** Mapa que no tiene escrita la toponimia.

mapache s.m. Mamífero carnívoro fisípedo de América del Norte, apreciado por su pelaje, de color gris amarillento. (Familia prociónidos.) SIN.: *oso lavador.*

mapachín s.m. Amér. Central. Mapache.

mapalé s.m. Danza típica de Colombia.

mapamundi s.m. (del lat. *mappa mundi,* de *mappa,* pañuelo, y *mundus,* mundo). Mapa que representa el globo terráqueo dividido en dos hemisferios. ◇ **Mapamundi celeste** Mapa de la bóveda celeste sobre el que figuran las constelaciones.

mapeo s.m. GENÉT. Realización de un mapa genético.

mapuche adj. y s.m. y f. De un pueblo amerindio del grupo araucano que vive en comunidades entre los ríos Salado y Toltén (Chile). [Sus líderes mantienen un contencioso territorial con el gobierno chileno.] **2.** Araucano.

mapuey s.m. Ñame.

maque s.m. (japonés *makie,* barniz de oro o plata). Laca.

maquear v.tr. Adornar muebles u otros objetos con pinturas o dorados, usando para ello el maque. ◆ **maquearse** v.prnl. *Fig.* y *fam.* Acicalarse, engalanarse.

maqueta s.f. (fr. *maquette*). Primer bosquejo, en cera arcilla, etc., de una escultura. **2.** Representación en tres dimensiones a escala reducida, pero fiel en sus proporciones y su aspecto, de un aparato, un edificio, un decorado, etc. **3.** IMPR. Boceto o modelo de un libro o parte de él que sirve de guía antes de imprimir. **4.** Esp. MÚS. Producto del registro de sonidos, generalmente sobre soporte magnético, a partir del cual se organiza la composición sonora previa a la grabación de un disco.

maquetista s.m. y f. Profesional que reproduce cualquier objeto con arreglo a un plano o dibujo, y a una escala dada. **2.** Profesional de artes gráficas que realiza las maquetas.

1. **maqui** s.m. (voz mapuche). Arbusto, de flores grandes y frutos redondeados, de color rojo, dulces y astringentes, con los que se hacen confituras. (Familia eleocarpáceas.)

2. **maqui** s.m. → **maquis.**

maquia o **maquí** s.m. En las regiones mediterráneas, comunidad vegetal bastante exuberante y densa que caracteriza los suelos silíceos de los macizos antiguos, formada por arbustos, como el laurel, el endrino, la retama, el boj, las jaras, el madroño, el mirto y los brezos, así como plantas sufruticosas, como el romero y el tomillo.

maquiavélico, a adj. Astuto o hábil para conseguir algo con engaño y falsedad.

maquiavelismo s.m. Doctrina política de Maquiavelo. **2.** Política desprovista de moral. **3.** Conducta retorcida y sin escrúpulos.

maquiavelista adj. y s.m. y f. Que sigue las máximas de Maquiavelo.

maquila s.f. (ár. vulgar *makîla,* medida). Porción de grano, harina o aceite que corresponde al molinero por la molienda y medida con que se mide dicha porción. **2.** HIST. Durante el Antiguo régimen, gabela que tenían que satisfacer al señor los habitantes de sus dominios por moler el trigo en el molino señorial.

maquiladora s.f. y adj. Méx. Taller donde se maquilan ciertos productos: *maquiladora de ropa.*

maquilar v.tr. Méx. Realizar para una fábrica aquellos pasos del proceso de fabricación de un producto, que requieren trabajo manual o unitario.

maquillador, ra s. Persona que tiene por oficio maquillar.

maquillaje s.m. Acción y efecto de maquillar. **2.** Técnica de maquillar. **3.** Producto cosmético que da color uniforme al rostro.

maquillar v.tr. y prnl. (fr. *maquiller*). Aplicar cosméticos al rostro o a una parte de él (ojos, cejas, pestañas, labios, pómulos, etc.) para disimular imperfecciones o resaltarlos, o para caracterizar.

máquina s.f. (lat. *machina,* artificio, maquinación). Aparato o conjunto de aparatos capaces de efectuar un trabajo o de llevar a cabo una función, ya sea dirigida por un operador, ya sea de forma autónoma. **2.** Tramoya del teatro. **3.** Bicicleta, motocicleta o automóvil de carreras. **4.** Esp. Estilo musical destinado al baile que se caracteriza por su ritmo veloz y repetitivo. **5.** F.C. Locomotora. ◇ **A toda máquina** Con la máxima velocidad. **Máquina compuesta** FÍS. Aparato constituido por órganos o mecanismos combinados que se comunican la fuerza progresivamente. **Máquina de vapor** Máquina en que se utiliza el vapor de agua como fuerza motriz. **Máquina simple** FÍS. Aparato destinado a transmitir una fuerza modificando su dirección o su intensidad, como la polea, la palanca o el torno. **Máquina tragaperras** Esp. Máquina que consiste en un juego de azar, en la que se introduce una moneda para conseguir más.

máquina-herramienta s.f. (pl. *máquinas-herramienta*). Máquina destinada a trabajar materiales mediante herramientas movidas mecánicamente.

maquinación s.f. Acción de maquinar.

maquinal adj. Relativo a los movimientos y efectos de una máquina. **2.** *Fig.* Se dice de los actos y movimientos irreflexivos o involuntarios.

maquinar v.tr. (lat. *machinari*). Urdir o tramar.

maquinaria s.f. Conjunto de máquinas para un fin determinado: *renovar la maquinaria de una factoría.* **2.** Conjunto de piezas que componen un mecanismo: *la maquinaria del reloj.*

maquinilla s.f. Dim. de máquina. ◇ **Maquinilla de afeitar** Utensilio compuesto de dos piezas separadas acopladas a un mango, entre las que se inserta una cuchilla u hoja de acero flexible de doble filo, perforada o acanalada en el medio. **Maquinilla eléctrica** Aparato eléctrico para afeitar en seco.

maquinismo s.m. Empleo generalizado de máquinas en sustitución de la mano de obra en la industria.

maquinista s.m. y f. Persona encargada del funcionamiento de una máquina. **2.** F.C. Persona que tiene por oficio el manejo y gobierno de una locomotora de vapor.

maquinita s.f. TEXT. Mecanismo de calada que se usa en los telares cuando la muestra o curso de ligamento que se ha de tejer requiere gran número de lizos o de pasadas.

maquinización s.f. Acción y efecto de maquinizar.

maquinizar v.tr. y prnl. Emplear máquinas para sustituir la mano de obra o para que le sirvan de ayuda.

maquiritare o **makiritare,** pueblo amerindio cazador y cultivador de mandioca, de lengua caribe de Venezuela (est. Bolívar y territorio del Amazonas). [Viven en casas comunales.]

maquis o **maqui** s.m. (pl. *maquis*). Organización guerrillera de las resistencias francesa y yugoslava contra la ocupación alemana durante la segunda guerra mundial, y que combatía contra el régimen franquista en España. ◆ s.m. y f. Guerrillero de esta organización.

mar s.m. o f. (lat. *mare*). Masa de agua salada que cubre la mayor parte de la superficie de la Tierra; cada una de las partes en que se divide: *mar Mediterráneo.* **2.** Marejada u oleaje alto producido por los vientos fuertes. **3.** *Fig.* Abundancia extraordinaria de algo: *debatirse en un mar de dudas.* **4.** ASTRON. Vasta extensión de la superficie de la Luna, que aparece más oscura, deprimida y menos accidentada que los relieves que la rodean. ◇ **Alta mar** Zona del mar que está alejada de la costa y tiene profundidad; DER. parte del mar que no pertenece al mar territorial, ni a las aguas interiores de un estado. **A mares** Mucho, con abundancia: *llover a mares.* **Hombre de mar** Marino, marinero. **La mar de** Esp. Mucho o muy: *la mar de cosas. la mar de contento.* **Mar alta** Mar alborotado. **Mar de fondo** *Fig.* Inquietud o descontento que momentáneamente no trascienden al exterior. **Mar interior** DER. Parte del mar bordeado totalmente por un solo estado, y que se considera dentro de su territorio.

mares y océanos

océano Pacífico	165 000 000 km^2
océano Atlántico	86 000 000 km^2
océano Índico	75 000 000 km^2
océano Glacial Ártico	9 000 000 km^2
mar Mediterráneo y mar Negro	2 000 000 km^2
mar de la China	700 000 km^2
mar del Norte	600 000 km^2

Los mares y océanos cubren 361 300 000 km^2, es decir, el 70,8% de la superficie de la Tierra.

Mar territorial DER. Zona del mar adyacente a la costa de un estado, en la que este ejerce su soberanía.

1. **mara** s.f. *Vulg.* Gente, gentío, muchedumbre. **2.** Grupo organizado de jóvenes, especialmente de origen salvadoreño, que se dedica a actividades delictivas.

2. **mara** s.f. Mamífero roedor de hasta 75 cm de long., que vive en el centro y S de Argentina. (Familia cávidos.)

marabú s.m. (pl. *marabúes*). Ave zancuda de grandes dimensiones, parecida a la cigüeña, originaria de las regiones cálidas de África y Asia, de pico potente y enorme, cuyo cuello está desprovisto de plumas, y que se alimenta de pequeños animales y carroña. (Familia cicónidos.) **2.** Pluma de esta ave. **3.** Adorno confeccionado con estas plumas o con las de otras aves.

marabunta s.f. (voz brasileña que designa una hormiga de la región del Amazonas). Migración masiva de hormigas legionarias del género *Eciton,* que devoran a su paso todo lo comestible que encuentran. **2.** *Fig.* y *fam.* Conjunto de personas reunidas que alborotan o hacen mucho ruido.

maraca s.f. (caribe o arawak *maraka*). Instrumento musical hecho con el fruto vaciado del totumo, en cuyo interior se introducen semillas secas u otros objetos que entrechocan al agitarlo. Actualmente se fabrica con otros materiales (plástico, metal, etc.). **2.** Antillas. Sonajero. **3.** Chile. *Fig.* Ramera. **4.** Chile y Perú. Juego de azar que se juega con tres dados.

maracaibero, a adj. y s. De Maracaibo.

maracayá s.m. Amér. Merid. Mamífero carnívoro, pequeño, de cola larga y piel manchada.

maraco s.m. Chile. Invertido, sodomita.

maracuyá s.m. Fruto comestible de la pasiflora. SIN.: *fruta de la pasión.*

maragota s.m. Pez marino comestible, de hasta 60 cm de long., que vive cerca de las costas rocosas. (Familia lábridos.)

maraña s.f. *Fig.* Enredo de los hilos o del cabello. **2.** Embuste inventado para enredar un asunto o negocio. **3.** Lance intrincado y de difícil resolución. **4.** Maleza, espesura.

marañón s.m. Árbol de Antillas y América Central, de 4 o 5 m de alt., con fruto en forma de nuez y semilla comestible. (Familia anacardiáceas.)

marañones s.m.pl. HIST. Nombre dado por Lope de Aguirre a los soldados que lo siguieron después del asesinato de Pedro de Urzúa.

marañoso, a adj. y s. Enmarañador.

marasca s.f. Árbol cuyo fruto es una cereza, pequeña y de jugo agridulce, con la que se fabrica el licor llamado marrasquino. (Familia rosáceas.)

marasmo s.m. (gr. *marasmós,* agotamiento). Estado de pérdida intensa de vitalidad y actividad de un organismo, que se halla extenuado y caquéctico, como consecuencia de una enfermedad. **2.** Suspensión, inmovilidad física o moral.

maratha adj. y s.m. y f. → **mahratta.**

maratón o **marathon** s.m. (de la batalla de *Maratón*). Carrera pedestre de gran fondo (42,195 km por carretera), que constituye disciplina olímpica. **2.** *Por ext.* Cualquier competición deportiva de resistencia.

maratoniano, a adj. y s. *Fig.* Agotador, que dura mucho: *sesión maratoniana.*

maratónico, a adj. Argent. y Méx. Maratoniano.

maravedí s.m. (ár. *murabati,* relativo a los Almorávides, que acuñaron esta moneda) [pl. *maravedíes, maravedís* o *maravedises*]. Moneda española de diferentes valores y calificativos. **2.** Moneda española antigua de cuenta equivalente a 1/34 parte del real de vellón.

maravilla s.f. (lat. *mirabilia,* de *mirabilis,* extraño). Suceso, persona o cosa extraordinaria, que causa admiración y asombro: *el jardín es una maravilla.* **2.** Admiración, acción de admirar. **3.** Variedad de pasta para sopa, en forma de pequeños granos. **4.** Planta herbácea trepadora de hojas parecidas a las de la hiedra y flores azules con rayas rojas. (Familia convolvuláceas.) ◇ **A las (mil) maravillas** o **a maravilla** Muy bien. **Las siete maravillas del mundo** Las siete obras más notables de la antigüedad: las pirámides de Egipto, los jardines colgantes de Semíramis y las murallas de Babilonia, la estatua de Zeus en Olimpia, el coloso de Rodas, el templo de Artemisa en Éfeso, el mausoleo de Halicarnaso y el faro de Alejandría.

maravillar v.tr. y prnl. Causar admiración o sorpresa.

maravilloso, a adj. Que suscita admiración por sus cualidades extraordinarias o excepcionales.

marbete s.m. Cédula que se adhiere a un objeto para indicar la marca de fábrica, contenido, cualidades, precio, etc. **2.** Cédula pegada en los equipajes de ferrocarril para anotar el punto de destino y el número del registro.

1. **marca** s.f. (de *marcar*). Señal hecha en una persona, animal o cosa, para distinguirla de otras. **2.** Huella, señal. **3.** Acción de marcar. **4.** DEP. Resultado obtenido por un deportista en pruebas de velocidad, distancia, altura, lanzamiento, etc. **5.** DER. Signo o medio material que sirve para señalar los productos de la industria (marca de fábrica o industrial) o del comercio (marca de comercio o mercantil) con el objeto de que el público los conozca y distinga. ◇ **De marca (mayor)** o **de más marca** Indica que lo que se expresa está en su grado máximo: *este niño es un maleducado de marca.* **Marca blanca,** o **libre** o **propia** Marca de productos que pertenece a una cadena de distribución, hipermercado o supermercado, que sirve para comercializar productos de diferentes fabricantes a precios más competitivos. **Marca registrada** Marca de fábrica o de comercio anotada en los registros públicos.

2. **marca** s.f. (del longobardo *markan*). HIST. **a.** En la alta edad media, circunscripción territorial situada en las fronteras del imperio carolingio y destinada a desempeñar el papel de zona de defensa militar. **b.** Provincia surgida de una marca carolingia.

1. **marcación** s.f. Acción y efecto de marcar o marcarse. **2.** SILVIC. Operación de señalar los árboles que se han de cortar o los que han de quedar en pie, mediante la marca que se realiza con el martillo forestal. **3.** TOP. Determinación exacta de la posición de un punto. ◇ **Marcación radiactiva** Introducción de radioelementos en una molécula, una sustancia o un organismo, que permite seguirlos en sus desplazamientos.

2. **marcación** s.f. Cerco en el que encajan puertas y ventanas.

marcado, a adj. Notable, manifiesto, evidente. ◆ s.m. Operación de marcar a un animal con fines de identificación. **2.** IMPR. Operación de colocar en el tablero de las máquinas de imprimir la hoja o pliego de papel.

marcador, ra adj. Que marca. ◆ s.m. Amér. Instrumento para escribir o dibujar, con un cilindro de fibra porosa impregnado de tinta. GEOSIN.: Argent. *resaltador;* Esp. *rotulador.* **2.** DEP. Tablero en el que figuran los nombres de los deportistas o de los equipos y el resultado en puntos o tantos que acumula cada uno de ellos durante el encuentro.

marcaje s.m. DEP. Acción y efecto de marcar al contrario.

marcapasos o **marcapaso** s.m. (pl. *marcapasos*). MED. Aparato eléctrico destinado a provocar la contracción cardíaca cuando esta deja de efectuarse normalmente.

marcar v.tr. Poner una marca a algo o a alguien para que se distinga. **2.** Dejar algo impreso, una huella o señal. **3.** Indicar a alguien la situación o dirección de alguna cosa o el modo de hacerla. **4.** Componer en el teléfono la cifra del número a que se quiere llamar. **5.** Indicar el reloj la hora, o señalar otro aparato el peso, índice, número, cantidad, etc. **6.** Hacer que se noten las separaciones o divisiones en el paso, o el compás en la marcha, la danza, etc.: *marcar el ritmo, el paso.* **7.** Poner el precio a los géneros expuestos en un comercio. **8.** Resaltar o significar lo que a continuación se expresa: *esto marca una gran diferencia de pareceres.* **9.** Bordar en la ropa las iniciales de su dueño. **10.** Dar al cabello una inclinación estable, generalmente después del lavado: *lavar y marcar.* **11.** DEP. **a.** Apuntarse un tanto o gol un jugador o un equipo. **b.** Seguir el juego de un contrario a fin de entorpecer las jugadas que pudieran originarse o producirse en su demarcación. ◆ v.tr. y prnl. Realizar una acción: *marcarse un tango.* ◆ **marcar-**

se v.prnl. Determinar un buque su situación por medio de marcaciones.

marcasita s.f. (ár. *marcašīṯa*). Sulfuro natural de hierro, FeS_2, que cristaliza en el sistema ortorrómbico.

marcear v.tr. Esquilar las bestias. ◆ v.intr. Hacer el tiempo propio del mes de marzo.

marceño, a adj. Relativo al mes de marzo. **2.** Se dice de las simientes o granos que se siembran durante el mes de marzo.

marcescente adj. BOT. Se dice de las flores y de las hojas que se secan o marchitan, sin desprenderse.

marcha s.f. Acción de marchar. **2.** Forma o modo de andar: *marcha atáxica.* **3.** Velocidad del movimiento de una máquina, buque, locomotora, etc.: *disminuir la marcha de un vehículo.* **4.** Manifestación de un conjunto de personas que, andando, demuestran su descontento o su solidaridad con alguien o algo: *marcha ecologista.* **5.** Esp. *Fam.* Energía, actividad: *tener, llevar marcha.* **6.** Esp. *Fam.* Diversión, animación o juerga: *irse de marcha.* **7.** *Fig.* Curso o desenvolvimiento de un asunto, negocio, operación, etc.: *tener un negocio en marcha.* **8.** AUTOM. Cada una de las posibles posiciones del cambio de velocidades. **9.** DEP. Ejercicio atlético derivado de la forma de andar ordinaria, en el que debe mantenerse sin interrupción el contacto con el suelo. SIN.: *marcha atlética.* **10.** MIL. Desplazamiento de una tropa a pie. **11.** MÚS. Pieza musical cuyo ritmo marcado evoca el paso de una persona o de un grupo en marcha. ◇ **A marchas forzadas** Con mucha rapidez. **Dar,** o **hacer, marcha atrás** *Fam.* Retroceder deliberadamente en un asunto o desistir de él. **Marcha en vacío** Funcionamiento de un motor o máquina motriz que no acciona ninguna máquina operadora. **Marcha real** Marcha que se toca en honor del rey; himno nacional español. **Poner en marcha** Hacer funcionar una máquina. **Sobre la marcha** Improvisando, sin plan previo.

marchamar v.tr. Poner marchamo.

marchamo s.m. (ár. vulgar *maršām,* de *rāšam,* marcar, señalar). Marca que se pone a los productos que han de ser objeto de reconocimiento, especialmente embutidos. **2.** Señal que los aduaneros ponen en los fardos ya reconocidos.

1. **marchante** s.m. y f. (fr. ant. *merchant*). Persona que tiene por oficio comprar y vender. **2.** Persona que comercia con cuadros y otras obras de arte. ◆ adj. Mercantil.

2. **marchante, a** s. Amér. Parroquiano, persona que suele comprar en una misma tienda. **2.** Méx. Vendedor al que suele comprar una persona ciertas mercancías: *mi marchanta del mercado siempre me reserva la mejor fruta.* ◇ **A la marchanta.** Argent. De cualquier manera, descuidadamente; Argent. y Bol. *Fam.* a la rebatiña. **Tirarse a la marchanta** Argent. *Fig.* y *fam.* Abandonarse, dejarse estar.

marchantía s.f. Amér. Central, P. Rico y Venez. Clientela.

marchapié s.m. (fr. *marchepied,* peldaño, de *marcher,* andar, pisar, y *pied,* pie). MAR. Cabo que pende a lo largo de las vergas, en el que los marineros apoyan los pies para envergar, desenvergar, etc.

marchar v.intr. y prnl. (fr. *marcher*). Andar, caminar, viajar, ir o partir de un lugar. ◆ v.intr. Andar o funcionar un artefacto. **2.** Andar o caminar la tropa con cierto orden: *marchar en columna de a dos.* **3.** *Fig.* Funcionar o desenvolverse una cosa: *las negociaciones marchan bien.*

marchitamiento s.m. Acción y efecto de marchitar.

marchitar v.tr. y prnl. Poner mustias las plantas, flores, etc. **2.** Debilitar.

marchito, a adj. (del lat. *marcere,* marchitarse). Falto de lozanía, especialmente la piel y las flores.

marchoso, a adj. y s. Esp. *Fam.* Animado, juerguista.

marcial adj. (lat. *martialis*). Relativo a la guerra o a la milicia: *disciplina marcial.* **2.** *Fig.* Firme, erguido, gallardo: *porte marcial.* **3.** MED. Relativo al hierro, en especial a su empleo en terapéutica. **4.** QUÍM. Se dice de las sustancias en las que entra el hierro. ◇ **Artes marciales** Conjunto de los deportes de combate de origen japonés fundados en el código moral de los samuráis, que deben respetar los combatientes. (Los más populares son el judo, karate, kendo, aikido, kung fu, etc.) **Corte,** o **tribunal, marcial** En algunos países, tribunal de justicia encargado de conocer sobre delitos que son competencia de la jurisdicción penal militar.

marciano, a adj. y s. Relativo al planeta Marte. **2.** *Por ext.* Extraterrestre.

marcionismo s.m. Herejía de Marción, del s. II, que predicaba un dualismo análogo al de los gnósticos y oponía el Dios de justicia del Antiguo Testamento al Dios de amor del Nuevo Testamento.

marcionista adj. y s.m. y f. Relativo al marcionismo; partidario de esta doctrina. SIN.: *marcionita.*

marcir v.tr. Mustiar, marchitar.

1. **marco** s.m. Cerco en el cual se encajan algunas cosas. **2.** *Fig.* Fondo, ambiente físico. **3.** Bastidor de madera que contiene los panales de cera en las colmenas. **4.** *Fig.* Límite en que se encuadra un problema, cuestión, etapa histórica, etc.: *en el marco de la Constitución.* **5.** AGRIC. Figura geométrica adoptada para repartir regularmente una plantación. **6.** CONSTR. Conjunto de dimensiones en que se ofrece la madera de hilo escuadrada para la venta. **7.** DEP. Portería.

2. **marco** s.m. Unidad monetaria de Alemania y Finlandia, sustituida por el euro en 2002. **2.** Unidad ponderal monetaria, patrón de la talla de las monedas, utilizada desde la edad media, con distinto valor según los países.

márcola s.f. Asta que lleva en la punta un hierro a manera de formón, con un gancho lateral en figura de hocino, y que se usa para limpiar y desmarojar los olivos.

marcolador, ra s. Persona que desmaroja y limpia con la márcola.

marcomano, a adj. y s. De un ant. pueblo germano emparentado con los suevos. (Establecidos en Bohemia, los marcomanos invadieron el Imperio romano durante el reinado de Marco Aurelio.)

marconi s.m. MAR. Vela mayor de forma triangular.

marea s.f. (fr. *marée*). Movimiento regular y periódico de ascenso y descenso del nivel del mar debido a las fuerzas de atracción gravitatoria que el Sol, y sobre todo la Luna, ejercen sobre la Tierra. **2.** *Fig.* Multitud, masa de gente que avanza e invade un lugar o sitio de un modo impetuoso y desordenado. **3.** ASTRON. Deformación de un cuerpo celeste bajo la acción gravitacional de otro cuerpo cercano. ◇ **Coeficiente de marea** Número que indica el valor relativo de la marea para cada día del año. **Escala de mareas** Regla vertical hincada en un punto determinado y provista de graduaciones en las que se lee la altura del agua. **Marea alta** Pleamar. **Marea ascendente** Flujo o montante. **Marea baja** Bajamar. **Marea descendente** Reflujo. **Marea negra** Capa de petróleo, vertido generalmente por accidente, que flota en la superficie del mar o de un curso de agua y que termina por alcanzar la orilla ocasionando graves perjuicios en la fauna y el paisaje.

marea

La conducta y la amplitud de las mareas están ligadas tanto a la posición relativa de la Tierra, el Sol y la Luna, que cambia cada día, como a las irregularidades del contorno y de la profundidad de las cuencas oceánicas. Su periodicidad viene dada por la rotación de la Tierra combinada con el movimiento orbital de la Luna, presentando, según los lugares, un carácter diurno (una pleamar y una bajamar cada 24 h 50 mn), semidiurno (dos pleamares y dos bajamares en 24 h 50 mn) o mixto (desigualdad en la duración de ambas). Cuanto mayor sea la plataforma continental de las costas más amplitud tendrán las mareas.

mareante adj. y s.m. y f. Navegante. **2.** Que marea o aturde por sus movimientos, charla, pesadez, etc.

marear v.tr., intr. y prnl. Aturdir, molestar, fastidiar. ◆ **marearse** v.prnl. Sufrir o padecer mareo. **2.** Emborracharse ligeramente.

marejada s.f. (port. *marejada*). Movimiento tumultuoso

del mar, con formación de olas vivas y de alguna consideración, sin llegar a ser temporal.

marejadilla s.f. Marejada de olas menos grandes.

maremágnum o **maremagno** s.m. Abundancia, confusión. (También *mare mágnum.*)

maremoto s.m. Seísmo submarino que origina una agitación violenta del agua. **2.** Chile. Marejada.

maremotriz adj.f. Relativo a la fuerza motriz de las mareas.

mareo s.m. Malestar de tipo neurovegetativo y predominio vagotónico que se manifiesta por un estado nauseoso acompañado de sialorrea, vómitos, sudoración, palidez, miosis, cefalalgia e incapacidad de mantenerse en pie. **2.** Lipotimia. **3.** Aturdimiento, cansancio mental.

mareógrafo s.m. Instrumento o instalación que registra la altura de las mareas.

marero, a adj. Se dice del viento de la parte de mar.

mareta s.f. Movimiento de las olas del mar menos violento que la marejada.

marfil s.m. (ant. *almalfil,* del ár. *'azm al-fil,* hueso del elefante). Materia obtenida de los colmillos o incisivos de algunos mamíferos como el elefante, la morsa, el hipopótamo, etc., que se utiliza en arte y joyería. **2.** Parte dura de los dientes cubierta por el esmalte. **3.** Color que va del blanco al amarillo. <> **Marfil vegetal** Endospermo, muy duro, del corojo.

marfileño, a adj. Relativo al marfil. **2.** Que es parecido al marfil o tiene sus características.

marga s.f. (lat. *marga*). Roca sedimentaria arcillosa que contiene una fuerte proporción de carbonato cálcico, entre 20 y 80 %, que se utiliza como corrector calcáreo o de suelos muy silíceos y para fabricar cemento.

margal s.m. Terreno en que abunda la marga.

margar v.tr. AGRIC. Abonar la tierra con marga.

margarina s.f. (de *ácido margárico*). Sustancia grasa comestible, de consistencia blanda, elaborada con diversos aceites y grasas, casi siempre vegetales (maní, soya, copra y otros).

margarita s.f. (lat. *margarita,* perla). Nombre de diversas plantas de hasta 1 m de alt., cuyos capítulos presentan un disco central amarillo y lígulas blancas. (Familia compuestas.) **2.** Flor de estas plantas. **3.** Rueda en cuyo perímetro están contenidos los caracteres de impresión de ciertas máquinas de escribir y de ciertas impresoras. <> **Echar margaritas a los puercos** *Fam.* Dar, ofrecer o decir cosas delicadas a alguien que no sabe apreciarlas o disfrutarlas.

margay s.m. Gato salvaje que vive en América Meridional.

margen s.m. o f. (lat. *margo, -ginis*). Extremidad u orilla de una cosa: *margen del río.* **2.** Espacio que queda en blanco a los lados de una página manuscrita o impresa. **3.** *Fig.* Diferencia tolerada o previsible entre el cálculo de cierta cosa y su aproximación. **4.** *Fig.* Ocasión, motivo, oportunidad: *dar margen para decidir.* <> **Al margen** Apartado de un asunto o que no interviene en él. **Margen comercial** Diferencia entre el precio de compra y el precio de venta bruto. **Margen continental** OCEANOGR. Conjunto formado por la plataforma continental y el talud continental que la limita. **Margen de beneficio** Diferencia entre el precio de venta y el de costo final de un bien, que por lo general se expresa en porcentaje sobre el precio de venta. **Margen de error** ESTADÍST. Grado de aproximación o de indeterminación en la estimación por muestreo de una magnitud.

margesí s.m. Perú. Inventario de los bienes del Estado, de la Iglesia y de las corporaciones oficiales.

marginación s.f. Acción y efecto de marginar.

marginado, a adj. y s. Se dice de la persona que vive al margen de una sociedad organizada, bien porque no puede integrarse, bien porque no quiere someterse a las normas establecidas. SIN.: *marginal.*

marginador, ra adj. Que margina. ◆ s.m. Accesorio de la máquina de escribir que sirve para detener el carro en los puntos previstos por el dactilógrafo.

marginal adj. Relativo al margen. **2.** Que está al margen: *una posición marginal.* **3.** *Fig.* No sustancial, sin importancia: *solo es un problema marginal.* **4.** Se dice de la unidad económica situada en el extremo inferior de un grupo relativamente homogéneo (mercado) según la relación entre precio y costo: *empresa, consumidor marginal.* ◆ s.m. y f. Marginado. <> **Magnitud económica marginal** Magnitud económica de la última unidad consumida o producida, como costo marginal, eficacia marginal del capital, utilidad marginal, etc.

marginalidad s.f. Cualidad de marginal o marginado.

marginalismo s.m. Teoría económica según la cual el valor de cambio de un producto dado viene determinado por la utilidad de la última unidad disponible de este producto.

marginar v.tr. Dejar al margen, apartar de la sociedad o un sector de ella a una o varias personas, evitando su trato, relación o compañía. **2.** *Fig.* Prescindir, hacer caso omiso, no tener en cuenta. **3.** Apostillar, poner anotaciones marginales. **4.** Dejar márgenes en el papel al escribir. **5.** ART. GRÁF. Colocar o ajustar en la máquina la hoja que se ha de imprimir de modo que quede en posición correcta en relación con la forma o molde de impresión.

margoso, a adj. Que contiene margas. <> **Caliza margosa** Caliza con una débil proporción de arcilla.

margrave s.m. (alem. *markgraf,* de *mark,* frontera, y *graf,* conde). HIST. Título de los jefes de las regiones fronterizas, o marcas, en el antiguo imperio germánico.

margraviato s.m. HIST. **a.** Estado o dignidad del margrave. **b.** Jurisdicción de un margrave.

marguera s.f. Cantera o veta de marga.

margullar v.tr. Cuba y Venez. Acodar plantas.

margullo s.m. Cuba y Venez. Acodo.

mari, pueblo ugrofinés que habita, al N del Volga, en la *República de Mari* (Rusia).

maría s.f. En el lenguaje de la droga, marihuana. **2.** Moneda castellana de plata, de real de a ocho, acuñada a partir de la pragmática de 14 de octubre de 1686.

mariachi o **mariache** s.m. Música mexicana de carácter alegre, originaria del estado de Jalisco. **2.** Orquesta o músico que la interpreta.

marial adj. y s.m. Se dice del libro que contiene alabanzas de la Virgen María.

mariana s.f. Canción popular aflamencada, de procedencia incierta, cuya temática se refiere invariablemente a la vida errabunda de los cíngaros.

marianista adj. y s.m. Relativo a los religiosos de la Compañía de María de Burdeos, instituto clerical con votos simples, especialmente dedicado a la enseñanza, fundado en 1817, en Burdeos, por el padre Guillaume Chaminade; miembro de dicha Compañía.

mariano, a adj. Relativo a la Virgen María: *devoción mariana.*

marica s.m. (de *Marica,* dim. de *María*). *Fam.* y *desp.* Hombre homosexual.

maricastaña s.f. **El tiempo,** o **los tiempos,** o **en tiempo,** o **en tiempos, de Maricastaña** Hace muchos años o en tiempos muy remotos.

maricón s.m. *Fam.* y *desp.* Hombre homosexual. **2.** *Fam.* y *desp.* Persona despreciable o indeseable.

mariconada s.f. Acción propia del marica. **2.** *Fig.* Acción malintencionada o que causa gran daño. **3.** *Fig.* y *fam.* Tontería.

maricueca s.m. Chile. Eufemismo de marica, homosexual.

maridable adj. Adecuado entre marido y mujer.

maridaje s.m. (del fr. *mariage,* casamiento). Unión y conformidad de los cónyuges. **2.** Unión y semejanza de unas cosas con otras.

maridar v.intr. Casar, contraer matrimonio. **2.** Hacer vida matrimonial. ◆ v.tr. y prnl. *Fig.* Unir, enlazar.

marido s.m. (lat. *maritus,* de *mas, maris,* varón). Hombre casado, con respecto a su mujer.

marigot s.m. (voz francesa). En los países tropicales, brazo muerto de un río o lugar bajo expuesto a inundaciones.

mariguanza s.f. Chile. Ceremonia supersticiosa de manos que hacen los curanderos. (Suele usarse en plural.) **2.** Chile. Movimientos o gestos con que se hace burla. (Suele usarse en plural.) **3.** Chile. Salto, pirueta.

marihuana, mariguana o **marijuana** s.f. Cáñamo índico. **2.** Sustancia preparada con las hojas y las flores de esta planta, que se fuman mezcladas con tabaco y produce efectos parecidos a los del hachís. (Posee una concentración menor en principios activos que el hachís, y ocupa el mismo lugar que ella en las diversas clasificaciones.)

marimacho s.m. *Fam.* Mujer que parece un hombre por su aspecto o forma de actuar.

marimandón, na s. Esp. Persona autoritaria y dominante.

marimba s.f. Instrumento musical parecido al tambor, usado en algunas partes de África. **2.** Amér. Xilófono provisto de un resonador debajo de cada una de las tablas de madera que lo componen.

marimorena s.f. Alboroto, escándalo: *armarse la marimorena.*

marina s.f. Arte o ciencia de la navegación y conjunto de actividades y elementos que intervienen en ella. **2.** Potencia naval de una nación. **3.** Zona de terreno próxima al mar: *la marina de Alicante.* **4.** Pintura paisajística en que se representa un tema marítimo. **5.** Chile. Escuela naval. ◇ **Marina de guerra,** o **militar** Conjunto de fuerzas navales y aeronavales de un estado. **Marina mercante** Conjunto de los buques y personal de una nación que se emplean en el comercio.

marinaje s.m. Conjunto de los marineros de una embarcación. **2.** Ejercicio de la marinería.

marinamo, a adj. Chile. Que tiene un dedo de más.

marinar v.tr. Sazonar el pescado para conservarlo. **2.** Poner a remojo en un líquido aromático (vino, vinagre, hierbas, especias, etc.) una carne, pescado, etc., con el fin de realzar su sabor. **3.** Poner marineros del buque apresador en el apresado.

marine s.m. (voz inglesa). Soldado de infantería de marina de las fuerzas británicas o estadounidenses.

marinera s.f. Chile, Ecuad. y Perú. Baile popular.

marinería s.f. Profesión de marinero. **2.** Conjunto de marineros.

marinero, a adj. Se dice del buque fácil de gobernar. **2.** Relativo a la marina o a los marineros. ◆ s.m. Hombre de mar que sirve en las maniobras de un barco. **2.** Persona experta en marinería. **3.** Hombre que sirve en la marina de guerra con el grado inferior. ◇ **A la marinera** Forma de preparar pescados, crustáceos o marisco cociéndolos en vino blanco, generalmente con cebolla, ajo, perejil, pimienta y aceite. **Arco marinero** Arco de puente más amplio que los demás, por debajo del cual pasan las embarcaciones. **Cuello marinero** Cuello cuadrado por detrás y con un lazo o corbata delante, como el del uniforme de los marineros.

marinesco, a adj. Relativo a los marineros.

mariní adj. y s.m. y f. Benimerín.

marinismo s.m. Corriente poética italiana, que recibe su nombre del poeta G. Marino, análoga al gongorismo en España y al eufuismo en Inglaterra.

1. **marinista** adj. y s.m. y f. Relativo al marinismo; partidario de esta corriente.

2. **marinista** adj. y s.m. y f. Se dice del pintor de marinas.

marino, a adj. (lat. *marinus*). Relativo al mar. **2.** Que se ha formado a partir de sedimentos depositados y consolidados en los fondos marinos: *roca marina.* **3.** HERÁLD. Se dice de los mamíferos con cola de sirena. ◆ s.m. Experto en navegación. **2.** Persona con conocimientos teóricos y prácticos de navegación, que forma parte del personal que dirige las maniobras de un barco.

mariología s.f. Parte de la teología católica que se refiere a la Virgen María.

marioneta s.f. (fr. *marionette*). Títere o figurilla que se mueve por medio de hilos u otro artificio. ◆ **marionetas** s.f.pl. Teatro representado con estos títeres.

mariposa s.f. (de *María,* y *posar*). Insecto del orden lepidópteros, con cuatro alas recubiertas de escamas microscópicas, cuya disposición les da una vivacidad de colores y un brillo incomparables. **2.** Candelilla que, afirmada en una ruedecilla de corcho, se pone en un vaso con aceite para conservar luz de noche; luz encendida a este efecto. **3.** Válvula del carburador de un automóvil que regula el volumen de los gases carburados aspirados por el motor. **4.** Modalidad de la natación derivada de la braza, en la que los brazos deben ser proyectados juntos hacia delante, sobre la superficie del agua, e impulsados simultánea y simétricamente hacia atrás. **5.** Suerte de correr las reses abanicando el diestro con el capote a la espalda y dando la cara al toro. ◇ **Mariposa de la col** Mariposa de coloración blanca amarillenta manchada de negro y gris, cuyas larvas son perjudiciales para los cultivos de col.

mariposear v.intr. Mostrar inconstancia en los estudios, ocupaciones, trabajos, etc. **2.** *Fig.* Andar o vagar insistentemente en torno a alguien. **3.** TAUROM. Hacer el quite de la mariposa.

mariposeo s.m. Acción y efecto de mariposear.

mariposón s.m. y adj. Hombre que galantea a varias mujeres. **2.** Esp. *Fam.* Mariquita.

1. **mariquita** s.f. (de *Marica,* dim. de *María*). Insecto coleóptero pequeño muy útil, ya que se alimenta de pulgones, y cuya especie más común posee élitros de color anaranjado con siete puntos negros. SIN.: *cochinilla de san Antón.* ◆ s.m. *Fam.* Hombre afeminado. ◆ s.f. Cuba. Miel o almíbar mezclado con queso fresco.

2. **mariquita** s.f. Argent. Baile popular que ejecutan varias parejas enfrentadas con un pañuelo blanco en la mano, acompañadas por un guitarrista cantor. **2.** Argent. Música y cante con que se acompaña este baile.

marisabidilla s.f. Esp. Mujer pedante que presume de sabia.

mariscada s.f. Comida a base de marisco.

mariscador, ra adj. y s. Que tiene por oficio mariscar. **2.** Que fomenta la reproducción de mariscos.

mariscal s.m. (del fráncico *marhskalk,* caballerizo mayor, de *marh,* caballo, y *skalk,* sirviente). MIL. En algunos ejércitos, una de las más altas graduaciones. **2.** HIST. Encargado de las cuadras o caballerizas de los príncipes germánicos. ◇ **Mariscal de campo** MIL. Grado de la antigua jerarquía militar española equivalente al actual general de división; grado superior de la jerarquía militar alemana, austriaca, británica, rusa y sueca.

mariscar v.intr. Sacar o pescar mariscos.

marisco s.m. Invertebrado marino comestible provisto de esqueleto externo.

marisma s.f. (del lat. *maritima ora,* costa del mar). GEOGR. Terreno pantanoso de aguas salobres en las proximidades de la costa, generalmente junto a la desembocadura de un río.

marismeño, a adj. y s. Relativo a la marisma.

marisquería s.f. Local donde se vende o consume marisco.

marisquero, a s. Persona que tiene por oficio pescar o vender marisco.

marista adj. y s.m. Relativo a alguna de las congregaciones religiosas fundadas bajo la advocación de la Virgen; miembro de dichas congregaciones.

marital adj. (del lat. *maritus,* marido). Relativo al marido. **2.** Relativo a la vida conyugal.

maritata s.f. Bol. y Chile. Cedazo de tela metálica usado en los establecimientos mineros. **2.** Chile y Méx. Canal cuyo fondo se cubre de pieles de carnero para que, haciendo pasar por él agua corriente con mineral pulverizado, el polvo que arrastra se deposite en ellas. ◆ **maritatas** s.f.pl. Guat. y Hond. Chismes, baratijas.

marítimo, a adj. Relativo al mar. **2.** Cercano al mar: *ciudad marítima.* **3.** Se dice de los organismos que viven en la zona costera. ◇ **Derecho marítimo** Conjunto de reglas jurídicas que rigen la navegación; rama de la ciencia del derecho que estudia esta clase de normas.

maritornes s.f. (de *Maritornes,* personaje de *El Quijote*). *Fam.* Criada o sirvienta de modales toscos.

marjal s.m. (ár. *márŷa*). Terreno bajo y pantanoso.

marketing s.m. → **márquetin.**

marlín s.m. Pez espada de las costas americanas, de los que algunos ejemplares llegan a los mares europeos muy accidentalmente.

marlo s.m. Amér. Merid. Espiga de maíz desgranada. **2.** Argent. En lenguaje rural, tronco de la cola de los caballos, maslo.

marmita s.f. (fr. *marmite,* olla). Olla de metal, con tapadera ajustada. **2.** Olla exprés o a presión. ◇ **Marmita de gigante** GEOL. Cavidad excavada por la erosión, con ayuda de gravas y guijarros, en una roca suficientemente compacta para desgastarse sin desagregarse. SIN.: *pilancón.* **Marmita de Papin** Recipiente cerrado, provisto de una válvula de seguridad, en el cual puede conservarse el agua líquida a una temperatura superior a la de ebullición al aire libre.

marmitón, na s. (fr. *marmiton*). Pinche de cocina.

mármol s.m. (lat. *marmor, -oris*). Roca metamórfica que se obtiene de la transformación de una caliza, dura, con frecuencia veteada de colores variados, susceptible de recibir un hermoso pulimento y muy empleada en escultura y arquitectura. **2.** ART. GRÁF. Platina. **3.** TECNOL. Superficie de fundición dura, perfectamente plana, que sirve para la verificación de superficies planas o que se utiliza como plano de referencia en el trazado de piezas.

marmolado, a adj. Coloreado o veteado como el mármol.

marmolejo s.m. (dim. de *mármol*). Columna pequeña.

marmolillo s.m. Poste de piedra para resguardar de los carruajes las esquinas de los edificios.

marmolina s.f. Argent. y Chile. Estuco de cal y polvo de mármol.

marmolista s.m. y f. Persona que tiene por oficio trabajar en mármoles o venderlos. **2.** *Por ext.* Persona que se dedica a la inscripción de lápidas funerarias.

marmóreo, a adj. Que es de mármol. **2.** Parecido al mármol: *rostro marmóreo.*

marmorizar v.tr. y prnl. Transformar la caliza en mármol por recristalización. **2.** EDAFOL. Formar jaspeados en el suelo, debido a los diferentes estados del hierro.

marmosa s.f. Mamífero marsupial de género *Marmosa,* que vive en América Central y del Sur. (Familia didélfidos.)

marmosete s.m. (fr. *marmouset,* figurilla grotesca). Dibujo alegórico que suele ponerse al final de un libro o capítulo.

marmota s.f. (fr. *marmotte*). Mamífero roedor de género *Marmota,* de 50 cm de long., de hábitos nocturnos, que vive en pequeños grupos a grandes alturas e hiberna varios meses en una madriguera. **2.** *Fig.* Persona que duerme mucho.

maro s.m. (lat. *marum*). Planta herbácea con flores rojizas, de olor fuerte y sabor amargo, usada como antiespasmódica, tónica y excitante. (Familia labiadas.)

marocha s.f. Hond. Muchacha sin juicio, locuela.

marojo s.m. Hojas inútiles que solo se aprovechan para el ganado.

maroma s.f. (ár. *mabrûma,* p. de *báram,* trenzar). Cuerda gruesa de esparto o cáñamo. **2.** Amér. Función acrobática. **3.** Amér. Voltereta o pirueta de un acróbata. **4.** Amér. *Fig.* Cambio de opinión o de partido que responde a motivos oportunistas. **5.** Argent. *Fam.* Lío, desorden.

maromear v.intr. Amér. Bailar el volatinero en la maroma o hacer volatines sobre ella. **2.** Amér. Inclinarse, según las circunstancias, a uno u otro bando. **3.** Chile. *Fig.* Hacer pruebas de equilibrio. **4.** Hond. Columpiarse en la hamaca.

maromero, a s. Amér. Volatinero, saltimbanqui. **2.** Amér. Político calculador que varía de opinión o partido según las circunstancias. **3.** P. Rico. Persona que actúa con mala fe. ◆ adj. Amér. Versátil.

maromo s.m. *Fam.* Persona cuyo nombre o condición se ignoran o no se quieren decir. **2.** Novio o amante.

maronita adj. y s.m. y f. Relativo a un grupo de católicos de rito sirio descendientes de los discípulos de san Marón; miembro de este grupo.

marota s.f. Méx. Marimacho. **2.** Venez. Soga con que se atan las patas delanteras de una bestia para impedir que corra.

marqués, sa s. (occitano ant. *marqués,* de *marca*). Título nobiliario de categoría inferior al de duque y superior al de conde. ◆ s.m. En la alta edad media, jefe supremo de las tropas de una marca fronteriza.

marquesa s.f. (fr. *marquise*). Amér. Marquesina, alero o protección. **2.** Chile. Cama de madera fina tallada.

marquesado s.m. Título de marqués. **2.** Territorio sobre el que recaía este título o en que ejercía jurisdicción un marqués.

marquesina s.f. (del fr. *marquise*). Alero, por lo general de cristal o hierro, que cubre una puerta, escalinata o andén para resguardarlos de la lluvia. **2.** Cubierta de protección de cemento u otros materiales, para resguardar a los que esperan un autobús, taxi, etc.

marquesote s.m. Hond. y Nicar. Torta de figura de rombo, hecha de harina de arroz o de maíz, con huevo, azúcar, etc., y cocida al horno.

marqueta s.f. Guat. Bloque de cualquier cosa que tiene forma prismática.

marquetería s.f. (fr. *marqueterie,* de *marqueté,* taraceado). Decoración que se obtiene por yuxtaposición de chapas de madera de especies variadas, en combinación a veces con mármoles, metales, etc., empleada para recubrir superficies, especialmente en obras de ebanistería. **2.** Arte de hacer estos trabajos o labores. **3.** Ebanistería.

márquetin o **marketing** s.m. (del ingl. *marketing,* comercialización). Conjunto de operaciones coordinadas (estudio de mercado, publicidad, promoción en el lugar de venta, estímulo del personal de ventas, investigación de nuevos productos, etc.) que contribuyen al desarrollo de las ventas de un producto o de un servicio. SIN.: *mercadotecnia.*

marra s.f. (lat. *marra,* especie de azada). Falta de una cosa donde debiera estar, especialmente aplicado a un hueco en las hileras de viñas u olivos.

marrajería s.f. Astucia, mala intención.

marrajo, a adj. Se dice del toro que acomete con malicia. **2.** *Fig.* Cazurro, astuto. ◆ s.m. Pez marino parecido al tiburón.

marramiau, marramao o **marramau** s.m. Voz onomatopéyica del maullido del gato.

marranada s.f. *Fam.* Cosa hecha de forma chapucera o sucia. SIN.: *marranería.* **2.** *Fam.* Acción indecorosa o grosera. SIN.: *marranería.*

marranear v.tr. Ensuciar, manchar. **2.** Colomb. Engañar. ◆ v.intr. Comportarse o actuar indignamente.

1. **marrano** s.m. Madero fuerte empleado como trabazón y para moderar la presión de algunas máquinas.

2. **marrano, a** s. Cerdo. **2.** HIST. Judío o musulmán de la península Ibérica convertido al cristianismo, y especialmente judío converso que seguía practicando en secreto la religión judaica. ◆ adj. y s. *Fam.* Sucio y desaseado.

marraqueta s.f. Chile y Perú. Conjunto de varios panes pequeños que se cuecen en una sola pieza, en la cual estos van señalados por incisiones de manera que después puedan separarse con facilidad.

marrar v.intr. y prnl. (del ant. *marrir,* del germ. occidental *marrjan*). Fallar, errar. **2.** Desviarse de una línea recta.

marras (de) loc. Esp. *Fam.* Indica que algo es conocido o consabido por todos.

marrasquino s.m. (ital. *maraschino*). Licor fabricado con los frutos de la marasca.

marrazo s.m. Hacha de dos bocas para cortar leña.

marro s.m. (de *marrar*). Juego en que los jugadores, divididos en dos bandos, procuran atraparse mutuamente. **2.** Ladeo del cuerpo, que se hace para no ser atrapado. **3.** Falta, equivocación.

marrón adj. y s.m. Castaño, color parecido al de la cáscara de la castaña. ◆ s.m. Amér. Central. Martillo grande de hierro. **2.** Esp. *Fig.* Causa criminal, sumario, condena. **3.** Esp. *Fam.* Cosa o situación incómoda o desagradable. **4.** P. Rico. Badajo de campana. ◇ **Comerse un marrón** Esp. *Fig.* Confesarse autor de un delito. **Marrón glacé** Castaña confitada en azúcar y escarchada con almíbar.

marronazo s.m. TAUROM. Acción de marrar alguna suerte del toreo.

marroquí adj. y s.m. y f. De Marruecos. ◆ s.m. Dialecto árabe occidental hablado en Marruecos.

marroquinería s.f. Tafiletería.

marroquinero, a s. Tafiletero.

marrubio s.m. (lat. *marrubium*). Planta aromática, de hojas opuestas, arrugadas o rizadas, y flores reunidas en ramilletes axiales. (Familia labiadas.)

marrueco s.m. Chile. Bragueta del pantalón.

marrullería s.f. Astucia destinada a conseguir algo o halago con que se pretende engañar a alguien.

marsala s.m. Vino dulce que se elabora en Sicilia.

marsellés, sa adj. y s. De Marsella.

marso, a adj. y s. De un antiguo pueblo de Italia que luchó contra Roma durante la guerra social (91-88).

marsopa s.f. (fr. ant. *marsoupe*). Mamífero cetáceo parecido al delfín, que mide 1,50 m, muy voraz, común en el Atlántico, donde con frecuencia sigue a los buques. (Familia focénidos.)

marsupial adj. y s.m. Relativo a una subclase de mamíferos de un tipo primitivo, cuya hembra posee una bolsa ventral, o marsupio, que contiene las mamas y está destinada a recibir las crías después de su nacimiento. (El canguro y la zarigüeya pertenecen a dicha subclase.)

marsupio s.m. Bolsa ventral exterior de los mamíferos marsupiales.

1. **marta** s.f. (del germ. occidental *marthr*). Mamífero carnívoro de unos 25 cm de alt., de piel muy estimada, entre cuyas especies destacan la *marta común*, la *cebellina* y la *marta de Pennant.* (Familia mustélidos.) **2.** Piel de este animal.

2. **marta** s.f. Chile. Mujer que vive en una congregación de religiosas y ayuda a estas en los quehaceres domésticos.

1. **martagón** s.m. BOT. Azucena silvestre.

2. **martagón, na** s. (de *marta*). *Fam.* Persona astuta.

martajar v.tr. Méx. Picar, quebrar el maíz u otra cosa.

marte s.m. (de *Mars, -tis,* dios de la mitología romana). En alquimia, nombre del hierro. **2.** HERÁLD. En las armas reales, denominación del color gules.

martellina s.f. Martillo de hierro con dos bocas guarnecidas de dientes prismáticos, o con una de ellas terminada en punta, utilizado por canteros y marmolistas.

martelo s.m. (ital. *martello,* martillo, celos). Enamoramiento, galanteo. **2.** Celos. **3.** Sufrimiento provocado por este sentimiento.

martensita s.f. (de A. *Martens,* ingeniero alemán). Componente del acero.

martes s.m. (del lat. *dies martis,* día de Marte). Tercer día de la semana que está entre el lunes y el miércoles.

martillado s.m. Operación que consiste en martillar los metales.

martillar v.tr. Golpear una cosa con el martillo.

martillear v.tr. Golpear una cosa repetidamente con un martillo u otro objeto similar. **2.** METAL. Forjar el metal batiéndolo con el macho, o mecánicamente, con martinete o martillo pilón. ◆ v.tr. y prnl. *Fig.* Oprimir, atormentar: *la idea seguía martilleando en su cerebro.*

martillazo s.m. Golpe fuerte dado con el martillo.

martilleo s.m. Acción y efecto de martillar o martillear. **2.** Ruido que produce.

martillero s.m. Argent., Chile y Perú. Dueño o encargado de un martillo, establecimiento para las subastas públicas.

martillo s.m. (lat. vulgar *martellus*). Herramienta de percusión formada por una cabeza de acero duro templado y un mango dispuestos en forma de T. **2.** Pieza de relojería que golpea una campana o un timbre para dar las horas. **3.** *Fig.* Persona que persigue una cosa con el fin de acabar con ella. **4.** *Fig.* Establecimiento donde se venden efectos en pública subasta. **5.** ANAT. Primer huesecillo del oído medio, cuyo mango es solidario del tímpano y cuya cabeza se articula con el yunque. **6.** ARM. Pieza que en determinadas armas portátiles y cañones golpea sobre la cápsula o el percutor para producir la inflamación de la carga. **7.** DEP. Esfera metálica de 7,257 kg, provista de un cable de acero y una empuñadura, que lanzan los atletas. **8.** MÚS. Macillo. **9.** SILVIC. Instrumento que lleva una marca en relieve y sirve para marcar los árboles. ◇ **A macha martillo** A machamartillo. **Martillo neumático** Aparato de percusión que funciona con aire comprimido. **Martillo perforador** Aparato neumático para abrir barrenos. **Martillo pilón** Martillo de forja que funciona con vapor, aire comprimido, etc. **Martillo piolet** Instrumento de alpinismo que permite clavar pitones o cortar el hielo.

martín s.m. **Martín pescador** Ave pequeña del orden coraciforme, de unos 18 cm, de plumaje brillante, que vive a orillas de los cursos de agua y se zambulle con rapidez para capturar pequeños peces. (Familia arcedínidos.)

martina s.f. Pez teleósteo muy parecido al congrio, de unos 80 cm de long., que presenta cuerpo cilíndrico y hocico puntiagudo. (Familia tinámidos.)

martineta s.f. Argent. y Urug. Ave de unos 40 cm de long. y de color pajizo manchado de pardo, que se caracteriza por un copete de plumas.

1. **martinete** s.m. Ave parecida a la garza, de 50 cm de long., con plumaje verde oscuro en el dorso, que vive cerca de ríos y lagos. (Familia ardeidos.) SIN.: *aldorta.* **2.** Penacho de plumas de esta ave.

2. **martinete** s.m. (fr. *martinet*). Martillo o mazo movido mecánicamente. **2.** Modalidad de cante flamenco incluida dentro del grupo de las tonás. **3.** METAL. Martillo basculante que, movido por una rueda de levas, sirve para batir metales. **4.** MÚS. Pequeña plancha de madera del mecanismo del clave, acabada por un gancho cortado en una pluma de cuervo, que puntea la cuerda. **5.** OBR. PÚBL. Armazón en forma de pirámide, que guía el pilón en la hinca de estacas o pilotes. ◇ **Martinete de forja con estampa** METAL. Máquina de forjar que actúa por percusión de una masa sobre la pieza que hay que formar. **Martinete de hinca** Dispositivo utilizado para hincar pilotes en el suelo, destinados a servir de apoyo a los cimientos de una construcción. **Martinete de torno** OBR. PÚBL. Aparato de sondeo equipado con un tambor o torno que levanta la herramienta de perforación y la deja caer para perforar la roca. **Martinete rotativo** METAL. Aparato utilizado en los ensayos de resistencia al choque.

martingala s.f. Artimaña, ardid, astucia. **2.** Cada una de las calzas que llevaban los hombres de armas debajo de los quijotes. (Suele usarse en plural.)

martiniega s.f. En la baja edad media, en León y Castilla, renta o tributo territorial que pagaba anualmente cada vecino villano por el disfrute de la tierra.

mártir s.m. y f. (lat. tardío *martyr, -yris,* del gr. *martus, -yros,* testigo, mártir). Persona que ha sufrido o sufre martirio.

martirial adj. Relativo a los mártires.

martirio s.m. Muerte o tormentos que padece una persona a causa de su fe religiosa. **2.** Muerte o tormentos que sufre una persona por sus creencias u opiniones. **3.** *Fig.* Dolor o sufrimiento físico o moral.

martirizar v.tr. Hacer sufrir martirio. ◆ v.tr. y prnl. *Fig.* Afligir, atormentar.

martirologio s.m. Catálogo de los mártires y de los santos. **2.** Lista de víctimas de una causa.

martucha s.f. Mamífero carnívoro de pelaje bayo, cola larga y prensil y hocico puntiagudo, que vive en América, desde México hasta Mato Grosso. (Familia prociónidos.)

maruca s.f. Pez marino de cuerpo casi cilíndrico, de unos 2 m de long. (Familia gádidos.)

marujo, a s. Esp. *Desp.* Persona que se dedica exclusivamente a las tareas domésticas y al cuidado de la familia. (Es un apelativo que se asocia a ciertos tópicos como tener poca formación cultural, cotillear, ver telenovelas, leer revistas del corazón, hablar de las tareas domésticas, etc.)

marxismo s.m. Doctrina de K. Marx y F. Engels y de sus continuadores.

marxismo

El marxismo se funda en el materialismo y el socialismo: constituye a la vez una teoría general y el programa de movimientos obreros organizados. Según los marxistas el materialismo es la base teórica, opuesta al idealismo considerado como instrumento especulativo al servicio de la burguesía. El materialismo reviste dos aspectos: uno *dialéctico*, que formula las leyes generales del mundo exterior y del pensamiento humano, y el segundo *histórico*, que afirma que solo la realidad social determina la conciencia de la persona. El movimiento histórico se ve condicionado por las contradicciones entre los *modos* de producción (antiguo, feudal, capitalista) y las *relaciones* de producción, es decir, las relaciones que las personas mantienen entre sí para producir. Estas contradicciones constituyen la *lucha de clases*, que se convierte en el motor de la historia. Marx elaboró una teoría del valor analizando el modo de producción capitalista: el valor es la expresión de la cantidad de trabajo contenido en cada mercancía. La plusvalía consiste en la diferencia existente entre el valor que crea el obrero durante su tiempo de trabajo y el salario que recibe a cambio; la tasa de plusvalía en el régimen capitalista expresa por tanto el grado de explotación del asalariado. El marxismo es el punto de partida de una reflexión crítica y revolucionaria que se extiende a todos los aspectos de la vida social, que en los seguidores de Marx y Engels (Lenin, Trotski, Stalin, Mao Zedong, etc.) se ramifica y adquiere formas muy divergentes.

marxismo-leninismo s.m. Teoría y práctica política que se inspiran en Marx y Lenin. (También *marxismoleninismo.*)

marxista adj. y s.m. y f. Relativo al marxismo; partidario de esta doctrina.

marxista-leninista adj. y s.m. y f. Relativo al marxismo-leninismo; partidario de esta teoría y práctica política. (También *marxistaleninista.*)

marzal adj. Relativo al mes de marzo.

marzo s.m. Tercer mes del año.

mas conj.advers. (del ant. *maes,* del lat. *magis*). Pero.

más adv.c. (del ant. *maes,* del lat. *magis*). Denota mayor cantidad numérica o mayor intensidad de las cualidades y acciones: *es el más listo de la clase; es más guapo que tú; había más de cien personas.* **2.** Equivale a *tan* en exclamaciones de ponderación: *¡qué cosa más buena!* **3.** Denota preferencia o predilección con verbos como querer, desear, etc.: *más quiero perderlo que rogarle.* **4.** Expresa adición de una cantidad o número: *con esto más lo que hay habrá suficiente.* ◆ pron.indef. Indica gran cantidad: *mucho más que eso.* ◆ s.m. Suma, adición; signo de la adición que se representa por una cruz (+) y que se coloca entre las cantidades que se quieren sumar. ◇ **A lo más** Hasta el limite máximo a que algo puede llegar: *habrá diez kilómetros a lo más.* **A más** Además: *a más de esta tiene otras tres hijas.* **De más** De sobra, en exceso. **El que más y el que menos** Cualquier persona. **Es más** o **más aún** Expresión con que se intensifica el valor de una afirmación hecha anteriormente: *no quiero ir, es más me niego a acompañarlo.* **Los,** o **las, más** La mayor parte de las personas o cosas a las que se hace referencia. **Más bien** Denota oposición, preferencia o aproximación: *no le gustó, más bien lo molestó.* **Más o menos** Aproximadamente. **Ni más ni menos** Precisa, exactamente. **Por más que** Aunque. **Sin más (ni más)** Sin motivo, de manera injustificada e irreflexiva. **Sus más y sus menos** Dificultades, complicaciones que tiene algo; altercados que existen entre dos o más personas.

masa s.f. (lat. *massa*). Mezcla resultante de la incorporación de un líquido a una materia sólida o pulverizada. **2.** Aglomeración de personas o cosas: *una masa humana llena las calles.* **3.** Argent. Pastelito. **4.** AUTOM. Conjunto metálico de un automóvil mediante el cual se cierran los circuitos del equipo eléctrico. **5.** DER. Totalidad patrimonial de la herencia, de la quiebra, de los bienes de una sociedad. **6.** ELECTR. Conjunto de piezas conductoras que, en una instalación eléctrica, se ponen en comunicación con el suelo (toma de tierra). **7.** FÍS. Cociente entre la intensidad de una fuerza constante y la aceleración del movimiento que ella produce cuando se aplica al cuerpo considerado *(masa inercial)* o magnitud que caracteriza a este cuerpo con relación a la atracción que sufre por parte de otro *(masa gravitatoria).* [La unidad principal de masa es el kilogramo masa.] **8.** SOCIOL. Conjunto no delimitado de individuos, considerados fuera de las estructuras sociales tradicionales, y que constituyen el objetivo sociocultural de ciertas actividades, como la publicidad, la cultura de masas y el ocio. ◆ **masas** s.f.pl. Las clases trabajadoras y populares. ◇ **Masa atómica** Relación entre la masa del átomo de un elemento y la doceava parte de la masa del átomo de carbono. **Masa crítica** Cantidad mínima de una sustancia fisible necesaria para que pueda establecerse espontáneamente y mantenerse por sí misma una reacción en cadena. **Masa de aire** Flujo de aire que presenta una cierta homogeneidad y cuyas cualidades físicas (presión, temperatura, grado de humedad) varían según la posición geográfica que ocupa. **Masa encefálica** Encéfalo. **Masa específica** Cociente de la masa de un cuerpo por su volumen. **Masa monetaria** Conjunto de los billetes en circulación, de las monedas fraccionarias y de los depósitos a la vista. **Número de masa** QUÍM. Número total de partículas, protones y neutrones, que constituyen el núcleo de un átomo. **Relación de masa** AERON. En un cohete, relación entre el peso a su partida y el peso a su llegada. **Unidad de masa atómica** Unidad de medida de masa atómica (símb. u) igual a la fracción 1/12 de la masa de núcleo ^{12}C y que vale aproximadamente $1{,}66056 \cdot 10^{-27}$ kg.

masacrar v.tr. (fr. *massacrer*). Asesinar, matar en masa.

masacre s.f. (fr. *massacre*). Matanza.

masadero, a s. Colono de una masada.

masageta adj. y s.m. y f. De un pueblo iraní nómada del E del Cáucaso. (Ciro II murió [530 a.C.] durante una expedición contra los masagetas.)

masai o **massai,** pueblo nilótico de Kenya y Tanzania.

masaje s.m. (fr. *massage*). Procedimiento terapéutico e higiénico que consiste en presionar, frotar o golpear rítmicamente determinadas zonas del cuerpo, especialmente las masas musculares.

masajista s.m. y f. Persona que tiene por oficio dar masajes.

masato s.m. Amér. Merid. Bebida que se prepara con maíz o arroz, agua y azúcar, y a veces, con el zumo de ciertas frutas. **2.** Perú. Mazamorra de banano, boniato o yuca.

mascabado, a adj. Se dice del azúcar que se envasa junto con su melaza.

mascada s.f. Mascadura. **2.** Amér. Central y Merid. y Méx. Porción de tabaco que se toma de una sola vez para mascarlo. **3.** Argent. Porción de tabaco que se arranca del andullo del tabaco para mascarla. **4.** Chile, Colomb. y Cuba. Bocado, porción de comida que cabe en la boca. **5.** Méx. Especie de pañuelo grande que se usa para cubrir la cabeza o el cuello, especialmente de seda, para adorno. ◇ **Dar una mascada a alguien** Amér. Central. *Fig.* y *fam.* Reprenderlo.

mascadijo s.m. Sustancia aromática que se masca para perfumar el aliento.

mascadura s.f. Acción y efecto de mascar. SIN.: *mascada.* **2.** Hond. Pan o bollo que se toma con el café o el chocolate. **3.** P. Rico. Macada.

mascar v.tr. (lat. *masticare*). Masticar una cosa, especialmente para extraer su jugo: *mascar chiclé.* **2.** *Fig.* y *fam.* Mascullar. **3.** *Fig.* y *fam.* Hacer que alguien entienda o asimile algo sin tener que esforzarse. ◆ **mascarse** v.prnl. *Fig.* y *fam.* Presentirse como inminente un hecho importante: *mascarse la tragedia.*

máscara s.f. Objeto de tela, cartón o alambre, con el que se cubre la cara para disfrazarse, ocultarse, protegerse o expresar una creencia, un deseo, un temor, etc. **2.** Traje con que alguien se disfraza. **3.** Persona que va disfrazada, especialmente en las fiestas de Carnaval. **4.** *Fig.* Pretexto, excusa. **5.** CIR. Tela que cubre la boca y la nariz para evitar la transmisión de gérmenes. **6.** MIL. Obstáculo artificial o natural que sirve de protección para la observación o los disparos enemigos. **7.** ZOOL. Labio inferior de las larvas de los odonatos, libélulas. ◇ **Máscara antigás** ARM. Aparato de protección individual contra los gases de guerra. **Máscara,** o **mascarilla,** o **inhalador, de oxígeno** Careta que cubre la nariz y la boca y ayuda a inhalar el oxígeno procedente de un depósito.

mascarada s.f. (fr. *masquerade*). Fiesta de personas vestidas de máscara. **2.** Comparsa de máscaras. **3.** *Fig.* Farsa, enredo para engañar.

mascaret s.m. Elevación brusca del nivel del mar que se produce en ciertos estuarios en el momento del flujo y que avanza rápidamente aguas arriba en forma de ola rompiente.

mascarilla s.f. Máscara que solo cubre la parte superior del rostro. **2.** Vaciado en yeso que se saca del rostro de una persona o escultura y, especialmente de un cadáver. **3.** Máscara de cirujano. **4.** Crema, pasta o gel utilizados a modo de máscara para los cuidados estéticos de la cara y del cuello. **5.** CIR. Aparato que se coloca encima de la cara del paciente para facilitarle la inhalación de los gases anestésicos. **6.** DEP. Careta.

mascarón s.m. Máscara de fantasía que decora puertas, claves de arco, cornisas, entablamientos, consolas, etc. ◇ **Mascarón de proa** Figura humana, dios o ser fantástico, que se colocaba como adorno en lo alto del tajamar de las embarcaciones.

mascoi, pueblo amerindio cazador y recolector, que habita en la región de la confluencia del río Paraguay con el Pilcomayo.

mascon s.m. (del ingl. *massconcentration,* concentración de masa). Concentración de masa existente en ciertas regiones de la Luna.

mascota s.f. (fr. *mascotte*). Animal de compañía. **2.** Persona, animal o cosa a los cuales se atribuyen virtudes para alejar desdichas o atraer la buena suerte. **3.** Méx. Tela de vestidos cuyo dibujo forma cuadros negros y blancos.

mascujar v.tr. *Fam.* Mascar mal o con dificultad. **2.** *Fig.* y *fam.* Mascullar.

masculinidad s.f. Cualidad de masculino.

masculinización s.f. Acción y efecto de masculinizar.

masculinizar v.tr. Dar a algo carácter masculino. **2.** BIOL. Virilizar. ◆ **masculinizarse** v.prnl. Adquirir caracteres masculinos.

masculino, a adj. Relativo al hombre o al ser dotado de órganos para fecundar: *sexo masculino; órganos masculinos.* **2.** *Fig.* Varonil, enérgico: *actitud masculina.* ◆ adj. y s.m. LING. **a.** Se dice del género gramatical de los nombres que designan seres del sexo masculino, de otros nombres que poseen la misma terminación y de los adjetivos y determinantes que concuerdan con ellos. **b.** Se dice del nombre, adjetivo o determinante de este género gramatical.

mascullar v.tr. Hablar entre dientes o pronunciar mal las palabras.

MÁSER s.m. (sigla del ingl. *microwave amplification by stimulated emission of radiation*). Dispositivo que funciona según los mismos principios que el láser, pero para ondas electromagnéticas no visibles.

masera s.f. Artesa grande que sirve para amasar. **2.** Paño con que se cubre la masa que ha de fermentar.

masería s.f. Masada.

masetero s.m. y adj. (gr. *masitír,* masticador). Músculo elevador de la mandíbula inferior, situado en la parte posterior de la mejilla.

másico, a adj. *Fig.* Relativo a la masa. **2.** Relativo a la masa o cantidad de materia de un cuerpo: *volumen másico.*

masicot o **masicote** s.m. Óxido de plomo (PbO), de color amarillo.

masificación s.f. Adaptación de un grupo o de un fenómeno, mediante la supresión de sus caracteres diferenciados, a las características de las masas o de los sectores más amplios de la sociedad.

masificar v.tr. Efectuar un proceso de masificación.

masilla s.f. Mezcla pastosa, de constitución diversa, utilizada para rellenar cavidades o unir tubos y otras piezas. SIN.: *mástic.*

masita s.f. Cantidad de dinero que se retenía del haber de los soldados para proveerlos de calzado y ropa interior. **2.** Amér. Merid. y Dom. Pastelito.

masivo, a adj. Que agrupa a un gran número de personas: *emigración masiva.* **2.** Grande o fuerte, especialmente las dosis de un medicamento cuando se acercan al límite máximo de tolerancia del organismo.

maslo s.m. Tronco de la cola de los cuadrúpedos. **2.** BOT. Tallo de una planta.

masón s.m. Miembro de la masonería. SIN.: *francmasón.*

masonería s.f. Asociación, en parte secreta, extendida por diversos países, cuyos miembros profesan principios de fraternidad, se reconocen entre sí mediante signos y emblemas, practican ritos y se dividen en grupos denominados logias. SIN.: *francmasonería.*

masonería

El nombre francés *franc-maçon* designaba a los constructores de catedrales cuyos secretos eran enseñados en la logia. En el s. XVII se introdujo en Inglaterra y Escocia, donde las logias de constructores, que admitían ya a profanos, se convirtieron en centros políticos. En el s. XVIII la masonería especulativa, como asociación jerarquizada, se extendió por toda Europa, con enorme difusión en Francia. En EUA alcanzó su mayor desarrollo. Fue condenada por la Iglesia católica por su liberalismo anticlerical. En el s. XIX fue convirtiéndose en una institución cada vez más conservadora y burguesa, por lo que fue proscrita en los países fascistas (por liberal) y en los socialistas (por burguesa). En España, extendida entre las clases altas y el ejército, fue prohibida en 1940 y legalizada nuevamente en 1979. Las logias masónicas tuvieron un destacado papel en el proceso emancipador hispanoamericano, especialmente en México, Argentina y Chile, así como en los movimientos independentistas de fines del s. XIX en Cuba, Puerto Rico y Filipinas.

masónico, a adj. Relativo a la masonería.

masoquismo s.m. Perversión sexual en la cual una persona experimenta un placer asociado con el dolor que le inflige otra persona. **2.** Complacencia en el dolor propio.

masora s.f. Doctrina crítica de los rabinos acerca del texto hebreo de la Biblia, para conservar su genuina interpretación.

masoterapia s.f. Terapia por medio del masaje.

massai → **masai.**

mass media o **mass-media** s.m.pl. (voces inglesas). Conjunto de instrumentos de difusión masiva de la información, como radio, televisión, etc., que constituyen a la vez un medio de expresión y un intermediario que transmite un mensaje destinado a un grupo. (Se abrevia *media.*)

mastaba s.f. Monumento funerario trapezoidal, que comprende cámara funeraria y capilla, construido para los notables de antiguo Egipto faraónico.
mastear v.tr. MAR. Proveer un barco de su arboladura.
mastectomía s.f. Extirpación quirúrgica de la glándula mamaria.
mástel s.m. (del ant. *maste,* del fr. *mast*). Mástil, palo derecho que sirve para mantener una cosa.
mastelerillo s.m. MAR. Cada uno de los palos que van sobre los masteleros.
mastelero s.m. (fr. ant. *mastereau,* dim. de *mast,* mástil). MAR. Palo menor que se coloca en las embarcaciones sobre cada uno de los mayores. SIN.: *mástil.*
máster s.m. (ingl. *master*). Curso de especialización de la enseñanza superior.
masterizar v.tr. TECNOL. Obtener una grabación definitiva a partir de la cual se realizan las copias.
masters s.m. (del ingl. *master*). Torneo de golf o tenis en el que solo participan las primeras figuras.
masticación s.f. Acción de masticar.
masticador, ra adj. Que interviene en la masticación. **2.** ZOOL. **a.** Se dice del aparato bucal de ciertos insectos, apto para la trituración del alimento. **b.** Se dice de los insectos que presentan tal aparato bucal. ◆ s.m. Utensilio que sirve para triturar los alimentos para ciertos enfermos.
masticar v.tr. Triturar con los dientes algo, especialmente un alimento u otra cosa comestible, para tragarlo o extraer su jugo.
masticatorio, a adj. Que sirve para masticar. **2.** Que se mastica con un fin medicinal. ◆ adj. y s.m. Se dice de la sustancia que se mastica, sin ingerirla, como el chicle, para excitar la secreción de saliva.
mástil s.m. (de *mástel*). Palo de una embarcación. **2.** Mastelero. **3.** Palo que se coloca verticalmente para sostener algo: *el mástil de la cama.* **4.** Parte del astil de la pluma, en cuyos lados nacen las barbas. **5.** Torre, pieza o estructura vertical que en las grandes máquinas tiene más altura que la base: *excavadora de mástil.* **6.** F. C. Soporte de las señales y discos indicadores. **7.** MÚS. Pieza estrecha y larga de los instrumentos de arco, púa y pulsación, sobre la cual son tendidas las cuerdas; en los de púa y pulsación se asientan en ellas los trastes.
mastín, na adj. y s.m. (fr. ant. *mastin,* criado, mastín). Se dice de un perro guardián muy leal, grande, potente y robusto.
mástique s.m. Masilla que sirve para igualar superficies o tapar grietas.
mastitis s.f. MED. Inflamación de la glándula mamaria. SIN.: *mamitis.*
mastodonte s.m. Mamífero fósil de fines del terciario y principios del cuaternario, parecido al elefante pero dotado de molares mamelonados y, a veces, de dos pares de defensas. **2.** *Fig.* Persona o cosa de gran tamaño.
mastodóntico, a adj. *Fam.* Que es de gran tamaño.
mastoideo, a adj. Relativo a la apófisis mastoides. ◇ **Cavidades mastoideas** Cavidades del hueso temporal que se comunican con la caja del tímpano.
mastoides adj. y s.f. ANAT. Se dice de una apófisis situada en la parte inferior, posterior y externa del hueso temporal.
mastoiditis s.f. Inflamación mastoidea, que puede ir acompañada de otitis aguda.
mastranto s.m. Mastranzo. **2.** Colomb. y Venez. Nombre de varias plantas aromáticas.
mastranzo s.m. (lat. *mentastrum*). Planta herbácea anual, de unos 40 cm de alt., con flores en espiga y fruto encerrado en el cáliz, con cuatro semillas, que crece en la península Ibérica. (Familia labiadas.)
mastuerzo adj. y s.m. Se dice del hombre necio y grosero.
masturbación s.f. Acción de masturbar o masturbarse.
masturbar v.tr. y prnl. (lat. *masturbari*). Excitar manualmente los órganos genitales externos con el fin de provocar placer sexual.
1. mata s.f. Arbusto de poca altura, 1 m como máximo, de tallo leñoso muy ramificado, y que vive varios años. **2.** Cualquier planta herbácea o arbusto. **3.** Matorral. (Suele usarse en plural.) **4.** Cuba y Venez. Árbol, arbusto. **5.** Venez. Grupo de árboles de una llanura. ◇ **Mata de pelo** *Fig.* Cabellera larga y espesa.
2. mata s.f. (fr. *matte*). Sustancia metálica sulfurosa que resulta de la primera fusión de una mena tratada y depurada insuficientemente.
matabuey s.f. Arbusto perenne, de 1 m o más de alt., de hojas enteras e inflorescencias en umbela. (Familia umbelíferas.)
matacaballos s.m. (pl. *matacaballos*). Planta herbácea, de hojas oblongas o lanceoladas y flores en racimo, cuyo tallo segrega un jugo acre. (Familia campanuláceas.)
matacallos s.m. (pl. *matacallos*). Chile y Ecuad. Planta parecida a la siempreviva, cuyas hojas se emplean para curar los callos. (Familia lobeliáceas.)
matacán s.m. En la edad media, galería voladiza en la parte alta de una muralla o de una torre, cuyo suelo aspillerado permitía observar y hostilizar a las fuerzas enemigas. **2.** Composición venenosa para matar perros. **3.** Piedra que se puede agarrar cómodamente con la mano.
matacandelas s.m. (pl. *matacandelas*). Instrumento que, fijo al extremo de una caña, sirve para apagar las velas o cirios colocados en lo alto. SIN.: *apagavelas.* **2.** BOT. Hongo comestible de sombrerillo primero globoso y después acampanado y convexo, con laminillas libres blancas muy apretadas. (Familia agaricáceas.)
matacandil s.m. Planta herbácea de tallos lisos, flores amarillas y fruto en silicua que crece en lugares húmedos. (Familia crucíferas.)
matacandiles s.m. (pl. *matacandiles*). Planta bulbosa, de largas hojas en roseta, acanaladas, y flores en racimos alargados colgantes. (Familia liliáceas.)
matachín s.m. (ital. *mattaccino,* dim. de *matto,* loco). Matarife. **2.** *Fig.* y *fam.* Hombre pendenciero y matón. **3.** Antiguamente, hombre disfrazado ridículamente con una careta y con un traje ajustado de diversos colores. **4.** Juego que practicaban los matachines mientras bailaban, y que consistía en hacer diversos movimientos y en darse golpes.
mataco-macá, familia de pueblos amerindios del Chaco central (*pueblos del Chaco), a lo largo de los ríos Pilcomayo y Bermejo. (Los principales pueblos son: mataco, macá, chorotí y ashluslay.)
matadero s.m. Establecimiento donde se mata y prepara el ganado para el abasto público. ◇ **Llevar, al matadero** *Fam.* Poner a alguien en peligro inminente de perder la vida.
matado, a adj. Méx. *Fam.* Se dice del que se dedica con exagerado empeño a su trabajo o a sus estudios.
matador, ra adj. y s. Que mata. ◆ adj. Esp. *Fam.* Feo, ridículo: *un traje matador.* ◆ s. Diestro que en la lidia mata al toro con la espada.
matadura s.f. Llaga producida a una caballería por el roce del aparejo.
matagalpa, pueblo amerindio de Honduras, de lengua misumalpa, ya extinguido.
matahambre s.m. Argent. Matambre. **2.** Cuba. Especie de mazapán hecho con harina de yuca, azúcar y otros ingredientes.
matalahúva o **matalahúga** s.f. (del ant. *batalhalúa,* del hispano-ár. *al-ḥábbat al-ḥulûwa,* el grano dulce). Esp. Anís.
matalascallando adj. y s.m. y f. (pl. *matalascallando*). Se dice de la persona astuta que persigue sus fines sin aparentarlo.
matalobos s.m. (pl. *matalobos*). Acónito. **2.** Planta herbácea de hojas pubescentes acorazonadas, cuyas cabezuelas y raíces se emplean en sustitución del árnica. (Familia compuestas.)
matalón, na adj. y s. Se dice de la caballería flaca y llena de mataduras.

matalotaje s.m. Provisión de comida que se lleva en una embarcación. **2.** Amér. Equipaje y provisiones que se llevan a lomo en los viajes por tierra.

matalote s.m. (fr. *matelot,* camarada de a bordo). Buque que precede o sigue a otro cuando navega en columna.

matamata s.f. Quelonio de unos 20 cm de long., de color verde uniforme, largo cuello y cabeza aplanada, triangular, recubierta en la parte superior por verrugas y tubérculos. (Familia quélidos.)

matamba s.f. Palmera trepadora, de hojas largas y espinosas, que crece en las selvas tropicales. (Familia palmáceas.)

matambre s.m. Argent. Lonja de carne que se saca de entre el cuero y el costillar del ganado vacuno. **2.** Argent. Fiambre hecho, por lo común, con esa capa de carne, rellena y adobada.

matamoros adj. y s.m. y f. (pl. *matamoros*). Esp. Valentón.

matamoscas s.m. (pl. *matamoscas*). Instrumento para matar moscas. **2.** Cualquier sustancia para el mismo uso.

matancero adj. y s. De Matanzas. ◆ s.m. Amér. Merid. Matarife, carnicero, descuartizador de reses.

matanga s.f. Méx. Juego de muchachos en que uno procura quitar a otro un objeto que tiene en la mano, dándole un golpe en ella. ◇ **¡Matanga dijo la changa!** Méx. Expresión que se usa cuando se le arrebata una cosa a alguien.

matanza s.f. Acción de matar a gran cantidad de personas o animales: *matanzas de civiles.* **2.** Acción de matar las reses destinadas a la alimentación. **3.** Época del año en que se matan los cerdos y se prepara su carne para el consumo. **4.** Conjunto de la carne del cerdo, y sus embutidos y conservas hechos para el consumo doméstico.

matapalo s.m. Diversas plantas americanas productoras de látex, que finalmente ocasionan la muerte del árbol sobre el que crecen. (Familia moráceas.) **2.** Amér. Merid. Bejuco.

mataperico s.m. Amér. Capirotazo.

mataperrear v.intr. Argent., Ecuad. y Perú. Travesear.

matar v.tr. y prnl. Causar la muerte. ◆ v.tr. Redondear o achaflanar puntas, aristas, etc.: *matar las esquinas de un mueble.* **2.** *Fig.* Molestar, fastidiar mucho: *matar a preguntas.* **3.** *Fig.* Disminuir, mitigar, suavizar, pasar: *matar la sed, el tiempo.* **4.** *Fig.* Alterar la salud: *los disgustos me matan.* **5.** En los juegos de cartas, echar una superior a la que ha jugado el contrario. **6.** Apagar el brillo de los metales. ◆ **matarse** v.prnl. *Fig.* Trabajar con afán y sin descanso: *se mataba por su familia.* ◇ **Estar a matar** Tener gran enemistad. **Matarlas callando** Actuar con astucia aparentando timidez o incapacidad para hacerlo.

matarife s.m. Persona que tiene por oficio matar y descuartizar las reses.

matarratas adj. y s.m. (pl. *matarratas*). Se dice de las sustancia que sirve para matar ratas. ◆ s.m. Esp. *Fam.* Aguardiente muy fuerte y de ínfima calidad.

matasano s.m. Amér. Central. Planta rutácea de fruto narcótico.

matasanos s.m. y f. (pl. *matasanos*). *Fam.* Mal médico.

matasarna s.f. Árbol de gran tamaño, que crece en Ecuador y Perú, cuya madera es muy apreciada para las construcciones navales. (Familia papilionáceas.)

matasellos s.m. (pl. *matasellos*). Instrumento empleado para inutilizar los sellos de las cartas en las oficinas de correos. **2.** Marca producida por dicho instrumento.

matasiete s.m. y f. y adj. *Irón.* Persona fanfarrona, bravucona.

matasuegras s.m. (pl. *matasuegras*). Tubo de papel enrollado en espiral, con una boquilla en un extremo, por la que se sopla para que se desenrolle y emita un pitido.

matate s.m. Amér. Central y Méx. Red rústica que se usa para cargar con mecapal a la cabeza.

matazón s.f. Amér. Central, Colomb., Cuba y Venez. Matanza de personas, masacre.

match s.m. (voz inglesa) [pl. *match* o *matches*]. Competición deportiva que se disputa entre dos participantes o dos equipos: *un match de tenis. de boxeo.*

match-ball s.m. (pl. *match-balls*). En tenis, tanto que decide de la victoria final del jugador o pareja que se lo anota.

match-play s.m. (ingl. *match play*) [pl. *match-plays*]. En el golf, modalidad de competición entre dos jugadores o dos equipos que se juega hoyo por hoyo.

1. **mate** adj. (fr. *mat*). Que carece de lustre, apagado, sin brillo. **2.** Se dice del oro sin bruñir.

2. **mate** s.m. (del ár. *māt,* de *aṣ-ṣāh-māt,* el rey ha muerto). Lance del juego de ajedrez que pone término a la partida por estar amenazado y sin posibilidad de defensa uno de los reyes. SIN.: *jaque mate.* **2.** En el baloncesto, enceste que se consigue apoyando, por lo general, la muñeca en el aro. ◇ **Dar mate** Burlarse o reírse de alguien.

3. **mate** s.m. (quechua *máti,* calabacita). Amér. Merid. Calabaza seca y vaciada que sirve para diversos usos domésticos. **2.** Amér. Merid. Lo que cabe en una de estas calabazas. **3.** Amér. Merid. Infusión de yerba mate. **4.** Bol., Chile y R. de la Plata. Juicio, talento, capacidad. **5.** Bol., Chile y R. de la Plata. *Fig.* y *fam.* Cabeza humana. **6.** Bol. y R. de la Plata. Calabacera. **7.** Bol. y R. de la Plata. Infusión de cualquier hierba medicinal que se toma con bombilla. **8.** R. de la Plata. Calabaza, especialmente la que se utiliza para preparar y servir la infusión de yerba, que se sorbe de ella con una bombilla. **9.** R. de la Plata. *Por ext.* Cualquier recipiente que se emplea para tomar la infusión de yerba.

mateada s.f. Amér. Merid. Acción de matear, tomar mate. **2.** Argent. Reunión en la que varias personas se juntan a tomar mate.

1. **matear** v.tr. Sembrar las simientes o plantar las matas a cierta distancia unas de otras. ◆ v.intr. Buscar entre las matas el perro o el cazador para encontrar la caza. ◆ v.intr. y prnl. Extenderse las matas de trigo y de otros cereales echando muchos tallos.

2. **matear** v.intr. Amér. Merid. Tomar mate. **2.** Chile. Mezclar un líquido con otro. ◆ v.tr. Chile. En ajedrez, dar mate.

matemática s.f. Disciplina que, mediante el razonamiento deductivo, estudia las propiedades de los entes abstractos, números, figuras geométricas, etc., así como las relaciones que se establecen entre ellos. (Suele usarse en plural.) ◇ **Matemática universal** Según Descartes, ciencia generalísima del orden y de la medida.

matemática

Con la aparición de una ciencia de demostraciones racionales que establecía unos *pasos hipotético-deductivos,* surgieron en la civilización griega las matemáticas en el sentido moderno, de las que Tales es uno de los primeros representantes. Hasta el s. XIX, los postulados de Euclides fueron verdades evidentes que nadie se atrevió a discutir. Se fundaban en una visión idealizada del mundo físico (existencia de líneas rectas, por ej.) según las directrices del platonismo. Gauss y después Bolyai, Lobachevski y Reimann elaboraron geometrías en las que el axioma de Euclides sobre las paralelas no se verificaba, pero cuyo aspecto deductivo era riguroso. Hilbert resolvió el problema de las contradicciones: a partir de entonces, los axiomas de una teoría matemática ya no eran verdades evidentes o no, sino relaciones consideradas «verdaderas», a las que solo importaba la compatibilidad de los axiomas entre sí. Así, las matemáticas se convirtieron entonces en la ciencia de los *sistemas formales,* que tratan de objetos abstractos. Aparecieron nuevas disciplinas: *álgebra abstracta, topología, teoría de conjuntos,* etc. Cantor fue el fundador de esta última, que permite hallar las mismas estructuras. Con la teoría constructivista —contraria a las teorías de Cantor, Dedekind y Weierstrass— Kronecker considera a la aritmética, basada en los números enteros positivos, como la única y verdadera «creación divina». En nuestros días, tales contradicciones se han atenuado, sobre todo después de los trabajos de Gödel sobre la *consistencia* de la aritmética. El desarrollo de la lógica después de la segunda mitad del s. XIX, con Boole, Russell y Whitehead, contribuyó enormemente al trabajo de formalización y a su éxito. Para resolver los problemas planteados por el lugar que las matemáticas clásicas conceden a la intuición y a la objetividad de las definiciones iniciales, se recurrió a una *lógica formal*, construida sobre la base del simbolismo matemático. Este formalismo constituye una tentativa de unificación de la lógica y la matemática, unificación conseguida en el s. XX por el trabajo del grupo Nicolas Bourbaki.

matemático, a adj. Relativo a las matemáticas: *lógica matemática.* **2.** *Fig.* Exacto, preciso: *puntualidad matemática.* ◆ s. Persona que se dedica a las matemáticas.

matematismo s.m. Tendencia a tratar los problemas filosóficos según el espíritu y método propios de la matemática.

materia s.f. (lat. *materia*). Sustancia, realidad constituyente de los cuerpos dotada de propiedades físicas. **2.** Sustancia particular de la que está hecha una cosa provista de unas características determinadas: *materia combustible.* **3.** Lo que constituye el fondo o el sujeto de un discurso o de una obra. **4.** Lo que es objeto de enseñanza o de conocimiento: *profundizar en una materia.* **5.** DER. Contenido de la relación jurídica objeto de un proceso: *materia civil. penal.* ◇ **En materia de** Respecto a (de), por lo que concierne a: *en materia de deportes; en materia de sanidad.* **Entrar en materia** Empezar a tratar un asunto después de algún preliminar. **Índice de materias** Lista ordenada en que se indican los temas tratados a lo largo del libro. **Materia orgánica** Conjunto de materiales vegetales y animales, total o parcialmente descompuestos por la acción de los microorganismos presentes en el suelo. **Materias primas** o **primeras materias** Materias de origen natural que intervienen por transformación o consumición en los procesos de fabricación. (Se distinguen, por lo general, las materias primas *agrícolas* [animales o vegetales], las *minerales* y las *energéticas.*)

material adj. Relativo a la materia; opuesto a espiritual o formal. **2.** Que existe verdaderamente: *error material.* ◆ s.m. Ingrediente, materia u objetos que se necesitan para hacer una obra. **2.** Maquinaria, herramientas y utensilios necesarios para el desempeño de un servicio o el ejercicio de una profesión. ◇ **Material de guerra** Conjunto de material bélico que utiliza un ejército. **Materiales de construcción** Materias primas que intervienen en la construcción de una obra. **Materiales de derribo** Materiales de construcción que se aprovechan de algún edificio derribado. **Material hereditario** Conjunto de estructuras que en los organismos vivos constituyen el soporte de la herencia. (Está formado por ADN o ARN.) **Tiempo material** Tiempo necesario para llevar a cabo una acción.

materialidad s.f. Carácter o cualidad de lo que es material: *la materialidad de un cuerpo.* **2.** Sonido de las palabras: *la materialidad de una expresión.*

materialismo s.m. Posición filosófica que considera la materia como la única realidad y que hace del pensamiento un fenómeno material, como cualquier otro fenómeno. **2.** Manera de vivir de las personas que solo tienen en cuenta los bienes materiales y el placer inmediato.

materialismo

El materialismo es una corriente filosófica que se remonta a la antigüedad (Demócrito, Epicuro, Lucrecio). Se basa en la idea de que la materia constituye todo el ser de la realidad. El materialismo niega cualquier dualismo entre una creación y un creador, entre cuerpo y alma, y reduce el pensamiento a un fenómeno material. Los librepensadores del s. XVII y la creación de la física matemática (Galileo, Newton) renovaron esta corriente, que fue ampliamente difundida por los filósofos de la Ilustración (Diderot). El *materialismo histórico*, definido por Marx, inscribe en la historia del ser humano los conceptos atemporales del materialismo antiguo: la historia, cuyo motor es la lucha de clases,

símbolos matemáticos

símbolo	explicación	símbolo	explicación
teoría de los conjuntos		**aritmética, álgebra**	
$\in$	elemento de, pertenece a	$=$	igual
$\notin$	no pertenece a	$\simeq$ o $\approx$	aproximadamente igual
$\subset$	subconjunto de, contenido en	$\equiv$	idéntico
$\cup$	reunión, unión	$\neq$	diferente
$\cap$	intersección	$<$	menor que
$\{x_i\}$	conjunto de elementos x_i	$>$	mayor que
Ø	conjunto vacío	$\leqslant$	menor que o igual a
		$\geqslant$	mayor que o igual a
geometría		$+$	más
		$-$	menos
$\parallel$ o /	paralelo	$\cdot$ o $\times$	multiplicado por
$\perp$	perpendicular	: o / o —	dividido por
$\frown$	ángulo		
°	grado de ángulo	$\sum_{i=1}^{n} a_i$	$a_1 + a_2 + ... + a_n$
′	minuto de ángulo		
″	segundo de ángulo	$\prod_{i=1}^{n} a_i$	$a_1 \cdot a_2 \cdot ... \cdot a_n$
lógica		a^n	a a la potencia n
		$\sqrt{a}$	raíz cuadrada de a
$\neg$	no (negación)	$\sqrt[n]{a}$	raíz de a a la potencia n
$\wedge$	y (conjunción)		
$\vee$	o (disyunción)		
$\Rightarrow$	si – entonces (implicación)		
$\Leftrightarrow$	si y solamente si (equivalencia)		

está constituida por el conjunto de modos de producción aparecidos o por venir; el modo de producción condiciona el modo de vida, social político e intelectual y, por tanto, el ser social de las personas es lo que determina su conciencia, y no a la inversa.

---

materialista adj. y s.m. y f. Relativo al materialismo; partidario de esta doctrina. **2.** Que tiene mucho apego a los bienes materiales.

materialización s.f. Acción y efecto de materializar o materializarse. **2.** FÍS. Transformación de energía radiante (fotón) en partículas de masa no nula (electrones, positrones).

materializar v.tr. Representar algo bajo forma material. ◆ v.tr. y prnl. Realizar, llevar a cabo: *materializar un proyecto.* ◆ **materializarse** v.prnl. Hacerse alguien materialista.

materialmente adj. De hecho, realmente, enteramente: *es materialmente imposible.*

maternal adj. Materno: *cuidar con maternal interés.* **2.** Se dice de la primera etapa en que permanece el niño en una guardería o jardín de infancia, generalmente durante la lactancia y hasta los dos o tres años.

maternidad s.f. Estado o cualidad de madre. **2.** Período de la vida de la mujer comprendido entre el comienzo de la gestación y el momento del parto. **3.** Hospital en que se ofrece asistencia médica de parturientas y lactantes.

maternización s.f. Acción y efecto de maternizar.

maternizar v.tr. Conferir propiedades de madre o tratar como madre. **2.** Dotar cualquier leche de las propiedades que posee la leche materna.

materno, a adj. (lat. *maternus*). Relativo a la madre: *cuidados maternos.*

matero, a adj. y s. Amér. Merid. Se dice de la persona aficionada a tomar mate.

mates s.m.pl. Conjunto de los adornos planos o formas que componen los dibujos, por oposición al fondo o redecilla, en la industria o manufactura del encaje.

matete s.m. Argent. y Urug. Confusión, enredo. **2.** Argent. y Urug. Reyerta, disputa. **3.** Argent. y Urug. Mezcla de sustancias deshechas en un líquido que forma una masa inconsistente.

mático o **matico** s.m. Arbusto de América Meridional, de cuyas hojas se extrae un aceite esencial, aromático, balsámico y astringente. (Familia piperáceas.)

matierismo s.m. Técnica artística en la que los pintores acumulan y trabajan una importante cantidad de materia (pintura, arenas, pastas, betún, etc.). **2.** Tendencia pictórica derivada de esta técnica.

matilla s.f. Planta herbácea erguida, de hojas casi lineales, semicilíndricas, que crece en las costas y lugares salinos del interior de la península Ibérica. (Familia quenopodiáceas.)

matinal adj. Matutino: *luz matinal.* ◆ adj. y s.f. Se dice de las sesiones de algunos espectáculos que se realizan por la mañana.

matiz s.m. Cada una de las gradaciones que puede tener un color. **2.** Combinación de varios colores mezclados con proporción. **3.** Rasgo o tono de distinto colorido y expresión en las obras literarias: *los distintos matices de una narración.* **4.** Rasgo o aspecto que da a una cosa un carácter determinado: *matiz irónico, ofensivo.* **5.** MÚS. Grado de intensidad que se puede dar a un sonido en la ejecución de una partitura.

matización s.f. Acción y efecto de matizar.

matizado, a adj. HERÁLD. Se dice del pavo real ruante o de las mariposas cuyas plumas o alas, respectivamente, presentan manchas coloreadas.

matizar v.tr. Armonizar los diversos tonos y colores de varias cosas. **2.** *Fig.* Dar a algo un determinado matiz: *matizar las palabras con cierta ironía.* **3.** *Fig.* Expresar los distintos matices o diferencias de algo: *matizar todos los aspectos de un asunto.*

matlatzinca, pueblo amerindio precolombino de lengua otomangue, que vivía en México (est. de Guerrero).

matoco s.m. Chile. *Fam.* El diablo, el demonio.

matojo s.m. Arbusto de unos 40 cm de alt., que crece en la península Ibérica. (Familia quenopodiáceas.) **2.** *Desp.* Mata. **3.** Colomb. Matorral. **4.** Cuba. Retoño de un árbol cortado.

matón, na s. *Fam.* Persona bravucona o pendenciera que intenta intimidar a los demás. **2.** *Fig.* y *fam.* Guardaespaldas.

matorral s.m. Formación vegetal baja, característica de los países mediterráneos, que está constituida por olivos silvestres (acebuches), lentiscos, madroños, encinas pequeñas (coscojas), etc.

matraca s.f. (ár. vulgar *maṭráqa,* martillo, de *ṭáraq,* golpear). Instrumento de madera compuesto de un tablero y uno o más mazos, que al sacudirlo produce un ruido fuerte y opaco. **2.** Rueda de tablas con badajos de madera entre las paletas, que al girar producen un ruido fuerte y estridente. **3.** *Fig.* y *fam.* Insistencia molesta en un tema o pretensión. **4.** Machacón, persona pesada.

matraquear v.intr. *Fam.* Hacer sonar la matraca. **2.** *Fig.* y *fam.* Chasquear, importunar con insistencia. **3.** Hacer ruido machaconamente.

matraz s.m. (fr. *matras*). Recipiente esférico de vidrio o de cristal terminado en un tubo estrecho y recto, que se emplea en los laboratorios químicos.

matrerear o **matreriar** v.intr. Argent. Llevar vida de matrero. **2.** Argent. *Fig.* y *fam.* Jugar los niños libremente.

matrero, a adj. Astuto, diestro, experimentado. **2.** Argent. En lenguaje rural, ganado cimarrón. **3.** Argent., Bol., Chile, Perú y Urug. Se dice del fugitivo que buscaba el monte para escapar de la justicia.

matriarcado s.m. Organización social en que el derecho, la autoridad y la riqueza reside en las mujeres.

matriarcal adj. Relativo al matriarcado.

matricaria s.f. Manzanilla común.

matricida s.m. y f. Persona que comete matricidio.

matricidio s.m. Acto de matar a la propia madre.

matriclán s.m. ANTROP. Clan fundado en la filiación matrilineal.

matrícula s.f. (lat. *matricula*). Inscripción en un registro o lista. **2.** Documento que acredita esta inscripción. **3.** Conjunto de personas matriculadas. **4.** Formalidad que debe cumplir un estudiante para seguir estudios en un centro de enseñanza. **5.** Esp. Placa de un vehículo. ◇ **Matrícula de honor** Calificación que supera el sobresaliente y que permite al alumno que la ha obtenido la inscripción gratuita en el curso siguiente. **Matrícula gratuita** Exención total o parcial del pago de inscripción en una enseñanza.

matriculación s.f. Acción y efecto de matricular o matricularse.

matricular v.tr. y prnl. Inscribir en una matrícula o registro. **2.** Esp. Inscribir un vehículo en una matrícula y colocarle la placa correspondiente.

matrilineal adj. ANTROP. Se dice de un sistema de filiación y de organización social en el que solo se toma en cuenta la ascendencia materna.

matrilocal adj. ETNOL. Se dice del modo de residencia de una nueva pareja en el que el esposo pasa a residir en la casa de la familia de la mujer.

matrimonial adj. Relativo al matrimonio: *relaciones matrimoniales.* ◇ **Agencia matrimonial** Establecimiento que pone en relación a personas que desean casarse.

matrimoniar v.intr. Casarse. ◆ **matrimoniarse** v.prnl. Chile. Casarse.

matrimonio s.m. (lat. *matrimonium*). Institución social, reconocida como legítima por la sociedad, consistente en la unión de dos personas para establecer una comunidad de vida, más o menos estable. **2.** Sacramento por el cual un hombre y una mujer se unen indisolublemente con arreglo a las prescripciones de la Iglesia. **3.** *Fam.* Marido y mujer. ◇ **Consumar el matrimonio** Dar cumplimiento los esposos al matrimonio realizando el primer acto sexual. **Contraer matrimonio** Casarse.

matrimonio

El matrimonio puede ser monogámico o poligámico. Si bien las religiones le otorgan un carácter sagrado y sacramental, la mayoría de los estados modernos lo contemplan como una unión contractual. En estos casos, el matrimonio civil, único válido, es independiente del religioso. Entre los efectos del matrimonio se encuentra la obligación de vida en común de los cónyuges, que deben ayudarse, respetarse y guardarse fidelidad, y el establecimiento de un régimen patrimonial. Para contraer matrimonio se establecen requisitos de capacidad, libre consentimiento y ausencia de impedimentos legales. Las constituciones avanzadas establecen la plena igualdad jurídica del hombre y la mujer para contraer matrimonio. Se contempla también la posibilidad de separación, anulación y divorcio.

matritense adj. y s.m. y f. Madrileño.

matriz s.f. (lat. *matrix, -icis*). ANAT. Útero. **2.** DER. Parte del talonario que queda encuadernada al separar los cheques, títulos u otros documentos que lo forman. **3.** DER. Escritura o documento en que consta la celebración de un acto jurídico y que se conserva en el registro. **4.** ESTADÍST. Disposición ordenada de un conjunto de elementos. **5.** MAT. Tabla de $m \cdot n$ números dispuestos en m filas y n columnas, en la que m y n pueden ser iguales. **6.** TECNOL. Molde en hueco o en relieve, que sirve para reproducir una imprenta sobre un objeto sometido a su acción. ◆ adj. y s.f. Principal, generador: *una casa matriz.*

matrizado s.m. Operación que consiste en modelar una pieza dándole la forma definitiva mediante prensado en caliente y con la ayuda de matrices.

matrizar v.tr. TECNOL. Forjar una pieza con prensa, por medio de matrices.

matrona s.f. (lat. *matrona*). Comadrona. **2.** Mujer madura. **3.** Encargada de registrar a las mujeres en aduanas o de ciertas labores de vigilancia en las cárceles femeninas. **4.** ANT. Madre de familia, noble y virtuosa.

matucho, a adj. Chile. Se dice del alumno externo de un colegio en el que también hay internos.

matungo, a adj. y s. Argent. y Cuba. Se dice del caballo endeble, matalón.

maturrango, a adj. y s. Amér. Merid. Mal jinete. **2.** Chile. Se dice de la persona pesada y tosca en sus movimientos.

matusalén s.m. y f. (de *Matusalén,* patriarca bíblico antediluviano). Persona de mucha edad, anciano.

matute s.m. Introducción de mercancías en una población burlando el impuesto de aduanas o consumos. **2.** Mercancía introducida de esa manera. **3.** Casa de juegos prohibidos.

matutear v.intr. Introducir matute.

matutino, a adj. (lat. *matutinum*). Relativo a las horas de la mañana: *luz matutina.* **2.** Que ocurre o se hace por la mañana: *edición matutina.*

maul s.m. (voz inglesa). En rugby, melé abierta donde el balón no toca el suelo.

maula s.f. (de *mau,* onomatopeya de la voz del gato). Trasto, persona o cosa inútil. ◆ adj. y s.m. y f. Argent., Perú y Urug. Cobarde, despreciable. ◆ s.m. y f. *Fam.* Persona tramposa o mala pagadora. **2.** *Fig.* y *fam.* Holgazán.

maullador, ra adj. Que maúlla mucho.

maullar o **maular** v.intr. (de *mau,* onomatopeya de la voz del gato) [conj.: *aunar*]. Dar maullidos el gato. SIN.: *mayar.*

maullido s.m. Voz del gato. SIN.: *maúllo.*

maulón, na adj. Se dice del toro de malas condiciones para la lidia por su cobardía.

mauloso, a adj. y s. Chile. Embustero.

mauritano, a adj. y s. De Mauritania.

máuser s.m. (de W. y P. von *Mauser,* armeros alemanes) [pl. *máuseres* o *máusers*]. Fusil de repetición con un depósito para cinco cartuchos y accionado mediante cerrojo.

mausoleo s.m. (lat. *Mausoleum,* del gr. *Maysoleion,* de *Mausolo,* sátrapa de Caria). Monumento funerario.

mawlá s.m. (voz árabe). Nombre con que se conocía indistintamente en al-Andalus al señor y al esclavo liberto por manumisión, que pasaba a formar parte de la clientela de aquel.

mawlid o **mulud** s.m. Fiesta religiosa musulmana en la que se celebra el aniversario del nacimiento de Mahoma.

maxila s.f. Apéndice par de los artrópodos, situado a continuación de las mandíbulas.

maxilar adj. (lat. *maxilla*). Relativo a la quijada o mandíbula: *arteria maxilar; nervio maxilar.* ◆ adj. y s.m. Se dice de los huesos de la cara situados en la región anteroinferior.

maxilípedo s.m. ZOOL. Apéndice par de los crustáceos, situado entre las maxilas y las patas, que sirve principalmente para sujetar las presas.

máxima s.f. Sentencia que resume un principio moral, un juicio de orden general o una enseñanza. **2.** Regla de conducta general, o en cualquier campo de actividad: *máxima del arte.*

maximal adj. Que constituye el máximo. **2.** MAT. Para un subconjunto A de un conjunto C provisto de una relación de orden, se dice del elemento de A posterior a todos los elementos de A comparables con él. CONTR.: *minimal.*

maximalismo s.m. Posición política extrema, no mayoritaria, que reclama el máximo de una acción social o política. **2.** *Por ext.* Tendencia a preferir las soluciones más extremadas en el logro de cualquier aspiración.

maximalista adj. y s.m. y f. Relativo al maximalismo; partidario de esta posición política.

máxime adv.m. Con mayor motivo o más razón.

maximizar v.tr. Buscar el mayor provecho, rendimiento o beneficio de una cosa: *maximizar la producción.* **2.** MAT. Hacer las operaciones necesarias para hallar el máximo común divisor de una función.

máximo, a adj. (lat. *maximus,* superlativo de *magnus*). Que tiene o ha alcanzado el mayor valor o grado. ◆ s.m. Límite superior o extremo que puede alcanzar algo: *rendir el máximo.* **2.** MAT. Valor mayor de los que puede tomar una cantidad variable entre ciertos límites.

máximum s.m. Límite extremo o extremo que puede alcanzar algo.

maxisingle s.m. Disco fonográfico del tamaño de un elepé, pero de menor duración que este y grabado a 45 revoluciones por minuto.

maxwell s.m. Unidad CGS de flujo magnético (símb. M), equivalente al flujo producido por una inducción magnética de 1 gauss a través de una superficie de 1 cm^2, normal al campo.

1. **maya** adj. y s.m. y f. De un pueblo indígena mesoamericano que desarrolló una de las más altas civilizaciones de la América prehispánica, en una amplia región que comprende el SE de México, Yucatán y Guatemala, desde comienzos de la era cristiana hasta el s. XVI. ◆ s.m. Lengua amerindia de América Central, hablada en la península de Yucatán, N del estado mexicano de Campeche y por los lacandones de México y Guatemala. SIN.: *yucateco.*

maya

El apogeo de la cultura maya se sitúa en la segunda mitad del s. VII. La producción artística alcanzó un gran desarrollo, en particular la arquitectura, que dio magníficos monumentos en ciudades como Palenque, Yaxchilán, Piedras Negras, Copán, Tikal, Quiriguá, Uxmal o Chichén Itzá, erigidos alrededor de plazas que cumplían funciones administrativas y religiosas. Destacan los bellos relieves de muros y estelas, así como la pintura mural (Bonampak, Chichén Itzá) y la cerámica, extraordinariamente numerosa y variada.

En 1200 la liga de Mayapán estableció su dominio en el N de Yucatán, y se inició la decadencia cultural maya, que culminó tras la caída del imperio de Mayapán (1450) y diversas guerras entre las ciudades. En Guatemala los quichés, de influencia tolteca, formaron un imperio que se hundió por luchas intestinas por el poder. En 1525 Pedro de Alvarado conquistó Guatemala, y en

1536 tuvo lugar la ocupación de Yucatán por Francisco de Montejo el Mozo.

La organización social de los mayas estaba presidida por el monarca o *halach-uinic*, que nombraba *bataboob* o jefe de aldea a un noble. La casta sacerdotal, *ah konoob*, la formaban el *ahuacán*, o señor serpiente, y los *chillanes*, o adivinos. Por debajo de la clase popular de artesanos y agricultores estaban los *pentacoob*, o esclavos, utilizados en los sacrificios humanos. Los principales dioses del panteón maya eran Itzamná, dios supremo, Kinich Ahau, el sol, Ixchel, la luna, y Chac, la lluvia.

La lengua maya, del grupo maya-quiché, familia maya-zoque, fue una de las más importantes lenguas de civilización de la América precolombina.

---

2. **maya** s.f. (de *mayo*). Planta herbácea con inflorescencias de flores amarillas y fruto en aquenio. (Familia compuestas.)

3. **maya** s.f. (voz sánscrita). En el Vedanta y en el budismo, conjunto de ilusiones que constituyen el mundo.

mayador, ra adj. Maullador.

maya-quiché, grupo de lenguas de América Central de la familia maya-zoque, dividido en: *huasteco* (SE de San Luis Potosí y N de Veracruz, México); *maya* (península de Yucatán y N de Campeche, México); *chol* (extendido antiguamente de Tabasco a Honduras); *tzeltal* (Chiapas, México); *mam* (S de la frontera entre México y Guatemala); *quiché*, que comprende el quiché y el cakchiquel, hablados en Guatemala.

mayar v.intr. Maullar.

mayate s.m. Coleóptero de color negro, que vive en México. (Familia melolóntidos.)

maya-zoque, familia lingüística amerindia formada por numerosas lenguas y dialectos de la región que comprende el SE de México, Guatemala, parte de Honduras y una zona de la costa del golfo de México. El principal grupo de lenguas es el maya-quiché.

mayear v.intr. Hacer el tiempo propio del mes de mayo.

mayeque s.m. (náhuatl *maitl*, mano). En México, denominación dada a los indígenas de las clases inferiores a los maceguales, que tenían una condición semejante a la de los siervos o esclavos.

mayestático, a adj. (alem. *majestätisch*). Relativo a la majestad. ◇ **Plural mayestático** Plural del pronombre de primera persona empleado con sentido singular, en el estilo oficial, por personas revestidas de un carácter de autoridad. (Ej.: *nos, rey de España.*)

mayéutica s.f. En la filosofía socrática, arte de hacer descubrir al interlocutor las verdades que lleva en sí por medio de una serie de preguntas.

mayido s.m. Maullido.

1. **mayo** s.m. (lat. *majus*). Quinto mes del año. **2.** Palo adornado que se pone en el mes de mayo en algún lugar público en que han de celebrarse diversos festejos. **3.** Enramada que ponen los novios a las puertas de sus novias. ◇ **Para mayo** Chile. *Fam.* Expresa irónicamente un tiempo que nunca llegará.

2. **mayo,** pueblo amerindio de lengua utoazteca, del grupo cahita, que vivía en Sonora, act. repartido entre ese estado y el de Sinaloa (México). [Se rebelaron en 1880 y 1917.]

mayocol s.m. Méx. En Yucatán, mayordomo, capataz.

mayólica s.f. (ital. *majolica*, del lat. *Majorica*, Mallorca). Loza italiana del renacimiento, inspirada en la cerámica hispano-morisca.

mayonesa o **mahonesa** s.f. y adj. Salsa fría compuesta por una emulsión de yema de huevo y aceite.

mayor adj. (lat. *major, -oris*). Más grande, en cualquier aspecto material: *su casa es mayor que la nuestra.* (Se usa como comparativo, y precedido del artículo determinado, como superlativo relativo.) **2.** Más intenso: *su mayor ambición es llegar a ministro.* **3.** MÚS. Se dice de un modo, una escala, un acorde o un intervalo cuya tercera se compone de dos tonos. ◆ adj. y s.m. y f. Se dice de las personas que han pasado la edad madura. (Como sustantivo se usa en plural.) ◆ s.m. En algunos ejércitos, especialmente los anglosajones, oficial con un grado equivalente al de comandante. ◆ **mayores** s.m.pl. Antepasados. ◇ **Comercio al por mayor** Compra de mercancías en grandes cantidades directamente al fabricante, y venta también en cantidades importantes a los detallistas. **Mayor que** MAT. Signo matemático (>) que colocado entre dos cantidades indica que es mayor la primera que la segunda. **Premisa mayor** LÓG. Primera proposición de un silogismo. **Verso de arte mayor** Verso, generalmente de doce sílabas, compuesto por dos hemistiquios.

mayoral s.m. Capataz de las cuadrillas de segadores y cavadores. **2.** Persona que en las labranzas y en las cabañas de mulas manda a los otros mozos. **3.** Pastor principal de un ganado, especialmente de una ganadería de reses bravas. **4.** Cochero de las diligencias y carruajes.

mayoralía s.f. Salario de un mayoral. **2.** Rebaño que pastoreaba un mayoral.

mayorana s.f. Mejorana.

mayorante adj. y s.m. MAT. En un conjunto dotado de una relación de orden, y para un elemento *a*. se dice de cada uno de los elementos mayores que *a*. en el sentido de la relación que ordena el conjunto considerado.

mayorazgo s.m. Derecho que tiene el primogénito de suceder en todos los bienes dejados, con la condición de dejarlos íntegros en su familia. **2.** Conjunto de estos bienes. **3.** Poseedor de ellos. **4.** *Fam.* Primogénito de cualquier persona. **5.** *Fam.* Primogenitura.

mayordomear v.tr. Administrar o gobernar una hacienda o casa.

mayordomo, a s. (lat. *majordomus*, de *major*, mayor, y *domus*, casa). Criado principal de una casa encargado de la servidumbre y de la administración. ◆ s.m. Encargado general en algunas empresas agrícolas o industriales. **2.** Oficial que cuida de la satisfacción de los gastos y gobierno de las funciones en las cofradías. **3.** Chile. Sobrestante. **4.** Perú. Criado, sirviente. **5.** HIST. Administrador de la casa del rey. **6.** MIL. Cocinero que atiende a la cocina del almirante en los buques de guerra. ◆ s.f. Esposa del mayordomo.

mayoreo s.m. Comercio al por mayor.

mayoría s.f. Cualidad de mayor. **2.** Parte mayor de los componentes de un conjunto, colectividad o asamblea: *la mayoría opina que no.* **3.** Mayor número de votos: *obtener la mayoría.* **4.** Partido o conjunto de partidos que, en una asamblea, representan el mayor número. **5.** Oficina del mayor, especialmente del teniente coronel o comandante mayor. ◇ **Mayoría absoluta** Mayoría formada por más de la mitad de los votos emitidos. **Mayoría cualificada** Mayoría para la cual la ley exige que se reúnan más sufragios que para la mayoría absoluta, los 2/3 de los votos, por ejemplo. **Mayoría de edad** Edad fijada por la ley para el ejercicio de ciertos derechos civiles o políticos. **Mayoría relativa,** o **simple** Mayoría que reúne el mayor número de votos, con independencia de los votos emitidos. **Mayoría silenciosa** Parte mayoritaria de una población, que no expresa opinión significativa.

mayorista adj. Se dice del comercio en que se vende y compra al por mayor. ◆ s.m. y f. Comerciante al por mayor.

mayoritario, a adj. Que pertenece a la mayoría o que se apoya en ella: *gobierno mayoritario.* ◆ adj. y s. Se dice del sistema electoral basado en el triunfo de la mayoría, absoluta o relativa, sin que tengan ningún efecto los sufragios conseguidos por las minorías.

mayormente adv.m. Principalmente, con especialidad.

mayuato s.m. Argent. Pequeño carnívoro sudamericano semejante al coatí.

mayúsculo, a adj. Muy grande: *susto mayúsculo.* ◆ adj. y s.f. (lat. *majusculus*, dim. de *major*, mayor). Se dice de la letra de mayor tamaño que las otras y de forma distinta (por oposición a *minúscula*).

maza s.f. (lat. vulgar *mattea*). Utensilio provisto de un extremo pesado, generalmente cilíndrico, usado para machacar, golpear, apisonar, etc. **2.** Martillo grande. **3.** Bastón nudoso, más grueso en uno de sus extremos, que en la antigüedad se utilizó como arma contundente. **4.** Bastón en forma de maza, con puño de metal, usado como insignia por los maceros en las ceremonias. **5.** Extremo más grueso de los tacos de billar. **6.** Pilón o pieza de gran peso en las máquinas de forjar por percusión, que suministra la energía necesaria para la deformación mediante su caída vertical desde cierta altura. **7.** Chile. Cubo de la rueda. **8.** MAR. Tambor, cilindro en que se enrollan los guardines del timón. **9.** ZOOL. Dilatación terminal de un órgano. <> **Maza de armas** Arma antigua formada por un mango de hierro rematado con una cabeza esférica, cúbica o piramidal, en ocasiones erizada de púas.

mazacote s.m. Hormigón, mezcla de piedra, mortero de cal y arena. **2.** *Fig.* Objeto de arte tosco o pesado. **3.** *Fig.* y *fam.* Hombre molesto y pesado. **4.** *Fig.* y *fam.* Cosa seca, dura y pegajosa. **5.** Argent. Pasta hecha de los residuos del azúcar que quedan adheridos en el fondo y en las paredes de la caldera al elaborarlo.

mazacotudo, a adj. Amér. Amazacotado.

mazacuata s.f. Boa mexicana, de hasta 4 m de long., que habita en zonas de clima cálido. SIN.: *mazacuate.*

mazada s.f. Mazazo.

mazado s.m. Operación a que se somete la nata en la mantequera, en la fabricación de mantequilla.

mazamorra s.f. *Fig.* Cosa desmenuzada. **2.** Bizcocho estropeado. **3.** Colomb. Ulceración en las pezuñas del ganado vacuno, causada por infección microbiana. **4.** Colomb. y Perú. *Fig.* Revoltillo de ideas o de cosas. **5.** Perú. Comida compuesta por harina de maíz con azúcar o miel. **6.** R. de la Plata. Comida criolla hecha con maíz blanco partido y hervido que se come frío, con o sin leche y, a veces, con azúcar o miel.

mazapán s.m. Pasta elaborada con almendras molidas y azúcar, cocida al horno.

mazar v.tr. Batir la leche para separar la manteca.

mazarí adj. y s.m. (del ár. vulgar *laŷûr mazarī*, ladrillo egipcio). Se dice de la baldosa usada para solados.

mazarota s.f. (fr. *masselotte*). Cavidad que se deja en la parte superior de un molde de fundición para formar un depósito de metal líquido que sirve para compensar la contracción de la pieza colada al solidificarse. **2.** Masa de metal moldeada en dicha cavidad.

mazateca, pueblo amerindio agricultor de lengua otomangue del N de los est. de Oaxaca y Guerrero, hasta la ciudad de Veracruz.

mazazo s.m. Golpe que se da con una maza o un mazo. **2.** *Fig.* Cosa que provoca fuerte impresión.

mazdeísmo s.m. Religión del antiguo Irán reformada por Zaratustra. (Es una religión dualista: el mundo es escenario de una lucha que enfrenta al principio del mal [Ahrimán o Angra-Mainyu] y el principio del bien [Ormuzd o Ahura Mazdā], que alcanzará el triunfo final. El libro sagrado del mazdeísmo es el *Avesta.*)

mazdeísta adj. y s.m. y f. Relativo al mazdeísmo; adepto a esta religión.

mazmorra s.f. (ár. *maṭmûra*, p. de *ṭámar*, enterrar). Prisión subterránea.

maznar v.tr. Amasar, ablandar o estrujar con las manos. **2.** Machacar el hierro cuando está caliente.

mazo s.m. Martillo grande de madera. **2.** Maza, utensilio con un extremo pesado. **3.** *Fig.* Hombre pesado y molesto. **4.** Conjunto de cosas que forman un haz o paquete.

mazonería s.f. Fábrica de cal y canto. **2.** Obra de relieve.

mazorca s.f. Espiga densa y apretada que forman los granos de ciertas plantas: *mazorca de maíz.* **2.** Argent. Nombre dado a la Sociedad popular restauradora, organización que apoyaba al gobernador de Buenos Aires, Juan Manuel Rosas. **3.** Chile. *Fig.* Junta de personas que forman un gobierno despótico. **4.** TAUROM. Parte baja del cuerno, junto al arranque del testuz.

mazorquero, a adj. y s. Argent. Relativo a la mazorca; miembro de esta organización. ◆ s.m. Chile. Bandolero que forma parte de una cuadrilla.

mazorral adj. (de *mazorro*). Tosco, grosero.

mazuca s.f. Planta herbácea de flores azules, que crece en la península Ibérica. (Familia iridáceas.)

mayúscula

El uso de la mayúscula puede depender de factores diversos: la puntuación, el hecho de que se trate de un nombre propio u otros recursos expresivos.

se escriben con letra mayúscula	ejemplos
La primera palabra de un escrito y la que va detrás de un punto.	
Una cita textual después de dos puntos.	*Me dijo: «Ya te acompañaré yo».*
A continuación de las fórmulas de saludo en cartas y documentos.	*Apreciado Sr.: He recibido...*
Los nombres propios.	*África, Platón, Barcelona, los Borbones*
Los sobrenombres y apodos.	*Alfonso el Sabio, el Rey Sol, el Greco*
El artículo de algunos nombres propios cuando este forma parte del sustantivo.	*El Cairo, La Habana, El Salvador*
Los nombres de instituciones.	*Ministerio del Interior, Colegio Naval*
Los atributos divinos, títulos y nombres de dignidades cuando con ellos se designa a la persona concreta. Pero van en minúscula cuando se usan con significado general.	*el Creador, el Duque de Osuna, el Redentor* *los reyes, los papas*
Los nombres de dioses y festividades.	*Alá, Jehová, Pentecostés, Navidad, día de la Constitución*
Los nombres colectivos que representan un organismo único.	*la Iglesia, la Justicia, el Estado*
Los títulos de libros y revistas, las siglas, la numeración romana, los tratamientos abreviados, etc.	*Crimen y castigo, Revista de Occidente, OTAN, capítulo III, Ud.*

mazurca s.f. (polaco *mazurka*, de *Mazuria*, región del NE de Polonia). Danza originaria de Polonia de ritmo moderado en compás de tres por cuatro. **2.** Música de esta danza.

mazut s.m. Fuel-oil.

mbaracayá s.m. Mamífero carnívoro de cráneo alargado y pelaje corto, bayo, con pintas elípticas negras, que vive en Argentina, S de Brasil, Paraguay y Uruguay. (Familia félidos.)

mbayá adj. y s.m. y f. Guaicurú.

mbicuré s.m. Amér. Comadreja.

mbutí, pueblo de raza pigmea que vive en la Rep. Dem. del Congo.

me pron.pers. (lat. *me*). Forma átona del pronombre personal de 1ª persona del singular. Funciona como complemento directo e indirecto y se usa con verbos pronominales cuando el sujeto es de 1ª persona del singular. Va pospuesto y unido al verbo cuando acompaña a un infinitivo, gerundio o imperativo: *me saludó; me dio la mano.*

mea culpa loc. (voces latinas, *por mi culpa*). Se usa para admitir la responsabilidad de una falta o error.

meada s.f. *Vulg.* Orina expelida de una sola vez. **2.** *Vulg.* Mancha que deja.

meadero s.m. *Vulg.* Urinario.

meado s.m. *Vulg.* Orín. (Se usa más en plural.) <> **Meado de zorra** Planta de bulbo muy grande y flores de color blanco. (Familia amarilidáceas.)

meaja s.f. Migaja. **2.** Miaja, moneda.

meajuela s.f. Pieza pequeña colgada en los sabores del freno del caballo para que este segregue más saliva.

meandro s.m. (lat. *maeander, -dri*). Curva que forma el curso de un río. **2.** ARQ. Ornamento en forma de línea sinuosa.

mear v.tr., intr. y prnl. (lat. vulgar *mejare*). *Vulg.* Orinar.

meato s.m. (lat. *meatus, -us*, camino, curso). ANAT. **a.** Conducto, canal u orificio. **b.** Orificio terminal de un conducto: *meato urinario.* **2.** BOT. Espacio entre células vegetales.

meatotomía s.f. Operación quirúrgica que consiste en dilatar un meato.

1. **meca** s.f. (de *La Meca*, c. de Arabia Saudí). *Fig.* Lugar que es el centro más importante de una actividad: *Hollywood es la meca del cine.*

2. **meca** s.f. Chile. Estiércol, excremento. **2.** Chile. Persona torpe e inexperta.

¡mecachis! interj. Esp. *Fam.* Expresa contrariedad o enojo.

mecánica s.f. Parte de la física que estudia las fuerzas y los movimientos. **2.** Estudio de las máquinas, de su construcción y de su funcionamiento. **3.** Mecanismo, conjunto de piezas. **4.** *Fig.* Mecanismo, manera de producirse una actividad, función o fenómeno. <> **Mecánica celeste** Parte de la astronomía que estudia los movimientos de los cuerpos celestes. **Mecánica cuántica** Teoría fundada en los cuantos que describe la evolución de los sistemas microscópicos. **Mecánica estadística** Parte de la mecánica que se ocupa de la aplicación de esta disciplina y de los métodos estadísticos al estudio de los sistemas formados por un gran número de elementos semejantes (moléculas, átomos). **Mecánica ondulatoria** Disciplina científica, establecida por L. de Broglie en 1924, según la cual las partículas en movimiento están asociadas a unas ondas capaces de producir fenómenos de interferencia y de difracción. **Mecánica racional,** o **clásica** Mecánica considerada en su aspecto teórico, generalmente para los cuerpos macroscópicos. **Mecánica relativista** Mecánica fundada en los principios de la relatividad.

mecánica

La mecánica llamada *clásica* abarca tres grandes campos: la *estática*, que es el estudio de la acción de fuerzas sobre los cuerpos en ausencia de movimiento; la *cinemática*, que estudia el espacio, el tiempo y los movimientos, independientemente de sus causas, y la *dinámica*, que estudia los movimientos bajo la acción de las fuerzas. Desde finales del s. XIX se han desarrollado otras mecánicas, como la *estadística*, la *relativista* y la *cuántica*.

mecanicismo s.m. FILOS. Teoría filosófica según la cual el conjunto de fenómenos naturales se explican únicamente mediante las leyes de la teoría del movimiento.

mecanicista adj. y s.m. y f. Relativo al mecanicismo; partidario de esta teoría.

mecánico, a adj. Relativo a la mecánica: *leyes mecánicas.* **2.** Relativo a la máquina. **3.** Que se hace con una máquina: *barrido mecánico.* **4.** Que funciona mediante un mecanismo. **5.** Se dice del acto o movimiento ejecutado instintivamente o por costumbre: *gesto mecánico.* **6.** Se dice de ciertas propiedades físicas de una sustancia, como la dureza y la elasticidad. **7.** QUÍM. Que no actúa químicamente sino según las leyes del movimiento: *acción mecánica de un agente.* ◆ s. Persona que tiene por oficio manejar y reparar máquinas o cuidar de su mantenimiento. <> **Mecánico dentista** Persona que tiene por oficio hacer prótesis dentales.

mecanismo s.m. (lat. tardío *mechanisma, -atis*, habilidad). Conjunto de piezas o elementos combinados que, mediante energía mecánica, hacen un trabajo o cumplen una función: *el mecanismo de un reloj.* **2.** Modo de realizarse una actividad, función, etc.

mecanización s.f. Acción y efecto de mecanizar. **2.** INFORMÁT. Proceso que consiste en aplicar técnicas de informática a una determinada aplicación administrativa, comercial, industrial, etc., para que esta pueda beneficiarse de las posibilidades de la computadora.

mecanizado, a adj. MIL. Se dice de la unidad militar o división en la que la dotación de vehículos ligeros acorazados predomina sobre la de carros de combate. ◆ s.m. METAL. Operación que consiste en quitar material a una pieza por medio de una herramienta de corte, o con otros procedimientos.

mecanizar v.tr. y prnl. Introducir máquinas en las operaciones o procesos de una actividad: *mecanizar la agricultura.* **2.** Someter a elaboración mecánica. **3.** Informatizar, pasar un proceso, especialmente administrativo, comercial o industrial, a una computadora. **4.** Convertir en automático un acto o movimiento humano. ◆ v.tr. METAL. Trabajar los metales con una máquina-herramienta.

1. **mecano** s.m. Meccano.

2. **mecano, a** adj. y s. De La Meca.

mecanografía s.f. Técnica de escribir a máquina. SIN.: *dactilografía.*

mecanografiar v.tr. [conj.: *desviar*]. Escribir a máquina. SIN.: *dactilografiar.*

mecanógrafo, a s. Persona que tiene por oficio mecanografiar textos. SIN.: *dactilógrafo.*

mecanoterapia s.f. Tratamiento que utiliza aparatos mecánicos para estimular los movimientos del cuerpo humano.

mecapacle o **mecapatli** s.m. Méx. Zarzaparrilla.

mecapal s.m. (náhuatl *mekapálli*, cordel para llevar algo a cuestas, de *mékatl*, cordel). Amér. Central. y Méx. Faja de cuero con dos cuerdas en los extremos, que, aplicada a la frente, sirve para llevar carga a cuestas.

mecapalero s.m. Amér. Central. y Méx. Mozo de cordel, o cargador que usa el mecapal.

mecapatli s.m. Méx. → **mecapacle.**

mecatazo s.m. Amér. Latigazo o golpe dado con un mecate.

mecate s.m. (náhuatl *mékatl*). Amér. Central, Méx. y Venez. Cuerda, cordel de pita.

mecatiar v.tr. Colomb. Comer algo ligero entre comidas.

mecato s.m. Colomb. Golosina, dulce que se come entre comidas.

Meccano s.m. (marca registrada). Juguete consistente en una serie de ruedas, pasadores y piezas perforadas metálicas que pueden ser combinadas de diversas maneras y armadas con ayuda de tornillos, para construir con ellas diferentes objetos a escala reducida. SIN.: *mecano.*

mecedor, ra adj. Que mece o sirve para mecer. ◆ s.m. Instrumento para mecer líquidos. **2.** Columpio.

mecedora s.f. Asiento individual que sirve para balancearse y está formado por brazos, respaldo y patas que se apoyan sobre dos arcos o terminan en forma circular.

mecenas s.m. y f. (de *Mecenas,* patricio romano) [pl. *mecenas*]. Persona que protege a artistas e intelectuales financiando sus obras.

mecenazgo s.m. Protección que una persona o entidad dispensa a un artista o intelectual financiando sus obras.

mecer v.tr. y prnl. (lat. *miscere,* mezclar). Mover repetidamente de un lado a otro un cuerpo suspendido o que tiene un punto fijo, sin que pierda su posición de equilibrio: *mecer la cuna.* ◆ v.tr. Mover un líquido o el recipiente que lo contiene de un lado a otro, generalmente para mezclarlo.

mecha s.f. Cordón combustible utilizado en velas, bujías y aparatos de alumbrado. **2.** Mechón de cabello, especialmente el que está teñido. **3.** Cuerda que sirve para encender los explosivos. **4.** Trozo de tocino, de jamón o cualquier otro ingrediente que se introduce como relleno en la carne. **5.** Amér. Merid. Broca de taladro. **6.** Colomb., Ecuad. y Venez. Burla, broma. **7.** Esp. Procedimiento para robar que consiste en esconder los objetos robados entre la propia ropa o entre los objetos personales. **8.** CIR. Tira de gasa utilizada para efectuar drenajes. **9.** MAR. Extremo inferior de un palo macho. **10.** TEXT. Tira o cinta de gran longitud formada por un conjunto de fibras textiles, unidas a menudo mediante una ligera torsión. ◆ **mechas** s.f.pl. Amér. Cabellos largos, melenas, greñas. ◇ **Aguantar (la) mecha** Esp. Soportar con entereza las molestias, burlas o impertinencias. **Mecha del timón** MAR. Eje cilíndrico que hace girar la pala del timón.

mecer

INDICATIVO		SUBJUNTIVO	
presente		**presente**	
mezo		*meza*	
meces (mecés)		*mezas*	
mece		*meza*	
mecemos		*mezamos*	
mecéis		*mezáis*	
mecen		*mezan*	
copretérito o pret. imperfecto		**pretérito o pret. imperfecto**	
mecía		meciera o meciese	
mecías		mecieras o mecieses	
mecía		meciera o meciese	
mecíamos		meciéramos o meciésemos	
mecíais		mecierais o mecieseis	
mecían		mecieran o meciesen	
pretérito o pret. perf. simple		**futuro o fut. simple**	
mecí		meciere	
meciste		mecieres	
meció		meciere	
mecimos		meciéremos	
mecisteis		meciereis	
mecieron		mecieren	
futuro o fut. simple		**IMPERATIVO**	
meceré			
mecerás		mece (mecé)	(tú, vos)
mecerá		*meza*	(él)
meceremos		*mezamos*	(nosotros)
meceréis		meced	(vosotros)
mecerán		*mezan*	(ellos)
pospretérito o condicional simple		**FORMAS NO PERSONALES**	
mecería		**infinitivo**	**gerundio**
mecerías		mecer	meciendo
mecería		**participio**	
meceríamos		mecido	
meceríais			
mecerían			

mechar v.tr. Rellenar con trozos de tocino, jamón o cualquier otro ingrediente la carne. **2.** TAUROM. Herir el torero al toro con el estoque reiteradamente y sin éxito.

mechazo s.m. MIN. Combustión de una mecha sin que estalle el barreno: *dar mechazo.*

1. **mechera** s.f. y adj. Aguja para mechar carne. ◆ s.f. TEXT. **a.** Máquina de la hilatura del algodón y del lino que tuerce las cintas de hilo en mechas y las enrolla en bobinas. **b.** Persona que tiene por oficio hilar con esta máquina.

2. **mechera** s.f. Planta herbácea de propiedades antihemorroidales. (Familia labiadas.)

mechero, a s. Esp. Persona que roba en las tiendas ocultando entre la ropa o en una bolsa lo robado. ◆ s.m. Utensilio provisto de mecha, utilizado para dar luz o calor. **2.** Boquilla del aparato de alumbrado por donde sale el gas que produce la llama. **3.** Esp. Encendedor. ◇ **Mechero de Bunsen** Encendedor de gas usado en los laboratorios que permite controlar la llama mediante las llaves que regulan la entrada de aire y combustible.

mechificar v.intr. Amér. Merid. Burlarse, mofarse.

mechinal s.m. Agujero cuadrado que se deja en un muro de obra, para meter el palo horizontal del andamio. **2.** *Fig.* y *fam.* Cuchitril.

mechoacán s.m. Raíz de la jalapa.

mechón s.m. Conjunto de pelos, hebras o hilos separado o destacado del resto.

mechoneada s.f. Chile, Colomb., Ecuad. y Guat. Acción de tirar del cabello a una persona.

mechonear v.tr. y prnl. Amér. Merid. Mesar el cabello, desgreñar.

mechta s.f. Caserío de Argelia o Tunicia constituido por cierto número de chozas.

mechudo, a adj. Amér. Central, Argent., Chile, Colomb., Méx. y Urug. Mechoso.

Meckel. Divertículo de Meckel Bolsa ciega suspendida del intestino delgado, vestigio, en ciertos individuos, del canal que une el intestino del feto a la placenta.

meconial adj. Relativo al meconio.

meconio s.m. (lat. *meconium*). Primer excremento del recién nacido.

mecóptero, a adj. y s.m. Relativo a un orden de insectos, con las cuatro alas de igual longitud, y cuyas larvas viven en el suelo. (La *mosca escorpión* pertenece al orden *mecópteros.*)

1. **medalla** s.f. (ital. ant. *medaglia*). Pieza de metal, generalmente circular, con un dibujo o una inscripción en relieve, acuñada como recuerdo de un acontecimiento o en honor de un personaje. **2.** Pieza de metal, generalmente circular, que se entrega como premio o distinción honorífica. **3.** Pieza de metal que lleva grabada una imagen sagrada. ◇ **Medalla de campaña** MIL. Medalla concedida a quien participa en una determinada campaña.

2. **medalla** s.m. Vino elaborado en Sanlúcar de Barrameda, generoso, claro, variante del jerez, que imita al vino de Montilla.

medallero s.m. DEP. Conjunto de medallas que se obtienen en una competición.

medallista s.m. y f. Persona que tiene por oficio grabar medallas. **2.** Persona que tiene por oficio grabar los sellos y las matrices que sirven para acuñar las monedas y estampar las medallas. **3.** DEP. Deportista que ha conseguido una medalla.

medallón s.m. (de *medalla*). Medalla grande y pesada. **2.** Joya en forma de caja pequeña y achatada en cuyo interior se guardan retratos o rizos y que suele llevarse colgada al cuello. **3.** Bajorrelieve redondo o en óvalo que representa una cabeza o cualquier otro motivo, y que se coloca en las portadas y otros lugares de los edificios. **4.** Trozo de carne o pescado con forma redonda u oval. **5.** MED. Lesión cutánea de forma redonda o elipsoidal.

médano s.m. Duna o barján, especialmente si se encuentra en la costa.

1. **media** s.f. (de *media calza*). Prenda de vestir interior femenina de tejido fino que cubre el pie y la pierna hasta la cintura. (Suele usarse en plural.) **2.** Prenda de vestir de punto que cubre el pie y la pierna hasta la rodilla: *media de fútbol.* SIN.: *calcetín.*

2. **media** s.f. Espacio de tiempo de treinta minutos que sobrepasa a la hora indicada: *son las siete y media.* **2.** Cantidad que resulta del promedio de otras. ◇ **Media aritmética** Cantidad que resulta de dividir la suma de varias cantidades por el número de ellas. **Media armónica** Cantidad que tiene por inverso la media aritmética de los inversos de los términos de una serie. (La media armónica de *a* y *b* es el número *g* tal que $\left(\frac{2}{g} = \frac{1}{a} + \frac{1}{b}\right.$. $\left.\right)$ **Media geométrica** Raíz enésima del producto de una serie de números. **Media ponderada** Media aritmética en la que algunos números se multiplican por un coeficiente que tiene en cuenta su importancia relativa.

3. **media** s.m.pl. (voz angloamericana). Mass media.

mediacaña s.f. Forma de media caña, partida esta longitudinalmente. **2.** ARQ. **a.** Moldura cóncava semicilíndrica. **b.** Listón con que se guarnecen cornisas, frisos, etc. **3.** TECNOL. **a.** Formón de boca arqueada. **b.** Lima semicilíndrica terminada en punta.

mediación s.f. Acción y efecto de mediar. **2.** ASTRON. Momento de la culminación de un astro. **3.** DER. Procedimiento del derecho internacional y del derecho laboral que propone una solución a las partes en litigio, sin imponérsela. **4.** DER. MERC. Contrato por el que una de las partes se obliga a dar una remuneración a otra por haber indicado la oportunidad de celebrar un contrato o por haber conseguido con su actividad la celebración del mismo. **5.** FILOS. Elemento que relaciona dos entidades.

mediado, a adj. Lleno, gastado o hecho más o menos hasta la mitad: *mediado el camino, se detuvo para comer.* ◇ **A,** o **hacia, mediados** Expresión que se utiliza para situar un hecho hacia la mitad del período que se indica: *vendrán a mediados de agosto.*

mediador, ra adj. y s. Que media en una discusión o pelea entre varias personas para reconciliarlas o en un asunto para solucionarlo. **2.** Que media a favor de alguien.

mediagua s.f. Amér. Tejado inclinado en una sola dirección para la caída de las aguas; edificio con este tipo de tejado.

medial adj. Se dice de la consonante que está en el interior de una palabra.

medialuna s.f. Panecillo en forma de media luna. **2.** Fortificación construida delante de los baluartes sin cubrir enteramente sus caras.

mediana s.f. ESTADÍST. Elemento que ocupa la posición central en una serie establecida por orden de magnitud.

medianedo o **medianeto** s.m. Asamblea popular de la alta edad media que resolvía los asuntos judiciales planteados entre gentes de distintos distritos.

medianería s.f. DER. Pared o espacio entre dos fincas.

medianero, a adj. Que está entre dos cosas: *pared medianera.* ◆ adj. y s. Mediador. ◆ s.m. Dueño de una medianería. **2.** Mediero. ◇ **Columna medianera** ARQ. Columna que está en medio de un soportal y cuyo intercolumnio es más largo que los otros.

medianeto s.m. → **medianedo.**

medianía s.f. Cualidad de mediano. **2.** *Fig.* Persona mediocre, de escasas dotes intelectuales o que no destaca en un campo determinado.

medianil s.m. Parte de un campo de cultivo situada entre la parte más alta y la más baja. **2.** Medianería.

mediano, a adj. Que tiene un tamaño intermedio. **2.** *Fig.* y *fam.* Que tiene una calidad, importancia o un interés medio. ◆ adj. y s.f. MAT. Se dice del segmento de recta de un triángulo que une un vértice con el punto medio del lado opuesto; se dice del segmento de recta de un tetraedro que pasa por un vértice y el centro de gravedad de la cara opuesta. ◆ s.m. Incisivo de los caballos, bovinos y ovinos situado entre las palas y los extremos. ◇ **Nervio mediano** Nervio flexor principal de la extremidad superior, que actúa sobre el brazo, el antebrazo y la mano. **Plano mediano** GEOMETR. Plano diametral de una figura.

medianoche s.f. Hora que señala el final de un día y el inicio del siguiente, las doce de la noche. **2.** Espacio de tiempo que comprende las horas centrales de la noche: *llegó a medianoche.* **3.** Esp. Panecillo que se suele rellenar de una loncha de jamón, carne, etc.

1. **mediante** adv.m. Utilizando lo que a continuación se expresa: *logró el trabajo mediante su esfuerzo.*

2. **mediante** s.m. MÚS. Tercer grado de la escala diatónica.

mediar v.intr. Intervenir en una discusión o pelea entre varias personas para reconciliarlas o en un asunto para solucionarlo. **2.** Interceder en favor de alguien. **3.** Ocurrir un hecho o existir determinada circunstancia que influye en aquello de que se trata: *de no mediar algún imprevisto, terminaremos el sábado.* **4.** Llegar aproximadamente algo a su mitad: *mediaba el mes de julio cuando dejó la ciudad.* **5.** Transcurrir cierto tiempo entre dos hechos. **6.** Estar algo entre dos puntos.

mediastino s.m. Espacio comprendido entre los dos pulmones y dividido en dos partes por los repliegues de las pleuras. (El *mediastino anterior* contiene el corazón y el timo, y el *mediastino posterior* encierra el esófago, la aorta y el conducto torácico.)

mediático, a adj. Relativo a los medios de comunicación.

mediatización s.f. Acción y efecto de mediatizar. **2.** HIST. Incorporación de un país germánico, dependiente directamente del emperador, a un estado cuyo soberano pasaba a ser entonces señor intermediario. (Las operaciones de mediatización más importantes fueron practicadas bajo los auspicios de Napoleón I y permitieron conceder una compensación a los príncipes de la orilla izq. del Rin, anexionada a Francia en 1803 y, posteriormente, en 1806.)

mediatizar v.tr. Ejercer una persona su influencia sobre otra para limitar su libertad. **2.** Reducir un estado a la dependencia de otro, sin privar a su gobierno de la soberanía nominal.

mediato, a adj. Que está separado, en espacio, tiempo o grado, de una cosa o persona, por otra.

mediatriz s.f. MAT. **a.** Perpendicular a un segmento por su punto medio. **b.** Mediatriz de cada lado del triángulo.

mediatuna s.f. Canción típica de Colombia.

medicable adj. Se dice de la enfermedad que puede ser tratada con medicamentos.

medicación s.f. Administración de medicamentos a un enfermo. **2.** Conjunto de sustancias que se utilizan para tratar o prevenir una enfermedad o corregir una función orgánica.

medical adj. *Galic.* Medicinal o médico.

medicamento s.m. Sustancia que se utiliza para tratar o prevenir una enfermedad o corregir una función orgánica. SIN.: *medicina.*

medicamentoso, a adj. Relativo al medicamento. **2.** Que sirve como medicamento.

medicar v.tr. Administrar medicamentos a un enfermo. **2.** Prescribir un médico medicamentos a un enfermo.

medicastro, a s. *Fam.* y *desp.* Medicucho. **2.** Persona que ejerce la medicina sin ser médico. **3.** Curandero.

medicina s.f. (lat. *medicina,* ciencia médica). Ciencia que estudia la prevención y curación de las enfermedades humanas. **2.** Medicamento. ◇ **Medicina general** Parte de la medicina que abarca todas las especialidades. **Medicina interna** Parte de la medicina que estudia las enfermedades que no necesitan intervención quirúrgica. **Medicina laboral,** o **del trabajo** Parte de la medicina que estudia las medidas para prevenir y evitar las enfermedades y accidentes laborales. **Medicina legal** Parte de la medicina que estudia la aplicación de esta ciencia al derecho y la criminología. **Medicina preventiva** Parte de la medicina que estudia la prevención y profilaxis de las enfermedades. **Medicina social** Parte de la medicina que estudia la aplicación de esta ciencia a la colectividad.

medicinal adj. Que tiene cualidades o usos terapéuticos: *una planta medicinal.* **2.** Relativo a la medicina.

medición s.f. Acción y efecto de medir. **2.** Conjunto de medidas de un levantamiento topográfico.

1. **médico, a** adj. Medo.

2. **médico, a** adj. Relativo a la medicina o a los médicos: *examen médico.* ◆ s. Persona que ejerce la medicina. ◇ **Médico de cabecera** Médico de medicina general. **Médico forense** Médico oficialmente adscrito a un juzgado de instrucción, que asiste al juez en asuntos médicos legales. (También *forense.*) **Médico militar** Médico oficialmente adscrito a las fuerzas armadas. **Médico titular** Médico encargado de la asistencia pública domiciliaria a los necesitados y de la inspección municipal de sanidad.

medicucho s.m. *Fam.* y *desp.* Médico incompetente. SIN.: *medicastro.*

medida s.f. Acción de medir. **2.** Expresión numérica del resultado de medir. **3.** Unidad para medir magnitudes como la longitud, área o volumen. **4.** Disposición, prevención: *adoptar o tomar medidas drásticas.* **5.** Moderación en las palabras o acciones: *hablar sin medida.* **6.** Grado, proporción, intensidad: *di en qué medida te afecta.* **7.** MAT. Generalización de la noción de longitud de un intervalo de la recta real, susceptible de ser aplicada a una clase muy amplia de conjuntos de números reales. **8.** MÉTRIC. Número y disposición de las sílabas de un verso. ◇ **A (la) medida** Que se corresponde con las características de la persona o cosa a la que se dedica. **A medida que** Al mismo tiempo, a la vez, según. **Colmarse,** o **llenarse, la medida** Llegar algo a un punto ya no tolerable. **En gran medida** Mucho. **Medida conservativa** DER. Disposición provisional que asegura los derechos en discusión antes de que surja un reglamento definitivo. **Medida de seguridad** Dispositivo para prevenir los posibles efectos negativos de una acción. **Sin medida** De forma exagerada.

medidor, ra adj. Que mide o sirve para medir. ◆ adj. y s.m. Se dice de la persona que tiene por oficio medir. ◆ s.m. Aparato que sirve para medir. **2.** Amér. Contador de agua, gas o electricidad. ◇ **Medidor de caudal,** o **de gasto** Aparato para controlar, medir o regular el caudal de un fluido por una tubería.

mediero, a s. Persona que va a medias con otra en un negocio agrícola.

medieval o **medioeval** adj. (bajo lat. *medium aevum,* edad media). Relativo a la edad media. ◆ s.m. Vino elaborado en Cenicero (La Rioja, España), blanco, seco y de 12 grados de alcohol.

medievalismo s.m. Parte de la historia que estudia la edad media. **2.** Estima o admiración por la cultura de la edad media. **3.** Carácter medieval.

medievalista adj. Se dice de la persona que siente estima o admiración por la cultura de la edad media. ◆ s.m. y f. Persona que se dedica al estudio de la edad media.

medievo o **medioevo** s.m. Edad *media.

medimarémetro s.m. Instrumento que se utiliza para indicar el nivel medio del mar, compensando la influencia de la marea.

medina s.f. (ár. *madīna,* ciudad). Casco antiguo de las ciudades del N de África, generalmente habitado por la población indígena económicamente más débil, por oposición a las zonas de reciente urbanización.

1. **medio** adv.m. No del todo, de manera incompleta: *estar algo medio roto; a medio hacer.* (Antecediendo a verbos en infinitivo, va precedido de la prep. *a.*)

2. **medio, a** adj. Que es la mitad de lo que se expresa: *media docena.* **2.** Imperfecto, incompleto: *media sonrisa; media luz.* **3.** Que corresponde a los caracteres o condiciones más generales de un grupo: *cultura media; ciudadano medio.* **4.** *Fam.* Indica gran cantidad o número de lo que se expresa: *vino medio pueblo.* **5.** Situado entre dos extremos. ◆ s.m. y adj. Dedo de la mano y del pie situado entre el índice y el anular. SIN.: *corazón.* ◆ s.m. Punto central entre dos extremos. **2.** Cosa que sirve para conseguir un determinado fin: *utilizar medios prácticos.* **3.** Elemento o conjunto de factores que condiciona la vida de un ser: *medio acuático.* (También *medio ambiente.*) **4.** Ambiente, grupo, sector: *medios aristocráticos.* **5.** Jugador que coordina el juego entre la delantera y la defensa de un equipo. ◆ **medios** s.m.pl. Bienes de alguien. **2.** TAUROM. Tercio del ruedo que ocupa la zona central. ◇ **A medias** A la mitad, no del todo: *entregar un trabajo a medias*; entre personas que aportan la misma parte proporcional en la realización de algo: *emprender un negocio a medias con alguien.* **Arco de medio punto** ARQ. Arco que tiene forma de semicírculo. (Es prototípico de las arquitecturas romana, románica y renacentista.) **De medio a medio** Por completo, totalmente. **Edad media** Período de la historia del mundo entre la antigüedad y la época moderna. (En Europa, se suele situar entre la caída del Imperio romano [476] y la de Constantinopla [1453]. Se caracteriza por la fragmentación política y una sociedad agrícola dividida en estamentos.) **En medio de** En un punto equidistante entre dos extremos; entre otros dos; entre varios: *en medio de la calle; en medio de dos personas.* **Medio bulto** ESCULT. Relieve cuyas figuras sobresalen proporcionalmente alrededor de la mitad de su volumen normal. **Medio cortado** HERÁLD. Se dice del escudo formado por dos medias piezas o figuras, divididas horizontalmente. **Medio interno** Medio líquido en el que se encuentran sumergidas las células de un animal superior. (La linfa y la sangre forman el *medio interno.*) **Medio natural** Conjunto de características físicas de un lugar que influye en la vida de los seres que lo habitan. **Medio partido** HERÁLD. Se dice del escudo formado por la unión de dos piezas o figuras, divididas verticalmente. **Medios de cultivo** BIOL. Sustancia artificial en la cual pueden desarrollarse los microorganismos. **Medios de producción** ECON. En la teoría marxista, conjunto formado por los medios de trabajo y los objetos sobre los cuales se aplican estos medios. **Peso medio** DEP. Categoría de boxeadores que pesan entre 69,853 y 72,574 kg; boxeador o luchador de esta categoría. **Por medio de** Mediante. **Término medio** Cantidad igual o aproximada a la media aritmética de un conjunto de valores. **Voz media** Forma verbal que consigue inscribir la acción verbal en el sujeto o expresar la total inmersión del sujeto en la acción por él realizada, como en la frase *el jarrón se ha roto.*

medioambiental adj. ECOL. Relativo al medio, elemento o conjunto de factores que condicionan la vida de un ser.

mediocre adj. (lat. *mediocris*). Mediano, de calidad, importancia o interés medio: *una película mediocre.* **2.** Se dice de la persona de escasas dotes intelectuales o que no destaca en un campo determinado.

mediocridad s.f. Cualidad de mediocre. **2.** Persona o cosa mediocres.

mediodía s.m. Hora en que el sol está en el punto más alto de su elevación sobre el horizonte, las doce de la mañana. **2.** Espacio de tiempo que comprende las horas centrales del día. **3.** Sur, punto cardinal de los países y regiones del hemisferio norte. **4.** Territorio situado en este punto.

medioeval adj. → **medieval.**

medioevo s.m. → **medievo.**

mediofondista s.m. y f. Atleta especializado en pruebas de medio fondo.

mediometraje s.m. Película cinematográfica que dura entre 30 y 60 minutos.

mediopensionista adj. y s.m. y f. Se dice de la persona, especialmente del alumno, que vive en una institución en régimen de media pensión.

medir v.tr. (lat. *metiri*) [conj.: *pedir*]. Determinar la longitud, extensión, volumen o capacidad de algo. **2.** Determinar la cantidad de una magnitud por comparación con otra que se toma como unidad: *medir la intensidad.* **3.** *Fig.* Comparar una cualidad de una persona o cosa con la de otra: *medir las fuerzas.* **4.** *Fig.* Reflexionar sobre las ventajas e inconvenientes de algo: *medir los pros y los contras de una cuestión.* **5.** MÉTRIC. Determinar el número y disposición de las sílabas de un verso. ◆ v.tr. y prnl. Moderar las palabras o acciones. ◆ v.intr. Tener determinada longitud, extensión, volumen o capacidad. ◇ **Medir con la mirada,** o **con los ojos** Examinar a alguien de arriba abajo, generalmente censurándolo.

meditabundo, a adj. Que medita.

meditación s.f. Acción y efecto de meditar. **2.** REL. Oración mental, aplicación razonada del espíritu a las verdades religiosas.

meditar v.tr. (lat. *meditari*). Pensar una cosa con atención y detenidamente.

meditativo, a adj. Relativo a la meditación: *actitud meditativa.* **2.** Que medita.

mediterráneo, a adj. y s. (lat. tardío *mediterraneum*, propiamente, en medio de la tierra). Del Mediterráneo o de los países, regiones, etc., bañados por el Mediterráneo.

médium s.m. y f. (lat. *medium*) [pl. *médium*]. Persona que sirve de intermediaria en la comunicación con los espíritus.

medo, a adj. y s. De un pueblo del antiguo Irán que, en el s. VII a.C., creó un imperio cuya capital era Ecbatana. (Su rey Ciaxares destruyó Assur en 614 a.C. y Nínive en 612. El persa Ciro II puso fin al poder de los medos [h. 550 a.C.].)

medrar v.intr. (de *mejorar*). Crecer los animales y plantas. **2.** *Fig.* Mejorar, especialmente de posición económica.

medro s.m. Acción y efecto de medrar.

medroso, a adj. y s. Temeroso, pusilánime. ◆ adj. Que produce miedo.

médula o **medula** s.f. (lat. *medulla*). Sustancia grasa del interior de los huesos. (También *médula ósea.*) **2.** *Fig.* Parte más importante de algo. **3.** BOT. Tejido poco resistente situado en el centro de las raíces y de los tallos jóvenes. ◇ **Médula amarilla** Médula de los huesos largos. (También *médula ósea amarilla.*) **Médula espinal** Parte del sistema nervioso central situado en la columna vertebral que transmite el influjo nervioso entre el cerebro, los órganos del tronco y las extremidades, así como ciertos reflejos. **Médula roja** Médula de los huesos esponjosos que produce glóbulos sanguíneos. (También *médula ósea roja.*)

medular adj. Relativo a la médula. **2.** Que tiene el aspecto o la naturaleza de la médula: *sustancia medular.* ◇ **Conducto medular** Canal axial de los huesos largos, lleno de médula amarilla.

meduloso, a adj. BIOL. Se dice del órgano y organismo que tiene médula.

medulosuprarrenal adj. y s.f. Se dice de la glándula endocrina formada por la parte medular de las cápsulas suprarrenales, que segrega la adrenalina.

medusa s.f. (gr. *Médoysa*, personaje mitológico). Forma libre de diversos grupos celentéreos, constituida por una sombrilla o disco (umbrela) contráctil cuyo borde lleva unos filamentos o tentáculos urticantes.

medusa

La boca de la medusa, generalmente rodeada de brazos, se abre en el centro de la cara inferior. En cierto tipo de medusas, las glándulas genitales están contenidas en unas bolsas especiales situadas debajo de la umbrela. Algunas medusas pueden alcanzar 1 m de diámetro.

mefistofélico, a adj. (de *Mefistófeles*, personaje de la leyenda de Fausto). Diabólico, perverso: *una idea mefistofélica.*

mefítico, a adj. (lat. *mefiticus*, de *mefitis, -is*, exhalación pestilente). Se dice del aire o gas que es perjudicial. **2.** Maloliente.

mega s.m. (apócope). Megabyte.

megabyte s.m. INFORMÁT. Unidad de información equivalente a 10^6 bytes. (Se abrevia *mega.*)

megacariocito s.m. HISTOL. Célula de la médula ósea, de gran tamaño, cuya fragmentación proporciona las plaquetas sanguíneas.

megaciclo s.m. Megahercio.

megacolon s.m. MED. Dilatación del intestino grueso, generalmente de origen congénito.

megaelectronvoltio s.m. Medida de energía (MeV) equivalente a un millón de electronvoltios. (Se utiliza en física de las altas energías.)

megafonía s.f. Conjunto de aparatos que, debidamente coordinados, aumentan el volumen del sonido. **2.** Técnica de aumentar el volumen del sonido.

megáfono s.m. Aparato que sirve para amplificar la voz. **2.** Aparato que sirve para amplificar los sonidos registrados en los discos fonográficos o gramofónicos.

megahercio o **megahertzio** s.m. Medida de frecuencia (MHz) equivalente a un millón de hercios. SIN.: *megaciclo.*

megalítico, a adj. Relativo a los megalitos (menhires, dólmenes, crómlechs). ◇ **Cultura megalítica** Cultura neolítica que se caracterizaba por la construcción de megalitos.

megalitismo s.m. Cultura megalítica.

megalitismo

En Europa, el fenómeno megalítico se caracteriza por la construcción de grandes arquitecturas de piedra, sobre todo funerarias colectivas. Se desarrolló del V al III milenio en las orillas del Báltico, las islas Británicas, Bretaña y Normandía en el neolítico. Durante el calcolítico y la edad del bronce, las sepulturas se volvieron individuales.

megalito s.m. Monumento prehistórico formado por uno o varios bloques de piedra de gran tamaño, en bruto o ligeramente pulidos. (Los megalitos bretones fueron erigidos por poblaciones del neolítico y del calcolítico.)

megalocito s.m. BIOL. Glóbulo rojo de dimensiones mayores que las normales. SIN.: *macrocito.*

megalomanía s.f. Actitud de la persona que sobrevalora su capacidad, ya sea física o intelectual. **2.** PSICOL. Delirio de grandeza que padece una persona como consecuencia de trastornos psiquiátricos.

megalómano, a adj. y s. Que padece megalomanía.

megárico, a adj. Relativo a la escuela de Megara; seguidor de esta escuela griega, que en los ss. VII y VI a.C. desarrolló la lógica y el arte de la controversia.

megaron s.m. ARQUEOL. Sala grande rectangular de la vivienda prehelénica con hogar en el centro.

megatón s.m. Unidad de medida de la potencia de un proyectil nuclear equivalente al poder explosivo de un millón de toneladas de trinitrotolueno.

megavatio s.m. Medida de potencia (símb. MW) equivalente a un millón de vatios.

mehala s.f. Cuerpo del ejército regular de Marruecos.

mehari s.m. Dromedario de una raza doméstica resistente a la fatiga y apta para la carrera.

meigo, a s. (voz gallega). Brujo. (Se usa más freuentemente para designar a una mujer.)

meiosis s.f. → **meyosis.**

meiótico, a adj. → **meyótico.**

meitnerio s.m. Elemento químico artificial (Mt), de número atómico 109.

mejana s.f. Islote en un río.

mejicanismo s.m. Mexicanismo.

mejicano, a adj. y s. Mexicano.

mejilla s.f. (lat. *maxilla,* quijada). Parte blanda de la cara humana que recubre el pómulo y que se sitúa bajo cada uno de los ojos.

mejillón s.m. (del hispano-lat. *muscellio, -onis*). Molusco lamelibranquio, de concha bivalva de color negruzco, que vive fijo en las rocas de la playa o en el fango de rías o estuarios.

mejillonero, a adj. Relativo a la cría y pesca de mejillones: *industria mejillonera.* ◆ adj. y s. Se dice de la persona que tiene por oficio la cría y pesca de mejillones.

mejor adj. (lat. *melior, -oris*). Más bueno: *esto es mejor que aquello.* **2.** Más conveniente, preferible: *es mejor que se vaya.* ◆ adv.m. De manera más conforme a lo bueno o lo conveniente: *ahora me tratan mejor.* ◇ **A lo mejor** *Fam.* Indica que algo no es seguro, aunque posible. **Mejor que mejor** o **mucho,** o **tanto, mejor** Se usan para expresar satisfacción o aprobación intensa.

mejora s.f. Acción y efecto de mejorar. **2.** DER. Porción de los bienes que el testador deja a uno o varios de sus herederos, además de la legítima que le corresponde. ◆ **mejoras** s.f.pl. DER. CIV. Gastos útiles y reproductivos que hace en propiedad ajena quien tiene respecto de ella algún derecho similar o limitativo del dominio, como la posesión, el usufructo o el arrendamiento.

mejoramiento s.m. Mejora, acción y efecto de mejorar.

mejorana s.f. Planta herbácea de flores olorosas usada en medicina como antiespasmódica (Familia labiadas). SIN.: *mayorana.*

mejorar v.tr. Hacer que alguien o algo sea mejor de lo que era. CONTR.: *empeorar.* **2.** Poner mejor, especialmente hacer recobrar la salud a un enfermo. **3.** Pujar, aumentar el precio de una cosa. **4.** Superar una cosa con otra de la misma naturaleza o ser una persona o cosa mejor que otra. **5.** DER. Hacer o dejar una mejora en testamento. ◆ v.intr. y prnl. Ponerse algo o alguien mejor, especialmente restablecerse un enfermo. **2.** Hacerse alguien o algo mejor de lo que era: *mejorarse el tiempo, mejorar de condición.* ◇ **Mejorando lo presente** Expresión de cortesía que se dice cuando en presencia de alguien se alaba a otra persona. **Mejorar el terreno** TAUROM. Enmendar el sitio en que se empieza a verificar la suerte, para consumarla más ventajosa y eficazmente.

mejoría s.f. Acción y efecto de mejorar, especialmente la salud. **2.** Superioridad de una cosa respecto a otra.

mejunje s.m. Bebida, cosmético o medicamento formado por la mezcla de diversos ingredientes.

melado, a adj. Que es del color de la miel. ◆ s.m. Jarabe que se obtiene, en la fabricación del azúcar de caña, por evaporación del jugo purificado antes de concentrarlo al punto de cristalización.

meladura s.f. Melado ya preparado para hacer el azúcar.

melancolía s.f. (lat. *malancholia,* del gr. *melagkholía,* bilis negra). Estado de tristeza nostálgica y suave. **2.** Carácter de lo que inspira este estado: *la melancolía de una casa vacía.* **3.** PSIQUIATR. Estado de depresión intensa, vivido con un sentimiento de dolor moral y caracterizado por la inhibición de las funciones psicomotoras y el deseo de la muerte.

melancólico, a adj. Relativo a la melancolía. ◆ adj. y s. Que tiene melancolía o es propenso a ella. **2.** Que produce melancolía.

melancolizar v.tr. y prnl. Entristecer, desanimar.

melanesio, a adj. y s. De Melanesia. SIN.: *melanésico.* ◆ s.m. Lengua de la familia malayopolinesia hablada en Melanesia. SIN.: *melanésico.*

melánico, a adj. Relativo a la melanina.

melanina s.f. (del gr. *mélas, -anos,* negro). Pigmento oscuro que da color a la piel, los cabellos y la coroides.

melanocito s.m. Célula de la base de la epidermis que contiene melanina.

melanodermia s.f. MED. Pigmentación oscura de la piel, local o generalizada, debida a un exceso de pigmento, especialmente de melanina.

melanohindú adj. y s.m. y f. Se dice de la persona que pertenece a una raza de piel oscura, casi negra, cabellos largos y ondulados y rostro ovalado.

melanoma s.m. Tumor formado por células que forman o contienen la melanina, que aparece generalmente sobre la piel.

melanosis s.f. (pl. *melanosis*). Acumulación de melanina en los tejidos. **2.** Enfermedad de la vid.

1. melar adj. Se dice del fruto de sabor dulce o más dulce que otros de la misma especie.

2. melar v.intr. [conj.: *pensar*]. Cocer por segunda vez el zumo de la caña en la fabricación del azúcar hasta que toma la consistencia de la miel.

melatonina s.f. Hormona segregada por la epífisis, que controla indirectamente el nivel de pigmentación de la piel.

melaza s.f. Jarabe denso y viscoso, no cristalizable, que queda como residuo de la fabricación del azúcar cristalizado de remolacha o caña. (Se usa especialmente para alimentar al ganado y para fabricar el ron.)

melcocha s.f. Miel proveniente del azúcar sometida a un tratamiento que consiste en calentarla y echarle después agua fría, para después sobarla hasta dejarla muy correosa. **2.** Tipo de pasta preparada con esta miel.

melé s.f. Jugada de rugby en la que, dos grupos de jugadores de cada equipo se colocan cara a cara y, empujándose, tratan de apoderarse del balón, que ha sido lanzado entre ellos.

1. melena s.f. Cabello suelto largo. **2.** Crin del león. ◆ **melenas** s.f.pl. Cabello enredado y desarreglado. ◇ **Andar a la melena** *Fam.* Reñir o discutir acaloradamente.

2. melena s.f. (del gr. *mélaiya,* negra). MED. Pérdida por el ano de sangre negra debida a la presencia de sangre digerida en el intestino.

meleno adj. TAUROM. Se dice del toro que tiene un mechón de pelo sobre la frente.

melenudo, a adj. y s. *Desp.* Se dice de la persona de cabello largo y abundante.

melero, a adj. Relativo a la miel: *cera melera.* ◆ adj. y s. Se dice de la persona que tiene por oficio vender miel. ◆ s.m. Establecimiento donde se extrae y guarda la miel. ◇ **Hierba melera** Planta herbácea de flores grandes de color rojo que florecen en primavera y verano. (Familia labiadas.)

melga s.f. Amér. Amelga.

melgar s.m. Terreno sembrado de mielgas.

mélico, a adj. Relativo al canto o a la poesía lírica, especialmente la griega.

melificación s.f. Acción y efecto de melificar.

melificador s.m. Chile. Cajón de lata con tapa de vidrio que sirve para extraer la miel separada de la cera.

melificar v.intr. y tr. Elaborar las abejas la miel.

melífico, a adj. Que produce miel.

melifluo, a adj. (lat. *melifluus*). Que tiene miel o se parece a ella. **2.** *Fig.* y *desp.* Se dice de la persona, de sus actos o expresiones que son muy dulces: *una sonrisa meliflua.*

melillense adj. y s.m. y f. De Melilla.

meliloto, a adj. y s. (lat. *melilotos,* del gr. *melílotos*). Insensato, necio, bobo. ◆ s.m. Planta herbácea de flores pequeñas blancas o amarillas, medicinal y forrajera. (Familia papilionáceas.)

melindre s.m. Dulce frito hecho con miel y harina. **2.** Dulce de mazapán, generalmente en forma de rosquilla, cubierto de azúcar. **3.** *Fig.* Delicadeza exagerada o afectada en los actos o expresiones. **4.** *Fig.* Acto o expresión afectada o delicada en exceso.

melindrear v.intr. Hacer melindres, actos o expresiones afectadas en exceso.

melindrería s.f. Hábito de melindrear.
melindroso, a adj. Relativo a la melindrería: *actitud melindrosa.* ◆ adj. y s. Que muestra una delicadeza exagerada o afectada en los actos o expresiones.
melinita s.f. (del gr. *milinos,* de color de manzana). Explosivo compuesto básicamente de ácido pícrico.
melioidosis s.f. Enfermedad que se caracteriza por la aparición de lesiones infecciosas.
meliorativo, a adj. Se dice de una palabra que se refiere a algo de forma favorable o positiva (en oposición a *peyorativo*): *adjetivos meliorativos.*
melisa s.f. (del gr. *mélissa,* abeja). Planta herbácea de hoja oval y arrugada, flores blancas y fruto capsular, antiespasmódica y digestiva. (Familia labiadas). SIN.: *cidronela, toronjil.*
melisana s.f. Licor obtenido de la infusión de melisa en aguardiente. (Se emplea como antiespasmódico y estimulante.)
melisma s.m. (gr. *melismos,* trino). MÚS. Grupo de notas de valores breves que como ornamento sustituyen una nota larga.
melito s.m. Jarabe medicinal preparado con miel.
melitococia s.f. Brucelosis.
mella s.f. Rotura o hendidura en el borde de un objeto, especialmente un arma blanca o herramienta. **2.** Hueco que deja una cosa que falta del lugar que ocupaba. **3.** *Fig.* Merma, menoscabo. ◇ **Hacer mella** Producir impresión en el ánimo acontecimientos o palabras.
mellado, a adj. Que tiene una o varias mellas.
melladura s.f. Mella.
mellar v.tr. y prnl. Hacer mellas. **2.** *Fig.* Mermar o menoscabar una cosa no material.
mellizo, a adj. y s. (del lat. *gemellus*). Que ha nacido en el mismo parto que otro u otros seres pero es fruto de la fecundación de un óvulo diferente. (Los mellizos pueden ser de diferente sexo.)
melloco s.m. Arbusto originario de los parajes fríos de la sierra ecuatoriana, de tubérculo feculento comestible. (Familia baseláceas.) **2.** Tubérculo de esta planta.
mellón s.m. Manojo de paja encendida a modo de antorcha.
melocotón s.m. (del lat. *malum cotonium,* membrillo). Fruto del melocotonero. SIN.: *pérsico.*
melocotonar s.m. Terreno plantado de melocotoneros.
melocotonero, a adj. Relativo al melocotón. ◆ s.m. Duraznero. SIN.: *pérsico.*
melodía s.f. (lat. tardío *melodia,* del gr. *melodía*). Sucesión de sonidos de altura variable ordenados en una estructura de sentido musical. **2.** Cualidad de los sonidos ordenados en una estructura de sentido musical.
melódico, a adj. Relativo a la melodía.
melodioso, a adj. Dulce y agradable al oído.
melodista s.m. y f. Persona que tiene por oficio componer melodías. **2.** Persona que piensa que la melodía es parte esencial en una composición musical.
melodrama s.m. Obra teatral cantada y acompañada con música. **2.** Obra teatral, de cine o de televisión que presenta exageradamente situaciones sentimentales y patéticas.
melodramático, a adj. Relativo al melodrama. **2.** Que presenta exageradamente rasgos sentimentales y patéticos: *situación melodramática.*
melojo s.m. Árbol originario del SO de Europa y Asia occidental, de hojas lobuladas de gran tamaño y fruto en forma de bellota. (Familia fagáceas.)
melomanía s.f. Afición desmedida por la música.
melómano, a s. Persona muy aficionada a la música.
melón s.m. (lat. tardío *melo, -onis,* del gr. *milopépon,* especie de melón). Planta anual de tallo rastrero o trepador, hojas grandes, flores amarillas y fruto de gran tamaño, de color amarillo o verde y carne jugosa y dulce. (Familia cucurbitáceas.) **2.** Fruto de esta planta. **3.** Esp. *Fig.* Persona inepta, boba. ◇ **Melón de agua** Sandía.
melonada s.f. *Fig.* y *fam.* Bobada. **2.** Cuba y Méx. Torpeza, bellaquería.
melonar s.m. Terreno sembrado de melones.
meloncillo s.m. Subespecie de mangosta común que vive en Andalucía. **2.** Ave paseriforme originaria de Australia, de pico puntiagudo, plumaje de colores apagados y lengua adaptada para sorber el néctar de las flores. (Familia melifágidos.)
melonero, a s. Persona que cultiva o vende melones.
melopea s.f. (fr. *mélopée*). Canto monótono. **2.** Melopeya. **3.** Utilización que los griegos hacían de todos los elementos constitutivos de la melodía para lograr una creación artística. **4.** Esp. *Fam.* Borrachera.
melopeya s.f. (fr. *mélopée,* del gr. *melopiía,* melodía). Arte de componer melodías. **2.** Entonación rítmica que se da al recitado.
melosidad s.f. Cualidad de meloso. **2.** Materia melosa. **3.** *Fig.* Dulzura, suavidad.
melosilla s.f. Enfermedad de la encina que hace caer las bellotas.
meloso, a adj. Semejante a la miel: *color meloso.* **2.** *Fig.* Blando, dulce: *carne melosa.* **3.** *Fig.* Empalagoso, melifluo: *voz melosa.*
melote s.m. Residuo de azúcar que queda después de cocer el guarapo.
melquita s.m. y f. y adj. Cristiano de Siria y Egipto que aceptó las decisiones del concilio de Calcedonia celebrado en 451. (Las Iglesias melquitas se separaron de occidente al producirse el cisma de Miguel Cerulario [1054], pero una fracción de ellas se reintegró a la Iglesia romana en el s. XVIII.)
melva s.f. (del lat. *miluus,* milano). Pez de unos 60 cm de long., de cuerpo oblongo y pedúnculo caudal delgado que vive en los mares cálidos y templados. (Familia escómbridos.)
memada s.f. *Fam.* Memez, dicho o hecho propio de un memo.
membrana s.f. (lat. *membrana*). Lámina delgada de material elástico y resistente. **2.** Lámina, generalmente de piel o pergamino, de ciertos instrumentos musicales que vibra al golpearla o frotarla: *la membrana de una pandereta.* **3.** BIOL. Lámina delgada y flexible, de tejido animal o vegetal, que envuelve órganos o células, separa cavidades o absorbe, exhala o segrega ciertos fluidos. **4.** FÍS. Lámina de materia porosa colocada entre dos fluidos para permitir los intercambios entre ellos. **5.** TELECOM. Lámina metálica delgada que transforma las vibraciones sonoras en modulaciones de corriente, o viceversa. ◇ **Falsa membrana** BIOL. Tejido anormal que se desarrolla sobre las mucosas a consecuencia de ciertas inflamaciones. **Membrana permeable** Membrana que deja pasar a través de ella el disolvente y las sustancias que este lleva en disolución. **Membrana semipermeable** FÍS. Membrana que deja pasar a través de ella el disolvente pero no las sustancias que este lleva en disolución.
membranoso, a adj. Relativo a la membrana. **2.** Que tiene las característica de una membrana.
membrete s.m. Nombre, dirección o título de una persona o entidad que va impreso en la parte superior del sobre o papel que se emplea para la correspondencia.
membrillero s.m. Membrillo, árbol.
membrillete s.m. Perú. Planta silvestre de hoja parecida a la del membrillo.
membrillo s.m. (lat. *melimelum,* especie de manzana dulce, del gr. *méli,* miel, y *milos,* manzana). Árbol originario de Asia, de hojas ovaladas, flores blancas o rosadas y fruto amarillo muy aromáticos de carne áspera y granular. (Familia rosáceas.) **2.** Fruto de este árbol. **3.** Dulce hecho con el membrillo. SIN.: *codoñate.*
membrudo, a adj. Robusto, forzudo.
memela s.f. Méx. Tortilla de maíz grande, gruesa y ovalada que se sirve con salsa y queso.
memento s.m. (lat. *memento,* imperativo de *memisse,*

acordarse). CATOL. Oración de la antigua liturgia de la misa que empezaba con esta palabra. (Los mementos son dos: el de vivos y el de difuntos.)

memento mori loc. (voces latinas, *recuerda que has de morir*). Calavera que representa la fugacidad de la vida y la inexorabilidad de la muerte. (Los *memento mori* como signo artístico, estuvieron especialmente de moda en el barroco. Los ascetas meditaban ante ellos.)

memez s.f. Cualidad de memo. **2.** Dicho o hecho propio de un memo.

memo, a adj. y s. (voz de origen onomatopéyico). Necio, bobo.

memorable adj. Digno de ser recordado.

memorándum o **memorando** s.m. (lat. *memorandum*) [pl. *memorándum* o *memorándums*]. Cuaderno pequeño donde se anota lo que se quiere recordar. **2.** Nota diplomática que contiene la exposición sumaria del estado de una cuestión. **3.** Informe o comunicación donde se exponen hechos o razones para que se tengan en cuenta en determinados asuntos. **4.** Chile. Papel con membrete. **5.** Chile. Sección de los periódicos en que se anuncian ciertos servicios públicos.

memorar v.tr. (lat. *memorare*). Recordar algo. ◆ **memorarse** v.prnl. Acordarse de algo.

memorativo, a adj. Conmemorativo.

memoria s.f. (lat. *memoria*). Facultad que permite almacenar, conservar, reactualizar o utilizar informaciones sobre el pasado. **2.** Capacidad de recordar algo. **3.** Recuerdo: *ofreció un donativo en memoria de su marido.* **4.** Estudio, disertación o resumen escrito sobre un asunto, materia o actividad. **5.** INFORMÁT. Dispositivo electrónico que permite registrar, almacenar y restituir información. **6.** PSIQUIATR. Evocación espontánea de recuerdos. ◆ **memorias** s.f.pl. Saludo afectuoso que se envía a una persona por medio de una tercera persona. **2.** Escrito donde se presentan los recuerdos y vivencias de una persona. ◇ **Ayuda memoria** Argent. Escrito breve o apunte que utiliza un expositor para recordar la estructura o algunos datos de su exposición. **De memoria** Utilizando únicamente la memoria: *saber de memoria.* **Hacer memoria** Esforzarse por recordar algo; recordar, citar. **Venir a la memoria** Recordar algo o a alguien súbitamente.

memoria

La memoria humana es multiforme. Las diferencias de capacidad de retención de los individuos, según si las informaciones por memorizar se refieren a cursos de acción o sucesos pasados, conducen a distinguir la memoria inmediata, en la que la capacidad es limitada (llamada también memoria a corto plazo o memoria de trabajo cuando se estudia en la situación de resolución de problemas) y la memoria de largo plazo, cuya capacidad es en principio ilimitada. A fin de enfrentar déficits específicos debidos a la edad, enfermedad o traumatismos que afectan en forma diferenciada diversos aspectos de la memoria, se distingue también la memoria episódica (que se refiere a los sucesos) y la memoria semántica (relativa a hechos y conocimientos generales), así como la memoria declarativa y la memoria de procedimientos, oposición que retoma la distinción clásica entre saber y saber hacer.

memorial adj. Relativo a la memoria. ◆ s.m. Libro o cuaderno en que se apuntan ciertos datos para un fin. **2.** Escrito en el que se hace una petición justificándola mediante la exposición de una serie de razones y méritos. **3.** Publicación oficial de algunas instituciones, asociaciones, etc. **4.** CRIST. Acto que hace presente un hecho obrado por Dios en otro tiempo: *la eucaristía es el memorial de la muerte y resurrección de Cristo.* ◇ **Memorial ajustado** DER. Extracto de lo actuado en un pleito o causa.

memorialista s.m. y f. Persona que tiene por oficio escribir memoriales y otros documentos.

memorismo s.m. Técnica de aprendizaje basada en el uso de la memoria.

memorístico, a adj. Que se realiza con la memoria.

memorización s.f. Acción de fijar algo en la memoria.

memorizar v.tr. Fijar algo en la memoria.

mena s.f. Parte del filón o yacimiento que contiene minerales útiles en proporción notable y que requieren una elaboración para ser utilizados por la industria. (La mayor parte de las menas son óxidos [bauxita y limonita], sulfuros [galena y cinabrio], carbonatos [malaquita] o silicatos [garnierita].) **2.** Mineral beneficiable, aunque no sea metalífero.

ménade s.f. Sacerdotisa de Baco. **2.** *Fig.* Mujer furiosa y frenética.

menaje s.m. (fr. *ménage,* administración doméstica). Conjunto de muebles, utensilios y accesorios de la casa.

menar v.tr. Dar vueltas a la cuerda en el juego de la comba.

menarquía s.f. Inicio de la menstruación. SIN.: *menarca.*

menchevique s.m. y f. y adj. (ruso *menchevik,* minoritario). HIST. Miembro del sector moderado del Partido obrero socialdemócrata ruso. (Los mencheviques quedaron en minoría tras el enfrentamiento con los bolcheviques en el Congreso de 1903.)

mención s.f. (lat. *mentio, -onis*). Acción de nombrar o citar una persona o cosa. ◇ **Mención honorífica** Distinción que se concede en un concurso a un trabajo no premiado pero que merece ser destacado.

mencionar v.tr. Decir el nombre de una persona o cosa o aludir a ellos al hablar o en un escrito.

menda pron. Esp. Se usa para designarse a sí mismo el que habla: *menda no quiere irse de aquí.*

mendacidad s.f. Hábito o costumbre de mentir. **2.** Mentira, engaño.

mendaz adj. y s.m. y f. (lat. *mendax, -acis*). Mentiroso.

mendé, pueblo de Sierra Leona que habla una lengua del grupo mandingo.

mendelevio s.m. (de D. I. *Mendeléiev,* químico ruso). Elemento químico (Md), transuránico, de número atómico 101, obtenido artificialmente del einstenio.

mendeliano, a adj. Relativo a Mendel o al mendelismo.

mendelismo s.m. Teoría derivada de los trabajos de Mendel, relativa a la transmisión de ciertos caracteres hereditarios y resumida en las leyes de Mendel. (El mendelismo condujo a la teoría cromosómica de la herencia y a la noción de gen.)

mendicante adj. y s.m. y f. Que mendiga. ◇ **Orden mendicante** Orden religiosa cuyos miembros viven de la limosna y del trabajo propio. (Las órdenes mendicantes fueron fundadas en el s. XIII. Las cuatro más antiguas son: los carmelitas, los franciscanos, los dominicos y los agustinos.)

mendicidad s.f. Estado y situación de mendigo. **2.** Acción de mendigar.

mendigante, a adj. y s.m. y f. Mendigo.

mendigar v.tr. e intr. (lat. *mendicare*). Pedir limosna. ◆ v.tr. *Fig.* Solicitar o pedir algo humillándose: *mendigar un favor.*

mendigo, a s. (lat. *mendicus*). Persona que pide habitualmente limosna.

mendocino, a adj. (de *Mendoza,* familia española). De la ciudad o provincia de Mendoza (Argentina).

mendrugo s.m. Pedazo de pan duro, especialmente el sobrante. ◆ adj. y s.m. Esp. *Fam.* Tonto, zoquete.

meneado, a adj. TAUROM. Se dice del toro que ha corrido en encierros y corrales antes de lidiarse.

menear v.tr. y prnl. (del ant. *manear,* de *mano*). Mover o agitar una cosa de una parte a otra: *el perro meneaba la cola.* ◆ v.tr. *Fig.* Hacer gestiones para resolver algo. ◆ **menearse** v.prnl. Hacer con prontitud y diligencia una cosa.

menegilda s.f. *Fam.* Criada de servicio doméstico.

meneo s.m. Acción y efecto de menear o menearse. **2.** Esp. *Fig.* y *fam.* Golpe o conjunto de golpes recibidos por alguien o algo.

menester s.m. (lat. *ministerium,* servicio, empleo). Ocupación o trabajo: *dedicarse a un menester.* ◆ **menesteres** s.m.pl. Necesidades fisiológicas. **2.** *Fam.* Utensilios necesarios para ciertos usos u oficios. ◇ **Ser menester** Ser necesario.

menesteroso, a adj. y s. Que carece de algo, especialmente de lo necesario para subsistir.

menestra s.f. (ital. *minestra*). Guiso de verduras generalmente mezcladas con trozos de carne o jamón. **2.** Legumbre seca. (Suele usarse en plural.)

menestral, la s. (lat. *minestralis,* funcionario imperial). Persona que ejerce un oficio.

menestrete s.m. Utensilio para sacar las cabezas de los clavos.

menfita adj. y s.m. y f. De Menfis.

mengala s.f. Amér. Central. Mujer del pueblo soltera y joven.

mengano, a s. *Fam.* Persona, sin especificar el nombre de nadie: *siempre están cotilleando: que si fulana esto, que si mengana lo otro.* (Se utiliza en expresiones tras *fulano* para sustituir el nombre de una persona que no se conoce o no se quiere decir.)

mengua s.f. Acción y efecto de menguar. **2.** Falta que padece una cosa para estar entera y perfecta. **3.** *Fig.* Descrédito, deshonor. **4.** HIDROL. **a.** Acción de descender las aguas de un río, lago, etc. **b.** Cantidad de agua que ha perdido un río, lago, etc., al descender.

menguado, a adj. y s. Cobarde, pusilánime. **2.** Tonto, necio. ◆ s.m. Punto de una labor que se mengua.

menguante adj. Que mengua. ◆ s.f. Estiaje de un río o arroyo. ◇ **Menguante de la Luna** ASTRON. Fase lunar durante la cual decrece el disco iluminado, desde la Luna llena hasta la Luna nueva.

menguar v.tr. e intr. (lat. vulgar *minuare,* disminuir, rebajar) [conj.: *averiguar*]. Disminuir una cosa: *el trabajo duro mengua las fuerzas.* ◆ v.tr. Disminuir el número de puntos de una labor en cada hilera. ◆ v.intr. ASTRON. Disminuir la parte iluminada de la Luna.

mengue s.m. *Fam.* Diablo.

menhaden s.m. Pez muy abundante en el golfo de México del que se aprovecha la grasa. (Familia clupeidos.)

menhir s.m. (fr. *menhir,* del bretón *men,* piedra, e *hir,* larga). Monumento megalítico prehistórico formado por un bloque de piedra hincado verticalmente en el suelo.

menianto s.m. Planta herbácea acuática de hojas trifoliadas y pétalos rosados y soldados. (Familia gencianáceas.)

meninge s.f. (gr. *mingx, míniggos*). Membrana que protege el encéfalo y la médula espina. (Las meninges son tres: *piamadre. aracnoides* y *duramadre.*)

meningioma s.f. Tumor benigno de las meninges, desarrollado en la aracnoides.

meningitis s.f. Inflamación de las meninges de origen infeccioso o vírico. (Los síntomas de la meningitis son: fiebre, dolor de cabeza, rigidez de la nuca y vómitos.)

meningococo s.m. Diplococo que causa la meningitis cerebroespinal epidérmica.

meningoencefalitis s.f. Inflamación simultánea del encéfalo y las meninges.

menino, a s. (voz portuguesa, *niño*). Miembro de la corte española perteneciente a la nobleza que desde niño entraba al servicio de la familia real.

meniscectomía s.f. Extirpación quirúrgica del menisco. SIN.: *meniscotomía.*

meniscitis s.f. Inflamación del menisco.

menisco s.m. (gr. *mínískos,* luna pequeña). Lámina cartilaginosa situada entre los huesos de una articulación, como la rodilla, para facilitar el movimiento. **2.** Lente convexa por un lado y cóncava por el otro: *menisco convergente, divergente.* **3.** Superficie cóncava o convexa que se forma en el extremo superior de una columna de líquido contenida en un tubo.

mennonita o **menonita** adj. y s.m. y f. HIST. Relativo a la secta anabaptista fundada por el reformador neerlandés Menno Simonsz; miembro de esta secta. (En la actualidad se extienden sobre todo por América.)

menologio s.m. Martirologio de la Iglesia griega ordenado por meses.

menopausia s.f. Cese definitivo de la ovulación y la menstruación. **2.** Época en que se produce.

menopáusico, a adj. y s.f. Relativo a la menopausia; mujer que está en la menopausia.

menor adj. (lat. *minos, -oris*). Más pequeño en tamaño, cantidad o intensidad. (Se usa como comparativo y, precedido del artículo determinado, como superlativo relativo.) **2.** Se dice de la persona que tiene menos edad que otra: *cuando él tenía cuatro años nació su hermano menor.* **3.** MÚS. Se dice del acorde, escala, intervalo o modo cuya tercera se compone de un tono y un semitono. ◆ adj. y s.m. y f. Se dice de la persona que no ha alcanzado la edad que la ley establece para gozar la plena capacidad jurídica. ◇ **Comercio al por menor** Venta de mercancías en pequeñas cantidades. **Menor que** MAT. Signo matemático (<) que, colocado entre dos cantidades, indica que es menor la primera que la segunda. **Premisa menor** LÓG. Premisa segunda de un silogismo que tiene por sujeto el término que sirve de sujeto a la conclusión y por atributo el término medio. **Verso de arte menor** Verso de dos a ocho sílabas.

menorquín, na adj. y s. De Menorca. ◆ s.m. Variedad subdialectal del balear.

menorragia s.f. MED. Hemorragia menstrual de intensidad superior a la normal.

menorrágico, a adj. MED. Relativo a la menorragia.

menos adv. (lat. *minus,* neutro de *minor, -oris,* menor). Indica menor cantidad o intensidad: *tengo menos dinero que antes; su amiga es menos simpática que ella.* **2.** Sobre todo: *no vendrá esta tarde, y menos si llueve.* ◆ prep. Excepto: *vinieron todos menos el hijo menor.* ◆ pron.indef. Indica cantidad invariable: *mucho menos dinero.* ◆ s.m. Signo (–) de la resta: $5 - 3 = 2$. ◇ **Al,** o **(a) lo,** o **cuando,** o **por lo, menos** Como mínimo: *al menos tenía cuatro perros.* **A menos que** Introduce una salvedad a lo dicho antes: *no iré a menos que me acompañes.* **De menos** Expresa que falta la cantidad que se indica: *en la carnicería me han dado cien gramos de menos.* **En menos** En menor grado o cantidad: *llegó en menos tiempo del previsto.* **No ser para menos** Expresión enfatizante con que se encarece el valor de algo.

menoscabar v.tr. y prnl. Mermar una cosa quitándole una parte. **2.** *Fig.* Estropear o restar calidad a algo. **3.** *Fig.* Perjudicar, dañar a alguien: *menoscabar la reputación.*

menoscabo s.m. Acción y efecto de menoscabar.

menospreciar v.tr. Dar a una persona o cosa menos valor del que merece: *menospreciar el talento de una persona.* **2.** Rechazar una cosa o a una persona por considerarla de poco valor, importancia o indigna: *menosprecia a todo el mundo.*

menospreciativo, a adj. Que implica o denota menosprecio.

menosprecio s.m. Acción y efecto de menospreciar.

menostasia s.f. Retención de la menstruación de la mujer.

mensaje s.m. (occitano ant. *messatge,* de *mes,* mensajero). Noticia o información que se envía o transmite a alguien: *recibí tu mensaje hace un rato.* **2.** Conjunto de ideas que transmite una persona en un discurso, obra, etc.: *un discurso con mensaje conciliador.* **3.** Comunicación solemne dirigida a una asamblea, nación, etc., por un alto cargo: *mensaje del rey.* **4.** DER. Comunicación oficial del poder legislativo al ejecutivo, o de una cámara a otra. **5.** INFORMÁT. Conjunto de datos destinados a ser transmitidos por teleproceso. **6.** SOCIOL. Sentido de una información transmitida por sus interlocutores, expresado a través de un código, normalmente no manifiesto. ◇ **Mensaje publicitario** Mensaje para promocionar un producto.

mensajería s.f. Servicio para transportar documentos y paquetes. **2.** Empresa que se dedica al transporte de documentos y paquetes.

mensajero, a adj. y s. Que lleva un mensaje: *paloma mensajera*; *Mercurio es el mensajero de los dioses romanos.* **2.** Que anuncia la llegada de algo: *llegaron los primeros fríos mensajeros del invierno.* ◆ s. Persona que tiene por oficio transportar documentos y paquetes. ◇ **ARN mensajero** Se dice del ácido ribonucleico que ejerce una influencia genética determinante en las células de un organismo.

menso, a adj. Méx. Tonto, pesado, bobo.

menstruación s.f. FISIOL. Eliminación periódica de sangre y materia celular procedente de la matriz de la mujer y de algunas hembras de otros mamíferos cuando no ha habido fecundación del óvulo. (En la mujer, tiene su inicio en la *pubertad* y termina en la *menopausia*.) SIN.: *menstruo.*

menstrual adj. FISIOL. Relativo a la menstruación.

menstruar v.intr. FISIOL. [conj.: *actuar*]. Realizar la menstruación.

menstruoso, a adj. Menstrual. ◆ adj. y s.f. Se dice de la mujer o de la hembra de algunos mamíferos que está menstruando.

mensú s.m. Argent. Peón rural.

mensual adj. (lat. tardío *mensualis*). Que ocurre, se hace o aparece cada mes: *revista mensual.* **2.** Que dura un mes. ◆ s.m. Argent. y Urug. Peón contratado para realizar diversos trabajos en el campo.

mensualidad s.f. Sueldo o salario que se recibe o paga cada mes. SIN.: *mes.* **2.** Cantidad que se recibe o se paga cada mes: *debe dos mensualidades del colegio de los niños.*

mensualizar v.tr. Ajustar una cosa a plazos mensuales: *mensualizar los pagos.*

ménsula s.f. Repisa o apoyo para sustentar una cosa. **2.** Elemento arquitectónico que sobresale de un plano vertical y se emplea como apoyo de algo. **3.** Parte en voladizo de la viga de un puente.

mensura s.f. Medida.

mensurabilidad s.f. GEOMETR. Aptitud de un cuerpo para ser medido.

mensuración s.f. Medición. **2.** Medio de investigación empleado en medicina y en antropología para determinar ciertas dimensiones o para localizar ciertos puntos anatómicos.

mensurar v.tr. Medir.

menta s.f. (lat. *menta*). Planta herbácea aromática, de flores rosadas o blancas, utilizada en infusión por sus propiedades digestivas y estimulantes, y para aromatizar licores, caramelos, etc. (Familia labiadas.) **2.** Infusión de hojas de menta. ◆ **mentas** s.f.pl. Argent. Fama, reputación. (Se utiliza en el lenguaje rural.) ◇ **De mentas** Argent. De oídas. (Se utiliza en el lenguaje rural.)

mentada s.f. Méx. *Vulg.* Insulto: *de cada tres palabras que dice, dos son mentadas.* ◇ **Ser una mentada de madre** Méx. Ser algo insultante: *es una mentada de madre lo que recibe de sueldo.*

mentado, a adj. Que tiene fama, célebre.

mental adj. Relativo a la mente.

mentalidad s.f. Disposición particular que tiene una persona o una colectividad para pensar o enjuiciar los hechos.

mentalismo s.m. LING. Corriente de la lingüística teórica que considera el contenido como elemento determinante de la estructura de la lengua.

mentalizar v.tr. y prnl. Hacer que alguien tome conciencia de algo, especialmente de un problema o situación. **2.** Preparar psicológicamente a una persona para afrontar algo, especialmente si entraña complicación.

mentar v.tr. (del ant. *ementar,* de *venir emiente,* recordar algo) [conj.: *pensar*]. Nombrar o mencionar a una persona o una cosa. ◆ v.intr. Amér. Apodar.

mente s.f. (lat. *mens, mentis*). Entendimiento, facultad de comprender y de conocer: *mente privilegiada.* **2.** Intención, propósito, voluntad: *no está en mi mente ofenderte.* **3.** Mentalidad: *mente maliciosa.*

mentecatada s.f. Dicho o hecho propio de un mentecato.

mentecato, a adj. y s. (del lat. *mente captus,* que no tiene toda la razón). Se dice de la persona falta de sensatez o buen sentido.

mentidero s.m. *Fam.* Lugar donde se reúne la gente para hacer tertulia.

mentido, a adj. Falso, engañoso.

mentir v.intr. (lat. *mentiri*) [conj.: *sentir*]. Decir una mentira o mentiras: *mientes al decir que estabas allí.* **2.** Inducir a error: *las apariencias mienten.*

mentira s.f. Cosa que se dice sabiendo que no es verdad. **2.** *Fig.* y *fam.* Mancha pequeña de color blanco que aparece en la uña. ◇ **Mentira piadosa** Mentira que se dice para no causar disgusto o tristeza a alguien.

mentirijillas (de) loc. De broma o de mentira: *una pistola de mentirijillas.*

mentiroso, a adj. y s. Que miente. ◆ adj. Engañoso, fingido o falso: *siempre fue la palabra más mentirosa que la imprenta.*

mentís s.m. (pl. *mentís*). Demostración que contradice o niega categóricamente un aserto.

mentol s.m. Alcohol terpénico que se extrae de la esencia de menta.

mentolado, a adj. Que contiene mentol.

mentón s.m. (fr. *menton*). Barbilla, parte de la cara.

mentonera s.f. ARM. Pieza articulada del casco que protegía la parte baja del rostro y se podía levantar hasta el frontal. **2.** MÚS. Pieza pequeña, generalmente de madera, que se adapta a la base del violín para apoyar el mentón.

mentoniano, a adj. Relativo al mentón.

mentor, ra s. (gr. *Méntor,* preceptor de Telémaco). Consejero o guía de alguien: *mentor espiritual.* **2.** Maestro, ayo.

menú s.m. (fr. *menu*) [pl. *menús*]. Lista de los platos que componen una comida. **2.** Lista detallada de platos que pueden elegirse en un restaurante. **3.** Comida de precio fijo que se sirve en un restaurante. **4.** INFORMÁT. Lista de opciones que aparecen en la pantalla de una computadora.

menudear v.tr. Hacer una cosa repetidas veces: *desde hace unos días menudea sus visitas.* ◆ v.intr. Ocurrir o suceder una cosa con frecuencia: *aquel invierno menudearon las nevadas.* ◆ v.tr. e intr. Chile y Colomb. Vender mercancías al por menor.

menudencia s.f. Cosa pequeña e insignificante. **2.** Cosa de poco valor y estimación. **3.** Exactitud y cuidado con que se considera una cosa. ◆ **menudencias** s.f.pl. Despojos del cerdo, reses o aves.

menudeo s.m. Acción y efecto de menudear.

menudillo s.m. En los cuadrúpedos, articulación entre la caña y la cuartilla. ◆ **menudillos** s.m.pl. Despojos de las aves.

menudo, a adj. (lat. *minutus,* p. de *minuere,* disminuir). Que es de tamaño muy pequeño. **2.** Insignificante, de poca importancia: *la menuda realidad de las cosas.* **3.** Exacto, minucioso. **4.** Se decía del dinero en monedas de poco valor. **5.** Esp. Se emplea en frases de sentido ponderativo, tanto estimativo como despectivo: *menudo es él para estas cosas.* ◆ s.m. Méx. Guiso que se prepara con estómago de res cocido en un caldo condimentado con especias y chile. ◆ **menudos** s.m.pl. Despojos de las reses. **2.** Menudillos. ◇ **A menudo** Muchas veces, frecuentemente.

meñique s.m. y adj. Dedo más pequeño y delgado de la mano y del pie, situado en uno de los extremos. ◆ adj. *Fam.* Muy pequeño.

meo → **miao.**

meoguil s.m. Méx. Oruga que se cría en la penca del maguey.

meollar s.m. MAR. Cordel que se confecciona torciendo dos, tres o cuatro filásticas.

meollo s.m. (del lat. *medulla,* médula). Seso, masa encefálica. **2.** Médula, sustancia grasa del interior de los huesos. **3.** Médula espinal. **4.** *Fig.* Sustancia, contenido o interés de algo: *el meollo de una cuestión.* **5.** Miga del pan.

meolludo, a adj. Que tiene mucho meollo.

meón, na adj. y s. Que mea mucho o frecuentemente. ◆ s. *Fam.* Niño muy pequeño.

mequetrefe s.m. y f. *Fam.* Persona entrometida, de poca importancia y de poco juicio.

meralgia s.f. Dolor en el muslo.

merar v.tr. Mezclar un líquido con otro para aumentar su fuerza o para templarla, especialmente mezclar agua con vino.

merca s.f. *Fam.* Compra.

mercabilidad s.f. Medida de la frecuencia con que un bien acostumbra a ser objeto de cambio en el mercado.

mercachifle s.m. y f. Buhonero. **2.** *Desp.* Comerciante de poca importancia. **3.** *Fig.* y *desp.* Persona dominada por el mercantilismo.

mercadear v.intr. Comerciar.

mercadeo s.m. Acción y efecto de mercadear.

mercader s.m. y f. (cat. *mercader,* de *mercat,* mercado). Persona que tiene por oficio comerciar con géneros vendibles.

mercadería s.f. Mercancía.

mercaderil adj. Relativo al mercader.

mercadillo s.m. Mercado al aire libre donde se venden géneros baratos y que tiene lugar unos días fijos de la semana.

mercado s.m. (lat. *mercatus, -us*). Lugar o edificio público destinado permanentemente, o en días señalados, a comprar, vender o permutar géneros y mercancías. **2.** Concurrencia de gente en un mercado: *el mercado se alborotó.* **3.** Contratación pública de mercancías en un sitio destinado al efecto y en días señalados. **4.** ECON. Ámbito que comprende a los consumidores y productores que normalmente tienen influencia sobre la formación del precio del bien objeto de cambio. ◇ **Área de mercado** Territorio que gravita comercialmente en torno a un centro comercial. **Estudios de mercado** Conjunto de técnicas de investigación empleadas para lograr un mejor conocimiento del mercado. **Ley de mercados** Teoría económica atribuida a J. B. Say, según la cual los productos se canjean por productos, y los servicios, por servicios. **Mercado de capitales** Reunión de la oferta y demanda de capital y de toda clase de títulos financieros. **Mercado de divisas** Conjunto de transacciones con monedas extranjeras que determinan los precios diarios de las divisas en función del resto de las monedas. **Mercado de futuros** Mercado en el que se formalizan contratos de compraventa a unos precios fijados en el momento en que se acuerda la transacción para el suministro de bienes y activos financieros en una fecha futura. **Mercado de trabajo** Conjunto de relaciones entre la oferta y la demanda de trabajo como factor productivo. **Mercado exterior** Conjunto de operaciones de compra y venta que los productores de un país llevan a término con demandantes extranjeros. **Mercado interior** Conjunto de operaciones de compra y venta que los productores de un país llevan a término con demandantes nacionales. **Mercado global** Espacio económico producido por la interrelación existente entre los diferentes mercados nacionales, gracias a las nuevas tecnologías de la información y las comunicaciones que permiten reducir los costos de transacción y facilitan las operaciones en tiempo real. **Mercado negro** Tráfico clandestino de divisas monetarias, mercancías no autorizadas o mercancías escasas, a precios superiores a los legales.

mercadotecnia s.f. Marketing.

mercalli. Escala de Mercalli Escala que se utiliza para medir la intensidad de un sismo, que comprende doce grados, numerados del I al XII de menor a mayor según la importancia de los daños registrados. (Inventada por G. Mercalli, permite caracterizar la naturaleza y la importancia de un sismo.)

mercancía s.f. (ital. *mercanzia*). Producto que se vende y se compra. **2.** Acción de comerciar. **3.** *Fig.* Cosa inmaterial que se compra y se vende. **4.** MAR. Carga transportada por una embarcación, exceptuando la constituida por los efectos personales de la tripulación, las provisiones de a bordo, el combustible y otros artículos consumibles. **5.** CONTAB. Cuenta de activo representativa del valor de las mercancías adquiridas por la empresa para su posterior venta. ◇ **Tren de mercancías** Tren destinado al transporte de mercancías. (También simplemente *mercancías.*)

mercante adj. Mercantil. **2.** Relativo al comercio marítimo. ◆ adj. y s.m. Se dice de la embarcación dedicada al transporte de mercancías y pasajeros. ◆ s.m. y f. Mercader.

mercantil adj. Relativo al mercader, a la mercancía o al comercio.

mercantilismo s.m. Espíritu mercantil, especialmente aplicado a cosas que no deben ser objeto de comercio. SIN.: *industrialismo.* **2.** HIST. Doctrina económica proteccionista según la cual los metales preciosos constituyen la riqueza principal de un país.

mercantilismo

El mercantilismo nació en los ss. XVI y XVII como consecuencia de las transformaciones económicas, políticas y sociales de la época, como, por ejemplo, el descubrimiento de las minas de oro y plata en América.

mercantilista adj. y s.m. y f. Relativo al mercantilismo; partidario del mercantilismo. **2.** Persona que se dedica al derecho mercantil.

mercantilizar v.tr. Infundir fuertemente el mercantilismo.

mercaptano o **mercaptán** s.m. QUÍM. Compuesto orgánico derivado de un alcohol en el que el oxígeno es sustituido por azufre. (El mercaptano se caracteriza por un olor fétido.) SIN.: *tiol.*

mercar v.tr. y prnl. (lat. *mercari,* comprar, de *merx, -cis,* mercancía). *Fam.* Comprar.

merced s.f. (lat. *merces, -edis,* paga, recompensa, de *merx, -cis,* mercancía). Beneficio o favor que se hace a alguien gratuitamente. **2.** Voluntad o arbitrio de alguien: *estar a merced del superior.* **3.** Tratamiento antiguo de cortesía. **4.** HIST. Dádiva o gracia que un rey o señor concedía a un vasallo. ◇ **A la merced de** Bajo la voluntad de alguien. **Merced a** Gracias a.

mercedario, a adj. y s. Relativo a la orden de santa María de la Merced; religioso de dicha orden. (Esta orden fue fundada en 1218 por san Pedro Nolasco en Barcelona para la redención de cautivos.)

mercenario, a s. y adj. (lat. *merce(n)narius*). Soldado que participa en una guerra únicamente por dinero. **2.** Persona que realiza un trabajo únicamente por dinero.

mercería s.f. (cat. *merceria*). Establecimiento donde se venden artículos de costura y labores. **2.** Comercio de dichos artículos.

mercerización s.f. (de J. *Mercer,* químico británico). Operación de la industria textil que consiste en impregnar los hilados o los tejidos de algodón, previamente tensados, con una solución de sosa cáustica para que resulten brillantes. SIN.: *mercerizado.*

mercerizar v.tr. Hacer una mercerización.

mercero, a s. (cat. *mercer*). Persona que comercia en mercería.

merchandising s.m. (voz inglesa). Función de la dirección comercial de una empresa que tiene por objeto el estudio y puesta en práctica de todo lo relativo a la presentación de un producto. **2.** Conjunto de productos (camisetas, encendedores, etc.) relacionados con un artista, un grupo, una marca comercial, etc., para promocionarlos.

merchante s.m. y f. (fr. ant. *merchant*). Comerciante que no tiene tienda fija.

mercromina s.f. Mercurocromo.

mercuresceína s.f. Mercurocromo.

1. **mercurial** adj. Relativo al mercurio. ◆ s.f. Planta herbácea de hojas lanceoladas, dentadas y fruto en cápsula. (Familia euforbiáceas.)

2. **mercurial** s.f. HIST. Documento que reproducía los precios de los productos vendidos en un mercado público.

mercúrico, a adj. Se dice del óxido de mercurio (HgO) y de las sales del mercurio divalente.

mercurio s.m. (lat *Mercurius,* dios romano). Metal líquido, de color blanco brillante, de densidad 13,6 que se solidifica a –38,87 °C y cuyo punto de fusión es de 356,58 °C. **2.** Elemento químico (Hg), de número atómico 80 y masa atómica 200,59.

mercurio

El mercurio disuelve numerosos metales (oro, plata) dando amalgamas. Es atacado por el cloro y el ácido nítrico. Puede ser monovalente (compuestos mercuriosos) o divalente (compuestos mercúricos), y también da compuestos organometálicos. Sus sales son tóxicas. Se emplea en los termómetros y en lámparas de vapor de mercurio. También se utiliza en medicina (antisépticos, antisífilis) y en agricultura (antiparásitos). La producción mundial de mercurio, en continuo descenso desde la década de 1970, procede principalmente de Rusia, China, México y Argelia.

mercurioso, a adj. Se dice del óxido de mercurio (HgO) y de las sales del mercurio monovalente.

mercurocromo s.m. (marca registrada). Compuesto orgánico mercurial de color rojo empleado en soluciones como antiséptico. SIN.: *mercromina, mercuresceína.*

merdoso, a adj. Asqueroso, sucio.

merecer v.tr. e intr. (hispano-lat. *merescere,* del lat. *merere*) [conj.: *parecer*]. Cumplir los requisitos necesarios para obtener algo: *merecer un castigo una persona; merecer un premio una obra.* **2.** Lograr, conseguir. ◇ **Estar en edad de merecer** Estar una persona en edad de iniciar una relación sentimental.

merecido s.m. Castigo que merece una persona.

merecimiento s.m. Acción y efecto de merecer. **2.** Mérito.

merendar v.tr. e intr. [conj.: *pensar*]. Tomar algo como merienda. ◆ v.tr. Comer al mediodía. ◆ **merendarse** v.prnl. *Fig.* y *fam.* Apropiarse de algo o conseguir algo que se desea: *merendarse un buen cargo.* **2.** *Fig.* y *fam.* Derrotar o dominar a otros en una disputa o competición.

merendero s.m. Establecimiento al aire libre en el campo o en la playa donde se sirven comidas y bebidas. **2.** Lugar en el campo acondicionado con mesas y sillas donde la gente lleva su propia comida.

merendola s.f. Esp. Merienda abundante celebrada como fiesta entre muchas personas. SIN.: *merendona.*

merengue s.m. Dulce elaborado con claras de huevo batidas y azúcar en polvo cocido al horno. **2.** Persona empalagosa por lo dulce o amable. **3.** Baile y música popular del Caribe, especialmente de la República Dominicana, caracterizado por un ritmo vivo. **4.** Argent., Par. y Urug. *Fig.* y *fam.* Lío, desorden, trifulca.

meretriz s.f. (lat. *meretrix, -icis,* la que se gana la vida por sí misma). *Poét.* Prostituta.

mérgulo s.m. Pájaro marino, parecido al pingüino, de unos 20 cm, que vive formando grandes colonias en los acantilados de las regiones árticas. (Familia álcidos.)

mericismo s.m. MED. Comportamiento patológico que se manifiesta en la regurgitación de los alimentos ya deglutidos desde el estómago a la boca para volverlos a masticar.

meridiana s.f. Diván. **2.** Siesta, rato que se destina a dormir. **3.** ASTRON. Intersección del plano meridiano y del plano horizontal en un lugar.

meridiano, a adj. (lat. *meridianus,* del mediodía, de *meridies,* mediodía). Relativo al mediodía. **2.** *Fig.* Muy claro: *una verdad meridiana.* ◆ s.m. Plano definido por la vertical local y el eje del mundo. (También *plano meridiano.*) **2.** Círculo máximo de la esfera terrestre que pasa por los polos. **3.** Círculo máximo de la esfera celeste que pasa por los polos y por el cenit y nadir del punto de la Tierra al que se refiere. ◆ s.m. y adj. GEOMETR. Sección de una superficie de revolución por un plano que pasa por el eje de esta superficie. ◇ **Meridiano magnético** Plano vertical que contiene la dirección del campo magnético terrestre. **Primer meridiano** Meridiano elegido convencionalmente para determinar las longitudes geográficas de la Tierra. (El *primer meridiano* pasa por el antiguo observatorio de Greenwich.)

meridional adj. y s.m. y f. (lat. tardío *meridionalis*). Relativo al mediodía (sur, punto cardinal) y a la persona que vive en el territorio situado en este punto.

merienda s.f. (lat. *merenda*). Comida ligera que se toma por la tarde. **2.** Comida que se toma al mediodía. **3.** Ecuad. Cena. ◇ **Merienda de negros** Esp. *Fig.* y *fam.* Confusión y desorden; arreglo o reparto caprichoso o abusivo.

merillo s.m. Pez de cuerpo ovalado y comprimido, de unos 12 cm de longitud y de color pardo que vive en los fondos arenosos y fangosos del Mediterráneo y del Atlántico oriental. (Familia serránidos.)

merina, pueblo autóctono de Madagascar.

merindad s.f. (bajo lat. *majorinitas, -tatis*). Territorio que estaba bajo la jurisdicción de un merino. **2.** Cargo de merino. **3.** Distrito con una villa importante que defendía los intereses de los pueblos de su demarcación.

merino, a adj. y s.m. (lat. *majorinus,* de la especie mayor). Se dice de la oveja de tamaño ligeramente mayor al normal que tiene el cuerpo cubierto de lana fina y rizada. ◆ s.m. Oficial al servicio de un señor feudal encargado de la administración económica, financiera y judicial de un territorio.

meristema s.m. Tejido vegetal indiferenciado de las regiones de crecimiento de la planta formado por células que se dividen rápida y continuamente.

meritísimo, a adj. Muy digno.

mérito s.m. (lat. *meritum,* p. activo de *merere,* merecer). Cualidad o acción de una persona que la hace digna de aprecio o de recompensa: *obtener muchos méritos.* **2.** Valor de una cosa por el esfuerzo invertido en ella: *este trabajo tiene mérito.* ◇ **De mérito** Notable, recomendable. **Hacer méritos** Tratar de merecer o conseguir algo realizando ciertas acciones. **Mérito del proceso** DER. Conjunto de pruebas y razones que resulta del proceso que sirve al juez para dar su fallo.

meritorio, a adj. Digno de premio. ◆ s. Persona que trabaja sin sueldo para hacer méritos a fin de obtener el mismo puesto retribuido.

merlán s.m. Pez de color verdoso con tres aletas dorsales y dos anales que mide de 20 a 40 cm de long. (El merlán vive en las costas de Europa occidental y es muy apreciado por su carne tierna y ligera; familia gádidos.)

merleta o **mirleta** s.f. (fr. *merlette*). HERÁLD. Figura que representa un ave sin pico ni patas, vista de perfil y con la cabeza girada a la derecha.

merlín s.m. (fr. *merlin*). MAR. Cabo delgado alquitranado, de unos 10 mm de grosor, formado por tres cordones de cáñamo fino, que se emplea para coser.

merlo s.m. Pez marino, de unos 20 cm de longitud y color azul intenso. (El merlo vive en el Mediterráneo y en el Atlántico; familia lábridos.)

merlón s.m. (ital. *merlone*). Cada uno de los lienzos de parapeto que hay entre dos troneras o aspilleras.

merluza s.f. Pez de cuerpo fusiforme y alargado, con la parte dorsal gris y aletas de radios blancos que mide de 30 a 80 cm de long. (Familia gádidos.) **2.** Esp. *Fig.* y *fam.* Borrachera, embriaguez.

merma s.f. Acción y efecto de mermar. **2.** Parte que se consume naturalmente o se sustrae de algo: *la merma de los bienes.* **3.** Depreciación por pérdida de materia que se produce en mercancías de toda clase transportadas o almacenadas.

mermar v.intr. y prnl. (lat. vulgar *minimare,* disminuir). Disminuir una cosa en cantidad, fuerza, importancia o intensidad: *mermar la fortuna de alguien.* ◆ v.tr. Hacer disminuir la cantidad, fuerza, importancia o intensidad de algo: *la bancarrota mermó su fortuna.*

mermelada s.f. (port. *marmelada,* conserva de membrillos). Conserva de fruta cocida con azúcar o miel.

1. **mero** s.m. Pez óseo que, en los mares cálidos, puede llegar a medir hasta 2 m de long. y pesar hasta 100 kg, y cuya carne es muy apreciada. (Familia serránidos.)

2. **mero** adv.t. y c. Méx. Pronto, casi: *ya mero llega.* **2.** Méx. De manera precisa, justa, exacta.

3. **mero, a** adj. (lat. *merus,* puro, sin mezcla). Solo, simple, sin nada más: *una mera explicación.* **2.** Propio, mismo: *es la mera verdad.* <> **Ser el mero mero** Méx. *Fam.* Ser alguien la persona principal, la más importante en cierto lugar o en cierta circunstancia: *el jefe es el mero mero de la oficina.* (Se usa antepuesto al nombre.)

merodear v.intr. (del ant. *merode,* del fr. *meraude,* merodeo). Inspeccionar un terreno un grupo de soldados separados del resto de su unidad para robar. **2.** *Fig.* Vagar por un sitio para curiosear o buscar algo, especialmente cuando se tienen malas intenciones.

merolico s.m. Méx. Vendedor callejero que con su labia atrae a los transeúntes. **2.** Méx. *Fig.* Parlanchín, persona que habla mucho.

merostoma adj. y s.m. Relativo a una clase de artrópodos marinos de coraza de quitina, cuerpo dividido en cefalotórax, abdomen y telson y con cinco pares de patas. (Los merostomas están representados en la actualidad únicamente por el género *Limulus.*)

merovingio, a adj. y s. Relativo a los Merovingios, dinastía que reinó en la Galia.

merquén s.m. Chile. Ají con sal que se lleva preparado para condimentar la comida durante los viajes.

merzlota s.f. Permafrost.

mes s.m. (lat. *mensis*). Parte, que junto a otras once, forma el año. **2.** Período de tiempo que comprende unos treinta días. **3.** Sueldo o salario que se recibe o paga cada mes. SIN.: *mensualidad, mesada.* **4.** Mensuración.

mesa s.f. (lat. *mensa*). Mueble formado por una superficie plana horizontal sostenida sobre una o varias patas, y destinada a varios usos (comer, escribir, etc.). **2.** Mesa preparada con todo lo necesario para comer. **3.** Comida: *amante de la buena mesa.* **4.** Conjunto de personas que forman la junta directiva de una corporación: *la mesa aceptó la propuesta del presidente.* **5.** Conjunto de personas que presiden un acto: *la mesa electoral.* **6.** GEOGR. Terreno elevado y llano, de gran extensión, rodeado de valles y barrancos, constituido por los restos de una colada volcánica. **7.** REL. Renta de las iglesias, prelados o dignidades eclesiásticas. <> **Alzar,** o **levantar,** o **recoger, la mesa** Retirar después de comer todo lo que se ha utilizado; dar por acabada la comida o una reunión en torno a una mesa. **A mesa puesta** Sin tener que trabajar para el mantenimiento. **Estar,** o **tener, a mesa y mantel a alguien** Estar alguien comiendo a costa de otro o tener a alguien a comer a costa de uno. **Levantarse de la mesa** Abandonar el asiento que ocupaban los comensales. **Mesa de balance** Tabla suspendida por sus cuatro ángulos para que, oscilando con el balanceo de la embarcación, se mantenga siempre horizontal. **Mesa de guarnición** Plataforma colocada en el costado de una embarcación, frente a los tres palos principales, en la que se afirman las correspondientes tablas de jarcia. **Mesa de luz** Argent. Mesa de noche. **Mesa de noche** Mesa pequeña que se coloca junto a la cabecera de la cama, generalmente con cajones. **Mesa de operaciones** Mesa articulada sobre la que se sitúa al enfermo para intervenirle quirúrgicamente. **Mesa nido** Esp. Mesa debajo de la cual se encajan otras de tamaño decreciente. **Mesa redonda** Grupo de comensales que se sientan a una mesa sin ocupar un lugar preferente ninguno de ellos; grupo de personas que discuten sobre un tema. **Mesa rotatoria** Plataforma circular de las grandes instalaciones de sondeo perforada en su centro por un orificio rectangular en el que se introduce la barra cuadrada atornillada al extremo superior o cabeza del varillaje de sondeo, y que arrastra el tren de sondeo en su movimiento giratorio. **Poner la mesa** Poner sobre la mesa todo lo necesario para comer. **Sentarse a la mesa** Ocupar cada comensal su asiento para empezar a comer.

1. **mesada** s.f. Mensualidad. SIN.: *mensualidad, mes.* <> **Mesada eclesiástica** HIST. Derecho de los reyes de España de retener el importe de la renta de un mes de todos los beneficios eclesiásticos y pensiones de real prestación para el pago de los gastos de la capilla real.

2. **mesada** s.f. Argent. Cobertura de los espacios auxiliares de las cocinas, encimera.

mesalina s.f. (de *Mesalina,* esposa del emperador Claudio). Mujer de costumbres disolutas.

mesana s.m. o f. (ital. *mezzana,* de *mezzo,* medio). Palo que está más cerca de popa en las embarcaciones que tienen tres mástiles. (También *palo de mesana; mástil de mesana.*) ◆ s.f. Vela atravesada que se coloca en el mástil de mesana.

mesar v.tr. y prnl. (lat. vulgar *messare,* segar). Arrancar el cabello o las barbas o tirar de ellos.

mescal s.m. → **mezcal.**

mescalero → **mezcalero.**

mescalina s.f. Alcaloide alucinógeno que se obtiene del peyote.

mescolanza s.f. → **mezcolanza.**

mesembriantemo s.m. Planta originaria de África austral, de hojas carnosas.

mesencéfalo s.m. ANAT. Parte del encéfalo situada entre la protuberancia y el cerebro, que comprende los pedúnculos cerebrales y los tubérculos cuadrigéminos.

mesénquima s.m. Tejido conjuntivo del embrión que participa en la formación de tejidos de sostén, como el conjuntivo, óseo o cartilaginoso.

mesentérico, a adj. Relativo al mesenterio. ◆ adj. y s.f. Se dice de la arteria, vena, nervio y ganglio incluidos en el mesenterio.

mesenterio s.m. (del gr. *mésos,* medio, y *enteron,* intestino). ANAT. Repliegue membranoso del peritoneo que fija las diversas estructuras del intestino delgado a la pared posterior del abdomen.

mesero, a s. Chile, Colomb., Ecuador, Guat. y Méx. Camarero de un restaurante.

meseta s.f. (de *mesa*). Terreno poco accidentado, extenso y elevado sobre el nivel del mar. **2.** Descansillo de la escalera.

mesiánico, a adj. Relativo al mesías o al mesianismo.

mesianismo s.m. Esperanza de los creyentes judíos en la llegada del mesías. **2.** *Fig.* Confianza en la llegada de una persona que solucionará todos los problemas.

mesías s.m. (lat. *messias,* del arameo *mēsiah,* ungido). Enviado divino anunciado por los profetas judíos al pueblo de Israel que establecerá en la tierra el reino de Dios. (Se suele escribir con mayúscula.) **2.** Jesús. (Se escribe con mayúscula.) **3.** *Fig.* Persona de la que se espera que solucione todos los problemas.

mesiazgo s.m. Dignidad de Mesías.

mesilla s.f. Dinero que daba el rey diariamente a sus criados cuando estaban en jornada. <> **Mesilla de noche** Mesa de noche.

mesmeriano, a adj. y s. Relativo a Mesmer o al mesmerismo; partidario del mesmerismo. SIN.: *mesmerista.*

mesmerismo s.m. Teoría formulada en el s. XVIII por el médico alemán Mesmer, según la cual cada organismo tiene una propiedad que lo hace receptivo a la influencia de los cuerpos celestes y a la de los cuerpos que lo rodean, del mismo modo que le permitiría también influir sobre estos últimos. **2.** Método curativo basado en la teoría de Mesmer, que utiliza la hipnosis.

mesnada s.f. (de *mesón,* casa). Grupo de personas armadas al servicio de un señor feudal. **2.** *Fig.* Conjunto de partidarios de alguien.

mesnadero, a adj. y s.m. Persona que formaba parte de una mesnada.
mesoamericano, a adj. y s. De Mesoamérica.
mesoblasto s.m. Mesodermo.
mesocarpio o **mesocarpo** s.m. Zona intermedia del pericarpio de un fruto, entre el epicarpio y el endocarpio, que se corresponde con la parte carnosa y azucarada de frutos comestibles.
mesocefalia s.f. Característica antropomórfica del cráneo cuyo índice cefálico oscila entre 75 y 79.
mesocéfalo, a adj. Se dice de la persona que tiene un cráneo de proporciones entre el braquicéfalo y el dolicocéfalo, con un índice cefálico que varía entre 75 y 79. ◆ s.m. Protuberancia situada en la parte inferior y media del cerebro.
mesocracia s.f. Forma de gobierno de la clase media. **2.** *Fig.* Burguesía.
mesocrático, a adj. Relativo a la mesocracia.
mesodérmico, a adj. Relativo al mesodermo. SIN.: *mesoblástico.*
mesodermo s.m. Capa embrionaria intermedia del blastodermo, situada entre el endoblasto y el ectodermo, que da origen a la sangre, esqueleto, riñones, músculos, etc. SIN.: *mesoblasto.*
mesolítico, a adj. y s.m. Se dice del período prehistórico intermedio entre el paleolítico y el neolítico que se caracteriza por el paso de una economía de predación a una de producción.
mesolote s.m. Méx. Maguey doble.
mesomería s.f. QUÍM. Estructura de un compuesto intermedia entre dos formas isómeras.
mesómero, a adj. QUÍM. Que presenta mesomería.
mesomorfo, a adj. Se dice del estado de la materia intermedio entre el estado amorfo y el cristalino, como el nemático o el esméctico.
1. **mesón** s.m. (del lat. *mansio, -onis,* permanencia, vivienda). Establecimiento público donde se sirven comidas y bebidas, decorado como si fuera antiguo. **2.** Establecimiento público donde se hospedaban viajeros. **3.** Chile. Mostrador de los bares y cantinas, barra.
2. **mesón** s.m. (del gr. *meso,* medio y *electrón*). FÍS. Partícula de interacción fuerte (hadrón), compuesta por un quark y un antiquark (por oposición a *barión*).
mesonero, a adj. Relativo al mesón. ◆ s. Persona que es dueña o encargada de un mesón.
mesopausa s.f. Zona de la atmósfera que sirve de transición entre la mesosfera y la termosfera.
mesopotamia s.f. Denominación que se da a veces a una región comprendida entre dos ríos.
mesopotámico, a adj. y s. De Mesopotamia.
mesosfera s.f. Capa atmosférica situada entre la estratosfera y la termosfera, entre los 40 y 80 km de altura, aproximadamente.
mesotórax s.m. ANAT. Parte media del tórax. **2.** ZOOL. Segundo segmento del tórax de los insectos, entre el protórax y el metatórax. (Sostiene el primer par de alas y el segundo par de patas.)
mesozoico, a adj. y s.m. GEOL. Se dice de la era geológica que se extiende desde hace unos 245 millones de años hasta hace unos 65 millones de años, se caracteriza por el desarrollo de las gimnospermas, la abundancia de las belemnitas y de los amonites, la preponderancia y la variedad de los reptiles y la aparición de los pájaros y de los mamíferos, y comprende los períodos triásico, jurásico y cretácico. SIN.: *secundario.* ◆ adj. Relativo a esta era.
mesta s.f. (del lat. *mixta,* p. de *miscere,* mezclar). Asociación de ganaderos de Castilla, nacida oficialmente en 1273, durante el reinado de Alfonso X, y abolida en 1836. (Suele escribirse con mayúscula.) ◆ **mestas** s.f.pl. Aguas de dos o más corrientes en el punto de confluencia.
mesteño, a adj. Relativo a la mesta. **2.** Se dice del caballo y la res vacuna que no tienen amo conocido. **3.** Se dice del animal cerril.
mester s.m. (del lat. *ministerium,* empleo, oficio). **Mester de clerecía** LIT. Escuela poética medieval española de clérigos y personas cultas que utilizaba la cuaderna vía. **Mester de juglaría** LIT. Escuela poética medieval española de juglares y poetas populares que utilizaba una métrica irregular.

mester

El mester de clerecía impone una métrica fija (cuaderna vía) y una temática preferentemente religiosa, de tono docto pero dirigida al pueblo, utilizando una lengua popular y familiar. Entre su primer representante importante, Gonzalo de Berceo (mediados del s. XIII), y el último, Pero López de Ayala (segunda mitad del s. XIV), se sitúan obras como el *Libro de Apolonio*, el *Libro de Alexandre*, el *Poema de Fernán González* (s. XIII) y el *Libro de buen amor* del Arcipreste de Hita (s. XIV). El mester de juglaría es una escuela poética de carácter popular, que se desarrolló en los ss. XII y XIII, y que englobaba una variada gama de actividades, entre las que destacaba una poesía de tipo narrativo, de métrica irregular y tono heroico, centrada en el cantar de gesta.

mestizaje s.m. Unión fecunda entre hombres y mujeres de grupos humanos que presentan cierto grado de diferenciación genética. **2.** Conjunto de mestizos. **3.** Cruce de animales de la misma especie, pero de razas diferentes, destinado a crear, al cabo de varias generaciones, una raza de características intermedias. **4.** BOT. Cruce de variedades vegetales diferentes, pero pertenecientes a la misma especie. ◇ **Mestizaje cultural** Producción cultural (música, literatura, etc.) que nace de la influencia mutua entre civilizaciones en contacto.
mestizar v.tr. Cruzar individuos de diversas razas.
mestizo, a adj. y s. (lat. tardío *mixticius*). Se dice de la persona de padre y madre de razas diferentes. ◆ adj. y s.m. BIOL. Se dice del híbrido obtenido a partir de dos variedades diferentes de la misma especie.

mestizo

El mestizaje fue un elemento fundamental en la conformación de los nuevos países producto de la colonización española. En el inicio de la conquista, la escasez de mujeres blancas propició las uniones de india y español (generalmente ilegítimas, si bien las leyes no prohibían estos matrimonios). El mestizaje con indios no tuvo repercusiones sociales porque el mestizo se integró sin dificultades al grupo de la madre o del padre español (que frecuentemente le reconocía, dándole su apellido). El mestizaje negro, numéricamente inferior, tuvo, sin embargo, repercusiones sociales importantes: se prohibieron los matrimonios mixtos y el mestizo siempre heredaba la esclavitud de la madre. Una gran cantidad de denominaciones tipificó en Hispanoamérica los distintos grados de mestizaje (*castizo*, mestizo y español; *mulato*, español y negro; *cholo*, hijo de mulatos; *zambo*, resultado del cruce de negro y sus mezclas con indio).

mesto s.m. Árbol de corteza menos suberosa que el alcornoque y fruto cuya cápsula abraza más de la mitad de la bellota. (Familia fagáceas.)
mesura s.f. (lat. *mensura,* medida). Moderación y compostura en los sentimientos, las palabras o las acciones: *obrar con mesura.* **2.** Moderación, comedimiento: *beber con mesura.*
mesurar v.tr. y prnl. Moderar los sentimientos, las palabras o las acciones.
meta s.f. (lat. *meta,* mojón). Pilar situado en cada extremo de la espina del circo romano. **2.** *Fig.* Fin u objetivo que se pretende alcanzar: *su meta es llegar a ministro.* **3.** DEP. **a.** Línea que señala el final de una carrera. **b.** Portería.
metábasis s.f. (pl. *metábasis*). GRAM. Fenómeno por el que una palabra que pertenece a determinada categoría gramatical pasa a ejercer una función propia de otra categoría.
metabiosis s.f. (pl. *metabiosis*). BIOL. Interdependencia

entre organismos de forma que uno de ellos aprovecha el sustrato y lo prepara para la utilización posterior o conjunta de otros organismos.

metabólico, a adj. Relativo al metabolismo.

metabolismo s.m. Conjunto de reacciones químicas de transformación de materia y energía, catalizadas por las enzimas, que se producen en todos los tejidos del organismo vivo. ◇ **Metabolismo basal** Cantidad de oxígeno producida por el cuerpo humano en reposo, por hora y por metro cuadrado de la superficie del cuerpo.

metabolito s.m. Sustancia orgánica que resulta de las reacciones metabólicas. **2.** Producto simple y asimilable de la digestión de un alimento.

metacarpiano, a adj. Relativo al metacarpo. ◆ adj. y s.m. Se dice del hueso del metacarpo.

metacarpo s.m. Parte del esqueleto de la palma de la mano comprendida entre el carpo y las falanges.

metacéntrico, a adj. Relativo al metacentro. **2.** Se dice de la curva que une los metacentros de todas las inclinaciones posibles de una embarcación.

metacentro s.m. Punto de intersección de la vertical imaginaria que pasa por el centro de flotación de un cuerpo que no está en equilibrio y la recta que une el centro de flotación con el de gravedad cuando está en equilibrio.

metacrilato s.m. Éster del ácido metacrílico.

metacrílico, a adj. Se dice de un ácido carboxílico y de las resinas que de él derivan, utilizadas para fabricar vidrios de seguridad.

metadona s.f. Sustancia de síntesis utilizada como sustituto de la morfina en ciertas curas de desintoxicación de toxicomanías.

metafase s.f. Segunda fase de la división celular por mitosis.

metafísica s.f. (gr. *metà tà physiká,* después de la física). Parte de la filosofía que estudia las propiedades, principios y causas primeras del ser. **2.** Investigación acerca de los principios más elevados del pensamiento y de la existencia. **3.** Teoría general y abstracta: *metafísica del lenguaje.* **4.** *Fig.* y *desp.* Reflexión de carácter abstracto, profunda y complicada que se hace sobre cualquier cosa. ◇ **Metafísica especial** Parte de la metafísica que estudia algún ser en especial, como la cosmología o la psicología. **Metafísica general** Parte de la metafísica que estudia la naturaleza del ser en sí mismo, independientemente de sus diversas manifestaciones o fenómenos.

metafísico, a adj. Relativo a la metafísica: *prueba metafísica de la existencia de Dios.* **2.** *Fig.* Abstracto y difícil de comprender. ◇ **Pintura metafísica** Corriente pictórica italiana de principios del s. XX caracterizada por una trasposición metafórica y onírica de la realidad, una visión deshumanizada y un clima de tensión. (Entre sus representantes se encuentran Chirico [su fundador], Carrà o Pisis.) **Poetas metafísicos** Escuela poética inglesa de finales del s. XVI y principios del XVII que se caracterizó por un estilo muy difícil y erudito. (Entre sus representantes se encuentran Donne [su fundador], Herbert o Crashaw.)

metáfisis s.f. Parte de los huesos largos situada entre la diáfisis y la epífisis.

metáfora s.f. (lat. *metaphora* del gr. *metaphora,* transporte). Tropo que consiste en utilizar una palabra con el significado de otra, al establecer una comparación tácita entre las realidades designadas por ambas, por semejanza, o por compartir algún rasgo: *«Las perlas de su boca» es una metáfora, al compararse con los dientes por su blancura.*

metafórico, a adj. Relativo a la metáfora. **2.** Que incluye una metáfora o que abunda en ellas: *lenguaje metafórico.* **3.** Figurado: *sentido metafórico.*

metafosfato s.m. Sal del ácido metafosfórico.

metafosfórico, a adj. Se dice del ácido HPO_3, derivado del fósforo.

metahemoglobina s.f. Hemoglobina cuyo hierro ferroso ha sido oxidado en hierro férrico, lo cual la hace inadecuada para el transporte de oxígeno.

metahemoglobinemia s.f. Acumulación patológica de metahemoglobina en los hematíes.

metal s.m. (cat. *metall,* del lat. *metallum,* mina). Cuerpo simple, dotado de un brillo particular, en general buen conductor del calor y de la electricidad y que posee además la propiedad de dar como mínimo un óxido básico al combinarse con el oxígeno. (Los elementos químicos que no poseen estas propiedades se llaman *no metales.*) **2.** Material constituido por uno de estos elementos químicos o por una aleación de varios de ellos. **3.** *Fig.* Timbre de la voz. **4.** *Fig.* Calidad o condición de una cosa: *eso es de otro metal.* **5.** HERÁLD. Oro o plata. **6.** MÚS. Conjunto de instrumentos de viento que están fabricados con un material constituido por uno de estos elementos químicos. ◇ **Metal desplegado** Chapa que presenta una sucesión de hendiduras paralelas, de pequeña longitud y dispuestas al tresbolillo, y que ha sido estirada perpendicularmente a estas hendiduras de manera que forma una especie de enrejado. **Metal precioso** Oro, plata o platino. **Vil metal** Dinero.

---

metal

La estructura atómica de los metales se caracteriza por tener un bajo número de electrones de valencia (máximo de 4), carácter electropositivo y un tipo particular de enlace (metálico). El enlace metálico se establece a partir de un conjunto de iones positivos, rodeados por una nube de electrones libres de la acción directa de los átomos. De ahí las propiedades particulares de los metales: mecánicas (maleabilidad, ductilidad, tenacidad), conductividad térmica y eléctrica, formación de cationes en la electrólisis, óxidos básicos, reflexión de la luz, etc. Ciertos metales se encuentran en la naturaleza en estado nativo (cobre, metales preciosos) pero, por lo general, se presentan en forma de óxidos o sulfuros.

---

metalada s.f. Chile. Cantidad de metal explotable contenido en una veta.

metaldehído s.m. Polímero del aldehído acético, cuerpo sólido, de color blanco, empleado como combustible.

metalengua s.f. Lengua artificial utilizada en traducción automática.

metalenguaje s.m. Lenguaje especializado que se utiliza para describir una lengua natural. **2.** INFORMÁT. Lenguaje formal que emplea símbolos especiales, utilizado para describir la sintaxis de los lenguajes de programación.

metalepsis s.f. Tropo muy parecido a la metonimia que consiste en tomar el antecedente por el consiguiente, y viceversa, como ocurre en *no olvides a quien te ayudó* que debe entenderse *recompensa a quien te ayudó.*

metalero, a adj. Chile. Que tiene relación con los metales: *saco metalero.*

metálico, a adj. Relativo al metal. **2.** Relativo a las medallas: *historia metálica.* **3.** Que contiene metal o está hecho con metales: *sal metálica; puerta metálica.* **4.** Que tiene alguna característica del metal: *voz metálica.* ◆ s.m. Dinero en efectivo: *pagar en metálico.*

metalífero, a adj. Que contiene metal.

metalingüística s.f. Estudio de las interrelaciones entre la lengua y la cultura de un pueblo determinado.

metalingüístico, a adj. Relativo a la metalingüística o al metalenguaje.

metalización s.f. Acción y efecto de metalizar.

metalizar v.tr. Cubrir una sustancia con una capa de metal o impregnarla de compuestos metálicos. **2.** Hacer que una cosa adquiera las propiedades de un metal. ◆ **metalizarse** v.prnl. Adquirir una cosa las propiedades de un metal o impregnarse de él.

metalla s.f. Conjunto de pequeños trozos de oro que usan los doradores para restaurar las partes defectuosas de un dorado.

metalocromía s.f. Técnica de colorear las superficies de los metales.
metalogénesis s.f. Proceso de formación de los yacimientos metalíferos.
metalogenia s.f. Ciencia que estudia la formación de los yacimientos metalíferos.
metalógica s.f. Ciencia que estudia las fórmulas de un sistema matemático o lógico ya constituido, así como las reglas de su empleo.
metalografía s.f. Estudio de la estructura, propiedades y aleaciones de los metales.
metalográfico, a adj. Relativo a la metalografía.
metaloide s.m. Elemento químico no metal. (Es una denominación antigua.)
metaloplástico, a adj. Que tiene las características de un metal y de una materia plástica.
metal-proteína s.f. BIOL. Proteína asociada a compuestos que contienen metales.
metalurgia s.f. Conjunto de procedimientos y técnicas de extracción, elaboración y tratamiento de los metales y sus aleaciones. ◇ **Metalurgia de los polvos** Conjunto de procedimientos metalúrgicos que permiten obtener productos o piezas por compresión y fritado en caliente de polvos metálicos.
metalúrgico, a adj. Relativo a la metalurgia. ◆ adj. y s. Se dice de la persona que trabaja en metalurgia.
metamatemática s.f. Teoría deductiva que tiene por objeto establecer ciertas propiedades de las teorías matemáticas ya formalizadas.
metamería s.f. BIOL. División primitiva del mesodermo, a ambos lados de la cuerda dorsal, en metámeros o segmentos primitivos.
metámero s.m. BIOL. Segmento primitivo del embrión procedente del mesodermo, que dorsalmente se escinde en bloques regulares desde la cabeza a la cola.
metamielocito s.m. Célula de la médula ósea que sigue al mielocito y precede inmediatamente al leucocito adulto.
metamórfico, a adj. GEOL. Relativo al metamorfismo. ◇ **Roca metamórfica** Roca que ha sufrido metamorfismo.
metamorfismo s.m. GEOL. Conjunto de transformaciones que sufren las rocas en el interior de la corteza terrestre por efecto de la temperatura y la presión.
metamorfizar v.tr. y prnl. GEOL. Transformar una roca por metamorfismo.
metamorfosear v.tr. y prnl. Hacer que una persona o cosa experimente una metamorfosis.
metamorfosis s.f. (lat. *metamorphosis*) [pl. *metamorfosis*]. Transformación que experimenta una persona o cosa. **2.** BIOL. Conjunto de transformaciones que experimentan algunos vertebrados, como los anfibios y ciertos insectos, en el transcurso de su desarrollo biológico, que se manifiesta no solo en la variación de forma sino también en las funciones y en el género de vida.
metanero s.m. Embarcación para el transporte de metano líquido.
metano s.m. Gas incoloro (CH_4), de densidad 0,554, que arde en el aire con llama pálida. (Se desprende de las materias en putrefacción y constituye el gas de los pantanos y el grisú. Es el constituyente principal del gas natural.)
metanol s.m. Alcohol metílico.
metaplasia s.f. Transformación de un tejido vivo en otro de estructura y función diferentes.
metaplasmo s.m. LING. Cambio fonético que consiste en la alteración material de una palabra por supresión, adición o trasposición de fonemas.
metapsicología o **metasicología** s.f. PSICOANÁL. Aspecto más teórico de la psicología psicoanalítica de S. Freud.
metapsíquica o **metasíquica** s.f. Parapsicología.
metapsíquico, a o **metasíquico, a** adj. Que rebasa los límites del mundo psíquico: *fenómenos metapsíquicos.* SIN.: *parapsíquico.*
metastable adj. QUÍM. Se dice de un sistema que, en teoría, no es estable, pero que lo parece por la lentitud que experimenta al transformarse.
metastásico, a adj. MED. Relativo a las metástasis.
metástasis s.f. (gr. *metástasis,* cambio de lugar). MED. Foco patológico secundario, infeccioso y, especialmente canceroso, debido a la propagación de un foco primitivo (por vía sanguínea, linfática, etc.)
metatarsiano, a adj. Relativo al metatarso. ◆ adj. y s.m. Se dice del hueso del metatarso.
metatarso s.m. Parte del esqueleto del pie comprendida entre el tarso y las falanges, que se mantiene vertical durante la marcha en los vertebrados ungulígrados y digitígrados.
metate s.m. Molino de mano utilizado por diversos pueblos amerindios.
metátesis s.f. (gr. *metáthesis,* trasposición). LING. Desplazamiento de vocales, consonantes o sílabas en el interior de una palabra.
metatizar v.tr. Cometer metátesis al hablar o escribir.
metatorácico, a adj. Que está en el metatórax: *apéndice metatorácico.*
metatórax s.m. ZOOL. Tercer segmento del tórax de los insectos en el que están implantadas las alas posteriores.
metazoo adj. y s.m. Se dice del animal pluricelular. CONTR.: *protozoo.*
meteco s.m. y adj. (del gr. *métoikos,* que vive juntamente). HIST. Extranjero domiciliado en una ciudad griega que gozaba de un estatuto particular.
metedor, ra adj. Que mete. ◆ s.m. Español que actuaba ilegalmente como intermediario en el comercio de los extranjeros con las colonias españolas de América.
metedura s.f. Acción de meter. ◇ **Metedura de pata** *Fam.* Equivocación o indiscreción.
metempsicosis o **metempsícosis** s.f. (del gr. *metempsíkhosis*). REL. **a.** Reencarnación del alma después de la muerte en un cuerpo humano, animal o vegetal. **b.** Doctrina religiosa y filosófica según la cual el alma se reencarna después de la muerte en un cuerpo humano, animal o vegetal. (También *metensicosis* o *metensícosis.*)
metencéfalo s.m. Parte del encéfalo embrionario de la que derivan el cerebelo, la protuberancia y el bulbo.
meteórico, a adj. Relativo al meteoro. **2.** Muy rápido: *tuvimos que hacer un viaje meteórico.* ◇ **Aguas meteóricas** Aguas de lluvia.
meteorismo s.m. (gr. *meteorismós,* acción de levantarse, hinchazón). MED. Acumulación de gases en el intestino, que manifiesta una hinchazón del vientre.
meteorítico, a adj. Relativo al meteorito.
meteorito s.m. Fragmento de cuerpo celeste que cae en la superficie de un astro. SIN.: *aerolito.*
1. **meteorización** s.f. MED. Acción y efecto de meteorizar o meteorizarse.
2. **meteorización** s.f. AGRIC. Acción y efecto de meteorizarse la tierra. **2.** GEOL. Conjunto de transformaciones que experimentan las rocas en contacto con los agentes atmosféricos.
1. **meteorizar** v.tr. MED. Causar meteorismo. ◆ **meteorizarse** v.prnl. Padecer meteorismo.
2. **meteorizar** v.tr. GEOL. Causar meteorización. ◆ **meteorizarse** v.prnl. AGRIC. Recibir la tierra la influencia de los meteoros.
meteoro o **metéoro** s.m. (gr. *metéora,* fenómenos celestes). Fenómeno físico que tiene lugar en la atmósfera. **2.** ASTRON. Fenómeno luminoso que se produce como consecuencia de la entrada en la atmósfera terrestre de un cuerpo sólido procedente del espacio celeste.
meteoroide s.m. ASTRON. Fragmento de cuerpo celeste que se mueve en el exterior de la atmósfera terrestre y que se convierte en meteoro al penetrar en ella.

meteorología s.f. Parte de la geofísica que estudia los fenómenos atmosféricos y de sus leyes, especialmente para la previsión del tiempo.

meteorología

La meteorología es una de las ramas de la geofísica externa (con la hidrología y la oceanología física), puesto que la atmósfera es la última capa de la Tierra. Su teoría se funda en la mecánica de fluidos y la termodinámica con una finalidad práctica: la previsión del tiempo. Otras tareas son múltiples: observaciones y mediciones (por medio de estaciones, radiosondeos, etc.) en la superficie de la Tierra y en la atmósfera; análisis de hechos; transmisión de estos al ámbito internacional; archivos climatológicos; difusión de previsiones y estadísticas climáticas; análisis hidrológicos; estudio de la polución atmosférica; investigación sobre las técnicas instrumentales (radares) y espaciales (satélites como los de la familia Meteosat), modelos de previsión, el clima, el océano, etc. La meteorología progresa gracias al mejoramiento de la teledetección con satélites y la cooperación internacional, que se lleva cabo en el seno de la Organización Meteorológica Mundial (OMM). Las aplicaciones de esta ciencia abarcan muchos sectores: asistencia aeronáutica, marina (pesca, actividades petroleras, etc.), agrícola (en relación con los estudios de agroclimatología). Las previsiones también sirven para la planeación y la gestión de astilleros y transportes terrestres, la gestión y producción de electricidad, etc. Las previsiones especializadas se refieren a riesgos de avalanchas, incendios forestales, contaminaciones, inundaciones y ciclones.

meteorológico, a adj. Relativo a la meteorología o a los meteoros.

meteorólogo, a s. Persona que se dedica a la meteorología.

meter v.tr. y prnl. (lat. *mittere,* enviar, soltar). Poner una cosa en el interior de otra o entre otras: *metió la ropa en el armario.* ◆ v.tr. Ingresar dinero en una entidad bancaria: *metió todo su capital en el banco.* **2.** Invertir dinero en un negocio: *metió cuanto tenía en la fábrica de su suegro.* **3.** Internar una persona que tiene autoridad a otra en un centro determinado: *meter en la cárcel, en un centro psiquiátrico.* **4.** Hacer intervenir a alguien en un asunto desagradable: *me metió en un lío.* **5.** Causar, motivar o provocar algo: *meter miedo.* **6.** Engañar a alguien o hacerle creer algo falso: *¡menuda historia te han metido!* **7.** Hacer soportar a alguien una cosa pesada o molesta: *me metió un rollo inaguantable.* **8.** Dar uno o varios golpes a una persona: *le metió un par de tortas.* **9.** Dedicar a alguien a una ocupación u oficio: *le metió de programador.* **10.** Acortar o estrechar una prenda de la tela. ◆ **meterse** v.prnl. Entrometerse, intervenir en cuestiones ajenas sin haber sido solicitado: *no te metas en lo que no te importa.* **2.** Introducirse, conseguir entrar en un ambiente determinado mediante influencias: *se ha metido en el ministerio.* **3.** Seguir una persona una vocación: *se metió monja.* ◇ **A todo meter** Con gran intensidad o rapidez. **Meterse con alguien** Provocarlo, molestarlo.

metete adj. y s.m. y f. Metomentodo.

metiche adj. y s.m. y f. Chile y Méx. Se dice de la persona que se entromete en los asuntos ajenos.

meticón, na adj. y s. Metomentodo.

meticulosidad s.f. Cualidad de meticuloso.

meticuloso, a adj. Que hace las cosas de manera minuciosa y concienzuda. SIN.: *escrupuloso.* **2.** Temeroso.

metida s.f. Acción y efecto de meter. **2.** *Fam.* Acometida que se da a un trabajo o en el uso o consumo de ciertas cosas (ahorros, alimentos, etc,): *dar una metida al asado.*

metido, a adj. Abundante en algo: *metido en años.* ◆ adj. y s. Amér. Metomentodo. ◆ s.m. Golpe o conjunto de golpes. **2.** Trozo de tela sobrante que suele dejarse en las costuras de una prenda. **3.** *Fig.* y *fam.* Reprensión áspera y desconsiderada. ◇ **Estar muy metido en algo** Estar muy comprometido o muy ocupado en un asunto.

metilamina s.f. Base orgánica primaria CH_3NH_2.

metilato s.m. Alcoholato derivado del alcohol metílico.

metilbenceno s.m. Tolueno.

metileno s.m. Alcohol metílico impuro. (Es el nombre comercial.) **2.** Radical divalente CH_2: *cloruro de metileno* (CH_2Cl_2). ◇ **Azul de metileno** Colorante y desinfectante extraído de la hulla.

metílico, a adj. Relativo al metilo. **2.** Se dice del compuesto que contiene metilo. ◇ **Alcohol metílico** Alcohol CH_3OH, extraído de los alquitranes de madera o preparado por síntesis, y utilizado como disolvente, combustible y producto intermediario en ciertas síntesis. SIN.: *metanol.*

metilo s.m. (del gr. *méthy,* vino, e *ýli,* madera). Radical monovalente (CH_3) derivado del metano. ◇ **Cloruro de metilo** Líquido cuya evaporación hace descender la temperatura a –55 °C, empleado en diversos procesos industriales y en medicina. (Su fórmula es CH_3Cl.)

metionina s.f. Aminoácido sulfurado indispensable para el desarrollo y equilibrio del organismo.

metódico, a adj. Hecho con método. **2.** Se dice de la persona que sigue un orden en sus acciones. ◇ **Duda metódica** FILOS. Primer paso de Descartes en la búsqueda de la verdad, que consiste en rechazar todos los conocimientos adquiridos como habiéndolo sido sin un fundamento razonable.

metodismo s.m. Movimiento religioso protestante fundado en Gran Bretaña en el s. XVIII por John Wesley como reacción contra el ritualismo de la Iglesia anglicana. (Actualmente, hay unos 30 millones de metodistas, repartidos por el mundo entero.)

metodista adj. y s.m. y f. Relativo al metodismo; partidario de este movimiento.

método s.m. (lat. *methodus,* del gr. *méthodos*). Conjunto de operaciones ordenadas con que se pretende obtener un resultado. **2.** Modo de actuar: *métodos violentos.* **3.** Conjunto de procedimientos para enseñar algo.

metodología s.f. Ciencia que estudia los métodos de conocimiento. **2.** Aplicación coherente de un método. **3.** Método, conjunto de operaciones.

metodológico, a adj. Relativo a la metodología.

metomentodo adj. y s.m. y f. Se dice de la persona entrometida o chismosa.

metonimia s.f. (gr. *metonymía*). Figura retórica que consiste en expresar el efecto por la causa, el contenido por el continente, el todo por la parte, etc.

metonímico, a adj. Relativo a la metonimia. **2.** Que contiene metonimia.

metopa o **métopa** s.f. (lat. *metopa,* del gr. *meta,* entre, y *opí,* agujero). Parte del friso dórico situada entre dos triglifos.

metraje s.m. (fr. *métrage*). Longitud de una película cinematográfica.

metralla s.f. (fr. *mitraille*). Munición menuda de los artefactos explosivos, como bombas, proyectiles, granadas, etc. **2.** Fragmento que se desprende al estallar un artefacto explosivo.

metrallazo s.m. Disparo de metralla.

metralleta s.f. Arma de fuego automática, individual y portátil.

métrica s.f. Estudio del ritmo, estructura y combinación de los versos. **2.** Sistema de versificación propio de un poeta, movimiento, lengua, país, etc.

métrico, a adj. Relativo a la métrica. **2.** Relativo al metro o al sistema de medidas que tiene como base el metro. ◇ **Espacio métrico** MAT. Par formado por un conjunto y una distancia.

métrico

El sistema métrico decimal se estableció por primera vez en Francia en 1790, con el fin de unificar los sistemas de medidas. La comisión de la Academia de Ciencias francesa decidió que la unidad usual (el metro) fuera la diezmillonésima parte del cuadrante del meridiano terrestre. Lafèvre-Guineau investigó la relación del kilogramo con las masas usadas entonces. De esta manera se hizo posible adoptar un patrón único de pesas y medidas. La cualidad esencial del sistema métrico es su decimalidad, correspondiente a la numeración. Para una misma clase de magnitud todas las unidades se deducen de una de ellas: los valores, por factores que son potencias enteras de diez, y la nomenclatura, por prefijos que designan las potencias. En 1872 se reunió en París una Comisión internacional, que estableció los prototipos del metro y el kilogramo. Además se creó la Oficina internacional de pesas y medidas con la misión de construir y conservar los patrones definitivos. Posteriormente se extendió el sistema métrico para los patrones de electricidad, de luz y de medida de las radiaciones ionizantes. En la actualidad, el sistema métrico está legalmente establecido en más de cien países.

metrificar v.tr. e intr. Versificar.

1. **metro** s.m. (lat. *metrum*, medida, especialmente la de un verso). Unidad de medida de longitud (símb. m) equivalente a la longitud del trayecto recorrido en el vacío por la luz de láser durante un tiempo de 1/299 792 458 s. **2.** Instrumento que sirve para medir longitudes que tiene marcado un metro y sus divisores. **3.** MÉTRIC. **a.** Medida peculiar de cada clase de versos. **b.** Grupo determinado de sílabas largas o breves de la prosodia griega y latina que incluyen dos tiempos marcados.

metro

El metro se definió inicialmente como la longitud de la diezmillonésima parte del cuadrante del meridiano terrestre. La 1ª conferencia general de pesas y medidas (París, 1889) igualó dicha longitud a la distancia entre dos trazos marcados sobre un prototipo de platino iridiado que se conserva en Sèvres. De 1960 a 1983 (17ª conferencia general de pesas y medidas) se definió el metro a partir de una de las radiaciones emitidas por una lámpara de descarga llena del isótopo 86 del kriptón. Dado que la utilización de rayos láser ha permitido determinar con más precisión la velocidad de la luz, la nueva definición del metro está en relación con el valor de esta magnitud.

2. **metro** s.m. (abrev. de *metropolitano*). Ferrocarril eléctrico, generalmente subterráneo, utilizado como medio de transporte rápido de pasajeros en las grandes ciudades.

metrología s.f. Ciencia que estudia los sistemas de medidas.

metrológico, a adj. Relativo a la metrología.

metrólogo, a s. Persona que se dedica a la metrología.

metrónomo s.m. Aparato que sirve para marcar el compás de un fragmento musical.

metrópoli o **metrópolis** s.f. (gr. *mitrópolis*, de *mitír*, madre, y *pólis*, ciudad). Estado o ciudad en relación con sus colonias. **2.** Ciudad importante de una provincia, región o estado por su extensión.

metropolita s.m. Dignatario de la Iglesia ortodoxa que ocupa un lugar intermedio entre el patriarca y los arzobispos.

metropolitano, a adj. Relativo a la metrópoli. ◆ s.m. y adj. Metro, ferrocarril. ◆ s.m. Arzobispo que tiene jurisdicción sobre una provincia eclesiástica. ◇ **Área metropolitana** URBAN. Conjunto formado por el casco urbano de una ciudad y su área suburbana.

metrorragia s.f. (del gr. *mítra*, matriz, y *rignúnai*, romper). Hemorragia uterina que sobreviene fuera del período menstrual.

mexica adj. y s.m. y f. Azteca.

mexicanismo s.m. Palabra, expresión o giro propios del español hablado en México.

mexicano, a adj. y s. De México. ◆ s.m. Variedad del español hablada en México.

meyosis o **meiosis** s.f. Proceso de división celular de una célula madre en cuatro células hijas, que solo tienen la mitad de cromosomas de la célula inicial.

meyótico, a o **meiótico, a** adj. Relativo a la meyosis.

mezcal o **mescal** s.m. Variedad de maguey o pita. **2.** Aguardiente que se obtiene de esta planta. **3.** Hond. Fibra de pita preparada para hacer cuerdas. **4.** Méx. Bebida alcohólica que se obtiene al destilar la penca de ciertas especies de maguey.

mezcalero o **mescalero,** tribu amerindia de América del Norte, de lengua atapasco, que habitaban las tierras centrales de Nuevo México. (Era una de las principales del conjunto apache.)

mezcla s.f. Acción y efecto de mezclar o mezclarse. **2.** Argamasa, mortero. **3.** Sustancia resultante de combinar otras. **4.** Operación realizada en estudios de cine, televisión o grabación que consiste en superponer sonidos con el fin de formar una secuencia sonora. **5.** QUÍM. Unión de varios cuerpos sin que presenten reacción química. **6.** TEXT. Tela de fibras de distintos materiales o colores. ◇ **Mezcla frigorífica,** o **refrigerante** Mezcla de ciertas sales que, por disolución en el agua o por contacto con hielo triturado, produce un descenso de temperatura.

mezclado, a adj. Se dice del animal que es fruto del cruce de castas o razas diferentes.

mezclador s.m. Aparato que sirve para mezclar, en cantidades determinadas, agua caliente y fría. **2.** Depósito de gran tamaño que recibe el arrabio líquido de los altos hornos antes que este sea afinado en los hornos Martin o en los convertidores. **3.** Circuito eléctrico que recibe corrientes de baja frecuencia provenientes de distintos micrófonos, destinado a dosificar sus efectos antes de enviar su mezcla al emisor de radio que se trata de modular. ◇ **Mezclador dosificador** Elemento que combina en proporciones determinadas dos o varias señales de idéntica naturaleza física.

mezcladora s.f. TECNOL. Aparato o máquina que sirve para mezclar diversas sustancias. **2.** Mesa de control de sonidos e imágenes.

mezclar v.tr. y prnl. (lat. vulgar *misculare*). Juntar varias cosas, obteniendo una homogeneidad total o aparente. ◆ v.tr. Desordenar lo que estaba ordenado. ◆ **mezclarse** v.prnl. Unirse una persona o cosa con otras de manera que no es fácil distinguirla en el conjunto. **2.** Intervenir una persona en un asunto que no le incumbe. **3.** Relacionarse con una persona. ◇ **Mezclar en algo** Hacer a alguien cómplice en un asunto.

mezclilla s.f. Tejido de mezcla, de poco cuerpo. **2.** Méx. Tela basta de algodón, por lo general de color azul, que se emplea principalmente en la confección de jeans. ◇ **Pantalón de mezclilla** Méx. Jeans.

mezcolanza o **mescolanza** s.f. (ital. *mescolanza*). Fam. Mezcla extraña, confusa e inconexa.

mezontete s.m. Méx. Tronco hueco y seco de maguey.

mezquinar v.tr. Argent. Esquivar, apartar, hacer a un lado. **2.** Colomb. Librar a alguien de un castigo.

mezquindad s.f. Cualidad de mezquino. **2.** Dicho o hecho propio de un mezquino.

mezquino, a adj. (ár. *miskîn*, carente de bienes, pobre). Falto de generosidad, honestidad y lealtad: *comportamiento mezquino*. **2.** Avaro, tacaño. **3.** Pequeño, escaso, miserable: *un sueldo mezquino*. **4.** Necesitado, falto de lo necesario. ◆ s.m. Méx. Verruga dolorosa que sale en las manos o en los pies.

mezquita s.f. (ár. *másŷid*, templo). Edificio religioso consagrado al culto musulmán.

mezquite s.m. Méx. Árbol parecido a la acacia de cuyas hojas se saca un extracto para el tratamiento de las oftalmías. (Familia mimosáceas.)

mezza voce loc. (voces italianas, *media voz*). A media voz.

mezzosoprano s.f. (voz italiana). Voz femenina entre la de soprano y la de contralto. **2.** Persona que tiene esta voz.

mezzo-tinto s.m. Técnica de grabado que permite obtener todas las medias tintas.

1. **mi** adj.poses. Forma átona del adjetivo posesivo de la 1ª per-

sona del singular que se usa cuando va antepuesto al nombre. Indica que la persona, animal o cosa designados por el nombre al que precede pertenecen al emisor en un acto de comunicación (son de su propiedad, tienen un parentesco con él, están asociados a él, etc.): *mi libro; mi amiga.*

2. **mi** s.m. Nota musical, tercer grado de la escala de *do* mayor.

mí pron.pers. Forma tónica del pronombre personal de 1ª persona del singular. Funciona como complemento precedido de preposición: *a mí me gusta; habló contra mí; no esperes nada de mí; vino hacia mí, lo hizo para mí.* ◇ **¡A mí!** Exclamación con que alguien pide auxilio o socorro. **¡A mí qué!** Expresión con que alguien manifiesta que algo le es indiferente, o que quiere desentenderse de ello. **Para mí** Según yo creo.

1. **miaja** s.f. *Fam.* Migaja. **2.** *Fig.* y *fam.* Cantidad insignificante de algo.

2. **miaja** s.f. NUMISM. Moneda de vellón de la península Ibérica desde la edad media, normalmente acuñada con los tipos del dinero.

mialgia s.f. Dolor muscular.

miao o **meo,** pueblo de China, Tailandia, N de Laos y NO de Vietnam, que habla una lengua del grupo chino-tibetano.

miar v.intr. [conj.: *desviar*]. Maullar.

miasis s.f. Trastorno provocado en los animales y en el ser humano por infestación de la larva de un insecto díptero.

miasma s.m. (gr. *míasma,* mancha). Emanación fétida que se desprende de cuerpos enfermos, de materias en descomposición o de aguas estancadas. (Suele usarse en plural.)

miastenia s.f. Fatiga muscular causada por un trastorno en la transmisión del influjo nervioso en la unión del nervio y el músculo.

miatonía s.f. Desaparición de tono muscular, relacionada con una afección neurológica.

miau Onomatopeya de la voz del gato. ◆ s.m. Maullido.

mica s.f. (lat. *mica,* partícula, migaja). Mineral brillante y exfoliable, abundante en las rocas eruptivas y metamórficas, formado por silicato de aluminio y de potasio. **2.** Guat. Mujer coqueta.

micáceo, a adj. Que es parecido a la mica. **2.** Que contiene mica.

micacita s.f. Roca metamórfica laminar formada por capas de mica separadas por cristales de cuarzo pequeños.

micada s.f. Amér. Central y Méx. Conjunto de micos.

micado s.m. → **mikado.**

micción s.f. (del lat. *mingere,* orinar). Acción de miccionar.

miccionar v.intr. y tr. Orinar.

micela s.f. Partícula que mide entre 0,001 y 0,3 micras, está formada por un agregado de moléculas semejantes y constituye un sistema coloidal.

micelar adj. Que está formado por micelas.

micelial adj. Relativo al micelio.

micelio s.m. Aparato vegetativo de los hongos formado por filamentos ramificados, generalmente de color blanco.

micénico, a adj. y s. De Micenas. ◆ s.m. Lengua indoeuropea que constituye la forma más antigua que se conoce del griego y que se transcribía a través de una escritura silábica, el lineal B. ◇ **Arte micénico** Arte que se desarrolló en el mundo aqueo durante el segundo milenio a.C.

micer s.m. (cat. *misser,* del ital. *messer,* mi señor). Título honorífico de los letrados en la Corona de Aragón.

micetoma s.m. Tumor de origen inflamatorio provocado por hongos parásitos.

michelín s.m. Pliegue de grasa que se forma en una parte del cuerpo, especialmente alrededor de la cintura.

michino, a s. *Fam.* Gato, mamífero carnívoro.

michoacano, a adj. y s. De Michoacán.

mico s.m. Mono de cola larga. **2.** *Fig.* y *fam.* Persona muy fea. **3.** *Fig.* y *fam.* Niño pequeño. ◇ **Hecho un mico** *Fam.* Avergonzado. **Volverse mico** *Fam.* Alterarse mucho una persona por resultarle algo muy complicado de hacer o soportar.

micología s.f. (del gr. *mýki,* hongo, y *lógos,* tratado). Parte de la botánica que estudia los hongos.

micológico, a adj. Relativo a la micología.

micólogo, a s. Especialista en micología.

micoplasmosis s.f. Enfermedad infecciosa causada por una bacteria del género *Mycoplasma.*

micorriza s.f. Asociación simbiótica del micelio de un hongo inferior con las raíces de una planta superior.

micosis s.f. Infección provocada por hongos parásitos.

micoterapia s.f. Empleo de hongos con fines terapéuticos, para combatir infecciones bacterianas.

micra s.f. Unidad de medida de longitud (símb. μ) equivalente a la millonésima parte de un metro. SIN.: *micrón.*

micro s.m. (apócope). Micrófono.

microanálisis s.m. (pl. *microanálisis*). Análisis químico de masas extremadamente pequeñas. **2.** ECON. Estudio de los procesos de decisión de las personas y de las empresas. **3.** METAL. Análisis localizado de una superficie metálica de aproximadamente un micrómetro cuadrado o cúbico.

microbalanza s.f. Balanza utilizada para medir masas muy pequeñas.

microbiano, a adj. Relativo a los microbios.

microbio s.m. (gr. *micrós,* pequeño, y *bíos,* vida). Organismo microscópico unicelular, animal o vegetal, que origina putrefacciones y enfermedades infecciosas. **2.** *Fig.* y *fam.* Persona pequeña e insignificante.

---

microbio

Los microbios (bacterias, protozoos, virus, hongos, etc.) pertenecen a grupos de organismos muy diversos. Se encuentran en el suelo, en el aire, en el agua y en otros organismos. Ciertos microbios segregan toxinas y son agentes de enfermedades infecciosas; otros son útiles, porque producen fermentaciones (alcohólica, acética, láctica).

---

microbiología s.f. Parte de la biología que estudia los microorganismos y que comprende la virología, la bacteriología, la micromicología y la parasitología.

microbiólogo, a s. Especialista en microbiología.

microbiótico, a adj. Se dice de la especie vegetal cuya semilla pierde su aptitud para germinar menos de tres años después de su diseminación.

microblog s.m. Blog de textos de extensión limitada y reducida, que se puede publicar tanto en el correo electrónico como en formato SMS.

microbús s.m. Vehículo de transporte colectivo con capacidad para un pequeño número de viajeros.

microcalorimetría s.f. Parte de la física que se ocupa de determinar las cantidades de calor que intervienen en transformaciones termodinámicas de balance térmico muy débil.

microcalorímetro s.m. Aparato utilizado en microcalorimetría.

microcefalia s.f. Desarrollo insuficiente del volumen del cráneo, a menudo acompañado de atrofia cerebral.

microchip s.m. (pl. *microchips*). ELECTRÓN. Chip de tamaño muy pequeño.

microcircuito s.m. Circuito eléctrico o electrónico de dimensiones muy pequeñas, compuesto de circuitos integrados, transistores, diodos, resistencias y capacidades, y encerrado en una envoltura estanca.

microcirugía s.f. Cirugía que se efectúa mediante microscopio y utilizando instrumentos miniaturizados especiales.

microclima s.m. Clima de un espacio homogéneo de poca extensión, aislado del medio general.

microclina s.f. Feldespato potásico.

micrococo s.m. Bacteria de cuerpo esférico, cuyos individuos se presentan aislados.

microcontinente s.m. OCEANOGR. Sobreelevación importante del fondo marino formada por la parte sumergida de un fragmento desgajado de un conjunto continental.

microcosmos s.m. (lat. *microcosmos,* del gr. *micrós,* pequeño, y *kósmos,* mundo) [pl. *microcosmos*]. En filosofía y en las doctrinas esotéricas, ser que constituye un mundo a escala reducida, cuya estructura refleja el mundo *(macrocosmos)* al que pertenece. **2.** Ser humano, considerado de esta manera respecto al universo. (Durante el renacimiento, se tuvo muy en cuenta esta idea del ser humano.) **3.** Entorno social reducido y cerrado.

microcristal s.m. Cristal microscópico que forma la estructura de las principales aleaciones.

microdisección s.f. Disección de células o tejidos que se realiza con la ayuda de un microscopio.

microeconomía s.f. Parte de la ciencia económica que estudia los comportamientos individuales de los agentes económicos.

microeconómico, a adj. Relativo a la microeconomía.

microelectrónica s.f. Parte de la electrónica que se ocupa de la concepción y fabricación de circuitos, memorias, etc., de volumen muy reducido.

microestado s.m. DER. INTERN. Estado muy pequeño, tanto por su superficie como por su población y sus recursos económicos.

microestructura s.f. Estructura que depende de otra más vasta.

micrófago, a adj. y s.m. Se dice del organismo que realiza la fagocitosis de elementos muy pequeños.

microficha s.f. Ficha que contiene cierto número de imágenes de dimensiones muy reducidas.

microfilm o **microfilme** s.m. Película de formato pequeño (35 o 16 mm) que está constituida por una serie de imágenes reducidas de documentos, dibujos, etc.

microfilmadora s.f. Máquina que sirve para microfilmar.

microfilmar v.tr. Reproducir documentos en forma de microfilm.

microfilme s.m. → **microfilm.**

microfísica s.f. Parte de la física que estudia los átomos, los núcleos y las partículas elementales.

microflora s.f. Flora microbiana de un medio determinado.

microfónico, a adj. Relativo al micrófono.

micrófono s.m. Aparato que transforma las vibraciones sonoras en oscilaciones eléctricas. (Se abrevia *micro.*)

microfotografía s.f. Fotografía obtenida mediante un microscopio electrónico.

microglia s.f. Variedad de neuroglia reticuloendotelial cuyas células son móviles y están dotadas de capacidad fagocitaria.

micrografía s.f. Estudio de objetos muy pequeños con la ayuda de un microscopio, especialmente de la estructura de metales y aleaciones. **2.** Imagen de un objeto de dimensiones microscópicas obtenida mediante rayos X, electrones, etc.

microlentilla s.f. Lente de contacto.

microlítico, a adj. GEOL. **a.** Se dice de la estructura de la roca volcánica formada esencialmente por microlitos. **b.** Se dice de la roca que presenta esta estructura.

microlito s.m. GEOL. Cristal microscópico de las rocas microlíticas. **2.** PREHIST. Instrumento de piedra de dimensiones muy pequeñas característico de los períodos posglaciales.

micromanipulador s.m. Aparato que permite la manipulación y disección de células o de objetos microscópicos.

micromecánica s.f. Conjunto de técnicas relacionadas con la creación, el funcionamiento y la fabricación de objetos mecánicos de dimensiones muy reducidas.

micromerismo s.m. Hipótesis según la cual el protoplasma está compuesto de pequeñas unidades, cada una de las cuales poseería las características peculiares de la materia viva.

micromerista adj. y s.m. y f. Relativo al micromerismo; partidario de esta hipótesis.

micrometeorito s.m. Meteorito de dimensiones muy pequeñas.

micrometría s.f. Medición de dimensiones muy pequeñas.

micrométrico, a adj. Relativo al micrómetro o a la micrometría.

micrómetro s.m. Instrumento que permite medir con gran precisión longitudes o ángulos muy pequeños. **2.** Dispositivo óptico o instrumento que sirve para medir imágenes u objetos pequeños. **3.** Micra. **4.** Dispositivo que poseen ciertos instrumentos astronómicos para medir dimensiones en las imágenes visibles en el ocular.

micromódulo s.m. Circuito electrónico de dimensiones muy reducidas impreso sobre una fina placa de cerámica.

micrón s.m. Micra.

micronesio, a adj. y s. De Micronesia.

micronizar v.tr. Dividir un cuerpo o una sustancia en partículas microscópicas.

microonda s.f. Onda electromagnética de una longitud comprendida entre 1 m y 1 mm.

microondas s.m. (pl. *microondas*). Horno de cocina muy rápido en que el calor está generado por ondas de alta frecuencia. (También *horno de microondas.*)

microorganismo o **microrganismo** s.m. Ser vivo microscópico, como las bacterias, los virus, los hongos unicelulares (levaduras) y los protistas. (Los microorganismos, antes llamados microbios, desempeñan un papel esencial en los ciclos ecológicos, aunque algunas especies son patógenas.)

micrópilo s.m. (gr. *micrós,* pequeño, y *pýli,* puerta). Orificio pequeño de los tegumentos del óvulo de las plantas fanerógamas.

microprocesador s.m. Procesador de la información miniaturizado, compuesto por microcircuitos electrónicos integrados.

microprogramación s.f. INFORMÁT. Técnica de programación de una computadora en la que las instrucciones del programa se ejecutan mediante una sucesión de instrucciones muy elementales.

micropropulsor s.m. ASTRONÁUT. Motor cohete de pequeño empuje que se utiliza para la estabilización o las maniobras de un vehículo espacial.

micropsia s.f. Trastorno visual que se caracteriza por una percepción reducida del tamaño real de los objetos.

microrganismo s.m. → **microorganismo.**

microscopia s.f. Examen por medio del microscopio.

microscópico, a adj. Relativo al microscopio. **2.** Hecho con la ayuda del microscopio. **3.** Que solo puede ser observado con el microscopio: *partículas microscópicas.* **4.** Fig. Muy pequeño: *un brillante microscópico.*

microscopio s.m. (gr. *micrós,* pequeño, y *skopein,* mirar). Instrumento óptico compuesto de varias lentes que sirve para observar objetos muy pequeños. ◇ **Microscopio electrónico de barrido (MEB)** Aparato en el que un haz de electrones, focalizado sobre el objeto observado, produce una emisión de electrones secundarios y de fotones que posteriormente se transforman en una imagen del objeto.

microsociología s.f. Estudio de las relaciones sociales que se establecen en grupos reducidos.

microsoma s.m. Gránulo del interior de las células que se ha identificado con los ribosomas.

microsonda s.f. Aparato que, mediante el impacto de un haz de electrones sobre una lámina delgada, permite determinar los elementos que esta lámina contiene.

micróspora s.f. BOT. Espora de ciertas criptógamas que origina el prótalo masculino.

microsporangio s.m. BOT. Esporangio que contiene las micrósporas.

microsurco s.m. Disco que contiene aproximadamente cien espiras por centímetro de radio, cuya grabación permite una audición de unos veinticinco minutos por cada cara de 30 cm de diámetro.

micrótomo s.m. (gr. *micrós,* pequeño, y *témnein,* cortar). Instrumento de laboratorio que se usa para cortar láminas delgadas de tejidos animales o vegetales con la finalidad de observarlas por el microscopio.

middle jazz s.m. Nombre que se da a distintos estilos de jazz, de principios de los años cuarenta, que sucedieron a los de Nueva Orleans y Chicago y que estuvieron de moda hasta la aparición del estilo bop.

MIDI adj. (sigla del ingl. *musical instrument digital interface*). Se dice de la interfaz que permite transferir informaciones en tiempo real entre diversos instrumentos de música electrónicos.

midras s.m. (voz hebrea). Exégesis rabínica de la Biblia que busca una significación más profunda de los textos bíblicos que el sentido literal fijado a partir de un determinado momento de la historia.

midriasis s.f. (lat. tardío *mydriasis*). MED. Dilatación anormal y persistente de la pupila.

midriático, a adj. Relativo a la midriasis.

miedica adj. y s.m. y f. Esp. *Fam.* Miedoso.

mieditis s.f. *Fam.* Miedo.

miedo s.m. (lat. *metus, -us*). Temor ante un peligro real o imaginario, presente o futuro: *tener miedo.* **2.** Temor o recelo de que suceda algo contrario a lo que se desea: *tener miedo de caerse.* ◇ **De miedo** Esp. *Fam.* Pondera la excelencia de algo o de alguien: *el asado está de miedo.* **Miedo insuperable** DER. Miedo que, imponiéndose de forma insuperable a la voluntad de una persona, le impulsa a ejecutar un delito cuyo mal es igual o menor a la amenaza recibida.

miedoso, a adj. y s. *Fam.* Que tiene miedo o es propenso a tenerlo.

miel s.f. (lat. *mel, mellis*). Sustancia dulce elaborada por las abejas a partir del néctar de las flores o de las secreciones de algunas plantas. **2.** *Fig.* Dulzura, suavidad, ternura. **3.** Jugo de la caña de azúcar después de la segunda cochura. ◇ **Dejar con la miel en los labios** *Fig.* y *fam.* Privar a alguien de lo que empezaba a disfrutar. **Miel sobre hojuelas** *Fam.* Se usa para indicar que una cosa mejora otra que ya era buena.

mielencéfalo s.m. Parte del encéfalo formada por el bulbo raquídeo y el puente de Varolio.

mielero s.m. Amér. Melero.

1. **mielga** s.f. Tiburón que no suele sobrepasar 1 m de long., de color amarronado, aletas provistas de aguijones y dientes cortantes, cuya carne es comestible aunque dura, fibrosa y de baja calidad. (Familia escuálidos.)

2. **mielga** s.f. (lat. vulgar *melica*). Alfalfa silvestre.

mielgo, a adj. Mellizo.

mielina s.f. Sustancia refringente, de naturaleza lipídica, que recubre las fibras del sistema nervioso central.

mielítico, a adj. y s. Relativo a la mielitis; que padece mielitis.

mielitis s.f. (del gr. *myelós*, médula). Inflamación de la médula espinal.

mieloblasto s.m. BIOL. Célula mononuclear de la médula ósea que constituye la célula matriz de los leucocitos polinucleares.

mielocito s.m. BIOL. Célula de la médula ósea, derivada de un mieloblasto y precursora de un granulocito.

mielografía s.f. Radiografía de la médula espinal y del espacio que la rodea tras haber inyectado en este, por punción lumbar, un líquido opaco a los rayos X.

mielograma s.m. Expresión numérica que indica el porcentaje de las distintas células de la médula ósea.

mieloide adj. Relativo a la médula, especialmente a la médula ósea. ◇ **Leucemia mieloide** Leucemia caracterizada por una proliferación de las células originadas en la médula ósea y por un aumento del volumen del bazo.

mieloma s.m. Tumor de la médula ósea.

mielomalacia s.f. NEUROL. Necrosis de la médula espinal, generalmente de origen isquémico.

miembro s.m. (lat. *membrum*). Apéndice del tronco del ser humano o de los animales vertebrados tetrápodos, útil para las funciones de locomoción y prensión. **2.** Estructura en forma de apéndice. **3.** Persona que forma parte de una corporación o colectividad. **4.** Parte de un todo. **5.** MAT. Cada una de las dos expresiones de una igualdad o de una desigualdad. ◇ **Miembro fantasma** Miembro amputado del cual se conservan las sensaciones cenestésicas, aunque el sujeto sea consciente de su ausencia. **Miembro viril** Pene.

miente s.f. Pensamiento. (Suele usarse en plural.) ◇ **Parar, o poner, mientes en algo** Considerarlo, meditarlo y recapacitar sobre ello.

mientras adv.t. (del ant *domientre*, del lat. *dum*, mientras, y *interim*, entretanto). Entre tanto, en tanto, durante el tiempo en que: *mientras esperaba empezó a llover.* ◆ conj. Une oraciones expresando simultaneidad entre ellas: *ella trabajaba mientras yo descansaba.* ◇ **Mientras que** Expresa contraste u oposición entre dos acciones. **Mientras tanto** En el tiempo en que sucede u ocurre una acción, entre tanto.

miera s.f. Aceite medicinal obtenido de las bayas y ramas del enebro o del líquido resinoso que fluye de los pinos.

miércoles s.m. (lat. *dies mercuri*, día del dios Mercurio). Tercer día de la semana, entre el martes y el jueves.

mierda s.f. (lat. *merda*). *Fam.* Excremento. **2.** *Fig.* y *fam.* Grasa, suciedad, porquería. **3.** *Fig.* y *desp.* Persona o cosa que se considera sin valor y despreciable. ◇ **¡A la mierda!** *Vulg.* Expresión con que se rechaza algo o a alguien con enojo, menosprecio o indignación. **Irse a la mierda** *Fig.* y *fam.* Derrumbarse, hundirse o arruinarse algo.

mierdacruz s.f. Arbusto originario de la península Ibérica, de tallos blanquecinos, flores poco vistosas y fruto oblongo.

mierdago s.m. BOT. Fresal silvestre.

mies s.f. (lat. *messis*, acción de cosechar). Cereal maduro. **2.** Tiempo de la siega y cosecha de granos. **3.** Valle cercado donde se tienen los sembrados en las regiones del N de España. ◆ **mieses** s.f.pl. Campos sembrados.

miga s.f. (lat. *mica*, migaja, especialmente la del pan). Parte interior y blanda del pan, que está recubierta por la corteza. **2.** Migaja, porción pequeña de cualquier cosa. (Suele usarse en plural.) **3.** *Fig.* y *fam.* Contenido sustancial o esencial de algo: *un discurso con mucha miga.* ◆ **migas** s.f.pl. Plato que se prepara con pan desmenuzado, humedecido con agua y frito. ◇ **Hacer buenas, o malas, migas** *Fam.* Avenirse, o no avenirse, una persona con otra. **Hacer migas** Dejar en mal estado físico o moral.

migaja s.f. Trozo muy pequeño de pan o de comida. (Suele usarse en plural.) **2.** Porción pequeña de cualquier cosa. **3.** *Fig.* Nada o casi nada. ◆ **migajas** s.f.pl. Sobras, residuos.

migajón s.m. Miga de pan o parte de ella. **2.** *Fig.* y *fam.* Meollo e interés de una cosa.

migala o **migale** s.f. Araña que excava una madriguera cerrada por un opérculo y se alimenta de pequeños vertebrados e insectos. (Algunas migalas de América tropical pueden llegar a medir 18 cm de long. La mordedura de la migala es muy dolorosa pero rara vez peligrosa.)

migar v.tr. Desmenuzar el pan en pedazos muy pequeños. **2.** Echar migas de pan en un líquido.

migmatita s.f. Roca metamórfica formada por la yuxtaposición de un material granítico y un material de composición variada, generalmente gneis o anfíboles.

migración s.f. Movimiento de población que consiste en dejar el lugar de residencia para establecerse en otro país o región, generalmente por causas económicas o sociales. **2.** Desplazamiento en grupo y en una dirección determinada que emprenden determinados animales estacionalmente. **3.** Arrastre que hacen las aguas de diversas sustancias del suelo. **4.** Desplazamiento de un organismo, de una molécula, etc. **5.** En la teoría de los reactores nucleares, desplazamiento de los neutrones durante los procesos de moderación y difusión.

migraña s.f. (cat. *migranya*). Dolor intenso que afecta a un lado o una parte de la cabeza. (Puede ir acompañado de náuseas o vómitos.)

migrar v.intr. Desplazarse en solitario o en grupo a través de una distancia significativa.

migratorio, a adj. Relativo a la migración.
miguelangelesco, a adj. Que recuerda el estilo de Miguel Ángel o se parece a él.
miguelear v.tr. Amér. Central. Enamorar, cortejar.
miguelete s.m. Miembro de un antiguo cuerpo de fusileros de Cataluña. **2.** Miembro de la milicia de Guipúzcoa.
miguelismo s.m. Tendencia política de orientación absolutista defendida por los partidarios de Miguel I de Portugal, semejante al carlismo español.
miguero, a adj. Relativo a las migas.
mihrab s.m. (voz árabe). Nicho abierto en el muro de cierre de las mezquitas que indica la orientación de La Meca.
mije s.m. Arbusto de madera apreciada y frutos comestibles, parecidos a los del grosellero. (Familia mirtáceas.) **2.** Méx. Tabaco de mala calidad.
mijo s.m. (lat. *milium*). Planta herbácea cuya semilla es utilizada en Europa como alimento de los animales domésticos y forma parte de la dieta alimenticia de algunas tribus de África. (Familia gramíneas.) **2.** Semilla de esta planta.
mikado o **micado** s.m. (voz japonesa). Palacio imperial de Japón. **2.** Emperador de Japón.
mil adj.num.cardin. y s.m. (lat. *mille*). Diez veces cien. ◆ adj.num.ordin. y s.m. Milésimo. ◆ adj. *Fig.* Se dice del número o cantidad indefinidamente grande: *vencer mil obstáculos.*
milady s.f. (voz inglesa). Título que se da a la mujer de un lord. (También *miladi.*)
milagrear v.intr. Hacer milagros.
milagrería s.f. Tendencia a narrar o admitir como milagro un hecho explicable por una causa natural.
milagrero, a adj. y s. Se dice de la persona que cree en la milagrería. **2.** Se dice de la persona que finge milagros. ◆ adj. *Fig.* y *fam.* Milagroso, que obra o hace milagros.
milagro s.m. (lat. *miraculum*). Fenómeno que se atribuye a una intervención divina en lugar de a una causa natural. **2.** Suceso o cosa extraordinaria y maravillosa: *un milagro de la técnica.* **3.** LIT. Drama religioso desarrollado en Francia durante la edad media, en que se escenificaba la intervención milagrosa de un santo o de la Virgen. ◇ **De milagro** Por casualidad, de modo poco frecuente. **Vivir de milagro** No tener casi recursos para mantenerse; haber escapado de un gran peligro.
milagroso, a adj. Que ocurre por milagro: *aparición milagrosa.* **2.** Asombroso, maravilloso. **3.** Que obra o hace milagros: *santo milagroso.*
milamores s.f. (pl. *milamores*). Planta herbácea de 60 a 70 cm de alt., flores rojas o blancas, que crece en lugares pedregosos y que también se cultiva en los jardines. (Familia valerianáceas.)
milanés, sa adj. y s. De Milán. ◆ s.m. Dialecto lombardo que se habla en Milán. ◇ **A la milanesa** Se dice de la carne empanada con huevo y frita.
milano s.m. (del lat. *miluus*). Ave rapaz diurna de cola larga y ahorquillada que vive en las regiones cálidas, mide hasta 1,50 m de envergadura y se alimenta de desperdicios y de animales pequeños. **2.** Pez marino teleósteo parecido a la raya.
milcao s.m. Chile. Guiso de papas ralladas o machacadas.
mildiu o **mildíu** s.m. (ingl. *mildew,* moho). Enfermedad de algunas plantas cultivadas, como la vid, la papa, los cereales, etc., provocada por hongos microscópicos y que se manifiesta por manchas vellosas en la cara inferior de las hojas.
milenario, a adj. Relativo al número mil. **2.** Que tiene mil años o más. ◆ s.m. Espacio de mil años. **2.** Milésimo aniversario de un acontecimiento; fiesta con que se celebra.
milenarismo s.m. Creencia de determinados escritores cristianos de los primeros siglos y de algunas sectas cristianas posteriores, según la cual Cristo volvería a la tierra para reinar durante mil años. **2.** Doctrina que anuncia el advenimiento definitivo de una sociedad justa y feliz.
milenio s.m. Período de mil años.
milenrama s.f. Planta herbácea de hojas muy divididas, con capítulos de pequeñas flores blancas o rosadas agrupadas en corimbos. (Familia compuestas.) SIN.: *aquilea.*
milepora s.f. Celentéreo marino, con esqueleto calcáreo macizo, que forma colonias de pólipos. (Tipo cnidarios; orden hidrocoralarios.)
milésima s.f. Unidad angular utilizada en artillería, igual al ángulo bajo el cual se ve un objeto vertical de 1 m a una distancia de 1 000 m.
milésimo, a adj. y s.m. Se dice de cada una de las partes que resultan de dividir un todo en mil partes iguales. ◆ adj.num.ordin. y s. Que corresponde en orden al número mil. ◆ s.m. Moneda fraccionaria que vale 1/1 000 de escudo chileno.
milesio, a adj. y s. De Mileto.
mileurista adj. y s.m. y f. Esp. Se dice de la persona, generalmente joven, que tiene un sueldo mensual de alrededor de mil euros.
milgranos s.m. (pl. *milgranos*). Planta herbácea de propiedades diuréticas. (Familia cariofiláceas.)
milhojas s.m. (pl. *milhojas*). Pastel de hojaldre relleno de merengue o crema.
milhombres s.m. (pl. *milhombres*). *Irón.* Hombre de baja estatura que presume de su fuerza, robustez.
mili s.f. (apócope). Esp. *Fam.* Milicia, servicio militar.
miliamperímetro s.m. ELECTR. Amperímetro graduado en miliamperios.
miliamperio s.m. Unidad de medida de intensidad de corriente (símb. mA) equivalente a 1/1000 de amperio.
1. **miliar** adj. (lat. *miliarum,* de *milium,* mijo). Que tiene el tamaño o la forma de un grano de mijo. **2.** MED. Se dice de las lesiones que por su tamaño se asemejan a los granos de mijo.
2. **miliar** adj. ANT. ROM. Se dice de las columnas, piedras, etc., que indicaban una distancia de mil pasos.
miliárea s.f. Unidad de medida de superficie equivalente a 1/1 000 de área.
miliario, a adj. Relativo a la milla.
milibar s.m. Unidad de medida de presión atmosférica equivalente a 1/1 000 de bar o mil barias (aproximadamente 3/4 de milímetro de mercurio).
milicia s.f. (lat. *militia,* de *miles, -itis,* soldado). Técnica de hacer la guerra y de disciplinar a los soldados para ella. **2.** Profesión militar. **3.** Formación militar o paramilitar: *milicia fascista.* ◇ **Milicia nacional** Milicia ciudadana instituida en España durante las luchas políticas del s. XIX para la defensa del sistema constitucional. **Milicias populares** Grupos armados, organizados por los partidos políticos y organizaciones sindicales, que actuaron en el bando republicano durante la guerra civil española (1936-1939). **Milicia universitaria** Denominación popular de la fase de instrucción militar para la formación de oficiales y suboficiales del ejército español, a la que tenían acceso los universitarios.
miliciano, a adj. y s. Relativo a la milicia; miembro de una milicia. ◆ s. En la guerra civil española, persona que formaba parte de algún cuerpo de voluntarios de los formados en la zona republicana no encuadrado en el ejército regular.
milico s.m. Amér. Merid. *Desp.* Militar, soldado.
miligramo s.m. Milésima parte del gramo.
mililitro s.m. Milésima parte del litro.
milimetrado, a adj. Graduado en milímetros: *papel milimetrado.*
milimétrico, a adj. Relativo al milímetro.
milímetro s.m. Milésima parte del metro.
miliosmol s.m. QUÍM. Cantidad de un determinado ion que produce la misma presión osmótica que una milésima parte de mol.
milirem s.m. Milésima parte del rem.
milisegundo s.m. Milésima parte del segundo.
militancia s.f. Actitud, actividad e ideología de la persona

que milita, especialmente en un partido político o en un sindicato.

militante adj. y s.m. y f. Que milita. <> **Iglesia militante** TEOL. Asamblea de los fieles que viven en la fe católica.

1. **militar** adj. (lat. *militaris,* de *miles, -itis,* soldado). Relativo a las fuerzas armadas o a la guerra: *autoridad militar.* ◆ s.m. Persona que pertenece al ejército.

2. **militar** v.intr. (lat. *militare,* practicar el ejercicio de las armas). Formar parte de una milicia o ejército. **2.** Participar activamente en un partido o colectividad que se propone determinados fines.

militarada s.f. *Fam.* Golpe de estado militar.

militarismo s.m. Preponderancia del elemento militar en el gobierno de un estado. **2.** Doctrina o sistema político fundados en esta preponderancia.

militarista adj. y s.m. y f. Relativo al militarismo; persona que es partidaria del militarismo.

militarización s.f. Acción de militarizar. **2.** Situación de carácter excepcional establecida mediante decreto por el gobierno de una nación, por la que determinadas empresas privadas o servicios de carácter público pasan a depender de la jurisdicción militar.

militarizar v.tr. Someter a la disciplina o el espíritu militar. **2.** Proceder a la militarización de un cuerpo o servicio civil.

milivoltímetro s.m. Voltímetro graduado en milivoltios, que sirve para medir diferencias de potencial muy pequeñas.

milivoltio s.m. Milésima parte del voltio.

milla s.f. (lat. *milia passum,* miles de pasos). Medida de longitud romana equivalente a 1 478,50 m. **2.** Medida anglosajona de longitud terrestre equivalente a 1 609 m. **3.** MAR. Unidad de medida de longitud marítima o aérea equivalente a 1 852 m y que corresponde a la distancia media entre dos puntos de la superficie terrestre que tienen la misma longitud y cuyas latitudes difieren en un ángulo de 1 minuto.

millar s.m. (lat. medieval *milliare*). Conjunto de mil unidades. **2.** *Fig.* Cantidad grande de algo: *lo ha dicho millares de veces.*

millarada s.f. Cantidad muy grande de algo.

millardo s.m. Mil millones.

millón s.m. (ital. *milione*). Mil millares. **2.** *Fig.* Cantidad grande de algo: *quiero un millón de cosas.* ◆ **millones** s.m.pl. Impuesto indirecto castellano que recibía el rey y que consistía en un recargo sobre el vino, vinagre, aceite, carne, jabón y velas de sebo.

millonada s.f. Cantidad muy grande de algo, especialmente de dinero.

millonario, a adj. y s. Que es muy rico.

millonésimo, a adj. Se dice de cada una de las partes que resultan de dividir un todo en un millón de partes iguales. ◆ adj.num.ordin. Que corresponde en orden al número un millón.

milmillonésimo, a adj. Se dice de cada una de las partes que resultan de dividir un todo en mil millones de partes iguales. ◆ adj.num.ordin. Que corresponde en orden al número mil millones.

milonga s.f. Copla andaluza derivada de un baile popular de origen argentino y uruguayo. **2.** Argent. *Fam.* Lugar o reunión en que se baila. **3.** Argent. *Fig.* y *fam.* Riña, discusión. **4.** Argent. y Urug. Composición musical de ritmo vivo y marcado en compás de dos por cuatro, emparentada con el tango; canto con que se acompaña. **5.** Argent. y Urug. Baile rápido de pareja enlazada. ◆ **milongas** s.f.pl. Méx. Excusa, evasiva.

milonguero, a s. Amér. Merid. Persona que canta o baila milongas. **2.** Amér. Merid. Persona aficionada o que acude habitualmente a los bailes populares. ◆ adj. Argent. Relativo a la milonga.

milonita s.f. GEOL. Roca de origen metamórfico formada por fragmentos de roca cementados por recristalización.

milord s.m. (pl. *milores*). Tratamiento de los nobles en Gran Bretaña. **2.** Vehículo de cuatro ruedas tirado por caballos, con capota, un asiento de dos plazas y otro más elevado para el conductor, por encima del juego delantero.

milpa s.f. Nombre que daban los españoles, en México, a las parcelas individuales dedicadas al cultivo del maíz, que integraban los calpullali aztecas. **2.** Amér. Central y Méx. Maizal.

milpear v.intr. Amér. Central y Méx. Comenzar a brotar el maíz sembrado. **2.** Amér. Central y Méx. Sembrar milpas, hacer maizales.

miltomate s.m. Méx. *Tomate verde. **2.** Méx. Fruto de esta planta.

mimar v.tr. Tratar a alguien con mimo y delicadeza. **2.** Tratar a alguien, especialmente a un niño, con gran condescendencia.

mimbar s.m. Almimbar.

mimbrar v.tr. y prnl. Abrumar, fastidiar, humillar.

mimbre s.m. (del ant. *vimbre,* del lat. *vimen, -inis*). Rama joven y flexible del sauce. **2.** Sauce con ramas flexibles. **3.** Rama flexible de la mimbrera que se usa en cestería.

mimbrear v.intr. y prnl. Mover o doblar con flexibilidad, como el mimbre. SIN.: *cimbrearse.*

mimbreño, a adj. Que es parecido al mimbre.

mimbrera s.f. Arbusto cuyas ramas, amarillas, largas y flexibles, se emplean en cestería. **2.** Diversas especies de sauces. **3.** Mimbreral.

mimbreral s.m. Terreno plantado de mimbreras.

mimbroso, a adj. Relativo al mimbre. **2.** Hecho de mimbres. **3.** Abundante en mimbreras.

mime s.m. Dom. y P. Rico. Mosquito pequeño y muy picador. <> **Caerle a alguien mimes** P. Rico. *Fig.* y *fam.* Tener mala suerte; P. Rico. venir a menos.

mimeografiar v.tr. [conj.: *desviar*]. Multicopiar.

mimeógrafo s.m. Multicopista manual que utiliza una punta cortante para la incisión de la matriz.

mímesis o **mimesis** s.f. (gr. *mímisis*). Imitación de los gestos, manera de hablar, etc., de una persona o colectividad. **2.** Término que define la obra de arte como una imitación del mundo sujeta a convenciones, procedente de la poética de Aristóteles.

mimético, a adj. Relativo al mimetismo o a la mímesis. **2.** Que imita por mímesis o mimetismo.

mimetismo s.m. Propiedad de algunos seres vivos de imitar la forma o el color del medio en que viven, como sistema de camuflaje o adaptación al entorno. **2.** Mímesis.

mimetizar v.intr. y prnl. Adaptarse por mimetismo.

mímica s.f. Expresión del pensamiento mediante gestos o movimientos faciales.

mímico, a adj. (lat. *mimicus*). Relativo a la mímica. <> **Lenguaje mímico** Lenguaje de gestos.

mimo s.m. (lat. *mimus,* comediante). Género de comedia en la que el actor representa la acción o los sentimientos mediante gestos. **2.** En las literaturas griega y latina, género de comedia realista que imita la vida y las costumbres. **3.** Pantomima. **4.** Trato sumamente cariñoso con que se trata a alguien, especialmente a los niños. **5.** Cariño, halago. ◆ s.m. y f. Actor especializado en representar obras de mimo.

mimodrama s.m. Pantomima.

mimógrafo, a s. Persona que crea mimos en el teatro.

mimosa s.f. Arbusto de hojas pequeñas y flores amarillas del mismo nombre, olorosas, agrupadas en cabezuelas. (Familia mimosáceas.)

mimosáceo, a adj. y s.f. Relativo a una familia de plantas leguminosas, la mayoría arbustivas o trepadoras, como las acacias y las mimosas.

mimoso, a adj. Que disfruta dando y recibiendo mimos y muestras de cariño.

1. **mina** s.f. (del céltico *mein*). Excavación realizada para extraer del subsuelo sustancias minerales útiles. **2.** Conjunto de instalaciones necesarias para la extracción y tratamiento previo de las sustancias minerales. **3.** Barrita cilíndrica que

forma el eje de un lápiz y está constituida por una materia que deja una traza sobre el papel. **4.** *Fig.* Persona o cosa que proporciona mucho provecho: *este negocio es una mina.* **5.** Argent. y Chile. *Desp.* Mujer. **6.** MIL. **a.** Galería subterránea excavada por un sitiador debajo de una posición enemiga con el objeto de hacerla saltar con explosivos. **b.** Carga explosiva que suele camuflarse en la tierra o en el mar para ser explosionada al paso del enemigo. ◇ **Cante de las minas** Grupo de fandangos procedentes del folklore de las zonas mineras de Andalucía oriental y Murcia, absorbidos por el flamenco a mediados del s. XIX. **Mina antipersona,** o **antipersonal** Mina con una carga mínima que, colocada bajo la superficie del terreno, explota por la presencia, proximidad o contacto de una o varias personas.

2\. **mina** s.f. Unidad de masa de la antigüedad griega que equivalía a 1/60 de talento.

miná s.f. Ave originaria de Malasia que imita la voz humana. (Familia estúrnidos.)

minado s.m. Acción y efecto de minar.

minador, ra adj. Que mina. **2.** Se dice del animal que excava galerías tanto en el suelo como en la roca o madera. ◆ adj. y s.m. Se dice del buque que coloca minas.

minar v.tr. Abrir minas en un terreno. **2.** *Fig.* Debilitar o destruir paulatinamente alguna cosa: *los disgustos están minando su salud.* **3.** Sembrar de minas un terreno o colocar minas submarinas.

minarete s.m. Alminar.

mindel s.m. Segunda de las cuatro glaciaciones de la era cuaternaria en Europa.

mineral adj. (de *mina*). Relativo a las sustancias naturales que constituyen la corteza terrestre. **2.** Constituido por materia no viva: *compuesto mineral.* ◆ s.m. Cuerpo inorgánico, sólido a la temperatura ordinaria, que constituye las rocas de la corteza terrestre. **2.** MIN. Parte útil de una explotación minera, cuando se trata de filones metalíferos.

mineralero, a adj. y s.m. Se dice del buque carguero que transporta minerales.

mineralización s.f. Acción y efecto de mineralizar.

mineralizador, ra adj. Se dice del elemento (cloro, flúor, boro, azufre, etc.) que, combinado con metales, puede penetrar en estado fluido en las rocas a partir de un magma y contribuir a su metamorfosis por aporte mineral.

mineralizar v.intr. y prnl. Dar o tomar carácter de mineral, generalmente por la acción de agentes exteriores. **2.** GEOL. Formarse concentraciones de minerales.

mineralogénesis s.f. Proceso de formación de los minerales.

mineralogía s.f. Parte de la geología que estudia la composición química y las propiedades de los minerales, y de su formación.

mineralógico, a adj. Relativo a la mineralogía.

mineralogista s.m. y f. Mineralólogo.

mineralurgia s.f. Conjunto de las técnicas de tratamiento de materias minerales brutas, que se realizan para obtener productos directamente utilizables en la industria o transformables en metalurgia.

minería s.f. Explotación de las minas. **2.** Conjunto de minas de un país o región.

minero, a adj. Relativo a la minería: *compañía minera; cuenca minera.* ◆ s. Persona que trabaja en las minas. **2.** Argent. *Fig.* Ratón, mamífero roedor.

minerografía s.f. Descripción de los minerales.

minerólogo, a s. Persona especializada en mineralogía. SIN.: *mineralogista.*

mineromedicinal adj. Se dice del agua mineral que tiene alguna virtud curativa.

minerva s.f. (de *Minerva,* diosa). *Poét.* Inteligencia, invención. **2.** IMPR. Máquina de imprimir pequeña, de platina vertical, que funciona mediante pedal o accionada por motor eléctrico. **3.** MED. Aparato ortopédico que sirve para sostener la cabeza en posición correcta en caso de lesión de las vértebras cervicales.

minervista s.m. y f. Persona que maneja una minerva.

minestrone s.m. (voz italiana). Sopa elaborada con arroz, judías verdes o ejotes, col, pastas y tocino que es típica de Italia.

minga s.f. (quechua *mink'a,* alquiler, sueldo de peón). Amér. Merid. Reunión de amigos o vecinos con objeto de emprender un trabajo en común, con la remuneración de una comilona pagada por el que encarga el trabajo. **2.** Perú. Labor que hacen los peones de las haciendas en día festivo a cambio de un poco de chicha, coca o aguardiente. ◆ interj. Argent. Expresa negación, falta o ausencia de algo.

mingaco s.m. Chile. Minga, reunión.

mingitorio, a adj. (del lat. *mingere,* orinar). Relativo a la micción. ◆ s.m. Urinario.

mingo s.m. Bola de billar que se coloca en la cabecera de la mesa cuando se inicia el juego.

mingón, na adj. Venez. Se dice del niño muy mimado y consentido.

miniar v.tr. (ital. *miniare,* pintar con minio). Pintar miniaturas.

miniatura s.f. (ital. *miniatura,* de *miniare,* pintar con minio). Pintura de dimensiones muy pequeñas, realizada con gran detalle sobre papel, pergamino, marfil, etc., especialmente la de los manuscritos antiguos. **2.** Arte y técnica de ejecutar estas pinturas. **3.** Reproducción de un objeto a escala muy reducida. **4.** *Fam.* Persona o cosa muy pequeña.

miniaturista s.m. y f. Persona que realiza miniaturas.

miniaturización s.f. Acción de miniaturizar.

miniaturizar v.tr. Reducir un objeto, mecanismo, etc., a dimensiones muy pequeñas.

minidisco s.m. Disco magnetoóptico de 6,4 cm de diámetro que contiene sonidos grabados que se reproducen por medio del láser.

minifalda s.f. Falda muy corta.

minifundio s.m. (de *mini,* pequeño, y el lat. *fundus,* propiedad rústica). Finca de pequeña extensión cuya explotación no resulta por sí sola económicamente rentable.

minifundismo s.m. Distribución de la propiedad de la tierra en que predominan los minifundios.

minifundista adj. y s.m. y f. Relativo al minifundismo; propietario de un minifundio.

minimal adj. (voz inglesa). ART. MOD. Se dice de una obra reducida a unas formas geométricas estrictas y a unas modalidades elementales de materia o de color. ◇ **Elemento minimal** ÁLG. Elemento de un conjunto ordenado de manera que no exista ningún elemento que sea inferior a este. CONTR.: *maximal.*

minimal

Surgido en Estados Unidos durante la década de 1960, el arte minimal (*minimal art*) se opuso al expresionismo abstracto apoyándose en el ejemplo de artistas como A. Reinhart, Ellsworth Kelly (pintura *hard-edge*), B. Newman, el escultor D. Smith. Se manifestó en trabajos de tres dimensiones (*esculturas primarias*) de un despojamiento no exento de puritanismo, muchas veces a base de materiales industriales: obras de D. Judd, Sol LeWitt que aspiran no a expresar un orden estético, sino una constatación física del objeto en sí mismo y una puesta en escena del espacio en que se integra.

minimalismo s.m. Búsqueda de las soluciones que requieren los medios y esfuerzos mínimos (por oposición a *maximalismo*). **2.** Arte minimal.

minimalista adj. y s.m. y f. Relativo al arte minimal o minimalismo; artista que practica el arte minimal.

minimizar v.tr. Disminuir o reducir al mínimo una cosa material o inmaterial.

mínimo, a adj. (lat. *minimus,* superlativo de *minor,* menor). Que es lo más pequeño posible o lo más pequeño dentro de su especie, en cantidad o intensidad: *temperatura mí-*

nima. ◆ s. Miembro de una orden mendicante instituida por san Francisco de Paula en 1435, en Cosenza (Italia). ◆ s.m. Grado más pequeño al que puede reducirse algo: *el mínimo de velocidad.* SIN.: *mínimum.* **2.** MAT. Elemento más pequeño de un conjunto ordenado. ◇ **Como mínimo** Calculando la cantidad o medida más pequeña posible. **Lo más mínimo** *Fam.* En absoluto; se emplea en frases negativas. **Método de los mínimos cuadrados** ESTADÍST. Método que sirve para calcular la media más probable de los resultados de varias observaciones. **Mínimo de una función** MAT. El menor de los valores que toma dicha función en un intervalo dado o en su domino de definición. **Mínimo exento** DER. Parte de la renta de las personas que la legislación tributaria exime de exacción en la determinación de la base imponible. **Mínimo vital** DER. Nivel de renta considerado indispensable para la satisfacción de las necesidades normales de una persona o una familia.

mínimum s.m. (lat. *minimum,* la menor parte) [pl. *mínimums*]. Mínimo.

minino, a s. *Fam.* Gato, mamífero carnívoro.

minio s.m. (lat. *minium,* bermellón). Pigmento de color rojo anaranjado constituido por óxido de plomo. **2.** Pintura de este pigmento con la que se recubre el hierro para preservarlo de la oxidación.

1. **ministerial** adj. Relativo al ministerio, al gobierno del estado o a alguno de sus ministros. ◆ adj. y s.m. y f. Que apoya habitualmente al gobierno en las cámaras o en la prensa: *diputado ministerial.*

2. **ministerial** s.m. (del lat. *ministerium,* ministerio). Caballero no libre aparecido con el feudalismo y cuyo estatuto varió según los países.

ministerialismo s.m. Condición o actitud de ministerial.

ministerio s.m. Gobierno de un estado, considerado como conjunto de los departamentos en que se divide. **2.** Cargo o empleo de ministro. **3.** Tiempo que dura el ejercicio de un ministro. **4.** Conjunto de ministros de un estado. **5.** Departamento del gobierno de un estado. **6.** Edificio en que se ubica la sede de cada departamento ministerial. **7.** Función, empleo o cargo, especialmente cuando es noble y elevado. **8.** Uso o destino que tienen las cosas. **9.** Conjunto de funciones derivadas del sacramento del orden. ◇ **Ministerio fiscal,** o **público** Órgano público específico encargado de cooperar en la administración de justicia, velando por el interés del estado, de la sociedad y de los particulares.

ministrable adj. Se dice de la persona que puede ser nombrado ministro.

ministrar v.tr. e intr. Ejercer un oficio u ocupación.

ministril s.m. (fr. *menestriel*). Poeta músico de baja condición y, en particular, tañedor de instrumentos de viento o de cuerda, en la edad media. **2.** Persona encargada de las funciones judiciales de menor categoría, como el alguacil. **3.** Persona que tocaba un instrumento de viento en las funciones de iglesia.

ministro, a s. (lat. *minister, -tri,* servidor, oficial). Persona que ejerce un ministerio, función especialmente noble y elevada. **2.** Miembro del gobierno que está al cargo de un departamento ministerial. **3.** Juez empleado en la administración de justicia. **4.** Representante o agente diplomático. **5.** Prelado ordinario de cada convento, en determinadas órdenes. ◆ s.m. Pájaro de América del Norte y Central, de pequeño tamaño, muy apreciado como ave de adorno. (Familia fringílidos.) ◇ **Ministro de Dios,** o **del Señor** Sacerdote. **Ministro diplomático** Agente diplomático. **Ministro plenipotenciario** Persona que ocupa la segunda categoría de las reconocidas por el derecho internacional, después de la de los embajadores, legados y nuncios. **Ministro sin cartera** Miembro del gobierno que no tiene a su cargo la dirección de ningún departamento. **Primer ministro** Jefe del gobierno o presidente del consejo de ministros.

mino, voz usada para llamar al gato, animal carnívoro.

minoico, a adj. y s.m. Relativo a la historia de Creta desde el tercer milenio hasta alrededor del 1 100 a.C.

minoración s.f. Acción de minorar.

minorante adj. y s.m. MAT. Para un subconjunto E de un conjunto F parcialmente ordenado por la relación $\leqslant$, se dice de un elemento $m \in F$ para el que todo elemento $x \in E$ verifica $m \leqslant x$.

minorar v.tr. y prnl. Disminuir la extensión, intensidad o número de algo.

minorativo, a adj. Que minora.

minoría s.f. Conjunto de personas que se encuentran en número menor al de la mayoría. **2.** Parte de la población de un estado que difiere de la mayoría en etnia, lengua o religión. SIN.: *minoría nacional.* **3.** DER. **a.** En las asambleas, juntas, etc., conjunto de personas cuya opinión es distinta a la de la mayoría. **b.** Conjunto de votos de dichas personas en alguna elección, etc. ◇ **Minoría de edad** Condición de la persona que no ha cumplido la edad legal para poder disfrutar de los derechos civiles o políticos.

minoridad s.f. Minoría de edad.

minorista s.m. y f. Persona que vende al por menor. ◆ adj. Se dice del comercio al por menor.

minoritario, a adj. Que pertenece a una minoría o que se apoya en ella.

minucia s.f. (lat. *minutia,* partícula). Menudencia, cosa de poco aprecio e importancia. **2.** Detalle, pormenor: *contar algo con minucia.*

minucioso, a adj. Que hace las cosas con detenimiento y cuidando los más mínimos detalles: *un relato minucioso.*

minué s.m. Danza de compás ternario. SIN.: *minueto.*

minuendo s.m. (lat. *minuendus,* lo que se ha de disminuir). MAT. En una resta, cantidad de la que ha de restar otra llamada *sustraendo.*

minueto s.m. (fr. *menuet*). Composición musical de esta danza, que se integró en la *suite* a finales del s. XVII y entró a formar parte de la *sonata* en el s. XVIII. **2.** Minué.

minúsculo, a adj. (lat. *minusculus,* dim. de *minor,* menor). Que tiene unas dimensiones muy pequeñas. ◆ adj. y s.f. Se dice de la letra de menor tamaño que las otras y de forma distinta (por oposición a *mayúscula*).

minusvalía s.f. Disminución del valor de un objeto o de un derecho contabilizado en dos momentos distintos. **2.** Disminución de la capacidad física o psíquica de una persona.

minusvalidez s.f. Cualidad de minusválido. SIN.: *discapacidad.*

minusválido, a adj. y s. Se dice de la persona que tiene una deficiencia física o psíquica.

minusvalorar v.tr. Subestimar.

minuta s.f. Cuenta de los derechos u honorarios que presenta un profesional por el trabajo prestado, especialmente los abogados. **2.** Lista de los platos de un restaurante. **3.** Extracto o borrador de un documento o contrato antes de su escritura definitiva, en el que se anotan las cláusulas o partes esenciales. **4.** Anotación de una cosa para tenerla presente.

minutar v.tr. Hacer la minuta de un documento o contrato. **2.** Tasar los honorarios o derechos de los abogados. **3.** Contar los minutos que dura algo.

minutario s.m. Cuaderno en que se guardan las minutas de las escrituras que se otorgan ante notario.

minutero s.m. Manecilla del reloj que señala los minutos. **2.** Aparato eléctrico de relojería que se utiliza para asegurar un contacto durante un lapso de tiempo determinado.

minuto s.m. (lat. *minutus,* menudo). Unidad de medida de tiempo equivalente a 60 segundos. **2.** *Fig.* Espacio de tiempo muy breve: *vuelvo en un minuto.* ◇ **Minuto sexagesimal** Unidad de medida de ángulo equivalente a 1/60 de grado sexagesimal, $\pi/10\,800$ de radián.

miñón s.m. (cat. *minyó*). Soldado de tropa ligera destinado a la persecución de malhechores o a la custodia de los bosques reales. **2.** Miembro de la milicia foral alavesa que ejercía las funciones de policía rural y represión de contrabando hasta 1844.

mío, a adj. y pron.poses. (lat. *meus, -a, -um*). Forma tónica de la 1ª persona del singular. Indica que la persona, animal o cosa designados por el nombre al que acompaña o sustituye pertenecen al emisor en un acto de comunicación (son de su propiedad, tienen un parentesco con él, están asociados a él, etc.). Como adjetivo, se usa siempre detrás del sustantivo; delante del sustantivo, se usa la forma átona *mi*: *este libro es mío; un familiar mío.* <> **De mío** Por mí mismo. **La mía** *Fam.* Indica que ha llegado la ocasión favorable para el emisor. **Los míos** Personas de la familia o colectividad a la que pertenece el emisor.

miocardio s.m. Tejido muscular de la pared del corazón, contráctil y que está formado por fibras estriadas y anastomosadas.

miocarditis s.f. Inflamación del miocardio.

mioceno s.m. y adj. (del gr. *meion,* menos, y *kainós,* nuevo). Cuarto período de la era terciaria, entre el oligoceno y el plioceno, en que aparecieron los mamíferos evolucionados, como simios, rumiantes, mastodontes y dinoterios.

mioclonía s.f. Contracción muscular brusca e involuntaria como consecuencia de una lesión motora.

miofibrilla s.f. Fibrilla contráctil constitutiva de la fibra muscular.

miografía s.f. Registro gráfico de la contracción de los músculos.

miógrafo s.m. Aparato que registra las contracciones musculares.

miograma s.m. Curva obtenida por miografía.

miología s.f. Parte de la anatomía que estudia los músculos.

mioma s.m. Tumor benigno formado por tejido muscular.

miomectomía s.f. Ablación de un mioma.

mioncillo s.m. Chile. Carne de la parte inferior e interna del muslo del animal.

miopatía s.f. Atrofia muscular grave, de evolución progresiva.

miope adj. y s.m. y f. (lat. tardío *myops, -opis,* del gr. *mýops,* de *myein,* cerrar, y *ops,* ojo). Que padece miopía. **2.** *Fig.* Que carece de perspicacia.

miopía s.f. Anomalía de la visión por una excesiva convergencia del cristalino que forma las imágenes delante de la retina, causando una visión borrosa de los objetos alejados. (Se corrige con el uso de cristales divergentes.)

miorrelajante adj. y s.m. MED. Que favorece la relajación muscular.

miosina s.f. Proteína constituyente de las miofibrillas, que desempeña un papel importante en la contracción muscular.

miosis s.f. (del gr. *myein,* cerrar los ojos). MED. Contracción anormal y persistente de la pupila.

miositis s.f. MED. Inflamación del tejido muscular.

miosotis s.m. (pl. *miosotis*). Nomeolvides, planta borraginácea.

miótico, a adj. Relativo a la miosis. **2.** Se dice de los agentes capaces de producirla.

miquilo s.m. Argent. y Bol. Nutria.

1. **MIR** s.m. y f. (sigla de *médico interno residente*). Esp. Médico interino. **2.** Esp. Conjunto de estudios necesarios para obtener este puesto.

2. **mir** s.m. (voz rusa). En la Rusia zarista, comunidad campesina que tenía la propiedad colectiva de las tierras y que las distribuía por parcelas, para un tiempo determinado, entre las familias.

mira s.f. Pieza o dispositivo de algunos instrumentos que sirve para dirigir la vista a un punto determinado y verlo con la mayor precisión posible. **2.** *Fig.* Intención u objetivo a que van dirigidas ciertas acciones. (Suele usarse en plural.) **3.** Ángulo que tiene la adarga en su parte superior. **4.** Regla graduada que se coloca verticalmente en los puntos del terreno que se quiere nivelar. <> **Mira electrónica** Generador de señales similares a las de un emisor de televisión, que permite ver imágenes geométricas muy pequeñas en una pantalla. **Punto de mira** Pieza de las armas de fuego que sirve para dirigir la vista y asegurar con ello la puntería.

mirabel s.m. Planta herbácea que crece en la península Ibérica, de ramas amarillentas y flores axilares, que se cultiva en jardinería. (Familia quenopodiáceas.) **2.** Girasol.

miracidio s.m. Primera forma larvaria de la duela del hígado de la oveja.

mirada s.f. Acción de mirar. **2.** Vistazo, ojeada: *dar una mirada.* **3.** Modo de mirar, expresión de los ojos al mirar: *una mirada penetrante.*

mirado, a adj. Prudente, comedido, delicado: *ser muy mirado.* **2.** Merecedor de buen o mal concepto: *actitud bien mirada.*

mirador s.m. (cat. *mirador*). Balcón cubierto y cerrado con cristales o persianas. **2.** Lugar alto y bien situado para observar o contemplar un paisaje. **3.** ARM. Mira de las antiguas fortalezas y piezas de artillería.

miraguano s.m. (voz taína). Palmera de poca altura, de hojas grandes en forma de abanico, flores axilares en racimo y fruto seco, lleno de una materia semejante al algodón, que crece en regiones cálidas de América y Oceanía. (Familia palmáceas.) **2.** Pelo vegetal que llena el interior del fruto de esta planta, utilizado como relleno en almohadas y colchones.

mirahuevos s.m. (pl. *mirahuevos*). Aparato luminoso que sirve para mirar los huevos y comprobar su calidad.

miramiento s.m. Acción de mirar o considerar una cosa. **2.** Circunspección, reserva que se observa ante alguien por consideración o interés: *actuar sin miramientos.* (Suele usarse en plural.)

mirar v.tr. y prnl. (lat. *mirari,* asombrarse). Fijar el sentido de la vista sobre alguien o algo: *mirar el paisaje; mirarse al espejo.* **2.** Registrar, revisar: *mirar los papeles.* **3.** Considerar, reflexionar acerca de algo. ◆ v.tr. Tener determinado objetivo al hacer algo: *mirar de asegurar el futuro.* **2.** Dar, estar orientado hacia determinada dirección: *la ventana mira al mar.* **3.** Concernir, guardar relación: *en lo que mira a nosotros.* **4.** En imperativo, su función es expletiva: *mira, no me lo creo.* <> **De mírame y no me toques** *Fam.* Se aplica a las personas o cosas delicadas y poco resistentes. **Mirar por algo** o **alguien** Cuidarlo, protegerlo u ocuparse de él. **Mirar por encima** Examinar algo superficialmente. **Si bien se mira** Si se piensa o considera con exactitud o detenimiento.

mirbana s.f. **Esencia de mirbana** Nitrobenceno, en perfumería.

miríada s.f. (del lat. tardío *myrias, -adis,* del gr. *myriás*). Conjunto de diez mil unidades. **2.** Cantidad indefinidamente grande.

miriápodo, a adj. y s.m. Relativo a una clase de artrópodos terrestres, unisexuales y dimórficos, de tronco dividido en numerosos segmentos, cada uno de ellos provisto de uno o dos pares de patas, como el ciempiés.

mirífico, a adj. *Poét.* Admirable, asombroso.

mirikiná s.m. Simio de unos 70 cm de long., 35 de los cuales corresponden a la cola, de color amarillo con unas manchas blancas en la cabeza, que vive en Argentina y Paraguay. (Familia cébidos.)

mirilla s.f. Abertura pequeña de una puerta, pared, etc., que sirve para mirar lo que hay al otro lado, generalmente hecha a la altura de los ojos. **2.** Abertura pequeña de algunos instrumentos topográficos que sirve para dirigir visuales.

miriñaque s.m. Prenda interior femenina de tela rígida o muy almidonada, y a veces con aros de metal, con que las mujeres se ahuecaban las faldas. **2.** Argent. Armazón que las locomotoras llevan en su parte anterior para quitar los obstáculos.

mirística s.f. (del gr. *myristikós,* oloroso). Planta cuyo fruto es la nuez moscada. (Familia lauráceas.)

mirleta s.f. → **merleta.**

mirlo s.m. (lat. *merula*). Ave paseriforme de plumaje oscuro, negro en el macho y marrón en la hembra, que vive en parques y bosques. (El mirlo silba.) ◇ **Ser un mirlo blanco** Ser excepcional.

mirmecófilo, a adj. y s.m. Se dice de las especies animales que viven en los hormigueros o en contacto con las hormigas.

mirmidones, ant. pueblo de Tesalia, que tomó parte en la guerra de Troya.

mirmillón s.m. Gladiador romano armado con un escudo, una espada corta y un casco, que habitualmente luchaba contra el reciario.

mirobálano s.m. Árbol de frutos negros, rojos o amarillos, del mismo nombre, parecidos a las ciruelas o a las aceitunas y ricos en tanino, que crece en la India y se emplea en medicina y tintorería.

mirón, na adj. y s. Que mira, especialmente con excesiva curiosidad. ◆ s.m. HERÁLD. Cabeza de animal representada sobre una pieza.

mirosina s.f. Enzima de las semillas de la mostaza que desprende la esencia de estas semillas.

mirotón s.m. Chile. Mirada rápida, generalmente con expresión de enojo.

miroxilo s.m. Árbol de América tropical que proporciona resinas aromáticas, como el bálsamo de Perú. (Familia papilionáceas.)

mirra s.f. (lat. *myrrha*). Gomorresina aromática y medicinal, procedente de un árbol que crece en Arabia y Abisinia.

mirria s.f. Amér. Pizca, pedacito.

mirtáceo, a adj. y s.f. Relativo a una familia de plantas dicotiledóneas dialipétalas de las regiones cálidas (mirto, eucalipto).

mirtiforme adj. Que tiene forma de hoja de mirto.

mirto s.m. (lat. *myrtus*, del gr. *myrtos*). Arbusto de flores pequeñas, blancas y olorosas, que mantiene siempre verde el follaje.

MIRV (sigla inglesa de *multiple independently [targetable] reentry vehicle*), carga nuclear de cabezas múltiples que pueden dirigirse de forma independiente hacia objetivos distintos.

misa s.f. (lat. tardío *missa*, de *ite, missa est*, marchaos, [la reunión] ha acabado). Ceremonia fundamentalmente del culto católico en la que el sacerdote ofrece en sacrificio el cuerpo y la sangre de Jesucristo, simbolizados por el pan y el vino. **2.** Forma particular de canto aparecida en la época medieval, escrita sobre las partes de esta ceremonia. **3.** Orden del presbiterado. ◇ **Cantar misa** Celebrar la primera misa el nuevo sacerdote. **Ir a misa** Ser algo irrefutable, indiscutible. **Misa concelebrada** Misa en la que varios sacerdotes u obispos ofician juntos. **Misa crismal** Misa que se celebra el Jueves Santo, en la que se bendice el crisma con que se unge a los que se bautizan y se confirman, y también a los obispos y sacerdotes cuando se consagran o se ordenan. **Misa del gallo,** o **de la noche** Misa que se celebra la noche de Navidad. **Misa pontifical** Misa cantada por un prelado. **Misa rezada** Misa en la que todas sus partes son rezadas, leídas o recitadas, y no cantadas. **No saber de la misa la media,** o **la mitad** *Fam.* No estar enterado de cierta cosa alguien que pretende o debería estarlo.

misa

El rito de la misa tuvo origen en Bizancio en el s. IV. A partir de los primeros siglos se fueron incorporando distintas partes cantadas, llamadas *común de la misa*, y que constituyen los géneros: kyrie, gloria, credo, sanctus, benedictus y agnus dei, que se conservan hasta la actualidad.

Con el nombre de *misa* se compuso, después del s. XIII, un gran número de obras vocales *a capella* destinadas a ilustrar textos litúrgicos. Los compositores más célebres de misas fueron Guillaume de Machaut, Josquin Des Prés, Palestrina. A partir del s. XVII, la misa se hizo concertante y admitió instrumentos que introdujeron en sus obras autores como, Bach (*Misa en si menor*), Mozart, Haydn, Beethoven (*Missa solemnis*), Schubert, Lizt, etc.

misacantano s.m. Sacerdote que dice misa por primera vez.

misachico s.m. Argent. Ceremonia de campesinos que, entre festejos, realizan una procesión en honor de un santo.

misal s.m. Libro litúrgico que contiene el texto de la misa para todos los días del año y que el sacerdote usa en el altar. **2.** Libro de piedad para uso de los fieles que contiene el texto de todas las misas del año, o de los domingos y fiestas.

misantropía s.f. Cualidad de misántropo.

misántropo, a s. (fr. *misanthrope*). Persona que se aparta del trato con la gente.

miscelánea s.f. Mezcla de cosas diversas. **2.** Colección o recopilación literaria. **3.** Obra compuesta por una serie de artículos sobre distintos temas. **4.** Méx. Tienda pequeña.

misceláneo, a adj. (lat. *miscellaneus*, mezclado). Mixto, compuesto de cosas distintas.

miscible adj. Que puede formar una mezcla homogénea con otro cuerpo.

miserable adj. y s.m. y f. (lat. *miserabilis*, digno de conmisceración). Que es digno de desprecio. **2.** Que es muy pobre: *viviendas miserables.* **3.** Que es digno de compasión: *situación miserable.* **4.** Que escatima, da o gasta lo menos posible. ◆ adj. Escaso, insuficiente: *una cantidad miserable.*

miserear v.intr. *Fam.* Comportarse como miserable o tacaño.

miserere s.m. (voz latina, *apiádate*). Salmo que empieza con la palabra *miserere.* **2.** Canto compuesto sobre dicho salmo. ◇ **Cólico miserere** Nombre dado antiguamente a la obstrucción intestinal.

miseria s.f. (lat. *miseria*, desventura, desgracia). Pobreza en grado muy extremo: *vivir en la miseria.* **2.** Tacañería. **3.** Insignificancia, cantidad insuficiente de algo: *ganar una miseria.* **4.** Desgracia, suceso funesto: *contar sus miserias.* (Suele usarse en plural.) **5.** Parásitos del ser humano, especialmente piojos.

misericordia s.f. (lat. *misericordia*). Compasión que impulsa a ayudar o perdonar: *tener misericordia.* **2.** Pieza en forma de repisa, situada en la parte inferior de los asientos abatibles en las sillerías de coro, que permite al ocupante descansar disimuladamente, medio sentado sobre ella. ◇ **Obras de misericordia** Obras que tienen por objeto ayudar al prójimo.

misericordioso, a adj. y s. Que está inclinado a sentir misericordia. ◆ adj. Relativo a la misericordia.

mísero, a adj. (lat. *miser, -era, -erum*, infortunado, desdichado). Miserable: *una mísera vivienda.*

mishiadura s.f. Argent. *Argot.* Pobreza.

misia o **misiá** s.f. Amér. Merid. Tratamiento de cortesía equivalente a *señora.*

misidáceo, a adj. y s.m. Relativo a un orden de crustáceos bastante grandes que viven en alta mar, a veces desprovistos de branquias.

misil o **mísil** s.m. (ingl. *missile*, del lat. *missile*, arma arrojadiza). Proyectil autopropulsado que lleva una carga explosiva y cuya trayectoria puede ser controlada por procedimientos electrónicos. ◇ **Misil de cargas múltiples** Misil que transporta cargas nucleares que pueden ser guiadas, cada una de ellas de forma independiente, hacia un objetivo particular. **Misil de crucero** Misil autopropulsado y autodirigido a lo largo de toda su trayectoria a muy baja altura, capaz de transportar una carga nuclear a gran distancia y con gran precisión.

misil

Los misiles son o no balísticos, en función de que su trayectoria implique o no una fase balística tras la extinción de los motores-cohete, o bien que el misil, a la manera de un proyectil, esté únicamente sometido a las fuerzas de la gravitación. Los misiles pueden clasificarse según su punto de lanzamiento y su objetivo como misiles *aire-aire, aire-tierra, tierra-tierra, mar-mar, aire-*

mar, etc. Cabe también distinguir los misiles tácticos, armas de combate terrestre, naval o aéreo (con un alcance de 1 100 km), los misiles estratégicos (con un alcance de 1 100 a 12 000 km) y los misiles de tipo IRBM o ICBM que se lanzan desde emplazamientos subterráneos especialmente diseñados para este fin o desde submarinos. Todos ellos pueden ir equipados con carga nuclear.

misión s.f. (lat. *missio, -onis,* acción de enviar). Acción encomendada a una persona: *enviar con una misión.* **2.** Expedición científica encargada de cumplir una tarea concreta. **3.** Obra que una persona o colectividad se sienten obligadas a realizar. **4.** Comisión temporal dada por un estado a un diplomático o agente especial para un fin determinado: *misión comercial.* **5.** Evangelización llevada a cabo por miembros de la Iglesia, generalmente en países de mayoría no cristiana. **6.** Serie de predicaciones, del mismo nombre, para la evangelización de los no cristianos o para la conversión y adoctrinamiento de los fieles en países cristianos: *misiones parroquiales.* **7.** Casa, capilla o centro de los misioneros: *acudir a la misión.*

misional adj. Relativo a los misioneros o a las misiones.

misionar v.intr. y tr. Predicar, ir de misiones. **2.** Evangelizar.

misionero, a adj. Relativo a las misiones: *apostolado misionero.* ◆ s. Persona dedicada a las misiones, a la propagación de la fe.

misiva s.f. Carta que se envía a alguien.

miskitos → misquitos.

mismamente adv.m. *Fam.* Precisamente, exactamente.

mismidad s.f. Condición de ser alguien o algo él mismo. **2.** Identidad personal.

mismo, a pron. y adj.dem. (lat. vulgar *medipsimus,* forma enfática de *ipse,* el mismo). Expresa identidad o semejanza: *este objeto es el mismo que te dije.* **2.** Subraya con énfasis aquello de que se trata: *déjalo aquí mismo.* ◆ adv.m. Pospuesto a un adverbio o locución adverbial tiene valor enfático: *mañana mismo.* **2.** Pospuesto a un nombre o a un adverbio añade cierto matiz de indiferencia. ◇ **Por lo mismo** A causa de ello, por esta razón. **Ser,** o **dar, lo mismo** Ser indiferente.

misoginia s.f. Aversión o menosprecio hacia las mujeres.

misógino, a adj. y s. (fr. *misogyne*). Que siente misoginia.

misoneísmo s.m. Tendencia del individuo a perpetuar el comportamiento ya admitido por el grupo social al que pertenece.

misoneísta adj. y s.m. y f. (del gr. *misein,* odiar, y *neós,* nuevo). Que es partidario del misoneísmo.

mispíquel s.m. Sulfuro de hierro y arsénico ($FeAsS$).

misquitos, miskitos o **mosquitos,** pueblo amerindio de América Central, agricultor y ganadero, que ocupa la costa de los Mosquitos o Mosquitia, entre Honduras y Nicaragua. (Hablan una lengua chibcha y se hallan muy mezclados con descendientes de esclavos africanos.)

miss s.f. (voz inglesa). Mujer ganadora en un concurso de belleza: *miss Universo.*

missi dominici s.m.pl. (voces latinas, *enviados del señor*). HIST. Enviados nombrados por Carlomagno que iban en parejas, un clérigo y un laico, para asegurar el control y la vigilancia de las autoridades locales y de los jefes de las circunscripciones administrativas.

mistela s.f. Bebida hecha con aguardiente, agua, azúcar y canela. **2.** Bebida que se hace con alcohol y mosto de uva, sin que se produzca la fermentación.

míster s.m. (ingl. *mister*). Hombre ganador en un concurso de belleza: *míster Universo.* **2.** Entrenador de un equipo deportivo.

mistérico, a adj. Se dice de la religión que busca, a través de la recreación ritual de un mito cosmogónico, efectos trascendentes como la fertilidad o la salvación ultraterrena.

misterio s.m. (lat. *mysterium,* del gr. *mystirios*). Hecho o cosa incomprensible para la mente humana o muy difícil de entender o interpretar: *los misterios de la vida.* **2.** Circunstancia de hacer algo en secreto o de forma cautelosa o reservada: *contar algo con gran misterio.* **3.** HIST. En ciertas religiones antiguas originarias de Grecia o de oriente, conjunto de doctrinas o ceremonias secretas cuya revelación se suponía que debía traer la salvación. **4.** LIT. Drama sacro medieval que representaba escenas de la vida de santos o la Pasión, ofreciendo una representación total de la vida humana en sus relaciones con los poderes divinos. (La Pasión de Jesús y la Asunción de la Virgen [como el *Misterio de Elche,* del s. XV], eran temas tradicionales de los misterios.) **5.** TEOL. **a.** Verdad de fe inaccesible a la sola razón humana y que solo puede conocerse por revelación divina. **b.** Cada uno de los pasajes, considerado por separado y como objeto de meditación, de la vida, pasión y muerte de Cristo. ◆ **misterios** s.m.pl. REL. Ceremonias del culto: *los sagrados misterios.*

misterioso, a adj. Que implica misterio: *mirada misteriosa.* **2.** Que actúa de forma enigmática: *persona misteriosa.*

mística s.f. Parte de la teología que trata de los fenómenos que no se pueden explicar racionalmente. **2.** Creencia absoluta que se forma en torno a una idea o a una persona. **3.** Literatura mística.

mística

La literatura mística, definida en el s. V por el Seudo-Dionisio el Areopagita y desarrollada en la edad media por autores como R. Llull, Eckart, etc., tuvo su apogeo en el s. XVI español con las obras de los carmelitas santa Teresa de Jesús y san Juan de la Cruz. En su intento de comunicar una experiencia que reconocen inexpresable, los autores místicos recurren a símbolos, alegorías, comparaciones y antítesis para ampliar las dimensiones conceptuales de la palabra y alcanzar notables cotas de belleza e intensidad lírica, al mismo tiempo que enriquecen el lenguaje literario con la sintaxis y el léxico propios del habla corriente. La mística se prolonga en el s. XVII con la intervención de Miguel de Molinos.

misticeto, a adj. y s.m. Relativo a un suborden de mamíferos cetáceos que tienen la dentadura sustituida por una serie de láminas córneas o barbas, como la ballena.

misticismo s.m. Doctrina filosófica y religiosa que admite la realidad de una comunicación directa y personal con Dios. **2.** Doctrina o creencia fundada en el sentimiento o la intuición, y no en la razón.

místico, a adj. (lat. *mysticus,* del gr. *mystikós,* relativo a los misterios religiosos). Relativo a la mística: *literatura mística.* **2.** Misterioso, que encierra misterio. **3.** Colomb., Cuba, Ecuad., Pan. y P. Rico. Remilgado. ◆ adj. y s. Entregado a la contemplación de Dios o de cosas divinas. **2.** Que escribe obras de mística. **3.** *Fam.* Que afecta devoción exagerada.

mistificación o **mixtificación** s.f. Acción y efecto de mistificar o mixtificar.

mistificar o **mixtificar** v.tr. (fr. *mystifier,* burlarse de alguien engañándolo). Embaucar, burlarse, engañar. **2.** Falsear, falsificar.

mistol s.m. Argent. y Par. Planta de ramas abundantes y espinosas, flores pequeñas y fruto castaño ovoide, con el que se suele elaborar arrope y otros alimentos. Se utiliza también con fines medicinales. (Familia ramnáceas.)

mistral s.m. METEOROL. Maestral.

mita s.f. (del quechua *mitachanacuy,* turno familiar, semana de trabajo). En la América colonial, repartimiento forzado de la población india para realizar los diversos servicios personales del comercio, agricultura y minería, especialmente el trabajo en las minas del Perú. **2.** En el imperio inca, servicio personal que realizaban los súbditos del inca en los servicios públicos o en las tierras del inca para satisfacer los impuestos.

mitaca s.f. Bol. Cosecha.

mitad s.f. (lat. *medietas, -atis*). Cada una de las dos partes iguales en que se divide un todo. **2.** Punto o parte que equidista o dista aproximadamente igual de sus extremos: *a mi-*

tad del camino. **3.** Unidad social basada en el parentesco, en aquellos casos en que la tribu está dividida en dos partes. ◇ **En mitad** Durante el desarrollo de lo que se expresa. **Mitad y mitad** Por partes iguales.

mitayo s.m. Indio que estaba obligado a trabajar por la mita.

mítico, a adj. Relativo al mito. **2.** Legendario, fabuloso, quimérico.

mitificación s.f. Acción de mitificar.

mitificar v.tr. Dar carácter de mito.

mitigación s.f. Acción de mitigar o mitigarse.

mitigado, a adj. **Orden mitigada** Se dice de la orden religiosa cuya regla ha sido suavizada.

mitigar v.tr. y prnl. (lat. *mitigare,* suavizar, calmar). Moderar, calmar: *mitigar el dolor.* ◇ **Mitigar las olas** Oponerles un dique en talud para que mueran en él sin romperse con violencia. **Mitigar una corriente de agua,** o **el curso de las aguas** Desviar su corriente o curso, de manera suave y gradual, por medio de diques ligeramente oblicuos.

mitilicultor, ra s. Persona que se dedica a la mitilicultura. SIN.: *miticultor.*

mitilicultura s.f. Cría o cultivo de mejillones. SIN.: *miticultura.*

mitima s.f. En el imperio inca, sistema de deportaciones en masa que tenía por objeto la rápida asimilación de las poblaciones recién conquistadas.

mitimae s.m. En el imperio inca, colono que se establecía en las tierras en que se aplicaba la mitima.

mitin s.m. (ingl. *meeting,* reunión, de *meet,* encontrarse) [pl. *mítines*]. Acto público propagandístico, especialmente de ideas políticas o sociales, en el que uno o varios oradores pronuncian un discurso del mismo nombre. **2.** Reunión deportiva de corta duración.

1. **mito** s.m. (gr. *mythos*). Relato popular o literario en el que intervienen seres sobrehumanos y se desarrollan acciones imaginarias que trasponen acontecimientos históricos, reales o ficticios. (Los mitos suelen representar los principios o valores de una sociedad, los complejos individuales y, en general, el espíritu humano.) **2.** Imagen magnificada de un hecho o de un personaje histórico: *el mito napoleónico.* **3.** Idea, teoría, doctrina, etc., que expresa los sentimientos de una colectividad y se convierte en estímulo de un movimiento: *el mito americano.* **4.** Utopía, creencia reputada como irrealizable: *el mito del buen salvaje.* **5.** Fantasía, producto de la imaginación: *eso de que es rico es un mito.*

2. **mito** s.m. Ave paseriforme en cuyo plumaje alternan los tonos blanquecinos, negruzcos y rosados. (Familia páridos.)

mitocondria s.f. Condriosoma.

mitografía s.f. Estudio o tratado de los mitos.

mitología s.f. (gr. *mythología*). Conjunto de los mitos y leyendas propios de un pueblo, una civilización o una religión: *la mitología grecorromana.* **2.** Estudio sistemático de los mitos. **3.** Conjunto de creencias que se refieren a la misma idea y que se imponen en el seno de una colectividad: *mitología del cine.*

mitológico, a adj. y s. Relativo a la mitología.

mitólogo, a s. Persona que se dedica al estudio de la mitología. **2.** Autor de escritos mitológicos.

mitomanía s.f. Tendencia a elaborar explicaciones y relatos de hechos imaginarios, generalmente de forma inconsciente y, en ocasiones, patológica.

mitómano, a s. Persona que padece mitomanía. **2.** Persona que tiende a crear mitos.

mitón s.m. (fr. *miton*). Guante que deja los dedos al descubierto.

mitosis s.f. Proceso de división indirecta de la célula que se caracteriza por la duplicación de todos sus elementos y un reparto igualatorio entre las dos células hijas. (Comprende cuatro fases: profase, metafase, anafase y telofase.) SIN.: *cariocinesis.*

mitote s.m. Fiesta agrícola antigua celebrada por varias etnias mexicanas, durante la cual los participantes bailaban formando círculos concéntricos y bebían hasta embriagarse. **2.** Amér. Fiesta casera. **3.** Amér. Aspaviento, demostración exagerada: *el desfile pasó con mucho mitote.* **4.** Méx. Situación donde impera el desorden o en la que hay mucho ruido o alboroto: *la celebración se transformó en un mitote.*

mitotero, a adj. y s. Amér. *Fig.* Que hace mitotes o melindres. **2.** Amér. *Fig.* Bullanguero, amigo de diversiones. **3.** Amér. *Fig.* Que realiza mitotes, pendenciero: *ese provocador es un mitotero.*

mitótico, a adj. Relativo a la mitosis.

mitra s.f. (lat. *mitra,* del gr. *mítra*) Tocado terminado en punta que los obispos y otras dignidades religiosas llevan cuando ofician ceremonias. **2.** Dignidad de arzobispo u obispo. **3.** Gorro alto y puntiagudo que usaban los persas.

mitrado, a adj. Se dice del eclesiástico que usa mitra. ◆ s.m. Arzobispo u obispo.

mitral adj. Se dice de la válvula situada entre la aurícula y el ventrículo izquierdos del corazón. **2.** Relativo a la válvula mitral: *insuficiencia. estenosis mitral.* **3.** Que tiene forma de mitra.

mitrar v.intr. *Fam.* Obtener un obispado.

mitridatismo s.m. Inmunidad a ciertas sustancias tóxicas, adquirida mediante la ingestión de dosis progresivamente crecientes de las mismas.

mitú s.m. Ave fasianiforme que vive en América Meridional, de unos 50 cm. de long., pico corto, comprimido y con un tubérculo córneo en su base. (Familia cránidos.)

miura s.m. TAUROM. Toro perteneciente a la ganadería Miura y que se caracteriza por su acometividad y fortaleza.

mix s.m. (voz inglesa) [pl. *mix*]. Grabación musical realizada a partir de la mezcla de diferentes canciones o piezas musicales, generalmente destinada al baile.

mixe, pueblo amerindio de la familia lingüística maya-zoque (Oaxaca, México).

mixedema s.m. Edema generalizado que se manifiesta acompañado de diversos trastornos, como apatía y fatiga, causado por una insuficiencia en el funcionamiento de la glándula tiroides.

mixoma s.m. Tumor blando formado por tejido conjuntivo mucoso.

mixomatosis s.f. Enfermedad infecciosa del conejo originada por un virus.

mixomicete adj. y s.m. Relativo a una clase de hongos inferiores que forman masas gelatinosas, informes, móviles, y que se alimentan de vegetales en descomposición.

mixteca adj. y s.m. y f. De un pueblo amerindio de lengua otomangue que en época prehispánica vivía en Oaxaca, actualmente repartido en los estados de Oaxaca, Guerrero y Puebla (México).

mixteca

Los mixtecas destacaron por su dominio de la metalurgia y la orfebrería, con piezas de gran calidad artística y técnica; por su cerámica policroma con dibujos geométricos y naturalistas; por sus códices realizados en piel de venado, en los que consignaban aspectos de su historia y costumbres; por la talla de materiales delicados (turquesa, cristal de roca, alabastro); por su arquitectura (mosaico de piedra) y por sus conocimientos avanzados de medicina, astronomía, geografía, aritmética y otras ciencias. Destacó el señorío de Tilantongo.

mixtificar v.tr. → **mistificar.**

mixtilíneo, a adj. MAT. Formado por rectas y curvas: *figura mixtilínea.*

mixtión s.f. Mezcla.

mixto, a adj. (de *mixtus,* p. de *miscere,* mezclar). Formado de elementos de diferente naturaleza. **2.** Que comprende personas de ambos sexos o pertenecientes a orígenes o formaciones diferentes: *equipo mixto.* ◆ adj. y s. Mestizo. ◆ adj. y s.m. En tenis, se dice del equipo de dobles formado por un jugador y una jugadora. **2.** Se dice del tren compuesto de vagones de viajeros y de mercancías. ◆ s.m. Esp. Fósforo para encender. ◇ **Línea mixta** MAT. Línea compuesta de rectas y curvas. **Grupo mixto** Grupo parlamentario integrado por los diputados o senadores que no hayan podido constituir grupo propio, por no llegar a los mínimos establecidos por los reglamentos del congreso de los diputados y del senado.

mixtura s.f. Mezcla.

mixturar v.tr. Mezclar.

mízcalo s.m. Seta comestible que desprende un látex aromático, dulce o ligeramente acre, y que presenta sombrero anaranjado y laminillas del mismo color o verdosas. (Familia agaricáceas.)

mizodendro s.m. Planta que vive parasitariamente en las ramas de los árboles y crece en los bosques australes de América Meridional. (Familia mizodendráceas.)

mnemotecnia o **nemotecnia** s.f. (del gr. *mnéme,* memoria). Técnica para desarrollar la memoria por medio de una serie de ejercicios apropiados. SIN.: *mnemotécnica.*

mnemotécnico, a o **nemotécnico, a** adj. Relativo a la mnemotecnia. **2.** Que sirve para desarrollar la memoria.

moa s.f. Ave corredora extinguida, de unos 3,5 m, que vivía en Nueva Zelanda. (Familia dinornítidos.)

moabita adj. y s.m. y f. De un pueblo nómada establecido al E del mar Muerto (s. XIII a.C.), emparentado con los hebreos, con los que tuvo frecuentes conflictos. (Fue absorbido por los nabateos en los ss. III-II a.C.)

moai s.m. Estatua gigante de la isla de Pascua.

moaré s.m. → **muaré.**

moaxaja s.f. Poema escrito en árabe o hebreo, inventado en el s. X, cuya última estrofa, la jarcha, estaba escrita en mozárabe.

mobiliario, a adj. Mueble. **2.** DER. Se dice generalmente de los efectos públicos al portador o transferibles por endoso. ◆ s.m. Conjunto de muebles de una casa. SIN.: *moblaje.*

Möbius. Cinta de Möbius Superficie con una sola cara y un solo borde.

moblar v.tr. [conj.: *contar*]. Amueblar.

moca s.m. → **moka.**

mocar v.tr. y prnl. (lat. vulgar *muccare*). Sonar, limpiar los mocos.

mocárabe s.m. Elemento decorativo del arte musulmán formado por la combinación de prismas truncados en forma cóncava en su parte inferior.

1. **mocasín** s.m. (ingl. *moccasin*). Calzado plano, flexible y sin cordones. **2.** Calzado de los indios norteamericanos, hecho de piel sin curtir.

2. **mocasín** s.m. Ofidio escamoso de América y Asia. (Familia crotálidos.)

mocear v.intr. Comportarse como la gente moza. **2.** Llevar una vida licenciosa.

mocedad s.f. Edad o estado del mozo, persona joven y soltera. ◆ **mocedades** s.f.pl. Narración de las hazañas juveniles de un héroe, en la literatura medieval.

mocerío s.m. Conjunto de gente moza.

mocero adj. Mujeriego, libertino.

mocetón, na s. Persona joven y robusta.

mocezuelo s.m. Amér. Serie de convulsiones en un recién nacido.

mocha s.f. Inclinación de cabeza que se hacía en señal de respeto. **2.** *Fam.* Cabeza.

mochada s.f. Topetazo.

mochales adj. (pl. *mochales*) Esp. *Fam.* Chiflado, loco.

mochar v.tr. Dar mochadas o topetazos. **2.** Desmochar.

mocheta s.f. Extremo romo y grueso opuesto a la parte punzante o cortante de algunas herramientas. **2.** Parte rebajada en el marco de una puerta o una ventana, en que encaja el renvalso. **3.** ARQ. **a.** Ángulo entrante que resulta de la unión de dos paredes o que se forma al encontrarse un plano superior arquitectónico con un paramento vertical. **b.** Parte del espesor del vano de una puerta o ventana, más próxima al paramento exterior de la pared, y a escuadra con él.

mochil s.m. (vasc. *motxil,* dim. de *mutil* o *motil,* muchacho, criado). Muchacho que hace de recadero a los campesinos.

mochila s.f. (de *mochil*). Bolsa, generalmente de lona, que se lleva a la espalda sujeta a los hombros por correas. **2.** Morral, saco de los cazadores y soldados. **3.** Méx. Maleta, cofre pequeño.

mochilero, a s. Persona que lleva mochila.

mocho, a adj. Que no tiene la punta o el remate ordinarios. **2.** Esp. *Fig.* y *fam.* Pelado, con el pelo cortado. **3.** Méx. Conservador, retrógrado. ◆ adj. y s. Chile. Se dice de la persona religiosa lega. **2.** Ecuad. Se dice de la persona calva. **3.** Méx. Se dice de la persona mojigata, fanática de sus creencias religiosas. **4.** Méx. Se dice de la persona o animal al que le falta algún miembro: *el gato está mocho de la cola.* **5.** Venez. Manco. ◆ s.m. Remate grueso y romo de un instrumento largo, de un arma de fuego, etc. **2.** Utensilio para fregar el suelo consistente en un palo largo y unas tiras de tejido absorbente en uno de sus extremos. SIN.: *fregona.* **3.** Chile. Pedazo corto de un madero para aserrar.

mochongada s.f. Méx. Payasada.

mochongo s.m. Méx. Hazmerreír.

mochuelo s.m. Ave rapaz nocturna, de pequeño tamaño, gris y con la cabeza achatada, que anida en agujeros de muros y en árboles huecos. (Familia estrígidos.) **2.** *Fig.* y *fam.* Trabajo fastidioso o difícil del que nadie quiere encargarse: *cargar con el mochuelo.*

mocil adj. Que es propio de gente moza.

moción s.f. (lat. *motio, -onis,* movimiento). Acción y efecto de mover o moverse. **2.** *Fig.* Inclinación de alguien por algo. **3.** Proposición que se hace a una asamblea que delibera. ◇ **Moción de censura** Proposición presentada en una asamblea política para expresar disconformidad con el gobierno.

mocionar v.tr. Presentar una moción.

moco s.m. (lat. vulgar *muccus*). Sustancia espesa y viscosa que segregan las membranas mucosas, especialmente la que fluye por la nariz. **2.** Sustancia fluida y viscosa que forma grumos dentro de un líquido. **3.** Extremo del pabilo incandescente o parte que se tuerce por ser muy larga. **4.** Cera derretida de una vela que va cuajándose a lo largo de ella. ◇ **Llorar a moco tendido** Llorar mucho. **Moco de pavo** Apéndice carnoso y eréctil que posee esta ave sobre el pico. **No ser moco de pavo** No ser desdeñable algo.

mococoa s.f. Bol. y Colomb. Murria, mal humor.

mocobí o **mocoví,** pueblo amerindio argentino del Gran Chaco, del grupo guaicurú.

mocoso, a adj. (lat. *muccosus*). Que tiene mocos en la nariz. ◆ s. *Fam.* y *desp.* Niño que se las da de adulto o de experto en algo sin serlo.

mod adj. y s.m. y f. (pl. *mods*). Relativo a un movimiento juvenil surgido a principios de la década de 1960 en Gran Bretaña; miembro de este movimiento, que viste con elegancia y es aficionado a la música pop-rock de ese período.

moda s.f. (fr. *mode*). Manera de actuar, vivir, pensar, etc., ligada a un ambiente o a una época determinados. **2.** Conjunto de ropa, complementos, etc., que siguen el gusto del momento: *la moda parisina, trasnochada.* **3.** Comercio e industria del diseño de ropa. **4.** ESTADÍST. Valor del elemento que se presenta con mayor frecuencia en un conjunto de datos. ◇ **A la,** o **de, moda** Según el gusto del momento.

modado, a adj. Colomb. Que tiene unos determinados modales. (Suele usarse con los adv. *bien* o *mal.*)

modal adj. Relativo al modo, especialmente al gramatical: *formas modales.* **2.** MÚS. **a.** Que tiene alguna relación con el modo: *escala modal.* **b.** Se dice de la música que utiliza otras escalas además de las correspondientes a los dos modos clásicos, mayor y menor. ◆ **modales** s.m.pl. Conjunto de gestos, expresiones, actitudes, etc., conforme a lo que es considerado correcto o distinguido por determinado grupo social.

◇ **Lógica modal** Lógica que tiene en cuenta la modalidad de las proposiciones.

modalidad s.f. (fr. *modalité*). Modo, forma particular de ser o de manifestarse una cosa. **2.** LING. En gramática generativa y transformacional, constituyente inmediato de la frase, junto al núcleo. **3.** MÚS. Escala modal de un fragmento.

modelado s.m. Acción y efecto de modelar. **2.** GEOMORFOL. Conjunto de formas del relieve que caracterizan un sistema morfogenético: *modelado glaciar.* **3.** METAL. Conjunto de procedimientos y medios empleados para la realización de los modelos y cajas de machos o noyos.

modelar v.tr. (ital. *modellare*). Dar una forma determinada a un material blando, como la arcilla, la plastilina, la cera, etc., especialmente con una finalidad artística. **2.** *Fig.* Hacer que una persona adquiera o desarrolle determinadas características morales.

modelismo s.m. Arte y técnica de construir modelos a pequeña escala.

modelista s.m. y f. Operario que utiliza los moldes para el vaciado de piezas de metal, cemento, etc. **2.** METAL. Obrero cualificado que confecciona los modelos y las cajas de machos o noyos utilizados para la realización de los moldes de las piezas de fundición. **3.** TECNOL. Persona que fabrica modelos reducidos o maquetas.

modelo s.m. (ital. *modello*). Persona o cosa que sirve de referencia o que se imita. **2.** Reproducción a escala reducida de un edificio, máquina, etc. **3.** Tipo, categoría, variedad particular: *automóvil último modelo.* **4.** Prenda de vestir, exclusiva y original, realizada por un modista de alta costura. **5.** Objeto diseñado por un artista de fama. **6.** LÓG. Estructura lógica o matemática que se utiliza en la ciencia para explicar un conjunto de fenómenos que guardan entre sí ciertas relaciones. ◆ s.m. y f. Persona que posa para un artista. **2.** Persona que tiene por oficio exhibir ropa, complementos, etc., ante un público, especialmente en desfiles, o posar en carteles publicitarios, anuncios de televisión, etc. ◇ **Modelo matemático** Representación matemática de un fenómeno físico, económico, humano, etc., realizada para poder estudiarlo mejor. **Modelo reducido** Reproducción a escala reducida de un mecanismo, estructura, etc.

módem o **modem** s.m. (acrónimo de *modulador demodulador*). INFORMÁT. Dispositivo que convierte la información que recibe de una forma generalmente digital en otra forma transmisible a través de una línea del teleproceso, y viceversa. (Permite especialmente el intercambio de informaciones entre computadoras a través de la red telefónica.)

moderación s.f. Acción de moderar o moderarse. **2.** Cualidad o actitud de la persona que evita los excesos y se mantiene en un justo medio.

moderado, a adj. Que no es excesivo. ◆ adj. y s. Se dice de la persona que actúa con moderación. **2.** Se dice del partido, ideología, etc., que no es extremista. **3.** HIST. Relativo al partido moderado; miembro de este partido.

moderador, ra adj. y s. Que modera. ◆ s. Persona que dirige un debate, asamblea, etc. ◆ s.m. FÍS. Sustancia que disminuye la velocidad de los neutrones resultantes de una fisión nuclear y mantiene una reacción en cadena, como el agua pesada, el grafito o el berilio. ◇ **Poder moderador** Jefe de estado, monarca o presidente, que, en los regímenes parlamentarios, regula la vida política según la voluntad electoral.

moderantismo s.m. Actitud moderada en las acciones o las palabras. **2.** Actitud política de los moderados.

moderar v.tr. (lat. *moderari*). Disminuir la intensidad o el exceso de algo: *moderar los gastos.* **2.** Actuar como moderador en un debate, asamblea, etc. ◆ v.tr. y prnl. Evitar o suavizar un exceso: *moderar las pasiones.*

1. **moderato** adv. (voz italiana). MÚS. Con un tempo moderado.

2. **moderato** adj. y s.m. (voz italiana). MÚS. Se dice de una composición musical o un fragmento que se ejecuta con tempo moderado.

modernamente adv.t. En la actualidad o hace poco tiempo.

modern dance s.f. (voces inglesas). Estilo de danza contemporánea, adoptado por la danza tradicional, que se caracteriza por una mayor libertad de expresión y de movimiento.

modern dance

Muy impregnada de las teorías de François Delsarte sobre el movimiento, la *modern dance* se extendió durante la década de 1930 con la propuesta de lenguajes gestuales nuevos e impuso tres grandes técnicas: las de Martha Graham, Doris Humphrey y Lester Horton. No cesó de evolucionar gracias a la diversidad de personalidades que la representan (J. Limón, A. Ailey, H. Holm, A. Nikolais), a la multiplicidad de intercambios con la danza europea y a los replanteamientos, a veces radicales, de coreógrafos como Merce Cunningham.

modernidad s.f. Cualidad de moderno. **2.** Edad moderna.

modernismo s.m. Cualidad de moderno. SIN.: *modernidad.* **2.** Afición, gusto por lo moderno. **3.** *Fam.* Comportamiento nuevo respecto a lo tradicionalmente admitido. **4.** B. ART. Movimiento artístico, especialmente arquitectónico y decorativo, desarrollado entre finales del s. XIX y principios del s. XX. **5.** LIT. Movimiento literario desarrollado en Hispanoamérica y España entre finales del s. XIX y principios del s. XX. **6.** REL. Conjunto de doctrinas y tendencias encaminadas a renovar la exégesis, la doctrina social y el gobierno de la Iglesia, para ponerlos de acuerdo con los datos de la crítica histórica moderna y con las necesidades de la época.

modernismo

B. ART. El modernismo representó una decisiva ruptura con el academicismo y el eclecticismo del s. XIX, y se caracterizó por un empleo, tanto estructural como decorativo, del arabesco, a menudo imitando una flora más o menos estilizada. El movimiento tomó diferentes denominaciones: *Liberty* en Gran Bretaña y EUA, *art nouveau* y *modern style* en Francia y Bélgica, *Sezession Stil* en Austria, *Jugendstil* en Alemania, *stile floreale* en Italia. En Barcelona, centro del importante núcleo catalán, destacaron los arquitectos A. Gaudí, L. Domènech i Montaner, J. Puig i Cadafalch, los escultores J. Llimona y E. Clarasó, y los pintores S. Rusiñol y R. Casas.

LIT. El modernismo, que surgió en correspondencia con tendencias artísticas del momento (parnasianismo y simbolismo, impresionismo y *art nouveau*), incluye a numerosos escritores hispanoamericanos y españoles cuya obra se desarrolló entre 1890 y 1914. Sus inicios se sitúan en la atmósfera de crisis del fin de siglo, que estimuló la actitud diferencial del artista frente a la sociedad. Las iniciativas renovadoras partieron de América (José Martí, R. Darío, J. Asunción Silva, L. Lugones, Herrera, Rodó, Larreta, etc.) y se extendieron hacia España (Valle-Inclán, Villaespesa, los Machado y J. R. Jiménez).

modernista adj. y s.m. y f. Relativo al modernismo; adscrito a este movimiento.

modernización s.f. Acción de modernizar.

modernizar v.tr. y prnl. Actualizar, dar una forma o carácter moderno.

moderno, a adj. (lat. *modernus*). Actual, o de una época relativamente reciente. **2.** Que sigue el gusto que domina en dicha época. ◆ adj. y s. Que vive o ha vivido de acuerdo con las ideas más avanzadas de su época. **2.** Relativo a la edad moderna; que ha vivido en este período histórico. ◇ **Edad moderna** Período histórico que va desde el final de la edad media a la Revolución francesa. **Historia moderna** Parte de la historia que se ocupa de la edad moderna.

moderno

Cada época califica de moderno, en el sentido de «contemporáneo y nuevo», lo que se opone a la tradición; tales son los casos de la modernidad celebrada por Baudelaire, por el *modern style* o *modernismo* de 1900 y, por supuesto, por las rupturas vanguardistas del s. XX (cubismo, dadaísmo, constructivismo, música serial, etc.) y la arquitectura (hasta el posmodernismo).

modern style s.m. (voces inglesas, *estilo moderno*). Modernismo.

modestia s.f. (lat. *modestia*). Cualidad de modesto.

modesto, a adj. y s. (lat. *modestus*). Se dice de la persona que no se vanagloria de los propios méritos. ◆ adj. Sencillo, no lujoso. **2.** Que tiene una posición social baja, pero sin llegar a la pobreza. **3.** Recatado, pudoroso.

módico, a adj. (lat. *modicus*). Moderado, no excesivo: *precio módico.*

modificación s.f. Acción y efecto de modificar o modificarse.

modificador, ra adj. y s.m. Que modifica.

modificar v.tr. y prnl. (lat. *modificare*, arreglar). Cambiar en algún aspecto algo sin alterar su naturaleza. ◆ v.tr. Determinar o especificar una palabra el sentido de otra.

modillón s.m. (ital. *modiglione*). ARQ. Pieza saliente que soporta una cornisa, el arranque de un arco o el vuelo de una galería.

modismo s.m. Frase o locución características de una lengua, cuyo significado no se deduce de los significados aislados de las palabras que la forman, sino solo de la frase considerada en su totalidad.

modistilla s.f. *Fam.* Oficiala o aprendiza de modista.

modisto, a s. Persona que tiene por oficio confeccionar o diseñar ropa femenina. (Tiene doble forma de masculino: *el modisto* y *el modista.*) ◆ s.f. Mujer que tiene por oficio confeccionar prendas femeninas y hacer arreglos de costura.

modo s.m. (lat. *modus*, medida para medir, manera). Manera variable de presentarse una cosa. **2.** Forma de realizar algo. **3.** DER. CIV. Encargo unido a una donación, institución de heredero, legado, etc., que obliga al adquiridor. **4.** FILOS. En la segunda escolástica, determinación de un sujeto, que no tiene consistencia propia, y que permite distinguir entre una entidad y algunas de sus modificaciones. **5.** GRAM. Categoría gramatical del verbo que hace referencia a la manera en que se presenta el proceso verbal. (En español hay cuatro modos: indicativo, condicional o potencial, subjuntivo e imperativo.) **6.** MÚS. Escala de estructura definida en el marco de la octava y caracterizada por la disposición de sus intervalos. ◆ **modos** s.m.pl. Gestos, expresiones o comportamiento adecuados a lo que se considera correcto dentro de una determinada sociedad. ◇ **Modo de vida** ETNOL. y GEOGR. Conjunto de actividades regulares y repetidas de un grupo humano en función de un hábitat determinado. **Ni modo** Méx. Indica que no se puede hacer nada ante algo que no tiene remedio: *ni modo. ya se nos hizo tarde.*

modo

Parece injusto que los musicólogos apliquen retrospectivamente a las músicas griega y medieval la definición usual de la palabra *modo*. Los «modos» antiguos son en realidad escalas-tipo inseparables de fórmulas características, de acuerdo con una concepción aún frecuente en las músicas arcaicas y orientales, escalas ligadas a la noción de altura, timbre, ecos. No fue así en la música bizantina primitiva. Los ocho modos gregorianos son una calca de los ocho tonos bizantinos con nombres de modos griegos: dorio, lidio, frigio, mixoldio e hipodorio, hipolidio, hipofrigio e hipomixoldio. Se caracterizan por su nota final y el lugar, siempre de *mi* a *fa* y de *si* a *do*, que ocupan los semitonos. Su nota inicial permite situarlos (de esa forma, el modo frigio, que comienza por *mi*, se llama también *modo de mi*). En el s. XVI las reglas de la tonalidad clásica fijadas aún conocían solo el modo mayor, en el que la estructura única (tono, tono, medio tono, tono, tono, medio tono) se estableció a partir de *do*, y el modo menor, cuya estructura única utiliza la del modo mayor, pero con un medio tono en lugar del tono entre el quinto y sexto grado. En el s. XX el estilo jazzístico y ciertas escuelas de música contemporánea trataron de utilizar de nuevo los recursos de los modos.

modorra s.f. Somnolencia muy pesada. **2.** VET. Denominación vulgar del vértigo de las ovejas.

modorrar v.tr. Amodorrar. ◆ **modorrarse** v.prnl. Ablandarse la fruta como si empezara a pudrirse.

modorro, a adj. Que tiene o padece modorra. **2.** Se dice de la fruta que se modorra.

modoso, a adj. Moderado, respetuoso.

modrego s.m. *Fam.* Hombre torpe, sin habilidad ni gracia.

modulación s.f. Acción y efecto de modular. **2.** FÍS. Variación, en el tiempo, de una característica de una onda (amplitud, fase, frecuencia) según una ley impuesta. **3.** FONÉT. Entonación. **4.** MÚS. Paso de una tonalidad a otra. **5.** RADIOTECN. Procedimiento utilizado para incorporar la señal que debe transmitirse a la corriente portadora de alta frecuencia. ◇ **Modulación de amplitud** Sistema de emisión en el que la señal de baja frecuencia que debe transmitirse se superpone por adición algebraica a la amplitud de la señal de alta frecuencia del emisor. **Modulación de fase** Sistema de modulación en el que la amplitud y la frecuencia de la señal que debe transmitirse modifican la fase de la señal de alta frecuencia del emisor. **Modulación de frecuencia** Sistema de modulación en el que varía la frecuencia de la onda portadora según la cadencia de las señales moduladoras, manteniéndose constante la amplitud de la onda portadora.

modulador, ra adj. Que modula. ◆ s.m. Dispositivo que sirve para modular una onda.

1. **modular** adj. Relativo al módulo. **2.** Que está formado por un conjunto de módulos: *biblioteca modular.*

2. **modular** v.intr. (lat. *modulari*). MÚS. Pasar melódicamente de una tonalidad a otra, dentro de un mismo fragmento de una composición. **2.** MÚS. Ejecutar modulaciones al cantar o al tocar un instrumento. **3.** RADIOTECN. Hacer variar la amplitud, la frecuencia o la fase de la corriente portadora bajo la acción de la señal que se ha de transmitir.

módulo s.m. (lat. *modulus*, dim. de *modus*, modo). Proporción que existe entre las dimensiones de los elementos de un cuerpo u obra que se considera perfecta. **2.** Unidad de medida que se toma para establecer esta proporción. **3.** Elemento tipo que se utiliza en construcciones prefabricadas. **4.** Coeficiente que caracteriza ciertas propiedades mecánicas. **5.** Diámetro de una medalla o moneda. **6.** Elemento combinable con otros de la misma naturaleza o que concurren a una misma función. **7.** ARQ. Medida convencional que determina las proporciones entre las diferentes partes de una obra arquitectónica. **8.** ASTRONÁUT. Elemento de una nave espacial que puede funcionar independientemente del resto: *módulo de mando; módulo lunar.* **9.** MAT. Operador matemático que da el resto de la división de una variable por una constante. ◇ **Módulo de engranaje** Cociente del diámetro primitivo de un engranaje por el número de dientes. **Módulo de un número complejo** $z = a + bi$. MAT. Número real positivo de valor $\sqrt{a^2 + b^2}$. **Módulo de un número real** Valor absoluto de este número. **Módulo de un vector** Longitud de este vector. **Módulo específico,** o **relativo** Caudal medio anual, en litros por segundo, por kilómetro cuadrado de una cuenca hidrográfica.

modus operandi loc. (voces latinas) [pl. *modus operandi*]. Manera de actuar o trabajar para alcanzar un fin determinado.

modus vivendi loc. (voces latinas, *modo de vivir*) [pl. *modus vivendi*]. Arreglo, transacción o ajuste temporal que se lleva a cabo entre dos partes mientras se llega al acuerdo final. **2.** Manera de ganarse la vida.

moellen o **moellón** s.m. Subproducto del agamuzado de las pieles.

moer s.m. Muaré.

moere s.f. GEOGR. Laguna marítima que en Flandes se deseca para cultivar.

mofa s.f. Burla que se hace con desprecio.

mofar v.tr., intr. y prnl. (voz de origen onomatopéyico). Hacer mofa.

mofeta s.f. Mamífero carnívoro originario de América, de unos 30 cm de long., sin contar la cola, de pelaje negro y blanco, que posee la facultad de defenderse lanzando, a varios metros de distancia, un líquido fétido secretado por las glándulas anales. (La mofeta es el principal transmisor de la rabia en EUA; familia mustélidos.) **2.** GEOL. Emanación de gas carbónico que se produce con frecuencia en las regiones volcánicas. **3.** MIN. Gas mefítico desprendido en los yacimientos carboníferos.

moflete s.m. *Fam.* Carrillo grueso y carnoso.

mofletudo, a adj. *Fam.* Que tiene mofletes.

mogataz adj. y s.m. (ár. *mugáṭṭas,* bautizado). Se dice del soldado moro que estaba al servicio de España en África.

mogate s.m. Baño con que se recubre alguna cosa. **2.** Barniz que usan los alfareros.

mogo s.m. Chile. y Colomb. Moho.

mogol, la adj. y s. Mongol. **2.** Relativo al Gran Mogol.

mogólico, a adj. Mongólico. **2.** Relativo al Gran Mogol.

mogolla s.f. Colomb. Pan moreno hecho de salvado.

mogollón s.m. Intrusión sin ser invitado, gorronería. **2.** *Fam.* Lío, jaleo, enredo. **3.** Esp. *Fam.* Cantidad grande de algo.

mogón, na adj. Se dice de la res vacuna a la que le falta un cuerno o lo tiene roto por la punta.

mogote s.m. Montículo aislado y romo. **2.** Hacina piramidal. **3.** Cornamenta poco crecida de un venado.

mogrebí adj. y s.m. y f. → **magrebí.**

mogrollo s.m. Gorrón, que vive o se divierte a costa ajena.

mohair s.m. y adj. (voz inglesa). Pelo de cabra de angora, con el que se tejen telas ligeras y lanas para hacer punto que también reciben el mismo nombre.

moharra s.f. Mamífero quiróptero, de tronco y miembros gruesos y robustos, que vive en América Central y Meridional. (Familia filostómidos.)

mohatra s.f. DER. **a.** Contrato simulado de compraventa de carácter usurario, en el que se adquieren a precio elevado y a crédito unas mercancías, para venderlas de nuevo a precio menor y al contado al vendedor. **b.** Usura. **c.** Fraude, engaño, abuso en la contratación. **2.** HIST. Práctica que consistía en la venta de mercancías a crédito, embargando el valor de la cosecha de los agricultores compradores.

mohatrar v.intr. Hacer mohatras.

mohave, pueblo amerindio de América del Norte, del grupo yuma y de lengua uto-azteca, que habitaba en el curso bajo del Colorado y en el SE de California, y que act. vive en reservas de California y Arizona.

mohawk, pueblo amerindio de América del Norte, perteneciente a la confederación iroquesa, que habitaba en el valle del Mohawk (est. de Nueva York), y que act. vive en las cercanías de Montreal (Canadá).

mohecer v.tr. y prnl. [conj.: *parecer*]. Enmohecer.

mohicano o **mohicán,** pueblo amerindio algonquino del valle del Hudson, act. desaparecido.

mohín s.m. Mueca o gesto facial, generalmente gracioso.

mohína s.f. Enojo contra alguien. SIN.: *mohindad.*

mohíno, a adj. Triste, disgustado. **2.** Se dice del mulo o mula nacidos de caballo y burra.

moho s.m. Hongo muy pequeño que se desarrolla formando capas sobre materias orgánicas en descomposición. **2.** Película que se forma en la superficie de algunos metales. **3.** *Fig.* Pereza de volver al trabajo, después de un largo período de inactividad.

mohosearse v.prnl. Colomb. y Perú. Enmohecerse.

mohoso, a adj. Cubierto de moho.

moi, pueblo de raza indonesia de Vietnam y Laos.

moisés s.m. (de *Moisés,* personaje bíblico). Cuna portátil de cestería para bebés.

mojado, a adj. y s. Se dice del chicano residente ilegalmente en EUA. SIN.: *espalda mojada.*

mojador, ra adj. y s. Que moja. ◇ **Mecanismo mojador** ART. GRÁF. Dispositivo para humedecer las planchas en las partes no impresoras, en las máquinas offset.

mojadura s.f. Acción y efecto de mojar o mojarse. **2.** MAR. Desperfecto ocasionado en la carga de un barco por la humedad o por una entrada de agua de mar o de lluvia.

mojama s.f. (ár. *mušámma,* secado). Cecina de atún.

mojante adj. y s.m. FÍS. Se dice del líquido u otra sustancia que, mezclados con otro líquido, les permite mojar un sólido con más facilidad que si estuviera en estado puro.

mojar v.tr. y prnl. (lat. *molliare,* reblandecer). Humedecer o empapar algo con un líquido. ◆ **mojarse** v.prnl. Comprometerse, contraer obligación o responsabilidad.

mojardón s.m. Hongo comestible, de tamaño pequeño, que crece en círculos en los prados y claros de los bosques. (Familia agaricáceas.)

mojarra s.f. Pez marino de unos 30 cm de long., de color gris plateado con tornasoles y grandes fajas transversales negras. (Familia espáridos.) **2.** Lancha que se utiliza en la pesca del atún. **3.** Amér. Cuchillo ancho y corto. **4.** Argent. Pez pequeño que abunda en aguas dulces de América del Sur.

mojarrilla s.m. y f. *Fam.* Persona alegre y burlona.

mojasellos s.m. (pl. *mojasellos*). Utensilio para humedecer el dorso de los sellos.

moje o **mojo** s.m. Caldo o salsa de un guisado.

mojicón s.m. Bizcocho de mazapán. **2.** Bizcocho delgado que se suele mojar en chocolate. **3.** *Fam.* Golpe que se da en la cara con la mano.

mojiganga s.f. Fiesta pública que se hacía antiguamente con disfraces, generalmente de animales. **2.** LIT. Género dramático en el que intervenían animales, personajes extravagantes y motivos musicales con danza.

mojigatería s.f. Cualidad de mojigato. **2.** Acción del mojigato.

mojigato, a adj. y s. (de *mojo,* gato, y *gato*). Se dice de la persona de moralidad o recato exagerados, que se escandaliza fácilmente. **2.** Se dice de la persona que aparenta humildad o timidez para lograr su propósito.

mojinete s.m. Argent., Par. y Urug. Remate o frontón triangular situado entre las dos paredes más altas y angostas de un rancho, galpón o construcción similar, sobre las que se apoya el caballete.

1. **mojo** s.m. → **moje.**

2. **mojo** → **moxo.**

mojó s.m. Ave paseriforme que vive en Hawai, de unos 30 cm de long., de plumaje negro con copetes amarillos a ambos lados del pecho. (Familia melifágidos.)

mojón s.m. (hispano-lat. *mutulo, -onis,* del lat. *mutulus,* modillón). Piedra o señal que marca el límite de una propiedad o territorio, o sirve de guía en un camino o carretera. **2.** Montón de algo. **3.** Excremento humano compacto expelido de una vez.

mojonar v.tr. Señalar los límites de una propiedad o de un término jurisdiccional con mojones.

mojonera s.f. Lugar donde se colocan los mojones. **2.** Serie de mojones entre dos términos o jurisdicciones.

moka o **moca** s.m. Variedad de café muy apreciada. **2.** Infusión de café. **3.** Crema elaborada con mantequilla, café, vainilla y azúcar con que se rellenan o adornan pasteles.

moki → **hopi.**

mol s.m. (abrev. de *molécula*). QUÍM. Unidad de medida de materia (símb. mol) equivalente a la cantidad de materia de un sistema que contiene tantas entidades elementales (átomos, moléculas, iones, etc.) como átomos hay en 0,012 kg de carbono 12. SIN.: *moléculagramo.*

1. **mola** s.f. (lat. *mola*). Harina de cebada, tostada y mezclada con sal, que los romanos utilizaban en los sacrificios.

2. **mola** s.f. (lat. *molem,* masa). MED. Degeneración de la placenta que puede causar la muerte al embrión.

3. **mola** s.f. Colomb. y Pan. Blusa confeccionada con telas de distintos colores.

molada s.f. Porción de algo que se muele de una vez.

molalidad s.f. QUÍM. Número de moles de soluto por cada 1 000 g de disolvente en una disolución.

1. **molar** adj. Relativo a la muela. **2.** Apto para moler. ◆ s.m. Muela.

2. **molar** adj. MED. Relativo a la mola vesicular.

3. **molar** adj. QUÍM. Relativo al mol.

4. **molar** v.intr. Esp. *Fam.* Ser algo o alguien del agrado de una persona: *esta canción me mola cantidad, cómo molas con esos zapatos.*

molaridad s.f. QUÍM. Número de moles de soluto que existen en un litro de disolución.

molasa s.f. Formación sedimentaria detrítica de rocas arenosas o calcáreas depositadas en las fosas marginales de las cordilleras, después de las fases paroxismales de la orogénesis.

molásico, a adj. Relativo a la molasa.

molcajete s.m. Mortero grande, generalmente de piedra, con tres apoyos en su base.

moldar v.tr. Amoldar. **2.** Moldurar, hacer molduras.

moldavo, a adj. y s. De Moldavia.

molde s.m. Objeto con una cavidad en la que se introduce una sustancia en polvo, pastosa o líquida, que, al solidificarse, adopta la forma de dicha cavidad. **2.** Instrumento que sirve para estampar o dar forma o cuerpo a una cosa. **3.** Utensilio de cocina de metal o papel que se emplea para dar forma a ciertos platos y pasteles. **4.** *Fig.* Esquema, norma: *romper moldes.* **5.** IMPR. Conjunto de letras o forma ya dispuesta para imprimir. **6.** METAL. Forma de arena, de tierra o metálica, destinada a recibir un metal en fusión, en la fabricación de piezas por colada.

moldeado s.m. Esp. Acción y efecto de moldear, especialmente el cabello.

moldear v.tr. Colocar en un molde la materia fundida para darle la forma de la cavidad de aquel. **2.** Formar un molde a partir de una figura. **3.** Dar una forma determinada a algo: *moldear un busto en barro.* **4.** *Fig.* Instruir a alguien para que adquiera un carácter o conducta determinados.

moldeo s.m. Procedimiento de modelado de materia plástica para la obtención de piezas u objetos. **2.** METAL. **a.** Realización de moldes con modelos cuya forma se imprime en arenas o tierras preparadas, para la obtención de objetos metálicos por colada. **b.** Obtención de objetos metálicos en moldes por colada.

moldura s.f. (fr. *moulure*). Parte saliente que sirve de adorno o refuerzo a una obra de arquitectura, ebanistería, cerrajería u otras artes.

molduraje s.m. Conjunto de las molduras de una obra arquitectónica o de un mueble.

moldurar v.tr. Hacer molduras en una cosa.

1. **mole** s.f. (lat. *moles,* masa o volumen grande). Cuerpo pesado y enorme. **2.** Corpulencia, especialmente de una persona.

2. **mole** adj. (del lat. *mollis*). Que es muelle, blando.

3. **mole** s.m. (náhualt *mullí*). Méx. Salsa espesa elaborada con diferentes chiles, especias y otros ingredientes. **2.** Méx. Guiso de carne de pollo, de guajolote o de cerdo que se prepara con esta salsa.

molécula s.f. (del lat. *moles,* masa). Conjunto definido de átomos de composición fija, que constituye la porción más pequeña de un cuerpo puro en estado libre sin perder las propiedades de la sustancia original. **2.** *Fig.* Elemento, la menor partícula constituyente de un conjunto.

molécula-gramo s.f. (pl. *moléculas-gramo*). Mol.

molecular adj. Relativo a la molécula.

moledera s.f. Piedra en que se muele. **2.** *Fig.* y *fam.* Fastidio, cansancio.

moledor, ra adj. y s. Que muele. **2.** *Fig.* y *fam.* Se dice de la persona o actividad que cansa por su pesadez. ◆ s.m. Cilindro del molino en que se machaca la caña de azúcar.

moledura s.f. Molienda, acción de moler. **2.** *Fig.* y *fam.* Cansancio por la pesadez de alguien o de algo.

molejón s.m. Cuba. Roca alta y tajada que sobresale en el mar.

moler v.tr. (lat. *molere*) [conj.: *mover*]. Reducir el grano u otros materiales a polvo o pequeños fragmentos mediante golpes, presión o frotamiento. **2.** *Fig.* Maltratar físicamente a alguien: *moler a palos.* **3.** Reducir a polvo más o menos fino las materias empleadas en ciertas artes, aplastándolas con una moleta. **4.** Desmenuzar o triturar un mineral pasándolo por el molino. **5.** Cuba. Exprimir la caña de azúcar en el molino. **6.** Méx. *Fam.* Molestar, fastidiar: *ya no me muelas. déjame trabajar.* ◆ v.tr. e intr. *Fig.* Cansar o fatigar mucho: *la caminata le ha molido, me molió con sus preguntas.*

molesquina s.f. Tela de algodón fino, recubierta de una capa flexible, cuyo ligamento es un raso por efecto de trama, que imita el cuero.

molestar v.tr. y prnl. (lat. tardío *molestare*). Perturbar a alguien física o moralmente, ocasionándole una sensación desagradable u obligándole a hacer algo que no desea: *el ruido me molesta.* **2.** Producir un dolor leve: *estos zapatos me molestan.* **3.** Ofender levemente: *aquel insulto le molestó.* ◆ **molestarse** v.prnl. Hacer algún trabajo de poca importancia sin estar obligado: *molestarse por alguien, molestarse en hacer la cena.*

molestia s.f. (lat. *molestia*). Malestar producido por algo que molesta. **2.** Persona o cosa que molestan.

molesto, a adj. (lat. *molestus*). Que causa molestia. **2.** *Fig.* Que siente molestia.

molestoso, a adj. Amér. Molesto, que causa molestia.

moleta s.f. Disco metálico pequeño, con el borde dentado, que marca los puntos en que la lezna ha de atravesar el material para efectuar la costura. **2.** TECNOL. Instrumento dotado de un pequeño disco de acero duro que sirve para cortar, grabar o trabajar cuerpos duros, piezas de metal, etc.

moletear v.tr. TECNOL. Adornar, labrar o pulir con la moleta.

molibdenita s.f. Sulfuro natural de molibdeno (MoS_2).

molibdeno s.m. (fr. *molybdène,* del gr. *mólybdos,* galena). Metal de color blanco, duro, quebradizo y difícil de fundir. **2.** Elemento químico (Mo), de número atómico 42 y masa atómica 95,94.

molíbdico, a adj. Se dice del anhídrido MoO3 y de los ácidos correspondientes.

molicie s.f. Blandura. **2.** *Fig.* Comodidad excesiva en el estilo de vida.

molido, a adj. Cansado, fatigado, maltratado: *tener el cuerpo molido.* <> **Oro molido** Oro reducido a polvo, empleado en el s. XVIII para el dorado de metales.

molienda s.f. (lat. *molenda,* lo que se ha de moler). Acción de moler. **2.** Cantidad que se muele de una vez. **3.** Temporada que dura la operación de moler. **4.** *Fig.* y *fam.* Cansancio, molestia por el exceso de algo.

molificar v.tr. y prnl. Ablandar o suavizar algo.

molinado s.m. Operación de dar al hilo de seda cruda la torsión necesaria para las diversas aplicaciones a que se destina. SIN.: *molinaje.*

molinar s.m. Lugar donde hay molinos.

molinería s.f. Industria que produce harina a partir de los granos de cereales, especialmente de trigo, por medio de la molturación o molienda. **2.** Técnica de fabricación de harina.

molinero, a adj. Relativo al molino o a la molinería. ◆ s. Persona que tiene a su cargo un molino o que trabaja en él.

molineros s.m.pl. Forma del baile andaluz procedente del folklore regional, que acusó el influjo del flamenco en alguno de sus giros.

molinete s.m. Accesorio de la caña de pescar que sirve para arrollar el sedal. **2.** Esp. Aparato para renovar el aire de un local, consistente en una rueda de paletas colocada en un orificio que comunica con el exterior. **3.** Esp. Juguete que consiste en una rueda o estrella de papel, fijada a una caña o palo con un alfiler, que gira impulsada por el viento. **4.** COREOGR. **a.** Danza de los derviches, ejecutada en las mezquitas para celebrar la fiesta de Menelao, su fundador. **b.** Figura en la que las bailarinas unen sus manos derechas, al tiempo que dan la izquierda a su pareja, mientras ejecutan una vuelta completa o una media vuelta *(medio molinete)* y se balancean de un lado a otro. **5.** ESGR. Movimiento circular rápido del sable, lanza, etc., ejecutado para defenderse del adversario. **6.** MAR. Torno en la proa de un barco, que sirve para virar cadenas y cabos, y especialmente para levar el ancla. **7.** TAUROM. Pase en que el torero, al estar en el centro de la suerte, gira en dirección contraria a la del toro. **8.** TECNOL. Broca forrada de madera y agujereada en toda su longitud, que usan los tiradores de oro para impedir que se corten el oro, la plata, etc.

molinillo s.m. Utensilio doméstico para moler: *molinillo de café.* **2.** Aparato para medir la velocidad de las corrientes de agua. **3.** Molinete, juguete infantil.

molinismo s.m. Sistema teológico propuesto por el jesuita Luis de Molina, sobre la gracia y el libre albedrío.

molinista adj. y s.m. y f. Relativo al molinismo; partidario de este sistema teológico.

molino s.m. (lat. *molinum,* de *saxum molinum,* muela). Máquina o instalación que sirve para moler ciertos materiales o sustancias: *molino de viento, de aceite, hidráulico, harinero.* **2.** Edificio en que está instalada esta máquina o instalación. **3.** Máquina constituida por cilindros de acero estriados o acanalados que quebrantan y aplastan los tallos, en la fabricación del azúcar de caña, para extraerles el jugo. **4.** Máquina utilizada en el molinado de la seda para dar torsión a los hilos. **5.** GEOMORFOL. Cavidad excavada en la superficie de un glaciar, por fusión del hielo, por la que se precipitan las aguas de ablación. ◇ **A molino** NUMISM. Sistema de acuñación de moneda que se estableció en Segovia en 1582, con maquinaria, procedente de Alemania.

molinosismo s.m. Quietismo, doctrina herética de Miguel de Molinos.

molinosista adj. y s.m. y f. Quietista.

molla s.f. Parte aprovechable de una cosa orgánica. **2.** Miga del pan. **3.** *Fam.* Músculo o conjunto de músculos, especialmente del brazo. **4.** Esp. *Fam.* Bulto en el cuerpo de una persona producido por un exceso de grasa.

mollar adj. Se dice de una fruta blanda o fácil de partir. **2.** *Fig.* Se dice de lo que da mucho provecho con poco esfuerzo. **3.** *Fig.* Se dice de la persona guapa o con buena figura.

molle s.m. (quechua *múḷ*). Árbol originario de América Central y Meridional, de hojas coriáceas, compuestas y muy poco dentadas, flores en espigas axilares y frutos rojizos. (De su corteza se extrae esencia de trementina, y con sus hojas y frutos, de sabor picante, se elabora un sucedáneo de la pimienta; familia anacardiáceas.)

mollear v.intr. Ceder algo a la fuerza o presión. **2.** Doblarse algo por ser blando.

molledo s.m. Parte carnosa y redondeada de un miembro del cuerpo. **2.** Miga del pan.

molleja s.f. Bolsa del aparato digestivo de las aves que tritura los alimentos gracias a su gruesa pared musculosa y a piedras pequeñas que ingiere el ave para favorecer el proceso. **2.** Apéndice carnoso de las reses jóvenes, formado generalmente por infarto de las glándulas.

mollejón, na s.m. y f. *Fam.* Persona muy gorda y débil. **2.** *Fig.* y *fam.* Persona apacible.

mollera s.f. Cabeza, en especial la parte más alta de la misma. **2.** Fontanela situada en la parte más alta de la frente. **3.** *Fig.* Inteligencia, entendimiento. ◇ **Cerrado,** o **duro, de mollera** *Fam.* Testarudo o lento para comprender algo.

móllera s.f. Pez teleósteo, de unos 25 cm de long., que vive en las costas septentrionales de la península Ibérica. (Familia gádidos.)

mollete s.m. Moflete. **2.** Méx. Rebanada de pan de corteza dura, untada de mantequilla o de frijoles y queso.

molletudo, a adj. Mofletudo.

molo s.m. Chile. Malecón.

1. **moloc** s.m. Ecuad. Puré de papas.

2. **moloc** s.m. Lagarto originario de Australia, de unos 20 cm de long., cabeza pequeña y triangular, que tiene el cuerpo cubierto de espinas.

molón s.m. Ecuad. y Perú. Piedra sin labrar.

molondro, a s. *Fam.* Persona torpe y perezosa.

moloso, a adj. y s. De Molosia, ant. pueblo de Epiro, al N del golfo de Ambracia. (Su centro era el santuario de Dodona.) ◆ adj. y s.m. Dogo.

molote s.m. Amér. Central, Antillas, Colomb. y Méx. Alboroto, escándalo. **2.** Méx. Moño. **3.** Méx. Empanada rellena de carne, papas, cebolla, chile, queso, etc. **4.** Méx. Envoltura alargada, lío.

molto adv. (voz italiana). MÚS. Mucho, muy. ◇ **Crescendo molto** Aumentando mucho. **Molto expressivo** Muy expresivo.

molturación s.f. Acción y efecto de molturar.

molturar v.tr. Moler, especialmente grano o frutos.

moluche, pueblo amerindio de la región andina (Chile y Argentina), de la familia araucana.

1. **molusco** adj. y s.m. (lat. científico *molluscus,* blando). Relativo a un tipo de invertebrados de cuerpo blando no segmentado, cubierto generalmente por una concha, segregada por un manto dorsal que envuelve la masa visceral, y con un pie más o menos ventral. (El tipo *molusco* comprende tres clases principales: *gasterópodos* [caracol, babosa], *lamelibranquios* o *bivalvos* [mejillón, ostra] y *cefalópodos* [pulpo, sepia].)

2. **molusco** s.m. (lat. *molluscum,* nudo de arce). MED. Tumor fibroso de la piel.

momear v.intr. Hacer momos.

momentáneo, a adj. Que dura solo un momento. **2.** Que se ejecuta rápidamente. **3.** Provisional, que puede cambiar en cualquier momento.

momento s.m. (lat. *momentum,* instante). Espacio de tiempo breve, no especificado. **2.** Instante, punto definido en el tiempo: *prohibido hablar a partir de este momento.* **3.** Ocasión, circunstancia que se da para que se produzca algo: *ahora es el momento oportuno.* **4.** Período de duración indeterminada en que se hace cierta cosa o sucede algo: *los momentos de nuestra vida.* **5.** Tiempo presente, época de la que se trata. **6.** Valor característico de una distribución estadística, calculado a partir de las potencias de las separaciones entre los valores observados y un valor tomado como origen. ◇ **A cada momento** Muy frecuentemente. **Al momento** Inmediatamente. **De,** o **por el, momento** Expresan algo que sucede ahora, aunque tal vez no ocurra en el futuro. **Desde el momento en que** Introduce la expresión de algo que hace posible inducir otra cosa. **De un momento a otro** Pronto, inminentemente. **Momento cinético** Vector igual al momento del vector cantidad de movimiento. **Momento de inercia de un cuerpo** Integral del producto de cada elemento de masa de este cuerpo por el cuadrado de la distancia que separa este elemento de un eje fijo, llamado eje de inercia. **Momento de una fuerza respecto de un punto** Vector igual al momento del vector que representa la fuerza. **Momento de un par** MEC. Producto de una de las fuerzas del par por el brazo de palanca de este par. **Momento de un vector $\vec{V}$ en un punto O** Vector perpendicular al plano determinado por el vector $\vec{V}$ y el punto O, de sentido directo con respecto a $\vec{V}$ y cuya longitud es igual al producto de la longitud del vector $\vec{V}$ por la distancia entre el punto O y su dirección. **Momento eléctrico,** o **magnético, de un di-**

polo Producto de la carga, eléctrica o magnética, de uno de los dos polos por la distancia que los separa. **Por momentos** Variable de forma progresiva.
momería s.f. Ejecución de momos.
momia s.f. (ár. *mumīya* o *mûmiya,* de *mûm,* cera). Cadáver desecado, que se ha conservado de forma natural o por embalsamamiento. **2.** *Fig.* Persona muy delgada o demacrada. **3.** *Fig.* y *fam.* Persona muy vieja.
momificación s.f. Proceso de transformación de un cadáver en momia. **2.** Desecación de frutas y otras partes vegetales normalmente turgentes y acuosas. **3.** Desecación de un cadáver situado en un ambiente muy caliente y seco.
momificar v.tr. y prnl. Convertir un cadáver en momia.
momio, a adj. y s.m. Esp. Magro, sin gordura. ◆ s.m. *Fig.* Cosa estimable que se obtiene con poco trabajo. **2.** Esp. Cosa que se da u obtiene sobre la ganancia legítima.
momo s.m. Gesto exagerado o burlesco que se hace para divertir.
1. mona s.f. (voz catalana). Torta, bizcocho o pastel, generalmente adornado con huevos duros que, en ciertos lugares, especialmente en Cataluña, se hace por Pascua de Resurrección. ◇ **Enviar,** o **mandar, a freír monas** Despedir o rechazar a alguien con aspereza, enojo o sin miramientos.
2. mona s.f. *Fig.* y *fam.* Borrachera, embriaguez. **2.** Juego de naipes en que todas las cartas están emparejadas menos una, y pierde el jugador que, después de intercambiarse las cartas, se queda con la desparejada. **3.** Carta sin pareja de este juego. ◆ s.m. y f. Persona ebria. ◇ **Como la mona** Amér. Merid. Indica el mal resultado de los negocios, la salud, cualquier actividad, encargo, situación, etc. **Dormir la mona** Dormir después de emborracharse. **Estar hecho una mona** Estar enojado. **Mona de Gibraltar** Magote.
monacal adj. Relativo a la vida de los monjes o de las monjas.
monacato s.m. Estado de monje, vida monástica. **2.** Institución monástica. SIN.: *monaquismo.*

monacato

La vida monástica, si bien no es exclusiva del cristianismo, ocupa en esta religión un lugar particularmente importante. El monacato (o monaquismo) cristiano nació en Oriente, bajo la influencia de san Antonio y su discípulo Pacomio. Primero se manifestó en forma eremítica (anacoretas del desierto), después evolucionó hacia la vida en colectividad (cenobitas). Sus reglas las formuló san Basilio de Cesarea en el s. IV. En Occidente, la vida monástica se desarrolló, en realidad, a partir del s. VI con el impulso dado por san Benito de Nursia, cuya regla se dirige hacia las formas de piedad y la vida más ascética llevadas al continente europeo por los monjes irlandeses (san Columbano).

monacita s.f. Fosfato natural de cerio, de lantano y de otras tierras raras.
monacordio s.m. Instrumento musical de teclado que antiguamente servía para aprender a tocar el órgano.
monada s.f. Gesto o acción propia de un mono. **2.** Cosa bonita, graciosa y pequeña. **3.** Gesto o mueca afectada. **4.** *Fig.* Acción tonta e impropia de personas sensatas. **5.** *Fig.* Mimo o halago afectuoso y zalamero. **6.** *Fig.* Gesto o acción graciosa de los niños.
mónada s.f. (del gr. *mónos,* único, solo). En la filosofía de Leibniz, sustancia simple, activa e indivisible, de número infinito y de la que están compuestos todos los seres. ◆ adj. y s.f. BIOL. Se dice del protozoo perteneciente al antiguo grupo mónadas. ◆ **mónadas** s.f.pl. Grupo de protozoos, que formaban una clase distinta, caracterizados por la ausencia total de núcleo. (Más tarde se ha comprobado que algunos de ellos tenían núcleo.)
monadelfo, a adj. BOT. Se dice de la flor con los estambres unidos entre sí, como en la retama y la malvarrosa.
monadología s.f. Teoría de Leibniz según la cual el universo está compuesto de mónadas.
monaguillo s.m. (del ant. *monacillo,* del lat. *monachellus,* dim. de *monachus,* fraile). Niño que ayuda en la misa.
monarca s.m. (gr. *monárkis*). Soberano de una monarquía.
monarquía s.f. Forma de gobierno en que la autoridad suprema es ejercida por una sola persona, generalmente con carácter vitalicio y hereditario. **2.** Estado regido por esta forma de gobierno; su territorio. **3.** Tiempo durante el cual ha perdurado este régimen político en un país. ◇ **Monarquía absoluta** Monarquía en que la autoridad del monarca no tiene ninguna limitación efectiva. **Monarquía constitucional** Monarquía en que la autoridad del monarca está limitada por una constitución. **Monarquía electiva** Monarquía en que el soberano es elegido para un período determinado o por la duración de su vida. **Monarquía hereditaria** Monarquía en la que la sucesión se produce dentro de una familia y de acuerdo con unos usos establecidos o con una ley sucesoria. **Monarquía parlamentaria** Monarquía constitucional en la que el gobierno es responsable ante el parlamento.
monárquico, a adj. y s. Relativo a la monarquía o al monarca; partidario de la monarquía.
monarquismo s.m. Doctrina política de los partidarios de la monarquía.
monasterio s.m. (lat. tardío *monasterium,* del gr. *monastírion*). Edificio donde vive una comunidad de monjes o monjas. **2.** Casa de religiosos o de religiosas.
monástico, a adj. (lat. *monasticus*). Relativo al monacato. **2.** Relativo al monasterio.
monda s.f. Acción de mondar. **2.** Mondadura, cáscara. **3.** Poda invernal en la que se cortan, casi a ras del tronco, en la poda de invierno, las ramas agotadas para obtener renuevos vigorosos. ◇ **Ser la monda** Esp. *Fam.* Ser algo extraordinario por bueno o malo; ser muy divertido.
mondadientes s.m. (pl. *mondadientes*). Palo pequeño y alargado, generalmente de madera, rematado en punta, que sirve para sacar lo que se mete entre los dientes. SIN.: *escarbadientes, palillo.*
mondadura s.f. Monda, acción de mondar. **2.** Piel o desperdicios del fruto después de mondarlo.
mondar v.tr. (lat. *mundare,* limpiar). Quitar la cáscara, la vaina el hollejo, etc., de una fruta o una legumbre. **2.** Sustraer lo inútil, superfluo o extraño de una cosa. **3.** Podar. **4.** Limpiar un cauce, un pozo, etc. **5.** *Fig.* y *fam.* Quitar algo a alguien, especialmente dinero. ◆ **mondarse** v.prnl. Esp. Reírse mucho. (También *mondarse de risa.*)
mondarajas s.f.pl. *Fam.* Mondaduras y desperdicios de frutos, tubérculos, etc.
mondo, a adj. (lat. *mundus, -a, -um*). Limpio o pelado de cosas superfluas o añadidas. ◇ **Mondo y lirondo** *Fam.* Limpio, solo, sin mezcla alguna.
mondongo s.m. Intestinos y panza de un animal, especialmente del cerdo. **2.** *Fam.* Intestinos de una persona. **3.** Guat. y P. Rico. *Fig.* Adefesio, traje o adorno ridículo. **4.** Méx. Guiso que se elabora con panza de res, menudo. ◇ **Hacer el mondongo** Esp. Hacer morcillas y embutidos.
monear v.intr. *Fam.* Hacer monadas. **2.** Argent. y Chile. Presumir, envanecerse.
moneda s.f. (lat. *moneta,* sobrenombre dado por los romanos a la diosa Juno). Objeto de valor convenido, generalmente un disco metálico pequeño acuñado por la autoridad, que sirve de medida común para el precio de las cosas y se emplea para pagos y transacciones comerciales. **2.** Cualquier medio legal de pago. **3.** Unidad monetaria de un país. **4.** Conjunto de monedas y billetes de pequeño valor en circulación dentro de un sistema. **5.** *Fig.* y *fam.* Dinero, caudal, bienes. ◇ **Acuñar,** o **batir,** o **labrar, moneda** Fabricar moneda. **Casa de moneda** o **Moneda** Fábrica o taller donde se funde y acuña moneda. **Hierba de la moneda** Planta herbácea tendida, de hojas pecioladas y opuestas y flores amarillas, originaria de la península Ibérica. (Familia primuláceas.) **Moneda de cuenta,** o **imaginaria** Unidad monetaria, no

material, que se utiliza solo para calcular. **Moneda divisionaria** Moneda fraccionaria. **Moneda escritural** Medio de pago constituido por escrituras, como cheques, órdenes de pago, etc. **Moneda falsa** Pieza o billete que imita la moneda legal. **Moneda fiduciaria** Moneda que representa un valor que intrínsecamente no tiene, como los billetes de banco. **Moneda forera** Tributo que se pagaba en Castilla al rey cada siete años en reconocimiento del señorío real. **Moneda fraccionaria** Moneda equivalente a una fracción exacta de la unidad monetaria legal. **Pagar en,** o **con, la misma moneda** Corresponder a una acción con otra semejante. **Papel moneda** Billetes de banco. **Ser moneda corriente** Estar algo admitido, o no causar sorpresa a nadie, por ocurrir con mucha frecuencia.

monedaje s.m. Servicio o tributo de doce dineros por libra que estableció Pedro II sobre todos los bienes muebles y raíces, en Cataluña y Aragón.

monedero, a adj. Que sirve para poner moneda. ◆ s.m. Bolsa o cartera donde se lleva el dinero en metálico. ◆ s. Persona que se dedica a fabricar moneda.

monegasco, a adj. y s. De Mónaco.

monema s.m. LING. **a.** Unidad mínima significativa. **b.** Término que integra un sintagma.

mónera s.f. (gr. *moníris,* de estructura sencilla). Organismo unicelular sin núcleo diferenciado.

alguNas monedas del mundo

país	moneda	país	moneda
Albania	lek	Jamaica	dólar de Jamaica
Angola	kwanza	Japón	yen
Arabia Saudí	riyal saudí	Kenya	chelín de Kenya
Argelia	dinar argelino	Kuwayt	dinar kuwaytí
Argentina	peso	Letonia	lats letón
Australia	dólar australiano	Libia	dinar libio
Belice	dólar de Belice	Lituania	litas lituano
Bolivia	boliviano	Macedonia	denar
Brasil	real	Malí	franco CFA
Bulgaria	lev	Marruecos	dirham marroquí
Camerún	franco CFA	México	peso mexicano
Canadá	dólar canadiense	Nicaragua	córdoba oro
Chile	peso chileno	Níger	franco CFA
China	yuan	Nigeria	naira
Colombia	peso colombiano	Noruega	corona noruega
Corea del Sur	won	Nueva Zelanda	dólar neozelandés
Costa de Marfil	franco CFA	Pakistán	rupia pakistaní
Costa Rica	colón costarricense	Panamá	balboa y dólar EUA
Croacia	kuna	Paraguay	guaraní
Cuba	peso y peso convertible	Perú	nuevo sol
Dinamarca	corona danesa	Polonia	zloty
Ecuador	dólar EUA	Puerto Rico	dólar EUA
Egipto	libra egipcia	Rep. Checa	koruna (corona checa)
Emiratos Árabes (Unión de)	dirham de los Emiratos Árabes Unidos	Rep. Dominicana	peso dominicano
El Salvador	colón y dólar EUA	Rep. de Sudáfrica	rand
Estados Unidos	dólar EUA	Rumania	leu
Filipinas	peso filipino	Senegal	franco CFA
Ghana	cedi ghanés	Rusia	rublo
Gran Bretaña	libra esterlina	Serbia	dinar serbio
Guatemala	quetzal	Suecia	corona sueca
Guyana	dólar de Guyana	Suiza	franco suizo
Haití	gourde y dólar EUA	Tailandia	baht
Honduras	lempira	Túnez	dinar de Túnez
Hungría	forint	Turquía	libra turca
India	rupia india	Ucrania	grivna
Indonesia	rupiah (rupia indonesia)	Uganda	chelín ugandés
Irán	rial iraní	Unión europea	euro*
Iraq	dinar iraquí	Uruguay	peso uruguayo
Islandia	corona islandesa	Venezuela	bolívar fuerte
Israel	shekel	Vientnam	dong

* Los países que pertenecen a la zona euro son: Alemania, Andorra, Austria, Bélgica, Chipre, Eslovaquia, Eslovenia, España, Estonia, Finlandia, Francia, Grecia, Irlanda, Italia, Kosovo, Luxemburgo, Malta, Mónaco, Montenegro, Países Bajos, Portugal, San Marino y Ciudad del Vaticano.

monergol s.m. Propergol compuesto por un solo ergol, como el agua oxigenada, la hidracina, etc.

monería s.f. Monada, acción propia del mono. **2.** *Fig.* Gesto o acción graciosa de los niños. **3.** *Fig.* Cosa de poca importancia.

monetario, a adj. Relativo a la moneda. ◆ s.m. Colección de monedas. ◇ **Autoridad monetaria** Grupo de personas y organismos a los que se asigna el control de la política monetaria de un país. **Base monetaria** Total de dinero en curso legal en manos del público más los depósitos de las instituciones bancarias en la banca central. **Oferta monetaria** Conjunto de disponibilidades monetarias del mayor grado de liquidez en manos de las unidades económicas de un país, constituido básicamente por el dinero efectivo y los depósitos a la vista. **Política monetaria** Conjunto de medidas, dentro de las de política económica general de un gobierno, que tienen por objeto fundamentalmente la adecuación de las disponibilidades monetarias a las necesidades de la actividad económica de carácter productivo o distributivo, y la contención del aumento desmesurado de los precios o desequilibrios graves de la balanza de pagos. **Sistema monetario** Conjunto de instituciones que llevan a cabo la circulación de activos financieros desde las unidades que los generan hacia su incorporación en el proceso productivo. **Sistema monetario europeo (SME)** Sistema de armonización de los cambios de algunas monedas europeas, que estuvo en vigor desde 1979 hasta 1998. **Sistema monetario internacional (SMI)** Conjunto de instituciones y normas que regulan la forma de pagar las transacciones económicas entre países como consecuencia de su comercio de mercancías, servicios u operaciones financieras. **Teoría monetaria** Conjunto de teorías relativas a la influencia del dinero sobre el sistema económico. SIN.: *teoría del dinero.*

monetario

El sistema monetario europeo (SME), que entró en vigor en 1979 en sustitución de la llamada *serpiente monetaria europea* (1972), tenía como función principal vigilar las desviaciones de las unidades monetarias que lo integran con arreglo al ecu, unidad monetaria de referencia definida por una combinación ponderada de las diversas monedas de los países que forman el sistema. Cuando estas se separaban del valor del ecu por encima de los márgenes permitidos, las autoridades monetarias introducían medidas correctivas. A partir de mediados de la década de 1980, la naturaleza del sistema monetario europeo evolucionó: de un común acuerdo de cambios marcado por numerosos realineamientos se pasó a una situación de cambios casi fijos, que se mantuvo hasta comienzos de la década de 1990. En noviembre de 1991, el SME atravesó una grave crisis por las divergencias entre los países de la Unión Europea respecto al ritmo de la integración monetaria europea. La libra y la lira salieron entonces del sistema al no poder los respectivos gobiernos mantener la estabilidad de sus monedas, lo que propició un reajuste del SME. En 1993, se amplió hasta el 15 % la banda de fluctuación de las monedas de los países miembros. Italia se reincorporó al SME en 1996. Con la introducción en 1999 de la moneda única (cuyo nombre pasó a ser *euro*) se puso en funcionamiento el SME-bis para estabilizar el curso de las monedas que no entraron en la primera fase de la unión monetaria.

monetarismo s.m. Corriente del pensamiento económico representado especialmente por Milton Friedman, que insiste en la importancia de la política monetaria en la regulación de la vida económica para luchar contra la inflación.

monetización s.f. Acción de monetizar. **2.** Aumento de los activos monetarios de un sistema económico.

monetizar v.tr. Dar curso legal como moneda a ciertos instrumentos de pago, como los billetes de banco. **2.** Transformar un metal en moneda.

mongo s.m. Variedad de frijol o judía de semilla más pequeña que una lenteja y sabor muy parecido a esta. (Familia papilionáceas.)

mongol, la adj. y s. De Mongolia. **2.** De un pueblo de la familia altaica que habita act. en la República de Mongolia, Rusia y China. ◆ s.m. Grupo de lenguas habladas por los pueblos mongoles.

mongol

Tras la creación del imperio mongol por parte de Gengis Kan (s. XIII), los mongoles emprendieron la conquista de China, Afganistán, Irán, Iraq y Siria. El imperio fue gobernado por el gran kan. A fines del s. XIII se transformó en una federación cuyos dirigentes (mongoles) asimilaron la civilización de sus dominados: la Horda de Oro, que dominó Rusia, Crimea y Siberia; los ilijan de Irán, los Yuan de China. Tras el desmembramiento del imperio, las tribus de Mongolia cayeron mayoritariamente en la anarquía. Los mongoles orientales (kalka) se sometieron entre 1627 y 1691 a los manchúes.

mongólico, a adj. y s. Relativo al mongolismo; que padece mongolismo.

mongolismo s.m. *Síndrome de Down.

mongoloide adj. y s.m. y f. Que presenta caracteres propios del mongol: *rasgos mongoloides.*

moni s.m. *Fam.* → **monis.**

moniato s.m. Batata.

monicaco s.m. *Fam.* Monigote, persona insignificante.

monición s.f. Admonición. **2.** DER. CAN. Advertencia que debe realizar un superior eclesiástico antes de imponer una censura.

monigote s.m. *Fam.* Dibujo, pintura o escultura caricaturescos o mal hechos. **2.** *Fam.* Persona insignificante y de poco carácter. **3.** *Fam.* Muñeco o figura grotesca.**4.** *Fam.* Lego de convento. **5.** Chile y Perú. Seminarista. **6.** Cuba. Bejuco silvestre de flores blancas y moradas del mismo nombre. **7.** Cuba. Monaguillo. **8.** Cuba. Trozo o cilindro de madera en que se enrolla el hilo del papalote.

moniliasis s.f. Enfermedad causada por un ascomicete del género *Monilia.*

monipodio s.m. Confabulación para fines ilícitos.

monis o **moni** s.m. (pl. *monises* o *monis*). *Fam.* Dinero. (Suele usarse en plural.)

monís s.f. Cosa pequeña y delicada.

monismo s.m. FILOS. Doctrina según la cual existe una sola realidad fundamental. (El monismo se opone tanto al *dualismo* como al *pluralismo.*)

monista adj. y s.m. y f. Relativo al monismo; partidario de esta doctrina.

mónita s.f. (del libro *Monita Privata,* advertencias privadas). Astucia practicada con amabilidad y halago.

monitor, ra s. Persona encargada de la enseñanza de ciertos deportes o de ciertas disciplinas: *monitor de esquí.* **2.** Persona encargada de la vigilancia y guía de un grupo de niños: *monitor de actividades extraescolares* ◆ s.m. Aparato, generalmente electrónico, que facilita datos para el control de un proceso. **2.** Receptor de televisión usado para controlar la imagen en emisión. **3.** INFORMÁT. Parte de un sistema operativo formada por un conjunto de programas y rutinas que leen las tarjetas de control y ordenan la ejecución de las funciones respectivas. **4.** MAR. Barco de guerra de pequeño calado y desplazamiento medio, fuertemente acorazado y armado para atacar y defender las costas y los ríos caudalosos. **5.** MIN. Cañón de agua a presión.

monitoring s.m. Vigilancia médica continua o a intervalos.

monitorio, a adj. Que sirve para avisar o amonestar. **2.** Se dice de la persona que avisa o amonesta. ◆ s.m. Advertencia oficial de un juez eclesiástico dirigida a quien tiene conocimiento de un hecho, para obligarlo a atestiguar bajo la sanción de penas eclesiásticas o para señalar normas de conducta. **2.** Advertencia que precede a la excomunión.

monja s.f. Mujer de una orden o congregación religiosa, especialmente la de alguna de las órdenes aprobadas por la Iglesia, que se consagra con votos solemnes.

monje s.m. (occitano ant. *monge*). Hombre ligado por unos votos a una orden religiosa monástica. **2.** Anacoreta.

monjil adj. Relativo a las monjas. ◆ s.m. Hábito de monja.

monjío s.m. Estado de monja. **2.** Conjunto de monjas.

monjita s.f. Ave paseriforme de tamaño medio, cola y alas largas y con un pico fuerte en forma de gancho. (Familia tiránidos.)

mon-khmer s.m. LING. Grupo de lenguas habladas en la península indochina.

mono, a s. Mamífero primate cuadrúmano de extremidades plantígradas, que presenta dentición completa y las fosas orbitarias separadas por las temporales y dirigidas hacia delante (suborden simios). ◆ adj. *Fig.* Bonito, gracioso, pulido. **2.** *Fig.* Persona muy fea. **3.** Colomb. Rubio. ◆ s.m. Prenda utilitaria de una sola pieza que cubre el torso y extremidades. **2.** *Vulg.* Droga. **3.** *Vulg.* Síndrome de abstinencia de la droga. **4.** *Fig.* Dibujo o pintura, generalmente humorístico. **5.** Chile. *Fig.* Montón o pila en que se exponen los frutos u otras mercancías en las tiendas y mercados. **6.** Méx. Muñeco: *un mono de peluche.* ◇ **Mono araña** Simio de América del Sur, de extremidades muy prolongadas y cola larga y prensil. SIN.: *ateles.* **Mono de imitación** *Fig.* Persona que imita a otras. **Último mono** Persona insignificante y poco considerada por los demás.

monoácido, a adj. y s.m. QUÍM. Se dice del ácido que posee un solo átomo de hidrógeno ácido.

monoamina s.f. Amina que posee un solo radical NH2. (Las catecolaminas y la serotonina son monoaminas.)

monoaminoxidasa s.f. Enzima que destruye por oxidación el exceso de monoaminas en el organismo.

monoatómico, a adj. QUÍM. Se dice del cuerpo simple cuya molécula contiene un solo átomo.

monoaural adj. Monofónico.

monoaxial adj. MINER. Se dice del cristal birrefringente que posee una dirección en la que un rayo luminoso se propaga sin ser desdoblado.

monobloc o **monobloque** adj. y s.m. Que está hecho de una sola pieza: *fusil monobloc.*

monocameralismo s.m. Sistema político en el que existe una sola asamblea legislativa.

monocameralista adj. y s.m. y f. Relativo al monocameralismo; partidario de este sistema político.

monocarril adj. y s.m. Se dice del sistema de ferrocarril que utiliza un solo riel de rodamiento, y de todos los vehículos y otros dispositivos que se desplazan sobre un solo riel.

monocasco s.m. INDUSTR. Elemento constructivo cuyo revestimiento activo absorbe los esfuerzos de torsión, cizallamiento y flexión: *construcción monocasco; automóvil monocasco.*

monocíclico, a adj. Univoltino.

monociclo s.m. Vehículo de pedales provisto de una sola rueda, empleado generalmente en un circo.

monocigótico, a adj. Se dice de los gemelos nacidos de un mismo cigoto.

monocinético, a adj. FÍS. Se dice de las partículas que tienen la misma velocidad.

monocito s.m. Leucocito mononuclear de gran tamaño, procedente del sistema reticuloendotelial.

monoclinal adj. GEOL. Se dice de una estructura sedimentaria en la que todas las capas tienen un mismo buzamiento y dirección. ◇ **Relieve monoclinal** Forma topográfica asimétrica que se compone de un talud empinado y de otro flanco de pendiente suave.

monoclínico, a adj. CRISTALOG. Se dice del sistema cristalino cuyas formas holoédricas se caracterizan por tener un centro de simetría, un eje binario y un plano perpendicular a él. **2.** CRISTALOG. Se dice de la forma perteneciente a este sistema.

monococo s.m. BIOL. Coco que se presenta en estado aislado.

monocolor adj. Que es de un solo color.

monocorde adj. (fr. *monocorde,* del gr. *monokhordon,* monocordio). Se dice del sonido en que se repite una sola nota: *canto monocorde.* **2.** Monótono, sin variación: *una monocorde retahíla de lamentaciones.* **3.** Se dice del instrumento musical con una sola cuerda.

monocordio s.m. Instrumento musical de una sola cuerda, utilizado para determinar las relaciones numéricas de los sonidos y afinar otros instrumentos.

monocotiledóneo, a adj. y s.f. Relativo a una clase de plantas angiospermas de semillas cuya plántula posee un solo cotiledón, hojas con nervaduras paralelas y flores de una simetría axial de orden 3. (Las principales familias de la clase monocotiledóneas son: gramíneas, orquídeas, liliáceas y palmáceas.)

monocristal s.m. METAL. Muestra metálica constituida por un cristal único.

monocromador s.m. FÍS. Dispositivo que suministra una radiación monocromática.

monocromático, a adj. Monocromo. **2.** FÍS. Se dice de una radiación compuesta de vibraciones de una sola frecuencia.

monocromía s.f. Cualidad de monocromo. **2.** Estilo de pintura en que se emplea exclusivamente un solo color. **3.** Pintura o cuadro hecho con este estilo.

monocromo, a adj. Que es de un solo color: *pintura monocroma.*

monocular adj. Relativo a la visión con un solo ojo: *microscopio monocular.*

monóculo, a adj. y s. Que tiene un solo ojo. ◆ s.m. Lente correctora para un solo ojo.

monocultivo s.m. Sistema de cultivo que dedica unas tierras exclusivamente, o casi en su totalidad, a la producción de una única especie vegetal (viña, maíz, café, etc.).

monodia o **monodía** s.f. (del gr. *mónos,* uno, y *odí,* canto). Canto para una sola voz. **2.** En la tragedia griega, pasaje lírico que era cantado por un personaje durante uno de los episodios.

monódico, a adj. Relativo a la monodia.

monoecia s.f. BOT. Propiedad que poseen ciertos hongos de vivir y formar sus diversos aparatos reproductores sobre una sola especie de plantas.

monoesquí s.m. Esquí único para los dos pies que se utiliza tanto en el esquí náutico como en la nieve.

monofásico, a adj. Se dice de una tensión o de una corriente sinusoidal distribuida mediante un hilo neutro y un hilo de línea, así como de un aparato que produce o utiliza estas corrientes.

monofiletismo s.m. Doctrina antropológica según la cual todas las razas humanas se derivarían de un tipo primitivo único. SIN.: *monogenismo.*

monofisismo s.m. Doctrina declarada herética por el concilio de Calcedonia (451) que solo reconocía en Jesucristo la naturaleza divina.

monofisita adj. y s.m. y f. Relativo al monofisismo; partidario de esta doctrina.

monofonía s.f. Técnica de transmisión de una señal acústica por medio de un solo canal (disco, amplificador, radiorreceptor, etc.).

monofónico, a adj. Relativo a la monofonía. SIN.: *monoaural.*

monogamia s.f. Sistema de relación conyugal en el cual una persona no puede tener más de un cónyuge.

monogámico, a adj. Relativo a la monogamia.

monógamo, a adj. (del gr. *mónos,* uno, y *gámos,* matrimonio). Relativo a la monogamia. **2.** Que practica la monogamia.

monogénico, a adj. GEOL. Se dice de la roca detrítica formada por elementos procedentes de la destrucción de la misma roca. **2.** Se dice de una forma topográfica elaborada completamente en condiciones constantes. **3.** Se dice de una enfermedad genética debida a la anomalía de un solo gen.

monogenismo s.m. (del gr. *mónos,* uno, y *génos,* origen). Monofiletismo.

monografía s.f. Estudio sobre un tema generalmente muy concreto y restringido. **2.** ESTADÍST. Estudio de una característica determinada en una parte del total de una población.

monográfico, a adj. Relativo a la monografía.

monograma s.m. Abreviatura compuesta por dos o más letras de un nombre enlazadas entre sí, que se utiliza como firma o marca.

monoico, a adj. (del gr. *mónos,* uno, y *oikos,* casa). BOT. Se dice de una planta de flores unisexuales, pero que en cada pie tiene flores masculinas y flores femeninas, como el maíz o el avellano. CONTR.: *dioico.*

monokini s.m. → **monoquini.**

monolingüe adj. Que habla una sola lengua. **2.** Escrito en una sola lengua. **3.** Se dice del lugar o territorio donde se habla una sola lengua.

monolítico, a adj. Relativo al monolito. **2.** Que está hecho de un solo bloque de piedra. **3.** Que se presenta como un todo coherente y homogéneo: *partido monolítico.*

monolitismo s.m. Sistema de construcción en el que se utilizan piedras de gran tamaño. **2.** Estructura de poder autárquico (político, social, ideológico), que no admite cuestionamiento, modificaciones o desviaciones respecto de sus principios o sistema de valores.

monolito s.m. Columna, obelisco o dintel tallado en un solo bloque de piedra.

monologar v.intr. Hablar una persona durante un tiempo más o menos prolongado sin que nadie intervenga.

monólogo s.m. Discurso de alguien que reflexiona en voz alta. **2.** En teatro, literatura o cine, recurso estilístico que se utiliza para que un personaje muestre sus pensamientos al espectador. **3.** Obra teatral, generalmente de corta extensión, escrita para ser recitada y representada por un solo actor. ◇ **Monólogo interior** LIT. Técnica narrativa consistente en que un personaje exprese su pensamiento más próximo al inconsciente y previo a cualquier organización lógica.

monomanía s.f. Preocupación, aprensión o afición exagerada y obsesiva por algo. **2.** PSIQUIATR. Nombre dado en la nomenclatura psiquiátrica antigua a una obsesión.

monomaníaco, a o **monomaniaco, a** adj. y s. Que padece monomanía. SIN.: *monomaniático.*

monomerización s.f. QUÍM. Acción de dar a un compuesto químico las propiedades de un monómero.

monómero, a adj. y s.m. QUÍM. Se dice de la molécula que puede reaccionar con otras moléculas idénticas para dar polímeros.

monometalismo s.m. Sistema monetario que solo admite un metal, el oro o la plata, como patrón de moneda legal. (Se opone al *bimetalismo.*)

monometalista adj. y s.m. y f. Relativo al monometalismo; partidario de este sistema.

monomio s.m. MAT. Expresión algebraica que comprende un solo término.

monomorfismo s.m. MAT. Morfismo definido mediante una aplicación inyectiva.

monomotor s.m. y adj. Avión con un solo motor.

mononuclear adj. Se dice del leucocito formado en los ganglios linfáticos (linfocitos) o en el sistema reticuloendotelial (monocitos).

mononucleosis s.f. Aumento del número de leucocitos mononucleares presentes en la sangre. ◇ **Mononucleosis infecciosa** Enfermedad vírica benigna del sistema hemopoyético, que se manifiesta por amigdalitis, aumento del volumen de los ganglios linfáticos y del bazo, y leucocitosis.

mononucleótido s.m. BIOL. Sustancia compuesta de una molécula de pentosa, una base púrica o pirimídica, y una o más moléculas de ácido fosfórico.

monopatín s.m. DEP. Skate board.

monopétalo, a adj. Se dice de la flor o corola de un solo pétalo.

monoplano, a adj. y s.m. AERON. Se dice del avión que tiene un solo plano de sustentación.

monoplaza adj. y s.m. Se dice del vehículo de una sola plaza.

monoplejía s.f. Parálisis que afecta a un solo miembro.

monopolio s.m. (lat. *monopolium,* del gr. *monopólios*). Privilegio exclusivo de fabricar ciertas cosas o de ejercer un determinado control sobre la explotación de un producto o un servicio. **2.** *Fig.* Posesión exclusiva de algo. **3.** ECON. Forma de mercado en que la oferta se encuentra concentrada en manos de un único oferente, mientras que la demanda proviene de una multitud de demandantes.

monopolístico, a adj. Relativo al monopolio. SIN.: *monopolista.*

monopolización s.f. Acción de monopolizar.

monopolizar v.tr. Tener o explotar algo en monopolio. **2.** *Fig.* Acaparar exclusivamente algo o a alguien: *monopolizar la atención del público.*

monopoly s.m. (marca registrada). Juego de mesa en el que los jugadores deben adquirir terrenos e inmuebles, representados en un tablero, hasta obtener su monopolio.

monoprocesador, ra adj. y s.m. INFORMÁT. Se dice de un sistema informático que posee una única unidad de tratamiento.

monoprogramación s.f. INFORMÁT. Modo de operar de una computadora, caracterizado por la presencia de un solo programa en la memoria.

monopsonio s.m. Situación de mercado que se caracteriza por la presencia de un solo comprador y una pluralidad de vendedores.

monopterigio, a adj. Se dice del pez con una sola aleta.

monóptero, a adj. (del gr. *mónos,* uno, y *pterós,* ala). Se dice de un edificio o construcción circular con un techo sostenido únicamente por columnas.

monoptongación s.f. Reducción de un diptongo a una vocal simple.

monoptongar v.tr., intr. y prnl. Reducir las vocales de un diptongo a una sola.

monoptongo s.m. Fonema vocálico que resulta de una monoptongación.

monoquini o **monokini** s.m. Calzón de baño femenino.

monorraíl adj. y s.m. Esp. Monocarril.

monorrefringente adj. ÓPT. Se dice de un cuerpo que produce una refracción simple, es decir, que para cada rayo incidente da un solo rayo refractado.

monorrimo, a adj. Que tiene una sola rima.

monorrítmico, a adj. Que tiene un solo ritmo.

monosabio s.m. TAUROM. Mozo de caballo que asiste al picador en la plaza.

monosacárido s.m. QUÍM. Osa.

monosépalo, a adj. BOT. Que tiene un solo sépalo.

monosilábico, a adj. Relativo al monosílabo. **2.** Se dice de la lengua compuesta esencialmente de monosílabos.

monosilabismo s.m. Uso exclusivo de monosílabos. **2.** Carácter de un escrito o de una lengua en que solo se usan monosílabos.

monosílabo, a adj. y s.m. Que tiene una sola sílaba.

monosomía s.f. BIOL. Condición de un organismo diploide que ha perdido un cromosoma de su dotación cromática.

monospermia s.f. BIOL. Fecundación de un óvulo por un solo espermatozoide. **2.** BOT. Presencia de una sola semilla en el fruto.

monospermo, a adj. BOT. Se dice del fruto y de la división de un fruto que contiene una sola semilla.

monóstrofe s.f. Composición poética de una sola estrofa.

monostrófico, a adj. Relativo a la monóstrofe.

monosustituido, a adj. QUÍM. Se dice del derivado químico obtenido por sustitución de un átomo de la molécula por otro o por un radical.

monote s.m. *Fam.* Persona que se queda inmóvil y parece no oír ni entender lo que se le dice. **2.** Discusión, alboroto.

monoteísmo s.m. Doctrina o religión que solo admite un Dios, como el judaísmo, el cristianismo o el islam.

monoteísta adj. y s.m. y f. Relativo al monoteísmo; que profesa esta doctrina o religión.

monotelismo s.m. Doctrina religiosa del s. VII según la cual solo habría habido en Cristo una voluntad, la voluntad divina. (El monotelismo fue condenado en 681 por el tercer concilio de Constantinopla.)

monotelita adj. y s.m. y f. (del gr. *mónos,* uno, y *thélein,* querer). Relativo al monotelismo; que profesa de esta doctrina.

monotipia s.f. IMPR. Máquina de composición que funde y compone letras sueltas. **2.** Procedimiento de composición por medio de esta máquina.

monotipista s.m. y f. IMPR. Persona que compone utilizando el teclado de una monotipia.

monotipo s.m. Monotipia. **2.** Monotipopolicromía. **3.** Yate de vela perteneciente a una serie de embarcaciones idénticas, construidas todas ellas según el mismo plano.

monotipopolicromía s.f. B. ART. Procedimiento de impresión artística a partir de una plancha en la que el motivo no ha sido grabado, sino pintado.

monotonía s.f. Uniformidad de tono, entonación o inflexión. **2.** *Fig.* Falta de variedad.

monótono, a adj. Que adolece de monotonía: *canto monótono; vida monótona.* <> **Función monótona** MAT. Función que, en un intervalo dado, varía en un solo sentido: *función monótona creciente; función monótona decreciente.*

monotrema adj. y s.m. (del gr. *mónos,* uno, y *trima,* agujero). Relativo a un orden de mamíferos primitivos que ponen huevos y presentan un pico sin dientes, pero que amamantan sus crías y tienen el cuerpo cubierto de pelos o de púas. (El ornitorrinco pertenece a dicho orden.)

monovalente adj. QUÍM. Que tiene valencia uno. SIN.: *univalente.*

monovolumen adj. y s.m. Se dice del vehículo de perfil compacto, sin discontinuidad entre la parte trasera y la delantera.

monóxido s.m. QUÍM. Óxido que contiene un solo átomo de oxígeno en su molécula.

1. **monseñor** s.m. (fr. *monseigneur*). Tratamiento que se da en algunos países a los prelados y dignatarios eclesiásticos y a algunos nobles.

2. **monseñor** s.m. Ave paseriforme que vive en África, de cabeza, cola, alas y vientre negros y dorso rojo. (Familia ploceidos.)

monserga s.f. Esp. *Fam.* Explicación o excusa pesada y fastidiosa. **2.** Esp. *Fam.* Tostón, cosa que cansa por su pesadez.

monstrílido, a adj. y s.m. Relativo a una familia de crustáceos copépodos cuyas larvas viven como parásitos.

monstruo s.m. (bajo lat. *monstruum*). Ser vivo que posee caracteres morfológicos muy distintos de los habituales de su especie: *monstruo de dos cabezas.* **2.** Ser fantástico, extraño y desproporcionado: *el monstruo del lago Ness.* **3.** *Fig.* Persona o cosa de una fealdad o dimensión extraordinarias. **4.** *Fig.* Persona muy cruel o perversa. **5.** *Fam.* Cosa muy grande o extraordinaria: *una idea monstruo.* **6.** *Fam.* Persona extraordinariamente dotada para una determinada actividad: *un monstruo del fútbol.* <> **Monstruo de Gila** Lagarto venenoso que vive en México y suroeste de EUA.

monstruosidad s.f. Cualidad de monstruoso. **2.** Hecho monstruoso.

monstruoso, a adj. (lat. *monstruosus*). Que tiene características propias de un monstruo. **2.** *Fig.* Abominable, horrible: *crimen monstruoso.* **3.** *Fig.* Extraordinariamente grande: *sufrir pérdidas monstruosas.*

monta s.f. Acción de montar una caballería. **2.** Arte de montar a caballo. **3.** Valor o importancia de algo: *asunto de poca monta.* **4.** Importe total o suma de varias partidas.

montacargas s.m. (pl. *montacargas*). Aparato elevador que sirve para el transporte de cosas de un nivel a otro de un edificio, fábrica, mina, etc.

montado, a adj. Se dice del militar o tropa que utiliza una montura: *policía montada.*

montador, ra s. Persona que monta. **2.** Obrero que ensambla las diversas piezas constitutivas de un conjunto. **3.** CIN. Especialista encargado del montaje de películas cinematográficas. ◆ s.m. Poyo, escabel u otra cosa que sirve para montar fácilmente en las caballerías.

montadura s.f. Acción de montar o montarse. **2.** Montura, arreos de una caballería de silla. **3.** ORFEBR. Guarnición o cerco de metal que abraza y asegura la piedra montada.

montagnais, pueblo de los bosques subárticos de América del Norte, entre el Labrador y las Rocosas, de lengua algonquina, act. muy aculturado.

montaje s.m. Acción y efecto de montar algo. **2.** Selección y empalme definitivos de las escenas rodadas para una película, de las cintas grabadas para una emisión de radio, etc. **3.** Soporte de la boca de fuego de un arma. **4.** Engarzamiento de una piedra preciosa en un soporte. **5.** IMPR. Reunión de textos e ilustraciones que serán copiados juntos en la forma de impresión. **6.** TEATR. Presentación escénica de una obra o espectáculo teatral. **7.** TECNOL. Acción de montar, de ajustar las piezas unas con otras para constituir un conjunto.

montanera s.f. Pasto de bellota o hayuco que los cerdos comen en los montes o dehesas. **2.** Temporada de este pasto.

montanero, a s. Guarda de un monte o de una dehesa.

montanismo s.m. Doctrina herética del s. II fundada por Montano, que anunciaba la inminencia del fin del mundo y predicaba un ascetismo riguroso.

montanista adj. y s.m. y f. Relativo al montanismo; que profesa esta doctrina.

montano, a adj. Relativo al monte.

montante adj. Que monta. ◆ s.m. Elemento vertical de un entrepaño, bastidor o estructura, que sirve de soporte o refuerzo. **2.** Jamba. **3.** Cada uno de los dos largueros o banzos de una escalera de mano, unidos a intervalos iguales por travesaños. **4.** Ventana que constituye una prolongación de una puerta por la parte superior. **5.** Parte de la brida que sostiene el bocado de una caballería. **6.** Espada grande, con gavilanes largos, que se manejaba con ambas manos. **7.** Esp. Importe total de una cuenta, de una factura o de una suma cualquiera. ◆ s.f. MAR. Flujo o pleamar.

montaña s.f. (lat. vulgar *montanea*). Elevación natural grande del terreno con un fuerte desnivel entre la cima y la base. **2.** Región montañosa: *pasar las vacaciones en la montaña.* **3.** Acumulación grande de algún material: *una montaña de escombros.* **4.** *Fig.* Dificultad grande o problema difícil de resolver: *todo se le hace una montaña.* **5.** Amér. Merid. Monte de árboles y arbustos. <> **Alta montaña** ALP. Montaña que raya o sobrepasa los 3 000 m. **Montaña rusa** Atracción de feria que consiste en un circuito de carriles con desniveles por los que se deslizan vehículos a gran velocidad. **Unidad de montaña** MIL. Unidad especialmente concebida para actuar en terreno montañoso.

montañero, a adj. y s. Se dice de la persona que practica el montañismo.

montañés, sa adj. y s. Se dice de la persona que habita en la montaña, en un país montañoso, o que procede de él. **2.** De La Montaña, comarca histórica de España (Cantabria). **3.** Santanderino. ◆ s.m. Variedad dialectal del español, perteneciente al grupo leonés, hablado en el O de Cantabria.

montañismo s.m. Alpinismo. **2.** Práctica del excursionismo en montaña.

las montañas más altas del mundo	
Asia (Himalaya)	
Everest	8 848 m
K2	8 611 m
Kanchenjunga	8 586 m
Lhotse	8 545 m
Makalu	8 515 m
América (Andes)	
Aconcagua	6 959 m
África	
Kilimanjaro	5 805 m
Europa (Alpes)	
Mont Blanc	4 808 m

montañoso, a adj. Relativo a una montaña. **2.** Se dice la región o el terreno donde hay gran cantidad de montañas.

montar v.tr., intr. y prnl. (fr. *monter*). Subir sobre un animal: *montó a caballo.* **2.** Colocar o estar una cosa encima de otra: *un diente le monta sobre otro.* **3.** Esp. Subir a un vehículo: *montó en la bicicleta y se fue.* ◆ v.intr. y tr. Ir sobre una caballería, dirigiéndola: *saber montar a caballo.* ◆ v.intr. Esp. *Fig.* Ser una cosa importante: *que te guste o no, poco monta.* ◆ v.tr. Armar, ajustar, ensamblar o poner en su lugar las piezas o elementos de una estructura, aparato, máquina, etc.: *montar un andamiaje.* **2.** Poner las cosas necesarias en una casa para habitarla, o en un negocio o industria para que empiece a funcionar: *montar un bar.* **3.** Importar o sumar una cantidad de dinero las facturas, deudas, etc.: *los daños montan unos tres millones.* **4.** Amartillar un arma de fuego. **5.** Poner las piedras preciosas en su montura o soporte de metal. **6.** Poner en escena una obra teatral. **7.** Realizar el montaje de una película o un programa de televisión. **8.** Cubrir el macho a la hembra. **9.** Esp. Batir la clara del huevo o la nata hasta ponerla esponjosa y consistente. ◇ **Montar la guardia** MIL. Establecer un servicio de guardia. **Montárselo** Esp. *Fam.* Organizarse de forma fácil y productiva. **Tanto monta** Esp. Es igual, tanto da.

montaraz adj. Que vive en los montes o se ha criado en ellos. **2.** *Fig.* Rústico, arisco, intratable. ◆ s.m. Guarda de montes y fincas.

montazgo s.m. Tributo que desde la edad media pagaban en ciertas regiones de la península Ibérica los ganaderos, por usufructo de los montes, bosques y prados del señorío.

monte s.m. (lat. *mons, -ntis*). Montaña. **2.** Terreno agreste, cubierto de árboles, arbustos o matas. **3.** *Fig.* Dificultad que se presenta. **4.** Conjunto de cartas o fichas sobrantes que quedan en algunos juegos de naipes o dominó para que los jugadores puedan robarlas. **5.** Juego de naipes en el que los jugadores apuestan a una carta y ganan cuando sale una del mismo valor. **6.** ANAT. Eminencia, saliente óseo. ◇ **Batir,** o **correr, el monte,** o **montes** Ir de caza. **Echarse,** o **tirarse, al monte** Sublevarse, adoptar una actitud expeditiva o violenta. **Monte de piedad** Establecimiento público cuyo principal objetivo es la concesión de préstamos, por regla general de pequeña cuantía, contra la garantía prendataria de alhajas, muebles, etc. **Monte de Venus** ANAT. Eminencia triangular situada delante del pubis. **Monte isla** GEOMORFOL. Relieve residual que surge bruscamente por encima de las rampas, en algunas regiones desérticas o subdesérticas. SIN.: *inselberg.*

montear v.tr. Buscar, acosar y perseguir la caza en el monte, o bien ojearla hacia un determinado paraje, donde es esperada por los cazadores.

montefrío s.m. Vino rosado español elaborado con la uva del área próxima al embalse de Entrepeñas, en la provincia de Guadalajara.

montenegrino, a adj. y s. De Montenegro. ◆ s.m. Lengua que se habla en Montenegro.

montepiado, a adj. y s. Chile. Se dice de la persona que se beneficia de un montepío o pensión.

montepío s.m. Fondo o depósito de dinero aportado por los miembros de algún cuerpo o clase, con el fin de obtener pensiones para sus viudas o huérfanos o recursos económicos en sus enfermedades o vejez. **2.** Institución creada con este fin.

montera s.f. Gorro o gorra. **2.** Galería cubierta de cristales sobre un patio. **3.** TAUROM. Gorro de terciopelo negro y pasamanería de seda, usado por los toreros. **4.** TECNOL. Parte superior de un alambique.

montería s.f. Cacería con perros, y generalmente a caballo, para cobrar piezas mayores. **2.** Arte de cazar o conjunto de reglas para la caza.

monterilla s.f. MAR. Vela triangular que, en tiempo de bonanza, se larga sobre los últimos juanetes.

monterita s.f. Ave de plumaje grisáceo u ocráceo, con el pico casi cónico, que vive en América Meridional. (Familia fringílidos.)

montero, a s. Persona que busca, persigue u ojea la caza de monte. ◇ **Montero de cámara,** o **de Espinosa** HIST. Oficial que, en Castilla, tenía a su cuidado la guarda de las personas reales desde que se acostaban hasta la mañana siguiente. **Montero mayor** HIST. Oficial doméstico de la casa real, que tenía a su cargo las cacerías regias.

montés, sa adj. Se dice del animal salvaje: *gato montés.*

montesino, a adj. Relativo al monte: *vegetación montesina.*

montevideano, a adj. y s. De Montevideo (Uruguay).

montgolfier s.m. (de J. y E. *Montgolfier,* inventores franceses). Globo aerostático cuya sustentación se logra mediante el aire dilatado por el calor de un hornillo situado en la parte inferior.

montículo s.m. Pequeña elevación del terreno, natural o artificial.

montilla s.m. Vino español, ligero, transparente, de aroma penetrante y regular graduación (16°), elaborado en Córdoba, junto con el moriles, y en Cádiz, como variedad del jerez.

montmorillonita s.f. MINER. Silicato hidratado natural de aluminio, con algo de óxido magnésico.

monto s.m. Monta, importe total.

montón s.m. Conjunto de cosas acumuladas sin orden unas encima de otras. **2.** *Fig.* y *fam.* Número considerable, gran cantidad de algo: *un montón de veces.* ◇ **A,** o **de,** o **en, montón** *Fam.* Juntamente, sin separación o distinción. **A montones** *Fam.* Con abundancia, en gran cantidad. **Del montón** *Fam.* Vulgar, no destacado. **Echar montón** Méx. *Fam.* Actuar en conjunto un grupo de personas para aprovecharse o abusar de alguien, para hacer burla de él, etc.

montonera s.f. Montón. **2.** Amér. Merid. Guerrilla de la época de las luchas de la independencia. **3.** Colomb. Montón de hierba o paja.

montonero, a adj. Méx. *Fam.* Se dice de la persona que actúa junto con otros en contra de alguien. ◆ s.m. Miembro de la caballería federal durante las guerras que siguieron a la independencia del virreinato del Río de la Plata.

montubio, a adj. y s. Amér. Se dice de la persona arisca y grosera. **2.** Colomb., Ecuad. y Perú. Campesino de la costa.

montuno, a adj. Amér. Agreste, montaraz, rústico.

montuoso, a adj. Relativo al monte. **2.** Que tiene muchos montes.

montura s.f. (fr. *monture*). Cabalgadura, animal para cabalgar. **2.** Montaje, acción y efecto de montar. **3.** Soporte o armazón sobre el que está colocada la parte esencial de un objeto. **4.** Conjunto de arreos o de guarniciones de una caballería, especialmente la silla de montar.

monumental adj. Relativo al monumento. **2.** *Fig.* y *fam.* Muy grande, impresionante: *un objeto monumental; una falta monumental.*

monumento s.m. (lat. *monumentum*). Obra arquitectónica o escultórica en homenaje a una persona o hecho. **2.** Construcción arquitectónica notable por su belleza o antigüedad. **3.** Sepulcro, obra generalmente de piedra, que se construye levantada del suelo para honrar a la persona enterrada. SIN.: *monumento funerario.* **4.** Objeto, documento u obra científica, artística o literaria digna de perdurar por su utilidad, importancia o mérito excepcional. **5.** *Fam.* Persona guapa y bien proporcionada. **6.** En la liturgia católica, altar adornado donde se deposita el Santísimo Sacramento para ser adorado por los fieles después de la misa vespertina del jueves santo. ◇ **Monumento histórico-artístico** Calificación oficial que se da en España a determinadas obras de arquitectura.

monzón s.m. (port. *monçao*). Viento o corriente atmosférica que sopla, sobre todo en Asia meridional, alternativamente hacia el mar (en invierno: *monzón seco*) y hacia tierra (en verano: *monzón húmedo*) durante varios meses.

1. **moña** s.f. Lazo de cintas negras que se sujetan los toreros a la coleta. **2.** Adorno de cintas o flores colocado en la divisa de los toros.

2. **moña** s.f. Esp. *Fam.* Borrachera.

moño s.m. Cabello sujeto y arrollado detrás, encima o a los lados de la cabeza. **2.** *Fig.* Cima o cumbre de algunas cosas. **3.** Penacho de algunos animales. ◆ **moños** s.m.pl. Adornos superfluos o de mal gusto. ◇ **Ponerse moños** *Fam.* Presumir, vanagloriarse. **Ponerse sus moños** Méx. *Fam.* Ponerse alguien pesado, hacerse de rogar.

moñudo, a adj. Se dice del ave con moño.

moquear v.intr. Echar mocos.

moqueo s.m. Secreción nasal abundante.

moquero s.m. Pañuelo de bolsillo.

moqueta s.f. (fr. *moquette*). Esp. Alfombra con que se tapiza la pared o el piso de una estancia.

moquete s.m. Puñetazo dado en el rostro, especialmente en las narices.

moquetear v.tr. Dar moquetes. ◆ v.intr. *Fam.* Moquear con frecuencia.

moquetero, a adj. y s. Chile. Se dice de la persona que da moquetes.

moquillo s.m. Enfermedad catarral contagiosa de algunos animales, especialmente perros. **2.** Pepita, tumor pequeño que pueden tener en la lengua las gallinas. **3.** Ecuad. Nudo corredizo con que se sujeta el labio superior del caballo para domarlo.

moquita s.f. Moco claro.

moquitear v.intr. Echar mocos, especialmente cuando se llora.

1. **mor** s.m. **Por mor de** A causa de.

2. **mor** s.m. (voz danesa). Humus bruto que resulta de la descomposición muy lenta de materias de la cobertura vegetal, en un suelo mal aireado.

1. **mora** s.f. (lat. vulgar *mora,* del lat. *morum*). Fruto de la morera y del moral. **2.** Zarzamora. **3.** Hond. Frambuesa. **4.** Méx. Morera o moral.

2. **mora** s.f. (lat. *mora*). DER. Dilación o retraso culpable en el cumplimiento de una obligación.

morabito o **morabuto** s.m. (ár. *murâbiṭ,* ermitaño). Monje guerrero del islam que vivía en una rábita, que se consideraba santo si moría en la guerra santa y al que se atribuían poderes sobrenaturales. **2.** Jefe o fundador de una cofradía mística de África del norte. **3.** Santón musulmán.

moráceo, a adj. y s.f. Relativo a una familia de plantas apétalas de las regiones cálidas, a la que pertenecen el moral y la higuera.

morada s.f. Lugar donde se mora. **2.** Permanencia por algún tiempo en un sitio.

morado, a adj. y s.m. (de *mora*). Se dice del color violeta oscuro. ◆ adj. Que es de este color: *las berenjenas moradas.* ◇ **Pasarlas moradas** Esp. *Fam.* Pasarlo muy mal, pasar por una situación difícil. **Ponerse morado** Esp. *Fam.* Disfrutar de algo hasta la saciedad.

morador, ra adj. y s. Que habita o mora en un sitio.

moradura s.f. Hematoma, mancha de la piel.

1. **moral** adj. (lat. *moralis,* de *mos, moris,* costumbre). Relativo a las costumbres o a las reglas de conducta: *valores morales.* **2.** Que es conforme o favorable a las buenas costumbres. **3.** Relativo al pensamiento o conciencia, en oposición a lo físico y material: *formación moral.* ◆ s.f. Conjunto de reglas de conducta propuestas por una determinada doctrina o inherentes a una determinada condición. **2.** Situación psicológica, estado de ánimo o disponibilidad para soportar algo. **3.** FILOS. Ética. ◇ **Moral internacional** DER. Conjunto de reglas no jurídicas, pero respetadas por los sujetos del derecho de gentes en las relaciones internacionales. **Teología moral** Parte de la teología que trata de la ordenación de los actos humanos hacia su fin sobrenatural. **Virtudes morales** Virtudes que tienen como fundamento la luz de la razón (por oposición a las *virtudes sobrenaturales*).

2. **moral** s.m. (de *mora*). Árbol originario de Asia, de 5 a 6 m de alt., tronco grueso y recto, hojas dentadas y acorazonadas y flores unisexuales, cuyo fruto, la mora, es comestible, y fermentado da una bebida alcohólica. (Familia moráceas.)

moraleda s.f. Terreno poblado de morales. **2.** Terreno poblado de moreras.

moraleja s.f. Enseñanza que se deduce de un cuento, fábula, etc.

moralidad s.f. Conformidad con las reglas de la moral: *la moralidad de una obra; una persona de una moralidad intachable.* **2.** Moraleja. **3.** LIT. Obra teatral medieval en verso que pone en escena personajes alegóricos y tiene por objeto la educación moral.

moralina s.f. Moral superficial o falsa.

moralismo s.m. Actitud filosófica o religiosa en la que prevalece un criterio moral.

moralista s.m. y f. Filósofo que se ocupa de moral. **2.** *Fig.* Persona que suele hacer reflexiones morales. **3.** Autor que ha tratado de moralizar las costumbres. ◆ adj. y s.m. y f. Que es partidario del moralismo.

moralizar v.tr. Adecuar a las normas morales. ◆ v.intr. Hacer reflexiones morales.

morapio s.m. Esp. *Fam.* Vino corriente, especialmente el tinto.

morar v.intr. (lat. *morari,* detener, permanecer). Residir habitualmente en un lugar.

moratoria s.f. Plazo que se otorga para el pago de una deuda vencida y que puede pactarse por convenio privado entre los interesados o puede ser declarado por ministerio de la ley.

moravo, a adj. y s. De Moravia. ◇ **Hermanos moravos** Secta cristiana fundada en el s. XV en Bohemia, entre los husitas. (Los hermanos moravos, dispersados después de la derrota de la Montaña Blanca [1620], forman en Sudamérica y EUA grupos misioneros muy importantes.)

morbidez s.f. Cualidad de mórbido. **2.** B. ART. Pincelada delicada en el modelado de las carnaciones.

mórbido, a adj. (ital. *morbido*). Morboso, que es propio de una enfermedad. **2.** Tierno y delicado, especialmente el cuerpo femenino.

morbífico, a adj. Que es origen de una enfermedad.

morbilidad s.f. Proporción de personas que padecen los efectos de una enfermedad en un lugar y período determinados.

morbo s.m. (lat. *morbus,* enfermedad). Enfermedad. **2.** *Fam.* Atracción oculta por alguien o algo prohibido, desagradable o inmoral.

morbosidad s.f. Cualidad de morboso. **2.** Conjunto de alteraciones patológicas que caracterizan el estado sanitario de un país.

morboso, a adj. Enfermo: *organismo morboso.* **2.** Que causa enfermedad o es propio de ella: *atmósfera morbosa.* **3.** Que revela un estado físico o psíquico insano: *idea morbosa.*
morcilla s.f. Embutido elaborado con sangre de cerdo y arroz o cebollas, cocidos y condimentados. **2.** *Fig.* y *fam.* Añadidura de palabras improvisada por un actor. **3.** Cuba. *Fig.* Mentira. <> **Dar morcilla** Esp. *Vulg.* Despreciar a alguien con enojo.
1. **morcillo** s.m. (dim. del ant. *mur,* ratón). Parte carnosa del brazo, desde el hombro hasta cerca del codo, de las reses destinadas al consumo.
2. **morcillo, a** adj. (lat. *mauricellus*). Se dice del caballo o yegua de color negro con viso rojizo.
mordacidad s.f. Cualidad de mordaz.
mordaz adj. (lat. *mordax, -acis*). Que corroe o tiene actividad corrosiva. **2.** *Fig.* Que contiene una ironía aguda y mal intencionada: *crítica mordaz.* **3.** Se dice de la persona que critica con ironía malintencionada.
mordaza s.f. (lat. *mordacia*). Tela, cinta u otra cosa que se pone en la boca para impedir hablar o gritar. **2.** *Fig.* Censura a la libertad de expresión o de acción. **3.** Aparato para disminuir el retroceso de las piezas de artillería. **4.** TECNOL. Cada una de las dos piezas que, actuando conjuntamente a modo de tenaza, pueden cerrarse a voluntad para sujetar y sostener entre ellas un objeto. <> **Mordaza protectora** Cualquiera de las dos placas de metal blando o de materia plástica que se fijan en las mordazas del tornillo de banco para sujetar una pieza sin dañarla.
mordedura s.f. Acción de morder. **2.** Herida o señal de un mordisco.
mordelón s.m. Méx. *Fam.* Policía de tráfico que acepta mordidas o soborno.
mordentado s.m. Aplicación de un mordiente a una tela o fibra textil.
mordente s.m. (ital. *mordente*). Mordiente, sustancia. **2.** MÚS. Ornamento, usado sobre todo en la música antigua, formado por la nota real, su segunda inferior y de nuevo la nota real.
morder v.tr. e intr. (lat. *mordere*) [conj.: *mover*]. Hincar los dientes en una cosa: *el perro muerde, morder un brazo.* ◆ v.tr. Picar, escocer. **2.** Asir una cosa a otra, haciendo presa en ella. **3.** Gastar poco a poco una cosa en pequeñas porciones: *la lima muerde el acero.* **4.** *Fig.* Desacreditar, murmurar: *sus palabras muerden.* **5.** Cuba, P. Rico y Venez. Estafar. **6.** Méx. *Fam.* Pedir dinero un funcionario público, principalmente un policía, a un particular a cambio de evitarle una sanción. **7.** TEXT. **a.** Impregnar un tejido con mordiente. **b.** Fijar el tinte sobre la superficie de la tela. <> **Estar que muerde** *Fam.* Estar alguien muy enojado. **Morder el anzuelo** *Fam.* Caer en una trampa. **Morderse los dedos** *Fam.* Arrepentirse de algo.
mordicar v.tr. Morder, picar, escocer.
mordida s.f. Mordedura, mordisco. **2.** Bol., Colomb., Méx., Nicar. y Pan. *Fam.* Cantidad de dinero que un funcionario recibe como soborno. **3.** Bol., Colomb., Méx., Nicar. y Pan. *Fam.* Fruto de cohechos o sobornos.
mordido, a adj. Menoscabado, incompleto. ◆ s.m. Transformación o conversión de una imagen fotográfica en diversas sustancias que desempeñan en frío la función de mordientes con respecto a los colorantes básicos. **2.** GRAB. Operación consistente en someter una plancha a la acción del aguafuerte. **3.** INDUSTR. Estampación de tela practicada mediante mordientes. **4.** METAL. Operación que consiste en limpiar y desoxidar la superficie de un metal mediante un tratamiento especial.
mordidura s.f. Méx. Mordedura.
mordiente adj. (ital. *mordente*). Que muerde. ◆ s.m. Sustancia que, en ciertas artes, sirve para fijar el color o el pan de oro. SIN.: *mordente.* **2.** Barniz viscoso que confiere cohesión a la tinta. **3.** Producto químico utilizado en procesos de estampación. **4.** Ácido u otro agente corrosivo empleado para atacar superficialmente los metales. **5.** Mástique utilizado en la fabricación de tapices o alfombras de lana cortada, para que esta se adhiera a la tela o al papel.
mordisco s.m. Acción y efecto de morder. **2.** Trozo que se arranca al morder. **3.** Mordedura leve. **4.** *Fig.* Beneficio que se saca de un negocio.
mordisquear v.tr. Morder repetidamente una cosa con poca fuerza o arrancando porciones muy pequeñas. SIN.: *mordiscar.*
mordvano, pueblo ugrofinés que habita en la República de Mordovia (Rusia), junto al Volga medio.
1. **morena** s.f. (lat. *muraena*). Pez de los fondos rocosos de las costas del Mediterráneo y del Atlántico africano e ibérico, de cuerpo alargado como la anguila, de hasta 1,50 m de long., que es muy voraz y puede causar mordeduras muy peligrosas. (Orden ápodos.)
2. **morena** s.f. Pan moreno.
morenazo, a adj. y s. *Fam.* Muy moreno y atractivo.
moreno, a adj. y s. Se dice de la persona de raza blanca que tiene la piel y el pelo oscuros, o algo oscuros. **2.** *Fig.* y *fam.* Negro. **3.** *Fig.* y *fam.* Mulato. **4.** Se dice del color que es de una tonalidad intermedia entre el marrón y el negro. ◆ adj. Que es de este color: *pan moreno.* **2.** Se dice del cabello o de la piel oscuros que tienen algunas personas de raza blanca. **3.** Tostado por el sol: *ponerse moreno.*
morera s.f. Árbol o arbusto que crece en regiones templadas, de hojas caducas, cuyo fruto es la mora. (Sus hojas alimentan al gusano de seda; familia moráceas.)
morería s.f. Nombre que recibieron, a partir del s. XV, los barrios en los que primero los mudéjares y luego los moriscos vivieron segregados del resto de la población cristiana.
mores s.m.pl. o s.f.pl. (voz latina). Costumbres, normas o modos de proceder socialmente convenidos.
morete s.m. Méx. Moretón.
moretón s.m. *Fam.* Hematoma, ruptura de vasos sanguíneos bajo la piel producida por un golpe, presión, etc.
morfa s.f. Hongo parásito que ataca los naranjos y limoneros.
morfema s.m. LING. Unidad mínima de significado. <> **Morfema gramatical** Morfema que proporciona información gramatical, como *-an* en *cantan.* **Morfema léxico** Morfema que, por sí solo, contiene información léxica, como *prudente-* en *prudentemente.* [V. cuadro pág. siguiente.]
morfemático, a adj. Relativo al morfema.
morfina s.f. (del gr. *Morpheús,* dios del sueño). Alcaloide principal del opio, que es un potente analgésico e hipnótico, y cuyo uso continuado origina una grave toxicomanía.
morfinomanía s.f. Dependencia de la morfina.
morfinómano, a adj. y s. Que padece morfinomanía.
morfismo s.m. MAT. Aplicación f de un conjunto C dotado de una ley interna de notación + en un conjunto C dotado de una ley interna de notación x, tal que, para todo elemento x e y de D, se tenga $f(x + y) = f(x) \cdot f(y)$. SIN.: *homomorfismo.*
morfofonología s.f. LING. **a.** Parte de la gramática que estudia el empleo morfológico de los medios fonológicos de una lengua. **b.** En gramática generativa, descripción de todas las operaciones que conducen a la representación fonética de los enunciados. SIN.: *morfonología.*
morfogénesis s.f. FISIOL. Desarrollo de la forma y estructura de un organismo.
morfógeno, a adj. FISIOL. Se dice de la acción o la función que intervienen en el crecimiento o en la forma del embrión.
morfología s.f. (del gr. *morphé,* forma, y *lógos,* tratado). Parte de la biología que estudia la forma y la estructura de los seres vivos. **2.** Aspecto exterior de alguien o algo. **3.** Geomorfología. **4.** LING. Parte de la gramática que estudia la flexión, la composición y la derivación de las palabras.
morfológico, a adj. Relativo a la morfología.
morfometría s.f. Estudio cuantitativo de las formas del modelado terrestre.
morfopsicología s.f. Parte de la psicología que estudia las

relaciones existentes entre las características psíquicas de la persona con su aspecto morfológico externo.

morfoscopia s.f. Estudio de la forma de los elementos que constituyen las rocas sedimentarias detríticas.

morfosintaxis s.f. (pl. morfosintaxis.) LING. Parte de la gramática que estudia las reglas morfológicas y sintácticas de una lengua.

morganático, a adj. Se dice del matrimonio de una persona de estirpe real con otra de rango inferior y cuya descendencia no puede tener derechos a la corona. **2.** Se dice de la persona que contrae esta clase de matrimonio y de los hijos nacidos de este matrimonio.

morgue s.f. (voz francesa). Depósito judicial de cadáveres.

moribundo, a adj. y s. (lat. *moribundus*). Que está muriendo o a punto de morir.

morichal s.m. Terreno poblado de moriches.

moriche s.m. Palmera de gran tamaño, de tronco liso y recto, que crece en América tropical, de cuyas fibras se hacen cuerdas fuertes. (Familia palmáceas.) **2.** Ave paseriforme originaria de América, de unos 25 cm de long., plumaje negro, fácilmente domesticable y muy estimada por su canto. (Familia ictéridos.)

morigerar v.tr. y prnl. (lat. *morigerari*, condescender). Moderar los excesos.

moriles s.m. Vino español ligero, transparente y de baja graduación alcohólica, elaborado en la provincia de Córdoba.

morfemas

Los morfemas son las unidades mínimas de la lengua con significado léxico o gramatical. Se clasifican según su posición, según su significado y según sus características sintácticas.

según su posición	ejemplos
raíces Elementos invariables que aportan el significado básico de la palabra y suelen ser comunes a las distintas palabras de una familia.	*clar-* en *claro*, *clara*, *clarear*, *claridad*
afijos Se adjuntan a una raíz y forman palabras nuevas por derivación o indican nociones gramaticales. Se dividen en — prefijos (delante de la raíz) — sufijos (detrás de la raíz)	 *re-* en *re*hacer, *re*escribir o *re*construir *-dera* en rega*dera* o lanza*dera*
según su significado	**ejemplos**
morfemas léxicos Tienen significado. Designan conceptos: objetos, acciones, cualidades.	*alt-* en *alt*o, *alt*a, *alt*os, *alt*as
morfemas gramaticales o flexivos No tienen significado léxico. Aportan nociones gramaticales:	*-dor* en corre*dor* o vende*dor*
— morfema de género Indica si una palabra es masculina o femenina.	*-a* en modern*a* o antigu*a* *gato*, *-o* es el morfema masculino *gata*, *-a* es el morfema femenino
— morfema de número Indica si una palabra es singular o plural.	*gato* es singular *gatos*, *-s* es el morfema de plural
— vocal temática Indica a qué conjugación pertenece el verbo.	*-a-*, primera conjugación (*amar*) *-e-*, segunda conjugación (*beber*) *-i-*, tercera conjugación (*vivir*)
— morfema de modo Indica si el verbo está en indicativo o subjuntivo.	*cantábamos*, *-ba-* es morfema de indicativo *cantásemos*, *-se-* es morfema de subjuntivo
— morfema de tiempo Indica si el verbo está en presente, pasado o futuro.	*cantamos Ø* es un morfema de presente *cantábamos -ba-* es morfema de pasado *cantaremos -re-* es morfema de futuro
— morfema de persona y número. Indica si el verbo está en primera, segunda o tercera persona del singular o plural.	*canto* (1.ª p. sing.), *canta-mos* (1.ª p. pl.) *canta-s* (2.ª p. sing.), *cantá-is* (2.ª p. pl.) *canta* (3.ª p. sing.), *canta-n* (3.ª p. pl.)
según sus características sintácticas	**ejemplos**
morfemas libres Tienen autonomía sintáctica y pueden formar un enunciado independiente.	*sí, no, siempre, nunca*
morfemas ligados Solo aparecen ligados a otros morfemas.	*-niñ, alt-* o *cant-*

morillo s.m. Soporte para sostener la leña en el hogar.

morio s.m. Mariposa de las zonas templadas del hemisferio N, parecida a la vanesa, de alas pardas, bordeadas de amarillo y con manchas azules.

morir v.intr. y prnl. (lat. vulgar *morire,* del lat. *mori*) [conj.: *dormir*]. Dejar de vivir. **2.** *Fig.* Extinguirse lentamente una actividad, proceso, etc.: *morir el día.* **3.** *Fig.* Estar dominado por un deseo, pasión o necesidad fisiológica: *morirse de hambre.* ◆ v.intr. *Fig.* Terminar o desaparecer el curso de algo: *el río Tajo muere en el Atlántico.* ◆ **morirse** v.prnl. Quedarse insensible o entumecerse un miembro del cuerpo. ◇ **Morir(se) por** Desear mucho algo o estar muy enamorado de una persona. **¡Muera!** Denota aversión contra una persona o el propósito de acabar con ella.

OBS.: participio: *muerto.*

morisco, a adj. y s. De los descendientes de los musulmanes españoles que quedaron en tierra cristiana después de la reconquista. ◆ adj. Moro. **2.** Se dice del dibujo o motivo ornamental formado por follajes, que suele usarse principalmente en damasquinería.

morisco

Al término de la reconquista los moriscos españoles formaban una gran masa semicolonial, que seguía hablando en árabe y practicaba ocultamente el islamismo. A comienzos del s. XV, en vísperas de su expulsión, sumaban unos 300 000, concentrados principalmente en Valencia, Aragón, Castilla, Murcia y Andalucía, agrupados en poblaciones de predominio morisco o en barrios especiales (morerías) de las poblaciones cristianas. Vivían en tierras señoriales, pagando arrendamientos que para los cristianos viejos resultaban onerosos. Aunque teóricamente cristianos, la mayor parte de ellos conservaba prácticas musulmanas. Tres factores provocaron la expulsión de los moriscos, ordenada por Felipe III en 1609: el temor a una sublevación apoyada por los berberiscos del N de África y los turcos, la desconfianza de la Iglesia hacia estos dudosos cristianos y el odio popular. En 1614 se dio por concluida la expulsión, que tuvo desastrosas consecuencias económicas para los reinos de Aragón y, especialmente, Valencia.

morisqueta s.f. *Fam.* Engaño, burla, desprecio.

morito s.m. Ave caradriforme, de tamaño algo menor que el ibis, pico curvo, cuello curvado en forma de S y plumaje ligeramente tornasolado, de color rojo castaño. (Familia tresquiornítidos.)

morlaco, a adj. y s. (ital. *morlacco,* hombre rústico). Que se finge tonto o ignorante. ◆ adj. y s.m. TAUROM. Se dice del toro que es grande. ◆ s.m. Amér. Patacón, peso duro.

mormado, a adj. Méx. Constipado, acatarrado.

mormarse v.prnl. Méx. Constiparse, acatarrarse.

mormón, na adj. y s. Relativo al mormonismo; que profesa el mormonismo.

mormonismo s.m. Religión fundada en EUA, en 1830, por Joseph Smith.

mormonismo

La oposición levantada por ciertos aspectos de su doctrina (autonomía teocrática y poligamia), hoy abandonados, llevó a sus adeptos a establecerse a orillas del Gran Lago Salado (Utah), donde fundaron Salt Lake City. Los libros sagrados de los mormones son la Biblia y el *Libro del mormón.*

moro, a adj. y s. (lat. *maurus,* habitante de Mauritania). Del N de África. **2.** De la población musulmana de al-Andalus. **3.** De un pueblo sahariano, mestizo de árabes, bereberes y negros, que habita principalmente en Mauritania. **4.** Denominación dada por los españoles a la población musulmana de Filipinas, descendiente de mercaderes árabes. **5.** Esp. Musulmán. ◆ adj. Se dice del caballo o yegua de pelo negro, con una mancha blanca en la frente y en una o dos patas. **2.** Amér. Merid. Se dice del caballo tordo. ◆ s.m. Esp. *Fam.* Se dice del hombre celoso que intenta someter a su pareja. ◇ **Haber moros en la costa** Esp. *Fam.* Existir peligro para una persona o un grupo por la presencia de alguien.

morocada s.f. Topetada de carnero.

morocho, a adj. Amér. *Fig.* y *fam.* Robusto, sano. **2.** Argent., Perú y Urug. *Fig.* Se dice de la persona que tiene pelo negro y tez blanca.

morocota s.f. → **morrocota.**

morón s.m. Montecillo de tierra.

morona s.f. Colomb. Migaja de pan.

morondanga s.f. Cosa inútil o de poco valor. **2.** Conjunto de cosas inútiles. **3.** Embrollo, confusión.

morondo, a adj. Mondo, limpio de elementos superfluos, especialmente hablando de cabellos, hojas, etc.: *las morondas ramas de un árbol.*

moronga s.f. Guat., Hond. y Méx. Morcilla, salchicha.

moroso, a adj. Que se retrasa en un pago o en la devolución de algo. **2.** Que va u obra con lentitud.

morra s.f. Arbusto de color blanquecino que crece en el centro y sur de la península Ibérica. (Familia compuestas.)

morrada s.f. Golpe dado con la cabeza, o el que se recibe al caerse. **2.** *Fig.* Bofetada, puñetazo.

morral s.m. Saco para el pienso que se cuelga de la cabeza de una caballería, para que coma cuando no está en el pesebre. **2.** Bolsa que usan los pastores, cazadores y soldados para llevar la caza, provisiones, etc. **3.** *Fig.* y *fam.* Hombre torpe y grosero.

morralla s.f. Boliche, pescado menudo. **2.** *Fig.* Conjunto de personas despreciables. **3.** *Fig.* Conjunto de cosas inútiles y sin valor. **4.** Méx. Dinero menudo.

morrear v.tr. y prnl. Esp. *Vulg.* Besar a una persona poniendo en contacto los labios y la lengua.

morrena s.f. GEOGR. Conjunto de materiales arrancados, transportados y después depositados por un glaciar.

morreo s.m. Esp. *Vulg.* Acción de morrear o morrearse.

morrera s.f. Pupa en los labios.

morrillo s.m. Abultamiento carnoso de las reses en la parte superior y anterior del cuello. **2.** *Fam.* Nuca carnosa y abultada de una persona. **3.** Canto rodado, grava.

morriña s.f. (port. y gall. *morrinha*). Nostalgia, especialmente de la tierra natal. **2.** Enfermedad infectocontagiosa, aguda y febril, del ganado vacuno.

morriñoso, a adj. Que tiene morriña. **2.** Raquítico, enclenque.

morrión s.m. Casco de soldado de infantería, usado en los ss. XVI y XVII, con los bordes arqueados y una cresta desde la parte anterior a la posterior. **2.** Gorro militar antiguo, cilíndrico, a manera de sombrero de copa, sin alas y con visera.

morrituerto s.m. Planta herbácea de tallo anguloso, que crece en el S y SE de la península Ibérica. (Familia crucíferas.)

morro s.m. Hocico, parte de la cabeza de algunos animales donde están la boca y las narices. **2.** Monte o peñasco pequeño y redondeado. **3.** Peñasco escarpado en la costa, que sirve de referencia a los navegantes. **4.** Extremidad de un dique o de una escollera. **5.** Esp. *Vulg.* Labios de una persona, especialmente si son abultados. **6.** Esp. Extremo delantero y prolongado de ciertas cosas: *el morro de un avión.* ◇ **Beber a morro** *Fam.* Beber sin vaso aplicando directamente la boca al chorro o botella. **Estar de morros** Esp. *Fig.* y *fam.* Estar reñidas dos o más personas. **Tener morro** Esp. *Fig.* y *fam.* Ser descarado.

morrocota o **morocota** s.f. En ciertos países del Caribe, onza de oro.

morrocotudo, a adj. (voz indígena de Venezuela). *Fam.* Que tiene mucha importancia, magnitud o dificultad. **2.** Chile. Se dice de una obra literaria o artística que no tiene proporción, gracia u originalidad. **3.** Colomb. Rico, acaudalado.

morrón adj. Se dice de una variedad de pimiento muy grueso y dulce. ◆ s.m. *Fam.* Golpe.

morrongo, a s. *Fam.* Gato, animal.

morronguear v.intr. Amér. Beber. **2.** Argent. y Chile. Dormitar.

morrudo, a adj. Que tiene los labios muy abultados.

morsa s.f. (fr. *morse*). Mamífero marino de las regiones árticas, de cuerpo fornido, con caninos superiores transformados en defensas, que se alimenta de moluscos. (Long. 5 m aprox.; peso 1 t aprox.; orden pinnípedos.) **2.** Argent. Torno de carpintería.

morsana s.f. Árbol de pequeño tamaño, de flores blancas o amarillas y rojas en la base. (Familia cigofiláceas.)

morse s.m. (de S. *Morse,* inventor norteamericano). Código de comunicación telegráfica que asigna una combinación convencional de rayas y puntos, o de señales acústicas o luminosas breves y largas, a cada letra del alfabeto o a cada número (del 0 al 9). [Desde el 1 de febrero de 1999, el código Morse ha sido sustituido por un sistema de satélites para las comunicaciones marítimas.]

mortadela s.f. Embutido muy grueso, elaborado con carne picada de cerdo y de vaca y con trozos de tocino, que es típico de la cocina italiana.

mortaja s.f. (lat. *mortualia,* vestidos de luto). Vestidura o sudario con que se envuelve un cadáver para enterrarlo. **2.** Entalladura realizada en una pieza de madera o de metal para recibir una espiga de otra pieza que debe ensamblarse con ella. **3.** Ranura practicada en un taladro y destinada a alojar una chaveta. **4.** Amér. Hoja de papel con que se lía el tabaco del cigarrillo.

mortajadora s.f. Herramienta mecánica destinada a formar ranuras, muescas, chaveteros, etc.

mortal adj. (lat. *mortalis*). Que ha de morir. **2.** Que causa o puede causar la muerte. **3.** Que es muy intenso: *odio mortal; dolor mortal.* **4.** *Fig.* Decisivo, concluyente: *la derrota es mortal para sus aspiraciones.* **5.** *Fig.* Muy pesado de soportar, que dura mucho: *aburrimiento mortal.* ◆ s.m. y f. El ser humano. ◇ **Pecado mortal** TEOL. Grave ofensa a Dios, que hace perder la gracia.

mortalidad s.f. Cualidad de mortal. **2.** Número de defunciones en una población o tiempo determinados: *mortalidad infantil.* ◇ **Tasa de mortalidad** Coeficiente que representa el cociente entre el número de defunciones observadas en una población, en un período de tiempo dado, y la cantidad de población en dicho período.

mortandad s.f. Multitud de muertes causadas por una guerra, una epidemia, etc.

mortecino, a adj. (lat. *morticinus*). Se dice de lo que no tiene vigor o viveza: *luz mortecina.*

morterete s.m. Almirez o utensilio parecido utilizado como instrumento músico. **2.** ARM. **a.** Pequeño mortero de bronce o hierro colado que sirve para probar la potencia de la pólvora. **b.** Antigua pieza pequeña de artillería.

mortero s.m. (lat. *mortarium*). Recipiente de material duro que sirve para machacar o reducir a pasta o a polvo especias, semillas, etc. **2.** Piedra plana y circular de los molinos de aceite, sobre la cual rueda el rulo para moler la aceituna. **3.** ARM. Arma de artillería destinada a efectuar tiros curvos con grandes ángulos de elevación. **4.** CONSTR. Mezcla pastosa a base de arena ligada por un aglomerante (cal o cemento), que sirve para dar trabazón a los ladrillos de una obra de albañilería.

mortífero, a adj. Que ocasiona o puede ocasionar la muerte.

mortificación s.f. Acción y efecto de mortificar o mortificarse. **2.** PATOL. Conjunto de fenómenos que causan una disminución de la vitalidad o la necrosis de los tejidos.

mortificar v.tr. y prnl. Privar de vitalidad alguna parte del cuerpo. **2.** *Fig.* Castigar el cuerpo con privaciones y penitencias. **3.** *Fig.* Afligir, humillar, molestar.

mortinatalidad s.f. Número de nacimientos de niños muertos en una población y período determinados.

mortinato, a adj. y s. Se dice de la criatura que nace muerta.

mortuorio, a adj. Relativo al muerto o a las honras que por él se hacen. ◆ s.m. Preparativos para enterrar a los muertos.

morucho, a adj. y s.m. TAUROM. **a.** Se dice del toro de media casta brava, originario del campo de Salamanca. **b.** Se dice del toro negro.

morueco s.m. Carnero que se utiliza como semental.

mórula s.f. EMBRIOL. Masa esférica con el aspecto de una mora que constituye uno de los primeros estadios del embrión animal.

morulación s.f. EMBRIOL. Proceso de formación de la mórula.

moruno, a adj. Moro.

morusa s.f. *Fam.* Dinero, moneda corriente.

MOS s.m. (sigla inglesa de *metal oxide semiconductor,* semiconductor metal óxido). Transistor de efecto campo, con rejilla aislada por una capa de óxido de silicio, utilizado en los circuitos integrados.

1. **mosaico** s.m. y adj. Obra artística compuesta de trocitos de piedra, mármol, alfarería, esmalte, vidrio, etc., de diversos colores. **2.** AGRIC. Enfermedad vírica que ataca a ciertas plantas y produce en sus hojas manchas de diversos colores. **3.** BIOL. Conjunto de células yuxtapuestas en el mismo ser vivo, que no tienen el mismo genoma. **4.** ENCUAD. Encuadernación caracterizada por la aplicación sobre la cubierta de un trozo de piel de diferente color que el del fondo. **5.** TELEV. Electrodo recubierto de corpúsculos fotoeléctricos aislados entre sí. ◆ s.m. Méx. Losa pequeña y cuadrada, generalmente con dibujo, que se usa para pavimentar pisos.

2. **mosaico, a** adj. Relativo a Moisés, o al mosaísmo.

mosaísmo s.m. Ley de Moisés, conjunto de preceptos e instituciones dados por Moisés al pueblo de Israel.

mosaísta adj. y s.m. y f. Relativo al mosaico; artista que hace mosaicos.

mosano, a adj. Relativo al Mosa. ◇ **Arte mosano** Arte, principalmente de dinanderie, orfebrería y esmalte, que se desarrolló durante la edad media en la región del Mosa medio e inferior.

mosca s.f. (lat. *musca*). Insecto pterigógeno, especialmente el que pertenece al orden dípteros. (La *mosca común* es dañina por los microbios que transporta en sus patas y en su trompa; la *mosca verde* y la *mosca azul* depositan sus huevos en la carne; la *mosca borriguera, de burro* o *de caballo,* parasita las caballerías; la *mosca de establo* pica al ser humano, al caballo y al buey; la *mosca tse-tse* transmite la enfermedad del sueño; la *mosca escorpión* tiene las alas moteadas de negro y el abdomen del macho termina en punta.) **2.** Pelo que le crece al hombre entre el labio inferior y la barbilla. **3.** *Fam.* Dinero. **4.** *Fig.* y *fam.* Moscón, persona pesada y molesta. **5.** *Fig.* y *fam.* Estado de disgusto o recelo: *está algo mosca.* **6.** PESC. Cebo artificial que imita un insecto. ◆ **moscas** s.f.pl. *Fig.* y *fam.* Chispas que saltan de la lumbre. ◇ **Hacer mosca** Méx. *Fam.* Estorbar la relación entre dos personas interponiéndose entre ellas: *mejor los dejo solos, no quiero hacer mosca.* **Mosca muerta** *Fig.* y *fam.* Persona de apariencia inofensiva o amable, pero que encubre malas intenciones o mal carácter. **Peso mosca** DEP. Boxeador de la categoría más ligera. **Por si las moscas** *Fam.* Por si acaso. **Sacudirse las moscas** *Fam.* Apartar de sí los problemas y estorbos. **Tener la mosca detrás de la oreja** *Fig.* Recelar o desconfiar de algo.

moscarda s.f. Insecto díptero, semejante a una mosca grande, que se alimenta de carne muerta, sobre la cual la hembra deposita las larvas ya nacidas. (Familia califóridos.)

moscardón s.m. Mosca grande y vellosa. SIN.: *estro.* **2.** Avispón. **3.** *Fig.* y *fam.* Moscón.

moscatel adj. y s.m. (cat. *moscatell*). Se dice de una cepa que produce una uva blanca o morada, redondeada y muy dulce, con la que se elabora un vino del mismo nombre.

mosco, a adj. Chile. Se dice de la caballería de color muy negro con algunos pelos blancos entremezclados.

moscón s.m. *Fam.* Persona pesada y molesta, especialmente en requerimientos amorosos. SIN.: *moscardón.*

mosconear v.tr. *Fam.* Importunar.

moscovita adj. y s.m. y f. De Moscú o de la antigua Moscovia.

mosén s.m. (cat. *mossèn*, mi señor). Tratamiento que se da a los clérigos en regiones de la antigua Corona de Aragón.

mosqueado, a adj. Salpicado de pintas.

mosqueador s.m. Instrumento para ahuyentar las moscas. **2.** *Fig.* y *fam.* Cola de una caballería o de una res vacuna.

mosquear v.tr. y prnl. Ahuyentar las moscas. ◆ v.tr. *Fig.* y *fam.* Hacer que una persona se enoje. ◆ **mosquearse** v.prnl. *Fig.* y *fam.* Enojarse.

mosqueo s.m. *Fam.* Acción de mosquear o mosquearse.

mosquero s.m. Haz de hierba o conjunto de tiras de papel atado a la punta de un palo para espantar las moscas. **2.** Manojo de hierba o tira engomada que se cuelga del techo para atraerlas y eliminarlas. **3.** Amér. Hervidero o abundancia de moscas.

mosqueruela s.f. y adj. Variedad de pera pequeña, de carne granujienta y muy dulce.

mosqueta s.f. Papamoscas de pequeño tamaño que vive en árboles, arbustos y zonas abiertas. (Familia tiránidos.)

mosquete s.m. (ital. *moschetto*). Arma de fuego portátil, empleada en los ss. XVI y XVII.

mosquetería s.f. Descarga de mosquetes lanzada simultánea o sucesivamente. **2.** Conjunto de mosqueteros de un corral de comedias.

mosqueteril adj. Relativo a la mosquetería de los corrales de comedias.

mosquetero s.m. Soldado de infantería armado con mosquete. **2.** Gentilhombre que, en Francia (ss. XVII-XVIII), pertenecía a una de las dos compañías de a caballo de la casa del rey. **3.** Espectador de los corrales de comedias, que veía la función de pie desde el fondo del patio.

mosquetón s.m. Sistema de enganche rápido, consistente en una anilla metálica que se abre y cierra mediante un muelle o resorte. **2.** Arma de fuego individual, más corta que el fusil, pero semejante a él.

mosquil adj. Relativo a la mosca.

mosquitero s.m. Pabellón de cama hecho de un tejido muy fino para impedir el acceso de mosquitos, insectos, etc. **2.** Bastidor de tela metálica ligera, que se coloca en las ventanas con igual fin. SIN.: *mosquitera.*

mosquito s.m. (de *mosca*). Insecto del orden dípteros, de abdomen alargado y patas largas y frágiles, cuya hembra pica al ser humano y a los animales para alimentarse con su sangre. (Algunas especies transmiten enfermedades como el paludismo, el dengue o la fiebre amarilla.)

mosquitos → misquitos.

mossi, pueblo de Burkina Faso, que habita también en Costa de Marfil y habla una lengua voltaica.

mostacero s.m. Recipiente para servir la mostaza en la mesa. SIN.: *mostacera.*

mostacho s.m. (ital. *mostaccio*). Bigote poblado. **2.** MAR. Cadena o cabo con que se sujeta el bauprés a las bandas.

mostachón s.m. Bollo elaborado con almendras, avellanas o nueces frescas, harina y especias.

mostacilla s.f. Munición del tamaño de la semilla de mostaza, empleada para cazar animales pequeños. **2.** Abalorio de cuentas menudas.

mostajo s.m. Árbol de flores agrupadas en corimbos y fruto comestible. (Familia rosáceas.)

mostaza s.f. Planta herbácea de flores amarillas, muy común en Europa y Asia. (Se distinguen la *mostaza blanca* [género *Sinapsis*] y la *mostaza negra* [género *Brassica*]; familia crucíferas.) **2.** Semilla de esta planta. **3.** Condimento elaborado con esta semilla molida, agua, vinagre, plantas aromáticas, etc.

mosto s.m. (lat. *mustum*). Zumo de la uva o de la manzana, antes de fermentar. **2.** Zumo de ciertos frutos o vegetales con que se elaboran licores alcohólicos. **3.** Vino. ◇ **Desliar el mosto** Separar el mosto de la lía.

mostrador s.m. Mesa o tablero que hay en una tienda, un bar o establecimiento análogo para servir o presentar a los clientes lo que piden. **2.** Esfera del reloj o de cualquier otro aparato de medida.

mostrar v.tr. (lat. *monstrare*) [conj.: *contar*]. Exponer o enseñar a la vista una cosa para que sea observada o apreciada. **2.** Dejar ver algo sin propósito de hacerlo. **3.** Hacer patente un sentimiento, una manera de ser o un estado de ánimo: *mostrar preocupación.* **4.** Explicar algo o intentar hacerlo asequible. ◆ **mostrarse** v.prnl. Manifestarse o darse a conocer de alguna manera.

mostrenco, a adj. (del ant. *mestengo,* de la mesta). Se dice de una cosa que está abandonada y no tiene dueño conocido. ◆ adj. y s. *Fig.* y *fam.* Ignorante o torpe. **2.** *Fig.* y *fam.* Se dice de la persona muy gorda y pesada.

mota s.f. Partícula de cualquier materia perceptible sobre un fondo. **2.** Dibujo pequeño y redondeado sobre un tejido: *un vestido verde con motas blancas.* **2.** Nudo pequeño que se forma en un tejido. **3.** *Fig.* Defecto leve. **4.** Terrón con que se cierra el paso del agua en un cauce. **5.** Amér. Merid. Cabello corto, ensortijado y crespo, como el de las personas de raza negra. **6.** Méx. *Fam.* Marihuana. **7.** METAL. Bloque de arena de un molde de fundición, separado de su chasis, en el cual se confecciona la impronta donde será colado el metal.

1. **mote** s.m. (fr. *mot,* palabra). Apodo que se da a una persona. SIN.: *motete.* **2.** Sentencia breve de sentido oscuro, expuesta en un verso, generalmente octosílabo. **3.** Chile y Perú. Error gramatical escrito o modo de hablar incorrecto.

2. **mote** s.m. Amér. Guiso de maíz desgranado, cocido y deshollejado. **2.** Chile. Postre de trigo quebrantado, después de haber sido cocido en lejía y deshollejado. Suele acompañarse con huesillos.

moteado, a adj. Se dice de un mármol cuyos efectos decorativos son pequeños e irregulares. **2.** Se dice de un tejido o paño de tinte irregular o con motas. ◆ s.m. Enfermedad de las hojas y frutos. **2.** Aparición de manchas de colores en una película o capa de pintura. ◇ **Madera moteada** Madera que presenta nudos muy seguidos.

1. **motear** v.tr. Salpicar de motas una tela.

2. **motear** v.intr. Perú. Comer mote.

motejar v.tr. Aplicar a alguien calificaciones y denominaciones despectivas.

motel s.m. (voz angloamericana, acrónimo de *motor* y *hotel*). Hotel situado en las cercanías de las carreteras de gran circulación, especialmente dispuesto para albergar a automovilistas.

1. **motero, a** adj. y s. Se dice de la persona aficionada a las motos o al motociclismo.

2. **motero, a** adj. y s. Chile. Que vende mote. ◆ adj. Chile. Relativo al mote.

1. **motete** s.m. (occitano ant. *motet*). MÚS. Pieza vocal religiosa, al margen del ordinario de la misa, a una o varias voces y con acompañamiento instrumental o sin él.

2. **motete** s.m. Mote, apodo. **2.** Amér. Central, Antillas y Méx. Lío o envoltorio. **3.** Amér. Central, Antillas y Méx. Cesto grande de tiras de bejuco que los campesinos llevan en la espalda.

motilar v.tr. Cortar o rapar el pelo.

motilidad s.f. MED. Facultad de moverse ante determinados estímulos.

motillón, grupo de pueblos amerindios de lengua caribe que viven en la cordillera de Perijá (Colombia y Venezuela). [Son cazadores y cultivadores de mandioca y maíz; la mayoría, excepto los chakes, está extinguido o aculturizado.]

motín s.m. (fr. medieval *mutin,* revoltoso). Tumulto, movimiento o levantamiento popular contra la autoridad constituida, por lo general de poca envergadura, especialmente el de la tripulación o del pasaje contra el comandante de un buque y el de la tropa contra sus mandos.

motivación s.f. Acción de motivar. **2.** Persona o cosa que motiva. **3.** ECON. Conjunto de factores que determinan el comportamiento de un agente económico. **4.** LING. Relación que el hablante establece entre el significante y el significado de una palabra. **5.** PSICOL. Conjunto de motivos que intervienen en un acto electivo.

motivar v.tr. Ser causa o motivo de algo. **2.** Explicar el motivo o razón de algo. ◆ v.tr. y prnl. Concienciar para realizar una acción.

motivo, a adj. (lat. *motivus*, relativo al movimiento). Que mueve o puede mover. ◆ s.m. Causa o razón que determina que exista o se haga algo. **2.** B. ART. Tema básico de una ornamentación, de una figura, un grupo o un paisaje. **3.** LIT. Frase, objeto, idea o, especialmente, situación o incidente que aparece en distintas obras literarias y actúa como base para el desarrollo de un relato. **4.** MÚS. Grupo de elementos musicales que crea la unidad de una obra o de una parte de ella. **5.** PSICOL. Factor que interviene en el acto volitivo y que está constituido por un componente intelectual consciente y un valor, consciente o inconsciente, que atrae las tendencias y sentimientos. ◆ **motivos** s.m.pl. Chile. Dengues, melindres.

motmot s.m. Ave de plumaje abundante y delicado que vive en los bosques tropicales de Brasil. (Familia momótidos.)

1. **moto** s.f. (apócope). *Fam.* Motocicleta.

2. **moto** s.m. Hito o mojón.

3. **moto, a** s. Méx. *Fam.* Persona adicta a la marihuana.

motobomba s.f. Bomba aspirante impelente accionada por un motor.

motocarro s.m. Vehículo automóvil de tres ruedas para el transporte de carga ligera.

motocicleta s.f. Vehículo de dos ruedas impulsado por un motor de explosión. (Se abrevia *moto.*)

motociclismo s.m. Deporte que agrupa las diferentes competiciones disputadas sobre motocicletas.

motociclista s.m. y f. Motorista.

motociclo s.m. Vehículo automóvil de dos ruedas.

motocross s.m. Modalidad de motociclismo que consiste en competir en velocidad por un terreno muy accidentado.

motocultivo s.m. Utilización de máquinas motoras en la agricultura, especialmente en el cultivo de los campos. SIN.: *motocultura.*

motocultor s.m. Arado automotor que controla a pie empujando un manubrio y que se utiliza en jardinería, horticultura y viticultura. SIN.: *motocultivador.*

motón s.m. (occitano *cap de moton,* cabeza de carnero). MAR. Caja ovalada de madera o metal con una abertura *(cajera)* en la que se coloca la roldana.

motonáutica s.f. Arte de navegar a motor. **2.** Deporte de la navegación en embarcaciones a motor.

motonave s.f. Embarcación propulsada por medio de motores diésel.

motopaver s.m. Máquina utilizada en obras públicas para construir el firme, que realiza la mezcla de la gravilla y arena con el asfalto y la distribuye en una capa regular sobre la calzada.

motopesquero s.m. Barco pesquero de motor.

motopropulsor, ra adj. Se dice del conjunto de órganos y mecanismos que sirven para propulsar un vehículo.

motor, ra adj. y s. (lat. *motor, -oris,* que mueve). Que produce movimiento. ◆ adj. Se dice de una estructura anatómica relacionada con el movimiento: *nervio motor.* **2.** F.C. Se dice del vehículo que, movido por un motor eléctrico o de explosión, sirve para la tracción o arrastre de otros automóviles: *unidad motora.* ◆ s.m. Sistema material que transforma en energía mecánica otras formas de energía. ◇ **Motor cohete** Propulsor de reacción utilizado en aviación y en astronáutica, que funciona sin recurrir al aire exterior para obtener su comburente. SIN.: *cohete.* **Motor de explosión** Motor cuya energía es producida por la expansión de un gas. **Motor de reacción** Motor en el cual la acción mecánica se realiza mediante la expulsión de un flujo gaseoso a gran velocidad. **Motor eléctrico** Motor que transforma la energía eléctrica en energía mecánica. **Motor lineal** Motor eléctrico que sirve para mover un vehículo y cuyo inducido es fijo mientras que el inductor, fijado al vehículo, se desplaza paralelamente al inducido. **Motor térmico** Motor que transforma la energía térmica en energía mecánica.

motor

En los motores térmicos, la energía calorífica puede proceder de diversas fuentes (nuclear, solar, etc.), pero la más frecuente es la producida por la combustión de una mezcla de aire y combustible. Se distinguen los *motores de combustión externa*, en los que un fluido diferente del gas de combustión realiza un ciclo termodinámico generador de trabajo (turbinas de vapor, máquinas de vapor, motor Stirling, etc.) y los *motores de combustión interna*, en los que el fluido de trabajo está constituido por los mismos gases de combustión (motor de explosión, motor diesel, turbina de gas, turbopropulsor, turborreactor, estratorreactor o cohete).

motora s.f. Embarcación pequeña de motor.

motorismo s.m. Actividad del motorista.

motorista s.m. y f. Persona que lleva una motocicleta. SIN.: *motociclista.* **2.** Persona que participa en una prueba o competición de motociclismo. SIN.: *motociclista.* **3.** Policía que patrulla en motocicleta.

motorizado, a adj. MIL. Se dice de una unidad dotada de medios de transporte automóvil: *división motorizada.*

motorizar v.tr. y prnl. Dotar de motor una máquina. **2.** Proporcionar a alguien un vehículo de motor.

motorreactor s.m. Motor de reacción que, en lugar de turbina, utiliza un compresor accionado por un motor rotativo.

motorreductor s.m. Reductor de velocidad formado por un motor asincrónico acoplado a un reductor de engranajes planetarios equilibrados.

motoso, a adj. y s. Amér. Merid. Motudo.

mototractor s.m. Máquina agrícola intermedia entre el tractor y el motocultivador.

motovelero s.m. Velero con un motor auxiliar.

motozintleca, pueblo amerindio de la familia lingüística maya-zoque (SE del est. de Chiapas, México).

motricidad s.f. Conjunto de las funciones de relación aseguradas por el esqueleto, los músculos y el sistema nervioso, que permiten los movimientos y el desplazamiento del ser humano y los animales.

motriz adj. Que mueve: *fuerza motriz.*

motu proprio loc.adv. (voces latinas, *por propio movimiento*). Voluntariamente. ◆ s.m. y adj. Acto legislativo promulgado por el papa por su propia iniciativa.

motudo, a adj. y s. Amér. Merid. Se dice del cabello dispuesto en forma de mota. **2.** Amér. Merid. Se dice de la persona que lleva el cabello de esta forma.

mountain bike s.m. (voces inglesas) [pl. *mountain bikes*]. Bicicleta con marchas de velocidad y ruedas con tacos, apta para terrenos accidentados.

mousse s.m. o f. (voz francesa). Crema esponjosa, dulce o salada, elaborada con claras de huevo batidas y otros ingredientes mezclados: *mousse de chocolate.*

mouton s.m. (voz francesa). Piel de cordero curtida y tratada que se utiliza en la confección de prendas de vestir.

movedizo, a adj. Fácil de ser movido. **2.** Inseguro. **3.** *Fig.* Inconstante, voluble. ◆ s.m. Ave de garganta y pecho de color gris oliváceo, vientre amarillo y dorso verde, que vive en las selvas subtropicales de América Meridional. (Familia tiránidos.)

mover v.tr. y prnl. (lat. *movere*). Hacer que un cuerpo o parte de él cambie de posición o de situación: *mover la cabeza.* **2.** *Fig.* Inducir a hacer determinada acción: *me mueve el deseo de ayudarte.* **3.** *Fig.* Conmover, emocionar: *mover al* *llanto.* **4.** *Fig.* Suscitar, promover: *mover una polvareda de comentarios.* ◆ v.intr. Empezar a echar brotes las plantas. **2.** Abortar o parir antes de tiempo. ◆ **moverse** v.prnl. Darse prisa: *si no te mueves, llegaremos tarde.* **2.** *Fig.* Realizar gestiones para conseguir algo. **3.** *Fig.* Tener desenvoltura: *se mueve bien en los ambientes distinguidos.*

movida s.f. Metida, yemas y brotes subsiguientes a cada período de la actividad de una planta. **2.** Esp. *Fam.* Movimiento cultural surgido en Madrid en la década de 1980 que agrupaba artistas de distintos ámbitos y se caracterizó por la búsqueda de una reconversión de los gustos mediante gestos de transgresión corrosivos, absurdos y blasfemos. **3.** Esp. *Fig.* y *fam.* Confusión, lío. **4.** Esp. *Fam.* Juerga, animación. **5.** Venez. *Fig.* y *fam.* Situación, estado de ánimo, gestión.

movido, a adj. Agitado, activo: *he tenido un día movido; viaje movido.* **2.** Amér. y Chile. Enteco, raquítico. **3.** FOT. Se dice de la prueba que sale borrosa por culpa de un movimiento durante el tiempo de exposición. **4.** TAUROM. Se dice de la suerte o del toreo que se practica sin quietud en los pies. ◆ s.m. Aborto, feto.

móvil adj. (lat. *mobilis*). Que puede moverse o ser movido: *unidad móvil.* **2.** Que no tiene estabilidad o permanencia. ◆ adj. y s.m. Se dice del timbre o sello que se aplica a un documento, en lugar de estamparse. **2.** Se dice del teléfono portátil autónomo que puede efectuar y recibir llamadas desde cualquier punto, dentro de un área de cobertura determinada. GEOSIN.: Amér. *celular.* ◆ s.m. Cuerpo en movimiento. **2.** Motivo, causa. **3.** B. ART. Tipo de obra de arte, ideada por Calder, cuyos componentes, por lo general metálicos, se mueven por la acción del aire o del viento. **4.** DER. Causa psicológica de un acto. ◇ **Fiestas móviles** Fiestas cristianas cuya fecha varía en función de la fecha de la Pascua de resurrección. **Letra,** o **tipo, móvil** IMPR. Letras separadas, que se juntan una a una para la composición.

movilidad s.f. Cualidad de movible.

movilización s.f. Acción y efecto de movilizar. **2.** MED. Maniobra quirúrgica para liberar un órgano de sus adherencias normales o patológicas.

movilizar v.tr. Poner en actividad o movimiento tropas, partidos políticos, capitales, etc. **2.** Poner en práctica un recurso para conseguir un fin.

movimiento s.m. Acción de mover o moverse. **2.** Agitación, circulación, animación: *movimiento de precios; movimiento migratorio.* **3.** *Fig.* Impulso, pasión. **4.** *Fig.* Conjunto de manifestaciones artísticas, ideológicas o culturales que tienen las mismas características en distintos autores de la misma época: *movimiento artístico.* **5.** ASTRON. Marcha real o aparente de los cuerpos celestes. **6.** DEP. Cada una de las posiciones corporales o fases de una tabla o ejercicio. **7.** FÍS. Estado de un cuerpo cuya posición con relación a un sistema de referencia fijo es constante. **8.** FISIOL. Acto mecánico que implica el desplazamiento de los miembros. **9.** MÚS. **a.** Grado de rapidez o de lentitud en que debe interpretarse un fragmento musical. **b.** Fragmento de una sonata o sinfonía. **10.** POL. Tendencia, grupo político, o alianza de varios de estos: *movimientos libertarios.* ◇ **Movimiento absoluto** Movimiento de un cuerpo considerado con respecto a unos puntos de referencia fijos. **Movimiento continuo** Movimiento de una máquina hipotética que sería capaz de funcionar indefinidamente sin gasto de energía. **Movimiento de tierras** Obras de excavación, terraplenado o desmonte realizadas con ayuda de máquinas apropiadas. **Movimiento obrero** Historia de las luchas de la clase obrera en pro de su emancipación. **Movimiento ondulatorio** Propagación de una vibración periódica con transporte de energía. **Movimiento relativo** Movimiento de un cuerpo considerado con respecto a un sistema de referencia que no es necesariamente fijo. **Movimiento uniforme** Movimiento cuya velocidad es numéricamente constante. **Movimiento uniformemente acelerado** Movimiento en el que el espacio recorrido es una función de segundo grado del tiempo.

moviola s.f. (marca registrada). CIN. y TELEV. Aparato de visión individual para contemplar en una pequeña pantalla una película, que puede desplazarse a diferentes cadencias, detenerse o circular hacia atrás, y que se utiliza para operaciones de montaje.

moxa s.f. (jap. *mókusa,* der. de *moe kusa,* hierba para quemar). Práctica terapéutica propia de la medicina antigua de los pueblos orientales, principalmente de China, que consiste en la cauterización por medio de sustancias terapéuticas en estado de ignición.

moxo o **mojo,** pueblo amerindio amazónico agricultor de Bolivia, de lengua arawak. (Ofrecieron gran resistencia en 1881 a su asimilación y explotación.)

moya s.m. Chile. Fulano, cualquier persona.

moyo s.m. (lat. *modius*). Unidad de medida de capacidad equivalente a 258 litros, usada especialmente para el vino y, en algunas comarcas, para áridos.

mozalbete s.m. Mozuelo, muchacho.

mozárabe adj. y s.m. y f. (ár. *mustá'rib,* p. activo de *'ista'rab,* hacerse semejante a los árabes). De la población de la España musulmana que conservó la religión cristiana. ◆ adj. y s.m. Se dice de un conjunto de dialectos románicos hablados por la población de la península Ibérica bajo dominio musul-

mover

INDICATIVO	SUBJUNTIVO
presente	**presente**
muevo	*mueva*
mueves (movés)	*muevas*
mueve	*mueva*
movemos	movamos
movéis	mováis
mueven	*muevan*
copretérito o pret. imperfecto	**pretérito o pret. imperfecto**
movía	moviera o moviese
movías	movieras o movieses
movía	moviera o moviese
movíamos	moviéramos o moviésemos
movíais	movierais o movieseis
movían	movieran o moviesen
pretérito o pret. perf. simple	**futuro o fut. simple**
moví	moviere
moviste	movieres
movió	moviere
movimos	moviéremos
movisteis	moviereis
movieron	movieren
futuro o fut. simple	**IMPERATIVO**
moveré	
moverás	*mueve* (mové) (tú, vos)
moverá	*mueva* (él)
moveremos	movamos (nosotros)
moveréis	moved (vosotros)
moverán	*muevan* (ellos)
pospretérito o condicional simple	**FORMAS NO PERSONALES**
movería	**infinitivo** mover — **gerundio** moviendo
moverías	
movería	**participio**
moveríamos	movido
moveríais	
moverían	

mán. <> **Arte mozárabe** Arte de las comunidades cristianas sometidas a la dominación musulmana tras la conquista de la península Ibérica, que se extendió también por los territorios liberados del norte. **Rito,** o **liturgia, mozárabe** Conjunto de ritos, propios de las iglesias de España, que se crearon a partir del s. V, alcanzaron su organización definitiva en el s. VII, fueron abolidos en el s. XI y restaurados, en ciertas zonas, en el s. XVI. SIN.: *liturgia visigótica.*

mozárabe

Los mozárabes gozaron de amplia autonomía interna: estaban administrados por un comes de origen visigodo, la justicia era ejercida según leyes propias y los impuestos eran recaudados por ellos mismos. Su única supeditación al islam radicaba en el establecimiento de los impuestos y designación de las autoridades mozárabes (con importantes cargos en la diplomacia, ejército y cancillería) por parte del emir. La tolerancia musulmana se interrumpió solo durante el reinado de Abd al-Rahmán II (episodio de los mártires mozárabes). Las migraciones hacia los reinos cristianos del N y las conversiones al islam disminuyeron la fuerza demográfica de las comunidades mozárabes, lo que facilitó su deportación en masa al N de África. Los continuos viajes de los monjes entre al-Andalus y los reinos cristianos explican la difusión de los conocimientos científicos orientales en la Marca Hispánica.

B. ART. El arte mozárabe presenta dos manifestaciones principales: la arquitectura y la miniatura, que sintetizan las formas y modelos visigodos con elementos islámicos y cristianos orientales. Las edificaciones se caracterizan por el empleo del arco de herradura califal y por la variedad de plantas. Destacan San Miguel de la Escalada y Santiago de Peñalba, en León, y Santa María de Lebeña, en Santander. En la miniatura mozárabe sobresalen los *beatos*, realizados entre los ss. X y XII, copias miniaturizadas de los *Comentarios al Apocalipsis* del Beato de Liébana.

mozarabía s.f. Población mozárabe de una ciudad o una región.

mozo, a adj. y s. Se dice de la persona joven y soltera. ◆ s.m. Hombre que presta ciertos servicios domésticos o públicos que no constituyen ningún oficio especializado. **2.** En la marina mercante, el marinero de segunda o de inferior categoría. **3.** Esp. Joven alistado al servicio militar, desde que es sorteado hasta que ingresa en la caja de reclutamiento. <> **Mozo de estoques** Persona que cuida de las espadas del matador de toros y le sirve como criado de confianza.

mozón, na adj. Perú. Bromista, burlón.

mozonada s.f. Perú. Broma, chanza.

mozonear v.intr. Perú. Bromear.

mozuelo, a s. *Fam.* Muchacho.

mozzarella s.f. (voz italiana). Queso fresco, blando y de color blanco que se elabora con leche de búfala o de vaca y es típico de la cocina italiana.

MP3 s.m. (abrev. del ingl. *moving picture experts group audio layer 3*). INFORMÁT. Formato de compresión digital para la transmisión rápida de archivos de audio y vídeo a través de Internet.

MTS, antiguo sistema de unidades, cuya base eran el *metro* (longitud), la *tonelada* (masa) y el *segundo* (tiempo).

mu Onomatopeya de la voz de las reses vacunas. ◆ s.m. Mugido.

muarar v.tr. Tratar la superficie de ciertos metales, tejidos u otras materias para que presenten aguas o visos.

muaré, moaré o **moer** s.m. (fr. *moiré,* de *moire,* paño de piel de cabra). Tela cuya superficie produce reflejos, aguas o visos cambiantes. **2.** Efecto de la luz análogo al que produce este tejido.

muay s.m. Argent. Insecto colorado más irritante que la cantárida europea.

mucamo, a s. Amér. Merid. Criado, sirviente. **2.** Argent. En hospitales y hoteles, persona encargada de la limpieza.

muceta s.f. (dim. del ant. *muça*). Capa corta o esclavina que usan prelados, canónigos y otros eclesiásticos como señal de su dignidad, y doctores y licenciados como distintivo académico.

muchachada s.f. Acción propia de muchachos. SIN.: *muchachería.* **2.** Conjunto de muchachos. SIN.: *muchachería.*

muchachil adj. Relativo a los muchachos, o que es propio de ellos.

muchacho, a adj. y s. (del ant. *mochacho*). Adolescente, joven. ◆ s. *Fam.* Se usa para dirigirse a una persona de cualquier edad con la que se tiene confianza: *¿cómo va, muchacha?* ◆ s.m. Chile. CARPIN. Cárcel para pegar dos piezas de madera. ◆ s.f. Empleada del servicio doméstico.

muchedumbre s.f. (de *mucho*). Gran cantidad de personas.

muchigay s.m. Colomb. Ser pequeño.

muchitanga s.f. Perú y P. Rico. Populacho. **2.** P. Rico. Grupo de muchachos que hace mucho ruido.

1. **mucho** adv.c. Con gran intensidad o frecuencia; en grado elevado: *querer, llover, estudiar mucho; el cine le gusta mucho.* <> **Como mucho** Señala el límite superior en un cálculo aproximado. **Muy mucho** *Fam.* Expresión enfática con el significado de mucho. **Ni con mucho** Expresa la gran diferencia que hay de una cosa a otra. **Ni mucho menos** Se usa para negar rotundamente. **Por mucho que** Aunque.

2. **mucho, a** adj. y pron.indef. Que abunda en cantidad o es muy intenso *mucho dinero; mucha alegría; muchas aventuras.*

mucilaginoso, a adj. Que contiene mucílago. **2.** Que tiene la consistencia del mucílago.

mucílago s.m. (lat. *mucilago, -aginis,* mucosidad). Sustancia presente en numerosos vegetales, rica en glúcidos, que se hincha en contacto con el agua y se utiliza para la elaboración de ciertas soluciones viscosas. (Las algas son particularmente ricas en *mucílago*). **2.** FARM. Sustancia viscosa formada por la disolución de una goma en el agua, que se usa como laxante.

mucina s.f. Principal constituyente orgánico del moco.

muco s.m. Bol. Maíz mascado que se hace fermentar para fabricar la chicha.

mucolítico, a adj. y s.m. FARM. Se dice de la sustancia o medicamento que elimina el moco o las mucosidades.

mucosa s.f. y adj. Membrana con abundantes papilas y orificios glandulares que recubre las paredes interiores de ciertos órganos del cuerpo de los animales (fosas nasales, tubo digestivo, etc.) que están, directa o indirectamente, en contacto con el exterior.

mucosidad s.f. Secreción viscosa elaborada por las glándulas de una mucosa.

mucoso, a adj. (del lat. *muccus,* moco). Semejante al moco: *sustancia mucosa.* **2.** Se dice del órgano u organismo que tiene o produce moco o mucosidades.

mucoviscidosis s.f. Enfermedad hereditaria recesiva que se caracteriza por una excesiva viscosidad de las secreciones de las glándulas mucosas exocrinas y provoca trastornos digestivos y respiratorios crónicos.

mucre adj. Chile. Acre, áspero.

mucrón s.m. BOT. Prolongación en forma de punta corta y rígida de un órgano vegetal.

múcura s.f. Bol., Colomb. y Venez. Ánfora de barro para transportar agua y conservarla fresca. ◆ adj. Colomb. Tonto.

mucus s.m. (lat. *muccus*). BIOL. Moco.

muda s.f. Renovación de los tegumentos (plumaje, pelo, piel, etc.) de ciertos animales, que se produce durante el crecimiento o por influencia de las condiciones del medio. **2.** Época del año en que se realiza este cambio. **3.** Cambio que se produce en el timbre de la voz de los jóvenes en la pubertad. **4.** Despojo del animal que ha mudado. SIN.: *exuvio.* **5.** Juego de ropa interior que se usa y cambia de una vez.

mudable adj. Que puede mudar. **2.** Que cambia con gran facilidad. SIN.: *mudadizo.*

mudada s.f. Amér. Muda de ropa. **2.** Amér. Mudanza de domicilio.

mudanza s.f. Acción y efecto de mudar o mudarse. **2.** Traslado de muebles o enseres de un lugar a otro por cambio de domicilio. **3.** Inconstancia en los sentimientos u opiniones. **4.** COREOGR. Cierto número de movimientos que se hacen a compás en los bailes.

1. **mudar** v.tr. e intr. (lat. *mutare*, cambiar). Cambiar el aspecto, la naturaleza, el estado, etc. ◆ v.tr. Destituir a alguien de un empleo, puesto. **2.** Realizar la muda ciertos animales. ◆ v.tr. y prnl. Quitar a alguien la ropa que viste y ponerle otra, en especial limpia. ◆ v.intr. y prnl. Trasladar los muebles o enseres de un lugar a otro por cambio de domicilio. ◆ **mudarse** v.prnl. *Fam.* Irse alguien del lugar en que estaba.

2. **mudar** s.m. (voz inglesa). Arbusto originario de la India, de cuya raíz, roja por fuera y blanca en su interior, se extrae un jugo empleado como emético y contraveneno.

muday s.m. Chile. Chicha de maíz o cebada.

mudéjar adj. y s.m. y f. (ár. *mudáŷŷan*, aquel a quien se ha permitido quedarse). De la población musulmana de la península Ibérica que vivía en un zona reconquistada por los cristianos. ◇ **Arte mudéjar** Arte desarrollado por los musulmanes que vivían en los territorios cristianos de la España de la baja edad media (ss. XII-XVI).

mudéjar

Jurídicamente eran mudéjares los musulmanes «moros» que vivían en territorio gobernado por cristianos conservando la religión propia. El paso de mudéjares a moriscos fue escalonado: con conversiones individuales (frecuentemente sinceras) del s. XII al XVI, y masivas a partir del s. XV. A raíz de la capitulación de Granada (1492) se estableció que los reyes Católicos y sus descendientes respetasen los ritos, costumbres y bienes musulmanes; pero Cisneros, enviado a Granada en 1499, destruyó sus libros, deportó a los recalcitrantes y ordenó la conversión por la fuerza de los que quisieran permanecer en la Península.

B. ART. El arte mudéjar se centra fundamentalmente en las dos Castillas, León, Andalucía, Aragón y, en menor medida, Valencia y Extremadura. Se caracteriza por la simbiosis que realiza entre elementos y fórmulas artísticas cristianas y musulmanas. En la arquitectura destaca el empleo de materiales como el ladrillo, el yeso y la madera. En la cerámica sobresale la loza de reflejo metálico (Manises, Paterna, Teruel y Muel) y la de cuerda seca (Sevilla y Toledo). El arte mudéjar se proyectó en Hispanoamérica desde el s. XVI; iglesia de Huejotzingo, en México, iglesia de Santa Clara, en Tunja (Colombia), palacio de Torre Tagle en Lima, iglesia de San Francisco, en Santa Fe (Argentina).

mudez s.f. Silencio deliberado y persistente. **2.** MED. Imposibilidad de hablar a consecuencia de lesiones en los centros nerviosos o en los órganos de fonación.

mudo, a adj. y s. (lat. *mutus*). Se dice de la persona que no puede hablar por defecto físico. ◆ adj. Se dice de la persona que no quiere hablar cuando debería hacerlo: *permaneció mudo.* **2.** Se dice de lo que no emite el sonido que le es propio: *las campanas permanecieron mudas.* **3.** Se dice de una letra que se escribe pero no se pronuncia. (La *h* del español *humo, hombre*, es una *h* muda.) **4.** Se dice del mapa que no lleva nada escrito. ◆ s. HIST. Esclavo de procedencia nórdica que pertenecía a la guardia palatina de la Córdoba omeya y que no hablaba ninguno de los idiomas peninsulares. ◇ **Cine mudo** Cine sin registro de palabra ni sonido. **Escena muda** TEATR. Acción de uno o varios personajes que expresan sus sentimientos por medio de la mímica.

mudra s.f. (voz sánscrita, *sello*). Gesto ritual efectuado con las manos y los dedos en las danzas tradicionales de la India, que posee un significado religioso o simbólico.

mueblaje s.m. Moblaje.

mueblar v.tr. Amueblar.

mueble s.m. (lat. *mobilis*, movible). Objeto que equipa o adorna una casa, oficina, etc., especialmente el que se apoya en el suelo. **2.** HERÁLD. Figura pequeña representada en un escudo, como una flor de lis, un anillo, un animal, etc. ◇ **Bien mueble** DER. Bien que puede ser trasladado de un lugar a otro sin detrimento de su naturaleza.

mueblería s.f. Establecimiento donde se fabrican o se venden muebles.

mueca s.f. (fr. ant. *moque*, burla). Gesto del rostro con el que se expresa algún sentimiento o estado.

muecín s.m. (fr. *muezzin*). Almuecín.

muela s.f. (lat. *mola*, muela de molino). Diente lateral, situado tras los caninos, que sirve para triturar el alimento. **2.** Cuerpo sólido, de origen natural o artificial, que actúa por abrasión y se emplea en numerosos trabajos. **3.** Piedra en forma de disco que se usa para afilar herramientas. **4.** AGRIC. Piedra de molino que gira sobre otra fija para triturar el grano. **5.** GEOGR. Cerro escarpado, alto y con la cima plana, de poca extensión. **6.** HIDROL. Unidad de medida de capacidad equivalente a la cantidad de agua necesaria para hacer funcionar una rueda de molino.

1. **muelle** s.m. (cat. *moll*). Orilla de un curso de agua o de un puerto especialmente dispuesta para la circulación de vehículos y para la carga y descarga de mercancías. **2.** Andén de una estación ferroviaria. **3.** Instalación fija o móvil, a la misma altura que la caja de un camión o un vagón de tren, que facilita la carga y descarga de mercancías.

2. **muelle** s.m. (lat. *mollis*). Resorte, pieza elástica capaz de desarrollar una fuerza aprovechable al deformarse y recuperar su posición natural. ◆ adj. Blando, cómodo: *sillón muelle.*

muelo s.m. (de *moler*). Montón de grano limpio que se forma sobre la era, en especial el que tiene forma cónica. **2.** Almiar.

muenga s.f. Chile. Molestia.

muengo, a adj. Cuba y P. Rico. Se dice de la persona o animal al que le falta una oreja.

muera s.f. Sal común.

muérdago s.m. (lat. tardío *mordicus*, mordedor). Planta de flores apétalas que vive parásita en las ramas de algunos árboles (álamo, manzano o raras veces encina) y cuyo fruto, blanco, contiene una sustancia viscosa llamada *liga.*

muerdo s.m. *Fam.* Mordisco.

muérgano s.m. (del ant. *uérgano*, órgano, del lat. *organum*). Colomb. y Venez. Objeto inútil o invendible. **2.** Méx. Dulce hecho con trocitos cuadrados de harina de trigo fritos y pegados unos con otros con miel. **3.** ZOOL. Navaja. SIN.: *muergo.* ◆ adj. y s. Ecuad. Tonto.

muergo s.m. (del ant. *uérgano*, órgano, del lat. *organum*). ZOOL. Navaja.

muermera s.f. Arbusto cuyas hojas se emplean contra el muermo. (Familia ranunculáceas.)

muermo s.m. (lat. *morvus*, enfermedad). Enfermedad contagiosa de los équidos, con frecuencia mortal, transmisible al ser humano y debida a un bacilo que produce ulceraciones en las fosas nasales. (Los animales que padecen *muermo* deben ser sacrificados). **2.** Esp. *Fig.* Persona o cosa pesada y aburrida. **3.** Esp. *Fig.* y *fam.* Aburrimiento.

muermoso, a adj. Se dice del animal o la persona que padece muermo.

muerte s.f. (lat. *mors, mortis*). Acción o hecho de morir o dejar de vivir: *fallecer de muerte natural.* **2.** Homicidio. **3.** Personificación de la muerte, generalmente en forma de esqueleto llevando una guadaña. **4.** *Fig.* Destrucción, aniquilamiento: *un panorama de desolación y muerte.* ◇ **A muerte** Hasta la total destrucción de una de las partes: *combate a muerte;* en extremo: *odiarse a muerte.* **De mala muerte** Se dice de lo que tiene poco valor o importancia: *un antro de mala muerte.* **De muerte** Muy grande: *un susto de muerte.* **Muerte aparente** Estado de la persona o animal que parecen estar muertos debido a una disminución extrema de las funciones vitales. **Muerte cerebral** Estado de inactividad cerebral permanente en un ser vivo. **Muerte civil** DER. Privación perpetua de todos los derechos civiles y políticos de una persona. **Muerte eterna** REL. Privación de la bienaventuranza eterna. **Muerte súbita,** o **repentina** Fallecimiento inesperado de una persona que aparentemente tiene buena salud, cuya causa (afección cardíaca, por ej.) es desconocida o solo se diagnostica después de la autopsia.

muerto, a adj. y s. (lat. *mortuus*). Que ha dejado de vivir. ◆ adj. Que está privado de animación, con poca gente y poca actividad: *la ciudad aparece muerta los fines de semana.* **2.** CONSTR. Se dice del yeso o la cal apagados con agua. ◆ s.m. Cosa que resulta molesta para alguien en determinado momento. ◆ **muertos** s.m.pl. MAR. Maderos resistentes colocados en tierra para entablar o formar una armazón u otra cosa. ◇ **Echarle a alguien el muerto** Atribuirle la culpa de algo; hacerle cargar con un trabajo o responsabilidad que otros no quieren. **Medio muerto** Muy cansado. **Muerto de hambre** Persona miserable o sin recursos.

muesca s.f. (del ant. *moscar,* del lat. *morsiscare,* mordiscar). Hueco que se hace en una cosa para encajar otra. **2.** Incisión o corte hecho como señal.

muesli s.m. Mezcla de copos de cereales, fruta deshidratada y frutos secos que se toma con leche, yogur o zumo, normalmente en el desayuno.

muestra s.f. Pequeña cantidad de algo, en especial de un tejido orgánico, una sustancia, etc., que sirve para experimentar o conocer sus propiedades o cualidades: *muestra de sangre.* **2.** Producto o porción del mismo que se ofrece para darlo a conocer: *en la perfumería regalan muestras de colonia.* **3.** *Fig.* Prueba, señal: *muestra de cariño.* **4.** Modelo que se copia o imita. **5.** Dibujo u objeto que se colocaba en la puerta de una tienda para anunciar la clase de mercancía que vendía. **6.** En algunos juegos de naipes, carta que se vuelve o se enseña, una vez servidos los jugadores, y con que se señala el palo de triunfo. **7.** ESTADÍST. Fracción representativa de una población o de un universo estadístico.

muestrario s.m. Conjunto de muestras de mercancías.

muestreo s.m. Acción de escoger muestras. **2.** Técnica empleada para esta selección. **3.** ESTADÍST. Estudio de la distribución de determinadas características de una población que se realiza sobre una muestra representativa de la misma.

mufla s.f. (fr. *moufle*). Parte refractaria de un horno en la cual se disponen los productos para protegerlos de la acción directa del fuego o de la acción oxidante del aire.

muflón s.m. Rumiante salvaje de las montañas de Europa y de América del Norte, parecido al carnero pero de mayor tamaño. (Familia bóvidos).

muftí s.m. (voz árabe). Jurisconsulto musulmán con autoridad pública y cuya decisión es considerada ley.

1. **muga** s.f. (vasc. *muga*). Mojón, piedra o señal que marca el límite de una propiedad o un territorio, o sirve de guía en un camino o una carretera.

2. **muga** s.f. Acción y efecto de mugar.

mugar v.intr. Desovar. **2.** Fecundar las huevas en los peces y anfibios.

mugido s.m. Voz de las reses vacunas. **2.** *Fig.* Sonido semejante producido por una persona o por el mar, el viento, etc.

múgil s.m. (lat. *mugil*). Mújol.

mugir v.intr. (lat. *mugire*). Dar mugidos la res vacuna. **2.** *Fig.* Producir un sonido semejante una persona, el mar, el viento, etc.

mugre s.f. (del ant. *mugor,* suciedad, moho, del lat. *mucor, -oris,* moho del vino). Suciedad, generalmente grasienta.

mugriento, a adj. Lleno de mugre. SIN.: *mugroso.*

mugrón s.m. (lat. vulgar *mergoro, -onis*). Sarmiento de vid o de otra planta, de bastante longitud, que se entierra por su parte media sin separarla de la planta madre. **2.** Vástago de cualquier planta.

muguet s.m. (voz francesa, *muguete*). Enfermedad de las mucosas, causada por un hongo, que se desarrolla sobre todo en la boca de los recién nacidos. **2.** Muguete.

muguete s.m. (fr. *muguet*). Planta liliácea de pequeñas flores blancas, de olor dulce y agradable, que crece en bosques de países templados. SIN.: *muguet.*

muimuy s.m. → **muy muy.**

muina s.f. Méx. Enojo, disgusto.

muitú s.m. Ave galliforme de América Meridional. (Familia crácidos.)

mujahiddin o **muyahidín** s.m. (voz árabe, *combatientes,* de *ŷihād,* guerra santa). Combatiente de diversos movimientos de liberación nacional del mundo musulmán.

mujer s.f. (lat. *mulier, -eris*). Hembra de la especie humana. **2.** Persona adulta del sexo femenino. **3.** Esposa. ◇ **Mujer de su casa** Mujer que cuida con eficiencia del gobierno de la casa.

mujerero, a adj. Amér. Mujeriego.

mujeriego, a adj. Mujeril. ◆ adj. y s.m. Se dice del hombre que conquista o intenta seducir a muchas mujeres.

mujeril adj. Relativo a la mujer. SIN.: *mujeriego.*

mujerío s.m. Conjunto de mujeres.

mujerona adj. y s.f. Se dice de la mujer muy alta y corpulenta.

mujeruca s.f. *Desp.* Mujer vieja e insignificante, generalmente de pueblo.

mujerzuela s.f. *Desp.* Prostituta.

mujik s.m. (voz rusa) [pl. *mujiks*]. Campesino ruso.

mújol s.m. (voz catalana). Pez de cabeza grande y labios muy gruesos con verrugas, muy apreciado por su carne y sus huevas. SIN.: *múgil.*

1. **mula** s.f. (lat. *mula*). Méx. Ficha doble del dominó: *mula de seises.*

2. **mula** s.f. (lat. *mulleum*). Pantufla blanca y con una cruz bordada en oro, usada por los papas.

mulada s.f. Hato de ganado mular.

muladar s.m. (del ant. *muradal,* de *muro*). Lugar donde se echa el estiércol o basura de las casas. **2.** *Fig.* Lugar sucio o que pervierte moralmente.

muladí adj. y s.m. y f. (ár. *muwalladîn,* adoptado). Se dice del cristiano hispánico que se convirtió al islamismo en al-Andalus.

mular adj. Relativo al mulo. ◇ **Pez mular** Delfín de hasta 4 m de long., de color gris oscuro, con la mandíbula y el vientre blancos, y la aleta dorsal aproximadamente en el centro del tronco. (Familia delfínidos.)

mulatear v.intr. Chile. Empezar a tomar color negro la fruta que, cuando madura, es de este color.

mulatero, a adj. Relativo a la industria productora de híbridos. ◇ **Yegua mulatera** Yegua productora de híbridos.

mulato, a adj. y s. (de *mulo*). Se dice del hijo de una persona blanca y otra negra. ◆ adj. De color moreno. **2.** Se dice de las cosas de color más oscuro que la generalidad de su especie. ◆ s.m. Amér. Mineral de plata de color oscuro o verde cobrizo.

múleo s.m. (del lat. *mulleus calceus,* calzado rojo). Calzado de los patricios romanos, de color púrpura, con la punta aguda y vuelta hacia el empeine y el talón prolongado hasta la mitad de la pantorrilla. **2.** Zapatilla de forma parecida al múleo.

mulero s.m. Mozo de mulas.

muleta s.f. (de *mula*). Bastón o palo largo que sirve para apoyarse al andar cuando se cojea. **2.** *Fig.* Apoyo, persona o cosa que sirve para sostener algo o a alguien. **3.** Almeja de río. **4. a.** TAUROM. Paño rojo sujeto a un palo por uno de sus bordes que sirve para torear. **b.** Palo con que se agarra este paño.

muletazo s.m. TAUROM. Pase de muleta.

muletear v.intr. TAUROM. Torear con la muleta.

muletilla s.f. Muleta que tiene un travesaño por puño. **2.** Travesaño colocado en el extremo de un palo. **3.** Palabra o expresión que se repite innecesariamente en el lenguaje. SIN.: *bordón, latiguillo.*

muletillero, a s. Persona que abusa de muletillas en la conversación.
muleto, a s. Mulo de poca edad o cerril.
muletón s.m. (fr. *molleton*). Tejido de lana suave o algodón ligeramente afelpados, de mucho abrigo, semejante a la franela gruesa.
mulillas s.f.pl. TAUROM. Tiro de mulas, generalmente adornado con banderas, madroños, cintas y cascabeles, para sacar arrastrando al toro del ruedo.
mulillero s.m. TAUROM. Persona que arrea las mulillas en las corridas de toros.
mulita s.f. Tatú.
mull s.m. EDAFOL. Humus dulce, característico de los bosques de caducifolios, en la zona templada.
mullah s.m. (ár. *mawlà*). En el islam chiita, título dado a ciertos religiosos, en especial a los doctores de la ley coránica.
Müller. Conductos de Müller Órganos del embrión cuya evolución en el sexo femenino tiene como consecuencia la formación de las trompas, del útero y de la vagina, y que se atrofian en los individuos de sexo masculino.
mullida s.f. Montón de juncos o paja para cama de los animales.
mullido, a adj. Se dice del terreno cavado y ahuecado para facilitar la germinación de semillas y el desarrollo de plantas jóvenes. ◆ s.m. Material blando con que se rellenan colchones, asientos, etc.
mullir v.tr. (lat. *mollire*). [conj.: *engullir*] Ahuecar algo, como la lana o la paja, para que esté blando. **2.** AGRIC. Cavar y ahuecar la tierra para hacerla más suelta y esponjosa.
mullo s.m. Ecuad. Cuenta de rosario o collar.
mulo, a s. (lat. *mulus*). Híbrido resultante del cruce entre asno y yegua o bien entre caballo y burra. **2.** *Fig.* y *fam.* Persona muy tozuda y poco inteligente. **3.** *Fig.* y *fam.* Persona fuerte y vigorosa.
mulón, na adj. Chile. Se dice del niño que tarda más tiempo del normal en empezar a hablar. **2.** Chile. Estropajoso, que no pronuncia bien.
multa s.f. (lat. *multa*). Sanción económica que se impone al que realiza una infracción.
multar v.tr. Imponer a alguien una multa.
multicable adj. MIN. Se dice de una instalación de extracción en la que las jaulas van suspendidas de varios cables paralelos.
multicelular adj. BOT. Pluricelular.
multicolor adj. Que tiene gran número de colores.
multicopiar v.tr. Reproducir un escrito, dibujo, etc., por medio de una multicopista.
multicopista s.f. y adj. Esp. Máquina que permite obtener con rapidez varias copias de un original preparado en una hoja especial. SIN.: *multígrafo.*
multiculturalismo s.m. Coexistencia de diferentes culturas en una sociedad o país. **2.** Doctrina norteamericana que pone en duda la hegemonía cultural de las grupos blancos dirigentes respecto de las minorías (étnicas, sexuales, etc.) y aboga por un pleno reconocimiento de estas últimas. (El multiculturalismo está representado por los filósofos M. Waltzer y C. Taylor.)
multidimensional adj. MAT. Se dice de un espacio de más de tres dimensiones.
multiestándar o **multistandard** adj. Se dice de un receptor de televisión que proporciona imágenes procedentes de emisoras de normas diferentes.
multifamiliar adj. y s. Amér. Se dice del edificio de varias plantas con dos o más viviendas en cada una de ellas.
multifilar adj. Se dice del tejido compuesto de distintos tipos de filamentos o hilos.
multiforme adj. Que tiene varias formas.
multigrado adj. Se dice de un aceite lubricante adecuado para cualquier estación del año.
multígrafo s.m. y adj. Méx. y Venez. Multicopista.
multilateral adj. Se dice de un acuerdo, económico o político, entre varios países.
multilátero, a adj. Se dice del polígono de más de cuatro lados.
multilocular adj. BIOL. Que tiene muchas cavidades.
multimedia adj. y s.m. Que utiliza varios medios de comunicación: *enciclopedia multimedia.* ◆ s.m. Conjunto de técnicas y productos que permiten la utilización simultánea e interactiva de varios modos de representación de la información (textos, sonidos, imágenes fijas o animadas).
multimillonario, a adj. y s. Muy rico, millonario.
multinacional adj. y s.f. Se dice de la empresa o grupo industrial, comercial o financiero cuyas actividades y capitales se distribuyen entre varios países. SIN.: *transnacional.*
multíparo, a adj. (del lat. *multus,* mucho, y *parere,* parir). Se dice de la hembra que pare varias crías en un solo parto: *la coneja es multípara.* **2.** Se dice de la mujer que ha tenido más de un parto.
multipartidismo s.m. Sistema político caracterizado por la multiplicidad de partidos.
multiplano, a adj. y s.m. Se dice del aeroplano que tiene varios planos o superficies de sustentación.
múltiple adj. Que es más de uno u ocurre más de una vez. **2.** Vario, mucho. (Suele usarse en plural.) ◆ s.m. ART. MOD. Obra concebida para ser reproducida en diversos ejemplares. **2.** TELECOM. Cuadro terminal de los dispositivos de centralización de las líneas telegráficas o telefónicas que permite el rápido establecimiento de comunicaciones directas.
multiplete s.m. FÍS. Conjunto de niveles de energía vecinos, procedentes de la separación de un nivel único. **2.** INFORMÁT. Conjunto de bits cuya combinación permite representar una cifra, una letra o un signo en la forma binaria que puede ser tratada por una computadora.
múltiplex s.m. y adj. (lat. *multiplex,* múltiple) [pl. *múltiplex*]. Sistema electrónico que permite la transmisión simultánea de varias informaciones por la misma vía. **2.** Programa radiodifundido en el que participan simultáneamente varios estudios conectados por telecomunicación.
multiplexar v.tr. INFORMÁT. Circular mensajes destinados a distintos receptores y procedentes de fuentes distintas por la misma línea de transmisión de datos.
multiplicación s.f. Acción de multiplicar. **2.** AGRIC. Producción de nuevos pies a partir de fragmentos de la planta madre. **3.** BIOL. Reproducción asexual. **4.** MAT. Operación que tiene por objeto, dados dos números, uno llamado *multiplicando* y el otro *multiplicador,* hallar un tercero, llamado *producto,* que contenga al multiplicando tantas veces como indique el multiplicador. **5.** MEC. Relación en que aumenta la velocidad de una rueda dentada movida por otra de mayor tamaño en una transmisión de movimientos. ◇ **Tabla de multiplicación** Tabla de los productos de los diez primeros números enteros entre sí. (Se atribuye a Pitágoras.)
multiplicador, ra adj. Que multiplica o sirve para multiplicar. ◆ s.m. y adj. MAT. Factor de una multiplicación que indica las veces que se debe tomar el multiplicando. ◆ s.m. ECON. Coeficiente numérico que permite conocer el crecimiento experimentado por una magnitud económica como consecuencia de un incremento en otra magnitud relacionada con ella.
multiplicando s.m. y adj. MAT. Factor de una multiplicación que debe tomarse como sumando tantas veces como indica el multiplicador.
multiplicar v.tr. y prnl. (lat. *multiplicare*). Aumentar algo un número determinado de veces. ◆ v.tr. MAT. Efectuar una multiplicación. ◆ **multiplicarse** v.prnl. Reproducirse los seres vivos de generación en generación. **2.** Realizar una sola persona el trabajo de varias.
multiplicativo, a adj. Que multiplica o aumenta. **2.** MAT. Se dice de un grupo cuya operación se indica con el signo ×.
multiplicidad s.f. Hecho de existir o haber más de uno.

múltiplo, a adj. y s.m. (lat. *multiplus*). Se dice del número o cantidad que contiene otro un número exacto de veces. ◇ **Múltiplo común** Número que es múltiplo de todos los números que se consideran. **Mínimo común múltiplo** Número más pequeño de los múltiplos comunes de estos números.

multipolar adj. ELECTR. Que tiene más de dos polos. **2.** HISTOL. Se dice de una neurona cuyo cuerpo celular está rodeado de varias dendritas.

multiprocesador, ra adj. y s.m. INFORMÁT. Se dice de un sistema informático que tiene varias unidades de proceso.

multiproceso s.m. y adj. INFORMÁT. Modalidad operativa de un sistema informático que permite la ejecución simultánea de varios programas compartiendo la memoria central y las unidades periféricas.

multiprogramación s.f. INFORMÁT. Método de explotación de una computadora que permite la ejecución simultánea de varios programas.

multipropiedad s.f. Sistema de propiedad compartida por el que varios propietarios disfrutan del mismo bien inmueble en épocas distintas del año.

multisala s.f. CIN. Cine que dispone de varias salas para proyectar distintas películas.

multistandard adj. → **multiestándard.**

multiteclado s.m. INFORMÁT. Dispositivo formado por un conjunto de órganos de recogida de información (teclados y generalmente pantallas de visualización) conectados a una computadora de potencia media, que dispone de una memoria auxiliar de tamaño considerable.

multitratamiento s.m. INFORMÁT. Ejecución simultánea de varios programas en diversos procesadores de una misma computadora.

multitubular adj. Se dice de una caldera cuya superficie de calentamiento está constituida por tubos llenos de agua o de agua y vapor expuestos al calor de los gases.

multitud s.f. (lat. *multitudo, -inis*). Gran cantidad de personas o cosas.

multitudinario, a adj. Relativo a la multitud o que la forma.

multivibrador s.m. ELECTRÓN. Generador de tensión para televisión constituido por dos triodos o dos transistores dispuestos de forma que la tensión de salida de cada uno de ellos se aplica a la entrada del otro.

mulud s.m. → **mawlid.**

mum o **bamum,** pueblo de Camerún, que habla una lengua bantú.

muncho, a adj. Méx. Mucho.

munda s.m. Grupo de lenguas habladas por pueblos tribales de las regiones montañosas del centro y el E de la India. **2.** Grupo de pueblos que hablan estas lenguas.

mundanal adj. Relativo al mundo de las cosas materiales o terrenas.

mundanear v.intr. Llevar una vida mundana. **2.** Atender excesivamente a los placeres mundanos.

mundano, a adj. Relativo al mundo. **2.** Relativo a la vida social: *fiesta mundana.* **3.** Se dice de la persona a la que le gusta frecuentar la alta sociedad.

mundial adj. (lat. *mundialis*). Relativo al mundo entero.

mundialización s.f. Proceso de internacionalización de la política y las relaciones económicas y financieras. SIN.: *globalización.*

mundicia s.f. (lat. *mundicia*). *Poét.* Limpieza.

mundificativo, a adj. Se dice del medicamento que mundifica.

mundillo s.m. *Fam.* Ambiente en el que se desenvuelve o desarrolla alguien o algo. **2.** Almohadilla cilíndrica para hacer encaje de bolillos.

mundo s.m. (lat. *mundus*). Universo o conjunto de todo lo que existe. **2.** Cada parte, real o imaginaria, en que puede dividirse todo lo que existe: *mundo de las ideas.* **3.** Conjunto de los seres humanos. **4.** Conjunto de los seres humanos considerado en un momento de la historia o según sus creencias, costumbres, etc.: *mundo pagano.* **5.** Conjunto de personas que tienen la misma profesión o realizan la misma actividad: *mundo obrero.* **6.** Tierra, planeta: *dar la vuelta al mundo.* **7.** Globo que representa la esfera terrestre. **8.** Baúl grande y de mucho fondo. **9.** Vida seglar (por oposición a *monástica*): *Teresa de Jesús, en el mundo, Teresa de Cepeda.* ◇ **Correr,** o **ver, mundo** Viajar por muchos lugares sin permanecer mucho tiempo en ellos. **El otro mundo** La vida de ultratumba. **Gran mundo** Grupo social distinguido por la riqueza, rango o situación de los que lo forman. **Medio mundo** Mucha gente o gran extensión. **Mundo antiguo** o **Viejo mundo** Asia, Europa y África. **No ser nada del otro mundo** No ser alguien o algo excepcional. **Nuevo mundo** América. **Por nada del,** o **en el, mundo** Indica que alguien no está dispuesto, bajo ningún concepto, a hacer una cosa que se expresa. **Tener,** o **ser de, mundo** Ser experimentado y desenvuelto en el trato con la gente. **Tercer mundo** Conjunto de países subdesarrollados. **Todo el mundo** Generalidad de personas de un ambiente determinado. **Venir al mundo** Nacer.

mundología s.f. Experiencia y desenvoltura en el trato social.

mundovisión s.f. Sistema de transmisión de imágenes de televisión a diferentes partes del mundo por medio de uno o varios relés radioeléctricos que gravitan alrededor de la Tierra.

munición s.f. (lat. *munitio, -onis,* trabajo de fortificación, de *moenia,* murallas). Carga de las armas de fuego.

municionar v.tr. Proveer de municiones a una fuerza armada o una plaza.

municipal adj. (lat. *municipalis*). Relativo al municipio. ◆ s.m. y f. y adj. Esp. Miembro de la guardia municipal. **2.** Concejal.

municipalidad s.f. Municipio, ayuntamiento de una población.

municipalizar v.tr. Asignar al municipio un servicio que estaba a cargo de una empresa privada.

munícipe s.m. y f. (lat. *municeps, -ipis*). Vecino de un municipio. **2.** Concejal.

municipio s.m. (lat. *municipium*). Circunscripción administrativa básica, regida por un ayuntamiento, en que se divide oficialmente el territorio español y algunos países de Hispanoamérica. **2.** Territorio que comprende esta circunscripción. **3.** Conjunto de ciudadanos que viven en ella. **4.** Ayuntamiento. **5.** Término municipal. **6.** ANT. ROM. Ciudad cuyos habitantes solían gozar del derecho de ciudadanía romana.

munido, a adj. Argent. y Chile. Provisto.

munificencia s.f. (lat. *munificentia,* de *munificus,* liberal). Cualidad de munífico.

munífico, a adj. Generoso con magnificencia.

muniqués, sa adj. y s. De Munich.

muntiaco s.m. Pequeño ciervo del Sudeste asiático, de cuernos cortos.

muñeca s.f. Figura de niña o de mujer, que sirve de juguete. **2.** *Fig.* y *fam.* Mujer generalmente joven y agradable y de poco juicio. **3.** Parte del cuerpo humano que corresponde a la articulación del antebrazo con los huesos del carpo. **4.** Pequeño bulto de trapos de forma redondeada que, empapado en una sustancia, se emplea para frotar algo, especialmente para barnizar muebles. SIN.: *muñequilla.* **5.** Argent., Bol., Perú y Urug. Habilidad y sutileza para manejar situaciones diversas. (Suele usarse con el verbo *tener.*)

muñeco s.m. Figura humana hecha de diversos materiales y que sirve para jugar o adornar. **2.** *Fig.* Persona de poco carácter que se deja manipular fácilmente por otras personas.

muñeira s.f. (gall. *muiñeira,* molinera). Danza, generalmente acompañada de canto, típica de Galicia y Asturias.

muñequear v.tr. e intr. Argent., Bol. y Par. Buscar o procurarse influencia para obtener algo. ◆ v.intr. Chile. Empezar a echar muñequilla el maíz o plantas semejantes.

muñequera s.f. Tira de tejido, cuero u otro material que se ajusta a la muñeca y tiene distintos usos. **2.** Correa del reloj.

muñequilla s.f. Muñeca para barnizar muebles. **2.** Chile. Mazorca tierna de maíz y plantas semejantes cuando empieza a formarse.

muñidor s.m. Criado de cofradía encargado de convocar a los cofrades. **2.** *Fig.* Persona que muñe o amaña tratos para obtener un provecho.

muñir v.tr. (lat. *monere,* amonestar, avisar) [conj.: *engullir*]. Convocar a juntas u otra cosa. **2.** *Fig.* Amañar algo para obtener un provecho.

muño s.m. Chile. Comida a base de harina de trigo o maíz tostado, sazonada con sal y ají.

muñón s.m. Parte que queda de un miembro amputado. **2.** Miembro que ha quedado atrofiado, sin llegar a tomar la forma que le corresponde. **3.** Músculo deltoides. **4.** Región del hombro limitada por este músculo. **5.** Espiga o gorrón que fija un órgano mecánico a su soporte y le permite un movimiento de rotación sobre el mismo. **6.** Pivote fijo a cada lado del tubo de una pieza de artillería que sirve para que esta se apoye sobre la cureña y pueda desplazarse sobre un plano vertical.

muñonera s.f. Muesca o rebajo en las gualderas de la cureña para alojar el muñón correspondiente de la pieza de artillería.

muón s.m. Partícula elemental (μ) que posee una carga eléctrica positiva o negativa igual a la del electrón y cuya masa es 207 veces mayor que la de este.

murajes s.m.pl. (port. *muragem*). Planta de tallo tendido o ascendente y flores axilares, que crece en lugares arenosos de la península Ibérica. (Familia primuláceas.)

mural adj. Relativo al muro. **2.** Se dice de lo que se aplica o fija sobre un muro: *pintura mural.* ◆ s.m. Pintura realizada sobre un muro o colocada sobre este. **2.** Cartel o pancarta destinados a colgarse en una pared o muro.

muralismo s.m. Tendencia artística consistente en la utilización de grandes superficies murales como soporte de un cuadro, un mosaico, etc. <> **Muralismo mexicano** Corriente artística mexicana del s. XX caracterizada por la utilización pictórica de grandes superficies murales como expresión plástica de contenido ideológico.

muralista adj. y s.m. y f. Relativo al muralismo; adscrito a esta corriente.

muralla s.f. (ital. *muraglia,* pared). Muro grueso que rodea una plaza, fortaleza o territorio. **2.** Méx. Casa con una sola puerta a la calle. **3.** ZOOL. Envoltura calcárea cilíndrica que recubre el cáliz de los corales.

murallón s.m. Muro robusto de defensa o contención.

murar v.tr. Cercar con muro o murallas un terreno, plaza, etc.

murciano, a adj. y s. De Murcia. ◆ s.m. Variedad del español hablada en Murcia y parte de Alicante y Albacete.

murciélago s.m. (de *murciégalo,* de *mur ciego,* ratón ciego). Mamífero insectívoro volador, con las alas formadas por una membrana que une las extremidades anteriores y llega hasta la cola; es nocturno y se orienta mediante la emisión de ultrasonidos. (Orden quirópteros.) <> **Murciélago marino** Pez de unos 25 cm de long., de cuerpo aplastado y con la aleta dorsal mucho más alta que el resto del cuerpo. (Familia efípidos.)

murga s.f. *Fam.* Compañía de músicos callejeros. **2.** Esp. *Fam.* Fastidio, molestia. <> **Dar la murga** Esp. *Fam.* Molestar, importunar.

múrido, a adj. y s.m. (lat. *muridus,* de *mus, muris,* ratón). Relativo a una familia de pequeños roedores de cola larga que viven ocultos y son de costumbres muy variables. (La rata y el hámster pertenecen a la familia *múridos.*)

muriki s.m. Primate de los bosques del SE de Brasil, de unos 140 cm de long., la mitad de los cuales corresponden a la cola.

murmel s.m. (voz alemana). Piel de marmota semejante a la de la marta o del visón.

murmullo s.m. (lat. *murmurium*). Ruido suave y confuso que producen varias personas al hablar a la vez, el agua de un río, el follaje agitado por el viento, etc. <> **Murmullo respiratorio** MED. Sonido suave que se percibe normalmente en la auscultación del aparato respiratorio, especialmente en la inspiración.

murmuración s.f. Comentario en perjuicio de una persona ausente.

murmurador, ra adj. y s. Se dice de la persona que murmura de otra ausente.

murmurar v.intr. (lat. *murmurare*). Producir un murmullo. ◆ v.intr. y tr. *Fig.* Hablar de forma casi imperceptible. **2.** *Fig.* y *fam.* Hacer comentarios en perjuicio de una persona ausente.

murmurón, na adj. Chile y Ecuad. Murmurador.

muro s.m. (lat. *murus,* muralla, pared). Obra de albañilería, de espesor variable, formada de ladrillos, sillares u otros materiales superpuestos y generalmente unidos con mortero de cal, de yeso o de cemento. **2.** Pared vertical de un edificio. **3.** Tabique. **4.** *Fig.* Cosa que aísla o separa. <> **Muro cortina** Muro exterior de un edificio que sirve para cerrar o compartimentar un espacio y no tiene función de sustento. **Muro de contención** Muro que consolida los márgenes de un curso de agua a ambos lados de un puente para evitar que la corriente ataque los estribos; muro lateral de la cámara de una esclusa.

murque s.m. Chile. Harina tostada.

murria s.f. (de *morro*). *Fam.* Melancolía.

murriar v.tr. [conj.: *desviar*]. Colomb. Impregnar una superficie con cemento muy diluido en agua.

múrrino, a adj. Se dice de un tipo de vasos, copas o tazas muy apreciados en la antigüedad, mencionados por los autores clásicos griegos y latinos. (Se desconoce el material del que estaban fabricados.)

murrio, a adj. (de *morro*). Que tiene murria o melancolía.

murro s.m. Chile. Mohín de desagrado.

murta s.f. (lat. *myrtus,* mirto). Arrayán.

murtilla o **murtina** s.f. Arbusto de hasta 1 m de alt., de hojas pequeñas, flores blancas y fruto comestible de color rojo, casi redondo, y del tamaño de una cereza, que crece en Chile. (Familia mirtáceas.) **2.** Fruto de este arbusto. **3.** Licor estomacal que se hace con este fruto fermentado.

murtón s.m. Fruto del arrayán.

murucuyá o **murucuca** s.f. (guaraní *mburucuyá*). Amér. Merid. Pasiflora.

mus s.m. (vasc. *mux* o *mus,* del fr. *mouche,* mosca). Juego de naipes de envite que se juega con baraja española entre cuatro personas, en dos equipos, y en el cual se realizan apuestas para cada una de las cuatro jugadas: la grande, la chica, los pares y el juego. (Se permiten las señas entre jugadores.)

musa s.f. (lat. *musa*). Cada una de las nueve divinidades grecorromanas de las artes y las letras: Clío (historia), Euterpe (música), Talía (comedia), Melpómene (tragedia), Terpsícore (danza), Érado (elegía), Polimuia (poesía lírica), Urania (astronomía) y Calíope (elocuencia). [Con este sentido se escribe con mayúscula.] **2.** Fuente de inspiración artística. **3.** *Fig.* Inspiración artística, especialmente del poeta. ◆ **musas** s.f.pl. Actividad artística, especialmente la poesía: *cultivar las musas.*

musáceo, a adj. y s.f. Relativo a una familia de plantas herbáceas monocotiledóneas, de flores con cinco estambres y fruto en baya o drupa. (El banano pertenece a esta familia.)

musaka s.f. Pastel de carne picada de cordero o ternera, berenjenas y salsa bechamel, que se gratina al horno. (Es típico de Grecia y de los Balcanes.)

musaraña s.f. (del lat. *mus araneus,* ratón araña, musaraña). Pequeño mamífero de hocico puntiagudo, parecido a una rata, muy activo y voraz, que paraliza a sus presas con su saliva venenosa. **2.** *Fig.* y *fam.* Nubecilla que se ve delante de los ojos por defecto de la vista. **3.** Chile, Dom., Nicar. y Salv. *Fig.* y *fam.* Mueca que se hace con el rostro, morisqueta. ◇ **Mirar a,** o **pensar en, las musarañas** *Fam.* Estar distraído.

muscardina s.f. Enfermedad de los gusanos de seda, producida por un hongo.

muscardino s.m. Lirón enano.

muscarina s.f. Alcaloide tóxico que se halla en algunas setas y en el pescado putrefacto.

múscido, a adj. y s.m. Relativo a una familia de insectos dípteros, como las moscas.

muscíneo, a adj. y s.f. Relativo al musgo.

musculación s.f. Musculatura. **2.** DEP. Método de entrenamiento destinado a aumentar el volumen y la fuerza de los músculos.

muscular adj. Relativo a los músculos: *tejido muscular.*

musculatura s.f. Conjunto de los músculos del cuerpo. **2.** Grado de desarrollo de los músculos.

músculo s.m. (lat. *musculus,* dim. de *mus,* ratón). Órgano formado por fibras capaces de contraerse, que sirve para producir el movimiento en el ser humano y los animales.

músculo

Se distinguen los músculos *lisos,* por lo general viscerales, cuya contracción es involuntaria e inconsciente (tubo digestivo, bronquios, paredes arteriales) y los músculos *estriados* o *esqueléticos,* cuya contracción es voluntaria, y que controlan la motricidad del cuerpo, así como la palabra y la respiración. El músculo cardíaco (miocardio) tiene la particularidad de ser un músculo visceral estriado cuya contracción es involuntaria y automática. Las células musculares (fibras), alargadas, contienen miofibrillas. Los músculos son contráctiles y excitables: la fibra muscular transforma la energía química producida por su metabolismo en energía mecánica, al modificar la estructura y la longitud de las miofibrillas.

musculoso, a adj. Formado por tejido muscular. **2.** Que tiene los músculos muy desarrollados: *persona musculosa.* SIN.: *musculado.*

muselina s.f. (fr. *mousseline*). Tejido claro, ligero, fino y transparente. **2.** Cristal muy fino o esmerilado y adornado con dibujos transparentes que imitan la muselina.

museo s.m. (lat. *museum,* lugar dedicado a las Musas). Institución cultural dedicada a la conservación de objetos que ilustran los fenómenos de la naturaleza y las actividades artísticas, científicas e intelectuales del ser humano. **2.** Edificio donde se conservan y se exponen al público estos objetos.

museografía s.f. Conjunto de nociones técnicas y prácticas necesarias para la presentación y buena conservación de las obras y objetos de un museo.

museología s.f. Ciencia que estudia los museos, su historia, instalación y organización.

museólogo, a s. Persona que se dedica a la museología. SIN.: *museísta.*

muserola s.f. (ital. *museruola,* de *muso,* hocico). Correa de la brida, dispuesta por encima de los ollares.

musette s.f. (voz francesa). Instrumento musical de viento semejante a la gaita, formado por un depósito de aire en forma de bolsa, alimentado por un fuelle que se acciona mediante el brazo, con dos caramillos o tubos de siete y cinco orificios, y un bordón para dar la nota. (Fue utilizado principalmente en los ss. XVII y XVIII.) **2.** Pieza musical de carácter pastoril escrita sobre una nota persistente del bajo. (Bach y Händel escribieron *musettes.*)

musgaño s.m. Mamífero insectívoro que vive en Europa meridional, de unos 11 cm, 4 de los cuales corresponden a la cola, y de cabeza afilada y subcónica. (Familia sorícidos.)

musgo adj. y s.m. (lat. *muscus*). Relativo a un tipo de plantas formadas por una alfombra de cortos tallos foliáceos y apretados, que crecen en los árboles, las paredes, los tejados y el suelo.

música s.f. (lat. *musica,* del gr. *moysikí*). Arte de combinar sonidos según las leyes de la armonía, la medida y el ritmo. **2.** Combinación de sonidos que resulta de este arte. **3.** Teoría del arte musical: *aprender música.* **4.** Serie de signos que dan forma gráfica a una idea musical: *saber leer música.* **5.** Conjunto de composiciones de un país, de un compositor o de una época: *música española.* **6.** Serie de sonidos, considerados desde el punto de vista del efecto que producen al oído: *la música de un verso.* ◇ **Con la música a otra parte** *Fam.* Se usa para despedir a alguien que molesta. **Música ambiental** Música difundida por altavoces para crear un ambiente más agradable o adecuado para una actividad. **Música celestial** *Fig.* y *fam.* Palabras que se escuchan sin hacer caso de ellas o sin entenderlas. **Música de cámara** Música escrita para un número reducido de instrumentos. **Música ligera** Música festiva y de fácil ejecución. **Música militar** Conjunto de piezas musicales que acompañan las diferentes manifestaciones de la vida militar.

musical adj. Relativo a la música: *tradición musical; velada musical.* **2.** Que tiene el carácter de la música, armonioso: *voz musical.* ◆ s.m. Espectáculo que combina música, canto, danza y texto interpretado.

musicalidad s.f. Cualidad de musical o carácter musical.

musicar v.tr. Poner música a una obra teatral o cinematográfica.

music-hall s.m. (ingl. *music hall*) [pl. *music-halls*]. Establecimiento especializado en espectáculos de variedades. **2.** Espectáculo de variedades.

músico, a adj. (lat. *musicus,* del gr. *moysikós,* músico, poético). Relativo a la música: *instrumento músico.* ◆ s. Persona que se dedica a tocar un instrumento musical o a componer piezas musicales, en especial si lo hace profesionalmente.

musicografía s.f. Actividad del musicógrafo.

musicógrafo, a s. Autor que escribe sobre temas musicales.

musicología s.f. Conjunto de disciplinas que tienen por objeto el estudio teórico y científico de la música.

musicólogo, a s. Persona que se dedica al estudio de la musicología.

musicoterapia s.f. Utilización de música con fines psicoterapéuticos.

musiquero, a adj. Relativo a la música: *cafetín musiquero.* ◆ s.m. Mueble destinado a guardar partituras y libros de música.

musitación s.f. Modificación de la emisión de voz que consiste en la pronunciación de palabras escasamente articuladas y con poca intensidad de voz.

musitar v.intr. y tr. (lat. *musitare*). Hablar en voz muy baja.

musivo, a adj. **Oro musivo** Sulfuro estánnico de brillo dorado, que se utiliza para broncear estatuillas de yeso.

muslamen s.m. Esp. *Vulg.* Muslos, especialmente de una mujer.

muslera s.f. Parte de la armadura que protege el muslo. **2.** Venda elástica para sujetar el muslo.

muslo s.m. (lat. *musculum*). Parte superior de la pierna del ser humano, comprendida entre la cadera y la rodilla. **2.** Parte superior de la pata de ciertos animales: *muslos de pollo.*

musola s.f. Pez seláceo comestible, parecido al tiburón, que alcanza hasta 2 m, común en las costas del S del Mediterráneo.

mustang s.m. (voz angloamericana). Caballo salvaje americano.

mustélido, a adj. y s.m. Relativo a una familia de mamíferos carnívoros de patas cortas, que beben sangre. (La *comadreja,* el *armiño,* el *hurón* y la *marta* pertenecen a esta familia.)

musteriense adj. y s.m. PREHIST. Se dice de una facies cultural del paleolítico medio, caracterizada por puntas triangulares y raederas, realizadas mediante golpes en una sola cara de las lascas (70 000-35 000 a.C.).

mustiar v.tr. y prnl. Poner mustio.

mustio, a adj. Se dice de las plantas y flores que han perdido la frescura y verdor. **2.** Que carece de frescura: *cutis mustio.* **3.** *Fig.* Abatido, triste. **4.** Méx. Que esconde su verdadero carácter tras una apariencia de seriedad y humildad.

musuco, a adj. Hond. Que tiene el pelo rizado o crespo.

musulmán, na adj. y s. (del persa *musulmân*). Relativo al islam; adepto a esta religión.

musurana s.f. Serpiente de América tropical que alcanza 1,50 m de long., de tronco robusto, hocico redondeado y ojos con pupila vertical. (Se alimenta de otras serpientes.)

mutable adj. Susceptible de sufrir mutación.

mutación s.f. Acción y efecto de mudar: *las mutaciones históricas.* **2.** Cambio de decoración en el teatro. **3.** Variación muy sensible de la temperatura o del estado del tiempo: *mutaciones atmosféricas.* **4.** BIOL. Modificación de la estructura de los cromosomas en los seres vivos, que se encuentra en el origen de una modificación hereditaria del fenotipo. **5.** LING. Cambio fonético. **6.** MÚS. Cambio de nombre sufrido por un mismo sonido, según el hexacordo del que forma parte. ◇ **Juegos de mutación** MÚS. Juego de órgano que utiliza para una misma nota varios tubos de longitud diferente.

mutacionismo s.m. Teoría explicativa de la evolución, formulada por De Vries, en 1901, que asigna a las mutaciones el papel principal en la aparición de nuevas especies.

mutagénesis s.f. BIOL. Aparición de mutaciones.

mutágeno, a adj. BIOL. Susceptible de provocar mutaciones en los seres vivos.

mutante adj. Que muta. ◆ adj. y s.m. Se dice del gen, cromosoma u organismo que ha sufrido alguna alteración en la cantidad, estructura o composición química de su material hereditario. ◆ s.m. y f. En ciencia ficción, ser vivo que tiene características impropias de su especie.

mutar v.tr. y prnl. Mudar, cambiar una persona o cosa el aspecto, naturaleza, estado, etc. ◆ v.tr. Mudar, destituir a alguien de un empleo o puesto. ◆ v.intr. BIOL. Experimentar mutación.

mutatis mutandi loc. (voces latinas). Haciendo los cambios necesarios.

mute s.m. Colomb. Mote de maíz.

mutilación s.f. Acción y efecto de mutilar. **2.** DER. Delito una parte del cuerpo de una persona viva.

mutilado, a adj. y s. Se dice de la persona que ha sufrido una mutilación.

mutilar v.tr. y prnl. (lat. *mutilare*). Cercenar un miembro o una parte del cuerpo a un ser vivo. ◆ v.tr. Quitar una parte a una cosa: *mutilar un texto.*

mutis s.m. (pl. *mutis*). Indicación de que un actor debe retirarse de la escena. **2.** Acción de retirarse de cualquier lugar. ◆ interj. Se usa para hacer callar a alguien. ◇ **Hacer mutis** Salir de la escena o de otro lugar; *Fam.* callarse.

mutismo s.m. (del lat. *mutus,* mudo). Actitud del que permanece callado. **2.** MED. Imposibilidad de hablar relacionada con trastornos psíquicos.

mutón s.m. Mouton, piel de cordero.

mutre adj. Chile. Se dice de la persona muda o tartamuda. SIN.: *mutro.* **2.** Chile. Tonto, bobalicón.

mutro, a adj. Chile. Mutre. ◆ s. Chile. Persona que no habla español.

mutua s.f. Mutualidad, asociación.

mutualidad s.f. Cualidad de mutuo. **2.** Asociación, voluntaria u obligatoria, de los afectados por unos mismos intereses o riesgos, cuyo fin es salvaguardar esos intereses o la división y prorrateo de dichos riesgos. (Cada asociado contribuye proporcionalmente mediante cuotas variables o fijas.) SIN.: *mutua.*

mutualismo s.m. Asociación entre seres vivos de especies diferentes en que ambas partes resultan beneficiadas. **2.** Sistema económico y social propuesto por Proudhon.

mutualista adj. y s.m. y f. Relativo a la mutualidad; socio de una mutualidad. ◆ s.m. Cada uno de los participantes en el fenómeno del mutualismo.

mutuatario, a s. DER. Persona que recibe una cosa en mutuo. SIN.: *mutuario.*

mútulo s.m. ARQ. Modillón plano situado debajo del saledizo o goterón, justo por encima del triglifo, en el entablamiento dórico.

mutuo, a adj. (lat. *mutuus, -a, -um*). Se dice de lo que se intercambia entre dos o más personas o cosas de forma respectiva: *aprecio mutuo.* ◆ s.m. Contrato por el que una de las partes entrega a otra una cantidad de dinero u otra cosa fungible, con la obligación por parte de esta última de devolver, en un período de tiempo determinado, otra igual de la misma especie, cantidad y calidad, con abono de intereses, en caso de haberse pactado. ◇ **Enseñanza mutua** Sistema de enseñanza en el que los discípulos se instruyen unos a otros bajo la dirección de un maestro, ayudado por monitores.

muy adv. (lat. *multus, -a, -um,* mucho). Marca la intensidad de un adjetivo o de un adverbio llevada a su grado más alto: *muy bueno; muy mal; muy lejos.*

muyahidín → mujahiddin.

muy muy o **muimuy** s.m. Perú. Crustáceo de 3 a 5 cm de long., con caparazón a modo de uña, que vive bajo la arena de la rompiente marina. (Especie *Remipes oval.*)

muz s.m. (gascón *mus,* hocico). MAR. Remate o voluta del tajamar.

my s.f. Nombre de la duodécima letra del alfabeto griego (μ, M), que corresponde a la *m* española.

mycoplasma s.m. Microorganismo intermedio entre una bacteria y un virus, generalmente patógeno.

mzabí adj. y s.m. y f. Del Mzab, oasis del Sahara.

n

1. **n** s.f. Decimosexta letra del alfabeto español y decimotercera de sus consonantes. (Representa el sonido nasal alveolar.) **2.** Representa el conjunto de los números naturales, incluido el cero. **3.** Representa el conjunto de los números naturales, sin incluir el cero.

2. **N,** abrev. de *norte.*

nabab s.m. (fr. *nabab,* del hindustaní *navāb,* gobernador, virrey). Título dado en la India musulmana a los grandes dignatarios de la corte de los sultanes y a los gobernadores de provincias. **2.** Persona que vive en la opulencia y el fasto.

nabaco s.m. Amér. Planta ornamental. (Familia solanáceas.) **2.** Amér. Planta de aplicaciones medicinales. (Familia rubiáceas.)

nabateo, a adj. y s. De un antiguo pueblo del NO de Arabia, cuya capital fue *Petra.* (Su reino fue anexionado al Imperio romano en 106, por Trajano.) ◆ s.m. Lengua perteneciente al grupo arameo occidental hablada por este pueblo.

nabina s.m. (lat. *napina,* campo de nabos). Semilla del nabo, con la que se elabora un aceite parecido al de la colza.

nabiza s.f. Hoja tierna del nabo. **2.** Conjunto de raicillas tiernas de los nabos.

nabo s.m. (lat. *napus*). Planta bianual de raíz carnosa, ahusada y comestible. (Familia crucíferas.) **2.** Raíz gruesa y fusiforme. **3.** *Fig.* Tronco de la cola de las caballerías. **4.** ARQ. Espigón de una escalera de caracol. **5.** MAR. Palo de la nave.

naborí s.m. Criado indio en la América española al principio de la conquista.

naboría s.f. (voz arawak). Repartimiento de indios en calidad de criados *(naboríes)* para el servicio personal, que se hacía en la América española al principio de la conquista.

nácar s.m. Sustancia dura, blanca, con reflejos irisados, rica en caliza, que producen ciertos moluscos en el interior de su concha y que se utiliza en joyería. (En las conchas, el nácar está constituido por capas planas, mientras que en las perlas lo está en capas esféricas y concéntricas alrededor de un núcleo.)

nacarado, a adj. Que tiene el color o el brillo del nácar. **2.** Adornado con nácar.

nacarigüe s.m. Hond. Cocido elaborado con carne y pinole.

nacarino, a adj. Propio del nácar o parecido a él.

nacatamal s.m. Hond., Méx. y Nicar. Tamal relleno de carne de cerdo.

nacatamalera s.f. Hond. Mujer que tiene por oficio hacer y vender nacatamales.

nacedero s.m. Colomb. Planta acantácea.

nacela s.f. (fr. *nacelle*). ARQ. Escocia o moldura cóncava que se coloca entre los dos toros de la base de una columna.

nacencia s.f. *Fig.* Tumor. SIN.: *nacido.*

nacer v.intr. (lat. *nasci*) [conj.: *parecer*]. Salir un ser vivo del vientre de la madre, del huevo, de la semilla o de la tierra. **2.** Salir el vello, el pelo o la pluma en los animales, o las hojas, flores, fruto o brotes en las plantas. **3.** *Fig.* Tener alguien o algo su origen en otra persona o cosa: *su desdén nace de su inseguridad.* **4.** *Fig.* Aparecer el Sol o la Luna en el horizonte. **5.** *Fig.* Tener principio una cosa en otra: *el Ebro nace en Fontibre.* **6.** *Fig.* Pasar a existir algo: *ha nacido un nuevo estilo musical.* **7.** *Fig.* Tener una propensión o habilidad natural para aquello que se indica: *haber nacido para la música.* ◇ **Volver a nacer** *Fam.* Haber superado un peligro de muerte.

nacido, a adj. y s. Se dice del ser humano que ha vivido, por lo menos, veinticuatro horas desprendido totalmente del seno materno. **2.** Se dice del ser humano en general. ◆ s.m. Nacencia. ◇ **Bien nacido** De noble linaje. **Mal nacido** De mala condición. **Recién nacido** Niño en los días inmediatos al parto.

naciente adj. Que está naciendo: *una actividad naciente.* ◆ s.m. Este, punto cardinal.

nacimiento s.m. Acción de nacer. **2.** Origen, lugar o momento en que algo empieza a manifestarse: *el nacimiento del cabello, de un río.* **3.** Estirpe, ascendencia familiar: *de noble nacimiento.* **4.** Representación de la venida al mundo de Jesús por medio de figuras. ◇ **Auto de nacimiento** LIT. Representación escénica medieval, de temas religiosos del ciclo de Navidad. **De nacimiento** Se dice de alguna característica física o moral cuando es innata: *ciego de nacimiento.* **Partida de nacimiento** Copia de la inscripción de un nacimiento que se expide en los libros del registro civil.

nación s.f. (lat. *natio, -onis,* nacimiento, raza, nación). Comunidad de personas, por lo general asentada en un mismo territorio, que comparte etnia, lengua, historia y tradiciones, lo cual crea una conciencia de destino común. **2.** Comunidad de personas que viven en un mismo territorio gobernado por el mismo gobierno. **3.** Territorio de este mismo país. ◇ **De nación** Expresa la naturaleza de alguien, o de dónde es natural.

nacional adj. y s.m. y f. De una nación. **2.** Relativo al propio país, opuesto a extranjero: *consumir productos nacionales.* ◆ adj. y s.m. Relativo al bando que luchó contra la II república en la guerra civil española de 1936. ◇ **Bienes nacionales** Conjunto de bienes comunes y de la Iglesia que fueron objeto de desamortización en España. **Primera nacional** ALP. Primera escalada a una cumbre realizada por escaladores de un determinado país.

nacionalcatolicismo s.m. Doctrina y práctica políticas de la Iglesia católica española de la época franquista, consistente en una imbricación del poder estatal y eclesiástico, en que este se sometió al poder político franquista a cambio de que el estado asumiera el catolicismo como única religión oficial.

nacionalidad s.f. Condición o cualidad de pertenecer a la comunidad de una nación. **2.** DER. Vínculo que asocia a una persona individual o jurídica con un estado. **3.** POL. **a.** Nación que no ha alcanzado el nivel de nación estado. **b.** Término con el cual se designa en la constitución española de 1978 una comunidad histórica que, junto con la región, integra el territorio de la nación española y puede acceder al autogobierno. ◇ **Principio de las nacionalidades** POL. Derecho a la autodeterminación de todo grupo social con un origen, una historia y un modo de vida y de pensamiento comunes, que ocupa un territorio determinado.

nacionalismo s.m. Exaltación de las características propias de la nación a la que se pertenece. **2.** Doctrina que reivindica la preeminencia de la nación por encima de los intereses de los grupos, las clases y los individuos que la constituyen. **3.** Movimiento político de los individuos que toman conciencia de constituir una comunidad nacional en razón de los vínculos históricos, étnicos, lingüísticos, culturales, económicos, etc., que los unen.

nacionalista adj. y s.m. y f. Relativo al nacionalismo; partidario de esta doctrina y de este movimiento.

nacionalización s.f. Acción y efecto de nacionalizar o nacionalizarse. **2.** Transferencia a la colectividad de la propiedad de ciertos medios de producción privados, que se realiza o bien por interés público, para preservar la independencia del estado, o bien por razones de seguridad nacional o interés social, como puede ser asegurar el suministro de determinados bienes o servicios básicos.

nacionalizar v.tr. y prnl. Conceder a alguien la nacionalidad de un país que no es el propio. **2.** Introducir y emplear en un país usos y costumbres de otros. ◆ v.tr. Transferir al estado medios de producción y servicios privados de interés público. **2.** Transferir a los naturales de un país bienes, medios de producción, etc., que estaban en manos extranjeras.

nacionalsindicalismo s.m. Doctrina política propugnada por Falange española y adoptada por el franquismo.

nacionalsocialismo s.m. Doctrina nacionalista y racista (especialmente, antisemita) establecida por Adolfo Hitler, basada en la supremacía de la raza germánica. SIN.: *nazismo.*

nacionalsocialismo

Fundado en Munich en 1920, el partido nacionalsocialista dominó Alemania de 1933 (ascenso de A. Hitler al poder) hasta 1945. Su doctrina, basada en el pangermanismo, la superioridad de la raza aria, el totalitarismo, el militarismo, el anticomunismo y un nacionalismo expansionista, le llevó al enfrentamiento con las potencias occidentales. Impuso un régimen basado en la propaganda, el terrorismo de estado (SS, Gestapo), el belicismo y la exterminación de otros pueblos, el judío, principalmente.

nacionalsocialista adj. y s.m. y f. Relativo al nacionalsocialismo; partidario de esta doctrina. SIN.: *nazi.*

nacismo s.m. → **nazismo.**

naco s.m. Amér. Andullo de tabaco. **2.** Colomb. Puré de papas.

nacra s.f. Molusco lamelibranquio, que puede alcanzar hasta 50 cm de long., de concha de color marrón y nacarada interiormente. (Familia avicúlidos.)

nada pron.indef. (del lat. *res nata,* cosa nacida). Ninguna cosa, ninguna cantidad: *no he leído nada de este autor.* **2.** Muy poca cosa, algo sin importancia. ◆ adv.c. En absoluto: *no me gusta nada.* ◆ s.f. El no ser. ◇ **Como si nada** Sin tener en cuenta lo ocurrido o dicho. **De nada** De poca importancia: *un regalo de nada;* expresión usada para responder a quien da las gracias. **Nada más** Solo, únicamente: *comerse nada más un sándwich.* **Nada menos** Se dice para resaltar la importancia de lo que se expresa a continuación: *habló nada menos que con el director; estuvo reunido tres horas, nada menos.*

nadador, ra adj. y s. Que nada. **2.** Que practica la natación, especialmente si se dedica a ello profesionalmente.

nadar v.intr. (lat. *natare*). Mantenerse y avanzar en el agua por medio de ciertos movimientos de las extremidades. **2.** Flotar algo, mantenerse en la superficie de un líquido. **3.** *Fig.* Tener mucho de la cosa que se expresa. **4.** *Fig.* y *fam.* Estar una cosa demasiado holgada dentro de otra: *nadar los pies en los zapatos.* **5.** TAUROM. Agarrarse el picador a las tablas de la barrera, abandonando el caballo que monta, al no poder resistir la acometida del toro.

na-dené, grupo etnolingüístico amerindio, que agrupa los atapasco, eyak, tlingit y haida.

nadería s.f. Cosa de poco valor o importancia.

nadie pron.indef. (del lat. *homines nati non,* hombres no nacidos). Ninguna persona. ◆ s.m. *Fig.* Persona de poca importancia o de poco carácter: *ser un (don) nadie.*

nadir s.m. (ár. *nazîr,* opuesto). Punto de la esfera celeste diametralmente opuesto al cenit.

nado s.m. Amér. Acción de nadar. ◇ **A nado** Nadando.

nafta s.f. (lat. *naphtha,* del gr. *náphtha,* especie de petróleo). Mezcla líquida de hidrocarburos que se obtiene por destilación del petróleo entre 100 y 250 °C. **2.** Nombre que se da a numerosos líquidos inflamables que resultan de la descomposición pirogenada de materias orgánicas. **3.** Argent. y Urug. Gasolina.

naftaleno s.m. Hidrocarburo aromático $C_{10}H_8$, principal constituyente de la naftalina, formado por dos núcleos bencénicos unidos.

naftalina s.f. Nombre comercial del naftaleno impuro.

naftol s.m. Fenol derivado del naftaleno, que se utiliza como antiséptico.

nagana s.f. Enfermedad del ganado caprino y vacuno, transmitida por la mosca tse-tse y especies afines.

nagari adj. y s.m. Devanagari.

nagual s.m. Amér. Central y Méx. Brujo, hechicero, que se supone puede transformarse en algún animal. **2.** Guat., Hond., Méx. y Nicar. Animal tutelar de una persona, que es el compañero o protector espiritual durante toda su vida.

naguapate s.m. Hond. Planta crucífera cuyo cocimiento se usa contra las enfermedades venéreas.

nahor s.m. Mamífero de cabeza parecida a la del carnero, que vive en las altas montañas de Asia centromeridional. (Familia bóvidos.)

nahua adj. y s.m. y f. De un pueblo amerindio de América Central, que constituye el grupo étnico más importante numéricamente de México. ◆ s.m. Lengua de la familia uto-azteca que en época precolombina fue la mayor lengua de civilización de México.

nahua

Los nahua viven a ambos lados de la sierra Madre occidental y oriental, practican el cultivo sobre rozas y son hábiles artesanos (tejidos, alfarería).

En el s. XVI la lengua nahua se hablaba en el territorio que tenía como centro Tenochtitlan, y se extendía hasta los actuales estados de Veracruz, Hidalgo y Guerrero. Era el idioma oficial, comercial y de cultura del Imperio azteca.

El nahua es un conjunto de dialectos: el náhuatl (Valle de México), el nahual, hablado en el O del país, y el nahuat, en vías de desaparición, que se hablaba al E (Veracruz, Puebla) y en puntos diversos de América Central (El Salvador, Nicaragua).

náhuatl s.m. Lengua hablada en México por distintos grupos indígenas como los mexicas y los toltecas, y que era la más difundida en América Central en el momento de la conquista española.

nahuatlato, a adj. y s. Se dice del indio que servía de intérprete entre los españoles y los indígenas en México.

nahuatlismo s.m. Palabra, expresión o giro procedentes de la lengua náhuatl que se usan en otra lengua.

naïf o **naif** adj. y s.m. y f. (fr. *naïf*). B. ART. Se dice de un tipo de arte practicado por artistas autodidactas dotados de un sentido plástico natural, al margen de las corrientes del arte académico o vanguardista; artista que practica este arte.

naife s.m. Diamante de calidad superior.

nailon, nilón o **nylon** s.m. Fibra textil sintética a base de resina poliamida.

naipe s.m. Cada una de las cartulinas de la baraja.

naira s.f. Unidad monetaria de Nigeria.

naja s.f. Nombre que se da a un grupo de ofidios al que pertenecen la *cobra india*, la *cobra egipcia* y la *cobra de cuello negro*.

nalga s.f. (lat. vulg. *natica*, del lat. *natis*). Cada una de las dos partes carnosas situadas debajo de la espalda en el cuerpo humano, encima de los muslos. **2.** Anca del caballo y otros animales.

nalgón, na adj. Colomb., Guat., Hond. y Méx. Que tiene las nalgas grandes y gruesas.

nalgudo, a adj. Que tiene las nalgas gruesas, voluminosas.

nalguear v.intr. Mover de forma exagerada las nalgas al andar. ◆ v.tr. C. Rica y Méx. Golpear a alguien en las nalgas.

namaquas o **namas**, pueblo hotentote de Namibia *(Namagua-land)*.

nambira s.f. Hond. Mitad de una calabaza a la que se quita la pulpa para darle usos domésticos.

name → **mam.**

1. **nana** s.f. Canto con que se duerme a los niños. **2.** Pieza de vestir en forma de saco, abierto por delante, con que se abriga a los niños muy pequeños. **3.** Amér. Central, Méx. y Venez. Niñera; nodriza. **4.** Esp. y Méx. *Fam.* Abuela. **5.** Amér. Central. Madre. ◇ **El año de la nana,** o **nanita** *Fam.* Tiempo incierto y muy antiguo: *llevaba un vestido del año de la nana.*

2. **nana** s.f. (quechua *nánay*). Argent., Chile, Parag. y Urug. En lenguaje infantil, pupa. ◆ **nanas** s.f.pl. Amér. Merid. Achaques sin importancia, especialmente las de la vejez.

nanay adv.neg. *Fam.* No.

nance s.m. Amér. Central. Nanche.

nancear v.intr. Hond. Agarrar.

nanche s.m. Méx. Arbusto de fruto pequeño del mismo nombre, globoso y de color amarillo. (Familia malpigiáceas.)

nandiroba s.f. Arbusto trepador originario de América tropical y Antillas, de cuyas semillas se extrae un aceite que se usa para el alumbrado. (Familia cucurbitáceas.) **2.** Arbusto cuya madera se vende como caoba de Brasil, y de cuyas semillas se extrae un aceite con el que los indígenas se embadurnan la piel para protegerse. (Familia meliáceas.)

nanociencia s.f. Parte de la ciencia, especialmente de la física, la química y la biología, que estudia los fenómenos observados en estructuras y sistemas extremadamente pequeños, mesurables en nanómetros.

nanografía s.f. Conjunto de técnicas empleadas en la construcción de estructuras moleculares de manera controlada.

nanómetro s.m. Unidad de medida de longitud (símb. nm) que equivale a la milmillonésima parte del metro.

nanopartícula s.f. TECNOL. Cuerpo que tiene dimensiones entre 1 y 100 nanómetros.

nanosegundo s.m. Medida de tiempo equivalente a una milmillonésima de segundo y que se utiliza para medir las operaciones que realizan los sistemas informáticos.

nanotecnología s.f. Tecnología que emplea instrumentos y elementos de tamaño muy pequeño.

nanotubo s.m. TECNOL. Larga estructura cilíndrica de grafito, extremadamente fina, que combina la ligereza con una gran resistencia mecánica y una buen conductividad eléctrica.

nansú s.m. (ingl. *nainsook*). Tejido de algodón, de aspecto sedoso, usado en lencería.

nao s.f. Nave comercial de alto bordo y gran tonelaje, propulsada a vela, cuyo empleo se generalizó entre los ss. XII y XVII. **2.** Embarcación, nave.

naonato, a adj. y s. Se dice del nacido en una nave.

naos s.m. Sala central de un templo griego, donde estaba situada la estatua de la divinidad. SIN.: *cella.* **2.** Parte de la iglesia griega moderna donde se colocan los fieles.

napa s.f. (fr. *nappe*). Capa o manto subterráneo de cualquier material líquido o gaseoso: *napa freática.* **2.** Piel de algunos animales, especialmente después de curtida y preparada para ciertos usos. **3.** TEXT. Conjunto formado por fibras unidas por su adherencia recíproca.

napalm s.m. (voz angloamericana). Gel compuesto de palmitato de aluminio, que se utiliza como carga de proyectiles incendiarios. **2.** Gasolina espesada con esta sustancia.

nape s.m. Chile. Cangrejo usado como cebo.

napelo s.m. Acónito de los prados y lugares húmedos.

napia s.f. *Fam.* Nariz, especialmente cuando es muy grande. (Suele usarse en plural.)

napiforme adj. BOT. **a.** Que tiene la forma de un nabo. **b.** Se dice de la raíz axonomorfa, muy gruesa.

napoleón s.m. Moneda francesa de oro. SIN.: *luis.*

napolitana s.f. MÚS. Modalidad simplificada de madrigal.

napolitano, a adj. y s. De Nápoles. ◆ s.m. Variedad del italiano hablado en Nápoles y su región. ◆ adj. Se dice de una variedad de higo de piel negra, muy sabroso, y de la higuera que lo produce.

narango s.m. Amér. Central. Planta de fruto comestible.

naranja s.f. (ár. *naránŷa*). Fruto comestible del naranjo, de color entre amarillo y rojo. ◆ adj. y s.m. Anaranjado. ◇ **¡Naranjas (de la China)!** Indica incredulidad; se dice para rehusar algo. **Media naranja** *Fig.* y *fam.* Con respecto a una persona, otra que se adapta perfectamente a ella; en una pareja, cada uno de los miembros respecto del otro.

naranjada s.f. Bebida refrescante elaborada con zumo de naranja, agua y azúcar.

naranjal s.m. Terreno poblado de naranjos.

naranjero, a adj. Relativo a la naranja. ◆ s. Persona que tiene por oficio el comercio o cultivo de naranjas. ◆ s.m. Argent. Pájaro de unos 16 cm de long. y plumaje vistoso.

naranjilla s.f. Naranja amarga y pequeña que se utiliza en confitería. **2.** Ecuad. Planta solanácea de fruto comestible.

naranjillo s.m. Argent. Árbol con aguijones en ramas y corteza, flores verdosas y pequeñas, y cuyo follaje exhala un fuerte olor a naranja. (Familia rutáceas.) **2.** Argent. Arbusto de hasta 3 m de alt., cuyo fruto es una baya elipsoide u ovoide de color amarillo verdoso. (Familia caparidáceas.) **3.** Argent. Arbusto de hasta 2 m de alt., de flores blancas y fruto esférico amarillo. (Familia solanáceas.)

naranjo s.m. Árbol frutal de las regiones cálidas, de hojas coriáceas y perennes. (Género *Citrus;* familia rutáceas.) **2.** Madera de este árbol.

narcisismo s.m. (de *Narciso,* personaje de la mitología griega). Admiración o enamoramiento de sí mismo. **2.** PSICOANÁL. Fijación de la libido sobre uno mismo.

narciso, a s. (lat. *narcissus,* del gr. *nárkissos*). Persona muy satisfecha de sí misma y exageradamente preocupada de su apariencia exterior. ◆ s.m. Planta bulbosa, de flores amarillas o blancas del mismo nombre provistas de una corona dorada, que se cultiva como planta ornamental. (Familia amarilidáceas.) **2.** Méx. Nombre de diversas plantas de la misma familia que la adelfa, algunas de las cuales son venenosas.

narco adj. y s.m. y f. *Fam.* Narcotraficante.

narcoanálisis s.m. Técnica de investigación psicológica que pretende el resurgimiento de recuerdos olvidados, provocando un descenso del nivel de conciencia mediante la inyección intravenosa de un narcótico.

narcolepsia s.f. MED. Afección caracterizada por accesos repentinos e irresistibles de sueño.

narcosis s.f. Sueño producido por la administración intravenosa de un narcótico.

narcoterapia s.f. Método terapéutico con que durante cierto tiempo se mantiene al enfermo en estado de somnolencia.

narcótico, a adj. (gr. *narkotikós,* de *nárki,* adormecimiento). Relativo a la narcosis. ◆ adj. y s.m. Que provoca la aparición del sueño.

narcotismo s.m. Estado de sueño o modorra producido por una dosis elevada de narcóticos.

narcotizar v.tr. y prnl. Suministrar un narcótico. **2.** Producir narcotismo.

narcotraficante adj. y s.m. y f. Que se dedica al narcotráfico.

narcotráfico s.m. Tráfico ilegal de estupefacientes.

nardo s.m. (lat. *nardus,* del gr. *nárdos*). Planta herbácea de los países intertropicales que se cultiva en jardinería por sus bellas flores blancas del mismo nombre, muy olorosas. (Familia amarilidáceas.) **2.** Planta herbácea vivaz, de flores blancas o rosadas del mismo nombre, agrupadas en cimas. (Familia valerianáceas.) **3.** Perfume que se preparaba con un extracto de diversas valerianáceas.

narguile s.m. (voz persa). Pipa oriental provista de un largo tubo flexible, en la que el humo, antes de llegar a la boca, pasa a través de un pomo lleno de agua perfumada.

narigada s.f. Ecuad. Polvo de tabaco que se toma de una vez entre el pulgar y otro dedo, para aspirarlo.

narigudo, a adj. y s. (lat. vulg. *naricutus*). Que tiene la nariz grande. SIN.: *narigón.*

nariguera s.f. Adorno que se coloca en las partes cartilaginosas de la nariz, propio de los papúes de Nueva Guinea, de muchas tribus africanas y de numerosos pueblos amerindios y de la India.

nariz s.f. (lat. vulg. *naricae,* ventanas de la nariz). Parte saliente de la cara, entre la boca y la frente, que es el órgano del olfato. (Se usa también en plural.) **2.** Cada uno de los orificios de la nariz. **3.** Olfato: *este perro tiene nariz.* **4.** Parte delantera de un barco, de un avión o de un cohete. ◆ **¡narices!** interj. Esp. Expresa fastidio, desprecio o enojo. ◇ **Dar en las narices** Desairar a alguien. **Darle en la nariz algo a alguien** Sospechar algo. **Darse de narices** Caerse con la cara contra el suelo o tropezar con algo recibiendo el golpe en la cara. **En mis, tus,** etc., **propias narices** En presencia de la persona de que se trata. **Estar hasta las narices** Estar muy cansado de tolerar algo molesto o desagradable. **Hablar por la nariz** Ganguear. **Hinchársele las narices a alguien** Esp. *Fam.* Enojarse mucho. **Meter,** o **asomar, las narices** *Fam.* Entrometerse. **No ver más allá de sus narices** *Fam.* Ser poco perspicaz. **Romper las narices a alguien** *Fam.* Expresión de amenaza. **Torcer la nariz** *Fam.* No admitir lo que se dice o propone.

narizón, na adj. *Fam.* Narigudo.

narizudo, a adj. Méx. *Fam.* Que tiene la nariz grande.

narra s.m. Árbol de Filipinas, de unos 20 m de alt., de flores blancas en racimos axilares y fruto en legumbre, de cuya corteza y raíces se extrae un tinte encarnado. (Familia papilionáceas.) **2.** Madera de este árbol que se usa en ebanistería.

narración s.f. Acción de narrar. **2.** Cosa narrada. **3.** Relato, cuento, novela. **4.** Parte del discurso que expone los hechos de la manera más favorable al esclarecimiento del asunto que se trata.

narrar v.tr. (lat. *narrare*). Decir de palabra o por escrito alguna historia: *narrar lo sucedido.*

narrativa s.f. Narración, acción de narrar. **2.** Habilidad para narrar. **3.** Género literario que abarca la novela, el relato y el cuento.

narrativo, a adj. Relativo a la narración: *estilo narrativo.* SIN.: *narratorio.*

narria s.f. (voz de origen prerromano). Cajón, tabla o tela que se usa para llevar arrastrando cosas de mucho peso. **2.** *Fig.* y *fam.* Mujer gorda y pesada.

nártex o **nartex** s.m. Pórtico o vestíbulo construido a la entrada de la nave de las basílicas cristianas, donde se situaban los catecúmenos.

narval s.m. (danés *narhval*). Mamífero cetáceo de los mares árticos, de hasta 4 m de long., que solo posee dos dientes, uno de ellos muy desarrollado en el macho (2 a 3 m). (Familia monodóntidos.)

nasa s.f. (lat. *nassa*). Arte de pesca que consiste en una cesta cilíndrica o troncocónica, formada por un enrejado de varillas vegetales o de alambre galvanizado, red, etc. **2.** Artificio parecido al anterior, consistente en una manga de red, ahuecada por aros de madera. **3.** Cesta de boca estrecha en que echan los pescadores la pesca. **4.** Cesto para guardar pan, harina, etc.

nasal adj. Relativo a la nariz. **2.** FONÉT. Se dice de un rasgo distintivo caracterizado acústicamente por la difusión de la energía sobre bandas de frecuencia amplias y por la presencia de formantes adicionales y, articulatoriamente, por la intervención de la cavidad nasal. ◆ s.m. Pieza del casco de la armadura destinada a proteger la nariz. ◇ **Fosas nasales** Se dice de las dos cavidades limitadas por el etmoides y el paladar, separadas por un tabique perpendicular, y en las que penetra el aire a través de los orificios nasales antes de pasar a los pulmones.

nasalidad s.f. Cualidad de nasal.

nasalización s.f. Acción de nasalizar. **2.** Estado de un sonido nasalizado.

nasalizar v.tr. y prnl. Hacer nasal o pronunciar como tal un sonido.

nasardo s.m. MÚS. Juego de mutación simple del órgano, que produce un sonido que parece nasal.

násico s.m. Simio de Borneo, de nariz larga y carnosa.

naso s.m. Pez de agua dulce, de hasta 50 cm de long., de carne no comestible. (Familia ciprínidos.)

nasofaríngeo, a adj. Relativo a la rinofaringe.

nastia s.f. Movimiento de un vegetal o de alguno de sus órganos como reacción a un golpe, a un contacto, a una sacudida o a cualquier otro factor externo.

nata s.f. Sustancia constituida por glóbulos de materia grasa que se encuentra emulsionada en la leche. **2.** Capa que se forma en la superficie de algunos líquidos, debido a las sustancias grasas que hay en ellos. **3.** *Fig.* Lo mejor y más selecto. **4.** Esp. Leche batida.

natación s.f. Acción de nadar. **2.** Deporte que consiste en nadar. **3.** Desplazamiento activo de un ser vivo en el interior del agua o en su superficie, sin tocar el fondo.

natal adj. Relativo al nacimiento. **2.** Nativo, perteneciente al país o lugar en que uno ha nacido.

natalicio, a adj. Relativo al día del nacimiento: *fecha natalicia.* ◆ s.m. Nacimiento.

natalidad s.f. Relación entre el número de nacimientos y el de habitantes de una región durante un tiempo determinado.

natátil adj. Capaz de nadar o flotar.

natatorio, a adj. Relativo a la natación. **2.** Que sirve para nadar. ◇ **Vejiga natatoria** Bolsa situada en el abdomen de ciertos peces, llena de oxígeno y nitrógeno, y de función incierta.

natillas s.f.pl. (de *nata*). Dulce elaborado con una mezcla de huevos, leche y azúcar, batida y cocida a fuego lento.

natividad s.f. Nacimiento. **2.** Fiesta litúrgica del nacimiento de Jesús. (Con este significado suele escribirse con mayúscula.)

nativismo s.m. PSICOL. Teoría según la cual el espacio y el tiempo se adquieren por las sensaciones y no por la experiencia.

nativista adj. y s.m. y f. PSICOL. Relativo al nativismo; partidario de esta teoría.

nativo, a adj. (lat. *nativus*). Relativo o perteneciente al país o lugar de que se trata: *costumbres nativas.* **2.** Indígena, nacido en el país de que se trata. **3.** Innato, natural. **4.** Se dice del metal que se encuentra en la naturaleza en estado puro, no combinado.

nato, a adj. Se dice de la cualidad o defecto que se tienen desde el nacimiento: *artista nato.* **2.** Se dice del título o cargo que está anexo a un empleo o a la cualidad de un sujeto: *presidente nato del tribunal.*

natral s.m. Chile. Terreno poblado de natris.

natremia s.f. Cantidad de sodio contenida en la sangre, que normalmente oscila entre 3,10 y 3,45 g/l.

natri o **natre** s.m. Chile. Arbusto solanáceo, de 2 a 3 m de alt. y flores blancas. (Con el cocimiento amargo de sus hojas se untan el pecho las mujeres para destetar a los niños.)

natrón s.m. Sosa.

natruria s.f. Cantidad de sodio contenida en la orina.

natura s.f. (lat. *natura*). Naturaleza: *ir contra natura.*

natural adj. Relativo a la naturaleza. **2.** Intrínseco a la naturaleza de un ser. **3.** Que se tiene por naturaleza, no adquirido: *cabello de color natural, no teñido.* **4.** Normal, conforme al orden habitual de las cosas: *es natural que quiera liberarse.* **5.** Genuino, no adulterado ni elaborado. **6.** Espontáneo, exento de afectación: *lenguaje simple y natural.* **7.** Que se encuentra en la naturaleza: *gas natural.* ◆ adj. y s.m. y f. Originario de un pueblo, ciudad o nación: *natural de Burgos.* **2.** Se dice del hijo nacido fuera del matrimonio, y del parentesco establecido de esa forma. ◆ adj. y s.m. TAUROM. **a.** Se dice del pase de muleta en que el diestro despide al toro por el mismo lado de la mano en que tiene la muleta. **b.** Se dice de la suerte ejecutada dando al toro para su salida el terreno de afuera y tomando el diestro el de las tablas. ◆ s.m. Manera de ser de una persona: *ser de natural sencillo.* **2.** Forma exterior de una cosa que se toma por modelo para la pintura y escultura. ◆ s.m. y f. HIST. Súbdito sometido al rey por el vínculo de la naturaleza. ◇ **Al natural** Sin artificio, sin aderezo: *lata de atún al natural.* **Muerte natural** Muerte que se produce a consecuencia de una enfermedad o de la edad. **Nota natural** MÚS. Nota que no está modificada por ninguna alteración. **Número natural** Cada uno de los números enteros positivos, como el 0, el 1, el 2, etc. **Religión natural** Conjunto de creencias y preceptos relativos a Dios y a la moral, fundados únicamente en la razón y la conciencia.

naturaleza s.f. Conjunto de los seres y cosas que constituyen el Universo, el mundo físico. **2.** Realidad física que existe independientemente del ser humano (por oposición a *cultura*). **3.** Conjunto de características fundamentales propias de un ser o de una cosa: *la naturaleza humana; actividades de distinta naturaleza.* **4.** Conjunto de inclinaciones e instintos de una persona. **5.** Complexión del cuerpo: *ser de naturaleza robusta.* **6.** DER. Cualidad que da derecho a ser tenido por natural de un país para ciertos efectos civiles. **7.** FILOS. Causa creadora de un ser y de su desarrollo. ◇ **Las fuerzas de la naturaleza** Los fenómenos naturales. **Naturaleza humana** Conjunto de características comunes a todas las personas. **Naturaleza muerta** B. ART. Representación de animales muertos, frutos, objetos, flores, etc.

naturalidad s.f. Cualidad de natural: *la naturalidad de su comportamiento.* **2.** Espontaneidad, sencillez: *hablar con naturalidad.*

naturalismo s.m. Movimiento literario y artístico del s. XIX que, por medio de la aplicación al arte de los métodos de la ciencia positivista, trata de reproducir la realidad con absoluta objetividad, incluso en los aspectos más ínfimos. **2.** FILOS. Doctrina que no admite otra realidad que la naturaleza.

naturalismo

En literatura, la escuela naturalista surgió entre 1860 y 1880, con la doble influencia del realismo de Flaubert y del positivismo de Taine. Zola encarnó la nueva estética, de la que se erigió en teórico (*La novela experimental*, 1880): basaba la verdad de una novela en la observación escrupulosa de la realidad y sometía el individuo al determinismo de la herencia y el medio. En torno de Zola se hallan, entre otros, Maupassant y Huysmans. En teatro, el naturalismo es un movimiento europeo ilustrado por teóricos (Zola), dramaturgos (Ibsen, Strindberg, Hauptmann, Chéjov), directores de escena (Stanislavski). Ligado a la aparición, en el paso del s. XIX al XX, de la puesta en escena, buscaba la reproducción exacta del medio social contemporáneo. En España cabe aplicar la denominación de naturalistas a autores como Galdós, Pardo Bazán y Clarín. En Hispanoamérica fueron influidos por el naturalismo los argentinos Cambaceres y J. Martel; el venezolano M. E. Pardo y otros.

naturalista s.m. y f. Persona que se dedica al estudio de los minerales, animales o plantas. ◆ adj. y s.m. y f. Relativo al naturalismo; adscrito al naturalismo.

naturalización s.f. Acción de naturalizar. **2.** Acto soberano y discrecional del poder público por el que una persona adquiere la cualidad de nacional en el estado que representa dicho poder. **3.** Adquisición de una nacionalidad distinta de la originaria. **4.** Aclimatación duradera de una especie animal o vegetal en un ambiente que no es el suyo. **5.** En taxidermia, preparación de una planta o animal para conservar su forma y su apariencia.

naturalizado, a s. y adj. Persona que ha obtenido su naturalización.

naturalizar v.tr. Conceder la naturalización a un extranjero. **2.** Conservar plantas o animales por naturalización. ◆ v.tr. y prnl. Introducir y emplear en un país usos y costumbres de otros. **2.** Aclimatar definitivamente. ◆ **naturalizarse** v.prnl. Adquirir los derechos de los naturales de un país.

naturismo s.m. Doctrina que preconiza una vuelta a la vida en contacto con la naturaleza. **2.** Doctrina higiénica y deportiva que aplica esta tendencia. **3.** Nudismo.

naturista adj. y s.m. y f. Relativo al naturismo; que practica el naturismo. SIN.: *fisiatra.* **2.** Nudista.

naturopatía s.f. Técnica curativa de las enfermedades basada en el empleo de medios naturales.

naufragar v.intr. (lat. *naufragare*). Hundirse o destruirse una embarcación en el agua. **2.** *Fig.* Fracasar un intento o asunto: *naufragar un negocio.*

naufragio s.m. (lat. *naufragium*). Acción de naufragar. **2.** *Fig.* Desastre, ruina material o moral.

náufrago, a adj. y s. (lat. *naufragus,* de *navis,* barco, y *frangere,* romper). Que ha naufragado.

naumaquia s.f. (del gr. *naos,* barco, y *mákhesthai,* pelear). En la Roma antigua, espectáculo que consistía en un combate naval. **2.** Estanque en el que se desarrollaba este espectáculo.

naupatía s.f. MED. Mareo.

nauplius s.m. Fase larvaria primitiva de muchos crustáceos.

náusea s.f. (lat. *nausea,* mareo). Estado patológico caracterizado por una sensación penosa, localizada en el epigastrio y mediastino, que provoca ganas de vomitar. **2.** *Fig.* Repugnancia física o moral que causa una cosa.

nauseabundo, a adj. Que produce náuseas: *un olor nauseabundo.* **2.** Propenso al vómito.

nauta s.m. (lat. *nauta*). Marino, marinero, navegante.

náutica s.f. Ciencia que trata los aspectos relacionados con la navegación; conjunto de las técnicas de navegación.

náutico, a adj. Relativo a la navegación. ◇ **Deportes náuticos** DEP. Denominación utilizada para designar tanto los deportes directamente ligados a la navegación (vela, remo, etc.) como los que tienen como característica común el medio en que se practican, es decir, agua dulce o mar (pesca, submarinismo, etc.).

nautilo s.m. (gr. *nautílos,* marinero). Molusco cefalópodo de los mares cálidos, de concha espiral, de unos 25 cm de diámetro, con el interior dividido por tabiques, que existe desde la era primaria.

nauyaca s.f. Méx. Serpiente grande y venenosa que tiene muy hendido el labio superior, lo que le da el aspecto de tener cuatro fosas nasales.

nava s.f. (voz de origen prerromano). Tierra baja y húmeda, a veces pantanosa.

navaja s.f. (lat. *novacula*). Cuchillo cuya hoja se puede doblar para que el filo quede oculto entre las dos cachas que forman el mango. **2.** *Fig.* Aguijón cortante de algunos insectos. **3.** *Fig.* y *fam.* Lengua de las personas que difaman y murmuran. **4.** En la riña de gallos, cuchilla puntiaguda y ligeramente arqueada, que se adapta a la pata izquierda del gallo de pelea. **5.** Molusco lamelibranquio de cuerpo alargado, encerrado en dos largas valvas con los extremos abiertos. (Familia soléнidos.) <> **Navaja de afeitar,** o **barbera** Cuchillo plegable de acero, de filo agudísimo, que se emplea para rasurar la barba.

navajada s.f. Golpe dado con una navaja. **2.** Herida producida con una navaja.

navajazo s.m. Navajada.

navajero, a s. Persona que utiliza la navaja para herir o atracar. **2.** Persona que tiene por oficio hacer o vender navajas. ◆ s.m. Estuche para guardar las navajas de afeitar; paño para limpiarlas. **2.** Taza con el borde de caucho para el mismo fin. ◆ adj. Relativo a los navajeros: *lenguaje navajero.* **2.** Colomb. *Fig.* Se dice de la persona muy hábil en alguna cosa.

navajo, pueblo amerindio de América del Norte, de la familia lingüística atapasco, act. en reservas en Texas, Oklahoma, Nuevo México y Arizona.

naval adj. Relativo a la navegación. **2.** Relativo a la marina de guerra. <> **Agregado naval** Oficial de marina que atiende en una embajada los asuntos de su competencia.

navarca s.m. ANT. GR. Comandante de una flota o de un buque de guerra.

navarra s.f. TAUROM. Lance de capa de frente, en el que el diestro, al cargar la suerte, gira en dirección contraria a la que trae el toro.

navarrería s.f. En la baja edad media, en las ciudades del reino de Navarra, barrio habitado por el núcleo indígena primitivo de los navarros, que quedaba separado de los habitados por la población de origen franco: *la navarrería de Estella.*

navarro, a adj. y s. De Navarra.

navarroaragonés s.m. Conjunto de dialectos hablados en los reinos de Navarra y Aragón, con caracteres casi uniformes.

navazo s.m. Huerto en forma de hoyo grande en los arenales inmediatos a las playas, que se cerca con la misma arena extraída.

nave s.f. (lat. *navis*). Embarcación grande de vela o motor, especialmente la que tiene cubierta. **2.** Vehículo aéreo grande, como un avión, un helicóptero, lanzadera, etc. **3.** Espacios que se extienden entre los muros o las filas de columnas a lo largo de los templos, fábricas, almacenes, etc. **4.** Colomb. Hoja de puerta o ventana. <> **Nave de san Pedro** *Fig.* Iglesia católica. **Quemar las naves** Tomar una determinación extrema e irrevocable.

navegabilidad s.f. Cualidad de navegable. **2.** Aptitud de una embarcación o de un avión para navegar en condiciones de seguridad.

navegable adj. Se dice del lugar por donde se puede navegar: *el tramo navegable de un río.*

navegación s.f. Acción de conducir de un lugar a otro un vehículo marítimo, aéreo o espacial. **2.** Técnica de navegación de un vehículo marítimo, aéreo o espacial y de determinar su posición en cualquier instante.

navegación

La navegación, que en un principio se practicaba mediante la observación de referencias conocidas o identificadas en un mapa (*navegación visual*), utiliza en la actualidad redes de balizas radioeléctricas situadas en el suelo o en satélites. Las técnicas de *navegación astronómica*, basadas en la medición de la altura de los astros, se han sustituido, en aviones y barcos, por la *navegación inercial*, que confía el rumbo a un sistema giroscópico autónomo.

navegador s.m. INFORMÁT. Software cliente para la presentación de páginas Web en formato HTML, que permite la activación de vínculos hipertextuales para ir de sitio en sitio.

navegante adj. y s.m. y f. Que navega.

navegar v.intr. (lat. *navigare*). Viajar alguien sobre el agua, por el aire o por la atmósfera. **2.** Moverse una nave, un globo, etc., por el agua, el aire o la atmósfera. **3.** *Fig.* Ir de un sitio a otro, errar. **4.** *Fig.* No entender mucho de un asunto: *navegar en cuestiones filosóficas.* **5.** INFORMÁT. Pasar de una información a otra dentro de un documento de hipertexto o hipermedia, de un sitio a otro de Internet o en una red intranet.

naveta s.f. (cat. *naveta,* barquichuelo, naveta de incienso). Gaveta de los escritorios. **2.** Construcción megalítica balear en forma de nave invertida, alargada, con una entrada pequeña y una cámara interior que está cubierta con una falsa bóveda sostenida por pilares. **3.** LITURG. Recipiente pequeño que contiene el incienso destinado a ser quemado durante los oficios litúrgicos.

navicert s.m. Certificado librado en tiempo de guerra por las autoridades consulares de una nación beligerante, en el que consta que un buque y su carga han sido inspeccionados y que le ha sido concedida autorización para continuar el viaje hacia un puerto neutral.

navicular adj. ANAT. Que tiene forma de nave pequeña. <> **Hueso navicular** Escafoides.

navidad s.f. (del lat. *nativitas, -atis,* nacimiento). Nacimiento de Jesús. (Suele escribirse con mayúscula.) **2.** Día en que se celebra. (Suele escribirse con mayúscula.) **3.** Tiempo que transcurre desde dicho día hasta la Epifanía. **4.** *Fig.* Año: *tener muchas navidades.* (Suele usarse en plural.) <> **Árbol de Navidad** Abeto que se adorna e ilumina en ocasión de la fiesta de Navidad.

navideño, a adj. Relativo a la Navidad o al período de tiempo en que se celebra. **2.** Se dice de algunas frutas, como melones, uvas, etc., que se pueden conservar hasta Navidad.

naviero, a adj. Relativo a una nave o a la navegación. ◆ s. Persona encargada de avituallar o representar un buque en el puerto en que se halle. (El encargado puede ser el propietario del buque, un gestor de este o un comerciante que lo explota en virtud de un contrato.)

naviesfera s.f. Instrumento en forma de esfera que representa la bóveda celeste y en el cual el navegante puede averiguar el nombre de la estrella cuya altura ha medido con el sextante.

navío s.m. (lat. *navigium*). Embarcación de grandes dimensiones. **2.** Denominación con que se conoció, a partir del s. XVI, a cualquier embarcación superior a las 500 t, y, en particular, a las de guerra.

naxalita adj. y s.m. y f. Relativo a un movimiento político indio, de inspiración marxista-leninista; partidario de este movimiento.

1. **náyade** s.f. (lat. *naias, naiadis,* del gr. *naiás*). Divinidad femenina de la mitología griega, protectora de fuentes o ríos.

2. **náyade** s.f. Planta herbácea acuática, de flores pequeñas, verdes o rojizas. (Familia nayadáceas.) **2.** Larva acuática de los odonatos. **3.** Almeja de río.

nayarita adj. y s.m. y f. De Nayarit (México). SIN.: *nayaritense.*

nayuribe s.f. Planta de flores moradas en espiga, cuyas cenizas se emplean en tintorería para teñir de rojo. (Familia amarantáceas.)

nazareato s.m. Condición de nazareno. **2.** Voto por el que algunos israelitas se consagraban a Dios, obligándose a determinadas abstinencias. **3.** Tiempo durante el cual se cumple el compromiso del voto.

nazarenas s.f.pl. R. de la Plata. Espuelas grandes usadas por los gauchos.

nazareno, a adj. y s. De Nazaret. **2.** Entre los hebreos, se dice del que se consagraba mediante nazareato. **3.** Cristiano. ◆ adj. Se dice de la imagen de Jesús vestido con una túnica morada. ◆ s.m. Nombre dado a los primeros cristianos. **2.** Miembro de una secta cristiana de Jerusalén que unía la ley mosaica a la doctrina evangélica. **3.** Hombre vestido con túnica, generalmente morada, y capirote, que forma parte de las procesiones de semana santa. **4.** Árbol de América, de gran tamaño, de cuya madera, susceptible de pulimento, se obtiene un tinte amarillo muy duradero. (Familia cesalpiniáceas.) ◇ **El Nazareno** Jesucristo. **Escuela nazarena** Grupo de pintores alemanes del s. XIX.

nazarí adj. y s.m. y f. De la dinastía Nazarí.

nazi adj. y s.m. y f. Nacionalsocialista.

nazismo o **nacismo** s.m. Nacionalsocialismo.

NB, abrev. de *nota bene.*

NE, abrev. de *noreste.*

neántropo, a adj. y s.m. Se dice de una forma de antropoide relacionado con la especie *Homo sapiens,* que comprende en particular las razas fósiles de Cro-Magnon, Chancelade y Grimaldi, así como el hombre actual.

nebladura s.f. Neblina muy perjudicial para los sembrados porque favorece el desarrollo de royas. **2.** Daño causado por la niebla a los sembrados.

neblí o **nebí** s.m. Halcón común.

neblina s.f. Niebla espesa y baja. **2.** Niebla ligera. **3.** Atmósfera cargada por la acumulación de humos o gases.

neblinear v.impers. Chile. Lloviznar.

neblinoso, a adj. Que tiene neblina.

nebreda s.f. Enebral.

nebrina s.f. Fruto del enebro.

nebular adj. Relativo a las nebulosas: *hipótesis nebular.*

nebulizador s.m. Pulverizador.

nebulizar v.tr. Proyectar un líquido en gotas muy pequeñas con ayuda de un nebulizador.

nebulón s.m. (lat. *nebulon, -onis*). Hombre astuto e hipócrita.

nebulosa s.f. ASTRON. Nube de gas y polvo interestelares.

nebulosa

Las *nebulosas difusas* están formadas, sobre todo, por hidrógeno neutro por lo que reciben el nombre de *regiones H I.* Se manifiestan básicamente por una emisión intensa de radiación radioeléctrica de 21 cm de longitud de onda. En la cercanía de las estrellas de alta temperatura, fuentes poderosas de radiación ultravioleta, la excitación del gas interestelar genera las *nebulosas brillantes,* constituidas sobre todo por hidrógeno ionizado, de ahí llamadas *regiones H II.* La formación de nuevas estrellas, que se produce durante centenares de años luz, tiene lugar en el seno de nebulosas complejas y densas, llamadas *nubes moleculares* ya que contienen numerosas moléculas (y no solo átomos o iones). Por el contrario, algunas nebulosas se asocian con el estadio final de la evolución estelar: es el caso de las *nebulosas planetarias* (así llamadas debido a que su aspecto, cuando se las observa con instrumentos pequeños, recuerda el de los planetas), envolturas gaseosas esféricas expulsadas por estrellas que se han vuelto inestables y se diluyen progresivamente en el espacio, y el de los *restos de supernovas,* envolturas expulsadas en el momento de producirse la explosión cataclísmica de estrellas masivas. Por último, las *nebulosas oscuras* están compuestas básicamente por polvo, que absorbe la luz de los astros situados detrás, y destacan como sombras chinescas sobre el fondo estrellado del cielo.

nebulosidad s.f. Cualidad de nebuloso. **2.** Sombra u oscuridad tenue.

nebuloso, a adj. Oscurecido por la niebla o por las nubes. **2.** Turbio, que no tiene transparencia. **3.** *Fig.* Poco claro, oscuro o confuso.

necear v.intr. Decir o hacer necedades. **2.** Discutir necia y obstinadamente una cosa.

necedad s.f. Cualidad de necio. **2.** Dicho o hecho propios de la persona necia.

necesario, a adj. (lat. *necessarius*). Que no puede dejar de ser o suceder. **2.** Imprescindible, que hace falta para un fin.

neceser s.m. (fr. *nécessaire,* necesario, neceser). Bolsa, estuche o maletín con los utensilios de aseo personal, costura, etc.

necesidad s.f. (lat. *necessitas, -atis,* fatalidad, necesidad). Cualidad de necesario. **2.** Falta de las cosas necesarias para vivir: *trabajar por necesidad.* **3.** Situación de alguien que precisa de auxilio o ayuda: *ayudar a alguien en una necesidad.* **4.** Hambre muy intensa: *caerse de necesidad.* **5.** Evacuación de orina o excrementos: *hacer sus necesidades.* (Suele usarse en plural.) ◇ **De necesidad** Irremediable: *puñalada mortal de necesidad.*

necesitado, a adj. y s. Pobre, que carece de lo necesario para vivir.

necesitar v.tr. e intr. Tener necesidad de alguien o de algo.

necio, a adj. y s. (lat. *nescius*). Ignorante, tonto o presumido. ◆ adj. Que es propio de la persona necia.

neck s.m. (voz inglesa). Conglomerado de rocas duras que corresponde a una chimenea volcánica, puesto de relieve por la erosión.

nécora s.f. Cangrejo de mar, de cuerpo liso, muy convexo y elíptico, cuya carne es comestible y muy apreciada. (Familia portúnidos.)

necrobiosis s.f. Proceso de necrosis localizada que se fragua lentamente en el espesor de un tejido, rodeado de estructuras que mantienen su actividad vital.

necrófago, a adj. Se dice del animal que se nutre de cadáveres.

necrofilia s.f. Atracción por la muerte. **2.** Conducta sexual de la persona que tiene relaciones sexuales con cadáveres, que es considerada como una perversión o desviación.

necrófilo, a adj. y s. Relativo a la necrofilia; que practica la necrofilia.

necróforo, a adj. y s.m. Se dice del insecto coleóptero que entierra cadáveres de animales, en los que deposita sus huevos.

necrología s.f. Biografía de una persona muerta recientemente. **2.** Noticia sobre la muerte de una persona, especialmente la que aparece en una sección fija de un periódico.

necrológico, a adj. Relativo a la necrología: *columna necrológica; noticia necrológica.*

necrologio s.m. Lista o registro de los nombres de los muertos, con la fecha de su fallecimiento.

necromancia o **necromancía** s.f. Nigromancia.

necrópolis s.f. Cementerio grande adornado con monumentos funerarios. **2.** Grupo de sepulturas prehistóricas o de la antigüedad de mayor o menor carácter monumental, alineadas como las casas o los edificios de una ciudad.

necropsia s.f. Autopsia, examen de un cadáver. SIN.: *necroscopia.*

necrosar v.tr. y prnl. Producir la necrosis de una célula, un tejido o un órgano.

necrosis s.f. (del gr. *nekrós,* muerto). PATOL. Muerte de una célula, un tejido o un órgano, en el interior de un organismo vivo.

necrótico, a adj. Relativo a la necrosis.

néctar s.m. (lat. *nectar, -aris,* del gr. *néktar*). Jugo azucarado que segregan ciertos órganos florales. **2.** Bebida agradable al paladar. **3.** En la mitología griega, bebida de los dioses que confería la inmortalidad a quienes la tomaban.

nectarífero, a adj. BOT. Que segrega néctar.

nectarina s.f. Variedad de melocotón, de piel lisa y pulpa no adherida al hueso.

nectario s.m. BOT. Órgano glandular productor del néctar, situado habitualmente en el interior de una flor. (Puede tratarse de una glándula especializada situada en la flor o de una diferenciación de algunos pétalos o de algunas hojas.)

necton s.m. Conjunto de animales marinos que nadan de forma activa (por oposición a *plancton*).

neerlandés, sa adj. y s. De los Países Bajos. ◆ s.m. Lengua germánica hablada en los Países Bajos y en el norte de Bélgica.

nefandario, a adj. Se dice de la persona que comete pecado nefando. SIN.: *sodomita.*

nefando, a adj. (lat. *nefandus*). Abominable, que repugna u horroriza moralmente. ◇ **Pecado nefando** Sodomía.

nefario, a adj. (lat. *nefarius*, de *nefas*, cosa ilícita). Malvado, detestable.

nefasto, a adj. (lat. *nefastus*). Que causa desgracia o va acompañado de ella: *época nefasta.* **2.** Muy malo, perjudicial: *influencias nefastas.* ◇ **Día nefasto** ANT. ROM. Día en el que estaba prohibido por la religión dedicarse a los asuntos públicos.

nefelina s.f. Silicato alumínico sódico hexagonal. (Se presenta en forma de cristales, incluidos o insertos, de apariencia holoédrica.)

nefelínico, a adj. Que contiene nefelina: *sienita nefelínica.*

nefelio s.m. Pequeña opacidad blanca que se forma en la córnea.

nefelismo s.m. (del gr. *nephéli,* nube). Conjunto de caracteres —forma, clase, altura, coloración, dirección y velocidad de sus movimientos— con que se presentan las nubes.

nefelometría s.f. Método de medida de la concentración de una emulsión, mediante la comparación de su transparencia con la de una preparación patrón.

neflalgia s.f. Dolor de origen renal.

nefrectomía s.f. CIR. Extirpación de un riñón.

nefrectomizar v.tr. Realizar una nefrectomía.

nefridio s.m. Órgano excretor de los invertebrados que realiza funciones semejantes a las de los riñones.

nefrita s.f. Anfíbol del grupo de la actinota, que contiene jade.

nefrítico, a adj. Relativo al riñón: *cólico nefrítico.* ◆ adj. y s. Relativo a la nefritis; que padece esta enfermedad.

nefritis s.f. (lat. tardío *nephritis,* del gr. *nephritis*). Enfermedad renal inflamatoria.

nefrología s.f. Parte de la medicina que estudia los riñones, su fisiología y sus enfermedades.

nefrológico, a adj. Relativo a la nefrología.

nefrólogo, a s. Médico especialista en nefrología.

nefrón s.m. Unidad de secreción elemental del riñón.

nefropatía s.f. Enfermedad del riñón.

nefropexia s.f. Intervención quirúrgica para fijar el riñón a la pared abdominal posterior, en caso de ptosis o descenso de dicho órgano.

nefrosclerosis s.f. Estado terminal de un proceso renal crónico que ha abocado en la destrucción de gran parte del tejido específico del parénquima renal.

nefrosis s.f. Proceso degenerativo del riñón.

nefrostomía s.f. Abertura quirúrgica del riñón o de la pelvis renal.

nefrostomizar v.tr. Realizar una nefrostomía.

negación s.f. Acción de negar. **2.** Rechazo o respuesta negativa a lo que alguien pide o pretende. **3.** GRAM. Palabra o expresión que sirven para negar; oración negativa. **4.** LÓG. Paso de un juicio a su opuesto contradictorio, es decir de la verdad a la falsedad o de la falsedad a la verdad. **5.** PSICOANÁL. Mecanismo de defensa del yo, consistente en un rechazo de la aceptación de la realidad de una percepción traumatizante. ◇ **Negación de una proposición p** LÓG. Proposición que resulta al añadir el conector ¬ a la proposición *p* («¬ *p*» se lee «no *p*»), que es verdadera si y solo si *p* es falsa y falsa si y solo si *p* es verdadera. **Principio de la doble negación** LÓG. Ley según la cual, si es falso que A sea falso, entonces A es verdadero. **Ser la negación de algo** Estar en completa contradicción con algo: *ser la negación de la inteligencia.*

negado, a adj. y s. Incapaz o inepto: *ser negado para el estudio.*

negar v.tr. (lat. *negare*) [conj.: *regar*]. Decir que algo no existe o no es verdad: *negó su participación en el atentado.* **2.** Responder negativamente a una pregunta: *negó con la cabeza.* **3.** No reconocer un parentesco, amistad o cualquier relación: *negar a su propio hijo.* **4.** Ocultar o disimular algo: *siempre he negado mi nombre.* **5.** Denegar, no conceder lo que se pide: *le negó su ayuda.* ◆ **negarse** v.prnl. Decir que no se quiere hacer cierta cosa: *negarse a colaborar.* ◇ **Negarse alguien a sí mismo** Renunciar a sus deseos y pasiones.

negativa s.f. Acción de negar o negarse, especialmente de no conceder lo que se pide: *no aceptar la negativa de alguien.* **2.** Palabra, expresión o gesto con que se niega.

negatividad s.f. Cualidad de negativo. **2.** ELECTR. Estado de un cuerpo electrizado negativamente.

negativo, a adj. Que expresa, implica o contiene una negación. **2.** Que no tiene indicios de enfermedad o de algo malo: *diagnóstico negativo.* **3.** DER. Se dice del reo que no confiesa el delito del que se le acusa o del testigo que niega lo que se le pregunta. **4.** GRAM. Se dice de la palabra o expresión que sirven para negar: *locución negativa.* ◆ s.m. FOT. Imagen que se forma al revelar un cliché fotográfico y cuyos tonos claros y oscuros se hallan invertidos. ◇ **Electricidad negativa** Una de las dos formas de electricidad estática. **Magnitud negativa** MAT. Magnitud de signo opuesto al de una magnitud positiva de la misma naturaleza. **Número negativo** MAT. Número obtenido colocando el signo – delante del número positivo del mismo valor absoluto.

negatón s.m. FÍS. Electrón de carga negativa.

negatónico, a adj. Relativo al negatón.

negatoscopio s.m. Pantalla luminosa utilizada para examinar por transparencia los negativos radiográficos y otros clichés.

negligé adj. (fr. *négligé*). Descuidado, desaliñado, aunque no exento de cierta elegancia: *un peinado negligé.* ◆ s.m. Prenda de vestir femenina usada para estar por casa.

negligencia s.f. Falta de diligencia y cuidado en la realización de algo. **2.** DER. PEN. Delito o falta consistente en omitir, de forma no intencionada, la realización de un acto que debía realizarse.

negligente adj. y s.m. y f. (lat. *negligens, -ntis,* de *negligere,* descuidar). Que muestra negligencia o incurre en ella.

negociabilidad s.f. Cualidad de un título representativo de un derecho o un crédito, que permite su transmisión a un tercero por un procedimiento mercantil.

negociable adj. Que se puede negociar. **2.** ECON. Susceptible de ser comprado o vendido.

negociación s.f. Acción de negociar. **2.** Discusión de las cláusulas de un posible contrato: *la negociación de un convenio.* **3.** DER. MERC. Transmisión de efectos mercantiles.

negociado s.m. Amér. Merid. Negocio de importancia, ilícito y escandaloso. **2.** Esp. Conjunto de oficinas o departamentos de la administración que tiene a su cargo un servicio determinado o una rama de este: *el negociado de asuntos extranjeros.*

negociador, ra adj. y s. Que negocia: *espíritu negociador.* **2.** DER. INTERN. Se dice del ministro o agente diplomático que gestiona asuntos importantes.

negociante adj. y s.m. y f. Que se dedica a los negocios. **2.** Se dice de la persona que ejerce una profesión con un afán excesivo de dinero.

negociar v.intr. (lat. *negotiari*). Dedicarse a los negocios o a cierto negocio. ◆ v.tr. e intr. Hacer alguna operación con un valor bancario o de bolsa. **2.** Hablar una persona con otras para resolver algo o gestionarlo. **3.** Tratar asuntos, especialmente de carácter público: *negociar un tratado de alianza o de comercio.* **4.** DER. MERC. Ajustar el traspaso o descuento de un efecto comercial. ◆ v.tr. Entregar un efecto de comercio a un banco, para que avance su pago antes de la fecha de su vencimiento.

negocio s.m. (lat. *negotium,* ocupación, quehacer). Transacción comercial que comporta una utilidad o una pérdida. **2.** Operación comercial ventajosa: *hacer un buen negocio.* **3.** Provecho o ganancia que se obtiene en lo que se trata o comercia. **4.** Ocupación, empleo o trabajo. **5.** Establecimiento comercial o industrial: *tiene un negocio de lencería.*

negocioso, a adj. Diligente, activo y cuidadoso en sus asuntos.

negra s.f. MÚS. Figura que dura el doble que una corchea y la mitad que una blanca.

negrada s.f. Cuba. Conjunto de esclavos negros de una finca o plantación.

negrear v.intr. Estar, ponerse o tirar a negro: *empezar a negrear la noche.*

negrecer v.intr. y prnl. [conj.: *parecer*]. Ponerse negro.

negrería s.f. Lugar donde se encerraba a los esclavos negros con los que se comerciaba. **2.** Lugar donde se hacía trabajar a los esclavos negros. ◇ **Países de negrería** Zonas costeras de África donde los negreros compraban esclavos negros.

negrero, a adj. y s. Se dice de la persona que se dedicaba a la trata de esclavos negros. **2.** *Fig.* Se dice de la persona que explota a sus subordinados.

negrilla s.f. Esp. Enfermedad causada por hongos que ataca a plantas como la vid, el olivo y el sauce.

negrillo, a adj. y s.f. Se dice de la letra de imprenta del mismo tamaño que la redonda, pero de trazo más grueso. SIN.: *negrito.* **2.** Amér. Merid. Se dice de la mena de plata cuprífera o mineral de hierro, cuyo color es muy oscuro.

negritos, conjunto de pueblos del archipiélago malayo (aeta, semang y andamán) que se caracterizan por ser de estatura baja.

negrita s.f. Letra negrilla.

negrito s.m. Cuba. Ave paseriforme, de plumaje negro con el dorso castaño, en los machos, y pardo grisáceo con el dorso rojizo, en las hembras. (Familia tiránidos.)

negritud s.f. Conjunto de los valores culturales y espirituales de los negros; conciencia de pertenencia a esa cultura.

negrizal s.m. Superficie del terreno accidentada por una colada de lava o por escorias volcánicas.

negro, a adj. y s.m. (lat. *niger, -gra, -grum*). Se dice del color de tonalidad más oscura, debido a la ausencia o a la absorción total de los rayos luminosos, como el del carbón. ◆ adj. Que es de este color: *sombrero negro.* **2.** Se dice de algo que tiene una tonalidad más oscura que la corriente en su especie: *pan negro.* **3.** Oscurecido, privado de luz: *ponerse negro el cielo; noche negra.* **4.** *Fig.* Triste, desgraciado: *mi negra suerte.* **5.** Se dice de la raza que se caracteriza por el color oscuro de la piel, el pelo rizado y los labios gruesos, y es originaria de algunas zonas de África y Oceanía. **6.** Relativo a las personas de raza negra o a su cultura: *música negra.* ◆ adj. y s. Se dice de la persona de raza negra. ◆ s. Persona que trabaja anónimamente para lucimiento y provecho de otro. ◆ s.m. Pigmento colorante de color negro. ◇ **Cine negro** CIN. Género cinematográfico, especialmente norteamericano, caracterizado por su temática criminal, por la ambigüedad moral y la ausencia de personajes éticamente positivos y por la utilización de ambientes sórdidos, de la violencia y del erotismo. **Cuerpo negro** FÍS. Cuerpo que absorbe íntegramente todas las radiaciones recibidas en su superficie. **En negro** Fuera de las regulaciones legales. **Estar negro** Esp. *Fig.* y *fam.* Estar muy irritado o enojado. **Misa negra** Parodia de la misa católica, propia del culto satánico. **Negro animal** Pigmento negro obtenido por calcinación de restos animales (huesos, cuernos). **Negro de anilina** Colorante negro violáceo obtenido por oxidación de la anilina. **Negro de carbono,** o **de gas** Hollín obtenido por la combustión incompleta del gas natural, utilizado como pigmento negro y como agente de relleno y de refuerzo en el caucho o hule. **Negro de humo** Hollín obtenido por combustión incompleta del benceno, utilizado como pigmento negro en tintas y pinturas. **Negro de la uña** Parte extrema de la uña cuando está sucia; *Fig.* cantidad mínima de cualquier cosa. **Negro espiritual** Canto religioso de los negros estadounidenses, de inspiración cristiana, en lengua angloamericana. **Negro marfil** Pigmento negro que se obtiene por calcinación de huesos muy duros y que es utilizado para la preparación de pintura de gran calidad. **Novela negra** Género de novela aparecido en Gran Bretaña a fines del s. XVIII, con una temática basada en las aventuras fantásticas y de terror; novela moderna, especialmente policíaca, que combina escenas de violencia con la pintura realista de una sociedad sórdida. **Trabajar como un negro** Trabajar mucho, sin descanso.

negroafricano, a adj. y s. Relativo a los negros de África: *lenguas negroafricanas.*

negroamericano, a adj. y s. Relativo a los negros africanos transportados como esclavos a América a partir del s. XVI, y a sus descendientes.

negroide adj. y s.m. y f. Que presenta caracteres propios de la raza negra.

negrón s.m. Pato de las regiones boreales, de plumaje muy oscuro, que se alimenta de moluscos. (Familia anátidos.)

negrura s.f. Cualidad de negro. SIN.: *negror.*

negruzco, a adj. Que tiene un tono negro: *color negruzco.*

neguilla s.f. (del lat. *nigella,* dim. f. de *niger,* negro). Planta herbácea tóxica, de flores azuladas, que crece en las zonas donde se cultivan cereales, en particular el trigo. (Familia ranunculáceas.) **2.** Planta de flores purpúreas que crece en los campos de cereales y cuyas semillas son tóxicas. (Familia cariofiláceas.)

negundo s.m. Árbol o arbusto originarios de América del Norte, de hojas imparipinnadas y flores unisexuadas. (Su madera, dura, de grano fino y compacto, se emplea en marquetería; familia aceráceas.)

neis s.m. → **gneis.**

néisico, a adj. → **gnéisico.**

neja s.f. Méx. Tortilla de maíz que adquiere un color ceniciento por tener demasiada cal.

nelumbo o **nelumbio** s.m. Planta acuática parecida al nenúfar, una de cuyas especies era el loto sagrado de los hindúes. (Familia ninfeáceas.)

nema s.f. (lat. *nema, -atis,* hilo de una trama, del gr. *nima*). Cierre de una carta.

nematelminto, a adj. y s.m. Relativo a una clase de gusanos cilíndricos, sin anillas, provistos de tubo digestivo.

nemático, a adj. Se dice del estado mesomorfo, más cercano al estado líquido que al cristalino, en que las moléculas, muy alargadas, se desplazan paralelamente las unas a las otras.

nematocisto o **nematocito** s.m. Órgano urticante de los cnidarios.

nematodo, a adj. y s.m. Relativo a una clase de gusanos que habitan en el suelo o como parásitos del ser humano y de los mamíferos, y que constituye la clase principal de los nematelmintos.

neme s.m. Colomb. Betún o asfalto.

nemeo, a adj. y s. De Nemea. ◇ **Juegos nemeos** ANT. GR. Juegos celebrados cada dos años en Nemea, en honor de Zeus.

nemertino, a adj. y s.m. Relativo a una clase de gusanos planos, marinos, con tubo digestivo completo, con boca y ano, que son, en su mayoría, unisexuales y viven entre las algas o sumergidos en el fango.

nemoroso, a adj. (lat. *nemorosus,* de *nemus, -oris,* bosque). *Poét.* Del bosque. **2.** *Poét.* Cubierto de bosques.

nemotecnia s.f. → **mnemotecnia.**

nemotécnico, a adj. → **mnemotécnico.**

nene, a s. Esp. y Méx. Niño pequeño.

neneque s.m. Hond. Persona débil incapaz de valerse por sí misma.

nenúfar s.m. (ár. *nainûfar*). Planta acuática que se cultiva en los estanques de agua por sus grandes hojas flotantes y sus flores de pétalos blancos, amarillos o rojos. (Familia ninfeáceas.) **2.** Flor de esta planta. SIN.: *ninfea.*

neoblasto s.m. BIOL. Célula indiferenciada que, en los anélidos, permite la reconstrucción de los tejidos amputados.

neocaledonio, a adj. y s. De Nueva Caledonia.

neocapitalismo s.m. Forma contemporánea del capitalismo caracterizada principalmente por el predominio de las grandes empresas y de las sociedades anónimas, y por la aparición de una clase dirigente que no se apoya en la propiedad del capital.

neocapitalista adj. y s.m. y f. Relativo al neocapitalismo; partidario del neocapitalismo.

neocatolicismo s.m. En el s. XIX, integrismo. **2.** Tendencia político-religiosa que pretende introducir en el catolicismo ideas progresistas a partir de la tercera década del s. XX.

neocatólico, a adj. y s. Relativo al neocatolicismo; partidario de esta tendencia.

neocelandés, sa adj. y s. → **neozelandés.**

neoclasicismo s.m. Movimiento artístico y literario inspirado en la antigüedad clásica. **2.** Movimiento artístico que recurre a elementos propios del clasicismo, como claridad y equilibrio. (En el s. XIX, se aplica a veces a cierta vuelta al clasicismo en arquitectura, aunque reinterpretado.)

neoclasicismo

B. ART. El neoclasicismo se desarrolló en Europa aproximadamente entre 1760 y 1830, fruto de la transformación de las ideas políticas y morales estimulada por la Ilustración. La arquitectura neoclásica reproduce las formas generadas por los griegos y los romanos, con tendencia a la monumentalidad (É. L. Boullée, F. Sabatini). Los escultores de fines del siglo XVIII y comienzos del XIX crearon obras en la que prevalece una sencillez y una pureza de líneas que los aparta del gusto curvilíneo del Barroco (A. Canova, B. Thorvaldsen). En pintura, destacaron las decoraciones de los vasos de cerámica y los bajorrelieves basados en los modelos hallados en las excavaciones arqueológicas (J. L. David, A. R. Mengs).

LIT. El neoclasicismo literario, vigente durante el s. XVIII, estuvo dominado por los principios de orden, corrección, buen gusto, dominio de la emoción, etc. Aspiraba a deleitar e instruir al ser humano como ser social. Destacaron en el neoclasicismo español Jovellanos, Meléndez Valdés y los Moratín.

neoclásico, a adj. y s. Relativo al neoclasicismo; partidario de este movimiento. ◇ **Escuela neoclásica** Conjunto de economistas que introdujeron en la teoría clásica las aportaciones de las nuevas tendencias del pensamiento económico, principalmente la de los marginalistas.

neocolonialismo s.m. Política encaminada a restablecer, con un nuevo sistema de colonialismo, la dominación económica o política de los países subdesarrollados.

neocolonialista adj. y s.m. y f. Relativo al neocolonialismo; partidario del neocolonialismo.

neocon adj. y s.m. y f. (apócope). *Fam.* Neoconservador.

neoconservador, ra adj. y s. Relativo al neconservadurismo; partidadior de esta ideología.

neoconservadurismo s.m. Ideología política y económica surgida en los secores políticos más conservadores de EUA en la década de 1980, que propugna una mayor implicación e influencia del gobierno en la política exterior.

neodarvinismo o **neodarwinismo** s.m. Teoría de la evolución según la cual las mutaciones genéticas, aleatorias y portadoras de un valor selectivo favorable o desfavorable, se someten a la selección natural y determinan de esa manera la aparición de nuevas especies animales y vegetales.

neodimio s.m. Metal del grupo de las tierras raras. **2.** Elemento químico (Nd), de número atómico 60 y masa atómica 144,24.

neoescolástica s.f. Neotomismo.

neofascismo s.m. Tendencia política basada en los principios de la doctrina fascista y nacionalsocialista.

neófito, a s. (gr. *neóphytos,* de *néos,* nuevo, y *phýein,* llegar). En la Iglesia primitiva, cristiano recientemente bautizado. **2.** Persona recién bautizada o convertida a una religión. **3.** Persona recién admitida en el estado eclesiástico o en una orden religiosa. **4.** Persona recientemente adherida a una causa o institución. **5.** Novato en cualquier actividad.

neoformación s.f. Neoplasia.

neogeno adj. y s.m. GEOL. Se dice del segundo período de la era cenozoica, que se extiende desde hace 25 millones y se subdivide en mioceno y plioceno.

neogótico, a adj. y s.m. Se dice de un movimiento artístico que se manifestó especialmente en arquitectura, y que alcanzó su apogeo entre 1830 y 1875. (El neogótico tenía por objetivo la renovación del gótico.)

neogranadino, a adj. y s. De Nueva Granada.

neoguineano, a adj. y s. De Nueva Guinea.

neoimpresionismo s.m. Movimiento pictórico de finales del s. XIX, basado en el divisionismo (o puntillismo).

neoimpresionista adj. y s.m. y f. Relativo al neoimpresionismo; partidario de este movimiento.

neokantismo s.m. Movimiento filosófico surgido del kantismo en el último tercio del s. XIX, dominado por la búsqueda de una moral (escuela axiológica de Baden), de una teoría del conocimiento y de un método (escuela de Marburgo).

neolatino, a adj. Romance: *lenguas neolatinas.* ◆ adj. y s. Se dice de los escritores de la época posclásica que escribieron en latín, así como de sus obras.

neoliberalismo s.m. Forma moderna del liberalismo que permite una intervención limitada del estado.

neolítico, a adj. y s.m. (del gr. *néos,* nuevo, y *líthos,* piedra). Se dice de la fase del desarrollo técnico de las sociedades prehistóricas (piedra pulimentada, cerámica) que coincide con su acceso a la agricultura y ganadería.

neolítico

El neolítico, que debe su nombre a la pulimentación de la piedra, por oposición a la simple talla paleolítica, se caracterizó por el paso de una economía depredadora a una productiva y de intercambio. En Oriente medio se dio por primera vez (IX - VIII milenio) una agricultura cerealista, combinada con la actividad ganadera, lo que provocó la sedentarización que, en el terreno sociopolítico, se organizó mediante comunidades aldeanoclánicas (con un jefe y con diferenciación de funciones por sexos). Datan de este período el descubrimiento del arte textil y de la cerámica, la rueda, el calendario, el empleo de la fuerza de tracción animal, la fusión del cobre, la construcción de casas de silos y el navío de vela. El neolítico se extendió desde el VII milenio a partir de varios centros, entre los que destacan: el valle de Tehuacán (México), y especialmente el Próximo oriente (Jericó, Jarmo, Hassuna, etc.). No se desarrolló en Europa hasta el V milenio (excepto en la comunidad balcánica de Sesklo). Durante el neolítico medio se desarrollaron en Europa numerosas culturas, entre las que cabe mencionar las de Chassey (Francia), Almería (SE de España) y Roessen (Alemania). El neolítico final, el calcolítico y la temprana edad de bronce desarrollaron la cultura megalítica de los dólmenes, menhires, crómlechs, alineaciones, etc.

neológico, a adj. Relativo al neologismo.

neologismo s.m. (del gr. *néos,* nuevo, y *lógos,* lenguaje). Palabra, expresión o acepción de creación reciente que aparece o se adopta en una lengua.

neomalthusianismo s.m. Teoría que, como la de Malthus, insiste en la necesidad de limitar el número de nacimientos, pero que rechaza los medios morales preconizados por Malthus en favor de procedimientos anticonceptivos.

neomenia s.f. (del gr. *néos,* nuevo, y *míni,* luna). Día de la luna nueva, primer día del mes lunar, correspondiente a las calendas romanas, y considerado como día festivo en la antigua Grecia. **2.** Luna nueva o novilunio.

neomicina s.f. Antibiótico polivalente que se utiliza en aplicaciones locales (pomadas, soluciones, etc.).

neón s.m. (gr. *neon,* neutro de *neos,* nuevo). Gas noble presente en la atmósfera en pequeña proporción. **2.** Elemento químico (Ne), de número atómico 10 y masa atómica 20,179. (Se emplea para iluminación en tubos luminiscentes.)

neonatal adj. Relativo al recién nacido.

neonato, a adj. y s. Recién nacido; se dice de un lactante de menos de un mes.

neonatología s.f. Parte de la medicina que estudia principalmente los problemas del recién nacido durante el parto y los primeros días de vida.

neonazi adj. y s.m. y f. Relativo al neonazismo; partidario de esta tendencia.

neonazismo s.m. Tendencia política inspirada en el nacionalsocialismo.

neoplasia s.f. MED. Formación de un tejido nuevo, en particular de un tejido tumoral. SIN.: *neoformación, neoplasma.*

neoplasticismo s.m. Doctrina del arte abstracto según Pieter Mondrian, pintor neerlandés de la primera mitad del s. XX.

neoplatónico, a adj. y s. Relativo al neoplatonismo.

neoplatonismo s.m. Doctrina filosófica desarrollada en Alejandría (s. III), que constituye una síntesis del sistema platónico y de elementos místicos. (Plotino es su máximo representante.)

neopositivismo s.m. Empirismo lógico.

neopositivista adj. y s.m. y f. Relativo al neopositivismo; partidario del neopositivismo.

neopreno s.m. (marca registrada). Caucho sintético termoplástico.

neorrealismo s.m. Movimiento cinematográfico nacido en Italia después de la segunda guerra mundial, que se caracteriza por la descripción de la realidad cotidiana más humilde.

neorrealismo

Inaugurado por *Obsesión* (1943) de L. Visconti, el neorrealismo marca la voluntad de volver a la realidad humana y social de Italia que el cine fascista había disfrazado y ocultado. Ese movimiento innovador, que daba preferencia a los diálogos realistas, los decorados naturales y los actores no profesionales, se desarrolló con rapidez y vigor a partir de 1945, y agrupó personalidades muy diversas: R. Rossellini, V. de Sica, G. de Santis, A. Lattuada. La experiencia neorrealista perdió fuerza a principios de la década de 1950, pero sus enseñanzas fueron fundamentales para la evolución ulterior del cine europeo.

neorrealista adj. y s.m. y f. Relativo al neorrealismo; partidario del neorrealismo.

neorrománico, a adj. y s.m. Se dice del estilo arquitectónico surgido en Europa a mediados del s. XIX, paralelo al resurgimiento del neogótico, neobizantino, neomudéjar, etc.

neotenia s.f. BIOL. Persistencia de caracteres larvarios en la edad adulta que presentan algunos animales.

neotomismo s.m. Doctrina teológica que el papa León XIII (encíclica *Aeterni Patris,* 4 ag. 1879) recomendó como punto de partida para llevar a cabo la renovación intelectual de la Iglesia católica. (Sus principales representantes fueron el cardenal Mercier, J. Maritain y E. Gilson.) SIN.: *neoescolástica.*

neovitalismo s.m. Forma moderna del vitalismo, representada por H. Driesch.

neoyorquino, a adj. y s. De Nueva York.

neozelandés, sa o **neocelandés, sa** adj. y s. De Nueva Zelanda.

neozoico, a adj. y s.m. GEOL. Se dice de la era geológica que se extiende desde hace unos 2 millones de años hasta la actualidad. ◆ adj. Relativo a esta era.

nepalés, sa adj. y s. De Nepal. ◆ s.m. Lengua indoirania hablada en Nepal. SIN.: *nepalí.*

nepalí adj. y s.m. y f. Nepalés.

nepente s.m. Planta carnívora de Asia tropical, Oceanía y Madagascar, cuyas hojas acaban en una pequeña urna membranosa donde caen las presas. (Familia nepentáceas.) **2.** *Fig.* Bebida mágica que se usaba contra la tristeza. **3.** MIT. GR. Bebida que los dioses usaban para curarse y que además producía olvido.

nepote s.m. (bajo lat. eclesiástico *nepos, -otis*). Pariente y protegido del papa.

nepotismo s.m. Política adoptada por algunos papas que consistía en favorecer a sus parientes. **2.** Abuso de poder o reparto de cargos en favor de parientes y amigos.

neptunio s.m. Metal transuránico radiactivo. **2.** Elemento químico (Np), de número atómico 93 y masa atómica 237,048.

neptunismo s.m. GEOL. Teoría que atribuía un origen marino a la formación de todas las rocas de la corteza terrestre (por oposición a *plutonismo*).

nerítico, a adj. Se dice de la zona marítima situada sobre la plataforma continental, del organismo acuático animal o vegetal que vive en ella y de la formación que se deposita en ella.

neroli s.m. Aceite volátil extraído de la flor del naranjo.

nerón s.m. (de *Nerón,* emperador romano). Hombre muy cruel.

nervado, a adj. Provisto de nervios. **2.** HERÁLD. Se dice de la planta cuyas fibras son de esmalte diferente.

nervadura s.f. (ital. *nervatura*). Conjunto de nervios de una hoja o de un ala de insecto. **2.** Línea saliente en una superficie. **3.** Nervura. **4.** ARQ. Moldura, especialmente en el intradós de las bóvedas góticas. **5.** TECNOL. Refuerzo en forma de saliente de una pieza mecánica para aumentar su resistencia.

nerval adj. Relativo a los nervios.

nerviación s.f. BOT. Conjunto y disposición de los nervios de una hoja, generalmente ramificado y saliente, por donde circula la savia. **2.** ZOOL. Conjunto y disposición de los nervios de las alas de los insectos.

nerviar v.tr. Reforzar con nervaduras una pieza colada o matrizada.

nervio s.m. (lat. vulg. *nervium,* músculo, nervio). Cordón blanquecino compuesto de fibras nerviosas que conducen los mensajes motores desde el sistema nervioso central a los órganos, y los mensajes sensitivos y sensoriales en sentido inverso. **2.** Tendón o tejido blanco, duro y resistente: *carne llena de nervios.* **3.** *Fig.* Fuerza, vigor: *trabajar con mucho nervio.* **4.** *Fig.* Parte de algo considerada la fuente de su vitalidad: *él es el nervio de la empresa.* **5.** Moldura redonda y saliente del intradós de una bóveda o de un techo plano. **6.** Hacecillo fibrovascular del pecíolo de las hojas. **7.** ENCUAD. Cada una de las cuerda que se colocan al través en el lomo de un libro encuadernado en piel o pergamino, y por las que se hace pasar el hilo con que se cose el volumen. **8.** MAR. Cable o cabo firme, a lo largo del cual puede correr una vela o un toldo mediante anillas o vueltas culebreadas. **9.** ZOOL. Tubo quitinoso que da rigidez a las alas de los insectos. ◆ **nervios** s.m.pl. Nerviosismo. ◇ **Nervio de buey** Vergajo. **Ponérsele a alguien los nervios de punta** Excitarse, irritarse mucho.

nervio

Los nervios transportan los mensajes nerviosos en dos direcciones. Los *mensajes nerviosos sensitivos* (tacto, temperatura, dolor, presión) y *sensoriales* (visión, olor, audición, sentido del equilibrio), llamados también mensajes *aferentes,* se transmiten desde el receptor periférico hasta el sistema nervioso central. Los *mensajes nerviosos motores* o *eferentes* son transportados desde la médula espinal o el tronco cerebral hasta los músculos estriados voluntarios.

nerviosismo s.m. Estado de excitación nerviosa pasajero. **2.** Estado permanente o momentáneo de irritabilidad.

nervioso, a adj. Relativo a los nervios: *centro nervioso;*

trastorno nervioso. **2.** Que se irrita fácilmente, inquieto, incapaz de permanecer en reposo: *persona nerviosa; carácter nervioso.* **3.** *Fig.* Fuerte y vigoroso. ◇ **Centros nerviosos** El encéfalo y la médula espinal. **Sistema nervioso** Conjunto de órganos y de estructuras constituidos por tejidos nerviosos, que aseguran la dirección y coordinación de las funciones vitales y la recepción de los mensajes sensoriales. (En el ser humano se distinguen: el *sistema nervioso cerebroespinal* [cerebro, cerebelo, bulbo raquídeo, médula espinal, nervios craneanos y raquídeos] y el *sistema neurovegetativo.*)

nervosidad s.f. Nerviosismo. **2.** Fuerza y eficacia de un razonamiento. **3.** Flexibilidad que presentan algunos metales por la que se pueden doblar sin que se rompan o agrieten.

nervudo, a adj. Que tiene las venas, tendones y arterias muy marcados: *manos nervudas.* **2.** Que tiene mucha fuerza. **3.** Se dice de la hoja que tiene los nervios muy salientes.

nervura s.f. (fr. *nervure*). Conjunto de nervios del lomo de un libro encuadernado. SIN.: *nervadura.*

nesciencia s.f. Ignorancia, falta de instrucción.

nesciente adj. Ignorante.

nesga s.f. Pieza triangular que se agrega a una prenda de vestir para darle anchura. SIN.: *sesgo.* **2.** *Fig.* Pieza de cualquier cosa, triangular, unida a otras.

nesgar v.tr. Poner nesgas a una prenda de vestir. **2.** Cortar una tela en dirección oblicua a la de sus hilos.

nestorianismo s.m. Doctrina de Nestorio, monje y sacerdote de Antioquía (h. 380-451), declarada herética por el concilio de Éfeso en 431, según la cual en Jesucristo coexistieron dos personas, una divina y otra humana.

nestorianismo

El pensamiento de Nestorio sobrevivió en la iglesia nestoriana, que prosperó en el s. XIII y aún existe en algunas comunidades reagrupadas, en su mayor parte, al norte de Iraq.

nestoriano, a adj. y s. Relativo al nestorianismo; seguidor de esta doctrina.

net s.m. (voz inglesa). DEP. Let. ◆ s.f. *Fam.* Internet.

neto, a adj. (fr. *net,* limpio). Claro, bien definido: *diferencia neta.* **2.** Exento de deducciones, de cargas: *peso, precio, salario neto.* CONTR.: *bruto.* ◆ s.m. Pedestal sin molduras de una columna. SIN.: *dado.* **2.** Conjunto de cuentas de la estructura financiera que recogen las fuentes de financiación propias de una empresa. ◇ **Carga neta** Carga que transporta un vehículo, que se obtiene deduciendo la tara del peso total. **En neto** Expresa el valor fijo que queda de una cosa, deducidos los gastos.

1. **neuma** s.m. (gr. *mneuma, -atos,* soplo, respiración). MÚS. **a.** En la edad media, signo mnemotécnico que indicaba la curva de la melodía. **b.** Signo de notación musical que englobaba diversas notas, empleado en los libros litúrgicos de los ss. VIII a XII.

2. **neuma** s.m. o f. (gr. *neuma*). RET. Expresión de un sentimiento mediante gestos, señas o una interjección sin sentido.

neumática s.f. Parte de la física que trata de las propiedades de los gases, desde el punto de vista de su movimiento.

1. **neumático, a** adj. (lat. *pneumaticus*). Relativo al aire o a los gases: *colchón neumático.* **2.** Que funciona con la ayuda de aire comprimido: *martillo neumático.* **3.** Se dice de los huesos huecos de las aves, cuya cavidad está llena de aire procedente de los sacos aéreos. **4.** Se dice de la fabricación de órganos musicales de sistema tubular. ◆ s.m. Cubierta resistente de caucho u otro material semejante que protege las llantas de las ruedas de ciertos vehículos y sirve de superficie de rodamiento. (Algunos llevan cámara interior de aire comprimido.) ◇ **Ladrillo neumático** Ladrillo compacto al que se le extrae el aire intersticial durante la fabricación. **Máquina neumática** Máquina que efectúa el vacío en un recipiente.

2. **neumático, a** adj. (de *1. neuma*). MÚS. Relativo al neuma: *notación neumática.*

neumatóforo s.m. Órgano respiratorio que emerge de las raíces de determinados árboles de las regiones pantanosas.

neumatosis s.f. Estado patológico consecutivo a la presencia de aire o gas en el interior de una estructura orgánica que normalmente no lo contiene.

neumococo s.m. Bacteria microorgánica responsable de la forma más frecuente de neumonía, bronconeumonía y diversas infecciones, como peritonitis, meningitis o pericarditis.

neumoconiosis s.f. Enfermedad crónica broncopulmonar causada por la inhalación y fijación en el aparato respiratorio de polvo y partículas sólidas.

neumogástrico, a adj. y s. Se dice del tronco nervioso que constituye el décimo par craneal, iniciado en el bulbo, que sale del cráneo por el agujero rasgado posterior, y que tiene un trayecto descendente por el cuello, penetra en el tórax y se ramifica por la laringe, faringe, corazón, estómago, hígado e intestino.

neumología s.f. Parte de la medicina que se ocupa de las enfermedades pulmonares.

neumólogo, a s. Médico especialista en neumología.

neumonectomía s.f. Extirpación quirúrgica de un pulmón.

neumonía s.f. Inflamación del parénquima pulmonar causada por una bacteria (neumococo) o por un virus. SIN.: *pulmonía.*

neumopatía s.f. Enfermedad del pulmón.

neumotórax s.m. Presencia de aire o gas en la cavidad pleural.

neura s.f. *Fam.* Manía, obsesión: *le ha dado la neura de no salir de casa.*

neural adj. ANAT. Relativo al sistema nervioso. **2.** ANAT. Se dice de las formaciones de la parte dorsal del embrión que corresponden a las primeras estructuras del sistema nervioso: *placa, conducto, tubo neural.*

neuralgia s.f. (del gr. *neuros,* nervio, y *álgos,* dolor). Dolor intenso que se localiza en el trayecto de un nervio.

neurálgico, a adj. Relativo a la neuralgia. **2.** *Fig.* Se dice del lugar, momento o situación que es muy importante: *centro neurálgico.*

neurastenia s.f. (del gr. *neuros,* nervio, y *asthéneia,* debilidad). Estado de abatimiento y de tristeza. **2.** MED. Síndrome que asocia diversos trastornos funcionales sin que existan lesiones (astenia, cefaleas, trastornos cardíacos o digestivos) y trastornos psíquicos (angustia, depresión).

neurasténico, a adj. y s. Relativo a la neurastenia; que padece neurastenia.

neurinoma s.m. Tumor de los nervios periféricos, que se desarrolla a partir del tejido de sostén propio del nervio.

neuritis s.f. Proceso inflamatorio de un nervio.

neuroanatomía s.f. Estudio de la anatomía del sistema nervioso.

neurobiología s.f. Disciplina científica que estudia la biología del sistema nervioso.

neuroblasto s.m. BIOL. Célula nerviosa embrionaria.

neurocirugía s.f. Cirugía del sistema nervioso.

neurociencias s.f.pl. Conjunto de disciplinas científicas y médicas que estudian el sistema nervioso.

neuroeje s.m. Conjunto de las estructuras que forman el sistema nervioso central (cerebro, tronco cerebral y médula espinal), excepto los nervios periféricos.

neuroendocrinología s.f. Estudio de las hormonas secretadas por ciertas estructuras del sistema nervioso central.

neuroesqueleto s.m. Parte del esqueleto que protege la médula espinal.

neurofibromatosis s.f. Enfermedad caracterizada por la formación de tumores fibrosos en los nervios.

neurofisiología s.f. Disciplina científica que estudia la fisiología del sistema nervioso.

neuroglia s.f. Tejido glial.

neurohormona s.f. Sustancia orgánica sintetizada por las células nerviosas y secretada en la sangre circulante para actuar a distancia sobre las células diana.

neuroléptico, a adj. y s.m. Se dice de una clase de psicótropos que se caracterizan por la acción reductora de las psicosis y que producen efectos secundarios extrapiramidales.

neurolingüística s.f. Estudio lingüístico de los trastornos del lenguaje y su expresión lingüística.

neurología s.f. Parte de la medicina que estudia el sistema nervioso y sus enfermedades.

neurológico, a adj. Relativo al sistema nervioso y a la neurología.

neurólogo, a s. Médico especialista en neurología.

neuroma s.m. Lesión de tipo tumoral en el trayecto de un tronco nervioso.

neurona s.f. (fr. *neurone,* del gr. *neuron,* nervio). Célula nerviosa que no presenta fenómenos de división por carecer de centrosoma.

neurona

Toda neurona comprende un cuerpo celular o pericarión (que contiene el núcleo), varias prolongaciones finas, las dendritas, y una prolongación principal, el axón. Las informaciones recibidas por las dendritas y el cuerpo celular (soma) son integradas y transmitidas al cono de salida del axón, para ser luego transportadas a las neuronas vecinas. Las propiedades de excitabilidad, conducción y mediación química son propias de las neuronas, por oposición a las células gliales, que aseguran el sostén y nutrición de las neuronas. En el ser humano se estima entre 10 000 y 100 000 el número de neuronas, cada una de las cuales puede establecer hasta 30 000 sinapsis con otras neuronas vecinas.

neuronal adj. Relativo a la neurona.

neurópata adj. y s.m. y f. Que padece una neuropatía.

neuropatía s.f. Enfermedad del sistema nervioso. (Se agrupaban bajo este término la ansiedad constitucional, la neurosis de angustia y la hipocondría neurótica.)

neuropatología s.f. Parte de la neurología que estudia las enfermedades del sistema nervioso.

neuropléjico, a adj. y s.m. Se dice de la sustancia que paraliza la transmisión de los impulsos nerviosos.

neuropsicología o **neurosicología** s.f. Estudio de las relaciones entre las funciones superiores y las estructuras cerebrales.

neuropsiquiatría o **neurosiquiatría** s.f. Parte de la medicina que se ocupa de las enfermedades nerviosas y mentales.

neuropsíquico, a o **neurosíquico, a** adj. Relativo al sistema nervioso en relación con las funciones psíquicas.

neuróptero, a adj. y s.m. Relativo a un orden de insectos con metamorfosis completa, provistos de cuatro alas con numerosas nerviaciones, como la hormiga león.

neuroquímica s.f. Estudio de los fenómenos de naturaleza bioquímica en el sistema nervioso.

neuroquirúrgico, a adj. (lat. *chirurgicus,* del gr. *kheirourgixós*). Relativo a la neurocirugía.

neurorretinitis s.f. Inflamación del nervio óptico y de la retina.

neurosis s.f. Enfermedad nerviosa que se caracteriza por el trastorno de la personalidad y de la conducta social, sin aparente lesión física del sistema nervioso.

neurosis

Según Freud, la neurosis «no *niega* la realidad, simplemente no quiere saber nada de ella». El neurótico es consciente de su ruptura con lo que él considera como estado normal y percibe sus trastornos como un obstáculo para su libertad. Dependiendo del síntoma predominante se distinguen: la histeria, las neurosis de angustia, las neurosis obsesivas y las fóbicas.

neurótico, a adj. y s. Relativo a la neurosis; que padece neurosis.

neurotomía s.f. (del gr. *neuros,* nervio, y *témnein,* cortar). ANAT. Disección del sistema nervioso. **2.** CIR. Sección quirúrgica de un tronco nervioso.

neurotonía s.f. Irritabilidad e inestabilidad excesiva del sistema nervioso, especialmente del vegetativo.

neurotoxina s.f. Toxina que actúa sobre el sistema nervioso.

neurotransmisor s.m. Sustancia química, sintetizada por las neuronas del sistema nervioso, que efectúa la transmisión del impulso nervioso en la sinapsis.

neurotropismo s.m. Cualidad general de la sustancia que tiende a fijarse preferentemente en las estructuras del sistema nervioso.

neurótropo, a adj. Se dice de la sustancia química o del microorganismo que presenta neurotropismo.

neurovegetativo, a adj. Relativo a la parte del sistema nervioso que regula la vida vegetativa, formado por ganglios y nervios y unido al eje cerebroespinal, que contiene los centros reflejos. (En el sistema neurovegetativo o sistema nervioso autónomo, se distinguen el *sistema simpático* y el *sistema parasimpático,* que inervan las mismas vísceras, pero que tienen efectos antagónicos.)

neurula s.f. Fase embrionaria de los vertebrados, posterior a la de gastrulación, en la que se forma el eje cerebroespinal.

neutral adj. y s.m. y f. (lat. *neutralis*). Que no toma partido: *permanecer neutral.* **2.** DER. INTERN. Se dice de un estado que no interviene de ninguna forma en una guerra entre otros estados.

neutralidad s.f. Cualidad de neutral. **2.** DER. INTERN. Situación jurídico-política de un estado que queda obligado a no iniciar ninguna guerra, salvo la defensiva, contra cualquiera de los estados de la comunidad internacional.

neutralismo s.m. Actitud de determinados países que intentan no integrarse en uno de los grandes bloques políticos o ideológicos del mundo.

neutralista adj. y s.m. y f. Partidario de la neutralidad o del neutralismo.

neutralización s.f. Acción y efecto de neutralizar. **2.** DER. INTERN. Situación reconocida a algunos servicios o a algunos lugares, que los beligerantes se comprometen a respetar. **3.** LING. Circunstancia en la que puede desaparecer la oposición fonológica pertinente de dos fonemas en ciertas determinadas. ◇ **Tiro de neutralización** MIL. Tiro destinado a paralizar toda acción del adversario en una zona determinada.

neutralizante adj. y s.m. Que neutraliza o sirve para neutralizar.

neutralizar v.tr. y prnl. Declarar neutral un estado, un territorio, etc. **2.** *Fig.* Anular o debilitar el efecto de una causa por una acción contraria. **3.** LING. Hacer que desaparezca la oposición fonológica pertinente de dos fonemas en posiciones determinadas. **4.** MIL. Impedir o paralizar temporalmente la actividad del enemigo por medio de tiros de neutralización. **5.** QUÍM. Convertir en sustancias neutras los ácidos o las bases.

neutrino s.m. Partícula fundamental leptónica de carga nula y masa nula o extremadamente pequeña, de la que existen numerosas especies, asociada a los diferentes leptones cargados (electrón, muón, etc.).

neutro, a adj. (lat. *neuter, -tra, trum,* ni el uno ni el otro, neutro). Se dice de lo que no presenta ni uno ni otro de dos caracteres opuestos. **2.** Que no está definido o determinado. **3.** FÍS. Se dice del cuerpo que no presenta ningún fenómeno eléctrico o magnético, y del conductor por el que no circula corriente. **4.** LING. Se dice de un tercer género que no es ni masculino ni femenino, y de la palabra que tiene este género: *artículo neutro; género neutro; adjetivo neutro.* **5.** MAT. En un conjunto que posee una ley de composición interna, se dice de un elemento *e* tal que para todo elemento *x* del conjunto, se tiene $ex = xe = x$, siendo la notación de la operación, multiplicativa. **6.** QUÍM. Que no tiene carácter ácido ni básico.

neutrófilo, a adj. MED. Se dice de la célula (leucocito polinuclear de la sangre) que posee afinidad por los colorantes neutros.

neutrón s.m. Partícula eléctricamente neutra que constituye, con los protones, el núcleo del átomo. (La difracción de los neutrones sirve para determinar la estructura atómica de los sólidos cristalinos; su impacto sobre núcleos pesados [uranio, plutonio] produce las reacciones de *fisión* nuclear.) ◇ **Bomba de neutrones** Bomba termonuclear cuya radiación neutrónica ha sido aumentada y los efectos de las ondas de choque, del calor y de la radiactividad, reducidos.

neutrónica s.f. Parte de la física que se dedica al estudio de los diferentes fenómenos que controlan las poblaciones de neutrones.

neutrónico, a adj. Relativo al neutrón.

nevada s.f. Acción y efecto de nevar. **2.** Cantidad de nieve caída de una vez y sin interrupción sobre la tierra. **3.** Temporal de nieve.

nevado, a adj. Cubierto de nieve. **2.** *Poét.* y *Fig.* Blanco: *sienes nevadas.* **3.** TAUROM. Se dice del toro que tiene pequeñas manchas blancas sobre una capa de pelo de color uniforme. ◆ s.m. *Amér.* Cumbre o área montañosa elevada cubierta por nieves perpetuas.

nevar v.impers. (lat. vulg. *nivare*). [conj.: *pensar*]. Caer nieve. ◆ v.tr. *Fig.* Poner blanca una cosa pintándola o cubriéndola de cosas blancas.

nevazón s.f. *Argent., Chile* y *Ecuad.* Temporal de nieve.

nevera s.f. Sitio donde se guarda o conserva nieve. **2.** *Fig.* Habitación muy fría. **3.** *Esp.* Refrigerador.

nevería s.f. *Méx.* Heladería.

nevero s.m. Zona de una montaña en la que la nieve permanece sin fundirse durante el verano. **2.** Parte superior del glaciar, donde se acumula la nieve y se convierte en hielo.

nevisca s.f. Nevada breve de copos pequeños.

neviscar v.impers. Caer nevisca.

neviza s.f. Nieve compactada por su propio peso antes de convertirse en hielo.

nevocarcinoma s.m. Tumor maligno de la piel formado a partir de un nevus.

nevoso, a adj. Que está cubierto a menudo de nieve. **2.** Se dice del tiempo cuando parece que va a nevar.

nevus s.m. (voz latina, *mancha*). Lesión cutánea en forma de mancha o tumor, de origen malformativo.

new age s.f. (voces inglesas, *nueva era*). Estilo musical, surgido en la década de 1970, que se caracteriza por sonidos armoniosos creados a través de sintetizadores, en ocasiones combinados con instrumentos tradicionales.

newton s.m. (de I. *Newton,* físico inglés). Unidad de medida de fuerza (símb. N), equivalente a la fuerza que comunica a un cuerpo de 1 kilogramo de masa una aceleración de 1 metro por segundo al cuadrado.

newtoniano, a adj. Relativo al sistema de Newton.

nexo s.m. (lat. *nexus, -us,* de *nectare,* anudar). Nudo, unión o vínculo. **2.** GRAM. Elemento lingüístico (cópula, preposición, etc.) que, en el plano sintagmático, enlaza otros dos elementos.

ngoni, conjunto de pueblos bantúes que habitan en Zambia, Tanzania y Mozambique.

ni conj.cop. (lat. *nec,* y no). Partícula negativa y conjuntiva que enlaza palabras y frases que denotan negación, precedida o seguida de otra u otras: *ni actúa ni deja actuar; ni Juan ni Pedro han estado aquí.* ◇ **Ni que** Expresión enfática: *¡ni que yo fuese tonto!*

nicaragüeño, a adj. y s. De Nicaragua. SIN.: *nicaragüense.* ◆ s.m. Variedad del español hablada en Nicaragua.

nicaragüismo s.m. Palabra, expresión o giro propios del español hablado en Nicaragua.

nicarao, pueblo de lengua nahua, act. extinguido, que en el s. XI se asentó en Nicaragua y Costa Rica.

niceno, a adj. y s. De Nicea.

nicho s.m. (ital. antic. *nicchio*). Hueco practicado en los muros de un cementerio para colocar los ataúdes o las urnas funerarias. **2.** ALP. Plataforma pequeña en un punto protegido de una pared de escalada. **3.** B. ART. Hornacina. **4.** GEOMORFOL. Depresión de forma más o menos hemisférica en una vertiente. **5.** PATOL. Cavidad de origen patológico formada en el interior de un órgano. ◇ **Nicho de mercado** ECON. Porción de un mercado claramente diferenciada del resto por una característica determinada. **Nicho ecológico** ECOL. Lugar que ocupa una especie en su medio físico, caracterizado por sus relaciones con las otras especies y su forma de nutrición.

nicol s.m. Prisma de espato de Islandia, cortado y vuelto a unir con bálsamo de Canadá de modo que solo uno de los dos rayos refractados pueda atravesarlo, que sirve para polarizar la luz.

Nicolaier. Bacilo de Nicolaier Agente del tétanos.

nicolaísmo s.m. HIST. **a.** Secta herética del s. I, de tendencia gnóstica, que admitía la participación en los banquetes rituales paganos. **b.** Práctica de los que, en el s. XI, no admitían el celibato eclesiástico.

Nicolas-Favre. Enfermedad de Nicolas-Favre Linfogranuloma inguinal o venéreo.

nicotina s.f. (fr. *nicotiane,* tabaco, de *Nicot,* embajador francés en Lisboa). Alcaloide principal del tabaco, excitante del sistema nervioso vegetativo. (En pequeñas dosis produce una ligera euforia, disminuye el apetito, la fatiga y es incluso un excitante psíquico, pero en dosis elevadas es un veneno potente que puede provocar una intoxicación grave, el *tabaquismo* o *nicotinismo.*)

nicotinismo s.m. Tabaquismo. SIN.: *nicotismo.*

nictagináceo, a adj. y s.f. (del lat. moderno *nyctago,* nombre de una planta). Relativo a una familia de plantas dicotiledóneas apétalas de flores de color vivo, como la buganvilla.

nictálope adj. y s.m. y f. (gr. *nyktálops, -opos*). Que padece nictalopía.

nictalopía s.f. Facultad de ver en un ambiente muy oscuro o en la noche, propia de algunos animales y de ciertas personas con trastornos visuales.

nictemeral adj. Relativo al día y la noche al mismo tiempo. **2.** Que tiene la duración del nictémero: *ritmo nictemeral.*

nictémero s.m. Espacio de tiempo de veinticuatro horas, que comprende un día y una noche. SIN.: *nictámera.*

nictitación s.f. Parpadeo provocado por convulsión del músculo del párpado.

nictitante adj. (del lat. *nictitare,* de *nictere,* guiñar). **Membrana nictitante** Tercer párpado de las aves, los reptiles y otros vertebrados que se desplaza horizontalmente sobre el ojo.

nicturia s.f. MED. Expulsión involuntaria de orina durante la noche.

nidación s.f. BIOL. Implantación del huevo o del embrión en la mucosa uterina de los mamíferos.

nidada s.f. Conjunto de huevos o de crías en un nido. SIN.: *nido.*

nidal s.m. Lugar donde las gallinas u otras aves domésticas suelen ir a poner los huevos. **2.** Huevo que se deja en un sitio determinado para que las gallinas se acostumbren a poner en él. **3.** *Fig.* Sitio al que una persona acude con frecuencia. SIN.: *nido.*

nidícola adj. Se dice del ave que no abandona el nido hasta un determinado tiempo después de su nacimiento.

nidificar v.intr. Hacer las aves su nido.

nidífugo, a adj. Se dice del ave que abandona el nido poco después de nacer.

nido s.m. (lat. *nidus*). Pequeño refugio o abrigo que hacen las aves para poner sus huevos, empollarlos y tener sus crías. **2.** Cavidad o lugar resguardado que aprovechan las aves para el mismo fin. **3.** Lugar donde algunos animales viven agrupados: *un nido de ratas, de hormigas.* **4.** Nidada. **5.** *Fig.* Lugar donde viven o se reúnen maleantes: *un nido de bribones.* **6.** Nidal o sitio al que se acude con frecuencia. **7.** *Fig.* Casa, hogar. **8.** *Fig.* Cosa o lugar que es origen de discordias, riñas, etc.: *un nido de murmuraciones.* **9.** Asentamiento protegido para armas de infantería: *nido de ametralladora.* ◇ **Nido de abeja** Punto de adorno que forma un fruncido con pliegues a modo de celdas de colmena. **Nido de pájaro** Planta parásita de raíces carnosas y flores amarillo rojizas. (Familia orquídeas.)

nidoroso, a adj. Que tiene olor y sabor de huevo podrido.

nieba s.f. Mamífero arborícola muy parecido al damán, que vive en las selvas ecuatoriales africanas. (Familia hirácidos.)

niebla s.f. (lat. *nebula*). Nube estratificada que está en contacto con la superficie terrestre. **2.** *Fig.* Confusión u oscuridad en algún asunto. **3.** Nube, mancha en la córnea. **4.** Munición de perdigones muy pequeños para ciertas armas de caza. **5.** MED. Grumo que se forma en la orina al enfriarse y haber estado en reposo, que es síntoma de ciertas enfermedades.

niel s.m. (ital. *niello,* del bajo lat. *nigellus,* negruzco). Incrustación decorativa de un esmalte negro en un fondo metálico, generalmente plata, previamente grabado.

nielado s.m. y adj. Acción de nielar. **2.** Adorno realizado con nieles.

nielar v.tr. Adornar con nieles.

nietastro, a s. Hijo del hijastro de una persona.

nieto, a s. (del lat. *nepta,* nieta, sobrina). Hijo del hijo de una persona. **2.** Descendiente de una línea genealógica a partir de la tercera generación: *nieto segundo.*

nieve s.f. (lat. *nix, nivis*). Precipitación de agua cristalizada, que cae en forma de copos blancos y ligeros. (La nieve se origina por la presencia de núcleos de congelación en una nube cuando las capas bajas de la atmósfera tienen temperatura inferior a 0 °C.) **2.** Nevada: *año de nieves. año de bienes.* (Suele usarse en plural.) **3.** *Fig.* y *poét.* Blancura. **4.** *Fig.* y *fam.* Cocaína. **5.** Cuba, Méx. y P. Rico. Polo, sorbete helado. **6.** QUÍM. Sólido pulverulento que tiene el aspecto de la nieve. **7.** TELEV. Manchas o puntos pequeños e intermitentes que se observan a veces en los televisores a causa de interferencias o de debilidad de la señal. ◇ **Nieve carbónica** Gas carbónico solidificado.

NIF (sigla de *número de identificación fiscal*). Número asignado por el ministerio de Hacienda a cada contribuyente para su identificación.

nife s.m. GEOL. Materia pesada, constituida en su mayor parte por níquel y hierro, que se creía que constituía la parte central del núcleo terrestre.

nigeriano, a adj. y s. De Nigeria.

nigerino, a adj. y s. De Níger.

night-club s.m. (ingl. *nightclub*) [pl. *night-clubs*]. Cabaret.

nigromancia o **nigromancía** s.f. (gr. *nekromanteía*). Arte de adivinar el futuro o alguna cosa oculta mediante la evocación de los muertos. SIN.: *necromancia, necromancía.* **2.** Magia negra.

nigromante s.m. y f. Persona que practica la nigromancia. SIN.: *nigromántico.*

nigromántico, a adj. y s. Relativo a la nigromancia; nigromante.

nigua s.f. (voz arawak). Amér. Insecto parecido a la pulga, pero más pequeño, que suele causar mucha picazón y úlceras graves en la piel del ser humano y los animales.

nihilismo s.m. (del lat. *nihil,* nada). Negación de toda creencia. **2.** Doctrina anarquista, surgida en Rusia en el s. XIX, que tenía por objeto la destrucción radical de las estructuras sociales, sin intentar sustituirlas por ningún estado definitivo.

nihilista adj. y s.m. y f. Relativo al nihilismo; partidario del nihilismo.

nilgó s.m. Antílope de Asia, de cuernos cortos, que mide hasta la cruz 1,40 m. (Familia bóvidos.)

nilón s.m. → **nailon.**

nilótico, a adj. Relativo al Nilo. ◆ adj. y s.m. Se dice de una gran familia de lenguas negroafricanas.

nimbado, a adj. HERÁLD. Se dice de un ángel, de un santo o del cordero pascual cuando el nimbo que rodea sus cabezas es de un esmalte particular.

nimbo s.m. (lat. *nimbus,* chaparrón, nube muy cargada de agua). Círculo luminoso que en la antigüedad se colocaba alrededor de la cabeza de los dioses y de los emperadores deificados. **2.** Círculo luminoso que se representa alrededor de la cabeza de las imágenes de Dios y de los santos, así como del cordero pascual. **3.** Círculo que aparece, algunas veces, alrededor de un astro, especialmente del Sol o de la Luna. **4.** Nimbus.

nimboestrato o **nimbostratus** s.m. Capa de nubes bajas, densas y oscuras, característica del mal tiempo.

nimbus s.m. (lat. *nimbus*). Nube de color gris oscuro. (Se utiliza en compuestos: *cumulonimbus.*) SIN.: *nimbo.*

nimiedad s.f. Cualidad de nimio. **2.** Cosa nimia: *enojarse por una nimiedad.*

nimio, a adj. (lat. *nimius,* excesivo, demasiado). Que es insignificante o muy poco importante. **2.** Se dice de la persona que hace las cosas con gran minuciosidad o escrupulosidad.

ninfa s.f. (gr. *nýmphe,* novia, mujer joven). Muchacha bella y graciosa. **2.** *Fig.* Prostituta. **3.** MIT. GR. Deidad de las aguas, de los bosques y de los campos, de los que personifica la fecundidad y la gracia. **4.** ZOOL. Estadio transitorio entre la larva y el imago de un insecto con metamorfosis completa. ◆ **ninfas** s.f.pl. ANAT. Labios menores de la vulva.

ninfálido, a adj. y s.m. Relativo a una familia de mariposas diurnas, de talla mediana o grande, con alas de vivos colores, que vive en los países templados.

ninfea s.f. Nenúfar.

ninfeáceo, a adj. y s.f. Relativo a una familia de plantas acuáticas o palustres, de hojas flotantes, como el nenúfar.

ninfeo s.m. ANT. Lugar o santuario dedicado a las ninfas. **2.** B. ART. Construcción levantada sobre un surtidor o una fuente o alrededor de estos.

ninfo s.m. *Fam.* Hombre muy satisfecho de sí mismo.

ninfómana s.f. y adj. Mujer que padece de ninfomanía.

ninfomanía s.f. Trastorno caracterizado por un deseo sexual desmesurado en la mujer.

ninfosis s.f. Transformación de la larva de un insecto en ninfa.

ningún adj.indef. Apócope de *ninguno.* (Se emplea antepuesto a sustantivos masculinos en singular: *ningún caso; no quiere ningún regalo.*)

ningunear v.tr. Tratar a alguien con menosprecio o hacer que se sienta menospreciado. **2.** Ignorar o no tener en consideración a alguien.

ninguno, a adj. y pron.indef. (del lat. *nec unus,* ni uno). Denota negación total de lo expresado por el nombre al que se aplica o al que se refiere en última instancia: *ninguno protestó; no tiene ninguna gracia.* **2.** Equivale a *uno* con valor determinado en oraciones negativas: *no buscaba ninguna recompensa.* **3.** Equivale a *nadie,* pero añade siempre la idea de individualización respecto a los elementos de un conjunto: *ninguno (de ellos) dijo nada.* (Se apocopa *ningún* ante un sustantivo masculino singular.)

ninja s.m. Guerrero japonés especializado en un arte marcial *(ninjutsu)* destinado al espionaje.

niña s.f. Pupila del ojo. ◇ **Niñas,** o **niña, de los ojos** *Fig.* y *fam.* Persona o cosa muy querida.

niñato, a adj. *Desp.* Joven inexperto y petulante. ◆ s.m. Becerro nonato de una vaca muerta.

niñear v.intr. Comportarse como un niño.

niñera s.f. Criada encargada del cuidado de los niños.

niñería s.f. Acción de un niño o propia de él. SIN.: *niñada.* **2.** Dicho o hecho de poca importancia: *enojarse por una niñería.* SIN.: *niñada, niñez.*

niñero, a adj. Se dice de la persona a la que le gustan mucho los niños.

niñez s.f. Período de la vida humana comprendido desde el nacimiento hasta la pubertad. **2.** Niñería.

niño, a s. y adj. Persona en la etapa de la niñez. **2.** *Fig.* Persona joven: *aún es una niña y ya quiere casarse.* **3.** *Fig.* Ingenuo, de poca experiencia o que obra irreflexivamente. **4.** Amér. En algunos países, tratamiento de respeto que da el servicio a sus empleadores o personas de cierta consideración social, especialmente a los solteros. ◇ **La niña bonita** El número quince, especialmente en los sorteos. **Niña de mano** Chile. Sirvienta que se ocupa del trabajo de la casa, excluyendo las funciones de la cocina. **Niño bitongo,** o **pitongo** *Fam.* Muchacho que viste o hace cosas propias de un niño. **Niño de teta,** o **de pecho,** o **de pañales** Lactante. **Niño mimado** Persona preferida por otra. **¡Ni qué niño muerto!** Esp. *Fam.* Se usa para rechazar lo que acaba de decir un interlocutor.

niobio s.m. (de *Niobe,* reina legendaria de Tebas). Metal de color gris, que se encuentra asociado al tántalo y se utiliza en metalurgia. **2.** Elemento químico (Nb), de número atómico 41 y masa atómica 92,906.

nipón, na adj. y s. Japonés.

níquel s.m. (alem. *nickel,* abrev. de *Nikolaus,* Nicolás). Metal de color blanco grisáceo, brillante, de densidad 8,9, cuyo punto de fusión es de 1 555 °C. **2.** Elemento químico (Ni), de número atómico 28 y masa atómica 58,69. **3.** Cuba y P. Rico. Moneda de cinco centavos. **4.** Urug. Caudal, bienes, dinero. **5.** Urug. Moneda.

niquelado s.m. Acción y efecto de niquelar.

niquelar v.tr. Recubrir una cosa con una capa de níquel.

nirvana s.m. (sánscrito *nirvaṇa,* destrucción, extinción). En el pensamiento oriental (principalmente en el budismo), desaparición del dolor unida al samsara.

níscalo s.m. Hongo comestible de color amarillo anaranjado que crece en los bosques.

níspero s.m. (del lat. *mespilum*). Amér. Zapote. **2.** Esp. Arbusto espinoso en estado silvestre, de hojas grandes y flores blancas, que produce un fruto comestible; níspola, fruto de esta planta. (Familia rosáceas.)

níspola s.f. Esp. Fruto aovado y rojizo del níspero. SIN.: *níspero.*

nistagmo s.m. Movimiento oscilante, corto y rápido del globo ocular, debido a una lesión de los centros nerviosos.

nistatina s.f. Antibiótico activo contra las micosis (moniliasis o candidosis).

nit s.m. Unidad de medida de luminancia que equivale a una candela por metro cuadrado de superficie aparente.

nitidez s.f. Cualidad de nítido: *la nitidez de un color.* **2.** Calidad de un cliché o una copia fotográfica que permite apreciar y distinguir los detalles de la imagen.

nítido, a adj. (lat. *nitidus,* brillante). Limpio, transparente: *atmósfera nítida.* **2.** De contornos bien definidos: *imagen nítida.*

nitración s.f. Acción de nitrar. **2.** Reacción de sustitución que introduce en una molécula orgánica el radical NO_2.

nitrado, a adj. Se dice del cuerpo obtenido por nitración.

nitratación s.f. Acción de nitratar.

nitratado, a adj. Impregnado de nitrato: *papel nitratado.* ◇ **Explosivo nitratado** Explosivo formado por nitrato de amonio envuelto en una película de fuel o de gasoil.

nitratar v.tr. Transformar ácido nitroso o nitrito en nitrato o ácido nítrico. **2.** Incorporar un nitrato.

nitrato s.m. Sal o éster del ácido nítrico. (Los nitratos constituyen el principal alimento nitrogenado de las plantas, por lo que se utilizan como abonos en agricultura [nitrato de sodio, de calcio, de potasio, de magnesio y principalmente de amonio].) SIN.: *azoato.* ◇ **Nitrato de Chile** Compuesto de nitrato sódico, nitrato potásico y pequeñas cantidades de sales de boro, yodo y otros elementos.

nitrería s.f. Lugar de donde se extrae el nitro, o donde existen naturalmente nitratos.

nítrico, a adj. Se dice de la bacteria que realiza la nitratación. ◇ **Ácido nítrico** Compuesto oxigenado derivado del nitrógeno (HNO_3), ácido fuerte y oxidante.

nitrificación s.f. Formación aeróbica de nitratos a partir de materias orgánicas. (Se realiza en dos fases: *nitrosación* y *nitratación.*)

nitrificar v.tr. Transformar en nitrato.

nitrilo s.m. Compuesto orgánico cuya fórmula contiene el radical —CN.

nitrito s.m. Sal o éster del ácido nitroso.

nitro s.m. (lat. *nitrum,* del gr. *nítron*). Nitrato de potasio. **2.** Sal del ácido nítrico.

nitrobenceno s.m. Derivado nitrado del benceno, conocido en perfumería con el nombre de *esencia de mirbana.*

nitrocelulosa s.f. Éster nítrico de la celulosa, base del colodión y de las pólvoras sin humo.

nitrófilo, a adj. Se dice de la planta que requiere terrenos ricos en nitrógeno.

nitrogenación s.f. Fijación del nitrógeno libre en los tejidos de plantas o animales.

nitrogenado, a adj. QUÍM. Que contiene nitrógeno. ◇ **Abono nitrogenado** AGRIC. Sustancia que se incorpora al terreno para proporcionarle nitrógeno.

nitrogenar v.tr. QUÍM. Mezclar o combinar con nitrógeno.

nitrogenasa s.f. Complejo enzimático bacteriano que interviene en el ciclo del nitrógeno y en la síntesis de los compuestos nitrogenados.

nitrógeno s.m. (del gr. *nitros,* nitro, y *gennao,* engendrar). Gas incoloro, inodoro e insípido. **2.** Elemento químico (N), de número atómico 7 y masa atómica 14,007.

nitrógeno

El nitrógeno tiene una densidad de 0,97 en relación con el aire; su punto de ebullición a presión atmosférica es –195,79 °C y su solubilidad escasa. Existe en estado libre en el aire, del que constituye el 75,5 % en masa y 78 % en volumen, y se encuentra combinado en nitratos y sales amoniacales; forma parte de las proteínas que configuran los tejidos de los seres vivos. Poco reactivo a temperatura ordinaria, se emplea para la realización de atmósferas neutras o la protección contra incendios. En estado líquido se utiliza para la congelación rápida de alimentos y en los sistemas de refrigeración. Solo algunos organismos (bacterias y hongos inferiores) asimilan de manera directa el nitrógeno. Sus compuestos, en especial el amoníaco y el ácido nítrico, tienen gran importancia en la industria de abonos, explosivos y colorantes. Los óxidos de nitrógeno que se liberan en las combustiones industriales y los gases que salen por los tubos de escape de los automóviles, son una de las principales causas de la contaminación atmosférica.

nitroglicerina s.f. Éster nítrico de la glicerina, líquido oleoso y amarillento que entra en la composición de la dinamita.

nitrosación s.f. Transformación del amoníaco en ácido nitroso o en nitritos. **2.** Reacción química que introduce el radical —NO en una molécula orgánica.

nitrosado, a adj. Se dice del compuesto orgánico que posee el radical nitrosilo —NO.

nitrosilo s.m. Radical monovalente —NO.

nitroso, a adj. Que contiene nitrógeno. **2.** QUÍM. Se dice del ácido HNO_2. **3.** Se dice de ciertas bacterias, como las del género *Nitrosomonas,* que realizan la nitrosación.

nituración s.f. Tratamiento termoquímico de endurecimiento superficial de los aceros y aleaciones férricas, mediante nitrógeno.

niturar v.tr. Tratar un acero o una aleación férrica por nituración, con el fin de endurecerlos superficialmente.

nituro s.m. Combinación del nitrógeno con un metal.

nivación s.f. Conjunto de los fenómenos mediante los cuales la nieve influye en la formación del relieve.

nival adj. Relativo a la nieve. **2.** Se dice de la planta que florece cuando la nieve aún no se ha fundido. ◇ **Régimen nival** Régimen de las corrientes de agua que se alimentan de la fusión de la nieve (crecidas primaverales y aguas bajas en invierno).

nivel s.m. (cat. *nivell*). Grado de elevación de una línea o un plano en relación con una superficie horizontal de referencia. **2.** Grado social, intelectual, moral, de clases, de categoría, de mérito: *estar al mismo nivel que los compañeros.* **3.** Fase o etapa del sistema educacional con unos objetivos y tipo de estudios que la caracterizan: *nivel superior o universitario.* **4.** Situación de una cosa en relación con otra, equilibrio: *el nivel de precios del año pasado.* **5.** Valor alcanzado por una magnitud. **6.** Grado de elevación de la superficie de un líquido. **7.** Instrumento que sirve para comprobar la horizontalidad de un plano o para determinar la diferencia de altura entre dos puntos. ◇ **A nivel** En un plano horizontal; en línea recta. **Curva de nivel** Línea imaginaria que une los puntos de la misma altitud, y que se utiliza para representar el relieve en un mapa. **Nivel de base** GEOGR. Punto a partir del cual se establece la línea de equilibrio de una corriente de agua. **Nivel de burbuja** Nivel formado por un tubo de cristal que contiene un líquido muy movible (alcohol o éter) y una burbuja de gas. **Nivel de energía** Valor de la energía de una partícula, del núcleo de un átomo o de una molécula que se hallan estacionarios. **Nivel de lengua** Carácter de la utilización de una lengua definida por las condiciones de la comunicación y los interlocutores. **Nivel de vida** Evaluación cuantitativa y objetiva del modo de existencia medio de una nación, de un grupo social, etc. SIN.: *estándar de vida.* **Nivel mental,** o **intelectual** Grado de desarrollo intelectual de una persona medido mediante tests de inteligencia o tests psicotécnicos. **Superficie de nivel** Lugar de los puntos de un líquido en equilibrio donde se ejerce la misma presión; en un campo de vectores, superficie normal a las líneas de campo.

nivelación s.f. Acción y efecto de nivelar. **2.** LING. Proceso de reducción a cierta homogeneidad de los elementos heterogéneos (fonéticos, morfológicos, léxicos, etc.) de una o más lenguas.

nivelador s.m. Rastrillo o grada sin dientes, utilizado en agricultura.

niveladora s.f. Máquina para nivelar terrenos, especialmente en la construcción de carreteras.

nivelar v.tr. Poner un plano o superficie en la posición horizontal. **2.** OBR. PÚBL. Igualar una superficie excavada o terraplenada. **3.** TECNOL. Medir con un nivel. ◆ v.tr. y prnl. *Fig.* Poner o quedar a un mismo nivel, grado o altura: *nivelar la balanza de pagos.*

níveo, a adj. *Poét.* Que se parece a la nieve, especialmente en su blancura.

nivoglaciar adj. Se dice del régimen de las corrientes de agua que se alimentan de la fusión de la nieve y de los glaciares (máximos, de primavera y verano y mínimos, invernal).

nivopluvial adj. Se dice del régimen de las corrientes de agua que se alimentan de la fusión de la nieve y de las lluvias (máximos, de primavera y otoño y mínimos, invernal).

nivosidad s.f. Coeficiente que define la proporción de las precipitaciones sólidas con respecto al total de precipitaciones anuales en una región determinada.

nixtamal s.m. Amér. Central y Méx. Maíz preparado para hacer tortillas.

nizardo, a adj. y s. De Niza.

nkolé, pueblo de Uganda que habla una lengua bantú.

1. **no** adv. (lat. *non*). Expresa la idea de negación, de rechazo, y se opone a *sí.* **2.** Se usa en frases interrogativas para expresar duda o extrañeza, o para pedir la confirmación de algo que ya se sabe o supone: *¿no vienes?; de acuerdo. ¿no?* ◇ **A que no** Expresa incredulidad, desafío o incitación. **No bien** Inmediatamente que, en cuanto. **No más** Solamente; basta. **No menos** Expresión con que se pondera alguna cosa. **No sin** Con. **No ya** No solamente. **Que no** Se usa con oraciones de infinitivo en sustitución del régimen correcto, *a* o *que: prefiero salir que no quedarme en casa (prefiero salir a quedarme en casa).*

2. **NO,** abrev. de *noroeste.*

3. **no** s.m. (voz japonesa). Drama lírico japonés que combina música, danza y poesía.

nobelio s.m. (de A. *Nobel,* químico sueco). Elemento químico (No), transuránico, de número atómico 102.

nobiliario, a adj. Relativo a la nobleza: *título nobiliario.* ◆ s.m. Catálogo e historia de las familias nobles de un país, una región u otro lugar.

nobilitas s.f. (voz latina). ANT. ROM. Partido político constituido por la aristocracia, en oposición a los «hombres nuevos», surgidos de la plebe y recién llegados a las tareas políticas.

noble adj. y s.m. y f. (del lat. *nobilis,* conocido, ilustre). Se dice de la persona que, por nacimiento o por decisión de un soberano, posee un título que le concede ciertos privilegios. ◆ adj. Que tiene distinción o señorío: *un aspecto noble.* **2.** Magnánimo, de sentimientos elevados: *una actitud noble.* **3.** Se dice de una cosa apreciada por su gran calidad: *el ébano es una madera noble; un vino noble.* ◆ s.m. Moneda de oro que se usó en España, dos quilates más fina que el escudo. ◇ **Gas noble** Denominación dada a los gases raros de la atmósfera (helio, neón, argón, kriptón, xenón) que se encuentran en la columna derecha de la tabla periódica de los elementos. **Metal noble** Metal precioso; metal más electronegativo que el hidrógeno.

nobleza s.f. Cualidad de noble. **2.** Conjunto de los nobles por derecho hereditario o por concesión de un soberano.

noblote, a adj. *Fam.* Que tiene un carácter noble y sincero.

nobuk s.m. Piel de vaca curtida y aterciopelada que se emplea principalmente en la confección de calzado y otras prendas de vestir.

noca s.f. (ár. *nâqor,* caracola). Molusco marino comestible, parecido al centollo, de caparazón liso, fuerte y muy convexo, que vive en las costas de la península Ibérica. (Familia corístidos.)

noche s.f. (lat. *nox, noctis*). Tiempo comprendido entre la puesta y la salida del sol. **2.** Oscuridad que reina durante este tiempo: *hacerse de noche.* **3.** *Fig.* Tristeza: *la noche de sus pensamientos.* ◇ **Ayer noche** Anoche. **Buenas noches** Fórmula de saludo que se usa por la noche. **De la noche a la mañana** En muy poco tiempo. **Hacer noche** Detenerse durante un viaje en un sitio para pasar la noche y descansar. **Noche buena** Nochebuena. **Noche toledana** Esp. *Fig.* y *fam.* Noche que se pasa sin poder dormir. **Noche vieja** Nochevieja. **Noche y día** Siempre, continuamente. **Pasar (de claro) en claro la noche** Pasarla sin poder dormir.

nochebuena s.f. Noche del 24 de diciembre, vigilia de Navidad. (También *noche buena.*)

nocherniego, a adj. y s. (del lat. *nocturnus,* nocturno). Noctámbulo.

nochero, a adj. y s.m. Argent. Se dice del caballo que se reserva para emplearlo por la noche. ◆ adj. y s. Argent. Noctámbulo.

nochevieja s.f. Noche del 31 de diciembre, última del año. (También *noche vieja.*)

nochizo s.m. Avellano silvestre.

noción s.f. (lat. *notio, -onis*). Conocimiento o idea de algo: *perder la noción del tiempo.* **2.** Conocimiento elemental: *nociones de gramática.* (Suele usarse en plural.)

nocivo, a adj. (lat. *nocivus*). Dañoso, perjudicial: *influencias nocivas.* SIN.: *nocible.*

noctambular v.intr. Pasear o divertirse de noche.

noctámbulo, a adj. y s. (del lat. *nox, noctis,* noche, y *ambulare,* andar). Que acostumbra a salir, pasear o divertirse de noche. SIN.: *nocherniego.*

noctiluca s.f. (del lat. *nox, noctis,* noche, y *lucere,* lucir). Protozoo de 1 mm de diámetro, cuyo protoplasma contiene grasa que al oxidarse produce fosforescencia; abunda en el mar y en ciertas sustancias en descomposición. **2.** Luciérnaga.

noctiluco, a adj. Que luce en la oscuridad.

noctívago, a adj. y s. *Poét.* Noctámbulo.

nóctulo s.m. Murciélago de unos 9 cm de long., sin contar la cola, y 40 cm de envergadura. (Familia vespertiliónidos.)

nocturnal adj. Nocturno.

nocturnidad s.f. Cualidad o condición de nocturno. **2.** DER. Circunstancia agravante del delito cometido durante la noche.

nocturno, a adj. (lat. *nocturnus*). Relativo a la noche: *silencio nocturno; club nocturno; bus nocturno.* **2.** *Fig.* Solitario, triste. **3.** Se dice de la flor que se abre durante la noche. **4.** Se dice del animal que se oculta de día y busca su alimento por la noche. ◆ adj. y s.f. Se dice de las rapaces, como la lechuza o el búho, que constituyen el orden de las estrigiformes. ◆ s.m. Parte del oficio de maitines. **2.** Fragmento musical de carácter soñador y melancólico.

nodación s.f. Impedimento para el movimiento del juego de una articulación, tendón o ligamento, causado por un nodo.

nodal adj. Relativo al nodo. <> **Puntos nodales** Puntos del eje de un sistema óptico por los que pasan un rayo incidente y el rayo emergente correspondiente cuando este es paralelo al primero.

nodo s.m. ASTRON. Cada uno de los puntos opuestos, donde la órbita de un cuerpo celeste que gravita alrededor de otro corta el plano de la órbita de este segundo cuerpo: *nodo ascendente; nodo descendente.* **2.** FÍS. Punto inmóvil de un cuerpo vibrante o de un sistema de ondas estacionarias. **3.** MED. Nódulo, nudo o nudosidad.

nodriza s.f. (lat. *nutrix, -icis*). Ama de cría. **2.** Dispositivo mecánico que suministra combustible al motor del automóvil, sin necesidad de dar presión al depósito. **3.** En aposición a *nave, avión, barco,* etc., vehículo de aprovisionamiento para otros de menor tamaño.

nodular adj. Relativo a los nódulos.

nódulo s.m. (lat. *nodulum,* de *nodus,* nudo). Nudosidad, concreción de poco tamaño. **2.** GEOL. Concreción mineral o rocosa, pequeña y redondeada, en una roca de distinta naturaleza. **3.** MED. Pequeña concreción celular que se distingue del tejido que la envuelve.

noema s.m. (voz griega, *idea, significación*). FILOS. Según Husserl, conjunto de los diversos datos representables por la intuición pura.

noesis s.f. (gr. *noēsis,* intuición). FILOS. Percepción intelectiva.

nogal s.m. Árbol de gran tamaño (de 10 a 25 m de alt.) y gran longevidad (300 a 400 años), característico de las regiones templadas, que proporciona una madera dura muy apreciada en ebanistería, y cuyo fruto es la nuez. (Familia juglandáceas.)

nogalina s.f. Colorante obtenido de la cáscara de la nuez, que se emplea para pintar una superficie y darle apariencia de madera de nogal.

noguerado, a adj. Que es de color parecido a la madera del nogal.

nogueral s.m. Terreno poblado de nogales.

noiglo s.m. Planta de tallo erguido y ramoso y flores amarillas, con la que se prepara un añil especial. (Familia crucíferas.)

nolí s.m. Colomb. Palma cuyo fruto da aceite.

nolición s.f. FILOS. Acto de no querer.

noma s.f. (gr. *nomí,* acción de pacer o devorar). PATOL. Forma de estomatitis gangrenosa que ocasiona graves destrucciones y pérdidas de sustancia en la cara. (Aparece generalmente en los niños débiles.)

nómada o **nómade** adj. y s.m. y f. (del lat. *nomas, -adis,* del gr. *nomás, -ádos,* que pace, que se traslada en razón de los pastos). Se dice del pueblo o de la persona que practica el nomadismo. **2.** Que no tiene residencia fija. ◆ adj. Relativo al nomadismo.

nomadismo s.m. Modo de vida caracterizado por el desplazamiento de grupos humanos sin residencia fija con el fin de asegurar su subsistencia. **2.** Desplazamiento de ciertos animales.

nomadización s.f. Proceso por el que los seres vivos sedentarios adoptan formas de vida nómadas.

nomás adv. Argent., Bol., Méx. y Venez. Se emplea en oraciones exhortativas para añadir énfasis: *pase nomás.* **2.** Argent., Méx. y Venez. Solo, nada más, únicamente: *nomás me quedan dos días de vacaciones.* **3.** Argent. y Venez. Apenas, precisamente. **4.** Méx. Apenas, inmediatamente después: *nomás llegó y se fue a dormir.*

nombradía s.f. Reputación, fama.

nombrado, a adj. Célebre, famoso: *un nombrado poeta.*

nombramiento s.m. Acción y efecto de nombrar. **2.** Documento en que se faculta para ejercer un cargo u oficio.

nombrar v.tr. (lat. *nominare*). Citar o decir el nombre de alguien o algo: *nos nombró en la conversación.* **2.** Elegir a una persona para desempeñar un cargo o empleo: *lo nombraron cónsul honorífico.*

nombre s.m. (lat. *nomen, -inis*). Palabra que sirve para designar un ser o una cosa material o inmaterial. **2.** Palabra o palabras que preceden al apellido y designan personalmente a una persona, como *Pilar, Pedro, José Manuel,* etc. **3.** Conjunto formado por el nombre de pila y los apellidos de una persona. **4.** Apodo, mote. **5.** Fama, reputación. **6.** LING. Categoría lingüística del núcleo del sintagma nominal. SIN.: *sustantivo.* <> **Decir,** o **llamar, las cosas por su nombre** Expresarse con gran franqueza y sin rodeos. **En nombre de alguien** Bajo su autoridad o responsabilidad. **Nombre comercial** DER. MERC. Nombre distintivo de un establecimiento comercial o de un producto. **Nombre de pila** Nombre con que los padres o el tutor de una persona deciden designarla y el cual figura en el registro civil precediendo al apellido **No tener nombre algo** *Fam.* Ser muy indignante.

nomedejes s.m. (pl. *nomedejes*). Planta herbácea de flores rosadas o blancas, que crece en América Central. (Familia apocináceas.)

nomenclátor o **nomenclador** s.m. (lat. *nomenclator, -oris,* de *nomen,* nombre, y *calare,* llamar). Catálogo o lista de nombres, especialmente de pueblos, personas o voces técnicas de una ciencia: *nomenclátor de las calles de una ciudad.*

nomenclatura s.f. (lat. *nomenclatura*). Conjunto de voces técnicas de una ciencia: *nomenclatura química.* **2.** Catálogo, lista detallada. **3.** HIST. NAT. Denominación regular de los animales y plantas, establecida según leyes aceptadas internacionalmente.

nomeolvides s.m. (pl. *nomeolvides*). Planta herbácea de jardín que tiene flores pequeñas y azules con una estrella amarilla en el centro. (Familia borragináceas.) SIN.: *miosotis.* **2.** Esp. Pulsera de metal, en forma de cadena, con una placa en la que suele grabarse el nombre.

nómico, a adj. y s. → **gnómico.**

nómina s.f. (lat. *nomina,* pl. de *nomen,* nombre). Lista de nombres de personas o cosas. **2.** Relación del personal contratado por una empresa, en la que figuran para cada perceptor los importes íntegros de sus retribuciones y emolumentos. **3.** *Por ext.* Dichos importes.

nominación s.f. Nombramiento. **2.** Designación para un puesto o cargo.

nominal adj. Relativo al nombre. **2.** Que es o existe solo de nombre, pero no en realidad: *directivo nominal.* <> **Formas nominales del verbo** GRAM. Formas del verbo que no expresan la persona que realiza la acción (infinitivo, gerundio y participio). **Valor nominal** B. Y BOLSA. Valor consignado en un título, que generalmente difiere del valor con que se cotiza en bolsa; valor teórico inscrito en una moneda o efecto de comercio.

nominalismo s.m. Doctrina filosófica según la cual a la universalidad propia de los conceptos del entendimiento no

corresponde nada real común en los seres individuales a que aquellos se refieren.
nominalista adj. y s.m. y f. Relativo al nominalismo; partidario de esta doctrina.
nominalización s.f. LING. Sustantivación.
nominar v.tr. Nombrar. **2.** Designar para un puesto o cargo.
nominativo, a adj. Se dice del título del estado o de la sociedad mercantil que ha de llevar el nombre de su propietario, en oposición al que es al portador. ◆ s.m. LING. Caso de los nombres, adjetivos y pronombres, propio del sujeto y de su atributo, en las lenguas de flexión. ◆ **nominativos** s.m.pl. *Fig.* y *fam.* Nociones o principios de cualquier cosa.
nominilla s.f. Autorización que se entrega a la persona que cobra como pasivo, para que pueda percibir su haber. **2.** Nómina breve añadida a la principal.
1. **nomo** s.m. → **gnomo.**
2. **nomo** s.m. (gr. *nomos,* división). División administrativa del antiguo Egipto y de la Grecia moderna.
nomografía s.f. Sistema de cálculo en el que se utilizan ábacos, gráficos o líneas, cuyos puntos de intersección con otras líneas determinan las soluciones.
nomograma s.m. Tabla o representación gráfica utilizada en nomografía.
nomomecánico, a adj. Se dice del cálculo efectuado por una máquina en que los resultados se reflejan en un nomograma.
nomon s.m. → **gnomon.**
nomónica s.f. → **gnomónica.**
nomónico, a adj. → **gnomónico.**
non adj. y s.m. (del lat. *non par,* no par). Impar, indivisible por dos: *el nueve es un número non.*
nona s.f. (voz latina). ANT. ROM. Cuarta de las partes iguales en que se dividía el día artificial que comenzaba después de las tres de la tarde. **2.** LITURG. Hora menor del oficio divino que se reza a las tres de la tarde. ◆ **nonas** s.f.pl. ANT. ROM. Séptimo día de marzo, mayo, julio y octubre, y quinto día de los otros meses.
nonada s.f. Cosa muy pequeña o de muy poca importancia.
nonagenario, a adj. y s. Que tiene una edad comprendida entre los noventa y los noventa y nueve años. SIN.: *noventón.*
nonagésimo, a adj.num.ordin. y s. Que corresponde en orden al número noventa. ◆ adj. y s.m. Se dice de cada una de las partes que resultan de dividir un todo en noventa partes iguales.
nonato, a adj. (del lat. *non natus,* no nacido). Extraído del vientre de la madre mediante cesárea. **2.** *Fig.* Que todavía no sucede o no existe.
nones adv. *Fam.* No: *dijo nones a todas mis peticiones.*
nonigentésimo, a adj.num.ordin. y s. Que corresponde en orden al número novecientos. ◆ adj. y s.m. Se dice de cada una de las partes que resultan de dividir un todo en novecientas partes iguales.
nonio o **nonius** s.m. (de *Nonius,* forma latinizada de *P. Nunes,* matemático portugués). Dispositivo que, acoplado a una regla o a un limbo graduados, facilita la lectura de fracciones o subdivisiones de la escala principal a la que se aplica.
nonis adj. Amér. Central. Insuperable.
nono, a adj. (lat. *nonus*). Noveno. ◆ s. Argent. y Urug. Abuelo.
nónuplo, a adj. y s.m. Que contiene nueve veces una magnitud o un valor determinado.
noológico, a adj. FILOS. Relativo al espíritu.
nopal s.m. (náhuatl *nopálli*). Planta crasa, con el tallo formado por cladodios carnosos, erizados de espinas, y flores grandes, con muchos pétalos, cuyo fruto es comestible. (Crece en países cálidos de América; familia cactáceas.) SIN.: *chumbera.* **2.** Penca del nopal.
nopalera o **nopaleda** s.f. Terreno poblado de nopales.
nopalitos s.m.pl. Méx. Hojas tiernas de nopal guisadas.
noque s.m. (cat. *noc*). Fosa para curtir pieles. **2.** Pila de capachos de aceituna molida, sobre los que carga la viga en los molinos de aceite. **3.** Tronco de árbol ahuecado para servir de recipiente. **4.** Cámara con paredes de madera donde se conserva la hierba mate después de tostada. **5.** Argent., Bol. y Urug. Recipiente de cuero o madera destinado a la elaboración de vino o a la conservación y transporte de líquidos, sustancias grasas, cereales, etc.
noquear v.tr. En boxeo, dejar al adversario fuera de combate por k.o.
noquero, a s. Curtidor.
noradrenalina s.f. Hormona derivada de la adrenalina, secretada como esta por la porción medular de las suprarrenales.
noradrenérgico, a adj. Relativo a la noradrenalina. **2.** Se dice de la estructura nerviosa cuyo transmisor químico natural es la noradrenalina.
noray s.m. MAR. Pieza que se dispone en los muelles, empotrada en un macizo de fábrica algo retrasado, para hacer firmes las amarras de los buques atracados.
norcoreano, a adj. y s. De Corea del Norte.
nórdico, a adj. Relativo al norte. ◆ adj. y s. De los países escandinavos. ◆ adj. y s.m. Se dice de las lenguas germánicas habladas en los países escandinavos, como el islandés, el noruego, el sueco y el danés. ◇ **Combinada nórdica** Competición de esquí, en la que se combinan las pruebas de fondo con las de saltos.
nordista adj. y s.m. y f. Partidario del gobierno federal durante la guerra de Secesión norteamericana.
norestada o **nordestada** s.f. MAR. Viento fuerte o duro del noreste.
norestal o **nordestal** adj. Que está en el noreste o que viene del noreste.
noreste o **nordeste** s.m. Punto del horizonte equidistante del norte y el este (abrev. NE). **2.** Región o lugar situado en dirección a ese punto. ◆ adj. y s.m. Se dice del viento que sopla desde ese punto.
noria s.f. (del ár. *naûra*). Máquina para elevar agua, formada por una serie de cangilones unidos a una cadena sin fin, que entran invertidos en el pozo y salen llenos de líquido. **2.** *Fig.* y *fam.* Trabajo pesado y siempre igual en el que no se adelanta nada. **3.** Atracción de feria que consiste en una rueda que gira verticalmente y de la que cuelgan asientos.
norial adj. Relativo a la noria.
norma s.f. (lat. *norma*). Regla general sobre el modo de comportarse o de hacer algo, o por la que se rige la mayoría de las personas. **2.** Uso, costumbre: *hacer la ronda por norma.* **3.** Escuadra para arreglar piezas de madera, piedra, etc., y hacer que ajusten unas con otras. **4.** DER. Mandato que establece la forma en que ha de ordenarse una relación social. **5.** FILOS. Criterio o principio discriminatorio al cual se refiere implícita o explícitamente todo juicio de valor en materia estética o moral. **6.** LING. En las gramáticas normativas, conjunto de reglas que determinan la corrección gramatical. **7.** MAT. Magnitud asociada a cada uno de los elementos de un espacio vectorial, cuyas propiedades generalizan las del valor absoluto para los números reales y las del módulo para los números complejos. **8.** TECNOL. Regla que fija las características de un objeto fabricado, así como las condiciones técnicas de fabricación.
normado, a adj. MAT. **a.** Se dice de un sistema de coordenadas cuyos ejes tienen vectores unitarios de igual longitud. **b.** Se dice de un espacio vectorial que posee una norma.
normal adj. (lat. *normal*). Conforme a la regla, a la norma. **2.** Se dice de lo que por su acomodación a la naturaleza o al uso, o por su frecuencia, no produce extrañeza. **3.** QUÍM. Se dice de una solución tipo, que sirve para las mediciones químicas y que contiene un equivalente gramo activo por litro. ◆ adj. y s.f. MAT. Recta perpendicular. ◇ **Normal a una curva en un punto** Perpendicular a la tangente en este punto. **Normal a una superficie en un punto** Perpen-

dicular al plano tangente en este punto. **Número normal** TECNOL. Número tomado de la serie de Renard, constituida por una progresión geométrica de 5, 10, 20 o 40 números escalonados entre 100 y 1 000.

normalidad s.f. Cualidad o condición de normal: *reinar la normalidad.* **2.** QUÍM. Concentración de una solución comparada con la de una solución normal.

normalización s.f. Acción de normalizar o normalizarse. **2.** TECNOL. Unificación de las medidas y calidades de los productos industriales o manufacturados, para simplificar la fabricación y reducir el costo de los mismos.

normalizar v.tr. y prnl. Hacer que algo sea normal o recuperar la normalidad. ◆ v.tr. Fijar normas.

normanda s.f. Letra de imprenta de base ancha y trazos rectilíneos, con los negros muy gruesos y los perfiles tenues.

normando, a adj. y s. De Normandía. **2.** De los pueblos procedentes de Escandinavia (noruegos, daneses, suecos) que durante la alta edad media realizaron incursiones por las costas de Europa. ◇ **Raza normanda** Raza bovina excelente productora de leche y carne.

normando

Los normandos se llamaban a sí mismos *vikingos*. Empujados fuera de sus tierras por la superpoblación y la búsqueda de salidas comerciales y botines, llegaron en oleadas hasta el resto de Europa a partir del s. VIII. Con el nombre de *varegos*. los suecos ocuparon, hacia mediados del s. IX, el valle superior del Dniéper, y llegaron incluso hasta Constantinopla. Fueron los intermediarios entre Bizancio y occidente, entre cristianos y musulmanes. Descubrieron Islandia (h. 860) y Groenlandia (s. X).
Los noruegos colonizaron el N de Escocia e Irlanda. Los daneses se instalaron en el NE de Inglaterra (s. IX).

normativa s.f. Norma o conjunto de normas por las que se regula o rige una materia o actividad determinadas: *la normativa laboral.*

normativo, a adj. Que sirve de norma o la implica. **2.** FILOS. Que concierne al «deber ser» y no al «ser». ◇ **Gramática normativa** Gramática concebida como un conjunto de reglas resultantes de una norma fundada en valores socioculturales.

nornoreste o **nornordeste** s.m. Punto del horizonte equidistante del norte y el noreste (abrev. NNE). ◆ adj. y s.m. Se dice del viento que sopla desde ese punto.

nornoroeste s.m. Punto del horizonte equidistante del norte y el noroeste (abrev. NNO). ◆ adj. y s.m. Se dice del viento que sopla desde ese punto.

noroeste s.m. Punto del horizonte equidistante del norte y el oeste (abrev. NO). **2.** Región o lugar situado en dirección a ese punto. ◆ adj. y s.m. Se dice del viento que sopla desde ese punto

nortada s.f. Viento fresco del norte, que sopla sin interrupción durante algún tiempo.

norte s.m. (del anglosajón *norþ*). Punto cardinal que está en la dirección de la estrella Polar (abrev. N). **2.** Región o lugar situado en dirección a este punto. **3.** *Fig.* Meta, fin a que se tiende o que se pretende conseguir. ◆ adj. y s.m. Se dice del viento que sopla desde ese punto.

norteado, a adj. Méx. *Vulg.* Desorientado, perdido.

norteafricano, a adj. y s. Del N de África.

norteamericano, a adj. De América del Norte. ◆ adj. y s. De Estados Unidos de América. (Este uso es impropio.)

nortear v.tr. Observar el norte para orientarse en un viaje, especialmente por mar. ◆ v.intr. Hacer rumbo al norte. **2.** Declinar el viento hacia el norte. ◆ **nortearse** v.prnl. Méx. Perder la orientación: *al dar la vuelta nos norteamos.*

norteño, a adj. y s. Del norte o de un país o región situado en dirección al norte.

nórtico, a adj. Relativo al norte.

nortino, a adj. y s. Chile y Perú. Norteño.

noruega s.f. Velero de proa alta y redondeada.

noruego, a adj. y s. De Noruega. ◆ s.m. Lengua nórdica hablada en Noruega. ◇ **Popa noruega** MAR. Popa puntiaguda y sin espejo

nos pron.pers. (lat. *nos*). Forma átona del pronombre de 1ª persona del plural. Funciona como complemento directo e indirecto y se usa con verbos pronominales cuando el sujeto es de 1ª persona del plural. Va pospuesto y unido al verbo cuando acompaña a un infinitivo, gerundio o imperativo: *creo que nos ha visto; darnos el premio.* ◆ pron.pers. Forma tónica de la 1ª persona del singular utilizada en el lenguaje solemne por un rey o papa. Funciona como sujeto, predicado nominal o complemento precedido de una preposición. Se usa con el verbo en plural cuando funciona como sujeto: *nos os bendecimos.*

nosemiasis s.f. Enfermedad contagiosa que afecta a las abejas y a los gusanos de seda.

noseología s.f. → **gnoseología.**

no-ser s.m. FILOS. Contrario a ser, y, generalmente, equivalente a nada.

nosia s.f. → **gnosia.**

nosis s.f. → **gnosis.**

nosocomial adj. Se dice de la infección contraída durante la estancia en un medio hospitalario.

nosocomio s.m. (del gr. *nósos*, enfermedad, y *komein*, cuidar). Hospital.

nosoconiosis s.f. Enfermedad originada por la acumulación en el organismo de sustancias procedentes del exterior.

nosofobia s.f. PSIQUIATR. Temor enfermizo o exagerado a padecer una enfermedad determinada.

nosografía s.f. Descripción y clasificación de las enfermedades.

nosología s.f. Parte de la medicina que estudia las enfermedades diferenciándolas con arreglo a criterios que permiten su individualización.

nosomanía s.f. PSIQUIATR. Creencia injustificada de padecer una enfermedad determinada.

nosotros, as pron.pers. (de *nos* y *otros*). Forma tónica de la 1ª persona del plural. Designa al emisor asociado a una o más personas en un acto de comunicación. Funciona como sujeto, predicado nominal o como complemento precedido de una preposición: *nosotros lo hicimos; todo lo hizo por nosotros; a nosotros nos tiene sin cuidado.* **2.** Sustituye a *yo* como plural de modestia.

nostalgia s.f. (del gr. *nóstos*, regreso, y *álgos*, dolor). Tristeza que se siente al encontrarse lejos del país natal o de algún lugar querido. **2.** Tristeza con que una persona recuerda épocas o personas del pasado a las que se siente vinculada afectivamente: *nostalgia del pasado; nostalgia de sus compañeros.*

nostálgico, a adj. Relativo a la nostalgia. ◆ adj. y s. Que siente nostalgia.

nosticismo s.m. → **gnosticismo.**

nóstico, a adj. y s. → **gnóstico.**

nostramo, a s. Contracción de *nuestro amo.*

nota s.f. (lat. *nota*, mancha, signo, señal). Escrito breve hecho para recordar algo o con intención de desarrollarlo después: *las notas de una conferencia.* **2.** Noticia o comunicación breves: *dejé una nota en la portería.* **3.** Calificación expresada en palabras o en números sobre la conducta o el trabajo de un alumno, un empleado, etc.: *sacar buenas notas.* **4.** Cuenta, factura global o detallada de gastos: *pedir la nota al camarero.* **5.** Aspecto, detalle, elemento que tiene determinado carácter que se expresa: *la tolerancia es la nota más destacada de su carácter.* **6.** Fama, reputación, especialmente cuando es negativa: *una casa de mala nota.* **7.** Méx. Documento que se da como comprobante de pago de una compra o servicio. **8.** IMPR. Llamada que se pone en un texto para advertir al lector que consulte la anotación correspondiente que se halla al margen o al pie de la página, o al final de la obra; la adición o anotación misma. **9.** MÚS. Signo convencional que representa gráficamente un sonido musical; sonido representado por este signo. <> **Dar la nota** *Fig.* y *fam.* Llamar la atención haciendo algo extravagante, raro o poco habitual. **Nota diplomática** Comunicación diplomática redactada en tercera persona y firmada, hecha por un gobierno a otro gobierno a través de sus agentes diplomáticos acreditados. **Tomar nota** Apuntar; fijarse bien en algo para tenerlo luego en cuenta.

nota

Las sílabas que sirven para designar las siete notas de la gama fueron establecidas por Guido d'Arezzo, un monje del s. X, en el himno a san Juan Bautista. Son las primeras sílabas de los versos de la primera estrofa: *Ut queant laxis / Resonare Fibris / Mira gestorum / Famuli tuorum / Solve polluti / Labii reatum / Sancte Iohannes.* En el s. XVII, *ut,* difícil de solfear, se remplazó por *do,* más eufónico. Estos nombres de notas se utilizan en todos los países con lengua de origen latino.

nota bene loc. (voces latinas, *observa bien*). Indicación u observación que se hace en impresos y manuscritos. (Se abrevia *NB.*)

notable adj. Digno de ser tenido en cuenta, importante. ◆ s.m. Persona principal en una colectividad. (Suele usarse en plural.) **2.** Calificación de un alumno, inferior al sobresaliente y superior al aprobado: *notable en matemáticas.* <> **Asamblea de notables** HIST. Asamblea formada por miembros representativos de los tres estados del reino de Francia, a los que los reyes solicitaban su opinión en ciertos casos.

notación s.f. Anotación. **2.** Sistema de signos empleados en una ciencia, arte, etc.: *notación musical.*

notalgia s.f. Dolor en la espalda o región dorsal.

notar v.tr. (lat. *notare,* señalar, escribir, anotar). Ver, sentir o advertir una cosa: *notar que a uno le miran.* ◆ **notarse** v.prnl. Ser perceptible: *se nota que estás cansado.* <> **Hacerse notar** Hacer alguien algo para atraer hacia sí la atención de los demás.

notaría s.f. Profesión de notario. **2.** Oficina donde despacha el notario.

notariado, a adj. Se dice de lo que está autorizado ante notario o abonado con fe notarial. ◆ s.m. Profesión de notario o estudios para poder ejercerla. **2.** Colectivo de notarios.

notarial adj. Relativo al notario. **2.** Hecho o autorizado por notario. **3.** Que goza de fe pública extrajudicial.

notariato s.m. Título o nombramiento de notario. **2.** Ejercicio de este cargo.

notario, a s. (lat. *notarius,* secretario, taquígrafo). Funcionario autorizado por la ley para dar fe pública de un contrato, un testamento u otro acto extrajudicial. ◆ s.m. HIST. Funcionario público que redactaba documentos oficiales o privados, a los que confería autenticidad.

noticia s.f. (lat. *noticia,* conocimiento, de *notus,* p. de *noscere,* conocer). Comunicación o información, en especial de un acontecimiento reciente. **2.** Noción, conocimiento elemental. <> **Noticia bomba** *Fam.* Noticia sorprendente. SIN.: *notición.*

noticiario s.m. Programa de radio o televisión o película cinematográfica en que se transmiten o dan noticias.

noticiero s.m. Periódico de noticias.

notición s.m. *Fam.* Noticia bomba.

noticioso, a adj. Que tiene o contiene noticia de una cosa. **2.** Erudito. ◆ s.m. Amér. Programa de radio o de televisión en el que se transmiten noticias.

notificación s.f. Acción de notificar. **2.** Documento en que se notifica o se hace constar algo. **3.** DER. Acto por el que, observando las formas legales, se pone en conocimiento de la persona interesada una resolución o acto que le concierne.

notificar v.tr. Comunicar o dar una noticia. **2.** DER. Hacer una notificación.

1. **noto, a** adj. (lat. *nothus,* del gr. *nóthos*). Que es ilegítimo: *hijo noto.* SIN.: *bastardo.*

2. **noto, a** adj. (lat. *notum*). Sabido, notorio.

notobranquio, a adj. Se dice del animal acuático que tiene las branquias en el dorso.

notocordio s.m. (del gr. *notos,* espalda, y *khordí,* cuerda). ZOOL. Cordón cilíndrico y elástico que se extiende desde la cabeza a la extremidad caudal, y que puede conservarse completo o más o menos reducido, e incluso desaparecer totalmente, según las especies.

notoriedad s.f. Cualidad de notorio: *la notoriedad de un insulto.* **2.** Fama. <> **Acta de notoriedad** DER. CIV. Documento notarial que tiene por objeto la comprobación y fijación de hechos notorios, sobre los cuales podrán ser fundados y declarados derechos y cualidades con trascendencia jurídica.

notorio, a adj. (lat. *notorius*). Que se manifiesta con evidencia: *una semejanza notoria.* **2.** Conocido o sabido por todos.

noúmeno s.m. (gr. *nooúmenon,* p. pasivo de *noein,* darse cuenta). FILOS. En la filosofía de Kant, la cosa en sí, concebida como más allá de toda experiencia posible (por oposición a *fenómeno*).

nova s.f. Estrella que se vuelve de pronto mucho más luminosa, pareciendo constituir una nueva estrella, y recupera lentamente su brillo primitivo. (Se trata, la mayoría de veces, de una estrella enana blanca cuyas capas superficiales explotan tras el desencadenamiento de reacciones nucleares como consecuencia de la acreción de la materia de una estrella gigante vecina.)

novacianismo s.m. Doctrina de Novaciano que representaba un rigorismo exagerado en la doctrina penitencial.

novaciano, a adj. y s. Relativo al novacianismo; partidario de esta doctrina.

novación s.f. DER. Sustitución de una obligación por otra posterior que extingue o modifica la primera.

novador, ra o **novator, ra** s. Innovador, especialmente en cuestiones ideológicas.

noval adj. (lat. *novalis*). Se dice de la tierra que se cultiva de nuevo o por primera vez, y también de lo que ella produce. **2.** Se dice de la labor profunda que se da al comenzar la rotación de cultivos.

novar v.tr. DER. Renovar una obligación.

novatada s.f. Broma que en una colectividad hacen las personas más antiguas a una persona novata. **2.** Contratiempo o dificultad que se experimenta al hacer algo por falta de experiencia: *pagar la novatada.*

novato, a adj. y s. Se dice de la persona nueva en algún sitio o principiante en cualquier actividad u oficio.

novator, ra s. → **novador.**

novecentismo s.m. Tendencia o movimiento literario y artístico del primer tercio del s. XX, que abandonó el pensamiento modernista y adoptó formas más clásicas.

novecentismo

El novecentismo tuvo gran importancia en Cataluña, en donde se caracterizó por su intento modernizador de la lengua, la literatura, las artes plásticas y la sociedad, y su principal representante fue Eugenio d'Ors.

novecientos, as adj.num.cardin. y s.m. Nueve veces cien. ◆ adj.num.ordin. y s. Que corresponde en orden al número novecientos. ◆ s.m. Siglo XX.

novedad s.f. Cualidad de nuevo. **2.** Cosa nueva. **3.** Cambio introducido o surgido en una cosa: *no hay novedad en su estado de salud.* **4.** Suceso reciente, noticia: *página de las novedades de la semana.* **5.** Género o mercancía de moda: *presentar las últimas novedades en el vestir.* (Suele usarse en plural.)

novedoso, a adj. Que tiene o constituye novedad. **2.** Amér. Novelero, novelesco.

novel adj. (cat. *novell,* nuevo). Principiante y sin experiencia: *un pintor novel.* **2.** Categoría del boxeador aficionado.

1. **novela** s.f. (ital. *novella,* noticia, relato breve). Obra de ficción que consiste en una narración en prosa de considerable extensión, cuyo interés estriba en la descripción de aventuras, el estudio de costumbres o de caracteres y el análisis de sentimientos o de pasiones. **2.** Género literario constituido por esta clase de narraciones: *la novela pastoril, picaresca, de aventuras.* **3.** Aventura desprovista de verosimilitud: *esta explicación tiene todo el aire de una novela.*

2. **novela** s.f. (lat. *novellas*). DER. ROM. Nombre dado a la constitución que se añadía a un código publicado con anterioridad, pero bajo el mismo emperador. (Con este significado, se escribe con mayúscula.)

novelar v.intr. y tr. Escribir novelas o relatar en forma de novela. ◆ v.intr. *Fig.* Contar patrañas o chismes.

novelería s.f. Fantasía, ficción. **2.** Chismes, habladurías.

novelero, a adj. y s. Aficionado a fantasías y ficciones. **2.** Aficionado a las habladurías, chismoso. **3.** Aficionado a las novelas.

novelesco, a adj. Que tiene características propias de novela por ser fantástico, interesante o extraordinario: *aventura novelesca.* **2.** Relativo a la novela.

novelista s.m. y f. Autor de novelas.

novelística s.f. Tratado teórico o histórico sobre la novela. **2.** Género de la novela.

novelizar v.tr. Novelar, relatar en forma de novela.

novelón s.m. *Desp.* Novela dramática, extensa y de poca calidad literaria.

novena s.f. Acto de devoción que consiste en rezar ciertas oraciones nueve días seguidos. **2.** Libro que contiene esas oraciones. **3.** Sufragios y ofrendas por los difuntos. **4.** MÚS. Intervalo entre dos notas de la escala separadas por siete notas consecutivas, que está compuesto por ocho intervalos elementales.

novenario s.m. Período de nueve días que se dedica a la memoria de un difunto. **2.** Período de nueve días en honor de un santo determinado.

noveno, a adj.num.ordin. y s. Que corresponde en orden al número nueve. ◆ adj. y s.m. Se dice de cada una de las partes que resultan de dividir un todo en nueve partes iguales.

noventa adj.num.cardin. y s.m. (del lat. *nonaginta,* de *nonus,* noveno). Nueve veces diez. ◆ adj.num.ordin. y s. Nonagésimo. ◇ **Los (años) noventa** Década que empieza en el año noventa y termina el último día del año noventa y nueve.

noventavo, a adj. y s.m. Se dice de cada una de las partes que resultan de dividir un todo en noventa partes iguales.

noventón, na adj. y s. Nonagenario.

noviar v.intr. [conj.: *desviar*]. Argent. Entablar una relación amorosa sin intención de comprometerse, flirtear.

noviazgo s.m. Relación que mantiene una pareja de novios: *romper el noviazgo.* **2.** Período de tiempo que dura esa relación: *un largo noviazgo.*

noviciado s.m. Tiempo de prueba impuesto a los novicios antes de pronunciar los primeros votos. **2.** Casa o residencia donde viven los novicios. **3.** Conjunto de novicios que viven en esa casa o residencia. **4.** Régimen a que están sometidos los novicios. **5.** *Fig.* Tiempo o período que dura un aprendizaje.

novicio, a adj. y s. (lat. *novicius*). Se dice de la persona que, habiendo ingresado en una orden o congregación religiosa, se encuentra en el período de prueba previo a la formulación de votos y a su admisión definitiva. **2.** *Fig.* Nuevo, principiante: *ser novicio en una materia.* **3.** *Fig.* Muy modesto y moderado en su conducta.

noviembre s.m. (lat. *november, -bris*). Undécimo mes del año. (Tiene 30 días.)

novillada s.f. TAUROM. **a.** Conjunto de novillos. **b.** Corrida en la que se lidian novillos, y en la que el lidiador, por lo general, no ha recibido la alternativa como matador de toros.

novillero, a s. Persona que cuida novillos. **2.** Persona que lidia novillos por no haber recibido la alternativa de matador. ◆ s.m. Corral de novillos. **2.** Dehesa abundante en hierba destinada especialmente para los novillos y para paridera de las vacas.

novillo, a s. Toro o vaca de dos o tres años. **2.** Chile. Ternero castrado. ◆ s.m. *Fam.* Marido cuya mujer comete adulterio. ◆ **novillos** s.m.pl. Novillada, lidia de novillos. ◇ **Hacer novillos** *Fam.* Dejar de ir a alguna parte, especialmente faltar a clase.

novilunio s.m. Conjunción de la Luna con el Sol. SIN.: *luna nueva.*

novio, a s. (lat. *novius*). Persona que mantiene relaciones amorosas con otra, con vistas a casarse. **2.** Cada uno de los contrayentes el día de la boda. **3.** Recién casado. ◆ s.m. Montero o cazador que mata su primera res. **2.** Colomb., Ecuad. y Venez. Planta geraniácea de flores rojas, muy común en los jardines. ◇ **Quedarse compuesta y sin novio** *Fam.* No lograr algo que se esperaba después de haber hecho planes y preparativos creyéndolo seguro.

novísimo, a adj. Último en un orden de cosas. ◆ s.m. TEOL. Cada una de las cuatro postrimerías del ser humano (muerte, juicio, infierno y gloria).

novohispano, a adj. y s. De Nueva España: *los virreyes novohispanos.*

noxa s.f. (lat. *noxa,* perjuicio). MED. Perjuicio para la salud.

noyó s.m. (fr. *noyau,* hueso de fruta, del lat. vulg. *nucalis*). Licor de aguardiente, azúcar y almendras amargas.

nuba s.f. (voz árabe). Música de los antiguos regimientos de tropas indígenas norteafricanas. **2.** Composición árabe, vocal o instrumental, dedicada a un momento determinado del día.

nubada s.f. Chaparrón local. SIN.: *nubarrada.* **2.** *Fig.* Abundancia de algo. SIN.: *nubarrada.*

nubarrón s.m. Nube grande y negruzca.

nube s.f. (lat. *nubes*). Conjunto de finas partículas de agua, líquidas o sólidas, mantenidas en suspensión por corrientes de aire ascendentes, que forma una masa de color variable según incida en ella la luz solar. **2.** Lo que forma una masa: *nube de humo, de insectos.* **3.** Mancha que se forma en el exterior de la córnea. SIN.: *niebla.* **4.** *Fig.* Cualquier cosa que oscurece la vista. **5.** *Fig.* Lo que ofusca la inteligencia o altera la serenidad. **6.** *Fig.* Multitud de personas o cosas juntas: *una nube de fotógrafos.* ◇ **Como caído de las nubes** De pronto, de forma inesperada. **En las nubes** Distraído. **Nube ardiente** Nube de gas a elevada temperatura, cargada de cenizas incandescentes y de bloques, que se desliza por las laderas de ciertos volcanes en erupción. **Nube de verano** Tormenta repentina y de poca duración; *Fig.* disgusto o enojo pasajeros. **Nube electrónica** Distribución de la densidad de probabilidad de un electrón alrededor del núcleo de un átomo. **Nube molecular** ASTRON. Gran extensión de materia interestelar en que el gas se encuentra principalmente bajo forma de moléculas. **Nube radiactiva** Nube de polvo, partículas y vapor que se forma a causa de una explosión nuclear. **Poner en,** o **por, las nubes** Alabar mucho a alguien o algo. **Por las nubes** A un precio muy elevado.

nube

Las nubes se forman por la evaporación del agua a partir del suelo y los océanos, seguida de una condensación del vapor de agua del aire. Esta es consecuencia de un enfriamiento de la atmósfera en contacto con una superficie fría, o de una ascensión de la masa de aire, debida, por ejemplo, a causas dinámicas u orográficas.

nubiense adj. y s.m. y f. Nubio.

núbil adj. (lat. *nubilis*). Que está en edad de casarse o reúne las condiciones requeridas para el matrimonio.

nubiloso, a adj. *Poét.* Nublado.

nubio, a adj. y s. De Nubia.

nublado, a adj. Cubierto de nubes. **2.** HERÁLD. Se dice de la pieza cuyos perfiles imitan las ondulaciones de las nubes. ◆ s.m. Conjunto de nubes, particularmente las que amenazan tormenta.

nublar v.tr. y prnl. Cubrir las nubes el cielo. **2.** *Fig.* Enturbiar la vista. **3.** *Fig.* Confundir, turbar: *nublar el entendimiento.* **4.** *Fig.* Empañar, oscurecer.

nublo, a adj. (lat. *nubilus, -a, -um*). Nublado, cubierto de nubes.

nubloso, a adj. Cubierto de nubes. **2.** *Fig.* Adverso, desfavorable.

nubosidad s.f. Estado del tiempo en que el cielo aparece cubierto de nubes.

nuboso, a adj. Cubierto de nubes: *cielo nuboso.*

nubuck s.m. → **nobuk.**

nuca s.f. (bajo lat. *nucha,* médula espinal). Parte posterior del cuello en que se une la espalda con la cabeza.

nucela s.f. Parte principal del óvulo de una angiosperma, que desaparece cuando este se transforma en semilla.

nuche s.m. Argent. Tábano. **2.** Colomb. Larva que se introduce bajo la piel de los animales.

nucleación s.f. TERMODIN. Formación de gérmenes, en un medio de estructura y composición definidas, que constituyen centros de desarrollo de una nueva estructura física o química.

nucleado, a adj. BIOL. Que posee uno o varios núcleos.

nuclear adj. Relativo a un núcleo. **2.** Relativo al núcleo del átomo y a la energía que se desprende de él: *física nuclear.* **3.** Se dice de la familia que comprende solo a la pareja y a sus hijos. **4.** BIOL. Relativo al núcleo de la célula. ◆ s.f. *Fam.* Central electronuclear. ◇ **Arma nuclear** Arma que utiliza la energía nuclear.

nuclearización s.f. Sustitución de las fuentes de energía tradicionales por energía nuclear.

nuclearizar v.tr. Dotar de energía nuclear o de armamento nuclear.

nucleico, a adj. Se dice de cada uno de los dos ácidos fosforados, que son constituyentes fundamentales del núcleo de la célula. (Existen dos tipos de ácidos nucleicos: el *ácido desoxirribonucleico* [ADN] y el *ácido ribonucleico* [ARN].)

nucleido s.m. Núcleo atómico caracterizado por su número de protones y por su número de neutrones.

núcleo s.m. (lat. *nucleus,* parte comestible de la nuez o la almendra, hueso de fruta). Parte central de una cosa material, de densidad distinta a la de la masa. **2.** Parte alrededor de la cual se organiza un grupo, un conjunto o un sistema: *el núcleo del sintagma nominal es el nombre.* **3.** Pequeño grupo de personas que forman un elemento esencial de un grupo: *núcleos de resistencia.* **4.** ANAT. Acumulación o concentración de sustancia gris en un centro nervioso. **5.** ASTRON. **a.** Parte de un cometa que, junto con la cabellera, constituye la cabeza. **b.** Región central de una mancha solar. **c.** Concentración de materia en el centro de una galaxia. **d.** Parte central y más densa de un planeta o cuerpo celeste. **6.** BIOL. Cuerpo esférico de la célula formado por una nucleoproteína, la cromatina, y por uno o varios nucléolos. **7.** BOT. **a.** Semilla de los frutos de cáscara leñosa. **b.** Hueso de la fruta. **8.** ELECTR. Pieza de material magnético alrededor de la cual se disponen los arrollamientos de un dispositivo. **9.** FÍS. Parte central de un átomo, formada por protones y neutrones, donde está concentrada la casi totalidad de su masa. **10.** GEOL. Parte central del globo terrestre. **11.** MAT. En la aplicación lineal de un espacio vectorial E en un espacio vectorial F, subespacio de E formado por los vectores cuya imagen en F es el vector nulo. **12.** METAL. Pieza resistente a la materia en fusión, que se introduce en un molde para obtener partes huecas en la pieza colada. **13.** PREHIST. Bloque de sílex preparado para la obtención de utensilios. **14.** QUÍM. Tipo particular de cadenas cíclicas de compuestos orgánicos. ◆ **núcleos** s.m.pl. APIC. Colmenas pequeñas destinadas para la cría de reinas. ◇ **Núcleo de condensación** METEOROL. Partícula muy fina en suspensión en la atmósfera y que, al tener la propiedad de activar la condensación del vapor de agua, desempeña un papel esencial en la formación de las precipitaciones. **Núcleo de la hélice** MAR. Parte de la hélice marina por la que esta va sujeta al árbol o eje propulsor y donde nacen las palas o álabes. **Núcleo pulposo** ANAT. Parte central del disco intervertebral, formada por una masa gelatinosa. **Núcleo urbano** Sector primitivo de una ciudad, en torno al cual esta se ha expansionado.

nucléolo s.m. Cuerpo esférico rico en ARN que se encuentra en el interior del núcleo de la célula.

nucleón s.m. Partícula constituyente del núcleo de un átomo.

nucleoproteína s.f. Proteína compleja que se encuentra en el núcleo de las células.

nucleósido s.m. Heterósido que resulta de la unión de una pentosa con una base púrica o pirimídica.

nucleosíntesis s.f. (pl. *nucleosíntesis*). Formación de elementos químicos por reacciones nucleares en el interior de las estrellas o en los primeros momentos del big-bang.

nucleótido s.m. Prótido que resulta de la unión de un nucleósido con ácido fosfórico, y que forma parte de la composición de los ácidos nucleicos.

nuco s.m. Chile. Ave de rapiña nocturna, semejante al autillo.

nudado, a adj. HERÁLD. Se dice de la pieza que presenta un nudo en su configuración, especialmente la cola del león.

nudibranquio, a adj. y s.m. Relativo a un orden de moluscos gasterópodos marinos, sin concha y con branquias descubiertas dirigidas hacia atrás.

nudillo s.m. Articulación de las falanges de un dedo: *dar un golpe con los nudillos.* **2.** Taco de madera que se empotra en el muro para clavar o sujetar algo en él. **3.** Punto que forma la costura de una media.

nudismo s.m. Práctica que consiste en ir completamente desnudo para estar en contacto directo con la naturaleza. SIN.: *desnudismo, naturismo.*

nudista adj. y s.m. y f. Relativo al nudismo; que practica el nudismo. SIN.: *desnudista, naturista.*

1. **nudo** s.m. (lat. *nodus*). Entrelazamiento fuerte de uno o más cuerpos flexibles, como cuerda, hilo, etc.: *nudo marinero.* **2.** *Fig.* Vínculo que une a las personas entre sí. **3.** Porción dura o abultamiento en un sólido. **4.** Punto donde se cruzan o de donde arrancan varias cosas: *nudo de comunicaciones.* **5.** *Fig.* Punto principal de un problema que hay que resolver: *el nudo de la cuestión.* **6.** Punto del tallo de una planta o árbol en que se insertan a la vez una hoja o un grupo de hojas, una rama o un grupo de ramas, o al menos una yema axilar, y donde las fibras leñosas toman una nueva orientación. **7.** Excrecencia leñosa que se produce en el tronco y las ramas de algunos árboles. **8.** Punto de una red eléctrica donde coinciden por lo menos tres conductores lineales recorridos por corriente. **9.** Momento de una obra teatral o de una novela en que la intriga llega a su punto de máximo interés, pero en el que todavía no se conoce el desenlace. **10.** Cruce de varias vías de comunicación (vías férreas, carreteras). **11.** ANAT. Agrupación de tejido globuloso. **12.** MAR. Unidad de medida de velocidad utilizada en navegación, equivalente a 1 852 m por hora o una milla marina por hora. **13.** MAT. Punto donde una curva vuelve sobre sí misma y se corta formando una especie de bucle. **14.** TEXT. Acumulación pequeña de filamentos en el hilado o en la tela, de la misma o de diferente materia textil. ◇ **Nudo corredizo** Nudo que se ciñe alrededor de algo y se puede aflojar sin deshacerse. **Nudo en la garganta** Dificultad para tragar o hablar, por causa física o por alteración del ánimo. **Nudo gordiano** Dificultad insoluble que se solventa por medios expeditivos. **Nudo vital** ANAT. Centro de los movimientos respiratorios, situado en el bulbo.

2. **nudo, a** adj. *Poét.* Desnudo. ◇ **Nuda propiedad** DER. Conjunto de atributos del dominio de una cosa, considerado separadamente del usufructo, y en contraposición a él, mientras este perdura.

nudosidad s.f. Nudo, endurecimiento abultado. **2.** Engrosamiento o tumoración circunscrita y localizada que a veces se forma bajo la piel. **3.** Raíz pequeña hipertrofiada de las leguminosas.

nuecero s.m. Ardilla de pelaje ocre rojizo, que vive en Argentina.

nuégado s.m. Dulce elaborado con harina, miel y nueces mezcladas formando una pasta que se cuece al horno. **2.** Hormigón, mezcla de piedras menudas y argamasa.

nuer, pueblo de Sudán, de lengua nilótica.

nuera s.f. (lat. vulg. *nora*). Mujer del hijo de una persona. SIN.: *hija política.*

nuestro, a adj. y pron.poses. (lat. *noster, -tra, -trum*). Forma tónica o átona de la 1ª persona del plural. Indica que la persona, animal o cosa designados por el nombre al que acompaña o sustituye pertenecen al emisor y una o más personas asociadas a él en un acto de comunicación (son de su propiedad, tienen un parentesco con él, están asociados a él, etc.): *nuestra casa, nuestros padres.* ◇ **La nuestra** *Fam.* Indica que ha llegado la ocasión favorable para el emisor y una o más personas asociadas a él. **Los nuestros** Personas de la familia o colectividad a la que pertenece el emisor y una o más personas asociadas a él.

nueva s.f. Noticia, información que se desconocía previamente. ◇ **Buena nueva** El Evangelio de Jesucristo. **Coger de nuevas** Enterarse de una noticia sin haber tenido ningún indicio previo. **Hacerse de nuevas** Aparentar desconocer algo que ya se sabía.

nueve adj.num.cardin. y s.m. (lat. *novem*). Ocho más uno. ◆ adj.num.ordin. y s.m. Noveno. ◇ **Prueba del nueve** Técnica rápida que permite comprobar si existe algún error en el resultado de una suma, de una resta, de una multiplicación o de una división.

nuevo, a adj. (lat. *novus, -a, -um*). Recién hecho, aparecido o conocido: *la nueva moda de primavera.* **2.** Que sustituye a algo o alguien de su misma clase: *el nuevo jefe.* **3.** Que está poco o nada usado: *un traje nuevo.* **4.** Otro, distinto: *he leído un nuevo libro.* (Se usa antepuesto al nombre.) **5.** Se dice del producto agrícola de cosecha reciente, para distinguirlo del almacenado de cosechas anteriores: *papas nuevas.* ◆ adj. y s. Que todavía no tiene experiencia en algo determinado; que hace poco que está en un lugar: *ser nuevo en un oficio.* ◇ **De nuevo** Otra vez.

nuez s.f. (lat. *nux, nucis*). Fruto del nogal, de cáscara dura y rugosa y parte carnosa dividida en cuatro lóbulos de superficie irregular. **2.** Fruto simple seco, que ni se abre ni se fragmenta naturalmente al llegar la madurez. **3.** Fruto o semilla de diversas plantas, semejante al del nogal. (La *nuez de cola* contiene alcaloides estimulantes y se emplea en la fabricación de refrescos de cola; la *nuez de areca* se consume tierna o seca; la *nuez moscada* se utiliza como condimento y proporciona la mantequilla de moscada; la *nuez vómica* se emplea en pequeñas dosis como emética y febrífuga, aunque en grandes dosis es venenosa.) **4.** Ranura de una pieza de madera de construcción, cuyo fondo está redondeado en semicírculo. **5.** Rueda dentada que sirve para triturar el grano en los molinillos de café, de pimienta, etc. **6.** ANAT. Prominencia formada en la parte delantera del cuello por el cartílago tiroides, más marcada en el hombre que en la mujer. ◆ **nueces** s.f.pl. Carbón cribado en trozos cuyo tamaño varía entre 10 y 50 mm.

nueza s.f. Planta herbácea trepadora de flores verdes y fruto en baya. (Familia cucurbitáceas.) SIN.: *brionia.* ◇ **Nueza blanca** Planta herbácea de flores blancas cuya raíz es purgante. (Familia cucurbitáceas.)

nugatorio, a adj. (lat. *nugatoris*, fútil, vano). Engañoso, que decepciona.

nulidad s.f. Cualidad de nulo. **2.** *Fig.* Persona nula, incapaz. **3.** DER. **a.** Ineficacia de un acto jurídico por ausencia de uno de los requisitos señalados por la ley para su validez. **b.** Sanción por la que la ley pronuncia la inexistencia jurídica de un acto o concede una acción al agraviado para hacerlo declarar nulo.

nulípara s.f. Mujer que no ha dado a luz ningún hijo.

nulíporo, a adj. Sin poros.

nullius adj. Se dice del prelado que tiene jurisdicción de ordinario sobre un territorio que no está comprendido en ninguna diócesis o en ninguna abadía regulares. **2.** Se dice de los bienes que carecen de dueño, por no haberlo tenido nunca, o porque su propietario los ha abandonado.

numerales

Los numerales son cuantificadores que indican una cantidad, una porción, un lugar en una serie o una multiplicación exacta. Se clasifican según su significado en cardinales, ordinales, partitivos y multiplicativos.

tipos	función	ejemplos
cardinales Son los nombres de los números naturales y designan la cantidad de componentes de un grupo (*uno, dos, tres, catorce*, etc.).	determinante pronombre adjetivo sustantivo sustantivoderivado	*dos* libros, *cinco sillas* éramos *veinte*, tenga *tres* capítulo *quince* El *siete* es mi número favorito. *decena, quincena, treintena*
ordinales Indican el lugar que ocupa en una serie ordenada el sustantivo al que acompañan (*primero, segundo, duodécimo, vigésimo*, etc.). Los ordinales *primero, tercero* y *postrero* pierden la última letra cuando preceden a un sustantivo masculino.	adjetivo sustantivo	el libro *primero* / el *primer* libro el *segundo* / lo *segundo* el *tercer* alumno su *postrer* deseo
partitivos Indican las partes iguales en que se divide un todo (*medio, tercio, décimo, onceavo*, etc.). El sufijo *avo, -ava* se usa únicamente para formar partitivos.	sustantivo adjetivo	un *tercio* de la clase, dos *octavos* del pastel la oct*ava* parte, la doce*ava* parte
multiplicativos o proporcionales Indican la multiplicación del contenido semántico del sustantivo (*doble, séxtuplo*, etc.).	sustantivo adjetivo	el *triple*, el *doble* trabajo *doble* / *doble* trabajo

nulo, a adj. (lat. *nullus,* ninguno, nulo). De ningún valor, sin eficacia. **2.** Incapaz, inepto. ◇ **Combate nulo** DEP. En boxeo y otros deportes de lucha, combate en el que no se concede la victoria a ninguno de los dos contrincantes, por haber sumado igual número de puntos.

numantino, a adj. y s. De Numancia. **2.** Se dice del miembro de una sociedad secreta española al servicio de las ideas liberales, surgida tras el establecimiento del absolutismo (1832). ◆ adj. Que se mantiene en su posición o convicción ante cualquier ataque o crítica: *defensa numantina.*

numbat s.m. Mamífero marsupial australiano, del tamaño de un armiño, que se alimenta de hormigas. (Familia dasiúridos.)

numen s.m. (lat. *numen, -inis,* voluntad y poder divinos). Inspiración artística. **2.** Deidad pagana.

numeración s.f. Acción y efecto de numerar. **2.** Sistema de escritura y de enunciación de los números. ◇ **Numeración arábiga** Sistema de numeración de uso casi universal, basado en los diez signos de origen arábigo y su valor absoluto y posición relativa. **Numeración globular** MED. Recuento de los glóbulos rojos y de los glóbulos blancos de la sangre (referido generalmente a 1 mm^3).

numerador s.m. Aparato para imprimir números sucesivos, cuyo dispositivo de impresión posee unas ruedecillas que permiten cambiar la numeración después de cada impresión. **2.** MAT. Término superior de una fracción que indica de cuántas partes de la unidad se compone dicha fracción.

numeral adj. Relativo al número. ◆ adj. y s.m. GRAM. Se dice del adjetivo que sirve para indicar un número. ◆ s.m. MAR. Grupo de cuatro letras que sirve como señal distintiva asignada a cada buque.

numerar v.tr. (lat. *numerare*). Contar los elementos de una serie según el orden de los números. **2.** Expresar con números una cantidad. **3.** Marcar con números.

numerario, a adj. Relativo al número. ◆ adj. y s. Se dice de la persona que forma parte de una corporación determinada con carácter fijo: *catedrático numerario.* ◆ s.m. Moneda acuñada o dinero contante.

numérico, a adj. Relativo al número. **2.** Compuesto o ejecutado con números: *cálculo numérico.*

número s.m. (lat. *numerus*). Concepto matemático que expresa la cantidad de los elementos de un conjunto o el lugar que ocupa un elemento en una serie. **2.** Nombre de este concepto. **3.** Cifra, signo que representa gráficamente cada uno de estos conceptos. **4.** Cantidad indeterminada: *un gran número de estudiantes.* **5.** Categoría o clase: *hallarse en el número de los escogidos.* **6.** Cada una de las publicaciones periódicas aparecidas en distinta fecha de edición. **7.** Billete para una rifa o lotería. **8.** Cifra con que se designa el tamaño de ciertas cosas que forman una serie correlativa: *calzar un número pequeño.* **9.** Parte de un espectáculo ejecutada en escena por un artista o un grupo de artistas. **10.** Esp. Miembro de la policía nacional o de la Guardia civil. **11.** LING. Categoría gramatical que permite la oposición entre el singular y el plural. **12.** MAT. Noción fundamental de las matemáticas que permite contar, clasificar los objetos o medir magnitudes, pero que no puede ser objeto de definición rigurosa. (A partir de la idea de números naturales, la noción ha sufrido sucesivas ampliaciones: números enteros, racionales, y complejos.) ◇ **De número** Numerario de una corporación: *académico de número.* **Hacer número** Estar en total pasividad. **Hacer números** Esp. *Fam.* Calcular el dinero que se necesita para un fin. **Ley de los grandes números** Ley relativa a la frecuencia con que sucede un hecho cuya probabilidad ha sido determinada, según la cual la posibilidad de una desviación de cierta importancia entre la frecuencia y la probabilidad disminuye al aumentar el número de pruebas. **Número atómico** QUÍM. Número de orden de un elemento en la clasificación periódica, igual al número de protones del núcleo. **Número áureo de un año** Elemento de cómputo que sirve para regular el tiempo en los usos eclesiásticos, particularmente para determinar la fecha de la Pascua. **Número índice** ESTADÍST. Número que mide las variaciones de una magnitud con el tiempo, de año en año, de mes en mes, de lugar en lugar. **Número perfecto** Número igual a la suma de todos sus divisores, excepto él mismo. **Número redondo** Número de unidades completas que expresa una cantidad con aproximación y no exactamente. **Números rojos** Saldo negativo en una cuenta bancaria. **Ser el número uno** *Fam.* Ser alguien o algo el mejor en algo. **Sin número** Muchos, innumerables: *sortear peligros sin número.* [V. cuadro págs. 860-861.]

numerología s.f. Método de adivinación a través de los números.

numeroso, a adj. Que comprende muchos elementos: *un numeroso rebaño.* ◆ **numerosos** adj.pl. Muchos o muchas: *numerosas demandas.*

números

tipo	definición	ejemplo
real	Expresión numérica cualquiera, racional o irracional.	4, 5, 1/5
racional	Cociente de dos números enteros.	6, 0,5, 1/3
entero	Consta de una o más unidades completas.	1, 2, –3
natural	Entero mayor que 0.	1, 2, 3, 4
fraccionario o quebrado	Su valor es inferior a la unidad.	4/3, 3/100
irracional	No puede ser cociente de dos números enteros.	$\sqrt{1}, \sqrt{2}$
imaginario	Raíz cuadrada de un número negativo real. √	$\sqrt{-1}, \sqrt{-2}$
positivo	Mayor que 0.	1, 3, 65
negativo	Menor que 0.	–1, –4,7
decimal	Inferior a la unidad, expresado con coma.	0,1, 7,8
periódico	Tiene un decimal que se repite indefinidamente.	3,666666
par	Entero que dividido por dos da un número entero.	2, 4, –12
impar	Entero que dividido por dos no da un número entero.	1, 7, 13
primo	Entero que solo puede dividirse por él mismo y por la unidad.	5, 13
cardinal	Cualquier número entero.	1, 4, 8
ordinal	Expresa orden o sucesión.	1°, 4°, 8°

número gramatical

El número gramatical en el sustantivo es la categoría que permite la oposición entre el singular y el plural. La gran mayoría de sustantivos admite la diferencia entre una forma singular y otra plural; sin embargo, algunos nombres carecen de alguna de las dos formas. El sustantivo exige concordancia de número a adjetivos, determinantes, pronombres y, en caso de ser sujeto, a verbos.

tipos de sustantivos según la flexión de número

tipos	características	ejemplos
con flexión	La mayoría tienen una forma singular y otra plural.	*coche, coches* *libro, libros* *movimiento, movimientos*
sin flexión de número pero con oposición singular/plural	Tienen singular y plural, pero su forma no varía.	*el atlas, los atlas* *la crisis, las crisis*
siempre plurales	Son sustantivos cuyos referentes están constituidos por más de una unidad; o bien, son abstractos con forma plural y significado singular.	*víveres, bártulos, tragaderas*
siempre singulares	Son sustantivos no contables que, principalmente, designan entes únicos, virtudes o actitudes, ideologías, otros.	*caridad, fe, honestidad* *cénit, norte* *socialismo, liberalismo* *sed, grima, salud*

valores del plural

tipos	características	ejemplos
oposición «uno frente a más de uno»	Se trata del valor más frecuente del plural.	*coche, coches* *libro, libros*
plurales no infomativos	Significado del plural igual o muy próximo a la forma del singular	*pantalón, pantalones* *fatiga, fatigas*
cambio de significado entre el singular y el plural	Las principales diferencias de significado afectan principalmente a: — sustancia, objetos, clases	*tiza, tizas* *café, cafés*
	— cualidad o personas que la poseen	*belleza, bellezas* *amistad, amistades*
	— concepto, acciones o hechos	*locura, locuras* *interés, intereses*
plurales homónimos	El plural tiene un significado propio.	*esposa, esposas* *(la) Corte, (las) Cortes*

formación del plural: reglas generales

regla	casos	ejemplos
añaden *-s*	— los sustantivos acabados en vocal átona	casa, casas
	— los acabados en *é* y *ó*	café, cafés rondó, rondós
añaden *-es*	— los acabados en consonante distinta de *–s*	atril, atriles pared, paredes
	— los que acaban en vocal acentuada distinta de *–e*	esquí, esquíes iglú, iglúes
	— los que acaban en vocal acentuada más *s*	país, países autobús, autobuses

número gramatical (cont.)		
sin flexión de número	los sustantivos que acaban en vocal átona seguida de *s*	guardabosques bíceps neurosis

formación del plural: observaciones		
palabras a las que afecta	observaciones	ejemplos
nombres propios	Añaden desinencia de plural cuando tienen un uso genérico o se emplean como nombre común.	*los Garcías* *los goyas* *dos picassos*
extranjerismos	Los préstamos recientes conservan el plural de la lengua originaria; en otros casos, coexisten los dos plurales.	*cámpings* *blocs* *tickets* *clubs* o *clubes* *lord* o *lores*
siglas y acrónimos	Según la Real Academia Española, el plural en las siglas solo se puede expresar por medio del artículo, pero en la lengua oral es habitual que se añada una *-s* de plural.	*las ONG* *los CD-ROM* *las APA*

númerus clausus s.m. (lat. *numerus clausus*, número cerrado). Cantidad limitada de personas admitidas en un cargo, lugar, etc., conforme a una reglamentación establecida previamente.

numisma s.m. (lat. *numisma*, moneda, del gr. *nómisma*, usanza, moneda). Moneda, pieza de metal.

numismática s.f. Ciencia que estudia las monedas y medallas.

numismático, a adj. Relativo a la numismática: *sociedad numismática.* ◆ s. Persona que por profesión o estudio se dedica a la numismática.

numular adj. (del lat. *nummus*, moneda). Que tiene forma de moneda.

numulario, a adj. (del lat. *nummus*, moneda). Relativo a las monedas ◆ s. Persona que comercia o trata con dinero.

numulita s.f. (lat. *numulita*, de *nummus*, moneda, y el gr. *líthos*, piedra). Numulites.

numulites s.m. (pl. *numulites*). Protozoo fósil de principios del terciario con un tamaño que oscila entre microscópico y los 8 cm de diámetro, con un caparazón calcáreo de forma lenticular que probablemente servía como flotador. SIN.: *numulita.* **2.** Foraminífero fósil de gran tamaño.

numulítico, a adj. Que contiene numulites. ◆ adj. y s.m. Se dice del conjunto de períodos geológicos caracterizados por la presencia de numulites.

nunatak s.m. (voz esquimal). Cima rocosa aislada que destaca sobre la superficie de un casquete glaciar.

nunca adv.t. (lat. *numquam*, de *ne*, no, y *umquam*, alguna vez). En ningún tiempo, ninguna vez: *nunca lo haré.* **2.** En frases interrogativas, alguna vez: *¿has visto nunca algo semejante?* ◇ **Nunca jamás** Expresión enfática de negación. **Nunca más** Expresión enfática que expresa que algo no se volverá a repetir.

nunciatura s.f. Dignidad y cargo de nuncio, prelado. **2.** Tiempo de ejercicio del cargo de nuncio. **3.** Tribunal y residencia del nuncio. **4.** Tribunal de la Rota, en España.

nuncio s.m. (lat. *nuntius*, emisario, anunciador). Prelado que representa al papa en el gobierno de un estado: *nuncio apostólico.* **2.** Persona que lleva un mensaje. **3.** *Fig.* Anuncio, señal. **4.** HIST. Prestación que los vasallos satisfacían a su señor para poder transmitir a sus hijos las tierras que habían recibido de este en beneficio.

nuncupativo, a adj. (del lat. *nuncupare*, llamar por el nombre). DER. Se dice del acto que se realiza oral y públicamente, aunque después se reduzca a escritura: *testamento nuncupativo.*

nuncupatorio, a adj. (del lat. *nuncupare*, llamar por el nombre). Se dice del escrito con que se dedica una obra, o en que se instituye a alguien como heredero o se le concede un empleo.

nuoc-man s.m. (voz vietnamita, *agua de pescado*). Condimento que se obtiene por maceración de pescado en salmuera, utilizado en la cocina vietnamita.

nupcial adj. Relativo a la boda: *banquete nupcial.* **2.** BIOL. Se dice de los fenómenos relacionados con la época de apareamiento: *parada nupcial.*

nupcialidad s.f. Número de matrimonios en un tiempo y lugar determinados. ◇ **Tasa de nupcialidad** ESTADÍST. Coeficiente que se obtiene dividiendo el número anual de matrimonios por el número de habitantes que constituyen una población.

nupcias s.f.pl. (lat. *nuptiae*, de *nubere*, casarse). Boda: *casarse en segundas nupcias.*

nuraga s.f. Torre troncocónica de bloques ciclópeos, característica de la cultura sarda de la edad del bronce, que probablemente servía de refugio o fortaleza.

nurse s.f. (voz inglesa). Esp. Niñera.

nutación s.f. (lat. *nutatio*, balanceo, oscilación). ASTRON. Movimiento periódico de poca amplitud que experimenta el eje de rotación de la Tierra alrededor de su posición media que, a su vez, describe un movimiento cónico circular uniforme de precesión astronómica. **2.** BOT. Movimiento autónomo de un órgano vegetal, imperceptible para el ojo humano, provocado por el crecimiento desigual de sus lados, y que produce una encorvadura del mismo. **3.** MEC. Oscilación periódica leve del eje de rotación de un cuerpo animado por un movimiento giroscópico, alrededor de la posición media de dicho eje, trasladándose este a su vez siguiendo un movimiento general de precesión.

nutante adj. Se dice de un vegetal que presenta nutación.

nutria s.f. (lat. vulg. *nutria*). Mamífero nadador piscívoro de patas palmeadas que vive junto a ríos o lagos, o en el mar, y que actualmente corre peligro de extinción debido a la caza intensiva de la que es objeto para obtener su piel sedosa. (La nutria común [género *Lutra*] vive cerca de los ríos de Eurasia y América, y la nutria marina, que puede pesar hasta 40 kg, vive en el Pacífico y se alimenta más bien de mariscos, especialmente de orejas de mar; familia mustélidos.) **2.** Piel de este animal.

nutricio, a adj. Nutritivo. **2.** Que procura alimento para otra persona. **3.** ZOOL. Se dice del individuo que, en una asociación de animales, se encarga de alimentar a los demás.

nutrición s.f. Acción de nutrir. **2.** Conjunto de las funciones orgánicas de utilización y transformación de alimentos para el crecimiento y la actividad de un ser vivo, animal o vegetal, como la digestión, la absorción, la asimilación, la excreción, la respiración y la circulación.

nutrido, a adj. *Fig.* Que incluye gran cantidad de personas, animales o cosas: *un nutrido grupo de manifestantes.* ◆ s.m. Operación que consiste en engrasar el cuero. **2.** Compuesto graso aplicado al cuero para lubricar y suavizar las fibras.

nutriente adj. Nutritivo. ◆ s.m. BIOL. Nutrimento.

nutriero s.m. Argent. y Urug. Persona que caza nutrias y trafica con sus pieles.

nutrimento o **nutrimiento** s.m. Nutrición. **2.** Sustancia asimilable de un alimento. **3.** *Fig.* Cosa que mantiene o fomenta algo.

nutrir v.tr. y prnl. (lat. *nutrire*). Proporcionar alimento a un organismo vivo. **2.** *Fig.* Proporcionar una cosa a otra lo necesario para su funcionamiento, enriquecimiento o conservación.

nutritivo, a adj. Que nutre: *un caldo nutritivo.*

ny s.f. Nombre de la decimotercera letra del alfabeto griego (ν, N), que corresponde a la *n* española.

nylon s.m. (marca registrada). → **nailon**.

ñ

ñ s.f. Decimoséptima letra del alfabeto español, y decimocuarta de sus consonantes. (Representa un sonido nasal palatal.)

ña s.f. Amér. Tratamiento vulgar y respetuoso por *doña* utilizado en algunos países.

ñacaniná s.f. Argent. Serpiente acuática de gran agresividad, de la familia de las culebras, de unos 2,5 m de long., dorso amarronado con manchas oscuras redondeadas, vientre blanquecino y una banda lateral oscura detrás de los ojos, que habita en las cuencas de los grandes ríos y se alimenta de anfibios, roedores y otras culebras.

ñácara s.f. Amér. Central. Úlcera, llaga.

ñachi s.m. Chile. Plato elaborado con sangre de animal, especialmente de cordero, aliñada con algunas especias. **2.** Chile. *Fig.* y *fam.* Sangre.

ñacunda s.m. Ave de color ocráceo claro y gris, con el vientre blanco, que vive en amplias zonas de América del Sur. (Familia caprimúlgidos.)

ñacurutú s.m. Ave nocturna domesticable, de plumaje amarillento y gris. (Familia estrígidos.)

ñamal s.m. Terreno plantado de ñames.

ñame s.m. Planta herbácea de tallos endebles, hojas grandes, flores pequeñas y verdosas en espigas axilares, y raíz comestible del mismo nombre, grande, tuberosa, de corteza casi negra y carne parecida a la de la batata, que se cuece o se asa. (Familia dioscoreáceas.)

ñanco s.m. Chile. Aguilucho.

ñandú s.m. (voz guaraní). Ave corredora parecida al avestruz pero de menor tamaño, de plumaje pardo y patas con tres dedos, que vive en las pampas de Sudamérica. (Alt. 1,70 m; subclase ratites.)

ñandubay s.m. Árbol de tronco y madera muy dura, que crece en América del Sur. (Familia mimosáceas.)

ñandutí s.m. Amér. Merid. Encaje que imita la tela de araña.

ñangotado, a adj. y s. P. Rico. Servil, adulador. **2.** P. Rico. Alicaído, sin ambiciones.

ñangotarse v.prnl. Dom. y P. Rico. Acuclillarse. **2.** P. Rico. Doblegarse, claudicar. **3.** P. Rico. Desalentarse, desanimarse.

ñaña s.f. Amér. Excremento. **2.** Chile. Niñera.

ñañaras s.f.pl. Méx. *Fam.* Miedo, escalofríos por el miedo.

ñáñigo s.m. Miembro de una sociedad secreta afrocubana *(ñañiguismo)* que, durante la dominación española en Cuba, ejercitaba prácticas religiosas sincréticas y que destacaba por la defensa mutua de sus componentes.

ñaño, a s. Argent. y Chile. *Fam.* Hermano, compañero. **2.** Perú. Niño. ◆ adj. Colomb. y Pan. Consentido, mimado en demasía. **2.** Ecuad. y Perú. Unido por una amistad íntima.

ñapa s.f. Amér. Propina. **2.** Amér. Añadidura, yapa.

ñapango, a adj. Colomb. Mestizo, mulato.

ñapindá s.m. R. de la Plata. Arbusto muy espinoso, con flores amarillas de olor agradable. (Familia mimosáceas.)

ñapo s.m. Chile. Mimbre con que se tejen canastos.

ñaruso, a adj. Ecuad. Se dice de la persona picada de viruela.

ñata s.f. Amér. Nariz.

ñato, a adj. Amér. Que tiene la nariz pequeña o roma, chato.

ñeco s.m. Ecuad. Golpe que se da con el puño.

ñengo, a adj. y s. Méx. Flaco, esmirriado, enclenque, escuálido.

ñeque adj. C. Rica, Hond. y Nicar. Fuerte, vigoroso. ◆ s.m. Chile, Ecuad. y Perú. Fuerza, energía. **2.** Perú. Valor, coraje.

ñero, a s. Méx. *Vulg.* Compañero, amigo.

ñipe s.m. Chile. Arbusto cuyas ramas se emplean para teñir. (Familia mirtáceas.)

ñiquiñaque s.m. *Fam.* Persona o cosa despreciable.

ñire s.m. Chile. Árbol de unos 20 m de alt., de flores solitarias y hojas profundamente aserradas. (Familia fagáceas.)

ñisca s.f. Amér. *Fam.* Pizca, porción mínima de algo. **2.** Amér. *Fam.* Excremento.

ñisñil s.m. Chile. Espadaña, planta herbácea.

ño s.m. Amér. Tratamiento vulgar y respetuoso por *don*, utilizado en algunos países.

ñocha s.f. Chile. Planta herbácea cuyas hojas sirven para hacer canastas, sombreros y esteras. (Familia bromeliáceas.)

ñoclo s.m. Dulce consistente en una especie de panecillo elaborado con harina, huevos, manteca, azúcar y vino o anís, y cocido al horno.

ñoco, a adj. y s. Colomb., Dom., P. Rico y Venez. Se dice de la persona manca de una mano o sin alguno de sus dedos.

ñonga s.f. Méx. *Vulg.* Pene.

ñoña s.f. Chile. Excremento, especialmente el humano.

ñoñería s.f. Acción o dicho ñoño. **2.** Méx. *Fam.* Chochez, cursilada.

ñoñez s.f. Cualidad de ñoño. **2.** Ñoñería.

ñoño, a adj. y s. (voz de origen onomatopéyico). Se dice de la persona muy recatada o remilgada. ◆ adj. Sin gracia ni sustancia. ◆ s. Méx. *Fam.* Chocho, cursi, afectado.

1. **ñoqui** s.m. CULINAR. Bolita de pasta de harina de sémola

(a la romana) o de puré de papas (a la piamontesa) que se come hervido en agua con sal.

2. **ñoqui** s.m. Argent. *Fig.* y *desp.* Empleado público que asiste al lugar de trabajo solo en fecha de cobro.

ñorbo s.m. Ecuad. y Perú. Flor pequeña y fragante de un tipo de pasionaria, que suele utilizarse como adorno en las ventanas.

ñu s.m. Antílope africano de gruesa cabeza con barba y crin, cuernos curvados y una alt. de 1,20 m. (Efectúa migraciones estacionales en inmensas manadas; familia bóvidos.)

ñusta s.f. Nombre con el que, según el Inca Garcilaso de la Vega, se conocía en el Perú incaico a las hijas de los soberanos incas y a las muchachas pertenecientes a la estirpe real.

ñuto, a adj. y s.m. Argent., Colomb., Ecuad. y Perú. Se dice de la carne blanda o ablandada a golpes. ◆ s.m. Argent. y Perú. Montón de añicos, trizas o polvo.

O

1. **o** s.f. Decimoctava letra del alfabeto español, y cuarta de sus vocales. **2.** Nombre de la letra *o.*

2. **o** conj.disyunt. (lat. *aut*). Indica exclusión de una de las oraciones o sintagmas que relaciona, o alternativa o contraposición entre ellas: *ser un buen o un mal estudiante.* (Puede preceder a ambos términos disyuntivos: *o te callas o te vas.*) **2.** Indica equivalencia o identidad entre dos términos: *el protagonista o personaje principal.* (La conjunción *o* se transforma en *u* cuando la palabra a la que precede comienza por la vocal *o.*)

3. **O,** abrev. de *oeste.*

oaks s.m. Carrera de 2 100 m para yeguas de tres años, que se disputa en Epsom, Gran Bretaña.

oasis s.m. (lat. *oasis,* del gr. *óasis*)[pl. *oasis*]. Paraje aislado en el desierto en el que hay agua y crece la vegetación. **2.** Fig. Lugar apacible o situación momentánea de tranquilidad en medio de ambientes de otras características: *un oasis de paz.*

oaxaqueño, a adj. y s. De Oaxaca, estado de México. **2.** De Oaxaca de Juárez (México).

obcecación s.f. Acción y efecto de obcecar u obcecarse.

obcecar v.tr. y prnl. (lat. *occeare*). Privar una idea preconcebida, o un determinado estado de ánimo, de la capacidad de juzgar con claridad acerca de algo o de alguien.

obduración s.f. Obstinación.

obeche s.m. Madera de color amarillo claro, utilizada en carpintería. (Se extrae de un árbol esterculiáceo originario de África.)

obedecer v.tr. (lat. *obedire*) [conj.: *parecer*]. Cumplir la voluntad de quien manda o una norma, un precepto o una ley. ◆ v.intr. Estar algo motivado por algo: *su dimisión obedece a múltiples causas.* **2.** Responder un animal o un mecanismo a la acción de quien los dirige: *no obedecer los frenos.* **3.** TAUROM. Acudir el toro al engaño y embeberse en él, siguiendo con docilidad la dirección que le señala el diestro.

obediencia s.f. Hecho de obedecer. **2.** Cualidad o actitud de obediente. **3.** HIST. Durante el cisma de occidente, reconocimiento de uno de los papas existentes. **4.** REL. Sumisión a un superior: *hacer voto de obediencia.* ◇ **Obediencia debida** DER. Obediencia que, por ministerio de la ley, el inferior viene obligado a prestar al superior jerárquico.

obediencial adj. Relativo a la obediencia. ◇ **Letras obedienciales** Documento por el que el superior de un instituto religioso dispone y acredita el viaje de un súbdito suyo.

obediente adj. Que obedece.

obelisco s.m. (gr. *obelískos*). Monolito alto de base cuadrangular, que termina en una punta piramidal. (Grabado con jeroglíficos, el obelisco era, en el Egipto faraónico, un símbolo solar cuya forma y función, consistente en captar los rayos del astro, lo emparentaban con las pirámides.) **2.** IMPR. Signo (†) que, colocado antes del nombre de una persona, significa «difunto»; y, antes de una fecha, el año en que murió.

obencadura s.f. MAR. **a.** Conjunto de todos los obenques del buque. **b.** Tabla de jarcia.

obenque s.m. (fr. ant. *hobent*). MAR. **a.** Cabo grueso que sujeta un palo o mástil desde su cabeza a la mesa de guarnición o cofa correspondiente. **b.** Referido a las plumas y puntales de carga, viento.

obertura s.f. (fr. *ouverture*). MÚS. Composición instrumental que precede a una ópera, oratorio, etc., destinada a crear la atmósfera para la obra que le sigue.

obesidad s.f. Exceso patológico de grasa en el cuerpo, que provoca un gran aumento de peso.

obeso, a adj. (lat. *obesus,* p. de *obedere,* roer, comer). Que padece obesidad.

obi s.f. Cinturón de seda largo y ancho que se ata sobre el quimono.

óbice s.m. (lat. *obex, -icis*). Inconveniente u obstáculo.

obispado s.m. Dignidad de obispo. **2.** Territorio o distrito bajo la jurisdicción de un obispo. **3.** Sede de la curia episcopal.

obispal adj. Episcopal.

obispillo s.m. Joven que en algunas catedrales se viste de obispo, la víspera y día de san Nicolás de Bari. **2.** Morcilla grande y gruesa que se elabora generalmente con carne picada, huevos, almendras y especias. **3.** Rabadilla de un ave, situada encima de la base de la cola.

obispo s.m. (lat. *episcopus,* del gr. *epískopos,* guardián, protector, vigilante). Prelado de la Iglesia que posee la plenitud del sacerdocio y a cuyo cargo está la dirección espiritual de una diócesis. **2.** Obispillo, morcilla. **3.** Méx. Borrego de cuatro cuernos. ◇ **Cada muerte de obispo** Amér. Merid., Cuba, Méx. y P. Rico. Cada mucho tiempo, de tarde en tarde.

óbito s.m. (lat. *obitus, -us*). Fallecimiento.

obituario s.m. Registro de una iglesia o de un monasterio en que se anotan las defunciones y los funerales celebrados. **2.** Sección necrológica de un periódico. **3.** Depósito de cadáveres. **4.** Méx. Defunción. **5.** Méx. Libro donde se registran las defunciones.

obiubi s.m. Venez. Simio cébido de color negro que suele dormir de día con la cabeza entre las piernas.

objeción s.f. (lat. *objectio, -onis*). Inconveniente que alguien opone a algo. **2.** Observación o argumento que se hace en contra de una afirmación para negar su validez o señalar alguna deficiencia en su razonamiento. ◇ **Objeción de conciencia** Negativa de una persona a cumplir con una disposición oficial (el servicio militar, practicar un aborto legal, etc.) por razones morales, ideológicas o religiosas.

objetar v.tr. (lat. *objectare*). Poner objeciones. ◆ v.intr. Acogerse a la objeción de conciencia.

objetivar v.tr. Hacer que algo sea objetivo.

objetividad s.f. Cualidad de objetivo. **2.** Corriente clasicista surgida en la misma época en varios países, especialmente en Italia. ◇ **Nueva objetividad** Conjunto de manifestaciones pictóricas caracterizadas por un realismo sobrio, que se produjeron en Alemania desde el final de la primera guerra mundial hasta la llegada al poder de Hitler.

objetivismo s.m. Doctrina según la cual el valor de los postulados morales es independiente de la opinión o conciencia de los individuos. **2.** FILOS. Actitud filosófica que concede primacía al objeto en sus relaciones con el sujeto.

objetivo, a adj. (lat. *objectivus*). Se dice de lo referente al objeto de conocimiento en sí mismo, con independencia del sujeto pensante. **2.** Que obra, juzga, etc., con imparcialidad. **3.** Se dice de los juicios, acciones, etc., imparciales: *un análisis objetivo.* ◆ s.m. Fin, propósito. **2.** Sistema óptico de un telescopio, un microscopio, etc., que se dirige hacia el objeto que se quiere observar. **3.** Parte de un aparato fotográfico que contiene las lentes que son atravesadas por los rayos luminosos antes de penetrar en la cámara oscura. **4.** MIL. Punto, línea o zona de terreno que deben ser batidos por las armas o conquistados.

objeto s.m. (bajo lat. *objectum,* p. de *objicere,* poner delante de algo). Cosa material y determinada, generalmente de dimensiones reducidas. **2.** Causa o motivo de una acción, una operación intelectual o un sentimiento. **3.** Finalidad de una acción o una actividad: *el objeto de una visita.* **4.** DER. Cosa sobre la que puede versar una relación jurídica. **5.** FILOS. Aquello que se percibe o se piensa, y que se opone al ser pensante o sujeto. **6.** INFORMÁT. Conjunto de datos y los procedimientos que los manipulan. **7.** LING. Término que a veces designa un complemento de un verbo. **8.** PSICOANÁL. Medio por el cual la pulsión trata de alcanzar su objetivo.

objetor, ra adj. y s. Que objeta. ◇ **Objetor de conciencia** Persona que practica la objeción de conciencia.

objetual adj. Se dice de una tendencia del arte surgida en la década de 1960 en la que el artista utiliza objetos preexistentes para su trabajo, manipulándolos, recreándolos o dándoles una nueva significación artística sin intervenir en ellos.

oblación s.f. Ofrenda de carácter religioso.

oblada s.f. (lat. *oblata,* cosas ofrecidas). Ofrenda por los difuntos que se lleva a la iglesia.

oblata s.f. (lat. *oblata,* cosas ofrecidas). Hostia y vino antes de ser consagrados en la misa (la hostia ofrecida sobre la patena y el vino en el cáliz). **2.** Dinero que se da al sacristán o a la iglesia por el gasto de vino, hostias, cera u ornamentos para decir las misas.

oblato, a s. Persona laica que se agrega a una comunidad religiosa sin pronunciar los votos. **2.** Miembro de algunas congregaciones religiosas.

oblea s.f. (fr. *oblée*). Hoja delgada de pan ázimo. **2.** Hoja muy fina hecha de harina y agua o de goma arábiga. **3.** Trozo de esta hoja, especialmente el usado para pegar sobres, pliegos, etc. **4.** *Fig.* y *fam.* Persona o cosa extremadamente delgadas. **5.** Argent. Adhesivo. **6.** FARM. Sello para las medicinas.

oblicua s.f. MAT. Recta que corta a otra recta o a un plano sin ser perpendicular ni paralela a ellos.

oblicuángulo, a adj. Se dice de la figura geométrica que no tiene ningún ángulo recto: *triángulo oblicuángulo.*

oblicuar v.tr. [conj.: *actuar*]. Colocar una cosa en dirección oblicua respecto a otra. ◆ v.intr. Ir una tropa en diagonal sin perder el frente de la formación.

oblicuidad s.f. Cualidad de oblicuo. ◇ **Oblicuidad de la eclíptica** ASTRON. Ángulo de unos 23º 27' que la eclíptica forma con el ecuador celeste.

oblicuo, a adj. (lat. *obliquus*). Que no es perpendicular ni paralelo a un plano o línea dados. **2.** Inclinado, no vertical ni horizontal. ◆ adj. y s.m. Se dice de diversos músculos del ser humano y de los animales situados en el abdomen, nuca y ojos.

obligación s.f. Deber que impone la ley, la moral, las convenciones sociales, etc.: *tener la obligación de trabajar.* **2.** Correspondencia o gratitud al beneficio recibido: *tener grandes obligaciones hacia alguien.* **3.** DER. Relación jurídica constituida entre dos o más personas, por la que una puede exigir de otra una determinada prestación. **4.** FIN. Título, comúnmente amortizable, nominativo o al portador, y con interés fijo, que representa una suma exigible a la persona o entidad que lo emitió. ◇ **En obligación de** En el compromiso de cumplir algo.

obligacionista s.m. y f. Portador o tenedor de obligaciones financieras.

obligado, a adj. Obligatorio. **2.** Que por costumbre o norma social se ha hecho casi imprescindible: *normas obligadas.* **3.** Se dice de la persona que debe agradecerle algo a otra. ◆ s. DER. **a.** Sujeto pasivo de una obligación. **b.** Persona que se encuentra en el deber de dar, hacer o no hacer alguna cosa por espontáneo compromiso, como consecuencia de su culpa o dolo, o por disposición imperativa de la ley.

obligar v.tr. (lat. *obligare*). Imponer o exigir una persona o cosa, con su autoridad, el cumplimiento de algo. **2.** Ganar la voluntad de una persona mediante obsequios o favores: *nos obligó con sus atenciones.* **3.** Forzar una cosa para conseguir algún efecto: *obligar el tornillo porque iba duro.* **4.** DER. Sujetar los bienes al cumplimiento de prestaciones exigibles. **5.** TAUROM. Porfiar con el toro receloso, para que se arranque. ◆ **obligarse** v.prnl. Comprometerse con uno mismo a cumplir una cosa.

obligatorio, a adj. Que obliga a su cumplimiento o ejecución: *giro obligatorio a la derecha.*

obliteración s.f. Acción de obliterar u obliterarse.

obliterar v.tr. y prnl. (lat. *oblitterare,* borrar). Cubrir algo con una señal o una marca especial para anular o borrar: *obliterar un sello.* **2.** MED. Obstruir una cavidad o conducto.

oblito s.m. CIR. Cuerpo extraño que se olvida en el interior de un paciente durante una operación.

oblongo, a adj. (lat. *oblongus*). Que es más largo que ancho.

obnubilación s.f. Ofuscación de la conciencia e incapacidad de pensar con claridad.

obnubilar v.tr. y prnl. Provocar obnubilación.

obodrita adj. y s.m. y f. De un pueblo eslavo establecido desde los ss. V-VI entre el Elba inferior y la costa báltica, cuyo territorio fue conquistado por Enrique el León (h. 1160).

oboe s.m. (fr. *hautbois,* de *haut,* algo, y *bois,* madera). Instrumento musical de viento hecho de madera, en forma de tubo que termina en un pequeño pabellón y provisto de doble lengüeta. **2.** Persona que en una orquesta toca el oboe. SIN.: *oboísta.*

óbolo s.m. (lat. *obolus,* del gr. *obolós,* moneda griega de escaso valor). Cantidad pequeña de dinero donada como limosna o donativo para contribuir a un fin benéfico. **2.** ANT. GR. Unidad de peso (unos 0,75 g) y de moneda (un sexto de dracma).

obra s.f. Producto resultante de una actividad física o intelectual. SIN.: *trabajo.* **2.** Producto artístico. **3.** Libro en general, texto científico o literario. **4.** Edificio en construcción: *en la obra es obligatorio el uso de casco.* **5.** Trabajo o tiempo empleado en la realización de una cosa. **6.** Acción que se realiza para ayudar al prójimo: *obras de caridad.* **7.** Reparación o reformas que se hacen en un edificio. (Suele usarse en plural.) **8.** Parte de un alto horno que está encima del crisol, en la que desembocan las toberas. **9.** MIL. Elemento autónomo de fortificación capaz de resistir un asedio. ◇ **Buenas obras** Todas las acciones de las virtudes cristianas; lo que se hace con fines no lucrativos y con el propósito de proporcionar el bien ajeno. **De obra** Con actos. **Obra de fábrica** Puente, alcantarilla, túnel, etc., en una vía de comunicación; construcción hecha con ladrillos, piedra u hormigón. **Obra maestra** HIST. Obra capital y superior, en cualquier género, especialmente en el artístico; en las antiguas corporaciones, trabajo que todo aprendiz u oficial debía realizar para obtener la mayoría de los votos de los jurados de la corporación y alcanzar así el grado de maestro. **Obra muerta** MAR. Parte del casco de un buque situada por encima de la línea de flotación. **Obra pública** DER. Bien inmueble destinado a uso público y en el que suelen realizarse trabajos públicos. **Obras de cimentación** Conjunto de los elementos de construcción de un edificio que aseguran su estabilidad, resistencia y protección. **Obras públicas** Obras de construcción, reparación, conservación o derribo realizadas para el beneficio general de una población. **Obra viva** MAR. Parte del casco de un buque situada por debajo de la línea de flotación. **Por obra (y gracia) de** Gracias a la persona o cosa que se nombra.

obrada s.f. Esp. Labor realizada en una jornada por una persona cavando la tierra, o por una yunta arándola. **2.** Esp. Medida agraria de superficie, que se emplea en distintos puntos de España, con valores diferentes.

obrador, ra adj. (cat. *obrador*). Que obra. ◆ s.m. Taller en que se trabaja una obra.

obraje s.m. (cat. *obratge*). Manufactura, fabricación. **2.** Fábrica o taller, especialmente de paños. **3.** Amér. Establecimiento de una explotación forestal. **4.** Méx. Despacho público de carnes porcinas. **5.** HIST. En la América española, manufactura en la que trabajaban los indios, y que constituyó una de las primeras formas de producción capitalista.

obrajero s.m. Amér. Propietario de un obraje. **2.** Amér. Artesano. **3.** Argent. y Par. Peón de un obraje. **4.** Méx. Carnicero. **5.** Méx. Persona que atiende a un despacho de carnes porcinas.

obrar v.intr. (lat. *operari,* trabajar). Actuar o comportarse de un modo determinado: *obrar con precipitación.* **2.** Realizar una acción. **3.** Existir algo en un sitio determinado: *la carta obra en mi poder.* **4.** Evacuar el vientre. ◆ v.tr. Realizar lo que se indica, añadiendo un matiz de exageración: *obrar milagros.* **2.** Construir o edificar una obra. **3.** Construir las abejas los panales. ◆ v.tr. e intr. Causar algún efecto pretendido: *el medicamento comienza a obrar.*

obrepción s.f. DER. Exposición falsa de un hecho que se hace a un superior para obtener de él un beneficio.

obrería s.f. Renta destinada al mantenimiento de una iglesia o de otras comunidades. **2.** Administración de esta renta. **3.** Lugar donde se administra renta.

obrerismo s.m. Tendencia que considera que la emancipación de la clase obrera ha de ser obra de ella misma. **2.** Conjunto de medidas destinadas a mejorar el nivel de vida de los obreros. **3.** Clase obrera.

obrerista adj. y s.m. y f. Relativo al obrerismo; partidario de esta tendencia.

obrero, a adj. Relativo al trabajador: *barrio obrero; reivindicaciones obreras.* ◆ s. Persona que realiza un trabajo manual por cuenta de un patrono a cambio de un salario. ◆ adj. y s.f. Se dice del insecto social (abeja, avispa, hormiga o termes) que, dentro del grupo en el que vive, proporciona la nutrición, construye los nidos o galerías, cuida de las larvas y asegura la defensa de la sociedad. ◇ **Obrero cualificado** Esp. Obrero que desempeña una actividad para la que se requieren unos conocimientos específicos.

obscenidad s.f. Cualidad de obsceno. **2.** Palabra o acción obscenas.

obsceno, a adj. (lat. *obscenus,* siniestro, fatal, indecente). Que hace referencia, de forma grosera, a cosas relacionadas con el sexo: *canción obscena; postura obscena.* **2.** Que hace o dice obscenidades.

obscurantismo s.m. (fr. *obscurantisme*). → **oscurantismo.**

obscurantista adj. y s.m. y f. (fr. *obscurantiste*). → **oscurantista.**

obscurecer v.tr. → **oscurecer.**

obscurecimiento s.m. → **oscurecimiento.**

obscuridad s.f. → **oscuridad.**

obscuro, a adj. → **oscuro.**

obsecración s.f. Ruego.

obsecuente adj. (del p. de *obsequi,* ceder a la voluntad de alguien). Obediente, sumiso, amable. **2.** Se dice del curso de agua que, en una estructura monoclinal, transcurre en sentido inverso al buzamiento.

obsequiar v.tr. Hacer un regalo a alguien. **2.** Agasajar a alguien. **3.** Galantear, especialmente a una mujer.

obsequio s.m. (lat. *obsequium,* complacencia). Regalo. **2.** Acción de obsequiar. **3.** Muestra o señal de afecto o de cortesía hacia alguien.

obsequioso, a adj. Se dice de la persona que se comporta de manera amable o complaciente con los demás. **2.** Que es propio de estas personas: *una actitud obsequiosa.*

observación s.f. Acción de observar: *capacidad de observación.* **2.** Indicación que se hace sobre alguien o algo. **3.** Objeción, reparo: *hacer algunas observaciones a un proyecto.* **4.** Anotación o comentario que se hace a un texto: *las observaciones sobre una obra.*

observador, ra adj. y s. Que tiene capacidad de observación. ◆ s. Persona delegada para asistir a un congreso, concilio, reunión, etc., como espectador. **2.** Persona a quien se encarga la misión de observar una situación económica, política, social, etc. **3.** Combatiente instruido para reconocer y señalar objetivos y posiciones del enemigo, examinar el terreno, el combate, etc. **4.** Militar agregado a una unidad distinta de la suya o a un ejército extranjero para recoger información sobre sus actividades. **5.** Persona que, en el golf, se encarga de ayudar al árbitro y de informarlo sobre cualquier infracción.

observancia s.f. Cumplimiento exacto de lo que establece una orden, prescripción o norma. **2.** En algunas órdenes religiosas, la regla antigua, en contraposición a la reforma. ◇ **Estrecha observancia** Parte de una orden religiosa que observa la regla más rigurosamente que las otras ramas de la misma orden.

observar v.tr. (lat. *observare*). Mirar o examinar con atención: *observar las estrellas.* **2.** Advertir o darse cuenta de algo: *observar la presencia de alguien.* **3.** Hacer notar o llamar la atención sobre algo: *observar la conveniencia de un cambio.* **4.** Respetar lo que está prescrito: *observar las leyes.* ◆ v.tr. e intr. Mirar disimuladamente: *observar a través del agujero de la cerradura.*

observatorio s.m. Lugar apropiado para observar. **2.** Centro equipado para efectuar observaciones astronómicas, meteorológicas o sismológicas.

obsesión s.f. (lat. *obsessio, -onis,* bloqueo). Idea o preocupación fija que no se puede alejar de la mente y que domina a la persona.

obsesionar v.tr. y prnl. Causar obsesión: *esa novela me obsesiona.*

obsesivo, a adj. Que obsesiona: *idea obsesiva.* **2.** Inclinado a obsesionarse: *persona obsesiva.* ◇ **Neurosis obsesiva** PSIQUIATR. Enfermedad mental cuyo principal síntoma son las obsesiones que llevan al sujeto a una lucha continua, junto a un carácter típico en el que predomina la rigidez.

obseso, a adj. y s. (lat. *obsesus,* p. de *obsidere,* asediar). Dominado por una obsesión: *obseso sexual.*

obsidiana s.f. (lat. *obsidianus lapis,* piedra de Obsius, nombre de un romano que descubrió esta piedra en Etiopía). Roca volcánica vítrea y compacta, de color oscuro o negro.

obsidional adj. ANT. ROM. Relativo al asedio de una plaza.

2. MED. Se dice de una enfermedad que aparece en un lugar sitiado durante una guerra, originada, directa o indirectamente, por el estado de sitio.

obsolescencia s.f. Cualidad o condición de obsolescente. **2.** Depreciación de un activo o equipo industrial a causa de un progreso técnico.

obsolescente adj. Que se está volviendo obsoleto.

obsoleto, a adj. (lat. *obsoletus,* p. de *obsolescere,* caer en desuso). Anticuado o caído en desuso. **2.** ECON. Se dice de un medio de producción cuya utilización deja de ser rentable o un bien depreciado debido al avance tecnológico.

obstaculizar v.tr. Poner obstáculos para impedir la consecución de algo: *obstaculizar las negociaciones.*

obstáculo s.m. Dificultad material o inmaterial que hace difícil o imposible el paso o que impide o entorpece la realización de algo: *un obstáculo infranqueable.* **2.** DEP. Valla o barrera que se coloca en una pista en algunas pruebas de equitación, atletismo, motociclismo, etc.

obstante (no) loc. Indica que algo no es impedimento para otra cosa que se enuncia.

obstar v.intr. Ser algo un impedimento u oposición: *todo ello no obsta para que lo intentemos.* (Se usa solamente en oraciones negativas.)

obstetra s.m. y f. Médico especialista en obstetricia.

obstetricia s.f. Parte de la medicina que se ocupa del embarazo, del parto y del período posterior a este.

obstinación s.f. Mantenimiento tenaz de una resolución, opinión, etc.

obstinado, a adj. (lat. *obstinatus*). Que es constante y firme en sus acciones o convicciones.

obstinarse v.prnl. Afirmarse en una resolución o en una opinión desoyendo cualquier razón en contra: *obstinarse en una idea.*

obstrucción s.f. Acción y efecto de obstruir u obstruirse. **2.** Táctica utilizada en una asamblea política u otros cuerpos deliberantes para obstaculizar sistemáticamente la discusión y votación de las leyes u otras resoluciones. **3.** DEP. **a.** Acción y efecto de estorbar el paso, de impedir la acción de un contrincante. **b.** Falta que se produce cuando un deportista obstruye la acción de un contrincante. **4.** MED. Cierre de algún vaso o conducto orgánico.

obstruccionismo s.m. Actitud del que practica la obstrucción política. SIN.: *filibusterismo.*

obstruccionista adj. y s.m. y f. Relativo al obstruccionismo; que practica el obstruccionismo. SIN.: *filibustero.*

obstruir v.tr. y prnl. (lat. *obstruere*) [conj.: *huir*]. Cerrar o dificultar el paso en un camino o conducto con un obstáculo. ◆ v.tr. *Fig.* Impedir o dificultar una acción.

obtención s.f. Acción y efecto de obtener.

obtener v.tr. (lat. *obtinere,* poseer plenamente) [conj.: *tener*]. Conseguir una cosa por esfuerzo personal o por concesión de otro: *obtener un diploma; obtener permiso del director.* **2.** Llegar a un resultado en un experimento, en una operación matemática, en un análisis, etc.: *obtener un número exacto.* **3.** Extraer o elaborar un producto a partir de un material, mediante cierto proceso: *obtener la gasolina del petróleo.*

obturación s.f. Acción de obturar.

obturador, ra adj. Que sirve para obturar. ◆ s.m. Objeto o dispositivo que sirve para obturar. **2.** Órgano de obturación del cañón de un arma de fuego entre el cierre y la recámara. **3.** Dispositivo de un objetivo fotográfico que permite regular el tiempo de exposición de una superficie sensible para obtener un fototipo. **4.** Aparato que sirve para interrumpir la circulación de agua, de vapor o de gas en un conducto.

obturar v.tr. y prnl. (lat. *obturare*). Tapar o cerrar un orificio o conducto.

obtusángulo, a adj. Se dice de un triángulo que tiene un ángulo obtuso.

obtusión s.f. PSICOL. Lentitud en los procesos intelectuales.

obtuso, a adj. (lat. *obtusus*). Que no tiene punta. SIN.: *romo.* **2.** *Fig.* Que es torpe o lento para comprender las cosas. **3.** MAT. Se dice de un ángulo mayor de 90° y menor de 180°.

obús s.m. (fr. *obus*). Pieza de artillería de calibre intermedio entre el cañón y el mortero. **2.** Proyectil disparado por esta pieza.

obvención s.f. Retribución fija o eventual que se cobra por determinado concepto, además del sueldo. (Suele usarse en plural.)

obviar v.tr. Evitar, soslayar una dificultad u obstáculo.

obvio, a adj. (lat. *obvius*). Evidente.

oc adv. **Lengua de oc** Conjunto de dialectos románicos de la mitad S de Francia que limita al N con los dialectos de la *lengua de oíl.*

1. **oca** s.f. Ganso. **2.** Juego de mesa que consiste en hacer avanzar una ficha, según el número que sale al tirar un dado, por un tablero de 63 casillas dispuestas en espiral. (Cada casilla tiene un dibujo distinto que indica lo que debe hacer cada jugador; gana el jugador que llega primero a la casilla 63.) SIN.: *juego de la oca.* ◇ **Paso de la oca** Paso militar consistente en levantar la pierna en ángulo recto.

2. **oca** s.f. (quechua *oqa*). Planta herbácea originaria de Chile y Perú, de flores amarillentas y tubérculos comestibles del mismo nombre de sabor parecido al de las castañas. (Familia oxalidáceas.)

ocapi s.m. → **okapi.**

ocarina s.f. Instrumento musical de viento hecho de arcilla o metal, forma oval y con ocho orificios dispuestos en dos líneas que corresponden a las notas de la escala diatónica.

ocasión s.f. (lat. *ocasio, -onis*). Tiempo al que se asocian determinadas circunstancias: *en cierta ocasión.* **2.** Oportunidad, circunstancia favorable: *aprovechar la ocasión.* **3.** Causa o motivo que justifica cierta acción: *una fiesta con ocasión de un aniversario.* **4.** Objeto vendido a un precio ventajoso para el comprador. **5.** Objeto que se vende cuando ya ha sido usado. ◇ **En ocasiones** A veces. **De ocasión** Que se compra barato o que no es nuevo: *automóvil de ocasión.*

ocasional adj. Que sucede o se hace por casualidad: *encuentro ocasional.* **2.** Que es apropiado para la ocasión de que se trata: *improvisar un discurso ocasional.* ◇ **Causa ocasional** FILOS. Causa natural de un fenómeno que, según Malebranche, origina que la causalidad divina se produzca realmente.

ocasionalismo s.m. FILOS. Doctrina de las causas ocasionales desarrollada por Malebranche.

ocasionar v.tr. Causar o motivar algo: *ocasionar la muerte. la ruina.* **2.** Arriesgar, poner en peligro.

ocaso s.m. (lat. *occasus, -us,* del p. de *occidere,* caer, ponerse el sol). Puesta por el horizonte de un astro, especialmente del sol. **2.** *Por ext.* Oeste, punto cardinal. **3.** *Fig.* Decadencia, declive: *el ocaso del Imperio romano.*

occidental adj. y s.m. y f. De occidente: *cultura occidental.* ◆ adj. Situado al occidente con respecto a un punto: *la parte occidental del edificio.*

occidentalismo s.m. Movimiento reformador de la intelliguentsia rusa que, en tiempos de Nicolás I, defendía seguir un modelo europeo para el desarrollo de Rusia (por oposición a los *eslavófilos*).

occidentalista adj. y s.m. y f. Relativo al occidentalismo; adscrito a este movimiento.

occidentalizar v.tr. y prnl. Adoptar ideas y características propias de occidente.

occidente s.m. (lat. *occidens, -tis,* p. de *occidere,* caer, ponerse el sol). Oeste, punto cardinal. **2.** Región o lugar que, respecto de otro, está situado hacia donde se pone el sol. **3.** Conjunto de países de Europa occidental y de América del Norte. ◇ **Iglesia de Occidente** Conjunto de iglesias de rito latino (por oposición a *las iglesias de rito oriental*).

occipital adj. Relativo al occipucio. ◆ adj. y s.m. Se dice del hueso que forma la pared posterior e inferior del cráneo. ◇ **Agujero occipital** Orificio del hueso occipital por donde pasa el tronco cerebral. **Lóbulo occipital** Lóbulo posterior del cerebro, en el que se localizan los centros visuales.

occipucio s.m. (cruce del lat. *occiput* y *occipitum*). Parte inferior y posterior del cráneo por donde este se une a las vértebras.

occisión s.f. DER. Muerte violenta.

occiso, a adj. y s. (lat. *occisus*, p. de *occidere*, matar). DER. Muerto violentamente.

occitano, a adj. y s. De Occitania. ◆ s.m. Lengua de oc.

occitócico, a adj. y s.m. → **oxitócico.**

occitocina s.f. → **oxitocina.**

1. **oceánico, a** adj. Relativo al océano. ◇ **Clima oceánico** Clima de las vertientes occidentales de los continentes, caracterizado por veranos frescos, inviernos suaves, lluvias finas y constantes a lo largo del año, con un máximo en la estación fría y una preponderancia de los vientos del O.

2. **oceánico, a** adj. De Oceanía.

oceanicultura s.f. Cultivo o cría de fauna y flora oceánicas.

océano s.m. (lat. *oceanus*, del gr. *okeanos*). Extensión de agua salada que cubre unas tres cuartas partes del globo terrestre. SIN.: *mar.* **2.** Cada una de las cinco grandes subdivisiones de esta extensión de agua salada. **3.** *Fig.* Inmensidad, gran extensión de algo: *un océano de vegetación.*

océano

Los océanos (Pacífico, Atlántico, Índico, Glaciar Ártico y Antártico) ocupan el 71 % de la superficie terrestre. El agua del mar contiene por término medio 35 g/l de sales disueltas; su temperatura es variable, pero se estabiliza hacia los 3 000 o 4 000 m de profundidad en unos 4 °C. Menos sensibles a las diferencias térmicas que los continentes, los océanos ejercen una función de reguladores térmicos del globo terrestre.

oceanografía s.f. Estudio físico, químico y biológico de las aguas y de los fondos marinos.

oceanográfico, a adj. Relativo a la oceanografía.

oceanología s.f. Conjunto de disciplinas científicas (física, química y biología) y técnicas (prospección, explotación) relativas al estudio y a la utilización de los océanos.

oceanología

La oceanología no se ha desarrollado verdaderamente hasta hace unas décadas. Sus objetivos son tres: *el estudio del fondo marino y de los litorales*, analizados en cuanto a sus formas, sus estructuras y su cobertura sedimentaria; el *estudio de las aguas* en cuanto a su naturaleza físico-química, sus movimientos y sus relaciones con la atmósfera en el marco de las investigaciones climatológicas; y el *estudio de las especies animales y vegetales* que viven en el fondo (bentos), que flotan (plancton) o que nadan en sus aguas (necton), cuyo objetivo, más que clasificar e inventariar las especies, consiste en definir la productividad de la materia viva (biomasa) en función de las condiciones ecológicas, para mejorar la pesca y desarrollar técnicas de acuicultura. A los datos de los buques oceanográficos se agregan los obtenidos a partir de una red de boyas o satélites (teledetección).

oceanológico, a adj. Relativo a la oceanología.

ocelado, a adj. Que posee ocelos.

ocelo s.m. (lat. *ocellus*, dim. de *oculus*, ojo). Órgano visual rudimentario de numerosos artrópodos (larvas de insectos, arácnidos, etc.) que es fotosensible, pero que no puede captar imágenes. **2.** Mancha redondeada de las alas de algunos insectos, del plumaje de ciertas aves, etc.

ocelote s.m. (náhuatl *océlotl*, tigre). Mamífero carnívoro de unos 65 cm de long. sin contar la cola, pelaje grisáceo con motas rojizas rodeadas de negro, cuerpo robusto y patas cortas. (Familia félidos.) SIN.: *gatopardo.* **2.** Piel de este animal muy apreciada en peletería.

ochava s.f. Octava parte de un todo. **2.** Chaflán de un edificio. **3.** Parte de la acera delante de un chaflán.

ochavado, a adj. Que tiene ocho ángulos iguales, cuatro lados alternados iguales y los otros cuatro también iguales entre sí: *vestíbulo ochavado.*

ochavar v.tr. Dar forma ochavada a algo.

ochavo s.m. (lat. *octavus*). Moneda acuñada en España hasta mediados del s. XIX (desde los Reyes Católicos hasta Isabel II) que valía dos maravedíes. **2.** Pez de unos 15 cm de long., cuerpo ovalado y comprimido y hocico parecido al de un cerdo, que se pesca a lo largo del litoral de la península Ibérica. (Familia caproidos.) **3.** *Fig.* Dinero.

ochavón, na adj. y s. Se dice de una persona mestiza hija de una persona blanca y una cuarterona.

ochenta adj.num.cardin. y s.m. (lat. vulg. *octaginta*). Ocho veces diez. ◆ adj.num.ordin. y s.m. Octogésimo: *página ochenta.* ◇ **Los (años) ochenta** Década que empieza en el año ochenta y termina en el noventa.

ochentavo, a adj. y s.m. Se dice de cada una de las partes que resultan de dividir un todo en ochenta partes iguales.

ochentón, na adj. y s. Octogenario.

1. **ocho** adj.num.cardin. y s.m. (lat. *octo*). Siete más uno. ◆ adj.num.ordin. y s.m. Octavo: *el lugar ocho.* ◇ **Super ocho** CIN. Formato de película no profesional, superior al modelo corriente de 8 mm. (También *super 8.*) **Vendaje en ocho** CIR. Apósito en el que las vueltas de la venda se cruzan en forma de 8.

2. **ocho** s.m. Méx. Pajarillo idérido propio de climas cálidos.

ochocientos, as adj.num.cardin. y s.m. Ocho veces ciento. ◆ s.m. Siglo XIX.

ocio s.m. (lat. *otium*). Tiempo libre, fuera de las obligaciones y ocupaciones habituales. **2.** Actividad a la que se dedican como distracción los momentos de tiempo libre.

ociosear v.intr. Andar ocioso, flojear.

ociosidad s.f. Estado de la persona ociosa.

ocioso, a adj. y s. Que está inactivo: *gente ociosa.* ◆ adj. Inútil, trivial: *una cuestión ociosa; es ocioso insistir.*

ocluir v.tr. y prnl. (lat. *occludere*) [conj.: *huir*]. Cerrar un orificio o conducto de un canal. **2.** GEOGR. Sobreponerse un frente frío a uno caliente. **3.** QUÍM. Absorber gases un sólido.

oclusión s.f. Acción y efecto de ocluir u ocluirse: *la oclusión de desagüe.* **2.** CIR. Operación que consiste en ocluir temporalmente el orificio de los párpados de un enfermo afectado de queratitis. **3.** FONÉT. Cierre momentáneo de los órganos de fonación. **4.** GEOGR. Fin de una perturbación ciclonal, o frente que se forma cuando un frente frío se sobrepone a uno caliente. **5.** MED. Obturación patológica de un conducto o de una abertura natural. **6.** QUÍM. Propiedad que posee un sólido de absorber gases.

oclusivo, a adj. Relativo a la oclusión. **2.** Que produce oclusión. ◆ adj. y s.f. FONÉT. Se dice del sonido cuya fase característica de emisión implica la oclusión de los órganos de la fonación. (A esta categoría pertenecen los fonemas pertenecientes a la letras *p. t. k. b. d* y *g.*)

oco s.m. Colomb. Vasija de calabaza.

ocomistle s.m. Méx. Ardilla de gran agresividad que vive en los ocotales.

ocosial s.m. Perú. Terreno húmedo y deprimido con alguna vegetación.

ocotal s.m. Guat. y Méx. Terreno poblado de ocotes.

1. **ocote** s.m. Guat. y Méx. Pino de distintas especies, de madera resinosa que, una vez seca, se emplea para encender fuegos.

2. **ocote** s.m. Argent. Tripa gruesa, asadura. **2.** Argent. *Vulg.* Ano.

ocozoal s.m. Méx. Culebra de cascabel que suele habitar en lugares húmedos.

ocráceo, a adj. Que tiende al color ocre.

ocre s.m. (fr. *ocre*). Arcilla rica en hematites (ocre rojo) o en limonita (ocre amarillo, tierra de Siena), utilizada en pintura. ◆ adj. y s.m. Se dice del color amarillo o naranja con una tonalidad marrón, como el de la arena de la playa. ◆ adj. Que es de este color.

octaedro s.m. y adj. MAT. Sólido de ocho caras. ◇ **Octaedro regular** Octaedro que tiene por caras triángulos equiláteros iguales.

octagonal u **octogonal** adj. Que tiene la forma de un octágono.

octágono u **octógono** s.m. y adj. MAT. Polígono de ocho ángulos y, por lo tanto, de ocho lados.

octano s.m. Hidrocarburo saturado (C_8H_{18}) que existe en los aceites de petróleo. ◇ **Índice de octano** Índice que mide el valor antidetonante de un combustible por comparación con el de un carburante patrón.

octante s.m. Arco de 45º en un círculo o una esfera. **2.** Instrumento náutico fundado en el principio de la doble reflexión y análogo al sextante, pero cuyo sector comprende la octava parte del círculo (45º).

octava s.f. MÉTRIC. Estrofa compuesta por ocho versos endecasílabos. **2.** MÚS. **a.** Octavo grado de la escala diatónica, que lleva el mismo nombre que el primero. **b.** Conjunto de notas contenidas en un intervalo de ocho grados. **3.** REL. **a.** Período de ocho días que se prolonga en cada una de las principales fiestas del año. **b.** Último de estos ocho días. ◇ **Octava real** Octava en la que riman entre sí los versos primero, tercero y quinto; el segundo, cuarto y sexto; y el séptimo con el octavo.

octavario s.m. Período de ocho días. **2.** REL. Función religiosa que se celebra durante ocho días seguidos en honor de algún santo.

octavilla s.f. Octava parte de un pliego de papel. **2.** Impreso de propaganda política o social. **3.** Guitarra con seis cuerdas dobles de acero, utilizada en la provincia de Valencia. ◇ **Octavilla aguda,** o **italiana** MÉTRIC. Estrofa de ocho versos de arte menor, que admite a veces el decasílabo y el eneasílabo.

octavo, a adj.num.ordin. y s. Que corresponde en orden al número ocho. ◆ adj. y s.m. Se dice de cada una de las partes que resultan de dividir un todo en ocho partes iguales. ◇ **En octavo** Se dice del pliego impreso que ha recibido tres dobleces y que consta de 8 hojas o 16 páginas. **Octavos de final** Eliminatoria de una competición deportiva en la que se enfrentan un total de dieciséis participantes o equipos, de los cuales ocho pasan a la siguiente eliminatoria (→ ***cuarto de final**).

octeto s.m. FÍS. Conjunto de ocho electrones que forma, en ciertos átomos o en ciertos iones, una capa exterior particularmente estable. **2.** INFORMÁT. Elemento de información de ocho bits. **3.** MÚS. **a.** Composición para ocho voces o instrumentos. **b.** Conjunto musical formado por ocho voces o instrumentos.

octocoralario, a adj. y s.m. Relativo a un orden de cnidarios que tienen ocho tentáculos móviles, como el coral o el alción.

octogenario, a adj. y s. Que tiene entre los ochenta y los ochenta y nueve años de edad: *persona octogenaria.*

octogésimo, a adj.num.ordin. y s. Que corresponde en orden al número ochenta. ◆ adj. y s.m. Se dice de cada una de las partes que resultan de dividir un todo en ochenta partes iguales.

octogonal adj. → **octagonal.**

octógono s.m. y adj. → **octágono.**

octópodo, a adj. y s.m. Relativo a un orden de moluscos cefalópodos con concha interna rudimentaria o nula, y corona de tentáculos formada por ocho brazos iguales, como el pulpo.

octosilábico, a adj. De ocho sílabas. **2.** Escrito en octosílabos.

octosílabo, a adj. Octosilábico. ◆ adj. y s.m. Que tiene ocho sílabas.

octubre s.m. (lat. *october, -bris*). Décimo mes del año. (Tiene 31 días.)

óctuple u **óctuplo, a** adj. Que contiene ocho veces una cantidad.

ocular adj. Relativo al ojo: *globo ocular.* ◆ s.m. Sistema óptico de una lente, de un microscopio, etc., colocado en la parte a la que se aplica el ojo del observador y que sirve para examinar la imagen que ofrece el objetivo. ◇ **Testigo ocular** Testigo que ha presenciado los hechos que se refieren.

oculista s.m. y f. y adj. Oftalmólogo.

óculo s.m. (lat. *oculus*). Ventana circular pequeña.

oculógiro, a adj. Se dice del nervio o músculo que controla los movimientos del ojo, en particular su rotación.

oculomotor, triz adj. Relativo a la motricidad de los ojos.

ocultación s.f. Acción de ocultar u ocultarse. **2.** ASTRON. Paso momentáneo de un astro por delante de otro impidiendo su visión desde un punto de vista, generalmente terrestre. **3.** DER. Acción de ocultar bienes y otras cosas para eludir el pago de los impuestos o para evitar una reivindicación. ◇ **Luz de ocultación,** o **de ocultaciones** Luz de balizamiento o de faro que a intervalos regulares experimenta un eclipse total.

ocultador s.m. FOT. Papel negro que, recortado de diversos modos, permite sacar en la copia solo una parte de la fotografía.

ocultar v.tr. y prnl. (lat. *occultare*). Impedir que sea vista una persona o cosa. **2.** ASTRON. Producir la ocultación. ◆ v.tr. Callar intencionadamente alguna cosa: *ocultar los hechos, un problema.* **2.** Evitar la manifestación externa de sentimientos, deseos, etc.: *ocultar el dolor, una intención.*

ocultismo s.m. Estudio y práctica de las ciencias ocultas.

ocultista adj. y s.m. y f. Relativo al ocultismo; que practica el ocultismo.

oculto, a adj. (lat. *occultus,* p. de *occulere,* esconder, disimular). Que no se deja ver: *estar oculto tras un muro.* **2.** Que no se comprende por ser misterioso o enigmático: *poder oculto.*

ocumo s.m. Venez. Planta comestible de tallo corto y flores amarillas. (Familia aráceas.)

ocupación s.f. Acción de ocupar u ocuparse. **2.** Trabajo o actividad en que uno emplea el tiempo. **3.** Empleo u oficio. **4.** Permanencia de un ejército extranjero en un territorio interfiriendo en su gobierno, pero sin anexionárselo. **5.** DER. Adquisición de un bien sin dueño con el fin de utilizarlo. ◇ **Nivel de ocupación** ECON. Grado de absorción del factor trabajo en las actividades productivas.

ocupacional adj. Relativo a la ocupación laboral: *terapia ocupacional.*

ocupado, a adj. Que realiza una actividad o trabajo que le impide hacer otra cosa. **2.** Se dice del espacio o lugar que está siendo utilizado exclusivamente por una persona. **3.** Se dice de la línea telefónica que, al ser probada, da la señal especial intermitente de estar comunicando. ◇ **Vía ocupada** F. C. Sección de vía donde se encuentra por lo menos un vehículo y en la que, por consiguiente, no puede entrar otro tren sin tomar precauciones.

ocupante adj. y s.m. y f. Que ocupa un lugar: *los ocupantes del vehículo.*

ocupar v.tr. (lat. *occupare*). Tomar posesión de un sitio por la fuerza: *ocupar una fortaleza.* **2.** Llenar un espacio o lugar: *la alfombra ocupa todo el suelo.* **3.** Instalarse en un lugar: *ocupar un departamento.* **4.** Ejercer un empleo o cargo. **5.** Requerir una actividad cierto tiempo o trabajo: *ese asunto me ocupó toda la tarde.* **6.** Emplear, proporcionar trabajo: *esta fábrica ocupa a cien obreros.* ◆ **ocuparse** v.prnl. Encargarse de algún trabajo. **2.** Cuidar, atender: *ocuparse de los niños. del jardín.* **3.** Tratar, hablar o escribir sobre un tema.

ocurrencia s.f. Idea de hacer algo o pensamiento original que se le ocurre a alguien. **2.** Dicho o hecho agudo o gracioso que se le ocurre a alguien: *se ríe con sus ingeniosas ocurrencias.* **3.** Hecho de suceder algo.

ocurrente adj. Gracioso, ingenioso: *idea ocurrente.* ◇ **Fiestas ocurrentes** LITURG. Fiestas que se celebran en el mismo día.

ocurrir v.intr. (lat. *occurrere,* salir al paso). Suceder, acontecer algo: *ocurrir un percance.* SIN.: *acaecer.* ◆ **ocurrirse** v.prnl. Venir a la mente un pensamiento, una idea: *ocurrírsele a alguien una solución.*

oda s.f. (lat. tardío *oda,* del gr. *odi,* canto). Poema lírico de lenguaje elevado, destinado a alabar a personajes importantes (odas heroicas), a celebrar grandes acontecimientos, o bien a expresar sentimientos más familiares (odas anacreónticas). **2.** ANT. Poema para ser cantado.

odalisca s.f. (fr. *odalisque,* del turco *odaliq*). Esclava al servicio del sultán en la Turquía otomana. **2.** *Por ext.* Mujer perteneciente a un harén.

odeón s.m. ANT. GR. Edificio con gradas y cubierto, generalmente de planta semicircular, destinado a audiciones musicales. **2.** *Por ext.* Teatro moderno destinado al canto.

odiar v.tr. Sentir odio hacia alguien o algo.

odio s.m. (lat. *odium,* odio, conducta odiosa). Sentimiento de repulsión hacia alguien que impulsa a desearle el mal. **2.** Repugnancia hacia una cosa.

odioso, a adj. (lat. *odiossus*). Digno de odio. **2.** Antipático, desagradable. **3.** DER. Que es contrario a lo que favorece la ley.

odisea s.f. (de *Odisea,* poema de Homero). Viaje con muchos incidentes, generalmente penosos y molestos: *vivir una peligrosa odisea.*

odógrafo s.m. Trazado de un camino recorrido o por recorrer.

odoliometría s.f. Técnica que permite determinar el grado y condiciones en que es resbaladizo el piso de las carreteras, calzadas, calles, etc.

odómetro s.m. Podómetro.

odonato, a adj. y s.m. Relativo a un orden de insectos de larva acuática, que no presentan ninfosis, y que en estado adulto tienen dos pares de alas transversales, como la libélula.

odontalgia s.f. (del gr. *odoýs, odontós,* diente, y *algos,* dolor). Dolor localizado en una pieza dentaria.

odontoide adj. Que tiene forma de diente. ◇ **Apófisis odontoide** Prominencia que presenta la segunda vértebra cervical.

odontología s.f. Rama de la medicina que estudia los dientes, sus enfermedades y su tratamiento.

odontólogo, a s. y adj. Médico especialista en odontología. SIN.: *dentista.*

odontómetro s.m. Regla graduada para medir el número de dientes de un sello de correos y la distancia que los separa.

odorífero, a u **odorífico, a** adj. Que despide olor, especialmente si es agradable.

odorización s.f. Operación de refino que consiste en conferir un olor especial a un producto mediante un odorizante.

odorizante s.m. y adj. Producto incorporado a un gas para conferirle un olor característico y facilitar así la detección de escapes en aparatos que usan estos gases.

odre s.m. (lat. *uter, utris*). Piel de cabra u otro animal que, cosida y pegada, se usa para contener líquidos (vino, aceite). SIN.: *cuero.* **2.** *Fig.* y *fam.* Persona borracha.

oersted s.m. (de H. C. *Oersted,* físico danés). Unidad de medida electromagnética de intensidad de campo magnético (símb. Oe) perteneciente al sistema CGS.

oerstita s.f. Acero especial con adición de cobalto y titanio, de elevado campo coercitivo y gran imantación remanente, usado en la fabricación de imanes permanentes.

oesnoroeste s.m. Punto del horizonte equidistante del O y del NO (abrev. ONO). ◆ adj. y s.m. Se dice del viento que sopla desde este punto.

oeste s.m. (del anglosajón *west*). Punto cardinal por donde se pone el sol en los equinoccios (abrev. O; internacionalmente, W). **2.** Región o lugar situado en dirección a este punto. ◆ adj. y s.m. Se dice del viento que sopla desde este punto cardinal.

oesuroeste u **oesudoeste** s.m. Punto del horizonte equidistante del O y del SO (abrev. OSO). ◆ adj. y s.m. Se dice del viento que sopla desde este punto.

ofender v.tr. (lat. *offendere,* chocar, atacar). Hacer que una persona se sienta despreciada o humillada mediante palabras o acciones. **2.** Impresionar algo desagradablemente los sentidos: *olores que ofenden.* ◆ **ofenderse** v.prnl. Sentirse herido en su dignidad, molestarse.

ofensa s.f. (lat. *offensa,* choque). Acción y efecto de ofender u ofenderse. **2.** Acto o palabra que ofende.

ofensiva s.f. Acción de atacar. **2.** MIL. Movimiento de ataque de un ejército sobre las posiciones del enemigo con intención de conquistarlas y destruirlas. ◇ **Tomar la ofensiva** Emprender un ataque contra alguien.

ofensivo, a adj. Que ofende: *palabras ofensivas.* **2.** Que ataca, que sirve para atacar: *armas ofensivas.*

oferta s.f. Proposición que se hace a alguien: *recibir ofertas de varias empresas.* **2.** Ofrecimiento de algo en venta. **3.** Producto a precio rebajado. (Se usa también con las prep. *de* y *en.*) **4.** Regalo, presente. **5.** DER. CIV. **a.** Proposición unilateral que una persona hace a otra para celebrar un contrato. **b.** Objeto de la proposición hecha de esta forma. **6.** ECON. Cantidad de un bien o servicio que los sujetos económicos están dispuestos a vender a un precio prefijado en un mercado y en un tiempo determinados. ◇ **Ley de la oferta y la demanda** Teoría económica que determina el precio en que se equilibran el volumen de la oferta de un producto o servicio y el de la demanda. **Oferta pública de adquisición (OPA)** Operación financiera por la cual una persona física o jurídica da a conocer públicamente su intención de adquirir títulos o acciones de una sociedad, que cotiza en bolsa, a un precio prefijado para obtener su control. **Oferta pública de venta (OPV)** Operación por la cual una persona física o jurídica que posee acciones de una sociedad con cotización en bolsa propone públicamente la venta de una cantidad importante de dichas acciones a un precio fijado y según ciertas modalidades.

ofertar v.tr. Ofrecer en venta un producto. **2.** Amér. Ofrecer, consagrar algo a Dios o a un santo. **3.** Amér. Prometer. **4.** Amér. Ofrecer o dar voluntariamente una cosa.

ofertorio s.m. Parte de la misa en que el sacerdote ofrece a Dios el pan y el vino que deben ser consagrados. **2.** Antífona con que empieza la segunda parte de la misa.

off (voz inglesa). **En off** En lenguaje cinematográfico, teatral, etc., voz, ruido o diálogo cuyo origen está fuera del campo visual: *voz en off.*

office s.m. (voz francesa). Esp. Habitación contigua a la cocina destinada a servicios auxiliares.

off line adj. (voces angloamericanas). INFORMÁT. Que no se encuentra conectado a una computadora central. (Se utiliza en oposición a *on line.*)

offset s.m. y adj. (voz inglesa). ART. GRÁF. Procedimiento de impresión indirecta por medio de un cilindro de caucho que toma la tinta aplicada a una plancha y la transfiere a un papel. ◇ **Máquina offset** Máquina de imprimir por el procedimiento offset. **Offset en seco** Procedimiento de impresión offset sin baño de la plancha.

off-shore adj. (voz inglesa, *a cierta distancia de la costa*). Se dice de la parte de la industria petrolífera dedicada a la prospección, sondeo y explotación de los yacimientos submarinos. **2.** Se dice del sector bancario establecido en el extranjero y no sometido a la legislación nacional. (También *plaza financiera internacional.*) **3.** Se dice de un deporte motonáutico con embarcaciones potentes. **4.** Se dice de la embarcación de este deporte.

off side u **offside** s.m. (voces inglesas). DEP. Fuera de juego. (Suele castellanizarse *orsai.*)

off the record loc. (voces inglesas, *fuera de registro*). En lenguaje periodístico, se dice de una información, declaración, etc., confidencial o extraoficial.

1. **oficial** adj. (lat. *officialis*). Que procede del gobierno o de la autoridad competente: *boletín oficial del estado.* **2.** Que

tiene validez porque está públicamente reconocido por una autoridad: *una nota oficial.* **3.** Se dice de las instituciones, centros de enseñanza, edificios, etc., que se sufragan con fondos públicos y dependen del estado. ◆ adj. y s.m. y f. Méx. Formal, establecido: *novio oficial.* ◆ s.m. y f. Persona que desempeña la categoría intermedia entre auxiliar y jefe en los cuerpos administrativos. **2.** MAR. Persona que, en la marina mercante, ejerce a bordo un cargo técnico. **3.** MIL. Militar que posee cualquiera de los grados entre alférez y capitán general. ◇ **Oficial de justicia** Funcionario de la administración de justicia. **Oficial de sala** Auxiliar de los tribunales colegiados, de grado jerárquico inferior al del secretario. **Oficial público** Argent. Funcionario autorizado para dar fe.

2. **oficial, la** s.m. y f. Persona de grado intermedio entre aprendiz y maestro en determinados oficios.

oficialato s.m. MIL. Dignidad de oficial.

oficialía s.f. Cargo o categoría de oficial.

oficialidad s.f. Cualidad de oficial. **2.** MIL. Conjunto de oficiales de las fuerzas armadas, de un ejército o de una unidad orgánica del mismo.

oficialista adj. Que está a favor del gobierno. **2.** Que recibe el apoyo del gobierno.

oficializar v.tr. Dar carácter o validez oficial a algo: *oficializar una lengua.*

oficiante adj. y s.m. Que preside un oficio litúrgico.

oficiar v.tr. Comunicar una cosa por escrito con carácter oficial. **2.** LITURG. Celebrar el sacerdote la misa, o asistirlo en la celebración. ◆ v.intr. *Fig.* y *fam.* Actuar con la condición que se expresa: *oficiar de conciliador.*

oficina s.f. (lat. *officina,* taller). Local donde se realizan trabajos administrativos. **2.** Lugar donde se trabaja, prepara o gestiona algo. **3.** Laboratorio de farmacia.

oficinal adj. Relativo a la oficina de farmacia. **2.** Se dice de un medicamento cuya fórmula figura en el códex (por oposición a *magistral*). **3.** Se dice de una planta que se emplea como medicinal en farmacia.

oficinesco, a adj. *Desp.* Propio de una oficina: *rutina oficinesca.*

oficinista s.m. y f. Persona que trabaja en una oficina.

oficio s.m. (lat. *officium,* servicio, función, de *offex, -icis,* artesano). Profesión habitual, especialmente la que requiere habilidad manual o esfuerzo físico. **2.** Función propia de alguna cosa. **3.** Habilidad que se adquiere por el ejercicio habitual de una actividad: *un actor de mucho oficio.* **4.** Comunicación oficial escrita. **5.** LITURG. Conjunto de ceremonias y oraciones litúrgicas, especialmente las de semana santa: *asistir a los oficios.* ◇ **Buenos oficios** Mediación por parte de un tercero para intentar un entendimiento o arreglo amistoso entre personas en discordia. **De oficio** DER. Costeado por el estado: *le nombraron un abogado defensor de oficio.* **Oficio divino** LITURG. Conjunto de oraciones y ceremonias diarias de los religiosos. **Oficio palatino** HIST. Administración central del reino hispanovisigodo. **Sin oficio ni beneficio** *Fam.* Sin empleo, carrera o especialidad.

oficiosidad s.f. Cualidad de oficioso. **2.** Acción oficiosa.

oficioso, a adj. Que proviene de una autoridad, pero sin tener carácter oficial: *noticia oficiosa.* **2.** Que interviene como mediador. **3.** Se dice de la persona que se entromete en asuntos ajenos sin haber sido solicitada. **4.** Solícito en ser agradable o útil a alguien. **5.** En lenguaje diplomático, se dice de la mediación de una potencia para la resolución de un conflicto entre naciones.

oficleido u **oficleide** s.m. Instrumento musical de viento hecho de cobre, provisto de llaves y embocadura. SIN.: *ofigle.*

ofidio, a adj. y s.m. Relativo a un suborden de reptiles escamosos de cuerpo alargado, cilíndrico y sin extremidades, como las serpientes.

ofimática s.f. Conjunto de técnicas informáticas utilizadas para facilitar los trabajos de oficina. SIN.: *automatización de oficinas, burótica.*

ofiolita s.f. GEOL. En las cadenas montañosas, secuencia de rocas eruptivas que comprende, de abajo arriba, rocas ultrabásicas, gabros y basaltos, considerada generalmente como un fragmento de corteza oceánica que ha sufrido dislocaciones tectónicas.

ofiología s.f. Estudio de las serpientes.

ofiuro, a adj. y s.m. Relativo a un orden de equinodermos caracterizados por su cuerpo discoidal del que parten cinco brazos serpentiformes.

Oflag s.m. (abrev. de la voz alemana *Offizierlager*). Campo de oficiales prisioneros de guerra que existió en Alemania, durante las dos guerras mundiales.

ofrecer v.tr. (del lat. *oferre*) [conj.: *parecer*]. Poner algo o alguien a disposición de una persona. **2.** Mostrar o presentar una característica, aspecto, etc., determinados: *la ciudad ofrecía un aspecto desolado.* **3.** Celebrar una fiesta, banquete, etc. **4.** Proponer una suma determinada para adquisición de algo. **5.** Poner al servicio de alguien algo inmaterial para que lo acepte: *me ofreció cambiar de actitud si le ayudaba.* **6.** Proporcionar, deparar: *el viaje me ofreció la oportunidad de conocer nuevos ambientes.* **7.** REL. Dedicar a Dios o a un santo acciones, objetos, o el daño que se padece como señal de devoción. ◆ **ofrecerse** v.prnl. Ponerse a disposición de una persona para ayudarla. **2.** Venir al pensamiento una duda. **3.** Ocurrírsele a alguien una necesidad o un deseo: *si no se le ofrece nada más me retiraré.*(Se utiliza en fórmulas de cortesía.)

ofrecido, a adj. Méx. Se dice de la persona que se ofrece a hacer algo por los demás, generalmente con una actitud servil.

ofrecimiento s.m. Acción y efecto de ofrecer u ofrecerse. ◇ **Ofrecimiento de pago** DER. Declaración de voluntad del deudor por la que manifiesta a su acreedor la decisión de cumplir inmediatamente la obligación.

ofrenda s.f. (lat. *offrenda,* cosas que se deben ofrecer). Presente que se hace a una divinidad o se deposita en un templo por devoción. **2.** Regalo o favor en señal de gratitud.

ofrendar v.tr. Hacer ofrendas.

oftalmía s.f. (del gr. *ophthalmós,* ojo). Inflamación de la región ocular.

oftalmología s.f. Parte de la medicina que estudia las enfermedades de la región ocular y los trastornos de la visión.

oftalmólogo, a s. Médico especialista en oftalmología. SIN.: *oculista.*

oftalmómetro s.m. Instrumento que mide las diferentes curvaturas de la córnea.

oftalmoscopia s.f. Examen del interior del ojo realizado con el oftalmoscopio.

oftalmoscopio s.m. Instrumento para examinar el interior del ojo.

ofuscación s.f. Confusión de la razón. SIN.: *ofuscamiento.* **2.** Turbación de la vista. SIN.: *ofuscamiento.*

ofuscar v.tr. y prnl. (lat. *offuscare*). *Fig.* Trastornar algo la mente, confundir las ideas. **2.** Privar de la visión un exceso de luz o un brillo muy intenso.

ogham adj. y s.m. Se dice de la escritura celta más antigua que se conoce.

ogro, esa s. (fr. *ogre*). Gigante legendario que se alimentaba de carne humana. **2.** *Fig.* Persona cruel o de mal carácter. **3.** *Fig.* Monstruo, persona muy fea.

¡oh! interj. Expresa un sentimiento intenso de asombro, alegría o pena.

ohm s.m. (de G. S. *Ohm,* físico alemán). Ohmio, en la nomenclatura internacional.

óhmico, a adj. Relativo al ohmio. ◇ **Resistencia óhmica** Resistencia eléctrica que corresponde al desprendimiento de calor conforme a la ley de Joule.

ohmímetro s.m. Aparato que sirve para medir la resistencia eléctrica de un conductor.

ohmio s.m. (de G. S. *Ohm,* físico alemán). Unidad de medida de resistencia eléctrica (símb. Ω) que equivale a la resistencia eléctrica que existe entre dos puntos de un hilo conductor cuando una diferencia de potencial constante de 1 voltio, aplicada entre estos dos puntos, produce en este conductor una corriente de 1 amperio.

oída s.f. **De,** o **por, oídas** Se dice de lo que se conoce únicamente por haber oído hablar de ello: *conocer a alguien de oídas.*

oídio s.m. Enfermedad de la vid y otras plantas causada por hongos ascomicetes del mismo nombre y caracterizada generalmente por la aparición de un polvo grisáceo en la superficie de los órganos parasitados.

oído s.m. Sentido corporal por el que se perciben los sonidos. **2.** Órgano de este sentido. **3.** Aptitud para percibir y reproducir el tono relativo de los sonidos musicales: *tener buen oído.* **4.** Agujero que tienen las armas de fuego para comunicar este a la carga. ◇ **Al oído** En un tono muy bajo o cerca del oído: *decir. susurrar al oído.* **Cerrar los oídos** No atender ruegos o peticiones. **Dar oídos** Escuchar a una persona con benevolencia y creyendo lo que dice. **Duro de oído** Que no oye muy bien; que tiene dificultades para percibir la diferencia de los sonidos musicales. **Entrar por un oído y salir por el otro** No hacer caso ni aprecio de comentarios, consejos, etc. **Hacer oídos sordos** Desentenderse de un asunto. **Ser todo oídos** Tener disposición para escuchar a alguien.

oído

El *oído externo* está formado por el pabellón auricular y el conducto auditivo externo y termina en el tímpano, membrana de separación con el *oído medio*. La caja del tímpano, formada por los huesecillos auditivos (martillo, yunque y estribo) que transmiten los sonidos del tímpano al oído interno, constituye el *oído medio* que comunica con el conducto nasofaríngeo a través de la trompa de Eustaquio. El *oído interno* comprende el laberinto óseo, formado por tres cavidades (vestíbulo, canales semicirculares y caracol), y el laberinto membranoso, contenido en el anterior. En el caracol está el órgano de la audición (órgano de Corti). El oído desempeña también una importante función en el sentido del equilibrio.

oidor, ra adj. y s. Que oye. ◆ s.m. HIST. Juez o magistrado de las audiencias y chancillerías.

oidoría s.f. Empleo o dignidad de oidor.

oíl adv. (fr. ant. *oïl,* sí, del lat. *hoc illud*). **Lengua de oíl** Conjunto de dialectos románicos hablados en la mitad N de Francia (por oposición a *lengua de oc*).

oír v.tr. (lat. *audire*). Percibir un sonido por el oído: *oír un ruido.* **2.** Escuchar, poner atención en percibir palabras o sonidos: *oír una conversación.* **3.** Atender o acceder a los ruegos, avisos, consejos, etc., de alguien: *¡Dios te oiga!* **4.** Prestar atención a lo que se dice: *¿me oyes o miras la tele?* **5.** DER. Admitir un juez o tribunal peticiones, alegatos o pruebas de las partes antes de resolver: *oír a los peritos.* ◇ **Como quien oye llover** Sin hacer caso de lo que se oye o sucede. **Oír, ver y callar** Expresa el deseo, el consejo, la actitud, etc., de no entremeterse en un asunto ajeno.

ojal s.m. Pequeña abertura, reforzada generalmente en sus bordes, que se hace en una pieza de tela, cuero, etc., para sujetar el botón. **2.** Agujero que atraviesa algo de parte a parte: *el ojal de la solapa.*

¡ojalá! interj. (ár. *wa sa llâh,* y quiera Dios). Expresa el deseo de que ocurra algo que se ha anunciado o que se anuncia a continuación.

ojalar v.tr. Hacer ojales.

ojalatero, a adj. y s. *Fam.* Se decía de la persona que en las contiendas civiles españolas se limitaba a desear el triunfo del partido con que simpatizaba sin colaborar activamente.

ojanco s.m. Cuba. Pez rosado de ojos muy grandes.

ojeada s.f. Mirada rápida: *echar una ojeada.*

ojeador, ra s. Persona que ojea la caza.

1. ojear v.tr. Mirar algo o a alguien sin prestarle mucha atención o detenimiento. **2.** Aojar, hacer mal de ojo.

2. ojear v.tr. (de *ox,* interj. para espantar a los animales). Levantar la caza y llevarla hacia los puestos de los cazadores o hacia las armadas. **2.** *Fig.* Espantar, ahuyentar.

ojén s.m. Aguardiente dulce preparado con anís, típico de Ojén (Málaga).

ojeo s.m. Acción de ojear la caza. ◇ **Echar un ojeo** Cazar ojeando.

ojera s.f. Mancha amoratada alrededor del párpado inferior. **2.** Lavaojos.

ojeriza s.f. Antipatía hacia alguien, que impide ver con agrado sus cosas e inclina a desfavorecerlo: *tomarle ojeriza a alguien.*

ojeroso, a adj. Se dice de la persona que tiene ojeras.

ojerudo, a adj. Que tiene habitualmente ojeras.

ojetada s.f. Méx. *Vulg.* Acción vil: *fue una ojetada que te burlaras de él.*

ojete s.m. Agujero redondo hecho en una tela, cuero, etc., que se usa para pasar un cordón o una cinta y como adorno,

oír

INDICATIVO	SUBJUNTIVO
presente	**presente**
oigo	*oiga*
oyes u oís	*oigas*
oye	*oiga*
oímos	*oigamos*
oís	*oigáis*
oyen	*oigan*
copretérito o pret. imperfecto	**pretérito o pret. imperfecto**
oía	*oyera* u *oyese*
oías	*oyeras* u *oyeses*
oía	*oyera* u *oyese*
oíamos	*oyéramos* u *oyésemos*
oíais	*oyerais* u *oyeseis*
oían	*oyeran* u *oyesen*
pretérito o pret. perf. simple	**futuro o fut. simple**
oí	*oyere*
oíste	*oyeres*
oyó	*oyere*
oímos	*oyéremos*
oísteis	*oyereis*
oyeron	*oyeren*

futuro o fut. simple
oiré
oirás
oirá
oiremos
oiréis
oirán

pospretérito o condicional simple
oiría
oirías
oiría
oiríamos
oiríais
oirían

IMPERATIVO

oye u oí	(tú, vos)
oiga	(él)
oigamos	(nosotros)
oíd	(vosotros)
oigan	(ellos)

FORMAS NO PERSONALES

infinitivo	gerundio
oír	*oyendo*

participio
oído

también de forma oval, en los bordados. **2.** Ojal redondo y reforzado con un aro metálico, cuyos labios van engastados en los bordes de dicho orificio. **3.** *Vulg.* Ano. **4.** Méx. *Vulg.* Persona muy mala, perversa o que se aprovecha de los demás.

ojibwa o **chippewa,** pueblo amerindio algonquino de la región de los Grandes Lagos (EUA y Canadá).

ojímetro (a) loc. *Fam.* A ojo, de forma aproximada.

ojinegro, a adj. *Fam.* Que tiene los ojos negros. **2.** TAUROM. Se dice de la res vacuna que tiene la piel negra alrededor de los ojos.

ojituerto, a adj. Bizco.

ojiva s.f. (fr. *ogive*). Figura de ángulo curvilíneo formada por dos arcos de círculo iguales que presentan su concavidad contrapuesta y se cortan por uno de sus extremos. **2.** Arco con esta figura. **3.** Parte anterior de un proyectil, de forma cónica u ojival. ◇ **Ojiva atómica** Ojiva con carga nuclear que tienen algunos misiles o proyectiles. SIN.: *cabeza nuclear.*

ojival adj. Que tiene forma de ojiva. **2.** Se dice del estilo arquitectónico caracterizado por el empleo de arcos en forma de ojiva, como el gótico.

ojo s.m. (lat. *oculus*). Órgano de la visión, compuesto en los mamíferos por el globo y la región oculares (pestaña, párpados, lagrimal, etc.). **2.** Parte visible de este órgano en la cara: *tener los ojos azules.* **3.** Vista, mirada: *no te quita los ojos de encima.* (Suele usarse en plural.) **4.** *Fig.* Perspicacia: *tener buen ojo para los negocios.* **5.** *Fig.* Cuidado, tacto: *andarse con ojo.* **6.** Agujero que atraviesa algo de una parte a otra: *el ojo de la aguja.* **7.** Mancha o dibujo más o menos redondo. **8.** Círculo que forma una sustancia al flotar sobre otra más densa. **9.** Agujero, cavidad en la masa de algunas sustancias: *los ojos del queso, del pan.* **10.** Cada mano de jabón que se da a la ropa al lavarla. **11.** Círculo de colores que tiene el pavo real en la extremidad de cada una de las plumas de la cola. **12.** ARQ. **a.** Círculo que hay en el centro de un rosetón. **b.** Abertura que hay en lo alto de una cúpula. **13.** BOT. Botón o yema de las plantas. **14.** IMPR. Relieve de un tipo, que, al impregnarlo en tinta, produce la impresión. **15.** MAR. Abertura circular por la que se hace pasar un cabo o cable. **16.** OBR. PÚBL. Arcada de puente: *puente de tres ojos.* ◆ interj. Expresa aviso, atención o amenaza. ◇ **Abrir los ojos a alguien** Descubrirle algo que ignoraba; desengañarlo. **A ojo (de buen cubero)** *Fam.* Aproximadamente; a discreción de uno. **A ojos vistas** De forma manifiesta o palpable. **Bajar los ojos** *Fig.* Avergonzarse, humillarse. **Clavar los ojos en alguien** o **algo** Mirarlo fijamente y con atención. **Comer,** o **devorar, con los ojos** *Fam.* Mirar con deseo a alguien o algo. **Cuatro ojos** *Fig.* y *desp.* Persona que lleva anteojos. **Delante de,** o **en, los ojos** En presencia de quien se expresa. **Echar el ojo a alguien** o **algo** Fijar la atención en alguien o algo que despierta interés o deseo. **Echar un ojo** Ojear, dar una mirada superficial o rápida a algo. **En un abrir y cerrar,** o **en un volver, de ojos** *Fam.* En un instante, muy rápidamente. **Mirar con buenos,** o **malos, ojos** Sentir por alguien o algo simpatía, o antipatía. **Mirar con otros ojos** Cambiar la opinión que se tenía de una persona o una cosa. **No pegar ojo,** o **los ojos** *Fam.* No dormir. **No quitar ojo de alguien** o **algo** No dejar de mirar a alguien o algo. **No tener ojos en la cara** No darse cuenta de algo que es evidente. **Ojo alerta,** o **avizor** *Fam.* Con precaución o con atención: *hay que ir ojo avizor.* **Ojo clínico** Aptitud de un médico para diagnosticar enfermedades rápidamente y con acierto; perspicacia para ver alguien con rapidez lo que le conviene. **Ojo de agua** Manantial. **Ojo de buey** Ventana circular u ovalada; planta herbácea de flores terminales, redondas y amarillas, muy común en los sembrados. (Familia compuestas.) **Ojo de escalera** Espacio vacío que queda dentro de las vueltas de los tramos. **Ojo de gallo** Callo redondo y cóncavo en el centro que aparece en el espacio interdigital de los pies. **Ojo de gato** Piedra preciosa, variedad de calcedonia, de color gris paja, amarillo o verdoso, con fajas en forma de círculos concéntricos. **Ojo de huracán** Parte central de un huracán en la que todo está en calma. **Ojo de la hélice** Abertura o marco donde se sitúa la hélice de un buque. **Ojo de perdiz** Labor de pasamanería que forma unos nudos de figura lenticular; tejido cruzado que presenta dibujos en forma de rombos. **Ojo de pez** FOT. Objetivo de gran angular. **Ojo de tigre** Variedad de crecidolita empleada como piedra ornamental. **Ojo mágico** ELECTRÓN. Tubo catódico especial, usado en algunos radiorreceptores para indicar la sintonización exacta con respecto a una emisión. **Pelar los ojos** Méx. *Fam.* Abrirlos desmesuradamente, por lo general como gesto de sorpresa o admiración. **Poner los ojos en blanco** *Fig.* Mostrar gran admiración. **Saltar a los ojos** Ser una cosa muy clara; ser vistosa y sobresaliente. **Torcer los ojos** Bizquear, mirar bizco. **Valer un ojo de la cara** Ser muy caro.

ojo

En el ser humano, los ojos se sitúan en cavidades óseas de la cara (órbitas), están sujetos por unos músculos que aseguran su movilidad y se protegen exteriormente por medio de los párpados. El globo ocular está constituido por varias túnicas: la esclerótica (externa y resistente) que recibe el nombre de *córnea* en su parte anterior y transparente; la úvea (intermedia, nerviosa y vascular) que está constituida por la coroides, el cuerpo ciliar y el iris; la retina (interna) que es la membrana sensorial. El cristalino es la lente óptica del ojo cuya convergencia se acomoda a la distancia. La cavidad ocular está ocupada por un medio transparente. Las anomalías de refracción de los medios transparentes conllevan la miopía, la hipermetropía y el astigmatismo; la presbicia es un defecto de acomodación del cristalino.

ojoso, a adj. Se dice de ciertos alimentos, como el pan, el queso, etc., que tienen muchos ojos o agujeros.

ojota s.f. (quechua dialectal *ušúta*). Amér. Merid. Calzado rústico confeccionado con desechos de neumáticos o una suela sin curtir, de la que salen amarras atravesadas sobre el empeine y el talón.

ok interj. y adv.m. *Fam.* Expresa aprobación, asentimiento.

okapi u **ocapi** s.m. Mamífero rumiante africano de la familia de la jirafa, aunque con el cuello más corto y la piel rayada en la parte posterior.

okoumé s.m. Árbol de África ecuatorial cuya madera, de color rosado, del mismo nombre, es utilizada en la fabricación de paneles de contrachapado.

okupa s.m. y f. Esp. Persona que se instala en una vivienda desocupada sin consentimiento del propietario.

ola s.f. Onda formada generalmente por el viento en la superficie del agua. **2.** *Fig.* Oleada. **3.** *Fig.* Afluencia repentina de algo: *ola de frío, de despidos.* ◇ **Quebrar,** o **romperse, las olas** Chocar las olas con la playa, un dique, etc.

olán s.m. Méx. Volante, tira de tela plegada que llevan como adorno algunas prendas femeninas: *una falda con olanes.*

olcades, pueblo celtíbero que, según Polibio y Tito Livio, se hallaba entre el alto Tajo y el Júcar medio (La Alcarria).

ole s.m. Baile popular andaluz.

¡olé! u **¡ole!** interj. Expresa entusiasmo o alegría, o se usa para animar a alguien.

oleáceo, a adj. y s.f. Relativo a una familia de árboles o arbustos de flores gamopétalas, como el olivo, el jazmín, el fresno, etc.

oleada s.f. Golpe impetuoso que da una ola. **2.** Ola grande de mar. **3.** *Fig.* Muchedumbre o aglomeración que se desplaza. **4.** *Fig.* Manifestación intensa.

oleaginoso, a adj. Aceitoso: *líquido oleaginoso.* **2.** Que suministra o contiene aceite: *semillas oleaginosas.* ◇ **Planta oleaginosa** Planta cultivada por sus semillas o frutos ricos en lípidos, de los que se extraen aceites de uso alimentario o industrial (soya, girasol, maní, linaza, oliva).

oleaje s.m. Sucesión continuada de olas. **2.** Movimiento ondulatorio del mar.

oleandomicina s.f. Antibiótico activo contra las bacterias grampositivas.

1. **olear** v.tr. Administrar a un enfermo los santos óleos en el sacramento de la extremaunción.
2. **olear** v.intr. Moverse el agua formando olas.
oleastro s.m. Acebuche.
oleato s.m. Sal o éster del ácido oleico.
olécranon s.m. ANAT. Apófisis del cúbito que forma la prominencia del codo.
oledor, ra adj. y s. Que emana olor o lo percibe.
olefina s.f. Hidrocarburo etilénico.
oleico, a adj. QUÍM. Se dice de un ácido orgánico no saturado, producido por la hidrólisis de la oleína.
oleícola adj. Relativo a la oleicultura.
oleicultura s.f. Cultivo del olivo y de las plantas oleaginosas en general.
oleína s.f. QUÍM. Triéster oleico de la glicerina, líquido que entra en la composición de los aceites vegetales.
óleo s.m. (lat. *oleum,* aceite). Procedimiento pictórico que utiliza una sustancia grasa, generalmente aceite de linaza, como disolvente de los pigmentos: *pintar al óleo.* **2.** Pintura realizada con este procedimiento: *exposición de óleos.* **3.** Aceite. ◇ **Santos óleos** LITURG. Aceites consagrados que se usan en algunos sacramentos y ceremonias litúrgicas, especialmente en el de la extremaunción.
oleoducto s.m. Canalización de grandes dimensiones que sirve para transportar petróleo líquido.
oleorresina s.f. Sustancia viscosa, insoluble en agua, segregada por diversas plantas. (La *trementina* es una oleorresina.)
oleorresinoso, a adj. Se dice de los vegetales que contienen aceite esencial y resina; también de sus órganos.
oleosidad s.f. Cualidad de oleoso. **2.** Enfermedad del vino debida a bacilos diversos.
oleoso, a adj. Aceitoso.
oleotecnia s.f. Eleotecnia.
oler v.tr. (lat. *olere*). Percibir los olores. **2.** Aspirar profundamente aire por la nariz, acercándola a algo para percibir su olor: *oler un perfume.* **3.** *Fig.* Sospechar o adivinar algo que estaba oculto. ◆ v.intr. Exhalar olor: *olerle el aliento a alguien.* **2.** *Fig.* Parecer o tener el aspecto de ser lo que se expresa: *ese hombre me huele a hereje.* ◇ **No oler bien algo** Causar la impresión de ser dañino o perjudicial.
óleum s.m. QUÍM. Ácido sulfúrico fumante, obtenido por el procedimiento de contacto.
olfacción s.f. Acción de oler.
olfatear v.tr. Aplicar el olfato a algo, en especial un animal. **2.** *Fig.* y *fam.* Curiosear, investigar algo. **3.** *Fig.* y *fam.* Sospechar o imaginar algo que pasa ocultamente.
olfateo s.m. Acción de olfatear.
olfativo, a adj. Relativo al sentido del olfato. SIN.: *olfatorio.*
olfato s.m. (lat. *olfactus, -us,* de *olfacere,* percibir olores). Sentido corporal por el que se perciben los olores, que tiene una importancia primordial como medio de información en la mayor parte de las especies, tanto terrestres como acuáticas. **2.** *Fig.* Sagacidad para descubrir o advertir algo conveniente.

olfato

En los invertebrados, el sentido del olfato está situado en puntos orgánicos diversos: la base de las antenas de los crustáceos, las antenas de los insectos, etc. En los vertebrados, la cabeza lleva un par de cápsulas olfativas relacionadas con los lóbulos olfativos del encéfalo. En los vertebrados superiores, generalmente terrestres, la superficie olfativa está integrada en las vías respiratorias superiores. El sentido del olfato es el dominante en los animales.

olfatorio, a adj. Olfativo.
olifante s.m. Cuerno de caza o de guerra usado en la edad media. SIN.: *olifán.*
oligarca s.m. y f. Miembro de una oligarquía.
oligarquía s.f. (gr. *oligarkhía*). Régimen político en que el poder está controlado por un pequeño grupo o clase de individuos privilegiados; conjunto de estas personas.
oligárquico, a adj. Relativo a la oligarquía.
oligisto s.m. Óxido natural de hierro Fe_2O_3, de color gris negruzco o marrón rojizo, muy apreciado en siderurgia por su riqueza en metal.
oligoceno, a adj. y s.m. GEOL. Se dice de la tercera época del período paleógeno de la era terciaria; se extiende desde hace unos 40 millones de años hasta hace unos 25 millones de años. ◆ adj. GEOL. Relativo a esta época. SIN.: *oligocénico.*
oligoclasa s.f. Feldespato de la serie de las plagioclasas, abundante en las rocas cristalinas.
oligodendroglia s.f. Conjunto de células de la neuroglia del tejido nervioso que presentan un escaso número de ramificaciones.
oligoelemento s.m. BIOL. Elemento químico necesario, en pequeñas cantidades, para el desarrollo de los seres vivos, como el hierro, el magnesio, el boro, el cobalto, etc.
oligofrenia s.f. Desarrollo deficiente de la inteligencia.
oligofrénico, a adj. y s. Relativo a la oligofrenia; que padece oligofrenia.

oler

INDICATIVO	SUBJUNTIVO
presente	**presente**
huelo	*huela*
hueles (olés)	*huelas*
huele	*huela*
olemos	olamos
oléis	oláis
huelen	*huelan*
copretérito o pret. imperfecto	**pretérito o pret. imperfecto**
olía	oliera u oliese
olías	olieras u olieses
olía	oliera u oliese
olíamos	oliéramos u oliésemos
olíais	olierais u olieseis
olían	olieran u oliesen
pretérito o pret. perf. simple	**futuro o fut. simple**
olí	oliere
oliste	olieres
olió	oliere
olimos	oliéremos
olisteis	oliereis
olieron	olieren
futuro o fut. simple	**IMPERATIVO**
oleré	
olerás	*huele* (olé) (tú, vos)
olerá	*huela* (él)
oleremos	olamos (nosotros)
oleréis	oled (vosotros)
olerán	*huelan* (ellos)
pospretérito o condicional simple	**FORMAS NO PERSONALES**
olería	
olerías	**infinitivo** **gerundio**
olería	oler oliendo
oleríamos	**participio**
oleríais	olido
olerían	

oligopolio s.m. Mercado caracterizado por la presencia de un reducido número de vendedores frente a numerosos compradores.

oligopsonio s.m. Mercado caracterizado por la presencia de un reducido número de compradores frente a numerosos vendedores.

oligoqueto, a adj. y s.m. Relativo a una clase de anélidos terrestres o de agua dulce, con un reducido número de quetas, como la lombriz de tierra.

oligospermia s.f. Secreción deficiente de esperma con escaso contenido de espermatozoides.

oliguria s.f. PATOL. Disminución de la cantidad de orina segregada.

olimpiada u **olimpíada** s.f. (gr. *olympias, -ados,* de *Olympia,* Olimpia). Competición deportiva internacional que se celebra cada cuatro años. **2.** Período de cuatro años comprendido entre dos celebraciones consecutivas de Juegos olímpicos, usado como referencia temporal en la Grecia clásica.

olímpicamente adv.m. Con verbos que expresan indiferencia, indica que la acción se hace de manera desconsiderada o altiva, completamente o sin hacer caso: *me ignoró olímpicamente.*

olímpico, a adj. Relativo al Olimpo y a sus dioses. **2.** Relativo a Olimpia, centro religioso del Peloponeso. **3.** Relativo a los Juegos olímpicos, especialmente a sus participantes. **4.** *Fig.* Altanero, despectivo: *desdén olímpico.*

oliscar v.tr. Olfatear, oler ligeramente alguna cosa: *oliscar los perros el zorro.* **2.** *Fig.* Curiosear, intentar averiguar un suceso o noticia. ◆ v.intr. Empezar a oler mal una cosa que se está descomponiendo.

olisquear v.tr. Olfatear. **2.** *Fig.* Curiosear, husmear.

oliva s.f. (lat. *oliva,* olivo, aceituna). Aceituna. **2.** Lechuza, ave rapaz nocturna. **3.** Nombre de diversas estructuras anatómicas de forma semejante a una oliva: *oliva bulbar, cerebelosa, protuberancial.* ◇ **Aceite de oliva** Aceite comestible que se extrae de la aceituna.

oliváceo, a adj. Que es de color parecido al de la aceituna verde: *tez olivácea.*

olivar s.m. Terreno poblado de olivos.

olivarda s.f. (cat. *olivarda,* inula viscosa). Planta herbácea de olor fuerte, leñosa en la base, usada como astringente. (Familia compuestas.)

olivarero, a adj. Perteneciente al cultivo del olivo y al comercio y aprovechamiento de sus frutos: *región olivarera.* ◆ adj. y s. Que se dedica a este cultivo.

olivero, a adj. Relativo a la oliva.

olivicultor, ra s. Persona que se dedica a la olivicultura.

olivicultura s.f. Cultivo del olivo.

olivino s.m. MINER. Silicato de magnesio y hierro $(Mg\ Fe)_2SiO_4$, que se presenta en forma de cristales de color verde oliva, común en las rocas eruptivas básicas. SIN.: *peridoto.*

olivo s.m. (lat. vulg. *olivus,* del lat. *oliva,* olivo, aceituna). Árbol de follaje persistente, que necesita mucha luz y un clima suave, con tronco grueso y retorcido, copa ancha y ramosa, flores blancas y pequeñas, cultivado sobre todo en la cuenca mediterránea. (Su fruto es la aceituna; el olivo era, en la antigüedad, un emblema de fecundidad y un símbolo de paz y gloria; familia oleáceas.) **2.** Madera de este árbol. ◇ **Dar el olivo** Argent. *Fam.* Despedir, echar, expulsar.

olla s.f. (lat. *olla*). Recipiente, generalmente de metal, de boca ancha, forma redonda y con dos asas, que se utiliza para guisar. **2.** Plato compuesto de carnes, tocino, legumbres, hortalizas y, a veces, algún embutido. **3.** MAR. Cavidad u hondura profunda en el fondo del mar o de un río, donde las corrientes encontradas producen remolinos peligrosos. ◇ **Olla a presión,** o **exprés** Esp. Aparato de cocción, herméticamente tapado, que utiliza el vapor a presión en su interior para que los alimentos se cuezan muy rápido. **Olla de grillos** *Fig.* y *fam.* Lugar en que hay gran desorden y confusión. **Olla popular** Argent. Comida colectiva destinada a cubrir las necesidades alimentarias mínimas de grupos sociales con graves carencias económicas. (A veces, su realización constituye un acto de protesta.)

1. ollar s.m. Orificio de la nariz de las caballerías.

2. ollar adj. Se dice de la piedra, variedad de serpentina, fácil de tallar, que se emplea para hacer vasijas. **2.** Piedra fina y fácil de trabajar.

olluco s.m. Planta herbácea de rizoma tuberoso y flores amarillas que crece en los Andes. (Familia baseláceas.)

olm s.m. Anfibio de tronco muy largo y extremidades pequeñas, cuerpo apigmentado y dos penachos de branquias, que conserva durante toda su vida. (Subclase urodelos.)

olmeca adj. y s.m. y f. De un pueblo prehispánico de México que vivió en la costa de los estados de Veracruz y Tabasco y se extendió por el interior hasta el altiplano central.

olmeca

La civilización olmeca desarrolló la cultura preclásica más importante del país (1500 a.C.-300 d.C.). En sus yacimientos (La Venta, Tres Zapotes, San Lorenzo, Cerro de las Mesas) se han hallado desde vasijas de cerámica, tallas pequeñas y figurillas de barro hasta monumentos y esculturas de piedra tallada (cabezas colosales, altares, estelas). Los olmecas crearon el más antiguo sistema de escritura americano, así como un calendario del que derivarían los demás. Utilizaron el caucho, fueron grandes comerciantes (jade, hule, pieles, caolín) e introdujeron el culto al jaguar y a la serpiente.

olmo s.m. (lat. *ulmus*). Árbol que alcanza de 20 a 30 m de alt., con hojas dentadas, cuya madera, sólida y flexible, del mismo nombre, es utilizada en carpintería y ebanistería. (Familia ulmáceas.)

ológrafo, a adj. → **hológrafo.**

olor s.m. (lat. vulg. *olor, -oris*). Emanación de ciertas sustancias percibida por el olfato. **2.** Impresión que producen ciertas sustancias en el olfato. ◆ **olores** s.m.pl. Chile. Especias. ◇ **En olor de santidad** Con fama de santo: *morir en olor de santidad.*

olorosear v.tr. Chile. Oler. SIN.: *olosar.*

oloroso, a adj. Que exhala olor. ◆ s.m. Vino de Jerez, muy aromático y de color dorado oscuro.

olosar v.tr. Chile. Olorosear.

olote s.m. Amér. Central y Méx. Marlo, zuro del maíz.

olvidadizo, a adj. Que se olvida con facilidad de las cosas.

olvidar v.tr. y prnl. (del lat. *oblitus,* p. de *oblivisci,* olvidar). Dejar de tener algo presente en la memoria. **2.** Dejar de sentir amor o cariño hacia alguien o algo. **3.** Omitir algo por negligencia o descuido.

olvido s.m. Falta de recuerdo acerca de algo. **2.** Cese de un afecto hacia alguien o algo. **3.** Omisión de algo por negligencia o descuido.

omagua adj. y s.m. y f. De un pueblo amerindio del N de Perú, de la familia lingüística tupí. (Desde 1541 diversas expediciones recorrieron el territorio omagua, identificado con el mítico El Dorado hasta el s. XVIII.)

omaha, pueblo amerindio de las Praderas norteamericanas, de la familia lingüística siux, que actualmente vive en reservas en Nebraska (EUA).

omaso s.m. Libro, tercera cavidad del estómago de los rumiantes.

omatidio s.m. Cada uno de los ojos que forma el ojo compuesto de los artrópodos.

ombligo s.m. (lat. *umbilicus*). Cicatriz del cordón umbilical, en el centro del abdomen. **2.** *Fig.* Centro principal y activo de una cosa: *la ciudad se convirtió en el ombligo cultural del país.* **3.** BOT. Depresión en la base o extremo de algunos frutos. ◇ **Ombligo de Venus** BOT. Planta herbácea con hojas carnosas circulares. (Familia crasuláceas.)

ombliguero s.m. Venda que sujeta el ombligo de los recién nacidos.

ombú s.m. (guaraní *umbú*). Planta arbórea que crece en América Meridional, de tronco muy ancho, corteza gruesa y blanda, copa densa, madera fofa, hojas alternas elípticas y flores organizadas en racimos. (Es el árbol nacional de Argentina; familia fitolacáceas.)

ombudsman s.m. (voz sueca) [pl. *ombudsmen*]. Persona encargada de controlar el funcionamiento de la administración pública y de la justicia.

omega s.f. Nombre de la vigésima cuarta letra del alfabeto griego (ω, Ω), que corresponde a una *o* larga. **2.** *Fig.* Final de una cosa.

omeya adj. y s.m. y f. De la dinastía árabe de los Omeyas.

OMG s.m. (sigla). Organismo modificado genéticamente. ENCICL. Los OMG contienen uno o varios genes que proceden de otros organismos (bacterias, hongos, plantas).

OMG

Estos organismos les aportan caracteres nuevos que se evidencian en su crecimiento, su capacidad para elaborar ciertas sustancias, etc. Se utilizan principalmente en la fabricación de compuestos químicos (sustancias terapéuticas, materias primas, etc.) y para mejorar el rendimiento de la producción agrícola (plantas resistentes a las plagas, a las heladas, a los herbicidas, etc.) La fabricación, utilización y distribución de los OMG está regulada en la Unión europea para preservar a la población de los peligros de su consumo y asegurar que su cultivo no afecta a otros organismos no modificados. Sin embargo, la opinión pública no acepta fácilmente estos productos porque se teme que puedan afectar negativamente a la salud y al medio ambiente. Es por ello que exige mayor transparencia en el proceso de creación y producción y un etiquetaje de los alimentos que contienen OMG.

ómicron s.f. Nombre de la decimoquinta letra del alfabeto griego (σ, O), que corresponde a una *o* breve.

ominoso, a adj. (lat. *ominosus,* de mal agüero, de *omen, ínis,* presagio). Que es de mal agüero. **2.** Abominable.

omisión s.f. Acción y efecto de omitir. **2.** Cosa omitida. **3.** Falta que constituye la abstención de hacer o decir una cosa: *pecado de omisión.* **4.** Descuido o negligencia. **5.** DER. PEN. Infracción penal cometida por haber dejado voluntariamente de hacer alguna cosa que la ley manda realizar.

omiso, a adj. Negligente y descuidado: *hacer caso omiso de lo que ocurre.*

omitir v.tr. (lat. *omittere*). Dejar de decir cierta cosa: *no omitir nada en un relato.* **2.** Dejar de hacer alguna cosa.

ómnibus s.m. (lat. *omnibus,* para todos, dativo pl. de *omnis,* todo) [pl. *ómnibus*]. Vehículo de transporte de pasajeros, autobús. GEOSIN.: Antillas y Can.: *guagua;* Argent., Bol. y Perú: *colectivo;* Méx. y Venez.: *camión.* **2.** ELECTR. Aparato o dispositivo para diversos usos en una instalación eléctrica. ◇ **Barra ómnibus** ELECTR. Conductor de gran sección, conectado al generador y al circuito de distribución. **Tren ómnibus** Esp. Tren que para en todas las estaciones de un recorrido.

omnidireccional adj. Que tiene las mismas propiedades en todas las direcciones. **2.** Se dice de la antena que emite las ondas con la misma intensidad en todas direcciones (antena emisora) o de la que las recibe con la misma eficacia (antena receptora), sea cual sea la dirección de donde emanen.

omnímodo, a adj. (lat. *omnimodus,* de *omnis,* todo, y *modus,* manera). Total, que comprende todos los aspectos.

omnipotencia s.f. Cualidad de omnipotente.

omnipotente adj. (lat. *omnipotens, -tis,* de *omnis,* todo, y *posse,* poder). Todopoderoso, atribuido especialmente a Dios. **2.** *Fig.* Que tiene mucho poder.

omnipresencia s.f. Ubicuidad.

omnipresente adj. Ubicuo.

omnisciencia s.f. Conocimiento de todas las cosas. **2.** TEOL. CATÓL. Ciencia universal, uno de los atributos de Dios.

omnisciente adj. Que tiene omnisciencia. **2.** *Fig.* Se dice del que es docto en alguna cosa o sabe de muchas.

ómnium s.m. (lat. *omnium,* de todas las cosas). DEP. Competición reservada a cierta categoría de torneos deportivos, o que reúne varias clases de pruebas. **2.** EQUIT. Carrera en la que pueden participar todos los caballos.

omnívoro, a adj. (del lat. *omnis,* todo, y *vorare,* comer). Que se alimenta de toda clase de sustancias orgánicas, vegetales y animales: *mamíferos omnívoros.* (Los mamíferos omnívoros tienen a menudo molares con cúspides redondeadas.)

omóplato u **omoplato** s.m. Hueso plano, delgado y triangular, situado en la parte posterior de la espalda, donde se articulan el húmero y la clavícula. SIN.: *escápula.*

ona, pueblo amerindio cazador de la familia patagona, extinguido, que emigró a la isla Grande de Tierra del Fuego, en contacto con los pueblos fueguinos yahgán y alacaluf. (Practicaban el levirato y a sí mismos se llamaban *Selk'ham.* «los hombres».)

onagra s.f. Planta de hojas parecidas a las del almendro y raíz blanca, cultivada por sus flores. (Familia onagráceas.)

onagráceo, a adj. y s.f. Relativo a una familia de plantas de frutos ínferos, como la onagra y la fucsia. SIN.: *enoteráceo.*

onagro s.m. Mamífero ungulado salvaje, intermedio entre el caballo y el asno, que vive en Asia. (Familia équidos.) **2.** Máquina empleada por los romanos para lanzar piedras.

onanismo s.m. (de *Onán,* personaje bíblico). Masturbación. **2.** Coito con eyaculación extravaginal.

onanista adj. y s.m. y f. Del onanismo; que practica el onanismo.

1. **once** adj.num.cardin. y s.m. (lat. *undecim*). Diez más uno. ◆ adj.num.ordin. y s.m. Undécimo. ◆ s.m. Equipo de fútbol.

2. **once** s.f. Chile. Merienda. (Se usa también en plural.)

onceavo, a u **onzavo, a** adj. y s. Se dice de cada una de las once partes iguales en que se divide un todo.

onceno, a adj. y s. Undécimo.

oncocercosis s.f. Enfermedad causada por un nematodo.

oncogén s.m. Gen celular desencadenante del cáncer.

oncogénesis s.f. Estudio del nacimiento de los tumores.

oncógeno, a adj. Que es capaz de provocar un tumor, principalmente un tumor maligno.

oncología s.f. (del gr. *ógkos,* tumor, y *lógos,* tratado). Parte de la medicina que estudia los tumores.

oncológico, a adj. Relativo a la oncología.

oncólogo, a s. Médico especialista en oncología.

oncótico, a adj. Relativo a los tumores. **2.** Se dice de la presión osmótica de las proteínas en solución en un líquido.

onda s.f. (lat. *unda,* ola, remolino). Perturbación que se propaga en un medio desde un punto a otros, sin que en dicho medio, como conjunto, se produzca ningún desplazamiento permanente. (Se distinguen las *ondas mecánicas* [ondas sonoras, olas, etc.], que se propagan por vibración de la materia, y las *ondas electromagnéticas* [ondas de radio, luz, etc.], que se propagan sin ningún soporte material, en el vacío.) **2.** Ola del mar. **3.** Cada una de las curvas de una superficie o línea sinuosa: *las ondas del cabello.* **4.** Reverberación y movimiento de la llama. **5.** Méx. *Fam.* Asunto, tema, hecho: *no sé nada de esa onda.* ◇ **Captar la onda** Entender lo que se dice, en general indirectamente. **Estar en la onda** Estar en el asunto, estar al día. **Longitud de onda** Distancia entre dos puntos consecutivos de la misma fase de un movimiento ondulatorio que se propaga en línea recta. **Número de onda** Inverso de la longitud de onda. **Onda amortiguada** Onda que comprende una serie de oscilaciones cuya amplitud decrece regularmente. **Onda corta** Onda radioeléctrica de longitud comprendida entre 11 m y 60 m (27 MHz a 5 MHz), de la que varias bandas están reservadas para la radiodifusión. **Onda de boca** Onda sonora producida por la deflagración de la pólvora a la salida del proyectil en un arma de fuego. **Onda de choque** Superficie de discontinuidad de las velocidades, unida a otras características físicas del medio ambiente, debida a la compresión del aire en las grandes velocidades y que se origina en las regiones del espacio en que la velocidad de circulación supera la del sonido. **Onda estacionaria** Onda en la que las vibraciones de todos sus puntos están en concordancia o en oposición de fase. **Onda explosiva** Onda de detonación de los gases, comparable a una onda de choque que provoca a su paso la combustión de los gases. **Onda larga** Onda radioeléctrica de longitud comprendida entre 1 000 m y 2 000 m (300 kHz a 150 kHz), reservada a la radiodifusión. **Onda mantenida** Onda producida por una vibración de amplitud constante. **Onda media** Onda radioeléctrica de longitud comprendida entre 187,5 m y 577 m (1 600 kHz a 520 kHz), reservada a la radiodifusión. **Onda médica** Onda radioeléctrica de longitud comprendida entre 1 m y 10 m (300 MHz a 30 MHz), de la que varias bandas están reservadas a la radiodifusión con modulación de frecuencia y a la televisión. **Ondas Martenot** Instrumento de música electrónico cuyo sonido es producido por un oscilador electrónico. **Onda subportadora** Onda electromagnética modulada que, a su vez, modula una onda de frecuencia más elevada. **Poner en onda** Realizar radiofónicamente una obra, o una emisión, etc. **¿Qué onda?** Méx. *Fam.* ¿Qué tal?, ¿qué hay?, ¿qué pasa? **Ser alguien buena,** o **mala, onda** Argent. y Méx. Ser buena, o mala, persona.

ondámetro s.m. Aparato que sirve para medir la longitud de las ondas electromagnéticas.

ondeado, a adj. Que tiene o forma ondas. **2.** HERÁLD. Se dice de la pieza cuyos bordes están recortados en sinuosidades alternativamente cóncavas y convexas.

ondeante adj. Que ondea.

ondear v.intr. Formar ondas un cuerpo flexible: *ondear las banderas.* **2.** Hacer ondas el agua. **3.** Transbordar, barquear de un buque a otro.

ondina s.f. (fr. *ondine*). Ser de las mitologías germánica y escandinava que habitaba en las profundidades de las aguas.

ondulación s.f. Acción y efecto de ondular. SIN.: *ondulado.* **2.** ELECTR. Término con que suelen designarse los armónicos más altos de una corriente alterna u onda de tensión. **3.** FÍS. Movimiento de vaivén en un fluido o en un medio elástico, sin traslación permanente de sus moléculas.

ondulado, a adj. Se dice de toda magnitud que varía de manera periódica con el tiempo, manteniendo constantemente el mismo sentido. ◆ s.m. Acción y efecto de ondular.

ondulante adj. Que ondula: *un andar ondulante.* ◇ **Fiebre ondulante** Fiebre que sufre continuas oscilaciones de su intensidad, principalmente la de Malta.

ondular v.tr. (fr. *onduler,* del lat. *undula,* ola pequeña). Formar ondas en algo. ◆ v.tr. e intr. Formar ondas alguna cosa.

ondulatorio, a adj. Se dice del movimiento en forma de ondas. **2.** Ondulante. **3.** FÍS. Que se propaga por ondas.

oneroso, a adj. (lat. *onerosus,* de *onus,* carga). Pesado, molesto. **2.** Costoso, que ocasiona un gasto económico. **3.** DER. Se dice de lo que supone una reciprocidad de prestaciones, a diferencia de lo que se adquiere a título lucrativo.

one-step s.m. (voz inglesa). Baile de origen norteamericano, sobre compás binario, en el que se marca un paso por tiempo; música de este baile.

ONG s.f. (sigla de *organización no gubernamental*). Organismo no estatal con fines humanitarios como la asistencia médica o técnica en países no industrializados, la ayuda económica en países que están en guerra o han sufrido una catástrofe natural, y la defensa de los derechos humanos.

ónice u **ónix** s.m. o f. Ágata con bandas concéntricas de diversos colores.

onicofagia s.f. MED. Hábito de comerse las uñas.

onicóforo, a adj. y s.m. Peripato.

onicomicosis s.f. Lesión de las uñas de origen parasitario, por hongos.

onírico, a adj. (del gr. *oneiros,* sueño). Relativo a los sueños.

onirismo s.m. Delirio caracterizado por sufrir alucinaciones propias de los sueños que vive intensamente. (El más común es de origen infeccioso o tóxico.) **2.** PSICOL. Estado de sueño.

oniromancia u **oniromancía** s.f. (del gr. *oneiros,* sueño, y *manteía,* adivinación). Adivinación por los sueños.

oniromántico, a adj. y s. Relativo a la oniromancia.

ónix s.m. o f. → **ónice.**

onixis s.f. Inflamación de la uña causada por una infección.

on line adj. (voces angloamericanas). INFORMÁT. Que opera en conexión directa con la computadora central. (Se utiliza en oposición a *off line.*)

onomasiología s.f. LING. Estudio de los signos lingüísticos a partir de los significados.

onomástica s.f. LING. **a.** Conjunto de los nombres propios. **b.** Ciencia que estudia y cataloga estos nombres. SIN.: *onomatología.*

onomástico, a adj. (gr. *onomastikós,* de *ónoma,* nombre). Relativo a los nombres propios, especialmente de persona.

onomatopeya s.f. (gr. *onomatopoiía,* de *ónoma,* nombre, y *poiein,* crear). Formación de una palabra por imitación fonética de la realidad extralingüística que designa. **2.** Palabra formada por onomatopeya. **3.** RET. Figura retórica que se basa en el empleo de vocablos onomatopéyicos para imitar el sonido de las cosas con ellos significadas.

onomatopéyico, a adj. Que es propio de la onomatopeya.

óntico, a adj. FILOS. Se dice del conocimiento que se refiere a los entes.

ontogenia s.f. (del gr. *génos,* origen, y *ón, óntos,* p. de *eimai,* ser). BIOL. Desarrollo del individuo desde el óvulo fecundado hasta la madurez. SIN.: *ontogénesis.*

ontogénico, a adj. Relativo a la ontogenia. SIN.: *ontogenético.*

ontología s.f. (del gr. *lógos,* tratado, y *ón, óntos,* p. de *eimai,* ser). Parte de la filosofía que estudia el ser y su existencia en general.

ontológico, a adj. Relativo a la ontología. ◇ **Argumento ontológico** Argumento que trata de demostrar la existencia de Dios, considerando a priori que Dios es un ser perfecto y la existencia es una perfección (por lo que Dios existe).

ontólogo, a s. Persona especializada en ontología.

onubense adj. y s.m. y f. De Huelva. SIN.: *huelveño.*

1. **onza** s.f. (lat. *uncia,* duodécima parte de la libra). Antigua medida de peso de muchos países, con diversos valores, comprendidos entre 24 y 33 g. **2.** NUMISM. En la antigüedad, duodécima parte de la libra romana; en la edad media, octava parte del marco de Castilla; en la edad moderna, unidad superior áurea del sistema monetario español.

2. **onza** s.f. Mamífero carnívoro de pelaje claro y manchado, parecido a la pantera, que vive en los desiertos de Asia meridional.

onzavo, a adj. y s.m. → **onceavo.**

oñacino s.m. (de *Oñaz,* nombre de un linaje vasco). Miembro del bando encabezado por la familia Mendoza que, durante la baja edad media, perturbó la vida del País Vasco debido a sus enfrentamientos con el bando de los gamboínos.

oocito u **ovocito** s.m. Célula sexual femenina que aún no ha sufrido la meyosis.

oogénesis s.f. → **ovogénesis.**

oogonia u **ovogonia** s.f. Célula germinal de la gónada femenina que origina los oocitos de primer orden.

oogonio s.m. BOT. Órgano en el que se forman las oosferas, en las algas y en ciertos hongos.

oolítico, a adj. Que contiene oolitos.

oolito s.m. (gr. *oón,* huevo, y *lithós,* piedra). GEOL. Cuerpo esférico de 1 mm de diámetro aprox., formado por envolturas minerales concéntricas.

oosfera s.f. BOT. Gameto femenino de los vegetales que corresponde al óvulo de los animales.

oóspora s.f. BOT. Oosfera fecundada, por lo general libre.

oosporosis s.f. Afección parasitaria causada por un hongo.

ooteca s.f. Cáscara en que están encerrados los huevos de los ortópteros.

1. **opa** adj. y s. (quechua *upa*). Argent., Bol. y Urug. Tonto, retrasado mental.

2. **opa** s.f. *Oferta pública de adquisición.

opacar v.tr. y prnl. Amér. Oscurecer, hacer opaco, nublar. ◆ v.tr. Méx. Hacer opaca u oscura alguna cosa: *opacar un vidrio.* **2.** Méx. Superar algo o a alguien mucho, hacerlo desmerecer: *su belleza opaca a las de las demás.*

opacidad s.f. Cualidad de opaco.

opacimetría s.f. Medida de la opacidad de ciertos líquidos o gases.

opacle s.m. Méx. Hierba silvestre que se añade al pulque en su fermentación y da más fuerza a la bebida.

opaco, a adj. (lat. *opacus,* sombrío, oscuro, tenebroso). Que no deja pasar la luz. **2.** Sin brillo: *ojos opacos.* **3.** *Fig.* Que es poco comprensible o se presta a confusión. **4.** *Poét.* Triste, melancólico.

opalescencia s.f. Reflejo del ópalo. **2.** Cualidad de opalescente.

opalescente adj. Semejante al ópalo.

opalina s.f. Vidrio opalescente utilizado en la fabricación de objetos decorativos que reciben el mismo nombre.

opalino, a adj. Relativo al ópalo. **2.** Que tiene el color o las irisaciones propias del ópalo.

opalizar v.tr. Dar apariencia opalina a una materia, especialmente al vidrio.

ópalo s.m. (lat. *opalus*). Piedra fina, con reflejos irisados, variedad de sílice hidratada. (Las irisaciones se deben a la refracción de la luz en las pequeñas esferas microscópicas de silicio que constituyen el mineral, haciendo del ópalo una gema muy estimada en joyería.)

op art s.m. (del ingl. *optical art,* arte óptico). Tendencia del arte cinético que se caracteriza por la creación de una gama de ilusiones y efectos ópticos que sugieren la sensación de movimiento a partir de elementos tales como la superposición de planos, la repetición de elementos geométricos simples o la interacción cromática.

ópata, grupo amerindio de México, de lengua utoazteca, formado por los ópatas, cahita y tarahumara.

opción s.f. (lat. *optio, -onis,* elección). Acción de optar. **2.** Elección o posibilidad de elegir. **3.** Posibilidad de ocupar cierto empleo, cargo o dignidad. **4.** Derecho derivado o inherente a cierta cosa. **5.** DER. Facultad de escoger entre dos o más situaciones jurídicas. **6.** ECON. Contrato por el que una parte concede a la otra, por un tiempo fijo y en condiciones determinadas, la facultad de decidir respecto a un contrato principal. ◇ **Opción de compra** ECON. Prioridad que se concede a una persona física o jurídica sobre la adquisición de un bien, título o derecho en caso de que su poseedor se desprenda de él.

open s.m. (voz inglesa). Competición deportiva en la que pueden participar tanto profesionales como aficionados.

ópera s.f. (ital. *opera*). Obra dramática musical, compuesta de una parte orquestal (obertura, interludio, entreactos, etc.) y una parte cantada dividida en recitativo, arias, conjuntos (dúos, tríos, etc.) y coros. **2.** Poema dramático escrito para esta obra. **3.** Género musical de esta obra. **4.** Teatro donde se representan las óperas. ◇ **Ópera prima** Primera obra artística de un autor.

ópera

La ópera nació en Italia a principios del s. XVII como un espectáculo (*ópera seria*) que aunaba narración (recitativo), coros, danzas y escenografía (Monteverdi, Scarlatti). Con la progresiva sustitución del recitativo por el aria durante el s. XVIII, la ópera se extendió por toda Europa, en especial por los países germánicos (Mozart, Beethoven). Desde 1670 se desarrolló en Francia un tipo de ópera en que predominaba la danza (*tragedia lírica* u *ópera de ballet*). Durante el romanticismo, Italia siguió privilegiando la voz (*bel canto,* Verdi, Puccini). En España, para contrarrestar la tendencia italianizante, nació a fines del s. XVIII la tonadilla escénica, de la que se originaría la zarzuela. En Alemania se potenció la orquesta y se tendió hacia el arte total (Wagner, R. Strauss). En el s. XX destacan la escuela de Viena (Berg, Schönberg) y autores como B. Britten, Poulenc, Milhaud, Ravel, etc. En Hispanoamérica la ópera siguió el curso de una inspiración nacionalista (Villa-Lobos, Ginastera, etc.). En contraste con la ópera seria, surgieron en el s. XVIII la *ópera bufa* en Italia y la *ópera cómica* en Francia y, más adelante, la *opereta*.

operable adj. Que es susceptible de realizarse. **2.** CIR. Que puede ser operado.

operación s.f. Acción y efecto de operar. **2.** CIR. Intervención practicada por un cirujano. **3.** INDUSTR. Conjunto de los trabajos efectuados en una pieza en un puesto de fabricación, con ayuda de uno solo de los medios de que está equipado dicho puesto. **4.** MAT. Combinación efectuada con entes matemáticos siguiendo unas reglas dadas y que admite como resultado un ente matemático perfectamente determinado. **5.** MIL. Conjunto de combates y maniobras desarrollados, ya sea por fuerzas terrestres, navales o aéreas, en una región determinada o contra un objetivo concreto. ◇ **Método de operación** INFORMÁT. Forma de utilización de una computadora. **Operación bancaria** Cualquiera de los actos propios de la actividad de la banca. **Operación comercial** Compra y venta de bienes y servicios. **Operación de bolsa** Operación de comprar, vender, etc., valores en la bolsa.

operacional adj. Relativo a las operaciones matemáticas, comerciales, militares, etc. **2.** Se dice de las unidades militares que están en condiciones de operar.

operador, ra adj. y s. Que opera. SIN.: *operante.* **2.** Cirujano. ◆ s. CIN. y TELEV. Técnico encargado de la parte fotográfica o del proyector y el equipo sonoro de un rodaje. **2.** TELECOM. Persona que atiende el servicio público en una central telefónica. ◆ s.m. INFORMÁT. Órgano que efectúa una operación aritmética o lógica. **2.** MAT. Símbolo de una operación lógica o matemática que se efectúa con un ente matemático, o con un grupo de proposiciones. ◇ **Operador turístico** Persona o empresa que organiza viajes colectivos.

operando s.m. MAT. Elemento sobre el cual se aplica una operación.

operar v.intr. Actuar, llevar a cabo una acción. **2.** Hacer negocios. **3.** Robar o cometer actos delictivos: *operar una banda en un barrio.* **4.** MAT. Realizar combinaciones con números o expresiones, según las reglas matemáticas, para llegar a un resultado. **5.** MIL. Maniobrar. ◆ v.tr. CIR. Realizar una operación quirúrgica. ◆ v.tr. y prnl. Realizar, producir un resultado. ◆ **operarse** v.prnl. Someterse a una operación quirúrgica.

operario, a s. Obrero, trabajador manual.

operativo, a adj. Que está preparado para ser usado o para entrar en acción. **2.** Se dice de lo que opera y produce el efecto al que está destinado. ◆ s.m. Organización para emprender una acción. ◇ **Investigación operativa** Conjunto de técnicas racionales de análisis y de resolución de problemas concernientes a la actividad económica.

operatorio, a adj. Relativo a la operación quirúrgica. **2.** Que puede operar.

opercular adj. Que sirve de opérculo.

opérculo s.m. (lat. *operculum,* tapadera). Pieza, generalmente redondeada, que cierra algunas aberturas del cuerpo de los animales, a modo de tapadera, como la de las agallas de los peces. **2.** Tapa de cera con que las abejas cubren las celdas llenas de miel. **3.** BOT. Cualquier parte de un esporangio o fruto que se desprende a modo de tapadera.

opereta s.f. Obra dramática ligera en que alternan los fragmentos cantados y los hablados; género de esta obra.

operístico, a adj. Relativo a la ópera.

operón s.m. BIOL. Conjunto de genes contiguos de un cromosoma, que concurren en el cumplimiento de una misma función celular en el momento en que esta es útil.

opiáceo, a adj. Relativo al opio. **2.** Se dice del medicamento que contiene opio en su composición. **3.** *Fig.* Calmante.

opilación s.f. Obstrucción, impedimento para el paso de las materias sólidas, líquidas o gaseosas en las vías del cuerpo. **2.** Amenorrea juvenil.

opilarse v.prnl. (lat. *oppilare,* obturar, de *pilare,* apretar). Contraer amenorrea las mujeres.

opimo, a adj. (lat. *opimus*). Que es rico, fértil y abundante, especialmente hablando de frutos.

opinar v.tr. e intr. (lat. *opinari*). Tener una determinada opinión. **2.** Expresar una opinión.

opinión s.f. (lat. *opinio, -onis*). Juicio, manera de pensar sobre un tema. **2.** Fama, reputación. ◇ **Opinión pública** Manera de pensar dominante en una sociedad.

opio s.m. (lat. *opium,* del gr. *opion*). Látex seco extraído de las cápsulas maduras de diversas variedades de adormidera, frecuentemente consumida como droga y utilizada en medicina como calmante y somnífero analgésico. **2.** *Fig.* Lo que produce adormecimiento intelectual, una falta de razonamiento crítico.

opiomanía s.f. Toxicomanía producida por el consumo de opio.

opíparo, a adj. (lat. *opiparus,* de *ops,* riqueza, y *parare,* proporcionar). Se dice de la comida o banquete abundantes y espléndidos.

opistobranquio, a adj. y s.m. Relativo a una subclase de moluscos gasterópodos marinos con branquias orientadas hacia atrás o hacia los lados.

opistódomo u **opistodomo** s.m. Parte posterior del templo griego, situado en el lado opuesto del pronaos.

opistótonos s.m. MED. Contractura muscular generalizada que arquea el cuerpo hacia atrás, observada principalmente en el tétanos.

oploteca s.f. (gr. *oplotheke,* de *óplon,* arma, y *theke,* depósito). Colección o museo de armas de interés artístico o histórico.

oponente adj. y s.m. y f. Se aplica a la persona que, con respecto a otra, sostiene una opinión contraria. ◆ s.m. Nombre que en anatomía se aplica a tres pequeños músculos, dos de la mano (del pulgar y del meñique) y uno del pie (del meñique).

oponer v.tr. y prnl. (lat. *opponere*) [conj.: *poner*]. Poner en contra, obstaculizar. ◆ v.tr. Imputar, objetar. ■ **oponerse** v.prnl. Ser una cosa contraria a otra.

oponible adj. Que se puede oponer. **2.** DER. Se dice del medio procesal de defensa que un pleiteante puede emplear para frenar, impedir o superar las pretensiones de la parte contraria.

opopónace s.m. Pánace.

opopónaco u **opopánax** s.m. Gomorresina amarga y aromática que se obtiene del opopónace y de otras plantas de la misma familia. (Se emplea en farmacia y perfumería.)

oporto s.m. Vino licoroso, aromático y generoso, elaborado en el valle del Duero, en la parte septentrional de Portugal.

oportunidad s.f. Cualidad de oportuno. **2.** Circunstancia oportuna.

oportunismo s.m. Actitud que consiste en acomodarse a las circunstancias oportunas para conseguir unos fines, aunque se tenga que transgredir los propios principios.

oportunista adj. y s.m. y f. Que actúa o se manifiesta con oportunismo.

oportuno, a adj. (lat. *opportunus,* bien situado, cómodo). Se dice de lo que se hace o sucede en el tiempo, lugar o circunstancia conveniente: *una conversación oportuna.* **2.** Ingenioso, ocurrente: *un dicho oportuno.*

oposición s.f. Acción y efecto de oponer u oponerse. **2.** Resistencia a lo que alguien hace o dice. **3.** Posición de una cosa enfrente a otra. **4.** Conjunto de pruebas que integran el procedimiento selectivo de los aspirantes a un cargo o empleo para someter su competencia al juicio de un tribunal. (Suele usarse en plural.) **5.** Grupo que representa la posición contraria a la de los que dirigen o mandan, especialmente a la del gobierno; acción que lleva a cabo este grupo. **6.** ASTRON. Situación de dos cuerpos celestes cuyas longitudes geocéntricas difieren en 180°. **7.** DER. Acto por el que una persona intenta que no se lleve a cabo lo que otra se propone, ya sea un acto, un procedimiento o una ejecución. **8.** LING. Relación que guardan los elementos homogéneos de un sistema lingüístico y que permite su diferenciación.

opositar v.tr. Realizar una serie de pruebas o exámenes para optar a un cargo o empleo, especialmente de la administración pública.

opositor, ra s. Persona que aspira a un cargo o empleo mediante unas oposiciones. **2.** Amér. En política, el que está de parte de la oposición. ◆ adj. y s. Que se opone a otro, especialmente una persona a otra o a una actitud, opinión, etc.: *postura opositora a la resignación.* ◇ **Tercer opositor** DER. Persona que, no habiendo sido parte en un litigio, pretende que la sentencia perjudica sus derechos y se opone a su ejecución.

oposum s.m. Pequeño marsupial carnívoro, de unos 55 cm de long., de hocico puntiagudo y larga cola escamosa y prensil, muy apreciado por su piel. (Familia didélfidos.)

opoterapia s.f. Tratamiento de las enfermedades por administración de extractos de diversos órganos, especialmente de las glándulas endocrinas. SIN.: *organoterapia.*

oppidum s.m. (voz latina). ANT. Refugio fortificado establecido generalmente en lugares elevados.

opresión s.f. Acción y efecto de oprimir. **2.** Dificultad para respirar. (También *opresión de pecho.*)

opresivo, a adj. Que oprime.

opresor, ra adj. y s. Que oprime.

oprimir v.tr. (lat. *opprimere*). Hacer presión en una cosa: *oprimir un botón.* SIN.: *presionar.* **2.** *Fig.* Someter por la violencia, tratar con excesivo rigor. **3.** *Fig.* Provocar en alguien un sentimiento de molestia o angustia.

oprobiar v.tr. Causar oprobio.

oprobio s.m. (lat. *opprobrium*). Deshonor público, ignominia.

opsonina s.f. Anticuerpo que se fija en las bacterias y favorece su fagocitosis por las células.

optante adj. Que opta, especialmente a alcanzar algo.

optar v.tr. e intr. (lat. *optare*). Escoger entre varias posibilidades. ◆ v.tr. Pretender alcanzar algo, especialmente un empleo o un premio: *optar a una plaza vacante.*

optativo, a adj. Que puede ser escogido entre varios por no ser obligatorio: *clases optativas.* ◆ adj. y s.m. LING. Se dice del modo verbal que expresa deseo. ◆ adj. y s.f. LING. Se dice de la oración que expresa deseo.

óptica s.f. Parte de la física que estudia las propiedades de la luz y los fenómenos de la visión. **2.** Establecimiento donde se venden y fabrican anteojos y otros aparatos ópticos. **3.** *Fig.* Manera de juzgar, punto de vista.

óptico, a adj. (gr. *óptikós*). Relativo a la visión: *instrumento óptico.* **2.** Que pertenece al ojo. ◆ s. Persona que fabrica o vende aparatos ópticos, especialmente anteojos. **2.** Persona que se dedica a la óptica. ◇ **Ángulo óptico,** o **de visión** Ángulo que tiene su vértice en el ojo del observador y cuyos lados, pasan por las extremidades del objeto considerado. **Centro óptico** Punto del eje principal de una lente tal que a todo rayo luminoso interior a la lente, que pasa por este punto, le corresponde un rayo incidente y un rayo emergente paralelos. **Nervio óptico** Nervio que une el ojo con el encéfalo y que forma el segundo par de nervios craneales.

optimación s.f. Acción y efecto de optimar. SIN.: *optimización.*

optimar v.tr. Optimizar. **2.** INFORMÁT. Organizar la disposición de las informaciones o de las instrucciones para obtener el tiempo mínimo de tratamiento de un programa.

optimismo s.m. Cualidad o actitud optimista. CONTR.: *pesimismo.* **2.** FILOS. Doctrina que afirma la supremacía del bien sobre el mal en el mundo; actitud de los adeptos a esta doctrina.

optimista adj. y s.m. y f. Que tiene o implica optimismo. CONTR.: *pesimista.*

optimizar v.tr. Lograr el mejor resultado posible de una actividad o proceso mediante el aprovechamiento al máximo de sus potencialidades. SIN.: *optimar.*

óptimo, a adj. (lat. *optimus*). Muy bueno, inmejorable: *calidad óptima.* ◆ s.m. Situación que es la más adecuada para conseguir un objetivo. ◇ **Óptimo de población** Densidad ideal de la población de un país o de una zona geográfica, que permitiría la mejor utilización de los recursos naturales. **Óptimo económico** Nivel de la producción o de la distribución en el que, en una economía de competencia, es imposible mejorar la producción de un producto o la situación de una persona sin disminuir la de otro u otra.

optoelectrónica s.f. Parte de la electrónica que estudia los dispositivos sensibles a la acción de la luz o que producen luz.

optometría s.f. Parte de la oftalmología que permite determinar, medir y corregir los vicios de refracción del ojo, como la miopía o la presbicia.

optómetro s.m. Instrumento empleado en optometría para medir el grado de astigmatismo del ojo.

opuesto, a adj. Contrario. **2.** Que se opone a algo por estar enfrente: *orillas opuestas de un río.* **3.** Contradictorio, de naturaleza diferente: *caracteres opuestos.* **4.** BOT. Se dice de los órganos puestos de frente, o de las hojas insertadas dos a dos en el mismo nudo, como en la ortiga. ◇ **Ángulos opuestos por el vértice** Ángulos tales que los lados de uno son la prolongación de los lados del otro. **Números opuestos** MAT. Números algebraicos del mismo valor absoluto pero de signos contrarios.

opugnar v.tr. (lat. *oppugnare*). Oponerse a algo con fuerza o violencia. **2.** Embestir o atacar, generalmente un ejército o una plaza. **3.** Contradecir, impugnar.

opulencia s.f. (lat. *opulentus,* rico, poderoso). Abundancia de bienes materiales, riqueza: *vivir en la opulencia.*

opulento, a adj. Que tiene opulencia: *vida opulenta.* **2.** Muy desarrollado o exuberante: *caderas opulentas.*

opus s.m. (voz latina, *obra*). Obra numerada de la producción de un compositor. (Suele usarse la forma abreviada: *op.*) **2.** ARQUEOL. Nombre con que se designa el aparejo de la construcción romana: *opus incertum; opus reticulatum.*

opúsculo s.m. (lat. *opusculus,* dim. de *opus,* obra, trabajo). Obra impresa de poca extensión.

opv s.f. *Oferta pública de venta.

oquedad s.f. Espacio vacío en el interior de un cuerpo, un terreno, etc. **2.** *Fig.* Frivolidad o falta de interés de lo que se dice o escribe.

oquedal s.m. Monte arbóreo sin maraña de sotobosque.

ora conj. Aféresis de *ahora* que implica relación de alternancia o sucesión entre los elementos que enlaza: *ora leía, ora paseaba.* (Se usa repetida.)

oración s.f. Acción y efecto de orar. **2.** Plegaria que se dirige a Dios, a la Virgen o a los Santos. **3.** Rezo litúrgico que se recita en la misa o en cualquier otra celebración, en que el celebrante invita a orar. **4.** Exposición sobre un tema que un orador hace en público, con el fin de persuadir a los oyentes. **5.** LING. Unidad sintáctica que consta de sujeto y predicado, implícitos o explícitos. [V. cuadro pág. siguiente.]

oracional adj. Relativo a la oración gramatical: *complemento oracional.*

oráculo s.m. Respuesta de una divinidad a la que se hacía consultas según unos ritos determinados. **2.** Esta misma divinidad: *consultar el oráculo.* **3.** Imagen ante la que consultaban los gentiles; templo donde se realizaban estas consultas. **4.** Persona o entidad a la que todos escuchan con respeto por su gran sabiduría. **5.** Afirmación decisiva y tajante que se admite sin discusión por la gran autoridad de quien la emite.

orador, ra s. Persona que pronuncia un discurso en público. **2.** Persona muy elocuente. **3.** Predicador.

oral adj. (del lat. *os, oris,* boca). Relativo a la boca: *vía oral.* **2.** Que se expresa verbalmente, por medio del habla: *expresión, transmisión, examen oral.* **3.** FONÉT. Se dice del sonido que se articula dejando salir el aire solo por la boca y no por la nariz. (Los únicos sonidos no orales del español son *m, n* y *ñ.*)

¡órale! interj. Méx. *Fam.* ¡Oiga! **2.** Méx. ¡Venga!

orangista adj. y s.m. y f. En Inglaterra, partidario de Guillermo III de Orange, opuesto al partido católico que apoyaba a Jacobo II. **2.** Protestante de Irlanda del Norte. **3.** Partidario belga de la dinastía de Orange, expulsada de Bélgica en 1830.

orangután s.m. (malayo *ôrang ûtan,* hombre salvaje). Simio antropoideo que vive en Asia, de 1,20 a 1,50 m de alt., con cabeza gruesa, nariz chata, hocico saliente, cuerpo robusto y brazos muy largos. (Familia póngidos.)

orante adj. Que ora. ◆ s.m. y f. B. ART. Personaje representado en actitud de orar.

orar v.intr. (lat. *orare,* hablar, rogar). Rezar a Dios, a la Virgen o a los santos. **2.** Pronunciar un discurso en público. ◆ v.tr. Rogar, suplicar.

orate s.m. y f. (cat. *orat*). Loco, demente. **2.** *Fig.* y *fam.* Persona poco juiciosa y poco prudente.

oratoria s.f. Arte de hablar en público con elocuencia. **2.** Género literario que tiene por función convencer, persuadir, exponer o conmover por medio de discursos pronunciados en público.

1. **oratorio** s.m. (lat. *oratorius*). Lugar destinado para orar. **2.** Capilla de pequeñas dimensiones donde puede celebrarse la misa, en una casa privada o en un edificio público.

2. **oratorio** s.m. Composición musical dramática, generalmente de temática religiosa, formada por recitativos, arias, coros y orquesta.

3. **oratorio, a** adj. Relativo a la oratoria o al orador.

orbe s.m. (lat. *orbis,* círculo, disco, Tierra). Mundo, universo.

orbicular adj. (lat. *orbicularis,* dim. de *orbiculus,* ruedecillo, redondel). Redondo o circular. ◆ s.m. Huesecillo lenticular del oído. ◇ **Músculo orbicular** Músculo circular que rodea la boca y el orificio palpebral.

órbita s.f. (lat. *orbita,* carril, huella de un carro). Trayectoria cerrada de un cuerpo animado por un movimiento periódico. **2.** Curva descrita por un planeta alrededor del Sol, o por un satélite alrededor de su planeta. **3.** Cavidad ósea de la cara, en la que se halla alojado el ojo. ◇ **Estar en órbita** *Fig.* y *fam.* Estar enterado o informado de la actualidad. **Puesta en órbita** Conjunto de operaciones encaminadas a colocar un satélite artificial en una órbita determinada.

orbital adj. Relativo a la órbita. ◆ s.m. Volumen situado alrededor de un núcleo atómico y en el que hay más posibilidades, según la mecánica cuántica, de encontrar un electrón. ◇ **Vehículo orbital** Vehículo capaz de ser puesto en órbita para efectuar enlaces con satélites o estaciones espaciales.

orbitar v.tr. Girar en órbita un cuerpo alrededor de otro, generalmente un cuerpo celeste o un satélite artificial: *el satélite orbita la luna.*

orbitario, a adj. Relativo a la órbita del ojo.

orbitografía s.f. Técnica de registro de la trayectoria de los satélites artificiales.

orca s.f. (lat. *orca,* del gr. *óryz, -ygos*). Mamífero cetáceo, cercano al delfín, de color azul oscuro por el lomo y blanco por el vientre. El macho puede alcanzar una long. de 9 m y un peso de 3 600 kg. (La orca es muy voraz, caza en grupo, e incluso puede llegar a atacar a las ballenas.)

orcaneta s.f. (fr. *orcanette*). Planta herbácea muy vellosa, cultivada en las regiones mediterráneas por su raíz que suministra un tinte rojo utilizado en micrografía como marcador de los cuerpos grasos. (Familia borragináceas.)

orchilla s.f. Nombre que reciben varios líquenes que viven en las costas rocosas del Mediterráneo.

órdago s.m. (vasc. *or dago,* ahí está). Envite del resto en el juego del mus. ◇ **De órdago** *Fam.* Expresión que indica cualidad superlativa de algo en tamaño, liberalidad, belleza, etc.

ordalía s.f. (del bajo lat. *ordalia,* pl. de *ordalium,* juicio). Prueba judicial de carácter mágico o religioso destinada a demostrar la culpabilidad o inocencia de un acusado.(Esta prue-

oración		
La oración es la unidad máxima del análisis sintáctico. Está formada por la unión de sujeto y predicado, y posee necesariamente un verbo que constituye el núcleo del predicado. Las oraciones se clasifican, atendiendo a su estructura interna, en simples, compuestas o coordinadas y complejas.		
oración simple: clasificación		**ejemplos**
según su estructura	bimembres	*María nos espera en la calle.*
	unimembres o impersonales	*Aquí llueve demasiado.* *Hace calor.* *Ya es de noche.*
según la naturaleza del verbo	copulativas o atributivas	*La película es muy divertida.*
	predicativas	*Los niños jugaban en el jardín.* *Antonio compró libros.* *Miguel estornudó.* *Los edificios fueron destruidos por un huracán.*
según la modalidad oracional	aseverativas	*La ventana está cerrada.*
	interrogativas	*¿Conoces a Juan?* *¿Quién ha dicho esa injuria?*
	exclamativas	*¡Por fin es viernes!*
	imperativas	*Abre la puerta.*
	dubitativas	*Quizá tu hermano lo sepa.*
	desiderativas	*Espero que sea cierto.*
oración compuesta o coordinada: clasificación		**ejemplos**
coordinadas	copulativas	*Pedro leía y María escuchaba música.*
	distributivas	*Ora cuidaba el jardín, ora leía.*
	disyuntivas	*Los estudiantes hacen el examen o entregan un trabajo.*
	adversativas	*Cristina vino pero llegó tarde.*
oración compleja: clasificación		**ejemplos**
subordinadas sustantivas		Me molesta *que me lleven la contraria.* Juan soñó *que era un pájaro.*
subordinadas adjetivas o de relativo		*Los árboles que se helaron eran cerezos.* *El perro, que nos había visto, comenzó a ladrar.*
subordinadas adverbiales	de tiempo	Nos llamó *cuando lo supo.*
	de lugar	Siempre come *donde puede.*
	de modo	Se disfrazó *como había dicho.*
	causales	No ha salido *porque no ha querido.*
	consecutivas	Pienso, *luego existo.*
	condicionales	*Si tuviera dinero,* lo compraría.
	finales	Corrí *para llegar a tiempo.*
	concesivas	Saldrán a pasear, *aunque nieve.*

ba fue utilizada durante la edad media en la que también recibió el nombre de *juicio de Dios.*)

1. **orden** s.f. (lat. *ordo, -inis*). Mandato, acción y efecto de mandar: *esperar la orden de un superior; dar órdenes.* **2.** Escrito por el que la autoridad competente manda o dispone algo: *presentar una orden de captura.* **3.** Comisión o poder que se da a alguien para hacer algo. **4.** Mandamiento expedido por un juez o tribunal. **5.** Comunicación oficial de un mando militar, verbal o escrita, dirigida a un subordinado en la que se indica la ejecución de una misión. **6.** INFORMÁT. Señal o acción que circula en sentido único desde un emisor hacia un receptor. ◆ **órdenes** s.f.pl. HERÁLD. Franjas formadas por jaqueles puestos de lado. **2.** Fajas iguales que se repiten alternativamente de metal y color. <> **A la orden** Expresión

en señal de acato a un superior militar; cláusula que, añadida a cualquier título, hace que este sea transferible por endoso. **Estar a la orden del día** Ser un tema, un comportamiento, etc., frecuentes en un determinado tiempo o lugar. **Orden de bolsa** Consentimiento que se da a un intermediario para que compre o venda en bolsa valores mobiliarios o mercancías. **Orden de pago** Documento por el que una persona u organismo con iniciativa y autoridad suficiente ordena a otra, a la que tiene confiado fondos de tesorería, la realización de un pago en su nombre.

2. **orden** s.m. Organización y disposición de los elementos de un conjunto, en función de una determinada norma. **2.** Conjunto de reglas, leyes o estructuras que constituyen una sociedad: *perturbar el orden social.* **3.** Categoría, rango, clase: *un actor de primer orden.* **4.** Organización religiosa, ligada por votos solemnes y aprobada por el papa, cuyos miembros viven bajo las reglas establecidas por su fundador o por sus reformadores. **5.** Norma obligatoria dictada por la administración central del estado para un caso particular. **6.** Cuerpo de personas unidas por alguna regla común o por una distinción honorífica: *orden de Carlos III.* **7.** Clase jerárquica de los ángeles. **8.** ARQ. Sistema lógico y armonioso de proporciones modulares aplicado en la antigüedad y en la época contemporánea a la construcción, disposición y decoración de las partes salientes de una obra, en especial del basamento, soportes y entablamento. **9.** DER. **a.** Sucesión de instancias o demandas en justicia, según los grados de jurisdicción en que puedan introducirse. **b.** Graduación de los diferentes acreedores de un deudor para hacerles pago con los bienes de este, según la prelación de créditos. **10.** HIST. Grupo social compuesto por personas con situación jurídica y privilegios comunes, y cuyo reclutamiento se basa en el nacimiento, la riqueza o cualquier otra consideración propia de una división jerárquica de la sociedad. **11.** HIST. NAT. Grupo taxonómico establecido para la clasificación de los seres vivos, comprendido entre la clase y la familia. (El ser humano pertenece al orden de los primates.) **12.** INFORMÁT. Directriz para la unidad de mando de un órgano periférico de computadora. **13.** MIL. Disposición que adoptan las tropas para el desempeño de cada una de sus diferentes misiones. **14.** POL. Régimen político o ideología dominante en un cierto período: *el nuevo orden.* **15.** REL. Sacramento constitutivo de la jerarquía de la Iglesia. (Comporta tres grados: obispo, sacerdote y diácono.) ◇ **Del orden de** Aproximadamente: *había del orden de cinco mil personas.* **En orden** De manera ordenada, que cumple los requisitos necesarios. **En orden a** Para, generalmente seguido de infinitivo; con respecto a. **Llamar al orden** Reprender o advertir a alguien, generalmente para que corrija su comportamiento. **Orden abierto** MIL. Formación de las tropas cuando se dispersan para ofrecer menos vulnerabilidad y cubrir mayor terreno. **Orden cerrado** MIL. Formación adoptada por las tropas para ocupar menor espacio. **Orden de caballería** Caballería, institución militar feudal; institución honorífica creada por un soberano para premiar a sus caballeros o distinguir con ella los servicios prestados a su persona o a la monarquía. **Orden de combate** MIL. El que dirige las tropas para obtener de sus medios el máximo rendimiento. **Orden del día** Relación ordenada de los asuntos que deben tratarse en una reunión, asamblea, etc. **Orden lineal** Orden determinado por el sentido de desplazamiento sobre una recta. **Orden militar** Institución religioso-militar que tenía por objeto la defensa de los ideales caballerescos y cristianos a través de la lucha armada contra los infieles. **Orden natural** Según los fisiócratas, conjunto de leyes naturales, absolutas, inmutables y universales que rigen los fenómenos sociales del modo más ventajoso para todos. **Orden público** Ausencia de altercados en la vida o el curso de un estado, ciudad, etc. **Orden sagrada** Cada uno de los tres grados derivados del sacramento del orden. **Orden sucesorio** DER. Conjunto de herederos legítimos en la sucesión intestada. **Poner en orden algo** Ponerlo en el lugar que le corresponde. **Por su orden** Sucesivamente, cada cosa a su debido tiempo. **Relación de orden** LÓG. y MAT. Relación reflexiva, antisimétrica y transitiva de un conjunto. **Sin orden ni concierto** Desordenadamente.

orden

ARQ. Se distinguen tres órdenes griegos: el dórico, el jónico y el corintio. Los romanos crearon el toscano, el dórico romano y el compuesto. El descubrimiento de los monumentos antiguos y la interpretación del tratado de Vitrubio dieron origen a partir del s. XV, con el renacimiento italiano, a una arquitectura que utilizó con más o menos libertad los órdenes griegos y romanos, sus módulos, sus proporciones y sus ornamentos característicos.

ordenación s.f. Acción y efecto de ordenar. **2.** Orden, manera de estar ordenado algo. **3.** Disposición, prevención. **4.** Mandato, precepto. **5.** REL. **a.** Acción de conferir el sacramento del orden. **b.** Ceremonia en que se realiza este sacramento. ◇ **Ordenación territorial,** o **del territorio** Política territorial que consiste en buscar la mejor distribución geográfica de las actividades económicas en función de los recursos naturales y humanos. **Plan de ordenación** Conjunto de normas, estándares urbanísticos y reglamentos que determinan en un territorio, una ciudad o una parte de ella, los niveles de edificabilidad, la intensidad de utilización del suelo y su calificación.

ordenado, a adj. Que guarda orden y método en lo que hace: *persona muy ordenada.* **2.** Se dice del conjunto en el que cada elemento ocupa el lugar que le corresponde: *habitación ordenada.* ◆ adj. y s.f. MAT. Se dice de una de las coordenadas cartesianas de un punto. ◆ adj. y s. Se dice de la persona que ha recibido el sacramento del orden. ◇ **Conjunto ordenado** MAT. Conjunto que tiene una relación de orden. **Par ordenado** MAT. Par cuyos elementos están clasificados en un orden determinado.

ordenador, ra adj. Que ordena: *política ordenadora de la economía del país.* ◆ s.m. Esp. Computadora.

ordenamiento s.m. Acción y efecto de ordenar. **2.** Nombre que reciben varios conjuntos de leyes promulgadas al mismo tiempo o referentes a la misma materia. **3.** Disposición dictada por un superior. **4.** DER. Ley, pragmática u ordenanza.

ordenancista adj. y s.m. y f. Que cumple y aplica rigurosamente las ordenanzas o reglamentos.

ordenando s.m. Persona que se dispone a recibir las órdenes sagradas. SIN.: *ordenante.*

ordenanza s.f. Conjunto de preceptos dictados para la reglamentación de una comunidad, una tropa militar, etc. (Suele usarse en plural.) **2.** Mandato, disposición. **3.** DER. Norma dictada por la administración para la aplicación de una ley o decreto: *ordenanzas fiscales, municipales.* **4.** HIST. Durante la baja edad media y la edad moderna, conjunto de disposiciones dictadas por el rey para la regulación de la administración estatal o autorizadas por él para reglamentar determinadas entidades corporativas. **5.** MIL. Ley que regula las normas de conducta dentro de las fuerzas armadas o de un ejército. ◆ s.m. Persona encargada de realizar ciertas tareas en algunas oficinas, como transmitir mensajes, hacer encargos fuera de la oficina, etc. SIN.: *subalterno.* **2.** Soldado designado para llevar órdenes, recados o para realizar determinados servicios a los jefes u oficiales.

ordenar v.tr. (lat. *ordinari*). Poner algo en orden: *ordenar unas notas. la casa.* **2.** Mandar, dar una orden para que se haga cierta cosa: *el médico le ordenó reposo.* **3.** Encaminar o dirigir algo a un fin determinado: *ordenar todos los esfuerzos a buscar una solución.* **4.** REL. Conferir las órdenes sagradas: *ordenar a los nuevos sacerdotes.* ◆ **ordenarse** v.prnl. REL. Recibir las órdenes sagradas.

ordeña s.f. Méx. Ordeño.

ordeñadora s.f. Máquina que se usa para extraer la leche de las ubres de las vacas mediante succión: *ordeñadora mecánica.*

ordeñar v.tr. (lat. vulg. *ordinare*, arreglar). Extraer la leche de las vacas, cabras y, en general, de los animales hembras exprimiendo las ubres. **2.** *Por ext.* Recolectar la aceituna o la hoja de ciertos árboles rodeando el ramo con la mano y haciéndola correr a lo largo del mismo. **3.** *Fig.* y *fam.* Extraer el máximo provecho de algo o alguien, especialmente de los bienes materiales.

ordeñe s.m. Argent. Ordeño.

ordeño s.m. Esp. Acción y efecto de ordeñar.

ordinal adj. Relativo al orden. <> **Adjetivo (numeral) ordinal** Adjetivo numeral que expresa el lugar, rango u orden de los seres o de las cosas. **Número ordinal** Número entero que indica el lugar ocupado por los objetos de un conjunto cuando están colocados en un determinado orden.

ordinariez s.f. Cualidad de ordinario, vulgar o de clase inferior. **2.** Expresión o acción ordinaria, de mal gusto.

ordinario, a adj. Común, corriente: *el trabajo ordinario de cada día.* **2.** No selecto, de clase inferior: *clase ordinaria.* **3.** Vulgar, grosero: *persona ordinaria.* ◆ adj. y s.m. Se dice del gasto diario y de las cosas que se consumen diariamente en una casa. **2.** DER. Se dice del juez o tribunal de la justicia civil, en oposición a los de fuero privilegiado o de jurisdicción especializada, y también del obispo diocesano. ◆ s.m. Recadero, persona que se dedica a llevar encargos o mercancías de un lugar a otro. **2.** MÚS. y REL. Nombre con que se designan las partes fijas de la celebración de la misa, por oposición a las partes variables o *propios.* <> **De ordinario** Regularmente, con frecuencia. **Ordinario del lugar** REL. Prelado que ejerce la jurisdicción ordinaria.

ordinograma s.m. Esquema que representa gráficamente el desarrollo de un programa de computadora por medio de símbolos normalizados.

ordo s.m. (voz latina). DER. ROM. Según un principio fundamental de la organización de justicia en Roma, división del juicio o proceso. **2.** LITURG. Calendario litúrgico que indica la disposición de la misa y de sus oficios para cada día del año.

ordovícico s.m. y adj. Segundo período de la era primaria, entre el cámbrico y el silúrico. SIN.: *ordoviciense.*

orear v.tr. Airear una cosa para refrescarla, secarla o quitarle cierto olor. ◆ **orearse** v.prnl. Salir al aire libre para refrescarse. ◆ v.intr. Chile. Pasársele a una persona la borrachera.

orégano s.m. (lat. *origanum*). Planta herbácea aromática, con tallos vellosos, hojas pequeñas y flores en espigas que se emplean como condimento. (Familia labiadas.) <> **No ser todo el monte orégano** Expresión que se usa para indicar que no todo es fácil en un asunto.

oreja s.f. (lat. *auricula,* dim. de *auris,* oreja). Órgano del oído, en particular la parte externa situada a cada lado de la cabeza. **2.** Oído, sentido de la audición. **3.** Apéndice de un objeto, flexible o no, especialmente cuando hay uno en cada lado: *un sillón de orejas.* **4.** Cada una de las asas o agarraderas de un recipiente. **5.** Cada una de las partes del zapato que sobresale a uno y otro lado, y sirve para ajustarlo al empeine del pie por medio de cintas, botones, etc. **6.** Colomb. Desviación circular que cruza la recta de una autopista. **7.** Méx. Pan dulce en forma de dos orejas unidas. **8.** Salv. Espía, delator al servicio de las autoridades gubernativas. **9.** MAR. Parte saliente de las uñas del ancla. **10.** TAUROM. Apéndice del toro que la presidencia concede como trofeo al diestro que ha ejecutado una buena faena. ◆ s.m. y f. Méx. Espía. <> **Aguzar las orejas** Poner mucha atención en escuchar algo. **Apearse por las orejas** Actuar con desacierto. **Asomar,** o **descubrir,** o **enseñar, la oreja** Descubrir alguien su condición o sus intenciones sin darse cuenta. **Bajar,** o **agachar, las orejas** Humillarse, ceder en una disputa. **Calentar las orejas** *Fam.* Reprender o pegar a alguien. **Con las orejas caídas,** o **gachas** Avergonzado, humillado o sin haber conseguido lo que se pretendía. **Hacer orejas de mercader** Hacerse el desentendido. **Oreja de gato** Hongo comestible con sombrerillo en forma de mitra. **Oreja de mar** Molusco gasterópodo marino que vive aplicado contra las rocas y cuyas conchas son apreciadas por su nácar. (Familia haliótridos.) **Oreja de oso** Planta herbácea de los Alpes de hojas escamosas y velludas en el envés, y flores en umbelas amarillas y olorosas, que se cultiva en jardinería. (Familia primuláceas.) **Parar la oreja** Argent. *Fam.* Aguzar la oreja, prestar atención. **Ver las orejas al lobo** Darse cuenta de la inminencia de un peligro.

orejera s.f. Pieza de la gorra o montera que cubre las orejas. **2.** En los cascos antiguos, cada una de las dos piezas de acero que cubrían las orejas. **3.** Pieza de la cabezada de las caballerías que sirve para defender los ojos del polvo, paja, etc.

orejero, a s.m. Chile. *Fig.* y *fam.* y *desp.* Soplón, persona chismosa.

orejón, na adj. Orejudo, de orejas grandes o largas. **2.** Se dice de la persona zafia y tosca. ◆ s.m. Trozo de melocotón o de albaricoque desecado al aire o al sol. (Suele usarse en plural.) **2.** Tirón de orejas. **3.** HIST. Entre los incas, persona noble que llevaba horadadas las orejas y podía aspirar a los primeros puestos del imperio.

orejudo, a adj. Que tiene las orejas grandes o largas. ◆ s.m. Sillón de orejas. **2.** Murciélago pequeño que se caracteriza por sus enormes orejas en forma de cucurucho. (Familia vespertiliónidos.)

orensano, a adj. y s. De Orense. SIN.: *auriense.*

oreo s.m. Acción y efecto de orear. **2.** Desecación natural de la madera.

oreoselino s.m. Planta que crece en la península Ibérica, de tallo estriado, flores pequeñas blancas y fruto redondeado. (Familia umbelíferas.) SIN.: *perejil de monte.*

oretano, a adj. y s. De un pueblo de origen ibérico establecido en las tierras altas de las cuencas del Guadalquivir y el Segura, al S de celtíberos y carpetanos, y vecino de los bastetanos.

orfanato s.m. Asilo de huérfanos.

orfanatorio s.m. Méx. Asilo, orfanato.

orfandad s.f. Estado de huérfano. **2.** Pensión que reciben algunos huérfanos. **3.** *Fig.* Desamparo, carencia de ayuda o protección.

orfebre s.m. (fr. *orfèvre*). Persona que tiene por oficio hacer o vender objetos de oro o plata.

orfebrería s.f. Arte, oficio o comercio del orfebre; obras realizadas por el orfebre.

orfelinato s.m. Orfanato.

orfeón s.m. (fr. *orphéon,* de *Orfeo,* músico de la mitología griega). Asociación de personas que cantan en coro sin acompañamiento musical.

orfeonista s.m. y f. Miembro de un orfeón.

órfico, a adj. Relativo a Orfeo o al orfismo.

orfismo s.m. (de *Orfeo,* personaje de la mitología griega). Corriente religiosa de la antigua Grecia relacionada con Orfeo, maestro de los encantamientos. **2.** Tendencia del cubismo que apunta a una construcción abstracta de las formas por el color, representada principalmente por R. Delaunay. (El nombre le fue dado por Apollinaire en 1912.)

orfismo

Fuente de una abundante literatura entre el s. VI a.C. y el final del paganismo, el orfismo enseñaba la necesidad, para el alma, de liberarse de la prisión del cuerpo mediante la ascesis y la iniciación.

orfo s.m. (lat. *orphus,* del gr. *órphos*). Besugo, de color rubio, ojos grandes y dientes como de sierra.

organdí s.m. (fr. *organdi*). Tejido de algodón, muy transparente y ligero, al que se da un acabado especial (crespado químico) o un apresto rígido (almidonado de organdí).

organicismo s.m. MED. Doctrina que atribuye todas las enfermedades, incluso las mentales, a la lesión material de un órgano. **2.** SOCIOL. Doctrina que considera las sociedades como entidades semejantes a los seres vivos, y que pone especial énfasis en las funciones asumidas por las diversas instituciones.

organicista adj. y s.m. y f. Relativo al organicismo; partidario del organicismo.

orgánico, a adj. Relativo a los órganos, a los tejidos vivos y a los seres organizados: *vida orgánica.* **2.** Relativo a la parte de la química que estudia los compuestos del carbono. **3.** Que es inherente a la estructura, a la constitución de una cosa. **4.** Se dice de un conjunto que forma un todo: *estructura orgánica.* **5.** MIL. Que pertenece constitutivamente a un cuerpo de tropas o a una gran unidad. ◇ **Arquitectura orgánica** En el s. XX, arquitectura que toma, de las formas de la naturaleza, la idea de algunas de sus estructuras y articulaciones, y tiende a una estrecha relación con los medios naturales. **Roca de origen orgánico** Roca sedimentaria formada por restos de organismos vivos, como el carbón o el petróleo.

organigrama s.m. Gráfico de la estructura de una organización social, que representa a la vez los diversos elementos de un grupo y sus relaciones respectivas. **2.** Gráfico que representa las operaciones sucesivas de un proceso industrial, informático, etc.

organillero, a s. Persona que tiene por oficio tocar el organillo.

organillo s.m. Órgano pequeño o piano portátil que se hace sonar por medio de un cilindro con púas, movido por una manija. SIN.: *manubrio.*

organismo s.m. (ingl. *organism*). Ser vivo, animal o vegetal, organizado. **2.** Conjunto de órganos que constituyen un ser vivo. **3.** Cuerpo humano. **4.** Conjunto de órganos administrativos encargados de la gestión de un servicio público, de un partido, etc. ◇ **Organismo autónomo** Organismo público, independiente de la administración, con personalidad jurídica y patrimonio propios, cuyo objetivo es el cumplimiento de un servicio público.

organista s.m. y f. Persona que tiene por oficio tocar el órgano.

organización s.f. Acción y efecto de organizar u organizarse: *la organización de una fiesta.* **2.** Manera como están estructurados los diferentes órganos o partes de un conjunto complejo, de una sociedad, de un ser vivo, etc. **3.** Conjunto de personas que pertenecen a un cuerpo o grupo organizado. **4.** SOCIOL. Conjunto de elementos estructurales de la sociedad. ◇ **Organización científica del trabajo** Conjunto de actividades coordinadas que tienen por objeto aumentar la productividad del trabajo industrial y crear condiciones favorables al mismo. **Organización industrial** Coordinación racional entre los diferentes centros de la empresa que permite obtener un rendimiento óptimo con la mínima inversión económica. **Organización internacional** Agrupación, gubernamental o no, que tiene por objeto, especialmente, la seguridad colectiva de los estados o la defensa de la condición humana en la comunidad internacional. **Organización judicial** Conjunto de reglas jurídicas que determinan la jerarquía, composición y atribuciones de los órganos de un estado encargados de administrar justicia. **Organización no gubernamental (ONG)** Organismo cuya financiación procede esencialmente de las donaciones privadas y que se dedica a la ayuda humanitaria bajo diversas formas (asistencia médica o técnica en los países no industrializados, ayuda a los desfavorecidos en los países desarrollados, auxilios en caso de catástrofe o guerra, etc.).

organizador, ra adj. y s. Que organiza o que tiene aptitud para organizar. ◆ s.m. Parte del embrión que dirige la diferenciación de las estructuras embrionarias.

organizar v.tr. Preparar la realización de algo: *organizar una excursión.* ◆ v.tr. y prnl. Disponer algo ordenadamente con miras a una función o uso determinados. ◆ **organizarse** v.prnl. Formarse algo espontáneamente: *se organizó un jaleo impresionante.*

órgano s.m. (lat. *organum,* herramienta, instrumento, del gr. *órganon*). Parte del cuerpo de un ser vivo, bien delimitada, que realiza una función concreta. **2.** *Fig.* Persona o cosa que sirve de instrumento o medio para la realización de algo: *el consejo de dirección es un órgano indispensable para la buena marcha de la empresa.* **3.** *Fig.* Medio de difusión portavoz de un partido, agrupación, etc.: *el periódico es el órgano del partido.* **4.** Instrumento musical de viento y teclado, usado principalmente en las iglesias. **5.** Tribuna elevada donde se coloca el órgano en una iglesia. **6.** Méx. Planta cactácea de distintas especies que se caracteriza por unos tallos delgados y muy altos, que parecen columnas. **7.** ARM. Lanzacohetes múltiple utilizado durante la segunda guerra mundial. **8.** MEC. Pieza, dispositivo o mecanismo elemental que sirve para accionar, gobernar, transmitir o guiar un movimiento en una máquina: *órganos de transmisión.* ◆ **órganos** s.m.pl. GEOGR. Prismas de gran regularidad, que pueden alcanzar de 30 a 45 m de alt., formados por enfriamiento de una colada volcánica (a menudo de basalto) perpendicularmente a su superficie. ◇ **Órgano de Berbería,** o **de Barbarie** Instrumento musical mecánico accionado por bandas de cartón perforado. (Su nombre proviene de una deformación de *Barberi.* nombre de un fabricante de Módena.) **Órgano electrónico** Órgano musical que utiliza la electrónica para producir las señales eléctricas necesarias para la producción de los sonidos.

organoalumínico, a adj. y s.m. Se dice de los compuestos orgánicos del aluminio.

organogenia s.f. BIOL. Formación y desarrollo de los órganos en el seno de un ser orgánico. SIN.: *organogénesis.*

organoléptico, a adj. BIOL. Se dice de las propiedades de los cuerpos que se perciben con los sentidos, como la aspereza, el sabor o el brillo.

organología s.f. Disciplina que estudia los instrumentos musicales. **2.** Tratado sobre los órganos de los animales o de los vegetales.

organomagnesiano, a adj. Se dice de los compuestos organometálicos derivados del magnesio.

organometálico, a adj. y s.m. Se dice de los compuestos químicos que encierran radicales carbonados unidos a un metal.

organoterapia s.f. Opoterapia.

orgásmico, a u **orgástico, a** adj. Relativo al orgasmo.

orgasmo s.m. (del gr. *organ,* desear ardientemente). Culminación del placer sexual.

orgía s.f. (fr. *orgie,* juerga, del gr. *órgia,* ceremonia religiosa). Fiesta o banquete en que se come y bebe con exageración y se cometen otros excesos, especialmente de tipo sexual. **2.** *Fig.* Desenfreno en la satisfacción de los deseos y pasiones. **3.** *Fig.* Abundancia de cualquier cosa; profusión: *una orgía de luz.*

orgiástico, a adj. Relativo a la orgía: *desorden orgiástico.* **2.** ANT. GR. Referente al culto de Dioniso.

orgullo s.m. (cat. *orgull*). Exceso de estimación propia, fatuidad, vanidad. **2.** Sentimiento elevado de la propia dignidad.

orgulloso, a adj. Que tiene orgullo, soberbia. **2.** Que siente orgullo, satisfacción: *está orgulloso de sus hijos.*

orientación s.f. Acción y efecto de orientar u orientarse. **2.** Posición de un objeto, de un edificio, etc., con relación a los puntos cardinales. **3.** *Fig.* Dirección, tendencia. **4.** MAR. Disposición de las vergas de modo que permitan a las velas recibir el viento en la dirección más favorable. **5.** PSICOL. En un individuo, conciencia de su posición en el tiempo y en el espacio. ◇ **Orientación escolar,** o **educativa** Orientación psicopedagógica que se presta en la enseñanza primaria y media para mejorar la formación de la personalidad del niño y del adolescente. **Orientación profesional** Método que ayuda a determinar la mejor opción profesional de una persona a partir de sus características individuales. **Reacción de orientación** ETOL. Conjunto de movimientos provocados en un animal por la aparición, desaparición o modificación de elementos físico-químicos o figurados del medio exterior, susceptibles de provocar en el sujeto una estimulación de tipo direccional.

orientado, a adj. Que tiene una posición, una orientación determinada: *una obra orientada políticamente.* **2.** MAT. En geometría, se dice de todo ente matemático sobre el cual se ha escogido un sentido positivo de recorrido.

oriental adj. y s.m. y f. De oriente. **2.** De la provincia de Oriente (antes Santiago de Cuba). **3.** Uruguayo. ◆ adj. ASTRON. Se dice de los planetas que, levantándose antes que el Sol, son visibles por la mañana por el lado de oriente. ◇ **Iglesias orientales** Iglesias cristianas de oriente, separadas de Roma (nestorianos, monofisitas y ortodoxos).

orientalismo s.m. Afición por las cosas de oriente. **2.** Carácter oriental. **3.** Conjunto de disciplinas que tienen por objeto el estudio de las civilizaciones orientales.

orientalista adj. y s.m. y f. Persona que se dedica al estudio de las civilizaciones orientales.

orientar v.tr. y prnl. Colocar algo en determinada dirección respecto a los puntos cardinales. **2.** Determinar la dirección que se ha de seguir. **3.** *Fig.* Dirigir a una persona, cosa o acción hacia un fin determinado: *orientar un coloquio.* **4.** *Fig.* Informar sobre algo. ◆ **orientarse** v.prnl. *Fig.* Reconocer, estudiar la situación de un asunto o de una cuestión: *orientarse sobre la situación de un negocio.*

oriente s.m. (lat. *oriens, -tis,* levante, [sol] que está saliendo). Este, levante. **2.** Región o lugar que, respecto de otro, está situado en dirección hacia donde sale el sol. **3.** Conjunto de países asiáticos respecto de Europa. **4.** Viento que sopla de la parte de oriente. **5.** Color y brillo peculiar de las perlas. **6.** En la masonería, nombre con que se designan las logias de provincia. ◇ **Gran oriente** Alto cuerpo central de la masonería que agrupa a las logias de un país.

orífice s.m. Artesano que trabaja el oro.

orificio s.m. (lat. *orificium,* de *os, oris,* boca, y *facere,* hacer). Boca o agujero.

oriflama s.f. (fr. *oriflamme,* del bajo lat. *aurea flamma,* bandera dorada). Estandarte, pendón o bandera. **2.** Estandarte de la abadía de Saint-Denis, de forma cuadrada y de color rojo, adoptado por los reyes de Francia del s. XII al XV.

origen s.m. (lat. *origo, -inis*). Principio, procedencia de algo: *el origen de la vida.* **2.** Causa, lo que hace que una cosa se produzca: *el origen de una discusión.* **3.** País, lugar donde ha nacido una persona o de donde proviene una cosa. **4.** Ascendencia, clase social a la que pertenece o de la que procede una persona: *origen humilde.* **5.** HIST. NAT. Punto de fijación de un órgano, lugar donde empieza este órgano: *el origen de una hoja.* **6.** MAT. Punto a partir del cual se miden las coordenadas de un punto o la longitud de un segmento. ◇ **Dar origen** Causar. **De origen** Se dice del lugar, país, etc., de donde procede una persona o cosa; se dice de las circunstancias que ya tenía una cosa desde su inicio: *defecto de origen.*

original adj. (lat. *originalis*). Relativo al origen. **2.** Se dice del artista, intelectual, etc., cuya producción es muy personal. **3.** Obra de este artista, intelectual, etc.: *cuadro original.* **4.** Singular, excéntrico. ◆ adj. y s.m. Se dice de lo que no es repetición, copia, traducción o imitación de otra cosa, especialmente las obras intelectuales o artísticas. ◆ s.m. Ejemplar o modelo del que se copia. **2.** Cosa o persona que sirve de modelo a un artista. **3.** ART. GRÁF. Manuscrito o modelo que se da a la imprenta para que, de acuerdo con él, se proceda a la composición tipográfica. ◇ **Grabado original** Grabado concebido y ejecutado por un solo y mismo artista. **Pecado original** Pecado que todas las personas han heredado de Adán y Eva, según las creencias cristianas.

originalidad s.f. Cualidad de original.

originar v.tr. Producir o dar origen o principio a una cosa. ◆ **originarse** v.prnl. Proceder una cosa de otra.

originario, a adj. Que da origen o principio. **2.** Que ha nacido en el lugar que se especifica o procede de él: *originario de América.* **3.** DER. Se dice del juez y escribano que empezaron las actuaciones de una causa o pleito.

orilla s.f. (dim. del lat. *ora,* costa, borde, orilla). Límite que separa una franja de tierra de un mar, río, lago, etc. **2.** Faja de tierra que está más inmediata al agua. **3.** Línea que limita la parte extrema de una superficie. **4.** En las calles sin acera, senda junto a las casas destinada a los peatones. **5.** Borde inferior o remate de un vestido. **6.** Orillo. ◆ **orillas** s.f.pl. Argent. y Méx. Arrabales de una población.

orillar v.tr., intr. y prnl. Arrimar a la orilla. ◆ v.tr. *Fig.* Esquivar, eludir algún obstáculo o dificultad: *orillar una discusión.* ◆ v.intr. Hacerle orillo a una tela.

orillero, a adj. y s. Amér. Central, Argent., Cuba, Urug. y Venez. *Desp.* Arrabalero. ◆ adj. Argent. Propio de las orillas y sus costumbres.

orillo s.m. Borde longitudinal de una pieza de tela o paño, en general de color diferente al del resto de la pieza, y a veces tejido con ligamento diferente.

1. **orín** s.m. (lat. vulg. *aurigo, -inis*). Óxido de hierro producido por el contacto de este metal con el aire y la humedad. **2.** Alteración del azogado de un espejo.

2. **orín** s.m. (de *orina*). Orina: *analizar los orines.* (Suele usarse en plural.)

orina s.f. (lat. *urina*). Líquido excretado por los riñones, acumulado en la vejiga antes de su expulsión por la uretra.

orinal s.m. Recipiente para recoger la orina.

orinar v.intr. Expeler la orina. ◆ v.tr. Expeler por la uretra algún otro líquido: *orinar sangre.* ◆ **orinarse** v.prnl. Expeler la orina involuntariamente.

oriol s.m. Oropéndola.

oriundo, a adj. y s. (lat. *oriundus*). Originario, que ha nacido en el lugar que se expresa o procede de él. **2.** DEP. Se dice del deportista que hace valer la nacionalidad de sus padres para no ser considerado extranjero en el país de estos.

orix s.m. → **oryx.**

oriya s.m. Lengua indoaria hablada en la India, en el estado de Orissa.

orla s.f. Adorno que se dibuja, graba o imprime en los bordes de un papel, pergamino, tapiz, etc. **2.** Esp. Cuadro con las fotografías de todos los alumnos de una misma promoción que han terminado los estudios. **3.** ARQ. Vuelo o salida, arquivolta. **4.** HERÁLD. Pieza honorable de una anchura igual a la mitad de la bordura, que rodea interiormente el escudo y está separada de él por una anchura igual a la suya. **5.** TEXT. Orilla de paños, telas o vestidos, cuando lleva algún adorno.

orlar v.tr. Adornar con una orla. **2.** Adornar cualquier cosa o poner un adorno alrededor de ella. **3.** HERÁLD. Poner orla en el escudo.

orleanismo s.m. Doctrina de los partidarios de la casa de Orleans. **2.** Régimen político en el que el primer ministro está controlado a la vez por el parlamento y por el jefe de estado.

orleanista adj. y s.m. y f. Relativo a la casa de Orleans; partidario del orleanismo.

orlo s.m. MÚS. **a.** Antigua familia de instrumentos de viento de doble lengüeta, cuyo tubo está doblado en forma de cayado en su extremidad inferior. **b.** Juego de lengüetas del órgano.

orlón s.m. (marca registrada). Fibra textil sintética.

ornamentación s.f. Acción y efecto de ornamentar: *la ornamentación de un altar.* **2.** MÚS. Grupo de notas breves representadas por signos y destinadas a suavizar el contorno de una melodía.

ornamentar v.tr. Adornar, poner adornos.

ornamento s.m. Adorno. **2.** *Fig.* Conjunto de cualidades morales de una persona que la hacen digna de estimación. **3.** ARQ. Pieza o conjunto de piezas accesorias que se ponen para acompañar a las obras principales y embellecer las estructuras: *los ornamentos de una fachada.* ◆ **ornamentos** s.m.pl. LITURG. Vestiduras que usan los ministros del culto católico en las funciones litúrgicas.

ornar v.tr. y prnl. (lat. *ornare,* preparar, adornar). Adornar.

ornato s.m. Adorno. **2.** B. ART. Conjunto de las partes accesorias de una composición, que podrían suprimirse sin alterar el tema principal.

ornitología s.f. (del gr. *órnis, -ithos,* ave, y *lógos,* tratado). Parte de la zoología que estudia las aves.

ornitólogo, a s. Persona que se dedica a la ornitología.

ornitomancia u **ornitomancía** s.f. (del gr. *órnis, -ithos,* ave, y *manteía,* adivinación). Arte de la adivinación por el vuelo o el canto de los pájaros.

ornitorrinco s.m. (del gr. *órnis, -ithos,* ave, y *rygkhos,* pico). Mamífero monotrema de Australia y Tasmania, ovíparo, de 40 cm de long., con un pico córneo parecido al de un pato, patas palmeadas y cola ancha, que excava galerías cerca del agua. (Familia ornitorrínquidos.)

ornitosis s.f. Enfermedad contagiosa transmitida por algunas aves, debida a un virus del grupo de la psitacosis, que toma el aspecto de gripe, tifoidea o neumonía.

oro s.m. (lat. *aurum*). Metal precioso de color amarillo brillante, de densidad 19,3, cuyo punto de fusión es de 1 065 °C. **2.** Elemento químico (Au), de número atómico 79 y masa atómica 196,966. **3.** Moneda de dicho metal. **4.** Conjunto de joyas y objetos de oro. **5.** *Fig.* Dinero, riquezas. **6.** Carta del palo de oros. **7.** As de oros. **8.** DEP. En las competiciones deportivas, categoría del concursante que ha obtenido el primer puesto: *ha sido oro en atletismo.* **9.** HERÁLD. Uno de los metales heráldicos. ◆ **oros** s.m.pl. Palo de la baraja española representado por la figura de una moneda de oro. ◇ **Como oro en paño** Con gran celo, con mucha delicadeza. **De oro** Muy bueno, inmejorable: *tener un corazón de oro.* **El oro y el moro** *Fam.* Exagera el valor de una cosa: *ofrecer el oro y el moro por una casucha.* **Hacerse de oro** Enriquecerse mucho. **Oro batido,** o **en hojas** Oro reducido a hojas o panes, empleado por los doradores y encuadernadores. **Oro bruñido** Oro que se da sobre piezas talladas, previa preparación de la superficie. **Oro en barras** Oro refinado, dispuesto para la acuñación. **Oro negro** *Fam.* Petróleo. **Regla de oro** Regla cuya aplicación resulta provechosa.

oro

El oro es el más maleable y dúctil de los metales (se puede reducir a hojas de 1/10 000 mm de espesor, «pan de oro»). Inalterable en el aire a cualquier temperatura, es atacado por el cloro y el bromo y se disuelve en el mercurio. Es un metal blando, por lo que es necesario alearlo con el cobre o la plata para ser utilizado en joyería y acuñación. Es trivalente en las sales áuricas y monovalente en las sales aurosas.

orobanca s.f. Planta sin clorofila, con flores gamopétalas, que vive parásita sobre las raíces de otras plantas. (Familia orobancáceas.)

orogénesis s.f. Formación de los sistemas montañosos.

orogenia s.f. Parte de la geología que estudia la formación de las montañas y, por extensión, de todo movimiento de la corteza terrestre.

orogénico, a adj. Relativo a la orogenia. ◇ **Movimientos orogénicos** Movimientos de la corteza terrestre que dan lugar a la formación de montañas.

orografía s.f. Estudio del relieve terrestre. **2.** Disposición de un relieve terrestre: *la orografía de una región.*

orondo, a adj. *Fig.* y *fam.* Satisfecho de sí mismo. **2.** *Fig.* y *fam.* Se dice de la persona o cosa gruesa y redondeada. **3.** *Fam.* Hueco, esponjado. **4.** Se dice de los recipientes de mucha concavidad.

oronja s.f. Hongo comestible, con sombrerillo anaranjado y láminas del himenio amarillas, volva y anillos. (Familia agaricáceas.) ◇ **Oronja falsa** Hongo venenoso, muy parecido a la oronja, de la que se distingue por su sombrerillo rojo, salpicado de escamas blancas, y por sus láminas blancas. **Oronja verde** Hongo mortal, de sombrerillo blanco verdoso a amarillo oliváceo y láminas blancas.

oropel s.m. (fr. *oripel,* del lat. *aurea pellis,* piel de oro). Lámina de cobre, delgada y pulida, que imita el oro. **2.** *Fig.* Cosa o adorno de poco valor, pero de mucha apariencia. **3.** *Fig.* Ostentosidad, apariencia vana.

oropéndola s.f. (del lat. *aurum,* oro, y *pendola,* pluma). Ave paseriforme de unos 24 cm de long., de plumaje amarillo y negro (macho) o verdoso (hembra), de canto sonoro, que vive en bosques y jardines y que se alimenta de frutos e insectos. (Familia oriólidos). SIN.: *oriol, picafigo.*

oropimente s.m. (cat. *orpiment*). Sulfuro natural de arsénico As_2S_3, de color amarillo vivo, empleado en pintura y en farmacia.

orquesta s.f. (lat. *orchesta,* estrado del teatro donde estaban los músicos, del gr. *orkhístra*). Conjunto de instrumentistas que interpretan una obra musical. **2.** En un teatro, espacio comprendido entre la escena y el público y destinado a los músicos.

orquesta

Bastante reducida en el s. XVIII —predominaban los instrumentos de cuerda—, durante el s. XIX con Beethoven, Berlioz y Wagner aumentó el número de instrumentos de metal y la orquesta ganó en amplitud e intensidad. En el s. XX se enriqueció considerablemente, en especial con instrumentos electrónicos y de percusión.

orquestación s.f. Acción y efecto de orquestar.

orquestador, ra s. Músico que compone orquestaciones.

orquestar v.tr. Disponer una composición musical siguiendo los timbres de los instrumentos que componen la orquesta. **2.** *Fig.* Canalizar alguien actuaciones, hechos, aspiraciones, etc., para darles la máxima amplitud y resonancia. **3.** *Fig.* Organizar, estructurar algo.

orquestina s.f. Orquesta de pocos instrumentos que toca música de baile.

orquestra s.f. En los teatros griegos, parte del teatro comprendida entre la escena y los espectadores donde el coro evolucionaba alrededor de un altar dedicado a Dionisos.

orquídea s.f. (gr. *orkhídion*). Planta de la familia de las orquídeas; flor de esta planta.

orquídeo, a adj. y s.f. Relativo a una familia de plantas monocotiledóneas, a menudo epifitas, que se caracterizan por sus flores, con una extensa gama de colores y variedades. (Más de 15 000 especies.) SIN.: *orquidáceo.*

orquitis s.f. (del gr. *órkhis,* testículo). Inflamación de los testículos.

orsai s.m. (del ingl. *off side*). DEP. Fuera de juego. ◇ **Estar en orsai** Estar distraído.

orticón s.m. Tubo captador de imágenes, de alta sensibilidad, utilizado en las cámaras de televisión.

ortiga s.f. (lat. *urtica*). Planta herbácea de flores poco visibles, cubierta de pelos cuya base contiene un líquido irritante que penetra bajo la piel con el simple contacto de sus puntas. (Familia urticáceas.) ◇ **Ortiga blanca** Planta de la familia labiadas, que crece frecuentemente en el borde de los caminos y en los bosques. **Ortiga de mar** Medusa.

ortigal s.m. Terreno poblado de ortigas.

ortivo, a adj. ASTRON. Relativo al orto.

1. **orto** s.m. (lat. *ortus, -us,* de *oriri,* salir los astros). ASTRON. Salida del Sol o de otro astro por el horizonte.

2. **orto** s.m. Argent., Chile y Urug. *Vulg.* Ano.

ortocentro s.m. MAT. Punto de intersección de las tres alturas de un triángulo.

ortoclasa s.f. Feldespato potásico, abundante en el granito y el gneis. SIN.: *ortosa.*

ortocromático, a adj. Se dice de la película fotográfica sensible a todos los colores, excepto al rojo.

ortodoncia s.f. Parte de la estomatología que se ocupa del estudio y de la corrección de las anomalías en la posición de las piezas dentarias.

ortodoxia s.f. Conjunto de doctrinas y opiniones conformes a la revelación y a las decisiones oficiales de la Iglesia. **2.** Conjunto de las Iglesias cristianas ortodoxas. **3.** *Por ext.* Conformidad a la doctrina tradicional en cualquier campo: *ortodoxia filosófica. política.*

ortodoxo, a adj. (lat. *ortodoxus,* del gr. *orthós,* recto, justo, y *dóxa,* opinión, creencia). Conforme al dogma y a la doctrina de la Iglesia: *doctrina ortodoxa.* **2.** Relativo a las Iglesias ortodoxas. **3.** *Por ext.* Conforme a los principios tradicionales en cualquier dominio; conforme a la opinión de la mayoría. ◆ adj. y s. Que profesa la doctrina de las Iglesias ortodoxas. **2.** En la terminología protestante, partidario de los dogmas tradicionales o del orden establecido. **3.** *Por ext.* Que piensa o actúa conforme a la doctrina tradicional en cualquier campo. ◇ **Iglesias ortodoxas** Iglesias cristianas orientales, separadas de Roma desde 1054, pero que permanecen fieles a la doctrina definida por el concilio de Calcedonia (451).

iglesias ortodoxas

La Iglesia ortodoxa busca preservar la fe cristiana original y apostólica. Esto se debe a que se considera heredera de las primeras comunidades cristianas establecidas al oriente del Mediterráneo por los apóstoles de Jesús, cuya influencia creció cuando Constantinopla se convirtió en capital del Imperio romano (320). Por eso, de allí surgieron, en los primeros ocho siglos del cristianismo, las mayores manifestaciones intelectuales y culturales: los concilios ecuménicos, los misioneros que convirtieron a los eslavos y otros pueblos de Europa oriental, traducciones de textos litúrgicos a lenguas vernáculas, etc. Sin embargo, evolucionó en forma distinta a la Iglesia de occidente, hubo desacuerdos en algunos aspectos de la fe y, finalmente, se dio el gran cisma en el que el Papa León IX y el patriarca Miguel Cerulario se excomulgaron mutuamente (1554), cuyo resultado fue la separación de las Iglesias de oriente y occidente.

ortodromia s.f. (del gr. *orthós,* recto, justo, y *dramein,* correr). Línea más corta que une dos puntos de la superficie de la Tierra, que es el arco de círculo máximo que los une.

ortoedro s.m. Prisma de seis caras rectangulares que tiene todos los ángulos rectos.

ortoepía s.f. Arte de pronunciar correctamente. SIN.: *ortoepeya*

ortofonía s.f. Reeducación del lenguaje oral, particularmente de la pronunciación, y del escrito.

ortogénesis s.f. BIOL. Serie de variaciones en el mismo sentido a través de varias especies en la evolución de un fílum.

ortogonal adj. Se dice de dos rectas, dos círculos, una recta y un plano, dos planos, etc., que se cortan en ángulo recto. ◇ **Proyección ortogonal** Proyección efectuada según perpendiculares al eje o al plano de proyección.

ortografía s.f. (lat. *orthographia,* del gr. *orthographía,* de *orthós,* recto, justo, y *gráphein,* escribir). Conjunto de reglas y usos que regulan la manera correcta de escribir las palabras de una lengua. **2.** Manera de escribir correctamente las palabras de una lengua. ◇ **Falta de ortografía** Incorrección en la escritura de una palabra.

ortográfico, a adj. Relativo a la ortografía: *sistema ortográfico.* ◇ **Signo ortográfico** Cada uno de los signos que conforman la ortografía de las palabras y frases.

ortoimagen s.f. Imagen de gran precisión, como las obtenidas por los satélites espaciales.

ortonormal adj. MAT. Se dice de un sistema de coordenadas cuyos ejes se cortan en ángulo recto y admiten vectores unitarios de igual longitud.

ortopeda s.m. y f. Persona que se dedica a la ortopedia. SIN.: *ortopedista.*

ortopedia s.f. (del gr. *orthós,* recto, justo, y *paideía,* educación). Técnica de corregir o prevenir de forma mecánica o quirúrgica, por medio de aparatos, las deformaciones o desviaciones de los huesos y de las articulaciones del cuerpo.

ortopédico, a adj. Relativo a la ortopedia ◆ s. Ortopeda. ◇ **Cirugía ortopédica** Parte de la cirugía que se ocupa de los tratamientos quirúrgicos referentes a los huesos y a las articulaciones.

ortóptero, a adj. y s.m. (del gr. *orthós,* recto, justo, y *pterón,* ala). Relativo a un orden de insectos masticadores con metamorfosis incompleta, cuyas alas membranosas presentan pliegues rectos, como el saltamontes y el grillo.

ortóptico, a adj. Relativo al tratamiento destinado a solucionar los defectos de la vista por medio de gimnasia ocular.

ortorrómbico, a adj. Rómbico.

ortosa s.f. (del gr. *orthós,* recto, justo). Ortoclasa.

ortoscópico, a adj. FOT. Se dice del objetivo que no produce distorsión.

ortostático, a adj. MED. Relativo al ortostatismo.

ortostato s.m. ARQUEOL. Losa de piedra hincada verticalmente, que sirve de soporte o de elemento de cierre en los monumentos megalíticos.

ortótropo, a adj. BOT. Se dice de un tipo de óvulo en que el micrópilo está situado en oposición a la calaza y la placenta.

oruga s.f. (lat. vulg. *uruca*). Larva típica de los lepidópteros, con apéndices abdominales de función locomotora, que se alimenta de vegetales. **2.** Banda sin fin, formada por una cinta continua de caucho armado o por placas metálicas articuladas, que se interpone entre el suelo y las ruedas de un vehículo para que este pueda avanzar por terrenos blandos o accidentados. ◇ **Oruga común** Planta herbácea muy parecida a la roqueta. (Familia crucíferas.)

orujo s.m. (del lat. *involucrum,* envoltorio). Residuo que se obtiene del prensado de las uvas, aceitunas, manzanas, etc. **2.** Aguardiente que se elabora a partir de la destilación del hollejo de la uva. ◇ **Aceite de orujo** Aceite de calidad inferior que se extrae del orujo de aceituna.

oryx u **orix** s.m. Antílope de grandes cuernos apenas curvados, tronco robusto y cola muy larga. (Familia bóvidos.)

1. **orza** s.f. (del lat. *urceus,* jarro, olla). Tinaja pequeña usada generalmente para guardar conserva.

2. **orza** s.f. MAR. **a.** Acción y efecto de orzar. **b.** Pieza suplementaria, metálica y de forma similar a un triángulo rectángulo, cuyo cateto mayor se aplica y asegura exteriormente a la quilla de los balandros de regata para aumentar su calado, procurar mayor estabilidad y mejor gobierno para ceñir. SIN.: *orzada.*

orzaga s.f. Planta herbácea de tallos erguidos y flores pequeñas y verdosas. (Familia quenopodiáceas.)

orzar v.intr. MAR. **a.** Girar el buque de modo que disminuya el ángulo que la quilla forma con la dirección del viento. **b.** Dar al timón la posición necesaria para que el buque orce.

orzuelo s.m. (lat. *hordeolus,* dim. de *hordeum,* cebada). Inflamación pequeña que aparece en el borde libre de los párpados.

os pron.pers. Forma átona del pronombre personal de 2ª persona del plural o de la forma de tratamiento *vos.* Funciona como complemento directo e indirecto y se usa con verbos pronominales cuando el sujeto es de 1ª persona del plural. Va pospuesto y unido al verbo cuando acompaña a un infinitivo, gerundio o imperativo: *ayer os llamé por teléfono; os contaré una historia.*

1. **osa** s.f. → **oso.**

2. **osa** s.f. QUÍM. Glúcido no hidrolizable que contiene 3 o más átomos de carbono por molécula. SIN.: *monosacárido.*

osadía s.f. Temeridad, atrevimiento. **2.** Descaro.

osado, a adj. Que tiene o implica osadía.

osamenta s.f. Esqueleto.

osar v.intr. (lat. vulg. *ausare*). Atreverse.

osario s.m. (lat. *ossarium*). Lugar donde se entierran o se hallan enterrados huesos.

óscar u **oscar** s.m. (voz angloamericana). Premio cinematográfico, consistente en una estatuilla, que se concede anualmente en Hollywood a los mejores profesionales del año.

oscense adj. y s.m. y f. De Huesca. **2.** De Huéscar.

oscilación s.f. (lat. *oscillatio, -onis*). Acción y efecto de oscilar.

oscilador s.m. Aparato que produce corrientes eléctricas oscilantes. ◇ **Oscilador armónico** Punto que experimenta oscilaciones sinusoidales a ambos lados de una posición de equilibrio.

oscilar v.intr. (lat. tardío *oscillare,* de *oscillum,* columpio). Desplazarse alternativamente un cuerpo en un sentido y en otro de su posición de equilibrio. **2.** *Fig.* Variar, cambiar algo dentro de determinados límites, como los precios de las cosas, la temperatura, etc. **3.** *Fig.* Vacilar, dudar entre dos cosas. **4.** FÍS. Variar una magnitud fija alrededor de una posición de equilibrio.

oscilatorio, a adj. Se dice del movimiento de los cuerpos que oscilan, y de su aptitud o disposición para oscilar. **2.** FÍS. Se dice de las magnitudes que oscilan.

oscilógrafo s.m. Aparato que permite observar y registrar las variaciones de una magnitud física variable en función del tiempo. ◇ **Oscilógrafo de rayos catódicos** Oscilógrafo que utiliza las desviaciones de un haz de rayos catódicos bajo la acción de un campo eléctrico o magnético.

oscilograma s.m. Imagen obtenida con un oscilógrafo.

oscilómetro s.m. MED. Instrumento que mide las variaciones de la tensión arterial.

osciloscopio s.m. Aparato que permite visualizar las variaciones temporales de una magnitud física y obtener una representación gráfica de ellas.

osciloscopio

Está constituido por un cañón de electrones que produce un haz luminoso, que se puede desviar horizontalmente o verticalmente gracias a la aplicación de una señal eléctrica sobre unas placas, realizando así una representación visual de curvas sobre una pantalla luminosa.

osco, a adj. y s. De un antiguo pueblo de Italia, establecido en los Apeninos centrales, cuya lengua influyó profundamente en el latín.

osculador, triz adj. MAT. Se dice de las curvas y de las superficies que tienen un contacto del máximo orden posible con otra curva dada.

ósculo s.m. (lat. *osculum,* beso, dim. de *os, oris,* boca). *Poét.* Beso. **2.** ZOOL. Orificio u orificios de salida del agua en una esponja.

osculum s.m. (voz latina). Beso que se daban el vasallo y el señor como confirmación de los deberes recíprocamente contraídos en el homenaje y la fidelidad.

oscurana s.f. Amér. Oscuridad.

oscurantismo u **obscurantismo** s.m. Actitud de oposición a la instrucción, a la razón y al progreso.

oscurantista u **obscurantista** adj. y s.m. y f. Relativo al oscurantismo; partidario del oscurantismo.

oscurecer u **obscurecer** v.tr. [conj.: *parecer*]. Privar parcial o totalmente de luz o claridad. **2.** *Fig.* Disminuir el prestigio, la estimación; deslucir. **3.** *Fig.* Ofuscar, turbar la razón. **4.** *Fig.* Confundir las ideas al expresarlas. ◆ v.impers. Anochecer. ◆ **oscurecerse** v.prnl. Nublarse: *oscurecerse el cielo.*

oscuridad u **obscuridad** s.f. Cualidad de oscuro: *la oscuridad de la noche.* **2.** Lugar o situación oscuros. **3.** *Fig.* Falta de noticias o de datos acerca de algo.

oscuro, a u **obscuro, a** adj. (lat. *obscurus*). Que tiene poca luz o carece de ella: *un cuarto oscuro.* **2.** *Fig.* Poco claro, difícil de conocer o comprender: *un razonamiento oscuro.* **3.** *Fig.* Humilde, sin fama: *un oscuro escritor.* **4.** *Fig.* Vago, indistinto: *un oscuro presentimiento.* **5.** *Fig.* Incierto, peligroso: *un porvenir oscuro.* **6.** Se dice del día que está nublado. **7.** Se dice del color que tira a negro. **8.** Que es de este color: *pantalones oscuros.* ◆ s.m. En las representaciones teatrales, apagón de las luces de la escena que sirve para marcar el final de un cuadro y el comienzo de otro. ◇ **A oscuras** Sin luz: *estar un cuarto a oscuras;* sin vista, ciego; en la ignorancia.

oseína s.f. Sustancia orgánica constituyente de los huesos.

óseo, a adj. De hueso. **2.** De la naturaleza del hueso. ◇ **Pez óseo** Pez cuyo esqueleto está total o parcialmente osificado. **Tejido óseo** Tejido orgánico que constituye la parte dura de los huesos.

osera s.f. Guarida del oso.

osero s.m. Osario.

oseto, a adj. y s. De un pueblo de lengua irania del Cáucaso central, que habita en la República de Osetia del Norte (Rusia) y en la Región Autónoma de Osetia del Sur (Georgia). ◆ s.m. Lengua irania hablada en esta región del Cáucaso.

osezno s.m. (lat. *ursicinus*). Cachorro del oso.

osiánico, a adj. Relativo a Ossián o a la poesía que se le atribuye.

ósido s.m. Glúcido hidrolizable.

osificación s.f. Acción y efecto de osificarse.

osificarse v.prnl. BIOL. Convertirse en hueso o adquirir un tejido orgánico consistencia de tal: *osificarse un tejido cartilaginoso.*

ósmico, a adj. Se dice de un ácido derivado del osmio que se emplea en histología.

osmio s.m. (gr. *osmí,* olor). Metal parecido al platino, de densidad 22,5, cuyo punto de fusión es de 3 040 °C. **2.** Elemento químico (Os), de número atómico 76 y masa atómica 190,23.

osmiuro s.m. Combinación del osmio con otro cuerpo simple.

osmol s.m. QUÍM. Presión osmótica de un mol disuelto en un litro de agua a 22,4 atmósferas de presión y 0 °C de temperatura.

osmolalidad s.f. QUÍM. Concentración de las partículas osmóticamente activas contenidas en una disolución, expresada en osmoles o en miliosmoles por kilogramo de disolvente.

osmolaridad s.f. QUÍM. Concentración de las partículas osmóticamente activas contenidas en una disolución, expresada en osmoles o en miliosmoles por litro de disolvente.

osmometría s.f. Medición de las presiones osmóticas.

osmómetro s.m. Aparato que sirve para medir la presión osmótica.

osmorregulación s.f. BIOL. Regulación de la presión osmótica de los seres vivos.

ósmosis u **osmosis** s.f. (del gr. *osmós,* acción de empujar). Fenómeno de difusión de dos disoluciones de distinta concentración realizada a través de una membrana permeable (un pergamino, el intestino, etc.) o semipermeable. **2.** *Fig.* Influencia recíproca, interpenetración.

osmótico, a adj. Relativo a la ósmosis. ◇ **Presión osmótica** Presión ejercida sobre una membrana por una disolución.

oso, a s. (lat. *ursus*). Mamífero carnívoro, plantígrado, de cuerpo macizo y pesado cubierto de un tupido pelo, de gran potencia muscular, largas uñas, cola reducida y dentadura con molares más trituradores que cortantes. (Su cría es el osezno; familia úrsidos.) ◆ s.m. Méx. *Fam.* Acción ridícula y vergonzosa: *estaba tan borracho que hizo puros osos en la fiesta.* ◇ **Oso blanco,** o **polar,** o **marítimo** Oso de las regiones árticas, de vida acuática, de unos 600 kg de peso y 2,70 m de long., que se alimenta fundamentalmente de peces. **Oso hormiguero,** o **bandera** Mamífero desdentado de hocico cilíndrico, lengua larga y flexible, patas anteriores más cortas que las posteriores y manos con uñas largas y fuertes. SIN.: *yurumí.* **Oso lavador** Mapache. **Oso malayo,** o **biruang,** o **bruang** Oso de las zonas forestales de Malaca e Insulindia. **Oso marino** Carnívoro pinnípedo parecido al león marino, de cuello corto y aletas anteriores cubiertas de una piel suave y plegable. **Oso pardo** Oso que vive en solitario en los bosques montañosos de Europa y Asia, y que se alimenta especialmente de fruta y miel.

oso

Cercano a los 3 m de longitud y con un peso que varía entre 450 kg (oso pardo) y 600 kg (oso blanco), el oso es el mayor de los carnívoros terrestres. Entre las 7 especies conocidas, el oso pardo de Europa (género *Ursus*), de América (donde se llama *grizzly*) y norte de Asia, se alimenta de frutos, miel, salmones y pequeños animales; el oso negro es más pequeño y solo vive en América del Norte; el oso blanco u oso polar (género *Thalarctos*) vive en las regiones árticas y lleva una vida en gran parte acuática, pues se alimenta de focas y peces; el oso de los cocoteros (género *Helarctos*) de los bosques tropicales del sudeste asiático es el más pequeño de todos. El oso de las cavernas (*Ursus spelaeus*), uno de los osos europeos hoy extinto, fue cazado y venerado por los neandertales.

ososo, a adj. Relativo al hueso. **2.** Que tiene hueso o huesos. **3.** Óseo.

ossas s.f.pl. En la España medieval, gabela con que las mujeres de condición servil o semiservil compraban al señor su consentimiento para contraer matrimonio.

ossobuco s.m. (voz italiana). Guiso estofado de tibia de ternera con médula y carne, cortada en rodajas, típico de la cocina italiana.

ostalgia u **ostealgia** s.f. Dolor óseo.

ostálgico, a u **osteálgico, a** adj. Relativo a la ostalgia.

¡oste! interj. → **¡oxte!**

osteína s.f. Sustancia nitrogenada constituyente de la piel y de los cartílagos animales y que se halla también en las partes óseas.

osteítis s.f. Inflamación del tejido óseo.

ostensible adj. Manifiesto, patente. **2.** Que puede manifestarse o mostrarse.

ostensivo, a adj. Que ostenta una cosa.

ostensorio s.m. Pieza de orfebrería en la que se expone el Santísimo Sacramento.

ostentación s.f. Acción de ostentar. **2.** Afectación por la que se hace alarde de una ventaja o de una cualidad.

ostentar v.tr. (lat. *ostentare*, de *ostendere*, exhibir). Mostrar, exhibir con afectación cualquier cosa que halaga la vanidad. **2.** Mostrar una cosa, hacerla patente. **3.** Estar en posesión de algo que da derecho a ejercer ciertas actividades o a obtener ciertas ventajas, beneficios, etc.: *ostentar el título de doctor.*

ostentoso, a adj. Magnífico, lujoso: *una casa ostentosa.* **2.** Se dice de lo que se muestra o se hace de una manera llamativa y con intención de que los demás lo vean o lo noten: *ostentosas demostraciones de cariño.*

osteoblasto s.m. Célula del tejido óseo.

osteoclastia s.f. Fractura quirúrgica de ciertos huesos para corregir deformaciones óseas o articulares.

osteoclasto s.m. BIOL. Célula gigante de la médula ósea que destruye la sustancia ósea para facilitar la reconstrucción del hueso.

osteocondritis s.f. Inflamación de los cartílagos que forman los huesos o que recubren sus extremos.

osteofito s.m. Proliferación anormal de tejido óseo en la zona próxima a una inflamación.

osteogénesis s.f. Proceso de formación de los huesos.

osteólisis s.f. Proceso de destrucción del tejido óseo.

osteología s.f. Parte de la anatomía que se ocupa de los huesos.

osteológico, a adj. Relativo a la osteología.

osteólogo, a s. Médico especialista en osteología.

osteoma s.m. Tumor benigno del hueso.

osteomalacia s.f. Descalcificación progresiva de los huesos. (En los adultos, la *osteomalacia* equivale al raquitismo infantil.)

osteomielitis s.f. Inflamación del hueso y de la médula ósea, debida a una variedad de estafilococo.

osteopatía s.f. MED. Nombre genérico de las enfermedades de los huesos.

osteoplastia s.f. CIR. Reconstrucción de un hueso con la ayuda de fragmentos óseos.

osteoporosis s.f. Fragilidad difusa de los huesos debida a una desmineralización por rarefacción de la matriz proteica. (La osteoporosis es muy frecuente entre las mujeres después de la menopausia, y supone un riesgo de fracturas en las vértebras y el cuello del fémur.)

osteosarcoma s.m. Tumor maligno de los huesos.

osteosíntesis s.f. CIR. Intervención quirúrgica que tiene por finalidad la fijación mecánica de los fragmentos óseos de una fractura por medio de una pieza metálica.

osteotomía s.f. CIR. Sección quirúrgica de un hueso.

ostiako s.m. Lengua ugrofinesa de Siberia occidental.

ostiakos, pueblo ugrofinés de Siberia occidental.

ostiariado s.m. REL. Primera de las órdenes menores, que fue suprimida en 1972.

ostíolo s.m. BOT. Orificio microscópico por donde se realiza el intercambio gaseoso de una hoja con la atmósfera, que cubre especialmente la cara inferior de aquella. **2.** *Por ext.* Nombre con que se designan diversos orificios de distintos órganos.

ostión s.m. Ostrón.

ostionería s.f. Méx. Restaurante donde se sirven ostiones y otros mariscos.

ostium s.m. (voz latina, *entrada, puerta*). ANAT. Boca u orificio, especialmente los orificios de entrada de las trompas de Eustaquio y Falopio.

ostra s.f. (port. *ostra*). Molusco bivalvo comestible, que vive fijado a las rocas marinas por una valva de su concha. ◇ **Aburrirse como una ostra** Aburrirse mucho. **Ostra perlífera** Madreperla.

ostracismo s.m. (gr. *ostrakismós*, de *ostrakon*, concha) *Fig.* Exclusión de alguien de un grupo, un partido, etc. **2.** En la Grecia antigua, procedimiento que permitía a los miembros de la eclesia desterrar por diez años a un ciudadano considerado peligroso por su influencia o ambición.

ostraco s.m. Estrato periférico de la concha de los moluscos.

ostrácodo, a adj. y s.m. Relativo a un superorden de pequeños crustáceos que poseen caparazón bivalvo y antenas locomotrices, como la pulga de agua.

óstracon u **óstrakon** s.m. En la antigüedad, concha o fragmento de cerámica que servía de soporte a escritos o dibujos de carácter práctico, como bocetos, planos, etc.

ostral s.m. Lugar donde se crían las ostras y las perlas.

ostrero, a adj. Relativo a las ostras. ◆ s. Persona que tiene por oficio vender ostras. ◆ s.m. Ave de plumaje negro y blanco que vive en las costas y se alimenta de crustáceos y moluscos. **2.** Ostral.

ostrícola adj. Relativo a la ostricultura.

ostricultor, ra s. Persona que se dedica a la ostricultura.

ostricultura s.f. Industria destinada a la reproducción y mejoramiento de las ostras.

ostrífero, a adj. Que cría o tiene abundancia de ostras.

ostro s.m. (lat. *ostrum*). Molusco cuya tinta se utilizaba para teñir las telas de color púrpura. **2.** *Fig.* Púrpura, tinte.

ostrogodo, a adj. y s. De un antiguo pueblo germánico que constituía una de las grandes fracciones en que se dividían los godos.

ostrogodo

El reino que habían constituido a uno y otro lado del Dniéper fue destruido por los hunos hacia 375. La muerte de Atila (453) hizo renacer su poder. Federados con Roma y dominadores de una parte de los Balcanes, penetraron en Italia con Teodorico en 489. Este, convertido en único señor de Italia, rey en 493, se instaló en Ravena. Al revés que los demás bárbaros, se esforzó en salvaguardar lo que subsistía de las instituciones romanas y gobernó como romano. A su muerte (526) su reino no pudo resistirse a la reconquista bizantina y desapareció en 555. Los supervivientes, poco numerosos, fueron deportados a oriente o acabaron fundiéndose en la población romana sin dejar huella.

ostrón s.m. Molusco parecido a la ostra, de concha más bien alargada y valvas desiguales. (Familia ostreidos.)

osudo, a adj. Huesudo.

osuno, a adj. Relativo al oso.

otalgia s.f. MED. Dolor de oído.

otárido adj. y s.m. Relativo a una familia de mamíferos marinos carnívoros, como el león marino.

1. **otario** s.m. (del gr. *ōtarion*, oreja pequeña). León marino.

2. **otario, a** adj. Argent. y Pan. Tonto, necio. **2.** Argent. y Urug. Tonto, fácil de engañar.

otear v.tr. Abarcar, divisar algo con la mirada desde un lugar elevado. **2.** Explorar o mirar algo con atención.

otero s.m. Colina o cerro aislado en un llano.

ótico, a adj. ANAT. Relativo al oído.

otítico, a adj. Relativo a la otitis.

otitis s.f. (del gr. *oys, otós*, oreja). Inflamación del oído.

otitis

Se distinguen las *otitis externas*, de origen microbiano o debidas a hongos (infección cutánea del conducto auditivo externo), *otitis medias*, agudas o crónicas (que se asientan en la caja del tímpano y están producidas por una infección de la rinofaringe transmitida por la trompa de Eustaquio), y *otitis internas* (que se asientan en el oído interno, son de origen vírico o bacteriano y se manifiestan por una sordera a menudo irreversible).

otoba s.f. Árbol de fruto muy parecido a la nuez moscada, que crece en las regiones tropicales americanas. (Familia miristicáceas.)

otolito s.m. Concreción mineral contenida en el oído.

otología s.f. Parte de la medicina que estudia el oído y sus enfermedades.

otólogo, a s. Médico especialista en otología.

otomaco, pueblo amerindio, actualmente extinguido, que vivía entre los ríos Orinoco, Meta y cuenca superior del Arauca (Venezuela).

otomán s.m. Tejido que forma cordoncillos anchos en sentido horizontal.

otomana s.f. (fr. *ottomane*). Silla alargada o lecho de reposo, en uso a partir de mediados del s. XVIII.

otomangue s.m. Familia lingüística de América Central y México, cuya lengua más importante es el otomí.

otomano, a adj. y s. De los Otomanos, dinastía de soberanos turcos. **2.** De Turquía.

otomí adj. y s.m. y f. De un pueblo amerindio que habitaba en el centro de México. ◆ s.m. Lengua de la familia otomangue hablada por los otomíes.

otomí

Los otomíes son de origen desconocido, aunque algunos autores los han relacionado con los chichimecas. Ocupaban los actuales estados de San Luis Potosí, Jalisco y Guanajuato y parte de los de Puebla, Tlaxcala y Guerrero. A fines del s. IX fueron derrotados por los toltecas, y en la segunda mitad del s. XIII se instalaron en el valle de México. Sometidos por los aztecas en el s. XIV, muchos otomíes se replegaron a las montañas. El otomí se hablaba en el s. XVI en las altas mesetas mexicanas, y en la época colonial se extendió hacia el NO. Sus dialectos principales son: *mazahua, pame, jonaz* y *matlatzinca*.

otónico, a adj. Relativo a los emperadores germánicos llamados Otón, a su dinastía o a su tiempo. **2.** Se dice de un arte característico de los países germánicos en la época de los emperadores otónicos (segunda mitad del s. IX) y de los emperadores salios (primera mitad del s. XI), que señala la transición del arte carolingio al arte románico.

otoñada s.f. Estación del otoño. **2.** Pasto de otoño.

otoñal adj. Relativo al otoño: *temperatura otoñal.* ◆ adj. y s.m. y f. *Fig.* Que se halla en el otoño de la vida: *edad otoñal.*

otoñar v.intr. Pasar el otoño en un lugar o de cierto modo. **2.** Brotar la hierba en el otoño. ◆ **otoñarse** v.prnl. Sazonarse la tierra en el otoño.

otoño s.m. (lat. *autumnus*). Estación del año comprendida entre el verano y el invierno. (Del 21 de septiembre al 22 de diciembre, en el hemisferio norte; del 21 de marzo al 21 de junio, en el hemisferio sur.) **2.** *Fig.* Período de la vida próximo a la vejez: *estar en el otoño de la vida.* **3.** Hierba que producen los prados en el otoño.

otorgamiento s.m. (lat. vulg. *auctoricare*, de *auctor*, garante). Acción de otorgar. **2.** DER. **a.** Escritura de contrato o de última voluntad. **b.** Parte final de una escritura pública en que esta se aprueba, cierra y solemniza.

otorgante adj. y s.m. y f. Que otorga. **2.** DER. Parte que contrata en un documento público.

otorgar v.tr. Conceder algo como favor o recompensa: *otorgar una distinción. una beca.* **2.** DER. **a.** Disponer, contratar o prometer algo ante un notario. **b.** Dar una ley o mandato.

otorragia s.f. Salida de sangre por el oído.

otorrea s.f. Secreción que mana por el oído.

otorrino, a s. Otorrinolaringólogo.

otorrinolaringología s.f. (del gr. *oys, -otós*, oreja, *ris*, nariz, y *lárygz*, laringe). Parte de la medicina que estudia las enfermedades de los oídos, la nariz y la laringe.

otorrinolaringólogo, a s. Médico especialista en otorrinolaringología.

otosclerosis s.f. Afección del oído medio e interno que provoca sordera por anquilosamiento del estribo. SIN.: *otospongiosis.*

otoscopia s.f. Examen médico del conducto auditivo externo y de la membrana del tímpano.

otoscopio s.m. Instrumento para el examen médico del conducto auditivo externo y de la membrana del tímpano.

otospongiosis s.f. Otosclerosis.

otro, a adj. y pron.indef. (lat. *alter, -era, -erum*, el otro entre dos). Distinto de la persona o cosa de que se habla. ◇ **Otro que tal** *Fam.* Indica una semejanza, generalmente molesta, entre algunas personas o cosas.

otrosí adv.c. (de *otro*, y *sí*, así). Además. ◆ s.m. Cada una de las peticiones o pretensiones que se agregan a la principal en los escritos que se presentan en los juzgados y tribunales.

ouabaína s.f. Glucósido cardiotónico.

ouija s.m. Tablero alfabético sobre el que se desliza un vaso u otro objeto para comunicarse con los espíritus de ultratumba.

out s.m. (voz inglesa). Fuera de juego. **2.** En tenis, indica que la pelota ha salido fuera de los límites de la pista. **3.** *Fam.* Desfasado, obsoleto. ◆ interj. Expresión que usa el árbitro de boxeo para indicar que un boxeador está fuera de combate.

output s.m. (voz inglesa). ECON. Resultado de una producción.

1. **ova** s.f. (lat. *ulva*, alga que crece en fuentes y estanques). Alga clorofícea filamentosa, que corresponde a diversas especies de las familias confervéceas y ulváceas.

2. **ova** s.f. (lat. *ova*, pl. de *ovum*, huevo). Ornamento arquitectónico en forma de huevo en bajorrelieve, empleado para decorar molduras y capiteles.

ovación s.f. (lat. *ovatio, -onis*, triunfo menor). Aplauso ruidoso tributado por una colectividad. **2.** ANT. ROM. Recompensa a un general victorioso, inferior al triunfo.

ovacionar v.intr. Tributar una ovación, aclamar.

ovado, a adj. Se dice del ave hembra cuyos huevos han sido fecundados. **2.** Oval.

oval adj. Que tiene forma de huevo. **2.** Se dice de toda curva cerrada, convexa y alargada, que tiene dos ejes de simetría como la elipse. **3.** Se dice de un sólido de revolución que tiene el aspecto general de un elipsoide de revolución aplanado. **4.** Se dice de un espacio plano limitado por una curva oval.

ovalado, a adj. De forma de óvalo o de huevo. ◇ **Escudo ovalado** HERÁLD. Escudo que tiene forma de óvalo, y que en España es privativo de damas y doncellas.

ovalar v.tr. Dar forma o figura de óvalo.

óvalo s.m. Figura o forma oval. **2.** MAT. Curva cerrada semejante a una elipse, que se obtiene uniendo cuatro arcos de círculo iguales dos a dos.

ovar v.intr. Aovar.

ovárico, a adj. Relativo al ovario.

ovariectomía s.f. CIR. Extirpación quirúrgica de un ovario.

ovario s.m. (lat. *ovarium,* de *ovum,* huevo). Gónada femenina par, donde se forman los óvulos y que produce hormonas, como la foliculina y la progesterona. **2.** BOT. Parte abultada y hueca del pistilo que contiene los óvulos y formará el fruto después de la fecundación.

ovaritis s.f. Inflamación de los ovarios.

ovas s.f.pl. Hueva.

oveja s.f. (lat. tardío *ovicula,* dim. de *ovis,* oveja). Hembra del carnero. (La oveja bala.) ◇ **Oveja negra** *Fig.* Persona que no sigue las líneas de conducta aceptadas dentro de una colectividad.

ovejero, a adj. y s. Que cuida de las ovejas.

ovejuno, a adj. Relativo a las ovejas.

overa s.f. Ovario de las aves.

overbooking s.m. (voz inglesa). En determinados servicios relacionados con los viajes y la hostelería, práctica utilizada por los empresarios y operadores turísticos, consistente en comprometer más plazas de las disponibles.

overlista s.f. Chile. Operaria que se encarga de manejar la máquina overlista. **2.** Chile. Máquina que confecciona el overlock.

overlock s.m. Argent. y Chile. Costura en forma de cadeneta que se realiza sobre los tejidos de punto para rematarlos.

overo, a adj. Se dice del animal, especialmente el caballo, que tiene el pelo de color blanco y azafrán mezclados. **2.** Amér. Se dice de la caballería de color pío.

overol s.m. Amér. Mono, traje de faena.

ovetense adj. y s.m. y f. De Oviedo.

oviducto s.m. Conducto por el que los huevos pasan del ovario al exterior del cuerpo del animal.

oviforme adj. Que tiene forma de huevo.

ovillado s.m. Preparación del ovillo de la urdimbre, enrollada a mano o mecánicamente.

ovilladora s.f. Máquina para arrollar u ovillar hilo, bramante, cordón, etc.

ovillar v.intr. Hacer ovillos. ◆ **ovillarse** v.prnl. *Fig.* Acurrucarse.

ovillejo s.m. Estrofa de diez versos, compuesta por tres pareados y una redondilla.

ovillo s.m. (hispano-lat. *lobellum,* del lat. *globellum,* dim. de *globus,* bola). Bola formada devanando un hilo de lino, algodón, lana, cuerda, etc. **2.** *Fig.* Cosa que está enrollado o liado y tiene forma redondeada. **3.** *Fig.* Enredo, revoltijo. ◇ **Hacerse un ovillo** *Fam.* Acurrucarse, encogerse por miedo, dolor, frío, etc.; embrollarse, confundirse al pensar o al hablar.

ovino, a adj. Relativo a las ovejas y los corderos: *ganado ovino.* ◆ adj. y s.m. Relativo a una subfamilia de rumiantes bóvidos de pequeño tamaño, como los muflones y las ovejas domésticas.

oviparismo s.m. Cualidad de ovíparo.

ovíparo, a adj. y s. Que se reproduce por huevos puestos antes o después de la fecundación, pero siempre antes de la eclosión.

oviscapto s.m. ZOOL. Órgano alargado, situado en la extremidad del abdomen de las hembras de ciertos insectos, que les permite depositar los huevos en el suelo, sobre las plantas, etc. SIN.: *ovopositor.*

OVNI s.m. (sigla de *objeto volador no identificado*). Objeto o fenómeno volador de origen misterioso, que algunas personas aseguran haber observado en la atmósfera terrestre.

ovoalbúmina s.f. Proteína de la clara del huevo.

ovocito s.m. → **oocito.**

ovogénesis, ovogenia u **oogénesis** s.f. Formación de gametos femeninos en los animales.

ovogonia s.f. → **oogonia.**

ovoide adj. Ovoideo. ◆ s.m. Conglomerado de carbón u otra materia que tiene forma ovoidea.

ovoideo, a adj. Aovado, de figura o forma de huevo.

óvolo s.m. Adorno arquitectónico con figura de huevo, con puntas de flechas intercaladas entre cada dos elementos.

ovónica s.f. Conjunto de técnicas basadas en las propiedades de ciertas combinaciones de elementos en capas delgadas.

ovónico, a adj. Relativo a la ovónica.

ovopositor s.m. ZOOL. Oviscapto.

ovótide s.m. BIOL. Gameto femenino.

ovoviviparismo s.m. Modo de reproducción de los animales ovovivíparos.

ovovivíparo, a adj. y s. Se dice del animal que se reproduce mediante huevos que conserva en sus vías genitales hasta la eclosión, en el cual se desarrolla el embrión a partir de las reservas acumuladas en el huevo.

ovulación s.f. Producción y desprendimiento natural del óvulo en el ovario en la mujer y en las hembras de los animales.

1. **ovular** v.intr. Tener una ovulación.

2. **ovular** adj. Relativo al óvulo.

ovulatorio, a adj. Relativo a la ovulación.

óvulo s.m. (lat. *ovulum,* dim. de *ovum,* huevo). Gameto femenino maduro y fecundable. **2.** BOT. Órgano contenido en el ovario, que encierra la célula hembra u oosfera, y que proporcionará la semilla después de la fecundación del polen. **3.** FARM. Sólido ovoide pequeño que contiene materia medicamentosa.

oxácido u **oxiácido** s.m. QUÍM. Ácido que contiene oxígeno.

oxalato s.m. Sal o éster del ácido oxálico.

oxálico, a adj. Se dice del ácido orgánico de fórmula COOH—COOH, que da a la acedera su sabor particular.

oxear v.tr. Espantar o ahuyentar a las aves domésticas o a algunos insectos.

oxford s.m. Tela de algodón rayada o cuadriculada, muy sólida, con la urdimbre muy fina y la trama gruesa.

oxhídrico, a adj. Se dice de un compuesto de hidrógeno y de oxígeno, cuya combustión desprende gran cantidad de calor.

oxhidrilo s.m. Hidroxilo.

oxiacetilénico, a adj. Relativo a la mezcla de oxígeno y de acetileno.

oxiácido s.m. QUÍM. → **oxácido.**

oxicarbonado, a adj. Se dice de una combinación con óxido de carbono: *hemoglobina oxicarbonada.*

oxicarbonismo s.m. Intoxicación por monóxido de carbono.

oxicloruro s.m. Combinación de un cuerpo con oxígeno y cloro.

oxicorte s.m. Procedimiento de corte de metales o aleaciones por oxidación a alta temperatura.

oxidación s.f. Combinación con el oxígeno y, más generalmente, reacción en la que un átomo o un ion pierde electrones. **2.** Estado de lo que está oxidado. ◇ **Oxidación anódica** Procedimiento de revestimiento electrolítico de las piezas de metal mediante la formación de capas protectoras del metal de base.

oxidante adj. y s.m. Que oxida o puede oxidar.

oxidar v.tr. y prnl. Hacer pasar al estado de óxido o recubrir de óxido. **2.** Combinar con el oxígeno. **3.** Hacer perder electrones a un átomo o a un ion.

oxidasa s.f. Enzima que activa el oxígeno y lo fija al hidrógeno o a otros cuerpos.

oxiderurgia s.f. Procedimiento siderúrgico que utiliza el oxígeno puro o mezclado con aire insuflado.

óxido s.m. (gr. *oxýs,* agudo, ácido). Compuesto que resulta de la combinación de un cuerpo con el oxígeno: *óxido de carbono.* **2.** Capa de este compuesto que se forma sobre los metales expuestos al aire o a la humedad.

oxidorreducción s.f. Oxidación de un cuerpo combinada con la reducción de otro cuerpo. (Los fenómenos de *oxidorreducción,* que permiten la transpiración celular de los organismos vivos, están asegurados por los enzimas.)

oxidorreductasa s.f. Enzima que cataliza las reacciones de oxidorreducción.

oxigenación s.f. Acción de oxigenar u oxigenarse.

oxigenado, a adj. Que contiene oxígeno. ◇ **Agua oxigenada** Solución acuosa de dióxido de hidrógeno H_2O_2. **Cabellos oxigenados** Cabellos decolorados con agua oxigenada.

oxigenar v.tr. Combinar un cuerpo con el oxígeno. ◆ **oxigenarse** v.prnl. *Fig.* Airearse, ventilarse.

oxígeno s.m. (del gr. *oxýs,* ácido, y *gennao,* engendrar). Gas incoloro, inodoro e insípido, de densidad 1,429 g/l a 0 °C, que se licua a −183 °C. **2.** Elemento químico (O), de número atómico 8 y masa atómica 15,999.

oxígeno

El oxígeno es poco soluble en el agua y muy electronegativo. Es el elemento más abundante del globo terrestre: forma aproximadamente la quinta parte del aire y las ocho novenas partes del peso del agua; figura en la mayor parte de los constituyentes del suelo y en las sustancias orgánicas. Es un poderoso agente oxidante y en sus combinaciones con compuestos orgánicos desprende generalmente calor, vapor de agua y gas carbónico (combustiones). En la respiración, el oxígeno produce una combustión lenta de los glúcidos y otras sustancias de reserva de los tejidos vivos.

oxigenoterapia s.f. Tratamiento por medio de inhalaciones de oxígeno, a menudo asociado a la respiración artificial.

oxihemoglobina s.f. Combinación inestable de hemoglobina y de oxígeno, que da el color rojo vivo a la sangre cuando sale del aparato respiratorio.

oxilita s.f. Nombre comercial del dióxido de sodio, que sirve para preparar oxígeno por acción del agua.

oxima s.f. Compuesto procedente de la condensación de un aldehído o de una cetona con la hidroxilamina.

oxisulfuro s.m. Combinación de un cuerpo con oxígeno, azufre y un tercer elemento. (Se obtiene por sustitución parcial de azufre por oxígeno.)

oxitócico u **occitócico** adj. y s.m. Se dice de las sustancias que activan el desarrollo del parto.

oxitocina u **occitocina** s.f. BIOQUÍM. Hormona que secreta el hipotálamo durante la relación sexual y, en la mujer, también durante el parto y la lactancia. (Se almacena en el lóbulo posterior de la hipófisis y, durante, el parto y el coito, favorece las contracciones del útero).

oxítono, a adj. y s. LING. Se dice de las palabras agudas que llevan el acento tónico en la sílaba final.

oxiuriasis s.f. Parasitación por oxiuros.

oxiuro s.m. Gusano nematodo, de 0,5 a 1 cm de long., parásito del intestino del ser humano, especialmente de los niños, y de algunos animales, que provoca un doloroso prurito anal y que se elimina por medio de vermífugos. (Familia oxiúridos.)

oxonio s.m. Ion monovalente H_3O^+.

¡oxte! u **¡oste!** interj. Se emplea para rechazar a alguien o algo que molesta. ◇ **Sin decir oxte ni moxte,** u **oste ni moste** *Fam.* Sin hablar palabra.

oyamel s.m. Árbol maderable de América Central. (Familia abietáceas.) SIN.: *oyamelete.*

oyente adj. y s.m. y f. Que oye. **2.** Se dice del alumno que asiste a clase sin estar matriculado.

ozonar v.tr. Ozonizar.

ozónido s.m. Combinación del ozono con los cuerpos orgánicos de doble enlace.

ozonización s.f. Acción de ozonizar. SIN.: *ozonación.* **2.** Reacción que produce un ozónido. SIN.: *ozonación.*

ozonizador s.m. Aparato que sirve para preparar ozono. SIN.: *ozonador.*

ozonizar v.tr. Transformar el oxígeno en ozono. **2.** Hacer reaccionar el ozono sobre un cuerpo para esterilizarlo o transformarlo.

ozono s.m. (del gr. *ózein,* oler). Variedad alotrópica del oxígeno, cuya molécula (O_3) está formada por tres átomos de oxígeno. ◇ **Agujero de (la capa de) ozono** Zona de la estratosfera en la que cada año se observa una disminución temporal de la concentración de ozono. (El agujero de ozono se achaca sobre todo a la destrucción del ozono por el cloro emanado por la disociación de hidrocarburos halogenados [clorofluorocarbonos o CFC] producidos por el ser humano y liberados en la atmósfera en cantidades crecientes. Actualmente se halla situado casi permanentemente encima de la Antártida.)

ozono

El ozono se puede obtener a partir del oxígeno, a unos 1 500 °C. En la industria se emplea en la esterilización de las aguas, en el blanqueo de productos textiles y en la síntesis de algunas esencias vegetales. Se produce también de manera natural en la estratosfera (ozonosfera), donde, gracias a su poder de absorción, impide que los rayos ultravioletas de cortas longitudes de onda alcancen el suelo. Si no fuera así, sería imposible la existencia de toda clase de vida en la superficie de la Tierra.

ozonosfera s.f. Capa de la atmósfera terrestre situada entre los 15 y los 40 km de alt., y que contiene ozono.

ozonoterapia s.f. Empleo del ozono con fines terapéuticos.

ozoquerita s.f. Hidrocarburo natural parecido a la cera de las abejas. SIN.: *ozocerita.*

p

p s.f. Decimonovena letra del alfabeto español y decimoquinta de sus consonantes. (Representa un sonido oclusivo labial sordo.) **2.** MÚS. Abrev. de *piano.* **3.** REL. Abrev. de *padre.*

pabellón s.m. (fr. ant. *paveillon,* tienda de campaña). Edificio que depende de otro mayor contiguo o próximo a él, o que forma parte de un conjunto de edificios: *el pabellón de una exposición; el pabellón deportivo de un colegio.* **2.** Ensanche cónico o parte abocinada de un embudo u otro instrumento: *el pabellón de una trompeta.* **3.** Bandera nacional con el escudo del país al que pertenece. **4.** Bandera que indica la nacionalidad de un barco; especialmente la que, con el escudo de su país, lleva la nave capitana de una escuadra. **5.** Dispositivo empleado para concentrar o dirigir las ondas acústicas. **6.** Tienda de campaña de forma cónica, sostenida en su interior por un palo hincado en tierra, y sujeta al suelo, en el exterior, por cuerdas y estacas. **7.** Dosel que cobija una cama, altar, etc. **8.** Tapa de material aislante que cubre la parte de algunos teléfonos que se aplica a la oreja. ◆ **pabellones** s.m.pl. Colomb. Artificios pirotécnicos grandes y luminosos. **2.** Venez. Plato elaborado con carne frita, arroz y frijoles. ◇ **Pabellón de conveniencia,** o **de complacencia** Nacionalidad ficticia dada por un armador a un barco para escapar al fisco de su país. **Pabellón del oído** Oreja.

pabilo o **pábilo** s.m. (lat. vulg. *papilus,* del lat. *papyrus,* papiro). Mecha o torcida de las velas, candiles, etc. **2.** Parte carbonizada de esta mecha.

pábulo s.m. (lat. *pabulum,* pasto, alimento). Cosa que sirve para mantener o fomentar una acción. **2.** Alimento para la subsistencia.

1. paca s.f. (fr. ant. *pacque*). Fardo de lana, algodón, alfalfa, etc., prensado y atado.

2. paca s.m. (guaraní *paka*). Alpaca doméstica de Perú y Bolivia, apreciada por su lana y su carne. **2.** Mamífero roedor de formas rechonchas y orejas cortas, del tamaño de una liebre, que vive en América tropical. (Familia cávidos.) ◆ s.f. Amér. Roedor domesticable, del tamaño de una liebre, con cuerpo robusto y pelaje espeso de color rojizo.

pacana s.f. Árbol de América del Norte que proporciona una madera muy apreciada parecida a la del nogal. (Familia juglandáceas.)

pacarana s.f. Mamífero roedor de cuerpo macizo y patas cortas, que vive en las selvas de Perú. (Familia dinómidos.)

pacato, a adj. Que se asusta fácilmente o siente excesiva timidez. **2.** Que es excesivamente pudoroso o modoso. **3.** Que tiene poco valor, insignificante.

pacaya s.m. C. Rica y Hond. Palmera cuyos cogollos se toman como legumbre. ◆ s.f. Guat. *Fig.* Dificultad.

pacense adj. y s.m. y f. Badajocense.

paceño, a adj. y s. De La Paz.

pacer v.intr. y tr. (lat. *pascere,* apacentar, pacer) [conj.: *parecer*]. Comer el ganado la hierba del campo para alimentarse. SIN.: *pastar.* ◆ v.tr. Apacentar, dar pasto al ganado. **2.** *Fig.* Comer o consumir algo.

pacha s.f. Méx. y Nicar. Petaca, botella para llevar bebidas alcohólicas. **2.** Nicar. Biberón.

pachá s.m. Bajá. ◇ **Vivir como un pachá** *Fam.* Vivir con gran lujo.

pachacho, a adj. Chile. Se dice de la persona o animal rechoncho y paticorto.

pachaco, a adj. Amér. Central. Aplastado. **2.** C. Rica. Inútil, enclenque.

pachamanca s.f. Amér. Merid. Carne condimentada con ají y asada sobre piedras calientes.

pachanga s.f. Baile de origen cubano. **2.** Fiesta, jolgorio, diversión.

pachanguero, a adj. Se dice de un espectáculo, una fiesta y especialmente una música fácil, bulliciosa y pegadiza.

pacharán s.m. Licor elaborado con anís y arándanos, típico de Navarra.

pacheco s.m. Ecuad. y Venez. Frío intenso.

pachita s.f. Méx. Pacha.

pacho, a adj. Amér. Merid. Regordete, rechoncho. **2.** Nicar. Flaco, aplastado.

pachocha s.f. Chile, Colomb., Cuba, Pan. y Perú. Indolencia, flema.

pachón, na s.m. y f. y adj. Perro que pertenece a una raza de hocico cuadrado, patas cortas y pelo no muy largo, de color amarillo con manchas marrones. ◆ adj. Chile, Hond., Méx. y Nicar. Peludo, lanudo. ◆ s. Persona calmosa y flemática.

pachorra s.f. Cachaza, flema.

pachorriento, a adj. Amér. Merid. Pachorrudo.

pachucho, a adj. Esp. Falto de tiesura o frescura, a menudo por exceso de madurez. **2.** Esp. *Fig.* y *fam.* Decaído física o moralmente.

pachuco s.m. Lengua jergal hispanoamericana que se habla en el sur y suroeste de EUA. ◆ adj. y s. Méx. *Fam.* Joven de origen mexicano, de clase social baja, que vivía en las ciudades del S de EUA hacia los años 50 del s. XX y que defendía su identidad frente a las costumbres norteamericanas.

pachulí s.m. (fr. *patchouli*). Planta aromática originaria de Asia y Oceanía, de hojas opuestas con bordes dentados y flores pequeñas. (Familia labiadas.) **2.** Perfume extraído de esta planta.

paciencia s.f. Capacidad de soportar molestias sin rebelarse. **2.** Facultad de saber esperar, contenerse. **3.** Aptitud para realizar trabajos entretenidos o pesados. **4.** Flema, lentitud. ◇ **Hierba de la paciencia** Planta de raíces purgantes, cultivada en jardinería. (Familia poligonáceas.)

paciente adj. (lat. *patiens, -tis*). Que tiene paciencia. **2.** LING. En la gramática tradicional, se dice del sujeto de las oraciones pasivas. ◆ s.m. y f. Enfermo que está sometido a tratamiento médico.

pacificación s.f. Acción de pacificar.

pacificar v.tr. (lat. *pacificare*). Poner paz entre contendientes. **2.** Restablecer la paz en un país, ciudad, etc. ◆ **pacificarse** v.prnl. *Fig.* Quedarse en reposo lo que estaba alterado.

pacífico, a adj. Que no emplea la violencia y no provoca luchas o discusiones: *persona pacífica.* **2.** Que está en paz o no alterado por las guerras: *un país pacífico.* **3.** Que se desarrolla sin violencia, no tiene o no halla oposición: *invasión pacífica.* ◆ s.m. Moneda de oro catalana acuñada por Pedro de Portugal en 1465.

pacifismo s.m. Actitud de la persona que evita cualquier tipo de violencia o que es partidaria de resolver conflictos sin violencia, principalmente a través del diálogo.

pacifista adj. y s.m. y f. Relativo al pacifismo; partidario del pacifismo.

pack s.m. (voz inglesa). Paquete o envase de varias unidades de un producto, que facilita el transporte y almacenamiento. **2.** Conjunto de hielos flotantes y de canales que los separan, resultante de la rotura de la banquisa por las corrientes marinas y los vientos en las regiones polares.

1. **paco** s.m. (de *Paco,* hipocorístico de *Francisco*). Moro que, aislado y escondido, disparaba a las tropas españolas durante las campañas de Marruecos. **2.** Tirador aislado.

2. **paco** s.m. Nicar. Tamal de maíz lavado.

3. **paco, a** adj. y s.m. Chile y Perú. Se dice del color rojizo. ◆ s. Chile, Colomb., Ecuad. y Pan. *Fam.* Policía. ◆ s.m. Amér. Mineral de plata con ganga ferruginosa. **2.** Chile y Perú. Llama, rumiante.

pacón s.m. Árbol americano, cuyas raíces se utilizan como jabón. (Familia rosáceas.)

pacota s.f. Méx. Pacotilla.

pacotilla s.f. Mercadería libre de fletes que los marineros u oficiales de un buque pueden embarcar por su cuenta. ◇ **De pacotilla** Se dice de la persona o cosa que tiene poca clase.

pacotillero, a adj. y s. Que comercia con pacotillas. ◆ s. Amér. Buhonero o mercader ambulante.

pactar v.tr. (lat. vulg. *pactare,* pagar un tributo). Acordar dos o más partes algo que se comprometen a cumplir o defender. ◆ v.intr. Llegar a un acuerdo con alguien: *el gobierno pactó con los insurrectos.*

pactismo s.m. Tendencia a resolver determinadas situaciones políticas o sociales mediante compromiso o pacto.

pactista adj. y s.m. y f. Relativo al pacto o al pactismo; partidario de esta tendencia.

pacto s.m. (lat. *pactum*). Convenio, acuerdo firme entre dos o más partes. ◇ **Pacto social** Acuerdo entre el gobierno y las organizaciones sindicales y empresariales sobre asuntos de política económica.

pacú s.m. Argent. Pez caracoideo, muy apreciado por su carne, de considerable tamaño y peso, cuerpo comprimido y color marrón con tonalidades plomizas, más oscuro en el dorso, que habita en la cuenca del Plata.

pácul s.m. Banano silvestre de Filipinas, del cual se saca una fibra textil de menor calidad que el cáñamo de Manila. **2.** Chile. Planta cesalpiniácea cuya corteza es rica en tanino.

padano, a adj. Relativo al Po: *llanura padana.*

paddle s.m. (voz inglesa). Deporte parecido al tenis que se practica en un terreno de menor tamaño y con una raqueta más pequeña y de madera.

paddock s.m. (voz inglesa). Parte de un hipódromo o canódromo donde los animales que han de competir son paseados a mano para mostrarlos al público.

padecer v.tr. (del ant. *padir,* del lat. *pati*) [conj.: *parecer*]. Recibir la acción de algo que causa dolor físico o moral. **2.** Sufrir una enfermedad. **3.** *Fig.* Soportar algo mucha fuerza de modo que pueda llegar a estropearse o romperse. **4.** Soportar, aguantar, tolerar. **5.** *Fig.* Incurrir en un error, engaño, etc.

padecimiento s.m. Hecho de padecer un dolor físico o moral.

padrastro s.m. (lat. vulg. *patraster, -tri*). Marido de una mujer respecto de los hijos que ha tenido con otro hombre. **2.** *Fig.* Padre que se porta mal con su hijo. **3.** *Fig.* Pequeño pedazo de pellejo que se levanta del borde de la piel que rodea las uñas.

padrazo s.m. *Fam.* Padre muy dedicado a sus hijos.

padre s.m. (lat. *pater, -tris*). Hombre o macho que ha engendrado un hijo. **2.** Cabeza de una estirpe, familia o pueblo. **3.** *Fig.* Creador, iniciador, promotor de algo: *Galeno es uno de los padres de la medicina.* **4.** Título dado a los sacerdotes miembros de congregaciones religiosas, por oposición a los hermanos. (Se abrevia *P.*) **5.** TEOL. Primera persona de la Santísima Trinidad. ◆ adj. Grande, de importancia: *un susto padre.* **2.** Méx. *Fam.* Estupendo, maravilloso: *¡qué padre día!; una bolsa padre; estuvo padre la película.* ◆ **padres** s.m.pl. El padre y la madre de una persona. **2.** Conjunto de antepasados de una persona. ◇ **De padre y muy señor mío** *Fam.* Muy grande, extraordinario. **Padre de familia** Jefe de una familia, aunque no tenga hijos. **Padre de la patria** Título de honor dado a una persona por los especiales servicios que hizo al pueblo; *Fam.* dictado que irónicamente suele darse a diputados y senadores. **Padre espiritual** Confesor que cuida y dirige el espíritu y conciencia del penitente. **Padre nuestro** Padrenuestro. **Padres de la Iglesia** o **Santos padres** Primeros doctores de la Iglesia griega y latina, que escribieron sobre los misterios y sobre la doctrina de la religión. **Santo padre** o **Padre santo** Sumo pontífice.

padrear v.intr. Parecerse físicamente al padre. **2.** ZOOTECN. Ejercer el macho las funciones de la generación.

padrenuestro s.m. Oración enseñada por Jesucristo a sus discípulos. **2.** Cuenta grande de un rosario. (También *padre nuestro.*)

padrillo s.m. Argent., Chile, Par., Perú y Urug. Caballo que se utiliza como semental.

padrinazgo s.m. Acción y efecto de apadrinar. **2.** *Fig.* Protección, favor que una persona dispensa a otra.

padrino s.m. (lat. vulg. *patrinus*). Hombre que presenta y asiste al que recibe el bautismo o que realiza una función semejante en otras ceremonias y actos públicos. **2.** *Fig.* Hombre que favorece o protege a una persona en sus pretensiones. **3.** Protector y acompañante de alguien en un desafío, concurso, etc. ◆ **padrinos** s.m.pl. El padrino y la madrina de una persona.

padrón s.m. (lat. *patronus,* patrono, protector). Relación nominal de los habitantes de una entidad administrativa. **2.** Columna o pilar con una lápida o inscripción que recuerda un suceso notable. **3.** Nota pública deshonrosa. **4.** *Fam.* Padrazo. **5.** Patrón, modelo. **6.** Bol., Colomb., Cuba, Dom., Nicar., Pan. y Venez. Semental.

padrote s.m. Amér. Central, Colomb., P. Rico y Venez. Semental. **2.** Amér. Central y Méx. Chulo, hombre que vive de explotar prostitutas.

paella s.f. (cat. *paella,* sartén, paella). Guiso elaborado con arroz, distintas carnes o pescados, mariscos, caracoles, verduras, etc., típico de Valencia. **2.** Paellera.

paellera s.f. Sartén de poco fondo con dos asas en que se hace la paella.

¡paf! Onomatopeya del ruido producido al caer o chocar algo.

paga s.f. Retribución económica periódica mensual que se percibe por un trabajo fijo. **2.** Acción de pagar. **3.** Correspondencia, gratitud. <> **Paga extraordinaria,** o **doble** Retribución extraordinaria que perciben los trabajadores fijos por cuenta ajena. **Paga y señal** En lenguaje comercial, cantidad que se deja a cuenta cuando se hace un encargo de compra, pedido, etc.

pagadero, a adj. Que se ha de pagar en un plazo determinado. **2.** Que tiene un precio no exagerado, que puede pagarse fácilmente.

pagado, a adj. Se dice de la persona que hace ostentación de lo que posee.

págalo s.m. Ave palmípeda, de hasta 60 cm de long., plumaje marrón y blanco, que se alimenta de peces capturados por otras aves y vive en los mares árticos. (Familia estercoráridos.)

paganismo s.m. Nombre dado por los cristianos al estado religioso de un pueblo que todavía no ha sido evangelizado. **2.** Nombre dado por los cristianos, a partir del s. IV, al politeísmo, al que los campesinos fueron fieles durante mucho tiempo.

paganizar v.tr. Introducir el paganismo o dar carácter pagano a algo. ◆ v.intr. Profesar el paganismo.

1. **pagano, a** adj. y s. (lat. *paganus,* aldeano, campesino, pagano). Relativo al paganismo; adepto al paganismo.

2. **pagano, a** s. y adj. Persona que paga, generalmente por abuso de otros. **2.** Esp. *Fam.* Persona que paga culpas ajenas.

pagar v.tr. (lat. *pacare,* pacificar, apaciguar). Dar a una persona dinero u otra cosa a cambio de otra cosa, de un servicio o un trabajo realizado: *pagar a los acreedores; pagar la cuenta del restaurante.* **2.** *Fig.* Corresponder en reciprocidad a una actitud, acción o sentimiento de otra persona: *favor con favor se paga.* **3.** *Fig.* Cumplir la pena correspondiente o sufrir las consecuencias de alguna falta o imprudencia cometida: *pagar un delito con prisión.* **4.** DER. Adeudar derechos los productos que se introducen en un país o localidad. ◆ **pagarse** v.prnl. Hacer ostentación de algo de lo que se está muy satisfecho: *se pagaba de ser el más rico del lugar.*

pagaré s.m. Documento por el cual una persona se compromete a pagar a alguien cierta cantidad de dinero en un plazo de tiempo determinado. <> **Pagaré del tesoro** Obligación emitida por el estado.

pagaya s.f. (malayo *pangáyong*). Remo corto que se utiliza sin apoyarlo en la embarcación.

pagel s.m. (cat. *pagell*). Breca.

Paget. Enfermedad de Paget Nombre de diversas afecciones. (La *enfermedad de Paget ósea* u *osteítis deformante* es una afección reumatológica caracterizada por una modificación anárquica del tejido óseo, que afecta principalmente al cráneo, la columna vertebral y la pelvis, y que se manifiesta por dolores óseos y en ocasiones por sordera. La *enfermedad de Paget de la mama* es una afección cancerosa localizada generalmente alrededor del pezón.)

página s.f. (lat. *pagina,* campo rectangular de vides, página). Cara de una hoja de un libro o cuaderno. **2.** Lo escrito o impreso en ella. **3.** *Fig.* Momento importante de la vida de alguien o de la historia de un pueblo. <> **Página web** Documento multimedia con formato HTML, que contiene vínculos hacia otros documentos. (Se accede a este documento a través de un servidor web, gracias a una dirección única [URL] y puede ser visualizado desde un navegador.) SIN.: *web.*

paginación s.f. Acción y efecto de paginar. **2.** Conjunto de páginas de un escrito o impreso.

paginar v.tr. Numerar las páginas de un escrito o impreso.

1. **pago** s.m. Acción de pagar. **2.** Dinero o cosa con que se paga. **3.** Correspondencia a algo recibido, especialmente un beneficio. <> **En pago de** Como recompensa por algo. **Pronto pago** Acción de pagar pronto para conseguir un descuento o bonificación; esta misma bonificación.

2. **pago** s.m. (lat. *pagus,* pueblo, comarca). Aldea, pueblo pequeño. **2.** Lugar en general. **3.** División administrativa de terreno, especialmente la que está plantada de viñas u olivares.

pagoda s.f. (port. *pagode,* ídolo oriental). Edificio religioso de Extremo oriente.

pagua s.f. Méx. Variedad de aguacate, de fruto grande y sabor un poco dulce.

paguro s.m. (gr. *págoyros*). Cangrejo ermitaño.

pagus s.m. (voz latina). ANT. ROM. Circunscripción territorial rural.

pahari, pueblo hinduista de Nepal.

pahlavi o **pehlevi** s.m. y adj. Lengua hablada en la Persia de los sasánidas, que se transcribe en un sistema de escritura parecido al arameo.

pahouin → fang.

paico s.m. Chile. Planta herbácea anual, de hasta 60 cm de alt., muy aromática y cuyas hojas y flores se toman en infusión, pazote. (Familia quenopodiáceas.)

paidofilia s.f. Pedofilia.

paidología s.f. Ciencia que se ocupa del estudio de todo lo relacionado con la infancia. SIN.: *pedología.*

paidopsiquiatría s.f. Parte de la psiquiatría que se ocupa de los trastornos mentales de los niños y adolescentes.

paila s.f. (fr. ant. *paele,* sartén). Recipiente de metal, grande, de forma redondeada y poca profundidad. **2.** Amér. Sartén, recipiente. **3.** Chile. *Fam.* Oreja. **4.** Nicar. Machete de hoja ancha y delgada utilizado para cortar la caña de azúcar.

pailebot o **pailebote** s.m. Goleta pequeña, sin gavias, muy rasa y fina.

pailero, a s. Amér. Persona que hace, arregla o vende pailas u otros recipientes. **2.** Amér. Persona que atiende las pailas en una azucarera.

pailón s.m. Bol. y Ecuad. Hondonada redonda. ◆ adj. Chile. Se dice del joven extremadamente alto para su edad. **2.** Chile. *Fam.* Orejudo. **3.** Chile. *Fig.* Torpe, necio.

paina s.f. Argent. Copo blanco formado por los abundantes pelos que cubren las semillas del palo borracho.

paipai s.m. Esp. Abanico generalmente de palma en forma de pala y con mango.

pairar v.intr. (occitano ant. *pairar,* soportar, tener paciencia). MAR. Estar la nave al pairo.

pairo s.m. MAR. Modo de estar una embarcación cuando permanece quieta, con las velas tendidas y largas las escotas contrarrestando unas la fuerza de las otras.

país s.m. (fr. *pays,* comarca, país). Territorio que constituye una unidad geográfica o política, limitada natural o artificialmente. **2.** Conjunto de habitantes de este territorio.

paisaje s.m. (fr. *paysage*). Extensión de terreno visto desde un lugar determinado. **2.** Pintura, grabado o dibujo en el que

los países más poblados de la Tierra*

China	1 304
India	1 065
Unión Europea**	455
Estados Unidos	294
Indonesia	219
Brasil	178,6
Pakistán	153,9
Bangla Desh	146
Rusia	143
Japón	127,4

* Población expresada en millones de habitantes (datos de 2004).

** Datos de 2005.

el tema principal es la representación de un lugar natural o urbano. **3.** Tela, papel u otro material que recubre las varillas del abanico.

paisajismo s.m. Actividad del paisajista. ◇ **Paisajismo abstracto** Tendencia de la pintura abstracta cuyas obras, a pesar de contener una morfología no figurativa, evocan el espectáculo de la naturaleza.

paisajista adj. y s.m. y f. Artista que dibuja o pinta paisajes.

paisajístico, a adj. Relativo al paisaje.

paisana s.f. Danza propia de los campesinos. **2.** Música de esta danza.

paisanaje s.m. Conjunto de paisanos. **2.** Circunstancia de ser paisano.

paisano, a adj. y s. (fr. *paysan*). Con relación a una persona, otra que es del mismo país, población, región o provincia. ◆ s. Campesino. ◆ s.m. Persona que no es militar. **2.** Chile. Nombre que reciben los extranjeros, especialmente los árabes y sirios, residentes en el país. ◇ **De paisano** Se dice del militar o eclesiástico que no viste el uniforme o el hábito.

paiute, pueblo amerindio de Estados Unidos, que vivía entre los ríos Columbia y Colorado, y que act. vive en reservas del estado de Nevada.

paja s.f. (lat. *palea,* cascabillo de los cereales). Caña o tallo seco de gramínea y especialmente de cereal. **2.** Conjunto de estas cañas o tallos. **3.** Tubo pequeño y delgado hecho de caña, plástico, u otro material que sirve para sorber líquidos. **4.** *Fig.* Cosa insignificante o inútil, especialmente aquello de que se puede prescindir en un libro, discurso, etc. **5.** Colomb., Guat. y Hond. Llave, dispositivo. **6.** TECNOL. Defecto interno en los productos forjados o laminados, consistente en una cavidad plana y alargada. ◇ **Echar pajas** Juego para sortear algo entre varias personas que consiste en ocultar en una mano tantas pajas o palitos de distinta longitud como participantes de modo que solo asomen las puntas; pierde la persona que saca la paja o el palito más pequeño. **Hacer una paja** *Vulg.* Masturbar. **Por quítame allá esas pajas** *Fam.* Por una cosa sin importancia. **Vino de paja** Vino blanco licoroso, elaborado con uvas que se dejan secar sobre lechos de paja.

pajar s.m. Lugar donde se guarda la paja. **2.** Almiar.

pájara s.f. *Fam.* Desfallecimiento súbito que impide a un deportista, especialmente a un ciclista, continuar su esfuerzo. **2.** Pajarita de papel. **3.** Cometa. ◇ **Pájara pinta** Juego de prendas.

pajarear v.intr. *Fig.* Vagabundear. **2.** Cazar pájaros.

pajarel s.m. (cat. *passarell*). Pardillo.

pajarera s.f. Jaula grande donde se crían pájaros. **2.** Planta herbácea, de tallos tendidos, con una línea de pelos en cada entrenudo, y hojas ovales. (Familia cariofiláceas.)

pajarería s.f. Tienda donde se venden pájaros. **2.** Multitud o abundancia de pájaros. **3.** Arte de criar pájaros.

pajarero, a adj. y s. Relativo a los pájaros. **2.** *Fig.* y *fam.* Se dice de la persona excesivamente bromista. ◆ adj. Amér. Asustadizo, receloso, especialmente referido a las caballerías. ◆ s. Persona que tiene por oficio cazar, criar o vender pájaros. ◆ s.m. Amér. Muchacho encargado de espantar los pájaros en los sembrados.

pajarete s.m. Vino licoroso, muy fino y delicado, elaborado en Jerez de la Frontera.

pajarilla s.f. Bazo, especialmente del cerdo. **2.** Aguileña. ◇ **Alegrársele la pajarilla,** o **las pajarillas** *Fam.* Mostrar alegría a la vista de algo agradable.

pajarita s.f. Figura de papel en forma de pájaro que se obtiene doblando una hoja de papel sucesivas veces. **2.** Esp. Tira de tejido ligero que se coloca alrededor del cuello y se anuda por delante con un lazo sin caídas.

1. **pájaro** s.m. (del ant. *pássaro,* del lat. vulg. *passar*). Ave capaz de volar, generalmente la de pequeño tamaño. **2.** Perdiz macho de reclamo. ◇ **Pájaro bobo** Ave palmípeda de las regiones del hemisferio sur, parecida al pingüino, de pico largo, recto y robusto, cuyas extremidades anteriores, impropias para el vuelo, utiliza como aletas natatorias. (Existen 18 especies.) [También *pingüino antártico.*] **Pájaro carpintero** Pico. **Pájaro mosca** Colibrí.

2. **pájaro, a** s. Persona astuta y granuja.

pajarón, na adj. y s. Argent. y Chile. *Fam.* y *desp.* Distraído, atolondrado.

pajarota s.f. *Fam.* Noticia falsa, mentira. SIN.: *pajarotada.*

pajarraco, a s. *Fam.* Persona astuta y con mala intención. ◆ s.m. *Desp.* Pájaro grande.

paje s.m. (fr. ant. *page*). Criado joven que servía en las habitaciones particulares, alumbraba el camino a su señor en los desplazamientos, etc. **2.** En la jerarquía feudal, joven noble al servicio de un señor con objeto de realizar el aprendizaje de las armas.

pajel s.m. Breca.

pajera s.f. Almacén de paja dentro de un establo o caballeriza.

pajerito s.m. Pájaro granívoro de América Meridional, de pequeño tamaño y colores vistosos.

pajero, a s. Nicar. Plomero.

pajizo, a adj. Que tiene un tono amarillo claro como el de la paja. **2.** Hecho o cubierto de paja.

pajo s.m. Mango de pequeño tamaño, que se come en dulce o en salmuera. (Familia anacardiáceas.)

pajolero, a adj. Esp. *Fam.* e *Irón.* Que produce molestia o enojo: *broma pajolera.* **2.** Esp. *Fam.* Se usa para intensificar el sentido despectivo o afectivo del sustantivo al que acompaña: *no ha trabajado en su pajolera vida; andar con gracia pajolera.*

pajón s.m. Caña alta y gruesa de las tierras en rastrojo. **2.** Cuba, Dom. y Venez. Planta gramínea silvestre, muy rica en fibra, que en época de escasez sirve de alimento al ganado.

pajonal s.m. Argent., Chile, Urug. y Venez. Paraje poblado por la alta vegetación herbácea característica de terrenos bajos y anegadizos.

pajoso, a adj. Que está hecho de paja o es semejante a ella. **2.** Que tiene mucha paja.

pajuela s.f. Paja de centeno o mecha de algodón, cubierta de azufre, que arde con llama.

pajuerano, a adj. Argent., Bol. y Urug. *Desp.* Que procede del campo y se comporta torpemente en la ciudad.

pajuno, a adj. TAUROM. Se dice de la res de poca pujanza y embestida, sin nervio.

pakistaní o **paquistaní** adj. y s.m. y f. De Pakistán.

1. **pal** s.m. HERÁLD. Palo.

2. **pal** adj. Se dice del sistema de televisión en color desarrollado por el alemán Walter Bruch en 1961 y adoptado en muchos países de Europa.

pala s.f. (lat. *pala*). Herramienta para cavar o para recoger y trasladar tierra, piedras u otro material semejante, que está constituida por una tabla de madera o plancha de hierro, generalmente de forma rectangular o redonda, y por un mango más o menos largo. **2.** Plancha de hierro de diversas formas geométricas, con borde afilado en la parte opuesta al mango, que forma parte del azadón, hacha y otras herramientas. **3.** Instrumento de forma parecida que se usa en diversos juegos de pelota. **4.** Elemento de una hélice propulsora de las aeronaves. **5.** Aspa de un avión giroplano. **6.** Cada uno de los elementos o aspas que parten del núcleo de una hélice de barco. **7.** Parte plana y principal del timón. **8.** Parte plana y ancha de un remo, que penetra en el agua. **9.** Diente incisivo, especialmente el nuevo que le sale a un niño. **10.** En embarcaciones de ruedas, cada uno de los álabes o paletas de las ruedas. **11.** Parte superior del calzado, que cubre por encima el pie. **12.** Parte ancha y redondeada de las llaves que cierran los orificios del aire en los instrumentos musicales de viento. **13.** Chapa de una bisagra. **14.** BOT. Cada una de las divisiones del tallo de las chumberas. ◇ **Pala mecánica** o **excavadora de pala** Máquina de gran potencia utilizada en los trabajos de movimiento de tierras de cierta importancia.

palabra s.f. (del lat. *parabola,* comparación, símil). Conjunto de sonidos o de letras que representan un ser, una cosa o una idea o concepto. **2.** Facultad natural de expresar el pensamiento por medio del lenguaje articulado: *tener el don de la palabra.* **3.** Promesa basada en el honor: *cumplir su palabra; mantener la palabra; prometer bajo palabra.* **4.** Fidelidad a las promesas: *ha demostrado tener palabra.* **5.** Elocuencia, aptitud oratoria: *persona de palabra fácil.* **6.** INFORMÁT. Conjunto de bytes que ocupan posiciones contiguas de memoria tratado por la unidad central de proceso como una unidad de información. ◆ interj. Se usa para confirmar con fuerza algo que se afirma o se promete. (También *¡palabra de honor!*) ◆ **palabras** s.m.pl. Lo que se dice, un trozo de lenguaje: *dirigir unas palabras.* **2.** Lo que el autor de un escrito dice en él: *las palabras de san Pablo en la epístola a los corintios.* ◇ **Coger,** o **tomar, la palabra a alguien** o **cogerse a la palabra de alguien** No permitir que alguien se retracte de lo que ha prometido. **Comerse una palabra,** o **las palabras** Omitir alguna o parte de ella al hablar o escribir. **Dar la palabra** Permitir que una persona hable en un debate. **Dar alguien su palabra** Prometer. **Dejar con la palabra en la boca** Dejar de escuchar a alguien o marcharse sin escuchar lo que iba a decir. **De palabra** Por medio de la expresión oral; sin que exista o se realice en verdad. **De pocas palabras** Se dice de la persona que es parca en el hablar. **Dirigir la palabra** Hablar a alguien. **Empeñar la palabra** Comprometerse. **En una palabra** Introduce el resumen de un razonamiento. **La palabra de Dios** Las Sagradas Escrituras. **Mantener alguien su palabra** Perseverar en lo ofrecido. **Medir las palabras** Hablar con prudencia. **No tener palabra** No cumplir frecuentemente lo que se ofrece. **Pedir la palabra** Solicitar permiso para hablar. **Ser palabras mayores** Tener cierto asunto o cuestión mucha relevancia para algo. **Tener unas palabras con alguien** Discutir con alguien sobre un asunto. **Tomar la palabra** Empezar a hablar en una asamblea, reunión, etc. **Última palabra** Decisión que se da como definitiva e inalterable.

palabrear v.tr. Chile. Insultar. **2.** Chile, Colomb. y Ecuad. Convenir algún asunto verbalmente. **3.** Chile, Colomb. y Ecuad. Tantear para comprometer a una persona.

palabrería s.f. Abundancia de palabras sin contenido.

palabrero, a adj. y s. Que habla mucho y sin fundamento. **2.** Que promete fácilmente y no cumple.

palabrota s.f. Palabra insultante o grosera.

palacete s.m. Mansión lujosa, semejante a un palacio pero más pequeña, utilizada especialmente como casa de recreo.

palaciego, a adj. Relativo al palacio: *vida palaciega.* ◆ s. Persona que forma parte de una corte.

palaciense s.m. y adj. Piso del cretácico superior de Uruguay, compuesto por areniscas ferrificadas, cuyo estrato tipo se halla en la gruta Palacio de los indios.

palacio s.m. (lat. *palatium,* Monte Palatino, palacio de los Césares en ese monte). Residencia grande y suntuosa de un personaje importante, especialmente de un rey. **2.** Gran mansión. **3.** Edificio público monumental: *palacio de bellas artes; palacio de los deportes.* ◇ **Palacio de justicia** Edificio departamental destinado al servicio de la justicia.

palacolitense s.m. y adj. Piso del mioceno de Chile y Argentina, cuya localidad tipo se encuentra en la sierra Palaco.

palada s.f. Porción de material que se recoge con una pala de una sola vez. **2.** Movimiento que se hace al usar una pala. **3.** Golpe que da en el agua la pala del remo o de la hélice. **4.** Distancia recorrida en cada impulso de la pala del remo o de la hélice.

paladar s.m. (del lat. *palatum*). Parte superior e interna de la boca, que separa a esta de las fosas nasales. (El paladar presenta dos partes distintas: una anterior y ósea, el *paladar óseo,* o bóveda palatina; y otra posterior, el *paladar blando,* o velo del paladar.) **2.** Gusto, capacidad de percibir, apreciar o valorar sabores. **3.** *Fig.* Sensibilidad para discernir la calidad de algo, especialmente obras artísticas.

paladear v.tr. y prnl. Saborear, gustar lentamente. **2.** *Fig.* Saborear, deleitarse.

paladín s.m. (ital. *paladino*). Defensor de una causa o de una persona. **2.** Caballero que en la guerra se distinguía por sus hazañas. **3.** En la tradición de los cantares de gesta, caballero del séquito de Carlomagno.

paladino, a adj. (lat. *palatinus,* del palacio o la corte). Claro y patente, sin reservas.

paladio s.m. (del greco-lat. *Pallas, -adis,* nombre de un asteroide). Metal precioso, de color blanco, dúctil y duro, de densidad 11,4, cuyo punto de fusión es de 1 549 °C. **2.** Elemento químico (Pd), de número atómico 46 y masa atómica 106,42. (Catalizador de hidrogenación en la superficie, puede almacenar grandes cantidades de hidrógeno en su masa. Se encuentra en placeres de Brasil y en los Urales.)

palado, a adj. y s. HERÁLD. Se dice del escudo, pieza o figura cubiertos por seis palos de esmaltes alternados.

palafito s.m. (fr. *palafitte*). Vivienda construida sobre una plataforma soportada por postes de madera, normalmente en un lago o un río. (Es característica del período neolítico y de la edad del bronce.)

palafrén s.m. (cat. *palafrè*). Caballo manso que solía utilizarse por damas y eclesiásticos para viajar.

palafrenero s.m. Criado que llevaba del freno al caballo del señor o que le acompañaba montado en un palafrén.

palamismo s.m. Doctrina teológica de Gregorio Palamás, consagrada a la defensa y justificación de los hesiquiastas, que suscitó durante el s. XIV una renovación espiritual en el Imperio bizantino.

palanca s.f. (del lat. *palanga*). Barra rígida que se apoya y puede girar sobre un punto fijo o punto de apoyo y sirve para transmitir fuerzas. **2.** *Fig.* Impulso para vencer una resistencia que impide conseguir algo. **3.** Manecilla para el accionamiento manual de ciertos órganos de máquinas: *la palanca del cambio de marchas.* **4.** Pértiga o palo para llevar entre dos personas un gran peso. **5.** Plataforma rígida a varios metros de altura al borde de una piscina que sirve de punto de apoyo para saltar al agua. **6.** Muro de defensa formado por una serie de estacas de madera hincadas verticalmente en el suelo y sin separación entre ellas.

palangana s.f. Jofaina. ◆ s.m. y f. y adj. Argent., Perú y Urug. Fanfarrón, pedante. ◆ adj. Chile. Se dice de la persona superficial.

palanganero s.m. Soporte donde se coloca la palangana.

palangre s.m. (cat. *palangre*). Aparejo de pesca consistente en un cordel largo y grueso del que penden varios cordeles finos provistos de anzuelos en sus extremos, que se usa para pescar en zonas muy profundas donde no se puede utilizar la red.

palanquear v.tr. Apalancar. **2.** Argent. y Urug. *Fig.* Emplear alguien su influencia en beneficio o acomodo de otra persona.

palanqueta s.f. Barra de hierro para abrir por la fuerza puertas o cerraduras. **2.** Méx. Dulce en forma de barra o disco elaborado con cacahuate o pepitas de calabaza mezclados con miel de azúcar.

1. **palanquín** s.m. (de *palanca*). Cabo para cargar los puños o extremos de las velas mayores de un barco a la cruz de sus vergas respectivas.

2. **palanquín** s.m. (port. *palanquim*). Silla de manos para transportar a personas importantes de un lugar a otro que se usa principalmente en países orientales. **2.** Silla de porteadores, ligera, a veces colocada sobre el lomo de los camellos o de los elefantes.

palapa s.f. Méx. Construcción rústica y abierta, hecha con palos o troncos y con techo de palma, característica de lugares muy calurosos.

palastro s.m. Chapa en la que se coloca el pestillo de una cerradura. **2.** Lámina de hierro o acero.

palatal adj. Relativo al paladar. ◆ adj. y s.f. FONÉT. Se dice del sonido que se articula apoyando la lengua en el paladar duro o acercándola a él.

palatalizar v.tr. FONÉT. Hacer que un sonido sea palatal.

palatinado s.m. Título o dignidad de los príncipes palatinos de Alemania. **2.** Territorio o provincia de su jurisdicción.

1. **palatino, a** adj. (del lat. *palatum,* paladar). ANAT. Relativo al paladar. ◆ adj. y s.m. Se dice del hueso par que constituye la parte posterior del paladar óseo.

2. **palatino, a** adj. (del lat. *palatium,* palacio). Relativo al palacio, o propio de los palacios. **2.** Se decía de la persona encargada de algún oficio en el palacio de un soberano. ◆ s.m. HIST. En la antigua Hungría, jefe supremo de la justicia. ◇ **Conde palatino** Conde que formaba parte de la corte real.

palca s.f. Bol. Intersección de dos ríos o de dos caminos. **2.** Bol. Rama con forma de horquilla.

palco s.m. (ital. *palco,* balcón, tablado). En un teatro, una plaza de toros o ciertas salas de espectáculos, balcón con varios asientos. ◇ **Palco escénico** Parte del teatro en que se representa la obra. SIN.: *escena.*

palé s.m. Plataforma de tablas de madera para el almacenamiento y transporte de mercancías. SIN.: *pallet.*

palear v.tr. Trabajar con la pala. **2.** Apalear, aventar con pala el grano.

palenque s.m. (cat. *palenc*). Terreno vallado para celebrar un torneo, un espectáculo, etc. SIN.: *palestra.* **2.** Valla de madera para defender o cerrar un terreno o con algún otro fin. **3.** Amér. Merid. Madero al que se atan los animales.

palenquear v.tr. Argent. y Urug. Sujetar un caballo al palenque para domarlo.

palentino, a adj. y s. De Palencia.

paleoamerindio, a adj. y s. De un grupo de pueblos amerindios, de cultura muy rudimentaria, que correspondería a los primeros grupos humanos que emigraron al continente americano. (→ **fueguino.**)

paleoantropo, a adj. y s. Se dice de una forma de homínidos intermedia entre los arcantropos y los neantropos

paleoantropobiología s.f. Parte de la paleontología que se ocupa de reconstruir el pasado de la raza humana a partir de los restos del hombre primitivo y sus características físicas y culturales.

paleoantropología s.f. Parte de la antropología que estudia los restos humanos fósiles. SIN.: *paleontología humana.*

paleoasiático, a adj. Se dice de ciertas lenguas habladas en Siberia, que no se pueden clasificar en ninguna familia conocida.

paleobotánica s.f. Parte de la paleontología que estudia las plantas fósiles.

paleoceno, a adj. y s.m. GEOL. Se dice del primer período de la era terciaria que se extiende desde hace unos 65 millones de años hasta hace unos 53 millones de años.

paleoclimatología s.f. Estudio del clima de épocas geológicas antiguas.

paleocristiano, a adj. Se dice del arte de los primeros cristianos, esencialmente de fines del s. II hasta fines del s. IV.

paleodemografía s.f. Estudio de los restos óseos de las necrópolis colectivas, especialmente las del neolítico, para llegar a conocer las estructuras demográficas de las poblaciones.

paleoecología s.f. Estudio de la relación existente entre los animales fósiles y su entorno.

paleoendémico, a adj. BIOL. Se dice de la especie arcaica cuya zona fue haciéndose cada vez más limitada por efecto de los cambios climáticos o por la competencia activa de las poblaciones cercanas.

paleoentorno s.m. GEOL. Conjunto de las características biológicas y físico-químicas del medio ambiente de una región determinada en un momento de su historia.

paleoetnología s.f. Estudio del comportamiento del hombre prehistórico.

paleógeno adj. y s.m. Se dice del primer período de la era cenozoica, que precede al neógeno y se extiende desde hace unos 65 millones de años hasta hace unos 23,5 millones de años. (Se divide en paleoceno, eoceno y oligoceno).

paleogeografía s.f. Parte de la geografía que se ocupa de la reconstrucción hipotética de la repartición de los mares y de los continentes a lo largo de las épocas geológicas.

paleografía s.f. (del gr. *palaiós,* antiguo, y *gráphein,* escribir). Ciencia que se ocupa de describir la historia de las escrituras y de descifrar y fechar los documentos en los que se conservan los textos antiguos.

paleógrafo, a s. Persona que se dedica a la paleografía.

paleohistología s.f. Estudio de los tejidos animales conservados en los fósiles.

paleolítico, a adj. y s.m. (del gr. *palaiós,* antiguo, y *líthos,* piedra). Se dice del primer período prehistórico, caracterizado por la invención y el desarrollo de la industria lítica, y por una economía de depredación a lo largo del pleistoceno. ◆ adj. Relativo a este período.

paleolítico

El paleolítico debe su nombre a la industria de la piedra tallada, que lo caracteriza y distingue del neolítico (industria de la piedra pulimentada). El utillaje del *paleolítico inferior* (piedras toscamente desbastadas) está ligado a los australantropos; los restos más antiguos se remontan a tres millones de años (yacimientos del valle del Olmo, Melká Konturé, Olduvai). En el *paleolítico medio* el utillaje corresponde a los paleoantropos (hombre de Neanderthal), se caracteriza por la talla levalloisiense (con el plano de percusión trabajado) y por los instrumentos musterienses (raederas y puntas), realizados a partir de lascas. Durante el *paleolítico superior,* situado aproximadamente entre –35 000 y –10 000, se acentúa la especialización de las herramientas y la industria lítica se asocia a una abundante industria ósea, ambas debidas a los neantropos (hombres de Cro-Magnon, Chancelade y Grimaldi).

---

paleología s.m. (del gr. *palaiós,* antiguo, y *lógos,* tratado). Ciencia que estudia la historia primitiva del lenguaje.

paleomagnetismo s.m. Estudio y determinación del campo magnético terrestre a lo largo de las etapas geológicas.

paleontología s.f. (del gr. *palaiós,* antiguo, *ón, óntos,* ente, ser, y *lógos,* tratado). Ciencia que estudia los seres orgánicos cuyos restos se hallan fósiles.

paleontólogo, a s. Persona que se dedica a la paleontología.

paleosuelo s.m. Suelo formado en condiciones ecológicas pasadas, que se encuentra en un perfil, recubierto por una formación más reciente o incorporado a una nueva evolución.

paleozoico, a adj. y s.m. (del gr. *palaiós,* antiguo, y *zoon,* animal). GEOL. Se dice de la era geológica correspondiente a los sistemas que van del cámbrico al pérmico; se extiende desde hace unos 540 millones de años hasta unos 245 millones de años y se caracteriza por la conquista de los continentes por parte de los organismos y las orogénesis caledoniana y herciniana. SIN.: *primario.* ◆ adj. Relativo a esta era.

paleozoología s.f. Parte de la paleontología que estudia los animales fósiles.

palermitano, a adj. y s. De Palermo.

palero, a s. Méx. Persona que, en ciertos espectáculos, se mezcla entre el público fingiendo ser parte de él, para apoyar a los actores. **2.** Méx. Persona que, de acuerdo con un vendedor ambulante, finge ser un cliente para animar a otros a comprar.

palestino, a adj. y s. De Palestina.

palestra s.f. (lat. *palestra,* del gr. *palaístra*). En la antigüedad, terreno vallado donde se practicaban combates o deportes. SIN.: *palenque.* **2.** Lugar en que se celebran competiciones literarias, se confrontan ideas o se discuten determinados problemas. ◇ **Salir a la palestra** Tomar parte en una lucha o en una competición.

paleta s.f. Pala pequeña. **2.** Utensilio en forma de pala, ancho, plano, por lo común de madera, y que sirve para diversos usos. **3.** Utensilio de albañilería de forma triangular y con mango, que sirve para repartir la argamasa o mortero. SIN.: *palustre.* **4.** Tabla de madera o placa de porcelana, cuadrada u oval, con un agujero cerca de uno de sus bordes, por donde se mete el dedo pulgar que utilizan los pintores para extender y mezclar los colores. **5.** Colorido. **6.** Espátula de impresor para tomar tinta y extenderla sobre la tabla. **7.** Paletilla, omóplato. **8.** Cada una de las piezas que, unidas a un núcleo central, constituyen la hélice marina. **9.** Álabe de rueda hidráulica o turbina. **10.** Cada una de las piezas que, unidas al núcleo central de los ventiladores y de otros aparatos, reciben y utilizan el choque o la resistencia del aire. **11.** Pala o álabe de una rueda de buque de vapor. **12.** Elemento receptor de la carga, o plataforma de carga, que sirve especialmente para permitir las manutenciones mecánicas mediante carretillas elevadoras. **13.** Disco de caucho endurecido que se utiliza para jugar al hockey sobre hielo. **14.** Guat., Méx., Nicar. y Pan. Dulce o helado en forma de pala o disco y con un palito encajado que sirve de mango.

paletada s.f. Golpe dado con una paleta o una pala. **2.** Porción que se toma de una vez con la paleta.

paleteado, a adj. Chile. *Fig.* y *fam.* Se dice de una persona de complexión fuerte y destacados atributos morales. ◆ adj. y s. Chile. Sencillo, generoso, justo, activo y capaz de realizar lo que promete o dice.

paletilla s.f. Omóplato. **2.** Espaldilla, cuarto delantero de las reses.

paletización s.f. Organización de las expediciones, el transporte, el almacenamiento, etc., partiendo de la mayor utilización posible de paletas. **2.** Colocación de las mercancías sobre paletas, que puede efectuarse de forma manual, semiautomática o automática.

paletizar v.tr. Efectuar la paletización.

paleto, a adj. y s. *Desp.* Tosco e ignorante. **2.** *Desp.* Falto de cultura y trato social. ◆ s.m. Gamo.

paletó s.m. (fr. *paletot*). Prenda masculina semejante a una levita pero sin faldones, larga y entallada.

paletón s.m. Parte de la llave en que están los dientes y las guardas.

pali s.m. Antigua lengua religiosa indoaria emparentada con el sánscrito clásico.

palia s.f. LITURG. **a.** Tela sobre la que se colocan los corporales durante la misa. **b.** Cortina o mampara exterior del sagrario.

paliacate s.m. Méx. Pañuelo grande, confeccionado en tela estampada, para adornar el cuello o cubrir la cabeza.

paliar v.tr. (lat. tardío *palliare,* tapar). Atenuar un sufrimiento físico o moral, una pena, disgusto, etc. **2.** Disculpar, justificar: *paliar una falta.* **3.** Encubrir, disimular: *paliar un delito.*

paliativo, a adj. y s.m. Que sirve para paliar.

palidecer v.intr. [conj.: *parecer*]. Ponerse pálido: *palidecer de miedo.* **2.** Perder o disminuir algo en intensidad, viveza o importancia.

palidez s.f. Cualidad de pálido.

pálido, a adj. (lat. *pallidus,* de *pallere,* ser pálido). Que tiene el color más atenuado del que le es propio o natural. **2.** Se dice del color que tiene un tono poco intenso: *rosa pálido.* **3.** *Fig.* Poco expresivo, poco impresionante. ◇ **Rostro pálido** Nombre dado por los indios norteamericanos a los blancos, aludiendo al color de su piel.

palier s.m. (voz francesa). Semieje del automóvil que, partiendo de la caja del diferencial, transmite el giro a las ruedas motrices. **2.** Argent. Rellano de la escalera en el que convergen las puertas de las distintas viviendas de una misma planta y el ascensor.

palilalia s.f. (del gr. *palin,* de nuevo, y *laleō,* hablar). PSICOPATOL. Trastorno del habla que se caracteriza por la repetición involuntaria y monótona de la misma palabra o de la misma frase.

palillero s.m. Recipiente para mondadientes. **2.** Utensilio en el que se coloca la plumilla para escribir. SIN.: *portaplumas.*

palillo s.m. Mondadientes. **2.** *Fig.* y *fam.* Persona muy flaca. **3.** Baqueta para tocar el tambor. **4.** Bolillo para hacer encajes. **5.** Nervio grueso central de la hoja del tabaco. **6.** *Fig.* Palique, charla. **7.** Danza argentina picaresca del s. XIX. **8.** Palito de boj o de madera dura para moldear la arcilla o la cera. **9.** TAUROM. Vara a la que se ajusta la tela de la muleta. ◆ **palillos** s.m.pl. Par de pequeños palos que se usan como utensilio de mesa en algunos países orientales.

palimpsesto s.m. (del gr. *pálin,* otra vez, y *psan,* rascar). Códice o documento de pergamino raspado para escribir de nuevo sobre él.

palíndromo, a adj. y s.m. Se dice del escrito que tiene el mismo sentido leído de izquierda a derecha que a la inversa.(Un ejemplo de palíndromo es *dábale arroz a la zorra el abad.*)

palingenesia s.f. (del gr. *pálin,* otra vez, y *génesis,* acción de engendrar). Retorno a la vida de un ser después de una muerte real o aparente. SIN.: *palingénesis.* **2.** En ciertas teorías filosóficas, como el estoicismo, repetición cíclica de los mismos acontecimientos, o del mismo tipo de acontecimientos. SIN.: *palingénesis.*

palinodia s.f. (gr. *palinodía,* de *pálin,* otra vez, y *ádein,* cantar). Retractación pública de lo dicho o hecho anteriormente. **2.** Cambio brusco y frecuente de opinión. **3.** ANT. Composición en que el poeta se retracta de los sentimientos expresados en un canto anterior.

palio s.m. (lat. *pallium,* de *palla,* manto de mujer). ANT. Manto de origen griego, que se usaba en la antigua Roma a partir del imperio. **2.** LITURG. **a.** Insignia del papa, los arzobispos y algunos obispos, que tiene forma de cinta de lana blanca con seis cruces negras. **b.** Dosel colocado sobre un armazón de cuatro o más barras que cubre el Santísimo sacramento o una imagen en las procesiones y que también utilizan los reyes, el papa y otros prelados en ciertas ceremonias.

palique s.m. Esp. *Fam.* Charla o conversación continuada.

paliquear v.intr. Esp. *Fam.* Charlar.

palisandro s.m. (fr. *palissandre*). Madera pesada y dura de color marrón oscuro con reflejos violáceos que se obtiene de diversas especies de árboles leguminosos tropicales. (Muy apreciada en ebanistería, cuchillería y torneadura.)

palista s.m. y f. Deportista que practica el remo.

palito s.m. **Pisar el palito** Argent. *Fam.* Caer alguien en una trampa.

palitroque o **palitoque** s.m. *Desp.* Palo. **2.** TAUROM. Banderilla.

paliza s.f. Serie de golpes que se dan a alguien, especialmente con un palo u objeto similar: *darse una paliza de limpiar.* **2.** Esfuerzo que produce gran agotamiento. **3.** *Fig.* y *fam.* Derrota en una disputa o competición: *recibir una paliza del equipo visitante.* ◆ s.m. y f. Esp. *Fam.* Persona pesada y latosa. ◇ **Dar la paliza** Insistir demasiado en algo.

palizada s.f. Lugar cerrado con estacas. **2.** Construcción hecha con estacas para impedir el desbordamiento de un río o para canalizar su curso. **3.** Empalizada. **4.** HERÁLD. Conjunto de piezas en forma de palos apuntados o agudos, enlazadas o encajadas unas con otras.

pallaco s.m. Chile. Mineral aprovechable que se recoge en una mina abandonada.

1. **pallar** s.m. Frijol grueso, casi redondo y muy blanco, que crece en Perú. (Familia papilionáceas.)

2. **pallar** v.tr. (quechua *pálai,* recoger del suelo, cosechar). Chile. Payar.

pallaza s.f. → **palloza.**

pallet s.m. Palé.

pallidum s.m. (voz latina). ANAT. Núcleo gris estriado del cerebro, que controla el tono y la coordinación de los movimientos elementales.

pallium s.m. (voz latina). ANAT. Corteza cerebral y sustancia blanca subyacente.

palloza o **pallaza** s.f. En Galicia, construcción rural en piedra, de planta redonda o elíptica, con cubierta de paja, destinada a vivienda y al ganado. (Es una pervivencia de la vivienda ancestral tradicional.)

palma s.f. (lat. *palma*). Parte interior de la mano, entre la muñeca y la raíz de los dedos. **2.** Palmera, árbol. **3.** Hoja de palmera, y en especial la que ha sido atada con otras a un árbol, para que no adquiera el color verde. **4.** *Fig.* Gloria o triunfo de alguien o algo: *obtener la palma en una competición.* **5.** Parte inferior del casco de las caballerías. ◆ **palmas** s.f.pl. Aplausos. **2.** Palmadas que se dan en determinados cantes flamencos para marcar el ritmo. <> **Como la palma de la mano** *Fam.* Se dice de algo muy llano y liso; sin dificultades. **Llevar,** o **traer, en palmas** Tratar a alguien con gran consideración y muchas atenciones. **Llevarse la palma** Ser alguien o algo el mejor en una competición o el más destacado entre varios.

palmáceo, a adj. y s.f. Relativo a una familia de árboles cuyo tallo termina en un penacho de hojas generalmente pinnadas y cuyas flores son unisexuales.

palmada s.f. Golpe de una palma contra otra, que produce un ruido. (Suele usarse en plural). **2.** Golpe dado con la palma de la mano.

1. **palmar** s.m. Palmeral. ◆ adj. Relativo a la palma de la mano.

2. **palmar** v.intr. (lat. tardío *palmare,* golpear con la palma de la mano). Esp. *Fam.* Morir. (Suele usarse, generalmente, *palmarla.*)

palmarés s.m. (fr. *palmarès*). Conjunto de los vencedores de una competición. **2.** Historial, hoja de servicios.

palmario, a adj. Claro, evidente.

palmatoria s.f. (lat. tardío *palmatorium,* azote). Utensilio en forma de platillo que sirve para sostener una vela. **2.** Palmeta para golpear la mano.

palmeado, a adj. Que se parece o tiene forma de palma.

palmear v.tr. e intr. Palmotear. **2.** DEP. En baloncesto, golpear la pelota con la punta de los dedos cuando sale rebotada del aro.

palmense adj. y s.m. y f. De Las Palmas de Gran Canaria. SIN.: *palmero.*

palmeo s.m. Acción de dar palmadas, especialmente en el cante flamenco. **2.** DEP. En baloncesto, acción de rematar la pelota palmeándola.

pálmer o **palmer** s.m. (pl. *pálmers* o *palmers*). Instrumento de medida de precisión para determinar espesores o diámetros exteriores.

palmera s.f. Árbol monocotiledóneo, en general de tronco simple, largo y esbelto, con un penacho de robustas hojas en su cima. (Esta denominación incluye especies de gran interés por sus frutos: *cocotero, palmera de dátiles, palmera intertropical americana, palma de Guinea;* familia palmáceas.) **2.** Pastel de hojaldre, plano y de forma parecida a la copa de este árbol.

palmeral s.m. Terreno poblado de palmeras. SIN.: *palmar.*

palmero, a adj. y s. Palmense. ◆ s. Persona que toca las palmas en el cante o baile flamencos. **2.** Persona que cuida de un palmeral.

palmesano, a adj. y s. De Palma de Mallorca (España).

palmeta s.f. (de *palmatoria*). Palo o vara con que antiguamente se golpeaba en la mano al alumno que no estudiaba o se portaba mal. **2.** Palmetazo, golpe.

palmetazo s.m. Golpe dado con la palmeta. **2.** *Fig.* Reprensión áspera.

palmiche s.m. Perú. Planta palmarácea. ◆ s.f. Cuba. Tela de pana negra usada para hacer trajes de hombre.

palmípedo, a adj. y s.f. Relativo a un grupo de aves, a menudo acuáticas, que presentan las patas con los dedos unidos mediante una membrana, como el ganso, el pato, el cisne, el pájaro bobo, el pelícano, el cormorán, etc.

palmireno, a o **palmiriano, a** adj. y s. De Palmira.

palmiste s.m. Nuez del fruto de diversas palmeras.

palmitato s.m. Sal o éster del ácido palmítico.

palmítico, a adj. QUÍM. Se dice de un ácido orgánico constituyente de las grasas naturales del grupo de los glicéridos, que se encuentra principalmente en el aceite de palma.

palmitina s.f. QUÍM. Éster palmítico de la glicerina, uno de los constituyentes de las materias grasas. SIN.: *tripalmitina.*

1. **palmito** s.m. Palmera de tronco corto y ramificado y de hojas en abanico, común en toda la zona mediterránea de la península Ibérica. (Familia palmáceas.) **2.** Parte central del tronco de esta planta, que es comestible.

2. **palmito** s.m. *Fam.* Cara de mujer, especialmente cuando es agraciada.

palmo s.m. (lat. *palmus,* de *palma,* palma de la mano). Distancia comprendida entre el extremo del pulgar y el dedo meñique con la mano abierta y extendida. (Antiguamente se utilizaba como unidad de medida equivalente aproximadamente a 20 cm.) **2.** Cantidad muy pequeña o muy grande de algo: *no puede pasarse de la raya ni un palmo.* <> **Dejar con un palmo de narices** Dar un chasco a alguien o decepcionarlo. **Palmo a palmo** Lentamente y con dificultad; con detalle y minuciosidad.

palmotear v.tr. Dar palmadas. SIN.: *palmear.*

palmoteo s.m. Acción y efecto de palmotear. **2.** Acción de dar con la palmeta.

palo s.m. (lat. *palus, -i,* poste). Trozo de madera más largo que ancho y generalmente cilíndrico: *el palo de la escoba; el balón dio en el palo de la portería.* **2.** Madera: *pata de palo.* **3.** Golpe dado con un palo. **4.** *Fig.* y *fam.* Varapalo, daño o perjuicio: *la obra recibió palos de la crítica.* **5.** Nombre de diversos árboles, generalmente de América del Sur *(palo blanco, palo cochino, palo de hule).* **6.** Cada una de las cuatro series de la baraja de naipes. **7.** Rasgo de algunas letras, como la *d* o la *p.* que sobresale de su cuerpo hacia arriba o hacia abajo. **8.** Estilo o modalidad del cante flamenco: *las alegrías y las bulerías son dos palos del flamenco.* **9.** Argent., Par. y Urug. Pedazo pequeño del tronco de la rama que, en la yerba mate, queda como resto junto a la hoja triturada. **10.** Argent. y Urug. Un millón, especialmente referido a dinero. **11.** DEP. Instrumento alargado y con distintas formas que se emplea para golpear la pelota o bola en juegos como el béisbol, el golf, el hockey o el polo. **12.** HERÁLD. Pieza rectangular, distintiva de dignidad u honor, colocada verticalmente en el centro del escudo, ocupando una tercera parte de él. SIN.: *pal.* **13.** MAR. Pieza larga y de sección circular, de madera o metálica, vertical u oblicua, que sostiene el velamen de un barco. (Los principales palos son el *bauprés, el palo de mesana,* el *palo mayor* y el *palo de trinquete.*) **14.** SILVIC. Nombre de diversas maderas de América del Sur. <> **A palo seco** Sin nada accesorio ni complementario. **Palo a pique** Argent. Poste clavado en tierra, firme y perpendicularmente. **Palo borracho** Argent. y Urug. Nombre de dos especies de árboles caracterizados por el color de sus corolas y cuyas semillas están recubiertas por abundantes pelos sedosos que forman un copo blanco, al que se denomina paina. (Se utiliza con fines ornamentales e industriales.) **Palo de algo** Amér. Expresa excelencia. **Palo de agua** Amér. Central, Colomb., Ecuad. y Venez. Lluvia torrencial. **Palo de ciego** *Fig.* Golpe dado sin reparar a quién se da; castigo o injuria hecho irreflexivamente o sin discriminación. **Palo enjabonado,** o **jabonado** Argent., Par. y Urug. Juego que consiste en trepar un palo largo untado de jabón o grasa, cucaña. **Palo grueso** Chile. Persona influyente, de mando. **Palo santo** Caqui; Argent. y Par. árbol de madera aromática; Argent. y Par. árbol de hasta 8 m de alt., cuya madera es apreciada en ebanistería y tornería. (Familia compuestas.)

paloma s.f. (lat. vulg. *palumba*). Ave granívora y sociable, del orden columbiformes, de carne apreciada: *paloma bravía, paloma torcaz, paloma zurita.* **2.** *Fig.* Persona reposada y de temperamento apacible. **3.** En un gobierno u organización política, partidario de la paz. CONTR.: *halcón.* **4.** *Fam.* Bebida elaborada con agua y anís. SIN.: *palomilla.* **5.** Méx. Petardo de forma triangular, hecho con papel y pólvora. **6.** Méx. Señal que se pone en un escrito para indicar acierto o aprobación, consistente en una raya diagonal. ◆ **palomas** s.f.pl. Ondas espumosas que se forman en el mar cuando empieza a soplar viento fresco. <> **Paloma mensajera** Paloma amaestrada para llevar mensajes a largas distancias.

palomar s.m. Lugar donde se crían palomas.

palometa s.f. (del gr. *pilamýs, -ýdos,* bonito). Pez marino de color gris azulado, de unos 40 cm de long. y carne comestible, que vive en el océano Atlántico y el mar Mediterráneo. **2.** Palomilla, tuerca.

palomilla s.f. Tuerca con dos expansiones laterales en las que se apoyan los dedos para darle vueltas. **2.** Pieza en forma de T o de triángulo rectángulo que se sujeta por un lado a la pared y sirve para sostener anaqueles o estantes. **3.** Mariposa pequeña, en especial la nocturna, perjudicial para los graneros. **4.** Planta anual, de unos 30 cm de alt., con pequeñas flores rosas provistas de un espolón, que crece en los campos. (Familia fumariáceas.) **5.** Paloma, bebida elaborada con agua y anís. **6.** Palomita, grano de maíz que se abre al tostarlo. **7.** Chile. Niño ruidoso. **8.** Chile, Hond., Méx. y Pan. Pandilla de vagabundos, plebe. **9.** Chile y Perú. Niño vagabundo, mal vestido y callejero.

palomina s.f. Excremento de paloma, que se emplea como fertilizante. **2.** Variedad de uva negra, de racimos largos y ralos.

1. **palomino** s.m. Pollo de la paloma brava. **2.** Esp. *Fam.* Mancha de excremento de ave en una prenda de vestir.

2. **palomino** s.m. Planta bulbosa y de flores rojas con manchas violetas por el exterior. (Familia liliáceas.)

palomita s.f. Alimento que consiste en una masa blanca y esponjosa, semejante a un capullo de rosa, que se forma al reventar un grano de maíz por acción del calor. **2.** Paloma, bebida elaborada con agua y anís.

palomo s.m. (lat. tardío *palumbus*). Paloma macho. (El palomo atrae a la hembra con arrullos.) **2.** Paloma torcaz.

palote s.m. Trazo recto que se hace como ejercicio caligráfico para aprender a escribir. **2.** Palo de tamaño mediano, como una baqueta de tambor o una batuta. **3.** Chile. Insecto de la familia de los acrídidos.

palpable adj. *Fig.* Claro, evidente.

palpación s.f. Acción de palpar. **2.** MED. Método de exploración diagnóstica consistente en la aplicación de la cara palpar de los dedos sobre la superficie corporal del enfermo, con objeto de apreciar las posibles anomalías de los órganos y tejidos subyacentes.

palpallén s.m. Chile. Arbusto con hojas dentadas, cubiertas de un vello blanquecino, y flores de cabezuelas radiadas y amarillas.

palpar v.tr. y prnl. (lat. *palpare,* tocar levemente, acariciar). Tocar con las manos o con los dedos para examinar o reconocer algo o a alguien. ◆ v.tr. *Fig.* Ver, entender o percibir una cosa tan claramente como si se tocara: *la decepción se palpa en el ambiente.* **2.** Tantear los objetos o personas para orientarse en la oscuridad.

palpebral adj. Relativo a los párpados.

palpitación s.f. Acción de palpitar. **2.** MED. **a.** Latido cardíaco que es percibido directamente por el enfermo en la pared torácica. **b.** Movimiento interior, involuntario y trémulo, de algunas partes del cuerpo.

palpitante adj. Que palpita. **2.** *Fig.* Que despierta el interés por ser actual o polémico.

palpitar v.intr. (lat. *palpitare,* agitarse, palpitar). Contraerse y dilatarse el corazón y las arterias. **2.** Moverse o agitarse involuntariamente una parte del cuerpo con movimiento tembloroso. **3.** *Fig.* Manifestarse perceptiblemente cierto sentimiento o pasión en las acciones o palabras de alguien.

pálpito s.m. Presentimiento, sospecha.

palpo s.m. Pequeño apéndice móvil de las piezas bucales de los artrópodos, que forma ordinariamente dos pares: los *palpos maxilares* y los *palpos labiales.*

palqui s.m. (araucano *palkí*). Arbusto americano de tallos erguidos, flores en manojos terminales y olor fétido, que se emplea en medicina. (Familia solanáceas.) SIN.: *pañil.*

palta s.f. (quechua *pálta*). Amér. Merid. Fruto del aguacate.

palto s.m. Amér. Merid. Aguacate, árbol.

palúdico, a adj. Relativo al paludismo: *fiebres palúdicas.* **2.** Relativo a los pantanos: *terreno palúdico.*

paludismo s.m. Enfermedad contagiosa producida por un protozoo parásito de los glóbulos rojos de la sangre, el plasmodio o hematozoario de Laveran, y transmitida por un mosquito de las regiones cálidas y pantanosas, el anofeles. SIN.: *malaria.*

paludismo

Existen cuatro especies de plasmodio que provocan el paludismo, enfermedad que se manifiesta por accesos de fiebre a intervalos regulares siguiendo un ritmo característico (fiebres terciana o cuartana), con anemia, esplenomegalia y alteración del estado general. Solo una especie *(Plasmodium falciparum)* es grave. El tratamiento se basa en sales de quinina y derivados sintéticos. La profilaxis se basa en la lucha contra los mosquitos. El cultivo del plasmodio, posible desde 1976, abrió el camino para la fabricación de una vacuna.

palurdo, a adj. y s. Se dice de la persona sin cultura y con mala educación.

1. **palustre** adj. (lat. *palustris*). Paleta de albañilería para repartir la argamasa o mortero.

2. **palustre** s.m. (cat. *palustre*). Relativo a la laguna o al pantano.

palustrillo s.m. Paleta parecida al palustre, pero más pequeña y de punta más aguda.

pamba s.f. Méx. Serie de golpes leves con la palma de la mano que se da a alguien en la cabeza en son festivo.

pambazo s.m. Urug. Pan achatado y redondo.

pambil s.m. Ecuad. Palma con tronco esbelto y follaje ancho, pero de menor tamaño que la real.

pame, pueblo amerindio agricultor de México (est. de San Luis Potosí), del grupo otomí, de la familia otomangue.

pamela s.f. (de *Pamela,* heroína de una novela de S. Richardson). Sombrero femenino, bajo de copa y con ala amplia y flexible.

pamema s.f. Hecho o dicho insignificante o sin importancia. **2.** Gesto afectuoso y melindroso, dirigido a obtener alguna cosa o a congraciarse con alguna persona.

1. **pampa** s.f. (quechua *pámpa,* llanura). Amér. Merid. Llanura extensa con vegetación baja. <> **Pampa alta** Amér. Merid. Meseta.

2. **pampa** adj. y s.m. y f. Pampeano.

pámpana s.f. Hoja de la vid. SIN.: *pámpano.*

pámpano s.m. (lat. *pampinus,* hoja de vid). Vástago tierno o pimpollo de la vid. **2.** Pámpana. **3.** Pez teleósteo de los mares ibéricos, cuya carne es de baja calidad. (Familia estromateidos.)

pampeano, a adj. y s. De la Pampa argentina. **2.** De un grupo de pueblos amerindios, que se extendieron hasta el s. XIX por el Chaco, las Pampas y la Patagonia. (Cazadores y hábiles jinetes, act. están casi extinguidos o muy mestizados.) ◆ s.m. y adj. GEOL. Pampense.

pampear v.intr. Amér. Merid. Recorrer las pampas.

pampense s.m. y adj. GEOL. Piso del cuaternario medio de América compuesto por limos calcáreos.

pampero, a adj. y s. Pampeano. ◆ s.m. Amér. Merid. Viento fuerte, frío y seco que sopla desde el S patagónico al Río de la Plata.

pampirolada s.f. (de *capirotada*). *Fig.* y *fam.* Tontería o cosa insustancial. **2.** Salsa elaborada con pan, ajos machacados en el mortero y agua.

pamplina s.f. Cosa insignificante o de poca utilidad. (Suele usarse en plural). **2.** *Fig.* y *fam.* Aspaviento o melindre. **3.** Planta herbácea, de flores con sépalos agudos y pétalos externos alargados, que crece en la península Ibérica. (Familia fumariáceas.)

pamplinero, a adj. Propenso a decir o hacer pamplinas. **2.** Persona a quien gusta que le hagan cumplidos.

pamplonés, sa adj. y s. De Pamplona (España). SIN.: *pamplonica.*

pamue → **fang**

pan s.m. (lat. *panis*). Alimento que se elabora cociendo al horno una pasta amasada y fermentada compuesta esencialmente de harina, agua, sal y levadura. **2.** Alimento de forma semejante al pan: *pan de higos.* **3.** *Fig.* Alimento, sustento: *ganarse el pan.* **4.** *Fig.* Trigo. **5.** Hoja o laminilla de oro, plata u otro metal, utilizada para dorar o platear: *batir los panes de oro.* ◆ **panes** s.m.pl. Cereales, como el trigo, el centeno o la cebada, desde que nacen hasta que se siegan. ◇ **Árbol del pan** Árbol originario de Oceanía, cuyo fruto, rico en almidón, puede consumirse como pan. **Pan ázimo** Pan sin levadura. **Pan bendito** Pan que se bendice en determinadas festividades y se reparte al pueblo; *Fig.* aquello que es recibido con gran aceptación. **Pan blanco** Pan de buena calidad, elaborado con la flor de la harina de trigo. **Pan de azúcar** GEOMORFOL. Domo rocoso y liso de forma parabólica y pendiente muy acusada. **Pan de caja** Méx. Pan que se cuece en moldes. **Pan de los ángeles** REL. Eucaristía. **Pan de Viena** Panecillo o barrita cuya masa contiene azúcar, leche y materias grasas. **Pan francés** Pan de masa esponjosa, ligero y sin grasa. **Pan inglés,** o **de molde** Pan elaborado con leche y materias grasas y cocido en moldes paralelepipédicos. **Pan integral,** o **íntegro** Pan elaborado con trigo integral y que tiene un color algo oscuro. **Pan lactal** Argent. Pan que se cuece en moldes. **Pan negro** Pan de centeno. **Ser bueno como,** o **más bueno que, el pan** o **ser un pedazo de pan** *Fam.* Ser alguien muy bueno. **Ser algo pan comido** *Fam.* Ser muy fácil, no ofrecer ningún problema.

1. **pana** s.f. (fr. *panne,* piel). Tejido grueso de algodón, de textura semejante al terciopelo, que usa para confeccionar prendas de vestir, especialmente pantalones.

2. **pana** s.f. (voz mapuche). Chile. Hígado de los animales.

3. **pana** s.f. Chile. Conjunto de desperfectos que provocan el mal funcionamiento de una máquina. **2.** Chile. Detención accidental de un vehículo por defectos en el motor o en las ruedas.

pánace s.f. Planta de la familia de las umbelíferas que crece en las regiones cálidas de Europa y Asia, empleada en farmacia y perfumería. SIN.: *opopónace.*

panacea s.f. (gr. *panákeia,* planta imaginaria que cura todos los males). Remedio al que se le atribuye eficacia contra cualquier enfermedad. **2.** *Fig.* Remedio para todo mal, tanto físico como moral.

panaché s.m. Guiso elaborado con varios vegetales, cocidos por separado.

panadera s.f. *Fam.* Paliza, azotaina.

panadería s.f. Establecimiento donde se elabora o vende pan. **2.** Oficio de panadero.

panadero, a s. Persona que tiene por oficio elaborar o vender pan. ◆ **panaderos** s.m.pl. Variedad del baile andaluz de palillos.

panadizo s.m. Inflamación aguda del tejido celular de un dedo, especialmente en la punta o en la zona de la uña.

panafricanismo s.m. Doctrina que tiende a desarrollar la unidad y la solidaridad de los pueblos africanos.

panafricano, a adj. y s. Relativo al panafricanismo; partidario de esta doctrina.

panal s.m. (de *pan*). Masa esponjosa de cera que elaboran las abejas para depositar la miel y los huevos reproductores, constituida por la yuxtaposición de multitud de alvéolos, o celdillas. **2.** Construcción semejante que fabrican las avispas y otros animales.

panamá s.m. (de *Panamá,* estado de América Central). Tejido de algodón de trama gruesa y separada adecuado para el punto de cruz y bordados semejantes. **2.** Sombrero de fibra de pita muy flexible, con la copa cilíndrica y baja, y el ala plana, recogida o doblada.

panameñismo s.m. Palabra, expresión o giro propios del panameño.

panameño, a adj. y s. De Panamá. ◆ s.m. Variedad del español hablado en Panamá.

panamericanismo s.m. Movimiento de solidaridad tendente a mejorar y a desarrollar las relaciones entre los estados y los pueblos americanos.

panamericanista s.m. y f. Partidario del panamericanismo.

panamericano, a adj. Relativo al panamericanismo. **2.** Relativo a toda América.

panarabismo s.m. Doctrina política que propugna la unión de todos los países de lengua y civilización árabes.

panateneas s.f.pl. (gr. *panathēnaia,* de *pan,* todo, y *Athēnē,* Atenas). ANT. GR. Fiestas celebradas en Atenas en honor de la diosa Atenea.

panca s.f. (quechua *pánkka*). Bol. y Perú. Vaina que envuelve la mazorca de maíz.

pancada s.f. Contrato de venta de mercancías menudas, en conjunto y al por mayor, muy utilizado en América durante su colonización.

pancarta s.f. (fr. *pancarte*). Cartón, papel, tela, etc., con frases o consignas generalmente de carácter reivindicativo.

pancera s.f. (fr. ant. *pancière*). ARM. Parte de la armadura que cubre el vientre.

panceta s.f. Tocino de cerdo con vetas de magro.

panchen-lama s.m. Segunda autoridad religiosa del Tíbet, después del dalai-lama.

pancho, a adj. Se dice de la persona que está tranquila y satisfecha.

pancista adj. y s.m. y f. *Fam.* Se dice de la persona que se acomoda a todo. SIN.: *acomodaticio.*

pancita s.f. Méx. Guiso que se elabora con panza de res en caldo. **2.** Méx. Menudos.

panclastita s.f. (del gr. *pan,* todo, y *klan,* romper). Explosivo líquido constituido por una mezcla de dióxido de nitrógeno y un líquido combustible.

pancracio s.m. (del gr. *pan,* todo, y *kratos,* fuerza). ANT. GR. Deporte que combinaba la lucha y el pugilato.

páncreas s.m. (gr. *págkreas*). Glándula abdominal humana situada detrás del estómago, con un doble carácter, *exocrino,* por los ácidos pancreáticos que vierten en el duodeno, a través del conducto de Wirsung, un jugo digestivo, y *endocrino,* por los islotes de Langerhans, productores de la insulina y el glucagón.

pancreatectomía s.f. CIR. Extirpación quirúrgica del páncreas.

pancreático, a adj. Relativo al páncreas.

pancreatitis s.f. Inflamación del páncreas.

pancromático, a adj. FOT. Se dice de una emulsión sensible a todos los colores.

pancutras s.f.pl. Chile. Guiso popular elaborado con tiras de masa cocida en caldo y agua.

1. **panda** s.m. Mamífero del orden de los carnívoros pero vegetariano del que existen dos especies: el *panda gigante* (género *Ailuropada*), de los bosques de China central, muy escaso, que se alimenta de brotes de bambú, y el *panda menor* (género *Ailurus*), de pelaje rojizo, negro y blanco, parecido al mapache, que vive en los bosques montañosos del Himalaya oriental y de la China meridional y se alimenta de hojas, frutos e insectos. (Familia úrsidos.)

2. **panda** s.f. Pandilla.

3. **panda** s.f. (de *pando*). Galería o corredor de un claustro.

pandear v.intr. y prnl. Combarse o deformarse por el medio, con tendencia a ceder y a romperse, las piezas de cierta longitud y sección reducida comprimidas en el sentido de su eje longitudinal.

pandectas s.f.pl. (voz latina). DER. ROM. Recopilación de decisiones de los jurisconsultos romanos, en especial la del emperador Justiniano.

pandemia s.f. (del gr. *pan,* todo, y *dēmos,* pueblo). Enfermedad epidémica que afecta prácticamente a todos los habitantes de una región determinada.

pandémico, a adj. Relativo a las pandemias.

pandemónium s.m. (del gr. *pan,* todo, y el lat. tardío *daemonium,* demonio). *Fig.* Lugar donde hay mucho ruido, griterío y confusión. **2.** Capital imaginaria del reino infernal. (En este sentido se escribe con mayúscula.)

pandeo s.m. Acción y efecto de pandear.

pandereta s.f. Instrumento musical de percusión constituido por una membrana de piel curtida sujeta a un marco rígido y circular en el que hay algunos pares de sonajas.

panderetear v.intr. Tocar el pandero o la pandereta.

pandereteo s.m. Acción y efecto de panderetear. **2.** Baile al ritmo del pandero o la pandereta.

pandero s.m. Instrumento musical de percusión de forma similar a la de la pandereta, pero de mayor tamaño. **2.** *Fig.* y *fam.* Culo.

pandiculación s.f. Acción de estirarse por extensión de numerosos grupos musculares. (Suele producirse después del sueño, al despertarse, acompañándose de bostezos.)

pandilla s.f. Grupo de amigos que se reúne para realizar alguna actividad lúdica. **2.** Grupo de personas que llevan a cabo acciones ilícitas. SIN.: *panda.*

pandillista s.m. y f. Persona que forma pandillas. SIN.: *pandillero.*

pandit s.m. Título dado en la India a los brahmanes eruditos.

pando, a adj. (lat. *pandus*). Que pandea o se pandea. **2.** Que se mueve lentamente. **3.** Se dice de lo que es poco profundo, en especial de las aguas y de las cavidades que las contienen. **4.** Méx. Torcido, combado. ◆ s.m. Terreno casi llano situado entre dos montañas.

pandorga s.f. Colomb. Chanza, broma.

pandroguear v.intr. Colomb. Ofender o molestar a una persona con groserías o bromas pesadas.

panecillo s.m. Pan pequeño. **2.** Esp. Cosa con forma de pan pequeño.

panegírico, a adj. y s.m. (gr. *panigyirikós,* discurso solemne). Se dice del discurso oratorio en alabanza de una persona. ◆ s.m. Elogio de una persona.

panegirizar v.tr. Hacer un panegírico.

panel s.m. (fr. *panel,* dim. de *pan,* lienzo de pared). Cada uno de los compartimientos en que se divide un lienzo de pared, las hojas de una puerta o ventana, etc. **2.** CONSTR. Material prefabricado de grandes dimensiones y muy poco espesor: *panel de madera.* **3.** ESTADÍST. **a.** Técnica de entrevista consistente en repetir a intervalos de tiempo las mismas preguntas a las mismas personas. **b.** Muestra permanente de personas a las que se hacen las preguntas. ◆ s.f. Méx. Camioneta cerrada para el transporte de mercancías.

panelista s.m. y f. ESTADÍST. Persona que forma parte de un panel o muestra estadística.

panera s.f. Recipiente en forma de canastilla donde se pone el pan para el servicio de la mesa. **2.** Cesta grande y sin asa para transportar pan. **3.** Nasa, cesto. **4.** Hórreo asturiano rectangular.

panero, a adj. Se dice de la persona que come mucho pan o a la que le gusta mucho el pan. SIN.: *paniego.* ◆ s.m. Canasta redonda para echar el pan que se va sacando del horno. **2.** Ruedo, estera pequeña y redonda.

paneslavismo s.m. Doctrina que ensalza la identidad común que comparten los diferentes pueblos eslavos y que preconiza su unión política. (El paneslavismo fue desarrollado por N. I. Danilevski [1822-1885].)

paneslavo, a adj. Relativo a todos los pueblos eslavos.

panfilismo s.m. Exceso de benignidad.

pánfilo, a adj. y s. (gr. *pánphilos,* el que es todo amor). Bobo, simple y excesivamente cándido. **2.** Se dice de la persona muy calmosa y lenta en sus acciones.

panfletario, a adj. Se dice del escrito o discurso que tienen el estilo propio de un panfleto.

panfletista s.m. y f. Autor de panfletos.

panfleto s.m. (ingl. *pamphlet,* de *Pamphilet,* nombre coloquial de *Pamphilus, seu de Amore,* comedia satírica del s. XII). Escrito breve en prosa de tono polémico y carácter satírico y agresivo, generalmente difundido de forma clandestina.

pangal s.m. Chile. Plantío de pangues.

pangaré adj. y s.m. Argent. Se dice del caballo cuya capa básica, dorada o castaña, se ve descolorida en algunas regiones del cuerpo, especialmente las inferiores.

pangea s.m. Nombre que se dio a la hipotética masa de sial continental que habría estado rodeada por el océano primitivo.

pangelín s.m. Árbol de América Meridional cuyo fruto es una almendra dura y rojiza que se usa en medicina. (Familia papilionáceas.) **2.** Madera de este árbol, muy apreciada.

pangermanismo s.m. Ideología y movimiento orientados a reagrupar en un estado único todas las poblaciones de origen germánico.

pangermanista adj. y s.m. y f. Relativo al pangermanismo; partidario del pangermanismo.

pangolín s.m. (ingl. *pangolin*). Mamífero desdentado de África y Asia, de 1 m de long., recubierto de escamas, que se alimenta de hormigas y termes.

pangue s.m. Chile y Perú. Planta con hojas de pecíolos comestibles, que crece en terrenos húmedos. (Familia gunneráceas.)

panhelénico, a adj. Relativo a todos los griegos. <> **Juegos panhelénicos** Conjunto de las cuatro grandes fiestas que reunían a todos los griegos: juegos olímpicos, píticos, ístmicos y nemeos.

panhelenismo s.m. Sistema político que pretende reunir a todos los pueblos griegos.

pani → **pawnee.**

paniaguado s.m. Persona que está protegida por otra y es excesivamente favorecida por esta. **2.** En la edad media, siervo que disfrutaba de alguna exención tributaria.

pánico s.m. y adj. (gr. *panikón,* de *parakhos panikós,* terror causado por Pan). Terror o miedo muy grande, generalmente colectivo.

panícula s.f. (lat. *panicula,* dim. de *panus,* mazorca de hilo). BOT. Inflorescencia compuesta, formada por racimos cuya longitud va disminuyendo desde la base al ápice, por lo que toma un aspecto piramidal. SIN.: *panoja, panículo.*

panículo s.m. ANAT. Estrato o acumulación de un tejido. **2.** BOT. Panícula. <> **Panículo adiposo** Capa de tejido adiposo que se desarrolla en la hipodermis.

paniego, a adj. Se dice del terreno que produce trigo. **2.** Panero, que come mucho pan.

panificadora s.f. Instalación industrial destinada a la elaboración del pan.

panique s.m. Murciélago frugívoro de gran tamaño y pelaje pardo, que vive en África, Asia y Oceanía. (El panique gigante de Samoa alcanza una envergadura de 2 m; familia pteropódidos.)

panislámico, a adj. Relativo al panislamismo.

panislamismo s.m. Movimiento político-religioso orientado a conseguir la unión de todos los pueblos musulmanes.

panizo s.m. (lat. tardío *panicium*). Planta herbácea anual, de tallos altos y hojas largas, con panoja gruesa y densa. (Familia gramíneas.) **2.** Grano de esta planta, que se emplea en algunas partes como alimento. **3.** Chile. Criadero de minerales.

panjabi s.m. Lengua indoaria hablada en el Panjab.

pano, familia de lenguas amerindias del SO de la cuenca amazónica (Perú y Bolivia), dividida en tres grupos: central, que incluye los pueblos del grupo chama y otros (cashibo, omagua, catuquina); el segundo grupo, al SO, vive disperso entre pueblos de lengua quechua o aimara; el tercer grupo, al SE, incluye los capuibo, caripuna y yacariá.

panocha s.f. Panoja.

panocho, a adj. y s. De la huerta de Murcia. ◆ s.m. Variedad del español hablado en la huerta de Murcia.

panoftalmía s.f. MED. Inflamación general del globo ocular.

panoja s.f. (del lat. *panicula,* dim. de *panus,* mazorca de hilo). Mazorca del maíz, del panizo o del mijo. SIN.: *panocha.* **2.** Colgajo, ristra. **3.** Conjunto formado por más de dos pescados pequeños que se fríen pegados por las colas. **4.** BOT. Panícula.

panol s.m. → **pañol.**

panoli adj. y s.m. y f. (valenciano *panoli,* de *pa en oli,* pan con aceite). *Fam.* Se dice de la persona boba y de poco carácter.

panoplia s.f. (gr. *panoplía*). Tablón decorativo, generalmente en forma de escudo, que se cuelga en la pared y en el que se colocan armas. **2.** Colección de armas colocadas de forma ordenada. **3.** Armadura completa.

panorama s.m. (del gr. *pan,* todo, y *órama,* lo que se ve). Vista extensa de un horizonte. **2.** *Fig.* Visión general de un asunto o una situación. **3.** B. ART. **a.** Vista pintada en las paredes de una gran sala circular, que el espectador observa desde una plataforma situada en el centro. **b.** Sala circular o lugar donde se expone esta obra.

panorámica s.f. CIN. Movimiento giratorio de la cámara cinematográfica portátil alrededor de su eje, en sentido horizontal o vertical.

panorámico, a adj. Relativo al panorama. **2.** CIN. y FOT. Se dice de la imagen que cubre un ángulo horizontal aproximado al de la visión periférica del ser humano (164º).

panqué s.m. Méx. Bizcocho de masa suave y esponjosa, generalmente de forma alargada, cocido en un molde de papel encerado.

panqueque s.m. Amér. Torta muy fina y blanda elaborada con harina, leche, huevos, mantequilla y azúcar, que se suele comer doblada y rellena de chocolate, mermelada, etc.

pantagruélico, a adj. (fr. *pantagruélique,* de *Pantagruel,* personaje de Rabelais). Se dice de una comida en que hay excesiva abundancia de alimentos.

pantalán s.m. Embarcadero pequeño que se adentra ligeramente en el mar, generalmente utilizado por barcos de poco tonelaje.

pantaleta s.m. Méx. y Venez. Calzón, prenda interior femenina. (Se usa también en plural para referirse a una sola prenda.)

pantalla s.f. Obstáculo colocado para interceptar rayos de luz; especialmente lámina de distintas formas y tamaños colocada alrededor o junto a un foco de luz o de otras radiaciones u ondas, para dirigirlos en cierta dirección. **2.** *Fig.* Persona o cosa que oculta o hace sombra a otra. **3.** *Fig.* Persona o cosa que sirve para llamar o atraer hacia sí la atención, mientras se está haciendo u ocurriendo algo que se quiere ocultar. **4.** Superficie blanca que sirve para proyectar sobre ella imágenes fotográficas o cinematográficas. **5.** Cinematografía: *una estrella de la pantalla.* **6.** Especie de mampara que se pone delante de las chimeneas para resguardarse del resplandor de la llama y del exceso de calor. **7.** Amér. Merid. Instrumento para hacer o hacerse aire. **8.** ELECTRÓN. **a.** En un tubo electrónico de varias rejillas, electrodo que se mantiene a un potencial positivo inferior al de la placa. SIN.: *rejilla pantalla.* **b.** En un tubo catódico, superficie en que se reproduce la imagen visible: *pantalla de televisión.* ◇ **Pantalla acústica** Dispositivo en el cual se disponen uno o varios altavoces elementales, destinados a disminuir la interferencia entre las radiaciones de la membrana a partir de las caras anterior y posterior, para mejorar el funcionamiento del altavoz. **Pantalla térmica** Revestimiento protector de las cabinas espaciales o de las ojivas de los misiles, que amortigua el calentamiento al producirse el retorno a la atmósfera. **Pequeña pantalla** Televisión.

pantallear v.tr. Argent., Par. y Urug. Hacer aire con una pantalla.

pantalón s.m. (fr. *pantalon*). Prenda de vestir ceñida a la cintura, que baja más o menos, cubriendo por separado ambas piernas total o parcialmente. (Suele usarse en plural.) **2.** Prenda interior femenina. **3.** COREOGR. Una de las figuras de la cuadrilla francesa. ◆ **pantalones** s.m.pl. *Fam.* Hombre u hombres, en oposición a la mujer. ◇ **Llevar los pantalones** Imponer alguien su autoridad, especialmente en el hogar. **Pantalón bombacho** Pantalón ancho y acampanado, cuyos perniles se ciñen a la pierna generalmente con una goma.

pantana s.f. Calabacín propio de las islas Canarias.

pantanal s.f. Tierra pantanosa.

pantano s.m. (ital. *pantano*). Región cubierta por aguas poco profundas e invadida en parte por la vegetación. **2.** Embalse. **3.** *Fig.* Dificultad, obstáculo grande.

pantanoso, a adj. Se dice de un terreno donde hay pantanos, charcos o cenagales. **2.** *Fig.* Lleno de dificultades.

panteísmo s.m. (ingl. *pantheism,* del gr. *pan,* todo, y *theós,* Dios). Doctrina según la cual todo lo que existe participa de la naturaleza divina.

panteísta adj. y s.m. y f. Relativo al panteísmo; partidario de esta doctrina.

panteón s.m. Monumento funerario destinado a enterramiento de varias personas. **2.** Conjunto de todos los dioses de una nación, un pueblo, etc. **3.** Templo que los griegos y los romanos consagraban a todos sus dioses. **4.** Amér. Cementerio.

panteonero s.m. Méx. Persona que tiene por oficio encargarse del mantenimiento de un panteón o cementerio, o cavar las sepulturas.

pantera s.f. (lat. *panthera,* del gr. *pánthera,* de *pan,* todo, muy, y *ther,* fiera). Leopardo. **2.** Amér. Yaguar.

panti s.m. → **panty.**

pantocrátor s.m. (gr. *pantokratōr,* todopoderoso). Epíteto atribuido al Dios de los cristianos, y aplicado especialmente, en el arte bizantino y en el románico, a las representaciones de media figura de Jesucristo, en los ábsides y en las cúpulas de las iglesias. **2.** Sobrenombre dado a Zeus.

pantógrafo s.m. (del gr. *pan, pantós,* todo, y *grafikós,* referente a la escritura o el dibujo). Instrumento constituido por un paralelogramo articulado que permite reproducir mecánicamente un dibujo, ampliando o reduciendo las dimensiones del modelo. **2.** F.C. Dispositivo articulado de toma de corriente de las locomotoras eléctricas que asegura el contacto del frotador con el cable conductor de la catenaria.

pantómetro s.m. Instrumento topográfico para la medida de los ángulos y el trazado de perpendiculares sobre el terreno.

pantomima s.f. *Fig.* Representación teatral en que la palabra se sustituye enteramente por gestos o actitudes. **2.** Acción con que se finge hacer o sentir algo.

pantomímico, a adj. Relativo a la pantomima o al pantomimo.

pantorrilla s.f. Masa carnosa de la parte posterior de la pierna.

pantoténico, a adj. Se dice de un ácido presente en todos los tejidos animales, necesario para el metabolismo de los lípidos y los glúcidos. SIN.: *vitamina* B_5.

pantufla s.f. (fr. *pantoufle*). Zapatilla sin talón.

panty o **panti** s.m. Medias unidas por la cadera, como los leotardos.

panucho s.m. Méx. Tortilla de maíz rellena con frijoles a la que se añade carne o pescado deshebrados encima.

panudo, a adj. Cuba. Se dice del fruto del aguacate que tiene carne consistente.

panuela s.f. Colomb. y Hond. Chancaca dispuesta en panes.

panza s.f. (lat. *pantex, -icis*). Barriga o vientre, especialmente cuando es muy abultado. **2.** Parte inferior y abombada de un balaustre de piedra o madera, de un vaso, etc. **3.** Comba que hace una pared o un muro vertical cuando adopta forma convexa. **4.** Primera cámara del estómago de los rumiantes. SIN.: *herbario.*

panzada s.f. *Fam.* Hartazgo.

panzudo, a adj. Que tiene mucha panza. SIN.: *panzón.*

pañal s.m. Pieza rectangular de tela o de material desechable (celulosa y plástico) que se pone a modo de calzón entre las piernas de un bebé, o de un adulto con incontinencia, para absorber y retener la orina y los excrementos. **2.** Faldón de una camisa de hombre. ◆ **pañales** s.m.pl. Conjunto de ropa con que se envuelve o protege a un bebé. **2.** *Fig.* Linaje o ascendencia de una persona. **3.** *Fig.* Niñez, primera etapa de la vida. ◇ **Estar en pañales** *Fam.* Tener alguien poco o ningún conocimiento de alguna cosa o estar algo en sus inicios.

pañalera s.f. Argent. Fábrica de pañales. **2.** Méx. Bolsa con asa para llevar los pañales y las cosas del bebé.

pañalón, na adj. y s. *Fam.* Se dice de la persona que lleva fuera, por descuido, los faldones de la camisa.

pañero, a adj. Relativo a los paños.

pañete s.m. Paño de poca calidad o muy fino. **2.** Colomb. Paño. **3.** CONSTR. Enlucido.

pañil s.m. Palqui. **2.** Chile. Árbol cuyas hojas se utilizan para curar úlceras. (Familia escrofulariáceas.)

paño s.m. (lat. *pannus,* pedazo de paño, trapo). Tejido muy tupido y raso, especialmente de lana. **2.** Cualquier pedazo de lienzo u otra tela, generalmente de forma rectangular: *paño de cocina.* **3.** Lienzo de pared. **4.** Mancha o impureza que disminuye el brillo o la transparencia de algunas cosas. **5.** MAR. Velas que lleva desplegadas una embarcación. ◆ **paños** s.m.pl. Vestiduras. ◇ **Conocer el paño** *Fig.* y *fam.* Conocer bien a la persona o cosa de que se trata. **En paños menores** *Fam.* Vestido solamente con ropa interior. **Paño de lágrimas** *Fig.* y *fam.* Persona que consuela y aconseja a otra en sus problemas y dificultades. **Paño moruno** Baile popular andaluz. **Paños calientes** *Fam.* Atenuantes que suavizan o disminuyen el rigor con que se ha de proceder en alguna cosa; remedios ineficaces. **Paños fríos** Argent. *Fig.* y *fam.* Diligencias para apaciguar los ánimos.

pañol o **panol** s.m. (cat. *pallol,* entarimado del fondo de una embarcación). MAR. Compartimento cerrado en el entrepuente o las bodegas, donde se guardan municiones, víveres, pertrechos, etc.

pañolero s.m. MAR. Cabo de mar o marinero que cuida de uno o varios pañoles.

pañoleta s.f. Prenda de vestir femenina de forma triangular que se lleva sobre los hombros. **2.** TAUROM. Corbata que usan los toreros.

pañolón s.m. Mantón.

pañuelo s.m. Pequeña pieza de lencería, generalmente de forma cuadrangular, que sirve para sonarse. **2.** Pieza de tejido de fantasía, generalmente de forma cuadrangular, que tiene diversos usos: *llevar un pañuelo al cuello.*

1. **papa** s.m. (lat. *papas*). Obispo de Roma, jefe de la Iglesia católica romana. **2.** *Fam.* Papá.

2. **papa** s.f. (voz quechua). Planta herbácea, originaria de América del Sur, de hojas ovaladas y flores terminales de color blanco o violáceo. (Familia solanáceas.) GEOSIN.: Esp. *patata.* **2.** Tubérculo comestible de esta planta, rico en almidón. GEOSIN.: Esp. *patata.* **3.** Argent., Chile y Perú. Agujero en la media. **4.** Chile. Mentira. ◆ adj. Argent. y Chile. *Fig.* y *vulg.* En el lenguaje estudiantil, fácil. ◇ **Papa de la guagua** Chile. Leche que el niño obtiene de la madre.

3. **papa** s.f. (lat. *pappa,* comida). Paparrucha. ◆ **papas** s.f.pl. Cualquier clase de comida. **2.** Sopas blandas, especialmente las que se dan a los niños. ◇ **Ni papa** *Fam.* Nada.

papá o **papa** s.m. (lat. *papa*). *Fam.* Padre.

papable adj. Se dice del cardenal que tiene probabilidad de ser papa.

papacha s.f. Méx. Hoja ancha del banano que se usa como envoltorio.

papachar v.tr. Méx. Hacer papachos. SIN.: *apapachar.*

papacho s.m. Méx. Caricia, especialmente la hecha con las manos. SIN.: *apapacho.*

papada s.f. Abultamiento carnoso anormal debajo de la barba. **2.** ZOOL. Pliegue de la piel que tienen algunos animales en el borde inferior del cuello y llega hasta el pecho.

papado s.m. Dignidad de papa. **2.** Administración, gobierno o magisterio de un papa.

papagayo, a s. Nombre que reciben las aves trepadoras de mayor tamaño de la familia sitácidos, originarias de países tropicales, de pico grueso y encorvado y colores brillantes (las especies de menor tamaño son los periquitos). SIN.: *loro.* (El papagayo de la especie *Psittacus erithacus.* también llamado *loro gris* o *yaco,* es el que aprende a hablar con más facilidad.) **2.** Planta herbácea originaria de China, cultivada con frecuencia en países de clima templado. (Familia amarantáceas.) **3.** Pez actinopterigio, de boca protáctil y de color carmín amarillo. (Familia serránidos.) **4.** Víbora venenosa de color verde que vive en las ramas de árboles tropicales. **5.** Argent. Orinal de cama para hombre.

papahígo s.m. Gorro de paño que cubre el cuello y parte de la cara. **2.** MAR. Vela mayor, excepto la mesana, cuando solamente se navega con velas mayores.

papaína s.f. Enzima de acción proteolítica que se extrae del jugo de la papaya.

papal adj. Relativo al papa.

1. **papalina** s.f. *Fam.* Borrachera.

2. **papalina** s.f. (ital. *papalina*). Gorra o birrete con dos puntas que tapa las orejas. **2.** Cofia de mujer, de tela ligera y con adornos.

papalote s.m. Amér. Central, Antillas y Méx. Cometa de papel o plástico.

papamoscas s.m. (pl. *papamoscas*). Ave paseriforme insectívora, de pico ganchudo y ancho en la base, que se alimenta preferentemente de dípteros. (Familia muscicápidos.) ◆ s.m. y f. *Fig.* y *fam.* Papanatas.

papanatas adj. y s.m. y f. (pl. *papanatas*). *Fam.* Se dice de la persona que es excesivamente crédula o se asombra ante cualquier cosa.

papandujo, a adj. *Fam.* Flojo o blando por demasiado maduro.

papar v.tr. *Fam.* Comer. **2.** *Fig.* y *fam.* Estar distraído o hacer poco caso de las cosas. **3.** Tomar alimentos blandos que no necesitan ser masticados, como sopas, papas, etc.

paparazzi s.m. (pl. *paparazzi*). Fotógrafo de prensa que se dedica a tomar fotos de personas famosas sin su autorización.

paparrucha s.f. *Fam.* Cosa insustancial y desatinada que se dice o hace. SIN.: *paparruchada.*

papasebo s.m. Ave paseriforme, de colores vivos, originario de América Meridional. (Familia tiránidos.)

papatla s.f. Méx. Hoja ancha del banano que se usa como envoltorio.

papaveráceo, a adj. y s.f. Fumariáceo.

papaverina s.f. Alcaloide del opio con propiedades antiespasmódicas.

papaya s.f. (voz indígena del Caribe). Fruto del papayo, de forma oblonga, carnoso, grande y hueco, con las semillas situadas en el interior. **2.** Chile. *Vulg.* Vulva. ◆ adj. y s.f. Chile. *Fig.* Se dice de lo que es fácil y sencillo de ejecutar.

papayo s.m. Árbol tropical de tronco recto, desnudo, fibroso y de poca consistencia, y hojas palmeadas, reunidas en la parte apical de las ramas. (Familia caricáceas.)

papear v.intr. Balbucir, tartamudear.

papel s.m. (cat. *paper*). Lámina delgada hecha con pasta de fibras vegetales blanqueadas y desleídas en agua, que después se hace secar y endurecer por procedimientos especiales. **2.** Pedazo de este material. **3.** En una obra teatral, cinematográfica o televisiva, parte que representa cada actor. **4.** *Fig.* Función que una persona desempeña en cierta situación o en la vida. **5.** Conjunto de valores mobiliarios que salen a negociación en el mercado. ◆ **papeles** s.m.pl. Documentos con que se acreditan la identidad, estado civil, profesión o calidad de una persona. ◇ **Hacer buen,** o **mal, papel** Actuar correcta, o incorrectamente, en una situación determinada. **Hacer (el) papel** Fingir con habilidad una cosa; representar algo con mucho realismo. **Papel cebolla** Papel de seda muy fino, traslúcido y ligero, adecuado para copias múltiples. **Papel de aluminio,** o **de estaño** Hoja muy fina de aluminio, o lámina muy delgada de estaño aleado, que se utiliza para envolver ciertos productos. **Papel de embalaje** Papel fabricado con pasta de calidad inferior que sirve para embalar objetos pesados o voluminosos. **Papel de fumar** Papel para liar cigarrillos. **Papel de música** Papel pautado para la notación musical. **Papel de tornasol** Papel impregnado en tinta de tornasol, que sirve como reactivo para reconocer los ácidos. **Papel Japón,** o **japonés** Papel blanco o ligeramente amarillento, sedoso y nacarado, utilizado para ediciones de lujo. **Papel maché** ART. DEC. Papel reducido a pasta por maceración y cohesionado con cola para poder modelarlo y hacer figuras o esculturas. **Papel mojado** *Fig.* Cosa inútil e inconsistente. **Papel pautado** Papel que tiene pauta para escribir recto. **Papel pergamino,** o **sulfurado** Papel de envoltorio de buena calidad e impermeable al agua. **Papel pintado** Papel decorativo para revestir paredes interiores. **Papel reactivo** QUÍM. Papel empleado para reconocer un cuerpo por el cambio de color que experimenta. **Papel secante** Papel esponjoso y sin cola, que absorbe los líquidos y se usa para secar lo escrito y enjugar manchas de tinta. **Papel sellado,** o **timbrado** Documento que tiene estampadas las armas de la nación con el precio de cada pliego y clase, como impuesto de timbre, y sirve para formalizar ciertos acuerdos y para otros usos oficiales. **Papel vegetal** Papel satinado sulfurado, traslúcido, que emplean los dibujantes y delineantes.

papeleo s.m. Conjunto de trámites que se hacen sobre un asunto en las oficinas públicas.

papelera s.f. Fábrica de papel. **2.** Cesto o recipiente para echar papeles inservibles.

papelería s.f. Establecimiento donde se vende papel y otros objetos de escritorio.

papelerío s.m. Amér. Conjunto de papeles desordenados o rotos.

papelero, a adj. Relativo al papel: *industria papelera.* ◆ s. Persona que tiene por oficio fabricar o vender papel.

papeleta s.f. Papel pequeño con un escrito que acredita un derecho o en que se consigna algún dato de interés: *papeleta de votación. de empeño.* **2.** *Fig.* y *fam.* Asunto, situación difícil o engorrosa. **3.** Cucurucho de papel: *una papeleta de castañas.*

papeletear v.intr. Hacer fichas o papeletas en un trabajo intelectual, o consultar textos para hacerlas.

papelillo s.m. Paquete de papel que contiene una pequeña dosis medicinal en polvo.

1. **papelina** s.f. (fr. *papeline*). Tela muy delgada, cuya urdimbre era de seda fina y la trama de seda basta.

2. **papelina** s.f. (bajo lat. galicano *papelina,* ración individual de comida). *Fam.* Pequeño envoltorio que contiene una dosis de droga.

papelista s.m. y f. Empapelador. **2.** Persona que comercia con papel, o lo fabrica o almacena.

papelón s.m. *Fig.* y *fam.* Actuación poco lucida o ridícula de una persona ante determinada situación. **2.** Escrito que se desprecia por algún motivo. **3.** Cartón delgado compuesto por dos papeles pegados. **4.** Amér. Pan de azúcar sin refinar.

papelonero, a s. Argent. *Fam.* Persona que suele hacer el ridículo.

papelorio s.m. *Desp.* Fárrago de papeles, escrituras, documentos, etc., superfluos o enojosos.

papelote s.m. *Desp.* Documento. **2.** Desperdicio de papel que generalmente se destina al reciclaje.

papera s.f. Bocio. **2.** VET. Tumor inflamatorio y contagioso que se le forma a los caballos jóvenes en la entrada del conducto respiratorio o en los ganglios submaxilares. ◆ **paperas** s.f.pl. Parotiditis.

papiamento s.m. Lengua criolla de los negros de las Antillas neerlandesas.

papiche adj. Chile. *Fam.* Se dice de la persona de mentón desproporcionado.

papila s.f. (lat. *papilla,* pezón). Pequeña prominencia cónica que se forma en la superficie de las membranas mucosas, especialmente en la lengua.

papilar adj. Relativo a las papilas.

papilionáceo, a adj. y s.f. (del lat. *papilio,* mariposa). Relativo a una familia de plantas de corola papilionada del orden leguminosas, a la que pertenecen la retama, la soya, la lenteja, el frijol, etc.

papilionado, a adj. BOT. Se dice de la corola parecida a una mariposa, compuesta generalmente de cinco pétalos.

papilitis s.f. Inflamación de una papila.

papilla s.f. Comida elaborada con harina, papas u otras féculas cocidas en agua o en leche hasta presentar la consistencia de una pasta más o menos espesa. **2.** RADIOL. Sustancia de contraste opaca a los rayos X que se hace ingerir para observar el tránsito del aparato digestivo mediante estudio radiológico. ◇ **Echar,** o **arrojar, la primera papilla** *Fam.* Tener un fuerte vómito. **Estar hecho papilla** *Fam.* Estar física o moralmente maltrecho. **Hacer papilla a alguien** *Fam.* Dejarlo maltrecho, malparado.

papillote s.m. (fr. *papillote,* trozo de papel con que se riza el cabello). Rizo de cabello sujeto con un papel. ◇ **A la papillote** Manera de envolver en papel la carne o pescado que se ha de asar.

papiloma s.m. Tumor en forma de papila que se forma en la piel y en las membranas mucosas. ◇ **Virus del papiloma humano** Género de los virus que afectan a las personas y que son responsables de lesiones en la piel y en las mucosas, más o menos contagiosas (verrugas, condilomas, cáncer del cuello del útero, etc.).

papiloso, a adj. BIOL. Que tiene papilas.

papión s.m. Simio catarrino de dimensiones notables y formas robustas, más adaptado a la vida terrestre que a la arbórea, que vive en Arabia y en toda África, al S del Sahara.

papiro s.m. Planta de la familia ciperáceas, de hasta 3 m de alt. y 10 cm de grosor, con ramas muy numerosas y colgantes. **2.** Lámina sacada del tallo de esta planta, que empleaban los antiguos como soporte para la escritura. **3.** Manuscrito en papiro: *descifrar un papiro.*

papiroflexia s.f. Técnica de hacer figuras doblando hojas de papel sucesivas veces.

papirotazo s.m. Golpe que se da, generalmente en la cabeza, haciendo resbalar sobre la yema del pulgar la uña de otro dedo de la misma mano, especialmente del corazón.

papirote s.m. *Fam.* Tonto. **2.** Papirotazo.

papirusa s.f. Argent. *Argot.* Mujer bonita.

papisa s.f. Mujer papa. (Se usa únicamente aplicado al personaje de la papisa Juana.)

papismo s.m. Término peyorativo con que los protestantes designaban al catolicismo.

papista adj. y s.m. y f. Término peyorativo con que los protestantes designaban a los católicos. ◇ **Ser más papista que el papa** Defender algo con mayor vehemencia que la que mostraría la máxima autoridad en ello.

papo s.m. Buche de las aves. **2.** Abultamiento que ciertos animales presentan entre la barba y el cuello. **3.** Bocio. **4.** BOT. Vilano. ◆ **papos** s.m.pl. Peinado femenino que consistía en unos rodetes que cubrían las orejas.

paporretear v.tr. Perú. Repetir o aprender alguna cosa de memoria sin entenderla.

páprika s.m. (voz serbocroata). Pimentón a menudo picante y muy aromático, que se usa como condimento. (Se cultiva especialmente en Hungría.)

papúa o **papú** adj. y s.m. y f. De un grupo de pueblos melanesios y malayo-polinesios de Nueva Guinea y de islas cercanas, cuyas lenguas, muy variadas, no pertenecen al grupo melanesio. (Practican la caza, la pesca y una agricultura itinerante.) ◆ adj. y s.m. Se dice de las lenguas de ese grupo de pueblos.

papudo, a adj. Se dice de un ave que presenta el papo grueso y crecido.

papujado, a adj. Se dice del ave, especialmente de la gallina, que tiene mucha pluma y carne en el papo. **2.** Abultado y hueco.

pápula s.f. (lat. *papula*). MED. Pequeña prominencia roja que aparece en la piel, sin pus ni serosidad.

paquebote o **paquebot** s.m. (ingl. *packboat,* de *pack,* paquete de cartas, y *boat,* barco). Embarcación que lleva correspondencia y pasajeros. **2.** Transatlántico.

1. **paquete** s.m. (fr. *paquet*). Objeto o conjunto de objetos de la misma o de distinta clase envueltos o atados formando un bloque: *un paquete de hojas.* **2.** *Fig.* Conjunto de medidas o disposiciones que se adoptan para poner en práctica o hacer efectivo algo. **3.** *Fig.* Persona que va detrás del piloto en una motocicleta. **4.** *Fig.* Persona torpe o molesta. **5.** DEP. Conjunto de ciclistas que marchan agrupados. **6.** INFORMÁT. **a.** Conjunto de aplicaciones compatibles entre sí en el que se incluyen varios programas que funcionan sobre la misma plataforma. **b.** Conjunto de datos consecutivos transmitidos por red de una computadora a otra. ◆ adj. y s.m. *Fam.* Petimetre. ◇ **Darse alguien su paquete** Méx. *Fam.* Darse importancia. **Marcar paquete** Esp. *Fam.* Resaltar los órganos genitales masculinos llevando ropa muy ceñida a la entrepierna. **Meter a alguien un paquete** Reprenderlo. **Paquete de acciones** ECON. Conjunto de acciones de una compañía pertenecientes a un solo titular. **Paquete postal** Paquete que se envía por correo.

2. **paquete, a** adj. y s. Argent. Se aplica a la persona cuya vestimenta es muy cuidada o a las casas o locales decorados con esmero: *anda muy paquete. tiene un traje nuevo.* ◇ **De paquete** o **hecho un paquete** Argent. *Fig.* y *fam.* Bien vestido, acicalado.

paquetear v.intr. Argent. y Urug. Presumir o ir bien vestido para lucirse ante los demás.

paquetería s.f. Conjunto de mercancías que se guarda o vende en paquetes. **2.** Argent., Par. y Urug. Compostura en el vestido o en el arreglo de casas o locales. **3.** Chile. Mercería.

paquidermia s.f. MED. Engrosamiento dérmico debido a una infiltración de la piel.

paquidérmico, a adj. Relativo a los paquidermos. **2.** Que se parece a un elefante o tiene características semejantes: *andares paquidérmicos.*

paquidermo, a adj. (gr. *pakhýdermos,* de piel gruesa, de *pakhýs,* grueso, y *dérmos,* piel). Se dice de un animal de piel gruesa, como el elefante, el rinoceronte o el hipopótamo. (Antiguamente constituía un grupo en el que se incluían los proboscidios, suimorfos y équidos. Actualmente carece de valor taxonómico.)

paquistaní adj. y s.m. y f. → **pakistaní.**

1. **par** adj. (lat. *par, -is*). Se dice del número que al dividirlo por 2 da como resultado un número entero. **2.** Se dice de lo que es igual a otra persona o cosa por cualidad, condición o cantidad. **3.** ZOOL. Se dice del órgano que se corresponde a otro igual. ◆ s.m. Conjunto de dos unidades de la misma especie. **2.** Pareja, conjunto de dos cosas que se complementan: *un par de zapatos.* **3.** Hace referencia a un conjunto pequeño e indeterminado de cosas, generalmente dos o tres. **4.** En el golf, número de golpes necesarios para cumplir el recorrido de un hoyo o de un campo: *el hoyo cinco es de par cuatro.* **5.** CONSTR. Cada uno de los dos maderos que, en una armadura, tienen la inclinación del tejado y sirven de apoyo a las correas. **6.** MAT. Conjunto formado por dos elementos asociados. ◆ s.f. Amér. Persona de igual condición social o profesional. ◆ **pares** s.f.pl. ANAT. Placenta. ◇ **A la par** B. Y BOLSA. Equivalencia del valor del mercado de un título con su valor nominal. **A la par** o **al,** o **a, par** A la vez, además. **A pares** De dos en dos. **De par en par** Se dice de una puerta o ventana completamente abierta. **Función par** MAT. Función que toma el mismo valor para dos valores opuestos de la variable. **Par de fuerzas** FÍS. Sistema formado por dos fuerzas iguales, paralelas y de sentido contrario. **Par de una moneda** Valoración de dicha moneda en relación con otra, teniendo en cuenta su valor legal o su peso en metal. **Par motor** FÍS. Momento, respecto del eje de rotación, de la fuerza transmitida por el motor. **Par termoeléctrico** FÍS. Termopar. **Sin par** Que no tiene igual, superior a todos.

2. **par** s.m. Miembro de la cámara de los lores de Gran Bretaña. **2.** Título de dignidad en algunos estados, variable según las épocas y lugares.

para prep. Indica la utilidad, fin o término al que se encamina una acción: *estudia para aprender.* **2.** Por, a fin de: *lo hice para complacerte.* **3.** Señala el tiempo en que finaliza o se ejecuta una acción: *estará listo para el jueves.* **4.** Determina el uso o utilidad que se puede dar a una cosa: *esto es para hacer agujeros.* **5.** Junto con los pronombres personales *mí, ti...* y ciertos verbos denota la particularidad de la persona o una acción interior: *lee para sí.* **6.** Con el verbo *estar,* indica la necesidad o conveniencia de algo: *el automóvil está para el desguace; la ropa está para lavar.* **7.** Hacia: *ir para casa.* **8.** Con relación a: *le pagan poco dinero para lo que trabaja.* **9.** Se utiliza como elemento de relación con algunos adjetivos: *el tratado es conveniente para todos.* **10.** Significa el motivo o causa de una cosa: *¿para qué has venido?* **11.** Con la preposición *con,* en relación con: *es amable para con todos sus amigos.*

paraba s.f. Bol. Papagayo.

parábasis s.f. (voz griega, *avance*). LIT. Parte de la comedia griega en la que el autor, por medio del corifeo, se dirige a los espectadores.

parabellum s.f. Cartucho de calibre 9 mm, utilizada generalmente en armas cortas.

parabién s.m. Felicitación.

parabiosis s.f. BIOL. Asociación de dos o más organismos en la que solamente uno de ellos vive en las condiciones que le son propias y el otro u otros organismos son parásitos. (Puede ser natural o provocada con fines experimentales.)

parábola s.f. (lat. *parabola,* comparación, símil, del gr. *parabolí,* comparación, alegoría). Alegoría para explicar una enseñanza: *la parábola del hijo pródigo.* **2.** MAT. Lugar geométrico de los puntos de un plano equidistantes de un punto fijo o foco, y de una recta fija, o directriz; es el resultado de la sección de un cono de revolución por un plano paralelo a un plano tangente.

parabólico, a adj. Relativo a la parábola. **2.** MAT. Que tiene forma de parábola: *superficie parabólica.* ◆ adj. y s.f. Se dice de la antena de televisión que tiene un receptor en forma de parábola, para captar señales a larga distancia a través de un satélite.

parabolizar v.intr. Hablar o expresar algo con parábolas. ◆ v.tr. FÍS. Dar a algo forma parabólica.

paraboloide s.m. Cuádrica sin centro de simetría, que es simétrica respecto de dos planos y tiene eje común a ellos. ◇ **Paraboloide de revolución** Superficie engendrada por una parábola que gira alrededor de su eje.

parabrisas s.m. (pl. *parabrisas*). Placa de cristal especial o de material transparente, situada en la parte delantera de un vehículo, para resguardar a los ocupantes del aire cuando este está en movimiento.

paraca s.f. (quechua *parákka,* viento que levanta una lluvia de arena). Amér. Viento muy fuerte del Pacífico.

paracaídas s.m. (pl. *paracaídas*). Dispositivo destinado a ralentizar la caída y velocidad de una persona o de un objeto, compuesto por una tela fuerte y ligera atada con cordones de suspensión a un sistema de correas de fijación.

paracaidismo s.m. Técnica o deporte del salto con paracaídas.

paracaidista s.m. y f. Deportista o militar entrenado en el salto con paracaídas. ◇ **Bandera de paracaidistas** Unidad del ejército de tierra español, de entidad similar a la del batallón, integrada por personal con el título de paracaidista.

paracascos s.m. (pl. *paracascos*). MIL. Pared de tierra, ladrillos, sacos terreros, etc., que sirve para protegerse de los efectos de los cascos de metralla.

paracentesis s.f. (gr. *parakéntisis,* de *kentein,* punzar). CIR. Operación consistente en practicar una punción en una cavidad llena de líquido.

paracetamol s.m. Medicamento químico con propiedades analgésica, antipirética y miorrelajante.

parachispas s.m. (pl. *parachispas*). Pantalla metálica que se pone en la boca de las estufas o chimeneas de calefacción para impedir que las chispas salten.

parachoques s.m. (pl. *parachoques*). Pieza de un vehículo colocada en la parte exterior trasera y delantera para proteger la carrocería y ciertos accesorios contra los choques de poca importancia. **2.** F.C. Obstáculo artificial situado al extremo de una vía férrea terminal, para detener los vehículos que llegaran a topar con el mismo.

paráclito s.m. (gr. *parakletos*). TEOL. Espíritu Santo.

paracronismo s.m. Falta de cronología que consiste en situar un acontecimiento en época posterior a aquella en la que ha tenido lugar.

paracusia s.f. Trastorno de la audición.

parada s.f. Acción de pararse o detenerse. **2.** Sitio donde se para. **3.** Lugar donde se detienen los vehículos de transporte público. **4.** Lugar fijo donde están los vehículos de alquiler a disposición del público: *parada de taxis.* **5.** Cantidad de dinero que en el juego se expone a una sola suerte. **6.** Formación de tropas para pasarles revista o hacer alarde de ellas en una solemnidad. **7.** Suspensión o pausa en una obra musical. **8.** DEP. Acción de detener el ataque de un adversario, sujetando o desviando el arma, la bola o el balón. ◇ **Comportamiento de parada** ETOL. Conjunto de actos ritualizados dependiente del comportamiento reproductor que se desarrolla antes de la cópula. **Hacer la parada** Méx. Hacer una seña a un vehículo de pasajeros para que se detenga. **Parada de sementales** Lugar destinado a la cubrición de las vacas, yeguas u otras hembras de animales domésticos. **Parada en firme** EQUIT. Detención brusca de un caballo en la doma.

paradero s.m. Lugar donde se está o se va a parar. **2.** *Fig.* Fin o estado a que se llega. **3.** Amér. Merid. y Méx. Apeadero de ferrocarril o parada de autobuses.

paradiástole s.f. Figura retórica que consiste en poner en contraste palabras de significado semejante.

paradigma s.m. (gr. *parádeigma,* modelo, ejemplo). Ejemplo que sirve de norma. **2.** FILOS. En la filosofía platónica, el mundo de las ideas, prototipo del mundo sensible en que vivimos. **3.** LING. Conjunto de formas que pueden sustituir a otra en el mismo contexto: *paradigma verbal.*

paradigmático, a adj. Relativo al paradigma. **2.** Ejemplar.

paradisíaco, a o **paradisiaco, a** adj. (lat. *paradisiacus*). Relativo al paraíso.

parado, a adj. Calmoso, remiso en palabras, acciones o movimientos. **2.** Vacilante, desconcertado. **3.** Con verbos de resultado, y acompañado de *bien, mal, mejor, peor,* etc., beneficiado o perjudicado: *salir mal parado de un negocio.* **4.** Amér. Que está de pie, en posición vertical. **5.** Chile, Perú y P. Rico. Orgulloso, engreído. ◆ adj. y s. Esp. Desempleado.

paradoja s.f. (gr. *parádoxa,* pl. neutro de *parádoxos,* contrario a la opinión común). Idea extraña, opuesta a lo que se considera verdadero o a la opinión general. **2.** Expresión lógica en la que hay una incompatibilidad aparente. **3.** Coexistencia ilógica de cosas.

paradójico, a adj. Que incluye paradoja o que la emplea.

parador s.m. Establecimiento, situado generalmente en la carretera, donde se hospedan los viajeros. ◇ **Parador nacional** Hotel creado por los organismos destinados a desarrollar el turismo en España.

paraestatal adj. Se dice del organismo o empresa que cooperan con el Estado, por delegación de este, pero sin formar parte de la administración pública.

parafango s.m. Guardabarros.

parafasia s.f. Trastorno del habla consistente en sustituir una palabra por otras o por un conjunto de palabras, a veces de sonido parecido, que no expresan el mismo concepto.

parafernales adj. (del gr. *para,* además, y *pherné,* dote). **Bienes parafernales** Patrimonio privativo de la mujer que aporta al matrimonio sin incluirlo en la dote, y bienes que adquiere después de constituida esta sin agregarlos a ella.

parafernalia s.f. (ingl. *paraphernalia,* trastos). Aparato o conjunto de cosas generalmente ostentosas que rodean a una persona o cosa.

parafimosis s.f. MED. Estrangulamiento del glande por el prepucio.

parafina s.f. (del lat. *parum,* poco). Mezcla de hidrocarburos saturados sólidos caracterizados por su poca afinidad con los agentes químicos. **2.** QUÍM. Alcano.

parafinoso, a adj. Que contiene parafina: *petróleo parafinoso.*

parafiscal adj. Relativo a la parafiscalidad: *tasa parafiscal.*

parafiscalidad s.f. Conjunto de exacciones exigidas por el estado, fuera del presupuesto, para un fin concreto y con ocasión de la gestión individualizada de servicios públicos.

paráfisis s.f. BOT. En los hongos, hifa estéril que acompaña a los elementos productores de esporas.

parafrasear v.tr. Hacer una paráfrasis.

paráfrasis s.f. (lat. *paraphasis,* del gr. *paráphasis*). Explicación para aclarar o ampliar un texto. **2.** Traducción libre de un texto.

parafrástico, a adj. Relativo a la paráfrasis.

parafrenia s.f. PSICOPATOL. Psicosis crónica caracterizada por alucinaciones y delirios de carácter absurdo, en la que el paciente conserva una conducta razonable si no se trata el tema delirante.

parage s.m. HIST. En la edad media, sistema utilizado por los soberanos y señores feudales para evitar la división de sus feudos, consistente en dividir el feudo entre los hijos del vasallo dejándole únicamente al primogénito los deberes y derechos que se desprendían de aquel.

paráglifo s.m. FOT. Imagen que da la sensación de relieve.

paragoge s.f. (gr. *paragogé,* derivación gramatical, de *parágein,* conducir hacia). Adición de un fonema, etimológico o no, al final de una palabra.

paragógico, a adj. Añadido por paragoge: *vocal paragógica.*

paragolpes s.m. (pl. *paragolpes*). Argent., Par. y Urug. Parachoques de un vehículo.

parágrafo s.m. Párrafo.

paraguas s.m. (pl. *paraguas*). Utensilio portátil para resguardarse de la lluvia, formado por una cubierta circular de tela impermeable o de plástico y un mango alargado.

paraguaya s.f. Fruta de aspecto y sabor semejantes al melocotón mollar, pero de forma más aplanada.

paraguayo, a adj. y s. De Paraguay. ◆ s.m. Variedad del español hablada en Paraguay.

paragüería s.f. Tienda de paraguas.

paragüero, a s. Persona que tiene por oficio hacer, componer o vender paraguas. ◆ s.m. Mueble para colocar los paraguas y bastones.

parahúso s.m. Especie de portabrocas para taladrar.

paraíso s.m. (lat. *paradisus,* del gr. *parádeisos,* parque). Lugar en que, según la Biblia, vivieron Adán y Eva después de la creación. (También *paraíso terrenal.*) **2.** En ciertas religiones, lugar en que los bienaventurados gozan de la presencia de Dios o de los dioses. **3.** *Fig.* Lugar donde una persona se encuentra muy tranquila y protegida de cualquier amenaza: *paraíso de la delincuencia.* **4.** En algunos teatros, anfiteatro colocado en la parte más elevada, gallinero. ◇ **Paraíso fiscal** País donde la legislación fiscal es muy permisiva, en especial para los capitales extranjeros que pueden escapar al control legislativo de su país de origen.

paraje s.m. Lugar, especialmente el que está alejado o aislado.

paraláctico, a adj. Relativo a la paralaje.

paralaje s.f. (del gr. *parállaxis,* cambio). Desplazamiento de la posición aparente de un cuerpo, debido a un cambio de posición del observador. **2.** Ángulo bajo el cual se vería de forma normal, a partir de un astro, una longitud igual al radio terrestre, en el caso de los astros del sistema solar, o al semieje mayor de la órbita terrestre, en el caso de las estrellas. **3.** FOT. Ángulo formado por los ejes ópticos del objetivo y del visor de un aparato, orientados hacia un mismo objeto, que falsea la mira a corta distancia. **4.** MIL. Ángulo bajo el cual se ve un objeto a una distancia determinada.

paralalia s.f. Alteración del lenguaje o de la pronunciación.

paralela s.f. Recta paralela a otra recta o a un plano. **2.** MIL. Trinchera o comunicación subterránea paralela al frente. ◆ **paralelas** s.f.pl. Aparato gimnástico que consiste en dos barras paralelas a cierta altura del suelo. (Pueden ser *simétricas* o *asimétricas.*)

paralelepípedo s.m. (de *paralelo* y el gr. *epípedon,* plano). Poliedro de seis caras, todas paralelogramos, siendo las caras opuestas iguales y paralelas dos a dos. ◇ **Paralelepípedo rectángulo** Paralelepípedo recto cuya base es un rectángulo. **Paralelepípedo recto** Paralelepípedo cuyas aristas son perpendiculares a los planos de base.

paralelismo s.m. Cualidad de paralelo o circunstancia de ser dos cosas paralelas. **2.** LIT. Fórmula expresiva que consiste en la repetición reiterativa de una misma frase con leves variantes.

paralelo, a adj. (lat. *parallelus,* del gr. *parállilos*). Se dice de dos o más rectas que, dos a dos, se encuentran en un mismo plano y no se cortan. **2.** Parecido, que se desarrolla en la misma dirección. ◆ s.m. Círculo imaginario de la Tierra o de un astro cualquiera, en un plano paralelo al del ecuador, que sirve para medir la latitud. **2.** Comparación entre dos personas o dos cosas para apreciar sus cualidades o sus defectos. **3.** MAT. Sección de una superficie de revolución por un plano perpendicular al eje. ◇ **Curvas,** o **superficies, paralelas** Curvas, o superficies, planas que admiten las mismas normales y que, como las porciones de normales comprendidas entre las dos curvas, o las dos superficies, tienen una longitud constante. **En paralelo** ELECTR. En derivación. **Planos paralelos** Planos que no tienen ningún punto común.

paralelogramo s.m. (de *paralelo* y el gr. *grammé,* línea). Cuadrilátero cuyos lados son paralelos dos a dos.

paralímpico, a o **paraolímpico, a** adj. Relativo a la competición de juegos atléticos inspirada en las olimpiadas y reservada a disminuidos físicos.

parálisis s.f. (gr. *parálysis,* relajación, parálisis, de *paralýein,* desatar). Pérdida total o disminución considerable de la función motriz. **2.** Paro completo: *el país se encuentra en una parálisis económica.* **3.** Imposibilidad de actuar.

parálisis

Las principales causas de parálisis son: los traumatismos (fractura del raquis), los tumores y enfermedades del sistema nervioso, los trastornos circulares del cerebro (hemorragia cerebral), las intoxicaciones (setas venenosas, botulismo), y las infecciones víricas (poliomielitis). Determinadas parálisis son consecuencia de lesiones del tejido muscular (miopatía, miositis). La parálisis puede afectar a un solo lado del cuerpo (hemiplejía), a las dos extremidades inferiores (paraplejía), o a una sola extremidad (monoplejía). Cuando las cuatro extremidades se ven afectadas se trata de una cuadriplejía o tetraplejía. La *parálisis general* es un estado demencial de origen sifilítico, que desde el descubrimiento y uso regular del antibiótico es poco frecuente.

paraliteratura s.f. Literatura al margen de la cultura literaria establecida y que comprende géneros destinados al consumo de masas, como la novela policíaca, el cómic, etc.

paralítico, a adj. y s. Relativo a la parálisis; que padece parálisis.

paralización s.f. Acción y efecto de paralizar: *paralización de un miembro; paralización económica.*

paralizar v.tr. y prnl. (fr. *paralyser*). Causar parálisis de un miembro u otro órgano del cuerpo. **2.** *Fig.* Detener una actividad o movimiento.

parallamas s.m. (pl. *parallamas*). Dispositivo que impide, durante un tiempo determinado, la propagación del calor en un incendio.

paralógico, a adj. Relativo al paralogismo.

paralogismo s.m. (gr. *paralogismós*). Razonamiento falso.

paramagnético, a adj. Se dice de un cuerpo o sustancia que se imanta en la misma dirección que el hierro, pero de forma mucho más débil.

paramagnetismo s.m. Propiedad de los cuerpos paramagnéticos.

paramecio s.m. Protozoo del tipo ciliados, común en las aguas dulces estancadas, cuyo cuerpo puede alcanzar hasta 1/5 mm de long.

paramédico, a adj. Se dice de las cuestiones y actividades técnicas o administrativas relacionadas con la profesión médica.

paramentar v.tr. Cubrir o adornar con paramentos.

paramento s.m. (lat. *paramentum,* adorno). Revestimiento de una cubierta, tejado, pared, muro, etc. **2.** Adorno con que se cubre una cosa. **3.** Cada una de las caras de una pared o de un sillar labrado. **4.** Primera cara desbastada y alisada de una pieza de madera de construcción. **5.** Cara que ha de quedar a la vista en una obra de carpintería o de ebanistería. **6.** Apresto superficial que se aplica a ciertas urdimbres, particularmente de algodón, para dar cuerpo al tejido. ◆ **paramentos** s.m.pl. Ornamentos del altar. ◇ **Paramentos sacerdotales** Vestiduras que usan los sacerdotes para administrar los sacramentos y celebrar los oficios divinos.

paramétrico, a adj. Relativo al parámetro. ◇ **Amplificador paramétrico** Amplificador que posee un elemento reactivo capaz de variar en función de la amplitud instantánea de la señal.

parámetro s.m. Elemento constante en el planteamiento de una cuestión. **2.** ESTADÍST. Magnitud medible que permite presentar de forma más simple las características principales de un conjunto estadístico. **3.** INFORMÁT. Variable de la que no se precisan el valor, el nombre o la localización codificada hasta el momento de la ejecución del programa. **4.** MAT. Valor que se presenta como una constante en una expresión o ecuación, pero que puede ser fijado a voluntad. ◇ **Parámetro de una parábola** MAT. Distancia de su foco a su directriz.

paramilitar adj. Se dice de la organización civil cuya estructura y disciplina son similares a las del ejército.

paramnesia s.f. Trastorno de la memoria que afecta a la rememoración de los recuerdos y se manifiesta por fabulaciones, localización errónea en el tiempo e ilusión de lo ya visto.

páramo s.m. (hispano-lat. *paramus*). Superficie estructural o de erosión horizontal o subhorizontal, elevada y de suelo áspero, pedregoso, sin cultivo ni viviendas, y cubierta por una vegetación pobre. **2.** *Fig.* Lugar frío y desagradable. **3.** Colomb. y Ecuad. Llovizna.

paranense s.m. y adj. → **paraniense.**

paraneoplásico, a adj. MED. Se dice del síndrome o de la manifestación patológica que aparecen paralelamente al cáncer y desaparecen al ser extirpado este.

parangón s.m. (ital. *paragone*). Comparación o símil.

parangonar v.tr. (ital. *paragonare,* aquilatar el oro, comparar). Hacer una comparación entre dos cosas. **2.** ART. GRÁF. Juntar en una misma línea de composición caracteres de cuerpos diferentes, de modo que queden perfectamente alineados.

paraniense o **paranense** s.m. y adj. Piso del mioceno de Uruguay que constituye la parte inferior de la formación patagónica.

paranieves s.m. (pl. *paranieves*). Construcción u obra para contener o impedir aludes de nieve.

paraninfo s.m. (gr. *paranymphos,* padrino de bodas). Salón de una universidad u otro centro de enseñanza, en que se celebran ciertos actos de carácter solemne. **2.** En la antigua Grecia, joven amigo del esposo que, antes de la celebración del matrimonio, iba a buscar a la novia a casa de sus padres.

paranoia s.f. (gr. *paránoia,* locura, de *pará,* fuera de, y *noys,* mente). Psicosis crónica caracterizada por la organización lógica de los temas delirantes, que se forman por intuición o interpretación a partir de premisas falsas.

paranoia

La personalidad paranoica se caracteriza por la sobrestimación del yo, la desconfianza, el orgullo, la ausencia de autocrítica y la rigidez exagerada, pero puede existir sin que aparezca ningún delirio. El delirio paranoico presenta, al menos al comienzo, una relativa penetrabilidad y se conserva la lucidez en todo lo que no afecta al delirio. Se distinguen entre los delirios paranoicos, delirios pasionales y delirios de interpretación, cuya forma más clásica es el delirio de persecución.

paranoico, a adj. y s. Relativo a la paranoia; que padece paranoia.

paranoide adj. Semejante a la paranoia. ◇ **Demencia paranoide** PSIQUIATR. Forma de esquizofrenia caracterizada por la aparición de ideas delirantes, preferentemente de persecución.

paranomasia s.f. → **paronomasia.**

paranormal adj. Se dice del fenómeno cuyas causas, inexplicables desde el estado actual del conocimiento, se deben a fuerzas desconocidas de la naturaleza de origen psíquico (percepción extrasensorial, psicoquinesia, etc.).

parao s.m. Embarcación propia de los mares de China y de la India, parecida al junco en su aparejo.

paraolímpico, a adj. → **paralímpico.**

parapente s.m. Práctica deportiva que consiste en lanzarse en paracaídas desde una montaña o punto elevado, controlando el vuelo con el fin de prolongar su duración y decidir la trayectoria. **2.** Paracaídas rectangular diseñado para practicar este deporte.

parapetarse v.prnl. Resguardarse tras un parapeto. **2.** *Fig.* Protegerse para evitar un riesgo.

parapeto s.m. (ital. *parapetto,* de *parare,* defender, y *petto,* pecho). CONSTR. Antepecho. **2.** FORT. Muro, terraplén o barricada que protege a los defensores de una fortificación y les permite disparar al abrigo de sus asaltantes.

paraplejía o **paraplejia** s.f. (gr. *paraplexía*). Parálisis de las extremidades inferiores.

parapléjico, a adj. y s. Relativo a la paraplejía; que padece paraplejía.

parápodo s.m. Órgano natatorio de los anélidos marinos, cubierto de quetas. (Es una expansión lateral de los anillos que funcionan como una especie de remos en la natación.)

parapsicología s.f. Estudio de los fenómenos paranormales, esencialmente la percepción extrasensorial y la psicoquinesis. SIN.: *metapsíquica.*

parapsicólogo, a s. y adj. Persona especializada en parapsicología.

parar v.intr. y prnl. (lat. *parare,* preparar, disponer, proporcionar). Cesar en el movimiento o en la acción. **2.** Amér. Estar o ponerse de pie. ◆ v.intr. Llegar, después de pasar por distintas vicisitudes, a determinada situación. **2.** Alojarse, hospedarse. ◆ v.tr. Detener o impedir un movimiento o acción: *parar un motor. el trabajo.* **2.** Preparar o disponer: *parar la mesa.* **3.** Apostar dinero en el juego. **4.** Frenar el torero la embestida del toro, logrando que se detenga y se fije en los objetos antes de embestir. **5.** En esgrima, interceptar con la espada el golpe del contrario. ◆ v.tr. y prnl. Poner de pie o en posición vertical. ◆ **pararse** v.prnl. Seguido de la prep. *a* y el infinitivo de un verbo de pensamiento, realizar lo que se expresa con detenimiento: *pararse a pensar.* **2.** Quedarse quieto el torero, sin variar la posición de los pies, durante la ejecución de la suerte. **3.** Quedarse quieto el toro y fijarse en lo que va a acometer. **4.** *Fig.* Detenerse o interrumpir la ejecución de un designio. **5.** Méx. Despertarse. ◇ **No parar** Estar continuamente ocupado; estar o ser muy inquieto. **Parar mal** Llegar a una mala situación. **Sin parar** Continuamente, sin interrupción.

pararrayos s.m. (pl. *pararrayos*). Dispositivo, que se coloca en la parte alta de un edificio, que descarga en el suelo la electricidad de los rayos y lo protege de sus efectos.

parasexualidad s.f. BIOL. Conjunto de las modalidades primitivas de la sexualidad, sin meyosis ni fecundación propiamente dicha.

parasimpático, a adj. y s.m. ANAT. Se dice de uno de los dos sistemas nerviosos neurovegetativos que aminora el ritmo cardíaco y acelera los movimientos del tubo digestivo. (Actúa de forma contraria al sistema simpático.)

parasimpaticolítico, a adj. y s.m. Se dice de la sustancia que se opone a la acción del sistema parasimpático.

parasimpaticomimético, a adj. y s.m. Se dice de la sustancia que reproduce los efectos del sistema parasimpático.

parasíntesis s.f. LING. Modo de formación de palabras en que se combinan la composición y la derivación.

parasintético, a adj. y s.m. LING. Se dice de la palabra compuesta por parasíntesis.

parapsíquico, a adj. Metapsíquico.

parasitar v.tr. Invadir un organismo animal o vegetal. **2.** Vivir un organismo a expensas de otro. **3.** Perturbar una señal radioeléctrica los parásitos.

parasitario, a adj. Relativo a los parásitos. **2.** Provocado por la presencia de parásitos.

parasiticida adj. y s.m. Que destruye los parásitos.

parasítico, a adj. BIOL. Parasitario.

parasitismo s.m. Modo de vida de un parásito. **2.** BIOL. Asociación entre dos organismos animales o vegetales de distintas especies, que viven el uno a expensas del otro. **3.** SOCIOL. Estado social por el que un individuo o grupo vive a expensas de los otros, sin la correspondiente contribución al esfuerzo común.

parásito, a adj. y s.m. (lat. *parasitus,* del gr. *parásitos* comensal, parásito). Se dice del organismo que obtiene su alimento de otro organismo llamado *huésped.* como la tenia, del ser humano, y el mildiu, de la vid. **2.** Se dice de la persona que vive en la ociosidad, a expensas de los demás o de la sociedad. ◆ **parásitos** s.m.pl. Perturbaciones de origen atmosférico o industrial que interfieren la recepción de las señales radioeléctricas.

parasitología s.f. Estudio de los parásitos del ser humano, de los animales y de las plantas.

parasitosis s.f. Enfermedad causada por un parásito.

parasol s.m. Sombrilla, quitasol. **2.** Pieza accesoria, móvil u orientable, dispuesta sobre el parabrisas en el interior de un vehículo, que sirve para evitar el deslumbramiento del conductor por los rayos solares o las luces.

parataxis s.f. LING. Construcción sintáctica que consiste en yuxtaponer frases sin hacer explícita la relación que las une.

parathormona s.f. Hormona producida por las glándulas paratiroideas, cuya secreción regula el nivel del fósforo y del calcio en el medio interior.

paratífico, a adj. Relativo a la paratifoidea; que padece paratifoidea.

paratifoidea s.f. y adj. Enfermedad infecciosa parecida al tifus, pero menos grave.

paratiroideo, a adj. Relativo a las paratiroides.

paratiroides s.f. Glándula endocrina situada a los lados del tiroides, dos a cada lado, que produce la parathormona.

paraulata s.f. Venez. Ave de color ceniciento, parecida al tordo.

paraván s.m. Dispositivo a base de flotadores especiales que, remolcado entre dos aguas, protege a los barcos contra las minas submarinas de contacto.

paravientos s.m. (pl. *paravientos*). Pantalla compuesta de paneles articulados que sirve para dominar la fuerza del viento sin obstruir el paso del aire o del sonido.

parca s.f. (de *Parcas,* divinidades latinas). *Poét.* La muerte.

parcela s.f. (fr. *parcelle,* partícula). Porción de terreno continuo que presenta uniformidad por pertenecer a un único propietario, por estar ocupada por una única clase de cultivo, o por constituir una unidad de explotación. **2.** Partícula, parte pequeña.

parcelar v.tr. Dividir o medir un terreno en parcelas. **2.** *Fig.* Dividir algo en partes.

parcelario, a adj. Relativo a las parcelas: *plan parcelario.*

parcha s.f. Planta pasiflorácea que crece en América, de la que existen diversas especies. <> **Parcha granadilla** Planta trepadora que crece en América tropical, de flores muy grandes, olorosas, encarnadas por dentro, y fruto del tamaño de un melón con pulpa sabrosa y agridulce. (Familia pasifloráceas.)

parchar v.tr. Méx. Poner parches.

parche s.m. (fr. ant. *parche,* cuero). Pedazo de cualquier material que se pega sobre una cosa, generalmente para tapar un agujero. **2.** *Fig.* Cosa que se añade a otra de forma chapucera, especialmente retoque mal hecho en la pintura. **3.** *Fig.* y *fam.* Arreglo o solución transitoria a una situación o a un problema económico, social o político. **4.** Trozo de lienzo que contiene un preparado medicamentoso, que se adhiere sobre la piel de determinadas regiones del cuerpo. **5.** MÚS. Piel del tambor. **6.** MÚS. Tambor.

parchear v.tr. *Fam.* Poner parches.

parchís s.m. (pl. *parchís*). Juego de mesa de origen indio que se practica sobre un tablero con cuatro salidas, en el que cada jugador debe intentar llegar el primero a la casilla central con sus cuatro fichas, avanzando por casillas sucesivas según el número de puntos que saca al tirar un dado.

parcial adj. (lat. *partialis*). Incompleto: *vista parcial; eclipse parcial.* **2.** Que forma parte de un todo; que pertenece a una parte de un todo: *elecciones parciales.* ◆ adj. y s.m. y f. Que procede en favor o en contra de algo o alguien sin tener en cuenta la ecuanimidad o equidad: *un juez parcial.* ◆ s.m. y adj. Examen que forma parte del control continuado en la enseñanza. **2.** ACÚST. Cada uno de los sonidos que emite una fuente sonora cuando vibra por sus propios medios. <> **Dividendo parcial** Uno de los restos sucesivos que se obtienen durante una división.

parcialidad s.f. Actitud del que no procede con ecuanimidad o equidad. **2.** Grupo de personas que se separa de otro mayor. **3.** Familiaridad en el trato.

parco, a adj. (lat. *parcus,* de *parcere,* ahorrar). Escaso: *texto parco en ejemplos.* **2.** Moderado, sobrio: *parco en el comer.*

pardal s.m. Gorrión. **2.** Pardillo, pájaro. **3.** Leopardo. **4.** *Fam.* Hombre astuto y pícaro. ◆ adj. Se dice del campesino, por ir vestido habitualmente de color pardo. <> **Camello pardal** Jirafa.

pardear v.intr. Tomar color pardo.

pardela s.f. (port. *pardela*). Ave palmípeda marina, de unos 45 cm de long., de cuerpo alargado, pico pequeño y delgado, narices externas tubulares y plumaje grisáceo. (Familia procelláridos.)

pardete s.m. Pez teleósteo de carne comestible, aunque poco apreciada, que vive en el Atlántico y Mediterráneo. (Familia mugílidos.)

¡pardiez! interj. (de *par Dios*). *Fam.* Expresa enojo o sorpresa.

pardillo, a adj. y s. Pardal, campesino. **2.** Esp. *Fig.* Paleto. **3.** Esp. *Fig.* Incauto, falto de malicia. ◆ s.m. Ave paseriforme, de 15 cm de long., de plumaje pardo en el dorso y rojo en el pecho, granívora y canora. (Familia fringílidos.) SIN.: *pajarel.*

pardo, a adj. y s.m. (lat. *pardus,* del gr. *párdos,* leopardo). Se dice del color marrón, como el de la cáscara de la castaña, o el del chocolate. ◆ adj. Que es de este color: *pelaje pardo.* **2.** Oscuro: *nubes pardas.* **3.** Poco claro o vibrante. ◆ adj. y s. Amér. Merid. Mulato. **2.** HIST. Se dice del indio o negro que se enfrentó a la aristocracia criolla durante la lucha por la emancipación venezolana (1810-1823). <> **Pólvora parda** Variedad de pólvora negra que se empleaba principalmente para cañones de gran calibre. **Tierra parda** Tipo de suelo evolucionado, con un perfil completamente descarbonatado, pero en el que la lixiviación de los coloides, nula o escasa, no produce ningún horizonte de acumulación visible.

pardusco, a o **parduzco, a** adj. Que tiene un tono pardo.

pareado, a adj. y s.m. Se dice de la forma estrófica compuesta por dos versos que riman entre sí en asonante o en consonante y que pueden tener un número variable de sílabas. **2.** HERÁLD. Se dice de dos figuras iguales puestas de lado.

parear v.tr. Juntar dos cosas comparándolas entre sí. **2.** Formar una pareja con dos cosas. **3.** TAUROM. Clavar banderillas a pares.

1. **parecer** v.intr. (lat. vulg. *parescere,* de *parere,* aparecer, parecer). Tener determinada apariencia o aspecto: *parecer mayor, alto.* **2.** Ser algo la opinión de una persona o causarle determinada opinión: *me parece que vendrá.* **3.** Dar motivos para creer u opinar algo: *parece que va a llover.* ◆ **parecerse** v.prnl. Tener parecido una persona o cosa con otra: *se parece a su madre; la casa parece una pocilga.* <> **Al parecer** o **a lo que parece** A juzgar por las apariencias, sin profundizar en la cuestión. **Parecer bien,** o **mal** Tener algo buen, o mal, aspecto; ser acertado, o poco acertado. [V. cuadro pág. siguiente.]

2. **parecer** s.m. Opinión que se tiene acerca de algo: *ser del mismo parecer.* **2.** Aspecto físico de una persona.

parecido, a adj. Con los adv. *bien* o *mal.* de aspecto físico agradable o desagradable. ◆ s.m. Semejanza, cualidad de semejante: *tener cierto parecido con alguien.*

pared s.f. (lat. *paries, -etis*). Muro o tabique de obra que sostiene las techumbres o separa las piezas contiguas en el interior de los edificios. **2.** Superficie lateral, costado, cara interna o cualquier superficie que limita una cavidad: *las paredes de una caja.* **3.** *Fig.* Conjunto de cosas o personas estrechamente unidas: *una pared de libros.* **4.** En alpinismo, vertiente abrupta de una montaña. **5.** En pelota vasca, muro que se extiende a la izquierda del frontón, formando ángulo recto con este. **6.** ANAT. Parte que limita una cavidad o que envuelve una estructura: *pared abdominal. craneana. torácica.* <> **Darse contra,** o **por, las paredes** *Fam.* Fatigarse por lograr algo que no se consigue alcanzar. **Entre cuatro paredes** Aislado del trato con la gente. **Pared en,** o **por medio** Denota contigüidad o cercanía de una cosa respecto a otra. **Subirse por,** o **darse contra,** o **por, las paredes** Estar enfurecido.

paredaño, a adj. Que está separado por una pared del lugar que se menciona: *tiendas paredañas.*

paredón s.m. Pared que queda en pie de un edificio en ruinas. **2.** Pared junto a la que se fusila a los condenados. **3.** Muro de defensa o contención. <> **Llevar al paredón** Fusilar a alguien.

paredro, a adj. MIT. Se dice de los dioses inferiores, cuyo culto estaba asociado al de las grandes divinidades.

paregórico, a adj. **Elixir paregórico** Medicamento de la farmacopea antigua utilizado como antidiarreico, constituido por una mezcla de extracto de opio y ácido benzoico.

parecer

INDICATIVO	SUBJUNTIVO
presente	**presente**
parezco	*parezca*
pareces (parecés)	*parezcas*
parece	*parezca*
parecemos	*parezcamos*
parecéis	*parezcáis*
parecen	*parezcan*
copretérito o pret. imperfecto	**pretérito o pret. imperfecto**
parecía	pareciera o pareciese
parecías	parecieras o parecieses
parecía	pareciera o pareciese
parecíamos	pareciéramos o pareciésemos
parecíais	parecierais o parecieseis
parecían	parecieran o pareciesen
pretérito o pret. perf. simple	**futuro o fut. simple**
parecí	pareciere
pareciste	parecieres
pareció	pareciere
parecimos	pareciéremos
parecisteis	pareciereis
parecieron	parecieren
futuro o fut. simple	
pareceré	
parecerás	
parecerá	
pareceremos	
pareceréis	
parecerán	
pospretérito o condicional simple	
parecería	
parecerías	
parecería	
pareceríamos	
pareceríais	
parecerían	

IMPERATIVO	
parece (parecé)	(tú, vos)
parezca	(él)
parezcamos	(nosotros)
pareced	(vosotros)
parezcan	(ellos)

FORMAS NO PERSONALES	
infinitivo	**gerundio**
parecer	pareciendo
participio	
parecido	

pareja s.f. Conjunto de dos personas, animales o cosas. **2.** Con respecto a una persona o cosa, otra que forma par con ella: *la pareja de baile; perder la pareja de un guante.* **3.** Conjunto de dos miembros del orden público o de la guardia civil. **4.** En algunos juegos de cartas o dados, conjunto de dos cartas o dados del mismo valor que se tienen en una jugada.

parejo, a adj. (lat. vulg. *pariculus,* dim. de *par,* par, igual). Igual, parecido o equivalente. **2.** Uniforme, liso: *un pavimento parejo.* <> **Correr parejas** Sobrevenir simultáneamente dos o más cosas; tener parecido dos o más cosas.

parelio o **parhelio** s.m. METEOROL. Fenómeno luminoso que, como el del halo, se produce por la reflexión de la luz sobre los pequeños cristales de hielo que se encuentran en suspensión en la atmósfera.

paremia s.f. (gr. *paroimía*). Sentencia o refrán.

paremiología s.f. Estudio de los refranes.

parénesis s.f. (gr. *paraínesis,* consejo, de *parainein,* aconsejar). Exhortación o aviso.

parénquima s.m. (gr. *parégkhyma,* sustancia orgánica). ANAT. Tejido esponjoso fundamental del pulmón, hígado, riñón, etc. **2.** BOT. Tejido vegetal de las células vivas, limitadas por tabiques celulósicos delgados, que puede ejercer varias funciones: de nutrición, de relleno, de reserva, etc.

parenquimatoso, a adj. BIOL. Relativo al parénquima, parecido a él o constituido por él.

parentalias o **parentales** s.f.pl. (lat. *parentalia,* de *parentes,* padres). ANT. ROM. Fiestas anuales dedicadas a los muertos.

parentela s.f. (ital. *parentela*). Conjunto de los parientes de alguien.

parenteral adj. Se dice de la vía de entrada de medicamentos distinta de la vía digestiva (boca o recto).

parentesco s.m. Vínculo de consanguinidad o afinidad que une a las personas. **2.** *Fig.* Relación entre las cosas. <> **Parentesco espiritual** Vínculo contraído por el bautismo entre los padrinos y el ahijado, y entre este y el ministro del sacramento.

paréntesis s.m. (gr. *parénthesis,* acción de intercalar, paréntesis). Frase que se intercala en un período, con sentido independiente de este. **2.** Cada uno de los signos gráficos ( ) entre los cuales se encierran las palabras de un paréntesis. **3.** *Fig.* Interrupción o suspensión. **4.** MAT. Signo que aísla una expresión algebraica e indica que una operación se aplica a esta expresión por entero.

1. **pareo** s.m. Acción y efecto de parear.

2. **pareo** s.m. Prenda de tela rectangular que se enrolla alrededor del cuerpo y que se ajusta en el pecho o en la cintura. (El pareo es característico de las zonas de clima tropical.)

paresia s.f. MED. Parálisis parcial o ligera, con disminución de la fuerza muscular.

parestesia s.f. Sensación anormal debida a un trastorno del sistema nervioso.

pargo s.m. (lat. *pager, -gri,* del gr. *phágros*). Pez marino parecido a la dorada, de unos 50 cm de long., y apreciado por su carne. (Familia espáridos.)

parhelio s.m. METEOROL. → **parelio.**

parhilera s.f. Pieza de armazón que, dispuesta debajo del caballete o lomo de una cubierta, contribuye al afianzamiento del conjunto. SIN.: *cumbrera.*

paria s.m. y f. (ingl. *pariah*). *Fig.* y *desp.* Persona excluida de las ventajas y trato de que gozan las demás, por considerarla inferior: *ser un paria de la sociedad.* **2.** Persona que no pertenece a ninguna casta, en la India.

parias s.f.pl. (lat. *parias,* pl. de *par,* igual). ANAT. Placenta. **2.** HIST. Tributo anual que, en la edad media, los reyes de la España cristiana percibían de los príncipes de otros estados vasallos.

parida adj. y s.f. Se dice de la hembra que acaba de parir. ◆ s.f. Esp. *Fam.* Hecho o dicho desafortunado, tontería.

paridad s.f. Igualdad o semejanza. **2.** Comparación de una cosa con otra por ejemplo o símil. **3.** Relación existente entre una unidad monetaria y su equivalencia en peso de metal. **4.** FÍS. Magnitud que describe el comportamiento de la función de onda de una partícula elemental cuando sufre una operación de simetría especular. **5.** INFORMÁT. Técnica de control que permite la detección de errores producidos durante la transmisión de una información. <> **Paridad de cambio** Equivalencia de intercambio monetario entre dos países.

paridigitado, a adj. y s.m. Artiodáctilo.

párido, a adj. y s.m. Relativo a una familia de aves paseriformes, de cuerpo rechoncho y pico reducido, que no presentan dimorfismo sexual.

pariente, a s. (del lat. *parentes,* padre y madre, p. activo pl. de *parere,* dar a luz). Persona de la misma familia que otra. ◆ s.f. Esp. *Fam.* Mujer respecto del marido: *mi parienta trabaja igual que yo.*

parietal adj. Relativo a la pared. ◆ adj. y s.m. ANAT. Se dice de cada uno de los dos huesos que forman los lados y la parte media de la bóveda del cráneo. ◆ adj. y s.f. BOT. Relativo a un orden de plantas con un tipo de placentación en la que los óvulos están fijados en el borde de los carpelos, que a su vez se encuentran soldados por sus bordes a un ovario de una sola celdilla. <> **Arte parietal** Arte rupestre. **Lóbulo parietal** ANAT. Lóbulo cerebral situado debajo del hueso parietal y limitado por delante por la cisura de Rolando. **Pintura parietal** Pintura mural.

parietaria s.f. Planta herbácea de las regiones templadas y cálidas que crece cerca de las paredes. (Familia urticáceas.)

parificar v.tr. Reforzar lo que se dice o propone con un ejemplo, comparación o paridad.

parigual adj. Igual o muy parecido.

parihuelas s.f.pl. Utensilio para transportar cosas entre dos personas, formado por dos barras horizontales entre las que está fijada una plataforma o cajón. **2.** Camilla, cama portátil.

parima s.f. Argent. Garza grande de color violado.

parina s.f. Pájaro flamenco pequeño de patas rojas, que vive en lagunas andinas. (Familia fenicoptéridos.)

paripé s.m. (caló *paruipén,* cambio). Presunción, ostentación. <> **Hacer el paripé** Esp. *Fam.* Simular, fingir para engañar a alguien.

paripinnado, a adj. BOT. Se dice de la hoja pinnadocompuesta sin folíolo terminal, como las del guisante, chícharo o arveja.

parir v.tr. e intr. (lat. *parere,* dar a luz, proporcionar). Expeler las hembras el feto concebido. **2.** *Fig.* Realizar una obra, generalmente de creación. **3.** *Fig.* Salir a la luz, manifestarse lo que estaba oculto.

parisiense adj. y s.m. y f. De París. SIN.: *parisién, parisino.*

parisílabo, a o **parisilábico, a** adj. y s.m. Se dice de la palabra o verso que tienen un número par de sílabas. (Se dice especialmente de las palabras latinas que tienen en su declinación el mismo número de sílabas en todos los casos del singular.)

parisino, a adj. y s. Parisiense.

paritario, a adj. Se dice de un organismo, una negociación, una comisión, etc., en los que las partes están representadas por igual.

parka s.f. (voz esquimal). Prenda de abrigo con capucha que llega hasta la mitad del muslo. (Suele ser ligera, de aspecto informal y deportivo.)

parkerización s.f. Procedimiento de protección de los metales férricos por formación de una capa de óxido impermeable.

parkerizar v.tr. Realizar una parkerización.

parking s.m. (voz inglesa) [pl. *parkings*]. Parque de estacionamiento, aparcamiento.

parkinson s.m. Enfermedad degenerativa del sistema nervioso caracterizada por cierto temblor en las extremidades y por rigidez muscular.

parla s.f. Acción y efecto de parlar. **2.** Charla insustancial. **3.** Locuacidad.

parlamentar v.intr. Hablar o conversar. **2.** Entrar en negociaciones con el enemigo para conseguir la paz, la rendición, etc., o tratar sobre una diferencia.

parlamentario, a adj. Relativo al parlamento. ◆ s. Miembro de un parlamento. **2.** Persona autorizada para parlamentar.

parlamentarismo s.m. Sistema político en el que el gobierno es responsable ante el parlamento.

parlamento s.m. (fr. *parlement*). Asamblea deliberativa que ejerce la función legislativa. **2.** Edificio o lugar de reunión del parlamento. **3.** Acción de parlamentar. **4.** Declamación larga de un actor en prosa o verso.

parlanchín, na adj. y s. Que habla mucho. **2.** Que habla con indiscreción.

parlante adj. Que habla: *máquina parlante.* <> **Armas parlantes** HERÁLD. Armas cuyas figuras se relacionan directamente con el apellido o país a que pertenecen, como las armas de León, que traen un león.

parlar v.intr. (occitano *parlar*). Hablar, charlar.

parlero, a adj. Se dice del sonido agradable que producen los pájaros o determinadas cosas.

parlotear v.intr. *Fam.* Hablar, generalmente de forma insustancial.

parloteo s.m. *Fam.* Acción y efecto de parlotear.

parmesano, a adj. y s. De Parma. ◆ s.m. Queso italiano de leche de vaca y pasta dura.

parnasianismo s.m. Movimiento poético francés que, a partir de 1850, reaccionó contra el lirismo romántico y propugnó una poesía culta e impersonal, de armonía plástica y cultivadora de la forma.

parnasiano, a adj. y s. Relativo al parnasianismo; seguidor de este movimiento.

parnaso s.m. (de *Parnaso,* montaña de Grecia). Conjunto de los poetas de una lengua, lugar o época. **2.** Colección de poesías.

parné s.m. (voz caló). Esp. *Fam.* Dinero.

1. **paro** s.m. Acción y efecto de parar. **2.** Huelga, cesación voluntaria en el trabajo por común acuerdo de obreros o empleados. **3.** Suspensión o finalización de la jornada laboral. **4.** Esp. Desempleo. <> **Paro cardíaco** Cese de las contracciones del corazón que ocasiona el paro (o la ineficacia) de la circulación y la ausencia de presión arterial. **Paro encubierto** Esp. Situación que se produce cuando no se utiliza toda la capacidad productiva de la mano de obra empleada, es decir, cuando se podría lograr la misma producción con un volumen de empleo menor. **Paro forzoso** Esp. Carencia de trabajo por causa independiente de la voluntad del obrero y del patrono.

2. **paro** s.m. (lat. *parus*). Ave paseriforme de cuerpo rechoncho, alas cortas, pico pequeño y plumaje suave. (Familia páridos.)

parodia s.f. (lat. *parodia,* del gr. *parodía,* imitación burlesca de una obra literaria). Imitación burlesca de algo. **2.** Imitación burlesca de una obra o del estilo de un escritor.

parodiar v.tr. Hacer parodia de una persona, una obra o el estilo de un autor: *Aristófanes parodió la tragedia clásica.*

parodoncio s.m. Conjunto de tejidos de sostén que rodean el diente y lo fijan al maxilar superior o inferior, como el hueso alveolar, los ligamentos, las encías, etc.

parodontosis s.f. Conjunto de lesiones degenerativas que ocasiona la destrucción del parodoncio. SIN.: *parodontólisis.*

parón s.m. Paro brusco o prolongado. **2.** TAUROM. Lance efectuado parando de modo exagerado.

paronimia s.f. Circunstancia de ser parónimas dos o más palabras.

paronímico, a adj. Relativo a los parónimos o a la paronimia.

parónimo, a adj. y s.m. (gr. *parónimos*). Se dice de la palabra que se parece a otra por su forma, ortografía o sonoridad.

paronomasia o **paranomasia** s.f. (lat. *paronomasia*). Semejanza fonética entre dos o más vocablos. **2.** Conjunto de vocablos que forman paronomasia. **3.** Figura retórica de dicción que consiste en la combinación de palabras fonéticamente semejantes.

parótida s.f. ANAT. Glándula salival de la parte más lateral y posterior de la boca.

parotídeo, a adj. Relativo a la parótida.

parotiditis s.f. Inflamación de las glándulas parótidas. (Es una enfermedad contagiosa debida a un virus que ataca especialmente a los niños.) SIN.: *paperas.*

paroxismo s.m. (gr. *paroxysmos,* irritación). *Fig.* Exaltación violenta de un dolor, sentimiento, fenómeno, etc. **2.** MED. Fase de una enfermedad en la que todos los síntomas se manifiestan con máxima intensidad.

paroxístico, a adj. Relativo al paroxismo. SIN.: *paroxismal.*

paroxítono, a adj. LING. Se dice de la palabra que lleva el acento tónico en la penúltima sílaba.

parpadear v.intr. Mover los párpados cerrándolos y abriéndolos una sola vez o repetidamente. **2.** Oscilar o titilar una luz o un cuerpo luminoso.

parpadeo s.m. Movimiento rápido de cierre y abertura de

los párpados. **2.** Acción de parpadear una luz o un cuerpo luminoso.

párpado s.m. (del lat. *palpebra*). Revestimiento cutáneo, móvil, que protege la parte anterior de los globos oculares.

parpar v.intr. (voz de origen onomatopéyico). Emitir graznidos el pato.

parque s.m. (fr. *parc,* majada de animales, terreno cercado). Terreno cercado en núcleos urbanos o rurales, generalmente con variedad de árboles y plantas, destinado a recreo. **2.** Recinto pequeño protegido de diversas formas, donde se coloca a los niños pequeños para que jueguen. **3.** Conjunto de las máquinas, aparatos, vehículos, etc., pertenecientes a una empresa u organismo, o destinados a un servicio público: *parque de incendios.* **4.** Parte de una fábrica o factoría, generalmente al aire libre, donde se almacenan materias primas, lingotes, piezas de forja, etc.: *parque de chatarra.* **5.** Argent. y Méx. Conjunto de municiones de que dispone un ejército o grupo de soldados. **6.** MIL. Lugar en que se colocaban la artillería, las municiones y los víveres, en el s. XIX. ◇ **Parque de atracciones** Terreno cercado en el que hay varias atracciones. **Parque de estacionamiento** Zona más o menos extensa destinada al estacionamiento de vehículos. **Parque móvil** Conjunto de material rodante, propiedad del estado o de algún organismo. **Parque nacional** Extensión de terreno natural acotado y protegido por el estado para la preservación de su flora y fauna. **Parque natural** Zona de interés general por su ecosistema y hábitat natural. **Parque tecnológico** Recinto en el que se agrupan industrias y sociedades dedicadas a la investigación científica o tecnológica. **Parque temático** Recinto en el que se reúnen atracciones de características similares, dedicadas a la diversión y al entretenimiento. **Parque zoológico** Zoológico.

parqué o **parquet** s.m. (fr. *parquet*) [pl. *parqués* o *parquets*]. Entarimado formado con tablas estrechas y pulimentadas, dispuestas regularmente en composiciones geométricas. **2.** Recinto del salón de contratación de la bolsa, reservado a los agentes.

parqueadero s.m. Colomb. y Pan. Lugar de estacionamiento de vehículos.

parquear v.tr. (ingl. *to park*). Amér. Estacionar.

parquedad s.f. Cualidad de parco.

parqueo s.m. Amér. Acción y efecto de parquear.

parquet s.m. → **parqué.**

parquímetro s.m. Aparato que mide el tiempo de estacionamiento de un vehículo en un aparcamiento público y cobra al usuario la cantidad correspondiente a ese tiempo.

parra s.f. Planta de vid que se hace crecer sobre una pared u otro soporte. **2.** Amér. Central. Especie de bejuco que destila un agua que beben los caminantes. ◇ **Subirse a la parra** *Fam.* Enojarse mucho una persona; darse importancia o tomarse atribuciones que no le corresponden.

parrafada s.f. Párrafo largo en un discurso, conversación, impreso, etc. **2.** *Fam.* Conversación larga y confidencial.

párrafo s.m. (del lat. *paragraphus,* señal para distinguir varias partes de un tratado, del gr. *paragráphein,* escribir al margen). División de un texto que se marca con letra mayúscula al principio de la línea y punto y aparte al final. SIN.: *parágrafo.* **2.** Signo ortográfico (§) con que se indica cada una de estas divisiones.

parral s.m. Conjunto de parras sostenidas con una armazón adecuada. **2.** Lugar plantado de parras. **3.** Viña que ha quedado sin podar.

parranda s.f. Juerga, especialmente la que consiste en ir de un lugar a otro: *salieron de parranda por los bares de la ciudad.*

parrandear v.intr. Ir de parranda.

parrandero, a adj. y s. Se dice de la persona que va mucho de parranda.

parricida s.m. y f. (lat. *paricida*). Persona que comete parricidio.

parricidio s.m. DER. Delito que comete el que mata a un familiar, especialmente al padre, madre, hijo o cónyuge.

parrilla s.f. Utensilio de hierro en forma de rejilla que se coloca sobre el fuego para asar o tostar los alimentos. **2.** Establecimiento especializado en asar carnes y otros alimentos con este utensilio. **3.** Programación de las emisoras de televisión. **4.** TECNOL. Armazón de barras de hierro que, en un hogar de combustible sólido, sirve de soporte a la lumbre y permite el paso de aire comburente y la evacuación de las cenizas. ◇ **Parrilla costal** MED. Conjunto óseo de la pared lateral del tórax. **Parrilla de salida** DEP. Lugar en que se colocan los pilotos para la salida en las competiciones automovilísticas de velocidad, ordenados según los tiempos registrados en los entrenamientos previos.

parrillada s.f. Plato compuesto por diversas clases de pescados o carnes asados a la parrilla. **2.** Argent. y Chile. Asado de carne e interiores de vacuno preparado en una parrilla y servido generalmente al aire libre.

párroco s.m. y adj. Sacerdote encargado de una parroquia.

parroquia s.f. (lat. tardío *parochia,* del gr. *paroikía,* vecindad). Iglesia que tiene a su cargo la jurisdicción espiritual de determinado territorio, parte de una diócesis. **2.** Territorio de esta iglesia. **3.** Comunidad de fieles de dicha iglesia. **4.** *Fig.* Clientela. **5.** Célula elemental de la sociedad rural, constituida por un conjunto de aldeas colocadas bajo la advocación de una iglesia. **6.** En el Distrito Federal de Venezuela, división administrativa equivalente al municipio. **7.** En Ecuador, división administrativa menor en que se subdivide el cantón. **8.** En Asturias y Galicia, división administrativa menor en la que se dividen los municipios.

parroquial adj. Relativo a la parroquia.

parroquiano, a adj. y s. Que pertenece a una determinada parroquia. ◆ s. Cliente habitual de una tienda o establecimiento.

parsec s.m. Unidad de medida de distancia usada en astronomía equivalente a la distancia a la Tierra de una estrella cuyo paralaje anual es igual a un segundo de grado. (El parsec equivale a 3,26 años luz.)

parsi adj. y s.m. y f. De una comunidad de religión zoroástrica que se estableció en la India. (Los parsi que permanecieron en Irán se llaman *qabaríes.*) ◆ s.m. Sistema de transcripción en escritura persa de los textos pahlavī, utilizado en Persia en tiempos de los sasánidas.

parsimonia s.f. (lat. *parsimonia,* economía, sobriedad). Calma, flema. **2.** Moderación, especialmente en los gastos.

parsismo s.m. Religión de los parsis.

parte s.f. (lat. *pars, -tis*). Porción de un todo. **2.** Elemento que forma parte de un conjunto. **3.** Cada división importante que comprende otras menores de las obras literarias, científicas, etc. **4.** Cantidad que corresponde a cada uno en cualquier distribución. **5.** Papel representado por un actor en una obra dramática. **6.** Cada una de las personas o grupos que contratan o negocian algo. **7.** Sitio o lugar. **8.** Cada una de las personas, equipos, ejércitos, etc., que dialogan, se oponen, luchan o contienden. **9.** DER. **a.** Cada una de las personas que tienen participación o interés en un acto jurídico plural: *la parte contratante.* **b.** Persona física o jurídica que ocupa el lugar de sujeto del proceso con la pretensión de obtener en él la tutela jurídica otorgada por el derecho positivo. **10.** MÚS. **a.** Fragmento diferenciado de una obra musical: *sonata en cuatro partes.* **b.** Papel correspondiente a cada uno de los músicos que participan en la ejecución de un conjunto musical. ◆ s.m. Comunicación enviada o recibida, generalmente de tipo oficial: *parte de guerra; parte médico; parte meteorológico.* **2.** Documento en que está consignada esta comunicación. ◆ **partes** s.f.pl. *Fam.* Órganos genitales. ◇ **Dar parte** Comunicar un aviso o noticia, particularmente a la autoridad; dar participación en un negocio. **De, o por, mi, tu,** etc., **parte** Por lo que respecta al que habla o en la medida de lo que este puede hacer. **De parte a parte** De un extremo al otro opuesto, o de una cara a la otra opuesta. **De parte de** A favor o en defensa de alguien o algo que se expresa;

con ayuda de lo que se expresa; por encargo de quien se expresa. **Formar parte de** Ser uno de los miembros o componentes de lo que se expresa. **Parte de fundador** Título especial emitido al constituirse una sociedad, que se entrega a los fundadores como remuneración de los servicios prestados. **Parte de la oración** En la gramática tradicional, cada una de las clases de palabras que integran el sistema de una lengua. **Parte del mundo** GEOGR. Cada uno de los seis grandes sectores en que se considera dividida la Tierra: *África, América, Asia, Europa y Oceanía.* **Parte de un conjunto** MAT. Subconjunto de un conjunto dado. **Parte viril** DER. Cada una de las porciones que corresponden a un heredero cuando la partición de una herencia se hace por partes iguales. **Ponerse de parte de alguien** Adherirse a su opinión. **Por otra parte** Además. **Por partes** Gradual y separadamente. **Salva sea la parte** Expresión con que se alude eufemísticamente a las nalgas. **Tener a alguien de su parte** Contar con el favor de esa persona. **Tomar parte en algo** Participar o intervenir en algo.

partehúmos s.m. (pl. *partehúmos*). Tabique divisorio entre dos conductos de chimenea.

parteluz s.m. Mainel.

partenaire s.m. y f. (voz francesa). Persona que forma pareja con otra en el juego, teatro, cine, etc.

partenogénesis s.f. (del gr. *parthénos,* mujer virgen, y *génesis,* generación). Reproducción a partir de un óvulo o de una oosfera no fecundados. (Un caso extremo de partenogénesis es la *constante,* de las especies sin macho o con escasez de machos; la más frecuente es la *cíclica,* como por ejemplo la de los pulgones, vivíparos en verano, pero que se diferencian sexualmente y se aparean en otoño para poner huevos, únicos elementos capaces de soportar el invierno.)

partenogenético, a adj. Relativo a la partenogénesis.

partero, a s. Persona que tiene por oficio asistir a la mujer que está de parto.

parterre s.m. (fr. *parterre*). Macizo o cuadro de jardín con césped y flores.

partesana s.f. (ital. *partigiana*). Arma usada durante los ss. XV-XVII, parecida a la alabarda, de hoja larga, ancha, cortante por ambos lados y adornada en su base con dos aletas puntiagudas o en forma de media luna.

partesol s.m. Saledizo de la fachada por delante de las ventanas o vidrieras, cuyas dimensiones están calculadas para que proyecte sombra en verano y deje paso libre al sol en invierno.

particella s.f. (voz italiana). MÚS. Trozo de la partitura correspondiente a cada cantante.

partición s.f. Acción y efecto de partir o repartir. **2.** DER. Acto jurídico por el cual los copropietarios de un patrimonio o de un bien determinado ponen fin a la indivisión. **3.** HERÁLD. División de un escudo. ◇ **Partición de un conjunto** MAT. Familia de partes no vacías de dicho conjunto, disjuntas dos a dos y cuya reunión es igual al conjunto.

participación s.f. Intervención en un suceso, en un acto o en una actividad. **2.** Parte que corresponde a cada uno de los que participan en una cosa. **3.** Comunicación que se hace de un acontecimiento o suceso, especialmente una boda; escrito en que se comunica. **4.** Recibo o boleto en el que aparece la cantidad de dinero que se juega como parte de un décimo de lotería. **5.** Inversión que hace una persona en una empresa o negocio. ◇ **Participación en los beneficios** Cláusula por la que un patrón concede a un obrero o empleado, además del salario, una parte de los beneficios.

participar v.intr. Tomar parte, intervenir: *participar en un concurso.* **2.** Recibir una parte de algo. **3.** Compartir, tener en común una cualidad particular, carácter, opinión, etc. ◆ v.tr. Comunicar, informar.

partícipe adj. y s.m. y f. (lat. *particeps, -ipis*). Que toma parte o participa en algo con otros. ◇ **Hacer partícipe a alguien de algo** Hacérselo saber, compartirlo con él.

participio s.m. (lat. *participium,* que participa). Forma nominal del verbo con carácter adjetival.

pártico, a adj. Relativo a los partos.

partícula s.f. (lat. *particula,* dim. de *pars, -tis,* parte). Parte muy pequeña de algo: *partículas de polvo.* **2.** GRAM. Elemento de relación o modificación invariable cuya función en la frase es primordialmente sintáctica o pragmática y no semántica; elemento que entra en la formación de ciertas pala-

participios irregulares y participios dobles

En muchos verbos, el participio no se forma de modo regular. Este tipo de irregularidad afecta a verbos que son regulares en las restantes formas de su conjugación, y a verbos que presentan otras irregularidades.
Generalmente, existe una única forma para el participio, aunque en ocasiones existen dos posibles participios, uno regular y otro irregular.

participios irregulares				participios irregulares dobles	
verbo	**participio**	**verbo**	**participio**	**verbo**	**participio**
abrir	abierto	manuscribir	manuscrito	desproveer	desproveído (poco usado) o desprovisto
absolver	absuelto	morir	muerto		
adscribir	adscrito	podrir	podrido		
bendecir	bendecido	prescribir	prescrito	freír	freído o frito
circunscribir	circunscrito	proscribir	proscrito	imprimir	imprimido o impreso
cubrir	cubierto	proveer	provisto		
describir	descrito	pudrir	podrido	proveer	proveído (poco usado) o provisto
descubrir	descubierto	reabrir	reabierto		
desenvolver	desenvuelto	recubrir	recubierto		
devolver	devuelto	reescribir	reescrito	reimprimir	reimprimido o reimpreso
disolver	disuelto	repodrir	repodrido		
encubrir	encubierto	resolver	resuelto	sofreír	sofreído o sofrito
entreabrir	entreabierto	revolver	revuelto		
envolver	envuelto	romper	roto		
escribir	escrito	suscribir	suscrito		
inscribir	inscrito	transcribir	transcrito		
maldecir	maldecido	volver	vuelto		

bras. ◇ **Partícula elemental,** o **fundamental** FÍS. Partícula fundamental de la materia que no puede dividirse en otras más pequeñas.

partícula

El concepto de «partícula» está en la base de la descripción física del universo, pues permite explicar tanto las propiedades de la materia como las fuerzas ejercidas entre sus diversos componentes. El *átomo está formado por un núcleo rodeado de una nube de *electrones*. El núcleo está constituido por protones y neutrones que, a su vez, están compuestos por *quarks*. Como el electrón, los *quarks, de los que se conocen seis variedades (o «sabores»), carecen aparentemente de estructura interna y no es posible aislarlos; forman conjuntos: los *hadrones*.

particular adj. Que es propio o peculiar de una persona o cosa. **2.** Que pertenece a una persona o a un número reducido de personas. **3.** Raro, poco corriente. **4.** Concreto, determinado: *caso particular.* **5.** Que tiene carácter privado, no oficial: *audiencia particular.* ◆ adj. y s.m. y f. Se dice de la persona sin título o cargo oficial. ◆ s.m. Asunto, materia de que se trata. ◇ **Clase particular** Clase que imparte un profesor a un alumno fuera del horario normal del curso. **En particular** Especialmente. **Sin otro particular** Se utiliza al final de un escrito, especialmente una carta, para indicar que no hay más que decir o añadir; indica que algo se hace con la finalidad exclusiva que se expresa.

particularidad s.f. Carácter particular de una cosa. **2.** Detalle particular.

particularismo s.m. Preferencia excesiva que se da a los intereses particulares sobre los generales. **2.** Individualismo exagerado, independencia de criterio. **3.** Tendencia de un estado o una región a defenderse de la absorción en un estado mayor.

particularista adj. y s.m. y f. Relativo al particularismo; partidario de esta tendencia.

particularizar v.tr. y prnl. Distinguir, singularizar. ◆ v.tr. Expresar una cosa con todas sus particularidades. **2.** Mostrar preferencia por alguien determinado.

partida s.f. Acción de partir o marcharse. **2.** Registro o asiento de bautismo, confirmación, matrimonio o entierro que figura escrito en los libros de las parroquias o del registro civil, y copia certificada que se da de tales asientos. **3.** Cantidad parcial o apartado que contiene una cuenta o presupuesto. **4.** Cantidad determinada de una mercancía que se entrega o se manda de una vez: *una partida de azúcar.* **5.** Conjunto de personas reunidas para un fin: *partida de facciosos.* **6.** Mano de un juego o el conjunto de estas. **7.** *Fig.* Muerte. **8.** MIL. Guerrilla, tropas de escasa importancia numérica o paisanos armados que operan libremente en tiempo de guerra, sin sujeción a un mando militar superior. ◇ **Mala partida** *Fig.* Acción injusta que se realiza en perjuicio de alguien. **Partida de caza** Cacería.

partidario, a adj. y s. Que sigue y defiende a una persona, una idea o un movimiento.

partidismo s.m. Inclinación exagerada por un partido, tendencia u opinión, especialmente cuando habría que ser imparcial.

partidista adj. y s.m. y f. Relativo al partidismo; que actúa con partidismo.

1. **partido** s.m. Grupo de personas con ideas o tendencias comunes. **2.** Organización política constituida por un grupo de personas que comparten y defienden las mismas ideas. **3.** Provecho, conveniencia. **4.** Competición deportiva. **5.** En la provincia de Buenos Aires, división administrativa menor equivalente al departamento en el resto del país. ◇ **Partido judicial** Esp. Unidad territorial que comprende varios pueblos en los que, para la administración de justicia, ejerce jurisdicción un juez de primera instancia y cuya capitalidad recae en la población de mayor importancia. **Sacar partido** Obtener provecho de algo. **Tomar partido** Adoptar una decisión u opinión entre varias; decidirse a favor de una de las partes en pugna. **Un buen,** o **mal, partido** Persona que por su situación económica se considera adecuada, o inadecuada, para casarse con ella.

2. **partido, a** adj. Generoso, liberal. **2.** BOT. Se dice de la hoja dividida en lóbulos que llegan por lo menos hasta la mitad de la distancia entre el margen y el nervio medio, pero sin alcanzar a este. **3.** CONSTR. Se dice del postigo, persiana u hoja de puerta formados por dos mitades articuladas por bisagras. **4.** HERÁLD. Se dice del escudo, pieza o figura dividida verticalmente en dos partes iguales.

partidor, ra adj. y s. Que divide o reparte una cosa. **2.** Que divide una cosa en partes, generalmente rompiéndola. ◆ s.m. Instrumento que sirve para partir o romper algo. **2.** Obra destinada a repartir, por medio de compuertas, las aguas de un canal de riego entre diversos usuarios.

partimento o **partimiento** s.m. Partición.

partiquino, a s. Cantante que en una ópera tiene un papel muy breve o de poca relevancia.

partir v.tr. (lat. *partiri,* partir, repartir). Separar en partes. **2.** Repartir, distribuir. **3.** Compartir, dar parte de lo que se tiene. **4.** Romper las cáscaras o huesos de algunos frutos: *partir nueces.* **5.** *Fig.* y *fam.* Causar a alguien un perjuicio o contrariedad. **6.** MAT. Dividir, cuarta regla matemática. ◆ v.tr. y prnl. Hender, rajar. ◆ v.intr. *Fig.* Tomar un antecedente cualquiera como base para un razonamiento, cálculo, etc. ◆ v.intr. y prnl. Alejarse de un lugar, ponerse en camino. ◆ **partirse** v.prnl. Dividirse en opiniones o parcialidades, desavenirse. ◇ **A partir de** Desde; tomando como base lo que se expresa a continuación.

partisano, a s. Miembro de un grupo de gente civil organizado para la resistencia armada clandestina contra el ejército ocupante o la autoridad constituida.

partita s.f. (voz italiana). MÚS. Término que puede designar una serie de variaciones, una suite de danzas o una sonata de cámara.

partitivo, a adj. y s.m. Se dice de la partícula, complemento, caso o construcción gramatical que indica que se toma una parte del todo. ◆ adj. Que puede partirse o dividirse.

partitura s.f. (ital. *partitura*). Texto en el que están anotadas todas las partes vocales o instrumentales de una composición musical, que se superponen de manera que coincidan los compases.

1. **parto** s.m. (lat. *partus, -us*). Expulsión o extracción del claustro materno del feto viable y sus anexos. **2.** *Fig.* Creación de la mente humana, de la inteligencia, etc. ◇ **El parto de los montes** *Fig.* Cosa insignificante que se produce después de haber anunciado o esperado una grande, importante o trascendente. **Exposición,** u **ocultación, del parto** DER. Delito que consiste en hacer desaparecer, en el estado civil, la prueba de la existencia de un hijo legítimo sin atentar contra su vida. **Parto artificial** Parto facilitado por medios manuales o instrumentales. **Parto distócico** Parto anormal. **Parto natural** Parto que se produce sin intervención alguna física ni psíquica. **Parto prematuro** Parto que ocurre entre los 180 y 270 días del embarazo. **Parto provocado** Parto inducido y controlado por el médico mediante fármacos y, eventualmente, intervenciones instrumentales, como los fórceps. **Parto sin dolor** Método de profilaxis psíquica que permite atenuar el dolor del parto. **Suposición de parto** DER. Delito que consiste en atribuir un niño a una mujer que no es su madre. **Sustitución de parto** DER. Sustitución de un recién nacido por otro.

parto

El parto suele desarrollarse en tres períodos. El primero, que corresponde a la dilatación del cuello del útero, se inicia con la aparición de contracciones uterinas. Estas contracciones, involuntarias, son cada vez más frecuentes y largas y van acompañadas de dolor. El feto es impulsado hacia abajo hasta que franquea la pelvis. El segundo período es la fase de expulsión del feto, que se produce cuando la dilatación es total. En caso de necesidad, puede acortarse mediante una episiotomía (sección mínima de la vulva o del perineo) o por el uso del fórceps. El tercer período, o alumbramiento, corresponde a la expulsión de la placenta y de las membranas fetales.

2. **parto, a** adj. y s. De un antiguo pueblo emparentado con los escitas, que se estableció en el s. III a.C. en la región NE de Irán (act. Jurasán).

parto

El jefe de los partos, Arsaces (h. 250), aprovechando la debilidad del imperio seléucida, constituyó un reino; a fines del s. II a.C. este se extendía por Irán y una parte de Mesopotamia, y puso en jaque a los ejércitos romanos. La dinastía parta de los arsácidas fue derrotada por los sasánidas (224).

parturienta s.f. y adj. (lat. *parturiens, -tis*). Mujer que está pariendo o acaba de parir.

party s.m. (voz inglesa). Reunión o fiesta celebrada generalmente en una casa particular.

párulis s.m. (gr. *paroylís, -ídos,* de *oylon,* encía). MED. Absceso de la encía debido a una supuración del parodoncio.

parusía s.f. TEOL. Retorno glorioso de Cristo al final de los tiempos, para el juicio final.

parva s.f. Cereal segado y extendido sobre la era para ser trillado o aventado. **2.** *Fig.* Montón, cantidad grande de una cosa.

parvada s.f. Méx. Bandada.

parvo, a adj. (lat. *parvus*). Escaso en cantidad o número. **2.** Pequeño.

parvulario s.m. Centro de enseñanza preescolar.

párvulo, a adj. y s. (lat. *parvulus*). Se dice del niño pequeño, de edad comprendida entre los tres y los seis años. ◆ adj. Que es inocente, cándido y crédulo.

PAS s.m. (sigla de *paraaminosalicílico*). Ácido utilizado como antibiótico antituberculoso.

pasa s.f. y adj. (del lat. *uva passa,* de *passus,* p. de *pandere,* extender). Grano de uva desecado al sol o por cualquier otro procedimiento.

pasable adj. Mediano, intermedio. **2.** Aceptable.

pasabocas s.m.pl. Colomb. Cantidad pequeña de comida que se toma generalmente acompañada de alguna bebida.

pasacalle s.m. Composición musical de ritmo muy vivo que tocan las charangas y bandas de música en las fiestas populares, generalmente por las calles. **2.** Danza cortesana de compás ternario.

pasada s.f. Acción de pasar o pasarse. **2.** Repaso o modificación pequeña que se hace a un trabajo para evitar alguna imperfección. **3.** Puntada larga en el cosido. **4.** En las labores de punto, vuelta, fila de puntos que se hacen seguidos de un lado a otro. **5.** *Fig.* y *fam.* Jugada, acción mal intencionada que perjudica a alguien: *le han jugado una mala pasada.* **6.** Esp. *Fam.* Acción exagerada. **7.** TAUROM. Acción de pasarse el torero al toro con ayuda de la capa o muleta. **8.** TECNOL. Trabajo ejecutado por la cuchilla o herramienta de corte de un torno u otra máquina en un solo ciclo mecánico: *pasada de desbaste; pasada de acabado.* **9.** TEXT. Hilo de trama. ◇ **De pasada** Sin dedicarle mucha atención, superficialmente.

pasadera s.f. Piedra u otra cosa colocada en una corriente de agua para poder atravesarla a pie sin mojarse.

pasadero, a adj. Que se puede pasar con facilidad. **2.** Pasable. ◆ s.m. Pasadera.

pasadizo s.m. Paso estrecho, y generalmente corto, que sirve para pasar de un sitio a otro atajando camino.

pasado, a adj. Se dice del tiempo que es inmediatamente anterior al presente: *el mes pasado.* **2.** Se dice del tiempo que es anterior al presente: *en días pasados.* **3.** Estropeado por no ser reciente. **4.** Falto de actualidad. **5.** TAUROM. Se dice del puyazo, par de banderillas o estocada un poco traseras. ◆ s.m. Tiempo ya transcurrido. **2.** Conjunto de hechos relativos a una persona o colectividad en tiempo anterior al presente: *renegar una persona de su pasado.* **3.** GRAM. Pretérito.

pasador s.m. Clavija metálica pequeña que se introduce en el extremo de ciertas piezas para fijarlas y asegurarlas a otras que aquellas atraviesan o en las que se encajan. **2.** Prendedor con el que se sujeta la corbata a la camisa. **3.** Alfiler o pinza utilizado para sujetar el pelo o como adorno de la cabeza. **4.** Barra corrediza pequeña que sirve para asegurar una puerta. **5.** Utensilio de cocina, generalmente cónico, que sirve para colar. **6.** Imperdible que se sujeta en el uniforme y sirve para llevar condecoraciones y medallas.

pasaje s.m. Pasada, acción de pasar. **2.** Lugar por donde se pasa. **3.** Calle estrecha y corta de paso entre dos calles. **4.** Callejón con una sola salida. **5.** Fragmento de una obra literaria o musical que puede ser concebido como una unidad. **6.** Boleto que permite viajar en barco o en avión. **7.** Conjunto de pasajeros de un mismo barco o avión. **8.** Danza típica de Colombia.

pasajero, a adj. Que dura poco tiempo, que pasa pronto. **2.** Se dice del lugar por donde pasa continuamente mucha gente. ◆ s. Persona que viaja en un vehículo sin manejarlo ni formar parte de la tripulación. **2.** Argent., Chile y Colomb. Persona que está de tránsito y se aloja en un hotel.

pasajero-kilómetro s.m. (pl. *pasajeros-kilómetro*). Unidad de medida de tráfico aéreo equivalente al transporte de un pasajero en una distancia de un kilómetro.

pasamanería s.f. Adorno consistente en galones, trencillas, etc., que sirve para guarnecer vestidos, cortinas, tapicería, etc. **2.** Conjunto de estos adornos.

pasamanos o **pasamano** s.m. Barandal, listón que sujeta por encima los balaustres. **2.** Paso que hay en los barcos de popa a proa, junto a la borda.

pasamontañas s.m. (pl. *pasamontañas*). Prenda de abrigo que cubre toda la cabeza y el cuello, excepto la cara o solo los ojos.

pasamuros s.m. (pl. *pasamuros*). Aislador eléctrico que permite el paso de un conductor activo a través del muro de un edificio.

pasante s.m. Auxiliar que trabaja con un abogado para adquirir práctica en la profesión.

pasantía s.f. Empleo o actividad de pasante. **2.** Tiempo que dura este ejercicio.

pasaportar v.tr. Expedir pasaporte a una persona. **2.** *Fig.* Despedir a alguien, echarlo de algún sitio.

pasaporte s.m. (fr. *passeport*). Documento que acredita la identidad y nacionalidad de una persona y que le permite viajar al extranjero. **2.** *Fig.* Permiso para hacer algo. ◇ **Dar pasaporte a alguien** Despedirlo, echarlo de algún lugar; matarlo.

pasapurés s.m. (pl. *pasapurés*). Utensilio doméstico que sirve para triturar y colar alimentos, convirtiéndolos en puré.

pasar v.intr. (del lat. vulg *passare*). Ir de un lugar a otro: *ver pasar la gente.* **2.** Ser admitido algo y poder seguir su curso. **3.** Ir a un sitio sin detenerse en él mucho tiempo: *pasó por casa.* **4.** Ser tenido alguien o algo en la opinión que se expresa. **5.** Suceder, ocurrir. **6.** Transcurrir el tiempo. **7.** Poder algo por sus dimensiones atravesar determinado espacio o abertura: *no pasar por una puerta.* **8.** Cesar, acabarse una cosa. **9.** Estar algo todavía en condiciones de ser utilizado. **10.** Acomodarse a vivir con poca cosa o sin ella. **11.** *Fam.* No preocuparse seriamente de algo, mantener una actitud indiferente: *pasar de los estudios.* **12.** Cambiar de actividad, estado o condición. **13.** En algunos juegos, no apostar. **14.** En el dominó y ciertos juegos de naipes, no participar en alguna mano por carecer de la ficha o carta requerida. **15.** En ciertos juegos de naipes, hacer más tantos de los necesarios para ganar y, por lo tanto, perder la partida. ◆ v.tr. Llevar a alguien o algo de un lugar a otro, generalmente próximo o cercano: *pasar la sal.* **2.** Introducir o extraer alguna cosa, generalmente género de contrabando, a escondidas o de forma ilegal. **3.** Transmitir o transferir algo de un sujeto a otro: *sus* *bienes pasarán a sus hijos.* **4.** En ciertos deportes, entregar la pelota, bola, balón, etc., a un compañero. **5.** Introducir, meter dentro. **6.** Padecer, soportar: *pasar penalidades.* **7.** Superar una prueba: *pasar un examen.* **8.** Permanecer determinado tiempo en el lugar o de la manera que se expresa: *pasar unos días en el campo.* **9.** Tolerar, perdonar. **10.** Mover o llevar una cosa por el lugar que se expresa. **11.** Hacer cambiar de posición o correr sucesiva y ordenadamente cada uno de los elementos de una serie o conjunto. **12.** Proyectar una película cinematográfica. **13.** Atravesar, cruzar: *pasar el río a nado.* **14.** Recorrer, leyendo o estudiando, un libro o tratado: *me he pasado todos los libros que tratan del tema.* **15.** Leer o rezar sin atención: *pasar el rosario.* **16.** Colar, filtrar. **17.** Tragar, ingerir. **18.** Méx. Ensayar parte o la totalidad de una obra teatral: *vamos a pasar la primera escena.* ◆ v.tr. e intr. Sobrepasar, ir más allá de cierto punto o límite. ◆ v.tr. y prnl. Exceder, aventajar. **2.** Hacer deslizar algo sobre una superficie: *pasar la mano por la frente.* **3.** Ocupar un tiempo determinado en hacer algo o en estar en un lugar: *pasar el verano en la montaña.* ◆ v.intr. y prnl. Cesar, tener fin. ◆ **pasarse** v.prnl. Tomar un partido contrario al que antes se tenía, o ponerse de la parte opuesta: *pasarse al enemigo.* **2.** Empezar a estropearse un alimento, una sustancia o un producto. **3.** Excederse, exagerar. **4.** Dejar alguien escapar una ocasión, una oportunidad. **5.** Olvidarse, borrarse de la memoria una cosa. ◇ **Pasar de largo** No entrar o detenerse. **Pasar por alto** Dejar de lado, omitir, eludir. **Pasar por encima** Superar alguien los obstáculos que se oponen a la realización de algo.

pasarela s.f. Puente estrecho y pequeño para salvar un espacio. **2.** Pasillo estrecho y algo elevado, generalmente rodeado de público, por el que desfilan artistas o modelos.

pasatiempo s.m. Diversión, entretenimiento.

pasavante s.m. Permiso de circulación o título de expedición que, en materia de aduanas y de contribuciones indirectas, autoriza el transporte de mercancías dentro de un país. **2.** Documento que otorga a un barco el jefe de la flota enemiga para que pueda navegar libremente. **3.** Documento expedido por las autoridades marítimas en favor de un barco que debe efectuar una travesía y no tiene la documentación en regla. **4.** Documento que expiden los cónsules españoles a los buques mercantes adquiridos en el extranjero, hasta su matriculación definitiva en un puerto español.

pasavolante s.m. Acción hecha con precipitación o irreflexivamente. **2.** Boca de fuego de pequeño calibre montada en los buques durante el s. XVI; posteriormente, cañón simulado de madera que se mostraba en la cubierta de los navíos mercantes para atemorizar a los corsarios.

pasavoleo s.m. Lance del juego de pelota que consiste en volver esta por encima de la cuerda hasta más allá del saque.

1. **pascal** s.m. (de B. *Pascal,* matemático francés). Unidad de medida de presión (símb. Pa), equivalente a la presión uniforme que ejerce una fuerza total de 1 newton sobre una superficie plana de 1 metro cuadrado.

2. **pascal** s.m. INFORMÁT. Lenguaje de programación definido a comienzos de la década de 1970, particularmente adaptado al tratamiento estructurado de aplicaciones científicas.

pascana s.f. Amér. Merid. Jornada, etapa de un viaje. **2.** Argent., Bol. y Perú. Posada, mesón.

pascua s.f. (del lat. *pascha,* pascua, tránsito). Fiesta solemne anual celebrada por los cristianos en memoria de la muerte y resurrección de Cristo. (Con este significado suele escribirse con mayúscula.) SIN.: *Pascua de Resurrección, Pascua florida.* **2.** Fiesta solemne celebrada por los judíos el día catorce de la primera luna de su año religioso, en memoria de su salida de Egipto. (Con este significado suele escribirse con mayúscula.) ◆ **Pascuas** s.f.pl. Nombre que se da a las fiestas que se celebran con motivo de Navidad, Pascua y Pentecostés. ◇ **Dar las pascuas** Felicitar con motivo de estas festividades. **De pascuas a ramos** *Fam.* Con poca frecuencia, muy raramente. **Estar como unas pascuas** *Fam.* Estar muy alegre. **Hacer la pascua** Fastidiar a alguien. **Pascua de Pentecostés,** o **granada** Fiesta de Pentecostés.

pascua

De acuerdo con una regla con frecuencia atribuida, al parecer de manera errónea, al concilio de Nicea (325), la fiesta de Pascua se fijó el primer domingo después del plenilunio que tenga lugar cerca del equinoccio de primavera (21 de marzo) o el primero después de esa fecha. Así, la fecha más temprana de Pascua es el 22 de marzo. Si la luna llena es el 20 de marzo, la siguiente será el 18 de abril (29 días después). Si ese día es domingo, Pascua será el 25 de abril. De esa manera, la fiesta de Pascua oscila entre el 22 de marzo y el 25 de abril, y su fecha depende de las otras fiestas móviles.

pascual adj. Relativo a la pascua: *tiempo pascual; cordero pascual.*

pascuero, a adj. Chile. Perteneciente o relativo a la pascua. ◇ **Viejito pascuero** Chile. Papá Noel, Santa Claus.

pase s.m. Acción y efecto de pasar: *pase de modelos, de una película.* **2.** Permiso dado por quien tiene autoridad para que se use de un privilegio o favor especial. **3.** Licencia por escrito para pasar géneros de un lugar a otro, transitar por algún sitio, entrar en un lugar o viajar gratuitamente. **4.** En ciertos deportes y juegos, acción y efecto de pasar. **5.** Lance o suerte de muleta en el que se mueve el toro de sitio mientras que el torero permanece quieto. **6.** Lance de capa que ejecuta el torero. **7.** Movimiento que hace con las manos el magnetizador o hipnotizador: *pases magnéticos.* **8.** En esgrima, amago de golpe. ◇ **Pase regio** Derecho que se atribuían los monarcas a retener y dar su aprobación a las bulas y demás disposiciones jurídico-eclesiásticas procedentes de la Santa Sede antes de ser publicadas en sus reinos.

paseandero, a adj. y s. Argent., Chile, Par., Perú y Urug. Se dice de la persona a la que le gusta pasear o lo hace con frecuencia.

paseante adj. y s.m. y f. Que pasea o se pasea. **2.** Se dice de la persona desocupada.

pasear v.intr., tr. y prnl. Andar por placer o por hacer ejercicio, generalmente al aire libre y sin una meta precisa. **2.** Ir montado a caballo o en un vehículo. ◆ v.intr. y prnl. Llevar al caballo de la mano, por las riendas y sin estar montado, para presentarlo al público antes de una carrera. ◆ v.tr. Llevar a una persona para que le dé el aire, para distraerla, etc.; en especial, llevar a un niño para que se distraiga. **2.** Recorrer un lugar con la vista o con las manos deteniéndose brevemente en todos sus puntos. **3.** *Fig.* Llevar de una parte a otra, exhibir: *pasear la bandera por la calle.* ◆ **pasearse** v.prnl. *Fig.* Tratar de una materia vagamente o pensar en algo sin profundizar en ello. **2.** *Fig.* Estar ocioso.

paseíllo s.m. TAUROM. Paseo.

paseo s.m. Acción de pasear o pasearse. **2.** Lugar a propósito para pasear: *paseo concurrido.* **3.** Distancia corta. **4.** TAUROM. Desfile que efectúan las cuadrillas y con el que da comienzo la corrida. SIN.: *paseíllo.* ◇ **Dar el paseo** Durante la guerra civil española, detener a alguien y fusilarlo a las afueras de una población. **Echar,** o **enviar, a paseo** *Fam.* Despedir con enojo; apartarse, desentenderse de alguien o algo.

paseriforme adj. y s.m. Relativo a un orden de aves, generalmente de tamaño pequeño, arborícolas, cantoras, de vuelo ligero y constructoras de nidos, como la alondra, el mirlo o el ruiseñor. (Los paseriformes forman un grupo que reúne a más de la mitad de todas las especies de aves.)

pashto o **pastún** adj. y s.m. y f. De un pueblo musulmán, en su mayoría sunní, que habita principalmente en Afganistán, y también en Pakistán. ◆ s.m. Lengua indoeuropea del grupo iranio oriental, hablada en Afganistán, que se escribe con alfabeto árabe.

pasible adj. (lat *passibilis,* que se puede padecer). Que es capaz de padecer.

conjugación pasiva

INDICATIVO	SUBJUNTIVO
presente	**presente**
soy amado	sea amado
eres amado	seas amado
es amado	sea amado
somos amados	seamos amados
sois amados	seáis amados
son amados	sean amados
copretérito o **pret. imperfecto**	**pretérito** o **pret. imperfecto**
era amado	sea amado
eras amado	seas amado
era amado	sea amado
éramos amados	seamos amados
erais amados	seáis amados
eran amados	sean amados
pretérito o **pret. perf. simple**	**futuro** o **fut. simple**
fui amado	fuere amado
fuiste amado	fueres amado
fue amado	fuere amado
fuimos amados	fuéremos amados
fuisteis amados	fuereis amados
fueron amados	fueren amados
futuro o **fut. simple**	**IMPERATIVO**
seré amado	sé amado (tú, vos)
serás amado	sea amado (él)
será amado	seamos amados (nosotros)
seremos amados	sed amados (vosotros)
seréis amados	sean amados (ellos)
serán amados	
pospretérito o **condicional simple**	**FORMAS NO PERSONALES**
sería amado	**infinitivo** ser amado
serías amado	**gerundio** siendo amado
sería amado	
seríamos amados	
seríais amados	
serían amados	

pasiego, a adj. y s. De Montes de Pas. ◆ adj. Se dice de una raza bovina que se caracteriza por su pelaje de color avellana o castaño, piel flexible, grupa alta, cabeza pequeña, cuernos cortos, perfil convexo y poca corpulencia.

pasiflora s.f. Planta herbácea o leñosa, de flores grandes, brillantes, de color rosado, rojo o purpúreo y agrupadas en pedúnculos, caracterizada por el crecimiento simultáneo de la base del cáliz y de la corola, que forma una copa de cuyos bordes parten los pétalos. SIN.: *flor de la pasión, pasionaria.*

pasifloráceo, a adj. y s.f. Relativo a una familia de plantas tropicales, generalmente trepadoras, de flores cuyo androceo posee una corona de origen axial.

pasillo s.m. Pieza estrecha y generalmente larga, del interior de un edificio o de una casa, que comunica unas habitaciones con otras. **2.** Paso que rodea los palcos, la orquesta y la platea en los teatros. **3.** Baile colombiano de ritmo vivo, que se danza también en Venezuela y Ecuador.

pasión s.f. (lat. *passio, -onis*). Inclinación impetuosa de la persona hacia lo que desea. **2.** Emoción fuerte y continua que domina la razón y orienta la conducta. **3.** Objeto de este intenso sentimiento. **4.** Afición exagerada: *tener la pasión del juego.* **5.** MÚS. Oratorio basado en el tema de la Pasión de Cristo. **6.** REL. Conjunto de los acontecimientos de la vida de Jesucristo, desde su detención hasta su muerte. (Con este significado se escribe con mayúscula.) SIN.: *Pasión de Cristo.* ◇ **Clavo de la Pasión** HERÁLD. Figura que representa un clavo de forma triangular.

pasionaria s.f. Pasiflora.

pasionista s.m. y f. Miembro de una congregación religiosa fundada en 1720 por san Pablo de la Cruz y aprobada por Roma en 1741, cuya finalidad es la propagación de la devoción a la Pasión de Jesucristo a través de las misiones.

pasito adv.m. Con mucho cuidado. **2.** En voz baja: *hablar pasito.*

pasitrote s.m. Trote corto de las caballerías no amaestradas.

pasivación s.f. QUÍM. Modificación de la superficie de los metales que los hace menos sensibles a los agentes químicos.

pasivo, a adj. (lat. *passivus*). Que recibe la acción, por oposición al sujeto o agente que la realiza: *una enseñanza pasiva.* **2.** Que permanece inactivo y deja obrar a los otros. **3.** Esp. DER. Se dice de los haberes o pensiones que se perciben por servicios prestados personalmente o por algún familiar ya fallecido: *cobrar clases pasivas.* **4.** ELECTR. Se dice del dispositivo eléctrico sin ninguna fuente de energía. **5.** FONÉT. Se dice del órgano que permanece inmóvil en el momento en que se le acerca uno activo para formar el punto de articulación. **6.** QUÍM. Se dice del metal oxidable que adquiere la propiedad de no ser atacado por los ácidos oxigenados.

voz pasiva

A diferencia de la voz activa, en que el sujeto es quien realiza la acción, en la voz pasiva el sujeto no desempeña la acción verbal sino que la recibe. Existen dos modos distintos de construir oraciones pasivas:

oración pasiva con ser	ejemplos
Se forma con el verbo auxiliar *ser*, seguido del participio del verbo correspondiente. Admite complemento agente, encabezado por la preposición *por*.	voz activa: *Los trabajadores firmaron el contrato.* voz pasiva: *Los contratos fueron firmados por los trabajadores.*
oración pasiva refleja	**ejemplos**
Se construye con el pronombre *se*, seguido del verbo conjugado. No admite complemento agente.	*Se limpian alfombras.* *Se firmó la paz.*

◆ adj. y s.f. LING. **a.** Se dice de las formas verbales compuestas por el auxiliar *ser*. el participio de pasado del verbo activo y, eventualmente, un complemento agente, que representa el sujeto de la frase activa correspondiente. **b.** Se dice del conjunto de estas formas verbales: *verbo pasivo; voz. oración pasiva; la pasiva refleja.* ◆ s.m. Conjunto de deudas y obligaciones de una persona o de un sujeto económico: *el pasivo de una empresa.* **2.** DER. Conjunto de fondos propios, deudas y resultados que aparecen en un balance. ◇ **Pasivo monetario de un sistema** Volumen de oferta monetaria en un momento determinado.

pasmado, a adj. Alelado, absorto o distraído: *quedarse pasmado.* **2.** HERÁLD. **a.** Se dice del pez y del delfín con la boca abierta y sin lengua. **b.** Se dice del águila que tiene caídas las plumas de las alas o plegadas las alas.

pasmar v.tr. Producir un pasmo o enfriamiento. **2.** Causar un desmayo. **3.** Enfriar mucho o bruscamente; helarse. ◆ v.tr., intr. y prnl. *Fig.* Admirar o asombrar mucho.

pasmarota s.f. *Fam.* Gesto con que se muestra admiración o extrañeza por algo. SIN.: *pasmarotada.*

pasmarote s.m. y f. *Fam.* Persona embobada que permanece sin hacer nada o sin entender lo que se le dice.

pasmo s.m. (del lat. *spasmus,* del gr. *spasmós,* espasmo, convulsión). Enfriamiento, catarro con dolor de huesos y otras molestias. **2.** *Fig.* Admiración o asombro muy grande, que deja sin saber qué hacer o qué decir.

pasmón, na adj. y s. Torpe, que parece estar siempre asombrado.

1. **paso** s.m. (lat. *passus, -us*). Acción de pasar: *el paso de un río; el paso de las aves; el paso de la esperanza a la desesperación.* **2.** Lugar por donde se pasa o se puede pasar: *obstaculizar el paso.* **3.** Desfiladero, garganta entre dos elevaciones; estrecho. **4.** Cruce de dos vías de comunicación, en carreteras, caminos, ferrocarriles, etc. **5.** Movimiento de cada uno de los pies al andar. **6.** Espacio recorrido con este movimiento: *el salón mide diez pasos.* **7.** Marcha, forma o modo de andar: *salir con paso lento.* **8.** Pisada, señal dejada por los pies al andar: *descubrir pasos en la arena.* **9.** Manera de andar del caballo, cuando lo hace reposadamente y con un solo pie en el aire: *pasar del trote al paso.* **10.** Cada uno de los avances que realiza un aparato contador. **11.** En las máquinas eléctricas, distancia entre varios elementos medida sobre la periferia del inducido. **12.** Distancia entre dos irregularidades consecutivas que se repiten periódicamente y que, en el caso de tornillos, hélices, etc., equivale al avance longitudinal al dar estos mecanismos un giro completo. **13.** *Fig.* Diligencia, gestión que se realiza para la consecución de alguna cosa: *dar los pasos necesarios para conseguir un trabajo.* (Suele usarse en plural.) **14.** *Fig.* Trance, situación crítica o difícil por la que se pasa. **15.** *Fig.* Progreso conseguido en cualquier cosa. **16.** ASTRON. Momento en que un astro se interpone entre el ojo de un observador y otro astro. **17.** B. ART. Escultura o grupo de esculturas que representan una escena de la Pasión de Cristo y que se sacan en procesión por semana santa. **18.** COREOGR. **a.** Movimiento que ejecuta el bailarín con los pies en el suelo, con o sin recorrido. **b.** Fragmento de un ballet interpretado por uno o varios bailarines: *paso a dos, a cuatro.* **19.** DER. **a.** Facultad de delegar o transferir dignidades, empleos o atribuciones. **b.** Pase o exequátur. **20.** LIT. Obra dramática corta, de carácter cómico. **21.** MIL. Cada uno de los aires de marcha de las tropas. **22.** MÚS. Fragmento de escala musical que alterna con otras ornamentaciones ordinarias. ◆ **pasos** s.m.pl. En baloncesto y balonmano, falta en que incurre el jugador que da más de dos pasos consecutivos, mueve el pie pivot o se desliza, reteniendo la pelota sin botarla. ◇ **Abrir(se) paso** Quitar los obstáculos que impiden pasar por un sitio; conseguir situarse en la vida; imponerse, triunfar. **A buen paso** o **a paso largo,** o **ligero** Aceleradamente, de prisa. **A cada paso** Con mucha frecuencia, reiteradamente. **Al paso** Sin detenerse al pasar yendo de una parte a otra. **A paso de tortuga** Con mucha lentitud. **A pasos agigantados** Con gran rapidez. **Dar pasos** Gestionar. **Dar un paso en falso** Realizar una gestión contraproducente o perjudicial para la consecución de algún asunto. **De paso** De manera provisional o sin detenerse; al mismo tiempo. **Llevar el paso** Seguir el paso de una forma regular, acomodándolo a un compás y medida o al de otra persona. **Paso a nivel** Lugar en que una vía férrea cruza con un camino o carretera al mismo nivel. **Paso a paso** Con lentitud, gradualmente. **Paso de armas,** u **honroso** En la edad media, torneo o lance caballeresco que consistía en la defensa de un paso de tránsito obligado. **Paso de camino,** o **de maniobra** MIL. Paso normal que no está sujeto a cadencia, utilizado en las marchas. **Paso de carga** MIL. Paso muy rápido y sin detenerse. **Paso de cebra** Lugar por el que los peatones pueden cruzar una calle, señalizado por franjas blancas paralelas. **Paso del caracol** Cada una de las vueltas de la ranura en espiral del caracol de un reloj. **Paso de la hélice** MAT. Distancia entre dos intersecciones consecutivas de la hélice con la misma generatriz. **Paso de peatones** Zona señalada por donde los peatones deben cruzar una calle, avenida o plaza. **Paso de una hélice** MAT. Espacio que una hélice podría recorrer en cada revolución o giro si actuara en una tuerca sólida y fija. **Paso de un astro por el meridiano** ASTRON. Momento en que el astro parece atravesar exactamente el plano meridiano de un lugar. **Paso oblicuo** Bóveda de cañón cuyo eje no es normal a los parámetros anterior y posterior de esta. **Salir al paso** Salir al encuentro de alguien para detenerlo o interpelarlo; contradecirlo, atajarlo en lo que dice o intenta. **Salir del paso** *Fam.* Librarse de cualquier manera de un asunto, compromiso, dificultad, etc. **Seguir los pasos** Espiar o vigilar a alguien; imitarlo en sus acciones.

2. **paso** adv.m. Quedo, en voz baja: *hablar muy paso.*

3. **paso, a** adj. (de *pasa*). Se dice de la fruta desecada por cualquier procedimiento: *ciruela pasa; uva pasa.*

pasodoble s.m. Música y baile de ritmo rápido y vivo, popularizada hacia 1926, escrita en compás de dos tiempos, que también se utiliza en los desfiles militares y espectáculos taurinos.

pasota adj. y s.m. y f. Esp. *Fam.* Que muestra desinterés por lo establecido.

pasotismo s.m. Esp. *Fam.* Actitud de pasota.

paspadura s.f. Argent., Par. y Urug. Agrietamiento o excoriación de la piel.

paspartú s.f. Passe-partout.

pasquín s.m. (de *Pasquino,* estatua de gladiador en Roma). Escrito anónimo colocado en lugares públicos con carácter clandestino y con un contenido crítico contra el poder establecido o las instituciones.

passe-partout s.m. (voz francesa) [pl. *passe-partouts*]. Soporte de cartón, tela u otro material, que en un cuadro enmarca la lámina, grabado, etc., por la parte interior del marco.

passing-shot s.m. (del ingl. *passing shot*) [pl. *passing-shots*]. En tenis, tiro potente y a muy poca altura que supera al adversario que está cerca de la red.

pasta s.f. (lat. tardío *pasta,* del gr. *pásti,* harina mezclada con salsa). Masa de harina, manteca o aceite y otros ingredientes, como azúcar, huevos, etc., con la que se elabora alimentos de repostería. **2.** Masa blanda más o menos consistente elaborada con una mezcla de una sustancia sólida con otra líquida. **3.** Producto elaborado con masa de harina de trigo y agua y dejado desecar, como fideos, macarrones, etc. (También *pasta alimenticia.*) **4.** Pieza pequeña de pastelería o bollería hecha con masa de harina y otros ingredientes, dulces o salados, como las que se toman en el aperitivo, con el té, etc. **5.** Encuadernación hecha con cartón forrado de tela o de piel: *cubiertas de pasta.* **6.** *Fig.* y *fam.* Temperamento, talante, disposición natural. **7.** Argent. Talento o disposición natural, madera. (Se usa como s.m. en la loc. *tener pasta.*) **8.** Esp. *Fig.* y *fam.* Dinero. **9.** PINT. Empaste, unión perfecta de los colores. ◇ **Buena pasta** *Fig.* Carácter apacible y bondadoso. **Pasta de papel** Materia fibrosa obtenida a partir de maderas, papel viejo o de desecho, trapos, paja de cereales, esparto, etc., y destinada a la fabricación de papel.

pastaflora s.f. Pasta muy delicada hecha con harina, azúcar y huevo.

pastar v.intr. y tr. Pacer. ◆ v.tr. Llevar o conducir el ganado al pasto.

paste s.m. (náhuatl *păčtli*). C. Rica, Guat., Hond. y Nicar. Planta cucurbitácea cuyo fruto contiene un tejido poroso que se emplea a modo de esponja. **2.** Hond. Planta parásita de algunos árboles.

pastear v.tr. Perú. Espiar.

pasteca s.f. MAR. Motón largo y liso, con una abertura en la parte superior de una de sus caras laterales.

pastel s.m. (fr. ant. *pastel*). Dulce elaborado con una masa de harina o fécula, manteca o mantequilla, huevos, azúcar, etc., que se adorna o rellena generalmente de nata, crema, chocolate, frutas, etc. **2.** Plato elaborado con una masa de harina, huevos y otros ingredientes que se rellena de carne, pescado o vegetales, y se cuece después al horno. **3.** *Fig.* y *fam.* Chanchullo, manejo. **4.** *Fig.* y *fam.* Chapucería. **5.** B. ART. Lápiz constituido básicamente por una pasta acuosa de carbonato de calcio, pigmentada con diversos colores. <> **Descubrirse el pastel** *Fam.* Hacerse manifiesto, quedar a la vista algo que se intentaba ocultar.

pastelear v.intr. *Fam.* Contemporizar por conveniencia.

pastelería s.f. Técnica de elaborar pasteles, tartas y toda clase de dulces. **2.** Conjunto de pasteles o tartas. **3.** Establecimiento donde se preparan y venden estos productos.

pastelero, a s. Persona que tiene por oficio elaborar o vender pasteles. **2.** *Fig.* y *fam.* Persona que transige o contemporiza demasiado.

pastelillo s.m. Pastel que se rellena de yema o de un dulce de fruta.

pastelista s.m. y f. Persona que pinta al pastel.

pastelón s.m. Chile. Loseta grande que se emplea para la pavimentación.

pasteurelosis o **pasteurellosis** s.f. VET. Infección que afecta a numerosas especies animales, causada por una bacteria del género *Pasteurella*, que puede transmitirse al ser humano.

pasteurización o **pasterización** s.f. Operación que consiste en calentar un líquido alimenticio a una temperatura inferior a su punto de ebullición para destruir los gérmenes patógenos sin alterar demasiado el sabor y las vitaminas.

pasteurizar o **pasterizar** v.tr. Efectuar la pasteurización.

pastiche s.m. (fr. *pastiche*). Imitación o falsificación que consiste en combinar cierto número de motivos tomados de obras de determinado artista, de modo que parezcan una creación independiente.

pastilla s.f. Porción pequeña de ciertas sustancias, generalmente de forma cuadrada, rectangular o redonda: *pastilla de chocolate. de menta. de jabón.* **2.** Dosis sólida de pequeño tamaño de un medicamento y con forma generalmente redonda o cuadrada que suele tragarse sin deshacer: *pastillas contra la tos.* **3.** TECNOL. Pieza mecánica cilíndrica, de poca altura en relación con su diámetro. <> **A toda pastilla** Esp. *Fam.* A gran velocidad, con mucha rapidez.

pastina s.f. Argent. Mezcla de albañilería para sellar grietas o realizar junturas de mampostería.

pastinaca s.f. (lat. *pastinaca,* zanahoria, pez). Pez rayiforme ovovivíparo con un aguijón venenoso en la cola, que puede medir hasta 1,50 m de long.

pastizal s.m. Terreno abundante en pasto.

1. **pasto** s.m. (lat. *pastus, -us*). Hierba que pace el ganado, o cualquier alimento que le sirve para su sustento. **2.** Lugar en que pasta el ganado. (Suele usarse en plural.) **3.** *Fig.* Materia o cosa sobre la que se ejerce una actividad que la destruye o perjudica: *la casa fue pasto de las llamas.* **4.** Acción de pastar. **5.** Argent., Chile, Méx. y Perú. Césped. <> **A (todo) pasto** Mucho, sin restricciones.

2. **pasto** o **coaiquer,** pueblo amerindio agricultor de Colombia (Nariño) y Ecuador (Carchi), de lengua chibcha.

pastor, ra s. (lat. *pastor, -oris*). Persona que tiene por oficio guardar, guiar y apacentar el ganado. ◆ s.m. Ministro de una Iglesia, especialmente protestante. <> **Pastor alemán** Perro de una raza de gran tamaño y fuerza, de huesos bien proporcionados, que se caracteriza por su inteligencia y capacidad de aprendizaje.

pastoral adj. Pastoril. **2.** REL. Propio de los ministros del culto y, en especial, de los obispos: *visita pastoral.* ◆ adj. y s.f. Se dice de la parte de la teología relativa al ministerio sacerdotal. ◆ s.f. Drama bucólico protagonizado por pastores y pastoras. **2.** Pieza musical basada en textos o melodías sacados de la vida pastoril. **3.** Ópera de ambiente campestre, cuyos personajes son pastores. <> **Carta pastoral** Escrito dirigido por un obispo a sus diocesanos, generalmente al comienzo de la cuaresma, que trata de un punto doctrinal o de disciplina.

pastorear v.tr. Guardar, guiar y apacentar el ganado.

pastorela s.f. Composición poética de origen provenzal (s. XII) que narra el encuentro de un caballero con una pastora a la que corteja. **2.** Composición musical de melodía y canto sencillos y alegres. **3.** Méx. Representación teatral en la que se escenifica el nacimiento del Niño Jesús.

pastoreo s.m. Acción de pastorear. <> **Pastoreo de montanera** Acción de llevar el ganado de cerda a los pastos de bellota o hayuco.

pastoril adj. Relativo a los pastores de ganado. **2.** Se dice de la obra lírica, épica o dramática que se desarrolla dentro de un marco bucólico.

pastoso, a adj. Que tiene una consistencia blanda y moldeable. **2.** Espeso, pegajoso. **3.** Suave, sin resonancia metálica: *voz pastosa.* **4.** Amér. Se dice del terreno que tiene muchos pastos.

pastueño, a adj. TAUROM. Se dice de la res dócil que embiste suavemente.

pastún adj. y s.m. y f. → **pashto.**

pastura s.f. (lat. tardío *pastura,* acción de pacer). Pasto para el ganado. **2.** Lugar donde pasta el ganado.

pasudo, a adj. Colomb., Méx. y Venez. Se dice de la persona que tiene el pelo ensortijado. **2.** Colomb., Méx. y Venez. Se dice del pelo ensortijado.

pata s.f. Pie y pierna de los animales. **2.** *Fam.* Pie y pierna de las personas. **3.** Pieza que soporta un mueble o un objeto; pie, base o apoyo de algo. <> **A cuatro patas** *Fam.* Con las manos y los pies o las rodillas en el suelo. **A pata** *Fam.* Andando. **De pata negra** Se dice de una variedad de jamón de gran calidad, de una raza de cerdo ibérico. **Estirar la pata** *Fam.* Morirse. **Hacer la pata** Chile. Dar coba, adular. **Hacer (la) pata ancha** Argent. *Fam.* Enfrentar un peligro o dificultad. **Mala pata** *Fig.* y *fam.* Mala suerte; falto de gracia o de oportunidad. **Meter la pata** *Fam.* Intervenir en algo con inoportunidad o desacierto. **Pata de gallo** Arruga o surco divergente que con los años se forma en el ángulo externo de cada ojo; planta herbácea, gramínea, con las cañas dobladas por la parte inferior, de unos 60 cm de alt. y flores en espigas que forman panoja; tela tejida con ligamento sarga y utilizando efectos idénticos de trama y urdimbre, que presenta dibujos que recuerdan las huellas de las patas de un gallo o gallina. **Pata de ganso** Armazón o andamiaje que, visto en planta, tiene figura triangular; Argent. planta herbácea anual de la familia de las gramíneas de unos 50 cm de alt., propia de las zonas templadas. **Patas arriba** Al revés, desordenado. **Poner de patitas en la calle** *Fam.* Despedir, echar a alguien de algún sitio. **Verle las patas a la sota** Argent. Darse cuenta de un peligro o adivinar las intenciones de alguien.

pataca s.f. Unidad monetaria de Macao.

patada s.f. Golpe dado con el pie o con la pata. <> **A patadas** *Fam.* Con mucha abundancia; con desconsideración, de modo violento. **Dar cien patadas** *Fam.* Desagradar mucho algo o alguien. **Dar la patada** *Fam.* Echar a alguien, despedirlo de algún trabajo.

patagio s.m. Membrana de algunos mamíferos y reptiles que les permite volar o saltar de rama en rama. (El patagio comienza en el cuello, envuelve los brazos y los dedos, llega hasta los flancos y las patas, y se extiende hasta la cola.)

patagón, na adj. y s. De Patagonia. **2.** De un grupo de pueblos amerindios pampeanos que habitaban en la Patagonia (tehuelche) y en Tierra del Fuego (ona).

patagónico, a adj. Relativo a Patagonia o a los patagones.

patagua s.f. Chile. Planta filiácea de flores blancas cuya madera se usa en carpintería.

patalear v.intr. Agitar las piernas o las patas con violencia. **2.** Golpear con los pies el suelo, violenta y repetidamente, en señal de enojo. **3.** *Fig.* Rabiar.

pataleo s.m. Acción de patalear. **2.** Ruido hecho con las patas o con los pies. ◇ **Derecho al pataleo** *Fam.* Recurso inútil que queda a quien, habiendo sido perjudicado por otros, solo puede desahogarse protestando contra ellos.

pataleta s.f. Manifestación violenta y poco duradera de un disgusto, producido generalmente por una contrariedad insignificante.

patán s.m. y adj. *Fam.* Hombre rústico e ignorante. **2.** *Fig.* y *fam.* Hombre zafio y grosero.

patanería s.f. Cualidad de patán.

patao s.m. Cuba. Pez comestible de color plateado y lomo abultado.

patarino s.m. (voz italiana). HIST. Hereje italiano de los ss. XII y XIII, especialmente cátaro de Italia.

patarráez s.m. MAR. Obenque supletorio que sirve para aligerar temporalmente a otro obenque sometido a un esfuerzo considerable.

patasca s.f. Argent. y Chile. Guiso de carne de cerdo cocida con maíz. **2.** Pan. Pendencia, disputa.

patata s.f. (cruce de *papa* y *batata*). Esp. Papa, planta y tubérculo.

patatal o **patatar** s.m. Terreno plantado de patatas o papas.

patatero, a adj. y s. Relativo a la patata o papa. **2.** Se dice de la persona a la que le gustan mucho las patatas o papas. **3.** Se dice de la persona que tiene por oficio vender o cultivar patatas o papas. **4.** *Fig.* y *fam.* Se dice del oficial del ejército que ha ascendido desde soldado raso.

patatín. Que (si) patatín, que (si) patatán Expresión que se emplea para reproducir de manera vaga conceptos manifestados por alguien que se consideran de poca importancia.

patatús s.m. (voz de origen onomatopéyico). *Fam.* Desmayo, ataque de nervios. **2.** *Fam.* Impresión, susto.

patay s.m. Amér. Merid. Pasta seca hecha del fruto del algarrobo.

patchwork s.m. (voz inglesa). Combinación de distintos retales de tela con fines decorativos.

1. **paté** s.m. (fr. *pâté*). Pasta elaborada con carne o hígado picado, particularmente de cerdo o de ave.

2. **paté** adj. HERÁLD. Se dice de la cruz cuyos extremos van ensanchándose.

pateadura s.f. Acción de patear. **2.** *Fig.* y *fam.* Represión o refutación violenta.

pateamiento s.m. Pateadura.

patear v.tr. *Fam.* Dar golpes o patadas con los pies. **2.** Pisotear alguna cosa maltratándola. **3.** *Fig.* y *fam.* Tratar con desconsideración o malos tratos. ◆ v.intr. *Fam.* Dar patadas en el suelo en señal de enojo o disconformidad. **2.** *Fig.* y *fam.* Andar mucho, haciendo gestiones para conseguir algo. **3.** *Fig.* y *fam.* Estar muy encolerizado o enojado. **4.** DEP. En golf, golpear la pelota para meterla en el hoyo.

patena s.f. (lat. *patena,* pesebre, del gr. *phátni*). LITURG. Recipiente redondo y ligeramente cóncavo en el que se deposita el pan destinado a la consagración durante la misa. ◇ **Limpio como,** o **más limpio que, una patena** Esp. Muy limpio.

patentar v.tr. Obtener patente para un invento o una marca. **2.** Conceder y expedir patentes.

patente adj. (lat. *patens, -entis*). Manifiesto, visible, claro, evidente. ◆ s.f. Documento expedido por una autoridad en que se acredita un derecho y se da permiso para algo. **2.** Testimonio que acredita una cualidad o méritos. **3.** Derecho que se concede a una persona para la explotación en exclusiva de un invento, con determinadas limitaciones. **4.** Amér. Merid. Placa de un automóvil. ◇ **Cartas patentes** Denominación dada en las cancillerías a las cartas abiertas o documentos reales. **Letras patentes** HIST. Edicto público, que se despachaba sellado con el sello principal, sobre una materia importante. **Patente de introducción** DER. Documento que otorga oficialmente la exclusiva para ejercer una industria nueva en el país. **Patente de navegación** MAR. Documento que autoriza a una embarcación para navegar, acredita su nacionalidad y le permite usar el correspondiente pabellón. **Patente de sanidad** Documento que acredita el estado sanitario del puerto de donde procede o donde ha hecho escala un barco y las condiciones sanitarias de este. **Patente industrial** DER. Impuesto que deben pagar los industriales, comerciantes y personas que ejercen ciertas profesiones liberales.

patenting s.f. Tratamiento térmico a que se someten los alambres de acero para conferirles características particulares.

patentizar v.tr. Hacer patente o evidente una cosa.

pateo s.m. Acción de patear.

patera s.f. Embarcación de fondo muy plano utilizada para cazar patos en aguas poco profundas.

pátera s.f. ANT. Plato poco profundo, sin pie, que se utilizaba para beber o efectuar libaciones, y que era atributo de Higía, diosa de la salud. **2.** ARQ. Ornamento de forma circular, que imita una pátera antigua. **3.** ART. DEC. Roseta de bronce o latón que se utiliza como adorno de muebles, puertas, etc.

paterfamilias s.m. (pl. *paterfamilias*). ANT. Hombre que era el cabeza de la familia romana.

paternal adj. Relativo al padre. **2.** Como de padre: *hablar en tono paternal.*

paternalismo s.m. Actitud protectora de una persona que ejerce una autoridad. **2.** Doctrina según la cual las relaciones laborales y políticas entre jefes y subordinados deben regirse por las reglas de la vida familiar, caracterizada por el afecto recíproco, la autoridad y el respeto. **3.** Carácter paternal.

paternalista adj. y s.m. y f. Relativo al paternalismo; partidario del paternalismo.

paternidad s.f. Estado y cualidad de padre. **2.** Cualidad de autor o de inventor: *reconocer la paternidad de una obra.* **3.** Unión jurídica entre un padre y sus hijos. (Se distingue la *paternidad legítima,* cuando el hijo es fruto de una pareja casada; la *paternidad natural,* cuando los padres del hijo no están unidos por el matrimonio; y la *paternidad adoptiva,* cuando el hijo es adoptado.)

paterno, a adj. (lat. *paternus*). Relativo al padre: *familia paterna.*

paternóster s.m. (del lat. *Pater noster,* Padre nuestro) [pl. *paternóster*]. Padrenuestro, oración.

patero, a adj. y s. Chile. *Fig.* y *fam.* Adulador, servil, soplón, rastrero.

patético, a adj. (gr. *pathitikós*). Se dice del gesto, actitud, etc., que expresa padecimiento moral, angustia, pasión o un sentimiento intenso, o que emociona o conmueve.

pathos s.m. (voz griega, *sufrimiento*). Empleo de rasgos o temas destinados a emocionar fuertemente al lector o espectador.

pati s.m. Argent. Pez de río, que alcanza los 7 kg, de color gris azulado con manchas oscuras y carne amarilla muy apreciada.

patiabierto, a adj. *Fam.* Que tiene las piernas torcidas y separadas.

patialbo, a adj. Se dice del animal de patas blancas. SIN.: *patiblanco.*

patibulario, a adj. Relativo al patíbulo. **2.** Que produce horror o espanto por su aspecto repugnante.

patíbulo s.m. (lat. *patibulum*). Tablado en que se ejecuta a los condenados. **2.** Horca.

paticojo, a adj. y s. *Fam.* Cojo.

paticorto, a adj. y s. Se dice de la persona o animal que tiene las patas cortas.

patidifuso, a adj. *Fam.* Patitieso, sorprendido por algo extraordinario.

patiestevado, a adj. y s. Estevado.

patihendido, a adj. Se dice del animal con los pies hendidos o divididos en partes.

patilla s.f. Franja de pelo que crece en la cara por delante de la oreja. **2.** Parte accesoria de distintas cosas que las sujeta o encaja en otras: *patillas de los anteojos, de un tablón.* **3.** Cartera o portezuela en las prendas de vestir: *patilla del bolsillo.* **4.** Colomb., Dom., P. Rico y Venez. Sandía.

patilludo, a adj. Que tiene patillas espesas y largas.

1. **patín** s.m. (de *pato*). Aparato deportivo o de entretenimiento que consiste en una plancha adaptable a la suela del zapato, provista de una especie de cuchilla o de cuatro ruedas, usado para patinar sobre el hielo o sobre una superficie dura, lisa y muy llana. **2.** Patinete. **3.** Esp. Aparato compuesto de dos flotadores paralelos unidos por dos o más travesaños, y movido a remo, por una vela o por un sistema de paletas accionado por pedales, usado para dar paseos en lagos, proximidades de la costa, etc. **4.** F.C. Base de un riel que se apoya sobre las traviesas. **5.** TECNOL. Parte de un órgano de máquina o de un mecanismo destinada a frotar sobre una superficie para servir de apoyo a un conjunto en movimiento o para absorber la potencia excedente. ◇ **Patín de cola** Parte del tren de aterrizaje que soporta el peso de la parte trasera del avión cuando está en tierra. **Patín del diablo** Méx. Juguete que consiste en una plataforma con dos ruedas y una barra de dirección.

2. **patín** s.m. (fr. *patin,* chapín). Albatros.

pátina s.f. Capa fina de óxido de color verdoso que se forma en el bronce y en otros metales debido a la humedad. **2.** Coloración que toman ciertos objetos con el tiempo. **3.** Brillo y coloración artificiales que se da a ciertos objetos para protegerlos o decorarlos. **4.** Película superficial y delgada que se forma sobre las rocas, generalmente de origen químico.

patinador, ra adj. Que patina. ◆ s. Persona que practica el patinaje, especialmente si lo hace de forma profesional.

patinaje s.m. Acción de patinar. **2.** Deporte de patinar. ◇ **Patinaje artístico** Exhibición sobre hielo a base de figuras obligatorias o libres, saltos acrobáticos y danza, que se efectúa como espectáculo o en competición. **Patinaje de velocidad** Carrera sobre hielo con patines.

1. **patinar** v.intr. Deslizarse con patines. **2.** Resbalar o deslizarse por falta de adherencia. **3.** *Fig.* y *fam.* Hacer o decir algo con inoportunidad o desacierto.

2. **patinar** v.tr. Dar pátina artificial a un objeto.

patinazo s.m. Acción y efecto de patinar bruscamente las ruedas de un vehículo. **2.** *Fig.* y *fam.* Torpeza o equivocación.

patineta s.f. Argent., Chile, Méx. y Urug. Patinete.

patinete s.m. (fr. *patinette*). Juguete compuesto de una plancha montada sobre dos o tres ruedas, armada por delante de una barra de dirección articulada en el bastidor y provista en su parte superior de un manubrio. SIN.: *patín.*

patio s.m. Espacio cerrado por paredes o galerías que queda en el interior de un edificio, y que puede estar cubierto o descubierto. **2.** Portal o entrada de una casa. **3.** Espacio que queda entre los edificios de las casas de campo, y que puede ser abierto o cerrado. **4.** Esp. En los teatros, planta baja que ocupan las butacas o lunetas. SIN.: *patio de butacas, platea.* ◇ **Patio inglés** Patio pequeño al que dan las ventanas de un semisótano.

patiperrear v.intr. Chile. Vagabundear.

patiquebrar v.tr. y prnl. Romper una pata a un animal.

patitieso, a adj. *Fam.* Que se queda sin movimiento en las piernas o en los pies por el frío, el miedo, etc. **2.** *Fig.* y *fam.* Que se queda sorprendido por algo extraordinario o inesperado.

patituerto, a adj. Que tiene las piernas o patas torcidas. **2.** *Fig.* y *fam.* Mal hecho o torcido.

patizambo, a adj. Que tiene las piernas torcidas de manera que junta mucho las rodillas y separa los pies.

pato, a s. Ave palmípeda migratoria en estado salvaje, de pico ancho y tarsos cortos, que se alimenta de partículas vegetales o de pequeñas presas que encuentra en el agua. (Familia anátidos.) **2.** Argent. Deporte en el que dos equipos de cuatro jugadores cada uno intentan introducir en el aro una pelota, llamada *pato,* de seis asas. **3.** Cuba y Méx. Orinal de cama para varón. **4.** Cuba, P. Rico y Venez. *Fig.* Hombre afeminado. ◇ **El pato de la boda** Argent. *Fam.* Persona a quien se le atribuyen culpas o responsabilidades ajenas. **Estar,** o **andar, pato** Argent., Chile y Urug. Estar o andar sin dinero. **Pagar el pato** *Fam.* Padecer un castigo no merecido, o sufrir las consecuencias de algo sin tener culpa. **Pato aguja** Ave zancuda que mide unos 90 cm de long., que vive en grupos de pocos individuos cerca de las corrientes y lagos de las selvas tropicales de América del Sur. **Pato cuchara** Pato de pico largo en forma de cuchara, que mide 51 cm de long. **Pato de Berbería,** o **almizclero** Pato sudamericano, de unos 90 cm de long., de color negro y pico rodeado de unas excrecencias carnosas. **Pato real** Pato nadador europeo.

patochada s.f. (voz de origen onomatopéyico). Dicho o hecho inoportuno u ofensivo.

patofobia s.f. Fobia a contraer una enfermedad.

patogenia s.f. Investigación y estudio de los mecanismos por los que un agente nocivo o patógeno desencadena las enfermedades.

patogénico, a adj. Relativo a la patogenia.

patógeno, a adj. Que produce enfermedad.

patognomónico, a adj. Se dice del síntoma de una enfermedad cuya constatación da un diagnóstico exacto.

patojo, a adj. Que tiene las piernas o pies torcidos e imita al pato en el andar. ◆ s. Colomb. Niño, muchacho.

patología s.f. Parte de la medicina que estudia las causas, síntomas y evolución de las enfermedades.

patológico, a adj. Relativo a la patología.

patoso, a adj. Esp. Torpe, desmañado. **2.** Esp. Que pretende ser gracioso sin conseguirlo.

patota s.f. Amér. Merid. Pandilla de jóvenes gamberros. ◇ **En patota** Argent. *Fam.* En grupo de amigos.

patotear v.tr. Argent. y Urug. Adoptar una actitud agresiva y provocativa.

patotero, a s. Amér. Merid. Miembro de una patota. ◆ adj. Amér. Merid. Que manifiesta o posee los caracteres propios de una patota.

patraña s.f. Mentira de pura invención.

patrañero, a adj. Que suele contar o inventar patrañas.

patria s.f. Nación considerada como unidad histórica a la que sus naturales se sienten vinculados. **2.** Lugar, ciudad o país en que se ha nacido. SIN.: *patria chica.* ◇ **Madre patria** Estado del que depende o ha dependido un país. (Se dice de España en Hispanoamérica.) **Patria celestial** El cielo o la gloria.

patriada s.f. Acción en la que se arriesga algo en beneficio de los demás. **2.** En Río de la Plata, movimiento político revolucionario arriesgado y, en especial, el que se hace invocando la necesidad de salvar la patria. **3.** Argent., Par. y Urug. Acción trabajosa y desinteresada.

patriar v.tr. Argent. Cortar a un caballo la mitad de la oreja derecha para señalarlo como propiedad del estado.

patriarca s.m. (gr. *patriárkhis,* jefe de familia, de *patrís,* padre, y *ágkhein,* gobernar). *Fig.* Hombre más respetado y con mayor autoridad de una familia o colectividad. **2.** Título honorífico dado antiguamente en la Iglesia latina a los obispos de las primeras sedes. **3.** Título dado en la Iglesia ortodoxa a los obispos de una sede episcopal con autoridad sobre otras sedes secundarias. **4.** Nombre dado a los primeros jefes de familia, en el Antiguo Testamento. ◇ **Patriarca ecuménico** Título de los patriarcas de Constantinopla.

patriarcado s.m. Dignidad de patriarca y ejercicio de sus funciones. **2.** Territorio sometido a la jurisdicción de un patriarca. **3.** SOCIOL. Forma de familia y de sociedad de un grupo caracterizado por la preponderancia del padre sobre los demás miembros de la tribu o de la familia.

patriarcal adj. Relativo al patriarca o al patriarcado. **2.** SOCIOL. Que se basa en el patriarcado.

patricio, a adj. y s. (lat. *patricius*). Se decía del ciudadano romano perteneciente a la clase aristocrática. ◆ adj. Noble: *rango patricio.* ◆ s.m. ANT. ROM. Alta dignidad otorgada por los emperadores del bajo imperio a la persona que ostentaba la autoridad suprema en una de las ramas de la administración.

patrilinaje s.m. ANTROP. Linaje o grupo de filiación unilineal, en el que todos los miembros se consideran descendientes por vía agnada de un antepasado común, que puede ser real o ficticio.

patrilineal adj. ANTROP. Se dice de una forma de filiación para la que solo cuenta el parentesco por línea paterna.

patrilocal adj. ANTROP. Se dice de una forma de residencia de los nuevos cónyuges, que han de vivir con la familia del marido.

patrimonio s.m. (lat. *patrimonium*). Conjunto de bienes que una persona hereda de sus ascendientes o por cualquier otro procedimiento. **2.** Conjunto de bienes propios de una persona o de una institución, susceptibles de estimación económica. **3.** DER. Conjunto de los bienes, derechos y cargas de una persona. ◇ **Patrimonio del estado** Conjunto de los bienes que, siendo propiedad del estado, no se hallan afectos al uso general o a los servicios públicos. **Patrimonio hereditario** Genotipo. **Patrimonio histórico-artístico** Conjunto de bienes inmuebles y muebles que por su valor histórico, artístico o cultural están sujetos a un régimen especial. **Patrimonio nacional** Conjunto de bienes y derechos que, siendo propiedad del estado, se hallan afectos al uso y servicio del rey y de los miembros de la familia real, para el ejercicio de la alta representación que la constitución y las leyes les atribuyen.

patrio, a adj. (lat. *patrius*, relativo al padre). Relativo a la patria. **2.** Relativo al padre. ◇ **Patria potestad** Conjunto de derechos y deberes que corresponden a los padres sobre la persona y el patrimonio de cada uno de sus hijos no emancipados.

patriota adj. y s.m. y f. (gr. *patriótis*, compatriota, de *patriá*, raza, casta). Que ama profundamente a su patria y quiere serle útil.

patriotero, a adj. y s. *Fam.* Que da muestras excesivas y ostentosas de patriotismo.

patriótico, a adj. Relativo al patriota o al patriotismo.

patriotismo s.m. Cualidad de patriota.

patrística s.f. Estudio de la vida y obras de los padres de la Iglesia. **2.** Colección de sus escritos. SIN.: *patrología.*

patrístico, a adj. Relativo a la patrística.

patrocinado s.m. Hombre libre de la España visigoda que se sometía a un patrono o señor por vínculos de dependencia económica o personal.

patrocinar v.tr. Favorecer o proteger una causa, empresa, candidatura, etc., quien tiene poder para ello. **2.** Sufragar una empresa o institución los gastos de un programa de radio o televisión, competición deportiva, concurso, etc., generalmente con fines publicitarios.

patrocinio s.m. (lat. *patrocinium*). Ayuda o protección que alguien recibe de un patrono o de alguien con poder o influencia. **2.** Acción de patrocinar, sufragar una empresa algo con fines generalmente publicitarios. **3.** Mecenazgo. **4.** Vinculación por la que una persona se encomendaba a la protección de otra, obligándose a prestarle fidelidad y determinados servicios.

patrología s.f. (del gr. *patrís*, padre, y *lógos*, tratado). Patrística.

patrón, na s. (lat. *patronus*, defensor, protector). Persona que emplea a obreros en su propiedad o negocio, especialmente para trabajos de tipo manual. **2.** Jefe, respecto de sus empleados y trabajadores. **3.** Esp. Dueño de una casa de huéspedes, en relación con estos. **4.** REL. Santo o santa de quien se lleva el nombre, o bajo cuya advocación y protección se pone una iglesia, un país, una población, una comunidad, una corporación, o un grupo de obras o de asociaciones piadosas. ■ s.m. Ejemplo o modelo que se compara con algo o que se utiliza para referirse a otra cosa de la misma especie. **2.** Persona que gobierna una embarcación menor. SIN.: *patrón de buque.* **3.** Pieza de papel u otro material con la forma debida para cortar igual que ella las que se utilizan para hacer vestidos u otras cosas. **4.** Pliego impreso sobre el que se fija el arreglo de la tirada. **5.** Pliego numerado que sirve de modelo al cajista para hacer un casado. **6.** Árbol o arbusto sobre cuyo tronco se efectúa un injerto. **7.** METROL. **a.** Valor tipo que sirve para definir una unidad. **b.** Modelo o tipo legal de los pesos y las medidas. **8.** PINT. Plantilla taladrada que sirve para pintar letras, números o adornos. **9.** TELEV. Generador de señales que produce sobre la pantalla sencillas imágenes geométricas, y que se utiliza para verificar y poner a punto los aparatos receptores. ◇ **Cortador de patrones** Especialista en sacar el primer patrón que ha de servir para obtener las diferentes tallas o medidas de las prendas de confección; persona que hace los modelos o plantillas de las piezas constitutivas del calzado. **Cortados por el mismo patrón** *Fam.* Semejantes en su totalidad. **Patrón cultural** ANTROP. y SOCIOL. Forma característica de los diferentes elementos constitutivos de una cultura o una sociedad y las actitudes que observan sus miembros, definiendo la forma específica de vida de un grupo. **Patrón dólar** METROL. Sistema monetario basado en el dólar de EUA como numerario de financiamiento en el mercado internacional y como activo de reserva oficial. **Patrón monetario** METROL. Conjunto de relaciones que ligan el dinero patrón a los restantes tipos de dinero del país. **Patrón monetario internacional** METROL. Conjunto de relaciones que ligan los patrones monetarios de diversos países entre sí o con activos de reserva internacional. **Patrón oro** METROL. Sistema monetario basado en la equivalencia establecida por ley, a tipo fijo, entre una moneda y una cantidad de oro de determinada calidad.

patronal adj. Relativo al patrono o al patronato. ◆ adj. y s.f. Se dice de las relaciones, entidades, asociaciones, etc., entre patronos.

patronato s.m. Derecho, poder o facultad del patrono. **2.** Corporación que forman los patronos. **3.** DER. Organismo autónomo de carácter institucional al que se adscriben fondos públicos y privados para el cumplimiento de fines específicos del ente que los crea. **4.** REL. **a.** Fundación de una obra pía. **b.** Cargo de cumplir algunas obras pías, designado por el fundador. ◇ **Patronato real** HIST. Derecho que tenían los reyes de España de proveer obispados, prelacías seculares y regulares, dignidades y prebendas en las catedrales o colegiatas, y otros beneficios.

patronear v.tr. Gobernar como patrón una embarcación.

patronímico, a adj. y s.m. (del gr. *patrís*, padre, y *onoma*, nombre). Se dice del nombre o apellido que se ha formado por derivación del nombre del padre o de un antecesor. (Los patronímicos españoles suelen terminar en *-ez*, como Fernández, Pérez o López.) ◇ **Nombre patronímico** Apellido familiar.

patrono, a s. (lat. *patronus*, defensor, protector). Patrón, amo, señor. **2.** Patrón, santo. **3.** DER. Individuo o persona jurídica bajo cuya dependencia y por cuya cuenta se ejecuta el trabajo o se presta el servicio que ha sido materia del contrato celebrado con el trabajador. **4.** HIST. **a.** Persona que tiene derecho o cargo de patronato. **b.** Ciudadano romano al que se encontraban vinculadas personas libres.

patrulla s.f. (fr. *patrouille*). Conjunto de gente armada, policías, soldados, etc., que rondan para mantener el orden y la seguridad. **2.** Conjunto de barcos o aviones utilizados en la defensa o vigilancia de una zona. **3.** Grupo de personas que se reúnen para un determinado fin, generalmente de trabajo: *una patrulla de limpieza.* **4.** Servicio de la persona que patrulla: *estar de patrulla.* **5.** Méx. Automóvil en que patrullan los policías.

patrullar v.intr. y tr. (fr. *patrouiller*). Ir de patrulla.

patrullero, a adj. y s.m. Se dice del soldado, avión o embarcación que forma parte de una patrulla. **2.** Se dice del buque de guerra ligero que puede desempeñar diversas misiones acompañando a buques de mayor porte o, también, otras de vigilancia marítima. **3.** Argent., Cuba y Ecuad. Patrulla, vehículo.

patudo, a adj. *Fam.* Que tiene grandes los pies o patas. **2.** Chile. *Fig., fam.* y *vulg.* Se dice de la persona entrometida y de modales toscos. **3.** Chile. Se dice de la persona descarada. ◆ s.m. Pez teleósteo comestible, de tamaño, forma y aspecto semejantes al atún, de los que se diferencia por presentar el cuerpo menos esbelto y las aletas pectorales mucho más largas.

patulea s.f. *Fam.* Grupo desordenado de personas que arma alboroto. **2.** Soldadesca indisciplinada. **3.** Nombre despectivo que se dio a la gente armada que, durante la sublevación de noviembre y diciembre de 1842 y tras el bombardeo de Espartero, se adueñó de la ciudad de Barcelona.

patuleco, a adj. Amér. Se dice de la persona que tiene un defecto físico en las piernas o en los pies.

paturro, a adj. Colomb. Se dice de la persona chaparra y rechoncha.

paulatino, a adj. Lento, gradual.

pauliano, a adj. DER. Se dice de una acción judicial por la que un acreedor demanda la revocación de un acto doloso o dañoso realizado por su deudor.

paulino, a adj. Relativo al apóstol san Pablo.

1. **paulista** adj. y s.m. y f. De São Paulo.

2. **paulista** adj. y s.m. y f. Relativo a la congregación católica misionera fundada en EUA en 1858; miembro de dicha congregación.

pauni → **pawnee.**

pauperismo s.m. Fenómeno social caracterizado por un estado de pobreza endémica de un grupo humano.

pauperización s.f. Empobrecimiento de una población o de una clase social.

pauperizar v.tr. Empobrecer una población, una clase social.

paupérrimo, a adj. Muy pobre: *país paupérrimo.*

pausa s.f. (lat. *pausa*). Interrupción momentánea de una acción. **2.** Lentitud, tardanza: *hablar con pausa.* **3.** Signo ortográfico que representa en el lenguaje escrito este silencio, como la coma, el punto, etc. **4.** En la notación musical, signo que representa la interrupción del sonido. SIN.: *silencio.*

pausado, a adj. Que se mueve con lentitud o que se produce con calma y sin precipitación.

pauta s.f. (lat. *pacta,* pl. de *pactum,* convenio, pacto). Raya o conjunto de rayas horizontales a igual distancia entre sí que se trazan en un papel como guía para escribir en él. **2.** Instrumento con que se trazan estas rayas. **3.** *Fig.* Guía, norma o regla que se tiene en cuenta en la ejecución de algo.

pautar v.tr. Trazar pautas en el papel. **2.** *Fig.* Dar pautas o reglas para determinar el modo de ejecutar una acción.

pava s.f. Amér. Merid. Recipiente de metal con asa en la parte superior, tapa y pico, que se usa para calentar agua y, especialmente, para cebar el mate.

pavada s.f. Manada de pavos. **2.** *Fig.* y *fam.* Sosería. **3.** Argent., Perú y Urug. Tontería, estupidez.

pavana s.f. (ital. *pavana*). Danza y composición musical noble y lenta de compás binario que, en la antigua suite, iba seguida de la gallarda.

pavear v.intr. Argent. Decir o hacer pavadas.

pavero, a adj. y s. *Fam.* Presumido, vanidoso. ◆ s.m. Sombrero andaluz de ala ancha y recta y copa de figura de cono truncado.

pavés s.m. (ital. *pavese*). Pieza de vidrio moldeado, generalmente cuadrada o circular, con estructuras de armadura, que se emplea en la construcción de marquesinas, tabiques, etc. **2.** Escudo oblongo que cubría casi todo el cuerpo del combatiente.

pavesa s.f. Partícula incandescente que se desprende de un cuerpo en combustión y se reduce a ceniza.

pavía s.f. Variedad de melocotonero, cuyo fruto del mismo nombre tiene la piel lisa y la carne jugosa y pegada al hueso.

pavimentación s.f. Acción y efecto de pavimentar.

pavimentado s.m. Pavimentación.

pavimentar v.tr. Recubrir con pavimento.

pavimento s.m. (lat. *pavimentum,* de *pavire,* golpear el suelo, aplanar). Revestimiento del suelo para que este quede llano, firme y resistente. **2.** Material con que se pavimenta un suelo.

pavipollo s.m. Pollo del pavo.

pavito, a s. Venez. *Fig.* Gamberro; adolescente.

pavloviano, a adj. Relativo a las ideas o experimentos de Pávlov.

pavo, a s. (lat. *pavus,* pavo real). Ave gallinácea, originaria de América del Norte, cuyo macho, que puede pesar hasta 19 kg, tiene verrugas y carúnculas coloreadas en la cabeza, y puede enderezar las plumas de la cola. (El pavo gluglutea.) GEOSIN.: Amér. Central. *chompipe;* Colomb. y Venez. *pisco;* Méx. *guajolote.* **2.** Amér. Central, Chile, Ecuad., Méx. y Perú. Pasajero clandestino, polizón. ◆ adj. y s. *Fam.* Se dice de la persona sosa y con poca iniciativa. ◇ **Pavo real,** o **ruán** Ave gallinácea originaria de Asia, de magnífico plumaje, principalmente en el macho, cuyas plumas de la cola, moteadas de ocelos, pueden levantarse y extenderse en abanico. **Pelar la pava** *Fam.* Dialogar los novios amorosamente. **Subírsele a alguien el pavo** Esp. *Fam.* Sonrojarse.

pavón s.m. Pavo real. **2.** Mariposa nocturna de la familia satúrnidos. **3.** METAL. Pavonado.

pavonado, a adj. Que es de color azul oscuro. ◆ s.m. METAL. Película delgada de óxido de color azul que se forma sobre la superficie del acero para preservarlo de la oxidación.

pavonear v.intr. y prnl. Presumir, hacer ostentación. ◆ v.intr. *Fig.* y *fam.* Entretener a alguien sin darle o hacerle alguna cosa que espera.

pavoneo s.m. Acción de pavonear o pavonearse.

pavor s.m. (lat. *pavor, -oris*). Temor, miedo muy grande.

pavoroso, a adj. Que causa o inspira pavor.

pavura s.f. Pavor.

pawnee, pauni o **pani,** indios de las Praderas estadounidenses, que en 1876 pasaron a una reserva en Oklahoma.

payacate s.m. Méx. Paliacate.

payada s.f. Argent. Competencia o contrapunto de dos o más payadores. **2.** Argent., Chile y Urug. Canto del payador. ◇ **Payada de contrapunto** Argent., Chile y Urug. Competencia en la que, alternándose dos payadores, improvisan cantos sobre un mismo tema.

payador s.m. Cantante popular de Argentina, Chile y Uruguay que improvisa temas, acompañándose con una guitarra y generalmente en contrapunto con otro. **2.** Ave de pequeño tamaño, arborícola, de pico curvado en la punta, que vive en América Meridional. (Familia corébidos.)

payaguá, pueblo amerindio canoero de Argentina y Paraguay (curso alto del río Paraguay), de lengua guaicurú y cultura de los *pueblos del Chaco.

payana s.f. Argent. Juego en el que los niños arrojan al aire piedrecitas o carozos para recogerlos mientras dura su turno.

payara s.f. Pez cinodóntido que vive en el Orinoco.

payasada s.f. Acción o dicho propio de un payaso. **2.** Acción ridícula o fuera de lugar. **3.** Chile. *Fig., fam.* y *desp.* Acción o cosa deleznable, indigna de consideración. **4.** Chile. Acción o manejo mal intencionado y turbio.

payaso, a s. (fr. *paillasse*). Artista circense cómico que va vestido y maquillado de forma llamativa. (Suelen actuar formando una pareja: el *clown*, con el rostro maquillado de blanco, y el *augusto*, de caracterización particularmente grotesca.) **2.** Persona que dice chistes, o que con sus gestos o bromas hace reír a los demás. **3.** Persona poco seria en su comportamiento.

payé s.m. Argent., Par. y Urug. Brujería, sortilegio, hechizo. **2.** Argent., Par. y Urug. Amuleto, talismán.

payo, a adj. y s. Se dice del campesino ignorante y rudo **2.** Esp. Que no es gitano, en contraposición a la persona o cosa que lo es.

paz s.f. (lat. *pax, -cis*). Ausencia de guerra. **2.** Estado de concordia, de acuerdo entre los miembros de un grupo. **3.** Sosiego, estado de la persona no agitada. **4.** Calma, silencio, reposo. **5.** Cese de las hostilidades; tratado que pone fin al estado de guerra: *firmar la paz.* ◇ **Dar la paz a alguien** Darle un abrazo, beso, etc., en señal de fraternidad, como se hace en las misas. **Dejar en paz** No molestar o importunar. **Descansar,** o **reposar, en paz** Morirse. **Estar,** o **quedar, en paz** Estar o quedar igualado en tantos o no tener pérdidas o ganancias en un juego; quedar saldadas las cuentas entre dos personas; corresponder a un favor u ofensa con otros. **Hacer las paces** Reconciliarse. **Paz de Dios** Prohibición eclesiástica de todo acto hostil contra personas o bienes determinados.

pazguatería s.f. Cualidad de pazguato. **2.** Actitud o acción propia del pazguato.

pazguato, a adj. y s. Simple, pasmado.

pazo s.m. Casa antigua y señorial propia de Galicia, especialmente la situada en el campo.

PC s.m. (sigla del ingl. *personal computer*). *Computadora personal.

PD, abrev. de *posdata.*

pe s.f. Nombre de la letra *p.* ◇ **De pe a pa** Completamente, desde el principio al fin.

peaje s.m. (fr. *péage*). Derecho que se paga por utilizar un puente, autopista, etc. **2.** Lugar donde se paga este derecho.

peán s.m. (gr. *paian*). ANT. GR. Himno de guerra en honor de Apolo.

peana s.f. (del lat. *pes, pedis,* pie). Base o apoyo para colocar encima una figura u otro objeto. **2.** Tarima situada ante el altar.

peatón s.m. (fr. *piéton*). Persona que va a pie.

peatonal adj. Relativo a los peatones; que es de uso exclusivo para peatones.

pebete, a s. Argent. Pibe, muchacho. ◆ s.m. Argent. Pan ovalado, de miga esponjosa y corteza tostada y fina, que se amasa con trigo candeal.

pebetero s.m. Recipiente para quemar perfumes. **2.** Recipiente donde arde la llama olímpica durante la celebración de los Juegos olímpicos.

pebre s.m. o f. (lat. *piper, -eris,* pimienta). Salsa elaborada con pimienta, ajo, perejil y vinagre. SIN.: *pebrada.*

pebrina s.f. Enfermedad de los gusanos de seda, que se caracteriza por la aparición de unas manchas negras como granos de pimienta sobre la piel de las orugas.

peca s.f. Lentigo.

pecabilidad s.f. TEOL. Estado de un ser que puede pecar.

pecable adj. Que puede pecar. **2.** Se dice de la materia posible de pecado.

pecado s.m. Transgresión de la ley divina. **2.** Cosa lamentable, falta. ◇ **Pecados capitales** TEOL. CRIST. Conjunto de siete pecados que se consideran la causa de todos los demás. (Los siete pecados capitales son: la avaricia, la lujuria, la gula, la envidia, la pereza, la ira y la soberbia.)

pecador, ra adj. y s. Que peca. **2.** Inclinado al pecado o que puede cometerlo. ◆ s.f. *Fam.* Prostituta.

pecaminoso, a adj. (del lat. eclesiástico *peccamen,* pecado). Relativo al pecado o al pecador. **2.** Inmoral, censurable.

pecana s.f. Argent. Mortero de piedra para machacar granos, especialmente los de maíz.

pecar v.intr. (lat. *peccare,* faltar, fallar). Cometer un pecado. **2.** Faltar a una regla moral o a un deber social. **3.** Tener en exceso algo que se expresa: *pecar de prudente.*

pecarí s.m. Mamífero de América similar al jabalí, de pelaje espeso, provisto de una glándula dorsal que segrega una sustancia aceitosa. (Familia tayasuidos.)

pecblenda o **pechblenda** s.f. Uraninita.

peccata minuta loc. (voces latinas, *pecados pequeños*). *Fam.* Error o cosa de poca importancia.

pecera s.f. Recipiente de agua, generalmente de cristal, acondicionado para tener peces u otro tipo de animales acuáticos.

peceto s.m. Argent. Corte de carne extraído del cuarto trasero de los vacunos.

pechar v.tr. Pagar pecho o tributo. **2.** Amér. Sablear, estafar. **3.** Amér. Empujar. ◆ v.tr. e intr. Asumir una responsabilidad u obligación que no resulta agradable: *pechar con las culpas.*

pechazo s.m. Amér. Merid. *Fam.* Sablazo.

pechblenda s.f. → **pecblenda.**

peche adj. y s.m. y f. Salv. Débil, enclenque.

pechenegos, pueblo turco que se estableció a fines del s. IX en las estepas entre el Dniéper y el Danubio y fue aniquilado en 1091 por los bizantinos, con la ayuda de los cumanos.

pechera s.f. Parte de una prenda de vestir que cubre el pecho. **2.** *Fam.* Parte exterior del pecho, especialmente en las mujeres.

1. **pechero** s.m. Babero que se pone a los niños. **2.** Pieza de un vestido que va sobrepuesta o suelta encima del pecho.

2. **pechero** s.m. Súbdito que estaba obligado a pagar rentas o tributos al rey o señor, en la península Ibérica, a partir de la baja edad media.

pechiche s.m. Árbol de América Meridional de madera fina e incorruptible, con cuya fruta madura se elabora un dulce. (Familia verbenáceas.)

pechina s.f. Venera, concha que traían cosida a la esclavina los peregrinos de Santiago. **2.** ARQ. **a.** Triángulo de lados curvos que está formado por el anillo de una cúpula y los arcos sobre los que se construye. **b.** Ornamento esculpido en forma de concha.

1. **pecho** s.m. (lat. *pectus, -oris*). Parte del cuerpo humano situada entre el cuello y el abdomen, que contiene el corazón y los pulmones. **2.** Parte exterior y delantera de esta parte del cuerpo. **3.** Aparato respiratorio humano: *enfermo de pecho.* **4.** Parte delantera del tronco de algunos animales, especialmente los mamíferos y las aves, situada inmediatamente por debajo del cuello. **5.** Seno de la mujer. **6.** *Fig.* Corazón como lugar en que se encuentran los sentimientos: *la alegría no me cabe en el pecho.* **7.** *Fig.* Valor, entereza, paciencia. ◇ **A pecho descubierto** Sin armas defensivas, sin resguardo; con sinceridad y nobleza. **Dar el pecho** Dar de mamar al niño; afrontar una responsabilidad o peligro. **Sacar pecho** Erguirse en actitud arrogante o de desafío. **Tomar,** o **echar, a pecho,** o **a pechos** Tomar un asunto con mucho empeño e interés; ofenderse o molestarse por algo. **Tomar el pecho** Mamar el niño.

2. **pecho** s.m. DER. Contribución o censo que se paga por obligación pública o privada. **2.** HIST. Gravamen o prestación que pagaban los habitantes, siervos o libres, de un dominio en reconocimiento de la potestad señorial.

pechuga s.f. Pecho del ave, que está dividido en dos partes iguales. **2.** *Fig.* y *fam.* Pecho de una persona.

pechugona s.f. y adj. *Fam.* y *vulg.* Se dice de la mujer de senos prominentes.

pecio s.m. Objeto abandonado o resto flotante a merced de las olas, a menudo entre dos aguas. **2.** ARQUEOL. Barco hundido o naufragado, principalmente de época clásica.

peciolado, a adj. BOT. Provisto de pecíolo.

pecíolo o **peciolo** s.m. (del lat. *pedicellus,* dim. de *pes, pedis,* pie). BOT. Rabillo de la hoja que une la lámina con la base foliar o el tallo.

pécora s.f. (ital. *pècora,* oveja). Res o cabeza de ganado lanar. **2.** *Fam.* y *desp.* Mujer muy mala, capaz de hacer daño y de disfrutar haciéndolo. **3.** *Fam.* y *desp.* Prostituta.

pecoso, a adj. Que tiene pecas.

péctico, a adj. Se dice de una sustancia orgánica contenida en la pectina.

pectina s.f. (del gr. *pektós,* coagulado). Sustancia orgánica contenida en las membranas celulares vegetales, utilizada en la elaboración de mermeladas y jaleas de frutas.

pectinado, a adj. Que presenta forma de peine.

pectíneo, a adj. Pectinado. ◆ s.m. ANAT. Músculo abductor del muslo.

pectiniforme adj. Pectinado.

pectoral adj. (lat. *pectoralis*). Relativo al pecho: *músculos pectorales.* ◆ adj. y s.m. Útil y provechoso para el pecho. ◆ s.m. Joya colgante trapezoidal, atributo de los faraones. **2.** Pieza de tela bordada que llevaba el sumo sacerdote de los hebreos. **3.** Joya en forma de placa cuadrangular, utilizada para sujetar la capa sobre el pecho. ◇ **Aletas pectorales** Aletas pares anteriores de los peces. **Cruz pectoral** Insignia de la dignidad episcopal o abacial.

pecuario, a adj. (lat. *pecuarius,* de *pecu,* ganado, rebaño). Relativo al ganado.

pecueca s.f. Amér. Mal olor en los pies.

peculado s.m. DER. Malversación de los fondos públicos.

peculiar adj. (lat. *peculiaris,* relativo a la fortuna particular). Exclusivo y propio de una persona o cosa.

peculiaridad s.f. Cualidad de peculiar. **2.** Detalle peculiar.

peculio s.m. (lat. *peculium,* ahorros, pequeña fortuna personal). *Fig.* Dinero o conjunto de bienes particulares que tiene una persona. **2.** Patrimonio o caudal que el padre o señor confería al hijo de familia o al esclavo, en disfrute y administración.

pecunia s.f. (lat. *pecunia,* bienes que se tienen en ganado). Dinero.

pecuniario, a adj. Relativo al dinero.

pedagogía s.f. Ciencia que estudia la metodología y las técnicas que se aplican a la enseñanza y la educación, especialmente la infantil. **2.** Práctica educativa o método de enseñanza en un terreno determinado.

pedagogo, a s. (lat. *paedagogus,* acompañante de niños, preceptor, del gr. *paidagogós*). Persona que se dedica a la pedagogía. **2.** Maestro, educador.

pedal s.m. (lat. *pedalem,* de un pie de dimensión). Órgano de un mecanismo, de una máquina o de un vehículo que se acciona con el pie. **2.** MÚS. **a.** Tecla que se acciona con el pie: *teclado de pedales.* **b.** Palanca que se mueve por la acción del pie, y que en el arpa eleva las cuerdas, en el piano modifica la calidad de los sonidos y en el armonio mueve los fuelles. **c.** Nota sostenida y prolongada que no forma parte, obligatoriamente, de las notas constitutivas de un acorde.

pedalada s.f. Impulso que se da con el pie a un pedal.

pedalear v.intr. Mover un pedal o los pedales, especialmente los de una bicicleta.

pedaleo s.m. Acción de pedalear.

pedalero s.m. MÚS. Conjunto de teclas de madera, en la parte inferior del órgano, que se accionan con la punta o el tacón del pie y hacen sonar los tubos graves.

pedáneo adj. y s.m. Se dice de la autoridad administrativa cuya jurisdicción se extiende a aldeas o pequeños núcleos de población.

pedanía s.f. Núcleo escasamente poblado que depende de un municipio y que está gobernado por un alcalde pedáneo. **2.** Territorio bajo la jurisdicción de un juez pedáneo.

pedante adj. y s.m. y f. (ital. *pedante,* maestro de escuela). Se dice de la persona engreída, que hace ostentación y alarde de su erudición.

pedantear v.intr. Actuar o hablar con pedantería.

pedantería s.f. Cualidad de pedante. **2.** Dicho o hecho pedante.

pedantesco, a adj. Relativo a los pedantes o a su estilo o modo de hablar.

pedazo s.m. (del lat. *pittacium,* trozo de cuero, añadido de la túnica). Parte o porción de una cosa. ◆ **pedazos** s.m.pl. MIN. Fragmento de carbón de más de 80 mm. ◇ **Caerse a pedazos** *Fam.* Estar una cosa deteriorada o en muy mal estado; estar una persona muy cansada o abatida. **Hacer pedazos** Romper algo completamente, especialmente si se hace en trozos pequeños; *Fig.* difamar, hacer daño moralmente a una persona. **Saltar en (mil) pedazos** *Fam.* Explotar, estallar una cosa rompiéndose. **Ser un pedazo de pan** *Fam.* Ser alguien muy bueno.

pederasta s.m. o f. (gr. *paiderastís,* de *país, paidós,* niño, y *erastís,* amante). Persona que practica la pederastia.

pederastia s.f. Práctica sexual con niños. **2.** Homosexualidad masculina.

pedernal s.m. (del lat. tardío *petrinus,* pétreo). Variedad de sílex que al ser golpeada con el eslabón produce chispas. **2.** *Fig.* Cosa de mucha dureza: *tener el corazón de pedernal.*

pedernalino, a adj. Que es de pedernal o tiene características similares.

pedestal s.m. (fr. *piédestal*). Cuerpo macizo destinado a soportar una columna, una estatua, etc. **2.** *Fig.* Aquello de lo que se sirve o en lo que se apoya una persona o cosa para adquirir una situación ventajosa. ◇ **Poner,** o **tener, a alguien en un pedestal** Tenerlo en muy buena opinión o consideración.

pedestre adj. Que se hace a pie: *carrera pedestre.* **2.** *Fig.* Vulgar, ordinario: *lenguaje pedestre.*

pedestrismo s.m. Parte del atletismo que engloba las diferentes carreras pedestres.

pediatra s.m. y f. Médico especialista en pediatría.

pediatría s.f. (del gr. *pais, paidós,* niño, y *iatrós,* médico). Parte de la medicina que se ocupa de la salud de los niños y del tratamiento de sus enfermedades.

pediátrico, a adj. Relativo a la pediatría.

pedicelario s.m. Pinza minúscula de las estrellas y erizos de mar, provista de tres brazos.

pedicular adj. Relativo a un pedículo. **2.** Relativo al piojo.

pedículo s.m. ANAT. Conjunto de elementos anatómicos que unen un órgano al resto del organismo. **2.** BIOL. Soporte o pie de un órgano.

pediculosis s.f. Infestación de piojos en la piel.

pedicurista s.m. y f. Méx. Pedicuro.

pedicuro, a s. Persona que tiene por oficio el cuidado de los pies. SIN.: *callista, podólogo.*

pedida s.f. Esp. Petición, especialmente petición de mano: *pulsera de pedida.*

pedido s.m. (lat. postclápsico *petitus, -us*). Petición, acción de pedir. **2.** Encargo de géneros hecho a un fabricante o vendedor.

pedigrí o **pedigree** s.m. (ingl. *pedigree*). Genealogía de un animal de raza. **2.** Documento en que consta esta genealogía.

pedigüeño, a adj. Demasiado aficionado a pedir.

pedillanura s.f. GEOMORFOL. Superficie de arrasamiento formada por pediplanación.

1. **pedimento** s.m. Petición, acción de pedir. **2.** DER. Escrito en que se pide algo a un juez o tribunal.

2. **pedimento** s.m. (ingl. *pediment,* frontón). Glacis de erosión desarrollado en una roca dura al pie de un relieve, en las regiones áridas.

pedinche adj. y s.m. y f. Méx. Pedigüeño.

pedio, a adj. y s.m. ANAT. Se dice de la estructura relacionada con el pie.

pedipalpo s.m. Apéndice par propio de los arácnidos, situado a continuación de los quelíceros, y que en los escorpiones se desarrolla en forma de pinzas.

pediplanación s.f. GEOMORFOL. Formación de arrasamientos generalizados por el desarrollo de pedimentos y la eliminación de los montes isla cuyas vertientes están en retroceso.

pedir v.tr. (lat. *petere,* dirigirse hacia un lugar, aspirar a algo). Decir a alguien lo que se desea o se espera de él. **2.** Mendigar, pordiosear. **3.** Poner precio el vendedor a la mercancía. **4.** Querer, desear, apetecer. **5.** Hablar uno mismo o alguien en su nombre con los padres o parientes de su novia para que la concedan en matrimonio. **6.** *Fig.* Requerir una cosa algo como necesario o conveniente.

pedo s.m. (lat. *peditum*). *Vulg.* Ventosidad que se expele por el ano. **2.** *Fam.* Borrachera. **3.** *Vulg.* Estado similar al de la borrachera, producido por alguna droga. ◇ **Pedo de lobo** Hongo redondeado, blanquecino o grisáceo, cubierto de aguijoncitos tiernos. (Grupo gasteromicetes.)

pedofilia s.f. Atracción sexual del adulto por los niños. SIN.: *paidofilia.*

pedología s.f. Paidología. **2.** Edafología. (Denominación incorrecta.)

pedorrera s.f. *Vulg.* Acción de expeler ventosidades por el ano. **2.** *Vulg.* Serie de ventosidades del vientre expelidas por el ano.

pedorrero, a adj. y s. *Vulg.* Que expele ventosidades del vientre con frecuencia o sin reparo. SIN.: *pedorro.*

pedir

INDICATIVO	SUBJUNTIVO
presente	**presente**
pido	*pida*
pides (pedís)	*pidas*
pide	*pida*
pedimos	*pidamos*
pedís	*pidáis*
piden	*pidan*
copretérito o **pret. imperfecto**	**pretérito** o **pret. imperfecto**
pedía	*pidiera* o *pidiese*
pedías	*pidieras* o *pidieses*
pedía	*pidiera* o *pidiese*
pedíamos	*pidiéramos* o *pidiésemos*
pedíais	*pidierais* o *pidieseis*
pedían	*pidieran* o *pidiesen*
pretérito o **pret. perf. simple**	**futuro** o **fut. simple**
pedí	*pidiere*
pediste	*pidieres*
pidió	*pidiere*
pedimos	*pidiéremos*
pedisteis	*pidiereis*
pidieron	*pidieren*
futuro o **fut. simple**	**IMPERATIVO**
pediré	
pedirás	*pide* (pedí) (tú, vos)
pedirá	*pida* (él)
pediremos	*pidamos* (nosotros)
pediréis	pedid (vosotros)
pedirán	*pidan* (ellos)
pospretérito o **condicional simple**	**FORMAS NO PERSONALES**
pediría	**infinitivo** pedir — **gerundio** *pidiendo*
pedirías	**participio** pedido
pediría	
pediríamos	
pediríais	
pedirían	

pedorreta s.f. *Vulg.* Sonido hecho con la boca, imitando el pedo.

pedrada s.f. Acción de arrojar una piedra. **2.** Golpe dado con una piedra lanzada. **3.** Señal que deja este golpe.

pedrea s.f. Acción de apedrear. **2.** Lucha hecha a pedradas. **3.** Pedrisco, granizada. **4.** Esp. Conjunto de los premios de pequeña cuantía de la lotería nacional.

pedregal s.m. Paraje o terreno cubierto por cantos o piedras sueltas. SIN.: *pedroche.*

pedregoso, a adj. Se dice del terreno cubierto de piedras.

pedregullo s.m. Amér. Merid. Conjunto de piedras pequeñas, trituradas, que se usan para afirmar caminos; gravilla.

pedrera s.f. Cantera, lugar del que se extrae piedra.

pedrería s.f. Conjunto de piedras preciosas que se utilizan como adorno.

pedrisco s.m. Piedra o granizo grueso que cae de las nubes.

pedroche s.m. Pedregal.

pedrusco s.m. *Fam.* Piedra grande sin labrar.

pedunculado, a adj. BIOL. Provisto de un pedúnculo.

peduncular adj. Relativo al pedúnculo. ◇ **Síndrome peduncular** Conjunto de síntomas que ponen de manifiesto una afección de los pedúnculos cerebrales.

pedúnculo s.m. BIOL. Pieza alargada o tallo que une un pequeño órgano terminal con el conjunto del cuerpo. **2.** BOT. Eje floral que sostiene las flores.

peeling s.m. (voz inglesa). Tratamiento cosmético o quirúrgico que consiste en descamar la piel de la cara para alisarla.

pega s.f. Acción de pegar una cosa con otra. SIN.: *pegadura.* **2.** Sustancia que sirve para pegar. **3.** Pregunta capciosa, difícil de contestar. **4.** Chile. Lugar donde se trabaja. **5.** Chile. Edad del hombre en que culminan sus atractivos. **6.** Chile, Colomb., Cuba y Perú. *Fam.* Empleo, trabajo. **7.** Cuba y P. Rico. Liga para cazar pájaros. **8.** Esp. *Fig.* Obstáculo, contratiempo que dificulta la realización de algo. **9.** MIN. Acción de provocar la explosión de los barrenos haciendo detonar la carga. ◇ **De pega** Falso, fingido.

pegada s.f. Potencia que tiene un deportista, especialmente un boxeador o un futbolista, al golpear o chutar.

pegadizo, a adj. Pegajoso. **2.** *Fig.* Que se graba con facilidad en la memoria: *música pegadiza.* ◆ adj. y s. Gorrón.

pegado s.m. Parche, trozo de lienzo que contiene un preparado medicamentoso.

pegadura s.f. Pega, acción de pegar. **2.** Parte por la que están pegadas dos cosas.

pegajoso, a adj. Que se pega o adhiere fácilmente. SIN.: *pegadizo.* **2.** Contagioso, que se contagia. **3.** *Fig.* y *fam.* Se dice de la persona que es excesivamente amable o cariñosa.

pegamento s.m. Sustancia que sirve para pegar.

pegamoide s.m. Celulosa disuelta que se aplica sobre una tela o papel para darle mayor resistencia, a imitación del cuero.

pegar v.tr. (lat. *picare,* embadurnar o pegar con pez). Unir una cosa a otra con una sustancia adherente: *pegar un sello.* **2.** Unir una cosa a otra atándola o cosiéndola: *pegar un botón.* **3.** *Fig.* Poner una cosa al lado de otra de modo que queden en contacto: *pegar el oído a la puerta.* **4.** Golpear a una persona. **5.** Dar a una persona algo que causa daño o disgusto: *pegar una bofetada. un susto.* **6.** Realizar la acción que se expresa: *pegar un salto. un grito.* **7.** Prender una persona fuego a una cosa: *pegar fuego al monte.* ◆ v.tr. y prnl. Transmitir una enfermedad o una cualidad: *pegar la gripe; el talento no se pega.* ◆ v.intr. Armonizar una cosa con otra. **2.** Estar una cosa próxima o contigua a otra. **3.** Tener una sustancia adherente la capacidad de unir cosas: *este pegamento no pega bien.* ◆ v.intr. y prnl. Chocar con fuerza o impulso: *el balón pegó en el larguero.* ◆ **pegarse** v.prnl. Unirse una cosa a otra por su naturaleza o por las circunstancias: *la grasa se pega a los baldosines de la cocina.* **2.** Quedarse la comida adherida al recipiente en que se está cocinando. **3.** Acompañar a una o varias personas a todas partes sin quererlo estas: *se pegó al grupo y no hubo manera de deshacerse de ella.* ◇ **Pegársela a alguien** Esp. Engañarlo; *Fam.* ser infiel a la pareja: *se la pegó con su mejor amigo.*

pegatina s.f. Esp. Adhesivo.

pegmatita s.f. (del lat. *pegma, -atis,* del gr. *pigma, -atos,* materia congelada o coagulada). Roca granítica de minerales de grano grueso, que generalmente forma filones y puede contener minerales variados como turmalina, berilo, topacio, etc.

pego s.m. Trampa que consiste en pegar dos naipes para que salgan como uno solo. ◇ **Dar,** o **tirar, el pego** Esp. Ganar a las cartas utilizando pegos; *Fam.* aparentar una cosa o persona que es mejor de lo que en realidad es.

pegote s.m. Materia espesa y pegajosa. **2.** Esp. *Fig.* y *fam.* Cosa mal hecha, chapucería. **3.** Esp. Cosa que se superpone a otra desmejorándola. ◇ **Tirarse un pegote** Esp. *Fam.* Echarse faroles, exagerar.

pegujal s.m. Peculio, bienes. SIN.: *pegujar.* **2.** Terreno de labor muy pequeño y de poca importancia. SIN.: *pegujar.*

pegujalero, a s. Labrador que posee poca tierra de labor. **2.** Ganadero que posee poco ganado.

pehlevi s.m. → **pahlavi.**

pehuén s.m. Argent. y Chile. Planta araucariácea.

peina s.f. Peineta.

peinado s.m. Forma de arreglarse el pelo o de peinarse. **2.** Acción de peinar. **3.** *Fam.* Operación sistemática de rastreo de un lugar realizada por la policía para detectar un objetivo concreto. **4.** TEXT. **a.** Operación que consiste en depurar y enderezar paralelamente las fibras textiles. **b.** Cinta compuesta por fibras textiles sometidas a esta operación. **c.** Tejido elaborado con hilos peinados.

peinador, ra adj. y s. Que peina. ◆ adj. y s.f. Se dice de la máquina que sirve para peinar las fibras textiles. ◆ s.m. Prenda que se pone sobre los hombros al peinarse.

peinaje s.m. (fr. *peignage*). TEXT. Peinado de las fibras textiles, especialmente en la hilatura del algodón y en la obtención de estambre.

peinar v.tr. y prnl. (lat. *pectinare*). Desenredar, alisar, arreglar o colocar el pelo de una persona. ◆ v.tr. Desenredar o limpiar el pelo o la lana de un animal. **2.** *Fam.* Rastrear la policía un lugar para detectar un objetivo concreto. **3.** TEXT. Depurar y enderezar paralelamente las fibras textiles.

peine s.m. (lat. *pecten, -inis*). Utensilio con varias púas que sirve para desenredar y arreglar el pelo. **2.** Pieza mecánica con esta misma forma. **3.** Pieza situada en el batán del telar que está formada por una serie de alambres laminados y fijos por sus extremos en dos listones. **4.** Conjunto de lizos de un telar. **5.** Utensilio con varias púas de acero que sirve para cardar a mano las materias textiles. **6.** Barra con púas de la máquina textil que sirve para peinar las fibras. **7.** Pieza del arma de fuego que contiene los proyectiles. SIN.: *cargador.*

peineta s.f. Peine convexo que se usa como adorno o para sujetar el peinado. SIN.: *peina.* **2.** Chile. Peine. ◇ **Peineta de teja** Peineta grande que se lleva para sostener la mantilla.

peinilla s.f. Colomb. y Ecuad. Peine. **2.** Colomb., Ecuad., Pan. y Venez. Especie de machete.

peje s.m. Pez, animal.

pejegallo s.m. Chile. Pez sin escamas que tiene una cresta carnosa que le llega hasta la boca.

pejepalo s.m. Bacalao sin aplastar y curado al humo. SIN.: *estocafís.*

pejerrey s.m. Pez que abunda en las costas y en las lagunas litorales de la península Ibérica. (Familia aterínidos.) **2.** Argent. Pez marino o de agua dulce que tiene una banda plateada a lo largo del flanco.

pejesapo s.m. Rape.

pejiguera s.f. Esp. *Fam.* Cosa de poco provecho que solamente presenta dificultades o molestias.

pekinés, sa adj. y s. Pequinés.

pela s.f. Peladura. **2.** Esp. *Fam.* Peseta. **3.** Méx. Azotaina.

pelada s.f. Amér. Acción y efecto de cortar el pelo. **2.** Argent. y Chile. *Fig.* Muerte, representada por el esqueleto.

peladez s.f. Méx. Dicho o hecho grosero, insultante y falto de cortesía o buena educación.

peladilla s.f. Almendra cubierta con una capa de azúcar cocido, perfumado y, a veces, coloreado. **2.** Canto rodado pequeño.

pelado, a adj. Desprovisto de aquello que naturalmente lo adorna, cubre o rodea: *un campo pelado.* **2.** *Fig.* Simple, escueto, sin añadido. **3.** Argent., Chile y Ecuad. Calvo. **4.** Argent., Chile y Urug. Que tiene el cabello muy corto. ◆ adj. y s. Se dice de la persona pobre o que no tiene dinero. **2.** Méx. Mal educado, grosero. **3.** Méx. Se dice de la persona de clase social baja y sin educación. ◆ s.m. Calvero. **2.** Chile. *Fig.* Soldado raso.

pelador, ra adj. y s. Que pela o sirve para pelar: *aparato pelador.*

peladura s.f. Acción y efecto de pelar. **2.** Mondadura, piel o desperdicios.

pelagatos s.m. y f. (pl. *pelagatos*). *Fam.* y *desp.* Persona con escasos recursos económicos o de baja posición social.

pelagianismo s.m. Doctrina de Pelagio, condenada en el concilio de Éfeso (431), que minimizaba la función de la gracia y exaltaba la primacía y la eficacia del esfuerzo personal en la práctica de la virtud.

pelagiano, a adj. y s. Relativo a Pelagio y a su doctrina; partidario de esta doctrina.

pelágico, a adj. *Poét.* Relativo al piélago. ◇ **Depósito pelágico** Depósito de los mares profundos. **Zona pelágica** Zona del mar que comprende su totalidad con excepción de las aguas que bañan el fondo y las orillas.

pelagra s.f. (ital. *pellagra*). Enfermedad causada por la carencia de vitamina PP, que se manifiesta por lesiones cutáneas y trastornos digestivos y nerviosos.

pelagroso, a adj. y s. Relativo a la pelagra; que padece pelagra.

pelaje s.m. Pelo de un animal. **2.** Cualidad del pelo o de la lana de un animal. **3.** *Fam.* Gran cantidad de pelo. **4.** *Fig.* y *desp.* Aspecto exterior de una persona. **5.** *Fig.* y *desp.* Condición social, categoría de una persona.

pelambre s.m. o f. Pelo espeso y abundante. SIN.: *pelambrera.* **2.** Porción de pelo arrancada o cortada. **3.** Lechada de cal en que se sumergen las pieles para que pierdan el pelo.

pelambrera s.f. Pelambre. **2.** Lugar donde se apelambran las pieles.

pelamen s.m. *Fam.* Pelambre.

pelanas s.m. o f. (pl. *pelanas*). *Fam.* y *desp.* Persona poco importante.

pelandusca s.f. *Fam.* y *desp.* Prostituta.

pelar v.tr. y prnl. (lat. *pilare,* sacar el pelo). Cortar o arrancar el pelo. **2.** Hacer caer parte de la piel: *el sol le peló la espalda; se le peló la nariz con el frío.* ◆ v.tr. Quitar la piel a un animal o las plumas a un ave. **2.** Quitar la piel, la corteza o el envoltorio a una cosa: *pelar una manzana, un caramelo.* **3.** *Fig.* y *fam.* Robar, quitar a una persona dinero o bienes. **4.** *Fig.* y *fam.* Ganar a un jugador todo el dinero. **5.** Argent. Desenvainar un arma. **6.** Argent. *Por ext.* y *fam.* Sacar, exhibir algo. **7.** Méx. *Fam.* Hacer caso a alguien, prestarle atención. ◇ **Duro de pelar** *Fam.* Se dice de lo que es difícil de conseguir o de la persona difícil de convencer. **Hacer un frío que pela** *Fam.* Hacer mucho frío. **Pelarse de frío** *Fam.* Tener mucho frío. **Que se las pela** *Fam.* Muy deprisa.

pelásgico, a adj. Relativo a los pelasgos.

pelasgo, a adj. y s. De un antiguo pueblo que vivió en Grecia antes de la llegada de los indoeuropeos.

pelaya s.f. Platija.

pelazga s.f. *Fam.* Riña, disputa. SIN.: *pelaza.*

peldaño s.m. Parte de una escalera en que se apoya el pie al subir o bajar.

pelea s.f. Acción y efecto de pelear o pelearse.

peleano, a adj. Se dice de la erupción volcánica caracterizada por lavas muy viscosas, que se solidifican rápidamente formando cúpulas, y por explosiones muy violentas que forman nubes ardientes.

pelear v.intr. y prnl. (de *pelo*). Luchar con sus fuerzas o sus armas dos personas, animales o grupos. **2.** Reñir, disputar de obra o de palabra. **3.** *Fig.* Luchar contra las pasiones y deseos. **4.** *Fig.* Esforzarse mucho para conseguir algo. ◆ **pelearse** v.prnl. Enemistarse.

pelecaniforme o **pelicaniforme** adj. y s.m. Relativo a un orden de aves con las patas provistas de cuatro dedos unidos por una membrana, como el pelícano y el cormorán. SIN.: *esteganópodo.*

pelele s.m. Muñeco de figura humana hecho de paja o trapo. **2.** *Fig.* Persona de poco carácter que se deja dominar por los demás. **3.** Traje de punto de una sola pieza que generalmente usan los niños para dormir.

pelendones, pueblo celtíbero de la península Ibérica que habitaba al N de la actual provincia de Soria.

peleón, na adj. Que tiende a las peleas. **2.** *Fam.* Se dice del vino muy ordinario.

peleonero, a adj. Méx. Peleón, pendenciero.

peletería s.f. Técnica de tratar las pieles para hacer con ellas prendas de abrigo o de adorno. **2.** Industria o comercio de pieles. **3.** Conjunto de pieles finas. **4.** Establecimiento donde se venden o tratan pieles. **5.** Cuba. Zapatería, tienda de zapatos.

peletero, a s. (fr. *pelletier*). Persona que tiene por oficio tratar o vender pieles. ◆ adj. Relativo a la peletería: *negocio peletero.*

peliagudo, a adj. *Fam.* Que es difícil de entender o resolver.

peliblanco, a adj. Que tiene el pelo blanco.

pelicaniforme adj. y s.m. → **pelecaniforme.**

pelicano, a adj. Que tiene el pelo cano.

pelícano o **pelicano** s.m. (lat. *pelicanus*). Ave palmípeda de pico recto, fuerte y largo, con una membrana de piel dilatable en la mandíbula inferior, que forma una especie de bolsa, donde guarda los peces destinados a la alimentación de las crías. (Familia pelecánidos.)

película s.f. (lat. *pellicula,* dim. de *pellis,* piel). Obra cinematográfica. **2.** Cinta perforada de acetilcelulosa, sobre la que se extiende una emulsión gelatinosa de bromuro de plata, que se emplea en fotografía y en cinematografía. **3.** Piel o membrana muy delgada. **4.** Capa delgada, sólida o líquida, que se forma sobre una superficie. ◇ **De película** *Fam.* Muy bueno; muy bien. **Película lavender** CIN. Película positiva de coloración azul que permite obtener dobles negativos.

peliculero, a adj. Relativo a la cinematografía. ◆ adj. y s. *Fam.* Se dice de la persona muy aficionada al cine. **2.** Se dice de la persona que se deja llevar por su fantasía. ◆ s. *Fam.* Persona que trabaja en el cine como director, actor o técnico.

peliculón s.m. *Fam.* Película cinematográfica larga y aburrida. **2.** *Fam.* Película muy buena.

peligrar v.intr. Estar en peligro.

peligro s.m. (lat. *periculum*). Situación de la que puede derivar un daño para una persona o cosa: *correr peligro; estar en peligro.* **2.** Persona o cosa que puede ocasionar un daño o mal.

peligrosidad s.f. Cualidad de peligroso. **2.** DER. PEN. Supuesta tendencia a cometer un delito, fundada generalmente en su conducta antisocial.

peligroso, a adj. Que implica peligro. **2.** *Fig.* Que puede dañar.

pelillo s.m. *Fam.* Motivo muy leve de disgusto. ◇ **Echar pelillos a la mar** Esp. *Fam.* Reconciliarse dos o más personas olvidando el motivo de su disputa.

pelilloso, a adj. *Fam.* Quisquilloso, susceptible.

pelinegro, a adj. Que tiene el pelo negro.

pelirrojo, a adj. Que tiene el pelo rojo.

pelirrubio, a adj. Que tiene el pelo rubio.

pelitre s.m. Planta herbácea originaria de África, de hojas partidas y flores amarillas, que se usaba en medicina y, reducida a polvo, como insecticida. (Familia compuestas.)

pella s.f. Masa de cualquier material de forma redondeada. SIN.: *pellada.* **2.** Manteca del cerdo tal como se saca de él.

pellada s.f. Masa más o menos voluminosa de pasta cerámica. **2.** Pella.

pelleja s.f. Pellejo, piel de un animal. **2.** Piel de oveja o carnero curtida de modo que conserve la lana.

pellejerías s.f.pl. Chile. Escasez, miseria, contratiempos causados por la pobreza.

pellejo s.m. (de *piel*). Piel de un animal, generalmente separada del cuerpo. **2.** *Fam.* Piel del ser humano. **3.** Odre. **4.** Piel de algunos frutos. **5.** *Fig.* y *fam.* Persona borracha. ◇ **Estar,** o **hallarse, en el pellejo de alguien** *Fam.* Estar en las mismas circunstancias que otra persona. **Jugarse el pellejo** *Fam.* Arriesgar la vida. **No caber en el pellejo** *Fam.* Estar muy gordo; estar muy contento, satisfecho. **Quitar el pellejo a alguien** *Fam.* Matarlo; criticarlo; robarle. **Salvar el pellejo** *Fam.* Librarse de la muerte.

pellet s.m. (pl. *pellets*). FARM. **a.** Comprimido sólido que se implanta en el tejido subcutáneo y es absorbido lentamente por el organismo. **b.** Comprimido protegido por una cubierta que impide la actuación de los jugos gástricos sobre él. **2.** METAL. Bola de mineral de hierro aglomerado, de pequeño tamaño, para enriquecer en hierro un mineral y facilitar su ulterior elaboración en un alto horno. **3.** MINER. Inclusión de pequeños glóbulos calcáreos en otro tipo de roca.

pelletierina s.f. QUÍM. Alcaloide extraído de la raíz del granado.

pelletización s.f. METAL. Técnica que consiste en disponer el mineral pulverulento en pellets.

pellica s.f. Cubierta de cama hecha de pellejos finos. **2.** Zamarra de pieles finas.

pellico s.m. Zamarra de pastor. **2.** Abrigo de pieles parecido a la zamarra.

pellín s.m. Chile. Especie de haya de madera muy dura e incorruptible. **2.** Chile. Corazón de este árbol. **3.** Chile. *Fig.* Persona o cosa muy fuerte y de gran resistencia.

pelliza s.f. (del lat. *pellicea,* f. de *pelliceum,* hecho de piel). Prenda de abrigo hecha o forrada de piel. **2.** Prenda de abrigo que tiene el cuello y las bocamangas reforzados en piel o con tela gruesa.

pellizcar v.tr. y prnl. (del cruce de *pizcar* y el lat. *vellicare*). Tomar entre los dedos un poco de piel o carne apretándola o retorciéndola. **2.** Agarrar una cosa levemente una parte del cuerpo de una persona: *al cerrarse, la puerta le pellizcó los dedos.* ◆ v.tr. Tomar una pequeña cantidad de una cosa, especialmente con los dedos: *pellizcar el pan.*

pellizco s.m. Acción de pellizcar. **2.** Señal que queda al pellizcar. **3.** Pequeña cantidad de algo que se toma entre los dedos: *un pellizco de sal.* **4.** Cantidad insignificante de algo: *tiene un pellizco de tierra.* **5.** Cantidad de dinero: *se ha llevado un buen pellizco en la lotería.*

pellón s.m. Amér. Merid. Pelleja curtida que forma parte del recado de montar.

pelluzgón s.m. Porción de pelo, lana, estopa, etc., que se toma de una vez con los dedos. **2.** Porción de pelos, hebras o hilos separada de un conjunto de la misma clase.

pelma s.m. y f. *Fam.* Persona pesada y fastidiosa.

pelmazo, a s. Pelma.

pelo s.m. (lat. *pilus*). Formación filiforme de la epidermis que cubre la piel de ciertos animales, especialmente en los mamíferos. **2.** Conjunto de estas formaciones filiformes. **3.** Conjunto de estas formaciones de la cabeza de una persona: *pelo castaño.* **4.** Plumón de las aves. **5.** Filamento muy fino y corto de algunas plantas. **6.** Hebra delgada que sobresale en la superficie de un tejido. **7.** Conjunto de cualidades y características del pelo de las caballerías. **8.** Cantidad mínima o insignificante de algo: *por un pelo no ganó la carrera.* **9.** Defecto que tienen algunas gemas y que les resta pureza. ◇ **Al,**

o **a, pelo** *Fam.* Muy bien, muy oportunamente. **Caérsele a alguien el pelo** *Fam.* Recibir una reprimenda, sanción o castigo. **De medio pelo** *Fam.* De poca categoría, importancia o valor. **De pelo en pecho** *Fam.* Se dice de la persona fuerte y valiente. **No tener pelos en la lengua** *Fam.* No tener reparo en decir lo que se piensa. **No tener un pelo de tonto** *Fam.* Ser listo y sensato. **No vérsele el pelo a alguien** *Fig.* y *fam.* No ver a una persona durante mucho tiempo por un lugar que solía frecuentar. **Pelo de la dehesa** *Fig.* y *fam.* Rusticidad o tosquedad. **Pelos y señales** *Fig.* y *fam.* Detalles y circunstancias. **Ponérsele a alguien los pelos de punta** *Fam.* Sentir mucho miedo. **Soltarse el pelo** *Fam.* Decidirse a hablar o actuar sin reservas. **Tomar el pelo a alguien** *Fam.* Burlarse de alguien.

pelón, na adj. y s. Que no tiene pelo. **2.** *Fig.* Pobre, de escasos recursos económicos.

peloponense adj. y s.m. y f. Del Peloponeso. SIN.: *peloponésico.*

pelota s.f. (fr. ant. *pelote*). Bola o esfera de material blando y flexible que se utiliza para jugar y practicar diversos deportes. **2.** Juego que se practica con esta bola. **3.** Giro hecho por un librador a cargo de otra persona, sin existir ningún tipo de negocio entre ellos. **4.** *Fam.* Cabeza. ◆ s.m. y f. Esp. Persona que adula. ◆ **pelotas** s.f.pl. *Vulg.* Testículos. ◇ **Devolver la pelota a alguien** Responder a un hecho o un dicho con otro similar. **Echarse,** o **tirarse, la pelota** Pasarse la responsabilidad de algo de una persona a otra. **En pelotas,** o **en pelota** *Vulg.* Desnudo. **Estar la pelota en el tejado** Permanecer una cosa pendiente de resolución. **Hacer,** o **gastar, la pelota a alguien** *Fam.* Adular a una persona. **Pelota base** Béisbol. **Pelota vasca** Juego que consiste en lanzar una pelota contra un frontón, impulsándola con la mano o con ciertos instrumentos, como la pala y la cesta.

pelotari s.m. y f. Jugador de pelota vasca.

pelotazo s.m. Golpe dado con una pelota. **2.** Esp. *Vulg.* Copa o trago de bebida alcohólica. ◇ **Dar,** o **pegar, un pelotazo** *Fam.* Enriquecerse rápidamente mediante procedimientos ilícitos.

pelotear v.intr. Jugar con una pelota como entrenamiento. **2.** *Fig.* Lanzar una cosa de un lugar a otro. **3.** *Fig.* Discutir dos o más personas entre sí. ◆ v.tr. Repasar y señalar las partidas de una cuenta cotejándolas con sus justificantes. **2.** Argent. *Fig.* y *fam.* Tener a alguien a mal traer. **3.** Argent. *Fig.* y *fam.* Demorar o impedir deliberadamente la realización o desarrollo de un asunto.

peloteo s.m. Acción de pelotear. **2.** ECON. Procedimiento fraudulento para crear un crédito artificial.

pelotera s.f. *Fam.* Riña, pelea.

pelotero, a s. Persona que recoge las pelotas en el juego. **2.** Amér. Jugador de pelota, especialmente de fútbol y béisbol.

pelotilla s.f. Instrumento de mortificación de los disciplinantes consistente en una bolita de cera con puntas de vidrio.

pelotillero, a adj. y s. Esp. Pelota, adulador.

pelotón s.m. (fr. *peloton,* ovillo pequeño, grupo de personas). Grupo de ciclistas que marchan juntos en el transcurso de una prueba. **2.** Unidad de soldados, menor que la sección, bajo las órdenes de un sargento o cabo primero. **3.** Grupo apretado y desordenado de cosas o personas: *pelotón de hilos.*

pelotudo, a adj. y s. Argent., Par. y Urug. *Vulg.* Estúpido, imbécil.

pelta s.f. ANT. GR. Escudo pequeño de mimbre o madera, forrado de cuero, en forma de media luna.

peltado, a adj. BOT. Se dice de la hoja que tiene el pecíolo fijado en el centro de la cara inferior del limbo.

peltasta s.m. ANT. GR. Soldado de infantería ligera provisto de una pelta.

peltre s.m. Aleación de estaño, plomo y cinc. **2.** Cinc comercial.

peluca s.f. Cabellera postiza. **2.** Pelucona.

peluche s.m. Felpa. **2.** Muñeco o juguete hecho con este material.

pelucona s.f. Onza de oro española del s. XVIII. (Se llamaba así porque en ella figuraba el rey con peluca.)

peludear v.intr. Argent. *Fam.* Emprender una tarea difícil.

peludo, a adj. y s. Que tiene mucho pelo o vello. ◆ s.m. Estera afelpada, generalmente redonda, de espartos largos. **2.** Argent. y Urug. Borrachera. **3.** ZOOL. Armadillo velludo de Argentina y Uruguay. (Familia dasipódidos.) ◇ **Caer como peludo de regalo** Argent. y Urug. Llegar inoportunamente.

peluquear v.tr. y prnl. Amér. Merid., C. Rica y Méx. Cortar o arreglar el cabello a una persona.

peluquería s.f. Establecimiento donde se corta o arregla el cabello.

peluquero, a s. Persona que tiene por oficio cortar y arreglar el cabello.

peluquín s.m. Peluca pequeña que solo cubre parte de la cabeza. **2.** Peluca con bucles y coleta del s. XVIII.

pelusa s.f. Vello muy fino. **2.** Pelo muy fino que se desprende de las telas. **3.** Esp. *Fig.* y *fam.* Envidia o celos propios de los niños. **4.** BOT. Vello, conjunto de pelos pequeños que cubre algunas frutas y plantas.

pelviano, a adj. ANAT. Relativo a la pelvis. ◇ **Aleta pelviana** Aleta abdominal de los peces, que puede estar inserta en la parte delantera o trasera de la zona ventral, según las especies. **Cintura pelviana** Estructura anatómica de los mamíferos formada por la unión de tres pares de huesos: *ilion, isquion* y *pubis.*

pelvis s.f. (lat. *pelvis,* caldero, bacineta de metal). Estructura ósea de los vertebrados superiores, situada en el extremo posterior o inferior del tronco, y que se articula con la columna vertebral y con las extremidades posteriores o inferiores.

pena s.f. (lat. *poena,* del gr. *poiní,* multa). Castigo que impone una autoridad a quien comete una falta o delito. **2.** Sentimiento de tristeza o dolor producido por algo desagradable: *su muerte produjo honda pena.* **3.** Cosa que produce dicho sentimiento: *su vida está jalonada de penas y desgracias.* **4.** Dolor físico. **5.** Lástima: *da pena tirar tanta comida.* **6.** Dificultad, trabajo: *con muchas penas logra llegar a fin de mes.* (Suele usarse en plural.) **7.** Amér. Central, Colomb., Méx. y Venez. Vergüenza. **8.** TEOL. Castigo reservado al pecador: *las penas del infierno.* ◇ **A duras,** o **graves,** o **malas, penas** Con gran dificultad o trabajo. **A penas** Apenas. **Pena de muerte,** o **capital** Pena por la que se condena al reo a ser ejecutado. **Sin pena ni gloria** Sin sobresalir, ni muy bien ni muy mal. **Valer,** o **merecer, la pena** Resultar provechoso el esfuerzo o trabajo empleado en alguien o algo.

penacho s.m. (ital. *pennacchio,* de *penna,* pluma). Adorno de plumas de los cascos de los soldados, los sombreros, las cabezas de las caballerías engalanadas, etc. **2.** Conjunto de plumas que tienen algunas aves en la parte superior de la cabeza.

penado, a s. Persona condenada a una pena.

penal adj. Relativo a las penas, castigos: *leyes penales.* **2.** DEP. Penalti. ◆ s.m. Lugar donde el condenado cumple la pena de privación de libertad impuesta por una autoridad. SIN.: *cárcel, prisión.* ◇ **Código penal** Conjunto estructurado de disposiciones que definen los delitos y faltas, y las penas correspondientes.

penalidad s.f. Dificultad que implica trabajo y sufrimiento. (Suele usarse en plural.) **2.** DER. Sanción prevista por la ley penal.

penalista adj. y s.m. y f. Especialista en derecho penal.

penalización s.f. Acción y efecto de penalizar.

penalizar v.tr. Imponer una pena o sanción: *penalizar a un jugador de fútbol con tres partidos.* SIN.: *penar.*

penalti o **penalty** s.m. (ingl. *penalty*). Falta cometida por un jugador dentro de su área. **2.** Castigo de esta falta que consiste en lanzar el balón desde un lugar determinado y solo ante el portero a la portería del equipo.

penar v.intr. Padecer, sufrir un dolor o una pena. **2.** Desear algo con vehemencia: *penar por algo.* ◆ v.tr. Imponer a alguien una pena o sanción. SIN.: *penalizar.* **2.** Señalar la ley una pena para un acto u omisión.

penates s.m.pl. (voz latina). MIT. ROM. **a.** Dioses romanos del hogar. **b.** Estatuas de estos dioses.

penca s.f. Hoja carnosa y aplanada de algunas plantas. **2.** Nervio central y pecíolo de las hojas de ciertas hortalizas.

penco s.m. *Fam.* Jamelgo. **2.** *Fam.* Persona torpe, holgazana o inútil. **3.** Amér. Penca.

pendejear v.intr. Colomb. *Fam.* Hacer o decir necedades o tonterías.

pendejo, a s. (del lat. *pecten*). *Fig.* y *fam.* Pendón, persona de vida irregular y desordenada. **2.** Persona cobarde o tonta. ◆ s.m. Pelo del pubis y las ingles.

pendencia s.f. (lat. *paenitentia,* pesar). Riña.

pendenciero, a adj. Que tiende a riñas o peleas.

pender v.intr. (lat. *pendere*). Estar colgada alguna cosa. **2.** Depender. **3.** *Fig.* Estar por resolverse un asunto.

pendiente adj. Que pende. **2.** *Fig.* Que está por resolverse o terminarse: *asunto pendiente.* **3.** Que está muy atento: *estar pendiente de los niños.* **4.** Que está esperando que una cosa ocurra o se resuelva: *estar pendiente de una llamada. de una resolución.* ◆ s.m. Joya o adorno que se pone generalmente en el lóbulo de la oreja. GEOSIN.: Argent. y Chile. *aro;* Colomb. *candonga;* Méx. *arete.* **2.** Méx. Preocupación. ◆ s.f. Declive, inclinación de un terreno o superficie. **2.** Inclinación que tiene el plano de un tejado para facilitar el desagüe. **3.** Plano inclinado de un tejado. ◇ **Línea de máxima pendiente de un plano** MAT. Recta que forma el mayor ángulo con un plano horizontal. **Línea de máxima pendiente sobre una superficie** MAT. Curva cuya tangente en cada punto es la línea de máxima pendiente del plano tangente en este mismo punto. **Pendiente de agua** Construcción que permite a las embarcaciones salvar desniveles en un curso de agua. **Pendiente de una recta** MAT. Tangente del ángulo que forma esta recta con el plano horizontal. **Pendiente de un plano** MAT. Pendiente de la línea de máxima pendiente del plano. **Pendiente límite** GEOMORFOL. Valor de la inclinación por debajo de la cual dejan de actuar los procesos de modelado de las vertientes. **Rotura de pendiente** GEOMORFOL. Punto de una vertiente caracterizado por un cambio notable del valor de la pendiente.

péndola s.f. F.C. En una catenaria, hilo sustentador vertical que une el cable portante con el cable de trabajo.

pendolista s.m. y f. Persona que escribe con muy buena letra. **2.** Memorialista. **3.** *Fam.* Escritor.

pendón, a adj. y s. (fr. ant. *penon*). Esp. *Fig.* y *fam.* Persona de vida desordenada y disoluta. (Para referirse a una mujer también se usa el masculino: *está hecha un pendón.*) ◆ s.m. Bandera pequeña, generalmente acabada en dos puntas, utilizada como insignia por una parroquia, cofradía o grupo religioso. **2.** BOT. Vástago que sale del tronco principal del árbol. **3.** HIST. Bandera más larga que ancha utilizada como insignia por un caballero o unidad militar.

pendonear v.intr. Esp. *Fam.* Callejear.

pendular adj. Relativo al péndulo: *movimiento pendular.* **2.** Se dice de la máquina o del ciclo automático de fabricación en serie dotados de dos posiciones idénticas que trabajan alternativamente. ◇ **Coche pendular** F.C. Vagón cuya caja puede inclinarse alrededor de unos ejes longitudinales dispuestos en los bogies y cuyo centro de inercia se halla por debajo de dichos ejes con objeto de favorecer el equilibrio estable.

péndulo, a adj. Que está colgado, pendiente. ◆ s.m. Cuerpo sólido, suspendido de un punto fijo que está por encima de su centro de gravedad y que oscila por acción de su peso.

pene s.m. (lat. *penis*). ANAT. Órgano masculino de la copulación y de la micción.

peneano, a adj. Relativo al pene.

penene s.m. y f. (de la sigla *PNN,* profesor no numerario). Profesor de un centro de enseñanza que no tiene plaza fija.

penetración s.f. Acción y efecto de penetrar. **2.** Perspicacia, agudeza. ◇ **Ayudas a la penetración** ARM. Conjunto de sistemas colocados en la cabeza de un misil para contrarrestar el efecto de los medios antimisiles enemigos. **Ensayo de penetración** OBR. PÚBL. Determinación de la dureza de una materia bituminosa o grasa por la longitud de penetración, en un tiempo dado, de una aguja cargada con un peso. **Test de penetración** Test utilizado en caso de esterilidad conyugal que consiste en poner en contacto in vitro el esperma del hombre y el moco cervical de la mujer. **Vuelo de penetración** MIL. Vuelo a baja altitud de un avión encargado de atacar objetivos alejados que se encuentran en territorio enemigo.

penetrante adj. Profundo, que penetra mucho. **2.** *Fig.* Agudo, sagaz, incisivo.

penetrar v.intr. y tr. (lat. *penetrare*). Introducirse un cuerpo en otro: *la aguja penetra la carne.* **2.** *Fig.* Hacerse sentir una sensación con intensidad: *penetrar el frío hasta los huesos; penetrar un grito los oídos.* **3.** *Fig.* Afectar profundamente el dolor u otro sentimiento. **4.** *Fig.* Comprender bien, profundizar. ◆ v.intr. Pasar al interior de un lugar: *penetrar un tren en un túnel.*

penetrómetro s.m. Instrumento que sirve para medir la resistencia de una materia bituminosa o grasa mediante el ensayo de penetración.

pénfigo s.m. (gr. *pémphix, -igos,* soplo, ampolla). Enfermedad de la piel que se caracteriza por la formación de vesículas con posteriores alteraciones pigmentarias.

penibético, a adj. Relativo a la cordillera Penibética.

peniche s.m. (fr. *péniche*). Barcaza grande y pesada para el transporte fluvial.

penicilina s.f. Antibiótico bactericida. (Las propiedades de la penicilina fueron descubiertas por Alexander Fleming en 1928 al estudiar los cultivos de *Penicillium notatum.*)

penicilinasa s.f. Enzima que hidroliza la penicilina.

penicilio s.m. Hongo que se desarrolla sobre el queso, en las frutas almacenadas, etc. (De una de las especies del penicilio se extrae la penicilina.)

penillanura s.f. GEOGR. Superficie ligeramente ondulada producto de la fase final del ciclo de erosión de un relieve.

península s.f. (lat. *paeninsula*). Extensión de tierra rodeada de agua por todas partes excepto por una, llamada *istmo,* que la comunica con un territorio más extenso.

peninsular adj. y s.m. y f. Relativo a una península. **2.** Relativo a la península Ibérica. (Suele emplearse en oposición a lo relativo a las islas.)

penique s.m. (anglosajón *pennig*). Moneda fraccionaria que vale 1/100 de libra esterlina. (Hasta 1971, el penique valía 1/12 de chelín.)

penitencia s.f. (lat. *paenitencia*). Mortificación que uno se impone a sí mismo, generalmente por motivos religiosos. **2.** *Fam.* Cosa desagradable que hay que soportar. **3.** HIST. Castigo público que imponía el tribunal de la Inquisición. **4.** REL. **a.** Sacramento de la Iglesia católica por el cual el sacerdote perdona los pecados de la persona que se confiesa. **b.** Pena que impone el sacerdote a la persona que le confiesa sus pecados.

penitencial adj. Relativo a la penitencia.

penitenciaría s.f. Lugar donde el condenado cumple la pena de privación de libertad impuesta por la autoridad. SIN.: *cárcel, penal, prisión.* **2.** Cargo de penitenciario. ◇ **Penitenciaría apostólica** o **Sagrada penitenciaría** REL. Tribunal eclesiástico de la Santa Sede encargado de la concesión de indulgencias.

penitenciario, a adj. y s.m. Se dice del sacerdote o canónigo que tiene la obligación de confesar en una iglesia determinada. ◆ adj. Relativo a la penitenciaría: *establecimiento penitenciario.* ◆ s.m. Sacerdote vinculado a las basílicas romanas de San Pedro, San Juan de Letrán, Santa María la Mayor y Loreto, que se ocupa de dar a los fieles que se confiesan la absolución de los casos reservados.

penitente s.m. y f. (lat. *paenitens, -entis,* p. de *paenitere,* arrepentirse). Persona que confiesa sus pecados al sacerdote. **2.** Persona que hace penitencia, especialmente la que va en una procesión. ◆ s.m. Planta herbácea con racimos de pequeñas flores de color violeta. (Familia liliáceas.)

penna s.f. Pluma larga del ala *(remera)* o de la cola *(rectriz)* de las aves.

penol s.m. (del lat. *pinna,* ala, pluma). MAR. Extremo de la verga.

penología s.f. Ciencia que estudia los diversos medios de represión y prevención de los delitos.

penoso, a adj. Que causa pena. **2.** Que cuesta mucho trabajo. **3.** Méx. Que es muy tímido o se avergüenza con facilidad.

pensado, a adj. **Mal pensado** Que tiene tendencia a ver malicia o mala intención en los actos o palabras de los demás.

pensador, ra adj. Que piensa, especialmente si lo hace con intensidad y eficacia. ◆ s. Persona que se dedica a la reflexión profunda de temas generales, especialmente filosóficos.

pensamiento s.m. Facultad de pensar. **2.** Acción de pensar y cosa pensada. **3.** Conjunto de ideas desarrolladas por una persona o un grupo de personas. **4.** Máxima, sentencia: *los pensamientos de Marco Aurelio.* **5.** Planta herbácea de flores muy variables con los pétalos laterales muy cerca de los superiores. **6.** Flor de esta planta. ◇ **En un pensamiento** Con suma brevedad. **No pasarle a alguien algo por el pensamiento** No ocurrírsele, no pensar en ello. **Pensamiento débil** FILOS. Tendencia que critica la rigidez de la razón ilustrada de la modernidad, y propugna aventurar la razón por otros temas de conocimiento menos seguros. **Pensamiento único** Conjunto de las opiniones dominantes y convencionales en los ámbitos económico, político y social.

pensante adj. y s.m. y f. Que piensa.

pensar v.tr. e intr. (lat. *pensare,* pesar). Formar, ordenar y relacionar en la mente ideas y conceptos: *pienso, luego existo.* **2.** Meditar, reflexionar. ◆ v.tr. Tener la intención de hacer algo: *pienso comerme todo el pastel.* **2.** Tener una determinada opinión sobre algo o alguien. **3.** Llegar a una conclusión tras una reflexión: *he pensado no aceptar el trabajo.* ◇ **¡Ni pensarlo!** Se usa para rechazar algo. **Sin pensar** Irreflexivamente, sin someter a juicio.

pensativo, a adj. Que está absorto en sus pensamientos.

pensil o **pénsil** s.m. (lat. *pensilis*). Jardín agradable.

pensión s.f. (lat. *pensio, -onis,* pago). Cantidad de dinero que recibe periódicamente una persona que cumple ciertos requisitos: *pensión de jubilación, de invalidez, de orfandad, de viudedad, alimentaria.* **2.** Casa particular en la que se alojan huéspedes mediante pago. **3.** Establecimiento hotelero de categoría inferior al hotel. **4.** Cantidad de dinero que se paga por alojarse en este establecimiento. ◇ **Media pensión** Régimen escolar que incluye la enseñanza y la comida de mediodía; régimen de alojamiento que incluye habitación y una comida diaria. **Pensión completa** Régimen de alojamiento que incluye habitación y todas las comidas.

pensionado, a adj. y s. Que recibe una pensión. ◆ s.m. Centro educativo donde los alumnos estudian y viven. SIN.: *internado.*

pensionar v.tr. Conceder una pensión.

pensionista s.m. y f. Persona que recibe una pensión. **2.** Persona que duerme y come en una pensión. **3.** Alumno que estudia y vive en un centro de enseñanza.

pentacordio s.m. ANT. Instrumento musical de cinco cuerdas parecido a la lira.

pentadáctilo, a adj. ZOOL. Que tiene cinco dedos.

pentadecágono s.m. → **pentedecágono.**

pentaedro s.m. MAT. Cuerpo geométrico de cinco caras.

pentagonal adj. Relativo al pentágono. **2.** Que tiene la figura semejante o igual a la del pentágono. **3.** Se dice del cuerpo geométrico cuya base es un pentágono: *prisma pentagonal.*

pentágono s.m. MAT. Figura geométrica de cinco lados.

pentagrama s.m. MÚS. Conjunto de cinco líneas horizontales, equidistantes y paralelas, sobre las cuales o entre las cuales se escriben las notas y signos musicales.

pentámero, a adj. BIOL. Se dice del órgano u organismo que está formado por cinco partes o miembros. **2.** Se dice del coleóptero que tiene cinco artejos en cada tarso.

pentámetro, a adj. MÉTRIC. CLÁS. Se dice del verso que se compone de cinco pies.

pentano s.m. QUÍM. Hidrocarburo saturado (C_5H_{12}).

pentápolis s.f. Unión política o alianza que se establecía entre cinco ciudades, en la antigüedad o la edad media.

pentarquía s.f. Gobierno formado por cinco personas. **2.** Grupo formado por Austria, Prusia, Francia, Gran Bretaña y Rusia, que ejerció, de hecho, la supremacía en Europa de 1815 a 1860.

pentatlón o **pentathlon** s.m. Conjunto de cinco pruebas de atletismo que se realizan en un mismo día. (El pentatlón en modalidad no olímpica masculino comprende los 200 m, 1 500 m, lanzamiento de jabalina, lanzamiento de disco y

pensar

INDICATIVO	SUBJUNTIVO
presente	**presente**
pienso	*piense*
piensas (pensás)	*pienses*
piensa	*piense*
pensamos	pensemos
pensáis	penséis
piensan	*piensen*
copretérito o pret. imperfecto	**pretérito o pret. imperfecto**
pensaba	pensara o pensase
pensabas	pensaras o pensases
pensaba	pensara o pensase
pensábamos	pensáramos o pensásemos
pensabais	pensarais o pensaseis
pensaban	pensaran o pensasen
pretérito o pret. perf. simple	**futuro o fut. simple**
pensé	pensare
pensaste	pensares
pensó	pensare
pensamos	pensáremos
pensasteis	pensareis
pensaron	pensaren
futuro o fut. simple	**IMPERATIVO**
pensaré	
pensarás	*piensa* (pensá) (tú, vos)
pensará	*piense* (él)
pensaremos	pensemos (nosotros)
pensaréis	pensad (vosotros)
pensarán	*piensen* (ellos)
pospretérito o condicional simple	**FORMAS NO PERSONALES**
pensaría	**infinitivo** pensar; **gerundio** pensando
pensarías	**participio** pensado
pensaría	
pensaríamos	
pensaríais	
pensarían	

salto de longitud.) **2.** ANT. GR. Conjunto de cinco pruebas (lucha, carrera, salto, disco y jabalina) que realizaba un atleta. ◇ **Pentatlón moderno** Competición olímpica que comprende pruebas de equitación, natación, cross-country, esgrima y tiro en varios días consecutivos.

pentavalente adj. QUÍM. Que tiene valencia 5.

pentecostal adj. y s.m. y f. Se dice de la persona que pertenece a una comunidad protestante que concede gran importancia a los carismas y a la acción del Espíritu Santo. (Los pentecostales surgieron a principios del s. XIX en EUA.)

pentecostés s.m. Fiesta judía, celebrada cincuenta días después de Pascua, que conmemora la entrega de las tablas de la ley a Moisés en el Sinaí. (Suele escribirse con mayúscula.) **2.** Fiesta cristiana, celebrada cincuenta días después de Pascua, que conmemora el descenso del Espíritu Santo sobre los apóstoles. (Suele escribirse con mayúscula.)

pentedecágono o **pentadecágono** s.m. Figura geométrica de quince lados.

pentobarbital s.m. Hipnótico barbitúrico utilizado por vía intravenosa para la anestesia general de corta duración.

pentodo s.m. y adj. Tubo electrónico de cinco electrodos.

pentosa s.f. QUÍM. Osa de cinco átomos de carbono.

pentotal s.m. (marca registrada). Droga a base de ácido barbitúrico que se aplica por vía intravenosa en operaciones quirúrgicas.

pentrita s.f. Explosivo constituido por un éster nítrico cristalizado, muy potente y sensible.

penúltimo, a adj. y s. Que está inmediatamente antes del último.

penumbra s.f. Estado de una superficie incompletamente iluminada por un cuerpo luminoso no puntual cuando un cuerpo opaco intercepta parte de los rayos. **2.** Sombra débil o poco oscura.

penuria s.f. (lat. *paenuria*). Insuficiencia, falta de algo, especialmente de aquello que se necesita para vivir.

penutia, familia lingüística de América del Norte (California, Oregón, Columbia Británica) que agrupa diversas lenguas, en su mayoría extinguidas.

peña s.f. (lat. *pinna,* almena). Roca de gran tamaño que constituye un relieve topográfico, generalmente de naturaleza pedregosa. **2.** Grupo de amigos o compañeros que se reúnen habitualmente con algún fin artístico, cultural o recreativo. **3.** Asociación cultural, recreativa o deportiva: *peña taurina.*

peñascal s.m. Terreno en el que hay muchos peñascos.

peñascazo s.m. Chile. Pedrada.

peñasco s.m. Peña grande y elevada. **2.** Molusco gasterópodo marino, de color marrón, con el interior anaranjado. (Familia murícidos.) **3.** ANAT. Parte interna del hueso temporal donde se encuentran el oído medio y el oído interno.

peñascoso, a adj. Se dice del lugar que tiene peñascos.

peñazo adj. y s.m. *Fam.* Que es pesado y molesto.

péñola s.f. (lat. *pinnula,* dim. de *pinna,* almena). Pluma de ave para escribir.

peñón s.m. (del lat. vulg. *pedo, -onis*). Monte peñascoso.

peón s.m. Obrero que realiza un trabajo no especializado y suele ocupar el grado más bajo en la escala socioprofesional. **2.** Peonza. **3.** Pieza del juego de damas y otros juegos de tablero. **4.** Pieza del ajedrez de menor valor, que se mueve hacia delante avanzando una casilla en cada movimiento y que se desplaza en diagonal y hacia delante para matar a una pieza de la casilla inmediata. **5.** Soldado de infantería. **6.** Criado que acompañaba a pie a un caballero. **7.** Amér. Obrero que realiza un trabajo agrícola no especializado. **8.** TAUROM. Torero auxiliar del matador. ◇ **Peón caminero** Peón que trabaja en la conservación y reparación de la vía pública. **Peón de albañil,** o **de mano** Peón que ayuda al oficial de albañilería.

peonada s.f. Trabajo que un peón o jornalero realiza en un día. **2.** Peonaje.

peonaje s.m. Conjunto de peones que trabajan en una obra.

1. peonía s.f. (del gr. *paionía*). Planta bulbosa de grandes flores rojas, rosas o blancas. (Familia ranunculáceas.) **2.** Flor de esta planta. **3.** Amér. Merid. y Cuba. Arbusto trepador de pequeñas flores blancas o rojas y semillas gruesas y duras. (Familia papilionáceas.)

2. peonía s.f. Extensión de tierra que se solía asignar a cada soldado de a pie tras conquistar un territorio. **2.** En las Indias, porción de tierra que se podía labrar en un día.

peonza s.f. Trompo. SIN.: *peón.* **2.** *Fig.* y *fam.* Persona pequeña y bulliciosa.

peor adj. (lat. *pejor, -oris*). Que es más malo que aquello con lo que se compara: *es peor estudiante que su hermano.* ◆ adv.m. Más mal que aquello con lo que se compara: *hoy ha dormido peor que ayer.* ◇ **Tanto peor** Peor todavía.

pepa s.f. Amér. Pepita, semilla.

Pepa. (Denominación popular de la constitución de Cádiz, llamada así por haber sido promulgada el día de san José [19 de marzo]). **¡Viva la Pepa!** Se aplica a la situación en que reina la alegría y la despreocupación.

pepe s.m. Bol. y Venez. Petimetre, lechuguino.

pepenador, ra s. Méx. Persona que se dedica a recoger desechos de papel, metal, etc., de la basura para venderlos.

pepenar v.tr. Amér. Recoger cosas del suelo. **2.** Amér. Rebuscar, escoger.

peperina s.f. Argent. Subarbusto muy ramificado de flores blancas cuyas hojas aromáticas se utilizan en infusión. (Familia labiadas.)

pepinillo s.m. Pepino pequeño conservado en vinagre.

pepino s.m. (del ant. *pepón,* melón, lat. *pepo, -onis*). Planta herbácea de tallos rastreros, flores grandes y amarillas y fruto carnoso. (Familia cucurbitáceas.) SIN.: *cohombro.* **2.** Fruto de esta planta, alargado, de color verde oscuro, que se consume como verdura o en ensaladas. SIN.: *cohombro.* ◇ **Importarle,** o **no importarle, a alguien un pepino algo** *Fam.* No importarle nada.

pepita s.f. (del lat. *pituita,* humor pituitario, pepita de las aves). Semilla de algunos frutos, como la uva o la sandía. **2.** Trozo de oro u otro metal separado de la veta que se encuentra en los terrenos de tierra arrastrados por una corriente de agua. **3.** Enfermedad de las aves caracterizada por una dificultad respiratoria que obliga a tener el pico entreabierto. **4.** Méx. Semilla de calabaza que se come tostada y salada.

pepito s.m. Esp. *Fam.* Sándwich de carne.

pepitoria s.f. (del fr. ant. *petite-oie,* ganso pequeño). Guiso de ave, especialmente gallina o pollo, troceada y con una salsa de yema de huevo. **2.** *Fig.* Conjunto de cosas diversas y desordenadas.

peplo s.m. (gr. *péplon*). Túnica utilizada por las mujeres de la antigua Grecia, sin mangas, abrochada en el hombro y que caía hasta la cintura.

péplum s.m. (lat. *peplum*) [pl. *péplums*]. CIN. Película cinematográfica histórica o mitológica ambientada en la antigüedad clásica.

pepona s.f. (aum. de *Pepa,* Josefa). Muñeca grande y tosca.

pepónide s.m. Fruto de las cucurbitáceas.

pépsico, a o **péptico, a** adj. Relativo a la digestión o a la acción de la pepsina.

pepsina s.f. Enzima del jugo gástrico que inicia la digestión de las proteínas.

péptido, a adj. y s.m. Se dice del compuesto formado por la unión de un número reducido de aminoácidos.

peptona s.f. Sustancia soluble resultante de la acción de la pepsina sobre las proteínas.

peque s.m. y f. (Apócope de *pequeño*). *Fam.* Niño pequeño.

pequén s.m. Chile. Ave rapaz diurna similar a la lechuza.

pequeñez s.f. Cualidad de pequeño. **2.** Nimiedad, cosa sin importancia. **3.** Mezquindad, falta de generosidad y nobleza.

pequeño, a adj. Que es de menor tamaño que otros de su misma especie: *mesa pequeña.* **2.** Se dice de la persona de poca estatura. **3.** *Fig.* Que tiene poca duración, intensidad o cantidad: *pequeñas vacaciones, pequeño ruido, pequeña suma de dinero.* **4.** *Fig.* Que tiene poca importancia: *un pequeño problema.* **5.** *Fig.* Humilde o de poca categoría: *pequeño comerciante.* ◆ adj. y s. Se dice del niño que tiene poca edad.

pequeñoburgués, sa adj. y s. Que pertenece a la pequeña burguesía.

pequinés, sa adj. y s. De Pekín. ◆ s. y adj. Perro que pertenece a una raza de pequeño tamaño, morro muy corto y orejas lacias con largos flecos.

pera s.f. (lat. *pira,* pl. de *pirum*). Fruta carnosa y dulce de piel verdosa y forma ligeramente cónica. (La pera es el fruto del peral). **2.** *Fig.* Perilla, clase de barba. **3.** Objeto de goma en forma de pera con una cánula que permite introducir líquido o aire en un lugar determinado. **4.** Interruptor de luz o timbre eléctrico en forma de pera. ◆ adj. *Fam.* Se dice de la persona elegante y refinada que raya lo cursi. ◇ **Partir peras con alguien** *Fam.* Romper la amistad con una persona. **Pedir peras al olmo** *Fam.* Pretender algo imposible. **Poner a alguien las peras a cuarto,** o **a ocho** *Fam.* Reprender a una persona o pedirle cuentas.

perácido s.m. QUÍM. Ácido derivado del agua oxigenada cuya molécula contiene uno o más pares de átomos de oxígeno unidos directamente. **2.** QUÍM. Ácido en el cual el no metal, que tiene cuatro valencias distintas, actúa con la mayor de ellas.

peral s.m. Árbol frutal de tronco liso y recto, hojas ovaladas y puntiagudas y flores blancas, cuyo fruto es la pera. (Familia rosáceas.)

peraleda s.f. Terreno plantado de perales. SIN.: *pereda.*

peralejo s.m. Variedad de álamo.

peraltado, a adj. Que forma peralte: *curva peraltada.* ◇ **Arco peraltado** Arco que prolonga su perfil en sentido de dos rectas paralelas hasta la línea de impostas. **Bóveda peraltada** Bóveda en la cual la distancia entre el plano de arranque y su punto más elevado es mayor que la mitad de la distancia entre los dos estribos.

peraltar v.tr. Dar peralte a un arco, bóveda o cercha. **2.** OBR. PÚBL. Dar peralte a una curva.

peralte s.m. Parte de un arco, bóveda o armadura que excede del semicírculo en sentido vertical. **2.** Pendiente transversal que existe entre los dos carriles de una curva de la vía o entre los bordes de una curva de carretera.

peralto s.m. Altura de una cosa desde su base. **2.** Posición o dirección de una pieza colocada verticalmente.

perborato s.m. Sal del ácido bórico, oxidante, que se utiliza como detergente.

perca s.f. (lat. *perca,* del gr. *pérki*). Pez de agua dulce muy voraz, de hasta 50 cm de long. y con dos aletas dorsales, la primera espinosa. ◇ **Perca negra** Perca americana, que se cría en lagos y estanques, introducida en Europa para la pesca deportiva. **Perca trepadora** Pez anfibio originario del litoral del SE asiático que trepa a los matorrales para comerse los insectos.

percal s.m. (fr. *percale*). Tela de algodón tejida con ligamento tafetán. **2.** TAUROM. *Fig.* Muleta.

percalina s.f. Percal sencillo, ligero y de mucho brillo, empleado para entretelas y forros. SIN.: *lustrina.*

percance s.m. Contratiempo, accidente o suceso inesperado que entorpece o detiene el curso de algo.

per cápita loc. (lat. *per capita,* por cabeza). ESTADÍST. Por habitante: *producción per cápita.* ◇ **Renta per cápita** Valor que resulta de dividir la renta nacional por el número de habitantes.

percatarse v.prnl. Darse cuenta de algo.

percebe s.m. (del bajo lat. *pollicipes, -edis,* de *pollex,* pulgar, y *pes,* pie). Crustáceo con seis pares de apéndices y un pedúnculo carnoso. (Familia policípidos.) **2.** *Fig.* y *fam.* Tonto, ignorante.

percentila s.f. ESTADÍST. Valor del elemento que divide una serie de datos en cien grupos de igual valor o en intervalos iguales.

percepción s.f. (lat. *perceptio, -onis*). Acción de percibir. **2.** Conocimiento de algo por medio de los sentidos o la inteligencia. **3.** Cantidad de dinero que se percibe. **4.** Proceso de recogida y tratamiento de la información sensorial. ◇ **Percepción extrasensorial** PSICOL. Capacidad paranormal de percepción sin mediación de los sentidos y fuera de toda deducción posible.

perceptible adj. Que se percibe con facilidad a través de los sentidos.

percha s.f. Madero largo y delgado que sirve para sostener algo. **2.** Mueble con ganchos para colgar la ropa y otros objetos. SIN.: *perchero.* **3.** Esp. Gancho. **4.** MAR. Tronco o madero que lleva un barco para reemplazar las piezas de arboladura, palos, vergas, etc. **5.** TEXT. Máquina utilizada en la industria lanera para el perchado de las telas.

perchado s.m. TEXT. Operación que consiste en dar a las telas de lana y algodón un aspecto felposo, obtenido por raspado.

perchar v.tr. TEXT. Hacer un perchado.

perchero s.m. Mueble con ganchos para colgar la ropa y otros objetos. SIN.: *percha.*

percherón, na adj. y s. Se dice del caballo o yegua que pertenece a una raza francesa originaria de Perche, de gran tamaño y pelaje gris o negro.

percibir v.tr. (lat. *percipere,* apoderarse de algo). Conocer algo por medio de los sentidos o la inteligencia. **2.** Recibir una cantidad de dinero.

percibo s.m. Acción y efecto de percibir, recibir dinero: *el percibo de haberes.*

perciforme adj. y s.m. Se dice del orden de peces óseos que tienen espinas en las aletas. (Pertenecen a este orden peces como la perca, la caballa, la dorada o el jurel.)

perclorato s.m. Sal del ácido perclórico.

perclórico, a adj. Se dice del más oxigenado de los ácidos del cloro ($HClO_4$).

percocho s.m. Hond. Traje o tela muy sucios.

percolación s.f. GEOGR. Penetración lenta del agua de lluvia en el terreno. **2.** PETRÓL. Refino del petróleo filtrándolo a través de un lecho de arcilla absorbente granulada.

percudir v.tr. (lat. *percutere*). Estropear o maltratar el brillo de una cosa, haciéndola parecer vieja. **2.** Penetrar la suciedad en una cosa.

percusión s.f. Acción y efecto de percutir. **2.** Operación del funcionamiento de un arma de fuego que consiste en que el percutor golpee el estopín provocando el disparo. **3.** MED. Método de examen clínico que permite detectar el estado de un órgano por el sonido que se produce al golpear ligeramente la parte del cuerpo en que está situado. ◇ **Instrumento de percusión** Instrumento musical en que el sonido se origina al golpearlo con las manos, bastones o mazos. (El tambor o el triángulo son instrumentos de percusión.)

percusionista s.m. y f. Músico que toca un instrumento de percusión.

percusor, ra adj. y s. Que percute. ◆ s.m. ARM. Percutor.

percutir v.tr. (lat. *percutere*). Golpear una cosa. **2.** MED. Explorar mediante la percusión.

percutor s.m. (fr. *percuteur*). ARM. Pieza metálica cuyo extremo golpea el estopín del cartucho provocando el disparo. SIN.: *percusor.*

perder v.tr. (lat. *perdere,* de *dare,* dar) [conj.: *tender*]. Dejar de tener una cosa que se tenía: *perder la inocencia.* **2.** No saber dónde está una cosa que se tenía o una persona que estaba al lado: *perder un anillo.* **3.** Dejar de tener la compañía de una persona, especialmente cuando se muere: *perder a un amigo en un accidente.* **4.** Emplear algo mal o inútilmente: *perdió tres horas esperando.* **5.** Dejar escapar, no conseguir tener una cosa que se deseaba: *perder una ocasión.* **6.** No tomar un medio de transporte por no llegar a tiempo: *perder el avión.* ◆ v.tr. e intr. Resultar vencido en un juego o competición deportiva. **2.** Dejar escapar poco a poco su contenido un recipiente: *el depósito pierde.* ◆ v.intr. Empeorar con respecto a un estado anterior: *ha perdido mucho con los años.* ◆ **perderse** v.prnl. Ir a parar algo a un lugar que se desconoce. SIN.: *extraviarse.* **2.** Equivocar el camino o dirección que se quería seguir: *los excursionistas se perdieron.* SIN.: *extraviarse.* **3.** *Fig.* Distraerse, perder la continuidad en un relato, acción, etc. **4.** Aturdirse, turbarse: *me perdí en aquel mar de papeles.* **5.** *Fig.* Estar muy enamorado de una persona: *se pierde por aquella muchacha.* **6.** Dejarse llevar por una cosa por la que se siente una gran debilidad: *se pierde por el chocolate.* ◆ v.tr. y prnl. *Fig.* Dejar de percibir una cosa por los sentidos: *perder la comunicación; la nave se perdió en el horizonte.* **2.** Ocasionar una cosa un grave perjuicio a alguien.

perdición s.f. (del lat. *perditia,* p. de *perdere*). Acción y efecto de perderse. **2.** Causa, motivo o persona que hacen que alguien se pierda.

pérdida s.f. Acción de perder o perderse. **2.** Cantidad o cosa perdida. **3.** Daño que se produce en algo. **4.** Escape, fuga, cantidad de un fluido que se pierde por filtraciones o contactos. **5.** MIL. Baja de personal o de material a consecuencia de una acción enemiga o por cualquier otra causa. ◆ **pérdidas** s.f.pl. Pérdida de sangre o flujo procedente de la matriz. ◇ **Pérdida a tierra** Corriente eléctrica que pasa a tierra a consecuencia de un aislamiento imperfecto. **Pérdida de carga** Disminución de la presión de un fluido que circula por una tubería. **Pérdida de velocidad** Situación en que se halla un avión en vuelo cuando su velocidad llega a ser inferior a la necesaria para su sustentación. **Pérdidas y ganancias** CONTAB. Cuenta diferencial en la que se reflejan los valores de aquellas cuentas que implican un beneficio o una pérdida.

perdidamente adv.m. Mucho, excesivamente: *está perdidamente enamorado.*

perdido, a adj. Que tiene una determinada cualidad en más alto grado: *tonto perdido; borracho perdido.* ◆ s. *Desp.* Persona viciosa y de costumbres libertinas. ◆ s.m. ART. GRÁF. Número de ejemplares que se tiran de más en cada pliego para suplir los que se inutilicen en la tirada. ◇ **Estar perdido** Estar muy enamorado de alguien; sentir debilidad por algo.

perdigar v.tr. Asar ligeramente la perdiz u otra ave para conservarla. **2.** Guisar la carne con alguna grasa para que esté más sustanciosa.

perdigón s.m. Pollo de la perdiz. **2.** Proyectil esférico de plomo, cuyo diámetro no excede los 8 mm. **3.** TEXT. Efecto que presentan las telas cuya trama y urdimbre son de diferente color.

perdigonada s.f. Tiro de perdigones. **2.** Herida que deja este tiro.

perdiguero, a s. y adj. Perro que pertenece a una raza de orejas grandes y caídas, patas altas y nervudas y color blanco con manchas negras, muy apreciado para la caza.

perdimiento s.m. Perdición o pérdida.

perditancia s.f. Conductancia total de las resistencias de aislamiento, en una instalación eléctrica.

perdiz s.f. (lat. *perdix, -icis*). Ave galliforme de cuerpo grueso y cola corta que anida en los huecos del suelo. (La *perdiz común,* o *roja,* vive en la península Ibérica y parte de Francia, Italia y Gran Bretaña; la *perdiz pardilla* se encuentra en la mayor parte de Europa; la *perdiz de la cordillera,* de color gris, con alas y cola negra manchadas de blanco, vive en América del Sur; la perdiz macho piñonea cuando está en celo.)

perdón s.m. Acción de perdonar. ◇ **Con perdón** Se usa para excusarse por decir o hacer algo que pueda molestar a otra persona.

perdonar v.tr. (lat. tardío *perdonare*). Renunciar a castigar una ofensa recibida, no guardando resentimiento ni rencor: *perdonó el daño que le habían hecho.* **2.** Conceder la absolución de una pena: *le han perdonado dos años de cárcel por buena conducta.* **3.** Liberar a alguien de una obligación. **4.** Se usa como fórmula de cortesía para disculparse o pedir algo: *perdone, pero disiento de lo que usted dice.* **5.** Aprovechar todas las ocasiones en que se presenta una cosa para realizar algo: *no perdona un baile.*

perdonavidas s.m. y f. (pl. *perdonavidas*). *Fam.* Persona que presume de valiente y fuerte.

perdulario, a adj. y s. Que es muy descuidado con su persona o con sus bienes. **2.** Se dice de la persona viciosa o disipada.

perdurable adj. Perpetuo, que dura siempre. **2.** Que dura mucho tiempo.

perdurar v.intr. (lat. *perdurare,* de *durare,* durar). Durar largo tiempo. **2.** Persistir, mantenerse firme en una actitud, opinión, etc.

perecedero, a adj. Temporal, que dura solo cierto tiempo: *alimentos perecederos.*

perecer v.intr. (del ant. perir, lat. *perire,* de *ire,* ir) [conj.: *parecer*]. Dejar de vivir un persona, especialmente si es de manera violenta o por accidente. **2.** *Fig.* Dejar de existir: *muchos ideales perecieron tras la revolución.*

peregrinación s.f. Acción y efecto de peregrinar. SIN.: *peregrinaje.*

peregrinaje s.m. Peregrinación.

peregrinar v.intr. Ir a un santuario o lugar santo por devoción o por voto. **2.** Viajar por tierras extrañas o que no se suelen frecuentar. **3.** *Fam.* Ir de un lugar a otro haciendo gestiones para conseguir algo.

peregrino, a adj. (lat. *peregrinus,* extranjero). Que viaja por tierras extrañas. **2.** Se dice del ave de paso o migratoria. **3.** *Fig.* Singular, extravagante, extraño: *respuesta peregrina.* **4.** *Fig.* Extraordinario, excelente: *belleza peregrina.* ◆ adj. y s. Se dice de la persona que por devoción o voto va a visitar un santuario o lugar santo. ◆ s.m. DER. ROM. Hombre libre de la antigua Roma que no tenía la ciudadanía romana.

perejil s.m. (del occitano *pe[i]ressil*). Planta herbácea de hojas trifoliadas aromáticas y flores en umbela. (El perejil se utiliza como condimento.; familia umbelíferas.) **2.** *Fig.* y *fam.* Adorno excesivo. (Suele usarse en plural.) ◆ **perejiles** s.m.pl. *Fig.* y *fam.* Títulos y dignidades que añadidos a otro principal dan mayor categoría a una persona. ◇ **Perejil de monte** Oreoselino. **Poner a alguien como hoja de perejil** Criticarlo duramente.

perención s.f. DER. Caducidad de la instancia.

perendengue s.m. Adorno de poco valor.

perengano, a s. Designa a una persona cuyo nombre se desconoce o no se quiere decir. (Se utiliza generalmente en expresiones tras *fulano, mengano* y *zutano.*)

perenne adj. (lat. *perennis*). Que dura indefinidamente o durante un tiempo muy largo. **2.** Continuo, que no se interrumpe. **3.** Se dice de la planta que vive más de tres años. **4.** Se dice de la parte de la planta que permanece viva durante el invierno. **5.** GEOGR. Se dice de un río o de un manantial cuyo flujo es permanente. ◇ **Hoja perenne** BOT. Hoja que vive más de dos años.

perennizar v.tr. Hacer perenne.

perentorio, a adj. Urgente o que no se puede aplazar. **2.** DER. **a.** Se dice del último plazo que se concede o de la resolución final que se toma en un asunto. **b.** Relativo a la perención.

perestroika s.f. (voz rusa). Política reformista llevada a cabo en la URSS tras la llegada al poder de M. Gorbachov.

pereza s.f. (lat. *pigritia,* de *piger, -gra, -grum,* perezoso). Falta de ganas de hacer algo. **2.** Lentitud o descuido en las acciones o movimientos.

perezosa s.f. Argent., Perú y Urug. Tumbona, silla articulada y extensible con asiento y respaldo de lona.

perezoso, a adj. Que tiene pereza. **2.** MED. Se dice del órgano que tiene un funcionamiento lento, especialmente del tubo digestivo. ◆ s.m. Mamífero arborícola originario de América del Sur, de 60 cm de long. y movimientos muy lentos. (Orden desdentados.)

perfección s.f. (lat. *perfectio, -onis*). Cualidad de perfecto. **2.** Cosa perfecta. <> **Estado de perfección** TEOL. Estado de la vida religiosa basado en la práctica de los consejos evangélicos (pobreza, continencia y obediencia).

perfeccionamiento s.m. Acción y efecto de perfeccionar o perfeccionarse.

perfeccionar v.tr. y prnl. Hacer más perfecto. **2.** Acabar una obra con el mayor grado de perfección posible. ◆ **perfeccionarse** v.prnl. DER. Completar los requisitos para que un acto civil, especialmente un contrato, tenga plena fuerza jurídica.

perfeccionismo s.m. Actitud de la persona que quiere mejorar algo indefinidamente, sin estar nunca satisfecho del resultado.

perfeccionista adj. y s.m. y f. Se dice de la persona que tiende al perfeccionismo.

perfectivo, a adj. Que da o puede dar perfección. ◆ adj. y s.m. LING. Se dice del aspecto verbal que presenta una acción como acabada.

perfecto, a adj. (lat. *perfectus*). Que tiene todas las cualidades, sin defectos. **2.** Que tiene una cualidad en grado máximo: *un perfecto caballero; un perfecto imbécil.* (Va antepuesto.) ◆ adj. y s.m. LING. Se dice del tiempo verbal que presenta una acción acabada. ◆ s.m. HIST. Creyente cátaro entregado a la renuncia total.

perfidia s.f. Cualidad de pérfido.

pérfido, a adj. y s. (lat. *perfidus*). Desleal, traidor, que falta a su palabra.

perfil s.m. (occitano ant. *perfil,* dobladillo). Línea que dibuja el contorno de una persona o cosa vista de lado. **2.** Línea que dibuja el contorno de una cosa. **3.** Conjunto de características o rasgos de una persona o cosa: *no ajustarse al perfil de encargado.* **4.** Trazo delicado, delgado, que se hace con la pluma escribiendo o dibujando. **5.** Dibujo que representa un corte perpendicular de un objeto. **6.** ARQ. Adorno delicado, especialmente el que se pone al borde, canto o extremo de algo. **7.** EDAFOL. Aspecto del suelo tal como se presenta en el frente de un corte. **8.** METAL. Producto metalúrgico, con perfil especial de sección constante, obtenido por laminación u otro procedimiento. <> **De perfil** De lado. **Medio perfil** Postura o figura del cuerpo que no está enteramente ladeado. **Perfil de equilibrio** GEOGR. Perfil longitudinal de una corriente cuando la pendiente es suficiente para la evacuación del caudal y carga sólida sin que el río excave ni deposite. **Perfil longitudinal** Curva que representa la línea que une los puntos bajos de un valle. **Perfil psicológico** Representación obtenida considerando los resultados de diversos tests efectuados a una persona. **Perfil transversal** Corte topográfico según una línea perpendicular al eje de un valle.

perfilado, a adj. Se dice del rostro delgado y largo. **2.** Se dice de la nariz bien formada.

perfilador, ra adj. y s. Que perfila el contorno. ◆ s.m. Cosmético que sirve para perfilar o destacar el contorno de los labios o los ojos.

perfilar v.tr. Dibujar el contorno o perfil de una cosa. **2.** *Fig.* Completar una cosa con esmero para dejarla perfecta: *perfilar un trabajo.* ◆ **perfilarse** v.prnl. *Fig.* Empezar a verse algo con aspecto definido: *perfilarse una sonrisa en el rostro.*

perfoliado, a adj. BOT. Se dice de la hoja que abraza el tallo de forma que parece estar atravesadas por él.

perforación s.f. Acción y efecto de perforar. **2.** Pozo excavado mecánicamente en el subsuelo y destinado al reconocimiento y a la explotación de un yacimiento de hidrocarburo: *perforación petrolera.* **3.** MED. Abertura u orificio que se produce en un órgano como consecuencia de un traumatismo o una lesión interna.

perforador, ra adj. Que perfora: *máquina perforadora.* ◆ adj. y s. Que se dedica a realizar trabajos de perforación o sondeo: *ingeniero perforador.* ◆ adj. y s.f. Se dice de la máquina que sirve para perforar.

perforar v.tr. (lat. *perforare*). Hacer un agujero que atraviese una cosa total o parcialmente ◆ **perforarse** v.prnl. MED. Producirse una abertura u orificio en un órgano o en una parte del cuerpo como consecuencia de un traumatismo o una lesión interna.

performance s.f. (voz inglesa). Amér. Rendimiento o actuación de una persona en determinado puesto, actividad o profesión. **2.** Méx. Espectáculo en el que se combinan la música, la danza, el teatro y las artes plásticas. **3.** ART. MOD. Representación de arte moderno que combina elementos teatrales con otros de otros campos audiovisuales, y cuyo resultado final se considera una obra artística. SIN.: *acción.* **4.** ECON. **a.** Operación económica. **b.** Rendimiento que se obtiene de esta operación. ◆ **performances** s.f.pl. Conjunto de números que dan las posibilidades de un vehículo, como la aceleración, la velocidad, el consumo, el radio de acción, etc. <> **Test de performance** Test no verbal destinado a apreciar las funciones intelectuales.

performativo, a adj. LING. Se dice del verbo cuya enunciación realiza la acción que significa o del enunciado que implica la realización simultánea por el hablante de la acción evocada: *yo juro.*

perfumador s.m. Utensilio para perfumar o perfumarse. SIN.: *perfumadero.* **2.** Utensilio para quemar perfumes, velas u otras sustancias aromáticas. SIN.: *pebetero, perfumadero.*

perfumar v.tr. y prnl. Dar o comunicar perfume. ◆ v.tr. Exhalar perfume.

perfume s.m. Sustancia aromática que sirve para perfumar. **2.** *Fig.* Olor agradable.

perfumería s.f. Establecimiento donde se venden perfumes y productos de aseo y belleza. **2.** Industria o comercio de estos productos. **3.** Conjunto de esos productos.

perfusión s.f. (del lat. *perfundere,* bañar completamente). Baño, untura. **2.** Introducción lenta y continuada de una sustancia medicamentosa o de sangre en un organismo u órgano. (Se practican perfusiones intravenosas, subcutáneas, rectales, a menudo con dispositivos llamados *gota a gota.*)

pergamino s.m. (del lat. *pergamena,* del gr. *pergaminí*). Piel de res preparada para la escritura, encuadernación, fabricación de instrumentos de percusión como la pandereta, etc. **2.** Documento escrito en esta piel. **3.** Papel sin encolar que adquiere la apariencia y las propiedades del pergamino tras ser sometido a un tratamiento químico especial. ◆ **pergaminos** s.m.pl. Títulos de nobleza, diplomas.

pergelisol s.m. Permafrost.

pergenio s.m. Chile. Muchacho entrometido. **2.** Chile. *Fam.* Persona joven y de mala traza.

pergeñar v.tr. Ejecutar una cosa.

pérgola s.f. (ital. *pèrgola,* del lat, *pergula,* pabellón, galería). Estructura de columnas o pilastras que sostiene un enrejado por donde trepan plantas ornamentales.

periantio o **perianto** s.m. BOT. Conjunto formado por el cáliz y la corola de una flor, que rodean los estambres y el pistilo. SIN.: *perigonio.*

periartritis s.f. Inflamación de los tejidos situados alrededor de una articulación.

periastro s.m. Punto de la órbita de un satélite o de un planeta situado a la mínima distancia del cuerpo alrededor del cual gravitan.

pericárdico, a adj. Relativo al pericardio.

pericardio s.m. ANAT. Membrana serosa que envuelve el corazón, formada por dos hojas.

pericarditis s.f. Inflamación del pericardio.

pericárpico, a adj. Relativo al pericarpio.

pericarpio o **pericarpo** s.m. BOT. Conjunto de tejidos que constituyen el fruto y envuelven la semilla. (Se distinguen el *epicarpio*, el *mesocarpio* y el *endocarpio.*)

pericia s.f. Cualidad de la persona experta en una actividad.

pericial adj. Relativo al perito y al peritaje.

periciclo s.m. BOT. Zona más externa del cilindro central del tallo y de la raíz.

periclitar v.intr. Decaer.

perico s.m. (de *Perico,* dim. de *Pedro,* nombre con el que se llamaba al papagayo). Loro. **2.** *Fig.* Abanico grande. **3.** Espárrago de gran tamaño. **4.** *Fig.* Orinal. **5.** *Fam.* Cocaína. (Se usa en el lenguaje de la droga.) **6.** MAR. Vela que se larga en el palo de mesana.

pericón s.m. Abanico muy grande. **2.** Baile tradicional nacional de Uruguay y Argentina de ritmo muy vivo cuyas variadas figuras son ejecutadas por parejas que utilizan pañuelos blancos y celestes con los que forman la bandera y que en determinados momentos se detienen para intercambiar relaciones.

pericona s.f. Baile zapateado chileno parecido al pericón uruguayo y argentino.

pericondrio s.m. ANAT. Membrana que envuelve los cartílagos no articulados.

pericote s.m. Roedor de origen americano que vive en los árboles, se oculta de día y busca su alimento de noche o al atardecer. (Familia cricétidos.) **2.** Baile popular asturiano.

pericráneo s.m. ANAT. Periostio de la superficie exterior del cráneo.

peridíneo, a adj. y s.m. Relativo a una clase de flagelados provistos de dos flagelos y con pigmentos amarillos o pardos. (Algunas especies son luminiscentes y otras, al acumularse sobre mejillones y ostras, hacen que estos sean muy tóxicos.)

peridotita s.f. Roca magmática ultrabásica constituida principalmente por olivino y que puede contener piroxenos, granates, etc.

peridoto s.m. (fr. *péridot*). Olivino.

peridural adj. Que está situado por encima o por fuera de la duramadre. SIN.: *epidural.* **2.** Se dice del espacio situado alrededor del conducto espinal, entre la duramadre y el canal raquídeo óseo. SIN.: *epidural.* ◇ **Anestesia peridural** Anestesia que se aplica en el espacio peridural y que duerme la mitad inferior del cuerpo. (También simplemente *peridural.*) SIN.: *anestesia epidural.*

perieco, a adj. y s. Se dice del habitante de la Tierra con relación a otro situado en un punto del mismo paralelo pero diametralmente opuesto a él.

periferia s.f. (gr. *periphéreia,* circunferencia). Espacio que rodea un núcleo, en especial el de una ciudad. **2.** ECON. Sector de países que, en el sistema de la economía mundial, se encuentran en una situación de estancamiento social por la dependencia de sus economías respecto de la del grupo de países industriales capitalistas, que constituyen el centro del sistema.

periférico, a adj. Relativo a la periferia. ◆ s.m. INFORMÁT. Elemento de un sistema de tratamiento de la información distinto de la unidad central que sirve para memorizar datos o comunicar con el exterior.

periflebitis s.f. Inflamación de los tejidos que envuelven una vena.

perifollo s.m. (del cruce del ant. *cerifolio* y *perejil*). Planta herbácea aromática de flores blancas agrupadas en umbelas y fruto comprimido lateralmente. (Se utiliza como condimento.) [Familia umbelíferas.] ◆ **perifollos** s.m.pl. *Fam.* y *desp.* Adornos superfluos y generalmente de mal gusto.

perifrasear v.intr. Usar perífrasis.

perífrasis s.f. (gr. *períphasis*) [pl. *perífrasis*]. RET. Tropo de sentencia que consiste en expresar un concepto por medio de un rodeo. **2.** GRAM. Construcción formada con un verbo auxiliar más un infinitivo, gerundio o participio: *«sigue trabajando» es una perífrasis durativa.* (También *perífrasis verbal.*)

perifrástico, a adj. Relativo a la perífrasis. **2.** Se dice de la conjugación o del tiempo verbal que está formado por un verbo auxiliar.

perigallo s.m. (port. *perigalho*). Pliegue de la piel que pende debajo de la barbilla. **2.** *Fig.* y *fam.* Persona alta y delgada. **3.** MAR. Aparejo o cabo para mantener suspendida una cosa de poco peso.

perigeo s.m. ASTRON. Punto de la órbita de un astro o satélite más próximo a la Tierra. CONTR.: *apogeo.*

periglaciar adj. GEOMORFOL. Se dice de las regiones próximas a los glaciares, donde la alternancia de los procesos de hielo y deshielo juega un papel preponderante en los fenómenos de erosión y desplazamiento; se dice también de estos fenómenos: *erosión periglaciar.*

perigonio s.m. Periantio.

perihelio s.m. Punto de la órbita de un planeta más cercano al Sol. CONTR.: *afelio.*

perilla s.f. Barba que se deja crecer en la barbilla. **2.** Extremo del cigarro puro por donde se fuma. ◇ **De perilla,** o **perillas** *Fig.* y *fam.* Muy bien, en el momento oportuno.

perillán, na adj. y s. Granuja, persona que engaña.

perimétrico, a adj. Relativo al perímetro.

perímetro s.m. GEOMETR. Contorno de una figura. **2.** GEOMETR. Medida de un contorno.

perimir v.tr. [conj.: *dormir*]. Argent. y Colomb. Caducar un procedimiento al transcurrir el plazo fijado por la ley sin que las partes lo hayan impulsado.

perinatal adj. Relativo al período de tiempo inmediatamente anterior o posterior al nacimiento de un ser.

perinatología s.f. Parte de la medicina que se ocupa del feto y del recién nacido durante el período perinatal.

perindinguín s.m. Argent. *Argot.* Baile. **2.** Local de diversión de mala fama.

periné o **perineo** s.m. (lat. *perineos,* del gr. *períneos*). Región del cuerpo de forma romboidal entre el ano y los órganos genitales.

perineal adj. Relativo al periné.

perineorrafia s.f. Sutura quirúrgica del periné.

perinola s.f. Trompo pequeño con un manguillo en la parte superior, que se hace girar con los dedos.

periodicidad s.f. Cualidad de periódico.

periódico, a adj. Se dice de lo que sucede o se hace con regularidad, frecuencia o a intervalos fijos. ◆ s.m. Publicación impresa informativa de periodicidad regular. ◇ **Clasificación periódica de los elementos** QUÍM. Clasificación de los elementos químicos dispuestos en orden creciente de su número atómico, que agrupa por columnas los elementos cuyos átomos tienen la misma estructura electrónica. **Fracción periódica** MAT. Fracción en cuyo desarrollo decimal se repiten indefinidamente una serie de cifras, a partir de la coma *(periódica pura)* o de cierto decimal *(periódica mixta).*

periodismo s.m. Actividad de informar a través de los medios de comunicación. **2.** Carrera o estudios de periodista.

periodista s.m. y f. Persona que se dedica al periodismo.

periodístico, a adj. Relativo al periodismo: *estilo periodístico.*

período o **periodo** s.m. (lat. *periodus,* del gr. *períodos*). Espacio de tiempo. **2.** Espacio de tiempo caracterizado por ciertos acontecimientos. **3.** FÍS. Tiempo que una cosa tarda en volver a su estado o posición inicial. **4.** FÍS. Intervalo de tiempo constante que separa dos pasos sucesivos de algunas magnitudes variables por el mismo valor, con el mismo sentido de la variación. **5.** GEOL. Subdivisión de las eras geológicas. **6.** GRAM. Conjunto de varias oraciones relacionadas por elementos de coordinación o de subordinación. **7.** FISIOL. Menstruación. **8.** PATOL. Cada una de las fases de una enfermedad. **9.** QUÍM. Conjunto de elementos de la clasificación periódica de los elementos que figuran entre dos gases nobles sucesivos. ◇ **Período de revolución de un astro** Intervalo de tiempo transcurrido entre dos pasos consecutivos de dicho astro por un punto cualquiera de su órbita. **Período de semidesintegración** Tiempo después del cual la mitad de la masa de un elemento radiactivo se ha desintegrado. **Período de una fracción periódica** MAT. Cifras que, en el desarrollo decimal de esta fracción, se reproducen indefinidamente a partir de una coma o a partir de cierto decimal. **Período de una función periódica** MAT. La menor cantidad fija en que debe incrementarse la variable para que la función tome el mismo valor. **Período sospechoso** DER. MERC. Período que precede inmediatamente a la declaración de quiebra, durante el cual los actos del quebrado son nulos o anulables.

periostio s.m. Membrana de tejido conjuntivo que rodea el hueso.

periostitis s.f. Inflamación del periostio.

peripatético, a adj. Relativo al peripatetismo; partidario de esta doctrina. **2.** *Fig.* y *fam.* Ridículo en sus afirmaciones o máximas.

peripatetismo s.m. Filosofía de Aristóteles y sus discípulos.

peripato, a adj. y s.m. Relativo a una clase de animales, de características intermedias entre los anélidos y los artrópodos, que viven en lugares húmedos y se desplazan como las sanguijuelas. SIN.: *onicóforo.*

peripecia s.f. (gr. *peripéteia,* mudanza súbita). Suceso imprevisto que cambia el estado de las cosas.

periplo s.m. Viaje largo por numerosos países. **2.** Circunnavegación.

períptero, a adj. y s.m. ARQ. Se dice del edificio rodeado de columnas: *templo períptero.*

peripuesto, a adj. *Fam.* Acicalado, excesivamente arreglado.

periquete (en un) loc. En un momento, en un espacio de tiempo muy breve.

periquito s.m. Ave originaria de Australia, de pequeño tamaño, plumaje ondulado de colores muy vistosos y cola fina y larga. (Familia psitácidos.)

periscópico, a adj. Relativo al periscopio. **2.** Se dice del cristal óptico que da una mayor amplitud al campo visual.

periscopio s.m. (del gr. *peri,* entorno, y *skopein,* mirar). Instrumento óptico formado por un sistema de lentes y prismas de reflexión total que permite ver por encima de un obstáculo. **2.** Tubo equipado con un sistema óptico que permite a un submarino en inmersión observar la superficie.

periselenio s.m. Punto de la órbita de un cuerpo que gravita alrededor de la Luna en el que la distancia entre este cuerpo y la Luna es mínima.

perisodáctilo, a adj. y s.m. Relativo a un suborden de mamíferos ungulados con un número impar de dedos de los cuales el tercero es el más desarrollado, como el rinoceronte y el caballo.

perisperma s.m. BOT. Tejido de reserva de algunas semillas.

perista s.m. y f. Esp. Persona que comercia con objetos robados.

peristáltico, a adj. FISIOL. Relativo al peristaltismo. ◇ **Movimiento peristáltico** Contracción anular que se propaga de arriba hacia abajo por el tubo digestivo.

peristaltismo s.m. Conjunto de movimientos de contracción del tubo digestivo que permiten la progresión de su contenido desde el estómago hacia el ano.

peristilo s.m. Galería de columnas alrededor de un edificio o de un patio. **2.** Patio interior rodeado de columnas.

perístole s.f. (gr. *peristolí*). Contracción tónica del estómago.

peristoma s.m. Conjunto de apéndices que rodean el orificio de la cápsula de un musgo. **2.** Borde de la abertura de la concha de los moluscos gasterópodos. **3.** Hendidura en la superficie de algunos protozoos, como el paramecio, en el fondo de la cual se encuentra la boca.

peritación s.f. Trabajo o estudio hecho por un perito. SIN.: *peritaje.*

peritaje s.m. Peritación. **2.** Ingeniería técnica. (Es una denominación antigua.) ◇ **Peritaje mercantil** Grado obtenido al terminar los estudios en las escuelas de comercio.

peritar v.tr. Evaluar un perito una cosa.

peritecio s.m. Cuerpo productor de ascos.

perito, a adj. y s. (lat. *peritus,* experimentado). Experto en una ciencia o arte. ◆ s. Persona que, por sus especiales conocimientos, es llamada al proceso para informar sobre hechos cuya apreciación se relaciona con su especial saber o experiencia. **2.** Ingenieros técnicos. (Es una denominación antigua.) ◇ **Perito mercantil** Persona que ha cursado los estudios de peritaje mercantil.

peritoneo s.m. Membrana serosa que recubre interiormente la cavidad del abdomen *(peritoneo parietal)* y los órganos que contiene *(peritoneo visceral).*

peritonitis s.f. Inflamación del peritoneo.

periurbano, a adj. Situado en la periferia de una ciudad.

perjudicar v.tr. y prnl. Causar o producir un daño material o moral.

perjudicial adj. Que perjudica o puede perjudicar.

perjuicio s.m. Daño que se causa a una persona o cosa. **2.** DER. Ganancia lícita que se deja de obtener o gastos que ocasiona una acción u omisión ajena culpable o dolosa, que da lugar a indemnización de orden civil o penal. ◇ **Sin perjuicio de** Dejando a salvo.

perjurar v.intr. Jurar mucho para dar más fuerza al juramento o por costumbre. ◆ v.intr. y prnl. Jurar en falso. **2.** Incumplir un juramento.

perjurio s.m. Acción de perjurar o incumplir un juramento. **2.** DER. Delito de jurar en falso.

perjuro, a adj. y s. Que jura en falso o incumple un juramento.

1. **perla** s.f. (del lat. *perna,* especie de ostra). Concreción esférica, brillante y dura, generalmente de color blanco o grisáceo, formada de nácar que se aglomera en capas concéntricas alrededor de un cuerpo extraño, entre el manto y la concha de determinados moluscos bivalvos. (Las perlas naturales provienen de las ostras perlíferas del Índico y del Pacífico. Las perlas cultivadas se obtienen mediante la inserción de una bola de nácar, alrededor de la cual la ostra segrega capas perlíferas.) **2.** *Fig.* Persona o cosa excelente y muy valiosa. **3.** ARQ. Pieza esférica pequeña, de bajo relieve, cuya profusión a lo largo de una moldura forma un adorno. ◇ **De perlas** Perfectamente, muy bien.

2. **perla** s.f. Insecto plecóptero, de color marrón o rojizo, con dos apéndices en el extremo del abdomen. (La perla es muy parecida a la cachipolla y vive cerca del agua en la que se desarrolla su larva.)

perlado, a adj. Que tiene el color, forma o brillo de una perla: *dientes perlados.* **2.** Que está adornado con perlas: *un vestido perlado.* **3.** Lleno de gotas: *frente perlada de sudor.*

perleche s.m. (fr. *perlèche*). MED. Inflamación de la comisura de los labios.

perlero, a adj. Relativo a la perla.

perlífero, a adj. Que tiene o produce perlas: *ostras perlíferas.*

perlino, a adj. Que es de color perla.

perlita s.f. Constituyente microscópico de las aleaciones férricas formado por ferrita y cementita.

perlón s.m. (marca registrada). Fibra sintética parecida al nailon, de gran elasticidad, solidez y resistencia al desgaste.

perlongar v.intr. MAR. **a.** Navegar a lo largo de la costa. **b.** Desenrollar un cabo para que se pueda tirar de él.

permafrost s.m. Parte profunda del suelo de las regiones frías permanentemente helada. SIN.: *pergelisol.*

permaná s.m. Bol. Chicha de gran calidad.

permanecer v.intr. [conj.: *parecer*]. Continuar en un lugar durante un tiempo determinado. **2.** Mantenerse una persona o cosa en un mismo estado, situación o cualidad.

permanencia s.f. Cualidad de permanente. **2.** Acción de permanecer. **3.** Período de tiempo retribuido que un profesor dedica a actividades docentes fuera del horario escolar. (Suele usarse en plural.)

permanente adj. Que permanece o dura mucho. ◆ s.f. y adj. Ondulación artificial del cabello que dura mucho gracias a que se fija mediante productos químicos.

permanganato s.m. Sal del ácido permangánico.

permangánico, a adj. Se dice del anhídrido (Mn_2O_7) y del ácido correspondiente ($HMnO_4$).

permeabilidad s.f. Propiedad física del cuerpo que deja pasar a través de él fluidos, radiaciones o líneas de fuerza de un campo magnético. ◇ **Permeabilidad magnética** Relación entre la inducción magnética creada en una sustancia y el campo magnético inductor.

permeable adj. (del lat. *permeare,* pasar a través). Se dice del cuerpo que puede ser traspasado por fluidos, radiaciones o líneas de fuerza de un campo magnético: *el papel secante es permeable al agua.* **2.** Que se deja influir por las opiniones o comportamientos de otra persona.

pérmico adj. y s.m. (de *Perm,* c. de Rusia). Se dice del sexto y último período geológico de la era paleozoica que se extiende desde hace unos 280 millones de años hasta hace unos 225, durante el cual se produjeron las últimas fases de la orogenia herciniana. ◆ adj. Relativo a este período.

permisión s.f. Acción de permitir. **2.** Permiso, autorización.

permisividad s.f. Tolerancia, especialmente si es exagerada.

permisivo, a adj. Que tolera o permite: *sociedad permisiva.*

permiso s.m. Autorización que se da a una persona para que pueda hacer o decir algo: *dar permiso para fumar.* **2.** Autorización para faltar temporalmente al trabajo, estudios u otras obligaciones, especialmente las militares: *estar de permiso.* **3.** Documento que acredita estar autorizado para hacer algo: *permiso de caza; permiso de acceso.*

permitir v.tr. y prnl. (lat. *permittere*). Autorizar a una persona a hacer o decir algo. **2.** No impedir algo, teniendo la posibilidad de hacerlo: *permitió que bebieran más de la cuenta.* ◆ v.tr. Hacer posible la realización de algo: *el puente permite atravesar el río; si mis ocupaciones me lo permiten.* ◆ **permitirse** v.prnl. Tomarse la libertad de hacer o decir algo.

permitividad s.f. Magnitud característica de un dieléctrico que define el incremento de la capacidad de un condensador cuando se llena con este dieléctrico el espacio comprendido entre sus armaduras.

permuta s.f. Acción de permutar. **2.** DER. Contrato consensual por el que dos personas se obligan recíprocamente a dar una cosa por otra. ◇ **Permuta mercantil** Permuta de bienes muebles para revenderlos con ánimo de lucro.

permutación s.f. Cambio de un empleo o destino por otro. **2.** Cambio de una cosa por otra. **3.** Paso de un orden de sucesión determinado de *m* elementos a otro orden de sucesión de los mismos elementos. ◇ **Permutación de m elementos** MAT. Conjunto formado por estos *m* elementos clasificados en un orden determinado.

permutar v.tr. Cambiar una cosa por otra. **2.** Cambiar la disposición u orden de dos o más cosas. **3.** DER. Realizar una permuta.

perna s.f. Molusco lamelibranquio de los mares cálidos. (Familia inocerámidos.)

pernada s.f. Golpe dado con la pierna o movimiento violento hecho con ella. ◇ **Derecho de pernada** HIST. Derecho que tenía el señor feudal medieval de pasar con la esposa de un siervo la noche de bodas. (Podía ser ejercido real o simbólicamente.)

pernear v.intr. Mover violentamente las piernas.

pernera s.f. Parte del pantalón que cubre la pierna.

pernicioso, a adj. (lat. *perniciosus,* de *pernicies,* ruina, desgracia). Peligroso y perjudicial para la salud, la vida o la moral. ◇ **Anemia perniciosa** Anemia por carencia pura de vitamina B_{12}.

pernigón s.m. (ital. *pernicore*). Ciruela en dulce.

pernil s.m. Anca y muslo del animal, especialmente los de cerdo para su consumo.

pernio s.m. Gozne.

perno s.m. (cat. *pern*). Pieza metálica cilíndrica provista de una cabeza en un extremo y de una rosca en el otro para poder enroscar una tuerca. ◇ **Perno de anclaje** OBR. PÚBL. Dispositivo de sostenimiento constituido por una barra de acero de algunos metros de longitud asegurada en la roca, ya sea por su extremidad o en toda su longitud, en un orificio perforado a tal efecto.

pernoctar v.intr. (lat. *pernoctare*). Pasar la noche en algún lugar fuera del propio domicilio, especialmente cuando se viaja.

1. **pero** conj.advers. (lat. posclásico *per hoc,* por esto, por tanto). Expresa contraposición u oposición: *la idea es buena, pero muy peligrosa.* **2.** Tiene valor concesivo: *un hogar sencillo, pero limpio;* o valor restrictivo: *puedes quedarte, pero no hables.* **3.** Se usa para enfatizar una oración: *pero ¿cómo es posible?;* o para expresar objeción o desaprobación: *pero, ¿quieres callarte?* ◆ s.m. Defecto. **2.** Objeción.

2. **pero** s.m. Manzano cuyo fruto es más largo que grueso. **2.** Fruto de este árbol.

perogrullada s.f. (de *Pero Grullo,* personaje de la literatura tradicional). Verdad tan evidente que resulta una tontería decirla.

perogrullesco, a adj. Que es tan evidente que resulta una tontería decirlo.

perol s.m. (cat. *perol*). Recipiente semiesférico de metal con dos asas que sirve para guisar. **2.** Venez. Cosa, asunto.

perola s.f. Perol pequeño.

peroné s.m. (fr. *péroné,* del gr. *peróni,* clavija). Hueso largo y delgado de la pierna situado detrás de la tibia.

peroneo, a adj. y s.m. Se dice del músculo que se une a la parte superior del peroné y a la inferior de los metatarsianos.

peronismo s.m. Movimiento político de carácter populista surgido en Argentina en 1945 tras la subida al poder de Perón.

peronismo

De ideología nacionalista y antiliberal, el peronismo se configuró como un movimiento tendente a aglutinar un frente nacional formado por trabajadores, apoyándose en los sindicatos y el ejército. Su política económica, en lucha contra la oligarquía terrateniente y el poder de los capitales extranjeros, se centró en el fomento de la industria y una redistribución, con ciertos límites, del ingreso nacional en favor de las clases trabajadoras. La crisis económica de la década de 1950 puso en crisis el modelo y provocó la caída del régimen (1955). En 1973-1976 se intentó prolongar la experiencia con un segundo gobierno peronista, que fracasó principalmente por los enfrentamientos internos y la guerra civil peronista entre la izquierda de Montoneros y la derecha de la Triple A (agudizados con la muerte de Perón). El Partido justicialista, órgano del peronismo, ha gobernado el país de 1989 a 1999 y desde 2001.

peronista adj. y s.m. y f. Relativo al peronismo; partidario de este movimiento.

peronosporáceo, a adj. y s.f. Relativo a una familia de hongos inferiores parásitos de las plantas (papa, vid) sobre las que produce el mildiu.

peroperatorio, a adj. Se dice del período de la intervención quirúrgica en que el anestesista reanimador debe garantizar, bajo su responsabilidad, la anestesia al enfermo, la vigilancia de los parámetros vitales, la compensación de las pérdidas electrolíticas y sanguíneas y el tratamiento de las posibles complicaciones. **2.** Que se realiza en el curso de este período: *biopsia peroperatoria.*

peroración s.f. Acción y efecto de perorar.

perorar v.intr. (lat. *perorare*). Pronunciar una perorata. **2.** Pronunciar un discurso.

perorata s.f. Discurso o razonamiento extenso y pesado, molesto o inoportuno.

peroxiácido s.m. QUÍM. Oxiácido cuyo grupo OH es remplazado por el grupo O—OH.

peroxidación s.f. Reacción química que consiste en llevar un átomo o una molécula al más alto grado de oxidación posible. **2.** Reacción química que forma un peróxido en sentido estricto, es decir, un derivado del agua oxigenada.

peroxidar v.tr. Transformar en peróxido.

peroxidasa s.f. BIOL. Enzima que cataliza las reacciones de oxidación.

peróxido s.m. Óxido que contiene más oxígeno que el óxido normal. **2.** Derivado disustituido del agua oxigenada.

peroxisoma s.m. BIOL. Partícula citoplasmática, rica en enzimas oxidativos, que forma parte de la familia de los microcuerpos.

perpendicular adj. Se dice del plano que forma un ángulo recto con otro plano o con una línea. ◆ adj. y s.f. Se dice de la línea que forma un ángulo recto con otra línea o con un plano. ◇ **Estilo perpendicular** Estilo propio de la última fase de la arquitectura gótica inglesa (ss. XIV y XVI) caracterizado por las líneas rectas paralelas que sustituyen las curvas y contracurvas del gótico flamígero.

perpetración s.f. Acción y efecto de perpetrar un delito.

perpetrar v.tr. (lat. *perpetrare*). Cometer un delito.

perpetua s.f. Planta herbácea cuyas flores se conservan durante mucho tiempo. **2.** Flor de esta planta.

perpetuación s.f. Acción de perpetuar.

perpetuar v.tr. y prnl. [conj.: *actuar*]. Hacer que algo dure siempre o un tiempo ilimitado.

perpetuidad s.f. Cualidad de perpetuo. ◇ **A perpetuidad** Para siempre.

perpetuo, a adj. Que dura siempre o un tiempo ilimitado: *tener problemas económicos perpetuos.* **2.** Se dice del cargo que puede ser desempeñado por una persona hasta que se jubile.

perpiaño, a adj. Se dice del arco resaltado a manera de cincho en el intradós del cañón de una nave. ◆ s.m. Sillar o piedra a tizón que atraviesa toda la pared u ocupa todo el espesor del muro, y tiene, por consiguiente, dos caras exteriores.

perplejidad s.f. Estado de confusión de la persona que no sabe qué hacer o qué pensar ante algo inesperado.

perplejo, a adj. (lat. *perplexus*). Que se muestra confuso ante algo inesperado.

perra s.f. Esp. *Fam.* Rabieta. **2.** Esp. *Fam.* Manía u obstinación caprichosa. **3.** Esp. *Fig.* Borrachera. **4.** Esp. Dinero: *estar sin una perra; ahorrar unas perras.* ◇ **Perra chica** Esp. Moneda fraccionaria antigua que valía 5/100 de peseta. **Perra gorda,** o **grande** Esp. Moneda fraccionaria antigua que valía 10/100 de peseta.

perrada s.f. Conjunto de perros. **2.** *Fig.* y *fam.* Perrería.

perrera s.f. Establecimiento donde se guardan o encierran los perros. **2.** Automóvil destinado a la recogida de perros vagabundos. **3.** Departamento del tren destinado a llevar los perros.

perrería s.f. Dicho o hecho malintencionado. SIN.: *perrada.*

perrero, a s. Empleado de una perrera municipal que se encarga de recoger a los perros vagabundos. **2.** Persona que tiene por oficio cuidar a los perros de caza. **3.** Persona aficionada a tener o criar perros.

perro, a s. Mamífero doméstico carnívoro caracterizado por tener los sentidos del olfato y el oído muy finos, por su inteligencia y por su fidelidad al ser humano, que lo ha domesticado desde tiempos prehistóricos; existen numerosas razas. (Familia cánidos.) **2.** *Fig.* Persona muy fiel. **3.** *Fig.* Persona malvada o despreciable. ◆ adj. Muy malo: *una perra vida.* ◇ **A cara de perro** *Fig.* y *fam.* Sin concesiones, sin perdonar nada. **Como el perro y el gato** *Fig.* y *fam.* Se usa para indicar que dos personas no se llevan bien. **De perros** *Fam.* Muy malo: *tiempo, humor de perros.* **Perro,** o **perrito, caliente** Hot dog, sándwich. (Calco del inglés utilizado en EUA.) **Perro faldero** Perro pequeño que se tiene como compañía. **Perro lobo** Perro que pertenece a una raza que se asemeja al lobo. **Perro pastor** Perro que protege y dirige el rebaño.

perruno, a adj. Relativo al perro.

persa adj. y s.m. y f. De Persia. ◆ s.m. y f. y adj. Gato que pertenece a una raza de pelo largo y sedoso de cara aplastada. ◆ s.m. Lengua del grupo iranio hablada en Irán y Afganistán.

per saécula saeculórum loc. (lat. *per saecula saeculorum,* por los siglos de los siglos). Para siempre.

persal s.f. Sal derivada de un peróxido que, en contacto con el agua, da agua oxigenada.

per se loc. (voces latinas, *por sí*). Por sí mismo.

persecución s.f. Acción de perseguir. ◇ **Delirio de persecución** Trastorno psíquico por el cual el enfermo está convencido de ser atacado por personas reales o imaginarias. SIN.: *manía persecutoria.*

persecutorio, a adj. Que persigue. **2.** Relativo a la persecución: *manía persecutoria.*

perseguible adj. DER. Que debe o puede ser perseguido judicialmente: *delito perseguible de oficio.*

perseguidor, ra adj. y s. Que persigue. SIN.: *persecutor.*

perseguimiento s.m. Persecución, acción de perseguir.

perseguir v.tr. (lat. *persequi*) [conj.: *pedir*]. Seguir a alguien o algo para alcanzarlo o agarrarlo. **2.** Tratar de obtener o alcanzar algo esforzándose al máximo: *perseguir un fin, un objetivo.* **3.** Tratar de exterminar una cosa, especialmente una creencia o ideología, o a sus partidarios: *perseguir el cristianismo, perseguir a los anarquistas.* **4.** Repetirse una desgracia, molestia o daño reiteradamente en la vida de una persona: *le persigue la desgracia.* **5.** DER. Proceder judicialmente contra una persona.

perseveración s.f. MED. Tendencia de algunos apráxicos o afásicos a repetir un gesto o una palabra tras la desaparición de aquello que lo ha motivado.

perseverancia s.f. Firmeza en la realización de algo. SIN.: *persistencia.*

perseverante adj. Que persevera.

perseverar v.intr. (lat. *perseverare*). Mantenerse firme en una acción, actitud u opinión. SIN.: *persistir.*

persiana s.f. Cierre de ventanas y balcones formado por tablillas unidas entre sí que sirve para graduar la entrada del aire y de la luz en una habitación.

pérsico, a adj. y s. Persa. ◆ s.m. Melocotonero. **2.** Melocotón.

persignar v.tr. y prnl. (lat. *persignare,* registrar, tatuar). Hacer la señal de la cruz. **2.** Signar y santiguar a continuación. ◆ **persignarse** v.prnl. *Fig.* y *fam.* Asombrarse.

persistencia s.f. Firmeza en la realización de algo. SIN.: *perseverancia.* **2.** Cualidad de persistente.

persistente adj. Que persiste: *idea, dolor persistente.* **2.** BOT. Se dice de la hoja que se mantiene verde todo el año.

persistir v.intr. (lat. *persistire*). Mantenerse firme en una acción, actitud u opinión: *persistir en una idea, en una decisión.* SIN.: *perseverar.* **2.** Durar mucho tiempo: *dolor que persiste; el calor persiste.*

persona s.f. (lat. *persona,* máscara de actor, personaje teatral). Individuo de la especie humana. **2.** Hombre o mujer indeterminados cuyo nombre se omite o desconoce: *¿quiénes son estas personas?* **3.** Individuo de la especie humana sensato y prudente. **4.** DER. Individuo de la especie humana con derechos y obligaciones. **5.** LING. Accidente gramatical del verbo y del pronombre que permite diferenciar el hablante (primera persona), el oyente (segunda persona) y la persona o cosa de la que se habla (tercera persona). **6.** TEOL. Padre, Hijo o Espíritu Santo (la Trinidad). ◇ **De persona a persona** Sin intervención de un tercero. **En persona** o **por su persona** Por uno mismo o estando presente; real, materialmente. **Persona física** DER. Individuo de la especie humana. **Persona jurídica** DER. Sociedad, agrupación de individuos con derechos y obligaciones. **Ser otra persona** Haber cambiado la forma de actuar y de considerar las cosas.

personaje s.m. Persona importante. **2.** Persona o ser de ficción que aparece en una obra artística, como una película, novela, cuento, etc.

personal adj. Relativo a la persona o propio de ella: *agenda personal.* **2.** Subjetivo: *una opinión muy personal.* **3.** Relativo a la persona gramatical. ◆ s.m. Conjunto de personas que trabajan para un mismo organismo o empresa. **2.** *Fam.* Gente: *asistió mucho personal.* ◆ s.f. y adj. Falta que comete un jugador de baloncesto sobre otro del equipo contrario. ◇ **Modo personal** Modo del verbo que tiene desinencia propia para indicar las diversas personas gramaticales. (Son modos personales el indicativo, potencial, subjuntivo e imperativo.) **Pronombre personal** Pronombre que lleva o es indicador de persona gramatical.

personalidad s.f. Conjunto de características que marcan la forma de ser de una persona, individualizándola de los demás. **2.** Energía y fuerza que marcan la forma de ser de una persona: *un niño con personalidad.* (Se acompaña generalmente de los adjetivos *poca* o *mucha.*) **3.** Persona que destaca en un ámbito determinado: *asistieron al acto destacadas personalidades de la política.* **4.** Conjunto de datos que identifican a un individuo dentro de la sociedad: *documentos que acreditan su personalidad.* **5.** DER. Aptitud legal para ser sujeto de derechos y obligaciones. **6.** DER. Personería. **7.** PSICOL. Modelo teórico que permite explicar y prever el comportamiento del individuo. ◇ **Personalidad básica,** o **de base** ANTROP. Conjunto de comportamientos unidos a la educación específica de una etnia, sociedad, grupo, etc. **Test de personalidad** PSICOL. Test proyectivo.

personalismo s.m. Trato de favor que se da a una persona. **2.** Doctrina filosófica que considera a la persona el valor esencial, el fin principal.

personalista adj. y s.m. y f. Relativo al personalismo; partidario de esta doctrina.

personalizar v.intr. Referirse a una persona determinada: *no personalices para no herir susceptibilidades.* **2.** Dar carácter personal a algo: *personalizar un despacho.* **3.** Dar un trato de favor a una persona.

personarse v.prnl. Presentarse una persona en un lugar: *deberá personarse en estas oficinas mañana.* **2.** Esp. DER. Comparecer en un juicio.

personería s.f. Cargo de personero. **2.** DER. Capacidad y representación legal.

personero s.m. Procurador de las antiguas cortes castellanas. **2.** Amér. Representante.

personificación s.f. Acción de personificar. **2.** Persona o cosa que personifica una cosa que se expresa. **3.** RET. Prosopopeya.

personificar v.tr. Atribuir acciones o cualidades propias de una persona a un animal o una cosa. **2.** Representar una persona una característica, cualidad, opinión, movimiento artístico, etc.: *Picasso personifica el cubismo.* ◆ v.tr. y prnl. Representar a una persona en un discurso o escrito bajo alusiones o nombres supuestos.

personilla s.f. *Desp.* Persona de baja estatura o de mala condición. **2.** Niño o persona querida. (Se usa como apelativo cariñoso.)

perspectiva s.f. (lat. tardío *perspectivus,* relativo a lo que se mira, de *perspicere,* mirar atentamente). Técnica para representar en dos dimensiones, sobre una superficie plana, los objetos de tres dimensiones. **2.** Aspecto que presentan los objetos vistos a distancia o considerados como un todo. **3.** Representación que utiliza esta técnica. **4.** Desarrollo de un suceso considerado como probable: *tener una buena perspectiva para la vejez; haber malas perspectivas económicas.* **5.** *Fig.* Apariencia o representación engañosa de una cosa. **6.** Punto de vista: *perspectiva histórica.* **7.** Gran avenida en línea recta. ◇ **En perspectiva** En un futuro: *tener un buen plan en perspectiva.* **Obra en perspectiva** ARQ. Disposición particular de una obra de forma que produzca el efecto de un espacio más amplio de lo que es en realidad. **Perspectiva aérea** PINT. Perspectiva que valora la luminosidad y el aire ambiental por encima de las cualidades y las pinturas. **Perspectiva caballera** Perspectiva establecida desde un punto de vista situado en el infinito.

perspectivismo s.m. Doctrina filosófica según la cual todo conocimiento es relativo a un punto de vista determinado.

perspectivo, a adj. Que representa un objeto en perspectiva: *un dibujo perspectivo.*

perspicacia s.f. Cualidad de perspicaz.

perspicaz adj. (lat. *perspicax, -acis,* de vista penetrante). Se dice de la vista o la mirada que percibe a largas distancias. **2.** *Fig.* Se dice de la persona aguda y sagaz que se percata de las cosas aunque estas no estén claras: *persona muy perspicaz.*

perspicuo, a adj. (lat. *perspicuus*). Claro, transparente y terso. **2.** *Fig.* Se dice del lenguaje claro e inteligible. **3.** *Fig.* Se dice de la persona que se expresa de este modo.

persuadir v.tr. y prnl. (lat. *persuadere,* de *suadere,* dar a entender). Convencer a una persona para hacer o aceptar algo.

persuasible adj. Que puede hacerse creer o puede creerse por las razones o fundamentos que lo apoyan.

persuasión s.f. Acción y efecto de persuadir. **2.** Facultad de la persona que convence a otra para hacer o aceptar algo: *tener dotes de persuasión.*

persuasivo, a adj. Hábil y eficaz para persuadir: *argumentos persuasivos.*

persulfato s.m. QUÍM. Persal obtenida por electrólisis de un sulfato.

persulfuro s.m. Compuesto que contiene más azufre que el sulfuro normal.

pertenecer v.intr. (lat. *pertinere*) [conj.: *parecer*]. Ser una cosa propiedad de una persona: *este libro me pertenece.* **2.** Formar una cosa parte de otra: *esta silla pertenece al comedor.* **3.** Ser una cosa obligación o responsabilidad de alguien.

pertenencia s.f. Hecho de formar parte de un grupo: *pertenencia a un partido político.* **2.** DER. Acción o derecho que tiene una persona a la propiedad de una cosa. ◆ **pertenencias** s.f.pl. DER. Cosas muebles físicas independientes que son propiedad de alguien. ◇ **Relación de pertenencia** MAT. Propiedad que tienen ciertos objetos de ser elementos de un conjunto.

pértiga s.f. (lat. *pertica*). Vara larga y flexible, especialmente la utilizada en atletismo en la prueba de salto de altura. **2.** Tubo o varilla articulada en el techo de un tranvía o un trolebús para captar la corriente del cable conductor mediante un contacto deslizante o una polea que lleva en su extremo. ◇ **Pértiga de enganche** Dispositivo articulado que permite enganchar o desenganchar los vagones de un tren sin tener que introducirse entre los topes.

pértigo s.m. Lanza del carro.

pertinacia s.f. Cualidad de pertinaz.

pertinaz adj. (lat. *pertinax, -acis*). Que dura mucho tiempo: *dolor pertinaz.* **2.** Obstinado, terco.

pertinencia s.f. Cualidad de pertinente.

pertinente adj. Oportuno, adecuado: *observaciones pertinentes.* **2.** Relativo a lo que se expresa a continuación: *esta decisión no es pertinente a mi cargo.* **3.** DER. Concerniente al pleito. **4.** LING. Que tiene un valor distintivo en la estructura de una lengua: *rasgo pertinente.*

pertrechar v.tr. Suministrar pertrechos a una unidad militar. ◆ v.tr. y prnl. *Fig.* Suministrar lo necesario para la realización de una cosa.

pertrechos s.m.pl. Utensilios, máquinas, armas, municiones de una unidad militar. **2.** Utensilios necesarios para realizar una cosa.

perturbación s.f. Acción y efecto de perturbar. **2.** Alteración del estado de la atmósfera caracterizada por vientos fuertes y precipitaciones que corresponde a una depresión ciclónica. **3.** Alteración de las facultades mentales. (También *perturbación mental.*) **4.** ASTRON. Efecto producido en el movimiento de un cuerpo celeste que gira alrededor de otro

por toda fuerza que se añade a la atracción del cuerpo principal.
perturbado, a adj. y s. Enfermo mental.
perturbar v.tr. y prnl. Producir desorden, alteración, inquietud o intranquilidad: *perturbar el orden público.* **2.** Hacer perder el juicio.
perú. Valer un perú *Fam.* Ser muy apreciado o estimado.
peruanismo s.m. Palabra, expresión o giro propios del español de Perú.
peruano, a adj. y s. De Perú. ◆ s.m. Variedad del español hablada en Perú.
perversidad s.f. Cualidad de perverso.
perversión s.f. Acción y efecto de pervertir: *perversión del gusto.* **2.** PSIQUIATR. Trastorno mental que impulsa al sujeto a realizar actos considerados como inmorales o antisociales: *perversiones sexuales.*
perverso, a adj. y s. Que actúa con crueldad por placer. ◆ adj. Que manifiesta perversidad: *mirada perversa; comentario perverso.*
pervertir v.tr. y prnl. (lat. *pervertere,* trastornar) [conj.: *sentir*]. Hacer que una persona realice actos considerados como inmorales o antisociales.
pervibración s.f. Operación de pervibrar.
pervibrador s.m. Aparato que sirve para pervibrar.
pervibrar v.tr. Someter el hormigón a vibraciones para mejorar su maleabilidad.
pervinca s.f. Planta herbácea que crece en lugares sombríos, de flores azules o malvas y pétalos curvos. (Familia apocináceas.)
pervivir v.intr. Durar una cosa mucho tiempo o permanecer en el mismo estado o situación a pesar del paso del tiempo: *pervivir un recuerdo en la memoria.*
pesa s.f. Pieza de peso establecido que sirve para determinar, por comparación efectuada con la balanza, el peso de un objeto. **2.** Contrapeso. **3.** Pieza pesada que, suspendida de una cuerda o cadena, sirve para dar movimiento a determinados relojes o de contrapeso en algunas suspensiones o mecanismos. **4.** Colomb., C. Rica, Méx., Nicar. y Venez. Carnicería, establecimiento. **5.** DEP. Haltera.
pesabebés s.m. (pl. *pesabebés*). Balanza para pesar a lactantes y niños pequeños.
pesacartas s.m. (pl. *pesacartas*). Aparato para determinar el peso de las cartas.
pesada s.f. Acción de pesar. **2.** Cantidad que se pesa de una vez.
pesadez s.f. Cualidad de pesado. **2.** Sensación de cansancio que se siente en alguna parte del cuerpo: *pesadez de estómago.*
pesadilla s.f. Sueño que causa angustia o espanto. **2.** *Fig.* Preocupación intensa y continua.
pesado, a adj. Que pesa mucho. **2.** *Fig.* Muy lento y torpe en sus movimientos. **3.** Se dice del mecanismo que cuesta mucho esfuerzo mover. **4.** *Fig.* Se dice del sueño del que es difícil despertar. **5.** Se dice del tiempo atmosférico de alta presión atmosférica que produce una sensación de cansancio. **6.** *Fig.* Se dice de la parte del cuerpo que padece cansancio: *sentir la cabeza pesada.* **7.** *Fig.* Que cuesta mucho esfuerzo realizarlo o soportarlo: *trabajo pesado; broma pesada.* **8.** *Fig.* Aburrido, carente de interés: *conversación pesada.* **9.** *Fig.* Se dice de la persona que es molesta o fastidiosa. **10.** QUÍM. Se dice del elemento de peso atómico elevado. ◇ **Agua pesada** QUÍM. Óxido de deuterio (D_2O), semejante al agua corriente, que se emplea como moderador en determinados reactores nucleares. **Peso pesado** Categoría de peso que agrupa a los boxeadores de 81 a 91 kg.
pesadumbre s.f. Disgusto o pena.
pesaje s.m. Acción de pesar o manera de hacerlo. **2.** DEP. Lugar donde se pesan los automóviles que han de participar en una carrera o los competidores que han de intervenir en una prueba deportiva.
pesaleches s.m. (pl. *pesaleches*). Lactodensímetro. SIN.: *galactómetro.*
pésame s.m. Expresión que manifiesta el pesar por el fallecimiento de alguien.
pesamostos s.m. (pl. *pesamostos*). Glucómetro.
pesante adj. Que pesa. **2.** Pesaroso.
pesantez s.f. FÍS. Gravedad.
1. **pesar** v.intr. (lat. *pensare*). Tener cierto peso o mucho peso: *la maleta pesa 5 kg.* **2.** *Fig.* Tener gran influencia o importancia: *su opinión pesa mucho en la empresa.* **3.** *Fig.* Ser una cosa molesta o penosa de soportar: *me pesan tantas responsabilidades.* **4.** *Fig.* Causar un hecho arrepentimiento o tristeza: *le pesó haber mentido.* ◆ v.tr. Tener un peso determinado: *la caja pesa tres kilos.* **2.** Determinar el peso de alguien o algo: *pesar la fruta.* **3.** Examinar atentamente, valorar la importancia de algo: *pesar los pros y los contras.* ◇ **Mal que le pese** Aunque no quiera. **Pese a quien pese** A pesar de los obstáculos que se opongan.
2. **pesar** s.m. Sentimiento de dolor. **2.** Arrepentimiento. ◇ **A pesar de** Sin que lo que se expresa a continuación constituya obstáculo o impedimento para la cosa de que se trata.
pesario s.m. (lat. *pessarium,* del gr. tardío *pessárion*). MED. Aparato que sirve para mantener el útero en su sitio en caso de prolapso. **2.** MED. Supositorio vaginal. ◇ **Pesario anticonceptivo** MED. Instrumento que se coloca en la vagina para impedir el paso de espermatozoides al cuello uterino.
pesaroso, a adj. Arrepentido o con pesadumbre.
pesca s.f. Técnica de pescar. **2.** Conjunto de animales, especialmente peces, que se han pescado.
pescadería s.f. Establecimiento donde se vende pescado.
pescadero, a s. Persona que vende pescado.
pescadilla s.f. Cría de la merluza.
pescado s.m. (lat. *piscatus, -us,* pesca). Pez que se saca del medio donde vive para servir como alimento.
pescador, ra adj. y s. Se dice de la persona que tiene por oficio pescar o es aficionada a la pesca.
pescadora s.f. Camisa abrochada por delante con cordones.
pescante s.m. Asiento exterior del carruaje tirado por caballerías donde se sitúa la persona que lo lleva. **2.** Pieza de madera o hierro que sobresale de una pared o un poste y que sirve para sostenerlos o para colgar una cosa. **3.** Brazo de una grúa. **4.** MAR. Viga de un buque que sirve para suspender pesos, amarrar ciertos cabos, etc.
pescar v.tr. (lat. *piscare*). Sacar peces u otros animales acuáticos del medio en que viven. **2.** Sacar una cosa del fondo del mar u otro líquido. **3.** *Fig.* y *fam.* Contraer una enfermedad: *pescar un resfriado.* **4.** *Fig.* y *fam.* Conseguir algo que se pretendía o buscaba: *pescar novio.* **5.** *Fig.* y *fam.* Sorprender a alguien mientras está haciendo algo que no debía o que quería mantener en secreto: *pesqué al ladrón.* **6.** *Fig.* y *fam.* Entender una cosa o percatarse de algo con rapidez y agudeza.
pescozón s.m. Golpe dado con la mano en el pescuezo o en la cabeza. SIN.: *pescozada.*
pescuezo s.m. Parte del cuerpo de un animal que une la cabeza con el tronco. **2.** *Fam.* Cuello de una persona. ◇ **Apretar,** o **estirar,** o **torcer,** o **retorcer, a alguien el pescuezo** *Fam.* Matarlo. **Torcer el pescuezo** *Fam.* Morir.
pesebre s.m. (lat. *praesepe*). Cajón o artesa donde comen los animales. **2.** Establecimiento donde comen los animales. **3.** Nacimiento, belén.
pesebrera s.f. Conjunto de pesebres de cuadra o caballeriza.
peseta s.f. (de *peso,* unidad monetaria). Antigua unidad monetaria de España y de Andorra, sustituida por el euro en 2002. ◆ **pesetas** s.f.pl. *Fam.* Dinero: *cuestión de pesetas.* ◇ **Cambiar la peseta** *Fam.* Vomitar.
pesetero, a adj. y s. Esp. *Fam.* Se dice de la persona que hace las cosas solo por dinero.

pesimismo s.m. Disposición o propensión a considerar el aspecto más desfavorable de una cosa. CONTR.: *optimismo.*

pesimista adj. y s.m. y f. Persona que tiende a considerar el aspecto más desfavorable de las cosas. **2.** Que tiene o implica pesimismo: *idea pesimista.*

pésimo, a adj. (lat. *pessimus*). Muy malo.

peso s.m. (lat. *pensum,* peso de lana que debe hilarse). Fuerza que resulta de la acción de la gravedad sobre un cuerpo. (El peso es igual al producto de la masa de un cuerpo por la fuerza de la gravedad). **2.** Medida de esta fuerza. **3.** *Fig.* Valor, eficacia o importancia de algo. **4.** *Fig.* Sensación de cansancio o molestia que se siente en alguna parte del cuerpo: *sentir un peso en el estómago.* **5.** *Fig.* Preocupación, angustia o padecimiento. **6.** *Fig.* Carga u obligación que tiene una persona. **7.** Pesa. **8.** Balanza para pesar. **9.** Unidad monetaria de Argentina, Chile, Colombia, Cuba, Filipinas, México, República Dominicana y Uruguay. **10.** DEP. **a.** Esfera metálica de 7,257 kg en categoría masculina y 4 kg en femenina que se lanza con una sola mano en algunas pruebas de atletismo. **b.** Categoría que agrupa a los boxeadores según lo que pesan. **11.** NUMISM. Real de a ocho. ◇ **De peso** *Fig.* Se dice de la persona importante e influyente; se dice de la razón, argumento o motivo decisivos o poderosos. **Peso adherente** F.C. Peso transmitido a la vía por el conjunto de los ejes motores de una locomotora y que interviene en el cálculo del esfuerzo de tracción. **Peso específico de un cuerpo** Cociente entre el peso de un cuerpo y su volumen. **Peso molecular de un cuerpo** Peso de una molécula-gramo de ese cuerpo. **Peso muerto** Peso de los órganos de un mecanismo que, absorbiendo potencia, reduce el trabajo útil. Persona o cosa que es o se siente como lastre o molestia para el desarrollo o consecución de algo.

pésol s.m. BOT. Arveja, guisante.

pespunte s.m. Costura de puntadas seguidas y uniformes que se hace generalmente con la máquina de coser.

pespuntear v.tr. (del ant. *pospuntar,* dar puntos hacia atrás). Hacer pespuntes. SIN.: *pespuntar.*

pesquería s.f. Conjunto de actividades relacionadas con la pesca. **2.** Lugar donde se pesca.

pesquero, a adj. Relativo a la pesca: *industria pesquera.* ◆ s.m. y adj. Embarcación de pesca.

pesquis s.m. *Fam.* Perspicacia, inteligencia.

pesquisa s.f. (del ant. *pesquisda,* p. de *pesuerir,* pesquisar). Investigación que se hace para averiguar una cosa. ◆ s.m. Argent. Investigador de la policía.

pestaña s.f. Pelo del borde del párpado. **2.** Parte que sobresale del borde de alguna cosa: *pestaña del pantalón.* ◇ **Jugarse las pestañas** *Fam.* Jugar o apostar una persona todo lo que es suyo. **No pegar pestaña** *Fam.* No poder dormir. **Quemarse las pestañas** *Fam.* Trabajar muy duro en una actividad que se realiza básicamente con la vista.

pestañear v.intr. Parpadear. **No,** o **sin, pestañear** Se usa para indicar que una persona presta mucha atención; rápidamente, con decisión.

pestañeo s.m. Acción de mover los párpados rápida y repetidamente.

peste s.f. (lat. *pestis,* ruina, destrucción, epidemia). Enfermedad infecciosa y contagiosa producida por el bacilo de Yersin, que la rata transmite al ser humano mediante mordedura o a través de las pulgas. (Se distinguen la *peste bubónica,* directamente transmitida por las pulgas, y la *peste pulmonar,* transmitida de persona a persona por inhalación.) **2.** Mal olor. **3.** *Fig.* y *fam.* Abundancia excesiva de una cosa molesta o nociva. **4.** *Fig.* Persona o cosa que molesta. **5.** VET. Enfermedad infecciosa que afecta a determinados animales domésticos: *peste aviar; peste equina.* ◇ **Decir,** o **echar,** o **hablar, pestes** Hablar muy mal de una persona o cosa.

pesticida adj. y s.m. Se dice del producto que sirve para eliminar los parásitos de los cultivos. SIN.: *plaguicida.*

pestífero, a adj. Pestilente.

pestilencia s.f. Peste, mal olor.

pestilente adj. (lat. *pestilens, -tis*). Que huele mal.

pestillo s.m. (del lat. *pestulus,* de *pessulus,* cerrojo). Barra pequeña metálica que se corre para introducirla en la hembrilla del marco de una puerta o ventana para cerrarlas. **2.** Pieza que al girar la llave sale de la cerradura y entra en el cerradero para asegurar el cierre. **3.** P. Rico. Novio. ◇ **Pestillo de golpe** Pestillo cuya parte cortada en bisel, que sobresale de la caja de la cerradura por la acción de un muelle, se eclipsa al cerrar la puerta y entra en el cerradero.

pestiño s.m. Dulce elaborado con una masa de harina, agua y huevo que se fríe y se baña en miel.

pesto s.m. (ital. *pesto*). Salsa elaborada con albahaca y ajo que se liga con aceite. **2.** Argent. *Fig.* y *fam.* Paliza.

pesuño s.m. Formación córnea que envuelve el dedo de los animales artiodáctilos.

petaca s.f. (náhuatl *petlakálli,* caja de juncos). Estuche pequeño para tabaco picado o cigarrillos. **2.** Caja de cuero, madera o mimbre, cubierta de cuero usada principalmente en América para colocar la carga a cada lado de la caballería. **3.** Botella pequeña y plana para llevar bebidas alcohólicas. **4.** Méx. Maleta. ◆ **petacas** s.f.pl. Méx. *Fam.* Nalgas. ◇ **Hacer la petaca** Gastar una broma que consiste en colocar la sábana de encima de la cama doblada, de forma que sea imposible meterse en ella.

petacón, na adj. Colomb. y Méx. Se dice de la persona que tiene las nalgas muy grandes.

pétalo s.m. Parte de la corola de una flor plana y coloreada que se inserta por medio de la uña en el receptáculo floral.

petanca s.f. Juego que consiste en lanzar una bola pequeña y después otras más grandes que deben acercarse lo más posible a la pequeña. (Este juego es originario de Provenza.)

petar v.intr. *Fam.* Agradar, gustar.

petardear v.tr. Disparar petardos.

petardo s.m. (fr. *pétard,* de *péter,* estallar). Tubo pequeño lleno de pólvora u otro explosivo con una mecha en uno de sus extremos que produce una detonación cuando se enciende. **2.** *Fig.* y *fam.* Engaño, estafa, sablazo. **3.** *Fig.* y *fam.* Persona o cosa muy fea o de escasas cualidades. **4.** Esp. ARM. Morterete afirmado sobre una plancha de madera o bronce cuya explosión se utiliza para derribar obstáculos.

petaso s.m. ANT. GR. y ROM. Sombrero de ala ancha.

petate s.m. (náhuatl *pétlatl,* estera). Lío hecho con la ropa de una persona, especialmente de los marineros, soldados, presos o viajeros. **2.** Estera de fibra vegetal que se usa para dormir sobre ella. **3.** *Fig.* y *fam.* Hombre despreciable. ◇ **Liar el petate** *Fam.* Marcharse de un sitio; morir.

petenera s.f. Cante flamenco, parecido a la malagueña, con coplas de cuatro versos octosílabos. ◇ **Salir por peteneras** *Fam.* Hacer o decir algo inoportuno.

petición s.f. Acción de pedir. **2.** Escrito o expresión oral con que se pide una cosa. **3.** DER. Escrito mediante el cual una persona o un grupo de personas formulan una querella o una demanda ante un juez o tribunal. ◇ **Derecho de petición** DER. Derecho que tiene una persona de dirigir una petición a las asambleas, al gobierno o al jefe del estado. **Petición de herencia** DER. Acción que la ley atribuye a un heredero para reivindicar la sucesión frente a otro posible heredero. **Petición de principio** Razonamiento que consiste en presentar como antecedente, y por tanto como cierto, lo mismo que se trata de probar.

peticionario, a adj. y s. Que pide o solicita oficialmente una cosa.

petigrís s.m. → **petitgrís.**

petimetre, a s. (fr. *petit-maître,* maestro chico). Persona que se arregla mucho y está excesivamente preocupada por seguir la moda.

petirrojo s.m. (cat. *pit-roig*). Ave paseriforme de unos 15 cm de long. y plumaje marrón, con el cuello y el pecho rojos. (El petirrojo vive en toda Europa hasta el círculo polar y emigra hacia el N de África y Asia.) [Familia túrdidos.]

petitgrís o **petigrís** s.m. (fr. *petit gris,* pequeño gris). Ardilla originaria de Europa septentrional y el N de Siberia occidental, de piel gris plateada en invierno. (Familia esciúridos.) **2.** Piel de este animal, muy apreciada en peletería.

petitorio, a adj. Relativo a la petición: *mesa petitoria.* **2.** DER. Se dice de una demanda hecha en juicio para que se reconozca un derecho real sobre un inmueble.

petizo, a o **petiso, a** adj. y s. Amér. Merid. Que es de baja estatura. ◆ s.m. Amér. Merid. Caballo de poca alzada.

peto s.m. (ital. *petto,* pecho). Pieza de ropa que se coloca sobre el pecho: *el peto de un babero.* **2.** Prenda de vestir que tiene unida esta pieza: *el peto de un pantalón.* **3.** Armadura que servía para proteger el pecho. **4.** Pieza de algunas herramientas, como la azada o el hacha, generalmente de hierro, opuesta a la pala. **5.** Parte inferior del caparazón de los quelonios. **6.** Cuba. Pez de gran tamaño de lomo azul y vientre pálido. **7.** DEP. Pieza acolchada de caucho que sirve para proteger el pecho en determinados deportes, como béisbol, esgrima, etc.

petral s.m. (lat. *pectorale,* que cubre el pecho). Parte del arnés que ciñe y rodea el pecho del caballo.

petrarquesco, a adj. Relativo a Petrarca o a su obra.

petrarquismo s.m. Estilo poético de Petrarca y de sus seguidores.

petrarquista adj. y s.m. y f. Relativo al petrarquismo; adscrito al petrarquismo.

petrel s.m. Ave palmípeda, de unos 20 cm de long., que vive en alta mar, en las zonas frías, y solo acude a tierra para reproducirse.

pétreo, a adj. Relativo a la piedra. **2.** Que tiene alguna de las características de la piedra. **3.** Pedregoso, cubierto de piedra.

petrificante adj. Que petrifica.

petrificar v.tr. y prnl. Convertir algo en piedra o endurecerlo. **2.** *Fig.* Dejar a alguien paralizado por el asombro o el terror.

petrodólar s.m. Dólar que resulta de la comercialización del petróleo bruto.

petrogénesis s.f. GEOL. Proceso de formación de las rocas. **2.** Parte de la petrología que estudia el origen y formación de las rocas, especialmente las ígneas.

petroglifo s.m. ARQUEOL. Grabado o dibujo realizado sobre una piedra. (Son propios de culturas ágrafas; generalmente son conmemorativos y, a veces, rituales.)

petrografía s.f. Parte de la petrología que estudia la descripción de las rocas y su clasificación sistemática.

petrográfico, a adj. Relativo a la petrografía.

petrógrafo, a s. Persona que se dedica al estudio de la petrografía.

petróleo s.m. (del lat. *petra,* roca, y *oleum,* aceite). Roca que se presenta bajo la forma de un aceite mineral más o menos fluido, viscoso, combustible, compuesto principalmente de hidrocarburos, de color claro a muy oscuro y de una densidad que varía de 0,8 a 0,95. ◇ **Equivalente petróleo** Masa de petróleo que proporcionaría la misma cantidad de energía que la producida por otra fuente (carbón, nuclear, etc.) o la consumida por un usuario o un conjunto de usuarios (calefacción, transportes, etc.).

petróleo

El petróleo es el resultado de la lenta degradación bacteriológica de organismos acuáticos vegetales y animales que hace decenas, en ocasiones centenas, de millones de años proliferaron en los mares y se acumularon en capas sedimentarias. El conjunto de productos surgidos de esta degradación, hidrocarburos y compuestos volátiles, mezclado con los sedimentos y residuos orgánicos, se halla en la *roca madre*; de esta, el petróleo, expulsado por efecto de la compactación provocada por la sedimentación, migra e impregna arena o rocas más porosas y permeables, como las areniscas o las calcáreas. Los yacimientos siempre se localizan en un punto singular o en una anomalía natural de estas rocas, que reciben el nombre de *roca almacén*. Una capa impermeable (de marga o arcilla, por ej.) forma una trampa que permite la acumulación de hidrocarburos e impide que estos escapen. Generalmente el petróleo se presenta con una capa superior de hidrocarburos gaseosos, y se sitúa debajo de una capa de agua salada, más densa que él. El espesor de un yacimiento varía entre unos metros y varios centenares de ellos. Su longitud puede alcanzar varias decenas de kilómetros en Oriente Medio. El refino es el conjunto de operaciones industriales llevadas a cabo para tratar y transformar el petróleo bruto en carburantes, gasolinas especiales, combustibles y productos diversos. El petróleo constituye la principal fuente de energía en el mundo.

petrolero, a adj. Relativo al petróleo: *explotación petrolera.* ◆ adj. y s.m. Se dice del buque cisterna destinado al transporte, sin envase previo, de hidrocarburos líquidos. ◆ s. Persona que vende petróleo al por menor.

petrolífero, a adj. Que contiene o produce petróleo.

petrología s.f. Parte de la geología que estudia las rocas.

petroquímica s.f. Ciencia, técnica e industria de los productos químicos derivados del petróleo.

petroquímico, a adj. Relativo a la petroquímica: *empresa petroquímica.*

petroso, a adj. Se dice del lugar donde hay muchas piedras. **2.** ANAT. Relativo al peñasco del hueso temporal.

petulancia s.f. Cualidad de petulante.

petulante adj. y s.m. y f. (lat. *petulans, -tis,* impetuoso). Pedante. **2.** Insolente, atrevido.

petunia s.f. (fr. ant. *petun,* tabaco). Planta herbácea de hojas alternas enteras y flores axiales solitarias, de color blanco o violáceo, que se cultiva como ornamental. (Familia solanáceas.) **2.** Flor de esta planta.

peuco s.m. Chile. Gavilán que se alimenta de pajarillos y lagartijas.

peúco s.m. Calcetín que se pone a los niños que todavía no andan. **2.** Calcetín corto que se emplea especialmente para dormir.

1. **peul** o **pul** s.m. Lengua nigeriano-congoleña del grupo atlántico occidental hablada en un área que se extiende desde Senegal y Gambia hasta Camerún y el E del lago Chad.

2. **peul** → **fulbé.**

peumo s.m. Chile. Árbol de hoja aovada, perenne y fruto ovalado, rojizo, de pulpa blanca y suave. (El peumo tiene propiedades medicinales; familia lauráceas.)

peyorativo, a adj. LING. Que tiene un sentido desfavorable o despectivo: *la palabra* modicucho *es peyorativa.*

peyote s.m. (náhuatl *peyotl,* capullo de gusano). Cactácea originaria de México y de Texas, no espinosa, de pequeño tamaño, cubierta de pelos sedosos, y que contiene numerosos alcaloides, entre ellos la mescalina que produce alucinaciones. (Género *Echinocactus.*)

1. **pez** s.m. (lat. *piscis*). Animal vertebrado acuático, generalmente ovíparo y de respiración branquial, de cuerpo casi siempre fusiforme, que nada con ayuda de aletas pares (pectorales y pelvianas) e impares (dorsales, caudal y anales) y cuya piel está generalmente cubierta de escamas. **2.** *Fig.* Persona astuta y poco escrupulosa. (Se usa generalmente pospuesto a *buen.*) ◇ **Como pez en el agua** Cómodo, satisfecho. **Estar pez** Esp. *Fam.* No saber nada de algún asunto o materia. **Pez aguja** Aguja. **Pez balón** Pez de los mares cálidos, de piel dura desprovista de escamas pero cubierta de espinas en los costados y la zona ventral, que tiene la facultad de hincharse llenando de agua o aire el aparato digestivo. (Familia tetraodóntidos.) **Pez de arena** Lagarto que vive en las regiones desérticas. **Pez de colores,** o **dorado** Pez originario de China de agua dulce, de hasta 25 cm de long. que adopta formas y colores muy diversos. (Familia ciprínidos.) **Pez de cuatro ojos** Pez originario de las aguas cenagosas de los ríos de América intertropical cuyos ojos están divididos en dos partes, la superior para la visión en el aire, y la inferior para la visión en el agua. **Pez del paraíso** Pez de colores brillantes, originario del SE de Asia, de 7 cm de long., con fre-

cuencia criado en acuarios. **Pez de plata** Pez de cuerpo alargado y comprimido, aleta dorsal dividida en dos partes, y color pardusco con manchas largas y plateadas. (Familia clínidos.) **Pez de san Pedro** Pez de cuerpo alto y comprimido, de 30 a 50 cm de long. común en los mares templados. **Pez espada** Pez de los mares cálidos y templados, que alcanza 4 m de long., y cuya mandíbula superior se alarga en forma puntiaguda, como la hoja de una espada. (Orden perciformes.) **Pez gato** Pez originario de Norteamérica de agua dulce, cuerpo robusto, cabeza maciza, ojos pequeños y boca con numerosos dientes pequeños y ocho largas barbillas. **Pez gordo** Persona importante e influyente. **Pez luna** Pez de los mares tropicales de hasta 3 m de long., de cabeza grande y cuerpo casi discoidal. **Pez martillo** Tiburón de los mares tropicales, con la cabeza prolongada en dos lóbulos laterales, donde están situados los ojos. **Pez rata** Pez óseo de ojos saltones, parecido al peje, que vive enterrado en la arena de las costas mediterráneas, y del que solo sobresale la parte superior de su cabeza. (Long. 25 cm aprox., familia traquiptéridos.) **Pez sierra** Pez marino de rostro en forma de sierra y con doble hilera de dientes implantados en los alvéolos. (Familia prístidos.) **Pez volador** Pez de los mares cálidos cuyas aletas pectorales, muy desarrolladas, le permiten planear sobre la superficie del mar.

pez

La clase de los peces (20 000 especies), muy heterogénea, agrupa especies con esqueleto cartilaginoso (como la raya y el tiburón) y con esqueleto óseo. Los últimos incluyen un grupo dominante: los teleósteos (carpa, anguila, salmón, perca) y diversos grupos pequeños de peces primitivos o especializados: condrósteos (esturión), holósteos, crisopterigios y dipneustos.

2. **pez** s.f. (lat. *pix, piscis*). Sustancia sólida, blanda y pegajosa, de color oscuro, insoluble en agua, que se obtiene como residuo de la destilación de la trementina, los alquitranes y las maderas resinosas. **2.** Betún.

pezón s.m. (del lat. *pedicellus,* dim. de *pes, pedis,* pie). Parte central, eréctil y más prominente de la glándula mamaria. **2.** *Fig.* Parte saliente de algunas cosas: *el pezón del eje de una rueda.* **3.** Rabillo que sostiene la hoja, la flor o el fruto de las plantas: *el pezón del limón.*

pezpita s.f. Aguzanieves. SIN.: *pezpítalo.*

pezuña s.f. (del lat. *pedis ungula,* uña del pie). Pesuño o conjunto de pesuños de una pata.

pfennig s.m. Moneda fraccionaria que vale a 1/100 de marco.

pH s.m. (de *p,* potencial, y *H,* hidrógeno). Coeficiente que caracteriza la acidez o la basicidad de una solución acuosa. (Una solución es ácida si su *pH* es inferior a 7, y básica si es superior a 7.)

phot o **fot** s.m. Unidad de medida de iluminación (símb. ph) equivalente a 10 000 lux o 1 lumen por cm^2.

pi s.f. Nombre de la decimosexta letra del alfabeto griego (π, Π), que corresponde a la *p* española. **2.** MAT. Nombre del signo matemático π, que equivale a 3,1416 y que resulta de la relación constante entre el diámetro de una circunferencia y su longitud.

piadoso, a adj. (del ant. *piadad,* piedad). Se dice de la persona devota, religiosa. **2.** Que tiene piedad o siente compasión. **3.** Relativo a la piedad.

piafar v.tr. (fr. *piaffer,* contonearse). Dar patadas el caballo con las patas delanteras rascando el suelo, generalmente cuando está inquieto.

piamadre s.f. ANAT. Membrana meníngea interna.

piamontés, sa adj. y s. Del Piamonte.

pián s.m. Enfermedad tropical infecciosa y contagiosa producida por un treponema, que provoca lesiones cutáneas.

pianissimo adv.m. (voz italiana). MÚS. Con un grado de intensidad de sonido muy débil. ◆ s.m. Pasaje ejecutado de esta forma.

pianista s.m. y f. Persona que toca el piano, especialmente si se dedica profesionalmente a ello.

pianístico, a adj. Relativo al piano: *técnica pianística.*

1. **piano** s.m. (del ital. *pianoforte*). Instrumento musical de cuerda percutida formado por una serie de teclas que, al pulsarlas, accionan un sistema de macillos que percuten las cuerdas y las hacen sonar. ◇ **Piano de cola** Piano que tiene las cuerdas y la caja de resonancia en posición horizontal. **Piano electroacústico** Piano provisto de una mecánica tradicional cuyo sonido está amplificado por un equipo electrónico. **Piano electrónico** Instrumento musical que produce el sonido de las cuerdas percutidas característico del piano mediante un conjunto de osciladores electrónicos. **Piano vertical** Piano que tiene las cuerdas y caja de resonancia en posición vertical.

2. **piano** adv.m. (ital. *piano piano*). MÚS. Suavemente, con una intensidad de sonido débil. ◆ s.m. Pasaje ejecutado de esta forma.

pianoforte s.m. (voz italiana). Instrumento musical de cuerda percutida, precursor del piano moderno, que se utilizó durante el s. XVIII.

pianola s.f. Piano que funciona con corriente eléctrica o mecánicamente por pedales. **2.** Aparato que puede unirse al piano para ejecutar mecánicamente las piezas musicales.

piapoco s.m. Venez. Tucán.

piar v.intr. (voz de origen onomatopéyico) [conj.: *desviar*]. Emitir las aves sonidos agudos y repetidos.

piara s.f. Manada de cerdos.

piastra s.f. Moneda fraccionaria que vale 1/100 de la libra de Egipto, Líbano, Siria y Sudán.

pibe, a s. Argent. Fórmula de tratamiento afectuosa. **2.** Argent. y Urug. Muchacho. ◇ **Estar hecho un pibe** Argent. *Fam.* Conservarse joven un adulto.

pica s.f. HIST. Lanza larga formada por un asta que termina en un hierro pequeño y agudo. **2.** Soldado armado con este arma. **3.** TAUROM. **a.** Vara para picar toros que tiene en el extremo una punta de acero. **b.** Golpe dado con esta vara. **4.** Esp. Carta del palo de picas. ◆ **picas** s.f.pl. Esp. Palo de la baraja francesa representado por la figura de una punta de lanza de hierro negra. ◇ **Poner una pica en Flandes** *Fam.* Conseguir una cosa muy difícil. **Tercio de picas** TAUROM. Primer tercio de la lidia destinado a quebrantar la fortaleza del toro por medio de las heridas que se le infieren con la pica.

picabueyes s.m. (pl. *picabueyes*). Ave paseriforme de pequeño tamaño, que suele posarse sobre los bueyes y búfalos para cazar las larvas parásitas de su piel.

picacho s.m. Pico agudo de una montaña.

picada s.f. Picotazo. **2.** Picadura, punzada o mordedura de ciertos insectos, aves o reptiles. **3.** Amér. Senda que se abre en un bosque o en un monte espeso. **4.** Amér. Central, Argent., Bol., Par. y Urug. Carrera ilegal de automotores que se realiza en la vía pública y perturba la normal circulación. **5.** Argent. Pequeña cantidad de comida que se sirve junto a una bebida, por lo común alcohólica. **6.** Colomb. *Fam.* Punzada, dolor agudo.

picadera s.f. Labiérnago.

picadero s.m. Recinto donde los picadores adiestran los caballos. **2.** Escuela de equitación. **3.** Argent. Pista o arena de circo. **4.** Colomb. Matadero. **5.** Esp. *Fam.* Lugar destinado a practicar relaciones sexuales.

picadillo s.m. Guiso a base de carne, tocino y ajos picados, revueltos con huevos y sazonados con especias. **2.** Magro de cerdo picado, preparado para hacer embutidos.

picado, a adj. Que está labrado o adornado con agujeros muy pequeños: *zapato picado.* **2.** Que tiene en la piel cicatrices como consecuencia de la viruela: *picado de viruela.* **3.** Se dice de los vinos que se avinagran debido a bacterias acéticas. **4.** Se dice del negativo fotográfico en el que se observan numerosos puntos transparentes. **5.** *Fig.* y *fam.* Resentido u ofendido por algo. **6.** Amér. Embriagado ligeramente. **7.** HERÁLD. Se dice del ave cuyo pico es de esmalte distinto al resto de su cuerpo. ◆ s.m. Ángulo de una cámara cinematográfica que dirige el eje óptico desde arriba hacia abajo; toma efectuada con este ángulo. **2.** Picadillo. **3.** Avinagramiento de los vinos, debido a bacterias acéticas. **4.** Esp. Descenso de un avión con el morro muy inclinado hacia abajo, con empuje o sin él. **5.** COREOGR. Movimiento de danza que consiste en apoyar el peso del cuerpo sobre un pie, plano y en el suelo, mientras se marca con la punta del otro pie hacia adelante, hacia atrás o hacia un lado. ◇ **En picado** Esp. Vuelo descendente de un avión en posición casi vertical y a gran velocidad; *Fig.* caída o descenso brusco de una actividad: *las ventas cayeron en picado.* **Nota picada** MÚS. Nota coronada por un punto, ejecutada de forma aguda y con vivacidad, y separada completamente de la que le sigue.

picador, ra s. Persona encargada de domar y adiestrar los caballos. **2.** Persona montada a caballo encargada de picar con una garrocha al toro. SIN.: *lancero.* **3.** MIN. Persona que tiene por oficio arrancar el mineral por medio del pico.

picadora s.f. Aparato o máquina que sirve para picar carnes, verduras u otros alimentos.

picadura s.f. Acción de picar o picarse. **2.** Punzada o mordedura de ciertos insectos, aves o reptiles. SIN.: *picada.* **3.** Herida de superficie pequeña y de profundidad variable. **4.** Principio de caries en la dentadura. **5.** Agujero como de alfiler en la hoja o pliego de papel. **6.** Tabaco picado para fumar. **7.** Mancha rojiza producida por la humedad en un grabado, una página, etc.

picaflor s.m. Colibrí. **2.** Amér. *Fig.* Hombre enamoradizo y galanteador.

picajoso, a adj. y s. Que se pica u ofende con facilidad.

picamaderos s.m. (pl. *picamaderos*). Pico, pájaro insectívoro.

picana s.f. Amér. Merid. y Méx. Aguijada, vara para aguijar los bueyes.

picante adj. Que pica al paladar: *salsa picante.* **2.** *Fig.* y *fam.* Se dice del chiste o narración que es poco pudoroso, sin llegar a ser obsceno. ◆ s.m. Sustancia o especia que tiene un sabor fuerte que excita o pica al paladar.

picapedrero, a s. (cat. *picapedrer*). Cantero, persona que tiene por oficio labrar las piedras.

picapica s.m. Pelusilla o polvo de origen vegetal o animal que causa picazón si se aplica sobre la piel de las personas.

picapleitos s.m. y f. (cat. *picaplets*) [pl. *picapleitos*]. *Desp.* Abogado.

picaporte s.m. (cat. *picaportes*). Aldaba, pieza de las puertas para llamar. **2.** Dispositivo para cerrar de golpe una puerta.

picar v.tr. (voz de origen onomatopéyico). Punzar o morder las aves, los insectos y ciertos reptiles. **2.** Herir levemente con un instrumento punzante. **3.** Tomar las aves la comida con el pico. **4.** Morder los peces el cebo quedando sujetos al anzuelo. **5.** Cortar o dividir una cosa en trozos muy menudos, desmenuzarla: *picar carne.* **6.** Recortar o agujerear un material haciendo dibujos para adorno: *picar papel, tela.* **7.** Causar una cosa picor o escozor en alguna parte del cuerpo: *esta lana pica mucho.* **8.** *Fig.* Estimular, incitar: *picar la curiosidad, el amor propio.* **9.** Espolear al caballo. **10.** Herir al toro con una pica desde el caballo. **11.** Comenzar a soplar el viento en el mar. **12.** Levantar el viento olas en el mar. **13.** En diversos deportes de pelota, golpear esta con potencia para que la rapidez de su trayectoria dificulte al contrario su devolución. **14.** Herir la bola de billar con el taco para imprimirle un determinado movimiento. ◆ v.tr. e intr. Causar en el paladar una sensación de quemazón ciertas cosas de sabor fuerte como la pimienta, la mostaza, etc. **2.** Comer cantidades pequeñas de alimentos, especialmente en lugar de una comida corriente. **3.** Tomar una porción pequeña de un alimento esporádicamente, generalmente entre las comidas principales. **4.** *Fig.* Dejarse atraer, atrapar o engañar. ◆ v.intr. Calentar mucho el sol. **2.** Llamar a la puerta. **3.** Sentir una parte del cuerpo picor o escozor: *me pica la nariz.* **4.** Argent. *Fam.* Acelerar un automotor. **5.** AERON. Descender un avión siguiendo una trayectoria casi vertical. ◆ **picarse** v.prnl. Agujerearse, estropearse: *estas sábanas se han picado; picarse un diente.* **2.** *Fig.* Ofenderse. **3.** *Fig.* Sentirse estimulado por amor propio o emular lo que hacen otros. **4.** *Fam.* Inyectarse una droga. **5.** Estropearse un alimento o bebida: *picarse el vino.* **6.** MAR. Formarse olas pequeñas en el mar por la acción del viento. ◇ **Picar más,** o **muy, alto** Tener pretensiones muy elevadas, generalmente por encima de las posibilidades. **Picárselas** Argent. y Perú. *Fam.* Irse, abandonar un lugar o una situación repentinamente. **Picar una nota** MÚS. Ejecutarla de manera muy clara, de un golpe seco.

picardear v.tr. y prnl. Hacer adquirir malicia o picardía, o vicios o malas costumbres.

picardía s.f. Cualidad de pícaro. **2.** Manera de obrar hábil y con cierto engaño o simulación. **3.** Dicho en el que hay malicia o intención picaresca. ◆ s.m. Esp. Conjunto de dormir femenino formado por un camisón muy corto y unos calzones.

picardo, a adj. y s. De Picardía. ◆ s.m. Variedad de la lengua de oïl hablada en Picardía.

picaresca s.f. Profesión o modo de vivir de un pícaro.

picaresco, a adj. Relativo a los pícaros. ◇ **Novela picaresca** Género literario que nace y se populariza en el siglo de oro español.

novela picaresca

El género de la novela picaresca se inició de forma aislada con el *Lazarillo de Tormes* (1554) y alcanzó sus rasgos más definidos con el *Guzmán de Alfarache* (1599) de Mateo Alemán. El tipo humano del pícaro no corresponde exactamente a la noción real de un niño o mozo, sin oficio y de aspecto miserable que subvenía a sus necesidades mediante algún trabajo ocasional, sino que se entremezcla con otro tipo, el del criado. Este género se define también por un rasgo formal inalterable: el recurso de la simulación autobiográfica. El personaje describe diversos ambientes de una realidad socialmente mezquina. El mensaje de ejemplaridad moral, que responde al motivo ideológico del «desengaño» barroco, en unos casos se deduce del mismo relato (el *Buscón* de Quevedo, el *Estebanillo González*), mientras que en otros la narración se interrumpe para dar paso a las disertaciones morales (*La pícara Justina* de López de Úbeda). La novela picaresca constituyó un eslabón fundamental en el desarrollo ulterior del realismo europeo y en el s. XVIII se cultivó fuera de España. Ejemplos en otras lenguas son *Las aventuras de Simplicius Simplicissimus* (1669), de Hans von Grimmelshausen, y *Tom Jones* (1749), de Henry Fielding. Su influencia llega hasta América en el s. XIX, presente en la novela que inaugura la narrativa hispanoamericana: *El Periquillo Sarniento*, de J. Fernández de Lizardi.

pícaro, a adj. y s. Se dice de la persona que comete engaños en provecho propio con habilidad y astucia, y que generalmente despierta simpatía. **2.** Se dice del protagonista de las novelas picarescas. **3.** Que es ligeramente erótico. ◆ adj. *Fig.* Malicioso, picante.

picatoste s.m. Trozo pequeño de pan tostado con manteca o frito.

picazón s.f. Picor, sensación producida por algo que pica. **2.** *Fig.* Enojo. **3.** *Fig.* Inquietud, desasosiego por un temor, aprensión, etc.

piccolo s.m. Flautín.

picea s.f. Árbol parecido al abeto, muy abundante en regiones frías o montañosas de Europa, de agujas verdes y piñas cónicas, que mide hasta 50 m de alt., se explota por su resina y su madera rojiza y suele utilizarse como árbol de Navidad.

pichanga s.f. Argent. Vino que no ha terminado de fermentar. ◇ **Engaña pichanga** Argent. Engañapichanga.

pichi s.m. Esp. Vestido de mujer sin mangas y escotado que se pone encima de un suéter, una camisa o una camiseta.

pichí s.m. Argent. y Chile. Orina, pipí, en el lenguaje de los niños.

pichicato, a adj. Amér. Mezquino, ruin.

pichichi s.m. Esp. Jugador que marca más goles en la liga española de fútbol; premio que se concede a este jugador.

pichincha s.f. Amér. Merid. Precio muy bajo, ganga. **2.** Argent. Ganga, ocasión, oportunidad.

pichiruche adj. Chile y Perú. Se dice de la persona insignificante.

pichón, na s. (ital. meridional *piccione*). Cría de palomo. **2.** *Fig.* y *fam.* Se usa como apelativo cariñoso.

pichulear v.tr. Argent. y Urug. Hacer negocios de poca importancia. **2.** Chile. Engañar.

pichulero, a s. Argent. *Fam.* Persona que pichulea.

picnic s.m. (voz inglesa) [pl. *picnics*]. Merienda campestre.

pícnico, a adj. y s. Se dice de la persona de constitución corpulenta y tendente a la obesidad.

picnogónido, a adj. y s.m. Relativo a una clase de artrópodos marinos, de tamaño pequeño, tronco muy estrecho, con cuatro o seis patas largas y delgadas, que se alimenta de esponjas.

picnómetro s.m. Recipiente de pequeñas dimensiones que se usa para determinar la densidad de un sólido o de un líquido.

1. **pico** s.m. (celta *beccus*). Órgano del ave formado por las dos mandíbulas y las piezas córneas que las recubren. **2.** Órgano bucal de los insectos hemípteros y de la cabeza de algunos coleópteros. **3.** Parte puntiaguda que sobresale en la superficie o en el borde de alguna cosa. **4.** Cima aguda de una montaña. **5.** Montaña de cima aguda. **6.** Herramienta formada por una pieza de hierro o acero, ligeramente encorvada, aguda por un extremo y enastada por su centro en un mango de madera, que se usa para cavar la tierra dura. **7.** Herramienta de cantero de la misma forma que la anterior pero que tiene los dos extremos de la pieza de hierro acabados en punta y que se usa para extraer los minerales o remover piedras. **8.** Cantidad que excede de un número redondo: *cien y pico.* **9.** Cantidad grande de algo, generalmente de dinero: *el automóvil vale un buen pico.* **10.** *Fig.* y *fam.* Boca. **11.** Elocuencia, labia. **12.** *Fam.* Dosis de droga que se inyecta. **13.** Punta acanalada que tienen en el borde algunos recipientes. **14.** MAR. Vértice del ángulo de una pieza de madera curva. ◇ **Andar,** o **irse, de picos pardos** *Fam.* Divertirse, ir de juerga. **Darse el pico** *Fig.* y *fam.* Besarse. **Pico de oro** *Fig.* Facultad de hablar muy bien; persona que posee esta facultad.

2. **pico** s.m. (lat. *picus*). Pájaro insectívoro que vive y hace sus nidos en los troncos de los árboles, de plumaje muy variado, blanco, negro, verde u oscuro, con manchas de color rojo o amarillo. (Familia pícidos.) SIN.: *pájaro carpintero, picamaderos.*

picón, na adj. Se dice de las caballerías con incisivos superiores que sobresalen de los inferiores, impidiéndoles cortar bien la hierba. ◆ s.m. Carbón de dimensiones pequeñas que se usa como combustible del brasero. **2.** Méx. *Fam.* Hecho o dicho irónico que se hace o dice para provocar celos, resentimientos o enojo a alguien.

picor s.m. (cat. *picor*). Molestia que produce algo que pica, generalmente en la piel, y que genera ganas de rascarse. **2.** Escozor que se siente en el paladar y la lengua por haber comido alguna cosa picante.

picota s.f. Rollo o columna de piedra donde se exhibían las cabezas de los ajusticiados y se exponía a los reos a la vergüenza pública. **2.** *Fig.* Parte superior puntiaguda de una torre o montaña muy alta. **3.** Cereza de consistencia carnosa y escasa adherencia al pedúnculo. ◇ **Poner en la picota** Exponer públicamente los defectos o faltas de alguien.

picotada s.f. Picotazo.

picotear v.tr. Picar algo las aves reiteradamente. ◆ v.intr. Picar, comer cantidades pequeñas de algún alimento. **2.** *Fig.* y *fam.* Hablar o charlar mucho.

picrato s.m. Sal del ácido pícrico.

picto, a adj. y s. De un ant. pueblo de Escocia que formó un reino unificado en la alta edad media.

pictografía s.f. Escritura formada por dibujos de objetos o figuras simbólicas que representan las ideas o conceptos.

pictográfico, a adj. Relativo a la pictografía. ◇ **Escritura pictográfica** Pictografía.

pictograma s.m. Dibujo o signo de una escritura pictográfica.

pictórico, a adj. Relativo a la pintura: *una muestra pictórica.* **2.** Que posee cualidades propias de la pintura. **3.** Que tiene cualidades aptas para ser representado en pintura.

picudilla s.f. Cuba, P. Rico y Venez. Pez teleósteo de carne muy estimada.

picudo, a adj. Que tiene pico.

picunche, pueblo amerindio, del grupo araucano, que vive en la costa N de Chile.

picuré s.m. Venez. Agutí, roedor.

pidgin s.m. Lengua nacida del contacto entre el inglés y una lengua de Asia u Oceanía (*pidgin english* o *pidgin* con el chino, *pidgin melanesio* o *bichlamar* con las lenguas melanesias). **2.** *Por ext.* Segunda lengua, nacida a partir del contacto entre lenguas europeas y lenguas de Asia o de África, que permite la comunicación entre las comunidades.

pie s.m. (lat. *pes, -dis*). Parte del cuerpo que está en la extremidad de la pierna del ser humano y de las patas de los animales. (El esqueleto del *pie* comprende el *tarso* [astrágalo, calcáneo, escafoides, cuboides, cuneiformes], el *metatarso* [metatarsiano] y las *falanges* [dedos].) **2.** Base o parte en que se apoya un objeto: *los pies de una mesa.* **3.** Parte opuesta a la cabecera de algunas cosas: *los pies de la cama.* (Suele usarse en plural.) **4.** Lugar situado en el inicio de algo generalmente alto, como el de una escalera, un árbol, una montaña, etc. **5.** Parte de los calcetines, zapatos, etc., que cubre el pie. **6.** Órgano muscular de los moluscos, sobre el que pueden arrastrarse. **7.** Parte final de un escrito o una página y que no pertenece al cuerpo principal. **8.** Texto aclaratorio escrito en la base de una fotografía, ilustración, grabado, etc. **9.** Unidad de medida de longitud anglosajona (símb. ft) equivalente a 0,3048 m. (Un *pie* vale 12 pulgadas.) **10.** En métrica clásica, elemento rítmico más pequeño del verso, integrado por dos, tres o cuatro sílabas. **11.** Palabra con que termina lo que dice un personaje en una representación dramática, cada vez que le toca hablar a otro. **12.** Tronco de los árboles y de las plantas en general. **13.** Antigua medida de longitud equivalente a 33 cm aproximadamente. **14.** Chile. Señal o cantidad de dinero que se da como garantía de lo que se ha comprado. **15.** MAT. Punto en el que la perpendicular corta a la línea o a la superficie sobre la que se traza. ◇ **Al pie de la letra** Literal, textualmente; con exactitud, sin variación. **A,** o **por su, pie** Andando. **A pie,** o **pies, juntillas** Sin asomo de duda. **Buscar cinco,** o **tres, pies al gato** *Fam.* Ver complicaciones en un asunto que de por sí no las tiene. **Con buen pie** o **con el pie derecho** Con buena suerte y acierto. **Con mal pie** o **con el pie izquierdo** Con mala suerte y desacierto. **Con pie,** o **pies, de plomo** *Fam.* Con mucha cautela. **Dar pie** Ofrecer ocasión o motivo para hacer o decir algo. **De,** o **en, pie** o **de pies** Erguido o en posición vertical. **En pie** Pendiente de decisión o solución; constante y firmemente. **En pie de** En disposición o actitud de lo que se expresa: *estar en pie de guerra.* **Hacer algo con los pies** Hacerlo mal. **Hacer pie** Llegar con los pies al suelo dentro del agua; estabilizarse, afirmarse en un intento. **Irse,** o **salir, por pies** *Fam.* Huir, escapar corriendo. **Nacer de pie,** o **de pies** *Fam.* Tener buena suerte. **No dar pie con bola** *Fam.* Equivocarse muchas veces seguidas. **No tener algo pies ni cabeza** *Fam.* Ser completamente absurdo, sin sentido. **Parar los pies** Esp. Impedir a alguien que continúe o finalice una acción o un discurso impertinentes, no adecuados. **Perder pie** No encontrar el fondo con el pie al entrar en un río, en el mar, etc.; no hallar salida en un asunto. **Pie de imprenta** Mención del taller o establecimiento tipográfico, lugar y año de la impresión, que suele constar en los libros. **Pie**

de león Edelweiss. **Pie de monte** GEOGR. Piedemonte. **Pie de rey** Instrumento que sirve para medir el diámetro, longitud y espesor de diferentes objetos. **Poner pies en polvorosa** Huir. **Sacar a alguien con los pies por delante,** o **adelante** *Fam.* Llevarlo a enterrar.

piedad s.f. (lat. *pietas, -atis*). Devoción religiosa. **2.** Compasión ante una persona desgraciada o que sufre. **3.** Representación de la Virgen con el cuerpo inerte de Cristo, recostado en su regazo.

piedemonte s.m. GEOGR. Llanura de acumulación aluvial, que forma un glacis al pie de una cadena de montañas o de un macizo elevado. (También *pie de monte.*)

pied-noir s.m. y f. (voz francesa) [pl. *pieds-noirs*]. *Fam.* Francés de origen europeo establecido en el N de África, particularmente en Argelia, hasta la independencia.

piedra s.f. (lat. *petra,* roca, del gr. *pétra*). Materia mineral dura y sólida, elemento esencial de la corteza terrestre, que se emplea en construcción. **2.** Trozo de esta materia, tallado o no. **3.** Muela, piedra para moler. **4.** Granizo grueso. **5.** PATOL. Cálculo. ◇ **Ablandar las piedras** *Fam.* Despertar compasión o conmover a todos. **De piedra** Paralizado por el asombro. **Edad de la piedra** Período de la prehistoria en que se utilizó la piedra como materia básica del utillaje. **Mal de piedra** MED. Litiasis, principalmente renal y vesical. **Menos da una piedra** *Fam.* Se utiliza para aconsejar a alguien que se conforme con lo que le ha tocado o con lo que ha obtenido. **Piedra angular** Piedra que forma esquina en los edificios sosteniendo dos paredes; base sobre la que se forma una idea. **Piedra blanda** Caliza de construcción, de débil densidad y poca resistencia a la compresión. **Piedra de afilar** Asperón que sirve para afilar. **Piedra de cal** Piedra caliza muy pura químicamente y fragmentada en trozos pequeños. **Piedra de,** o **del, escándalo** *Fig.* Persona, hecho o palabra que es motivo de escándalo. **Piedra de toque** Variedad de jaspe negro, utilizada para ensayar el oro con el parragón; *Fig.* cosa que demuestra o confirma la autenticidad de algo. **Piedra dura** Mineral que puede ser pulido para esculpir objetos de arte o realizar obras de incrustación o mosaico. **Piedra filosofal** Piedra que buscaban los alquimistas para poder transformar los metales en oro. **Piedra fina** Gema o piedra utilizada en bisutería o para la escultura de pequeños objetos de arte, por su belleza y dureza. **Piedra miliar** Mojón que se usa para señalar distancias; *Fig.* suceso que representa el punto de partida para comenzar una nueva fase en la vida de alguien o en alguna cosa. **Piedra pómez** Roca volcánica porosa, ligera y muy dura, que se utiliza para pulir. (También *pómez.*) SIN.: *pumita.* **Piedra preciosa** Piedra utilizada en joyería, como el diamante, la esmeralda, el rubí, etc. **Poner la primera piedra** Colocar, al principio de una obra de construcción, el primer ladrillo o material mediante un acto solemne; *Fig.* Iniciar un negocio o la consecución de una pretensión. **Primera piedra** Primera piedra que se coloca de un edificio notable, siguiendo una ceremonia pública. **Tirar la primera piedra** Ser el primero en lanzar una acusación.

piedras preciosas y finas

nombre	tonalidad
ágata	varios colores
amatista	violeta
diamante	incoloro
esmeralda	verde
granate	rojo
jade	verde
lapislázuli	azul intenso
ónice	varios colores
rubí	rojo intenso
zafiro	azul
topacio	amarillo, dorado, rosa
turquesa	azul-verde

piel s.f. (lat. *pellis*). Tejido que recubre externamente la mayor parte del cuerpo humano y de los animales. **2.** Tejido que recubre externamente a un animal despojado del cuerpo y curtido, que se usa para fabricar abrigos, zapatos, etc.; el mismo tejido con su pelo natural, utilizado generalmente para fabricar prendas de abrigo. **3.** *Fig.* Con verbos como *dejar, jugar,* etc., vida, existencia. ◇ **Piel roja** Indígena de América del Norte.

piel

La piel está formada por tres tejidos superpuestos: la epidermis (con una capa rica en queratina), la dermis y la hipodermis. Sus anexos son pelo, uñas y glándulas sebáceas y sudoríparas. Además, la dermis contiene los receptores sensoriales sensibles a la presión y la temperatura, así como las fibras nerviosas cuya activación produce dolor.

piélago s.m. (lat. *pelagus*). Parte del mar muy alejada de la costa. **2.** *Fig.* Cantidad muy abundante de algo.

pielitis s.f. Inflamación de la membrana mucosa que tapiza la pelvis y los cálices renales.

pielonefritis s.f. Infección del riñón y de la pelvis renal.

pienso s.m. (lat. *pensum,* de *pendere,* pesar). Alimento seco que se da a los animales, especialmente al ganado. ◇ **Pienso compuesto** Mezcla homogénea de distintas materias primas y correctores con adición de otras sustancias alimenticias, empleada en la alimentación del ganado.

pier s.m. Amér. Muelle perpendicular al eje de un río o de un estuario.

piercing s.m. Perforación en el ombligo, la nariz, la lengua, el pezón u otra parte del cuerpo por la que se introduce una pieza como adorno. **2.** Pieza, generalmente metálica, que se introduce por esta perforación.

pierna s.f. (lat. *perna,* muslo y pierna de un animal). Extremidad inferior del ser humano. **2.** Parte de esa extremidad comprendida entre la articulación de la rodilla y la del tobillo. **3.** Muslo de los cuadrúpedos y de las aves. **4.** Argent. *Fam.* Persona dispuesta a prestar compañía. ◇ **A pierna suelta,** o **tendida** *Fam.* Con tranquilidad, con total despreocupación. **Cortarle las piernas a alguien** *Fig.* y *Fam.* Impedirle que haga algo. **En piernas** Con las piernas desnudas. **Estirar,** o **extender, las piernas** Pasear una persona para desentumecerse, después de permanecer durante bastante tiempo quieta. **Hacer pierna** Argent. *Fam.* Colaborar, ayudar.

piernas s.m. y f. (pl. *piernas*). *Fam.* Persona insignificante y de poca formalidad, o que actúa sin personalidad propia.

pies negros o **blackfoot,** pueblo amerindio de lengua algonquina, actualmente en reservas en Montana y Alberta.

pietismo s.m. Movimiento religioso nacido en el seno de la Iglesia luterana alemana en el s. XVII, caracterizado por la importancia que otorga a la experiencia religiosa personal, en reacción frente al dogmatismo de la Iglesia oficial.

pietista adj. y s.m. y f. (alem. *pietist*). Relativo al pietismo; partidario de este movimiento.

pieza s.f. (célt. *pettia,* pedazo). Cada parte o elemento de un todo: *la biela es una pieza del motor; vestía un traje de tres piezas.* **2.** Trozo de tela u otro material que se coloca en una prenda de ropa o en un objeto para repararlo. **3.** Tira de papel o de tela, plegada o arrollada sobre sí misma, tal como sale de la fábrica. **4.** Cada unidad de un género de cosas de una colección: *una cristalería de setenta y dos piezas.* **5.** Cada habitación de una casa. **6.** Moneda: *pagó con dos piezas de un duro.* **7.** Animal, como objeto de caza o pesca: *se cobró tres piezas.* **8.** Porción de espacio o tiempo. **9.** Objeto, cosa cualquiera. **10.** Cada una de las fichas o figuras que sirven para jugar a las damas, al ajedrez y a otros juegos. **11.** Obra dramática, particularmente la que no tiene más que un acto. **12.** Composición suelta de música vocal o instrumental. **13.** HERÁLD. Elemento decorativo interior del escudo, que no representa ningún objeto. SIN.: *mueble*. **14.** METROL. Unidad de medida de presión (símb. pz), equivalente a la presión uniforme que ejerce una fuerza normal de 1 estenio sobre una superficie plana de 1 m^2. ◇ **De una pieza** Paralizado por el asombro: *se quedó de una pieza*.

piezoelectricidad s.f. Aparición de cargas eléctricas en la superficie de ciertos cuerpos cuando se someten a una con tracción o, inversamente, variación de las dimensiones de estos cuerpos cuando se les aplica una tensión eléctrica.

piezoeléctrico, a adj. Que está dotado de piezoelectricidad: *cuarzo piezoeléctrico*. **2.** Relativo a la piezoelectricidad.

piezómetro s.m. Instrumento que se usa para medir la compresibilidad de los líquidos.

pífano s.m. (del alem. ant. *pfifer*, de *pfifen*, silbar). Flauta pequeña de tono muy agudo, que se usa en las bandas militares; músico que toca este instrumento.

pifia s.f. Golpe en falso que se da con el taco en la bola de billar. **2.** *Fig.* y *fam.* Desacierto, dicho o hecho indiscreto o inoportuno.

pifiar v.tr. e intr. (del alem. ant. *pfifen*, silbar). Cometer una pifia.

pigargo s.m. (lat. *pygargus*, del gr. *pýgargos*, de *pygí*, nalga, y *argós*, blanco). Ave falconiforme de plumaje leonado, cola blanca, que alcanza 2,50 m de envergadura, suele vivir en las costas y se alimenta de peces y aves acuáticas. (Familia accipítridos.)

pigmentación s.f. Formación y acumulación de pigmento en los tejidos, especialmente en la piel.

pigmentar v.tr. Dar color a una cosa con un pigmento. ◆ v.tr. y prnl. Producir una cosa una acumulación de pigmento en un tejido orgánico.

pigmentario, a adj. Relativo al pigmento.

pigmento s.m. (lat. *pigmentum*, colorante, color). Sustancia natural colorante de origen animal o vegetal. **2.** Sustancia insoluble en agua y aceite, natural o artificial, que se agrega a un soporte para colorarlo o hacerlo opaco.

pigmeo, a adj. y s. (lat. *pygmaeus*, del gr. *pygmaios*). De un pueblo nómada africano que vive en la selva ecuatorial cuyos individuos se caracterizan por su corta estatura. Los pigmeos comprenden a los mbuti, towa y binga (República Centroafricana, Gabón, Camerún). ◆ adj. *Fig.* Muy pequeño.

pignoración s.f. Acción y efecto de pignorar. **2.** ECON. Operación consistente en depositar valores mobiliarios, efectos comerciales o monedas como garantía de un préstamo o de un crédito.

pignorar v.tr. Empeñar, dar en prenda.

pignoraticio, a adj. Relativo a la pignoración. **2.** DER. Relativo al contrato de prenda.

pigre adj. Perezoso, holgazán.

pijada s.f. Esp. *Fam.* Dicho o hecho propio de una persona pija. SIN.: *pijería, pijez*. **2.** Esp. *Fam.* Tontería, menudencia. SIN.: *pijería, pijez*.

pijama s.m. (ingl. *pyjamas*, del hindustani *paeŷama*, pantalón bombacho de los mahometanos). Conjunto de camisa y pantalón que se usa para dormir. (En algunos países de América suele usarse en femenino.) **2.** Postre elaborado con helado, flan, nata y frutas.

pijao, pueblo amerindio de lengua chibcha, aniquilado en el s. XVII, que habitaba en la región andina cercana al río Magdalena (Colombia).

pije s.m. Chile y Perú. Cursi.

pijite s.m. Amér. Ave palmípeda acuática, parecida al pato, pero de patas largas y color rojizo oscuro, cuya carne es muy apreciada.

pijo, a adj. y s. Esp. *Desp.* Se dice de la persona que ostenta una posición social y económica alta y tiene una actitud esnob o afectada. ◆ adj. Esp. *Desp.* Relativo a esta persona. ◆ s.m. Esp. Cosa insignificante. **2.** Esp. *Vulg.* Pene.

pijotería s.f. Esp. Dicho o acción que molesta. **2.** Esp. Cosa insignificante.

pijotero, a adj. Esp. Se dice de la persona que molesta o fastidia.

1. **pila** s.f. (del lat. *pila*, pilar, columna). Conjunto de cosas colocadas unas sobre otras: *una pila de leña*. **2.** *Fig.* y *fam.* Montón, gran cantidad. **3.** Aparato que transforma directamente en energía eléctrica la energía desarrollada en una reacción química. **4.** Macizo de fábrica que constituye un apoyo intermedio de un puente. **5.** INFORMÁT. Estructura ordenada de información en forma de lista lineal en la cual todas las inserciones y eliminaciones deben realizarse por un solo extremo. ◇ **Pila atómica** Reactor nuclear. **Pila solar** Dispositivo que transforma directamente una radiación electromagnética en corriente eléctrica.

2. **pila** s.f. (lat. *pila*, mortero, tina). Recipiente hondo destinado a contener agua que cae de una llave o de un caño. ◇ **Pila bautismal** Recipiente generalmente decorado y con pedestal donde se realiza el bautismo en una iglesia o capilla. **Pila de agua bendita** Recipiente generalmente de piedra o mármol situado en la entrada de una iglesia o capilla, que contiene agua bendecida por un sacerdote.

pilada s.f. Pila, montón.

pilagá, pueblo del NE de Argentina, de lengua guaicurú, uno de los subgrupos toba.

pilancón s.m. Marmita de gigante.

pilar s.m. (lat. vulg. *pilare*). Soporte vertical aislado que, a diferencia de la columna, no es necesariamente cilíndrico ni sigue las proporciones de un orden. **2.** Mojón, señal que se pone en los caminos. **3.** *Fig.* Persona o cosa que sirve de amparo, apoyo o protección. **4.** Serie de puntos en forma de barra pequeña de las labores de ganchillo. **5.** ANAT. Nombre que se da a diversas estructuras anatómicas en relación con su función o disposición: *pilares del diafragma*. ◇ **Pilar abandonado** MIN. Macizo de mineral que se deja en el centro de una explotación con el objetivo de impedir los derrumbamientos.

pilastra s.f. (de *pilastrón*, del ital. *pilastrone*). Pilar adosado a una pared.

pilca s.f. Amér. Merid. Pirca.

pilcha s.f. Amér. Merid. Prenda de vestir pobre o en mal estado. (Suele usarse en plural.): *se presentó con unas pilchas espantosas*. **2.** Argent. Prenda de vestir, sobre todo si es elegante y cara. (Suele usarse en plural.): *lucía sus mejores pilchas*. **3.** Argent., Chile y Urug. Prenda del recado de montar.

pilche s.m. Amér. Merid. Vasija de madera o de la corteza seca de un fruto.

píldora s.f. (lat. *pillula*). Medicamento en forma de bolita que se administra por vía oral. **2.** Cualquiera de los anovulatorios con esta presentación. ◇ **Dorar la píldora** *Fam.* Decir una mala noticia o cosa desagradable, pero suavizándola. **Tragarse la píldora** Creerse una mentira.

pileta s.f. Argent. Estanque para bañarse o nadar, piscina. (También *pileta de natación*.) **2.** Argent., Par. y Urug. Fregadero. **3.** Argent. y Urug. Abrevadero. ◇ **Tirarse a la pileta** Argent. *Fam.* Emprender una acción de resultado incierto.

pililo s.m. Argent. y Chile. Persona sucia y andrajosa.

pilífero, a adj. BIOL. Que tiene pelos.

pillada s.f. Pillería.

pillaje s.m. Robo, rapiña.

pillalli s.m. (voz náhuatl). Uno de los cinco tipos de propiedad agraria en el Imperio azteca, referida a las tierras que el tlatoani asignaba a nobles y guerreros como recompensa.

pillar v.tr. (ital. *pigliare*, agarrar). Robar, tomar por la fuerza una cosa. **2.** Alcanzar a alguien o algo que se persigue. **3.** *Fam.* Adquirir o contraer algo: *pillar un resfriado*. **4.** *Fig.* Encontrar, sorprender: *le pillé con las manos en la masa*. **5.** Esp. Atropellar, alcanzar y derribar a alguien una caballería o un vehículo. ◆ v.tr. y prnl. Aprisionar por accidente una cosa a otra al moverse: *pillarse el dedo con la puerta.* ◆ v.intr. Hallarse, estar situado: *la casa pilla muy lejos.*

pillastre s.m. y f. *Fam.* Pillo.

pillear v.intr. *Fam.* Actuar o vivir como un pillo.

pillería s.f. *Fam.* Acción propia de un pillo. **2.** Cualidad de pillo. **3.** *Fam.* Conjunto de pillos.

pilli s.m. (voz náhuatl). Una de las dos categorías especiales de la clase alta del Imperio azteca, que se mantuvo durante el dominio español.

pillo, a adj. y s. Se dice de la persona, especialmente del niño, que comete pequeños engaños en provecho propio, sin intención de daño. **2.** Granuja, persona falta de escrúpulos. **3.** *Fam.* Sagaz, astuto. ◆ s. Niño vagabundo o callejero que comete pequeños delitos.

pillow lava s.f. (voces inglesas). Lava basáltica elipsoidal, de eje mayor de 1 m aprox., superficie vidriosa, resultante de la emisión de lava en fusión bajo el mar.

pilmama s.f. Méx. Nodriza, niñera.

pilme s.m. Chile. Coleóptero negro que produce grandes daños en las huertas.

pilocarpina s.f. Alcaloide extraído del jaborandi, utilizado como colirio para el tratamiento del glaucoma.

1. **pilón** s.m. (cat. *piló*). Pilar, columna, poste. **2.** Pan de azúcar refinado, de forma cónica. **3.** Pesa móvil que se coloca en el brazo mayor de la romana. **4.** Méx. Cantidad extra de una mercancía que el comerciante da como regalo al cliente. ◇ **De pilón** Méx. Por añadidura, por si fuera poco: *nos perdimos y de pilón llovía.*

2. **pilón** s.m. Receptáculo que en las fuentes sirve de abrevadero, lavadero, etc. **2.** Mortero para majar granos u otras cosas.

piloncillo s.m. Méx. Pieza de azúcar moreno en forma de cono truncado.

pilonga s.f. (de *2. pila*). Castaña desecada.

pilono s.m. Puerta monumental situada en la entrada de los templos egipcios.

pilórico, a adj. Relativo al píloro.

píloro s.m. (lat. *pylorus,* del gr. *pylorós,* portero, píloro, de *p̄li,* puerta, y *ora,* vigilancia). ANAT. Orificio que comunica el estómago con el duodeno.

pilosidad s.f. ANAT. Revestimiento piloso del tegumento.

piloso, a adj. Relativo al pelo. **2.** Cubierto de pelos.

1. **pilotaje** s.m. Acción de pilotar un vehículo. ◇ **Pilotaje sin visibilidad (PSV)** Pilotaje de un avión sin visión directa del suelo.

2. **pilotaje** s.m. OBR. PÚBL. Conjunto de pilotes de una obra.

pilotar v.tr. Dirigir como piloto un avión, automóvil, barco, etc.

pilote s.m. (fr. ant. *pilot*). Pieza larga, cilíndrica o prismática, hincada en el suelo para soportar una carga o para comprimir las capas de tierra.

piloto s.m. Persona que gobierna y dirige una embarcación o una aeronave. **2.** Persona que dirige un vehículo en una competición automovilística o motociclística. **3.** Que sirve de modelo o como prueba: *escuela piloto.* **4.** Pequeña lámpara eléctrica de advertencia de diversos aparatos, cuadros de mandos, etc. ◇ **Nombre piloto** Denominación de los distintos tipos de madera adoptada por acuerdo internacional con objeto de obviar las dificultades de las diferentes denominaciones locales. **Pez piloto** Pez pelágico de los mares cálidos, de 20 a 30 cm de long., que suele acompañar a los grandes escualos y a los barcos de marcha lenta y se nutre de desperdicios. **Piloto automático** Dispositivo, generalmente giroscópico, que dirige automáticamente una embarcación o una aeronave sin que intervenga la tripulación. **Piloto de pruebas** Persona que tiene por oficio encargarse de la comprobación de las características y resistencia de un vehículo nuevo.

pilpil s.m. Arbusto de fruto comestible que crece en Chile. (Familia lardizabaláceas.)

pil-pil s.m. **Bacalao al pil-pil** Guiso elaborado con bacalao, aceite, guindillas y ajos, cocido en una cazuela de barro a fuego lento.

pilsen adj. y s.f. Se dice de un tipo de cerveza suave y de color pálido.

piltra s.f. (fr. ant. *peautre,* catre). Esp. *Fam.* Cama, lecho.

piltrafa s.f. Residuos o trozos inaprovechables, especialmente de carne. **2.** *Fig.* Persona de poca consistencia física o moral. **3.** Cosa sin valor.

pilucho, a adj. Chile. Desnudo.

pilum s.m. (voz latina). ANT. ROM. Jabalina utilizada por la infantería romana.

pima, pueblo amerindio agricultor de lengua uto-azteca de América del Norte (S de Arizona y N de Sonora).

pimentero s.m. Planta leñosa de las regiones cálidas cuyo fruto es la pimienta. (Familia piperáceas.) **2.** Recipiente que contiene la pimienta.

pimentón s.m. Polvo que se obtiene de moler pimiento rojo y se usa como condimento.

pimienta s.f. (lat. *pigmenta,* pl. de *pigmentum,* colorante). Fruto del pimentero, que se emplea como condimento. ◇ **Pimienta blanca** Pimienta sin corteza y de un sabor más suave que la negra. **Pimienta negra** Pimienta que conserva su corteza.

pimiento s.m. Esp. Planta herbácea anual, de la que existen numerosas variedades que son cultivadas por sus frutos. (Familia solanáceas.) **2.** Esp. Fruto hueco y carnoso de esta planta. (Existen numerosas variedades de *pimiento*: encarnado largo, pajizo, guindilla, dulce, morrón, choricero, cerecilla, etc.) **3.** Esp. Pimentero. ◇ **Importar a alguien un pimiento algo** Esp. *Fig.* y *fam.* Serle indiferente. **No valer un pimiento** Esp. *Fig.* y *fam.* No valer nada.

pimpampum s.m. Esp. Juego de feria que consiste en derribar muñecos a pelotazos.

pimpante adj. Flamante, satisfecho. **2.** Vistoso, garboso.

pimpina s.f. Venez. Botijo de cuerpo esférico y cuello largo.

pimpinela s.f. (bajo lat. *pimpinella*). Planta herbácea vivaz, de tallos erguidos y flores terminales en densas panículas, empleada en medicina como tónica y diaforética; flor de esta planta. (Familia rosáceas.)

pimplar v.tr. y prnl. Esp. *Fam.* Tomar bebidas alcohólicas, especialmente con exceso.

pimpollo s.m. (de *pino* y *pollo,* animal joven). Vástago o tallo nuevo de las plantas. **2.** Capullo de rosa. **3.** *Fig.* y *fam.* Persona joven y de aspecto atractivo.

pin s.m. (voz inglesa) [pl. *pins*]. Broche decorativo de metal, a menudo publicitario, que se prende en la ropa.

pinabete s.m. (cat. *pinavet,* de *pi,* pino, y *avet,* abeto). Abeto.

pinacate s.m. Coleóptero de color negruzco, hediondo, que suele vivir en lugares húmedos de América Central. (Familia tenebriónidos.)

pináceo, a adj. y s.f. Abietáceo.

pinacle s.m. Juego de naipes que consiste en agrupar cartas correlativas de un mismo palo.

pinacoteca s.f. (lat. *pinacotheca,* gr. *pinakothéke,* de *pínax,* tabla, cuadro, y *théke,* depósito). Museo de pintura.

pináculo s.m. (lat. *pinnaculum*). Terminación apuntada de un capitel o una construcción arquitectónica. **2.** Pequeña pirámide terminal de un contrafuerte o muro, frecuentemente adornada con motivos vegetales. **3.** *Fig.* Apogeo, auge, momento más alto de una cosa inmaterial.

pinar s.m. Terreno plantado de pinos.

pinastro s.m. Pino rodeno.

pinaza s.f. Pinocha o aguja del pino que ha caído al suelo. **2.** MAR. Embarcación de quilla plana, mixta de vela y remo, de tres palos, larga, estrecha y ligera.

pincel s.m. (cat. *pinzell*). Utensilio compuesto por un mechón de cerdas o fibras sujeto al extremo de una varilla y que sirve para pintar, engomar, etc. **2.** *Fig.* Modo de pintar.

◇ **Pincel electrónico** En los tubos de rayos catódicos, haz de electrones que, sometido a la acción de campos eléctricos y magnéticos, barre la pantalla fluorescente.

pincelada s.f. Trazo hecho con el pincel sobre una superficie. **2.** *Fig.* Frase o conjunto de frases con que se define o describe algo de manera breve o concisa.

pinchadiscos s.m. y f. (pl. *pinchadiscos*). Esp. *Fam.* Disc-jockey.

pinchaque s.m. Mamífero perisodáctilo de tamaño inferior al tapir americano que vive en las zonas altas de los Andes. (Familia tapíridos.)

pinchar v.tr. y prnl. Clavar un objeto puntiagudo en un cuerpo poroso: *pinchar una aceituna.* **2.** *Fig.* Incitar a alguien para que haga cierta cosa. **3.** *Fig.* Hacer enojar a alguien. **4.** Esp. Poner discos el disc-jockey. **5.** Intervenir un teléfono para realizar escuchas. **6.** *Fam.* Poner una inyección. ◆ v.intr. Sufrir alguien un pinchazo en una rueda del vehículo en el que transita. **2.** *Fig.* y *fam.* Fallar. ◆ **pincharse** v.prnl. *Fam.* Inyectarse habitualmente una droga.

pinchazo s.m. Acción de pinchar. **2.** Señal que queda al pincharse algo. **3.** Punzadura en un neumático que le produce pérdida de aire. **4.** *Fam.* Dolor intermitente y agudo como el que causa una aguja al clavarse.

pinche s.m. y f. Ayudante de cocina. **2.** Chile. *Fam.* Persona con quien se forma pareja en una relación amorosa informal y de corta duración. ◆ s.m. Chile. *Fig.* y *fam.* Trabajo ocasional. ◆ adj. y s.m. y f. Méx. *Vulg.* Se dice de lo sumamente desagradable, despreciable o de pésima calidad: *¡qué pinche frío hace!; estos pantalones están pinches.*

pinchito s.m. Esp. Manjar de poco volumen que se toma como aperitivo, generalmente pinchándolo con un palillo.

pincho s.m. Punta aguda de cualquier cosa. **2.** Varilla con punta aguda. **3.** Esp. Pinchito. ◇ **Pincho moruno** Esp. Varilla larga preparada con trozos de carne insertados, que se asan y se sirven como aperitivo.

pinchudo, a adj. Que tiene pinchos o púas.

pindongo, ga s. Esp. *Fam.* Persona que pindonguea.

pindonguear v.intr. Esp. *Fam.* Ir a muchas fiestas o pasar mucho tiempo fuera de casa para divertirse.

pineal adj. (del lat. *pinea,* piña). Relativo a la epífisis. ◇ **Glándula pineal** Epífisis.

pineda s.f. Pinar.

pinedo s.m. Amér. Merid. Pinar.

pineno s.m. Hidrocarburo terpénico, componente principal de la esencia de trementina.

pingajo s.m. Esp. Trozo desgarrado que cuelga de algo. **2.** Esp. *Fig.* y *fam.* Persona poco aseada y mal vestida. SIN.: *pingo.*

pingo s.m. Argent., Chile y Urug. Caballo. **2.** Esp. Pingajo. **3.** Esp. *Fig.* Vestido de poca calidad. **4.** Esp. *Fig.* y *fam.* Prostituta. **5.** Méx. Muchacho travieso.

pingonear v.intr. *Fam.* Pasar mucho tiempo fuera de casa, en la calle, los bares, etc., para divertirse.

pingorota s.f. Parte más alta de una cosa.

ping-pong s.m. Deporte que se practica en una mesa rectangular y es parecido al tenis.

pingüe adj. (lat. *pinguis,* gordo). Graso, mantecoso. **2.** *Fig.* Abundante, cuantioso: *pingües beneficios.*

pingüinera s.f. Argent. Lugar de la costa donde se agrupan los pingüinos en época de nidificación y cría.

pingüino s.m. Ave caradriforme extinguida, piscívora, que vivía en acantilados del Atlántico septentrional. (Familia álcidos.) ◇ **Pingüino antártico** *Por ext.* Pájaro bobo.

pingullo s.m. Flauta usada por los aborígenes de Ecuador, Perú y Bolivia.

pinitos s.m.pl. Primeros pasos del niño. **2.** *Por ext.* Progresos de un convaleciente. **3.** *Fig.* Intentos de realizar una actividad en la que todavía no se tiene experiencia.

pinnado, a adj. BOT. Se dice de la hoja compuesta de folíolos dispuestos en ambos lados del pecíolo, como las barbas de una pluma.

pinnípedo, a adj. y s.m. Se dice del mamífero carnívoro acuático, de cuerpo fusiforme y extremidades convertidas en aletas como la foca, la morsa y el otario.

pínnula s.f. Folíolo de un helecho.

1. **pino** s.m. (lat. *pinus*). Árbol conífero de hojas en forma de aguja, dispuestas en grupos de 2, 3 o 5 y persistentes en invierno. (La madera de algunas especies se utiliza en carpintería y construcción *[pino rodeno, pino albar]*, otras especies se explotan para la reforestación *[pino de Austria]*, para la fijación de las dunas *[pino marítimo]*, etc.; familia abietáceas.) **2.** Madera de este árbol. ◇ **En el quinto pino** Esp. *Fig.* y *fam.* Muy lejos. **Hacer el pino** Esp. *Fig.* Situarse en posición vertical con las manos apoyadas en el suelo y las piernas levantadas. **Pino araucaria,** o **brasileño,** o **misionero,** o **Paraná** Árbol de crecimiento rápido que vive en algunas zonas de Brasil y Argentina. (Familia araucariáceas.) **Pino chileno** Árbol conífero de unos 40 m de alt., localizado principalmente en Chile, de madera apreciada y piñones comestibles. (Familia araucariáceas.)

pino

El fruto del pino es un cono cuyas escamas se lignifican cuando está maduro (piña); cada escama consta de dos semillas en su parte superior. Los pinos autóctonos de la península Ibérica son: el *pino carrasco, blanco* o *de Alepo*; el *pino piñonero, doncel, manso* o *real*; el *pino rodeno* o *marítimo*, llamado también *pinastro*; el *pino negral, cascalbo, pudio, salgareño* o *de Cuenca*; el *pino albar, silvestre, blanquillo* o *rojo*, y el *pino negro*. En las islas Canarias crece el *pino canario*. Entre los principales pinos americanos se encuentran: el *pino de Monterrey* y el *pino del azúcar*, del N de México; el *pino de Moctezuma* y el *pino ayalcahuite*, de México y Guatemala; el *pino de sierra Maestra*, de las islas del Caribe, y el *pino colorado de Guatemala*, el más meridional de los pinos americanos que crece desde México hasta el S de Nicaragua.

2. **pino** s.m. Chile. Relleno de la empanada de horno, compuesto de carne picada, huevo duro, cebolla, pasas y aceitunas.

3. **pino, a** adj. Muy empinado o erguido.

pinocha s.f. Hoja del pino.

pinocitosis s.f. BIOL. Inclusión de pequeñas cantidades de un líquido en una célula, tomadas del medio ambiente exterior de la célula.

pinol o **pinole** s.m. Amér. Central y Méx. Harina de maíz tostada, que suele mezclarse con cacao, azúcar y canela para preparar una bebida refrescante.

pinolillo s.m. Hond. Bebida refrescante preparada con pinol, azúcar, cacao y canela. **2.** Méx. Insecto ácaro muy pequeño y de color rojo, cuya picadura es muy irritante y molesta.

pinsapo s.m. (de *pino* y el prerromano *sappus,* abeto). Árbol de corteza blanquecina, hojas aciculares y piñas derechas, más gruesas que las del abeto. (Familia abietáceas.)

pinscher s.m. y adj. (voz alemana) [pl. *pinschers*]. Perro de una raza de origen alemán, de pelo corto negro amarronado, utilizado como animal de compañía.

1. **pinta** s.f. Mota, lunar. **2.** *Fig.* y *fam.* Aspecto o apariencia de una persona o cosa. ◆ s.m. y f. Esp. *Fam.* Pícaro, sinvergüenza. ◇ **Irse de pinta** Méx. Faltar uno a la escuela o al trabajo para ir a divertirse.

2. **pinta** s.f. Unidad de medida de capacidad equivalente a 0,47 l en EUA y 0,568 l en Gran Bretaña.

pintada s.f. Acción de pintar un texto o dibujo, generalmente de contenido político o social, en la pared de un lugar público. **2.** Texto o dibujo, generalmente de contenido político o social, pintado en la pared de un lugar público. **3.** Ave gallinácea originaria de África, aclimatada en el mundo entero, cuya forma doméstica, de plumaje negruzco punteado de blanco, se cría por su carne. (La pintada grazna; familia fasiánidos.)

pintado, a adj. Que tiene diversos colores. **2.** Que tiene pintas, lunares. <> **El más pintado** *Fam.* El más experto, hábil.

pintalabios s.m. Esp. Cosmético para colorear los labios.

pintamonas s.m. y f. (pl. *pintamonas*). Esp. *Desp.* Pintor poco hábil.

pintar v.tr. (del lat. *pingere*). Representar algo mediante líneas y colores. **2.** Cubrir de pintura la superficie de algo. **3.** *Fig.* Describir, representar por la palabra o la escritura algo. ◆ v.intr. Ser triunfo el palo de una baraja. ◆ v.intr. y prnl. *Fam.* Empezar a verse la cualidad de algo: *este asunto pinta bien.* **2.** Tener alguien importancia o significación en un asunto, situación, etc. (Generalmente en construcciones negativas.) ◆ **pintarse** v.prnl. Ponerse maquillaje en el rostro. **2.** Manifestarse cierta expresión en el rostro: *la angustia se pintó en su cara.* <> **Pintarse solo para algo** *Fam.* Tener habilidad para lo que se expresa.

pintarrajear v.tr. y prnl. *Fam.* y *desp.* Pintar o pintarse de cualquier forma o excesivamente. SIN.: *pintarrajar.*

pintarrajo s.m. *Fam.* y *desp.* Pintura mal hecha.

pintarroja s.f. Escualo de pequeño tamaño y piel rasposa que vive en las costas atlánticas y mediterráneas. SIN.: *lija.*

pintiparado, a adj. (de *pinto y parado*). Esp. Que es adecuado, a propósito.

pintiparar v.tr. *Fam.* Comparar.

pinto, a adj. Se dice del animal que tiene manchas de varios colores, como el caballo, la vaca, etc.

pintor, ra s. (del lat. *pictor*). Artista que se dedica a la pintura. **2.** Persona que tiene por oficio pintar paredes, techos, etc.

pintoresco, a adj. (ital. *pittoresco*). Que es digno de ser pintado, por su belleza, variedad, etc. **2.** Que llama la atención por su tipismo. **3.** *Fig.* Se dice de la persona, situación, tema, etc., que es extravagante u original.

pintura s.f. (lat. *pictura*). Arte de pintar. **2.** Obra pintada. **3.** Materia con que se pinta. <> **No poder ver ni en pintura** *Fig.* y *fam.* Sentir aversión o antipatía hacia alguien o algo.

pinturero, a adj. y s. Esp. Se dice de la persona que cuida exageradamente su vestido y arreglo.

pínula s.f. Placa de metal de los instrumentos ópticos y topográficos, provista de un orificio y que sirve para dirigir visuales.

pinyin s.m. (del chino *hanyu pinyin zimu,* sistema de deletreo de esta lengua). Sistema de transcripción fonética de los ideogramas chinos, adoptado oficialmente en China en 1958.

pinza s.f. (fr. *pinces,* tenazas, pinza, de *pincer,* agarrar con tenazas, pellizcar). Instrumento formado por dos brazos que se aproximan al presionarlos con los dedos y se usa para agarrar o sujetar cosas. (Suele usarse en plural.) **2.** Pliegue triangular que se cose en una prenda para adaptarla mejor a la figura. **3.** Instrumento de madera o plástico que se usa para sujetar la ropa tendida. (Suele usarse en plural.) **4.** ZOOL. Cualquiera de las piezas móviles, opuestas, dispuestas simétricamente y con función prensora, que poseen algunos animales.

pinzamiento s.m. Compresión de un órgano o de una parte interna del cuerpo entre dos superficies.

pinzar v.tr. Sujetar con pinza. **2.** Tomar una cosa con los dedos en forma de pinza.

pinzón s.m. Ave seriforme canora que vive en Europa occidental, de plumaje azul y verde con zonas negras y cuello rojo. (El pinzón gorjea; familia fringílidos.)

piña s.f. (lat. *pinea*). Fruto del pino y otras coníferas, de forma ovalada, que se compone de piezas triangulares leñosas. **2.** Ananá. **3.** Argent. y Urug. *Fam.* Trompada, puñetazo. **4.** Esp. *Fig.* Conjunto de personas o cosas unidas estrechamente.

piñada s.f. Esp. *Vulg.* Dentadura.

piñata s.f. (ital. *pignatta,* olla). Juego que consiste en golpear con un palo un recipiente lleno generalmente de dulces o juguetes, llevando los ojos vendados. **2.** Recipiente que se utiliza en este juego.

1. **piñón** s.m. (de *piña*). Semilla del pino, comestible en el pino piñonero. <> **Estar a partir un piñón con alguien** *Fig.* y *fam.* Llevarse muy bien con alguien, tener una relación muy estrecha y armoniosa.

2. **piñón** s.m. (fr. *pignon*). Rueda pequeña dentada de un sistema de transmisión de movimiento, en la que engrana una cadena de eslabones soldados o articulados: *piñón de bicicleta.* **2.** La menor de las ruedas dentadas de un engranaje.

piñonero, a adj. Se dice del pino que da piñones comestibles.

piñuela s.f. Gálbula del ciprés.

1. **pío** Onomatopeya de la voz de las aves. <> **No decir ni pío** *Fam.* Guardar silencio absoluto.

2. **pío, a** adj. (lat. *pius,* piadoso). Devoto, piadoso.

3. **pío, a** adj. (fr. *pie,* urraca). Se dice del caballo o de la vaca de capa blanca con manchas negras, alazanas o castañas de gran tamaño.

piocha s.f. (fr. *pioche*). Especie de pico o zapapico que se usa en albañilería. **2.** Méx. Barba terminada en punta que cubre únicamente la barbilla.

piodermitis s.f. MED. Lesión cutánea infecciosa con formación de pus y costras. SIN.: *piodermatitis.*

piógeno, a adj. PATOL. Que provoca la formación de pus.

piojillo s.m. Artrópodo de tamaño muy pequeño.

piojo s.m. (del lat. *pediculus,* dim. de *pedis*). Insecto sin alas de unos 2 mm de long., que vive como parásito de los mamíferos, chupando su sangre y fijando sus huevos *(liendres)* en la base de los pelos. <> **Piojo de mar** Crustáceo de 3 a 4 cm de long., que vive como parásito de las ballenas y de otros grandes mamíferos marinos.

piojoso, a adj. y s. Que tiene piojos. **2.** *Fig.* Que actúa de forma mezquina o despreciable. **3.** Que no está aseado y viste con ropa vieja y sucia.

piojuelo s.m. Pulgón.

piola s.f. Amér. Soga, cuerda. **2.** Argent., Chile y Perú. Bramante. ◆ adj. Argent. Astuto, pícaro. **2.** Argent. y Urug. *Fam.* Agradable, simpático.

piolet s.m. (fr. *piolet*). Bastón de alpinista que se usa para asegurar los movimientos sobre el hielo o la nieve.

piolín s.m. Amér. Cordel delgado de cáñamo, algodón u otra fibra.

pion s.m. Partícula elemental (π) que posee una carga eléctrica positiva o negativa igual a la del electrón, o eléctricamente neutra, y cuya masa equivale a 273 veces la del electrón.

pionero, a s. (fr. *pionnier*). Persona que realiza las primeras investigaciones en un campo del saber que serán seguidas por otros posteriormente. **2.** Persona que explora territorios desconocidos. **3.** Miembro de una organización juvenil con fines políticos y educativos, dirigida por el Partido comunista, en la URSS.

pionia s.f. Semilla del bucare, parecida al frijol, que se usa para confeccionar collares y pulseras, especialmente en Venezuela.

piorno s.m. Planta papilionácea, como el piorno azul, el piorno amarillo, el piorno fino y el piorno serrano.

piorrea s.f. MED. Flujo de pus, especialmente en las encías.

1. **pipa** s.f. (lat. vulg. *pipa,* flauta, del lat. *pipare,* piar). Utensilio formado por una cazoleta y una boquilla que se emplea para fumar. **2.** Cantidad de tabaco contenida en la cazoleta. **3.** Tubo, conducto: *pipa de alimentación.* **4.** *Vulg.* Pistola. **5.** Tonel de madera usado para guardar líquidos, especialmente aceite y vino. **6.** Méx. Camión con un depósito muy grande para transportar líquidos: *una pipa de gasolina.* <> **Pasárselo pipa** Esp. *Fam.* Pasárselo muy bien, divertirse mucho.

2. **pipa** s.f. C. Rica. Fruto completo del cocotero con su corteza exterior e interior. **2.** C. Rica. *Fig.* y *fam.* Cabeza. **3.** Esp. Pepita, simiente. **4.** Esp. Simiente de girasol, que se come generalmente tostada. (Suele usarse en plural.)

pipe-line o **pipeline** s.m. (ingl. *pipeline*). Canalización para el transporte a grandes distancias de gas (gasoducto), líquidos (petróleo) [oleoducto] o sólidos pulverizados.

piperáceo, a adj. y s.f. Relativo a una familia de plantas dicotiledóneas apétalas cuyo fruto es una baya seca o carnosa, como el pimentero.

pipería s.f. Conjunto de pipas, toneles.

piperina s.f. Alcaloide extraído de la pimienta.

pipermint o **pipermín** s.m. (ingl. *peppermint*). Licor de menta.

piperonal s.m. Heliotropina.

pipeta s.f. Tubo de cristal abierto por ambos extremos, que sirve para trasvasar pequeñas cantidades de líquido en los laboratorios.

pipí s.m. Orina, en el lenguaje infantil.

pipián s.m. Méx. Salsa elaborada con pepitas de calabaza tostadas y molidas o maíz con achiote, que se usa para adobar carnes: *pollo en pipián.*

pipil, pueblo amerindio recolector del grupo nahua, familia lingüística uto-azteca (El Salvador y Guatemala).

pipilla s.f. Méx. Pava, hembra del guajolote.

pipiol s.m. Méx. Dulce elaborado con harina, que tiene forma de hojuela.

1. **pipiolo, a** s. *Fam.* Persona joven e inexperta.

2. **pipiolo, a** adj. y s. Relativo a un grupo político chileno creado en 1823; miembro de este grupo. (Demócratas liberales, mantuvieron una pugna constante con los pelucones, conservadores, y los estanqueros, moderados.)

pipirigallo s.m. Planta herbácea de flores rosadas que recuerdan la cresta del gallo, muy apta para prados de pasto. (Familia papilionáceas.)

pipiritaña s.f. Flautilla hecha con la caña de un cereal. SIN.: *pipitaña.*

pipón, na adj. Amér. Barrigudo. **2.** Argent. y Urug. Harto de comida.

pipudo, a adj. *Fam.* Excelente, inmejorable.

pique s.m. Resentimiento, disgusto. **2.** Rivalidad o competencia. **3.** Argent. En competencias y refiriéndose a animales y automotores, aceleración. **4.** Argent., Nicar. y Par. Camino que se abre en el bosque o la selva con el machete. **5.** Chile. Juego infantil con canicas o monedas. **6.** Chile y Hond. Socavón hecho en un monte con fines mineros. ◇ **A los piques** Argent. *Fam.* Apresuradamente. **Echar a pique** Hacer que se hunda una embarcación; *Fig.* hacer fracasar algo. **Irse a pique** Hundirse en el agua una embarcación; *Fig.* fracasar o acabarse algo.

piqué s.m. (fr. *piqué*). Tejido de algodón con dibujos en cordoncillos o relieves.

piquera s.f. Abertura de la colmena por la que las abejas entran o salen. **2.** Abertura de los hornos altos por donde sale el metal fundido.

piqueta s.f. (de *pica*). Herramienta de albañil, con mango de madera y dos bocas opuestas, una plana y otra afilada.

piquete s.m. (de *2. pico*). Estaquilla puntiaguda que se clava en la tierra para diversos usos. **2.** Grupo reducido de activistas dedicados a la agitación política y social, y especialmente el que intenta imponer o mantener una huelga. **3.** Méx. Cantidad de licor que se agrega al café y a otras bebidas. **4.** MIL. Grupo poco numeroso de soldados que interviene en algunos servicios extraordinarios: *piquete de ejecución.*

piquillín s.m. Árbol de América Meridional de cuyo fruto se hace arrope y aguardiente. (Familia ramnáceas.)

piquituerto s.m. Ave paseriforme granívora, de unos 18 cm de long. y pico grande, que vive en los bosques de coníferas de las montañas del hemisferio norte.

1. **pira** s.f. (lat. *pyra,* del gr. *pyrá,* de *pyr, -rós,* fuego). Hoguera en la que se quemaba antiguamente a las víctimas de los sacrificios y los cadáveres. **2.** *Por. ext.* Hoguera. **3.** HERÁLD. Pieza triangular cuya base, de dos tercios de la anchura del escudo, está en la punta, y el vértice opuesto en el centro del jefe. SIN.: *punta.*

2. **pira** s.f. (de *pirar*). Fuga, huida. ◇ **Ir de pira** *Fam.* No asistir a clase; ir de fiesta.

piragua s.f. Embarcación ligera, larga, estrecha y de fondo plano, movida por remos o a vela. **2.** Planta trepadora de hojas grandes lanceoladas, que crece en América Meridional. (Familia aráceas.)

piragüismo s.m. Deporte que se practica con la piragua.

piragüista s.m. y f. Persona que practica el piragüismo.

piral s.m. (del gr. *pyrallís*). Pirausta. ◇ **Piral de la vid** Insecto lepidóptero cuya oruga ataca la vid.

piramidal adj. Que tiene forma de pirámide. ◇ **Haz piramidal** ANAT. Conjunto de fibras nerviosas que transmiten las órdenes de la motricidad voluntaria del córtex cerebral a la médula espinal.

pirámide s.f. (lat. *pyramis, -idis,* del gr. *pyramís*). Monumento funerario de grandes dimensiones, de base cuadrangular y cuatro caras triangulares que se juntan en un vértice común, donde se enterraba a los faraones del antiguo Egipto. **2.** En América Central precolombina, monumento de forma parecida, cuya cima cortada forma una plataforma donde se erige un templo. **3.** MAT. Cuerpo geométrico formado por un polígono plano *(base)* y caras triangulares *(caras laterales)* que tienen por base los diferentes lados del polígono y un vértice común *(vértice)*. ◇ **Pirámide de edades,** o **de población** Representación gráfica de la distribución por edades y sexos de un grupo de individuos en un momento determinado. **Pirámide de Malpighi** ANAT. Estructura cónica que forma la sustancia medular del riñón. **Pirámide regular** Pirámide que tiene por base un polígono regular y cuyas caras son triángulos isósceles iguales.

pirámide

La pirámide egipcia, tumba faraónica, era el centro de un complejo funerario que comprendía, además, dos templos unidos por una calzada. De dimensiones gigantescas (146,60 m de altura, la de Keops) y perfectamente orientada, simbolizaba la escalera que llevaba al faraón hacia Ra, dios del sol. Son célebres las de Gizeh (Keops, Kefrén y Mikerinos). Las civilizaciones precolombinas construyeron un tipo de pirámide escalonada entre los ss. IV y XVI, sobre la que se alzaba un templo, que servía de nexo entre la divinidad y el ser humano.

pirano s.m. Compuesto heterocíclico cuya fórmula hexagonal comporta un átomo de oxígeno.

piraña s.f. Caribe, pez.

pirar v.intr. y prnl. (voz caló). Esp. *Fam.* Largarse, irse. ◇ **Pirárselas** Esp. *Fam.* Irse, fugarse.

pirata adj. (lat. *pirata,* del gr. *peiratís,* bandido, de *peiran,* aventurarse). Relativo a la piratería o al pirata. **2.** Clandestino, no autorizado: *emisora pirata.* ◆ s.m. y f. Persona que asalta y roba embarcaciones en el mar. **2.** *Fig.* y *fam.* Persona que saca provecho del trabajo de los demás, que se apropia de obras ajenas. ◇ **Pirata aéreo,** o **del aire** *Por ext.* Persona que secuestra un avión y generalmente desvía su rumbo. **Pirata informático** *Por ext.* Persona que copia ilegalmente software comercial; persona que, burlando los dispositivos informáticos de seguridad, accede a un sistema para cuyo uso no está autorizado.

piratear v.intr. Cometer piraterías. **2.** Cometer delitos contra la propiedad intelectual (copiar una idea, reproducir ilegalmente un disco compacto, un programa informático, etc.). **3.** INFORMÁT. Acceder ilegalmente a un sistema informático para modificar o copiar sus informaciones.

piratería s.f. Acción del pirata. **2.** Robo o destrucción de los bienes ajenos.

pirático, a adj. Relativo al pirata o a la piratería.

pirausta s.f. Insecto lepidóptero, una de cuyas especies es perjudicial para las plantas forrajeras. (Familia pirálidos.) SIN.: *piral.*

pirca s.f. (quechua *pírka,* muro, pared). Amér. Merid. Tapia de piedras sin tallar que suele acotar las propiedades en el campo.

pirco s.m. (araucano *pídku*). Chile. Guiso elaborado con porotos, choclo y zapallo.

pirenaico, a adj. y s. De los Pirineos.

pirenomicetal adj. y s.m. Relativo a un orden de hongos ascomicetes con peritecios en forma de masa bien definida.

pirético, a adj. Relativo a la fiebre.

pirexia s.f. (del gr. *pys, pyrós,* fuego, y *éxis,* estado). MED. Fiebre elevada.

pirgüín s.m. Gusano parásito del hígado del ser humano y de numerosos mamíferos. **2.** Enfermedad producida por este parásito. **3.** Chile. Sanguijuela que vive en los remansos de los ríos y que penetra en el intestino de los animales, causándoles generalmente la muerte.

piridina s.f. Compuesto heterocíclico (C_5H_5N), presente en la composición del alquitrán de hulla.

piridoxina s.f. Vitamina B6.

piriforme adj. Que tiene forma de pera.

pirimídico, a adj. Se dice de una base nitrogenada derivada de una pirimidina, que está presente en la composición de los ácidos nucleicos.

pirimidina s.f. Compuesto heterocíclico ($C_4H_4N_2$), presente en la composición de las bases pirimídicas.

pirincho, a adj. Argent. Se dice del pelo levantado y tieso. ◆ s.m. Argent., Par. y Urug. Ave trepadora de plumaje marrón acanelado, desordenadamente erguido en el cuello y la cabeza.

pirinola s.f. Méx. Perinola.

piripi adj. Esp. *Fam.* Borracho.

pirita s.f. Sulfuro metálico, especialmente sulfuro de hierro (FeS_2).

pirobo s.m. Argent. *Argot.* Coito.

piroclástico, a adj. Se dice de la roca formada por acumulación de materiales volcánicos fragmentados.

piroelectricidad s.f. Polarización eléctrica de ciertos cristales por la acción de un cambio de temperatura.

pirófita s.f. Especie vegetal resistente a los incendios o cuya germinación necesita el calor del fuego.

pirofórico, a adj. QUÍM. Que se inflama espontáneamente en el aire.

piróforo s.m. (del gr. *pys, pyrós,* fuego, y *phérein,* llevar). Sustancia que se inflama espontáneamente en contacto con el aire.

pirofosfórico, a adj. QUÍM. Se dice del ácido ($H_4P_2O_7$) que resulta de la pérdida de una molécula de agua por el ácido fosfórico más estable.

pirogálico, a adj. **Ácido pirogálico** Pirogalol.

pirogalol s.m. Fenol derivado del benceno, utilizado como revelador fotográfico. SIN.: *ácido pirogálico.*

pirogenación s.f. Reacción química producida por la acción de una temperatura elevada.

pirógeno, a adj. MED. Se dice de la sustancia que provoca fiebre.

pirograbado s.m. Procedimiento de grabado en madera, cuero o vidrio, realizado con una punta metálica incandescente. SIN.: *pirografía.*

pirograbador, ra s. Persona que tiene por oficio pirograbar.

pirograbar v.tr. Adornar con pirograbado.

pirografía s.f. Pirograbado.

pirógrafo s.m. Aparato eléctrico utilizado en pirograbado para trabajar diversos materiales (madera, cobre, marfil, hueso, etc.).

piroleñoso, a adj. QUÍM. Se dice de un ácido o una mezcla ácida obtenidos por destilación de la madera.

pirólisis s.f. Descomposición química obtenida por calentamiento sin catalizador.

pirolusita s.f. (del gr. *pys, pyrós,* fuego, y *lýsis,* descomposición). Bióxido natural de manganeso (MnO_2), de color negro.

piromancia o **piromancía** s.f. (lat. *pyromantia,* del gr. *pyromanteía,* de *pys, pyrós,* fuego, y *manteía,* adivinación). Método de adivinación a partir del color, chasquido, movimiento, etc., de la llama de fuego.

piromanía s.f. Tendencia patológica a provocar incendios.

pirómano, a s. y adj. Se dice de la persona que padece piromanía.

pirometría s.f. Medición de temperaturas muy elevadas.

pirómetro s.m. Instrumento para medir temperaturas muy elevadas.

piromusical adj. Se dice del espectáculo que combina la pirotecnia con la música.

piropear v.tr. Decir piropos.

piropo s.m. (lat. *pyropus,* aleación de cobre y oro, del gr. *pyropos,* semejante al fuego). Lisonja, alabanza dicha a una persona, especialmente el cumplido halagador dirigido a una mujer.

pirosis s.f. Sensación de ardor que sube a lo largo del esófago, desde el epigastrio hasta la faringe.

pirosulfúrico, a adj. Se dice del ácido ($H_2S_2O_7$) que se obtiene calentando el ácido sulfúrico.

pirotecnia s.f. Arte y técnica de la fabricación y utilización de explosivos y fuegos artificiales; lugar donde se fabrican composiciones pirotécnicas.

pirotécnico, a adj. Relativo a la pirotecnia. ◆ s. Persona que tiene por oficio fabricar o utilizar explosivos y fuegos artificiales. ◇ **Composiciones pirotécnicas** Mezclas que sirven para producir fuegos artificiales.

piroxeno s.m. (fr. *piroxène*). Silicato de hierro, magnesio, calcio y a veces aluminio, presente en las rocas eruptivas y metamórficas.

piroxilado, a adj. Se dice de los explosivos que contienen nitrocelulosa.

piroxilo s.m. Producto resultante de la acción del ácido nítrico en una materia celulósica (madera, papel, etc.).

pirquén s.m. Chile. Mina de carbón pequeña. ◇ **Trabajar al pirquén** Trabajar tal como el operario quiera, pagando lo convenido al dueño de la mina.

pirquinero, a s. Chile. Persona que trabaja al pirquén.

pirrar v.tr. *Fam.* Gustar algo o alguien mucho: *los dulces me pirran.* ◆ **pirrarse** v.prnl. *Fam.* Desear con vehemencia algo o a alguien: *pirrarse por los dulces.*

pírrico, a adj. (gr. *pyrríkhi,* nombre de una danza guerrera de la antigüedad). Se dice del triunfo o de la victoria que conlleva más graves daños para el vencedor que para el vencido.

pirrol s.m. Compuesto heterocíclico (C_4H_5N) que contiene un ácido de nitrógeno y se extrae del alquitrán de hulla. (Numerosas moléculas coloradas, como la clorofila y la hemoglobina, contienen núcleos *pirrol.*)

pirrólico, a adj. Relativo al pirrol.

pirrónico, a adj. y s. Relativo al pirronismo. SIN.: *pirroniano.*

pirronismo s.m. Doctrina escéptica del filósofo Pirrón.

pirrotina s.f. Sulfuro natural de hierro (FeS), ferromagnético.

pirú o **pirul** s.m. Méx. Árbol de tronco tortuoso, ramillas colgantes, flores pequeñas y amarillas, fruto globoso y semilla de sabor parecido al de la pimienta. (Familia anacardiáceas.)

pirueta s.f. (fr. *pirouette*). Giro completo que se da sobre la punta o el talón de un solo pie, sin cambiar de lugar, especialmente el que hace el bailarín en una coreografía. **2.** *Fig.* Salida airosa de una situación difícil, incómoda o comprometida. ◇ **Pirueta al,** o **en el, aire** Salto en cuyo transcurso el bailarín efectúa una, dos o tres vueltas completas sobre sí mismo.

piruetear v.intr. Hacer piruetas.

pirujo, a adj. Guat. Hereje, incrédulo. ◆ s.f. Argent. Mujer de clase media que pretende aparentar refinamiento. **2.** Méx. Prostituta.

pirul s.m. Méx. → **pirú.**

pirulí s.m. Caramelo atravesado por un palito que sirve de mango.

pis s.m. *Fam.* Orina.

pisa s.f. Acción de pisar, apretar o estrujar con los pies. **2.** Pisado. **3.** Cantidad de aceituna o uva que se estruja de una vez para extraer el jugo. **4.** Cuba. En los ingenios azucareros, lugar donde el buey pisa y prepara el barro destinado a purificar el azúcar; barro preparado de esta manera.

pisada s.f. Acción de pisar al andar. **2.** Huella dejada por el pie en el suelo al pisar.

pisadero s.m. Argent. Lugar donde se pisa el barro destinado a la producción de adobes.

pisado s.m. Operación que consiste en aplastar y romper los granos de uva antes de la fermentación (vino tinto) o del prensado (vino blanco). SIN.: *pisa.*

pisano, a adj. y s. De Pisa.

pisapapeles s.m. (pl. *pisapapeles*). Objeto pesado que se pone sobre los papeles para que no se muevan.

pisar v.tr. (lat. vulg. *pinsare,* del lat. clásico *pinsere,* golpear, machacar). Poner un pie sobre algo o alguien. **2.** Poner alternativamente los pies en el suelo al andar. **3.** Apretar o estrujar algo con los pies o con algún instrumento adecuado: *pisar las uvas.* **4.** Cubrir el ave macho a la hembra, especialmente en las palomas. **5.** *Fig.* Cubrir una cosa parte de otra. **6.** *Fig.* Entrar en un lugar, estar en él. **7.** *Fig.* Anticiparse a obtener o realizar lo que otro pretendía: *me ha pisado la colocación.* **8.** *Fig.* Humillar con desprecio o desconsideración: *no se deja pisar por nadie.*

pisaverde s.m. *Fam.* Hombre muy preocupado por su arreglo personal que busca aventuras amorosas constantemente.

piscardo s.m. Pez de agua dulce, de pequeño tamaño, común en acuarios y peceras. (Familia ciprínidos.)

piscícola adj. Relativo a la piscicultura.

piscicultor, ra s. Persona que se dedica a la piscicultura.

piscicultura s.f. Técnica de criar peces y mariscos en un río, estanque, vivero, etc.

pisciforme adj. Que tiene forma de pez.

piscina s.f. (lat. *piscina*). Estanque construido para bañarse o nadar. GEOSIN.: Argent. *pileta;* Méx. *alberca.*

piscis adj. y s.m. y f. (pl. *piscis*). Se dice de la persona nacida entre el 19 de febrero y el 20 de marzo, bajo el signo de Peces o Piscis. (Suele escribirse con mayúscula.)

piscívoro, a adj. Que se alimenta de peces.

pisco s.m. Bol., Chile y Perú. Aguardiente de uva fabricado originariamente en Pisco. **2.** Colomb. y Venez. Pavo, ave gallinácea. <> **Pisco sauer** Bol., Chile y Perú. Cóctel elaborado con pisco, jugo de limón, azúcar y hielo picado.

piscolabis s.m. Amér. Trago de aguardiente que suele tomarse como aperitivo. **2.** Esp. *Fam.* Refrigerio o aperitivo que se hace entre las comidas principales.

pisiforme s.m. ANAT. Hueso del carpo.

piso s.m. Superficie por la que se anda, especialmente la del interior de un edificio. SIN.: *suelo.* **2.** Cada una de las partes en que se divide horizontalmente un edificio, situadas en diferentes planos. **3.** Capa de cosas superpuestas. **4.** Suela del calzado. **5.** Esp. Departamento, vivienda. **6.** GEOL. Cada una de las divisiones estratigráficas fundamentales constituidas por formaciones o capas correspondientes a una misma edad geológica.

pisolita s.f. GEOL. Concreción calcárea de estructura concéntrica y el tamaño superior a 2 mm.

pisolítico, a adj. Que contiene pisolitas.

pisón s.m. En las fundiciones, instrumento manual que tiene una extremidad ancha y plana, con el que se apisona o aprieta la arena en la parte exterior del molde. **2.** Instrumento pesado y grueso que sirve para apretar o apisonar tierra, asfalto, piedras, capas de hormigón y para asentar adoquines.

pisotear v.tr. Pisar algo repetidamente, estropeándolo o destrozándolo. **2.** *Fig.* Humillar, tratar injustamente o con desconsideración. **3.** *Fig.* Infringir o desobedecer alguna ley o precepto.

pisoteo s.m. Acción de pisotear.

pisotón s.m. Pisada fuerte, especialmente sobre el pie de alguien.

pispar v.tr. Argent. *Fam.* Pispear.

pispear o **pispiar** v.tr. Amér. Merid. Espiar.

pista s.f. (ital. *pista,* de *pesta,* huellas). Rastro que deja una persona o un animal. **2.** *Fig.* Indicio o señal que sirve de guía u orientación para descubrir o averiguar algo. **3.** Extensión de terreno de un aeropuerto en el que los aviones despegan y aterrizan. **4.** Parte descubierta de una estación de servicio donde los vehículos se abastecen de gasolina o son revisados. **5.** Superficie, generalmente circular, que se utiliza como escenario en un circo o como espacio para bailar. **6.** Camino forestal. **7.** Recorrido de una carrera deportiva, convenientemente preparado y señalizado para su celebración. **8.** Lugar donde se celebra una prueba deportiva. **9.** TECNOL. Elemento lineal de un soporte móvil de informaciones grabadas (banda magnética, disco). <> **Pista sonora** Parte de la banda magnética que sirve para grabar y reproducir sonidos. **Seguir la pista** *Fam.* Vigilar, espiar.

pistache s.m. Méx. Pistacho.

pistachero s.m. Árbol que crece en las regiones templadas cuyo fruto es el pistacho. (Familia anacardiáceas.)

pistacho s.m. (ital. *pistacchio*). Semilla del pistachero, utilizada en cocina y pastelería y consumida como fruto seco. **2.** Méx. Cacahuate. ◆ adj. y s.m. Se dice del color que es de una tonalidad intermedia entre el verde y el amarillo, como el de la semilla del pistachero. ◆ adj. Que es de este color: *una camisa pistacho.* (Es invariable en plural.)

pistero, a adj. y s. Amér. Central. Se dice de la persona que es muy aficionada al dinero. ◆ s.m. Colomb. *Fig.* Hematoma alrededor del ojo, producido por un puñetazo.

pistilo s.m. (lat. *pistillum,* mano de almirez). Órgano femenino de la flor que consta de uno o más carpelos y comprende el ovario, el estilo y el estigma. **2.** Conjunto de los elementos femeninos de una flor, resultante de la soldadura de varios carpelos, en el que se distingue el ovario, el estilo y el estigma.

pisto s.m. Guiso elaborado con pimientos, tomates, cebolla, calabacín, berenjena, etc., troceados y fritos. **2.** *Fig.* Mezcla confusa de cosas heterogéneas. **3.** Amér. Central y Perú. Dinero. <> **Darse pisto** Esp. *Fam.* Presumir de algo o de alguien.

pistola s.f. (alem. *pistole,* del checo, *piššal,* caramillo, arma de fuego corta). Arma de fuego ligera, de cañón corto, que puede disparase con una sola mano. **2.** Pulverizador para pintar que tiene la forma semejante a la de una pistola. <> **Pistola ametralladora** Arma automática que dispara por ráfagas y se utiliza en el combate a poca distancia.

pistolera s.f. Funda de una pistola, generalmente de cuero.

pistolerismo s.m. Conjunto de actividades y modo de actuar de los pistoleros.

pistolero s.m. Persona que utiliza habitualmente la pistola para atracar, amenazar, realizar atentados personales, etc., al servicio de alguien o de una causa revolucionaria.

pistoletazo s.m. Tiro de pistola. **2.** Ruido originado por un tiro.

pistolete s.m. (fr. *pistolet*). Arma de fuego más corta que la pistola.

pistón s.m. (fr. *piston,* del ital. *pistone*). Émbolo. **2.** Pieza central de la cápsula de las armas de fuego, en que está colocado el fulminante. **3.** Mecanismo de algunos instrumentos músicos de viento con el que se consiguen todas las notas de la escala cromática, modificando la longitud del tubo del instrumento.

pistonudo, a adj. Esp. *Fam.* Formidable, estupendo.

1. **pita** s.f. Agave; fibra que se extrae de esta planta para hacer hilo.

2. **pita** s.f. Pitada.

3. **pita** s.f. Gallina. (Esta palabra se utiliza repetida para llamar a las gallinas.)

4. **pita** s.f. Pan de masa no fermentada típico de las cocinas griega y libanesa que se rellena con carne, queso o verduras.

pitada s.f. Pitido. **2.** Acción y efecto de pitar en señal de desagrado. **3.** Amér. Merid. Acción de inhalar y exhalar el humo de un cigarro. SIN.: *calada.*

pitagórico, a adj. y s. Relativo al pitagorismo; partidario de esta doctrina.

pitagórico

La filosofía pitagórica tuvo también carácter de secta que creía en la transmigración de las almas (*metempsicosis*), predicaba una reglamentación estricta de comportamientos y tareas y defendía puntos de vista teocráticos, aristocráticos y conservadores. Pitágoras y los pitagóricos sostenían que los números enteros eran la esencia o principio de todas las cosas. De esa forma, todo triángulo de lados proporcionales 3, 4 y 5 es rectángulo; ese teorema de Pitágoras ya lo conocían los babilonios un milenio antes. También se atribuye a Pitágoras y a su escuela el teorema de la suma de los ángulos del triángulo, la construcción de poliedros regulares, el inicio del cálculo de proporciones y el lado del cuadrado.

pitagorismo s.m. Doctrina de Pitágoras y de sus discípulos (Filolao, Arquitas) centrada en el valor concedido a los números y en la búsqueda iniciática de la purificación del alma.

pitahaya s.f. Planta trepadora que crece en América Meridional, de flores coloradas o blancas, alguna de cuyas especies da frutos comestibles. (Familia cactáceas.)

pitajaña s.f. Planta crasa que crece en América Meridional, con tallos serpenteantes que se ciñen a otras plantas, sin hojas y con flores. (Familia cactáceas.)

pitanga s.f. Argent. Árbol tropical, de hojas olorosas y fruto comestible, cuya corteza se utiliza como astringente. (Familia mirtáceas.)

pitanza s.f. (del ant. *pietanza,* piedad, comida que se da por piedad). Ración de comida que se distribuye a los pobres o a los que viven en comunidad. **2.** *Fam.* Alimento o comida.

pitar v.tr. e intr. Tocar o hacer sonar el pito. **2.** Dar silbidos en señal de descontento o desagrado: *pitar la faena de un torero.* **3.** Esp. *Fig.* y *fam.* Dar el rendimiento que se esperaba: *este coche pita bien.* ◆ v.tr. Arbitrar un partido. **2.** Amér. Merid. Fumar, aspirar el humo. ◇ **Ir,** o **marchar,** o **salir, pitando** *Fam.* Ir, marchar o salir rápida y precipitadamente.

pitazo s.m. Méx. Aviso velado que se da a alguien sobre algo que le puede ser de utilidad, o para advertirle de algún peligro, soplo.

pitcher s.m. y f. (voz inglesa). Jugador de béisbol que lanza la pelota al inicio de cada jugada.

pitecántropo s.m. Homínido fósil descubierto en la isla de Java, perteneciente a la especie *Homo erectus.*

pitiático, a adj. y s. Relativo al pitiatismo; que padece pitiatismo.

pitiatismo s.m. Conjunto de trastornos cuya aparición y cura depende de la sugestión.

pítico, a adj. Relativo al dios Apolo. ◆ s.f. ANT. GR. Profetisa del oráculo de Apolo, en Delfos. ◇ **Juegos píticos** ANT. GR. Juegos panhelénicos que se celebraban cada cuatro años en Delfos, en honor de Apolo.

pitido s.m. Sonido que se emite con un pito. **2.** Silbido de los pájaros.

pitihué s.m. Chile. Ave trepadora que se alimenta de insectos y hace su nido en los huecos de los árboles.

pitillera s.f. Estuche para pitillos.

pitillo s.m. Cigarrillo.

pítima s.f. Cataplasma que se aplica sobre el corazón. **2.** *Fig.* y *fam.* Borrachera.

pitiminí adj. y s.m. (fr. *petit,* pequeño, y *menu,* menudo). Se dice de una variedad de rosal de flores pequeñas. **2.** Flor de este rosal. ◇ **De pitiminí** De escaso tamaño o importancia.

pitio, a adj. y s.f. (gr. *pythia,* de *Pythō,* antiguo nombre de Delfos). Pítico.

pitiriasis s.f. Dermatosis caracterizada por una descamación en finas costras.

pito s.m. (voz de origen onomatopéyico). Instrumento pequeño que produce al soplar un sonido agudo. **2.** Mecanismo que produce un sonido semejante al del pito, como el de los trenes. **3.** Cigarrillo, pitillo. **4.** *Fam.* Pene. ◇ **No importar,** o **dársele, un pito algo** *Fam.* No importar lo más mínimo. **No valer un pito** *Fam.* Tener muy poco valor; tener muy poca salud. **Por pitos o por flautas** *Fam.* Por un motivo u otro. **Tomar por el pito del sereno** Esp. *Fam.* No respetar a una persona o no tenerla en consideración.

1. **pitón** s.m. o f. (gr. *pýthon,* dragón, demonio, adivino). Serpiente que vive en Asia y África, no venenosa, que asfixia a sus presas enrollándose alrededor de ellas. (El *pitón reticulado,* de la península malaya, alcanza una long. de 9 m y un peso de 100 kg, y actualmente es la mayor serpiente conocida.)

2. **pitón** s.m. Pitorro de un botijo, porrón, vasija, etc., que sirve para moderar la salida del líquido que en ellos se contiene. **2.** *Fig.* Bulto pequeño que sobresale en la superficie de algo. **3.** Pico utilizado en alpinismo. **4.** Pico de una montaña. **5.** Chile, Ecuad. y Hond. Boquilla metálica que remata la manguera. **6.** TAUROM. **a.** Extremo superior del asta del toro. **b.** Asta del toro. **7.** ZOOL. Cuerno que empieza a salir a los animales.

pitonisa s.f. (lat. *pythonissa*). En la antigüedad griega, mujer dotada del don de la profecía. **2.** Adivinadora.

pitora o **pitorá** s.f. Colomb. Serpiente muy venenosa.

pitorrearse v.prnl. Esp. y Méx. *Fam.* Reírse o burlarse de alguien.

pitorreo s.m. Esp. y Méx. *Fam.* Acción y efecto de pitorrearse.

pitorro s.m. Parte del botijo, porrón, vasija, etc., que tiene un agujero por donde sale el líquido para beber. ◆ s.m. y adj. Carnero con cuernos fuertes y largos.

pitote s.m. Esp. *Fam.* Bulla, barullo, pendencia.

pitpit s.m. ORNITOL. Bisbita.

pituco, a adj. y s. Argent. Se dice de la persona que viste elegantemente. **2.** Argent., Chile, Par., Perú y Urug. Petimetre.

pituita s.f. Secreción de las membranas mucosas. **2.** Vómito que algunos enfermos de gastritis, especialmente los alcohólicos o los fumadores, expulsan por las mañanas en ayunas.

pituitaria s.f. Membrana que recubre las fosas nasales. **2.** Glándula situada en la base del cráneo, encargada de controlar la actividad de otras glándulas y de regular varias funciones del cuerpo, como el desarrollo sexual.

pituitario, a adj. Que contiene o segrega pituita.

pituso, a adj. y s. *Fam.* Se dice del niño pequeño, gracioso.

piu adv. (voz italiana). MÚS. Más: *piu lento.*

piular v.intr. Piar.

piune s.f. Árbol que crece en América Meridional, de hojas grandes y cubiertas de un vello color de orín por el envés, que se usa como medicamento. (Familia proteáceas.)

piuquén s.m. Avutarda de color blanco y cabeza cenicienta, que vive en América Meridional.

piure s.m. Chile. Molusco que tiene forma de saco, con dos aberturas, la boca y el ano, cuya carne es comestible y muy apreciada.

piuria s.f. Presencia de pus en la orina.

pívot s.m. y f. (fr. *pivot*) [pl. *pívots*]. Jugador más alto del equipo de baloncesto que juega cerca del aro para encestar canastas, recoger los rebotes de la pelota o poner tapones a los jugadores del equipo contrario.

pivotante adj. Que pivota. **2.** BOT. Se dice de la raíz que es más gruesa que las raíces secundarias y que se desarrolla verticalmente en la tierra, como la zanahoria.

pivotar v.intr. (fr. *pivoter*). Moverse o girar alrededor de un pivote o un eje. SIN.: *pivotear.*

pivote s.m. Extremo de un eje giratorio. **2.** *Fig.* Base, punto de apoyo, elemento principal. **3.** Pieza cilíndrica que sirve de soporte de otra pieza, generalmente permitiendo que una de ellas pueda girar sobre sí misma. **4.** Cada uno de los espigones o puntas de los ejes sobre los que se mueven las ruedas de un reloj.

píxel s.m. (ingl. pixel, acrónimo de *picture element*, elemento de imagen) [pl. *píxeles*]. FOT., TELECOM. y TELEV. Elemento más pequeño de una imagen al que se puede aplicar individualmente un color o una intensidad o que se puede diferenciar de los otros mediante un determinado procedimiento, como la fotografía, la telecopia o la televisión.

píxide s.f. ARQUEOL. Cofre pequeño de formas diversas donde se guardaban joyas. **2.** LITURG. **a.** Caja pequeña que servía para contener la eucaristía, y que dio origen al copón actual. **b.** Recipiente pequeño de metal en el que se lleva la comunión a los enfermos.

pixidio s.m. BOT. Fruto seco del beleño y del llantén cuya parte superior se levanta a modo de tapa y deja descubierta la parte inferior.

piyama s.m. o f. Amér. Pijama.

pizarra s.f. Roca sedimentaria de grano muy fino, color gris o azulado y estructura hojosa. **2.** Trozo de esta roca en forma de loseta delgada, preparado especialmente para escribir sobre él o para techar. **3.** Encerado o tablero para escribir o dibujar en él con tiza.

pizarral s.m. Lugar donde abunda la pizarra.

pizarrero s.m. Colomb. y P. Rico. Barra para escribir en la pizarra.

pizarrín s.m. Barrita cilíndrica de lápiz o de pizarra blanda, que sirve para escribir o dibujar en la pizarra.

pizarrón s.m. Amér. Pizarra, encerado.

pizarroso, a adj. Se dice del terreno donde abunda la pizarra. **2.** Que tiene el aspecto de la pizarra, especialmente su estructura hojosa.

pizca s.f. *Fam.* Porción muy pequeña de algo. **2.** Méx. Recolección, cosecha. ◇ **Ni pizca (una) pizca** *Fam.* Nada.

pizcar v.tr. Méx. Recoger, cosechar, especialmente el maíz o el algodón.

pizpireto, ta adj. (voz de origen onomatopéyico). *Fam.* Se dice de la persona dinámica o presumida, especialmente de la mujer.

pizpita s.f. (voz de origen onomatopéyico). Aguzanieves, pájaro. SIN.: *pizpitillo.*

pizza s.f. (voz italiana). Torta de harina de trigo cubierta de tomate, queso y otros ingredientes que se cuece en el horno, típica de la cocina italiana.

pizzería s.f. Establecimiento donde se elaboran, venden o sirven pizzas.

pizzicato s.m. (voz italiana). Modo de tocar un instrumento musical de arco, pinzando las cuerdas con los dedos. **2.** Sonido que se obtiene al tocar de este modo un instrumento musical de arco.

pk s.m. Constante que caracteriza el grado de disociación iónica de un electrólito a una temperatura determinada.

placa s.f. (fr. *plaque,* chapa, de *plaquer,* chapar). Lámina plana y de poco espesor de una materia rígida. **2.** Pieza de metal con inscripciones. **3.** Insignia de ciertas profesiones, de ciertos grados: *placa de policía.* **4.** Capa delgada y poco extensa de alguna cosa. **5.** Superficie de una cocina eléctrica donde están los fogones. **6.** Chapa en que figura el número de matrícula de un vehículo. GEOSIN.: Esp. *matrícula.* **7.** ELECTRÓN. Electrodo de un diodo cuya función es recoger los electrones emitidos por el cátodo. **8.** ENCUAD. Hoja de metal grabada que se estampa en la prensa de dorar para decorar la cubierta de un libro encuadernado. **9.** FOT. Lámina de vidrio recubierta de una emulsión sensible a la luz. **10.** GEOL. Unidad estructural rígida, con un espesor de 100 km aprox., que constituye la capa esférica superficial de la Tierra, según la teoría de la tectónica de placas. **11.** MED. **a.** Superficie cubierta de excoriaciones o de granos. **b.** Mancha coloreada que se forma en la piel. ◇ **Placa de acumulador** Electrodo de un acumulador, constituido por una lámina de metal inerte que sirve de soporte a una sustancia de materia activa. **Placa dental** Capa que se forma en la superficie de los dientes, compuesta de saliva, restos de comida y bacterias, que favorece la aparición de caries. **Placa giratoria** Disco móvil provisto de carriles que sirve para efectuar cambios de vía o de dirección en las estaciones de ferrocarril. **Placa motora** ANAT. Punto de unión entre el nervio y el músculo, donde el influjo nervioso libera un agente químico que provoca la contracción del músculo.

placaje s.m. Acción de placar.

placa-modelo s.f. METAL. En moldeo de fundición, placa utilizada para la construcción del molde.

placar v.tr. En rugby, detener un ataque, sujetando con las manos al contrario y forzándolo a abandonar el balón.

placard s.m. Argent. y Urug. Clóset.

placeado, a adj. TAUROM. Se dice de la res que ha sido toreada en varias plazas.

placebo s.m. Sustancia y, por extensión, tratamiento que puede provocar una mejora de los síntomas de algunos enfermos, pero sin actividad terapéutica científicamente reconocida más allá de la psicológica. ◇ **Efecto placebo** Acción beneficiosa de un placebo; acción terapéutica de origen psicológico: *el efecto placebo de una visita al médico.*

pláceme s.m. Felicitación. (Suele usarse en plural.)

placenta s.f. (lat. *placenta,* torta). Órgano adherido al útero de los mamíferos que envuelve el embrión durante la gestación. **2.** BOT. Parte del carpelo en la que se fijan los óvulos.

placentación s.f. Formación de la placenta. **2.** BOT. Disposición de los óvulos en el ovario de las plantas con flores.

placentario, a adj. Relativo a la placenta. ◆ adj. y s.m. Relativo a una subclase de mamíferos provistos de placenta. (La mayoría de los mamíferos son *placentarios.*) SIN.: *euterio.*

placentero, a adj. Agradable, apacible.

1. **placer** s.m. Sensación o sentimiento agradables, satisfacción. **2.** Aquello que gusta y divierte, que da satisfacción: *los placeres de la vida.* **3.** Gusto, satisfacción: *ha sido un placer conocerlo.* ◇ **A placer** Con completa satisfacción, sin impedimento alguno. **Principio de placer** PSICOANÁL. Principio que rige el funcionamiento psíquico del ser humano según el cual la actividad psíquica tiene por finalidad evitar el disgusto y procurar el placer.

2. **placer** v.tr. (lat. *placere*). Causar placer o dar gusto.

3. **placer** s.m. (cat. *placer,* llanura submarina). GEOL. Depósito de arenas que contiene minerales explotables. SIN.: *placel.* **2.** PESC. Pesquería de perlas en las costas de América.

placero, a adj. Relativo a la plaza. ◆ adj. y s. Se dice de la persona que vende en el mercado o plaza.

plácet s.m. (lat. *placet,* place, parece bien). Aprobación, por parte del gobierno de un país, de la designación de cierta persona como representante de él en otro país. **2.** Fórmula de adhesión empleada en los concilios.

placidez s.f. Cualidad de plácido.

plácido, a adj. (lat. *placidus*). Agradable, tranquilo.

placodermo, a adj. y s.m. Relativo a una subclase de peces de la era primaria, provistos de una armadura torácica, parecidos a los actuales tiburones.

plafón s.m. (fr. *plafond*). Tablero o superficie adornada que se aplica a techos, paredes, focos luminosos, etc.

plaga s.f. Desgracia pública, calamidad: *las plagas de Egipto.* **2.** Enfermedad que afecta a un gran número de personas. **3.** Organismo animal o vegetal que perjudica a la agricultura. **4.** *Fig.* Abundancia de una cosa, especialmente si es nociva o molesta.

plagal adj. Se dice de un modo musical medieval que empieza una cuarta por debajo del modo principal. **2.** Se dice de la cadencia que se caracteriza por el enlace del acorde de cuarto grado con el de tónica.

plagar v.tr. y prnl. Llenar o cubrir con excesiva abundancia de algo.

plagiar v.tr. (lat. *plagiare*). Copiar o imitar una obra ajena, especialmente literaria o artística, presentándola como propia. **2.** Amér. Secuestrar, robar.

plagiario, a adj. y s. Que plagia.

plagio s.m. (lat. *plagium,* proporción de esclavos ajenos). Acción de plagiar. **2.** Copia de una obra ajena, especialmente literaria o artística, que se presenta como propia. **3.** Amér. Secuestro.

plagioclasa s.f. Feldespato que contiene calcio y sodio.

plaguicida adj. y s.m. Pesticida.

plan s.m. Proyecto, intención de realizar algo. **2.** Programa o disposición detallada de una obra o acción y del modo de realizarlas: *plan de desarrollo.* **3.** Tratamiento médico prescrito a un enfermo. **4.** *Fig.* y *fam.* Forma o manera de pasar un espacio de tiempo: *¡menudo plan, tener que estudiar!* **5.** Esp. *Fig.* y *fam.* Persona con quien se mantienen relaciones sexuales informales o pasajeras. ◇ **En plan de** *Fam.* En condición de, en actitud de: *salir en plan de amigos.* **No ser plan algo** Esp. *Fam.* No ser conveniente, útil, agradable, etc. **Plan de estudios** Conjunto de asignaturas, trabajos y prácticas que han de cursarse para cumplir un ciclo determinado de estudios u obtener un título. **Plan de vuelo** Documento cumplimentado por un piloto antes de emprender el viaje, que comprende indicaciones sobre el itinerario, la altitud, el número de personas a bordo, etc.

placer

INDICATIVO

presente
plazco
places (placés)
place
placemos
placéis
placen

copretérito o pret. imperfecto
placía
placías
placía
placíamos
placíais
placían

pretérito o pret. perf. simple
plací
placiste
plació o *plugo*
placimos
placisteis
placieron o *pluguieron*

futuro o fut. simple
placeré
placerás
placerá
placeremos
placeréis
placerán

pospretérito o condicional simple
placería
placerías
placería
placeríamos
placeríais
placerían

SUBJUNTIVO

presente
plazca
plazcas
plazca o *plegue*
plazcamos
plazcáis
plazcan

pretérito o pret. imperfecto
placiera o placiese
placieras o placieses
placiera o placiese o *pluguiera* o *pluguiese*
placiéramos o placiésemos
placierais o placieseis
placieran o placiesen

futuro o fut. simple
placiere
placieres
placiere o *pluguiere*
placiéremos
placiereis
placieren

IMPERATIVO

place (placé)	(tú, vos)
plazca o *plegue*	(usted)
plazcamos	(él)
placed	(vosotros)
plazcan	(ellos)

FORMAS NO PERSONALES

infinitivo	**gerundio**
placer	placiendo

participio
placido

1. plana s.f. (lat. *planam,* f. de *planum,* llano). **a.** Cara de una hoja de papel, en blanco o escrita. **b.** Página, especialmente de un periódico o revista. **2.** Llanura. ◇ **Corregir, o enmendar, la plana a alguien** *Fig.* Descubrirle algún defecto en lo que ha hecho; superar, mejorar lo hecho por otro. **Plana mayor** MIL. Órgano de trabajo que auxilia al jefe de una unidad, tanto en las funciones de mando como en las administrativas; *Fig.* conjunto formado por las personas que tienen más autoridad en un trabajo, una organización, etc.

2. plana s.f. (lat. *planam*). Instrumento cortante, con dos mangos, usado por los carpinteros. **2.** Llana, herramienta de albañil. **3.** Martillo de boca cuadrangular, ancha y llana, utilizado por herreros y caldereros.

plancha s.f. (fr. *planche,* tabla). Utensilio para alisar y desarrugar las prendas de ropa que consiste en una base metálica que se calienta, generalmente mediante energía eléctrica, y un asa en la parte superior. **2.** Acción de planchar. **3.** Conjunto de ropa planchada o por planchar. **4.** Pieza, especialmente de metal, delgada y de grosor homogéneo. **5.** Placa de hierro, de cobre, etc., que se usa para asar o tostar ciertos alimentos. **6.** *Fig.* y *fam.* Desacierto, indiscreción o error que alguien comete. **7.** En artes gráficas, reproducción estereotípica o galvanoplástica preparada para la impresión. **8.** Plantillazo. **9.** Posición del cuerpo totalmente horizontal en el aire. **10.** Ejercicio de natación que consiste en mantenerse boca arriba inmóvil sobre el agua. **11.** MAR. Tablón con travesaños que se usa como puente entre la tierra y una embarcación, o entre dos embarcaciones.

planchado s.m. Acción y efecto de planchar.

planchador, ra s. Persona que plancha, especialmente si se dedica profesionalmente a ello.

planchar v.tr. Alisar y desarrugar las prendas de ropa con una plancha. ◆ v.intr. Argent., Chile y Urug. No bailar una mujer ninguna pieza en una reunión porque nadie la invita.

planchazo s.m. Golpe dado con una plancha. **2.** *Fig.* y *fam.* Desacierto o error.

plancheta s.f. Tablero que se usa para trazar planos.

planchista s.m. y f. Persona que tiene por oficio realizar trabajos de planchistería.

planchistería s.f. Industria dedicada al trabajo de las planchas metálicas.

plancton s.m. Conjunto de plantas y animales de dimensiones pequeñas que flotan en el mar o en el agua dulce. (Según exista o no clorofila en las células, se distingue el *fitoplancton* y el *zooplancton.*)

planctónico, a adj. Relativo al plancton.

planeación s.f. Méx. Planificación, acción y efecto de planificar.

1. planeado s.m. Operación que tiene por objeto igualar y allanar una de las superficies o planos de las tablas o maderos.

2. planeado, a adj. Se dice del vuelo que efectúa un planeador o un avión que desciende sin la acción del motor.

planeador s.m. Avión sin motor que vuela utilizando las corrientes atmosféricas.

1. planear v.intr. Volar un planeador o un avión sin motor, utilizando las corrientes atmosféricas. **2.** Volar un ave con las alas extendidas y sin moverlas.

2. planear v.tr. Trazar el plan de algo.

planeta s.m. (lat. *planeta,* gr. *planítis,* vagabundo, por contraste con las estrellas que parecían fijas). Cuerpo celeste que gira alrededor de una estrella, en especial del Sol, que tiene masa suficiente para tener una forma casi esférica y para haber eliminado todos los cuerpos susceptibles de desplazarse alrededor de la estrella en una órbita cercana. ◇ **Planeta**

enano Astro análogo a un planeta que no tiene una masa suficiente para eliminar todo cuerpo susceptible de desplazarse alrededor de una estrella. ◇ **Planeta exterior,** o **superior** Planeta más alejado del Sol que la Tierra (Marte, Júpiter, Saturno, Urano y Neptuno). **Planeta interior,** o **inferior** Planeta más cercano al Sol que la Tierra (Mercurio y Venus).

planeta

Según la definición adaptada en Praga, en 2006, por la Unión astronómica internacional, actualmente se conocen ocho planetas que giran alrededor del Sol, que son, del más cercano al más lejano: Mercurio, Venus, la Tierra, Marte, Júpiter, Saturno, Urano y Neptuno. Plutón, que había sido considerado el noveno planeta, se clasifica ahora como planeta enano. Aparte de los planetas y los planetas enanos, hay una multitud de pequeños cuerpos celestes de forma irregular que giran alrededor del Sol: asteroides, cometas, etc. Parece que hay muchas estrellas que poseen planetas, sin embargo, con los medios técnicos actuales, solo se han podido detectar con métodos indirectos. Se cree que existe un sistema planetario en formación alrededor de la estrella β Pictoris, que está a 53 años luz y se ha detectado la presencia de planetas en más de 200 estrellas (planetas extrasolares o exoplanetas).

planetario, a adj. Relativo a los planetas. ◆ s.m. Instalación que permite representar sobre una bóveda hemisférica, mediante proyecciones luminosas, los aspectos del cielo y los movimientos de los astros. SIN.: *planetárium.* **2.** Edificio donde se ubica esta instalación. SIN.: *planetárium.*

planetoide s.m. Asteroide. ◇ **Planetoide artificial** Artefacto que gravita alrededor del Sol y que ha sido enviado desde la Tierra.

planèze s.f. (voz francesa). Meseta basáltica poco inclinada, resultante de la erosión de una colada en la ladera de un volcán.

planga s.f. Ave rapaz diurna con plumaje de color blanco negruzco y algunas manchas blancas redondeadas.

planicie s.f. (lat. *planities*). Llanura muy extensa.

planificación s.f. Acción y efecto de planificar. **2.** Técnica que trata de coordinar *ex ante* los comportamientos de las diversas unidades económicas que participan en el sistema económico, con objeto de alcanzar objetivos predeterminados. ◇ **Planificación familiar** Conjunto de métodos que permiten a los padres decidir el número y el momento de los nacimientos, en especial los que permiten evitar el embarazo.

planificador, ra adj. Relativo a la planificación. ◆ s. Especialista en planificación.

planificar v.tr. Hacer planes o realizar una planificación.

planilla s.f. Amér. Liquidación, estado de cuentas. **2.** Méx. Conjunto de personas pertenecientes a una misma agrupación que contienden en un proceso electoral y que integran una lista: *vota por la planilla azul.* **3.** Méx. Boleta que se rellena de cupones.

principales planetas del sistema solar

planeta	distancia media al sol*	período de rotación
Mercurio	57,9	59 días
Venus	108,2	243 días
Tierra	149,6	23 h 56 min
Marte	227,9	24 h 37 min
Júpiter	778,3	9 h 55 min
Saturno	1 427	10 h 24 min
Urano	2 869	17 h 14 min
Neptuno	4 505	16 h 77 min

* En millones de km.

planimetría s.f. Parte de la topografía que enseña a representar en una superficie plana una porción de la terrestre. **2.** Parte de la geometría que trata de las superficies planas.

planimétrico, a adj. Relativo a la planimetría.

planímetro s.m. Instrumento para medir áreas de superficies planas.

planipenne adj. y s.m. Relativo a un orden de insectos de alas finamente nervadas y plegadas por encima del cuerpo cuando están en reposo, cuya larva es carnívora y cuya ninfa forma capullo, como la hormiga león.

planisferio s.m. Mapa en el que están representados los dos hemisferios terrestres o celestes.

planning s.m. (voz inglesa) [pl. *plannings*]. Plan de trabajo detallado. **2.** Conjunto de técnicas para conseguir la utilización óptima de los medios de producción de que dispone una empresa.

plano, a adj. (lat. *planus*). Se dice de la superficie sin relieves. **2.** Se dice del ángulo y de la figura trazados sobre un plano. ◆ s.m. Representación gráfica de la proyección horizontal de una ciudad, una máquina, un edificio, etc. **2.** Superficie formada por puntos situados a un mismo nivel. **3.** *Fig.* Punto de vista: *veía el problema desde un plano teórico.* **4.** *Fig.* Posición social de las personas. **5.** CIN. Imagen que se toma con un determinado encuadre y ángulo de enfoque. (Atendiendo al encuadre se denomina *primer plano* cuando encuadra un detalle, *plano medio* si se corta al personaje a la altura de la cintura, *plano tres cuartos,* o *americano,* cuando abarca hasta las rodillas, y *plano general* cuando encuadra la figura entera.) **6.** MAT. Superficie ilimitada que contiene la totalidad de la recta que une dos de sus puntos. SIN.: *superficie plana.* ◇ **Dar de plano** Chocar o golpear con la parte plana de un cuerpo. **De plano** Clara y manifiestamente. **Electroencefalograma plano** Trazado encefalográfico en el que no pueden individualizarse ondas y que constituye el signo de la muerte.

planta s.f. (del lat. *planta*). Vegetal. **2.** Parte inferior del pie, que se apoya en el suelo. **3.** Piso de un edificio. **4.** Plano de la distribución de los locales de un edificio. **5.** Plantillazo. ◇ **Buena planta** *Fig.* y *fam.* Buena presencia: *tener buena planta.* **De nueva planta** De nueva construcción. **De planta** Argent. y Méx. Con carácter permanente, fijo: *un profesor de planta.* **Planta baja** Piso de un edificio que está al nivel del terreno. **Planta industrial** Establecimiento o instalación donde se transforman materias primas o semimanufacturadas en productos acabados.

plantación s.f. Acción de plantar. **2.** Explotación agrícola generalmente grande de ciertas plantas: *plantación de café, de algodón, de bananos.*

plantado, a adj. *Fig.* Que tiene buena planta, presencia. ◇ **Dejar plantado a alguien** *Fig.* y *fam.* No acudir a una cita; romper bruscamente una relación amorosa con alguien.

plantador, ra adj. y s. Que planta. ◆ s. Dueño de una plantación.

1. **plantar** v.tr. (lat. *plantare*). Poner una planta, una semilla o un esqueje en un terreno para que se desarrollen: *plantar un rosal.* **2.** Poblar de plantas un terreno: *plantar el jardín de rosales.* **3.** *Fig.* Hincar algo en tierra para que se sostenga verticalmente: *plantaron un palo en mitad de la era.* **4.** *Fig.* Colocar una cosa en el lugar que le corresponde o donde debe ser utilizada. **5.** *Fig.* y *fam.* Abandonar a alguien con quien se tiene un compromiso, especialmente romper un noviazgo. **6.** *Fig.* y *fam.* Hacer esperar a alguien o no acudir a una cita. **7.** *Fig.* y *fam.* Poner a alguien o algo en un lugar de manera brusca o contra su voluntad: *le plantaron en la calle.* **8.** *Fig.* y *fam.* Dar golpes, pegar: *le plantó dos bofetadas.* **9.** *Fig.* y *fam.* Decir algo a alguien con brusquedad: *le plantó cuatro frescas.* ◆ v.intr. y prnl. En algunos juegos de cartas, no querer más cartas de las que se tienen. ◆ **plantarse** v.prnl. *Fig.* y *fam.* Ponerse o quedarse firme de pie en un sitio: *se*

plantó en la puerta y no dejaba pasar a nadie. **2.** *Fig.* y *fam.* Pararse un animal negándose a seguir adelante. **3.** *Fig.* y *fam.* Mantenerse firme en una actitud. **4.** *Fig.* y *fam.* Llegar a un lugar en menos tiempo del que se considera normal. **5.** *Fig.* y *fam.* Ponerse una prenda de vestir, adorno, etc.

2. **plantar** adj. Relativo a la planta del pie.

plantario s.m. Almáciga, semillero.

plante s.m. Acción de plantarse. **2.** Actitud de varias personas que se encuentran en una misma situación y que se niegan a actuar de determinada manera, para exigir o rechazar algo.

planteamiento s.m. Acción y efecto de plantear.

plantear v.tr. Suscitar y poner en condiciones de resolver un problema, asunto, etc.

plantel s.m. Conjunto de personas hábiles o capaces para cierta actividad; lugar o institución donde se han formado. **2.** Lugar donde se crían plantas para ser trasplantadas; conjunto de estas plantas. **3.** Conjunto de plantas, arbustos, etc., plantados en el mismo terreno: *un plantel de espárragos.* **4.** Este mismo terreno. **5.** Argent. Conjunto de animales que pertenecen a un establecimiento ganadero. **6.** Argent. Personal de una institución. **7.** Argent. Conjunto de personas que integran un equipo deportivo.

planteo s.m. *Fam.* Planteamiento. **2.** Argent. Protesta colectiva o individual.

plantificar v.tr. *Fam.* Plantar una bofetada, una insolencia, etc. **2.** *Fam.* Plantar, colocar a alguien o algo en un lugar de manera brusca o contra su voluntad. ◆ v.tr. y prnl. *Fam.* Plantar, colocar en un sitio. **2.** Ponerse alguien una cosa inadecuada o ridícula. ◆ **plantificarse** v.prnl. *Fam.* Plantarse, llegar a un lugar en menos tiempo del que se considera necesario.

plantígrado, a adj. ZOOL. Que anda sobre la totalidad de la planta de los pies y no solo sobre los dedos.

plantilla s.f. Pieza de badana, tela, corcho, palma, etc., con que interiormente se cubre la planta del calzado. **2.** Suela sobre la que los zapateros arman el calzado. **3.** Tabla o plancha cortada con los mismos ángulos, figuras y tamaños que ha de tener la superficie de una pieza, y utilizada en varios oficios para marcarla, cortarla, labrarla o moldearla. **4.** Instrumento usado por los delineantes para dibujar curvas que no sean arcos circulares. **5.** Conjunto de jugadores de un equipo deportivo. **6.** Esp. Conjunto del personal fijo de una empresa.

plantillazo s.m. Acción peligrosa o violenta en el fútbol que consiste en entrar a un contrario con la planta del pie excesivamente elevada. SIN.: *plancha.*

plantío s.m. Lugar plantado recientemente de vegetales; conjunto de estos vegetales.

planto s.m. Composición elegíaca en verso o prosa.

plantón s.m. Árbol joven que se ha de trasplantar. **2.** Méx. Grupo de personas que se congrega y permanece cierto tiempo en un lugar público, con el propósito de protestar por algo o para exigir ciertas demandas. **3.** MIL. Soldado destinado a guardar algún almacén u otra dependencia sin que se le releve. ◇ **Dar un plantón** Hacer esperar mucho tiempo a alguien, sin acudir a la cita o acudiendo con mucho retraso.

plántula s.f. Planta joven germinada, que se alimenta todavía de las reservas de la semilla o de los cotiledones.

plañidero, a adj. Se dice de la persona que llora y gime, y de las voces, ademanes, etc., con que lo hace. ◆ s.f. Mujer a la que se pagaba para asistir a los funerales y llorar al muerto.

plañido s.m. Queja y llanto.

plañir v.intr., tr. y prnl. (lat. *plangere*) [conj.: *engullir*]. Llorar y gemir.

plaqué s.m. (voz francesa). Chapa muy delgada de oro o plata que recubre otro metal de menos valor.

plaqueta s.f. (fr. *plaquette*). Elemento celular de la sangre que interviene en la coagulación. SIN.: *trombocito.*

plasma s.m. (del gr. *plásios,* de color verde). Parte líquida de la sangre cuyos elementos celulares (glóbulos rojos, glóbulos blancos y plaquetas) están en suspensión. **2.** Sustancia orgánica fundamental de la célula y los tejidos. **3.** FÍS. Gas fuertemente ionizado.

clasificación de las plantas

fanerógamas
plantas con tallo, hojas, raíces y flores

angiospermas
plantas con la semilla protegida

monocotiledóneas
plantas con un único cotiledón en el embrión (azucena, lirio, tulipán, palmera)

dicotiledóneas
plantas con dos cotiledones en el embrión (rosa, margarita menta, tomillo)

gimnospermas
plantas sin la semilla protegida (pino, abeto, cedro, enebro)

criptógamas
plantas con tallo, hojas, raíces, sin flores (helechos, cola de caballo)

briofitas
plantas con tallo, hojas, sin raíces ni flores (musgos)

talófitas
plantas con talo, sin tallo, ni raíces ni flores (algas, setas, líquenes)

plasmaféresis s.f. Acción de separar el plasma de los glóbulos de la sangre.

plasmar v.tr. Dar forma o modelar una cosa. **2.** *Fig.* Dar forma perceptible a algo que es inmaterial, especialmente a una idea. ◆ **plasmarse** v.prnl. Manifestarse algo en una determinada forma.

plasmático, a adj. Relativo al plasma celular.

plásmido s.m. BIOL. Fragmento de ADN de algunos microorganismos, especialmente de las bacterias, que es independiente del cromosoma.

plasmocito s.m. HISTOL. Célula del tejido linfoide que procede de la transformación de un linfocito B_1 y está especializada en la secreción de anticuerpos.

plasmodio s.m. Masa citoplásmica que encierra varios núcleos. **2.** Esporozoo parásito de animales de sangre fría y de sangre caliente, que en el ser humano provoca la malaria.

plasmólisis s.f. Disminución del volumen de una célula viva sumergida en una solución hipertónica, debida a la pérdida de agua que contiene.

plasta s.f. Cosa blanda o aplastada. **2.** Excremento pastoso del ganado. **3.** Esp. *Fig.* y *fam.* Cosa mal hecha, imperfecta o sin proporción. ◆ adj. y s.m. y f. Esp. y Méx. Se dice de la persona o cosa pesada, molesta y aburrida.

plastelina s.f. → **plastilina.**

plastia s.f. Operación de cirugía plástica.

plástica s.f. Arte de plasmar o de modelar una materia blanda. **2.** Conjunto de las artes figurativas. **3.** Efecto estético de las formas consideradas en sí mismas.

plasticidad s.f. Cualidad de plástico.

plástico, a adj. (gr. *plastikós*, de *plassō*, modelar). Relativo a la plástica o al plástico. **2.** Dúctil, blando, fácil de moldear. **3.** *Fig.* Se dice del estilo o descripción que da realce a las ideas. ◆ s.m. Sustancia sintética de estructura macromolecular que puede ser moldeada mediante calor o presión. (Los plásticos pueden ser *termoplásticos* o *termoendurecibles*, transformándose los primeros en los segundos al introducir un tercer polímero reticulable.) **2.** Explosivo constituido por pentrita o hexógeno y un plastificante, que tiene la consistencia de la masilla de vidriero. ◇ **Cuadro plástico** Escenificación de un tema religioso, histórico, etc., realizado con personajes vivientes que permanecen inmóviles en el escenario.

plasticultivo s.m. Utilización de materiales de plástico en la agricultura.

plastificación s.f. Acción de plastificar.

plastificante adj. Que plastifica. ◆ s.m. Producto que se añade a una materia para aumentar su plasticidad.

plastificar v.tr. Recubrir un libro, un documento, etc., con una lámina de plástico, generalmente transparente. **2.** Añadir un plastificante a una materia.

plastilina o **plastelina** s.f. Pasta blanda moldeable, de diferentes colores, que no se seca y con la que se forman figuras.

plastisol s.m. Dispersión viscosa de una resina finamente pulverizada en un plastificante líquido.

plasto s.m. Orgánulo de las células vegetales que puede cargarse de diversas sustancias nutritivas (almidón) o de pigmentos (clorofila). SIN.: *leucito.*

plastrón s.m. (fr. *plastron*). Pechera de la camisa, particularmente la sobrepuesta. **2.** Corbata muy ancha que cubría el centro de la pechera de la camisa.

plasturgia s.f. Conjunto de procedimientos y técnicas de transformación de las materias plásticas.

plata s.f. (del lat. *plattus*, del gr. *platós*, ancho, plano). Metal precioso, de color blanco, brillante, muy dúctil, de densidad 10,5, cuyo punto de fusión es de 960 °C. **2.** Elemento químico (símb. Ag), de número atómico 47 y masa atómica 107,868. **3.** Dinero en monedas de plata. **4.** *Fig.* Dinero en general, o riqueza. **5.** Conjunto de objetos de plata de una casa. **6.** Amér. Dinero. **7.** HERÁLD. Argén. ◇ **Como una plata** Que está limpio y reluciente: *tener la casa como una plata.* **En plata** *Fam.* Sin rodeos, claramente; en resolución, en resumen.

plata

La plata se encuentra muy raramente en estado puro en la naturaleza; suele hallarse combinada con azufre o antimonio. Es inoxidable en contacto con el oxígeno, ennegrece con el aire (ozono, sulfuros) y es atacada por el ácido nítrico. Después del oro, es el metal más dúctil y maleable; es el mejor conductor del calor y de la electricidad. En aleación con el cobre adquiere mayor dureza.

platabanda s.f. (fr. *platebande*). Arriate. **2.** Moldura lisa o adorno en forma de banda.

plataforma s.f. (fr. *plate-forme*). Superficie horizontal plana, natural o artificial, situada más elevada que el terreno circundante. **2.** Parte de un vehículo de transporte público inmediata a la puerta de salida o entrada y desprovista de asientos. **3.** *Fig.* Medio que alguien utiliza para conseguir un fin determinado, como expresar una manera de sentir, promocionarse profesionalmente, etc. **4.** En una vía férrea, superficie superior del terraplén sobre la que se dispone el balasto. **5.** Vagón de tren descubierto y con bordes de poca altura, que se emplea para transportar ciertas cargas o mercancías. **6.** Conjunto de reivindicaciones o propuestas de una organización o partido político. **7.** Conjunto de personas que forman una organización y tienen un objetivo común. **8.** Argent. Andén de una estación de ferrocarril. **9.** GEOGR. Estructura caracterizada por repliegues de gran radio de curvatura y escasa pendiente. **10.** PETRÓL. Instalación para la

principales usos de las materias plásticas

plásticos termoplásticos				
poliacrílicos	**poliésteres saturados**	**policluro de vinilo (PVC)**	**poliamidas**	**policarbonatos**
fibras sintéticas cristales barnices	botellas piezas aislantes carrocerías	toldos cables revestimentos	tejidos artificiales interruptores envases	discos compactos contenedores envases
plásticos termoendurecibles				
aminoplásticos	**epóxidos**	**fenoplastos**	**poliésteres insaturados**	**poliuretanos termoendurecibles**
colas barnices mangos de cacerolas	equipos eléctricos aeronáutica barcos	piezas mecánicas rígidas materiales ópticos	fibras textiles cascos cañas de pescar	espumas de relleno calzado juguetes

perforación de pozos submarinos. ⇔ **Plataforma continental** GEOGR. Prolongación del continente bajo el mar, a una profundidad generalmente inferior a los 200 m, limitada por el talud continental. **Plataforma de lanzamiento** Construcción en la que se disponen los mecanismos necesarios para el despegue de un cohete espacial. **Plataforma estructural** GEOGR. Superficie correspondiente al desprendimiento de una capa geológica dura por el efecto de la erosión.

platanar o **platanal** s.m. Lugar poblado de plátanos o bananos.

platanero, a s. Persona que cultiva plátanos o bananos o vende su fruto. ◆ s.m. Banano.

plátano s.m. (lat. *platanus,* del gr. *plátanos*). Banano, planta y fruto. **2.** Árbol platanáceo de hasta 3 o 4 m. de alt., gran longevidad (de 500 a 2 000 años), fruto en nuececilla, cuya corteza se desprende por placas y que suele plantarse en plazas y paseos. ⇔ **Plátano falso** Árbol de corteza lisa, con hojas de color verde oscuro por el haz y amarillo azulado por el envés.

platea s.f. Patio, parte baja de los teatros.

plateado, a adj. Que tiene un baño de plata. **2.** Que es gris claro brillante como la plata. ◆ s.m. Acción de platear.

platear v.tr. Revestir o cubrir de plata un objeto. ◆ v.intr. En las plantaciones, tomar las hojas del tabaco un color verde oscuro por encima y claro por el envés.

platelminto, a adj. y s.m. Se dice del gusano de cuerpo aplanado. (Los gusanos *platelmintos* se dividen en tres clases: turbelarios, trematodos y cestodos.)

platense adj. y s.m. y f. De La Plata. **2.** Rioplatense.

plateresco, a adj. y s.m. Se dice del estilo decorativo desarrollado en España durante el primer tercio del s. XVI, en el que se combinan elementos clásicos y ojivales y que representa la introducción de las formas ornamentales renacentistas (provenientes en su mayoría de Lombardía) en la arquitectura hispana.

arte plateresco

El estilo plateresco cifra sus principales recursos en sobreponer a edificios civiles y religiosos, de estructura gótica, un entramado decorativo de variado repertorio. Las dos Castillas y en menor medida Andalucía son las zonas de difusión por excelencia del plateresco (colegio de Santa Cruz de Valladolid, hospital de la Santa Cruz de Toledo, ayuntamiento de Sevilla). También llegaron los reflejos del plateresco a Hispanoamérica, aplicado sobre la base gótico-mudéjar de la primera arquitectura colonial (fachada de la catedral de Santo Domingo, portada de la iglesia de Acolman, en México).

platería s.f. Arte y oficio de platero. **2.** Establecimiento donde se trabaja la plata o se venden objetos de plata, oro o joyas con pedrería. **3.** Calle o barrio donde estaban los talleres de los plateros.

platero, a s. Persona que tiene por oficio trabajar la plata o vender objetos de plata, oro o joyas con pedrería. ◆ adj. y s. Se dice del asno de pelaje blanquecino o ligeramente agrisado.

plática s.f. (lat. *platica*). Conversación entre dos o más personas. **2.** Sermón breve.

platicar v.tr. e intr. Conversar dos o más personas.

platija s.f. Pez teleósteo plano, de unos 40 cm de long., carne comestible, que vive en el océano Atlántico y, en ocasiones, remonta los estuarios. (Familia pleuronéctidos.) SIN.: *pelaya.*

platillo s.m. Pieza en forma de disco o plato de la balanza. SIN.: *plato.* **2.** Címbalo. **3.** Guiso elaborado con carne y verduras picadas. **4.** Méx. Plato, combinación de comestibles que se ha fijado en la tradición alimenticia y que se transmite por medio de una receta. ⇔ **Platillo volador** Méx. Ovni con forma de disco. GEOSIN.: Argent. *plato volador;* Esp. *platillo volante.* **Platillo volante** Esp. Ovni con forma disco.

platina s.f. Soporte del microscopio donde se coloca el portaobjetos. **2.** Disco de vidrio deslustrado o de metal y perfectamente plano, para que ajuste en su superficie el borde del recipiente de una máquina neumática. **3.** Pletina de un magnetófono. **4.** IMPR. **a.** Mesa de la prensa o máquina de imprimir sobre la que se apoya o fija la forma. **b.** Mesa revestida de una plancha metálica que sirve para ajustar, imponer y acuñar las formas o moldes. SIN.: *mármol.* **5.** TECNOL. Arandela plana o plato anular de unión para tubos de hierro u otro metal.

platinado s.m. Acción de platinar.

platinar v.tr. Cubrir un objeto con una capa de platino.

platinífero, a adj. Que contiene platino.

platinita s.f. Aleación de hierro y níquel que posee el mismo coeficiente de dilatación que el platino.

platino s.m. (fr. *platine*). Metal precioso, de color blanco grisáceo, de densidad 21,4, cuyo punto de fusión es de 1 773 °C. **2.** Elemento químico (Pt), de número atómico 78 y masa atómica 195,07. ◆ **platinos** s.m.pl. Placas de contacto, hechas de tungsteno, de los antiguos dispositivos de encendido en los automóviles. ⇔ **Espuma de platino** Platino esponjoso con propiedades catalíticas, obtenido por la calcinación de algunas de sus sales. **Platino iridiado** Aleación de un 90 % de platino y un 10 % de iridio.

platino

Es un sólido maleable y tenaz. Es inoxidable a cualquier temperatura y en caliente se combina con el cloro, el azufre y los metales fundibles. Inatacable por los ácidos, el platino puede ser divalente (compuestos platinosos) o tetravalente (compuestos platínicos).

platirrino, a adj. y s.m. Relativo a un grupo de primates de cola prensil, con los orificios nasales separados, que poseen 36 dientes y viven en América, como el tití y el mono araña.

plato s.m. (lat. *plattus,* del gr. *platós,* ancho, plano). Recipiente redondo, plano, con el centro más o menos hondo y los bordes inclinados, que se usa para poner en él la comida. **2.** Comida que se sirve en un plato: *un plato de lentejas.* **3.** Guiso, combinación de alimentos elaborados de una manera determinada para ser consumidos. **4.** Cada uno de los guisos que se sirven separados en una comida: *de primer plato, sopa.* **5.** Rueda dentada situada en el eje de los pedales de una bicicleta y que sirve para transmitir, a través de una cadena, el movimiento a la rueda posterior. **6.** Disco de arcilla que sirve para ejercitarse en el tiro al plato o tiro al vuelo. **7.** Platillo de la balanza. **8.** Pieza circular del tocadiscos sobre la que se coloca el disco gramofónico, que efectúa un movimiento de rotación regular alrededor de un eje vertical. ◆ adj. y s.m. Argent. y Chile. Se dice de la persona divertida, original y extravagante. ⇔ **No haber roto un plato** *Fam.* No haber hecho nada malo. **Pagar los platos rotos** *Fam.* Ser acusado o castigado por algo que no se ha cometido. **Plato combinado** Esp. Comida preparada con diversos manjares que se sirven en un mismo plato, a modo de comida completa. **Plato llano,** o **trinchero** Plato donde se suelen servir alimentos sólidos para ser trinchados. **Plato sopero,** u **hondo** Plato que tiene la profundidad necesaria para contener alimentos líquidos, como la sopa, sin que se derramen. **Plato volador** Argent. Ovni con forma de disco. **Ser plato de segunda mesa** *Fam.* Estar o sentirse postergado; ser sucedáneo de algo o de alguien.

plató s.m. (fr. *plateau*). Recinto cubierto de un estudio cinematográfico o de televisión que sirve de escenario para un rodaje.

platónico, a adj. Relativo a la filosofía de Platón. **2.** Se dice del amor que idealiza a la persona amada, sin que se establezca una relación física con ella. ◆ s. Seguidor de la filosofía de Platón o miembro de su escuela.

platonismo s.m. Filosofía de Platón y sus discípulos. **2.** Cualidad de platónico.

platudo, a adj. Amér. Rico, acaudalado.

plausible adj. (lat. *plausibilis,* de *plaudere*). Digno de aplauso o de alabanza. **2.** Admisible, justificado.

playa s.f. (lat. tardío *plagia,* del gr. *plágia,* lados, costados). Terreno generalmente llano, cubierto de arena, guijarros o rocas, a la orilla del mar, de un lago o un río. **2.** Amér. Merid. Lugar llano y espacioso, explanada: *playa de estacionamiento.*

play-back s.m. (del ingl. *playback*). Interpretación mímica de una grabación sonora realizada previamente. SIN.: *presonorización.*

play-boy s.m. (del ingl. *playboy*). Hombre atractivo y generalmente rico que emplea el tiempo en conquistar mujeres y llevar una vida ociosa.

playera s.f. Zapatilla de lona, ligera y cómoda.

playero, a adj. Se dice de la prenda de vestir que se usa para ir a la playa. ◆ s.m. Argent. Peón encargado de una playa de estacionamiento o de maniobras.

playo, a adj. y s.m. Argent., Par. y Urug. Que tiene poco fondo.

plaza s.f. (lat. *platea,* calle ancha, del gr. *plateia*). Espacio amplio al aire libre, generalmente rodeado de edificios y en el que confluyen varias calles, en el interior de una población. **2.** Mercado, lugar dividido en puestos de venta de comestibles y otros artículos de consumo diario. **3.** Conjunto de comestibles y productos básicos comprados para el consumo diario. **4.** Lugar donde se llevan a cabo las corridas de toros. **5.** Lugar o espacio destinado a ser ocupado por una persona, en un curso, colegio, hospital, medio de transporte, etc. **6.** Empleo, cargo o función que se desempeña en una empresa o institución. **7.** Población o zona, consideradas desde el punto de vista comercial. **8.** MIL. Ciudad con guarnición. ◇ **Pasar,** o **sentar, plaza de algo** Tener fama o reputación de algo. **Plaza fuerte** MIL. Ciudad fortificada.

plazo s.m. (del ant. *plazdo,* del lat. (*dies*) *placitus,* día de plazo aprobado por la autoridad). Espacio de tiempo señalado para hacer cierta cosa. **2.** Cada parte de una cantidad que se ha de pagar en dos o más veces. ◇ **A plazos** Forma de efectuar el pago de una mercancía, que consiste en concertar con el vendedor unas fechas futuras y unas cantidades que se han de pagar en cada una de estas fechas.

plazoleta s.f. Plaza pequeña, espacio amplio al aire libre.

pleamar s.f. (port. *prea mar*). Altura máxima alcanzada por la marea. **2.** Tiempo que dura esta altura. SIN.: *plenamar.*

plebe s.f. (lat. *plebs, plebis*). ANT. ROM. Clase social de los ciudadanos que no eran patricios. **2.** *Desp.* Pueblo, clase social más baja.

plebeyo, a s. (lat. *plebeius*). ANT. ROM. Persona que pertenecía a la plebe. **2.** Persona del pueblo llano. ◆ adj. Relativo a la plebe. **2.** Vulgar, popular.

plebiscitar v.tr. Ratificar mediante un plebiscito. **2.** Elegir con una gran mayoría.

plebiscitario, a adj. Relativo al plebiscito.

plebiscito s.m. (lat. *plebiscitum*). Consulta que los poderes públicos someten a votación popular para obtener la ratificación de la gestión de un gobernante, o para decidir algún asunto de estado. **2.** ANT. ROM. Ley votada por la asamblea de la plebe.

pleca s.f. IMPR. Filete corto de una sola raya que suele ponerse al final de un capítulo o para separar dos titulares, dos artículos de diario, revista, etc.

plecóptero, a adj. y s.m. Relativo a un orden de insectos de cuerpo alargado, largas antenas y larva acuática.

plectro s.m. (lat. *plectrum,* del gr. *plíttein,* golpear). Lámina de madera, marfil, carey, etc., utilizada para pulsar las cuerdas de ciertos instrumentos musicales. SIN.: *púa.* **2.** *Fig.* y *poét.* Inspiración, estilo.

plegadera s.f. Utensilio de madera, metal, marfil, etc., semejante a un cuchillo, que sirve para cortar o plegar papel. SIN.: *cortapapeles.*

plegadizo, a adj. Que se pliega o se dobla con facilidad.

plegado s.m. Acción y efecto de plegar. **2.** ART. GRÁF. Operación que consiste en doblar los pliegos impresos, a fin de darles la forma y tamaño que han de tener para formar el libro. **3.** MEC. Operación de modelado de chapas metálicas, que tiene por objeto doblar una parte de la chapa sobre la otra formando un ángulo determinado.

plegador, ra adj. Que pliega. ◆ s.m. Instrumento que sirve para plegar.

plegadora s.f. ART. GRÁF. Máquina para plegar los pliegos impresos. **2.** MEC. Instrumento utilizado para el plegado de chapas.

plegamiento s.m. Acción y efecto de plegar o plegarse. **2.** Deformación de las capas geológicas relacionada con la orogénesis; pliegues que se forman con esta deformación.

plegar v.tr. (del lat. *plicare*) [conj.: *regar*]. Doblar, aplicar una sobre otra dos partes de una cosa flexible. ◆ v.tr. y prnl. GEOL. Ondularse o doblarse un estrato o conjunto de ellos. ◆ **plegarse** v.prnl. *Fig.* Adaptarse o someterse.

plegaria s.f. (bajo lat. *precaria*). Oración o súplica dirigida a una divinidad, a la Virgen o a los santos.

pleistoceno adj. y s.m. (del gr. *pleiston,* lo más, y *kainós,* nuevo). GEOL. Se dice del primer período de la era cuaternaria, que se extiende desde hace unos 2 millones de años hasta hace unos 10 mil años y que corresponde a la edad de la piedra tallada, o paleolítico. ◆ adj. Relativo a este período.

pleita s.f. (mozár. *pléjta,* del lat. vulg. *plecta,* entrelazamiento, del gr. *plektí,* cuerda entretejida). Tira trenzada de esparto, pita, rafia, etc., muy flexible, usada en trabajos de cestería, sombrerería, etc.

pleiteador, ra adj. y s. Que tiene tendencia a pleitear.

pleiteante adj. y s.m. y f. Que pleitea.

pleitear v.tr. Litigar o disputar sobre un asunto en un juicio.

pleitesía s.f. Muestra reverente de acatamiento y cortesía.

pleitista adj. y s.m. y f. Se dice de la persona que tiene tendencia a promover u ocasionar peleas, discusiones o pleitos.

pleito s.m. (fr. ant. *plait,* del bajo lat. *placitum,* voluntad regia). Disputa, riña mantenida entre dos o más personas. **2.** DER. Litigio, contienda o controversia judicial entre partes.

plemento s.m. Conjunto de piedras o dovelas que rellenan los espacios entre los arcos de una bóveda gótica de crucería.

plena s.f. Baile y cante popular puertorriqueño.

plenario, a adj. Completo, lleno, total. ◆ s.m. DER. Parte del procedimiento penal que empieza cuando concluye el sumario. ◆ s.m. Pleno, reunión general.

plenilunio s.m. Luna llena.

plenipotencia s.f. Poder pleno que se concede a otro para que ejecute, concluya o resuelva una cosa.

plenipotenciario, a adj. y s. Se dice del agente diplomático que tiene plenos poderes para tratar o negociar asuntos.

plenitud s.f. Cualidad o estado de pleno. **2.** *Fig.* Momento o situación de mayor intensidad o perfección de algo.

pleno, a adj. (lat. *plenus*). Lleno completo. **2.** Total o completo: *goza de su plena confianza.* **3.** Se dice del momento central o de mayor intensidad de algo: *en pleno invierno.* ◆ s.m. Reunión o junta general de una corporación. **2.** Acierto de todos los resultados de un juego de apuestas. ◇ **En pleno** Sin que falte ninguno de los miembros del grupo o colectividad que se expresa: *el ayuntamiento en pleno.* **Pleno empleo** Situación que se produce cuando toda la mano de obra disponible en un país tiene la posibilidad de encontrar empleo. **Plenos poderes** Autorización para negociar definitivamente en nombre del país o de la persona que se representa.

pleocroico, a adj. Que está dotado de pleocroísmo.

pleocroísmo s.m. FÍS. Propiedad que poseen ciertas sustancias de presentar coloraciones diversas según la dirección en que se las observa.

pleonasmo s.m. (lat. *pleonasmus,* del gr. *pleonasmós,* superabundancia, exageración). Figura retórica de construcción que consiste en el uso de palabras innecesarias para dar más fuerza a la expresión: *«yo lo vi con mis ojos», es un pleonasmo.*

pleonástico, a adj. Relativo al pleonasmo: *expresión pleonástica.*

plepa s.f. Persona llena de achaques.

plerema s.m. LING. En glosemática, constituyente del plano del contenido.

plesiosauro s.m. Reptil marino fósil de la era secundaria, de cuerpo macizo, miembros en forma de aleta, cuello largo y cabeza pequeña, que alcanzaba hasta 12 m. de long.

pletina s.f. Parte de un magnetófono o de una cadena de reproducción de sonido donde se introduce la cinta magnética y que está formada por el dispositivo de arranque, los cabezales y los mandos. SIN.: *platina.* **2.** Laminado de hierro u otro metal de sección rectangular y poco grosor.

plétora s.f. (gr. *pléthori,* plenitud, superabundancia, de *pléthein,* estar lleno). *Fig.* Abundancia excesiva de algo. **2.** Exceso de sangre o de otros humores en el cuerpo humano.

pletórico, a adj. *Fig.* Que tiene gran abundancia de alguna cosa positiva, como salud, alegría, etc. **2.** MED. Se dice de un tipo constitucional caracterizado por el buen aspecto físico, rojez de la cara, peso por encima del habitual y tensión sanguínea elevada.

pleura s.f. (gr. *pleurá,* costilla, costado). Membrana serosa que tapiza el tórax y envuelve los pulmones.

pleural adj. Relativo a la pleura.

pleuresía s.f. Pleuritis.

pleurítico, a adj. y s. Relativo a la pleuritis; que padece pleuritis.

pleuritis s.f. (bajo lat. *pleurisis*). Inflamación de la pleura. SIN.: *pleuresía.*

pleuritis

Según la naturaleza del líquido derramado se distingue las pleuritis *serofibrinosas* (líquido claro, de origen tuberculoso o vírico, cardiovascular o tumoral), *hemorrágicas* (consecuencia de un tumor maligno del pulmón o de la pleura) o *purulentas* (debidas a una infección bacteriana). Las pleuritis provocan dolor torácico, dificultad para respirar y, en las formas agudas, temblores y fiebre.

pleurodinia s.f. (del gr. *pleurá,* costilla, costado, y *odýni,* dolor). Dolor agudo en el tórax, relacionado con una pleuritis o una enfermedad reumática.

pleuronéctido, a adj. y s.m. Relativo a una familia de peces óseos, de cuerpo aplanado, que viven en el fondo del mar apoyados en uno de sus lados y tienen los dos ojos en el opuesto, como el lenguado y el rodaballo.

pleurotomía s.f. Incisión quirúrgica en la pleura.

plexiglás s.m. (marca registrada). Materia plástica transparente y flexible, empleada particularmente como vidrio de seguridad.

plexo s.m. (lat. *plexus*). ANAT. Conjunto de filamentos vasculares o nerviosos anastomosados y entrelazados.

pléyade s.f. Grupo de personas que destacan en un campo del saber y desarrollan su actividad en la misma época.

plica s.f. (lat. médico *plica*). Esp. Sobre cerrado y sellado que contiene un documento cuya información no debe conocerse o publicarse hasta un momento determinado.

pliego s.m. Hoja de papel, especialmente la de forma cuadrangular y doblada por la mitad. **2.** ART. GRÁF. Conjunto de páginas que resultan de plegar una hoja impresa. **3.** Carta o documento importante que se envía en un sobre cerrado. **4.** Conjunto de papeles que van dentro de un mismo sobre o cubierta. ◇ **Pliego de cargos** DER. Escrito que contiene una exposición de las faltas e infracciones de que se acusa a un funcionario sometido a expediente administrativo. **Pliego de descargos** DER. Documento en el que el funcionario sometido a expediente alega en su defensa. **Pliego suelto,** o **de cordel** LIT. Cuaderno de cuatro u ocho folios que contenía obras literarias populares y que se tenía expuesto a la venta colgado de una cuerda; obra literaria contenida en este cuaderno.

pliegue s.m. Doblez, señal que queda en la parte por donde se ha doblado una cosa. **2.** Ángulo que forma la piel en las articulaciones. **3.** Tela doblada sobre sí misma, cosida a su largo o solo en sus extremos o simplemente marcada con plancha. **4.** GEOL. Ondulación de las capas del terreno, que puede ser hacia fuera *(anticlinal)* o hacia dentro *(sinclinal).* ◇ **Eje de un pliegue** GEOL. Dirección del pliegue.

plinto s.m. (lat. *plinthus,* del gr. *plinthos,* ladrillo). Elemento cuadrado de la parte inferior de la basa de una columna. **2.** Aparato gimnástico para saltar, formado por varias secciones horizontales de madera que, colocadas unas sobre otras, permiten obtener diferentes alturas.

plioceno adj. y s.m. (del gr. *pleion,* más, y *kainós,* nuevo). GEOL. Se dice del último período de la era terciaria, que se extiende desde hace unos 5 millones de años hasta hace unos 2 millones de años y que sucede al mioceno. ◆ adj. Relativo a este período.

plisar v.tr. Marcar pliegues: *plisar una tela.*

ploceido, a adj. y s.m. Relativo a una familia de aves granívoras paseriformes, de pico grande y duro, y voz fuerte, como el gorrión.

plomada s.f. Pesa de plomo u otro metal que cuelga del extremo de un cordel y sirve para comprobar la verticalidad de un elemento: *plomada de albañil.*

plombagina o **plumbagina** s.f. (fr. *plombagine*). Grafito con el que se hacen minas de lápiz.

plomería s.f. Establecimiento donde se trabaja el plomo. **2.** Amér. Oficio de plomero. GEOSIN.: Chile, Ecuad. y Perú. *gasfitería;* Esp. *fontanería.* **3.** Amér. Conjunto de instalaciones para la conducción y distribución de aguas en un edificio. GEOSIN.: Chile, Ecuad. y Perú. *gasfitería;* Esp. *fontanería.*

plomero, a s. Persona que tiene por oficio trabajar el plomo. **2.** Amér. Persona que tiene por oficio instalar y reparar el sistema de conducción y distribución de aguas de un edificio. GEOSIN.: Chile. *gásfiter;* Esp. *fontanero;* Nicar. *pajero.*

plomífero, a adj. Que contiene plomo. **2.** *Fam.* Que es aburrido o molesto.

plomizo, a adj. Que tiene el color o la apariencia del plomo; que contiene plomo.

plomo s.m. (lat. *plumbum*). Metal denso, pesado, de color gris azulado, cuyo punto de fusión es de 327,5 °C. **2.** Elemento químico (Pb) de número atómico 82 y masa atómica 207,2. **3.** Objeto o pieza hecha con este metal. **4.** *Fig.* Bala, proyectil. **5.** *Fig.* y *fam.* Persona o cosa pesada y molesta. **6.** Esp. ELECTR. Fusible de hilo de plomo. (Suele usarse en plural.) ◆ **plomos** s.m.pl. Trozos cóncavos de plomo que, en las máquinas de imprimir, limitan el espacio que ha de ocupar la tinta en el cilindro. ◇ **A plomo** Verticalmente; *Fam.* pesadamente.

plomo

El plomo es un metal dúctil, maleable, blando (se raya fácilmente) y poco tenaz. Resiste a los agentes químicos, pero se empaña en contacto con el aire por formación superficial de un carbonato básico. En general, el plomo es bivalente en sus sales que son insolubles, excepto el nitrato y el acetato, y venenosas. Forma aleaciones con el antimonio, el estaño y el cobre (soldaduras, aleaciones fusibles). Se extrae de dos minerales: la *galena* (sulfuro de plomo) y la *cerusita* (carbonato de plomo). La intoxicación crónica por plomo (saturnismo) es una enfermedad propia de trabajos en los que se utiliza este metal.

plotter s.m. (voz inglesa). Unidad periférica de salida de una computadora que se usa para representar gráficos y dibujos por líneas.

pluma s.f. (lat. *pluma*). Excrecencia que cubre la epidermis de las aves, formada por un tubo provisto de barbas y bárbulas, que les sirve para volar, proteger el cuerpo y mantener una temperatura constante. **2.** Conjunto de plumas. **3.** Pluma de ave, cortada y afilada que se usaba para escribir. **4.** Utensilio que sirve para escribir o dibujar. **5.** Plumilla. **6.** Caligrafía de alguien. **7.** *Fig.* Actividad literaria en general o de un escritor determinado. **8.** *Fig.* Estilo, manera de escribir. **9.** *Fig.* Escritor. **10.** *Fig.* y *fam.* Persona o cosa muy ligera. **11.** Esp. *Fig.* y *fam.* Afeminamiento en los gestos y en la forma de hablar de un hombre. **12.** DEP. Categoría de peso que agrupa a los boxeadores de 54 a 57 kg. ◇ **A vuela pluma** A *vuelapluma. **Pluma atómica** Méx. Bolígrafo. **Sin plumas y cacareando** *Fam.* Expresión con que se critica la arrogancia del que ha sido derrotado en algo.

plumado, a adj. Que tiene plumas. **2.** HERÁLD. Se dice del escudo o pieza cubiertos de plumas. SIN.: *plumeteado.*

plumaje s.m. Conjunto de plumas que cubren el cuerpo de un ave. **2.** Adorno de plumas que se pone en los sombreros, cascos, etc.

plumario, a adj. Se dice del arte de hacer mosaicos con plumas de aves.

plumazo s.m. Trazo hecho con la pluma. ◇ **De un plumazo** *Fam.* De manera brusca y rápida.

plumbagina s.f. → **plombagina.**

plumbagináceo, a adj. y s.f. Relativo a una familia de plantas herbáceas dicotiledóneas, de hojas simples, flores de cáliz membranoso y fruto seco.

plúmbeo, a adj. (del lat. *plumbum*). Que está hecho de plomo. **2.** *Fig.* Pesado como el plomo.

plúmbico, a adj. Relativo al plomo.

plumbífero, a adj. Que contiene plomo.

plum-cake s.m. (voz inglesa). Pastel elaborado con pasas y frutas confitadas.

plumero s.m. Utensilio para limpiar el polvo, compuesto de plumas o diversos filamentos sujetos a un mango. **2.** Caja o recipiente donde se guardan las plumas. **3.** Plumaje, adorno de plumas. ◇ **Vérsele a alguien el plumero** *Fam.* Traslucirse los pensamientos o intenciones de una persona.

plumeteado, a adj. HERÁLD. Se dice del escudo o pieza cubiertos de pequeños semicírculos montados entre sí en forma de escamas. **2.** Plumado.

plumier s.m. (voz francesa). Caja o estuche donde los escolares guardan los lápices, plumas, gomas de borrar, etc.

plumífero, a adj. Que tiene plumas. ◆ adj. y s. *Desp.* Se dice del periodista o escritor mediocre.

plumilla s.f. Parte de la pluma de escribir o dibujar que, humedecida por la tinta, sirve para hacer trazos. SIN.: *pluma.*

plumón s.m. Pluma delgada y suave que tienen las aves debajo del plumaje exterior, usada para rellenar almohadas, prendas de abrigo, etc. **2.** Prenda de abrigo rellena con esta pluma.

plumoso, a adj. Que tiene muchas plumas.

plúmula s.f. BOT. Gémula.

plural adj. (lat. *pluralis,* que consta de muchos, de *plus, pluris,* más numerosos). Que expresa un número gramatical superior a uno. **2.** Múltiple: *una actividad plural.* ◆ s.m. LING. Forma de una palabra que corresponde a un número superior a la unidad.

pluralidad s.f. Multiplicidad, circunstancia de ser más de uno.

pluralismo s.m. Multiplicidad. **2.** Concepción que admite la pluralidad de tendencias y opiniones en el ámbito político, social, económico, etc. **3.** FILOS. Doctrina que solo admite el mundo formado de individuos y conjuntos de individuos.

pluralista adj. y s.m. y f. Relativo al pluralismo; partidario del pluralismo.

pluralizar v.tr. Referir o atribuir a varias personas algo que es peculiar de una, pero sin generalizar. **2.** LING. Dar número plural a palabras que ordinariamente no lo tienen.

plurianual adj. Que dura varios años.

pluricelular adj. BIOL. Que consta de más de una célula. SIN.: *multicelular.*

pluridimensional adj. Que tiene varias dimensiones.

pluridisciplinar adj. Que abarca distintas disciplinas. SIN.: *multidisciplinar.*

pluriempleo s.m. Desempeño de varios empleos, cargos, oficios, etc., al mismo tiempo por una persona.

pluripartidismo s.m. Sistema político que admite la coexistencia de varios partidos.

plurivalente adj. Que tiene varios valores.

plus s.m. (lat. *plus,* más). Cantidad suplementaria: *un plus de peligrosidad.* ◇ **Plus familiar** Prestación obligatoria de la seguridad social española destinada a cubrir cargas familiares de los trabajadores.

pluscuamperfecto, a adj. y s.m. (del lat. *plus quam perfectum,* más que perfecto). LING. En la clasificación tradicional de los tiempos verbales, antecopretérito.

plusmarca s.f. Récord deportivo.

plusmarquista s.m. y f. Deportista que ha establecido una plusmarca.

plusvalía s.f. Aumento del valor de una cosa. **2.** Aumento de valor de unos terrenos a causa de trabajos o inversiones realizados por la administración. **3.** Incremento del valor corriente en venta de un terreno en la fecha en que termina el período de imposición con respecto a dicho valor al comienzo del período. **4.** Forma monetaria de la parte de producción realizada por el trabajador de la que se apropia sin compensación el propietario de los medios de producción.

plutocracia s.f. Gobierno de un estado en que el poder está en manos de los ricos o influido por estos; clase social que forman estas personas.

plutócrata s.m. y f. Persona perteneciente a la plutocracia.

plutocrático, a adj. Relativo a la plutocracia.

plutón s.m. GEOL. Masa de magma procedente de grandes profundidades, que se ha solidificado lentamente.

plutónico, a adj. Relativo al plutonismo. **2.** GEOL. Se dice de las rocas eruptivas que se han producido en las profundidades de la Tierra por la acción de fuerzas internas, y que presentan una estructura granulosa, como el granito o el gabro.

plutonio s.m. Metal transuránico del grupo de los actínidos. **2.** Elemento químico (Pu), de número atómico 94.

plutonio

Obtenido de la irradiación de uranio, el plutonio se utiliza como combustible nuclear en supergeneradores o en centrales «clásicas» y en armas nucleares. Es muy tóxico debido a que su dosis letal se halla en el orden del microgramo.

plutonismo s.m. (del gr. *Ploýton,* dios subterráneo, de los infiernos). Teoría que explica la formación de la corteza terrestre por la acción del fuego interior.

1. **pluvial** adj. Que procede de la lluvia: *aguas pluviales.* ◇ **Régimen pluvial** Régimen del curso de un río cuyo caudal procede fundamentalmente de las lluvias.

2. **pluvial** s.m. Ave zancuda de las orillas arenosas de los lagos y ríos de África tropical que limpia la boca de los cocodrilos de los restos de comida. (Familia glareólidos.)

pluviometría o **pluvimetría** s.f. Estudio de la distribución de la lluvia en el espacio y el tiempo.

pluviométrico, a adj. Relativo al pluviómetro o a la pluviometría.

pluviómetro o **pluvímetro** s.m. Aparato que sirve para medir la cantidad de lluvia caída en un lugar durante un tiempo determinado.

pluviosidad s.f. Cantidad de lluvia caída en un lugar durante un tiempo determinado.

poblacho s.m. (ital. *popolaccio*). *Desp.* Pueblo pequeño o pobre.

población s.f. Acción de poblar. **2.** Ciudad, villa o lugar edificado y habitado por un conjunto de personas. **3.** Conjunto de habitantes de un lugar. (La población mundial aumenta cada año en unos 100 millones aprox., es decir, más de 250 000 personas cada día.) **4.** Conjunto de personas que componen una categoría particular: *población rural.* **5.** Conjunto de especies animales o vegetales que viven en un lugar determinado. **6.** Conjunto de elementos sometidos a un estudio estadístico. **7.** Chile. Barrio marginal de chabolas. ◇ **Población estelar** ASTRON. Conjunto de estrellas que, desde un punto de vista estadístico, poseen propiedades intrínsecas o cinemáticas comunes, como la edad, la composición química, etc.

poblado s.m. Conjunto de viviendas que forman una pequeña población, especialmente cuando es de carácter primitivo o provisional.

poblador, ra adj. y s. Habitante. **2.** Que establece una población en un lugar. ◆ s. Chile. Chabolista.

poblamiento s.m. Acción de poblar. **2.** Proceso de asentamiento de la población o de un grupo humano específico en un área determinada. **3.** Formas de asentamiento resultantes de este proceso.

poblano, a adj. y s. De Puebla, estado de México. **2.** Amér. Lugareño, campesino.

poblar v.tr. [conj.: *contar*]. Ocupar un lugar para establecerse en él. **2.** Ocupar un lugar un conjunto de seres vivos para habitarlo: *poblar un monte.* **3.** Habitar o vivir en algún lugar. ◆ v.tr. e intr. Fundar uno o más pueblos o poblaciones. ◆ v.tr. y prnl. Estar una cosa en gran número o cantidad en algún lugar.

pobo s.m. Álamo, árbol.

pobre s.m. y f. y adj. (lat. *pauper, -eris*). Persona que no tiene lo necesario para vivir o que lo tiene con escasez. **2.** Mendigo. ◆ adj. Humilde, modesto. **2.** Que es de poco valor. **3.** *Fig.* Infeliz, digno de compasión: *pobre hombre.* ◇ **Mineral pobre** Mineral de bajo contenido de metal. **Teatro pobre** Tendencia teatral que propugna la utilización exclusiva de las facultades de los intérpretes y que rechaza todo despliegue escenográfico y luminotécnico.

pobretería s.f. Conjunto de pobres. **2.** Escasez o miseria. **3.** Tacañería o excesivo cuidado con los gastos.

pobretón, na adj. y s. *Desp.* Pobre.

pobreza s.f. Cualidad o estado de pobre: *bolsas de pobreza.* **2.** *Fig.* Falta o escasez de algo: *pobreza de espíritu.*

pocero, a s. Persona que hace pozos o trabaja en ellos. **2.** Persona que limpia los pozos negros o las cloacas.

pocha s.f. Esp. Judía blanca temprana.

pocho, a adj. Marchito, en estado de putrefacción. **2.** Pálido, descolorido. **3.** *Fig.* Que está triste, decaído, o enfermo. ◆ s. Méx. Persona de origen mexicano que vive en EUA, y que ha adoptado las costumbres estadounidenses y habla el español con anglicismos. **2.** Méx. Mezcla de español con inglés.

pocholo, a adj. Esp. *Fam.* Bonito, gracioso.

pochote s.m. C. Rica, Hond. y Méx. Árbol silvestre muy espinoso, cuyo fruto contiene una materia algodonosa con que se rellenan almohadas. (Familia bombacáceas.)

pocilga s.f. (del ant. *porcilga,* del lat. *porcus,* puerco). Establo o cobertizo para cerdos. SIN.: *porqueriza, porquerizo.* **2.** *Fig.* y *fam.* Lugar sucio y maloliente.

pocillo s.m. Jícara, vasija pequeña.

pócima s.f. (lat. *apozema,* del gr. *apozema,* conocimiento, de *zein,* hervir). Bebida medicinal elaborada con materias vegetales. **2.** Bebida desagradable al gusto.

poción s.f. (lat. *potio, -onis*). Bebida, especialmente la medicinal.

1. **poco** adv.c. Con escasez, en corto grado, insuficientemente. ◇ **A poco** Pasado un breve espacio de tiempo. **A poco de** Breve tiempo después de ocurrir lo que se expresa. **Dentro de poco** Pronto. **Poco a poco** Gradual o lentamente; se usa para moderar o contener a alguien. **Poco más o menos** Aproximadamente. **Por poco** Casi, a punto de suceder algo. **Tener en poco** Desestimar, considerar indigno o inmerecedor de aprecio y atención.

2. **poco, a** adj. y pron.indef. (lat. *paucus, -a, -um,* poco numeroso). Escaso; inferior, en número o cantidad, a lo regular y preciso.

pocoman, pueblo amerindio del SE de Guatemala del grupo quiché y familia lingüística maya-quiché.

poconchi, pueblo amerindio de Guatemala, del grupo quiché y familia lingüística maya-quiché.

poda s.f. Acción de podar. **2.** Tiempo en que se realiza esta acción.

podadera s.f. (del ant. *foz podadera,* del lat. *falx putatoria*). Instrumento cortante de metal para podar o escamondar árboles, arbustos, etc.

podar v.tr. (lat. *putare,* limpiar, podar). Cortar las ramas superfluas de los árboles y otras plantas. SIN.: *mondar.*

podaria s.f. MAT. Lugar geométrico de los pies de las perpendiculares que bajan desde un punto fijo del plano de una curva sobre las tangentes de esta.

podenco s.m. Perro parecido al lebrel, aunque algo menor y más robusto, utilizado para la caza por su vista y olfato.

1. **poder** v.tr. (lat. vulg. *potere,* del lat. clásico *posse*). Tener la capacidad o facultad para hacer una cosa determinada. **2.** Tener facilidad de hacer una cosa o reunir la condiciones para hacerla. **3.** Tener permiso para hacer algo. **4.** Ser más fuerte que otro. ◆ v.impers. Ser posible que suceda una cosa: *puede que llueva.* ◇ **Poderlas** Méx. Tener mucho poder o influencia. **Poderle algo** Méx. Producirle gran pena o tristeza: *me pudo mucho la noticia de su muerte.* [V. cuadro pág. siguiente.]

2. **poder** s.m. Capacidad para hacer algo: *poder de convocatoria.* **2.** Facultad para mandar, dominar o influir. **3.** Posesión o propiedad de algo. **4.** Fuerza, capacidad, eficacia. **5.** Gobierno de un estado. **6.** Conjunto de fuerzas de un estado, en especial las militares. **7.** Facultad que una persona da a otra para que obre en su nombre y por su cuenta. **8.** Potencia de una máquina. **9.** FILOS. Conjunto de las relaciones de fuerza y de los procesos de jerarquización que, atravesando toda la estructura económica y política, somete a las personas. ◆ **poderes** s.m.pl. Facultades, autorización para hacer algo, dada por el que tiene autoridad para ello. ◇ **Poder absoluto** Poder que se ejerce sin ninguna limitación. **Poder adquisitivo** Capacidad económica para adquirir bienes o servicios. **Poder calorífico** Cantidad de calor desprendido durante la combustión, en condiciones normales, de una cantidad dada de combustible. **Poder central** Poder localizado en la sede de los poderes públicos de un país. **Poder constituyente** Poder encargado de elaborar la constitución de un país. **Poder disciplinario** Poder que se ejerce por medio de sanciones, especialmente en la administración, en una empresa o en ciertas profesiones. **Poder ejecutivo** Parte de un gobierno que ejecuta las leyes. **Poder espiritual** Autoridad eclesiástica en materia religiosa. **Poderes públicos** Conjunto de las autoridades que ejercen el poder en el estado. **Poder judicial** Parte de un gobierno que administra la justicia. **Poder legislativo** Parte de un gobierno que elabora o modifica leyes. **Poder reglamentario** Poder ejercido por una autoridad gubernativa o administrativa, que le permite legislar sobre materias que no entran en el campo de la ley o desarrollar las reglas dictadas por el parlamento para su aplicación. **Poder temporal** Gobierno civil de un estado. **Separación de poderes** Principio de derecho público por el que los poderes legislativo, ejecutivo y judicial no deben interferirse entre sí.

poderío s.m. Poder, facultad de hacer o impedir algo. **2.** Dominio que se tiene sobre alguien o sobre algo. **3.** Conjunto de bienes y riquezas. **4.** Poder, fuerza, valor.

poderoso, a adj. y s. Que tiene mucho poder. **2.** Rico, influyente. ◆ adj. Muy eficaz y de efecto rápido: *remedio poderoso.* **2.** Que es grande, excelente o magnífico.

podestà s.m. (voz italiana). Primer magistrado de las ciudades del N y centro de Italia en los ss. XIII y XIV.

podio o **pódium** s.m. (lat. *podium,* del gr. *podion,* pie pequeño). Plataforma sobre la que se coloca a una o varias per-

poder

INDICATIVO	SUBJUNTIVO
presente	**presente**
puedo	*pueda*
puedes (podés)	*puedas*
puede	*pueda*
podemos	podamos
podéis	podáis
pueden	*puedan*
copretérito o pret. imperfecto	**pretérito o pret. imperfecto**
podía	*pudiera* o *pudiese*
podías	*pudieras* o *pudieses*
podía	*pudiera* o *pudiese*
podíamos	*pudiéramos* o *pudiésemos*
podíais	*pudierais* o *pudieseis*
podían	*pudieran* o *pudiesen*
pretérito o pret. perf. simple	**futuro o fut. simple**
pude	*pudiere*
pudiste	*pudieres*
pudo	*pudiere*
pudimos	*pudiéremos*
pudisteis	*pudiereis*
pudieron	*pudieren*
futuro o fut. simple	**IMPERATIVO**
podré	*puede* (podé) (tú, vos)
podrás	*pueda* (él)
podrá	podamos (nosotros)
podremos	meced (vosotros)
podréis	*puedan* (ellos)
podrán	
pospretérito o condicional simple	**FORMAS NO PERSONALES**
podría	**infinitivo** poder
podrías	**gerundio** *pudiendo*
podría	**participio** podido
podríamos	
podríais	
podrían	

sonas para destacarlas por sus méritos o importancia en un triunfo deportivo, en la presidencia de un acto, etc. **2.** ANT. ROM. Muro grueso de un teatro o un anfiteatro que se levanta alrededor de la arena o de la orquesta, y donde estaban los lugares de honor. **3.** ARQ. Plataforma de cierta altura que sirve como basamento a un edificio.

podología s.f. Parte de la medicina que trata de las enfermedades y deformidades de los pies.

podólogo, a s. y adj. Médico especialista en podología.

podómetro s.m. Aparato parecido a un reloj que cuenta el número de pasos dados por la persona que lo lleva e indica la distancia recorrida. SIN.: *odómetro.*

podón s.m. Podadera grande y fuerte.

podredumbre s.f. Estado de algo que está podrido. **2.** Cosa o parte podrida de una cosa. **3.** Corrupción moral de alguien o de algo.

podrir v.tr. (lat. *putrere,* pudrirse). Pudrir. (Se usa solo en infinitivo y participio.)
OBS.: participio: *podrido.*

podsol s.m. (voz rusa). Suelo de las regiones húmedas con invierno frío que se desarrolla sobre una roca madre ácida, formado por un horizonte negro y rico en humus, situado por encima de un horizonte de textura cenicienta, de color gris blanquecino, que a su vez está situado sobre un horizonte inferior, negro, impermeable y rico en hierro.

podsólico, a adj. Relativo al podsol.

podsolización s.f. Transformación de un suelo en podsol.

poema s.m. (lat. *poema,* del gr. *poíima*). Obra oral o escrita, compuesta en verso: *poema elegíaco.* **2.** Obra en prosa con características propias de la poesía. **3.** *Fig.* Cosa, acción o suceso que se considera cómico: *su forma de actuar es todo un poema.* **4.** MÚS. Pieza musical para un solo instrumento o para un solista. <> **Poema sinfónico** MÚS. Composición orquestal inspirada en un argumento literario, filosófico, etc.

poemario s.m. Colección de poemas.

poesía s.f. (lat. *poesis,* del gr. *poíisis,* creación). Arte de evocar y sugerir sensaciones, emociones e ideas mediante un lenguaje sujeto a medidas, cadencias, ritmos e imágenes. **2.** Género poético: *poesía épica, lírica, heroica, etc.* **3.** Conjunto de versos, poema de poca extensión: *recitar una poesía.* **4.** Conjunto de la actividad poética y de los poetas: *la poesía del siglo de oro.* **5.** Carácter de lo que es estéticamente bello y afecta a la sensibilidad: *la poesía de un paisaje.*

poeta s.m. y f. (lat. *poeta,* del gr. *poietés,* creador, hacedor). Persona que compone poesía. **2.** Persona con temperamento poético.

poética s.f. Arte de componer obras poéticas. **2.** Conjunto de principios y reglas de la poesía. **3.** Teoría de la creación literaria.

poético, a adj. Relativo a la poesía. **2.** Propio de la poesía: *estilo poético, expresión poética.* **3.** Que contiene poesía, que conmueve: *un relato muy poético.*

poetisa s.f. Mujer que compone poesía.

poetizar v.intr. Componer poesía, escribir en verso. ◆ v.tr. Dar carácter poético a algo: *poetizar un recuerdo.*

pogonóforo, a adj. y s.m. Relativo a un grupo de animales invertebrados filamentosos que viven en las profundidades marinas y que carecen de boca, ano y tubo digestivo.

pogrom s.m. (voz rusa) [pl. *pogromes, pogroms* o *pogrom*]. Sublevación popular acompañada de pillaje y asesinato, en contra de una comunidad judía durante el imperio ruso, especialmente entre 1881 y 1921. **2.** Ataque dirigido contra una minoría étnica o religiosa.

pointer s.m. y adj. Perro de caza de origen británico, de cuerpo proporcionado, cola larga y orejas caídas.

poiquilotermo, a adj. y s.m. Se dice de un animal cuya temperatura corporal varía con la del medio ambiente, como los reptiles, los peces, etc. SIN.: *heterotermo.* CONTR.: *homeotermo.*

poise s.m. Unidad de medida de viscosidad dinámica (símb. P) equivalente a 10^{-1} pascal-segundo.

poker s.m. (voz inglesa). → **póquer.**

polaco, a adj. y s. De Polonia. ◆ s.m. Lengua eslava hablada principalmente en Polonia.

polaina s.f. (fr. ant. *polaine,* punta larga de un calzado que estuvo de moda en los ss. XII al XV). Prenda de vestir, generalmente de cuero o de paño, que cubre la pierna desde el tobillo o el empeine del pie hasta la rodilla.

polaquiuria s.f. MED. Trastorno vesical, consistente en micciones frecuentes y poco abundantes.

polar adj. Relativo a un polo, a los polos, o a las zonas próximas a los polos: *viento polar.* **2.** ELECTR. Relativo a los polos de un imán o de un generador eléctrico. **3.** QUÍM. Se dice de una molécula asimilable a un dipolo eléctrico. ◆ s.f. AERON. Curva que representa las variaciones del coeficiente de sustentación en función del coeficiente de arrastre de un ala o de un avión, cuando varía el ángulo de incidencia. ◆ s.m. Tejido sintético que protege del frío. (También *forro polar.*) **2.** Prenda de abrigo que cubre la parte superior del cuerpo y se confecciona con este tejido. (También *forro polar.*) <> **Círculo polar** Círculo paralelo al ecuador que marca el límite de las zonas polares, donde, durante los solsticios, el día o la noche duran veinticuatro horas. **Clima polar** Clima muy frío y seco en invierno, fresco y poco lluvioso en verano. **Órbita polar** ASTRONÁUT. Órbita de un satélite situado en un plano que contiene los polos del planeta en torno al cual gravita ese satélite.

polaridad s.f. Cualidad que distingue entre sí cada uno de los polos de un imán o de un generador eléctrico. **2.** *Fig.* Propiedad de un cuerpo que tiene propiedades o potencias opuestas en partes o direcciones contrarias, como los polos.

polarimetría s.f. Método de análisis químico basado en el poder de rotación del plano de polarización de la luz que tienen ciertas sustancias en solución.

polarímetro s.m. Aparato para medir la rotación del plano de polarización de la luz.

polarización s.f. Acción de polarizar o polarizarse. **2.** Propiedad de una onda electromagnética (y más especialmente de la luz) de presentar un reparto determinado de la orientación de las vibraciones que la componen. **3.** Propiedad de las partículas elementales y de los núcleos de presentar una orientación determinada de su spin. **4.** ELECTR. Establecimiento de una diferencia de potencial entre dos conductores. ◇ **Polarización de una pila** ELECTR. Disminución de la fuerza electromotriz de una pila como consecuencia de reacciones químicas internas. **Polarización dieléctrica** ELECTR. Creación de dipolos en un dieléctrico, mediante un campo eléctrico. **Polarización electroquímica** ELECTR. Modificación del potencial de un electrodo, debido al paso de corriente eléctrica en una cuba electrónica.

polarizado, a adj. Se dice de un aparato que presenta dos polos de distinta naturaleza. **2.** Que ha experimentado polarización: *luz polarizada.*

polarizar v.tr. Someter a polarización. ◆ v.tr. y prnl. *Fig.* Concentrar la atención, las fuerzas, etc., en alguna cosa determinada.

polarografía s.f. Método de análisis de metales en soluciones salinas que se basa en la observación de la curva de polarización de un electrodo.

Polaroid s.f. (marca registrada). Hoja transparente que polariza la luz que la atraviesa. **2.** Cámara fotográfica que realiza también el revelado en pocos segundos. **3.** Fotografía obtenida con esta cámara.

polca o **polka** s.f. (voz de origen eslavo). Danza popular de dos tiempos bailada por parejas, originaria de Bohemia, que se puso de moda en Europa en el s. XIX. **2.** Música para bailar esta danza de tempo rápido.

pólder s.m. (voz neerlandesa) [pl. *pólders* o *pólderes*]. Terreno pantanoso rodeado de diques que evitan su inundación por las aguas marinas o fluviales, que después es avenado y cultivado.

polea s.f. Rueda que gira libremente sobre un eje, y con una llanta de forma apropiada para pasar una correa, cuerda, cadena, etc., que sirve generalmente para arrastrar objetos pesados. SIN.: *garrucha.* ◇ **Polea Koepe** MIN. Torno de extracción que utiliza la adherencia de un cable en una media vuelta de polea.

polemarca s.m. ANT. GR. Magistrado que ejercía altas funciones militares y, a veces, políticas.

polémica s.f. (del gr. *polemikós,* referente a la guerra, de *pólemos,* guerra). Controversia, discusión sobre un tema.

polémico, a adj. Relativo a la polémica o al polemista.

polemista s.m. y f. Persona es aficionada a polemizar. **2.** Escritor que sostiene polémicas.

polemizar v.intr. Entablar o sostener una polémica.

polemología s.f. Estudio de la guerra considerada como fenómeno social y psicológico.

polemólogo, a s. Especialista en polemología.

polemoniáceo, a adj. y s.f. Relativo a una familia de plantas dicotiledóneas de fruto en cápsula, en su mayoría de origen americano.

polen s.m. (lat. *pollen,* flor de harina). Conjunto de granos microscópicos producidos por los estambres y que forman los elementos masculinos de las plantas con flores.

polenta s.f. (lat. *polenta,* especie de gachas). Plato de harina de maíz parecido a las gachas, típico de Italia.

poleo s.m. (lat. *pulejum*). Planta herbácea de hojas ovales y flores de color azul pálido, con la que se hace una infusión tónica y antiespasmódica. (Familia labiadas.)

pole position s.f. (voces inglesas). Primera posición para la salida en una carrera de automóviles o motos. (También *pole.*)

poliácido, a adj. y s.m. Se dice de un cuerpo que posee varias funciones ácidas.

poliadición s.f. QUÍM. Reacción de la formación de polímeros sin eliminación de moléculas.

polialcohol s.m. Cuerpo que posee varias funciones alcohólicas. SIN.: *poliol.*

poliamida s.f. Copolímero que resulta de la policondensación de un diácido con una diamina o de aminoácidos.

poliandria s.f. Estado de una mujer poliandra. **2.** BOT. Estado de una planta poliandra.

poliandra adj. Se dice de la mujer que tiene simultáneamente varios maridos. **2.** BOT. Se dice de la planta que tiene varios estambres.

poliarquía s.f. Gobierno caracterizado por una pluralidad de centros de poder.

poliartritis s.f. Reumatismo simultáneo o sucesivo en varias articulaciones.

polibutadieno s.m. Polímero del butadieno, utilizado en la fabricación de caucho sintético.

policárpico, a adj. Relativo al fruto policarpo. ◆ adj. y s.f. Ranal.

policarpo s.m. y adj. Fruto formado por varios carpelos no soldados, que puede ser monospermo o polispermo.

policéntrico, a adj. Que posee varios centros de dirección.

policentrismo s.m. Sistema que admite varios centros de dirección o de decisión.

polichinela s.m. (ital. *pulcinella,* de *pulcino,* polluelo). Títere de madera, jorobado por delante y por detrás, que representa el papel de Polichinela en el teatro de títeres. SIN.: *pulchinela.* **2.** Títere, marioneta.

policía s.f. (lat. *politia,* organización política, gobierno, del gr. *politeía*). Conjunto de reglas impuestas al ciudadano para garantizar el orden, la tranquilidad y la seguridad públicos. **2.** Fuerza pública encargada del cumplimiento de estas reglas. **3.** Conjunto de los agentes de esta fuerza pública. **4.** Cortesía y educación en el trato y costumbres. ◆ s.m. y f. Agente de policía. ◇ **Policía gubernativa** Cuerpo de policía cuyo ámbito de actuación es todo el territorio español, dependiente del gobierno para funciones de orden público. **Policía judicial** Cuerpo de policía que tiene por objeto la búsqueda y entrega a la justicia de los autores de infracciones. **Policía militar** Unidad militar que desempeña misiones de seguridad y mantenimiento del orden y disciplina de los miembros del ejército. (Se suele abreviar *PM.*) **Policía municipal** Cuerpo policial español dependiente de las corporaciones locales, que realiza funciones de vigilancia y regulación de tráfico en los cascos urbanos, servicios de asistencia ciudadana, y vela por el cumplimiento de las ordenanzas municipales. SIN.: *guardia municipal, guardia urbana.* **Policía secreta** Cuerpo de policía cuyos miembros no van uniformados para pasar desapercibidos.

policíaco, a o **policiaco, a** adj. Relativo a la policía. **2.** Se dice de una obra literaria, cinematográfica, teatral o televisiva, cuyo tema es la investigación de crímenes.

policial adj. Relativo a la policía.

policíclico, a adj. ELECTR. Relativo a varios fenómenos periódicos de frecuencias diferentes. **2.** QUÍM. Se dice de un compuesto orgánico cuya molécula está formada por más de un anillo de átomos.

policlínica s.f. Clínica en donde se atiende a enfermos de diversas especialidades.

policondensación s.f. Conjunto de reacciones mediante las cuales diversas sustancias se unen para dar un cuerpo de elevada masa molecular.

policondensado s.m. Compuesto químico obtenido por policondensación.

policopia s.f. Procedimiento que permite sacar varias copias de un escrito o dibujo.

policopiar v.tr. Reproducir por policopia.

policopista adj. Bol. Multicopista.

policroico, a adj. ÓPT. Que presenta policroísmo.

policroísmo s.m. ÓPT. Fenómeno que tiene lugar cuando un cuerpo transparente presenta colores diferentes según la dirección en que la que la luz penetra en él.

policromar v.tr. Pintar algo de diversos colores.

policromía s.f. Estado de un cuerpo cuyas partes presentan colores diversos.

policromo, a o **polícromo, a** adj. De varios colores.

policultivo s.m. Cultivo de diferentes vegetales en una explotación agrícola o en una región.

polidactilia s.f. Existencia de más dedos de los normales en una o varias extremidades del cuerpo.

polideportivo, a adj. y s.m. Se dice del conjunto de instalaciones destinadas a la práctica de deportes diferentes.

polidipsia s.f. MED. Necesidad exagerada y urgente de beber. (Suele ser patológica y acompaña a enfermedades como la diabetes insípida.) SIN.: *potomanía.*

poliédrico, a adj. Relativo al poliedro.

poliedro s.m. Sólido limitado por superficies planas llamadas *caras.* ◇ **Poliedro regular** Poliedro cuyas caras son polígonos regulares iguales.

poliembrionía s.f. BOT. Formación de dos o más embriones en una semilla. **2.** ZOOL. Formación de varios embriones a partir de un solo cigoto.

poliéster s.m. (ingl. *polyester*). Copolímero termoendurecible, resultante de la condensación de poliácidos con alcoholes no saturados o con glicoles, utilizado para la fabricación de fibras artificiales y materiales textiles.

poliestireno s.m. Materia termoplástica obtenida por polimerización del estireno.

polietileno s.m. Materia plástica resultante de la polimerización del etileno. SIN.: *politeno.*

polifacético, a adj. Que ofrece varias facetas o aspectos. **2.** Se dice de las personas de múltiples aptitudes o que se dedican a diversas actividades.

polifagia s.f. MED. Aumento exagerado de la sensación de hambre.

polifásico, a adj. Que presenta varias fases. **2.** ELECTR. Se dice de la corriente eléctrica alterna, constituida por la combinación de varias corrientes monofásicas del mismo período, pero cuyas fases no concuerdan.

polifonía s.f. MÚS. Composición escrita en partes distintas, sobre todo combinadas en contrapunto y preferentemente cuando se trata casi exclusivamente de partes vocales.

polifonía

En los ss. XII y XIII, las obras de los compositores de la escuela de Notre Dame de París (Léonin, Pérotin) fueron las primeras manifestaciones de escritura musical para varias voces, pero hubo que esperar hasta el s. XIV para que se afirmara la sensibilidad por la armonía que se apoya en una base cuya función se volverá determinante. Josquin des Prés y E. Dufay fueron los maestros de un arte que, después de 1600, pasó también al dominio instrumental (fuga). En el s. XVIII, Bach fue su representante más ilustre.

polifónico, a adj. Relativo a la polifonía. SIN.: *polífono.* CONTR.: *homófono.*

polígala s.f. (lat. *polygala,* del gr. *polýgalon*). Planta herbácea de tallo delgado y flores azules o violáceas, cuya raíz, perenne, se emplea como expectorante, diurético, purgante y vomitivo. (Familia poligaláceas.)

poligamia s.f. Hecho de estar una persona casada con varios cónyuges. (Normalmente se considera delito en las sociedades monógamas.) **2.** ZOOL. Condición de los animales en los que un solo macho se acopla con varias hembras o una sola hembra con varios machos.

poligámico, a adj. Relativo a la poligamia.

polígamo, a adj. y s. (gr. *polýgamos*). Se dice de la persona que practica la poligamia. ◆ adj. BOT. Se dice de una planta que posee flores hermafroditas y flores unisexuales, masculinas y femeninas, en el mismo pie. **2.** ZOOL. Se dice de los animales que presentan poligamia.

poligénico, a adj. Relativo al poligenismo. **2.** GEOL. Se dice de un relieve formado en condiciones sucesivas diferentes.

poligenismo s.m. Teoría antropológica según la cual la especie humana tendría su origen en diferentes tipos primitivos. CONTR.: *monogenismo.*

poliginia s.f. ANTROP. Caso particular de poligamia en el que un hombre está casado con varias mujeres. **2.** BOT. Condición de una flor que tiene muchos carpelos. **3.** ZOOL. Condición de los animales en los que un solo macho vive con varias hembras y las fecunda.

poligínico, a adj. Relativo a la poliginia.

poliglobulia s.f. Aumento patológico de los glóbulos rojos en la sangre.

políglota, a o **poligloto, a** adj. (gr. *polýglottos*). Que está escrito en varias lenguas. ◆ adj. y s. Que habla varias lenguas. (Suele usarse la forma *políglota* tanto en masculino como en femenino.)

poligonáceo, a adj. y s.f. Relativo a una familia de plantas herbáceas sin pétalos, a menudo rojizas y ácidas, como la acedera y el ruibarbo.

poligonación s.f. Distribución de la superficie de un terreno mediante una red de líneas quebradas cuyos puntos de intersección servirán de trama a la topografía.

poligonal adj. Relativo al polígono. **2.** Que tiene varios ángulos: *línea poligonal.*

poligonización s.f. METAL. Fenómeno que sucede durante el calentamiento de un metal, caracterizado por la formación de una red de campos de cristalización perfecta que forman un conjunto de figuras poligonales.

polígono s.m. (del gr. *polýs,* mucho, y *gonía,* ángulo). Figura formada por una línea poligonal cerrada. **2.** Porción de plano limitada por dicha figura. **3.** Esp. Zona urbana delimitada, destinada a una función y a unos servicios concretos: *polígono industrial.* ◇ **Polígono de tiro** MIL. Terreno habilitado para practicar con explosivos y proyectiles. **Polígono regular** Polígono que tiene todos sus ángulos y sus lados iguales.

poligrafía s.f. Tratado escrito por varios autores sobre materias diversas.

poligráfico, a adj. Relativo a la poligrafía. **2.** Relativo a la industria del libro.

polígrafo, a s. Persona que se dedica a la poligrafía. **2.** C. Rica. Multicopista.

poliholósido s.m. → **poliósido.**

polilla s.f. Denominación que se aplica a diversos insectos lepidópteros, cuyas larvas destruyen los tejidos, especialmente la lana. **2.** *Fig.* Cosa, material o abstracta, que destruye lenta e insensiblemente algo. ◇ **Polilla de la cera** Insecto lepidóptero que causa estragos en las colmenas. (Familia galéridos.)

polimerasa s.f. BIOL. Enzima que enlaza nucleótidos entre sí para formar cadenas polinucleótidas.

polimería s.f. BIOL. Forma particular de herencia en que diversos genes alelos pueden sumar sus efectos para dar una gama de variantes en el grado de intensidad de un carácter hereditario determinado. **2.** QUÍM. Relación que existe entre dos moléculas cuando una es polímero de la otra.

polimerización s.f. Reacción que enlaza moléculas de escasa masa molecular (monómeros) formando compuestos de masa molecular elevada (macromoléculas o polímeros).

polimerizar v.tr. Producir la polimerización.

polímero s.m. (gr. *polymerés,* compuesto de varias partes). Compuesto químico de elevado peso molecular formado por polimerización.

polimórfico, a adj. QUÍM. Dotado de polimorfismo.

polimorfismo s.m. Propiedad de un cuerpo que puede cambiar su morfología sin variar su naturaleza. SIN.: *heteromorfismo.* **2.** Propiedad que poseen ciertas sustancias de cristalizar en formas distintas sin cambiar su composición química. **3.** BIOL. Carácter de una especie cuyos individuos del mismo sexo pueden ser muy diferentes unos de otros, como en el caso de ciertos insectos sociales.

polimorfo, a adj. (del gr. *polýs,* mucho, y *morphé,* forma). Que tiene o puede tener varias formas. SIN.: *heteromorfo.*

polinesio, a adj. y s. De Polinesia. ◆ s.m. Grupo de lenguas habladas en Polinesia, pertenecientes al grupo oriental de la familia malayopolinesia.

polinésico, a adj. De Polinesia.

polineuritis s.f. Inflamación simultánea de varios nervios, debida a una intoxicación o a una infección.

polínico, a adj. Relativo al polen. ◇ **Análisis polínico** Análisis de polen fosilizado en los sedimentos para conocer la flora de los períodos geológicos.

polinio s.m. Masa de granos de polen aglomerados, como en las orquídeas.

polinización s.f. Acción y efecto de polinizar.

polinizar v.tr. Transportar el polen al lugar adecuado de la planta para que germine o produzca.

polinómico, a adj. Relativo a los polinomios. ◇ **Expresión polinómica** Expresión en la que únicamente figuran polinomios.

polinomio s.m. MAT. Suma algebraica de monomios.

polinosis s.f. Alergia al polen.

polinuclear adj. Se dice de una célula que parece contener varios núcleos, como los leucocitos de la sangre.

polio s.f. Poliomielitis.

poliol s.m. Polialcohol.

poliomielítico, a adj. y s. Relativo a la poliomielitis; que padece poliomielitis.

poliomielitis s.f. Enfermedad contagiosa producida por un virus que ataca los centros nerviosos, particularmente en la médula espinal, y provoca parálisis graves.

poliorcética s.f. (del gr. *poliorkein,* asediar). MIL. Arte de asediar y tomar plazas fuertes.

poliósido s.m. Polisacárido.

polipasto o **polispasto** s.m. (del gr. *polýpaston*). MEC. Aparejo, sistema de poleas.

polipéptido s.m. Estructura molecular formada por la asociación de un número importante de moléculas de aminoácidos.

polípero s.m. Esqueleto calcáreo de las madréporas, secretado por cada pólipo y que separa a los individuos de una misma colonia.

poliploide adj. y s.m. BIOL. Se dice del núcleo de una célula o de un organismo que posee un número de cromosomas que es múltiplo de la dotación cromosómica normal.

poliploidia s.f. BIOL. Carácter del núcleo de una célula o de un organismo poliploide.

polipnea s.f. Aceleración del ritmo respiratorio.

pólipo s.m. (lat. *polipus,* pulpo, gr. *polýpoys,* de *pollói,* muchos, y *pódes,* pie). Forma fija de los cnidarios compuesta por un cuerpo cilíndrico con dos paredes entre las que se encuentra la cavidad digestiva y, generalmente, coronada por tentáculos. **2.** PATOL. Tumor benigno y blando que se desarrolla en una mucosa.

polipodio s.m. (gr. *polypódion,* de *polýpoys,* de muchos pies). Helecho de hojas anchamente lobuladas, común en las peñas y muros húmedos.

polipropileno s.m. Fibra sintética obtenida por polimerización del propileno.

políptico s.m. B. ART. Conjunto de paneles pintados o esculpidos unidos entre sí, que comprenden generalmente unas hojas que pueden cerrarse sobre el panel central.

poliqueto, a adj. y s.m. Relativo a una clase de anélidos marinos provistos de parápodos y quetas.

polirradiculoneuritis s.f. Inflamación de varios troncos nerviosos espinales.

polis s.f. (voz griega, *ciudad estado*). ANT. Comunidad política que se administraba por sí misma, constituida generalmente por una agrupación urbana y el territorio circundante.

polisacárido s.m. Glúcido formado por gran número de osas, como el almidón, la celulosa y el glucógeno. SIN.: *poliósido.*

polisario, a adj. y s. Relativo al Frente polisario, organización política saharaui.

polisemia s.f. (de *poli* y el gr. *sema,* significado). Propiedad de una palabra que tiene diferentes significados.

polisémico, a adj. Relativo a la polisemia.

polisílabo, a adj. y s.m. Se dice de una palabra, o de una raíz, compuesta de varias sílabas.

polisíndeton s.m. Figura retórica de construcción que consiste en repetir las conjunciones que unen los términos de una enumeración.

polisíntesis s.f. LING. Uso de palabras muy largas por sus numerosos morfemas, que pueden ser el equivalente de toda una oración, característico de un gran número de lenguas amerindias, del esquimal y de la mayor parte de las lenguas paleoasiáticas.

polisintético, a adj. LING. Relativo a la polisíntesis.

polisón s.m. Armazón o almohadilla que las mujeres se ajustaban en la cintura para aumentar por detrás el volumen de la falda, utilizado en el s. XIX.

polispasto s.m. → **polipasto.**

polista adj. y s.m. y f. Se dice del jugador de polo o de polo acuático.

polistilo, a adj. Se dice del pórtico que tiene muchas columnas. **2.** BOT. Que tiene muchos estilos.

polisurco, a adj. y s.m. Se dice de un arado múltiple de dos, tres o cuatro cuerpos montados en un mismo bastidor.

politburó s.m. Máximo órgano de gobierno del partido comunista de la URSS.

politécnico, a adj. Se dice del centro de enseñanza que engloba y abarca conocimientos de diversas ciencias o artes: *universidad politécnica; instituto politécnico.*

politeísmo s.m. (del gr. *polýs,* mucho, y *theós,* dios). Creencia en más de un dios.

politeísta adj. y s.m. y f. Relativo al politeísmo; que profesa esta creencia.

politeno s.m. Polietileno.

política s.f. Ciencia que trata del gobierno de un estado o de una sociedad. **2.** Conjunto de actividades destinadas a ejercer la autoridad en un estado o una sociedad: *política exterior; política de represión.* **3.** Conducta coherente seguida en un asunto determinado. **4.** Actividad del que participa directamente en la vida pública: *se dedica a la política.* **5.** Comportamiento prudente y hábil para conseguir un determinado fin: *actuar con política.* ◇ **Política ficción** Género literario y cinematográfico que plantea una situación política utópica.

politicastro s.m. *Desp.* Político incompetente.

político, a adj. (lat. *politicus,* relativo al gobierno, del gr. *politikós,* relativo a la ciudad y al estado). Relativo a la política. **2.** Se dice de la persona que muestra habilidad y prudencia para manejar un asunto. **3.** Se dice del parentesco que se adquiere con la familia del cónyuge y con la que no hay consanguinidad: *padre político.* ◆ s. Persona que se dedica a la política. ◇ **Preso político** Persona encarcelada por motivos políticos.

politicología s.f. Politología.

politicólogo, a s. Politólogo.

politiquear v.intr. *Desp.* Intervenir en política.

politiqueo s.m. *Desp.* Acción de politiquear.

politización s.f. Acción y efecto de politizar o politizarse.

politizar v.tr. y prnl. Dar contenido o carácter político a una persona o cosa.

politología s.f. Ciencia que estudia la política. SIN.: *politicología.*

politólogo, a s. Especialista en politología. SIN.: *politicólogo.*

politonal adj. MÚS. Relativo a la politonalidad.

politonalidad s.f. MÚS. Sistema musical basado en el uso simultáneo de diferentes tonalidades superpuestas.

politraumatizado, a adj. Se dice de la persona herida en un accidente que presenta varias lesiones.

poliuretano s.m. Materia plástica empleada en la industria de las pinturas y de los barnices y que sirve para fabricar espumas y elastómeros.

poliuria s.f. (del gr. *polýs,* mucho, y *oyron,* orina). Emisión patológica de una cantidad de orina superior a la normal.

poliúrico, a adj. Relativo a la poliuria.

polivalencia s.f. Cualidad de polivalente.

polivalente adj. Que es útil y eficaz en diversos aspectos. **2.** QUÍM. Que tiene varias valencias. ◇ **Lógica polivalente** Lógica que admite más de dos valores de verdad.

polivinílico, a adj. Se dice de una resina obtenida por polimerización de monómeros derivados del vinilo.

polivinilo s.m. Polímero obtenido a partir del cloruro y del acetato de vinilo, que tiene numerosas aplicaciones.

póliza s.f. (ital. *pòlizza,* del gr. *apódeixis,* demostración, prueba). Documento formal que acredita a efectos de prueba un contrato de seguro u otra operación comercial. **2.** Esp. Sello suelto con que se satisface en determinados documentos el impuesto del timbre. **3.** IMPR. **a.** Lista de todas las letras que componen un surtido de caracteres de imprenta, con indicación de su proporción para un total determinado. **b.** Conjunto de estos caracteres.

polizón s.m. y f. (fr. *polisson,* niño travieso, ladronzuelo, polizón, de *polir,* robar). Persona que se embarca clandestinamente en un buque o aeronave.

polizonte s.m. y f. *Desp.* Policía, agente.

poljé s.m. (voz serbocroata, *llanura*). Depresión amplia y cerrada, propia de las regiones cársicas.

polka s.f. → **polca.**

polla s.f. Gallina joven que no pone huevos o hace poco tiempo que ha empezado a ponerlos. **2.** Cantidad apostada en algunos juegos de naipes. **3.** Denominación de diversas aves ralliformes que reciben este nombre por su parecido a las gallinas, como la polla de agua. **4.** Esp. *Fam.* Muchacha joven. **5.** Esp. *Vulg.* Pene.

pollada s.f. Conjunto de pollos que sacan las aves de una sola puesta de huevos.

pollastre s.m. *Fam.* Pollo. **2.** *Fam.* Joven que presume de hombre mayor.

pollear v.intr. Actuar un adolescente como tal.

pollera s.f. Sitio en que se crían los pollos. **2.** Cesto estrecho de boca y ancho de base que sirve para criar y tener pollos. **3.** Utensilio de mimbre acampanado en que se ponía a los niños que todavía no sabían andar. **4.** Amér. Merid. Falda de mujer.

pollería s.f. Establecimiento donde se venden pollos, gallinas y otras aves comestibles.

pollero, a s. Persona que tiene por oficio vender o criar pollos.

pollina s.f. P. Rico y Venez. Flequillo.

pollino, a s. (lat. *pullinus,* relativo a un animal joven). Asno joven.

pollito, a s. Polluelo. **2.** *Fam.* Pollo, persona joven.

pollo, a s. (lat. *pullus,* cría de cualquier animal). Cría de un ave, particularmente de una gallina. **2.** *Fam.* Persona joven.

polluela s.f. Ave zancuda de unos 20 cm de longitud, parecida al rascón, que anida entre la hierba a orillas de pantanos y ríos.

polluelo, a s. Cría de ave de pocos días.

1. **polo** s.m. (del gr. *pólos,* eje). Cada uno de los dos extremos del eje de rotación de una esfera o cuerpo redondeado. **2.** Cada uno de los extremos o bornes de un circuito o un generador eléctrico, que sirven para conectar los conductores exteriores. **3.** Cada uno de los extremos de un imán o electroimán que ejercen una acción máxima sobre las sustancias paramagnéticas y ferromagnéticas. **4.** *Fig.* Concepto en completa oposición con otro. **5.** *Fig.* Punto, persona o cosa hacia donde se dirigen la atención, interés, etc. **6.** ANAT. Cada una de las partes extremas de algunos órganos. **7.** ASTRON. **a.** Cada uno de los dos puntos en los que el eje de rotación de un astro encuentra la superficie de este, a los que se llama *polo norte* o *boreal* y *polo sur* o *austral.* **b.** Cada una de las regiones situadas alrededor de estos puntos, caracterizadas por su clima glaciar. ◇ **Polo celeste** ASTRON. Cada uno de los dos puntos donde el eje de rotación de la Tierra encuentra la esfera celeste. **Polo de desarrollo** Región industrial o sector de actividad que ejerce un papel impulsor en el desarrollo de la economía. **Polo de un círculo en la esfera** Cada uno de los extremos del diámetro de una esfera perpendicular al plano del círculo. **Polo magnético** Cada uno de los puntos del globo terrestre situados en las regiones polares, hacia donde señala naturalmente la aguja imantada.

2. **polo** s.m. (ingl. *polo,* de un dialecto tibetano *polo,* pelota). Deporte que se practica a caballo entre dos equipos de cuatro jugadores y que consiste en impulsar, hacia la meta contraria, una pelota con un mazo. **2.** Suéter fino con botones a la altura del pecho y cuello camisero. ◇ **Polo acuático** Water-polo.

3. **polo** s.m. (marca registrada). Esp. Bloque pequeño de helado o de hielo perfumado con una esencia, que se agarra por un palillo y se toma como golosina.

4. **polo** s.m. Cante flamenco de origen incierto, pero que parece una forma estratificada de las soleares.

pololear v.tr. Amér. Molestar, importunar. **2.** Chile. Galantear, coquetear. **3.** Chile. Tontear, bromear.

pololo s.m. Chile. Pretendiente amoroso. **2.** Chile. Insecto coleóptero fitófago.

pololos s.m.pl. Pantalones bombachos femeninos para gimnasia.

polonés, sa adj. y s. Polaco.

polonesa s.f. Danza de tres tiempos que nació como danza cortesana y se reafirmó en Alemania en el s. XVIII. **2.** Música de esta danza.

polonio s.m. Metal radiactivo que se encuentra en los minerales que contienen radio. **2.** Elemento químico (Po), de número atómico 84. (El *polonio* fue la primera sustancia radiactiva conocida. Fue descubierto por Pierre y Marie Curie en 1898, extrayéndola de la pecblenda o uraninita.)

poltergeist s.m. (alem. *Poltergeist,* espíritu inquieto). Fenómeno físico paranormal espontáneo y repetitivo que se manifiesta por el desplazamiento o la levitación de objetos, golpes sonoros o incluso por diversas manifestaciones físicas aparentemente inexplicables.

poltrón, na adj. (ital. *poltrone,* de *poltro,* cama). Holgazán, comodón.

poltrona s.f. Sillón confortable.

polución s.f. Contaminación. **2.** Eyaculación involuntaria de semen, generalmente durante el sueño.

polucionar v.tr. Contaminar.

poluto, a adj. (lat. *pollutus,* p. de *polluere,* manchar). Sucio, manchado.

polvareda s.f. Gran cantidad de polvo levantada por el viento o por otra causa. **2.** *Fig.* y *fam.* Agitación que origina entre la gente una noticia o suceso.

polvera s.f. Estuche o cajita que contiene polvos faciales y una borla con que se aplican.

polvillo s.m. Amér. Hongo que ataca a los cereales.

polvo s.m. (lat. vulg. *pulvus,* del lat. clásico *pulvis, -eris*). Conjunto de partículas minúsculas que se encuentran en el aire o en la superficie de un objeto y que provienen generalmente de tierra seca. **2.** Conjunto de partículas diminutas que resultan de moler una sustancia o de extraer toda el agua que contiene: *polvo de talco; cacao en polvo.* **3.** Pellizco, cantidad pequeña de una cosa que se toma entre los dedos. ◆ **polvos** s.m.pl. Cosmético en polvo que se aplica sobre el cutis. SIN.: *polvos de tocador.* ◇ **Echar, o pegar, un polvo** Esp. *Vulg.* Practicar el coito. **Estar hecho polvo** *Fam.* Sentirse muy cansado o abatido. **Hacer polvo** *Fam.* Destrozar, causar un gran perjuicio o daño a alguien o algo. **Polvo interestelar** Componente sólido en forma de granos de muy reducidas dimensiones que, junto con las estrellas, el gas interestelar y las partículas de alta energía, constituye las galaxias.

pólvora s.f. Mezcla explosiva sólida utilizada generalmente para disparar proyectiles o para la propulsión de ciertos ingenios o cohetes. **2.** Conjunto de fuegos artificiales que se disparan en una fiesta. ◇ **Gastar la pólvora en salvas** Emplear medios inútiles o ineficaces para conseguir un fin. **Haber inventado la pólvora** Decir o hacer algo creyendo que es nuevo, cuando es muy conocido. **Pólvora negra** Mezcla de salitre, azufre y carbón vegetal. **Pólvora sin humo** Pólvora a base de nitrocelulosa.

polvoriento, a adj. Lleno o cubierto de polvo.

polvorilla s.m. y f. *Fam.* Persona inquieta, irreflexiva e irascible.

polvorín s.m. (de *pólvora*). Lugar donde se almacenan municiones, explosivos, pólvoras y otros artificios.

polvorón s.m. Dulce elaborado con harina, manteca y azúcar, que se deshace fácilmente.

poma s.f. Manzana, fruto. **2.** Variedad de manzana pequeña y chata.

pomada s.f. (fr. *pommade*). Preparado en el que se mezclan grasas o vaselina con excipientes y productos activos, usado como medicamento de uso tópico.

pomar s.m. Terreno donde hay árboles frutales, especialmente manzanos.

pomarrosa s.f. Fruto del yambo parecido a una manzana pequeña.

pomelo s.m. (ingl. *pommelo*). Árbol parecido al naranjo cultivado en los países cálidos, que da un fruto comestible, del mismo nombre, de sabor ligeramente amargo y ácido y tamaño mayor que una naranja.

pómez s.f. (lat. vulg. *pomex, -icis*). *Piedra pómez.

pomo s.m. (lat. *pomum,* fruto comestible de árbol). Pieza de metal, madera, etc., que sirve de remate de algunas cosas o como tirador en muebles, puertas, etc. **2.** Frasco o vaso pequeño para licores o perfumes. **3.** Remate del puño de una espada, que mantiene la guarnición firme y unida a la hoja. **4.** Argent. Recipiente cilíndrico de material flexible en el que se expenden cosméticos, fármacos, pinturas, etc. **5.** Argent. Juguete, generalmente cilíndrico y flexible, con el que se arroja agua durante el carnaval. **6.** Méx. *Fam.* Botella de alguna bebida alcohólica. **7.** BOT. Fruto carnoso de forma globosa, con pepitas, procedente de un ovario ínfero sincárpico.

pomología s.f. Parte de la arboricultura que se ocupa de los frutos comestibles.

pompa s.f. (lat. *pompa,* precesión, cortejo, boato, del gr. *pompí,* escolta, boato). Suntuosidad o solemnidad: *la pompa de la corte.* **2.** Ostentación de grandeza, riqueza, vanidad. **3.** Burbuja de aire. **4.** Ahuecamiento en la ropa a causa del aire. **5.** Méx. *Fam.* Nalga: *se cayó de pompas.* ◇ **Pompas fúnebres** Actividades funerarias.

pompeyano, a adj. y s. De Pompeya, antigua ciudad romana. **2.** Relativo a Pompeyo, militar y estadista.

pompier adj. (voz francesa, *bombero*). B. ART. Se dice de un artista o de una obra caracterizados por su tendencia académica y falta de creatividad.

pompílido, a adj. y s.m. Relativo a una familia de himenópteros provistos de aguijón, con el abdomen rojo y negro.

pompo, a adj. Colomb. y Ecuad. Que no tiene filo, romo.

pompón s.m. (fr. *pompon*). Borla que suele ponerse como adorno.

pomposo, a adj. Hecho con pompa. **2.** Muy vistoso. **3.** Se dice del lenguaje, estilo, excesivamente solemne y pedante.

pómulo s.m. (lat. *pomulum,* fruto pequeño). Hueso saliente situado a ambos lados de la cara, cerrando la cuenca del ojo en su parte inferior externa. SIN.: *malar.* **2.** Parte saliente de la cara producida por este hueso.

ponchada s.f. Amér. Merid. Cantidad importante de algo.

poncharse v.prnl. Guat. y Méx. Pincharse una rueda de un automóvil.

ponchazo s.m. **A los ponchazos** Argent. De la mejor manera posible y con esfuerzo; de cualquier manera, improvisadamente.

ponche s.m. (ingl. *punch*). Bebida alcohólica, fría o caliente, que se prepara mezclando ron u otro licor con agua, limón, azúcar y, a veces, alguna especia o té.

ponchera s.f. Recipiente en que se prepara y sirve el ponche.

poncho s.m. Prenda de abrigo cuadrada que cubre el cuerpo, con una abertura en el centro para pasar la cabeza. (De origen quechua, su uso está extendido en América del Sur.) ◇ **Alzar el poncho** Argent. Marcharse, irse. **Perder el poncho** Argent. Enloquecer de amor.

ponderación s.f. Acción de ponderar: *ponderación de pros y contras.* **2.** Cualidad de ponderado. **3.** Expresión con que se pondera. **4.** ESTADÍST. Procedimiento de elaboración de un índice que coloca a cada uno de los elementos considerados en un lugar proporcional a su importancia real.

ponderado, a adj. Que actúa con mesura, equilibrado. **2.** ESTADÍST. Se dice de una magnitud cuyo valor ha sido modificado de acuerdo con determinadas reglas.

ponderal adj. (del lat. *pondus, -eris,* peso). Relativo al peso.

ponderar v.tr. (lat. *ponderare,* pesar, evaluar, de *pondus, -eris,* peso). Alabar algo, resaltar sus cualidades. **2.** Considerar con atención e imparcialidad un asunto. **3.** ESTADÍST. Realizar una ponderación.

ponderativo, a adj. Que encierra ponderación. (Suele aplicarse a la conjunción condicional *si.*)

pondo s.m. Ecuad. Tinaja.

ponedero, a adj. Que se puede poner o está para ponerse. **2.** ZOOTECN. Ponedor. ◆ s.m. Nidal.

ponedor, ra adj. Se dice de un ave, especialmente una gallina, que está en edad de poner huevos.

ponencia s.f. Exposición que hace un ponente sobre un tema concreto. **2.** Cargo de ponente. **3.** Comisión designada para actuar de ponente.

ponente s.m. y f. Persona que presenta en una asamblea una propuesta o informe para discutirlos. **2.** DER. Magistrado que examina las actuaciones y prepara la sentencia, en los tribunales colegiados.

poner v.tr. y prnl. (lat. *ponere*). Hacer que una persona o cosa esté en un lugar determinado: *poner el libro sobre la mesa.* **2.** Hacer adquirir a una persona o a una cosa una condición, un estado o una posición determinados. (Se expresa con un adjetivo o construcción adjetiva que se pospone al verbo: *sus palabras me pusieron de buen humor.*) **3.** Emplear, colocar a alguien en un oficio o trabajo: *me puse a trabajar a los trece años.* **4.** Vestir alguien una prenda determinada: *ponerse el abrigo.* **5.** Exponer algo o alguien a la acción de cierta cosa para que surta su efecto: *lo he puesto a secar.* ◆ v.tr. Disponer, preparar algo para un fin: *poner la mesa.* **2.** Establecer, instalar o montar: *poner un negocio.* **3.** Suponer, dar por cierta una cosa: *pongamos que él no viene,¿qué hacemos?* **4.** Soltar o expulsar un huevo un animal ovíparo. **5.** Dejar un asunto a la resolución de otro: *pongo el caso en tus manos.* **6.** Establecer, determinar: *poner precio a algo.* **7.** Conectar determinados aparatos eléctricos: *poner el televisor.* **8.** Asignar un nombre: *al niño le han puesto Juan.* **9.** Representar una obra teatral o proyectar una película: *¿qué ponen en el cine?* **10.** Contribuir con algo a un fin determinado: *pon algo de tu parte para arreglarlo.* **11.** Pagar a escote o contribuir en algún gasto: *vosotros ponéis el vino, nosotros la comida.* **12.** Imponer o señalar cierta obligación: *poner una multa.* **13.** Enjuiciar: *Juan la critica, Pedro la pone bien.* **14.** Escribir o enviar una carta, comunicación, etc.: *poner un telegrama.* **15.** Con la preposición *en* y algunos nombres, ejercer la acción de los verbos a que los nombres corresponden: *poner en duda.* **16.** Utilizar a alguien para determinado fin: *poner por testigo.* **17.** Con ciertos nombres, causar lo que estos significan: *poner fin.* **18.** Dar una calificación a un examen o a un trabajo. **19.** Escribir una cosa en un lugar. **20.** Escribir de una forma determinada: *lo he puesto en cursiva.* **21.** Añadir una cosa a algo: *puso sal a la carne; poner música a la película.* ◆ **ponerse** v.prnl. Ocultarse un astro, especialmente el Sol, bajo el horizonte. **2.** Llenarse, mancharse o hartarse: *se puso de barro hasta el cuello.* ◆ v.impers. Esp. *Fam.* Estar escrito algo: *en el periódico no lo pone.* ◇ **Poner al corriente** Enterar, informar sobre algo. **Ponerse a** Comenzar una acción expresada por un infinitivo: *ponerse a llover.*

póney s.m. → **poni.**

poner

INDICATIVO	SUBJUNTIVO
presente	**presente**
pongo	*ponga*
pones (ponés)	*pongas*
pone	*ponga*
ponemos	*pongamos*
ponéis	*pongáis*
ponen	*pongan*
copretérito o **pret. imperfecto**	**pretérito** o **pret. imperfecto**
ponía	*pusiera* o *pusiese*
ponías	*pusieras* o *pusieses*
ponía	*pusiera* o *pusiese*
poníamos	*pusiéramos* o *pusiésemos*
poníais	*pusierais* o *pusieseis*
ponían	*pusieran* o *pusiesen*
pretérito o **pret. perf. simple**	**futuro** o **fut. simple**
mecí	*pusiere*
meciste	*pusieres*
meció	*pusiere*
mecimos	*pusiéremos*
mecisteis	*pusiereis*
mecieron	*pusieren*

INDICATIVO	IMPERATIVO	
futuro o **fut. simple**		
pondré		
pondrás	*pon* (poné)	(tú, vos)
pondrá	*ponga*	(él)
pondremos	*pongamos*	(nosotros)
pondréis	poned	(vosotros)
pondrán	*pongan*	(ellos)

INDICATIVO	FORMAS NO PERSONALES	
pospretérito o **condicional simple**	**infinitivo**	**gerundio**
pondría	poner	poniendo
pondrías	**participio**	
pondría	*puesto*	
pondríamos		
pondríais		
pondrían		

póngido, a adj. y s.m. Relativo a una familia de primates catarrinos de complexión robusta y extremidades anteriores más desarrolladas que las posteriores, como el chimpancé, el gorila y el orangután.

pongo s.m. Amér. Merid. Indio que trabaja como criado. **2.** Amér. Merid. Indio que sirve en una finca a cambio del permiso del dueño para cultivar un pedazo de tierra. **3.** Ecuad. y Perú. Paso angosto y peligroso de un río. **4.** GEOGR. Cañón estrecho y profundo excavado por los ríos andinos al atravesar obstáculos montañosos en su camino hacia la selva de Amazonas.

poni o **póney** s.m. (ingl. *pony*) [pl. *ponis* o *póneys*]. Caballo de talla pequeña.

poniente s.m. Occidente, parte por donde se pone el Sol. **2.** Viento del oeste.

pontazgo s.m. Derecho que se paga en algunos lugares por atravesar un río por un puente o sobre una barca. SIN.: *pontaje.*

pontevedrés, sa adj. y s. De Pontevedra.

póntico, a adj. ANT. ROM. Relativo al Ponto Euxino, o a sus costas.

pontificado s.m. Dignidad de pontífice: *acceder al pontificado.* **2.** Tiempo en que un pontífice desempeña sus funciones como tal.

pontifical adj. Relativo al pontífice. **2.** Se dice de una ceremonia celebrada solemnemente por un prelado revestido de la autoridad episcopal: *misa pontifical.* ◆ s.m. Conjunto de ornamentos que sirven al obispo para la celebración de los oficios divinos. (Suele usarse en plural.) **2.** Libro que contiene las ceremonias propias del papa y los obispos: *el pontifical romano.*

pontificar v.intr. Oficiar como pontífice. **2.** *Fig.* y *fam.* Actuar o hablar con tono dogmático y suficiente.

pontífice s.m. (lat. *pontifex, -icis*). Prelado supremo de la Iglesia católica romana: *sumo pontífice; romano pontífice.* **2.** Obispo de una diócesis. **3.** ANT. ROM. Magistrado sacerdotal que presidía los ritos y ceremonias religiosas.

pontificio, a adj. Relativo al pontífice.

ponto s.m. *Poét.* Mar.

pontón s.m. (lat. *ponto, -onis*). Barcaza de fondo chato usada en puertos y ríos. **2.** Puente de maderos o de una sola tabla.

pontonero s.m. Persona que se dedica a la construcción o manejo de pontones, especialmente un soldado que se dedica al tendido de puentes.

ponzoña s.f. (del ant. *pozón*, lat. *potio, -onis*, bebida, brebaje venenoso). Veneno, sustancia perjudicial para la salud. **2.** *Fig.* Cosa, pensamiento o actividad que perjudica la salud física o espiritual.

ponzoñoso, a adj. Que contiene ponzoña. **2.** *Fig.* Se dice de un escrito, palabras, etc., malintencionados. **3.** *Fig.* Perjudicial para la salud física o espiritual.

pool s.m. (voz inglesa). ECON. Acuerdo temporal entre productores o empresas para regular los contingentes de producción con el fin de dominar el mercado.

pop s.m. (voz angloamericana). Estilo musical de origen anglosajón, que deriva del rock and roll, del rhythm and blues y de la música folk, surgido en la década de 1960, que da importancia a las melodías y a la sección rítmica. ◆ adj. Relativo a este estilo musical. **2.** Relativo al pop art.

popa s.f. (lat. *puppis*). Parte posterior de una nave.

pop art s.m. (voces inglesas). Corriente artística contemporánea que en sus obras utiliza objetos de la vida cotidiana e imágenes tomadas de la publicidad, de las revistas, etc. (Nacido en Londres a mediados de los años 1950, el pop art se impuso en EUA, especialmente con R. Lichtenstein, C. Oldenburg, A. Warhol, J. Rosenquist, T. Wesselmann.)

pope s.m. (ruso *pop*, del gr. *pappas*). Sacerdote de alguna de las Iglesias ortodoxas. **2.** *Fig.* Persona con mucha influencia y poder.

popelín s.m. (fr. *popeline*). Tela de lana o de seda que forma cordoncillos horizontales y que tiene menos hilos en la trama que en la urdimbre.

poplíteo, a adj. (del lat. *poples, -itis,* pantorrilla, rodilla). Relativo a la corva: *músculo poplíteo.*

popocho adj. Colomb. Repleto, harto.

popoloca, pueblo amerindio de México (S del est. de Puebla) del grupo popoloca-mazateca y de la familia lingüística otomangue.

popoloca de Michoacán → cuitlateca.

popoloca de Oaxaca → chocho.

popoloca-mazateca, grupo de pueblos amerindios de México (popoloca, chocho, mazateca e ixcateca) de la familia lingüística otomangue.

popote s.m. Méx. Tubo pequeño de papel o plástico para sorber líquidos.

populachería s.f. *Desp.* Popularidad.

populachero, a adj. Relativo al populacho. **2.** Que gusta al populacho. **3.** Se dice de la persona que procura halagar al populacho o busca ser comprendida o halagada por él.

populacho s.m. (ital. *popolaccio*). *Desp.* Plebe, chusma.

popular adj. (lat. *popularis*). Relativo al pueblo como colectividad. **2.** Propio del pueblo: *lenguaje popular.* **3.** Que está al alcance de los menos dotados económica o culturalmente: *precios populares.* **4.** Conocido y apreciado por mucha gente: *el fútbol es un deporte muy popular.*

popularidad s.f. Aceptación y fama que tiene una persona o una cosa entre la mayoría de la gente.

popularismo s.m. Inclinación por formas de vida y, en especial, expresiones artísticas populares.

popularista adj. y s.m. y f. Relativo al popularismo. **2.** Que es aficionado a lo popular.

popularizar v.tr. y prnl. Hacer popular.

populismo s.m. Doctrina política que pretende defender los intereses y aspiraciones del pueblo. **2.** Tendencia socialista que identifica el proletariado con todas las capas populares. **3.** Movimiento ideológico ruso que tenía como objetivo luchar contra el zarismo apoyándose en el pueblo.

populista adj. Relativo al populismo; partidario del populismo.

populoso, a adj. Se dice del lugar muy poblado.

popurrí, popurri o **potpourri** s.m. (del fr. *pot-pourri*). Mezcla de fragmentos musicales de obras diversas. **2.** Mezcla de cosas diversas.

popusa s.f. Bol., Guat. y Salv. Tortilla de maíz con queso o trocitos de carne.

poquedad s.f. Cualidad de poco. **2.** Timidez, apocamiento. **3.** Cosa insignificante.

póquer o **poker** s.m. (ingl. *poker*). Juego de cartas en el que cada jugador recibe cinco y gana quien tenga la combinación de cartas de más valor. **2.** Cuatro cartas del mismo valor en este juego. ◇ **Póquer de dados** Juego de dados con combinaciones iguales al juego de cartas.

póquil s.m. Chile. Planta compuesta cuyas flores dan un tinte amarillo.

por prep. (lat. vulg. *por,* del lat. clásico *pro,* por, para). Indica el lugar a través del cual se pasa o en el que hay algún movimiento: *iremos por la facultad.* **2.** Indica un lugar o una fecha de forma aproximada: *tu casa está por allí; por el año 1000.* **3.** Indica parte o lugar concreto: *lo agarró por el asa.* **4.** Indica la causa de algo: *lo detuvieron por robo.* **5.** Indica el modo de ejecutar una cosa: *preséntalo por escrito.* **6.** Indica la condición o la calidad en que actúa, se considera o se valora alguna cosa: *lo tienen por santo; lo doy por hecho.* **7.** Indica que se da o reparte con igualdad una cosa: *un asiento por persona.* **8.** Indica idea de compensación: *lo uno por lo otro.* **9.** Indica multiplicación de números. **10.** Denota proporción: *al diez por ciento.* **11.** Con verbos en infinitivo, indica la acción futura que expresa el infinitivo: *está por pulir.* ◇ **Por qué** Locución adverbial interrogativa que expresa por cuál razón, causa o motivo: *no acierto a saber el por qué de su enojo.* **Por si (acaso)** Expresión en la que se juntan el significado final de *por* y el hipotético de *si*: *se lo di por si lo necesitaba.*

porcelana s.f. (ital. *porcellana,* molusco de concha blanca y brillante). Producto cerámico, generalmente de color blanco, traslúcido si es de poco espesor, impermeable y muy vitrificado. **2.** Objeto de este material. **3.** Metal esmaltado, generalmente blanco con una mezcla de azul, con que se hacen objetos de cocina. ◆ adj. y s.m. Se dice del color blanco mezclado con azul con que los plateros adornan las piezas de oro.

porcelana

La porcelana verdadera, o dura, de invención china, se hace con una mezcla de caolín, feldespato y cuarzo. Se lleva a cabo una primera cocción (800-1 050 °C); después se aplica una cobertura de feldespato y se cuece a alta temperatura (1 250-1 450 °C) a fin de conferirle dureza suficiente para que el acero no la raye. En Europa, su fabricación comenzó en Meissen alrededor de 1710, y en Sèvres alrededor de 1770. Desde antes, ya se realizaban imitaciones con ausencia de caolín: las porcelanas suaves. Después de una primera cocción a 1 200 °C, la pieza obtenida se revestía de un vidriado plomizo cocido entre 900 y 1 000 °C.

porcentaje s.m. (ingl. *percentage*). Tanto por ciento, proporción de una cantidad respecto a cien.

porcentual adj. Que está calculado o expresado en tantos por ciento.

porche s.m. (cat. *porxo*). Soportal, cobertizo. **2.** Entrada o galería adosada a un edificio cubierta con un techo separado.

porcicultura s.f. Cría de cerdos.

porcino, a adj. (lat. *porcinus*). Relativo al cerdo.

porción s.f. (lat. *portio, -onis*). Cantidad separada de otra mayor. **2.** Parte que corresponde a cada uno en un reparto. **3.** Cada una de las partes en que se dividen las tabletas de chocolate. **4.** *Fig.* y *fam.* Gran cantidad de lo que se expresa.

porcuno, a adj. Porcino.

pordiosear v.intr. Pedir limosna. **2.** *Fig.* Pedir alguien algo con insistencia y humillándose.

pordioseo s.m. Acción de pordiosear.

pordiosero, a s. (de *por Dios,* locución empleada para pedir caridad). Persona muy pobre que pide limosna.

porfía s.f. (lat. *perfidia,* mala fe). Disputa o lucha mantenidas con obstinación. **2.** Insistencia en conseguir algo a pesar de los obstáculos. ◇ **A porfía** En competencia con otro u otros.

porfiar v.intr. [conj.: *desviar*]. Disputar o luchar con obstinación. **2.** Insistir inoportunamente para conseguir algo.

porfídico, a adj. Relativo al pórfido. **2.** Que tiene la naturaleza o la textura del pórfido.

pórfido s.m. (del gr. *pórphyros,* de color de púrpura). Roca volcánica alterada formada por fenocristales de feldespatos sobre un fondo uniforme de grano muy fino, utilizada en decoración.

porfiria s.f. Alteración del metabolismo que se caracteriza por la liberación masiva de porfirinas en el organismo.

porfiriato s.m. Período de la historia de México caracterizado por la dictadura personal de Porfirio Díaz.

porfiriato

La primera fase del porfiriato terminó con la entrada de Yves Limantour en Hacienda (1893). Este período se caracterizó por el auge de las compañías enajenadoras de terrenos comunales baldíos; la modificación de la constitución de 1857, que dio paso a la reelección presidencial, y la aprobación de la ley que otorgaba la gran explotación minera a los capitales de EUA y Gran Bretaña. Limantour, tras la crisis de 1892, abrió el país a la inversión extranjera y promovió la creación de nuevas industrias. La corrupción, el fraude electoral y la represión fueron la respuesta de la administración Díaz a las tensiones sociales, nacidas del contraste entre una oligarquía poderosa que controlaba los resortes económicos y políticos frente a doce millones de personas ligadas a la tierra. La crisis de 1907 y las luchas en el seno del gobierno favorecieron el inicio de la revolución mexicana, dirigida por Madero.

porfirina s.f. Compuesto formado por cuatro núcleos de pirrol, que entra en la composición de la hemoglobina y la clorofila.

porfirogéneta adj. Se dice de un hijo de un emperador bizantino nacido durante el reinado de su padre.

porífero, a adj. y s.m. Relativo a un tipo de animales invertebrados acuáticos, casi siempre marinos, muy primitivos, con paredes perforadas por canales de circulación, que viven adheridos a una superficie. (Los animales del tipo *poríferos* reciben la denominación de *esponjas*.)

porisma o **porismo** s.m. (voz griega). MAT. Conjunto de corolarios de una proposición, en la antigua geometría griega.

porístico, a adj. MAT. Relativo a un porisma. **2.** Que tiene la naturaleza de un porisma: *proposición porística.*

pormenor s.m. Detalle, circunstancia particular que completa un suceso. **2.** Circunstancia poco importante en un asunto.

pormenorizar v.tr. Describir o enumerar con pormenores.

porno adj. (apócope de *pornográfico*). *Fam.* Pornográfico: *cine porno.* ◆ s.m. *Fam.* Pornografía. **2.** Género cinematográfico que muestra únicamente escenas de sexo.

pornografía s.f. (del gr. *pornográphos,* el que estudia la prostitución, de *pórni,* ramera, y *gráphein,* describir). Representación obscena de actos sexuales. **2.** Obra literaria, artística o cinematográfica que presenta escenas de contenido sexual con el fin de excitar sexualmente.

pornográfico, a adj. Relativo a la pornografía: *cine pornográfico.* (Se abrevia *porno.*)

pornógrafo, a s. Autor de obras pornográficas.

1. **poro** s.m. (lat. tardío *porus,* del gr. *póros,* paso, vía de comunicación). Orificio minúsculo que hay entre las partículas de los sólidos de estructura discontinua. **2.** Orificio muy pequeño del conducto excretor de una glándula en una superficie, principalmente de las glándulas de la piel. **3.** BOT. **a.** Orificio que comunica dos células contiguas, formado en las membranas celulares. **b.** Canal abierto que atraviesa la membrana de diversas algas.

2. **poro** s.m. (quechua *púru*). Argent. y Urug. Calabaza en forma de pera usada para cebar el mate.

porongo s.m. Argent., Par. y Urug. Calabaza, poro. **2.** Bol., Chile, Pan., Par. y Urug. Recipiente de arcilla para guardar agua o chicha. **3.** Perú. Recipiente de hojalata en que se transporta leche para venderla.

poronguero, a s. Perú. Vendedor de leche.

porosidad s.f. Cualidad de poroso. ◆ **porosidades** s.f.pl. METAL. Cavidades pequeñas o sopladuras minúsculas que presentan ciertas piezas de fundición, debido a una oclusión gaseosa.

poroso, a adj. Que tiene poros.

poroto s.m. (quechua *purútu*). Amér. Merid. Planta anual, originaria de América, de la que se cultivan varias especies por sus flores ornamentales y, sobre todo, por sus frutos comestibles y sus semillas, ricas en féculas. (Familia papilionáceas.) GEOSIN.: Amér. Central y Méx. *frijol;* Esp. *judía.* **2.** Amér. Merid. Semilla de esta planta, que se come cuando está madura y seca. GEOSIN.: Amér. Central y Méx. *frijol;* Esp. *judía.* **3.** Amér. Merid. Guiso que se hace con este vegetal. **4.** Amér. Merid. *Fig.* Niño. **5.** Amér. Merid. *Fig.* Persona de poca importancia. ◇ **Anotarse un poroto** Amér. Merid. Tener un acierto.

porque conj.caus. Por causa o razón de que: *no pudo asistir porque estaba enfermo.* ◆ conj.fin. Para que: *hice cuanto pude porque no llegara este caso.*

porqué s.m. *Fam.* Causa, razón o motivo: *preguntarse el porqué de algo.*

porquería s.f. Suciedad, basura. **2.** Excremento. **3.** *Fam.* Acción mala o indecorosa. **4.** *Fam.* Grosería, desatención. **5.** *Fam.* Cosa que vale poco. **6.** *Fam.* Alimento apetitoso pero poco nutritivo o indigesto.

porqueriza s.f. Pocilga, establo.

porquerizo, a s. Persona que cuida puercos. SIN.: *porquero.* **2.** Porqueriza.

porra s.f. Palo o bastón nudoso estrecho en la empuñadura y más grueso en el extremo opuesto. **2.** Cachiporra. **3.** Barra corta, generalmente de goma, que usan como arma la policía y otros cuerpos de seguridad. **4.** Churro recto, corto y grueso. **5.** Argent. Maraña de cerda, tierra y abrojos que se forma en la cola y crines de un caballo. **6.** Argent. *Fam.* Pelo abundante y largo. **7.** Méx. Conjunto de frases fijas que se dicen con fuerza y ritmo para animar a alguien: *los aficionados no pararon de echar porras a su equipo.* **8.** Méx. Conjunto de seguidores de un equipo deportivo. ◇ **Mandar,** o **enviar, a la porra** *Fam.* Despedir o rechazar a alguien con enojo; desentenderse de algo.

porrada s.f. Esp. *Fam.* Abundancia de algo.

porrazo s.m. Golpe que se da con la porra o con cualquier objeto duro. **2.** *Fig.* Golpe fuerte que se recibe al caer o al topar con algo duro.

porreta (de *porreta,* hojas verdes del puerro). **En porreta** Esp. *Fam.* Completamente desnudo.

porrillo A porrillo Esp. *Fam.* En abundancia.

porrino s.m. Semilla del puerro. **2.** Planta del puerro cultivada en sementero y preparada para ser trasplantada.

porrista s.m. y f. Méx. Miembro de una porra, conjunto de seguidores de un equipo deportivo.

1. **porro** s.m. Esp. *Fam.* Cigarrillo de marihuana, hachís, etc., mezclado generalmente con tabaco.

2. **porro** s.m. → **puerro.**

1. **porrón** s.m. (lat. *porrum,* puerro). Recipiente de vidrio de forma cónica, con cuello alargado y un pitón que sale de cerca de la base, por donde se bebe vino a chorro.

2. **porrón** s.m. Nombre de determinados patos que anidan en agujeros o en el suelo, bucean bien, y acostumbran a chapotear la superficie del agua al levantar el vuelo: *porrón albeola, porrón de collar, porrón moñudo, porrón pardo.*

porrudo adj. y s. Argent. Se dice de la persona o animal que tiene porra, pelo abundante.

porta s.f. y adj. Vena que conduce la sangre procedente del intestino y el bazo al hígado.

portaaeronaves o **portaeronaves** s.m. (pl. *portaaeronaves* o *portaeronaves*). Barco de guerra acondicionado para el traslado, despegue y aterrizaje de aeronaves.

portaaguja s.m. TECNOL. Pieza de diferentes máquinas a la que se fija la aguja. ◆ **portaagujas** s.m.pl. CIR. Pinza de acero que sostiene la aguja de suturar en un operación.

portaaviones o **portaviones** s.m. (pl. *portaaviones* o *portaviones*). Portaaeronaves especialmente acondicionado para aviones.

portabrocas s.m. (pl. *portabrocas*). Parte de una herramienta o de una máquina donde se coloca una broca.

portacartas s.m. (pl. *portacartas*). Utensilio para colocar o llevar cartas.

portada s.f. Fachada principal ornamentada de un edificio. **2.** Página de un libro en la que se pone el título con sus detalles complementarios. **3.** Primera página de un periódico o revista.

portadilla s.f. Anteportada.

portador, ra adj. y s. Que lleva o trae algo de una parte a otra. ◆ adj. F. C. Se dice del cable de una catenaria del que va suspendido el cable de contado. **2.** Se dice de la corriente alterna y de la onda electromagnética empleadas en telecomunicaciones para la transmisión de señales. ◆ s.m. DER. MERC. Persona que posee títulos o valores comerciales que no son nominativos. ◇ **Al portador** Mención inscrita en un efecto de comercio o en un cheque cuyo beneficiario no está designado nominalmente; se dice de los valores mobiliarios transmisibles de mano a mano, y cuyo poseedor es considerado propietario de los mismos. **Portador de cargas**

FÍS. Partícula electrizada, como un ion o un electrón. **Portador de gérmenes** Persona que lleva en su cuerpo los gérmenes de una enfermedad.

portaequipaje o **portaequipajes** s.m. (pl. *portaequipajes*). Soporte que se dispone sobre el techo de los automóviles para el transporte del equipaje. **2.** Compartimento de un automóvil, generalmente en la parte trasera, donde se transporta el equipaje.

portaeronaves s.m. → **portaaeronaves.**

portaescobillas s.m. (pl. *portaescobillas*). Pieza que sujeta las escobillas de una máquina eléctrica rotativa.

portaestandarte s.m. Oficial que lleva el estandarte.

portafolios o **portafolio** s.m. (pl. *portafolios*). Carpeta o cartera para llevar papeles, documentos, etc.

portafusil s.m. Correa para llevar el fusil.

portaguión s.m. Oficial o suboficial que, en campaña o en una parada, lleva el guion distintivo de un oficial general.

portahelicópteros s.m. (pl. *portahelicópteros*). Portaaeronaves especialmente acondicionado para helicópteros.

portaherramientas s.m. (pl. *portaherramientas*). Pieza de las máquinas-herramienta que sujeta los útiles o herramientas que han de labrar las piezas.

portainjerto s.m. BOT. Individuo sobre el que se efectúa un trasplante o injerto.

portal s.m. Zaguán o primera pieza de la casa, inmediata a la puerta principal. **2.** Soportal. **3.** INFORMÁT. Sitio web concebido para ser el punto de entrada a Internet y que ofrece a los usuarios recursos y servicios. ◇ **Portal de Belén** Establo donde nació Jesucristo.

portalada s.f. Portada monumental de uno o más huecos situada en el muro de acceso al patio donde está el portal de unas casas señoriales.

portalámparas o **portalámpara** s.m. (pl. *portalámparas*). Dispositivo en el que se inserta el casquillo de una lámpara de incandescencia o las espigas terminales del casquillo de un tubo electrónico. **2.** Pieza o aparato para sostener una lámpara.

portalibros s.m. (pl. *portalibros*). Utensilio con correas en que los escolares llevaban sus libros.

portaligas s.m. (pl. *portaligas*). Prenda interior femenina que sostiene las medias y se sujeta a la cintura.

portallaves s.m. (pl. *portallaves*). Venez. Llavero, utensilio para guardar llaves.

portalón s.m. Portalada. **2.** MAR. Abertura de los costados de un barco para la entrada de personas y mercancías.

portamantas s.m. (pl. *portamantas*). Utensilio formado por dos correas enlazadas por un asa, utilizado para llevar las mantas o abrigos para viaje.

portaminas s.m. (pl. *portaminas*). Utensilio para escribir con una mina de grafito recambiable.

portamonedas s.m. (pl. *portamonedas*). Monedero, bolsa o cartera. SIN.: *bolsillo.*

portante adj. Que sostiene o sustenta, que ejerce un esfuerzo. **2.** Que asegura la sustentación. ◆ s.m. Paso de una caballería en que mueve a la vez el pie y la mano del mismo lado. ◇ **Cable portante** Cable fijo del que van suspendidas las vagonetas, los pesos, etc., de los funiculares bicables, o teleféricos de dos cables. **Dar el portante** *Fam.* Despedir a alguien. **Tomar,** o **coger, el portante** Esp. *Fam.* Irse, marcharse.

portantillo s.m. Paso corto y apresurado de una caballería, y particularmente de un pollino.

portañuela s.f. (cat. *portanyola,* de *porta,* puerta). Tira de tela que tapa la bragueta de un pantalón.

portaobjetivo s.m. Tubo frontal de una cámara fotográfica o de un proyector, en el cual se enroscan o encajan los objetivos.

portaobjeto o **portaobjetos** s.m. (pl. *portaobjetos*). Lámina pequeña rectangular de vidrio en que se coloca el objeto para ser examinado en un microscopio.

portaplumas s.m. (pl. *portaplumas*). Varilla en que se inserta una plumilla metálica que se moja en tinta para escribir o dibujar. SIN.: *palillero.*

portar v.tr. (lat. *portare,* portear). Llevar o traer: *portar un paquete.* ◆ **portarse** v.prnl. Actuar de cierta manera: *portarse bien.* **2.** Salir airoso, causar buena impresión, actuar con libertad y franqueza.

portarretrato o **portarretratos** s.m. (pl. *portarretratos*). Marco que se usa para poner retratos en él.

portátil adj. Que se puede llevar fácilmente de una parte a otra: *radio portátil, órgano portátil.*

portaviento s.m. En el teclado del órgano, tubo conductor del aire. **2.** Saco de aire de la gaita. **3.** Conducto que lleva el aire caliente a las toberas de soplado de un alto horno.

portaviones s.m. → **portaaviones.**

portavoz s.m. y f. Persona o publicación que, con carácter oficioso, es la encargada de transmitir la opinión de las autoridades, de un grupo, partido, etc.

portazgo s.m. Impuesto medieval indirecto de tránsito por un lugar.

portazo s.m. Golpe fuerte dado por una puerta al cerrarse o ser cerrada. **2.** Acción de cerrar la puerta violentamente, para mostrar enojo.

porte s.m. Acción de portear. **2.** Aspecto externo de una persona, generalmente favorable: *tener un porte distinguido.* **3.** Tamaño, dimensión o capacidad: *un baúl de gran porte.* ◆ **portes** s.m.pl. Gastos de transporte de mercancías.

porteador, ra adj. y s. Persona que tiene por oficio portear.

1. **portear** v.tr. Llevar de una parte a otra una cosa por un precio convenido.

2. **portear** v.intr. Dar golpes las puertas o ventanas, o darlos con ellas.

portento s.m. (lat. *portentum,* presagio). Persona o cosa que produce admiración por tener dotes extraordinarias. **2.** Hecho prodigioso o milagroso.

portentoso, a adj. Extraordinario, asombroso.

porteño, a adj. y s. De Buenos Aires, capital de Argentina.

porteo s.m. Acción de portear.

portería s.f. Habitación o garita en la entrada de un edificio, donde está el portero. **2.** Vivienda del portero. **3.** Empleo u oficio de portero. **4.** En ciertos deportes de equipo, estructura formada por dos postes y un travesaño por donde debe entrar la pelota para marcar un tanto. SIN.: *meta.*

portero, a s. Persona que custodia la puerta de un edificio público o de una casa privada. **2.** En ciertos deportes de equipo, jugador que defiende la meta de su bando. SIN.: *guardameta.* ◇ **Portero automático,** o **electrónico** Mecanismo electrónico para abrir los portales en las casas desde el interior de las mismas.

portezuela s.f. Puerta de un automóvil.

pórtico s.m. (lat. *porticus*). Espacio cubierto y con columnas, situado delante de los templos u otros edificios monumentales. **2.** Galería con arcadas o columnas a lo largo de una fachada, patio, etc. **3.** Estructura formada por dos pies derechos y un cabecero, rígidamente enlazados.

portilla s.f. Paso para carros, ganado o peatones entre fincas rústicas. **2.** Ventanilla o abertura circular practicada en los costados o en los mamparos de un barco, para dar luz y ventilación a los camarotes y entrepuentes.

portillo s.m. Abertura en una muralla, pared o tapia. **2.** Postigo o puerta pequeña hecha en otra mayor. **3.** *Fig.* Punto por donde puede fallar una cosa o sobrevenir algún daño, o por donde puede encontrarse la solución de algún problema. **4.** *Fig.* Mella que queda en una cosa quebrada, como plato, escudilla, etc. **5.** GEOGR. Paso estrecho entre dos alturas.

portland s.m. *Cemento portland.

portón s.m. Puerta grande y tosca. **2.** TAUROM. Puerta del toril que da a la plaza.

portor s.m. Persona que sostiene o recibe a sus compañeros en los números acrobáticos.

portorriqueño, a adj. y s. → **puertorriqueño.**
portuario, a adj. Relativo al puerto: *actividad portuaria.*
portugués, sa adj. y s. De Portugal. ◆ s.m. Lengua románica hablada en Portugal y en Brasil.

portugués

La independencia de Portugal favoreció desde el s. XII el distinto desarrollo del gallegoportugués al N y al S del río Miño. Como el gallego, el portugués es una lengua arcaizante en relación con otros romances del ámbito occidental (castellano, francés). La condición de lengua oficial y de cultura ha contribuido a establecer y mantener un patrón lingüístico por encima de las variantes dialectales. El dominio lingüístico portugués incluye, además del territorio europeo, archipiélagos del Atlántico (Madeira, Azores), territorios de África (Guinea, Cabo Verde, Santo Tomé, Príncipe, Angola y Mozambique), Asia (Sri Lanka, Macao, Diu y Damao), América (Brasil) y Oceanía (Timor).

portuguesada s.f. Exageración.
portuguesismo s.m. Lusitanismo.
portulano s.m. (cat. *portolà*). Colección de planos de puertos encuadernada en forma de atlas.
porvenir s.m. (calco del fr. *avenir*). Tiempo futuro. **2.** Situación futura.
pos. En pos de *Poét.* Detrás o tras de.
posada s.f. (de *posar*). Establecimiento modesto en que se da alojamiento a huéspedes de paso o forasteros. **2.** Hospedaje. **3.** Precio del hospedaje. **4.** Cada una de las nueve fiestas populares navideñas celebradas en México entre el 16 y el 24 de diciembre, consistentes en rezos y procesiones, seguidas de una comida.
posaderas s.f.pl. Nalgas.
posadero, a s. Patrón o dueño de una posada.
posar v.intr. (lat. tardío *pausare,* cesar, pararse, del gr. *payein,* detener). Permanecer en una postura determinada para servir de modelo a un artista. **2.** Estar alojado en un sitio. ◆ v.tr. Poner suavemente una cosa o la mirada sobre algo. ◆ v.tr. y prnl. Detenerse un animal volador, o las aeronaves, en algún sitio después de haber volado. ◆ **posarse** v.prnl. Depositarse en el fondo de un recipiente o en el suelo las partículas sólidas que están en suspensión en un líquido o en el aire.
posavasos s.m. (pl. *posavasos*). Bandeja pequeña o soporte de cualquier material que se pone debajo de un vaso para que no deje huella en la mesa.
posbélico, a adj. Posterior a una guerra.
posclásico, a adj. Que sucede a un período clásico.
poscombustión o **postcombustión** s.f. Combustión adicional efectuada en un turborreactor para aumentar su empuje. **2.** Dispositivo que garantiza esta combustión.
posdata o **postdata** s.f. (del lat. *post datam,* después de la fecha). Añadido escrito en una carta después de concluida y firmada.
pose s.f. Postura del cuerpo intencionada: *pose hierática.* **2.** Actitud, manera afectada de comportarse o de hablar.
poseer v.tr. (lat. *possidere*) [conj.: *leer*]. Tener, ser el dueño de algo: *poseer riquezas.* **2.** Saber algo: *poseer conocimientos de inglés.* **3.** Tener un hombre trato sexual con alguien. **4.** DER. Gozar de hecho de una cosa o de un derecho con la intención de obrar por cuenta propia.
poseído, a adj. y s. Dominado por una idea o pasión: *poseído por el odio; poseído del deseo.* **2.** Poseso. **3.** Que está muy seguro de su superioridad.
posesión s.f. Hecho o circunstancia de poseer algo. **2.** Cosa poseída: *posesiones de ultramar.* **3.** DER. Ejercicio de hecho de una situación jurídica que implica una facultad de apropiación sobre un bien. **4.** Poder de alguien sobre la voluntad o el espíritu de otro. **5.** Trato carnal de un hombre con otra persona. ◇ **Dar posesión** Poner una cosa en manos de otro o a su disposición, o dar alguna señal o cosa como prueba o símbolo de la entrega. **Delirio de posesión** Trastorno mental en que el enfermo cree hallarse en poder de una fuerza sobrenatural. **Tomar posesión** Hacer uso de una cosa que se empieza a poseer.
posesionar v.tr. y prnl. Dar o adquirir posesión de algo. ◆ **posesionarse** v.prnl. Apoderarse de algo.
posesivo, a adj. y s.m. Se dice del adjetivo o pronombre que expresa posesión: *adjetivo posesivo; los posesivos indican también interés.* ◆ adj. y s. Que denota posesión. **2.** Dominante: *una madre posesiva.*
poseso, a adj. y s. (lat. *possessus,* p. pasivo de *possidere,* poseer). Se dice de una persona poseída por un espíritu.
posesorio, a adj. DER. Relativo a la posesión: *capacidad posesoria.*
posglacial adj. y s.m. GEOL. Posterior a un período o era glaciar, especialmente posterior a la última glaciación cuaternaria.
posgrado o **postgrado** s.m. Curso universitario posterior a la licenciatura.
posguerra o **postguerra** s.f. Período de tiempo inmediatamente posterior a una guerra.
posibilidad s.f. Hecho de ser posible una cosa. **2.** Cosa que es posible. ◆ **posibilidades** s.f.pl. Medios de que dispone una persona, especialmente económicos: *es un empresario de posibilidades.*
posibilismo s.m. Actitud que aprovecha las posibilidades existentes para la consecución de un fin. **2.** Forma de actuación, especialmente en política, que renuncia a la coherencia de la propia postura ideológica para conseguir la posibilidad de un acuerdo con otros grupos.
posibilitar v.tr. Hacer posible algo.
posible adj. (lat. *possibilis*). Que puede ser o suceder, que se puede hacer. ◆ **posibles** s.m.pl. Medios, especialmente económicos, para hacer algo.
posición s.f. (lat. *positio*). Manera de estar puesta una persona o cosa. **2.** Lugar que ocupa una persona o cosa. **3.** Manera de pensar o actuar sobre algo o alguien. **4.** Circunstancia en la que alguien se encuentra. **5.** Situación o categoría social o económica: *disfrutar de una buena posición.* **6.** COREOGR. Cada una de las maneras de posar los pies en el suelo combinadas con la colocación de los brazos. **7.** MED. Situación del feto en el interior del útero con respecto a la pelvis. **8.** MIL. **a.** Zona de terreno ocupada por una formación militar en una operación. **b.** Postura adoptada por el soldado a la voz de mando: *posición de firmes, de descanso.* **9.** MÚS. Disposición relativa de los sonidos que forman un acorde.
posicionamiento s.m. Acción de posicionar o posicionarse.
posicionar v.intr. Poner en una posición determinada. ◆ **posicionarse** v.prnl. Adoptar una actitud o elegir una opción.
positivado s.m. FOT. Exposición de una imagen negativa sobre una emulsión sensible, y revelado subsiguiente.
positivadora s.f. FOT. Máquina para el positivado.
positivar v.tr. FOT. Realizar un positivado.
positivismo s.m. (fr. *positivisme*). Doctrina filosófica de Auguste Comte que rechaza cualquier investigación metafísica y que preconiza la creación de una nueva disciplina, la *física social* (que posteriormente se denominaría sociología), el objetivo de la cual sería completar el conjunto del sistema de las ciencias, alcanzando así la felicidad humana. **2.** Filosofía que admite sin crítica el valor de la ciencia como tal. ◇ **Positivismo jurídico** Doctrina según la cual el derecho positivo es el único que posee fuerza jurídica, rechazando la idea del derecho natural. **Positivismo lógico** Empirismo lógico.
positivista adj. y s.m. y f. Relativo al positivismo; partidario del positivismo.
positivo, a adj. (lat. *positivus,* convencional, positivo en gramática). Que se basa en los hechos, la experiencia, etc. **2.** Cierto, real: *hecho positivo.* **3.** Que afirma: *respuesta positiva.* **4.** Que es práctico, útil. **5.** Provechoso, favorable. **6.** MAT.

Superior a cero. ◆ adj. y s.m. LING. Se dice del grado de significación del adjetivo o del adverbio sin establecer comparación. ◆ s.m. Órgano pequeño de cámara o de iglesia. **2.** FOT. Prueba obtenida de un negativo, por contacto o ampliación, y que constituye la imagen definitiva del objeto reproducido. SIN.: *prueba positiva.* ◇ **Electricidad positiva** Electricidad del protón, que se señala con el signo +, que atrae electrones. **Estado positivo** FILOS. Positivismo.

pósito s.m. Institución municipal destinada a almacenar grano y a prestarlo en épocas de escasez. **2.** Depósito de grano. **3.** Asociación de carácter mutuo o cooperativo: *pósito de pescadores.*

positrón o **positón** s.m. Antipartícula del electrón que posee la misma masa que este y una carga positiva.

positura s.f. Postura, colocación. **2.** Estado o disposición de una cosa.

posma s.f. *Fam.* Pesadez o lentitud para hacer algo. ◆ s.m. y f. y adj. *Fig.* y *fam.* Persona lenta y pesada.

posmodernidad o **postmodernidad** s.f. Período de la cultura occidental iniciado en el último tercio del s. XX, en el que se pierden los valores racionalistas de la modernidad.

posmodernismo o **postmodernismo** s.m. ARQ. Movimiento del último cuarto del s. XX que propone una libertad formal y tendencia al eclecticismo, en contraposición con la rigurosidad de la arquitectura moderna.

posmoderno, a o **postmoderno, a** adj. y s. Relativo a la posmodernidad o al posmodernismo; partidario de la posmodernidad o adscrito al posmodernismo.

poso s.m. (de *posar*). Sedimento de un líquido contenido en un recipiente. **2.** *Fig.* Sensación o sentimiento que queda por alguna cosa pasada: *le queda un poso de amargura.*

posología s.f. (del gr. *póson,* cuánto, y *lógos,* tratado). Parte de la farmacología que se ocupa de la administración de los medicamentos, según edad, peso, sexo, etc.

posoperatorio, a adj. y s.m. MED. → **postoperatorio.**

pospalatal o **postpalatal** adj. Se dice del sonido consonántico que se articula acercando el posdorso de la lengua a la zona última del paladar, próxima al velo: *la [k] ante las vocales [e] [i] es una pospalatal.*

posponer v.tr. [conj.: *poner*]. Poner o colocar a una persona o cosa después de otra. **2.** Diferir, retrasar. **3.** Apreciar a una persona o cosa menos que a otra.

posposición s.f. Acción de posponer. **2.** LING. Colocación de un elemento a continuación de otro con que se relaciona.

pospositivo, a adj. LING. Que se pone después de la palabra que rige: *preposición pospositiva.*

pospretérito s.m. LING. Tiempo del modo indicativo que indica la posibilidad de una acción en el presente o en el futuro. SIN.: *condicional simple, potencial simple.*

post s.m. (inglés angloamericano). Texto que se escribe en un blog, microblog o red social: *leer los posts de un perfil de Facebook.*

posta s.f. (ital. *posta,* lugar, puesto). Conjunto de caballerías que se apostaban a distancias regulares para sustituir las que estaban cansadas. **2.** Casa o lugar donde estaban apostadas las caballerías. **3.** Distancia que hay de una posta a otra. **4.** Bala pequeña de plomo.

postal adj. (fr. *postal,* de *poste,* correo). Relativo al correo: *código postal.* **2.** Que se envía por medio del correo: *paquete postal.* ◆ adj. y s.f. Tarjeta que se envía por correo, que presenta la reproducción de un paisaje, grabado o dibujo en un lado, y un espacio para escribir en el otro.

postcombustión s.f. → **poscombustión.**

postdata s.f. → **posdata.**

poste s.m. (lat. *postis,* montante de una puerta). Madero, piedra o columna alargado que se coloca verticalmente como soporte, señal, u otro fin. **2.** Palo vertical de una portería de fútbol y de otros deportes.

postema s.f. (de *apostema,* del gr. *apóstema, -atos,* absceso). Absceso supurado.

póster s.m. (ingl. *poster*). Cartel o fotografía grande destinado a la decoración.

postergación s.f. Acción de postergar.

postergar v.tr. (bajo lat. *postergare,* dejar atrás, del lat. *post tergum,* detrás de la espalda). Colocar a alguien o algo en un lugar inferior al que tenía o al que le corresponde.

posteridad s.f. (lat. *posteritas, -atis,* de *posterus,* posterior). Conjunto de generaciones futuras. **2.** Fama póstuma: *pasar a la posteridad.*

posterior adj. (lat. *posterior, -oris*). Que sucede después de una cosa. **2.** Que sigue en la colocación a otra cosa: *una fila posterior a esta.* **3.** Que está detrás o en la parte de atrás de algo: *parte posterior de la cabeza.* **4.** LING. Se dice de la vocal que se articula retrayendo la lengua por su parte posterior hacia la zona trasera de la boca, hacia el velo del paladar: *en español, [u] y [o] son vocales posteriores.*

posterioridad s.f. Circunstancia de ser una cosa posterior a otra: *me lo contó con posterioridad.*

postgrado s.m. → **posgrado.**

postguerra s.f. → **posguerra.**

posthipófisis s.f. ANAT. Parte posterior de la hipófisis que segrega hormonas reguladoras del metabolismo del agua y de las contracciones de los músculos lisos.

postigo s.m. (lat. *posticum,* puerta trasera, de *post,* detrás). Puerta pequeña abierta en otra mayor. **2.** Puerta disimulada de una casa, además de la principal. **3.** Puerta de una sola hoja que cubre una ventana, cerrando el paso de la luz.

postilla s.f. (lat. vulg. *pustella,* ampolla, pústula, dim. del lat. clásico *pustula*). Escama que se forma en las llagas o granos cuando se van secando.

postillón s.m. (ital. *postiglione*). Mozo que iba a caballo guiando los que corrían la posta. **2.** Mozo que iba montado en uno de los caballos delanteros del tiro de un carruaje.

postimpresionismo s.m. Conjunto de corrientes artísticas que, entre 1885 y 1905 aproximadamente, se desmarcaron de las características del impresionismo (neo-impresionismo, simbolismo, sintetismo, nabis, etc.).

postimpresionista adj. y s.m. y f. Relativo al postimpresionismo; adscrito al postimpresionismo.

postín s.m. (voz caló, *piel, pellejo,* del indostaní, *postin,* piel de abrigo). *Fam.* Distinción o elegancia de las personas ricas. ◇ **Darse,** o **gastar, postín** Esp. *Fam.* Presumir de algo, atribuirse importancia. **De postín** Esp. *Fam.* De lujo.

postinero, a adj. Esp. *Fam.* Que presume de lujo o elegancia, o que se da importancia.

postiza s.f. Castañuela para acompañar el baile, generalmente más fina y pequeña que las regulares. (Suele usarse en plural.)

postizo, a adj. (lat. vulg. *appositicius,* de *apponere,* añadir). Que suple una falta o escasez natural: *dientes postizos.* **2.** Que está añadido, sobrepuesto: *puño, cuello postizo.* **3.** *Fig.* Falso, ficticio: *nombre postizo.* ◆ s.m. Añadido de pelo que suple la escasez o falta de él.

post merídiem loc. (lat. *post meridiem,* después del mediodía). Indica las horas del día desde el mediodía hasta media noche. (Se utiliza principalmente en los países anglosajones. Se abrevia *p. m.*)

postmodernidad s.f. → **posmodernidad.**

postmodernismo s.m. ARQ. → **posmodernismo.**

postmoderno, a adj. y s. → **posmoderno.**

postónico, a adj. y s. Se dice de una sílaba o de un fonema colocados después de la sílaba tónica.

postoperatorio, a o **posoperatorio, a** adj. y s.m. MED. Que se produce o sucede a continuación de una intervención quirúrgica.

postor s.m. Licitador. ◇ **Mayor,** o **mejor, postor** Licitador que ofrece el mejor precio en una subasta.

postración s.f. Acción de postrar o postrarse. **2.** Estado de abatimiento o decaimiento físico o moral.

postrado, a adj. Abatido, debilitado. **2.** Se dice de una planta o de un tallo débil que están caídos y solo tienen erguidas las extremidades.

postrar v.tr. (ant. *prostrar,* del lat. *prosternere,* prosternar, derribar). Derribar o inclinar hasta el suelo. ◆ v.tr. y prnl. Debilitar física o moralmente: *la enfermedad le postró.* ◆ **postrarse** v.prnl. Arrodillarse humillándose en señal de respeto, veneración, etc.: *postrarse ante el altar; se postró a sus pies.*

postre s.m. (lat. *poster, -eri*). Alimento, generalmente dulce, que se toma al final de una comida. ◇ **A la,** o **al, postre** Al final.

postremo, a adj. Postrero, último.

postrer adj. Apócope de *postrero.* (Se emplea antepuesto a un sustantivo masculino en singular: *el postrer día.*)

postrero, a adj. y s. Que se encuentra el último en una serie de cosas. **2.** Que está, se queda o viene detrás.

postrimerías s.f.pl. (de *postrimero,* último, del lat. *postremus*). Último período o última etapa de una cosa o de la vida de una persona: *las postrimerías del siglo.* **2.** TEOL. Las cuatro últimas cosas que le suceden al ser humano al término de su vida: la muerte, el juicio, el infierno o la gloria.

post scríptum loc. (lat. *post scriptum,* después de lo escrito). Posdata. (Se abrevia *PS.*)

postulación s.f. Acción de postular.

postulado s.m. Principio primero, indemostrable o no demostrado, necesario para establecer una demostración.

postulante, a s. Persona que postula.

postular v.tr. (lat. *postulare*). Pedir que se tome una determinada resolución. **2.** Predicar. **3.** Esp. Pedir, especialmente por la calle, en una colecta. **4.** FILOS. Proponer una proposición como postulado.

póstumo, a adj. (lat. *postumus*). Se dice del hijo que nace después de la muerte de su padre. **2.** Que aparece después de la muerte del autor: *obra póstuma.*

postura s.f. Manera de estar o colocarse. **2.** *Fig.* Actitud que se toma con respecto a un asunto, ideología, etc. **3.** Cantidad que ofrece el postor en una puja o subasta.

posventa o **postventa** s.f. Servicio de una empresa que garantiza el mantenimiento y reparación de un artículo vendido.

potabilizar v.tr. Hacer potable.

potable adj. (lat. *potabilis,* de *potare,* beber). Que se puede beber sin que dañe: *agua potable.* **2.** *Fig.* y *fam.* Aceptable: *un argumento potable.*

potaje s.m. (fr. *potage,* puchero). Caldo de un cocido. **2.** Guiso hecho a base de legumbres secas, verduras y otros ingredientes. **3.** Bebida o brebaje en que entran muchos ingredientes. **4.** *Fig.* Mezcla, desorden de cosas.

potamología s.f. Hidrología fluvial.

potasa s.f. (alem. *pottasche,* ceniza de pucheros). Derivado potásico: el hidróxido de potasio *(potasa cáustica)* y los carbonatos de potasio *(potasas carbonatadas).* **2.** Variedad de carbonato de potasio impuro.

potásico, a adj. Relativo al potasio. **2.** Que deriva del potasio. **3.** Que contiene compuestos de potasio.

potasio s.m. Metal alcalino extraído de la potasa, ligero, blando y muy oxidable, de densidad 0,86, cuyo punto de fusión es de 63,65 °C. **2.** Elemento químico (K), de número atómico 19 y masa atómica 39,098.

pote s.m. (cat. *pot*). Recipiente cilíndrico pequeño.

potencia s.f. (lat. *potentia*). Capacidad para realizar alguna cosa o producir un efecto. **2.** Fuerza, poder. **3.** Estado con gran poder económico y militar: *potencias aliadas.* **4.** Persona, grupo o entidad poderosa, importante o influyente. **5.** Facultad del alma. **6.** Cociente del ángulo bajo el que se ve un objeto a través de una lupa o de un microscopio por la longitud de este objeto. **7.** FILOS. Capacidad de una cosa de cambiar de estado: *la potencia y el acto.* **8.** FÍS. Cociente entre el trabajo realizado por una máquina y el tiempo empleado en realizarlo. **9.** GEOGR. Poder de transporte y de erosión de una corriente de agua. **10.** GEOL. Espesor de una capa o filón. **11.** MAT. Producto que resulta de multiplicar una cantidad por sí misma tantas veces como indica un número llamado *exponente* o *grado.* ◇ **En potencia** De manera virtual, que puede producirse o ser producido. **Potencia de un conjunto** LÓG. Número cardinal de este conjunto. **Potencia fiscal** Potencia de un motor de automóvil o de motocicleta calculada para servir de base a la imposición fiscal.

potenciación s.f. Acción de potenciar. **2.** MAT. Elevación de un número a un exponente para obtener la potencia correspondiente.

potencial adj. Relativo a la potencia. **2.** Posible, que solo existe en potencia. ◆ s.m. Fuerza, potencia de la que se puede disponer: *el potencial industrial.* **2.** Cantidad de energía que tiene almacenada un cuerpo. **3.** ELECTR. Magnitud definida por una constante aproximada que caracteriza a los cuerpos electrificados y a las zonas del espacio en las que domina un campo eléctrico, y relacionada con el trabajo producido por el campo eléctrico. ◇ **Energía potencial** FÍS. Energía que posee un cuerpo o un sistema físico por el hecho de su posición, de su estado. **Potencial perfecto** LING. En la clasificación tradicional de los tiempos verbales, antepospretérito. **Potencial simple** LING. En la clasificación tradicional de los tiempos verbales, pospretérito.

potencialidad s.f. FILOS. **a.** Capacidad de la potencia. **b.** Equivalencia de dos cosas en virtud y eficacia.

potencialización s.f. Aumento de la acción de algunos medicamentos cuando se administran conjuntamente con otros.

potenciar v.tr. Comunicar fuerza o energía a una cosa o incrementar la que ya tiene. **2.** Aumentar el poder o la eficacia de una cosa.

potenciometría s.f. QUÍM. Técnica de análisis electroquímico basada en la medida del potencial de una solución.

potenciómetro s.m. ELECTR. **a.** Aparato de medida que sirve para comparar una diferencia de potencial con la fuerza electromotriz de una pila patrón. **b.** Resistencia graduable que sirve de divisor de tensión de una fuente de corriente.

potentado, a s. Persona poderosa y rica.

potente adj. (lat. *potens, -tis,* el que puede). Que tiene potencia. **2.** Poderoso, fuerte.

potentila s.f. Planta herbácea trepadora de zonas templadas o frías de flores blancas o amarillas. (Familia rosáceas.)

poterna s.f. (fr. *poterne,* postigo, puerta trasera). FORT. Puerta menor que da al foso o al extremo de una rampa.

potestad s.f. Dominio, poder sobre una persona o cosa. ◆ **potestades** s.f.pl. REL. Espíritus bienaventurados que forman uno de los nueve coros de ángeles. ◇ **Patria potestad** Autoridad legal de los padres sobre los hijos no emancipados.

potestativo, a adj. Voluntario, no obligatorio.

potetómetro o **potómetro** s.m. Aparato que determina la cantidad de agua absorbida por una planta.

potingue s.m. *Fam.* Líquido de aspecto o sabor desagradable. **2.** Crema o producto cosmético.

poto s.m. Argent., Chile y Perú. Nalgas. **2.** Perú. Recipiente pequeño de barro.

potomanía s.f. Polidipsia.

potómetro s.m. → **potetómetro.**

potosí (de *Potosí,* c. de Bolivia). **Valer un potosí** *Fam.* Valer mucho.

potosino, a adj. y s. De Potosí o de San Luis Potosí.

potra s.f. Buena suerte.

potrada s.f. Conjunto de potros de una yeguada o de un dueño.

potranco, a s. Potro de menos de tres años.

potrear v.tr. *Fam.* Molestar a alguien.

potrerear v.tr. Argent. *Fam.* Jugar los niños libremente, como en un potrero, terreno baldío.

potrero, a s. Persona que cuida potros. ◆ s.m. Lugar destinado a la cría y pasto de ganado caballar. **2.** Amér. Terreno de buena pastura, acotado y destinado al sostenimiento de ganado, especialmente de engorde. **3.** Argent. Parcela en que se divide la estancia ganadera. **4.** Argent. y Perú. Terreno sin edificar donde suelen jugar los niños.

potro, a s. Cría de caballo desde que nace hasta la muda de dentición de leche. ◆ s.m. Aparato gimnástico que consiste en una armazón de madera, recubierta de crin y cuero y montada sobre patas. **2.** Instrumento antiguo de tortura.

potto s.m. Lemúrido de unos 35 cm de long., nocturno y arborícola, que vive en África tropical. (Familia lorísidos.)

poujadismo o **pujadismo** s.m. Movimiento político creado en la década de 1950 por Pierre Poujade para la defensa de las «clases medias», mediante un programa antiparlamentario y nacionalista. **2.** Movimiento político y social que comparte tales características.

poyato s.m. Terreno llano cultivable dispuesto en forma de escalón en la pendiente de una montaña.

poyo s.m. (lat. *podium,* repisa, muro grueso del anfiteatro). Banco de piedra o de albañilería que suele construirse junto a las paredes en las casas de campo.

poza s.f. Hoyo con agua estancada. **2.** Parte profunda de un río.

pozal s.m. Balde con que se saca el agua del pozo, o que se emplea en cualquier otro menester.

pozo s.m. (lat. *puteus,* hoyo). Hoyo profundo que se hace en la tierra, especialmente para extraer agua. **2.** Obra, generalmente de piedra o ladrillo y forma circular, que se levanta alrededor de un pozo. (Suele incorporar una polea con un balde u otro recipiente para tomar agua del fondo.) **3.** *Fig.* Persona que tiene en alto grado la cualidad o defecto que se expresa: *un pozo de ciencia.* **4.** Argent., Par. y Urug. Socavón, hoyo que se hace en el pavimento de las calles o caminos. **5.** Colomb. Parte de un río apropiada para bañarse. **6.** GEOGR. Depresión en el fondo del mar, cerca de las orillas o los bajos, que los buques buscan para fondear. **7.** MIN. Perforación vertical o ligeramente inclinada, de sección constante, para extraer los minerales o el carbón de una mina, o para otros fines propios de la explotación (ventilación, acceso, etc.). **8.** PETRÓL. Perforación vertical, cilíndrica y profunda para localizar o explotar un yacimiento petrolífero. ◇ **Pozo negro,** o **ciego** Depósito impermeable excavado junto a las casas para la recogida de aguas residuales. **Pozo sin fondo** *Fig.* Persona o cosa insaciable o que no tiene fin.

pozole s.m. Guat. Triturado utilizado para alimentar a las aves de corral. **2.** Méx. Guiso que consiste en un caldo muy condimentado, cuyos ingredientes principales son granos de maíz tierno, chile y carne de cerdo o pollo. **3.** Méx. Bebida refrescante de agua y harina de maíz.

prácrito s.m. Lengua o conjunto de lenguas vulgares surgidas del sánscrito, utilizadas en la antigua India.

práctica s.f. (lat. tardío *practicare,* del gr. *praktiké,* ciencia práctica). Realización de una actividad de forma continuada, siguiendo unas pautas o reglas determinadas: *la práctica del deporte fortalece el organismo.* **2.** Destreza o habilidad que se adquiere con la repetición o continuidad de esta actividad: *tiene mucha práctica en hacer este trabajo.* **3.** Uso, costumbre, manera que se tiene de hacer una cosa: *la circuncisión es una práctica normal entre los judíos.* **4.** Aplicación de los conocimientos adquiridos, especialmente la que hacen los estudiantes bajo la dirección de un profesor en un ejercicio o clase: *realizar prácticas de química.* ◇ **En la práctica** En la realidad, realmente. **Llevar a la,** o **poner en, práctica** Realizar proyectos, ideas, etc.

practicable adj. Que se puede practicar. **2.** Que se puede pasar. **3.** Que se puede abrir y cerrar: *puerta practicable.*

prácticamente adv.m. Casi.

practicante adj. y s.m. y f. Que practica. **2.** Se dice de la persona que profesa y practica su religión: *católico practicante.* ◆ s.m. y f. Persona que tiene por oficio poner inyecciones y realizar otras curas de asistencia médica.

practicar v.tr. Realizar una actividad. **2.** Ejercitar una actividad con cierta asiduidad o frecuencia: *practica varios deportes.* **3.** Hacer, ejecutar: *practicar un agujero en la pared.* **4.** Ejercer o aplicar unos conocimientos o una profesión bajo la dirección de un profesor o jefe experto en la materia.

práctico, a adj. Que produce un provecho o utilidad material. **2.** Diestro, experimentado, hábil para hacer algo. **3.** En oposición a teórico, se dice de lo que tiende a la realización o aplicación de determinados conocimientos. **4.** FILOS. Se dice de la facultad que enseña el modo de obrar o actuar. ◆ s.m. Persona que dirige las entradas y salidas de las embarcaciones en un puerto.

pradera s.f. Conjunto de prados. **2.** Prado grande. **3.** BOT. Formación herbácea integrada principalmente por diversas gramíneas que se agosta más o menos en verano. ◇ **Perro,** o **perrito, de las praderas** Mamífero roedor, zapador y muy prolífico, que habita en América del Norte y México. (Familia esciúridos.)

prado s.m. (lat. *pratum*). Terreno húmedo o de regadío en el que se deja crecer o se siembra la hierba para pasto del ganado. **2.** Lugar llano, cubierto de hierba, que sirve de paseo en algunas poblaciones.

pragmática s.f. Procedimiento empleado en el s. XV por los reyes castellanos para dictar disposiciones de carácter general sin el concurso de las cortes. **2.** LING. Disciplina que se propone integrar en el estudio del lenguaje la función que desempeñan los usuarios y las situaciones en las cuales se utiliza. ◇ **Pragmática sanción** Disposición legislativa de un soberano sobre una materia fundamental (sucesión, relaciones entre Iglesia y estado).

pragmático, a adj. y s. (lat. *pragmaticus,* perteneciente a los negocios políticos, del gr. *pragmatikós,* de *pragma,* asunto, negocio). Relativo a la práctica, la ejecución o la realización de las acciones, práctico. **2.** DER. Se dice del autor jurista que interpreta o glosa las leyes nacionales. **3.** FILOS. Pragmatista.

pragmatismo s.m. (ingl. *pragmatism*). Doctrina que toma como criterio de verdad el valor práctico. **2.** Actitud política basada en la eficacia, que consiste en ocuparse de los hechos y oportunidades rechazando el apriorismo dogmático o ideológico. SIN.: *realismo político.*

pragmatista adj. y s.m. y f. Relativo al pragmatismo; partidario de esta doctrina.

praliné s.m. (voz francesa). Mezcla de chocolate y almendras con caramelo.

prandial adj. MED. Relativo a la ingestión de alimentos.

prangana adj. Méx. *Fam.* Que es pobre en extremo.

prao s.m. Embarcación de poco calado, larga, estrecha y muy rápida, característica de Malasia. **2.** Velero con dos cascos cuya construcción está inspirada en el prao malasio.

praseodimio s.m. Metal del grupo de las tierras raras. **2.** Elemento químico (Pr), de número atómico 59 y masa atómica 140,908.

pratense adj. Relativo al prado.

praticultura s.f. Parte de la agricultura que se ocupa del cultivo de prados.

praxis s.f. (gr. *praxis,* práctica). Práctica, acción. **2.** En la filosofía marxista, acción o conjunto de acciones tendentes a transformar el mundo.

preadaptación s.f. BIOL. Situación de un ser que, viviendo en un medio determinado, posee órganos o funciones que le serían más útiles en otro medio.

prealpino, a adj. De los Prealpes.

preámbulo s.m. Introducción que se escribe o dice como preparación o explicación de lo que se va a tratar. **2.** Digresión que se hace antes de entrar en materia o de empezar a decir una cosa claramente. SIN.: *rodeo.*

preamplificador s.m. Amplificador de tensión de la señal que sale de un detector o de una cabeza de lectura, antes de su entrada en un amplificador de potencia.

preaviso s.m. DER. Comunicación que ha de realizarse para poner fin al contrato antes del plazo previsto.

prebenda s.f. (lat. tardío *praebenda,* p. futuro pasivo de *praebere,* presentar, mostrar). Renta que perciben algunos miembros de la Iglesia por ciertas dignidades u oficios. **2.** Beneficio o privilegio que se posee por razón de un mérito o un cargo. **3.** *Fig.* y *fam.* Oficio o empleo lucrativo y de poco trabajo.

prebendado s.m. Miembro eclesiástico que disfruta de una prebenda.

prebostazgo s.m. Oficio, cargo y jurisdicción del preboste. **2.** MIL. Destacamento de policía asignado en tiempo de guerra a una unidad.

preboste s.m. (cat. *prebost*). Persona que dirige o gobierna una comunidad. **2.** HIST. Oficial público elegido por el rey o por un señor para la administración económica y judicial de los dominios reales y señoríos.

precalentamiento s.m. Conjunto de ejercicios de preparación que hace un deportista, un bailarín, etc., para estirar o calentar los músculos antes de hacer un esfuerzo físico. **2.** Calentamiento de un motor, aparato, etc., antes de someterlo a la función que debe desempeñar.

precámbrico, a adj. y s.m. GEOL. Se dice de la primera era geológica, anterior a la era primaria, que se extiende desde la formación de la corteza terrestre hace unos 4 500 millones de años hasta el comienzo de la vida en los mares hace unos 570 millones de años. ◆ adj. Relativo a esta era.

precapitalismo s.m. Conjunto de relaciones económicas anteriores al capitalismo.

precapitalista adj. Relativo al precapitalismo. <> **Modos de producción precapitalistas** Modos de producción propios del comunismo primitivo, del esclavismo antiguo y del feudalismo.

precario, a adj. (lat. *precarius*, referente al ruego, que se obtiene por complacencia). Inestable, inseguro o escaso. ◆ s.m. DER. Cesión del uso de una cosa, revocable a voluntad del dueño de esta. <> **A precario** DER. Que se tiene sin título, por tolerancia o inadvertencia del dueño.

precaución s.f. (lat. *precautio, -onis*). Actitud de prudencia y cautela de una persona por la existencia o temor de un peligro. **2.** Medida que se toma para evitar un daño o un mal. (Suele usarse en plural.)

precautorio, a adj. Preventivo.

precaver v.tr. y prnl. (lat. *precavere*). Prevenir, tomar medidas con antelación para evitar un peligro, un mal o un daño.

precedencia s.f. Primacía, superioridad, importancia de una cosa sobre otra. **2.** Antelación, prioridad de una cosa respecto a otra en el tiempo o en el espacio. **3.** Preferencia en el lugar y asiento y en algunos actos honoríficos.

precedente adj. y s.m. y f. Que precede. ◆ s.m. Antecedente, acción, dicho o circunstancia que sirve para justificar hechos posteriores. <> **Sentar precedente** Hacer algo que influya o sirva de modelo posteriormente en casos o circunstancias semejantes.

preceder v.tr. e intr. (lat. *praecedere*). Ir, ocurrir o estar algo o alguien delante de lo que se expresa, en tiempo, orden o lugar. ◆ v.tr. *Fig.* Estar una persona en posición o cargo de más importancia o categoría que otra.

preceptista adj. y s.m. y f. Que da o enseña preceptos y reglas o que se atiene a ellos.

preceptiva s.f. Conjunto de preceptos aplicables a determinada materia. <> **Preceptiva literaria** Tratado didáctico que expone los preceptos y reglas de la composición literaria.

preceptivo, a adj. Que tiene que ser obedecido o cumplido en virtud de un precepto o una orden.

precepto s.m. (lat. *praeceptus, -us*, de *praecipere*, tomar primero, prever). Orden o mandato dado por una autoridad competente. **2.** Norma o regla que se da para el ejercicio de una actividad. **3.** REL. CATÓL. Mandamiento de la ley de Dios o de la Iglesia. <> **Fiesta de precepto** REL. CATÓL. Fiesta cuya observancia es obligatoria. **Precepto pascual** REL. CATÓL. Obligación que tienen los católicos de comulgar en tiempo de Pascua.

preceptor, ra s. Persona que convive con una familia y está encargada de la instrucción y educación de los niños.

preceptuar v.tr. [conj.: *actuar*]. Establecer o prescribir un precepto.

preces s.f.pl. (lat. *preces*). Ruegos, súplicas.

precesión s.f. Desplazamiento del eje de giro de un cuerpo rígido giratorio, producido por la acción de pares de fuerza externos. <> **Precesión de los equinoccios** ASTRON. Movimiento rotatorio retrógrado del eje de la Tierra alrededor del polo de la eclíptica, que produce un movimiento gradual de los equinoccios hacia el O.

preciado, a adj. Valioso, excelente, digno de estimación.

preciarse v.prnl. Vanagloriarse, presumir de algo.

precintado s.m. Acción y efecto de precintar.

precintar v.tr. Poner un precinto a un objeto o lugar.

precinto s.m. (lat. *praecintus*, acción de ceñir). Cuerda, tira de papel o de plástico u otro material que se pone en un objeto o un lugar, de manera que no pueda abrirse sin romper dicha sujeción: *precinto de garantía.*

precio s.m. (lat. *pretium*). Valor económico aplicado a una cosa que se vende. **2.** *Fig.* Esfuerzo o dificultad que conlleva la obtención de alguna cosa. <> **No tener precio** una cosa Ser de gran valor. **Precio de costo,** o **coste** Valor económico real de un proceso de fabricación o de prestación de un servicio, sin añadir ninguna ganancia. **Precio fijo** Precio fijado por el comerciante y que el comprador no puede debatir o regatear.

preciosidad s.f. Persona o cosa preciosa. **2.** Cualidad de precioso.

preciosismo s.m. LIT. Tendencia al refinamiento de los sentimientos, de las maneras y de la expresión literaria, que se manifestó en Francia, en determinados salones, a principios del s. XVII.

preciosista adj. y s.m. y f. LIT. Relativo al preciosismo; seguidor de esta tendencia.

precioso, a adj. Que tiene mucho valor: *piedra preciosa.* **2.** Que sobresale en importancia, utilidad o calidad. **3.** *Fig.* y *fam.* Hermoso, muy bonito.

preciosura s.f. Amér. Preciosidad, persona o cosa preciosa.

precipicio s.m. (lat. *praecipitium*). Abismo, cavidad o declive alto, escarpado y profundo en un terreno. **2.** *Fig.* Ruina, pérdida material o espiritual.

precipitación s.f. Acción y efecto de precipitar o precipitarse. **2.** Cantidad total de agua líquida o sólida precipitada por la atmósfera. **3.** MED. Técnica para evidenciar la reacción antígeno anticuerpo, y demostrar la existencia de estos en el suero. **4.** QUÍM. Fenómeno que tiene lugar cuando un cuerpo en disolución se separa del disolvente y se deposita en el fondo del recipiente.

precipitado, a adj. y s.m. QUÍM. Se dice de la sustancia que en el curso de una reacción química se separa de su disolvente y se deposita en el fondo del recipiente.

precipitar v.tr. y prnl. (lat. *praecipitare*). Arrojar a una persona o cosa desde un lugar alto. **2.** *Fig.* Hacer que una situación o un proceso se desarrolle u ocurra antes del tiempo esperado. **3.** QUÍM. Provocar una precipitación. ◆ v.tr. *Fig.* Exponer a alguien a un peligro material o espiritual u ocasionarle una desgracia. ◆ **precipitarse** v.prnl. *Fig.* Proceder con irreflexión y apresuramiento. **2.** Dirigirse de prisa o bruscamente hacia un lugar o una cosa.

precisar v.tr. Determinar o expresar algo con detalle y exactitud. **2.** Tener necesidad de alguien o de algo.

precisión s.f. Cualidad de preciso. **2.** Concisión y exactitud rigurosa del lenguaje, estilo, etc. <> **Aparato de precisión** Instrumento de medida destinado a usos que requieren una gran precisión. **Precisión de tiro** Capacidad de agrupación de los disparos de un arma hechos con los mismos datos. **Precisión de un instrumento de medida** Cualidad global de un instrumento que le permite dar indicaciones que coinciden, con mucha aproximación, con el valor verdadero de la magnitud que debe medirse.

preciso, a adj. (lat. *praecisus,* p. de *praecidere,* cortar bruscamente). Necesario, indispensable para un fin. **2.** Determinado con exactitud. **3.** Claro, distinto. **4.** Se dice del lenguaje, estilo, etc., conciso y rigurosamente exacto.

preclaro, a adj. Ilustre, digno de admiración.

preclásico, a adj. Que precede a lo clásico, especialmente en arte y letras.

precocidad s.f. Cualidad de precoz.

precocinado, a adj. y s.m. Se dice del alimento que se comercializa ya cocinado.

precognición s.f. Conocimiento que se tiene de algo antes de que tenga lugar.

precolombino, a adj. Relativo a las culturas y al arte desarrollados por los pueblos de América con anterioridad a la llegada de Cristóbal Colón. SIN.: *prehispánico.*

precolombino

En el continente americano se desarrollaron altas culturas repartidas en tres grandes áreas: área mesoamericana, en la que destacaron los olmecas (Tres Zapotes, Las Ventas), la cultura totonaca (El Tajín), la cultura huaxteca y la cultura de Teotihuacán, civilización destruida por los toltecas, que fueron derrotados a su vez por los aztecas, instalados en el lago Texcoco (1267), los cuales fundaron en 1325 la metrópoli de Tenochtitlan. En la península de Yucatán y altas tierras de Guatemala se desarrolló la civilización maya, que sobresalió en arquitectura, escultura y pintura, con una secuencia cultural que va desde el período formativo (2000 a.C.) hasta el período clásico (900 d.C.) y una etapa posclásica de ocupación tolteca (950-1500). La zona de la cultura zapoteca (Monte Albán) fue ocupada posteriormente por los mixteca (s. XV). Una segunda región de menor relevancia es la comprendida en el área circuncaribe, con el desarrollo en la costa colombiana de la cultura tairona y, en las Antillas, los vestigios de los tainos. En el área andina se han encontrado restos muy antiguos correspondientes a la cultura de San Agustín, que dejó más de trescientos monolitos esculpidos. Las altas culturas colombianas, chibcha y quimbayá, destacaron por su orfebrería. En la costa norte peruana sobresalieron las culturas chavín y de los mochica, notables por su cerámica. En la costa sur los restos más antiguos pertenecen a la cultura paracas (necrópolis de Paracas). La cultura Nazca, contemporánea de la mochica, destacó por su cerámica. En Bolivia la cultura más importante es la de Tiahuanaco, pero la civilización más importante de la Sierra es la de los incas, establecidos en Cuzco en la primera mitad del s. XIII, que extendieron su imperio desde Colombia hasta Chile (Machu Picchu).

precombustión s.f. Fase de funcionamiento de un motor diésel, que precede a la inflamación del combustible.

preconcebir v.tr. [conj.: *pedir*]. Pensar o proyectar una cosa de antemano.

preconización s.f. Acción y efecto de preconizar. **2.** REL. Acto solemne por el cual el papa nombra un nuevo obispo.

preconizar v.tr. (lat. tardío *praeconizare*). Recomendar o aconsejar con intensidad alguna cosa. **2.** REL. Designar el papa un nuevo obispo.

precontrato s.m. DER. Acuerdo entre dos o más personas por el que se comprometen a concluir en el futuro un determinado contrato que actualmente no pueden o no quieren realizar.

precordial adj. MED. Relativo a la región anterior del tórax, correspondiente al corazón.

precoz adj. (lat. *praecox, -ocis*). Que se produce, desarrolla o madura antes de tiempo. **2.** Se dice del niño que tiene un desarrollo físico, intelectual o moral superior al que le corresponde por su edad.

precursor, ra adj. y s. (lat. *praecursor, -oris,* el que corre delante de otro). Que precede o va delante. **2.** *Fig.* Que anuncia, empieza o divulga algo que tendrá su desarrollo o culminación posteriormente. ◇ **El precursor** *Por antonom.* San Juan Bautista.

predador, ra adj. y s. ZOOL. Depredador.

predar v.tr. Saquear, robar.

predatorio, a adj. Relativo al robo o saqueo. **2.** ZOOL. Relativo al acto de hacer presa: *instinto predatorio.*

predecesor, ra s. (lat. *praedecessor,* el que murió primero, antepasado). Ser que precede a otro en tiempo, orden o lugar. **2.** Antecesor, antepasado.

predecir v.tr. Anunciar por adivinación, suposición, revelación, etc., algo que ha de suceder en el futuro.

predela s.f. (ital. *predella,* gradilla). B. ART. Parte inferior o banco de un retablo o de un políptico, subdividido generalmente en pequeños compartimientos.

predestinación s.f. Acción y efecto de predestinar.

predestinado, a adj. y s. Que tiene que acabar de un modo determinado.

predestinar v.tr. Destinar anticipadamente una cosa para un fin. **2.** TEOL. Destinar y elegir Dios a los que por medio de su gracia han de lograr la gloria.

predeterminación s.f. Acción y efecto de predeterminar.

predeterminar v.tr. Determinar o decidir anticipadamente una cosa.

predecir

INDICATIVO	SUBJUNTIVO
presente	**presente**
predigo	*prediga*
predices (predecís)	*predigas*
predice	*prediga*
predecimos	*predigamos*
predecís	*predigáis*
predicen	*predigan*
copretérito o **pret. imperfecto**	**pretérito** o **pret. imperfecto**
predecía	*predijera* o *predijese*
predecías	*predijeras* o *predijeses*
predecía	*predijera* o *predijese*
predecíamos	*predijéramos* o *predijésemos*
predecíais	*predijerais* o *predijeseis*
predecían	*predijeran* o *predijesen*
pretérito o **pret. perf. simple**	**futuro** o **fut. simple**
predije	*predijere*
predijiste	*predijeres*
predijo	*predijere*
predijimos	*predijéremos*
predijisteis	*predijereis*
predijeron	*predijeren*

futuro o **fut. simple**

prediré o predeciré
predirás o predecirás
predirá o predecirá
prediremos o predeciremos
prediréis o predeciréis
predirán o predecirán

pospretérito o **condicional simple**

prediría o predeciría
predirías o predecirías
prediría o predeciría
prediríamos o predeciríamos
prediríais o predeciríais
predirían o predecirían

IMPERATIVO

predice (predecí)	(tú, vos)
prediga	(él)
predigamos	(nosotros)
predecid	(vosotros)
predigan	(ellos)

FORMAS NO PERSONALES

infinitivo	**gerundio**
predecir	*prediciendo*

participio
predicho

prédica s.f. *Desp.* Sermón o discurso.
predicable adj. Se dice del asunto digno de ser predicado en un sermón. **2.** GRAM. y LÓG. Que se puede afirmar o decir de un sujeto.
predicación s.f. Acción de predicar. **2.** Discurso en el que se adoctrina o se dan recomendaciones morales o religiosas.
predicaderas s.f.pl. *Fam.* Cualidades o dotes para predicar.
predicado s.m. LING. Parte de la oración funcionalmente complementaria del sujeto y que está ligada a este por una relación de implicación mutua. **2.** LÓG. Lo que se afirma o niega del sujeto de una proposición. ◇ **Cálculo de los predicados** LÓG. Parte de la lógica que estudia las propiedades generales de las proposiciones analizadas en predicados.
predicador, ra adj. y s. Que predica. ◆ s.m. Orador evangélico que predica la palabra de Dios. ◇ **Orden de predicadores** Nombre oficial de la orden de los dominicos, consagrados a la predicación.
predicamento s.m. Prestigio o fama de que goza una persona o cosa e influencia que tiene a causa de ello.
predicar v.tr. (lat. *praedicare*). Pronunciar un discurso de contenido moral o religioso. **2.** Aconsejar o publicar algo en un sermón. **3.** Propagar una doctrina o unas ideas de forma pública y patente. **4.** LING. y LÓG. Decir algo de un sujeto.
predicativo, a adj. LING. y LÓG. Relativo al predicado.
predicción s.f. Acción y efecto de predecir. **2.** Cosa que se predice.
predictivo, a adj. Relativo a la predicción.
predigerido, a adj. Se dice del alimento que ha sido sometido a una digestión química previa.
predilección s.f. Preferencia que se siente hacia una persona o cosa entre otras.
predilecto, a adj. Preferido, favorito.
predio s.m. (lat. *praedium*). Finca, heredad, hacienda, tierra o posesión inmueble.
predisponer v.tr. y prnl. [conj.: *poner*]. Disponer anticipadamente a alguien para alguna cosa, especialmente una enfermedad. **2.** Influir en el ánimo de una persona a favor o en contra de alguien o de algo.
predisposición s.f. Acción y efecto de predisponer.
predominante adj. Que predomina, prevalece o ejerce la principal influencia.
predominar v.tr. e intr. Ser alguien o algo lo más importante, tener una cualidad en mayor grado, etc.
predominio s.m. Hecho de tener más calidad, superioridad, dominio o difusión una persona o cosa que otra.
preelegir v.tr. [conj.: *pedir*]. Elegir anticipadamente algo o a alguien.
preeminencia s.f. Primacía, privilegio o ventaja que alguien o algo tiene sobre otros por razón de sus méritos, calidad o categoría.
preeminente adj. (lat. *praeminens, -tis*). Que es superior o más importante que otros.
preescolar adj. Se dice de la educación que precede a la escolarización obligatoria.
preestablecer v.tr. [conj.: *parecer*]. Establecer algo de antemano.
preestreno s.m. Exhibición de una película cinematográfica u obra dramática antes de su estreno.
preexistencia s.f. Existencia anterior a la presente.
preexistir v.intr. Existir previamente o con antelación.
prefabricación s.f. Sistema de fabricación que permite realizar una construcción (casa, embarcación, vías de comunicación, etc.) por medio de elementos estandarizados fabricados de antemano, y cuyo montaje se realiza según un plano preestablecido.
prefabricado s.m. Material de construcción (de un edificio, de un barco, etc.) preparado en fábrica para su posterior montaje, siguiendo un plano.
prefabricar v.tr. Construir por el sistema de prefabricación.
prefacio s.m. (lat. *praefatio, -onis*). Introducción, preámbulo, prólogo. **2.** LITURG. CATÓL. Solemne introducción a la misa, que canta o recita el celebrante.
prefecto s.m. (lat. *praefectus*). Representante del gobierno en cada departamento francés. **2.** DER. CAN. Presidente del tribunal, junta o comunidad eclesiástica. **3.** ENSEÑ. Persona encargada en una colectividad de vigilar el desarrollo de ciertas funciones: *prefecto de estudios.* **4.** HIST. Alto funcionario romano que ejercía un cargo en el ejército o en la administración. ◇ **Prefecto apostólico** Prelado, no obispo, situado al frente de una circunscripción territorial en países de misión. **Prefecto de la Sagrada Congregación** Cardenal delegado por el papa para presidir la Sagrada Congregación.
prefectura s.f. Dignidad, cargo y empleo de un prefecto. **2.** Edificio u oficina en que desempeña su trabajo. **3.** En Francia, circunscripción administrativa de un prefecto, que corresponde a un departamento. **4.** En Francia, ciudad en que reside un prefecto. **5.** HIST. Cada una de las grandes divisiones territoriales del Imperio romano.
preferencia s.f. Tendencia o inclinación favorable hacia una persona o cosa que predispone a su elección. **2.** Primacía, ventaja. **3.** Asiento o localidad que se considera el mejor en un espectáculo público. ◇ **De preferencia** De manera preferente.
preferente adj. y s.m. y f. Que prefiere o se prefiere. ◆ adj. Que establece una preferencia a favor de alguien: *clase preferente.* ◇ **Voto preferente** Sistema electoral en el cual el elector puede modificar el orden de candidatos de una lista.
preferir v.tr. y prnl. (lat. *praeferre*, llevar delante, presentar, mostrar) [conj.: *sentir*]. Gustar más una persona o cosa que otras.
prefiguración s.f. Acción y efecto de prefigurar.
prefigurar v.tr. Representar o describir una cosa anticipadamente.
prefijación s.f. LING. Método morfológico para formar una nueva unidad léxica que consiste en añadir un prefijo a una palabra.
prefijar v.tr. Determinar o señalar anticipadamente los detalles de una cosa. **2.** LING. Proveer de un prefijo.
prefijo, a adj. (lat. *praefixus*, p. de *praefigere*, clavar o fijar por delante). Que queda prefijado. ◆ s.m. Conjunto de cifras situado delante de un número de teléfono que identifica el operador escogido, el país o la zona de destino de la llamada, etc. **2.** LING. Morfema de la clase de los afijos que se antepone a una palabra para constituir un derivado.
prefinanciación s.f. Crédito que se concede a un industrial para financiar nuevas inversiones en capital fijo.
prefloración s.f. BOT. Disposición de las piezas florales, particularmente del periantio, en el capullo.
prefoliación s.f. Vernación.
preglacial adj. y s.m. GEOL. Que ha precedido a la primera época glacial, o a los primeros depósitos glaciares de un lugar.
pregón s.m. (lat. *praeco, -onis*, pregonero). Promulgación o divulgación de una noticia, aviso o hecho que se hace en alta voz y en un lugar público. **2.** Propaganda o anuncio de algún producto o mercancía que suele hacerse a voces por la calle. **3.** Discurso literario que se pronuncia en público con ocasión de alguna festividad o celebración. **4.** Antigua forma de cante flamenco de motivo religioso, que solía interpretarse el jueves santo en algunas localidades andaluzas.
pregonar v.tr. (lat. tardío *praeconari*). Difundir, divulgar una noticia o un hecho mediante un pregón. **2.** *Fig.* Publicar o difundir algo que debía callarse o permanecer oculto. **3.** *Fig.* Alabar públicamente las cualidades de una persona.
pregonero, a adj. y s. Que pregona. ◆ s.m. Oficial público que publica los pregones.
pregrabado, a adj. Grabado con anterioridad a su difusión.
pregunta s.f. Acción de preguntar y enunciado con que se pregunta. **2.** Interrogatorio, serie de cuestiones formuladas a alguien para que las responda. (Suele usarse en plural.) **3.**

Forma de control parlamentario que permite a los miembros de las cámaras obtener del gobierno informaciones sobre determinada materia. ◇ **Andar,** o **estar,** o **quedar, a la cuarta,** o **a la última, pregunta** Esp. y Méx. *Fam.* No tener dinero o tener muy poco.

preguntante adj. y s.m. y f. Que hace preguntas.

preguntar v.tr. y prnl. (del lat. *percontari,* someter a interrogatorio). Pedir una persona información sobre algo que desea saber. ◆ **preguntarse** v.prnl. Dudar sobre cierta cosa o plantearse algo sobre lo que se duda.

preguntón, na adj. y s. *Fam.* Que pregunta demasiado o que es indiscreto al preguntar.

prehelénico, a adj. Relativo a las civilizaciones de principios del II milenio a.C. que se desarrollaron en el Mediterráneo oriental antes de la llegada de los primeros aqueos.

prehispánico, a adj. Precolombino.

prehistoria s.f. Período cronológico de la humanidad que va desde la aparición del ser humano hasta los primeros textos escritos. **2.** Disciplina científica que estudia este período histórico. **3.** Fase inicial en el proceso de evolución de un fenómeno o una ciencia o período en que se gesta un movimiento de tipo social.

prehistoria

A partir del material empleado para la construcción de los utensilios, la prehistoria se divide en edad de piedra y edad de los metales. La primera comprende el paleolítico inferior, medio y superior, epipaleolítico, mesolítico y neolítico. La edad de los metales se inicia con un período de transición (eneolítico o calcolítico) seguido de las edades del bronce y del hierro. Para algunos autores la edad de los metales es ya protohistoria.

prehistoriador, ra s. Especialista en prehistoria.

prehistórico, a adj. Relativo a la prehistoria. **2.** *Fig.* Anticuado, viejo.

prehomínido s.m. Homínido fósil que presenta una mezcla de rasgos comunes a los grandes simios y al ser humano.

preindustrial adj. Anterior a la revolución industrial de fines del s. XVIII.

preinscripción s.f. Inscripción previa.

prejubilación s.f. Jubilación que se adelanta a la edad marcada por la ley.

prejudicial adj. DER. Que debe preceder al juicio.

prejuicio s.m. (lat. *praejudicium,* juicio previo, decisión prematura). Opinión preconcebida, generalmente negativa, hacia algo o alguien.

prejuzgar v.tr. Juzgar algo antes de conocerlo o sin tener todos los elementos de juicio necesarios.

prelación s.f. (lat. *praelatio, -onis,* acción de poner antes). Preferencia o antelación de una cosa respecto de otra.

prelado s.m. (lat. *praelatus,* p. de *praeferre,* poner al fren-

prefijos

Los prefijos son morfemas que se anteponen a una palabra o raíz para formar una palabra con un significado distinto, llamada derivado. No suelen cambiar la categoría gramatical de la palabra a la que se unen, pero sí modifican su significado. A continuación se ofrecen algunos de los prefijos más usuales.

prefijos	significado	ejemplos
a-, ana-, an-	negación, contrario	*a*moral, *an*álisis, *an*alfabeto, *ana*crónico
ab-	separación, corte	*ab*lativo, *ab*lación
anti-	contrario, opuesto	*anti*social, *antí*poda
archi-	superior	*archi*famoso
bi-	dos, doble	*bi*cicleta, *bí*pedo
contra-	opuesto a	*contra*ataque
des-	negación, contrario	*des*hacer, *des*acreditar
ex-	fuera	*ex*traer, *ex*céntrico
in-	dentro de, negación, contrario	*in*filtrar, *in*capaz, *in*apropiado
infra-	inferior, debajo de	*infra*humano
inter-	entre, en medio de	*inter*medio, *inter*costal
pos-, post-	detrás, después de	*pos*data, *post*ónico
pre-	delante, antes de	*pre*molar, *pre*decir
pro-	en lugar de, delante, antes de	*pro*nombre, *pro*cónsul, *pro*mover, *pro*clamar
re-	repetición, volver a	*re*elegir, *re*doblar
requete-	muy	*requete*guapo, *requete*bién
retro-	hacia atrás	*retro*activo, *retro*propulsión
semi-	medio o casi	*semi*círculo, *semi*dormido
sin-	unión o simultaneidad	*sin*cronizar, *sín*tesis
sobre-	abundancia o exceso	*sobre*cargar, *sobre*alimentación
sub-	debajo de	*sub*terráneo, *sub*director
super-	muy, encima de	*super*intendente, *super*abundar, *super*poner
uni-	uno	*uni*cameral

te). Clérigo, secular o religioso, a quien se ha conferido cualquier cargo o dignidad superior dentro de la Iglesia.

prelatura s.f. Dignidad de prelado y territorio en el que ejerce su jurisdicción. <> **Prelatura personal** Jurisdicción gobernada por un prelado como ordinario propio, erigida por la Santa Sede para la realización de determinadas actividades pastorales.

preliminar adj. Que sirve de preámbulo o introducción a una materia que se ha de tratar. ◆ adj. y s.m. *Fig.* Que antecede o se antepone a algo, particularmente en un escrito. ◇ **Diligencias preliminares** DER. Trámites procesales previos a la iniciación de la causa, encaminados a determinar con toda seguridad la legitimación del demandado o la existencia del objeto o título litigioso.

preludiar v.tr. *Fig.* Iniciar o preparar una cosa. ◆ v.intr. y tr. MÚS. Probar un instrumento o la voz, o ensayar e improvisar preludios.

preludio s.m. (lat. *praeludium,* lo que precede a una representación). Cosa o acción que precede a otra y que le sirve de entrada, anuncio o comienzo. **2.** Pieza musical escrita o improvisada, ejecutada antes de una obra, al iniciarse un culto, una representación o una ceremonia. **3.** Obertura o sinfonía. **4.** Fragmento musical que se toca o canta para ensayar la voz, probar los instrumentos o fijar el tono antes de comenzar la ejecución de una obra musical.

prematrimonial adj. Que se realiza antes del matrimonio o sirve como preparación a él: *acuerdo prematrimonial.*

prematuro, a adj. Que no está maduro: *decisión prematura.* **2.** Que ocurre antes de tiempo. ◆ adj. y s. MED. Que ha nacido antes de que finalice la gestación. (Se dice del nacido entre los días 180 y 270 del embarazo.)

premeditación s.f. Acción de premeditar. **2.** DER. PEN. Voluntad de ejecutar un delito de modo reflexivo y deliberado, que implica una mayor perversidad y frialdad de ánimo en el delincuente.

premeditar v.tr. Reflexionar prolongadamente sobre algo antes de realizarlo.

premenstrual adj. MED. Relativo al período que precede a la menstruación.

premiar v.tr. (lat. *praemiare,* recompensar). Dar un premio.

premier s.m. y f. (voz inglesa). Jefe del gobierno, primer ministro de Gran Bretaña o de otro país con régimen derivado del británico.

premio s.m. (lat. *praemium,* botín, recompensa). Reconocimiento o recompensa que se da a alguien por la excelencia de una obra, una actividad o una cualidad suya, o como resultado de su participación en un concurso, una rifa, etc. **2.** Nombre de algunas competiciones deportivas, concursos literarios, etc. **3.** Ganador de una de estas competiciones o concursos. **4.** Esp. Cada uno de los lotes sorteados en la lotería nacional. <> **Premio gordo** *Fig.* y *fam.* Premio mayor de la lotería pública, y especialmente el correspondiente a la de Navidad.

premioso, a adj. Que apremia. **2.** Gravoso, molesto. **3.** *Fig.* Se dice de la persona que actúa o se expresa con torpeza o dificultad. **4.** *Fig.* Se dice del lenguaje o estilo que no tiene espontaneidad ni soltura.

premisa s.f. Afirmación o idea que se tiene como cierta y que sirve de base a un razonamiento o una discusión. **2.** LÓG. Cada una de las proposiciones de un silogismo de las que se infiere una conclusión.

premolar s.m. y adj. Diente situado entre el canino y los molares.

premonición s.f. Sensación o percepción psíquica, sin base real conocida, que informa de un hecho que ocurrirá posteriormente. **2.** *Por ext.* Presentimiento.

premonitorio, a adj. Que anuncia o presagia algo.

premonstratense o **premostratense** adj. y s.m. y f. Se dice del miembro de una orden de canónigos regulares fundada en 1120 por san Norberto, en Prémontré, cerca de Laon (Francia).

premura s.f. (ital. *premura*). Apremio, prisa, urgencia. **2.** Escasez, falta de una cosa.

prenatal adj. Que precede al nacimiento.

prenda s.f. (ant. *prendra,* del lat. *pignora,* pl. de *pignus, -oris*). Pieza de tela, piel u otro material que sirve a una persona para vestirse. **2.** Cosa que se da o hace como garantía, prueba o demostración de algo o para un fin determinado. **3.** *Fig.* Cualidad física o moral de una persona. **4.** Apelativo cariñoso. ◆ **prendas** s.f.pl. En ciertos juegos de sociedad, objeto que entrega o acción que realiza el jugador que pierde o se equivoca como castigo por su falta. <> **En prenda** o **en prendas** En prueba de garantía o fianza. **No dolerle prendas a alguien** Cumplir fielmente sus obligaciones; no escatimar gastos, concesiones, etc., para lograr algo; reconocer la superioridad de otro o admitir un error propio. **Soltar prenda** *Fam.* Decir alguien una cosa que le puede comprometer. (Suele usarse en forma negativa.)

prendar v.tr. (lat. *pignerari,* tomar en prenda). Gustar mucho o impresionar favorablemente. ◆ **prendarse** v.prnl. Enamorarse o entusiasmarse.

prendedor s.m. Broche, alfiler, etc., que sirve para prender o asir algo.

prender v.tr. (lat. vulg. *prendere*). Agarrar, asir. **2.** Arrestar, detener o poner preso. **3.** Amér. Conectar la luz o cualquier aparato eléctrico. ◆ v.tr. y prnl. Sujetar o enredar una cosa en otra de modo que no pueda moverse. ◆ v.intr. Arraigar la planta en la tierra. ◆ v.intr. y tr. Encender, hacer brotar luz o fuego. **2.** *Fig.* Extender o propagar algo.

prendería s.f. Establecimiento donde se compran y venden ropas, muebles y otras cosas usadas.

prendero, a s. Persona que tiene por oficio comprar y vender prendas, joyas o muebles usados.

prendido s.m. Adorno de un tocado o un vestido.

prendimiento s.m. Acción de prender: *el prendimiento del ladrón.* **2.** Detención de Jesucristo en el huerto de los Olivos. **3.** Obra de arte que representa este hecho.

prenoción s.f. FILOS. **a.** Noción general anterior a toda reflexión y extraída de la experiencia. **b.** Idea innata, o *a priori,* que, según ciertos filósofos, existe en el espíritu anterior a toda experiencia sensible.

prensa s.f. (cat. *premsa*). Máquina que sirve para comprimir una cosa. (Está compuesta básicamente de dos plataformas rígidas que se aproximan por accionamiento mecánico, hidráulico o manual de una de ellas.) **2.** Conjunto de publicaciones periódicas, especialmente las diarias. **3.** Actividad de los periodistas. **4.** Conjunto de personas dedicadas a esta actividad. **5.** Máquina de imprimir; imprenta. <> **Agencia de prensa,** o **de información** Empresa que se encarga de facilitar noticias, reportajes, artículos, fotografías, etc., a los diarios y otras publicaciones periódicas. **En prensa** En curso de impresión. **Libertad de prensa** Libertad de publicar las opiniones a través de un periódico o de un libro. **Prensa del corazón** Prensa dedicada a temas sentimentales acerca de personas famosas. **Prensa forrajera** Máquina agrícola que sirve para comprimir el heno, la paja, etc., en balas regulares. **Prensa hidráulica** Prensa accionada por un émbolo sumergido en un cilindro lleno de líquido. **Tener buena,** o **mala, prensa** Gozar de buena, o mala, fama.

prensado s.m. Acción de prensar. **2.** Operación de extracción del mosto que contiene la pulpa de la uva. SIN.: *prensadura.*

prensar v.tr. Aplastar o hacer compacta una cosa sometiéndola a presión con una prensa o mediante otro procedimiento.

prensil adj. Que sirve para asir o agarrar: *cola prensil.*

prensista s.m. y f. Persona que tiene por oficio el manejo de una prensa en las imprentas o talleres tipográficos.

preñado, a adj. y s. (del lat. tardío *praegnatus, -us,* preñez). Se dice de la hembra que ha concebido y tiene el feto en el vientre. ◆ adj. *Fig.* Que oculta en sí cierta cosa. **2.** Lleno o cargado de cierta cosa.

preñar v.tr. Fecundar a una hembra. **2.** *Fig.* Llenar, henchir.

preñez s.f. Estado de la hembra preñada, gravidez.

preocupación s.f. Estado de desasosiego, inquietud o temor producido ante una situación difícil, un problema, etc. **2.** Cosa, persona o asunto que produce ese estado. **3.** Prejuicio. **4.** Escrúpulo, aprensión.

preocupante adj. Que causa preocupación.

preocupar v.tr. y prnl. (lat. *praeoccupare*). Ocupar predominante e insistentemente el pensamiento alguna cosa que causa inquietud, desasosiego o temor. ◆ **preocuparse** v.prnl. Encargarse, tomar alguien algo a su cuidado.

preoperatorio, a adj. y s.m. MED. Que precede a una intervención quirúrgica.

preparación s.f. Acción y efecto de preparar o prepararse. **2.** Conjunto de conocimientos que se tienen sobre alguna materia: *examinarse sin la debida preparación.* ◇ **Preparación microscópica** Producto que resulta de la aplicación de un conjunto de técnicas especiales y que permite observar al microscopio, con detalle suficiente, células, tejidos, etc.

preparado s.m. Medicamento.

preparador, ra s. Persona que prepara algo. **2.** Entrenador deportivo.

preparar v.tr. (lat. *preparare*). Poner en condiciones de ser usado o de cumplir o realizar un fin: *preparar las maletas.* **2.** Adquirir conocimientos de alguna materia para realizar un examen o prueba: *preparar oposiciones.* **3.** QUÍM. Fabricar, aislar para obtener una sustancia. ◆ v.tr. y prnl. Poner a alguien en condiciones de realizar una acción o de superar una prueba, un examen o una dificultad: *preparar para el examen.* ◆ **prepararse** v.prnl. Darse las condiciones necesarias para que ocurra cierta cosa: *se prepara una tormenta.* **2.** Estar las cosas en vías de ocurrir de cierta manera: *se nos prepara un buen viaje.*

preparativo s.m. Cosa que se hace o se dispone para la realización de algo. (Suele utilizarse en plural.)

preparatorio, a adj. Que prepara o sirve para preparar: *escuela preparatoria.*

preponderancia s.f. Cualidad de preponderante.

preponderante adj. y s.m. y f. Que prepondera.

preponderar v.intr. Prevalecer, dominar o tener más fuerza.

preposición s.f. Partícula invariable que une dos palabras estableciendo una relación de dependencia entre ellas.

preposicional adj. Relativo a la preposición. **2.** Que tiene el valor de una preposición. **3.** Introducido por una preposición.

prepositivo, a adj. Relativo a la preposición. **2.** Que hace las funciones de una preposición.

prepósito s.m. Presidente, jefe o superior de una junta o comunidad.

prepotencia s.f. Ejercicio de un poder que es muy grande o superior al de otro, en especial cuando se hace con alarde o de manera abusiva.

prepotente adj. y s.m. y f. Que actúa con prepotencia. **2.** Que implica o denota prepotencia.

prepucio s.m. (lat. *praeputium*). Repliegue de piel que recubre el glande del pene. **2.** Pliegue musculoso, formado por la parte superior de los labios menores, que cubre el clítoris.

prerrafaelismo s.m. Estilo pictórico de un grupo de pintores ingleses de la era victoriana que, bajo la influencia de Ruskin, adoptaron como modelo ideal las obras de los predecesores de Rafael. (Una inspiración literaria y simbólica, bíblica o histórica, caracteriza a los miembros principales de la «hermandad prerrafaelita»: Rossetti, Hunt, Millais.)

prerrafaelista o **prerrafaelita** adj. y s.m. y f. Relativo al prerrafaelismo; seguidor de este estilo.

prerreflexivo, a adj. FILOS. En la fenomenología, se dice de una modalidad de la conciencia a lo largo de la cual esta no se refleja a sí misma, pero existe plena y positivamente.

prerrogativa s.f. (lat. *praerogativa*, elección previa). Privilegio o ventaja ligado a ciertas funciones, cargos, títulos, etc. **2.** Facultad de alguno de los poderes del estado en orden a su ejercicio o relación con los demás poderes.

prerrománico, a adj. Estilo artístico que precede al románico.

prerromano, a adj. Anterior al período de dominación romana.

prerromanticismo s.m. Movimiento literario y artístico que precedió y anunció el romanticismo.

presa s.f. (cat. *presa*, del lat. *praeda*). Acción de prender: *hacer presa.* **2.** Persona, animal o cosa que puede ser prendida o apresada: *una presa de caza.* **3.** ALP. Aspereza o saliente que el alpinista o escalador utiliza para trepar o descender por las rocas. **4.** DEP. En los deportes de lucha, presión o sujeción que se ejerce sobre cualquier parte del cuerpo del adversario para dominarlo. **5.** OBR. PÚBL. Obstácu-

preposición

Las preposiciones son palabras invariables pues no poseen género ni número, y su función es relacionar dos palabras o dos grupos de palabras entre sí. El inventario de preposiciones está formado por las siguientes unidades:

preposición	ejemplos	preposición	ejemplos
a	*a* la población, *a* Lima, *a* escuchar música, *a* mediodía, *a* vosotras	hacia	*hacia* el oriente, *hacia* fin de mes
		hasta	*hasta* el límite, *hasta* las cuatro, *hasta* sangrar
ante	*ante* el inspector, *ante* ese problema		
bajo	*bajo* el escritorio, *bajo* las órdenes de	para	*para* comprar, *para* nosotros, ¿*para* qué?
cabe	(poco usada) *cabe* la fuente	por	*por* el sendero, *por* el año 2000, *por* la base, *por* vender, dos *por* dos, diez *por* ciento
con	*con* placer, *con* los actores, *con* cera		
contra	*contra* la dictadura, *contra* la pared, *contra* reembolso	según	*según* el Corán, *según* los testigos
de	*de* terciopelo, *de* mañana, lejos *de*	sin	*sin* documentos, *sin* hablar
desde	*desde* la torre, *desde* que llegó	so	(poco usada) *so* pena de
en	*en* la orilla, *en* el día, *en* broma	sobre	*sobre* la repisa, *sobre* historia
entre	*entre* Roma y Venecia, *entre* el follaje, *entre* serio y divertido, *entre* todos	tras	*tras* la montaña, *tras* una interrupción

lo artificial para detener una corriente o curso de agua, a fin de regular vías navegables, abastecer de agua a ciudades, irrigar campos o producir energía eléctrica. <> **Ave de presa** Ave que caza otros animales para alimentarse. **Presa de bóveda** o **presa-bóveda** Presa de curvatura convexa en la que la mayor parte del empuje del agua revierte a las laderas del embalse por efecto del arco. **Presa de contrafuerte** Presa formada por un sistema de contrafuertes que sostienen el muro de aguas arriba o cortina de estanqueidad. **Presa de gravedad** Presa de perfil triangular que resiste el empuje del agua por el solo peso del muro. **Presa de piedra** Presa que consiste en un macizo trapezoidal formado por mampostería concertada o por empedramiento a granel. **Presa de tierra** Dique de contención que se impermeabiliza por medio de una cortina estanca autorreparable y que comprende un núcleo central absolutamente estable.

presagiar v.tr. Anunciar o prever por señales o signos algo que va a ocurrir.

presagio s.m. (lat. *praesagium,* presentimiento). Señal que indica y anuncia algún suceso. **2.** Conjetura derivada de esta señal.

presbicia s.f. Disminución del poder de acomodación del cristalino, que impide ver los objetos cercanos.

présbita o **présbite** s.m. y f. (fr. *presbyte,* del gr. *présbys, -ytos,* viejo). Que padece presbicia. SIN.: *vista cansada.*

presbiterianismo s.m. Sistema eclesiástico preconizado por Calvino que confiere el gobierno de la Iglesia a un cuerpo mixto (pastores y laicos) llamado *presbyterium.*

presbiteriano, a adj. y s. Relativo al presbiterianismo; miembro de este sistema eclesiástico.

presbiterio s.m. (lat. *presbyterium,* función del presbítero). Parte de la iglesia, al fondo de la nave central, donde está el altar mayor.

presbítero s.m. (lat. tardío *presbyter, -eri,* del gr. *presbýteros,* más viejo). Sacerdote, eclesiástico.

presbítico, a adj. y s. Relativo a la presbicia; que padece presbicia.

presciencia s.f. Conocimiento que Dios tiene de todo lo que ha de suceder, incluso de los actos libres.

prescindir v.intr. (lat. *praescindere,* separar). Renunciar a una persona o cosa, o pasar sin ella. **2.** Pasar por alto, omitir.

prescribir v.tr. (lat. *praescribere*). Determinar, mandar o indicar: *prescribir reposo; según prescriben las ordenanzas.* **2.** Recetar. ◆ v.intr. Caducar un derecho o la responsabilidad penal por el transcurso del tiempo, en las condiciones previstas por la ley.
OBS.: participio: *prescrito.*

prescripción s.f. Acción y efecto de prescribir. **2.** Tratamiento ordenado por el médico. **3.** DER. **a.** Medio legal de adquirir la propiedad mediante una posesión no interrumpida *(prescripción adquisitiva)* o de liberarse de una carga cuando su ejecución no es exigida por el acreedor *(prescripción extintiva).* **b.** Plazo a cuya expiración queda extinguida la acción pública contra el criminal o el delincuente, o al término de la cual se prescribe al condenado de la ejecución de la pena.

prescriptible adj. Que puede prescribir o prescribirse. **2.** DER. Que está sujeto a prescripción.

prescrito, a o **prescripto, a** adj. Determinado, ordenado, indicado. **2.** Extinguido, liberado.

presea s.f. (lat. *praesidia,* pl. de *praesidium,* protección, escolta). Joya u objeto precioso.

preselección s.f. Selección previa. **2.** TECNOL. Operación preliminar que, en ciertos aparatos (cajas de velocidades, receptores de radio, cámaras fotográficas), permite determinar una combinación elegida de antemano.

preseleccionar v.tr. Efectuar una preselección.

preselector s.m. Dispositivo que permite realizar una preselección.

presencia s.f. Hecho de estar o encontrarse una persona o cosa en un lugar determinado. **2.** Aspecto exterior de una persona. <> **A,** o **en, presencia** Delante de. **Presencia de ánimo** Serenidad, imperturbabilidad. **Presencia real** TEOL. Existencia de la realidad del cuerpo y la sangre de Jesucristo en la eucaristía, bajo las especies del pan y del vino.

presencial adj. Que implica la presencia de algo o alguien: *clase presencial.* **2.** Se dice de la persona que presencia determinado acontecimiento: *testigo presencial.*

presenciar v.tr. Ver una persona un acontecimiento o espectáculo hallándose presente en el momento de su desarrollo. **2.** Ver un acontecimiento o espectáculo.

presenil adj. Se dice del estado o fenómeno de apariencia senil detectados antes de la senectud. <> **Demencia presenil** Estado demencial que sobreviene antes de los 70 años.

presenilidad s.f. Vejez prematura.

presentación s.f. Acción y efecto de presentar o presentarse. **2.** Aspecto exterior de algo. **3.** MED. Parte del feto que aparece en primer lugar, en el momento del parto.

presentador, ra s. Persona que tiene por oficio presentar y comentar un espacio o programa de radio o televisión, o un espectáculo.

presentar v.tr. (lat. *praesentare*). Poner algo delante de alguien para que lo vea, juzgue, etc. **2.** Mostrar algo determinadas características o apariencia. **3.** Hacer que el público conozca una cosa. **4.** Colocar algo en un sitio provisionalmente para comprobar el efecto que produciría. **5.** Dar, ofrecer: *presentar excusas, respetos.* ◆ v.tr. y prnl. Mostrar alguien una persona a otra para que la conozca, dando su nombre: *presentarles a unos amigos.* **2.** Mostrar, dar a conocer algo atribuyéndole cierto carácter. ◆ **presentarse** v.prnl. Comparecer ante un jefe o autoridad. **2.** Aparecer en un lugar, especialmente de forma inesperada. **3.** Surgir, aparecer una enfermedad o complicaciones en su desarrollo. <> **Presentar batalla** Aprestarse a entrar en combate. **Presentar las armas** Ejecutar un movimiento reglamentario del manejo del arma para rendir honores militares.

presente adj. (lat. *praesens, -entis,* p. de *praesse,* estar presente). Que está delante o en presencia del que habla, en el mismo lugar que él o en el instante en que está ocurriendo algo. **2.** Que existe, ocurre o se usa en el momento mismo en que se habla. ◆ adj. y s.m. LING. Se dice del tiempo que indica que la acción expresada por el verbo se realiza en el momento en que se habla. ◆ s.m. Época o tiempo en que se está cuando se habla, en oposición al pasado y al futuro: *vivir en el presente.* **2.** Regalo, obsequio. ◆ interj. Fórmula con que se contesta al pasar lista.

presentimiento s.m. Sentimiento vago, instintivo, de que va a suceder algo. **2.** Cosa que se presiente.

presentir v.tr. [conj.: *sentir*]. Tener una sensación vaga o intuitiva de que va a ocurrir algo.

preserie s.f. Fabricación industrial de pequeñas cantidades de un artículo o producto antes de emprender la producción a gran escala.

preservación s.f. Acción y efecto de preservar.

preservar v.tr. y prnl. (lat. tardío *praeservare*). Proteger, defender o resguardar anticipadamente de un daño o peligro.

preservativo, a adj. y s.m. Que sirve o tiene eficacia para preservar. ◆ s.m. Anticonceptivo masculino que consiste en una funda de goma que cubre el pene durante el acto sexual o coito.

presidencia s.f. Dignidad, empleo o cargo de presidente. **2.** Tiempo que dura el cargo. **3.** Acción de presidir. **4.** Lugar, oficina o despacho que ocupa un presidente.

presidencial adj. Relativo a la presidencia o al presidente: *tribuna presidencial.*

presidencialismo s.m. Régimen político en el que el poder ejecutivo pertenece al presidente de la república, que ostenta simultáneamente las funciones de jefe del estado y jefe del gobierno.

presidencialista adj. y s.m. y f. Relativo al presidencialismo; partidario de este régimen político.

presidente, a s. Persona que dirige un gobierno, consejo, tribunal, junta o sociedad. ◇ **Presidente de la república** Jefe del estado en un régimen republicano.

presidiario, a s. Persona que cumple condena en un presidio.

presidio s.m. (lat. *praesidium,* protección, puesto militar). Establecimiento penitenciario donde se cumplen las penas por delitos. SIN.: *prisión.* **2.** Denominación que se da en algunos países a penas graves de privación de libertad. **3.** Conjunto de presidiarios de un mismo lugar.

presidir v.tr. (lat. *praesidere,* estar sentado al frente, proteger). Tener u ocupar el puesto o lugar más importante o el de más autoridad en una reunión, empresa, etc.; tener u ocupar el cargo de presidente. **2.** *Fig.* Estar algo presente como elemento dominante, que influye en los demás: *la bondad preside sus actos.*

presilla s.f. Anilla de tela, hilo o cordón que se cose en el borde de una prenda de vestir para pasar por ella un botón o enganchar un cierre. **2.** Costura de puntos unidos que se pone en los ojales y otras partes para que la tela no se abra.

presintonía s.f. Sintonía memorizada en un receptor de radio o televisión.

presión s.f. (lat. *pressio, -onis,* de *premere,* apretar). Acción y efecto de apretar u oprimir. **2.** Fuerza que ejerce un gas, líquido o sólido sobre una superficie. **3.** *Fig.* Influencia o coacción que se ejerce sobre una persona o colectividad para determinar sus actos o su conducta. **4.** DEP. Pressing. **5.** FÍS. Cociente entre la fuerza ejercida por un fluido sobre una superficie y el valor de esta superficie. ◇ **Presión arterial** Tensión arterial. **Presión atmosférica** Presión que ejerce el aire en un lugar determinado y que se mide en milímetros de mercurio o en milibares, con ayuda de un barómetro. **Presión fiscal** Suma de impuestos directos e indirectos más cotizaciones sociales en relación con el producto interior bruto.

presionar v.tr. Ejercer presión. **2.** DEP. Efectuar un pressing sobre el contrario.

preso, a s. (p. ant. *prender*). Persona que está en prisión. SIN.: *prisionero.*

presonorización s.f. CIN. y TELEV. Play-back.

presor s.m. Elemento de una herramienta de embutición o de punzonado que sujeta el contorno de la chapa o plancha durante la operación de formado o corte.

presostato s.m. Aparato que sirve para mantener constante la presión de un generador, un depósito o un conducto que contiene un fluido comprimido.

pressing s.m. DEP. Acoso insistente de los jugadores de un equipo sobre el contrario.

presspan o **presspán** s.m. Material a base de celulosa impregnada de aceite o barniz que se utiliza como aislante en electrotecnia.

prestación s.f. Acción y efecto de prestar un servicio, ayuda, etc. **2.** Servicio exigido por una autoridad. **3.** Servicio o ayuda que una persona, una institución o una empresa ofrece a alguien. **4.** Objeto o contenido de la relación del seguro social. ◆ **prestaciones** s.f.pl. Servicio que ofrece una máquina al usuario. ◇ **Prestación de alimentos** Obligación impuesta por la ley a ciertos parientes de una o varias personas, a las que han de proporcionar todo lo necesario para su subsistencia. **Prestación de servicio** Contrato por el que una de las partes se obliga a prestar a la otra un servicio a cambio de ser retribuida por un precio determinado. **Prestación social** Servicio que el estado, instituciones públicas o empresas privadas deben dar a sus empleados.

prestado, a adj. Que se ha dejado a alguien por algún tiempo para que lo use y después lo restituya. ◇ **De prestado** Con cosas prestadas o por préstamo de alguien; de manera eventual o poco segura.

prestador, ra s. Persona que presta algo a otra en un contrato.

prestamista s.m. y f. Persona que presta dinero con interés. **2.** Persona que actúa como mediador en la contratación de obreros del ramo de la construcción.

préstamo s.m. Acción de prestar. **2.** Cosa que se presta. **3.** DER. Contrato por el que una persona *(prestador)* entrega una cosa a otro *(prestatario)* para que se sirva de ella, obligándose esta última a restituir dicha cosa después de haberla utilizado. **4.** LING. Elemento que una lengua toma de otra. ◆ **préstamos** s.m.pl. Cuenta de Activo representativa de los derechos adquiridos por la concesión de un préstamo. **2.** Cuenta de Pasivo representativa de las obligaciones de la empresa frente a otra entidad a consecuencia de la concesión de un préstamo a corto plazo. ◇ **Casa de préstamo** Establecimiento autorizado a prestar dinero bajo fianza.

prestancia s.f. Aspecto distinguido y elegante. **2.** Superioridad entre los de su misma clase.

prestar v.tr. (lat. *praestare,* distinguirse, sobresalir, salir garante). Ceder algo a alguien para que lo use por un tiempo y que después debe devolver. **2.** Dar, comunicar, transmitir lo que se expresa: *prestar apoyo; prestar impulso.* **3.** Tener u observar lo que se expresa: *prestar atención, silencio.* **4.** Ayudar, contribuir al logro de una cosa. ◆ v.intr. Dar de sí, extenderse, estirarse: *las prendas de punto prestan.* ◆ **prestarse** v.prnl. Avenirse, acceder a algo. **2.** Ofrecerse por amabilidad a hacer lo que se expresa: *prestarse a ayudar.* **3.** Dar motivo, ser propio para algo: *palabras que se prestan a error.* ◇ **Prestar declaración** DER. Declarar.

prestatario, a s. Persona que toma dinero a préstamo.

preste s.m. Sacerdote que oficia una ceremonia litúrgica.

presteza s.f. Prontitud, diligencia en hacer o decir algo.

prestidigitación s.f. Conjunto de trucos y habilidades con los que se hacen juegos de manos o se producen ciertos efectos extraordinarios como hacer desaparecer a personas o cosas.

prestidigitador, ra s. (fr. *prestidigitateur,* del lat. *praestigiator*). Persona que practica la prestidigitación.

prestigiar v.tr. Dar prestigio a alguien o algo.

prestigio s.m. (del lat. *praestigiae,* fantasmagoría, ilusiones, juego de manos). Buena fama, ascendiente de que goza una persona o cosa: *el prestigio de un gran nombre, de una marca.*

prestissimo adv.m. (voz italiana). MÚS. Muy rápido.

1. **presto** adv.m. MÚS. Rápido.

2. **presto** adv.t. (voz italiana). Pronto, en seguida.

3. **presto, a** adj. (lat. tardío *praestus, -a, -um,* presente, a mano). Pronto, diligente, ligero o rápido en la ejecución de algo. **2.** Dispuesto para hacer la cosa que se expresa.

presumible adj. Posible, probable.

presumir v.tr. (lat. *praesumere,* formar o imaginar de antemano). Conjeturar, creer por indicios o señales que algo ocurre o va a ocurrir. ◆ v.intr. Vanagloriarse de una cualidad, una posesión o algo que se hace. **2.** Atender alguien excesivamente a su arreglo personal para parecer atractivo.

presunción s.f. Suposición, conjetura o hipótesis fundada en indicios o señales. **2.** Cualidad de presumido. **3.** DER. Consecuencia que extrae el juez o magistrado de un hecho conocido para averiguar la verdad de otro desconocido.

presunto, a adj. y s. Que se cree o se supone sin estar demostrado: *presunto culpable.*

presuntuoso, a adj. y s. Que alardea excesivamente de lo que posee. ◆ adj. Que tiene muchas pretensiones: *fiesta presuntuosa.*

presuponer v.tr. [conj.: *poner*]. Suponer o admitir la existencia o realidad de algo como base para tratar otra cosa, o para actuar de cierta manera. **2.** ECON. Formar el cómputo de los gastos o ingresos, o de unos y otros, que ha de resultar en un negocio de interés público o privado.

presuposición s.f. Suposición previa que se hace antes de que algo sea demostrado. **2.** Suposición previa, necesaria para la validez lógica de una aserción. **3.** Presupuesto, motivo. **4.** Proposición implícita ligada a la estructura interna de un enunciado.

presupuestar v.tr. Hacer un presupuesto. **2.** Inscribir en el presupuesto.

presupuestario, a adj. Relativo al presupuesto, especialmente los del estado.

presupuesto, a adj. Que se ha supuesto o admitido de antemano. ◆ s.m. Cálculo anticipado del costo de una obra o un servicio: *el presupuesto de una reforma.* **2.** Documento contable que presenta la estimación anticipada de los ingresos y gastos relativos a una determinada actividad u organismo por cierto período de tiempo. **3.** Suposición, supuesto previo. **4.** Motivo, pretexto.

presura s.f. (lat. *pressura,* acción de apretar, tribulación). Sistema de repoblación consistente en la ocupación de las tierras yermas y abandonadas.

presurizar v.tr. Mantener constante la presión en el interior de un espacio cerrado, especialmente el de un avión o una nave espacial.

presuroso, a adj. Que tiene prisa o sucede con rapidez.

prêt-à-porter s.m. (voz francesa). Conjunto de vestidos confeccionados en serie que son presentados cada temporada, cuyo diseño es obra de un creador de la moda. **2.** Fabricación de estos vestidos.

pretencioso, a adj. Que alardea demasiado de una cualidad o de algo que es dudoso que posea.

pretender v.tr. (lat. *praetendere,* tender por delante, dar como excusa). Querer algo que se considera difícil o exagerado y poner los medios necesarios para conseguirlo: *pretender aplazar una reunión.* **2.** Querer algo a lo que uno aspira o cree tener derecho, poniendo los medios necesarios para obtenerlo: *pretender el trono un príncipe.* **3.** Cortejar una persona a otra, especialmente un hombre a una mujer para casarse con ella. **4.** Afirmar una cosa dudosa. **5.** Solicitar un empleo.

pretendido, a adj. Supuesto, imaginado.

pretendiente, a adj. y s. Que pretende o solicita una cosa. ◆ s.m. Persona que pretende a otra, especialmente un hombre a una mujer para casarse con ella. **2.** Príncipe que reivindica un trono al que pretende tener derecho.

pretensado s.m. Técnica consistente en someter un material a un sistema de compresiones permanentes, por lo general de sentido opuesto a las que producirán las cargas que se apliquen ulteriormente.

pretensión s.f. Acción de pretender. **2.** Lo que se pretende. **3.** Derecho que se cree tener sobre algo. **4.** Aspiración ambiciosa o vanidosa y exigencia excesiva o impertinente. (Suele usarse en plural.)

pretensioso, a adj. Amér. Pretencioso.

preterición s.f. Acción de preterir. **2.** Figura retórica que consiste en fingir no querer hablar de una cosa de la que precisamente se está hablando.

preterir v.tr. (lat. *praeterire*) [conj.: *sentir*]. Omitir, prescindir de una persona o cosa.

pretérito, a adj. Transcurrido, pasado: *época pretérita; tiempos pretéritos.* ◆ s.m. LING. Tiempo verbal que expresa el proceso o la cualidad designada por el verbo como realizada o realizándose en un tiempo anterior al presente o a un momento determinado. SIN.: *pretérito perfecto simple, pretérito indefinido.* ◇ **Pretérito anterior** LING. En la clasificación tradicional de los tiempos verbales, antepretérito. **Pretérito imperfecto** LING. En la clasificación tradicional de los tiempos verbales, copretérito. **Pretérito indefinido** LING. En la clasificación tradicional de los tiempos verbales, pretérito. SIN.: *pretérito perfecto simple.* **Pretérito perfecto compuesto** LING. En la clasificación tradicional de los tiempos verbales, antepresente. **Pretérito perfecto simple,** o **indefinido** LING. Pretérito.

pretexta s.f. y adj. Toga bordada de púrpura que usaban los magistrados y los adolescentes en Roma.

pretextar v.tr. Alegar como pretexto.

pretexto s.m. (lat. *praetextus, -us,* de *praetexere,* poner como tejido o bordado delante de algo). Razón fingida que se alega para ocultar el motivo verdadero.

pretil s.m. Barrera o barandilla que se pone a los lados del puente y otros lugares para evitar caídas. **2.** Paseo a lo largo de esta barrera.

pretina s.f. Tira de tela de una prenda que ciñe la cintura.

pretor s.m. (lat. *praetor, -oris,* de *praerire,* ir a la cabeza). Magistrado que administraba justicia en Roma o que gobernaba una provincia.

pretorianismo s.m. Influencia política ejercida por un grupo militar.

pretoriano, a adj. Pretorial. ◆ adj. y s.m. Se decía del soldado de la guardia del pretor y del emperador.

pretorio s.m. ANT. ROM. **a.** Emplazamiento donde se encontraba la tienda del general en un campamento romano. **b.** Palacio del gobernador en las provincias.

pretura s.f. (lat. *praeturam*). Dignidad o cargo del pretor romano. SIN.: *pretoría.*

preuniversitario, a adj. y s.m. En España, se decía del curso de enseñanza que precedía al ingreso a la universidad.

prevalecer v.intr. (lat. *praevalere*) [conj.: *parecer*]. Imponerse o sobresalir una persona o cosa entre otras. **2.** Continuar vigente o existiendo.

prevaler v.intr. [conj.: *valer*]. Prevalecer. ◆ **prevalerse** v.prnl. Aprovecharse, valerse o servirse de algo.

prevaricación s.f. Acción y efecto de prevaricar. **2.** DER. Delito cometido por un funcionario público en el ejercicio de sus funciones.

prevaricar v.intr. (lat. *praevaricari*). Faltar voluntariamente a la obligación de la autoridad o cargo que se desempeña, quebrantando la fe, palabra, religión o juramento. **2.** Cometer cualquier otra falta análoga, aunque menos grave, en el cargo que se desempeña.

prevención s.f. Acción de prevenir o prevenirse. **2.** Opinión o idea generalmente desfavorable, formada con fundamento o sin él. **3.** Conjunto de medidas tomadas para evitar accidentes de carretera *(prevención de accidentes de carretera),* accidentes de trabajo o enfermedades profesionales *(prevención de accidentes laborales, medicina laboral),* y el desarrollo de epidemias o el agravamiento de los estados sanitarios individuales *(medicina preventiva).* **4.** Estado de una persona contra la que existe una acusación de delito o de crimen. **5.** Tiempo que un acusado pasa en prisión antes de ser juzgado. **6.** Puesto de policía o vigilancia destinado a la custodia y seguridad de los detenidos como presuntos autores o cómplices de un delito o falta.

prevención

La prevención primaria se ocupa de evitar la aparición de una enfermedad, por medio de la vacunación en el caso de las infecciosas. La prevención secundaria consiste en el diagnóstico precoz de una enfermedad y su tratamiento para atenuarla o, incluso, tomar medidas para limitar una epidemia. La prevención terciaria busca impedir las reincidencias, luchar contra las secuelas o readaptar al enfermo a la vida social o laboral.

prevenido, a adj. Dispuesto, preparado para una cosa. **2.** Advertido, cuidadoso.

prevenir v.tr. y prnl. (lat. *praevenire*) [conj.: *venir*]. Tomar precauciones o medidas por anticipado para evitar o remediar un mal. **2.** Proveer, preparar con anticipación las cosas para determinado fin. **3.** Predisponer, influir en el ánimo o voluntad de una persona a favor o en contra de alguien o de algo: *me previno contra él.* ◆ v.tr. Avisar o informar a alguien de algo, especialmente si es de un daño o peligro que le amenaza: *te prevengo de que te están difamando.* **2.** Prever, conocer con anticipación un daño o peligro. **3.** Salir al encuentro de un inconveniente, dificultad u objeción.

preventivo, a adj. Que previene o evita: *medicina preventiva.* **2.** Se aplica al ataque o acción armada que se inicia contra una fuerza o nación que presumiblemente se estaba preparando para atacar.

preventorio s.m. Establecimiento sanitario en el que se atiende preventivamente a determinados enfermos, en particular personas que padecen tuberculosis no contagiosa o enfermedades mentales.

prever v.tr. (del lat. *praevidere*) [conj.: *ver*]. Ver con anticipación, conjeturar algo que va a ocurrir. **2.** Tomar por adelantado las medidas necesarias para hacer frente a algo.

previo, a adj. (lat. *praevius*). Que precede o sirve de preparación a algo. ◆ s.m. Grabación del sonido realizada antes de impresionar la imagen.

previsión s.f. Acción de prever o prevenir: *previsión del tiempo*. **2.** Cosa que se prevé o con que se previene algo que se hará o sucederá.

previsor, ra adj. y s. Que prevé o previene las cosas.

previsto, a adj. Que se sabe o se prevé por anticipado.

prez s.m. o f. (provenz. *pretz*, valor). Honor u honra que se adquiere con una acción meritoria. **2.** Buena opinión o buena fama de que goza alguien.

priapismo s.m. (lat. tardío *priapismus*, del gr. *priapismós*, de *Príapos*, dios de la fecundación). Erección involuntaria y dolorosa del pene, sintomática de diversas afecciones.

prieto, a adj. Apretado, tenso. **2.** Se dice del color muy oscuro que casi no se distingue del negro. ◆ adj. y s. Méx. Muy moreno.

1. **prima** s.f. Primera de las cuatro partes iguales en que dividían los romanos el día artificial. **2.** Primera de las horas canónicas, u horas menores, que debía decirse al salir el sol, suprimida en 1964. **3.** Primera cuerda de algunos instrumentos musicales, delgada y de sonido muy agudo.

2. **prima** s.f. (fr. *prime*, del ingl. *premium*). Premio, generalmente dinero, que se da como incentivo o recompensa del logro de algo considerado especial.

primacía s.f. Cualidad o hecho de ser el primero. **2.** Prioridad o ventaja que se concede a una persona o cosa sobre otras de su misma clase. **3.** Dignidad u oficio de primado.

primado s.m. Prelado eclesiástico con jurisdicción o precedencia especial sobre los arzobispos u obispos de una región o de un país.

prima donna s.f. (voces italianas). Mujer que canta un papel principal en una ópera.

primar v.intr. (fr. *primer*). Sobresalir, aventajar: *hoy en día lo que prima es la técnica*. ◆ v.tr. Dar una prima o un premio, como incentivo o recompensa.

primario, a adj. (lat. *primarius*, de primera fila). Principal o primero en orden de grado o importancia. **2.** *Fig.* Primitivo, básico. ◆ adj. y s.m. ELECTR. Se dice del circuito que recibe la corriente de la fuente de energía en un transformador o una bobina de inducción. **2.** GEOL. Se dice de la era geológica de aprox. 370 millones de años de duración, y que engloba los períodos *cámbrico, ordovícico, silúrico, devónico, carbonífero* y *pérmico*. SIN.: *era primaria, paleozoico*. <> **Árbol primario** Eje de una caja de velocidades o un transformador de par, y, más generalmente, de una transmisión de potencia, que recibe en primer lugar el movimiento del motor. **Colores primarios** Colores rojo, amarillo y azul. **Sector primario** Parte de la actividad económica que comprende la agricultura, extracción minera, ganadería, bosques, pesca y caza.

primate adj. y s.m. (lat. *primas, -atis*). Relativo a un orden de mamíferos trepadores, de uñas planas y cerebro muy desarrollado, al que pertenecen los lemúridos y los simios. ◆ s.m. Persona importante, prócer. (Suele usarse en plural.) **2.** HIST. En el reino hispanogodo, noble de origen palatino y burocrático.

primavera s.f. (del lat. *prima vera*, al principio de la primavera). Estación del año comprendida entre el invierno y el verano. (Del 21 de marzo al 21de junio, en el hemisferio norte; del 23 de septiembre al 21 de diciembre en el hemisferio sur.) **2.** *Fig.* Época durante la cual alguien o algo alcanza y mantiene el completo vigor o desarrollo: *estar en la primavera de la vida*. **3.** Edad de una persona joven: *tener quince primaveras*. **4.** Período en el que se ponen de manifiesto, de manera más o menos pacífica, las aspiraciones de un pueblo o de una nación relativas a la libertad, la democracia y la justicia social: *la primavera de Praga; las primaveras árabes*. **5.** Planta herbácea de flores solitarias o agrupadas en umbelas, cultivada en jardinería. (Familia primuláceas.) SIN.: *prímula*. **6.** Madera suministrada por diversas plantas de América tropical, que se emplea en ebanistería y contraplacado y para hacer hélices de aviones. ◆ adj. y s.m. y f. *Fam.* Que se deja engañar fácilmente.

primaveral adj. Relativo a la primavera.

primer adj. Apócope de primero, cuando va antepuesto a un sustantivo masculino singular: *el primer lugar; el primer día*.

primera s.f. La primera de las velocidades del cambio de marchas de un vehículo automóvil. **2.** En alpinismo, primera ascensión o recorrido de un nuevo itinerario. **3.** COREOGR. La primera de las cinco posiciones fundamentales de la danza clásica.

primeriza s.f. y adj. Primípara.

primerizo, a adj. y s. Principiante en cualquier actividad.

1. **primero** adv.t. Ante todo, en primer lugar: *primero debo terminar este trabajo*. **2.** Al principio, al comienzo de algo: *primero te cansas, pero luego te acostumbras*. **3.** Antes, más bien, con más o mayor gusto: *primero pasaría hambre que robar*.

2. **primero, a** adj. y s. (lat. *primarius*, de primera fila). Que precede a todos los demás componentes de un conjunto o una serie: *primera página; llegar el primero*. **2.** Que predomina en notoriedad, valor o importancia entre los elementos de un conjunto o una serie: *viajar en primera clase; las primeras necesidades vitales; ser el primero de la clase; las primeras autoridades*. **3.** Que está en el comienzo, en la primera fase de su existencia o desarrollo: *el primer romanticismo, en la primera juventud*. <> **De primera** Muy bien o muy bueno. **Primera mano** Capa de material que se aplica como base a los enlucidos y revoques. **Primera necesidad** Calificación de determinada clase de bienes indispensables para la vida humana.

prime time s.m. (voces inglesas). TELEV. Franja horaria de mayor audiencia.

primicia s.f. (lat. *primitia*). Fruto primero de cualquier cosa. **2.** *Fig.* Noticia hecha pública por primera vez. **3.** *Fig.* Producto lanzado al mercado por primera vez. **4.** HIST. **a.** Fruto primero de la tierra, o hijo primogénito del ser humano y de los animales destinados a ser ofrecidos a la divinidad. (Suele usarse en plural.) **b.** Prestación debida a la Iglesia de los productos sujetos a diezmo. (Suele usarse en plural.)

primigenio, a adj. (lat. *primigenius*). Primitivo, originario.

primípara s.f. y adj. (lat. *primipara*, de *primus*, primero, y *parere*, parir). Hembra que pare por primera vez. SIN.: *primeriza*.

primipilo s.m. Centurión de grado más elevado de la legión romana.

primitivismo s.m. Cualidad de primitivo. **2.** B. ART. Imitación de lo primitivo.

primitivo, a adj. (lat. *primitivus*). Que es de los primeros tiempos, del primer período, inicial, originario: *los muros primitivos de un edificio*. **2.** *Fig.* Salvaje, que está sin civilizar. ◆ adj. y s. ANTROP. Se dice de la sociedad humana (y de las personas que la componen) que se ha mantenido apartada de las sociedades industriales y que ha conservado su lengua y sus estructuras socioeconómicas propias. **2.** B. ART. Se dice del pintor o escultor que precede a los maestros del renacimiento. <> **Colores primitivos** Colores principales convencionales del espectro solar (violeta, índigo, azul, verde, amarillo, anaranjado y rojo). **Función primitiva de otra función** MAT. Función cuya derivada es esta última.

1. **primo, a** adj. (lat. *primus*). Primero. **2.** Primoroso, excelente. **3.** Se dice de la letra que se marca con un acento para distinguirla de otra igual, empleada generalmente en la notación de una figura geométrica o en una expresión algebraica: b' *se lee* b *prima*. <> **Número primo** Número entero que solo es divisible por sí mismo y por la unidad. **Números primos entre sí** Números que solo tienen como divisor común la unidad.

2. primo, a s. (del lat. *consobrinus primus,* primo hermano). Hijo del tío de una persona. **2.** Esp. *Fam.* Persona que se deja engañar fácilmente. **3.** HIST. Tratamiento que daba el rey a los grandes de España en cartas privadas y documentos oficiales. ◇ **Hacer el primo** Esp. *Fam.* Dejarse engañar fácilmente; hacer algo que resulta pesado o que exige esfuerzo, sabiendo que no tiene recompensa o reconocimiento.

primogénito, a adj. y s. (lat. *primogenitus*). Se dice del hijo que nace primero.

primogenitura s.f. Condición de primogénito. **2.** Conjunto de derechos atribuidos al primogénito. ◇ **Derecho de primogenitura** Derecho por el cual correspondían al hermano mayor más bienes que a los otros en la sucesión de los padres.

primoinfección s.f. Primera agresión que sufre un organismo por un germen determinado.

primor s.m. (lat. *primores,* cosas de primer orden). Delicadeza y esmero con que se hace una cosa. **2.** Cosa hecha de esta manera.

primordial adj. Que es necesario, básico, esencial.

primoroso, a adj. Que está hecho con primor. **2.** Diestro, experimentado, que hace las cosas con primor.

prímula s.f. Primavera, planta.

primuláceo, a adj. y s.f. Relativo a una familia de plantas herbáceas gamopétalas, de corola regular y fruto en cápsula, que se abre longitudinalmente, como la primavera o el ciclamen.

prínceps adj. (lat. *princeps,* primero, príncipe). Se dice de la primera edición de una obra. SIN.: *príncipe.*

princesa s.f. (fr. *princesse,* de *prince,* príncipe). Mujer que pertenece a la realeza y especialmente la primogénita del rey, heredera de la corona. **2.** Esposa o hija de un príncipe.

principado s.m. Título o dignidad de príncipe. **2.** Territorio sujeto a la potestad de un príncipe. **3.** Estado independiente pequeño, cuyo jefe tiene el título de príncipe. ◆ **principados** s.m.pl. Nombre dado al primer grado de la tercera jerarquía de los ángeles.

principal adj. Que tiene más importancia o valor dentro de un conjunto o serie. **2.** Esencial o fundamental (por oposición a *accesorio*): *explicar el motivo principal de una visita.* **3.** Ilustre, noble: *un caballero principal.* ◆ adj. y s.m. Se dice del piso que está situado entre la planta baja o el entresuelo y el primer piso. ◆ s.m. Jefe, persona que tiene a otras a sus órdenes. ◇ **Ideal principal** MAT. Ideal de un anillo engendrado por un solo elemento. **Oración principal** LING. Oración que rige una o varias oraciones subordinadas y expresa el sentido fundamental de la oración compuesta de la que forma parte. **Planos principales** ÓPT. Planos conjugados, en un sistema óptico centrado, a los cuales corresponde un aumento lineal de +1. **Puntos principales** ÓPT. Puntos del eje de un sistema óptico que tienen un aumento lineal unidad.

príncipe s.m. (lat. *princeps, -icis,* el primero, jefe, de *primus,* primero, y *caput,* cabeza). Título dado a un miembro de la realeza, especialmente al heredero de la corona. **2.** Título nobiliario que tiene su origen en casas principescas. **3.** El primero y más excelente, superior o aventajado en algo: *el príncipe de los ingenios.* ◇ **Príncipe de Asturias** Título del heredero al trono español. **Príncipe de Gales** Título del heredero al trono británico; tejido, generalmente de lana, que presenta efectos a cuadros obtenidos mediante el empleo de iguales combinaciones de color en la urdimbre y la trama. **Príncipes de la Iglesia** Cardenales y obispos.

principesco, a adj. (ital. *principesco*). Que es o parece propio de un príncipe.

principiante, a adj. y s. Que empieza o se inicia en una actividad determinada.

principiar v.tr., intr. y prnl. Empezar, comenzar. ◆ v.intr. Empezar una cosa en la forma, tiempo o lugar que se expresa. ◆ v.tr. Ser el comienzo de alguna cosa o acción.

principio s.m. (lat. *principium,* origen, de *princeps*). Acción de principiar. **2.** Primera parte de una cosa; primera fase de una acción, de un período: *contar una historia desde el principio.* **3.** Causa, origen. **4.** Norma o idea fundamental que rige el pensamiento o la conducta. (Suele usarse en plural.) **5.** Concepto, idea fundamental que sirve de base a un orden determinado de conocimientos o sobre la que se apoya un razonamiento. **6.** Plato que se sirve en la comida entre el primero y los postres. **7.** FILOS. Aquello de que, en cierto modo, procede una cosa en cuanto al ser, al acontecer o al conocer. **8.** FÍS. Ley de carácter general que regula un conjunto de fenómenos físicos y que se justifica por la exactitud de sus consecuencias. **9.** QUÍM. Componente de una sustancia. ◆ **principios** s.m.pl. Nociones primeras de una ciencia o arte. ◇ **Al principio** En el primer momento, inicialmente. **A principios** En los primeros momentos de un período de tiempo. **Dar principio** Realizar el primer acto de una acción. **De principios** Se dice de la persona que tiene creencias firmes; bien educado. **En principio** Se dice de lo que se acepta en esencia, sin que haya total conformidad en la forma o los detalles. **Sin principios** Se dice de la persona que no tiene escrúpulos; mal educada.

pringar v.tr. y prnl. Manchar con pringue o con algo grasiento o pegajoso. ◆ v.tr. Mojar el pan en la pringue u otra salsa. **2.** *Fam.* Comprometer o hacer participar a alguien en un determinado asunto. ◆ v.intr. Esp. *Fig.* y *fam.* Pagar una persona la culpa de una falta o delito que no ha cometido. ◆ **pringarse** v.prnl. Esp. *Fig.* y *fam.* Malversar o apropiarse alguien indebidamente del caudal de un negocio en que interviene. **2.** Esp. Participar en un negocio sucio. ◇ **Pringarla** Esp. *Fam.* Morirse; malograr un negocio, asunto, etc.

pringoso, a adj. Sucio de grasa, pringue o de una cosa pegajosa.

pringue s.m. o f. Grasa que suelta el tocino o cualquier parte grasa de un animal cuando se fríe o se asa. **2.** Cosa grasienta o pegajosa que ensucia.

prion s.m. Partícula infecciosa constituida exclusivamente por proteínas, que se considera como agente infeccioso de la encefalopatía espongiforme bovina.

prior, ra s. (lat. *prior, -us,* primero entre dos, superior). En algunas órdenes, superior o prelado ordinario del convento; en otras, segundo prelado después del abad.

1. priorato s.m. Cargo de prior. **2.** Ejercicio de este cargo. **3.** Territorio que está bajo la jurisdicción de un prior.

2. priorato s.m. Vino español que se elabora en la comarca homónima, que se añeja fácilmente y produce vinos de postre.

prioridad s.f. Ventaja, importancia, urgencia, valor, superioridad, etc.: *dar prioridad a los vehículos que vienen por la derecha.* **2.** Anterioridad de una cosa respecto de otra, en el tiempo o en el espacio.

prioritario, a adj. Que tiene prioridad.

priorizar v.tr. Dar prioridad o preferencia a una cosa.

prisa s.f. (ant. *priesa,* tropel agitado de gente, del lat. *pressa,* apretada, p. de *premere,* apretar). Prontitud y rapidez con que sucede o se hace una cosa: *trabajar con prisa.* **2.** Necesidad o deseo de apresurarse: *tener prisa.* ◇ **Correr,** o **dar, prisa algo** Ser urgente. **Dar,** o **meter, prisa** Instar a alguien y obligarlo a que haga algo rápidamente; acometer al adversario con ímpetu, obligándolo a huir. **Darse prisa** *Fam.* Apresurarse.

priscilianismo s.m. Doctrina del obispo Prisciliano, basada en un ascetismo y un profetismo excesivos, y mezclada con tendencias agnósticas.

prisión s.f. (lat. *prehensio, -onis*). Establecimiento penitenciario donde se encuentran personas privadas de libertad, ya sea como detenidos, como procesados o como condenados. **2.** Estado del que está preso o prisionero. **3.** *Fig.* Cosa que ata o detiene física o espiritualmente.

prisionero, a s. Persona privada de libertad por haber caído en poder del enemigo, por haber sido secuestrado o por otra circunstancia que no constituye delito. **2.** Preso. ◆ s.m.

Órgano de acoplamiento en un elemento de máquina, fijado de manera que no se puede desmontar.

prisma s.m. (lat. tardío *prisma, -atis,* del gr. *prisma,* serrín de madera, prisma). Poliedro limitado por dos polígonos iguales y paralelos y por los paralelogramos que unen dos a dos sus lados correspondientes. **2.** FÍS. Sistema óptico en forma de prisma triangular, de vidrio blanco o de cristal, que sirve para desviar, reflejar, polarizar o descomponer los rayos luminosos.

prismático, a adj. Que tiene forma de prisma. **2.** Que contiene uno o varios prismas: *anteojos prismáticos.* ◆ **prismáticos** adj. y s.m.pl. Se dice de los anteojos, instrumento óptico. ◇ **Colores prismáticos** Colores producidos por el prisma. **Superficie prismática** MAT. Superficie engendrada por una recta de dirección fija que se desplaza apoyándose constantemente en el contorno de un polígono plano.

prístino, a adj. (lat. *pristinus,* de otros tiempos). Primitivo, originario.

pritaneo s.m. Edificio público donde se mantenía el fuego sagrado de las ciudades griegas.

prítano o **prítanis** s.m. (gr. *prytanis*). ANT. GR. **a.** Primer magistrado de la ciudad. **b.** Miembro ateniense del consejo de los Quinientos.

privacidad s.f. Derecho de las personas a salvaguardar su intimidad, especialmente sobre los datos personales de que disponen las entidades públicas o privadas.

privación s.f. Acción de privar o privarse. **2.** Carencia o falta de una cosa necesaria, que hace padecer.

privado, a adj. Que no pertenece a la colectividad, sino a un particular: *camino privado.* **2.** Que pertenece a un particular y no al estado. **3.** Que es estrictamente personal y no interesa a los demás: *vida privada.* ◆ s.m. Valido. **2.** Méx. Reservado, local o compartimento donde se puede estar a solas.

privanza s.f. Preferencia en el favor y la confianza de un príncipe u otra persona de alta condición.

privar v.tr. (lat. *privare*). Dejar a alguien sin alguna cosa que necesita o le pertenece, o algo sin alguna cosa que le es propia. **2.** Complacer o gustar mucho. ◆ v.tr. y prnl. Dejar o quedar sin sentido. **2.** Esp. *Fam.* Beber, en especial bebidas alcohólicas. ◆ v.intr. Tener mucha aceptación una persona o cosa. **2.** Gustar mucho. ◆ **privarse** v.prnl. Renunciar voluntariamente a algo.

privativo, a adj. Propio y especial de una persona o cosa. **2.** LING. Se dice del prefijo que indica ausencia o privación. (Ej.: *in* en *inexacto.*)

privatización s.f. Acción de privatizar.

privatizar v.tr. Hacer que recaigan en el ámbito privado empresas, bienes o servicios que eran competencia del estado.

privilegiado, a adj. y s. Que disfruta de un privilegio. **2.** Que destaca entre los de su misma clase por ser muy bueno o extraordinario: *una mente privilegiada.* **3.** Que posee unas cualidades que lo hacen excepcional: *un paraje privilegiado.* **4.** Que implica algún tipo de privilegio: *información privilegiada.*

privilegiar v.tr. Conceder privilegio.

privilegio s.m. (lat. *privilegium,* privilegio, ley privada, de *privare,* privar, y *lex,* ley). Ventaja o exención especial o exclusiva que se concede a alguien. **2.** DER. **a.** Nombre que tomaba en el derecho antiguo una ley cuando no atendía al interés general, sino al de un particular, como un nombramiento, o al de una localidad. **b.** Documento en que consta la concesión de un privilegio.

pro s.m. o f. (lat. vulg. *prode*). Provecho. ◆ prep. En favor de: *asociación pro huérfanos.* ◇ **El pro y el contra** Expresión con que se alude a lo favorable y desfavorable de una cuestión. **En pro de** En favor de. **Hombre de pro** Hombre de prestigio; que es honrado.

proa s.f. (del lat. *prora*). Parte delantera de una embarcación o de una aeronave.

probabilidad s.f. Cualidad de probable. ◇ **Cálculo de probabilidades** Conjunto de reglas que permiten determinar el porcentaje de posibilidades de que un suceso se realice.

probabilismo s.m. Doctrina filosófica según la cual la acción depende de opiniones que nunca son ni totalmente falsas ni totalmente ciertas.

probable adj. Que tiene muchas probabilidades de producirse, de ser verdad. SIN.: *verosímil.* **2.** Que se puede probar.

probado, a adj. Acreditado por la experiencia. **2.** DER. Aceptado por el juez como verdad en los hechos controvertidos de una causa.

probador s.m. Habitación o cabina de una tienda o un taller de modista o sastre destinada a que lo clientes se prueben las prendas de vestir.

probar v.tr. (lat. *probare,* ensayar, aprobar, comprobar) [conj.: *contar*]. Examinar, reconocer si una cosa se adapta al uso al cual ha sido destinada. **2.** Examinar las cualidades de una persona o cosa. **3.** Poner a prueba. **4.** Demostrar, evidenciar la verdad de alguna cosa. **5.** Tomar una pequeña cantidad de alguna sustancia para apreciar su sabor. **6.** Comer o beber algo: *no probar bocado.* **7.** Indicar, servir para hacer saber o conocer cierta cosa. ◆ v.tr. y prnl. Poner a alguien algo, especialmente una prenda de vestir, para ver si le sienta bien. ◆ v.intr. Intentar dar principio a una acción: *probó a levantarse, pero no pudo.* **2.** Tener una cosa un efecto determinado en la salud o el ánimo de una persona.

probatura s.f. *Fam.* Prueba.

probeta s.f. Recipiente de cristal en forma de tubo, generalmente graduado, con un pie soporte, que se utiliza en análisis químico. ◇ **Probeta de ensayo** Pieza de determinada forma, sometida a una prueba física o mecánica, que sirve para determinar las características de un material.

probidad s.f. (lat. *probitas, -atis*). Cualidad de probo.

problema s.m. (lat. *problema,* del gr. *próblema,* tarea, de *probállein,* proponer). Cuestión en que hay algo que averiguar o que provoca preocupación. **2.** Situación difícil que debe ser resuelta. **3.** MAT. Proposición dirigida a averiguar un resultado cuando algunos datos son conocidos.

problemática s.f. Conjunto de problemas que atañen a una persona o cosa.

problemático, a adj. Que provoca o implica problemas. **2.** Que implica duda o que tiene una solución incierta o difícil.

problematizar v.tr. Poner un asunto en cuestión para analizarlo profundamente.

probo, a adj. (lat. *probus*). Honesto, honrado, recto.

probóscide s.f. Porción nasal o bucal de diversos animales, prolongada en forma de tubo, con diversas finalidades. SIN.: *trompa.*

proboscidio, a o **proboscídeo, a** adj. y s.m. (del lat. *proboscis, -idis,* hocico, trompa de elefante, del gr. *proboskís*). Relativo a un orden de mamíferos ungulados provistos de una trompa prensil formada por la prolongación de la nariz unida al labio superior. (El *elefante* pertenece a dicho orden.)

procacidad s.f. Cualidad de procaz. **2.** Dicho o hecho procaz.

procaína s.f. Anestésico local de síntesis.

procariota s.m. Organismo con organización celular procariótica.

procariótico, a adj. Se dice de la célula en la que el núcleo no está completamente separado del citoplasma, como las bacterias y las de las esquizofíceas.

procaz adj. (lat. *procax, -acis,* que pide desvergonzadamente). Desvergonzado, insolente.

procedencia s.f. Lugar, persona o cosa de donde procede alguien o algo. **2.** Conformidad con la moral o el derecho.

procedente adj. Que procede de un origen. **2.** Oportuno, necesario, conforme a unas normas.

1. **proceder** v.intr. (lat. *procedere,* adelantar). Tener una persona o cosa su origen o principio en otra. **2.** Actuar, com-

portarse de una forma determinada: *proceder irreflexivamente.* **3.** Iniciar una acción después de algunos preparativos: *se procedió al reparto.* **4.** Ser oportuno, necesario, conforme a unas normas de derecho, mandato o conveniencia en general. **5.** Iniciar o seguir un procedimiento criminal contra alguien: *la justicia procedió contra el demandado.*

2. **proceder** s.m. Manera de actuar alguien.

procedimiento s.m. Método, operación o serie de operaciones con que se pretende obtener un resultado. **2.** DER. Actuación por trámites judiciales o administrativos.

procelariforme adj. y s.m. Relativo a un orden de aves marinas con el pico formado por varias piezas córneas yuxtapuestas, como el albatros y el petrel.

proceloso, a adj. (lat. *procellosus*). *Poét.* Borrascoso, tormentoso: *el proceloso mar.*

prócer s.m. y f. (lat. *procer, -eris*). Persona importante, noble o de elevada posición social. ◆ adj. Alto, elevado, majestuoso.

procesado, a adj. y s. DER. Se dice de la persona sometida a un auto de procesamiento.

procesador, ra adj. Que procesa. ◆ s.m. INFORMÁT. **a.** Dispositivo electrónico capaz de efectuar el tratamiento completo de una serie de informaciones. **b.** Programa general de un sistema operativo que ejecuta una función compleja homogénea.

procesal adj. Relativo al proceso. ◇ **Derecho procesal** Conjunto de normas que ordenan el desenvolvimiento del proceso o tienen relación inmediata con los actos derivados de él.

procesamiento s.m. Acción de procesar.

procesar v.tr. Someter a un proceso. **2.** DER. **a.** Formar autos, instruir procesos. **b.** Declarar y tratar a una persona como presunto culpable de delito. **3.** INFORMÁT. Someter un conjunto de datos a una serie de operaciones.

procesión s.f. (lat. *procesio, -onis,* acción de adelantarse). Sucesión de personas que avanzan lentamente una tras otra, llevando pasos, imágenes de santos o cualquier otro signo religioso. **2.** Sucesión de personas o animales que avanzan uno tras otro en fila. **3.** Acción o circunstancia de ir unas cosas tras otras en serie. ◇ **Andar,** o **ir, la procesión por dentro** *Fam.* Aparentar alguien tranquilidad y, sin embargo, sentir pena, enojo, inquietud, etc.

procesionaria s.f. Oruga que se alimenta de las hojas del pino, roble y encina, a los que causa grandes estragos, y que tiene la costumbre de avanzar en largas filas, con la cabeza de una tocando la parte posterior de la anterior.

proceso s.m. (lat. *processus, -us,* progresión, progreso). Desarrollo, evolución de las fases sucesivas de un fenómeno. **2.** Método, sistema adoptado para llegar a un determinado fin: *proceso químico, industrial.* **3.** Transcurso de un determinado tiempo. **4.** Causa criminal. **5.** DER. Institución mediante la cual el estado cumple a través de sus órganos de justicia su misión de defensa del orden jurídico y social, otorgando a los individuos que elevan una pretensión a los tribunales la oportunidad de satisfacerla. **6.** LING. Noción general que comprende todos los sentidos del verbo (estado, acción, devenir). **7.** PATOL. Término que se emplea ocasionalmente como sinónimo de enfermedad: *proceso gripal.* ◇ **Proceso de datos** INFORMÁT. Adquisición, almacenamiento, manejo y recuperación de datos por medios informáticos.

procidencia s.f. MED. **a.** Salida al exterior de alguna estructura interna del organismo. **b.** Salida previa de alguna estructura del feto o anexos por delante de la presentación.

proclama s.f. Alocución política o militar oral o escrita. ◆ **proclamas** s.f.pl. REL. CATÓL. Notificación pública en la iglesia de las amonestaciones para los que quieren contraer matrimonio u ordenarse.

proclamación s.f. Acción de proclamar. **2.** Conjunto de actos públicos con que se anuncia o se celebra el inicio de una forma nueva de gobierno o de una etapa nueva dentro de él: *la proclamación de la república.* ◇ **Proclamación de candidatos** Acto con que se da a conocer públicamente a los candidatos electorales de un partido político.

proclamar v.tr. (lat. *proclamare*). Dar a conocer algo públicamente, en especial si se hace en un acto solemne. **2.** Declarar pública y solemnemente la inauguración de un nuevo gobierno o reinado. **3.** Otorgar un título o dignidad la opinión general o el criterio de algunas personas. **4.** Manifestar mediante ciertas señales algo con claridad: *su actitud clama su altanería.* ◆ **proclamarse** v.prnl. Declararse alguien en posesión de un título, cargo, dignidad o condición: *se proclamó jefe de la banda.*

proclítico, a adj. y s.m. LING. Se dice de la palabra privada de acento, que se apoya en la palabra siguiente: *en español el artículo es proclítico.*

proclive adj. (lat. *proclivis*). Inclinado, propenso a cierta cosa, especialmente a algo reprobable.

procomún s.m. Utilidad pública. SIN.: *procomunal.*

procónsul s.m. ANT. ROM. Cónsul saliente cuyos poderes se prorrogaban para llevar a término una campaña que hubiera emprendido o para gobernar una provincia.

proconsulado s.m. Dignidad, función del procónsul. **2.** Tiempo que duraba esta función.

procordado, a adj. y s.m. Relativo a un tipo de animales próximo a los vertebrados inferiores, que carecen de encéfalo y tienen el sistema nervioso central reducido a un cordón.

procreación s.f. Acción de procrear.

procrear v.tr. (lat. *procreare*). Engendrar, reproducirse una especie.

proctalgia s.f. MED. Dolor en el ano o en el recto.

proctología s.f. Parte de la medicina que estudia las enfermedades del ano y del recto.

procura s.f. Procuración, poder dado a una persona. ◇ **En procura** Méx. Con la intención de procurarse algo.

procuración s.f. Poder que una persona da a otra para que ejecute algo en su nombre. **2.** Procuraduría, oficina. **3.** Cuidado o diligencia en la realización de los negocios. **4.** DER. Cargo o función del procurador.

procurador, ra s. Persona autorizada legalmente para representar a otra persona, ya sea en un proceso judicial ante los tribunales o en negocios civiles. ◆ s.m. ANT. ROM. Funcionario del orden ecuestre situado al frente de un servicio importante o de una provincia menor del Imperio romano. **2.** REL. Religioso encargado de los intereses temporales de una comunidad. ◇ **Procurador del Común** Esp. Defensor del pueblo en Castilla y León. **Procurador en cortes** Esp. Miembro de las cortes franquistas.

procuraduría s.f. Oficio o cargo de procurador. **2.** Oficina o despacho del procurador.

procurar v.tr. y prnl. (lat. *procurare*). Hacer diligencias, esfuerzos, etc., para conseguir algo. ◆ v.tr. Proporcionar o facilitar a alguien una cosa o intervenir para que la tenga.

prodigalidad s.f. (lat. tardío *prodigalitas, -tis*). Cualidad o comportamiento del pródigo.

prodigar v.tr. y prnl. Dar mucho de algo. ◆ v.tr. Derrochar, malgastar. ◆ **prodigarse** v.prnl. Esforzarse en ser útil y agradable a los demás. **2.** Excederse en la exhibición personal.

prodigio s.m. (lat. *prodigium*). Suceso extraordinario que no puede explicarse por las leyes de la naturaleza. **2.** Persona, cosa o hecho que manifiesta cualidades excepcionales. **3.** Milagro.

prodigioso, a adj. (lat. *prodigiosus*). Que constituye un prodigio. **2.** Maravilloso, extraordinario, fuera de lo común.

pródigo, a adj. y s. (lat. *prodigus*). Que gasta sin prudencia. ◆ adj. Generoso. **2.** Que da o produce en abundancia.

pro domo loc.adv. (voces latinas, *por su casa, por sus intereses*). Se dice de una persona que es abogado de su propia causa.

pródromo s.m. Fase inicial en la evolución de una enfermedad.

producción s.f. (lat. *productio, -onis*). Acción de producir. **2.** Cosa producida. **3.** CIN. y TELEV. **a.** Etapa de la preparación de una película o programa. **b.** Película o programa ya realizado. **4.** ECON. **a.** Actividad por la cual determinados bienes se transforman en otros de mayor utilidad. **b.** Conjunto de productos agrícolas e industriales. <> **Modo de producción** En la teoría marxista, conjunto constituido por las fuerzas productivas y las relaciones sociales de producción e intercambio, que define un período en la historia de una sociedad. **Relaciones sociales de producción** Conjunto de relaciones que se establecen entre las personas en el proceso de producción económica.

producir v.tr. (lat. *producere,* hacer salir, criar) [conj.: *conducir*]. Hacer que algo exista: *los árboles producen frutos.* **2.** Causar, originar: *su muerte me produjo un gran dolor.* **3.** Dar provecho o ganancias: *quiero invertir en algo que produzca beneficios.* **4.** Fabricar, transformar materias primas en manufacturadas. **5.** Crear obras literarias o artísticas. **6.** CIN. y TELEV. Realizar una producción. ◆ **producirse** v.prnl. Tener lugar, ocurrir.

productividad s.f. Capacidad de la naturaleza o la industria para producir. **2.** Relación mensurable entre una producción dada y el conjunto de factores empleados (productividad global) o uno solo de estos factores (productividad de este factor). **3.** BIOL. Cantidad anual de productos que se pueden obtener de un medio natural sin agotarlo.

productivo, a adj. (lat. *productivus*). Que produce o puede producir: *terreno productivo.* **2.** Que produce utilidad, ganancia: *empresa productiva.*

producto s.m. (lat. *productum,* p. pasivo de *producere*). Cosa producida por la naturaleza o por la actividad humana: *productos agrícolas, de belleza.* **2.** Resultado de alguna cosa: *el incidente fue producto de un malentendido.* **3.** MAT. **a.** Resultado de la multiplicación de un número (multiplicando) por otro (multiplicador). **b.** Resultado de aplicar una ley de composición a dos elementos. **4.** QUÍM. Resultado de una operación: *los productos de la destilación del petróleo.* <> **Producto directo de dos conjuntos** MAT. Conjunto de los pares formados al asociar un elemento cualquiera del primer conjunto a un elemento cualquiera del segundo. **Producto escalar de dos vectores** MAT. Producto de sus módulos por el coseno del ángulo que forman. **Producto interior** Suma de todos los bienes y servicios producidos en un país durante un período de tiempo, generalmente un año. **Producto interior bruto (PIB)** Producto interior al que se le ha añadido las amortizaciones habidas en el período. **Producto lógico** LÓG. Multiplicación de conceptos, proposiciones o relaciones. **Producto manufacturado** Mercancía obtenida por el cambio o transformación de una materia prima. **Producto nacional bruto (PNB)** Producto interior bruto deduciéndole la parte que se debe a los factores productivos extranjeros, y sumándole el producto que corresponda (de los obtenidos en otros países) a los servicios de los factores nacionales. **Producto nacional neto (PNN)** Producto nacional bruto deduciéndole el capital consumido o la amortización a lo largo del año. **Producto semimanufacturado** Mercancía resultante de una transformación parcial y que aún no es apropiada para el consumo. **Producto vectorial de dos vectores** MAT. Vector perpendicular al plano de estos vectores, que tiene como longitud el valor del área del paralelogramo que subtienden y que forma con ellos un triedro orientado positivamente.

productor, ra adj. y s. (lat. *productor*). Que produce. ◆ s. Persona que emplea su fuerza de trabajo en la fabricación de bienes o en la prestación de servicios. **2.** Empresario, asociación de personas o entidad que financia la producción de películas, obras de teatro o programas y emisiones de radio o televisión.

proemio s.m. (gr. *prooímion,* preámbulo, de *oimos,* camino, marcha). Preludio de un canto, o introducción o prólogo de un discurso o libro.

proeza s.f. Hazaña, acción valerosa o heroica.

profanación s.f. Acción de profanar.

profanar v.tr. (lat. *profanare*). Tratar una cosa sagrada sin el debido respeto. **2.** Tratar de forma irrespetuosa o indigna a alguien o algo, en especial la memoria de una persona muerta.

profano, a adj. (lat. *profanus,* lo que está fuera del templo). Que no es sagrado ni sirve para usos sagrados: *música profana.* **2.** Irreverente, con carácter antirreligioso. ◆ adj. y s. Ignorante o inexperto en una materia.

profase s.f. BIOL. Primera fase de la mitosis celular, durante la cual los cromosomas se individualizan en filamentos hendidos longitudinalmente.

profecía s.f. (lat. *prophetia,* del gr. *prophiteia*). Predicción que se hace de cosas futuras por inspiración divina. **2.** Predicción de un hecho futuro a partir de algún indicio o por intuición. **3.** Oráculo de un profeta.

proferir v.tr. (lat. *proferre*) [conj.: *sentir*]. Emitir palabras o sonidos.

profesar v.tr. (del lat. *profiteri,* declarar abiertamente). Ser adepto a ciertos principios, doctrinas, etc. **2.** Tener un sentimiento, actitud etc. **3.** Ejercer una profesión. **4.** Enseñar, especialmente en una universidad. **5.** REL. Ingresar de manera voluntaria en una orden religiosa con el compromiso de cumplir los votos propios de esa orden.

profesión s.f. (lat. *professio, -onis*). Actividad permanente que sirve de medio de vida y que determina el ingreso en un grupo profesional determinado. **2.** Aceptación y seguimiento voluntarios de una religión, doctrina o creencia. **3.** Conjunto de profesionales de un ámbito determinado. <> **Hacer profesión de** Jactarse de una costumbre, una habilidad, etc.

profesional adj. Relativo a la profesión. ◆ adj. y s.m. y f. Que ejerce de manera competente una profesión u oficio. **2.** Que vive de una determinada actividad.

profesionalidad s.f. Cualidad de profesional. **2.** Eficacia en la propia profesión.

profesionalizar v.tr. Convertir en profesión una actividad que no lo era. **2.** Convertir a un persona aficionada en profesional. ◆ Ejercer habitual y remuneradamente una determinada actividad intelectual o manual.

profeso, a adj. y s. Se dice del religioso que ha profesado en una orden religiosa.

profesor, ra s. (lat. *professor, -oris,* el que hace profesión de algo, maestro). Persona que tiene por oficio enseñar una ciencia, un arte, una técnica, etc. <> **Profesor mercantil** Esp. Título de grado superior de las antiguas escuelas profesionales de comercio.

profesorado s.m. Conjunto de los profesionales de la enseñanza. **2.** Cargo de profesor.

profeta, tisa s. (lat. *propheta,* del gr. *prophitis,* de *prophánai,* predecir, pronosticar). Persona que hace predicciones por inspiración divina (p. ej., los profetas del Antiguo Testamento). **2.** Persona que hace predicciones a partir de algún indicio o por intuición.

profético, a adj. Relativo a la profecía o al profeta.

profetismo s.m. Tendencia a hacer profecías. **2.** Presencia de dones proféticos en un pueblo, en una comunidad religiosa o en una secta. **3.** Conjunto de las enseñanzas y predicciones de los profetas.

profetizar v.tr. Hacer profecías.

profiláctico, a adj. Relativo a la profilaxis. ◆ s.m. Preservativo.

profilaxis s.f. Conjunto de medidas destinadas a impedir la aparición o la propagación de enfermedades. **2.** Conjunto de medidas que se toman para evitar algo.

pro forma loc. (voces latinas, *por la forma, como formalidad*). Se dice de la factura provisional que permite al comprador de un bien de equipamiento obtener un crédito o una autorización.

prófugo, a adj. Fugitivo que huye de la justicia u otra autoridad. ◆ s.m. Se dice del que no se incorpora al servicio militar al ser llamado a filas.

profundidad s.f. Cualidad de profundo. **2.** Hondura. **3.** Dimensión de los cuerpos perpendicular a una superficie dada.

profundizar v.tr. Hacer más profundo. ◆ v.tr. e intr. *Fig.* Examinar o analizar algo a fondo.

profundo, a adj. (lat. *profundus,* hondo). Que tiene el fondo muy distante de la superficie. **2.** Que penetra muy adentro: *herida profunda.* **3.** *Fig.* Difícil de penetrar o comprender: *discurso muy profundo.* **4.** *Fig.* Se dice del sonido grave o que viene de muy adentro. **5.** *Fig.* Intenso, no superficial: *dolor profundo.* **6.** *Fig.* Extremo, total, completo: *silencio profundo.* **7.** *Fig.* Notable, acusado: *existe entre ambos una profunda diferencia.* <> **Psicología profunda** Psicoanálisis.

profusión s.f. Abundancia excesiva de algo.

profuso, a adj. (lat. *profusus,* p. de *profundere,* derramar). Abundante.

progenie s.f. (lat. *progenies*). *Fam.* Descendencia, conjunto de hijos.

progenitor, ra s. (del lat. *progignere,* engendrar). Pariente en línea recta ascendente de una persona. ◆ **progenitores** s.m.pl. Padre y madre de una persona.

progesterona s.f. Hormona producida por el cuerpo amarillo del ovario durante la segunda parte del ciclo menstrual y durante el embarazo. SIN.: *luteína.*

proglotis s.m. Anillo de un gusano cestodo (tenia).

prognatismo s.m. ANTROP. Inclinación hacia adelante del perfil de la cara.

prognato, a adj. y s. (del gr. *pro,* hacia adelante, y *gnáthos,* mandíbula). Que tiene prognatismo.

prognosis s.f. Conocimiento anticipado de algún suceso.

programa s.m. (gr. *prógramma,* de *prográphein,* anunciar por escrito). Programación ordenada de las distintas partes o detalles de un trabajo, espectáculo, ceremonia, etc. **2.** Folleto o impreso que contiene dicha programación. **3.** Exposición general de las intenciones o proyectos de una persona, partido, etc. **4.** Proyecto, plan. **5.** Emisión independiente y con tema propio de televisión, radio, etc. **6.** Argent. y Urug. Amorío que no se toma en serio. **7.** Argent. y Urug. Amante ocasional. **8.** INFORMÁT. Conjunto de instrucciones, datos o expresiones que permite ejecutar una serie de operaciones determinadas a una computadora, un aparato automático o una máquina-herramienta.

programación s.f. Acción de programar. **2.** Conjunto de programas que se retransmiten por radio o televisión.

programador, ra adj. y s. Que programa. ◆ s. Especialista encargado de la preparación de programas de computación. ◆ s.m. Aparato cuyas señales de salida gobiernan la ejecución de una serie de operaciones que corresponden a un programa. **2.** Dispositivo integrado que gobierna automáticamente la ejecución de las diversas operaciones que debe realizar un aparato electrodoméstico.

programar v.tr. Establecer un programa o fijar las diversas partes o elementos de una determinada acción. **2.** INFORMÁT. Fraccionar un problema que debe resolver una computadora en instrucciones codificadas aceptables por la máquina.

progre s.m. y f. *Fam.* Persona de ideas progresistas.

progresar v.intr. Experimentar una persona o cosa un progreso, un avance o una mejora. **2.** Avanzar una persona o una acción.

progresión s.f. (lat. *progressio,* progreso, gradación). Acción de progresar. **2.** MAT. Sucesión de números entre los cuales hay una ley de formación constante. <> **Progresión aritmética** MAT. Progresión de números en que cada término se obtiene sumando al anterior un número fijo, llamado *razón* o *diferencia.* **Progresión geométrica** MAT. Progresión de números en que cada término se obtiene multiplicando el anterior por un número fijo, llamado *razón.*

progresismo s.m. Ideología y doctrina partidarias del progreso social en todos los órdenes y, especialmente, en el político-social.

progresista adj. y s.m. y f. Partidario del progresismo. **2.** Se dice de la persona, partido o movimiento político con ideas o programas de tipo político y social avanzados.

progresividad s.f. Cualidad de progresivo. <> **Progresividad del impuesto** Sistema en el que el tipo impositivo aumenta al mismo tiempo que la base imponible ostentada por el contribuyente.

progresivo, a adj. Que progresa o avanza. **2.** Se dice del impuesto cuyo tipo es mayor a medida que aumenta la base imponible.

progreso s.m. (lat. *progressus, -us,* de *progredi,* caminar adelante). Cambio gradual de una persona o cosa que tiende a aumentar o a mejorar. **2.** Desarrollo integral de una sociedad o de la humanidad. **3.** Acción de avanzar o progresar.

prohibición s.f. Acción y efecto de prohibir.

prohibicionismo s.m. Política favorable a la prohibición.

prohibicionista adj. y s.m. y f. Relativo a la prohibición; partidario del prohibicionismo.

prohibir v.tr. (lat. *prohibire,* apartar, mantener lejos, impedir, de *habere,* tener). Vedar o impedir el uso o ejecución de algo.

prohibitivo, a adj. Prohibitorio. **2.** Se dice del precio muy alto de las cosas.

prohijamiento s.m. Acto jurídico por el que una persona recibe como hijo adoptivo a un expósito o niño abandonado

prohibir

INDICATIVO

presente
prohíbo
prohíbes (prohibís)
prohíbe
prohibimos
prohibís
prohíben

copretérito o pret. imperfecto
prohibía
prohibías
prohibía
prohibíamos
prohibíais
prohibían

pretérito o pret. perf. simple
prohibí
prohibiste
prohibió
prohibimos
prohibisteis
prohibieron

futuro o fut. simple
prohibiré
prohibirás
prohibirá
prohibiremos
prohibiréis
prohibirán

pospretérito o condicional simple
prohibiría
prohibirías
prohibiría
prohibiríamos
prohibiríais
prohibirían

SUBJUNTIVO

presente
prohíba
prohíbas
prohíba
prohibamos
prohibáis
prohíban

pretérito o pret. imperfecto
prohibiera o prohibiese
prohibieras o prohibieses
prohibiera o prohibiese
prohibiéramos o prohibiésemos
prohibierais o prohibieseis
prohibieran o prohibiesen

futuro o fut. simple
prohibiere
prohibieres
prohibiere
prohibiéremos
prohibiereis
prohibieren

IMPERATIVO

prohíbe (prohibí)	(tú, vos)
prohíba	(él)
prohibamos	(nosotros)
prohibid	(vosotros)
prohíban	(ellos)

FORMAS NO PERSONALES

infinitivo	gerundio
prohibir	prohibiendo

participio
prohibido

por sus padres y recogido en un establecimiento de beneficencia pública. SIN.: *prohijación.*

prohijar v.tr. [conj.: *aislar*]. Recibir a alguien como hijo por prohijamiento. **2.** *Fig.* Adoptar y defender como propias las opiniones, doctrinas o ideas de otros.

prohombre s.m. Hombre ilustre, que goza de especial consideración entre los de su clase.

proindivisión s.f. DER. CIV. Situación de una masa de bienes o de una cosa que no ha sido partida o dividida entre sus varios propietarios.

proindiviso, a adj. Se dice de todo bien afectado por una proindivisión.

prójima s.f. *Fam.* Prostituta.

prójimo s.m. (lat. *proximus,* el más cercano, muy cercano, de *prope,* cerca). Cualquier persona con respecto a otra. **2.** *Desp.* Individuo, tipo.

prolactina s.f. Hormona hipofisaria responsable de la secreción láctea del posparto e implicada en la inhibición de la fertilidad materna que se observa en dicho período.

prolamina s.f. Holoproteína vegetal, rica en ácido glutámico.

prolan s.m. Sustancia producida por la placenta, que tiene la misma acción que las gonadotropinas hipofisarias.

prolapso s.m. MED. Caída de un órgano fuera o hacia adelante de su emplazamiento normal.

prole s.f. (lat. *proles*). Descendencia de alguien, especialmente los hijos.

prolegómeno s.m. Cosa que precede a otra. **2.** Tratado que precede a una obra o escrito y que establece los fundamentos generales de la materia que se ha de tratar. (Suele usarse en plural.)

prolepsis s.f. (gr. *prólepsis,* de *prolambanein,* tomar de antemano). BIOL. Desarrollo anticipado de un órgano por causas naturales o artificiales. **2.** LING. Construcción gramatical que consiste en colocar un elemento en una unidad sintáctica anterior a la que le correspondería lógicamente. **3.** FILOS. Conocimiento anticipado de una cosa en la doctrina de los epicúreos y los estoicos.

proléptico, a adj. Relativo a la prolepsis.

proletariado s.m. Clase social formada por los proletarios. SIN.: *salariado.*

proletario, a adj. y s. (lat. *proletarius,* que solo importa como procreador de hijos, de *proles,* prole). Relativo al proletariado; miembro de dicha clase social. ◆ adj. *Fig.* Plebeyo, vulgar. ◆ s. Persona no propietaria de los medios de producción que vende su fuerza de trabajo por un salario, en un sistema capitalista. ◆ s.m. ANT. ROM. Ciudadano de la última clase, que solo era considerado útil al estado por su descendencia.

proletarización s.f. Acción de reducir una categoría de productores independientes (explotadores agrícolas, artesanos, comerciantes) al estado de proletarios.

proletarizar v.tr. Dar carácter proletario.

proliferación s.f. Multiplicación del número de células por división. **2.** *Fig.* Multiplicación rápida.

proliferar v.intr. Multiplicarse por proliferación.

prolífico, a adj. Capaz de reproducirse. **2.** Que tiene facilidad para engendrar o reproducirse abundante y rápidamente. **3.** Se dice de la persona que tiene una extensa producción artística o científica.

prolijidad s.f. Cualidad de prolijo.

prolijo, a adj. (lat. *prolixus,* fluyente, profuso). Muy extenso y detallado. **2.** Cargante, pesado por ser excesivo. **3.** Muy cuidadoso o esmerado.

prologar v.tr. Escribir el prólogo de una obra.

prólogo s.m. (gr. *prólogos*). Texto que precede el cuerpo de una obra. **2.** *Fig.* Parte de una cosa que precede a otra, a la que sirve de preparación. **3.** ANT. Parte de una obra de teatro que precedía la entrada del coro y que estaba dedicada a la exposición del tema.

prologuista s.m. y f. Autor de un prólogo.

prolongación s.f. Acción de prolongar. **2.** Parte prolongada de una cosa.

prolongamiento s.m. Prolongación.

prolongar v.tr. y prnl. (lat. *prolongare*). Aumentar la longitud o duración de algo.

promanar v.intr. Provenir.

promediar v.tr. Calcular el promedio de algo. **2.** Igualar aproximadamente dos partes de algo o repartir algo en dos partes aproximadamente iguales. ◆ v.intr. Llegar aproximadamente a su mitad un espacio de tiempo determinado: *promediaba junio.*

promedio s.m. (del lat. *pro medio,* como término medio). Cantidad o valor medio que resulta de repartir entre varios casos la suma de todos los valores correspondientes a cada uno.

promesa s.f. (lat. *promissa*). Acción de prometer. **2.** Cosa prometida. **3.** Persona o cosa que muestra indicios de tener un futuro prometedor: *una promesa del fútbol.* **4.** *Fig.* Indicio o señal que promete algo. **5.** DER. Compromiso para realizar un acto o contraer una obligación: *promesa de compra.* **6.** REL. Acto de ofrecer a Dios o a los santos una obra piadosa.

promesante s.m. y f. Argent. y Chile. Persona que cumple una promesa piadosa, generalmente en procesión.

prometacina s.f. Antihistamínico derivado de la fenotiacina, ligeramente hipnótico.

prometer v.tr. (lat. *promittere*). Decir alguien que hará o dirá cierta cosa, comprometiéndose u obligándose a ello. **2.** Augurar por indicios, señales, etc., un futuro generalmente favorable. **3.** Asegurar o confirmar la certeza de lo que se dice. ◆ v.intr. Dar muestras de una capacidad potencial. ◆ **prometerse** v.prnl. Dar palabra de matrimonio. **2.** Confiar en el logro o realización de una cosa. **3.** REL. Ofrecerse uno, por devoción o agradecimiento, al servicio o culto de Dios o de sus santos.

prometido, a s. Persona con la que se ha concertado promesa de matrimonio, respecto de la persona con la que se va a casar.

prometio o **promecio** s.m. Metal del grupo de las tierras raras. **2.** Elemento químico (Pm), inestable, de número atómico 61 y masa atómica 145.

prominencia s.f. Abultamiento o elevación en cualquier cosa. **2.** Cualidad de prominente. **3.** ANAT. Formación saliente de algunos huesos o estructuras del organismo.

prominente adj. (lat. *prominens, -tis,* p. de *prominere,* adelantarse, formar saliente). Que sobresale de la cosa de que forma parte, o que sobresale más de lo que se considera normal. **2.** *Fig.* Se dice de la persona ilustre, destacada.

promiscuar v.intr. [conj.: *averiguar*]. Participar indistintamente en cosas heterogéneas u opuestas. **2.** Comer carne y pescado en una misma comida durante los días de cuaresma u otros en que la Iglesia lo prohíbe.

promiscuidad s.f. Cualidad de promiscuo.

promiscuo, a adj. (lat. *promiscuus*). Se dice de la persona que cambia con frecuencia de pareja sexual y solo busca el placer sexual en sus relaciones. **2.** Se dice de las cosas mezcladas sin orden y de manera confusa.

promisión s.f. Promesa, acción de prometer: *tierra de promisión.*

promoción s.f. Acción de promocionar o promover. **2.** Conjunto de personas que han obtenido un grado, empleo o título al mismo tiempo. **3.** DEP. Torneo en que se enfrentan deportistas o equipos para determinar cuáles pertenecerán a la categoría superior en la temporada siguiente. ◇ **Promoción de ventas** Conjunto de acciones destinadas a crear o reactivar la demanda de un producto.

promocionar v.tr. Impulsar mediante acciones publicitarias una empresa, un producto comercial, a una persona, etc. **2.** Hacer que alguien mejore en su situación, cargo o categoría social o laboral.

promontorio s.m. Elevación de poca altura en el terreno. **2.** Elevación de tierra o punta rocosa que se adentra en el mar. **3.** *Fig.* Abultamiento. **4.** ANAT. Nombre que se da a ciertas estructuras del organismo discretamente sobreelevadas: *promontorio sacro.*

promotor, ra adj. y s. Que promueve. ◆ s.m. QUÍM. Sustancia que aumenta la actividad de un catalizador. ◇ **Promotor de la fe** Miembro de la congregación de ritos que investiga las faltas en las causas de beatificación y canonización.

promover v.tr. (lat. *promovere*) [conj.: *mover*]. Iniciar o activar cierta acción: *promover el mecenazgo de las artes.* **2.** Ascender a una persona a un grado superior al que tenía. **3.** Producir algo que lleve en sí agitación, movimiento, etc.

promulgación s.f. Acción y efecto de promulgar.

promulgar v.tr. (lat. *promulgare*). Publicar algo, en especial una ley, de forma solemne u oficial.

pronación s.f. Movimiento del antebrazo que permite girar la mano de fuera hacia dentro y poner la palma hacia arriba o hacia abajo.

pronador, ra adj. y s.m. ANAT. Se dice del músculo que permite el movimiento de pronación.

pronaos s.m. (voz griega). ARQ. Parte de un templo griego o romano que precede al santuario.

prono, a adj. (lat. *pronus,* inclinado hacia adelante, propenso). Tumbado sobre el vientre. **2.** Muy propenso o inclinado a una cosa.

pronombre s.m. (lat. *pronomen*). Palabra que sustituye a un sustantivo y que realiza la misma función gramatical que este. (En español existen pronombres personales, átonos o tónicos, demostrativos, posesivos, relativos, interrogativos e indefinidos.)

pronominado, a adj. GRAM. Se dice del verbo que tiene por complemento un pronombre.

pronominal adj. GRAM. Relativo al pronombre. ◇ **Adjetivo pronominal** Adjetivo posesivo, demostrativo, relativo, interrogativo o indefinido que tiene la forma del pronombre correspondiente. **Adverbio pronominal** Adverbio con función gramatical de pronombre (*cuándo, dónde,* etc.). **Verbo pronominal** Verbo que se conjuga con un pronombre reflexivo (me, te, se, nos, os), como *nublarse* o *acordarse.*

pronosticar v.tr. Predecir lo que ha de suceder basándose en criterios lógicos y científicos a partir del análisis de cosas y sucesos conocidos: *pronosticar el tiempo meteorológico.* **2.** Indicar una cosa por su aspecto un hecho futuro.

pronóstico s.m. (lat. *prognosticum*). Predicción basada en criterios lógicos y científicos. **2.** Juicio del médico acerca de la gravedad, evolución y duración de una enfermedad. **3.** Indicio o señal por los que se puede adivinar o suponer algo que ocurrirá en el futuro. **4.** Información sobre los fenómenos astronómicos y meteorológicos futuros.

prontitud s.f. Rapidez o diligencia en hacer una cosa.

1. **pronto** adv.t. En seguida, en un breve espacio de tiempo. ◇ **Al pronto** En el primer momento. **De pronto** Apresuradamente, sin reflexión; de repente, de improviso. **Por de pronto** Provisionalmente, por el momento. **Tan pronto como** En el mismo instante que, en seguida de.

2. **pronto, a** adj. (lat. *promptus, -a, -um,* visible, disponible, pronto, p. pasivo de *promere,* sacar, revelar). Rápido, inmediato: *le deseó una pronta mejoría.* **2.** Dispuesto, preparado para actuar. ◆ s.m. *Fam.* Arrebato, decisión o impulso repentino.

prontuario s.m. Compendio de las reglas de una ciencia o arte. **2.** Resumen breve.

pronunciación s.f. Acción de pronunciar. **2.** Modo de pronunciar las palabras de una lengua: *tener una pronunciación correcta.*

pronunciamiento s.m. Alzamiento militar destinado a derribar un gobierno o a presionar sobre él. **2.** DER. Declaración, condena o mandato del juez.

pronunciar v.tr. (lat. *pronuntiare*). Emitir y articular sonidos para hablar. **2.** DER. Publicar una sentencia, auto u otra resolución judicial. ◆ v.tr. y prnl. Hacer que algo resalte o se acentúe más: *las diferencias entre ellos se pronuncian cada vez más.* ◆ **pronunciarse** v.prnl. Declararse o mostrarse a favor o en contra de alguien o de algo. **2.** Sublevarse.

pronuncio s.m. Eclesiástico que ejerce provisionalmente la función de nuncio pontificio.

propadieno s.m. Aleno.

propagación s.f. Acción y efecto de propagar. **2.** FÍS. Modo de transmisión de las ondas sonoras, luminosas, hercianas, de las radiaciones X, etc.

propaganda s.f. (del lat. *de propaganda fide,* sobre la propagación de la fe, título de una congregación del Vaticano). Publicidad desarrollada para propagar o difundir un producto, una materia, un espectáculo, etc. **2.** Material o trabajo empleado para este fin.

propagandista adj. y s.m. y f. Que hace propaganda, especialmente de tipo ideológico: *discurso propagandista.*

propagar v.tr. y prnl. (lat. *propagare*). *Fig.* Extender el conocimiento de una idea, opinión, doctrina, etc. **2.** *Fig.* Extender, difundir o aumentar una cosa: *el fuego se propagó rápidamente.* **3.** Multiplicar por generación u otro medio de reproducción: *propagar la especie humana.*

propágulo s.m. BOT. Célula, porción de tejido u órgano

pronombre

Los pronombres son palabras que desempeñan las funciones propias de un sustantivo o un sintagma nominal. Tienen flexión de persona, número y, algunos, de género. Los pronombres personales designan las tres personas gramaticales (primera, segunda y tercera) y pueden ejercer las funciones propias de los sintagmas nominales. Las formas que desempeñan la función de sujeto, objeto y término de preposición son tónicas (*nosotros* iremos, *según* tú); las que funcionan exclusivamente como complemento son átonas (*me* vio, *te* parece, *la* recibió).

persona gramatical	sujeto	objeto directo	objeto indirecto	término de preposición
1.ª persona singular	*yo*	*me*	*me*	*mí, conmigo*
2.ª persona singular	*tú, vos, usted*	*te, lo, la*	*te, le/se*	*ti, contigo, usted, sí, consigo*
3.ª persona singular	*él, ella, ello*	*lo, la*	*le/se*	*él, ella*
1.ª persona plural	*nosotros,-tras*	*nos*	*nos*	*nosotros, -tras*
2.ª persona plural	*vosotros,-tras, ustedes*	*os, los, las*	*os, les/se*	*vosotros, -tras, ustedes, sí, consigo*
3.ª persona plural	*ellos, ellas*	*los, las*	*les/se*	*ellos, ellas*

que se separa espontáneamente de la planta madre y da lugar a una nueva planta.

propalar v.tr. (lat. tardío *propalare,* de *propalam,* en público). Divulgar o dar a conocer algo que estaba oculto o conocían pocas personas.

propanero, a adj. y s.m. Se dice del barco que transporta propano líquido.

propano s.m. Hidrocarburo saturado gaseoso (C_3H_8), empleado como combustible.

proparoxítono, a adj. y s.f. Se dice de la palabra que tiene el acento en la antepenúltima sílaba.

propasar v.tr. y prnl. Exceder un límite, en especial el convenido o establecido. ◆ **propasarse** v.prnl. Cometer un atrevimiento, especialmente en el terreno sexual. **2.** Hacer o decir algo moral o socialmente reprobable.

propedéutica s.f. Conjunto de conocimientos necesarios para el estudio de una disciplina.

propelente adj. y s.m. Se dice del producto químico, como el combustible de los cohetes o el gas de los aerosoles, que se utiliza para propulsar.

propender v.intr. (lat. *propendere,* inclinarse adelante). Tender por naturaleza, por condición o por otras causas a ser, actuar o estar de determinada manera.

propeno s.m. Propileno.

propensión s.f. Inclinación natural a ser, actuar o estar de determinada manera.

propenso, a adj. Que tiene propensión.

propergol s.m. Mezcla de sustancias cuya reacción química, en la que no interviene el oxígeno del aire, da origen a un gran volumen de gases calientes, cuya eyección sirve para la propulsión de cohetes por reacción.

propiciación s.f. REL. **a.** Acción buena con que se intenta agradar a Dios o a los dioses o mover su piedad y misericordia. **b.** Sacrificio que se ofrecía para aplacar la justicia divina y tener a Dios propicio.

propiciar v.tr. (lat. *propitiare*). Hacer o volver propicio.

propiciatorio, a adj. Que propicia.

propicio, a adj. (lat. *propitius,* favorable, benévolo). Favorable, adecuado. **2.** Benigno, inclinado a hacer un bien.

propiedad s.f. Atributo o cualidad característica o esencial de una persona o cosa: *las propiedades de los metales.* **2.** Derecho a usar y disponer de un bien de forma exclusiva y absoluta, según lo que establece la ley. **3.** Cosa poseída, especialmente si es inmueble. **4.** Adecuación exacta de una palabra o una frase a la idea que se quiere expresar: *hablar con propiedad.* **5.** *Fig.* Correspondencia perfecta entre una cosa y su representación. ◇ **En propiedad** Como propiedad; se aplica a la manera de poseer un cargo o empleo cuando no es como interino o sustituto. **Propiedad industrial** Derecho exclusivo a utilizar un nombre comercial, una marca, una patente, un diseño, etc. **Propiedad intelectual** Conjunto de derechos que el autor de una obra intelectual tiene sobre esta en cuanto a su publicación y reproducción. **Propiedad horizontal** En los inmuebles sujetos a comunidad de propietarios, propiedad que recae en propietarios distintos, cada uno de los cuales posee una o más viviendas o locales, y copropiedad conjunta de los elementos comunes.

propietario, a adj. y s. Se dice de la persona que tiene la propiedad legal de una cosa, especialmente de un bien inmueble. **2.** Se dice de la persona que posee un cargo o empleo, a diferencia del que solo lo desempeña de forma transitoria.

propileno s.m. Hidrocarburo etilénico $CH_3CH{=}CH_2$, homólogo superior del etileno. SIN.: *propeno.*

propileo s.m. Entrada monumental de una ciudadela o de un templo griegos constituida por un pórtico con columnas.

propina s.f. (bajo lat. *propina,* dádiva, convite). Dinero dado por un cliente a título de gratificación.

propinar v.tr. (lat. *propinare,* del gr. *propínein,* beber antes que alguien, dar de beber). Dar, administrar: *propinar una bofetada.*

propincuo, a adj. (lat. *propinquus,* de *prope,* cerca). *Poét.* Cercano, próximo.

propio, a adj. (lat. *proprius*). Que pertenece en propiedad a una persona: *vive en casa propia.* **2.** Se usa delante de un nombre de persona o cosa para enfatizar que se trata de esa persona o cosa y no de otra: *el propio autor presentó la obra.* **3.** Característico o particular de una persona o cosa determinada: *diversiones propias de la juventud.* **4.** Natural o característico de alguien o algo: *un clima propio del verano.* **5.** Apropiado, indicado para lo que se expresa: *un calzado propio para el campo.* ◆ adj. y s.m. LÓG. Que se sigue necesariamente o es inseparable de la esencia de las cosas. ◆ s.m. Enviado, mensajero. **2.** REL. Serie de oficios especiales para las diferentes partes del año litúrgico. ◆ **propios** s.m.pl. Parte de las tierras comunales que pertenecían al municipio y cuyos beneficios se destinaban a cubrir los gastos de este. ◇ **Movimiento propio** ASTRON. Movimiento real de un astro (por oposición a su *movimiento aparente*). **Nombre propio** Nombre que solo puede aplicarse a un solo ser, a un solo objeto o a una sola categoría de seres o de objetos (por oposición a *nombre común*). **Sentido propio** Sentido primero, real, de una palabra.

propioceptivo, a adj. Se dice de las sensaciones procedentes de los músculos y de sus anexos y de los canales semicirculares que informan sobre la altitud, los movimientos y el equilibrio.

propioceptor s.m. Estructura nerviosa periférica que proporciona sensibilidad a los huesos, músculos, tendones y articulaciones.

proponer v.tr. (lat. *proponere*) [conj.: *poner*]. Exponer un plan, proyecto, negocio, idea, etc., a alguien que tiene que intervenir en él. **2.** Recomendar o presentar a una persona como idónea para un empleo o cargo o como merecedora de un premio. ◆ **proponerse** v.prnl. Tomar la determinación firme de hacer algo: *proponerse dejar de fumar.*

proporción s.f. (lat. *proportio, -onis,* de *pro portione,* según la parte). Relación en cuanto a magnitud, cantidad o grado, de una cosa con otra, o de una parte con el todo: *la anchura de esta mesa no guarda proporción con su longitud.* SIN.: *proporcionalidad.* **2.** Tamaño, medida o dimensión. **3.** Importancia o intensidad de un hecho o acción: *el incendio adquirió proporciones alarmantes.* **4.** Ocasión u oportunidad para obrar. **5.** MAT. Igualdad entre dos razones. ◇ **A proporción** Según, conforme a.

proporcionado, a adj. Que tiene la justa y debida proporción o tamaño. **2.** Conveniente o adecuado para algo.

proporcional adj. Relativo a la proporción, o que guarda proporción. **2.** MAT. Que está relacionado por una proporción. ◇ **Directamente proporcional** MAT. Se dice de la magnitud o cantidad que varía de tal manera que los números que la miden permanecen en una relación constante. **Inversamente proporcional** MAT. Se dice de una magnitud o cantidad que varía de tal manera que el producto de los números que la miden permanece constante. **Representación proporcional** Sistema electoral que concede a los diversos partidos un número de representantes proporcional al número de sufragios obtenidos. (En los países con sistemas de representación proporcional, los partidos presentan una lista de candidatos.)

proporcionalidad s.f. Proporción. **2.** Carácter de las cantidades proporcionales entre sí. ◇ **Proporcionalidad del impuesto** Sistema de cálculo del impuesto en el que el tipo impositivo es fijo cualquiera que sea el importe de la base imponible.

proporcionar v.tr. Hacer lo necesario para que una persona tenga algo que necesita, facilitándoselo o dándoselo. **2.** Establecer o hacer que una cosa tenga la debida proporción con otra.

proposición s.f. Acción y efecto de proponer. **2.** Cosa que se propone. **3.** Conjunto de palabras con que se propone algo. **4.** Unidad lingüística de estructura oracional. **5.** Oración gramatical. **6.** LÓG. Enunciado susceptible de ser verdadero o falso. ◇ **Cálculo de proposiciones,** o **proposicional** LÓG. Parte de la lógica que estudia las propiedades generales de las proposiciones y de los operadores proposicionales, sin referencia al sentido de estas proposiciones, de las que solo se considera la veracidad o la falsedad. **Proposición de ley** Texto redactado por uno o varios parlamentarios y depositado en la mesa de la cámara de que forman parte, para que sea tramitado como ley. SIN.: *propuesta de ley.* **Proposición no de ley** Petición formulada por uno o varios parlamentarios para que la cámara de la que forman parte redacte un texto legal sobre una materia determinada.

propósito s.m. Aquello que alguien se propone hacer. **2.** Objeto, finalidad. **3.** Asunto, materia de que se trata. ◇ **A propósito** Expresa que una cosa es oportuna o adecuada para lo que se desea o para el fin a que se destina; voluntaria o deliberadamente. **A propósito de** En relación con, respecto de. **Fuera de propósito** Inoportunamente, sin venir al caso.

propretor s.m. ANT. ROM. Alto funcionario, generalmente un antiguo pretor, al que se legaba el gobierno de una provincia.

propretura s.f. Dignidad, función de propretor. **2.** Duración de esta función.

propuesta s.f. Proposición o idea que se manifiesta o expone a alguien con un fin determinado. **2.** Recomendación o indicación de cierta persona hecha a la autoridad para un empleo o cargo. **3.** Consulta de un asunto o negocio que se presenta a la junta o consejo que lo ha de aprobar o desestimar.

propugnar v.tr. (lat. *propugnare,* de *pugnare,* luchar). Defender y apoyar una postura o idea que se considera conveniente.

propulsar v.tr. (lat. *propulsare,* rechazar, apartar). Impeler hacia adelante. **2.** *Fig.* Aumentar la actividad o el desarrollo de algo.

propulsión s.f. Acción de propulsar.

propulsor, ra adj. y s. Que propulsa. ◆ s.m. Órgano o máquina destinado a imprimir un movimiento de propulsión. **2.** Materia combustible para la propulsión por cohete.

prorrata s.f. Cuota o porción que debe pagar o percibir cada uno en un reparto, hecha la cuenta proporcionada que le corresponde. ◇ **A prorrata** Mediante prorrateo.

prorratear v.tr. Repartir una cantidad, obligación o carga entre varias personas según la parte proporcional que le toca pagar a cada una.

prórroga s.f. Acción de prorrogar. **2.** Plazo de tiempo durante el cual se prorroga algo: *prórroga de un partido.* **3.** MIL. En España, beneficio que se concede a determinados mozos para aplazar temporalmente su incorporación a filas.

prorrogar v.tr. Continuar o prolongar algo haciendo que dure más tiempo. **2.** Aplazar, retardar la ejecución o realización de algo.

prorrumpir v.tr. (lat. *prorumpere*). Emitir un grito o un suspiro, o empezar a reír o a llorar, de forma repentina y brusca: *prorrumpir en llanto.* **2.** Surgir o salir con ímpetu una cosa, especialmente un fluido, de algún sitio.

prosa s.f. (lat. *prosa,* f. del adj. *prosus, -a, -um,* que anda en línea recta). Forma ordinaria del lenguaje hablado o escrito, que no está sujeta a las reglas de ritmo y de cadencia propias de la poesía. **2.** *Fig.* Aspecto prosaico o vulgar de algo.

prosaico, a adj. (lat. tardío *prosaicus*). Vulgar, anodino, falto de elevación o interés. **2.** Relativo a la prosa.

prosaísmo s.m. Cualidad de prosaico.

prosapia s.f. (lat. *prosapia*). Linaje o ascendencia de una persona.

proscenio s.m. (gr. *proskínion*). Parte del escenario entre el borde del mismo y el primer orden de bastidores.

proscribir v.tr. (lat. *proscribere*). *Fig.* Prohibir una costumbre o uso. **2.** Desterrar a alguien, generalmente por causas políticas.

OBS.: participio: *proscrito.*

proscripción s.f. Acción y efecto de proscribir. ◇ **Proscripción de los bienes** Partición o venta de los bienes de un deudor en fuga, en beneficio de los acreedores.

proscrito, a adj. y s. Se dice de la persona que ha sido desterrada.

prosector, ra s. Encargado de preparar las disecciones en un curso de anatomía.

prosecución s.f. Acción de proseguir. **2.** Acción de perseguir a alguien. SIN.: *proseguimiento.*

proseguir v.tr. (lat. *prosequi*) [conj.: *pedir*]. Continuar lo que se había empezado a hacer o decir. **2.** Continuar en un mismo estado o actitud.

proselitismo s.m. Celo exagerado por hacer prosélitos.

proselitista adj. y s.m. y f. Que practica el proselitismo.

prosélito s.m. (lat. tardío *proselytus,* del gr. *prosílytos,* el que se establece en un país, prosélito). Persona ganada para una opinión, una doctrina, un partido, etc.

prosénquima s.m. (de *parénquima*). Tejido fibroso de los hongos superiores en el que es posible diferenciar las hifas.

prosificación s.f. Acción de prosificar. **2.** Poema prosificado.

prosificar v.tr. Transcribir una composición poética dándole la forma de la prosa.

prosimio, a adj. y s.m. Lemuroideo.

prosista s.m. y f. Escritor de obras en prosa literaria.

prosobranquio, a adj. y s.m. Relativo a una subclase de moluscos gasterópodos de branquias situadas hacia adelante, como el bígaro y la lapa.

prosodia s.f. Parte de la fonología que estudia los rasgos fónicos que afectan a las unidades mayores que el fonema o no segmentales. **2.** Estudio de los rasgos fónicos que afectan a la métrica, especialmente a los acentos, y a la cantidad. **3.** Parte de la gramática tradicional que enseña la pronunciación y acentuación correctas de las letras, sílabas y palabras. ◇ **Prosodia musical** Concordancia entre la música (duraciones, intervalos) y los acentos del texto.

prosódico, a adj. Relativo a la prosodia.

prosoma s.m. Porción anterior del cuerpo de algunos animales.

prosopopeya s.f. (gr. *prosopopoiia,* de *prósopon,* aspecto de una persona, y *poiein,* hacer). Tropo de sentencia por semejanza, que consiste en atribuir cualidades propias de los seres animados a los inanimados y abstractos. **2.** Gravedad afectada en la forma de hablar o de ser.

prospección s.f. Exploración de un terreno para descubrir un yacimiento geológico, mineral, etc., o agua. **2.** ECON. y SOCIOL. Estudio destinado a mostrar las posibilidades futuras de negocio y las acciones que pueden llevarse a cabo.

prospectar v.tr. (ingl. *to prospect*). Realizar prospecciones.

prospectiva s.f. Ciencia que se dedica al estudio de las causas técnicas, científicas, económicas y sociales que aceleran la evolución del mundo moderno, y la previsión de las situaciones que podrían derivarse de sus influencias conjugadas.

prospectivo, a adj. Relativo a la prospección o a la prospectiva.

prospecto s.m. (lat. *prospectus, -us,* acción de considerar algo, de *prospicere,* examinar). Impreso que acompaña a un medicamento, mercancía, máquina, etc., dando instrucciones sobre su empleo. **2.** Impreso de pequeño tamaño en que se presenta una obra, espectáculo, mercancía, etc.

prosperar v.intr. (lat. *prosperare,* hacer próspero, feliz). Ganar prosperidad. **2.** *Fig.* Prevalecer o imponerse una opinión, idea, etc., poniéndose en práctica o aceptándose. ◆ v.tr. Dar prosperidad.

prosperidad s.f. Bienestar material o mejora de la situación económica. **2.** Curso favorable de las cosas, buena suerte o éxito en lo que se emprende.

próspero, a adj. (lat. *prosperus, -a, -um,* feliz, próspero). Que mejora y se enriquece progresivamente. **2.** Favorable, afortunado, venturoso.

prostaglandina s.f. Ácido graso que se halla principalmente en el organismo de los mamíferos, especialmente en los fluidos seminales. (Actúa como vasoconstrictor o vasodilatador en la musculatura lisa, el ciclo menstrual y el embarazo, la fertilidad masculina y en la zona cardiovascular.)

próstata s.f. (gr. *próstatis,* que está delante). Órgano glandular, propio del sexo masculino, que rodea el cuello de la vejiga y parte de la uretra y segrega el líquido prostático durante la eyaculación.

prostatectomía s.f. Extirpación quirúrgica, total o parcial, de la próstata.

prostatitis s.f. Inflamación de la próstata.

prosternarse v.prnl. Postrarse, arrodillarse en señal de adoración o de respeto: *prosternarse ante el altar.*

prostético, a adj. Relativo a la prótesis. <> **Grupo prostético** BIOL. Parte de la molécula de una heteroproteína que contiene su radical activo.

prostibulario, a adj. Del prostíbulo.

prostíbulo s.m. (lat. *prostibulum*). Establecimiento donde se practica la prostitución.

próstilo, a adj. y s.m. ARQ. Se dice del templo que presenta una fila de columnas solo en la fachada principal.

prostitución s.f. Actividad del prostituto. **2.** *Fig.* Degradación moral.

prostituir v.tr. y prnl. (lat. *prostituere*) [conj.: *huir*]. Hacer que una persona mantenga relaciones sexuales a cambio de dinero. **2.** *Fig.* Envilecer o degradar por interés o para obtener una ventaja: *prostituir su talento literario.*

prostituto, a s. Persona que mantiene relaciones sexuales a cambio de dinero. (Se usa más referido a la mujer.)

prosudo, a adj. Chile, Ecuad. y Perú. Se dice del orador pomposo. **2.** Ecuad. Que se da importancia o toma actitudes de superioridad.

protactinio s.m. Elemento químico (Pa), radiactivo, de número atómico 91.

protagonismo s.m. Afán que tiene una persona de mostrarse o aparecer como la persona más calificada y necesaria para una actividad. **2.** Cualidad de protagonista.

protagonista s.m. y f. (del gr. *protos,* primero, y *agonistis,* actor). Personaje principal de una obra literaria, teatral, cinematográfica, etc. **2.** Persona o cosa que tiene la parte principal en un hecho o suceso cualquiera.

protagonizar v.tr. Actuar como protagonista.

prótalo s.m. (de *pro* y gr. *thallos,* rama). BOT. Pequeña lámina verde resultante de la germinación de las esporas de los helechos o plantas semejantes, en la que se hallan los anteridios y los arquegonios.

protamina s.f. Polipéptido utilizado en la fabricación de ciertas insulinas de efecto retardado y como antídoto de la heparina.

prótasis s.f. (pl. *prótasis*). Proposición subordinada de una oración condicional que expresa la hipótesis. **2.** Primera parte de un poema dramático en la que se presenta la acción.

proteasa s.f. Enzima que hidroliza los prótidos.

protección s.f. Acción de proteger: *la protección de la biodiversidad.* **2.** Cosa que protege. <> **Protección civil** Organización que reglamenta y coordina la protección de personas y bienes en caso de guerra o calamidades públicas, para evitar o aminorar los riesgos y los daños.

proteccionismo s.m. Doctrina económica que pretende favorecer la producción nacional frente a la competencia extranjera. (Se opone al librecambismo.)

proteccionista adj. y s.m. y f. Relativo al proteccionismo; partidario del proteccionismo.

protector, ra adj. y s. Que protege: *crema protectora.* ◆ s.m. Cosa que protege: *un protector de la piel.* **2.** Pieza de protección que se coloca un boxeador en la boca para proteger los dientes. SIN.: *protegedientes.* **3.** En Gran Bretaña, título de regente. (Con este significado, suele escribirse con mayúscula.) **4.** Título dado a diversos próceres americanos. (Con este significado, suele escribirse con mayúscula.)

protectorado s.m. Situación de un estado que está bajo la protección de otro estado, especialmente en cuanto a las relaciones exteriores y la seguridad.

protegedientes s.m. (pl. *protegedientes*). Protector dental.

proteger v.tr. (lat. *protegere*). Resguardar a alguien o a algo de peligros, daños o incomodidades. **2.** Favorecer, apoyar: *proteger las artes y las letras; proteger una candidatura.*

protegido, a s. Favorito, ahijado.

1. **proteico, a** adj. (del gr. *proton,* primero). Relativo a las proteínas.

2. **proteico, a** adj. (de *Proteo,* dios marino griego que tomaba distintas formas). Que cambia de forma, aspecto o ideas: *temperamento proteico.*

proteido s.m. Proteína.

proteiforme adj. Que cambia frecuentemente de forma.

proteína s.f. (del gr. *proteion,* preeminente, primer premio). Macromolécula constituida por numerosos aminoácidos encadenados unidos por enlaces peptídicos, que forma parte de la materia fundamental de las células y de las sustancias vegetales y animales. SIN.: *proteido.*

proteína

Atendiendo a sus funciones y propiedades físico-químicas, las proteínas se pueden clasificar en *proteínas simples (holoproteidos),* que por hidrólisis dan solo aminoácidos o sus derivados; *proteínas conjugadas (heteroproteidos),* que por hidrólisis dan aminoácidos acompañados de sustancias diversas, y *proteínas derivadas,* sustancias formadas por desnaturalización y desdoblamiento de las anteriores. Las proteínas son indispensables para la vida, sobre todo por su función plástica (constituyen el 80 % del protoplasma deshidratado de toda célula), pero también por sus funciones biorreguladora (forman parte de los enzimas) y de defensa (los anticuerpos son proteínas).

proteínico, a adj. Relativo a las proteínas y a los prótidos.

proteinuria s.f. Presencia de proteínas en la orina.

proteólisis s.f. Conjunto de reacciones que se dan en la desintegración de las sustancias protídicas complejas.

proteosíntesis s.f. Elaboración de proteínas por células vivas.

proterandria s.f. BOT. Estado de una flor cuyos estambres maduran antes que el pistilo.

proteroginia s.f. BOT. Protoginia.

protervo, a adj. y s. (lat. *protervus,* violento, vehemente, audaz). Malvado, perverso.

protésico, a adj. Relativo a la prótesis. ◆ s. Persona especializada en preparar y ajustar prótesis dentales.

prótesis s.f. (gr. *próthesis,* anteposición). Pieza, dispositivo o aparato que se coloca en el cuerpo de una persona o animal para sustituir a un órgano, pieza o miembro dañado o amputado. **2.** Colocación de esta pieza, dispositivo o aparato en el cuerpo de una persona o animal. **3.** LING. Adición de una letra no etimológica al principio de una palabra, como la *e* en *escala* del latín *scala.*

protesta s.f. Acción de protestar. **2.** Documento o palabras con que se protesta. <> **Canción (de) protesta** Canción pop de los años sesenta caracterizada por el mensaje de crítica social o de compromiso político que llevaba implícitos. (En ingl. *protest song.*)

protestante adj. y s.m. y f. Relativo al protestantismo; que profesa el protestantismo. <> **Iglesias protestantes** Conjunto de iglesias surgidas de la Reforma.

protestantismo s.m. Conjunto de las doctrinas religiosas de Lutero y sus seguidores. **2.** Conjunto de las iglesias y comunidades cristianas surgidas de la Reforma.

protestantismo

El protestantismo reúne a diversas iglesias (luteranas, reformadas, anglicanas, etc.) cuya unidad se basa en tres afirmaciones fundamentales: 1, la autoridad soberana de la Biblia en materia de fe (todo lo que solo es tradición humana es rechazado); 2, la salvación por la fe, que es un don de Dios (las buenas obras no son la causa de la salvación sino su consecuencia); 3, la fuerza del testimonio interno del Espíritu Santo, por la cual el creyente comprende el espíritu de la palabra de Dios que se expresa en los libros santos. El protestantismo no pretende ser un conjunto doctrinal, sino una actitud común del pensamiento y de la vida, que es la fidelidad al Evangelio.

---

protestar v.intr. (lat. *protestari,* declarar en voz alta). Expresar con vehemencia queja o disconformidad. ◆ v.tr. Mostrar disconformidad y oposición con vehemencia. **2.** DER. Realizar el protesto de una letra de cambio u otro documento ejecutivo por falta de aceptación o pago, o por otra causa legal.

protesto s.m. Acta notarial, extendida a instancias del tenedor de la letra, en que consta que practicó las diligencias necesarias para su aceptación y pago por parte del librado, sin conseguirlo. ◇ **Protesto del cheque** Acto por el que consta de forma fehaciente la falta de pago de un cheque.

protético, a adj. LING. Relativo a la prótesis.

prótido s.m. Proteína.

protisto s.m. Ser vivo unicelular de núcleo diferenciado, como el *paramecio* y la *ameba.*

protococal adj. y s.f. Relativo a un orden de algas verdes unicelulares que nunca forman filamentos de crecimiento terminal.

protocolario, a adj. Relativo o conforme al protocolo.

protocolizar v.tr. Realizar un acto conforme a unas reglas de protocolo.

protocolo s.m. (lat. tardío *protocollum,* del gr. tardío *protókollon,* hoja pegada en un documento para darle autenticidad). Conjunto de reglas de cortesía y urbanidad establecidas para determinadas ceremonias. **2.** Regla ceremonial, diplomática o palatina, establecida por decreto o por costumbre. **3.** Serie ordenada de escrituras matrices y otros documentos que un notario o escribano autoriza y custodia con ciertas formalidades. **4.** Serie de fórmulas con que se comienza y termina un documento. **5.** INFORMÁT. Conjunto de reglas que rigen el intercambio de informaciones entre dos equipos o entre dos sistemas conectados entre sí. **6.** MED. **a.** Plan preciso y detallado establecido para el tratamiento de una enfermedad o para la realización de un ensayo clínico o intervención quirúrgica. **b.** Conjunto de los diversos informes que se escriben inmediatamente después de realizada una intervención (acto quirúrgico, autopsia, etc.). ◇ **Protocolo de ratificación** DER. INTERN. Conjunto de disposiciones adoptadas después de un trabajo para hacer constar ciertos hechos.

protoestrella s.f. Materia interestelar en proceso de condensación para formar una nueva estrella.

protófito s.m. Vegetal unicelular.

protogalaxia s.f. Galaxia en proceso de formación.

protogina s.f. Variedad de granito de los Alpes, de aspecto verdoso, que ha sufrido un ligero metamorfismo.

protoginia s.f. BOT. Estado de una flor cuyo pistilo madura antes que los estambres. SIN.: *proteroginia.*

protohistoria s.f. Período de la historia de la humanidad subsiguiente a la prehistoria.

protoindustrialización s.f. Fase previa a la revolución industrial.

protomártir s.m. Primer mártir. (Se dice especialmente de san Esteban.)

prótomo s.m. ARQUEOL. Busto de hombre o de animal usado como elemento decorativo.

protón s.m. (gr. proton, *primero*). Partícula elemental cargada de electricidad positiva, constituyente estable de la materia, que junto con el neutrón entra en la composición de los núcleos atómicos. (En el átomo, el número de protones, igual al de electrones planetarios, define el número atómico del elemento químico. El núcleo del hidrógeno está compuesto por un solo protón).

protonema s.m. BOT. Órgano filamentoso procedente de una espora de musgo, del que nacen los tallos.

protonotario s.m. Dignidad más elevada entre los prelados de la corte romana que no son obispos.

protooncogén s.m. Oncogén primitivo o rudimentario.

protoplaneta s.m. Planeta en proceso de formación.

protoplasma s.m. Conjunto del citoplasma, el núcleo y los plastos.

protóptero s.m. Pez de las lagunas de África tropical, de 60 cm de long., que respira por branquias y pulmones y pasa la estación seca en el lodo, en el interior de un capullo de moco seco. (Subclase dipnoos.)

protórax s.m. Primer segmento del tórax de los insectos en el que se articulan el primer par de patas.

protostoma adj. y s.m. Relativo a un grupo de metazoos celomados bilaterales, cuya abertura oral deriva del blastoporo directamente.

prototerio, a adj. y s.m. Monotrema.

prototipo s.m. Primer ejemplar, modelo. **2.** Primer ejemplar construido industrialmente de una máquina, aparato, vehículo, etc., y destinado a experimentar en funcionamiento sus cualidades y características, con vistas a la construcción en serie. **3.** *Fig.* Persona o cosa que reúne en sí las más acusadas características de una cualidad, acción, vicio, virtud, etc., o las representa en su máximo grado.

protóxido s.m. QUÍM. Óxido menos oxigenado de un elemento: *protóxido de nitrógeno.*

protozoo adj. y s.m. Se dice de los seres unicelulares de núcleo diferenciado, sin clorofila, generalmente dotados de una boca, como los ciliados *(paramecio),* los flagelados *(tripanosoma),* los rizópodos *(amebas, foraminíferos, radiolarios)* y el hematozoo del paludismo.

protráctil adj. (lat. *protractilis*). Que puede estirarse hacia adelante.

protrombina s.f. Sustancia contenida en la sangre y que participa en su coagulación.

protuberancia s.f. (del lat. *protuberare,* ser prominente). Prominencia más o menos redonda de una superficie. **2.** ASTRON. Erupción de materia que se observa con frecuencia alrededor del disco solar. ◇ **Protuberancia anular** ANAT. Estructura del encéfalo, situada debajo del cerebelo, que constituye, con el bulbo raquídeo y los pedúnculos cerebrales, el tronco cerebral.

proturo, a adj. y s.m. Relativo a un orden de pequeños insectos muy primitivos, sin alas, sin ojos y sin antenas, que viven en ambientes húmedos (musgo, suelo, etc.).

provecho s.m. (lat. *profectus, -us,* adelanto, progreso, provecho). Beneficio o utilidad que resulta de algo o que se proporciona a alguien. **2.** Rendimiento o adelantamiento en alguna materia, arte o virtud. ◇ **Buen provecho** Se usa para desear una buena digestión a alguien que come, que va a comer o ha eructado.

provechoso, a adj. Que produce o da un provecho o beneficio.

provecto, a adj. (del p. de *provehere,* llevar adelante, avanzar). Maduro, entrado en años. **2.** Que ha adelantado o aprovechado mucho en un aprendizaje, en su desarrollo, etc.

proveedor, ra s. Persona o empresa encargada de proveer a alguien de lo que necesita para un fin, especialmente un producto o un servicio.

proveer v.tr. y prnl. [conj.: *leer*]. Suministrar o aprovisionar de lo necesario o conveniente para un fin: *proveer de víveres a los damnificados.* **2.** Preparar, disponer o reunir las cosas necesarias para un fin: *proveer lo indispensable para un viaje.* ◆ v.tr. Resolver, tramitar un asunto o negocio. **2.** Dar o conferir un empleo o cargo. **3.** DER. Dictar un juez o tribunal una resolución que no sea la sentencia definitiva.

OBS.: doble participio: *proveído* (poco usado) o *provisto.*

provenir v.intr. (lat. *provenire,* adelantarse, producirse) [conj.: *venir*]. Proceder, tener su origen alguien o algo en lo que se expresa.

provenzal adj. y s.m. y f. De Provenza. ◆ adj. Se dice de la literatura de los trovadores. ◆ s.m. Variedad de la lengua de oc hablada en Provenza. **2.** Nombre dado a la lengua utilizada por los trovadores.

proverbial adj. Relativo al proverbio o que lo incluye: *frase proverbial.* **2.** Muy conocido o sabido de todos: *su proverbial hospitalidad.*

proverbio s.m. (lat. *proverbium*). Refrán.

providencia s.f. (lat. *providentia*). Disposición anticipada de una cosa, medida o previsión que se toma al ir a realizar algo o para remediar un daño o peligro que puede suceder. **2.** DER. Resolución de un tribunal o juzgado con fines de ordenación e impulso del procedimiento. **3.** TEOL. **a.** Previsión y cuidado que Dios tiene de sus criaturas. **b.** Dios, considerado gobernante del universo. (Con este significado se escribe con mayúscula.)

providencial adj. *Fig.* Que libra de un peligro o una desgracia inminente: *su llegada fue providencial.* **2.** Relativo a la providencia de Dios.

providencialismo s.m. Creencia religiosa de que todo sucede por disposición de la Providencia.

providencialista adj. y s.m. y f. Relativo al providencialismo; partidario de esta doctrina.

providente adj. Prudente, previsor. **2.** Próvido, diligente.

próvido, a adj. Prevenido y diligente para proveer lo que es necesario para un fin. **2.** Propicio, benévolo.

provincia s.f. (lat. *provincia*). División territorial y administrativa de algunos países como Argentina o España. **2.** ANT. ROM. País conquistado fuera de Italia, sujeto a las leyes romanas y administrado por un gobernador romano. ◆ **provincias** s.f.pl. Por oposición a capital, el resto del territorio del país: *vivir en provincias.* ◇ **Provincia religiosa** Conjunto de conventos unidos entre sí bajo un mismo superior, formando parte de la misma orden religiosa.

provincial adj. Relativo a una provincia. ◆ s.m. y adj. Superior religioso de una provincia.

provinciala s.f. Superiora religiosa de una provincia.

provincialato s.m. Dignidad o cargo de provincial o provinciala. **2.** Período de tiempo durante el cual gobierna un provincial o provinciala.

provincialismo s.m. Palabra, expresión o giro propios de una provincia determinada.

provincianismo s.m. Condición de provinciano.

provinciano, a adj. Relativo a una provincia. ◆ adj. y s. Poco habituado a la vida y costumbres de la capital. **2.** Habitante u originario de una provincia, en oposición al de la capital.

provisión s.f. Acción de proveer. **2.** Conjunto de cosas necesarias o útiles para el mantenimiento, especialmente víveres. (Suele usarse en plural.) **3.** Argent. y Urug. Tienda de comestibles en la que también se venden frutas y verduras.

provisional adj. Que se hace, se tiene o está en espera de lo definitivo: *cargo provisional.*

provisor s.m. Juez eclesiástico delegado del obispo para ejercer en su nombre la jurisdicción contenciosa.

provisorato s.m. Cargo de provisor. SIN.: *provisoría.*

provitamina s.f. Sustancia inactiva que existe en los alimentos y que el organismo transforma en vitamina activa.

provocación s.f. Acción y efecto de provocar. **2.** DER. **a.** Acción de incitar a una o varias personas a cometer un delito o falta. **b.** Acción ofensiva para otra persona, que puede inducirla a la agresión.

provocador, ra adj. y s. Que provoca o es inclinado a provocar.

provocar v.tr. (lat. *provocare,* llamar para que salga alguien). Incitar o desafiar a alguien a que haga una cosa. **2.** Ocasionar, causar, mover a algo: *provocar la risa.* **3.** Irritar a alguien o estimularlo con palabras, gestos o acciones para que se irrite. **4.** Excitar o tratar de despertar deseo sexual en alguien, por medio de gestos, actitudes, modos de vestir, etc. **5.** Colomb., Perú y Venez. *Fam.* Apetecer.

provocativo, a adj. Que provoca, irrita o excita.

proxeneta s.m. y f. (lat. *proxeneta,* del gr. *proxenein,* hacer de patrono o protector). Persona que induce a otra a prostituirse y se beneficia de las ganancias que esta consigue. SIN.: *alcahuete.*

proximidad s.f. Cualidad de próximo, cercanía. **2.** Zona que está alrededor o cerca de un lugar determinado. (Suele usarse en plural.)

próximo, a adj. (lat. *proximus,* el más cercano, muy cercano, de *prope,* cerca). Que dista muy poco en el espacio o en el tiempo, que está muy cerca. **2.** Que está o sigue inmediatamente después al lugar o momento que se expresa.

proyección s.f. (lat. *projectio,* acción de echar adelante). Acción y efecto de proyectar, lanzar. **2.** Acción de proyectar imágenes sobre una pantalla. **3.** Imagen luminosa formada sobre una pantalla. **4.** Técnica de aplicación de materiales de construcción (mortero, hormigón), consistente en proyectarlos a presión sobre el soporte que deben revestir. **5.** Operación cartográfica que permite representar el elipsoide terrestre sobre una superficie plana, llamada *plano de proyección.* según ciertas reglas geométricas. **6.** MAT. Operación por la cual, a un punto o a un vector de un espacio vectorial, se le hace corresponder un punto o un vector de un subespacio. **7.** PSICOANÁL. Mecanismo de defensa muy general por el que el sujeto proyecta sobre otro lo que le es propio pero que no acepta como suyo. ◇ **Planos de proyección** En geometría descriptiva, plano horizontal y plano frontal sobre los que se proyectan ortogonalmente las figuras del espacio. **Proyección volcánica** Materia proyectada por un volcán en erupción (bombas, lapilli, cenizas, etc.).

proyectar v.tr. (lat. *projectare,* de *projicare,* echar adelante). Pensar el modo de llevar a cabo algo y establecer los medios necesarios para realizarlo: *proyectar un viaje; proyectar un puente.* **2.** Dirigir una cosa, especialmente un dispositivo u otro aparato, hacia adelante y a cierta distancia: *proyectar piedras; el foco proyecta luz.* **3.** Formar sobre una pantalla la imagen óptica ampliada de diapositivas, películas u objetos opacos. **4.** MAT. Efectuar una proyección. ◆ v.tr. y prnl. Hacer visible por medio de la luz, sobre un cuerpo o una superficie plana, una figura o una sombra.

proyectil s.m. (del lat. *projicere*). Cualquier cuerpo que es lanzado contra un objetivo para producir efectos destructivos (bala, bomba, cohete, granada, misil, obús, etc.).

proyectismo s.m. Conjunto de actividades, escritos y tendencias de las personas que proponen proyectos para aumentar o mejorar la hacienda pública.

proyectista s.m. y f. Persona que hace o dibuja proyectos de arquitectura, ingeniería, etc. **2.** Persona aficionada a preparar o a idear planes o proyectos, particularmente con relación a la hacienda pública.

proyectivo, a adj. MAT. Se dice de las propiedades que conservan las figuras cuando son proyectadas sobre un plano. ◇ **Técnica proyectiva** o **test proyectivo** PSICOL. Método de estudio de la personalidad de un individuo que le enfrenta a una situación estandarizada lo más ambigua posible y a la cual responde según el sentido que esta situación reviste para él. **Transformación proyectiva** MAT. Aplicación de un espacio lineal en otro, tal que cuatro puntos en línea recta se transforman en otros cuatro puntos también en línea recta con la misma relación anarmónica que los primeros.

proyecto s.m. Intención de hacer algo o plan que se idea para poderlo realizar. **2.** Conjunto de planos y documentos de una obra o edificio, instalación, máquina, etc., que se han de construir o fabricar. **3.** Redacción o disposición provisional de un escrito, un tratado, un reglamento, etc.

proyector s.m. Aparato que sirve para proyectar imágenes sobre una pantalla. **2.** Aparato que concentra y dirige en una dirección determinada la luz procedente de un foco de gran intensidad.

prudencia s.f. Moderación, cautela en la manera de ser o de actuar. **2.** Sensatez, buen juicio.

prudencial adj. Relativo a la prudencia. **2.** Moderado, suficiente pero no excesivo. **3.** Se dice del cálculo de una cosa hecho con aproximación.

prudente adj. (lat. *prudens, -entis*). Que implica prudencia: *actitud prudente.* **2.** Que actúa con prudencia: *persona muy prudente.*

prueba s.f. Acción y efecto de probar: *período de prueba.* **2.** Ensayo que se hace de una cosa: *hacer una prueba a un motor.* **3.** Examen para demostrar determinadas cualidades o habilidades: *pruebas teóricas.* **4.** Señal, muestra o indicio que permite demostrar una cosa: *presentar pruebas fidedignas.* **5.** Competición deportiva. **6.** Primera muestra de una composición tipográfica, que se saca para corregirla. **7.** DER. **a.** Justificación de la verdad de los hechos controvertidos en un juicio, hecha por los medios que autoriza y reconoce por eficaces la ley. **b.** Actividad realizada por las partes y el tribunal para determinar la verdad o falsedad de una afirmación a efectos del curso del proceso y la justicia de la sentencia. **8.** FOT. Imagen obtenida por tiraje de un fotograbado. **9.** MAT. Operación mediante la cual se controla la exactitud de un cálculo y la veracidad de la solución de un problema. ◇ **A prueba** Que se puede probar antes de aceptarlo o comprarlo. **A prueba de** Capaz de resistir la cosa que se expresa: *a prueba de bombas.* **A toda prueba** Se dice de lo que es muy sólido, fuerte o resistente. **En prueba de** Como muestra o señal de lo que se expresa. **Poner a prueba** Hacer realizar a alguien ciertas acciones o someter algo a algunas verificaciones para conocer sus cualidades o aptitudes. **Prueba positiva** FOT. Positivo.

pruina s.f. Revestimiento céreo que, en forma de capa tenue, recubre numerosos frutos, hojas y tallos.

pruriginoso, a adj. MED. Que causa picor; de la naturaleza del prurigo.

prurigo s.m. MED. Nombre de diversas afecciones cutáneas caracterizadas por intensos picores.

prurito s.m. (lat. *pruritus, -us,* de *prurire,* sentir picor). Picazón, comezón. **2.** *Fig.* Deseo vehemente de hacer una cosa por amor propio.

prusiano, a adj. y s. De Prusia.

prusiato s.m. Cianuro.

prúsico, a adj. (de *Prusia,* ant. estado del N de Alemania). **Ácido prúsico** Ácido cianhídrico.

pshent s.m. Tocado de los faraones, formado por coronas del Alto y Bajo Egipto encajadas, que simbolizaba su poder real en estos dos reinos.

psi s.f. Nombre de la vigésima tercera letra del alfabeto griego (ψ, Ψ), que corresponde al sonido de la grafía *ps.*

psic(o) o **sic(o),** prefijo que significa *mente.* (Delante de *e, i* toma la forma *psiqu, siqu.*)

psicoamina s.f. Sustancia aminada parecida a la anfetamina, perteneciente al grupo de los psicotónicos.

psicoanaléptico, a adj. y s.m. Psicotónico.

psicoanálisis s.m. Método de investigación psicológica que tiene por objeto dilucidar el significado inconsciente de la conducta y cuyo fundamento se encuentra en la teoría de la vida psíquica formulada por Freud. **2.** Técnica psicoterápica basada en esta investigación. SIN.: *psicología profunda.*

psicoanálisis

Freud considera que la personalidad se forma a partir del rechazo en el subconsciente de situaciones vividas en la infancia como fuentes de angustia y de culpabilidad. El rechazo del recuerdo de estas situaciones traumáticas es debido al papel determinante que desempeña la figura del padre en el triángulo padre-madre-niño y al momento en que aparece el *complejo de Edipo.*

Freud demostró la importancia de los actos fallidos, de los sueños, donde aparecen de nuevo algunos de los elementos rechazados. Elaboró dos modelos teóricos *(tópicas)* de representación del funcionamiento psíquico. La segunda tópica describe a la persona formada por tres instancias: el inconsciente, es decir, las pulsiones latentes (el *ello*), lo consciente *(yo)*, y el modelo social, conjunto de reglas morales *(superyó).*

El psicoanálisis es, sobre todo, una terapia: el síntoma que presenta el sujeto es el sustituto de un proceso psíquico reprimido y el conocimiento por parte del sujeto del proceso reprimido debe provocar la desaparición del síntoma. En el proceso de curación, la regla fundamental es que el sujeto deje aflorar libremente todas las asociaciones de ideas que acudan a su mente.

psicoanalista s.m. y f. Especialista en psicoanálisis.

psicoanalizar v.tr. y prnl. Someter a psicoanálisis.

psicocinesia s.f. → **psicoquinesia.**

psicocirugía s.f. Conjunto de intervenciones quirúrgicas que se practican en el encéfalo, destinadas a hacer desaparecer ciertos síntomas de enfermedad mental.

psicocrítica s.f. Método de crítica literaria inspirado por el psicoanálisis que consiste en extraer en los textos los temas y relaciones surgidos del subconsciente del escritor.

psicocrítico, a adj. Relativo a la psicocrítica. ◆ s. Crítico literario que utiliza la psicocrítica.

psicodélico, a adj. Relativo al psicodelismo. **2.** Que causa psicodelismo: *droga psicodélica.* **3.** Que evoca este estado psíquico: *música, pintura psicodélica.*

psicodelismo s.m. Estado de alteración sensorial, con alucinaciones y euforia, provocado por ciertos alucinógenos.

psicodisléptico, a adj. y s.m. Se dice de una sustancia psicótropa que provoca trastornos semejantes a los de las psicosis.

psicodrama s.m. Técnica psicoterápica de grupo que se funda en la catarsis y en la que los pacientes escenifican sus problemas.

psicofármaco s.m. Medicamento susceptible de modificar el psiquismo.

psicofarmacología s.f. Estudio de las repercusiones de los psicótropos en el sistema nervioso y en las funciones psíquicas.

psicofisiología s.f. Estudio científico de las relaciones entre los hechos psíquicos y los hechos fisiológicos.

psicogénesis s.f. Estudio de las causas de orden psíquico susceptibles de explicar un comportamiento, una modificación orgánica o un trastorno psiquiátrico.

psicógeno, a adj. Se dice del fenómeno, elemento, etc., cuyo origen se encuentra en el funcionamiento mental.

psicokinesia s.f. → **psicoquinesia.**

psicoléptico, a adj. y s.m. Se dice de la sustancia que tiene una acción moderadora o calmante sobre las funciones psíquicas.

psicolingüística s.f. Estudio científico de los factores mentales e intelectuales que afectan a la expresión y comprensión del lenguaje.

psicolingüístico, a adj. Relativo a la psicolingüística.

psicología s.f. Ciencia que estudia la actividad psíquica. **2.** Carácter o manera de ser: *la psicología popular.* **3.** Capacidad para conocer el carácter de las personas y actuar según este: *carecer de psicología.*

psicología

La psicología, considerada hasta finales del s. XIX como una rama de la filosofía, se confirmó como ciencia específica recurriendo al método experimental, a las estadísticas y a los modelos matemáticos. La *psicología experimental,* cuya finalidad es el descubrimiento de leyes que regulen el comportamiento humano, se divide en diversos campos según el objeto estudiado: el estudio de reacciones fisiológicas *(psicofisiología)*, el del desarrollo del niño *(psicología genética)*, el estudio de los comportamientos individuales en relación con el sistema nervioso, especialmente del lenguaje *(psicolingüística, neurolingüística)*, el estudio de las cualidades individuales comparadas *(psicología diferencial)*, el estudio de los comportamientos en grupo *(psicología social).* Se distingue de la *psicología clínica,* cuyo objeto es la investigación en profundidad de la persona considerada como una singularidad y cuyo modelo teórico es el psicoanálisis.

psicológico, a adj. Relativo a la psicología o a los hechos psíquicos. **2.** Que actúa sobre la psique: *acoso psicológico; guerra psicológica.* ◇ **Momento,** o **instante, psicológico** Momento oportuno para actuar.

psicologismo s.m. Tendencia a reducir la epistemología o teoría del conocimiento al estudio de los estados de consciencia del sujeto.

psicólogo, a s. Especialista en psicología. ◆ adj. y s. Se dice de la persona que tiene capacidad natural para conocer a los demás, sus sentimientos y las causas que motivan su comportamiento.

psicometría s.f. Conjunto de métodos de medida de los fenómenos psicológicos, especialmente los tests.

psicomotor, ra adj. Se dice del comportamiento del niño en relación con la adquisición de reflejos (maduración). **2.** Se dice de los trastornos de la realización motora sin soporte orgánico. ◇ **Reeducación psicomotora** Terapia no verbal cuyo objeto es reequilibrar las relaciones entre un sujeto y su cuerpo.

psicomotricidad s.f. Integración de las funciones motoras y mentales por efecto de la maduración del sistema nervioso. **2.** Conjunto de técnicas y ejercicios que sirven para estimular el equilibrio entre las funciones motoras y mentales.

psicomotriz adj.f. Psicomotora.

psiconeurosis s.f. PSICOANÁL. Conjunto de afecciones psíquicas cuyos síntomas son la expresión simbólica de conflictos entre el yo y el ello, que tienen sus orígenes en la infancia.

psicópata s.m. y f. Enfermo mental. **2.** PSIQUIATR. Enfermo que padece una psicopatía.

psicopatía s.f. PSIQUIATR. Trastorno de la personalidad que se manifiesta principalmente por comportamientos antisociales (paso a la acción) sin sentimiento aparente de culpabilidad.

psicopatología s.f. Parte de la psicología que tiene por objeto el estudio comparado de los procesos normales y patológicos de la vida psíquica.

psicopedagogía s.f. Pedagogía fundada en el estudio científico del desarrollo del niño.

psicoprofilaxis s.f. Preparación psicológica para prevenir las reacciones no deseadas que pueden alterar el buen funcionamiento del organismo.

psicoquinesia, psicocinesia o **psicokinesia** s.f. En parapsicología, término que designa la acción directa de la mente sobre la materia.

psicorrigidez s.f. Rasgo de carácter que se manifiesta por una ausencia de flexibilidad de los procesos intelectuales e incapacidad de adaptación a situaciones nuevas.

psicorrígido, a adj. y s. Que manifiesta psicorrigidez.

psicosensorial adj. Que concierne a las relaciones entre los estímulos sensoriales y la actividad psíquica.

psicosis s.f. Término genérico que designa las enfermedades mentales caracterizadas por una alteración global de la personalidad que subvierte las relaciones del sujeto con la realidad. **2.** Miedo u obsesión irracional de una colectividad debidos a un trastorno en la vida social o política.

psicosis

La psiquiatría clasifica, entre las psicosis crónicas, los delirios (esquizofrenia) y las psicosis maníaco-depresivas. Los estudios de psicosis se basan principalmente en J. Lacan y M. Klein. Para los psicoanalistas la posición del psicótico respecto a la vida se caracteriza por la escisión: procesos psíquicos totalmente separados coexisten sin encontrarse. Para Lacan el origen se halla en una experiencia vital del complejo de Edipo, gravemente desestructurante para el sujeto. El psicótico intenta inventarse un padre, un niño, una imagen del cuerpo, etc., a partir de los elementos fragmentarios que ha conseguido reunir. Para los kleinianos, el psicótico está dominado por un odio violento a la realidad interna y externa, y el predominio de impulsos destructivos que atacan todo lo que le permitiría tomar conciencia de la realidad y del pensamiento.

psicosocial adj. Relativo a la psicología individual y a la vida social.

psicosociología s.f. Estudio psicológico de los hechos sociales.

psicosomático, a adj. (del gr. *somatikós,* del cuerpo). Relativo al cuerpo y a la mente. **2.** Se dice del trastorno o enfermedad orgánicos de origen psíquico. ◇ **Medicina psicosomática** Parte de la medicina que estudia los trastornos psicosomáticos.

psicotecnia s.f. Conjunto de tests que permiten apreciar las reacciones psicológicas y fisiológicas (motoras) de los individuos.

psicotécnico, a adj. Relativo a la psicotecnia: *test psicotécnico.*

psicoterapeuta s.m. y f. Especialista en psicoterapia.

psicoterapéutico, a adj. Relativo a la psicoterapia. SIN.: *psicoterápico.*

psicoterapia s.f. Conjunto de métodos terapéuticos basados únicamente en la relación interpersonal (terapeuta-paciente) que, a través del diálogo, la escucha y las intervenciones del terapeuta, facilitan al paciente un proceso de análisis, comprensión y superación del conflicto psíquico. (No en todas las enfermedades mentales se puede aplicar la psicoterapia, solo en aquellas que están determinadas por la resonancia emocional y por actitudes vinculadas a conflictos psíquicos permanentes.)

psicótico, a adj. y s. Relativo a la psicosis; que padece una psicosis.

psicotónico, a adj. y s.m. Relativo a una clase de psicótropos que incrementan el nivel de vigilancia (anfetaminas, cafeína) o el estado de ánimo (antidepresivos). SIN.: *psicoanaléptico.*

psicótropo, a adj. y s.m. Se dice de la sustancia medicamentosa que actúa sobre el psiquismo.

psique s.f. Conjunto de las funciones sensitivas, afectivas y mentales de un individuo.

psiquiatra s.m. y f. Médico especialista en psiquiatría.

psiquiatría s.f. Ciencia que estudia y trata las enfermedades mentales. SIN.: *frenopatía.*

psiquiatría

Las causas de los desórdenes mentales se conocen mal y, al parecer, son múltiples (bioquímicas, psicológicas, sociales, etc.) y diferentes en cada caso particular. Los principales problemas, además de la ansiedad y la depresión, son las neurosis, las psicosis, las personalidades patológicas, las toxicomanías y las demencias. Los tratamientos activos son las psicoterapias y los medicamentos (ansiolíticos, antidepresivos, neurolépticos, etc.).

psiquiátrico, a adj. Relativo a la psiquiatría. SIN.: *frenopático.*

psíquico, a adj. De la psique o el psiquismo.

psiquismo s.m. Conjunto de caracteres psíquicos de un individuo determinado.

psitacismo o **sitacismo** s.m. Alteración del lenguaje por desconocimiento del sentido de las palabras que se emiten.

pteridófito, a adj. y s.m. Relativo a una división de plantas, como los helechos, que presenta alternancia de generaciones en su ciclo vital, con predominio de la fase diploide sobre la haploide.

pterigógeno, a adj. y s.m. Relativo a una subclase de insectos típicamente alados, que presenta metamorfosis completa o incompleta.

pterigoideo, a adj. Relativo a la pterigoides. ◆ adj. y s.m. Se dice del hueso de los vertebrados originado a partir de la fragmentación de un cartílago.

pterigoides adj. y s.f. ANAT. Se dice de unas apófisis óseas de la parte inferior del esfenoides.

pterobranquio, a adj. y s.m. Relativo a una clase de animales acuáticos que viven fijos y en colonias, próximos a los antepasados de los vertebrados.

pterodáctilo s.m. Reptil volador del período jurásico europeo, de cola corta, alas membranosas y mandíbula provista de dientes. (Orden pterosaurios.)

pterópodo, a adj. y s.m. Relativo a un orden de gasterópodos marinos, nadadores, de concha muy ligera.

pterosaurio, a adj. y s.m. Relativo a un orden de reptiles del secundario, adaptados al vuelo gracias a una amplia membrana sostenida por el quinto dedo de la mano, muy alargado.

ptialina s.f. Enzima de la saliva que inicia la digestión del almidón.

ptialismo s.m. MED. Salivación abundante.

ptomaína s.f. → **tomaína.**

ptosis s.f. (gr. *ptōsis,* caída). MED. Descenso de un órgano, debido a la relajación de los músculos o los ligamentos que lo sostienen. ◇ **Ptosis palpebral** Descenso del párpado superior por parálisis del músculo elevador.

púa s.f. Cuerpo rígido y delgado acabado en punta afilada. **2.** Pincho del puerco espín, erizo, etc. **3.** Diente de un peine o un cepillo. **4.** Pieza metálica de un trompo. **5.** Plectro para tocar instrumentos de cuerda como la guitarra.

pub s.m. (voz inglesa). Establecimiento donde se sirven bebidas y se escucha música.

púber adj. y s.m. y f. (lat. *puber, -eris*). Que está en la pubertad.

pubertad s.f. (lat. *pubertas, -atis*). Período de la vida caracterizado por el inicio de la actividad de las glándulas reproductoras y la manifestación de los caracteres sexuales secundarios (en el hombre: vellosidad, cambio de voz; en la mujer: desarrollo de la vellosidad y de los senos, menstruación).

pubescencia s.f. BOT. Estado de una superficie cubierta de vello, pelo fino y suave.

pubis s.m. (lat. tardío *pubis,* pubis, vello viril). Parte inferior del vientre, que forma una eminencia triangular y se cubre de vello en la pubertad. ◇ **Hueso pubis** Parte media o anterior del hueso coxal.

publicación s.f. Acción de publicar: *fecha de publicación.* **2.** Obra o cualquier escrito publicados.

publicano s.m. (lat. *publicanus*). ANT. ROM. Adjudicatario de un servicio público (obras, aduanas, etc.) y, en particular, recaudador de impuestos.

publicar v.tr. (lat. *publicare*). Difundir una cosa para ponerla en conocimiento de todos. **2.** Editar una obra. **3.** Escribir una obra o realizar un disco, un vídeo, etc., y editarlos.

publicidad s.f. Condición o carácter de público. **2.** Conjunto de medios y técnicas que permiten la divulgación de ideas o de objetos. **3.** DER. Circunstancia agravante de algunos delitos, en particular de los delitos contra el honor, y los de opinión, políticos, sociales y religiosos. ◇ **Dar publicidad** Hacer que el público conozca algo, como un producto una noticia, etc.

publicista s.m. y f. Persona que se dedica profesionalmente a la publicidad. SIN.: *publicitario.* **2.** Persona que escribe para el público, especialmente en publicaciones periódicas. **3.** DER. Autor que escribe sobre derecho público, o persona muy versada en esta ciencia.

publicitario, a adj. Relativo a la publicidad. **2.** Publicista.

público, a adj. (lat. *publicus,* oficial, público). Que es conocido por mucha gente: *escándalo público.* **2.** Se dice de la persona que se dedica a una actividad que tiene repercusiones sociales: *cargos públicos.* **3.** Que puede ser usado o frecuentado por cualquier persona: *parque, servicio público.* **4.** Relativo a la comunidad: *el bien público.* **5.** Que pertenece al estado: *administración pública; colegio público.* ◆ s.m. Clientela, conjunto de personas que asisten a un lugar, espectáculo, etc., o lo frecuentan. **2.** Conjunto indefinido de personas que forman una colectividad. ◇ **Gran público** Conjunto formado por la mayoría de la gente, en especial la no especializada en el tema de que se trata. **Mujer pública** Prostituta.

publirreportaje s.m. Publicidad insertada en un periódico, programa de televisión, etc., con el formato de un artículo o un reportaje.

pucara o **pucará** s.m. (voz quechua). En Perú y Bolivia, fortaleza precolombina, construida generalmente con gruesos muros de pirca.

pucelano, a adj. y s. Esp. Fam. De Valladolid (España).

¡pucha! interj. Amér. Expresa enojo, contrariedad o sorpresa.

pucherazo s.m. Fraude o falsificación electoral consistente en computar votos no emitidos en la elección.

puchero s.m. (lat. *pultarius,* puchero, olla para vino). Recipiente para guisar, alto, algo abombado y con asas. **2.** Guiso de carne, legumbres, hortalizas y tocino. **3.** *Fig.* y *fam.* Gesto facial que precede al llanto. (Suele usarse en plural.) **4.** *Fig.* y *fam.* Alimento diario necesario para mantenerse.

puches s.m.pl. (lat. *pultes,* pl. de *puls, -tis*). Gachas, harina cocida de algún cereal.

pucho s.m. (quechua *púču,* sobras o reliquias). Amér. Merid. Colilla de cigarro. **2.** Amér. Merid. Resto, residuo, pequeña cantidad sobrante de alguna cosa. ◇ **A puchos** Amér. Merid. En pequeñas cantidades, poco a poco. **No valer un pucho** Amér. Merid. No valer nada. **Sobre el pucho** Amér. Merid. Inmediatamente, enseguida.

puchuncay adj. Ecuad. Se dice del último hijo cuando ha nacido bastantes años después que el que le precede.

puchusco, a s. Chile. Hijo menor de una familia.

pudelación s.f. Procedimiento metalúrgico que se utilizaba para obtener hierro o acero de bajo contenido en carbono, por contacto de una masa de arrabio con una escoria oxidante en un horno de reverbero. SIN.: *pudelano, pudelaje.*

pudendo, a adj. (lat. *pudendus,* p. de futuro pasivo de *pudere,* avergonzar). Vergonzoso. **2.** ANAT. Se dice de algunas estructuras de la región hipogástrica, en relación con los órganos genitales y el periné: *arteria pudenda; nervio pudendo.* ◇ **Partes pudendas** Órganos genitales.

pudibundo, a adj. (lat. *pudibundus*). Mojigato, excesiva o afectadamente pudoroso.

púdico, a adj. (lat. *pudicus*). Que tiene o denota pudor.

pudiente adj. y s.m. y f. Rico, influyente.

pudín o **pudin** s.m. (ingl. *pudding*). → **budín.**

pudinga s.f. Variedad de conglomerado formada por cantos rodados unidos por un cemento natural.

pudor s.m. (lat. *pudor, -oris*). Sentimiento de reserva hacia lo que puede tener relación con el sexo. **2.** Vergüenza, timidez, embarazo.

pudoroso, a adj. Que tiene o denota pudor.

pudridero s.m. Cámara de los cementerios donde se guardan los cadáveres antes de ser colocados en el panteón. **2.** Lugar en que se arrojan los desperdicios para que se pudran.

pudrimiento s.m. Acción y efecto de pudrir o pudrirse.

pudrir v.tr. y prnl. (lat. *putrere,* pudrirse). Corromper, alterar una materia orgánica. **2.** *Fig.* Molestar, fastidiar o impacientar a alguien.

OBS.: participio: *podrido.*

pudú s.m. Pequeño ciervo que habita en las faldas de la cordillera andina. (Familia cérvidos.)

pueblada s.f. Amér. Merid. Revuelta popular.

pueblerino, a adj. y s. Se dice de la persona que ha nacido o vive en un pueblo y de los actos, ideas, costumbres, etc., propios de ella. **2.** *Fig.* y *desp.* Tosco, que no sabe desenvolverse en sociedad, o que se asombra o escandaliza de lo moderno.

pueblero, a adj. Argent. y Urug. Relativo a una ciudad o pueblo. **2.** Argent. y Urug. Habitante u originario de una ciudad o pueblo, en oposición a campesino.

1. **pueblo** s.m. (lat. *populus,* pueblo, ciudadanía). Pobla-

ción más pequeña y con menor número de habitantes que la ciudad. **2.** Conjunto formado por las personas de una misma nacionalidad o por las de distinta nacionalidad pero de un mismo estado: *el pueblo español.* **3.** Conjunto de personas que forman una comunidad. **4.** Conjunto de los ciudadanos de un país, respecto de su gobernante. **5.** Conjunto de personas que no habitan en un mismo país, pero que están unidas por su origen, por su religión o por cualquier otro vínculo: *el pueblo judío.* **6.** Conjunto de las personas que pertenecen a las clases sociales trabajadoras, en contraposición a los pudientes: *la explotación del pueblo por la oligarquía dominante.* **7.** ETNOL. Etnia.

2. pueblo o **pueblos,** grupo de amerindios del SO de Estados Unidos (Arizona y Nuevo México). Los principales son los hopi, los tano y los zuñi. Se les denomina *indios pueblo* por la construcción de grandes agrupaciones de casas de piedras. La época floreciente de su cultura fue de 900 a 1300.

pueblos del chaco, conjunto de diversos pueblos amerindios que viven en esta región de América del S. Comprende las familias lingüísticas guaicurú, mascoi, tonocote-lule-vilela, mataco-macá y zamuco, así como pueblos de lengua arawak, tupí-guaraní y otras. La economía de estos pueblos se basa en una vida seminómada, que se mantiene solo en los grupos de los extremos N y O del Chaco, mientras que los indios del Chaco argentino viven en reducciones y en invierno trabajan en las plantaciones de caña. La estructura social está fundada en la banda, compuesta por varias familias extendidas que obedecen a un jefe.

pueblos del mar o **bárbaros del norte,** nombre dado por los egipcios a invasores indoeuropeos procedentes de la zona del mar Egeo, que llegaron a Oriente medio en los ss. XIII-XII a.C. Todos los estados sufrieron la invasión, y algunos fueron destruidos (imperio hitita, Ugarit). Los egipcios los rechazaron en dos ocasiones.

puelche adj. y s.m. y f. De un pueblo amerindio de Argentina, del grupo pampeano, actualmente casi extinguido. (Su lengua, el het o chechehet, dejó de hablarse en el s. XVIII.) ◆ s.m. Chile. Viento que sopla de la cordillera de los Andes en dirección a poniente.

puente s.m. o f. (lat. *pons, -ntis*). Estructura capaz de soportar cargas dinámicas, construida sobre una depresión del terreno u otro obstáculo para cruzarlos. **2.** Día o días laborables que se convierten en festivos por estar entre dos que lo son realmente. **3.** Ejercicio gimnástico en el que el cuerpo, arqueado hacia atrás, descansa en los pies y en las manos. **4.** Pieza delgada de la montura de los anteojos por la que se unen los dos cristales. **5.** AUTOM. Conjunto formado por los elementos que transmiten a las ruedas el movimiento del árbol de transmisión y el peso del vehículo. **6.** ELECTR. **a.** Conexión que se realiza para permitir el paso de la electricidad entre dos cables. **b.** Dispositivo formado por cuatro ramales provistos de elementos diferentes (resistencias, capacidades, etc.) colocados en forma de cuadrilátero en el que una de las diagonales está ocupada por un generador de energía eléctrica y la otra por un aparato de medida. **7.** HERÁLD. Figura artificial que se pinta mazonada indicando el número de arcadas. **8.** MAR. Superestructura de un barco más elevada en el sentido de la manga, donde se halla el puesto de mando. **9.** MED. Mecanismo que permite la fijación de una o varias piezas dentarias artificiales mediante su unión mecánica con piezas naturales que aún persisten o con alguna estructura del maxilar. **10.** MÚS. **a.** Pasaje que señala la transición del primero al segundo tema en un allegro de sonata. **b.** Pieza de madera dura sobre la cual se apoyan las cuerdas en los instrumentos de cuerdas frotadas o pulsadas. ◇ **Puente aéreo** Transporte de viajeros entre dos ciudades, en vuelos frecuentes y periódicos; MIL. transporte por vía aérea de efectivos humanos o de abastecimiento a una zona a la que no podrían llegar por otro medio. **Puente cantilever** Puente que consta de dos voladizos simétricos que salen de dos pilas contiguas y se unen en el centro mediante vigas. **Puente colgante** Puente cuyo tablero está suspendido por cuerdas o grandes cables. **Puente del volante** TECNOL. Platina desmontable que soporta uno de los pivotes del volante del reloj. **Puente de unión** BIOL. Estructura que realiza la unión entre células vecinas. **Puente giratorio** F. C. Plataforma giratoria que se usa para girar locomotoras y vagones. **Puente grúa** Dispositivo elevador y transportador utilizado en manutención. **Puente levadizo** Puente que se levanta por uno de sus extremos, especialmente el de un castillo que servía para atravesar el foso que lo rodeaba. **Tender un puente** Hacer una persona lo posible para que cese la frialdad o tirantez que mantiene con otra persona.

puenting s.m. Deporte de aventura consistente en lanzarse al vacío desde un puente o lugar elevado sujetándose mediante una cuerda elástica atada a los pies.

puercada s.f. Amér. Central y Méx. Porquería, acción indigna, injusticia.

puerco, a s. y adj. (lat. *porcus*). Cerdo, mamífero. **2.** Amér. Coendú. ◇ **Puerco espín** Mamífero roedor nocturno de unos 60 cm de long. y con el cuerpo cubierto de púas que se desprenden fácilmente en caso de agresión. (Los puercos espines americanos [familia eretizóntidos] son arborícolas, mientras que los de África, Asia y SE de Europa [familia histrícidos] tienen costumbres terrestres.) **Puerco montés,** o **salvaje** Jabalí.

puericia s.f. (lat. *pueritia*). Período de la vida de una persona comprendido entre la infancia y la adolescencia, entre los 7 y los 14 años aproximadamente.

puericultura s.f. Disciplina que se ocupa de los cuidados físicos y de la educación de los niños durante los primeros años de vida.

pueril adj. (lat. *puerilis,* de *puer, -eri,* niño). Iluso, ingenuo, infundado. **2.** Relativo a la puericia.

puerilidad s.f. Cualidad de pueril. **2.** Dicho o hecho propios de un niño. **3.** *Fig.* Cosa sin importancia o fundamento.

puerilizar v.tr. y prnl. Hacer pueril algo.

puérpera s.f. (lat. *puerpera,* de *puer, -eri,* niño, y *parere,* parir). Mujer que acaba de parir.

puerperal adj. Relativo al puerperio. ◇ **Fiebre puerperal** Infección que puede aparecer después del parto. **Psicosis puerperal** Episodio psicótico agudo que puede presentarse en las semanas siguientes al parto.

puerperio s.m. Período transcurrido desde el momento del parto hasta que los órganos genitales, sus funciones y el estado general de la mujer vuelven a su estado ordinario anterior al parto.

puerro o **porro** s.m. (lat. *porrum*). Planta hortícola de hojas anchas y planas, y bulbo alargado y comestible. (Familia liliáceas.)

puerta s.f. (lat. *porta,* portón). Abertura en una pared, una valla, un muro, etc., que va desde el suelo hasta cierta altura y por la que se puede pasar de un lugar a otro. **2.** Panel u otro elemento que cierra esa abertura: *una puerta de vidrio.* **3.** *Fig.* Medio, posibilidad, camino para alcanzar algo. **4.** Acceso a una población que antiguamente era una puerta monumental en la muralla que lo rodeaba. **5.** DEP. **a.** Portería, meta. **b.** Espacio señalizado por dos postes que un esquiador debe franquear en la prueba de eslalon. **6.** GEOGR. Garganta, desfiladero: *las puertas del Cáucaso.* ◇ **A puerta cerrada** En privado, de manera secreta. **Cerrar a alguien (todas) las puertas** Negarle ayuda, o impedirle o dificultarle que consiga lo que persigue. **Coger,** o **tomar, la puerta** Marcharse de un sitio bruscamente. **En puertas** o **estar,** o **llamar, a la puerta algo** Estar muy próximo a suceder. **Enseñar,** o **poner a la puerta de la calle a alguien** *Fam.* Despedirlo, echarlo de un lugar. **Franquear las puertas a alguien** Acogerlo. **Llamar a las puertas de alguien** Pedirle ayuda. **Por la puerta grande** *Fam.* Con privilegio u honor.

puerto s.m. (lat. *portus, -us*). Abrigo natural o artificial para embarcaciones, provisto de las instalaciones necesarias para embarcar y desembarcar carga y pasajeros. **2.** *Fig.* Situación, persona o lugar en que se encuentra amparo, defensa. **3.** Paso entre montañas, generalmente estrecho y a bastante altitud. **4.** INFORMÁT. Punto de un equipo electrónico en el que se inserta una línea que lo conecta con sistemas exteriores. ◇ **Puerto artificial** Puerto construido por medio de obras hidráulicas. **Puerto de mar** Población o ciudad que posee un puerto.

puertorriqueñismo s.m. Palabra, expresión o giro propios del español de Puerto Rico.

puertorriqueño, a o **portorriqueño, a** adj. y s. De Puerto Rico. SIN.: *boricua, borinqueño.* ◆ s.m. Variedad del español hablado en Puerto Rico.

pues conj. (lat. *post,* después, detrás, puesto que). Expresa una relación de causa, consecuencia o ilación: *no insistas, pues ya lo he decidido.* **2.** Introduce expresiones exclamativas: *¡pues será caradura el tipo ese!*

puesta s.f. Acción y efecto de poner o ponerse. **2.** Período de la producción de huevos por las aves. **3.** Cantidad de huevos puestos por un ave de corral en un tiempo determinado. SIN.: *postura.* **4.** Acción de un astro que desciende bajo el horizonte: *la puesta del sol.* **5.** Momento en que este astro se pone. **6.** Aspecto que da al cielo en este momento. **7.** En los juegos de azar, cantidad que arriesga cada jugador. ◇ **Puesta a punto** Operación consistente en preparar un mecanismo o dispositivo de modo que esté listo para entrar en funcionamiento. **Puesta en escena** Realización escénica o cinematográfica de un texto teatral o de un guion cinematográfico. **Puesta en marcha** Acción de poner algo en funcionamiento; mecanismo de un automóvil que hace que este arranque.

puestero, a s. Amér. Persona que tiene un puesto de venta en un mercado. **2.** Argent., Chile, Par. y Urug. Persona que tiene a su cargo un puesto de estancia.

puesto, a adj. Con los adverbios *bien* y *mal,* bien o mal vestido o arreglado. **2.** Con el adverbio *muy,* peripuesto, acicalado. **3.** Resuelto, empeñado, determinado. (Va acompañado de la prep. *en.*) ◆ s.m. Lugar que ocupa una cosa. **2.** Sitio determinado para la ejecución de una cosa. **3.** Cargo, empleo. **4.** Instalación ambulante o fija donde se vende al por menor. **5.** Resguardo que sirve para acechar la caza. **6.** Destacamento permanente de guardia civil o de carabineros. **7.** Argent., Chile y Urug. Cada una de las partes en que se divide una estancia para criar animales, y la vivienda que allí tiene su responsable. ◇ **Estar en,** o **mantener,** o **guardar, su puesto** Estar alguien en la actitud que le corresponde, sin rebajarse ni tratar de igualarse con los que están en posición superior. **Puesto de combate** MIL. Situación del combatiente en el marco de la unidad a que pertenece. **Puesto de guardia** MIL. Cuerpo de guardia. **Puesto de incendio** Instalación consistente en una cañería de agua, provista de espita y mangueras, para el auxilio inmediato en caso de incendio. **Puesto de mando** MIL. Lugar desde donde una persona o grupo dirige las operaciones militares o policiales. **Puesto de maniobra,** o **de enclavamientos** F. C. Cabina de mando de las señales y cambios de vía de una estación. **Puesto de socorro** Local donde se encuentran médicos o enfermeros para socorrer a los heridos. **Puesto de trabajo** Lugar donde se efectúa una de las fases de ejecución de un trabajo; centro de actividad que contiene todo lo necesario para la ejecución de un trabajo determinado. **Puesto que** Expresión que introduce una oración con sentido continuativo o causal: *no hace falta que lo hagas, puesto que ya lo hice yo.*

puf s.m. Especie de taburete bajo relleno de materia esponjosa o blanda.

¡puf! interj. Expresa asco, repugnancia o desprecio.

pufo s.m. *Fam.* Estafa o engaño: *dar el pufo.*

púgil s.m. (lat. *pugil, -ilis*). Boxeador.

pugilismo s.m. Boxeo.

pugilístico, a adj. Relativo al boxeo.

pugna s.f. Batalla, pelea. **2.** Oposición entre personas, naciones, partidos, etc.

pugnar v.intr. (lat. *pugnare,* de *pugnus,* puño). Combatir o luchar, especialmente con armas no materiales. **2.** Esforzarse para conseguir cierta cosa.

pugnaz adj. y s.m. y f. Agresivo o belicoso.

1. **puja** s.f. Acción de pujar, esforzarse.

2. **puja** s.f. Esp. DER. Sucesión de ofertas, hechas en subasta o remate público, para la adquisición o arriendo de alguna cosa, mediante las cuales el precio aumenta. **2.** Esp. DER. Cantidad que ofrece un licitador.

pujadismo s.m. → **poujadismo.**

pujador, ra s. Persona que hace puja en las subastas.

pujante adj. (fr. *puissant*). Que crece o se desarrolla con mucha fuerza o impulso.

pujanza s.f. (fr. *puissance*). Vigor, fuerza con que crece o se desarrolla algo.

1. **pujar** v.tr. (lat. *pulsare,* dar empujones, sacudir). Esforzarse para pasar adelante o para proseguir una acción.

2. **pujar** v.tr. e intr. (cat. *pujar*). Esp. Realizar la puja para una cosa que se vende o arrienda.

pujo s.m. Falsa necesidad de evacuación intestinal con dolor o prurito intenso en la región anal. **2.** Contracción abdominal, que se produce voluntaria o involuntariamente, durante el período de expulsión del feto. **3.** *Fig.* Gana incontenible de reír o llorar. **4.** *Fig.* y *fam.* Deseo intenso o ansia de lograr una cosa.

pul s.m. → **peul.**

pularda s.f. (fr. *poularde*). Gallina joven cebada.

pulchinela s.m. Polichinela.

pulcritud s.f. (lat. *pulchritudo,* hermosura). Cualidad de pulcro.

pulcro, a adj. (lat. *pulcher, -chra, -chrum,* hermoso). Aseado, de aspecto cuidado, esmerado y limpio. **2.** Se dice de la persona que se comporta y habla con gran delicadeza.

pulga s.f. (del lat. *pulex, -icis*). Insecto, sin alas y de patas posteriores saltadoras, que se alimenta de sangre extraída por picadura en la piel de los mamíferos; pertenece a un orden próximo a los dípteros y mide como máximo 4 mm de long. ◇ **Pulga de agua** Pequeño crustáceo de agua dulce, de 5 mm de long. máxima, que nada a saltos. (Subclase branquiópodos.) **Pulga de mar** Pequeño crustáceo de agua dulce, de 5 mm de long. máxima, que nada a saltos y que, secado o fresco, sirve como comida para los peces de acuario. (Subclase branquiópodos.) **Sacudirse las pulgas** Esp. *Fam.* Evadir las responsabilidades. **Tener malas pulgas** Esp. *Fam.* Tener mal genio.

pulgada s.f. (lat. vulg. *pollicata*). Medida de longitud, usada antiguamente y aún en la actualidad en diversos países. (En Gran Bretaña y EUA equivale a 2,54 cm.)

pulgar s.m. y adj. (lat. *pollicaris,* de la longitud de un pulgar, de *polex, -icis,* pulgar). Dedo primero y más grueso y corto de la mano. (En el ser humano y en ciertos primates puede oponerse a los otros dedos.)

pulgarada s.f. Porción de algo en forma de polvo o granos que puede tomarse entre las yemas del pulgar y otro dedo.

pulgón s.m. Nombre genérico que se da a unos pequeños insectos de 1 mm de long. media y color verde, marrón o negro, cuyas hembras y larvas parasitan en las partes tiernas de las plantas. (Son muy perjudiciales para los cultivos; orden homópteros.) SIN.: *piojuelo.*

pulgoso, a adj. Que tiene pulgas. SIN.: *pulguero.*

pulguera s.f. Lugar donde hay muchas pulgas.

pulguiento, a adj. Amér. Pulgoso.

pulguillas s.m. y f. (pl. *pulguillas*). *Fam.* Persona susceptible e irritable.

pulido, a adj. Arreglado con mucho cuidado y esmero. ◆ s.m. Pulimento.

pulidor, ra adj. y s. Que pule, compone o adorna algo. ◆ s.m. Instrumento para pulir.

pulidora s.f. Máquina para pulir superficies, dejándolas lisas y brillantes.

pulimentar v.tr. Dar pulimento.

pulimento s.m. (ital. *pulimento*). Acción y efecto de pulir. **2.** Operación de acabado a que se someten los objetos y superficies a fin de eliminar sus irregularidades y asperezas. **3.**

Sustancia que da lustre. **4.** GEOGR. Aspecto liso y brillante que adquieren las rocas por la acción del viento *(pulimento desértico)* o de los glaciares *(pulimento glaciar).*

pulir v.tr. (lat. *polire*). Suavizar la superficie de un objeto dándole tersura y brillo por medio de frotación. **2.** *Fig.* Perfeccionar, corregir algo revisándolo cuidadosamente. ◆ v.tr. y prnl. *Fig.* Quitar la tosquedad a una persona. **2.** Arreglar, dar buen aspecto a algo. ◆ **pulirse** v.prnl. *Fam.* Gastarse todo el dinero o todos los bienes que se poseen.

pulla s.f. Palabra o expresión irónica con que se pretende herir u ofender a alguien. **2.** Broma, burla.

pullman s.m. (de G. M. *Pullman,* industrial norteamericano). Autocar equipado con elementos de confort. **2.** Vagón de lujo en ciertas líneas de ferrocarril.

pullover s.m. → **pulóver.**

pulmón s.m. (lat. *pulmo, -onis*). Órgano par que constituye la parte principal del aparato respiratorio de los vertebrados que respiran oxígeno del aire; está situado en el tórax y rodeado por la pleura. **2.** Órgano de la respiración de ciertas arañas y algunos moluscos terrestres, parecido en su estructura a las branquias. ◇ **Pulmón de acero,** o **artificial** Recinto o cámara donde se introduce a un enfermo para ayudarlo a respirar y que funciona mediante cambios de la presión del aire en su interior regulados de forma automática.

pulmón

Cada pulmón está dividido en lóbulos (dos el izquierdo y tres el derecho). El aire llega a los pulmones a través de los bronquios, y la sangre cargada de gas carbónico penetra en ellos por la arteria pulmonar. La sangre se enriquece en oxígeno en los alvéolos, en los que finalizan los bronquiolos, ramificaciones de los bronquios. En los dos pulmones hay más de 700 millones de alvéolos, que representan una superficie respiratoria de 200 m^2. La sangre oxigenada sale del pulmón por las venas pulmonares. La transformación de la sangre venosa en arterial constituye el fenómeno de la hematosis.

pulmonado, a adj. y s.m. Relativo a una subclase de moluscos gasterópodos que respiran por medio de un pulmón, como la babosa y el caracol.

pulmonar adj. Relativo al pulmón.

pulmonaria s.f. Planta herbácea de hojas ovales de color verde con manchas blancas, empleada contra las enfermedades pulmonares. (Familia borragináceas.) **2.** Liquen coriáceo, de color marrón y superficie con ampollas, que crece sobre los troncos de diversos árboles. (Familia parmeliáceas.)

pulmonía s.f. Neumonía.

pulóver o **pullover** s.m. (ingl. *pullover*). Suéter con o sin mangas y generalmente con escote en pico.

pulpa s.f. (lat. *pulpa*). Nombre que se da a ciertos tejidos blandos de los animales (pulpa dentaria) o de los vegetales (pulpa azucarada de los frutos carnosos). **2.** Parte blanda de la carne, o carne sin huesos ni ternilla. **3.** Residuo de las fábricas que utilizan como materias primas productos agrícolas, en especial de las fábricas de azúcar.

pulpejo s.m. Parte carnosa y blanda de un miembro pequeño del cuerpo humano, especialmente la de la palma de la mano que está en la base del pulgar.

pulpería s.f. Amér. Tienda donde se venden bebidas, comestibles, mercería y otros géneros muy variados.

1. **pulpero** s.m. Utensilio para desmenuzar vegetales y obtener pulpas.

2. **pulpero, a** s. Amér. Propietario, encargado o dependiente de una pulpería.

pulpitis s.f. Inflamación muy dolorosa de la pulpa dentaria.

púlpito s.m. (lat. *pulpitum,* tarima, tablado). Plataforma con antepecho y tornavoz que hay en las iglesias para predicar desde ella, cantar la epístola, el evangelio, etc. **2.** *Fig.* Cargo de predicador.

pulpo s.m. (lat. *polypus,* del gr. *polýpoys,* de *pollói,* muchos, y *pódes,* pie). Molusco cefalópodo con ocho brazos provistos de ventosas, que vive en las oquedades de las rocas, cerca de las costas, y se alimenta de crustáceos y moluscos.

pulque s.m. Bebida alcohólica, típica de México y otros países americanos, que se obtiene haciendo fermentar el aguamiel, o jugo que dan los bohordos de las pitas cortados antes de florecer. (Suele mezclarse con jugos de frutas.)

pulquería s.f. En América latina, taberna donde se sirven pulque y comidas populares.

pulquérrimo, a adj. (lat. *pulcherrimus,* superl. de *pulcher, chra, -chrum,* hermoso). Muy pulcro.

pulsación s.f. Acción de pulsar. **2.** Golpe que se da al pulsar una tecla. **3.** Golpe que se percibe en ciertas partes del organismo por efecto de los latidos del corazón: *sentir pulsaciones en la sien.* **4.** Cada impulso en un movimiento periódico de un fluido.

pulsador, ra adj. y s. Que pulsa. ◆ s.m. Dispositivo que sirve para poner en funcionamiento un mecanismo o aparato y que se acciona oprimiéndolo o pulsándolo.

pulsar v.tr. (lat. *pulsare*). Tocar, golpear o palpar algo con la yema de los dedos. **2.** Presionar las teclas de la máquina de escribir: *pulsar el espaciador.* **3.** *Fig.* Tantear un asunto para conocer el modo de tratarlo, la opinión de alguien, etc. **4.** MÚS. Hacer sonar las cuerdas de un instrumento realizando una ligera presión sobre ellas.

púlsar s.m. (del ingl. *pulsating star*). ASTRON. Fuente de radiación radioeléctrica, luminosa, X o gamma, cuyas emisiones son muy breves (alrededor de 50 ms) y se repiten a intervalos extremadamente regulares (de algunas centésimas de segundo a unos cuantos segundos).

púlsar

Según la hipótesis más aceptada, los púlsares son estrellas de neutrones en rotación rápida, dotadas de un campo magnético dipolar muy intenso. Su radiación procedería de partículas cargadas, aceleradas por el campo magnético hasta velocidades relativistas. Confinada en un estrecho haz y arrastrada por la rotación de la estrella, la radiación barrería el espacio a la manera de un faro giratorio.

pulsátil adj. Se dice de lo que pulsa o golpea.

pulsátila s.f. Planta perenne, de raíz leñosa y flores solitarias, que se emplea en medicina. (Familia ranunculáceas.)

pulsear v.intr. Probar una persona con otra cuál de las dos tiene más fuerza y logra derribar el brazo de la otra asiéndose mutuamente las manos derechas y apoyando los codos en una superficie.

pulseada s.f. Argent., Par., Perú y Urug. Acción y efecto de pulsear.

pulsera s.f. Aro que, como adorno, se lleva alrededor de la muñeca o en el brazo.

pulsión s.f. PSICOANÁL. Fuerza en el límite entre lo orgánico y lo psíquico que empuja al sujeto a llevar a cabo una acción con el fin de resolver una tensión procedente del organismo, por medio de un objeto, y cuyo prototipo es la pulsión sexual.

pulso s.m. (lat. *pulsus, -us,* impulso). Latido intermitente de las arterias que se percibe especialmente en cierto punto de la muñeca. **2.** Firmeza en la mano para hacer o realizar con acierto un trabajo delicado. **3.** *Fig.* Habilidad y prudencia con que se trata un asunto, negocio, etc. ◇ **A pulso** Haciendo fuerza con la muñeca y la mano sin apoyar el brazo en ninguna parte; *Fig.* sin ayuda de nadie, por su propio esfuerzo. **Echar un pulso** Pulsear. **Tomar el pulso** Reconocer la frecuencia o ritmo de las pulsaciones de alguien; tantear un asunto, una opinión, etc.

pulular v.intr. (lat. *pululare*). Abundar y moverse muchas personas o animales en un lugar. **2.** Reproducirse un insecto con rapidez en un medio determinado. **3.** Empezar a brotar y echar vástagos una planta u otro vegetal.

pulverizador, ra adj. Que pulveriza. ◆ s.m. Instrumento que sirve para proyectar un líquido en finísimas gotas.

pulverizar v.tr. y prnl. Reducir a polvo una cosa. ◆ v.tr. Esparcir un líquido dispersándolo en distintas direcciones en gotas menudísimas. **2.** *Fig.* y *fam.* Destruir, aniquilar.

pulverulento, a adj. Que tiene forma de polvo.

puma s.m. (voz quechua). Mamífero carnívoro, que puede alcanzar hasta 2 m de long. y 100 kg de peso, de constitución musculosa, pelaje suave, marrón rojizo o grisáceo, con la cabeza corta y ancha, las orejas redondas y la cola larga y gruesa; vive en las zonas frías de América. (Familia félidos.) SIN.: *león americano.*

pumita s.f. *Piedra pómez.

puna s.f. (voz quechua, *tierras altas de la cordillera*). Piso andino que corresponde a las partes elevadas de la cordillera y a las altiplanicies ubicadas entre 3 000 y 4 000 m. **2.** Amér. Páramo. **3.** Amér. Soroche.

punch s.m. (voz inglesa). Cualidad del boxeador, cuyos golpes son decisivos. **2.** Reserva de potencia física que permite a un atleta hacer un esfuerzo decisivo en un momento dado.

punching-ball s.m. Balón sostenido verticalmente por medio de cuerdas elásticas, que sirve para entrenarse en el boxeo.

punción s.f. Introducción en el interior del organismo de un instrumento punzante y hueco, para inyectar un líquido u obtener muestras de tejidos.

pundonor s.m. Amor propio.

pundos s.m. Forma de elefantiasis que afecta principalmente a los pies, propia de algunos países centroamericanos.

punible adj. Que merece castigo.

púnico, a adj. y s. De Cartago. ◆ s.m. Variedad del fenicio hablada en Cartago.

punitivo, a adj. Relativo al castigo.

punk o **punki** adj. (voz angloamericana). Se dice de un movimiento musical y cultural aparecido en Gran Bretaña hacia 1975 cuyos seguidores pregonan una actitud de provocación y de burla con respecto a una sociedad a la que consideran incapaz de aportar algún tipo de esperanza para la juventud. ◆ s.m. y f. Persona adscrita a este movimiento.

punta s.f. (lat. tardío *puncta,* estocada, p. fem. de *pungere,* punzar). Extremo de un objeto u otra cosa alargados: *se pilló la punta de los dedos en la puerta.* **2.** Extremo agudo y punzante de una cosa que sobresale. **3.** Colilla de cigarro. **4.** Pequeña cantidad de algo, especialmente de alguna cualidad moral o intelectual: *una punta de locura.* **5.** Clavo, pieza de hierro puntiaguda. **6.** Terreno, generalmente bajo y de poca extensión, que penetra en el mar. **7.** Instrumento de acero utilizado por el grabador al agua fuerte para dibujar sobre el barniz que recubre la plancha. **8.** HERÁLD. **a.** Tercio inferior del campo del escudo. **b.** Pira. ◆ **puntas** s.f.pl. Puntillas. **2.** Manera de sostenerse un bailarín apoyando solo en el suelo las puntas de los pies, generalmente calzados en unas zapatillas de punta rígida. ◇ **De punta** Apoyando solo la punta de los pies. **De punta a punta** De un extremo a otro de algo. **De punta en blanco** Muy acicalado y con las mejores ropas. **Estar,** o **ponerse, de punta con alguien** Estar enemistado, o enemistarse, con alguien. **Punta roma** Extremidad cónica o redondeada de un tornillo para facilitar la inserción de este. **Punta seca** Aguja o buril empleado por los grabadores para hacer trazos finos sobre el cobre; grabado que se obtiene de esta forma. **Sacar punta a algo** Esp. *Fam.* Buscar a una acción, un suceso o a algo que se dice un sentido malicioso que no tiene en realidad; aprovechar al máximo una cosa o emplearla, incluso, para lo que no sirve. **Una punta de** Amér. Expresión con la que se pondera la abundancia de algo.

puntada s.f. Agujero hecho al pasar la aguja cuando se cose. **2.** Espacio y porción de hilo entre dos de estos agujeros seguidos. **3.** Esp. *Fig.* y *fam.* Comentario que se dice en una conversación para insinuar algo.

puntal s.m. Madero sólido que sirve para sostener un muro, techo, edificio, etc. **2.** *Fig.* Persona o cosa que es el apoyo de otra. **3.** Amér. Tentempié, refrigerio. **4.** Venez. *Fig.* Merienda ligera. **5.** MAR. **a.** Cada una de las piezas verticales de madera o metálicas que sostienen las cubiertas. **b.** Cada uno de los maderos que sostienen un barco en cala o dique. **c.** Altura del casco de un barco. **6.** MIN. Cualquier elemento de sostén dispuesto en una mina perpendicularmente a los hastiales.

puntano, a adj. y s. De San Luis (Argentina).

puntapié s.m. (de *punta de pie*). Golpe dado con la punta del pie. ◇ **A puntapiés** *Fam.* De modo desconsiderado y violento.

puntazo s.m. Herida hecha con un instrumento punzante. **2.** *Fig.* Indirecta, pulla. **3.** Esp. *Fig.* Neura, ocurrencia.

punteado, a adj. Se dice de la línea formada por una sucesión de puntos regularmente espaciados. ◆ s.m. Acción y efecto de puntear. **2.** B. ART. Manera de pintar, dibujar o grabar mediante puntos; obra ejecutada de esta manera.

puntear v.tr. Señalar con puntos u otro signo una relación, lista o cuenta para indicar que están comprobados sus distintos elementos. **2.** Dibujar, pintar o grabar una superficie u otra cosa con puntos, especialmente formando alguna figura o adorno. **3.** Argent., Chile y Urug. Remover con la punta de la pala la capa superior de la tierra. **4.** MÚS. Pulsar las cuerdas de una guitarra u otro instrumento semejante con los dedos o con una púa de manera que pueda diferenciarse cada sonido. ◆ v.intr. Amér. Merid. Marchar a la cabeza de un grupo de personas o animales. **2.** Méx. Ocupar el primer lugar en una competición o torneo deportivo.

punteo s.m. Acción y efecto de puntear.

puntera s.f. Parte del calzado, la media o el calcetín que cubre la punta del pie. **2.** *Fam.* Puntapié.

puntería s.f. Destreza del tirador para acertar un blanco. **2.** Acción de disponer un arma de modo que su proyectil alcance el objetivo. **3.** Dirección en que se apunta.

puntero, a adj. y s. Se dice de la persona que sobresale en alguna actividad. **2.** Argent. y Urug. Se dice de la persona o animal que va delante de los demás componentes de un grupo. ◆ adj. Se dice de lo más avanzado o destacado dentro de su mismo género o especie: *industria puntera.* ◆ s. Amér. Merid. En algunos deportes, delantero. **2.** Argent. En el fútbol, delantero que juega en los laterales. **3.** Argent. Deportista que se halla en el primer puesto en una prueba de velocidad. ◆ s.m. Palo terminado en punta que se usa para señalar los encerados, mapas, etc. **2.** Cincel de boca puntiaguda y cabeza plana que sirve para labrar piedra dura. **3.** INFORMÁT. **a.** Variable cuyo valor es el nombre o la dirección de otra variable. **b.** Registro de memoria que contiene la dirección de una información, o de un conjunto de informaciones, a la cual está ligada la información consecutiva.

puntiagudo, a adj. Que acaba en punta o tiene la punta aguda.

puntilla s.f. Encaje estrecho con el borde en forma de puntas u ondas. SIN.: *puntas.* **2.** Cachetero, puñal empleado para matar reses, principalmente en las corridas para rematar al toro. ◇ **Dar la puntilla** *Fam.* Clavar el cachetero; rematar un daño grave causado a alguien o a algo. **De puntillas** Pisando solo con la punta de los pies, levantando los talones.

puntillado, a adj. ARQUEOL. Se dice de la cerámica decorada con puntos. **2.** HERÁLD. Se dice de la superficie sembrada de puntos para indicar el metal oro.

puntillero, a s. Persona que en las corridas remata al toro, clavándole la puntilla.

puntillismo s.m. Técnica de los pintores neoimpresionistas que consiste en yuxtaponer las pinceladas de color sobre la tela en lugar de mezclar los colores en la paleta. SIN.: *divisionismo.*

puntillista adj. y s.m. y f. Relativo al puntillismo; que practica el puntillismo.

puntillo s.m. Orgullo exagerado que hace que una persona se sienta ofendida por cualquier nimiedad. **2.** MÚS. Signo de la notación musical que se coloca a la derecha de una nota o una pausa para indicar que estas aumentan en la mitad su duración y valor.

puntilloso, a adj. Que tiene mucho puntillo.

punto s.m. (lat. *punctum,* puntada, punto, de *pungere,* punzar). Señal, dibujo o relieve redondeado y muy pequeño: *puntos sobre las íes.* **2.** Signo de puntuación (.) que señala el final de una frase o indica que la letra o el conjunto de letras que le preceden forman una abreviatura. **3.** Parte determinada de un asunto o cuestión: *estar de acuerdo en todos los puntos.* **4.** Parte extremadamente pequeña del espacio: *el punto de intersección de dos líneas.* **5.** Lugar determinado: *punto de reunión.* **6.** Momento, instante determinado: *llegó al punto de las seis.* **7.** Estado, situación en que se encuentra algo. **8.** Grado o intensidad de algo: *su insolencia ha llegado a un punto insoportable.* **9.** Temperatura a la que se produce un fenómeno físico: *punto de ebullición, de fusión.* **10.** Fin o intento de cualquier acción: *siempre llego al punto que me marco.* **11.** Puntada que se da sobre la tela para hacer una labor. **12.** Manera de pasar y trabar el hilo en las labores de costura. **13.** Unidad que constituye la puntuación o el elemento de valoración en un juego, concurso, en las notas escolares, etc. **14.** Pundonor. **15.** *Fig.* y *fam.* Persona capaz de engañar, estafar, etc. **16.** Lugar donde se sitúan los automóviles para esperar que los alquilen. **17.** ARQ. **a.** Curvatura ligera hacia arriba que se da a las vigas y arquitrabes para corregir el efecto óptico de comba. **b.** Relación entre la flecha y la luz de un arco. **18.** FÍS. Cuerpo de dimensiones despreciables: *punto material.* **19.** IMPR. Unidad de medida que sirve para designar el cuerpo de la letra. **20.** MAT. Figura geométrica sin dimensiones. **21.** MED. Puntada que da el cirujano pasando la aguja por los labios de la herida. **22.** MÚS. Signo colocado a la derecha de una nota o de un silencio para aumentar en su mitad la duración de esta nota o silencio. **23.** TECNOL. Pieza cónica terminada en punta que sirve para sujetar las piezas que se trabajan en las máquinas-herramienta. **24.** TEXT. **a.** Tejido hecho de lazadillas trabadas entre sí. **b.** Cada una de estas lazadillas. <> **Al punto** En seguida. **A punto** Preparado; a tiempo, oportunamente. **A punto fijo** Con certeza. **De todo punto** Enteramente. **Dos puntos** Signo ortográfico (:) que se emplea para indicar que lo que a continuación se escribe es una cita, una frase que desarrolla lo que antecede o una enumeración. **En punto** A la hora exacta. **En,** o **a, punto de caramelo** *Fam.* Se dice de algo que está perfectamente dispuesto para un fin. **Estar a,** o **en, punto de** Expresa la inminencia de una acción o suceso. **Estar en su punto** Estar algo en el momento o de la manera que mejor puede estar. **Hasta cierto punto** De alguna manera, no del todo. **Perder (muchos) puntos** Desmerecer, disminuir en prestigio o estimación. **Punto adherente** MAT. En un conjunto A contenido en un espacio métrico E, punto de E tal que todos sus entornos tienen intersección no vacía con A. **Punto ciego** Localización del fondo del ojo insensible a la luz, que corresponde a la entrada del nervio óptico. **Punto culminante** Punto más importante, de mayor intensidad, esplendor, etc., de una cosa. **Punto de apoyo** *Fig.* Cosa que sirve de apoyo; lugar fijo sobre el que estriba una palanca. **Punto débil,** o **flaco** *Fig.* Parte o aspecto más vulnerable física o moralmente de alguien o algo. **Punto de contacto** *Fig.* Afinidad en algún aspecto entre dos o más personas o cosas; MAT. punto común de dos curvas tangentes, de una curva y su tangente, etc. **Punto de partida,** o **de arranque** Sitio o situación donde tiene principio algo. **Punto de referencia** Hecho, acontecimiento o, en general, dato importante en el desarrollo o para el conocimiento de algo. **Punto de vista** Criterio, manera de juzgar o considerar algo. **Punto en boca** Se usa para prevenir a alguien que calle o para ordenarle que no conteste o replique. **Punto material,** o **físico** FÍS. Masa que se supone aglomerada en un punto geométrico. **Punto muerto** *Fig.* Momento en que ya no se realiza ningún progreso en un proceso o desarrollo; volumen de producción de una empresa para el que la cifra de ingresos coincide con la de costos totales; punto del recorrido de un órgano mecánico en el que no recibe impulso por parte del motor; posición del mando del dispositivo de cambio de velocidades de un automóvil en el que el árbol primario no está acoplado con el secundario. **Punto negro** Lugar que resulta especialmente peligroso. **Punto neurálgico** Punto en el que el nervio y sus ramificaciones están cerca de la superficie; lugar importante por su situación o por las actividades que en él se ejercen; *Fig.* parte de un asunto especialmente delicada y difícil. **Punto por punto** Detalladamente. **Puntos suspensivos** Signo ortográfico (...) que se utiliza para indicar que la frase queda inacabada. **Punto y aparte** Punto que se pone cuando termina un párrafo y el texto continúa en otro renglón. **Punto y coma** Signo ortográfico (;) que indica una pausa superior a la de la coma e inferior a la del punto y se emplea en una enumeración para separar elementos lingüísticos, generalmente frases o sintagmas, que realizan la misma función sintáctica. **Punto y seguido** Punto que se pone cuando termina un período y el texto continúa inmediatamente después del punto en el mismo renglón.

puntuable adj. En juegos, deportes, exámenes, etc., que es o puede ser calificado con puntos o unidades de puntuación.

puntuación s.f. Acción y efecto de puntuar. <> **Signo de puntuación** Signo gráfico que sirve para señalar las pausas entre frases o elementos de frases y las relaciones sintácticas, como el *punto,* la *coma,* las *comillas,* los *guiones,* etc. [V. cuadro pág. siguiente.]

puntual adj. Exacto, detallado, cierto. **2.** Se dice de la persona que hace las cosas en el plazo convenido o debido. **3.** Relativo al punto.

puntualidad s.f. Cualidad de puntual.

puntualizar v.tr. Precisar o referir con exactitud los detalles o características esenciales de algo.

puntuar v.tr. [conj.: *actuar*]. Valorar un examen, un ejercicio, una prueba u otra cosa parecida con puntos. **2.** Poner en un escrito los signos ortográficos necesarios para señalar las pausas de lectura y para darle la entonación y acentuación adecuadas. **3.** Ganar u obtener puntos de clasificación en una competición deportiva. **4.** MÚS. Señalar las pausas, separar las frases al componer. ◆ v.intr. Ser tenida en cuenta una prueba deportiva para el cómputo final de una competición.

punzada s.f. Dolor intenso y repentino que se siente en alguna parte del cuerpo y que es parecido al que produciría algo agudo que se clava. **2.** Pinchazo. **3.** *Fig.* Sentimiento de aflicción producido por un hecho, palabra, etc.

punzante adj. Que punza. **2.** *Fig.* Se dice de la expresión, el estilo, etc., que contiene ironía aguda.

punzar v.tr. (de *punzón*). Pinchar. **2.** *Fig.* Causar dolor o aflicción.

punzón s.m. (lat. *punctio, -onis,* acción de punzar). Instrumento de acero templado que puede servir, cuando es puntiagudo, para abrir orificios, y, si es cilíndrico o cónico y en combinación con una matriz, para cortar o embutir chapa, estampar o matrizar, en frío o en caliente, piezas metálicas. **2.** Buril. **3.** Instrumento de acero utilizado en la fabricación de monedas y medallas que en la boca tiene en realce una figura, la cual, por presión o percusión, queda grabada en el troquel. **4.** Instrumento utilizado generalmente para marcar las piezas de metales nobles. **5.** Marca obtenida mediante este instrumento.

punzonar v.tr. Marcar o taladrar con punzón. **2.** Cizallar, con un punzón que presenta el contorno del agujero que se ha de obtener, una porción de metal en una chapa, bajo la acción de una fuerte presión. **3.** Imprimir o grabar la marca de un punzón sobre un objeto de metal precioso.

puñada s.f. *Fam.* Puñetazo.

puñado s.m. Porción de cualquier cosa o cantidad de cosas que caben dentro del puño o de la mano cerrada. **2.** *Fig.* Número restringido de personas o cosas. <> **A puñados** Con abundancia y prodigalidad.

puñal s.m. (de *cuchillo puñal,* cuchillo grande como el puño). Arma ofensiva de acero, de hoja corta y puntiaguda.

puñalada s.f. Golpe dado con el puñal u otra arma semejante. **2.** Herida que produce este golpe. **3.** *Fig.* Disgusto o pena muy grande causada a una persona. <> **Coser a puñaladas a alguien** *Fam.* Darle muchas puñaladas. **Puñalada trapera** Herida grande que se hace con un puñal, cu-

puntuación

Los signos de puntuación son una convención ortográfica que intenta reproducir la entonación de los hablantes al pronunciar las oraciones: pausas, énfasis, interrogaciones, etc. En la escritura se utilizan los signos de puntuación (punto, coma, punto y coma, dos puntos y puntos suspensivos), y otro signos auxiliares (paréntesis, raya), así como los signos de la entonación (interrogación y exclamación).

signos	ejemplos
coma [,] Indica una pausa breve. Nunca se coloca entre el sujeto y el verbo. Se emplea en los siguientes casos: — para separar los elementos de una serie. — en lugar de un verbo elidido. — cuando un complemento aparece al principio de la frase o es largo. — cuando se antepone una subordinada condicional. — para separar los vocativos.	*Tengo libros, carpetas, lápices y libretas.* *Los pájaros comen semillas y los felinos, carne.* *A diferencia de otras veces, el viaje resultó un fracaso.* *Si salimos temprano, llegaremos a tiempo.* *Tú, el de la camisa roja, ven aquí.*
punto [.] Indica la pausa que se produce al final de una oración o un párrafo. Se distinguen: — punto y seguido. Separa oraciones. — punto y aparte. Indica el final de un párrafo. — punto y final. Cierra un texto.	
punto y coma [;] Indica una pausa mayor que la coma y más breve que el punto. Se utiliza en los siguientes casos: — para separar elementos de una serie cuando son muy largos. — para introducir ejemplos después de una explicación o para añadir una conclusión.	*Nosotros prepararemos el primer plato; Laura el segundo; mi hermano, el aperitivo...* *No todas las aves pueden volar; el avestruz y el pingüino no saben hacerlo.*
dos puntos [:] Indican una vinculación lógica entre el texto precedente y el que sigue. — introducen ejemplos y explicaciones. — se utilizan tras el encabezamiento de una carta. — introducen una cita textual y el estilo directo.	*Hay varios tipos de animales: los mamíferos, los insectos, las aves, etc.* *Querida Ana: Tengo ganas de escribirte porque...* *Nos dijo: «Iré mañana a las tres».*
puntos suspensivos [...] — se colocan al final de una enumeración abierta. — cuando una frase no ha terminado. — en citas textuales, indican que se ha eliminado un fragmento de texto.	*Tenía todo tipo de animales: serpientes, monos, cocodrilos...* *Perro ladrador...* *«En un lugar de La Mancha [...] vivía un hidalgo...».*
paréntesis [( )] — introducen aclaraciones, incisos, comentarios. — aíslan datos.	*La OMS (Organización Mundial de la Salud) ha señalado que...* *El escritor Benito Pérez Galdós (1843-1920) fue homenajeado en Madrid (España).*
raya [–] — como los paréntesis y las comas, marca incisos, explicaciones y comentarios. — introduce la intervención de un nuevo personaje en un diálogo.	*No paraba de contar chistes —se creía muy gracioso— aunque nadie lo escuchaba.* *— Te parecerá bonito lo que haces —le riñó su madre enfadada—, pero no tiene gracia.* *— Yo no he dicho que fuera gracioso —contestó él.*
comillas Hay tres tipos de comillas: las latinas (« »), las inglesas (" ") y las simples (' '). — las frases textuales y los pensamientos en cita directa van entre comillas. — el significado de las palabras se escribe entre comillas.	*La poesía dice: «Tu nombre envenena mis sueños».* *Pensó: "Este muchacho me quiere engañar".* *La palabra* condonar *significa 'perdonar una pena o deuda'.*
interrogaciones [¿?] y exclamaciones [¡!] — delimiten enunciados interrogativos y exclamativos. — tras los signos de cierre no se pone nunca punto.	*¡Vaya susto!* *¿Qué podemos hacer ahora?*

chillo, etc.; *Fig.* Traición, acción realizada con engaño y mala intención.

puñeta s.f. *Fam.* Tontería, cosa nimia. **2.** Bocamanga de algunas togas adornada con bordados o puntillas. ◆ interj. Expresa enojo. ◇ **Hacer la puñeta a alguien** Esp. *Fam.* Fastidiarlo, molestarlo. **Mandar a alguien a hacer puñetas** Esp. *Fam.* Despedirlo o contestarle desconsideradamente.

puñetazo s.m. Golpe dado con el puño.

puñetero, a adj. y s. *Fam.* Que fastidia, molesta o causa un perjuicio.

puño s.m. (lat. *pugnus*). Mano cerrada: *amenazar con el puño.* **2.** Pieza que se pone en la parte inferior de la manga de la camisa y otras prendas de vestir, generalmente para recoger el vuelo de la manga. **3.** Mango. **4.** Parte de la espada, bastón, etc., por donde se agarran, y que suele estar adornada de una pieza de materia diferente. **5.** *Fig.* y *fam.* Cualquier cosa demasiado pequeña: *un puño de casa.* ◆ **puños** s.m.pl. *Fig.* y *fam.* Fuerza, energía, dominio físico. ◇ **Comerse los puños** *Fam.* Estar hambriento. **De puño y letra** Escrito a mano por el mismo autor. **Meter en un puño a alguien** *Fam.* Oprimirlo, intimidarlo.

1. **pupa** s.f. Lesión cutánea que ocupa una zona bien delimitada. **2.** Voz infantil usada para expresar dolor, daño, etc. **3.** Esp. Erupción en un labio, generalmente debida a la fiebre.

2. **pupa** s.f. (lat. *pupila,* huérfana menor de edad, niña de los ojos). Ninfa, y en particular la de los dípteros. **2.** Envoltura quitinosa de donde sale el insecto.

1. **pupila** s.f. Abertura central del iris en la parte anterior del ojo. **2.** *Fig.* y *fam.* Perspicacia, ingenio.

2. **pupila** s.f. Prostituta.

pupilaje s.m. Cualidad de pupilo. **2.** Reserva de plaza de aparcamiento de forma permanente en un garaje y cuota que se paga.

1. **pupilar** adj. Relativo al pupilo o a la minoría de edad.

2. **pupilar** adj. ANAT. Relativo a la pupila ocular.

pupilo, a s. (lat. *pupillus,* pupilo, menor). Persona que se hospeda en una casa particular por precio convenido, o huésped de una pensión. **2.** DER. CIV. Huérfano que se encuentra bajo la custodia de un tutor.

pupíparo, a adj. y s.m. Se dice de ciertos insectos dípteros cuyas larvas se desarrollan en las vías genitales de la hembra y hacen eclosión listas para transformarse en pupas.

pupitre s.m. (fr. *pupitre*). Mueble que se utiliza principalmente en las escuelas para apoyarse al escribir y que generalmente dispone de un cajón para guardar libros, papeles, etc. **2.** Mueble de bodega constituido por dos tableros inclinados y con agujeros para introducir el cuello de las botellas, empleado en el proceso de elaboración del champaña. **3.** TECNOL. Tablero inclinado en el que se agrupan los mandos e instrumentos de control de una central eléctrica, fábrica, calculadora, emisora u otra instalación automática.

pupo s.m. Argent., Bol. y Chile. Ombligo.

puposo, a adj. Que tiene pupas.

puquío s.m. Amér. Merid. Manantial, fuente.

puramente adv.m. Solamente.

purasangre s.m. Caballo de una raza caracterizada por una extraordinaria consanguinidad de origen y una gran aptitud para la velocidad.

puré s.m. (fr. *purée,* del fr. ant. *purer,* purificar, sacar la pulpa). Plato que se hace de legumbres, verduras, papas, etc., cocidas y trituradas de modo que se obtenga una pasta. ◇ **Estar hecho puré** *Fam.* Estar maltrecho o destrozado.

purepecha → **tarasco.**

pureza s.f. Cualidad de puro.

purga s.f. Acción de purgar o purgarse. **2.** Expulsión en una administración, empresa, partido, etc., de uno o varios de sus miembros, generalmente por razones políticas. **3.** Medicina purgante.

purgación s.f. Blenorragia. (Suele usarse en plural.)

purgador s.m. Aparato que permite eliminar de una tubería o de una instalación un fluido que, por su presencia o exceso, perturbaría el funcionamiento.

purgante adj. Que purga. SIN.: *purgativo.* ◆ s.m. Sustancia que, administrada por vía oral, facilita o acelera la evacuación del contenido intestinal.

purgar v.tr. y prnl. (lat. *purgare,* purificar, purgar). Administrar un purgante. ◆ v.tr. Vaciar una tubería, canalización o recipiente extrayendo el fluido que tendería a acumularse en ellos, o cuya presencia impediría su normal funcionamiento. **2.** Sufrir una pena como castigo por haber cometido una falta o un delito. **3.** Limpiar, purificar algo eliminando lo que no conviene. **4.** DER. Hacer desaparecer los indicios, sospechas o cargos que recaen contra una persona. ◆ **purgarse** v.prnl. *Fig.* Liberarse de una cosa no material que causa perjuicio o gravamen.

purgatorio s.m. En la religión católica, lugar o estado en el que las almas de los justos acaban de purgar sus faltas antes de alcanzar la gloria. **2.** *Fig.* Lugar donde se padecen o se pasan sufrimientos y penalidades. **3.** *Fig.* Sufrimientos que se padecen.

púrico, a adj. Se dice de las bases nitrogenadas derivadas de la purina y que entran en la composición de los ácidos nucleicos (ADN y ARN) y de sus metabolitos.

puridad (en) loc. (del lat. *puritas,* pureza, fidelidad). Claramente, sin rodeos.

purificación s.f. Acción de purificar o purificarse. **2.** REL. CATÓL. Fiesta en honor de la Virgen, llamada también Candelaria y Presentación del Señor. (Con este significado se escribe con mayúscula.)

purificador, ra adj. y s. Que purifica. SIN.: *purificante.* ◆ s.m. LITURG. Lienzo de que se sirve el sacerdote en la misa. **2.** QUÍM. y TECNOL. Aparato o dispositivo para purificar.

purificar v.tr. y prnl. (lat. *purificare*). Hacer pura o más pura una cosa material o inmaterial: *purificar el agua, el alma.* **2.** Someter una cosa sagrada que ha sido profanada a determinadas ceremonias para devolverles su pureza.

purín s.m. Sustancia líquida que rezuma el estiércol y que se forma por la orina de los animales, las aguas de lluvia y el sobrante de los líquidos de los estercoleros.

purina s.f. Compuesto químico de fórmula $C_5H_4N_4$, formado por dos compuestos heterocíclicos unidos, que entra en la composición de las bases púricas.

Purísima s.f. REL. Nombre antonomástico de la Virgen María, considerada en su Inmaculada Concepción.

purismo s.m. Voluntad de adaptarse a un modelo ideal que se manifiesta en la preocupación exagerada por alcanzar la perfección. **2.** Preocupación exagerada por la pureza del lenguaje, caracterizada por el deseo de fijar una lengua en una fase de su evolución considerada ideal. **3.** Tendencia artística surgida del cubismo que cultivó la sencillez geométrica de los contornos, a los que dio una limpieza de diseño generadora de efectos monumentales.

purista adj. y s.m. y f. (fr. *puriste*). Propio del purismo o relativo a él; partidario del purismo del lenguaje o adscrito al purismo artístico.

puritanismo s.m. Rigorismo moral o político. **2.** Doctrina de los puritanos.

puritano, a adj. y s. (ingl. *puritan*). Que profesa los principios de una moral rigurosa. **2.** Miembro de unas comunidades inglesas de inspiración calvinista que, a mediados del s. XVI, quisieron volver a la pureza del cristianismo primitivo como reacción contra los compromisos de la Iglesia anglicana.

puritano

Perseguidos por los soberanos ingleses a partir de 1570, un gran número de puritanos emigraron primero a Holanda y después a América (los *Pilgrim Fathers* que cruzaron el océano en el *Mayflower* en 1620). Los que permanecieron en Inglaterra durante los Estuardo formaron un grupo de oposición que, con Cromwell, fue muy importante en la revolución de 1648.

Purkinje. Células de Purkinje Neuronas de gran tamaño que se encuentran en la corteza del cerebelo.

puro, a adj. (lat. *purus*). Sin mezcla, que no contiene ningún elemento extraño: *oro puro.* **2.** Que no está sucio, alterado ni viciado: *aire puro.* **3.** Límpido, transparente: *cielo puro.* **4.** Que es moralmente íntegro, muy honrado. **5.** Casto. **6.** Se dice de la raza cuya descendencia no está mestizada con aportaciones de estirpes distintas. **7.** *Fig.* Que es solo y exclusivamente lo que se expresa: *la pura verdad.* **8.** *Fig.* Bello, perfecto: *perfil puro.* **9.** *Fig.* Se dice del estilo o lenguaje correcto, exento de barbarismos. ◆ s.m. Cigarro. ◇ **De puro** Se usa para intensificar el significado del adjetivo al que se antepone: *de puro valiente es temerario.* (Esta expresión se antepone al adjetivo.) **Meter un puro** Esp. MIL. Arrestar; Esp. *Fam.* reñir o reprender mucho a alguien.

púrpura adj. y s.m. (lat. *purpura*, del gr. *porphýra*). Se dice del color rojo violáceo. ◆ adj. Que es de este color: *un vestido púrpura.* ◆ s.f. Molusco gasterópodo que segrega una sustancia amarillenta que adquiere color púrpura. (Familia murícidos.) **2.** PATOL. Conjunto de manchas rojizas en la piel debidas a la rotura de capilares en el espesor de la dermis. ◇ **Púrpura cardenalicia** o **sagrada púrpura** Dignidad de cardenal, por alusión al hábito rojo que visten.

purpurado s.m. Cardenal, prelado.

purpúreo, a adj. Que tiene un tono púrpura. **2.** Relativo a la púrpura.

purpurina s.f. Polvo finísimo de bronce o de metal blanco que, aplicado a los barnices o pinturas al aceite, sirve para darles un tono dorado o plateado.

purria s.f. *Fam.* Gente despreciable. **2.** Resto que queda después de haber elegido lo mejor.

purulencia s.f. PATOL. Estado purulento de un tejido o lesión.

purulento, a adj. (lat. *purulentus*). PATOL. Que tiene aspecto semejante al pus o lo contiene.

pus s.m. (lat. *pus, puris*). Líquido amarillento que se forma en los focos de infección y que está constituido por los residuos de leucocitos y bacterias.

puseysmo s.m. Movimiento ritualista, llamado también *movimiento de Oxford.* que llevó hacia el catolicismo o hacia una renovación espiritual eclesial a una fracción de la Iglesia anglicana.

push-pull s.m. y adj. (voz inglesa). ELECTR. Montaje amplificador constituido por dos tubos electrónicos o transistores que funcionan en oposición.

pusilánime adj. (lat. *pusillanimis*, de *pusillus*, pequeño). Falto de ánimos y de audacia.

pústula s.f. (lat. *pustula*). Vesícula que contiene pus. ◇ **Pústula maligna** Pústula de color negruzco, que aparece en el ser humano por el bacilo del carbunco.

putada s.f. *Vulg.* Acción malintencionada contra alguien.

putativo, a adj. (lat. *putatívus*, que se calcula). Se dice del familiar que se considera legítimo sin serlo: *padre putativo.* **2.** DER. Que se supone que tiene una existencia legal, sin ser cierta. ◇ **Matrimonio putativo** Matrimonio entre personas que ignoran la existencia de impedimentos para contraerlo hasta después de haberlo celebrado.

puteada s.f. Argent., Par. y Urug. *Vulg.* Insulto grosero.

putear v.intr. Frecuentar el trato con personas que ejercen la prostitución. **2.** Amér. *Vulg.* Insultar groseramente. ◆ v.tr. Hacer que una persona se prostituya. **2.** Esp. *Vulg.* Fastidiar, perjudicar a alguien. **3.** Méx. *Vulg.* Golpear, reprender fuertemente a alguien: *lo asaltaron y putearon.* **4.** Méx. *Vulg.* Vencer de forma apabullante: *putear al rival.*

putería s.f. Profesión de la persona que se prostituye. **2.** Reunión de personas que ejercen la prostitución. **3.** *Fam.* Prostíbulo. **4.** *Fig.* y *fam.* Zalamería que usan algunas personas para conseguir algo.

putero, a adj. y s. Que habitualmente mantiene relaciones sexuales con personas que se prostituyen.

puticlub s.m. Esp. *Fam.* Prostíbulo.

putidoil s.f. Bacteria capaz de destruir las manchas de petróleo.

putiza s.f. Méx. *Vulg.* Paliza, golpiza.

puto, a s. *Vulg.* Prostituto. ◆ s.m. Hombre homosexual.

putonghua s.m. Nombre dado en China a la lengua común oficial.

putrefacción s.f. Acción y efecto de pudrir o pudrirse.

putrefacto, a adj. Podrido, corrompido.

putrescente adj. BIOL. Que se halla en vías de putrefacción.

putridez s.f. Cualidad de pútrido.

pútrido, a adj. Podrido.

putsch s.m. (voz alemana). Golpe de estado o levantamiento organizado por un grupo armado con el fin de hacerse con el poder.

putto s.m. (voz italiana). B. ART. Niño desnudo, angelote.

pututo o **pututu** s.m. (voz aimara). Bol. y Perú. Cuerno de buey utilizado como instrumento musical.

puya s.f. Chile. Planta bromeliácea de propiedades medicinales. **2.** TAUROM. Punta acerada que en un extremo tienen las varas o garrochas de los picadores y vaqueros, con la cual estimulan o castigan a las reses.

puyazo s.m. Herida hecha con una puya o garrocha.

puyo, a adj. Argent. Se dice del poncho más corto de lo ordinario.

puzol s.m. (de *Pozzuoli*, pueblo italiano). Puzolana.

puzolana s.f. Roca volcánica muy fragmentada y de composición basáltica.

puzzle s.m. (voz inglesa). Rompecabezas, juego.

PVC s.m. (sigla inglesa de *polyvinyl chloride*). Material de cloruro de polivinilo utilizado en la fabricación de elementos de construcción, como puertas y ventanas, tuberías, etc.

PYME s.m. (sigla de *pequeña y mediana empresa*). Empresa que no cumple uno de los tres requisitos necesarios (volumen de ingresos, valor de patrimonio y número de trabajadores de plantilla) para constituir una gran empresa.

pyrex s.m. (marca registrada). Vidrio especialmente resistente al calor, que se emplea en la fabricación de piezas de vajilla.

q

q s.f. Vigésima letra del alfabeto español y decimosexta de sus consonantes. (Representa un sonido oclusivo velar sordo.) ◇ ℚ Conjunto de los números racionales, es decir, de las fracciones, los enteros (positivos y negativos) y el cero. ℚ* Conjunto de los números racionales privados de cero.

qabarí adj. y s.m. REL. Se dice de los iraníes que se mantuvieron fieles al mazdeísmo, después de la conquista musulmana. (En la India, a los qabaríes se les llama *parsis*.)

qaysíes, tribu árabe, nómada en tiempo de Mahoma, que integró en gran número el ejército de Musá ibn Nusayr, conquistador de la península Ibérica, donde los qaysíes ocuparon puestos clave en la administración cordobesa.

quanto s.m. (pl. *quanta*). FÍS. ⟶ **1. cuanto.**

quark s.m. (del ingl. *Quark,* título de una obra de James Joyce). FÍS. Constituyente elemental de los hadrones, caracterizado fundamentalmente por un color y un sabor.

quark

La materia está constituida por seis tipos de quarks, que se distinguen por «sabores». Los quarks se agrupan en parejas de sabores. La primera pareja contiene los quarks *u* y *d*, que forman parte de todos los elementos estables: con dos quarks *u* y un quark *d* se hace un protón; con dos *d* y un *u*, un neutrón. La segunda pareja se forma con los quarks *c* y *s*; la tercera, con los quarks *t* y *b*.

quásar s.m. (abrev. del ingl. *quasi stellar astronomical radiosource*). Astro de apariencia estelar y gran luminosidad, cuyo espectro presenta un fuerte desplazamiento hacia el rojo.

quásar

Los quásar fueron descubiertos en 1960. Interpretado como un efecto Doppler-Fizeau, en el marco de la expansión del universo, el desplazamiento al rojo de su espectro supone que se hallan a grandes distancias. Se prueba así que estos astros son mucho más pequeños que las galaxias (con un diámetro unas 100 veces menor), pero mucho más luminosos (de 100 a 1 000 veces más). Al parecer, los quásar forman el núcleo visible de galaxias activas muy lejanas. Debido a ese gran alejamiento, los quásar representan una fuente preciosa de información sobre el pasado remoto del universo. El origen de su fantástica energía se atribuye a la radiación emitida por el gas que cae en un agujero negro de gran masa (unos 100 millones de veces la del Sol) situado en su centro. Algunos quásar muestran chorros de materia que se mueven a velocidades en apariencia superiores a la de la luz, fenómeno explicable a partir de ciertas consideraciones de tipo geométrico. Se conocen diversos ejemplos de quásar en los que se observan varias imágenes distintas *(espejismo gravitatorio)*, pues su luz se curva debido al campo gravitacional de galaxias más próximas situadas en la misma dirección, de acuerdo con lo previsto por la teoría de la relatividad de Einstein.

quattrocento s.m. (voz italiana). El s. XV referido a la historia y la cultura italianas. SIN.: *cuatrocientos.*

que conj. Sirve para introducir una oración subordinada completiva de sujeto, atributo u objeto: *quiero que vengan todos.* **2.** Enlaza oraciones o partes de una oración entre las que se establece una comparación: *prefiero pasear que ir al cine.* **3.** Expresa relaciones causales, ilativas y finales: *no subas, que no está en casa.* **4.** Introduce oraciones en las que se ofrece una explicación o una aclaración: *justicia pido, que no gracia; Juan, que así se llama el muchacho, no vendrá.* **5.** Introduce oraciones interrogativas o exclamativas sin precedente, que pueden expresar duda, deseo, orden, sugerencia o decepción: *¡que espere un momento!; ¿que no llegue tarde!; ¿que quieres irte?; ¡que seamos tan desdichados!; ¿que no quiere trabajar?* **6.** Forma parte de auxiliares verbales: *tengo que irme.* **7.** Puede depender de expresiones que manifiestan deseo o afirmación: *¡lástima que no llegara a tiempo!* **8.** Se usa como equivalente de *lo mismo si... que si.... tanto si... como si... ya... ya...*: *que llueva, que no llueva, iremos; quieras que no, lo harás.* **9.** Precedido y seguido del mismo verbo en forma personal, indica insistencia o reiteración: *se pasó toda la tarde charla que charla.* **10.** *Fam.* Se usa para expresar una hipótesis y equivale, en cierta manera, a *si: que no vienes... me avisas.* ◆ pron. introduce una oración en la que se indican ciertas características del nombre al que complementa dicha oración: *el hombre que vino; la lección que estudio.*

qué pron. (lat. *quid*). Introduce oraciones exclamativas o interrogativas, o sustituye a sustantivos y adjetivos que se omiten: *¡qué tarde es!; ¿qué dices?; dime qué quieres; piensa qué color prefieres.*

quebrachal s.m. Amér. Merid. Lugar poblado de quebrachos.

quebracho s.m. Nombre comercial de dos maderas muy ricas en taninos (*quebracho blanco* y *quebracho colorado*), propias de América Meridional. **2.** Amér. Merid. Árbol de gran altura del que se extrae el tanino y que proporciona una madera dura usada en construcción.

quebrada s.f. Abertura estrecha y abrupta entre montañas. **2.** Quiebra, depresión en el terreno. **3.** Amér. Arroyo que corre por una zona montañosa encajonado entre valles.

quebradero s.m. **Quebradero de cabeza** *Fam.* Preocupación o problema.

quebradizo, a adj. Que se quiebra con facilidad: *mineral quebradizo.* **2.** *Fig.* Enfermizo, delicado de salud. **3.** *Fig.* Débil, de poca entereza moral. **4.** *Fig.* Se dice de la voz ágil para hacer quiebros en el canto.

quebrado, a adj. Desigual y tortuoso: *terreno quebrado.* **2.** Pálido: *color quebrado.* **3.** Méx. Se dice del cabello ondulado. ◆ adj. y s. Que ha hecho bancarrota o quiebra. ◆ s.m. y adj. MAT. Fracción. ◇ **Masa quebrada** Masa elaborada con mantequilla y harina, utilizada especialmente en tartas y empanadas. **Pie quebrado** Verso más corto que los demás de la misma estrofa.

quebradura s.f. Grieta. **2.** Hernia.

quebrantahuesos s.m. (pl. *quebrantahuesos*). Ave falconiforme de gran tamaño, de plumaje negrogrisáceo y cabeza blancuzca, que vive en Europa meridional. (Su envergadura puede superar 2,50 m; familia accipítridos.)

quebrantar v.tr. y prnl. Romper violentamente una cosa dura, especialmente sin que lleguen a separarse del todo sus partes. SIN.: *quebrar.* ◆ v.tr. Abrir algo violentando lo que lo mantiene cerrado. **2.** Violar una ley, obligación o pacto: *quebrantar las normas establecidas.* **3.** *Fig.* Debilitar el vigor, la fuerza o la resistencia: *quebrantar la moral. la salud.* **4.** *Fig.* Causar pesadumbre, lástima o compasión. **5.** *Fig.* Vencer un obstáculo o dificultad. SIN.: *quebrar.* ◆ **quebrantarse** v.prnl. *Fig.* Resentirse, experimentar daño o malestar a consecuencia de un golpe, la edad, una enfermedad, etc.

quebranto s.m. Acción de quebrantar o quebrantarse. **2.** *Fig.* Pérdida o daño en la salud, fortuna, etc.: *un quebranto económico.* **3.** *Fig.* Debilidad, desaliento. **4.** *Fig.* Lástima, conmiseración.

quebrar v.tr. y prnl. (lat. *crepare,* crujir, chasquear, reventar) [conj.: *pensar*]. Quebrantar, romper con violencia. **2.** *Fig.* Interrumpir la continuación, o cambiar la dirección de algo inmaterial: *quebrar el fluir del sonido.* **3.** Doblar o torcer el cuerpo, generalmente por la cintura. **4.** *Fig.* Ajar el color de la cara. ◆ v.tr. *Fig.* Vencer una dificultad o limitación. SIN.: *quebrantar.* **2.** *Fig.* Templar, suavizar o moderar la fuerza y el rigor de una cosa. **3.** Méx. *Fam.* Matar. **4.** DER. **a.** Cesar en una actividad comercial o industrial por no poder hacer frente a las obligaciones al no alcanzar el activo a cubrir el pasivo. **b.** Violar una ley, obligación o pacto. ◆ v.intr. *Fig.* Romper la amistad con alguien. **2.** *Fig.* Ceder, flaquear. ◆ **quebrarse** v.prnl. Agudizarse la voz de modo que se emita un chillido. **2.** Interrumpirse la continuidad de una cordillera o terreno. **3.** Herniarse. **4.** Argent. *Fig.* Dicho de un testigo, vencerse su resistencia a hablar.

quebraza s.f. Grieta, hendidura de la piel.

quebrazón s.f. Amér. Central, Chile, Colomb. y Méx. Destrozo grande de objetos de vidrio o loza.

queche o **ketch** s.m. (fr. *caiche*). Embarcación de vela de dos palos, de los cuales el de mesana está situado a la proa de la cabeza del eje del timón.

quechemarín s.m. Embarcación pequeña, de dos palos y, por lo general, con cubierta, de construcción muy sólida, que se usa en las costas de Bretaña y en las del N de España.

quechua o **quichua** adj. y s.m. y f. De unos pueblos del área andina que hablan una lengua propia y que fueron los creadores del Imperio incaico. ◆ s.m. Lengua de una civilización de América del Sur, de la época precolombina, hablada aún en la actualidad en Perú y Bolivia, y en algunas zonas de Ecuador, Colombia y Argentina.

quechua

Los quechua viven de la agricultura y la ganadería; los métodos de cultivo son similares a los de la época incaica (terrazas, uso de la taclla). Mantienen su artesanía (cerámica, calabazas decoradas por pirograbado, joyas de oro, plata y cobre, talla de madera) y algunos de sus antiguos ritos religiosos, aunque adoptaron el catolicismo.

La lengua quechua, originaria del alto Apurímac y del Urubamba, sustituyó en muchas regiones al aimara y otras lenguas, y se extendió con el Imperio inca por los Andes y la costa del Pacífico, imponiendo una lengua y una cultura común a pueblos de orígenes distintos. Con la conquista prosiguió su expansión, ya que fue la lengua utilizada por los misioneros para la evangelización. Los dialectos no están muy diferenciados. Se distinguen los septentrionales (o del Chinchasuyu, a los que se suma el lamano o lamista) y los meridionales (o del Tahuantinsuyu).

quechuismo s.m. Palabra, expresión o giro propios del quechua.

queda s.f. Hora de la tarde o de la noche, a menudo anunciada con toque de campana, señalada para que los vecinos se recogieran, especialmente en plazas fuertes. **2.** Campana destinada a este fin. ◇ **Toque de queda** Llamada a silencio de la tropa en un cuartel o campamento, en tiempo de guerra o en estado de sitio; aviso que en determinadas circunstancias se da a la población para que se retire a sus hogares a una hora fijada por la autoridad.

quedada s.f. Méx. Solterona.

quedado, a adj. Argent. y Chile. Inactivo, flojo, tardo, indolente.

quedar v.intr. y prnl. (lat. tardío *quietare,* aquietar, hacer callar). Permanecer en cierto lugar o estado: *quedar a la espera; quedarse quieto.* **2.** Con la prep. *en,* resultar definitivamente de una cosa algo que se expresa y se considera comparativamente insignificante: *el proyecto quedó en nada; quedarse en chupatintas.* ◆ v.intr. Resultar en cierta situación o estado: *quedar en ridículo.* **2.** Pasar a un estado o situación determinados: *quedar en la miseria; quedar viudo.* **3.** Subsistir, restar, permanecer. **4.** Haber todavía de cierta cosa, o estar cierta cosa disponible: *aún quedan unos días de vacaciones.* **5.** Faltar lo que se expresa para alcanzar un punto o situación determinada: *quedan aún cien kilómetros.* **6.** Con la prep. *por* y un infinitivo, faltar hacer lo que se expresa para concluir un asunto: *queda por limpiar este despacho.* **7.** Acordar, convenir en lo que se expresa: *quedó en venir; quedaron para mañana.* **8.** Con los adv. *bien, mal,* o con *como,* mostrarse o aparecer ante alguien de la manera que se expresa: *le gusta quedar bien; quedar como un señor.* **9.** *Fam.* Caer, estar situado aproximadamente: *la oficina queda lejos de aquí.* ◆ **quedarse** v.prnl. Apoderarse, adquirir, conservar en su poder: *se quedó con toda la herencia; quedarse un recuerdo.* **2.** Morirse. **3.** *Fam.* Engañar a una persona o abusar de su credulidad: *cree que puede quedarse conmigo.* **4.** Méx. Refiriéndose a las mujeres, permanecer soltera.

1. **quedo** adv.m. Con voz baja o que apenas se oye: *hablar quedo.*

2. **quedo, a** adj. (lat. *quietus, -a, -um,* quieto, tranquilo). Suave, silencioso: *voz queda.*

quehacer s.m. Trabajo, ocupación o función que se está realizando o desempeñando. (Suele usarse en plural.)

queilitis s.f. (pl. *queilitis*). Inflamación de los labios.

queja s.f. Expresión de dolor, pena o sufrimiento: *las quejas de un enfermo.* **2.** Manifestación de disconformidad, disgusto o descontento: *exponer quejas a la dirección.* **3.** Motivo para quejarse: *tengo quejas de ti.* **4.** DER. **a.** Recurso interponible por la parte interesada contra las resoluciones de la magistratura de trabajo que no admitiese un recurso de casación o suplicación y desestimase el recurso de reposición interpuesto. **b.** Querella.

quejarse v.prnl. (del lat. *quassare,* golpear violentamente, quebrantar). Expresar con palabras o sonidos el dolor o la pena que se siente: *quejarse de la jaqueca.* **2.** Manifestar resentimiento, disgusto o disconformidad: *quejarse del mal tiempo.* **3.** Querellarse.

quejica adj. y s.m. y f. *Fam.* Que se queja mucho, generalmente con pocos motivos o sin ellos. SIN.: *quejicoso.*

quejido s.m. Exclamación lastimosa.

quejigo s.m. (voz de origen prerromano). Árbol de tronco grueso, copa recogida y fruto en bellota parecida a la del roble, que crece en casi toda la península Ibérica.

quejoso, a adj. Que tiene queja de algo o de alguien: *quejoso de su mala suerte.* **2.** Argent., Colomb., Méx., Par. y Urug. Quejumbroso.

quejumbroso, a adj. Que expresa queja: *voz quejumbrosa.*

quela s.f. Pinza en que terminan algunos órganos y apéndices de los artrópodos.

quelación s.f. MED. Tratamiento de una intoxicación o de un exceso de un determinado ion metálico mediante un quelante. **2.** QUÍM. Complejado de un ion o de un átomo metálico por un ligando, que conduce a la formación de un quelato.

quelante adj. y s.m. FARM. Se dice del producto químico que tiene la propiedad de combinarse con los iones positivos bivalentes y trivalentes, formando complejos estables, desprovistos de toxicidad y eliminables a través de la orina.

quelato s.m. Compuesto en el que un átomo metálico queda situado entre átomos electronegativos ligados a un radical orgánico.

queldón s.m. Chile. Maqui.

quelícero s.m. Apéndice situado en la cabeza de los arácnidos.

quelite s.m. Méx. Hierba silvestre tierna y comestible.

quelmahue s.m. Chile. Mejillón pequeño de color negro o marrón oscuro.

queloide s.m. Hinchazón de la piel, fibrosa y alargada, que aparece sobre todo en las cicatrices.

quelonio, a adj. y s.m. (del gr. *khelóyn,* tortuga). Relativo a un orden de reptiles de cuerpo comprimido y protegido por un caparazón duro, como la tortuga y el carey.

queltehue s.m. Chile. Ave zancuda que se domestica y se tiene en los jardines para que destruya los insectos nocivos.

queltro s.m. Chile. Terreno preparado para la siembra.

quema s.f. Acción de quemar o quemarse. **2.** Argent. Lugar donde se queman basuras, residuos, desperdicios, etc. ◇ **Huir de la quema** Apartarse de un peligro o compromiso.

quemada s.f. Parte del monte quemado. **2.** Argent. y Méx. Acción que pone en ridículo. **3.** Méx. Quemadura.

quemado, a adj. Argent., Chile, Méx. y Urug. Que tiene la piel morena por haber tomado el sol. **2.** Méx. *Fam.* Desacreditado. ◆ s.m. Cosa quemada o que se quema.

quemador, ra adj. y s. Que quema. ◆ s.m. Dispositivo que mezcla íntimamente un combustible fluido o pulverulento con un comburente gaseoso (aire u oxígeno), y a cuya salida se efectúa la combustión. **2.** Encendedor.

quemadura s.f. Descomposición de un tejido orgánico, producida por el calor o por una sustancia cáustica o corrosiva. **2.** Herida, señal o destrozo causado por el fuego o algo que quema.

quemar v.tr. y prnl. Consumir o destruir por el fuego: *quemar papeles; se quemó la casa.* **2.** Estropear algo, especialmente la comida, por exceso de fuego o calor: *se ha quemado el arroz.* **3.** *Fig. y fam.* Desgastar a una persona, generalmente la frecuencia o intensidad de una actividad. **4.** Secar una planta el excesivo calor o frío. **5.** Destruir por la acción de una corriente eléctrica o de una tensión de valor excesivo. ◆ v.tr. Pigmentar la piel el sol. **2.** *Fig.* Malbaratar, vender a precio demasiado bajo o derrochar: *quemar la fortuna.* **3.** Méx. *Fam.* Denunciar, calumniar a alguien. **4.** Méx. Estafar, engañar. ◆ v.tr., intr. y prnl. Causar dolor o lesión algo muy caliente: *quemarse con un fósforo.* **2.** *Fig.* Destruir objetos o tejidos orgánicos una sustancia corrosiva o cáustica, el frío, etc.: *la lejía quema.* **3.** *Fig.* Producir sensación de ardor un alimento picante o fuerte. ◆ v.intr. Estar una cosa muy caliente: *esta sopa quema.* ◆ v.intr. y prnl. Enojar, soliviantar a alguien. ◆ **quemarse** v.prnl. *Fig.* Sufrir por una pasión o afecto fuerte. **2.** *Fig.* Estar cerca de hallar o de acertar algo. ◇ **Quemar etapas** Avanzar rápidamente, sin detenerse en los lugares previstos; realizar algo en menos tiempo del normal.

quemarropa (a) loc. Desde muy cerca del blanco; bruscamente, sin rodeos.

quemazón s.f. *Fig.* Sensación de ardor o picor. **2.** Acción y efecto de quemar o quemarse. **3.** *Fig.* Sentimiento de disgusto, tristeza o incomodidad.

quemo s.m. Argent. Quemada, acción que pone en ridículo.

quemón s.m. Méx. Quemada, ridículo. ◇ **Darse un quemón** Méx. *Fam.* Conocer algo.

quena s.f. (quechua *kéna*). Flauta o caramillo de que se sirven algunos pueblos amerindios de tradición musical incaica (Ecuador, Perú, Bolivia y NO de Argentina).

quenopodiáceo, a adj. y s.f. Relativo a una familia de plantas herbáceas dicotiledóneas, apétalas, como el quenopodio, la espinaca, la remolacha, etc. SIN.: *salsoláceo.*

quenopodio s.m. Anserina.

quepis o **kepis** s.m. (fr. *képi,* del suizo-alem. *käppi,* dim. de *kappe,* gorra). Gorra con visera, de copa ligeramente troncocónica, utilizada como prenda de uniforme por los ejércitos de diversos países.

queque s.m. Amér. Central y Chile. Bizcocho elaborado con harina, huevos, leche, levadura y azúcar.

queratina s.f. (gr. *keratíne,* córneo). Sustancia de naturaleza proteica, que interviene en la constitución de las uñas, pelos, plumas, etc.

queratitis s.f. Inflamación de la córnea.

queratocono s.m. MED. Deformación de la córnea en forma de cono.

queratomía s.f. Operación quirúrgica que consiste en practicar varios cortes en la córnea para corregir su curvatura.

queratoplastia s.f. Injerto corneal o corrección de una lesión de la córnea.

queratosis s.f. Enfermedad que produce un engrosamiento de la capa córnea de la piel.

quercitrina s.f. Principio colorante que se extrae del quercitrón. SIN.: *quercitrín.*

quercitrón s.m. Roble tintóreo de América del Norte, de cuya corteza se extrae una materia colorante amarilla.

querella s.f. (lat. imperial *querella,* queja, lamento, reclamación). Discordia, discusión o riña. **2.** DER. Acusación presentada ante un juez o tribunal. SIN.: *queja.*

querellante s.m. y f. Persona que presenta una querella.

querellarse v.prnl. Presentar una querella judicial contra alguien. **2.** Manifestar resentimiento contra alguien.

querencia s.f. Inclinación afectiva hacia alguien o algo. **2.** Tendencia de las personas y los animales a volver al lugar en que se criaron. **3.** Este mismo lugar. **4.** TAUROM. **a.** Inclinación o preferencia que el toro siente por un determinado lugar de la plaza. **b.** Este mismo lugar.

querencioso, a adj. Que tiene mucha querencia. **2.** Se dice del lugar que inspira querencia.

querendón, na adj. y s. Amér. Se dice de la persona muy cariñosa.

1. querer v.tr. (lat. *quaerere,* buscar, inquirir, pedir). Tener el deseo o la intención de poseer, hacer o lograr algo: *querer una fortuna; quiero que me escuches; si quieres, puedes irte.* **2.** Se usa para pedir o exigir el precio de algo: *¿cuánto quiere por esta joya?* **3.** Necesitar algo para algún fin: *si no llueve, no quiero el paraguas.* **4.** Sentir amor o cariño. **5.** Aceptar una persona hacer o recibir cierta cosa a instancias de otra: *la invitamos pero no quiso venir.* **6.** *Fam.* Requerir algo de alguien, pedírselo o preguntárselo. **7.** Desear algo para alguien: *todos le quieren felicidad.* **8.** *Fig.* Dar motivo con obras o dichos a que ocurra algo que va en perjuicio propio: *este quiere que le rompan la cara.* ◆ v.impers. Estar próximo a ser o verificarse algo, haber indicios de que va a ocurrir:

parece que quiere llover. ◇ **Querer bien** Amar, apreciar. **Querer decir** Significar; dar a entender una cosa, ser indicio o indicar. **Querer mal** Tener antipatía o mala voluntad hacia alguien o algo. **Sin querer** Involuntariamente.
2. **querer** s.m. Cariño, amor.
querido, a s. Amante, persona que mantiene relaciones sexuales con otra con la que no está casada. **2.** Apelativo cariñoso.
quermes o **kermes** s.m. (del hispano-ár. *qármaz,* cochinilla). Insecto parecido a la cochinilla, que vive sobre la encina y la coscoja.
quermés s.f. ⟶ **kermés.**
quermesita o **kermesita** s.f. Oxisulfuro de antimonio S_2Sb_2O, monoclínico, de color rojo cereza, que se halla en agrupaciones ramosas y radiadas sobre antimonita, de cuya transformación procede.
quero o **kero** s.m. (voz quechua). Vaso ceremonial incaico de madera tallada, pintado con escenas de la vida incaica, y laqueado.
queroseno o **querosén** s.m. Líquido incoloro o ligeramente amarillento, que destila entre 150 y 300 °C, obtenido como producto intermedio entre la gasolina y el gasóleo a partir del petróleo crudo. (También *keroseno*; o *kerosén, kerosene* o *querosene*, más frecuentes en América.)

querer

INDICATIVO

presente
quiero
quieres (querés)
quiere
queremos
queréis
quieren

copretérito o **pret. imperfecto**
quería
querías
quería
queríamos
queríais
querían

pretérito o **pret. perf. simple**
quise
quisiste
quiso
quisimos
quisisteis
quisieron

futuro o **fut. simple**
querré
querrás
querrá
querremos
querréis
querrán

pospretérito o **condicional simple**
querría
querrías
querría
querríamos
querríais
querrían

SUBJUNTIVO

presente
quiera
quieras
quiera
queramos
queráis
quieran

pretérito o **pret. imperfecto**
quisiera o *quisiese*
quisieras o *quisieses*
quisiera o *quisiese*
quisiéramos o *quisiésemos*
quisierais o *quisieseis*
quisieran o *quisiesen*

futuro o **fut. simple**
quisiere
quisieres
quisiere
quisiéremos
quisiereis
quisieren

IMPERATIVO

quiere (queré)	(tú, vos)
quiera	(él)
queramos	(nosotros)
quered	(vosotros)
quieran	(ellos)

FORMAS NO PERSONALES

infinitivo	**gerundio**
querer	queriendo

participio
querido

querube s.m. *Poét.* Querubín.
querubín s.m. (lat. *cherubin,* del hebr. *kerubin,* pl. de *kerub*). En la tradición cristiana, ángel que pertenece a una categoría inferior a la de serafín. **2.** *Fig.* Persona de gran belleza, especialmente un niño. **3.** B. ART. Cabeza o busto de niño con dos alas.
querulante adj. PSIQUIATR. Se dice del delirio de la persona cuya actividad está orientada a la reparación de las injusticias o perjuicios que, de manera injustificada, cree haber sufrido.
querulencia s.f. PSIQUIATR. Característica psíquica de las personas que sufren delirio querulante.
querusco, a adj. y s. De un antiguo pueblo de Germania, cuyo jefe, Arminio, venció a los romanos (9 d.C.) antes de ser derrotado por Germánico (16).
quesadilla s.f. Pastel de queso y masa que se hacía por carnaval. **2.** Pastelillo relleno de almíbar, dulce de fruta, etc. **3.** Ecuad. y Hond. Pan de maíz, relleno de queso y azúcar, que se fríe en manteca. **4.** Méx. Tortilla de maíz rellena de diversos ingredientes que se asa o fríe en el comal doblada por la mitad y a la que se añade salsa de chile a la hora de comerse.
quesera s.f. Recipiente con una cubierta en forma de campana, generalmente de cristal o plástico, donde se guarda y se sirve el queso.
quesería s.f. Establecimiento dedicado a la venta o elaboración de quesos.
quesero, a adj. Relativo al queso: *industria quesera.* ◆ s. Persona que elabora o vende quesos.
queso s.m. (lat. *caseus*). Alimento elaborado a partir de la cuajada obtenida por coagulación de la leche. ◇ **Darla con queso** *Fam.* Engañar o estafar.
quetro s.m. Chile. Pato grande que tiene alas sin plumas y no vuela.
quetzal s.m. (náhuatl *quetzalli,* pluma verde y rica). Ave de los bosques centroamericanos y mexicanos, de plumaje verde tornasolado y rojo escarlata y un copete de plumas desflecadas desde el pico a la cerviz. (El quetzal era venerado por los aztecas.) **2.** Unidad monetaria principal de Guatemala.
quevedesco, a adj. Relativo a Quevedo, o que tiene relación o semejanza con su obra.
quevedos s.m.pl. (de F. de *Quevedo,* escritor español). Anteojos que se sujetan solamente en la nariz.
¡quia! interj. *Fam.* Expresa incredulidad o negación.
quiaca s.f. Chile. Árbol de flores blancas y pequeñas.
quianti s.m. Chianti.
quiasma s.m. ANAT. Entrecruzamiento en X de las fibras provenientes de las cintas ópticas.
quibey s.m. Planta herbácea de las Antillas, que contiene un jugo lechoso, acre y cáustico. (Familia lobeliáceas.)
quiché, grupo de pueblos amerindios agricultores y tejedores de Guatemala, de lengua de la familia maya-zoque. En época precolombina ocupaban también Yucatán y llegaban hasta el Pacífico, y la capital era Utatlán (Gumarcaaj). En los ss. IX-XVI los quichés conocieron su esplendor político y cultural. En el s. XVI redactaron el libro sagrado *Popol-Vuh,* fuente histórica de la civilización maya. En 1524 fueron sometidos por Pedro de Alvarado.
quichua adj. y s.m. y f. ⟶ **quechua.**
quicial s.m. Madero que asegura las puertas y ventanas por medio de goznes y bisagras. **2.** Quicio.
quicio s.m. Parte de las puertas o ventanas en que entra y juega el espigón del quicial. **2.** Larguero del marco de una puerta o ventana en que se articula el quicial. SIN.: *quicial.* ◇ **Fuera de quicio** Fuera de orden o estado regular. **Sacar de quicio algo** Exagerar la importancia de una cosa. **Sacar de quicio a alguien** Exasperar a alguien, hacer que pierda la serenidad.

quid s.m. (lat. *quid,* ¿qué?). Razón, esencia, punto más delicado o importante. ◇ **Dar en el quid** Acertar en algo.

quídam s.m. (lat. *quidam,* uno determinado). *Fam.* y *desp.* Persona insignificante o despreciable. **2.** *Fam.* Persona indeterminada.

quiebra s.f. Acción de quebrar o quebrarse. **2.** Rotura o abertura de algo. **3.** Pérdida o menoscabo. **4.** ECON. Cese de una actividad comercial al no poder hacer frente a las obligaciones de pago y no alcanzar el activo a cubrir el pasivo.

quiebro s.m. Gesto que se hace con el cuerpo doblándolo por la cintura. **2.** Gorgorito hecho con la voz. **3.** TAUROM. Lance o suerte con que el torero hurta el cuerpo con rápido movimiento de la cintura, al embestirlo el toro.

quien pron.relat. (lat. *quem,* acusativo de *quis, quae, quid*). Introduce una oración que indica la identidad o la característica de una persona: *Ernesto, quien asistió a la reunión...; esta es la mujer de quien te hablé.* (Puede sustituirse por *el/la que/cual, aquel/lla que.)* ◆ pron.indef. Sin antecedente o con antecedente expreso, tiene valor genérico e indica cualquier persona que cumpla las condiciones que se especifican: *cásate con quien quieras; que levante la mano quien esté de acuerdo.* (Puede sustituirse por *el/la que,* o por otro pronombre relativo seguido de otro pronombre que le haga de antecedente.)

quién pron.interrog. Introduce una pregunta, directa o indirecta, sobre la identidad de una persona: *¿quién llama?; dime con quién hablabas.* ◆ pron.exclam. Introduce oraciones exclamativas: *¡quién lo hubiera dicho!* ◇ **No ser quién para algo** No tener autoridad para hacerlo.

quienquiera pron.indef. (pl. *quienesquiera*). Cualquiera, persona indeterminada: *quienquiera que sea dile que no estoy.*

quiescente adj. Que está en reposo.

quietismo s.m. Doctrina mística que, apoyándose en la obra del sacerdote español Miguel de Molinos (m. 1696), basa la perfección cristiana en el amor a Dios y en la pasividad confiada del alma. SIN.: *molinosismo.* **2.** Inacción, quietud, inercia.

quietista adj. y s.m. y f. Relativo al quietismo; partidario de esta doctrina. SIN.: *molinosista.*

quieto, a adj. (lat. *quietus, -a, -um*). Que no se mueve ni cambia de lugar: *estar quieto.* **2.** *Fig.* Pacífico, tranquilo: *llevar una vida quieta; el mar está quieto.* **3.** *Fig.* Parado, que no avanza en su desarrollo: *dejar un asunto quieto.*

quietud s.f. Falta de movimiento. **2.** *Fig.* Sosiego, reposo.

quif o **kif** s.m. Esp. Grifa.

quijada s.f. (del lat. vulg. *capseum,* semejante a una caja, del lat. *capsa,* caja). Mandíbula de un mamífero, especialmente cuando es grande.

quijones s.m. (pl. *quijones*). Planta herbácea aromática, de flores blancas y fruto seco, que abunda en la península Ibérica. (Familia umbelíferas.)

quijongo s.m. Instrumento de percusión, típico de Colombia, que consiste en un tronco ahuecado y recubierto de piel en un extremo.

quijotada s.f. *Desp.* Acción propia de quijote. SIN.: *quijotería.*

1. **quijote** s.m. (del ant. *cuxot,* del cat. *cuixot,* de *cuixa,* muslo). Parte superior de las ancas de las caballerías. **2.** ARM. Muslera.

2. **quijote** s.m. y f. (de *El Quijote,* personaje de la novela homónima de Cervantes). Persona que interviene en asuntos que no siempre le atañen, en defensa de la justicia.

quijotería s.f. Quijotismo. **2.** *Desp.* Quijotada.

quijotesco, a adj. Que actúa con quijotería. **2.** Que se ejecuta con quijotería.

quijotismo s.m. Cualidad de quijote. SIN.: *quijotería.*

quila s.f. Amér. Merid. Planta parecida al bambú, pero más fuerte. (Familia gramíneas.)

quilate s.m. (ár. *qirât,* unidad de peso, moneda). Unidad de medida de masa equivalente a 200 mg, utilizada para pesar perlas y piedras preciosas. SIN.: *quilate métrico.* **2.** Cantidad de oro puro contenido en una aleación de este metal, expresada en veinticuatro partes de la masa total. **3.** *Fig.* Calidad o valor de una cosa no material.

quilco s.m. Chile. Canasta grande.

quilico s.m. Ecuad. Ave rapaz de plumaje rojizo.

quilífero, a adj. y s.m. Se dice de los vasos linfáticos que conducen el quilo desde el intestino hasta la cisterna de Pecquet, que actúa de colector. ◇ **Estómago quilífero** Estómago glandular de los insectos.

quilificación s.f. Proceso de formación del quilo, por absorción de sustancias por el intestino delgado durante la digestión.

quilificar v.tr. y prnl. Convertir el alimento en quilo.

quilla s.f. (fr. *quille*). En las embarcaciones, pieza longitudinal que va de proa a popa, formando el canto o arista inferior del casco, y que constituye el eje del barco y la base de la armazón. **2.** Esternón de las aves, o parte saliente de este. **3.** BOT. Pétalo inferior de la flor de las papilionáceas. SIN.: *carena.*

quillango s.m. Argent., Chile y Urug. Manta hecha con retazos de pieles que usaban algunos pueblos indígenas. **2.** Argent., Chile y Urug. Cobertor realizado con pieles, principalmente de guanaco.

quillay s.m. Argent. y Chile. Arbusto espinoso, de hasta 2 m de alt., con flores de color blanco amarillento. **2.** Argent. y Chile. Árbol de gran tamaño cuyo tronco, recto y alto, está recubierto por una gruesa corteza rica en saponina, que en medios rurales se emplea como jabón para lavar. (Familia rosáceas.)

quilmay s.m. Chile. Planta trepadora de hermosas flores, generalmente blancas. (Familia apocináceas.)

1. **quilo** s.m. → **1. kilo.**

2. **quilo** s.m. (gr. *khylós,* jugo). Líquido blanquecino contenido en el intestino delgado, resultado de la digestión de los alimentos.

3. **quilo** s.m. Arbusto de tallos trepadores y fruto azucarado del mismo nombre, que crece en Chile y del cual se hace una chicha. (Familia poligonáceas.)

quilogramo s.m. → **kilogramo.**

quilombo s.m. (port. de Brasil *quilombo,* refugio de esclavos africanos evadidos). En Brasil, comunidad de negros cimarrones. **2.** Argent. *Fig.* y *vulg.* Trifulca, desorden, barullo: *en el fútbol se armó un quilombo bárbaro.* **3.** Chile y R. de la Plata. Prostíbulo, burdel. **4.** Venez. Choza, cabaña campestre.

quilómetro s.m. → **kilómetro.**

quilquil s.m. Helecho arbóreo de rizoma comestible, que crece en Chile. (Familia polipodiáceas.)

quiltro s.m. Chile. Perro ordinario. ◆ adj. y s. Chile. *Fig. y fam.* Se dice de la persona despreciable y sin ninguna importancia.

quiluria s.f. MED. Presencia de grasas emulsionadas en la orina, que le dan aspecto lechoso.

quimba s.f. Amér. Garbo, contoneo. **2.** Colomb., Ecuad. y Venez. Calzado rústico.

quimbambas s.f.pl. *Fam.* Lugar indeterminado y muy lejano.

quimbayá, pueblo amerindio de la familia lingüística caribe, act. extinguido, que en época precolombina se extendía por el valle central del Cauca (dep. de Caldas y Antioquia, Colombia). Se han hallado restos de tumbas con objetos de cerámica y, sobre todo, orfebrería (joyas de oro, máscaras), de gran calidad artística y técnica (entre 500 y 1540).

quimbo s.m. Cuba. Machete.

quimbombó s.m. → **quingombó.**

quimera s.f. (gr. *khimaira*). *Fig.* Creación de la mente, que se toma como algo real o posible. **2.** *Fig. y fam.* Aprensión, sospecha infundada de algo desagradable. **3.** En heráldica, animal fantástico con el busto de mujer y el cuerpo de cabra. **4.** BOT. Organismo mixto, formado por vía vegetativa a expensas de otros dos concrescentes por injerto. **5.** MIT. GR. Monstruo fabuloso, con cabeza de león, vientre de cabra y cola de dragón, que vomitaba llamas. **6.** ZOOL. Pez holocéfalo de cabeza muy grande, ojos enormes y cola larguísima y delgada que termina en una punta filiforme. (Familia quiméridos.)

quimérico, a adj. Fabuloso, irreal. **2.** Sin fundamento, ilusorio o imposible.

química s.f. Ciencia que estudia las propiedades y la composición de los cuerpos, así como sus transformaciones. ◇ **Química analítica** Parte de la química que utiliza procedimientos analíticos, en particular para determinar la composición cualitativa y cuantitativa de las sustancias complejas. **Química biológica** Bioquímica. **Química general** Parte de la química que trata de los principios y de las leyes generales. **Química industrial** Parte de la química que trata de las operaciones que interesan especialmente a la industria. **Química mineral,** o **inorgánica** Parte de la química que estudia los no metales, los metales y sus combinaciones. **Química orgánica** Parte de la química que comprende el estudio de los compuestos del carbono.

química

La química es la base de un pujante sector industrial que en nuestros días comercializa la mayor parte de los productos diferentes, transformados o de síntesis. El s. XX ha contemplado la diversificación de la química en un conjunto de disciplinas cada vez más especializadas. La *química física* estudia la interacción entre la física y la química. Comprende sobre todo: la *termodinámica química*, estudio de los equilibrios; la *cinética química*, estudio de la velocidad de las reacciones; la *termoquímica*, estudio de las cantidades de calor que se aplican en las reacciones; la *química teórica*, aplicación de la mecánica cuántica; la *fotoquímica*, estudio de la interacción materia-luz; la *electroquímica*, estudio de la interacción materia-electricidad. La *química nuclear*, o *radioquímica*, se ocupa de los compuestos de los elementos radiactivos. La *química analítica* perfecciona los métodos de análisis inmediato y de análisis elemental. La *química orgánica* es la química del carbón y sus compuestos. La *bioquímica*, que mantiene nexos estrechos con la anterior, se ocupa de las reacciones químicas en las células y los tejidos de los seres vivos. La *química macromolecular* trata de la síntesis y las propiedades de las macromoléculas (o polímeros), en su mayor parte de origen orgánico. La *química mineral*, disciplina que estudia los cuerpos obtenidos del reino mineral (por oposición a *la química orgánica*), se dirige al estudio del estado natural, la preparación, las propiedades y las reacciones de los cuerpos puros y sus compuestos, así como de la racionalización e interpretación de los fenómenos. La química aplicada abarca: la *química industrial* (en la que se incluyen la petroquímica y la química del carbón); la *ingeniería química*, síntesis de los procesos de la industria química; la *química agrícola*, estudio de los suelos, abonos y la protección de las cosechas; la *química farmacéutica*, concepción y fabricación de medicamentos; en fin, todas las ramas especializadas en la elaboración y fabricación de diversos productos (perfumes, cosméticos, colorantes, etc.).

químico, a adj. Relativo a la química. ◆ s. Especialista en química. ◇ **Arma química** Arma que utiliza sustancias químicas con efectos tóxicos sobre el ser humano, los animales o las plantas.

quimificación s.f. Transformación en quimo de los alimentos ingeridos.

quimioluminiscencia o **quimiluminiscencia** s.f. Luminiscencia provocada por un aporte de energía química.

quimiorrecepción s.f. Capacidad de un organismo para captar modificaciones en la composición química del medio interno, reaccionando en consecuencia. SIN.: *quimiocepción.*

quimiorreceptor, ra adj. y s.m. Se dice de un receptor sensible a los estímulos químicos.

quimiosíntesis s.f. BIOL. Síntesis de materiales orgánicos, especialmente las reacciones de oxidación, cuando la fuente de energía es de tipo químico.

quimiosorción s.f. QUÍM. Fenómeno de adsorción cuyo mecanismo se interpreta por interacciones químicas.

quimioterapia s.f. MED. Tratamiento médico mediante la aplicación de sustancias químicas.

quimiotropismo s.m. BIOL. Orientación de un órgano o de un organismo bajo la influencia de un agente químico presente en el entorno.

quimo s.m. (gr. *khymós,* jugo). Líquido contenido en el estómago, que resulta de la digestión gástrica de los alimentos.

quimono o **kimono** s.m. (jap. *kimono*). Túnica japonesa muy amplia, de una sola pieza que se cruza por delante y se sujeta con un cinturón ancho.

quimurgia s.f. Rama de la química industrial que utiliza productos agrícolas como materia prima.

1. **quina** s.f. (ár. *qínna*). Árbol cuya corteza, amarga, llamada también *quinquina,* tiene propiedades tónicas astringentes y antipiréticas. (Se dividen en tres grandes grupos: *amarillas, grises* y *rojas*; familia rubiáceas.) **2.** Corteza de este árbol. **3.** Bebida que se prepara con dicha corteza. ◇ **Tragar quina** Esp. *Fam.* Soportar o sobrellevar algo a disgusto, sin manifestarlo externamente.

2. **quina** s.f. Acierto de cinco números en el juego de la lotería.

quinado, a adj. Se dice del vino o líquido preparado con quina y usado como medicamento.

quinario, a adj. MAT. Que tiene por base el número cinco.

quincalla s.f. (fr. ant. *quincaille*). Artículo de metal, de poco precio o escaso valor.

quincallería s.f. Establecimiento donde se vende quincalla. **2.** Conjunto de quincalla.

quincallero, a s. Persona que tiene por oficio fabricar o vender quincalla.

quince adj.num.cardin. y s.m. Diez más cinco. ◆ adj.num.ordin. y s.m. y f. Decimoquinto. ◆ s.m. En el tenis, primer punto de un juego. **2.** En el juego de pelota vasca, ventaja de quince puntos que un jugador concede a otro. **3.** Equipo de rugby.

quinceavo, a adj. y s.m. Se dice de cada una de las partes que resultan de dividir un todo en quince partes iguales. SIN.: *quinzavo.*

quincena s.f. Período de tiempo de quince días. **2.** Conjunto formado por quince unidades. **3.** Paga que se recibe cada quince días.

quincenal adj. Que se sucede o repite cada quincena. **2.** Que dura una quincena.

quinceno, a adj. Decimoquinto.

quincha s.f. (quechua *kinča,* cerco). Amér. Merid. Tejido o trama de junco con que se afianza un techo o pared de paja, totora, caña, etc. **2.** Argent., Chile y Perú. Pared hecha de cañas o juncos recubiertos de barro, que se suele emplear para construir cercas, corrales y chozas; cañizo, enramado.

quinchamalí s.m. Planta anual, que crece en América Meridional, de cuyas flores se extrae un brebaje utilizado para curar contusiones. (Familia santaláceas.)

quinchar v.tr. Amér. Merid. Cercar o cubrir con quinchas. ◆ v.intr. Amér. Merid. Hacer quinchas.

quinchihue s.m. Planta herbácea americana, olorosa y de usos medicinales. (Familia compuestas.)

quincho s.m. Argent. Cobertizo consistente en un techo de paja sostenido por columnas de madera, que se utiliza como resguardo en comidas al aire libre.

quinchoncho s.m. Arbusto de semillas comestibles, originario de la India y cultivado en América. (Familia papilionáceas.)

Quincke. Edema de Quincke Forma de edema cutáneomucoso, de la misma naturaleza del cerebelo.

quincuagenario, a adj. y s. Que tiene cincuenta años o más, pero no llega a los sesenta.

quincuagésima s.f. REL. CATÓL. Domingo que precede al

primer domingo de cuaresma y que corresponde al día cincuenta antes de Pascua.

quincuagésimo, a adj.num.ordin. (lat. *quinquagesimum*). Que corresponde en orden al número cincuenta. ◆ adj. y s.m. Se dice de cada una de las partes que resultan de dividir un todo en cincuenta partes iguales.

quinde s.m. Colomb., Ecuad. y Perú. Colibrí.

quindecenviro s.m. ANT. ROM. Cada uno de los quince magistrados encargados de guardar e interpretar los libros sibilinos, así como de controlar los cultos extranjeros.

quindécimo, a adj. y s. Quinceavo.

quindenio s.m. Espacio de quince años.

quinesiólogo, a s. Médico especialista en quinesioterapia. (También *kinesiólogo*.)

quinesioterapia o **quinesiterapia** s.f. Método terapéutico para el tratamiento del aparato locomotor mediante movimientos activos o pasivos. (También *kinesioterapia, kinesiterapia* o *cinesiterapia*.)

quingentésimo, a adj.num.ordin. Que corresponde en orden al número quinientos. ◆ adj. y s.m. Se dice de cada una de las partes que resultan de dividir un todo en quinientas partes.

quingombó o **quimbombó** s.m. Planta herbácea originaria de África y cultivada en América por sus frutos. (Familia malváceas.)

quingos s.m. (quechua *kenkku,* torcido, camino serpenteante). Amér. Zigzag.

quinidina s.f. Alcaloide de la quina.

quiniela s.f. Argent., Dom., Par. y Urug. Juego que consiste en apostar a la última o a las últimas cifras de los premios mayores de la lotería. **2.** Argent., Dom., Par. y Urug. Capitalista u organizador de quinielas. **3.** Argent., Dom., Par. y Urug. Persona que recibe o realiza apuestas de quinielas. **4.** Esp. Sistema reglamentado de apuestas, hecho sobre las predicciones del resultado de unos determinados partidos de fútbol, carreras de caballos, galgos, etc. **5.** Esp. Papel impreso en que se escriben dichas predicciones.

quinientos, as adj.num.cardin. y s. (lat. *quingenti*). Cinco veces cien. ◆ adj.num.ordin. y s.m. Quingentésimo. ◆ s.m. Siglo XVI. **2.** Cinquecento.

quinina s.f. Principal alcaloide de la quina, que se emplea como febrífugo.

quínoa o **quinua** s.f. (quechua *kínwa*). Planta anual, originaria de Perú, que crece en casi toda América, cuyas semillas se comen cocidas o se usan en forma de harina, y cuyas hojas se consumen como verdura. (Familia quenopodiáceas.)

quinoleína s.f. Compuesto heterocíclico C_9H_7N, que comprende un anillo bencénico unido a un anillo piridico, producido por síntesis y que tiene importantes derivados en farmacia.

quinona s.f. Nombre genérico de los derivados bencénicos que poseen dos funciones cetona.

quinoto s.m. Argent. Arbusto de flores y pequeños frutos de color naranja, que se usan para preparar dulces y licores. (Familia rutáceas.) **2.** Argent. Fruto de este arbusto.

quinqué s.m. (fr. *quinquet*). Lámpara provista de un depósito de aceite o petróleo, cuya llama se halla resguardada por un tubo de cristal.

quinquenal adj. Que sucede o se repite cada quinquenio o que dura un quinquenio: *plan quinquenal.*

quinquenio s.m. (lat. *quinquenium*). Período de cinco años. **2.** Complemento que incrementa un sueldo al cumplirse cinco años de antigüedad en un puesto de trabajo.

quinqui s.m. y f. Miembro de una etnia que llegó a España a finales del s. XV y que habita en Castilla, valle del Ebro y Extremadura. (Sus orígenes parecen situarse en la India.) SIN.: *merchero.* **2.** Esp. *Fam.* Persona, generalmente de origen marginal, que vive de cometer pequeños actos delictivos.

quinquina s.f. Corteza de la quina.

quinta s.f. Acción de quintar. **2.** Remplazo anual para prestar el servicio militar obligatorio. **3.** Sorteo de mozos para el servicio militar. **4.** Finca en el campo como casa de recreo. **5.** MÚS. En la escala diatónica, intervalo de cinco grados. ◇ **Entrar en quintas** Ser llamado para hacer el servicio militar. **Quinta del biberón** Reclutamiento de los mozos de 17 y 18 años que efectuó la Segunda república española en 1938.

quintaesencia s.f. Última esencia o extracto de algo. **2.** *Fig.* Lo más puro, intenso y acendrado de algo. (También *quinta esencia.*)

quintaesenciar v.tr. Extraer la quintaesencia. **2.** *Fig.* Purificar, depurar.

quintal s.m. (ár. *quinṭâr*). Antigua unidad de peso, cuyo valor varía según las regiones.

quintar v.tr. Esp. Sortear el destino de los mozos que han de hacer el servicio militar. **2.** Esp. Sacar por sorteo una cosa de cada cinco de un conjunto de ellas.

quinteto s.m. (ital. *quintetto*). Estrofa de cinco versos de arte mayor. **2.** MÚS. **a.** Composición a cinco voces o instrumentos. **b.** Conjunto vocal o instrumental de cinco ejecutantes.

quintilla s.f. Estrofa compuesta por cinco versos de arte menor, generalmente octosílabos, con dos rimas. **2.** Combinación de cinco versos de cualquier medida, con dos consonancias distintas.

quintillizo, a adj. y s. Cada uno de los cinco hijos nacidos en un parto quíntuple.

quintillón s.m. Un millón de cuatrillones (10^{30}).

quinto, a adj.num.ordin. (lat. *quintus*). Que corresponde en orden al número cinco. ◆ adj. y s.m. Se dice de cada una de las cinco partes que resultan de dividir un todo en cinco partes iguales. ◆ s.m. Esp. Mozo que es llamado a realizar el servicio militar. **2.** Esp. *Fam.* Botella de cerveza de 20 cl. **3.** Méx. *Vulg.* Virgen. **4.** HIST. Derecho que sobre la venta o concesión de algo percibía el señor de la tierra o el monarca del reino, y que consistía en un quinto del valor. ◇ **Quinto real** HIST. Tributo que la corona española percibía sobre la explotación de las minas de sus dominios.

quintral s.m. Chile. Muérdago de flores rojas, de cuyo fruto se extrae liga, y sirve para teñir. **2.** Chile. Enfermedad que sufren las sandías y los porotos.

quintril s.m. Chile. Fruto del algarrobo.

quíntuple adj. Que se repite cinco veces o está formado por cinco elementos iguales o similares. ◆ adj. y s.m. Quíntuplo.

quintuplicación s.f. Acción y efecto de quintuplicar.

quintuplicar v.tr. y prnl. Ser o hacer cinco veces mayor.

quíntuplo, a adj. y s.m. Que es cinco veces el número o cantidad de cierta cosa: *diez es el quíntuplo de dos.* SIN.: *quíntuple.*

quinua s.f. → **quínoa.**

quinzavo adj. y s.m. Quinceavo.

quiñazo s.m. Chile, Colomb., Ecuad., Pan. y Perú. Empujón, encontronazo.

quiñón s.m. Porción de tierra de cultivo repartida en usufructo entre los vecinos de un pueblo por un período determinado. **2.** Porción de terreno de cultivo, cuyas dimensiones varían según los lugares.

quiosco o **kiosco** s.m. (fr. *kiosque*). Construcción pequeña instalada en la vía pública, destinada a la venta de periódicos, flores, etc. **2.** Construcción abierta por todos los lados que decora terrazas y jardines.

quiosquero, a adj. y s. Se dice de la persona que atiende un quiosco.

quipe s.m. Perú. Bulto que se lleva a la espalda.

quipu s.m. (voz quechua, *nudo*). Conjunto de cuerdecillas anudadas que se utilizaba en el Perú precolombino con fines nemotécnicos, para realizar cálculos numéricos o recoger historias o noticias.

quique s.m. Amér. Merid. Especie de comadreja. ◇ **Ser como un quique** Chile. Ser vivo, rápido y pronto.

quiquiriquí Onomatopeya del canto del gallo. ◆ s.m. Voz

del gallo al cantar. **2.** Esp. *Fig. y fam.* Tupé, mechón de pelo hueco sobre la cabeza.

quiralidad s.f. QUÍM. Propiedad de una molécula según la cual esta puede existir bajo dos variedades inversas ópticamente.

quiridio s.m. Extremidad pentadáctila de los vertebrados y sus diversas modificaciones.

quirie s.m. → **kirie.**

quirite s.m. ANT. ROM. Ciudadano de Roma.

quirófano s.m. Sala de un centro médico donde se realizan operaciones quirúrgicas.

quiromancia o **quiromancía** s.f. (del gr. *kheír,* mano, y *manteía,* adivinación). Procedimiento de adivinación fundado en el estudio de la mano (forma, líneas, etc.).

quiromántico, a adj. y s. Relativo a la quiromancia; persona que la practica.

quiromasaje s.m. Masaje que se realiza solo con las manos.

quiromasajista s.m. y f. Persona especializada en quiromasaje.

quiropráctica s.f. Tratamiento de ciertas enfermedades por manipulación de las vértebras. SIN.: *quiropraxia.*

quiróptero, a adj. y s.m. (del gr. *kheír,* mano, y *pterón,* ala). Relativo a un orden de mamíferos que, como el murciélago, están caracterizados por su adaptación al vuelo, para el que cuentan con extremidades anteriores transformadas en alas; son en general animales nocturnos e insectívoros, aunque algunos son frugívoros.

quirque s.m. Chile. Lagartija.

quirquincho s.m. (quechua *kirkínču*). Amér. Merid. Nombre de varias familias de mamíferos adentados, cavadores, que se suelen alimentar de invertebrados y vegetales, y con cuyo caparazón, con abundantes pelos cerdosos, se fabrican charangos.

quirúrgico, a adj. Relativo a la cirugía.

quisa s.f. Bol. Banano maduro y tostado. **2.** Perú. Oruga, planta urticácea.

quisca s.f. (voz quechua, *espina, púa*). Chile. Espina grande, especialmente de las cactáceas. **2.** Chile. Quisco. **3.** Chile. En coa, cuchillo.

quisco s.m. Chile. Cacto espinoso con aspecto de cirio, cuyas espinas alcanzan hasta 30 cm. (Familia cactáceas.)

quisicosa s.f. (de *¿qué es cosa y cosa?,* frase con que empezaban tradicionalmente las adivinanzas). *Fam.* Acertijo que debe adivinarse partiendo de unos datos que se dan en forma indirecta, y a veces en verso. **2.** Cosa extraña.

quisque o **quisqui** pron.indef. Esp. *Fam.* Individuo, persona: *cada quisque; todo quisqui.*

quisqueyano, a adj. y s. Dominicano, de la República Dominicana.

quisquilla s.f. Camarón.

quisquilloso, a adj. y s. Que se ofende fácilmente por cosas insignificantes a las que da demasiada importancia. **2.** Se dice de la persona que es muy delicada.

quiste s.m. (gr. *kýstis, -eos,* vejiga). Bolsa membranosa que se forma anormalmente en los tejidos del cuerpo y que contiene una sustancia líquida o semisólida de distinta naturaleza. **2.** ZOOL. Membrana resistente e impermeable de numerosos protozoos, que los mantiene aislados del exterior.

quistectomía s.f. Extirpación quirúrgica de un quiste.

quístico, a adj. Relativo a los quistes.

quita s.f. DER. Remisión o liberación que de una deuda o parte de ella hace el acreedor al deudor.

quitaipón s.m. Juego de dos cosas que se sustituyen recíprocamente.

quitamanchas s.m. (pl. *quitamanchas*). Producto que sirve para quitar manchas de la ropa. SIN.: *sacamanchas.*

quitanieves s.m. (pl. *quitanieves*). Máquina que sirve para remover y quitar la nieve que obstruye una vía de comunicación.

quitanza s.f. (fr. *quitance*). Finiquito, liberación o carta de pago que se da al deudor cuando paga.

quitar v.tr. y prnl. (del lat. *quietus,* tranquilo, libre de guerras). Separar una cosa de otra con la que está unida, de la que forma parte o a la que cubre, o apartarla del lugar donde estaba: *mandó quitar el cartel de la puerta; se quitó el abrigo.* ◆ v.tr. Despojar o privar de una cosa. **2.** Hurtar. **3.** Impedir, obstar: *lo cortés no quita lo valiente.* **4.** Exceptuar, prescindir: *quitando el postre, el resto de la comida estuvo bien.* ◆ **quitarse** v.prnl. Apartarse, separarse de un lugar: *quítate de ahí, que estorbas.* **2.** Dejar una cosa que resulta perjudicial o apartarse de ella completamente: *voy a quitarme del tabaco.* **3.** Evitar ciertas cosas insustanciales o innecesarias: *¡quítate de monsergas!*

quitasol s.m. Sombrilla de gran tamaño.

quitasolillo s.m. Cuba. Planta umbelífera de raíz picante y aromática.

quite s.m. Movimiento con que se evita un golpe o un ataque. **2.** TAUROM. Suerte que efectúa el torero para apartar el toro de otro torero o del caballo. ◇ **Estar al quite,** o **a los quites** Estar preparado para defender o ayudar a alguien.

quiteño, a adj. y s. De Quito.

quitilipe o **quitilipi** s.m. Argent. Ñacurutu, ave.

quitina s.f. Sustancia orgánica nitrogenada que forma parte de la cutícula de los insectos y otros artrópodos.

quito, a adj. (del lat. *quietus,* tranquilo, libre de guerras). Libre, exento.

quitrín s.m. Carruaje abierto, de dos ruedas, con una sola fila de asientos y cubierta de fuelle, usado en Cuba.

quiulla s.f. Chile. Gaviota serrana.

quivi s.m. → **1. kiwi.**

quizá o **quizás** adv.d. (del ant. *quiçab,* de *qui sabe,* quien sabe). Expresa posibilidad o duda.

quizarrá s.f. C. Rica. Árbol de la familia de las lauráceas.

quizás adv.d. → **quizá.**

quórum s.m. (del lat. *quorum,* de quienes, empleado en Inglaterra como fórmula legal). Número de miembros que debe reunir una asamblea para que sea válida una deliberación.

quraysí, tribu árabe a la que pertenecía Mahoma. En al-Andalus, sus miembros *(quraysíes)* pertenecían a la nobleza de sangre y estaban emparentados en diversos grados con el califa.

r

r s.f. Vigesimoprimera letra del alfabeto español, y decimoséptima de sus consonantes. (Representa un sonido vibrante alveolar sonoro.) ◇ ℝ Conjunto de los números reales, es decir, de los números racionales y de los números irracionales. ℝ* Conjunto de los números reales con exclusión del cero.

rabadán s.m. (del ár. *rabb aḍḍa'n,* pastor de los carneros). Mayoral que cuida todos los hatos de ganado en una cabaña y manda a los pastores. **2.** Pastor a las órdenes del mayoral, que gobierna uno o más hatos de ganado.

rabadilla s.f. ANAT. Punta o extremidad de la columna vertebral, formada por la última pieza del hueso sacro y por todas las del cóxis. **2.** CARN. Parte de la carne del buey correspondiente a la región de las ancas.

rabanillo s.m. Planta herbácea silvestre, parecida al rábano, de raíz pequeña.

rabaniza s.f. Simiente de rábano. **2.** Planta herbácea anual, de tallo ramoso, hojas partidas en lóbulos agudos, flores blancas y fruto seco. (Familia crucíferas.)

rábano s.m. (lat. *raphanus*). Planta herbácea comestible, con raíz de tipo tubérculo, de la familia crucíferas. **2.** Raíz de esta planta. ◇ **Importar un rábano** *Fam.* No importar nada. **Tomar el rábano por las hojas** *Fam.* Interpretar equivocadamente una cosa.

rabdomancia o **rabdomancía** s.f. Búsqueda de objetos ocultos, por medio de objetos dotados de supuestas propiedades detectoras.

rabel s.m. (ár. *rabâb*). Instrumento musical medieval de tres cuerdas, parecido al laúd, que se toca con arco. (Este instrumento cayó en desuso en el s. XVII.) **2.** Instrumento musical infantil, que consiste en una caña con una cuerda a lo largo de ella, entre las cuales se coloca una bolsa llena de aire.

rabí s.m. (voz hebrea, *mi superior*). Rabino.

rabia s.f. (lat. *rabia*). Enfermedad viral infecciosa transmitida al ser humano por la mordedura de ciertos animales, que se caracteriza por fenómenos de excitación y parálisis. **2.** *Fig.* Ira, enojo, cólera violenta. **3.** *Fam.* Aversión o antipatía hacia alguien o algo: *sentir rabia hacia alguien.* ◇ **Dar rabia** *Fam.* Enojar, disgustar.

rabiacana s.f. Planta herbácea de flores blancas y rojizas, que crece en la península Ibérica. (Familia aráceas.)

rabiar v.intr. (de *rabia*). Padecer intensamente del dolor que se expresa: *rabiar de dolor de muelas.* **2.** *Fig.* Desear mucho una cosa: *rabiar por comer.* **3.** *Fig.* Irritarse, enojarse. **4.** *Fig.* Exceder en mucho a lo normal y usual. ◇ **A rabiar** *Fam.* Mucho, con exceso. **Estar a rabiar** *Fam.* Estar muy enojado. **Hacer rabiar a alguien** *Fam.* Enojarlo, mortificarlo.

rábico, a adj. Relativo a la enfermedad de la rabia.

rábida s.f. → **rábita.**

rabieta s.f. *Fam.* Enojo o llanto muy violento y de poca duración, causado generalmente por motivos insignificantes.

rabietas s.m. y f. (pl. *rabietas*). Persona que se irrita fácilmente.

rabihorcado s.m. Ave palmípeda de los mares tropicales, de plumaje oscuro y vuelo poderoso y rápido. (Orden pelicaniformes.) SIN.: *fragata.* **2.** Colomb. Planta cuyas hojas, parecidas a las del banano, se usan para techar. (Familia cidantáceas.)

rabijunco s.m. Ave de unos 40 cm de long., con largas timoneras centrales terminadas en una punta fina. (Familia faetónidos.)

rabilargo s.m. Ave de cabeza y nuca de color negro aterciopelado, alas y cola de un color azul grisáceo y región ventral de color gris leonado. (Familia córvidos.)

rabillo s.m. Pecíolo. **2.** Pedúnculo. **3.** Tira de tela que sirve para apretar o aflojar la cintura de pantalones, chalecos, etc. ◇ **Mirar con el rabillo del,** o **de rabillo de, ojo** Mirar de reojo, disimuladamente. **Rabillo del ojo** Ángulo externo del ojo.

rabínico, a adj. Relativo a los rabinos o al rabinismo.

rabinismo s.m. Actividad religiosa y literaria del judaísmo, después de la destrucción del templo (70 d.C.) y la dispersión del pueblo judío. (El s. XVIII cerró el período rabínico.)

rabinista s.m. y f. Persona que sigue la tradición de los rabinos.

rabino s.m. Doctor de la Ley judía. **2.** Jefe espiritual de una comunidad judía. SIN.: *rabí.*

rabioso, a adj. (lat. *rabiosus*). Encolerizado, furioso. **2.** *Fig.* Muy violento o intenso. ◆ adj. y s. Que padece rabia.

rábita, rábida o **rápita** s.f. (ár. *râbiṭa,* santuario fortificado). Fortaleza militar y religiosa musulmana, ubicada en la frontera con los reinos hispanocristianos.

rabiza s.f. Prostituta.

rabo s.m. Cola, especialmente la de los cuadrúpedos. **2.** *Fig. y fam.* Apéndice, parte de una cosa parecida, por su forma, posición, etc., a la cola de un animal. **3.** BOT. Pecíolo, pedúnculo. ◇ **Con el rabo entre las piernas** *Fam.* Vencido, humillado o avergonzado.

rabón, na adj. Se dice del animal que no tiene rabo o que lo tiene más corto de lo normal. **2.** Argent. y Méx. *Fam.* Se dice de la prenda de vestir que queda corta.

rabona s.f. Amér. Mujer que acompaña a los soldados en campaña y durante sus traslados.

rabotada s.f. Expresión brusca, injuriosa o grosera. SIN.: *rabotazo.*

racamento s.m. (fr. ant. *racquement*). MAR. Especie de collar que sirve para unir las vergas a sus palos o masteleros. SIN.: *racamenta.*

racanear v.tr. Actuar como un rácano.

rácano, a adj. y s. *Fam.* Tacaño.

raccord s.m. (voz francesa). CIN. Continuidad espacial o temporal correcta entre dos planos consecutivos.

racémico, a adj. y s.m. Se dice de una mezcla de dos isómeros ópticos que no desvía el plano de polarización de la luz.

racer s.m. MAR. **a.** Canoa automóvil rápida. **b.** Yate de motor o de vela especialmente diseñado para regatas.

racha s.f. Ráfaga de viento. **2.** *Fig. y fam.* Afluencia de muchas cosas de la misma clase, que se dan de manera repentina y en un período breve de tiempo.

racheado, a adj. Se dice del viento que sopla por rachas.

racial adj. Relativo a la raza.

racimo s.m. (lat. vulg. *racimus*). Conjunto de frutos que están sostenidos por un mismo tallo, especialmente granos de uva. **2.** *Fig.* Conjunto de cosas dispuestas en forma de racimo.

raciocinar v.intr. (lat. *ratiocinari*). Hacer funcionar la inteligencia para obtener unas ideas de otras.

raciocinio s.m. (lat. tardío *ratiocinium*). Facultad de raciocinar. **2.** Raciocinación. **3.** Discurso, pensamiento, razonamiento.

ración s.f. (lat. *ratio, -onis,* cálculo, razonamiento, razón). Cantidad de cualquier cosa, especialmente de comida, que se da o asigna a cada persona. **2.** Cantidad de cualquier cosa, especialmente de comida, que se considera suficiente para un fin o se vende a un determinado precio: *una ración de langostinos.* **3.** Cantidad de cualquier cosa, generalmente la que se consume en un solo día o a intervalos regulares por una persona o animal: *ración diaria de lectura; ración semanal de sol.*

racional adj. Relativo a la razón: *animal racional.* **2.** Ajustado a la razón: *motivo racional.* **3.** Fundado en la razón: *método racional.* **4.** MAT. Se dice de una expresión algebraica que no contiene ningún radical. ◆ adj. y s.m. y f. Dotado de razón. ◇ **Número racional** Cada uno de los números que resultan de la ampliación de los números enteros.

racionalidad s.f. Cualidad de racional.

racionalismo s.m. FILOS. Doctrina según la cual todo lo que existe tiene su razón de ser y no puede ser considerado en sí como ininteligible (por oposición a *irracionalismo*). **2.** Doctrina según la cual el conocimiento humano procede de principios a priori independientes de la experiencia. (En este sentido, el racionalismo, que puede ser *absoluto* [Platón, Descartes] o *crítico* [Kant], se opone al *empirismo.*)

racionalista adj. y s.m. y f. Relativo al racionalismo; partidario de esta filosofía.

racionalización s.f. Acción y efecto de racionalizar. **2.** PSICOL. Justificación lógica y consciente de un comportamiento que revela otras motivaciones inconscientes cuya causa se desconoce. ◇ **Racionalización industrial** Perfeccionamiento de la organización técnica de una empresa con el fin de disminuir los precios, aumentar la cantidad o mejorar la calidad del producto.

racionalizado, a adj. Se dice de las fórmulas de electrostática y electromagnetismo empleadas habitualmente con el sistema de unidades MKSA.

racionalizar v.tr. Reducir a normas o conceptos racionales. **2.** Organizar según cálculos y razonamientos: *racionalizar la alimentación.* **3.** Hacer más eficaz y menos costoso un proceso de producción. **4.** Normalizar.

racionamiento s.m. Acción de racionar.

racionar v.tr. Distribuir una cosa en raciones. **2.** Reducir el consumo repartiendo algo en cantidades limitadas.

racismo s.m. Ideología que afirma la superioridad de un grupo racial respecto a los demás y que preconiza, en particular, la separación de estos grupos dentro de un país, por segregación racial, e incluso su eliminación.

racista adj. y s.m. y f. Relativo al racismo; partidario de esta ideología.

racor s.m. Pieza metálica que sirve para unir tubos y otros perfiles cilíndricos.

rad s.m. Unidad de medida de cantidad absorbida de radiaciones ionizantes (símb. rd), equivalente a la cantidad de radiación absorbida por un elemento de materia de 1 kg de masa al que las radiaciones ionizantes comunican de manera uniforme una energía de 0,01 julios.

rada s.f. (fr. *rade*). Bahía o ensenada que constituye un puerto natural.

radal s.m. Árbol de madera muy dura utilizada en ebanistería, que crece en América Meridional. (Familia proteáceas.)

radar o **rádar** s.m. (acrónimo del ingl. *radio detection and ranging,* detección y situación por radio). Dispositivo que permite determinar la posición y la distancia de un obstáculo por emisión de ondas radioeléctricas y por la detección de ondas reflejadas en su superficie.

radar

El principio del radar se basa en la emisión, por impulsos de corta duración, de estrechos haces de ondas radioeléctricas que, tras reflejarse sobre un obstáculo, se dirigen hacia un receptor. La dirección del trayecto de ida y retorno de estas ondas, que se propagan a la velocidad de la luz (300 km/s), permite determinar la distancia a que se halla el obstáculo. La dirección viene indicada por la orientación de la antena, utilizada primero para la emisión y después para la recepción.

A partir de la batalla de Inglaterra (1940) el radar sustituyó a todos los sistemas de detección aérea. Además de su función esencial en los tres ejércitos en el campo de la defensa aérea, el empleo militar del radar experimentó una gran diversificación a partir de 1945: *radares de a bordo* de los aviones y *radares de autoguiado* de los misiles en las fuerzas aéreas; *radares de vigilancia terrestres* en el ejército de tierra, y *radares de tiro* en las fuerzas navales.

radarastronomía s.f. Técnica del radar aplicada al estudio de los astros.

radarista adj. y s.m. y f. Especialista en el funcionamiento, conservación y reparación de radares.

radiación s.f. Acción de radiar. **2.** FÍS. Emisión y propagación de energía bajo forma de ondas o de partículas. ◇ **Presión de radiación** Presión ejercida por las ondas electromagnéticas o acústicas sobre los cuerpos con que tropiezan. **Radiaciones ionizantes** Rayos X y rayos α, β y γ emitidos por los cuerpos radiactivos; conjunto de los elementos constitutivos de una onda que se propaga en el espacio: *radiación infrarroja.* **Radiación solar** Energía emitida por el sol.

radiación

Las *radiaciones electromagnéticas* son ondas que se propagan en el vacío en línea recta con la misma velocidad, de aproximadamente *c = 300 000 km/s*. Su longitud de onda λ está vinculada a su frecuencia ν por la relación $c = \lambda\nu$. Forman una banda ininterrumpida que, de menor a mayor longitud de onda, va de los rayos γ (λ = 1/1 000 Å, por ejemplo) hasta las ondas radioeléctricas (λ = 1 km, por ejemplo), pasando por los rayos X, ultravioleta, luz visible ($0{,}4 < \lambda < 0{,}8$) y los rayos infrarrojos. Las radiaciones corpusculares son debidas a partículas animadas de gran velocidad, aunque variable (electrones, protones, neutrones, etc.). La mecánica cuántica ha realizado una síntesis de estos dos tipos de radiaciones, haciendo corresponder partículas puntuales (fotones) a las ondas electromagnéticas y, a la inversa, ondas a las radiaciones corpusculares.

radiactividad s.f. Desintegración espontánea de un núcleo atómico, con emisión de partículas o de radiación electromagnética.

radiactividad

H. Becquerel descubrió en 1896 el fenómeno de la radiactividad en el uranio y rápidamente fue confirmada por M. Curie en cuanto al torio. Los tipos de radiactividad son: rayos alfa, emisión del núcleo de una partícula alfa o núcleo de helio; los rayos beta, emisión de un electrón de radioisótopos ricos en neutrones o emisión de un electrón positivo (positrón) de núcleos deficientes en neutrones; rayos gamma, radiación electromagnética que hace pasar a un núcleo de un estado excitado a uno menos excitado o estable. Existen otros tipos de radiactividad, como la fisión espontánea de un núcleo pesado o la radiactividad por emisión de protones. El período de una transformación radiactiva es el tiempo necesario para que la mitad de los núcleos del elemento considerado se desintegren. Varía mucho de un núcleo a otro (de 10^{-12} a 10^{17} años). La radiactividad puede representar un grave peligro para seres vivos a causa de la emisión de rayos ionizantes. Sin embargo, esta emisión se emplea para fines biomédicos (p. ej., tratamiento de cáncer con bomba de cobalto). La radiactividad sirve también para fechar (gracias a la ley de decrecimiento radiactivo) en diversas aplicaciones científicas e industriales.

radiactivo, a adj. Relativo a la radiactividad, dotado de radiactividad.
radiado, a adj. Formado por rayos divergentes. ◆ adj. y s.m. Relativo a una antigua división del reino animal, que comprendía los equinodermos y los celentéreos.
radiador s.m. Aparato de calefacción que transmite al espacio que lo rodea el calor que recibe o que genera. **2.** TECNOL. Dispositivo en que se enfría el líquido de refrigeración de un motor de automóvil, y otros motores de explosión.
radial adj. Relativo a un radio. **2.** Se dice de la disposición análoga a la de los rayos de una rueda. **3.** ANAT. Relativo al radio: *nervio radial.*
radián s.m. Unidad de medida de ángulos (símb. rad), equivalente al ángulo que, teniendo su vértice en el centro de un círculo, intercepta en la circunferencia de este círculo un arco de longitud igual a la del radio.
radiante adj. Que radia. **2.** *Fig.* Que brilla intensamente. **3.** *Fig.* Que muestra mucha alegría o felicidad. **4.** HERÁLD. Se dice de las figuras, como el sol, las estrellas, etc., que despiden rayos. SIN.: *rayonante.* ⇔ **Gótico radiante** Estilo intermedio entre el *gótico primitivo* y el *gótico flamígero,* caracterizado por la forma radial de las tracerías de los ventanales. **Punto radiante** Punto del cielo de donde parecen emanar las trayectorias de los meteoritos.
1. **radiar** v.tr. (fr. *radier*). FÍS. Emitir radiaciones.
2. **radiar** v.tr. Emitir algo por radio.
radicación s.f. Acción y efecto de radicar o radicarse. **2.** *Fig.* Hecho de estar arraigada una cosa inmaterial. **3.** BOT. Disposición de las raíces.
radical adj. (lat. *radicalis,* perteneciente a la raíz). Relativo a la raíz. **2.** *Fig.* Que afecta a la parte fundamental de una cosa de manera completa: *cambio radical.* **3.** Relativo al radicalismo. **4.** BOT. Propio de la raíz. **5.** LING. Concerniente a las raíces de las palabras. ◆ adj. y s.m. y f. Miembro de un partido radical. **2.** *Fig.* Extremoso, tajante, intransigente. ◆ s.m. LING. Parte esencial e invariable de las palabras de una misma familia, que expresa el significado común a toda la familia: *en* correr, «corr-» *es el radical.* SIN.: *lexema, raíz.* **2.** MAT. **a.** Signo de la operación de la extracción de raíces ($\sqrt{}$ para la raíz cuadrada). **b.** Expresión que contiene un radical. **3.** QUÍM. Parte de un compuesto molecular que puede existir en estado no combinado (radical libre), o que no cambia en una reacción (radical orgánico). [Algunos radicales libres, contenidos normalmente en las células, pueden intervenir, cuando su número es demasiado elevado, en algunos fenómenos (envejecimiento, arteriosclerosis).] ⇔ **Índice de un radical** MAT. Cifra que se sitúa entre las ramas de un radical para indicar el grado de la raíz.
radicalario, a adj. QUÍM. Se dice de la reacción en que intervienen radicales libres.
radicalismo s.m. Doctrina y actitud que postula la eficacia de las medidas drásticas para conseguir el mejoramiento de las condiciones sociales. **2.** Actitud radical. ⇔ **Radicalismo filosófico** Doctrina filosófica y política de Bentham y Stuart Mill, cuyas principales características eran el liberalismo económico, el racionalismo, el utilitarismo y el individualismo.
radicalizar v.tr. y prnl. Hacer que alguien adopte una actitud radical. **2.** Dar carácter radical a algo.
radicando s.m. MAT. Número o expresión algebraica de que se extrae la raíz.
radicante adj. BOT. Se dice de las plantas cuyos tallos emiten raíces en diferentes puntos de su longitud.
radicar v.intr. y prnl. (lat. *radicari,* arraigar). Arraigar. ◆ v.intr. Estar o encontrarse ciertas cosas en determinado lugar. **2.** *Fig.* Estar fundado algo en lo que se expresa. ◆ **radicarse** v.prnl. Establecerse, fijar la residencia.
radicela s.f. BOT. Raíz secundaria, muy pequeña, ramificación de la raíz principal.
radicotomía s.f. CIR. Sección quirúrgica de una raíz nerviosa raquídea, en general sensitiva, para suprimir un dolor.
radícula s.f. BOT. Parte de la plántula que dará lugar a la raíz.
radicular adj. BOT. Relativo a la radícula. **2.** MED. Relativo a las raíces, en especial a las de los nervios raquídeos y a las dentarias.
radiculitis s.f. Inflamación de la raíz de un nervio raquídeo.
radier s.m. Chile. Losa de concreto u hormigón sin armar, de una proporción baja de cemento, que se usa en la construcción.
radiestesia s.f. Facultad que se atribuye a algunas personas para adivinar a distancia la existencia de manantiales, yacimientos, etc., por las oscilaciones de un péndulo o varita.
1. **radio** s.m. o f. Aparato receptor de radiocomunicaciones. **2.** Sistema de transmisión de sonidos mediante ondas hercianas. **3.** Actividad que consiste en transmitir información y programas diversos usando este sistema; conjunto de personas, instalaciones y medios dedicados a esta actividad. **4.** *Fam.* Radiograma. **5.** *Fam.* Radiotelegrama. (En las acepciones 1, 2 y 3 es de género femenino en América Meridional y España.)
2. **radio** s.m. (lat. *radium,* radio, rayo). Recta que une un punto de una circunferencia con su centro. **2.** Distancia determinada a partir de un centro o de un punto de origen en todas direcciones. **3.** Cada una de las varillas metálicas de pequeño diámetro que, en las ruedas de las bicicletas y motocicletas, unen la llanta con el cubo. **4.** ANAT. Hueso más corto de los dos del antebrazo, que se articula con el *cúbito,* permitiendo los movimientos de pronación y supinación. **5.** ZOOL. Cada una de las piezas de armazón de las aletas natatorias de los peces. ⇔ **Radio de acción** Máxima distancia que puede alcanzar una aeronave, vehículo o embarcación sin reabastecimiento en ruta, contando con el regreso al punto de partida; zona de influencia.
3. **radio** s.m. Metal alcalinotérreo, parecido al bario. **2.** Elemento químico (Ra), muy radiactivo, de número atómico 88 y masa atómica 226,025. (Descubierto en 1898 por P. y M. Curie, después del polonio, el radio metálico fue aislado en 1910 por M. Curie y A. Debierne.)
radioaficionado, a s. Persona que, por afición, se dedica a la radiotransmisión y radiorrecepción por ondas.
radioalineación s.f. Dispositivo electromagnético que guía a un avión o a un buque a lo largo de un eje.
radioaltímetro s.m. Altímetro basado en el principio del radar.

radioastronomía s.f. Rama de la astronomía que tiene por objeto el estudio de la radiación radioeléctrica de los astros.

radiobaliza s.f. Emisor de poca potencia modulado por una señal de identificación, para guiar a los buques en el mar o para indicar a los aviones la posición que tienen.

radiobalizar v.tr. Señalizar con radiobalizas.

radiobiología s.f. Estudio de la acción biológica de la ionización producida por los rayos X, cuerpos radiactivos y neutrones.

radiobrújula s.f. Radiocompás.

radiocarbono s.m. Isótopo 14 del carbono.

radiocasete o **radiocassette** s.m. Aparato electrónico en que van unidos un radiorreceptor y un casete.

radiocirugía s.f. MED. Técnica quirúrgica empleada en el tratamiento de metástasis y tumores basada en la aplicación de radiaciones de alta precisión. (Es menos cruenta que las intervenciones quirúrgicas.)

radiocobalto s.m. Isótopo radiactivo del cobalto, utilizado en radioterapia. SIN.: *cobalto radiactivo, cobalto 60.*

radiocompás s.m. Radiogoniómetro que permite a un avión o buque mantener su dirección gracias a las indicaciones dadas por una emisora situada en tierra. SIN.: *radiobrújula.*

radiocomunicación s.f. Transmisión de mensajes y señales a distancia, efectuada por medio de ondas radioeléctricas que se propagan en la atmósfera.

radioconductor s.m. Conductor cuya resistencia varía por acción de las ondas electromagnéticas.

radiocristalografía s.f. Estudio de la estructura de los cristales basado en la difracción que producen en los rayos X, los electrones, los neutrones, etc.

radiodermitis s.f. Dermitis debida a los rayos X o a sustancias radiactivas.

radiodiagnóstico s.m. Aplicación de las radiaciones ionizantes al diagnóstico médico.

radiodifundir v.tr. Radiar, transmitir por radio.

radiodifusión s.f. Sistema de transmisión de sonidos mediante ondas hercianas. **2.** Radioemisora. (Se abrevia *radio.*)

radiodifusor, ra adj. Relativo a la radiodifusión. ◆ adj. y s.m. Se dice del aparato que emite por radio.

radiodifusora s.f. Argent. Empresa que realiza emisiones radiofónicas destinadas al público.

radiodirigir v.tr. Dirigir a distancia un móvil por ondas radioeléctricas.

radioelectricidad s.f. Técnica que permite la transmisión a distancia de mensajes y sonidos por medio de ondas electromagnéticas.

radioeléctrico, a adj. Relativo a la radioelectricidad. **2.** Relativo a la radiación electromagnética de longitud de onda superior al milímetro.

radioelemento s.m. Radioisótopo.

radioemisora s.f. Emisora.

radioescucha s.m. y f. Persona que escucha las emisiones radiofónicas, radiotelefónicas o radiotelegráficas.

radiofaro s.m. Estación emisora de ondas radioeléctricas, que permite a un buque o un avión determinar su posición y seguir la ruta prevista.

radiofonía s.f. Sistema de transmisión de sonidos que utiliza las propiedades de las ondas radioeléctricas.

radiofónico, a adj. Relativo a la radiofonía.

radiofotografía s.f. Fotografía de la imagen obtenida en una pantalla durante una exploración radiológica.

radiofrecuencia s.f. Gama de frecuencias de las ondas hercianas utilizadas en radiocomunicaciones.

radiofuente s.f. Área del cielo que emite radiación radioeléctrica.

radiogalaxia s.f. Galaxia que emite una radiación radioeléctrica intensa.

radiogoniometría s.f. Determinación de la dirección y la posición de un emisor radioeléctrico.

radiogoniómetro s.m. Aparato que permite determinar la dirección de un emisor radioeléctrico y que, a bordo de los aviones y los barcos, sirve para conocer la dirección y la posición.

radiografía s.f. Técnica fotográfica que utiliza las propiedades penetrantes de los rayos X y γ para el estudio de la estructura interna de los cuerpos. **2.** Imagen obtenida por esta técnica.

radiografiar v.tr. [conj.: *desviar*]. Obtener radiografías.

radiograma s.m. Copia sobre papel de un negativo radiográfico. **2.** Radiotelegrama. (Se abrevia *radio.*)

radiogramola s.f. Aparato consistente en un gramófono acoplado a un radiorreceptor. SIN.: *radiogramófono.*

radioguiar v.tr. [conj.: *desviar*]. Pilotar a distancia por medio de ondas hercianas.

radioinmunización s.f. Proceso de adaptación de un tejido de un ser vivo a las radiaciones ionizantes, por el que adquiere mayor resistencia y deja de ser sensible a estas.

radioinmunología s.f. Técnica de búsqueda y dosificación de sustancias químicas, con la ayuda de un antígeno o anticuerpo sobre el que se fija un marcador radiactivo.

radioisótopo s.m. Átomo de un elemento químico que emite radiaciones radiactivas. SIN.: *isótopo radiactivo, radioelemento.*

radiolario, a adj. y s.m. Relativo a una clase de protozoos de los mares cálidos, formados por un esqueleto silíceo del que emergen radialmente finos seudópodos.

radiolarita s.f. Roca sedimentaria silícea, de origen marino, formada esencialmente por conchas de radiolarios.

radiolocalización s.f. Método que permite determinar la posición de un objeto utilizando las ondas electromagnéticas.

radiología s.f. Parte de la física que estudia los rayos X, el material que permite su producción y sus aplicaciones. **2.** Aplicación de los rayos X al diagnóstico y a la terapéutica.

radiomensaje s.m. Mensaje radiado.

radiometalografía s.f. Técnica que utiliza las radiaciones para el estudio no destructivo de los metales.

radiometría s.f. FÍS. Medida de la intensidad de una radiación.

radiómetro s.m. Aparato que sirve para medir el flujo de energía transportada por las ondas electromagnéticas o acústicas.

radionavegación s.f. Técnica de navegación basada en la utilización de procedimientos radioeléctricos.

radionecrosis s.f. MED. Destrucción de los tejidos causada por la acción de las radiaciones ionizantes.

radionucleido s.m. Núcleo atómico radiactivo.

radioonda s.f. Onda electromagnética empleada en radiocomunicación.

radiooperador, ra s. Operador de radiotelegrafía o radiotelefonía.

radiorreceptor s.m. Aparato receptor de radiocomunicaciones. (Se abrevia *radio.*)

radiorresistencia s.f. Estado de los tejidos y en particular de los tumores que, de forma espontánea o después de ser sometidos a radiación, han perdido la sensibilidad a las radiaciones ionizantes.

radioscopia s.f. Examen de un objeto o de un órgano a través de su imagen proyectada sobre una superficie fluorescente por medio de rayos X.

radiosensibilidad s.f. Sensibilidad de los tejidos vivos a la acción de las radiaciones ionizantes.

radiosonda s.f. Aparato que transmite de forma automática a un operador situado en tierra las informaciones recogidas por los elementos de un equipo meteorológico instalado en un globo sonda.

radiosondeo s.m. Exploración vertical de la atmósfera mediante radiosondas.

radioteatro s.m. Programa radiofónico que emite piezas teatrales. **2.** Argent. Serial radiofónico.

radiotecnia s.f. Conjunto de técnicas de utilización de las radiaciones radioeléctricas.

radiotécnico, a adj. y s. Relativo a la radiotecnia; especialista en radiotecnia.

radiotelefonía s.f. Sistema de enlace telefónico entre dos interlocutores por medio de ondas electromagnéticas.

radioteléfono s.m. Teléfono en el que la comunicación se establece por ondas.

radiotelegrafía s.f. Telegrafía sin hilos.

radiotelegrama s.m. Telegrama cursado por radio. (Se abrevia *radio.*)

radiotelescopio s.m. Aparato receptor utilizado en radioastronomía.

radiotelevisado, a adj. Transmitido al mismo tiempo por radio y televisión.

radioterapia s.f. MED. Tratamiento por rayos X, rayos γ y radiaciones ionizantes. **2.** Empleo terapéutico del radio y de las sustancias radiactivas.

radiotransmisión s.f. Emisión efectuada por medio de radioondas.

radioyente s.m. y f. Persona que escucha las emisiones de radio.

radón s.m. Elemento químico (Rn), radiactivo y gaseoso, de número atómico 86, que proviene de la desintegración de los isótopos del radio.

raedera s.f. Instrumento para raer.

raedura s.f. Acción de raer. **2.** Trozo pequeño y delgado que se saca al raer una cosa.

raer v.tr. (lat. *radere,* afeitar, pulir). Quitar algo que se encuentra adherido a una superficie, con un instrumento duro, áspero o cortante. **2.** Señal que queda en una superficie después de raerla. **3.** Rasar, igualar con el rasero.

rafaelesco, a adj. B. ART. Relacionado con el arte de Rafael o que tiene las características propias de este arte.

ráfaga s.f. Viento que aumenta de velocidad súbitamente, aunque por poco espacio de tiempo. **2.** Golpe de luz intenso e instantáneo. **3.** Serie de disparos sucesivos que efectúa un arma automática. <> **Ráfaga coronal** Estructura delgada elemental, brillante, de la corona solar, de extensión aproximadamente radial.

rafe s.m. (gr. *raphé,* costura, de *ráptein,* coser). Reunión o sutura de fibras musculares aponeuróticas o nerviosas.

rafia s.f. Palmera que crece en África y América y proporciona una fibra textil muy sólida. **2.** Fibra de esta palmera.

rafting s.m. (voz inglesa). Deporte de aventura que consiste en descender en una embarcación sin motor por un río de aguas.

raga s.m. (voz sánscrita). Modo melódico hindú que expresa un estado de espíritu.

raglán o **ranglán** adj. (de Lord *Raglan,* mariscal británico). Se dice de la manga que cubre también el hombro y llega hasta la línea del cuello.

ragtime s.m. (voz angloamericana). Estilo musical muy sincopado en boga a fines del s. XIX, mezcla del folclore negroamericano y de los aires de danza típicos de los blancos, y que fue una de las fuentes del jazz.

ragú s.m. (fr. *ragoût*). Guisado de carne con papas, zanahorias y otras verduras.

rai s.m. Estilo musical de origen argelino, surgido hacia 1975, que se caracteriza por la fusión de la canción árabe tradicional, el blues y el rock, y por sus letras de contenido satírico y contestatario.

raicilla s.f. Filamento de la raíz de una planta.

raid s.m. (voz inglesa). Incursión rápida y de duración limitada ejecutada en territorio desconocido o enemigo por una formación militar móvil para desmoralizar al adversario, desorganizar su retaguardia, recoger información, etc.

raído, a adj. Se dice del vestido o tela muy gastados o deteriorados por el uso.

raigambre s.f. Conjunto de raíces de los vegetales, unidas y trabadas entre sí. **2.** *Fig.* Conjunto de antecedentes, hábitos, afectos, etc., que hacen que algo sea estable o seguro, o ligan a alguien a un lugar.

raigón s.m. Raíz de las muelas y los dientes.

raíl o **rail** s.m. (ingl. *rail*). Esp. Riel.

raimi s.m. → **raymi.**

rais s.m. Título de varios oficiales o dignatarios del Imperio otomano. **2.** Entre los berberiscos, capitán de corsarios. **3.** En Egipto, título del presidente de la república.

raíz s.f. (lat. *radix, -icis*). Órgano de los vegetales que fija la planta al suelo, de donde absorbe el agua y las sales minerales. **2.** Parte oculta de una cosa y de la cual procede la parte visible o manifiesta. **3.** *Fig.* Causa u origen de algo. **4.** ANAT. Nombre que se da a diversas estructuras anatómicas, en relación con su disposición: *raíces dentarias; raíces nerviosas.* **5.** LING. Parte esencial e invariable de las palabras de una misma familia, que expresa el significado común a toda la familia: *en* correr, *«corr-» es la raíz.* SIN.: *lexema, radical.* **6.** MAT. Número, o expresión algebraica, que, elevado al cuadrado, al cubo, a la cuarta potencia..., a la potencia *n,* da el número o la expresión inicial: *raíz cuadrada. cúbica.* <> **A raíz de** A

raer

INDICATIVO

presente
raigo o *rayo*
raes (raés)
rae
raemos
raéis
raen

copretérito o pret. imperfecto
raía
raías
raía
raíamos
raíais
raían

pretérito o pret. perf. simple
raí
raíste
rayó
raímos
raísteis
rayeron

futuro o fut. simple
raeré
raerás
raerá
raeremos
raeréis
raerán

pospretérito o condicional simple
raería
raerías
raería
raeríamos
raeríais
raerían

SUBJUNTIVO

presente
raiga o *raya*
raigas o *rayas*
raiga o *raya*
raigamos o *rayamos*
raigáis o *rayáis*
raigan o *rayan*

pretérito o pret. imperfecto
rayera o *rayese*
rayeras o *rayeses*
rayera o *rayese*
rayéramos o *rayésemos*
rayerais o *rayeseis*
rayeran o *rayesen*

futuro o fut. simple
rayere
rayeres
rayere
rayéremos
rayereis
rayeren

IMPERATIVO

rae (raé)	(tú, vos)
raiga o *raya*	(él)
raigamos o *rayamos*	(nosotros)
raed	(vosotros)
raigan o *rayan*	(ellos)

FORMAS NO PERSONALES

infinitivo	**gerundio**
raer	*rayendo*

participio
raído

consecuencia de. **Bien raíz** Bien inmueble. **De raíz** Enteramente. **Echar raíces** Establecerse en un lugar indefinidamente, afirmarse en algo. **Extraer una raíz** Calcular su valor. **Raíz de una ecuación** Valor real o complejo que satisface esta ecuación. **Tener raíces en un lugar** Estar algo o alguien fuertemente arraigado en un lugar.

raja s.f. Hendidura, abertura o quiebra en la superficie de una cosa. **2.** Porción más o menos delgada y uniforme que se corta de algo, generalmente en forma de cuña. <> **Sacar raja en un asunto** *Fam.* Lograr beneficios.

rajá s.m. (voz sánscrita). Soberano de la India o de otros países hindúes. **2.** Gran vasallo de la Corona, en la India británica. <> **Vivir como un rajá** *Fam.* Vivir con gran lujo.

rajadiablo o **rajadiablos** adj. y s.m. Chile. Se dice de la persona aficionada a hacer picardías y travesuras.

rajado, a s. Chile. Persona que maneja un automóvil a gran velocidad. ◆ adj. Chile. *Fam.* Se dice del que ha sido suspendido en un examen. **2.** Chile. *Vulg.* Desinteresado, generoso.

rajar v.tr. Partir algo en rajas o trozos, especialmente la leña. **2.** Amér. Desacreditar a alguien, hablar mal de él. **3.** Chile. *Fig. y fam.* Suspender a alguien en los exámenes. **4.** Esp. *Fig. y fam.* Hablar mucho. **5.** Esp. *Fig. y fam.* Fanfarronear. ◆ v.tr. y prnl. Abrir una raja en una superficie. ◆ **rajarse** v.prnl. *Fig. y fam.* Renunciar a hacer algo que se tenía intención de hacer. **2.** Amér. Central, Chile, Perú y P. Rico. Dar con generosidad. **3.** Chile. Gastar mucho dinero en obsequios y fiestas. **4.** Méx. Acobardarse.

rajatabla (a) loc. Con todo rigor, de manera absoluta.

rajputa, pueblo del N de la India, que habita principalmente en Rajashthan, formado por hacendados que se consideran pertenecientes a la casta de los *ksatriya* (guerreros).

ralea s.f. Especie, clase: *un peral de mala ralea.* **2.** *Desp.* Raza, casta de una persona.

ralear v.intr. Hacerse rala una cosa, perdiendo la intensidad o solidez que tenía. **2.** VITIC. No granar enteramente los racimos de las vides.

ralentí s.m. (fr. *ralenti*). Número de revoluciones por minuto que debe tener el motor de un automóvil u otro vehículo cuando no está acelerado. **2.** CIN. Cámara lenta. <> **Al,** o **en, ralentí** Con lentitud o poca intensidad.

ralentizar v.tr. Enlentecer.

rallador s.m. Utensilio de cocina que sirve para rallar algunos alimentos.

ralladura s.f. Partícula que se consigue al rallar la superficie de algo.

rallar v.tr. Desmenuzar una cosa restregándola con el rallador.

rállido, a adj. y s.m. Relativo a una familia de aves ralliformes, de tarsos bastante altos, con el dedo posterior muy breve, pico comprimido y cola muy corta. (El *rascón* pertenece a esta familia.)

ralliforme adj. y s.m. Relativo a un orden de aves zancudas, cuyas crías nacen cubiertas de plumón y abandonan el nido al momento de nacer. (Las *grullas,* los *rascones* y las *avutardas* pertenecen a este orden.)

rallo s.m. (lat. *rallum,* de *radere,* raer). Rallador. **2.** Plancha con agujeros parecidos a los del rallador.

rally s.m. (voz inglesa). Prueba deportiva de velocidad y resistencia para vehículos de cualquier tipo, habitualmente motos y automóviles, que se desarrolla en carreteras, caminos y pistas difíciles, en la que los concursantes deben recorrer un itinerario determinado pasando diversas pruebas o controles y sin exceder los límites de un tiempo prefijado.

ralo, a adj. (lat. *rarus,* poco numeroso, infrecuente). Claro, poco poblado: *pelo ralo.*

RAM adj. y s.f. (sigla del ingl. *random access memory*). INFORMÁT. Se dice de la memoria cuyo contenido puede ser leído, borrado o modificado a voluntad, a diferencia de la memoria *ROM.*

1. **rama** s.f. (del lat. *ramus*). Parte de un árbol o de un arbusto, que nace del tronco o del tallo, y en la que brotan generalmente las hojas, las flores y los frutos. **2.** Parte de un arte, facultad o ciencia, de una familia o de un sistema complejo. **3.** Cada una de las ramificaciones o divisiones de ciertos instrumentos o aparatos, de un órgano anatómico, de un objeto, etc., que divergen de un eje o a partir de un centro. <> **Andarse,** o **irse, por las ramas** Apartarse del asunto que se va a tratar dando rodeos y deteniéndose en lo menos importante. **En rama** Se aplica a algunos productos industriales a los que les falta cierta elaboración o transformación. **Rama de una curva** MAT. Parte finita de una curva; parte de una curva que se aleja hacia el infinito.

2. **rama,** pueblo amerindio agricultor de Nicaragua, del grupo chibcha-arawak, asentado en la laguna de Bluefields.

ramada s.f. Amér. Cobertizo hecho con ramas de árboles, enramada. **2.** Chile. Puesto de feria que está construido con este material.

ramadán s.m. (ár. *ramaḍān*). Noveno mes del año musulmán, consagrado al ayuno y privaciones (abstención de alimento, bebida, perfumes, tabaco y relaciones sexuales). [Dura desde el amanecer hasta la puesta del sol.]

ramado, a adj. HERÁLD. Se dice del animal cuyos cuernos son de diferente esmalte que el resto del cuerpo.

ramaje s.m. (fr. *ramage*). Conjunto de ramas de los árboles y otras plantas.

ramal s.m. Cuerda delgada o hilo que compone las cuerdas, sogas, pleitas y trenzas. **2.** Parte que arranca de la línea principal de una carretera, camino, acequia, mina, cordillera, etc. **3.** *Fig.* División que resulta de una cosa en relación y dependencia de ella, como rama suya.

ramalazo s.m. Acometida repentina y pasajera de un dolor, enfermedad, desgracia, daño, etc.: *un ramalazo de locura.* **2.** *Fig.* Destello, chispazo. **3.** MAR. Racha, ráfaga.

rambla s.f. (ár. *rámla,* arenal). Cauce natural que forman las aguas pluviales, especialmente cuando lo hace de forma torrencial y cerca de la costa. **2.** En Cataluña, Valencia y Baleares, avenida o calle ancha con árboles.

rameado, a adj. Se dice del dibujo o pintura que representa ramos, especialmente en tejidos, papeles, etc.

ramera s.f. (de *rama,* porque las prostitutas ponían ramos en sus puertas). Prostituta.

ramificación s.f. Acción y efecto de ramificarse. **2.** Rama, parte derivada de otra principal o central. **3.** Consecuencia o derivación de un hecho. **4.** División en varias ramas del tronco de un árbol, una carretera, una vía férrea, un conducto, etc. **5.** División de las arterias, venas y nervios en partes más pequeñas. **6.** Bifurcación de un arroyo, río, etc., en ramales o brazos.

ramificarse v.prnl. Dividirse en ramas.

ramillete s.m. Ramo pequeño de flores o plantas. **2.** *Fig.* Conjunto de cosas selectas, útiles o bonitas.

ramio s.m. (del malayo *ramí*). Planta herbácea de la familia urticáceas, de la que, en Extremo oriente, se extrae una fibra textil.

ramirense adj. Se dice de la fase de plena madurez del arte asturiano.

ramiro s.m. Remigio.

ramnáceo, a adj. y s.f. Relativo a una familia de árboles o arbustos, de hojas simples y flores generalmente hermafroditas, que comprende unas 500 especies de los países templados e intertropicales.

ramo s.m. (lat. *ramus,* rama). Rama de un árbol o una planta que nace directamente del tronco o tallo. **2.** Rama cortada de un árbol. **3.** Conjunto natural o artificial de flores, ramas o hierbas. **4.** Ristra de ajos, cebollas, etc. **5.** *Fig.* Parte en que se divide una ciencia, industria o actividad: *el ramo de la construcción.* **6.** *Fig.* Indicios de una enfermedad incipiente o no completamente declarada: *ramos de locura.* (Suele usarse en plural.) <> **Domingo de Ramos** Último domingo de cuaresma, que da comienzo a la semana santa.

ramonear v.intr. Pacer los animales las hojas y las puntas de las ramas de los árboles.

ramoneo s.m. Acción de ramonear. **2.** Temporada en que se ramonea.

ramoso, a adj. Que tiene muchos ramos o ramas.

1. **rampa** s.f. (fr. *rampe,* de *ramper,* trepar). Terreno en pendiente. **2.** Plano inclinado que une dos superficies y que sirve, principalmente, para subir o bajar cargas disminuyendo los esfuerzos. ◇ **Rampa de erosión** GEOGR. Glacis. **Rampa de lanzamiento** ARM. Estructura en plano inclinado utilizada para el lanzamiento de algunos tipos de misiles.

2. **rampa** s.f. Calambre.

rampante adj. (fr. *rampant,* de *ramper,* trepar). HERÁLD. Se dice de los cuadrúpedos levantados sobre sus patas traseras. ◇ **Arco rampante** Arco por tranquil.

rampla s.f. Chile. Carrito de mano, consistente en una plataforma de madera apoyada en un eje con dos ruedas grandes, que se utiliza para transportar mercaderías o muebles. **2.** Chile. Acoplado de un camión.

ramplón, na adj. Vulgar, chabacano.

ramram s.m. Perú. Planta betulácea.

rana s.f. (lat. *rana*). Anfibio saltador y nadador, de piel lisa, verde o rojiza, que vive junto a estanques y lagunas. (La rana croa; su larva, el renacuajo, vive en el agua; orden anuros.) **2.** Juego que consiste en introducir, desde cierta distancia, chapas o monedas por la boca de una figura de rana. ◆ adj. Argent. y Urug. *Fam.* Astuto, pícaro. ◇ **Salir rana** Esp. *Fam.* Defraudar.

ranal adj. y s.f. Relativo a un orden de plantas dicotiledóneas de tipo primitivo, de flores helicoidales o cíclicas, con carpelos más o menos separados.

ranchería s.f. Méx. Pueblo pequeño.

ranchero, a adj. Relativo al rancho, granja ganadera. ◆ s. Persona que se encarga de guisar el rancho. **2.** Persona que gobierna un rancho o trabaja en él. ◆ adj. y s.f. Se dice de un tipo de canción mexicana que adquirió gran popularidad en el s. XX, a partir de la revolución. ◇ **No cantar mal las rancheras** Méx. *Fam.* No hacer alguna actividad mal.

ranchito s.m. Venez. Barraca mal construida que se levanta en las afueras de las poblaciones.

rancho s.m. (de *rancharse,* alojarse, del fr. *se ranger,* arreglarse). Comida que se hace para un grupo grande de personas, como soldados, presos o trabajadores, y que generalmente se compone de un solo guiso. **2.** En EUA, granja ganadera dedicada a la cría extensiva de ganado mayor. **3.** Antillas y Méx. Granja donde se crían caballos y otros cuadrúpedos. **4.** Argent. y R. de la Plata. Vivienda popular campesina. **5.** Venez. Chabola. ◇ **Hacer,** o **formar, rancho aparte** *Fam.* Separarse de los demás en actos o asuntos que pueden ser comunes a todos.

ranciedad s.f. Cualidad de rancio. **2.** Cosa anticuada.

rancio, a adj. (lat. *rancidus*). Se dice del vino y de los comestibles grasientos que con el tiempo adquieren sabor y olor más fuerte, mejorándose o echándose a perder. **2.** *Fig.* Se dice de las cosas o costumbres antiguas, y de las personas que las observan: *familia de rancio abolengo.* **3.** *Fig.* Anticuado, pasado de moda. ◆ s.m. Ranciedad. **2.** Tocino rancio.

rand s.m. Unidad monetaria principal de la República de Sudáfrica.

1. **randa** s.m. *Fam.* Ratero, granuja.

2. **randa** s.f. Encaje que se pone a un vestido como adorno.

ranger s.m. (voz angloamericana). Cuerpo especial del ejército estadounidense, destinado a combatir guerrillas. **2.** Persona perteneciente a dicho cuerpo.

ranglán adj. → **raglán.**

rango s.m. (fr. *rang*). Categoría o posición que ocupa una persona o una cosa dentro de una clasificación según su importancia, grado o nivel jerárquico. **2.** Clase, índole, categoría. **3.** Grado o nivel jerárquico en una profesión, carrera o actividad. ◇ **Rango de una matriz** MAT. Orden máximo de los determinantes no nulos que pueden formarse con los elementos de la matriz suprimiendo filas o columnas.

rangoso, a adj. Amér. Central, Chile y Cuba. Dadivoso, generoso, desprendido.

raní s.f. Reina o princesa de la India. **2.** Mujer de un rajá.

ránido, a adj. y s.m. Relativo a una familia de anfibios anuros, que carecen de falanges intercalares cartilaginosas, y son de tonos apagados o de vivos colores.

ranilla s.f. (del lat. *ranula*). Parte del casco de las caballerías más blanca y flexible, de forma triangular, situada entre los pulpejos o talones.

ranita s.f. Denominación común de diversas especies pequeñas de anfibios anuros. ◇ **Ranita brasileña** Anfibio que vive en América Meridional y anida en huecos de troncos. **Ranita de san Antón** Rana arborícola pequeña que vive cerca del agua en zonas de Europa, Asia y N de África, de color verde pero dotada de homocromía y con dedos adhesivos. (Familia hílidos.) **Ranita marsupial** Anfibio de América tropical, que lleva los huevos en una bolsa dorsal hasta la salida de los renacuajos.

ranking s.m. (voz inglesa). Clasificación de personas o cosas en que se valora su importancia por el orden decreciente en que aparece.

ranquel, pueblo amerindio del NO de la Pampa argentina, del grupo araucano, act. extinguido.

ránula s.f. (lat. *ranula,* ranilla). VET. Tumor que se le forma debajo de la lengua al ganado caballar y vacuno.

ranunculáceo, a adj. y s.f. Relativo a una familia de plantas ranales, de flores helicoidales o cíclicas, hermafroditas, y fruto en folículo, baya o aquenio.

ranúnculo s.m. (lat. *ranunculus,* dim. de *rana,* rana). Planta herbácea de la que existen numerosas especies con flores amarillas *(botón de oro)* y otras con flores blancas o rojas. (Familia ranunculáceas.)

ranura s.f. (fr. *rainure*). Hendidura o canal estrecho abierto en una superficie.

ranurar v.tr. Hacer una o varias ranuras en una cosa.

rap s.m. (voz angloamericana). Estilo musical expresivo surgido a mitad de los años setenta en los barrios deprimidos de Nueva York y de otras grandes ciudades, combinación de la música disco, el break dancing y los eslóganes de los graffiti callejeros.

rapacidad s.f. Cualidad de rapaz.

rapacería s.f. Rapacidad. **2.** Inclinación al robo.

rapapolvo s.m. Esp. *Fam.* Reprensión severa: *echar un rapapolvo.*

rapar v.tr. y prnl. (gótico *hrapôn,* arrebatar, arrancar, tirar del cabello). Afeitar. **2.** Cortar el pelo al rape.

1. **rapaz** adj. Inclinado al robo o a la rapiña. ◆ adj. y s.f. Relativo a un orden de aves carnívoras, de pico curvado y garras fuertes y encorvadas. (Las especies de este orden son cazadoras diurnas [*águila, halcón, buitre*] o nocturnas [*búho, lechuza*].)

2. **rapaz, za** s. Muchacho, joven.

1. **rape** s.m. (cat. *rap*). Pez comestible, de cabeza muy grande, cubierto de apéndices y espinas, que puede medir hasta 2 m de long.; vive en las costas mediterráneas y atlánticas. (Familia lófidos.) SIN.: *pejesapo.*

2. **rape (al)** loc. Se dice del pelo cortado casi a raíz.

rapé adj. y s.m. (fr. *rapé,* raspado). Se dice del tabaco reducido a polvo, que se aspira por la nariz.

rapidez s.f. Cualidad de rápido.

rápido, a adj. (lat. *rapidus*). Que actúa, se mueve o se hace en poco tiempo: *un calmante de efecto rápido; un barco rápido.* **2.** *Fig.* Que se hace a la ligera, sin profundizar: *una lectura rápida.* ◆ adj. y s.m. Se dice del tren que solo se detiene en estaciones importantes. ◆ s.m. Parte del curso de un río donde el agua aumenta de velocidad debido a la pendiente o la irregularidad del terreno.

rapingacho s.m. Perú. Tortilla de queso.

rapiña s.f. (lat. *rapina,* de *rapere,* arrebatar). Acción de rapiñar algo.

rapiñar v.tr. *Fam.* Robar algo de poca importancia.

rápita s.f. → **rábita.**

rapónchigo s.m. Planta herbácea de flores azules, fruto en cápsula, y raíz comestible, que crece en las zonas montañosas de la península Ibérica. (Familia campanuláceas.)

raposo, a s. Zorro. ◆ s.f. *Fig. y fam.* Persona astuta.

rappel s.m. Práctica comercial usual que consiste en un descuento suplementario o bonificación que concede una firma a sus clientes, de acuerdo con la producción aportada o la calidad de esta. **2.** ALP. Técnica de descenso de una pared vertical con la ayuda de una cuerda doble, recuperable una vez se ha efectuado el descenso.

rapport s.m. (voz francesa). Informe, reseña, reportaje.

rapsoda s.m. y f. (gr. *rapsodós*). En la antigua Grecia, persona que recorría los lugares recitando y cantando poemas épicos. **2.** Poeta, vate. **3.** Recitador de versos.

rapsodia s.f. (gr. *rapsodía*). Fragmento de un poema épico, especialmente homérico. **2.** Obra musical que utiliza temas y efectos instrumentales procedentes de músicas nacionales o regionales determinadas.

raptar v.tr. Secuestrar a una persona, generalmente para obtener rescate. **2.** Llevarse a una persona consigo utilizando el engaño o la violencia, con fines sexuales.

rapto s.m. (lat. *raptus, -us*). Acción de raptar. **2.** Impulso súbito y violento, arrebato: *un rapto de enajenación mental.*

raptor, ra adj. y s. (lat. *raptor, -oris*). Se dice de la persona que ha raptado a alguien.

raqueta s.f. (fr. *raquette*). Instrumento para golpear la pelota en el juego del tenis y otros similares, constituido por un bastidor ovalado provisto de una red de tripa o nailon y terminado en un mango. **2.** Pala de madera con una rejilla hecha con tiras de cuero u otro material, que se sujeta a la suela del calzado para andar sobre la nieve blanda. **3.** Utensilio en forma de rastrillo sin púas, que se usa en las mesas de juego. **4.** Aguja para regular el reloj, adelantándolo o atrasándolo. SIN.: *roseta.*

raquianestesia s.f. Anestesia de las extremidades inferiores y del abdomen mediante una inyección en el conducto raquídeo de sustancias que inhiben la sensibilidad y motilidad.

raquídeo, a adj. Relativo al raquis: *bulbo raquídeo.* ◇ **Conducto raquídeo** Columna vertebral. **Nervios raquídeos** Nervios que nacen de la médula espinal. (El ser humano tiene 31 pares de estos nervios.)

raquis s.m. (gr. *rákhis,* espina dorsal). ANAT. Columna vertebral. **2.** BOT. Eje principal de una inflorescencia. **3.** ZOOL. Eje córneo de las plumas de las aves.

raquítico, a adj. y s. Que padece raquitismo. ◆ adj. *Fig.* Exiguo, débil, mezquino.

raquitismo s.m. Enfermedad propia de la infancia, que se caracteriza por la existencia de alteraciones en los tejidos de sostén, secundaria a un trastorno complejo del metabolismo del fósforo y del calcio, y que se trata específicamente con la vitamina D. **2.** Desarrollo deficiente de la vid y otras plantas.

raramuri → **tarahumara.**

rarefacción s.f. Acción y efecto de rarefacer. SIN.: *enrarecimiento.*

rarefacer v.tr. y prnl. [conj.: *hacer*]. Rarificar.

rareza s.f. Cualidad de raro. **2.** Cosa o acción rara. **3.** Hecho de ocurrir raras veces algo.

rarificar v.tr. Enrarecer. SIN.: *rarefacer.*

rarífico, a adj. Chile. Raro, extravagante.

raro, a adj. (lat. *rarus*). Escaso en su clase o especie. **2.** Especial, extraordinario por lo poco frecuente. ◆ adj. y s. Extravagante, singular.

ras s.m. Igualdad en la superficie o altura de algo: *rebasar el ras de un recipiente.* ◇ **A,** o **al, ras de** Al mismo nivel de otra cosa, casi rozándola.

rasante adj. Que se realiza paralelo a una superficie, casi rozándola: *vuelo rasante.* SIN.: *raso.* **2.** MIL. Que tiene la trayectoria tensa, próxima a una línea recta entre arma y objetivo: *tiro rasante.* ◆ s.f. Inclinación de la línea del perfil longitudinal de una calle o camino respecto al plano horizontal. ◇ **Cambio de rasante** Punto en que varía el valor o el sentido de la pendiente de un terreno.

rasar v.tr. y prnl. Igualar con el rasero. **2.** Pasar rozando ligeramente un cuerpo con otro. **3.** Arrasar.

rasca s.f. Amér. Borrachera, embriaguez. ◆ adj. Chile. Ordinario.

rascacielos s.m. (pl. *rascacielos*). Edificio muy alto y con muchas plantas.

rascado s.m. Acción y efecto de rascar. SIN.: *rascadura.*

rascador s.m. Instrumento o utensilio para rascar o raer.

rascar v.tr. y prnl. (del lat. *radere,* afeitar, raer, rascar). Restregar la piel con algo agudo o áspero, especialmente con las uñas. **2.** Restregar la superficie de algo con un instrumento agudo o raspante. ◆ v.tr. Arañar, hacer arañazos. **2.** *Fig. y fam.* Tocar mal un instrumento de cuerda.

rascatripas s.m. y f. (pl. *rascatripas*). *Desp.* Persona que toca sin habilidad un instrumento de arco.

rascón s.m. Ave de pico largo, encarnado, flancos listados y parte inferior de la cola de color blanco, que vive a orillas de los pantanos, lagos y ríos.

rascuache adj. Méx. Pobre, miserable, escaso. **2.** Méx. *Fam.* De baja calidad.

rasera s.f. Paleta formada por un disco de metal con agujeros y un mango largo, para manipular los alimentos al freírlos.

rasero s.m. (lat. vulg. *rasorium*). Palo cilíndrico con que se rasan las medidas de capacidad para áridos, como cebada, trigo, etc. ◇ **Medir por el mismo rasero** *Fam.* Dar a diversas personas el mismo trato sin hacer diferencias.

rasgado, a adj. Se dice de los ojos que tienen muy prolongada la comisura de los párpados. **2.** Se dice de las ventanas más anchas que altas. ◆ s.m. Rasgón.

rasgadura s.f. Acción de rasgar o rasgarse. **2.** Rasgón.

rasgar v.tr. y prnl. Romper o hacer pedazos una cosa de poca consistencia, como tela o papel, tirando de una parte de ella o de dos partes en direcciones opuestas. ◆ v.tr. Rasguear.

rasgo s.m. Línea o trazo, especialmente el de adorno, que se hace en la escritura. **2.** Facción o línea, característica del rostro de una persona: *tener rasgos muy pronunciados.* **3.** *Fig.* Característica de la manera de ser de una persona o cosa: *un rasgo de personalidad; los rasgos principales de la evolución.* **4.** *Fig.* Acción digna de alabanza: *un rasgo de confianza.* **5.** HERÁLD. Línea que cuartela el escudo. ◆ **rasgos** s.m.pl. Carácter de letra: *escritura de rasgos claros.* ◇ **A grandes rasgos** Sin detalles, superficialmente.

rasgón s.m. Rotura que se hace al rasgar una tela, papel, etc. SIN.: *rasgadura.*

rasguear v.tr. Tocar la guitarra u otro instrumento similar rozando las cuerdas con las puntas de los dedos de manera que se produzcan varios sonidos simultáneamente. SIN: *rasgar.* ◆ v.intr. Hacer rasgos con la pluma. **2.** *Fig.* Escribir.

rasguñada s.f. Méx. Rasguño.

rasguñar v.tr. (del ant. *rascuñar,* de *rascar* y *uña*). Arañar o rascar con las uñas o con algo agudo y cortante.

rasguño s.m. Arañazo, raspadura.

rasilla s.f. Ladrillo fino, hueco y delgado.

rasmillarse v.prnl. Chile. Rasguñarse la piel ligeramente.

rasmillón s.m. Amér. Rasguño.

raso, a adj. (de *raer*). Llano, liso, sin desniveles: *terreno raso.* **2.** Despejado, sin nubes o niebla: *cielo raso.* **3.** Que se realiza rozando o se mueve a poca altura del suelo: *vuelo raso.* **4.** Lleno de lo que se expresa, pero sin rebasar los bordes: *taza rasa de harina.* ◆ s.m. TEXT. **a.** Uno de los tres ligamentos fundamentales. **b.** Tela de seda, de superficie muy lustrosa. SIN.: *satén.* ◇ **Al raso** Al aire libre, sin techo donde guarecerse.

raspa s.f. Filamento áspero de la cáscara del grano de trigo y otros cereales. **2.** Núcleo de la espiga del maíz. **3.** Espina dorsal de un pescado. **4.** *Fig. y fam.* Persona brusca e irritable. **5.** Amér. Reprimenda, regañina. **6.** Méx. Vulgo, pueblo.

raspadera s.f. Cuchilla de acero para el raspado de los cortes de los libros antes de aplicarles el dorado.

raspadilla s.f. Méx. y Perú. Raspado, hielo raspado y endulzado con jarabe.

raspado, a adj. C. Rica. Desvergonzado. ◆ s.m. Raspadura. **2.** Legrado. **3.** Méx. Hielo raspado al que se añade jarabe de frutas y se come como helado.

raspador s.m. Instrumento para raspar algo.

raspadura s.f. Acción de raspar. SIN.: *raspado.* **2.** Lo que se saca al raspar una superficie. SIN.: *raspado.* **3.** Señal que se deja después de raspar. SIN.: *raspado.*

raspajo s.m. BOT. Escobajo de uvas.

raspallón s.m. Pez teleósteo marino, semejante al sargo, de unos 20 cm, que vive en el litoral del Mediterráneo y del Atlántico. (Familia espáridos.)

raspar v.tr. Frotar o rascar una superficie con un instrumento agudo y cortante para que quede lisa o para sacar algo que está adherido a ella. **2.** Producir arañazos o rascadas a algo. **3.** Rasar, rozar ligeramente. ◆ v.intr. Venez. Salir apresuradamente.

raspilla s.f. Planta herbácea de tallos tendidos y flores azules que crece en la península Ibérica. (Familia borragináceas.)

raspón s.m. Colomb. Sombrero de paja usado por campesinos.

rasponazo s.m. Señal producida por un cuerpo que raspa.

rasposo, a adj. *Fig.* Áspero al tacto: *manos rasposas.* **2.** *Fig.* De trato desapacible. **3.** Que tiene abundantes raspas. **4.** Argent. y Urug. Se dice de la prenda de vestir raída. ◆ adj. y s. Argent. y Urug. Mezquino, tacaño. **2.** Argent. y Urug. Que lleva este tipo de prendas.

rasqueta s.f. Plancha delgada de hierro con un mango de madera que sirve para rascar superficies.

rasquetear v.tr. Amér. Merid. Pasar un cepillo por el pelo de un caballo para limpiarlo.

rasquiña s.f. Amér. Central. Picor, escozor.

rasta adj. *Fam.* Rastafari.

rastafari adj. Relativo a un movimiento religioso y cultural de origen jamaicano surgido en los años 20 que cree en la divinidad de Ras Tafari (antiguo emperador de Etiopía), defiende la libertad de las personas de origen africano, preconiza el consumo de marihuana y considera el reggae como su música espiritual. ◆ s.m. y f. Persona que sigue este movimiento. (También *rasta.*)

rastas s.f.pl. Peinado característico de los rastas o rastafaris que consiste en dejar crecer el cabello formando trenzas y enrollándolas sobre sí mismas, y aplicarles cera de abeja para que queden bien pegadas.

rastra s.f. Rastrillo para allanar la tierra. **2.** Rastro, indicio, vestigio. **3.** Cosa que se lleva colgando y arrastrando. **4.** Cosa que sirve para arrastrar objetos de peso puestos sobre ella. **5.** Ristra, sarta de frutos secos. **6.** Cable o red fuerte que se arrastra por el fondo del mar, para buscar y recoger objetos sumergidos o muestras del fondo. **7.** Argent. y Urug. Pieza para sujetar el tirador del gancho, hecha de plata labrada, que lleva una chapa central y monedas o botones unidos a esta por cadenas.

rastrear v.tr. e intr. Perseguir o buscar a alguien o algo siguiendo su rastro: *rastrear una presa.* ◆ v.tr. *Fig.* Inquirir, hacer indagaciones: *rastrear la desaparición de alguien.* **2.** Llevar arrastrando por el fondo del mar una rastra. ◆ v.intr. Hacer alguna labor con el rastro. **2.** Volar casi rozando el suelo.

rastreo s.m. Acción de rastrear.

rastrero, a adj. Que va arrastrando. **2.** Se dice de lo que vuela casi rozando el suelo. **3.** *Fig.* Mezquino, innoble, despreciable: *una actitud rastrera.* **4.** BOT. Se dice del tallo de una planta que crece a ras del suelo y va echando raíces.

rastrillada s.f. Argent. y Urug. Surco o huellas que dejan las manadas de animales sobre el pasto o en tierra.

rastrillado s.m. Acción de rastrillar.

rastrillaje s.m. Argent. Acción y efecto de rastrillar, batir.

rastrillar v.tr. Pasar la rastra por los sembrados. **2.** Recoger o limpiar con el rastrillo la hierba de los parques, jardines, etc. **3.** Argent. En operaciones militares o policiales, batir áreas urbanas o despobladas para registrarlas. **4.** TEXT. Limpiar el lino o cáñamo de la pajilla y estopa, pasándolo entre las púas o dientes del rastrillo.

rastrillo s.m. (del lat. *rastellum,* dim. de *rastrum,* rastrillo). Utensilio agrícola armado de dientes o púas, que se emplea para desterronar, arrancar las hierbas, recubrir las semillas, etc. **2.** Utensilio semejante a la azada con dientes en lugar de pala que sirve para extender las piedras, mezclar la argamasa, etc. SIN.: *rastro.* **3.** Méx. Instrumento para afeitar.

rastro s.m. (lat. *rastrum,* rastrillo). Indicio, pista que se deja en un sitio. **2.** Resto o vestigio que queda en un sitio de algo que ha existido u ocurrido: *los rastros de una muralla.* **3.** Utensilio agrícola para recoger hierba, paja, etc. **4.** Rastrillo, utensilio semejante a la azada.

rastrojar v.tr. Arrancar el rastrojo en un campo.

rastrojera s.f. Conjunto de tierras que han quedado en rastrojo. **2.** Temporada en que los ganados pastan los rastrojos. **3.** Pasto de rastrojos.

rastrojo s.m. (del lat. vulg. *restuculu*). Parte de las cañas de la mies que quedan en la tierra después de segar. **2.** Campo o tierra después de segada la mies y antes de recibir nueva labor. ◆ **rastrojos** s.m.pl. *Fam.* Resto o residuo que queda de algo.

rasura s.f. Acción y efecto de rasurar. SIN.: *rasuración.*

rasurada s.f. Méx. Afeitado.

rasurado s.m. Afeitado.

rasurar v.tr. y prnl. Afeitar, raer la barba, el bigote o el pelo a ras de piel con una navaja o una maquinilla.

rata s.f. Mamífero roedor con patas cortas, cabeza pequeña, hocico puntiagudo y cuerpo grueso, que está recubierto de pelo basto y rígido; es muy fecundo, destructivo y voraz. (La rata negra invadió Europa en el s. XIII, propagó la peste y fue suplantada por la rata común en el s. XVII.) **2.** Pez óseo de 25 cm de long., que vive en los fondos arenosos, donde se entierra dejando solo al descubierto los ojos. ◆ s.m. y f. *Fam.* Ratero, ladrón. **2.** *Fam.* Persona tacaña. ◇ **Hacer la rata** Argent. *Fam.* Faltar a clase, hacer novillos. **Más pobre que las ratas,** o **que una rata** *Fam.* Muy pobre. **Rata almizclada** Mamífero roedor de América del Norte, de 60 cm de long., cuya piel, de color pardo rojizo, es muy apreciada en peletería. **Rata de agua** Roedor silvestre omnívoro de Asia y Europa, que constituye un serio peligro para los campos sembrados por las galerías que excava en los mismos.

ratania s.f. (quechua *ratania,* mata rastrera). Arbusto de América Meridional, de unos 30 cm de alt., cuya raíz se emplea como astringente. (Familia cesalpiniáceas.)

¡rataplán! Onomatopeya con que se imita el sonido de un tambor.

1. **ratear** v.intr. Robar cosas pequeñas o de poco valor.

2. **ratear** v.tr. Disminuir o rebajar la proporción de algo. **2.** Distribuir, repartir proporcionalmente algo. ◆ **ratearse** v.prnl. Argent. *Fam.* Hacerse la rata.

ratería s.f. Robo de cosas de poco valor.

ratero, a adj. y s. Se dice del ladrón que roba cosas de poco valor.

raticida s.m. Veneno para matar ratas y ratones.

ratificación s.f. Confirmación de la validez o verdad de algo que se ha dicho anteriormente, en especial de la validez de un tratado o acuerdo internacional.

ratificar v.tr. y prnl. (bajo lat. *ratificare*). Confirmar la validez o verdad de algo dicho anteriormente, de una promesa, de un contrato, de un tratado, etc.

rating s.m. (voz inglesa). DEP. Cifra expresada en dimensiones lineales (metros o pies), que sirve de criterio para clasificar los veleros en distintas clases o series.

ratio s.m. Relación cuantificada entre dos magnitudes, que indica su proporción. **2.** ECON. Relación cuantitativa entre dos fenómenos que refleja una situación concreta de rentabilidad, de nivel de inversiones, etc.

rato s.m. Espacio de tiempo corto pero indeterminado. ◇ **A cada rato** Con frecuencia. **A ratos** o **de rato en rato** De vez en cuando, en algunos momentos. **A ratos perdidos** Se dice de lo que se hace en el tiempo libre de ocupaciones regulares u obligatorias. **Haber,** o **tener, para rato** Expresa que algo va a tardar en llevarse a cabo. **Pasar el rato** *Fam.* Pasar el tiempo con algún entretenimiento o diversión. **Un rato (largo)** Esp. *Fam.* Mucho, muy: *saber un rato de cine.*

ratón s.m. Pequeño mamífero roedor de pelaje gris, muy prolífico y dañino, semejante a la rata pero de menor tamaño. (El ratón puede tener entre 4 y 6 camadas anuales, de entre 4 y 8 crías cada una.) **2.** INFORMÁT. Dispositivo explorador de la pantalla de una computadora, que simplifica y agiliza considerablemente su manejo sin usar el teclado. ◇ **Ratón de biblioteca** *Fig. y desp.* Se dice de la persona estudiosa que pasa mucho tiempo entre libros. **Ratón de monte,** o **silvestre** Pequeño ratón gris leonado de los bosques y campos, perjudicial para la agricultura.

ratona s.f. Argent. Pájaro de plumaje pardusco, parecido al de los ratones de campo, de al menos 10 cm de long., muy inquieto, que se alimenta de insectos y anida en huecos de paredes y cornisas.

ratonar v.tr. Morder o roer los ratones una cosa.

ratonera s.f. Trampa para cazar ratones. **2.** Madriguera de ratones. **3.** Agujero que hace el ratón en paredes, muebles, etc. **4.** *Fig.* Trampa para atrapar o engañar a alguien.

ratonero adj. Ratonil. ◆ s.m. Ave rapaz diurna de alas anchas, cuello corto y cola amplia y redondeada, que mide entre 50 y 60 cm de long.; se alimenta de roedores, reptiles, pájaros pequeños, etc. (Familia falcónidos.)

ratonil adj. Relativo a los ratones. SIN.: *ratonero.*

rauco, a adj. *Poét.* Ronco: *voz rauca.*

rauda s.f. Cementerio árabe.

raudal s.m. (de *raudo*). Afluencia de agua que corre con fuerza y precipitadamente. **2.** *Fig.* Abundancia de una o varias cosas que surgen de repente: *un raudal de lágrimas.* ◇ **A raudales** En abundancia.

raudo, a adj. Rápido, veloz.

raulí s.m. Árbol de América Meridional, que alcanza hasta 50 m de alt., cuya madera es muy empleada en carpintería. (Familia fagáceas.)

rave s.f. Concentración festiva de aficionados a la música house o techno, que generalmente se celebra sin autorización en un edificio abandonado o al aire libre.

ravioli s.m. (voz italiana) [pl. *ravioli* o *raviolis*]. Pasta italiana en forma de pequeño cuadrado con los bordes dentados y relleno de carne picada, pescado u otro alimento.

1. **raya** s.f. Línea o señal larga y estrecha que se marca en un cuerpo o superficie cualquiera. **2.** Línea que queda en el peinado al separar los cabellos, unos hacia un lado y otros hacia el lado opuesto. **3.** Guion largo que se usa para separar oraciones incidentales o indicar el diálogo en los escritos. **4.** *Fig.* Límite que se señala a algún hecho, acción, etc.: *sobrepasar la raya de las leyes.* **5.** En el lenguaje de la droga, dosis de cocaína u otra droga en polvo. **6.** Méx. Salario de obrero o campesino. ◇ **A rayas** Con dibujo de rayas. **Pasarse de (la) raya** *Fam.* Propasar el límite de lo tolerable. **Poner,** o **tener, a raya** No permitir a alguien que se propase o exceda.

2. **raya** s.f. (lat. *raja*). Pez cartilaginoso de cuerpo plano, aletas pectorales triangulares muy desarrolladas y unidas a la cabeza y carne muy apreciada.

rayadillo s.m. Tela de algodón rayada.

rayadito s.m. Pájaro frecuente en bosques de Patagonia y Tierra del Fuego, de cabeza negra, con una larga ceja ocrácea. (Familia furnáridos.)

rayado, a adj. Que tiene dibujo de rayas. ◆ s.m. Acción de rayar. **2.** Conjunto de rayas, listas o estrías de una cosa.

rayador s.m. Amér. Merid. Ave palmípeda parecida a las golondrinas de mar, de color blanco y negruzco y pico rojo, con la mandíbula superior mucho más corta que la inferior. (Familia rincópidos.)

rayano, a adj. Que confina o linda con algo. **2.** *Fig.* Que es casi la cosa que se expresa, o se asemeja a ella: *persona vulgar, rayana en ordinaria.*

rayar v.tr. y prnl. Hacer o trazar rayas sobre una superficie: *he rayado el papel sin querer; el disco se ha rayado.* ◆ v.tr. Tachar lo escrito o impreso con rayas. **2.** Subrayar algo escrito. **3.** Amanecer: *rayar el alba, el día, la luz, el sol.* **4.** Méx. Pagar la raya. ◆ v.tr. e intr. Ser casi lo que se expresa: *sus palabras rayaban (en) el insulto.* ◆ v.intr. Confinar, lindar: *dos parcelas que rayan.* **2.** *Fig.* Sobresalir en algo, distinguirse de las demás personas o cosas. **3.** Méx. Cobrar la raya.

ray-grass s.m. Ballico.

raymi o **raimi** s.m. (voz quechua, *danza*). Nombre que los incas daban a sus principales fiestas religiosas, especialmente a la fiesta del sol, que se celebraba en Cuzco durante el solsticio de invierno (21 de junio), y que duraba nueve días.

Raynaud. Enfermedad de Raynaud Síndrome caracterizado por la aparición de trastornos vasomotores que modifican la circulación en las extremidades; estas se vuelven primero blancas y después cianóticas (azules) bajo el efecto del frío.

rayo s.m. (lat. *radius,* varita, rayo). Descarga eléctrica acompañada de explosión (trueno) y de luz (relámpago) entre dos nubes o entre una nube y la tierra. **2.** Energía radiante que se propaga en línea recta: *rayo de calor; rayo de luz.* **3.** Haz de corpúsculos o radiación electromagnética que transporta dicha energía: *rayos X; rayos gamma.* (Se usa más en plural.) **4.** *Fig.* Aquello que tiene mucha fuerza o eficacia en su acción. **5.** *Fig.* Persona de carácter muy vivo, o muy rápida en sus acciones. **6.** *Fig.* Desgracia o castigo repentino e imprevisto. ◇ **Echar,** o **estar que echa, rayos** *Fam.* Estar muy enojado e indignado y manifestarlo de algún modo. **Rayos X** FÍS. Rayos electromagnéticos de longitud de onda corta (entre el ultravioleta y los rayos γ) que atraviesan con mayor o menor facilidad los cuerpos. (Los rayos X se utilizan en medicina [radiografía], en la industria y en la investigación.)

rayón s.m. (ingl. *rayon*). Fibra textil artificial fabricada a base de celulosa, siguiendo diversos procedimientos. **2.** Tejido elaborado con dicha fibra.

rayonante adj. HERÁLD. Radiante.

rayonismo s.m. Corriente pictórica rusa de principios del s. XX creada por Lariónov y Goncharova.

rayuela s.f. Juego que consiste en tirar monedas o tejos a una raya hecha en el suelo, y en el que gana el que toca o se acerca más a ella. **2.** Amér. Infernáculo.

raza s.f. Cada uno de los cuatro grupos en que se divide la especie humana (negra o negroide, amarilla o mongoloide, blanca o caucásica y cobriza) según un conjunto de rasgos físicos comunes y hereditarios. **2.** Subcategoría taxonómica de clasificación de los seres vivos inferior a la de especie cuyos caracteres diferenciales se perpetúan por herencia. **3.** *Fig.* Calidad del origen o linaje. **4.** *Fig.* Calidad de algunas cosas, especialmente la que contraen en su formación. **5.** Méx. *Fam.* Grupo de gente. **6.** Méx. *Fam.* Plebe. **7.** Perú. Descaro. ◇ **De raza** Se dice del animal, especialmente perro o caballo, que pertenece a una raza seleccionada.

raza

La diversidad humana condujo a una clasificación racial fundada sobre los criterios de semejanza más evidentes: leucodérmicos o caucasoides (blancos), melanodérmicos o negroides (negros), xantodermos o mongoloides (amarillos). Esta clasificación prevaleció con diversas modificaciones debidas a la influencia de las ideas de Linneo, a lo largo de todo el s. XIX. La evolución de la genética ha llevado en la actualidad a rechazar cualquier intento de clasificación racial.

razia s.f. (fr. *razzia*). Incursión realizada en territorio enemigo con objeto de saquear o destruir. **2.** Acción de explorar una zona buscando a alguien o algo. (También *razzia.*)

razón s.f. (lat. *ratio, -onis*). Facultad de pensar. **2.** Palabras o frases con que se expresa el discurso. **3.** Argumento que tiende a justificar o a probar una cosa: *aduce razones que no vienen al caso.* **4.** Causa o motivo: *no conozco la razón de su negativa.* **5.** Aquello que es conforme al derecho, a la justicia, al deber: *la razón está de su parte.* **6.** Noticia, aviso, información: *me mandó razón de que fuera a verlo.* **7.** FILOS. Facultad por la que la persona conoce, ordena sus experiencias, tendencias y conducta en su relación con la totalidad de lo real. **8.** MAT. Cociente entre dos cantidades. ◇ **A razón de** Correspondiendo la cantidad que se expresa a cada una de las cosas de que se trata. **Asistir la razón a alguien** Tenerla de su parte. **Dar la razón** Reconocer que alguien dice la verdad u obra justamente. **Dar razón** Informar. **En razón a,** o **de** Por lo que concierne o atañe a alguna cosa y en relación con ella. **En razón directa,** o **inversa** MAT. Directamente, o inversamente, proporcional. **Entrar en razón** Darse cuenta de lo que es razonable y de lo que no lo es. **Meter,** o **hacer entrar, en razón a alguien** Obligarlo a obrar razonablemente. **Perder la razón** Volverse loco; cometer insensateces. **Razón de una progresión** Diferencia constante entre cada dos términos consecutivos de una progresión aritmética o cociente constante entre cada dos términos consecutivos de una progresión geométrica. **Razón social** Nombre con el que está registrada una compañía o sociedad colectiva. **Tener razón** Estar en lo cierto.

razonable adj. Conforme a la razón: *explicación razonable.* **2.** Prudente, sensato, que obra con buen juicio. **3.** Justo, equitativo, suficiente en cantidad o calidad: *un precio razonable.*

razonamiento s.m. Acción y efecto de razonar. **2.** Serie de conceptos encaminados a demostrar algo.

razonar v.intr. Pensar, ordenando ideas en la mente, para llegar a deducir una consecuencia o conclusión. **2.** Dar las razones o motivos de algo. ◆ v.tr. Exponer, aducir las razones en que se apoyan unas cuentas, dictámenes, etc.

razzia s.f. Razia.

re s.m. Nota musical, segundo grado de la escala de *do.*

reabrir v.tr. y prnl. Abrir de nuevo algo.
OBS.: participio: *reabierto.*

reabsorber v.tr. Absorber de nuevo.

reacción s.f. Acción provocada por otra y de efectos contrarios a esta. **2.** Respuesta a un estímulo. **3.** Tendencia tradicionalista en lo político opuesta a las innovaciones. **4.** Conjunto de los partidarios de esta tendencia. **5.** FÍS. Fuerza que un cuerpo, sujeto a la acción de otro, ejerce sobre él en dirección opuesta. **6.** QUÍM. Fenómeno que se produce entre cuerpos químicos en contacto y que da lugar a nuevas sustancias. **7.** PSICOL. Comportamiento de un ser vivo, que se manifiesta en presencia de un estímulo. SIN.: *respuesta.* **8.** TECNOL. Acción de retorno, retroacción. SIN.: *realimentación.* ◇ **Reacción nuclear** Fenómeno que se produce al bombardear el núcleo de un átomo con una partícula elemental, otro núcleo, etc., y que da lugar a nuevos núcleos.

reaccionar v.intr. Producirse una reacción por efecto de determinado estímulo. **2.** Volver a recobrar actividad. **3.** Defenderse o rechazar un ataque o agresión. **4.** Oponerse fuertemente a algo que se cree inadmisible. **5.** QUÍM. Entrar en reacción.

reaccionario, a adj. y s. Que está en contra de las innovaciones de tipo progresista en el terreno ideológico, político, etc. **2.** Que tiende a restablecer lo abolido.

reacio, a adj. Que muestra resistencia a hacer algo o a dejar que se ejerza una acción sobre él.

reactancia s.f. Componente de la impedancia de un circuito de corriente eléctrica alterna debido a la existencia de una autoinducción o una capacidad.

reactivación s.f. Acción y efecto de reactivar. **2.** Resurgimiento económico.

reactivar v.tr. Activar de nuevo, dar más actividad. **2.** QUÍM. Regenerar.

reactividad s.f. BIOL. Capacidad o modo especial de reaccionar un ser vivo frente a un hecho concreto. **2.** QUÍM. Aptitud para reaccionar presentada por un cuerpo.

reactivo, a adj. Que produce reacción. ◆ s.m. QUÍM. Sustancia empleada para reconocer la naturaleza de los cuerpos, según las reacciones que produce.

reactor s.m. Propulsor aéreo que utiliza el aire ambiente como comburente y que funciona por reacción directa sin accionar hélice alguna. **2.** Avión provisto de motor de reacción. **3.** Instalación industrial donde se efectúa una reacción química en presencia de un catalizador. ◇ **Reactor catalítico** Aparato integrado en el sistema de escape de un vehículo automóvil, que permite asegurar la poscombustión de las sustancias nocivas contenidas en los gases de escape. **Reactor nuclear** Parte de una central nuclear en la que la energía se libera por fisión del combustible. (Durante la fisión de un núcleo de uranio o de plutonio se libera gran cantidad de energía, a la vez que se emiten varios neutrones que provocan otras fisiones. Para evitar que las reacciones en cadena se produzcan con excesiva rapidez, el reactor tiene elementos que las controlan [placas de cadmio que absorben los neutrones de forma controlable].) SIN.: *pila atómica.*

readaptar v.tr. Adaptar de nuevo. **2.** Hacer que alguien se habitúe de nuevo a las condiciones normales de vida.

readmitir v.tr. Admitir de nuevo.

reafirmar v.tr. y prnl. Afirmar de nuevo y de forma más categórica.

reagrupar v.tr. y prnl. Agrupar de nuevo.

reajustar v.tr. Ajustar de nuevo. **2.** Hablando de salarios, impuestos, precios, aumentar o disminuir su cuantía.

reajuste s.m. Acción y efecto de reajustar.

1. **real** adj. (bajo lat. *realis,* de *res,* cosa, realidad). Que tiene existencia verdadera y efectiva. **2.** ASTRON. Se dice de la medida de tiempo basada en la marcha real del sol. **3.** GEOMETR. En geometría analítica, se dice de la recta, punto o plano cuyas coordenadas son números reales. **4.** ÓPT. Se dice de la imagen que se forma en la intersección de rayos convergentes. CONTR.: *virtual.* ◇ **Números reales** Conjunto de los números racionales e irracionales (por oposición a *números imaginarios*).

2. **real** adj. (lat. *regalis*). Relativo al rey o a la realeza: *corona real.* **2.** *Fig. y fam.* Muy bueno, excelente: *una real moza.* ◆ s.m. Moneda que equivalía a veinticinco céntimos de peseta. **2.** Unidad monetaria principal de Brasil. ◇ **Alteza real** Título dado a determinados príncipes y princesas. **Príncipe real** Presunto heredero de la corona.

3. **real** s.m. Campamento de un ejército y especialmente el lugar donde está la tienda del rey o del comandante en jefe.

realce s.m. Acción y efecto de realzar. **2.** *Fig.* Importancia, lustre, grandeza. ◇ **Bordado de realce** Bordado que consiste en rellenar los motivos con una serie de puntadas sobre las cuales se dan, perpendicularmente, otras que forman el verdadero bordado. **Poner de realce** Realzar, destacar algo.

realengo, a adj. Se dice de los pueblos que no pertenecían a un señorío ni a una orden. **2.** Se dice del terreno perteneciente al estado. ◆ s.m. En la España medieval, señoríos reales.

realeza s.f. Dignidad o soberanía real. **2.** Magnificencia como la que rodea a un rey.

realidad s.f. (bajo lat. *realitas, -atis*). Cualidad de real. **2.** Cosa o hecho real. **3.** Lo efectivo o que tiene valor práctico. **4.** Verdad, lo que ocurre verdaderamente: *la realidad es que no están casados.* ◇ **En realidad** Realmente.

realimentación s.f. TECNOL. Reacción.

1. **realismo** s.m. (de *1. real*). Cualidad de realista. **2.** Tendencia literaria y artística que pretende representar la naturaleza tal como es, sin tratar de idealizarla. **3.** Escuela literaria de mediados del s. XIX, que pretende la reproducción íntegra de la realidad y que constituye el origen del naturalismo.

4. Escuela artística de la misma época. **5.** Doctrina filosófica que afirma que el ser existe independientemente del espíritu que lo percibe (por oposición a *idealismo*). ◇ **Realismo mágico** Corriente literaria latinoamericana que, frente al documentalismo del realismo tradicional, postula una profundización de la realidad a través de lo mágico que hay en ella. **Realismo socialista** Doctrina definida en los estatutos de la Unión de escritores soviéticos (1934) que imponía al artista una tarea de transformación ideológica y de educación de los trabajadores en el espíritu del socialismo. **Realismo sucio** (*dirty realism*) Tendencia de la narrativa estadounidense, surgida en los años setenta y ochenta, que se caracteriza por una descripción de los ambientes urbanos sin escatimar los aspectos humanos más sórdidos.

realismo

B. ART. El realismo en arte puede definirse por una voluntad de objetividad. Históricamente, el término realismo designa una corriente que se inició a mediados del s. XIX en Francia, con Courbet, Millet y Daumier. En el s. XX el realismo resurgió bajo formas renovadas, llegando a incluir objetos reales en la obra (*nuevo realismo*) o caracterizándose por una exactitud fotográfica sorprendente (*hiperrealismo*, anunciado desde los años treinta por E. Hopper).

LIT. El realismo se impuso con Flaubert y Maupassant. Su sistematización condujo al naturalismo. La corriente realista en otros países europeos reivindicaba la impersonalidad, el rechazo a orientar el arte por la moral y la exposición de hechos ordinarios, cotidianos. En España, el realismo se inició tardíamente, ligado al nacionalismo costumbrista de Fernán Caballero y predomina en las *novelas contemporáneas* de Pérez Galdós y en la narrativa de autores como Pereda. En Hispanoamérica, la tendencia se mezcla con otras visiones y se halla presente tanto en las obras románticas y costumbristas como en las naturalistas.

CIN. Término particular del vocabulario cinematográfico, L. Lumière inaugura el realismo, representado en gran medida por los filmes de J. Renoir, R. Rossellini. Ellos dan preferencia al plano secuencia frente al montaje.

2. **realismo** s.m. (de *2. real*). Doctrina u opinión favorable a la monarquía. (En España se aplicó especialmente al absolutismo.)

1. **realista** adj. y s.m. y f. (de *1. real*). Relativo al realismo; partidario de esta doctrina filosófica o tendencia estética. **2.** Que tiene sentido de la realidad o que obra con sentido práctico.

2. **realista** adj. y s.m. y f. (de *2. real*). Relativo al realismo; partidario de esta doctrina política.

reality show s.m. (voces angloamericanas). Programa de televisión que muestra como espectáculo aspectos de la vida real de sus protagonistas.

realización s.f. Acción y efecto de realizar o realizarse. **2.** Obra realizada por alguien.

realizador, ra s. Persona que realiza o dirige películas cinematográficas o programas de televisión o radio.

realizar v.tr. y prnl. (fr. *réaliser*). Hacer real, efectivo, algo. ◆ v.tr. Ejecutar, llevar a cabo una acción. **2.** Dirigir una película o una emisión de televisión. ◆ **realizarse** v.prnl. Hacer realidad las propias aspiraciones.

realmente adv.m. De manera real. (Suele tener un significado intensivo.)

realquilado, a adj. y s. Se dice de la persona que alquila una casa o una habitación a otra persona que ya las tiene en alquiler.

realquilar v.tr. Alquilar a otra persona una casa, local, etc., alguien que lo tenía ya en alquiler.

realzado, a adj. ARQ. Se dice del arco o la bóveda que tienen una altura mayor que la mitad de su luz.

realzar v.tr. y prnl. Destacar, hacer que algo o alguien parezca mayor, mejor o más importante.

reanimación s.f. MED. Procedimiento manual o mecánico y medicamentoso para restablecer las funciones vitales del organismo.

reanimar v.tr. y prnl. Confortar, restablecer las energías físicas. **2.** Someter a reanimación. **3.** *Fig.* Infundir valor y ánimo a alguien que está abatido.

reanudación s.f. Acción y efecto de reanudar.

reanudar v.tr. y prnl. (fr. *renouer*). Continuar algo que ha sido interrumpido.

reaparecer v.intr. [conj.: parecer]. Aparecer de nuevo un artista, una publicación, etc.

reaparición s.f. Acción de reaparecer.

rearmar v.tr. Proceder al rearme.

rearme s.m. Proceso de reforzamiento de la capacidad militar de un estado que anteriormente había sido obligado a desarmarse.

reasumir v.tr. Asumir de nuevo.

reata s.f. (de *reatar*, atar de nuevo). Cuerda o correa que ata dos o más caballerías para que vayan en hilera. **2.** Hilera de caballerías que van atadas.

reavivar v.tr. Excitar o avivar de nuevo. ◆ **reavivarse** v.prnl. Renovarse, en especial un dolor, una pena, etc.

rebaba s.f. Resalto que sobresale irregularmente en los bordes de un objeto cualquiera.

rebaja s.f. Acción de rebajar. **2.** Cantidad que se rebaja de un precio. ◆ **rebajas** s.f.pl. Acción de vender a bajo precio, durante un período de tiempo, en un establecimiento comercial.

rebajado, a adj. ARQ. Se dice del arco o la bóveda cuya altura es menor que la mitad de su luz. ◆ adj. y s.m. MIL. Se dice del soldado dispensado de algún servicio.

rebajador s.m. FOT. Producto que sirve para disminuir la opacidad de las imágenes fotográficas.

rebajar v.tr. Hacer más bajo el nivel, altura de algo. **2.** Disminuir el precio de algo o deducir una parte de una cantidad. **3.** Reducir los grados del alcohol por adición de agua. **4.** PINT. Apagar los colores. ◆ v.tr. y prnl. Humillar a alguien. **2.** Dispensar o excluir a alguien de un servicio, obligación, etc., especialmente en la milicia.

rebajo s.m. Corte o disminución hecho en el borde de una pieza, generalmente de madera, para ajustarla con otra. SIN.: *rebaje.*

rebalsar v.tr., intr. y prnl. Detener y recoger el agua u otro líquido de modo que forme una balsa. ◆ v.intr. Argent., Chile y Urug. Desbordarse, rebosar.

rebanada s.f. Porción delgada que se saca de una cosa, especialmente del pan, cortándola en toda su anchura.

rebanar v.tr. Hacer rebanadas de algo. **2.** Cortar algo de parte a parte de una sola vez.

rebañadera s.f. Instrumento de hierro con que se saca fácilmente lo que se cayó en un pozo.

rebañar v.tr. Recoger o apoderarse de algo sin dejar nada. **2.** Apurar el contenido de un plato o recipiente.

rebaño s.m. Hato grande de ganado, especialmente lanar.

rebasadero s.m. MAR. Lugar o paraje por donde un buque puede rebasar o remontar un peligro o estorbo.

rebasar v.tr. Pasar o exceder de un límite o señal. **2.** Dejar algo atrás en una marcha, camino, etc.

rebatinga s.f. Méx. Arrebatiña.

rebatir v.tr. Refutar con argumentos o razones lo aducido por otro.

rebato s.m. (ár. *ribâţ*, ataque contra los infieles). Aviso sonoro o que se hace con una campana, un tambor, etc., ante un peligro inminente. ◇ **Tocar a rebato** Dar la señal de alarma ante cualquier peligro.

rebeca s.f. (de *Rebeca*, película de A. Hitchcock, cuya protagonista viste esta prenda). Esp. Suéter abrochado con botones por delante.

rebeco s.m. (voz de origen prerromano). ZOOL. Gamuza.

rebelarse v.prnl. Negarse a obedecer a la autoridad legítima. **2.** Oponer resistencia a algo o alguien.

rebelde adj. y s.m. y f. (lat. *rebellis,* de *bellum,* guerra). Que se rebela, subleva o forma parte de una rebelión. **2.** DER. Se dice de la persona a la que el juez declara en rebeldía. ◆ adj. Se dice de la persona o animal difícil de gobernar o educar: *un niño rebelde; un caballo rebelde.* **2.** Se dice de lo que resulta difícil de dominar: *un cabello rebelde; una tos rebelde.*

rebeldía s.f. Cualidad de rebelde. **2.** Actitud de la persona rebelde. **3.** DER. Situación del demandado, imputado o procesado que no comparece en la vista de un juicio o no se persona en los autos a requerimiento del juez.

rebelión s.f. (lat. *rebellio, -onis*). Acción y efecto de rebelarse. **2.** DER. Delito de naturaleza política que cometen quienes se levantan en armas, o incitan a ello, contra un régimen establecido.

rebencazo s.m. Amér. Merid. Golpe dado con un rebenque.

rebenque s.m. (fr. *raban,* cabo que afirma la vela). Látigo de cuero o cáñamo embreado con el cual se castigaba a los galeotes. **2.** Amér. Merid. Látigo recio de jinete. **3.** MAR. Cabo corto y embreado.

reblandecer v.tr. y prnl. [conj.: *parecer*]. Ablandar, poner tierno.

rebobinar v.tr. Hacer que una película, una cinta magnética, etc., se desenrolle de una bobina y se enrolle en otra de manera que quede en posición de reproducción inicial. **2.** ELECTR. Cambiar los arrollamientos del inducido o del inductor de un motor eléctrico.

rebollo s.m. Árbol de tronco grueso, copa ancha y hojas oblongas, que crece en Aragón y Galicia. (Familia fagáceas.)

reborde s.m. Borde saliente de algo: *el reborde de una mesa.* **2.** Borde vuelto o curvado: *el reborde de una vasija.* **3.** Orla.

reborujar v.tr. Méx. Desordenar.

rebosadero s.m. Sitio por donde rebosa un líquido.

rebosar v.intr. y prnl. Salirse un líquido por los bordes del recipiente o depósito que lo contenía. ◆ v.intr. y tr. Estar un lugar muy lleno de lo que se expresa. **2.** *Fig.* Sobreabundar, generalmente algo bueno o provechoso: *rebosar alegría, salud.* **3.** *Fig.* Manifestarse por signos externos una cualidad o sentimiento.

rebotado, a adj. y s. *Fam.* Se dice de la persona que ha abandonado un estado religioso o una actividad profesional: *fraile rebotado.*

rebotar v.intr. Botar repetidamente un cuerpo elástico, bien sobre el terreno, bien chocando con otros cuerpos. **2.** Botar cualquier objeto al chocar en algún sitio. ◆ v.tr. Rechazar una cosa a otra que choca con ella. **2.** Enturbiar el agua. **3.** Argent. y Méx. Rechazar el banco un cheque por falta de fondos. ◆ v.tr. y prnl. *Fam.* Enojar o enfurecer a una persona.

rebote s.m. Acción y efecto de rebotar un cuerpo al chocar con otro. **2.** Cada uno de los botes que después del primero da el cuerpo que rebota. **3.** *Fam.* Enojo: *agarrarse un rebote.* **4.** En baloncesto, acción de capturar el balón tras rebotar este en el aro o en el tablero. ◇ **De rebote** *Fam.* De rechazo, de resultas.

rebotica s.f. (cat. *rebotiga*). Habitación auxiliar que está detrás de la botica. **2.** Trastienda, habitación.

rebozar v.tr. y prnl. Embozar, cubrir casi todo el rostro con una prenda. ◆ v.tr. Pasar un alimento por huevo batido, harina, pan rallado, etc.

rebozo s.m. Prenda o parte de una prenda con la que se cubre la parte inferior del rostro. **2.** *Fig.* Simulación, pretexto. **3.** Amér. Central y Méx. Manto cuadrangular, amplio, que usan las mujeres a modo de abrigo.

rebrotar v.tr. Volver a brotar.

rebrote s.m. Acción y efecto de rebrotar. **2.** BOT. Retoño.

rebujo s.m. Envoltorio hecho con desaliño: *hizo un rebujo con la ropa.* **2.** Maraña de papeles, hilos, pelo, etc.

rebullir v.intr. y prnl. [conj.: *engullir*]. Empezar a moverse lo que estaba quieto.

rebuscado, a adj. Se dice del estilo, lenguaje, maneras, etc., que pecan de afectación y de las personas que los usan.

rebuscamiento s.m. Cualidad de rebuscado.

rebuscar v.tr. Buscar algo con minuciosidad. ◇ **Rebuscárselas** Argent., Chile, Colomb. y Perú. *Fam.* Ingeniarse para sortear las dificultades cotidianas.

rebusque s.m. Argent. y Par. *Fam.* Acción y efecto de rebuscársela. **2.** Argent. y Par. *Fam.* Solución ingeniosa con que se sortean las dificultades cotidianas.

rebutir v.tr. Embutir, rellenar.

rebuznar v.intr. Dar rebuznos.

rebuzno s.m. Voz del asno.

recabar v.tr. (de *cabo*). Conseguir con instancias y súplicas lo que se desea. **2.** Reclamar alguien para sí derechos, libertades, etc. **3.** Pedir, solicitar: *recabar información.*

recadero, a s. Persona que tiene por oficio llevar recados o paquetes.

recado s.m. (del ant. *recabdar,* recaudar). Mensaje o respuesta que de palabra se da o envía a otro. **2.** Escrito u objeto que una persona envía a otra. **3.** Diligencia, compra, visita u otro quehacer que requiere que una persona salga a la calle: *salir a hacer unos recados.* **4.** Conjunto de útiles necesarios para hacer algo: *recado de escribir.* **5.** Amér. Apero de montar. **6.** Nicar. Carne picada que se emplea para rellenar empanadas. ◇ **Coger,** o **tomar, un recado** Tomar nota de un mensaje para alguien.

recaer v.intr. [conj.: *caer*]. Caer nuevamente enfermo el que estaba convaleciendo o había recobrado ya la salud. **2.** *Fig.* Reincidir en vicios, errores, etc. **3.** Ir a parar sobre alguien cierta cosa: *recaer la responsabilidad del negocio en una persona.* **4.** Estar situada una ventana, balcón, etc., en la dirección o lugar que se expresa.

recaída s.f. Acción y efecto de recaer.

recalada s.f. Acción de recalar un buque.

recalar v.tr. y prnl. Penetrar un líquido en un cuerpo seco, dejándolo húmedo o mojado. ◆ v.intr. *Fig.* Aparecer por algún sitio una persona. **2.** MAR. Llegar un buque a la vista de un punto de la costa.

recalcado s.m. Operación que tiene por objeto comprimir sobre sí mismo, por martillado, un cuerpo metálico de forma cilíndrica.

recalcar v.tr. Apretar mucho una cosa contra otra. **2.** *Fig.* Decir algo acentuándolo con una inflexión de la voz o con énfasis. **3.** TECNOL. Someter a la operación de recalcado.

recalcificación s.f. MED. Acción de aumentar la calcemia y promover la fijación de calcio en el organismo.

recalcitrante adj. (del lat. *recalcitrare,* cocear, hacer oposición). Que insiste en sus opiniones o errores.

recalentado s.m. Méx. *Fam.* Guiso que queda de una fiesta y se come al día siguiente.

recalentamiento s.m. Acción y efecto de recalentar o recalentarse. **2.** Estado de una pieza de rodamiento o de fricción cuya temperatura se eleva por falta de engrase o de refrigeración.

recalentar v.tr. [conj.: *pensar*]. Calentar de nuevo. **2.** Calentar demasiado.

recalificar v.tr. Cambiar la calificación urbanística de un terreno para modificar su valor o su uso.

recalzar v.tr. Hacer un recalzo en los cimientos. **2.** AGRIC. Arrimar tierra al pie de los árboles y plantas.

recalzo s.m. Obra de consolidación, reparación o reconstrucción que se hace en los cimientos de un muro o un edificio, o por debajo de la cimentación existente, sin perjudicar la superestructura.

recamar v.tr. (ital. *recamare*). Bordar en realce.

recámara s.f. Habitación contigua a otra más importante, destinada a servicios auxiliares. **2.** *Fig. y fam.* Cautela, segunda intención. **3.** Parte del arma de fuego situada en la zona posterior de la boca, donde se coloca la carga de proyección. **4.** Amér. Central, Colomb. y Méx. Alcoba, dormitorio.

recamarera s.f. Méx. Criada.

recambiar v.tr. Sustituir una cosa por otra de la misma clase.

recambio s.m. Acción y efecto de recambiar. **2.** Pieza de repuesto.

recancamusa s.f. *Fam.* Cancamusa.

recancanilla s.f. *Fam.* Manera de andar cojeando, como hacen los niños jugando. **2.** *Fig. y fam.* Retintín al hablar.

recapacitar v.tr. e intr. Pensar detenidamente una cosa.

recapitulación s.f. Acción y efecto de recapitular.

recapitular v.tr. Resumir breve y ordenadamente algo dicho o escrito anteriormente con más extensión.

recargar v.tr. Cargar demasiado o aumentar la carga a alguien o algo. **2.** Aumentar una cantidad a pagar. **3.** Poner mucha cantidad de algo en algún sitio. **4.** *Fig.* Obligar a alguien a realizar mucho trabajo de cierta clase. **5.** Volver a cargar. ◆ v.tr. y prnl. *Fig.* Adornar con exceso.

recargo s.m. Acción de recargar. **2.** Cantidad o tanto por ciento que se recarga a algo, especialmente por retraso en el pago.

recatado, a adj. Que actúa con modestia o recato.

recatar v.tr. y prnl. Encubrir u ocultar lo que no se quiere que se vea o sepa, u obrar procurando no ser visto o de forma discreta.

recato s.m. Honestidad, pudor. **2.** Cautela, reserva.

recauchaje s.m. Chile. Recauchutado.

recauchutado s.m. Acción y efecto de recauchutar.

recauchutar v.tr. Reparar el desgaste de un neumático, cubierta, etc., recubriéndolo con una disolución de caucho.

recaudación s.f. Acción de recaudar: *recaudación de impuestos.* **2.** Cantidad recaudada. **3.** Oficina donde se recauda.

recaudador, ra adj. y s. Se dice de la persona encargada de recaudar.

recaudar v.tr. (lat. vulg. *recapitare*) Cobrar o percibir dinero por cualquier concepto. **2.** Reunir cierta cantidad en cobros diversos. **3.** DER. FISC. Cobrar contribuciones, impuestos y otras rentas públicas.

recaudería s.f. Méx. Tienda en la que se venden especias, especiería.

recaudo s.m. Precaución, cuidado. **2.** DER. Caución, seguridad. ◇ **A (buen) recaudo** Bien guardado o custodiado.

recazo s.m. (del ant. *caço,* parte del cuchillo opuesta al filo). Guarnición o parte intermedia, comprendida entre la hoja y la empuñadura de la espada y de otras armas blancas. **2.** Parte del cuchillo opuesta al filo.

rección s.f. LING. Propiedad que tiene un verbo o una preposición de ser acompañados por un complemento cuyo modo o caso se determina gramaticalmente.

recelar v.tr. y prnl. Desconfiar, temer.

recelo s.m. Actitud de desconfianza o temor: *crear recelo entre los accionistas.*

receloso, a adj. Que tiene recelo.

recensión s.f. Crítica o comentario de algún libro, publicado en un periódico o revista.

recental adj. y s.m. Se dice de la res de ganado ovino o bovino de poca edad.

recepción s.f. (lat. *receptio, -onis*). Acción de recibir. **2.** Ceremonia en que desfilan ante un rey, jefe de estado u otro personaje principal, representantes diplomáticos o dignatarios. **3.** Reunión, con carácter de fiesta, que se celebra en alguna casa particular. **4.** Servicio de un hotel, empresa, etc., encargado de recibir y atender a los clientes. **5.** Lugar donde está instalado este servicio. **6.** Acción de captar las ondas radioeléctricas por un receptor.

recepcionar v.tr. Recibir mercancías y verificar su estado.

recepcionista s.m. y f. Persona empleada en un servicio de recepción, encargada de recibir a los clientes o huéspedes: *recepcionista de hotel.*

receptáculo s.m. (lat. *receptaculum*). Recipiente o cavidad en que puede contenerse algo. **2.** BOT. **a.** Parte axial de la flor, sobre la que descansan los diversos verticilos de la misma. **b.** Extremo del pedúnculo, asiento de las flores de un capítulo.

receptividad s.f. Cualidad de receptivo. **2.** MED. Aptitud para contraer determinadas enfermedades, en especial las infecciosas. **3.** RADIOTECN. Cualidad de un receptor capaz de captar ondas de longitudes muy diversas.

receptivo, a adj. Que recibe o tiene aptitudes para recibir. **2.** BIOL. Se dice del organismo especialmente sensible a la acción de un agente químico, físico u orgánico.

receptor, ra adj. y s. Que recibe. ◆ s.m. ELECTR. Conductor en el que la energía eléctrica produce un efecto, mecánico o químico, distinto del efecto Joule. **2.** MED. Persona que recibe un órgano, tejido o sangre de un donante. **3.** RADIOTECN. Aparato que recibe una señal de telecomunicación o de radiodifusión, transformándola en sonidos: *receptor telefónico; receptor de radio.* **4.** ZOOL. Órgano de sensibilidad. ◇ **Receptor universal** Individuo del grupo sanguíneo AB, que puede recibir sangre de todos los grupos, pero que solo puede dar a los individuos de su propio grupo.

recesar v.intr. Bol., Cuba, Méx., Nicar. y Perú. Suspender una corporación sus actividades en forma temporal. ◆ v.tr. Perú. Clausurar una cámara legislativa, una universidad, etc.

recesión s.f. Disminución de la actividad económica de un país.

recesivo, a adj. Que tiende a la recesión o la causa. **2.** BIOL. Se dice del gen o carácter hereditario que no se manifiesta en el fenotipo del individuo que lo posee, pero que puede aparecer en la descendencia de este.

receso s.m. (lat. *recessus, -us,* retirada). Separación, desvío. **2.** Amér. Suspensión temporal de actividades en los cuerpos colegiados, asambleas, etc. **3.** Amér. Tiempo que dura esta suspensión.

receta s.f. (lat. *recepta*). Fórmula que indica los distintos componentes que entran en un preparado y el modo de preparación. **2.** Escrito que contiene una prescripción médica. **3.** *Fig. y fam.* Procedimiento conveniente para hacer o conseguir algo.

recetar v.tr. Prescribir un medicamento o un tratamiento.

recetario s.m. Conjunto de recetas o fórmulas: *un recetario de cocina.* **2.** Anotación de todo lo que el médico ordena que se suministre al enfermo. **3.** Farmacopea.

rechazar v.tr. (fr. ant. *rechacier*). Separar de sí algo o alguien a otro, obligándole a retroceder en su curso o movimiento. **2.** *Fig.* Contradecir lo que otro expresa o no admitir lo que propone u ofrece. **3.** *Fig.* Resistir al enemigo obligándole a ceder. **4.** *Fig.* Denegar una petición, instancia, etc.

rechazo s.m. Acción y efecto de rechazar. SIN.: *rechazamiento.* **2.** Retroceso o vuelta de un cuerpo al encontrarse con alguna resistencia. **3.** MED. Reacción del organismo ante la agresión de un cuerpo extraño.

rechifla s.f. Acción de rechiflar. **2.** *Fam.* Burla con que se acogen las palabras o la actuación de alguien.

rechiflar v.tr. Silbar con insistencia. ◆ **rechiflarse** v.prnl. *Fam.* Burlarse.

rechinar v.intr. (voz de origen onomatopéyico). Hacer o causar algo un ruido o sonido desapacible, por frotación o al ponerse en movimiento: *la puerta rechinó al abrirse.* **2.** Producir ruido los dientes al frotar los de una mandíbula con los de la otra. **3.** *Fig.* Hacer o aceptar una cosa con disgusto.

rechistar v.intr. Chistar. (Se usa en frases negativas.)

rechoncho, a adj. *Fam.* Grueso y de poca altura.

rechupete (de) loc. *Fam.* Muy bueno, agradable o muy bien.

recibí s.m. Expresión con que en los recibos u otros documentos se declara haber recibido aquello de que se trata.

recibido, a adj. Amér. Que ha terminado un ciclo de estudios.

recibidor, ra adj. y s. Que recibe. ◆ s.m. Antesala, vestíbulo.

recibimiento s.m. Acción y manera de recibir, de acoger a alguien. **2.** Recibidor, antesala, vestíbulo.

recibir v.tr. (lat. *recipere*). Tomar o aceptar una cosa que alguien da: *recibir un regalo; recibir una carta.* **2.** Sufrir una acción: *recibir una bofetada.* **3.** Tomar conocimiento una persona de algo que se le comunica: *recibir noticias; recibir órdenes; recibir críticas.* **4.** Esperar, salir al encuentro de alguien que llega: *fue a recibirla a la estación.* **5.** Acoger una persona a otra en su casa, compañía o comunidad: *los reciben en las mejores casas.* **6.** Tomar una cosa dentro de sí a otra: *este río recibe muchos afluentes.* **7.** Esperar o hacer frente al que acomete, para resistir la embestida o rechazarlo: *el torero recibió al toro de rodillas.* ◆ v.tr. e intr. Admitir, atender alguien en su casa, despacho, etc., visitas: *solo recibe los lunes.* ◆ **recibirse** v.prnl. Tomar alguien la investidura o el título conveniente para ejercer una facultad o profesión. **2.** Amér. Terminar un ciclo de estudios, graduarse.

recibo s.m. Acción de recibir. **2.** Documento en que el acreedor reconoce expresamente haber recibido del deudor dinero u otra cosa a efectos del pago o cumplimiento de la obligación. ◇ **Acusar recibo** Comunicar al expedidor la recepción de una cosa.

reciclado, a adj. Se aplica al material que ha sido fabricado a partir de desechos y desperdicios: *papel reciclado.* ◆ s.m. Reciclaje, conjunto de técnicas destinadas a la reintroducción de desechos en el ciclo de producción: *reciclado del vidrio.*

reciclaje s.m. Formación, generalmente complementaria, que reciben los cuadros técnicos, docentes, etc., con objeto de adaptarse a los progresos industriales, científicos, etc. **2.** Conjunto de técnicas que tienen por objeto recuperar desechos y reintroducirlos en el ciclo de producción del que provienen. **3.** TECNOL. Acción de someter repetidamente una materia a un mismo ciclo para incrementar los efectos de este.

reciclar v.tr. (fr. *recycler*). Proceder a un reciclaje.

recidiva s.f. (lat. *recidivus,* que vuelve a caer, de *recidere,* recaer). Acción y efecto de recidivar.

recidivar v.tr. Reaparecer una enfermedad que parecía ya curada.

recién adv.t. (de *reciente*). Sucedido poco antes. (En España se usa antepuesto a participios pasivos: *recién llegado;* en América se emplea con todos los tiempos verbales, indicando que la acción expresada por el verbo se acaba de realizar: *recién llegamos.*)

reciente adj. (lat. *recens, -entis*). Que ha sucedido poco antes. **2.** Fresco, acabado de hacer.

recinto s.m. Espacio cerrado y comprendido dentro de ciertos límites. **2.** Zona interior de un castillo o de una plaza fortificada: *recinto amurallado.*

1. **recio** adv.m. Fuertemente, con vigor y violencia: *luchar recio.*

2. **recio, a** adj. Fuerte, robusto, vigoroso. **2.** Grueso, gordo. **3.** Fuerte, duro, violento: *viento recio.*

recipiendario, a s. (del lat. *recipendus*). Persona que es recibida solemnemente en una corporación para formar parte de ella.

recipiente s.m. (lat. *recipiens, -tis*). Utensilio cóncavo que sirve para contener algo.

reciprocidad s.f. Circunstancia de ser recíproco.

recíproco, a adj. (lat. *reciprocus,* que vuelve atrás, que refluye, recíproco). Que tiene lugar entre dos o más personas o cosas, de forma que la acción realizada por ellas es equivalente a la recibida. **2.** LING. Se dice del verbo pronominal que expresa la acción mutua de varios sujetos. **3.** MAT. Se dice de una transformación tal que si *b* es el transformado del elemento *a,* este es, a su vez, el transformado de *b.*

recitado s.m. Acción de recitar. SIN.: *recitación.* **2.** MÚS. Composición musical para una sola voz.

recital s.m. Audición de un solista. **2.** Sesión artística dada por un solo intérprete, o dedicada a un solo género.

recitar v.tr. (lat. *recitare,* leer en voz alta). Decir de memoria, en voz alta y con expresividad, párrafos literarios, versos, etc. **2.** Pronunciar o referir en voz alta un discurso u oración.

recitativo s.m. MÚS. Declamación del fragmento narrativo de una ópera, oratorio o cantata que se realiza acompañada de uno o varios instrumentos.

Recklinghausen. Enfermedad de von Recklinghausen Nombre de diversas anomalías en la formación del embrión, o neurofibromatosis.

reclamación s.f. Acción y efecto de reclamar. **2.** Oposición o impugnación que se hace a una cosa. ◇ **Libro de reclamaciones** Cuaderno que deben poner a disposición del público determinados establecimientos y organismos para que este pueda anotar quejas, deficiencias, etc.

reclamar v.intr. (lat. *reclamare*). Pedir que sea revocado un acuerdo, fallo, etc.: *reclamar contra una multa.* ◆ v.tr. Pedir algo a lo que se considera que se tiene derecho: *reclamar una herencia.* **2.** Exigir, mostrar necesidad: *reclamar la atención.* **3.** Llamar la autoridad a un prófugo.

reclamo s.m. Voz con que un ave llama a otra de su misma especie. **2.** *Fig.* Cosa con que se atrae la atención sobre otra. **3.** Llamada o aviso: *acudir al reclamo.* **4.** Silbato o instrumento de viento con que se imita el canto de las aves para atraerlas.

reclinar v.tr. y prnl. (lat. *reclinare*). Inclinar una cosa apoyándola en otra. **2.** Inclinar o apoyar el cuerpo, o parte de él, sobre algo.

reclinatorio s.m. Mueble en forma de silla, dispuesto para arrodillarse sobre la parte correspondiente al asiento y reclinarse sobre la correspondiente al respaldo.

recluir v.tr. y prnl. (lat. tardío *recludere*) [conj.: *huir*]. Encerrar o retener a alguien en un lugar.

reclusión s.f. Encierro o prisión voluntaria o forzada. **2.** Prisión, cárcel. **3.** DER. PEN. Condena a pena privativa de libertad. ◇ **Reclusión mayor** Pena privativa de libertad cuya duración se extiende de veinte años y un día a treinta años. **Reclusión menor** Pena privativa de libertad, cuya duración es de doce años y un día a veinte años.

recluso, a adj. y s. Preso.

recluta s.m. y f. Persona que voluntariamente se alista para remplazar o completar los efectivos de un cuerpo de tropas. **2.** Soldado nuevo e inexperto. ◆ s.m. Mozo alistado para el servicio militar obligatorio.

reclutamiento s.m. Acción de reclutar soldados, técnicos, funcionarios, etc.

reclutar v.tr. (fr. *recruter,* de *recrue,* recluta, p. de *recroître,* volver a crecer, rebrotar). Alistar reclutas. **2.** Reunir personas para algún fin.

recobrar v.tr. (lat. *recuperare,* de *capere,* agarrar). Recuperar algo que se tenía o poseía: *recobrar un libro, la salud.* ◆ **recobrarse** v.prnl. Restablecerse después de un daño o perjuicio, de un accidente o una enfermedad.

recocer v.tr. y prnl. [conj.: *mover*]. Cocer algo excesivamente. ◆ v.tr. Volver a cocer algo. **2.** METAL. Tratar un metal para asegurar su equilibrio físico-químico y estructural.

recochineo s.m. Esp. *Fam.* Burla o ensañamiento que se añade a una acción que molesta o perjudica a alguien.

recocido s.m. Acción de recocer. **2.** METAL. Tratamiento térmico consistente en calentar un producto metalúrgico a temperatura suficiente para asegurar su equilibrio físico-químico y estructural, y dejar después que se enfríe lentamente.

recocina s.f. Cuarto contiguo a la cocina, destinado a servicios auxiliares.

recodo s.m. Ángulo o curva muy marcada que forman las calles, caminos, ríos, etc.

recogedor, ra adj. Que recoge. ◆ s.m. Utensilio para recoger la basura que se amontona al barrer.

recoger v.tr. (lat. *recolligere*). Agarrar alguna cosa que se ha caído. **2.** Reunir ordenadamente los utensilios al terminar el trabajo. **3.** Enrollar o replegar alguna cosa que se había extendido: *recoger las persianas.* **4.** Buscar y reunir cosas de distintos sitios. **5.** Ir juntando y guardando poco a poco alguna cosa, especialmente dinero. **6.** Recolectar los frutos que da la tierra. **7.** Ir a buscar a alguien o algo en el sitio donde se ha dejado o en un lugar convenido: *te recogeré en casa a las siete.* **8.** *Fig.* Recibir o sufrir las consecuencias de algo que se ha hecho: *recoger el fruto de tantos sacrificios.* **9.** Albergar, dar asilo. **10.** Enrollar o sujetar una cosa. **11.** Tomar en cuenta lo que otro ha dicho o escrito para aceptarlo, rebatirlo o transmitirlo. ◆ v.tr. y prnl. Arremangar, doblar o arrollar hacia arriba alguna cosa, especialmente la extremidad de una tela o de una prenda de vestir: *recogerse los pantalones.* **2.** Estrechar o fruncir una tela, papel, etc., para reducir su longitud. ◆ **recogerse** v.prnl. Retirarse a su casa, redil, etc., una persona o animal. **2.** Retirarse a un sitio adecuado para meditar, rezar, etc. ◇ **Recoger velas** Desdecirse de algo o retroceder en un propósito.

recogida s.f. Acción de recoger.

recogido, a adj. Que vive retirado del trato y comunicación con la gente. ◆ adj. y s.f. Se dice de la mujer que vivía retirada en un convento.

recogimiento s.m. Acción y efecto de recoger o recogerse.

recolección s.f. Acción y efecto de recolectar. **2.** Momento en que se cosecha. **3.** Recopilación, resumen o compendio de una materia.

recolectar v.tr. Recoger los frutos de la tierra, especialmente la cosecha: *recolectar el trigo.* **2.** Reunir: *recolectar dinero.*

recolector, a adj. Que recolecta. ◇ **Robot recolector** Máquina automática para recolectar frutos.

recoleto, a adj. (bajo lat. *recolletus,* p. de *recolligere,* recoger). Se dice de la persona que lleva una vida retirada y austera. **2.** Se dice del lugar apartado y solitario.

recombinación s.f. Reconstitución de una molécula o de un átomo previamente disociados. ◇ **Recombinación génica** Proceso por el que se produce una nueva asociación de caracteres en un individuo descendiente de padres que los portaban por separado.

recomendable adj. Digno de recomendación, aprecio o estimación.

recomendación s.f. Acción y efecto de recomendar. **2.** Alabanza en favor de alguien para interceder cerca de otro. **3.** Escrito en que se recomienda a alguien.

recomendar v.tr. [conj.: *pensar*]. Aconsejar a alguien cierta cosa para bien suyo. **2.** Encargar, pedir a alguien que cuide o se ocupe de cierta persona o cosa. **3.** Interceder o hablar en favor de una persona a otra.

recomenzar v.tr. [conj.: *empezar*]. Comenzar de nuevo.

recomerse v.prnl. Reconcomerse.

recompensa s.f. Acción de recompensar. **2.** Cosa que se da para recompensar. **3.** DER. CIV. Remuneración o gratificación a quien ha realizado un servicio o favor no exigible.

recompensable adj. Que puede recompensarse. **2.** Digno de recompensa.

recompensar v.tr. Retribuir o remunerar un servicio. **2.** Premiar.

recomponer v.tr. [conj.: *poner*]. Componer de nuevo.

recomposición s.f. Acción y efecto de recomponer.

reconcentramiento s.m. Acción y efecto de reconcentrar o reconcentrarse. SIN.: *reconcentración.*

reconcentrar v.tr. y prnl. Concentrar. ◆ **reconcentrarse** v.prnl. *Fig.* Abstraerse, ensimismarse.

reconciliación s.f. Acción y efecto de reconciliar.

reconciliar v.tr. y prnl. Hacer que lleguen a un acuerdo o vuelvan a ser amigas dos o más personas. **2.** REL. Hacer que vuelva al seno de la Iglesia alguien que se había apartado de ella.

reconcomerse v.prnl. Estar intensamente descontento y no demostrarlo, por envidia, celos, etc.

reconcomio s.m. Acción de reconcomerse.

recóndito, a adj. (lat. *reconditus,* de *condere,* colocar, guardar, esconder). Muy escondido, reservado y oculto. **2.** Íntimo.

reconducción s.f. Acción y efecto de reconducir.

reconducir v.tr. [conj.: *conducir*]. Llevar de nuevo una cosa a donde estaba.

reconfortar v.tr. Confortar física o espiritualmente a alguien.

reconocer v.tr. [conj.: *parecer*]. Identificar a una persona o una cosa entre varias. **2.** Admitir, aceptar como verdadera una cosa. **3.** Admitir que alguien o algo es lo que expresa. **4.** Declarar que se considera legítimo un nuevo gobierno o un nuevo estado de cosas establecido en un país de forma anormal. **5.** Mostrarse agradecido por cierto beneficio recibido. **6.** Examinar o registrar a una persona o cosa para conocer su estado, identidad, condiciones o contenido: *reconocer un terreno.* ◆ **reconocerse** v.prnl. Ser reconocible algo como lo que es. **2.** Acusarse o declararse culpable de un error, falta, etc.

reconocido, a adj. Agradecido.

reconocimiento s.m. Acción y efecto de reconocer o reconocerse. **2.** Gratitud, agradecimiento. **3.** MIL. Operación que tiene por objeto recoger y transmitir informes sobre el terreno y la situación y movimientos del enemigo. ◇ **Reconocimiento de caracteres** INFORMÁT. Aplicación de los métodos de reconocimiento de formas a la lectura automática de los caracteres alfanuméricos impresos. **Reconocimiento y síntesis del habla** INFORMÁT. Conjunto de técnicas gracias a las cuales una computadora es capaz de reconocer las palabras pronunciadas por un usuario y de producir los sonidos correspondientes a la pronunciación de las palabras que debe emitir.

reconquista s.f. Acción y efecto de reconquistar. **2.** Denominación que se da a la conquista por parte de los reinos cristianos del territorio de la península Ibérica invadido por los musulmanes.

reconquistar v.tr. Volver a conquistar. **2.** Conquistar en la guerra plazas, tierras, etc., que se habían perdido. **3.** *Fig.* Recuperar la opinión, el afecto, la confianza, etc.

reconsiderar v.tr. Volver a considerar o tener en cuenta.

reconstitución s.f. Acción y efecto de reconstituir.

reconstituir v.tr. y prnl. [conj.: *huir*]. Volver a constituir.

reconstituyente adj. Que reconstituye. ◆ s.m. y adj. Cualquier medicamento destinado a mejorar la vitalidad general del organismo.

reconstrucción s.f. Acción y efecto de reconstruir.

reconstruir v.tr. [conj.: *huir*]. Construir de nuevo: *reconstruir una casa.* **2.** Volver a formar algo que se ha deshecho o roto. **3.** Volver a componer el desarrollo de un hecho, suceso pasado, etc., usando elementos conocidos y llenando con hipótesis las eventuales lagunas.

recontar v.tr. [conj.: *contar*]. Calcular o contar algo atentamente para saber con seguridad su valor o cantidad. **2.** Contar de nuevo.

reconvención s.f. Acción de reconvenir. **2.** Cargo o argumento con que se reconviene.

reconvenir v.tr. [conj.: *venir*]. Censurar, reprender a alguien por sus actos o palabras.

reconversión s.f. Acción y efecto de reconvertir. **2.** ECON. Proceso por el cual la economía de un país o un factor de producción se adapta a nuevas condiciones técnicas, políticas o sociales.

reconvertir v.tr. [conj.: *sentir*]. Hacer que vuelva a su ser, estado o creencia lo que había sufrido un cambio. **2.** ECON. Realizar una reconversión.

recopilación s.f. Acción de recopilar. **2.** Compendio o resumen de una obra o discurso. **3.** Tratado o texto que resulta de reunir varios. ◆ **recopilaciones** s.f.pl. Nombre dado a las distintas compilaciones del derecho realizadas en época moderna.

recopilar v.tr. (del lat. *compilare,* saquear, plagiar). Juntar o recoger diversas cosas, dando unidad al conjunto; en especial, reunir varios textos literarios.

récord s.m. (ingl. *record*) [pl. *récords*]. Marca deportiva constatada oficialmente y que supera las anteriores en el mismo género y en idénticas condiciones. **2.** Cosa que supera una realización precedente: *récord de producción.* **3.** Méx. Expediente, historial. ◇ **En un tiempo récord** En menos tiempo del esperado o habitual.

recordar v.tr. e intr. (lat. *recordari,* de *cor,* corazón) [conj.: *contar*]. Tener o traer algo a la memoria. **2.** Hacer que alguien tenga presente o no olvide algo. **3.** Nombrar, mencionar. ◆ v.tr. y prnl. Parecer una persona o cosa a otra: *me recuerda a su hermana en el modo de hablar.* ◆ v.intr. y prnl. Méx. En las zonas rurales, despertar.

recordatorio s.m. Aviso, advertencia, comunicación, etc., para hacer recordar algo a alguien. **2.** Estampa religiosa impresa con motivo de una primera comunión, fallecimiento o aniversario.

recordman s.m. (voz inglesa) [pl. *recordmen*]. Deportista masculino que ostenta un récord.

recordwoman s.f. (voz inglesa) [pl. *recordwomen*]. Deportista femenina que ostenta un récord.

recorrer v.tr. Atravesar un lugar en toda su extensión o longitud: *recorrer un camino.* **2.** Efectuar un trayecto: *ha recorrido la distancia en pocos minutos.* **3.** Examinar rápidamente con la mirada. **4.** Repasar, leer por encima un libro, escrito, etc.: *recorrer un escrito.* **5.** IMPR. Justificar la composición pasando letras de una línea a otra.

recorrido s.m. Acción y efecto de recorrer. **2.** Camino o conjunto de lugares que se recorren, itinerario. **3.** *Fam.* Reprensión que abarca varios puntos. **4.** ESTADÍST. Medida de dispersión, cuyo valor es la diferencia entre los valores extremos de una variable. **5.** MAT. Conjunto de los valores que toma una función. **6.** MEC. Carrera del émbolo o pistón de una máquina o motor. ◇ **Recorrido libre medio** FÍS. Distancia media recorrida por una molécula de un gas, entre dos choques consecutivos.

recortable adj. Que puede recortarse. ◆ s.m. Pliego u hoja de papel con figuras para recortar.

recortado, a adj. Que tiene un borde o contorno con muchos entrantes y salientes. **2.** Se dice de este borde. **3.** Méx. Falto de dinero: *con las compras de navidad, ando muy recortado.*

recortadura s.f. Acción y efecto de recortar. ◆ **recortaduras** s.f.pl. Recortes, partes sobrantes recortadas.

recortar v.tr. Cortar o cercenar lo que sobra de una cosa. **2.** Cortar figuras separándolas de un material cortable. **3.** *Fig.* Disminuir o empequeñecer una cosa material o inmaterial: *recortar los presupuestos.* ◆ **recortarse** v.prnl. Dibujarse el perfil de una cosa sobre otra.

recorte s.m. Acción y efecto de recortar. **2.** Suelto o noticia breve de un periódico. **3.** TAUROM. Suerte en que el diestro, para burlar al toro, se sale del viaje recto que lleva para tomar otra dirección. ◆ **recortes** s.m.pl. Porciones o cortaduras excedentes de cualquier materia recortada.

recoser v.tr. Volver a coser. **2.** Arreglar con unas puntadas la ropa rota o descosida.

recosido s.m. Acción y efecto de recoser.

recostar v.tr. y prnl. [conj.: *contar*]. Reclinar, apoyar algo como el cuerpo, o parte de él, en posición inclinada en algún sitio.

recova s.f. Comercio de huevos, gallinas y otras aves. **2.** Argent., Par. y Urug. Soportal.

recoveco s.m. Curva, ángulo o revuelta en el curso de una calle, un pasillo, un arroyo, etc. **2.** Rincón, sitio escondido. **3.** *Fig.* Fingimiento, rodeo o manera complicada de hablar o de ser de una persona.

recreación s.f. Acción y efecto de recrear. SIN.: *recreo.* **2.** Recreo entre clases.

recrear v.tr. (lat. *recreare,* crear de nuevo, volver a la vida). Crear o producir de nuevo: *la novela recrea el ambiente de fines de siglo.* ◆ v.tr. y prnl. Divertir, deleitar, alegrar.

recreativo, a adj. Destinado a divertir o entretener: *salón recreativo.*

recreo s.m. Recreación: *mi recreo es la lectura.* **2.** Intervalo entre clases para que los niños se distraigan y descansen. SIN.: *recreación.*

recría s.f. Actividad de recriar.

recriador, ra s. Persona que se dedica a recriar animales.

recriar v.tr. [conj.: *desviar*]. Cebar y engordar animales.

recriminación s.f. Acción de recriminar. **2.** Expresión con que se recrimina algo.

recriminar v.tr. y prnl. Reprochar o censurar a alguien por sus acciones o sentimientos.

recristalización s.f. Nueva cristalización de una sustancia cuyos cristales habían sido disueltos. **2.** GEOL. Transformación de las rocas que se produce cuando determinados minerales que las constituyen son destruidos y remplazados por otros. **3.** METAL. Nueva cristalización que tiene lugar en un metal o una aleación en estado sólido, durante el proceso de recocido.

recristalizar v.tr. e intr. Producirse una recristalización.

recrudecer v.intr. y prnl. (lat. *recrudescere,* volver a sangrar una herida) [conj.: *parecer*]. Tomar nuevo incremento algo malo o desagradable que ya había empezado a disminuir o ceder.

recrudecimiento s.m. Acción y efecto de recrudecer o recrudecerse.

recta s.f. MAT. Línea recta.

rectal adj. ANAT. Relativo al recto.

rectangular adj. Relativo al ángulo recto o al rectángulo. **2.** Que tiene uno o más ángulos rectos. SIN.: *rectángulo.* **3.** Que contiene uno o más rectángulos. ◇ **Sistema de coordenadas rectangulares** Sistema de coordenadas en el que cada punto está referido a dos ejes fijos rectangulares.

rectángulo, a adj. Rectangular, que tiene ángulos rectos. ◇ **Trapecio rectángulo** Trapecio que tiene dos ángulos rectos. **Triángulo rectángulo** Triángulo que tiene un ángulo recto. ◆ s.m. Paralelogramo que tiene los cuatro ángulos rectos y los lados contiguos desiguales.

rectificación s.f. Acción y efecto de rectificar. **2.** Palabra o escrito con que se rectifica. **3.** ELECTR. Conversión de una corriente alterna en otra continua. **4.** QUÍM. Destilación fraccionada de un líquido para separar sus elementos constitutivos o para purificarlo. ◇ **Rectificación de una curva,** o **de un arco de curva** MAT. Cálculo de su longitud.

rectificado s.m. MEC. Acción y efecto de rectificar.

rectificador, ra adj. y s. Que rectifica. ◆ s.m. Aparato que convierte la corriente alterna en continua. **2.** QUÍM. Aparato destilatorio para purificar líquidos.

rectificadora s.f. Máquina-herramienta provista de una muela o de útiles abrasivos para efectuar trabajos de rectificado de piezas.

rectificar v.tr. Quitar imperfecciones, errores o defectos: *rectificar el asfaltado.* **2.** Poner o hacer recto. **3.** ELECTR. Transformar una corriente alterna en continua. **4.** MEC. Acabar la superficie de una pieza mecanizada alisándola con la muela. **5.** QUÍM. Purificar los líquidos. ◆ v.tr. y prnl. Enmendar los actos, palabras o proceder. ◇ **Rectificar un arco de curva** MAT. Determinar su longitud.

rectilíneo, a adj. En forma de línea recta o que se compone de líneas rectas: *figura rectilínea.* **2.** *Fig.* Se dice del carácter o comportamiento de la persona exageradamente recta, severa o firme.

rectitis s.f. Inflamación del recto.

rectitud s.f. Cualidad de recto. **2.** *Fig.* Recta razón o conocimiento práctico de lo que se debe hacer o decir. **3.** *Fig.* Exactitud o justificación en las operaciones.

recto, a adj. (lat. *rectus*). Que tiene forma lineal, sin ángulos ni curvas: *un camino recto.* **2.** Que va sin desviarse al punto donde se dirige: *ir recto a la puerta.* **3.** *Fig.* Justo, severo, firme en sus resoluciones: *tiene un padre muy recto.* **4.** Se dice del sentido primitivo y literal de las palabras. **5.** *Fig.* Se dice del sentido verdadero, justo, conveniente, de una obra o acción: *hacer una recta interpretación de las palabras.* **6.**

MAT. **a.** Se dice de la línea más corta que se puede imaginar entre dos puntos. **b.** Se dice de uno cualquiera de los ángulos formados por dos líneas rectas, cuando estos ángulos son todos iguales. ◆ s.m. ANAT. Segmento terminal del tubo digestivo, que aboca al ano.

rectocolitis s.f. Inflamación del recto y el colon.

rector, ra adj. y s. (lat. *rector, -oris,* el que rige). Que gobierna o señala la dirección u orientación de algo. ◆ s. Persona que rige una universidad o centro de estudios superiores. ◆ s.m. Cura párroco.

rectorado s.m. Oficio, cargo y oficina del rector. **2.** Tiempo durante el cual se ejerce el cargo de rector.

rectoría s.f. Oficio o jurisdicción del rector. **2.** Oficina o casa del rector, cura párroco.

rectoscopia s.f. Examen del recto con un rectoscopio.

rectoscopio s.m. Endoscopio especial para el examen óptico del recto.

recua s.f. Grupo de caballerías que van juntas, particularmente las que llevan los trajinantes. **2.** *Fig. y fam.* Conjunto de cosas que van o siguen unas detrás de otras.

recuadro s.m. Parte de una superficie limitada por una línea en forma de cuadrado o rectángulo. **2.** Esta misma línea.

recubrimiento s.m. Acción y efecto de recubrir. **2.** Sustancia o material que recubre o sirve para recubrir: *un recubrimiento de oro, de pintura plástica.* **3.** CONSTR. Parte de una pizarra, teja, etc., que queda cubierta por otra.

recubrir v.tr. Cubrir la superficie de una cosa con otra. OBS.: participio: *recubierto.*

recuelo s.m. Café hecho con el poso que queda después de un primer cocimiento.

recuento s.m. Acción y efecto de recontar.

recuerdo s.m. Acción y efecto de recordar. **2.** Presencia en la mente de algo percibido con anterioridad. **3.** *Fig.* Objeto que sirve para recordar a quien lo posee una persona, cosa, situación o lugar determinados. ◇ **Recuerdos** Fórmula de cortesía con que se ruega a un intermediario que transmita a otra persona un sentimiento de afecto, respeto, simpatía, etc.

recular v.intr. (fr. *reculer*). Cejar o retroceder, andar hacia atrás. **2.** *Fig. y fam.* Flaquear, ceder en una actitud u opinión.

reculón, na adj. TAUROM. Se dice de la res que, ante el desafío del diestro, anda hacia atrás. ◇ **A reculones** *Fam.* Andando a sacudidas hacia atrás.

recuperable adj. Que puede o debe recuperarse: *un envase recuperable.*

recuperación s.f. Acción y efecto de recuperar o recuperarse. **2.** MED. Conjunto de medidas dirigidas a conseguir que vuelva a la normalidad el funcionamiento del aparato locomotor.

recuperador s.m. INDUSTR. Aparato para la recuperación de calor o energía.

recuperar v.tr. (lat. *recuperare,* de *capere,* agarrar). Volver a tener algo que, habiéndolo poseído antes, se había perdido: *recuperar las joyas robadas.* **2.** Trabajar un determinado tiempo para remplazar el que se ha perdido por una causa cualquiera: *recuperar una jornada laboral.* **3.** Volver a poner en servicio lo que ya estaba inservible. **4.** Esp. Aprobar un examen después de haberlo suspendido en la primera convocatoria. ◆ **recuperarse** v.prnl. Volver a la normalidad física o espiritual después de una crisis. **2.** Recobrar el conocimiento después de un desmayo.

recupero s.m. Argent. Recuperación (acción y efecto).

recurrencia s.f. BOT. Fenómeno de aparición de formas relacionadas con las otras especies, más o menos afines o congéneres, alejadas en el tiempo o en el espacio. **2.** MAT. Propiedad de una secuencia en la que cualquier término se puede calcular conociendo los precedentes. ◇ **Demostración por recurrencia** LÓG. y MAT. Demostración por la que se extiende a una serie de términos homogéneos la verdad de una propiedad de por lo menos dos de estos fenómenos.

recurrente adj. y s.m. y f. Que recurre. ◆ adj. ANAT. Que vuelve hacia atrás: *nervios recurrentes.* ◆ s.m. y f. DER. Persona que tiene entablado un recurso. ◇ **Fiebre recurrente** Enfermedad infectocontagiosa endémica, que se manifiesta por la existencia de una fiebre recidivante. **Imagen recurrente** Imagen que persiste después de que el ojo haya sido impresionado por un objeto muy iluminado. **Serie,** o **sucesión, recurrente** MAT. Serie o sucesión en la que cada término se calcula en función de un número finito de términos que lo preceden de forma inmediata.

recurrido, a adj. DER. En la casación, se dice de la parte que sostiene o a quien favorece la sentencia que se recurre.

recurrir v.intr. (lat. *recurrere,* volver a correr). Buscar en alguien o en algo ayuda en una necesidad. **2.** Volver una cosa al lugar de donde salió. **3.** DER. **a.** Acudir a un juez o autoridad con una demanda o petición. **b.** Entablar recurso contra una resolución.

recursividad s.f. Cualidad de recursivo. **2.** LÓG. Noción que corresponde a la idea intuitiva de calculabilidad efectiva por aproximaciones sucesivas.

recursivo, a adj. INFORMÁT. Se dice de un programa organizado de tal forma que puede llamarse a sí mismo, o sea, pedir su propia ejecución en el curso de su desarrollo. **2.** LING. En gramática generativa, se dice del elemento lingüístico susceptible de ser incluido como constituyente de un elemento de la misma naturaleza un número indefinido de veces.

recurso s.m. Acción y efecto de recurrir. **2.** Medio al que se recurre o se puede recurrir para lograr algo. **3.** DER. Medio de impugnación que persigue un nuevo examen de una resolución judicial. ◆ **recursos** s.m.pl. ECON. Medios materiales de que se puede disponer para ser utilizados para un determinado proceso económico. ◇ **Recursos humanos** Conjunto del personal de una empresa. **Recursos naturales** Conjunto de materiales y medios que se pueden aprovechar del entorno físico.

recusación s.f. Acción y efecto de recusar.

recusar v.tr. (lat. *recusare*). Rechazar, negarse a admitir algo. **2.** Rechazar a alguien por inepto y parcial. **3.** DER. Rechazar justificadamente el que ha de ser juzgado a un juez o juzgador.

red s.f. (lat. *rete*). Aparejo hecho con hilos, cuerdas o alambres trabados formando una malla que tiene distintas formas, usos o funciones: *una red de pesca; la red de una pista de tenis; la red de seguridad de un acróbata; la red de una portería de fútbol.* **2.** Conjunto de tuberías, líneas de conducción, de tráfico, etc., que se entrecruzan: *red de carreteras.* **3.** *Fig.* Organización con ramificaciones en varios lugares y con comunicación entre ellos: *una red de supermercados.* **4.** Conjunto de personas organizadas para llevar a cabo una acción común: *red de espionaje.* **5.** *Fig.* Ardid o engaño con que se atrae a una persona. **6.** Conjunto de computadoras interconectadas para llevar a cabo el tratamiento de datos o el intercambio de información. ◇ **Red cristalina** Disposición regular de los átomos en el seno de un cristal. **Red de teleproceso** INFORMÁT. Conjunto de elementos capaces de tratar información, conectados entre sí por líneas telefónicas. **Red estrellada** INFORMÁT. Red en la que todas las computadoras están conectadas a una computadora central. **Red hidrográfica** Conjunto de ríos que riegan una región. **Red local** INFORMÁT. Red que establece la conexión entre varios equipos informáticos sin recurrir a los enlaces telefónicos de la red pública. **Red pública** INFORMÁT. Soporte de telecomunicaciones informáticas, generalmente instalado por una empresa pública. **Red social** Página web en la que los internautas intercambian información personal (textos, imágenes, enlaces, etc.) de modo que crean una comunidad de amigos virtual e interactiva.

redacción s.f. (lat. *redactio, -onis*). Acción de redactar. **2.** Escrito que se ha redactado. **3.** Ejercicio escolar que consiste en un relato escrito sobre un tema determinado. **4.** Oficina donde trabajan los redactores. **5.** Conjunto de redactores de un periódico, una editorial, etc.

redactar v.tr. (del lat. *redactus,* p. de *redigere,* hacer regresar). Poner por escrito algo que ha sucedido, que se ha acordado o que se ha pensado.

redactor, ra s. Persona que tiene por oficio redactar textos, en especial la que trabaja en un periódico, un programa de radio o televisión o una editorial.

redada s.f. Acción de lanzar la red. **2.** Conjunto de animales capturados de una vez con la red. **3.** Operación policial que consiste en apresar a una red de delincuentes. **4.** Conjunto de personas apresadas.

redaño s.m. Mesenterio. ◆ **redaños** s.m.pl. *Fig.* Fuerza, brío, valor: *persona de muchos redaños.*

redecilla s.f. Red o malla pequeña usada para recoger o adornar el pelo. **2.** ZOOL. Segunda cavidad de las cuatro que componen el estómago de los rumiantes.

rededor s.m. Contorno de una cosa. ◇ **Al rededor** o **en rededor** Alrededor.

redención s.f. (lat. *redemptio, -onis*). Acción de redimir. **2.** TEOL. CRIST. En el cristianismo, salvación del ser humano por medio de la pasión y muerte de Jesús.

redentor, ra adj. y s. (lat. *redemptor, -oris*). Que redime. ◇ **El Redentor** Jesús.

redentorista adj. y s.m. y f. Relativo a una congregación religiosa clerical misionera, fundada en Nápoles por san Alfonso María de Ligorio; miembro de esa congregación.

redicho, a adj. Que habla con afectada corrección, usando palabras escogidas y conceptos pedantes.

redil s.m. (de *red*). Lugar vallado donde se guarda el ganado.

redilas s.f.pl. Méx. Armazón de tablas alrededor de la plataforma de un camión: *camión de redilas.*

redimir v.tr. y prnl. (lat. *redimere,* volver a comprar, rescatar, de *emere,* coger). Rescatar al cautivo o sacarlo de la esclavitud mediante el pago de un precio. **2.** Librar a alguien de una obligación o una situación penosa: *redimir del ayuno.* **3.** DER. **a.** Dejar libre una cosa de hipoteca u otro gravamen. **b.** Liberar de culpa o gravamen. ◆ v.tr. Comprar de nuevo una cosa que se había poseído y vendido.

redingote s.m. (fr. *redingote,* levita, del ingl. *riding-coat,* saco o chaqueta para montar a caballo). Capote con mangas.

redistribución s.f. Cambio que se opera en la estructura distributiva de los bienes o rentas. **2.** Modificación en la distribución que proviene de una intervención estatal deliberada con una finalidad social.

redistribuir v.tr. [conj.: *huir*]. Efectuar una redistribución.

rédito s.m. (lat. *reditus, -us,* regreso, vuelta). Cantidad de dinero que produce, durante un período de tiempo, un bien de capital, como consecuencia de su inversión en una actividad lucrativa. **2.** Interés producido por 100 unidades en un año. SIN.: *tanto por ciento.*

redituar v.tr. [conj.: *actuar*]. Rendir, producir utilidad o rédito.

redivivo, a adj. Vuelto a la vida, resucitado.

redoblado, a adj. Que es más grueso o resistente que de ordinario.

redoblamiento s.m. Acción y efecto de redoblar. SIN.: *redoble.*

redoblante s.m. Tambor alargado con caja de madera cuyo sonido es más alto que el del tambor corriente.

redoblar v.tr. Hacer que una cosa, especialmente un clavo, se doble sobre sí mismo. ◆ v.tr. y prnl. Reduplicar, aumentar el doble: *redoblar la vigilancia.* ◆ v.intr. Tocar redobles en el tambor.

redoble s.m. Redoblamiento. **2.** Toque vivo y sostenido que se produce tocando rápidamente el tambor con los palillos.

redoblón, na adj. y s. Se dice del clavo que ha de redoblarse.

redoma s.f. Recipiente de laboratorio de base ancha y cuello estrecho.

redomado, a adj. Muy cauteloso y astuto. **2.** Consumado, experto.

redomón, na adj. Amér. Merid. Se dice de la caballería no domada por completo.

redonda s.f. Comarca: *el labrador más rico de la redonda.* **2.** MÚS. Figura de nota musical, que está considerada como medida fundamental del tiempo, o sea, como unidad básica de la métrica musical. ◆ s.f. y adj. Tipo de letra común, de forma circular y derecha. **2.** Redondilla, carácter de la escritura. ◇ **A la redonda** Alrededor.

redondeado, a adj. Que tiene forma aproximadamente redonda.

redondear v.tr. y prnl. Hacer redondo o más redondo. **2.** *Fig.* Completar algo de modo satisfactorio: *redondear un negocio.* ◆ v.tr. Prescindir de fracciones para completar unidades de cierto orden: *redondear el precio.* ◆ **redondearse** v.prnl. *Fig.* Incrementar o tener alguien bastantes bienes o rentas para poder vivir.

redondel s.m. (fr. ant. *reondel*). *Fam.* Círculo o circunferencia. **2.** TAUROM. Ruedo.

redondela s.f. Argent. y Chile. Cualquier objeto circular. **2.** Chile. *Fam.* Círculo.

redondeo s.m. Acción y efecto de redondear.

redondez s.f. Cualidad de redondo. **2.** Superficie de un cuerpo redondo: *la redondez de la Tierra.*

redondilla s.f. y adj. Carácter de escritura derecha y circular, con los trazos rectos y la parte central de las curvas más gruesa que en la escritura ordinaria. SIN.: *redonda.* ◆ s.f. MÉTRIC. Estrofa formada por cuatro versos octosílabos que riman aconsonantadamente, el primero con el cuarto y el segundo con el tercero.

redondo, a adj. (lat. *rotundus*). Se dice del cuerpo o la figura obtenidos por revolución de una superficie o una línea alrededor de un eje: *la esfera, el cilindro y el cono son cuerpos redondos.* **2.** Se dice del perfil de sección circular o aproximadamente circular: *mesa de cantos redondos.* **3.** *Fig.* Perfecto, acabado, que no presenta defectos: *un negocio redondo.* **4.** *Fig.* Categórico, claro, sin rodeos: *su respuesta fue un* no *redondo.* **5.** *Fig.* Se dice de la cantidad o del número de cuya parte fraccionaria o más pequeña se prescinde. ◆ s.m. Esp. Pieza de carne bovina que tiene forma relativamente cilíndrica y está situada junto a la contratapa. ◇ **Caer (en) redondo** Caer desplomado, de un golpe, repentinamente. **En redondo** Dando la vuelta completa; de manera categórica, terminante. **Pase (en) redondo** TAUROM. Pase natural en que se saca la muleta por delante de la cara del toro, para empalmar con otro pase.

redova s.f. (fr. *redowa*). Méx. Trozo pequeño de madera hueco que se toca a manera de tambor de madera, característico de la música del N de México. **2.** Méx. Grupo musical que toca composiciones típicas del N del país.

reducción s.f. (lat. *reductio, -onis*). Acción y efecto de reducir o reducirse: *reducción de impuestos, de precios, de la jornada laboral.* **2.** Operación a que se someten los resultados de las observaciones para corregirlos de los factores que alteran la exactitud de las medidas, tales como aberraciones, perturbaciones, etc. **3.** CIR. Acción de colocar en su lugar los huesos dislocados o fracturados. **4.** MAT. **a.** Operación de remplazar una figura por otra semejante más pequeña. **b.** Transformación de una expresión algebraica por otra equivalente más simple o manejable. **5.** MÚS. Arreglo de una partitura para que pueda ser interpretada por una formación instrumental o vocal de menos efectivos: *reducción para piano de una obra sinfónica.* **6.** QUÍM. Reacción en la que se extrae el oxígeno de un cuerpo que lo contiene o, más generalmente, en la que un átomo o un ion ganan electrones. ◇ **Reducción a la unidad** Procedimiento para resolver la regla de tres. **Reducción al estado laical** Cesación del estado clerical y retorno al estado laical. **Reducción cromática,** o **cromosómica** Disminución de la mitad del número de cromosomas de una célula que tiene lugar durante una de las divisiones previas a la formación de las células reproductoras. **Reducción directa** METAL. Reducción de un mineral a una temperatura inferior a la temperatura de fusión de los metales que contiene. **Reducción fenomenológica** FILOS. Primera fase del método fenomenológico de Husserl, consistente en la suspensión de juicio sobre la existencia de las cosas.

reduccionismo s.m. FILOS. Tendencia a simplificar los enunciados o fenómenos complejos, exponiéndolos en proposiciones sencillas.

reducible adj. Que se puede reducir. SIN.: *reductible.* ◇ **Ecuación reducible** Ecuación cuyo grado puede disminuirse. **Fracción,** o **quebrado, reducible** Fracción o quebrado que pueden simplificarse.

reducido, a adj. Estrecho, pequeño, limitado: *un espacio reducido.* ◆ adj. y s.f. MAT. Se dice del resultado de ciertas reducciones.

reducidor, ra s. Argent., Chile, Colomb. y Perú. Perista, persona que comercia con objetos robados.

reducir v.tr. y prnl. (lat. *reducere*) [conj.: *conducir*]. Disminuir, limitar algo de tamaño, extensión, intensidad o importancia: *reducir gastos; reducir una figura.* **2.** Dividir una cosa en partes muy pequeñas: *reducir a trizas, a cenizas.* **3.** Someter u obligar a obedecer a alguien: *reducir al enemigo.* **4.** Resumir, explicar o describir algo, manifestando solo sus rasgos más representativos. **5.** Concentrar por ebullición: *reducir una salsa.* ◆ v.tr. AUTOM. Pasar de una marcha a otra más corta para disminuir la velocidad del vehículo. **2.** CIR. Efectuar una reducción. **3.** MAT. Transformar, simplificar: *reducir dos fracciones al mismo denominador.* **4.** QUÍM. Hacer que un elemento de un compuesto gane electrones o pierda oxígeno. ◆ **reducirse** v.prnl. Moderarse, ceñirse o amoldarse a ciertas circunstancias: *reducirse a vivir sin tanto lujo.*

reductible adj. Reducible. **2.** CIR. Que puede ponerse de nuevo en su lugar.

reducto s.m. (ital. *ridotto*). Lugar que presenta condiciones para encerrarse o defenderse. **2.** Obra fortificada aislada y cerrada. **3.** *Fig.* Ambiente o lugar que conserva tradiciones o ideologías anticuadas.

reductor, ra adj. Que reduce o sirve para reducir. ◆ adj. y s.m. MEC. Se dice de un mecanismo que disminuye la velocidad de rotación de un eje. **2.** QUÍM. Se dice del cuerpo que tiene la propiedad de reducir: *el carbono es un reductor.*

redundancia s.f. Empleo de palabras innecesarias para expresar una idea que ya es deducible por contexto o que se dice con otras palabras.

redundante adj. Que presenta redundancia: *discurso redundante.*

redundar v.intr. (lat. *redundare,* desbordarse, abundar). Producir un beneficio para alguien o algo: *esa información redunda en nuestro favor.*

reduplicación s.f. Acción y efecto de reduplicar. **2.** Figura retórica que consiste en la repetición de una letra, una sílaba o una palabra.

reduplicar v.tr. Aumentar algo el doble: *reduplicar los esfuerzos.* SIN.: *redoblar.*

reedición s.f. Acción de reeditar. **2.** Nueva edición.

reeditar v.tr. Hacer una nueva edición.

reeducación s.f. Conjunto de métodos que tienen como objetivo desarrollar las funciones sanas en un niño o un adulto disminuido, para compensar sus deficiencias y reintegrarlo en un ambiente normal.

reeducar v.tr. Someter a los métodos de reeducación.

reelegir v.tr. [conj.: *pedir*]. Elegir de nuevo por votación a una persona para un cargo, un premio o una distinción.

reembarcar v.tr. y prnl. Volver a embarcar, inmediatamente después de haber desembarcado. ◆ **reembarcarse** v.prnl. *Fig.* Meterse de nuevo en un asunto, negocio, etc.: *tras su aventura en política, se reembarcó en la banca privada.*

reembarque s.m. Acción de reembarcar.

reembolsar v.tr. → **rembolsar.**

reembolso s.m. → **rembolso.**

reemisor s.m. Repetidor.

reemplazar v.tr. → **remplazar.**

reemplazo s.m. → **remplazo.**

reemprender v.tr. Reanudar algo que se había interrumpido: *reemprender la marcha tras un corto descanso.*

reencarnación s.f. Encarnación del alma en un nuevo cuerpo después de la muerte.

reencarnarse v.prnl. Encarnarse el alma en un nuevo cuerpo después de la muerte.

reencauchadora s.f. Colomb. y Perú. Instalación para reencauchar llantas o cubiertas de los vehículos.

reencauchar v.tr. Colomb. y Perú. Recauchutar.

reencontrar v.tr. y prnl. Encontrar de nuevo una cosa, generalmente inmaterial, o una persona: *reencontrar el rumbo; reencontrar a un amigo.* ◆ **reencontrarse** v.prnl. Volver a reunirse alguien con una persona: *se reencontró con sus amigos.* **2.** Volver a encontrarse con algo que no se buscaba: *reencontrarse con lugares añorados.*

reencuentro s.m. Acción de reencontrarse: *reencuentro de ex alumnos.*

reenganchar v.tr. y prnl. Esp. Continuar en el servicio militar.

reenganche s.m. Esp. Acción y efecto de reenganchar o reengancharse.

reenviar v.tr. [conj.: *desviar*]. Reexpedir.

reenvío s.m. Reexpedición.

reescribir v.tr. Volver a redactar un texto introduciendo modificaciones.

OBS.: participio: *reescrito.*

reestrenar v.tr. Volver a estrenar, especialmente películas u obras teatrales, al cabo de algún tiempo de su estreno.

reestreno s.m. Acción de reestrenar.

reestructurar v.tr. Modificar la estructura de una obra, disposición, empresa, proyecto, etc.: *reestructurar la industria textil.*

reexpedición s.f. Acción de reexpedir.

reexpedir v.tr. [conj.: *pedir*]. Enviar algo recibido previamente al lugar de donde procede o a otro lugar.

reexportación s.f. Acción de reexportar.

reexportar v.tr. Exportar lo que se había importado.

refacción s.f. Pequeña cantidad de alimento que se toma para reparar fuerzas. **2.** Compostura o reparación de lo estropeado. **3.** Méx. Pieza de repuesto para cualquier aparato mecánico.

refaccionar v.tr. Amér. Restaurar o reparar, especialmente edificios.

refaccionaria s.f. Méx. Tienda de refacciones para aparatos mecánicos.

refajo s.m. Falda de tela gruesa que usaban las mujeres como prenda interior de abrigo o como falda.

refalosa s.f. Argent. y Chile. Baile popular. **2.** Argent. y Chile. Pancutra.

refectorio s.m. (lat. *refectorius,* que rehace). Comedor común de un colegio o convento, generalmente con un púlpito para el lector.

referencia s.f. Acción y efecto de referirse o aludir a algo: *hacer referencia a hechos pasados.* **2.** Nota con la que, en un texto, se remite a otro o a otra parte de este. **3.** Noticia o información sobre un acontecimiento: *las referencias de la guerra.* **4.** Informe sobre las cualidades, aptitudes o solvencia de alguien o algo: *dar buenas referencias.* (Suele usarse en plural.)

referencial adj. Que sirve de referencia. ◆ s.m. Conjunto de elementos que forman un sistema de referencia. **2.** Conjunto de los elementos unidos a este sistema. **3.** MAT. Conjunto general en el que los conjuntos estudiados constituyen subconjuntos.

referéndum o **referendo** s.m. (del lat. *ad referendum,* para consultar). [pl. *referéndums, referéndum* o *referendos*]. Procedimiento jurídico por el que se somete al voto popular una medida constitucional o legislativa.

referente adj. Que se refiere a la cosa que se expresa: *declaraciones referentes a la economía.*

referí s.m. Amér. Juez de una competición deportiva, árbitro.

réferi s.m. Méx. Referí.

referir v.tr. (lat. *referre*) [conj.: *sentir*]. Dar a conocer o narrar un acontecimiento o suceso: *referir una anécdota.* **2.** Remitir, enviar al lector de un texto a otro lugar de este o a otro texto. **3.** Atribuir algo a un motivo, origen, época, etc. **4.** Reducir o dar la equivalencia de una cantidad en otro tipo de unidades o monedas: *referir una suma a números redondos.* ◆ v.tr. Establecer una relación: *referir a alguien varias cualidades.* ◆ **referirse** v.prnl. Aludir, mencionar explícita o implícitamente: *se refería a ti.*

refilar v.intr. Chile. Pasar tocando ligeramente una cosa.

refilón (de) loc. **a.** Se aplica a la forma oblicua o ladeada de incidir una cosa en otra: *el balón le tocó la pierna de refilón.* **b.** *Fam.* Superficialmente, sin dedicarle mucha atención: *oíamos de refilón el griterío de los alumnos.*

refinación s.f. Proceso industrial mediante el cual se hace más puro un metal o sustancia eliminando sus impurezas. SIN.: *refinado, refino.*

refinado, a adj. Exquisito, muy cuidado en todos sus detalles y libre de tosquedad o vulgaridad: *persona refinada; modales refinados.* **2.** *Fig.* Perfecto, consumado en alguna cualidad o defecto: *una crueldad refinada.* **3.** INDUSTR. Libre de impurezas: *aceite refinado.* ◆ s.m. Refinación. **2.** PETRÓL. Producto de refino, especialmente el obtenido de los aromáticos contenidos en un aceite mineral.

refinador, ra adj. Que refina: *pila refinadora.* ◆ s. Persona que explota o posee una refinería. ◆ s.m. Persona que tiene por oficio refinar metales. **2.** Técnico o industrial especializado en el refino de petróleo. **3.** Aparato utilizado para refinar o purificar la pasta de papel.

refinamiento s.m. Esmero, buen gusto, manera cuidada, refinada: *refinamiento del lenguaje; refinamiento en el vestir.* **2.** Ensañamiento en el proceder de personas astutas o maliciosas: *herir con cruel refinamiento.* **3.** Detalle de perfección: *una casa con todos los refinamientos modernos.*

refinar v.tr. Hacer más fina o más pura una cosa, separando cualquier impureza o materia heterogénea. **2.** *Fig.* Perfeccionar una cosa, cuidando sus últimos detalles y adecuándola a un fin determinado: *refinar los modales.* **3.** Efectuar la refinación del azúcar, aceite, pasta de papel, etc.

refinería s.f. Instalación industrial donde se refinan determinados productos, como azúcar, petróleo, etc.

refino s.m. Refinación.

refitolero, a adj. y s. (del ant. *refitor,* refectorio). Se dice de la persona que cuida del refectorio. **2.** *Fig. y fam.* Entrometido. **3.** *Fig. y fam.* Acicalado, pulido.

reflectar v.intr. (ingl. *reflect*). Reflejar la luz, el calor, etc.

reflector, ra adj. (ingl. *reflector*). Que refleja: *espejo reflector.* ◆ s.m. Aparato de superficie bruñida que refleja los rayos luminosos, el calor u otra radiación. **2.** Aparato que lanza la luz de un foco luminoso en determinada dirección.

reflejar v.tr. y prnl. Hacer retroceder o cambiar la dirección de la luz, el calor, el sonido o algún cuerpo elástico, oponiéndoles una superficie lisa. **2.** Devolver una superficie brillante la imagen de algo. ◆ v.tr. *Fig.* Manifestar, hacer patente o perceptible una cosa.

reflejo, a adj. (lat. *reflexus, -us,* retroceso, de *reflectere,* doblar hacia atrás). Que ha sido reflejado: *onda refleja.* **2.** Que tiene lugar por reflexión: *visión refleja.* **3.** Se dice de un efecto que siendo producido en un lugar se reproduce espontáneamente en otro: *dolor reflejo.* **4.** Se dice de las acciones que obedecen a motivaciones inconscientes: *acto reflejo.* ◆ s.m. Destello, luz reflejada por un objeto. **2.** Imagen, representación de algo o alguien o cosa que manifiesta otra. **3.** Reacción rápida ante un acontecimiento o un estímulo repentinos: *tener buenos, malos reflejos.* **4.** FILOS. Para los materialistas, imagen de la realidad exterior que se forma en la conciencia humana, y que la constituye. **5.** FISIOL. Conjunto de una excitación sensorial transmitida a un centro por vía nerviosa y de la respuesta motriz o glandular, siempre involuntaria, que provoca. ◇ **Reflejo condicionado,** o **condicional** Respuesta particular de un ser vivo ante un estímulo condicional, adquirida durante un aprendizaje. **Reflejo incondicional,** o **innato** Reflejo que el ser vivo posee de forma natural.

réflex adj. y s.f. (del ingl. *reflex camera*). Se dice de la cámara dotada de un visor que permite la observación de la imagen en condiciones idénticas a como va a ser captada por la película. **2.** Se dice de un montaje que permite utilizar el mismo elemento amplificador para amplificar señales de alta y de baja frecuencia.

reflexión s.f. (lat. *reflexio, onis*). Acción y efecto de reflejar o reflejarse. **2.** Acción y efecto de reflexionar. **3.** *Fig.* Advertencia, consideración, consejo. **4.** Cambio de dirección de un cuerpo que ha chocado con otro. **5.** Cambio de dirección de las ondas electromagnéticas o sonoras que inciden sobre una superficie reflectante. ◇ **Ángulo de reflexión** Ángulo formado por el rayo reflejado y la perpendicular a la superficie reflectante en el punto de incidencia. (El ángulo de reflexión es igual al ángulo de incidencia.)

reflexión

La reflexión de un rayo luminoso en la superficie de separación entre dos medios obedece a las siguientes leyes: 1° El rayo incidente, el rayo reflejado y la normal a la superficie en el punto de incidencia se encuentran en el mismo plano. 2° El ángulo de incidencia es igual al ángulo de reflexión.

reflexionar v.tr. Centrar el pensamiento en algo, considerar con atención.

reflexividad s.f. LÓG. y MAT. Propiedad de la relación reflexiva.

reflexivo, a adj. Que refleja o reflecta. **2.** Que habla o actúa con reflexión. **3.** FILOS. Que concierne a la conciencia considerándose a sí misma como objeto. **4.** LÓG. y MAT. Se dice de una relación verificada para todo par de elementos idénticos. ◇ **Pronombre reflexivo** Pronombre personal átono que designa la misma persona o la misma cosa que el sujeto. **Verbo reflexivo** Verbo que denota una acción cuyo resultado recae sobre el mismo sujeto que la hace: *lavarse* y *afeitarse* son verbos pronominales.

reflexograma s.m. Registro gráfico de un reflejo.

reflexología s.f. Estudio científico de los actos reflejos.

reflexoterapia s.f. Método terapéutico mediante masajes en las zonas reflejas de las manos y los pies.

reflorecer v.intr. [conj.: *parecer*]. Volver a florecer, especialmente los cultivos o las plantas. **2.** Recobrar el lustre o el valor algo inmaterial que lo había perdido.

reflotar v.tr. Volver a poner a flote una embarcación sumergida o encallada. **2.** Hacer que una empresa o negocio en crisis vuelva a dar beneficios.

refluir v.intr. [conj.: *huir*]. Volver hacia atrás una corriente líquida. **2.** *Fig.* Redundar, venir a parar una cosa en otra.

reflujo s.m. Movimiento de descenso de la marea. **2.** Parte de la fracción vaporizada que es condensada y reintroducida en estado líquido en el aparato de destilación. **3.** MED. Flujo de un líquido en sentido inverso al normal.

refocilar v.tr. y prnl. (lat. *refocilare,* de *foculum,* calentador). Divertir o alegrar a alguien algo grosero o maligno.

reforestación s.f. Reconstitución de un bosque. **2.** Repoblación artificial de un bosque.

reforma s.f. Acción y efecto de reformar. **2.** Modificación de algo para mejorarlo. ◇ **Reforma agraria** Conjunto de medidas políticas que tiene como objetivo fundamental un cambio rápido y radical en el régimen de propiedad y explotación de la tierra.

reformado, a adj. y s. Partidario de la religión reformada, protestante. **2.** Religioso de una orden reformada. ◆ s.m. Gasolina cuyo índice de octano ha sido mejorado mediante reforming. ◇ **Religión reformada** Religión protestante, protestantismo.

reformar v.tr. (lat. *reformare*). Modificar algo con el fin de mejorarlo: *reformar los métodos de enseñanza; reformar la vivienda.* **2.** Efectuar el proceso de reforming. ◆ **reformarse** v.prnl. Cambiarse, corregirse.

reformatorio, a adj. Que reforma o arregla. ◆ s.m. Establecimiento penitenciario para el tratamiento correccional de delincuentes menores de edad, con el fin de readaptarlos a la vida social.

reforming s.m. Procedimiento de refino que modifica la composición de una bencina pesada, bajo el efecto de la temperatura y la presión, en presencia de un catalizador.

reformismo s.m. Doctrina orientada a la transformación, por vías legales, de las estructuras políticas, económicas y sociales. **2.** Nombre dado por algunos historiadores al despotismo ilustrado en España.

reformista adj. y s.m. y f. Relativo al reformismo; partidario de esta doctrina.

reforzado, a adj. Que está construido muy sólidamente o que tiene refuerzo: *arma, maquinaria reforzada.* **2.** Se dice de la unidad militar a la que se agregan otros elementos, necesarios para cumplir la primera misión asignada.

reforzador, ra adj. Que refuerza o sirve para reforzar. ◆ s.m. FOT. Baño que sirve para reforzar un cliché fotográfico.

reforzante s.m. Tónico.

reforzar v.tr. [conj.: *forzar*]. Añadir nuevas fuerzas a algo: *reforzar la guardia.* **2.** Hacer más fuerte una cosa o darle más fuerza: *reforzar los muros, un mueble.* ◆ v.tr. y prnl. *Fig.* Alentar, animar, fortalecer: *reforzar los ánimos.*

refracción s.f. Acción y efecto de refractar o refractarse. **2.** FÍS. Cambio de dirección de una onda al pasar de un medio a otro.

refractar v.tr. y prnl. Producir una refracción: *el prisma refracta la luz.*

refractario, a adj. (lat. *refractarius,* pendenciero). Que se opone a aceptar o recibir una idea, enseñanza, opinión o costumbre. **2.** Inmune a alguna enfermedad. ◆ adj. y s.m. Que resiste a ciertas influencias físicas o químicas. **2.** Que resiste a muy altas temperaturas: *arcilla refractaria.* **3.** BIOL. Que resiste a una infección microbiana. **4.** HIST. Se dice de los sacerdotes que, durante la Revolución francesa, se negaron a prestar juramento a la constitución civil del clero. ◇ **Período refractario** Disminución o anulación pasajera de la excitabilidad de un receptor sensorial o de una fibra nerviosa tras un período de actividad.

refractómetro s.m. Aparato para medir los índices de refracción.

refractor s.m. Anteojo formado únicamente de lentes.

refrán s.m. (occitano ant. *refranh,* estribillo). Sentencia de origen popular; en la cual se expresa un pensamiento moral, un consejo o una enseñanza. (Generalmente, está estructurada en verso y rima en asonancia o consonancia.)

refranero s.m. Colección de refranes.

refrangible adj. Que es susceptible de refracción.

refregadura s.f. Refregamiento. **2.** Señal que queda de haber o haberse refregado alguna cosa.

refregar v.tr. y prnl. [conj.: *regar*]. Frotar una cosa contra otra repetidamente. **2.** *Fig. y fam.* Recordar insistentemente algo que ofende, humilla, avergüenza o mortifica.

refregón s.m. *Fam.* Refregadura.

refrenamiento s.m. Acción de refrenar.

refrenar v.tr. Sujetar o reducir el jinete al caballo con el freno. ◆ v.tr. y prnl. *Fig.* Contener o reprimir que se manifieste violentamente un impulso o pasión: *refrenar la cólera.*

refrendación s.f. Refrendo.

refrendar v.tr. Autorizar un despacho u otro documento por medio de la firma de persona hábil para ello. **2.** *Fig.* Corroborar, aceptar confirmándola la cualidad o forma de ser que se exprese de algo o alguien.

refrendario, a s. Funcionario público con autoridad, después del superior, para legalizar con su firma un despacho o documento.

refrendo s.m. Acción de refrendar. **2.** Acto por el que el ministro competente se responsabiliza, con su firma, de un decreto o mandato suscrito por el jefe del estado y le da fuerza coercitiva. **3.** Firma del refrendario.

refrescar v.tr. y prnl. Hacer que una cosa esté fresca o más fresca. **2.** *Fig.* Renovar o actualizar un recuerdo, sentimiento, costumbre, etc.: *refrescar la memoria.* ◆ v.intr. Disminuir su temperatura el tiempo en general, el ambiente o el calor del aire. ◆ v.intr. y prnl. *Fig.* Ponerse fresco, especialmente tomando alguna bebida fría. **2.** *Fam.* Tomar el fresco.

refresco s.m. Bebida fría, sin alcohol, que se toma para quitar la sed. **2.** Refrigerio, alimento moderado y ligero que se suele tomar en un descanso del trabajo. **3.** Conjunto de bebidas, dulces y otros alimentos que se ofrece en ciertas reuniones. ◇ **De refresco** Se dice del animal que sustituye al que ya está cansado en grandes cabalgadas o trabajos fuertes: *un caballo de refresco.*

refriega s.f. Combate inferior, en importancia y participación de fuerzas, a una batalla. **2.** Riña o disputa violenta.

refrigeración s.f. Acción de refrigerar. **2.** Procedimiento técnico para bajar la temperatura, eliminar calor o producir frío.

refrigerado, a adj. Que ha sufrido el proceso de refrigeración: *carne refrigerada.*

refrigerador, ra adj. Que refrigera. ◆ s.m. Aparato de producción de frío. **2.** Cámara cerrada enfriada artificialmente para conservar alimentos. GEOSIN.: Argent. *heladera;* Chile. *frigider;* Esp. *frigorífico, nevera;* Perú. *refrigeradora.*

refrigeradora s.f. Perú. Refrigerador.

refrigerante adj. Que refrigera. ◆ s.m. Aparato, instalación o sustancia para enfriar. **2.** Intercambiador de calor utilizado para enfriar un líquido o un gas mediante un fluido más frío: *refrigerante atmosférico.*

refrigerar v.tr. y prnl. (lat. *refrigerare*). Enfriar, someter a la refrigeración: *refrigerar una sala, los alimentos.*

refrigerio s.m. Comida ligera que se toma, generalmente entre las principales, para reparar fuerzas. **2.** *Fig.* Alivio o consuelo en cualquier incomodidad o pena.

refringencia s.f. FÍS. Propiedad de refractar la luz.

refringente adj. FÍS. Que refracta la luz: *medio refringente.*

refringir v.tr. y prnl. (lat. *refringere*). Refractar.

refrito, a adj. Recalentado con sartén o vuelto a freír. ◆ s.m. Comida o condimento formados por trozos pequeños y fritos de algo: *un refrito de cebolla y tomate.* **2.** *Fig. y fam.* Cosa rehecha o recompuesta, especialmente un escrito u obra literaria, o compuesta por fragmentos de otra.

refucilar v.intr. Amér. Relampaguear.

refucilo s.m. Amér. Relámpago.

refuerzo s.m. Acción y efecto de reforzar. **2.** Cosa con que se refuerza o repara algo, fortaleciéndolo. **3.** *Fig.* Ayuda que se presta o recibe en alguna necesidad. **4.** ARM. Grueso adicional que se añade a los cañones de las armas de fuego. **5.** FOT. Aumento de los contrastes de un fototipo o cliché fotográfico débil. **6.** MIL. Ayuda que se presta a una tropa para acrecentar su número y potencia. **7.** TECNOL. Pieza que se une a otra para fortalecerla y aumentar su resistencia, o para evitar que se desgaste. **8.** TEXT. En una pieza o prenda de punto, parte más gruesa o tejida con hilo más resistente. ◆ **refuerzos** s.m.pl. Tropas que se suman a otras para aumentar su fuerza o eficacia.

refugiado, a s. Persona que se ha refugiado en un país extranjero a consecuencia de guerras, revoluciones, persecuciones, etc.: *campos de refugiados.*

refugiar v.tr. Dar refugio o protección a alguien. ◆ **refugiarse** v.prnl. Ir a un lugar para encontrar seguridad o tranquilidad.

refugio s.m. (lat. *refugium*). Lugar que sirve para protegerse de un peligro. **2.** Asilo, acogida o amparo. **3.** Zona situada dentro de la calzada, reservada para los peatones y convenientemente protegida del tránsito rodado. **4.** Edificio construido en determinados lugares de las montañas para acoger o resguardar a viajeros y excursionistas, habilitado normalmente para ello.

refulgencia s.f. Cualidad de refulgente.

refulgente adj. (lat. *refulgens, -tis,* p. de *refulgere,* resplandecer). Que emite resplandor. SIN.: *resplandeciente.*

refulgir v.intr. (de *refulgencia*). Brillar, emitir fulgor.

refundición s.f. Acción y efecto de refundir. **2.** Cosa u obra refundida.

refundir v.tr. (lat. *refundere*). Volver a fundir: *refundir un metal.* **2.** *Fig.* Dar nueva forma y disposición a una obra. ◆ v.tr. y prnl. Fundir, reunir.

refunfuñar v.intr. (voz de origen onomatopéyico). Emitir voces confusas o palabras mal articuladas en señal de enojo o desagrado.

refunfuño s.m. Acción y efecto de refunfuñar.

refunfuñón, na adj. y s. Que refunfuña mucho.

refutación s.f. Acción de refutar. **2.** Argumento o prueba cuyo objeto es destruir las razones del contrario.

refutar v.tr. (lat. *refutare,* rechazar). Impugnar con argumentos o razones lo que otros dicen: *refutar una opinión.*

refutatorio, a adj. Que sirve para refutar: *argumento refutatorio.*

reg s.m. (voz árabe). GEOGR. En los desiertos, vasto espacio constituido por terreno pedregoso del que los materiales más finos han sido sustraídos por la acción del viento.

regadera s.f. Recipiente portátil para regar. **2.** Méx. Ducha, aparato o instalación. <> **Estar como una regadera** Esp. *Fam.* Estar chiflado.

regaderazo s.m. Méx. Baño ligero que se toma con una regadera.

regadío, a adj. Relativo al riego agrícola. ◆ s.m. Terreno dedicado a cultivos que se fertilizan con el riego.

regalado, a adj. Agradable, con muchas comodidades o placeres: *una vida regalada.* **2.** *Fig. y fam.* Muy barato: *comprar a un precio regalado.*

regalar v.tr. Dar sin recibir nada a cambio, generalmente como muestra de afecto o agradecimiento. **2.** Vender algo muy barato: *en esa tienda parece que regalan las cosas.* **3.** Halagar, dar muestras de afecto o admiración. ◆ v.tr. y prnl. Deleitar, recrear: *aquella melodía regalaba los oídos.* ◆ **regalarse** v.prnl. Procurarse cosas que proporcionan comodidad, agrado, placer, etc.

regalía s.f. Derecho exclusivo del soberano. **2.** *Fig.* Privilegio o excepción de cualquier clase. **3.** ECON. Participación en los ingresos o cantidad fija que se paga al propietario de un derecho a cambio del permiso para ejercerlo. **4.** HIST. En Gran Bretaña, insignias reales empleadas en la ceremonia de coronación de los soberanos, como coronas, cetros, espadas, etc. **5.** MÚS. Instrumento de viento, con depósito de aire y lengüetas batientes.

regalismo s.m. Doctrina y política de los defensores de las regalías de la corona sobre la Iglesia.

regalista adj. y s.m. y f. Relativo al regalismo; partidario de esta doctrina.

regaliz s.m. (del lat. tardío *liquiritia*). Arbusto cuyas raíces se utilizan en la fabricación de ciertas bebidas refrescantes. (Familia papilionáceas.) **2.** Trozo seco de la raíz de este arbusto. **3.** Pasta elaborada con el jugo de la raíz de dicho arbusto y que en forma de barrita o pastilla se toma como golosina.

regalo s.m. Cosa que se regala. **2.** Placer o gusto que proporciona algo, especialmente una comida o bebida. **3.** Comodidades y placeres con que se vive: *llevar una vida llena de regalo.*

regalón, na adj. y s. *Fam.* Que vive con mucho regalo.

regalonear v.tr. Argent. y Chile. Tratar con excesivo regalo, mimar. ◆ v.intr. Chile. Dejarse mimar.

regante adj. Que riega. ◆ s.m. y f. Persona que tiene el derecho de regar con agua comprada o repartida para ello. **2.** Persona encargada del riego de los campos.

regañadientes (a) loc. De mala gana, refunfuñando.

regañar v.intr. Refunfuñar, dar muestras de enojo con palabras y gestos. **2.** *Fam.* Reñir, disputar dos o más personas. ◆ v.tr. *Fam.* Reprender a una persona por su actitud o su comportamiento.

regañina s.f. Regaño, reprensión. **2.** Riña, disputa.

regaño s.m. Palabras y gestos con que se regaña. **2.** *Fam.* Reprensión.

regar v.tr. (lat. *rigare,* mojar, regar). Esparcir agua sobre la tierra, las plantas, etc., para beneficiarla, limpiarla o refrescarla. **2.** Atravesar un río, afluente o canal una comarca o territorio. ◆ v.tr. y prnl. *Fig.* Esparcir, derramar: *regar la oficina de papeles.* <> **Regarla** Méx. *Fam.* Cometer un gran desatino, hacer o decir algo sumamente inconveniente.

1. **regata** s.f. (ital. *regata,* disputa). Competición deportiva entre varias embarcaciones de la misma clase.

2. **regata** s.f. (de *riego,* arroyo). Reguera pequeña o surco por donde se conduce el agua a las eras en las huertas y jardines.

regate s.m. Esp. Finta. **2.** Esp. *Fig. y fam.* Recurso o salida

regar

INDICATIVO	SUBJUNTIVO	
presente	**presente**	
riego	*riegue*	
riegas (regás)	*riegues*	
riega	*riegue*	
regamos	reguemos	
regáis	reguéis	
riegan	*rieguen*	
copretérito o pret. imperfecto	**pretérito o pret. imperfecto**	
regaba	regara o regase	
regabas	regaras o regases	
regaba	regara o regase	
regábamos	regáramos o regásemos	
regabais	regarais o regaseis	
regaban	regaran o regasen	
pretérito o pret. perf. simple	**futuro o fut. simple**	
regué	regare	
regaste	regares	
regó	regare	
regamos	regaremos	
regasteis	regareis	
regaron	regaren	
futuro o fut. simple	**IMPERATIVO**	
regaré		
regarás	*riega* (regá)	(tú, vos)
regará	*riegue*	(él)
regaremos	reguemos	(nosotros)
regaréis	regad	(vosotros)
regarán	*rieguen*	(ellos)
pospretérito o condicional simple	**FORMAS NO PERSONALES**	
regaría		
regarías	**infinitivo**	**gerundio**
regaría	regar	regando
regaríamos	**participio**	
regaríais	regado	
regarían		

régimen preposicional

Algunos verbos exigen de sus complementos que vayan introducidos por una preposición determinada. Los verbos más frecuentes son los siguientes:

abogar *por*
abstenerse *de*
abundar *de, en*
abusar *de*
acabar *con* algo, ~ *de* comer, ~ *por* rendirse
acceder *a*
acusar *de*
adolecer *de*
aprovecharse *de*
arrepentirse *de*
arriesgarse *a* saltar, ~ *en* un negocio
asesorarse *con, de*
brotar *de*
burlarse *de*
calificar *de*
cansarse *con, de*
cerciorarse *de* algo
cesar *de* trabajar, ~ *en* cierto trabajo
combatir *con, contra*
comparar algo *a, con* algo
compartir *con, entre*
confiar *en*
conspirar *con* alguien, ~ *contra* alguien
contribuir *a, para* algo, *con* algo
cooperar *a* algo, *con* alguien
cubrirse *con, de*
decidirse *a* hablar, ~ *por* algo
defraudar *al* estado
deleitarse *en* hacer algo
descollar *en* algo, ~ *sobre* otros
desconfiar *de*
desertar *de* un bando *a* otro
disentir *de* alguien *en* algo
disfrutar *de*
disuadir *de*
divertirse *con* alguien o algo, ~ *en* hacer algo
empeñarse *en*
enfurecerse *con, contra* alguien
entender *de* algo, ~ *en* algo
entretenerse *con* algo, ~ *en* hacer algo
enviciarse *con, en* algo
equiparar algo *a, con* algo
escribir *de, sobre* algo
escupir *a, en* algo
esforzarse *a, en, por* hacer algo
esmerarse *en* algo
estimular *a* algo, ~ *con* algo
examinarse *de* algo
excusarse *con* alguien, ~ *de* hacer algo
eximir *de*
extraer *de*
extrañarse *de*
fiarse *de*
fijarse *en*
forrar *de, con* pieles
franquearse *a, con* alguien
freír *con, en* aceite
gozar *de*
guiarse *por*
gustar *de*
heredar *de*
honrarse *con* algo, ~ *de* hacer algo
humedecer *con, en*
implicarse *en*
importar *a, en* algún país
incidir *en*
incitar *a*
inculcar *en*
incumbir *a*
indemnizar a alguien *de* algo
inducir *a*
indultar a alguien *de* algo
inferir algo *de* algo
influir *en*
informar *de, sobre*
inhibirse *de, en*
insistir *en, sobre*
instruir a alguien *de, en, sobre* algo
interceder *con* alguien *por* alguien
interesarse *en* algo, ~ *por* alguien
intervenir *en* algo, ~ *por* alguien
invertir *en*
jactarse *de*
jubilar *de*
juntar algo *a, con* algo
justificarse *con* alguien, ~ *de* algo
lamentarse *de*
lidiar *con, contra*
lindar *con*
litigar *con, contra*
llegar *a*
llenar *de*
llorar *de*
luchar *con, contra*
manar *de*
mantenerse *con, de* algo
meditar *en, sobre* algo
mofarse *de*
mudarse *de*
negarse *a*
obligar *a* hacer algo
obstar (algo) *para* algo
obstinarse *en* algo, ~ *contra* alguien
ocuparse *con* algo, ~ *en* hacer algo
ofrecerse *a*
oler *a*
olvidarse *de*
oponerse *a*
optar *a, por* algo
padecer *de* algo
parecerse *a* alguien
participar *de* algo, ~ *en* algo
pelear *por* algo
pensar *en, sobre*
perecer *de*
perfumar *con*
permutar algo *con, por* algo
persistir *en*
pertenecer *a*
preciarse *de*
preocuparse *con, por* algo
prescindir *de*
preservar *de*
presumir *de*
prevenirse *contra*
prorrumpir *en*
proseguir *con, en* algo
proveer *con, de* algo
provenir *de*
pujar *por* algo
quejarse *de*
querellarse *contra, de* alguien
rebosar *de*
recrearse *con* algo, ~ *en* hacer algo
reducir *a*
redundar *en*
referirse *a*
reflexionar *en, sobre* algo
reincidir *en*
reírse *de*
remitirse *a*
renegar *de*
renunciar *a*
resignarse *a*
retractarse *de*
saber (*de* sabor) *a* algo
sacrificarse *por*
salpicar *con, de* algo
salvar a alguien *de* algo
segregar algo *de* algo
seguir *con* algo
servirse *de*
sincerarse *con* alguien
sobresalir *en* algo
someterse *a*
soñar *con* (*dormido*), *en* (*despierto*)
sospechar *de*
sumirse *en*
surtir *de*
tardar *en* hacer algo
teñir *con, de, en* negro
titubear *en* algo
topar *con, contra, en* algo
traducir *al, en* castellano *del* inglés
transformar *en*
transitar *por*
tropezar *con, contra, en* algo
ufanarse *con, de* algo
untar *con, de* algo
vacilar *en* algo
vagar *por*
valerse *de*
velar *por* algo
venderse a alguien *por* algo
vengarse *de* algo
verter *al, en* castellano
zafarse *de*

con que se elude hábilmente una dificultad, una obligación, un compromiso, etc.

regatear v.tr. Debatir el comprador y el vendedor el precio de una mercancía, especialmente el primero para poder obtenerla más barata. **2.** Vender al por menor los comestibles que se han comprado al por mayor. **3.** *Fig. y fam.* Escatimar, ahorrar. ◆ v.tr. e intr. Esp. Fintar.

regateo s.m. Acción de regatear.

regatista s.m. y f. Deportista de regatas.

regato s.m. Arroyo muy pequeño.

regazo s.m. (del ant. *regazar,* remangar las faldas). Cavidad que forma una falda entre la cintura y la rodilla, cuando la persona está sentada. **2.** Parte del cuerpo comprendida entre la cintura y las rodillas, cuando la persona está sentada. **3.** *Fig.* Lugar o cosa que proporciona amparo y refugio.

regencia s.f. Gobierno establecido durante la minoridad, la ausencia o la incapacidad de un rey. ◇ **Consejo de regencia** Organismo español, creado por la ley de sucesión de 1947 y suprimido al promulgarse la constitución de 1978. **Estilo regencia** Estilo artístico de transición entre Luis XIV y Luis XV.

regeneración s.f. Acción de regenerar o regenerarse. **2.** BIOL. Capacidad natural de un órgano para sustituir tejidos u órganos lesionados o perdidos. **3.** QUÍM. Operación que consiste en renovar la actividad de un catalizador gastado.

regeneracionismo s.m. Movimiento ideológico español que, principalmente como consecuencia del desastre de 1898, proponía una serie de reformas políticas, económicas y sociales para la regeneración del país.

regeneracionista adj. y s.m. y f. Relativo al regeneracionismo; partidario de este movimiento.

regenerado, a adj. Se dice de los productos industriales a los que se han suprimido las impurezas y han quedado como nuevos.

regenerador, ra adj. Que regenera: *un sistema regenerador; horno regenerador.* ◆ s.m. Aparato para regenerar un catalizador. **2.** Apilamiento o enrejado de ladrillos refractarios en el que se acumula periódicamente el calor sensible de los humos y lo cede al aire o al gas de calefacción.

regenerar v.tr. y prnl. (lat. *regenerare*). Poner en buen estado una cosa degenerada o gastada. **2.** *Fig.* Hacer que una persona cambie de vida apartándose del vicio. **3.** Tratar materias gastadas para que puedan servir de nuevo: *regenerar el caucho.* **4.** QUÍM. Restablecer la actividad de un catalizador. SIN.: *reactivar.*

regenta s.f. Mujer del regente. **2.** En algunos centros de enseñanza, profesora.

regentar v.tr. Desempeñar temporalmente un cargo o empleo como sustituto. **2.** Ejercer u ocupar un cargo honorífico o de autoridad. **3.** Dirigir un negocio: *regentar un hotel.*

regente adj. y s.m. y f. Que rige o gobierna: *normas regentes; ser el regente del pueblo.* ◆ s.m. En las órdenes religiosas, persona que gobierna y rige los estudios. **2.** En España, magistrado que presidía una audiencia territorial. **3.** En los Países Bajos, director de ciertas fundaciones caritativas, como orfanatos y hospitales. **4.** Magistrado que ejercía la autoridad en las ciudades neerlandesas. ◆ s.m. y f. Jefe del gobierno durante la minoría de edad, la ausencia o la enfermedad de un soberano. **2.** Persona que, sin ser el dueño, dirige un negocio.

reggae s.m. Estilo musical de origen jamaicano derivado del rock cuyas canciones se caracterizan por el ritmo alegre, repetitivo y marcado, las melodías suaves y las letras comprometidas. ◆ adj. Relativo a este estilo de música: *canción reggae.*

regicida adj. y s.m. y f. (lat. *regicida,* de *rex,* rey, y *caedere,* matar). Persona que comete un regicidio.

regicidio s.m. Asesinato de un rey o una reina o atentado contra su vida.

regidor, ra adj. Que rige o gobierna. ◆ s. Concejal. **2.** En un teatro o en una producción cinematográfica o televisiva, persona que se encarga de hacer cumplir las órdenes del director, y que tiene la responsabilidad del desarrollo del espectáculo. ◆ s.m. HIST. Durante la baja edad media en Castilla, miembro del regimiento municipal, y en época moderna, del cabildo de Indias.

regidoría o **regiduría** s.f. Oficio de regidor.

régimen s.m. (lat. *regimen, -inis*) [pl. *regímenes*]. Conjunto de normas o reglas que rigen una cosa: *régimen penitenciario.* **2.** Regla observada en el modo de vida, y especialmente en las comidas y en las bebidas. **3.** Forma de gobierno de un estado: *régimen parlamentario.* **4.** Denominación dada en España a la dictadura franquista y, en América, a los gobiernos dictatoriales. **5.** Conjunto de condiciones regulares y habituales que provocan y acompañan una sucesión de fenómenos determinados: *régimen de lluvias de un país.* **6.** Forma de funcionamiento normal de una máquina. **7.** Velocidad de rotación de un motor. **8.** Conjunto de variaciones experimentadas por el caudal de un curso de agua: *regímenes fluviales.* **9.** Forma en que se mueve un fluido: *régimen turbulento.* **10.** LING. Palabra o forma de una palabra que sigue a otra con la que tiene relación de dependencia dentro de un sintagma, especialmente la preposición exigida por un verbo. ◇ **Antiguo régimen** Nombre dado a la subformación político-económico-social que tiene como punto final las revoluciones liberal burguesas y la revolución industrial, y cuya superestructura política dominante es el absolutismo. (Abarca desde el renacimiento hasta la Revolución francesa; en España se sitúa entre el reinado de los Reyes Católicos y la guerra de la Independencia.) **Régimen de crucero** Régimen de una máquina, de un motor, etc., que ofrece simultáneamente un rendimiento elevado, un consumo débil y un desgaste tolerable.

regimental adj. Relativo al regimiento: unidades regimentales.

regimentar v.tr. [conj.: *pensar*]. Organizar varias compañías o partidas sueltas en regimientos.

regimiento s.m. MIL. Unidad orgánica de una misma arma, mandada por un coronel.

regio, a adj. (lat. *regius*). Relativo al rey. SIN.: *real.* **2.** *Fig.* Suntuoso, magnífico: *mansión regia.* **3.** Argent., Chile y Urug. *Fam.* Excelente, magnífico. ◇ **Agua regia** Mezcla de ácido nítrico y de ácido clorhídrico, que disuelve el oro y el platino.

regiomontano, a adj. y s. De Monterrey (México) o de Königsberg (Rusia).

región s.f. (lat. *regio, -onis,* dirección, región). Territorio o zona que debe su unidad a causas físicas (clima, vegetación, relieve) o humanas (población, economía, estructuras políticas, o administrativas, etc.). **2.** *Fig.* Espacio o lugar que se imagina de gran amplitud: *las regiones remotas del universo.* **3.** *Fig.* Parte, lugar: *la región del inconsciente.* **4.** Nombre de algunas áreas administrativas mayores de ciertos países. **5.** ANAT. Cada una de las zonas amplias y delimitadas del organismo: *región abdominal.* **6.** DER. ADM. Comunidad autónoma que, junto con la nacionalidad, y según el régimen constitucional español, integra la nación y puede acceder al autogobierno. ◇ **Región militar** MIL. División territorial del ejército que está al mando de un teniente general, quien ostenta la categoría de capitán general de la región.

regional adj. Relativo a una región.

regionalismo s.m. Doctrina o tendencia política que defiende los intereses y aspiraciones particulares de cada región. **2.** Palabra, expresión o giro propios de una región. **3.** Estima o admiración por la cultura y las tradiciones de la propia región: *regionalismo literario.*

regionalista adj. y s.m. y f. Relativo al regionalismo: *ideas regionalistas.* **2.** Que es partidario del regionalismo político.

regionalización s.f. Transferencia a las regiones de las competencias que pertenecían al poder central. **2.** División del mundo en grandes regiones.

regionalizar v.tr. Efectuar una regionalización.

regir v.tr. (lat. *regere,* gobernar) [conj.: *pedir*]. Dirigir un asunto o gobernar o administrar un negocio. **2.** Establecer una ley o reglamento lo que se tiene que hacer en un determinado asunto. **3.** LING. Tener una palabra bajo su dependencia otra palabra de la misma oración. ◆ v.intr. Estar vigente una ley, disposición, etc. **2.** Evacuar normalmente el intestino. **3.** Esp. *Fam.* Estar una persona cuerda, en su juicio.

registrado, a adj. Se dice de un modelo o marca que se somete a la formalidad del registro, para protegerlo contra las falsificaciones.

registrador, ra adj. Que registra. ◆ adj. y s.m. TECNOL. Se dice del aparato que deja anotado automáticamente el resultado de ciertos fenómenos. ◆ s. Funcionario que tiene a su cargo algún registro público: *registrador de la propiedad.*

registrar v.tr. Examinar una cosa con cuidado y minuciosidad para encontrar algo que puede estar oculto. **2.** Anotar, inscribir, o incluir algo en un libro, registro, periódico, etc. **3.** Inscribir un movimiento de valores o una operación contable de cualquier tipo en un libro contable. **4.** Declarar mercancías, géneros o bienes para que sean examinados o anotados. **5.** Transcribir literalmente o extractar, en las oficinas y libros de un registro público, los actos o contratos de los particulares y las resoluciones de las autoridades administrativas o judiciales. **6.** Grabar sonidos o imágenes en un disco, cinta, etc., de manera que puedan reproducirse. ◆ v.tr. y prnl. Inscribir algo o a alguien en un registro. ◆ **registrarse** v.prnl. Producirse un suceso, fenómeno, etc., que puede señalarse o anotarse mediante instrumentos apropiados.

registro s.m. Acción de registrar. **2.** Libro o cuaderno donde se anotan ciertas cosas para que consten permanentemente. **3.** Asiento, anotación o apuntamiento que queda de lo que se registra. **4.** Oficina donde se tramitan y guardan los registros: *registro mercantil.* **5.** Departamento de la administración pública en que se entrega, anota y registra la documentación referente a dicha dependencia. **6.** Abertura con su tapa para poder examinar, limpiar o reparar lo que está empotrado o subterráneo. **7.** Conjunto de técnicas que permiten fijar, conservar y eventualmente reproducir sonidos e imágenes. **8.** ART. GRÁF. Correspondencia exacta de los diversos elementos de un trabajo de superposición. **9.** INFORMÁT. Dispositivo para el almacenamiento temporal de una o más posiciones de memoria de la computadora, destinado a facilitar diversas operaciones. **10.** LING. Nivel o modalidad expresiva que adopta el hablante según la situación o el contexto comunicativo: *registro coloquial; registro familiar.* **11.** MÚS. **a.** Cada una de las tres grandes partes en que se puede dividir la escala musical. **b.** En el órgano y en el clave, nombre dado a las tablillas o botones que se maniobran en la consola y que sirven para variar la sonoridad y el timbre.

registro

En el *registro por grabación mecánica*, las señales se conservan gracias a la deformación que se da a un material; en el registro óptico la conservación se lleva a cabo por medio de la variación de transparencia de un soporte dotado de una capa fotosensible; en el registro magnético se conservan gracias a la imantación variable de una capa magnética. En el procedimiento de *registro mecánico* más moderno, la información (sonidos, imágenes, datos) se registra, una vez digitalizada la señal, en forma de una serie de alvéolos microscópicos practicados en una cara del disco. La lectura se efectúa por un sistema óptico que utiliza un rayo láser. La cantidad de informaciones registradas es muy alta. En el campo de lo sonoro, se realizan discos compactos estereofónicos de larga duración que brindan una reproducción musical de calidad excepcional. En informática, las aplicaciones del disco óptico digital se dirigen al archivo, los bancos de datos y el tratamiento de imágenes.

regla s.f. (lat. *regula,* regla, barra de metal). Instrumento para trazar líneas o efectuar mediciones, que consiste en una barra rectangular y plana graduada en centímetros y milímetros. **2.** Principio o fórmula que rige cómo se debe hacer cierta cosa: *la regla del juego.* **3.** Ley o constancia en la producción de los hechos. **4.** Menstruación. **5.** REL. Conjunto de principios por los que se rige la vida de los religiosos de una orden monástica o de una congregación. <> **En regla** Según las prescripciones legales, en la forma debida. **Las cuatro reglas** Las cuatro operaciones fundamentales de la aritmética: sumar, restar, multiplicar y dividir. **Poner en regla** Ordenar, normalizar. **Por regla general** Casi siempre, en la mayoría de los casos. **Regla de cálculo** Instrumento utilizado para los cálculos rápidos, basado en el empleo de logaritmos, formado por una regla graduada móvil que se desplaza sobre otra regla provista de otras graduaciones. **Regla de tres** Cálculo de una magnitud desconocida a partir de otras tres conocidas, dos de las cuales varían en proporción directa o en proporción inversa.

reglado, a adj. Sujeto a un precepto o regla. <> **Superficie reglada** MAT. Superficie engendrada por una recta móvil dependiente de un parámetro.

reglaje s.m. MEC. Reajuste, corrección o regulación de las piezas de un mecanismo o aparato: *reglaje de un motor.*

reglamentación s.f. Acción y efecto de reglamentar. **2.** Conjunto de reglas.

reglamentar v.tr. Someter una actividad u otra cosa a un reglamento.

reglamentario, a adj. Relativo al reglamento. **2.** Conforme al reglamento.

reglamentista adj. Se dice de la persona que cumple o hace cumplir con rigor los reglamentos.

reglamento s.m. Conjunto de reglas o normas que regulan la aplicación de una ley, el régimen de una corporación, la actividad de un deporte, etc. **2.** Acto normativo dictado por la administración del estado en virtud de su competencia propia.

1. **reglar** adj. Relativo a una regla o instituto religioso: *canónigo reglar.*

2. **reglar** v.tr. Regular, someter a reglas o normas una cosa.

regleta s.f. ART. GRÁF. Lámina de metal que sirve para espaciar la composición.

regletear v.tr. ART. GRÁF. Espaciar la composición intercalando regletas.

reglón s.m. Listón de madera, grueso y largo, usado por albañiles y soladores.

regnícola adj. y s.m. y f. (del lat. *regnum,* reino, y *colere,* habitar). Se dice del habitante del país de que se trata.

regocijar v.tr. y prnl. Alegrar, causar regocijo.

regocijo s.m. Alegría o gozo muy intenso que se manifiesta, por lo general, con signos exteriores.

regodearse v.prnl. (de la voz de germanía *godo,* rico). Alegrarse malignamente con un daño, percance o mala situación de otro. **2.** Deleitarse, complacerse con algo. **3.** Argent., Chile y Colomb. Tardar una persona en decidirse por algo, manifestando duda en la elección y haciéndose rogar.

regodeo s.m. Acción de regodearse. **2.** *Fam.* Diversión, entretenimiento.

regodeón, na adj. Chile y Colomb. *Fam.* Exigente, descontento.

regoldar v.intr. [conj.: *contar*]. Eructar.

regoldo s.m. Castaño silvestre.

regolfar v.intr. y prnl. Formar una corriente de agua un remanso. **2.** Cambiar la dirección del viento por el choque con algún obstáculo.

regolfo s.m. Retroceso del agua o del viento contra su curso. **2.** Entrante o cala del mar, entre dos cabos o puntas de tierra.

regolito s.m. GEOL. Manto superficial de productos resultantes de la fragmentación de las rocas subyacentes.

regordete, a adj. *Fam.* Pequeño y grueso: *manos regordetas.*

regresar v.intr. Volver de nuevo al lugar de donde se ha salido: *regresar de un viaje.* ◆ v.intr. y prnl. Amér. Volver: *nos regresamos hoy mismo.* ◆ v.tr. Amér. Devolver o restituir algo a su poseedor.

regresión s.f. Retroceso, acción de volver hacia atrás. **2.** BIOL. Disminución del rendimiento funcional y atrofia hística de un órgano o tejido. **3.** ESTADÍST. Método de investigación de una relación entre una variable llamada dependiente y una o varias variables llamadas independientes. **4.** PSICOANÁL. Retroceso hacia una fase anterior del desarrollo libidinoso, que se manifiesta por la búsqueda de satisfacciones pulsionales que ignoran los cambios históricos producidos en la vida del sujeto.

regresivo, a adj. Que hace retroceder o implica retroceso.

regreso s.m. (lat. *regressus, -us,* de *regredi,* volver atrás). Acción de regresar.

regüeldo s.m. *Fam.* Acción de regoldar.

reguera s.f. Canalillo o surco que se hace en un jardín, huerta o campo para conducir el agua.

reguero s.m. (de *riego,* arroyo). Hilo, corriente o chorro muy delgado de un líquido que se desliza sobre una superficie. **2.** Huella o señal que queda de un líquido u otra cosa que se ha ido vertiendo: *reguero de pólvora.* **3.** Reguera.

regulación s.f. Acción y efecto de regular. **2.** BIOL. Conjunto de mecanismos que aseguran la constancia de una característica física o química del medio interior de un animal. **3.** TECNOL. Modo de funcionamiento que, por comparación entre los valores simultáneos de la magnitud que se regula y otra magnitud de referencia, hace que el valor de la primera sea igual al exigido o prefijado. ◇ **Regulación automática** TECNOL. Ajuste gobernado o mantenido mediante un dispositivo asociado a un control automático. **Regulación de empleo** Ajuste o reducción del número de empleados de una empresa según las necesidades de esta, en un momento determinado. **Regulación de torrentes** OBR. PÚBL. Conjunto de obras que proporcionan una defensa contra la impetuosidad de la corriente y disminuyen la erosión y el acarreo de materiales aguas abajo.

regulador, ra adj. Que regula. ◆ s.m. Mecanismo que sirve para ordenar o ajustar el funcionamiento de una máquina o de una de sus piezas.

1. **regular** adj. (lat. *regularis*). Sometido a una regla. **2.** Que presenta similitud o continuidad en su conjunto, desarrollo, distribución o duración: *trote regular; comportamiento regular.* **3.** Mediano, de calidad o tamaño intermedio: *estatura regular.* ◆ s.m. MIL. Soldado español encuadrado en el grupo de regulares en las plazas de Ceuta y Melilla. **2.** BOT. Se dice de una corola o de un cáliz cuyos elementos son iguales. ◡ **Por lo regular** Por lo común. **Verbos regulares** Verbos que siguen la regla general en toda su conjugación.

2. **regular** v.tr. (lat. *regulare*). Ajustar, poner en orden una cosa o hacer que se produzca según unas reglas: *regular un caudal de agua.* **2.** Señalar las reglas o normas a que debe ajustarse una persona o cosa. **3.** Ajustar el funcionamiento de un sistema a determinados fines: *regular la plantilla de empleados.*

regularidad s.f. Cualidad de regular.

regularización s.f. Regulación. **2.** Obras que tienen por objeto dar a un curso de agua un lecho único y bien delimitado. **3.** GEOGR. Disminución de las irregularidades de una forma de relieve.

regularizar v.tr. Regular.

regulativo adj. y s. Que regula.

régulo s.m. Rey o señor de un pequeño dominio o estado.

regurgitación s.f. Acción de regurgitar.

regurgitar v.tr. FISIOL. Retornar o refluir una sustancia en un conducto o cavidad.

regusto s.m. Sabor distinto del natural que queda después de ingerir algo: *un regusto amargo.* **2.** *Fig.* Sensación o evocación imprecisa, placentera o dolorosa, que queda después de una acción. **3.** *Fig.* Impresión de analogía, semejanza, etc., que evocan algunas cosas: *una pintura con regusto romántico.*

rehabilitación s.f. Acción de rehabilitar. **2.** Restauración y remodelación de edificios, zonas urbanizadas, etc. **3.** Recuperación progresiva de la actividad después de una enfermedad, accidente o herida. SIN.: *readaptación.* **4.** DER. PEN. Reintegración legal del crédito, la honra y la capacidad para el ejercicio de los cargos, derechos, dignidades o profesiones de que ha sido privado alguien como consecuencia de una condena impuesta.

rehabilitar v.tr. y prnl. Restituir a una persona o cosa a su antiguo estado.

rehacer v.tr. [conj.: *hacer*]. Volver a hacer lo que se había hecho. ◆ v.tr. y prnl. Reponer, reparar lo deteriorado. ◆ **rehacerse** v.prnl. Recuperarse, recobrar la salud, las fuerzas, la serenidad, etc.

rehén s.m. (ár. vulg. *rahán,* prenda). Persona que queda retenida como garantía o fianza, mientras se tramita la paz, un acuerdo, un tratado, etc.

rehenchimiento s.m. Acción de rehenchir.

rehenchir v.tr. [conj.: *ceñir*]. Rellenar de plumas, lana, cerda, etc., una cosa blanda, como un colchón, almohada, mueble de tapicería, etc.

rehielo s.m. FÍS. Fenómeno por el cual dos masas de hielo que experimentan un principio de fusión se sueldan cuando entran en contacto.

rehilamiento s.m. Vibración que acompaña la articulación de ciertas consonantes sonoras, como la *s* de *rasgo,* la *v* labiodental o la [ž] andaluza y argentina correspondiente a la grafía *y, ll* de la lengua estándar.

rehilar v.intr. [conj.: *aislar*]. Zumbar por el aire ciertas armas arrojadizas. ◆ v.tr., intr. y prnl. Pronunciar con rehilamiento ciertas consonantes sonoras.

rehilete s.m. Flechilla con púa en un extremo y papel o plumas en el otro, que se lanza como diversión para clavarla en un blanco. **2.** Volante para el juego de raqueta. **3.** Méx. Juguete de niños consistente en una varilla en cuya punta hay una estrella de papel, que gira movida por el viento. **4.** Méx. Aparato mecánico que reparte el agua en círculos y se usa para regar el pasto. **5.** TAUROM. Banderilla.

rehiletero s.m. TAUROM. Banderillero.

rehogar v.tr. Sofreír un alimento en manteca o aceite, a fuego lento, antes de añadirle el agua o el caldo.

rehuir v.tr., intr. y prnl. [conj.: *huir*]. Evitar o eludir hacer o decir algo. ◆ v.tr. Rehusar admitir algo.

rehundido s.m. Vaciado, fondo en el suelo del pedestal.

rehundir v.tr. y prnl. [conj.: *reunir*]. Hundir o sumergir una cosa a lo más hondo de otra. **2.** Ahondar, hacer más honda una cavidad.

rehusar v.tr. (del lat. *refusus,* p. de *refundere,* derramar) [conj.: *aunar*]. Rechazar o no aceptar una cosa.

reimplantación s.f. Acción de reimplantar.

reimplantar v.tr. Volver a implantar. **2.** CIR. Colocar de nuevo en su lugar un órgano seccionado, desprendido o extirpado.

reimportar v.tr. Importar de nuevo lo que se había exportado.

reimpresión s.f. Acción y efecto de reimprimir.

reimprimir v.tr. Imprimir de nuevo una obra.

OBS.: doble participio: *reimprimido* o *reimpreso.*

reina s.f. (lat. *regina*). Mujer titular de un reino o princesa soberana del mismo. **2.** Esposa del rey. **3.** Mujer que es elegida por alguna cualidad física para presidir de manera honorífica un acto o un festejo: *reina de la belleza.* **4.** Pieza del ajedrez que representa una reina y que puede moverse en todas las direcciones. SIN.: *dama.* **5.** Carta de la baraja francesa que representa la figura de una reina, lleva la letra Q y ocupa el duodécimo lugar del palo. SIN.: *dama.* ◆ s.f. y adj. Individuo hembra fértil, con función eminentemente reproductora en una colonia de insectos sociales: *abeja reina.* ◇ **Reina Margarita** Planta parecida a la margarita, originaria de Asia, cultivada por sus capítulos, de color azul, rojo o blanco. **Reina mora** Argent. Pájaro, de unos 15 cm de long., de plumaje azul brillante y canto melodioso, fácilmente domesticable.

reinado s.m. Ejercicio de la dignidad real por un rey o reina determinados. **2.** Tiempo que dura: *el reinado de Carlos I.* **3.** *Fig.* Predominio de una persona o cosa durante un tiempo determinado.

reinante adj. Que reina.

reinar v.intr. (lat. *regnare*). Ejercer su poder un rey, reina o príncipe de estado. **2.** *Fig.* Predominar una o varias personas o cosas sobre otras. **3.** *Fig.* Prevalecer, permanecer con carácter general una cosa durante cierto tiempo: *reina un frío glacial.*

reincidencia s.f. Acción de reincidir. **2.** DER. PEN. Circunstancia agravante de la culpabilidad penal en que incurre la persona que reincide en un delito.

reincidente adj. y s.m. y f. Que reincide: *infractor reincidente.*

reincidir v.intr. Volver a incurrir en un error, falta o delito.

reincorporación s.f. Acción de reincorporar o reincorporarse.

reincorporar v.tr. y prnl. Volver a unir a algo lo que se había separado. **2.** Incorporar de nuevo a una persona a un empleo o servicio.

reineta s.f. (fr. *reinette*). Variedad de manzana, de color dorado y muy olorosa.

reingresar v.intr. Ingresar de nuevo en algún lugar, como una corporación o un centro sanitario. ◆ v.tr. Ingresar de nuevo una cantidad de dinero en una cuenta.

reingreso s.m. Acción de reingresar: *celebrar su reingreso en el Colegio de abogados.*

reinicializar v.tr. INFORMÁT. Volver a iniciar un proceso.

reino s.m. (lat. *regnum*). Territorio o estado gobernados por un rey o una reina. **2.** *Fig.* Ámbito, espacio real o imaginario que ocupa una cosa o que abarca un asunto o materia: *el reino del amor.* **3.** Diputados o procuradores que con poderes del reino lo representaban o hablaban en su nombre. **4.** HIST. En el Antiguo régimen y en España, territorio del estado que en la edad media fue gobernado por un rey o reina: *reino de Murcia.* **5.** HIST. NAT. Grupo en que se consideran divididos los seres naturales para facilitar su estudio: *reino mineral, reino vegetal y reino animal.* ◇ **Reino de los cielos,** o **de Dios** REL. El paraíso.

reinserción s.f. Acción de reinsertar: *programas de reinserción laboral.*

reinsertar v.tr. Reintegrar a alguien en un grupo o en la sociedad: *reinsertar a un ex presidiario.* **2.** Volver a insertar algo en un lugar: *reinsertar el disquete en la unidad.*

reinstaurar v.tr. Instaurar de nuevo lo que había sido derrocado: *reinstaurar la monarquía.*

reintegrar v.tr. y prnl. Reincorporar a alguien a un trabajo, grupo, etc., o restituirlo en su anterior posición, derechos, etc. ◆ v.tr. Devolver o pagar a una persona una cosa. **2.** Esp. Poner a un documento la póliza correspondiente. ◆ **reintegrarse** v.prnl. Recobrar una cantidad desembolsada o anticipada: *reintegrarse del dinero invertido.*

reintegro s.m. Reintegración. **2.** Póliza que se pone en un documento. **3.** En la lotería, premio consistente en la devolución de la misma cantidad jugada.

reír v.intr. y prnl. (lat. *ridere*). Expresar alegría o regocijo con cierta expresión de la cara y ciertos movimientos y sonidos provocados por contracciones espasmódicas del diafragma. ◆ v.tr. Celebrar con risas una cosa: *rieron el chiste.* ◆ v.intr. *Fig.* Tener una expresión alegre, festiva: *sus ojos ríen; el campo ríe.* ◆ **reírse** v.prnl. Burlarse, menospreciar o no hacer caso: *reírse de su aspecto.* **2.** *Fig. y fam.* Estar roto.

réiter s.m. Pesa en forma de U invertida que cabalga sobre la cruz de determinados tipos de balanza de precisión.

reiteración s.f. Acción de reiterar o reiterarse.

reiterar v.tr. y prnl. (lat. *reiterare,* de *iterare*). Volver a hacer o decir una cosa o insistir sobre ella.

reiterativo, a adj. Que denota o implica reiteración.

reitre s.m. (alem. *reiter,* jinete). Soldado alemán de caballería que servía como mercenario (ss. XVI-XVII).

reivindicación s.f. (del lat. *rei vindicatio,* vindicación de una cosa). Acción de reivindicar. **2.** Cosa reivindicada.

reivindicar v.tr. (de *reivindicación*). Reclamar, exigir o defender alguien aquello a que tiene derecho. **2.** Reclamar algo como propio, o la autoría de una acción: *reivindicar un atentado.* **3.** Rehabilitar la fama o el buen nombre de alguien.

1. **reja** s.f. Estructura formada de barras de hierro o madera que se pone en las ventanas y otras aberturas para seguridad y adorno.

2. **reja** s.f. (lat. *regula,* regla, barra). Pieza del arado que sirve para abrir el surco en la tierra. **2.** Labor o vuelta que se da a la tierra con el arado.

rejado s.m. Verja.

rejalgar s.m. (del ár. *rahŷ al-gâr*). Sulfuro natural de arsénico AsS, de color rojo.

rejego, a adj. Méx. *Fam.* Terco, rebelde.

rejería s.f. Arte de construir y ornamentar rejas y verjas. **2.** Conjunto de obras de este arte.

rejero, a s. Persona que tiene por oficio hacer rejas.

rejilla s.f. Enrejado de madera, alambre, tela metálica, etc., que se pone en algunos sitios para poder ver sin ser visto, obstruir el paso, dividir una superficie, etc. **2.** Tejido en forma de

reír

INDICATIVO	SUBJUNTIVO
presente	**presente**
río	*ría*
ríes (reís)	*rías*
ríe	*ría*
reímos	*riamos*
reís	*riáis*
ríen	*rían*
copretérito o **pret. imperfecto**	**pretérito** o **pret. imperfecto**
reía	*riera* o *riese*
reías	*rieras* o *rieses*
reía	*riera* o *riese*
reíamos	*riéramos* o *riésemos*
reíais	*rierais* o *rieseis*
reían	*rieran* o *riesen*
pretérito o **pret. perf. simple**	**futuro** o **fut. simple**
reí	*riere*
reíste	*rieres*
rió	*riere*
reímos	*riéremos*
reísteis	*riereis*
rieron	*rieren*
futuro o **fut. simple**	**IMPERATIVO**
reiré	
reirás	*ríe* (reí) (tú, vos)
reirá	*ría* (él)
reiremos	*riamos* (nosotros)
reiréis	reíd (vosotros)
reirán	*rían* (ellos)
pospretérito o **condicional simple**	**FORMAS NO PERSONALES**
reiría	**infinitivo**: reír
reirías	**gerundio**: *riendo*
reiría	**participio**: reído
reiríamos	
reiríais	
reirían	

red, colocado en los vagones de trenes, autocares, etc., para depositar el equipaje de mano. **3.** Tejido hecho con tiras de tallos flexibles de ciertas plantas, que sirve como respaldo y asiento de sillas. **4.** ELECTRÓN. Electrodo en forma de reja colocado entre el cátodo y el ánodo de algunos tubos electrónicos. ◇ **Rejilla de hogar** Parrilla. **Rejilla pantalla** Pantalla.

rejo s.m. Punta o aguijón de hierro. **2.** Amér. Azote, látigo. **3.** Cuba y Venez. Soga o pedazo de cuero que sirve para atar animales. **4.** Ecuad. Ordeño, acción de ordeñar. **5.** Ecuad. Conjunto de vacas de ordeño.

rejón s.m. Barra de hierro que termina en punta o corte. **2.** Especie de puñal. **3.** TAUROM. Asta de madera con una punta de hierro y una muesca cerca de ella, que sirve para rejonear.

rejonazo s.m. Golpe y herida de rejón.

rejoncillo s.m. TAUROM. Rejón.

rejoneador, ra s. TAUROM. Persona que practica el rejoneo.

rejonear v.tr. TAUROM. Torear al rejoneo.

rejoneo s.m. TAUROM. Arte de torear a caballo.

rejuvenecer v.tr., intr. y prnl. [conj.: *parecer*]. Dar a una persona un aspecto más joven o el ánimo y el vigor propios de la juventud. ◆ v.tr. Dar un aspecto más nuevo o más moderno a una cosa.

rejuvenecimiento s.m. Acción de rejuvenecer.

relación s.f. (lat. *relatio, -onis*). Correspondencia o conexión que hay entre dos o más cosas. **2.** Correspondencia, trato o comunicación: *relaciones comerciales.* **3.** Persona con la que se mantiene amistad o trato social: *tiene muy buenas relaciones en el ministerio.* (Suele usarse en plural.) **4.** Narración de un hecho, de una situación. **5.** Lista, enumeración: *relación de alumnos matriculados.* **6.** Argent. Copla que intercambian los integrantes de las parejas en algunos bailes folclóricos. **7.** MAT. **a.** Condición a la que satisfacen dos o varias magnitudes. **b.** En un conjunto, correspondencia existente entre determinados pares de elementos. ◆ **relaciones** s.f.pl. Noviazgo. ◇ **Funciones de relación** PSICOL. Conjunto de funciones orgánicas que aseguran la relación con el medio exterior (motricidad, sensibilidad), por oposición a las funciones de nutrición y de reproducción. **Relación de referencia** LING. y LÓG. Relación entre un signo lingüístico y un objeto específico denotado por aquel. **Relaciones diplomáticas** Reconocimiento mutuo de los gobiernos de dos estados y trato oficial para los asuntos que interesan a ambos países mediante el establecimiento de representantes. **Relaciones internacionales** Parte del derecho internacional público que estudia las relaciones entre los gobiernos y las naciones. **Relaciones laborales** Conjunto de los vínculos jurídicos, administrativos y laborales entre un asalariado y la empresa. **Relaciones públicas** Conjunto de actividades profesionales cuyo objeto es informar sobre las realizaciones de colectividades de todo tipo. **Relación giromagnética** FÍS. Relación entre el momento magnético de una partícula y su momento cinético.

relacionar v.tr. Establecer relación entre dos o más cosas, ideas o hechos. **2.** Hacer relación de un hecho. ◆ **relacionarse** v.prnl. Tener relación. **2.** Mantener relaciones sociales: *se relaciona mucho.*

relajación s.f. Acción y efecto de relajar o relajarse. **2.** Disminución de la severidad o rigidez en el cumplimiento de ciertas normas. **3.** FÍS. Proceso de retorno progresivo al equilibrio de un sistema, después del cese de las acciones exteriores que sufría.

relajado, a adj. Argent. y Urug. Vicioso, desvergonzado. **2.** Pan. Que acostumbra a tomar las cosas en broma.

relajamiento s.m. Relajación. **2.** FISIOL. y PSICOL. Disminución del tono muscular, voluntaria o involuntariamente.

relajante adj. Que relaja. ◆ adj. y s.m. Se dice del medicamento que relaja. **2.** Argent. y Chile. Se dice de los alimentos y bebidas muy azucarados, empalagosos.

relajar v.tr. y prnl. (lat. *relaxare*). Poner flojo o menos tenso. **2.** *Fig.* Hacer que una persona consiga un estado físico y mental de relajación. **3.** *Fig.* Hacer menos severas o rigurosas algunas costumbres, reglas, leyes, etc. **4.** FISIOL. Disminuir el estado de tono normal de una estructura, principalmente la muscular. ◆ **relajarse** v.prnl. *Fig.* Adoptar malas costumbres.

relajo s.m. Alboroto, desorden, falta de seriedad. **2.** Argent., Chile, Méx. y Urug. Acción inmoral o deshonesta. **3.** Cuba y P. Rico. Escarnio que se hace de una persona o cosa. **4.** Esp. Holganza, laxitud en el cumplimiento de algo. **5.** Esp. Degradación de costumbres.

relamer v.tr. Lamer algo insistentemente. ◆ **relamerse** v.prnl. Lamerse los labios. **2.** *Fig.* Saborear, encontrar satisfacción en una cosa.

relamido, a adj. Muy arreglado o pulcro.

relámpago s.m. Descarga eléctrica en forma de chispa que se produce entre dos nubes cargadas de electricidad o entre una nube y la tierra. **2.** *Fig.* Cualquier resplandor repentino. **3.** *Fig.* Cualquier cosa muy veloz o fugaz. **4.** *Fig.* En aposición a ciertos nombres, indica rapidez y brevedad: *visita relámpago.*

relampagueante adj. Que relampaguea.

relampaguear v.impers. Haber relámpagos. ◆ v.intr. *Fig.* Arrojar destellos, o brillar mucho algo, especialmente los ojos, por la alegría o la ira.

relampagueo s.m. Acción de relampaguear.

relapso, a adj. y s. REL. Que reincide en un pecado del que ya había hecho penitencia, o en una herejía de la que ya había abjurado.

relatar v.tr. (del lat. *relatum,* tiempo supino de *referre*). Contar, narrar, hacer la relación de un suceso o hecho.

relatividad s.f. Cualidad de lo que es relativo: *la relatividad del conocimiento.* ◇ **Teorías de la relatividad** FÍS. Conjunto de teorías según las cuales todas o parte de las leyes de la física son invariantes por cambio en el interior de una clase dada de sistemas de referencia.

relatividad

Hay que distinguir entre principio y teoría de la relatividad. Un *principio de relatividad* es un *principio de invariancia,* es decir, un enunciado muy general que impone ciertas restricciones a la forma que pueden adquirir las leyes de la física. En este caso, estipula que dichas leyes deben guardar la misma forma en dos sistemas de referencia distintos, uno de los cuales está en movimiento con respecto al otro. Lo que resulta invariante no son las magnitudes físicas (que son relativas al sistema en relación con el que las percibe), sino las relaciones que mantienen entre ellas. Según que el movimiento del segundo sistema de referencia en relación con el primero sea de traslación uniforme o cualquier otro, se habla de *principio de relatividad restringida* o de *principio de relatividad general.* La *relatividad galileo-newtoniana* es una teoría del movimiento (y solo del movimiento) que satisface el principio de relatividad restringida.

En general, una teoría relativista es una teoría que satisface un principio de relatividad (restringida o general). Se reserva el nombre de teoría de la relatividad a la parte de la física que determina la estructura que deben tener el espacio y el tiempo –marco general de toda teoría– de manera que el principio de relatividad considerado sea satisfecho.

En general, una teoría relativista es una teoría que satisface un principio de relatividad (restringida o general). Se reserva el nombre de *teoría de la relatividad* a la parte de la física que determina la estructura que deben tener el espacio y el tiempo —marco general de toda teoría— de manera que el principio de relatividad considerado sea satisfecho.

relativismo s.m. Doctrina según la cual los valores morales, estéticos, etc. dependen de las épocas, las sociedades, los individuos, sin llegar a erigirse en normas universales. **2.** FILOS. Doctrina según la cual todo conocimiento es relativo, en la medida en que depende de otro conocimiento o está ligado al punto de vista del sujeto.

relativista adj. y s.m. y f. Relativo al relativismo; partidario de esta doctrina. **2.** Relativo a la teoría de la relatividad restringida; partidario de esta teoría. ◇ **Partícula relativista** Partícula movida a una velocidad relativista. **Velocidad relativista** Velocidad cuyo orden de magnitud es comparable al de la velocidad de la luz.

relativizar v.tr. Hacer perder el carácter absoluto.

relativo, a adj. Que concierne o hace referencia a una persona o cosa. **2.** Que no es absoluto, que depende de otra cosa. **3.** Poco, en poca cantidad o intensidad. **4.** MÚS. Se dice de la relación existente entre dos escalas o dos tonalidades a las que corresponde la misma armadura en la clave, pero de las cuales una es mayor y otra menor, y cuyas tónicas están separadas por una tercera menor. ◆ adj. y s.m. GRAM. Se dice de un elemento que enlaza o relaciona una oración subordinada que califica o determina a un elemento de la oración principal, el cual se llama antecedente: *pronombre relativo.* ◇ **Oración de relativo** Oración subordinada introducida por un pronombre relativo.

relato s.m. Acción y efecto de relatar. **2.** LIT. Obra narrativa de ficción en prosa, menos extensa que la novela.

relator, ra adj. y s. Que relata. ◆ s. Persona que, en un congreso o asamblea, hace relación de los asuntos tratados. **2.** DER. Letrado encargado de hacer relación de los autos o expedientes en los tribunales superiores.

relatoría s.f. Cargo u oficina de relator.

relax s.m. (ingl. *relax*). Relajamiento.

relé s.m. (fr. *relais*). ELECTR. Dispositivo electromagnético que, mediante el estímulo de una corriente eléctrica débil, abre o cierra un circuito. ◇ **Relé herciano** Emisor de débil potencia cuya radiación está dirigida hacia el receptor siguiendo un haz lo más estrecho posible. (También *relais.*)

releer v.tr. [conj.: *leer*]. Leer de nuevo.

relegar v.tr. (lat. *relegare*). Apartar o dejar de lado a una persona o cosa: *relegar al olvido.*

relente s.m. (del ant. *relentecer*, ablandar). Humedad que en las noches serenas se nota en la atmósfera.

relevación s.f. Acción de relevar. **2.** DER. Extinción de una obligación o gravamen: *relevación de fianza.*

relevancia s.f. Cualidad o condición de relevante.

relevante adj. Que sobresale por su importancia o significación.

relevar v.tr. (lat. *relevare*). Eximir a alguien de una obligación. **2.** Destituir a alguien de un cargo. **3.** Sustituir a una persona por otra en un puesto o servicio. ◆ v.tr. y prnl. Sustituir una persona a otra en un puesto o servicio.

relevo s.m. Acción de relevar. **2.** Persona o animal que sustituye a otra. **3.** MIL. **a.** Cambio de guardia. **b.** Soldado o guardia que releva a otro. ◇ **Carrera de relevos** Prueba en que los competidores de un mismo equipo se relevan, realizando cada uno de ellos una parte del recorrido.

relicario s.m. Lugar u objeto en que se guardan reliquias. **2.** Caja, cofre o estuche donde se guardan recuerdos.

relicto, a adj. Se dice de los bienes dejados por una persona al morir.

relieve s.m. (fr. *relief*). Parte que sobresale de una superficie. **2.** Elevación o espesor de dicha parte. **3.** *Fig.* Importancia, renombre de una persona. **4.** GEOGR. Conjunto de formas y accidentes de la corteza terrestre. ◇ **Alto relieve** Altorrelieve. **Bajo relieve** Bajorrelieve. **Dar relieve** Dar importancia a algo. **Poner de relieve** Mostrar la importancia de algo, hacer que sobresalga. **Sonido en relieve** Sonido estereofónico.

religión s.f. (lat. *religio, -onis,* escrúpulo, sentimiento religioso, religión). Conjunto de creencias y prácticas y ritos específicos que definen las relaciones entre el ser humano y la divinidad. **2.** Estado de las personas que se obligan con voto a cumplir unas de las reglas autorizadas por la Iglesia.

religiosamente adv.m. Con puntualidad y exactitud: *pagó religiosamente.*

religiosidad s.f. Cualidad de religioso. **2.** Observancia de los preceptos y prácticas religiosas. **3.** Puntualidad y exactitud a la hora de hacer, observar o cumplir una cosa.

religioso, a adj. (lat. *religiosus*). Relativo a la religión. **2.** Que tiene creencias religiosas o que observa las reglas de la religión. **3.** *Fig.* Escrupuloso en el cumplimiento del deber. ◆ s. CRIST. Miembro de una orden, congregación o instituto religioso.

relimpio, a adj. *Fam.* Muy limpio.

relinchar v.intr. (del lat. *hinnitare,* de *hinnire*). Dar relinchos.

relincho s.m. Voz del caballo. **2.** *Fig. y fam.* Grito de alegría o satisfacción.

relinga s.f. (del fr. *ralingue*). MAR. **a.** Cabo que se cose en los bordes o cantos de las velas para reforzarlos e impedir que estas se desgarren cuando se izan. **b.** Cabo que se cose a las orillas de las redes o artes de pesca.

reliquia s.f. (lat. *reliquiae, -arum,* restos, residuos, de *reliquus,* restante). Residuo que queda de un todo. **2.** *Fig.* Huella o vestigio de cosas pasadas. **3.** *Fig.* Cosa vieja o antigua: *ese automóvil es una reliquia.* **4.** REL. Parte del cuerpo o de la vestimenta de un santo que se venera como objeto de culto.

rellano s.m. Descansillo. **2.** GEOGR. Llano que interrumpe la pendiente de un terreno.

rellena s.f. Méx. Morcilla, moronga.

rellenar v.tr. Volver a llenar algo. **2.** Escribir en los espacios en blanco de un impreso la información que se demanda. ◆ v.tr. y prnl. Meter en el interior de aves, pescados, tartas, etc., un relleno. **2.** *Fig. y fam.* Hartar de comida o bebida a alguien.

relleno, a adj. Que está lleno de algo. **2.** Se dice de las aves, pescados, tartas, etc., que llevan dentro un preparado de diversas sustancias, adecuadas en cada caso. ◆ s.m. Acción de rellenar. **2.** Cosa con que se rellena algo. **3.** *Fig.* Parte superflua de algunas cosas, especialmente de un discurso o escrito.

reloj s.m. (cat. ant. *relotge*). Instrumento que sirve para medir el tiempo y señalar la hora. **2.** Cosa que hace perceptible el paso del tiempo, cualquier fenómeno periódico que permite dividirlo en unidades: *las estrellas son el reloj de los pastores.* **3.** INFORMÁT. Órgano alimentado por un generador de impulsos periódicos, que asegura la sincronización del funcionamiento de los diversos elementos de la unidad central de una computadora. ◇ **Contra reloj** Muy deprisa, en el menor tiempo posible; se dice de la prueba deportiva que consiste en cubrir una determinada distancia en el menor tiempo posible. (También *contrarreloj.*) **Reloj astronómico** Reloj que da la lectura de tiempos sidéreos. **Reloj atómico** Reloj cuyo circuito oscilante es alimentado y estrictamente controlado por los fenómenos de transición que presentan los átomos de determinados cuerpos. **Reloj automático** Reloj que funciona mediante la energía suministrada por la aceleración de la gravedad a una masa oscilante. **Reloj de agua** Clepsidra. **Reloj de arena** Reloj compuesto de dos ampollas unidas por el cuello, y que sirve para medir cortos espacios de tiempo mediante el paso de una determinada cantidad de arena que va fluyendo lentamente de un receptáculo a otro. **Reloj de cuarzo** Reloj eléctrico cuyas oscilaciones son mantenidas mediante las vibraciones de un cristal de cuarzo. **Reloj de péndulo** Reloj que utiliza como regulador un péndulo que se mueve por la acción de la gravedad. **Reloj de pesas** Reloj movido por el lento descenso de unas pesas. **Reloj de sol** Reloj que señala las horas del día por medio de la sombra que proyecta una aguja fija sobre una superficie. **Reloj digital** Reloj sin agujas ni cuadrante, en el que la hora se lee mediante cifras que aparecen en una pantalla. **Reloj eléctrico** Reloj cuyo movimiento pendular es producido, mantenido y regulado por una corriente eléctrica. **Reloj electrónico** Reloj construido con circuitos integrados, sin ninguna parte móvil.

relojería s.f. Establecimiento en el que se arreglan y venden relojes. **2.** Técnica de hacer relojes.

reluciente adj. Que reluce.

relucir v.intr. [conj.: *lucir*]. Lucir o resplandecer mucho. **2.** *Fig.* Destacar por una virtud o una cualidad. ◇ **Sacar a relucir** *Fam.* Decir o revelar una cosa de una manera inesperada o inoportuna.

reluctancia s.f. Cociente entre la fuerza magnetomotriz de un circuito magnético y el flujo de inducción que lo atraviesa.

reluctante adj. Reacio, opuesto.

relumbrar v.intr. Resplandecer.

relumbre s.m. Brillo, destello, luz muy viva.

relumbrón s.m. Destello. **2.** Oropel, cosa de poco valor. ◇ **De relumbrón** Más aparente que verdadero, o de mejor apariencia que realidad.

rem s.m. Unidad utilizada para evaluar el efecto biológico de una radiación radiactiva, igual a la dosis de radiación que produce los mismos efectos biológicos en el ser humano que 1 rad de rayos X de 250 keV (rem).

remachado s.m. MEC. Operación de remachar.

remachar v.tr. (de *2. macho*). Aplastar la cabeza de un clavo ya clavado para asegurarlo mejor. **2.** *Fig.* Recalcar, insistir mucho en algo que se dice. **3.** MEC. Abrir chapas o piezas semejantes con remaches o doblones.

remache s.m. Acción de remachar. **2.** MEC. Elemento de unión permanente entre piezas de poco espesor, consistente en un vástago cilíndrico que presenta en uno de sus extremos un ensanchamiento en forma de cabeza cónica o esférica.

remake s.m. (voz inglesa). Nueva versión de una película, de una obra, de un tema.

remanencia s.f. FÍS. Persistencia de la imanación en una barra de acero que ha estado sometida a la acción de un campo magnético.

remanente adj. y s.m. (del ant. *remaner,* permanecer). Se dice de la parte que queda o se reserva de algo.

remangar v.tr. y prnl. Recoger hacia arriba una prenda de vestir, especialmente las mangas. ◆ **remangarse** v.prnl. *Fig.* Tomar enérgicamente una resolución.

remansarse v.prnl. Formar un remanso.

remanso s.m. (del p. ant. de *remaner,* permanecer). Lugar de una corriente de agua donde esta fluye más lenta o bien se detiene. **2.** Suspensión de un movimiento, acción o proceso.

remar v.intr. Mover el remo o los remos para impulsar una embarcación en el agua.

remarcable adj. Notable, sobresaliente.

remarcar v.tr. Volver a marcar una cosa. **2.** Hacer notar algo de manera especial.

rematadamente adv.m. Total o absolutamente: *rematadamente mal.*

rematado, a adj. Sin remedio, por completo: *un loco rematado.*

rematador, ra s. Argent. Persona a cargo de una subasta pública.

rematante s.m. y f. Persona a quien se adjudica la cosa subastada.

rematar v.tr. Acabar completamente una cosa. **2.** Acabar de matar a una persona o a un animal. **3.** *Fig.* Agotar, consumir, gastar del todo. **4.** Asegurar el extremo de una costura para que no se deshaga. **5.** Amér. Merid. y Méx. Comprar o vender en subasta pública. **6.** DEP. En el fútbol y otros deportes, dar término a una jugada o serie de jugadas lanzando el balón hacia la meta contraria. ◆ v.intr. Terminar o fenecer.

remate s.m. Acción de rematar. **2.** Fin, extremidad o conclusión de una cosa. **3.** Amér. Merid. y Méx. Subasta. **4.** ARQ. Adorno que recubre el caballete de un tejado o que corona un pináculo, aguja, etc. **5.** TAUROM. **a.** Terminación de una suerte. **b.** Final de la acometida del toro. ◇ **Dar remate a algo** Terminarlo. **De remate** Absolutamente, sin remedio: *loco de remate.*

rembolsar o **reembolsar** v.tr. Devolver a alguien una cantidad desembolsada.

rembolso o **reembolso** s.m. Acción de rembolsar. **2.** Cantidad rembolsada. **3.** Pago de una cantidad debida. ◇ **Contra rembolso** Forma de pago al contado que realiza el comprador en su domicilio al serle librada una mercancía.

remedar v.tr. (del lat. *imitari,* reproducir, imitar). Imitar o copiar, especialmente por burla o broma.

remediar v.tr. y prnl. Poner remedio. ◆ v.tr. Evitar que se produzca o que continúe un daño o molestia.

remedio s.m (lat. *remedium,* de *mederi,* cuidar, curar). Medio o medida que se toma para reparar o evitar un daño. **2.** Cualquier cosa que sirve para curar, mejorar o aliviar una enfermedad o alguno de sus síntomas. **3.** Ayuda, auxilio: *buscar remedio en su desgracia.* **4.** Enmienda o corrección. ◇ **Remedio casero** Procedimiento curativo que se hace con conocimientos vulgares, sin recurrir a la farmacia. **Sin remedio** Inevitablemente.

remedo s.m. Acción de remedar. **2.** Cosa que remeda.

remembranza s.f. Recuerdo.

rememoración s.f. Acción y efecto de rememorar.

rememorar v.tr. Recordar, traer a la memoria: *rememorar días pasados.*

remendar v.tr. (del ant. *emendar,* enmendar) [conj.: *pensar*]. Coser a una prenda de ropa o vestido un trozo de tela, para sustituir o reforzar la parte rota o gastada de los mismos. **2.** Componer o reparar un objeto roto.

remendón, na adj. y s. Que arregla prendas usadas en lugar de hacerlas nuevas: *zapatero remendón.*

remensa s.m. En Cataluña, durante la edad media, campesino adscrito a un dominio señorial, que solo podía abandonar mediante el pago de una redención. ◆ s.f. Esta misma redención.

remera s.f. y adj. Cada una de las plumas grandes del ala de un ave. ◆ s.f. Argent. Camiseta de manga corta.

remero, a s. Persona que rema en una embarcación.

remesa s.f. Acción de remitir, enviar. **2.** Conjunto de cosas, especialmente mercancías, que se remiten de una vez. ◇ **Remesa de emigrantes** Cuenta de la balanza de pagos que registra las transferencias que los emigrantes realizan, en moneda del país en que trabajan, hacia su país de origen. **Remesas de Indias** Envíos de metales preciosos desde las Indias occidentales al rey de España.

remesar v.tr. Hacer remesas con dinero o mercancías.

remeter v.tr. Meter de nuevo lo que se ha salido. **2.** Meter los bordes de una cosa más adentro para sujetarla bien: *remeter las sábanas.* **3.** Empujar algo para meterlo en un lugar.

remezón s.m. (de *remecer,* sacudir, menear, de *mecer*). Amér. Temblor de tierra de poca intensidad.

remiendo s.m. Pedazo de tela que se cose a una prenda vieja o rota. **2.** *Fig.* Arreglo o reparación. **3.** *Fig.* Obra de poca importancia que se hace para añadir un complemento a otra: *completar un escrito con un remiendo.*

remigio s.m. Juego de naipes, variante del rumy. SIN.: *ramiro.*

remilgado, a adj. Que hace o gasta remilgos: *una remilgada institutriz.*

remilgo s.m. Gesto o actitud que muestra delicadeza exagerada o afectada.

remilgoso, a s. Méx. Remilgado.

reminiscencia s.f. Recuerdo impreciso de algo pasado. **2.** Cosa que en una obra artística recuerda un pasaje anterior, otra obra, etc., o tiene influencia de ellos: *novela llena de reminiscencias románticas.*

remirado, a adj. Cauto, circunspecto, reflexivo. **2.** Melindroso, mojigato.

remirar v.tr. Volver a mirar o mirar insistentemente. ◆ **remirarse** v.prnl. Esmerarse o poner mucho cuidado en lo que se hace o dice.

remís o **remise** s.m. Argent. Automóvil con chófer, cuyo servicio, efectuado por horas o kilómetros de recorrido, se contrata en una agencia.

remisería s.f. Argent. Agencia de remises.

remisible adj. Que se puede remitir o perdonar.

remisión s.f. Acción de remitir o remitirse. **2.** Indicación que se hace en un escrito para enviar al lector a otra parte del texto o a otro escrito. **3.** Perdón: *remisión de los pecados.* **4.** Condonación de una deuda o parte de ella. **5.** MED. Disminución o desaparición de un síntoma en el curso de una enfermedad. ◇ **Sin remisión** Sin indulgencia, sin remedio.

remiso, a adj. Reacio, irresoluto.

remite s.m. Nota escrita en los sobres, paquetes, etc., que se mandan por correo, con el nombre y señas de la persona que lo envía. SIN.: *remitente.*

remitencia s.f. MED. Remisión de un signo o síntoma.

remitente adj. y s.m. y f. Que remite, especialmente una carta o un paquete. ◆ adj. MED. Que disminuye de intensidad a intervalos: *fiebre remitente.* ◆ s.m. Remite.

remitido s.m. Artículo o noticia que se inserta en un periódico mediante pago.

remitir v.tr. (lat. *remittere*). Hacer que algo llegue a un determinado sitio o a una determinada persona: *remitir un impreso.* **2.** Enviar en un texto a otro lugar de este o a otro escrito. **3.** DER. Perdonar una pena, eximir o liberar. ◆ v.tr. e intr. Perder una cosa su intensidad o parte de ella. ◆ v.tr. y prnl. Dejar a juicio o dictamen de otro la resolución de una cosa. ◆ **remitirse** v.prnl. Atenerse a lo dicho o hecho: *a las pruebas me remito.*

remo s.m. (lat. *remus*). Instrumento de madera, alargado y terminado en una pala, que sirve para impulsar una embarcación. **2.** Deporte que se practica en embarcaciones movidas a remo. **3.** Ala de las aves. **4.** *Fam.* Brazo o pierna de una persona o un cuadrúpedo. (Suele usarse en plural.) ◇ **A remo** Remando.

remoción s.f. Acción de remover o removerse. **2.** DER. Privación de cargo o empleo.

remodelación s.f. Reestructuración, especialmente en arquitectura y urbanismo.

remodelar v.tr. Efectuar una remodelación.

remojar v.tr. y prnl. Mojar, especialmente sumergiendo en agua: *remojar la ropa.* ◆ v.tr. *Fig. y fam.* Celebrar algún suceso feliz bebiendo.

remojo s.m. Acción de remojar. **2.** Inmersión en agua de algunos alimentos, como legumbres secas, bacalao, pasas, etc. **3.** Cuba y Pan. Propina, gratificación. **4.** Méx. Acto de vestir por primera vez alguna prenda, estreno. ◇ **A,** o **en, remojo** Dentro del agua.

remojón s.m. Mojadura causada por accidente, como la lluvia o la caída en un sitio con agua.

remolacha s.f. Planta bianual, que el primer año da una raíz carnosa y azucarada de forma y volumen variable, y el segundo año produce la semilla; hay dos variedades: una silvestre, de raíz delgada y dura; y otra cultivada, de raíz gruesa, con diferentes variedades: *remolacha azucarera, roja, forrajera.* (Familia quenopodiáceas.) **2.** Raíz de esta planta.

remolcador, ra adj. y s. Que remolca o sirve para remolcar. ◆ s.m. Buque especialmente concebido para el remolque.

remolcar v.tr. Arrastrar un vehículo a otro tirando de él. **2.** *Fig.* Arrastrar a alguien a hacer algo por lo que no está muy decidido.

remoler v.intr. Chile y Perú. Ir de juerga, divertirse. **2.** Guat. y Perú. Incomodar, fastidiar.

remolienda s.f. Chile y Perú. Juerga, jarana.

remolino s.m. Movimiento giratorio y rápido del aire, agua, polvo, humo, etc. **2.** Mechón de pelos que sale en dirección distinta del resto. **3.** *Fig.* Amontonamiento desordenado de gente en movimiento. **4.** *Fig.* Disturbio, confusión. **5.** Torbellino.

remolón, na adj. y s. Que se resiste a trabajar o hacer cierta cosa.

remolonear v.intr. y prnl. Hacerse el remolón.

remolque s.m. Acción de remolcar. **2.** Vehículo sin motor remolcado por otro. ◇ **A remolque** Remolcando; sin entusiasmo, por excitación o impulso de otra persona.

remonta s.f. Remonte. **2.** MIL. Servicio que comprende la compra, reproducción, cría y cuidado de las caballerías. **3.** MIL. Establecimiento dedicado a este servicio.

remontar v.tr. (fr. *remonter*). Subir una cuesta o una pendiente. **2.** Superar algún obstáculo o dificultad: *remontar una desgracia.* **3.** En los juegos de cartas, jugar una carta superior a las que han sido anteriormente jugadas. **4.** Proveer de caballos una formación militar o plaza montada. ◆ v.tr. y prnl. *Fig.* Elevar, encumbrar. ◆ v.intr. Subir por el sitio que se expresa: *remontar un río.* **2.** Rebasar un punto contra la corriente o marea. ◆ **remontarse** v.prnl. Subir o volar muy alto las aves, los aviones, etc. **2.** *Fig.* Llegar retrospectivamente a una determinada época: *remontarse a la prehistoria.* **3.** *Fig.* Pertenecer a una época muy lejana.

remonte s.m. Acción de remontar. ◇ **Remonte mecánico** En las estaciones de esquí, instalación para el transporte de los esquiadores en las pistas.

remoquete s.m. Apodo.

rémora s.f. (lat. *remora,* retraso, pez rémora, de *remorari,* retrasar). Pez marino que no supera los 40 cm de long. y que posee en la cabeza un disco en forma de ventosa, con el que se adhiere a otros peces, cetáceos e incluso embarcaciones, para ser transportado por ellos. **2.** *Fig.* Cosa que se opone al progreso o realización de algo.

remorder v.tr. [conj.: *mover*]. Inquietar o desasosegar interiormente una acción que se ha cometido: *una acción que remuerde.* ◆ **remorderse** v.prnl. Tener algún sentimiento interior reprimido de celos, rabia, etc.

remordimiento s.m. Sentimiento de culpabilidad causado por la conciencia de haber cometido una mala acción.

remotamente adv.m. Confusamente, vagamente: *lo recuerdo remotamente.*

remoto, a adj. (lat. *remotus,* p. de *removere,* apartar). Muy lejos en el tiempo y en el espacio: *época remota; un lugar remoto.* **2.** *Fig.* Poco verosímil o probable: *no tener la más remota esperanza.*

remover v.tr. y prnl. [conj.: *mover*]. Mover cosas o partes de una cosa que están juntas, para que cambien de posición o queden bien mezcladas: *remover la tierra; removerse de inquietud.* **2.** Resolver, investigar: *remover un asunto.* **3.** *Fig.* Activar algo que está detenido o abandonado. ◆ v.tr. Quitar o apartar algún inconveniente u obstáculo. **2.** Destituir a alguien de su cargo o empleo.

remozamiento s.m. Acción de remozar o remozarse.

remozar v.tr. y prnl. Dar aspecto más nuevo o moderno: *remozar la fachada de un edificio.*

remplazar o **reemplazar** v.tr. Ocupar el lugar dejado por alguien o algo.

remplazo o **reemplazo** s.m. Acción de remplazar. **2.** Esp. MIL. Conjunto de nuevos soldados que ingresa cada año en el ejército.

remuda s.f. Muda.

remudar v.tr. y prnl. Mudar.

remuneración s.f. Acción y efecto de remunerar. **2.** Cosa con que se remunera, especialmente dinero.

remunerar v.tr. (lat. *remunerari*). Pagar o recompensar: *remunerar por un servicio prestado.*

renacentista adj. y s.m. y f. Del movimiento cultural y artístico del renacimiento o que tiene relación con él.

renacer v.intr. [conj.: *parecer*]. Volver a nacer: *las flores renacen en primavera.* **2.** *Fig.* Tomar nuevas energías y fuerzas: *una esperanza renació en él; me siento renacer.*

renacimiento s.m. Renovación, retorno: *el renacimiento de las artes, de las costumbres.* **2.** Movimiento literario, artístico y científico que tuvo lugar en Europa en los ss. XV y XVI, basado en gran parte en la imitación de la antigüedad clásica.

renacimiento

B. ART. En las artes fue en Florencia, a partir de la primera mitad del *quattrocento*, donde el retorno a las fuentes antiguas comenzó a traducirse en la elaboración de un sistema coherente de arquitectura y decoración y en la adopción de un repertorio nuevo de temas mitológicos y alegóricos, en el cual el desnudo ocupó un lugar importante. Este *primer renacimiento* estuvo representado por Brunelleschi, Donatello, Masaccio y L. B. Alberti. En 1494, Roma recogió la antorcha del modernismo. Fue el *segundo renacimiento*, obra de artistas de orígenes diversos, reunidos por los papas: Bramante, Rafael, Miguel Ángel y Leonardo da Vinci. A este apogeo clásico del renacimiento contribuyeron Correggio, Tiziano y Palladio. Esta época vio el comienzo de la difusión del nuevo arte en Europa: Durero se impregnó del primer renacimiento veneciano (Bellini), y el viaje de Gosart (1508) a Roma abriría a la pintura de los Países Bajos la vía del romanicismo. En España, esta primera arquitectura se denominaría *plateresca*. En pintura destacó Luis de Vargas, y en escultura, Alonso Berruguete. Hispanoamérica se aprestó a ser receptáculo del renacimiento español, de la mano de los propios colonizadores que le infundieron una inequívoca impronta religiosa. Cabe señalar las catedrales de Guadalajara (México), Lima y Cuzco (Perú). En el segundo tercio del s. XVI aproximadamente se sitúa la fase *manierista* del renacimiento, que llevó a la exasperación las adquisiciones anteriores. Sin embargo, con la conclusión del concilio de Trento (1563), la Reforma se llevó al primer plano con la vuelta a un clasicismo de tendencia purista en arquitectura (Vignola; y en España El Escorial, obra de Juan de Herrera), en tanto que en la pintura afloraban artistas como el Greco.

LIT. → **humanismo**.

MÚS. En el renacimiento musical, es más apropiado hablar de tránsito que de cambio, ya que en el s. XVI se utilizaron las mismas técnicas que en siglos anteriores y estas alcanzaron su culminación, apogeo y perfeccionamiento. En polifonía sacra las grandes formas son la misa y el motete (en la liturgia católica), el coral luterano y el himno anglicano. (Palestrina, Des Près y Gabrielli). En polifonía profana (madrigales, frottolas, villanelas, canzonetas, arias) destacan Vicentino, Marenzio y Juan del Encina. Antonio de Cabezón es el máximo representante español de la música instrumental nacida de la polifónica.

renacuajo s.m. (del ant. *ranuaco*, de *rana*). Larva de los anfibios, acuática, de respiración branquial, con la cabeza unida al tronco por una masa globulosa. **2.** Niño pequeño. **3.** *Desp.* Persona pequeña o raquítica.

renal adj. (del lat. *ren, renis*, riñón). Relativo al riñón.

renano, a adj. y s. De los territorios situados en las orillas del río Rin.

renard s.f. (voz francesa). Piel de zorro: *renard plateado.*

Renard. Serie de Renard Progresión geométrica de razón particular, que constituye una de las bases de la normalización de las medidas en la industria.

renca s.f. Chile. Planta compuesta.

renchido, a adj. Méx. Muy apretado.

rencilla s.f. Resentimiento o rencor entre dos personas, que suele manifestarse en discusiones o enfrentamientos. (Suele usarse en plural.)

renco, a adj. y s. (del germ. *wrankjan*, torcer). Cojo debido a una lesión en la cadera.

rencor s.m. (lat. *rancor, -oris*, rancidez, rencor). Sentimiento de hostilidad o resentimiento: *no le guardo rencor.*

rencoroso, a adj. Que tiene rencor: *ser rencoroso.* **2.** Que denota o implica rencor: *silencio rencoroso.*

rendición s.f. Acción de rendir o rendirse. **2.** Acto por el cual una tropa cercada o una fortaleza asediada deponen las armas, conforme a una capitulación que puede ser acordada con el enemigo. ◇ **Rendición de cuentas** Presentación a conocimiento de quien corresponda, para su examen y verificación, de la relación minuciosa justificada de los gastos e ingresos de una administración o gestión.

rendido, a adj. Sumiso a alguien o algo por admiración o amor: *un rendido admirador.* **2.** Muy cansado, fatigado.

rendija s.f. Abertura estrecha y larga que atraviesa un cuerpo o separa dos cosas muy juntas: *las rendijas de una persiana, de una puerta.*

rendimiento s.m. Producto o utilidad que da una persona o cosa en relación con lo que gasta, cuesta, trabaja, etc.: *el rendimiento en el trabajo.* **2.** Sumisión, subordinación, humildad. **3.** Amabilidad en el trato, procurando servir o complacer. **4.** ECON. **a.** Capacidad de transformar los bienes de forma que aumente su cantidad o su utilidad. **b.** Relación entre la cantidad de un producto y la de los factores utilizados para su producción. **5.** INDUSTR. Relación entre el trabajo útil obtenido y la cantidad de energía consumida. **6.** QUÍM. En la preparación de un cuerpo, relación de la masa obtenida con la que habría proporcionado una reacción total.

rendir v.tr. (del lat. *reddere*, devolver, entregar) [conj.: *pedir*]. Someter a alguien o algo al dominio o la voluntad de alguien o algo, venciendo su resistencia. **2.** Cansar, fatigar mucho sin dejar fuerzas. **3.** Dar u ofrendar lo se expresa: *rendir homenaje, tributo, culto.* **4.** Dar cuentas de algo: *rendir un informe.* **5.** Obligar a la entrega de tropas, plazas o embarcaciones enemigas: *rendir la plaza.* **6.** Realizar actos de sumisión y respeto con enseñas o instrumentos: *rendir armas.* ◆ v.tr. e intr. Producir utilidad o provecho: *acciones que rinden; rendir una empresa; los trabajadores rinden.* ◆ **rendirse** v.prnl. Dejar de oponer resistencia: *rendirse a la evidencia.*

rendzina s.f. (voz polaca). Suelo poco lixivado que se desarrolla sobre una roca madre calcárea y que contiene fragmentos rocosos en una matriz arcillosa rojiza.

renegado, a adj. y s. Que ha abandonado su religión o creencias. **2.** Muladí.

renegar v.tr. [conj.: *regar*]. Negar insistentemente algo. ◆ v.intr. Apostatar, abandonar una religión o creencias. **2.** Abandonar un lazo de parentesco o de amistad. **3.** *Fam.* Hablar mal, quejarse: *renegar del frío.* **4.** Blasfemar. **5.** *Fam.* Refunfuñar, protestar en voz baja. **6.** Detestar, abominar.

renegón, na adj. y s. *Fam.* Que reniega o refunfuña con frecuencia.

renegrido, a adj. Ennegrecido por el humo, la suciedad, etc. **2.** Se dice de la piel muy oscura.

rengífero s.m. Reno.

renglón s.m. (del ant. *reglón*, aumentativo de *regla*). Serie de palabras o caracteres escritos o impresos en línea recta. **2.** *Fig.* Concepto en el presupuesto, renta o beneficios de alguien. ◆ **renglones** s.m.pl. *Fig. y fam.* Escrito o impreso breves. ◇ **A renglón seguido** *Fam.* Inmediatamente. **Leer entre renglones** Adivinar, suponer la intención del que escribe.

rengo, a adj. y s. Renco.

renguera s.f. Méx. Cojera.

reniego s.m. Blasfemia. **2.** *Fig. y fam.* Dicho injurioso. **3.** Cosa que se dice refunfuñando. (Suele usarse en plural.)

renio s.m. Metal de color blanco, que es parecido al manganeso. **2.** Elemento químico (Re), de número atómico 75 y masa atómica 186,207.

renitente adj. (lat. *renitens, -entis*, p. de *reniti*, resistir, oponerse). MED. Que ofrece una cierta resistencia a la presión.

reno s.m. (fr. *renne*). Mamífero rumiante parecido al ciervo, de hasta 1,50 m de talla, de astas muy ramosas y pelaje espeso que vive en Siberia, Escandinavia, Groenlandia y Canadá, y se domestica para utilizarlo como bestia de tiro y aprovechar su carne, su piel, su leche y sus cuernos. (El reno es el único cérvido cuya hembra tiene cuernos; familia cérvidos.)

renombrado, a adj. Célebre, famoso.

renombre s.m. Celebridad, fama. ◇ **De renombre** Célebre, famoso.

renovar v.tr. y prnl. [conj.: *contar*]. Dar nueva fuerza, actividad, intensidad o validez a algo. **2.** Cambiar una cosa por otra nueva: *renovar la vajilla.*

renquear v.intr. Cojear. **2.** *Fig.* Vivir, actuar o funcionar con dificultad o trabajosamente.

renta s.f. (fr. *rente*). Utilidad o beneficio que rinde anualmente una cosa. **2.** Cantidad de dinero o bienes que paga un arrendatario. **3.** Deuda pública o títulos que la representan. **4.** Cantidad de riqueza que normal y periódicamente afluye al propietario de ciertos factores productivos, como consecuencia de que estos se encuentran disponibles o se ponen a disposición de los demás en cantidades limitadas. **5.** Ingreso anual de una persona. **6.** Chile y Méx. Alquiler. <> **Impuesto sobre la renta** Impuesto calculado según los ingresos anuales de los contribuyentes. **Política de rentas** Intervención de los poderes públicos con vistas a repartir entre las categorías sociales los ingresos procedentes de la actividad económica. **Renta nacional** Suma de todas las rentas percibidas por los residentes habituales de un país, con inclusión del gobierno, corporaciones y sociedades y que sean remuneraciones de servicios prestados por factores de producción. **Renta perpetua** Título de deuda pública emitido por el estado, en el que la fecha de amortización no es fija. **Renta vitalicia** Contrato aleatorio en que una parte cede a otra una suma o capital, con la obligación de pagar una pensión al cedente o a una tercera persona durante la vida del beneficiario.

rentabilidad s.f. Cualidad de rentable.

rentabilizar v.tr. Hacer que una cosa sea rentable, beneficiosa o ventajosa.

rentable adj. Que produce una renta, un beneficio. **2.** Provechoso.

rentar v.tr. Producir renta, utilidad o beneficio. **2.** Amér. Central, Antillas y Méx. Alquilar.

rentero, a s. Campesino que tiene en arrendamiento una finca rural.

rentista s.m. y f. Persona que vive de sus rentas.

rentístico, a adj. Relativo a las rentas públicas.

renuencia s.f. Cualidad de renuente.

renuente adj. Reacio, remiso.

renuevo s.m. Vástago que echa el árbol después de podado o cortado. **2.** Brote de una planta.

renuncia s.f. Acción de renunciar. **2.** Documento que contiene una renuncia.

renunciación s.f. Renuncia, especialmente la que supone un sacrificio.

renunciar v.intr. y tr. (lat. *renuntiare*). Desprenderse voluntariamente de algo o ceder algún bien o derecho: *renunciar a una herencia.* **2.** Desistir de hacer lo que se proyectaba o deseaba hacer. **3.** Abstenerse de algo.

renunciatario, a s. DER. Persona beneficiada con una renuncia.

renuncio s.m. Esp. *Fig. y fam.* Mentira o contradicción.

reñido, a adj. Que está enemistado con otro. **2.** Que se desarrolla con gran igualdad y competencia entre los participantes. **3.** Méx. Opuesto. <> **Estar reñido** Ser incompatible u opuesto.

reñir v.intr. (lat. *ringi*, gruñir, estar furioso) [conj.: *ceñir*]. Esp. Disputar de obra o de palabra. **2.** Esp. Desavenirse, enemistarse. ◆ v.tr. Esp. Reprender a alguien con rigor. **2.** Esp. Con complementos como *batalla, desafío, pelea,* etc., ejecutar, llevar a cabo.

1. **reo** s.m. Variedad de trucha, de coloración similar a la de los salmones, que habita en las desembocaduras de los ríos. (Familia salmónidos.)

2. **reo, a** s. (lat. *reus*). DER. **a.** Durante el proceso penal, el acusado o presunto autor o responsable. **b.** Persona condenada después de la sentencia.

reobase s.f. FISIOL. Intensidad mínima de corriente eléctrica que, aplicada durante un tiempo suficiente a un nervio o a un músculo, provoca su excitación.

reoca. Ser la reoca Esp. *Fam.* Ser extraordinario, fuera de lo común.

reófilo, a adj. BOT. Se dice de las plantas que crecen en corrientes de agua impetuosas.

reojo (de) loc. Disimuladamente, sin volver la cabeza o por encima del hombro. (Con los verbos *mirar, ver,* etc.) <> **Mirar de reojo** Tener antipatía u hostilidad hacia alguien.

reología s.f. Parte de la física que estudia la viscosidad, la plasticidad, la elasticidad y el derrame de la materia.

reómetro s.m. Instrumento para medir la velocidad de la corriente de un fluido.

reordenación s.f. **Reordenación cromosómica** GENÉT. Cambio de estructura de uno o más cromosomas, que lleva aparejado la adquisición, la pérdida o el desplazamiento de segmentos cromosómicos.

reorganizar v.tr. y prnl. Organizar de manera distinta y más eficientemente.

reóstato s.m. ELÉCTR. Resistencia variable que, colocada en un circuito, permite modificar la intensidad de la corriente.

repanchigarse o **repanchingarse** v.prnl. → **repantigarse.**

repanocha. Ser la repanocha Esp. *Fam.* Expresión con que se juzga a alguien o algo extraordinario por bueno o por malo, absurdo, etc.

repantigarse o **repantingarse** v.prnl. (lat. vulg. *repanticare*). Sentarse con comodidad recostando el cuerpo.

reparación s.f. Acción de reparar. **2.** Desagravio, satisfacción de una ofensa o daño. **3.** DER. Obligación que corresponde al responsable del daño de restablecer el equilibrio patrimonial perturbado por aquel. **4.** DER. INTERN. Prestaciones debidas por los estados vencidos a los estados vencedores, a consecuencia de los daños materiales de la guerra.

reparador, ra adj. y s. Que repara, arregla o mejora algo, y especialmente que restablece las fuerzas. **2.** Se dice de la persona que desagravia o satisface una culpa, o de la cosa que sirve para reparar una ofensa o daño. **3.** Se dice de la persona que tiende a encontrar defectos en todo.

reparar v.tr. (lat. *reparare*). Arreglar algo que estaba roto o estropeado: *reparar una radio.* **2.** Reanimar, restablecer las fuerzas. **3.** Remediar un daño o falta. **4.** Considerar, reflexionar antes de hacer algo: *no reparar en gastos.* **5.** Fijarse en algo o darse cuenta de ello: *reparar en un detalle.*

reparo s.m. Observación que se hace a algo, especialmente si señala una falta o defecto. **2.** Dificultad, inconveniente que se encuentra para hacer algo.

repartición s.f. Acción de repartir: *repartición de beneficios.* **2.** Amér. Cada una de las dependencias que, en una organización administrativa, están destinadas a despachar determinadas clases de asuntos.

repartidor, ra adj. y s. Que reparte, distribuye, especialmente el que lleva a domicilio alguna cosa: *repartidor de periódicos, de la leche.*

repartija s.f. Argent. y Chile. *Desp.* Reparto desordenado.

repartimiento s.m. Acción de repartir o repartirse. **2.** HIST. Sistema de repoblación utilizado en la península Ibérica, que consistía en la distribución de tierras entre los conquistadores. <> **Repartimiento de indios** HIST. Encomienda, asignación de mano de obra indígena a los colonos españoles. **Repartimiento proporcional,** o **en partes proporcionales** Regla matemática que tiene por objeto repartir una cantidad determinada en partes proporcionales a unos números dados.

repartir v.tr. y prnl. Dividir algo en partes asignando un destinatario, colocación, fin o destino a cada una de ellas. ◆ v.tr. Clasificar, ordenar. **2.** Entregar las cosas que distintas personas han encargado o deben recibir. **3.** Extender o distribuir una materia sobre una superficie. **4.** Asignar a cada interesado su parte en una contribución o gravamen.

reparto s.m. Acción de repartir o repartirse: *reparto de correspondencia.* **2.** Relación de los personajes de una obra y de los actores que los representan.

repasador s.m. Argent., Perú y Urug. Paño de cocina que se emplea para secar la vajilla.

repasar v.tr. Volver a pasar una cosa por un mismo sitio. **2.** Volver a mirar algo. **3.** Volver a examinar algo para corregir las imperfecciones. **4.** Volver a estudiar una lección para acabar de aprenderla. **5.** Leer un escrito por encima. **6.** Coser la ropa rota o descosida. ◆ v.intr. Volver a pasar alguien por el mismo sitio.

repaso s.m. Acción de repasar. **2.** *Fam.* Reprimenda por un error o descuido. ◇ **Dar un repaso** *Fam.* Demostrar gran superioridad sobre alguien.

repatriación s.f. Acción y efecto de repatriar o repatriarse. **2.** DER. INTERN. Devolución de un extranjero al país de origen o canje de esa persona con su patria.

repatriado, a adj. y s. Se dice del expatriado que regresa a su patria.

repatriar v.tr., intr. y prnl. Hacer que alguien regrese a su patria.

repe s.m. Ecuad. Plato preparado con banano verde triturado, mezclado con queso y cocido con leche.

repechar v.intr. Argent. y Urug. Reponerse lentamente de una enfermedad.

repecho s.m. Cuesta bastante empinada y corta.

repelar v.tr. Pelar completamente. **2.** Cercenar, disminuir una cosa. **3.** Méx. Protestar airadamente, rezongar.

repelente adj. Que produce repulsión. ◆ adj. y s.m. y f. Que repele: *repelente de insectos.* **2.** *Fam.* Se dice de la persona afectada y que presume de sus conocimientos.

repeler v.tr. (lat. *repellere*). Rechazar, echar de sí alguien o algo a otra persona o cosa que se le acerca, la ataca o choca con ella. **2.** No admitir un material o elemento a otro en su masa o composición. **3.** *Fig.* Rechazar, contradecir una idea, actitud, etc. **4.** *Fig.* Causar aversión o repugnancia.

repelo s.m. Brizna, pelo o parte pequeña de algo que queda levantada o separada parcialmente.

repelón, na adj. Méx. Que refunfuña. ◆ s.m. Tirón que se da al pelo. **2.** *Fig.* Porción pequeña que se toma con brusquedad o se arranca de una cosa.

repelús s.m. *Fam.* Escalofrío producido por temor o asco. **2.** *Fam.* Miedo o repugnancia hacia algo. SIN.: *repeluzno.*

repensar v.tr. [conj.: *pensar*]. Volver a pensar algo con detenimiento.

repente s.m. (lat. *repente,* ablativo de *repens, -tis,* súbito). *Fam.* Movimiento súbito de personas o animales. ◇ **De repente** De manera repentina.

repentino, a adj. (lat. *repentinus*). Que se produce de manera imprevista.

repentizar v.intr. Improvisar, especialmente una composición musical, un poema o un discurso.

repercusión s.f. Acción y efecto de repercutir. **2.** Popularidad o trascendencia que alcanza una cosa.

repercutir v.intr. (lat. *repercutere*). Retroceder o cambiar de dirección un cuerpo al chocar con otro. **2.** Producir eco un sonido. **3.** *Fig.* Influir o causar efecto una cosa en otra.

repertorio s.m. (lat. *repertorium,* de *reperiri,* encontrar). Índice o registro en que una serie de informaciones están ordenadas para poder encontrarlas fácilmente. **2.** Conjunto de noticias o textos de una misma clase. **3.** MÚS. y TEATR. **a.** Conjunto de obras teatrales o musicales que un intérprete, compañía, orquesta o grupo tiene ensayadas y preparadas. **b.** Colección de obras de un autor dramático o compositor.

repesca s.f. Esp. *Fam.* Acción y efecto de repescar.

repescar v.tr. Esp. *Fam.* Admitir nuevamente a alguien o algo que ha sido excluido o eliminado.

repetición s.f. Acción y efecto de repetir o repetirse. **2.** Figura retórica de dicción que consiste en repetir palabras o expresiones. ◇ **Arma de repetición** Arma de fuego con un depósito de varios cartuchos que se disparan accionando un mecanismo, como un cerrojo, una palanca, etc.

repetidamente adv.m. Varias veces: *negar repetidamente una acusación.*

repetidor, ra adj. Que repite. ◆ adj. y s. Se dice del estudiante que repite un curso o asignatura por no haber superado los exámenes. ◆ s. Persona que repasa o ayuda a preparar a otra la lección. ◆ s.m. TECNOL. Dispositivo que reproduce un fenómeno. **2.** TELECOM. Conjunto de órganos que permiten la amplificación de las corrientes telefónicas en ambos sentidos de la transmisión. **3.** TELEV. Emisor de poca potencia que retransmite los programas difundidos por una estación principal. SIN.: *reemisor.*

repetir v.tr. y prnl. (lat. *repetere,* volver a dirigirse a, volver a pedir, reanudar) [conj.: *pedir*]. Volver a hacer o decir lo que se había hecho o dicho. ◆ v.tr. e intr. Volver a servirse de una misma comida. ◆ v.intr. Venir a la boca el sabor de lo que se ha comido o bebido. ◆ v.intr. y prnl. Suceder varias veces una misma cosa.

repicar v.tr. Tañer repetidamente un instrumento sonoro, especialmente las campanas en señal de alegría.

repintar v.tr. Pintar nuevamente algo. ◆ **repintarse** v.prnl. Maquillarse mucho o de forma exagerada.

repipi adj. y s.m. y f. Esp. *Fam.* Se dice de la persona, generalmente joven, afectada y que alardea de sus conocimientos.

repique s.m. Acción y efecto de repicar.

repiquete s.m. Repique vivo y rápido de campanas u otro instrumento sonoro.

repiquetear v.tr. e intr. Repicar con viveza las campanas u otro instrumento sonoro. **2.** Golpear repetidamente sobre algo haciendo ruido.

repiqueteo s.m. Acción de repiquetear.

repisa s.f. Estante para colocar cosas encima. **2.** ARQ. Elemento saliente de un muro que sirve de apoyo de algo o de adorno.

repisar v.tr. Volver a pisar o pisar insistentemente.

replantación s.f. Acción de replantar.

replantar v.tr. Volver a plantar. **2.** Plantar en un terreno algo distinto de lo que había plantado. **3.** Trasplantar una planta.

replanteamiento s.m. Acción de replantear. SIN.: *replanteo.*

replantear v.tr. Plantear de nuevo un asunto.

replay s.m. (voz inglesa). Repetición inmediata de un determinado fragmento de una transmisión televisiva. **2.** Aparato o dispositivo con el que se obtiene esta repetición.

repleción s.m. ASTRON. Heterogeneidad de un astro, que se traduce en un aumento local de su campo de gravitación. **2.** MED. Estado de un órgano que está lleno: *repleción gástrica.*

replegar v.tr. [conj.: *regar*]. Plegar o doblar muchas veces una cosa. **2.** Recoger algo. ◆ **replegarse** v.prnl. Retirarse de forma ordenada las tropas en combate.

repleto, a adj. (lat. *repletus,* p. de *replere,* de *plere,* llenar). Que está muy lleno. **2.** Se dice de la persona que ha comido demasiado.

réplica s.f. Acción de replicar. **2.** Expresión, escrito, gesto, etc., con que se replica. **3.** B. ART. Copia o reproducción de una obra de arte, ejecutada por el mismo autor o supervisada por él. **4.** DER. Alegación del juicio ordinario de mayor cuantía, que tiende a fijar con carácter definitivo los términos en que se plantea el litigio. ◇ **Dar la réplica** Intervenir en un diálogo con un actor que tiene un papel más importante. **Derecho de réplica** Derecho de los particulares a insertar en los periódicos respuestas o aclaraciones a noticias o informaciones aparecidas, que puedan afectar a sus personas.

replicación s.f. Mecanismo mediante el cual las moléculas de ADN o de ARN, en ciertos virus, se dividen para formar nuevas moléculas idénticas a las originales.

replicar v.intr. (lat. *replicare,* desplegar, desarrollar). Contestar a una respuesta o argumento. ◆ v.intr. y tr. Poner objeciones a lo que se dice o se ordena. **2.** DER. Presentar el escrito de réplica en una causa.

replicato s.m. Réplica con que una persona se opone a lo que otra dice o manda.

replicón, na adj. y s. *Fam.* Respondón.

repliegue s.m. Pliegue doble. **2.** GEOL. Pliegue secundario. **3.** MIL. Retirada ordenada de una tropa.

repoblación s.f. Acción y efecto de repoblar. <> **Repoblación forestal** Conjunto de trabajos para la regeneración de los montes explotados o de las zonas en que los árboles han sido destruidos o cortados.

repoblar v.tr. [conj.: *contar*]. Volver a poblar un lugar con habitantes, plantas, etc.

repodrir v.tr. y prnl. Repudrir. (Se usan solo el infinitivo y participio.)

OBS.: participio: *repodrido.*

repollo s.m. Yema, generalmente apical, de volumen considerable, constituida por numerosas hojas apiñadas en torno al punto vegetativo. **2.** Col de hojas grandes y muy juntas y forma redondeada.

repolludo, a adj. Que tiene forma de repollo. **2.** *Fig.* Se dice de la persona gruesa y baja.

reponer v.tr. [conj.: *poner*]. Asignar de nuevo a una persona o cosa el empleo, lugar o estado que antes tenía. **2.** Remplazar algo que falta o ha sido sacado de un lugar. **3.** Volver a escenificar o proyectar una obra ya estrenada anteriormente. **4.** Replicar, responder a un argumento. ◆ **reponerse** v.prnl. Recobrar la salud o la fuerza. **2.** Serenarse, tranquilizarse.

reportaje s.m. (fr. *reportage*). Trabajo periodístico sobre unos hechos, un personaje u otro tema con el testimonio lo más directo posible de los mismos. **2.** Trabajo periodístico de carácter documental que se emite por radio o televisión. <> **Reportaje gráfico** Trabajo fotográfico sobre un suceso o tema en una publicación periódica.

reportar v.tr. y prnl. Refrenar o moderar un impulso, pasión, etc. ◆ v.tr. Proporcionar una cosa consecuencias positivas o negativas.

repórter s.m. y f. (ingl. *reporter*) [pl. *reporters*]. Reportero.

reporterismo s.m. Oficio de reportero.

reportero, a s. y adj. (ingl. *reporter*). Periodista especializado en la elaboración de noticias o reportajes. <> **Reportero gráfico** Periodista que se ocupa del testimonio fotográfico de los acontecimientos.

repos s.m. Operación financiera en la que se ceden activos estableciendo un pacto de recompra.

reposacabezas s.m. (pl. *reposacabezas*). AUTOM. Accesorio colocado en la parte superior de los asientos de los vehículos de pasajeros, que sirve para apoyar la cabeza y protegerla en caso de choque frontal.

reposado, a adj. Tranquilo, pausado, sosegado.

reposapiés s.m. (pl. *reposapiés*). Pieza cubierta de caucho y adosada al cuadro de una motocicleta que sirve para apoyar los pies.

reposar v.intr. Dejar de trabajar o de realizar algún esfuerzo. **2.** Permanecer sin realizar una actividad. **3.** Dormir, generalmente durante poco tiempo. **4.** Yacer, estar enterrado en un lugar. ◆ v.intr. y prnl. Posarse, depositarse las partículas sólidas que están en suspensión en un líquido.

reposera s.f. Argent. y Par. Tumbona, silla de tijera con asiento y respaldo de lona.

reposición s.f. Acción y efecto de reponer o reponerse. **2.** Cosa que se repone, especialmente una película cinematográfica.

reposo s.m. Acción de reposar. **2.** Tranquilidad, ausencia de inquietud, de turbación. **3.** Estado de una cosa inactiva.

repostar v.tr. Reponer provisiones, combustible, etc.

repostería s.f. Oficio y arte de hacer pasteles y dulces. **2.** Establecimiento donde se hacen y venden estos productos. **3.** Conjunto de estos productos.

repostero, a s. Persona que tiene por oficio hacer dulces de repostería. ◆ s.m. Oficial palatino encargado del depósito donde se guardaban los objetos de uso personal del monarca o el señor feudal. **2.** Chile y Perú. Despensa.

reprender v.tr. (lat. *reprehendere,* coger, retener). Amonestar o mostrar disgusto a alguien por sus actos o su comportamiento.

reprensible adj. Que merece reprenderse.

reprensión s.f. Acción de reprender. **2.** Expresión o palabras con que se reprende. **3.** DER. PEN. Pena que se ejecuta amonestando al reo.

represa s.f. OBR. PÚBL. **a.** Estanque, contención de agua mediante un muro, obstáculo o barrera. **b.** Presa, construcción para detener y controlar un curso de agua.

represalia s.f. Acción hostil contra alguien como réplica a un daño recibido. **2.** Medida tomada para llevar a término dicha réplica.

represar v.tr. y prnl. Detener o estancar un curso de agua para formar un embalse o una presa. **2.** *Fig.* Contener, reprimir.

representación s.f. Acción de representar, especialmente una obra de teatro. **2.** Hecho de representar a otra persona o colectividad: *tiene la representación del gobierno.* **3.** Persona o conjunto de personas que representan a una colectividad o entidad. **4.** Cosa que representa a otra. **5.** Imagen mental que se hace alguien de algo. **6.** Súplica o petición que se dirige a un superior. **7.** Autoridad, importancia o categoría de una persona en un medio social. **8.** Sistema de expresión de la voluntad popular por el que una colectividad delega en unos candidatos, representativos de un programa y política determinados, el ejercicio de las funciones y las decisiones inherentes al poder político. **9.** MAT. Correspondencia entre los elementos de dos conjuntos. <> **En representación de** Representando a la persona, entidad o corporación que expresa.

representante adj. y s.m. y f. Se dice de la persona o cosa que representa a otra. ◆ s.m. y f. Agente que representa a una casa comercial y vende sus productos. **2.** Persona que gestiona los contratos y asuntos profesionales de deportistas, artistas, etc. **3.** Actor o actriz. <> **Representante del pueblo** Diputado.

representar v.tr. Ser imagen, imitación o símbolo de algo. **2.** Ejecutar una obra de teatro. **3.** Hacer un determinado papel en una obra teatral o cinematográfica. **4.** Actuar en nombre de otra persona o colectividad: *representar al presidente de la junta.* **5.** Aparentar una persona determinada edad: *no representar cincuenta años.* **6.** Significar, implicar, suponer. ◆ v.tr. y prnl. Evocar, hacer presente a alguien o algo en la mente: *representarse una situación vivida.*

representativo, a adj. Que representa o puede representar a otra persona o cosa: *asamblea representativa.* **2.** Característico, que tiene unas cualidades distintivas. <> **Régimen representativo** Forma de gobierno en la que el pueblo delega en un parlamento el ejercicio del poder legislativo.

represión s.f. Acción y efecto de reprimir o reprimirse. **2.** Acto o conjunto de actos violentos, ejercidos generalmente desde el poder, para contener o castigar actividades políticas o sociales. **3.** PSICOL. Rechazo de un acto o tendencia psíquica que una persona efectúa inconscientemente por considerarlos inadmisibles.

represivo, a adj. Que reprime o tiene como finalidad reprimir: *medidas represivas.*

represor, ra adj. y s. Que reprime: *el ejército represor.*

reprimenda s.f. Reprensión, acción de reprender a alguien o palabras con que se reprende.

reprimir v.tr. y prnl. (lat. *reprimere*). Impedir que se manifieste un impulso o sentimiento: *reprimir el llanto.* **2.** Impedir que se produzca o se desarrolle una acción, generalmente con el uso de la fuerza: *reprimir un levantamiento político.*

reprís s.m. (del fr. *reprise,* reposición). Paso rápido de un régimen bajo de motor a un régimen superior. SIN.: *reprise.*

reprise s.f. (voz francesa). Reposición, especialmente de una obra teatral o cinematográfica. **2.** Reprís.

reprivatización s.f. Proceso de privatización de una empresa o actividad productiva que había sido expropiada por el poder público.

reprivatizar v.tr. Proceder a una reprivatización.

reprobación s.f. Acción y efecto de reprobar.

reprobar v.tr. (lat. *reprobare*) [conj.: *contar*]. Censurar o desaprobar una cosa o la conducta de una persona. **2.** Argent., Chile y Méx. No aprobar un curso o examen.

réprobo, a adj. y s. (lat. *reprobus*). Condenado al infierno, según la religión católica.

reprochar v.tr. y prnl. Expresar disgusto a alguien por su comportamiento, mediante quejas y críticas.

reproche s.m. (fr. *reproche*). Acción de reprochar o reprocharse. **2.** Expresión con que se reprocha.

reproducción s.f. Acción y efecto de reproducir o reproducirse. **2.** Copia o imitación, especialmente de una obra literaria o artística. **3.** Función mediante la cual los seres vivos engendran otros de su misma especie. ◇ **Derechos de reproducción** Derechos del autor o propietario de una obra literaria o artística que le autorizan a controlar la difusión de la misma o a sacar beneficio de ella. **Reproducción asistida** MED. Reproducción mediante técnicas como la inseminación artificial, fecundación in vitro, etc., generalmente para paliar las dificultades o incapacidad de la pareja para la fecundación. SIN.: *procreación asistida.*

reproducción

La capacidad para reproducirse es una de las características básicas que definen la materia viva, por oposición a las estructuras inertes. Las células se reproducen por simple división (escisiparidad: bacterias) o mediante el proceso complejo de la mitosis (células eucarióticas). La sexualidad, forma superior de la reproducción, se caracteriza por la existencia de gametos, células reproductoras especializadas. La fusión de dos gametos da lugar a una única célula con dotación cromosómica completa, el cigoto o huevo fecundado. La reproducción puede realizarla un solo individuo cuando este es bisexuado; sin embargo, en la mayoría de los casos, la reproducción es biparental, con fecundación externa (algas, erizos de mar, numerosos peces) o interna (con acoplamiento, en el caso de los animales terrestres, o polinización, en el de las plantas terrestres). El producto expulsado por el organismo materno puede ser una semilla, un huevo o un individuo diferenciado.

reproducir v.tr. y prnl. [conj.: *conducir*]. Producir algo de nuevo. ◆ v.tr. Sacar copia de una obra de arte, objeto arqueológico, etc., por diversos procedimientos. **2.** Repetir algo que se había dicho antes. **3.** TECNOL. Trabajar un material para obtener un objeto de formas complejas, utilizando plantillas de reproducción o copias para guiar la herramienta. ◆ **reproducirse** v.prnl. Procrear, engendrar individuos de la misma especie. ◇ **Máquina de reproducir** Máquina que permite ejecutar una pieza similar a un modelo dado con un coeficiente de ampliación o de reducción diferente de la unidad.

reproductivo, a adj. Que produce mucho provecho o beneficio.

reproductor, ra adj. Relativo a la reproducción: *aparato reproductor.* **2.** Que reproduce. **3.** Se dice del reactor nuclear de neutrones rápidos que produce en su núcleo una cantidad de combustible mayor que la que se consume. ◆ s.m. Altavoz, aparato que emite ondas acústicas. **2.** Animal seleccionado para reproducirse y mejorar la raza.

reprografía s.f. Conjunto de técnicas destinadas a la reproducción de documentos.

reps s.m. (fr. *reps*). Tejido acanalado de algodón, seda o lana, usado en tapicería.

reptación s.f. Modo de locomoción animal en que el cuerpo avanza sobre una superficie sin la ayuda de las extremidades.

reptar v.intr. (lat. *reptare*). Avanzar arrastrando el cuerpo por una superficie, como lo hacen los reptiles y otros animales.

reptil o **réptil** adj. y s.m. (lat. *reptile,* de *repere,* andar arrastrándose). Relativo a una clase de vertebrados poiquilotermos de respiración pulmonar, con el cuerpo cubierto de escamas córneas, la piel desprovista prácticamente de glándulas y con las extremidades muy cortas, terminadas en garras pentadáctilas (lagartos) o sin extremidades (serpientes).

reptil

Los reptiles son animales generalmente ovíparos, con respiración aérea desde su eclosión. Su piel está reforzada con resistentes láminas dérmicas (caparazón de las tortugas, de los grandes lacertillos). En el caso de las serpientes, este revestimiento se renueva en cada muda. En los reptiles puede darse ausencia de patas (serpientes) o por el contrario su presencia puede permitirles una gran movilidad (lagartos). Los reptiles se distribuyen por todo el globo. Entre ellos se han clasificado numerosas formas fósiles, algunas de las cuales miden hasta 30 m de longitud. Entre los reptiles actuales, se distinguen cuatro grandes grupos: *lacertilios* (lagartos), *ofidios* (serpientes), *quelonios* (tortugas) y *crocodilianos* (cocodrilos).

república s.f. (del lat. *res publica,* la cosa pública, aplicado al gobierno de Roma). Forma de gobierno en la que existe la separación de poderes y el pueblo o una representación elige por votación a sus gobernantes. **2.** Estado con esta forma de gobierno.

república

El término *república* apareció en el s. VI en Roma, y se aplicó en la edad media a ciertos regímenes aristocráticos (Venecia), antes de referirse en el s. XVIII a una realidad más democrática (Estados Unidos, Francia). Adoptada por regímenes políticos diversos, la república no indica necesariamente democracia (de la misma manera que la democracia no supone república por fuerza).

republicanismo s.m. Cualidad de republicano.

republicano, a adj. Relativo a la república: *régimen republicano.* ◆ adj. y s. Que es ciudadano de una república. **2.** Partidario de la república.

repudiar v.tr. (lat. *repudiare*). Rechazar algo, no aceptarlo, especialmente por considerarlo moralmente condenable: *repudiar la violencia.* **2.** Rechazar algo a lo que se tiene derecho: *repudiar una herencia.* **3.** Rechazar legalmente el marido a su mujer.

repudio s.m. (lat. *repudium*). Acción y efecto de repudiar el marido a su mujer.

repudrir v.tr. y prnl. Pudrir mucho. ◆ **repudrirse** v.prnl. *Fam.* Consumirse interiormente, sufrir a causa de una pena o disgusto que no se exterioriza.

OBS.: participio: *repodrido.*

repuesto s.m. Provisión de cosas guardadas para usarlas cuando se necesiten. **2.** Recambio, pieza de un mecanismo que sirve para sustituir a otra que ya no es útil: *repuestos para el automóvil.* ◇ **De repuesto** Se dice de una cosa que sirve para sustituir la que deja de ser útil: *rueda de repuesto.*

repugnancia s.f. Sensación física muy desagradable provocada por algo que produce repulsión. **2.** Sentimiento de rechazo hacia una persona o cosa por razones morales.

repugnante adj. Que repugna.

repugnar v.intr. (lat. *repugnare,* luchar contra algo). Causar repugnancia. ◆ v.tr. Contradecir o negar una cosa. **2.** Sentir repugnancia o aversión hacia una cosa. ◆ v.tr. y prnl. Ser opuesta o contradecir una cosa a otra.

repujado s.m. Procedimiento para decorar el cuero y el metal, que consiste en labrar figuras en relieve con ayuda de un buril o punzón especial. **2.** Obra realizada de este modo. **3.** TECNOL. Operación de modelado o conformación en frío de piezas metálicas huecas, de pared delgada, cuya superficie tiene un eje de revolución.

repujar v.tr. Efectuar un repujado.

repulgar v.tr. (de *pulgar,* dedo que se usa al coser). Hacer un repulgo.

repulgo s.m. Dobladillo o costura estrecho hecho en la ropa. **2.** Punto para coser dobladillos muy menudo y espeso. **3.** Adorno hecho en el borde de las empanadillas o los pasteles para que no salga el relleno. ◆ **repulgos** s.m.pl. *Fig. y fam.* Remilgos, escrúpulos ridículos.

repulsa s.f. (lat. *repulsa*). Condenación enérgica de algo o de alguien. **2.** Reprimenda dura.

repulsión s.f. Acción y efecto de repeler.

repulsivo, a adj. Que causa repulsión.

repuntar v.intr. Argent. y Urug. Reunir el ganado que está disperso. **2.** Argent. y Urug. Volver a cobrar impulso un hecho o fenómeno cuya intensidad había disminuido. **3.** Argent. y Urug. *Por ext.* Recuperar alguien o algo una posición favorable.

repunte s.m. ECON. Subida de las cotizaciones de la bolsa de valores.

reputación s.f. Opinión que se tiene sobre alguien o algo, generalmente por sus aptitudes o sus cualidades morales.

reputar v.tr. y prnl. (lat. *reputare,* calcular). Estimar, juzgar que alguien o algo es de cierta manera. **2.** Apreciar un mérito.

requebrar v.tr. [conj.: *pensar*]. Lisonjear a alguien, especialmente a una mujer, alabando sus atractivos.

requemar v.tr. y prnl. Volver a quemar o quemar en exceso algo. **2.** Causar ardor en la boca alguna sustancia. ◆ v.tr. Secar las plantas, haciéndoles perder su verdor. ◆ **requemarse** v.prnl. Tener resentimientos sin exteriorizarlos.

requerimiento s.m. Acción y efecto de requerir o requerirse. **2.** DER. **a.** Comunicación de un juez o tribunal por la que se intima a una persona para que, en cumplimiento de una resolución, ejecute, o se abstenga de hacerlo, un acto ordenado en ella. **b.** Aviso, manifestación o pregunta que se hace, generalmente bajo fe notarial, a alguna persona para que declare su actitud o dé su respuesta. **3.** HIST. Documento leído por los españoles a los indígenas de las Indias antes de emprender una expedición, en el que se les exhortaba a aceptar a su nuevo soberano y adoptar el cristianismo.

requerir v.tr. y prnl. (lat. *requirere*) [conj.: *sentir*]. Necesitar: *este problema requiere un análisis detallado.* ◆ v.tr. Comunicar o exigir a alguien que haga algo. **2.** Solicitar el amor de una persona.

requesón s.m. Masa blanca y mantecosa que se obtiene cuajando la leche y eliminando el suero mediante un molde. **2.** Cuajada que se obtiene de los residuos de la leche que quedan después de la elaboración del queso.

requeté s.m. Esp. Cuerpo armado de voluntarios del carlismo. **2.** Esp. Persona afiliada a este cuerpo.

requetebién adv.m. *Fam.* Muy bien, espléndidamente.

requiebro s.m. Expresión con que se requiebra a alguien.

réquiem s.m. (pl. *réquiem* o *réquiems*). Plegaria de la Iglesia católica por los muertos. **2.** Composición musical para cantar esta plegaria.

requilorio s.m. Adorno o complemento innecesario o excesivo. **2.** *Fam.* Rodeo innecesario para decir algo.

requinto s.m. HIST. Servicio extraordinario impuesto a los indios en Perú y en otras provincias americanas, durante el reinado de Felipe II, que consistía en la quinta parte de sus contribuciones ordinarias. **2.** MÚS. **a.** Clarinete pequeño y de tono agudo, que se usa en las bandas de música. **b.** Guitarra pequeña típica de Colombia y Venezuela.

requirente adj. y s.m. y f. Que requiere.

requisa s.f. (del fr. *réquisition*). Acción de requisar. **2.** Inspección de las personas o materiales de un establecimiento.

requisar v.tr. Expropiar una autoridad, especialmente el ejército, bienes particulares para utilizarlos. **2.** Confiscar una autoridad algo que se considera ilegal.

requisito s.m. Condición o circunstancia necesaria para una cosa.

requisitoria s.f. DER. Requerimiento judicial que expide el juez instructor para citar o emplazar al acusado de un delito.

requisitorio, a adj. y s.f. Se dice del despacho con que un juez requiere a otro para que ejecute un mandato expedido por el requirente.

res s.f. Animal cuadrúpedo doméstico de ganado vacuno, lanar, etc., o salvaje, como el jabalí, el venado, etc.

resabiar v.tr. y prnl. Hacer adquirir a alguien un vicio o mala costumbre.

resabido, a adj. y s. Se dice de la persona que alardea de sus conocimientos.

resabio s.m. (lat. *resapidus*). Vicio o mala costumbre que alguien tiene o adquiere. **2.** Sabor desagradable que deja una cosa después de tomarla.

resaca s.f. (de *1. saca*). Movimiento de retroceso de las olas. **2.** Malestar que se siente al día siguiente de haber consumido alcohol o drogas en exceso. **3.** Reflujo de la marea.

resalado, a adj. *Fam.* Que es gracioso y simpático.

resaltado, a adj. HERÁLD. Se dice de la pieza o figura que carga sobre otra, sin encerrarse en ella.

resaltador s.m. Argent. Marcador, instrumento para escribir o dibujar.

resaltar v.intr. Sobresalir una cosa o parte de ella más que el resto o lo que está a su lado. **2.** *Fig.* Destacar una persona o una cosa entre otras. ◆ v.tr. Hacer que alguien o algo destaque.

resalte s.m. Resalto, saliente.

resalto s.m. Acción y efecto de resaltar. **2.** Parte que sobresale de una superficie: *resalto de una pared.*

resarcimiento s.m. Acción y efecto de resarcir o resarcirse.

resarcir v.tr. y prnl. Indemnizar o compensar a una persona por haberle causado un gasto, una pérdida o un agravio.

resbaladilla s.f. Méx. Resbalín, tobogán.

resbaladizo, a adj. Se dice del lugar en que es fácil resbalar. **2.** Que se resbala o se escurre fácilmente. **3.** *Fig.* Se dice de algo que puede llevar a incurrir en un error o torpeza.

resbaladura s.f. Señal o huella que queda después de haber resbalado.

resbalar v.intr. y prnl. Deslizarse sobre una superficie, generalmente con lentitud o suavidad: *las gotas resbalan por el cristal.* **2.** Patinar sobre una superficie lisa, húmeda o helada, perdiendo el equilibrio o el control. **3.** *Fig.* Incurrir en un desliz o error. **4.** *Fig.* No interesar o no importar algo a alguien: *me resbala este asunto.*

resbalín s.m. Chile. Tobogán pequeño para los niños.

resbalón s.m. Acción de resbalar o resbalarse. **2.** *Fig.* Falta o equivocación que alguien comete. **3.** Movimiento que se hace al resbalar. **4.** Cerradura con un pestillo que queda encajado por la presión de un resorte.

rescatar v.tr. Recuperar, por un precio convenido o mediante la fuerza, a alguien o algo que estaba en poder de otro. **2.** *Fig.* Liberar a alguien o algo del peligro, trabajo u opresión en que se hallaba.

rescate s.m. Acción de rescatar. **2.** Precio que se paga para rescatar a alguien.

rescindir v.tr. Dejar sin efecto un contrato o una obligación por decisión de una o ambas partes.

rescisión s.f. Acción de rescindir.

rescoldo s.m. Brasa conservada entre la ceniza. **2.** *Fig.* Resto que queda de un sentimiento que ha sido muy intenso.

resecar v.tr. CIR. Efectuar la resección de un órgano.

resección s.f. CIR. Extirpación total o parcial de un órgano o tejido.

reseco, a adj. Que está demasiado seco. **2.** Flaco, delgado. ◆ s.m. Sensación de sequedad o molestia en la boca.

reseda s.f. (lat. *reseda*). Planta herbácea de flores amarillentas pequeñas agrupadas en espigas o racimos. (Familia resedáceas.) **2.** Flor de esta planta. (De la reseda amarilla se extrae un tinte amarillo.).

resellar v.tr. Volver a sellar una cosa.

resello s.m. Acción y efecto de resellar.

resentido, a adj. y s. Que tiene resentimiento.

resentimiento s.m. Sentimiento contenido y hostil de la persona que se cree maltratada hacia el autor del mal trato.

resentirse v.prnl. [conj.: *sentir*]. Sentir dolor o molestia a consecuencia de un daño o enfermedad pasados: *todavía se resiente del estómago.* **2.** Empezar a estar afectado el buen estado o el funcionamiento de una cosa por acción de otra. **3.** *Fig.* Sentir disgusto o pena por algo.

reseña s.f. Acción y efecto de reseñar. **2.** Artículo o escrito breve de una publicación periódica en que se describe algo o se da noticia sobre ello. **3.** Información crítica o comentario sobre una obra literaria, artística o científica.

reseñar v.tr. Describir algo brevemente por escrito. **2.** Hacer una reseña crítica. **3.** Describir a una persona, animal o cosa con sus señas características.

resero s.m. Argent. y Urug. Arreador de reses destinadas al consumo de la población y al aprovechamiento industrial.

reserpina s.f. Alcaloide extraído de una planta de la familia apocináceas, utilizado por sus propiedades hipotensoras.

reserva s.f. Acción de reservar. **2.** Documento o anotación que acredita que alguien puede disponer de cierta cosa o cierto derecho: *el revisor pidió la reserva del billete.* **3.** Conjunto de cosas que se tienen guardadas para cuando sean necesarias: *reserva de víveres.* **4.** Acción de callar alguna cosa por discreción o prudencia. **5.** Actitud de no aceptar completamente una cosa o de no manifestar abierta o totalmente una idea, afecto, estado de ánimo, etc. **6.** Excepción que se hace o condición que se pone a un trato o promesa: *aceptar algo con reserva.* **7.** Territorio reservado a los indios en EUA y Canadá, y que está sometido a un régimen especial. **8.** Territorio delimitado y protegido jurídicamente para preservar ciertas especies animales o vegetales amenazadas de desaparición, a las que alberga de manera permanente o temporal. **9.** ART. GRÁF. y PINT. Parte que se deja en blanco, en algunos procedimientos de pintura, de dibujo y grabado. **10.** DER. Cláusula contractual que permite a alguna de las partes determinadas facultades, incluso el desistimiento del contrato. **11.** MIL. **a.** Situación de las personas sujetas a las obligaciones militares legales, que empieza al término de la situación de actividad. **b.** Situación a la que pasan los generales al término de la actividad y que equivale al retiro en los empleos inferiores. **12.** REL. Acción de reservar el Santísimo Sacramento. **13.** TECNOL. Porción de superficie que se protege con un agente para preservarla momentáneamente de la acción de un tratamiento, operación, etc., que se efectúa en las partes circundantes. ◆ s.m. y f. Suplente. ◆ **reservas** s.f.pl. Cantidad de petróleo recuperable en un yacimiento. ◇ **Reserva alcalina** FISIOL. Cantidad de bicarbonatos alcalinos existentes en la sangre y que se expresa por el volumen porcentual de gas carbónico que puede liberarse en un volumen determinado de plasma. **Reserva mental** DER. Acto por el que la manifestación de voluntad en un negocio jurídico está condicionada o anulada en la mente del agente por el propósito de no aceptar la obligación que se contrae. **Reserva natural** Territorio delimitado y protegido jurídicamente para proteger ciertas especies amenazadas, a las que alberga de forma permanente o temporal. (A menudo están incluidas en los *parques nacionales e incluso pueden identificarse con ellos.) **Reservas monetarias** Conjunto de medios de pago internacionales de que dispone un país. **Reservas nutritivas** Sustancias dotadas de valor calórico que acumula el organismo para facilitar la nutrición en caso de posible déficit alimenticio. **Sin reservas** Abierta o incondicionalmente.

reservación s.f. Amér. Reserva de billetes, habitaciones, etc.

reservado, a adj. Cauteloso, callado. **2.** Que se reserva o debe reservarse. ◆ s.m. Compartimento destinado a personas que quieren estar aisladas.

reservar v.tr. y prnl. (lat. *reservare*). Apartar o guardar una cosa para alguien o para otro momento u ocasión. **2.** Dejar de decir o hacer una cosa para decirla o hacerla más adelante: *reservar la opinión.* ◆ v.tr. Encargar con anticipación billetes, entradas, habitaciones, etc. **2.** REL. Ocultar el Santísimo Sacramento que estaba expuesto. ◆ **reservarse** v.prnl. Esperar una ocasión más propicia para hacer o decir algo.

reservista adj. y s.m. Se dice de la persona que está en situación de reserva dentro del ejército.

reservón, na adj. *Fam.* Se dice de la persona excesivamente reservada. **2.** TAUROM. Se dice del toro cauteloso y que no acude a las suertes.

reservorio s.m. HIDROL. Embalse donde se acumula el agua para su utilización posterior.

resfriado s.m. Enfermedad de las vías respiratorias altas, caracterizada por un exceso de mucosidad e irritación de la garganta.

resfriar v.tr. y prnl. [conj.: *desviar*]. Causar un resfriado.

resfrío s.m. Resfriado.

resguardar v.tr. y prnl. Defender o proteger.

resguardo s.m. Acción de resguardar o resguardarse. **2.** Lugar o cosa que sirve para resguardar o resguardarse. **3.** Documento que acredita haber realizado determinada gestión, pago o entrega: *resguardo de matrícula.* **4.** HIST. Territorio que los españoles entregaban a los indios peruanos y en el que estos se regían por sus propios cabildos y alcaldes.

residencia s.f. Acción de residir. **2.** Lugar en que se reside: *fijó su residencia en Madrid.* **3.** Casa, vivienda, especialmente si es lujosa. **4.** Casa o conjunto de edificios en los que conviven personas afines por sexo, estado, edad, y que tienen una reglamentación: *residencia de estudiantes.* **5.** Conjunto de viviendas familiares independientes para personas de una misma profesión, o afines por algún concepto: *residencia de profesores.* **6.** Establecimiento de hostelería donde se alojan viajeros o clientes regulares en régimen de pensión. **7.** Centro hospitalario en el que se pueden internar enfermos o heridos.

residencial adj. Se dice del barrio de una ciudad destinado a residencias, generalmente lujosas.

residenciar v.tr. Investigar un juez la conducta de otro juez u otra persona en el ejercicio de un cargo público. **2.** Pedir cuentas a alguien sobre el cargo que ejerce.

residente adj. y s.m. y f. Que reside en determinado lugar. ◆ s.m. HIST. Cargo colonial importante en los ss. XIX y XX. **2.** INFORMÁT. Conjunto de rutinas del sistema operativo que permanecen siempre en memoria central.

residir v.intr. (lat. *residere*). Vivir habitualmente en un lugar. **2.** *Fig.* Estar basada una cosa en otra, consistir.

residual adj. Relativo al residuo. **2.** GEOL. Se dice del residuo de una roca o de un terreno preexistente, del que una parte de la materia ha sido separada por disolución o por otro medio: *arcilla residual; grava residual.* ◇ **Relieve residual** GEOGR. Relieve de una región de penillanura que ha sido preservado de la erosión.

residuo s.m. (lat. *residuus,* que queda, que resta). Parte que queda de un todo después de haber quitado otra o más partes. **2.** Material inservible que queda después de haber realizado algún trabajo u operación. (Suele usarse en plural.) **3.** MAT. Resto de una división o de la extracción de una raíz. ◇ **Método de residuo** Método de investigación preconizado por J. Stuart Mill, que consiste en excluir de un fenómeno las partes cuyas causas se conocen para poder encontrar, por eliminación, las causas de las partes restantes. **Residuos radiactivos** Radioelementos inutilizables que se acumulan en un reactor nuclear.

resigna s.f. DER. CAN. Renuncia a un beneficio eclesiástico.

resignación s.f. Acción de resignar o resignarse. **2.** Paciencia o conformidad ante las dificultades o adversidades.

resignar v.tr. (lat. *resignare,* romper el sello que cierra algo). Entregar una autoridad el mando a otra que la releva o sucede. **2.** Renunciar a un beneficio eclesiástico a favor de otro. ◆ **resignarse** v.prnl. Conformarse ante un acontecimiento que no puede remediarse o una circunstancia adversa.

resignatario s.m. Persona en quien se resigna un cargo.

resiliencia s.f. MEC. Índice de resistencia al choque de un material. **2.** PSICOL. Capacidad que tiene una persona para superar circunstancias traumáticas como la muerte de un ser querido, un accidente, etc.

resina s.f. (lat. *resina*). Sustancia viscosa segregada por determinados vegetales, como las coníferas y las terebintáceas, que se solidifica con el aire y es insoluble en el agua y soluble en alcohol. ◇ **Resina sintética** Producto artificial dotado de propiedades análogas a las de la resina natural.

resinación s.f. Extracción de la resina de los pinos, mediante incisiones hechas en el tronco.

resinar v.tr. Efectuar la resinación.

resinero, a adj. Relativo a la resina: *industria resinera.* ◆ s. Persona que tiene por oficio resinar los pinos.

resinífero, a adj. Que produce resina.

resinoso, a adj. Que tiene resina o se parece a ella.

resistencia s.f. Acción de resistir o resistirse. **2.** Capacidad para resistir. **3.** Fuerza que se opone a la acción de otra. **4.** ELECTR. **a.** Cociente entre la diferencia de potencial aplicada a las extremidades de un conductor y la intensidad de corriente que produce, cuando el conductor no es la sede de una fuerza electromotriz. **b.** Conductor en el que toda la energía de la corriente eléctrica se transforma en calor por el efecto Joule y no comprende ninguna fuerza electromotriz. **5.** MEC. Fuerza que se opone al movimiento. ◇ **Resistencia del aire** MEC. Fuerza que el aire opone al desplazamiento de un cuerpo. **Resistencia de materiales** Parte de la mecánica que estudia las dimensiones de los elementos de una construcción para determinar los esfuerzos que tendrán que soportar. **Resistencia pasiva** Método de oposición al poder establecido, consistente en la desobediencia a determinadas normas y en no colaborar con este. **Resistencia pura,** o **muerta** Conductor en el que toda la energía de la corriente eléctrica se transforma en calor por efecto Joule, sin producir fuerza electromotriz. **Sólido de igual resistencia** Forma bajo la cual un cuerpo sometido a una acción exterior soporta esfuerzos iguales en todas sus partes.

resistente adj. Que resiste o se resiste. ◆ adj. y s.m. y f. Que es miembro de la Resistencia.

resistir v.intr., tr. y prnl. (lat. *resistere*). Oponer un cuerpo una fuerza suficiente para no ceder a la acción de otra: *el dique resistió la riada.* **2.** Soportar un ataque, la voluntad de alguien, un impulso, etc., sin dejarse vencer. ◆ v.tr. Aguantar, soportar una molestia.

resistividad s.f. ELECTR. Característica de un conductor, numéricamente igual a la resistencia de un cilindro de esta sustancia de longitud y de sección iguales a la unidad.

resma s.f. (ár. *rízma,* paquete, haz). Conjunto de veinte manos de papel (500 pliegos).

resmilla s.f. Paquete de veinte cuadernillos (100 pliegos) de papel de cartas.

resol s.m. Reverberación del sol. **2.** Luz y calor producidos por esta reverberación.

resolana s.f. Amér. Luz y calor producidos por la reverberación del sol.

resollar v.intr. [conj.: *contar*]. Respirar, especialmente de manera fuerte y ruidosa. **2.** *Fig. y fam.* Hablar. (Se usa en frases negativas.)

resolución s.f. Acción y efecto de resolver o resolverse. **2.** Solución de un problema. **3.** Decisión que se toma en algo que plantea dudas. **4.** Firmeza de carácter, valor. **5.** Calidad de imagen que ofrece una pantalla según el número de columnas de puntos de luz que presenta. **6.** Prontitud, viveza en sus decisiones o actos. **7.** MED. Curación de una enfermedad, en especial de un estado inflamatorio, sin que haya supuración. ◇ **Poder,** o **límite, de resolución** Intervalo suficiente entre dos elementos para que estos se puedan separar por un instrumento de observación o reproducción. **Resolución de un acorde** MÚS. Forma satisfactoria para el oído de encadenar un acorde disonante con el siguiente. **Resolución de una ecuación** MAT. Determinación de las raíces de esta ecuación. **Resolución de un triángulo** MAT. Cálculo de los elementos de un triángulo a partir de tres de dichos elementos. **Resolución judicial** Decisión o providencia que pronuncia un juez o tribunal en una causa.

resolutivo, a adj. Que resuelve. ◆ adj. y s.m. FARM. Se dice del medicamento que influye de modo directo y rápido en la resolución de un proceso patológico.

resolutorio, a adj. Que motiva o denota resolución.

resolver v.tr. y prnl. [conj.: *mover*]. Encontrar la solución a un problema, duda o dificultad. **2.** Tomar una resolución, decidir: *resolvieron volver a casa.* ◆ v.tr. Hacer que una cosa finalice o se solucione. **2.** Deshacer, disgregar. **3.** MED. Curar una enfermedad o hacer desaparecer sus síntomas. ◆ **resolverse** v.prnl. Convertirse una cosa en otra de menor importancia.

OBS.: participio: *resuelto.*

resonador, ra adj. Que resuena. ◆ s.m. FÍS. Aparato que vibra por resonancia.

resonancia s.f. Sonido producido por repercusión de otro. **2.** Prolongación o amplificación del sonido que se va reproduciendo por grados. **3.** *Fig.* Divulgación que adquiere algo, especialmente un hecho, una noticia, etc. **4.** FÍS. **a.** Aumento elevado de la amplitud de una oscilación bajo la influencia de una acción periódica de una frecuencia próxima. **b.** Estado inestable de un sistema de partículas elementales en interacción. **5.** QUÍM. Teoría según la cual determinadas moléculas orgánicas solo pueden ser representadas por un conjunto de estructuras que solo difieren por la localización de los electrones. ◇ **Resonancia eléctrica** FÍS. Fenómeno de resonancia que se produce en un circuito oscilante cuando está alimentado por una tensión alterna de frecuencia próxima a su propia frecuencia. **Resonancia magnética** Método de análisis espectroscópico basado en las transiciones inducidas entre los niveles de energía magnética de un átomo, de un ion o de una molécula.

resonante adj. Que resuena. **2.** FÍS. Que puede entrar en resonancia.

resonar v.intr. [conj.: *contar*]. Producir resonancia. **2.** *Fig.* Tener resonancia una noticia, suceso, etc.

resoplar v.intr. Respirar violentamente y con ruido.

resoplido s.m. Acción y efecto de resoplar. **2.** *Fig. y fam.* Respuesta brusca.

resorcina s.f. Difenol derivado del benceno.

resorte s.m. Pieza elástica en espiral que recobra su posición natural después de haber sido doblada, estirada o comprimida, desarrollando una fuerza utilizada en ciertos mecanismos e instrumentos. **2.** Fuerza que proporciona un impulso necesario para algo. **3.** *Fig.* Medio de que alguien se vale para conseguir algo.

resortera s.f. Méx. Horquilla con una tira elástica sujeta a cada uno de sus extremos que se estira para disparar piedras, perdigones, etc., a modo de proyectiles. GEOSIN.: Argent. *gomera;* Esp. *tirachinas.*

1. **respaldar** v.tr. y prnl. Dar apoyo o garantía. ◆ v.tr. Poner una nota en el respaldo de un escrito. ◆ **respaldarse** v.prnl. Apoyarse en el respaldo de un asiento.

2. **respaldar** s.m. Respaldo.

respaldo s.m. Acción de respaldar: *no lo conseguirás sin el respaldo del partido.* **2.** Parte de un asiento en que se apoya la espalda. **3.** Vuelta o parte posterior de un papel escrito en que se anota alguna cosa. **4.** Anotación hecha en esta parte posterior.

respectar v.intr. Atañer, concernir. (Solo frecuente en las locuciones *en lo que respecta a* y *por lo que respecta a.*)

respectivo, a adj. Se dice del elemento de una serie o conjunto que se corresponde con otro de otra serie o conjunto: *estaban situados en sus respectivos asientos.*

respecto s.m. (lat. *respectus, -us,* acción de mirar atrás). Relación. ◇ **Al respecto** En relación con el asunto o cosa de que se trata. **(Con) respecto a** o **respecto de** En relación con, por lo que corresponde a.

résped s.m. *Fig.* Intención malévola en algo que se dice. **2.** Lengua de la culebra o de la víbora. **3.** Aguijón de la abeja o de la avispa.

respetabilidad s.f. Cualidad de respetable.

respetable adj. Digno de respeto. **2.** Que es considerable por su magnitud: *distancia respetable.* <> **El respetable** *Fam.* Público de un espectáculo.

respetar v.tr. (lat. *respectare,* mirar atrás). Tener respeto por alguien o algo. **2.** Tratar con respeto a alguien o algo: *respetar sus opiniones.* **3.** Cumplir leyes o normas. **4.** Conservar una cosa sin dañarla.

respeto s.m. Actitud de tolerancia o aceptación hacia alguien o algo que se considera digno. **2.** Sentimiento o actitud deferente o sumisa con que se trata algo o a alguien, por alguna cualidad o estado. **3.** *Fam.* Miedo. <> **Campar por sus respetos** Obrar alguien a su antojo. **Presentar respetos a alguien** Transmitir manifestaciones de cortesía y consideración. **Respeto humano** Consideración y temor excesivos a la opinión de los demás que impiden actuar según las propias convicciones.

respetuoso, a adj. Que tiene o expresa respeto hacia alguien o algo.

réspice s.m. (lat. *respice,* imperativo de *rescipere,* mirar). *Fam.* Reprensión enérgica y breve. **2.** *Fam.* Contestación seca y desagradable.

respingar v.intr. (del cruce de *respendar,* echar coces, y *respigar,* suspirar). Sacudirse y gruñir un animal. ◆ v.intr. y prnl. *Fam.* Levantarse el borde de una prenda de vestir por estar mal hecha o mal colocada.

respingo s.m. Sacudida violenta del cuerpo a causa de un sobresalto o sorpresa. **2.** Acción y efecto de respingar. **3.** Acortamiento indebido de una parte de una prenda de vestir. **4.** *Fam.* Contestación seca y desagradable. **5.** *Fam.* Reprensión enérgica y breve. **6.** Chile. Frunce, arruga. **7.** TAUROM. Huida muy brusca del toro.

respingón, na adj. Se dice de la nariz que tiene la punta un poco hacia arriba.

respirable adj. Que se puede respirar sin dañar la salud.

respiración s.f. Acción de respirar. **2.** Función de los seres vivos mediante la cual absorben oxígeno y expulsan dióxido de carbono. **3.** Ventilación de un lugar u otra cosa cerrados. <> **Respiración artificial** Método de tratamiento de la asfixia y de las parálisis respiratorias consistente en provocar manualmente o con aparatos las contracciones de la caja torácica y restablecer así la circulación del aire en los pulmones. **Respiración celular** Conjunto de las reacciones bioquímicas, localizadas en las mitocondrias, que permiten producir la energía necesaria para la célula viva a partir de la oxidación de la glucosa y la liberación de gas carbónico y agua. **Sin respiración** Muy impresionado, asustado, etc.

respiración

Según la forma de intercambio de gases con el exterior, en los animales se distinguen cuatro tipos de respiración: la *respiración cutánea* (lombriz, rana), en la que los intercambios se realizan a través de la piel; la *respiración pulmonar* (aves, mamíferos), en la que el intercambio entre aire y sangre se realiza a través de los pulmones; la *respiración branquial* (peces, crustáceos), en la que el intercambio entre el agua y el medio interior se realiza a través de las branquias, y la *respiración traqueal* (insectos), en la que el aire es conducido en estado gaseoso por las tráqueas hasta los órganos que lo utilizarán. En el ser humano, la absorción (oxígeno) y la eliminación de los gases (gas carbónico) están garantizadas por la *ventilación pulmonar.* Esta se realiza mediante fenómenos mecánicos de expansión y contracción de la caja torácica que provocan la entrada (inspiración) y la salida (espiración) del aire por la tráquea. Los movimientos respiratorios se obtienen gracias a las contracciones del diafragma y de los músculos costales. Los *intercambios gaseosos* se realizan entre el aire alveolar y la sangre de los capilares pulmonares, de modo que el oxígeno se difunde hacia la sangre y el anhídrido carbónico hacia el alvéolo.

respiradero s.m. Abertura o conducto por donde entra y sale el aire o por donde salen humos y gases nocivos. **2.** CONSTR. Lumbrera, tronera.

respirador, ra adj. ANAT. Se dice del músculo que sirve para la respiración. ◆ s.m. Aparato para realizar la respiración artificial.

respirar v.intr. (lat. *respirare*). Absorber y expulsar el aire sucesivamente para mantener las funciones vitales de la sangre. **2.** Realizar el organismo la absorción del oxígeno propia de la respiración. **3.** Tener un recinto comunicación con el exterior. **4.** *Fig.* Sentir alivio, liberación. **5.** *Fig.* Animarse, cobrar ánimo. **6.** *Fig. y fam.* Hablar, articular palabras. **7.** *Fig. y fam.* Notificar una persona ausente su situación. ◆ v.tr. *Fig.* Exhalar, despedir. **2.** *Fig.* Tener una característica o encontrarse en un estado que se percibe con claridad: *respirar felicidad; la noche respira paz.* <> **Sin respirar** Sin descanso, sin detenerse un momento.

respiratorio, a adj. Relativo a la respiración. **2.** Que sirve para la respiración o la facilita.

respiro s.m. *Fig.* Alivio de una preocupación, dolor, pena, etc. **2.** Descanso en el trabajo. **3.** *Fig.* Prórroga que se concede a alguien al expirar el plazo convenido para pagar una deuda o cumplir una obligación.

resplandecer v.intr. (lat. *resplendere*) [conj.: *parecer*]. Despedir rayos de luz propia o reflejada: *las estrellas resplandecen en el firmamento.* **2.** *Fig.* Sobresalir por una cualidad destacable: *resplandecer una cara por su hermosura.* **3.** *Fig.* Reflejar gran satisfacción o alegría: *resplandecer de gozo.*

resplandeciente adj. Que resplandece.

resplandor s.m. Luz muy clara y brillante: *el resplandor del sol, del fuego.* **2.** *Fig.* Brillo que tienen algunas cosas: *ojos llenos de resplandor.* **3.** *Fig.* Esplendor, grandeza o perfección alcanzadas. ◆ **resplandores** s.m.pl. HERÁLD. Rayos del sol o de una estrella.

responder v.tr. e intr. (lat. *respondere*). Decir o escribir algo para satisfacer una pregunta, petición o proposición. **2.** Manifestar o expresar que se ha recibido una llamada: *nadie responde en la casa.* ◆ v.intr. Reaccionar a un estímulo, impulso, móvil, etc., o producir su efecto: *el público respondió con su asistencia.* **2.** Estar en relación de conformidad, corresponder una cosa a otra: *responder a un ideal formado.* **3.** Corresponder con una acción a la realizada por otro. **4.** Responsabilizarse de alguien o algo: *responder de un amigo.* **5.** Replicar, poner objeciones. **6.** Rendir, dar producto o utilidad: *esta tierra no responde.* **7.** Repetir el eco un sonido o voz. <> **Responder al nombre de** Llamarse, tener por nombre.

responsabilidad s.f. Cualidad de responsable. **2.** Obligación legal o moral que se tiene a consecuencia de haber o haberse cometido una falta. <> **De responsabilidad** Se dice de la persona o de la entidad digna de crédito. **Responsabilidad civil** Obligación de reparar los daños y perjuicios causados a alguien por el incumplimiento de un contrato, o una acción perjudicial cometida por uno mismo, por una persona que depende de otra o por algo que se tiene bajo custodia. **Responsabilidad jurídica** Responsabilidad que supone la existencia de un daño, que alcanza a la sociedad en general, a una persona o a ambas. **Responsabilidad ministerial** Necesidad que tiene un ministerio de abandonar sus funciones cuando el parlamento rechaza su confianza. **Responsabilidad moral** Imputabilidad de un acto moralmente bueno o malo a su autor, considerado como su causa libre de haberlo querido y realizado. **Responsabilidad penal** Deber jurídico de responder de los hechos realizados, susceptibles de constituir delito, y de sufrir sus consecuencias jurídicas.

responsabilizar v.tr. y prnl. Hacer o hacerse responsable de algo o alguien.

responsable adj. Que debe responder de sus actos o de los de los otros: *gobierno responsable.* **2.** Que es formal y consciente de sus palabras, decisiones o actos: *trabajador responsable.* ◆ adj. y s.m. y f. Culpable de algo. **2.** Se dice de la persona que ocupa un cargo de autoridad y dirige una actividad o un grupo de personas.

responso s.m. (lat. *responsus,* respuesta). Oración por los difuntos.

responsorial adj. Se dice del salmo litúrgico cantado después de las lecturas de la misa o del oficio.

responsorio s.m. Oración recitada o cantada alternativamente por el pueblo o el coro y un solista, después de las lecturas de la misa y de las horas del oficio divino. **2.** Responso.

respuesta s.f. Acción de responder. **2.** Palabras o escrito con que se responde. **3.** Reacción de un ser vivo a un estímulo. **4.** Refutación. **5.** TECNOL. Evolución de un sistema como consecuencia de una excitación.

resquebrajadura s.f. Hendidura, grieta.

resquebrajar v.tr. y prnl. Producir grietas en algo.

resquemor s.m. Sentimiento no exteriorizado que causa inquietud, pesadumbre, desasosiego, etc.

resquicio s.m. Abertura que queda entre el quicio y la puerta. **2.** Abertura pequeña o estrecha por donde pasa o puede pasar algo. **3.** *Fig.* Oportunidad pequeña pero que se puede aprovechar.

resta s.f. Acción de restar. **2.** MAT. **a.** Sustracción, operación aritmética. **b.** Resultado de esta operación.

restablecer v.tr. [conj.: *parecer*]. Volver a establecer una cosa: *restablecer el orden.* ◆ **restablecerse** v.prnl. Recuperarse de una enfermedad u otro mal.

restablecimiento s.m. Acción y efecto de restablecer o restablecerse.

restallar v.intr. Chasquear, producir un sonido agudo y seco, como el del látigo o la honda cuando se sacuden en el aire con violencia. ◆ v.tr. Hacer que algo haga un ruido agudo y seco: *restalló la lengua mostrando su contrariedad.*

restante adj. Que resta o queda: *los restantes años de su vida.*

restañadura s.f. Acción y efecto de restañar.

1. **restañar** v.tr. Volver a estañar algo.

2. **restañar** v.tr., intr. y prnl. (del lat. *stagnare,* inmovilizar, estancar). Detener el curso de un líquido: *restañar la sangre que mana de una herida.*

restar v.tr. (lat. *restare*). Quitar una parte a un todo. **2.** Hacer menor una cosa, generalmente inmaterial. **3.** MAT. Hallar la diferencia entre dos cantidades. ◆ v.intr. Quedar algo de cierta cosa: *esto es todo lo que resta de su fortuna.* **2.** Faltar algo por hacer o suceder, o un tiempo por transcurrir. **3.** Devolver la pelota de saque, en tenis y otros deportes.

1. **restauración** s.f. Acción y efecto de restaurar. **2.** Reposición en el poder de un régimen político, un rey o un representante de una dinastía.

2. **restauración** s.f. Rama de la hostelería que se ocupa de las comidas y restaurantes.

1. **restaurador, ra** adj. y s. Que restaura. **2.** Que tiene por oficio restaurar, especialmente obras de arte.

2. **restaurador, ra** s. Persona que tiene o dirige un restaurante.

restaurante o **restorán** s.m. (fr. *restaurant*). Establecimiento público donde se sirven comidas a cambio de un precio.

restaurar v.tr. (lat. *restaurare*). Reparar un deterioro, dejar en buen estado: *restaurar un cuadro, una estatua.* **2.** Restablecer, volver a poner algo o a alguien en el estado que antes tenía. **3.** Recuperar algo inmaterial: *restaurar las fuerzas.*

restirador s.m. Méx. Mesa de tablero movible que usan los dibujantes.

restitución s.f. Acción y efecto de restituir.

restituir v.tr. (lat. *restituere*) [conj.: *huir*]. Devolver a alguien algo que tenía antes: *restituir el anillo robado; restituir el bienestar en la familia.* **2.** Volver a poner algo en el estado que antes tenía: *restituir un texto a su forma original.* ◆ **restituirse** v.prnl. Volver al lugar o a la ocupación que se había dejado: *restituirse a su empresa.*

restitutorio, a adj. DER. Que restituye, o se da o se recibe por vía de restitución.

resto s.m. Residuo, parte que queda de un todo. **2.** *GALIC.* Parte que falta para completar un todo: *ya te escribiré el resto.* **3.** Acción de devolver la pelota que proviene de un saque del adversario, en tenis y otros deportes. **4.** Cantidad que se señala para apostar, en algunos juegos. **5.** MAT. **a.** Resultado de una sustracción. **b.** Exceso del dividendo sobre el producto del divisor por el cociente, en una división. **c.** Número que es preciso añadir al cuadrado de la raíz cuadrada de un número para encontrar dicho número. ◆ **restos** s.m.pl. Cuerpo o parte del cuerpo de una persona o animal después de muertos: *aquí reposan los restos de un gran hombre.* **2.** Residuos, sobras de comida. **3.** Vestigios, ruinas u objetos que quedan del pasado. ◇ **Echar el resto** *Fam.* Hacer todo lo posible para conseguir algo.

restorán s.m. → **restaurante.**

restregadura s.f. Acción de restregar o restregarse. **2.** Señal que queda después de restregar una superficie.

restregamiento s.m. Restregadura.

restregar v.tr. y prnl. [conj.: *regar*]. Refregar, pasar repetidamente con fuerza y aspereza una cosa sobre otra.

restregón s.m. Restregadura enérgica.

restricción s.f. Acción y efecto de restringir. ◆ **restricciones** s.f.pl. Limitaciones impuestas en el suministro de productos de consumo, debido a su escasez, a ciertas políticas económicas, etc.

restrictivo, a adj. Que restringe o sirve para restringir: *medidas restrictivas.*

restringir v.tr. (lat. *restringere*). Reducir los límites de algo: *restringir un crédito; restringir gastos.*

resucitador, ra adj. y s. Que hace resucitar o que reanima.

resucitar v.tr. (lat. *resuscitare*). Devolver a la vida a alguien. **2.** *Fig. y fam.* Poner de nuevo en uso, en vigor, algo que había decaído o desaparecido: *resucitar viejas costumbres.* **3.** *Fig. y fam.* Reanimar, devolver la energía física o infundir ánimo: *un trago nos resucitará.* ◆ v.intr. Volver a la vida.

resudar v.intr. Sudar ligeramente. **2.** Rezumar un líquido. **3.** Separar una fase líquida durante el calentamiento de una aleación metálica, permaneciendo el resto de la masa en estado sólido.

resuello s.m. Acción de resollar.

resuelto, a adj. Solucionado, decidido: *asunto resuelto.* **2.** Que actúa con determinación, firmeza y seguridad: *persona resuelta.* **3.** Propio de la persona que actúa con resolución: *reaccionar de forma resuelta.*

resultado s.m. Consecuencia o efecto que resulta de una acción, hecho, u operación matemática: *el resultado de una negociación. de una suma.* **2.** Rendimiento que se obtiene de algo.

resultando s.m. Fundamento de hecho enumerado en una sentencia u otra resolución judicial o administrativa.

resultante adj. Que resulta. ◆ s.f. Resultado de la composición de todos los elementos de un sistema. **2.** MAT. Vector único (si existe) equivalente a un sistema de vectores deslizantes. ◇ **Resultante de transformaciones,** o **de operaciones** Transformación, u operación equivalente al conjunto de dichas transformaciones (operaciones) efectuadas sucesivamente.

resultar v.intr. (lat. *resultare,* resurtir, rebrotar). Producirse una cosa como efecto o consecuencia de otra que la ha provocado o motivado. **2.** Llegar a ser o ser algo de una manera determinada. **3.** Producir una cosa una impresión o efecto determinados. **4.** Ocurrir, suceder, producirse algo. **5.** Tener una cosa un resultado: *el automóvil ha resultado bueno.* **6.** Costar algo cierta cantidad: *resulta a diez pesos la pieza.*

resulta s.f. Resultado de algo. ◇ **De resultas de** Como consecuencia, por efecto o como resultado de lo que se expresa.

resumen s.m. Acción y efecto de resumir o resumirse. **2.** Exposición breve de los aspectos más importantes de un asunto o materia: *el resumen de un discurso.* <> **En resumen** De manera resumida, como conclusión.

resumidero s.m. Amér. Conducto por el que desaguan las aguas residuales o de lluvia, sumidero.

resumir v.tr. y prnl. (lat. *resumere*). Exponer de forma breve los aspectos más importantes de lo que se ha dicho, escrito o representado: *resumir un libro, una película.* ◆ **resumirse** v.prnl. Reducirse algo a lo más esencial.

resurgencia s.f. Reaparición en forma de fuente de una corriente de agua en la superficie, después de haber sido absorbida en las cavidades subterráneas.

resurgente adj. Se dice del agua que reaparece en la superficie después de un trayecto subterráneo.

resurgimiento s.m. Acción de resurgir.

resurgir v.intr. Surgir de nuevo. **2.** Reanimarse, volver de nuevo las energías físicas o el ánimo.

resurrección s.f. Acción de resucitar: *resurrección de los muertos.* **2.** Retorno a la vida de Jesús, al tercer día después de su muerte. (Suele escribirse con mayúscula.) **3.** Obra artística que representa este hecho.

retablo s.m. Construcción vertical pintada o esculpida situada detrás del altar de una iglesia. **2.** Serie de figuras pintadas o talladas que representan un suceso, especialmente de la historia sagrada. **3.** Representación teatral de un episodio de la historia sagrada.

retacear v.tr. Argent., Par., Perú y Urug. *Fig.* Escatimar algo que se da a otra persona, material o moralmente.

retaco s.m. *Fig.* Persona baja y rechoncha. **2.** Escopeta corta con la recámara reforzada. **3.** Taco más corto que los normales del juego de billar.

retacón, na adj. Amér. *Fam.* Retaco, persona baja y rechoncha.

retaguardia s.f. Conjunto de tropas que van al final de una marcha. **2.** Conjunto de fuerzas e instalaciones bélicas situadas detrás de la línea de fuego. **3.** Zona apartada del combate. **4.** Parte trasera de algo. <> **A,** o **en la, retaguardia** *Fam.* Rezagado, postergado.

retahíla s.f. Serie de cosas que se suceden unas a otras de manera ininterrumpida.

retal s.m. (cat. *retall*). Retazo de tela u otro material.

retama s.f. (hispano-ár. *ratáma*). Arbusto silvestre muy ramificado, de flores amarillas, del que existen numerosas especies, algunas espinosas. (Familia papilionáceas.) SIN.: *hiniesta.*

retamal o **retamar** s.m. Terreno poblado de retamas.

retar v.tr. (ant. *reptar,* acusar, del lat. *reputare,* calcular, reflexionar, reprochar). Desafiar a alguien a competir o luchar: *retar a un duelo.* **2.** Amér. Merid. Regañar.

retardado, a adj. Que sucede cierto tiempo después de la acción que lo provoca. **2.** MEC. Se dice del movimiento cuya velocidad disminuye. <> **Apertura retardada** Dispositivo de apertura del paracaídas activado por el paracaidista, al cabo de cierto tiempo de caída libre. **De efecto retardado** Se dice de la medicación que se basa en la fijación del producto activo a una sustancia que lo libera lentamente, con lo que se consigue un aporte continuo durante cierto tiempo; se dice del artefacto dispuesto de manera que transcurre cierto intervalo entre la activación y la explosión.

retardador, ra adj. Que retarda. ◆ s.m. Dispositivo que sirve para reducir o moderar la velocidad.

retardar v.tr. y prnl. Retrasar, diferir. **2.** Frenar, hacer que algo vaya más lento.

retardo s.m. Acción y efecto de retardar o retardarse: *ha llegado con retardo.* **2.** MÚS. Prolongación de la nota de un acorde sobre el siguiente, haciéndola disonante en esa posición.

retasación s.f. Acción de retasar. SIN.: *retasa.*

retasar v.tr. Volver a tasar una cosa. **2.** Rebajar el precio asignado de las cosas puestas en subasta que no han sido vendidas.

retazar v.tr. Hacer piezas o pedazos de una cosa.

retazo s.m. Fragmento o trozo separado de un todo. **2.** Pedazo sobrante de piel, tela, papel, chapa, etc. SIN.: *retal.* **3.** Méx. Pedazo de carne de res.

retejar v.tr. Reparar un tejado.

retel s.m. Instrumento para pescar cangrejos de río, que consiste en un aro con una red que forma bolsa.

retemblar v.tr. Temblar con fuerza.

retén s.m. Grupo de gente armada dispuesta para caso de necesidad. **2.** Provisión que se tiene de una cosa. **3.** Chile. Cuartel de carabineros pequeño, ubicado en campos, caminos o en la periferia de las ciudades.

retención s.f. Acción de retener. **2.** Detención o marcha muy lenta de los vehículos provocada por su aglomeración o por obstáculos que impiden o dificultan su circulación normal. (Suele usarse en plural.) **3.** Cantidad retenida de un haber. **4.** GEOGR. Inmovilización del agua en forma de nieve *(retención nívea)* o de hielo *(retención glaciar).* **5.** MED. Permanencia anormal de sustancias o líquidos en un conducto o cavidad, al existir una dificultad para evacuarlos. **6.** PSICOL. Período durante el que se conserva de forma latente lo que ha sido memorizado.

retener v.tr. (lat *retinere*) [conj.: *tener*]. Hacer que alguien o algo permanezca en el mismo lugar, estado o situación en el que estaba: *tratar de retener a alguien; ya nada me retiene aquí.* **2.** Descontar una cantidad de un pago para destinarla a otro fin: *retener un tanto por ciento del sueldo.* **3.** Imponer prisión preventiva, arrestar: *lo retuvieron en la comisaría.* **4.** Conservar en la memoria, recordar: *retener fechas.* ◆ v.tr. y prnl. Reprimir, contener.

retentar v.tr. [conj.: *pensar*]. Volver a reproducirse una enfermedad o dolor ya padecidos.

retentiva s.f. Facultad de recordar.

reticencia s.f. Hecho de decir una cosa solo en parte o de decirla de manera indirecta y con malicia: *hablar sin reticencias.* **2.** Desconfianza o reserva que inspira alguien o algo. **3.** Figura retórica de pensamiento que consiste en dejar incompleta una frase, para que se entienda más de lo que al parecer se calla.

reticente adj. Que usa o contiene reticencias. **2.** Que actúa con reticencia.

rético, a adj. y s.m. De Retia. **2.** Retorromano.

retícula s.f. Retículo.

reticulación s.f. Formación de enlaces químicos según las diferentes direcciones del espacio durante una polimerización, una policondensación o una poliadición, y que origina una red sólida.

reticulado, a adj. Reticular, que tiene forma de red. ◆ adj. y s.m. Se dice de un aparejo arquitectónico constituido por sillares rectangulares dispuestos de manera que sus juntas forman un conjunto de rombos.

reticular adj. Que tiene forma de red o retículo. **2.** Relativo a una red cristalina. <> **Sustancia reticular** ANAT. Sistema formado por un conjunto de neuronas del tronco cerebral, que desempeña una función muy importante en la regulación de la actividad de la corteza cerebral. **Teoría reticular** Teoría según la cual los cristales se estructuran formando una red de átomos.

retículo s.m. Tejido en forma de red. **2.** BIOL. Red formada por las fibras de determinados tejidos o las anastomosis de pequeños vasos. **3.** ÓPT. Disco agujereado con una abertura cortada por dos hilos muy finos que se cruzan en ángulo recto, y que sirve para graduar los anteojos astronómicos y terrestres.

reticulocito s.m. BIOL. Hematíe joven, de estructura granulosa y filamentosa.

reticuloendotelial adj. Se dice del sistema formado por células endoteliales dispuestas en forma de red, que constituye la trama del bazo, de la médula ósea y de los ganglios linfáticos.

reticulosis s.f. Enfermedad del sistema reticuloendotelial, caracterizada por un aumento anormal de su número de células. SIN.: *reticuloendoteliosis, reticulopatía.*

retina s.f. Membrana sensible del globo ocular, situada en el interior de la coroides y formada por una expansión del nervio óptico, que contiene las células visuales fotosensibles (*conos* y *bastoncillos*).

retiniano, a adj. Relativo a la retina.

retinitis s.f. Inflamación de la retina.

retinol s.m. Vitamina A.

retintín s.m. (del ant. *retinto,* p. de *retiñir,* tañer). Entonación y modo de hablar malicioso que se utiliza para ofender a alguien. **2.** Sensación que deja en el oído el sonido de una campana u otro cuerpo sonoro.

retinto, a adj. Se dice del animal de color castaño oscuro. **2.** TAUROM. Se dice del toro colorado, pero poco uniforme, con cabos más oscuros o negros.

retiración s.f. Impresión de un pliego por la cara opuesta a la impresa. ◇ **Prensa de retiración** Prensa que imprime sucesivamente las dos caras del papel en una sola pasada de la hoja.

retirada s.f. Acción y efecto de retirar o retirarse, especialmente hacerlo una tropa ordenadamente en la guerra. **2.** Toque militar que ordena esta maniobra.

retirado, a adj. Alejado, distante: *un lugar retirado.* ◆ adj. y s. Se dice de la persona que ha dejado toda actividad profesional, conservando algunos derechos.

retirar v.tr. y prnl. Apartar o separar. **2.** Hacer que alguien deje de prestar servicio activo en una profesión. ◆ v.tr. Hacer que deje de utilizarse una cosa o apartarla del lugar donde estaba. **2.** *Fam.* Apartar de su profesión a una prostituta y mantenerla. ◆ **retirarse** v.prnl. Abandonar el lugar de la lucha: *retirarse el enemigo.* **2.** Irse a un lugar para dormir o descansar: *retirarse de madrugada.* **3.** Apartarse del trato con la gente o de la amistad con una persona. ◇ **Retirar lo dicho** Retractarse, desdecirse.

retiro s.m. Acción de retirar o retirarse. **2.** Situación del militar o empleado retirado. **3.** Pensión que cobra la persona retirada. **4.** Lugar apartado y tranquilo. **5.** Alejamiento de las ocupaciones cotidianas durante cierto tiempo, para dedicarse a ejercicios de piedad.

reto s.m. Acción de retar. **2.** Dicho o hecho con que se reta o amenaza. **3.** Bol. y Chile. Insulto, injuria.

retobado, a adj. Amér. Central, Cuba y Ecuad. Indómito, obstinado. **2.** Amér. Central, Ecuad. y Méx. Respondón, rebelde. **3.** Argent., Méx. y Urug. Enojado, airado.

retobar v.tr. Argent. y Urug. Forrar o cubrir con cuero ciertos objetos como las boleadoras, el cabo del rebenque, etc. **2.** Chile. Envolver o forrar los fardos de cuero o arpillera. **3.** Méx. Rezongar, responder de mala manera: *retobó cuando se le pidió su cooperación.* ◆ **retobarse** v.prnl. Argent. Rebelarse, enojarse. **2.** Argent. y Urug. Ponerse displicente y en actitud de reserva excesiva.

retocar v.tr. Modificar con detalles o correcciones una cosa, particularmente un dibujo, pintura o fotografía, para perfeccionarla o restaurarla. **2.** *Fig.* Completar una obra con los últimos toques. **3.** Tocar repetidamente una cosa.

retoñar v.intr. Volver a echar vástagos o brotes una planta. **2.** *Fig.* Resurgir de nuevo una cosa.

retoño s.m. Vástago o tallo nuevo que brota de una planta. **2.** *Fig. y fam.* Hijo de corta edad.

retoque s.m. Acción y efecto de retocar.

retor s.m. Tela de algodón fuerte con la urdimbre y la trama muy torcidas, confeccionada a dos cabos.

retorcer v.tr. y prnl. [conj.: *mover*]. Hacer que una cosa dé vueltas girando uno de sus extremos mientras el otro permanece fijo, o haciendo que ambos giren en sentido contrario: *retorcer la ropa lavada.* **2.** *Fig.* Tergiversar, interpretar algo erróneamente: *retorcer el sentido de una frase.* **3.** *Fig.* Dirigir un argumento contra la persona que lo ha esgrimido antes. **4.** Efectuar el retorcido de los hilos. ◆ **retorcerse** v.prnl. *Fig.* Contraerse el cuerpo violentamente por alguna causa: *retorcerse de dolor, de risa.*

retorcido, a adj. Se dice del lenguaje o estilo complicado. **2.** Se dice de la persona que emplea este lenguaje o estilo. **3.** Que habla o actúa disimulando sus sentimientos o intenciones, generalmente malignos. ◆ s.m. Acción de torcer conjuntamente dos o más hilos sencillos en el sentido contrario al de su propia torsión, para obtener hilos más resistentes.

retorcijón s.m. Argent., Chile, Colomb. y Guat. Retortijón.

retorcimiento s.m. Acción y efecto de retorcer o retorcerse. SIN.: *retorcedura.*

retórica s.f. Conjunto de procedimientos y técnicas para expresarse correctamente y con elocuencia. **2.** Tratado sobre estas técnicas. **3.** Manera de expresarse con palabras forzadas y sin contenido: *déjese de retóricas y diga la verdad.*

retórica

La retórica nació en los debates políticos y litigios judiciales de la democracia griega antigua. En ella se distinguen cuatro fases para la elaboración de un discurso: la invención o búsqueda de argumentos; la disposición u ordenamiento de argumentos; la elocución o trabajo de estilo; la acción o arte de pronunciar el discurso. En las figuras retóricas se distinguen: *figuras de pensamiento,* que consisten en matices del pensamiento, independientes de la expresión (*antítesis, apóstrofe, interrogación, lítote, prosopopeya, hipérbole,* etc.); *figuras de dicción,* en las que la palabra conserva su significado (*paronomasia, comparación* o *imagen, onomatopeya, aliteración, juego de palabras,* etc.) y *tropos* o figuras en las que cambia el sentido de una palabra (*sinécdoque, metonimia, metáfora, alegoría,* etc.).

retórico, a adj. (lat. *rhetoricus,* del gr. *ritorikós*). Relativo a la retórica. ◆ adj. y s. Que se dedica al estudio de la retórica. ◇ **Figura retórica** Forma de expresión o giro estilístico que busca conseguir un efecto, mediante un uso particular del lenguaje.

retornar v.tr. Volver a poner una cosa en la situación o en el lugar donde estaba. **2.** Devolver o restituir algo a una persona. ◆ v.intr. y prnl. Regresar, volver algo o alguien al lugar o a la situación en que antes se estuvo.

retornelo s.m. → **ritornelo.**

retorno s.m. Acción de retornar: *el retorno al hogar.* **2.** ELECTR. Línea o conductor por el que la corriente vuelve al origen en un circuito eléctrico. **3.** TEXT. Orden de pasado de los hilos de urdimbre en el telar. ◇ **Eterno retorno** FILOS. Teoría de los estoicos según la cual los fenómenos cósmicos, terrestres, etc., se suceden de forma cíclica; para Nietzsche, objetivo de toda voluntad afirmativa que desea el retorno de lo que está en el orden de la naturaleza y en el orden eterno de los valores morales superiores.

retorromano, a adj. y s.m. Que pertenece al grupo de dialectos románicos hablados en la Suiza oriental (antigua Retia), el Tirol y el Friul. SIN.: *rético, retorrománico.*

retorsión s.f. Acción y efecto de retorcer. **2.** *Fig.* Acción de devolver a alguien el daño o agravio que de él se ha recibido.

retorta s.f. (fr. *retorte*). QUÍM. **a.** Recipiente de cuello largo, estrecho y curvado que sirve para la destilación. **b.** Horno industrial que sirve para la destilación.

retortero (del lat. *re-tortorium*). **Llevar,** o **traer, al retortero** *Fam.* Hacer ir de un lado a otro; no dejar descansar, dar mucho trabajo.

retortijón s.m. Dolor agudo y repentino localizado en el abdomen. **2.** Esp. Acción de retorcer una cosa.

retozar v.intr. (del ant. *tozo,* burla). Juguetear los niños o los animales jóvenes, saltando, corriendo o persiguiéndose unos a otros. ◆ v.intr. y tr. Entregarse a juegos amorosos.

retozón, na adj. Se dice de la persona o animal al que le gusta retozar o que retoza con frecuencia. SIN.: *retozador.*

retracción s.f. Acción y efecto de retraer o retraerse. **2.** MED. Acortamiento o deformidad de ciertos tejidos u órganos.

retractación s.f. Acción de retractar o retractarse.

retractar v.tr. y prnl. (lat. *retractare,* retocar, revisar). Manifestar alguien que ya no mantiene lo que ha dicho. **2.** Abandonar una actitud que se ha mantenido.

retráctil adj. Se dice de la parte de un animal que puede retraerse y permanecer oculto: *las uñas del gato son retráctiles.*

retractilar v.tr. Envolver un producto en una película transparente que se ajusta a su forma.

retractilidad s.f. Cualidad de retráctil.

retracto s.m. DER. Derecho de una persona a adquirir una cosa transmitida a otra persona.

retraer v.tr. [conj.: *traer*]. Reproducir mentalmente una cosa o tiempo pasados. **2.** DER. Ejercer un derecho de retracto. ◆ v.tr. y prnl. Apartar o disuadir a alguien de un intento. **2.** Retirar un animal un órgano o miembro retráctil. ◆ **retraerse** v.prnl. Retirarse, retroceder. **2.** Aislarse, retirarse del trato con la gente. **3.** Retirarse temporalmente de una actividad. **4.** Refugiarse en algún sitio.

retraído, a adj. y s. Se dice de la persona solitaria que se aparta del trato con la gente. **2.** *Fig.* Poco comunicativo, tímido.

retraimiento s.m. Acción y efecto de retraerse. **2.** Reserva, timidez, introversión.

retranca s.f. (de *redro-tranca,* de *redro,* detrás, y *tranca*). Colomb. y Cuba. Freno de cualquier vehículo o máquina.

retranquear v.tr. Construir el muro de fachada de la parte superior de un edificio más hacia adentro que el resto de fachada. **2.** Labrar el contorno de una columna.

retransmisión s.f. Acción y efecto de retransmitir. **2.** Emisión radiofónica o televisiva transmitida desde otra estación o desde el punto en que tiene lugar.

retransmitir v.tr. Transmitir una emisión radiofónica o televisiva. **2.** Volver a transmitir.

retrasado, a adj. Que actúa, sucede o tiene lugar más tarde de lo previsto: *reloj, tren retrasado.* ◆ s. **Retrasado mental** PSIQUIATR. Persona que padece retraso mental.

retrasar v.tr. y prnl. Aplazar, diferir la realización de algo: *retrasar la visita.* ◆ v.tr. Situar a alguien o algo más atrás. **2.** Atrasar, retroceder las agujas del reloj. ◆ v.intr. y prnl. Rezagarse, quedarse atrás: *retrasarse en una carrera.* **2.** Señalar el reloj una hora anterior a la que realmente es.

retraso s.m. Acción y efecto de retrasar o retrasarse: *llegar con retraso.* ◇ **Retraso mental** Estado de deficiencia intelectual congénita, definido por un coeficiente intelectual inferior a 80 en el test de Binet y Simon. (Según el valor del coeficiente intelectual se distinguen tres grados de retraso mental: debilidad, imbecilidad e idiocia.)

retratar v.tr. (ital. *ritrattare*). Hacer el retrato pictórico, escultórico o fotográfico de una persona o cosa. ◆ v.tr. y prnl. Describir con precisión a una persona o cosa.

retratista s.m. y f. Persona que tiene por oficio hacer retratos. **2.** *Fam.* Fotógrafo profesional.

retrato s.m. (ital. *ritratto*). Representación del rostro o de la figura entera de una persona en dibujo, fotografía, pintura o escultura. **2.** Fotografía: *enseñar los retratos de la boda.* **3.** *Fig.* Descripción de una persona o cosa. **4.** *Fig.* Persona o cosa que se parece mucho a otra: *este niño es el retrato de su padre.* ◇ **Retrato robot** Esp. Dibujo de una persona que se hace a partir de la descripción de uno o varios testigos oculares.

retrechería s.f. *Fam.* Cualidad de retrechero. **2.** *Fam.* Acción propia de la persona retrechera.

retrechero, a adj. *Fam.* Simpático y muy atractivo. **2.** *Fam.* Que elude hacer o decir algo.

retreparse v.prnl. Recostarse en el respaldo de un asiento, echándolo hacia atrás al apoyarse. **2.** Echar hacia atrás la parte superior del cuerpo.

retreta s.f. (fr. *retraite,* retirada). Toque que ordena el regreso de la tropa a los cuarteles y campamentos militares por la noche.

retrete s.m. (cat. *retret*). Habitación con un recipiente para orinar y evacuar el vientre. **2.** Recipiente utilizado para orinar y evacuar el vientre, conectado con una tubería de desagüe.

retribución s.f. Acción de retribuir. **2.** Recompensa o pago de una cosa.

retribuir v.tr. (lat. *retribuere*) [conj.: *huir*]. Pagar un servicio o trabajo recibido. **2.** Argent. Corresponder alguien al obsequio o favor que recibe.

retributivo, a adj. Relativo a la retribución. **2.** Que produce retribución o ganancia.

retriever adj. y s.m. (voz inglesa). Se dice del perro de caza de una raza inglesa, cuya especialidad es cobrar la pieza.

retro adj. *Fam.* Se dice del estilo o la moda inspirados en otros de un tiempo pasado situado en el s. XX; seguidor de este estilo o moda. **2.** Que recuerda un tiempo pasado.

retroacción s.f. Regresión, retroceso. **2.** En cibernética, retorno de las correcciones y regulaciones de un sistema de informaciones sobre el centro de mando del sistema. SIN.: *feedback.*

retroactividad s.f. Cualidad de retroactivo.

retroactivo, a adj. Que tiene aplicación, efecto o fuerza sobre algo pasado.

retroalimentación s.f. Método para mantener la acción o eficacia de un sistema mediante la continua revisión de los elementos del proceso y de sus resultados, con el fin de realizar las modificaciones necesarias.

retroceder v.intr. (lat. *retrocedere*). Volver hacia atrás. **2.** Dejar una actividad o idea ante un obstáculo o peligro.

retroceso s.m. Acción y efecto de retroceder. **2.** Empeoramiento de una enfermedad. **3.** Movimiento repentino hacia atrás de un arma de fuego en el momento del disparo. **4.** MAT. Cambio de dirección de una curva, una de cuyas ramas va en sentido contrario a la otra, tangencialmente a ella.

retrocohete s.m. Cohete de frenado de aeronaves espaciales.

retrógrado, a adj. y s. (lat. *retrogradus*). Opuesto al progreso, partidario de ideas y sistemas pasados y conservadores. **2.** ASTRON. y MEC. Se dice del sentido del movimiento de las agujas del reloj. ◇ **Amnesia retrógrada** Amnesia que provoca el olvido de los sucesos ocurridos antes de la enfermedad.

retronar v.intr. [conj.: *contar*]. Retumbar.

retropié s.m. ANAT. Parte posterior del pie, formada por el astrágalo y el calcáneo.

retropropulsión s.f. Frenado de un vehículo mediante la expulsión de gases hacia atrás, especialmente en aeronaves con un retrocohete.

retrospección s.f. Mirada o examen retrospectivo.

retrospectivo, a adj. (del lat. *retrospicere,* mirar atrás). Que se refiere a un tiempo pasado. ◆ s.f. Exposición que muestra obras pertenecientes a distintos momentos de la producción de un artista, escuela o época.

retrotraer v.tr. y prnl. (del lat. *retro trahere,* echar hacia atrás) [conj.: *traer*]. Hacer que alguien retroceda mentalmente a un tiempo o época pasada.

retrovender v.tr. DER. Devolver un comprador una cosa a la misma persona a quien la compró, a cambio de la devolución de su importe.

retroventa s.f. Acción de retrovender. **2.** DER. Cláusula por la que el vendedor se reserva la facultad de recuperar la cosa vendida abonando al comprador su importe más los gastos de adquisición.

retroversión s.f. MED. Desviación hacia atrás de algún órgano del cuerpo.

retrovirus s.m. Virus que contiene una molécula de ARN, como el virus VIH.

retrovisor s.m. y adj. Espejo pequeño que llevan los vehículos en la parte superior del parabrisas o en la parte lateral exterior que permite ver lo que está detrás.

retrucar v.intr. Dirigir contra una persona un argumento esgrimido por ella misma. **2.** En el juego de billar, golpear una bola a otra después de haber sido impulsada por esta última y haber pegado en la banda. **3.** Argent., Perú y Urug. *Fam.* Replicar prontamente con acierto y energía.

retruécano s.m. Figura retórica de construcción que consiste en contrastar dos proposiciones invirtiendo sus términos para que sus sentidos sean contrapuestos o antitéticos. SIN.: *conmutación.*

retruque s.m. Acción y efecto de retrucar. SIN.: *retruco.* <> **De retruque** Como consecuencia o resultado de una cosa.

retumbante adj. Que retumba. **2.** *Fig.* Ostentoso, aparatoso.

retumbar v.intr. (voz de origen onomatopéyico). Provocar una cosa mucho ruido en un tono grave. SIN.: *retronar.*

reuma o **reúma** s.m. o f. (lat. *rheuma,* catarro, del gr. *reuma,* flujo, catarro, reuma). Reumatismo.

reumático, a adj. y s. Relativo al reumatismo; que padece reumatismo.

reumatismo s.m. Enfermedad caracterizada por una afección inflamatoria de articulaciones o músculos. SIN.: *reuma.* <> **Reumatismo articular agudo** Reumatismo debido a la acción de las toxinas de un estreptococo, que afecta a las estructuras del aparato locomotor y que a veces comporta una afección cardíaca. **Reumatismo infeccioso** Infección de huesos y articulaciones debida a la acción directa de diversos gérmenes.

reumatoide adj. Se dice del dolor análogo al del producido por el reumatismo. <> **Factor reumatoide** Globulina anormal presente en el suero de las personas que padecen poliartritis reumatoide. **Poliartritis reumatoide** Inflamación crónica que afecta a varias articulaciones, simultánea o sucesivamente, y que provoca deformaciones e impotencia. SIN.: *poliartritis crónica evolutiva.*

reumatología s.f. Parte de la medicina que se ocupa de las afecciones óseas articulares, reumáticas y degenerativas.

reumatólogo, a s. Médico especialista en reumatología.

reunión s.f. Acción y efecto de reunir o reunirse. **2.** Conjunto de personas reunidas: *una reunión política.* <> **Derecho de reunión** DER. Derecho público de los ciudadanos a asociarse libremente, transitoria y espontáneamente, o de manera organizada, por tiempo ilimitado y con fines preestablecidos. **Reunión de dos conjuntos** MAT. Conjunto formado por los elementos que pertenecen por lo menos a uno de los dos conjuntos.

reunir v.tr. y prnl. Volver a unir. **2.** Juntar en el mismo lugar un grupo de personas o cosas. ◆ v.tr. Recoger, juntar o guardar cosas: *reunir un pequeño capital.* **2.** Poseer determinadas cualidades o requisitos: *reunir las condiciones necesarias.*

reválida s.f. Acción de revalidar o revalidarse. **2.** Esp. Examen que se hace al finalizar determinados estudios.

revalidación s.f. Acción y efecto de revalidar.

revalidar v.tr. Dar validez de nuevo a algo o confirmar su validez. ◆ v.tr. y prnl. Esp. Realizar un examen general al finalizar determinados estudios.

revalorización s.f. Acción y efecto de revalorizar.

revalorizar v.tr. Dar a algo o a alguien más valor o hacer que recupere el valor que tenía.

revaluación s.f. Acción y efecto de revaluar o revaluarse.

revaluar v.tr. y prnl. [conj.: *actuar*]. Aumentar el valor de la moneda de un país en relación con las monedas extranjeras. ◆ v.tr. Volver a evaluar.

revancha s.f. (fr. *revanche*). Desquite o venganza.

revanchismo s.m. Actitud agresiva inspirada por el deseo de revancha.

revanchista adj. y s.m. y f. Relativo al revanchismo; que tiene esta actitud.

revelación s.f. Acción y efecto de revelar o revelarse. **2.** Cosa que se revela. **3.** Persona que manifiesta de forma inesperada un gran talento. **4.** REL. Manifestación de un misterio o una verdad por Dios a los seres humanos.

revelado s.m. Conjunto de operaciones para transformar una imagen impresionada latente en imagen fotográfica visible y estable.

revelador, ra adj. y s. Que revela. ◆ s.m. Líquido que actúa sobre la emulsión fotográfica impresionada para conseguir el revelado.

revelar v.tr. (lat. *revelare,* quitar el velo). Manifestar, dar a conocer algo que se desconocía: *revelar una gran bondad.* **2.** Descubrir o manifestar lo que se mantenía secreto u oculto. **3.** FOT. Efectuar un revelado. **4.** REL. Hacer una revelación. ◆ **revelarse** v.prnl. Mostrarse alguien con una cualidad que se desconocía: *se reveló como un gran músico.*

revenido s.m. Tratamiento térmico para disminuir la dureza de un metal ligero, principalmente el acero, y aumentar su resistencia.

revenimiento s.m. Acción y efecto de revenir o revenirse.

revenir v.intr. [conj.: *venir*]. Volver algo a su estado propio. ◆ **revenirse** v.prnl. Volverse un alimento blando y correoso por la humedad o el calor. **2.** Despedir humedad algunas cosas.

reventa s.f. Venta de algo que se ha comprado con el objetivo de sacar un beneficio. **2.** Establecimiento que vende con recargo sobre su precio original entradas y localidades para espectáculos públicos.

reunir

INDICATIVO	SUBJUNTIVO
presente	**presente**
reúno	reúna
reúnes (reunís)	reúnas
reúne	reúna
reunimos	reunamos
reunís	reunáis
reúnen	reúnan
copretérito o pret. imperfecto	**pretérito o pret. imperfecto**
reunía	reuniera o reuniese
reunías	reunieras o reunieses
reunía	reuniera o reuniese
reuníamos	reuniéramos o reuniésemos
reuníais	reunierais o reunieseis
reunían	reunieran o reuniesen
pretérito o pret. perf. simple	**futuro o fut. simple**
reuní	reuniere
reuniste	reunieres
reunió	reuniere
reunimos	reuniéremos
reunisteis	reuniereis
reunieron	reunieren
futuro o fut. simple	
reuniré	
reunirás	
reunirá	
reuniremos	
reuniréis	
reunirán	
pospretérito o condicional simple	
reuniría	
reunirías	
reuniría	
reuniríamos	
reuniríais	
reunirían	

IMPERATIVO

reúne (reuní)	(tú, vos)
reúna	(él)
reunamos	(nosotros)
reunid	(vosotros)
reúnan	(ellos)

FORMAS NO PERSONALES

infinitivo	gerundio
reunir	reuniendo

participio
reunido

reventadero s.m. Chile. Lugar donde las olas del mar revientan o rompen. **2.** Méx. Manantial, hervidero.

reventado, a adj. y s. Argent. *Fam.* Se dice de la persona de carácter sinuoso, malintencionada e intratable.

reventar v.intr. y prnl. [conj.: *pensar*]. Abrir o abrirse por presión interior: *se ha reventado una tubería.* ◆ v.tr. Hacer que algo estalle o se rompa por aplicarle demasiada presión. **2.** Deshacer o romper aplastando con violencia: *reventar una puerta.* **3.** Cansar a alguien sometiéndolo a un trabajo excesivo. **4.** Hacer enfermar o matar a un caballo al someterlo a un esfuerzo excesivo. **5.** *Fig. y fam.* Causar un daño grave: *la crisis ha reventado a muchos.* **6.** *Fig. y fam.* Molestar, fastidiar mucho: *me revientan los ruidos.* ◆ v.intr. *Fig.* Estar lleno de cierta cualidad o estado de ánimo: *reventar de satisfacción.* **2.** *Fig.* Tener deseos incontenibles de algo: *revienta por hablar.* **3.** Chocar las olas del mar contra algo. **4.** *Fam.* Morir violentamente. ◇ **Reventar los precios,** o **el mercado** Ofrecer una mercancía a un precio muy inferior al marcado por la competencia del mercado.

reventón adj. Que revienta o parece que va a reventar: *clavel reventón.* ◆ s.m. Acción y efecto de reventar o reventarse. **2.** Méx. *Fam.* Fiesta. **3.** AUTOM. Rotura brusca de la cubierta y de la cámara de aire del neumático.

rever v.tr. [conj.: *ver*]. Volver a ver. **2.** DER. Fallar un tribunal un caso ya visto por otra sala del mismo.

reverberación s.f. Reflexión de la luz o del calor. **2.** Persistencia de un sonido en el interior de un recinto o local, después de haber cesado su emisión.

reverberar v.intr. (lat. *reverberare*). Producir reverberación.

reverbero s.m. Reverberación. ◇ **Horno de reverbero** Horno en el que las materias que deben ser tratadas se calientan indirectamente por medio de una bóveda mantenida a alta temperatura por las llamas y los gases calientes, que proyecta una fuerte radiación sobre la solera.

reverdecer v.intr. y tr. [conj.: *parecer*]. Recobrar el color verde una planta o un campo. **2.** *Fig.* Tomar nuevo vigor.

reverdecimiento s.m. Acción y efecto de reverdecer.

reverencia s.f. (lat. *reverentia,* de *revereri,* reverenciar). Respeto o admiración que se siente y muestra hacia alguien o algo. **2.** Inclinación del cuerpo o flexión de las piernas en señal de respeto o cortesía. **3.** Tratamiento que se da a algunos religiosos. **4.** COREOGR. Movimiento de danza que se ejecuta para saludar.

reverenciar v.tr. Respetar o venerar.

reverendísimo, a adj. y s. Se aplica como tratamiento a los cardenales, arzobispos, obispos y otras altas dignidades eclesiásticas.

reverendo, a adj. y s. Se aplica como tratamiento a sacerdotes y religiosos.

reverente adj. Que muestra reverencia.

reversa s.f. Chile, Colomb. y Méx. Velocidad o marcha atrás en los vehículos de motor.

reversible adj. Que puede o debe revertir: *un proceso reversible.* **2.** Se dice de la prenda que puede usarse por el derecho y por el revés. **3.** FÍS. y QUÍM. Se dice de la transformación que puede cambiar de sentido en cualquier momento, bajo la influencia de una modificación infinitesimal en las condiciones de producción del fenómeno. ◇ **Hélice (de paso) reversible** AERON. Hélice con un paso que se cambia mediante rotación de las palas alrededor de su eje.

reversión s.f. Vuelta de una cosa al estado que tenía anteriormente.

reverso s.m. (ital. *reverso*). Revés de algo. **2.** Cara de una moneda o de una medalla opuesta a la efigie o elemento principal. ◇ **El reverso de la medalla** *Fig.* Persona o cosa que es la antítesis de otra.

revertir v.intr. [conj.: *sentir*]. Volver una cosa al estado o condición que tuvo antes. **2.** Redundar, tener una cosa a otra como consecuencia: *esfuerzos que revierten en un beneficio.* **3.** DER. Volver una cosa a la propiedad del dueño que antes tuvo.

revés s.m. (lat. *reversum,* de *revertere,* volver). Parte posterior u opuesta a la principal o cara en una cosa plana. **2.** Golpe que se da con el dorso de la mano. **3.** *Fig.* Desgracia, daño imprevisto, contratiempo. **4.** Golpe que, en algunos deportes, se da a la pelota con el dorso de la pala o raqueta. **5.** *Fig.* Cambio brusco en el trato o carácter de alguien. **6.** Golpe de esgrima que se da con la espada diagonalmente, y de izquierda a derecha si el adversario es diestro, o de derecha a izquierda si es zurdo. ◇ **Al revés** En sentido inverso, o de manera contraria a la lógica o habitual.

revesino s.m. Juego de naipes que se juega entre cuatro jugadores y que gana el que se lleva todas las bazas o el que se lleva menos.

revestimiento s.m. Capa o cubierta con que se resguarda o adorna algo.

revestir v.tr. y prnl. [conj.: *pedir*]. Vestir una determinada ropa sobre otra, especialmente los sacerdotes al oficiar. **2.** *Fig.* Presentar determinado aspecto, cualidad o carácter: *el acto revistió gran solemnidad.* ◆ v.tr. Recubrir una superficie con una capa, envoltura, etc. **2.** *Fig.* Dar a una cosa una determinada apariencia. **3.** *Fig.* Adornar con palabras retóricas o complementarias: *revestir un discurso.*

reviejo, a adj. Muy viejo.

revisada s.f. Amér. Revisión, acción de revisar.

revisar v.tr. Examinar una cosa para comprobar su estado.

revisión s.f. Acción de revisar. ◇ **Revisión médica** Esp. Reconocimiento médico que suele practicarse periódicamente con fines preventivos.

revisionismo s.m. Actitud o corriente que somete a revisión las bases de una doctrina o de una teoría, especialmente política.

revisionista adj. y s.m. y f. Relativo al revisionismo; partidario de esta corriente.

revisor, ra adj. Que revisa o examina una cosa. ◆ s. Esp. Persona que tiene por oficio revisar el estado de una cosa, especialmente la que revisa los billetes en un transporte público.

revista s.f. Inspección o acción de revisar a las personas o cosas que están bajo la autoridad o cuidado de alguien. **2.** Publicación periódica, generalmente ilustrada, dedicada a diversas materias o a una determinada. **3.** Presentación de tropas, locales o armas, para que un superior militar las inspeccione. **4.** Espectáculo teatral consistente en una serie de números de canto, baile y humor. **5.** Exposición o examen del estado o situación en el que se encuentra una actividad, materia, etc., y que se suele publicar o emitir por radio o televisión. ◇ **Pasar revista** Inspeccionar o examinar un superior una serie de personas o cosas que están a su cargo.

revistar v.tr. Pasar revista a alguien o algo.

revistero, a s. Persona encargada de escribir revistas o reseñas en un periódico. ◆ s.m. Mueble para colocar en él publicaciones periódicas.

revitalizar v.tr. Dar nueva fuerza o vitalidad a una persona o cosa.

revival s.m. (voz inglesa, *reaparición, restablecimiento*). Retorno o reactualización de un estilo o moda de un pasado reciente. **2.** REL. Serie de movimientos religiosos colectivos que jalonan la renovación espiritual del protestantismo en los ss. XVIII y XIX.

revivificar v.tr. Vivificar, reavivar.

revivir v.intr. Volver a la vida. SIN.: *resucitar.* **2.** Volver en sí alguien o algo que parecía muerto. **3.** *Fig.* Recobrar una cosa su actividad o fuerza. ◆ v.tr. *Fig.* Evocar, traer algo a la memoria o a la imaginación.

reviviscencia s.f. Propiedad de determinados seres vivos que, después de haber estado latentes largo tiempo, pueden revivir y recuperar su actividad normal.

reviviscente adj. Dotado de reviviscencia.

revocación s.f. Acción y efecto de revocar. **2.** Anulación de una orden, mandato, decreto, etc.

revocador, ra adj. Que revoca. ◆ s. Persona que tiene por oficio revocar paredes.

revocadura s.f. Revoque, acción de revocar. SIN.: *revoco.*

revocar v.tr. Anular una concesión, un mandato, una norma legal o una resolución. **2.** Enlucir o repintar las paredes exteriores de un edificio. **3.** Disuadir de un propósito o una intención. ◆ v.tr. e intr. Hacer que una cosa retroceda: *esta chimenea revoca el humo.*

revocatorio, a adj. Que revoca o invalida. ◆ s.f. Argent. Revocación.

revolcado s.m. Guat. Guiso de pan tostado, tomate, chile y otros condimentos.

revolcar v.tr. [conj.: *contar*]. Derribar a alguien y darle vueltas en el suelo maltratándolo: *el toro revolcó al torero.* **2.** *Fig. y fam.* Vencer o confundir a un adversario en una discusión o competición. **3.** *Fig. y fam.* Suspender a alguien en un examen. ◆ **revolcarse** v.prnl. Echarse al suelo o sobre algo refregándose o dando vueltas sobre ello.

revolcón s.m. *Fam.* Acción de revolcar o revolcarse. **2.** *Fig. y fam.* Acto sexual.

revolear v.tr. Argent. y Urug. Hacer girar a rodeabrazo correas, lazos, etc., o ejecutar movimientos circulares amplios con cualquier objeto.

revolotear v.intr. Volar dando vueltas y giros en poco espacio o alrededor de algo. **2.** Moverse una cosa ligera por el aire dando vueltas.

revoloteo s.m. Acción de revolotear.

revoltijo s.m. Conjunto de muchas cosas desordenadas. SIN.: *revoltillo.* **2.** *Fig.* Confusión o enredo. SIN.: *revoltillo.* **3.** Guiso que se elabora con varios alimentos troceados que se fríen y se mezclan con huevo. SIN.: *revoltillo.*

revoltoso, a adj. Travieso, enredador: *niño revoltoso.* **2.** Que promueve disturbios o alborotos.

revoltura s.f. Méx. *Fam.* Desorden, mezcla confusa.

revolución s.f. (lat. *revolutio, -onis*). Cambio brusco y violento en la estructura social o política de un estado, generalmente de origen popular: *la revolución de 1868.* **2.** *Fig.* Cambio total y radical, transformación completa. **3.** Movimiento de una figura de forma invariable alrededor de un eje. **4.** Movimiento orbital periódico de un cuerpo móvil alrededor de un cuerpo central: *la revolución de un planeta.* **5.** Tiempo que dura este movimiento. ◇ **Revolución por minuto** Unidad de medida de velocidad angular (símb. rpm) que equivale a 2π rd/mn. **Revolución por segundo** Unidad de medida de velocidad angular (símb. rps) que equivale a 2π rd/s. **Superficie de revolución** Superficie obtenida por la rotación de una línea de forma invariable, denominada generatriz, alrededor de un eje.

revolucionar v.tr. Producir un cambio o alteración en cualquier cosa: *el turismo revolucionó las costumbres.* **2.** Perturbar el orden o la normalidad de un país, entidad o persona. **3.** MEC. Imprimir un número de revoluciones en un tiempo determinado a un cuerpo que gira o al mecanismo que produce el movimiento.

revolucionario, a adj. y s. (fr. *révolutionnaire*). Relativo a la revolución; partidario de la revolución.

revoluto, a adj. BOT. Se dice de la hoja adulta con los bordes enrollados sobre el envés.

revolvedora s.f. Méx. Máquina en forma de torno para mezclar los materiales de construcción.

revolver v.tr. [conj.: *mover*]. Hacer que una cosa dé vueltas de modo que sus elementos o componentes cambien de posición o se mezclen. **2.** Mover un conjunto de cosas que estaban ordenadas, dejándolas desordenadas. **3.** Alborotar o enredar una persona. **4.** Indignar, inquietar, confundir. **5.** Alterar a alguien el funcionamiento del aparato digestivo. **6.** Meditar, reflexionar. ◆ v.tr. y prnl. Hacer que alguien o algo gire o dé una vuelta entera. ◆ **revolverse** v.prnl. Moverse de un lado para otro. **2.** Enfrentarse a alguien o a algo atacándolo o contradiciéndolo. **3.** Cambiarse el tiempo, poniéndose borrascoso.

OBS.: participio: *revuelto.*

revólver s.m. (ingl. *revolver,* de *revolve,* hacer dar vueltas entorno a una órbita). Arma de fuego de repetición, de cañón corto, cuyo cargador está formado por un tambor y se dispara con una sola mano.

revoque s.m. Acción y efecto de revocar, enlucir. **2.** Capa delgada de mortero u otro material aplicada sobre los paramentos de una obra de fábrica. **3.** Pasta o arcilla que se aplica sobre las piezas de cerámica para ocultar su color natural.

revuelo s.m. Segundo vuelo que dan las aves. **2.** Revoloteo. **3.** *Fig.* Agitación o turbación producida por algún acontecimiento. **4.** *Fig.* Agitación de cosas semejantes al movimiento de las alas.

revuelta s.f. Disturbio, alteración del orden público. **2.** Riña, disputa entre varias personas. **3.** Punto en que una cosa se desvía, cambiando de dirección; este mismo cambio de dirección. **4.** Vuelta o mudanza de un estado o parecer a otro.

revuelto, a adj. Difícil de entender, intrincado. **2.** Se dice del mar cuando está agitado o del tiempo inseguro, variable. **3.** Travieso, revoltoso. ◆ s.m. Guiso elaborado con huevos batidos mezclados con otros ingredientes que se sofríen sin adquirir forma definida.

revuelvepiedras s.m. (pl. *revuelvepiedras*). Vuelvepiedras, ave caradriforme.

revulsión s.f. MED. Irritación local provocada para hacer cesar un estado congestivo o inflamatorio.

revulsivo, a adj. y s.m. Se dice de la sustancia capaz de provocar una revulsión. **2.** *Fig.* Se dice de algo que, causando padecimiento, resulta saludable y beneficioso por la reacción que produce.

rex s.m. (voz latina, *rey*). En la España prerromana, magistrado supremo de una comunidad política con una organización monárquica. ◇ **Rex Hispaniae** Título que usaron los reyes de León.

rexismo s.m. Movimiento antiparlamentario belga, autoritario y corporativo, fundado en 1935 por Léon Degrelle y que desapareció en 1944.

rexista adj. y s.m. y f. Relativo al rexismo; partidario de este movimiento.

rexistasia s.f. GEOMORFOL. Fase de gran actividad erosiva provocada por la ausencia o escasez de cobertura vegetal.

rey, reina s.m. y f. (lat. *rex, regis*). Monarca soberano de un reino. **2.** *Fig.* Persona, animal, planta o cosa del género masculino que sobresale entre las demás de su especie o en determinado campo. **3.** Pieza principal del ajedrez que puede moverse en todos los sentidos. **4.** Carta de la baraja española que representa la figura de un rey y lleva el número doce. **5.** Carta de la baraja francesa que representa la figura de un rey, lleva la letra K y ocupa el trigésimo lugar del palo. ◇ **Gran rey** Título del rey de Persia, según los autores griegos. **Rey católico** Título dado al rey de España, a partir de la época moderna. **Rey cristianísimo** Título oficial del rey de Francia en los ss. XVII y XVIII. **Rey de reyes** Título dado a los reyes partos y persas. **Rey de romanos** En el antiguo Imperio germánico, título que llevaba desde el s. XII el emperador antes de su coronación, y luego, a partir de 1508, el sucesor designado del emperador reinante; *Fig.* persona que se supone ha de suceder a otra en algún cargo. **Reyes católicos** Isabel I, reina de Castilla, y Fernando II, rey de Aragón.

reyerta s.f. Contienda, disputa, riña.

reyezuelo s.m. Príncipe o señor de los distritos hispanomusulmanes que se habían constituido en taifas independientes. **2.** Pájaro paseriforme de pequeño tamaño, insectívoro, con una franja naranja o amarilla en la cabeza.

reyuno, a adj. y s. Argent. Se decía del caballo que pertenecía al estado y que como señal llevaba cortada la mitad de la oreja derecha. **2.** Chile. Se decía de la moneda que tenía el sello del rey de España.

rezado, a adj. Se dice de la misa, oficio o rezo recitado, en contraposición a cantado.

rezadora s.f. Urug. Persona que se dedica a rezar en los velatorios.

rezagarse v.prnl. Quedarse atrás.

rezar v.intr. (lat. *recitare,* recitar). Dirigir a Dios, a la Virgen o a los santos, oral o mentalmente, alabanzas o súplicas. SIN.: *orar.* **2.** *Fig. y fam.* Gruñir, refunfuñar. ◆ v.tr. Decir una oración. **2.** *Fam.* Decir un escrito algo que se expresa a continuación. **3.** Leer o decir con atención las oraciones del oficio divino o las horas canónicas. **4.** *Fam.* Referir una cosa a alguien o algo, o ser aplicable a ellos.

rezno s.m. (lat. *ricinus*). Garrapata. **2.** Larva que se desarrolla en las paredes del estómago de los rumiantes. **3.** Ricino.

rezo s.m. Acción de rezar. **2.** Oración, aquello que se reza. **3.** Oficio eclesiástico que se reza diariamente. **4.** Conjunto de los oficios particulares de cada festividad.

rezongar v.intr. Gruñir o refunfuñar.

rezumar v.intr. y prnl. Salir un líquido a través de los poros o rendijas del recipiente que lo contiene. ◆ v.tr. *Fig.* Dejar salir un recipiente el líquido que contiene a través de sus poros o rendijas. **2.** Dejar ver algo o alguien alguna cualidad en alto grado. ◆ **rezumarse** v.prnl. *Fam.* Traslucirse o divulgarse un hecho, situación, etc.

rH, índice análogo al pH, que representa cuantitativamente el valor del poder oxidante o reductor de un medio.

Rh, abrev. de *factor Rhesus.*

Rhesus s.m. *Macaco rhesus. ◇ **Sistema Rhesus** Conjunto de grupos sanguíneos eritrocitarios cuyo antígeno principal (*antígeno D* o *factor Rhesus*) es común en el ser humano y el simio *Macacus rhesus.* (Los individuos portadores del antígeno D se llaman *Rhesus positivos* [Rh^+], y los que carecen de él, *Rhesus negativos* [Rh^-].)

rh-metro s.m. QUÍM. Aparato que sirve para medir el potencial de oxidorreducción de un medio.

rho s.f. → **ro.**

rhodesiano, a adj. y s. → **rodesiano.**

rhythm and blues s.m. (voces inglesas). Música popular negra americana surgida del blues, del gospel y del jazz, cantada y acompañada generalmente por el saxofón o la guitarra, que tuvo su apogeo entre 1950 y 1960.

ría s.f. Valle fluvial encajado, invadido por el mar, y que queda influido por la penetración de las mareas. **2.** En atletismo e hípica, obstáculo consistente en un espacio de agua colocado tras una valla fija.

¡riá! interj. Se usa para hacer que una caballería tuerza hacia la izquierda.

riachuelo s.m. Río pequeño y de poco caudal.

riada s.f. Crecida repentina del caudal de un río. **2.** Inundación que provoca esta crecida.

rial s.m. Unidad monetaria de Irán.

ribadoquín s.m. (fr. *ribaudequin*). Arma utilizada en los ss. XIV y XV, formada por varias picas o bocas de fuego montadas sobre un carro.

ribaldo s.m. (fr. ant. *ribalt,* libertino, bribón, saqueador). HIST. Soldado de ciertos cuerpos antiguos de infantería de Francia y otros países.

ribazo s.m. Terreno en declive pronunciado que se encuentra especialmente a los lados de un río o de una carretera. **2.** Talud entre dos fincas que están a distinto nivel.

ribeiro s.m. Vino blanco o tinto sin crianza elaborado en una zona de la provincia de Orense que tiene como centro Ribadavia.

ribera s.f. (de *riba,* ribera). Orilla del mar o río. **2.** Tierra cercana a los ríos, aunque no esté a su margen.

riberano adj. y s. Amér. Ribereño.

ribereño, a adj. y s. De la ribera. ◆ s.m. Vino elaborado en la comarca burgalesa de La Ribera, en las localidades de Aranda y Roa de Duero.

riberiego, a adj. Se dice del ganado que no es trashumante.

ribesiáceo, a adj. y s.f. (de *ribes,* nombre culto de la grosella). Relativo a una familia de plantas parecidas a las rosáceas, como el grosellero.

ribete s.m. Cinta, galón o trencilla con que se guarnece o refuerza el borde de una prenda de ropa, del calzado, etc. **2.** *Fig.* Añadidura que se pone en una cosa como complemento o adorno. **3.** *Fig.* Detalle que se añade en una conversación o escrito para hacerlo ameno. ◆ **ribetes** s.m.pl. *Fig.* Asomos, indicios de la cosa que se expresa.

ribeteado, a adj. Que tiene el borde de los párpados irritados: *ojos ribeteados.* ◆ s.m. Acción de ribetear.

ribetear v.tr. Poner ribetes.

riboflavina s.f. Vitamina B_2.

ribonucleasa s.f. Enzima pancreática que cataliza la hidrólisis de los ácidos ribonucleicos.

ribonucleico, a adj. **Ácido ribonucleico** BIOQUÍM. ARN.

ribosa s.f. Aldosa $C_2H_{10}O_5$ constituida por numerosos nucleótidos.

ribosoma s.m. Orgánulo citoplasmático de una célula viva, que asegura la síntesis de las proteínas.

ricachón, na adj. y s. *Fam.* y *desp.* Muy rico.

ricahombría s.f. Título que se daba en la baja edad media a la nobleza seglar de primera categoría.

ricamente adv.m. Muy bien, cómodamente.

ricercare s.m. (voz italiana, *buscar*). Composición instrumental formada por secuencias yuxtapuestas en que se sigue el procedimiento de la imitación.

Richter. Escala de Richter Escala logarítmica numerada de 1 a 9 que se utiliza para medir la magnitud de los sismos. (La magnitud 9 es excepcional; el único ejemplo conocido es el del terremoto de Lisboa de 1755.)

ricicultura s.f. Cultivo del arroz.

ricino s.m. Planta de cuyas semillas, tóxicas, se extrae un aceite utilizado como purgante o como lubricante. (Familia euforbiáceas.)

rickettsia s.f. Microorganismo intermedio entre los virus y las bacterias, agente de determinadas infecciones contagiosas.

rickettsiosis s.f. Enfermedad causada por rickettsias, como el tifus exantemático, tifus murino, fiebre exantemática de las montañas Rocosas, fiebre de las trincheras, etc.

rickshaw s.m. En algunos países asiáticos, vehículo pequeño para el transporte de personas, de dos ruedas, tirado por un hombre *(culí)*, una bicicleta o una motocicleta.

rico, a adj. y s. Que tiene mucho dinero o muchos bienes. ◆ adj. Que tiene gran valor o es de gran calidad: *ricas alfombras.* **2.** Que posee en abundancia la cosa que se expresa: *alimento rico en azúcar.* **3.** Se dice del terreno fértil. **4.** Se dice del alimento muy sabroso y agradable al paladar. **5.** *Fig. y fam.* Bonito, agradable o simpático. ◇ **Nuevo rico** Persona enriquecida en poco tiempo y que hace ostentación de sus bienes y dinero.

ricohombre s.m. (pl. *ricoshombres*). Hombre de la alta nobleza, en los reinos hispanocristianos de la baja edad media.

ricota s.f. Argent. Pasta cremosa que se obtiene del cuajo de la leche o del suero del queso, requesón.

rictus s.m. (lat. *rictus,* abertura de la boca) [pl. *rictus*]. Contracción de los labios que da al rostro una expresión de risa forzada, dolor, miedo, etc.

ricura s.f. *Fam.* Persona bonita, agradable o simpática. (Suele usarse como un apelativo cariñoso aplicado a los niños.) **2.** *Fam.* Cosa que tiene un sabor agradable o que es hermosa.

ridiculez s.f. Dicho o hecho que resultan ridículos. **2.** Cosa excesivamente pequeña, insignificante o sin importancia.

ridiculizar v.tr. Poner en ridículo.

ridículo, a adj. (lat. *ridiculus*). Que provoca risa o burla. **2.** Insignificante, escaso: *cobra una pensión ridícula.* **3.** Extraño, irregular. ◆ s.m. Situación desairada del que queda menospreciado o burlado.

riego s.m. Acción y efecto de regar. **2.** Agua disponible para regar. ◇ **Riego sanguíneo** Circulación de la sangre.

1. **riel** s.m. (cat. *riell*). Barra de metal sobre la que se ajusta y desliza un mecanismo. **2.** Carril de una vía férrea. GEOSIN.: Esp. *raíl.* **3.** Barra pequeña de metal en bruto.

2. **riel** s.m. Unidad monetaria de Camboya.

rielar v.intr. Brillar con luz trémula algo.

rienda s.f. (del lat. *retinere,* retener). Cada una de las dos correas que, sujetas al freno de una caballería, sirven para controlarla. (Suele usarse en plural.) ◆ **riendas** s.f.pl. *Fig.* Dirección o gobierno: *llevar las riendas de la nación.* ◇ **Aflojar las riendas** Aliviar o disminuir el trabajo, la severidad o la sujeción en algo. **A rienda suelta** Con violencia o celeridad; sin freno ni regla: *reír a rienda suelta.* **Dar rienda suelta** o **soltar las riendas** Dar entera libertad a alguien o libre curso a una manifestación, estado de ánimo, etc.

riesgo s.m. Posibilidad de que se produzca una desgracia o contratiempo. **2.** Peligro: *un amante del riesgo.* ◇ **A riesgo de** Exponiéndose a la desgracia o contratiempo que se expresa, o afrontándolos. **Correr el riesgo de** Estar expuesto a la desgracia o contratiempo que se expresa.

riesgoso, a adj. Amér. Arriesgado, peligroso.

riesling s.m. Variedad de cepa blanca que constituye la base de los viñedos de Alsacia y Renania. **2.** Vino elaborado con esta cepa.

rifa s.f. Sorteo de una cosa entre varias personas que consiste en dar o vender billetes numerados y sacar a suerte un número, correspondiendo el premio al que tiene en su billete el número igual al sacado.

rifar v.tr. Sortear algo mediante una rifa. ◆ **rifarse** v.prnl. *Fig. y fam.* Disputarse varias personas algo o a alguien. ◇ **Rifársela** Méx. *Fam.* Arriesgar la vida.

rifeño, a adj. y s. Del Rif (Marruecos).

riff s.m. (voz inglesa). En jazz y rock, fragmento melódico breve que se repite rítmicamente a lo largo de una pieza.

rifirrafe s.m. *Fam.* Riña o disputa poco importante.

rifle s.m. (ingl. *rifle,* fusil con estrías, de *to rifle,* estriar). Fusil de cañón rayado y de repetición.

riflero s.m. Amér. Soldado provisto de rifle. **2.** Argent. y Chile. Persona que hace negocios ocasionales y generalmente deshonestos o ilícitos.

rift s.m. (voz inglesa) [pl. *rifts*]. GEOL. Fosa tectónica, especialmente la alargada en relación con fenómenos de distensión de la corteza terrestre y hundimientos de bóvedas de pliegues de gran radio de curvatura.

rigidez s.f. Cualidad de rígido: *rigidez muscular.* **2.** ECON. Inflexibilidad de una magnitud económica para reaccionar ante variaciones de otras. **3.** ELECTR. Propiedad de un dieléctrico de oponerse al paso de la chispa.

rígido, a adj. (lat. *rigidus*). Que es muy difícil de torcerse o doblarse. **2.** *Fig.* Que carece de flexibilidad para adaptarse a las circunstancias. **3.** *Fig.* Riguroso, severo. **4.** *Fig.* Se dice de la persona de cara inexpresiva.

rigodón s.m. (fr. *rigodon*). Danza francesa, de origen provenzal, de compás binario, ritmo moderado y carácter alegre.

rigor s.m. (lat. *rigor, -oris*). Severidad, dureza. **2.** Grado de mayor intensidad de la temperatura: *los rigores de la noche ártica.* (Suele usase en plural.) **3.** Gran exactitud o precisión en la realización de algo. **4.** Extremo o último término a que pueden llegar las cosas. **5.** MED. Rigidez. ◇ **De rigor** Obligado, indispensable. **En rigor** Realmente, estrictamente.

rigorismo s.m. Exceso de severidad en la moral o en la disciplina.

rigorista adj. y s.m. y f. Que es extremadamente severo.

rígor mortis loc. (voces latinas, *rigidez de la muerte*). Estado de rigidez que adquiere un cadáver pocas horas después de la muerte.

rigüe s.m. Hond. Tortilla de maíz.

rigurosidad s.f. Rigor.

riguroso, a adj. Muy severo o estricto. **2.** Exacto, preciso. **3.** Extremado, duro e inclemente: *invierno riguroso.* **4.** Que tiene un carácter áspero y desabrido.

1. **rija** s.f. (ár. *rīša,* pluma). Fístula del conducto lacrimal.

2. **rija** s.f. (lat. *rixa*). Pelea o alboroto.

rijoso, a adj. (lat. *rixosus*). Lujurioso o sensual. **2.** Se dice del animal que se alborota y excita ante la presencia de la hembra. **3.** Pendenciero.

rima s.f. (occitano ant. *rima,* verso). Repetición de sonidos en dos o más palabras a partir de la última vocal acentuada, especialmente en las palabras finales de los versos de un poema. ◆ **rimas** s.f.pl. Composición poética. ◇ **Rima asonante,** o **vocálica** Rima en que se repiten los sonidos vocálicos. **Rima consonante,** o **perfecta** Rima en que se repiten los sonidos vocálicos y consonánticos.

rimador, ra adj. y s. Se dice del poeta malo o que solo se preocupa de la rima.

rimar v.intr. Tener una palabra rima asonante o consonante con otra, o tener un verso rima asonante o consonante con otro. **2.** Componer versos. ◆ v.tr. Hacer que dos o más palabras rimen entre sí.

rimaya s.f. Grieta profunda que en los glaciares separa el hielo de la capa de nieve, o los costados del hielo de las paredes rocosas.

rimbombante adj. (del ital. *rimbombare*). *Desp.* Muy aparatoso y ostentoso; enfático y grandilocuente.

rimero s.m. Conjunto de cosas amontonadas unas sobre otras.

rímel s.m. (de *Rimmel,* marca registrada). Pasta cosmética que se aplica a las pestañas para darles color y espesor.

rimú s.m. Chile. Planta oxalidácea de flores amarillas.

rin s.m. Méx. Aro metálico de la rueda del automóvil, al que se ajusta la llanta.

rinanto s.m. Planta herbácea de flores solitarias o en racimos terminales, parásita de otras plantas a través de sus raíces. (Familia escrofulariáceas.)

rincón s.m. (del ár. vulg. *rukún*). Ángulo entrante que resulta del encuentro de dos superficies que se cortan. **2.** Lugar o paraje alejado o retirado. **3.** Espacio o lugar pequeño y oculto. **4.** *Fig. y fam.* Resto de algo que queda apartado o almacenado. **5.** *Fig. y fam.* Casa o habitación usadas como retiro. **6.** Argent. y Colomb. Rinconada. **7.** DEP. Ángulo del ring donde el boxeador descansa entre los asaltos.

rinconada s.f. Ángulo entrante que se forma en la unión de dos edificios, calles, caminos, etc. **2.** Argent. y Colomb. Porción de un terreno, con límites naturales o artificiales, destinado a ciertos usos de la hacienda.

rinconera s.f. Mueble pequeño cuya forma encaja en un rincón.

rincote adj. y s.m. Hemipteroideo.

rinde s.m. Argent. Provecho o rendimiento que da una cosa.

rinencéfalo s.m. Conjunto de formaciones nerviosas situadas en la cara interna e inferior de cada hemisferio cerebral. (En conexión con el hipotálamo, interviene en el control de la vida vegetativa, en el olfato y en el gusto.)

rinforzando adv. (voz italiana). MÚS. Pasando del piano al forte. (Se abrevia *rinf.* o <.)

ring s.m. (voz inglesa). Cuadrilátero, lugar donde se disputan los combates de boxeo o de lucha.

ringlera s.f. (del ant. *reng,* hilera). Hilera de personas o cosas puestas unas detrás de otras. SIN.: *ringla.*

ringlero s.m. Línea de las del papel pautado para aprender a escribir.

ringletear v.intr. Chile. Corretear, callejear.

ringorrango s.m. (voz de origen onomatopéyico). *Fam.* Trazo exagerado o inútil en la escritura. **2.** *Fig. y fam.* Adorno superfluo y extravagante.

rinitis s.f. (del gr. *ris, rinós,* nariz). Inflamación de la mucosa de las fosas nasales.

rinoceronte s.m. (lat. *rhinoceros, -otis,* del gr. *rinokeros, -otos,* de *ris, rinós,* nariz, y *keras,* cuerno). Mamífero perisodáctilo de las regiones cálidas, de hasta 5 m de long., piel dura y rugosa y con uno o dos cuernos sobre la nariz. (Se distinguen cinco especies de rinocerontes: dos en África, el *rinoceronte blanco* [long. 5 m, peso 4 toneladas] y el *rinoceronte negro*; y tres en Asia, el *rinoceronte indio,* el *rinoceronte de Java* [ambos de un solo cuerno] y el pequeño *rinoceronte de Sumatra*; todas las especies están amenazadas por una caza excesiva a causa del marfil de sus cuernos al que se le atribuyen propiedades afrodisíacas y medicinales; el rinoceronte barrita; familia rinoceróntidos.)

rinofaringe s.f. Parte superior de la faringe, contigua a las fosas nasales.

rinofaringitis s.f. Inflamación de la rinofaringe.

rinología s.f. Parte de la medicina que se ocupa de las enfermedades nasales.

rinoplastia s.f. Operación quirúrgica para reconstruir o remodelar la nariz en el caso de malformación o de accidente.

rinoscopia s.f. Examen ocular de las fosas nasales.

riña s.f. Acción de reñir. <> **Riñas de gallos** Juegos que consisten en hacer pelear dos gallos, con espolones armados de espuelas de acero y en los que suelen hacerse apuestas.

riñón s.m. (del lat. *ren, renis*). Órgano par ubicado en el abdomen y compuesto por casi un millón de tubos excretores *(nefrones)* que segrega la orina a partir de la filtración de la sangre, elimina los desechos y desempeña diversas funciones endocrinas (como la regulación de la presión arterial y de las sales minerales del organismo). **2.** *Fig.* Parte central o principal de un lugar, asunto, etc. ◆ **riñones** s.m.pl. ANAT. Parte del cuerpo que corresponde a la pelvis. <> **Costar un riñón** Esp. *Fam.* Costar algo mucho dinero. **Riñón artificial** Conjunto de aparatos que permiten purificar la sangre en los casos de insuficiencia renal. **Riñón flotante** Aumento anormal de la movilidad del órgano. **Tener cubierto el riñón** *Fam.* Disponer de una buena situación económica.

riñonada s.f. Parte del cuerpo en que están los riñones. **2.** Tejido adiposo que envuelve los riñones.

riñonera s.f. Bolsa de pequeño tamaño que se ata a la cintura mediante un cinturón. **2.** Faja que protege la zona lumbar, utilizada especialmente para la práctica de algunos deportes.

río s.m. (lat. *rivus,* arroyo, canal). Curso de agua que desemboca en el mar. **2.** *Fig.* Gran abundancia de cosas o personas.

principales ríos

río	país o continente	longitud (km)
Nilo	África	6 700
Amazonas	América del Sur	7 062
Yangzi Jiang	China	5 980
Congo	África	4 700
Mackenzie	Canadá	4 600
Amur	Asia	4 440
Ob	Rusia	4 345
Liena	Rusia	4 270
Níger	África	4 200
Mississippi	Estados Unidos	3 780
Volga	Rusia	3 690
Yeniséi	Rusia	3 354
Ganges	India	3 090
Paraná	América del Sur	3 000
Zambeze	África	2 660
Orinoco	Venezuela	2 160

rioja s.m. Vino elaborado en una zona que abarca parte de la comarca de La Rioja.

riojano, a adj. y s. De La Rioja.

riolita s.f. Roca volcánica ácida, compuesta esencialmente de cuarzo y feldespato alcalino.

rioplatense adj. y s.m. y f. Del Río de la Plata.

ripieno s.m. (voz italiana). En la música orquestal de los ss. XVII y XVIII, conjunto de instrumentos que doblan una melodía o la acompañan.

ripio s.m. Palabra o frase de relleno en un discurso o escrito. **2.** Conjunto de fragmentos de piedra, ladrillos y otros materiales de desecho, utilizados en la construcción para rellenar juntas, huecos, etc., y para pavimentar. **3.** Residuo o desperdicio de alguna cosa. <> **No perder ripio** *Fam.* No perder detalle.

ripioso, a adj. Que tiene muchos ripios.

ripple-mark s.m. (voz inglesa). Pequeña ondulación formada en la arena por el agua (en la playa) o por el viento (en los desiertos).

riqueza s.f. Abundancia de bienes, fortuna. **2.** Cualidad de rico. **3.** Abundancia de cualquier cosa: *riqueza de vocabulario.* **4.** *Fig.* Conjunto de cualidades que tiene una persona. **5.** Lujo, suntuosidad.

risa s.f. (del lat. *risus, -us*). Acción de reír, manifestar alegría y regocijo. <> **Estar muerto de risa** *Fam.* Reírse mucho; permanecer inactivo sin resolver algo, o estar abandonado y olvidado por los demás.

risco s.m. Peñasco alto y escarpado.

riscoso, a adj. Peñascoso.

risible adj. Que causa risa.

risorio, a adj. y s.m. Se dice de un pequeño músculo superficial de la cara que está unido a las comisuras de los labios y contribuye a la expresión de la risa.

risotada s.f. Carcajada, risa impetuosa o ruidosa.

ríspido, a adj. Áspero, rudo.

riss s.m. (de *Riss,* río de Baviera). GEOL. Tercera de las grandes glaciaciones de la era cuaternaria en Europa, que se extiende desde hace 250 000 años hasta hace 150 000 años.

ristra s.f. (del lat. *restis,* cuerda, especialmente de una ristra). Conjunto de ajos o cebollas atados uno a continuación de otro. **2.** Conjunto de otros frutos o de cualquier otra cosa atados de igual forma: *una ristra de pimientos.* **3.** *Fig.* Serie de cosas inmateriales que están o se suceden una tras otra.

ristre s.m. ARM. Pieza que se fijaba en la parte derecha del peto de la armadura, para encajar en él el cabo de la manija de la lanza en el momento de acometer: *lanza en ristre.* <> **En ristre** *Fam.* Indica que una cosa se tiene sujeta entre las manos, dispuesta para hacer algo: *paraguas en ristre.*

risueño, a adj. Que tiene la cara alegre o sonriente. **2.** Que ríe con facilidad. **3.** *Fig.* Que tiene un aspecto alegre, placentero. **4.** *Fig.* Próspero, favorable: *un porvenir risueño.*

ritardando adv. (voz italiana). MÚS. Reteniendo el movimiento. (Se abrevia *rit.* o *ritard.*)

ritidoma s.m. BOT. Conjunto de tejidos muertos que recubren los troncos, ramas y raíces de árboles y arbustos.

ritina s.f. Mamífero sirénido de las costas siberianas, exterminado por el ser humano entre 1741 y 1768.

rítmico, a adj. Sujeto a un ritmo o compás. **2.** MÉTRIC. Se dice del acento que determina y sostiene el ritmo en una expresión lingüística.

ritmo s.m. (lat. *rhythmus*). Forma de sucederse los tiempos fuertes y los tiempos débiles en un verso, una frase musical, etc. **2.** *Fig.* Marcha o curso acompasado en la sucesión o acaecimiento de una cosa. **3.** MÚS. Elemento temporal de la música, constituido por la sucesión y la relación de los valores de duración.

rito s.m. (lat. *ritus, -us,* costumbre, ceremonia, rito). Acto, generalmente religioso, repetido invariablemente con arreglo a normas prescritas. **2.** Conjunto de normas prescritas para la realización de una ceremonia o del culto religioso. **3.** *Fig.* Manera de hacer alguna cosa ceremoniosamente y como siguiendo un orden prescrito. **4.** Costumbre o acto repetido de manera invariable. **5.** ANTROP. Acto, ceremonia, con frecuencia de carácter repetitivo, que tiene por objeto orientar una fuerza oculta hacia una acción determinada. **6.** REL. **a.** Liturgia: *rito bizantino; rito mozárabe.* **b.** Ceremonia prescrita por la liturgia: *el rito del bautismo.*

ritón s.m. ARQUEOL. Recipiente para beber, en forma de cuerno o de cabeza de animal.

ritornelo o **retornelo** s.m. (it. *ritornello*). MÚS. Fragmento musical breve que precede o sigue a un fragmento cantado. **2.** MÚS. Repetición, estribillo.

ritual adj. (lat. *ritualis*). Relativo al rito. ◆ s.m. Rito, conjunto de normas prescritas para la realización de una ceremonia, especialmente religiosa. **2.** Libro litúrgico que contiene el orden y la forma de las ceremonias religiosas, con las oraciones que deben acompañarlas. **3.** PSIQUIATR. Acción o conjunto de acciones que, repetidas de manera estereotipada, constituyen un síntoma característico de la neurosis obsesiva. ◇ **De ritual** Según la costumbre; según indica el rito.

ritualidad s.f. Observancia de los ritos o de las formalidades establecidos en la realización de algo.

ritualismo s.m. Tendencia a acentuar o aumentar la importancia del rito y liturgias en el culto. **2.** *Fig.* Observancia o sujeción exageradas a las formalidades, trámites o normas establecidos en la realización de algo, especialmente en los actos jurídicos u oficiales. **3.** Movimiento surgido en el s. XIX que tendía a restaurar en la Iglesia anglicana las ceremonias y las prácticas de la Iglesia romana.

ritualista adj. y s.m. y f. Relativo al ritualismo; partidario de este movimiento.

ritualizar v.tr. Convertir algo en un rito o ritual.

rival s.m. y f. (lat. *rivalis,* el que vive al otro lado del río, competidor). Persona o grupo que compite para conseguir la misma cosa o demostrar superioridad.

rivalidad s.f. Enemistad o enfrentamiento que se produce entre rivales.

rivalizar v.intr. Competir con alguien o algo para conseguir la misma cosa o demostrar superioridad.

rixdale s.f. Antigua moneda de plata de diferentes valores, acuñada en los Países Bajos, Europa central y diversos países nórdicos.

riyal s.m. Unidad monetaria de Arabia Saudí, Omán, Qaṭar y la República del Yemen.

rizado s.m. Acción y efecto de rizar o rizarse.

rizar v.tr. y prnl. (de *erizar,* encrespar). Formar rizos u ondas en algo, especialmente en el pelo. **2.** Formar el viento olas pequeñas en el agua. ◆ v.tr. Hacer en las telas, papel, etc., pliegues o dobleces muy pequeños.

rizo s.m. Mechón de pelo en forma de onda, bucle, sortija, etc. **2.** AERON. Figura o acrobacia aérea. **3.** DEP. Salto del patinaje artístico en el que se hace, al menos, un giro completo en el aire. **4.** TEXT. Tela utilizada para la confección de artículos de tocador y baño. ◇ **Rizar el rizo** *Fam.* Complicar un asunto.

rizoide s.m. Filamento unicelular, fijador y absorbente, de las plantas no vasculares, como las algas y los líquenes, y de los prótalos de los helechos.

rizoma s.m. (del gr. *ríza,* raíz). Tallo subterráneo, con frecuencia alargado y horizontal, dotado de yemas, que echa vástagos y suele producir también raíces.

rizomatoso, a adj. Se dice de la planta con rizoma.

rizópodo, a adj. y s.m. (del gr. *ríza,* raíz, y *poys,* pie). Relativo a un subtipo de protozoos dotados de seudópodos, como las amebas.

rizostoma s.m. Medusa de hasta 60 cm de diámetro, color blanco o cremoso, con brazos anaranjados y festoneados, que abunda en los mares de Europa occidental. (Clase acalefos.)

ro o **rho** s.f. Nombre de la decimoséptima letra del alfabeto griego (ρ, P), que corresponde a la *r* española.

road movie s.m. (voces inglesas). Película cinematográfica cuya acción se desarrolla a lo largo de un viaje por carretera.

roanés, sa adj. y s. De Ruán (Francia).

roano, a adj. Se dice de la caballería cuyo color de pelo combina el blanco, el gris y el bayo. SIN.: *ruano.*

roast-beef s.m. → **rosbif.**

róbalo o **robalo** s.m. (del ant. *lobarro,* de *lobo*). Lubina.

robar v.tr. (del germ. *raubôn,* saquear, robar con violencia). Quitar algo que pertenece a alguien, por medio de la violencia o el engaño. **2.** Raptar a una persona. **3.** *Fig.* Quitar algo no material a alguien: *las preocupaciones le roban el sueño.* **4.** *Fig.* Atraer o captar la voluntad o el afecto, embelesar. **5.** Tomar un naipe o ficha de los no repartidos en ciertos juegos de mesa. **6.** Llevarse una corriente de agua parte de la tierra por donde pasa.

robín s.m. (lat. *robigo, -iginis*). Herrumbre de los metales.

robinia s.f. (de J. *Robin,* botánico francés). Árbol o arbusto, de hojas compuestas, con estípulas espinosas e inflorescencias en racimos, con flores blancas, rosadas o purpúreas, una de cuyas especies es la acacia falsa. (Familia papilionáceas.)

robinsón s.m. (de *Robinsón Crusoe,* personaje de la novela de D. Defoe). Persona que satisface las necesidades vitales sin ayuda ajena.

robinsoniano, a adj. Relativo al robinsón. **2.** Relativo al héroe novelesco Robinsón Crusoe.

roble s.m. (lat. *robur, roboris*). Árbol de gran tamaño y copa ancha, muy longevo (hasta mil años), caducifolio y con fruto en glande *(bellota),* común en los bosques de Europa, que crece en climas más fríos y húmedos que las especies de hoja perenne del mismo género. (Familia fagáceas.) **2.** Madera de este árbol. **3.** *Fig.* Persona o cosa de gran resistencia y fortaleza.

robledal s.m. Terreno poblado de robles. SIN.: *robledo.*

roblón s.m. Clavo destinado a ser remachado.

roblonar v.tr. Sujetar con roblones.

robo s.m. Acción de robar. **2.** Cosa robada.

robot s.m. (voz inventada en 1920 por K. Čapek, escritor checo) [pl. *robots*]. Máquina automática con aspecto humano capaz de moverse, hablar y actuar. **2.** Máquina automática capaz de manipular objetos o realizar una función determinada por medio de un programa fijo o modificable o mediante aprendizaje: *robot industrial.* **3.** Electrodoméstico de cocina con accesorios que puede realizar diferentes operaciones. **4.** *Fig.* Persona que actúa como un autómata.

robótica s.f. Conjunto de técnicas utilizadas para el diseño y construcción de robots y la puesta en práctica de sus aplicaciones.

robustecer v.tr. y prnl. [conj.: *parecer*]. Hacer más fuerte o vigoroso.

robustecimiento s.m. Acción de robustecer o robustecerse.

robustez s.f. Cualidad de robusto.

robusto, a adj. (lat. *robustus,* de *robur,* roble). Fuerte o resistente. **2.** Se dice de la persona de buena salud y fuertes miembros.

roca s.f. Material constitutivo de la corteza terrestre, formado por un agregado de minerales, que presenta una homogeneidad de composición, estructura y modo de formación. **2.** *Fig.* Cosa o persona muy firme, dura y estable. ◇ **Mecánica de rocas** Aplicación de las leyes generales de la mecánica de los sólidos deformables al comportamiento de las rocas. **Roca almacén,** o **depósito** Roca permeable, impregnada de petróleo o de gas natural de los que constituye el yacimiento, y recubierta por una capa impermeable que impide la migración de los hidrocarburos.

roca

Las rocas se dividen, según su origen, en tres grupos: *rocas sedimentarias,* o *exógenas* (formadas en la superficie, por diagénesis de un sedimento); *rocas eruptivas,* o *magmáticas,* que proceden de la cristalización del magma, en profundidad (*rocas plutónicas*) o en superficie (rocas *volcánicas*); *rocas metamórficas*, que resultan de la transformación mediante metamorfismo de rocas preexistentes. Las rocas eruptivas y las metamórficas, que se forman u originan en profundidad, se denominan, en ocasiones, *endógenas*.

---

rocadero s.m. Armazón de la rueca, que sirve para poner el copo que se ha de hilar.

rocalla s.f. (fr. *rocaille*). Conjunto de fragmentos de roca desprendidos o tallados. **2.** Jardín formado por piedras, en el que se plantan vegetales resistentes a la sequedad. **3.** B. ART. Elemento decorativo de carácter asimétrico, que imita formas naturales como conchas, rocas, vegetales, etc., cuyos orígenes parecen hallarse en las grutas de los jardines renacentistas y que alcanzó gran difusión a lo largo del s. XVIII, especialmente en Francia.

rocambola s.f. (fr. *rocambole*). Planta herbácea de tallo erguido y enroscado en forma de anillo cerca de la inflorescencia, que se usa como condimento, en sustitución del ajo. (Familia liliáceas.)

rocambolesco, a adj. Lleno de peripecias inverosímiles o extraordinarias.

roce s.m. Acción de rozar o rozarse. **2.** Señal que queda en alguna cosa de haber sufrido la acción o contacto de otra. **3.** *Fig. y fam.* Trato frecuente entre personas: *el roce hace el cariño.* **4.** *Fig. y fam.* Enojo, desacuerdo o tensión entre personas.

rochar v.tr. Chile. Sorprender a alguien en alguna cosa ilícita.

rochela s.f. (del sitio de La *Rochela,* c. de Francia). Colomb. y Venez. Bullicio, tumulto, alboroto.

rociada s.f. Acción y efecto de rociar. **2.** *Fig.* Acción y efecto de arrojar o caer cosas esparcidas: *una rociada de balas.* **3.** *Fig.* Reprensión áspera. **4.** Rocío.

rociador s.m. Instrumento o dispositivo para rociar o pulverizar.

rociar v.tr. (lat. vulg. *roscidare,* del lat. *roscidus,* lleno de rocío) [conj.: *desviar*]. Esparcir en menudas gotas un líquido. **2.** *Fig.* Arrojar algunas cosas de modo que caigan diseminadas. **3.** *Fig.* Acompañar una comida con alguna bebida. **4.** Humedecer con jugo, grasa, salsa, etc., una carne asada. ◆ v.intr. Caer rocío o lluvia menuda.

rociero, a s. Persona que acude a la romería del Rocío, en Huelva.

rocín s.m. Caballo de mala traza y de poca alzada. **2.** *Fig.* Persona tosca e ignorante.

rocío s.m. (de *rociar*). Vapor que, con la frialdad de la noche, se condensa en la atmósfera en forma de gotas muy menudas. **2.** Capa de gotas menudas que se forma en la tierra, las plantas, etc., durante la noche o la madrugada. **3.** *Fig.* Conjunto de gotas menudas esparcidas sobre algo para humedecerla. **4.** Lluvia ligera y pasajera. ◇ **Punto de rocío** Temperatura a la cual el vapor de agua, en unas condiciones dadas y constantes, forma con el aire una solución saturada.

rock adj. y s.m. (voz inglesa). Se dice del estilo musical derivado del rock and roll de la década de 1950, caracterizado por el empleo de melodías y ritmos complejos, que ha desarrollado nuevos estilos musicales, como el pop, el punk, etc. **2.** Rock and roll. ◆ adj. Relativo al rock. ◇ **Rock duro** Estilo musical surgido en la década de 1970, que se caracteriza por la simplicidad del ritmo, la rapidez de ejecución y la potencia sonora.

rock and roll s.m. (voces inglesas). Estilo musical surgido en la década de 1950 y derivado del jazz, el rhythm and blues negro y diversos elementos folclóricos, que da prioridad al ritmo con relación a la improvisación melódica. **2.** Baile en dos o cuatro tiempos, con un ritmo muy acentuado.

rocker adj. y s.m. y f. Se dice de la persona aficionada al rock and roll, que suele vestir imitando el estilo de la década de 1950. ◆ adj. Que es propio de los rockers.

rockero, a o **roquero, a** adj. y s. Rocker. **2.** Se dice de la persona que se dedica a cantar, tocar o componer música rock.

rococó s.m. y adj. (fr. *rococo,* de *rocaille,* rocalla). Movimiento artístico desarrollado en Europa durante buena parte del s. XVIII, que coexistió con el barroco tardío y con los inicios del neoclasicismo. ◆ adj. Recargado y amanerado en los adornos.

rocódromo s.m. Construcción artificial que simula la pared rocosa de una montaña y se utiliza para entrenarse en escalada y para hacer competiciones.

rocoso, a adj. Abundante en rocas.

rocoto s.m. (voz quechua). Amér. Merid. Planta de una especie de ají grande. (Familia solanáceas.) **2.** Amér. Merid. Fruto de esta planta.

roda s.f. Pieza, de madera o hierro, que limita una embarcación por la proa.

rodaballo s.m. Pez marino, de hasta 80 cm de long., carne muy apreciada, con el cuerpo comprimido de manera que el flanco derecho es plano y el izquierdo convexo.

rodada s.f. Señal que, al pasar, deja impresa una rueda en el suelo.

rodado, a adj. Se dice del tránsito o movimiento efectuado por vehículos de ruedas y del transporte realizado por medio de los mismos. **2.** Se dice de la caballería que tiene manchas más oscuras que el color general de su pelo. ◆ s.m. Argent. Vehículo con ruedas. ◇ **Canto rodado** GEOL. Piedra pequeña desprendida de una roca o veta que, arrastrada por su propio peso, es desgastada por el agua, el hielo o el viento. **Venir rodado** *Fam.* Suceder algo por encadenamiento casual de las circunstancias y de la forma más adecuada o conveniente.

rodador, ra adj. Que rueda o cae rodando. ◆ s.m. Ciclista especializado en correr en terreno llano. **2.** Variedad de mosquito americano.

rodadura s.f. Acción de rodar. **2.** FÍS. Desplazamiento de un cuerpo que permanece sobre otro cuerpo sin resbalar. **3.** METAL. Operación de conformado de los metales por deformación plástica en caliente o en frío.

rodaja s.f. Rueda, loncha o tajada redonda.

rodaje s.m. Acción de rodar, especialmente una película. **2.** MEC. Funcionamiento controlado de un motor nuevo hasta conseguir que las superficies de fricción se pulan y se ajusten los huelgos; período de tiempo durante el cual se mantiene este funcionamiento.

rodal s.m. Lugar o espacio más o menos grande y redondeado que, por alguna circunstancia, se distingue de lo que lo rodea.

rodamiento s.m. MEC. Pieza interpuesta entre los cojinetes y los árboles giratorios de una máquina, y que sustituye el rozamiento de deslizamiento entre las superficies del eje y del cojinete por un rozamiento de rodadura: *rodamiento de bolas; rodamiento de rodillos.*

rodamina s.f. Materia colorante roja, de constitución análoga a la de las fluoresceínas.

rodapié s.m. Paramento de madera u otro material que se pone alrededor de los pies de las camas, mesas y otros muebles.

rodar v.intr. (lat. *rotare*) [conj.: *contar*]. Dar vueltas un cuerpo alrededor de su eje. **2.** Dar vueltas un cuerpo sobre una superficie, trasladándose de lugar. **3.** Caer dando vueltas. **4.** Moverse por medio de ruedas. **5.** *Fig.* Ir algo o alguien de un sitio a otro sin quedarse en ninguno de manera estable. **6.** *Fig.* Suceder en el tiempo una cosa a otra. **7.** *Fig.* Abundar: *en aquella casa rueda el dinero.* **8.** *Fig.* Existir: *vuelven a rodar modas antiguas.* ◆ v.tr. Hacer que un cuerpo dé vueltas alrededor de su eje. **2.** MEC. Hacer que un automóvil circule sin sobrepasar la velocidad establecida para el rodaje. ◆ v.tr. e intr. Filmar las imágenes o escenas de una película cinematográfica, una serie de televisión, etc. ◇ **Echar algo a rodar** Malograr, frustrar algún proyecto, asunto o situación.

rodear v.tr. Estar una cosa alrededor de alguien o algo: *una valla rodea el huerto.* **2.** Colocarse alguien o algo alrededor de alguien o algo. **3.** Andar alrededor. **4.** Hacer dar vueltas a una cosa. **5.** Argent., Chile, Colomb., Cuba, Nicar. y Perú. Reunir el ganado mayor en un sitio determinado, arreándolo desde los distintos lugares donde pace. ◆ v.intr. Ir por un camino más largo que el ordinario. **2.** *Fig.* Decir algo o hablar de manera indirecta, sin claridad o eludiendo la verdad. ◆ **rodearse** v.prnl. Procurarse alguien ciertas cosas a su alrededor, o tener a determinadas personas formando parte de su ambiente: *rodearse de comodidades.*

rodela s.f. (ital. *retella*). Escudo redondo utilizado hasta finales del s. XVI. **2.** Disco amarillo utilizado como distintivo por los judíos. **3.** HERÁLD. Escudo ovalado.

1. **rodeo** s.m. Acción de rodear. **2.** Camino que no es el más corto o directo para ir a un lugar. **3.** Vuelta que se da para despistar a un perseguidor. **4.** *Fig.* Manera indirecta de hacer o conseguir algo para eludir dificultades. **5.** *Fig.* Manera de decir algo sin la claridad necesaria, o eludiendo decir la verdad. **6.** Deporte típico de algunos países americanos que consiste en realizar ciertos ejercicios o lances: acoso de reses bravas, lanzamiento de lazo, doma de caballos salvajes, etc., en que los jinetes demuestran su destreza ecuestre. **7.** Argent., Chile y Urug. Acción de contar o separar el ganado de distintos dueños. ◇ **Sin rodeos** Directa o claramente.

2. **rodeo** s.m. Pez de agua dulce, de unos 8 cm de long., que pone sus huevos en el interior de moluscos bivalvos acuáticos. (Familia ciprínidos.)

rodera s.f. Rodada. **2.** Camino abierto por el paso de carros a través de los campos.

rodesiano, a o **rhodesiano, a** adj. y s. De Rhodesia.

rodete s.m. Objeto en forma de rosca o rueda. **2.** Moño hecho con las trenzas del pelo, colocadas en forma de rosca sobre la cabeza. **3.** Rosca de lienzo o paño que, colocada en la cabeza, sirve para llevar un peso sobre ella.

rodilla s.f. (lat. *rotula,* rótula). Parte del cuerpo humano en que la pierna se articula con el muslo. **2.** Parte del cuerpo de los cuadrúpedos en que se articulan los huesos carpianos y metacarpianos con el radio. ◇ **De rodillas** Con las rodillas dobladas y apoyadas en el suelo; en tono suplicante y con insistencia. **Doblar,** o **hincar, la rodilla** Poner una rodilla en tierra en señal de acatamiento; someterse, humillarse.

rodillazo s.m. Golpe dado con la rodilla.

rodillera s.f. Protección que se coloca en la rodilla, generalmente de tela flexible o acolchada. **2.** Convexidad que se forma en la parte de la rodilla de un pantalón por el uso. **3.** Remiendo o pieza en la parte de los pantalones correspondiente a la rodilla. **4.** Articulación de algunos mecanismos. **5.** Pieza de la armadura que protegía la rodilla.

rodillo s.m. Cilindro de madera, piedra u otro material, utilizado en diversos usos o que forma parte de diversas máquinas o aparatos: *rodillo para pintar, para amasar; rodillo de una máquina de escribir, de imprimir.*

1. **rodio** s.m. Metal de color blanco, duro, de densidad 12,4, cuyo punto de fusión es de 1 960 °C aprox. **2.** Elemento químico (Rh), de número atómico 45 y masa atómica 102,905. (Se utiliza en aleaciones con platino.)

2. **rodio, a** adj. y s. De Rodas (Grecia).

rododendro s.m. Arbusto de montaña, de hoja perenne, fruto en cápsula, cultivado por sus flores ornamentales. (Familia ericáceas.) **2.** Flor de esta planta, de color rosa o blanco.

rodofíceo, a adj. y s.f. Relativo a una clase de algas con clorofila coloreadas por un pigmento rojo, generalmente marinas, que se caracterizan por un ciclo reproductor complejo y que a veces están revestidas por un caparazón calcáreo.

rodopsina s.f. Pigmento de la retina, indispensable para la visión.

rodrigón s.m. Estaca o vara que se clava al pie de un árbol o un arbusto para sostener sus tallos o ramas. **2.** *Fig. y fam.* Criado anciano que acompañaba a las señoras.

rodríguez s.m. Esp. *Fam.* Hombre que permanece solo en la ciudad, trabajando, mientras los demás componentes de la familia ya se han trasladado al lugar de veraneo.

roedor, ra adj. y s.m. Relativo a un orden de mamíferos, vegetarianos u omnívoros, con frecuencia perjudiciales para los cultivos, que tienen largos incisivos aptos para roer, como la ardilla, el ratón y la rata. ◆ adj. Que roe. **2.** *Fig.* Que conmueve o agita el ánimo.

roedura s.f. Acción de roer. **2.** Señal que queda en una cosa al roerla. **3.** Porción que se corta royendo.

roel s.m. HERÁLD. Pieza de forma circular y de color

roentgen o **röntgen** s.m. (de W. C. *Roentgen,* físico alemán). Antigua unidad de medida de exposición (símb. R) equivalente a 2,58 × 10–4 culombios.

roentgenio s.m. (de W. C. Roentgen, físico alemán). Elemento químico transuránico (Rg) de número atómico 111.

roer v.tr. (lat. *rodere*). Raspar con los dientes una cosa, arrancando algo de ella. **2.** *Fig.* Ir gastando poco a poco una

roer

INDICATIVO

presente
roo o *roigo* o *royo*
roes (roés)
roe
roemos
roéis
roen

copretérito o pret. imperfecto
roía
roías
roía
roíamos
roíais
roían

pretérito o pret. perf. simple
roí
roíste
royó
roímos
roísteis
royeron

futuro o fut. simple
roeré
roerás
roerá
roeremos
roeréis
roerán

pospretérito o condicional simple
roería
roerías
roería
roeríamos
roeríais
roerían

SUBJUNTIVO

presente
roa o *roiga* o *roya*
roas o *roigas* o *royas*
roa o *roiga* o *roya*
roamos o *roigamos* o *royamos*
roáis o *roigáis* o *royáis*
roan o *roigan* o *royan*

pretérito o pret. imperfecto
royera o *royese*
royeras o *royeses*
royera o *royese*
royéramos o *royésemos*
royerais o *royeseis*
royeran o *royesen*

futuro o fut. simple
royere
royeres
royere
royéremos
royereis
royeren

IMPERATIVO

roe (roé)	(tú, vos)
roa o *roiga* o *roya*	(él)
roamos o *roigamos* o *royamos*	(nosotros)
roed	(vosotros)
roan o *roigan* o *royan*	(ellos)

FORMAS NO PERSONALES

infinitivo	gerundio
roer	*royendo*

participio
roído

cosa. **3.** *Fig.* Producir un malestar o atormentar persistentemente un sentimiento, pensamiento, etc.

rogar v.tr. (lat. *rogare*). Pedir a alguien como gracia o favor alguna cosa. **2.** Instar o pedir insistentemente y con súplicas. ◇ **Hacerse (de) rogar** Resistirse alguien a algo por el gusto de que se lo pidan insistentemente.

rogativas s.f.pl. CRIST. Plegarias públicas que se realizan para pedir a Dios por el remedio a una necesidad urgente.

rogatorio, a adj. Que implica ruego: *comisión rogatoria.*

rogón, na s. Méx. *Fam.* Persona que ruega mucho.

roído, a adj. Carcomido.

rojear v.intr. Mostrar una cosa su color rojo. **2.** Tomar o tener algo un tono rojo. ◆ v.tr. Dar a algo color rojo.

rojez s.f. Cualidad de rojo. **2.** Zona de piel enrojecida.

rojizo, a adj. Que tiene un tono rojo.

rojo, a adj. y s.m. (lat. *russeus,* rojo subido). Se dice del color que ocupa el primer lugar del espectro solar, como el de la sangre. ◆ adj. Que es de este color: *tomates rojos.* **2.** Rubio. **3.** Pelirrojo. ◆ adj. y s. Se dice del partidario de la acción revolucionaria y del grupo político de izquierdas. **2.** Comunista. **3.** En la guerra civil española, nacional republicano.

rogar

INDICATIVO	SUBJUNTIVO	
presente	**presente**	
ruego	*ruegue*	
ruegas (rogás)	*ruegues*	
ruega	*ruegue*	
rogamos	roguemos	
rogáis	roguéis	
ruegan	*rueguen*	
copretérito o pret. imperfecto	**pretérito o pret. imperfecto**	
rogaba	rogara o rogase	
rogabas	rogaras o rogases	
rogaba	rogara o rogase	
rogábamos	rogáramos o rogásemos	
rogabais	rogarais o rogaseis	
rogaban	rogaran o rogasen	
pretérito o pret. perf. simple	**futuro o fut. simple**	
rogué	rogare	
rogaste	rogares	
rogó	rogare	
rogamos	rogaremos	
rogasteis	rogareis	
rogaron	rogaren	
futuro o fut. simple	**IMPERATIVO**	
rogaré		
rogarás	*ruega* (rogá)	(tú, vos)
rogará	*ruegue*	(él)
rogaremos	roguemos	(nosotros)
rogaréis	rogad	(vosotros)
rogarán	*rueguen*	(ellos)
pospretérito o condicional simple	**FORMAS NO PERSONALES**	
rogaría		
rogarías	**infinitivo**	**gerundio**
rogaría	rogar	rogando
rogaríamos	**participio**	
rogaríais	rogado	
rogarían		

◆ s.m. Sustancia colorante de uso industrial o empleada para tinciones de células y tejidos: *rojo de cromo; rojo de anilina.* ◇ **Al rojo (vivo)** Incandescente; en estado de gran excitación. **Guardia rojo** Miembro de las juventudes comunistas chinas. **Ponerse rojo** Avergonzarse.

rol s.m. (fr. *rôle*). *Galic.* Papel, carácter, cometido o función que desempeña una persona en una acción o representación o en un grupo social. **2.** Lista de nombres, nómina o catálogo. **3.** SOCIOL. Conjunto, difuso o explícito, de los derechos y obligaciones de un individuo en un grupo social, en relación con su estatus jurídico o su función en este grupo.

Rolando. Cisura de Rolando Cisura situada en la cara externa de los hemisferios cerebrales, que separa los lóbulos frontal y parietal y está bordeada por dos circunvoluciones correspondientes a la zona matriz (parte delantera) y a la zona sensitiva (parte trasera).

rolar v.intr. MAR. **a.** Ir variando de dirección el viento. **b.** Dar vueltas en círculo.

roldana s.f. (cat. ant. *rotlana,* roldana, corro). Rueda de una polea.

rollista adj. y s.m. y f. Esp. *Fam.* Persona que cuenta rollos, historias largas y aburridas o historias falsas.

rollizo, a adj. Robusto, grueso o gordo: *un bebé rollizo.* **2.** Redondo, en forma cilíndrica o de rollo. ◆ s.m. Madero redondo descortezado. SIN.: *rollo.*

rollo s.m. (lat. *rotulus,* dim. de *rota,* rueda). Cilindro que se forma al rodar o doblarse dando vueltas sobre sí misma una hoja o tira de papel, tela o cualquier otra materia: *rollo de alambre; rollo de papel.* **2.** Rollizo. **3.** *Fig.* Masa de carne o grasa superflua que forma una arruga alrededor del cuerpo o de algún miembro. **4.** Columna de piedra, generalmente rematada por una cruz, que, antiguamente, servía de señal de límite entre dos términos municipales y, a veces, de picota. **5.** Película fotográfica enrollada en forma cilíndrica. **6.** *Fig. y fam.* Discurso o explicación largos y aburridos. **7.** *Fig. y fam.* Persona o cosa que resulta pesada o aburrida: *esta película es un rollo.* **8.** Esp. y Méx. *Fam.* Tema, materia o asunto del que se trata. **9.** Esp. y Méx. *Fam.* Actividad, asunto o ambiente social en el que alguien anda metido.

ROM adj. y s.f. (sigla del ingl. *read only memory*). INFORMÁT. Se dice de la memoria cuya información no puede ser modificada una vez introducida, es decir, que, a diferencia de la RAM, solo es accesible para su lectura.

romadizo s.m. Coriza.

romana s.f. y adj. Balanza de brazos desiguales, en la que se desliza un peso a través del brazo más largo, que está graduado, para equilibrar el objeto suspendido en el brazo corto.

romance adj. y s.m. (lat. *romanice,* adverbio aplicado al habla de los romanos). Se dice de la lengua que procede del latín. SIN.: *románico.* ◆ s.m. *Anglic.* Relación amorosa pasajera. **2.** Combinación métrica de versos octosílabos en la que los pares riman en asonante y los impares quedan libres. ◆ **romances** s.m.pl. *Fig.* Excusas, monsergas.

romance

El romance deriva del cantar de gesta, al desgajarse del conjunto los fragmentos de mayor interés hasta alcanzar vida propia. Los romances se desarrollaron alrededor de varios temas: los *noticieros* surgieron en torno al asunto de la guerra civil de los Trastámara; los *fronterizos* se centran en las luchas sostenidas en las fronteras con al-Andalus; los *moriscos,* cuando se adopta el punto de vista árabe. Ya en el s. XV, se crearon romances sobre nuevos temas, que suscitaban el interés de escritores cultos. A fines del s. XVI, en *silvas* y *flores* de romances y, sobre todo, en el *Romancero general* de 1600, se creó el llamado *romancero nuevo.* Paralelamente el romance pasó al teatro y a la poesía, donde pervivió, transformado, hasta el s. XX.

romancear v.tr. Traducir un texto al romance.

romancero, a s. Persona que canta o recita romances. ◆ s.m. Colección de romances.

romanche s.m. y adj. Lengua retorrománica hablada en los Grisones y que, en 1938, se convirtió en la cuarta lengua nacional de la Confederación Helvética.

romaní s.m. Lengua indoeuropea hablada por los gitanos.

románico, a adj. y s.m. (lat. *romanicus,* romano). Se dice del arte que se desarrolló en Europa desde finales del s. X hasta principios del s. XIII. ◆ adj. Se dice de la lengua que procede del latín, como el español, el catalán, el francés, etc. SIN.: *romance.*

románico

El arte románico se puede calificar de funcional en la medida en que, en arquitectura, sustituyó las techumbres de madera por diferentes sistemas de bóvedas de piedra, reforzó mediante la escultura los puntos vitales del edificio, sometió cada dispositivo del trazado y del mobiliario a las intenciones litúrgicas y respetó la belleza propia de cada material. Sin embargo, el arte románico es en primer lugar simbólico: el alzado de las naves es un medio de guiar el espíritu hacia lo divino. El románico heredó múltiples elementos de las civilizaciones con las que se halló en contacto: aportaciones galorromanas, del oriente cristiano, del islam, de los pueblos bárbaros, de los monjes irlandeses. La alta edad media, más allá del renacimiento carolingio, preparó la eclosión, en torno al año 1000, del *primer arte románico,* cuyas pequeñas iglesias se encuentran básicamente en las regiones montañosas, desde Cataluña a los Grisones. El norte de Francia brilló con la abadía de Cluny II (segunda mitad del s. X). El estilo románico alcanzó su plenitud en el s. XI. En los reinos cristianos de la península Ibérica, a la primigenia experiencia dada en Cataluña (monasterio de Ripoll, San Vicente de Cardona, San Pedro de Caserras), se unió la importante corriente que, a través del camino de Santiago, difundió por Aragón, Navarra, Castilla y León los modelos franceses (cripta del monasterio de Leyre, panteón de San Isidoro de León). El florecimiento de finales del s. XI y de la primera mitad del s. XII, en Francia (Saint-Sernin de Toulouse), en España (Santiago de Compostela, catedral de Jaca, San Martín de Frómista) o en Inglaterra (Ely, Durham), no es más que el desarrollo de los programas iconográficos esculpidos o pintados.

romanista adj. y s.m. y f. Especialista en lenguas o literaturas románicas. **2.** DER. Especialista en derecho romano.

romanización s.f. Acción y efecto de romanizar o romanizarse. (Se aplica especialmente al proceso de asimilación de la civilización romana por los pobladores de Iberia.)

romanizar v.tr. y prnl. Introducir las costumbres o la cultura de la Roma antigua en un lugar, o transmitirlas a alguien.

romano, a adj. y s. (lat. *romanus*). De Roma o del Imperio romano. ◆ adj. Relativo a la Iglesia católica: *Iglesia romana.* ◇ **Cifra,** o **número, romano** Signo del alfabeto romano que se usa en la numeración romana para expresar una cantidad. (Las letras I, V, X, L, C, D y M equivalen respectivamente a 1, 5, 10, 50, 100, 500 y 1 000.)

romanticismo s.m. Movimiento artístico que se desarrolló desde finales del s. XVIII hasta el primer tercio del s. XIX, en el que prevalecen los principios de libertad y subjetividad, y la oposición a las reglas clásicas y al racionalismo filosófico. **2.** Cualidad de romántico.

romanticismo

LIT. En busca de la evasión a través del sueño, el exotismo o el pasado, el romanticismo exalta el gusto por el misterio y lo fantástico. Pugna por la libre expresión de la sensibilidad y, con el ensalzamiento del culto a la personalidad, afirma su oposición al ideal clásico. El romanticismo se esboza en las novelas de Richardson y los poemas de Ossian, y toma cuerpo con Goethe, Novalis y Hölderlin, en Alemania, y Blake, Wordsworth y Coleridge, en Gran Bretaña. Más tardío en el resto de Europa, el romanticismo triunfó en Francia con Lamartine, Hugo, Vigny y Musset. En Italia se impuso como «una nueva forma de sentir» (Manzoni, Leopardi). En España tardó un poco más (1833) y Larra constituye una aportación realmente valiosa. La poesía de Espronceda y los dramas del Duque de Rivas y Zorrilla marcan, hacia 1840, su plenitud, que dio lugar a un nuevo género: el costumbrismo. Más tarde, en plena época del realismo, aparece el gran logro de la poesía romántica: las *Rimas* de Gustavo Adolfo Bécquer.

B. ART. De manera paralela al romanticismo literario, el romanticismo artístico fue en Francia una reacción contra el neoclasicismo de la escuela de David, reacción animada entre otros por Delacroix. En Gran Bretaña, después de W. Blake y Fussili, surgieron los paisajistas Constable y Turner. En Alemania, C. D. Friedrich y, románticos por su nostalgia sentimental del pasado, los nazarenos. En España fue desigual, pues se sintió el predominio de Goya en el primer cuarto del s. XIX, que superó los límites del romanticismo. En Hispanoamérica, la escultura y la pintura fueron fomentadas por las Academias, como la de San Carlos, en México, y la de Chile.

MÚS. La estética romántica estableció su especificidad al proclamar la libertad del artista y la expresión de su yo, al destacar la forma y buscar el contraste. La orquesta se enriqueció, se diversificó, se seleccionaron instrumentos por su timbre, su color. La fuente de este movimiento fue el *Sturm und Drang* (tempestad e impulso) alemán, así como la ideología de la Revolución francesa. Se desarrolló en tierras germánicas y su modelo fueron las obras mayores de Beethoven. Entre los principales autores de esta tendencia se hallan Liszt, Schumann, Wagner, Brahms y Schubert.

romántico, a adj. y s. (fr. *romantique,* novelesco, romántico). Relativo al romanticismo; adscrito a este movimiento. **2.** Que manifiesta un predominio de idealismo y sentimiento; que afecta a la sensibilidad y a la imaginación predisponiendo a la emoción.

romanza s.f. (ital. *romanza*). Aria, generalmente de carácter sencillo y tierno. **2.** Composición musical del mismo carácter y meramente instrumental.

romaza s.f. (del cruce de *rumex, -icis* y *lapathium,* nombres latinos de esta planta). Planta herbácea, de raíz gruesa, tallo nudoso y rojizo y fruto seco, con una semilla dura y triangular. (Familia poligonáceas.)

rombal adj. Que tiene forma de rombo.

rómbico, a adj. Que tiene forma de rombo. **2.** Se dice del sistema cristalino cuyas formas holoédricas se caracterizan por tener tres ejes binarios rectangulares y no equivalentes, tres planos de simetría y centro. SIN.: *ortorrómbico.*

rombo s.m. (lat. *rhombus*). Cuadrilátero cuyos cuatro lados son iguales, y dos de sus ángulos, mayores que los otros dos.

romboédrico, a adj. Se dice del sistema cristalino cuya forma tipo es el romboedro.

romboedro s.m. Paralelepípedo cuyas seis caras son rombos iguales.

romboencéfalo s.m. EMBRIOL. Estructura nerviosa del embrión, situada alrededor del cuarto ventrículo, a partir de la cual se diferencia el metencéfalo y el mielencéfalo.

romboidal adj. Que tiene forma de romboide.

romboide s.m. Paralelogramo cuyos lados, iguales dos a dos, no son perpendiculares.

romboides s.m. ANAT. Músculo ancho y delgado de la región dorsal que tiene la forma de un rombo.

romera s.f. Modalidad de cante flamenco.

romeral s.m. Terreno poblado de romeros.

romería s.f. (de *romero*). Fiesta popular que se celebra en las inmediaciones de una ermita o santuario y en la que los actos religiosos se acompañan de meriendas, bailes, etc. **2.** Viaje o peregrinación que se hace, generalmente por devoción, a un santuario. **3.** *Fig.* Grupo numeroso de personas que acude a un lugar.

romerito s.m. Méx. Planta herbácea con la que se elabora un platillo del mismo nombre con papas, ajonjolí, tortas de camarones y salsa de chile rojo, típico de la cuaresma.

1. **romero** s.m. Arbusto aromático, de flores liliáceas o blanquecinas, que puede medir hasta 2 m de altura.

2. **romero, a** adj. y s. (bajo lat. *romaeus,* del gr. *romaios,* romano). Que va en romería: *los romeros del Rocío.*

romo, a adj. Obtuso y sin punta. **2.** Que tiene la nariz pequeña y poco puntiaguda. **3.** *Fig.* Torpe, tonto.

rompecabezas s.m. (pl. *rompecabezas*). *Fig. y fam.* Cosa que entraña dificultad en su entendimiento o resolución. **2.** Juego que consiste en componer una figura o imagen combinando cierto número de piezas, en cada una de las cuales hay una parte de la figura o imagen.

rompehielos s.m. (pl. *rompehielos*). Barco construido especialmente para poder navegar por aguas heladas. **2.** Espolón situado frente a los pilares de un puente para protegerlo contra los hielos flotantes.

rompehuelgas s.m. y f. (pl. *rompehuelgas*). Persona que no se suma a una huelga o que se presta a ocupar el puesto de trabajo de un huelguista.

rompeolas s.m. (pl. *rompeolas*). Obra levantada a la entrada de una rada o de un puerto, para protegerlos contra el mar abierto.

romper v.tr. y prnl. (lat. *rumpere*). Partir una cosa en trozos o fragmentos, o separar una parte de ella. **2.** Hacer en una cosa, especialmente en una prenda de vestir, un agujero o abertura. ◆ v.tr. *Fig.* Interrumpir la unión o continuidad de un cuerpo: *el buque rompe las olas.* **2.** *Fig.* Interrumpir cierto estado, proceso, desarrollo, etc. **3.** *Fig.* Quebrantar la observancia de la ley, precepto, contrato u otra obligación. ◆ v.intr. *Fig.* Interrumpir una amistad, relación, noviazgo, etc.: *se iban a casar pero rompieron dos días antes de la boda.* **2.** Deshacerse las olas en espuma por influencia del viento o en las proximidades de la costa. **3.** *Fig.* Empezar y tener principio aquello que se expresa: *romper a llorar; romper el día.* **4.** *Fig.* Abrirse las flores. **5.** *Fig.* Abrirse paso por algún sitio o entre alguna cosa: *la policía rompió entre la multitud.* ◇ **De rompe y rasga** Se dice de la persona resuelta y valiente, que hace las cosas con soltura y facilidad. **Romper el servicio** DEP. En tenis, ganar el juego en el que no se tiene el saque. **Romper filas** Separarse y disgregarse la tropa al final de un ejercicio de orden cerrado.
OBS.: participio: *roto.*

rompiente s.m. Escollo donde el agua del mar o de un río rompe.

rompope s.m. Amér. Central, Ecuad. y Méx. Bebida elaborada con aguardiente, huevos, leche, azúcar y canela.

ron s.m. (ingl. *rum*). Aguardiente obtenido por fermentación y destilación del jugo de caña de azúcar, o de las melazas y subproductos de la fabricación del azúcar de caña.

ronca s.f. Grito que da el gamo cuando está en celo para llamar a la hembra.

roncal s.m. Queso duro, cocido, prensado y salado, elaborado con leche de oveja y originario del valle del Roncal, Navarra.

roncar v.intr. (lat. *rhonchare*). Producir un sonido ronco al respirar mientras se duerme. **2.** Llamar el gamo a la hembra cuando está en celo.

roncear v.tr. Argent., Chile y Méx. Mover una cosa de un lado a otro, con las manos o por medio de palancas.

roncha s.f. Pápula. **2.** Cardenal, equimosis. **3.** Rebanada, loncha.

ronco, a adj. Que padece ronquera. **2.** Se dice de la voz o sonido áspero y grave. SIN.: *rauco.*

roncón, na adj. Colomb. y Venez. Fanfarrón.

ronda s.f. (ár. *rubṭ,* patrulla de jinetes guerreros). Recorrido efectuado, generalmente de noche, para impedir posibles desórdenes e inspeccionar a guardias o centinelas. **2.** Grupo de personas que hace este recorrido. **3.** Serie de etapas que se desarrollan de manera sucesiva y ordenada: *ronda de conversaciones; ronda eliminatoria.* **4.** *Fam.* Serie de consumiciones que toman distintas personas reunidas en grupo: *esta ronda la pago yo.* **5.** Acción de ir los jóvenes tocando y cantando por las calles, principalmente delante de las casas de las jóvenes. **6.** En varios juegos de naipes, vuelta o suerte de todos los jugadores. **7.** Esp. Paseo o calle que rodea totalmente o en gran parte a una población. **8.** COREOGR. Baile cuyos participantes se agarran de la mano formando un círculo que gira alrededor de su centro, imaginario o indicado por un árbol, una piedra sagrada o un bailarín.

rondador, ra adj. y s. Que ronda o va de ronda. ◆ s.m. Instrumento musical popular ecuatoriano a modo de flauta recta o siringa.

rondalla s.f. Ronda, conjunto de personas que van tocando y cantando por la calle. **2.** Cuento, conseja.

rondar v.intr. y tr. Recorrer un lugar en servicio de vigilancia. **2.** Salir los jóvenes de ronda. **3.** Andar de noche paseando por las calles. ◆ v.tr. *Fig. y fam.* Cortejar a una moza. **2.** *Fig. y fam.* Ir detrás de alguien importunándole para conseguir algo de él. **3.** Dar vueltas alrededor de una cosa. **4.** *Fig. y fam.* Estar el sueño, una enfermedad, etc., a punto de apoderarse de alguien.

rondel s.m. (fr. *rondeau*). Composición poética breve en que se repite al final el primer verso o las primeras palabras.

rondeña s.f. Modalidad de cante flamenco.

rondeño, a adj. y s. De Ronda o de la serranía de Ronda (España).

rondín s.m. Bol. y Chile. Persona que vigila o ronda de noche.

rondó s.m. (fr. *rondeau*). MÚS. Composición instrumental o vocal caracterizada por la alternancia de un estribillo y de estrofas en número variable.

rondón (de) loc. (fr. *de randon,* deprisa, de *randir,* galopar). *Fam.* Sin llamar, sin pedir permiso: *colarse de rondón; entrar de rondón.*

rondón s.m. Amér. Central, Colomb. y Venez. Planta madeable de propiedades medicinales. (Familia anacardiáceas.) **2.** Hond. Especie de escarabajo pelotero.

ronquera s.f. Afección de la laringe que provoca alteración del timbre de la voz haciéndolo grave y poco sonoro.

ronquido s.m. Ruido áspero y grave emitido al roncar.

ronronear v.intr. Emitir el gato un sonido ronco y continuado en señal de satisfacción. **2.** Producir un ruido similar a un motor.

ronroneo s.m. Acción de ronronear. **2.** Sonido que emite el gato cuando ronronea.

röntgen s.m. → **roentgen.**

1. **ronzal** s.m. (del ár. *rasan*). Ramal o cabestro de una caballería.

2. **ronzal** s.m. MAR. Palanca, palanquín.

1. **ronzar** v.tr. Comer una cosa dura haciendo ruido al masticarla.

2. **ronzar** v.tr. MAR. Mover una cosa pesada por medio de palancas.

roña s.f. Porquería, suciedad que se pega fuertemente. **2.** Moho de los metales. **3.** Sarna de los animales, especialmente del ganado lanar. **4.** Sarna de las plantas. **5.** *Fig. y fam.* Roñería, mezquindad. **6.** *Fig. y fam.* Farsa, astucia, sagacidad. **7.** Colomb. Aspereza, rugosidad. ◆ s.m. y f. *Fam.* Persona roñosa, tacaña.

roñería s.f. *Fam.* Tacañería.

roñoso, a adj. Sucio, puerco. **2.** Oxidado. **3.** Que tiene o produce roña. **4.** *Fig. y fam.* Tacaño. SIN.: *roñica.* **5.** Ecuad. y Méx. Sin pulimento, áspero.

ropa s.f. Pieza de tela confeccionada para vestir o de uso doméstico. **2.** Conjunto de prendas de vestir que una persona posee. ◇ **A quema ropa** A quemarropa. **Ropa blanca** Conjunto de ropa de uso doméstico, como sábanas, manteles, etc. **Ropa interior** Conjunto de prendas que se llevan debajo del vestido o traje exterior, especialmente cubriendo los órganos sexuales. **Ropa vieja** Guiso de la carne que ha sobrado de la olla o que antes se aprovechó para obtener caldo o jugo.

ropaje s.m. Pieza de tela confeccionada que viste una persona o adorna un objeto o lugar, especialmente suntuosa y usada en ceremonias solemnes. **2.** Conjunto de ropas.

ropero s.m. y adj. Armario o cuarto donde se guarda la ropa. ◆ s.m. Asociación benéfica que reparte ropa entre los necesitados. **2.** Amér. Persona muy corpulenta, mastodonte.

ropón s.m. Prenda de vestir larga y amplia que generalmente se ponía sobre los demás vestidos.

1. **roque** s.m. (del ár. *rujj*). Torre del ajedrez.

2. **roque** s.m. GEOMORFOL. Edificio volcánico, en forma de pitón, que corresponde a un cilindro de extrusión puesto en resalte por la erosión diferencial.

3. **roque** adj. Esp. *Fam.* Dormido: *estar. quedarse roque.*

roquedal s.m. Peñascal.

roquefort s.m. Queso elaborado con leche de oveja, originario de la región francesa de Roquefort-sur-Soulzon, que tiene manchas de moho azul.

roqueño, a adj. Rocoso.

1. **roquero, a** adj. Relativo a las rocas o edificado sobre ellas.

2. **roquero, a** adj. y s. → **rockero.**

roquete s.m. (cat. *roquet*). REL. Sobrepelliz de mangas estrechas que visten los obispos y ciertos dignatarios eclesiásticos.

rorcual s.m. Mamífero marino semejante a la ballena, pero con la cara ventral estriada y aleta dorsal, cuya mayor especie alcanza los 25 m de long. (El rorcual azul es el animal más grande.)

rorro s.m. *Fam.* Bebé.

Rorschach Test de Rorschach Test proyectivo, constituido por una serie de láminas que representan manchas de tinta que el individuo debe interpretar. (El análisis de las respuestas permite discernir algunos aspectos de la personalidad.)

ros s.m. (de *Ros* de Olano, militar y escritor español). Gorro militar duro, más alto por delante que por detrás, y con visera.

rosa s.f. (lat. *rosa*). Flor del rosal, de pétalos acorazonados, colores variados (rojo, amarillo, blanco, etc.) y olor intenso. **2.** Objeto que tiene la forma de esta flor. **3.** Amér. Rosal, planta. ◆ adj. y s.m. Se dice del color rojo claro como el de las encías. ◆ adj. Que es de este color. (Suele ser invariable en plural: *camisetas rosa.*) ◆ **rosas** s.f.pl. Rosetas de maíz. **2.** Antigua canción popular procedente de la tradición folclórica gaditana. ◇ **Novela rosa** Novela que narra una historia de amor y cuyo final suele ser feliz. **Rosa de China** Arbusto de grandes flores púrpuras solitarias. (Familia malváceas.) **Rosa de Jericó** Crucífera de Asia Menor, cuyas ramas se contraen en forma de bola en tiempo seco y se enderezan por efecto de la humedad. **Rosa del azafrán** Flor del azafrán. **Rosa de los vientos,** o **de la aguja,** o **náutica** Figura circular adaptada al cuadrante de la aguja náutica dividida en treinta y dos secciones que marcan los rumbos en que se divide el horizonte. **Rosa de Navidad** Planta herbácea que crece en lugares húmedos y florece en invierno. (Familia ranunculáceas.)

rosáceo, a adj. Que tiene un tono rosa. ◆ adj. y s.f. Relativo a una familia de plantas dialipétalas con numerosos estambres, provistas frecuentemente de un doble cáliz. (El rosal, el ciruelo, el melocotonero, el cerezo y el peral pertenecen a esta familia.)

rosacruz adj. y s.m. y f. Relativo a la Rosacruz; miembro de esta fraternidad.

rosada s.f. Escarcha.

rosado, a adj. Que es de color rojo claro. SIN.: *rosa.* **2.** Que tiene un tono rosa. ◆ adj. y s. Argent., Chile y Colomb. Se dice del caballo cuya capa tiene manchas rosadas y blancas, debidas a la transparencia de la piel o al color de los pelos. ◆ adj. y s.m. Se dice del vino joven de color rosa procedente de uvas negras o de mezcla de uvas negras y blancas.

rosal s.m. Arbusto de tallos espinosos, cultivado por sus flores olorosas *(rosas)*, y del que se conocen numerosas variedades. (Familia rosáceas.)

rosaleda s.f. Terreno plantado de rosales.

rosanilina s.f. Base nitrogenada cuyos derivados son colorantes que tiñen directamente la fibra animal.

rosario s.m. Rezo de la Iglesia católica en que se conmemoran los quince misterios de la vida de la Virgen, recitando después de cada uno un padrenuestro, diez avemarías y un gloriapatri. **2.** Sarta de cuentas que se pasan entre los dedos para hacer este rezo. **3.** *Fig.* Serie o sucesión de cosas. **4.** *Fig. y fam.* Espinazo, espina dorsal. ◇ **Como el rosario de la aurora** *Fam.* De muy mala manera, muy mal.

rosbif o **roast-beef** s.m. (ingl. *roast beef*). Carne de buey o de vaca asada de modo que el interior quede algo cruda.

rosca s.f. Objeto de forma redonda con un agujero en el centro. **2.** Bollo o torta de forma redonda con un agujero en el centro. **3.** Espiral o conjunto de espirales de un tornillo o tuerca. **4.** Carnosidad que sobresale en alguna parte del cuerpo. **5.** Chile. Rodete para llevar pesos en la cabeza. ◇ **Hacer la rosca** Esp. *Fam.* Adular, halagar a alguien para obtener algún provecho. **Pasarse de (la) rosca** *Fam.* Excederse.

roscado, a adj. Que tiene forma de rosca. ◆ s.m. Acción de roscar. **2.** TECNOL. Fileteado.

roscadora s.f. y adj. Máquina para roscar cualquier clase de piezas mecánicamente.

roscar v.tr. Hacer la rosca en un tornillo.

rosco s.m. Rosca de pan o de bollo. ◇ **No comerse un rosco** Esp. *Fam.* No conseguir alguien algo que pretendía, especialmente en el terreno amoroso.

roscón s.m. Bollo en forma de rosca grande.

rosedal s.m. Argent. y Urug. Terreno plantado de rosales, rosaleda.

rosela s.f. Drosera.

rosellonés, sa adj. y s. Del Rosellón (Francia). ◆ s.m. Variedad del catalán hablado en esta comarca francesa, en el norte de Gerona y en el nordeste de Lérida.

róseo, a adj. Rosáceo.

roséola s.f. MED. Erupción de manchas rosáceas que aparece como consecuencia de diversas enfermedades infecciosas o de la intolerancia a determinados medicamentos.

roseta s.f. Mancha rosada que aparece en las mejillas. **2.** ARQ. **a.** Motivo ornamental en forma de rosa abierta. **b.** Rosetón pequeño. **3.** EQUIT. Parte móvil de la espuela, en forma de rueda estrellada. **4.** TECNOL. Raqueta. ◆ **rosetas** s.f.pl. Esp. Masa blanca y esponjosa, parecida al capullo de una flor, que resulta del grano de maíz que se tuesta y revienta por la acción del calor. ◇ **En roseta** BOT. Se dice de las hojas que en la base del tallo o en las ramas se disponen muy juntas, formando una especie de rosa.

rosetón s.m. Adorno circular, parecido a una flor, que se coloca en el techo. **2.** ARQ. Gran ventana circular, cerrada por vidrieras, característica de las iglesias góticas.

rosillo, a adj. Que tiene un tono rojo claro. ◆ adj. y s.m. Ruano.

rosoli o **rosolí** s.m. Licor compuesto de aguardiente, canela, azúcar, anís y otros ingredientes aromáticos.

rosquilla s.f. Dulce en forma de rosca pequeña.

rosticería s.f. Chile, Méx. y Nicar. Establecimiento donde se asan y venden pollos.

rostrado, a adj. Que remata en punta semejante al pico del pájaro o al espolón de un barco.

rostral adj. ANT. ROM. Se dice de la columna adornada con espolones de navíos, erigida en recuerdo de una victoria naval.

rostro s.m. (lat. *rostrum,* pico, hocico, boca). Cara, semblante humano. **2.** Pico del ave. **3.** ZOOL. **a.** Prolongación bucal de algunos insectos con la que pican y chupan (como la del pulgón y chinche) o en la que se encuentran las mandíbulas (como la del gorgojo). **b.** Prolongación anterior del caparazón de algunos crustáceos.

rostrum s.m. (voz latina, *pico, hocico, boca*). ANT. ROM. Espolón de un navío de guerra.

rota s.f. (port. *rota*). Planta de tallo delgado, sarmentoso y fuerte, utilizado en la construcción de muebles, respaldos de rejilla, etc. (Familia palmáceas.)

rotación s.f. Movimiento de un cuerpo alrededor de un eje fijo. **2.** Alternancia de una serie de personas o cosas en el cargo, actividad, función, etc.: *rotación de la presidencia.* **3.** AGRIC. Alternancia de cultivos en un terreno. **4.** MAT. Desplazamiento que conserva las distancias y los ángulos y que transforma un punto M en un punto M' tal que OM – OM' y (OM, OM') = θ dado, siendo O un punto fijo (en el plano) o la proyección ortogonal del punto M sobre un eje fijo Δ (en el espacio). ◇ **Rotación de existencias** Transformación en cifras de negocios de las existencias de una empresa. **Rotación de personal** Porcentaje de personal remplazado, durante un año, en una empresa, con relación al efectivo medio.

rotacismo s.m. LING. Cambio de articulación de una consonante que de su forma primera pasa a la de *r* alveolar.

rotario, a s. Miembro de una sociedad filantrópica internacional llamada Rotary Club.

rotary s.m. y adj. (voz inglesa). Perforadora que actúa por rotación. **2.** Sistema de conmutación telefónica automático en el que determinados órganos están animados por un movimiento de rotación continuo.

rotativo, a adj. Que gira en torno de un eje fijo. ◆ adj. y s.f. IMPR. Se dice de una máquina de imprimir con formas cilíndricas, cuyo movimiento rotatorio continuo permite una gran velocidad de impresión. ◆ adj. y s.m. Se dice del periódico impreso con esta máquina.

rotatorio, a adj. Que tiene movimiento circular. ◇ **Poder rotatorio** ÓPT. Propiedad que poseen determinadas sustancias de hacer girar el plano de polarización de la luz que las atraviesa.

rotería s.f. Chile. Acción desagradable y desleal. **2.** Chile. Dicho que denota falta de cortesía o de educación.

roterío s.m. Chile. *Fam.* Clase social formada por las personas que tienen el nivel socio-económico más bajo, plebe.

rotífero, a adj. y s.m. Relativo a un tipo de animales invertebrados microscópicos abundantes en las aguas dulces, que poseen dos coronas de cilios en torno a la boca.

rotisería s.f. Argent. y Chile. Fiambrería.

roto, a adj. y s. Andrajoso. **2.** Chile. Se dice de la persona que pertenece al roterío. **3.** Chile. Incivil, mal educado. **4.** Méx. Se dice del petimetre del pueblo. **5.** Perú. *Fam.* y *desp.* Chileno. ◆ adj. Se dice del color que tiene tonos de otro color: *blanco roto.* ◆ s.m. Esp. Desgarrón en la ropa.

rotograbado s.m. Procedimiento de heliograbado.

rotonda s.f. (ital. *rotonda*). Edificio o sala de planta circular. **2.** Plaza o cenador circulares.

rotor s.m. (ingl. *rotor*). Parte giratoria de determinadas construcciones mecánicas o electromecánicas. **2.** Hélice de un helicóptero o un giravión.

rotoso, a adj. Amér. Merid. Harapiento. ◆ s. Chile. *Fig.* Persona de baja condición cultural o social.

rotsé → **lozi.**

rótula s.f. (lat. *rotula,* dim. de *rota,* rueda). Hueso aplanado y móvil, situado en la cara anterior de la rodilla. **2.** MEC. Unión entre dos piezas o barras articuladas que permite el movimiento giratorio de las mismas en todos los sentidos.

rotulación s.f. Acción de rotular. SIN.: *rotulado.* **2.** Rótulo o conjunto de rótulos. SIN.: *rotulado.*

rotulador, ra adj. y s. Que rotula o sirve para rotular. ◆ s.m. Esp. Marcador, instrumento para escribir o dibujar.

1. **rotular** v.tr. Poner un rótulo. **2.** Poner títulos o inscripciones en un mapa o en un plano.

2. **rotular** adj. Relativo a la rótula. SIN.: *rotuliano.*

rótulo s.m. (lat. *rotulus,* rollo de papel, dim. de *rota,* rueda). Cartel anunciador o indicador. **2.** Título de un escrito o de una parte del mismo.

rotundidad s.f. Cualidad de rotundo.

rotundo, a adj. (lat. *rotundus,* redondo). *Fig.* Completo, terminante, categórico. **2.** *Fig.* Se dice del lenguaje preciso y expresivo. **3.** Redondo.

rotura s.f. (lat. *rupturam*). Acción y efecto de romper o romperse algo.

roturación s.f. Acción de roturar. **2.** Terreno recién roturado.

roturadora s.f. Máquina para roturar las tierras.

roturar v.tr. Arar por primera vez las tierras incultas.

rouge s.m. (voz francesa). Carmín de labios. **2.** Chile. Colorete.

roulotte s.f. (voz francesa). Caravana, remolque.

round s.m. (voz inglesa). DEP. En boxeo, asalto.

roya s.f. BOT. Enfermedad criptogámica causada por hongos uredinales, que afecta sobre todo a los cereales y se caracteriza por la aparición de manchas marrones o amarillas en los tallos y en las hojas.

royalty s.m. (voz inglesa). Compensación monetaria por el uso de una patente, marca, derechos de autor, etc., que el usuario está obligado a entregar al titular de la propiedad.

roza s.f. AGRIC. Método de cultivo consistente en roturar parcelas de terreno en sectores de selva o bosque, que, una vez agotadas, son abandonadas, procediéndose a roturar nuevos campos.

rozado s.m. Argent. Roza.

rozadura s.f. Herida superficial en la piel producida por un roce. **2.** Señal producida por un roce en una superficie.

rozagante adj. Vistoso, de mucha apariencia. **2.** *Fig.* Satisfecho, contento.

rozamiento s.m. Roce, acción y efecto de rozar o rozarse. **2.** *Fig.* Disensión o enojo leve entre dos personas. **3.** *Fig.* Resistencia que se opone a la rotación o al deslizamiento de un cuerpo sobre otro. ◇ **Coeficiente de rozamiento** Fracción de la presión normal que hay que aplicar tangencialmente para vencer el rozamiento. **Rozamiento interno** Fenómeno físico-químico responsable del amortiguamiento de las vibraciones en un material. **Rozamiento por deslizamiento** Rozamiento de un cuerpo que se desliza sobre otro. **Rozamiento por rodadura** Rozamiento de un cuerpo que se desplaza rodando sobre otro.

rozar v.intr., tr. y prnl. (del lat. *rumpere,* romper). Pasar algo o alguien tocando ligeramente la superficie de otra cosa o persona. **2.** *Fig.* Tener una cosa relación o conexión con otra. ◆ v.tr. Raspar una cosa la superficie de otra o la piel de una persona. ◆ v.tr. y prnl. Ajar o manchar alguna cosa con el uso o al tocarla ligeramente con otra. ◆ **rozarse** v.prnl. *Fig.* Tener trato o relación dos o más personas.

rpm, abrev. de **revolución por minuto.*

rúa s.f. Calle.

ruana s.f. Amér. Merid. Poncho rectangular, con una abertura en la parte delantera y sin cierre.

ruano, a adj. Roano. ◆ adj. y s.m. Argent. Se dice del caballo de crin y cola blancas, en particular del alazán.

rubato adv. (voz italiana). MÚS. Indica que se ha de ejecutar un pasaje con una gran libertad de ritmo.

rubefacción s.f. Enrojecimiento de la piel producido por un proceso inflamatorio o irritativo. **2.** En las regiones tropicales, coloración roja del suelo, debida a la impregnación de óxidos férricos.

rubeniano, a adj. Que es característico del estilo de Rubens o recuerda a él.

rubéola o **rubeola** s.f. Enfermedad viral eruptiva, contagiosa y epidémica producida por un virus ultrafiltrable.

rubí s.m. (cat. *robí*). Piedra preciosa, variedad del corindón, transparente y de color rojo vivo con matices rosados o purpúreos. **2.** Piedra dura que sirve de soporte a un eje de una rueda en un reloj.

rubia s.f. Planta trepadora propia de las regiones templadas, de cuya raíz se extrae la alizarina, usada en tintorería. (Fami-

lia rubiáceas.) **2.** Esp. Automóvil con la carrocería total o parcialmente de madera.
rubiáceo, a adj. y s.f. Relativo a una familia de plantas gamopétalas, como la gardenia.
rubiales s.m. y f. y adj. (pl. *rubiales*). *Fam.* Persona rubia.
rubicundez s.f. Cualidad de rubicundo.
rubicundo, a adj. (lat. *rubicundus,* rojizo, colorado). Que es de color rubio rojizo. **2.** Se dice de la persona que tiene la cara rojiza. **3.** Se dice del pelo que tiene un tono rojo.
rubidio s.m. Metal alcalino, parecido al potasio, aunque menos frecuente, de densidad 1,53, cuyo punto de fusión es de 38,9 °C. **2.** Elemento químico (Rb), de número atómico 37 y masa atómica 85,468.
rubio, a adj. y s.m. (lat. *rubeus,* rojizo). Se dice del color amarillo brillante, como el del oro o el del trigo maduro. **2.** Se dice del tabaco cuya fermentación ha sido detenida en la fase en que las hojas se vuelven amarillas. ◆ adj. y s. Se dice de la persona o del animal que tienen el pelo amarillo brillante. ◆ adj. Se dice del pelo que es de este color. ◆ s.m. Pez marino que vive en los fondos cenagosos de la plataforma continental, de hocico prominente, de hasta 60 cm de long. (Grupo teleósteos, género *Trigla.*)
rublo s.m. Unidad monetaria de Rusia, Bielorrusia y Tadzhikistán.
rubor s.m. (lat. *rubor, -oris*). Enrojecimiento de la cara causado por un sentimiento de vergüenza. **2.** *Fig.* Vergüenza. **3.** Color rojo muy vivo.
ruborizar v.tr. y prnl. Causar rubor.
ruboroso, a adj. Que muestra rubor o es propenso a ruborizarse.
rúbrica s.f. (lat. *rubrica,* tierra roja, título escrito en rojo). Trazo o conjunto de trazos que, como parte de la firma, se suelen añadir al nombre. **2.** Epígrafe, título, frase o sentencia que precede a un escrito. **3.** *Fig.* Final, conclusión. **4.** ECON. Asiento, partida.
rubricar v.tr. Poner la rúbrica en un documento o escrito. **2.** *Fig.* Suscribir o dar testimonio de una cosa. **3.** Firmar un despacho o papel y ponerle el sello o escudo de armas.
rubro s.m. (lat. *ruber, -bra, -brum,* rojo). Amér. Título o rótulo. **2.** Amér. Merid. Conjunto de artículos de consumo de un mismo tipo o relacionados con una determinada actividad; asiento, partida.
ruca s.f. Argent. y Chile. Choza, cabaña.
rucio, a adj. Se dice del animal de color pardo claro, blanquecino o canoso. **2.** Chile. Rubio. ◆ s.m. Asno, animal.
ruco, a adj. Amér. Central. Viejo, inútil. (Se aplica especialmente a una caballería.) ◆ s. Méx. *Fam.* Viejo, anciano.
ruda s.f. (lat. *ruta*). Planta herbácea de flores amarillas verdosas, de cuyas hojas se extrae un producto utilizado en perfumería y medicina. (Familia rutáceas.)
rudeza s.f. Cualidad de rudo.
rudimentario, a adj. Elemental, poco desarrollado. **2.** Relativo a los rudimentos.
rudimentos s.m.pl. (lat. *rudimentum,* aprendizaje). Nociones básicas de una ciencia o profesión.
rudista adj. y s.m. Relativo a una familia de moluscos bivalvos, fósiles del secundario, que formaban arrecifes.
rudo, a adj. (lat. *rudis,* que está en bruto, grosero, burdo). Tosco, áspero, sin pulimento. **2.** Riguroso, violento. **3.** Descortés, grosero, sin educación ni delicadeza natural. **4.** Torpe, que comprende o aprende con dificultad.
rueca s.f. Instrumento que se usaba para hilar, formado por una vara larga en cuyo extremo se colocaba el copo y con una rueda movida mediante pedal.
rueda s.f. (lat. *rota*). Pieza circular que gira alrededor de un eje. **2.** Corro, círculo. **3.** Rodaja de algunas frutas, carnes o pescados. **4.** Suplicio que consistía en romper los miembros del condenado, y atarlo después sobre una rueda de carroza apoyada sobre un poste. **5.** Argent. ECON. Jornada de operaciones en los mercados de valores, hacienda, etc. ◇ **Chupar rueda** En ciclismo, colocarse un corredor inmediatamente detrás de otro para utilizarlo como pantalla frente a la resistencia del aire; aprovecharse del trabajo de otro. **Hacer la rueda** Desplegar ciertas aves, como el pavo real, las plumas de la cola en círculo. **Rueda de fricción** Mecanismo de transmisión en el que la tracción de las ruedas se realiza mediante la simple acción del rozamiento. **Rueda de la fortuna** Alegoría de la incertidumbre del destino humano. **Rueda del timón** MAR. Rueda para maniobrar el servomotor del motor, guarnecida en su circunferencia con cabillas. **Rueda de molino** Muela. **Rueda de prensa** Entrevista periodística que sostienen varios informadores con una persona. **Rueda de recambio,** o **de repuesto** Rueda de un automóvil que se reserva para sustituir alguna de las que están en uso. **Rueda hidráulica,** o **de agua** Máquina que transforma en energía mecánica la energía disponible de un pequeño salto de agua. **Rueda libre** Dispositivo que permite a un motor impulsar un mecanismo sin ser arrastrado por él. **Rueda motriz** AUTOM. Rueda movida por el motor y que asegura la tracción del vehículo.
ruedo s.m. Contorno o borde de una cosa redonda. **2.** Cualquier cosa colocada alrededor de otra adornando su borde. **3.** Estera de esparto, generalmente redonda. **4.** *Fig.* Corro, cerco de personas. **5.** TAUROM. Espacio destinado a la lidia en las plazas de toros. SIN.: *redondel.*
ruego s.m. Súplica, petición. **2.** Práctica parlamentaria para formular peticiones o preguntas a la mesa del congreso o del senado. ◇ **Ruegos y preguntas** Apartado que en todo órgano colegiado mercantil, civil, etc., se introduce en el orden del día, al final de los asuntos de obligado tratamiento, para que los asistentes puedan interpelar a la presidencia sobre cuestiones que consideren interesantes.
rufián s.m. Persona que trafica con prostitutas. **2.** Hombre vil y despreciable que vive del engaño y de la estafa.
rufianesca s.f. Conjunto de rufianes; forma de vida de los rufianes.
rufianesco, a adj. Relativo a los rufianes.
rufo, a adj. (lat. *rufus,* rojizo, rojo). Chulo o fanfarrón. **2.** Ufano, satisfecho.
rugby s.m. (voz inglesa). Deporte que se practica con un balón ovoide impulsado por manos y pies, y en el que se enfrentan dos equipos de 15 jugadores que intentan colocar el balón detrás de la línea de portería contraria (ensayo), o hacerlo pasar por encima de la barra transversal situada entre los postes de la portería.
rugido s.m. Acción y efecto de rugir. **2.** Voz del león, del tigre y de otros animales salvajes.
rugiente adj. Que ruge.
rugir v.intr. (lat. *rugire*). Producir un sonido ronco y fuerte el león, el tigre u otro animal salvaje. **2.** Emitir alguien, por estar enfurecido o sentir dolor, gritos y voces. **3.** Producir un ruido fuerte y prolongado el viento, el mar, etc.
rugosidad s.f. Cualidad de rugoso. **2.** Arruga.
rugoso, a adj. (lat. *rugosus*). Que tiene arrugas o asperezas.
ruibarbo s.m. (del lat. *rheu barbarum*). Planta herbácea de 1 a 2 m de alt., hojas grandes, ásperas por el haz y vellosas por el envés, flores amarillas o verdes, en espigas, que se usa como purgante. (Familia poligonáceas.)
ruido s.m. (lat. *rugitus,* rugido). Sonido más o menos irregular, confuso y no armonioso. **2.** Alboroto o mezcla confusa de sonidos. **3.** *Fig.* Importancia exagerada que se da a ciertas cosas; gran interés, comentarios, discusiones que suscita algo.
ruidoso, a adj. Que causa mucho ruido. **2.** *Fig.* Que provoca muchos comentarios, discusiones o gran interés.
ruin adj. (de *ruina*). Vil, despreciable. **2.** Pequeño, poco desarrollado. **3.** Avaro, tacaño.
ruina s.f. (lat. *ruina,* derrumbe, desmoronamiento). Acción de caer o hundirse un edificio o una construcción. **2.** Acción de destruirse una cosa material o inmaterial. **3.** *Fig.* Persona que se encuentra en estado de completa decadencia. **4.** *Fig.* Hecho de quedarse alguien sin sus bienes. ◆ **ruinas** s.f.pl. Restos de una construcción hundida.

ruindad s.f. Cualidad de ruin. **2.** Acción ruin.

ruiniforme adj. GEOL. Se dice de una roca (caliza dolomítica, gres) o de un relieve a los que la erosión ha dado un aspecto de ruina.

ruinoso, a adj. Que amenaza ruina, o está derruido en parte. **2.** Que causa o puede causar la ruina.

ruiseñor s.m. (occitano ant. *rossinhol*). Ave paseriforme, de unos 15 cm de long., plumaje marrón claro, cuyo macho es un cantor notable. (Familia túrdidos.)

rulemán s.m. Argent. y Urug. Pieza que funciona como cojinete, rodamiento.

rulenco, a adj. Chile. Se dice de la persona o animal enclenque y raquítico.

rulero s.m. Amér. Merid. Rulo para rizar el pelo.

ruleta s.f. (fr. *roulette*, de *rouler*, rodar). Juego de azar que se suele jugar en un casino, consistente en lanzar una bola sobre una rueda giratoria, dividida en casillas numeradas del 0 al 36, rojas y negras, hasta que esta se detiene, y cuyo ganador es designado en función de la casilla en la que cae la bola. ◇ **Ruleta rusa** Juego que consiste en poner una sola bala en el tambor de un revólver e ir disparando alternativamente cada uno de los jugadores en su propia sien.

ruletear v.intr. Amér. Central y Méx. *Fam.* Conducir un taxi.

ruletero, a s.m. Amér. Central y Méx. *Fam.* Taxista.

rulo s.m. *Fam.* Objeto de forma cilíndrica, de diversos materiales, que se usa para ondular y dar forma al cabello. **2.** Rodillo para allanar la tierra. **3.** Utensilio de cocina, de forma cilíndrica, de madera u otro material duro, que se usa para aplanar una masa. **4.** Argent., Chile y Esp. Rizo del cabello. **5.** Chile. Tierra de secano o sin riego.

ruma s.f. (de *rumo*, espacio en la bodega). Amér. Merid. Montón de cosas.

rumano, a adj. y s. De Rumania. ◆ s.m. Lengua románica hablada en Rumania.

rumba s.f. Baile popular cubano de origen africano, de compás binario, para el que se suelen utilizar instrumentos de percusión que acentúan las abundantes síncopas. **2.** Música con que se acompaña este baile.

1\. **rumbear** v.intr. Bailar la rumba.

2\. **rumbear** v.intr. Amér. Orientarse. **2.** Amér. Tomar un rumbo determinado. **3.** Nicar. Hacer remiendos.

rumbero, a adj. y s. Relativo a la rumba; persona que baila rumbas o es aficionada a ellas.

rumbo s.m. (del cruce de *rumo*, espacio en un navío, y el lat. *rhombus*, rombo). Cada una de las 32 direcciones o vientos que se consideran en la representación del horizonte mediante un círculo. **2.** Dirección de la proa de una embarcación o de una aeronave. **3.** Dirección, camino, derrotero. **4.** Comportamiento o actitud que alguien sigue o se propone seguir en lo que intenta o procura. **5.** *Fig. y fam.* Generosidad, esplendidez: *da con rumbo, que Dios te lo agradecerá.* **6.** *Fig. y fam.* Ostentación o lujo: *vive con mucho rumbo.*

rumboso, a adj. *Fam.* Que gasta con esplendidez; que se hace con esplendidez.

rumí s.m. y f. Nombre dado por los moros a los cristianos.

rumia s.f. Digestión de los rumiantes, que almacenan en el estómago la hierba no masticada, la regurgitan a continuación a la boca para que sufra una trituración antes de descender de nuevo al libro y al cuajar, donde tiene lugar la digestión gástrica. SIN.: *rumiación.*

rumiante adj. y s.m. Relativo a un suborden de mamíferos ungulados, provistos de un estómago dividido en tres o cuatro cavidades, que realizan la rumia. (El suborden *rumiantes* comprende los *bóvidos* [buey, cordero, cabra, etc.], los *jiráfidos* [jirafa, okapi, etc.], los *cérvidos* [ciervo, gamo, reno, etc.] y los *camélidos* [camello, dromedario, llama, etc.].)

rumiar v.tr. (lat. *rumigare*, de *ruma*, primer estómago de los rumiantes). Masticar los rumiantes la hierba almacenada en el estómago y regurgitada a la boca. **2.** *Fig. y fam.* Cavilar mucho sobre una cosa.

rumor s.m. (lat. *rumor, -oris*, ruido, rumor). Ruido confuso, sordo e insistente. **2.** Información no confirmada que la gente cuenta o comenta.

rumorearse v.impers. Circular un rumor, transmitirse de unas personas a otras.

rumrum s.m. → **runrún.**

rumy s.m. Juego de naipes en el que pueden jugar de dos a seis personas con baraja de 52 cartas.

1\. **runa** s.f. Carácter de la escritura rúnica.

2\. **runa** s.f. Argent. y Bol. Papa pequeña de cocción lenta.

runabout s.m. (voz inglesa). Pequeña canoa deportiva con un motor de gran potencia alojado en el interior del casco de la nave.

runcho s.m. Marsupial parecido a la zarigüeya común, que vive en América Meridional. (Familia didélfidos.)

rundún s.m. Argent. Colibrí, pájaro mosca. **2.** Argent. Juguete similar a la bramadera.

runges s.m.pl. Chile. Troncos sin hojas.

rúnico, a adj. Se dice de una escritura antigua utilizada por los pueblos germánicos del norte de Europa entre los ss. III y XVII.

runrún o **rumrum** s.m. (voz onomatopéyica). *Fam.* Rumor, ruido confuso. (También *run-run.*) **2.** Argent., Chile y Perú. Juguete que se hace girar para producir un zumbido. **3.** Chile. Ave de plumaje negro, con remeras blancas, que vive en las orillas de los ríos y se alimenta de insectos.

runrunear v.intr. Emitir un runrún o rumor.

runruneo s.m. Acción de runrunear. SIN.: *murmullo.* **2.** Runrún, ruido confuso.

ruolz s.m. Aleación de cobre, níquel y plata, de color gris claro brillante, que se usa en orfebrería.

rupestre adj. (lat *rupestrem*, de *rupes*, roca). Que está hecho en las rocas: *iglesia rupestre.* **2.** Se dice de la planta que crece entre las rocas. ◇ **Arte rupestre** Conjunto de pinturas, grabados y relieves realizados sobre las rocas.

rupia s.f. Unidad monetaria de diversos países asiáticos (India, Indonesia, Maldivas, Nepal, Pakistán, Sri Lanka) y africanos (Mauricio, Seychelles).

ruptor s.m. Interruptor de una bobina de inducción. **2.** Dispositivo de un automóvil, destinado a interrumpir la corriente en el sistema de encendido eléctrico para producir la chispa en la bujía.

ruptura s.f. (lat. *rupturam*). Acción y efecto de romper o romperse, especialmente las relaciones entre personas. SIN.: *rompimiento.*

rural adj. (lat. *ruralis*, de *rus*, campo). Relativo al campo.

rurales s.m.pl. Nombre que recibía en México la policía del campo durante el mandato de Porfirio Díaz.

rusco s.m. Brusco, planta.

rusiente adj. (cat. *rosent*). Rojo o candente por la acción del calor.

rusificación s.f. Acción de rusificar.

rusificar v.tr. y prnl. Hacer adoptar las instituciones o la lengua rusas.

ruso, a adj. y s. De Rusia. ◆ s.m. Lengua eslava hablada en Rusia. (Se utiliza el alfabeto cirílico para escribirla.) **2.** Gabán de paño grueso. ◇ **Bistec ruso** Hamburguesa.

rústico, a adj. (lat. *rusticus*, de *rus*, campo). Relativo al campo, o propio de la gente del campo. **2.** *Fig.* Tosco, inculto, grosero. ◆ s. Persona que vive y trabaja en el campo. ◇ **A la,** o **en, rústica** Se dice del libro que está encuadernado con cubierta de papel o cartulina.

rustro s.m. HERÁLD. Pieza consistente en un losange que trae un círculo en su interior.

rúsula s.f. Hongo basidiomicete de sombrero cóncavo y láminas blancas y desprovisto de látex.

ruta s.f. (fr. *route*). Camino establecido para realizar un viaje, expedición, etc. **2.** Camino que va de un lugar a otro. **3.** *Fig.* Conducta, comportamiento.

rutabaga s.f. Variedad de col, de raíz muy gruesa, cultivada para alimento del ganado. (Familia crucíferas.)

rutáceo, a adj. y s.f. Relativo a una familia de plantas dicotiledóneas dialipétalas con fruto en drupa o en baya, como el limonero y el naranjo.

rutenio s.m. (del bajo lat. *Ruthenia,* Rusia). Metal que pertenece al grupo del platino, de densidad 12,4, cuyo punto de fusión es de 2 450 °C aprox. **2.** Elemento químico (Ru), de número atómico 44 y masa atómica 101,07.

ruteno, a adj. y s. De Rutenia. ◇ **Iglesia rutena** Iglesia dependiente de la antigua metrópolis de Kíev, que suscribió el acta de unión con Roma en 1595, de donde su denominación de *Iglesia uniata.*

rutherford s.m. (de E. *Rutherford,* físico británico). FÍS. Unidad de medida de radiactividad (símb. Rd) equivalente a la radiactividad de una sustancia radiactiva en la que se producen un millón de desintegraciones cada segundo.

rutherfordio s.m. Elemento químico (Rf), artificial, de número atómico 104.

rutido s.m. Méx. Ruido lejano de agua.

rutilante adj. Que rutila: *estrella rutilante.*

rutilar v.intr. (lat. *rutilare*). *Poét.* Brillar mucho, resplandecer.

rutilismo s.m. Pigmentación roja del cabello y del vello causada por la eritromelanina.

rutilo s.m. Óxido natural de titanio (TiO_2).

rutina s.f. (fr. *routine,* rutina, marcha por un camino conocido, de *route,* ruta, camino). Costumbre o manera de hacer algo de forma mecánica y usual. **2.** INFORMÁT. Parte de un programa que realiza una determinada función típica, reutilizable en otros programas distintos.

rutinario, a adj. Que se hace o practica por rutina. ◆ adj. y s. Que actúa por rutina.

rutósido s.m. Glucósido que se extrae de numerosos vegetales, como la ruda y el tomate, dotado de actividad vitamínica P.

rútulo, a adj. y s. De un ant. pueblo del Lacio, absorbido por los romanos desde el s. V a.C.

ruz s.m. GEOMORFOL. En el relieve de tipo jurásico, valle excavado en el flanco de un anticlinal.

S

1. **s** s.f. Vigesimosegunda letra del alfabeto español, y decimoctava de sus consonantes. (Representa un sonido apicoalveolar o predorsal fricativo sordo.)
2. **S,** abrev. de *sur.*
S. A., sigla de *sociedad *anónima.*
sábado s.m. (lat. *sabbatum,* del hebreo *šabbath,* descanso semanal). Sexto día de la semana, entre el viernes y el domingo. <> **Hacer sábado** Hacer la limpieza de la casa a fondo. **Sábado santo** Último día de la semana santa, vigilia de Pascua.
sabaleta s.f. Bol. y Colomb. Pez parecido al sábalo, pero de menor tamaño.
sábalo s.m. Pez teleósteo que puede alcanzar los 60 cm de long. y 3 kg de peso, de color azulado verdoso en el dorso y plateado en el resto, con una mancha oscura junto a las aberturas branquiales. (Familia clupeidos.)
sabana s.f. (voz taína de Haití). Llanura extensa característica de las regiones tropicales con prolongada estación seca, caracterizada por la vegetación herbácea y árboles aislados.
sábana s.f. (lat. *sabana,* pl. de *sabanum,* toalla de baño). Pieza de tejido fino que se usa para vestir la cama. <> **Pegársele a alguien las sábanas** *Fam.* Levantarse de la cama más tarde de lo acostumbrado. **Sábana santa** Santo sudario.
sabandija s.f. Reptil o insecto pequeño. **2.** Esp. *Fig.* Persona despreciable.
sabanear v.intr. Amér. Central, Colomb. y Venez. Recorrer la sabana para vigilar el ganado o reunirlo.
sabanera s.f. Culebra originaria de la sabana, de vientre amarillo y lomo salpicado de negro, verde y pardo.
sabanilla s.f. REL. Lienzo exterior con que se cubre la mesa del altar.
sabañón s.m. Lesión inflamatoria de la piel, especialmente de las manos, los pies y las orejas, causada por el frío y que se caracteriza por un intenso picor.
sabático adj. Relativo al sábado: *fiesta sabática.* SIN.: *sabatino.* <> **Año sabático** Año de exención de docencia remunerado que una universidad concede a un profesor para que se dedique a la investigación; año que la ley mosaica establecía para dejar de cultivar la tierra que se había trabajado durante seis años seguidos.
sabatina s.f. Oficio religioso propio del sábado. **2.** Chile. Paliza, tunda.
sabatino, a adj. Relativo al sábado. SIN.: *sabático.*
1. **sabbat** s.m. Reunión nocturna de brujos y brujas que se celebraba el sábado a medianoche presidida por Satán.
2. **sabbat** s.m. Día de la semana que la ley mosaica establece para el descanso y que se dedica al culto divino.
sabedor, ra adj. Conocedor.
sabeísmo s.m. Religión de los sabeos.
sabela s.f. Gusano anélido poliqueto marino de hasta 25 cm de long., que vive en un tubo hundido en el limo y que tiene dos lóbulos de branquias filamentosas.
sabelianismo s.m. Doctrina de Sabelio. (También *modalismo* o *monarquianismo.*)
sabelotodo s.m. y f. (pl. *sabelotodo*). *Fam.* Sabiondo.
sabeo, a adj. y s. De Saba. ◆ s. Miembro de algunas de las sectas religiosas de la época antigua del islam.
1. **saber** v.tr. (lat. *sapere,* tener sabor, tener inteligencia). Tener conocimiento o información de algo. **2.** Tener habilidad para hacer algo: *saber nadar.* **3.** Ser alguien capaz de comportarse de una determinada manera: *saber callar.* ◆ v.tr. e intr. Tener los conocimientos suficientes y necesarios sobre una materia. ◆ v.intr. Tener noticias de alguien o algo: *saber de un trabajo por la prensa; saber de una persona por alguien.* **2.** Ser sagaz y astuto. **3.** Tener algo un determinado sabor. **4.** Tener una cosa semejanza o apariencia de otra a la que recuerda. **5.** Argent., Ecuad., Guat. y Perú. Soler, acostumbrar. <> **A saber** Esto es. (Se utiliza para desglosar, mediante una enumeración, lo que se ha informado de manera global antes.) **Hacer saber** Poner en conocimiento. **Saber mal** Producir algo disgusto o enojo. [V. cuadro pág. siguiente.]
2. **saber** s.m. Sabiduría, conjunto de conocimientos.
sabichoso, a adj. Cuba y P. Rico. Entendido, sabiondo.
sabicú s.m. Cuba. Árbol de madera dura y flores blancas y amarillas. (Familia papilionáceas.)
sabido, a adj. Se dice de la persona que sabe o entiende mucho de algo.
sabiduría s.f. Conjunto de conocimientos profundos que una persona ha adquirido sobre una materia a través del estudio o la experiencia. SIN.: *sapiencia.* **2.** Capacidad para actuar con prudencia y equidad.
sabiendas (a) loc. Con conocimiento e intencionadamente.
sabihondo, a adj. y s. *Fam.* → **sabiondo.**
sabina s.f. (lat. *sabina*). Arbusto originario de Europa meridional, cuyas hojas tienen propiedades medicinales.
sabino, a adj. y s. De un ant. pueblo de Italia central que se

saber

INDICATIVO

presente
sé
sabes (sabés)
sabe
sabemos
sabéis
saben

copretérito o **pret. imperfecto**
sabía
sabías
sabía
sabíamos
sabíais
sabían

pretérito o **pret. perf. simple**
supe
supiste
supo
supimos
supisteis
supieron

futuro o **fut. simple**
sabré
sabrás
sabrá
sabremos
sabréis
sabrán

pospretérito o **condicional simple**
sabría
sabrías
sabría
sabríamos
sabríais
sabrían

SUBJUNTIVO

presente
sepa
sepas
sepa
sepamos
sepáis
sepan

pretérito o **pret. imperfecto**
supiera o *supiese*
supieras o *supieses*
supiera o *supiese*
supiéramos o *supiésemos*
supierais o *supieseis*
supieran o *supiesen*

futuro o **fut. simple**
supiere
supieres
supiere
supiéremos
supiereis
supieren

IMPERATIVO

sabe (sabé)	(tú, vos)
sepa	(él)
sepamos	(nosotros)
sabed	(vosotros)
sepan	(ellos)

FORMAS NO PERSONALES

infinitivo saber — **gerundio** sabiendo — **participio** sabido

fundió con los romanos tras la guerra que mantuvieron con estos provocada, según la leyenda, por el rapto de las sabinas.

sabio, a adj. y s. (lat. *sapidus,* sabroso, prudente, juicioso). Que ha adquirido un conjunto de conocimientos profundos sobre una materia a través del estudio o la experiencia. **2.** Se dice de la persona prudente, equilibrada y sensata. ◆ adj. Dicho o hecho propio de una persona sabia. **2.** Se dice del animal que tiene muchas habilidades.

sabiondo, a o **sabihondo, a** adj. y s. *Fam.* Se dice de la persona que presume de saber mucho, o de saber más de lo que en realidad sabe.

sablazo s.m. Golpe dado con un sable. **2.** Herida o marca que deja este golpe. **3.** *Fig.* y *fam.* Acción de obtener dinero de alguien con habilidad o descaro y sin intención de devolverlo.

1. **sable** s.m. (del alem. ant. *sabel*). Arma blanca curva, larga y generalmente de un solo filo. **2.** Cuba. Pez plateado brillante, de cuerpo delgado y aplastado. **3.** DEP. Arma de esgrima, de unos 500 g, con una concha prolongada hasta el pomo para proteger la parte superior de la mano.

2. **sable** s.m. (fr. *sable*). HERÁLD. Esmalte heráldico de color negro.

sablear v.intr. *Fam.* Obtener dinero de alguien con habilidad o descaro y sin intención de devolverlo.

sablero, a adj. y s. Chile. *Fam.* Sablista.

sablista adj. y s.m. y f. Persona que sablea. SIN.: *sableador.*

saboga s.f. Pez parecido al sábalo, que vive en el litoral de la península Ibérica. (Familia clupeidos.)

sabor s.m. (lat. *sapor, -oris*). Cualidad de una sustancia que es percibida por el sentido del gusto. **2.** Sensación que una sustancia produce al ser percibida por el sentido del gusto. **3.** *Fig.* Impresión que produce algo. **4.** *Fig.* Semejanza que una cosa tiene con otra a la que recuerda.

saborear v.tr. y prnl. Paladear detenidamente y con placer lo que se come o se bebe. **2.** *Fig.* Disfrutar una cosa lentamente para apreciar mejor sus cualidades.

saboreo s.m. Acción y efecto de saborear o saborearse.

sabotaje s.m. Daño intencionado que se ocasiona a una empresa, institución, un organismo o gobierno para presionarlos y conseguir un determinado objetivo. **2.** *Fig.* Oposición u obstrucción intencionada contra un proyecto, una idea, actividad, etc. para que estos fracasen.

sabotear v.tr. (del fr. *sabot,* zueco). Llevar a cabo un sabotaje.

saboyana s.f. Dulce elaborado con bizcocho empapado en almíbar y rociado con ron, al que se prende fuego en el momento de servirlo.

saboyano, a adj. y s. De Saboya.

sabroso, a adj. (lat. tardío *saporosus*). Que es agradable al sentido del gusto. **2.** *Fig.* Sustancioso, interesante. **3.** *Fig.* Malicioso, picante, gracioso.

sabuco s.m. Saúco.

sabueso, a adj. y s.m. (bajo lat. *segusius*). Se dice del perro podenco de mayor tamaño que el común y de olfato muy fino. ◆ s.m. y f. *Fig.* y *fam.* Policía, detective. **2.** *Por ext.* Persona hábil para investigar y descubrir cosas.

sabugo s.m. Saúco.

saburra s.f. Capa gruesa blanquecina de células epiteliales descamadas que cubre el dorso de la lengua y que aparece principalmente en las alteraciones del tubo digestivo. SIN.: *sarro.*

saburroso, a adj. Que está cubierto de saburra: *lengua saburrosa.*

1. **saca** s.f. (de *saco*). Bolsa o saco muy grande, de tela fuerte, más largo que ancho.

2. **saca** s.f. Acción de sacar el estanquero del depósito los efectos que después se venden al público.

sacabocados s.m. (pl. *sacabocados*). Instrumento de boca hueca y contorno cortante en forma de punzón o tenazas que sirve para taladrar chapa metálica, láminas de cuero, corcho, cartón, etc. (También *sacabocado.*)

sacacorchos s.m. (pl. *sacacorchos*). Instrumento que consiste en un tornillo de metal, provisto de un mango, para quitar el tapón de una botella.

sacacuartos s.m. (pl. *sacacuartos*). Esp. *Fam.* Cosa de escaso valor o interés, pero atrayente, en la que una persona gasta su dinero. ◆ s.m. y f. Esp. Persona que tiene habilidad para sacar dinero a otra mediante el engaño.

sacador s.m. Tablero de la máquina de imprimir, en el que se pone el papel que va saliendo impreso.

sacadura s.f. Chile. Acción y efecto de sacar.

sacaleches s.m. (pl. *sacaleches*). Instrumento para extraer la leche de la glándula mamaria.

sacamanchas s.m. (pl. *sacamanchas*). Quitamanchas.

sacamantecas s.m. y f. (pl. *sacamantecas*). *Fam.* Criminal que destripa a sus víctimas.

sacamuelas s.m. y f. (pl. *sacamuelas*). *Fam.* y *desp.* Dentista. **2.** *Fig.* y *fam.* Charlatán.

sacapuntas s.m. (pl. *sacapuntas*). Afilalápices.

sacar v.tr. Poner algo o a alguien fuera del lugar donde estaba encerrado o situado. **2.** Hacer que una persona salga de una mala situación: *sacar de la miseria.* **3.** Conseguir, obtener. **4.**

Sonsacar: *sacar detalles del suceso.* **5.** Ganar algo por suerte: *sacar un premio de la lotería.* **6.** Comprar una entrada o billete. **7.** Resolver algo que implica un ejercicio mental mediante deducciones: *sacar un misterio.* **8.** Aplicar o atribuir a alguien apodos, defectos, etc. **9.** Resolver algo que implica un ejercicio mental mediante la aplicación de los conocimientos adquiridos: *sacar una suma.* **10.** *Fam.* Hacer una fotografía. **11.** Extraer de una cosa alguna de sus partes o componentes. **12.** Extraer citas, notas, etc., de un texto. **13.** Hacer sobresalir una parte del cuerpo. **14.** Producir, fabricar. **15.** Aventajar una persona a otra en algo: *le sacó más de un minuto.* **16.** Alargar el dobladillo o ensanchar las costuras de una prenda de vestir. **17.** Inventar o divulgar un producto, moda, canción, etc. **18.** Exteriorizar, manifestar: *sacar el genio.* **19.** Citar, nombrar. **20.** Desenvainar un arma. **21.** Elegir por sorteo o votación: *sacar alcalde.* **22.** Poner un jugador de un equipo la pelota en juego al inicio del partido o tras una interrupción del juego. ◇ **Sacar a bailar** Invitar una persona a otra a bailar con ella. **Sacar adelante** Criar, mantener, ayudar, etc., a alguien hasta que pueda valerse por sí mismo; poner en marcha un negocio, asunto, etc., o salvarlo de la crisis. **Sacar de la nada** Elevar de posición o promocionar a alguien económicamente débil. **Sacar de sí** Enfurecer, indignar. **Sacar en claro,** o **en limpio** Lograr aclarar algo. **Sacarle a algo** Méx. *Fam.* Tener miedo de ello: *le sacó a ir sola.*

sacarasa s.f. Invertasa.

sacarífero, a adj. Que produce o contiene azúcar.

sacarificar v.tr. Convertir una sustancia en azúcar.

sacarimetría s.f. Procedimientos para medir la cantidad de azúcar en disolución de un líquido.

sacarímetro s.m. Instrumento para medir la cantidad de azúcar en disolución de un líquido.

sacarina s.f. Sustancia blanca, derivada del tolueno, de sabor dulce. (La *sacarina* se utiliza como sucedáneo del azúcar.)

sacarino, a adj. Que tiene azúcar. **2.** Que se asemeja al azúcar.

sacaroideo, a adj. Que tiene una estructura similar al azúcar: *yeso sacaroideo.*

sacaromicetáceo, a adj. y s.f. Blastomicete.

sacarosa s.f. Glúcido del grupo de los ósidos que, por hidrólisis, se desdobla en glucosa y en fructosa, y constituye el azúcar de caña y el de remolacha.

sacaruro s.m. FARM. Granulado.

sacasebo s.m. Planta gramínea silvestre que sirve de pasto al ganado.

sacatestigos s.m. (pl. *sacatestigos*). Instrumento que permite cortar y extraer muestras de terrenos.

sacatinta s.f. Arbusto originario de América Central, de 1 m de alt. aprox. (De las hojas de la *sacatinta* se extrae un tinte azul violeta; familia acantáceas.)

sacavueltas s.m. y f. (pl. *sacavueltas*). Chile. *Fig., fam.* y *desp.* Persona que rehúye una obligación, responsabilidad o trabajo.

sacerdocio s.m. Cargo o estado del sacerdote. **2.** *Fig.* Actividad que se realiza con abnegación.

sacerdotal adj. Relativo al sacerdocio o a los sacerdotes.

sacerdote, tisa s. (lat. *sacerdos, -dotis*). Persona consagrada a una divinidad que tiene por oficio ofrecerle sacrificios. ◆ s.m. Miembro masculino de la Iglesia católica que ha sido ordenado y que puede celebrar misa. ◇ **Sumo sacerdote** Jefe de los sacerdotes del templo de Jerusalén.

sachacabra s.m. Argent. Mamífero rumiante similar al corzo.

sachaguasca s.f. Argent. Planta enredadera con propiedades medicinales. (Familia bignoniáceas.)

sachet s.m. Argent. Envase sellado de plástico flexible o celofán para contener líquidos. (También *saché.*)

sacho s.m. (lat. *sarculum,* azada para escardar). Chile. Instrumento que consiste en un armazón de madera con una piedra y que se utiliza como ancla.

saciar v.tr. y prnl. (lat. *satiare*). Satisfacer plenamente el hambre o la sed. **2.** *Fig.* Satisfacer plenamente ambiciones, deseos, intenciones, etc.

saciedad s.f. (lat. *satietas, atis*). Estado de satisfecho o de harto. ◇ **Hasta la saciedad** Muchas veces, hasta el agotamiento: *repetir algo hasta la saciedad.*

1. saco s.m. (lat. *saccus*). Receptáculo de material flexible, generalmente de forma rectangular, abierto por arriba que sirve para guardar o transportar algo; contenido de este receptáculo. **2.** *Fig.* y *fam.* Persona que tiene en abundancia una cualidad o un defecto que se indica. **3.** Prenda de vestir muy amplia. **4.** Amér. Prenda de abrigo con mangas que cubre el cuerpo desde el cuello hasta la cintura o las caderas, abierta por delante: *saco de lana.* GEOSIN.: Esp. *chaqueta.* **5.** Amér. Prenda de vestir con mangas que cubre el cuerpo desde el cuello hasta las caderas, se cierra por delante y, generalmente, tiene solapas y bolsillos. GEOSIN.: Chile. *vestón*; Cuba. *leva*; Esp. *americana;* Urug. *chapona.* **6.** ANAT. Estructura del organismo en forma de bolsa, cubierta por una membrana. **7.** Petate del soldado. ◇ **Carrera de sacos** Competición que consiste en que cada participante corre metido hasta la cintura en un saco que sostiene con las manos. **No echar en saco roto** *Fam.* No olvidar algo, tenerlo en cuenta para poder sacar algún provecho. **Saco de dormir** Saco almohadillado o forrado donde se mete una persona para dormir, generalmente a la intemperie o en una tienda de campaña. **Saco embrionario** BOT. Conjunto de células de ocho núcleos haploides contenido en el óvulo de las fanerógamas y que constituye el prótalo femenino, el cual sufrirá una doble fecundación y proporcionará la plántula, a partir de la oosfera, y el albumen, a partir del núcleo secundario.

2. saco s.m. (ital. *sacco*). *Poét.* Saqueo: *el saco de Roma.* ◇ **Entrar a saco** Saquear.

sacón, na adj. Méx. *Fam.* Miedoso, cobarde: *no seas sacón. no te va a morder el perro.*

sacralización s.f. Acción de sacralizar. **2.** MED. Anomalía de la quinta vértebra lumbar al unirse a la primera sacra formando una masa única y sólida.

sacralizar v.tr. Dar carácter sagrado a algo.

sacramental adj. Relativo a los sacramentos. ◆ s.m. REL. Rito sagrado instituido por la Iglesia católica para obtener un efecto espiritual.

sacramentar v.tr. y prnl. Administrar un sacerdote a una persona moribunda los últimos sacramentos.

sacramento s.m. Acto religioso destinado a la santificación de aquel que lo recibe. (La Iglesia católica y las Iglesias orientales reconocen siete *sacramentos*: bautismo, confirmación, eucaristía, penitencia, extremaunción, orden y matrimonio; la Iglesia protestante solo reconoce dos *sacramentos*: el bautizo y la eucaristía o santa cena.) **2.** TEOL. Signo sagrado instituido por Jesucristo que significa y da, o aumenta, la gracia. ◇ **Con todos los sacramentos** *Fig.* Con todos los requisitos necesarios. **Santísimo,** o **santo, sacramento** Pan consagrado durante la celebración de la misa y que para los cristianos es Jesús. (También *santísimo.*) **Últimos sacramentos** Sacramentos que el sacerdote administra a una persona moribunda. (Los *últimos sacramentos* son penitencia, eucaristía y extremaunción.)

sacrificador, ra adj. y s. Que sacrifica. ◆ adj. y s. Se dice del sacerdote que ofrecía sacrificios.

sacrificar v.tr. (lat. *sacrificare*). Ofrecer algo a una divinidad en señal de adoración, expiación, etc. **2.** Matar reses para el consumo humano. **3.** Matar un animal moribundo. **4.** *Fig.* Exponer a un riesgo o situación desfavorable para obtener algún beneficio. ◆ **sacrificarse** v.prnl. *Fig.* Renunciar a algo o hacer algo que no gusta o que implica mucho esfuerzo para beneficiar a alguien u obtener algo: *sacrificarse por los hijos.*

sacrificio s.m. (lat. *sacrificium*). Ofrenda hecha a una divinidad en señal de adoración, expiación, etc. **2.** *Fig.* Renuncia voluntaria a algo o privación u obligación que una persona se impone para beneficiar a alguien u obtener algo. ◇ **Sacrifi-**

cio cruento Sacrificio en que se inmolaban animales. **Sacrificio del altar** o **santo sacrificio** Misa.

sacrilegio s.m. (lat. *sacrilegium*). Profanación de alguien o algo sagrado.

sacrílego, a adj. y s. (lat. *sacrilegus,* ladrón de objetos sagrados, de *sacer,* sagrado, y *legere,* coger). Que comete sacrilegio. ◆ adj. Que contiene o implica sacrilegio: *acción, intención sacrílega.*

sacristán, na s. (bajo lat. *sacristanis, -anem*). Persona que se encarga del cuidado de la iglesia y de los objetos que se guardan en la sacristía. (El *sacristán* puede ayudar al sacerdote en el servicio de la misa.)

sacristía s.f. Parte de la iglesia donde se guardan los ornamentos y objetos del culto y se reviste el sacerdote.

sacro, a adj. (lat. *sacer, -cra, -crum*). Sagrado: *arte sacro.* **2.** ANAT. Relativo al hueso sacro. ◆ adj. y s.m. ANAT. Se dice del hueso formado por la soldadura de cinco vértebras, situado entre los dos ilíacos o coxales con los que forma la pelvis, y que sirve de soporte básico a la columna vertebral.

sacroilíaco, a adj. Se dice de la articulación del sacro con los dos huesos ilíacos.

sacrosanto, a adj. Que reúne las cualidades de sagrado y santo.

sacudida s.f. Acción y efecto de sacudir: *sacudida sísmica.*

sacudidor, ra adj. Que sacude. ◆ s.m. Instrumento para sacudir una cosa y así limpiarla.

sacudir v.tr. (lat. *succutere*). Agitar violentamente. **2.** Golpear o agitar una cosa en el aire con violencia para limpiarla. **3.** *Fam.* Pegar, golpear a una persona. ◆ v.tr. y prnl. Apartar una persona o animal una cosa molesta que está a su alrededor o que tiene encima. ◆ **sacudirse** v.prnl. *Fig.* y *fam.* Deshacerse de alguien o algo.

sacudón s.m. Amér. Sacudida rápida y violenta.

sáculo s.m. Cavidad del oído interno que contiene los receptores sensibles del sentido del equilibrio.

sádico, a adj. Relativo al sadismo. ◆ adj. y s. Que siente placer viendo sufrir a los otros. ◇ **Estadio sádico-anal** PSICOANÁL. Segundo estadio del desarrollo libidinal, entre los dos y los cuatro años, centrado alrededor de la zona anal, que se convierte en zona erógena dominante.

sadismo s.m. (del marqués de *Sade,* escritor francés). Comportamiento sexual que consiste en infligir sufrimientos a otra persona para conseguir excitación o satisfacción sexual. **2.** Crueldad que causa placer en la persona que la ejecuta.

sadomasoquismo s.m. PSICOANÁL. Asociación o alternancia de tendencias sádicas y masoquistas.

sadomasoquista adj. y s.m. y f. PSICOANÁL. Que presenta sadomasoquismo.

saduceo, a adj. y s. Relativo a un grupo judío opuesto a la de los fariseos, que negaba la inmortalidad del alma; miembro de esta secta.

SAE s.f. (sigla de *Society of automotive engineers*). **Clasificación SAE** Clasificación de los aceites para motores según su viscosidad.

saeta s.f. (lat. *sagitta*). *Poét.* Flecha. **2.** Manecilla del reloj o la brújula. **3.** Copla flamenca de carácter religioso que generalmente se canta en las procesiones de semana santa.

saetera s.f. Abertura larga y estrecha en el muro de una fortificación por la que se disparaban saetas. **2.** Ventana pequeña y estrecha.

safari s.m. (voz inglesa, del ár. *safara,* viajar). Expedición de caza mayor, especialmente la que tiene lugar en África. **2.** Parque zoológico en el que viven animales salvajes en libertad. ◇ **Safari fotográfico** Expedición para fotografiar animales salvajes en su hábitat natural.

safena s.f. y adj. (ár. *safin*). ANAT. Vena de la extremidad inferior. (Hay dos *venas safenas.*)

sáfico, a adj. Relativo a Safo o al safismo.

safio s.m. Cuba. Pez similar al congrio. (Familia anguílidos.)

safismo s.m. (de *Safo,* poeta griega). *Poét.* Lesbianismo.

saga s.f. Historia sobre varias generaciones de una misma familia. **2.** Narración épicolegendaria de la antigua literatura nórdica.

sagacidad s.f. Cualidad de sagaz.

sagaz adj. (lat. *sagax, -acis,* que tiene buen olfato, sagaz, de *sagire,* oler la pista). Que tiene una habilidad especial para comprender o percibir una cosa de manera clara y rápida: *detective sagaz.* **2.** Se dice del animal, especialmente del perro, hábil para percibir la presencia de la caza.

sagita s.f. Porción de recta comprendida entre el punto medio de un arco de círculo y el de su cuerda.

sagitado, a adj. BOT. Que tiene forma de flecha.

sagital adj. Que tiene forma de saeta. **2.** Que está dispuesto siguiendo el plano de simetría: *corte sagital.* ◇ **Sutura sagital** ANAT. Sutura articular que une los dos parietales.

sagitaria s.f. Planta herbácea acuática de hojas aéreas en forma de punta de flecha. (Familia alismáceas.)

sagitario adj. y s.m. y f. (pl. *sagitario*). Se dice de la persona nacida entre el 23 de noviembre y el 21 de diciembre, bajo el signo de Sagitario. (Suele escribirse con mayúscula.)

sagrado, a adj. (lat. *sacratus,* de *sacrare,* consagrar). Que está dedicado a una divinidad o a su culto. SIN.: *sacro.* **2.** *Fig.* Que merece un respeto absoluto. ◆ s.m. Lugar dedicado al culto cristiano donde los agentes de la justicia no podía apresar a un delicuente que se había refugiado en él.

sagrario s.m. Parte de un templo donde se guardan las cosas sagradas. **2.** Lugar de una iglesia católica donde se guardan las hostias consagradas. **3.** Capilla de una catedral que sirve de parroquia.

sagú s.m. Palmera tropical, de hasta 5 m de alt., cuyo tronco posee una médula abundante en fécula. (El palmito del *sagú* es comestible.)

saguaipé s.m. Argent. Sanguijuela. **2.** Argent., Par. y Urug. Duela, gusano.

saharaui adj. y s.m. y f. Del Sahara Occidental.

sahariana s.f. Saco o chaqueta de tela delgada y ligera con bolsillos sobrepuestos y cinturón.

sahariano, a adj. y s. Del Sahara.

sahel s.m. Relieve formado por las colinas litorales arenosas o de areniscas del N de África.

saheliano, a adj. Relativo al sahel o a Sahel.

sahib s.m. Tratamiento de respeto que utilizaban los indígenas de la India en la época colonial para dirigirse a los blancos.

sahuí s.m. Simio originario de la selva virgen de Brasil y Venezuela, de pequeño tamaño y platirrino.

sahumar v.tr. y prnl. [conj.: *aunar*]. Dar humo aromático a una cosa.

sahumerio s.m. Acción y efecto de sahumar. **2.** Humo que despide la sustancia aromática con la cual se sahúma. **3.** Sustancia aromática con que se sahúma.

saí s.m. Caí.

saiga s.f. Mamífero artiodáctilo originario de las estepas asiáticas, de hocico protráctil en forma de trompa y cuernos de color ámbar.

saín s.m. (del lat. *sagina,* engorde de animales). Grasa de un animal.

sainete s.m. Obra teatral breve, jocosa y de carácter popular. **2.** *Fig.* y *fam.* Acontecimiento grotesco o ridículo. **3.** Adorno que realza la gracia o el mérito de otra cosa.

sainetero, a s. Persona que escribe sainetes. SIN.: *sainetista.*

saíno s.m. Mamífero artiodáctilo originario de América de unos 50 cm de alt., sin cola, de pelaje relativamente corto y de color rojo grisáceo con un collar blanco alrededor del cuello. (Familia suidos.)

sajadura s.f. CIR. Corte hecho en la carne.

sajar v.tr. CIR. Hacer sajaduras.

sajón, na adj. y s. De un pueblo germánico que habitaba en

Frisia y en los países de la desembocadura del Elba. **2.** Anglosajón. **3.** De Sajonia. ◆ s.m. Conjunto de dialectos del germánico occidental derivados de la lengua del pueblo establecido a partir del s. II en la desembocadura del Elba.

sajón

En el s. V, los sajones emprendieron la colonización del S de la isla de Britania. En Germania, llegaron hasta el Saalc. Carlomagno los sometió (772-804) y les impuso el cristianismo.

sajú s.m. Caí, simio.
sajuriana s.f. Danza antigua de Argentina y Chile, en que los danzarines hacen resbalar el pie escobillando el suelo, y la pareja traza un ocho en el suelo.
sakalava o **sakalave,** pueblo del O de Madagascar que habla una lengua malayo-polinesia.
sake s.m. Bebida alcohólica japonesa que se obtiene de la fermentación artificial del arroz.
saki s.m. **Saki de cabeza blanca** Simio originario de América Meridional, de 80 cm de long. y pelambre espesa.
saktismo s.m. Doctrina religiosa de la India, propia de ciertas corrientes (visnuismo, sivaísmo, tantrismo), que otorga a la energía creadora femenina, llamada *sakti*. un papel importante en el ciclo de renovación y en la historia del universo.
sal s.f. (lat. *sal, salis*). Sustancia blanca, cristalizada, soluble y de gusto acre, que se emplea como condimento. **2.** *Fig.* Gracia, agudeza, ingenio, garbo, viveza, desenvoltura en gestos y ademanes. **3.** QUÍM. Compuesto formado por la sustitución del hidrógeno de un ácido por un metal. ◆ **sales** s.f.pl. Sustancia salina que se da a respirar para reanimar. <> **Echar la sal** Méx. *Fam.* Comunicar la mala suerte a algo o a alguien. **Sal de Glauber** Sulfato sódico monoclínico. **Sal de Inglaterra,** o **de Sedlitz,** o **de Epsom,** o **de magnesia** Sulfato magnésico. **Sal de Saturno** Acetato de plomo cristalizado. **Sal de Vichy** Bicarbonato sódico. **Sal diurética** Diurético cuya acción sobre el riñón produce una fuerte eliminación de cloruros de sodio y de potasio. **Sales de baño** Sustancia cristaloide, que se mezcla con el agua del baño. **Sal gema** Mineral que tiene la composición del cloruro sódico; roca sedimentaria constituida por este mineral. **Sal marina** Cloruro sódico obtenido por evaporación del agua del mar.
sala s.f. (del germ. *sal,* edificio de una única sala). Habitación de una casa donde se reciben las visitas. SIN.: *salón.* **2.** Conjunto de muebles de esta habitación. SIN.: *salón.* **3.** Habitación de un edificio destinada a un fin determinado: *sala de conferencias.* **4.** Conjunto de personas que asisten a un acto o espectáculo. **5.** Local donde se reúne un tribunal de justicia para celebrar audiencias. **6.** Sección administrativa o jurisdiccional de un tribunal colegiado. **7.** Conjunto de magistrados de una sección de un tribunal colegiado. <> **Sala de fiestas** Local de baile o cabaret. **Sala de gobierno** Órgano gubernativo de un tribunal colegiado, audiencia o tribunal supremo. **Sala de Justicia** Órgano jurisdiccional del tribunal que conoce y resuelve los procesos de su competencia. **Sala de operaciones** Quirófano.
salabardo s.m. Saco o manga de red que se emplea para extraer la pesca de las redes grandes. SIN.: *salabre.* **2.** Arte de pesca de arrastre de las rías altas gallegas para capturar peces pequeños. SIN.: *salabre.*
salacot s.m. (tagalo *salakót*) [pl. *salacots*]. Sombrero ligero, redondeado en su parte superior, que se usa en países cálidos.
saladero s.m. Lugar donde se salan carnes o pescados.
saladilla s.f. Arbusto ramoso, de hojas pequeñas y ovales, que crece en terrenos salobreños. (Familia quenopodiáceas.)
saladillo, a adj. Se dice del fruto seco y la semilla salados, como la almendra o el maní.
salado, a adj. Que tiene sal. **2.** Que tiene exceso de sal. **3.** *Fig.* Gracioso, agudo. **4.** Argent., Chile y Urug. *Fig.* y *fam.* Caro, costoso. **5.** C. Rica, Cuba, Ecuad., Guat., Méx., Perú y P. Rico. Se dice del que tiene mala suerte, poco afortunado.
saladura s.f. Acción y efecto de salar.
salafismo s.m. Movimiento reformista del islam surgido en el s. XIX, que defiende un retorno a la religión pura antigua.
salafista adj. y s.m. y f. Relativo al salafismo; partidario de este movimiento.
salamanca s.f. Argent. Salamandra de cabeza chata que se encuentra en las cuevas y que los indios consideran espíritu del mal. **2.** Argent., Chile y Urug. Cueva natural que hay en algunos cerros.
salamandra s.f. (lat. *salamandra,* del gr. *salamándra*). Anfibio urodelo de piel lisa, de color negro con manchas amarillas, que tiene la forma de un lagarto. (La salamandra gigante de Japón, que mide más de 1 m de long., es el anfibio más grande.) **2.** Estufa de combustión lenta que utiliza generalmente carbón.
salamanqués, sa adj. y s. Salmantino. SIN.: *salmanticense.*
salamanquesa s.f. Saurio originario del Mediterráneo de hasta unos 16 cm de long., la mitad de los cuales pertenecen a la cola, y de patas cortas. (Familia gecónidos.)
salame adj. y s.m. y f. Argent., Par. y Urug. Tonto, ingenuo.
salami s.m. (voz italiana, pl. de *salame*). Embutido de carne vacuna y de cerdo, picadas y curadas.
salamín, na adj. y s.m. y f. Argent. *Fig.* y *fam.* Salame, tonto, ingenuo. ◆ s.m. Argent., Par. y Urug. Salami en forma de chorizo.
salangana s.f. Ave apodiforme originaria de Asia y Oceanía de pequeño tamaño, plumaje pardusco, alas grandes y cola corta y rectangular. (La *salangana* construye su nido [*nido de golondrina*] con algas aglomeradas.)
1. salar v.tr. Poner un alimento en sal para que se conserve. **2.** Echar sal a la comida. **3.** Echar demasiada sal a una comida. ◆ v.tr. y prnl. Argent. y C. Rica. Dar o causar mala suerte. **2.** C. Rica, Guat., Nicar., Perú y P. Rico. Desgraciar, echar a perder. **3.** Cuba, Hond. y Perú. Manchar, deshonrar. **4.** Méx. Comunicar mala suerte.
2. salar s.m. Cuenca endorreica en la que a menudo se forma una laguna temporal que deposita costras salinas al desecarse en la estación calurosa. (Los *salares* son frecuentes en las grandes cordilleras, especialmente la de los Andes.)
salariado s.m. Proletariado.
salarial adj. Relativo al salario. <> **Masa salarial** Suma de remuneraciones, directas o indirectas, percibidas por un conjunto de trabajadores asalariados.
salario s.m. (lat. *salarium,* suma que se daba a los soldados para comprar sal). Cantidad de dinero que un trabajador recibe, generalmente cada mes, de una persona, empresa o institución a cambio del trabajo realizado para ellos. <> **Hoja de salario** Documento justificativo del pago del salario que el empresario debe entregar al asalariado en el momento de efectuar el pago. **Salario base** Suma mensual utilizada para el cálculo de las prestaciones familiares, y calculada siguiendo unos puntos cuyo valor está determinado por acuerdos fijados, llegado el caso, por las convenciones colectivas. **Salario bruto** Salario fijado antes de hacer las retenciones o de sumar las primas. **Salario mínimo interprofesional** Esp. Salario mínimo, fijado anualmente por el gobierno, para todo tipo de profesiones y categorías, por debajo del cual está prohibido remunerar a un trabajador. **Salario neto** Salario que se percibe tras haberse efectuado las retenciones o sumado las primas. **Salario real** Salario que expresa el poder adquisitivo real en función del costo de la vida.
salaz adj. y s. (lat. *salax, -acis,* que está en celo). Lujurioso. SIN.: *libidinoso.*
salazón s.f. Acción y efecto de salar o curar con sal un alimento para conservarlo. **2.** Alimento que se pone en sal para que se conserve. **3.** Industria de salar estos alimentos. **4.** Actividad dedicada al comercio de estos alimentos. **5.** Amér. Central, Cuba y Méx. Desgracia, mala suerte.
salbanda s.f. (alem. *salband*). MIN. Capa untuosa que se

encuentra en la separación de un filón o una falla en contacto con sus paredes hastiales.

salce s.m. Sauce.

salcedo s.m. Saucedal, terreno poblado de sauces. SIN.: *salceda, saucedo.*

salchicha s.f. (ital. *salciccia*). Embutido de carne picada, generalmente de cerdo, y especias, en tripa delgada y corta.

salchichería s.f. Establecimiento donde se venden salchichas y embutidos en general.

salchichero, a s. Persona que tiene por oficio hacer o vender embutidos y otros productos de cerdo.

salchichón s.m. Embutido de jamón y tocino mezclado con pimienta en grano, en tripa gruesa y que se come crudo.

salcochar v.tr. Cocer un alimento, generalmente carnes, solo con agua y sal.

salcocho s.m. Amér. Cocción de un alimento en agua y sal para después condimentarlo. **2.** Cuba. Conjunto de restos de comida que se destinan al engorde de los cerdos.

saldar v.tr. (ital. *saldare,* soldar, consolidar, saldar). Pagar una deuda o cuenta. **2.** *Fig.* Poner fin a alguna cosa o situación: *saldar diferencias.* **3.** Vender una mercancía a bajo precio para acabar con las existencias de esta.

saldo s.m. (ital. *saldo,* entero, intacto). Resultado final de un asunto o situación que se obtiene tras comparar los aspectos negativos con los positivos. **2.** Diferencia entre los totales del debe y el haber de una cuenta. **3.** Mercancía que se vende a bajo precio para acabar con las existencias de esta. **4.** *Fig.* Cosa que se considera de poco valor. **5.** Pago de una deuda o cuenta.

saledizo, a adj. Saliente. SIN.: *salido.* ◆ s.m. ARQ. y CONSTR. Parte del edificio que sobresale de la pared maestra de un edificio.

salero s.m. Recipiente donde se guarda la sal que se usa para cocinar. **2.** Recipiente de tapa agujereada donde se guarda la sal que se usa en la mesa para condimentar la comida. **3.** *Fig.* y *fam.* Gracia, donaire: *andar con salero.*

saleroso, a adj. *Fam.* Que tiene salero, gracia y simpatía.

salesa s.f. y adj. Religiosa de la congregación de la Visitación de María.

salesiano, a adj. y s. Se dice del miembro de la congregación de religiosos (sociedad de padres de san Francisco de Sales) fundada en 1859 por san Juan Bosco, en Turín, y de la congregación de religiosas (hijas de María Auxiliadora) fundada también por el mismo en Turín, en 1872, dedicados a la educación de la juventud.

sáliba ⟶ **sáliva.**

salicáceo, a adj. y s.f. Relativo a una familia de árboles con flores sin pétalos, como el sauce y el álamo.

salicaria s.f. Planta de flores purpúreas y fruto capsular que vive en lugares húmedos. (La *salicaria* se empleaba antiguamente en medicina por sus propiedades astringentes.) [Familia litráceas.]

salicilado, a adj. Relativo al ácido salicílico o a sus sales.

salicilato s.m. Sal o éster del ácido salicílico.

salicílico, a adj. Se dice del ácido que posee propiedades antisépticas y antiinflamatorias.

sálico, a adj. Relativo a los francos salios. ◇ **Ley sálica** HIST. Ley que impedía que una mujer y sus descendientes ocuparan el trono de un país. (Esta disposición fue establecida en Francia en el s. XIV. Fue introducida en España por Felipe V [1712], y posteriormente en Suecia [1810, derogada en 1979] y Bélgica [derogada en 1991, tras estar vigente más de sesenta años].)

salicultura s.f. Explotación de las salinas. **2.** Industria salinera.

salida s.f. Acción y efecto de salir o salirse. **2.** Parte por donde se sale de un lugar. **3.** Viaje, excursión o paseo. **4.** *Fig.* y *fam.* Dicho o hecho ocurrente, gracioso, oportuno o sorprendente. **5.** *Fig.* Medio o recurso para superar una dificultad o un peligro. **6.** *Fig.* Pretexto. **7.** Acción de iniciar un jugador un juego o una partida. **8.** Momento de comenzar una carrera. **9.** Lugar donde se sitúan los participantes para comenzar una carrera. **10.** Posibilidad de venta de una mercancía. **11.** Partida de data o de descargo en una cuenta. **12.** Movimiento de gimnasia que se realiza en las barras asimétricas o en la barra fija, en el que el cuerpo, tras apoyarse en la barra, se proyecta fuera de esta para continuar o terminar el ejercicio. **13.** INFORMÁT. Operación de transferencia de información tratada y de resultados desde la unidad de tratamiento de la computadora a soportes de información externos. ◇ **Salida de baño** Albornoz para ponerse después del baño. **Salida de emergencia** Medio para permitir el acceso al exterior de un local, edificio, vehículo, etc., en caso de siniestro. **Salida de tono,** o **de pie de banco** Despropósito, disparate o dicho inconveniente.

salido, a adj. Saliente. SIN.: *saledizo.* **2.** Se dice de la hembra de un animal mamífero que está en celo. **3.** *Fam.* Se dice de la persona que tiene un gran deseo sexual.

salidor, ra adj. Amér. Andariego, callejero.

saliente adj. y s.m. Que sobresale. SIN.: *saledizo, salido.* ◆ s.m. Oriente, levante. ◇ **Ángulo saliente** Ángulo cuya medida es inferior a 180°. CONTR.: *entrante.*

salífero, a adj. Salino, que contiene sal.

salificable adj. QUÍM. Que puede proporcionar una sal.

salificar v.tr. QUÍM. Transformar una sustancia en sal.

salina s.f. (lat. *salina*). Explotación donde se beneficia la sal obtenida por evaporación de las aguas del mar o de los lagos salinos por la acción del sol y del viento. (Suele usarse en plural.) **2.** Establecimiento industrial donde se obtiene sal a partir de la sal gema o de una salmuera, mediante calor artificial. **3.** Mina de sal. **4.** Yacimiento de sal gema.

salinero, a adj. Relativo a las salinas. **2.** Se dice del toro que tiene el pelo jaspeado de colorado y blanco.

salinidad s.f. Contenido cuantitativo de sal que el agua lleva en disolución.

salino, a adj. Que contiene sal. SIN.: *salífero.* **2.** Relativo a la sal: *sabor salino.* **3.** QUÍM. Que tiene las características de una sal. ◇ **Rocas salinas** Rocas sedimentarias solubles en el agua, que provienen de la evaporización del agua del mar en las lagunas (yeso, sal gema, etcétera).

salio, a adj. y s. De una de las facciones de los pueblos francos.

salir v.intr. y prnl. (lat. *salire,* saltar). Pasar del interior de un lugar cerrado o limitado al exterior. **2.** Dejar de desempeñar un oficio o cargo. **3.** Dejar de pertenecer a una asociación o grupo. **4.** Apartarse de lo regular o debido: *salirse de las normas.* ◆ v.intr. Partir una persona o un medio de transporte público hacia un lugar: *el avión sale a las tres.* **2.** Superar un peligro o situación difícil o molesta: *salir de un percance.* **3.** Desaparecer una mancha al limpiarla. **4.** Estar algo más alto o más afuera que otra cosa. **5.** Tener un lugar, especialmente una calle, salida a otro lugar. **6.** Aparecer en un medio de comunicación. **7.** Nacer, brotar: *empieza a salir el trigo.* **8.** Presentarse una ocasión, oportunidad, etc. **9.** Tener una cosa su causa u origen en otra cosa. **10.** Parecerse una persona a otra de su familia que tiene más edad. **11.** Resultar de una determinada manera: *salir muy listo.* **12.** Resultar elegido por sorteo o votación. **13.** Ser encontrado algo que estaba extraviado: *ya salieron las llaves.* **14.** Costar algo una determinada cantidad de dinero. **15.** Dar una operación matemática el resultado correcto: *salir una división.* **16.** Mostrar una persona su posición con respecto a alguien o algo que se está valorando: *salir en defensa de alguien.* **17.** Mantener una relación sentimental con una persona. **18.** Ir una persona a un lugar para realizar una actividad que le divierte: *salir a pescar.* **19.** Decir o hacer algo intempestivo o inesperado. **20.** Iniciar un jugador un juego o una partida. **21.** Esp. Resultar una cantidad para cada persona en un reparto. ◆ **salirse** v.prnl. Rebosar o derramarse un líquido del recipiente que lo contiene. **2.** Hacer los tantos o las jugadas necesarias para ganar en un juego. ◇ **Salir adelante** Superar una dificultad o circunstancia adversa; llegar a feliz término en un propósito o empresa. **Salir caro** Ocasionar algo mucho perjuicio o daño. **Salirse con la suya** Obtener una persona lo que se proponía.

salish, familia lingüística amerindia de la costa NO de Canadá y EUA. (De la cultura de los pueblos *salish* destaca la talla de la madera [canoas, tótems, utensilios].)

salitre s.m. (cat. *salnitre*). Nitrato de potasio. **2.** Sustancia salina, especialmente la que aflora en tierras y paredes. **3.** Chile. Nitrato de Chile, abono nitrogenado natural extraído del caliche.

salitrera s.f. Lugar donde hay mucho salitre. **2.** Chile. Centro de explotación del salitre.

salitrero, a adj. Relativo al salitre. **2.** Chile. Relativo al nitrato de Chile.

saliva s.f. (lat. *saliva*). Líquido alcalino, claro y algo viscoso, segregado por las glándulas salivales. (La saliva contiene una enzima que comienza la digestión de los ósidos transformándolos en osas; también desempeña un papel mecánico al facilitar la lubricación y la deglución del bolo alimenticio.) <> **Gastar saliva** *Fam.* Hablar inútilmente, en general tratando de convencer a alguien. **Tragar saliva** *Fam.* Contener un enojo o indignación, sin exteriorizarlo, o soportar sin protestar algo que ofende y disgusta; turbarse, no acertar a hablar.

salir

INDICATIVO

presente
salgo
sales (salís)
sale
salimos
salís
salen

copretérito o pret. imperfecto
salía
salías
salía
salíamos
salíais
salían

pretérito o pret. perf. simple
salí
saliste
salió
salimos
salisteis
salieron

futuro o fut. simple
saldré
saldrás
saldrá
saldremos
saldréis
saldrán

pospretérito o condicional simple
saldría
saldrías
saldría
saldríamos
saldríais
saldrían

SUBJUNTIVO

presente
salga
salgas
salga
salgamos
salgáis
salgan

pretérito o pret. imperfecto
saliera o saliese
salieras o salieses
saliera o saliese
saliéramos o saliésemos
salierais o salieseis
salieran o saliesen

futuro o fut. simple
saliere
salieres
saliere
saliéremos
saliereis
salieren

IMPERATIVO

sal (salí)	(tú, vos)
salga	(él)
salgamos	(nosotros)
salid	(vosotros)
salgan	(ellos)

FORMAS NO PERSONALES

infinitivo	**gerundio**
salir	saliendo

participio
salido

sáliva o **sáliba,** familia lingüística amerindia que incluye los pueblos *sáliva*. *piaroa* y *macú*. que viven junto a los ríos Vichada, Guaviare y Meta, afl. del Orinoco.

salivación s.f. Secreción de la saliva.

salivadera s.f. Amér. Merid. Escupidera, recipiente para echar la saliva.

salival adj. Relativo a la saliva. <> **Glándulas salivales** ANAT. Glándulas que segregan la saliva. (Existen tres pares en el ser humano: *parótidas*, *submaxilares* y *sublinguales*.)

salivar v.intr. Segregar saliva.

salivazo s.m. Porción de saliva que se escupe de una vez.

salivera s.f. Cuenta que se pone en el freno del caballo para que se refresque la boca. (Suele usarse en plural.)

salmantino, a adj. y s. De Salamanca. SIN.: *salamanqués, salmanticense.*

salmer s.m. ARQ. Piedra del muro, cortada en plano inclinado, de donde arranca un arco adintelado o escarzano.

salmista s.m. Persona que escribe o canta salmos.

salmo s.m. (lat. tardío *psalmus*, del gr. *psalmós*, melodía tocada con una lira). Canto litúrgico de la religión de Israel, presente en la liturgia cristiana, que contiene alabanzas a Dios.

salmodia s.f. (lat. tardío *psalmodia*, del gr. *psalmodía*). *Fig.* y *fam.* Canto monótono, sin inflexiones de voz. **2.** Música que acompaña a los salmos.

salmodiar v.tr. Cantar una canción con cadencia monótona. ◆ v.intr. Rezar o cantar salmos.

salmón s.m. (lat. *salmo, -onis*). Pez de cuerpo alargado que puede alcanzar los 2 m de long., de color azulado en el dorso y plateado en el abdomen. (Familia salmónidos.) ◆ adj. y s.m. Se dice del color rosa anaranjado. ◆ adj. Que es de este color: *vestido salmón.* SIN.: *salmonado.*

salmonado, a adj. Se dice del pescado de carne de color rosa anaranjado, como la del salmón. **2.** Que es de color rosa anaranjado: *tonos salmonados.* SIN.: *salmón.*

salmonella s.f. Bacteria en forma de bacilo negativo que se multiplica en el organismo tras su ingestión y que produce salmonelosis.

salmonelosis o **salmonellosis** s.f. MED. Enfermedad causada por la salmonela.

salmonete s.m. (fr. *surmulet*). Pez marino de color rojo y con dos barbillas en la mandíbula inferior. (Se distinguen dos especies de *salmonetes*: el *salmonete de roca*, o *rayado*, y el *salmonete de fango*. o *común*; familia múlidos.)

salmonicultura s.f. Cultivo o reproducción de los salmones.

salmónido, a adj. y s.m. Relativo a una familia de peces óseos con dos aletas dorsales, la segunda adiposa, que viven en aguas dulces, frías y oxigenadas, como la trucha y el salmón.

salmorejo s.m. Salsa picante elaborada con agua, vinagre, aceite, sal y pimienta.

salmuera s.f. Preparación líquida muy salada que se usa para conservar alimentos: *aceitunas en salmuera.* **2.** Líquido que sueltan las cosas saladas. **3.** Agua salada concentrada que se evapora para extraer la sal.

salobre adj. Que contiene sal o sabe a sal. **2.** Se dice de las aguas que tienen cierta salinidad, generalmente menor que la del mar. **3.** Se dice de la fauna y de la flora que vive en dichas aguas.

salobreño, a adj. Se dice de la tierra que es salobre o contiene alguna sal.

salobridad s.f. Cualidad de salobre.

salol s.m. Salicilato de fenilo, usado como antiséptico.

saloma s.f. Canto cadencioso que cantan varias personas que están realizando juntas un trabajo físico para hacer simultáneo el esfuerzo de todas.

salomar v.tr. Acompañar un trabajo o esfuerzo con una saloma.

salomón s.m. (de *Salomón,* rey de Israel). Hombre de gran sabiduría.

salomónico, a adj. Relativo a Salomón. ◇ **Columna salomónica** ARQ. Columna que tiene el fuste en forma helicoidal.

salón s.m. Sala, habitación de una casa donde se reciben las visitas. **2.** Sala, conjunto de muebles de esta habitación. **3.** Sala grande y amplia de un edificio destinada a la recepción o a la celebración de fiestas, juntas o actos. **4.** Exposición periódica de obras de arte. **5.** Exposición periódica para promocionar los productos de un sector industrial: *el salón del automóvil.* **6.** Establecimiento público que presta un determinado servicio: *salón de belleza.* **7.** Méx. Aula. **8.** LIT. Reunión que celebraban hombres de mundo, escritores, artistas y políticos de los ss. XVII y XVIII alrededor de una mujer distinguida. ◇ **De salón** Propio de un ambiente frívolo y mundano.

salpicada s.f. Méx. Salpicadura.

salpicadera s.f. Méx. Guardabarros.

salpicadero s.m. Esp. Tablero situado en el interior de un automóvil, frente al asiento del conductor, donde están algunos mandos y luces indicadoras. SIN.: *tablier.* **2.** Esp. Tablero de control de un automóvil.

salpicadura s.f. Acción y efecto de salpicar. SIN.: *salpicón.* ◆ **salpicaduras** s.f.pl. Manchas que dejan las gotas que saltan de un líquido o sustancia pastosa en alguien o algo. **2.** *Fig.* Perjuicio superficial que algo negativo que atañe directamente a una persona hace en la reputación de otra persona o cosa.

salpicar v.tr. Mojar o manchar las gotas que saltan de un líquido o una sustancia pastosa a alguien o algo. **2.** *Fig.* Poner varias cosas diseminadas en otra: *salpicar de anécdotas una disertación.* **3.** *Fig.* Perjudicar superficialmente una cosa negativa que atañe directamente a una persona o cosa la reputación de otra persona o cosa: *el escándalo salpicará a todo el gobierno.* ◆ v.tr. e intr. Saltar las gotas de un líquido o una sustancia pastosa sobre alguien o algo.

salpicón s.m. Salpicadura, acción y efecto de salpicar. **2.** Picadillo de diversas clases de carne o pescado, champiñones, etc., cocido y aderezado con sal, aceite, vinagre, pimienta y cebolla. **3.** Ecuad. Bebida refrescante elaborada con zumo de frutas. ◇ **Salpicón de frutas** Colomb. Ensalada de frutas.

salpimentar v.tr. [conj.: *pensar*]. Sazonar un alimento con sal y pimienta. **2.** *Fig.* Amenizar una conversación, discurso, actividad, etc., con gracias, picardías, agudezas, etc.

salpimienta s.f. Mezcla de sal y pimienta, que se usa como condimento.

salpingitis s.f. MED. Inflamación de las trompas uterinas.

salpreso, a adj. (bajo lat. *salpressus,* esparcido con sal). Se dice del alimento que ha sido salado para su conservación: *jamón salpreso.*

salpullido s.m. → **sarpullido.**

salsa s.f. (lat. *salsa,* f. de *salsus,* salado). Sustancia líquida o pastosa que se elabora mezclando varias sustancias y que sirve para condimentar la comida. **2.** Jugo de un guiso o de un alimento al cocinarlo. **3.** *Fig.* Cosa que da gracia o amenidad a algo. **4.** Música caribeña que resulta de la fusión de varios tipos de ritmos caribeños de raíces africanas, cuya principal característica es el predominio de una amplia gama de instrumentos de percusión, especialmente tambores, acompañados por otros de viento y cuerda. **5.** Baile que acompaña esta música. ◇ **Dar la salsa** Argent. *Fam.* Dar una paliza; vencer. **En su propia salsa** En situación o circunstancias favorables para una persona, de forma que esta puede desenvolverse con toda libertad.

salsamentería s.f. Colomb. Establecimiento donde se venden embutidos y carnes asadas.

salsera s.f. Recipiente en que se sirve la salsa.

salsero, a adj. Relativo a la salsa.

salsifí s.m. (fr. *salsifis*). Planta de hojas planas y estrechas, flores amarillas y raíces comestibles. (Familia compuestas.) ◇ **Salsifí negro** Escorzonera.

salsoláceo, a adj. y s.f. Quenopodiáceo.

saltado, a adj. Amér. Merid. Se dice del alimento ligeramente frito.

saltador, ra adj. y s. Que salta: *animal saltador.* ◆ adj. y s.m. Se dice del ortóptero que tiene las patas posteriores apropiadas para el salto. ◆ s.m. Cuerda que se usa en un juego infantil que consiste en saltar por encima de esta cuerda que se hace pasar, en un movimiento giratorio continuo, por debajo de los pies y sobre la cabeza de la persona que salta. SIN.: *comba.*

saltagatos s.m. (pl. *saltagatos*). Colomb. Saltamontes.

saltamontes s.m. (pl. *saltamontes*). Insecto ortóptero de color verde o amarillento y patas posteriores largas y robustas que le permiten dar grandes saltos. SIN.: *saltón.* (La hembra del *saltamontes* posee un oviscapto.)

saltanejoso, a adj. Cuba y Méx. Se dice del terreno ligeramente ondulado.

saltaojos s.m. (pl. *saltaojos*). Peonia.

saltaperico s.m. Cuba. Planta herbácea silvestre de flores azuladas, que crece en terrenos húmedos. (Familia acantáceas.) **2.** Perú. Planta de la familia de las proteáceas.

saltar v.intr. (lat. *saltare,* bailar, dar saltitos). Levantarse alguien o algo del suelo o de otra superficie con un impulso. **2.** Arrojarse desde un lugar alto, generalmente para caer de pie. **3.** Romperse algo violenta y ruidosamente, generalmente por exceso de presión en su interior. **4.** *Fig.* Manifestar bruscamente enojo o irritación. **5.** Decir algo de forma intempestiva o inesperada. **6.** Salir un líquido disparado con fuerza. **7.** *Fig.* Venir repentinamente algo a la imaginación o a la memoria. **8.** *Fig.* Perder repentinamente alguien un cargo o puesto ◆ v.tr. Pasar una persona o animal por encima de algo con un salto. **2.** Cubrir el macho de ciertos cuadrúpedos a la hembra. ◆ v.intr. y prnl. Desprenderse violentamente una cosa de otra: *saltar un botón de la camisa.* **2.** Pasar de una cosa a otra omitiendo otra u otras cosas que por orden se encuentran entre ambas. ◆ v.tr. y prnl. Dejar de leer o copiar parte de un texto: *saltarse una línea.* **2.** Ascender a un puesto superior sin haber ocupado el puesto o puestos intermedios.

saltarín, na adj. y s. Que salta y se mueve mucho. **2.** *Fig.* Inestable, aturdido y de poco juicio. ◆ s.m. Pez teleósteo perciforme de unos 20 cm de long., color castaño verdoso y aletas abdominales muy desarrolladas, con las que puede andar e incluso saltar, que vive en las áreas fangosas de las zonas tropicales. (Familia góbidos.)

salteador, ra s. Persona que robaba en despoblados o caminos.

saltear v.tr. Hacer una cosa sin continuidad, dejando parte de ella sin hacer o haciéndola sin orden. **2.** Freír a fuego vivo un alimento con mantequilla, aceite o grasa durante poco tiempo. **3.** Asaltar a un viajero para robarle.

salteño, a adj. y s. De Salta o de Salto.

salterio s.m. (lat. *psalterium,* del gr. *psaltírion,* especie de cítara). Instrumento musical antiguo de cuerda, de forma generalmente trapezoidal, caja de resonancia plana y un número variable de cuerdas que se pulsaban con los dedos o con un plectro. **2.** Libro de coro que contiene únicamente salmos. **3.** Conjunto de 150 salmos llamados «de David», y que constituye uno de los libros del canon de la Biblia.

saltimbanqui s.m. y f. *Fam.* Titiritero.

salto s.m. Movimiento que consiste en levantarse alguien o algo del suelo o de otra superficie con un impulso. **2.** Distancia que se recorre con este salto. **3.** Movimiento que consiste en arrojarse desde un lugar alto, generalmente para caer de pie. **4.** Distancia que se alcanza con este salto. **5.** *Fig.* Cambio brusco y rápido de una cosa a otra: *un salto económico.* **6.** Acción de arrojarse una persona en paracaídas desde un avión en vuelo. **7.** *Fig.* Omisión de una parte de un texto que se produce al leerlo o copiarlo. **8.** Prueba de atletismo que consiste en saltar para conseguir una determinada marca en altura o longitud. **9.** Prueba de natación que consiste en saltar el nadador a la piscina desde un trampolín o plataforma situados a determinada altura. **10.** Prueba de esquí que consiste en que el esquiador salta desde un trampolín para conseguir una determinada marca de longitud. **11.** *Fam.* Palpitación violenta del corazón. **12.** Diferencia notable en cantidad, intensidad, etc., entre dos cosas. **13.** Desnivel brusco del terreno. **14.** Caída violenta y abundante de agua desde un desnivel brusco de terreno. (También *salto de agua.*) **15.** INFORMÁT. Instrucción que provoca una modificación de la secuencia normal de instrucciones de un programa de computadora. ◇ **A salto de mata** Huyendo; sin previsión ni orden. **Salto con pértiga** Prueba de atletismo en que el atleta, después de realizar una breve carrera de impulso, salta con ayuda de una pértiga por encima de un listón situado a determinada altura. **Salto de altura** Prueba de atletismo en que el atleta, después de realizar una breve carrera de impulso, salta por encima de un listón situado a determinada altura. **Salto de cama** Bata de mujer, amplia, de tejido fino y ligero, que se usa al levantarse de la cama. SIN.: *deshabillé.* **Salto de longitud** Prueba de atletismo en que el atleta, después de realizar una breve carrera de impulso, da un salto horizontal para conseguir una determinada marca de longitud. **Salto mortal** Ejercicio acrobático o deportivo que consiste en elevarse una persona del suelo y dar una o varias vueltas completas en el aire. **Triple salto** Prueba de atletismo en que el atleta, después de realizar una breve carrera de impulso, da dos pasos, un salto en horizontal y cae con los pies juntos para conseguir una determinada marca de longitud.

saltón, na adj. Se dice del diente o del ojo que sobresale más de lo normal y parece que vaya a salirse de su sitio. **2.** Chile. Suspicaz, receloso. **3.** Colomb. y Chile. Se dice del alimento ligeramente frito. ◆ s.m. Pulgón de las plantas. **2.** Saltamontes. **3.** Pez de color verdoso y azulado, con bandas oscuras en los flancos, y con un larguísimo apéndice en la mandíbula inferior, que vive en el Mediterráneo y el Atlántico. (Familia hemirránfidos.)

salubre adj. *Poét.* Sano.

salubridad s.f. Cualidad de salubre. **2.** Estado general de la salud pública en un lugar determinado, por lo común expresado en una estadística. SIN.: *sanidad.*

salud s.f. Cualidad del ser vivo que presenta un buen funcionamiento de su organismo. **2.** Conjunto de condiciones físicas de un organismo en un determinado momento. **3.** Estado en que se encuentra una cosa. ◆ interj. Expresión que se usa para saludar a alguien. **2.** Expresión que se usa al brindar para desear a alguien un bien. ◇ **Curarse en salud** Prevenirse por anticipado contra algo generalmente negativo.

saluda s.m. Impreso sin firma que envía una persona que ocupa un cargo a alguien para informarlo brevemente de algo.

saludable adj. Que conserva, aumenta o restablece la salud. SIN.: *sano.* **2.** De aspecto sano o de buena salud. **3.** *Fig.* Provechoso para un fin: *medidas saludables para la economía.*

saludar v.tr. Dirigir una persona un saludo a otra. **2.** Recibir una persona algo que se espera de una determinada manera. **3.** Dirigir un militar o miembro de un cuerpo armado jerárquico un saludo a alguien o algo.

saludo s.m. Palabra, expresión o gesto de cortesía que una persona dirige a otra cuando se encuentra con ella o para despedirla. SIN.: *salutación.* **2.** Palabras o gestos con los que se saluda. **3.** Signo de subordinación y de respeto que un militar o miembro de un cuerpo armado jerárquico dirige a alguien o algo. **4.** MAR. Señal de cortesía que intercambian los barcos de guerra o buques mercantes cuando se encuentran o la batería de costa con los navíos extranjeros que llegan a puerto.

salutación s.f. Saludo: *fórmulas de salutación.* **2.** Fórmula protocolaria de saludo que aparece al comienzo o al final de un documento. ◇ **Salutación angélica** REL. Salutación que hizo el arcángel san Gabriel a la Virgen y que forma la primera parte del avemaría.

salutífero, a adj. *Poét.* Saludable.

salva s.f. Conjunto de disparos de arma de fuego que se hace al aire durante una celebración en señal de respeto. ◇ **Salva de aplausos** Conjunto de aplausos fervorosos que un grupo numeroso de personas que asisten a un acto da a alguien o algo.

salvabarros s.m. (pl. *salvabarros*). Guardabarros.

salvación s.f. Acción y efecto de salvar o salvarse. **2.** TEOL. Consecución de la gloria y bienaventuranza eternas. (También *salvación eterna.*)

salvado s.m. Cáscara del grano de los cereales desmenuzada por la molienda.

salvadoreño, a adj. y s. De El Salvador. ◆ s.m. Variedad del español hablada en El Salvador.

salvaguarda s.f. Acción de salvaguardar. SIN.: *salvaguardia.* **2.** Documento que una autoridad expide a alguien para que realice algo sin peligro de ser detenido. SIN.: *salvaguardia.* **3.** INFORMÁT. Procedimiento de protección de todas las informaciones (programas, datos, etc.) contenidos en un sistema informático, por copia periódica de estas informaciones en soportes permanentes de memoria que se conservan al abrigo de modificaciones e incidentes. SIN.: *salvaguardia.*

salvaguardar v.tr. Defender o proteger a alguien o algo: *salvaguardar el honor.*

salvaguardia s.f. Salvaguarda.

salvajada s.f. Dicho o hecho propio de una persona violenta y bárbara. **2.** Dicho o hecho propio de una persona necia e inculta.

salvaje adj. Se dice del animal que no está domesticado. **2.** Se dice de la planta que crece de forma natural, sin cultivar. **3.** Se dice del terreno no cultivado, generalmente abrupto y escabroso. **4.** *Fig.* Encendido, violento, irrefrenable: *ira salvaje.* ◆ adj. y s.m. y f. Se dice de la persona que pertenece a una cultura primitiva y no se ha adaptado a la civilización. **2.** *Fig.* Violento, cruel, bárbaro. **3.** Necio, inculto.

salvajismo s.m. Modo de ser o de obrar propio de una persona violenta, cruel y bárbara. **2.** Cualidad del animal salvaje.

salvamanteles s.m. (pl. *salvamanteles*). Pieza que se pone debajo de un recipiente caliente o del servicio de mesa para no quemar o manchar el mantel.

salvamento s.m. Acción y efecto de salvar o salvarse, especialmente la organizada para rescatar a alguien de una situación de peligro.

salvapantallas s.m. (pl. *salvapantallas.*) INFORMÁT. Software que, tras cierto tiempo de inactividad del teclado y del ratón, apaga momentáneamente la pantalla de la computadora o emite una imagen en movimiento para evitar el deterioro de su tubo catódico. (También *salvapantalla.*)

salvar v.tr. y prnl. Librar de un peligro, riesgo o daño: *salvarse de un incendio.* **2.** Librar a alguien de la condenación eterna. ◆ v.tr. Evitar un inconveniente o dificultad. **2.** Exceptuar, excluir. **3.** Superar un obstáculo pasando por encima o a través de él. **4.** Recorrer una distancia en un tiempo menor que el normal. **5.** DER. Exculpar o probar la inocencia de alguien.

salvavidas s.m. (pl. *salvavidas*). Flotador que se utiliza en las tareas de salvamento.

salve s.f. Oración dedicada a la Virgen. ◆ interj. *Poét.* Se usa para saludar. (Puede usarse con intención humorística.)

salvedad s.f. Razonamiento que limita o excusa, distinción, excepción: *aceptar algo con algunas salvedades.*

salvia s.f. Planta herbácea o arbusto, de hojas oblongas o lanceoladas y flores violáceas, blancas o amarillas. (La *salvia* se cultiva por sus propiedades tónicas.) [Familia labiadas.] **2.** Argent. Planta olorosa cuyas hojas se utilizan para infusiones estomacales. (Familia verbenáceas.)

salvilla s.f. Chile. Vinagreras.

salvilora s.f. Argent. Arbusto originario de las regiones áridas del O de Argentina.

1. **salvo** adv.m. Excepto.

2. **salvo, a** adj. (lat. *salvus,* sano, salvo). Que no ha sufrido daño. ◇ **A salvo** Fuera de peligro.

salvoconducto s.m. Documento que una autoridad expide a alguien para que pueda circular libremente y sin riegos por un territorio.

samán s.m. Árbol originario de América tropical, muy corpulento y robusto. (Familia mimosáceas.)

sámara s.f. BOT. Fruto seco indehiscente, de una sola semilla. (El arce, olmo y fresno tienen *sámaras.*)

samario s.m. Metal de color amarillo, del grupo de los lantánidos, de densidad 7,54, cuyo punto de fusión es de 1 077 °C aprox. **2.** Elemento químico (Sm), de número atómico 62 y masa atómica 150,36.

samaritano, a adj. y s. De Samaria. **2.** Relativo a una secta religiosa judía que existió en Samaria; seguidor de esta secta. ◆ s. Persona a la que le gusta ayudar a otras personas.

samba s.f. Música popular brasileña de compás binario y líneas melódicas sincopadas. **2.** Baile que acompaña esta música.

sambenito s.m. Calificativo negativo que se da a una persona para caracterizarla. **2.** Especie de capote de lana amarilla, con la cruz de san Andrés y llamas de fuego, que utilizaban los inquisidores para vestir a los reos condenados por el tribunal de la Inquisición, incluso a los reconciliados. **3.** Letrero que se ponía en las iglesias con el nombre y castigo de los penitenciados.

sambumbia s.f. Colomb. *Fig.* Cosa deshecha en trozos muy pequeños. **2.** Cuba. Bebida elaborada con miel de caña, azúcar y ají. **3.** Méx. Bebida elaborada con piña, agua y azúcar.

samnita adj. y s.m. y f. De un pueblo itálico establecido en Samnio, que fue sometido por Roma en el s. III a.C. (Durante las pugnas entre estos dos pueblos, los romanos sufrieron la célebre derrota de las *horcas Caudinas* [321 a.C.].)

samoano, a adj. y s. De las islas Samoa.

samotana s.f. C. Rica, Hond. y Nicar. Algazara, jaleo, bulla.

samovar s.m. Utensilio de origen ruso para obtener y conservar agua hirviendo para preparar el té que consiste en un recipiente de metal, generalmente de cobre, con una llave y un infiernillo en la parte inferior para calentar el agua.

samoyedo, a adj. y s. De un pueblo de lengua ugrofinesa que habita en las regiones del curso inferior del Ob y del Yeniséi. ◆ s. y adj. Perro que pertenece a una raza de tamaño mediano, complexión fuerte, orejas cortas y pelo espeso de color blanco o crema. (El samoyedo se utiliza en las regiones boreales para tirar trineos.) ◆ s.m. Conjunto de lenguas habladas por los samoyedos.

sampa s.f. Arbusto, muy ramoso y copudo, de hojas de color verde claro, que crece en lugares salitrosos de América Meridional.

sampán s.m. Embarcación asiática, a remo y vela, de fondo plano y con una cúpula de bambú en el centro. (En algunas poblaciones asiáticas se utiliza el *sampán* como vivienda familiar.)

sampler s.m. Aparato electrónico que se utiliza para extraer fragmentos de obras musicales e insertarlos en una nueva composición.

samuco → **zamuco.**

samurái s.m. Miembro de la clase guerrera del antiguo sistema feudal de Japón, antes de 1868.

samuro s.m. Colomb. y Venez. Ave rapaz diurna.

san adj. Santo, se dice de la persona que ha sido canonizada por la iglesia por llevar una vida cristiana ejemplar. (Es apócope de *santo* y se usa delante de los nombres propios masculinos, excepto delante de Domingo, Tomás, Tomé y Toribio.)

sanar v.intr. Recobrar la salud. ◆ v.tr. Hacer que alguien recobre la salud.

sanatorio s.m. Establecimiento donde se curan o convalecen enfermos que necesitan tratamiento médico.

San Bernardo s.m. Raza de perros de salvamento, de gran tamaño y de pelo largo y suave.

sanción s.f. Aprobación o legitimación de un acto, uso o una costumbre. **2.** Castigo que impone una autoridad a la persona que infringe una ley o norma. **3.** DER. **a.** Recompensa que dimana del cumplimiento de una norma, o pena establecida para el que la infringe. **b.** Confirmación solemne de una ley por el jefe del estado.

sancionable adj. Que merece sanción o castigo.

sancionar v.tr. Aprobar o legitimar un acto, uso o una costumbre. **2.** Imponer una autoridad a una persona que infringe una ley o norma un castigo. **3.** DER. Conceder fuerza de ley a una disposición.

sanco s.m. Argent. Guiso a base de harina que se cocina con cebolla sancochada, ajo y grasa. **2.** Chile. Barro espeso. **3.** Chile. Gachas preparadas con harina tostada de maíz o de trigo, con agua, sal, grasa, además de otros condimentos.

sancocho s.m. Amér. Cocido a base de carne, yuca, banano y otros ingredientes.

sanctasanctórum s.m. Lugar muy reservado y respetado. **2.** Cosa que para una persona es de más valor o estimación. **3.** Parte interior y más sagrada del tabernáculo de los hebreos.

sanctus s.m. Oración de la misa, posterior al prefacio y anterior al canon, en alabanza a Dios que se inicia con la palabra *sanctus* pronunciada tres veces por el sacerdote. **2.** Parte de la misa en que se canta esta oración.

sandalia s.f. Calzado compuesto de una suela que se sujeta al pie mediante tiras, cintas o cordones.

sándalo s.m. Árbol originario de Asia, de gran tamaño, hojas elípticas y flores pequeñas. (Familia santaláceas.) **2.** Madera de este árbol, de excelente olor. (El *sándalo* se utiliza en ebanistería y perfumería.) **3.** Esencia que se extrae de esta madera.

sandáraca s.f. Resina que se obtiene de las coníferas y se emplea en la fabricación de barnices, el glaseado del papel, etc.

sandez s.f. Necedad, tontería, simpleza.

sandía s.f. Planta herbácea anual, rastrera, de hojas de color verde oscuro, flores amarillas y fruto esférico. (Familia cucurbitáceas.) **2.** Fruto de esta planta, casi esférico y de gran tamaño, de pulpa roja y refrescante.

sandiego s.m. Planta herbácea de jardín originaria de Cuba, de flores moradas y blancas. (Familia amarantáceas.)

sandinismo s.m. Movimiento político nicaragüense de carácter populista, surgido en 1927, partidario de las ideas de A. C. Sandino y actualmente articulado en torno al Frente sandinista de liberación nacional.

sandinista adj. y s.m. y f. Relativo al sandinismo; partidario de este movimiento.

sandio, a adj. y s. Tonto, majadero.

sandunga s.f. Canción popular mexicana, originaria de Chiapas y típica de la región de Tehuantepec y de Oaxaca. **2.** Baile ceremonioso que acompaña esta canción. **3.** Colomb., Chile, Méx., Perú y P. Rico. Jolgorio, parranda. **4.** Esp. *Fam.* Salero, gracia natural.

sandunguero, a adj. *Fam.* Que tiene sandunga, gracia.

sándwich o **sandwich** s.m. (ingl. *sandwich*). Panecillo o trozo de pan cortado a lo largo relleno de alimento. SIN.: *emparedado.* **2.** Esp. Bocadillo de pan inglés o de molde.

saneado, a adj. Se dice de la renta o los bienes que están libres de cargas o descuentos. **2.** Se dice de la renta o economía que da importantes beneficios.

saneamiento s.m. Acción y efecto de sanear. **2.** Procedimiento para eliminar el exceso de agua de los terrenos húmedos.

sanear v.tr. Dar condiciones de salubridad a un lugar. **2.** Hacer que la economía, bienes o rentas den beneficios y dejen de proporcionar pérdidas.

sanedrín s.m. HIST. Consejo supremo del judaísmo, con sede en Jerusalén, que estaba presidido por el gran sacerdote.

sanforización s.f. Procedimiento que consiste en dar a los tejidos de algodón una estabilización dimensional para evitar que encojan con el lavado.

sangacho s.m. Faja oscura situada longitudinalmente en el cuerpo del atún, producida por sangre coagulada.

sangrado s.m. IMPR. Sangría.

sangradura s.f. Corte hecho en una vena para que sangre.

sangrante adj. Que sangra.

sangrar v.intr. Perder una persona o animal sangre por un orificio natural o por una herida. ◆ v.tr. Extraer sangre a una persona con fines terapéuticos. **2.** *Fig.* y *fam.* Hurtar, sisar. **3.** Sacar a una persona dinero de manera abusiva. **4.** IMPR. Comenzar una línea de un párrafo más adentro que el resto de líneas del mismo párrafo. **5.** SILVIC. Extraer látex o resina de un árbol haciendo incisiones o cortes en el tronco. **6.** TECNOL. Dar salida al líquido contenido en un lugar o recipiente.

sangre s.f. Líquido rojo que circula por los vasos sanguíneos de los vertebrados y transporta los elementos nutritivos y los residuos de todas las células del organismo. **2.** Linaje, familia: *ser de sangre ilustre.* ◇ **A sangre** Se dice de la disposición de un grabado de un libro, revista, etc., que consiste en delimitar uno o varios lados del grabado con los cortes o el lomo. **A sangre fría** Con premeditación, sin estar alterado por la cólera o un arrebato momentáneo. **A sangre y fuego** Sin consideración con el enemigo; con violencia, sin ceder en nada. **Bullirle la sangre a alguien** *Fam.* Irritarse una persona por algo. **Chupar la sangre a alguien** *Fam.* Explotar a una persona en el trabajo o abusar de ella económicamente. **De sangre caliente** Se dice del animal que tiene una temperatura corporal independiente de la temperatura ambiente. **De sangre fría** Se dice del animal que tiene una temperatura corporal dependiente de la temperatura ambiente. **Hacerse mala sangre** Molestarse mucho por lo que otra persona hace. **Lavar con sangre** Matar o herir una persona a otra que la ha ofendido o agraviado. **Llevar en la sangre** Ser algo innato o hereditario. **Mala sangre** *Fig.* y *fam.* Carácter perverso. **No llegar la sangre al río** *Fam.* No tener algo consecuencias graves. **Sangre azul** *Fig.* Linaje noble. **Sangre de drago** Resina de color rojo que se extrae del tronco del drago y de otros árboles tropicales. **Sangre fría** Serenidad, entereza de ánimo; capacidad para cometer una crueldad. **Subírsele a alguien la sangre a la cabeza** Perder la serenidad, irritarse. **Sudar sangre** Pasar muchos trabajos y penalidades para conseguir algo. **Tener sangre de horchata** Ser muy tranquilo y no alterarse por nada.

sangre

La sangre es una suspensión de células, o glóbulos, en el plasma. El plasma está formado por agua, sales minerales, moléculas orgánicas (glúcidos, lípidos, prótidos), hormonas y gas disuelto. La parte globular de la sangre está constituida por: glóbulos rojos, o *hematíes*; glóbulos blancos, o *leucocitos*. y plaquetas sanguíneas, o *trombocitos*. Por término medio, el número de glóbulos rojos está comprendido entre 4,5 y 5,5 millones por mm^3; el de glóbulos blancos, entre 5 000 y 8 000 por mm^3, y el de plaquetas, entre 200 000 y 400 000 por mm^3. La centrifugación de la sangre separa la parte globular (sólida) de la parte plasmática (líquida); la parte globular de una muestra sanguínea centrifugada representa el 45 % de su volumen total: esta tasa constituye el hematocrito.

sangría s.f. Acción y efecto de sangrar, de extraer sangre a una persona con fines terapéuticos. **2.** Parte de la articulación del brazo opuesta al codo. **3.** Bebida refrescante elaborada con vino tinto, agua carbónica, azúcar, limón y, a veces, otras frutas y especias. **4.** *Fig.* Conjunto de pequeños gastos o robos de algo, especialmente de dinero, que se producen de manera continuada. **5.** Salida que se da a las aguas de un río, canal, etc. **6.** Operación que consiste en dejar correr el metal líquido desde el horno al caldero de colada. **7.** IMPR. **a.** Acción y efecto de sangrar. SIN.: *sangrado.* **b.** Espacio en blanco que se deja al principio de una línea de un párrafo que la sitúa más adentro que el resto de líneas del mismo párrafo. **8.** METAL. Chorro de metal en fusión que sale del horno. **9.** SILVIC. Incisión o corte que se hace en un árbol para extraer látex o resina. ◇ **Tiempo de sangría** Tiempo durante el cual sangra una pequeña escarificación hecha en el lóbulo de la oreja, que constituye una prueba en el estudio sobre la defensa del organismo contra las hemorragias.

sangriento, a adj. Que causa derramamiento de sangre. **2.** Sanguinario. **3.** *Fig.* Cruel, que ofende gravemente.

sangriligero, a adj. Amér. Central. Simpático.

sangripesado, a adj. Amér. Central. Antipático.

sangrón, na adj. Méx. *Fam.* Antipático, odioso.

sanguaraña s.f. Ecuad. y Perú. Circunloquio, rodeo para decir una cosa. (Suele usarse en plural.) **2.** Perú. Baile popular.

sanguijuela s.f. Gusano del tipo anélidos, clase hirudíneos, que vive en las aguas dulces y cuyo cuerpo termina por una ventosa en cada extremo. (Se alimenta de la sangre de los vertebrados). **2.** *Fig.* y *fam.* Persona que se aprovecha de otra persona de manera continuada ya sea explotándola laboralmente o abusando económicamente de ella.

sanguina s.f. Hematites roja. **2.** Lápiz rojo oscuro, fabricado con hematites. **3.** Dibujo realizado con este lápiz.

sanguinaria s.f. Piedra semejante al ágata, de color de sangre. ◇ **Sanguinaria menor** Planta herbácea originaria de la península Ibérica, de tallos tendidos y flores en glomérulos. (Familia paroniquiáceas.)

sanguinario, a adj. Cruel, feroz, que tiene tendencia a matar o herir. SIN.: *sangriento.*

sanguíneo, a adj. Relativo a la sangre. **2.** Que contiene sangre. **3.** De color de sangre: *rojo sanguíneo.* SIN.: *sanguino.* **4.** Se dice de la persona fácilmente irritable. ◇ **Vasos sanguíneos** Conductos que sirven para la circulación de la sangre.

sanguino, a adj. Sanguíneo, de color de sangre. ◆ adj. y s.f. Se dice de la naranja de pulpa de color rojizo. ◆ s.m. Aladierno. **2.** Cornejo.

sanguinolento, a adj. Que echa sangre. **2.** Manchado o inyectado de sangre: *carne sanguinolenta.*

sanguis s.m. CATOL. Sangre de Cristo bajo los accidentes del vino en la eucaristía.

sanguisorba s.m. Planta herbácea originaria de las regiones templadas del hemisferio norte, de flores verduscas, purpúreas o blanquecinas. (Familia rosáceas.)

sanhaja adj. y s.m. y f. De un importante grupo bereber del N de África. (Enemigos de los zanata y de los omeyas, llegaron a combatir en la península Ibérica; instalaron el centro de su territorio en Granada en época de Sulaymān al-Musta'īn.)

sanícula s.f. Planta herbácea vivaz que crece en lugares frescos. (Familia umbelíferas.)

sanidad s.f. Cualidad de sano. **2.** Conjunto de servicios e instalaciones oficiales destinado a conservar la salud pública de un territorio. **3.** Salubridad, estado de la salud pública.

sanitario, a adj. Relativo al conjunto de servicios e instalaciones oficiales destinado a conservar la salud pública de un territorio: *centro sanitario.* ◆ s. Persona que trabaja en los servicios e instalaciones de sanidad para prestar atención médica. ◆ s.m. y adj. Aparato de higiene instalado en el cuarto de baño.

sanjaq s.m. HIST. Subdivisión de una provincia en el antiguo Imperio otomano.

sano, a adj. y s. Se dice del organismo o del miembro, órgano o parte del mismo que no está enfermo y cumple sus funciones con normalidad: *dientes sanos.* ◆ adj. Saludable, que conserva, aumenta o restablece la salud. **2.** Que está en buen estado, que no está gastado o roto. **3.** *Fig.* Se dice de la persona que no tiene malicia ni malas intenciones. **4.** Que es propio de esta persona. ◇ **Cortar por lo sano** *Fam.* Acabar de manera expeditiva con algo que preocupa o molesta. **Sano y salvo** Sin daño.

sanscritismo s.m. Conjunto de ciencias que tienen por objeto el conocimiento del sánscrito.

sanscritista s.m. y f. Especialista en sánscrito.

sánscrito, a s.m. Lengua indoeuropea, sagrada y literaria de la antigua civilización brahmánica. ◆ Relativo a esta lengua.

sans-culotte s.m. (pl. *sans-culottes*). Revolucionario extremista de la Revolución francesa que pertenecía a las clases sociales más populares.

¡sanseacabó! interj. Se usa para dar por acabado un asunto o una discusión.

sansimoniano, a adj. y s. Relativo al sansimonismo; partidario de esta doctrina.

sansimonismo s.m. Doctrina del conde de Saint-Simon y de sus discípulos, especialmente Enfantin y Bazard.

sansón s.m. *Fam.* Hombre muy fuerte.

santabárbara s.f. Compartimiento de una embarcación donde se guarda la munición o la pólvora.

santacruceño, a adj. y s. De Santa Cruz y de Santa Cruz de Tenerife.

santafereño, a adj. y s. De Santa Fe de Bogotá.

santafesino, a o **santafecino, a** adj. y s. De Santa Fe.

santaluciense s.m. y adj. Piso del mioceno de Uruguay, a orillas del río Santa Lucía.

santanderino, a adj. y s. De Santander.

santateresa s.f. Insecto de unos 5 cm de long., con patas anteriores prensoras, que le permiten atrapar las presas. (Orden ortópteros.)

santería s.f. Argent. Establecimiento donde se venden objetos religiosos. **2.** Cuba. Brujería.

santero, a adj. Que rinde culto exagerado a los santos. ◆ s. Persona que cuida un santuario o una ermita. **2.** Persona que pinta, esculpe o vende imágenes de santos. **3.** Curandero que sana con la ayuda de los santos.

santiagueño, a adj. y s. De Santiago del Estero (Argentina).

santiaguero, a adj. y s. De Santiago de Cuba.

santiagués, sa adj. y s. De Santiago de Compostela (España).

santiaguino, a adj. y s. De Santiago de Chile.

santiaguista adj. y s.m. Relativo a la orden militar de Santiago; miembro de esta orden.

santiamén (en un) loc. *Fam.* En un instante, rápidamente.

santidad s.f. Cualidad de santo. **2.** Tratamiento de respeto que se utiliza para dirigirse al papa.

santificación s.f. Acción y efecto de santificar.

santificar v.tr. Hacer santo a alguien por medio de la gracia. **2.** Convertir una cosa en santa. **3.** Rendir culto a Dios, los santos o las cosas santas. **4.** Cumplir los preceptos que la Iglesia católica establece para un determinado día, absteniéndose de trabajar y asistiendo a misa.

santificativo, a adj. Capaz de santificar.

santiguar v.tr. y prnl. [conj.: *averiguar*]. Hacer una persona la señal de la cruz sobre otra persona. ◆ **santiguarse** v.prnl. *Fig.* y *fam.* Demostrar admiración, asombro o extrañeza.

santísimo, a adj. Tratamiento de respeto que se aplica a la Virgen y la Trinidad y que se utiliza para dirigirse al papa. ◆ s.m. Pan consagrado durante la celebración de la misa y que para los cristianos es Jesús. (También *santísimo sacramento.*)

santo, a adj. Que está consagrado a Dios o a la religión. **2.** Que produce un efecto bueno y saludable, o un provecho especial. **3.** Se usa antepuesto para enfatizar negativamente el sustantivo a que acompaña: *esperar todo el santo día.* **4.** Relativo a Dios o a la religión. **5.** Conforme a la ley cristiana. **6.** CATOL. **a.** Se dice de la semana que va desde el domingo de Ramos hasta el domingo de Resurrección. **b.** Se dice del día de esta semana: *lunes santo.* ◆ adj. y s. Se dice de la persona virtuosa y muy resignada. **2.** CATOL. Se dice de la persona que ha sido canonizada por la iglesia por llevar una vida cristiana ejemplar. ◆ s. Imagen de una persona canonizada por la Iglesia. ◆ s.m. Grabado, estampa o dibujo en una publicación. **2.** Día del año que la iglesia católica dedica a un santo para que sea celebrado por los católicos que llevan su nombre: *hoy es su santo.* ◇ **A santo de qué** Expresión que se utiliza para indicar la inoportunidad o inconveniencia de algo. **Írsele a alguien el santo al cielo** *Fam.* Olvidársele lo que iba a decir o a hacer. **No ser santo de la devoción de alguien** No sentir una persona simpatía por otra, inspirarle desconfianza. **Quedarse para vestir santos** Quedarse una mujer soltera. **Santa iglesia** Iglesia cristiana. **Santo de los santos** Sanctasanctórum. **Santo y seña** Contraseña que una persona que se acerca a un puesto de guardia da al vigilante de un lugar para poder pasar.

santolina s.f. (lat. *santonica herba,* hierba de los santones). Planta herbácea vivaz, de flores blancas, vellosas y olorosas, propia de la región mediterránea. (Sus aquenios tienen propiedades vermífugas; familia compuestas.)

santón s.m. Anacoreta de una religión no cristiana, principalmente de la musulmana. **2.** *Fig.* y *fam.* Persona que ejerce una gran influencia sobre una colectividad.

santónico s.m. Planta de hojas blancas y flores agrupadas en cabezuelas pequeñas. (Familia compuestas.) **2.** Cabezuela sin abrir de las plantas compuestas.

santonina s.f. Sustancia vermífuga obtenida de las cabezuelas de diversas plantas del género *Artemisia.*

santoral s.m. Libro que contiene vidas de santos. **2.** Lista de los santos que se conmemoran cada día del año. **3.** Parte de un libro litúrgico que contiene los oficios de los santos.

santuario s.m. Lugar sagrado donde se venera a una divinidad o a un espíritu de ios antepasados o de la naturaleza. **2.** Templo donde se venera una imagen religiosa o las reliquias de un santo. **3.** Parte anterior del tabernáculo de los hebreos, separada del sanctasanctórum por un velo. **4.** *Fig.* Lugar que merece especial respeto y consideración por alguna circunstancia. **5.** Territorio donde una organización política o guerrillera goza de impunidad y refugio, generalmente en regiones fronterizas, limítrofes a las que actúan. **6.** ECOL. Paraje que conserva intactas las asociaciones de la flora y de la fauna, por no haber sido afectadas por la intervención humana.

santurrón, na adj. y s. Beato, se dice de la persona muy devota que se ejercita en obras de virtud o que afecta devoción.

santurronería s.f. Cualidad de santurrón.

saña s.f. Crueldad en el daño que alguien causa: *golpear con saña.* **2.** Energía y voluntad con que una persona lucha o se enfrenta a alguien o algo.

sañudo, a adj. Que actúa con saña o que tiende a actuar con saña. SIN.: *sañoso.*

1. sao s.m. (voz indígena antillana). Cuba. Pradera con partes de arbolado y algunos matorrales o maleza.

2. sao, antiguo pueblo africano no musulmán, constituido por grupos diferenciados por su lengua y su modo de vida, que, a partir del s. I, se estableció al S del lago Chad, y en cuyos túmulos se han encontrado estatuillas de arcilla y bronce.

sapajú s.m. Caí, simio.

sapaneco, a adj. Hond. Bajo, rechoncho.

sapenco s.m. Caracol terrestre, de 2,5 cm de long., con rayas marrones transversales en la concha. (Familia helícidos.)

sápido, a adj. Que tiene sabor.

sapiencia s.f. Sabiduría.

sapiencial adj. Relativo a la sabiduría. ◇ **Libro sapiencial** Libro de la Biblia que contiene una colección de máximas, sentencias y poemas morales. (Los *libros sapienciales* son cinco: *Proverbios, Job, Eclesiastés, Eclesiástico* y *Sabiduría.*)

sapiente adj. y s.m. y f. *Poét.* Sabio.

sapindáceo, a adj. y s.f. Relativo a una familia de plantas dicotiledóneas tropicales, como el jaboncillo.

1. sapo s.m. Batracio insectívoro de la subclase anuros, de forma rechoncha, piel verrugosa y ojos saltones. (En Europa, los sapos alcanzan una long. de 10 cm, tienen costumbres terrestres y solo van al agua para poner sus huevos; algunas especies americanas alcanzan los 20 cm de long.) **2.** Argent.,

Bol., Chile, Par., Perú y Urug. Juego de la rana. **3.** Chile. Mancha o tara en el interior de las piedras preciosas. **4.** Chile. Acto casual, chiripa. **5.** Cuba. Pez pequeño de cabeza grande y boca hendida, que habita, generalmente, en las desembocaduras de los ríos. ◇ **Echar,** o **soltar, por la boca sapos y culebras** *Fam.* Decir maldiciones y reniegos. **Sapo partero** Batracio terrestre, de 5 cm de long., cuya denominación procede del hecho de que el macho transporta hasta su eclosión los huevos puestos por la hembra. (Subclase anuros.) **Ser sapo de otro pozo** Argent. *Fam.* Pertenecer una persona a otra clase, medio social o esfera laboral. **Tragarse un sapo** Argent. Verse obligada una persona a aceptar una situación desagradable.

2. **sapo, a** adj. Chile. *Fig.* Disimulado, astuto.

saponáceo, a adj. *Poét.* Jabonoso.

saponaria s.f. **Saponaria de la Mancha** Planta de hojas carnosas, que crece en las estepas de la península Ibérica. (Familia cariofiláceas.)

saponificación s.f. Transformación de una materia grasa en jabón. **2.** QUÍM. Acción de saponificar.

saponificar v.tr. Transformar una materia grasa en jabón. **2.** QUÍM. Descomponer un éster por la acción de una base.

saponina s.f. Glucósido contenido en la jabonera y en otras plantas, que forma espuma con el agua.

saponita s.f. Silicato hidratado natural de magnesio y de aluminio, blanquecino y untuoso. (La *saponita* se usa en la fabricación de porcelana.)

sapotáceo, a adj. y s.f. Relativo a una familia de plantas dicotiledóneas gamopétalas, tropicales. (Algunas especies de la familia *sapotáceas* proporcionan la goma de chicle, la gutapercha, etc.)

saprófago, a adj. y s.m. ZOOL. Que se alimenta de materias orgánicas en descomposición.

saprofitismo s.m. ZOOL. Sistema de vida de los saprofitos.

saprofito, a adj. y s.m. Se dice del vegetal que extrae su alimento de sustancias orgánicas en descomposición. ◆ adj. Se dice del microorganismo que se alimenta de materias orgánicas sin vida y que generalmente no produce enfermedades en el ser humano.

sapropel s.m. Depósito en el que predomina la materia orgánica formada por la muerte masiva de organismos. (El *sapropel* constituye una roca madre potencial para los hidrocarburos.)

saque s.m. Acción de poner un jugador de un equipo la pelota en juego al inicio del partido o tras una interrupción del juego. ◇ **Tener buen saque** *Fam.* Tener la capacidad de comer mucho.

saquear v.tr. Robar de forma violenta un grupo de soldados todo lo que encuentra en un lugar ocupado militarmente por ellos. **2.** Tomar una persona o animal todo o casi todo lo que hay en un lugar: *saquear el refrigerador.*

saqueo s.m. Acción y efecto de saquear. SIN.: *saqueamiento.*

saquería s.f. Fabricación de sacos. **2.** Conjunto de sacos.

saquero, a s. Persona que tiene por oficio hacer o vender sacos.

sarakolé → **soninké.**

sarampión s.m. Enfermedad infecciosa y contagiosa causada por un virus filtrable y caracterizada por catarro de las vías respiratorias altas y una erupción de manchas rojas en la piel. (El *sarampión* afecta especialmente a los niños.)

sarandí s.m. Argent. Arbusto, de hasta 4 m de alt., que crece en las márgenes de arroyos y ríos.

sarao s.m. Reunión o fiesta nocturna de sociedad en la que hay baile o música.

sarape s.m. Guat. y Méx. Manta de lana o algodón, generalmente con franjas de colores vivos y a veces con una abertura en el centro para la cabeza, y que cae a lo largo del cuerpo.

sarapia s.f. Árbol originario de América meridional de unos 20 m de alt. y uno de diámetro, hojas alternas y una sola semilla. (La madera de la *saparia* se utiliza en carpintería y su semilla en perfumería, como repelente contra la polilla.) [Familia papilionáceas.] **2.** Fruto de este árbol.

sarasa s.m. Esp. *Fam.* Hombre homosexual.

saraviado, a adj. Colomb. y Venez. Se dice del ave moteada.

sarazo, a adj. Colomb., Cuba, Méx. y Venez. Se dice del fruto que empieza a madurar, especialmente del maíz. **2.** P. Rico. Relativo al coco maduro o a su agua.

sarcasmo s.m. Ironía hiriente y mordaz con que se insulta, humilla u ofende a alguien.

sarcástico, a adj. Que denota o implica sarcasmo. **2.** Se dice de la persona que emplea o tiende a emplear sarcasmos.

sarcófago s.m. ARQUEOL. Sepulcro, generalmente de piedra, donde se colocaba el cadáver de una persona.

sarcoide adj. y s.m. Se dice de un pequeño tumor cutáneo, en general múltiple, que se parece al sarcoma, pero de naturaleza benigna.

sarcoma s.m. Tumor maligno originado a partir de tejido conjuntivo.

sarcomatoso, a adj. Relativo al sarcoma.

sardana s.f. Baile popular de Cataluña que bailan un grupo de personas asidas de la mano formando un círculo. **2.** Música que acompaña este baile.

sardina s.f. Pez marino teleósteo de unos 20 cm de long., de dorso azul verdoso y vientre plateado, muy común en el Mediterráneo y en el Atlántico. (En primavera y verano se desplazan formando densos bancos; familia clupeidos.)

sardinal s.m. Arte de pesca de deriva, formado por redes rectangulares de malla, apropiada para enmallar sardinas y peces de tamaño similar.

sardinel s.m. Construcción de ladrillos colocados de canto y de modo que se toquen sus caras mayores. **2.** Colomb. y Perú. Escalón que forma el borde externo de la acera.

sardinera s.f. Arte de pesca en forma de gran herradura. (La *sardinera* se emplea sobre todo en la pesca de la sardina, el jurel, la caballa y la anchoa.)

sardinero, a adj. Relativo a la sardina. **2.** Se dice de la embarcación destinada a la pesca de la sardina. ◆ s. Persona que tiene por oficio vender sardinas.

sardineta s.f. Insignia formada por dos galones apareados y terminados en punta, utilizada, según el color y colocación, como divisa de algunos cargos militares o como distintivo de cuerpos y unidades.

sardo, a adj. y s. De Cerdeña. ◆ s.m. Lengua románica hablada en Cerdeña. ◆ s.m. Méx. *Vulg.* Soldado.

sardonia s.f. Planta herbácea de unos 20 a 70 cm, hojas brillantes, tallo grueso y flores pequeñas. (El jugo de la *sardonia* es muy venenoso y produce en los músculos de la cara una contracción que imita la risa.) [Familia ranunculáceas.]

sardónice s.f. Calcedonia de color marrón con traslucidez roja. SIN.: *sardónica.*

sardónico, a adj. Afectado, maligno, irónico: *risa sardónica.*

1. **sarga** s.f. Tela cuyo tejido forma líneas diagonales. **2.** Ligamento fundamental con que se fabrica esta tela. **3.** Tela pintada para adornar o decorar las paredes.

2. **sarga** s.f. Árbol de tronco delgado, hojas verdosas por el haz y tomentosas por el envés, o verdes por ambas caras y fruto en forma de cápsula. (Familia salicáceas.)

sargadilla s.f. Planta herbácea, de 60 a 80 cm de alt., tallo erguido, hojas carnosas y flores situadas de tres en tres en las axilas de las hojas. (Familia quenopodiáceas.)

sargazo s.m. Alga de color marrón que vive fija en la rocas o flota en el agua mediante vesículas llenas de aire que permiten la flotación. (Los *sargazos* se agrupan en enormes cantidades formando a lo largo de las costas de Florida una verdadera pradera donde ponen los huevos las anguilas. Esta zona recibe el nombre de *mar de los Sargazos.*)

sargento s.m. Suboficial con grado superior al de cabo primero e inferior al de sargento primero, que cuida del orden, administración y disciplina de una compañía y que ejerce el mando de un pelotón. **2.** *Fig.* y *fam.* Persona autoritaria y brusca. ◇ **Sargento furriel** Oficial encargado de alojar a la tropa. (También *furriel.*) **Sargento primero** Suboficial con grado superior al de sargento e inferior al de brigada.

sargo s.m. Pez de hasta 40 cm de long. y 2 kg de peso, de color gris metálico oscuro en el dorso y plateado hacia los flancos y vientre, que suele vivir a escasa profundidad y preferentemente en zonas rocosas. (Familia espáridos.)

sari s.m. Vestido femenino de la India constituido por una pieza de tela de algodón o de seda, drapeada y ajustada sin costuras ni alfileres.

saría o **sharía** s.f. Ley canónica de la religión islámica que consiste en el conjunto de los mandamientos de Alá relativos a todas las acciones humanas.

sariama s.f. Argent. Ave zancuda de color rojo que posee un pequeño copete.

sariga s.f. Bol. y Perú. Zarigüeya.

sarisa s.f. ANT. GR. Lanza larga de la falange macedónica.

sármata adj. y s.m. y f. De un pueblo nómada de origen iranio que ocupó los países de los escitas y llegó hasta el Danubio (s. I d.C.). [Posteriormente se integraron en la oleada de migraciones germánicas.]

sarmentera s.f. Lugar donde se guardan los sarmientos.

sarmentoso, a adj. Se dice de la planta de tallo largo, flexible y trepador. **2.** Que tiene alguna de las características de un sarmiento: *dedos sarmentosos.*

sarmiento s.m. Tallo joven de la vid. **2.** Tallo leñoso trepador.

sarna s.f. Enfermedad contagiosa de la piel causada por la hembra de un ácaro que excava surcos en la epidermis para depositar allí sus huevos y que se caracteriza por la erupción de vesículas y un intenso picor. **2.** Enfermedad de las plantas que se caracteriza por producir pústulas en la superficie de los tejidos externos. ◇ **Más viejo que la sarna** *Fam.* Muy viejo o antiguo.

sarnoso, a adj. y s. Que padece sarna.

saros s.m. Período de 18 años y 11 días, que comprende 223 lunaciones y regula aproximadamente los períodos de los eclipses de Sol y de Luna. (Durante el *saros* se produce una media de 84 eclipses, de los que 42 son de Sol y 42 de Luna.)

sarpullido o **salpullido** s.m. Urticaria.

sarraceno, a adj. y s. De una tribu del N de Arabia, que opuso una viva resistencia a los emperadores bizantinos, y posteriormente se convirtió al islam. **2.** ANT. Musulmán. ◇ **Sarraceno de Tartaria** Planta herbácea anual originaria de Siberia. (El fruto del *sarraceno de Tartaria* se emplea como alimento para el ganado y para elaborar pan negro.) [Familia poligonáceas.]

sarro s.m. Sustancia amarillenta que se adhiere al esmalte de las piezas dentales. **2.** Saburra. **3.** Sedimento que deja en un recipiente un líquido que tiene sustancias en suspensión o disueltas.

sarta s.f. Serie de cosas pasadas o sujetas una tras otra en un hilo, cadena o cuerda: *sarta de perlas.* **2.** *Fig.* Serie de sucesos o cosas no materiales que van o suceden una tras otra: *sarta de mentiras.*

sartén s.m. o f. Utensilio de cocina poco profundo, de base ancha y mango largo, que sirve para freír y saltear alimentos. (Se utiliza en masculino en algunos países de Hispanoamérica.) ◇ **Tener la sartén por el mango** *Fam.* Estar en situación de poder decidir.

sarteneja s.f. Ecuad. y Méx. Grieta formada por la sequía en un terreno. **2.** Ecuad. y Méx. Huella del ganado en terrenos lodosos.

sartenejal s.m. Ecuad. Zona de la sabana donde se forman sartenejas.

sartorio s.m. Músculo de la parte anterior del muslo.

sasafrás s.m. Árbol de corteza asurcada y rugosa que crece en América del Norte y China. (Las hojas del *sasafrás* se usan como condimento.) [Familia lauráceas.]

sasánida adj. y s.m. y f. Relativo a la dinastía persa de los Sasánidas.

sastre, a s. Persona que tiene por oficio confeccionar trajes, especialmente de hombre. ◇ **Traje sastre** Traje de señora compuesto de saco de vestir y falda.

sastrería s.f. Oficio de sastre. **2.** Taller donde se confeccionan, arreglan o venden trajes, especialmente de hombre.

satánico, a adj. Relativo a Satanás. **2.** *Fig.* Extremadamente perverso: *sonrisa, intención satánica.*

satanismo s.m. Conjunto de actos y ceremonias que se realizan para rendir homenaje o respeto a Satanás. **2.** Perversidad extrema.

satélite s.m. ASTRON. Cuerpo celeste que gira alrededor de un planeta. **2.** MEC. Piñón de engranaje que gira entre la rueda que lo arrastra y la corona periférica. ◆ adj. y s.m. Se dice de la persona o cosa que depende totalmente de otra: empresa satélite. **2.** Se dice del estado que está sometido al dominio político, económico o ideológico de otro. ◇ **Satélite artificial** ASTRON. Aparato que ha sido lanzado al espacio desde la Tierra y que gira alrededor de un planeta o cuerpo celeste para recoger información.

satelización s.f. Acción de satelizar.

satelizar v.tr. Poner un aparato, especialmente un satélite artificial, sobre una órbita cerrada alrededor de la Tierra o de un astro. **2.** Someter a un estado al dominio político, económico o ideológico de otro.

satén s.m. Tela brillante, ligera y lisa, de calidad inferior al raso, que se emplea especialmente para forrar prendas.

satín o **satiné** s.m. Árbol originario de América tropical que puede alcanzar 20 m de alt. (Familia moráceas.) **2.** Madera de este árbol, pesada, dura y compacta. (El *satín* se utiliza en placaje, tornería y ebanistería.)

satinado, a adj. Que tiene alguna de las características del satén. **2.** Que tiene un brillo notable. ◆ s.m. Acción y efecto de satinar. ◇ **Piedra satinada** Piedra fina tallada de manera que parezca muy límpida y clara.

satinar v.tr. Proporcionar a una tela, un papel o metal el brillo del satén, prensándolos.

satineta s.f. Tela de algodón, o de algodón y seda, similar al raso.

sátira s.f. Obra artística, comentario o escrito en que se censura y ridiculiza a alguien o algo. **2.** LIT. Composición en la que se censura y ridiculiza a alguien con propósito moralizador, lúdico o burlesco.

satiriasis s.f. PSICOL. Estado permanente de excitación sexual en el hombre.

satírico, a adj. y s. Se dice del escritor que cultiva la sátira. ◆ adj. Que implica o denota sátira. **2.** LIT. Relativo a la sátira. **3.** MIT. Relativo a los sátiros.

satirión s.m. Planta herbácea de hojas ensanchadas y flores purpúreas, agrupadas en largos racimos. (Los tubérculos del *satirión,* gruesos y de olor desagradable, son comestibles.) [Familia orquídeas.]

satirizar v.tr. Censurar o ridiculizar a alguien o algo en una obra artística, comentario o escrito. **2.** LIT. Censurar o ridiculizar a alguien en una composición con propósito moralizador, lúdico o burlesco.

sátiro s.m. Divinidad de la mitología griega mitad hombre y mitad macho cabrío, con cabeza y torso humanos, cuernos pequeños, largas orejas puntiagudas, cola larga y pezuñas. (Según la mitología, los *sátiros* vivían en los bosques y campos donde buscaban ninfas para satisfacer su desenfrenado apetito sexual.) **2.** *Fig.* Hombre lascivo.

satisfacción s.f. Acción y efecto de satisfacer o satisfacerse. **2.** Sensación o sentimiento de placer que tiene una persona cuando ha conseguido algo que se deseaba: *la satisfacción del deber cumplido.* **3.** Cosa que causa placer: *es una satisfacción conversar contigo.* **4.** Compensación que recibe una persona por el daño, la ofensa o injusticia que se le ha causado: *exigir una satisfacción.* <> **Satisfacción sacramental** REL. Penitencia.

satisfacer v.tr. Hacer que un deseo o necesidad desaparezcan proporcionando lo que se desea o necesita. **2.** Pagar alguien una deuda. **3.** Agradar o gustar a alguien algo. **4.** Dar respuesta o solución a una pregunta, duda, dificultad o problema. **5.** Cumplir los méritos o exigencias establecidos para algo. **6.** Compensar a alguien por el daño, la ofensa o injusticia que se le ha causado. ◆ **satisfacerse** v.prnl. Vengarse alguien de un agravio o perjuicio. **2.** Contentarse o conformarse con algo.

satisfactorio, a adj. Que satisface o puede satisfacer: *respuesta satisfactoria.*

satisfecho, a adj. Complacido, contento.

sato s.m. Cuba y P. Rico. Perro pequeño, ladrador y vagabundo.

sátrapa s. y adj. *Desp.* Persona que lleva una vida fastuosa. **2.** *Desp.* Persona que abusa de su autoridad. ◆ s.m. Gobernador de una provincia del Imperio persa.

satrapía s.f. Dignidad de sátrapa. **2.** Provincia del Imperio persa gobernada por un sátrapa.

satsuma s.m. Naranja rica en azúcar. **2.** Porcelana japonesa con decoración dorada. (El *satsum* se fabrica en la provincia japonesa de Satsuma desde el s. XVI.)

satisfacer

INDICATIVO

presente
satisfago
satisfaces (satisfacés)
satisface
satisfacemos
satisfacéis
satisfacen

copretérito o pret. imperfecto
satisfacía
satisfacías
satisfacía
satisfacíamos
satisfacíais
satisfacían

pretérito o pret. perf. simple
satisfice
satisficiste
satisfizo
satisficimos
satisficisteis
satisficieron

futuro o fut. simple
satisfaré
satisfarás
satisfará
satisfaremos
satisfaréis
satisfarán

pospretérito o condicional simple
satisfaría
satisfarías
satisfaría
satisfaríamos
satisfaríais
satisfarían

SUBJUNTIVO

presente
satisfaga
satisfagas
satisfaga
satisfagamos
satisfagáis
satisfagan

pretérito o pret. imperfecto
satisficiera o *satisficiese*
satisficieras o *satisficieses*
satisficiera o *satisficiese*
satisficiéramos o *satisficiésemos*
satisficierais o *satisficieseis*
satisficieran o *satisficiesen*

futuro o fut. simple
satisficiere
satisficieres
satisficiere
satisficiéremos
satisficiereis
satisficieren

IMPERATIVO

satisfaz (satisfacé) (tú, vos)
satisfaga (él)
satisfagamos (nosotros)
satisfaced (vosotros)
satisfagan (ellos)

FORMAS NO PERSONALES

infinitivo satisfacer
gerundio satisfaciendo
participio *satisfecho*

saturable adj. QUÍM. Que puede ser saturado.

saturación s.f. Acción de saturar o saturarse. **2.** Estado que presenta el fluido que contiene en disolución la mayor cantidad posible de otro cuerpo. **3.** INFORMÁT. Estado de una memoria o de una vía de transmisión de informaciones que funcionan en el límite máximo de sus posibilidades. **4.** LÓG. Carácter de un sistema axiomático en el que no se puede añadir un nuevo axioma sin que dé como resultado una teoría contradictoria. **5.** QUÍM. Transformación en enlaces simples de los enlaces múltiples de un compuesto orgánico.

saturado, a adj. Se dice de la cosa que está completamente llena de otra. **2.** Se dice del fluido que contiene en disolución la mayor cantidad posible de otro cuerpo. **3.** LÓG. Se dice de un sistema axiomático caracterizado por una saturación. **4.** QUÍM. Se dice del compuesto orgánico que no posee enlaces múltiples.

saturador s.m. Dispositivo que sirve para aumentar la proporción de vapor de agua de la atmósfera, en un local, una habitación, etc. **2.** Aparato que sirve para disolver un gas en un líquido hasta saturarlo.

saturante adj. Que satura. <> **Vapor saturante** Vapor de un líquido, en equilibrio con él.

saturar v.tr. y prnl. Llenar completamente una cosa de otra. ◆ v.tr. Hacer que un fluido contenga en disolución la mayor cantidad posible de otro cuerpo. **2.** QUÍM. Transformar los enlaces múltiples de un compuesto en enlaces simples.

saturnal adj. Relativo a Saturno. ◆ s.f. Orgía, bacanal. ◆ **saturnales** s.f.pl. Fiestas que se celebraban en la antigua Roma en honor de Saturno, durante las que reinaba una gran libertad.

saturnino, a adj. Relativo al plomo. **2.** Se dice de la enfermedad causada por una intoxicación de sales de plomo.

saturnismo s.m. Enfermedad causada por una intoxicación con sales de plomo.

sauce s.m. Árbol o arbusto de hojas lanceoladas, que crece junto al agua. (Familia salicáceas.) SIN.: *salce.* <> **Sauce blanco,** o **cabruno** Sauce de hojas elípticas. **Sauce común** Sauce con ramas flexibles y largas y hojas dentadas. **Sauce llorón** Sauce con ramas muy largas, flexibles y colgantes.

saucedal s.m. Salceda. SIN.: *salcedo, saucedo.*

saucedo s.m. Salceda. SIN.: *salcedo, saucedal.*

saúco s.m. Árbol de flores blancas y frutos ácidos, que alcanza los 10 m de alt. y vive hasta 100 años. (Familia caprifoliáceas.) SIN.: *sabuco, sabugo.* <> **Saúco falso** Chile. Árbol de unos 5 m de alt.

saudade s.f. Añoranza, nostalgia.

saudí adj. y s.m. y f. Del estado de Arabia fundado por Ibn Sa'ūd en 1932. SIN.: *saudita.*

sauna s.f. Baño de vapor húmedo a alta temperatura, propio de los países escandinavos, en particular de Finlandia. **2.** Establecimiento donde se toman estos baños.

saurio, a adj. y s.m. Lacertilio.

saurópsido, a adj. y s.m. Relativo a un grupo de vertebrados, caracterizados por poseer algunos rasgos anatómicos de los reptiles, que abarca las aves y la mayoría de reptiles actuales y fósiles.

sauternes s.m. Vino blanco elaborado con la uva de la región de Sauternes (Francia).

sauzgatillo s.m. Árbol del litoral mediterráneo, con largos racimos de flores violáceas. (Familia verbenáceas.)

savart s.m. Unidad práctica de intervalo musical.

savia s.f. Líquido que circula por los vasos conductores de los vegetales. **2.** *Fig.* Elemento que da vida o vitalidad a una cosa material o inmaterial. <> **Savia ascendente,** o **bruta** Savia que sube desde las raíces hacia las hojas. **Savia descendente,** o **elaborada** Savia producida por las hojas a partir de la savia bruta.

sawiyya, población bereber del E de Argelia.

saxícola adj. BOT. Que vive sobre o entre las rocas.
saxífraga s.f. Planta herbácea que crece entre las piedras, utilizada como ornamental.
saxifragáceo, a adj. y s.f. Relativo a una familia de plantas herbáceas o leñosas, con flores cíclicas y hermafroditas, como las hortensias.
saxo s.m. Saxofón. **2.** Saxofonista.
saxofón o **saxófono** s.m. Instrumento musical de viento, hecho de cobre o de latón, con embocadura simple y provista de una boquilla de clarinete y de un mecanismo de llaves. (Los cuatro tipos más utilizados son el soprano, el alto, el tenor y el barítono; se abrevia *saxo.*)
saxofonista s.m. y f. Músico que toca el saxófono. (Se abrevia *saxo.*)
1. **saya** s.f. (del lat. *sagum,* sayo). Falda, refajo o enagua. **2.** Vestidura talar.
2. **saya** s.f. En la organización administrativa de los incas, parte de una provincia.
sayagués s.m. Lengua creada sobre la base del dialecto leonés, que se utilizó en el primitivo teatro español (Juan del Encina) para recalcar la rusticidad de ciertos personajes.
sayal s.m. Tela de lana muy basta.
sayo s.m. Casaca de guerra que usaron los galos, los romanos y los nobles de la edad media. **2.** *Fam.* Vestido amplio y de hechura simple. ◇ **Cortar un sayo** *Fam.* Criticar a alguien, murmurar en su ausencia.
1. **sayón** s.m. (del gótico *sagjis*). Verdugo que ejecutaba las penas. **2.** Persona que maltrata a alguien por orden de otro. **3.** *Fig.* y *fam.* Hombre de aspecto feroz. **4.** HIST. En la alta edad media, oficial subalterno encargado de hacer cumplir las órdenes del rey y de los señores. **5.** REL. Cofrade que va en las procesiones de semana santa vestido con una túnica larga.
2. **sayón** s.m. (de ant. *sabón,* jabón). Planta subarbustiva, con porte de mata tendida, que crece en las costas de la península Ibérica.
sazón s.f. Estado de madurez o perfección de una cosa: *fruta en sazón.* **2.** Sabor que se da a los alimentos. ◇ **A la sazón** En el momento de que se trata.
sazonar v.tr. Dar sazón.
sbiten s.m. Bebida rusa, compuesta de miel y jengibre.
scalextric s.m. Esp. Sistema de entrelazado de vías públicas que evita a los automovilistas los cruces a nivel.
scanner s.m. → **escáner.**
scat s.m. Estilo de improvisación vocal, en el que las palabras son remplazadas por onomatopeyas, popularizado por grandes compositores de jazz.
scherzando adv.m. MÚS. Viva y alegremente.
scherzo s.m. (pl. *scherzi*). MÚS. Composición musical de compás ternario, de estilo ligero y brillante, que puede remplazar al minué en la sonata y la sinfonía, o constituir una composición independiente.
schilling s.m. Antigua unidad monetaria de Austria (hasta su sustitución por el euro).
Schlag s.m. Pena disciplinaria militar usada durante mucho tiempo en Alemania, que consistía en la aplicación de golpes de vara.
schnorkel o **snorkel** s.m. Dispositivo que permite a un submarino con motores diesel navegar sumergido, gracias a un tubo periscópico que asegura la entrada de aire y la evacuación de gases.
schooner s.m. MAR. Embarcación de dos palos, con aparejo de goleta.
schorre s.m. GEOGR. Parte alta de las marismas litorales, generalmente cubierta de pastos (prados salados).
schuss s.m. En esquí, descenso directo de cara a la pendiente más pronunciada.
scooter s.m. → **escúter.**
score s.m. En ciertos deportes y juegos, tanteo.
scotch s.m. Whisky escocés.
scrabble s.m. Juego de origen norteamericano que consiste en formar palabras y colocarlas en un lugar determinado.
script s.m. y f. Colaborador del realizador de una película o de una emisión de televisión, que anota los detalles relativos a la toma de vistas y que es responsable de la continuidad de la realización.
scrubber s.m. Torre lavadora en la que se depura un gas por medio de un chorro de agua finamente pulverizada que arrastra las partículas sólidas que lleva en suspensión.
scull s.m. (pl. *sculls*). Embarcación muy ligera, movida por dos personas mediante remos cortos. **2.** Remo usado en este tipo de embarcación.
1. **se** pron.pers. (lat. *se,* acusativo del pron. reflexivo de tercera persona). Forma átona del pronombre personal de 3ª persona del singular y del plural. Funciona como complemento directo e indirecto y se usa con verbos pronominales cuando el sujeto es de 3ª persona. Va pospuesto y unido al verbo cuando acompaña a un infinitivo, gerundio o imperativo. **2.** Indica que el sujeto recibe la acción del verbo, pero no la realiza: *el barco se hundió.* **3.** Se usa para construir oraciones pasivas reflejas: *se venden objetos de arte.* **4.** Se usa para construir oraciones impersonales: *se ruega no fumar.*
2. **se** pron.pers. Forma átona del pronombre personal de 3ª persona del singular y del plural. Funciona como complemento indirecto sustituyendo a *le* o *les* cuando precede a un pronombre personal de tercera persona que funciona como complemento directo (*lo, la, los, las*).
3. **SE,** abrev. de *sudeste.*
seaborgio s.m. Elemento químico (Sg), artificial, de número atómico 106 y masa atómica 263,119.
sebáceo, a adj. Relativo al sebo. ◇ **Glándula sebácea** Glándula cutánea anexa a los folículos pilosos, que segrega una grasa que lubrifica el pelo en la superficie de la piel.
sebestén s.m. Árbol de unos 2 o 3 m de alt., de cuyo fruto se obtiene un mucílago que se ha empleado como emoliente y pectoral. **2.** Fruto de este árbol.
sebo s.m. Grasa sólida y dura que se obtiene de los animales herbívoros y que, derretida, se utiliza en la fabricación de velas, jabones, etc. **2.** Grasa que segregan las glándulas sebáceas de los animales superiores, y que sirve para lubricar, proteger y mantener blanda la piel. **3.** Aceite o grasa ennegrecidos por la frotación de los ejes de un vehículo o de los órganos de una máquina. **4.** *Fam.* Exceso de grasa en las personas. **5.** *Fam.* Mugre, suciedad grasienta. ◇ **Hacer sebo** Argent. *Fam.* Vaguear, simular que se trabaja.
seborragia s.f. Seborrea intensa, especialmente en la frente y en la nariz.
seborrea s.f. Aumento patológico de la secreción de las glándulas sebáceas de la piel.
seborreico, a adj. Relativo a la seborrea.
seboso, a adj. Que tiene sebo. **2.** Untado de sebo. **3.** *Fam.* Mugriento, sucio de grasa.
sebucán s.m. Colomb., Cuba y Venez. Talega de tela basta utilizada para exprimir la yuca rallada y hacer el cazabe, cibucán.
seca s.f. Nombre con que se conocen diversas enfermedades fíticas, parasitarias o no, que se manifiestan por desecación total o parcial de la planta.
secadero s.m. Lugar para el secado natural o artificial de ciertos productos: *secadero de tabaco.*
secado s.m. Acción de secar. **2.** Operación industrial destinada a eliminar total o parcialmente el agua de una materia húmeda o el solvente contenido en ella.
secador, ra adj. Que seca. ◆ s.m. Aparato que se utiliza para secar. **2.** Nicar. y Salv. Paño de cocina para secar platos, vasos, etc. **3.** Perú y Urug. Enjuagador de ropa.
secadora s.f. Máquina que se emplea para secar la ropa por medio de circulación de aire caliente.
secam adj. Se dice del sistema francés de televisión en color desarrollado por Henri de France en 1956 y adoptado en diversos países de Europa y África.

secano s.m. Tierra de labor que carece de riego y solo se beneficia del agua de la lluvia.

secante adj. Que seca. **2.** MAT. Se dice de las líneas o superficies que cortan a otras líneas o superficies. ◆ adj. y s.m. Se dice de un papel poroso que absorbe los líquidos y se emplea para secar la tinta fresca. ◆ s.m. Preparación a base de compuestos metálicos que se añade a los aceites, pinturas, barnices y recubrimientos grasos, para acelerar el secado. ◆ s.f. En geometría, recta que corta una figura dada. **2.** En trigonometría, una de las seis líneas trigonométricas de un ángulo.

secar v.tr. y prnl. Eliminar la humedad de un cuerpo o dejar seca una cosa. ◆ **secarse** v.prnl. Quedarse sin agua: *secarse un río. una fuente.* **2.** Perder una planta su verdor o lozanía, morirse: *estas flores se han secado.* **3.** *Fig.* y *fam.* Enflaquecer, debilitarse mucho. **4.** *Fig.* y *fam.* Embotarse, perder agudeza o eficacia: *secarse el entendimiento, la sensibilidad.*

sección s.f. Cada una de las partes en que se divide un todo continuo o un conjunto de cosas. **2.** Corte o separación hecha en un cuerpo con un instrumento cortante. **3.** Parte de una empresa, en que se realiza un tipo de actividad homogénea, dentro del proceso productivo total. **4.** Agrupación de dos patrullas de un escuadrón en una formación aérea militar. **5.** BIOL. Unidad intermedia entre el género y la especie. **6.** MAT. **a.** Conjunto de puntos comunes a dos superficies. **b.** Superficie que resulta de la intersección de un sólido y un plano, o de dos sólidos. **7.** MIL. **a.** Unidad menor en que se divide una compañía, escuadrón o batería, y que está al mando de un oficial. **b.** Cada uno de los departamentos de un estado mayor. **8.** TECNOL. Dibujo del perfil o figura que resultaría del supuesto corte de un terreno, edificio, máquina, etc., por un plano. ◇ **Sección eficaz** FÍS. Sección de la zona situada alrededor de un núcleo atómico dentro del cual este reacciona con partículas elementales. **Sección mojada** Sección transversal de un canal que sirve para medir su caudal. **Sección recta de un prisma,** o **de un cilindro** Sección de este prisma, o de este cilindro, por un plano perpendicular a las aristas o a la generatriz. **Sección rítmica** En jazz, conjunto de los instrumentos que marcan la línea armónica y el compás de un tema.

seccionador s.m. Aparato destinado a interrumpir la continuidad de un circuito eléctrico, especialmente por motivos de seguridad.

seccionamiento s.m. Acción y efecto de seccionar. **2.** F. C. Dispositivo de señalización destinado a evitar colisiones entre trenes que circulan o maniobran en una misma vía.

seccionar v.tr. Dividir en secciones.

secesión s.f. Separación de una parte de un país para formar un estado independiente o unirse a otro estado. **2.** Separación de una corriente artística, literaria, política, etc.

secesionismo s.m. Tendencia u opinión favorable a la secesión política.

secesionista adj. y s.m. y f. Relativo a la secesión; partidario de esta.

seco, a adj. Que carece de humedad: *terreno seco; tiempo seco; ropa seca.* **2.** Que tiene muy poca agua o que carece de ella: *río seco.* **3.** Se dice de las plantas sin vida: *flores secas.* **4.** Se dice de las frutas de cáscara dura, como avellanas, nueces, etc., y de aquellas a las que se extrae la humedad para que se conserven, como higos, pasas, etc. **5.** Se dice del país o del clima que se caracteriza por la falta de lluvia o humedad. **6.** Flaco. **7.** *Fig.* Tajante, desabrido en el trato, falto de amabilidad o suavidad: *respuesta seca.* **8.** Riguroso, estricto: *una justicia seca.* **9.** *Fig.* Se dice de la bebida pura o sin restos de azúcar: *vino, jerez, champán seco.* **10.** *Fig.* Ronco, áspero y sin resonancia: *golpe, ruido seco.* **11.** *Fig.* Árido, inexpresivo, falto de amenidad: *carácter seco; expresión seca.* **12.** *Fig.* Escueto, sin adornos. ◆ s.m. Chile. Puñetazo, coscorrón. ◇ **A secas** Solamente, sin otra cosa alguna. **Calor seco** Terapia a base de la aplicación directa de calor, evitando la acción maceradora de los tejidos de las compresas húmedas. **Dejar seco** *Fam.* Dejar muerto en el acto; dejar sorprendido, confuso. **En seco** Fuera del agua o de un lugar húmedo; de repente, bruscamente; sin causa ni motivo; sin medios o sin lo necesario para realizar algo. **Madera seca** Madera curada, libre de savia; madera cuyo contenido de humedad es de un 15 %. **Navegar a palo seco** Navegar un velero sin servirse de las velas, dejándose impulsar solo por la fuerza del viento sobre el casco y la arboladura. **Tos seca** Tos que no se acompaña de expectoración.

secoya s.f. → **secuoya.**

secreción s.f. Acción de segregar. **2.** Producto o sustancia segregada. **3.** Función por la que una célula especializada del organismo elabora una sustancia que interviene después en la fisiología de este organismo. **4.** Esta sustancia. **5.** Producto del metabolismo vegetal, sin empleo ulterior en los procesos vitales. **6.** Proceso de eliminación de estos productos.

secreta s.f. REL. Oración que se dice en la misa después del ofertorio y antes del prefacio.

secretar v.tr. Producir su secreción las glándulas, membranas y células.

secretaría s.f. En un organismo, empresa, etc., oficina donde los secretarios llevan los asuntos de administración. **2.** Conjunto de los funcionarios o empleados de esta oficina. **3.** Cargo de secretario. **4.** HIST. En España, durante el Antiguo régimen, organismo encargado de la organización administrativa y ejecutiva de los asuntos de gobierno. ◇ **Secretaría de estado** En la administración eclesiástica, organismo administrativo que dirige el cardenal secretario de estado; en España, órgano superior de la administración del estado, dependiente de un ministerio; en algunos estados, cargo de ministro.

secretariado s.m. Estudios que capacitan para la profesión de secretario. **2.** Cargo o empleo de secretario. **3.** Secretaría, oficina donde trabaja el secretario. **4.** Organismo central de un movimiento artístico, cultural, social, etc., que coordina y dirige la acción de las diversas entidades que dependen de él. **5.** Cuerpo o conjunto de secretarios.

secretario, a s. Persona encargada de la administración en un organismo, empresa, etc., y cuyas funciones principales son tramitar los asuntos de la entidad, correspondencia, archivo de documentos, etc. **2.** Persona que está al servicio de otra para llevarle los asuntos administrativos y de correspondencia de esta. **3.** Funcionario público, encargado principalmente de dar fe de las actuaciones y diligencias del tribunal al que está adscrito. **4.** HIST. En época moderna, persona que gozaba de la confianza del soberano, a quien ayudaba en el despacho de los asuntos de gobierno. ◆ s.m. Ave rapaz de África, que se alimenta de reptiles y que presenta en la cabeza una serie de plumas eréctiles. ◇ **Secretario de ayuntamiento** Funcionario de la administración local encargado de la secretaría de la corporación municipal. **Secretario de estado** Jefe de un departamento ministerial, con categoría de ministro o sin ella; título del ministro de asuntos exteriores de EUA; cardenal presidente de la secretaría de estado. **Secretario de redacción** Periodista que tiene a su cargo la compaginación. **Secretario general** Persona que ocupa, de hecho, la jefatura en determinados partidos políticos.

secretear v.intr. *Fam.* Hablar en voz baja o secretamente una persona a otra.

secreteo s.m. *Fam.* Acción de secretear.

secreter s.m. Mueble con cajones y departamentos, provisto de un tablero para escribir, escamoteable o no.

secretina s.f. Hormona segregada por la mucosa duodenal, que estimula la secreción del páncreas e indirectamente el flujo de bilis.

secreto, a adj. Que solo es conocido por un número limitado de personas: *puerta secreta; negociaciones secretas; agente secreto.* **2.** Reservado, confidencial: *comentario secreto; deseo secreto.* **3.** Que se realiza sin desvelarse o sin hacerse público: *matrimonio secreto; misión secreta.* ◆ s.m. Información, noticia o conocimiento que se mantiene reservado y oculto: *guardar un secreto.* **2.** Método, sistema o medio desconocido por la mayoría que sirve para alcanzar un resultado: *secreto de fabricación.* **3.** Reserva, sigilo. **4.** Misterio, cosa arcana. <> **En secreto** De manera secreta. **Secreto de confesión** Información revelada a un sacerdote en confesión, y que, por lo tanto, no puede comunicar a otros. **Secreto de estado** Secreto que obliga, bajo delito, a los funcionarios públicos.

secretor, ra adj. FISIOL. Que secreta.

secta s.f. Conjunto de seguidores de una ideología doctrinaria. **2.** Sociedad secreta, especialmente política. **3.** Doctrina, confesión religiosa. **4.** REL. Grupo disidente minoritario en las religiones o Iglesias constituidas.

secta

La secta se apoya en un movimiento de conversión personal y en el rechazo de toda mediación de tipo sacerdotal. Surgida como respuesta a una institución eclesiástica acusada de laxitud, la secta adopta, bajo la conducción de un guía, una actitud fundamentalista de respeto a los textos sagrados y revolucionaria de enfrentamiento a las estructuras sociales. Numerosas en todas las religiones y épocas, las sectas se multiplicaron después de 1960 y se distinguieron por su ideal de renovación, el gusto por el sincretismo, el afán de cambiar la vida individual y vivir en una sociedad armoniosa, que exige a sus adeptos una adhesión total y exclusiva.

sectario, a adj. y s. Relativo a una doctrina o secta; partidario de estas. **2.** Intolerante, fanático de un partido o de una idea: *espíritu sectario.*

sectarismo s.m. Cualidad o actitud de sectario.

sector s.m. Parte o subdivisión delimitada de un todo. **2.** *Fig.* Ámbito en el que se desarrolla una determinada actividad: *el sector de la construcción, de las finanzas.* **3.** Subdivisión de una red de distribución eléctrica. **4.** MAT. Superficie plana limitada por dos segmentos rectilíneos y un arco de curva. **5.** MIL. Territorio confiado a una división. <> **Sector aéreo** MIL. Parte de la región aérea que cuenta con organismos del ejército del aire bajo el mando de un jefe de sector. **Sector circular** Porción de círculo limitado por dos radios y el arco de circunferencia interceptado por ellos. **Sector económico** Cada una de las partes en que, para su estudio y según criterios diversos, se divide la economía. **Sector esférico** Sólido engendrado por un sector circular al girar alrededor de un diámetro que no lo atraviese. **Sector naval** MAR. MIL. Parte de un departamento marítimo bajo el mando de un contralmirante jefe de sector.

sectorial adj. Relativo al sector.

secuano, a adj. y s. De un pueblo de la Galia que vivía en el país avenado por el Saona.

secuaz adj. y s.m. y f. *Desp.* Partidario o seguidor de alguien.

secuela s.f. Consecuencia o resultado de una cosa: *las secuelas de una guerra.* **2.** Chile. Curso que sigue un pleito, juicio o causa. **3.** MED. Trastorno funcional o lesión que persiste tras la curación de un traumatismo o enfermedad.

secuencia s.f. Serie ordenada de cosas que guardan entre sí cierta relación. **2.** CATOL. Poema rítmico que en algunas misas se canta o se recita después del gradual. **3.** CIN. Sucesión ininterrumpida de imágenes o escenas que forman un conjunto y que se refieren a una misma parte o aspecto del argumento. **4.** INFORMÁT. Sucesión de fases operatorias de un automatismo secuencial. **5.** MÚS. Reproducción de un motivo melódico o rítmico en distintos grados de la escala.

secuencial adj. Relativo a la secuencia. <> **Memoria secuencial** INFORMÁT. Memoria en la que las informaciones se desplazan físicamente ante las cabezas de lectura-escritura para ser leídas consecutivamente (por oposición a *memoria de acceso aleatorio*).

secuenciar v.tr. Establecer una sucesión ordenada de cosas que guardan relación entre sí.

secuestrar v.tr. Raptar a una persona, exigiendo dinero o alguna condición determinada por su rescate. **2.** Apoderarse por la fuerza del mando de una nave, avión, etc. **3.** DER. **a.** Depositar de forma provisional una cosa litigiosa en poder de un tercero, o un impreso en poder de la administración. **b.** Embargar judicialmente algún bien.

secuestro s.m. Acción de secuestrar. **2.** CIR. Fragmento de hueso necrosado que queda libre en el interior de una lesión inflamatoria o tumoral del hueso, después de una fractura o infección.

secular adj. Seglar. **2.** Que se repite cada siglo. **3.** Que dura un siglo o que existe desde hace siglos. ◆ adj. y s.m. y f. Se dice del clero o sacerdote que no vive sujeto a votos religiosos o monásticos.

secularizar v.tr. y prnl. Autorizar a un clérigo a pasar al estado de laico o al clero secular. **2.** Transferir bienes o funciones eclesiásticas a particulares o al estado. **3.** Dar a una cosa carácter secular.

secundar v.tr. Apoyar, ayudar o favorecer algo o a alguien.

secundario, a adj. Que ocupa el segundo lugar en un orden establecido. **2.** De menor importancia que otra cosa: *un cargo secundario; motivo secundario.* **3.** BOT. **a.** Se dice de la estructura presentada por una raíz o un tallo antiguo cuando funcionan las zonas generatrices, que aseguran el crecimiento en espesor. **b.** Se dice de los tejidos producidos por las células meristemáticas. **4.** MED. Se dice de toda manifestación patológica que es consecuencia de otra. **5.** QUÍM. Se dice de un átomo de carbono unido a otros dos átomos de carbono. **6.** PSICOL. En caracterología, se dice de la persona cuyas reacciones son lentas, duraderas y profundas. ◆ adj. y s.m. Se dice de la era geológica comprendida entre el pérmico (último período de la era primaria) y el paleoceno (primer período de la era terciaria). **2.** ELECTR. En un transformador o bobina de inducción, se dice del arrollamiento en que la corriente que pasa por el primario crea fuerzas electromotrices y con cuyos terminales se conecta el circuito de utilización. <> **Sector secundario** Parte de la actividad económica que comprende las actividades mineras, la producción de energía, las industrias y la construcción.

secuoya o **secoya** s.f. Conífera que alcanza 140 m de alt. y puede vivir más de 2 000 años. (Familia taxodiáceas.) **2.** Madera de este árbol.

sed s.f. Necesidad o ganas de beber. **2.** *Fig.* Necesidad de agua o de humedad que tienen las plantas, el campo, etc. **3.** *Fig.* Anhelo, ansia o deseo vehemente: *sed de venganza, de justicia.* <> **Apagar,** o **matar, la sed** Aplacarla bebiendo.

seda s.f. Sustancia en forma de filamento brillante, segregada por las arañas y las larvas de ciertos lepidópteros, particularmente el llamado *gusano de seda.* **2.** Hilo formado por varias de estas fibras convenientemente preparadas. **3.** Tejido fabricado con este hilo. <> **Como una seda** *Fam.* Muy dócil y sumiso; con mucha facilidad y sin obstáculo alguno. **Papel de seda** Papel muy fino y traslúcido. **Seda artificial** Hilo de fibras textiles artificiales que imita el aspecto y propiedades de la seda. **Seda vegetal** Pelos largos y sedosos que envuelven las semillas de ciertas plantas.

sedación s.f. Acción de sedar.

sedal s.m. Hilo de la caña de pescar. **2.** Fragmento de hilo, plástico, metal, etc., que se hace pasar por el interior de una herida con orificio de entrada y salida para facilitar el drenaje. <> **Herida en sedal** Herida producida generalmente por una bala que entra y sale pasando simplemente bajo la piel y sin afectar ninguna parte del organismo. **Sedal de zapatero** Hilo de cáñamo encerado que los zapateros emplean para coser.

sedalina s.f. Algodón mercerizado. **2.** Hilo fino y brillante, poco retorcido, semejante a la seda.

sedán s.m. Modelo de automóvil de carrocería cerrada.

sedante adj. y s.m. Que calma el dolor o disminuye los estados de excitación nerviosa. **2.** *Fig.* Que calma o sosiega el ánimo.

sedar v.tr. Apaciguar, sosegar.

sedativo, a adj. Sedante.

sede s.f. Lugar donde tiene su residencia una entidad política, económica, literaria, deportiva, etc. **2.** Asiento o trono de un prelado que ejerce jurisdicción. **3.** Capital de una diócesis. **4.** Diócesis. <> **Santa Sede** o **Sede apostólica** Sede de la cabeza visible de la Iglesia católica; gobierno pontificio.

sedentario, a adj. Se dice del oficio o vida de poco movimiento y de la persona que lo ejerce o practica. **2.** ZOOL. Se dice del animal que tiene un hábitat fijo o que permanece fijo sobre un sustrato. ◆ adj. y s. ANTROP. Se dice de las poblaciones que permanecen en su país de origen. CONTR.: *nómada.*

sedentarismo s.m. Modo de vida sedentaria.

sedentarización s.f. ANTROP. Proceso por el cual pueblos nómadas adoptan formas de vida sedentarias.

sedentarizar v.tr. Volver sedentario.

sedente adj. Que está sentado.

sedería s.f. Establecimiento donde se venden géneros de seda. **2.** Comercio o elaboración de dichos géneros. **3.** Conjunto de géneros de esta clase.

sedero, a adj. Relativo a la seda: *industria sedera.* ◆ s. Persona que tiene por oficio labrar la seda o tratar en ella.

sedicente o **sediciente** adj. Que se atribuye a sí mismo un nombre, un título o un tratamiento del que carece en realidad.

sedición s.f. Levantamiento contra la autoridad legal, de carácter menos grave que la rebelión. <> **Sedición militar** Ataque colectivo a la disciplina militar.

sedicioso, a adj. y s. Que promueve una sedición o interviene en ella. ◆ adj. Se dice de los actos o palabras de la persona sediciosa.

sedientes adj. DER. Se dice de los bienes raíces.

sediento, a adj. y s. Que tiene sed. ◆ adj. *Fig.* Se dice de las plantas o tierras que necesitan riego. **2.** *Fig.* Que tiene ansia o deseo vehemente de una cosa: *sediento de venganza.*

sedimentación s.f. Acción de sedimentar o sedimentarse. <> **Velocidad de sedimentación** MED. Velocidad de caída de los hematíes en un tubo lleno de sangre a la que se ha añadido un anticoagulante.

sedimentar v.tr. Depositar sedimento un líquido. ◆ v.tr. y prnl. *Fig.* Tranquilizar, sosegar el ánimo. ◆ **sedimentarse** v.prnl. *Fig.* Afianzarse cosas no materiales, como los conocimientos, los sentimientos, etc.

sedimentario, a adj. Relativo al sedimento. **2.** De la naturaleza del sedimento. <> **Rocas sedimentarias** Rocas formadas en la superficie de la Tierra por diagénesis de sedimentos de origen detrítico o clástico (residuos sólidos que resultan de la destrucción del relieve), o químico u orgánico (residuos que resultan de la acción de los seres vivos).

sedimento s.m. Depósito que se forma en un líquido en el que hay sustancias en suspensión. **2.** Depósito móvil dejado por las aguas, el viento y otros agentes de erosión. **3.** Lodo seco o pastoso que se encuentra en suspensión en ciertos petróleos brutos, y que se posa en los tanques de depósito. **4.** *Fig.* Huella o señal que queda en el ánimo: *sedimento de amargura.* ◆ **sedimentos** s.m.pl. En los sondeos y perforación de pozos, detritos o ripio de perforación.

sedimentología s.f. GEOL. Estudio de la génesis de los sedimentos y de las rocas sedimentarias.

sedoso, a adj. Parecido a la seda o suave como la seda: *cabello sedoso.*

seducción s.f. Acción de seducir. **2.** Atracción que se ejerce sobre alguien.

seducir v.tr. [conj.: *conducir*]. Atraer, fascinar, ejercer gran influencia: *la idea me seduce.* **2.** Persuadir, incitar con promesas o engaños a que se haga algo, particularmente inducir a alguien a tener relaciones sexuales.

seductivo, a adj. Que seduce.

sefardí adj. y s.m. y f. De los judíos que habitaron la península Ibérica y, en especial, de sus descendientes, desde la expulsión de 1492 hasta la actualidad. SIN.: *sefardita.*

sefardí

El gentilicio sefardí o sefaradí procede de Sefarad, nombre bíblico de España. Asentados desde la época del Bajo imperio romano, participaron activamente en la vida política y cultural del país. El decreto de expulsión de los Reyes Católicos (1492) obligó a los que no quisieron abrazar el cristianismo a abandonar Castilla y Aragón. La mayoría de los expulsados se dirigieron a Portugal, de donde los que no se quisieron convertir también fueron expulsados (1496-1497), y se dispersaron. En sus países de adopción se organizaron en comunidades y conservaron la lengua castellana. (→ judeoespañol.)

segador, ra adj. y s. Que siega. ◆ s. Persona que tiene por oficio segar. ◆ s.m. Pequeño arácnido de vientre redondeado y patas muy largas. (Se distingue de las arañas por tener el abdomen sentado respecto al cefalotórax; familia falángidos.)

segadora s.f. Máquina de segar.

segar v.tr. [conj.: *regar*]. Cortar la mies o la hierba con la hoz, la guadaña o con una segadora. **2.** *Fig.* Cortar la parte más alta de algo o cualquier cosa que sobresale entre las demás. **3.** *Fig.* Cortar o impedir bruscamente el desarrollo de algo: *segar la vida, las esperanzas.*

seglar adj. y s.m. y f. Laico, que no es eclesiástico ni religioso.

segmentación s.f. División en segmentos. **2.** BIOL. Conjunto de las primeras divisiones del huevo tras la fecundación. **3.** INFORMÁT. Método de programación que recurre a la descomposición de los programas en segmentos.

segmentar v.tr. y prnl. Dividir en segmentos.

segmento s.m. Porción o parte cortada o separada de una cosa o de un todo. **2.** INFORMÁT. Conjunto de instrucciones consecutivas de un programa que pueden ejecutarse sin necesidad de cargar el programa entero en la memoria central de la computadora. **3.** ZOOL. Artejo. <> **Segmento circular,** o **elíptico** Superficie limitada por un arco de curva y la cuerda que la subtiende. **Segmento de compresión** Aro elástico cortado siguiendo una hélice, utilizado en el mecanismo pistón-cilindro para asegurar la estanqueidad entre los dos medios separados por el pistón. **Segmento de freno** Pieza en forma de media luna, que se oprime contra la superficie interna del tambor y que lleva, en su periferia, una zapata que constituye la superficie de fricción. **Segmento dirigido** Segmento de recta dotado de un sentido. **Segmento esférico** Parte de la esfera comprendida entre dos planos paralelos. **Segmento lineal,** o **rectilíneo** Porción de recta limitada por dos puntos.

segoviano, a adj. y s. De Segovia.

segregabilidad s.f. Tendencia de los elementos más gruesos de una mezcla heterogénea a separarse del conglomerado en el sentido de la pesantez.

segregación s.f. Acción y efecto de segregar o segregarse. **2.** INDUSTR. Separación parcial de diversas partes homogéneas de una mezcla durante su licuefacción. <> **Segregación racial** Forma de racismo consistente en la separación, en el interior de una comunidad, de las personas de una o más etnias.

segregacionismo s.m. Política de segregación racial.

segregacionista adj. y s.m. y f. Relativo a la segregación racial; partidario de la misma.

segregar v.tr. y prnl. Separar o apartar una cosa de otra o a alguien de algo. ◆ v.tr. Producir y despedir de sí ciertos órganos de animales y plantas determinadas sustancias líquidas o viscosas.

seguida s.f. Marcha normal de una actividad. <> **En seguida** A continuación, inmediatamente después.

seguidilla s.f. Estrofa, generalmente constituida por cuatro versos, de los cuales el segundo y cuarto son pentasílabos y riman en asonante, y el primero y tercero son heptasílabos y quedan libres. **2.** Antigua canción y danza española, de movimiento rápido y compás ternario. **3.** Argent. Sucesión rápida de hechos.

1. **seguido** adv.m. A continuación, inmediatamente después.
2. **seguido, a** adj. Continuo, sucesivo, sin intervalos de tiempo o lugar: *un año seguido.* **2.** Recto, sin desviarse del camino o dirección.
seguidor, ra adj. y s. Que sigue a una persona o cosa o es partidario de ella. ◆ s. Discípulo.
seguimiento s.m. Acción de seguir. **2.** ASTRONÁUT. Determinación a distancia, instantánea y continuada, de las características del movimiento de un ingenio espacial. ◇ **En seguimiento de** En persecución de lo que se expresa.
seguir v.tr. [conj.: *pedir*]. Ir después o detrás de alguien o algo: *tú ve delante. yo te seguiré.* **2.** Dirigir la vista hacia alguien o algo que se mueve y mantener la visión en él: *seguir con la mirada.* **3.** *Fig.* Tener como modelo, imitar: *seguir el ejemplo del padre; seguir un estilo.* **4.** *Fig.* Ser del dictamen o partidario de alguien o algo. **5.** *Fig.* Actuar según un criterio, instinto, opinión, etc.: *seguir los propios instintos.* **6.** Estudiar o cursar una carrera o estudios: *seguir un curso de humanidades.* **7.** Ir en busca de alguien o algo, generalmente a partir de pistas, datos, etc.: *seguir una pista.* **8.** Perseguir, acosar, importunar. **9.** Tratar o manejar un negocio o pleito, haciendo las diligencias necesarias. ◆ v.tr. y prnl. Ir después de una sucesión o ser efecto o consecuencia de otra cosa: *a la explosión siguió un grito.* ◆ v.tr. e intr. Ir por un camino o dirección. **2.** Continuar haciendo lo que se expresa o proseguir un estado o actitud: *sigue enfermo.* ◇ **Seguir adelante** Perseverar en algo.
seguiriya s.f. → **siguiriya.**
según prep. Conforme o con arreglo a: *actuó según la ley.* **2.** Delante de nombres o pronombres personales, significa con arreglo o conforme a lo que opinan o dicen las personas en cuestión: *según él. todo está bien.* ◆ adv. Como, tal como: *ocurrió según estaba previsto.* **2.** A juzgar por la manera como: *según lo defiende, parece que sea suyo.* **3.** Así como. **4.** Progresión simultánea de dos acciones: *según hablaba, iba emocionándose.* **5.** Denota eventualidad respecto a cierto acontecimiento: *según el trabajo que tenga, iré o no.* ◇ **Según (y) cómo** Expresa eventualidad.
segunda s.f. MÚS. Intervalo comprendido entre dos notas consecutivas de la escala.
segundero s.m. Manecilla del reloj que señala los segundos.
segundilla s.f. Colomb. Refrigerio, alimento ligero.
segundino s.m. Chile. Mezcla de aguardiente y yema de huevo.
segundo, a adj.num.ordin. y s. Que corresponde en orden al número dos: *el segundo lugar; ser el segundo en la lista.* ◆ adj. Que se añade a otro: *una segunda juventud.* **2.** Que viene después en orden de valor, de rango, etc.: *viajar en segunda clase; representar un segundo papel.* ◆ s. Persona que en un empleo, institución, etc., sigue en importancia a la persona principal: *el segundo de a bordo en un barco.* ◆ s.m. Cada una de las 60 partes iguales en que se divide el minuto de tiempo o el de circunferencia. **2.** Período de tiempo muy corto, momento: *espera un segundo.* ◇ **Con segundas** Con intención doble o solapada.
segundogénito, a adj. y s. Se dice del hijo que nace después del primogénito.
segundón s.m. Hijo segundo en las familias en que hay mayorazgo. **2.** Hijo no primogénito.
segur s.f. Hoz o guadaña para segar. **2.** Hacha grande.
seguramente adv.m. Muy probable, pero no seguro.
seguridad s.f. Cualidad de seguro: *contestó con seguridad.* **2.** Fianza o garantía de indemnidad a favor de alguien. **3.** DER. Garantía que una persona suministra a otra como prueba de que cumplirá lo pactado, prometido o mandado. **4.** MIL. Conjunto de las disposiciones que permiten evitar la sorpresa y proporcionan al mando la libertad de acción indispensable para la conducción de la batalla. ◇ **Cuerpos y fuerzas de seguridad del estado** Conjunto de organismos y funcionarios de la administración pública cuyo fin es velar por la seguridad de los ciudadanos, defender las libertades públicas y garantizar el cumplimiento de las leyes. **Delitos contra la seguridad del estado** Conjunto de delitos que lesionan la seguridad externa o la personalidad internacional del estado o que atacan sus bases políticas y sociales. **De seguridad** Se dice de ciertos mecanismos que aseguran el buen funcionamiento de una cosa. **Dispositivo de seguridad** Mecanismo de un aparato o máquina que sirve para evitar un accidente en caso de funcionamiento anómalo. **Seguridad individual** Garantía que la ley otorga a los ciudadanos contra los arrestos, detenciones y penas arbitrarias. **Seguridad social** Conjunto de leyes y organismos que las aplican que tienen por objeto proteger a los individuos y a las familias contra ciertos riesgos sociales.

seguridad social

Todos los países industrializados disponen de un sistema de seguridad social, cuyos grandes ejes están constituidos por un seguro contra el desempleo, un seguro contra los accidentes de trabajo y las enfermedades profesionales, seguros sociales y prestaciones familiares. Los sistemas de seguridad social están regidos generalmente por legislaciones estatales, aunque en algunos países se yuxtaponen regímenes obligatorios legales, regímenes obligatorios profesionales y regímenes facultativos. Atendiendo al aspecto técnico de su financiación, los sistemas de seguridad social se clasifican en *sistemas de ahorro* y *capitalización* (en los que las prestaciones son función de la capitalización de la prima asignada al beneficiario) y *sistemas de reparto* (en los que las sumas necesarias para cubrir las prestaciones se recaudan por medio de un impuesto y se reparten con criterios de política social).

1. **seguro** adv.m. Con seguridad.
2. **seguro, a** adj. (lat. *securum*). Libre de todo daño, peligro o riesgo: *lugar seguro.* **2.** Infalible, cierto, que no admite duda o error: *una prueba segura.* **3.** Firme, estable: *tiempo seguro; una construcción segura.* **4.** Que ofrece garantías de funcionar correctamente. **5.** Confiado, convencido, persuadido de algo: *seguro de su amistad.* **6.** Que tiene fe en sí mismo, que tiene conciencia de su valor o de sus posibilidades: *seguro de sí mismo.* ◆ s.m. Contrato por el que, mediante el pago de una prima, los aseguradores se comprometen a indemnizar de un eventual peligro o accidente: *seguro contra incendios.* **2.** Mecanismo que impide el funcionamiento de una máquina o aparato cuando no se necesita o no se desea. **3.** Méx. Imperdible, alfiler de seguridad. ◇ **A buen,** o **al, seguro** Probablemente. **De seguro** Ciertamente, con seguridad. **Sobre seguro** Sin aventurarse a sufrir ningún daño, riesgo o equivocación.
seis adj.num.cardin. y s.m. Cinco más uno. ◆ adj.num.ordin. y s.m. y f. Sexto. ◆ s.m. Naipe, dado o ficha del dominó que representa seis puntos: *el seis de espadas.* **2.** MÚS. Danza popular puertorriqueña que se presenta en numerosas versiones. ◇ **Seis por cuatro** MÚS. Compás de dos tiempos que tiene la blanca con puntillo como unidad de tiempo. **Seis por ocho** MÚS. Compás de dos tiempos que tiene la negra con puntillo (o tres corcheas) como unidad de tiempo.
seisavo, a adj. y s.m. Se dice de cada una de las partes que resultan de dividir un todo en seis partes iguales.
seiscientos, as adj.num.cardin. y s.m. Seis veces cien. ◆ s.m. Siglo XVII.
seise s.m. Niño de coro que canta en las catedrales en ciertas festividades.
seisillo s.m. MÚS. Figura rítmica compuesta de seis notas iguales, que se deben ejecutar en el tiempo correspondiente a cuatro de su mismo valor, en un compás simple.
seísmo s.m. → **sismo.**
seláceo, a adj. y s.m. Relativo a una subclase de peces marinos de esqueleto cartilaginoso, con branquias en forma de hendidura y piel áspera sin escamas, como el tiburón o la raya.
selección s.f. Acción de seleccionar: *selección de muestras.* **2.** Conjunto de personas o cosas seleccionadas. **3.** DEP.

Equipo que se forma con atletas o jugadores de distintos clubes para disputar un encuentro o participar en una competición, principalmente de carácter internacional. <> **Selección artificial** Selección de animales o plantas en vistas a la reproducción. **Selección natural** Selección que hacen los factores ambientales sobre los seres vivos, cuyo resultado es la eliminación de los más débiles y la supervivencia de los más fuertes, según la teoría propuesta por C. Darwin para explicar la evolución de las especies. **Selección profesional** Elección de los candidatos a una profesión, según unos criterios determinados.

seleccionado s.m. Argent. y Urug. DEP. Selección.

seleccionador, ra s. En las agrupaciones deportivas, persona encargada de seleccionar a los jugadores que han de formar parte de un equipo.

seleccionar v.tr. Elegir entre varias personas o cosas las que se consideran mejores o más adecuadas para un fin.

selectividad s.f. Cualidad de selectivo: *la selectividad de la memoria.* **2.** Propiedad de un aparato receptor de radiodifusión selectivo. **3.** Esp. Conjunto de condiciones y pruebas a que se someten los alumnos para acceder a ciertos niveles del sistema educativo.

selectivo, a adj. Que implica una selección: *método selectivo.* **2.** Que selecciona: *público selectivo.* **3.** Se dice del aparato receptor de radiodifusión dotado de una buena separación de ondas de frecuencia cercanas. ◆ adj. y s.m. Se dice del curso previo o primer curso de ciertas carreras.

selecto, a adj. Se dice de lo mejor entre otros de su especie o clase: *vinos selectos.*

selector, ra adj. Que selecciona o escoge. ◆ s.m. Dispositivo compuesto de un relevador electromagnético de dos posiciones, que permite efectuar una operación de selección. **2.** Pedal para accionar el cambio de velocidades de una motocicleta o un ciclomotor. **3.** Conmutador de varias direcciones, operado mediante señales de mando.

selenhídrico, a adj. Se dice del ácido H_2Se, llamado también *hidrógeno seleniado.*

seleniato s.m. Sal del ácido selénico.

selénico, a adj. Se dice del anhídrido SeO_3 y del ácido correspondiente. **2.** ASTRON. Relativo a la Luna o a sus movimientos.

selenio s.m. No metal sólido, parecido al azufre, de densidad 4,79, cuyo punto de fusión en su forma metálica es de 217 °C. **2.** Elemento químico (Se), de número atómico 34 y masa atómica 78,96.

selenio

El selenio se usa para colorear el vidrio, fabricar células fotoeléctricas [su conductividad eléctrica aumenta con la luz que recibe] y es un oligoelemento indispensable en el organismo.

selenioso, a adj. Se dice del anhídrido SeO_2 y del ácido correspondiente.

selenita s.m. y f. Habitante imaginario de la Luna.

selenografía s.f. Descripción de la superficie de la Luna.

selenográfico, a adj. Relativo a la selenografía.

selenología s.f. Estudio de la Luna.

seléucida adj. y s.m. y f. Relativo a la dinastía helenística de los Seléucidas.

selfactina s.f. Máquina de hilar con carro. <> **Selfactina de hilar** Máquina de hilar automática.

self-government s.m. Sistema de administración de los dominios británicos y de los antiguos territorios coloniales que obtuvieron su autonomía.

selfinducción s.f. Autoinducción.

selfinductancia s.f. Autoinductancia.

self-made man s.m. Persona que ha alcanzado una posición material y social por sus propios medios.

self-service s.m. Autoservicio.

self-trimmer s.m. (voz inglesa). MAR. Barco de carga en el que la parte inferior de las paredes laterales de las bodegas está construida en plano inclinado, lo que permite el self-trimming.

self-trimming s.m. MAR. Estiba automática de una carga pulverulenta a granel en un barco.

sellador, ra adj. y s. Que sella o pone el sello en los documentos. **2.** PINT. Se dice de un revestimiento que permite cegar las irregularidades del soporte y conseguir una superficie llana y lisa para que le sea aplicada la mano de pintura.

sellar v.tr. Imprimir el sello a una cosa: *sellar una carta.* **2.** *Fig.* Estampar, imprimir o dejar la huella o señal de una cosa en otra. **3.** *Fig.* Corroborar la conclusión de una cosa, especialmente de un acuerdo: *sellar un pacto.* **4.** *Fig.* Cerrar, cubrir, tapar: *sellar los labios.* **5.** TECNOL. Cerrar herméticamente: *sellar el extremo de un tubo.*

sello s.m. Viñeta o estampita de un valor convencional, emitida por una administración postal para franquear los envíos confiados al servicio de correos. SIN.: *sello de correos.* **2.** Matriz en que están grabadas en hueco la figura, las armas o la marca simbólica de un estado, de un soberano, de una comunidad o de un particular. **3.** Utensilio que sirve para estampar sobre una carta, documento, etc., la estampilla de una empresa, entidad, organismo oficial, etc. **4.** Lo que queda estampado, impreso y señalado con ese utensilio. **5.** *Fig.* Carácter distintivo y peculiar de una persona o cosa: *un sello de distinción.* **6.** Disco de metal o de cera que se ponía pendiente en documentos de importancia para garantizar su destino a una persona determinada. **7.** Sortija con una placa en la que se graban las iniciales de una persona o el escudo de un apellido. **8.** Conjunto de dos obleas entre las que se encierra un medicamento para poderlo tragar sin percibir su sabor. SIN.: *oblea.* **9.** Colomb., Chile y Perú. Reverso de las monedas, cruz.

seluh, grupo de tribus bereberes que poblaron el Alto Atlas marroquí, el Anti Atlas y el Bajo Atlas.

selva s.f. Bosque extenso, sin cultivar y muy poblado de árboles y plantas. **2.** *Fig.* Abundancia extraordinaria, confusa y desordenada de una cosa. <> **Selva virgen** Bosque no alterado por la manipulación del ser humano.

selvático, a adj. Relativo a la selva. **2.** *Fig.* Inculto, tosco.

selyúcida adj. y s.m. y f. Relativo a los Selyúcidas, familia principesca de origen turco.

sema s.m. LING. Unidad mínima de significado que, junto con otras, componen el dignificado de una palabra.

semáforo s.m. Dispositivo de señalización luminosa para la regulación del tráfico urbano. **2.** F. C. Señal óptica para la seguridad del tráfico, en los sistemas de seccionamiento. **3.** MAR. Telégrafo aéreo establecido en las costas para anunciar los buques que vienen de alta mar o navegan a la vista, y comunicarse con ellos.

semana s.f. Período de siete días naturales consecutivos. (Según el calendario civil, empieza el lunes y termina el domingo; y, según el calendario litúrgico, empieza el domingo y termina el sábado.) **2.** Espacio de tiempo que media entre cualquier día de la semana y el igual de la siguiente. **3.** Salario ganado en una semana. <> **Entre semana** En cualquier día de ella, menos el primero y el último. **Semana santa** Última semana de la cuaresma, desde el domingo de Ramos hasta el de Resurrección.

semanal adj. Que dura una semana: *parada semanal.* **2.** Que sucede, se hace o se repite cada semana: *publicación semanal.*

semanario s.m. Publicación periódica semanal. **2.** Juego de algunas cosas, formado por siete unidades: *un semanario de pulseras.*

semaneo s.m. En bolsa, acción de recuperar el dinero invertido a los pocos días de la inversión.

semang, pueblo negrito de la península malaya.

semantema s.m. LING. Unidad léxica provista de significado, por oposición a morfema y fonema.

semántica s.f. LING. Estudio del significado de las palabras y de sus variaciones, y de los problemas relacionados con el significado. **2.** LÓG. Estudio de las proposiciones de una teoría deductiva desde el punto de vista de su verdad o de su falsedad.

semántico, a adj. Relativo al sentido, al significado: *el contenido semántico de una palabra.* **2.** LÓG. Relativo a la interpretación de un sistema formal.

semantista s.m. y f. Especialista en semántica.

semasiología s.f. LING. Estudio semántico que parte del significado para determinar los significantes.

semblante s.m. Expresión que tienen las facciones de una persona y que revelan su estado de ánimo. **2.** Cara, rostro. **3.** *Fig.* Apariencia o aspecto favorable o desfavorable de una cosa.

semblantear v.tr. e intr. Argent., Chile, Méx., Nicar., Par., Salv. y Urug. Mirar a alguien a la cara para adivinar sus intenciones y pensamientos.

semblanza s.f. Descripción física o moral de una persona.

sembradero s.m. Colomb. Porción de tierra labrantía o de sembradura.

sembradío, a adj. Se dice del terreno destinado a la siembra.

sembrado, a s.m. Terreno en el que se han sembrado semillas. ◆ adj. Cubierto de cosas esparcidas. **2.** HERÁLD. Se dice del escudo, pieza o figura llena de pequeñas figuras o piezas en cantidad indeterminada.

sembradora s.f. Máquina para sembrar cereales y semillas. SIN.: *máquina de sembrar.*

sembrar v.tr. [conj.: *pensar*]. Esparcir las semillas en la tierra preparada para que germinen. **2.** *Fig.* Esparcir, desparramar algo sobre una superficie: *sembrar una calle de flores.* **3.** *Fig.* Dar motivo u origen a algo: *sembrar el pánico.* **4.** *Fig.* Hacer algo o prepararlo para que produzca provecho, fruto, bien, etc.: *sembrar bienestar.*

semejante adj. Que tiene aspectos o características iguales o similares a otra persona o cosa con la que se compara. **2.** Tal, de esta especie: *no es honesto valerse de semejantes artimañas.* **3.** MAT. Se dice de dos figuras que pueden ser transformadas la una en la otra por una semejanza. ◆ s.m. Prójimo, cualquier persona con respecto a otra. (Suele usarse en plural.)

semejanza s.f. Cualidad de semejante. **2.** FÍS. Correspondencia entre los comportamientos de dos objetos dimensionales distintos. **3.** GEOMETR. Transformación geométrica que conserva la alineación y los ángulos alterando la distancia según un factor de proporcionalidad. **4.** LIT. Símil.

semejar v.intr. y prnl. Parecerse una persona o cosa a otra.

semema s.m. LING. Unidad compuesta por un grupo de semas, y que corresponde a un lexema.

semen s.m. BIOL. Esperma. **2.** BOT. Semilla.

semencontra s.f. FARM. Medicamento que se obtiene a partir de las cabezas de varias plantas del género *Artemisa.* que contienen un principio activo contra las parasitaciones intestinales.

semental adj. y s.m. Se dice del animal macho que se destina a la reproducción. ◆ adj. Relativo a la siembra o sementera.

sementera s.f. Acción de sembrar. **2.** Terreno sembrado. **3.** Cosa sembrada. **4.** Época del año en que se siembra. **5.** *Fig.* Cosa de la que se originan y propagan otras desagradables.

semestral adj. Que sucede o se repite cada semestre: *reunión semestral.* **2.** Que dura un semestre: *cursos semestrales.*

semestre s.m. Período de seis meses: *una revisión médica al semestre.* **2.** Renta o sueldo que se cobra o paga cada semestre.

semiárido, a adj. Se dice de las regiones y del clima de las zonas próximas a los desiertos. SIN.: *subdesértico.*

semiautomático, a adj. Se dice de un conjunto mecánico cuyo funcionamiento automático implica una ayuda manual. ◇ **Arma semiautomática** ARM. Arma automática en la que, para hacer fuego, el tirador debe accionar cada vez el disparador.

semicilíndrico, a adj. Relativo al semicilindro. **2.** Que tiene forma de semicilindro o es semejante a él.

semicilindro s.m. Cada una de las dos mitades del cilindro separadas por un plano que pasa por el eje.

semicircular adj. Relativo al semicírculo. **2.** Que tiene forma de semicírculo o es semejante a él. ◇ **Conductos semicirculares** Pequeños conductos del oído interno, base del sentido del equilibrio, cuyas terminaciones nerviosas perciben las variaciones de posición del individuo.

semicírculo s.m. Cada una de las dos mitades del círculo separadas por un diámetro.

semicircunferencia s.f. Cada una de las dos mitades de la circunferencia.

cambio semántico

En el uso de la lengua las palabras adquieren nuevos sentidos. Algunos son pasajeros, mientras que otros permanecen y se convierten en sentidos estables de la palabra. Este cambio semántico se produce por asociación entre el sentido o la forma de distintas palabras y responde a dos motivaciones básicas: la semejanza y la contigüidad.

proceso	tipo de cambio	definición	ejemplos
metáfora	semejanza de sentido	Designa una cosa con el nombre de otra con la mantiene una relación de semejanza.	El *ojo* de la aguja. Lámpara de *araña*. La *cotorra* de mi vecina.
metonimia	contigüidad de sentido	Designa una cosa con el nombre de otra con la que mantiene una relación de contigüidad.	Beber una *copa*. Pintar un *óleo*. Pedir la *mano* de alguien. Aplaudir al *violín* de la orquesta. Fumar un *habano*.
etimología popular	semejanza de formas	Asociación de dos voces que no tienen relación etimológica pero se parecen.	Aterrar (originariamente, «abatir») por asociación con terror pasa a significar «causar miedo».
elipsis	contigüidad de formas	Omisión de un término de un sintagma, de modo que la voz que se conserva adquiere el significado del mismo.	Un cigarro *puro*>un *puro*. Una tarjeta *postal*>una *postal*. Un café *cortado*>un *cortado*.

sémico, a adj. LING. Relativo al sema.
semiconductor, ra adj. y s.m. ELECTR. Se dice del cuerpo cuya resistividad eléctrica, superior a la de los metales e inferior a la de los aislantes, varía dentro de amplios límites, bajo la influencia de determinados factores, como son la temperatura, la luz, la tensión o la adición de ciertas impurezas.

semiconductor

Los elementos semiconductores, como el silicio y el germanio, se hallan en la columna IV de la clasificación periódica de elementos, es decir, cada uno de sus átomos posee cuatro electrones susceptibles de participar en una reacción química. La resistencia de ciertos semiconductores a temperatura normal puede reducirse con el efecto de campo electromagnético o la presencia de impurezas.

semiconserva s.f. Alimento envasado en un recipiente cerrado, sin previa esterilización, que se conserva por tiempo limitado.
semiconsonante s.f. y adj. Sonido vocálico cerrado que va al principio de un diptongo, y tiene características acústicas tanto de vocal como de consonante. (En español la *i* de *pie* y la *u* de *bueno* son semiconsonantes.)
semiconvergente adj. MAT. Se dice de una serie convergente que se convierte en divergente cuando se remplazan sus términos por sus valores absolutos.
semicorchea s.m. Nota musical cuyo valor representa la dieciseisava parte de la redonda.
semidiesel s.m. Motor diésel que funciona con menor grado de compresión y que, por ello, necesita un encendido eléctrico.
semidiós, sa s. Persona excepcional por su genio, por su gloria o por los honores que se le rinden. **2.** MIT. GR. y ROM. Ser mitológico nacido de una divinidad y un ser humano.
semidormido, a adj. Medio o casi dormido.
semieje s.m. Cada una de las dos partes de un eje separadas por un punto.
semiesfera s.f. Hemisferio.
semiesférico, a adj. Hemisférico.
semifinal s.f. Prueba deportiva que precede a la final.
semifinalista adj. y s.m. y f. Que participa en una semifinal.
semifondo s.m. Carrera de media distancia.
semifusa s.f. Figura de nota musical que representa la dieciseisava parte de una negra y la sesenta y cuatroava parte de una redonda.
semigae → záparo.
semilibertad s.f. HIST. Condición de semilibre.
semilibre s.m. y f. HIST. Persona que gozaba de cierta libertad, pero sometida al dominio señorial.
semilla s.f. Embrión en estado latente encerrado en un fruto y que, tras la dispersión y germinación, da una nueva planta. **2.** *Fig.* Cosa que es causa u origen de otra. ◆ **semillas** s.f.pl. Granos que se siembran, exceptuando el trigo y la cebada.
semillero s.m. Lugar donde se siembran las plantas que después se han de trasplantar. **2.** Lugar donde se conservan para estudio colecciones de diversas semillas. **3.** *Fig.* Cosa que es causa y origen de que suceda o se realice algo: *un semillero de discordias.*
semilunar adj. ANAT. Que tiene forma de media luna.
seminal adj. Relativo al semen. **2.** Relativo a la semilla.
seminario s.m. Establecimiento religioso donde se forma a los que aspiran al sacerdocio. **2.** Conjunto de conferencias sobre un tema determinado. **3.** Grupo de trabajo formado por profesores y alumnos. **4.** Lugar donde se reúne este grupo de trabajo.
seminarista s.m. Alumno de un seminario.
seminífero, a adj. ANAT. Que produce o contiene semen.
seminívoro, a adj. y s. Que se alimenta de semillas.
seminola, pueblo amerindio del grupo muscogi que vivía en Florida, act. en reservas en Oklahoma.
seminoma s.m. MED. Variedad de tumor maligno del testículo.
seminomadismo s.m. Tipo de vida que combina la agricultura ocasional y la ganadería nómada, normalmente en las proximidades de los desiertos.
semiología s.f. Semiótica. **2.** Sintomatología.
semiológico, a adj. Relativo a la semiología.
semiólogo, a s. Especialista en semiología.
semioruga s.m. Vehículo blindado equipado con ruedas en el eje delantero y con cadenas en los ejes traseros. SIN.: *half-track.*
semiótica s.f. Ciencia que estudia los modos de producción, de funcionamiento y recepción de los diferentes sistemas de signos de comunicación en los individuos o colectividades. SIN.: *semiología.*
semiótico, a adj. Relativo a la semiótica.
semipausa s.f. MÚS. **a.** Silencio de duración igual a una blanca. **b.** Signo que indica este silencio y que se coloca sobre la tercera línea del pautado.
semipermeable adj. Se dice de una membrana o de un tabique que, separando dos soluciones, deja pasar las moléculas de disolvente pero detiene las de los cuerpos disueltos.
semipesado, a adj. y s.m. En ciertos deportes, como boxeo, lucha o halterofilia, categoría de pesos intermedia entre los pesos medios y los pesos pesados.
semipila s.f. Conjunto formado por un solo electrodo y una solución electrolítica que lo envuelve.
semiplano s.m. MAT. Porción de plano limitado por una recta trazada en este plano.
semipolar adj. Se dice del enlace químico entre dos átomos, uno de los cuales proporciona al otro los electrones de valencia.
semiproducto s.m. Materia prima que ha sufrido una primera transformación.
semirrecta s.f. MAT. Cada una de las dos partes en que queda dividida una recta por cualquiera de sus puntos.
semirrelieve s.m. ESCULT. Relieve en el que las figuras o los objetos representados sobresalen aproximadamente la mitad de su volumen real.
semirremolque s.m. Conjunto formado por un vehículo tractor y un remolque que puede ser separado del primero.
semirrígido, a adj. Se dice de un dirigible con quilla rígida, pero con cubierta exterior flexible.
semita adj. y s.m. y f. De una importante familia de pueblos asiáticos. (Los pueblos semitas, antiguos o modernos, más importantes son: los acadios, los amorritas, los arameos, los fenicios, los árabes, los hebreos y los etíopes.) ◆ adj. Semítico. ◆ s.f. Argent., Bol. y Ecuad. Especie de bollo o galleta, cemita.
semítico, a adj. Relativo a los semitas. ◇ **Lenguas semíticas** Grupo de lenguas de la familia camitosemítica habladas en un vasto dominio desde Asia suroccidental hasta el N de África (árabe, hebreo).
semitismo s.m. Carácter semítico. **2.** Palabra, expresión o giro propios de una lengua semítica que se usan en otra lengua.
semitista s.m. y f. Especialista en estudios semíticos.
semitono s.m. MÚS. Se dice de cada una de las dos partes desiguales en que se divide el intervalo de un tono.
semitransparente adj. Que es casi transparente.
semiuncial adj. Se dice de una escritura formada por un conjunto de unciales y minúsculas, desarrollada del s. IV al X.
semivocal s.f. y adj. Sonido vocálico cerrado que va al final de un diptongo. (En español, son semivocales la *i* y la *u* de *aire, aura, peine, causa,* etc.)
sémola s.f. Pasta hecha de harina de trigo, arroz u otro cereal, reducida a granos muy menudos.

semoviente adj. Se dice de los bienes que pueden trasladarse por sí mismos de un lugar a otro.
sempervirente adj. Se dice de la planta cuyas hojas están verdes todo el año.
sempiterno, a adj. Eterno.
1. **sen** s.m. (lat. farmacéutico *sene*). Arbusto semejante a la casia, con cuyas hojas se prepara una infusión empleada como purgante. SIN.: *sena.*
2. **sen** s.m. Moneda fraccionaria que vale 1/100 de yen y de otras monedas de Extremo oriente.
senado s.m. En algunos países, una de las asambleas parlamentarias. **2.** Edificio donde se reúne esta asamblea. **3.** En la antigua Roma, asamblea política que, durante la república, fue la más alta autoridad del estado.
senadoconsulto s.m. Decisión del senado romano.
senador, ra s. Miembro de un senado.
senaduría s.f. Dignidad o cargo de senador.
senatorial adj. Relativo al senado o al senador.
sencillez s.f. Cualidad de sencillo.
sencillo, a adj. Simple, sin composición. **2.** Sin lujos ni adornos: *vestido sencillo.* **3.** Sin complicación, fácil de comprender, de hacer, etc.: *examen sencillo.* **4.** Sencillo y natural, sin artificio retórico: *estilo sencillo.* **5.** *Fig.* De carácter natural y espontáneo. **6.** Que tiene menos cuerpo o volumen que otras cosas de su especie: *tafetán sencillo.*
senda s.f. Camino más estrecho que la vereda, formado por el paso de personas y animales. **2.** *Fig.* Camino, medio, método. SIN.: *sendero.*
senderismo s.m. Actividad deportiva o turística que consiste en recorrer a pie rutas o senderos por el campo o la montaña.
senderista adj. Relativo al senderismo, actividad deportiva. **2.** Relativo al movimiento revolucionario peruano Sendero Luminoso. ◆ adj. y s.m. y f. Seguidor de Sendero Luminoso.
sendos, as adj.pl. Se dice de aquellas cosas de las que corresponde una para cada una de otras dos o más personas o cosas.
séneca s.m. *Fig.* Hombre de gran sabiduría.
senectud s.f. Ancianidad, último período de la vida humana.
senegalés, sa adj. y s. De Senegal.
senequismo s.m. Doctrina moral de Séneca; aplicación de esta doctrina en la conducta y en la literatura.
senescal s.m. Mayordomo mayor de una casa real. **2.** Oficial real con atribuciones de justicia en grado subalterno. **3.** Oficial principal de un señor, que atendía en todos los grados de justicia.
senescalado s.m. Territorio sujeto a la jurisdicción de un senescal. **2.** Senescalía.
senescalía s.f. Cargo o dignidad de senescal. **2.** Lugar donde se reunía el tribunal del senescal. **3.** Este tribunal.
senescencia s.f. BIOL. y MED. Involución inherente al envejecimiento de los seres vivos.
senescente adj. y s.m. y f. Relativo a la senescencia; que padece senescencia.
senevol s.m. Nombre genérico de los ésteres de fórmula S=C=N—R, donde R es un radical carbonado.
senil adj. Relativo a la vejez. **2.** Que da muestras de senilidad.
senilidad s.f. Debilitamiento físico e intelectual producido por la vejez.
sénior o **senior** adj. y s.m. (pl. *séniors* o *seniors.*) Se dice de la persona de más edad respecto a otra que lleva el mismo nombre. **2.** DEP. Se dice de los participantes que han pasado de la edad límite para los júniors y que todavía no son veteranos.
seno s.m. Concavidad o hueco. **2.** Concavidad que forma una cosa curva. **3.** Espacio hueco que queda entre el vestido y el pecho. **4.** Mama, en la mujer. **5.** Útero. SIN.: *seno materno.* **6.** *Fig.* Regazo, amparo, refugio. **7.** *Fig.* Parte interna de algo material o inmaterial: *el seno del mar; el seno de una familia.* **8.** ANAT. **a.** Cavidad existente en el espesor de un hueso o entre las articulaciones de dos o más huesos: *seno frontal; seno maxilar.* **b.** Conducto venoso dentro de la cavidad craneal. **9.** MAT. Relación entre la perpendicular trazada desde uno de los extremos de un arco de círculo sobre el diámetro que pasa por el otro extremo de arco, y el radio.
senones, pueblo de la Galia establecido en la cuenca superior del Yonne, que participó junto a Vercingetórix en la ofensiva contra César. Su ciudad principal era la actual Sens.
sensación s.f. Información recibida por el sistema nervioso central, cuando uno de los órganos de los sentidos reacciona ante un estímulo externo. **2.** Impresión de estupor, sorpresa o admiración que produce un hecho, noticia, suceso, etc.: *su llegada causó sensación.* ◇ **Dar,** o **tener, la sensación** Dar o tener una determinada idea u opinión de una cosa, sin conocerla completamente: *tengo la sensación de que no vendrá.*
sensacional adj. Que causa gran sensación, impresión, interés, etc. **2.** Que gusta extraordinariamente.
sensacionalismo s.m. Tendencia de algunos medios informativos a presentar las noticias destacando sus aspectos más llamativos con el fin comercial de provocar asombro o escándalo.
sensacionalista adj. y s.m. y f. Que implica o denota sensacionalismo: *prensa sensacionalista.*
sensatez s.f. Cualidad de sensato.
sensato, a adj. Que piensa y actúa con buen juicio y moderación. **2.** Que es propio de personas sensatas.
sensibilidad s.f. Facultad de los seres animados de percibir o experimentar, por medio de los sentidos, sensaciones, impresiones, manifestaciones del medio físico, externo o interno. **2.** Capacidad para sentir afectos y emociones. **3.** Capacidad de sentir determinadas manifestaciones: *sensibilidad para la música.* **4.** Cualidad de las cosas sensibles. **5.** Rapidez con que una emulsión fotográfica puede proporcionar una imagen latente o una imagen visible. **6.** Cualidad de un instrumento de medida, por la que basta una pequeña variación de la magnitud a medir para modificar la posición del dispositivo indicador. **7.** Grado de reacción de un explosivo por efecto de una excitación provocada por un choque, fricción, elevación de temperatura, etc. **8.** Aptitud de un receptor radioeléctrico, especialmente de un receptor de radiodifusión o de televisión, para captar señales más o menos débiles.
sensibilización s.f. Acción de sensibilizar. **2.** MED. Proceso por el que un organismo, después de haber estado en contacto con ciertas sustancias extrañas que actúan como antígenos, adquiere propiedades de reacción, útiles o no, unidas a la producción de anticuerpos.
sensibilizador, ra adj. y s.m. Que hace sensibles ciertas materias a la acción de la luz o de otro agente. **2.** Se dice de la sustancia que desencadena la aparición de fenómenos de hipersensibilidad a través de un mecanismo antígeno-anticuerpo.
sensibilizar v.tr. Hacer sensible o aumentar la sensibilidad: *la música sensibiliza el oído.* **2.** FOT. Hacer sensible a la acción de la luz. **3.** MED. Provocar una sensibilización.
sensible adj. Que tiene sensibilidad: *los animales son seres sensibles.* **2.** Que recibe o capta una impresión externa: *ser muy sensible al calor.* **3.** Que siente o se impresiona ante los placeres estéticos. **4.** Se dice de la persona que se deja llevar fácilmente por el sentimiento. **5.** Perceptible por los sentidos: *el mundo sensible.* **6.** Muy perceptible y manifiesto: *experimentar una sensible mejoría.* **7.** Lamentable, que causa disgusto, contrariedad o pena: *una sensible pérdida.* **8.** *Fig.* Que indica las más ligeras variaciones: *un termómetro muy sensible.* **9.** FOT. Se dice de la cualidad de una capa impresionada bajo la acción de la luz. ◆ s.f. Séptimo grado de la escala diatónica, situado un semitono por debajo de la tónica. SIN.: *nota sensible.*
sensiblería s.f. Sentimentalismo exagerado o fingido.
sensiblero, a adj. Que denota sensiblería.

sensilio s.m. Órgano sensorial de los insectos, constituido por células con pelos o sedas, sensible a diversos tipos de vibraciones.

sensismo s.m. Sensualismo.

sensitiva s.f. Arbusto o planta herbácea de las regiones cálidas, cuyas hojas se repliegan al menor contacto. (Familia mimosáceas.)

sensitivo, a adj. Relativo a los sentidos corporales. **2.** Que conduce el influjo nervioso de un órgano sensorial a un centro: *nervio sensitivo.* ◆ adj. y s. Que es muy sensible o afectable. **2.** PSIQUIATR. Se dice de las personas que sienten vivamente las reacciones ajenas a ellas.

sensitivomotor, ra adj. Sensorimotor.

sensitometría s.f. FOT. Estudio de las propiedades de las superficies sensibles a la luz.

sensitómetro s.m. Instrumento que sirve para realizar exposiciones escalonadas de una superficie sensible a la luz, a fin de estudiar sus propiedades.

sensor s.m. Dispositivo que capta magnitudes físicas (variaciones de luz, temperatura, sonido, etc.) u otras alteraciones de su entorno. **2.** Órgano del sistema de estabilización activa de un satélite artificial, que permite definir la orientación real del ingenio y elaborar una señal de error en función de la diferencia entre esta orientación y la deseada.

sensorial adj. Relativo a las sensaciones en tanto que son fenómenos psicofísicos.

sensorimétrico, a adj. Relativo a la medida de las sensaciones.

sensorimotor, ra adj. Relativo a la vez a los fenómenos sensoriales y a la actividad motora: *nervio sensitivomotor; trastornos sensitivomotores.* SIN.: *sensitivomotor.*

sensorio, a adj. Relativo a los sentidos o a la sensibilidad. ◆ s.m. Centro o conjunto de todas las sensaciones. SIN.: *sensorio común.*

sensual adj. Que proporciona satisfacción o placer a los sentidos. **2.** Inclinado a estos placeres: *labios sensuales; persona sensual.* **3.** Relativo al deseo sexual. **4.** Sensitivo, relativo a los sentidos corporales.

sensualidad s.f. Cualidad de sensual: *sensualidad de movimientos.* **2.** Propensión o tendencia exagerada a los placeres de los sentidos.

sensualismo s.m. Filosofía según la cual todas las ideas proceden de las sensaciones.

sensualista adj. y s.m. y f. Relativo al sensualismo; partidario de esta doctrina.

sentada s.f. Manifestación no violenta que consiste en sentarse en un lugar público. ◇ **De una sentada** *Fam.* De una vez, sin parar.

sentado, a adj. Sensato, juicioso: *hablar con palabras sentadas.* ◇ **Dar por sentado** Considerar algo como fuera de duda o discusión.

sentador, ra adj. Argent. y Chile. Se dice de la prenda de vestir que sienta bien.

sentar v.tr. y prnl. [conj.: *pensar*]. Colocar a alguien en algún sitio de manera que quede apoyado y descansando sobre las nalgas. ◆ v.tr. Asentar, poner o colocar algo de modo que permanezca firme. **2.** Aplanar, alisar. **3.** *Fig.* Fundamentar algo en un razonamiento, exposición, etc.: *sentar una idea; sentar las bases.* **4.** Argent., Chile, Ecuad., Perú y Urug. Sofrenar bruscamente el caballo haciendo que levante las manos y se apoye sobre los cuartos traseros. ◆ v.intr. *Fig.* y *fam.* Digerir bien o mal un alimento, ser algo provechoso o perjudicial para el organismo: *la comida me sentó mal; un paseo te sentará bien.* **2.** *Fig.* Quedar bien o mal una cosa a alguien: *el color moreno te sienta bien.* **3.** *Fig.* y *fam.* Agradar, gustar, producir buena o mala impresión en el ánimo: *le sentó mal que no vinieras.* ◆ **sentarse** v.prnl. Posarse un líquido. ◇ **Sentar como un tiro** *Fam.* Molestar algo. **Sentar plaza** Alistarse en un cuerpo armado. **Sentar una cuenta** En contabilidad, realizar una anotación en una cuenta.

sentencia s.f. Resolución judicial en que se decide definitivamente en un juicio o en un proceso; sentencia de muerte. **2.** Dictamen, parecer. **3.** Dicho o frase corta que encierra o contiene un principio moral o un consejo de sabiduría popular. **4.** Proposición, enunciado.

sentenciar v.tr. Condenar, dictar sentencia en materia penal. **2.** Dar o pronunciar una opinión firme o definitiva: *el técnico sentenció que la avería se debía a un defecto de fabricación.* **3.** *Fig.* y *fam.* Destinar una cosa para un fin, generalmente negativo: *sentenciar un libro a la hoguera.*

sentencioso, a adj. Que contiene una sentencia. **2.** Que se expresa con gravedad, como si hablara con sentencias.

sentido, a adj. Que contiene o expresa sentimiento: *una frase muy sentida.* **2.** Muy sensible a una desconsideración, reprimenda, falta de cariño, etc.: *un niño muy sentido.* ◆ s.m. Capacidad de percibir estímulos físicos externos e internos mediante ciertos órganos que los transmiten al sistema nervioso. **2.** Función psicofisiológica por la que un organismo recibe información sobre ciertos elementos del medio exterior, tanto de naturaleza física (vista, oído, tacto) como química (gusto, olfato). **3.** Facultad para entender, juzgar, apreciar o sentir preocupación por las cosas, o para actuar: *el sentido del deber.* **4.** Razón de ser, finalidad: *su reacción carece de sentido.* **5.** Significado de una palabra o expresión: *el sentido de un mensaje.* **6.** *Fig.* Expresión, entonación: *recitar con mucho sentido.* **7.** *Fam.* Dirección: *ir en sentido contrario.* **8.** Amér. Sien. **9.** LING. y LÓG. Conjunto de representaciones que sugiere una palabra, un enunciado. ◇ **Doble sentido** Equívoco. **Los cinco sentidos** La vista, el oído, el olfato, el gusto y el tacto. **Perder el sentido** Desmayarse. **Sentido común** Capacidad de distinguir lo verdadero de lo falso, de actuar razonablemente. **Sentido del humor** Capacidad para expresar o admitir lo humorístico. **Sentido directo,** o **trigonométrico,** o **positivo** MAT. Sentido de rotación inverso del movimiento de las agujas de un reloj. **Sentido retrógrado,** o **inverso** Sentido de rotación inverso del sentido directo. **Sexto sentido** Intuición. **Sin sentido** Insensato; sin justificación, ilógico.

sentimental adj. Relativo al sentimiento. **2.** Que contiene elementos que emocionan o conmueven, o que expresa sentimientos dulces, especialmente de amor, ternura, etc.: *novela sentimental.* ◆ adj. y s.m. y f. Se dice de la persona que suele actuar llevado por sentimientos e impulsos afectivos.

sentimentalismo s.m. Cualidad de sentimental.

sentimiento s.m. Acción de sentir. **2.** Estado afectivo o disposición emocional hacia una cosa, un hecho o una persona: *sentimiento de alegría.* **3.** Aflicción, dolor que se siente por algún hecho o suceso ocurrido: *acompañar en el sentimiento.*

sentina s.f. Parte baja de la bodega de un buque donde se acumulan las aguas. **2.** Albañal, cloaca. **3.** *Fig.* Lugar considerado de gran vicio o corrupción.

1. **sentir** v.tr. (lat. *sentire,* percibir con los sentidos, darse cuenta). Percibir alguna sensación por medio de los sentidos, excepto el de la vista. **2.** Percibir o notar algo por medio del sentido del oído sin total claridad. **3.** Experimentar un sentimiento: *sentir pena.* **4.** Lamentar algún suceso triste o doloroso: *siento mucho lo ocurrido.* **5.** Tener la impresión, creer, opinar: *no siente lo que dice.* **6.** Tener determinada disposición o capacidad de experimentar ciertas sensaciones o emociones: *sentir el arte.* **7.** Presentir, barruntar. ◆ v.tr. y prnl. Ser consciente de algún hecho subjetivo, darse cuenta: *sentía que no lo lograría; sentirse morir.* ◆ **sentirse** v.prnl. Encontrarse en determinada situación o estado físico o moral: *sentirse contento.* **2.** Considerarse, reconocerse de cierta manera: *sentirse importante.* **3.** Tener un dolor o molestia en alguna parte del cuerpo. **4.** Méx. Ofenderse, sentirse herido o triste por lo dicho o hecho por alguien: *se sintió cuando le pedí que me pagara.* ◇ **Sin sentir** Inadvertidamente, sin darse cuenta de ello; rápidamente. [V. cuadro pág. siguiente.]

2. **sentir** s.m. Sentimiento. **2.** Opinión, parecer: *exponer el sentir sobre una idea.*

sentir

INDICATIVO	SUBJUNTIVO
presente	**presente**
siento	*sienta*
sientes (sentís)	*sientas*
siente	*sienta*
sentimos	*sintamos*
sentís	*sintáis*
sienten	*sientan*
copretérito o **pret. imperfecto**	**pretérito** o **pret. imperfecto**
sentía	*sintiera* o *sintiese*
sentías	*sintieras* o *sintieses*
sentía	*sintiera* o *sintiese*
sentíamos	*sintiéramos* o *sintiésemos*
sentíais	*sintierais* o *sintieseis*
sentían	*sintieran* o *sintiesen*
pretérito o **pret. perf. simple**	**futuro** o **fut. simple**
sentí	*sintiere*
sentiste	*sintieres*
sintió	*sintiere*
sentimos	*sintiéremos*
sentisteis	*sintiereis*
sintieron	*sintieren*
futuro o **fut. simple**	
sentiré	**IMPERATIVO**
sentirás	*siente* (sentí) (tú, vos)
sentirá	*sienta* (él)
sentiremos	*sintamos* (nosotros)
sentiréis	sentid (vosotros)
sentirán	*sientan* (ellos)
pospretérito o **condicional simple**	**FORMAS NO PERSONALES**
sentiría	**infinitivo** — **gerundio**
sentirías	sentir — *sntiendo*
sentiría	**participio**
sentiríamos	sentido
sentiríais	
sentirían	

sentón s.m. Méx. Golpe que se da alguien en las nalgas al caer.

senufo, pueblo negroafricano de Costa de Marfil, Malí y Burkina Faso.

seña s.f. Detalle o particularidad de una persona o cosa, por la que se la reconoce o diferencia. **2.** Gesto o ademán que sirve para atraer la atención o comunicarse con alguien: *hacer señas para llamar a alguien.* **3.** Convención establecida entre dos o más personas para comunicarse. ◆ **señas** s.f.pl. Indicación del paradero y domicilio de una persona.

señal s.f. Detalle o particularidad que distingue a una persona o cosa de las demás. **2.** Huella, vestigio: *señales de pisadas.* **3.** Imagen o representación de algo: *la bandera a media asta es señal de duelo.* **4.** Signo conocido para advertir, anunciar, dar una orden, etc.: *dar la señal de ataque.* **5.** Lo que muestra o indica la existencia de algo. **6.** Cantidad de dinero que se entrega antes de saldar el precio total como garantía de lo que se ha encargado o comprado. **7.** Mojón que se pone para marcar un límite o lindero. **8.** Cicatriz: *señales de quemaduras.* **9.** En teoría de la comunicación, variación de una magnitud de cualquier naturaleza portadora de información. **10.** Marca o cisura que se hace en las orejas del ganado. **11.** Sonido que da un aparato telefónico: *señal de comunicar.* ◇ **Código internacional de señales** Código adoptado en 1965 por la Organización intergubernamental consultiva de la navegación marítima, consistente en señales convencionales. **En señal de** En prueba o como muestra de algo. **Ni señal** Nada; que no se encuentra o ha desaparecido. **Señal de tráfico** Indicación que se pone en las carreteras, calles, etc., para regular el tráfico.

señalada s.f. Argent. Acción de señalar el ganado. **2.** Argent. Ceremonia campesina que consiste en señalar el ganado.

señalado, a adj. Insigne, famoso: *un autor señalado.* **2.** Notable, extraordinario, especialmente referido a fechas o días: *un día señalado; un señalado favor.*

señalamiento s.m. Acción de señalar. **2.** DER. Designación de día para un juicio oral o una vista.

señalar v.tr. Indicar, mostrar o llamar la atención sobre una cosa o una persona: *la caída de las hojas señala la llegada del otoño.* **2.** Hacer o poner señales. **3.** Indicar, referir algo: *señalar la importancia del hecho.* **4.** Llamar la atención, hacia alguien o algo, con la mano, con un gesto o de otro modo: *señaló con el dedo lo que quería.* **5.** Determinar el tiempo, el lugar, el precio, etc., para cierto fin: *señalar una fecha.* **6.** Hacer la señal convenida para dar a conocer la existencia de algo. **7.** Producir heridas o cicatrices en el cuerpo, particularmente en el rostro. ◆ **señalarse** v.prnl. Distinguirse o sobresalir en alguna cosa o en algún sitio.

señalero s.m. Argent. Ferroviario responsable de una cabina de señalización.

señalización s.f. Acción y efecto de señalizar. **2.** Conjunto de señales que se usan e instalan en un lugar para proporcionar una información determinada, especialmente las señales de tráfico que regulan la circulación.

señalizar v.tr. Instalar o utilizar señales en una carretera, vía férrea, puerto, etc.

señero, a adj. Único, notorio, importante. **2.** Aislado, solitario.

señor, ra s. Persona adulta. **2.** Tratamiento, generalmente de respeto, que se antepone a un apellido, a un título profesional, etc. **3.** Dueño de una cosa o que tiene dominio sobre alguien o algo. **4.** Amo respecto a los criados. **5.** Persona que por su personalidad, porte y distinción inspira respeto y estimación: *ser todo un señor.* ◆ adj. Que denota nobleza o distinción. **2.** Antepuesto a un nombre, encarece el significado del mismo: *dar un señor disgusto.* ◆ s.m. Dios, y especialmente Jesucristo en la eucaristía. (Con este significado suele escribirse con mayúscula.) **2.** Hombre en contraposición a mujer. **3.** HIST. **a.** Poseedor de un feudo. **b.** Título nobiliario. ◆ s.f. Mujer, esposa. **2.** Mujer en contraposición a hombre. ◇ **Nuestra Señora** La Virgen María.

señorear v.tr. Dominar o mandar en algo, especialmente como señor. **2.** Dominar, ser algo más alto que lo que lo rodea: *el campanario señorea el pueblo.* **3.** *Fig.* Dominar las propias pasiones.

señoría s.f. Tratamiento dado a personas con determinada dignidad. **2.** Persona que recibe este tratamiento. **3.** HIST. Soberanía de ciertos estados italianos que se gobernaban como repúblicas: *la señoría de Venecia.*

señorial adj. Relativo al señorío. **2.** Majestuoso, noble: *una casa señorial.*

señorío s.m. Dominio o mando sobre algo. **2.** *Fig.* Distinción, elegancia. **3.** HIST. **a.** Autoridad de un señor. **b.** Territorio sobre el que se extendía esta autoridad.

señoritingo, a s. *Desp.* Señorito.

señoritismo s.m. *Desp.* Cualidad o actitud de señorito.

señorito, a adj. y s. *Fam.* Tratamiento que dan a las personas jóvenes de una casa los criados o subalternos. ◆ s. Persona joven, de familia acomodada, que hace ostentación de su riqueza y lleva una vida frívola. ◆ s.f. Tratamiento dado a las mujeres solteras. **2.** Tratamiento dado a las maestras. ◆ s.f. Cierto cigarro filipino, de cortas dimensiones. **2.** Cigarro puro corto y delgado.

señorón, na adj. y s. Señor rico o importante, o que aparenta serlo.

señuelo s.m. Cosa que sirve para atraer a las aves que se quieren cazar. **2.** *Fig.* Cosa que sirve para atraer o inducir con engaño. **3.** Figura de ave en que se pone carne como cebo para atraer al halcón remontado. **4.** Argent. y Bol. Grupo de cabestros o manos utilizados para atraer el resto del ganado.

seo s.f. Catedral.

sépalo s.m. BOT. Pieza floral, generalmente verde, situada debajo de la corola y que envuelve el botón floral antes de abrirse. (El conjunto de los sépalos forma el *cáliz.*)

sepaloide adj. BOT. Que tiene forma de sépalo.

separación s.f. Acción y efecto de separar o separarse. **2.** Espacio medible entre dos cosas separadas. **3.** Objeto que separa (muro, tabique, etc.). **4.** QUÍM. Operación de extracción destinada a aislar uno o varios constituyentes de una mezcla. ◇ **Separación conyugal** Suspensión de la vida conyugal sin rotura del vínculo. **Separación de bienes** Régimen matrimonial en que cada cónyuge conserva la propiedad y la administración de sus bienes. **Separación de las Iglesias y el estado** Sistema de organización de las relaciones entre las Iglesias y el estado en el que las primeras se consideran como agrupaciones de derecho privado. **Separación isotópica** QUÍM. Operación que consiste en aislar los diferentes isótopos constituyentes de un elemento natural.

separador, ra adj. Que separa. ◆ s.m. Aparato, utensilio o dispositivo que sirve para separar. **2.** Instrumento quirúrgico que sirve para separar los labios de una herida, las mandíbulas, los párpados, etc., o para dilatar. **3.** Lámina delgada, aislante y perforada, colocada entre las placas de un acumulador. ◇ **Poder separador** Cualidad del ojo o de un instrumento óptico que permite distinguir dos puntos muy cercanos uno de otro.

separar v.tr. y prnl. Poner fuera de contacto o proximidad a personas, animales o cosas que estaban juntos, reunidos o mezclados: *separar la cabeza del cuerpo.* ◆ v.tr. Apartar a dos personas o animales que se pelean, para que dejen de hacerlo. **2.** Tomar parte de una cosa o ponerla en otro lugar: *separar un trozo del pastel.* **3.** Distinguir unas cosas de otras: *separar los distintos aspectos de un asunto.* **4.** Destituir, deponer: *separar de un empleo a alguien.* ◆ **separarse** v.prnl. Romper profesional o ideológicamente con alguien, un grupo, entidad, etc.: *mi socio y yo nos hemos separado.* **2.** Dejar de vivir juntas dos personas que formaban una pareja o que estaban casadas.

separata s.f. Ejemplar o conjunto de ejemplares impresos por separado de algún libro, artículo o revista.

separatismo s.m. Ideología y movimiento políticos que defienden la independencia de un territorio, su separación del estado al que pertenece.

separatista adj. y s.m. y f. Relativo al separatismo; partidario del separatismo.

separo s.m. Méx. Lugar donde se encierra temporalmente a los presuntos responsables de un delito en las delegaciones de policía.

sepe s.m. Bol. Termes.

sepelio s.m. Acción de enterrar los cadáveres con la ceremonia religiosa correspondiente.

sepia s.f. Molusco de concha interna, cabeza provista de diez tentáculos con ventosas, que vive cerca de las costas, y que al ser atacado proyecta un líquido negro. (Clase cefalópodos.) **2.** Materia colorante de color marrón rojizo oscuro obtenida de este molusco, que se utiliza en la pintura a la aguada. **3.** Color parecido a esta materia.

sepiolita s.f. Silicato hidratado natural de magnesio. SIN.: *espuma de mar.*

sepsis s.f. Enfermedad causada por la proliferación en la sangre de bacterias patógenas. SIN.: *septicemia.*

septal adj. Relativo al séptum.

septenal adj. Que dura siete años o que se repite cada siete años.

septenario, a adj. Que consta de siete elementos, unidades o guarismos. ◆ s.m. Período de siete días. **2.** Período de siete días dedicados al culto de Dios, de la Virgen o de sus santos: *septenario del Espíritu Santo.*

septenio s.m. Período de siete años.

septentrión s.m. Norte.

septentrional adj. y s.m. y f. De la parte del norte.

septeto s.m. MÚS. **a.** Composición vocal o instrumental para siete ejecutantes. **b.** Conjunto musical formado por siete voces o instrumentos.

septicemia s.f. Sepsis.

septicémico, a adj. Relativo a la septicemia.

séptico, a adj. Que causa una infección: *microbios sépticos.* **2.** Causado por microbios. **3.** Contaminado por microbios.

septicopiohemia s.f. Forma de septicemia caracterizada por la aparición de uno o varios abscesos, superficiales o viscerales.

septiembre o **setiembre** s.m. (lat. *september, -bris*). Noveno mes del año. (Tiene 30 días.)

séptima s.f. Femenino de séptimo. **2.** MÚS. Intervalo que comprende siete grados.

séptimo, a adj.num.ordin. y s. (lat. *septimus*). Que corresponde en orden al número siete. ◆ adj. y s.m. Se dice de cada una de las partes que resultan de dividir un todo en siete partes iguales.

septo s.m. → **séptum.**

septuagenario, a adj. y s. De edad comprendida entre los setenta y los ochenta años.

septuagésima s.f. Domingo que celebra la Iglesia tres semanas antes de la primera cuaresma.

septuagésimo, a adj.num.ordin. y s. (lat. *septuagesimus*). Que corresponde en orden al número setenta. SIN.: *setenta.* ◆ adj. y s.m. Setentavo.

séptum o **septo** s.m. (voz latina, *tabique*). ANAT. Tabique que separa dos cavidades.

septuplicar v.tr. y prnl. Hacer algo siete veces mayor.

séptuplo, a adj. y s.m. Que contiene un número siete veces exactamente.

sepulcral adj. Relativo al sepulcro o que tiene sus características.

sepulcro s.m. (lat. *sepulcrum*). Construcción funeraria, generalmente de piedra, que se levanta sobre el suelo para enterrar uno o varios cadáveres. **2.** Hueco del altar donde están depositadas las reliquias. **3.** Urna o andas cerradas con una imagen de Jesucristo difunto. ◇ **Santo sepulcro** Sepulcro donde estuvo Jesús.

sepultar v.tr. (lat. tardío *sepultare*). Poner en la sepultura a un muerto. **2.** *Fig.* Cubrir completamente algo o a alguien de modo que desaparezca totalmente: *las aguas sepultaron los campos.* **3.** *Fig.* Esconder u ocultar algo inmaterial: *sepultar un recuerdo.*

sepultura s.f. (lat. *sepultura*). Acción de sepultar. **2.** Lugar, hecho en la tierra o levantado sobre ella, donde se entierra uno o más cadáveres. ◇ **Dar sepultura** Enterrar.

sepulturero, a s. Persona que tiene por oficio sepultar a los muertos en los cementerios.

sequedad s.f. Cualidad de seco. **2.** *Fig.* Trato áspero y brusco.

sequedal o **sequeral** s.m. Terreno muy seco.

sequía s.f. Falta de lluvias durante un largo período de tiempo.

séquito s.m. (del ital. *seguito*). Grupo de gente que acompaña a una persona ilustre o célebre. **2.** *Fig.* Cosas que acompañan o siguen a un suceso: *séquito de desgracias.*

1. ser v.auxiliar. (del lat. *esse*). Verbo que sirve para la conjugación de todos los verbos en la voz pasiva. ◆ v.copulativo. Verbo sustantivo que afirma del sujeto lo que significa el atributo. ◆ v.intr. Haber o existir: *eso no es de este mundo.* **2.** Servir para una cosa: *Juan no es para esto; este cuchillo es* *para el pan.* **3.** Suceder, ocurrir: *el eclipse fue ayer.* **4.** Valer, costar: *a cómo es la carne.* **5.** Pertenecer a alguien: *esta casa es mía.* **6.** Constituir: *el robo es delito.* **7.** Expresa causa: *esto fue mi ruina.* **8.** Consistir en, depender de: *la cuestión es decidirse.* **9.** Se usa para afirmar o negar lo que se dice o pretende: *eso es.* **10.** Junto con sustantivos, adjetivos o participios, tener los empleos, propiedades, condiciones, etc., que se expresan: *es médico.* **11.** Seguido de una oración precedida de *que,* expresa causa o excusa: *es que se me hace tarde.* **12.** Introduce expresiones adverbiales de tiempo: *es tarde.* **13.** Seguido de la prep. *de* más infinitivo, expresa conveniencia, posibilidad, previsión: *es de desear que no te suceda nada malo.* **14.** Con el imperfecto se expresa la ficción en los juegos: *él era el rey y yo la princesa.* ◇ **A no ser que** Excepto si se cumple la condición que sigue: *iremos de excursión a no ser que llueva.* **Érase una vez** Encabezamiento de los cuentos infantiles. **Lo que sea de cada quien** Méx. Hablando con franqueza, para ser sincero: *no es muy inteligente pero, lo que sea de cada quien, hace bien su trabajo.* **Ser de lo que no hay** Expresa lo extraordinario de cierta cosa o persona, tanto en sentido peyorativo como admirativo. **Ser alguien muy suyo** Tener un carácter muy especial, ser muy reservado o independiente.

2. **ser** s.m. Principio activo y radical constitutivo de las cosas. **2.** Ente. **3.** FILOS. **a.** Existencia. **b.** Esencia. **c.** Lo que no se identifica con la nada y es apto para existir. ◇ **El Ser supremo** Dios.

sera s.f. Espuerta grande, generalmente sin asas.

serac s.m. (voz saboyana) [pl. *seracs*]. Bloque caótico de hielo que se acumula en los lugares donde la pendiente del lecho glaciar se acentúa o donde la adherencia del glaciar disminuye.

seráfico, a adj. (bajo lat. *seraphicus*). Relativo a los serafines. **2.** *Fig.* Plácido, bondadoso: *un semblante seráfico.*

serafín s.m. (lat. bíblico *seraphin,* serafines, del pl. hebreo *seraphim*). En la tradición cristiana, ángel que pertenece a una categoría superior a la de querubín y que se caracteriza por su gran amor hacia Dios. **2.** *Fig.* Persona de gran belleza, especialmente un niño.

serapeum s.m. Necrópolis de los bueyes Apis en Egipto. **2.** Templo de Serapis en Grecia.

serba s.f. Fruto del serbal, parecido a la pera, de color amarillo rojizo, comestible y de sabor agradable.

serbal s.m. Árbol de tronco recto, hojas lobuladas, flores blancas y fruto comestible. (Familia rosáceas.)

serbio, a o **servio, a** adj. y s. De Serbia. ◆ s.m. Lengua eslava que tiene el estatuto de lengua oficial en Serbia y, junto al bosnio y el croata, en Bosnia-Herzegovina.

serbocroata o **serviocroata** adj. Relativo a Serbia y Croacia. ◆ s.m. Lengua eslava meridional que hablaba la mayoría de la población en la antigua Yugoslavia. (Dio lugar a cuatro lenguas oficiales distintas en los estados que surgieron al deshacerse esta federación [1992]: el bosnio, el croata, el montenegrino y el serbio. Los montenegrinos y serbios utilizan el alfabeto cirílico y los bosnios y croatas, el latino.)

serena s.f. *Fam.* Sereno, humedad de la atmósfera durante la noche. **2.** LIT. Composición poética o musical de los trovadores que solía cantarse de noche.

serenar v.tr., intr. y prnl. Poner tranquilo o quieto: *serenar los ánimos; serenarse el día.*

serenata s.f. (ital. *serenata*). Concierto de voces e instrumentos, o de instrumentos solos, que se da por la noche debajo de las ventanas de alguien, para festejarlo. **2.** *Irón.* Ruido o sonido persistente que causa gran molestia, en especial el que se produce de noche: *menuda serenata ha dado el niño.*

serenidad s.f. Cualidad o estado de sereno.

serenísimo, a adj. y s.f. HIST. En los ss. XV-XVI, título dado a la república de Venecia. ◇ **Alteza serenísima** Tratamiento que se daba en España a los príncipes hijos de reyes.

sereno, a adj. (lat. *serenus*). Que es o está tranquilo y apacible, sin agitación, movimiento o ruido: *tiempo, día sereno; mar serena; mirada serena.* **2.** Se dice de la persona que no está bajo los efectos del alcohol. ◆ s.m. Humedad de la atmósfera durante la noche. ◇ **Al sereno** A la intemperie, durante la noche. **2.** Vigilante nocturno encargado de rondar las calles, para seguridad del vecindario. **Gota serena** MED. Amaurosis.

serere, pueblo de Senegal que habla una lengua nigerianocongoleña.

sergas s.f.pl. Hazañas, proezas.

serial s.m. Emisión dramática radiofónica o televisiva que se difunde en forma de episodios sucesivos. **2.** Artículos periodísticos que forman una serie. ◆ adj. Relativo a una serie. ◇ **Música serial** Serialismo.

serialismo s.m. Técnica de composición musical basada en la utilización de la serie, de la cual generaliza sus principios al aplicarlos a otros parámetros distintos de la altura de los sonidos. SIN.: *música serial.*

seriar v.tr. Formar una serie.

sericícola adj. Relativo a la sericicultura.

sericicultor, ra s. Persona que se dedica a la sericicultura. SIN.: *sericultor.*

sericicultura s.f. Técnica e industria de la producción de la seda. SIN.: *sericultura.*

sericígeno, a adj. Que produce seda.

sericina s.f. Proteína gelatinosa de la seda, que une los filamentos de fibroína y que se disuelve por acción del agua hirviendo a presión. SIN.: *gres.*

sérico, a adj. Relativo al suero sanguíneo.

serie s.f. (lat. *series,* de *serere,* entretejer, encadenar). Conjunto de cosas relacionadas entre sí y que se suceden unas a otras. **2.** *Fam.* Gran número de ciertas cosas: *tiene una serie de libros para leer.* **3.** Disposición biológica según el orden natural de sus afinidades: *serie zoológica.* **4.** Serial televisivo. **5.** DEP. Prueba preliminar. **6.** ECOL. Sucesión de comunidades que se sustituyen unas a otras en un área determinada, como desarrollo de la comunidad a partir de etapas precursoras que van siendo remplazadas por otras más maduras. **7.** MAR. Conjunto de yates con características suficientemente comparables como para que puedan competir juntos. **8.** MAT. Suma infinita cuyos términos son los de una sucesión (u_n) de términos reales o complejos. **9.** QUÍM. Grupo de compuestos orgánicos que presentan numerosas analogías y se distinguen por una diferencia constante en ciertos radicales. ◇ **Desarrollo de una función en serie** MAT. Formación de una serie cuya suma representa esta función en un intervalo dado. **En serie** Se dice de los objetos que se fabrican todos iguales, según un modelo; ELECTR. se dice de varios conductores, generadores o receptores eléctricos acoplados de manera que el polo positivo del primero está unido al polo negativo del segundo, y así sucesivamente, y con la misma intensidad de corriente. **Fuera de serie** Que es extraordinario entre los de su clase.

seriedad s.f. Cualidad de serio. **2.** Actitud o comportamiento serios.

serigrafía s.f. Procedimiento de impresión mediante una pantalla o tamiz, semejante al estarcido.

serina s.f. BIOL. Aminoácido de función alcohol, constituyente de las proteínas. SIN.: *seroalbúmina.*

seringa s.f. Amér. Goma elástica. **2.** Perú. Planta de la familia de las euforbiáceas.

seringal s.m. En la cuenca del Amazonas, asociación de plantas cauchíferas.

serio, a adj. (lat. *serius*). Responsable, sensato, que obra con reflexión. **2.** Que expresa preocupación, disgusto, contrariedad, etc. **3.** Que no es alegre, que no ríe o que ríe con poca frecuencia. **4.** Grave o digno de consideración: *motivo serio.* **5.** Que no esconde ningún tipo de broma, engaño o ilegalidad: *negocio serio.* **6.** Que se hace dignamente o de acuerdo con ciertos convencionalismos. ◇ **En serio** Con seriedad, sin engaño ni burla.

sermón s.m. (lat. *sermo, -onis,* conversación, diálogo). Discurso religioso pronunciado en público por un sacerdote. **2.** *Fam.* Amonestación, reprensión.

sermonario s.m. Libro que contiene sermones.

sermonear v.tr. *Fam.* Reprender repetida e insistentemente.

sermoneo s.m. *Fam.* Acción de sermonear.

seroalbúmina s.f. BIOL. Serina.

serodiagnosis s.f. Examen del suero que permite confirmar el diagnóstico de una enfermedad infecciosa mediante la identificación de los anticuerpos específicos del germen en cuestión, que representa el antígeno.

serología s.f. Estudio de los sueros, de sus propiedades y de sus aplicaciones.

serológico, a adj. Relativo a la serología.

serón s.m. Sera más larga que ancha.

seronegativo, a adj. y s. Que no es seropositivo.

seropositivo, a adj. y s. Se dice de la persona que presenta en su suero anticuerpos dirigidos contra un agente infeccioso. (Se aplica especialmente a los pacientes contaminados por el VIH del sida y en cuyo suero se han detectado anticuerpos específicos contra este virus.)

serosidad s.f. Líquido análogo a la linfa, contenido en las serosas y secretado por ellas.

seroso, a adj. MED. Que tiene las características de la serosidad. ◆ adj. y s.f. Se dice de la membrana que tapiza ciertos órganos móviles, formada por dos hojas que delimitan una cavidad virtual, que puede llenarse de líquido.

seroterapia s.f. Tratamiento de ciertas enfermedades infecciosas por medio de sueros medicinales.

serotonina s.f. Sustancia del grupo de las catecolaminas, que está presente en las neuronas y realiza funciones de neurotransmisor.

serovacunación s.f. Vacunación simultánea de sueros y vacunas.

serpear v.intr. *Poét.* Serpentear.

serpentear v.intr. Moverse o extenderse formando vueltas y ondulaciones: *un río que serpentea.*

serpenteo s.m. Acción de serpentear.

serpentín s.m. Tubo en línea espiral, helicoidal o acodado cierto número de veces, que se utiliza en aparatos de destilación, calefacción y refrigeración. **2.** Antigua pieza de artillería. SIN.: *serpentina.*

serpentina s.f. Tira de papel, larga y estrecha, enrollada, que se desenrolla al lanzarla sujetándola por uno de sus extremos. **2.** Venablo antiguo cuyo hierro forma ondas. **3.** Mineral compuesto por silicato de magnesio hidratado, de color verdoso con manchas o venas más o menos oscuras y de gran dureza. (Se utiliza en decoración.) **4.** Serpentín, antigua pieza de artillería. **5.** TAUROM. Suerte de capa en que se hace girar esta alrededor del cuerpo del torero.

serpiente s.f. (lat. *serpens, -entis,* de *serpere,* arrastrarse). Reptil que carece de extremidades y se desplaza por reptación. (La serpiente *silba.*) [Existen serpientes venenosas: *cobra, serpiente de cascabel, víbora,* y no venenosas: *culebra. boa. anaconda.*] **2.** ECON. Figura en forma de serpiente que indica los límites superior e inferior que no deben rebasar los valores de diversas monedas vinculadas por un acuerdo que limita sus fluctuaciones. SIN.: *serpiente monetaria.* <> **Serpiente de mar** Animal fantástico de grandes dimensiones; en el Mediterráneo y Atlántico se aplica este nombre a diversos seres, entre ellos algún elasmobranquio.

serpiginoso, a adj. MED. Se dice de las enfermedades cutáneas de contornos sinuosos.

serpol s.m. (cat. *serpoll*). Planta aromática parecida al tomillo. (Familia labiadas.) SIN.: *serpillo.*

serradizo, a adj. Aserradizo.

serraduras s.f.pl. Serrín.

serrallo s.m. (ital. *serraglio*). En los países de civilización turca, palacio real, especialmente el del sultán otomano. **2.** Harén de este palacio. **3.** Conjunto de mujeres del harén.

serrana s.f. Composición poética parecida a la serranilla. **2.** Modalidad de cante flamenco, probablemente originaria de la serranía de Ronda, que en un principio debió de ser una canción de procedencia folklórica campesina.

serranía s.f. Terreno cruzado por montañas y sierras.

serránido, a adj. y s.m. Relativo a una familia de peces marinos de fondos rocosos, como el mero y el serrano.

serranilla s.f. Composición lírica constituida por versos hexasílabos u octosílabos, que generalmente describe el encuentro entre un caballero y una pastora. (Puede presentar la forma de un romance, un villancico o una canción medieval.)

1. **serrano** s.m. Pez de las costas rocosas, afín al mero, que alcanza como máximo 30 cm de long. (Familia serránidos.)

2. **serrano, a** adj. y s. De la sierra.

serrar v.tr. (lat. *serrare*) [conj.: *pensar*]. Cortar madera u otras materias con la sierra.

serrato s.m. ANAT. Músculo del tronco, cuyas inserciones presentan aspecto dentado. <> **Serrato mayor** Músculo depresor del omóplato.

serrería s.f. Aserradero.

serreta s.f. Semicírculo de hierro que se coloca sobre la nariz de los caballos para guiarlos. **2.** Pato piscívoro, de pico fino y aserrado y cuerpo grácil, generalmente con moño. **3.** HERÁLD. Figura que consiste en dos ramas de hierro dentadas unidas entre sí por una charnela en uno de sus extremos.

serrín s.m. Conjunto de partículas que se desprenden de la madera al serrarla.

serruchar v.tr. Argent., Chile y P. Rico. Aserrar con el serrucho. <> **Serruchar el piso** Argent. *Fam.* Hacer peligrar intencional y solapadamente la situación laboral de otro.

serrucho s.m. Sierra de mano, de hoja ancha y un solo mango. **2.** Chile. Persona que tiene el hábito de aserruchar el piso, es decir, de tratar de hacer perder a alguien su situación laboral. **3.** Chile. *Fig.* Inspector de locomoción colectiva que revisa y corta los billetes.

sertão s.m. (voz brasileña). Región brasileña poco poblada, en la que la ganadería extensiva predomina sobre una agricultura de subsistencia. **2.** Denominación dada a las zonas semiáridas del NE de Brasil.

serval s.m. Carnívoro africano de piel amarillenta con manchas negras, muy apreciada. (Familia félidos.)

servato s.m. Planta herbácea común en la península Ibérica, cuyos frutos se han utilizado como carminativos. (Familia umbelíferas.) SIN.: *peucédano.*

serventesio s.m. Estrofa formada por cuatro versos de arte mayor, de los cuales riman el primero con el tercero y el segundo con el cuarto, generalmente en consonante. **2.** Sirventés.

servicial adj. Que sirve con atención y diligencia. **2.** Que siempre está dispuesto a prestar ayuda o a hacer favores. ◆ s.m. Bol. Sirviente, criado.

servicio s.m. (lat. *servitium*). Acción de servir: *realizar importantes servicios.* **2.** Actividad que consiste en servir: *trabajar al servicio del estado.* **3.** Persona o personas empleadas en los trabajos domésticos de una casa privada. SIN.: *servicio doméstico.* **4.** Utilidad o función que desempeña una cosa. **5.** Organización y personal destinados a cuidar intereses o satisfacer necesidades del público o de alguna entidad oficial o privada: *servicio de mensajería.* **6.** Función o prestación desempeñada por dicha organización: *se suspende el servicio de transporte.* **7.** Conjunto de objetos o utensilios que se utilizan para aquello que se expresa: *servicio de té, de tocador.* **8.** Favor o beneficio que se le hace a una persona: *prestar un gran servicio.* **9.** Conjunto de enseres que se ponen en la mesa para cada comensal. **10.** Retrete. **11.** En algunos deportes, saque. **12.** Conjunto de las comunicaciones y enlaces ferroviarios garantizados de acuerdo con un horario establecido. **13.** Orinal. **14.** HIST. Recurso extraordinario otorgado por las cortes al soberano para contribuir a los gastos excepcionales del erario o para cubrir su déficit. **15.** MIL. Carrera o profesión militar. ◆ **servicios** s.m.pl. Cocina y demás dependencias del trabajo doméstico y habitaciones de la servidumbre. **2.** Habitaciones donde se encuentran los aparatos higiénicos sanitarios. **3.** Cuerpos y actividades de la organización militar para atender a cuanto precisan las tropas para vivir y combatir. **4.** ECON. Producto de la actividad del ser humano destinado a la satisfacción de sus necesidades, que no se presenta bajo la forma de un bien material. <> **De servicio** En el desempeño de un cargo o una función durante un turno de trabajo. **Servicio militar** Conjunto de obligaciones militares legales impuestas a los ciudadanos, a partir de determinada edad y durante un tiempo prefijado, para contribuir en la defensa de su país por medio de las armas. **Servicio público** Actividad de interés general realizada por los poderes públicos. **Servicio secreto** Cuerpo de agentes que a las órdenes de un gobierno se dedica al espionaje con fines políticos o militares; actividades de este cuerpo. **Servicios generales** Actividades accesorias e instalaciones auxiliares de los talleres de fabricación de una planta industrial. **Servicios religiosos** Celebración de actos de culto religioso.

servidor, ra s. Con respecto a una persona, otra que le sirve. **2.** Persona al servicio del estado o de una entidad. **3.** La persona que habla o escribe refiriéndose a sí misma con humildad. (Se usa también *un servidor.*) ◆ s.m. DEP. En el tenis y en el juego de la pelota, jugador que pone la pelota en juego. **2.** INFORMÁT. Computadora que, dentro de una red, tiene la misión de ofrecer uno o varios servicios específicos.

servidumbre s.f. (lat. tardío *servitudo, -inis*). Conjunto de criados que sirve en una casa. **2.** *Fig.* Carga excesiva o dependencia exagerada que supone para alguien un trabajo, una obligación, una pasión, un vicio, etc. **3.** Estado o condición de siervo.

servil adj. (lat. *servilis*). Que muestra excesiva sumisión, que sirve o adula por interés, ambición, etc. **2.** Relativo a los siervos y criados. ◆ adj. y s.m. y f. Durante el reinado de Fernando VII, partidario del absolutismo.

servilismo s.m. Cualidad de servil.

servilleta s.f. (fr. *serviette,* del lat. *servire,* servir). Pieza de tela o papel que usa cada comensal para limpiarse la boca, manos, etc., y para proteger la ropa.

servilletero s.m. Aro en que se pone la servilleta enrollada. **2.** Bolsa o utensilio para guardar la servilleta.

servio, a adj. y s. → **serbio.**

serviocroata s.m. → **serbocroata.**

servir v.tr. e intr. (lat. *servire,* ser esclavo, servir) [conj.: *pedir*]. Trabajar para alguien, especialmente en tareas domésticas. **2.** Prestar ayuda o hacer un favor a alguien: *¿puedo servirlo en algo?* **3.** Poner los alimentos o las bebidas en la mesa. ◆ v.intr. Ser útil para determinado fin. SIN.: *valer.* **2.** DEP. En ciertos deportes como el tenis, poner la pelota en juego. **3.** MIL. Hacer el servicio militar: *servir en infantería.* ◆ v.tr. Suministrar una mercancía a un cliente. **2.** Atender a los clientes en un establecimiento comercial. **3.** En el juego, dar cartas a cada jugador. ◆ **servirse** v.prnl. Seguido de la prep. *de,* emplear, utilizar algo como instrumento o medio: *servirse de un bastón para caminar.* **2.** Acceder a hacer algo, por amabilidad, cortesía o condescendencia: *sírvase cerrar la puerta.* <> **Para servirle** o **para servir a usted** Fórmula de cortesía con que una persona se pone a disposición de otra.

servocontrol s.m. Mecanismo para reforzar o sustituir el esfuerzo del piloto en el manejo de los mandos de un avión.

servodirección s.f. Servomando destinado a facilitar el funcionamiento de la dirección de un vehículo automóvil.

servofreno s.m. Servomando para mejorar el funcionamiento de los frenos.

servomando s.m. Mecanismo auxiliar que sustituye la fuerza muscular de una persona, asegurando automáticamente, por amplificación, la fuerza necesaria para el funcionamiento del conjunto.

servomecanismo s.m. Mecanismo concebido para realizar por sí mismo cierto programa de acción, mediante la comparación permanente entre las órdenes que se le dan y el trabajo que ejecuta.

servomotor s.m. Mecanismo de mando cuya energía de maniobra es suministrada por una fuente exterior, a fin de reducir los esfuerzos que deben realizarse o de facilitar el control remoto.

servosistema s.m. TECNOL. Sistema de control remoto y automático de aparatos y vehículos, cuyo funcionamiento tiende a anular la desviación entre una magnitud dirigida y la magnitud que dirige: *los servomecanismos son servosistemas.*

servoválvula s.f. Válvula hidráulica equipada con un dispositivo de mando automático que permite el control asistido de su apertura.

sesada s.f. Seso de un animal. **2.** Fritada de sesos.

sésamo s.m. (lat. *sesamum,* del gr. *sísamon*). Ajonjolí.

sesamoideo, a adj. y s.m. Se dice de unos huesos supernumerarios, pequeños y redondeados, de constitución fibrosa, que se desarrollan cerca de las articulaciones falángicas del pulgar del pie.

sesear v.intr. Pronunciar la *z* o la *c* con seseo.

sesenta adj.num.cardin. y s.m. (lat. *sexaginta*). Seis veces diez. ◆ adj.num.ordin. y s.m. y f. Sexagésimo. <> **Los (años) sesenta** Década que empieza en el año sesenta y termina en el setenta.

sesentavo, a adj. y s.m. Se dice de cada una de las partes que resultan de dividir un todo en sesenta partes iguales.

sesentena s.f. Conjunto de sesenta unidades.

sesentón, na adj. y s. *Fam.* Sexagenario.

seseo s.m. Fenómeno del habla que consiste en pronunciar el sonido *ce* ([θ]) como el sonido de la *s.* [Se produce en una franja irregular y discontinua de Andalucía, en Canarias y en casi la totalidad de América latina.]

sesera s.m. Parte de la cabeza del animal en que está el seso. **2.** *Fam.* Seso, masa encefálica. **3.** *Fig.* y *fam.* Inteligencia o capacidad de pensar.

sesga s.f. Nesga de una prenda de vestir.

sesgadura s.f. Acción y efecto de sesgar.

sesgar v.tr. Cortar o colocar una tela al bies. **2.** Torcer a un lado o atravesar una cosa hacia un lado.

sesgo, a adj. (de *sosegar*). Oblicuo. **2.** *Fig.* Grave, serio en el semblante. ◆ s.m. Oblicuidad o torcimiento en la dirección o posición de una cosa. **2.** *Fig.* Curso o rumbo que toma un asunto. **3.** ESTADÍST. Distorsión en la representatividad de un resultado, bien en el proceso de estimación, bien en la selección o el examen de la muestra. <> **Al sesgo** Oblicuamente.

sesi s.m. Cuba y P. Rico. Pez similar al pargo, con aletas pectorales negras y cola amarilla. (Familia hitiánidos.)

sésil adj. (lat. *sessilis,* de *sedere,* estar sentado). BOT. Se dice del órgano inserto directamente sobre el eje y desprovisto de pedúnculo: *hoja sésil.*

sesión s.f. (lat. *sessio, -onis*). Reunión de una asamblea, tribunal, etc. **2.** Cada acto, representación, proyección, etc., de un espectáculo íntegro o de una película, de los que se realizan en un día: *sesión de cine.* **3.** Espacio de tiempo que se emplea en una ocupación ininterrumpida, en un trabajo con otras personas: *sesión de radioterapia; sesión fotográfica; sesión de trabajo.* <> **Abrir la sesión** Comenzar una reunión. **Levantar la sesión** Concluir una reunión. **Sesión continua** Sesión en que se proyecta repetidamente el mismo programa de cine. **Sesión parlamentaria** Reunión de los parlamentarios.

seso s.m. (lat. *sensus, -us,* percepción, sentido, inteligencia). Masa encefálica. **2.** *Fig.* Sensatez, buen juicio. <> **Beber(se) el seso,** o **los sesos** Volverse loco. **Calentarse,** o **devanarse, los sesos** Pensar demasiado en algo. **Sorber el seso** *Fam.* Hacer que alguien pierda la capacidad de discurrir con sensatez.

sestear v.intr. Dormir la siesta o descansar después del almuerzo. **2.** Recogerse el ganado en las horas de calor, a la sombra.

sestercio s.m. ANT. ROM. Moneda romana de plata o de bronce.

sesudo, a adj. Sensato. **2.** Inteligente.

set s.m. (voz inglesa). Cada una de las partes en que se divide un partido de tenis, voleibol, etc. **2.** Escenario o plató donde se efectúan las tomas de vista para un rodaje cinematográfico.

1. **seta** s.f. Hongo en que el aparato esporífero tiene forma de sombrero y está sostenido por un pedículo.

2. **seta** o **zeta** s.f. Nombre de la sexta letra del alfabeto griego (ζ, Z), que corresponde al sonido africado dentoalveolar sonoro [dz].

setecientos, as adj.num.cardin. y s.m. Siete veces ciento. ◆ s.m. Siglo XVIII.

setenta adj.num.cardin. y s.m. (lat. *septuaginta*). Siete veces diez. ◆ adj.num.ordin. y s.m. y f. Septuagésimo. ◇ **Los (años) setenta** Década que empieza en el año setenta y termina en el ochenta.

setentavo, a adj. y s.m. Se dice de cada una de las partes que resultan de dividir un todo en setenta partes iguales. SIN.: *septuagésimo.*

setentón, na adj. y s. *Fam.* Septuagenario.

setiembre s.m. → **septiembre.**

seto s.m. (lat. *saeptum,* barrera, recinto, seto, p. de *saepire,* cercar). Cercado hecho con palos o varas entretejidos. **2.** División formada con plantas de adorno podadas de modo que simulen una pared.

setswana → **tswana.**

setter adj. y s.m. Se dice de una raza de perros de caza ingleses, de pelo largo, sedoso y ondulado, orejas grandes y hocico alargado.

seudoaleación s.f. Producto metálico constituido por varios metales fuertemente mezclados, pero no aleados entre sí.

seudoartrosis s.f. CIR. Articulación anormal que se forma en una fractura cuya consolidación no puede realizarse.

seudónimo s.m. (del gr. *pseydo,* falso, y *ónoma,* nombre). Nombre ficticio que toma una persona que quiere disimular su identidad.

seudópodo s.m. Prolongación del protoplasma que sirve de aparato locomotor o prensor a ciertos protozoos y a los leucocitos.

severidad s.f. Cualidad de severo. **2.** Actitud severa.

severo, a adj. (lat. *severus*). Muy exigente o intransigente con las faltas. **2.** Muy estricto en el cumplimiento de una ley, norma, precepto, etc. **3.** Sobrio, austero: *un decorado severo.* **4.** Serio, grave: *semblante severo.* **5.** Se aplica al clima (frío, calor, etc.) muy extremado.

seviche s.m. Amér. Merid. Cebiche.

sevicia s.f. (lat *saevitia,* violencia). Crueldad excesiva. ◆ **sevicias** s.f.pl. DER. Crueldad o malos tratos de que se hace víctima a una persona sobre quien se tiene potestad o autoridad legítima.

sevillana s.f. Modalidad de baile típica de Andalucía que es una adaptación de la seguidilla tradicional castellana y, más concretamente, de la manchega; también la música con que se baila.

sevillano, a adj. y s. De Sevilla.

sexagenario, a adj. y s. (lat. *sexagenarius,* de *sexageni,* de sesenta en sesenta). Se aplica a la persona de edad comprendida entre los sesenta y los sesenta y nueve años.

sexagésima s.f. CATOL. Denominación dada, antes del concilio Vaticano II, al segundo domingo antes de cuaresma.

sexagesimal adj. Que tiene por base el número sesenta: *sistema sexagesimal.*

sexagésimo, a adj.num.ordin. y s. (lat. *sexagesimus,* de *sexaginta,* sesenta). Que corresponde en orden al número sesenta. SIN.: *sesenta.* ◆ adj. y s.m. Se dice de cada una de las partes que resultan de dividir un todo en sesenta partes iguales.

sexaje s.m. Método para determinar el sexo de un animal cuando no es distinguible por su aspecto externo.

sex-appeal s.m. (voz angloamericana). Atractivo físico y sexual. SIN.: *sexy.*

sexenio s.m. (lat. *sexennium,* de *sex,* seis, y *annus,* año). Período de seis años.

sexismo s.m. Actitud de la persona que desprecia o discrimina a las personas por su sexo.

sexista adj. y s.m. y f. Relativo al sexismo; que desprecia o discrimina a las personas por su sexo.

sexo s.m. (lat. *sexus, -us*). Condición orgánica que distingue el macho de la hembra en los organismos heterogaméticos. **2.** Conjunto de individuos que tienen el mismo sexo: *sexo femenino; sexo masculino.* **3.** Conjunto de los órganos sexuales masculinos o femeninos, en especial los externos. **4.** Sexualidad: *represión del sexo.* ◇ **Sexo débil** o **bello sexo** Las mujeres. **Sexo fuerte,** o **feo** Los hombres.

sexología s.f. Estudio de los problemas relativos a la sexualidad y a sus trastornos.

sexólogo, a s. Especialista en sexología.

sexpartito, a adj. Se dice de un tipo de bóveda gótica que se apoya en cuatro pilares maestros, entre los que se elevan dos pilares intermedios.

sex-shop s.m. (voz inglesa) [pl. *sex-shops*]. Establecimiento especializado en la venta de objetos, libros y revistas eróticas o pornográficas, productos afrodisíacos, etc.

sex-symbol s.m. y f. (voz inglesa) [pl. *sex-symbols*]. Personaje público que simboliza el ideal masculino o femenino en el aspecto de la sensualidad y la sexualidad.

sexta s.f. Hora menor del oficio divino, que se suele rezar a la sexta hora del día (mediodía). **2.** MÚS. Intervalo de seis grados diatónicos.

sextante s.m. (lat. *sextans. -antis,* sexta parte). Instrumento de reflexión en el que el limbo graduado abarca 60°, y que permite medir la altura de los astros desde una embarcación o una aeronave.

sexteto s.m. MÚS. **a.** Conjunto vocal o instrumental compuesto de seis ejecutantes. **b.** Composición para seis voces o seis instrumentos.

sextilla s.f. Combinación métrica de seis versos de arte menor.

sextillón s.m. MAT. Un millón de quintillones (10^{36}).

sextina s.f. LIT. **a.** Composición poética formada por seis estrofas de seis versos y por una de tres, todos endecasílabos. **b.** Estrofa de seis versos endecasílabos.

sexto, a adj.num.ordin. y s. (lat. *sextus*). Que corresponde en orden al número seis. ◆ adj. y s.m. Se dice de cada una de las partes que resultan de dividir un todo en seis partes iguales.

sextuplicar v.tr. y prnl. Hacer una cosa seis veces mayor, o multiplicar por seis una cantidad.

séxtuplo, a adj. y s.m. (lat. *sextuplus,* de *sex,* seis, y *plicare,* doblar). Que incluye en sí seis veces una cantidad.

sexuado, a adj. Que tiene órganos sexuales. ◇ **Reproducción sexuada** Reproducción que se realiza mediante la intervención de células especializadas, los gametos masculinos y femeninos.

sexual adj. (lat. *sexualis,* femenino). Relativo al sexo o la sexualidad: *educación sexual.* ◇ **Acto sexual** Coito. **Caracteres sexuales** Conjunto de manifestaciones anatómicas y fisiológicas determinadas por el sexo. (Se distinguen unos caracteres *sexuales primarios* [órganos genitales] y unos caracteres *sexuales secundarios* [pilosidad, adiposidad, voz, etc.], especiales de cada sexo.) **Órganos sexuales** Órganos que intervienen en la reproducción.

sexualidad s.f. Conjunto de caracteres especiales, externos o internos, que presentan los individuos y que determinan su sexo. **2.** Conjunto de fenómenos relativos al instinto y el placer sexual. SIN.: *sexo.* **3.** PSICOANÁL. Conjunto de manifestaciones que abarcan el placer ligado al funcionamiento del aparato genital y los placeres ligados al ejercicio de una función vital, acompañados del apoyo de un placer inmediatamente sexual.

sexualizar v.tr. Dar carácter sexual.

sexy adj. (voz inglesa). Se dice de la persona dotada de atractivo físico, y de las cosas que ponen de relieve este atractivo. ◆ s.m. Sex-appeal.

sha s.m. (voz persa). Título del soberano de Irán y del antiguo reino asiático de Persia.

sham, cham o **tiam,** pueblo de Camboya y de Vietnam, cuyos individuos son los últimos supervivientes del reino de Shampa.

shamán s.m. → **chamán.**

shan o **chen** s.m. Lengua thai hablada en Birmania.

shantung s.m. Tela de seda muy resistente que presenta un grano muy pronunciado. **2.** Tela de algodón o rayón de características semejantes.

share s.m. ESTADÍST. Cuota de pantalla.

sharía s.f. → **saría.**

sharpie s.m. (voz inglesa). Pequeño velero de fondo plano, con el pantoque de ángulos vivos y provisto de orza.

shawarma s.m. (voz procedente del árabe). Carne sazonada, generalmente de cordero, que se asa en un eje vertical que gira sobre sí mismo y se sirve cortada a tiras, a menudo dentro de un pan de pita. **2.** *Por ext.* Bocadillo hecho con esta carne.

shed s.m. (voz inglesa). Cubierta en diente de sierra que tiene una vertiente acristalada de mucha pendiente, expuesta al norte.

sheik s.m. → **cheik.**

sherardización s.f. Procedimiento termoquímico de protección del acero por difusión superficial de cinc.

sherif s.m. (ingl. *sheriff*). En EUA, oficial administrativo electo, con un poder judicial limitado. **2.** En Gran Bretaña, oficial administrativo que representa a la corona en cada condado.

sherpa, pueblo montañés de Nepal.

shetland s.m. Paño fabricado con la lana de los carneros de Escocia.

shiatsu s.m. Método curativo consistente en presionar con los dedos sobre ciertos puntos del cuerpo.

shido s.m. En judo, advertencia que sanciona una infracción leve del reglamento.

shilling s.m. (voz inglesa). Chelín. **2.** Unidad monetaria principal de Kenya, Somalia, Tanzania y Uganda.

shilluk, pueblo de Sudán meridional, perteneciente a una rama nilótica de lengua sudanesa.

shimmy s.m. (voz angloamericana). Baile de origen norteamericano, muy en boga en los años inmediatamente posteriores a la primera guerra mundial. **2.** Fenómeno caracterizado por la oscilación repetida de las ruedas directrices de un automóvil alrededor de su eje.

shiriana → **waica.**

shock s.m. (voz inglesa). Conmoción, impresión violenta e imprevista que trastorna o perturba. SIN.: *choque.* **2.** Estado de abatimiento físico consecutivo a un traumatismo *(shock traumático)*, a una operación quirúrgica *(shock operatorio)*, a la anestesia *(shock anestésico)* o a la presencia en el organismo de proteínas extrañas *(shock anafiláctico)*. ◇ **Shock emocional** Conjunto de reacciones psíquicas y orgánicas producidas por una emoción o sentimiento muy intensos y en muy poco tiempo. **Tratamiento de shock** Método terapéutico, utilizado a veces en psiquiatría, que consiste en crear una brusca perturbación biológica en un enfermo.

shogun o **sogún** s.m. Nombre dado a los dictadores militares de Japón de 1192 a 1867.

shorts s.m.pl. (voz inglesa). Pantalón corto.

shoshón, pueblo amerindio de América del Norte (Idaho, Nevada, Utah), de lengua utoazteca.

show s.m. (voz inglesa). Espectáculo centrado en un actor, un cantante o un animador. **2.** Exhibición, ostentación de determinada cualidad o capacidad. ◇ **Show business,** o **biz** Conjunto de actividades comerciales implicadas en la producción de espectáculos públicos. (Equivale a *industria del espectáculo.*)

showman s.m. (voz inglesa) [pl. *showmen*]. Hombre que actúa en un show en el que es la primera estrella, el presentador y el animador.

shrapnel o **shrapnell** s.m. (de H. *Shrapnel,* general británico) [pl. *shrapnel* o *shrapnell*]. Proyectil que contiene balines.

shunt s.m. (voz inglesa). ELECTR. Resistencia conectada en derivación en un circuito, de modo que solo deje pasar una fracción de la corriente por este circuito. **2.** MED. Derivación de la corriente sanguínea, patológica o a causa de una intervención quirúrgica.

shuntar v.tr. Proveer de un shunt.

1. **si** conj.cond. (lat. *si*). Expresa condición que puede ser real o irreal: *si llueve, no iré; si necesitas algo, dímelo.* **2.** Introduce oraciones interrogativas indirectas: *no sé si esto es cierto.* **3.** Tiene valor concesivo en determinados usos y equivale a *aunque.* **4.** Puede tener valor concesivo-distributivo: *si no ganamos, por lo menos hicimos buen papel.* **5.** Adquiere un matiz causal: *si ayer lo aseguraste, ¿cómo lo niegas hoy?* **6.** Se emplea en expresiones de protesta, sorpresa, negación o ponderación: *si yo no quería; mira si es amable que me invitó.*

2. **si** s.m. Séptima nota musical de la escala de do. **2.** Signo que representa esta nota.

SI, sigla de **sistema internacional de unidades.*

1. **sí** adv.afirm. (lat. *sic,* así). Se usa, generalmente, para responder afirmativamente a una pregunta. **2.** Se usa enfáticamente en enunciados afirmativos e imperativos: *me voy, sí, y no trates de impedirlo.* ◆ s.m. Consentimiento o permiso: *contestó con un sí.* ◇ **Dar el sí** Aceptar una proposición.

2. **sí** pron.pers. (lat. *sibi,* dativo del pronombre personal de tercera persona). Forma tónica reflexiva del pronombre personal de 3ª persona. Funciona como complemento precedido de preposición: *no están seguros de sí mismos.* ◇ **Por sí solo** Espontáneamente; sin ayuda ajena.

sial s.m. Nombre que se daba a la zona externa del globo terrestre, compuesta principalmente de silicatos de aluminio, y que corresponde a la corteza continental.

sialagogo, a adj. y s.m. MED. Se dice de la sustancia que estimula la secreción de saliva.

sialorrea s.f. Secreción excesiva de saliva.

siamang s.m. (pl. *siamang*). Simio catarrino de las montañas de Indonesia, que alcanza 1 m de long.

siamés, sa adj. y s. Del antiguo reino de Siam. **2.** Se dice del gato de una raza de color marrón claro o gris, más oscuro en sus orejas y extremidades. ◆ s.m. Lengua thai hablada en Tailandia. ◇ **Hermanos siameses** Gemelos unidos uno al otro por dos partes homólogas de sus cuerpos.

sibarita adj. y s.m. y f. (lat. *sybarita,* del gr. *sybarítis,* habitante de Síbaris, ciudad de Grecia). Aficionado a los placeres refinados.

sibarítico, a adj. Relativo al sibarita.

siberiano, a adj. y s. De Siberia.

sibil s.m. Pequeña despensa subterránea. **2.** Concavidad subterránea.

sibila s.f. (lat. *sibylla,* del gr. *síbylla,* profetisa). En la antigüedad, mujer que transmitía los oráculos de los dioses. **2.** Adivinadora.

sibilante adj. MED. Que tiene el carácter de un silbido: *respiración sibilante.* ◆ adj. y s.f. Se dice de una consonante fricativa o africada caracterizada por la producción de una especie de silbido (s *y* z *son sibilantes*).

sibilino, a adj. Relativo a las sibilas: *oráculo sibilino.* **2.** *Fig.* Oscuro, incomprensible, ambiguo: *palabras sibilinas.*

siboney → **ciboney.**

sibucao s.m. Árbol que se cultiva en Asia tropical por su madera, muy dura y tintórea.
sic adv.m. (voz latina, *así*). Colocado entre paréntesis detrás de una palabra o una expresión, indica que es una cita textual por rara o incorrecta que parezca.
sicalipsis s.f. Escabrosidad, malicia sexual.
sicalíptico, a adj. (voz de creación expresiva). Escabroso, sexualmente malicioso.
sicambrio, a adj. y s. De un pueblo germánico establecido en la cuenca del Ruhr. (Una parte de ellos se instaló en la Galia, donde, a partir del s. III, se mezclaron con los francos.)
sicamor s.m. Ciclamor.
sicano, a adj. y s. De un pueblo primitivo de Sicilia occidental, desde el III milenio a.C.
sicario s.m. (lat. *sicarius,* de *sica,* puñal). Asesino asalariado.
sicastenia s.f. Síndrome neurótico caracterizado por abulia, astenia, duda, escrúpulo y meticulosidad.
sicasténico, a adj. y s. Relativo a la sicastenia; que padece sicastenia.
sicigia s.f. ASTRON. Conjunción u oposición de la Luna con el Sol (novilunio y plenilunio).
siciliana s.f. MÚS. Fragmento instrumental, probablemente inspirado en una danza siciliana, de carácter pastoral.
siciliano, a adj. y s. De Sicilia. ◆ s.m. Dialecto de la Italia meridional, hablado en Sicilia.
sic(o) → psic(o).
sicofanta o **sicofante** s.m. En la antigua Grecia, delator profesional. **2.** Calumniador.
sicómoro s.m. Árbol de hojas similares a las del moral, fruto pequeño blanquecino, y madera incorruptible. (Familia moráceas.) **2.** Plátano falso.
sicosis s.f. Infección de la piel localizada en los folículos pilosos, generalmente causada por estafilococos.
sicrometría s.f. Determinación del estado higrométrico del aire por medio del sicrómetro.
sicrométrico, a adj. Relativo a la sicrometría.
sicrómetro s.m. Aparato que sirve para determinar el estado higrométrico del aire.
sicu s.m. Argent. Instrumento de viento compuesto por una doble hilera de tubos de longitud decreciente, siringa. SIN.: *sicuri.*
sículo, a adj. y s. Siciliano. **2.** De un pueblo primitivo del E de Sicilia, que dio su nombre a la isla.
sicuri s.m. Argent. Tañedor de sicu. **2.** Argent. Sicu.
sida s.m. (sigla de *síndrome de inmunodeficiencia adquirida*). Afección grave de origen vírico, transmitida por vía sexual o sanguínea, que provoca una alteración del estado vital por la ausencia de reacciones inmunitarias.

sida

El virus causante del sida produce una afectación de los linfocitos (sobre todo los T4) que impide al organismo defenderse de cualquier infección. Actualmente, dentro de la denominación genérica de «virus de inmunodeficiencia humana» (VIH), se distinguen los virus HTLV III y HTLV IV. La enfermedad produce una disminución drástica de las defensas del organismo, por lo que sobrevienen afecciones por gérmenes oportunistas, ya sean virus, bacterias, hongos o protozoos. La transmisión se produce exclusivamente por contacto sexual o por la exposición de la sangre u otros líquidos orgánicos de una persona sana con los de una persona infectada; también a través de la placenta de la madre infectada al feto. El hecho de compartir jeringuillas entre personas sanas e infectadas, o la transfusión de sangre contaminada, actúan como transmisores de la enfermedad. Entre los infectados por el VIH los hay que tienen en su sangre anticuerpos contra el virus (seropositivos) aunque no presentan síntomas de la enfermedad, mientras que otros han desarrollado la enfermedad con todas sus manifestaciones. Entre ambos extremos hay un espectro de diversos grados de afectación clínica.

sidecar s.m. (ingl. *sidecar*). Vehículo de una sola rueda y provisto de un asiento, que se acopla lateralmente a las motocicletas.
sideración s.f. PSIQUIATR. Suspensión repentina de las reacciones emocionales y motoras, por un shock emocional intenso.
sideral adj. (lat. *sideralis,* de *sidus, -eris,* constelación, estrella). Relativo a los astros.
siderar v.tr. Destruir súbitamente la actividad vital por un proceso de sideración.
sidéreo, a adj. Se dice del tiempo que se mide por el movimiento aparente de las estrellas. **2.** ASTRON. Relativo a las estrellas o los astros.
siderita s.f. (lat. *sideritis,* del gr. *sidirítis, -idos*). Carbonato de hierro ($FeCO_3$), que contiene en general una pequeña cantidad de carbonato de manganeso y carbonatos alcalinotérreos. SIN.: *siderosa.*
siderolítico, a adj. y s.m. GEOL. Se dice de las formaciones terciarias ricas en menas de hierro, en pequeñas capas o en bolsas dentro de las calizas.
siderolito s.m. Variedad de meteorito constituida por metales (hierro, níquel) y silicatos, en proporciones similares.
siderosa s.f. (del gr. *sidirítis*). Siderita.
siderosis s.f. MED. Neumoconiosis debida a la inhalación de óxido de hierro, observada en fundidores, afiladores y soldadores.
siderostato s.m. Aparato dotado de un espejo móvil que permite reflejar la imagen de un astro en una dirección fija.
siderurgia s.f. (gr. *sidēros,* hierro, y *ergon,* obra). Metalurgia del hierro.
siderúrgico, a adj. Relativo a la siderurgia. ◆ s. Obrero o industrial de la siderurgia.
sidra s.f. (del lat. *sicera,* bebida embriagante de los hebreos). Bebida alcohólica que se obtiene, principalmente, por fermentación del zumo de manzanas.
sidrería s.f. Establecimiento en el que se vende o se elabora sidra, o en el que se sirve como especialidad. **2.** Técnica utilizada para la fabricación de sidra.
siega s.f. Acción de segar, en especial la mies. **2.** Mies segada. **3.** Época en que se siega.
siembra s.f. Acción de sembrar. **2.** Tierra sembrada. **3.** Época en que se siembra.
siemens s.m. Unidad de medida de la conductancia eléctrica (símbolo S), equivalente a la conductancia eléctrica de un conductor que presenta una resistencia eléctrica de 1 ohm.
siempre adv.t. (lat. *semper*). En todo tiempo. **2.** Que se produce cada vez que concurre una situación determinada: *antes de entrar siempre llama.* **3.** En todo caso, cuando menos: *siempre podrá decir que lo intentó.* **4.** Se usa para enfatizar una afirmación: *siempre será más divertido.* **5.** Méx. A fin de cuentas, definitiva o finalmente: *siempre no te voy a acompañar.* ◇ **De siempre** Acostumbrado o corriente. **De,** o **desde, siempre** Desde que se recuerda. **Siempre que** Cada vez que. **Siempre que** o **siempre y cuando** Con tal que.
siempreviva s.f. Planta herbácea originaria de Australia, cuyas flores se secan y se utilizan para hacer ramos ornamentales. (Familia compuestas) **2.** Flor persistente de esta planta, de color amarillo y con estrechas cabezuelas.
sien s.f. Región alta y lateral de la cabeza, por encima del arco cigomático, delante de la región temporal.
sienés, sa adj. y s. De Siena.
sienita s.f. (de *Siena,* c. de Italia). Roca plutónica, sin cuarzo, constituida principalmente por feldespato alcalino y anfíbol.
sierpe s.f. Serpiente.
sierra s.f. (lat. *serra*). Herramienta para cortar madera, papel, piedra, etc., que consiste en una hoja de acero con el borde dentado y un mango. **2.** Borde dentado de un utensilio cortante: *la sierra del cuchillo.* **3.** GEOGR. **a.** Conjunto de montañas más pequeño que una cordillera. **b.** Terreno mon-

tañoso, por contraposición al llano o campiña. <> **En diente de sierra** Que presenta puntas, picos o salientes regularmente dispuestos. **Sierra eléctrica,** o **mecánica** Sierra portátil que dispone de motor para facilitar su manejo y que está compuesta de piezas articuladas con dientes cortantes, o de un disco dentado.

siervo, a s. (lat. *servus,* esclavo). Esclavo. **2.** HIST. Persona ligada a la gleba y dependiente de un señor. **3.** REL. Denominación dada a los miembros de algunas órdenes o congregaciones religiosas.

siesta s.f. (del lat. *hora sexta,* hora sexta del día, hora de después de comer). Rato que se destina a dormir o descansar después de la comida. **2.** Sueño que se echa después de comer. **3.** Tiempo después del mediodía en que el calor es más fuerte. <> **Dormir la siesta** Echarse a dormir después de comer.

siete adj.num.cardin. y s.m. (lat. *septem*). Seis y uno. ◆ adj.num.ordin. y s.m. y f. Séptimo. ◆ s.m. *Fam.* Rasgón o rotura en forma de ángulo que se hace en trajes, telas, etc. **2.** Argent., Colomb. y Nicar. *Vulg.* Ano. <> **Siete y medio,** o **y media** Juego de naipes en el que gana el jugador que obtiene la puntuación justa de siete y medio o el que más se aproxima a ese número sin superarlo.

sietecolores s.m. (pl. *sietecolores*). Argent., Chile, Ecuad. y Perú. Pájaro pequeño de patas, pico, cola y alas negras, plumaje de varios colores y un moño rojo vivo en la cabeza, que construye su nido sobre las plantas de las lagunas, donde vive.

sietecueros s.m. (pl. *sietecueros*). Chile, Colomb., Ecuad. y Hond. Callo que se forma en el talón del pie. **2.** C. Rica, Cuba, Nicar. y Venez. Panadizo de los dedos.

sietemesino, a adj. y s. Se dice del niño que ha nacido prematuramente a los siete meses de ser engendrado. **2.** *Fig.* y *fam.* Jovencito que presume de persona mayor. **3.** *Fig.* y *fam.* Raquítico, enclenque.

sifílide s.f. Lesión cutánea sifilítica, que se manifiesta en forma de manchas, granos, etc.

sífilis s.f. (lat. moderno *Syphilis,* título de un poema de G. Fracastoro). Enfermedad venérea infectocontagiosa, provocada por la espiroqueta *Treponema pallidum,* que se manifiesta por un chancro y por lesiones viscerales y encefálicas a largo plazo. (En su tratamiento, además de la penicilina, se usan las sales de bismuto.) SIN.: *luetismo.*

sifilítico, a adj. y s. Relativo a la sífilis; que padece sífilis.

sifomicete adj. y s.m. Relativo a una clase de hongos inferiores, de talo continuo, no tabicado, caracterizados por su micelio en forma de filamentos continuos, sin tabiques celulares.

sifón s.m. (lat. *sipho, -onis,* del gr. *síphon, -onos,* cañería, sifón). Tubo en forma de U invertida, para trasvasar líquidos de un nivel a otro más bajo, elevándolos primero a un nivel situado por encima del nivel más alto. **2.** Tubo de doble curvatura que sirve para evacuar las aguas residuales e impide la salida de malos olores. **3.** Recipiente de vidrio grueso, cerrado con un casquete accionado por una palanca, que permite la salida de un líquido a presión. **4.** Aparato empleado para permitir que las aguas de alimentación o de evacuación salven un obstáculo. **5.** Órgano tubular de ciertos moluscos bivalvos, que les permite la renovación del agua que respiran. **6.** En espeleología, conducto natural anegado por el agua.

sifonáptero, a adj. y s.m. Relativo a un orden de insectos sin alas, afín a los dípteros, como la pulga.

sifonero s.m. Argent. Sodero, persona que reparte soda.

sifonóforo, a adj. y s.m. Relativo a un orden de hidrozoos que constituyen colonias pelágicas, con polimorfismo, formadas por individuos especializados.

sifonogamia s.f. Modo normal de fecundación de las plantas superiores, por medio de un tubo polínico.

sifosis s.f. Joroba.

siga. A la siga de Chile. En pos de, tras de.

sigilar v.tr. Mantener en secreto u ocultar algo. **2.** Sellar, estampar un sello.

sigillata adj. y s.f. Se dice de la cerámica de uso corriente en la época del Imperio romano, de color rojizo y cubierta de barniz brillante.

sigilo s.m. (lat. *sigillum,* sello, secreto con el que se guarda algo). Secreto que se guarda de una cosa o noticia. **2.** Silencio o disimulo para pasar inadvertido.

sigilografía s.f. Estudio de los sellos.

sigilográfico, a adj. Relativo a la sigilografía.

sigiloso, a adj. Que guarda sigilo.

sigla s.f. (lat. tardío *sigla, -orum*). Abreviatura formada por las iniciales de un sintagma, que constituye el nombre de una entidad o de otra cosa. **2.** Letra inicial de una palabra que se usa como abreviatura.

siglo s.m. (lat. *saeculum,* generación, época, siglo). Período de tiempo de cien años. **2.** Período de cien años en que se divide la era cristiana, que comienza el 1 de enero del año uno y termina el 31 de diciembre del año cien. **3.** Época que se ha hecho célebre por un personaje, un descubrimiento, acontecimiento, etc.: *el siglo de Pericles, del átomo.* **4.** Mucho tiempo: *hace un siglo que no lo veo.* **5.** REL. Vida o actividades profanas, por oposición a las actividades espirituales. <> **En,** o **por, los siglos de los siglos** Para la eternidad. **Siglo de las luces** El s. XVIII en relación con el movimiento de la Ilustración que se produjo a lo largo de todo su transcurso. **Siglo de oro,** o **dorado** *Fig.* Época de paz, felicidad, prosperidad y de gran esplendor cultural; en la literatura española, los ss. XVI y XVII.

sigma s.f. Nombre de la decimoctava letra del alfabeto griego (σ, ς, Σ), que corresponde a la *s* española.

sigmoide adj. Se dice de la parte final del colon, que describe una S antes del recto.

sigmoideo, a adj. Se dice de la cavidad articular de ciertos huesos (cúbito, húmero, radio). <> **Válvulas sigmoideas** Válvulas situadas en el inicio de la aorta y de la arteria pulmonar.

sigmoiditis s.f. MED. Inflamación crónica del colon sigmoide.

signado, a adj. Marcado, llevado por el destino.

signar v.tr. Poner o imprimir el signo. **2.** Firmar. ◆ v.tr. y prnl. Hacer la señal de la cruz.

signatario, a adj. y s. Firmante.

signatura s.f. Acción de signar. **2.** Señal, especialmente la de números y letras puestas a un libro o documento para indicar su colocación dentro de una biblioteca o archivo. **3.** IMPR. Cifra o marca particular que se pone al pie de la primera plana de cada pliego correspondiente a una obra impresa, para indicar su emplazamiento.

significación s.f. Significado, idea o concepto, que evoca un signo o cualquier cosa interpretable: *la significación de un cuadro.* **2.** Trascendencia, importancia, influencia. **3.** En lógica, contenido del juicio.

significado, a adj. Conocido, importante, reputado. ◆ s.m. Idea o concepto que evoca un signo o cualquier cosa interpretable. SIN.: *significación.* **2.** LING. **a.** Sentido, contenido semántico de un signo. **b.** Sentido de una palabra.

significante s.m. LING. Imagen acústica o manifestación fonética del signo lingüístico.

significar v.tr. (lat. *significare*). Ser una cosa signo o representación de otra. **2.** Ser una palabra o frase expresión de una idea o de una cosa material. **3.** Equivaler una palabra a otra: *«house» significa «casa» en español.* ◆ **significarse** v.prnl. Distinguirse por cierta cualidad. **2.** Mostrar alguien que tiene ciertas ideas.

significativo, a adj. Que expresa un significado particular, o que tiene un especial valor expresivo: *un gesto significativo.*

signo s.m. (lat. *signum,* señal). Cosa que evoca o representa la idea de otra. **2.** Carácter de la escritura. **3.** Dibujo que es símbolo, señal o representación convencional de algo: *la* *cruz es un signo del cristianismo.* **4.** Destino de la persona, ligado al influjo de los astros: *tener un signo trágico.* **5.** Asociación arbitraria de un significado, o contenido semántico, y de un significante, o expresión. **6.** MAT. Símbolo que representa una operación o caracteriza a una magnitud. **7.** MED. Manifestación elemental de una enfermedad. **8.** MÚS. Convención gráfica con que se representan las características de los sonidos musicales (altura, duración e intensidad). ◇ **Signo del zodiaco** Cada una de las 12 secciones iguales en que se divide el zodiaco, distribuidas en 30 ° de longitud a partir del punto vernal. (Reciben los nombres de las constelaciones con las que coincidían hace unos 2000 años; a partir del punto vernal son: Aries, Tauro, Géminis, Cáncer, Leo, Virgo, Libra, Escorpión, Sagitario, Capricornio, Acuario y Piscis.)

siguiente adj. Que sigue. **2.** Ulterior, posterior.

siguiriya o **seguiriya** s.f. Una de las tres formas fundamentales, junto a la *toná* y la *soleá.* del cante flamenco, o, más propiamente, de los cantos gitanoandaluces.

sikh adj. y s.m. y f. Relativo a una secta de la India, fundada por Nānak Dev (1469-1538); miembro de esta secta.

siku s.m. Instrumento musical de viento típico del Altiplano andino.

sílaba s.f. (lat. *syllaba,* del gr. *syllabí*). Fonema o conjunto de fonemas que se pronuncian con una sola emisión de voz: mesa *tiene dos sílabas.* [V. cuadro pág. siguiente.]

silabación s.f. LING. División de las palabras en sílabas, atendiendo a los límites silábicos.

silabario s.m. Libro elemental para enseñanza de los niños.

silabear v.intr. y tr. Pronunciar separando las sílabas.

silabema s.m. Fonema que puede funcionar como centro de sílaba.

silabeo s.m. Acción y efecto de silabear.

silábico, a adj. Relativo a las sílabas o que se compone de sílabas: *estructura silábica.* ◇ **Canto silábico** Canto en el que a cada nota corresponde una sílaba. **Escritura silábica**

relaciones de significado

En la lengua, las palabras no se presentan aisladas y sin relación alguna con las demás, sino que mantienen entre sí determinadas relaciones semánticas que permiten agruparlas.
Los vocablos con significaciones análogas se conocen como *sinónimos*. Los que expresan conceptos opuestos se denominan *antónimos*. Cuando el significado de un término incluye el de otro, se dice que es su *hiperónimo*. Cuando el significado de una palabra está incluido en el de otra, se dice que es su *hipónimo*.

sinónimos	**ejemplos**
Palabras con significados idénticos o muy cercanos que difieren en sus formas. Pueden ser:	
— absolutos Dos palabras monosémicas (con un único sentido) que comparten el mismo significado.	*papa/patata* *rape/pejesapo*
— parciales Palabras polisémicas (con más de un sentido) comparten un significado concreto.	*inculto/yermo/baldío* *inculto/ignorante/rústico*
— perfectos Dos palabras que tienen acepciones idénticas.	*oftalmólogo/oculista*
— aproximativos Palabras que tienen un significado próximo pero no absolutamente coincidente.	*descubrimiento/localización/hallazgo*
antónimos	**ejemplos**
Palabras que poseen contenidos semánticos de carácter contrario. Pueden ser:	
— absolutos Dos palabras monosémicas que tienen sentidos contrarios.	*endotérmico/exotérmico*
— parciales Palabras polisémicas que en algunas de sus acepciones son contrarias.	*civil/militar* *claro/turbio*
hipónimos	**ejemplos**
Palabras cuyos significados son más específicos respecto a otra.	*silla, armario, mesa* son hipónimos de *mueble*
hiperónimos	**ejemplos**
Palabras que tienen un significado más general que incluye el de otras palabras más específicas.	*fruta* es el hiperónimo de *manzana, piña, kiwi*

sílaba

Las sílabas son agrupaciones de sonidos que constituyen una unidad articulatoria. Se componen de un elemento central o núcleo, que en español es siempre una vocal, y pueden llevar consonantes delante y detrás del mismo. Se pueden clasificar según su estructura y según su acento:

clases de sílabas según su estructura

abiertas	cerradas
Acaban en vocal: cal/*ma* *se*/ñal *mé/di/co*	Acaban en consonante: *ar/dor* *men*/ta *tóm*/bo/la

clases de sílabas según el acento

átonas o inacentuadas	tónicas o acentuadas
Carecen de acento de intensidad: cár/*cel* *pa*/*ga*/ré *so*/ni/*do*	Poseen acento de intensidad: *pá*/ja/ro ne/*ve*/ra des/*ván*

aparición de dos o más vocales contiguas

diptongo	triptongo	hiato
Reunión de dos vocales contiguas en una misma sílaba: histor*ia*, cl*ie*nte, ans*io*so ad*ua*na, ten*ue*, contin*uo* b*ai*le, p*ei*ne, d*eu*do	Reunión de tres vocales contiguas en una misma sílaba: Parag*uay* b*uey* epitel*ioi*de	Concurrencia de dos vocales contiguas que forman parte de distintas sílabas: ald*ea* c*ae*r p*eó*n

Escritura en la que cada sílaba es representada por un solo carácter.

silano s.m. Compuesto hidrogenado del silicio, análogo a los hidrocarburos.

silbante adj. Que silba. **2.** Sibilante.

silbar v.intr. y tr. (lat. *sibilare*). Dar o producir silbidos. **2.** *Fig.* Manifestar agrado o desagrado el público con silbidos. ◆ v.intr. Producir el aire un sonido muy agudo, similar al silbido: *silbar el viento.* **2.** Producir este sonido un objeto al rozar con el aire: *silbar un proyectil.*

silbatina s.f. Argent., Chile, Ecuad. y Perú. Silba, rechifla prolongada.

silbato s.m. Instrumento pequeño y hueco, que produce un silbido al soplar por un extremo. SIN.: *silbo.* **2.** Pequeña rotura por donde pasa el aire o un líquido. **3.** Aparato de señalización sonora accionado por vapor o aire comprimido.

silbido s.m. Sonido agudo que se produce al hacer pasar con fuerza el aire por la boca, con los labios o con los dedos colocados en ella de cierta forma. SIN.: *silbo.* **2.** Sonido de igual clase que se hace soplando con fuerza en un silbato, llave, etc. **3.** Sonido agudo que produce el aire. **4.** Voz aguda y penetrante de algunos animales. **5.** En un circuito telefónico, oscilación continua de frecuencia acústica que se produce a causa de los fenómenos de reacción en el circuito de un repetidor.

silbo s.m. Silbido. **2.** Silbato.

silenciador s.m. Dispositivo que se utiliza para amortiguar el ruido del funcionamiento de un motor, de la detonación de un arma de fuego, etc.

silenciar v.tr. Guardar silencio sobre algo.

silencio s.m. (lat. *silentium,* de *silere,* callar). Ausencia de todo ruido o sonido: *el silencio de la noche.* **2.** Hecho de estar callado o de abstenerse de hablar: *guardar silencio.* **3.** Circunstancia de no hablar de cierta cosa: *obligar al silencio a los periodistas.* **4.** Interrupción de la correspondencia, falta de noticias. **5.** MÚS. **a.** Interrupción del sonido. **b.** Signo que indica esta interrupción. ◇ **En silencio** Sin protestar, sin quejarse.

silencioso, a adj. Que calla o tiene costumbre de callar. **2.** Se dice del lugar o tiempo en que hay o se guarda silencio: *un local silencioso.* **3.** Que no hace ruido o que es poco ruidoso: *risa silenciosa.*

silentbloc s.m. (marca registrada). Bloque elástico de caucho especial, comprimido e interpuesto entre dos piezas para absorber las vibraciones y los ruidos.

silepsis s.f. (gr. *sýllepsis,* de *syllambánein,* juntar). LING. Concordancia de las palabras en la frase según el sentido y no según las reglas gramaticales, como en «*la multitud de jóvenes lo aclamaban con entusiasmo*».

silesio, a adj. y s. De Silesia.

sílex s.m. Roca silícea muy dura, compuesta de calcedonia y ópalo y de color variable, que forma parte de ciertas rocas calcáreas. **2.** Útil prehistórico hecho con esta roca.

sílfide s.f. (fr. *sylphide*). Ninfa del aire. **2.** *Fig.* Mujer bella y esbelta.

sílfido, a adj. y s.m. Relativo a una familia de insectos coleópteros, de 1 cm de long., una de cuyas especies es perjudicial para la remolacha.

silfo s.m. (fr. *sylphe*). Genio del aire de las mitologías celta y germánica.

silgado, a adj. Ecuad. Enjuto, delgado.

silicato s.m. Mineral constituido por la combinación del ácido silícico y una base, que se puede obtener por fusión conjunta de la sílice con un carbonato de metal alcalino. Se emplea en la fabricación de vidrio, materiales de construcción y refractarios. (Los silicatos forman la casi totalidad de la corteza terrestre.)

sílice s.f. (lat. *silex, -icis,* guijarro, sílice). Dióxido de silicio, SiO_2. (Existen diversas variedades naturales de sílice: el cuarzo cristalizado, la calcedonia, de estructura fibrosa, y el ópalo, amorfo.) <> **Sílice fundida** o **vidrio de sílice** Forma vítrea de la sílice, que puede resistir importantes y bruscos cambios de temperatura.

silíceo, a adj. Relativo a la sílice, semejante a ella o que la contienen en cantidad. <> **Roca silícea** Roca sedimentaria dura, rica en sílice, como la arena, la arenisca, el sílex o el pedernal.

silícico, a adj. Se dice de unos hipotéticos ácidos derivados de la sílice.

silicícola adj. BOT. Se dice de la planta que crece en suelos silíceos, como el castaño o el brezo.

silicio s.m. No metal, de color marrón en estado amorfo, gris oscuro con un brillo metálico en estado cristalizado, de densidad 2,33, cuyo punto de fusión es de 1 410 °C. **2.** Elemento químico (Si), de número atómico 14 y masa atómica 28,085.

silicio

Presente en la naturaleza en forma de compuestos sólidos (*sílice* y *silicatos*), el silicio representa cerca del 28 % de la corteza terrestre, lo que lo convierte en el segundo elemento tras el oxígeno. Cuerpo muy duro, solo se disuelve en ciertos metales (plomo, plata, cinc). Arde con el oxígeno para dar lugar a la sílice (SiO_2) y forma con el carbono, en el horno eléctrico, *carburo de silicio* o *carborundo* (SiC), un material de gran dureza. El silicio se emplea para preparar el ferrosilicio, elemento de aleación para las fundiciones y los aceros. Muy puro y en forma de monocristales excitados con boro o arsénico, constituye el principal material de base para la electrónica. Se emplea en los circuitos integrados (*efecto transistor*) y en las fotopilas (*efecto fotovoltaico*).

siliciuro s.m. Compuesto formado por un metal y silicio.

silicona s.f. Sustancia química compuesta de silicio y oxígeno, de consistencia cremosa o sólida, que presenta gran resistencia al calor, la humedad y la electricidad. (Las siliconas líquidas se emplean en la fabricación de cremas, lociones y pomadas. En estética se usan inyecciones de silicona y prótesis de silicona.)

silicosis s.f. Enfermedad crónica causada por la inhalación de polvo de sílice que se caracteriza por una transformación fibrosa del tejido pulmonar.

silicotermia s.f. Procedimiento metalúrgico de preparación de metales y aleaciones refractarias, por reacción del silicio con un compuesto metálico.

silicótico, a adj. y s. Relativo a la silicosis; que padece esta enfermedad.

silicua s.f. (lat. *siliqua,* vaina, legumbre). BOT. Fruto seco que se abre por cuatro hendiduras, como el del alhelí y el de otras crucíferas.

silícula s.f. Variedad de silicua corta.

silionne s.m. (marca registrada). Hilo de vidrio formado de fibras elementales textiles continuas, de un diámetro inferior a 6 μ.

silla s.f. (lat. *sella*). Asiento individual con respaldo y patas. **2.** Sede del papa o de otros prelados. <> **Silla de la reina** Asiento hecho entre dos personas agarrándose de las muñecas. **Silla de manos** Vehículo con asiento para una persona, transportado por medio de dos largas varas. **Silla de montar** Guarnición que se coloca encima del caballo y que sirve de asiento al jinete. **Silla de posta** Antiguo carruaje para viajeros y para el servicio de correos. **Silla eléctrica** Silla en que se coloca a los condenados a muerte para ejecutarlos por electrocución. **Silla gestatoria** Silla portátil usada por los papas en actos de gran ceremonia.

sillar s.m. Piedra labrada que se emplea en construcción.

sillería s.f. (del ant. *sillarería,* construcción con sillares). Juego de sillas, o de sillas, sillones y sofá, con que se amuebla una habitación. **2.** Conjunto de asientos situados en el coro de las iglesias. (También *sillería de coro.*) **3.** Obra de fábrica hecha de sillares asentados unos sobre otros y en hiladas de juntas finas. **4.** Conjunto de estos sillares o piedras labradas.

sillín s.m. Asiento de bicicleta, motocicleta y otros vehículos análogos.

sillita. Sillita de oro Argent. Silla de la reina.

sillón s.m. Asiento de brazos, generalmente mullido y amplio.

silo s.m. Fosa o cavidad subterránea para guardar grano, tubérculos, forrajes, etc. **2.** *Fig.* Recinto subterráneo, profundo y oscuro. **3.** Depósito cilíndrico o prismático destinado al almacenamiento de productos agrícolas, que se carga por arriba y se vacía por abajo. <> **Silo lanzamisiles** ARM. Cavidad revestida de hormigón, abierta en el suelo para almacenar un misil y dispararlo desde ella.

silogismo s.m. Razonamiento que contiene tres proposiciones (mayor, menor y conclusión), tal que la conclusión es deducida de la mayor por medio de la menor, como «*todos los hombres son mortales* [mayor]; *todos los griegos son hombres* [menor]; *luego todos los griegos son mortales* [conclusión]». **2.** Todo razonamiento deductivo riguroso.

silogística s.f. Ciencia de los silogismos.

silogístico, a adj. Relativo al silogismo.

silogizar v.intr. Argumentar con silogismos.

silt s.m. (voz inglesa). Material detrítico de dimensiones intermedias entre la arena y la arcilla.

silueta s.f. (fr. *silhouette,* de É. de *Silhouette,* funcionario francés). Dibujo, representación de solo los trazos del contorno de un rostro, figura u objeto. **2.** Contorno de un objeto al proyectarse sobre un fondo más claro. **3.** Línea del contorno del cuerpo humano.

siluetear v.tr. y prnl. Dibujar, recorrer, etc., algo siguiendo su silueta.

silúrico, a adj. y s.m. (de los *Silures,* pueblo que habitaba el País de Gales). Se dice del tercer período de la era paleozoica o primaria comprendido entre los 430 millones de años y los 395 millones de años, que está situado entre el ordovícico y el devónico. ◆ adj. Relativo a este período.

siluro s.m. (lat. *silurus,* del gr. *siloyros*). Pez de agua dulce que presenta seis largas barbillas alrededor de la boca, como el *pez gato.*

silva s.f. (lat. *silva,* bosque). Colección de escritos sin relación entre sí. **2.** LIT. Composición poética de versos endecasílabos, o endecasílabos y heptasílabos, dispuestos sin orden ni número fijo y que riman a gusto del poeta.

silvestre adj. Que crece o se cría espontáneamente, sin cultivo, en bosques o campos. **2.** Inculto, rústico.

silvicultor, ra s. Persona con especiales conocimientos de silvicultura.

silvicultura s.f. Cultivo y explotación racional de los bosques.

silvina s.f. Cloruro potásico KCl natural, utilizado como abono.

1. **sima** s.f. Hendidura natural profunda en una región calcárea.

2. **sima** s.m. (de *silicio* y *magnesio*). GEOL. Capa hipotética y semiprofunda de la corteza terrestre, en la que dominarían la sílice y la magnesia, así como los óxidos de hierro.

simaruba o **simarruba** s.f. (fr. *simarouba,* del caribe *simaruba*). Árbol de América tropical, cuya corteza tiene propiedades tónicas.

simarubáceo, a adj. y s.f. Relativo a una familia de plantas dicotiledóneas dialipétalas de las regiones tropicales, como la simaruba.

simbionte adj. y s.m. BIOL. Se dice de cada uno de los seres asociados en simbiosis.

simbiosis s.f. (gr. *sýn,* con, y *bíosis,* medios de subsistencia). *Fig.* Asociación entre personas o entidades que se apoyan o ayudan mutuamente. **2.** BIOL. Asociación de forma equilibrada de dos o más organismos de distinta especie, que les permite obtener ciertos provechos y beneficios.

simbiótico, a adj. Relativo a la simbiosis.

simbol s.m. Argent. Planta gramínea de tallos largos y flexibles, que sirve de pasto natural para el ganado y cuyas cañas se usan en cestería.

simbólico, a adj. Relativo al símbolo o expresado por medio de él: *lenguaje simbólico.* **2.** Que no tiene valor o eficacia por sí mismo: *un gesto puramente simbólico.*

simbolismo s.m. Cualidad de simbólico. **2.** Sistema de símbolos que expresan unas creencias. **3.** Sistema de signos escritos cuya disposición responde a unas reglas, y que traduce visualmente la formulación de un razonamiento. SIN.: *simbología.* **4.** Movimiento literario y artístico aparecido en la segunda mitad del s. XIX como reacción contra el naturalismo y el formalismo parnasiano.

simbolismo

El movimiento simbolista se basa en el *Manifiesto* de Jean Moréas (1886); agrupa poetas que buscaban sugerir, a través del valor musical de las palabras y la elevación de las realidades al nivel de ideas y símbolos, los matices más sutiles de los estados del alma. Ligados al romanticismo alemán y al prerrafaelismo inglés, los simbolistas se agruparon en torno de Verlaine y Mallarmé. El simbolismo alcanzó al gran público con el teatro de Maeterlinck y alcanzó dimensión internacional con los poetas ingleses (O. Wilde), alemanes (S. George, Max Klinger) hispanoamericanos (R. Darío).

simbolista adj. y s.m. y f. Relativo al simbolismo; adscrito al simbolismo.

simbolización s.f. Acción y efecto de simbolizar.

simbolizar v.tr. Servir una cosa como símbolo de otra: *la paloma simboliza la paz.*

símbolo s.m. (lat. *symbolum,* señal para reconocerse). Signo figurativo, ser animado o inanimado, que representa algo abstracto, que es la imagen de una cosa: *la balanza es el símbolo de la justicia.* **2.** Todo signo convencional que indica una abreviatura. **3.** Signo figurativo de una magnitud, de un número, de una operación o de cualquier entidad matemática o lógica. **4.** QUÍM. Letra o grupo de letras adoptadas para designar un elemento. **5.** REL. **a.** Formulario de los principales artículos de fe de una religión. **b.** Profesión de fe cristiana. ◇ **Símbolo de la fe,** o **de los apóstoles** Credo.

simbología s.f. Estudio de los símbolos. **2.** Simbolismo.

simetría s.f. (del gr. *symmetría*). Armonía resultante de ciertas posiciones de los elementos que constituyen un conjunto. **2.** *Fig.* Propiedad de las ecuaciones que describen un sistema físico de permanecer invariantes para un grupo de transformaciones. **3.** BIOL. Repetición de un órgano o de una parte orgánica de los seres vivos, en relación con una línea o un plano. **4.** MAT. **a.** Transformación que, a un punto M, hace corresponder un punto M' tal que el segmento MM' posee un punto fijo como centro (simetría con respecto a un punto), una recta o un eje fijos como mediatriz (simetría con respecto a una recta o un eje), o también un plano fijo como plano mediano (simetría con respecto a un plano). **b.** Propiedad de una figura que permanece invariante para esta transformación.

simétrica s.f. Todo elemento simétrico de otro.

simétrico, a adj. Relativo a la simetría. **2.** Que tiene simetría. **3.** Se dice de dos cosas semejantes y opuestas: *las dos mitades del rostro son simétricas.* **4.** Se dice de una de estas dos cosas respecto a la otra. ◇ **Función simétrica** Función de diversas variables que no se modifica si estas se permutan. **Relación simétrica** MAT. Relación que, si es cierta para *a* y *b.* tomadas en este orden, lo es también para *b* y *a* tomadas en este orden.

simiente s.f. (lat. *sementis,* siembra). Semilla. **2.** Semen.

simiesco, a adj. Que se asemeja al simio o es propio de él.

símil s.m. (lat. *similis,* semejante). Comparación, expresión de la semejanza o de la igualdad entre dos cosas. **2.** Figura retórica que consiste en comparar dos términos de diferente categoría y naturaleza que guardan entre sí una semejanza metafórica.

similar adj. (fr. *similaire*). Semejante, parecido, análogo.

similitud s.f. (lat. *similitudo*). Semejanza, parecido, analogía.

similizado s.m. INDUSTR. Tratamiento del algodón con un álcali, de modo que las fibras se vuelven más delgadas, duras y brillantes.

similor s.m. (fr. *similor,* del lat. *similis,* semejante, y el fr. *or,* oro). Aleación de cobre, estaño y cinc que imita el oro. SIN.: *crisocalco.*

simio, a adj. y s.m. (lat. *simius*). Relativo a un suborden de primates, casi todos de vida arborícola, de rostro desnudo, y manos y pies prensiles, cuyos dedos terminan en uñas.

simón s.m. y adj. (de *coche de don Simón,* antiguo alquilador de coches madrileño). En Madrid, antiguo coche de caballos de alquiler y cochero que lo guiaba.

simonía s.f. (bajo lat. *simonia,* de *Simón* el Mago, personaje bíblico). REL. Acción de negociar con objetos sagrados, bienes espirituales o cargos eclesiásticos.

simoniaco, a o **simoníaco, a** adj. Relativo a la simonía. ◆ adj. y s. Que comete simonía.

simpa s.f. Argent. y Perú. Trenza.

simpatectomía s.f. CIR. Ablación de ganglios o de filetes nerviosos del sistema simpático.

simpatía s.f. (gr. *sympátheia,* acto de sentir igual que otro).

símbolo

Los símbolos son formas abreviadas que se usan en lenguajes técnicos o científicos. Se escriben siempre sin punto y no tienen flexión de número. Los símbolos de los elementos químicos llevan mayúscula inicial.

símbolo	significado
A	ampere
bar	bar
C	coulomb
cd	candela
d	día
eV	electronvoltio
F	farad
°	grado
H	henry
h	hora
Hz	hertz
J	joule
K	kelvin
kg	kilogramo
l o L	litro
m	metro
m/s	metro por segundo
m/s^2	metro por segundo cuadrado
m^{-1}	metro a la potencia menos uno
m^2	metro cuadrado
m^3	metro cúbico
min	minuto
s	segundo
t	tonelada
V	volt

Sentimiento de inclinación afectiva hacia alguien o algo. **2.** Carácter de una persona que la hace atractiva y agradable. **3.** Participación en la alegría o dolor de otro. **4.** MED. Mecanismo de lesión de una estructura orgánica cuando la simétrica se halla afectada. ◇ **Explosión por simpatía** En determinados explosivos, la que puede producirse cuando tiene lugar otra a poca distancia.

simpático, a adj. Que inspira simpatía. ◆ adj. y s.m. ANAT. Se dice de uno de los dos sistemas nerviosos neuro vegetativos que acelera el corazón, aumenta la tensión arterial, dilata los bronquios y ralentiza las contracciones del tubo digestivo. (Actúa antagónicamente al *parasimpático*). ◇ **Reacciones simpáticas** PATOL. Afecciones de localización diferente, pero tan ligadas entre sí que la aparición de una determina la aparición de la otra.

simpaticolítico, a adj. y s.m. Se dice de la sustancia que suprime los efectos de la excitación del sistema nervioso simpático.

simpaticomimético, a adj. y s.m. Se dice de la sustancia que reproduce los efectos provocados por el estímulo de los nervios simpáticos.

simpatizante adj. y s.m. y f. Que simpatiza con un partido, doctrina, opinión, etc.

simpatizar v.intr. Sentir simpatía hacia alguien o algo.

simpatoblastoma s.m. Tumor maligno cuyos elementos constitutivos son análogos a los de los esbozos embrionarios del sistema simpático.

simple adj. (lat. *simplus*). Se dice de un cuerpo formado por átomos idénticos: *el oro y el oxígeno son cuerpos simples.* **2.** Sencillo, poco complicado, sin refuerzos: *mecanismo simple.* **3.** Se dice de la palabra que no se compone de otras de la misma lengua. **4.** QUÍM. Se dice del enlace entre dos átomos formado por un par de electrones. (Se representa por el signo — situado entre los símbolos de los átomos.) **5.** ZOOL. Se dice de los órganos que no presentan ni apéndices, ni divisiones, ni accidentes importantes. ◆ adj. y s.m. y f. *Fig.* Cándido, apacible, incauto: *simple como un niño.* **2.** *Fig.* Falto de listeza, tonto: *simple de entendederas.* ◆ s.m. En tenis, ping-pong y bádminton, partido disputado por dos jugadores, uno contra otro. ◇ **Tiempos simples** Tiempos del verbo que se conjugan sin verbo auxiliar.

simplemente adv.m. Solamente; con solo lo que se expresa.

símplex s.m. MAT. Conjunto formado por las partes de un conjunto.

simpleza s.f. Cualidad de simple, ingenuo o tonto. **2.** Tontería, necedad: *decir simplezas.* **3.** *Fam.* Insignificancia, nimiedad: *pelearse por una simpleza.*

simplicidad s.f. Cualidad de simple. **2.** Sencillez.

simplificación s.f. Acción y efecto de simplificar.

simplificar v.tr. Hacer más sencillo o fácil: *simplificar un problema.* **2.** MAT. Convertir una expresión, ecuación, etc., en otra equivalente pero más breve y menos compleja.

simplismo s.m. Tendencia a simplificar excesivamente.

simplista adj. y s.m. y f. Que es demasiado simple o que hace razonamientos excesivamente simples.

simplón, na adj. y s. Tonto; sencillo, ingenuo.

simposio o **simpósium** s.m. (gr. *sympósion,* festín). Reunión, congreso científico.

simulación s.f. Acción de simular. **2.** Representación del comportamiento de un proceso por medio de un modelo material cuyos parámetros y cuyas variables son la reproducción de los del proceso estudiado.

simulacro s.m. (lat. *simulacrum*). Acción por la que se finge realizar una cosa: *simulacro de combate.*

simulador, ra adj. y s. Que simula. ◆ s.m. Aparato capaz de reproducir el comportamiento de otro cuyo funcionamiento se quiere estudiar o cuya utilización se quiere enseñar, o bien de un cuerpo cuya evolución se desea seguir. **2.** INFORMÁT. Programa realizado para representar el funcionamiento de una máquina, de un sistema o de un fenómeno antes de su construcción o utilización.

simular v.tr. (lat. *simulare*). Hacer aparecer como real algo que no lo es: *simular un combate.* **2.** Utilizar una computadora para el estudio de la evolución de un fenómeno físico, económico, etc., del cual se ha procedido previamente a su modelización.

simultanear v.tr. Realizar dos o más cosas al mismo tiempo.

simultaneidad s.f. Cualidad de simultáneo.

simultáneo, a adj. (lat. *simultaneus,* de *simul,* al mismo tiempo). Que se hace u ocurre al mismo tiempo que otra cosa.

simún s.m. (fr. *simoun,* del ár. *samûm,* viento del desierto). Viento cálido, seco y brusco del desierto.

sin prep. (lat. *sine*). Denota privación o carencia: *estar sin trabajo.* **2.** Con un infinitivo, expresa la negación de un hecho simultáneo o anterior al del verbo principal: *me fui sin comer.* **3.** Además de: *la obra costó 600 euros, sin el material.*

sinagoga s.f. (lat. *synagoga,* del gr. *synagogí,* reunión, lugar de reunión). Casa de reunión y de oración de las comunidades judías. **2.** Asamblea de los fieles bajo la antigua ley judía.

sinalagmático, a adj. (del gr. *synállagma,* contrato). Se dice del contrato que produce obligaciones recíprocas.

sinalefa s.f. (gr. *synaloepha,* de *snaleíphein,* confundir, mezclar). Fusión de la vocal o vocales finales de una palabra con la vocal o vocales iniciales de la palabra siguiente.

sinalgia s.f. Dolor que se siente en un punto lejano al de la lesión que lo produce.

sinantéreo, a adj. BOT. Que tiene las anteras concrescentes, unidas íntimamente en un solo cuerpo.

sinantropo s.m. Tipo de arcantropo encontrado cerca de Pekín (China).

sinapismo s.m. Medicamento a base de polvo de mostaza.

sinapizado, a adj. MED. Elaborado con polvo de mostaza.

sinapsis s.f. NEUROL. Región de contacto entre dos neuronas.

sináptico, a adj. Relativo a la sinapsis.

sinarquía s.f. Gobierno ejercido por varios príncipes, cada uno de los cuales administra una parte del Estado.

sinarquismo s.m. Movimiento político derechista mexicano, fundado en León (1937), que surgió como respuesta al gobierno de Lázaro Cárdenas (1934-1940).

sinartrosis s.f. ANAT. Articulación fija entre dos huesos.

sincerarse v.prnl. (lat. *sincerare,* volver puro). Explicar alguna cosa de la que uno se cree culpable, o supone que otros lo creen: *se sinceró conmigo.*

sinceridad s.f. Cualidad de sincero, franqueza.

sincero, a adj. (lat. *sincerus,* intacto, natural, sincero). Que se expresa o actúa tal como piensa o siente, libre de fingimientos: *respuesta sincera.*

sincinesia s.f. Trastorno de la motilidad, en que la persona afecta, al realizar un movimiento, realiza obligatoriamente otros con la extremidad simétrica.

sincipital adj. Relativo al sincipucio.

sincipucio s.m. ANAT. Parte superior y anterior de la cabeza.

sincitio s.m. Masa de citoplasma que comprende varios núcleos.

sinclinal adj. y s.m. GEOL. Se dice de la parte deprimida de un pliegue simple.

síncopa s.f. (lat. *syncopa* o *syncope,* pérdida de una sílaba, desmayo). Supresión de un fonema o grupo de fonemas en el interior de una palabra. **2.** MÚS. Elemento rítmico que consiste en un sonido articulado sobre un tiempo débil y prolongado sobre el tiempo fuerte siguiente, o en un sonido articulado sobre la parte débil de un tiempo y prolongado sobre la parte fuerte del tiempo siguiente.

sincopado, a adj. Se dice de la nota musical que forma síncopa, o del ritmo o canto que tiene notas sincopadas.

sincopal adj. Relativo al estado de síncope.

sincopar v.tr. Suprimir un fonema en el interior de una palabra. **2.** *Fig.* Abreviar. **3.** MÚS. Unir por medio de una síncopa.

síncope s.m. (lat. *syncopa* o *syncope,* pérdida de una sílaba, desmayo). Pérdida momentánea de la sensibilidad y del movimiento, debida a una parada repentina y momentánea de la actividad del corazón o a una parada respiratoria.

sincrético, a adj. Relativo al sincretismo.

sincretismo s.m. (gr. *sygkritismós,* coalición de los adversarios contra un tercero). ANTROP. Fusión de diversos sistemas religiosos o de prácticas religiosas pertenecientes a diversas culturas. **2.** LING. Fenómeno por el que una forma desempeña distintas funciones gramaticales.

sincretista adj. y s.m. y f. Relativo al sincretismo; partidario del sincretismo.

sincrociclotrón s.m. Acelerador de partículas, análogo al ciclotrón, en el cual se encuentra restablecido el sincronismo entre la frecuencia del campo acelerador y la frecuencia de rotación de las partículas.

sincronía s.f. Circunstancia de coincidir hechos o fenómenos en el tiempo. SIN.: *sincronismo.* **2.** LING. Carácter de los fenómenos lingüísticos observados en un estadio de lengua dado, independientemente de su evolución en el tiempo.

sincrónico, a adj. Que ocurre o se verifica al mismo tiempo. **2.** Se dice de los movimientos que se realizan al mismo tiempo. **3.** Se dice de una máquina eléctrica cuya velocidad angular es siempre igual a la pulsación de la corriente alterna que recibe o que genera, o bien es un submúltiplo o un múltiplo entero de esta pulsación. **4.** LING. Relativo a la sincronía.

sincronismo s.m. (gr. *synkhronismós*). Sincronía.

sincronización s.f. Acción y efecto de sincronizar. **2.** CIN. **a.** Coincidencia de la imagen con el sonido. **b.** Coincidencia de los dos negativos de imagen y sonido.

sincronizada s.f. Méx. Guiso consistente en dos tortillas de maíz o de trigo con una rebanada de jamón y otra de queso entre ambas.

sincronizador s.m. TECNOL. Dispositivo o aparato que permite llevar al mismo régimen dos engranajes antes de que entren en contacto.

sincronizar v.tr. Hacer que dos o más cosas o fenómenos sean sincrónicos: *sincronizar dos movimientos; sincronizar varios emisores.*

sincrotrón s.m. Acelerador de partículas de gran potencia, que puede ser considerado como una síntesis del ciclotrón y el betatrón. ◇ **Radiación sincrotrón** Radiación electromagnética emitida por electrones relativistas que se desplazan en un campo magnético.

sindactilia s.f. MED. Adherencia de los dedos.

sindáctilo, a adj. y s.m. Que presenta sindactilia.

sindéresis s.f. (gr. *syntéresis*). Buen juicio, aptitud para juzgar rectamente y con acierto.

sindicación s.f. Acción y efecto de sindicar o sindicarse.

sindical adj. Relativo al sindicato. **2.** Relativo al síndico.

sindicalismo s.m. Movimiento organizado en sindicatos que tiene por objeto definir, defender y hacer triunfar las reivindicaciones económicas, políticas y sociales de sus miembros. **2.** Doctrina según la cual los problemas sociales deben resolverse fundamentalmente a través de la acción de los sindicatos.

sindicalismo

Las principales corrientes del sindicalismo han sido las influidas por el socialismo, el anarquismo y el comunismo. Nacido con las primeras manifestaciones de la revolución industrial, su desarrollo ha estado marcado por el enfrentamiento entre las tesis de Marx y Bakunin. En Gran Bretaña alcanzó gran difusión, especialmente con las trade-unions (desde 1860); en Francia, hacia 1863 surgieron las cámaras sindicales obreras. La intensificación de los contactos francobritánicos llevó a la creación de la Asociación internacional de trabajadores (AIT). En Rusia, desde 1883 nacieron organizaciones socialdemócratas y sindicales; en Alemania, Austria y Hungría, a partir de 1890, los sindicatos socialistas tendieron a la unificación; en España, en 1870 se celebró en Barcelona el I congreso obrero español y se fundó la federación regional española de la AIT (anarquista), y en 1888 se fundó la Unión general de trabajadores, UGT (marxista); en EUA se constituyó en 1904 la Industrial workers of the world; y en América Latina el movimiento se extendió a fines del s. XIX, al tiempo que se producía una división entre anarquistas y socialistas. La primera conferencia sindical internacional tuvo lugar en 1901, de la que surgió en 1913 la Federación sindical internacional (FSI). En 1922 se formó una central anarcosindicalista, con el viejo nombre de la AIT, gracias al esfuerzo español (Confederación nacional del trabajo, CNT), en la que estuvo bien representado el sindicalismo hispanoamericano (Argentina, Uruguay, México, etc.). Tras la crisis de 1929, se crearon importantes centrales en Brasil, Argentina, Chile, México, Cuba, etc., y en 1938 se creó la Confederación de trabajadores de América Latina, con el apoyo comunista. En 1945 se organizó el que ha sido el principal centro del sindicalismo internacional: la Federación sindical mundial (FSM), a la que se incorporó el Congress of industrial organizations de EUA y en cuyo primer congreso estaban representados 70 millones de trabajadores. Existe también un sindicalismo cristiano, agrupado, desde 1920, en torno a la Confederación internacional de sindicatos cristianos (CISC; desde 1968, Confederación mundial del trabajo).

sindicalista adj. y s.m. y f. Relativo al sindicalismo; militante de un sindicato.

sindicar v.tr. y prnl. Agrupar en un sindicato. ◆ **sindicarse** v.prnl. Afiliarse a un sindicato.

sindicato s.m. Agrupación formada para la defensa de intereses profesionales comunes: *sindicato obrero.* ◇ **Sindicato vertical** Sindicato mixto que en España agrupaba a todos los elementos de un determinado servicio o ramo de la producción, ordenado jerárquicamente bajo la dirección del estado. (Fue suprimido en 1977.)

síndico s.m. (lat. *syndicus,* abogado, del gr. *sýndikos,* defensor). Persona encargada, en un concurso de acreedores o en una quiebra, de liquidar el activo y pasivo del concursado o quebrado, para satisfacer en lo posible los créditos contra él. **2.** En el Antiguo régimen, persona encargada de representar a una comunidad de habitantes.

síndrome s.m. Conjunto de síntomas que caracterizan una enfermedad o una afección. **2.** Conjunto de fenómenos que caracterizan una situación determinada. ◇ **Síndrome de Estocolmo** Aceptación progresiva por la persona secuestrada de las ideas y puntos de vista del secuestrador.

sinécdoque s.f. (lat. *synecdoche,* del gr. *synekdokhí*). Tropo de dicción que consiste en designar un objeto por alguna de sus partes (*cabeza* por *hombre*), una pluralidad por algo singular (*el hombre es mortal* por *los hombres son mortales*), el género por la especie (*los mortales* por *los hombres*), etc., y viceversa.

sinecismo s.m. ANT. GR. Reunión de varias aldeas rurales alrededor de un centro urbano, origen de la ciudad griega, o *polis.*

sinecura s.f. (del lat. *sine cura,* sin cuidados). Cargo o empleo retribuido que ocasiona poco o ningún trabajo.

sine díe loc. (voces latinas). DER. Sin fijar día.

sine qua non loc. (voces latinas, *sin lo cual no*). Se dice de una condición indispensable, necesaria.

sinequia s.f. MED. Adherencia patológica entre dos superficies.

sinéresis s.f. (gr. *synairesis,* contracción). Licencia poética que consiste en la fusión de dos vocales continuas en una sola sílaba. **2.** QUÍM. Separación del líquido de un gel.

sinergia s.f. Acción combinada de diversas acciones tendentes a lograr un efecto único con economía de medios: *sinergias empresariales.* **2.** FISIOL. Asociación de varios órganos para realizar una función.

sinérgico, a adj. Relativo a la sinergia.

sinérgida s.f. Célula vegetal afín a la oosfera que, muy excepcionalmente, puede ser fecundada.

sinestesia s.f. FISIOL. Sensación secundaria que se produce en una parte del cuerpo a consecuencia de un estímulo aplicado en otra. **2.** PSICOL. Sensación subjetiva, propia de un sentido, determinada por otra sensación que afecta a un sentido diferente.

sinfín s.m. Infinidad, sinnúmero.

sínfisis s.f. ANAT. Articulación poco móvil, formada por tejido conjuntivo elástico. **2.** PATOL. Adherencia anormal entre dos hojas serosas.

sinfisitis s.f. Inflamación de la sínfisis pubiana.

sinfonía s.f. (gr. *synphonía*). Composición musical para orquesta, de tres a cuatro movimientos de notable extensión, de los cuales el primero por lo menos toma la forma de sonata. **2.** *Fig.* Conjunto armonioso de elementos que conjugan a la perfección: *una sinfonía de colores.*

sinfónico, a adj. Relativo a la sinfonía. ◆ adj. y s.f. Se dice de algunas sociedades musicales y de determinadas sociedades de conciertos.

sinfonista adj. y s.m. y f. Se dice de la persona que compone o ejecuta sinfonías.

singladura s.f. Distancia recorrida por una nave en veinticuatro horas. **2.** Intervalo de veinticuatro horas, que empieza generalmente a contarse desde mediodía. **3.** *Fig.* Rumbo, dirección.

singlar v.intr. (fr. *cingler*). MAR. Navegar con rumbo determinado.

single s.m. (voz inglesa). Disco grabado de 45 r.p.m., con un diámetro de 17 cm, y que reproduce en cada cara una sola pieza musical o canción.

singletón s.m. MAT. Conjunto que solo posee un elemento.

singspiel s.m. (voz alemana). Obra teatral alemana en la que alternan el recitado y el canto, las más de las veces de carácter ligero y popular.

singular adj. (lat. *singularis*). Único, solo. **2.** Extraordinario, raro o excelente. ◆ adj. y s.m. LING. Se dice de la categoría gramatical del número que señala una sola persona, una sola cosa o un solo conjunto de personas o de cosas. CONTR.: *plural.* ◇ **En singular** Particular o especialmente.

singularidad s.f. Cualidad de singular: *la singularidad de un suceso.* **2.** Característica, particularidad: *es admirado por sus singularidades.* **3.** LING. Rasgo distintivo de la categoría del número que indica la representación de una única entidad aislable.

singularizar v.tr. Hacer que una cosa se distinga entre otras: *las costumbres que singularizan a los pueblos.* **2.** Referirse a alguien o algo en particular. ◆ **singularizarse** v.prnl. Distinguirse por alguna particularidad o apartarse de lo común: *singularizarse por su inteligencia.*

siniestra s.f. Mano izquierda. **2.** HERÁLD. Lado izquierdo del escudo.

siniestrabilidad s.f. Siniestralidad.

siniestrado, a adj. Que ha sufrido un siniestro.

siniestralidad s.f. Frecuencia o índice de siniestros. SIN.: *siniestrabilidad.*

siniestro, a adj. (lat. *sinister, -tra, -trum*). Izquierdo: *mano siniestra.* **2.** *Fig.* Malintencionado, perverso: *ideas siniestras.* **3.** *Fig.* Infausto, funesto, desgraciado: *año siniestro.* ◆ s.m. Suceso catastrófico que lleva aparejadas pérdidas materiales y humanas. **2.** Hecho que causa daños a uno mismo o a terceros y que origina la intervención de un asegurador.

sinistrosis s.f. Estado mental patológico que reside en una idea delirante de perjuicio corporal, que se enraíza en la mente de ciertos accidentados.

sinnúmero s.m. Número incalculable.

1. sino conj.advers. (del lat. *si non*). Contrapone a un concepto afirmativo otro negativo: *no lo hizo Juan sino Pedro.* **2.** Denota idea de excepción: *nadie lo sabe sino tú.* **3.** Precedido de negación equivale a *solamente* o *tan solo: no te pido sino que me oigas.* **4.** Precedido del adv. *no solo,* denota adición de otro u otros miembros a la cláusula: *merece ser estimado no solo por entendido sino por afable.*

2. sino s.m. (del lat. *signum,* señal). Destino, hado determinado por el influjo de los astros.

sinodal adj. Relativo al sínodo.

sinódico, a adj. Relativo al sínodo. ◇ **Revolución sinódica** Tiempo que tarda un planeta en volver a estar en conjunción con el Sol.

sínodo s.m. (lat. *synodus,* del gr. *sýnodos*). En la Iglesia católica, asamblea de eclesiásticos convocada para tratar de asuntos de una diócesis o de la Iglesia universal. **2.** En la Iglesia reformada, asamblea de delegados (pastores o laicos) de los consistorios parroquiales o regionales. ◇ **Santo sínodo** Consejo supremo de la Iglesia rusa de 1721 a 1917, que remplazó al patriarcado suprimido por Pedro el Grande.

sinología s.f. Ciencia de la historia, de la lengua y de la civilización de China.

sinonimia s.f. Circunstancia de ser sinónimas dos o más palabras. **2.** Circunstancia de existir sinónimos.

sinonímico, a adj. Relativo a la sinonimia o a los sinónimos.

sinónimo, a adj. y s.m. (gr. *synónymos,* del gr. *synónymos*). Se dice de las palabras de la misma categoría que tienen un significado equivalente o muy próximo.

sinople o **sínople** s.m. (fr. *sinople*). HERÁLD. Color verde.

sinopsis s.f. Compendio o resumen de una ciencia o tratado, expuesto en forma sinóptica.

sinóptico, a adj. Que ofrece una visión general: *cuadro sinóptico.* **2.** Que puede ser abarcado de una vez con la vista. ◆ **sinópticos** adj. y s.m.pl. Se dice de los Evangelios de san Mateo, san Marcos y san Lucas, los cuales presentan grandes semejanzas entre sí.

sinostosis s.f. MED. Unión de los huesos por soldadura.

sinovectomía s.f. Ablación quirúrgica de la membrana sinovial.

sinovia s.f. (lat. moderno *synovia*). Líquido transparente y viscoso que lubrica las articulaciones.

sinovial adj. Relativo a la sinovia. ◆ s.f. y adj. Serosa que segrega la sinovia: *bolsa. membrana sinovial.*

sinovitis s.f. Inflamación de una membrana sinovial.

sinrazón s.f. Acción injusta cometida con abuso de poder.

sinsabor s.m. Disgusto, pesar.

sinsentido s.m. Cosa ilógica y absurda.

sinsonte s.m. (náhuatl *centzuntli,* que tiene cuatrocientas voces). Ave paseriforme, parecida al mirlo, que vive en América.

sínsoras s.f.pl. P. Rico. Lugar lejano.

sinsustancia s.m. y f. *Fam.* Persona insustancial, necia.

sintáctico, a adj. Relativo a la sintaxis.

sintagma s.m. LING. Unidad sintáctica elemental de una frase.

sintagmático, a adj. LING. **a.** Relativo al sintagma. **b.** Se dice de las relaciones que se establecen entre las unidades de la oración.

sintaxis s.f. (gr. *sýntakhis,* disposición conjunta). Parte de la gramática que estudia la estructura de la oración. **2.** Modo de ordenarse o enlazarse las palabras en una oración.

sinterizar v.tr. Realizar objetos sólidos mediante el prensado de la mezcla de polvos metálicos y materias plásticas no fusibles.

síntesis s.f. (gr. *sýnthesis*). Reunión de elementos en un todo. **2.** Resumen, compendio. **3.** Método de demostración que procede de los principios a las consecuencias, de las causas a los efectos: *la síntesis es la operación inversa del análisis.* **4.** Exposición de conjunto, apreciación global. **5.** QUÍM. Formación artificial de un cuerpo compuesto a partir de sus elementos. ◇ **Síntesis aditiva** Principio de mezcla de los colores, observable por proyección sobre una pantalla de manchas, no coincidentes en parte, de luces roja, verde y azul. **Síntesis del habla** Conjunto de técnicas que permiten a una computadora producir sonidos reconocibles como palabras por el usuario. **Síntesis sustractiva** Principio de mezcla de los colores observable superponiendo, en una posición en parte no coincidente y delante de un foco de luz blanca, filtros coloreados de amarillo, magenta y azul verdoso (cyan).

sintetasa s.f. BIOL. Ligasa.

sintético, a adj. Relativo a la síntesis: *método sintético.* **2.** Que resume o sintetiza. **3.** Obtenido por síntesis: *caucho sintético.*

sintetismo s.m. Tendencia pictórica francesa fundada en el uso de zonas de color aisladas y de contornos rigurosamente delimitados.

sintetizador, ra adj. Que sintetiza. ◆ s.m. Órgano electrónico utilizado en estudios de composición musical, capaz de producir un sonido a partir de sus constituyentes (frecuencias, intensidades, duraciones).

sintetizar v.tr. Reducir a síntesis; realizar una síntesis: *sintetizar una lección; sintetizar los hechos.* **2.** QUÍM. Fabricar o preparar por síntesis.

sintoísmo o **sinto** s.m. (del jap. *shintō*, el camino de los dioses). Religión nacional de Japón, anterior a la introducción del budismo, que rinde culto a los antepasados.

sintoísmo

Aunque el sintoísmo nació como un conjunto de creencias y ritos de carácter animista, desde el s. XIV se convirtió en un movimiento nacionalista. En 1868, el gobierno de Meiji lo convirtió en una especie de religión de estado, caracterizado por la adoración al emperador Dios y la afirmación de la grandeza de la raza japonesa. Separado oficialmente del estado, tras el desastre de 1945, el sintoísmo volvió a sus creencias tradicionales y sigue ejerciendo una gran influencia en Japón.

sintoísta adj. y s.m. y f. Relativo al sintoísmo; que profesa esta religión.

síntoma s.m. (lat. tardío *symptoma*, del gr. *s˝mptuma*, coincidencia, síntoma). Fenómeno que revela un trastorno funcional o una lesión. **2.** Señal, indicio.

sintomático, a adj. Relativo a los síntomas de una enfermedad. **2.** *Fig.* Que constituye un síntoma o indicio: *incidente sintomático.* ◇ **Terapéutica sintomática** Tratamiento que combate los síntomas sin atacar la causa, por oposición al tratamiento fundado en la etiología.

sintomatología s.f. Estudio de los síntomas de las enfermedades. SIN.: *semiología.*

sintonía s.f. Fragmento musical que sirve para distinguir el comienzo o el final de un programa de radio o televisión y lo identifica entre varios. **2.** Concordancia o relación de acuerdo entre dos partes. **3.** FÍS. Concordancia en resonancia de diversos circuitos eléctricos que oscilan en una misma frecuencia.

sintonización s.f. Acción de sintonizar. **2.** Relación de sintonía o concordancia.

sintonizador, ra adj. Que sintoniza. ◆ s.m. Amplificador sintonizado de alta frecuencia en un receptor de radio o de televisión. **2.** Parte del radiorreceptor que posee los elementos resonantes de sintonía.

sintonizar v.tr. Captar una emisora de radio o un canal de televisión regulando el circuito oscilante de un radiorreceptor para que su frecuencia propia coincida con la de la emisora o canal. **2.** *Fig.* Adaptarse a las características de una persona, de un medio, etc.

sinuosidad s.f. Cualidad de sinuoso. **2.** Concavidad, parte sinuosa de algo.

sinuoso, a adj. (lat. *sinuosus*). Que tiene ondulaciones o recodos: *un camino sinuoso.* **2.** *Fig.* Que oculta o disimula un propósito o una intención: *actuar de forma sinuosa.*

sinusal adj. Relativo al seno del corazón, o a un seno.

sinusitis s.f. (del lat. *sinus*, seno). Inflamación de los senos óseos de la cara.

sinusoidal adj. Se dice de un fenómeno periódico cuya representación en función del tiempo es una sinusoide. **2.** MAT. Que tiene el aspecto, la forma o la variación de una sinusoide.

sinusoide s.f. MAT. Curva plana que representa las variaciones del seno cuando el arco varía.

sinvergüencería s.f. *Fam.* Desfachatez, falta de vergüenza.

sinvergüenza adj. y s.m. y f. Que comete actos reprochables o ilegales en provecho propio. **2.** Desvergonzado, granuja, tunante.

sionismo s.m. (de *Sión*, colina de Jerusalén). Doctrina y movimiento que tuvo por objeto el establecimiento de judíos en una comunidad nacional autónoma o independiente en Palestina.

sionismo

El sionismo, que durante mucho tiempo se expresó en forma de corriente mística, se abordó en el s. XIX desde la perspectiva de una política de nacionalidad. Recibió la consagración doctrinal con Theodor Herzl y su libro *El Estado judío* (1896). En 1901 se creó el fondo nacional judío para el rescate de las tierras de Palestina. La inmigración judía creció después de la declaración de Balfour (1917), favorable a la creación de una nación judía en Palestina, pero esta fue limitada por Gran Bretaña entre las dos guerras mundiales, con afán de mantener bajo control las susceptibilidades árabes. Después de la segunda guerra mundial y el holocausto de los judíos europeos, la ONU adoptó un plan de división de Palestina. El Estado de Israel se creó en 1948.

sionista adj. y s.m. y f. Relativo al sionismo; partidario de este movimiento.

sioux → **siux.**

siquiera conj. Equivale a *bien que. aunque: ayúdame. siquiera por última vez.* **2.** Equivale a *o. ya* u otra semejante: *siquiera venga. siquiera no venga.* ◆ adv. Por lo menos, tan solo: *déme usted media paga siquiera.*

sir s.m. (voz inglesa). Tratamiento honorífico empleado por los británicos.

sire s.m. (voz francesa). Título que se daba a los reyes en algunos países.

sirena s.f. (del lat. *siren, -enis*). Divinidad del mar que tiene la mitad superior del cuerpo en forma de mujer y la inferior en forma de pájaro o pez. (La iconografía medieval la representó con busto de mujer y cola de pez.) **2.** Dispositivo que emite un sonido intenso y continuo para avisar de algo; también sonido que produce: *la sirena de una ambulancia; la sirena de alarma.*

sirenio, a adj. y s.m. Relativo a un orden de mamíferos herbívoros marinos y fluviales, dotados de aletas, como el manatí y el dugón.

sírfido, a adj. y s.m. Relativo a una familia de insectos dípteros, que viven sobre las flores.

sirga s.f. Maroma que sirve para tirar las redes, llevar las embarcaciones desde tierra, principalmente en la navegación fluvial, y para otros usos. ◇ **Camino de sirga** Camino destinado a la sirga a lo largo de un curso de agua.

sirgar v.tr. Remolcar un barco desde tierra con la ayuda de una sirga.

siríaco, a adj. y s.m. Se dice de la lengua semítica derivada del arameo, que se ha conservado como lengua literaria y litúrgica de ciertas Iglesias orientales.

sirimiri s.m. Lluvia muy fina, persistente y penetrante.

siringa s.f. Flauta de Pan.

siringe s.f. Órgano de fonación de las aves, situado en la bifurcación de los bronquios.

siringomielia s.f. Enfermedad del sistema nervioso central en la que la destrucción de la sustancia gris de la médula espinal acarrea la pérdida de la sensibilidad al dolor y a la temperatura.

sirio, a adj. y s. De Siria. ◆ s.m. Variedad del árabe hablada en Siria.

sirionó, pueblo amerindio del E de Bolivia, del grupo tupí-guaraní.

siripita s.f. Bol. Grillo. **2.** Bol. *Fig.* Persona entrometida y pequeña.

sirirí s.m. Argent. Yaguasa, nombre de diversos patos. **2.** Argent. Nombre vulgar de diversos pájaros como el benteveo.

sirka s.f. Semilla del ají, empleada como condimento en diversos países de América del Sur.

sirle s.m. Deyección del ganado lanar y cabrío.

sirlí s.m. Ave paseriforme de alas muy desarrolladas, que vive en las zonas desérticas de África central y septentrional.

siroco s.m. (ital. *sirocco*). Viento muy seco y cálido que sopla desde el Sahara hacia el litoral, cuando reinan bajas presiones en el Mediterráneo.

sirope s.m. (bajo lat. *siruppus*). Concentrado de azúcar o de jugo de fruta que se usa para endulzar bebidas refrescantes.

sirtaki s.m. Danza de origen griego, que se baila con las manos enlazadas.

sirte s.f. (lat. *syrtis*). Bajo de arena en el fondo del mar.

sirventés s.m. (voz provenzal). Género poético provenzal de los ss. XII y XIII, que trata de la actualidad, en especial política, de una manera polémica y satírica.

sirviente, a s. Persona dedicada al servicio doméstico.

sisa s.f. (fr. ant. *assise,* antiguo tributo). Corte hecho en la tela de las prendas de vestir para que ajusten al cuerpo, especialmente la escotadura donde debe asentarse la manga. **2.** Esp. Parte que se hurta de lo que se maneja por cuenta de otro, especialmente en cosas menudas.

sisal s.m. Planta amarilidácea, de cuyas hojas se extraen unas fibras utilizadas en la fabricación de sacos y cuerdas. **2.** Fibra que se utiliza en la fabricación de sacos, cordelería, etc.

sisar v.tr. Hacer sisas en las prendas de vestir. **2.** Ecuad. Pegar, principalmente pedazos de loza y cristal. **3.** Esp. Hurtar o sustraer, generalmente en pequeñas cantidades.

sisear v.intr. y tr. Emitir repetidamente el sonido inarticulado de *s* y *ch,* para llamar a alguien o para mostrar desagrado.

siseo s.m. Acción y efecto de sisear.

sismicidad s.f. Actividad o frecuencia sísmica.

sísmico, a adj. (del gr. *seismós,* temblor de tierra). Relativo a los sismos. ◇ **Prospección sísmica** Método de prospección fundado en la propiedad que tienen las ondas sonoras, provocadas por una explosión en las proximidades de la superficie del suelo, de experimentar refracciones y reflexiones en las superficies de contacto de capas geológicas, que tienen velocidades de transmisión diferentes, según unas leyes análogas a las de la óptica. **Reflexión sísmica** Método de estudio de la estructura interna de la tierra, fundado en el registro de las ondas sísmicas, provocadas por una fuente artificial (explosivo, generador de vibraciones, etc.), después de su reflexión en el suelo. **Refracción sísmica** Método de estudio de la estructura interna de la tierra, fundado en el registro de las ondas sísmicas provocadas por una fuente artificial después de que hayan recorrido un trayecto suficientemente largo en proyección horizontal por el subsuelo.

sismo o **seísmo** s.m. Sacudida más o menos violenta de la corteza terrestre, que se produce siempre a una cierta profundidad partiendo de un epicentro. SIN.: *terremoto.*

sismo

Los sismos se producen por una ruptura del equilibrio mecánico de la corteza terrestre a distintas profundidades. El origen de la perturbación (foco o hipocentro) puede estar situado en una zona de fricción entre placas (como a lo largo de la falla de San Andrés, en California) o en una zona todavía más profunda (penetración de una placa en el manto formando un ángulo de unos 45 °). Los instantes de llegada de las ondas sísmicas a los distintos observatorios permiten determinar el epicentro del sismo (lugar de la superficie situado sobre el foco). El estudio de la distribución de los epicentros permite realizar mapas de sismicidad.

sismógrafo s.m. Aparato muy sensible destinado a registrar la hora, duración y amplitud de los sismos.

sismograma s.m. Gráfico confeccionado por un sismógrafo.

sismología s.f. Ciencia y tratado de los sismos.

sismometría s.f. Conjunto de las técnicas de registro de las ondas sísmicas.

sisón s.m. (del cat. *sisó*). Ave muy rápida en la carrera y en el vuelo, que vive en pequeñas bandadas en los pastizales y cultivos de Europa. (Familia otídidos.)

sisonne o **sissonne** s.m. COREOGR. Salto que se efectúa después de una flexión (plié) y un impulso de los dos pies, seguido de una caída sobre uno de ellos.

sistema s.m. (lat. tardío *systema,* del gr. *systima,* conjunto). Conjunto ordenado de ideas científicas o filosóficas. **2.** Conjunto ordenado de normas y procedimientos acerca de determinada materia: *sistema de ventas; sistema educativo.* **3.** Conjunto de elementos interrelacionados, entre los que existe cierta cohesión y unidad de propósito. **4.** Conjunto de diversos órganos de idéntica naturaleza. **5.** Medio, método o procedimiento empleado para realizar algo. **6.** Procedimiento ordenado para hacer algo. **7.** Conjunto de aparatos, conductores, instalaciones, etc., que intervienen en el transporte y distribución de energía eléctrica. **8.** Conjunto de términos definidos por las relaciones que existen entre ellos: *sistema lingüístico.* **9.** Modo de gobierno, de administración o de organización social: *sistema feudal.* **10.** HIST. NAT. Método de clasificación basado en el empleo de un solo carácter o de un pequeño número de ellos. ◇ **Sistema de ecuaciones** Conjunto de dos o más ecuaciones que relacionan simultáneamente diversas incógnitas. **Sistema de referencia** MAT. Sistema de elementos que sirven para fijar la posición de un elemento variable. **Sistema experto** Sistema informático capaz de resolver problemas por deducción y de mostrar el método empleado en la resolución, partiendo de una base de conocimiento y de un sistema de deducción. **Sistema informático** Conjunto del hardware y el software que controlan y gestionan un proceso informático. **Sistema internacional de unidades (SI)** Sistema métrico decimal de medidas de siete unidades básicas (metro, kilogramo, segundo, amperio, grado Kelvin, mol y candela). **Sistema métrico decimal** Sistema de medidas que tiene el metro como base. **Sistema operativo** INFORMÁT. Programa o conjunto de programas que realizan la gestión de los procesos básicos de un sistema informático y permiten la ejecución del resto de programas. **Sistema planetario** Conjunto formado por una estrella y los astros que gravitan alrededor de ella.

sistemática s.f. Clasificación de los seres vivos según un sistema. **2.** Conjunto de datos erigido en sistema.

sistemático, a adj. Relativo a un sistema. **2.** Que sigue o se ajusta a un sistema: *estudio sistemático.* **3.** Que procede con sistema o método.

sistematizar v.tr. Estructurar, organizar con un sistema: *sistematizar la facturación.*

sistémico, a adj. Relativo a un sistema tomado en su conjunto o al análisis de sistemas. **2.** Se dice del planteamiento científico de los sistemas políticos, económicos, sociales, etc., que se opone al enfoque racionalista al abordar todo problema como un conjunto de unidades en interrelaciones mutuas. ◇ **Enfermedad sistémica** Enfermedad que afecta a todos los órganos o estructuras de un sistema o aparato.

sístole s.f. (gr. *systolé*). Movimiento de contracción del corazón y las arterias. CONTR.: *diástole.*

sistro s.m. (lat. *sistrum,* del gr. *seistron*). Antiguo instrumento musical de percusión, cuyos elementos móviles golpean contra el marco cuando se sacude el instrumento.

sitácido, a adj. y s.m. Relativo a una familia de aves muy características, de pico muy curvo y lengua carnosa, densa y dura, que viven en las selvas de los países cálidos.

sitacismo s.m. → **psitacismo.**

sitacosis s.f. Enfermedad infecciosa de loros, periquitos, etc., transmisible al ser humano.

sitar s.m. Instrumento musical indio, de cuerdas pulsadas.

sitial s.m. Asiento de ceremonia.

sitiar v.tr. Cercar una plaza o fortaleza para atacarla o apoderarse de ella. **2.** *Fig.* Poner en situación tal que forzosamente se deba acceder a lo que se pide o exige.

1. **sitio** s.m. Porción determinada del espacio que es o puede ser ocupada. **2.** Paraje o lugar a propósito para algo: *buscar un sitio para dormir.* **3.** Chile y Ecuad. Terreno apto para la edificación. **4.** Cuba y Méx. Finca, menor que la hacienda, dedicada al cultivo y a la cría de animales domésticos. **5.** Méx. Lugar en la vía pública autorizado como base para automóviles de alquiler. ◇ **Sitio arqueológico** Amér. Lugar en el que se encuentran fósiles o restos de valor arqueológico, para cuyo estudio es necesario realizar excavaciones. GEOSIN.: Esp. *yacimiento arqueológico.*

2. **sitio** s.m. Acción y efecto de sitiar. ◇ **Estado de sitio** Situación excepcional y grave del ordenamiento político y jurídico de la nación, en el que la autoridad civil delega facultades extraordinarias en la autoridad militar, con la suspensión de determinados derechos y libertades constitucionales. **Levantar el sitio** Abandonar el asedio de una plaza fuerte.

sito, a adj. (lat. *situs, -a, -um*). Que está situado en el lugar que se especifica: *finca sita en las afueras.*

sitogoniómetro s.m. Aparato que sirve para medir ángulos de situación, desvíos angulares, etc.

situación s.f. Acción y efecto de situar. **2.** Estado o condición de una persona o de una cosa: *tener una elevada situación; hallarse en una situación crítica; estar en buena situación de ánimo.* **3.** Estado de los asuntos políticos, financieros, etc., de una nación. **4.** Disposición geográfica de una cosa respecto del lugar que ocupa, principalmente una casa, una ciudad, etc. ◇ **Ángulo de situación** MIL. Ángulo formado por la línea de situación y el plano horizontal. **Línea de situación** MIL. Línea que une la pieza y el objetivo.

situacionismo s.m. Movimiento contestatario europeo de los años sesenta, desarrollado en el medio universitario.

situacionista adj. y s.m. y f. Relativo al situacionismo; seguidor de este movimiento.

situado, a adj. Que tiene una situación estable, económica o social: *familia bien situada.*

situar v.tr. y prnl. (bajo lat. *situare*) [conj.: *actuar*]. Poner en un sitio o situación: *situar una calle en un mapa; está situado al final de la clasificación.* ◆ **situarse** v.prnl. Conseguir una buena posición económica o social.

sítula s.f. ARQUEOL. Cubeta de bronce.

siútico, a adj. Chile. Cursi. **2.** Chile. Se aplica, también, a cierta apariencia de vestidos. **3.** Chile. *Fam.* Se dice de la persona que presume de fina o imita a las clases más elevadas.

siux o **sioux,** conjunto de pueblos amerindios de América del Norte (cuervo, hidatsa, winnebago, iowa, omaha, osage, dakota, etc.), que hablan lenguas emparentadas y que habitaban en las llanuras entre Arkansas y las Rocosas, y que actualmente viven en reservas.

sivaísmo s.m. Corriente religiosa surgida del hinduismo, que hace de Siva un dios más importante que Visnú y Brahma y que constituye el origen de diversas sectas.

ska s.m. Estilo musical de origen jamaicano, con un ritmo más vivo que el reggae.

skai s.m. (marca registrada). Material sintético que imita el cuero.

skate board s.m. (del ingl. *skateboard,* monopatín). Deporte que consiste en ejecutar figuras sobre una plancha dotada de cuatro ruedas, a la vez que se conserva el equilibrio. **2.** Plancha para practicar este deporte. SIN.: *monopatín.*

skeet s.m. (voz inglesa). Prueba olímpica de tiro al plato.

sketch s.m. (voz inglesa). Obra dialogada breve, generalmente cómica, representada en el teatro, music-hall, radio, televisión o cine.

skinhead s.m. y f. y adj. (voz inglesa). Joven marginal, de cabeza rapada, que adopta un comportamiento de grupo agresivo, xenófobo y racista, y manifiesta su adhesión a ideologías militaristas. (También *skin.*)

skip s.m. (voz inglesa). Especie de carretilla que se desliza por una armazón vertical inclinada, que se utiliza para la alimentación de materiales. **2.** MIN. Gran recipiente que se vacía por vuelco o por apertura del fondo, y que remplaza la jaula de extracción en un pozo.

skipper s.m. (voz inglesa). Comandante de un yate de crucero en regatas.

S. L., sigla de *sociedad *limitada.*

slalom s.m. (voz noruega). → **eslalon.**

slam s.m. (alem. *Schlamm,* limo, lodo). Producto muy fino proveniente del machaqueo y trituración de minerales.

slikke s.f. (neerlandés *slijk*). GEOGR. Parte baja de los lodazales litorales, que queda cubierta por la marea.

slip s.m. (pl. *slips*). Calzón corto o ajustado y sin pernera que sirve de ropa interior masculina.

slipway s.m. (voz inglesa). MAR. Plano inclinado que permite la botadura o el transporte a tierra firme de los barcos.

slogan s.m. → **eslogan.**

sloop s.m. (voz inglesa). Embarcación a vela de un mástil, con un solo foque a proa.

slow s.m. (voz inglesa, *lento*). Fox-trot lento.

smartphone s.m. (voz inglesa). Teléfono celular con pantalla táctil, que puede conectarse a Internet y gestionar cuentas de correo electrónico y otras funcionalidades parecidas a las que ofrece un pequeño computador. SIN.: *teléfono inteligente.*

smash s.m. (voz inglesa). DEP. Golpe con el que se devuelve violentamente la pelota.

SME, sigla de *sistema *monetario europeo.*

smog s.m. (voz inglesa). Mezcla de humo y niebla que se acumula encima de concentraciones urbanas e industriales.

smoking s.m. → **esmoquin.**

SMS s.m. (sigla del inglés *short message service*). Mensaje corto de texto que se puede enviar entre teléfonos celulares o móviles.

snipe s.m. Embarcación monotipo de regatas a vela para dos tripulantes.

snob adj. y s.m. y f. → **esnob.**

snobismo s.m. → **esnobismo.**

snorkel s.m. → **schnorkel.**

snowboard s.m. (voz inglesa). Modalidad de esquí que se practica con una tabla sobre la que se apoyan los dos pies.

1. **¡so!** interj. Se usa para hacer que paren las caballerías.

2. **so,** voz que se antepone a algunos insultos para reforzar su significado: *so tonto; so idiota.*

3. **so** prep. Bajo, debajo de: *so pena de...*

4. **SO,** abrev. de *sudoeste.*

soas s.m. Nombre de dos músculos pares insertos en las vértebras lumbares y en el trocánter menor del fémur, que contribuyen a la flexión del muslo sobre el tronco.

soasar v.tr. Asar ligeramente.

soba s.f. Sobadura. **2.** *Fig.* Paliza, zurra.

sobaco s.m. Concavidad que forma el arranque del brazo con el cuerpo.

sobado, a adj. Manido muy usado. ◆ s.m. Sobadura.

sobajar v.tr. Méx. Humillar, rebajar.

sobajear v.tr. Sobar, manosear.

sobandero s.m. Colomb. Curandero que se dedica a arreglar los huesos dislocados.

sobaquera s.f. Abertura que se deja en algunos vestidos por la parte del sobaco. **2.** Pieza con que se refuerza un vestido por la parte del sobaco.

sobar v.tr. Mover y presionar una cosa repetidamente para que se ablande o para amasarla o doblarla: *sobar las pieles.* **2.** Manosear mucho una cosa ajándola o estropeándola. **3.** *Fig.* Manosear a alguien. **4.** *Fig.* Golpear, pegar. **5.** Amér. Curar una dislocación ósea. **6.** Argent. Fatigar al caballo. **7.** Argent. y Méx. Masajear, friccionar alguna parte del cuerpo para aliviar una tensión o dolor. ◆ v.intr. Esp. *Fam.* Dormir. ◇ **Sobar el lomo** Argent. *Fam.* Adular, dar coba.

soberado s.m. Chile y Colomb. Desván.

soberanía s.f. Cualidad de soberano. **2.** Dignidad o autoridad suprema: *soberanía de las élites. del pueblo.* **3.** Cualidad del poder político de un estado o de un organismo que no está sometido al control de otro estado o de otro organismo.

soberano, a adj. y s. Que ejerce o posee la autoridad suprema o independiente. ◆ adj. Que es muy grande o muy difícil de superar: *una soberana belleza; una soberana paliza.* **2.** HERÁLD. Se dice del escudo cortinado cuyos trazos están curvados. ◆ s. Rey, reina o príncipe gobernante de un país. ◆ s.m. Moneda de oro inglesa, acuñada por primera vez en 1489 por Enrique VII. ◇ **Estado soberano** Estado cuyo gobierno no está sometido al control o a la tutela de otro gobierno.

soberbia s.f. (lat. *superbia*). Sentimiento de superioridad respecto de los demás, que se manifiesta en un trato distante y en el menosprecio hacia ellos. **2.** Cólera o ira expresadas de manera exagerada.

soberbiar v.tr. Ecuad. Rechazar algo por soberbia.

soberbio, a adj. (lat. *superbus*). Que tiene soberbia o está dominado por ella. **2.** Que tiene altivez y arrogancia. **3.** *Fig.* Excelente o magnífico. **4.** Grande o de grandes proporciones. **5.** *Fig.* Fogoso, violento.

sobón, na adj. y s. *Fam.* Que soba. **2.** *Fam.* Que acaricia o toca mucho a personas o cosas hasta llegar a resultar molesto.

sobornar v.tr. (lat. *subornare*). Dar dinero o regalos a alguien para conseguir algo, generalmente ilegal o injusto.

soborno s.m. Acción de sobornar. **2.** Cosa con que se soborna.

sobra s.f. Exceso de cualquier cosa sobre su justo ser, peso o valor. ◆ **sobras** s.m.pl. Restos o partes que quedan de algo después de haberlo utilizado o consumido. **2.** Desperdicios o desechos. ◇ **De sobra** Sobrante, en abundancia, en cantidad más que suficiente.

sobrado, a adj. Que sobra, es suficiente y más de lo necesario: *tener tiempo sobrado.* SIN.: *sobrante.* **2.** Chile. Enorme, colosal. **3.** Chile. *Desp.* Se dice de la persona arrogante que se muestra convencida de su propia valía. **4.** Chile. *Fig.* y *fam.* Que excede de cierto límite. ◆ adv.m. De manera abundante.

sobrador, ra adj. y s. Argent. Se dice de la persona que acostumbra a sobrar a los otros.

sobrante adj. y s.m. Que sobra: *comida sobrante.* ◆ adj. Sobrado: *tener dinero sobrante.*

sobrar v.intr. (lat. *superare,* ser superior). Haber más de lo necesario o conveniente de algo. **2.** Estorbar o molestar. **3.** Quedar algo de una cosa. ◆ v.tr. Argent. Tratar a los demás con superioridad.

sobrasada s.f. Embutido curado de consistencia pastosa hecho con carne de cerdo muy picada y sazonada con sal, pimienta y pimentón molido.

1. **sobre** prep. (lat. *super*). Encima, por encima de: *volar sobre Madrid.* **2.** Acerca de: *un tema sobre arte.* **3.** Además de: *sobre ser caro, es malo.* **4.** Base o garantía de un préstamo: *prestar sobre joyas.* **5.** Con dominio y superioridad: *mandar sobre los demás.* **6.** Expresa aproximación en una cantidad o número: *vendré sobre las tres.* **7.** Orientación: *la casa da sobre el mar.* **8.** Se utiliza como elemento compositivo que aumenta la significación de la palabra con que se junta: *sobrecargar, sobrealimentación.*

2. **sobre** s.m. Cubierta plana de papel que puede cerrarse y en que se incluyen cartas o documentos que han de enviarse de una parte a otra. **2.** Envoltorio plano y cerrado, normalmente de papel, que contiene polvos, líquidos u otras cosas: *sobre de azúcar.*

sobreabundante adj. Que sobreabunda.

sobreabundar v.intr. Abundar mucho, haber suficientemente y de sobra.

sobrealimentación s.f. Acción y efecto de sobrealimentar. **2.** Aumento de la cantidad y calidad del alimento ingerido por una persona o un animal. **3.** Alimentación de un motor de combustión interna con aire a una presión superior a la atmosférica.

sobrealimentar v.tr. y prnl. Dar más alimento del normalmente necesario.

sobreático s.m. Planta situada encima del ático.

sobrebota s.f. Amér. Central. Polaina de cuero curtido.

sobrecalentamiento s.m. Acción de sobrecalentar o sobrecalentarse. **2.** Estado inestable de un líquido cuya temperatura es superior a su punto de ebullición. **3.** Elevación de la temperatura de un vapor que corresponde a su presión. **4.** Calentamiento intenso de un metal o de una aleación, sin que se produzca fusión ni siquiera parcialmente.

sobrecalentar v.tr. Calentar una sustancia a una temperatura por encima de su punto de cambio de estado, sin que este se produzca. **2.** Calentar un metal hasta el sobrecalentamiento.

sobrecama s.f. Ecuad. Especie de boa.

sobrecarga s.f. Exceso de carga. **2.** *Fig.* Preocupación, sufrimiento, etc., que se añade a otro anterior. **3.** Impresión tipográfica, de carácter oficial, que se estampa en un sello de correos para alterar su valor, modificar su empleo, conmemorar un acontecimiento, etc. **4.** Elevación o exceso de carga fiscal, expresado como relación entre los tributos pagados y la renta o ingresos del contribuyente. **5.** Forma de handicap reservada a las carreras de caballos a galope. ◇ **Sobrecarga ponderal** MED. Exceso de peso corporal.

sobrecargar v.tr. Producir una sobrecarga en algo o en alguien.

sobrecargo s.m. (del fr. *subrécargue*). Miembro superior de la tripulación que, en los buques mercantes, tiene a su cuidado la carga y las funciones administrativas que le encomienda el naviero o cargador. **2.** Ayudante de vuelo.

sobreceja s.f. (lat. *supercilium*). Parte de la frente inmediata a las cejas.

sobrecoger v.tr. y prnl. Espantar o impresionar mucho, causando miedo o sorpresa.

sobrecompresión s.f. Aumento de la compresión de un cuerpo, sea por reducción de volumen, sea por elevación de la presión a que es sometido. **2.** Método que consiste en realizar, en un motor de avión, una compresión variable con la altitud.

sobrecomprimido, a adj. Relativo a la sobrecompresión. ◇ **Motor sobrecomprimido** Motor en el que el grado de compresión de la mezcla detonante se lleva al máximo.

sobrecongelación s.f. Congelación rápida a muy baja temperatura.

sobrecongelado, a adj. y s.m. Se dice de una sustancia alimenticia conservada por sobrecongelación.

sobrecongelar v.tr. Congelar rápidamente a temperatura muy baja.

sobrecubierta s.f. Cubierta que se pone sobre otra como protección. **2.** Cubierta, generalmente de papel y con alguna ilustración relativa al contenido del libro, que se coloca sobre la encuadernación. **3.** Cubierta de un barco situada encima de la principal.

sobrecuello s.m. Segundo cuello sobrepuesto al de una prenda de vestir.

sobredicho, a adj. Mencionado anteriormente en el mismo escrito o discurso.

sobredimensionar v.tr. Hacer que una cosa tenga o parezca tener un tamaño o una importancia superior a los que debería tener realmente: *la televisión sobredimensionó el problema.*

sobredorar v.tr. Dorar los metales, especialmente la plata.

sobredosis s.f. Dosis excesiva de un medicamento o una droga.

sobreentender v.tr. y prnl. → **sobrentender.**

sobreentendido s.m. → **sobrentendido.**

sobreesdrújulo, a adj. → **sobresdrújulo.**

sobreestimar o **sobrestimar** v.tr. Estimar algo o a alguien por encima de su valor o merecimiento.

sobreexcitación o **sobrexcitación** s.f. Acción de sobreexcitar.

sobreexcitar o **sobrexcitar** v.tr. y prnl. Aumentar en exceso o excitar mucho la energía vital o actividad de un órgano o de todo el organismo.

sobreexponer o **sobrexponer** v.tr. [conj.: *poner*]. FOT. Someter a un tiempo de exposición excesivo.

sobreexposición o **sobrexposición** s.f. FOT. Exposición demasiado prolongada de una superficie sensible a la luz.

sobrefalda s.f. Falda corta que se coloca como adorno sobre otra.

sobrefaz s.f. Superficie o cara exterior de las cosas.

sobrefundido, a adj. Que está en estado de sobrefusión.

sobrefusión s.f. Estado de un cuerpo que permanece líquido a una temperatura inferior a su temperatura de fusión.

sobregirar v.tr. Méx. Sobrepasar el límite de crédito autorizado o los fondos de una cuenta bancaria.

sobregiro s.m. Giro o libranza que excede de la cantidad o crédito disponibles.

sobrehilado s.m. Basta o hilván de puntadas flojas y largas, que se hace en el borde u orilla de una tela para que no se deshilache. SIN.: *sobrehílo.*

sobrehilar v.tr. [conj.: *aislar*]. Hacer un sobrehilado.

sobrehumano, a adj. Superior a lo humano, que excede las posibilidades humanas: *esfuerzo sobrehumano.*

sobreimposición s.f. GEOGR. Fenómeno que ocasiona un curso de agua al cortar, debido a su hundimiento, estructuras geológicas diferentes de aquellas sobre las que se había instalado.

sobreimpresión s.f. FOT. Impresión de dos o más imágenes sobre una misma emulsión fotoquímica. ◇ **Barniz,** o **esmalte, de sobreimpresión** ART. GRÁF. Especie de barniz o esmalte que se aplica a una impresión para protegerla y darle un aspecto brillante.

sobrellevar v.tr. Aguantar, soportar: *sobrellevar una pena. una enfermedad.*

sobremanera o **sobre manera** adv.m. Muy o mucho más de lo normal.

sobremarcha s.f. Superdirecta.

sobremesa s.f. Tiempo posterior a la comida durante el que los comensales siguen reunidos alrededor de la mesa. ◇ **De sobremesa** Pensado a propósito para colocar sobre una mesa u otro mueble: *lámpara de sobremesa.*

sobremoldear v.tr. Moldear una figura en un molde obtenido de un objeto moldeado.

sobrenadar v.intr. Mantenerse algo encima de un líquido sin hundirse o sin mezclarse con él.

sobrenatural adj. Que no puede explicarse por las leyes de la naturaleza o que supera sus límites: *poder sobrenatural; una escena sobrenatural.* **2.** TEOL. Que no pertenece a la naturaleza ni es consecuencia o exigencia de la misma.

sobrenombre s.m. Nombre que se añade o que sustituye al nombre de alguien, y que suele aludir a un rasgo característico de su persona o de su vida. **2.** Apodo o cualquier nombre usado para designar a una persona en vez de hacerlo con su propio nombre.

sobrentender o **sobreentender** v.tr. y prnl. [conj.: *tender*]. Entender algo que no está expreso en un discurso o escrito pero que está implícito en ellos.

sobrentendido o **sobreentendido** s.m. Cosa que no está expresada y se da por supuesta en una conversación, discurso, etc.

sobrepaga s.f. Cantidad añadida a la paga ordinaria.

sobrepasar v.tr. Rebasar o exceder de cierta cosa, cantidad o límite: *sobrepasar los bordes de una vasija.* **2.** Superar, aventajar a otro en una actitud, evolución o progreso: *sobrepasar a alguien en estudios.*

sobrepelliz s.f. REL. Túnica corta de tela fina y blanca que se lleva por encima de la sotana.

sobrepeso s.m. Exceso de carga. **2.** Exceso de peso en una persona o animal.

sobreponer v.tr. [conj.: *poner*]. Superponer, poner encima. **2.** Poner por encima de otras personas o cosas, en consideración, rango o autoridad: *sobreponer el deber a la diversión.* ◆ **sobreponerse** v.prnl. *Fig.* Superar un problema o situación difícil o no dejarse abatir por un problema.

sobreprecio s.m. Recargo en el precio ordinario.

sobreprima s.f. Prima adicional que se paga en los seguros para garantizar algunos riesgos excepcionales.

sobreproducción s.f. Producción excesiva de un producto o de una serie de productos, que rebasa la demanda o las necesidades de los consumidores. SIN.: *superproducción.*

sobrepujar v.tr. Exceder o superar una persona o cosa a otra en cualquier ámbito.

sobrero, a adj. (port. *sobreiro*). Sobrante, que sobra. **2.** TAUROM. Se dice del toro de reserva que se tiene preparado por si no puede lidiarse alguno de los destinados a una corrida.

sobresaliente adj. y s.m. y f. Que sobresale: *ángulo sobresaliente.* ◆ s.m. Nota superior a la de notable en la calificación de exámenes. **2.** TAUROM. **a.** Diestro de reserva que se anuncia en algunas corridas para sustituir, llegado el caso, a alguno de los matadores. **b.** Subalterno de la cuadrilla del rejoneador que a menudo remata la res.

sobresalir v.intr. [conj.: *salir*]. Exceder en altura, tamaño, etc. **2.** *Fig.* Ser más importante o tener en mayor grado una cualidad o característica.

sobresaltar v.tr. y prnl. Asustar o provocar un temor.

sobresalto s.m. Sorpresa, alteración del ánimo por un suceso repentino. **2.** Temor o susto repentino. **3.** Movimiento brusco, involuntario, consecutivo a un estímulo psíquico intenso.

sobresaturación s.f. Acción de sobresaturar. **2.** Estado de una solución sobresaturada.

sobresaturado, a adj. GEOL. Se dice de una roca magmática que contiene cuarzo.

sobresaturar v.tr. Obtener una solución más concentrada que la solución saturada.

sobrescrito s.m. Texto que se escribe en el sobre o en la parte exterior de un pliego o paquete para saber a quién se dirige. **2.** El mismo sobre con la dirección.

sobresdrújulo, a o **sobreesdrújulo, a** adj. LING. Se dice de la palabra acentuada en la sílaba anterior a la antepenúltima.

sobreseer v.tr. e intr. (lat. *supersedere,* abstenerse) [conj.: *leer*]. DER. Suspender la tramitación de una causa por entender el tribunal que no hay motivo para proseguirla o por no existir suficientes pruebas.

sobreseimiento s.m. DER. Acción de sobreseer.

sobrestante s.m. Persona que, bajo la dirección de un técnico, realiza determinadas obras dirigiendo a un cierto número de obreros.

sobrestimar v.tr. → **sobreestimar.**

sobresueldo s.m. Salario o consignación que se añade al sueldo fijo.

sobretasa s.f. Tasa suplementaria. <> **Sobretasa postal** Tasa suplementaria que se aplica al destinatario de un envío insuficientemente franqueado; tasa suplementaria exigida para un envío más rápido.
sobretasar v.tr. Gravar con una sobretasa.
sobretensión s.f. Tensión eléctrica superior al valor más elevado que puede existir, en régimen normal, en una línea o circuito eléctrico.
sobretodo s.m. (de *sobre todo*). Gabán o abrigo.
sobrevenir v.intr. [conj.: *venir*]. Suceder un accidente o cualquier cosa improvisada o repentinamente.
sobrevirador, ra adj. Se dice de un vehículo automóvil que sobrevira.
sobreviraje s.m. Acción y efecto de sobrevirar.
sobrevirar v.intr. Tender el puente trasero de un vehículo automóvil a patinar o deslizarse lateralmente hacia el exterior de la curva.
sobrevivencia s.f. Supervivencia.
sobreviviente adj. y s.m. y f. Superviviente.
sobrevivir v.intr. Seguir viviendo después de la muerte de alguna persona, o después de determinada fecha o suceso ocurrido. SIN.: *supervivir.*
sobrevolar v.tr. [conj.: *contar*]. Volar sobre un lugar, ciudad, territorio, etc.
sobrexcitación s.f. → **sobreexcitación.**
sobrexcitar v.tr. y prnl. → **sobreexcitar.**
sobrexponer v.tr. → **sobreexponer.**
sobrexposición s.f. → **sobreexposición.**
sobriedad s.f. Cualidad de sobrio.
sobrino, a s. (lat. *sobrinus,* hijo del primo). Con respecto a una persona, hijo o hija de un hermano o hermana y también hijo de un primo o prima.
sobrio, a adj. (lat. *sobrius*). Moderado, especialmente en el beber. **2.** Que denota moderación, no exagerado: *una cena. decoración sobria.* **3.** Sin adornos superfluos: *un traje sobrio.* ◆ adj. y s. Que no está borracho.
soca s.f. Amér. Último retoño de la caña de azúcar, que sirve para trasplantarla. **2.** Bol. Brote de la cosecha de arroz.
socaire s.m. Abrigo que ofrece una cosa por sotavento, o lado opuesto a aquel donde sopla el viento. <> **Al socaire** Al abrigo del aire; al amparo de alguien o algo.
socaliña s.f. Truco o engaño con que se saca a alguien lo que no está obligado a dar.
socapa s.f. Pretexto con que se encubre la verdadera intención de algo.
socapar v.tr. Bol. Encubrir faltas ajenas.
socar v.tr. y prnl. Amér. Central. Embriagar, emborrachar.
socarrar v.tr. y prnl. (voz de origen prerromano). Quemar o tostar superficialmente una cosa.
socarrina s.f. *Fam.* Acción de socarrar o socarrarse.
socarrón, na adj. y s. Que se burla con disimulo mediante palabras aparentemente serias o ingenuas.
socarronería s.f. Cualidad de socarrón. **2.** Dicho socarrón.
socavación s.f. GEOMORFOL. Remoción de materiales de fácil arranque, localizada por las corrientes de agua.
socavar v.tr. Excavar por debajo de algo, dejándolo sin apoyo y con riesgo de hundirse: *socavar los cimientos.* **2.** *Fig.* Debilitar algo física o moralmente: *socavar la fe en alguien.*
socavón s.m. Cueva excavada en la ladera de un cerro o monte. **2.** Hundimiento que se produce en el suelo, principalmente por una corriente de agua subterránea.
soccer s.m. (voz angloamericana). Variedad del juego del fútbol que se practica en EUA en un campo cubierto.
soche s.m. Colomb. y Ecuad. Mamífero similar al ciervo.
sociabilidad s.f. Cualidad de sociable.
sociable adj. (lat. *sociabilis*). Que tiene facilidad para relacionarse con los demás y disfruta con ello. **2.** Que busca la compañía de sus semejantes.
social adj. (fr. *social,* del lat. *socialis*). Que concierne a la sociedad, a una colectividad humana: *clases sociales.* **2.** Que vive en sociedad: *animal social.* **3.** Que concierne a una sociedad comercial: *razón social, firma social.* **4.** Que concierne al mejoramiento de la condición de los trabajadores: *una política social.* **5.** Que concierne a las relaciones entre grupos, entre clases de la sociedad: *clima social.* <> **Comportamiento social** Conjunto de relaciones interindividuales que se dan en diversas especies animales. **Legislación social** Conjunto de las disposiciones legislativas y reglamentarias que intervienen en favor de los individuos y de la familia para la solidaridad de la colectividad organizada.
socialdemocracia s.f. Denominación del partido socialista en ciertos países, especialmente en Alemania, Austria y los países escandinavos. **2.** Conjunto de las organizaciones y los políticos vinculados al socialismo parlamentario y reformista.
socialdemócrata adj. y s.m. y f. Relativo a la socialdemocracia; partidario de la socialdemocracia.
socialismo s.m. Doctrina política, económica y social que propugna la propiedad y administración pública de los medios de producción e intercambio. **2.** Sistema político, económico y social basado en esta doctrina. <> **Socialismo real** Denominación dada a la práctica económica, política y social de los regímenes llamados comunistas.

socialismo

El socialismo se desarrolló en Europa en el s. XIX en forma desigual, pero a partir de un mismo deseo de resolver la cuestión social nacida del desarrollo del capitalismo. El *socialismo utópico* de los años 1830 (R. Owen, en Inglaterra; Saint-Simon, C. Fourier, en Francia), confiado en la razón y bondad humanas, concibió una sociedad ideal en la que reinaría la abundancia y la igualdad; también surgió una corriente reducida, pero durable: el *socialismo cristiano.* El estallido de las revoluciones de 1848 condujo a la busca de soluciones mejor concebidas y más radicales, de acuerdo con las dos vías propuestas por el marxismo y el anarquismo. Los esfuerzos de unificación del movimiento socialista (creación de la Internacional) no resistieron las grandes escisiones entre marxistas y anarquistas en 1872 y, después, a principios del s. XX, entre marxistas ortodoxos, revolucionarios (como Lenin) y revisionistas (Bernstein) y finalmente, después de la Revolución rusa de 1917, entre los que aceptaban el modelo soviético –los comunistas– y los que lo rechazaban. Inscritos en esa última línea, los actuales partidos socialistas europeos se desprendieron de toda referencia al marxismo y defienden un reformismo más o menos firme, según el país y las circunstancias, dentro de una sociedad capitalista.

socialista adj. y s.m. y f. Relativo al socialismo; seguidor de esta doctrina; miembro de un partido socialista.
socialización s.f. Acción de socializar o socializarse.
socializar v.tr. Transferir al estado las propiedades particulares, sean agrícolas, industriales o financieras, con el fin de que sus beneficios reviertan sobre toda la sociedad. ◆ v.tr. y prnl. Adaptar a un individuo a las exigencias de la vida social.
sociedad s.f. (lat. *societas, -atis*). Conjunto de personas que se relacionan entre sí, de acuerdo a unas determinadas reglas de organización jurídicas y consuetudinarias, y que comparten una misma cultura o civilización en un espacio o un tiempo determinados. **2.** Sistema organizado de relaciones que se establecen entre este conjunto de personas. **3.** Agrupación de personas con el fin de cumplir, mediante la mutua cooperación, todos o alguno de los fines de la vida: *las abejas viven en sociedad.* **4.** Reunión de personas con fines recreativos, culturales, deportivos o benéficos: *sociedad de amigos de los libros.* **5.** DER. **a.** Agrupamiento de diversas personas que han puesto algo en común para compartir el beneficio que pueda resultar de ello, y al que la ley reconoce una personalidad moral, o jurídica, considerada como propietaria del patrimonio social. **b.** Contrato que da origen a este agrupamiento. <> **Alta, o buena, sociedad** Conjunto de personas que destacan por su condición social, por su for-

tuna, etc. **Entrar,** o **presentarse, en sociedad** Iniciar una muchacha su vida social asistiendo a un baile de gala. **Sociedad civil** El cuerpo social, por oposición a la clase política. **Sociedad de consumo** Sociedad de un país industrial avanzado en la que, teniendo en cuenta que las necesidades elementales están aseguradas para la mayor parte de la población, una intensa publicidad propone nuevos bienes de consumo que incitan al gasto continuo. **Sociedad secreta** HIST. Asociación cuyos miembros mantienen en secreto su calidad de tales.

societario, a adj. Relativo al movimiento asociacionista obrero, especialmente de tipo sindical o mutualista. **2.** Relativo a una sociedad mercantil.

socinianismo s.m. Doctrina del reformador italiano Socino (1525-1562), opuesta a los dogmas de la divinidad de Jesucristo y de la Trinidad, a los que consideraba incompatibles con el monoteísmo.

socio, a s. (lat. *socius*). Persona asociada con otra u otras para algún fin. **2.** Persona miembro de alguna asociación. **3.** *Fam.* Amigo, compañero, compinche.

sociobiología s.f. Corriente de pensamiento de origen anglosajón que afirma que, en el análisis de los hechos biológicos, lo que es innato en el comportamiento humano puede servir de explicación científica para ciertos fenómenos sociales.

sociocentrismo s.m. Tendencia a concentrar la atención en la sola dimensión social de los acontecimientos históricos, pasados o actuales.

sociocultural adj. Relativo al estado cultural de la sociedad o de un grupo social.

sociodrama s.m. Forma de psicodrama dirigido a un grupo y que tiende a una catarsis colectiva.

socioeconómico, a adj. Que interesa a la sociedad definida en términos económicos.

socioeducativo, a adj. Que interesa a la educación colectiva y a la difusión de la cultura.

sociolingüística s.f. Parte de la lingüística que estudia las relaciones entre el lenguaje, la cultura y la sociedad.

sociología s.f. Estudio de los fenómenos socioculturales que surgen de la interacción entre los individuos y entre los individuos y el medio. **2.** Estudio de los fenómenos religiosos, económicos, artísticos, etc., desde el punto de vista de las implantaciones sociales: *sociología de la religión; sociología del arte.*

sociología

Se considera que la sociología, en tanto que estudio de la formación y del funcionamiento de la sociedad, fue fundada por Auguste Comte, quien la llamó ciencia positiva. Karl Marx, sin ser teórico de la sociología, aportó una descripción de la economía de su tiempo que se reveló fecundísima para los sociólogos que le siguieron. Durkheim fue el primero que, en contra de Marx, abrió la vía al estudio concreto y metódico de los hechos sociales (*Las reglas del método sociológico*, 1894). Tras él, Max Weber y Talcott Parsons contribuyeron a precisar los métodos y objetivos de la sociología.

sociológico, a adj. Relativo a la sociología.

sociologismo s.m. Doctrina que afirma la primacía epistemológica de los hechos sociales y de la sociología que los estudia.

sociólogo, a s. Especialista en sociología.

sociometría s.f. Estudio de las relaciones interindividuales de los miembros de un mismo grupo, mediante métodos que permiten medir estas relaciones con ayuda de índices numéricos.

socioprofesional adj. Que caracteriza a un grupo humano por el sector económico y el nivel en la jerarquía social en el que se sitúa.

sociopsicoanálisis s.m. Movimiento sociológico que pretende estudiar los fenómenos sociales con la ayuda de la teoría y los conceptos del psicoanálisis.

socioterapia s.f. PSIQUIATR. Terapia que tiene por objeto la reducción de los trastornos mentales mediante la interacción entre el individuo y su medio vital.

socolar v.tr. [conj.: *contar*]. Colomb., Ecuad., Hond. y Nicar. Rozar, limpiar de maleza un terreno.

socollón s.m. Amér. Central y Cuba. Sacudón, sacudida violenta.

soconusco s.m. Mezcla de polvos de vainilla y otras especias aromáticas, que se ponía en el chocolate para darle aroma y sabor. SIN.: *polvos de soconusco.* **2.** *Fam.* Chocolate cocido.

socorrer v.tr. Ayudar en una necesidad apremiante o salvar de un peligro: *socorrer a los pobres, a los damnificados.*

socorrido, a adj. Que se usa a menudo para resolver una dificultad, problema o molestia: *tema socorrido; solución muy socorrida.*

socorrismo s.m. Actividad del socorrista.

socorrista s.m. y f. Persona especialmente preparada para prestar socorro en caso de accidente.

socorro s.m. Ayuda o asistencia que se presta a alguien que se encuentra en un peligro o necesidad, generalmente grave o apremiante. **2.** Cosa que sirve de ayuda en caso de peligro o necesidad. **3.** En términos militares, contingente que acude en ayuda de otro. **4.** Provisión de municiones que se lleva a un cuerpo o plaza. ◆ interj. Se emplea para pedir ayuda en algún peligro. ◇ **Centro de socorro** Lugar de estacionamiento o aparcamiento del material del cuerpo de bomberos. **Señales de socorro** Señales hechas por un barco para pedir auxilio.

socoyote s.m. Méx. → **xocoyote.**

socrático, a adj. Relativo a Sócrates y a su filosofía.

socucho s.m. Amér. → **sucucho.**

soda s.f. (ital. *soda,* del ár. *sáuda,* negra). Bebida gaseosa, transparente y sin alcohol, elaborada con agua y ácido carbónico. (Suele combinarse con bebidas alcohólicas.)

sodado, a adj. Que contiene sodio o sosa.

sodar s.m. Aparato basado en el principio del radar traspuesto a las ondas acústicas, que sirve para medir a distancia los parámetros físicos de la baja atmósfera.

sodero s.m. Argent. Persona que reparte soda.

sódico, a adj. Que contiene sodio.

sodio s.m. Metal alcalino, de color blanco, blando, de densidad 0,97, cuyo punto de fusión es de 97,81 °C. **2.** Elemento químico (Na), de número atómico 11 y masa atómica 22,990. (El sodio está muy extendido en la naturaleza en estado de cloruro [sal marina y sal gema] y de nitrato. Se altera rápidamente con el agua, produciendo la sosa cáustica.)

sodoku s.m. (voz japonesa). Enfermedad infecciosa típica de Extremo oriente, debida a un espirilo, transmitida por la mordedura de la rata, y que se manifiesta por accesos febriles y erupción cutánea.

sodomía s.f. (de *sodomita*). Práctica del coito anal.

sodomita adj. y s.m. Que practica la sodomía.

sodomítico, a adj. Relativo a la sodomía.

sodomizar v.tr. Poseer sexualmente a alguien por sodomía.

soez adj. Grosero, ofensivo, de mal gusto: *acción, palabra soez.*

sofá s.m. (fr. *sofa*) [pl. *sofás*]. Asiento mullido, con respaldo y brazos, para dos o más personas.

sofá-cama s.m. Sofá transformable en cama.

sofión s.m. (ital. *soffione,* soplete). Bufido, demostración de enojo. **2.** ARM. Trabuco.

sofisma s.m. (lat. *sophisma,* gr. *sophísma,* habilidad, sofisma). Razonamiento falso o capcioso que se pretende hacer pasar por verdadero.

sofista s.m. y f. Persona que usa sofismas o se vale de ellos. **2.** Entre los antiguos griegos, filósofo retórico.

sofística s.f. Movimiento intelectual desarrollado en Grecia, especialmente en Atenas, en la segunda mitad del s. V a.C., representado por los sofistas.

sofisticación s.f. Acción de sofisticar.

sofisticado, a adj. Que carece de naturalidad. **2.** Que es muy complicado o complejo técnicamente.

sofisticar v.tr. Falsificar, adulterar. **2.** *Fig.* Dar exceso de artificio o de refinamiento, quitando naturalidad. **3.** *Fig.* Perfeccionar al máximo. **4.** Falsear con sofismas un razonamiento.

sofístico, a adj. Relativo al sofisma, o que incluye sofismas. **2.** Aparente, fingido con sutileza.

sofito s.m. (ital. *soffitto,* techo de una sala). ARQ. **a.** Plano inferior de un cuerpo voladizo, especialmente debajo de un goterón. **b.** Intradós de un arco.

soflama s.f. *Fig.* Discurso ardoroso con que se intenta arrastrar a una acción: *soflamas revolucionarias.* **2.** *Fig.* Expresión artificiosa con la que se intenta engañar. **3.** Llama tenue o reverberación del fuego.

soflamar v.tr. y prnl. Tostar o requemar en la llama.

sofocación s.f. (lat. *suffocatio*). Acción y efecto de sofocar o sofocarse. **2.** Sofoco. **3.** MED. Asfixia por dificultad respiratoria; disnea.

sofocar v.tr. (lat. *suffocare*). Producir sensación de ahogo, impedir la respiración. **2.** Dominar, extinguir, impedir que siga desarrollándose una cosa: *sofocar la revolución, un incendio.* ◆ v.tr. y prnl. *Fig.* Abochornar, sonrojar. ◆ **sofocarse** v.prnl. Sufrir una congestión. **2.** Padecer sensación de ahogo. **3.** *Fig.* y *fam.* Irritarse, disgustarse o excitarse por algo.

sofoco s.m. Efecto de sofocar o sofocarse. **2.** MED. Oleada de calor, de naturaleza congestiva, que aparece por lo general en la cara, especialmente durante la menopausia. SIN.: *sofocación.*

sofocón s.m. *Fam.* Disgusto o enojo muy grandes.

sofoquina s.f. *Fam.* Bochorno, calor sofocante. **2.** *Fig.* Disgusto o enojo grandes.

sófora s.f. (lat. moderno *Sophora*). Árbol ornamental, de 15 a 30 m de alt., originario de Extremo oriente. (Familia papilionáceas.)

sofreír v.tr. [conj.: *reír*]. Rehogar o freír ligeramente. OBS.: doble participio: *sofreído* o *sofrito.*

sofrenar v.tr. Reprimir el jinete a la caballería tirando violentamente de las riendas. **2.** *Fig.* Refrenar una pasión del ánimo.

sofrito s.m. Preparación culinaria, generalmente a base de tomate, cebolla y ajo fritos.

sofrología s.f. Método destinado a dominar las sensaciones dolorosas y el malestar psíquico con técnicas de relajación parecidas al hipnotismo.

software s.m. (voz angloamericana). INFORMÁT. Conjunto de programas y rutinas que permite a la computadora la realización de ciertas tareas.

soga s.f. (lat. tardío *soca*). Cuerda gruesa de esparto, trenzada o retorcida. **2.** Parte de un sillar o ladrillo que queda descubierta en el paramento del muro. ◇ **A soga** Manera de construir cuando la dimensión más larga de la piedra, ladrillo, etc., se coloca paralelamente a la dirección del muro. **Con la soga al cuello** Amenazado de un grave riesgo o en situación muy apurada.

soguearse v.prnl. Colomb. Burlarse de alguien.

soguero, a s. Persona que tiene por oficio hacer o vender sogas.

soguilla s.f. Soga trenzada y delgada.

sogún s.m. → **shogun.**

soirée s.f. (voz francesa). Fiesta de sociedad, acto social o función cinematográfica, teatral o musical que se celebra al atardecer o por la noche.

soja s.f. (lat. moderno *soja,* del japonés *soy*). Esp. Soya.

sojuzgar v.tr. (lat. *subjugare*). Someter o dominar con violencia.

1. **sol** s.m. (lat. *sol, solis*). Estrella luminosa alrededor de la cual gravitan la Tierra y los demás planetas del sistema solar. (Con este significado suele escribirse con mayúscula.) **2.** Luz, radiación o influjo solar. **3.** Astro considerado como el centro de un sistema planetario: *cada galaxia contiene miles de soles.* **4.** Unidad monetaria de Perú. **5.** Porción de la plaza de toros en que da el sol al comenzar las corridas de tarde. **6.** *Fig.* Alabanza informal o apelativo cariñoso. **7.** BOT. Otro nombre del girasol. **8.** HERÁLD. **a.** Figura heráldica. **b.** En las armas reales, oro. ◇ **Arrimarse al sol que más calienta** Servir, adular al más poderoso. **De sol a sol** Desde que sale el sol hasta que se pone. **No dejar ni a sol ni a sombra** *Fam.* Seguir a todas horas y en todo lugar, generalmente con importunidad. **Sol de justicia** Sol muy fuerte y abrasador. **Tomar el sol** Ponerse en el lugar adecuado para gozar de él recibiendo sus radiaciones.

Sol

El Sol es una estrella cuya energía proviene de las reacciones termonucleares de fusión del hidrógeno en helio. Su temperatura media en la superficie se estima en 5 800 °K. La superficie luminosa habitualmente visible, o fotosfera, está formada por una multitud de células de convención, llamadas *gránulos*, en perfecta evolución. En esta capa, de unos 100 km de espesor, aparecen manchas oscuras de formas y extensiones muy diversas, que corresponden a zonas más frías asociadas a un campo magnético intenso. También se observan las fáculas brillantes, que son huellas en la fotosfera de estructuras situadas en una capa más elevada, la cromosfera, lugar de origen de las protuberancias. Más allá de la cromosfera, la atmósfera solar se prolonga por la corona, que se extiende en el espacio hasta millones de kilómetros.

2. **sol** s.m. Nota musical, quinto grado de la escala de do mayor.

3. **sol** s.m. Dispersión coloidal de partículas en un gas (aerosol) o en un líquido.

solado s.m. Acción de solar. **2.** Revestimiento que cubre un piso.

solador, ra s. Persona que tiene por oficio solar pisos.

soladura s.f. Solado. **2.** Material que sirve para solar.

solamente adv.m. Nada más, con exclusión de. **2.** Expresamente, con particular intento.

solana s.f. Lugar donde da el sol de lleno. **2.** En una casa, galería donde da el sol. **3.** GEOGR. Vertiente de un valle expuesta al sol y opuesta a la umbría.

solanáceo, a adj. y s.f. Relativo a una familia de plantas gamopétalas, con flores de corola acampanada y bayas con muchas semillas, como la papa, el tomate, la belladona, el tabaco y la petunia.

solanar s.m. Solana.

solano s.m. Viento del este.

solapa s.f. Cualquier cosa o parte de una cosa montada sobre otra, a la que cubre parcialmente. **2.** Extremo del reverso del sobre que sirve para cerrarlo. **3.** *Fig.* Ficción o apariencia para disimular una cosa. **4.** En la abertura delantera de una prenda de vestir, parte del borde que se dobla hacia afuera sobre el mismo delantero. **5.** Tapa de tela que cierra el bolsillo de algunas prendas de vestir. **6.** ENCUAD. Doblez de una sobrecubierta, o parte de esta que da vuelta y pasa por el reverso de la tapa o cubierta de un libro.

solapar v.tr. Poner dos o más cosas de modo que cada una cubra parcialmente a la otra. **2.** *Fig.* Disimular, ocultar algo por malicia o por cautela: *solapar las malas intenciones.* ◆ **solaparse** v.prnl. Estar dos o más cosas de modo que cada una de ellas cubra parcialmente a la otra.

1. **solar** adj. (lat. *solaris*). Relativo al Sol: *rayo. año solar.* **2.** Que protege de los rayos del Sol: *crema solar.* **3.** Relativo a la energía proporcionada por el Sol. ◇ **Célula solar** Célula fotovoltaica constituida por una unión de monocristales de semiconductor. **Central solar** Central de producción de energía eléctrica a partir de la energía solar. **Constante solar** Potencia de la radiación solar antes de su entrada en la at-

mósfera. **Panel solar** Panel utilizado en los sistemas de calefacción por energía solar como colector activo de energía. **Plexo solar** ANAT. Plexo de los sistemas simpáticos, situado entre el estómago y la columna vertebral. **Sistema solar** Conjunto formado por el Sol y los astros que gravitan alrededor de él. **Viento solar** Flujo de partículas electrizadas emitido permanentemente por el Sol.

sistema solar

Además del Sol, el sistema solar comprende ocho planetas principales, tres planetas enanos (Plutón, Ceres y Eris), millares de asteroides, cometas, meteoritos y polvos interplanetarios. Los planetas principales se concentran en torno del Sol en un disco de casi 4,5 mil millones de kilómetros de radio, pero se supone que existe una zona poblada por asteroides y núcleos cometarios más allá de la órbita de Neptuno a unos cientos de unidades astronómicas de distancia del Sol (cinturón de Kuiper), y una vasta concentración de núcleos cometarios (nube de Oort).

2. **solar** adj. y s.m. Se dice de la casa más antigua y noble de una familia: *un caserón solar.* ◆ s.m. Suelo. **2.** Terreno en que está construido un edificio, o destinado a edificar sobre él. **3.** Linaje noble. **4.** Cuba. Casa de vecindad.

3. **solar** v.tr. [conj.: *contar*] Revestir el suelo con ladrillos, losas u otro material. **2.** Echar suelas al calzado.

solariego, a adj. y s. De solar o linaje antiguo y noble: *hombre solariego.* ◆ adj. Antiguo y noble: *casa solariega.* ◆ s.m. En el Antiguo régimen, hombre de condición jurídica libre que, en virtud de un contrato, poblaba un dominio ajeno, recibía predios para su cultivo y quedaba sujeto al señor de la tierra.

solarígrafo s.m. Aparato para medir la radiación solar.

solárium o **solario** s.m. Terraza o lugar preparado para tomar el sol.

solaz s.m. (occitano ant. *solatz*, placer, del lat. *solacium*, consuelo). Esparcimiento, descanso y recreo del cuerpo o del espíritu.

solazar v.tr. y prnl. Proporcionar solaz.

soldabilidad s.f. Propiedad que tienen ciertos materiales de soldarse.

soldada s.f. Sueldo, salario o estipendio de un soldado o marinero.

soldadera s.f. Guat. Mujer del soldado.

soldadesca s.f. Conjunto de soldados. **2.** Tropa indisciplinada. **3.** Ejercicio y profesión de soldado.

soldadesco, a adj. Relativo o propio de los soldados: *lenguaje soldadesco.*

soldado s.m. (ital. *soldato*). Persona que sirve en la milicia. **2.** Militar sin graduación. **3.** *Fig.* Defensor, partidario de algo. **4.** En las sociedades de hormigas y de termitas, individuo asexuado, destinado a la defensa de la comunidad. ◇ **Soldado de primera** Soldado que puede desempeñar funciones de cabo en caso de necesidad. **Soldado desconocido** Símbolo del conjunto de soldados muertos de una nación durante las guerras. **Soldado raso** Soldado que no tiene grado.

soldador, ra s. Persona que tiene por oficio soldar. ◆ s.m. Instrumento con que se suelda.

soldadura s.f. Acción y efecto de soldar. **2.** Lugar de unión de dos cosas soldadas. **3.** Material que sirve y está preparado para soldar.

soldar v.tr. (lat. *solidare*, consolidar, endurecer) [conj.: *contar*]. Unir entre sí dos cosas o dos partes de una cosa. **2.** Efectuar una soldadura.

soleá s.f. (pl. *soleares*). Modalidad de cante flamenco. **2.** Danza que se baila con esta música. (Suele usarse en plural.)

solear v.tr. y prnl. Poner al sol.

solecismo s.m. (lat. *soloecismus*). Vicio de dicción consistente en emplear incorrectamente una expresión o en alterar la sintaxis normal de un idioma.

soledad s.f. Estado o circunstancia de estar solo. **2.** Lugar solitario, desierto o tierra no habitada. (Suele usarse en plural.)

solemne adj. (lat. *sollemnis*). Que se celebra con mucho ceremonial, esplendor y pompa: *acto solemne.* **2.** Pomposo, majestuoso, enfático: *promesa solemne; con tono solemne.* **3.** Aplicado a algunos nombres despectivos, intensifica su significado: *una solemne tontería.*

solemnidad s.f. Cualidad de solemne. **2.** Acto o ceremonia solemne. **3.** Festividad solemne. **4.** Cada una de las formalidades de un acto solemne.

solemnizar v.tr. Celebrar de manera solemne. **2.** Hacer solemne una cosa.

solenoidal adj. Relativo al solenoide.

solenoide s.m. (del gr. *solýn, -ynos*, conducto, y *eidos*, forma). ELECTR. Hilo metálico enrollado en hélice sobre un cilindro que, cuando es recorrido por una corriente eléctrica, crea un campo magnético comparable al de un imán recto.

sóleo adj. y s.m. ANAT. Se dice del músculo situado en la parte inferior y posterior de la pierna, debajo de los gemelos, que sirve para elevar el talón y extender el pie.

soler v.intr. (lat. *solere*, tener costumbre de) [conj.: *mover*]. Acostumbrar. (No se usan los futuros de indicativo y subjuntivo, ni el condicional ni el imperativo. Se construye siempre seguido de un infinitivo.)

solera s.f. *Fig.* Cualidad o conjunto de cualidades de una persona, una colectividad o una cosa, que imprime un carácter especial: *casa con solera; un actor de solera; vino de solera.* **2.** Madero puesto horizontalmente en el que se ensamblan o apoyan otros verticales, inclinados, etc. **3.** Muela del molino que está fija debajo de la volandera. **4.** Superficie del fondo en canales y acequias. **5.** Argent. y Chile. Prenda de vestir ligera, con tirantes, que usan las mujeres durante el verano. **6.** Chile. Encintado de las aceras. **7.** Méx. Baldosa, ladrillo. ◇ **Solera de un horno** Suelo del horno o fondo refractario sobre el que se colocan las piezas para calentarlas.

soleta s.f. Dom. Sandalia rústica de cuero. **2.** Méx. Galleta alargada, dulce y crujiente.

solfa s.f. (de *sol* y *fa*, notas de la escala musical). Arte que enseña a leer y entonar un texto musical. **2.** Conjunto de signos musicales. **3.** *Fig.* y *fam.* Música. **4.** *Fig.* y *fam.* Paliza, zurra. ◇ **Poner en solfa** *Fam.* Poner orden en una cosa y hacer que funcione bien.

solfatara s.f. Emanación volcánica en forma de vapor de agua, bióxido de carbono y anhídrido sulfhídrico, por cuya oxidación se forma azufre. **2.** Terreno donde se desprenden estas emanaciones.

solfear v.tr. Cantar un fragmento musical, pronunciando el nombre de las notas. **2.** *Fig.* y *fam.* Dar una paliza. **3.** *Fig.* y *fam.* Censurar, reprender.

solfeo s.m. Acción de solfear. **2.** Técnica de lectura de una partitura musical.

solicitada s.f. Argent. Artículo o noticia que un particular inserta en un periódico mediante pago.

solicitante adj. y s.m. y f. Que solicita.

solicitar v.tr. (lat. *sollicitare*). Pedir una cosa, en especial si se hace formalmente y siguiendo un procedimiento establecido. **2.** Tratar de conseguir la amistad, el amor, la compañía o la atención de alguien.

solícito, a adj. (lat. *sollicitus*). Diligente y pronto en servir, atender o ser agradable: *persona solícita y complaciente.*

solicitud s.f. (lat. *sollicitudo*). Instancia, documento formal con que se solicita algo. **2.** Acción de pedir algo cuidadosa y diligentemente. **3.** Cualidad de solícito.

solidaridad s.f. Adhesión incondicional a la causa o empresa de otros. **2.** Entera comunidad de intereses y responsabilidades: *solidaridad entre los pueblos.*

solidario, a adj. Que muestra o implica solidaridad. ◇ **Obligación solidaria** DER. Obligación al término de la cual uno de los acreedores puede reclamar la totalidad del crédito, o por la cual uno de los deudores puede verse demandado por la totalidad de la deuda.

solidarizar v.tr. y prnl. Hacer solidaria a una persona o cosa con otra.

solideo s.m. Casquete, generalmente de seda, que usan los eclesiásticos.

solidez s.f. Cualidad de sólido.

solidificación s.f. Paso de un cuerpo del estado líquido al estado sólido.

solidificar v.tr. Hacer pasar al estado sólido. ◆ **solidificarse** v.prnl. Producirse una solidificación.

sólido, a adj. (lat. *solidus*). Que tiene una forma propia y una consistencia (por oposición a *fluido*): *cuerpo sólido.* **2.** Firme, macizo y resistente: *una construcción sólida.* **3.** Que tiene un fundamento real, efectivo, durable: *razones sólidas.* **4.** Firme en sus opiniones o sentimientos: *carácter sólido.* **5.** FÍS. Se dice de un estado de la materia en el cual los átomos oscilan alrededor de posiciones fijas, con una distribución arbitraria (sólidos amorfos) u ordenada (cristales). ◆ s.m. Cuerpo en el que sus diferentes puntos se encuentran situados a distancias invariables, de manera que tienen una forma y un volumen determinados. **2.** MAT. Porción de espacio bien delimitada y considerada como un todo indeformable.

solidus s.m. Sobre un diagrama térmico, curva que da la temperatura final de solidificación de una mezcla, en función de su composición.

solifluxión s.f. GEOGR. En una vertiente, desplazamiento lento y masivo de la parte superficial del suelo empapado en agua, que se produce sobre todo en las regiones frías por el deshielo.

soliloquio s.m. (lat. *soliloquium*). Discurso de una persona consigo misma, como si hablara en voz alta.

solio s.m. Trono, silla real con dosel. ◇ **Solio pontificio** Papado.

solípedo, a adj. y s.m. ZOOL. **a.** Se dice de los animales cuyo pie tiene un solo dedo terminado en una pezuña. **b.** Équido.

solipsismo s.m. FILOS. Doctrina idealista según la cual el sujeto pensante no puede afirmar más existencia que la suya propia.

solista adj. y s.m. y f. Se dice del artista o instrumento que interpreta un solo.

solitaria s.f. Femenino de solitario. **2.** Tenia, gusano intestinal.

solitario, a adj. (lat. *solitarius*). Que está solo, sin compañía. **2.** No habitado o no concurrido: *casa, calle solitaria.* **3.** Se dice de las flores únicas no aisladas en la cima de un pedúnculo. ◆ adj. y s. Se dice de la persona que busca estar solo, sin compañía: *carácter solitario.* ◆ s.m. Diamante grueso que se engasta solo en una joya. **2.** Juego de naipes que ejecuta una persona sola, a base de obtener determinadas combinaciones o resultados. **3.** Ave paseriforme de tamaño medio, que vive en América Meridional. (Familia rinocríptidos.)

soliviantar v.tr. y prnl. Inducir a alguien a tomar una actitud rebelde: *soliviantar al pueblo.* **2.** Indignar, irritar o alterar. **3.** Hacer que alguien conciba deseos o ilusiones irrealizables o se envanezca.

solla s.f. Pez teleósteo perciforme, comestible, de hasta 40 cm de long., que vive en el Atlántico. (Familia pleuronéctidos.)

sollado s.m. (port. *solhado,* suelo). MAR. Cubierta inferior de un buque que suele usarse de almacén.

sollo s.m. Esturión.

sollozar v.intr. Llorar entrecortadamente con movimientos convulsivos.

sollozo s.m. (lat. vulg. *suggluttium*). Movimiento convulsivo y entrecortado que se produce al sollozar.

1. **solo** o **sólo** adv.m. Solamente.

2. **solo, a** adj. (lat. *solus, -a, -um*). Que es único en su especie, que no hay otro en determinada circunstancia, lugar u ocasión: *un solo ejemplar.* **2.** Que está sin compañía, sin familia o sin amigos: *vivir. estar solo.* **3.** Sin añadir otra cosa: *come pan solo.* ◆ s.m. COREOGR. Paso de danza que se ejecuta sin pareja. **2.** MÚS. Aire tocado o cantado por un único ejecutante, con acompañamiento o sin él, dentro de un conjunto coral o instrumental. ◇ **A solas** Sin compañía o ayuda de otra persona. **Quedarse solo** No tener competidores; en una conversación, hablar mucho, sin dejar intervenir a los demás.

solomillo s.m. CARN. Pieza alargada de carne, de primera calidad, que se extiende por entre las costillas y el lomo.

solsticial adj. Relativo a los solsticios.

solsticio s.m. (lat. *solstitium*). ASTRON. **a.** Cada uno de los dos puntos de la eclíptica más alejados del ecuador celeste. **b.** Época del año en la cual el Sol alcanza uno de estos puntos.

soltar v.tr. y prnl. [conj.: *contar*]. Hacer que algo o alguien deje de estar sujeto o asido: *soltar los cabellos; soltarse de la mano.* **2.** Liberar a una persona o animal: *soltar un pájaro. a un preso.* ◆ v.tr. Dar una paliza, patada, golpe, reprimenda, etc.: *soltar una bofetada.* **2.** Desprenderse de algo: *nunca suelta un duro.* **3.** Dejar salir de sí una manifestación fisiológica, una expresión o la demostración de un estado de ánimo: *soltar una carcajada.* **4.** *Fam.* Decir con violencia o franqueza algo que se tenía contenido o que debía callarse: *soltar una blasfemia.* **5.** MAR. Desasir aquello que mantiene sujetas determinadas piezas de a bordo: *soltar amarras.* ◆ **soltarse** v.prnl. Perder la contención en el comportamiento o en el lenguaje. **2.** *Fig.* Adquirir habilidad y desenvoltura: *ya se suelta en el inglés.* **3.** *Fig.* Empezar a hacer determinada cosa: *soltarse a cantar. a andar.*

soltería s.f. Estado de soltero.

soltero, a adj. y s. (del lat. medieval *solutus*). Que no ha contraído matrimonio.

solterón, na adj. y s. Que no se ha casado, habiendo ya sobrepasado una edad en la que la gente se suele casar.

soltura s.f. Agilidad, desenvoltura o facilidad con que se hace una cosa: *hablar con soltura el inglés.*

soluble adj. (lat. *solubilis*). Que se puede disolver o desleír: *el azúcar es soluble en el agua.* **2.** Que se puede resolver: *problema soluble.*

solución s.f. (lat. *solutio*). Manera de resolver una dificultad, negocio o proceso: *la solución a un problema.* **2.** Desenlace de un asunto, especialmente de una obra dramática. **3.** Mezcla homogénea, que tiene una sola fase, de dos o más cuerpos y, en particular, líquido que contiene un cuerpo disuelto: *una solución azucarada.* **4.** MAT. Sistema de valores de las incógnitas que satisfacen una ecuación o un sistema de ecuaciones. ◇ **Solución de continuidad** Interrupción en una serie de cosas o suspensión de una actividad. **Solución de Ringer** Solución salina, isotónica con relación al líquido celular, que permite el mantenimiento de las células y la supervivencia de los órganos aislados. **Solución sólida** Mezcla homogénea de varios sólidos.

solucionar v.tr. Resolver un asunto o hallar solución o término a un proceso: *solucionar un problema.*

soluto s.m. QUÍM. Sustancia en disolución.

solutrense adj. y s.m. (de *Solutré-Pouily,* sitio arqueológico francés). Se dice de una facies cultural del paleolítico superior, caracterizada por un retoque en forma de largas lascas planas en ambas caras del útil (hoja de laurel).

solvatación s.f. Combinación o asociación molecular de un cuerpo disuelto con el disolvente.

solvato s.m. Combinación química de un cuerpo disuelto con su disolvente.

solvencia s.f. Cualidad de solvente.

solventar v.tr. Resolver una dificultad o asunto difícil: *solventar conflictos.* **2.** Pagar una deuda o cuenta.

solvente adj. Libre de deudas. **2.** Que está en una situación económica capaz de satisfacer las deudas o compromisos adquiridos. **3.** Capaz de cumplir debidamente un cargo u obligación. ◆ s.m. Disolvente químico.

soma s.m. BIOL. Conjunto de células no reproductoras de los seres vivos.

somación s.f. BIOL. Variación que afecta solo al soma de un organismo, y que no se transmite por herencia.

somalí adj. y s.m. y f. De Somalia. **2.** De un pueblo que habla una lengua cusita y que vive en Somalia, Etiopía, Kenya y Djibouti.

somanta s.f. Esp. *Fam.* Paliza, zurra.

somático, a adj. Relativo al cuerpo. **2.** BIOL. Relativo al soma.

somatización s.f. PSICOL. Acción de somatizar.

somatizar v.tr. PSICOL. Convertir un problema psíquico en una enfermedad o en un síntoma somático.

somatología s.f. (del gr. *soma,* cuerpo, y *lógos,* tratado). Estudio del cuerpo de los seres vivos.

somatotropina s.f. Hormona somatótropa.

somatótropo, a adj. Se dice de una de las hormonas de la hipófisis, que tiene acción directa sobre el crecimiento.

sombra s.f. (lat. *umbra*). Oscuridad debida a la intercepción de los rayos de luz por un cuerpo opaco. **2.** Zona donde se produce dicha oscuridad. **3.** Parte no iluminada de un espacio que reproduce la silueta del cuerpo interpuesto entre el foco de luz y dicho espacio. **4.** Falta de luz, oscuridad: *las sombras de la noche.* (Suele usarse en plural.) **5.** *Fig.* Recuerdo vago. **6.** Espectro o aparición de una imagen. **7.** *Fig.* Protección, amparo. **8.** *Fig.* Cantidad muy pequeña. **9.** *Fig.* Ignorancia, falta de claridad en la comprensión. **10.** *Fig.* Causas de inquietud o pesimismo, preocupaciones. (Suele usarse en plural.) **11.** *Fig.* Clandestinidad, desconocimiento público. **12.** *Fig.* Mácula, defecto. **13.** *Fig.* y *fam.* Suerte: *la buena sombra nos acompaña.* **14.** *Fig.* y *fam.* Gracia, donaire: *una mujer con sombra.* **15.** *Fig.* y *fam.* Persona que sigue a otra por todas partes: *se ha convertido en mi sombra.* **16.** Pigmento de color entre gris y marrón, que se utiliza en pintura artística y decorativa. **17.** ANT. Espíritu de los muertos que conservaban en el más allá una inmaterial apariencia humana. **18.** B. ART. Parte sombreada de un dibujo o de una pintura. (Suele usarse en plural.) **19.** TAUROM. Parte de la plaza que está a la sombra al comenzar la corrida. ◇ **A la sombra** *Fam.* En la cárcel. **Hacer sombra** Impedir la luz; impedir que alguien o algo sobresalga o se distinga; favorecer, amparar. **Mala sombra** *Fam.* Mal carácter o mala intención: *tener muy mala sombra.* **No ser alguien ni sombra de lo que era** Haber degenerado o decaído en extremo. **Punto de sombra** Punto de bordado hecho sobre una tela transparente, que por el derecho presenta un pespunte y por el revés se cruzan los hilos. **Sombra de ojos** Producto cosmético que se aplica sobre el párpado. **Sombras chinescas** o **teatro de sombras** Espectáculo en el que los personajes son siluetas negras, fuertemen-te iluminadas por detrás, y que aparecen en una pantalla transparente.

sombreado s.m. Acción y efecto de sombrear un dibujo, pintura, croquis, etc. **2.** Gradación de color. **3.** Técnica que se emplea en microscopia electrónica para hacer visibles los objetos transparentes.

sombrear v.tr. Dar sombra. **2.** Poner sombra en una pintura o dibujo. ◆ v.tr. y prnl. Maquillar con sombra de ojos los párpados.

sombrerazo s.m. *Fam.* Saludo ampuloso hecho quitándose el sombrero.

sombrerera s.f. Caja para guardar o transportar sombreros.

sombrerería s.f. Establecimiento en el que se confeccionan o venden sombreros. **2.** Oficio de sombrerero.

sombrerero, a s. Persona que tiene por oficio confeccionar o vender sombreros.

sombrerete s.m. Caperuza de una chimenea.

sombrero s.m. Prenda de vestir que sirve para cubrir la cabeza, que se compone generalmente de copa y ala. **2.** Tapaboca de los cañones, obuses y morteros. **3.** Porción de un hongo basidiomicete, que soporta los sacos esporíferos. ◇ **Quitarse el sombrero** Demostrar admiración o respeto por alguien o algo. **Sombrero calañés,** o **de Calañas** Sombrero de ala vuelta hacia arriba y copa comúnmente baja, de cono truncado. **Sombrero chambergo** Sombrero de copa más o menos acampanada y ala ancha, levantada por un lado. **Sombrero cordobés** Sombrero de fieltro, de ala ancha y plana, con copa baja cilíndrica. **Sombrero de copa (alta)** Sombrero de ala estrecha y copa cilíndrica y plana por encima. **Sombrero hongo** Sombrero de fieltro duro y copa aovada.

sombrilla s.f. (fr. *ombrelle*). Utensilio semejante a un paraguas, que sirve para resguardarse del sol.

sombrío, a adj. Que suele estar en sombra o con muy poca luz: *camino sombrío.* **2.** *Fig.* Triste, tétrico, melancólico: *mirada sombría.*

somero, a adj. Muy cerca de la superficie. **2.** *Fig.* Superficial, poco detallado: *explicación somera.*

somestesia s.f. FISIOL. Campo de la sensibilidad general correspondiente a la percepción consciente de todas las modificaciones que afectan al revestimiento cutáneo mucoso, las vísceras y los sistemas muscular y osteoarticular. SIN.: *somatestesia.*

someter v.tr. y prnl. (lat. *submittere*). Imponer alguien, generalmente por la fuerza o por las armas, su autoridad o dominio a los demás: *someter a los rebeldes.* **2.** Hacer depender una cosa de otra: *someter la voluntad.* **3.** Hacer que una persona o cosa reciba o experimente una acción sobre ella: *someter a una operación. a un interrogatorio.* ◆ v.tr. Exponer un proyecto, idea, plan, etc., para su aprobación o no. **2.** Encomendar la resolución de un negocio o litigio.

sometimiento s.m. y f. Acción y efecto de someter o someterse.

somier s.m. (fr. *sommier*). Bastidor rectangular de las camas, de madera o metal, que constituye un soporte elástico para el colchón.

somito s.m. ZOOL. Metámero.

somnífero, a adj. y s.m. Que favorece el sueño. **2.** Se dice del fármaco o droga que produce sueño.

somniloquia s.f. Emisión de sonidos más o menos bien articulados durante el sueño.

somnolencia s.f. Adormecimiento, pesadez física que causa el sueño.

somnoliento, a adj. Que tiene somnolencia.

somontano, a adj. y s. Del Alto Aragón. ◆ adj. Se dice del terreno o región situados al pie de una montaña.

somormujo s.m. (del lat. *mergus,* de *submergere,* sumergirse). Ave palmípeda, de 30 cm de long., de dedos lobulados, que vive en aguas tranquilas, se alimenta de peces e insectos y construye nidos flotantes. (El macho es de color gris claro, con la cabeza parda y el pecho negro; la hembra tiene un plumaje menos brillante; familia podicipítidos.)

sompopo s.m. Hond. Guiso consistente en carne rehogada en manteca. **2.** Hond. y Nicar. Variedad de hormiga amarilla.

son s.m. Sonido, especialmente musical. **2.** Estilo de música propio del Caribe que combina elementos hispánicos con otros de origen africano. **3.** Baile popular acompañado de esta música que se ejecuta por parejas con movimientos sensuales. ◇ **Al son de** Con acompañamiento de un instrumento. **Bailar al son que tocan,** o **al son de alguien** *Fam.* Adoptar la opinión o actitud que toman los demás o que toma otro, o acomodarse a las circunstancias del momento. *Fig.* Estilo, modo de hacer una cosa. **En son de** En actitud de, con ánimo de; del modo o manera que se expresa.

sonado, a adj. Que es muy nombrado, conocido o famoso. **2.** Se dice del boxeador que ha perdido facultades mentales como consecuencia de los golpes recibidos. ◇ **Estar sonado** *Fam.* Estar loco. **Hacer una sonada,** o **que sea sonada** Promover un escándalo, dar mucho que hablar.

sonaja s.f. En algunos juguetes o instrumentos musicales, par o pares de chapas de metal atravesadas por el centro de manera que se muevan al agitar el soporte en que están colocadas. (Suele usarse en plural.)

sonajera s.f. Chile. Sonajero.

sonajero s.m. Juguete consistente en un mango con sonajas o cascabeles, que sirve para entretener a los niños muy pequeños.

sonambulismo s.m. Comportamiento motor automático más o menos adaptado que se produce durante el sueño.

sonámbulo, a adj. y s. Que ejecuta actos de sonambulismo.

sonante adj. Que suena; sonoro. ◆ s.f. Fonema que reúne a la vez la resonancia característica de la vocal y el ruido de espiración de la consonante.

1. **sonar** v.intr. (lat. *sonare*) [conj.: *contar*]. Producir o emitir un sonido. **2.** Mencionarse, nombrarse: *sonar en el mundo de las finanzas.* **3.** Parecer, tener el aspecto o apariencia de aquello que se expresa: *sonar a paradoja.* **4.** Resultar algo vagamente conocido por haberlo visto u oído antes: *una música, un nombre, una noticia que suena.* **5.** Tener una letra valor fónico: *en español, la letra «hache» no suena.* **6.** Argent., Chile y Par. *Fam.* Fracasar, perder, tener mal fin algo o alguien. **7.** Argent., Chile y Urug. *Vulg.* Morir; padecer una enfermedad mental. **8.** Chile. Sufrir las consecuencias de algún hecho o cambio. **9.** Méx. *Vulg.* Golpear a alguien fuertemente: *lo sonaron por mentiroso.* ◆ v.tr. Hacer que una cosa produzca o emita un sonido. ◆ v.tr. y prnl. Limpiar las narices de mocos. ◇ **(Así,** o **tal) como suena** En el sentido estricto de las palabras. **Hacer sonar** Chile. Castigar frecuentemente; ganar en una pelea, dejando al adversario fuera de combate. **Sonar bien,** o **mal** Producir buena, o mala, impresión una expresión en el ánimo del que la oye.

2. **sonar** s.m. (acrónimo del inglés *sound navigation ranging*). Aparato de detección submarina por medio de ondas ultrasonoras, que permite la localización e identificación de los objetos sumergidos.

sonata s.f. (ital. *sonata*). Término que designa habitualmente, desde fines del s. XVII, una composición de música instrumental en tres o cuatro movimientos ejecutada por uno o dos instrumentos, y cuyo primer movimiento obedece, desde el s. XVIII, a un plan determinado. ◇ **Forma sonata** Forma del primer movimiento, a veces de uno de los demás movimientos, de una sonata, de una sinfonía o de un cuarteto, constituido por la exposición, el desarrollo y la reexposición de dos temas.

sonatina s.f. Pequeña sonata.

sonda s.f. (del fr. *sonde*). Acción y efecto de sondar. **2.** Instrumento mecánico o eléctrico, para la exploración de zonas inaccesibles. **3.** Instrumento empleado para quitar o sacar la suciedad y residuos que obstruyen las tuberías. **4.** Cuerda con un peso de plomo que sirve para medir la profundidad de las aguas y explorar el fondo del mar. **5.** MED. Instrumento alargado y fino, que se introduce en un conducto o cavidad con fines terapéuticos o diagnósticos. **6.** MIN. Aparato de perforación que permite alcanzar profundidades medias y grandes, así como extraer muestras de terreno. ◇ **Sonda espacial** Vehículo de exploración espacial, no tripulado, lanzado desde la Tierra y destinado a escapar del campo gravitatorio terrestre o a evolucionar en los límites de este, para estudiar el medio interplanetario o ciertos astros del sistema solar.

sondador s.m. Aparato para sondar.

sondar v.tr. Examinar con una sonda la naturaleza del subsuelo, la profundidad y calidad del agua, etc. **2.** Introducir la sonda en una parte del cuerpo con fines terapéuticos o diagnósticos. **3.** Practicar un agujero de sonda.

sondear v.tr. Sondar, examinar la naturaleza del subsuelo. **2.** *Fig.* Intentar conocer la intención, la manera de pensar o los sentimientos de alguien o el estado de alguna cosa: *sondear la opinión.*

sondeo s.m. Acción de sondar o sondear. **2.** Operación de medir la profundidad del mar. **3.** Método de exploración del fondo del mar. **4.** Exploración de la atmósfera libre con aparatos transportados por aviones o globos. **5.** ESTADÍST. Procedimiento de encuesta sobre ciertas características de una población, a partir de observaciones sobre una muestra limitada, considerada representativa de esta población. **6.** MED. Introducción en un canal natural de una sonda destinada a evacuar el contenido de la cavidad donde desemboca, o a estudiar el calibre, la profundidad y las eventuales lesiones del órgano considerado. **7.** MIN. **a.** Operación de perforar el terreno con la sonda. **b.** Perforación de pequeño diámetro y gran profundidad. ◇ **Sondeo aerológico** Determinación, por medio de un globo sonda, de la dirección y la velocidad del viento a diversas altitudes.

sonería s.f. Conjunto de todas las piezas que sirven para hacer sonar un reloj.

sonetista s.m. y f. Persona que compone o escribe sonetos.

soneto s.m. (ital. *sonetto,* dim. de *suono,* sonido). Composición poética de catorce versos de arte mayor, generalmente endecasílabos, con rima asonante, distribuidos en dos cuartetos y dos tercetos.

songay, pueblo de Malí, que vive en ambas orillas del Níger, que habla una lengua nilosahariana y está fuertemente islamizado.

sónico, a adj. Relativo a la velocidad del sonido. **2.** Que posee una velocidad igual a la del sonido.

sonido s.m. (lat. *sonitus, -us*). Sensación producida en el oído por las vibraciones de los cuerpos, que se propagan por medios elásticos, como el aire. **2.** Toda emisión de voz, simple o articulada. ◇ **Espectáculo de luz y sonido** Espectáculo nocturno que adopta como marco un edificio antiguo y utiliza iluminación y sonido estereofónico. [V. cuadro pág. siguiente.]

sonido

Los sonidos se distinguen por tres características: la *altura*, cualidad que distingue un sonido grave de otro agudo y que depende de la frecuencia de las vibraciones de la fuente sonora; la *intensidad*, cualidad que distingue un sonido débil de otro fuerte y que depende de la amplitud de las vibraciones; y el *timbre*, cualidad que distingue dos sonidos emitidos por dos instrumentos diferentes y que depende de la complejidad de las vibraciones. Todos los medios materiales pueden transmitir el sonido, pero no puede hacerlo el vacío. En el aire, a 0 °C, la velocidad de propagación es de 331 m/s; esta velocidad aumenta con la temperatura, y es mayor en los líquidos y los sólidos. Los sonidos percibidos por el ser humano tienen una frecuencia comprendida entre 16 y 20 000 herzios.

soninké o **sarakolé,** pueblo de etnia mandingo, que habita principalmente en Malí y también en Senegal y Mauritania.

soniquete s.m. Sonsonete.

sonómetro s.m. Aparato que sirve para medir y comparar sonidos.

sonoridad s.f. Cualidad de sonoro.

sonorización s.f. Acción y efecto de sonorizar o sonorizarse.

sonorizar v.tr. Incorporar sonido a una cinta cinematográfica. **2.** Hacer sonora una consonante sorda. **3.** Aumentar la potencia sonora de un manantial o foco emisor, mediante el empleo de amplificadores electrónicos y de altavoces.

sonoro, a adj. (lat. *sonorus*). Que suena o puede sonar. **2.** Que tiene un sonido armonioso, agradable o vibrante: *un instrumento sonoro; voz sonora.* **3.** Que refleja o emite bien el sonido: *bóveda sonora.* **4.** Relativo al sonido: *ondas sonoras.* **5.** Se dice del cine, película, etc., que tiene el sonido incorporado. **6.** FONÉT. Se dice del fonema que se articula con vibración de las cuerdas vocales.

sonotone s.m. (marca registrada). Audífono.

sonreír v.intr. y prnl. (lat. *subridere*) [conj.: *reír*]. Reír levemente, sin emitir ningún sonido, con un simple movimiento de labios. ◆ v.intr. *Fig.* Ser favorable a alguien la fortuna, la vida, etc.

sonriente adj. Que sonríe.

sonrisa s.f. Acción de sonreír.

sonrojar v.tr. y prnl. Ruborizar, causar rubor o vergüenza.

sonrojo s.m. Acción y efecto de sonrojar o sonrojarse.

sonrosar v.tr. y prnl. Dar color rosado.

sonsacar v.tr. Conseguir cierta cosa con insistencia y astucia: *sonsacar dinero a alguien.* **2.** Averiguar, procurar con habilidad que alguien diga lo que sepa sobre algo que interesa.

sonsera s.f. Argent. Zoncera.

sonsonete s.m. Sonido repetido y monótono. **2.** *Fig.* Entonación monótona y desagradable al hablar, leer o recitar.

soñación s.f. Ensueño.

soñador, ra adj. y s. *Fig.* Idealista, romántico.

soñar v.tr. e intr. [conj.: *contar*]. Representarse en la imaginación escenas o sucesos durante el sueño. **2.** *Fig.* Fantasear, imaginar como verdaderas y reales cosas que no lo son. ◆ v.intr. *Fig.* Desear mucho algo: *soñar con un largo viaje.* ◇ **Ni soñarlo** *Fam.* Expresa la seguridad que tiene alguien de que no existe o no va a ocurrir cierta cosa. **Soñar despierto** Discurrir fantásticamente y dar por cierto lo que no es.

soñarrera s.f. *Fam.* Sueño o ganas de dormir muy fuertes. SIN.: *soñera.* **2.** *Fam.* Sueño muy pesado. SIN.: *soñera.*

sopa s.f. (del germ. *suppa,* pedazo de pan empapado). Plato de caldo con arroz, fécula, verduras, etc., que se cuece en él. **2.** Cualquier sustancia, como pasta, fécula o verduras, preparadas para hacer sopa. **3.** Pedazo de pan, empapado en cualquier líquido alimenticio. **4.** Plato consistente en rebanadas de pan bañadas o cocidas en cualquier líquido alimenticio. ◆ **sopas** s.f.pl. Rebanadas de pan que se cortan para echarlas en el caldo. ◇ **Dar sopas con honda** *Fam.* Tener o demostrar una gran superioridad sobre una persona o cosa. **Hasta en la sopa** *Fam.* En todas partes. **Hecho,** o **como, una sopa** *Fam.* Muy mojado. **Sopa boba** Esp. HIST. En España, durante el Antiguo régimen, forma de caridad practicada por las órdenes religiosas, que consistía en el reparto de una comida diaria entre los pobres, *Fig.* vida holgazana y a expensas de otro. **Sopa de ajo** Sopa elaborada con rebanadas de pan cocidas en agua, y aceite frito con ajos y a veces pimentón. **Sopa juliana** Sopa elaborada con distintas verduras cortadas en forma de dado.

sopaipilla s.f. Argent. y Chile. Masa frita que se hace con harina, manteca, grasa o aceite y zapallo. ◇ **Sopaipilla pesada** Chile. La que se sirve empapada en chancaca, almíbar o miel.

sopapear v.tr. *Fam.* Pegar sopapos.

sopapo s.m. Golpe dado en la cara, especialmente con los dedos o con el dorso de la mano. **2.** *Fam.* Bofetada, cachete.

sope s.m. Méx. Tortilla de maíz, gruesa y pequeña, con frijoles, salsa, queso y otros ingredientes.

sopera s.f. Recipiente hondo o ancho y con tapa en que se sirve la sopa.

sopero, a adj. y s.m. Se dice del plato hondo en que se suele comer la sopa. ◆ adj. Se dice de la cuchara grande que sirve para tomar la sopa. **2.** Se dice de la persona aficionada a la sopa.

sopesar v.tr. Levantar una cosa para tantear el peso que tiene. **2.** Calcular o considerar por anticipado las ventajas o inconvenientes de una cosa.

sopetón s.m. Golpe fuerte y brusco dado con la mano. ◇ **De sopetón** Brusca, improvisada o repentinamente.

sopicaldo s.m. Caldo con pocas sopas.

soplado s.m. Procedimiento para despellejar las reses en los mataderos. **2.** Procedimiento de moldeo para la fabricación de objetos huecos. **3.** Operación de afino metalúrgico, que consiste en inyectar una fuerte corriente gaseosa en un baño de metal en fusión. **4.** Procedimiento de elaboración de los objetos de vidrio hueco, de boca estrecha.

soplador, ra adj. y s. Que sopla. ◆ s.m. En las locomotoras de vapor, eyector de tiro o dispositivo instalado en la caja de humo de la máquina. SIN.: *soplador de vapor.* **2.** Oficial vidriero que sopla la masa en fusión.

sopladora s.f. En la fabricación de sombreros, máquina para preparar el pelo ya cortado a fin de facilitar el fieltrado. **2.** Máquina soplante, como la empleada para la fabricación de vidrio soplado, la alimentación de las toberas de un horno, fragua, etc.

sonidos, ruidos y voces

inanimado		animal		humano		
				sonido alto	sonido medio	sonido bajo
atronar	trueno	arrullar	paloma, tórtola	cantar	balbucear	chistar
bramar	aire, agua	aullar	lobo, perro, chacal	chillar	chapurrear	mascullar
crujir	madera, hojas secas, dientes	balar	oveja, cabra	declamar	charlar	murmurar
chasquear	madera, lengua, dedos	barritar	elefante, rinoceronte	desgañitarse	hablar	musitar
chirriar	puerta, rueda	berrear	becerro, ciervo	gemir	roncar	refunfuñar
estallar	látigo, globo, bomba	bramar	toro, animales salvajes	gritar	silbar	susurrar
rechinar	dientes, tiza	cacarear	gallina	vocear	tararear	
repicar	campanas, tambor	cantar	gallo, otras aves	vociferar	tartamudear	
repiquetear	campanas, castañuelas	croar	rana			
retumbar	trueno, terremoto	crotorar	cigüeña			
rugir	mar	gorjear	pájaros			
silbar	aire, viento	graznar	cuervo, grajo			
sonar	instrumento musical, aparato (teléfono, despertador, etc.)	gruñir	cerdo, animales en actitud amenazante			
taconear	tacón	ladrar	perro			
taladrar	máquina	maullar	gato			
tronar	trueno, cañón	mugir	reses vacunas			
zumbar	máquina, oídos	piar	polluelo, otras aves			
		rebuznar	asno, burro			
		relinchar	caballo			
		ronronear	gato			
		rugir	león, animales salvajes			
		silbar	serpiente			
		trinar	pájaros			

sopladura s.f. Acción de soplar. **2.** INDUSTR. **a.** Cada una de las cavidades llenas de gases ocluidos durante la solidificación de una masa de metal fundido. **b.** Huella dejada en el fondo de los recipientes de vidrio soplado.

soplamocos s.m. (pl. *soplamocos*). *Fam.* Sopapo, especialmente en las narices.

soplante adj. Que sopla. ◆ s.f. Compresor empleado para abastecer de agua a un alto horno o a un convertidor. ◇ **Máquina soplante** Máquina mediante la cual se hace circular gran cantidad de aire sobre combustible en ignición, para activar la combustión.

soplar v.intr. y tr. (lat. *sufflare*). Despedir aire por la boca, formando con los labios una abertura redondeada. ◆ v.tr. e intr. Hacer que los fuelles u otros instrumentos adecuados expulsen aire. ◆ v.intr. Moverse el viento con cierta intensidad. **2.** *Fam.* Beber con exceso. ◆ v.tr. Apartar con un soplo una cosa: *soplar el polvo de la mesa.* **2.** Hurtar, quitar con habilidad y astucia: *soplar dinero.* **3.** Hinchar algo con aire. **4.** Efectuar el soplado de un metal o de una aleación. **5.** *Fig.* Inspirar, sugerir: *la musa sopla sus versos.* **6.** *Fig.* Decir a alguien con disimulo algo que no sabe o no recuerda y sobre lo que ha de hacer una exposición: *le sopló todo el examen.* **7.** *Fig.* Acusar, delatar, denunciar: *soplar un hecho a la policía.* **8.** Pegar un golpe, bofetada, etc.: *soplar un puñetazo.* **9.** En el juego de las damas y otros, quitar al contrario la pieza con que debió matar y no lo hizo. ◆ **soplarse** v.prnl. Beber o comer en exceso: *se sopló dos litros de cerveza.* **2.** *Fig.* y *fam.* Engreírse, envanecerse. ◇ **Soplar vidrio** Hacer objetos de vidrio por soplado.

soplete s.m. (fr. *soufflet*). Aparato que sirve para soldar piezas de metal y trabajar el vidrio, consistente en un tubo por el que sale una llama que se dirige a un punto que necesita un temperatura muy elevada.

soplido s.m. Soplo brusco y fuerte.

soplillo s.m. Instrumento para aventar el fuego.

soplo s.m. Acción de soplar. **2.** *Fig.* Instante o espacio brevísimo de tiempo: *llegar en un soplo.* **3.** MED. Sonido percibido por auscultación de un órgano.

soplón, na adj. y s. *Fam.* Que acusa o denuncia. ◆ s.m. Amér. Central. Apuntador de teatro.

soponcio s.m. *Fam.* Desmayo, síncope.

sopor s.m. (lat. *sopor, -oris*). Estado patológico de sueño profundo. **2.** Adormecimiento, somnolencia.

soporífero, a adj. y s.m. Que produce sueño. ◆ adj. *Fig.* Que aburre mucho.

soportal s.m. Espacio cubierto que en algunas casas precede a la entrada principal. **2.** Pórtico con arcadas o columnas que hay alrededor de algunas plazas, a lo largo de las fachadas de algunos edificios o delante de las puertas y tiendas que hay en ellas. (Suele usarse en plural.)

soportar v.tr. (lat. *supportare*). Sostener o resistir una carga o peso. **2.** *Fig.* Aguantar, tolerar: *soportar un dolor, un contratiempo.*

soporte s.m. Cosa que sirve para sostener algo. **2.** En fotografía, material sobre el que va extendida la emulsión fotosensible. **3.** HERÁLD. Animal que, colocado a ambos lados del escudo, parece sostenerlo. **4.** INFORMÁT. Medio material, tarjeta perforada, disco, cinta magnética, etc., capaz de recibir una información, transmitirla o conservarla y, después, restituirla a petición. **5.** MEC. En los aparatos o conjuntos mecánicos, pieza o dispositivo destinado a mantener un órgano en su posición de trabajo. ◇ **Soporte de horquilla** Pequeño soporte replegable que sirve para mantener en equilibrio los vehículos de dos ruedas, cuando están estacionados. **Soporte de manubrio,** o **manillar** Tubo horizontal que sostiene el manubrio o manillar de la bicicleta. **Soporte publicitario** Medio de comunicación (prensa, televisión o radio) considerado en su utilización para la publicidad.

soprano s.m. y f. (ital. *soprano*). Cantante que tiene voz de soprano. ◆ s.m. Voz femenina más aguda.

soquete s.m. Argent., Chile, Par. y Urug. Calcetín.

sor s.f. (cat. ant. *sor,* hermana carnal). Tratamiento que se da a algunas religiosas, y que precede al nombre propio: *sor María.*

sorabos o **serbios de Lusacia,** pueblo eslavo de Lusacia que, en el s. X, cayó bajo la dominación de los alemanes, quienes los llamaron *wendos* o *vendos.* Se convirtieron al cristianismo y fueron reducidos a la servidumbre.

sorber v.tr. (lat. *sorbere*). Beber aspirando. **2.** Atraer o absorber alguien o algo una cosa hacia su interior. **3.** Absorber o recoger una cosa hueca o esponjosa un líquido. **4.** Prestar mucha atención a algo.

sorbete s.m. (ital. *sorbetto*). Refresco helado y de consistencia pastosa, elaborado con zumo de frutas, agua o leche, yemas de huevo azucaradas, etc. **2.** Amér. Paja, tubo pequeño y delgado para sorber líquidos.

sorbetera s.f. Recipiente o aparato para preparar sorbetes.

sorbita s.f. Polialcohol derivado de la glucosa y de la fructosa, que se encuentra en las bayas del serbal.

sorbo s.m. Acción de sorber. **2.** Cantidad de líquido que se sorbe de una vez. **3.** *Fig.* Cantidad pequeña de un líquido. ◇ **A sorbos** Bebiendo poco a poco.

sordera s.f. Pérdida o disminución considerable del sentido del oído. ◇ **Sordera verbal** Trastorno que implica la incapacidad de entender lo que se oye. (Es un trastorno típico de las personas que padecen afasia.)

sordidez s.f. Cualidad de sórdido.

sórdido, a adj. (lat. *sordidus*). Sucio, pobre y miserable. **2.** *Fig.* Indecente, deshonesto. **3.** Avaro, mezquino.

sordina s.f. (del fr. *sourdine*). Pieza especial que se coloca en los instrumentos musicales, para modificar y disminuir su sonoridad. **2.** Registro del órgano, del armonio y del piano. **3.** En los relojes de repetición, muelle que sirve para impedir que repique el timbre o campana.

sordo, a adj. y s. (lat. *surdus*). Que no oye nada o que no oye bien. ◆ adj. Que suena poco o con un sonido apagado o poco vibrante: *un golpe sordo; voz sorda.* **2.** *Fig.* Que no hace caso de lo que se le dice, insensible: *sordo a las súplicas.* **3.** Que no se manifiesta, que se contiene: *ira sorda; dolor sordo.* ◆ adj. y s.f. FONÉT. Se dice de un fonema cuya emisión se realiza sin vibración de las cuerdas vocales. (En español, las consonantes *p. t. c* son sordas.) ◇ **Hacerse el sordo** No hacer caso o no prestar atención.

sordomudez s.f. Estado de la persona sordomuda.

sordomudo, a adj. y s. Que es sordo y mudo.

sorgo s.m. (ital. *sorgo*). Planta gramínea tropical, alimenticia y forrajera.

soriano, a adj. y s. De Soria.

soriasis s.f. Enfermedad de la piel caracterizada por unas escamas blancas que cubren unas placas rojas.

sorites s.m. (lat. *sorites*). LÓG. Argumento compuesto de una serie de proposiciones ligadas entre ellas de manera que el atributo de cada una pasa a ser el sujeto de la siguiente, y así sucesivamente hasta la conclusión, que tiene por sujeto el de la primera y por atributo el de la última proposición antes de la conclusión.

sorna s.f. *Fig.* Ironía o tono burlón con que se dice una cosa.

soro s.m. (gr. *sorós,* montón). BOT. Conjunto de esporangios localizado en los helechos.

soroche s.m. (quechua *surúči*). Amér. Merid. Dificultad de respirar que, a causa de la rarefacción del aire, se siente en ciertos lugares elevados. **2.** Bol. y Chile. Galena argentífera.

sororato s.m. ANTROP. Sistema por el que un hombre remplaza a la esposa muerta por la hermana menor de esta.

sorprendente adj. Que causa sorpresa. **2.** Extraordinario, raro, infrecuente.

sorprender v.tr. y prnl. (fr. *surprendre*). Causar impresión, extrañeza o. ◆ v.tr. Encontrar o pillar desprevenido a alguien haciendo cierta cosa o en determinada forma o situación: *lo sorprendieron robando.* **2.** Descubrir algo que se oculta o se esconde.

sorpresa s.f. Alteración emocional provocada por algo imprevisto o inesperado. **2.** Cosa que sorprende. **3.** Operación militar que obliga al enemigo a combatir en un lugar o momento inesperados, o contra medios y procedimientos desconocidos. ◇ **De,** o **por, sorpresa** Sin avisar, desprevenida o inesperadamente.

sorpresivo, a adj. Amér. Que sorprende o produce sorpresa.

sorrostrada s.f. Insolencia, descaro.

sortear v.tr. Someter a la suerte la adjudicación o resolución de alguna cosa. **2.** Lidiar, hacer suertes a un toro o esquivar su acometida. **3.** *Fig.* Esquivar, evitar con habilidad: *sortear un peligro, un obstáculo.*

sorteo s.m. Acción de sortear. **2.** Operación de sortear los premios de la lotería. **3.** Operación de sortear los mozos en las quintas.

sortero, a s. Agorero, adivino.

sortija s.f. (lat. *sorticula,* de *sors, -tis,* suerte). Anillo, generalmente de metal, que se pone como adorno en los dedos de la mano. **2.** Rizo de cabello en forma de anillo.

sortilegio s.m. (lat. *sortilegus,* adivino). Adivinación que se basa en la magia o en la interpretación de signos de la naturaleza. **2.** Cualquier acción realizada por arte de magia. **3.** *Fig.* Atractivo irresistible que una persona o cosa ejerce sobre alguien.

SOS s.m. Señal radiotelegráfica de socorro que emiten las embarcaciones o los aviones en peligro. (Su empleo internacional, adoptado en 1912 después de la catástrofe del *Titanic,* concluyó en 1999.)

sosa s.f. (cat. *sosa*). Carbonato sódico Na_2CO_3, que se prepara a partir del cloruro sódico. SIN.: *natrón.* **2.** Planta crasa, fruticosa o herbácea, que crece en suelos salinos del litoral. (Familia quenopodiáceas.) ◇ **Sosa cáustica** Hidróxido de sodio NaOH, sólido blanco, que funde a 320 °C, y constituye una base fuerte.

sosaina adj. y s.m. y f. *Fam.* Se dice de la persona sosa.

sosegado, a adj. Quieto, tranquilo, reposado: *carácter sosegado.*

sosegar v.tr. y prnl. (del lat. *sedere,* estar sentado) [conj.: *regar*]. Apaciguar, tranquilizar: *sosegar los nervios; sosegarse el mar*

sosegate s.m. **Dar,** o **pegar, un sosegate** Argent. y Urug. Dar una reprimenda de palabra u obra para corregir la conducta de alguien.

soseras adj. y s.m. y f. (pl. *soseras*). Soso, sin gracia.

sosería s.f. Cualidad de soso. SIN.: *sosera.* **2.** Dicho o hecho insulso, falto de gracia. SIN.: *sosera.*

sosia s.m. Persona que se parece tanto a otra que puede confundirse con ella.

sosiego s.m. Tranquilidad, reposo, serenidad.

soslayar v.tr. *Fig.* Eludir alguna dificultad, obstáculo, compromiso, etc.: *soslayar una pregunta difícil.* **2.** Poner una cosa ladeada para que pueda pasar por un sitio estrecho.

soslayo, a adj. Oblicuo, ladeado. ◇ **Al,** o **de, soslayo** Oblicuamente; poniendo la cosa que se expresa ladeada o de costado; *Fig.* eludiendo o dejando de lado alguna dificultad.

soso, a adj. (lat. *insulsus*). Falto o escaso de sal. **2.** Falto o escaso del sabor que debe tener. ◆ adj. y s. *Fig.* Que carece de gracia, de expresión o de viveza.

sospecha s.f. Acción y efecto de sospechar.

sospechar v.tr. (lat. imperial *suspectare*). Creer o imaginar algo por algún indicio o apariencia. ◆ v.intr. Desconfiar o recelar de alguien de quien se cree que ha cometido un delito o una mala acción: *sospechan de él.*

sospechoso, a adj. Que da motivo para sospechar: *conducta sospechosa.* ◆ adj. y s. Se dice de la persona de conducta o antecedentes que inspiran sospechas.

sostén s.m. Acción de sostener. **2.** Persona o cosa que sostiene. **3.** *Fig.* Protección o apoyo moral. **4.** Alimento, sustento: *ganarse el sostén.* **5.** Prenda interior femenina que sirve para sujetar los senos. GEOSIN.: Cuba. *ajustadores;* Esp. *sujetador;* Colomb., Cuba, Méx. y Venez. *brasier.*

sostener v.tr. y prnl. (lat. *sustinere*) [conj.: *tener*]. Sujetar a alguien o algo para impedir que se caiga, se manche o se mueva. **2.** *Fig.* Defender con seguridad y firmeza: *sostener una idea. una promesa.* **3.** Sustentar, costear las necesidades económicas: *sostener a toda la familia.* ◆ v.tr. *Fig.* Proteger, prestar ayuda o apoyo: *las influencias lo sostienen en el cargo.* **2.** Realizar una acción durante cierto tiempo: *sostener una larga conversación.* ◆ **sostenerse** v.prnl. Mantenerse un cuerpo en una posición o situación determinadas.

sostenible adj. Se dice del proceso que no requiere ayuda externa: *desarrollo, crecimiento sostenible.*

sostenido, a adj. Se dice de la nota musical cuya entonación es un semitono más alta que la de su sonido natural. **2.** HERÁLD. Se dice de una pieza o figura situada debajo de la principal. ◆ s.m. Signo musical de alteración que indica que la nota a la que precede queda elevada un semitono cromático durante todo el compás en que se encuentra dicha nota. ◇ **Doble sostenido** Signo musical que equivale al doble del sostenido simple, es decir, que aumenta en un tono la nota a la que afecta.

sostenimiento s.m. Acción y efecto de sostener o sostenerse. **2.** Mantenimiento o sustento.

sostenuto adv.m. (voz italiana). MÚS. Indica que una nota o pasaje deben interpretarse de modo uniforme y ligado.

sota s.f. (cat. *sota,* debajo). Décima carta de cada palo de la baraja española.

sotabanco s.m. Vivienda habitable colocada encima de la cornisa general de un edificio. **2.** Hilada que se coloca encima de la cornisa para levantar los arranques de un arco.

sotabarba s.f. Papada, abultamiento carnoso o pliegue cutáneo que sobresale debajo de la barba. **2.** Barba que se deja crecer por debajo de la barbilla.

sotacura s.m. Amér. Coadjutor de una parroquia.

sotana s.f. (ital. *sottana*). Vestidura talar, larga, en forma de hábito, que llevan los eclesiásticos.

sótano s.m. (del lat. *subtus,* debajo). Parte de un edificio situado bajo la rasante de la calle.

sotavento s.m. Costado de la nave opuesto al barlovento. **2.** Parte que cae hacia ese lado.

sote s.m. Colomb. Insecto similar a la pulga, cuya hembra, una vez fecundada, deposita sus cuñas bajo la epidermis produciendo gran picazón.

sotechado s.m. Cobertizo techado.

soterramiento s.m. Acción de soterrar.

soterrar v.tr. [conj.: *pensar*]. Enterrar, poner una cosa debajo de tierra. **2.** *Fig.* Esconder u ocultar una cosa de modo que no aparezca: *soterrar un recuerdo.*

sotho o **basuto,** conjunto de pueblos bantúes de África meridional, entre los que se encuentran los pedi o sotho del norte.

soto s.m. (lat. *saltus, -us*). Terreno poblado de árboles y arbustos, generalmente a la orilla de un río.

sotobosque s.m. Vegetación que crece bajo los árboles de un bosque.

sotol s.m. Méx. Planta herbácea, de la familia liliáceas, de tallo corto, hojas arrosetadas con espinas en los bordes y una púa terminal. **2.** Méx. Bebida alcohólica que se obtiene por fermentación del tallo de esta planta.

sotto voce loc. (voces italianas, *en voz baja*). Forma de interpretar un pasaje musical de modo suave y a media voz. **2.** En voz baja o en secreto.

sotuer s.m. HERÁLD. Pieza formada por la reunión de la barra y de la banda.

soufflé s.m. (voz francesa). Preparación gastronómica a base de claras de huevo batidas a punto de nieve, a las que se añaden distintos ingredientes, que en la cocción adquieren un aumento de volumen característico.

soul s.f. (voz inglesa). Música popular negra surgida del rhythm and blues y el gospel. (También *soul music.*)

souvenir s.m. (voz francesa). Objeto de recuerdo de un lugar determinado.

soviet s.m. (ruso *sovet,* consejo) [pl. *soviets*]. En la URSS, consejo de delegados de los obreros, campesinos y soldados. ◇ **Soviet supremo** En la URSS, órgano superior del poder del estado, compuesto de dos cámaras, el Soviet de la unión y el Soviet de las nacionalidades.

soviético, a adj. Relativo a los soviets y a la URSS.

sovietizar v.tr. Someter a la autoridad o la influencia de la Unión soviética.

sovjós o **sovjoz** s.m. (acrónimo del ruso *sovétskoie joziáistvo*). En la URSS, gran explotación agrícola, modelo del estado.

soya s.f. Planta oleaginosa trepadora, originaria de Asia, de tallo recto y flores blancas, que da semillas de las que se obtiene aceite y harina, y tallos utilizados como hortaliza y como forraje. GEOSIN.: Esp. *soja.*

spanglish s.m. (voz inglesa). Variedad lingüística formada a partir de elementos del español y del inglés, que hablan algunos sectores de la población hispana norteamericana.

spar deck s.m. MAR. Cubierta ligera que se extiende sin interrupción de la proa a la popa de un buque, sin toldilla ni castilletes.

sparring s.m. (del ingl. *sparring partner*). Boxeador que entrena a otro antes de un combate.

speaker s.m. (voz inglesa). Presidente de la cámara de los comunes del Reino Unido. ◆ s.m. y f. Locutor o presentador de radio o televisión.

speech s.m. (voz inglesa). Discurso corto, generalmente de circunstancias.

speed s.m. (voz inglesa). Droga sintética que estimula el sistema nervioso central.

speiss s.m. (voz inglesa). METAL. Mineral de níquel que ha sufrido un primer proceso metalúrgico.

spencer s.m. (de J. C. *Spencer,* que puso de moda esta indumentaria). Frac sin faldones o saco de vestir corto.

spider s.m. Automóvil deportivo, descapotable, de un solo asiento, como el cupé. **2.** Cavidad que hay en la parte trasera de ciertos automóviles, en la que puede ir un pasajero o colocar el equipaje.

spiegel s.m. (voz alemana). Aleación de hierro, manganeso y carbón, utilizada en la fabricación de acero.

spin s.m. (voz inglesa). FÍS. Momento cinético propio de una partícula.

spinnaker s.m. (voz inglesa) [pl. *spinnakers*]. Vela triangular de gran superficie, ligera y con mucho bolso, usada por los yates de regatas cuando navegan con viento en popa.

spoiler s.m. (voz inglesa). Alerón que se coloca en algunos automóviles para mejorar su adherencia cuando circula a gran velocidad.

sponsor s.m. y f. → **espónsor.**

sport s.m. (voz inglesa) [pl. *sports*]. Deporte. ◇ **De sport** Se aplica a la ropa o al calzado informal y cómodo de llevar.

spot s.m. (voz inglesa) [pl. *spots*]. Película publicitaria de corta duración. **2.** Mancha luminiscente concentrada en una pantalla.

spray s.m. (voz inglesa). Aerosol obtenido con una bomba de líquido a presión (medicamento, laca, producto cosmético, etc.).

springbok s.m. Antílope común en África del Sur.

sprint s.m. (voz inglesa). → **esprín.**

sprinter s.m. y f. (voz inglesa). → **esprínter.**

sprue s.f. (voz inglesa). Enfermedad crónica del intestino que se manifiesta por diarrea y por una mala absorción.

squash s.m. (voz inglesa). Juego parecido al frontón, practicado en un espacio cerrado y más reducido.

squatter s.m. y f. (voz inglesa). Persona que ocupa ilegalmente una vivienda deshabitada. **2.** En EUA, pionero que se establecía en territorios que no estaban ocupados.

squaw s.f. (voz amerindia). Entre los amerindios de América del Norte, mujer casada.

squire s.m. (voz inglesa). → **esquire.**

Sr., abrev. de *señor.*

Sra., abrev. de *señora.*

Srta., abrev. de *señorita.*

staccato adv. y s.m. (voz italiana). MÚS. Palabra que indica que, en una serie de notas rápidas, cada una de ellas ha de interpretarse claramente separada de las demás.

staff s.m. (voz inglesa). Grupo formado por la dirección y los cuadros superiores de una empresa o los dirigentes de una organización.

stajanovismo s.m. → **estajanovismo.**

stajanovista adj. y s.m. y f. → **estajanovista.**

stalag s.m. Nombre dado en Alemania, durante la segunda guerra mundial, a los campos de prisioneros reservados a los suboficiales y soldados.

stalinismo s.m. → **estanilismo.**

stalinista adj. y s.m. y f. → **estalinista.**

stand s.m. (voz inglesa). Espacio reservado a los participantes en una exposición o feria.

standard adj. y s.m. → **estándar.**

stand by s.m. ECON. Crédito abierto por los bancos y empresas de un país en otros países.

standing s.m. (voz inglesa). Posición social, rango de una persona en el mundo: *tener un alto standing.* **2.** Comodidad, lujo: *hotel de gran standing.*

1. **star** s.f. (voz inglesa). Estrella de cine o de teatro.

2. **star** s.m. Embarcación monotipo de regatas a vela, para dos tripulantes.

starlet s.f. (voz inglesa). Actriz joven que aspira a ser famosa.

star-system s.m. En los espectáculos (cine, danza), sistema de producción y de distribución centrado en el prestigio de una estrella.

starter s.m. (voz inglesa). Dispositivo auxiliar del carburador que, al aumentar la riqueza en carburante de la mezcla gaseosa, facilita el arranque en frío de un motor de explosión. **2.** Aparato que en las carreras o en un campo de aviación da la señal de partida.

starting-block s.m. (ingl. *starting block*). Calce para facilitar la salida de los corredores en las carreras a pie.

starting-gate s.f. (ingl. *starting gate*). En las carreras de caballos, barrera que se sitúa en la pista y cuyas puertas se abren automática y simultáneamente para la salida de los caballos.

statu quo s.m. (voces latinas, *en el mismo estado que antes*). Estado actual de las cosas.

status s.m. → **estatus.**

steenbuck s.m. Pequeño antílope de África meridional, de orejas negras.

steeple-chase s.m. (ingl. *steeplechase*). Carrera a pie (3 000 m *steeple*) o a caballo cuyo recorrido está sembrado de obstáculos variados.

stemm s.m. En esquí, viraje parecido al cristianía.

steppage s.m. MED. Anomalía de la marcha, debida a una parálisis de los músculos elevadores del pie.

sterilet s.m. Dispositivo anticonceptivo intrauterino y permanente.

stick s.m. (voz inglesa). Palo de golf y de hockey. **2.** Envase de un producto (desodorante, pegamento, etc.) solidificado en forma de barra.

stilb s.m. (del gr. *stilbō,* brillar). Antigua unidad de medida de luminancia (símb. sb o cd/cm^2), equivalente a la iluminación de un foco que tiene una intensidad de una candela por centímetro cuadrado de superficie aparente.

stock s.m. (voz inglesa). Conjunto de las mercancías disponibles en un mercado, un almacén, etc. **2.** Conjunto de utillajes, materias primas, productos semiacabados y acabados, etc., que son propiedad de una empresa. **3.** Conjunto de cosas que se poseen y se guardan como reserva: *tener un stock de novelas para leer.*

stock-car s.m. (ingl. *stock car*). Vehículo automóvil preparado para participar en carreras en las que las obstrucciones y las colisiones en cadena constituyen una norma.

stoker s.m. (voz inglesa). Dispositivo de alimentación mecánica con carbón del hogar de una locomotora de vapor.

stokes s.m. (de G. *Stokes*, físico irlandés). Unidad de medida de viscosidad cinemática (símb. St), equivalente a 10^{-4} metros cuadrados por segundo.

stop s.m. (voz inglesa). Señal de circulación que ordena una detención. **2.** Señal luminosa situada en la parte trasera de un vehículo, que se enciende al accionar el freno. **3.** Término que sirve, en los telegramas, para separar perfectamente las frases.

stop-and-go s.m. ECON. Corrección de un desarreglo económico por medio de otro, en sentido inverso, y que compensa el primero.

story board s.m. Conjunto de viñetas que representan la estructura de un anuncio publicitario antes de rodarse.

stradivarius s.m. Violín fabricado por Stradivarius, violero italiano que nació a mediados del s. XVII y murió el año 1737.

strass s.m. Vidrio muy denso, coloreado con óxidos metálicos, para imitar piedras preciosas.

stress s.m. (voz inglesa). → **estrés.**

strip-line s.m. ELECTRÓN. Dispositivo de hiperfrecuencia realizado según una técnica análoga a los circuitos impresos.

stripper s.m. (voz inglesa). MED. Instrumento que sirve para efectuar un stripping.

stripping s.m. Separación de las fracciones ligeras y volátiles de un líquido. **2.** Técnica de corrección de una película mediante la sustitución de algunas de sus partes por un fragmento de otra película. **3.** MED. Método de ablación quirúrgica de las varices.

striptease, estriptís o **estriptis** s.m. (ingl. *strip-tease*). Espectáculo de variedades durante el cual uno o varios artistas se desnudan de una manera lenta y sugestiva.

stud-book s.m. (ingl. *studbook*). Registro donde se inscriben la genealogía y las marcas de los caballos de pura sangre.

stuka s.m. (acrónimo del alem. *Sturz-kampfflugzeug*, avión de combate en picado). Bombardero alemán de la segunda guerra mundial de ataque en picado.

stupa s.m. Monumento funerario de origen indio, generalmente búdico o jainí, con reliquias o simplemente conmemorativo.

su adj. (del lat. *suam*, f. de *suum*, suyo). Forma átona del adjetivo posesivo de la 3ª persona que se usa cuando va antepuesto al nombre. Indica que la persona, animal o cosa designados por el nombre al que precede pertenecen a alguien o algo distinto del emisor y el receptor en un acto de comunicación (son de su propiedad, tienen un parentesco con él, están asociados a él, etc.), o pertenecen al receptor, cuando se le trata de *usted*: *su padre; su casa.*

suabo, a adj. y s. De Suabia.

suaca s.f. Méx. Paliza.

suahili adj. y s.m. y f. → **swahili.**

suarda s.f. (de *sudar*). Grasa que impregna la lana de los carneros y ovejas. **2.** Sustancia amarillenta obtenida por destilación de las grasas que sobrenadan en las aguas aciduladas residuales del lavado de los vellones.

suarismo s.m. Doctrina escolástica contenida en las obras de Francisco Suárez.

suasorio, a adj. (del lat. *suadere*, dar a entender). Relativo a la persuasión o que sirve para persuadir: *palabras suasorias.*

suave adj. (lat. *suavis*). Liso y blando al tacto: *tez suave.* **2.** Libre de brusquedad, violencia o estridencia: *palabra, clima, música suave.* **3.** *Fig.* Dócil, apacible: *temperamento suave.*

suavidad s.f. (lat. *suavitas, -atis*). Cualidad de suave.

suavización s.f. Acción y efecto de suavizar.

suavizado s.m. Operación que consiste en dar un aspecto pulimentado a una piedra dura o a un mármol. **2.** TEXT. Tratamiento destinado a mejorar el tacto de las materias textiles o a facilitar determinadas operaciones de transformación textil.

suavizante s.m. y adj. Producto que, utilizado al final del lavado de la ropa, mejora las características de suavidad de las materias.

suavizar v.tr. y prnl. Hacer suave: *suavizar asperezas.*

suba s.f. Argent. y Urug. Alza, subida de precios.

subacuático, a adj. Que se realiza debajo del agua.

subafluente s.m. Curso de agua tributario de un afluente.

subagudo, a adj. MED. Se dice de un estado patológico menos acusado que el estado agudo.

subalimentación s.f. Alimentación insuficiente en cantidad o en calidad.

subalpino, a adj. GEOGR. Se dice de las regiones situadas junto a los Alpes, Pirineos y demás montañas medioeuropeas.

subalterno, a adj. (lat. *subalternus*). Se dice del trabajador que está bajo las órdenes de otro: *personal subalterno.* ◆ s.m. Empleado u oficial de categoría inferior. **2.** TAUROM. Diestro de la cuadrilla que está a las órdenes del matador.

subálveo, a adj. y s.m. Que está debajo del álveo de un río o arroyo.

subarbusto s.m. Sufrútice.

subarrendador, ra s. Persona que da en subarriendo algo.

subarrendar v.tr. [conj.: *pensar*]. Dar o tomar en arrendamiento una cosa que ya está arrendada.

subarrendatario, a s. Persona que toma en subarriendo algo.

subarriendo s.m. Acción de subarrendar. **2.** Precio en que se subarrienda.

subasta s.f. Venta pública por la que se adjudica un bien o cosas de valor al que ofrece más dinero. **2.** Sistema de que se vale la administración para adjudicar los contratos administrativos a los particulares que ofrecen condiciones económicas más ventajosas. **3.** En algunos juegos de naipes, suma que los jugadores pueden añadir sobre la apuesta para obtener alguna ventaja. **4.** En el bridge, petición superior a la del contrario.

subastador, ra s. Persona que se dedica a subastar.

subastar v.tr. (lat. *subhastare*). Vender efectos o contratar servicios, arriendos, etc., en pública subasta. **2.** En ciertos juegos de naipes, añadir una suma a la apuesta inicial para obtener determinadas ventajas.

subatómico, a adj. Se dice de toda partícula constitutiva del átomo.

subbético, a adj. Relativo a la cordillera Subbética.

subcalibrado, a adj. Se dice del proyectil de calibre inferior al del arma que lo dispara.

subcampeón, na s. y adj. Participante de una competición que se clasifica en segundo lugar.

subcarpático, a adj. GEOGR. Situado al pie de los Cárpatos.

subclase s.f. BIOL. Subdivisión de una clase.

subclavio, a adj. ANAT. Que está situado debajo de la clavícula.

subcomisión s.f. Grupo de personas de una comisión que tienen un cometido determinado.

subconjunto s.m. MAT. Para un conjunto C, conjunto S formado exclusivamente de elementos pertenecientes a C.

subconsciencia s.f. Subconsciente.

subconsciente adj. Se dice del estado psíquico del que el sujeto no tiene conciencia pero que influye en su comportamiento. **2.** Que no llega a ser consciente. ◆ s.m. Estado psíquico subconsciente. SIN.: *subconsciencia.*

subconsumo s.m. Consumo en cantidad inferior a la ofrecida.

subcontratación s.f. Operación mediante la cual un empresario, bajo su responsabilidad y control, encarga a otra persona la ejecución total o parcial de trabajos que se encuentran a su cargo.

subcutáneo, a adj. Que está situado por debajo de la piel: *tumor subcutáneo.* **2.** Que se introduce por debajo de la piel: *inyección subcutánea.*

subdelegación s.f. Acción de subdelegar. **2.** Distrito, oficina y empleo de subdelegado.
subdelegado, a adj. y s. Se dice de la persona a la que un delegado transmite sus funciones o atribuciones.
subdelegar v.tr. Transmitir un delegado sus funciones o atribuciones a otro.
subdesarrollado, a adj. Que no llega al nivel normal de desarrollo. **2.** Se dice del país o región cuyos habitantes tienen un nivel de vida bajo, generalmente a causa de una insuficiencia de producción agrícola y del débil desarrollo de la industria, factores con frecuencia agravados por el crecimiento demográfico, más rápido que la progresión de la renta nacional.
subdesarrollo s.m. Situación de pobreza de un país subdesarrollado.
subdesértico, a adj. Semiárido.
subdiaconado o **subdiaconato** s.m. REL. Primera de las órdenes sagradas, que precedía al diaconado.
subdiácono s.m. Clérigo que había recibido el subdiaconado.
subdirección s.f. Cargo y oficina del subdirector.
subdirector, ra s. Persona que sustituye o ayuda al director en sus funciones.
súbdito, a adj. y s. (lat. *subditus, -a, -um*). Sujeto a la autoridad de un superior con obligación de obedecerlo. ◆ s. Con respecto a un soberano, ciudadano del estado que gobierna. **2.** Nacional de un país en cuanto sujeto a las autoridades políticas de este.
subdividir v.tr. y prnl. Dividir cada una de las divisiones de algo.
subdivisión s.f. Acción y efecto de subdividir.
subdominante s.f. MÚS. Cuarto grado de la escala diatónica, por debajo de la dominante.
subducción s.f. GEOL. Buzamiento de una placa litosférica de naturaleza oceánica bajo una placa adyacente, generalmente de naturaleza continental.
subecuatorial adj. Próximo al ecuador.
subempleo s.m. ECON. **a.** Utilización de solo una parte de la mano de obra disponible. **b.** Aprovechamiento de solo una parte del tiempo o de la capacidad profesional de un trabajador o grupo. **c.** Empleo o trabajo con una remuneración anormalmente baja.
subenfriado, a adj. Se dice de una solución líquida en falso equilibrio a una temperatura en la que el disolvente debería cristalizar.
súber s.m. (lat. *suber*, corcho). BOT. Tejido secundario de las plantas, cuya función es protectora.
suberina s.f. Sustancia orgánica que entra en la composición del corcho.
suberoso, a adj. Que contiene súber. **2.** Que tiene la naturaleza del corcho.
subespacio s.m. MAT. Subconjunto de un espacio, que posee las mismas propiedades o la misma estructura que el propio espacio.
subespecie s.f. BIOL. Subdivisión de la especie.
subestación s.f. ELECTR. Conjunto de transformadores, convertidores, interruptores, etc., destinados a la alimentación de una red de distribución de energía eléctrica.
subestimar v.tr. Atribuir a alguien o algo menos importancia de la que realmente tiene.
subexponer v.tr. FOT. [conj.: *poner*]. Exponer insuficientemente una emulsión fotográfica.
subexposición s.f. FOT. Exposición insuficiente.
subfamilia s.f. BIOL. Subdivisión de la familia. SIN.: *tribu.*
subfusil s.m. Arma portátil de tiro, automática, que dispara a ráfagas.
subgénero s.m. BIOL. Subdivisión del género.
subglaciar adj. GEOGR. Relativo a la región donde el glaciar está en contacto con el lecho rocoso.
subgrupo s.m. Subdivisión de un grupo. **2.** MAT. En un grupo, subconjunto que, para la ley de composición del grupo, posee a su vez la estructura de grupo.
subida s.f. Acción y efecto de subir: *la subida de precios.* **2.** Pendiente o camino por donde se sube. **3.** En el lenguaje de la droga, comienzo de los efectos de una dosis. ◇ **Subida de la leche** Flujo de leche que aparece en las glándulas mamarias después del parto.
subido, a adj. Se dice del color o del olor muy intenso. **2.** Muy elevado, caro o que excede al término ordinario: *precio subido.*
subíndice s.m. MAT. Índice que se coloca a la derecha de una letra para diferenciarla de otras semejantes.
subinspector, ra s. Persona que suple o ayuda al inspector en sus funciones.
subintendencia s.f. Cargo u oficina del subintendente.
subintendente s.m. y f. Persona que sustituye o ayuda al intendente en sus funciones.
subintrante adj. MED. Se dice de la afección en la que comienza un acceso nuevo antes de terminar el anterior.
subir v.intr. y prnl. (lat. *subire*). Ir desde un lugar a otro que está más alto: *subir a la cima.* **2.** Entrar en un vehículo o montarse encima de él. ◆ v.intr. Aumentar en número, cantidad, intensidad o altura: *subir la fiebre; subir las aguas.* **2.** *Fig.* Mejorar en un empleo o cargo o alcanzar mejor posición económica o social: *subir de categoría.* **3.** Importar, llegar una cuenta, deuda, etc., a determinada cantidad: *la deuda sube a mil euros.* **4.** Ponerse las claras de huevo a punto de nieve al batirlas. **5.** MÚS. **a.** Elevar la voz o un sonido instrumental del grave al agudo. **b.** Ir del grave al agudo por intervalos conjuntos y disjuntos: *subir hasta el* do. ◆ v.tr. e intr. Aumentar el precio o el valor de algo: *las acciones han subido.* **2.** Hacer más alto algo o irlo aumentando hacia arriba: *subir una pared.* ◆ v.tr. Recorrer hacia arriba algo que está en pendiente: *subir las escaleras.* **2.** Poner o llevar a un sitio más alto: *subir trastos al desván.* **3.** Enderezar o poner vertical algo que estaba inclinado hacia abajo: *subir la cabeza.* **4.** MÚS. Subir el tono: *subir el* fa. ◇ **Subírsele a alguien** Méx. *Fam.* Emborracharse.
1. súbito adv.m. De forma súbita.
2. súbito, a adj. (lat. *subitus, -a, -um*). Repentino, inesperado: *idea súbita; cambio súbito.* **2.** *Fam.* Impulsivo, violento, precipitado: *un carácter súbito.*
sub iúdice loc. (lat. *sub iudice*, bajo la autoridad del juez). Se dice de una cuestión que está pendiente de resolución.
subjetividad s.f. Estado o carácter de subjetivo. **2.** Dominio subjetivo.
subjetivismo s.m. Actitud de quien juzga según sus opiniones personales y ve la realidad solamente a través de su afectividad. **2.** FILOS. Doctrina o actitud que solo admite la realidad subjetiva. ◇ **Subjetivismo jurídico** Doctrina que basa la obligación jurídica en la voluntad del sujeto.
subjetivista adj. Relativo al subjetivismo. ◆ adj. y s.m. y f. Que profesa esta doctrina.
subjetivización s.f. Hecho de interpretar las cosas de manera afectiva, de transformar los fenómenos en personales y subjetivos.
subjetivo, a adj. Que varía con el juicio, los sentimientos, las costumbres, etc., de cada uno: *crítica subjetiva.* **2.** FILOS. Que se refiere al sujeto pensante, a una consciencia individual. CONTR.: *objetivo.*
subjuntivo, a adj. y s.m. (lat. *subjunctivus*). Se dice del modo del verbo que indica que una acción es concebida como subordinada a otra, o que la acción se considera simplemente en la mente.
sublevación s.f. Acción y efecto de sublevar.
sublevar v.tr. y prnl. (lat. *sublevare*). Alzar en rebeldía o motín: *sublevar al pueblo; sublevarse las tropas.* ◆ v.tr. *Fig.* Excitar, indignar, promover sentimientos de ira o protesta: *las injusticias sublevan.*
sublimación s.f. Acción y efecto de sublimar o sublimarse. **2.** PSICOANÁL. Mecanismo de defensa del yo por el que un

impulso o un instinto se manifiestan en forma de otros considerados como más elevados.

sublimado, a adj. y s.m. QUÍM. Se dice del cuerpo volatilizado y recogido en estado sólido. <> **Sublimado corrosivo** Cloruro mercúrico ($HgCl_2$), sustancia cáustica muy tóxica.

sublimar v.tr. y prnl. Engrandecer, exaltar, enaltecer. ◆ v.tr. QUÍM. Hacer pasar directamente del estado sólido al gaseoso. **2.** PSICOANÁL. Resolver mediante sublimación.

sublime adj. (lat. *sublimis*). Excelso, eminente, de gran valor moral, intelectual, etc.: *música. acto sublime.*

sublimidad s.f. Cualidad de sublime.

subliminal adj. Se dice de la percepción de un estímulo por parte de un sujeto sin que este tenga conciencia de él, cuando este estímulo está muy lejos, es de poca intensidad o es demasiado breve.

sublingual adj. Situado por debajo de la lengua.

sublunar adj. ASTRON. Que está entre la Tierra y la órbita de la Luna.

submarinismo s.m. Conjunto de técnicas de inmersión y exploración subacuática, que se utilizan con fines científicos, deportivos o militares.

submarinista adj. y s.m. y f. Relativo al submarinismo; que practica el submarinismo.

submarino, a adj. Que está bajo la superficie del mar: *volcán, relieve submarino.* **2.** Que se efectúa bajo la superficie del mar: *navegación submarina.* ◆ s.m. Buque de guerra concebido para navegar de manera prolongada y autónoma bajo el agua, y para combatir sumergido mediante el lanzamiento de torpedos. **2.** Toda embarcación capaz de sumergirse para llevar a cabo una misión de investigación o de salvamento. <> **Pesca submarina** Deporte que consiste en aproximarse a nado al pez y dispararle con un fusil subacuático que lanza arpones.

submaxilar adj. ANAT. Situado debajo de la mandíbula inferior.

submúltiplo adj. y s.m. MAT. Se dice del número o la magnitud contenidos un número entero de veces en otro número o magnitud.

subnormal adj. y s.m. y f. Que es inferior a lo normal, se dice especialmente de las personas cuya edad mental no alcanza la que les corresponde por su edad biológica. ◆ s.f. MAT. Proyección sobre un eje, y en especial sobre el eje de abscisas, del segmento de la normal, en un punto de una curva, comprendido entre este punto y el punto en el cual la normal corta el eje considerado.

suboficial s.m. Categoría militar en la que se incluyen los grados comprendidos entre los de oficial y los de tropa, y que en España, en los ejércitos de tierra y del aire, abarca los grados de brigada, sargento primero y sargento.

1. **suborbital** adj. ASTRONÁUT. Se dice de las características del movimiento de un ingenio espacial antes de ser puesto en una órbita circunterrestre. <> **Velocidad suborbital** Velocidad de inserción de un ingenio espacial en una órbita que no le permite dar una vuelta completa a la Tierra.

2. **suborbital** adj. ANAT. Que está debajo de la órbita ocular.

suborden s.m. BIOL. Subdivisión de un orden.

subordinación s.f. (lat. tardío *subordinatio, -onis*). Dependencia, sumisión a la orden, mando o dominio de alguien. **2.** LING. Relación de dependencia entre dos o más oraciones en el seno de una oración compuesta. **3.** LÓG. Relación de la especie al género.

subordinado, a adj. y s. Que está sujeto a otro o bajo su dependencia: *personal subordinado.* ◆ adj. y s.f. LING. Se dice de la oración que depende lógica y gramaticalmente de otra oración del mismo período, a la cual completa, y que tradicionalmente en español se divide en sustantiva, adjetiva y adverbial, según que equivalga a un sustantivo, a un adjetivo o a un adverbio, respectivamente.

subordinante adj. Que expresa una subordinación o que introduce una oración subordinada.

subordinar v.tr. y prnl. (bajo lat. *subordinare*). Poner bajo la dependencia de otro: *subordinarse a una autoridad.* **2.** Establecer un orden de dependencia, considerar o clasificar como inferior o accesorio: *subordinar los intereses particulares a los generales.*

subpiso s.m. Vegetación que crece bajo los árboles de un monte. **2.** Esp. Subdivisión de un piso, dividida a su vez en zonas.

subprefecto s.m. Persona que ayuda o sustituye al prefecto en sus funciones.

subprefectura s.f. Función, cargo y oficina del subprefecto.

subproducción s.f. Producción insuficiente.

subproducto s.m. Producto obtenido de manera accesoria en los procesos de elaboración y fabricación de otro producto, o como residuo de una extracción.

subprograma s.m. INFORMÁT. Secuencia de instrucciones que realiza una función particular, concebida para ser utilizada en diferentes programas.

subproletariado s.m. Lumpenproletariado.

subproletario, a adj. y s. Que forma parte del subproletariado.

subrayar v.tr. Hacer una raya debajo de una letra, palabra o frase escrita. **2.** *Fig.* Recalcar, hacer hincapié en algo.

subreino s.m. Cada uno de los dos grupos taxonómicos en que se dividen los reinos animal y vegetal.

subrepticio, a adj. (lat. *subrepticius*). Que se hace o toma ocultamente y a escondidas.

subrogación s.f. DER. En una relación jurídica, sustitución de una persona (subrogación personal) o de una cosa (subrogación real).

subrogado, a s. DER. Magistrado designado para remplazar a otro en una relación jurídica.

subrogar v.tr. y prnl. (lat. *subrogare*) [conj.: *rogar*]. DER. Sustituir a una persona o cosa en una relación jurídica.

subrogatorio, a adj. DER. Se dice de la acción por la que el acreedor se subroga en los derechos o acciones del deudor ejecutado.

subsanación s.f. Acción y efecto de subsanar.

subsanar v.tr. Reparar, remediar, resarcir un daño: *subsanar un defecto.* **2.** Disculpar, disimular: *subsanar un delito.*

subsaturado, a adj. GEOL. Se dice de una roca magmática que contiene feldespatoides.

subscribir v.tr. y prnl. → **suscribir.**

subscripción s.f. → **suscripción.**

subscriptor, ra o **subscritor, ra** s. → **suscriptor.**

subsecretaría s.f. Empleo u oficina del subsecretario. **2.** Conjunto de servicios y funciones de un ministerio dirigidos por un subsecretario.

subsecretario, a s. Persona que suple o ayuda al secretario. **2.** En España, jefe superior de un departamento ministerial, después del ministro. <> **Subsecretario de Estado** En algunos países, miembro del gobierno, cuya situación es análoga a la de los secretarios de Estado, pero con una atribución de poder más restringida.

subsecuente adj. DER. Que sigue o viene después. **2.** GEOGR. Se dice de un curso de agua o de una depresión que siguen el pie de un relieve monoclinal.

subsidencia s.f. GEOL. Movimiento lento de hundimiento de una parte de la corteza terrestre bajo el peso de depósitos sedimentarios y por acción de deformaciones. **2.** METEOROL. Movimiento general de hundimiento que afecta a una masa de aire.

subsidiar v.tr. Conceder subsidio a alguna persona o entidad.

subsidiariedad s.f. Tendencia favorable a la participación subsidiaria del estado en apoyo de las actividades privadas o comunitarias. <> **Principio de subsidiariedad** DER. Principio de delegación vertical de los poderes, especialmente en las federaciones.

subsidiario, a adj. Que se da como subsidio. **2.** Se dice de la empresa que es delegada en el extranjero de una multinacional. **3.** DER. Se dice de la acción o responsabilidad dispuestas para sustituir a otra principal en caso de fallar esta.
subsidio s.m. (lat. *subsidium*). Ayuda de carácter oficial que se concede a una persona o entidad: *subsidio de desempleo, familiar.*
subsiguiente adj. Que sigue inmediatamente. **2.** Después del siguiente.
subsistencia s.f. Vida, acción de vivir. **2.** Conjunto de medios necesarios para vivir: *escasez de subsistencias.* (Suele usarse en plural.) **3.** Permanencia, estabilidad y conservación de las cosas.
subsistir v.intr. (lat. *subsistere*). Permanecer, perdurar, conservarse. **2.** Vivir: *subsistir en cautiverio.*
subsónico, a adj. Relativo a la velocidad inferior a la del sonido. CONTR.: *supersónico.*
substancia s.f. → **sustancia.**
substancial adj. → **sustancial.**
substanciar v.tr. → **sustanciar.**
substancioso, a adj. → **sustancioso.**
substantivación s.f. → **sustantivación.**
substantivar v.tr. y prnl. → **sustantivar.**
substantivo, a adj. y s.m. → **sustantivo.**
substitución s.f. → **sustitución.**
substituir v.tr. [conj.: *huir*]. → **sustituir.**
substitutivo, a adj. y s.m. → **sustitutivo.**
substituto, a s. → **sustituto.**
substracción s.f. → **sustracción.**
substractivo, a adj. → **sustractivo.**
substraendo s.m. → **sustraendo.**
substraer v.tr. [conj.: *traer*]. → **sustraer.**
substrato s.m. → **sustrato.**
subsuelo s.m. Terreno que está debajo de la capa superficial de tierra. **2.** Parte profunda del terreno a la que no llegan los aprovechamientos superficiales de los predios.
subtangente s.f. MAT. Proyección sobre un eje, y especialmente sobre un eje de coordenadas, del segmento de la tangente, en un punto de una curva comprendido entre el punto de contacto y el punto donde la tangente corta el eje considerado.
subte s.m. Argent. Apócope de *subterráneo,* ferrocarril.
subtender v.tr. [conj.: *tender*]. MAT. Unir una línea recta los extremos de un arco de curva o de una línea quebrada.
subteniente s.m. Empleo superior del cuerpo de suboficiales. **2.** Oficial de categoría inmediatamente inferior a la de teniente, que en España ya no existe.
subterfugio s.m. Evasiva, escapatoria, pretexto.
subterráneo, a adj. Que está debajo de tierra: *cables subterráneos.* ◆ s.m. Espacio o recinto que está debajo de tierra. **2.** Argent. Ferrocarril metropolitano o metro.
subtipo s.m. BIOL. Subdivisión de un tipo.
subtitulado, a adj. Se dice de la película en versión original con subtítulos.
subtitular v.tr. Poner un subtítulo a un escrito o a una película.
subtítulo s.m. Título secundario que se añade a otro principal. **2.** CIN. Traducción del texto de una película, que aparece en la pantalla, en la parte inferior de la imagen. (Suele usarse en plural.)
subtropical adj. Situado cerca de los trópicos, pero a una latitud más elevada. ◇ **Clima subtropical** Clima cálido con una larga estación seca.
subulado, a adj. HIST. NAT. Estrechado hasta el ápice en punta fina.
suburbano, a adj. Que está muy próximo a la ciudad. **2.** Relativo al suburbio. ◆ adj. y s.m. Se dice del ferrocarril que comunica la ciudad con las zonas suburbanas. ◇ **Área,** o **zona, suburbana** Territorio que rodea el casco urbano de una ciudad, con la que se encuentra en estrecha dependencia y diaria relación.
suburbial adj. Relativo al suburbio.
suburbio s.m. (lat. *suburbium*). Barrio periférico de una ciudad, especialmente el habitado por gente de débil condición económica.
subutilización s.f. Aprovechamiento atenuado o disminuido de algo.
subvalorar v.tr. Dar o atribuir a alguien o a algo menor valor o importancia de la que tiene.
subvención s.f. Acción de subvenir. **2.** Cantidad con que se subviene. **3.** DER. Auxilio económico otorgado por la administración.
subvencionar v.tr. Asignar una subvención.
subvenir v.tr. (lat. *subvenire*) [conj.: *venir*]. Costear, sufragar el pago de cierta cosa. **2.** Venir en auxilio de alguien.
subversión s.f. Acción y efecto de subvertir.
subversivo, a adj. Capaz de subvertir o que tiende a ello. ◆ adj. y s. Que pretende subvertir el orden establecido: *movimiento subversivo.*
subvertir v.tr. (lat. *subvertere,* destruir, aniquilar) [conj.: *sentir*]. Trastornar, perturbar, hacer que algo deje de estar o de marchar con normalidad: *subvertir el orden.*
subvirar v.intr. Tender un vehículo automóvil a que, en los virajes, sus ruedas delanteras desvíen su trayectoria lateralmente hacia el exterior de la curva.
subyacente adj. Que subyace.
subyacer v.tr. [conj.: *yacer*]. Existir algo debajo de otra cosa o como trasfondo de ella.
subyugación s.f. Acción y efecto de subyugar.
subyugar v.tr. y prnl. (lat. *subjugare*). Someter a alguien violenta o intensamente.
succínico, a adj. Se dice de un ácido descubierto en el succino.
succino s.m. (lat. *sucinum*). Ámbar.
succión s.f. (lat. *suctio, -onis*). Acción de succionar.
succionar v.tr. Extraer un líquido absorbiéndolo con la boca o con un instrumento. **2.** Absorber completamente algo.
sucedáneo, a adj. y s.m. (lat. *succedaneus*). Se dice de la sustancia que puede remplazar o sustituir a otra, y que generalmente es de menor calidad.
suceder v.intr. (lat. *succedere*). Producirse espontáneamente un hecho o suceso; *suceder un accidente.* **2.** Ocupar el lugar de alguien o algo, sustituir a alguien en un cargo, dirección, etc.: *suceder en la presidencia.* **3.** Venir después, seguir en un sentido espacial o temporal: *el otoño sucede al verano.* **4.** Descender, proceder, provenir.
sucedido s.m. Suceso, hecho. **2.** Argent. Relato comúnmente aleccionador de un hecho más o menos extraordinario.
sucesión s.f. (lat. *secessio, -onis*). Transmisión legal a personas vivas de bienes y obligaciones de personas difuntas. **2.** Circunstancia de estar una cosa detrás de otra en el tiempo o en el espacio. **3.** Conjunto de cosas que se siguen unas a otras: *una sucesión de ideas.* **4.** Descendencia de una persona. **5.** MAT. Conjunto de elementos clasificados en un orden determinado.
sucesivo, a adj. Que sucede o sigue a otra cosa. ◇ **En lo sucesivo** En el tiempo que ha de seguir al momento en que se está.
suceso s.m. (lat. *successus, -us*). Cosa de algún interés que sucede. **2.** Éxito, resultado bueno de un asunto. **3.** Hecho delictivo o accidente que ocurre.
sucesor, ra adj. y s. (lat. *successor, -oris*). Que sucede a otro, especialmente en un cargo o herencia.
sucesorio, a adj. Relativo a la sucesión o herencia.
suche adj. Chile. Subalterno, empleado de última categoría. **2.** Venez. Agrio. ◆ s.m. Ecuad. y Perú. Árbol pequeño cuya madera se usa en construcción. (Familia apocináceas.)

suciedad s.f. Cualidad de sucio. **2.** Inmundicia, porquería. **3.** *Fig.* Dicho o hecho deshonesto, innoble.

sucinto, a adj. (lat. *succinctus*, apretado). Breve, resumido, conciso: *una sucinta explicación.*

sucio, a adj. (lat. *sucidus*, húmedo, jugoso). Manchado, untado, impuro, con polvo: *manos sucias.* **2.** Que se ensucia fácilmente: *el blanco es un color sucio.* **3.** *Fig.* Se dice del color no puro, confuso, turbio. **4.** *Fig.* Sin escrúpulos, deshonesto, inmoral. **5.** *Fig.* Contrario a la justicia, a la moral, al honor: *negocio sucio.* **6.** *Fig.* Que ofende al pudor, indecente: *una acción sucia.* **7.** *Fig.* Tramposo: *juego, jugador sucio.*

sucre s.m. Antigua unidad monetaria de Ecuador, sustituida por el dólar EUA.

súcubo s.m. y adj. (lat. *succubus*, persona que se echa debajo). Demonio o espíritu con apariencia de mujer que, según la tradición, seduce a los hombres durante su sueño.

sucucho o **socucho** s.m. Amér. Habitación pequeña y precaria que sirve de vivienda. SIN.: *sucuyo.*

suculento, a adj. (del lat. *sucus*, jugo). Sabroso, nutritivo: *comida suculenta.* **2.** BOT. Se dice de la planta que posee órganos carnosos y ricos en agua.

sucumbir v.intr. (lat. *succumbere*). Ceder, rendirse, someterse: *sucumbir a la tentación.* **2.** Morir, perecer.

sucursal adj. y s.f. (fr. *succursale*). Se dice del establecimiento mercantil o industrial que depende de otro, cuyo nombre reproduce.

sucursalismo s.m. *Desp.* Dependencia de partidos políticos españoles, cuyo ámbito es una nacionalidad o región, respecto del supuesto centralismo de los de ámbito estatal.

sucusión s.f. MED. Exploración que consiste en mover al enfermo para provocar la movilización del líquido pleural o gástrico.

sudaca s.m. y f. Esp. *Desp.* Sudamericano.

sudación s.f. Exudación. **2.** Exhalación de sudor.

sudadera s.f. Acción de sudar mucho. **2.** Manta pequeña que se pone a las cabalgaduras debajo de la silla. **3.** Camiseta de manga larga que se usa principalmente para hacer ejercicio o deporte.

sudafricano, a adj. y s. De África del Sur. **2.** De la República de Sudáfrica.

sudamericano, a o **suramericano, a** adj. y s. De América del Sur.

sudanés, sa adj. y s. De Sudán. ◇ **Lenguas sudanesas** Gran familia de lenguas negroafricanas, habladas en el Sudán occidental, en las regiones costeras del golfo de Guinea y en África central al N de la Rep. Dem. del Congo.

sudar v.intr. y tr. (lat. *sudare*). Expeler sudor por los poros de la piel. **2.** Destilar las plantas algún líquido. ◆ v.intr. *Fig.* Destilar líquido a través de los poros un recipiente, una pared, etc. **2.** *Fig.* y *fam.* Trabajar mucho. ◆ v.tr. Mojar con el sudor: *sudar la camisa.* **2.** *Fig.* y *fam.* Obtener algo con gran esfuerzo: *sudó la victoria.* **3.** *Fig.* y *fam.* Dar algo a la fuerza.

sudarábigo, a adj. y s.m. Se dice de una lengua semítica afín al árabe.

sudario s.m. (lat. *sudarium*). Lienzo que se pone sobre el rostro de los difuntos o en que se envuelve el cadáver. ◇ **Santo sudario** Lienzo que sirvió para amortajar el cuerpo de Jesucristo.

sudestada s.f. Argent. Viento con lluvia persistente que viene del SE y generalmente provoca la crecida de los ríos.

sudeste o **sureste** s.m. Punto del horizonte entre el sur y el este, a igual distancia de ambos (abrev. *SE*). **2.** Región o lugar situados en esta dirección. ◆ adj. y s.m. Se dice del viento que sopla de esta parte.

sudista adj. y s.m. y f. Partidario de los estados del sur, en la guerra de Secesión norteamericana (1861-1865).

sudoeste o **suroeste** s.m. Punto del horizonte entre el sur y el oeste, a igual distancia de ambos (abrev. *SO*). **2.** Región o lugar situados en esta dirección. ◆ adj. y s.m. Se dice del viento que sopla de esta dirección.

sudor s.m. Secreción acuosa, que contiene sales minerales y urea, segregada por las glándulas sudoríparas a través de los poros de la piel. **2.** *Fig.* Gotas que aparecen en la superficie de lo que despide humedad. **3.** *Fig.* Jugo o goma que segregan las plantas. **4.** *Fig.* Gran esfuerzo necesario para hacer o conseguir algo.

sudorífico, a adj. y s.m. Que provoca sudor. SIN.: *sudorífero.*

sudoríparo, a adj. Que segrega sudor.

sudoroso, a adj. Que suda mucho o está muy sudado. **2.** Propenso a sudar. SIN.: *sudoriento.*

sueco, a adj. y s. De Suecia. ◆ s.m. Lengua nórdica hablada principalmente en Suecia. ◇ **Hacerse el sueco** Esp. Desentenderse de algo o fingir que no se entiende.

suegro, a s. (de *suegra*, del lat. vulg. *socra*). Con respecto a un cónyuge, padre o madre del otro.

suela s.f. (del lat. *solea*). Parte del calzado que queda debajo del pie y es la que toca el suelo. **2.** Cuero vacuno curtido que se emplea para fabricar esta parte del calzado. **3.** Pedazo de cuero o de goma que se coloca en el extremo inferior del taco de billar. ◇ **De tres,** o **de cuatro,** o **de siete, suelas** *Fam.* Redomado: *pícaro de siete suelas.* **Media suela** Pieza de cuero con que se remienda el calzado y que cubre la planta desde el enfranque a la punta. **No llegarle a alguien (ni) a la suela del zapato** Ser muy inferior a él en alguna materia.

suelazo s.m. Colomb., Chile, Ecuad. y Venez. Batacazo, golpe fuerte que se da alguien al caer.

sueldo s.m. (lat. tardío *solidus*, antigua moneda de oro). Remuneración asignada por un determinado cargo o empleo profesional. **2.** NUMISM. En los antiguos sistemas monetarios, pieza equivalente a 1/20 de libra. ◇ **A sueldo** Con retribución fija.

suelo s.m. (lat. *solum*). Superficie por la que se anda, generalmente allanada o recubierta de algún material para que sea más uniforme: *suelo de terrazo.* **2.** Tierra, terreno: *la explotación del suelo.* **3.** *Fig.* Base de algunas cosas: *el suelo de una vasija.* **4.** EDAFOL. Parte superficial de la corteza terrestre, en contacto con la atmósfera y sometida a la acción de la erosión (mecánica y química) de los animales y de las plantas, lo que produce la alteración y disgregación de las rocas. ◇ **Arrastrar,** o **poner,** o **tirar, por el suelo,** o **los suelos** Desacreditar. **Arrastrarse,** o **echarse, por el suelo,** o **los suelos** *Fam.* Humillarse. **Besar el suelo** Caerse de bruces. **Dar consigo en el suelo** Caerse en tierra. **Por el suelo,** o **los suelos** Denota la depreciación de algo. **Venir(se) al suelo** Caer, arruinarse, destruirse.

suelta s.f. Acción y efecto de soltar. ◇ **Dar suelta a alguien** Permitirle esparcirse, divertirse o que salga de su retiro.

suelto, a adj. Que no está sujeto: *hojas sueltas; llevar el pelo suelto.* **2.** Ligero, veloz. **3.** Separado, aislado, que no hace juego con otra cosa: *un calcetín suelto.* **4.** Poco compacto, disgregado, disperso. **5.** No frenado, fácil, ágil: *lenguaje, estilo suelto.* **6.** Expedito, hábil: *tener la mano suelta para dibujar.* **7.** Flojo, holgado: *un vestido suelto.* **8.** Que padece diarrea. **9.** TAUROM. Se dice del toro que abandona la suerte sin hacer caso del engaño. ◆ adj. y s.m. Esp. y Méx. Se dice del dinero en moneda fraccionaria. ◆ s.m. Escrito de poca extensión y sin firma, impreso en un periódico.

sueño s.m. (lat. *somnus*, acción de domir). Estado funcional periódico del organismo, y especialmente del sistema nervioso, durante el cual el estado de vigilia se encuentra suspendido de una forma inmediatamente reversible. **2.** Acción de imaginar escenas o sucesos mientras se duerme. **3.** Serie de escenas, imágenes o sucesos, más o menos incoherentes, que se presentan en la mente mientras se duerme: *tener sueños fantásticos.* **4.** Ganas, necesidad de dormir: *tener sueño.* **5.** *Fig.* Lo que carece de realidad o fundamento, proyecto, deseo, esperanza sin probabilidad de realizarse: *vivir de sueños.* ◇ **Caerse de sueño** Tener muchas ganas de dormir. **Conciliar el sueño** Conseguir dormir. **Cura de sueño** PSIQUIATR.

Terapia de ciertos episodios agudos mediante un sueño más o menos profundo, provocado artificialmente por medio de psicótropos. **Enfermedad del sueño** Enfermedad contagiosa producida por un tripanosoma y transmitida por la mosca tse-tse. **En sueños** Estando durmiendo. **Ni en sueños** Expresión con la que se niega que algo haya podido o pueda suceder. **Quitar el sueño** Preocupar mucho algo. **Sueño dorado** *Fig.* Deseo vehemente, ilusión halagüeña. **Sueño eterno** La muerte. **Sueño pesado** *Fig.* Sueño muy profundo.

suero s.m. (del lat. ibérico *sorus*). Parte líquida de un humor orgánico, como la sangre, la leche o la linfa, después de su coagulación. <> **Suero antilinfocitario** Suero que disminuye o anula la actividad inmunitaria de los linfocitos. **Suero fisiológico** Solución salina de composición determinada e isotónica con el plasma sanguíneo.

suerte s.f. (lat. *sors, -tis*). Fuerza, poder que determina ciertos acontecimientos independientemente de la voluntad del individuo: *suerte adversa; suerte favorable.* **2.** Circunstancia casual favorable o adversa, fortuna en general. **3.** Casualidad a que se fía la resolución de una cosa. **4.** Situación, condición, estado en que alguien se encuentra. **5.** Destino. **6.** Clase, género, especie: *había toda suerte de personas.* **7.** Manera de hacer algo: *tratar de suerte que...* **8.** Argent. En el juego de la taba, parte cóncava de esta. **9.** TAUROM. Figura que el torero compone con el toro con la capa, las banderillas, la muleta, etc. <> **Caer,** o **tocar, en suerte** Corresponder algo por sorteo; suceder algo a alguien por azar. **Desafiar a la suerte** Arriesgarse imprudentemente. **De suerte que** Expresa una consecuencia o resultado de lo que se ha dicho antes. **Echar,** o **tirar, a suerte,** o **a suertes** Decidir la suerte por medio de un sorteo o por otro procedimiento de resultado imprevisible. **Por suerte** Afortunadamente. **Probar suerte** Tomar parte en un sorteo, rifa, etc.; intentar conseguir algo confiando en la buena fortuna. **Tentar a la suerte** Afrontar un riesgo por conseguir algo.

suertero, a adj. Ecuad. y Hond. Dichoso, feliz, afortunado. ◆ s.m. Perú. Vendedor de billetes de lotería.

suertudo, a adj. Amér. Merid. Afortunado.

suéter s.m. (ingl. *sweater*). Esp. y Méx. Prenda de vestir de punto, generalmente con mangas, que llega aproximadamente hasta la cintura. GEOSIN.: Amér. Merid. *chompa;* Argent. y Urug. *tricota;* Esp. *jersey.*

suevo, a adj. y s. De alguno de los pueblos germánicos que, junto con los vándalos y alanos, invadieron la península Ibérica en 409.

suevo

Dirigidos por Hermerico, los suevos fundaron en la provincia romana de Gallaecia un reino (*Reino de los suevos*) que perduró hasta 585, año en que lo conquistó Leovigildo y quedó incorporado al estado visigodo.

sufete s.m. (lat. *suffetem*). Magistrado supremo de Cartago y de otras colonias fenicias.

sufí adj. y s.m. y f. Relativo al sufismo; partidario del sufismo.

suficiencia s.f. Cualidad de suficiente, bastante. **2.** Capacidad, aptitud, competencia. **3.** Actitud de la persona envanecida con su propia sabiduría: *tener, darse aires de suficiencia.*

suficiente adj. (lat. *sufficiens, -tis*). Bastante para lo que se necesita: *tener lo suficiente para vivir.* **2.** Apto, idóneo. **3.** Pedante, presumido. ◆ s.m. Calificación que indica la suficiencia del alumno.

sufijación s.f. Procedimiento de formación de palabras con ayuda de sufijos.

sufijo s.m. (lat. *suffixus*). LING. Elemento que se coloca al final de ciertas palabras, modificando su significado primario. [V. cuadro pág. siguiente.]

sufismo s.m. Doctrina mística del islam, que tuvo su origen en el s. VIII en la región de Kufa (Iraq) y se desarrolló al margen de la legalidad chiita y sunnita en múltiples órdenes y confraternidades.

sufragáneo, a adj. (bajo lat. *suffraganeus*). Que depende de otro. ◆ adj. y s.m. REL. Se dice del obispo que depende de un metropolitano.

sufragar v.tr. (lat. *suffragari*). Costear, satisfacer: *sufragar gastos.* **2.** Ayudar, favorecer: *sufragar un proyecto.* ◆ v.intr. Amér. Votar a cierto candidato.

sufragio s.m. Acto de carácter expreso, por el que una persona emite un voto en el seno de una colectividad de la que es miembro, a fin de decidir en una cuestión de interés público, generalmente de carácter político. **2.** Obra buena o acto piadoso que se ofrece para la redención de las almas del purgatorio. <> **Sufragio directo** Sistema en el que el elector vota directamente por el candidato a elegir. **Sufragio indirecto** Sistema en el que el candidato a elegir es votado por los miembros de cuerpos elegidos o por delegados elegidos por el cuerpo electoral. **Sufragio universal** Sistema en el que el cuerpo electoral está constituido por todos los ciudadanos con derecho a voto.

sufragismo s.m. Movimiento sufragista.

sufragista adj. y s.m. y f. Partidario del voto femenino. ◆ s.f. Militante que reclamaba el derecho de voto para la mujer. (El movimiento de las sufragistas, nacido en 1865, adoptó una forma militante entre 1903 y 1917.)

sufrido, a adj. Que sufre con resignación, sin queja: *carácter muy sufrido.* **2.** Muy resistente a la suciedad y al uso: *color sufrido; tela sufrida.* ◆ adj. y s.m. Se dice del marido consentido.

sufrimiento s.m. Capacidad para sufrir o estado del que sufre.

sufrir v.tr. e intr. (lat. *sufferre*). Tener o padecer un daño o dolor físico o moral. **2.** Padecer habitualmente una enfermedad o un trastorno físico: *sufrir del estómago.* ◆ v.tr. Experimentar algo desagradable, soportar condiciones no favorables, etc.: *sufrir hambre; sufrir vergüenza.* **2.** Sostener, resistir: *no puede sufrir comer sin sal.* **3.** Aguantar, tolerar: *sufrir las cosquillas.* **4.** Permitir, consentir: *sufrir humillaciones.* <> **No poder sufrir** Detestar, no poder soportar.

sufrútice s.m. Planta intermedia entre el arbusto y la hierba. SIN.: *subarbusto.*

sufruticoso, a adj. BOT. Se dice de la planta herbácea que es leñosa en la base. SIN.: *sufrutescente.*

sufusión s.f. MED. Derrame de un líquido orgánico fuera de su estructura, principalmente de los vasos sanguíneos.

sugerencia s.f. Acción de sugerir. **2.** Idea que se sugiere, inspiración, insinuación.

sugerente adj. Que sugiere. SIN.: *sugeridor.*

sugerir v.tr. (lat. *suggerere*, llevar por debajo) [conj.: *sentir*]. Provocar en alguien alguna idea: *palabras que sugieren otras.* **2.** Insinuar lo que se debe decir o hacer: *le sugirió que se fuera.* **3.** Evocar, traer a la memoria: *un paisaje que sugiere recuerdos.*

sugestibilidad s.f. PSICOL. Carácter sugestionable.

sugestión s.f. (lat. *suggestio, -onis*). Acción de sugestionar: *poder de sugestión.* **2.** Sugerencia: *aceptar una sugestión.* **3.** PSICOL. Proceso psíquico consistente en pensar o actuar bajo la influencia de otra persona.

sugestionable adj. PSICOL. Se dice del sujeto que se somete fácilmente a las sugestiones.

sugestionar v.tr. y prnl. Influir en la manera de pensar o de actuar de una persona anulando su voluntad. ◆ v.tr. Ejercer un dominio irresistible.

sugestivo, a adj. Que sugiere o suscita algo. **2.** *Fig.* Que suscita emoción: *un plan sugestivo.*

suhl s.m. (voz árabe, *sumisión*). Pacto de capitulación establecido por los musulmanes en los pueblos que conquistaron.

suicida s.m. y f. Persona que comete suicidio. ◆ adj. Que daña o destruye al propio agente: *un acto suicida.*

suicidarse v.prnl. Cometer suicidio.

suicidio s.m. (del lat. *sui*, de sí mismo, y *homicidium*, homicidio). Acto de quitarse voluntariamente la vida.

sufijos

Los sufijos son partículas finales que siguen a la raíz de una palabra completando su conformación. A continuación se ofrece una lista de los principales sufijos españoles.

sufijo	significado	ejemplos
-áceo, -ácea	relativo a, semejante	seb*áceo*, gris*áceo*
-acho, -acha	aumentativo, despectivo	cuerp*acho*, ri*acho*
-ado	conjunto, período, institución, lugar, producto	alumn*ado*, rein*ado*, pap*ado*, rector*ado*, embaj*ada*, limon*ada*
-ado, -ada	que posee, acción,	vertebr*ado*, perl*ado*
-aje	efecto, semejante, conjunto, medida, porción	aterriz*aje*, cortin*aje*, plum*aje*, kilometr*aje*, octan*aje*
1. -al	relativo a, perteneciente	ministeri*al*, teatr*al*
2. -al	lugar donde abunda algo	trig*al*, aren*al*
-ambre, -ambrera	conjunto	enj*ambre*, pel*ambrera*
-amen	conjunto	vel*amen*, papel*amen*
-ano, -ana, -iano, -iana	gentilicio, relativo a, perteneciente	americ*ano*, murci*ano*, urb*ano* machad*iano*
-ancia, -encia	acción, efecto, cualidad	gan*ancia*, repugn*ancia*, clem*encia*
-anza	acción o efecto	cri*anza*, enseñ*anza*
1. -ar	relativo a, perteneciente	famili*ar*, muscul*ar*
2. -ar	lugar donde abunda algo	pin*ar*, encin*ar*, melon*ar*
-ario	conjunto, lugar, escenario	poem*ario*, campan*ario*,
1. -ario, -aria	relativo a, perteneciente	fraccion*ario*, sanit*ario*
2. -ario, -aria	profesión	bibliotec*ario*
-astro, -astra	despectivo	poet*astro*, cam*astro*
-ato, -ata	acción, efecto, institución, lugar, período	asesin*ato*, camin*ata*, calif*ato*, decan*ato*, bachiller*ato*
-avo, -ava	partición	doce*avo*
-azo	acción violenta, golpe	cabez*azo*, fren*azo*
-azo, -aza	aumentativo	coch*azo*, buen*azo*
-azgo	acción, efecto, institución, lugar, período	hall*azgo*, almirant*azgo*, novi*azgo*
-ble	que puede ser compasible	desea*ble*, creí*ble*,
-ción, -ición	acción o efecto	graba*ción*, altera*ción*
-dad, -edad, -idad	acción, efecto, cualidad	caduci*dad*, cruel*dad*, curios*idad*, tenac*idad*
-dera	instrumento	rega*dera*, lanza*dera*
-dero	lugar	frega*dero*, inverna*dero*
-dero, -dera	posibilidad	perece*dero*, veni*dero*
-dizo, -diza	cualidad	resbala*dizo*, hui*dizo*
-do, -da	acción o efecto	sali*da*, pedi*do*, palma*da*
-dor, -dora	instrumento, profesión, quien realiza la acción, lugar	seca*dor*, lava*dora*, reparti*dor*, diseña*dor*, provee*dor*, juga*dor*, come*dor*, recibi*dor*
-dura	acción, efecto, instrumento, lugar	salpica*dura*, pica*dura*, cerra*dura*,desemboca*dura*
-ear	repetición de una acción	brom*ear*
-ecer	consecuencia, inicio de una acción	entont*ecer*
-edo, -eda	lugar donde abunda una planta	alam*eda*, rosal*eda*, viñ*edo*
-ena	conjunto	doc*ena*
-eno, -ena	gentilicio	chil*eno*
-ense, -iense	gentilicio	melill*ense*, canad*iense*
-ento, -enta, -iento, -ienta	estado, semejante	hambri*ento*, corpul*ento*, cenic*iento*, amarill*ento*
-eño, -eña	gentilicio, relativo a, semejante	malagu*eño*, navid*eño*, velazqu*eño*, aguil*eño*
-era	acción, conjunto, defecto físico	llor*era*, cabell*era*, coj*era*, cegu*era*
-ero, -era	relativo a, planta, lugar donde hay algo, profesión	doming*uero*, tomat*era*, trast*ero*, ingeni*ero*, quiosqu*ero*
-ería	acción, efecto, cualidad, tienda	cac*ería*, tont*ería*, gros*ería*, zapat*ería*, conserj*ería*

sufijos (cont.)		
	significado	**ejemplos**
-erío	conjunto	cas*erío*, voc*erío*
-esco, -esca	relativo a, perteneciente	novel*esco*, libr*esco*
-ete, -eta	diminutivo	vej*ete*, guap*ete*
-ez, -eza	cualidad	brillant*ez*, dur*eza*
-ezno, -ezna	cría de animal	lob*ezno*, os*ezno*
-í	gentilicio, perteneciente	israel*í*, marroqu*í*, alfons*í*
-ia	cualidad	contumac*ia*, eficac*ia*
-ía	actividad, lugar donde se realiza, cualidad	abogac*ía*, capitan*ía*, valent*ía*, sabidur*ía*
-ica	ciencia o técnica	poét*ica*, astronáut*ica*
-icio, -icia	relativo a, perteneciente	aliment*icio*
1. -ico, -ica	relativo a, perteneciente, quien realiza habitualmente la acción	volcán*ico*, perifér*ico*, llor*ica*, mied*ica*
2. -ico, -ica	diminutivo	rat*ico*, moment*ico*, just*ico*, mayorc*ico*
-iego, -iega	relativo a, perteneciente	veran*iego*, palac*iego*
-ificar	consecuencia	electr*ificar*
-il	relativo a, perteneciente	pastor*il*, infant*il*
-illo, -illa	diminutivo	gracios*illo*, chiqu*illo*
-ín, -ina	gentilicio, diminutivo, quien realiza la acción	mallorqu*ín*, menorqu*ina*, pequeñ*ín*, bailar*ín*, saltar*ina*
1. -ino, -ina	gentilicio, relativo a, perteneciente	granad*ino*, santander*ino*, isabel*ino*, can*ino*
2. -ino, -ina	cría de animal	palom*ino*
-ío	conjunto	mujer*ío*, gent*ío*
-ismo	cualidad, ideología, movimiento	oportun*ismo*, ego*ísmo*, modern*ismo*, comun*ismo*
-ista	profesión, quien realiza la actividad, quien tiene una actitud o ideología	dent*ista*, excursion*ista*, ideal*ista*, consum*ista*, social*ista*
-ita	gentilicio	israel*ita*, moscov*ita*
-ito, -ita	diminutivo	callad*ito*, ahor*ita*, abuel*ito*
-ivo, -iva	capaz, propenso	reflex*ivo*, compas*ivo*
-izar	consecuencia, resultado	soviet*izar*
1. -izo, -iza	lugar	cobert*izo*, caballer*iza*
2. -izo, -iza	propenso, semejante	enferm*izo*, roj*izo*, paj*izo*
-mento, -miento	acción o efecto	salva*mento*, pensa*miento*
-ndero, -ndera	quien realiza la acción	cura*ndero*, barre*ndero*
1. -nte	que logra un efecto	estimula*nte*, sorprende*nte*
2. -nte	quien realiza la acción	ama*nte*, escribie*nte*, comercia*nte*
-ol, -ola	gentilicio	españ*ol*
-ón	acción brusca	tir*ón*, apret*ón*
1. -ón, -ona	aumentativo afectivo, que posee algo de gran tamaño, que realiza habitualmente la acción	bonach*ón*, barrig*ón*, cabez*ón*, llor*ón*, acus*ón*, mir*ón*
2. -ón, -ona	aumentativo afectivo	bonach*ón*, señor*ona*
1. -or	acción, efecto, cualidad	tembl*or*, escoz*or*, dulz*or*, amarg*or*
2. -or, -ora	quien realiza la acción	lect*or*, revis*or*
-oso, -osa	semejante, que posee en abundancia o que tiene la cualidad, quien realiza la acción	aceit*oso*, sabr*oso*, corre*oso*, apest*oso*, estudi*oso*
-tivo, -tiva	relativo a	compara*tivo*, competi*tivo*
-toria	acción o efecto	elimina*toria*, dedica*toria*
-torio	lugar	sana*torio*, consul*torio*
-tud	cualidad	ampli*tud*, magni*tud*
-ucho, -ucha	despectivo	palid*ucho*, fe*úcho*, cuart*ucho*
-udo, -uda	que posee en abundancia	barrig*udo*, barb*uda*
-ura	acción, efecto, cualidad	rot*ura*, abert*ura*, dulz*ura*, angost*ura*
-uzco, -uzca	semejante	negr*uzco*
-zuelo, -zuela	despectivo	reye*zuelo*, ladron*zuelo*

suido, a adj. y s.m. (del lat. *sus, suis,* cerdo). Relativo a una familia de mamíferos ungulados con cuatro dedos en cada pata, y con fuertes y desarrollados caninos, como el *cerdo*. el *jabalí* y el *babirusa.*

sui géneris loc. (lat. *sui generis,* de su género). Singular, único, especial: *un olor sui géneris.*

suimanga s.m. Pequeña ave paseriforme de los bosques tropicales de África, Asia y Australia, de pico muy delgado, puntiagudo y a menudo ganchudo. (Familia nectarínidos.)

suindá s.m. Argent. Ave de unos 40 cm de long., coloración pardusca, estriada, con manchas negras. (Familia estrígidas.)

suiriri s.m. Argent. Nombre genérico de diversas especies de tiránidos.

suite s.f. (voz francesa). Serie de habitaciones de un hotel, comunicadas entre sí, que constituyen una unidad de alojamiento. **2.** MÚS. **a.** Forma instrumental en varios tiempos constituida por una yuxtaposición de movimientos, originariamente de danza, cada uno de ellos con carácter propio y escritos en una única tonalidad. **b.** Selección de fragmentos generalmente sinfónicos, extraídos de una obra de larga duración y destinados al concierto.

suizo, a adj. y s. De Suiza. ◆ s.m. Esp. Bollo de harina, huevo y azúcar, muy esponjoso y más o menos ovalado. ◇ **Encaje suizo** Imitación de los antiguos encajes a aguja de mallas desiguales. **Guardia pontificia suiza** Cuerpo de soldados reclutados en Suiza y encargados de la guardia personal de los pontífices que fue creado en 1506.

sujeción s.f. Acción de sujetar o estado de sujeto. **2.** Cosa o medio con que se sujeta algo.

sujetador, ra adj. y s.m. Se dice de cualquier cosa que sirve para sujetar. ◆ s.m. Esp. Sostén, prenda interior femenina. **2.** Esp. Pieza del biquini que sujeta el pecho.

sujetapapeles s.m. (pl. *sujetapapeles*). Instrumento a modo de pinza o de cualquier otra forma que sirve para sujetar papeles.

sujetar v.tr. y prnl. Dominar o someter a alguien. ◆ v.tr. Agarrar a alguien o algo con fuerza: *le sujetaron las manos y los pies.* **2.** Aplicar a alguna cosa un elemento que evita que caiga o se mueva.

sujeto, a adj. (lat. *subjectus, -um*). Que está agarrado o sujetado. **2.** Expuesto o propenso a cierta cosa que se expresa: *el plan está sujeto a cambios de última hora.* ◆ s.m. Individuo, persona cuyo nombre se desconoce: *un sujeto estrafalario preguntó por ti.* **2.** Asunto o materia de lo que se habla o escribe. **3.** FILOS. El espíritu humano considerado en oposición al mundo externo. **4.** GRAM. Función gramatical propia del término de la relación predicativa, al que se atribuye el predicado en un enunciado. ◇ **Sujeto pasivo** Persona obligada a contribuir en el impuesto sobre la renta.

sulfamida s.f. Compuesto orgánico nitrogenado y sulfurado, que es la base de diversos grupos de medicamentos antiinfecciosos, antidiabéticos y diuréticos.

sulfatadora s.f. Máquina o aparato para sulfatar.

sulfatar v.tr. Impregnar las plantas con una solución de sulfato de cobre o de hierro para combatir las enfermedades criptogámicas.

sulfato s.m. Sal o éster del ácido sulfúrico.

sulfhídrico, a adj. Se dice del ácido formado por azufre e hidrógeno (H_2S), que se presenta en estado gaseoso, incoloro, muy tóxico, con olor a huevos podridos, producido por la descomposición de materias orgánicas. SIN.: *hidrógeno sulfurado.*

sulfhidrilo s.m. Radical univalente —SH que se encuentra en los tioles.

sulfinización s.f. Cementación mediante azufre.

sulfitación s.f. Empleo del anhídrido sulfuroso como desinfectante, decolorante, antioxidante, etc.

sulfito s.m. Sal del ácido sulfuroso.

sulfonación s.f. Reacción de sustitución de uno o varios átomos de hidrógeno de un compuesto orgánico por uno o varios grupos SO_3H.

sulfonado, a adj. Se dice de los compuestos bencénicos (llamados también *ácidos sulfónicos*) que contienen el radical SO_3H fijado en un átomo de carbono.

sulfovínico, a adj. Se dice de un ácido obtenido por acción del ácido sulfúrico sobre el etanol. SIN.: *etilsulfúrico.*

sulfuración s.f. Irritación, enojo. **2.** AGRIC. y QUÍM. Acción de sulfurar. **3.** MED. Administración de azufre, bajo diferentes formas, en uso tópico.

sulfurado, a adj. En estado de sulfuro. **2.** Combinado con el azufre. ◇ **Hidrógeno sulfurado** Ácido sulfhídrico.

sulfurar v.tr. Combinar con azufre. **2.** AGRIC. Introducir sulfuro de carbono en el suelo, para destruir los insectos. ◆ v.tr. y prnl. *Fig.* Irritar o encolerizar a alguien.

sulfúrico, a adj. Ecuad. Se dice de la persona irascible. ◇ **Ácido sulfúrico** QUÍM. Ácido oxigenado (H_2SO_4) derivado del azufre, fuertemente corrosivo y que se utiliza en la fabricación de numerosos ácidos, sulfatos y alumbres, superfosfatos, glucosa, explosivos y colorantes, etc.

sulfuro s.m. (de *sulfúrico*). QUÍM. **a.** Combinación de azufre y un elemento. **b.** Sal del ácido sulfhídrico.

sulfuroso, a adj. QUÍM. **a.** Que tiene la naturaleza del azufre. **b.** Que contiene una combinación de azufre: *vapores sulfurosos.* ◇ **Ácido sulfuroso** Compuesto H_2SO_3, que solo existe en disolución. **Anhídrido sulfuroso** Compuesto oxigenado (SO_2) derivado del azufre, que es un gas incoloro, sofocante, empleado como decolorante y desinfectante.

sulla s.f. (lat. tardío *sylla*). Planta herbácea de tallo hueco, flores purpúreas y fruto en silicua, que crece en los países cálidos. (Familia papilionáceas.)

sultán s.m. (ár. *sult;afan*). Emperador turco. **2.** Príncipe o gobernador musulmán.

sultana s.f. Mujer del sultán, o que goza consideración de tal. **2.** Embarcación empleada por los turcos en la guerra.

sultanato s.m. Dignidad de sultán. **2.** Sultanía.

sultanía s.f. Territorio que está bajo la jurisdicción de un sultán. SIN.: *sultanato.*

suluk → tausug.

suma s.f. (lat. *summa,* el total). Acción y efecto de sumar. **2.** Conjunto o reunión de varias cosas, especialmente cantidad de dinero: *perdió en el juego sumas importantes.* **3.** Resumen o recopilación de todas las partes de una ciencia o saber: *suma teológica.* **4.** MAT. **a.** Adición, operación aritmética. **b.** Resultado de la adición. ◇ **En suma** Resumiendo. **Suma algebraica** Resultado de varias sumas y diferencias indicadas. **Suma de una serie** Límite de la suma de los *n* primeros términos de dicha serie, cuando *n* tiende a infinito. **Suma geométrica de varios vectores** Resultado de la composición de estos vectores.

sumaca s.f. (neerlandés *smak*). Embarcación pequeña de dos palos propia para navegar en poca agua, usada en América del Sur.

sumación s.f. Sucesión eficaz de varias excitaciones semejantes que actúan sobre un músculo o un nervio, y que serían ineficaces aisladamente. **2.** Adición, operación aritmética.

sumadora s.f. Máquina de calcular mecánica para hacer sumas o adiciones.

sumando s.m. Cantidad que se suma a otra.

sumar v.tr. Reunir en una sola varias cantidades homogéneas. **2.** Componer varias cantidades un total: *quince y cinco suman veinte.* ◆ **sumarse** v.prnl. *Fig.* Agregarse a un grupo, adherirse a una opinión, doctrina, etc.: *la mayoría se sumó a la idea.* ◇ **Suma y sigue** *Fam.* Indica repetición o continuación de algo.

sumaria s.f. DER. Proceso escrito. **2.** En el procedimiento criminal militar, sumario.

sumarial adj. Relativo al sumario o a la sumaria.

sumariar v.tr. DER. Someter a alguien a sumario.

sumario, a adj. Breve, reducido a poca extensión: *una exposición sumaria de los hechos.* **2.** DER. Se dice de determinados juicios que se tramitan con mayor rapidez que los ordinarios. ◆ s.m. Resumen, compendio. **2.** DER. Fase del proceso destinada a fijar todos los materiales que pueden influir en la calificación legal del delito y a determinar la culpabilidad del imputado.

sumarísimo, a adj. DER. Se dice del proceso o procedimiento, propio de la jurisdicción militar, en que los trámites se abrevian de tal manera que su sustanciación puede durar unas horas.

sumatorio, a adj. MAT. Que representa una suma.

sumergible adj. Que puede sumergirse. ◆ adj. y s.m. Se dice de las embarcaciones capaces de navegar bajo el agua.

sumergir v.tr. y prnl. (lat. *submergere*). Poner una cosa dentro del agua o u otro líquido de manera que quede completamente cubierta. ◆ **sumergirse** v.prnl. *Fig.* Abstraerse concentrando la atención en una cosa determinada: *sumergirse en el estudio.*

sumerio, a adj. y s. De un pueblo que se estableció en el cuarto milenio en la baja Mesopotamia. ◆ s.m. Lengua antigua, hablada desde el S de Babilonia hasta el golfo Pérsico y escrita en caracteres cuneiformes.

sumerio

Los sumerios fundaron las primeras ciudades estado (Lagash, Uruk, Ur, etc.), por las que se extendió la primera arquitectura religiosa, la estatuaria y la glíptica, y en las que se utilizó la escritura a fines del cuarto milenio. El establecimiento de los semitas en Mesopotamia (fines del tercer milenio) eliminó a los sumerios de la escena política; pero su cultura literaria y religiosa sobrevivió en todas las culturas del Próximo oriente.

sumersión s.f. Acción de sumergir en agua u otro líquido. **2.** GEOMORFOL. Desaparición progresiva de un relieve bajo sus propios derrubios.

sumidero s.m. Agujero abierto en el suelo, conducto o canal por el que evacuan las aguas de lluvia o residuales.

sumiller s.m. (fr. *sommelier*). Persona encargada de servir vinos y licores en un hotel o un restaurante.

suministrar v.tr. (lat. *subministrare*). Proporcionar a alguien algo, vendiéndoselo o dándoselo.

suministro s.m. Acción de suministrar. **2.** Provisión de algo que se suministra. (Suele usarse en plural.)

sumir v.tr. y prnl. (lat. *sumere,* tomar). Hundir, meter una cosa bajo el agua o la tierra o en cualquier sitio que quede escondida. **2.** *Fig.* Abismar, hundir, hacer caer en cierto estado de reflexión, de desgracia, de inferioridad, etc.: *sumir en la miseria.* ◆ v.tr. Consumir el sacerdote el pan y el vino de la Eucaristía. **2.** Méx. Abollar algo: *le sumieron la puerta al automóvil de un golpe.*

sumisión s.f. Acción y efecto de someter. **2.** Comportamiento amable y servicial.

sumiso, a adj. (lat. *submissus*). Se aplica a la persona que se somete y se deja manejar o dirigir por otra.

súmmum s.m. (lat. *summum*). Máximo grado de algo.

1. **sumo** s.m. Modalidad de lucha japonesa.

2. **sumo** o **sumu,** pueblo amerindio agricultor de lengua misumalpa de las selvas del E de Nicaragua y S de Honduras.

3. **sumo, a** adj. (lat. *summus*). Supremo, superior a todos: *la suma felicidad.* **2.** *Fig.* Muy grande, enorme: *con suma diligencia.* ◇ **A lo sumo** Expresión con que se fija el límite máximo a que llega o se considera que puede llegar una cosa.

súmulas s.f.pl. Sumario que contiene los principios fundamentales de la lógica.

suncho s.m. Amér. Merid. Planta compuesta, de flores amarillas.

sunco, a adj. y s. Chile. Manco.

sundanés s.m. Lengua indonesia, hablada en la parte occidental de Java.

sunlight s.m. (voz inglesa, *luz solar*). Proyector potente para la toma de vistas cinematográficas.

sunna s.f. (voz árabe). Conjunto de tradiciones *(hadiz)* sobre las palabras y acciones de Mahoma.

sunní s.m. y adj. (ár. *sunnī,* el que sigue los principios de la sunna). Denominación aplicada en el islamismo a los ortodoxos (por oposición a los *chiitas*).

sunnismo s.m. Corriente mayoritaria del Islam que representa la ortodoxia musulmana frente al chiismo.

sunnismo

Con base en la sunna y el consenso comunitario, el sunnismo reconoció como sucesores del profeta a los cuatro primeros califas, después a los Omeyas y los Abasidas, en tanto que los chiitas reservan ese cargo a Alí y sus sucesores. Hostiles a toda novedad y toda forma de esoterismo, los sunnitas representan cerca de 90 % de la comunidad musulmana.

suntuario, a adj. Relativo al lujo.

suntuosidad s.f. Cualidad de suntuoso.

suntuoso, a adj. (lat. *sumptuosus*). Magnífico, con riqueza ostentosa. **2.** Elegante y majestuoso en su actitud o en su porte.

supeditación s.f. Acción y efecto de supeditar.

supeditar v.tr. (lat. *suppeditare*). Subordinar una cosa a otra o a alguna condición: *supeditar los deseos a las obligaciones.* ◆ **supeditarse** v.prnl. *Fig.* Someter alguien su opinión, parecer o decisión a alguien o algo: *no supeditarse a moral ninguna.*

súper adj. *Fam.* Apócope de *superior.* muy bueno. ◆ s.m. Apócope de *supermercado.* ◆ adj. y s.f. Gasolina de calidad superior.

superabundancia s.f. Abundancia muy grande.

superabundar v.intr. Abundar mucho.

superacabado s.m. MEC. Operación que consiste en hacer desaparecer de una superficie metálica la capa superficial de metal amorfo descarburado resultante de la acción de la herramienta.

superación s.f. Acción de superar o superarse.

superaislamiento s.m. Aislamiento que posee una conductividad térmica muy baja, utilizado principalmente en los procesos de producción de criotemperaturas.

superaleación s.f. Aleación de composición compleja que presenta buen comportamiento a altas temperaturas, utilizada en la fabricación de piezas mecánicas refractarias.

superar v.tr. (lat. *superare*). Ser superior a alguien o algo: *te supera en inteligencia.* **2.** Vencer, dejar atrás, pasar. ◆ **superarse** v.prnl. Hacer una cosa mejor que otras veces: *se ha superado en su nueva obra.*

superávit s.m. (lat. *superavit,* pretérito de *superare,* superar) [pl. *superávit* o *superávits*]. CONTAB. Exceso de los ingresos sobre los gastos.

superbombardero, a adj. y s.m. Se dice del aparato de aviación de bombardeo de gran capacidad de carga y amplia autonomía.

supercarburante s.m. Gasolina de calidad superior, con un índice de octano que se aproxima, y a veces es superior, a 100.

supercemento s.m. Cemento portland artificial, con unas resistencias inicial y final muy altas.

superchería s.f. (ital. meridional *superchieria,* abuso de fuerza). Engaño realizado con algún fin.

superciliar adj. Relativo a la región de las cejas y la inmediatamente superior: *arco superciliar.*

superconductividad s.f. Fenómeno que presentan ciertos metales cuya resistividad eléctrica es prácticamente nula por debajo de cierta temperatura.

superconductor, ra adj. y s.m. Que presenta el fenómeno de la superconductividad.

supercrítico, a adj. Se dice del perfil de un ala de avión que, sin aumento importante de la resistencia al avance, permite volar a velocidades próximas a la del sonido.

supercúmulo s.m. ASTRON. Cúmulo formado por cúmulos de galaxias.

superdirecta s.f. En ciertos mecanismos de cambio de velocidades, dispositivo formado por una combinación de engranajes que proporciona al eje de transmisión una velocidad de rotación superior a la del árbol motor.
superdominante s.f. MÚS. Sexto grado de la escala diatónica, por encima de la dominante.
superdotado, a adj. y s. Se dice de la persona que posee cualidades, especialmente intelectuales, que exceden de lo normal.
superestrato s.m. LING. Conjunto de hechos que caracterizan una lengua que se habló en un territorio lingüístico determinado y que, después de su desaparición, dejó huellas más o menos importantes.
superestructura s.f. Todo lo que se sobrepone a algo que le sirve de base. **2.** Parte superior de una construcción, que sobresale del nivel del terreno o de la línea de apoyos. **3.** Conjunto del aparato estatal y de las formas jurídicas, políticas, ideológicas y culturales de una sociedad (por oposición a *infraestructura*). **4.** F.C. Vía propiamente dicha, constituida por los carriles, las traviesas y los accesorios correspondientes. **5.** MAR. Estructura situada sobre la cubierta principal de un buque y que forma un solo cuerpo con el casco.
superferolítico, a adj. Excesivamente fino o pulido, o afectadamente delicado.
superficial adj. Relativo a la superficie: *grietas superficiales.* **2.** Que existe, se da o permanece en la superficie: *herida superficial.* **3.** *Fig.* Falto de profundidad, sin fondo, frívolo.
superficialidad s.f. Cualidad de superficial.
superficie s.f. (lat. *superficies*). Parte externa de un cuerpo, contorno que delimita el espacio ocupado por un cuerpo y lo separa del espacio circundante. **2.** *Fig.* Apariencia, aspecto exterior de las cosas. **3.** MAT. Figura geométrica definida por el conjunto de puntos del espacio cuyas coordenadas verifican una ecuación o se dan como funciones continuas de dos parámetros. (Aunque en el lenguaje corriente los términos *área* y *superficie* se identifican, en sentido estricto el área designa la medida de una superficie.) ◇ **Gran superficie** Centro comercial de grandes dimensiones.
superfino, a adj. Muy fino.
superfluidad s.f. Cualidad de superfluo. **2.** Cosa superflua.
superfluidez s.f. Disminución considerable de la viscosidad del helio líquido, por debajo de 2,17 °K.
superfluo, a adj. Innecesario, inútil, sobrante: *gastos superfluos.*
superfortaleza s.f. Fortaleza.
superfosfato s.m. Producto obtenido por tratamiento del fosfato tricálcico mediante ácido sulfúrico, y utilizado como abono.
supergigante s.m. Competición de esquí alpino que consiste en un eslalon realizado durante un largo y pronunciado descenso.
superheterodino s.m. y adj. Receptor radioeléctrico en el cual las oscilaciones eléctricas generadas en la antena se superponen a las de un oscilador local para dar lugar a oscilaciones de una frecuencia constante, que pueden amplificarse y filtrarse con facilidad.
superhombre s.m. Hombre superiormente dotado. **2.** Según Nietzsche, tipo humano superior cuyo advenimiento está inscrito en las posibilidades de la humanidad y que llevará a su máxima expresión su voluntad de potencia. (Las ideologías fascista y nazi se apropiaron de esta noción, deformando su sentido.)
superintendencia s.f. Empleo, cargo y jurisdicción del superintendente. **2.** Oficina del superintendente.
superintendente s.m. y f. (del lat. *superintendere,* velar por algo). Persona a cuyo cargo está la dirección superior de algo y que ejerce autoridad sobre los demás que trabajan en lo mismo. **2.** HIST. Autoridad que administraba la hacienda estatal y los establecimientos productivos de la corona.
1. **superior** adj. (lat. *superior, -oris*). Situado más alto con respecto a otra cosa: *las plantas superiores de un edificio.* **2.** *Fig.* Que es más que otra persona o cosa en calidad, cantidad, rango, importancia, etc. **3.** *Fig.* Excelente, muy bueno: *paño de calidad.* **4.** *Fig.* Excepcional y digno de aprecio: *lo considero un ser superior.* **5.** Se dice de la parte de un río más cercana a su nacimiento. **6.** HIST. NAT. Más avanzado en la evolución: *animales superiores.*
2. **superior, ra** s. Persona que está al frente de una comunidad religiosa. **2.** Persona que dirige o manda: *espera órdenes de sus superiores.*
superioridad s.f. Cualidad de superior. **2.** Ventaja que tiene una persona en una circunstancia o situación respecto de otra para hacer alguna cosa. **3.** Autoridad.
superlativo, a adj. (lat. *superlativus*). Muy grande o excelente en su línea. ◆ adj. y s.m. LING. Se dice del grado de significación que expresa una cualidad llevada a un grado muy alto (*superlativo absoluto*) o a un grado más alto o menos alto (*superlativo relativo*) en comparación a un determinado grupo: *muy guapa; la más guapa; la menos guapa.*
superligero, a adj. Muy ligero. **2.** DEP. Se dice de la categoría de peso que agrupa a los boxeadores que no superan los 63,503 kg.
supermercado s.m. Establecimiento para la venta al por menor de artículos alimenticios y de uso doméstico, en el que el cliente se sirve por sí mismo y paga a la salida.
supernova s.f. ASTRON. Estrella cuya luminosidad experimenta súbitamente una enorme elevación para después debilitarse gradualmente.

supernova

La explosión de una supernova se distingue de la de una nova por su amplitud: la zona afectada es la estrella misma y no solo su envoltura. Este fenómeno es característico de las grandes estrellas que han alcanzado un grado de desarrollo avanzado.

supernumerario, a adj. Que excede o está además del número ya existente o establecido dentro de una categoría. **2.** Se dice del funcionario que, a petición propia, deja temporalmente el servicio activo, aunque se le reserva la plaza. ◆ s. Empleado que trabaja en una oficina pública sin figurar en la plantilla.
súpero, a adj. (lat. *superum*). BOT. Se dice del ovario que está situado por encima del punto de inserción de los sépalos, pétalos y estambres, como en el tulipán y la amapola. CONTR.: *ínfero.*
superorden s.m. BIOL. Nivel de clasificación de los seres vivos entre la clase y el orden.
superovárico, a adj. BOT. Se dice de la planta cuyo ovario es súpero.
superpetrolero s.m. Buque petrolero de gran capacidad.
superpoblación s.f. Estado de una región geográfica o ciudad cuya población es excesiva con respecto a su nivel de desarrollo o de equipamiento.
superponer v.tr. y prnl. [conj.: *poner*]. Poner una cosa encima de otra: *superponer imágenes.* SIN.: *sobreponer.* **2.** Dar más importancia a cierta cosa que a otra que se expresa. SIN.: *anteponer.*
superposición s.f. Acción de superponer. **2.** Situación de una cosa superpuesta.
superpotencia s.f. País dotado de una fuerte industria y un poderoso ejército, en especial con armamento atómico.
superproducción s.f. Sobreproducción. **2.** CIN. Película cinematográfica de gran espectacularidad y elevado presupuesto.
supersónico, a adj. Relativo a la velocidad superior a la de la propagación del sonido. SIN.: *ultrasónico.* CONTR.: *subsónico.*
superstición s.f. (lat. *supertitio, -onis*). Creencia por la que se atribuye carácter sobrenatural u oculto a ciertos acontecimientos.

supersticioso, a adj. Relativo a la superstición. ◆ adj. y s. Se aplica a la persona que atribuye carácter sobrenatural u oculto a ciertos acontecimientos.

supervisar v.tr. Vigilar o inspeccionar algo una persona con autoridad para ello.

supervisión s.f. Vigilancia o inspección de algo.

supervisor, ra adj. y s. Se dice de la persona encargada de supervisar. ◆ adj. y s.m. INFORMÁT. En un sistema de explotación, se dice del programa encargado de controlar el encadenamiento y la gestión de los procesos.

supervivencia s.f. Acción de sobrevivir. SIN.: *sobrevivencia.*

superviviente adj. y s.m. y f. Que sobrevive a algo, en especial a una catástrofe. SIN.: *sobreviviente.*

supervivir v.intr. Sobrevivir.

superyó s.m. PSICOANÁL. Una de las tres instancias del aparato psíquico, descrita por Freud en la segunda tópica, y que tiene entre sus funciones la de conciencia moral, y se forma por interiorización de las exigencias parentales.

supinación s.f. Posición de una persona tendida sobre el dorso. **2.** Movimiento del antebrazo que coloca la mano con la palma hacia arriba y el pulgar hacia fuera. **3.** Posición de la mano después de este movimiento. CONTR.: *pronación.*

supinador, ra adj. y s.m. ANAT. Se dice de los músculos del antebrazo que determinan la supinación.

supino, a adj. (lat. *supinus*). Que está tendido sobre el dorso. **2.** Relativo a la supinación. **3.** Necio, tonto. **4.** LING. Una de las formas nominales del verbo latino.

suplantación s.f. Acción y efecto de suplantar.

suplantar v.tr. (lat. *supplantare,* hacer la zancadilla). Sustituir ilegalmente a alguien, usurpar su personalidad o sus derechos inherentes. **2.** Falsear o falsificar un escrito con palabras o cláusulas que alteren el sentido que antes tenía.

suplementario, a adj. Que sirve para suplir, complementar, aumentar o reforzar algo. **2.** Supletorio. ◇ **Ángulo suplementario** MAT. Ángulo que, añadido a otro, forma con él una suma igual a dos ángulos rectos.

suplementero adj. y s.m. Chile. Vendedor ambulante de periódicos.

suplemento s.m. (lat. *supplementum*). Acción y efecto de suplir. **2.** Cosa que se añade a otra para perfeccionarla o completarla. **3.** Hoja o cuaderno que publica un periódico o revista y cuyo texto es independiente del número ordinario: *suplemento dominical.* ◇ **Suplemento de un ángulo** MAT. Lo que le falta para valer 180 °.

suplencia s.f. Actuación de suplente. **2.** Tiempo que dura esta actividad: *suplencia por maternidad.* **3.** Persona suplente.

suplente adj. y s.m. y f. Que suple.

supletorio, a adj. Que sirve para suplir algo que falta. **2.** Que está destinado para complementar algo. ◆ adj. y s.m. Se dice del aparato telefónico conectado en derivación con un teléfono principal.

súplica s.f. Acción y efecto de suplicar. **2.** Escrito o palabras con que se suplica. **3.** DER. Cláusula final de un escrito dirigido a la autoridad administrativa o judicial en solicitud de una resolución. ◇ **Recurso de súplica** DER. Recurso que se interpone ante el mismo tribunal que ha dictado la resolución, con solicitud de modificación o de quedar sin efecto.

suplicante adj. y s.m. y f. Que suplica.

suplicar v.tr. (lat. *supplicare*). Pedir algo de modo humilde e insistente: *suplicar perdón.* **2.** DER. Recurrir contra el auto o sentencia de un tribunal superior y ante el mismo.

suplicatoria s.f. DER. Carta, comunicación u oficio que pasa de un juez o tribunal a otro superior.

suplicatorio, a adj. Que contiene súplica. ◆ s.m. DER. **a.** Instancia que un juez o tribunal dirige a las cortes o parlamento pidiendo autorización para proceder contra alguno de sus miembros. **b.** Escrito que dirige un juez o tribunal inferior a otro superior jerárquicamente para que realice ciertas diligencias necesarias que no puede efectuar por quedar fuera de su competencia territorial.

suplicio s.m. (lat. *supplicium,* sacrificio). Padecimiento corporal, muy doloroso y duradero, ejecutado como castigo y que puede llegar a ocasionar la muerte. **2.** *Fig.* Lugar donde el reo padece este castigo. **3.** *Fig.* Padecimiento físico o moral.

suplido s.m. Anticipo que se hace por cuenta de otra persona, con ocasión de mandato o trabajo profesionales.

suplir v.tr. (lat. *supplere*). Añadir, completar lo que falta en una cosa, o remediar la carencia de ella: *suplir la sal de las comidas con especias vegetales.* **2.** Remplazar, sustituir provisionalmente a alguien o algo en una determinada función, generalmente durante cierto tiempo: *suplir a un profesor.*

suponer v.tr. (lat. *supponere*) [conj.: *poner*]. Dar por cierta o existente una cosa que se toma como base o punto de partida en una argumentación o en la consideración de algo: *supongo que está a punto de llegar.* **2.** Implicar, traer consigo: *los derechos suponen los deberes.* **3.** Conjeturar, calcular algo por señales o indicios: *se le suponen 300 millones de años.* **4.** Fingir algo: *supón que ha dicho la verdad, y todos contentos.* ◆ v.intr. Tener algo importancia o significación para alguien: *el triunfo supone mucho para este deportista.*

suposición s.f. Acción de suponer. **2.** Cosa que se supone.

supositorio s.m. Medicamento sólido que se administra por vía rectal o vaginal.

suprahepático, a adj. ANAT. Que está situado por encima del hígado. ◇ **Vena suprahepática** Vena ancha y corta, colectora de la sangre del hígado, que aboca en la cava inferior, poco antes de entrar esta en el corazón.

supramaxilar adj. Situado encima del maxilar superior.

supranacional adj. Que está por encima de la nación: *acuerdos supranacionales.*

suprarrenal adj. y s.f. Se dice de cada una de las dos glándulas endocrinas situadas por encima de los riñones que secretan las hormonas esteroides y la adrenalina. SIN.: *cápsula suprarrenal.*

suprayacente adj. GEOL. Que se extiende justo por encima: *arenas suprayacentes.*

suprema s.f. Rodaja de la parte más ancha de la merluza o del rape.

supremacía s.f. (del ingl. *supremacy*). Preeminencia, grado supremo que se alcanza en cualquier línea o jerarquía.

supremo, a adj. (lat. *supremus*). Situado en la posición más alta o por encima de todos y de todo, que no tiene superior en su línea: *jefe supremo.* **2.** Que tiene el grado máximo de algo, o que posee en el sentido más elevado una cualidad: *esfuerzo supremo.* **3.** Último, que llega a su fin: *la hora suprema.* ◇ **Suerte suprema** TAUROM. Suerte de matar.

supresión s.f. Acción de suprimir. **2.** Cosa suprimida.

suprimir v.tr. (lat. *supprimere*). Hacer que desaparezca, cese, deje de hacerse o de existir algo: *suprimir un impuesto.* **2.** Omitir, pasar por alto.

supuesto, a adj. Admitido por hipótesis, presunto, pretendido. ◆ s.m. Suposición sobre la que se basa lo que se dice. ◇ **Por supuesto** Expresión de asentimiento. **Supuesto táctico** MIL. Maniobra táctica que desarrolla un planteamiento estratégico establecido con anterioridad, para adiestramiento de la tropa, mandos, prueba de materiales, etc.

supunoma s.f. Ave de Nueva Guinea, cuya cabeza está adornada con seis plumas finas y largas.

supuración s.f. Acción y efecto de supurar.

supurante adj. Que supura o hace supurar.

supurar v.intr. (lat. *suppurare*). Formar o liberar pus una lesión orgánica.

supurativo, a adj. y s. Que tiene la virtud de hacer supurar una lesión.

sur s.m. Punto cardinal del horizonte diametralmente opuesto al norte. **2.** Lugar de la Tierra o de la esfera celeste que, respecto de otro, se halla situado en dirección a este punto cardinal. **3.** Parte de un todo que se encuentra en esta dirección. ◆ adj. y s.m. Se dice del viento que sopla del sur.

surá o **surah** s.m. Tela de seda con ligamento de sarga, originaria de la India.

sural adj. ANAT. Se dice del músculo tríceps de la pantorrilla.

suramericano, a adj. y s. → **sudamericano.**

surcar v.tr. Ir por el espacio volando, navegar por el mar.

surco s.m. (lat. *sulcus*). Hendidura que se hace en la tierra con el arado. **2.** Señal o hendidura que deja una cosa al pasar sobre otra. **3.** Arruga en el rostro u otra parte del cuerpo. **4.** Ranura que presenta la superficie de un disco fonográfico.

surecuatorial adj. Que está al S del Ecuador. ◇ **Corriente surecuatorial** OCEANOGR. Deriva tropical lenta que fluye hacia el O, en las cercanías del ecuador, bajo la influencia del alisio del SE.

sureño, a adj. Meridional. **2.** Relativo al sur.

sureste s.m. → **sudeste.**

surf o **surfing** s.m. (ingl. *surfing*). Deporte que consiste en mantenerse en equilibrio sobre una tabla empujada por una ola.

surfista s.m. y f. Persona que practica el surf.

surgidero s.m. Sitio donde fondean las embarcaciones.

surgir v.intr. (lat. *surgere*). Alcanzar algo cierta altura destacando entre lo que lo rodea. **2.** *Fig.* Salir, aparecer, manifestarse algo: *surgir un problema.* **3.** Brotar agua u otro líquido.

suripanta s.f. Corista de teatro. **2.** Prostituta.

suroeste s.m. → **sudoeste.**

surplus s.m. ECON. Excedente. **2.** Cantidad de un bien producido por encima de las necesidades de la demanda.

surrealismo s.m. Movimiento literario y artístico, surgido después de la primera guerra mundial, que se alzó contra toda forma de orden y de convención lógica, moral y social, frente a las que, con la expresión de «funcionamiento real del pensamiento» opuso los valores del sueño, del instinto, del deseo y de la rebelión.

surrealismo

Preludiado por André Breton y Philippe Soupault, el movimiento surrealista se afirmó en 1924 con un *Manifiesto* de Breton y la revista *Revolución surrealista.* Estuvo integrado primero por Aragon, Eluard, Crevel, Artaud, Péret. Más tarde, después de 1930, Char, Buñuel y Dalí participaron en este movimiento que quería revolucionar al mismo tiempo la vida, la literatura y el arte. Hasta la muerte de Breton, se sucedieron exclusiones y rupturas, al tiempo que se extendió a diferentes dominios y diversas zonas geográficas. En el ámbito hispánico, influyó sobre algunos poetas españoles de la generación del 27 (Larrea, Cernuda, Aleixandre), y más tarde sobre escritores latinoamericanos como Octavio Paz, César Moro y Enrique Molina.

B. ART. Los artistas surrealistas se expresaban a través del automatismo y una especie de fantasía onírica (plasmados en imágenes muchas veces minuciosas, collages y montajes llamados objetos surrealistas). Los más conocidos son Ernst, Masson, Miró, Arp, Tanguy, Magritte, en una primera etapa; en el segundo período destacan Giacometti, Bellmer, Brauner, Óscar Domínguez y Salvador Dalí. En Hispanoamérica, sobresalen los cubanos Wilfredo Lam, Agustín Cadenas y Jorge Camacho, el chileno Roberto Matta, los argentinos Leonor Fini y Miguel Caride y el mexicano Alberto Gironella.

surrealista adj. y s.m. y f. Relativo al surrealismo; adscrito a este movimiento.

surrección s.f. GEOL. Levantamiento de una porción de la corteza terrestre.

surtido, a adj. y s.m. Se dice del conjunto de cosas que se ofrecen variadas dentro de su misma especie: *galletas surtidas; un surtido de caramelos.* ◆ s.m. Acción y efecto de surtir.

surtidor s.m. Chorro de agua que brota del suelo o de una fuente, en dirección hacia arriba. **2.** Bomba que extrae de un depósito subterráneo de gasolina la necesaria para repostar a los vehículos automóviles. **3.** Chiclé.

surtir v.tr. y prnl. Proveer de alguna cosa. ◆ v.intr. Salir agua de algún sitio, en particular hacia arriba.

surto, a adj. Tranquilo, en reposo, en silencio. **2.** MAR. Fondeado.

surubí o **suruví** s.m. Argent. Nombre genérico de diversas especies de peces grandes, de carne amarilla y compacta, que habitan la Cuenca del Plata, y cuya piel es de color generalmente parduzco con distintas tonalidades.

surucuá s.m. Ave de cola larga y blanca, que vive en las selvas subtropicales de América Meridional. (Familia trogónidos.)

surucucú s.m. Ofidio de 2 a 2,5 m de long. y cabeza muy grande, deprimida y en forma de corazón, que vive en América Central y Meridional. (Familia crotálidos.)

surumbo, a adj. Guat. y Hond. Tonto, lelo, aturdido.

surumpe s.m. Perú. Oftalmía producida por la reverberación del sol en la nieve.

suruví s.m. Argent. → **surubí.**

¡sus! interj. Se usa para infundir ánimo. **2.** Se usa para ahuyentar a los animales.

susceptibilidad s.f. Cualidad de susceptible. ◇ **Susceptibilidad magnética** Razón entre la polarización magnética producida en una sustancia y el campo magnético que la ha producido.

susceptible adj. (del lat. *suscipere,* asumir). Capaz de recibir cierta modificación o impresión que se expresa: *documento susceptible de varias interpretaciones.* **2.** Que se siente ofendido con facilidad.

suscitación s.f. Acción de suscitar.

suscitar v.tr. (lat. *suscitare*). Promover o provocar un sentimiento, una reacción, una actitud, etc.: *suscitar entusiasmo.*

suscribir o **subscribir** v.tr. Firmar al pie o al final de un escrito. **2.** *Fig.* Adherirse a la opinión de alguien. ◆ v.tr. y prnl. Abonarse a una publicación periódica, a una asociación: *me he suscrito a esta revista.*

OBS.: participio: *suscrito.*

suscripción o **subscripción** s.f. Acción y efecto de suscribir. ◇ **Derecho de suscripción** Privilegio concedido a un accionista de una sociedad para participar prioritariamente en una ampliación de capital. **Suscripción de acciones** Acto por el que una persona declara su voluntad de ser socio de una sociedad mediante la adquisición de una o varias acciones.

suscriptor, ra o **subscriptor, ra** s. Persona que suscribe o que se ha suscrito a algo.

sushi s.m. (voz japonesa) Plato típico de la cocina japonesa consistente en una pequeña bola de arroz rodeada de una lámina de pescado crudo y, a veces, enrollada en una hoja de alga.

susodicho, a adj. y s. Citado, mencionado anteriormente.

suspender v.tr. (lat. *suspendere*). Levantar o sostener una cosa en alto, tenerla en el aire de manera que cuelgue. **2.** *Fig.* Privar a alguien por algún tiempo de su cargo, empleo, funciones, etc., generalmente como castigo. **3.** Esp. *Fig.* Declarar a alguien no apto en un examen u oposición. ◆ v.tr. y prnl. Interrumpir provisionalmente un proceso. **2.** Embelesar, enajenar.

suspense s.m. (ingl. *suspense*). Expectación que se crea en cierto momento del desarrollo narrativo, cuando el clímax de la acción alcanza un nivel tal que la incertidumbre de su desenlace mantiene tenso el ánimo del espectador, auditor o lector. **2.** Género constituido por las películas o novelas de suspense.

suspensión s.f. Acción y efecto de suspender. **2.** Mecanismo que transmite a los ejes el peso de un vehículo y sirve para amortiguar las sacudidas ocasionadas por las desigualdades del terreno. **3.** DER. Pena privativa de derechos públicos, que tiene normalmente carácter accesorio. **4.** FÍS. Estado de un sólido finamente dividido, mezclado en la masa de un líquido sin ser disuelto por este. **5.** GEOGR. Modo de transporte de un material detrítico por un fluido (aire, agua), en el cual se mantiene por la acción de fuerzas ascensionales. ◇ **Punto de suspensión** Punto fijo del que está suspendido un cuerpo y alrededor del cual puede moverse, sin separarse del mismo. **Suspensión de empleo y sueldo** Sanción laboral disciplinaria impuesta por el empresario al trabajador que ha cometido algún hecho tipificado como falta, que implica la paralización temporal de las prestaciones básicas de la relación laboral. **Suspensión de hostilidades,** o **de armas** Cese local y momentáneo de las hostilidades por acuerdo mutuo entre los beligerantes. **Suspensión de pagos** Estado del comerciante que sobresee transitoriamente en el pago de sus obligaciones.

suspensivo, a adj. Que tiene virtud o fuerza de suspender.

suspenso, a adj. Perplejo, desconcertado. **2.** Admirado, embelesado. **3.** Esp. Suspendido, calificado no apto en un examen u oposición. ◆ s.m. Calificación que, en un examen, indica la insuficiencia del candidato. **2.** Amér. Expectación impaciente o ansiosa por el desarrollo de un suceso, especialmente de un relato. ◇ **En suspenso** Se dice de algo que se halla aplazado o interrumpido: *dejar en suspenso una decisión.*

suspensor, ra adj. ANAT. Suspensorio. ◆ **suspensores** s.m.pl. Chile, Perú y P. Rico. Tirantes para sujetar los pantalones. ◇ **Filamento suspensor** BOT. Filamento de las semillas en formación que empuja el embrión hacia los tejidos nutricios.

suspensorio, a adj. ANAT. Que sostiene. SIN.: *suspensor.* ◆ s.m. Vendaje para sostener el escroto u otro miembro lesionado.

suspicacia s.f. Cualidad de suspicaz. **2.** Sospecha, desconfianza.

suspicaz adj. (lat. *suspicax, -acis*). Se dice de la persona propensa a desconfiar o ver mala intención en las acciones o palabras ajenas.

suspirar v.intr. (lat. *suspirare*). Dar suspiros. **2.** Desear mucho algo: *suspirar por la libertad.* **3.** Estar enamorado de otra persona: *suspiraba por el vecino.*

suspiro s.m. Aspiración fuerte y prolongada seguida de una espiración, audible, que expresa pena, anhelo, fatiga, alivio, etc. **2.** *Fig.* Cosa imperceptible. **3.** Golosina que se hace con harina, azúcar y huevo. **4.** Argent. y Chile. Nombre de distintas especies de enredaderas que tienen hojas alternas y flores de distintos colores. **5.** Chile. Trinitaria. **6.** MÚS. Figura de silencio cuya duración equivale a una negra.

sustancia o **substancia** s.f. (lat. *substantia*). Aspecto o cosa que constituye lo esencial o la parte más importante de algo. **2.** Materia en general: *sustancia pastosa; sustancia líquida.* **3.** Elemento que hace nutritivo un producto alimenticio. **4.** FILOS. **a.** Ente que existe en sí o por sí. **b.** Lo que hay de permanente en las cosas que cambian. ◇ **Sin sustancia** *Fam.* Persona poco interesante desde el punto de vista intelectual.

sustancial o **substancial** adj. Relativo a la sustancia. **2.** Se dice de lo fundamental y más importante de una cosa.

sustanciar o **substanciar** v.tr. Compendiar, extractar, resumir. **2.** DER. Tramitar un juicio hasta dejarlo en condiciones de dictar sentencia.

sustancioso, a o **substancioso, a** adj. Que tiene sustancia o que la tiene en abundancia.

sustantivación o **substantivación** s.f. LING. Acción de sustantivar.

sustantivar o **substantivar** v.tr. y prnl. LING. Dar a una palabra o a una locución el valor y la función de sustantivo.

sustantivo, a o **substantivo, a** adj. (lat. tardío *substantivus,* sustancial). Que existe por sí mismo, independiente, individual. **2.** Se dice del colorante capaz de teñir el algodón sin la acción previa de un mordiente. ◆ s.m. y adj. LING. Nombre. [V. cuadro pág. siguiente.]

sustentación s.f. Acción y efecto de sustentar o sustentarse. **2.** AERON. Fuerza que mantiene en el aire un avión o un helicóptero. **3.** TECNOL. Estado de un cuerpo mantenido a poca distancia por encima de una superficie y sin tomar contacto con ella, por una fuerza vertical dirigida de abajo arriba que equilibra el peso del cuerpo. ◇ **Plano de sustentación** Ala de un avión. **Polígono de sustentación** Línea cerrada, convexa, que contiene todos los puntos por los cuales un cuerpo se apoya sobre un plano.

sustentáculo s.m. Cosa que apoya o sostiene a otra.

sustentante adj. Que sustenta. ◆ adj. y s.m. ARQ. y CONSTR. Se dice del elemento o parte que sirve de apoyo a una construcción.

sustentar v.tr. y prnl. (lat. *sustentare*). Sostener, estar debajo de algo para que no se caiga: *los pilares sustentan la bóveda.* **2.** Dar lo necesario para vivir: *sustentar a los padres.* **3.** Mantener, defender una idea u opinión. **4.** Servir alguien o algo para que una cosa no decaiga o se extinga: *sustentar la moral. las esperanzas.*

sustento s.m. Conjunto de cosas necesarias para vivir. **2.** Cosa que sustenta, sostiene o sirve de apoyo: *tus palabras son el sustento en mi dolor.*

sustitución o **substitución** s.f. Acción y efecto de sustituir. **2.** DER. Disposición testamentaria por la que se designa a una persona para que reciba la herencia o legado a falta, o después, del primer llamado. **3.** ECON. **a.** Introducción de una cantidad acrecentada de un factor de producción, para compensar o remplazar el empleo de otro. **b.** En las compras de los consumidores, introducción de unos bienes en sustitución de otros. **4.** MAT. **a.** Permutación efectuada sobre *n* elementos distintos. **b.** Cambio de variables en una función de diversas variables. **c.** Aplicación biunívoca de un conjunto finito sobre sí mismo. **5.** QUÍM. Reacción química en la que un átomo de un compuesto es remplazado por otro átomo o un grupo de átomos.

sustituir o **substituir** v.tr. (lat. *substituere*) [conj.: *huir*]. Poner a una persona o cosa en lugar de otra: *sustituir una palabra por otra.* **2.** DER. Llamar a un heredero a la sucesión en defecto de otro heredero o después de la muerte de este.

sustitutivo, a o **substitutivo, a** adj. y s.m. Que puede sustituir a otra cosa.

sustituto, a o **substituto, a** s. Persona que hace las veces de otra en el desempeño de un empleo, cargo, etc.

susto s.m. Impresión repentina causada en el ánimo por temor, sorpresa, etc.

sustracción o **substracción** s.f. Acción y efecto de sustraer o sustraerse. **2.** DER. Delito de posesión de alguien o algo en contra de la voluntad del dueño legítimo. **3.** MAT. Para dos números *a* y *b*, operación indicada por el signo menos (–), inversa de la adición, que consiste en encontrar un número *c*, llamado diferencia, tal que $a = b + c$.

sustractivo, a o **substractivo, a** adj. MAT. Relativo a la sustracción.

sustraendo o **substraendo** s.m. En una resta, cantidad que hay que restar de otra llamada *minuendo.*

sustraer o **substraer** v.tr. [conj.: *traer*]. Extraer o separar una parte de un todo o una cosa de un conjunto. **2.** Robar fraudulentamente. **3.** Efectuar una sustracción. ◆ **sustraerse** v.prnl. Eludir el cumplimiento de una obligación, promesa, etc., o evitar algo que molesta o perjudica.

sustrato o **substrato** s.m. BIOL. Lugar que sirve de asiento a una planta o un animal fijo. **2.** FILOS. Sustancia, lo que hay de permanente en las cosas que cambian. **3.** GEOL. Terreno situado debajo del que se considera. **4.** LING. Lengua anterior a otra, que ha influido en esta dejando ciertas peculiaridades fonéticas, sintácticas o léxicas. **5.** TECNOL. Material en el que se realizan los elementos de un circuito integrado.

susungá s.f. Colomb. y Ecuad. Espumadera.

susurrar v.intr. (lat. *susurrare*). Hablar en voz muy baja: *susurrar al oído.* **2.** *Fig.* Hacer un ruido suave y confuso el aire, el arroyo, etc.

susurro s.m. Acción y efecto de susurrar.

sustantivo	
El sustantivo o nombre es el núcleo del sintagma nominal y ejerce las funciones propias de este: sujeto, objeto y término de preposición.	
nombres propios	**nombres comunes**
— No tienen significado léxico, sino que designan un ser único: *Amazonas, Sarmiento, Isabel,* etc.	— Tienen significado léxico: *el perro, la casa, el hombre, el río, la fachada,* etc.
— No admiten determinantes ni complementos específicos: *Juan, Europa*.	— Se acompañan de determinantes y adjetivos: *un folio, esa silla*.
— En ocasiones son intraducibles.	— Admiten traducciones a otras lenguas.
— Pueden ser nombres de persona, geográficos, de instituciones y marcas, de productos de la actividad humana: *Hernán Cortés, Everest, Naciones Unidas*.	— Se clasifican según su significado en contables y no contables, individuales y colectivos.
nombres contables	**nombres no contables**
— Designan realidades que pueden ser cuantificadas: *veinte libros, muchos problemas, dos alumnos*.	— Designan realidades que no se pueden contar, sino medir: *vino, pan, mantequilla*.
— En plural, denotan una colectividad de objetos: *los discos* denota varios objetos de la clase disco.	— En plural, denotan distintas clases o porciones de la materia: *los vinos* significa distintos tipos o botellas de vino.
— Como complemento preposicional, indican algo distinto de la materia de la que está hecha algo: *mesa de trabajo, sala de lectura*.	— Como complemento preposicional, indican la materia de la que está hecha algo: *mesa de vidrio, abrigo de lana*.
nombres individuales	**nombres colectivos**
— En singular designan una sola entidad: *coche, árbol, loba, ordenador*.	— En singular designan conjuntos de seres y objetos semejantes: *vecindario, alumnado, alameda*.

sutás s.m. (fr. *soutache*). Cordón de pasamanería con una hendidura a lo largo, que le da la apariencia de dos cordones unidos, que se emplea para adorno.

sute adj. Colomb. y Venez. Se dice de la persona enteca, débil. ◆ s.m. Colomb. Gorrino, lechón. **2.** Hond. Especie de aguacate.

sutil adj. (lat. *subtilis*). Muy delicado, delgado, tierno: *un sutil velo; dedos sutiles.* **2.** *Fig.* Suave, poco intenso pero penetrante: *un aroma sutil.* **3.** Ingenioso, agudo: *pregunta sutil.*

sutileza s.f. Cualidad de sutil. **2.** *Fig.* Dicho o concepto muy penetrante, agudo y falto de exactitud y profundidad.

sutilizar v.tr. Hacer sutil algo.

sutra s.m. (voz sánscrita, *hilo*). En el brahmanismo y el budismo, cada uno de los textos que reúnen, a veces en forma de aforismos cortos, las reglas del ritual y de la moral y las prescripciones relativas a la vida cotidiana.

sutura s.f. (lat. *sutura*, costura). ANAT. Articulación dentada de dos huesos. **2.** BOT. Línea de unión entre los carpelos de un pistilo. **3.** CIR. Operación que consiste en coser los labios de una herida.

suturar v.tr. Realizar una sutura en una herida.

suyo, a adj. y pron.poses. Forma tónica de la 3ª persona del singular. Indica que la persona, animal o cosa designados por el nombre al que acompaña o sustituye pertenecen a algo o alguien distinto del emisor y el receptor en un acto de comunicación (son de su propiedad, tienen un parentesco con él, están asociados a él, etc.), o pertenecen al receptor, cuando se le trata de *usted.* Como adjetivo, se usa siempre detrás del sustantivo; delante del sustantivo, se usa la forma átona *su*: *el libro es suyo; el suyo es el mejor.* ◇ **De suyo** Por sí mismo. **La suya** *Fam.* Indica que ha llegado la ocasión favorable para alguien distinto del emisor y el receptor, o para el receptor cuando se le trata de *usted.* **Los suyos** Personas de la familia o colectividad a la que pertenece alguien distinto del emisor y el receptor, o a la que pertenece el receptor cuando se le trata de *usted.*

svástica o **swástica** s.f. → **esvástica.**

swahili o **suahili** adj. y s.m. y f. De un pueblo negroafricano de Kenya, Tanzania y Zambia, muy mestizado con árabes. ◆ s.m. Lengua bantú hablada en Kenya y Tanzania y utilizada como lengua franca en África oriental, que se escribe en caracteres árabes desde el s. XVI.

swap s.m. (voz inglesa). Operación de cambio de moneda realizada entre dos bancos centrales.

swing s.m. (voz inglesa). En boxeo, golpe dado lateralmente balanceando el brazo. **2.** En golf, movimiento del jugador al ir a golpear la pelota. **3.** Manera de ejecutar la música de jazz, consistente en una distribución típica de los acentos, que produce un balanceo rítmico, vivo y flexible.

syli s.m. Antigua unidad monetaria principal de Guinea.

syllabus s.m. (voz latina, *sumario*). REL. Enumeración sumaria de errores doctrinales condenados por la autoridad eclesiástica.

szlachta s.f. (voz polaca). Pequeña nobleza que, a partir del s. XIII, adquirió una enorme importancia con el debilitamiento del poder real.

t

t s.f. Vigesimotercera letra del alfabeto español y decimonovena de sus consonantes. (Representa un sonido oclusivo dental sordo.)

taba s.f. Astrágalo, hueso del tarso. **2.** Juego que consiste en lanzar al aire un hueso u otra cosa y se gana o se pierde según la manera en que caiga.

tabacal s.m. Terreno plantado de tabaco.

tabacalero, a adj. Relativo al cultivo, fabricación y venta del tabaco. ◆ adj. y s. Que tiene por oficio cultivar, elaborar o vender tabaco.

tabachín s.m. Árbol o arbusto de tronco ramificado y flores muy vistosas y abundantes, de color rojo o rojo y amarillo, que crece en México. (Familia leguminosas.)

tabaco s.m. Planta herbácea anual o perenne, originaria de la isla de Tobago, de hasta 2 m de alt., grandes hojas lanceoladas y flores en racimo. (Familia solanáceas.) **2.** Producto elaborado con hojas de tabaco para ser fumado, aspirado o mascado: *tabaco de pipa.* **3.** Rapé. **4.** Esp. Cigarro, cigarrillo. ◇ **Tabaco de España** Insecto lepidóptero de unos 5 cm de envergadura, cuyas larvas atacan a diversas plantas. (Familia ninfálidos.) **Tabaco de montana** Planta herbácea que crece en Europa y se utiliza para la obtención de tintura alcohólica e infusiones. (Familia compuestas.) **Tabaco indio** Planta que crece en América del Norte, cultivada por sus flores coloreadas y por su acción eficaz contra la disnea. (Familia campanuláceas.)

tabaco

El tabaco puede cultivarse entre las latitudes 40° S y 50° N. Sus hojas contienen, en cantidades variables que van del 0,2 al 5 % según las especies, las condiciones de cultivo y los tratamientos de desecación y fermentación, un alcaloide *(nicotina)* que excita el sistema nervioso vegetativo. Tras la recolección, las hojas de tabaco se someten a las operaciones de secado y elaboración, distintas para los tabacos negros y los rubios. Los principales productores mundiales de tabaco son China, EUA, Brasil, India, Turquía, Zimbabwe, Grecia e Italia. Los principales productores hispanoamericanos son Argentina, México, Cuba y Colombia.

tabalear v.intr. Golpear acompasada y suavemente con los dedos sobre algo.

tábano s.m. (lat. *tabanus*). Insecto díptero de cuerpo grueso, de entre 10 y 25 mm de long., y color brillante, cuya hembra pica a diversos vertebrados para chupar su sangre.

tabaquera s.f. Petaca de bolsillo para guardar tabaco.

tabaquería s.f. Establecimiento donde se vende tabaco. **2.** Cuba y Méx. Taller donde se elaboran los cigarros puros.

tabaquero, a adj. Relativo al tabaco. ◆ adj. y s. Que tiene por oficio cultivar, elaborar o vender tabaco.

tabaquismo s.m. Intoxicación crónica producida por el abuso del tabaco, que afecta a los aparatos digestivo, circulatorio y respiratorio y al sistema nervioso. SIN.: *nicotinismo, nicotismo.*

tabardillo s.m. Esp. Insolación. ◆ s.m. y f. Esp. *Fig.* y *fam.* Persona alocada y alborotadora.

tabardo s.m. Prenda de abrigo larga y ancha de paño o piel.

tabarra s.f. *Fam.* Persona o cosa pesada o molesta por su insistencia.

tabasco s.m. Salsa roja muy picante elaborada a partir del fruto de una mirtácea *(pimienta de Tabasco).*

taberna s.f. (lat. *taberna*). Establecimiento donde se sirven bebidas y a veces comidas.

tabernáculo s.m. (lat. *tabernaculum*). REL. **a.** Sagrario donde se guarda el Santísimo Sacramento. **b.** En la religión hebraica, santuario itinerante donde se guardaba el arca de la alianza y las Tablas de la Ley hasta la construcción del Templo de Salomón (s. X a.C.). ◇ **Fiesta de los tabernáculos** Fiesta litúrgica judía que se celebraba en otoño.

tabernario, a adj. Relativo a la taberna.

tabernero, a s. Persona que posee una taberna o trabaja en ella.

tabes s.f. (voz latina). Atrofia progresiva de todo el cuerpo o de una parte. **2.** Ataxia sifilítica locomotriz de origen medular.

tabicar v.tr. Dividir o cerrar con tabiques. ◆ v.tr. y prnl. Tapar u obstruir algo que debía estar abierto o libre.

tabique s.m. (ár. *tašbī*). Pared delgada que generalmente separa las habitaciones de una casa o local. **2.** Méx. Ladrillo de caras cuadrangulares. **3.** ANAT. Parte de un tejido que rodea o separa dos cavidades: *tabique nasal.* **4.** BOT. Lámina pequeña que divide la cavidad de un fruto en dos o más compartimientos.

tabla s.f. (lat. *tabula*). Pieza de madera, plana, de caras paralelas, poco gruesa y mucho más larga que ancha, usada en construcción y en carpintería. **2.** Pieza plana y poco gruesa de ciertas materias rígidas, como metal, piedra, mármol, etc. **3.** Utensilio doméstico hecho con una pieza plana más larga que ancha: *tabla para cortar el pan; tabla de planchar.* **4.** Pintura sobre un soporte de madera. **5.** Índice de los libros dispuesto generalmente por orden alfabético. SIN.: *tabla de* *materias.* **6.** Cuadro, lista o catálogo en el que están dispuestas metódicamente ciertas materias: *tablas astronómicas; tablas de logaritmos.* **7.** Conjunto ordenado de elementos de información colocados uno detrás de otro. **8.** Parte de tela de un vestido, falda y otras prendas de vestir, que sobresale por medio de un doble pliegue simétrico; pliegue doble liso de esta parte de tela. **9.** Porción de huerto destinado a un cultivo específico: *tabla de lechugas.* **10.** Terreno elevado y llano, frecuente entre los picos de los Andes. **11.** Superficie superior o delantera de un instrumento de cuerda sobre la que van las cuerdas tendidas o apoyadas. SIN.: *tabla de armonía.* **12.** Tambor indio compuesto de pequeños timbales que se percuten con los dedos. ◆ **tablas** s.f.pl. Situación de un juego, especialmente ajedrez o damas, en que nadie puede ganar la partida. **2.** Escenario de un teatro. **3.** *Fig.* Estado de empate entre dos personas o cosas que compiten o se enfrentan. **4.** TAUROM. **a.** Valla que forma la barrera. **b.** Tercio del ruedo inmediato a la barrera. ◇ **Hacer tabla rasa** Prescindir de algo o desentenderse de ello. **Tabla de salvación** *Fig.* Último recurso para salir de una situación apurada o angustiosa. **Tener tablas** Desenvolverse con soltura en un escenario o en cualquier actuación ante el público.

tablada s.f. Argent. Lugar donde se selecciona el ganado para el consumo, que estaba próximo al matadero.

tablado s.m. Suelo de tablas construido en alto sobre un armazón, para colocar algo, hacer un espectáculo, conferencia, etc. **2.** Tablao.

tablajería s.f. Carnicería, establecimiento de venta de carne.

tablajero, a s. Carnicero, persona que tiene por oficio vender carne.

tablao s.m. Tarima o escenario donde se realiza un espectáculo flamenco. SIN.: *tablado.*

tablatura s.f. Notación musical antigua, escrita en líneas y con signos, como letras y cifras.

tablazón s.f. Conjunto de tablas unidas, especialmente las de las cubiertas y el forro de las embarcaciones de madera.

tableado, a adj. Plegado con tablas. ◆ s.m. Acción y efecto de tablear.

tablear v.tr. Dividir un madero en tablas. **2.** Hacer tablas en una tela. **3.** Dividir en tablas una huerta o un jardín.

tablero s.m. Plancha de material rígido. **2.** Tabla o conjunto de tablas unidas, de superficie plana y alisada. **3.** Tabla cuadrada con cuadritos o con otras figuras dibujadas, para jugar a diversos juegos de mesa. **4.** Pizarra, encerado. **5.** Superficie de madera plana para hacer trabajos manuales, especialmente dibujo. **6.** Superficie en que se ubican los indicadores y dispositivos de control de una máquina o vehículo: *tablero de mandos del avión.*

tablestaca s.f. Tabla de madera o acero laminado que se hinca en tierra para apuntalar una excavación o impedir el paso del agua.

tablet s.m. o f. Tableta (dispositivo).

tableta s.f. Lámina de chocolate u otro alimento dividida en porciones. **2.** Pastilla medicinal. **3.** Dispositivo ultraplano con pantalla táctil que se conecta a Internet y que permite usar aplicaciones parecidas a las que ofrece un computador (procesamiento de textos, navegación, etc.).[También, *tablet.*] **4.** Argent. Alfajor cuadrado o rectangular hecho con dos hojas de masa unidas entre sí por dulce y que se recubre con un baño de azúcar. **5.** Argent. Confitura aplanada y más larga que ancha.

tabletear v.intr. Producir un ruido con tabletas o tablas, o un sonido parecido con cualquier otra cosa: *tabletear una ametralladora.* **2.** AUTOM. Producir un ruido sordo, rápido y seguido, por estar el cigüeñal y el árbol de levas mal equilibrados.

tablilla s.f. Tabla pequeña. **2.** Placa de arcilla, de madera o marfil recubierta de cera, sobre la que se escribía en la antigüedad con un punzón.

tabloide s.m. y adj. Periódico de formato más pequeño de lo habitual en estas publicaciones.

tablón s.m. Tabla grande y gruesa. **2.** *Fam.* Borrachera. **3.** Amér. Faja de tierra preparada para la siembra.

tabor s.m. (ár. *ṭabur*). Unidad de tropa regular marroquí, que pertenecía al ejército español.

tabú s.m. (ingl. *taboo,* voz polinésica, *prohibido*). Prohibición de hacer algo o hablar sobre algo basada en ciertos prejuicios, o actitudes sociales: *para muchas personas el sexo es un tema tabú.* **2.** ANTROP. Prohibición de hacer algo, ver o tocar un objeto o un ser, o hablar sobre ello, debido a su carácter sagrado.

tabuco s.m. *Desp.* Habitación pequeña y miserable.

tabulación s.f. Acción de tabular. **2.** INFORMÁT. **a.** Cálculo de un conjunto de valores formado por una función cuando sus variables toman valores que dividen un intervalo en subintervalos iguales. **b.** Posición predefinida en una línea donde puede situarse el cabezal de impresión de una impresora o un cursor de una pantalla de visualización.

tabulado, a adj. y s.m. Relativo a un grupo de cnidarios que se hallan en estado fósil en los terrenos primarios.

tabulador s.m. Dispositivo de la máquina de escribir o la computadora que fija los márgenes de las líneas.

tabuladora s.f. Máquina que hace cálculos valiéndose de tarjetas perforadas.

1. **tabular** v.tr. Expresar valores, magnitudes, conceptos, etc., por medio de tablas. ◆ v.intr. Accionar el tabulador de una máquina de escribir o computadora.

2. **tabular** adj. Que tiene forma de tabla.

taburete s.m. (fr. *tabouret*). Asiento individual sin brazos ni respaldo.

TAC s.m. *Tomografía axial computerizada.

tacada s.f. Golpe dado con el taco a la bola de billar. **2.** Serie de carambolas seguidas sin soltar el taco.

tacana, (quechua *takána,* mazo para golpear), grupo de pueblos amerindios de la familia lingüística arawak, establecidos principalmente en el O de Bolivia, en Perú y la zona de la Amazonia brasileña.

tacañería s.f. Cualidad de tacaño. **2.** Acción propia de tacaño.

tacaño, a adj. y s. Que restringe excesivamente sus gastos o se resiste a dar.

tacay s.m. Colomb. Planta euforbiácea.

tácet s.m. (lat. *tacet,* calla). MÚS. Prolongado silencio que ha de guardarse durante un fragmento musical.

tacha s.f. (fr. *tache*). Falta o defecto. **2.** Clavo mayor que la tachuela. **3.** Amér. Recipiente, tacho.

tachadura s.f. Acción y efecto de tachar.

tachar v.tr. Atribuir a alguien o algo una falta o tacha: *lo tachó de inepto.* **2.** Invalidar lo que se ha escrito haciendo rayas o un borrón.

tache s.m. Méx. Tachadura, falta. **2.** Méx. Signo con que se marca algo en un escrito: *poner un tache en la casilla.*

tachero, a s. Argent. *Fam.* Taxista.

tachismo s.m. ART. MOD. Modalidad de la pintura abstracta e informal de los años cincuenta, que se caracteriza por la utilización espontánea de manchas y chorreaduras de color. (Son representantes de esta corriente Tàpies, Wols, Mathieu, Degottex y Burri.)

tachista adj. y s.m. y f. Relativo al tachismo; adscrito al tachismo.

1. **tacho** s.m. Amér. Paila grande en que se acaba de cocer el melado y se le da el punto de azúcar. **2.** Amér. Merid. Recipiente para calentar agua y otros usos culinarios. **3.** Amér. Merid. Recipiente donde se tira la basura. **4.** Argent. y Chile. Recipiente de metal, de fondo redondeado, con asas, parecido a la paila. **5.** Argent. y Chile. *Por ext.* Recipiente de latón, hojalata, plástico, etc. **6.** Urug. Balde para fregar el piso. ◇ **Ir al tacho** Argent. y Chile. *Fig.* y *fam.* Derrumbarse, fracasar una persona o negocio; morirse.

2. **tacho** s.m. Argent. *Fam.* Taxi. **2.** Argent. *Fam.* Taxista.

1. **tachón** s.m. (del ant. *chatón,* de *chato*). Tachuela grande de cabeza dorada o plateada.

2. **tachón** s.m. Tachadura muy vistosa en un escrito.
tachonar v.tr. Adornar o clavetear una cosa con tachones.
1. **tachuela** s.f. Clavo corto de cabeza ancha.
2. **tachuela** s.f. Colomb. Escudilla de metal que se usa para calentar algunas cosas. **2.** Colomb. y Venez. Taza de metal, a veces de plata y con adornos, que se tiene en el tinajero para beber agua.
tácito, a adj. (lat. *tacitus*). Que no se expresa porque se sobreentiende o se infiere. **2.** Callado, silencioso.
taciturno, a adj. (lat. *taciturnus*). Callado, silencioso.
taclla s.f. (voz quechua). Instrumento agrícola utilizado por los pueblos precolombinos del imperio incaico, que consiste en una pala con un mango largo y un saliente para hacer fuerza con el pie.
taclobo s.m. Molusco bivalvo muy grande de los mares cálidos, cuyas valvas se utilizan como pilas de agua bendita.
taco s.m. Pedazo de madera, metal u otra materia que se encaja en un hueco para sostener o equilibrar algo. **2.** Pieza de plástico que se coloca en un hueco para introducir un clavo. **3.** Bloque de hojas de papel de calendario, de billetes de vehículos, entradas, etc. **4.** Palo de madera con un extremo revestido con un pedazo de cuero que se utiliza en el billar para golpear las bolas. **5.** Amér. Merid. y P. Rico. Pieza que sobresale de la suela de un zapato para proteger y reforzar la parte del talón. **6.** Argent. Maza de marfil que se utiliza en el juego de polo para impulsar la bocha. **7.** Esp. *Fig.* y *fam.* Lío, confusión. **8.** Esp. *Fig.* y *fam.* Palabrota, juramento: *soltar un taco.* **9.** Esp. Trozo cortado de un alimento, como jamón o queso. **10.** Méx. Tortilla de maíz enrollada con algún ingrediente como carne de pollo, de res, papas, etc., en el centro. **11.** TEXT. Pieza pequeña en forma de paralelepípedo que transmite a la lanzadera del telar la percusión del mecanismo impulsor. ◇ **Armarse,** o **hacerse, un taco** Esp. *Fam.* Embarullarse o liarse alguien o algo.
tacómetro s.m. Instrumento que mide la velocidad de la máquina a que va acoplado, generalmente en número de revoluciones por minuto. SIN.: *taquímetro.*
tacón s.m. Pieza semicircular unida exteriormente a la suela del calzado en la parte del talón. **2.** Guía o tope de metal de una máquina o prensa de imprimir, al que se ajusta el pliego al efectuar el marcado.
taconazo s.m. Golpe dado con el tacón.
taconear v.intr. Caminar haciendo ruido con los tacones. **2.** Bailar haciendo ruido con los tacones.
taconeo s.m. Acción y efecto de taconear.
tacopatle o **tacoplastle** s.m. Méx. Planta que se utiliza para curar mordeduras de víbora. (Familia aristoloquiáceas.)
tacotli s.m. Esclavo azteca que podía tener familia, esclavos y bienes propios.
táctica s.f. (gr. *taktiké,* arte de organizar las tropas). Método que se emplea para conseguir un objetivo. **2.** MIL. Conjunto de técnicas y procedimientos para conducir un combate, combinando la actuación de los distintos medios disponibles, con el fin de obtener un resultado determinado. (La táctica es, junto con la logística, la parte ejecutiva de la estrategia.)
táctico, a adj. Relativo a la táctica. **2.** BIOL. Relativo a la taxis. ◆ adj. y s. Especialista en táctica.
táctil adj. Relativo al tacto. ◇ **Pantalla táctil** INFORMÁT. Pantalla que reacciona al simple contacto del dedo, permitiendo un diálogo directo con la computadora a la que está conectada.
tactismo s.m. Taxis. **2.** ETOL. Atracción o repulsión provocada por ciertos factores del medio ambiente que ocasionan una toma de orientación y una reacción locomotora en las especies animales.
tacto s.m. (lat. *tactus, -us*). Sentido corporal, distribuido por todo el cuerpo, con el que se percibe la presión de los objetos y algunas de sus cualidades. **2.** Acción de tocar, ejercitar este sentido. **3.** Cualidad de un objeto percibida con el sentido del tacto: *una tela de tacto suave.* **4.** *Fig.* Capacidad para actuar con delicadeza y diplomacia en situaciones difíciles o comprometidas. **5.** MED. Método de exploración digital que se practica en la vagina o en el recto.

tacto

Los corpúsculos, receptores sensibles del tacto, son órganos microscópicos localizados en la dermis. Transforman los fenómenos físicos (presión, temperatura) en potenciales de acción que recorren las fibras nerviosas hacia el sistema nervioso central.

tacuache s.m. Amér. Zarigüeya.
tacuacín s.m. Méx. Zarigüeya.
tacuaco, a adj. Chile. Retaco, rechoncho.
tacuara s.f. Argent., Par. y Urug. Planta gramínea, especie de bambú de cañas muy resistentes.
tacurú s.m. Argent. y Par. Hormiga pequeña. **2.** Argent. y Par. Nido muy alto, en forma de montículo, que hacen las hormigas o las termitas con sus excrementos mezclados con tierra y saliva.
tadzhik adj. y s.m. y f. De un pueblo musulmán de lengua irania que habita principalmente en Tadzhikistán. ◆ s.m. Lengua que se habla en Tadzhikistán.
taekwondo s.m. (voz coreana). Modalidad de lucha coreana en que se dan golpes secos con los puños o los pies.
tael s.m. Antigua unidad monetaria china.
TAF s.m. (sigla de *tren articulado Fiat*). Tren rápido formado por tres unidades, de las cuales las dos de los extremos son motoras.
tafetán s.m. (persa *taftah,* paño de seda). Ligamento fundamental de la industria textil, de urdimbre y trama similares. **2.** Tela tupida, generalmente de seda, tejida con dicho ligamento. ◆ **tafetanes** s.m.pl. *Fig.* Vestidos y adornos femeninos.
tafia s.f. Aguardiente obtenido de las melazas y subproductos de fabricación del azúcar de caña.
tafilete s.m. Cuero fino teñido, elaborado con piel de cabra tratada con curtiente vegetal, que se utiliza en encuadernación y en la fabricación de carteras, guantes, bolsas, etc. **2.** Cuero fabricado con piel de oveja y que imita al tafilete de piel de cabra. ◇ **Papel tafilete** Papel de color muy abrillantado que imita al tafilete.
tafiletear v.tr. Adornar o componer algo con tafilete.
tafiletería s.f. Arte de fabricar o adobar el tafilete. **2.** Conjunto de artículos u objetos hechos de tafilete. SIN.: *marroquinería.*
tafiletero, a s. Persona que tiene por oficio elaborar o vender artículos de tafilete. SIN.: *marroquinero.*
tag s.m. (voz angloamericana). Graffiti de un grafismo cercano a la escritura que utiliza el autor como firma.
tagal s.m. Paja originaria de Filipinas, que se trenza con fibra textil y se usa en la confección de sombreros.
tagalo, a adj. y s. De un pueblo de Filipinas que habita principalmente la isla de Luzón. ◆ s.m. Lengua oficial de la República de Filipinas, perteneciente al grupo indonesio.
tagarino, a adj. y s. (cat. *tagarí*). Se dice del morisco que vivía entre cristianos y hablaba perfectamente su lengua.
tagarnina s.f. Cardillo. **2.** *Fig.* y *fam.* Cigarro puro de mala calidad.
tahalí s.m. (del ár. *tahlīl,* acto de pronunciar una fórmula religiosa). Banda de cuero ancha que cae desde un hombro hasta el lado opuesto de la cintura y sirve para sostener la espada, el sable o el tambor. **2.** Pieza de cuero que cuelga del cinturón y sirve para sostener un machete o un cuchillo.
taheño, a adj. (del ár. *taḥánnu,* acción de teñirse el cabello con alheña). Se dice del pelo rojizo.
tahona s.f. (ár. *ṭaḥūna*). Establecimiento donde se hace o vende pan.
tahonero, a s. Persona que tiene por oficio hacer o vender pan.

tahúr, ra adj. y s. *Desp.* Que es muy diestro en los juegos en los que se apuesta dinero, especialmente si juega profesionalmente o hace trampas.

tai-chi s.m. (voz china). Gimnasia de origen chino que consiste en un encadenamiento continuo, lento y preciso de movimientos corporales.

taifa s.f. (ár. *tā'ifa*). Cada uno de los reinos en que se dividió la España árabe al disolverse el califato de Córdoba. **2.** Facción.

taiga o **taigá** s.f. (voz rusa). Formación vegetal característica de las regiones frías de veranos cortos del N de Eurasia y de América, constituida por bosques de coníferas, y ocasionalmente abedules.

tailandés, sa adj. y s. De Tailandia.

taima s.f. Chile. Emperramiento, obstinación.

taimado, a adj. y s. (port. *taimado,* astuto, malicioso). Que es astuto y tiene habilidad para ocultar sus intenciones. **2.** Chile. Obstinado, emperrado.

taimarse v.prnl. Chile. Emperrarse, obstinarse.

taíno, a adj. y s. De un pueblo amerindio de lengua arawak, act. extinguido, que habitó La Española, Cuba, Puerto Rico y Jamaica entre los ss. XII y XV.

tairona, pueblo amerindio de la costa N de Colombia, act. extinguido, que en época precolombina desarrolló una importante cultura (ss. VI-XVI), y del que se han hallado restos de poblados, joyas y objetos de piedra, cerámica y concha.

taita s.m. (lat. *tata* o *tatta,* padre). Argent., Chile, C. Rica y Ecuad. *Fam.* Nombre con que se alude al padre y a otras personas mayores que merecen respeto.

tajá s.f. Cuba. Especie de pájaro carpintero.

tajada s.f. Porción cortada de una cosa, generalmente comestible. **2.** Esp. *Fam.* Borrachera. ◇ **Sacar tajada** *Fam.* Obtener ventaja o provecho en un asunto.

tajadera s.f. Cuchilla parar picar o cortar la carne u otros alimentos. **2.** Tajo pequeño sobre el que se coloca la carne o el alimento para picarlos o cortarlos. SIN.: *tajadero.* **3.** Herramienta que utiliza el forjador para trabajar o allanar una superficie plana. **4.** Cortafrío, cincel para metales.

tajado, a adj. Se dice de la costa o roca cortada verticalmente. **2.** HERÁLD. Se dice del escudo dividido en dos partes iguales por una línea diagonal que va desde el cantón siniestro del jefe al cantón diestro de la punta.

tajador, ra adj. y s. Que taja. ◆ s.m. Tajo donde se corta o pica la carne.

tajadura s.f. Acción y efecto de tajar.

tajamanil s.m. Cuba, Méx. y P. Rico. → **tejamaní.**

tajamar s.m. Espolón de un puente. **2.** Argent. y Ecuad. Represa o dique pequeño. **3.** Argent. y Perú. Zanja en la ribera de los ríos para amenguar el efecto de las crecidas. **4.** Chile, Ecuad. y Perú. Malecón, dique. **5.** MAR. Pieza curva que va ensamblada en la parte exterior de la roda de una embarcación, y que sirve para hender el agua al navegar.

tajante adj. Que taja o corta. **2.** *Fig.* Que no admite discusión ni réplica.

tajar v.tr. (lat. vulg. *taleare*). Cortar algo en dos o más partes con un instrumento cortante.

tajea s.f. Construcción que protege un conducto. **2.** Obra de fábrica abovedada, cuya luz o abertura varía entre 1 y 8 m.

tajo s.m. Corte hecho con un instrumento cortante. **2.** Filo o arista de un instrumento cortante. **3.** Pedazo o tronco de madera grueso, generalmente afirmado sobre tres pies, que sirve para cortar y picar la carne. **4.** Esp. Tarea, trabajo que debe hacer alguien. **5.** ESGR. Corte que se da con la espada de derecha a izquierda.

take-off s.m. (voz angloamericana). ECON. Despegue.

tal adj. y pron.dem. (lat. *talis*). Indica indeterminación del término al que se aplica: *un tal Juan.* **2.** Expresa un matiz ponderativo o despectivo: *no trato con tales personas.* **3.** Expresa correlación en una comparación: *de tal palo, tal astilla.* **4.** Igual, semejante: *nunca se ha visto tal cosa.* ◆ adv.m. Así, de esta manera. (Generalmente seguido de *como, cual* o *que.*) ◇ **Con tal de,** o **que** Con la condición de que. **Tal como,** o **cual** Como. **Tal para cual** *Fam.* Se usa para expresar semejanza o igualdad de la manera de ser de dos personas o cosas comparadas.

1. tala s.f. Acción de talar. **2.** Abatida. **3.** Argent., Bol., Par. y Urug. Planta ulmácea maderable, cuya raíz se usa para teñir. **4.** Chile. Acción de comer los animales la hierba que no puede ser cortada por la hoz.

2. tala s.f. Juego que consiste en elevar con un palo largo un palo puntiagudo que está en el suelo y lanzarlo de un golpe lo más lejos posible. **2.** Palo pequeño y puntiagudo utilizado en este juego.

3. tala s.m. Esclavo negro que se dedicaba a los trabajos del campo en Hispanoamérica, a las órdenes de un mayoral.

talabardo s.m. Planta herbácea de hojas lanceoladas, con mucrones verdes y corolas rojizas. (Familia ericáceas.)

talabarte s.m. (occitano ant. *talabart*). Cinturón del que cuelga la espada o el sable.

talabartería s.f. Establecimiento donde se fabrican y reparan guarniciones para caballerías y otros objetos de cuero.

talabartero, a s. Persona que tiene por oficio fabricar, reparar o vender talabartes y artículos de cuero.

talacha s.f. Méx. Instrumento para labrar la tierra, parecido a la azada. **2.** Méx. Reparación, compostura, principalmente las que se realizan en la carrocería de un automóvil. **3.** Méx. *Fam.* Trabajo o tarea pequeños, principalmente los que se relacionan con el cuidado o mantenimiento de algo.

talador, ra adj. Que tala. ◆ s. Persona que tiene por oficio talar los árboles en terrenos de explotación forestal.

taladradora s.f. Máquina-herramienta que sirve para taladrar y para mandrilar agujeros previamente taladrados. ◇ **Taladradora radial** Taladradora cuyo husillo puede deslizarse sobre un brazo horizontal que se mueve alrededor de una columna vertical, lo que permite desplazar la máquina-herramienta vertical, horizontal y transversalmente. **Taladradora sensitiva** Taladradora en la que el husillo se mueve manualmente mediante una palanca.

taladrar v.tr. Horadar, agujerear una cosa con un taladro u otra herramienta. **2.** *Fig.* Herir los oídos un sonido fuerte y agudo.

taladro s.m. (lat. tardío *taratrum*). Herramienta de filo cortante giratorio, que sirve para agujerear una materia dura. **2.** Agujero hecho con el taladro. **3.** Taladradora.

talai-lama s.m. → **dalai-lama.**

talaje s.m. Chile. Acción de pacer los ganados. **2.** Chile. Precio que se paga por esto.

talamanca, grupo de pueblos de América Central, de lengua chibcha, muchos de ellos extinguidos.

talamete s.m. MAR. Cubierta que alcanza solo a la parte de proa.

talámico, a adj. Relativo al tálamo óptico.

tálamo s.m. (lat. *thalamus,* dormitorio [nupcial]). Lecho conyugal. **2.** ANAT. Parte del encéfalo situada en la base del cerebro, que interviene en la regulación de las funciones vegetativas. SIN.: *tálamo óptico.* **3.** BOT. Receptáculo de la flor.

talamoco, a adj. Ecuad. Falto de pigmentación, albino.

talante s.m. (lat. *talentum*). Estado o disposición de ánimo de una persona: *estar de mal talante.* **2.** Aspecto o manera de ser: *una obra de talante costumbrista.*

1. talar v.tr. Cortar por el pie uno o más árboles. **2.** Destruir, arrasar campos, casas, poblaciones, etc.

2. talar adj. (lat. *talaris*). Se dice de la vestidura, generalmente eclesiástica, que llega hasta los talones. ◆ adj. y s.m. Se dice de las alas que tenía el dios Mercurio en los talones. (Suele usarse en plural.)

talasemia s.f. MED. Hemoglobinopatía hereditaria, que se caracteriza por la persistencia de una hemoglobina de tipo fetal.

talasocracia s.f. (del gr. *thalassa,* mar, y *kratein,* gobernar). Dominio marítimo sobre el que se basa el poder de un estado o pueblo.

talasoterapia s.f. (del gr. *thalassa,* mar, y *therapeía,* terapia). Uso terapéutico de los baños de mar y de los climas marítimos.

1. **talayote** o **talayot** s.m. (cat. *talaiot,* atalaya pequeña). Monumento megalítico de las islas Baleares, parecido a una torre de poca altura.

2. **talayote** s.m. Méx. → **tlalayote.**

talco s.m. (ár. *ṭalq,* nombre de varios minerales). Silicato natural de magnesio, suave y untuoso al tacto, de textura laminar, que se encuentra en los esquistos cristalinos. **2.** Polvo elaborado con esta materia que se usa para el cuidado de la piel.

talcualillo, a adj. *Fam.* Mediocre, regular. **2.** *Fam.* Que experimenta una ligera mejoría en su enfermedad.

taled s.m. (hebr. *ṭal-līt,* vestido, manto). Chal ritual con que se cubren la cabeza y el cuello los judíos para efectuar sus plegarias.

talega s.f. (ár. *taîqa*). Bolsa ancha y corta de tela fuerte. **2.** *Fam.* Caudal o dinero.

talegada s.f. Cantidad que cabe en una talega. **2.** Golpe fuerte que se da alguien al caer.

talego s.m. Bolsa larga y estrecha, de tela fuerte y basta. **2.** *Fig.* y *fam.* Persona gorda y ancha de cintura. **3.** Esp. *Vulg.* Cárcel. **4.** Esp. *Vulg.* Porción de hachís.

taleguilla s.f. TAUROM. Calzón del traje de torero.

talento s.m. (lat. *talentum*). Inteligencia, capacidad intelectual de una persona. **2.** Aptitud o capacidad para realizar algo. **3.** Persona que posee alguna de estas cualidades. **4.** Antigua unidad de peso del oriente mediterráneo.

talentoso, a adj. Que tiene talento. SIN.: *talentudo.*

talero s.m. Argent., Chile y Urug. Látigo para azotar a las caballerías formado por un mango corto y una tira de cuero ancha.

talgüen s.m. Chile. Arbusto de madera fuerte e incorruptible, muy estimada en carpintería. (Familia ramnáceas.)

talibán adj. y s.m. (ár. *ṭaliban,* pl. de *ṭalib,* estudiante). Se dice del miembro de la etnia pashto integrado en la milicia integrista que controló Afganistán desde 1996 hasta 2001. (El régimen talibán impuso una observancia estricta de los preceptos del islam y de las costumbres tradicionales.)

talidomida s.f. Tranquilizante actualmente prohibido a causa de su acción teratógena en el feto de las embarazadas que lo ingerían.

talio s.m. (gr. *thaliós,* tallo). Metal de color blanco, de densidad 11,85, cuyo punto de fusión es de 303,5 °C. **2.** Elemento químico (Tl), de número atómico 81 y masa atómica 204,383. (El talio se encuentra en determinadas piritas y forma, con diversos ácidos, sales muy tóxicas.)

talión s.m. (lat. *talio, -onis*). Castigo idéntico a la ofensa, según la antigua legislación hebrea: *ley del talión.* (Inspiró la célebre fórmula: «Ojo por ojo, diente por diente».)

talismán s.m. (del persa *ṭilismāt,* pl. de *ṭilism*). Objeto al que se supone dotado de un poder sobrenatural que beneficia a su poseedor.

talla s.f. (cat. *talla*). Acción de tallar. **2.** Estatura de una persona. **3.** *Fig.* Grado o capacidad moral o intelectual de una persona. **4.** Medida convencional de las prendas de vestir usada en su fabricación y venta. **5.** Escultura, especialmente en madera. **6.** Procedimiento de grabado con buril sobre una plancha de cobre o de acero. **7.** Manera de tallar o labrar el vidrio, el cristal, las piedras preciosas, etc. **8.** Chile. Dicho oportuno, espontáneo. ◇ **Dar la talla** Tener una estatura igual o superior al mínimo requerido para ingresar en el ejército o en un cuerpo determinado; *Fig.* cumplir los requisitos necesarios para algo.

tallado s.m. Acción y efecto de tallar.

tallador, ra s. Persona que tiene por oficio tallar madera, metal, piedras preciosas u otros materiales. **2.** Argent., Chile, Guat., Méx. y Perú. Persona que reparte las cartas o lleva las cuentas en una mesa de juego.

1. **tallar** v.tr. Cortar una piedra, madera, cristal, etc., para darle una determinada forma: *tallar el bisel del mármol.* **2.** Esculpir cortando la madera, piedra o materia en que se trabaja. **3.** Grabar un hueco, dibujar con cortes en el metal. **4.** Realizar el dentado de una rueda de engranaje, un mecanismo o una herramienta. **5.** Medir la estatura de alguien. ◆ v.intr. Hacer intervenciones importantes en una conversación o discusión. **2.** Chile. Hablar de amores una pareja.

2. **tallar** s.m. Monte en renovación en que los brotes de las nuevas plantas no han llegado al desarrollo necesario y pueden ser destruidos por el ganado. **2.** Bosque nuevo en que ya se puede talar.

tallarín s.m. (ital. *taglierino*). Pasta alimenticia de harina de trigo en forma de tira larga, estrecha y plana.

tallarola s.f. Cuchilla muy fina con que se corta la urdimbre de la tela de terciopelo.

talle s.m. (fr. *taille*). Cintura, parte del cuerpo humano entre el tórax y las caderas. **2.** Figura, conformación del cuerpo humano. **3.** Parte de una prenda de vestir que corresponde a la cintura. **4.** Medida tomada desde los hombros a la cintura.

taller s.m. (fr. *atelier*). Lugar donde se realizan trabajos manuales. **2.** Establecimiento donde se reparan máquinas y aparatos, especialmente automóviles. **3.** Subdivisión de una industria en la que se desarrollan operaciones determinadas del proceso de fabricación: *taller de acabado.* **4.** B. ART. **a.** Conjunto de alumnos o colaboradores que trabajan o han trabajado bajo la dirección de un mismo maestro. **b.** Local dispuesto para la ejecución de trabajos artísticos. **5.** PREHIST. Afloración de rocas de grano fino que se encuentra en zonas montañosas, y que proporcionaba material para fabricar hachas, y piezas de sílex para puntas de flecha.

tallista s.m. y f. Persona que talla madera.

tallo s.m. (lat. *thallus,* tallo con hojas). Eje de una planta que sostiene las ramas, las hojas, las flores y los frutos, y finaliza en una yema. **2.** Parte de los vegetales inferiores análoga a este eje. **3.** Apéndice o pedúnculo de determinados equinodermos, mediante el cual se fijan al sustrato. **4.** Colomb. Variedad de frijol.

talludo, a adj. Que tiene tallo grande o muchos tallos. **2.** Se dice de la persona que ha dejado de ser joven.

talmúdico, a adj. Relativo al Talmud.

talmudista s.m. Sabio judío versado en el estudio del Talmud.

talo s.m. BOT. Cuerpo vegetativo de los vegetales inferiores en el que no se diferencian raíz, tallo y hojas.

talófito, a adj. y s.f. Relativo a un grupo de vegetales pluricelulares cuyo aparato vegetativo está constituido por un talo. (Este grupo está formado por las algas, los hongos y los líquenes.)

1. **talón** s.m. (lat. vulg. *talo, -onis*). Parte posterior del pie humano, que comprende el hueso calcáneo y los tejidos blandos que lo rodean. **2.** Parte del calzado, calcetín o media que corresponde a esta parte. **3.** Extremo anterior de la culata del fusil. **4.** ARQ. Motivo ornamental compuesto por dos cuartos de círculo, uno convexo y otro cóncavo, que enlazan entre sí. **5.** MAR. **a.** Extremidad de popa en la quilla de un buque. **b.** Corte oblicuo en el extremo posterior de la quilla, para ajustar la madre del timón. **6.** MEC. Saliente destinado a servir de apoyo o tope en una superficie. ◇ **Bailar de talón** COREOGR. Ejecutar un ejercicio apoyando un pie sobre el suelo, sin usar ni punta ni media punta. **Talón del codaste** MAR. Prolongación posterior de la rama horizontal inferior del codaste, sobre la que descansa la mecha del timón de las embarcaciones de hélice.

2. **talón** s.m. (fr. *étalon,* tipo de pesos y medidas). Esp. y Méx. Documento que está unido a otros iguales formando un cuadernillo, y que se separa de su matriz para darlo al interesado: *talón bancario.*

talonario s.m. Libro o cuaderno pequeño de talones.

taloneador s.m. Jugador de rugby colocado en una melé entre los dos pilares y que está encargado de talonear el balón.

talonear v.tr. Golpear el balón de rugby con los talones para sacarlo de la melé. **2.** Argent. Incitar el jinete con los talones a la cabalgadura. **3.** Méx. *Vulg.* Pedir un préstamo o regalo, especialmente dinero. ◆ v.intr. Méx. Prostituirse una persona.

talonera s.f. Remiendo, pieza con que se refuerza el talón de las medias o calcetines. **2.** Refuerzo cosido en el bajo de los pantalones para evitar el desgaste. **3.** Argent. Tira de tela colocada en el interior de la botamanga para protegerla del roce. **4.** Argent. y Chile. Pieza de cuero que asegura la espuela al talón de la bota.

talpack s.m. Gorro de los jenízaros, utilizado posteriormente por los cuerpos montados de cazadores franceses desde 1854 a 1870.

talpetate s.m. Amér. Merid. Capa estratificada del subsuelo, compuesta de barro amarillo y arena fina, usada en la pavimentación de carreteras.

talqueza s.f. C. Rica. Hierba resistente que se utiliza para recubrir la techumbre de las chozas.

taltuza s.f. C. Rica. Roedor similar a la rata que vive bajo tierra.

talud s.m. (fr. *talus*). Inclinación de un terreno o del paramento de un muro. ◇ **Talud continental** Pendiente que une la plataforma continental con las profundidades marinas.

taludín s.m. Guat. Reptil similar al caimán.

talvez adv. Amér. Posiblemente, quizá.

talweg s.m. (voz alemana, *camino del valle*). GEOGR. Línea imaginaria que une los puntos más bajos de un valle.

tamagá o **tamagás** s.f. Amér. Central. Serpiente de una especie muy venenosa.

tamal s.m. (náhuatl *tamál·li*). Amér. Masa de maíz con manteca que se envuelve en una hoja de banano o de maíz para cocerla, de formas variadas, que se rellena con carne, pollo, chile o ají, queso u otros ingredientes. **2.** Amér. *Fig.* Lío, embrollo, intriga.

tamalada s.f. Méx. Comida en la que se sirven principalmente tamales.

tamalear v.tr. Méx. Comer tamales.

tamalero, ra adj. Amér. Se dice de la persona que tiene por oficio hacer o vender tamales.

tamanduá s.m. (voz tupí). Mamífero arborícola de América tropical, de cola prensil, parecido al oso hormiguero, pero de menor tamaño (unos 50 cm de long.), que se alimenta de hormigas, abejas y termitas.

tamango s.m. (port. o leonés *tamanco*). Amér. Merid. Calzado rústico de cuero.

tamañito, a adj. Humillado y confundido.

tamaño, a adj. (del lat. *tam magnus,* tan grande). Se usa enfáticamente para expresar las dimensiones o importancia de alguien o algo: *nunca oí tamaña tontería.* **2.** Tan grande o pequeño como aquello a lo que se compara. ◆ s.m. Magnitud o volumen de una cosa.

támara s.f. (ár. *támra*). Palmera de dátiles que crece en Canarias. ◆ **támaras** s.f.pl. Dátiles en racimo.

tamarindo s.m. (del ár. vulg. *támar hindi,* dátil índico). Árbol de unos 25 m que se cultiva en las regiones tropicales, por su fruto en vaina. (Familia cesalpiniáceas.) **2.** Fruto comestible de este árbol, de pulpa acidulada.

tamarisco s.m. (lat. *tamariscus*). Taray.

tamarugal s.m. Chile. Terreno poblado de tamarugos.

tamarugo s.m. Chile. Planta mimosácea parecida al algarrobo que crece en la pampa.

tamaulipeco, a adj. y s. De Tamaulipas.

tamba s.f. Ecuad. Manta usada como abrigo, chiripá.

tambache s.m. Méx. *Fam.* Bulto o envoltorio grande, pila o montón de cosas.

tambaleante adj. Que se tambalea.

tambalearse v.prnl. Moverse de un lado a otro por falta de equilibrio. **2.** *Fig.* Perder firmeza.

tambaleo s.m. Acción de tambalear.

tambarria s.f. Colomb., Ecuad., Hond. y Nicar. Jolgorio, parranda.

tambero, a adj. y s.f. Argent. Se dice del ganado manso, especialmente de las vacas lecheras. ◆ adj. Amér. Merid. Relativo al tambo. ◆ s. Amér. Merid. Persona que tiene un tambo o está encargada de él.

también adv.m. Incluye en una afirmación ya expresada otro elemento afectado por dicha afirmación.

tambo s.m. (quechua *támpu*). Edificio construido a lo largo de los caminos durante el imperio incaico, para que los viajeros descansen. **2.** Argent. Establecimiento ganadero donde se ordeña a las vacas y se vende leche fresca. **3.** Argent. Corral donde se ordeña. **4.** Méx. *Vulg.* Cárcel: *lo metieron al tambo.* **5.** Perú. Tienda rural pequeña.

tambocha s.f. Colomb. Hormiga de cabeza roja muy venenosa.

tambor s.m. (del persa *tabīr*). Instrumento musical de percusión formado por una caja cilíndrica cerrada por una o por sus dos bases con una membrana cuya tensión puede regularse. **2.** Persona que en un conjunto musical toca este instrumento. **3.** *Fam.* Recipiente cilíndrico que se emplea como envase: *un tambor de detergente para ropa.* **4.** Tímpano del oído. **5.** Cimborio. **6.** Bastidor pequeño y redondo en el que se tensa la tela que se ha de bordar. **7.** Aparato que sirve para el arrollamiento de un cable y cuya rotación permite tirar del mismo. **8.** Elemento giratorio de las máquinas trilladoras segadoras, que sirve para sujetar los tallos y empujarlos hacia la rosca de alimentación. **9.** Cabrestante para manejar el timón de una embarcación. **10.** Cilindro sobre el que se arrolla la cadena que produce el movimiento de ciertos relojes. **11.** Cilindro que contiene el resorte motor de un reloj y comunica el movimiento a las ruedas. **12.** Cilindro mayor de una carda. ◇ **Tambor de freno** TECNOL. Pieza circular, unida al buje de la rueda o al árbol que se ha de frenar, sobre la que actúa, por fricción, el segmento de freno. **Tambor lavador** Aparato o máquina en que se efectúa la hidratación, disgregación y lavado de rocas heterogéneas. **Tambor magnético** Dispositivo de almacenamiento de la información, constituido por un cilindro recubierto de sustancia magnética, en el que los datos se almacenan en serie mediante circunferencias de puntos magnéticos.

tamboril s.m. (del ant. *tamborín,* del cat. *tamborí*). Tambor de caja más estrecha y alargada que la del tambor ordinario. **2.** Instrumento musical de percusión, muy ligero, que se cuelga del brazo y se golpea con una pequeña baqueta.

tamborilear v.intr. Tocar el tambor o el tamboril. **2.** Golpear repetidamente una superficie de forma suave y rítmica.

tamborileo s.m. Acción y efecto de tamborilear.

tamborilero, a s. Persona que toca el tambor o el tamboril.

tamborilete s.m. ART. GRÁF. Tablilla cuadrada de madera con la que se golpea el molde o forma para que todas las letras queden a igual altura.

tamborito s.m. Baile nacional de Panamá, de origen africano.

tamil adj. y s.m. y f. De un pueblo de la India meridional y de Sri Lanka, de religión hinduista, que habla una lengua dravídica. ◆ s.m. Lengua dravídica hablada en Tamil Nadu y Sri Lanka.

tamiz s.m. (fr. *tamis*). Cedazo de tela o malla muy tupida que sirve para cribar sustancias pulverulentas o líquidos turbios. ◇ **Pasar por el tamiz** Examinar algo concienzudamente. **Tamiz molecular** Zeolita o tierra artificial absorbente, utilizada para el refino de los gases y de los líquidos, especialmente en la industria petrolera.

tamizado s.m. Acción y efecto de tamizar. **2.** F.C. Movimiento de oscilación lateral rápido de los vehículos de ferrocarril en vías estrechas.

tamizar v.tr. Pasar por el tamiz. **2.** *Fig.* Seleccionar o depurar.

tamo s.m. Pelusa desprendida del lino, algodón o lana. **2.** Polvo o paja muy menuda que dejan las semillas trilladas. **3.** Pelusa que se forma debajo de los muebles por falta de limpieza.

tampico s.m. Variedad de agave que crece en México, de la que se obtiene una fibra vegetal. **2.** Fibra obtenida de esta planta.

tampoco adv.neg. Incluye en una negación ya expresada otro elemento afectado por dicha negación: *ayer no vino ni hoy tampoco.*

tampón s.m. Almohadilla para entintar sellos, estampillas, etc. **2.** Cilindro de material absorbente que se introduce en la vagina durante la menstruación. ◇ **Estado tampón** POL. Estado que se encuentra geográficamente entre dos estados poderosos y antagónicos. **Memoria tampón** INFORMÁT. Zona de memoria que almacena temporalmente información en tránsito de una parte a otra de la computadora. **Sistema tampón** QUÍM. Solución cuya concentración en iones hidronio (pH) no se modifica sensiblemente al introducir una base o un ácido fuerte. **Tampón de boca** Tapón cilíndrico de madera forrado de cuero o metal, que sirve para cerrar completamente la boca de un cañón.

tam-tam s.m. (voz onomatopéyica) [pl. *tam-tams*]. Instrumento musical de percusión parecido al tambor, de origen africano, que se toca con las manos. **2.** Redoble prolongado de dicho instrumento, con el que en África se comunican ciertos acontecimientos. **3.** MÚS. Gong muy grande de bronce, originario de Extremo oriente.

tamuga s.f. Amér. Central. Talego, fardo.

tamujo s.m. Arbusto de hasta 1,50 m de alt., con cuyas ramas delgadas se hacen escobas. (Familia euforbiáceas.)

1. **tan** adv.c. Apócope de *tanto,* cuando se antepone a un adjetivo, un adverbio o una locución adverbial: *es tan caro...; está tan lejos...* **2.** Introduce el primer elemento de una comparación de igualdad: *tan duro como el hierro.* ◇ **Tan siquiera** Siquiera, por lo menos.

2. **¡tan!** Onomatopeya con que se imita el tañido de la campana, el tambor u otro instrumento semejante.

tanaceto s.m. Abrótano.

tanagra s.f. (de *Tánagra,* ciudad de Beocia). Estatua pequeña de terracota realizada en Tanagra, sobre todo a partir del s. IV a.C.

tanate s.m. Amér. Central. Lío, fardo. **2.** Amér. Central y Méx. Cesto cilíndrico de palma o tule. **3.** Méx. *Vulg.* Testículo. ◆ **tanates** s.m.pl. Amér. Central. Trastos, cachivaches.

tanatología s.f. Conjunto de conocimientos científicos sobre la muerte, sus signos, causas y condiciones, utilizados en medicina legal.

tanatorio s.m. Edificio destinado a velatorios y otros servicios funerarios.

tanda s.f. Grupo de una totalidad que desempeña un trabajo o función al mismo tiempo: *colocar una tanda de ladrillos.* **2.** Serie de cosas de un mismo género que se suceden formando un conjunto: *una tanda de inyecciones.* **3.** Amér. Sección o parte de una representación teatral. **4.** Argent. En televisión, sucesión de avisos publicitarios que se intercalan en un programa.

tándem s.m. (ingl. *tandem*). Cabriolé descubierto, tirado por dos caballos. **2.** Bicicleta fabricada para ser accionada por dos personas situadas una detrás de la otra. **3.** *Fig.* Asociación de dos personas o de dos grupos para trabajar en una misma actividad.

tandero, a s. Chile. Chancero.

tanela s.f. C. Rica. Pasta de hojaldre acompañada con miel.

tanga s.m. Prenda interior o traje de baño masculino o femenino de dimensiones muy reducidas, que deja las nalgas al descubierto.

tangalear v.intr. Colomb. y Hond. Demorar el cumplimiento de una obligación intencionadamente.

tangán s.m. Ecuad. Tablero colgado del techo, articulado con cuerdas, que se usa a modo de despensa.

tangara s.f. Ave paseriforme de América, de alas cortas y colores vivos.

tangedor s.m. Amér. Serpiente de cascabel.

tangencia s.f. MAT. Estado de tangente.

tangencial adj. Que es tangente, relativo a la tangencia o a la tangente. ◇ **Aceleración tangencial** Proyección de la aceleración sobre la tangente a la trayectoria. **Brazo tangencial** Brazo de lectura de disco microsurco que efectúa un desplazamiento radial, pero permanece tangencial al surco. **Fuerza tangencial** Fuerza ejercida en la dirección de la tangente a una curva. **2.** Que concierne a algo pero de forma poco importante.

tangente adj. (del lat. *tangere,* tocar). Que está en contacto por un solo punto. ◆ s.f. Recta que toca en un solo punto a una curva o a una superficie sin cortarla. ◇ **Plano tangente a una superficie en un punto** Plano que contiene las tangentes a todas las curvas trazadas sobre una superficie y que pasan por este punto. **Salirse,** o **irse, por la tangente** *Fam.* Utilizar una evasiva para eludir una respuesta. **Superficies tangentes en un punto** Superficies que admiten el mismo plano tangente en dicho punto. **Tangente a una superficie** Tangente a una curva cualquiera de dicha superficie. **Tangente de un ángulo,** o **de un arco** Cociente del seno por el coseno de dicho ángulo, o de dicho arco (símb. tg).

tangerina s.f. Variedad de mandarina muy apreciada.

tangible adj. Que puede ser percibido por el tacto. **2.** *Fig.* Real, que se puede comprobar.

tango s.m. Baile argentino en el que la pareja enlazada se mueve lentamente por un espacio amplio. **2.** Música y letra de este baile. ◇ **Tango flamenco,** o **gitano** Modalidad de cante flamenco de ritmo vivo.

tangram s.m. Juego formado por un conjunto de diferentes piezas poligonales que pueden combinarse para construir figuras geométricas distintas.

tanguear v.intr. Argent. y Urug. Tocar o cantar tangos.

tanguillo s.m. Variante folclórica de los tangos flamencos de Cádiz, que admite incorporaciones muy variadas.

tanguista s.m. y f. Cantante de tangos. **2.** Persona que tiene por oficio bailar con los clientes de un local de esparcimiento.

tanino s.m. (fr. *tanin*). Sustancia que se halla en algunos órganos vegetales, como la corteza del roble, del castaño, agallas del roble, etc., que se usa para curtir pieles y para fabricar tintas.

tanka s.m. (tibetano *thang-ka,* objeto plano). Estandarte pintado del Tíbet o Nepal, que representa una imagen religiosa.

tanker s.m. (voz inglesa). Buque cisterna.

1. **tano,** grupo de pueblos de la familia lingüística uto-azteca de Nuevo México (EUA).

2. **tano, a** s. Argent. y Urug. *Desp.* Italiano. **2.** Argent. y Urug. Persona grosera.

tanoría s.f. Servicio doméstico que los indígenas de Filipinas tenían la obligación de prestar a los españoles.

tanque s.m. Vehículo habilitado para transportar gas, agua u otro líquido. **2.** Recipiente grande, generalmente para contener agua o productos petrolíferos. **3.** MIL. **a.** Avión cisterna. **b.** Carro de combate.

tanqueta s.f. Carro de combate ligero.

tanquista s.m. Soldado de una unidad de carros de combate.

1. **tántalo** o **tantalio** s.m. (de *Tántalo,* personaje mítico). Metal de color blanco plateado, muy duro, de densidad 16,6, cuyo punto de fusión es de 2 985 °C. **2.** Elemento químico (Ta), de número atómico 73 y masa atómica 180,948.

2. **tántalo** s.m. Gran cigüeña de África, América y Asia, de cabeza calva y pico ligeramente curvado y plumaje blanco y rosado con manchas negras.

tantán s.m. (voz onomatopéyica). Gong, batintín.

tanteador, ra s. Persona que tantea, especialmente en el juego. ◆ s.m. DEP. Tablero o panel en el que se marcan los tantos.

tantear v.tr. Calcular aproximadamente el valor, peso, tamaño, cantidad, etc., de una cosa. **2.** Ensayar una operación antes de realizarla definitivamente. **3.** *Fig.* Indagar el estado de ánimo de alguien o su opinión sobre algo antes de actuar de forma determinada. **4.** Hond. Acechar a alguien para asaltarlo. **5.** Méx. *Fam.* Tomar el pelo a alguien, burlarse de él. **6.** TAUROM. Hacer suertes al toro para juzgar su estado, temperamento e intenciones, al empezar una faena. ◆ v.tr. e intr. Señalar los tantos en el juego.

tanteo s.m. Acción de tantear. **2.** Proporción de tantos entre los distintos jugadores o competidores de un juego o una competición deportiva. **3.** DER. Derecho que por ley, costumbre o convenio se concede a una persona para adquirir algo con preferencia a otro y por el mismo precio. ◇ **A, o por, tanteo** Aproximadamente.

1. **tanto** adv.m. Así, de tal manera, en tal grado: *tanto hace quien tanto quiere.* ◆ adv.c. Hasta tal punto, tal cantidad: *llovió tanto que el terreno se anegó.* **2.** Seguido de *mejor, peor, mayor, menor, más* y *menos*, refuerza la comparación de desigualdad.

2. **tanto, a** adj. (lat. *tantus, -a, -um*). En correlación con *como.* establece comparaciones de igualdad de cantidad: *tener tanta suerte como otro.* **2.** En correlación con *que*, tal cantidad, en tal cantidad: *tiene tantos libros que no los llega a leer.* **3.** Tan grande, muy grande: *¿a qué viene tanta risa?* **4.** Tiene un valor indeterminado cuando se refiere a un número o cantidad que no interesa o no se puede precisar: *a tantos de octubre.* ◆ pron.dem. Equivale a *eso*, incluyendo idea de calificación o ponderación: *no podré llegar a tanto.* ◆ s.m. Cantidad o número determinado de una cosa. **2.** Unidad de cuenta en algunos juegos o competiciones deportivas: *ganó por tres tantos a cero.* ◇ **Al tanto de** Enterado de la cosa que se expresa. **Apuntarse un tanto a su favor,** o **en contra** *Fam.* Tener un acierto o una ventaja, o, un desacierto o desventaja. **En,** o **entre, tanto** Mientras. **Otro tanto** Lo mismo. **Por (lo) tanto** Como consecuencia de lo expuesto. **Tanto por ciento** Rédito.

tantra s.m. Conjunto de textos y ritos hindúes y budistas de tema sagrado.

tantrismo s.m. Conjunto de creencias religiosas y ritos que provienen del hinduismo, del budismo tardío y de otros textos sagrados llamados *tantra.*

tanzano, a adj. y s. De Tanzania.

tañedor, ra s. Persona que tañe un instrumento musical.

tañer v.tr. (lat. *tangere*). Tocar un instrumento musical de percusión o de cuerda. ◆ v.intr. Tamborilear con los dedos sobre algo.

tañido s.m. Sonido del instrumento que se tañe, particularmente de las campanas.

1. **tao** o **dao** s.m. (voz china, *la vía*). Principio supremo e impersonal de orden y de unidad del universo, según la antigua filosofía china.

2. **tao** adj. y s.m. y f. En las islas Filipinas, se dice de la persona ordinaria, sencilla y analfabeta.

taoísmo s.m. Sistema filosófico y religioso chino fundado en las doctrinas de Laozi y en creencias diversas, que rinde culto a los espíritus de la naturaleza y de los antepasados.

taoísmo

Según Laozi (s. V a.C.) el adepto debe aprender a unirse al tao, es decir, *la vía*, que a la vez es principio primordial del universo y agente de sus transformaciones infinitas. El taoísmo reprueba las luchas humanas y aconseja la resignación, la humildad, asimismo profesa enseñanzas sobre las energías, la meditación y la *larga vida*. Este sistema filosófico admite la metempsicosis y promete la inmortalidad. Despreciado y perseguido en ocasiones, durante mucho tiempo el taoísmo ha marcado la civilización china.

taoísta adj. y s.m. y f. Relativo al taoísmo; que profesa el taoísmo.

1. **tapa** s.f. (del germ. *tappa*). Pieza que cierra por la parte superior un objeto, especialmente un recipiente, etc. **2.** Cada una de las dos láminas de papel o material duro de la cubierta de un libro. **3.** Carne de una res descuartizada para el consumo, que corresponde al medio de la pata trasera. **4.** Vuelta que cubre el cuello de una solapa a otra de los abrigos, sacos, chaquetas y otras prendas de vestir. **5.** Cubierta córnea que rodea el casco o uña de las caballerías. **6.** Capa de suela que lleva el tacón del calzado, especialmente la que está en contacto con el suelo. **7.** Chile. Pechera de la camisa. **8.** Esp. Cantidad pequeña de comida que se sirve para acompañar a la bebida, generalmente en aperitivos. ◇ **Saltar,** o **levantar, la tapa de los sesos** *Fam.* Matar de un tiro en la cabeza.

2. **tapa** s.m. Tela realizada mediante el batanado de cortezas de árboles, especialmente la morera.

tapaboca s.m. Bufanda grande. **2.** *Fig.* y *fam.* Razón, hecho o dicho con que se hace callar a alguien. **3.** Golpe dado en esgrima con el botón de la espada en la boca.

tapabocas s.m. (pl. *tapabocas*). Tapaboca, bufanda. **2.** Taco con que se cierra el ánima de las piezas de artillería.

tañer

INDICATIVO

presente
taño
tañes (tañés)
tañe
tañemos
tañéis
tañen

copretérito o pret. imperfecto
tañía
tañías
tañía
tañíamos
tañíais
tañían

pretérito o **pret. perf. simple**
tañí
tañiste
tañó
tañimos
tañisteis
tañeron

futuro o **fut. simple**
tañeré
tañerás
tañerá
tañeremos
tañeréis
tañerán

pospretérito o **condicional simple**
tañería
tañerías
tañería
tañeríamos
tañeríais
tañerían

SUBJUNTIVO

presente
taña
tañas
taña
tañamos
tañáis
tañan

pretérito o pret. imperfecto
tañera o *tañese*
tañeras o *tañeses*
tañera o *tañese*
tañéramos o *tañésemos*
tañerais o *tañeseis*
tañeran o *tañesen*

futuro o **fut. simple**
tañere
tañeres
tañere
tañéremos
tañereis
tañeren

IMPERATIVO

tañe (tañé)	(tú, vos)
taña	(él)
tañamos	(nosotros)
tañed	(vosotros)
tañan	(ellos)

FORMAS NO PERSONALES

infinitivo	**gerundio**
tañer	*tañendo*

participio
tañido

tapacete s.m. MAR. Cubierta o toldo con que se tapa la carroza o saliente de la escala de las cámaras de una embarcación.

tapacubos s.m. (pl. *tapacubos*). Tapa metálica con que se cubre el buje de las ruedas de un automóvil.

tapaculo s.m. Fruto del escaramujo.

tapada s.f. Colomb. Acción y efecto de tapar.

tapadera s.f. Pieza que sirve para cubrir un recipiente o cavidad. **2.** *Fig.* Persona o cosa utilizada para encubrir algo, generalmente ilegal.

tapadillo (de) loc. *Fam.* De forma oculta o clandestina.

tapado, a adj. y s. Amér. Se dice del personaje o candidato político cuyo nombre se mantiene en secreto hasta el momento propicio. **2.** Argent. Se dice de la persona o animal cuya valía se mantiene oculta. **3.** Argent. y Chile. Se dice de la caballería sin mancha ni señal alguna en su capa. ◆ s.m. Amér. Merid. Abrigo o capa de señora o de niño. **2.** Argent., Bol. y Perú. Tesoro enterrado. **3.** Colomb. y Hond. Comida indígena que se prepara con bananos y carne, asados en un hoyo hecho en la tierra.

tapanco s.m. Entarimado o piso de madera que se pone sobre vigas o columnas en habitaciones de gran altura para dividirlas en dos espacios.

tapar v.tr. Cubrir o cerrar con algo lo que está descubierto o abierto. **2.** Estar delante o encima de algo ocultándolo o protegiéndolo. **3.** Poner una cosa delante o encima de algo o alguien de modo que lo oculte o proteja. **4.** *Fig.* Encubrir, ocultar: *tapar un error, una mala acción.* ◆ v.tr. y prnl. Abrigar o cubrir con ropa.

tapara s.f. Fruto del taparo, de forma alargada.

tápara s.f. (del lat. *capparis*). Alcaparra.

taparo s.m. Árbol semejante a la güira, pero de hoja más ancha, que crece en América Meridional. (Familia bignoniáceas.)

taparrabos s.m. (pl. *taparrabos*). Trozo de tela o prenda muy reducidos con que cubren los genitales.

tapayagua s.f. Hond. Llovizna.

tape s.m. Argent. y Urug. Persona aindiada.

tapear v.intr. Esp. Comer tapas en un bar.

tapeo s.m. Esp. Acción de tapear.

tapete s.m. (lat. *tapete*). Pieza de tela, hule, plástico u otro material con que se cubre una mesa u otro mueble. <> **Estar,** o **poner, sobre el tapete** Estar un asunto pendiente de discutirse o resolverse.

tapetí s.m. → **tapití.**

tapia s.f. Trozo de pared que se hace de una sola vez con tierra amasada y apisonada en una horma. **2.** Pared formada de tapias. **3.** Muro de cerca. <> **Más sordo que,** o **sordo como, una tapia** *Fam.* Muy sordo.

tapial s.m. Tapia, pared. **2.** Molde u horma de encofrado utilizado para la construcción de muros o tapias.

tapialar v.tr. Ecuad. Tapiar.

tapiar v.tr. Cerrar o tapar un espacio o abertura con una tapia o tabique.

tapicería s.f. Tela o tejido con que se tapiza o se cubre algo para decorarlo. **2.** Establecimiento donde se fabrican, reparan o venden tapices, cortinas y otros tejidos de decoración. **3.** Técnica del tapicero. **4.** Oficio del tapicero. **5.** Conjunto de tapices.

tapioca s.f. (tupí *tipïok,* residuo). Fécula blanca y granulada, comestible, obtenida de la raíz de la mandioca.

tapir s.m. (tupí *tapira*). Mamífero paquidermo de unos 2 m de long., y 1 m de alt., con pelo corto, cabeza grande, trompa pequeña y orejas redondeadas, que vive en Asia tropical y América. (Orden ungulados, suborden perisodáctilos.)

tapisca s.f. Amér. Central y Méx. Recolección del maíz.

tapití o **tapetí** s.m. Mamífero roedor que habita en bosques y selvas de América Central y del Sur, de talla mediana y color bayo pardusco con matices rojizos.

tapiz s.m. (fr. ant. *tapiz,* alfombra). Obra de tejido grueso ornamental, elaborada con lana, seda u otra materia textil teñida, que generalmente se cuelga de las paredes o cubre un mueble. **2.** Revestimiento en forma de tapiz.

tapizado s.m. Acción y efecto de tapizar. **2.** Materia empleada para tapizar.

tapizar v.tr. Mullir y forrar con tela un asiento u otro mueble. **2.** Cubrir una superficie con tapices o algo similar. **3.** *Fig.* Cubrir una superficie con algo que se adapte a ello.

tapón s.m. Pieza de corcho, metal, madera, etc., que tapa la boca de un recipiente u otro orificio. **2.** *Fig.* y *fam.* Persona baja y rechoncha. **3.** *Fig.* y *fam.* Obstáculo que retarda o dificulta el desarrollo normal de algo: *formarse un tapón en la autopista.* **4.** Jugada de baloncesto que consiste en interceptar la trayectoria ascendente del balón lanzado al cesto por un adversario. **5.** En el moldeo por inyección, materia que ha llenado el canal de alimentación entre la punta del tubo inyector y la entrada en el molde. **6.** Masa de hilas o de algodón con que se obstruye una herida o una cavidad del cuerpo. **7.** Acumulación de cerumen en el oído. **8.** Volumen líquido inyectado en un pozo de petróleo durante las operaciones de perforación, o cuerpo sólido destinado a obturar parcialmente un pozo. **9.** MIN. Obstrucción de una canalización de relleno neumático o hidráulico, provocada por los materiales mismos de relleno.

taponadora s.f. Máquina de taponar botellas.

taponamiento s.m. Acción y efecto de taponar. **2.** Obturación de un pozo mediante un tapón de cemento. **3.** MED. Introducción de compresas o de una masa en una cavidad natural. <> **Taponamiento cardíaco** Accidente agudo de compresión del corazón, que sobreviene a consecuencia de derrames de instalación brusca en el interior del pericardio.

taponar v.tr. y prnl. Cerrar un orificio con un tapón u otra cosa. **2.** Impedir el paso. **3.** Sustituir un nudo en una pieza de madera por un tapón de madera sana. **4.** Hacer en baloncesto un tapón. **5.** MED. Efectuar un taponamiento.

taponazo s.m. Ruido que se produce al destapar una botella de líquido espumoso. **2.** Golpe que da el tapón al salir despedido.

taponería s.f. Conjunto de tapones. **2.** Establecimiento donde se fabrican o venden tapones. **3.** Industria taponera.

taponero, a adj. Relativo a la taponería o a los tapones.

tapsia s.f. (lat. *thapsia*). Planta herbácea de cuya raíz se extrae una resina usada como revulsivo. (Familia umbelíferas.)

tapujarse v.prnl. *Fam.* Taparse mucho.

tapujo s.m. Disimulo, engaño o rodeo con que se actúa o habla: *hablar sin tapujos.*

taqué s.m. Vástago de los motores de combustión interna que sirve para transmitir la acción del árbol de levas a las válvulas de admisión y escape.

taquear v.tr. Argent. y Chile. Taconear. ◆ v.intr. Argent. En el billar y el polo, golpear la bocha con el taco. **2.** Argent. Ejercitarse en el uso del taco.

taqueo s.m. Argent. Dominio del palo del juego del polo.

taquera s.f. Estante para colocar los tacos del billar.

taquería s.f. Méx. Establecimiento donde se sirven tacos.

taquiarritmia s.f. MED. Forma de arritmia, acompañada de taquicardia.

taquicardia s.f. (del gr. *takhýs,* rápido, y *kardía,* corazón). Ritmo cardíaco acelerado.

taquifemia s.f. PSIQUIATR. Trastorno mental caracterizado por la rapidez al hablar.

taquigrafía s.f. (del gr. *takhýs,* rápido, y *gráphein,* escribir). Sistema de escritura que utiliza abreviaturas y signos convencionales para escribir dictados o lo que se dice a la velocidad que se habla normalmente. SIN.: *estenografía.*

taquigrafiar v.tr. [conj.: *desviar*]. Escribir por medio de taquigrafía. SIN.: *estenografiar.*

taquígrafo, a s. Persona que tiene por oficio taquigrafiar lo que se dicta o se habla. ◆ s.m. Aparato registrador de velocidad.

taquilla s.f. Mostrador en que se expenden billetes, entradas de espectáculos, etc. **2.** Dinero que se recauda en un espectáculo. **3.** Armario con casillas para clasificar papeles o documentos, y en especial para guardar los billetes de ferrocarril, entradas de espectáculos, etc. **4.** Armario pequeño para guardar objetos personales en lugares de trabajo, centros de enseñanza o deportivos, etc. **5.** Amér. Central. Taberna. **6.** C. Rica, Chile y Ecuad. Clavo pequeño.

taquillero, a adj. *Fam.* Se dice del artista o espectáculo que por su popularidad consigue o garantiza una gran asistencia de público y por lo tanto una gran recaudación económica. ◆ s. Persona que trabaja en una taquilla.

taquimecanografía s.f. Dominio de la taquigrafía y de la mecanografía. SIN.: *estenodactilografía.*

taquimecanógrafo, a s. Persona que tiene por oficio taquigrafiar y mecanografiar.

taquimetría s.f. Conjunto de procedimientos para poder efectuar el levantamiento de planos con el taquímetro.

taquímetro s.m. (del gr. *takhýs,* rápido, y *métron,* medida). Instrumento topográfico que mide al mismo tiempo distancias y ángulos horizontales y verticales. **2.** Tacómetro.

taquión s.m. Partícula elemental hipotética dotada de una velocidad superior a la de la luz en el vacío.

taquipnea s.f. (del gr. *tachýs,* rápido, y *pneîn,* respirar). Respiración acelerada y superficial.

taquipsiquia s.f. (del gr. *tachýs,* rápido, y *psyché,* alma). PSIQUIATR. Encadenamiento anormalmente rápido de las ideas.

taquistoscopio s.m. Aparato que sirve para presentar a una persona imágenes luminosas durante un tiempo muy breve, con el fin de experimentar y medir ciertas modalidades de la percepción.

1. **tara** s.f. (ár. *tárah,* deducción, descuento). Peso de un recipiente, saco o envase sin incluir el peso de su contenido: *la tara añadida al peso neto constituye el peso bruto.* **2.** Peso de un vehículo sin incluir la carga. **3.** Defecto físico de alguien. **4.** Defecto que disminuye el valor de algo. **5.** Peso que se coloca en el platillo de una balanza para equilibrar el peso de un cuerpo colocado en el otro platillo.

2. **tara** s.f. (voz quechua). Chile y Perú. Arbusto leguminoso de flores amarillas, de cuya madera se extrae un tinte. (Familia cesalpiniáceas.) **2.** Colomb. Serpiente venenosa. **3.** Venez. Langosta de tierra de mayor tamaño que la común.

tarabilla s.f. Conjunto de palabras dichas de forma rápida y atropellada. **2.** Listón de madera dura que mantiene tirante, por torsión, la cuerda del bastidor de una sierra de carpintero. **3.** Ave paseriforme insectívora que vive en zonas soleadas de Europa y en las regiones más septentrionales de la península Ibérica. (Familia muscicápidos.) ◆ s.m. y f. *Fam.* Persona que habla mucho y de manera atropellada.

tarabita s.f. Amér. Merid. Maroma por la cual corre la cesta del andarivel. **2.** Ecuad. y Perú. Andarivel para pasar los ríos y hondonadas que no tienen puente.

taracea s.f. (ár. *tarṣī*). Técnica de incrustación sobre madera de trozos de madera, concha, nácar, etc., formando un mosaico.

taraceador, ra s. Persona que tiene por oficio hacer taraceas.

taracear v.tr. Adornar con taracea.

taracol s.m. Antillas. Crustáceo similar al cangrejo.

tarado, a adj. y s. Que tiene alguna tara o defecto. **2.** *Fam.* Tonto, chiflado.

tarahumara o **raramuri,** pueblo amerindio agricultor de México (sierra Madre, est. Chihuahua), de la familia uto-azteca, que es uno de los mayores grupos étnicos del país.

tarambana o **tarambanas** s.m. y f. y adj. *Fam.* Persona alocada, de poco juicio.

taranta s.f. Fandango del folclore de la zona oriental andaluza, adaptado a los estímulos formales del flamenco a partir de mediados del s. XIX. **2.** C. Rica y Ecuad. Arrebato pasajero. **3.** Hond. Desvanecimiento, aturdimiento.

tarantela s.f. (ital. *tarantella*). Baile popular por parejas del S de Italia, de carácter alegre y ritmo rápido, y actualmente, danza típica de Capri y Sorrento. **2.** Música de este baile.

tarantín s.m. Amér. Central, Cuba y P. Rico. Cacharro, trebejo. (Suele usarse en plural.) **2.** Venez. Tienda muy pobre, tenducha.

tarántula s.f. (ital. *taràntola,* de *Taranto,* Tarento, c. de Italia). Araña de tórax velloso, patas fuertes y picadura venenosa, que vive entre las piedras o en agujeros profundos que excava en el suelo.

tarapecosi → chiquito.

tarar v.tr. Determinar la parte del peso de algo que corresponde a la tara.

tararear v.tr. (de *ta ra ra,* sílabas con que se tararea). Cantar una canción en voz baja sin articular palabras inteligibles.

tarareo s.m. Acción de tararear.

tararira s.f. *Fam.* Juerga, bullicio. **2.** Argent. y Urug. Pez ictiófago, que vive en las grandes cuencas de América del Sur, de cuerpo rollizo, escamado y color pardo grisáceo. ◆ s.m. y f. *Fam.* Persona bulliciosa y poco formal. ◆ interj. *Fam.* Expresa incredulidad.

tarasca s.f. Monstruo legendario que vivía cerca de Tarascón (Francia) y que fue domado por santa Marta. **2.** Figura monstruosa de serpiente que se sacaba en algunas procesiones. **3.** *Fig.* y *fam.* Persona o cosa que destruye, gasta o derrocha algo. **4.** *Fig.* y *fam.* Mujer fea, desvergonzada o violenta. **5.** C. Rica y Chile. Boca grande.

tarascada s.f. Herida hecha con los dientes. **2.** *Fig.* y *fam.* Respuesta áspera o dicho desatento o injurioso. **3.** Derrote violento del toro.

tarasco, a adj. y s.m. y f. De un pueblo amerindio del estado mexicano de Michoacán. [También *purepecha.*] ◆ s.m. Lengua amerindia hablada por este pueblo.

tarasco

En el s. XIV el pueblo tarasco impuso su hegemonía en la región de Michoacán. Entre 1400 y 1450 establecieron una alianza de las principales ciudades (Tzintzuntzan, Pátzcuaro e Ihuatzio), y en 1450-1530 el imperio tarasco se extendió y presentó fuerte resistencia ante la expansión azteca, gracias a sus armas de cobre. En 1532 Nuño de Guzmán ejecutó a su último rey, Tangaxoan II. A la cabeza de su sociedad se hallaban el *Cazonci,* jefe civil, y el *Petámuti,* jefe religioso. Los tarasco ofrecían sacrificios humanos a Curicaheri, dios solar y del fuego. Dejaron un arte de influencia tolteca, con figuras de arcilla, cerámica y metalurgia.

tarascón s.m. Argent., Bol., Chile, Ecuad. y Perú. Mordedura.

taray s.m. (del ár. vulg. *ṭaráf*). Arbusto de ramas delgadas con corteza rojiza, hojas glaucas muy pequeñas, flores agrupadas en largas espigas laterales y fruto en cápsula del mismo nombre. (Familia tamaricáceas.) SIN.: *tamarisco.*

tarco s.m. Árbol de América Meridional, de entre 8 y 10 m de alt., cuya madera se utiliza en ebanistería. (Familia saxifragáceas.) **2.** Argent. Jacarandá.

tardanza s.f. Acción y efecto de tardar.

tardar v.intr. (lat. *tardare*). Invertir un tiempo determinado en hacer algo. ◆ v.intr. y prnl. Emplear más tiempo del previsto, conveniente o necesario en algo. ◇ **A más tardar** Indica que el plazo máximo en que debe suceder o sucederá una cosa es el que se expresa.

1. **tarde** s.f. Tiempo que transcurre desde el mediodía hasta el anochecer. **2.** Atardecer, últimas horas del día. ◇ **Buenas tardes** Fórmula de saludo usual durante la tarde. **De tarde** Se dice de la prenda de vestir que se suele llevar por la tarde, o de la sesión de un espectáculo que se realiza por la tarde. **De tarde en tarde** Algunas veces; con poca frecuencia.

2. **tarde** adv.t. A hora avanzada del día o de la noche. **2.** Después del momento acostumbrado, debido, conveniente o ne-

cesario. ◇ **Más tarde o más temprano** Expresa el convencimiento de que lo que se expresa ha de ocurrir forzosa o inevitablemente.

tardecer v.impers. [conj.: *parecer*]. Empezar a caer la tarde.

tardenoisiense adj. y s.m. Se dice de una facies cultural epipaleolítica, cuya fase final es contemporánea a las primeras manifestaciones neolíticas en Europa.

tardígrado, a adj. y s.m. Relativo a una clase de animales de entre 0,1 y 1 mm de long., que viven en el mar, en el agua dulce o en los musgos, y son capaces de revivir después de un largo período de desecación.

tardío, a adj. Se dice del fruto que tarda más en madurar: *melocotones tardíos.* **2.** Que sucede más tarde de lo acostumbrado, oportuno o necesario. **3.** LING. Se dice de la lengua que está en la última fase de su existencia: *latín tardío.*

tardo, a adj. (lat. *tardus*). Pausado o lento en el movimiento o en la acción. **2.** Que habla con lentitud o entiende o percibe con dificultad.

tarea s.f. (ár. vulg. *ṭarîḥa*). Obra, trabajo efectuado por alguien. **2.** Trabajo que ha de hacerse en un tiempo limitado.

tareco s.m. (ár. *tarâ'ik*, trastos). Cuba, Ecuad. y Venez. Cachivache, trasto.

tarentino, a adj. y s. De Tarento.

targum s.m. (voz hebrea, *traducción*). Traducción o paráfrasis aramea del Antiguo Testamento, utilizada por los judíos en las lecturas de la sinagoga a partir del s. V a.C., cuando el hebreo fue sustituido por el arameo.

tarifa s.f. (del ár. *tarîfa*). Tabla de precios, derechos o impuestos. **2.** Precio unitario fijado por el estado de los servicios públicos realizados a su cargo.

tarifar v.tr. Fijar o aplicar una tarifa.

tarima s.f. (ár. *ṭarīma*). Plataforma de madera de poca altura particularmente como estrado del profesor.

tarja s.f. (fr. *targe*). Chapa o señal de identificación. **2.** Escudo que cubría todo el cuerpo, usado durante la edad media. **3.** Amér. Tarjeta de visita. **4.** Méx. Parte cóncava del fregadero donde se ponen a lavar los platos y utensilios de cocina.

tarjar v.tr. Chile. Tachar o marcar parte de un escrito.

tarjeta s.f. (fr. ant. *targette*, escudo pequeño). Cartulina pequeña que tiene impreso el nombre, dirección y otras informaciones de una persona o empresa. **2.** Cartulina pequeña que tiene una función determinada. **3.** INFORMÁT. Soporte con los elementos electrónicos necesarios para la realización de una determinada función por la computadora, como representaciones gráficas, reproducción de sonido, aceleración de la velocidad de ejecución, etc. ◇ **Tarjeta de crédito,** o **de pago** Tarjeta plastificada y generalmente con una banda magnética, con la que el titular puede efectuar pagos o realizar otras operaciones financieras. **Tarjeta madre** INFORMÁT. Tarjeta que contiene el procesador principal de la computadora. SIN.: *placa base.* **Tarjeta postal** Postal.

tarjetero s.m. Cartera para tarjetas de visita. SIN.: *tarjetera.*

tarjetón s.m. Cartulina grande en que va escrita o impresa una participación, invitación, etc.

tarlatana s.f. (fr. *tarlatane*). Muselina de algodón transparente y con mucho apresto.

tarmacadam o **tarmacadán** s.m. (voz inglesa). Material utilizado para la pavimentación de calzadas, constituido por piedra machacada revestida con una emulsión de alquitrán.

taro s.m. Planta que se cultiva en las regiones tropicales por sus tubérculos comestibles. (Familia aráceas.)

tarot s.m. (voz francesa). Baraja de setenta y ocho cartas, más largas que los naipes ordinarios y con figuras distintas, utilizadas en juegos de adivinación o cartomancia. **2.** Juego en el que se usan estas cartas.

tarpán s.m. Mamífero perisodáctilo de tamaño mediano, originario de las estepas de Rusia meridional y Ucrania. (Familia équidos.)

tarpón s.m. Pez que vive en las regiones cálidas del Atlántico (Florida), de unos 2 m de long., y es objeto de pesca deportiva.

tarraconense adj. y s.m. y f. De Tarragona.

tarrasense adj. y s.m. y f. De Terrassa. SIN.: *egarense, terrasense.*

tarreña s.f. Pieza de barro cocido que se entrechoca con otra idéntica, produciendo un ruido parecido al de las castañuelas. (Suele usarse en plural.)

tarro s.m. Recipiente cilíndrico, generalmente más alto que ancho. **2.** Esp. *Vulg.* Cabeza. ◆ s.m. Ave anseriforme de plumaje multicolor, que vive en las costas de Europa occidental.

tarsana s.f. C. Rica, Ecuad. y Perú. Corteza de un árbol sapindáceo, que se utiliza para lavar.

tarsero s.m. Primate nocturno del SE de Asia, de pequeño tamaño, cola larga y grandes ojos. (Familia társidos.)

tarsiano, a adj. Relativo al tarso.

tarso s.m. (gr. *tarsós*). Región posterior del esqueleto del pie de algunos vertebrados, formada en el ser humano por siete huesos. **2.** Última parte de las patas de los insectos, que comprende de dos a cinco artejos. ◇ **Tarso palpebral** Lámina fibrosa que mantiene tensos los párpados.

tarta s.f. (fr. *tarte*). Torta o pastel grande, hecho generalmente de masa de harina y relleno o adornado con dulce, frutas confitadas, crema u otros ingredientes.

tártago s.m. Planta herbácea de 1 m de alt., cuyas semillas se emplean como eméticas. (Familia euforbiáceas.)

tartajear v.intr. Hablar con torpeza o defectuosamente, alterando el orden de las palabras o pronunciándolas mal.

tartajeo s.m. Acción y efecto de tartajear.

tartaleta s.f. Pastel pequeño de hojaldre en forma de cazoleta, que se rellena con diversos ingredientes.

tartamudear v.intr. y tr. Hablar con pronunciación entrecortada y repitiendo las sílabas o sonidos.

tartamudeo s.m. Acción y efecto de tartamudear.

tartamudez s.f. Trastorno de la fonación de origen psíquico o físico, que se caracteriza por la repetición de sílabas o por bloqueos durante la emisión de la palabra.

tartamudo, a adj. y s. Que tartamudea.

1. **tartán** s.m. (fr. *tartan*). Tela de lana con dibujos de cuadros de diferentes colores, originaria de Escocia.

2. **tartán** s.m. (marca registrada). Material formado por un aglomerado de amianto, productos plásticos y caucho, con que se cubre la superficie de las pistas de atletismo.

tartana s.f. (occitano *tartano*). Vehículo de dos ruedas tirado por caballerías, con cubierta abovedada y asientos laterales. **2.** Embarcación menor, de vela latina, usada en el Mediterráneo para la pesca y el cabotaje.

tartárico, a adj. Se dice del ácido alcohol que se obtiene del tártaro (CO_2H—CHOH—CHOH—CO_2H), descubierto en las heces del vino.

1. **tártaro** s.m. (lat. tardío *tartarus*). Sarro de los dientes. **2.** Mezcla de tartrato ácido de potasio y tartrato cálcico, que forma costra en los recipientes donde fermenta el mosto.

2. **tártaro, a** adj. y s. De alguno de los pueblos de origen mongol o turco que invadieron el occidente europeo en el s. XII. ◇ **Bistec tártaro** Carne servida cruda, triturada y aderezada con varios condimentos, especias, salsas y zumo de limón. **Salsa tártara** Mayonesa a la que se le añaden alcaparras, pepinillos, cebolla y huevo duro trinchados.

tártaro

Los rusos dieron el nombre de tártaros a todos los pueblos que los dominaron del s. XIII a los ss. XV-XVI, y que serían posteriormente repelidos hacia el Volga medio y Crimea. Desde la revolución de 1917 se llama tártaros a grupos étnicos de musulmanes de lengua turca: los tártaros de Kazán o tártaros del Volga, que habitan principalmente en las repúblicas de Tatarstán y de Bashkortostán, y los tártaros de Crimea.

tartera s.f. Recipiente casi plano de barro cocido, que se emplea para cocer o servir las tortas y tartas. **2.** Fiambrera, recipiente de plástico o metal provisto de tapa.

tartesio, a adj. y s. De un pueblo protohistórico de la península Ibérica que habitaba en la cuenca baja del Guadalquivir.

tartesio

Con influencia de la cultura megalítica mediterránea y mestizados con grupos indoeuropeos de la Meseta, los tartesios desarrollaron una floreciente cultura a fines de la edad de bronce (ciudades, navegación, comercio), y mantuvieron un activo intercambio cultural con fenicios y focenses. Poseían una escritura propia de tipo semisilábico. Tras la desaparición del reino de Tartessos (h. 500 a.C.) se los conocía como túrdulos (en el interior) y turdetanos (en el litoral).

tartrato s.m. Sal de ácido tartárico.

tartrectomía s.f. MED. Eliminación del sarro de los dientes y las encías.

taruga s.f. (quechua *tarúka*). Mamífero rumiante parecido al ciervo, que vive en los Andes de Perú, Bolivia y Ecuador. (Familia cérvidos.)

tarugo s.m. Zoquete, trozo de madera o pan, generalmente grueso y corto. **2.** *Fig.* Persona inculta o torpe.

tarumba adj. Se dice de la persona que está atontada o confundida: *me están volviendo tarumba.*

tas s.m. (fr. *tas*). Yunque pequeño usado por plateros, hojalateros, plomeros y caldereros.

tasa s.f. Acción de tasar. **2.** Precio fijado oficialmente para un determinado artículo. **3.** *Fig.* Medida, límite: *comer sin tasa.* **4.** DER. Contraprestación económica que la administración exige a los particulares por el uso de un servicio público. **5.** ECON. Relación en que varía una magnitud económica respecto a otra con que está relacionada: *tasa de plusvalía; tasa de beneficio.* ◇ **Tasa horaria** Valor de los gastos producidos por el funcionamiento de una máquina o el trabajo de una sección de producción durante una hora.

tasación s.f. Acción de tasar. **2.** ECON. Valoración del activo, o parte del mismo, de una empresa.

tasajo s.m. Cecina, pedazo de carne salada y conservada seca. **2.** Trozo de carne.

tasar v.tr. (lat. *taxare*). Fijar o limitar la autoridad competente el precio o valor de algo. **2.** Valorar, evaluar: *tasar un cuadro.* **3.** *Fig.* Poner límite al uso o consumo de algo para evitar excesos.

tasca s.f. Taberna, establecimiento donde se sirven bebidas y comidas. **2.** Perú. Conjunto de fenómenos, como corrientes encontradas y oleaje fuerte, que dificultan un desembarco. (Suele usarse en plural.)

tasi s.m. Argent. Enredadera silvestre.

tasquil s.m. Fragmento que salta de la piedra al trabajarla.

tassili s.m. (voz bereber, *meseta*). Meseta de arenisca del Sahara.

tastana s.f. Costra que se forma en las tierras de cultivo por falta de agua. **2.** Membrana que separa los gajos de algunas frutas, como la naranja.

TAT s.m. (sigla del ingl. *thematic apperceptation test*). Test que consiste en hacer relatar al sujeto una historia a partir de una serie de imágenes que representan escenas de significado ambiguo.

tata s.f. Esp. *Fam.* Niñera o muchacha de servicio. ◆ s.m. Amér. Padre, papá y ocasionalmente abuelo. **2.** Méx. En el lenguaje infantil, abuelo.

tatabro s.m. Colomb. Pecarí.

tatagua s.f. Cuba. Mariposa nocturna, de gran tamaño y color oscuro. (Familia noctuidas.)

tataibá s.m. Par. Planta silvestre de fruto áspero y amarillo. (Familia moráceas.)

tatami s.m. (voz japonesa). Estera gruesa que sirve para practicar sobre ella artes marciales, especialmente judo.

tatarabuelo, a s. Padre o madre del bisabuelo o bisabuela de una persona.

tataranieto, a s. Hijo o hija del biznieto o biznieta de una persona.

tataré s.m. Argent. y Par. Árbol de entre 8 y 15 m de alt., cuya madera, de color amarillo, se usa en ebanistería. (Familia leguminosas.)

tatarear v.tr. Tararear, cantar bajo sin articular palabras.

¡tate! interj. (voz de creación expresiva). Se usa para advertir a alguien. **2.** Se usa para expresar que se ha llegado a saber o recordar algo.

tatemar v.tr. Méx. Quemar alguna cosa. **2.** Méx. Asar alimentos en el horno o en un hoyo de barbacoa.

tatetí s.m. Argent. Juego del tres en raya.

tato s.m. Nombre que se da cariñosamente a un hermano, usado también como tratamiento de respeto hacia algunas personas.

tatú s.m. Armadillo de América Meridional del que existen diferentes especies, que miden entre 35 cm y más de 1 m. SIN.: *mulita.*

tatuaje s.m. (fr. *tatouage*). Procedimiento para decorar la piel del cuerpo humano, que consiste en hacer un dibujo insertando sustancias colorantes bajo la epidermis. **2.** Dibujo que queda después de esta operación.

tatuar v.tr. y prnl. [conj.: *actuar*]. Hacer un tatuaje.

tau s.f. Nombre de la decimonovena letra del alfabeto griego (τ, T), que corresponde a la *t* española. **2.** Figura heráldica en forma de T. **3.** Tauón.

tauca s.f. Bol. y Ecuad. Montón, gran cantidad de cosas. **2.** Chile. Talega grande para guardar el dinero.

taula s.f. (voz catalana). Monumento megalítico de las islas Baleares, formado por una gran losa horizontal apoyada sobre otra vertical hincada en el suelo.

taumaturgia s.f. Facultad de realizar prodigios o milagros.

taumaturgo s.m. (gr. *thaymatourgós*, de *thayma, -atos*, maravilla, y *érgon*, obra). Persona que realiza prodigios o milagros.

tauón s.m. (de *tau* y *electrón*). Partícula elemental (τ) de la familia de los leptones, cuya masa es 3 491 veces la del electrón. SIN.: *tau.*

taurino, a adj. Relativo al toro o a las corridas de toros.

tauro adj. y s.m. y f. (pl. *tauro*). Se dice de la persona nacida entre el 20 de abril y el 21 de mayo, bajo el signo de Tauro. (Suele escribirse con mayúscula.)

taurobolio s.m. ANT. **a.** Ceremonia en que el fiel se bañaba con la sangre de un toro sacrificado. **b.** Altar en que se realizaba esta ceremonia.

taurófilo, a adj. Aficionado a las corridas de toros.

taurómaco, a adj. Tauromáquico. ◆ adj. y s. Se dice de la persona que entiende de tauromaquia.

tauromaquia s.f. (del gr. *tayros*, toro, y *mákhesthai*, pelear). Técnica y arte de torear.

tauromaquia

Los antecedentes de la tauromaquia hay que buscarlos en los ritos y juegos de caza primitivos de los pueblos mediterráneos: la lucha con el toro está presente en la iconografía ibérica y en la cretense. En la alta edad media, el alancear toros fue festejo propio de las bodas, y a lo largo de los ss. XVI y XVII los testimonios documentales y artísticos sobre los festejos taurinos son numerosísimos. El toreo a caballo o rejoneo dominó una fiesta que a menudo derivaba en el espectáculo cruel que retrató Goya en su *Tauromaquia.* Su carácter aristocrático (los caballeros solían ser de clase alta) fue cayendo paulatinamente, haciéndose más popular e imponiéndose, a mediados del s. XVIII, el toreo a pie. Joaquín Rodríguez *Costillares,* que dio los primeros pasos hacia la sistematización de las suertes; *Pepe-Hillo,* en cuyo toreo la falta de recursos técnicos se compensaba con la emoción (no obstante se le atribuye una *Tauromaquia* o *Arte de torear* [1796], escrita al parecer por J. de la Tixera, siguiendo sus indicaciones), y Pedro Romero, torero de la serenidad, el dominio, la técnica, revolucionaron el arte de torear, a fines del s. XVIII. Después, la fiesta entró en un período de decadencia hasta la aparición de Francisco Montes *Paquiro.* Por entonces ya se distinguieron dos escuelas en el arte de torear: la sevillana, la de la verónica y el volapié, bullanguera y efectista, representada por *Pepe-Hillo, Cúchares, Tato* y *Lagartijo,* y la rondeña, más técnica, aplomada y segura, representada por los Romero, Jerónimo José Cándido, *Chiclanero,* Domínguez y *Frascuelo.* Poco tiempo después irrumpieron en escena tres toreros de cualidades excepcionales: Luis Mazzantini, Manuel García *Espartero* y Rafael Guerra *Guerrita.* Con José Gómez *Joselito,* de toreo perfecto, seguro y elegante, a quien solo pudo comparársele Belmonte, con sus faenas arriesgadas y dramáticas, el toreo alcanzó cotas insuperables.

tauromáquico, a adj. Relativo a la tauromaquia.

tausug o **suluk,** pueblo protomalayo de lengua indonesia que vive en el archipiélago filipino de Sulú y en Borneo.

tautócrono, a adj. Que sucede o se produce en intervalos de tiempo de igual duración a los de otra cosa: *oscilaciones tautócronas.*

tautología s.f. (del gr. *tautó,* lo mismo, y *lógos,* discurso). Repetición de un mismo pensamiento expresado de distintas maneras, especialmente cuando es inútil. **2.** LÓG. Proposición que siempre es verdadera, sea cual sea el valor de verdad de sus componentes.

tautológico, a adj. Relativo a la tautología.

tautomería s.f. QUÍM. Equilibrio entre dos isómeros, por la mediación de un ion común.

tautómero, a adj. QUÍM. Se dice del compuesto que permanece en equilibrio bajo distintas formas.

taxáceo, a adj. y s.f. Relativo a una familia de plantas gimnospermas del orden coníferas, como el tejo.

taxativo, a adj. Limitado y reducido al sentido estricto de la palabra o a determinadas circunstancias: *ley taxativa.*

taxi s.m. (apócope de *taxímetro*). Automóvil de alquiler con chófer, provisto generalmente de taxímetro, que lleva al cliente al lugar solicitado.

taxia s.f. Taxis.

taxiarca s.m. (gr. *taxiarkhos,* de *taxis,* cuerpo de tropas, y *arkhē,* mando). ANT. GR. Comandante de uno de los diez batallones que formaban la infantería ateniense.

taxidermia s.f. (del gr. *táxis,* ordenación, y *dérma,* piel). Técnica de disecar animales muertos para conservarlos.

taxidermista s.m. y f. Persona que practica la taxidermia.

taxímetro s.m. (fr. *taximètre*). Contador que llevan los taxis y otros automóviles de alquiler, y que va indicando el precio del trayecto en función del tiempo invertido y de la distancia recorrida.

taxis s.f. (gr. *táxis,* ordenación). Movimiento de un ser vivo orientado por un factor externo. SIN.: *tactismo, taxia.*

taxista s.m. y f. Persona que tiene por oficio manejar un taxi.

taxón s.m. HIST. NAT. Unidad sistemática en una clasificación.

taxonomía s.f. Ciencia de la clasificación de los elementos de una de las ciencias naturales.

taxonómico, a adj. Relativo a la taxonomía.

taxonomista s.m. y f. Persona que se dedica a la taxonomía.

taya s.f. Colomb. Serpiente venenosa de más de 1 m de long., que vive en zonas húmedas.

taylorismo s.m. Sistema de organización del trabajo, de control de los tiempos de ejecución y de remuneración del obrero, establecido por Frederick Winslow Taylor.

taza s.f. (ár. *ṭássa*). Recipiente pequeño de loza u otro material y con asa, para tomar líquidos, generalmente calientes. **2.** Contenido de dicho recipiente: *una taza de chocolate.* **3.** Receptáculo donde cae el agua de las fuentes. **4.** Receptáculo del retrete.

tazar v.tr. y prnl. (de *retazar*). Rozar o romper una cosa, generalmente la ropa por su uso continuado.

tazmía s.f. Tributo que percibía la hacienda real en los reinos de Castilla y de León, durante la baja edad media, consistente en las dos novenas partes del tercio del diezmo eclesiástico.

tazón s.m. Recipiente semiesférico parecido a una taza pero mayor y, generalmente, sin asa. **2.** Contenido de este recipiente.

1. **te** s.f. Nombre de la letra *t.* **2.** Objeto o accesorio en forma de T mayúscula, empleado en construcción, imprenta, dibujo, etc.

2. **te** pron.pers. Forma átona del pronombre personal de 2ª persona del singular. Funciona como complemento directo e indirecto y se usa con verbos pronominales cuando el sujeto es de 2ª persona del singular. Va pospuesto y unido al verbo cuando acompaña a un infinitivo, gerundio o imperativo.

té s.m. (chino dialectal *t'e*). Árbol originario de China meridional, que se cultiva en todo el Sudeste asiático por sus hojas perennes y lanceoladas, con las que se prepara una infusión. **2.** Hoja de este árbol secada después de su recolección o tras haber sufrido una ligera fermentación. **3.** Infusión que se hace con estas hojas. **4.** Reunión de gente por la tarde para tomar té y pastas. **5.** Nombre de numerosas especies vegetales empleadas en medicina popular: *té de roca; té de Gredos.* ◇ **Té de Paraguay,** o **de los jesuitas,** o **de las misiones** Yerba mate.

tea s.f. (lat. *teda*). Astilla de madera muy resinosa que se enciende para alumbrar o prender fuego.

teatino, a adj. y s.m. Relativo a una congregación de clérigos regulares fundada en Roma en 1524, por Gian Pietro Carafa, futuro Paulo IV, con la intención de reformar las costumbres eclesiásticas; miembro de esta congregación.

teatral adj. Relativo al teatro. **2.** Efectista, exagerado o que intenta llamar la atención.

teatralidad s.f. Cualidad de teatral.

teatralizar v.tr. e intr. Dar carácter teatral.

teatro s.m. (lat. *theatrum,* del gr. *théatron,* de *theasthrai,* mirar). Edificio donde se representan obras dramáticas, musicales o de variedades. **2.** Público que asiste a una representación. **3.** Género literario de obras para ser representadas por actores. **4.** Arte de componer obras dramáticas o de representarlas. **5.** Conjunto de obras dramáticas de un autor, época o estilo. **6.** Conjunto de actividades relativas al mundo teatral. **7.** *Fig.* Lugar en que se desarrollan algunas actividades u ocurren sucesos o acontecimientos importantes. ◇ **Hacer,** o **tener, teatro** Actuar de manera efectista, fingida o exagerada. **Teatro de cámara** Teatro de carácter experimental, dedicado especialmente a un público minoritario. **Teatro de operaciones** Sector dotado de unidad geográfica o estratégica, en el que pueden desarrollarse operaciones militares.

tebaico, a adj. y s. De Tebas, antigua ciudad de Egipto. ◆ adj. Se dice del compuesto derivado del opio.

tebaína s.f. Alcaloide tóxico que se extrae del opio.

tebano, a adj. y s. De Tebas (Grecia).

tebeo s.m. (de *TBO,* revista infantil). Esp. Cómic infantil.

1. **teca** s.f. (lat. *theca*). Caja pequeña donde se guarda una reliquia. **2.** BOT. Cada una de las dos mitades de la antera completa, formada por dos sacos polínicos, que al llegar a la madurez forman una sola cavidad al desaparecer el tabique divisorio.

2. **teca** s.f. (voz de origen tagalo). Árbol de gran tamaño de Asia tropical, que suministra una madera muy apreciada. **2.** Madera de este árbol, dura y que no se pudre.

techado s.m. Techo.

techar v.tr. Poner el techo a una construcción.

technicolor s.m. (marca registrada). Procedimiento de cinematografía en color.

techno o **tecno** s.m. Estilo musical nacido en Detroit en la década de 1980, como una prolongación del house, caracterizado por la utilización de instrumentos electrónicos (sintetizadores, samplers, etc.) y su ritmo repetitivo. ◆ adj. Relativo a este estilo musical.

techo s.m. (lat. *tectum*). Parte interior de la cubierta de una habitación, edificio, etc. **2.** Tejado, cubierta de un edificio o construcción. **3.** Cubierta de un vehículo. **4.** Capacidad máxima o punto más alto de algo. **5.** AERON. Altitud máxima que puede alcanzar una aeronave, un misil o un proyectil antiaéreo. **6.** MIN. Terreno que se extiende por encima de una capa o vena mineral. ◇ **Techo de nubes** Base de las nubes bajas. **Techo solar** Mampara sobre el techo de un automóvil, que deja pasar la luz del sol y que puede abrirse para que entre el aire.

techumbre s.f. Techo, cubierta de un edificio.

teckel s.m. Perro de la raza basset, fuerte, de patas cortas y pelo raso y duro o largo.

tecla s.f. Pieza de un instrumento musical situada en la parte exterior del mismo, que se pulsa con los dedos para producir un sonido. **2.** Pieza de un mecanismo o aparato que se pulsa con los dedos para accionarlo. ◇ **Pulsar,** o **tocar, alguna tecla,** o **teclas** *Fam.* Emplear alguien sus influencias para conseguir algo; manejar los detalles de un asunto que se ha de realizar.

teclado s.m. Conjunto de teclas de un instrumento o mecanismo.

teclear v.intr. Pulsar las teclas. **2.** Tamborilear, golpear ligeramente con los dedos sobre una superficie.

teclista s.m. y f. Persona que en un conjunto musical toca un instrumento con teclado. **2.** Persona que trabaja con los teclados de la linotipia, la monotipia o en la fotocomposición.

tecnecio s.m. Elemento químico artificial (Tc), aislado entre los productos de fisión del uranio, de número atómico 43 y masa atómica 98.

técnica s.f. Conjunto de procedimientos y métodos de una ciencia, arte, oficio o actividad. **2.** Habilidad en la utilización de dichos procedimientos. **3.** Conjunto de medios y conocimientos para el perfeccionamiento de los sistemas de obtención o elaboración de productos. **4.** Conjunto de aplicaciones prácticas de las ciencias. **5.** *Fig.* Sistema para conseguir algo.

tecnicismo s.m. Cualidad de técnico. **2.** Palabra o expresión propia de una ciencia, arte, oficio o actividad.

técnico, a adj. (lat. *technicus,* del gr. *tekhnikós,* relativo al arte, técnico). Relativo a la técnica. **2.** Que es propio del lenguaje específico de un arte, una ciencia o un oficio. ◆ s. Persona que posee los conocimientos especiales de una técnica u oficio.

tecno s.m. → **techno.**

tecnocracia s.f. Gobierno de los tecnócratas.

tecnócrata s.m. y f. y adj. Político o alto funcionario que actúa como especialista o experto en cuestiones técnicas o económicas.

tecnoestructura s.f. Grupo de técnicos que controlan y ejercen el poder dentro de las grandes administraciones y las grandes empresas.

tecnología s.f. Conjunto de los conocimientos propios de una técnica. **2.** Conjunto de los instrumentos, procedimientos o recursos técnicos empleados en un determinado sector o producto. ◇ **Tecnologías avanzadas** Medios materiales y organizaciones estructurales que ponen en práctica los descubrimientos y aplicaciones científicas más recientes.

tecnológico, a adj. Relativo a la tecnología.

teco → **cuitlateca.**

tecol s.m. Méx. Gusano lepidóptero que ataca el tallo del maguey, reduciéndolo a una sustancia pétrea.

tecolote s.m. Amér. Central y Méx. Búho.

tecomate s.m. Guat. y Méx. Planta bignoniácea de aplicaciones medicinales, cuyo fruto comestible, del mismo nombre, tiene una corteza muy dura. **2.** Méx. Recipiente de forma similar a la jícara, hecho de barro o con la corteza del tecomate.

tecpantlalli s.m. Conjunto de tierras de la comunidad azteca, cuyo rendimiento se destinaba al sostenimiento del tlatoani.

tectibranquio, a adj. y s.m. Relativo a un orden de moluscos gasterópodos marinos que poseen una sola branquia lateral, protegida por un manto.

tectita s.f. Vidrio natural, rico en sílice y en alúmina, probablemente de origen cósmico.

tectónica s.f. Parte de la geología que estudia las deformaciones de la corteza terrestre, por efecto de fuerzas internas, posteriores a su formación; conjunto de estas deformaciones.

tectónico, a adj. (del gr. *tékton,* obrero, carpintero). Relativo a la tectónica.

tectriz adj. y s.f. BOT. Se dice del órgano que cubre o protege. **2.** ZOOL. Se dice de cada una de las plumas que recubren las remeras de las alas de las aves.

tecuhtlalli s.m. Tierra de los nobles aztecas que, al parecer, era utilizada como establecimiento de refugiados extranjeros, quienes tributaban a su dueño por este usufructo.

tecuhtli s.m. Indígena azteca que poseía cierto rango dentro de la jerarquía y ejercía funciones como las del juez o supervisor de tributos.

tedéum s.m. Himno de alabanza y de acción de gracias de la Iglesia católica que empieza con las palabras *Te deum laudamus.*

tedio s.m. (lat. *taedium,* aversión). Aburrimiento, fastidio, estado de ánimo en que se siente hastío.

tedioso, a adj. Que produce tedio.

tee-shirt s.m. (ingl. *tee shirt*). Camiseta de algodón con mangas cortas.

tefe s.m. Colomb. y Ecuad. Jirón de tela o piel. **2.** Ecuad. Cicatriz facial.

teflón s.m. (marca registrada). Materia plástica fluorada que es muy resistente al calor y a la corrosión.

tefrita s.f. Roca volcánica caracterizada por la asociación de plagioclasa y un feldespatoide.

tegenaria s.f. Araña doméstica de entre 10 y 20 mm de long., de abdomen marrón con manchas, que teje una telaraña irregular. (Familia agelénidos.)

tegumento s.m. (lat. *tegumentum*). ANAT. Piel. **2.** BOT. Tejido que cubre algunas partes de las plantas.

teguy s.m. Ave paseriforme, de plumaje pardo oliváceo, que vive en las selvas tropicales de América del Sur. (Familia formicáridos.)

tehuelche, pueblo amerindio pampeano de Argentina, que con los ona constituye el grupo patagón. A mediados del s. XIX, se refugiaron en las zonas más inhóspitas de Tierra del Fuego, y act. están prácticamente extinguidos.

teína s.f. Alcaloide que se encuentra en el té, químicamente análoga a la cafeína.

teísmo s.m. Doctrina que afirma la existencia de un Dios creador del universo y providente.

teísta adj. y s.m. y f. Relativo al teísmo; que profesa esta doctrina.

teja s.f. (lat. *tegula*). Pieza de barro cocido, generalmente en forma de canal, que se emplea para cubrir el tejado o techo de un edificio. **2.** Sombrero usado por los eclesiásticos. **3.** Dulce de forma semejante a esta pieza de barro cocido. ◇ **A toca teja** Esp. *Fam.* A tocateja. **De tejas abajo,** o **arriba** *Fam.* En este mundo, o en el mundo sobrenatural. **Teja de alero** La que se usa para la construcción del extremo de un alero. **Teja de caballete** La que se usa para cubrir el caballete o arista superior de un techo o tejado y de las limas salientes.

tejado s.m. Esp. Parte superior y exterior de un edificio, que suele estar recubierta por tejas o pizarras. **2.** Esp. Material colocado encima de la armazón de una cubierta y que forma la superficie de la misma. **3.** MIN. Afloramiento que forma la parte alta de los filones metalíferos.

tejamaní, tejamanil o **tajamanil** s.m. Cuba, Méx. y P. Rico. Tabla delgada que se coloca como teja en el techo o tejado de una casa.

tejano, a adj. y s. De Texas. ◆ adj. y s.m. Esp. Se dice de la prenda de vestir, especialmente de los pantalones, confeccionada con tela muy resistente generalmente de color azul, con costuras vistas.

1. **tejar** v.tr. Cubrir de tejas el techo o tejado de un edificio.

2. **tejar** s.m. Lugar donde se fabrican tejas, ladrillos y adobes.

tejaván s.m. Méx. Construcción rústica de teja y que se usa para proteger el grano, el pasto, etc. SIN.: *tejavana.*

tejedor, ra adj. Que teje. ◆ adj. y s. Chile y Perú. *Fig.* y *fam.* Intrigante, enredador. ◆ s. Persona que tiene por oficio tejer. ◆ s.m. Insecto que corre con mucha agilidad por la superficie del agua. **2.** Ave paseriforme de las regiones cálidas, que recibe este nombre por su habilidad para tejer el nido.

tejemaneje s.m. *Fam.* Actividad intensa o movimiento constante con que se realiza algo. **2.** *Fig.* Intriga, actividad y medios poco honestos o poco claros para conseguir algo.

tejer v.tr. (lat. *texere*). Formar en el telar la tela con la trama y la urdimbre. **2.** Entrelazar hilos, esparto, etc., para formar trencillas, esteras, etc. **3.** Hacer labor, o una labor de punto, ganchillo, etc. **4.** Formar ciertos animales articulados una tela o capullo con un hilo que fabrican ellos mismos. **5.** *Fig.* Preparar, elaborar una cosa, con cierto orden y poco a poco, a través de diversos razonamientos o actos. **6.** *Fig.* Maquinar, tramar, urdir. **7.** Chile y Perú. Intrigar. ◇ **Tejer y destejer** Cambiar de resolución, haciendo y deshaciendo o adelantando y retrocediendo, en el transcurso de una actividad u operación.

tejido s.m. Manufacturado textil, de estructura laminar flexible, que resulta de tejer o entrecruzar hilos. (Unos, dispuestos en sentido longitudinal, constituyen la *urdimbre;* otros, en perpendicular, la *trama.*) **2.** Textura de una tela. **3.** *Fig.* Cosa formada al entrelazar varios elementos. **4.** HISTOL. Conjunto organizado de células que tienen la misma estructura y la misma función: *tejido óseo.* ◇ **Tejido glial** Tejido conjuntivo íntimamente unido al tejido nervioso, cuya nutrición parece controlar. SIN.: *neuroglia.*

1. **tejo** s.m. Plancha metálica circular y gruesa. **2.** Disco hecho de teja, metal, etc., que se usa para lanzarlo en ciertos juegos.

2. **tejo** s.m. (lat. *taxus*). Árbol gimnospermo, de follaje persistente y bayas rojas (arilos), que crece en lugares húmedos, sobre terrenos calcáreos, a menudo plantado y tallado con fines ornamentales. (Puede alcanzar una alt. de 15 m y vivir varios cientos de años; sus hojas y yemas son tóxicas.)

tejocote s.m. Arbusto mexicano, cuyo fruto es parecido a la ciruela y cuyas raíces se usan como diurético. (Familia rosáceas.) **3.** Fruto de este arbusto, de sabor agridulce y color amarillo.

tejón s.m. (lat. tardío *taxo, -onis*). Mamífero plantígrado, omnívoro, de unos 70 cm de long. y 20 kg de peso, que excava madrigueras profundas en la tierra y es común en los bosques de Europa occidental. (Orden carnívoros, familia mustélidos.)

tejonera s.f. Madriguera del tejón.

tejú s.m. Nombre de diversos saurios americanos, de diferente tamaño. (Familia téjidos.) ◇ **Tejú común** Tejú de color pardo azulado, con manchas amarillas y negras, de hasta 1 m de long., incluida la cola. **Tejú de mancha amarilla** Tejú de grandes dimensiones que tiene dos pliegues característicos en la piel de la garganta.

tejuela s.f. Pieza de madera que forma cada uno de los fustes de la silla de montar.

tejuelo s.m. Cuadrito de cuero, papel u otro material similar que se pega en el lomo o en la tapa de un volumen encuadernado. **2.** Rótulo escrito en este cuadrito. **3.** MEC. Cojinete de soporte de un árbol o eje vertical, que sirve de guía para el movimiento de rotación y de tope para los esfuerzos transversales. **4.** VET. Hueso corto y resistente que sirve de base al casco de las caballerías.

teké o **bateké,** pueblo del oeste de la Rep. Dem. del Congo, del sur del Congo y del sudeste de Gabón, de lengua bantú. (Tienen una organización matrilineal y patrilocal. Se organizan en aldeas autónomas, que están sometidas al consejo de ancianos.)

1. **tela** s.f. (lat. *tela,* de *texere,* tejer). Tejido fabricado en un telar. **2.** Capa delgada y flexible, especialmente la que se forma en la superficie de algunos líquidos. **3.** Lienzo o cuadro pintado. **4.** Esp. *Fig.* y *fam.* Materia, asunto por tratar, discutir o estudiar. **5.** MAR. Vela. **6.** TAUROM. Capote. **7.** Película o cobertura membranosa, generalmente delgada y delicada, que recubre determinados frutos u órganos: *tela de la cebolla.* ◇ **Haber tela que cortar** *Fam.* Haber mucha materia de la que hablar o mucho trabajo del que ocuparse. **Tela asfáltica** Lámina de material impermeabilizante que se coloca en pavimentos para evitar la filtración de humedad. **Tela de araña** Telaraña; ELECTR. bobina arrollada sobre un molde con radios. **Tela de saco,** o **de embalaje** Arpillera, tela de estopa. **Tela metálica** Malla o red de alambre.

2. **tela** s.f. (lat. *tela,* pl. de *telum,* dardo). Valla que se construía en justas y torneos para evitar que topasen las monturas de los caballeros que se enfrentaban. ◇ **Poner en tela de juicio algo** Tener dudas acerca de su certeza o éxito; ponerlo bajo riguroso examen.

telamón s.m. ARQ. Atlante.

telangiectasia s.f. Dilatación de los vasos capilares, con formación de pequeñas líneas rojas en la piel.

telar s.m. Máquina para tejer. **2.** Parte del espesor del vano de una puerta o de una ventana, más próxima al paramento exterior del muro y que forma ángulo recto con él. **3.** Aparato o bastidor en que se disponen los pliegos de los libros para efectuar el cosido manual. **4.** Parte superior del escenario de un teatro, que queda fuera de la vista del público y desde donde se hacen bajar los telones y bambalinas.

telaraña s.f. (del lat. vulg. *tela aranea,* de *aranea,* telaraña). Tela o red que forma la araña con un hilo que segrega ella misma, para capturar presas. **2.** Nube muy ligera. **3.** *Fig.* Defecto en la vista que produce la sensación de tener una nubosidad delante del ojo. ◇ **Mirar las telarañas** *Fam.* Estar distraído y no atender. **Tener telarañas en los ojos** *Fam.* Ser incapaz de juzgar ecuánimemente un asunto, por tener el ánimo ofuscado.

tele s.f. *Fam.* Televisión.

telearrastre s.m. Telesquí.

telecabina s.f. Teleférico formado por pequeñas cabinas suspendidas de un cable, para transportar personas en intervalos regulares.

telecinematógrafo s.f. Aparato para transformar imágenes y sonidos cinematográficos en señales de televisión. SIN.: *telecinema.*

telecomunicación s.f. Transmisión a distancia de mensajes hablados, sonidos, imágenes o señales convencionales. (Se usa generalmente en plural.) **2.** Ciencia de la comunicación a distancia.

telecomunicación

En menos de un siglo, los medios de telecomunicación se han diversificado mucho. Según el tipo de información transmitida, pueden distinguirse los procesos de telecomunicación del *sonido* (teléfono, radiodifusión), la *imagen* (videografía), la *imagen* y el *sonido* (televisión), *textos* (telégrafo, télex, telecopia, teletexto), *datos informáticos* (teleinformática), etc. Según el modo en que se ponen a disposición de los usuarios, se puede distinguir entre los medios de telecomunicación de sentido único, de un emisor a un receptor (radiodifusión, televisión, radiomensajería...), y los que permiten un diálogo entre dos personas o dos grupos (teléfono), o bien entre, de un lado, una persona o un grupo y, del otro, una máquina que ofrece una batería de servicios (videotex).

El envío de informaciones se lleva a cabo a través de las redes de telecomunicaciones. Estas pueden recurrir a diversos soportes físicos en función del tipo de información que transporten, la rapidez convenida de la transmisión y la distancia que hay que recorrer. La red telefónica, por ej., emplea a la vez cables, fibra óptica, ondas hercianas y, para las comunicaciones intercontinentales, satélites.

Con la interconexión de las telecomunicaciones y la informática, así como con las técnicas digitales, se desarrollan redes multimedia que permiten la transmisión de sonidos, imágenes, textos y datos informáticos a velocidades muy rápidas (autopistas de la información).

teleconducción s.f. Conducción a distancia de una instalación, en general múltiple, a partir de una base central hacia la cual convergen la información y las telemediciones, y desde donde los telemandos parten hacia máquinas y aparatos.

teleconferencia s.f. TELECOM. Conferencia entre varias personas alejadas geográficamente entre sí, establecida mediante un sistema de telecomunicaciones.

telecopia s.f. Sistema de telecomunicación que permite mandar y recibir documentos gráficos por medio de la telefonía.

telecopiadora s.f. Aparato para mandar y recibir documentos gráficos por medio de telecopia.

teledetección s.f. Detección a distancia de informaciones sobre la superficie de la Tierra o de un planeta, basada en el análisis y tratamiento de imágenes precedentes de aviones, satélites, etc.

telediario s.m. Esp. Programa informativo diario de televisión, en que se emiten noticias de actualidad o interés público. SIN.: *informativo.*

teledifusión s.f. Transmisión de imágenes de televisión por medio de ondas electromagnéticas.

teledirigir v.tr. Controlar o gobernar a distancia un aparato o un vehículo a través de un telecomando.

teledistribución s.f. Emisión de programas de televisión por medio de una red de cables o fibra óptica.

telefacsímil s.m. Fax.

telefax s.m. (marca registrada). Fax.

teleférico s.m. Medio de transporte de personas o mercancías, formado por cabinas o asientos suspendidos de uno o más cables, que se utiliza para salvar grandes diferencias de altitud.

telefilm o **telefilme** s.m. Película realizada para la televisión.

telefio s.m. (gr. *tyléfhion,* de *Télephos,* rey de Misia). Planta de tallo erguido, hojas carnosas, muy anchas, redondeadas y dentadas, y flores de pétalos blancos o rosados. (Familia crasuláceas.)

telefonazo s.m. *Fam.* Llamada telefónica.

telefonear v.intr. Llamar por teléfono. ◆ v.tr. Comunicar o transmitir un mensaje por teléfono.

telefonía s.f. Sistema de telecomunicación que permite transmitir sonidos por medios eléctricos o electromagnéticos. ◇ **Telefonía celular,** o **móvil** Sistema de radiocomunicación que funciona en una zona dividida en células adyacentes, cada una de las cuales contiene una estación de transmisión-recepción radioeléctrica. **Telefonía sin hilos** Radiotelefonía.

telefónico, a adj. Relativo al teléfono o a la telefonía.

telefonista s.m. y f. Persona que tiene por oficio atender las llamadas telefónicas en una centralita o establecer las comunicaciones telefónicas que no son automáticas en una central telefónica.

teléfono s.m. (del gr. *tele,* lejos, y *phonein,* hablar). Telefonía, sistema de comunicación. **2.** Aparato para establecer comunicación telefónica. **3.** Número que corresponde a este aparato.

telefonometría s.f. Técnica de mediciones electroacústicas objetivas y de mediciones subjetivas de la voz y el oído que sirven para evaluar la calidad de un sistema telefónico y para definir las condiciones aceptables de audición en una comunicación telefónica.

telefotografía s.f. Técnica de tomar fotografías de personas u objetos lejanos mediante el teleobjetivo. **2.** Fotografía obtenida a través de esta técnica.

telegénico, a adj. Que resulta favorecido al aparecer en televisión.

telegrafía s.f. Sistema de telecomunicación que permite la transmisión de mensajes escritos por medio de impulsos eléctricos y utilizando un código de señales preestablecido. ◇ **Telegrafía sin hilos (TSH)** Transmisión de mensajes por medio de ondas electromagnéticas. SIN.: *radiotelegrafía.*

telegrafiar v.tr. [conj. · *desviar*]. Transmitir por medio del telégrafo.

telegráfico, a adj. Relativo al telégrafo o a la telegrafía.

telégrafo s.m. (del gr. *tele,* lejos, y *gráphein,* escribir). Telegrafía, sistema de comunicación. **2.** Aparato para establecer comunicación telegráfica. ◆ **telégrafos** s.m.pl. Administración de la que depende dicho sistema de comunicación. **2.** Edificio o local destinado a este servicio.

telegrama s.m. Mensaje transmitido a través del telégrafo. **2.** Impreso en que va escrito este mensaje y que se entrega al destinatario.

teleimpresor s.m. y adj. Aparato telegráfico con un teclado alfanumérico que sirve para transmitir mensajes escritos. **2.** Mensaje transmitido con este aparato. SIN.: *teletipo.*

teleinformática s.f. Informática que hace uso de los medios de telecomunicación.

telekinesia s.f. → **telequinesia.**

telele s.m. *Fam.* Patatús, soponcio.

telemando s.m. Puesta en marcha de un aparato o mecanismo a distancia. **2.** Control remoto o mando a distancia.

telemark s.m. En esquí, viraje que se ejecuta en una pendiente suave o al final de una pista.

telemarketing s.m. Uso de los medios de telecomunicación al servicio del marketing.

telemática s.f. Conjunto de técnicas y servicios que asocian la telecomunicación y la informática.

telemetría s.f. Medición de distancias por procedimientos acústicos, ópticos o radioeléctricos, o por reflexión de un rayo láser.

telémetro s.m. Aparato de telemetría.

telencéfalo s.m. Estructura nerviosa del embrión, a partir de la cual se diferencian los hemisferios cerebrales.

telenovela s.f. Programa de televisión con una estructura narrativa y un argumento dramático, que se emite por capítulos.

telenque adj. Chile. Enteco y enfermizo.

teleobjetivo s.m. Objetivo fotográfico de distancia focal larga, capaz de dar una imagen grande de un objeto lejano sin necesidad de ser muy amplia la distancia entre el objetivo y el plano de la película sensible.

teleología s.f. (del gr. *télos, -eos* fin, y *lógos,* doctrina). FILOS. Creencia en la existencia de un fin o causa final de la estructura del mundo, la actuación del ser humano, etc. **2.** Estudio de las causas finales.

teleósteo, a adj. y s.m. Relativo a un superorden de peces óseos con boca terminal, branquias recubiertas por opérculos, escamas lisas y aleta caudal con dos lóbulos iguales o sin ninguno.

telépata adj. y s.m. y f. Que practica la telepatía.

telepatía s.f. (del gr. *tele,* lejos, y *pathein,* sentir). Fenómeno que consiste en la transmisión de sensaciones y pensamientos entre dos o más sujetos, sin que exista comunicación a través de los sentidos conocidos.

telepostal adj. Argent. Perteneciente o relativo al correo.

teleproceso s.m. INFORMÁT. Sistema de procesamiento de los datos suministrados a una computadora a distancia por medio de la telefonía, telegrafía, etc.

teleprompter s.m. Pantalla usada en los platós de televisión, en la que aparece el texto que el presentador, colaborador, etc., han de leer frente a la cámara.

telepuerto s.m. Centro de emisión y recepción de comunicaciones.

telepuntería s.f. Dispositivo que sirve para apuntar a distancia las piezas de artillería de un navío de guerra desde un puesto central de tiro.

telequinesia o **telekinesia** s.f. En parapsicología, fenómeno que consiste en el desplazamiento de objetos sin intervención de una fuerza o energía observables.

1. **telera** s.f. Pieza que hace de travesaño en algunos instrumentos o utensilios.

2. **telera** s.f. *Cuba.* Galleta rectangular y delgada. **2.** *Méx.* Pan blanco, grande, de forma ovalada, con dos hendiduras paralelas a lo largo.

telerradar s.m. Empleo combinado del radar y de la televisión.

telerradiografía s.f. Radiografía que se practica colocando la lámpara de rayos X lejos del sujeto (de 2 a 3 m), para suprimir la deformación cónica de la imagen.

telescópico, a adj. Relativo al telescopio: *imagen telescópica.* **2.** Que solo se puede ver con un telescopio. **3.** Se dice del aparato, instrumento, etc., formado por dos tubos de diámetro distinto, de manera que el de diámetro menor puede introducirse en el interior del otro.

telescopio s.m. (del gr. *tele,* lejos, y *skopein,* observar). Instrumento óptico para observar objetos muy alejados, utilizado en astronomía. ◇ **Telescopio electrónico** Cámara electrónica. **Telescopio espacial** Telescopio que opera en el espacio orbitando en torno a la Tierra.

telesilla s.m. Teleférico formado por asientos individuales suspendidos de un cable y repartidos en intervalos regulares, que sirve para transportar personas a un lugar elevado.

telespectador, ra s. Persona que mira la televisión. SIN.: *televidente.*

telesquí s.m. (pl. *telesquís* o *telesquíes*). Medio de transporte formado por un cable de tracción del que penden ganchos con un asiento, en que los esquiadores son arrastrados sobre sus esquís hasta la cima de la pista. SIN.: *telearrastre.*

teletac s.m. Sistema automático de pago del peaje en las autopistas que consiste en la lectura a distancia de una banda magnética.

teleteca s.f. Lugar donde se conservan y clasifican los documentos de archivo de televisión. **2.** Colección de estos documentos de archivo.

teletex s.m. Servicio telemático para la transmisión de textos, que ofrece posibilidades suplementarias en relación con el servicio télex, en particular las prestaciones características de las máquinas de escribir y las posibilidades del tratamiento de textos a distancia.

teletexto s.m. Sistema de videografía en el que las informaciones se difunden empleando los medios de transmisión de la televisión destinada al público, y que permite al usuario recibir los mensajes y efectuar una selección.

teletipo s.m. (marca registrada). Teleimpresor.

teletoxia s.f. Intoxicación de determinados seres vivos por un producto tóxico difundido en el medio ambiente (agua, aire o suelo) a partir de un ser vivo de otra especie.

teletrabajo s.m. Forma de trabajo a distancia en la que el trabajador utiliza, desde su domicilio, herramientas informáticas y de telecomunicación para comunicar con su empresa.

teleutóspora s.f. Telióspora.

televenta s.f. Venta, por pedido telefónico, de artículos presentados en la televisión.

televisar v.tr. Transmitir por televisión.

televisión s.f. Sistema de transmisión de imágenes y sonidos por cable o por ondas radioeléctricas. **2.** Conjunto de medios y personas que aseguran la transmisión de programas, reportajes, etc., por medio de este sistema. **3.** Televisor. ◇ **Televisión por cable** Teledistribución.

televisión

Para transmitir una imagen de televisión, esta se convierte, en la emisión, en señales eléctricas proporcionales al brillo de cada uno de sus puntos. En la recepción, se lleva a cabo la conversión inversa. Las señales transmitidas, después de su amplificación y modulación, restablecen no solo la variación de brillo de cada punto en función del tiempo (señal de vídeo) sino también la posición de cada uno de ellos en el plano de la imagen (sincronización). Los puntos se disponen en líneas sucesivas para formar la imagen gracias a las señales de sincronización. Para conseguir el movimiento, se transmiten 25 o 30 imágenes por segundo. El sonido correspondiente se transmite, en modulación de amplitud o de frecuencia, por un medio diferente al que asegura la transmisión de las imágenes. El número de puntos de una línea determina la *definición horizontal*; el número de líneas de una imagen (525 o 625, según el país) proporciona la *definición vertical.* En la televisión en color se transmite, para cada elemento de la imagen, tres señales correspondientes a los colores fundamentales (azul, rojo y verde). Las investigaciones para mejorar la calidad de las imágenes han llevado a la *televisión de alta definición* (TVHD), en la que las imágenes se componen de más de 1 000 líneas y tienen un formato perfectamente adaptado a la difusión de films.

televisivo, a adj. Relativo a la televisión: *cobertura televisiva.* **2.** Adecuado o apto para ser televisado.

televisor s.m. Aparato receptor de televisión.

télex s.m. (acrónimo del ingl. *teleprinter exchange,* intercambio entre teleimpresores) [pl. *télex*]. Servicio telegráfico con conexión directa entre los usuarios por medio de teleimpresores.

telilla s.f. Tela, nata de ciertos líquidos. **2.** Tela poco tupida.

telióspora s.f. Espora tardía, capaz de resistir un largo tiempo y de germinar sobre el suelo en el próximo período vegetativo. SIN.: *teleutóspora.*

tell s.m. ARQUEOL. En el Próximo oriente, colina artificial formada por las ruinas superpuestas de una antigua ciudad. **2.** GEOGR. En Argelia y Tunicia, conjunto de regiones costeras donde los cultivos son teóricamente posibles sin la ayuda del riego.

telofase s.f. BIOL. Última fase de la mitosis celular, en la que se constituyen los núcleos de las células hijas y se forma una nueva membrana.

telolecito, a adj. y s.m. BIOL. Se dice del huevo que tiene gran cantidad de vitelo nutritivo (cefalópodos, peces, reptiles, aves).

telón s.m. (ital. *telone*). Lienzo grande que se pone en el escenario de un teatro y que se desliza vertical u horizontalmente. ◇ **Pase de telón** En tauromaquia, pase por alto, dado con la muleta totalmente desplegada. **Telón de acero** Nombre con que se designó, a partir de los años de la guerra fría y hasta 1989, a la frontera que separaba los países denominados occidentales y los países socialistas del E de Europa y URSS. **Telón de boca** El que sirve para ocultar la escena y que suele estar cerrado antes y después de la función y en los entreactos. **Telón de fondo,** o **de foro** El que se coloca como parte de la decoración y suele estar pintado.

teloneo s.m. HIST. Impuesto indirecto que gravaba el tránsito y venta de mercancías.

telonero, a adj. y s. En un espectáculo, se dice del cantante o del grupo de música que intervienen antes que el cantante o el grupo de música principales.

telpochcalli s.m. (voz náhuatl). En el México prehispánico, lugar donde los niños recibían instrucción militar, cultural y religiosa.

telson s.m. ZOOL. Último anillo del abdomen de los artrópodos.

telugo s.m. Lengua drávida hablada en el estado indio de Andhra Pradesh por los telugus, pueblo melanohindú de la India oriental.

telurhídrico, a adj. Se dice del ácido H_2Te, gas incoloro y tóxico.

telúrico, a adj. (del lat. *tellus, -uris,* tierra). Relativo a la Tierra. **2.** Sísmico: *movimientos telúricos.* **3.** QUÍM. Se dice del anhídrido TeO_3 y del ácido correspondiente. ◇ **Planeta telúrico** Planeta denso y pequeño, cuyo prototipo es la Tierra. (También lo son Mercurio, Venus y Marte.)

telurio o **teluro** s.m. No metal, de color blanco azulado, de densidad 6,2, cuyo punto de fusión es de 449,5 °C. **2.** Elemento químico (Te), de número atómico 52 y masa atómica 127,60.

telurómetro s.m. Aparato radioeléctrico para calcular distancias entre puntos visibles de la Tierra.

teluroso, a adj. Se dice del anhídrido TeO_2 y del ácido correspondiente.

tema s.m. (lat. *thema, -atis,* del gr. *théma*). Asunto o materia del que trata un libro, conversación, obra artística, conferencia, etc. **2.** Parte de un manual, libro, etc., que forma una unidad dependiente. **3.** Idea en que alguien se obstina: *cada loco con su tema.* **4.** HIST. Circunscripción militar y administrativa del Imperio bizantino. **5.** LING. Parte de una palabra que sirve de base a una declinación o a una conjugación, constituida por la raíz y uno o varios determinativos. **6.** MÚS. Idea musical, formada por una melodía o fragmento melódico, que sirve de base a una composición musical; canción o composición musical. ◇ **Tema celeste** ASTRON. Figura celeste, representación de los astros en un momento determinado.

temalacatl s.m. (voz náhuatl). En el México prehispánico, piedra redonda, con la imagen del Sol y otros símbolos celestes, sobre la que se sujetaba a la víctima en algunos sacrificios.

temario s.m. Conjunto de temas propuestos para su estudio o discusión.

temática s.f. Conjunto de temas que se dan en una obra, movimiento literario, autor, etc.

temático, a adj. Relativo a un tema literario, artístico, musical, etc. **2.** LING. Relativo al tema de las palabras. **3.** MÚS. Que tiene relación con temas musicales.

tematizar v.tr. Convertir un asunto en el tema central o principal de algo.

temazcal s.m. (náhuatl *temazcalli,* de *tema,* bañarse y *calli,* cosa). En el México prehispánico, construcción de piedra y argamasa en la que se tomaban baños de vapor, especialmente las mujeres embarazadas.

tembladera s.f. *Fam.* Temblor. SIN.: *tembleque.* **2.** Planta herbácea de hojas lampiñas y estrechas, con panoja terminal de la que cuelgan unas espigas aovadas. (Familia gramíneas.)

temblar v.intr. (lat. vulg. *tremulare*) [conj.: *pensar*]. Agitarse, moverse con movimientos cortos, rápidos, involuntarios y reiterados: *las hojas tiemblan en el árbol; temblar de frío.* **2.** *Fig.* Tener mucho miedo o estar asustado. **3.** *Fig.* Emitirse un sonido de manera entrecortada: *temblar la voz.* **4.** Méx. Ocurrir un terremoto. ◇ **Dejar temblando algo** *Fam.* Gastar la mayor parte de ello o dejarlo en situación precaria.

tembleque s.m. *Fam.* Temblor. SIN.: *tembladera.*

temblequear v.intr. *Fam.* Temblar.

temblón, na adj. *Fam.* Que tiembla continua o fácilmente.

temblor s.m. Acción de temblar. **2.** Agitación motora involuntaria, continuada y repetida, del cuerpo o de una de sus partes. ◇ **Temblor de tierra** Sismo.

temer v.intr. (lat. *timere*). Sentir temor. ◆ v.tr. Recelar de algo, sospechar: *temo que va a llover.*

temerario, a adj. (lat. *temerarius*). Atrevido, imprudente, expuesto a peligros. **2.** Que se dice, hace o piensa sin fundamento o conocimiento de causa: *juicio temerario.*

temeridad s.f. (lat. *temeritas, -atis*). Cualidad de temerario. **2.** Acción temeraria.

temeroso, a adj. Que siente temor de recibir algún daño. **2.** Temible.

temible adj. Capaz de causar temor.

temné o **timné,** pueblo de Sierra Leona, vinculado al grupo atlántico occidental.

temor s.m. (lat. *timor, -oris*). Miedo, sentimiento de inquietud, de incertidumbre. **2.** Recelo, sospecha, aprensión hacia algo. ◇ **Temor de Dios** Miedo reverencial y respetuoso ante Dios.

témpano s.m. (lat. *tympanum,* pandero, del gr. *týmpanon,* tambor, pandero). Plancha flotante de hielo. ◇ **Quedarse como un témpano** *Fam.* Quedarse aterido de frío.

tempate s.m. C. Rica y Hond. Piñón.

temperado, a adj. Templado.

temperamental adj. Relativo al temperamento. **2.** Que tiene reacciones impulsivas y frecuentes cambios de estado de ánimo o humor.

temperamento s.m. Conjunto de caracteres físicos y psíquicos de una persona que determinan su comportamiento: *temperamento violento.* **2.** *Fig.* Vitalidad, vivacidad: *juventud llena de temperamento.* **3.** Capacidad expresiva vigorosa de un artista, autor, etc.: *un pianista con temperamento.* **4.** MÚS. **a.** Afinación practicada en determinados instrumentos, dividiendo la octava en doce semitonos iguales. **b.** Sistema musical que divide la octava en un número determinado de notas *(temperamento desigual. temperamento igual).*

temperancia s.f. Templanza.

temperante adj. Que tempera. **2.** Amér. Merid. Abstemio.

temperar v.tr. y prnl. Atemperar, templar. ◆ v.intr. Amér. Central, Colomb., P. Rico y Venez. Cambiar de clima una persona por razones de salud o de placer.

temperatura s.f. Magnitud física que caracteriza de manera objetiva la sensación subjetiva de calor o frío producida por el contacto de un cuerpo. **2.** Grado o nivel térmico de la atmósfera. **3.** Fiebre. ◇ **Temperatura absoluta** Magnitud definida por las consideraciones teóricas de la termodinámica o de la mecánica estadística, prácticamente igual a la temperatura centesimal aumentada en 273,15 grados.

tempero s.m. (del lat. *temperies,* temperatura). Estado adecuado de la tierra para plantar y sembrar, adquirido con la lluvia.

tempestad s.f. (lat. *tempestas, -atis*). Perturbación intensa de la atmósfera que se manifiesta con viento, lluvia, nieve o pedrisco y sobre todo relámpagos y truenos. **2.** Agitación violenta del agua del mar, causada por el ímpetu y fuerza del viento. **3.** *Fig.* Acción impetuosa, agitación súbita y violenta del ánimo. ◇ **Tempestad magnética** Perturbación magnética acusada por oscilaciones irregulares y súbitas de las agujas imanadas, en una extensa zona.

tempestuoso, a adj. Que amenaza o produce tempestad: *tiempo tempestuoso.* **2.** *Fig.* Tenso, que amenaza una situación violenta; agitado, violento: *reunión tempestuosa.*

templabilidad s.f. Aptitud de una aleación para adquirir temple o endurecimiento más o menos profundo.

templado, a adj. Que no es o no está frío ni caliente: *clima templado.* **2.** Que actúa con moderación. **3.** *Fig.* y *fam.* Valiente, sereno o que tiene entereza: *carácter templado.* ◆ s.m. Mezcla del azúcar con melaza, para hacer pasar a esta las impurezas superficiales de los cristales de azúcar en suspensión. **2.** Mezcla de malta molida con agua caliente en la cuba mezcladora.

templador, ra adj. y s. Que templa. ◆ s.m. Llave para afinar instrumentos de cuerda. **2.** Instrumento para regular la tensión de alambres, cables, etc.

templanza s.f. Moderación. **2.** Benignidad del clima o la temperatura. **3.** Armonía de los colores. **4.** REL. Virtud cardinal que consiste en moderar los apetitos y los placeres de los sentidos.

templar v.tr. (lat. *temperare*). Moderar o suavizar la fuerza o violencia de algo: *templar la tormenta; templar los ánimos.* **2.** Enfriar sumergiendo en un líquido un material calentado por encima de determinada temperatura. **3.** Apretar, atirantar: *templar un muelle.* **4.** Armonizar los colores. **5.** MAR. Adaptar las velas a la fuerza del viento. **6.** MÚS. Afinar un instrumento. **7.** TAUROM. Adecuar el movimiento del capote o de la muleta a la violencia, velocidad, etc., de la embestida del toro. ◆ v.tr. y prnl. Poner templado algo. ◆ v.intr. Ponerse templado el tiempo. ◆ **templarse** v.prnl. *Fig.* Moderarse en la comida, bebida o satisfacción. **2.** Amér. Merid. Enamorarse.

templario s.m. Caballero de la orden militar del Temple.

temple s.m. Acción y efecto de templar metal, vidrio, etc. **2.** *Fig.* Humor, estado del ánimo de alguien: *estar de buen* o *mal temple.* **3.** *Fig.* Fortaleza, valentía y serenidad para afrontar dificultades y riesgos: *persona de temple.* **4.** Tratamiento térmico para lograr, mediante el enfriamiento rápido de un producto metalúrgico, que este mantenga, a la temperatura ambiente, la misma estructura cristalina que tenía en caliente o una estructura intermedia. **5.** Disposición y acuerdo armónico de los instrumentos musicales. **6.** Pintura para muros, bóvedas, etc., preparada mezclando el pigmento con cola u otra materia glutinosa caliente y agua; también técnica en que se emplea esta pintura. **7.** Obra pictórica realizada con esta pintura. **8.** Temperatura o estado de la atmósfera.

templete s.m. Construcción pequeña formada por un techo o cúpula sostenidos por columnas, que suele usarse para cobijar una estatua y puede formar parte de un altar, mueble, etc.

templo s.m. (lat. *templum*). Edificio destinado al culto religioso, a menudo construido en honor de una divinidad. **2.** *Fig.* Lugar donde se rinde culto a algo espiritual.

tempo s.m. (voz italiana). MÚS. **a.** Velocidad con que se ejecuta una composición. **b.** Notación de los diferentes movimientos de un fragmento interpretado, cuando dichos movimientos han sufrido una aceleración o moderación de tipo accidental.

témpora s.f. (lat. *tempora,* pl. de *tempus,* tiempo). REL. Tiempo de ayuno en el comienzo de cada una de las estaciones del año. (Suele usarse en plural.)

temporada s.f. Espacio de tiempo de varios días o meses que forman un conjunto. **2.** Período durante el que se realiza una actividad, manifestación artística, deportiva, etc.: *temporada de ópera.* ◇ **De temporada** Por espacio de cierto tiempo, de manera no permanente.

1. **temporal** adj. Relativo al tiempo, dimensión física. **2.** Que no es duradero ni permanente, que dura solo cierto tiempo: *trabajo temporal.* **3.** Secular, profano, no religioso. ◆ s.m. Tempestad fuerte; viento violento. ◇ **Capear el temporal** *Fam.* Aguantar una embarcación un temporal con maniobras adecuadas; salir hábilmente de una situación crítica o difícil.

2. **temporal** adj. (lat. *temporalis,* de *tempus, -oris,* sien). Relativo a las sienes. ◆ adj. y s.m. Se dice del hueso del cráneo situado en la región de la sien, entre el occipital y el esfenoides, y debajo el parietal. ◇ **Lóbulo temporal del cerebro** ANAT. Parte media e inferior de cada uno de los dos hemisferios cerebrales, que tiene una función importante en la integración de las sensaciones auditivas y en el lenguaje. **Síndrome temporal** Conjunto de síntomas característicos de una lesión del lóbulo temporal.

temporalidad s.f. Cualidad de temporal. ◆ **temporalidades** s.f.pl. Beneficios o retribuciones que los eclesiásticos perciben por ejercer su función.

temporalizar v.tr. Convertir lo eterno o espiritual en temporal, o tratarlo como tal.

temporera s.f. Canción popular andaluza, refundida dentro de ciertas fórmulas flamencas propias de los fandangos levantinos.

temporero, a adj. y s. Se dice de la persona que realiza un trabajo u oficio temporalmente.

temporización s.f. Técnica del control del tiempo operatorio o duración de una operación industrial.

temporizador s.m. Dispositivo eléctrico que permite hacer mediar un intervalo de tiempo entre el principio y el fin del funcionamiento de una máquina, aparato, etc.

temporizar v.intr. Contemporizar. **2.** Ocuparse en algo por mero pasatiempo.

tempranero, a adj. Que se produce antes del tiempo normal para ello: *fruto tempranero.* **2.** Que se levanta más pronto de lo acostumbrado o que hace las cosas anticipadamente.

tempranilla adj. y s.f. Se dice de la uva temprana.

tempranillo s.f. Variedad de uva que produce vino tinto.

temprano, a adj. (lat. vulg. *temporanus*). Que ocurre, se realiza o se manifiesta pronto o en tiempo anterior al señalado o esperado. **2.** Se dice del fruto que madura antes de lo esperado o habitual; planta de fruto temprano. ◆ adv.t. A primera hora del día o de la noche. **2.** Pronto, antes de lo acostumbrado o de lo corriente.

temu s.m. Chile. Planta mirtácea.

ten. Ten con ten Tacto o moderación al tratar a alguien o al llevar algún asunto.

tenacidad s.f. Cualidad de tenaz.

tenacillas s.f.pl. Instrumento con forma de tenaza pequeña, que tiene diferentes usos.

tenar adj. Se dice de la zona situada en la base del pulgar de la mano. ◇ **Eminencia tenar** ANAT. Saliente del lado externo de la palma de la mano.

tenaz adj. (lat. *tenax, -acis*). Persistente, adherido con fuerza, difícil de quitar: *un dolor tenaz.* **2.** *Fig.* Firme, perseverante: *hombre tenaz.* **3.** TECNOL. Que opone mucha resistencia a romperse o deformarse: *metal tenaz.*

tenaza s.f. (bajo lat. hispánico *tenaces*). Herramienta para sujetar, arrancar o cortar objetos, compuesta de dos piezas cruzadas, móviles y articuladas, que terminan en un filo. (Suele usarse en plural.) **2.** Instrumento quirúrgico para fragmentar huesos. ◇ **No poder sacar ni con tenazas algo a alguien** No conseguir que dé o diga algo. **Tenazas de fijación** TECNOL. Portaherramientas para la sujeción de fresas con vástago cilíndrico. **Tenazas de fontanero** Esp. Herramienta que se emplea para doblar cañerías. **Tenazas de suspensión** Accesorio de aparatos de elevación y transporte que permite izar y trasladar uno o varios objetos o materiales.

tenca s.f. (lat. tardío *tinca*). Ciprínido comestible de agua dulce, de unos 35 cm de long., que vive en los fondos cenagosos y tranquilos con abundante vegetación. **2.** Argent. y Chile. Ave similar a la alondra. **3.** Chile. Mentira, engaño.

tendajón s.m. Méx. Tienda pequeña.

tendal s.m. Amér. Lugar soleado donde se coloca el café y otros granos para secarlos. **2.** Argent., Chile y Urug. *Fam.* Conjunto de personas o cosas que, por causa violenta, han quedado tendidas en el suelo. **3.** Chile. Tienda ambulante, puesto. **4.** Ecuad. Barbacoa usada para asolear el cacao.

tendalada s.f. Amér. *Fam.* Conjunto de cosas o personas tendidas en el suelo de manera desordenada.

tendedero s.m. Lugar o conjunto de cuerdas o alambres donde se tiende algo: *tendedero de ropa.* SIN.: *tendedor.*

tendencia s.f. Inclinación o disposición natural de una persona hacia una cosa determinada: *tendencia a engordar; tendencia depresiva.* **2.** Idea política, filosófica, religiosa o artística orientada en una dirección o finalidad. **3.** Acción, fuerza por la que un cuerpo se mueve hacia otro o hacia algo. **4.** ECON. Evolución a largo plazo de una determinada variable que permite apreciar su desplazamiento al alza o a la baja, subyacente a sus fluctuaciones cíclicas. ◇ **Tendencia general** ESTADÍST. Movimiento de larga duración, continuo y lento, que representa la evolución normal de un fenómeno.

tendencioso, a adj. Que presenta algo parcialmente y manifiesta tendencia a un fin determinado.

tendente adj. Que tiende a un fin.

tender v.tr. (lat. *tendere*). Extender lo que estaba doblado, arrugado, etc., horizontalmente. **2.** Colgar la ropa mojada para que se seque. **3.** Colocar, suspender o construir algo desde un lugar a otro: *tender una red telegráfica; tender un puente.* **4.** Alargar algo aproximándolo hacia alguien o algo. **5.** *Fig.* Tener una inclinación, tendencia física o espiritual hacia algo o alguien: *las plantas tienden hacia la luz; tendía a estar solo.* **6.** Tener una cualidad o característica no bien definida pero sí aproximada a otra de la misma naturaleza: *color que tiende a rojo.* ◆ v.tr. y prnl. Colocar a alguien o algo horizontalmente sobre una superficie: *lo tendieron sobre la camilla; se tendió en la cama.* ◇ **Tender la cama** Méx. Arreglarla, poner las sábanas y las mantas. **Tender la mano** Dar ayuda a alguien. **Tender la mesa** Amér. Poner las cosas necesarias en la mesa para comer, poner la mesa. **Tender un cable** *Fam.* Ayudar a alguien.

ténder s.m. (ingl. *tender*). Vehículo que, acoplado a la locomotora, lleva el combustible y el agua necesarios para la alimentación de la máquina.

tenderete s.m. Puesto de venta callejero donde se tiene toda la mercancía expuesta a la vista de los clientes.

tendero, a s. Persona que posee una tienda, especialmente de comestibles, o que trabaja en ella.

tendido, a adj. BOT. Que crece paralelamente al suelo. **2.** HERÁLD. Se dice del delfín cuya cabeza y cola se dirigen hacia la punta del escudo; echado. **3.** TAUROM. Se dice de la estocada cuya dirección es más horizontal de lo conveniente. ◆ s.m. Acción de tender un cable, alambre, línea de conducción, etc. **2.** Conjunto de cables que constituyen una conducción eléctrica. **3.** Conjunto de ropa lavada que se tiende de una vez. **4.** TAUROM. Graderío descubierto de una plaza de toros; asiento de este graderío.

tender

INDICATIVO

presente
tiendo
tiendes (tendés)
tiende
tendemos
tendéis
tiende

copretérito o pret. imperfecto
tendía
tendías
tendía
tendíamos
tendíais
tendían

pretérito o pret. perf. simple
tendí
tendiste
tendió
tendimos
tendisteis
tendieron

futuro o fut. simple
tenderé
tenderás
tenderá
tenderemos
tenderéis
tenderán

pospretérito o condicional simple
tendería
tenderías
tendería
tenderíamos
tenderíais
tenderían

SUBJUNTIVO

presente
tienda
tiendas
tienda
tendamos
tendáis
tiendan

pretérito o pret. imperfecto
tendiera o tendiese
tendieras o tendieses
tendiera o tendiese
tendiéramos o tendiésemos
tendierais o tendieseis
tendieran o tendiesen

futuro o fut. simple
tendiere
tendieres
tendiere
tendiéremos
tendiereis
tendieren

IMPERATIVO

tiende (tendé)	(tú, vos)
tienda	(él)
tendamos	(nosotros)
tended	(vosotros)
tiendan	(ellos)

FORMAS NO PERSONALES

infinitivo tender
gerundio tendiendo
participio tendido

tendinitis s.f. MED. Inflamación de un tendón.

tendinoso, a adj. Relativo al tendón. **2.** Que tiene tendones o está compuesto de ellos.

tendón s.m. (lat. moderno *tendo, -onis*). Estructura fibrosa que une los músculos a los huesos. ◇ **Tendón de Aquiles** Tendón que une el músculo de la pantorrilla *(tríceps sural)* al calcáneo, y permite la extensión del pie en la pierna; *Fig.* punto débil o vulnerable de alguien o algo.

tenducho s.m. *Desp.* Tienda poco abastecida y de mal aspecto. SIN.: *tenducha.*

tenebriónido, a adj. y s.m. Relativo a una familia de coleópteros nocturnos que se esconden durante el día bajo las piedras y viven principalmente en los países cálidos.

tenebrismo s.m. Tendencia pictórica que acentúa el contraste entre las zonas iluminadas y las oscuras.

tenebrista adj. y s.m. y f. Relativo al tenebrismo; que practica esta tendencia pictórica.

tenebrosidad s.f. Cualidad de tenebroso.

tenebroso, a adj. Oscuro, cubierto de tinieblas o de sombras. **2.** *Fig.* Turbio, misterioso, difícil de conocer o comprender.

tenedor, ra s. Persona que tiene o posee algo. **2.** Persona que posee legítimamente una letra de cambio u otro valor endosable. ◆ s.m. Utensilio para pinchar o tomar los alimentos sólidos y llevarlos a la boca, formado por un mango alargado en cuyo extremo hay varias púas. **2.** Signo con la forma de este instrumento que indica la categoría de un restaurante: *restaurante de dos tenedores.* ◇ **Tenedor de libros** Persona encargada de llevar los libros de contabilidad de una empresa o de un negocio.

teneduría s.f. Cargo de tenedor de libros. **2.** Oficina del tenedor de libros. ◇ **Teneduría de libros** Oficio del tenedor de libros.

tenencia s.f. Acción de tener. **2.** Cargo de teniente. **3.** Oficina del teniente. **4.** DER. Grado mínimo en el dominio de las cosas, constituido por el simple hecho de poseer. **5.** HIST. Tierra concedida a un vasallo por el rey o señor, quien conservaba la propiedad y otorgaba al concesionario el simple disfrute de la tierra. ◇ **Tenencia ilícita de armas** Delito en que incurre quien posee armas de fuego sin tener la guía y licencia oportunas o sin la guía de pertenencia.

tener v.tr. (lat. *tenere*). Poseer, disfrutar: *tener mucho dinero.* **2.** Asir, sostener, sujetar, agarrar: *tener una cuerda tirante; ten el paquete con cuidado.* **3.** Guardar, contener: *este bote tiene azúcar.* **4.** Dominar: *la bebida lo tiene.* SIN.: *esclavizar.* **5.** Mantener, cumplir: *tener la palabra.* **6.** Expresa una relación de contigüidad física, psicológica, intelectual, etc., entre el sujeto y el complemento: *tener miedo; tener arrugas; tiene veinte años; tener prisa.* **7.** Atribuye una cualidad, estado o circunstancia al complemento: *tiene los ojos azules; tener la comida hecha.* **8.** Expresa relación de similitud: *tiene algo de canallesco.* **9.** Expresa la participación o interés del sujeto en una acción o acto: *el sábado tendremos baile.* ◆ v.tr. y prnl. Estimar, considerar, juzgar: *tener en poco, en mucho, por un ambicioso a alguien; ten por seguro que lloverá; tener a mucha honra.* **2.** Como verbo auxiliar, se une a un participio que concuerda en género y número con el complemento directo: *tiene ganadas las voluntades de todos; tengo pensado hacer un viaje.* **3.** Con *que* y un infinitivo, expresa obligación, necesidad o propósito: *tienes que venir; tiene que ser así; tienen que hablar del asunto.* ◆ **tenerse** v.prnl. Sostenerse, mantenerse en determinada posición: *no poder tenerse en pie.* **2.** Dominarse, contenerse: *téngase el caballero.* ◇ **Tener a bien** Fórmula de cortesía con que se invita a aceptar o hacer algo. **Tener a mal** Desaprobar, recriminar. **Tener mucho gusto en,** o **de** Fórmula de cortesía que expresa complacencia en algo. **Tener presente** Conservar algo en la memoria y tomarlo en consideración cuando convenga.

tenería s.f. (fr. *tannerie,* de *tan,* corteza de roble). Curtiduría.

tenesmo s.m. (gr. *tenesmós*). Contracción dolorosa que sufre un órgano, especialmente el esfínter anal y el vesical, para expulsar alguna cosa.

tenia s.f. (gr. *tainia*). Gusano plano y segmentado, parásito del intestino delgado de los mamíferos. (Orden cestodos.) SIN.: *solitaria.*

tenida s.f. Chile. Traje.

teniente s.m. y f. Oficial de los ejércitos de tierra y aire, de grado intermedio entre el alférez y el capitán. <> **Teniente coronel** Oficial de los ejércitos de tierra y aire, de grado intermedio entre el comandante y el coronel. **Teniente de alcalde** Concejal encargado de ciertas funciones de la alcaldía. **Teniente de navío** Oficial del cuerpo general de la armada, de grado intermedio entre el alférez de navío y el capitán de corbeta. **Teniente general** Oficial de los ejércitos de tierra y aire, de grado intermedio entre el general de división y el capitán general.

tenífugo, a adj. y s.m. Se dice del medicamento que provoca la expulsión de las tenias.

tener

INDICATIVO	SUBJUNTIVO
presente	**presente**
tengo	*tenga*
tienes (tenés)	*tengas*
tiene	*tenga*
tenemos	*tengamos*
tenéis	*tengáis*
tienen	*tengan*
copretérito o pret. imperfecto	**pretérito o pret. imperfecto**
tenía	*tuviera* o *tuviese*
tenías	*tuvieras* o *tuvieses*
tenía	*tuviera* o *tuviese*
teníamos	*tuviéramos* o *tuviésemos*
teníais	*tuvierais* o *tuvieseis*
tenían	*tuvieran* o *tuviesen*
pretérito o pret. perf. simple	**futuro o fut. simple**
tuve	*tuviere*
tuviste	*tuvieres*
tuvo	*tuviere*
tuvimos	*tuviéremos*
tuvisteis	*tuviereis*
tuvieron	*tuvieren*
futuro o fut. simple	**IMPERATIVO**
tendré	
tendrás	*ten* (tené) (tú, vos)
tendrá	*tenga* (él)
tendremos	*tengamos* (nosotros)
tendréis	tened (vosotros)
tendrán	*tengan* (ellos)
pospretérito o condicional simple	**FORMAS NO PERSONALES**
tendría	
tendrías	**infinitivo** **gerundio**
tendría	tener teniendo
tendríamos	**participio**
tendríais	tenido
tendrían	

tenis s.m. (ingl. *tennis*). Deporte que se practica entre dos o cuatro jugadores provistos de raquetas, que consiste en enviar una pelota, por encima de una red, dentro de los límites de un terreno de juego rectangular. **2.** Zapato de lona, plástico o piel, con suela gruesa de hule, apto para hacer ejercicio o practicar algún deporte. (Suele usarse en plural.) <> **Tenis de mesa** Deporte similar al tenis, que se practica sobre una mesa de medidas reglamentadas. SIN.: *ping-pong.*

tenista s.m. y f. Jugador de tenis, especialmente si se dedica a ello profesionalmente.

tenístico, a adj. Relativo al tenis.

tenochca adj. y s.m. y f. Azteca.

1. **tenor** s.m. (ital. *tenore*). Voz masculina más aguda. **2.** Hombre que tiene esta voz.

2. **tenor** s.m. (lat. *tenor, -oris*). Contenido de un escrito. <> **A este tenor** De este modo o por este estilo.

tenora s.f. Instrumento musical de viento, de lengüeta doble como el oboe, con la campana o pabellón de metal.

tenorino s.m. (voz italiana). Tenor muy ligero que canta con voz de falsete.

tenorio s.m. Hombre que tiene audacia y facilidad para conquistar mujeres.

tenotomía s.f. Sección quirúrgica de un tendón.

tenrec s.m. Mamífero insectívoro de Madagascar, de unos 35 cm de long., que tiene el cuerpo cubierto de púas.

tensar v.tr. y prnl. Poner tenso. **2.** MAR. Tesar.

tensímetro o **tensiómetro** s.m. Aparato que sirve para medir tensiones.

tensión s.f. (lat. *tensio, -onis*). Acción de fuerzas opuestas que, actuando sobre un cuerpo y manteniéndolo tirante, impiden que sus partes se separen unas de otras. **2.** Estado de un cuerpo sometido a esta acción. **3.** *Fig.* Estado de nerviosismo, impaciencia o exaltación que siente una persona que espera, vigila, etc. **4.** *Fig.* Situación o estado de enfrentamiento entre personas o comunidades que amenaza una ruptura violenta. **5.** ELECTR. Diferencia de potencial eléctrico. <> **Tensión arterial** Presión ejercida por la sangre sobre las paredes de las arterias. **Tensión de vapor de agua** Presión parcial del vapor de agua contenido en el aire. **Tensión superficial** Magnitud igual a la relación entre la energía necesaria para aumentar la superficie libre de un líquido y el aumento del área de esta superficie.

tenso, a adj. (lat. *tensus,* p. pasado de *tendere,* tender). Que sufre tensión o está sometido a ella. <> **Tiro tenso** El efectuado con un ángulo inferior a 45°.

tensoactivo, a adj. Se dice de la sustancia que modifica la tensión superficial del líquido en el que se halla disuelta.

tensón s.f. Composición poética provenzal que consiste en una controversia entre dos o más poetas.

tensor, ra adj. Que tensa o sirve para tensar. ◆ adj. y s.m. Se dice del muelle, resorte o cualquier otro mecanismo que sirve para tensar. **2.** Se dice del músculo que estira o pone tensa una parte del cuerpo. ◆ s.m. Magnitud matemática de varios componentes que posee propiedades de invariación formal por cambio de base.

tensorial adj. MAT. Relativo al tensor.

tentación s.f. Impulso que induce a hacer algo generalmente reprobable. **2.** Cosa, situación o persona que tienta. **3.** Méx. *Fam.* Curiosidad, inquietud: *tengo la tentación de saber como está.* <> **Caer en la tentación** Dejarse vencer por este impulso.

tentacular adj. Relativo a los tentáculos.

tentáculo s.m. Apéndice móvil de que están provistos numerosos animales, como los moluscos y anémonas de mar, utilizado como órgano sensorial y aprehensor. **2.** BOT. Vástago de rápido desarrollo, capaz de sostenerse erguido, cuyo ápice se mueve circularmente hasta dar con un apoyo adecuado.

tentadero s.m. TAUROM. Corral o cercado donde se hace la tienta de becerros.

tentador, ra adj. y s. Que tienta o es apetecible.

tentar v.tr. y prnl. (lat. *temptare*) [conj.: *pensar*]. Palpar, tocar una cosa para reconocerla, percibirla o examinarla, por medio del tacto o de algún instrumento. **2.** Inducir a la tentación. **3.** Seducir, atraer, excitar a alguien a hacer algo, al mostrársele necesario, interesante o atractivo. **4.** TAUROM. Probar la bravura de una res.

tentativa s.f. Intento, acción de intentar, experimentar o tantear algo. **2.** DER. PEN. Principio de ejecución de un delito por actos externos que no llegan a ser suficientes para que se realice el hecho, sin que haya mediado desistimiento voluntario del culpable.

tentemozo s.m. Puntal o apoyo que se aplica a una cosa expuesta a caerse. **2.** Cada uno de los palos que cuelgan de la lanza del carro y, puestos de punta contra el suelo, impiden que aquel se vuelque hacia delante.

tentempié s.m. *Fam.* Refrigerio, comida ligera entre las principales.

tentenelaire s.m. Mestizo, hijo de cuarterón y mulata o de jíbaro y albarazada, o a la inversa. **2.** Argent. y Perú. Colibrí.

tentetieso s.m. Dominguillo.

tenue adj. (lat. *tenuis*). Delgado, fino, de poco grosor. **2.** Delicado, sutil, débil, de poca consistencia o sustancia.

tenuidad s.f. Cualidad de tenue.

tenuirrostro, a adj. Se dice del ave que tiene el pico fino y puntiagudo.

tenuto adv. (voz italiana). MÚS. Expresión que se coloca encima de algunos pasajes para indicar que los sonidos deben sostenerse durante toda su duración. (Se abrevia *ten.*)

teñido s.m. Acción y efecto de teñir o teñirse.

teñir v.tr. y prnl. (lat. *tingere*) [conj.: *ceñir*]. Dar a una cosa un color distinto del que tenía. **2.** *Fig.* Matizar, dar a algo un aspecto, tono o carácter determinado.

teobromina s.f. Alcaloide contenido en el cacao y en las hojas del té.

teocali o **teocalli** s.m. (voz náhuatl, *casa de dios,* de teotl, *dios,* y calli, *casa*). En el México prehispánico, templo.

teocomite s.m. Amér. Biznaga. (Los aztecas usaban las grandes espinas de esta planta en sus ejercicios rituales.)

teocracia s.f. Régimen político en el que el poder se considera procedente directamente de Dios, y es ejercido por los que están investidos de autoridad religiosa.

teocrático, a adj. Relativo a la teocracia.

teodicea s.f. (del gr. *theós,* dios, y *dike,* justicia). Metafísica del conocimiento de Dios y de sus atributos únicamente a través de la razón. SIN.: *teología natural.*

teodolito s.m. Instrumento para medir ángulos horizontales y verticales, utilizado en geodesia y topografía.

teofilantropía s.f. Secta deísta cuyo dogma se basaba en la creencia en un Dios todopoderoso y bondadoso y que tuvo cierta vigencia a finales del s. XVIII, especialmente en Francia.

teofilina s.f. Alcaloide contenido en las hojas del té, empleado en medicina como diurético.

teogonía s.f. En las religiones politeístas, doctrina referente al origen y a la genealogía de los dioses; conjunto de divinidades de una mitología determinada.

teologal adj. TEOL. CRIST. Se dice de la virtud que tiene como objeto a Dios. (Las *virtudes teologales* son la fe, la esperanza y la caridad.)

teología s.f. (lat. tardío *theologia,* del gr. *theología*). Ciencia que trata de Dios y de sus atributos y perfecciones. ◇ **Teología de la liberación** Movimiento ideológico surgido en el seno de la Iglesia católica en la década de 1960 en el marco del concilio Vaticano II, caracterizado por la denuncia de la explotación del Tercer mundo por parte de los países ricos. (Fue atacado por el Vaticano durante el pontificado de Juan Pablo II. Leonardo Boff y Jon Sobrino han sido sus principales portavoces. Ejerció una enorme influencia en América Latina.) **Teología natural** Teodicea.

teológico, a adj. Relativo a la teología.

teólogo, a s. Especialista en teología.

teorba s.f. → **tiorba.**

teorema s.m. (gr. *theórema,* investigación). Proposición científica que puede demostrarse. **2.** LÓG. y MAT. Expresión de un sistema formal, demostrable en el interior de dicho sistema.

teorética s.f. Teoría.

teorético, a adj. Relativo a la teoría.

teoría s.f. (gr. *theoría,* meditación). Conocimiento especulativo, ideal, independiente de toda aplicación. **2.** Conjunto de teoremas y leyes organizados sistemáticamente, sometidos a una verificación experimental, y encaminados a establecer la veracidad de un sistema científico. **3.** Conjunto sistematizado de opiniones o ideas sobre un tema determinado. ◇ **En teoría** Teóricamente, no comprobado prácticamente. **Teoría deductiva** LÓG. Conjunto de proposiciones demostradas de forma puramente lógica a partir de axiomas, y que enuncian las propiedades correspondientes a un determinado campo de objetos. **Teoría del conocimiento** FILOS. Sistema de explicación de las relaciones entre el pensamiento y los objetos, entre el hombre y el mundo.

teórica s.f. Teoría, conocimiento especulativo.

teórico, a adj. (gr. *theorikós*). Relativo a la teoría. ◆ adj. y s. Que se dedica al estudio de la parte teórica de una ciencia.

teorización s.f. Acción de teorizar.

teorizar v.intr. Formular una teoría o varias sobre algo.

teosofía s.f. Doctrina religiosa que tiene por objeto el conocimiento de Dios, revelado por la naturaleza, y la elevación del espíritu hasta la unión con la divinidad.

tepache s.m. Méx. Bebida elaborada con el jugo y la cáscara de diversas frutas, principalmente, piña y azúcar.

tepalcate s.m. Méx. Pez de la familia de los pleuronéctidos. **2.** Méx. Trasto inútil, cacharro. ◆ **tepalcates** s.m.pl. Méx. Fragmentos de un recipiente de barro roto.

tépalo s.m. BOT. Pieza del periantio de las flores de las plantas monocotiledóneas, pétalo y sépalo a la vez.

tepaneca adj. y s.m. y f. De un pueblo amerindio de México, del grupo nahua, de lengua uto-azteca, que desde el s. XIII dominó la cuenca del lago Texcoco, donde se encontraba su capital, Azcapotzalco, hasta principios del s. XV.

1. **tepe** s.m. Pedazo de tierra muy trabado por las raíces del césped o hierba, que se emplea para hacer presas en los regueros, obtener césped ornamental para trasplantar, etc.

2. **tepe** s.m. (voz turca, *colina*). ARQUEOL. Colina artificial formada por restos de poblados desaparecidos.

tepehua, pueblo amerindio de México, de lengua maya.

tepehuano, pueblo amerindio del grupo pima-nahua de la familia lingüística uto-azteca, que vive en México (est. de Durango, Nayarit y Chihuahua).

tepetate s.m. Méx. Piedra amarillenta, porosa, que cortada en bloques se emplea en construcción.

tepetomate s.m. Méx. Especie de madroño con raíces medicinales y fruto comestible, cuya madera se utiliza en ebanistería.

tepezcuinte o **tepezcuintle** s.m. C. Rica y Méx. Mamífero roedor, del tamaño de un conejo, con el cuerpo grueso y la piel de color amarillo rojizo.

tepidario s.m. (lat. *tepidarium,* de *tepidus,* tibio). ANT. ROM. Habitación de las termas romanas donde se mantenía una temperatura templada.

teporocho, a s. Méx. Indigente que vaga por las calles, especialmente el que padece algún trastorno mental o está drogado.

tepotzo s.m. Méx. Nauyaca.

tepú s.m. Chile. Árbol cuya madera se emplea principalmente como leña. (Familia mirtáceas.)

tepual s.m. Chile. Terreno poblado de tepúes, en la desembocadura de los ríos.

tepui s.m. (voz amerindia) [pl. *tepuyes*]. Meseta alta de cuarcita propia del macizo de la Guayana venezolana, de paredes verticales con perfiles muy escarpados, en cuya cima han pervivido aislados varios ecosistemas desde hace millones de años. (Este aislamiento y las condiciones climáticas particulares de esta formación son la causa de que los tepuyes hayan evolucionado de forma diferente a la selva de altitudes inferiores.)

tequesquite s.m. Méx. Sal natural que aparece al desecarse los lagos salobres y que se emplea en la saponificación de las grasas y en medicina popular.

tequiar v.tr. Amér. Central. Dañar, perjudicar.

tequiche s.m. Venez. Plato elaborado con harina de maíz tostado, mantequilla y leche de coco.

tequila s.m. Bebida alcohólica que se obtiene de la fermentación y destilación del aguamiel de una variedad de agave *(maguey tequilero)* y que es originaria de México.

tequio s.m. (náhuatl *tequitl,* trabajo). Trabajo colectivo, de carácter temporal, que realizan los indios de un mismo linaje, clan o comunidad americana. **2.** Amér. Central. *Fig.* Molestia, daño.

tequioso, a adj. Amér. Central. Travieso, molesto.

tera, prefijo (símb. T) que, colocado delante de una unidad de medida, la multiplica por 10^{12}.

terapeuta s.m. y f. (gr. *therapeutés,* servidor). Médico especializado en terapéutica. ◇ **Terapeuta ocupacional** Médico especializado en la terapia ocupacional.

terapéutica s.f. (lat. tardío *therapeutica, -orum,* tratados de medicina, del gr. *therapeuticós,* servicial, que cuida de algo). Parte de la medicina que se ocupa de los tratamientos de las enfermedades; tratamiento o terapia.

terapéutico, a adj. Relativo a la terapéutica.

terapia s.f. Tratamiento o curación. (Puede usarse como sufijo.) ◇ **Terapia ocupacional** Tratamiento empleado en diversas enfermedades somáticas o psíquicas para readaptar al paciente mediante acciones de la vida ordinaria o con determinadas ocupaciones laborales.

teratogénesis s.f. Parte de la teratología que se ocupa de la causa de las malformaciones congénitas. **2.** Producción de malformaciones.

teratología s.f. Parte de la biología que estudia las malformaciones congénitas.

teratológico, a adj. Relativo a la teratología. **2.** Se dice de todo órgano de un ser vivo cuya morfología se aparta de la normalidad.

terbio s.m. Metal del grupo de las tierras raras. **2.** Elemento químico (Tb), de número atómico 65 y masa atómica 158,925.

tercelete s.m. ARQ. Nervio suplementario de las bóvedas de crucería, que se inicia en el ábaco del capitel y termina en las cadenas.

tercena s.f. (port. *tercena*). Ecuad. Carnicería, tienda donde se vende carne.

tercer adj. Apócope de *tercero.*

tercera s.f. Intervalo musical melódico o armónico, que comprende dos tonos o un tono y medio.

tercería s.f. Oficio o actividad de tercero, mediador o alcahuete.

tercermundismo s.m. Doctrina o tendencia que privilegia el tema de la dependencia y del atraso del Tercer mundo sobre otras consideraciones. **2.** Doctrina o tendencia que pretende aplicar análisis y soluciones propias del Tercer mundo a países que no pertenecen propiamente a esta realidad, aunque tienen alguna de sus características (especialmente, el subdesarrollo y la dependencia).

tercermundista adj. y s.m. y f. Del Tercer mundo. **2.** Relativo al tercermundismo; partidario de esta doctrina. ◆ adj. *Por ext.* Atrasado, no moderno; poco desarrollado.

tercero, a adj.num.ordin. y s. (lat. *tertiarius,* que contiene una tercera parte). Que corresponde en orden al número tres. ◆ adj. Se dice de cada una de las partes que resultan de dividir un todo en tres partes. ◆ adj. y s. Se dice de la persona o cosa que interviene o aparece en un asunto además de las dos que, en posiciones opuestas, figuran en él: *tercera solución.* ◆ s. Alcahuete, mediador. ◇ **Orden tercera** Asociación de religiosos *(órdenes terceras regulares)* o de laicos *(órdenes terceras seculares)* que están afiliados a una orden religiosa, como los franciscanos, los dominicos, los carmelitas y los benedictinos. **Tercero en discordia** El que media para zanjar una desavenencia.

tercerola s.f. (del ital. *terzaruola, -uolo*). Arma de fuego de repetición, más corta que la carabina.

tercerón, na adj. y s. Nacido de blanco y mulata, o de mulato y blanca.

terceto s.m. (ital. *terzetto*). Estrofa que consta de tres versos, normalmente endecasílabos. **2.** Conjunto de tres personas o cosas. **3.** MÚS. Composición breve para tres voces o tres instrumentos.

tercia s.f. CRIST. Parte del oficio monástico o del breviario que se reza hacia las 9 de la mañana. ◆ **tercias** s.f.pl. ◇ **Tercias reales** Renta de la hacienda real castellana, que consistía en la percepción de dos novenos de los diezmos eclesiásticos.

terciado, a adj. Atravesado o cruzado. **2.** Mediano, ni grande ni pequeño. **3.** Se dice del azúcar de segunda producción y de color amarillo o marrón. **4.** HERÁLD. Se dice del escudo dividido en tres partes iguales.

terciana s.f. Fiebre intermitente cuyos accesos se repiten cada tres días.

terciar v.tr. Dividir una cosa en tres partes. **2.** Equilibrar la carga repartiéndola por igual a los dos lados de la acémila. **3.** Dar la tercera reja o labor a la tierra a fin de prepararla para el cultivo de los cereales. ◆ v.tr. y prnl. Poner una cosa diagonalmente o al sesgo, ladearla. ◆ v.intr. Mediar entre dos partes para ponerlas de acuerdo, o interceder en favor de una frente a la otra. **2.** Intervenir en una acción, tomar parte en algo que están haciendo otros, particularmente en una conversación. **3.** Llegar algo a la tercera parte o al tercer punto de algo. ◆ **terciarse** v.prnl. Esp. Presentarse la oportunidad de hacer algo. **2.** TAUROM. Atravesarse el toro en la suerte.

terciario, a adj. Tercero en orden o en grado. **2.** QUÍM. Se dice de un átomo de carbono unido a otros tres átomos de carbono. ◆ adj. y s.m. Se dice de la era geológica que precede a la era cuaternaria, de una duración de 65 millones de años, y que se caracteriza por el plegamiento alpino y la diversificación de los mamíferos. ◆ s. Miembro de una orden tercera. ◇ **Sector terciario** Parte de la población activa empleada en los servicios, como administración, comercio, banca, enseñanza, ejército, etc.

tercio, a adj. y s.m. (lat. *tertius,* tercero). Se dice de cada una de las partes que resultan de dividir un todo en tres partes iguales. ◆ s.m. Unidad del cuerpo de infantería de marina que presta servicio en los tres departamentos marítimos y en Baleares. **2.** Unidad de la infantería española de los ss. XVI y XVII. **3.** Cada una de las frases musicales de que se componen algunos cantes flamencos. **4.** TAUROM. **a.** Espacio comprendido entre la barrera y una circunferencia trazada desde el centro del redondel. **b.** Cada una de las tres etapas en que se divide la lidia: *tercio de varas, de banderillas, de muerte.* ◆ **tercios** s.m.pl. Miembros fuertes y robustos de las personas. ◇ **Tercio de la Guardia civil** Unidad de dicho cuerpo que está al mando de un coronel.

terciopelo s.m. Tejido de superficie velluda, empleado para vestidos y tapicería.

terco, a adj. Obstinado, tenaz, que mantiene su actitud a pesar de las dificultades y obstáculos. **2.** Ecuad. Desabrido, despegado.

terebeco, a adj. C. Rica. Trémulo, tembloroso.

terebequear v.intr. C. Rica. Temblar.

terebintáceo, a adj. y s.f. Relativo a una familia de plantas leñosas, con fruto en drupa, como el anacardo, el zumaque y el mango. SIN.: *anacardiáceo.*

terebinto s.m. (lat. *terebinthus*). Cornicabra, árbol.

terebrante adj. Se dice del dolor muy intenso que produce la sensación de que se está perforando la zona afectada.

tereftálico, a adj. Se dice de un ácido isómero del ácido ftálico, utilizado en la fabricación de fibras textiles.

tereque s.m. Ecuad., Nicar., P. Rico y Venez. Trasto, cacharro.

teresiano, a adj. Relativo a santa Teresa de Jesús. **2.** Se dice del instituto religioso que se dedica principalmente a la enseñanza y tiene por patrona a santa Teresa de Jesús. ◆ adj. y s.f. Se dice de la religiosa que pertenece a este instituto religioso.

tergal s.m. (marca registrada). Hilo o fibra sintética de poliéster, de patente francesa.

tergiversación s.f. Acción y efecto de tergiversar.

tergiversar v.tr. (lat. *tergiversari*). Dar una interpretación errónea a algo.

tergo s.m. Parte dorsal de cada uno de los anillos de los artrópodos.

termal adj. Se dice de las aguas de manantial calientes y de toda agua de fuente utilizada como tratamiento, así como de las instalaciones que permiten su empleo. ◇ **Estación termal** Localidad dotada de uno o varios establecimientos especializados en el tratamiento de diversas afecciones, mediante la utilización de aguas de manantial, con características mineralógicas determinadas y constantes.

termalismo s.m. Conjunto de medios médicos, higiénicos, hoteleros, hospitalarios y sociales al servicio de la utilización terapéutica de las aguas termales.

termas s.f.pl. (lat. *thermae*, del gr. *thermós*, caliente). Baños públicos de los antiguos romanos. **2.** Caldas, baños de agua mineral caliente.

termes s.m. (lat. *termes, -itis*). Insecto que vive en sociedades compuestas por una hembra dotada de un enorme abdomen, un macho, numerosas obreras que aseguran los trabajos de construcción y se encargan de aportar los alimentos, y numerosos soldados, encargados de la defensa. (Vive especialmente en regiones cálidas, donde construye enormes termiteras, y roe la madera, el papel, etc., para alimentarse. Familia xilófagos. Orden isópteros.) SIN.: *termita, térmite.*

termia s.f. Unidad de medida de la cantidad de calor (símb. th), equivalente a 10^6 calorías.

térmica s.f. Parte de la física que se ocupa de la producción, la transmisión y la utilización del calor.

termicidad s.f. Acción, en un sistema de cuerpos que sufren una transformación físico-química, de intercambiar calor con el medio exterior.

térmico, a adj. Relativo al calor y a la temperatura. **2.** Se dice de un instrumento o aparato de medida basado en la dilatación que experimenta un hilo metálico cuando lo recorre una corriente que eleva su temperatura: *amperímetro térmico, voltímetro térmico.* **3.** *Fig.* Se dice del neutrón que poseen una energía cinética del orden de la de la agitación térmica y son capaces de provocar la fisión del uranio 235. ◇ **Agitación térmica** Movimiento desordenado de las partículas que constituyen la materia, cuya velocidad aumenta con la temperatura. **Análisis térmico** Conjunto de procedimientos que permiten la medida, en función de la temperatura, de las magnitudes características de una propiedad de una muestra, sometida a aumentos y disminuciones de temperatura. **Central térmica** Instalación industrial donde se produce energía eléctrica a partir de energía térmica. **Máquina térmica** Aparato que transforma el calor en trabajo mecánico.

termidoriano, a adj. Relativo a los acontecimientos del 9 de termidor del año II, día de la caída de Robespierre.

terminación s.f. Acción y efecto de terminar o terminarse. **2.** Conclusión, extremo o parte final de una cosa. **3.** Final de una palabra, sufijo o desinencia variable según las personas, números, tiempos, etc.

terminal adj. Final, que pone término a una cosa. **2.** Se dice del último período y de las manifestaciones finales de las enfermedades que conducen a la muerte. ◆ adj. y s.f. Se dice del lugar de origen o final de una línea aérea, de ferrocarril, de autobús, etc. ◆ s.m. Conjunto de tanques de almacenamiento y bombas, o depósito, situado al final de un oleoducto: *terminal marítimo.* **2.** ELECTR. Borne. **3.** INFORMÁT. Órgano periférico de una computadora, generalmente situado lejos de la máquina, al que pueden enviarse datos y preguntas y que proporciona resultados y respuestas.

terminante adj. Categórico, concluyente, preciso, contundente, rotundo.

terminar v.tr. (lat. *terminare*, limitar, acabar). Llevar a fin o dar término de una cosa: *terminar los estudios.* ◆ v.intr. y prnl. Tener fin una cosa, llegar a su fin: *la calle termina aquí.*

término s.m. (lat. *terminus*, mojón, linde). Extremo, límite o último punto hasta donde llega algo. **2.** Porción de territorio sometido a la autoridad de un ayuntamiento. **3.** Fin último, momento o período de la existencia o duración de algo: *el término de la vida.* **4.** Límite de tiempo, plazo fijo: *debes pagar en el término de dos días.* **5.** Elemento de un conjunto; cada uno de los componentes que constituyen un todo. **6.** Palabra, vocablo. **7.** LÓG. Sujeto o predicado en una premisa de un silogismo. **8.** MAT. Cada una de las cantidades que componen una suma, una expresión algebraica, una serie, una sucesión, una progresión, etc. ◆ **términos** s.m.pl. Lenguaje que alguien emplea para expresar cierta cosa. **2.** Condición o carácter de una situación. ◇ **Cruz de término** Cruz monumental, generalmente de piedra, con que solía señalarse el amojonamiento de un término municipal o su entrada en el mismo. **Dar término a algo** Terminarlo. **En último término** Si no queda otro medio o remedio. **Estar en buenos,** o **malos, términos** Estar en buenas, o malas, relaciones con alguien. **Invertir los términos** Cambiar completamente el planteamiento de una cuestión. **Llevar a término algo** Ejecutarlo completamente. **Operación a término** B. Y BOLS. Operación cuya efectividad solo tendrá lugar en una fecha convenida.

terminología s.f. Conjunto de términos o vocablos propios de determinada profesión, ciencia o materia: *terminología literaria.*

terminológico, a adj. Relativo a la terminología.

termistor s.m. Resistencia eléctrica de coeficiente de temperatura elevado y negativo.

1. **termita** o **térmite** s.f. Termes.

2. **termita** s.f. Mezcla de limaduras de aluminio y óxido de hierro, utilizada para soldar. ◇ **Soldadura por termita** Uno de los tipos fundamentales de soldadura autógena.

termitero s.m. Nido que los termes construyen, especialmente en los países tropicales, formado por galerías y que puede alcanzar grandes dimensiones.

1. **termo** s.m. (gr. *thermós*, caliente). Botella o recipiente aislante, de doble pared, con vacío intermedio, provisto de cierre hermético que sirve para conservar bebidas o líquidos a la misma temperatura en que se introducen.

2. **termo** s.m. (apócope). Termosifón.

termocauterio s.m. Cauterio de platino, que se mantiene incandescente por una corriente de aire carburado.

termoclina s.f. Capa de agua marítima, o lacustre, cuya temperatura disminuye rápidamente con la profundidad.

termocopia s.f. Procedimiento de reprografía basado en el hecho de que las sustancias oscuras absorben más calor que las de color claro.

termodinámica s.f. Parte de la física que se ocupa de las relaciones entre los fenómenos mecánicos y caloríficos.

termoelástico, a adj. Que concierne a la comprensibilidad y a la dilatación.

termoelectricidad s.f. Conjunto de fenómenos reversibles de transformación directa de la energía térmica en energía eléctrica, y viceversa. **2.** Electricidad producida en una central térmica, por la combustión del carbón, del gas o del fuel pesado *(termoelectricidad clásica)*, o del uranio o plutonio *(termoelectricidad nuclear)*.

termoendurecible adj. Se dice de un polímero cuyas macromoléculas, por la acción del calor, se unen por enlace químico formando un material infusible e insoluble.

termogénesis s.f. FISIOL. Parte de la termorregulación que genera calor animal.

termografía s.f. Técnica de registro gráfico de la temperatura de los diferentes puntos de un cuerpo, a través de la detección de la radiación infrarroja que emite espontáneamente la piel. (Esta técnica se utiliza en medicina para la detección de tumores de mama, en construcción para controlar el aislamiento, en teledetección, etc.) **2.** Procedimiento de impresión en relieve con una tinta que contiene una resina que se solidifica por calentamiento.

termoiónico, a adj. Se dice de la emisión de electrones por un conductor eléctrico calentado a temperatura elevada.

termólisis s.f. Parte de la termorregulación que produce pérdida de calor animal.

termología s.f. Parte de la física que se ocupa de los fenómenos en que interviene el calor o la temperatura.

termoluminiscencia s.f. Luminiscencia provocada por un calentamiento notablemente inferior al que produciría la incandescencia.

termometría s.f. Parte de la física que se ocupa de la medida de la temperatura.

termométrico, a adj. Relativo al termómetro o a la termometría.

termómetro s.m. Instrumento que sirve para medir la temperatura. <> **Termómetro centesimal** Termómetro que comprende 100 divisiones. (En la escala Celsius, la división 0 corresponde a la temperatura de fusión del hielo y la división 100 a la temperatura del vapor de agua en estado de ebullición, a una presión atmosférica normal.) **Termómetro de máxima y mínima** Termómetro que registra las temperaturas máxima y mínima alcanzadas durante un determinado período de tiempo. **Termómetro Fahrenheit** Termómetro que comprende 180 divisiones. (En la escala Fahrenheit, la división 32 corresponde a la temperatura de fusión del hielo y la división 212 a la temperatura del agua en estado de ebullición.)

termonuclear adj. Se dice de la reacción de fusión nuclear entre elementos ligeros a temperaturas muy elevadas, y de la energía que produce.

termooxidación s.f. Conjunto de las transformaciones químicas (oxidación y polimerización) que sufre un cuerpo graso por la acción simultánea del oxígeno del aire y del calor.

termopar s.m. Circuito formado por dos metales diferentes entre cuyas soldaduras se ha establecido una diferencia de temperatura, y en el que aparece una fuerza electromotriz. SIN.: *par termoeléctrico.*

termoplástico, a adj. y s.m. Que se ablanda por la acción del calor y se endurece al enfriarse, de forma reversible.

termopropulsión s.f. Principio de propulsión basado en la única reacción de la energía térmica.

termoquímica s.f. Parte de la química que estudia las cantidades de calor empleadas en las reacciones químicas.

termoquímico, a adj. Relativo a la termoquímica.

termorregulación s.f. Regulación automática de la temperatura. **2.** Función fisiológica que mantiene constante la temperatura interna en el ser humano, los mamíferos y las aves.

termorregulador, ra adj. Relativo a la termorregulación.

termoscopio s.m. Termómetro que sirve para estudiar las diferencias de temperatura entre dos medios.

termosfera s.f. Capa atmosférica superior a la mesosfera, en la que la temperatura aumenta regularmente con la altura.

termosifón s.m. Dispositivo en el que se genera una circulación de agua por variación de temperatura. (Se abrevia *termo.*)

termostato s.m. Aparato que sirve para mantener la temperatura constante.

termotactismo s.m. Sensibilidad de determinados organismos a las diferencias de temperatura, que determina generalmente sus reacciones de desplazamiento.

termoterapia s.f. Empleo del calor en terapéutica.

terna s.f. Conjunto de tres personas propuestas para que se designe entre ellas la que ha de desempeñar cierto cargo o empleo. **2.** En la lotería, conjunto o serie de tres números. **3.** En el juego de dados, pareja de tres puntos. **4.** ELECTR. Conjunto de los tres cables de transporte de una red trifásica. **5.** TAUROM. Conjunto de tres diestros que alternan en una corrida.

ternada s.f. Chile y Perú. Terna de pantalón, chaleco y saco.

ternario, a adj. Compuesto de tres elementos: *número ternario.* **2.** MÚS. Se dice del tiempo divisible por tres, perteneciente a un compás ternario. **3.** QUÍM. Se dice de la sustancia orgánica compuesta de carbono, hidrógeno y oxígeno, como los glúcidos y los lípidos. <> **Compás ternario** MÚS. El que está formado por tres tiempos o por tres unidades de tiempo. **Fisión ternaria** Fisión nuclear de la que resultan tres fragmentos pesados, en lugar de los dos como es habitual.

ternasco s.m. Cordero que todavía se alimenta de leche.

terne adj. (romaní *terno,* joven). *Fam.* Terco, obstinado.

ternejo, a adj. Ecuad. y Perú. Se dice de la persona fuerte, vigorosa y valiente.

ternera s.f. Carne de ternero o ternera.

ternero, a s. Ejemplar de ganado vacuno con dentición de leche.

terneza s.f. Ternura. **2.** Requiebro, dicho cariñoso. (Suele usarse en plural.)

ternilla s.f. Cartílago.

terno s.m. (lat. *ternus*). Conjunto de tres elementos o cosas de la misma especie. **2.** Traje de hombre compuesto de pantalón, chaleco y saco. **3.** Juramento, blasfemia. **4.** Cuba y P. Rico. Adorno de joyas formado por pendientes, collar y alfiler.

ternura s.f. Actitud cariñosa y afable. **2.** Expresión de cariño, afecto y amistad. **3.** Cualidad de tierno.

tero s.m. (voz de origen onomatopéyico). Argent. Teruteru.

teromorfo, a adj. y s.m. Relativo a una subclase de reptiles fósiles de la era secundaria, probablemente emparentados con los mamíferos, que incluye formas terrestres y acuáticas de gran tamaño.

terpeno s.m. Nombre genérico de los hidrocarburos de origen vegetal, de fórmula general $(C_5H_8)_n$.

terpina s.f. (ingl. *turpentine* o *terpentine,* trementina). Hidrato de trementina del que se obtiene el terpineol por deshidratación (esencia de muguete), y que se emplea como expectorante.

terpineol s.m. Compuesto con olor a muguete, derivado de la terpina.

terquedad s.f. Cualidad de terco o actitud terca.

terracería s.f. Méx. Tierra que se acumula en terraplenes o camellones en los caminos o carreteras en obra o construcción. <> **Camino,** o **carretera, de terracería** Méx. El que no está asfaltado o revestido.

terracota s.f. (del ital. *terra cotta,* tierra cocida). Arcilla modelada y endurecida al horno. **2.** Objeto hecho con esta arcilla.

terrado s.m. Cubierta plana de un edificio.

terraja s.f. Tabla guarnecida con una chapa metálica, que sirve para hacer las molduras de yeso, mortero, mármol, etc. **2.** Herramienta para tallar roscas exteriores en pernos, varillas, etc. **3.** Aparato para el moldeo a terraja. <> **Moldeo a terraja** En fundición, método para ejecutar moldes o machos de piezas; en la industria de los aglomerados, utilización de moldes de cemento para reproducir la forma de la pieza que se quiere moldear.

terral adj. y s.m. Se dice del viento flojo que sopla de la tierra al mar durante la noche.

terramicina s.f. Antibiótico de la familia de las tetraciclinas, elaborado a partir del *Streptomyces rimosus.*

terranova s.m. Perro que pertenece a una raza de pelaje negro, largo y sedoso, y patas palmeadas, originaria de la isla de Terranova.

terraplén s.m. (fr. *terre-plein*). Masa de tierra o de material excavado para elevar un terreno o rellenar un hueco. **2.** Desnivel en el terreno, con una cierta pendiente.

terraplenar v.tr. Llenar de tierra un hueco. **2.** Acumular tierra para levantar un terraplén.

terráqueo, a adj. (lat. *terraqueus*). Que está compuesto de tierra y agua: *globo terráqueo.*

terrario o **terrárium** s.m. Instalación para la cría y cuidado de reptiles, anfibios, artrópodos, etc.

terrateniente s.m. y f. (cat. *terratinent*). Persona que posee tierras o fincas rurales.

terraza s.f. Terrado, cubierta de un edificio. **2.** En un edificio, espacio descubierto o parcialmente cubierto, de nivel superior al del terreno. **3.** Espacio de terreno llano dispuesto en forma de escalón en la ladera de un terreno elevado. **4.** Terreno acotado delante de un café, restaurante, etc., para sentarse al aire libre. **5.** GEOGR. Resto de una capa aluvial recortada por la erosión. ◇ **Cultivos en terrazas** Campos instalados sobre pendientes dispuestas a propósito en niveles superpuestos o bancales, utilizados para sistemas de cultivo muy variado.

terrazgo s.m. Parcela de tierra para sembrar.

terrazo s.m. Pavimento o material de revestimiento formado por piedras pequeñas y trozos de mármol aglomerados con cemento.

terregal s.m. Méx. Tierra suelta, polvareda.

terremoto s.m. (ital. *terremoto*). Sismo.

terrenal adj. Relativo a la tierra.

terreno, a adj. (lat. *terrenus*). Terrestre. **2.** Terrenal. ◆ s.m. Espacio de tierra más o menos extenso, destinado a un uso concreto. **2.** *Fig.* Campo o esfera de acción en que se ejerce un poder o influencia. **3.** *Fig.* Conjunto de actividades, ideas o conocimientos de cierta clase: *el terreno de la ciencia.* **4.** En fútbol y en otros deportes, campo de juego. **5.** Porción más o menos considerable de la corteza terrestre de determinada edad, naturaleza u origen. **6.** MED. Conjunto de factores genéticos, fisiológicos, inmunológicos, etc., que condicionan la resistencia a una enfermedad. ◇ **Estar,** o **encontrarse, en su propio terreno** Estar en situación ventajosa, discutir de algo que se conoce bien. **Ganar terreno** Difundirse, imponerse, irse introduciendo para conseguir algún fin; progresar. **Perder terreno** Ser aventajado, pasar a una posición o situación menos favorable. **Preparar,** o **trabajar, el terreno** Predisponer algo de modo que se obtenga éxito o buen resultado. **Sobre el terreno** Allí donde se ha de desarrollar o resolver lo que se trata; improvisando, sin plan previo. **Terreno abonado** *Fig.* Situación o ámbito en que se dan las condiciones óptimas para que se produzca u ocurra algo determinado. **Terreno del honor** Campo donde se llevaba a cabo un duelo o desafío. **Todo terreno** Todoterreno.

térreo, a adj. (lat. *terreus*). Relativo a la tierra: *color térreo.*

terrero, a adj. Relativo a la tierra. **2.** Can. y P. Rico. Se dice de la casa de una sola planta. ◆ adj. y s.f. Se dice de la cesta o espuerta que se usan para llevar tierra. ◆ s.m. Depósito o acumulación de tierra, arena, etc., por la acción del agua. **2.** Montón de desechos o roca estéril que se saca de una mina. **3.** Hond. y P. Rico. Lugar en que abunda el salitre. ◆ adj. y s.m. Méx. Polvareda.

terrestre adj. (lat. *terrestris*). Relativo a la Tierra. **2.** Que vive, se desarrolla o se da en la tierra: *plantas. animales terrestres; transporte terrestre.* ◆ s.m. y f. Habitante de la Tierra.

terrible adj. (lat. *terribilis*). Que causa terror. **2.** Atroz, desmesurado o difícil de tolerar: *genio terrible; sueño terrible.*

terrícola adj. y s.m. y f. (del lat. *terra,* tierra, y *colere,* habitar). Que vive y se desarrolla en la tierra, por oposición al que lo hace en el agua o en el aire. **2.** Que habita en el planeta Tierra.

terrier s.m. y adj. Perro que pertenece a una raza muy apta para la caza de animales de madriguera *(fox-terrier, bull-terrier, irish-terrier).*

terrífico, a adj. (lat. *terrificus*). Terrorífico.

terrígeno, a adj. Nacido de la tierra. ◇ **Depósito terrígeno** GEOL. Depósito de los fondos oceánicos, de origen continental.

terrina s.f. Recipiente en forma de tronco de cono invertido que se usa para conservar alimentos.

territorial adj. Perteneciente al territorio. ◇ **Ejército territorial** El formado por unidades que tienen a su cargo la misión específica de la defensa del territorio.

territorialidad s.f. Característica peculiar que adquieren en el derecho las cosas y hechos jurídicos en cuanto se encuentran en el territorio de un estado.

territorio s.m. (lat. *territorium*). Porción de tierra perteneciente a una nación, región, provincia, etc.; término que comprende una jurisdicción. **2.** En países de régimen federal como Argentina, Australia, Canadá, Venezuela, etc., entidad política que no goza de completa autonomía interior o que es administrada por el gobierno central. **3.** ETOL. Espacio delimitado elegido por un animal o grupo de animales para desarrollar sus actividades y que es defendido frente a otros individuos. **4.** MED. Conjunto de estructuras anatómicas que dependen de un tronco arterial o filete nervioso.

terrón s.m. Masa pequeña y compacta de tierra. **2.** Masa pequeña y apretada de una sustancia: *terrón de azúcar.* **3.** METAL. Mota.

terror s.m. (lat. *terror, -oris*). Miedo muy intenso. **2.** Persona o cosa que provocan este sentimiento.

terrorífico, a adj. Que causa terror. SIN.: *terrífico.*

terrorismo s.m. Dominación por el terror. **2.** Conjunto de actos violentos llevados a cabo por una organización o grupo político frente al poder establecido, para la consecución de sus fines.

terrorista adj. y s.m. y f. Relativo al terrorismo; miembro de una organización terrorista.

terroso, a adj. Que tiene el color u otra característica de la tierra. **2.** Que es de tierra o está mezclado con tierra.

terruño s.m. Comarca o tierra, especialmente el país natal. **2.** Tierra que se trabaja y de la que se vive.

tersar v.tr. Poner terso.

terso, a adj. (lat. *tersus*). Limpio, transparente. **2.** Liso, tirante, sin arrugas. **3.** *Fig.* Puro, limado, fluido.

tersura s.f. Cualidad de terso.

tertulia s.f. Reunión habitual de personas que se juntan para conversar sobre un tema determinado. **2.** Argent. Platea alta en un local de espectáculos.

tertuliano, a adj. y s. Se dice de la persona que concurre a una tertulia.

tertuliar v.intr. Amér. Conversar o hacer tertulia.

teruteru s.m. (voz de origen onomatopéyico). Ave caradriforme, de unos 30 cm de envergadura, que vive en América Meridional.

tesalio, a adj. y s. De Tesalia. SIN.: *tesálico.*

tesalonicense adj. y s.m. y f. De Tesalónica. SIN.: *tesalónico.*

tesar v.tr. MAR. Extender, estirar, poner tirante o en tensión: *tesar un cable; tesar las velas.* SIN.: *tensar.*

tesauro s.m. Diccionario, catálogo o antología.

tesela s.f. B. ART. Pequeña pieza, normalmente de forma cúbica, de piedra o de pasta de vidrio coloreada, con la que se realizan los mosaicos.

teselación s.f. MAT. Composición de una o varias figuras planas que, repitiéndose con regularidad, pueden llenar el plano.

tésera s.f. ANT. ROM. Ficha de metal o de marfil que servía de billete de entrada, de bono, de boletín, etc.

tesina s.f. Tesis de menor extensión e importancia que la doctoral, que hay que presentar en algunos casos para obtener el grado de licenciatura.

tesis s.f. (lat. *thesis,* del gr. *thésis*). Proposición que se enuncia y se mantiene con argumentos. **2.** Trabajo de investigación que se presenta para obtener el grado de doctor universitario. **3.** FILOS. **a.** En la lógica de Aristóteles, proposición no demostrada que se usa como premisa de un silogismo. **b.** En las antinomias kantianas, proposición a la que se opone la *antítesis.* **c.** En la filosofía dialéctica, primera fase del proceso dialéctico.

tesitura s.f. (ital. *tessitura,* tejedura). Actitud o disposición del ánimo. **2.** MÚS. **a.** Término que indica la extensión o registro de una voz o de un instrumento. **b.** Conjunto de los sonidos que se repiten con mayor frecuencia en una pieza o pasaje musicales y que constituyen un promedio de su altura.

tesla s.m. (de N. *Tesla,* ingeniero yugoslavo). Unidad de medida de inducción magnética (símb. T), en el sistema internacional, equivalente a la inducción magnética uniforme que, repartida normalmente sobre una superficie de un metro cuadrado, produce sobre dicha superficie un flujo magnético total de 1 weber.

tesmoforias s.f.pl. ANT. GR. Fiestas en honor de Deméter y Coré.

tesmotetes o **tesmoteto** s.m. ANT. GR. Magistrado ateniense encargado de redactar, guardar e interpretar las leyes y de organizar la justicia.

tesón s.m. Firmeza, constancia, perseverancia.

tesorería s.f. Cargo u oficio de tesorero. **2.** Oficina o despacho del tesorero. **3.** Parte del activo de una empresa disponible en metálico o fácilmente realizable, para efectuar sus pagos. **4.** Conjunto de finanzas del estado.

tesorero, a s. Persona encargada de guardar y contabilizar los fondos de una dependencia pública o particular. ◆ s.m. Canónigo que custodia las reliquias y alhajas de una catedral. **2.** En el Antiguo régimen, oficial real que ejercía diversas funciones en la administración financiera del estado.

tesorito s.m. Ave paseriforme que vive en América Meridional. (Familia cotíngidos.)

tesoro s.m. (lat. *thesaurus,* del gr. *thesaurós*). Cantidad de dinero, joyas, valores u objetos preciosos, reunida y guardada. **2.** Abundancia de caudal guardado. **3.** Erario de una nación. SIN.: *tesoro público.* **4.** Pequeño edificio en que se guardaban estatuas y exvotos, dentro del recinto de los santuarios panhelénicos. **5.** Depósito oculto e ignorado de dinero u objetos preciosos, cuya legítima pertenencia a un propietario no consta. **6.** *Fig.* Persona o cosa digna de estimación, de mucho valor. **7.** *Fig.* Nombre dado a ciertas obras científicas o literarias: *tesoro de la lengua castellana.* ◇ **Tesoro público** Servicio del estado que efectúa las operaciones de caja y banca que comporta la gestión de la hacienda pública y que ejerce sobre el conjunto de actividades financieras los poderes de tutela conferidos al estado.

test s.m. (voz inglesa) [pl. *tests*]. Prueba que permite estudiar y valorar las aptitudes y los conocimientos de un sujeto, o explorar su personalidad. **2.** Prueba que permite juzgar algo en general. ◇ **Test estadístico** Prueba que tiene por objeto, a partir de observaciones realizadas en una muestra, decidir la aceptación o el rechazo de una hipótesis relativa a la distribución de la variable observada en la población de la que proviene la muestra.

test

Los *tests de nivel,* como los de Binet-Simon, de Terman, o de Wechsler-Bellevue, incluyen pruebas verbales o prácticas, como razonamientos aritméticos, clasificación de imágenes, ensamblajes de objetos, etc. Dan informaciones sobre el coeficiente intelectual. Los *tests proyectivos* (Rorschach, TAT) están destinados a explorar aspectos afectivos de la personalidad.

testa s.f. (ital. *testa*). Cabeza de una persona o animal. ◇ **Testa coronada** Monarca o soberano de un estado.

testáceo, a adj. y s.m. ZOOL. Que tiene concha.

testado, a adj. Que muere habiendo hecho testamento. **2.** Que está comprobado o controlado mediante un test.

testador, ra s. Persona que hace testamento.

testaferro s.m. (port. *testa de ferro*). Persona que presta su nombre en un contrato, pretensión o negocio, correspondiéndole a otra persona.

testamentaría s.f. Conjunto de documentos, bienes o acciones relacionados con la ejecución de un testamento.

testamentario, a adj. Relativo al testamento. ◆ s. Persona encargada por el testador de cumplir su última voluntad.

testamento s.m. (lat. *testamentum*). Negocio jurídico consistente en una declaración de voluntad por la que una persona ordena el destino de sus intereses para después de su fallecimiento. **2.** Documento en que consta esta declaración. **3.** Alianza de Dios con su pueblo y la Iglesia. ◇ **Antiguo Testamento** Conjunto de los libros bíblicos de la historia judía anteriores a la venida de Jesucristo. **Nuevo Testamento** Conjunto de escritos de la Biblia concernientes a la vida y mensaje de Jesucristo: los Evangelios, los Hechos de los Apóstoles, las Epístolas y el Apocalipsis. **Testamento político** Documento que algunos estadistas redactan antes de su muerte.

testar v.intr. (lat. *testari*). Hacer testamento. ◆ v.tr. Comprobar o controlar una cosa mediante un test.

testarada s.f. Cabezazo, golpe dado con la cabeza.

testarazo s.m. Testarada. **2.** Golpe, porrazo o encuentro violento.

testarudez s.f. Cualidad de testarudo. **2.** Acción propia de la persona testaruda.

testarudo, a adj. y s. (de *testa*). Que se mantiene en una actitud u opinión a pesar de tener en contra razones convincentes para desistir.

teste s.m. Argent. Verruga pequeña que sale en los dedos de la mano.

testera s.f. Parte frontal o delantera de un mueble o cosa semejante. **2.** Parte anterior y superior de la cabeza de un animal. **3.** Pieza de la armadura que protegía la cabeza del caballo. **4.** En la montura militar actual, correa que pasa por la parte superior de la cabeza del caballo.

testero s.m. Testera. **2.** Pared de una habitación.

testicular adj. Relativo a los testículos.

testículo s.m. (lat. *testiculus,* testigo de virilidad, dim. de *testis,* testigo). Glándula sexual masculina que produce los espermatozoides y segrega las hormonas masculinas.

testificación s.f. Acción y efecto de testificar.

testificar v.tr. (lat. *testificare*). Atestiguar, firmar o declarar como testigo. **2.** Probar algo con testigos o documentos auténticos. **3.** *Fig.* Indicar, ser muestra o señal de algo.

testificativo, a adj. Que declara con certeza y testimonio verdadero una cosa.

testigo s.m. y f. (del ant. *testiguar,* lat. *testificare*). Persona que emite declaraciones sobre datos procesales ante el juez. **2.** Persona que da testimonio de algo, o lo atestigua. **3.** Persona que presencia algo. ◆ s.m. Cosa que sirve para demostrar la verdad de un hecho, o para indicar o recordar algo. **2.** Placa de yeso, puesta en la superficie de una fisura producida en una obra de mampostería o de fábrica, para vigilar la evolución de su movimiento. **3.** Objeto cilíndrico, a modo de bastón, que un corredor entrega a otro en una carrera de relevos. **4.** Trozo de papel que se deja sin cortar al pie de una hoja para indicar el tamaño original de los pliegos. **5.** Mojón de tierra que se deja a trechos en las excavaciones para poder comprobar el volumen de tierra o materiales extraídos. **6.** MIN. Muestra cilíndrica de terreno que se extrae del suelo mediante un sacatestigos. ◇ **Testigo de cargo** Testigo que declara en contra del acusado. **Testigo de descargo** Testigo que declara en favor del acusado.

testimonial adj. Que sirve de testimonio.

testimoniar v.tr. Atestiguar, testificar. **2.** Dar testimonio de algo: *testimonió su admiración por ella.*

testimonio s.m. (lat. *testimonium*). Acción y efecto de testimoniar. **2.** Declaración y examen del testigo para provocar la convicción del órgano jurisdiccional.

testing s.m. MED. Método de chequeo muscular. (Se usa también *muscle testing*.)

testón s.m. (de *tostón*, antigua moneda portuguesa). Monedas de plata, con la cabeza de un rey, que se utilizó en diversos países europeos y en Castilla se acuñó en tiempo de Felipe IV.

testosterona s.f. Hormona producida por los testículos, que actúa sobre el desarrollo de los órganos genitales y de los caracteres sexuales secundarios masculinos.

testuz s.m. o f. En algunos animales, frente, y en otros, nuca.

teta s.f. (voz de creación expresiva). Mama. **2.** Pezón. **3.** Queso gallego, de forma redonda y acabado en punta. ◇ **Dar la teta** Dar de mamar. **De teta** Que está en el período de la lactancia. **Quitar la teta** Destetar.

tetania s.f. Tendencia patológica a la aparición de espasmos y contracturas musculares.

tetánico, a adj. y s. Relativo al tétanos o a la tetania; que padece el tétanos.

tetanizar v.tr. Provocar mediante excitación eléctrica contracciones prolongadas de un músculo, parecidas a las que se dan en el tétanos.

tétanos s.m. (gr. *tétanos*). PATOL. Enfermedad infecciosa grave, caracterizada por contracciones dolorosas que se extienden a todos los músculos del cuerpo, cuyo agente es un bacilo anaerobio que se desarrolla en las heridas sucias y que actúa por una toxina que ataca los centros nerviosos.

tête-à-tête s.m. (voces francesas). Conversación entre dos personas.

tetera s.f. Recipiente para la infusión y el servicio del té. **2.** Amér. Central, Méx. y P. Rico. Tetilla de biberón.

tetero s.m. Colomb. Biberón.

tético, a adj. FILOS. **a.** Que concierne a una tesis. **b.** En fenomenología, se dice de lo que expone la existencia de la conciencia, de lo que la afirma como tal.

tetilla s.f. Teta de los animales mamíferos machos. **2.** Pieza de goma u otro material blando, semejante a un pezón, que se pone al biberón para que el niño chupe por él. SIN.: *tetina*.

tetina s.f. Tetilla de biberón.

1. **tetón** s.m. Trozo o pie de una rama principal podada que queda unido al tronco. **2.** ARM. Saliente que sobresale de una superficie lisa.

2. **tetón, na** adj. *Fam.* Tetudo.

tetraatómico, a adj. Formado de cuatro átomos.

tetrabrik s.m. (marca registrada). Envase de cartón impermeabilizado que sirve para contener alimentos líquidos.

tetraciclina s.f. Antibiótico fungicida, cuya molécula comprende cuatro ciclos, y que actúa sobre numerosas bacterias.

tetracloruro s.m. Combinación que contiene cuatro átomos de cloro. ◇ **Tetracloruro de carbono** Líquido incoloro CCl_4, empleado como disolvente no inflamable.

tetracordio s.m. Sucesión descendente de cuatro sonidos, que formaban la base de la estructura del sistema musical en la antigua Grecia.

tétrada s.f. Conjunto de cuatro seres o cosas estrechas o especialmente vinculadas entre sí. **2.** BOT. Conjunto formado por los cuatro granos de polen que salen en la meyosis de la misma célula madre.

tetradinamia s.f. BOT. Se dice de los estambres, como los de las crucíferas, cuyo número es de seis y de los que cuatro son más largos que los otros.

tetraedro s.m. MAT. **a.** Poliedro de cuatro caras. **b.** Pirámide de base triangular. ◇ **Tetraedro regular** MAT. Tetraedro cuyas caras son cuatro triángulos equiláteros iguales.

tetrágono, a adj. y s.m. Se dice del polígono de cuatro lados y cuatro ángulos. ◆ s.m. MAT. Cuadrilátero.

tetralogía s.f. Conjunto de cuatro obras, tres tragedias y un drama satírico, que los antiguos poetas trágicos presentaban a los concursos dramáticos. **2.** Conjunto de cuatro obras literarias o musicales, unidas por una misma inspiración.

tetrámero, a adj. BIOL. Dividido en cuatro partes.

tetraplejía s.f. Parálisis de cuatro miembros. SIN.: *cuatriplejía*.

tetrapléjico, a adj. y s. Relativo a la tetraplejía; que padece tetraplejía.

tetraploide adj. y s.m. y f. BIOL. Se dice del individuo mutante cuya dotación cromosómica es doble de la de sus progenitores.

tetraploidia s.f. Estado de los tetraploides.

tetrápodo, a adj. y s.m. Relativo a un grupo de vertebrados de vida terrestre, que poseen cuatro extremidades excepto los que las han perdido secundariamente, como las serpientes. (El grupo *tetrápodos* incluye los anfibios, reptiles, aves y mamíferos.)

tetrarca s.m. Jefe gobernador de una tetrarquía. **2.** Cada uno de los cuatro emperadores de la tetrarquía de Diocleciano.

tetrarcado s.m. Dignidad y función de un tetrarca.

tetrarquía s.f. En la época grecorromana, división de un territorio repartido en cuatro partes. **2.** Funciones del gobernador de dicha división. **3.** Gobierno de cuatro.

tetrasílabo, a adj. y s.m. Que tiene cuatro sílabas. SIN.: *cuatrisílabo*.

tetrástilo, a adj. y s.m. ARQ. Que tiene cuatro columnas.

tetrástrofo, a adj. Que tiene cuatro estrofas. ◇ **Tetrástrofo monorrimo** Cuaderna vía.

tetravalente adj. Cuadrivalente.

tétrico, a adj. (lat. *taetricus*). Triste, deprimente, lúgubre.

tetrodo s.m. Válvula de cuatro electrodos, un cátodo, dos rejillas y un ánodo.

tetuaní adj. y s.m. y f. De Tetuán. SIN.: *tetuán*.

tetudo, a adj. *Fam.* Que tiene las tetas muy grandes. SIN.: *tetón*.

teucro, a adj. y s. Troyano.

teúrgia s.f. Magia mediante la que se pretende tener comunicación con las divinidades bienhechoras.

teúrgo s.m. (gr. *theurgós*). Mago dedicado a la teúrgia.

teutón, na adj. y s. De un pueblo de Germania que invadió la Galia con los cimbrios y fue derrotado por Mario cerca de Aix-en-Provence (102 a.C.). ◆ s.m. Alemán. ◆ s.m. Miembro de la orden Teutónica. **2.** En la alta edad media, lengua germánica.

teutónico, a adj. Relativo a los teutones. ◆ adj. y s. Relativo a la orden Teutónica; miembro de dicha orden. ◆ s.m. Lengua de los teutones.

tex s.m. Unidad de medida de la masa lineal (símbolo tex), empleada en el comercio de fibras e hilos, que vale 10^{-6} kilogramo por metro, o sea 1 gramo por kilómetro.

textil adj. (fr. *textile*). Relativo a los tejidos: *industria textil*. ◆ adj. y s.m. Se dice de la materia que puede tejerse.

texto s.m. (lat. *textum*, texto, tejido). Conjunto de palabras que componen un escrito. **2.** Conjunto de palabras que componen la parte original de una obra en contraposición a las notas, comentarios, traducción, etc., adjuntos. **3.** Página impresa escrita (por oposición a *ilustración*). **4.** Obra escrita. **5.** Pasaje citado de una obra literaria. **6.** Libro designado o que se utiliza como guía y auxiliar en un centro de enseñanza para la preparación de una asignatura o disciplina determinada. (También *libro de texto*.) **7.** Contenido exacto de una ley, acta, etc.

textual adj. Relativo al texto. **2.** Exacto: *palabras textuales*.

textura s.f. Entrelazamiento, disposición y orden de los hilos en un tejido. **2.** Estado de una cosa tejida. **3.** *Fig.* Estructura, disposición de las partes de un cuerpo, una obra, etc. **4.** METAL. Estructura peculiar de los agregados policristalinos de metales y aleaciones, deformados mecánicamente y que presentan por ello una orientación predominante de los cristales metálicos. **5.** PETROGR. Disposición y dimensiones relativas de los elementos constitutivos de una roca.

texturización s.f. Operación que tiene por finalidad mejorar las propiedades físicas de las fibras textiles sintéticas.

tez s.f. Cutis, superficie de la piel del rostro.

tezontle s.m. Piedra volcánica porosa, de color rojizo, muy usada por los aztecas en sus construcciones.

th, símbolo de la *termia.*

thai adj. y s.m. y f. De un grupo de pueblos del SE de Asia (S de China, Vietnam, Laos, Tailandia y Birmania). ◆ s.m. Familia de lenguas que se habla en el Sudeste asiático.

thaler s.m. Antigua moneda prusiana de plata.

thesaurus s.m. Catálogo exhaustivo y ordenado alfabéticamente de las palabras de una lengua o materia.

theta o **zeta** s.f. Nombre de la octava letra del alfabeto griego (θ, Θ), que corresponde al sonido interdental de *z* en español.

thonga → tsonga.

thriller s.m. (voz inglesa). Película o novela de suspense (policíaca o de terror), que proporciona sensaciones fuertes.

thug s.m. HIST. Miembro de una asociación religiosa de la India, en la que se practicaba el asesinato como un ritual.

ti pron.pers. Forma tónica del pronombre personal de 2ª persona del singular. Funciona como complemento precedido de preposición: *sin ti no puedo vivir; te lo digo a ti.*

tíada s.f. En la antigüedad griega, mujer que celebraba el culto de Dioniso.

tiam → sham.

tiamina s.f. Vitamina B_1. SIN.: *aneurina.*

tianguis s.m. Méx. Mercado pequeño, principalmente el que se instala de manera periódica en la calle.

tiara s.f. (lat. *tiara*). Tocado que simbolizaba la soberanía en el antiguo oriente. **2.** Mitra alta ceñida por tres coronas, que lleva el papa en las ceremonias no litúrgicas. **3.** Dignidad papal. **4.** Diadema.

tiazol s.m. Compuesto heterocíclico de cinco átomos, de los cuales uno es de azufre y otro de nitrógeno, y cuyo núcleo desempeña un importante papel en bioquímica.

tiberino, a adj. Relativo al río Tíber.

tiberio s.m. *Fam.* Ruido, jaleo, confusión.

tibetano, a adj. y s. Del Tíbet. ◆ s.m. Lengua hablada en el Tíbet, que se escribe con un alfabeto de origen hindú.

tibia s.f. (lat. *tibia,* flauta, tibia). Hueso largo que forma la parte interna de la pierna. **2.** Hueso o división de las extremidades de ciertos animales.

tibieza s.f. Cualidad de tibio.

tibio, a adj. (lat. *tepidus*). Templado, ni muy frío, ni muy caliente: *agua tibia.* **2.** *Fig.* Indiferente, poco vehemente o afectuoso: *tibio entusiasmo.* ◇ **Poner tibio a alguien** *Fam.* Criticarlo.

tibu → tubu.

tiburón s.m. Pez marino de gran tamaño, cuerpo esbelto y fusiforme, aletas pectorales grandes y morro puntiagudo, con la boca en la parte inferior, provista de varias filas de dientes afilados. (Aunque algunos son carnívoros, la mayoría son inofensivos y se alimentan de plancton.) **2.** *Fig.* Persona muy ambiciosa y sin escrúpulos.

tic s.m. (fr. *tic*) [pl. *tics*]. Contracción brusca, rápida e involuntaria de ciertos músculos, especialmente en la cara.

TIC s.f.pl. (sigla de *tecnologías de la información y la comunicación*). Conjunto de técnicas y equipos informáticos que permiten comunicarse a distancia por vía electrónica.

ticholo s.m. Argent. Dulce de caña de azúcar o de guayaba, que se presenta en panes pequeños.

ticket s.m. (voz inglesa). Billete, bono, boleto.

tico, a adj. y s. Amér. Central y Méx. Denominación dada a los costarriqueños.

tictac o **tic-tac** s.m. (voz onomatopéyica) [pl. *tictacs* o *tic-tacs*]. Sonido acompasado que produce el reloj.

tie-break s.m. (voz inglesa). Sistema para limitar la duración de los partidos de tenis, que consiste en un juego que decide el vencedor cuando están empatados. (El servicio, en ese juego decisivo, corresponde alternativamente a los dos adversarios.) SIN.: *muerte súbita.*

tiempo s.m. (lat. *tempus, -oris*). Dimensión que representa la sucesión continuada de momentos: *el tiempo transcurría lentamente.* **2.** El existir del mundo subordinado a un principio y un fin, en contraposición a la idea de eternidad. **3.** Parte determinada del ser en relación con el devenir continuo y sucesivo del mundo: *el tiempo presente.* **4.** Parte de la vida de un individuo comprendida entre límites más o menos indeterminados: *en mis tiempos las costumbres eran distintas.* **5.** Duración de una acción: *el tiempo de una carrera.* **6.** Período o espacio más o menos largo: *trabajo que requiere mucho tiempo.* **7.** Parte del día establecida o disponible para una determinada acción: *tiempo libre.* **8.** Momento oportuno, ocasión: *llegó antes de tiempo.* **9.** Período, época caracterizada por registrarse alguna cosa o por determinadas condiciones: *tiempo de paz; tiempo de vacaciones.* **10.** Edad de un bebé, especialmente cuando no ha cumplido el año. **11.** Parte de la historia importante por determinados acontecimientos; época histórica en general: *el tiempo de Augusto.* **12.** Cada una de las partes o cada uno de los movimientos que componen una acción más o menos compleja. **13.** Ciclo de funcionamiento de un mecanismo: *motor de cuatro tiempos.* **14.** Cada una de las partes en que se dividen algunas competiciones deportivas por equipos. **15.** Modificación de la forma verbal, que expresa una relación de tiempo, presente, pretérito, futuro. **16.** Estado de la atmósfera en un momento dado: *hacer buen tiempo.* **17.** MÚS. Cada una de las partes de igual duración en que se divide el compás. ◇ **Al, o del, tiempo** Méx. Se dice del refresco que está templado. **A su tiempo** En ocasión oportuna. **A tiempo** En el momento oportuno. **Ganar tiempo** *Fam.* Hacer algo de modo que el tiempo que transcurra aproveche al intento de acelerar o retardar algún suceso o la ejecución de una cosa. **Tiempo atómico** Tiempo en el que la medida está fundamentada en la frecuencia de vibración de un átomo, en unas condiciones determinadas. **Tiempo civil** ASTRON. Tiempo solar medio aumentado en doce horas, que se cuenta de 0 a 24 horas a partir de medianoche. **Tiempo compartido** INFORMÁT. Técnica de utilización simultánea de una computadora a partir de numerosas terminales, en la que se cede sucesivamente una porción de tiempo a cada usuario. **Tiempo de acceso** INFORMÁT. Tiempo que transcurre entre el inicio de una operación de búsqueda en una memoria y la obtención del primer dato. **Tiempo de efemérides (TE)** Tiempo definido por el movimiento de traslación de la Tierra alrededor del Sol. **Tiempo muerto** En baloncesto, interrupción del juego durante un minuto, que solicita un entrenador para dar instrucciones a sus jugadores. **Tiempo parcial** Se dice del trabajo que se efectúa con un horario inferior al normal. **Tiempo real** INFORMÁT. Técnica de utilización de una computadora en la que esta debe elaborar, a partir de informaciones adquiridas o recibidas del exterior, informaciones de mando, control o respuesta en un tiempo breve, coherente con la evolución del proceso con el que está en relación. **Tiempo sideral** Ángulo horario del punto vernal en un lugar determinado. **Tiempo solar medio** Tiempo solar verdadero, sin sus inexactitudes seculares o periódicas, que se cuenta de 0 a 24 horas a partir del mediodía. **Tiempo solar verdadero** Ángulo horario del centro del Sol en un lugar determinado. **Tiempo universal (TU)** Tiempo civil de Greenwich (Gran Bretaña).

tienda s.f. (bajo lat. ant. *tenda*). Establecimiento comercial donde se venden artículos, generalmente al por menor. **2.** Pabellón portátil, desmontable, de lona, tela o piel, que se monta al aire libre. (También *tienda de campaña.*) ◇ **Tienda de oxígeno** MED. Recinto con paredes de plástico transparentes, destinado a aislar al sujeto de la atmósfera para someterlo a la acción de oxígeno puro.

tienta s.f. Prueba que se hace con las reses para comprobar su bravura. ◇ **A tientas** Guiándose por el tacto, por no poder utilizar la vista.

tiento s.m. Acción y efecto de tocar, ejercitar el sentido del tacto. **2.** *Fig.* Tacto, habilidad para hablar u obrar con acierto. **3.** Palo que usan los ciegos para guiarse. **4.** Pieza instrumental imitada del motete, cultivada en España desde principios del s. XVI hasta el s. XVIII. **5.** Argent., Chile y Urug. Tira delgada de cuero sin curtir, empleada para hacer látigos, sogas, etc. ◆ **tientos** s.m.pl. Modalidad de cante flamenco, cuyo estilo básico es una consecuencia de los tangos.

tierno, a adj. (lat. *tener, -era, -erum*). Que cede fácilmente a la presión, delicado, fácil de romper o partir. **2.** *Fig.* Reciente, de poco tiempo: *brotes tiernos.* **3.** *Fig.* Afectuoso, cariñoso.

1. **tierra** s.f. (lat. *terra*). Parte sólida del planeta Tierra, en contraposición al mar. **2.** Materia inorgánica desmenuzable, de que principalmente se compone el suelo natural. **3.** Zona o parte considerable del globo terrestre: *las tierras australes.* **4.** Patria. **5.** Superficie del planeta Tierra sobre la que se pisa. **6.** Terreno cultivado o cultivable: *ha vendido sus tierras.* **7.** *Fig.* Vida terrena, por oposición a la eterna o espiritual. **8.** ELECTR. El suelo considerado como un conductor de poca impedancia. ◆ **tierras** s.f.pl. Pigmentos naturales minerales, obtenidos por simples tratamientos físicos de tierras o minerales. ◇ **Echar por tierra** Hacer fracasar algo atacando sus fundamentos; desacreditar a alguien. **Echar tierra a alguien** Méx. *Fam.* Decir cosas de él para perjudicarlo. **Tierra de alfareros** Arcilla grasa. **Tierra de labor** Tierra destinada al cultivo. **Tierra de promisión** La que Dios prometió al pueblo de Israel. **Tierras raras** Grupo de óxidos metálicos, y de los metales correspondientes, de los elementos de número atómico comprendido entre 57 y 71. **Tierra virgen** Tierra que no ha sido nunca cultivada.

2. **tierra** s.f. Planeta del sistema solar habitado por el ser humano.

tierra

En orden creciente de distancia al Sol, la Tierra es el tercer planeta principal del sistema solar. Está situada entre Venus y Marte. Gira sobre sí misma con un movimiento casi uniforme, alrededor de un eje que pasa por su centro de gravedad, al mismo tiempo que describe una órbita elíptica alrededor del Sol. La revolución de la Tierra alrededor del Sol determina la duración del año, y su rotación sobre sí misma, la del día. La Tierra tiene forma de un elipsoide de revolución achatado. Su diámetro ecuatorial mide aproximadamente unos 12 756 km, y su diámetro polar, 12 713 km. Los métodos de datación basados en la desintegración de radioelementos permiten estimar su edad en 4 600 millones de años.

tieso, a adj. (lat. vulg. *tesus*). Erguido, firme. **2.** Poco flexible, rígido, que se dobla o rompe con dificultad. **3.** Engreído, soberbio. **4.** *Fig.* Que tiene un comportamiento grave, frío, circunspecto. ◇ **Dejar tieso a alguien** *Fam.* Matarlo.

tiesto s.m. (lat. *testu,* tapa de barro). Recipiente para cultivar plantas. SIN.: *maceta.* **2.** Chile. Cualquier clase de recipiente.

tiesura s.f. Cualidad de tieso.

tifáceo, a adj. y s.f. (del lat. *typhe,* espadaña, del gr. *týphi*). Relativo a una familia de plantas monocotiledóneas que crecen junto al agua, como la espadaña.

tífico, a adj. y s. Relativo al tifus; que padece esta enfermedad.

tifoideo, a adj. y s.f. (del gr. *thypos,* sopor, y *eidos,* forma). Se dice de una enfermedad infectocontagiosa provocada por alimentos que contienen el bacilo de Eberth, que se multiplican en el intestino y actúan por toxinas.

tifón s.m. (gr. *typhon,* torbellino). Ciclón característico del mar de China.

tifosi s.m.pl. (voz italiana). Conjunto de aficionados deportivos italianos, en especial los hinchas de algún equipo de fútbol.

tifosis s.f. Enfermedad microbiana y contagiosa de las aves.

tifus s.m. (gr. *typhos,* vapor, estupor). Conjunto de enfermedades infecciosas y contagiosas que causan fiebre alta, erupciones en la piel y dolores de cabeza. ◇ **Tifus exantemático** Enfermedad infecciosa debida a una *Rickettsia* y transmitida por el piojo, caracterizada por fiebre elevada, manchas rojas en la piel (exantemas) y estado de sopor. **Tifus murino** Enfermedad parecida al tifus exantemático, en la que la *Rickettsia* es transmitida por la pulga.

tigre, esa s. (lat. *tigris,* del gr. *tígris*). Mamífero carnívoro de las regiones arboladas del SE de Asia y de Siberia oriental, de pelaje amarillo anaranjado y piel rayada. (Es una especie muy amenazada; el tigre es el más grande de los felinos actuales; long. 2,5 m sin la cola; peso aprox. 200 kg; familia félidos.) **2.** Amér. Jaguar. ◆ s.m. Ecuad. Pájaro de mayor tamaño que una gallina y el plumaje semejante a la piel del tigre. ◆ s.f. Mujer atractiva y provocadora.

tigrillo s.m. Carnívoro de unos 60 cm de long., de pelaje amarillo con manchas oceladas, vientre claro y orejas negras con una mancha blanca, que vive desde Colombia y Venezuela hasta el N de Argentina. (Familia félidos.)

tigrón o **tiglón** s.m. Híbrido estéril de tigre y león.

tihuén s.m. Chile. Planta lauráceа.

tija s.f. (fr. *tige*). Parte cilíndrica, maciza o hueca de una llave, comprendida entre el paletón y el ojo.

tijera s.f. (del lat. *[forficies] tonsorias,* [tijeras] de esquilar). Instrumento de acero con dos brazos móviles que cortan por el interior. (Suele usarse en plural.) **2.** Aspa que sirve para apoyar un madero que se ha de aserrar o labrar. **3.** Conjunto de piezas del juego delantero de un vehículo tirado por caballos, en las que se fijan las varas o la lanza. **4.** En lucha libre, presa especial que consiste en agarrar y sujetar al adversario cruzando las piernas a su alrededor. **5.** Cizalla. **6.** Lengua de la culebra. **7.** TAUROM. Suerte de capa que se ejecuta, citando por delante al toro, con los brazos cruzados y deshaciendo el cruce al verificarse el embroque. ◇ **De tijera** Se dice de lo que está formado por dos piezas cruzadas y articuladas: *silla de tijera.*

tijeral s.m. Chile. Armazón que sostiene el techo de una edificación.

tijereta s.f. Insecto de unos 3 cm de long., provisto de dos apéndices en forma de pinza al final de su abdomen, y que se encuentra frecuentemente bajo las piedras y en las frutas. **2.** Amér. Ave migratoria, del tamaño de una golondrina, con la cola dispuesta como las hojas de una tijera.

tijeretazo s.m. Corte hecho de un golpe con las tijeras. SIN.: *tijeretada.*

tijeretear v.tr. Dar tijeretazos.

tijereteo s.m. Acción de tijeretear. **2.** Ruido que hacen las tijeras movidas repetidamente.

tijerillas s.f. (pl. *tijerillas*). Planta herbácea de tallo trepador y flores de tono amarillento, agrupadas en espigas. (Familia fumariáceas.)

tila s.f. Tilo. **2.** Flor del tilo. **3.** Bebida o infusión de flores de tilo.

tilacino s.m. Mamífero marsupial carnívoro de Tasmania, prácticamente extinguido.

tílburi s.m. (ingl. *tilbury*). Cabriolé ligero y de dos plazas, tirado por una sola caballería.

tildar v.tr. Aplicar a alguien la falta o defecto que se expresa: *tildar de tacaño, de moderno.*

tilde s.m. o f. (lat. *titulus,* título, rótulo). Signo gráfico del acento o de la raya superior de la *ñ.* **2.** *Fig.* Tacha, falta o defecto. **3.** PALEOGR. Signo de abreviación. ◆ s.f. Cosa insignificante.

tiliáceo, a adj. y s.f. Relativo a una familia de plantas arbóreas, arbustivas o herbáceas que crecen en los países cálidos, como el tilo.

tiliche s.m. Amér. Central y Méx. Baratija, cachivache.

tilichero, a s. Amér. Central. Vendedor de tiliches. ◆ adj. Méx. Se dice de la persona muy afecta a guardar tiliches o cachivaches. ◆ s.m. Méx. Lugar donde se guardan los cachivaches. **2.** Méx. Conjunto de cachivaches.

tilico, a adj. Bol. Débil, apocado, cobarde. **2.** Bol. y Méx. Persona enclenque y flacucha.

tilín s.m. Sonido de la campanilla. ◇ **Hacer tilín** *Fam.* Gustar mucho una persona o cosa.

tilingo, a adj. (voz de creación expresiva). Argent., Perú y Urug. Lelo, bobo, atolondrado.

tilla s.f. (fr. *tille*). MAR. Pequeño compartimiento que llevan las embarcaciones menores a proa y a popa, para guardar útiles, ropa y otros efectos.

tilma s.f. (náhuatl. *tilmatli*, capa). Méx. Manta de algodón que los hombres del campo llevan sobre el hombro, a manera de capa.

tilo s.m. (del lat. *tilia*). Árbol cultivado como ornamental en parques y avenidas, de entre 25 a 30 m de alt., madera fácil de trabajar y flores de color blanco amarillento, con las que se prepara una infusión de efectos tranquilizantes. (Familia tiliáceas.)

timador, ra s. Persona que tima.

tímalo s.m. (lat. *thymallus*, del gr. *thýmallos*). Pez de agua dulce, que mide entre 25 y 40 cm, parecido al salmón, de carne apreciada.

timar v.tr. Estafar, quitar o robar algo con engaño. **2.** *Fig.* y *fam.* Engañar a otro con promesas que luego no se cumplen. ◆ **timarse** v.prnl. Esp. *Fam.* Intercambiar miradas o señas galanteadoras dos personas.

timba s.f. *Fam.* Partida de un juego de azar. **2.** Amér. Central y Méx. Barriga.

timbal s.m. Instrumento musical de percusión formado por una caja semiesférica de cobre, cerrada con una piel tensa que se golpea con unas mazas. **2.** Atabal, tamboril que suele tocarse en fiestas públicas. **3.** Empanada hecha con masa de harina, formando como una caja, rellena de carne, pescado u otros alimentos.

timbero, a s. Argent. y Urug. Jugador empedernido.

timbó s.m. Argent. y Par. Árbol de gran altura, cuya madera, muy resistente al agua, se utiliza para la construcción de canoas. (Familia mimosáceas.)

timbón, na adj. Amér. Central y Méx. Se dice de la persona barriguda.

timbrado, a adj. Se dice de la voz que tiene buen timbre: *voz bien timbrada.* **2.** HERÁLD. Se dice del escudo adornado de timbres.

timbrar v.tr. Estampar un timbre, sello o membrete en un papel, documento, etc. **2.** HERÁLD. Poner el timbre en el escudo de armas.

timbrazo s.m. Toque fuerte de un timbre.

timbre s.m. (fr. *timbre*, especie de tambor). Cualidad que distingue un sonido de otro, aunque tengan igual altura e intensidad, cuando son emitidos por dos instrumentos diferentes. **2.** Aparato para llamar o avisar, que suena movido por un resorte, electricidad, etc. **3.** Sonido característico de una voz: *timbre grave.* **4.** *Fig.* Acción, circunstancia o cualidad personal que ennoblece o da honor: *timbre de gloria.* **5.** Sello que se pega en determinados documentos y mercancías, con el que se justifica haber pagado el impuesto correspondiente. **6.** Sello que se estampa en un papel o documento. **7.** Renta del tesoro, constituida por el importe de los sellos, papel sellado y otras imposiciones que gravan ciertos documentos. **8.** Méx. Estampilla, sello postal. **9.** HERÁLD. Ornamento exterior del escudo. **10.** NUMISM. Moneda de oro de la Corona de Aragón, acuñada para competir con el florín (ss. XIV-XV).

tímico, a adj. MED. Relativo al timo, glándula.

timidez s.f. Cualidad de tímido.

tímido, a adj. y s. (lat. *timidus*). Falto de seguridad, de confianza en uno mismo. ◆ adj. Se dice de la actitud, gesto, etc., que demuestra inseguridad: *sonrisa tímida.*

timina s.f. Una de las cuatro bases nitrogenadas contenidas en los ácidos nucleicos y que intervienen en el código genético.

timing s.m. (voz inglesa). Constatación, fijación o previsión del tiempo correspondiente a diversas fases de ejecución de una tarea o acción.

timné → **temné.**

1. **timo** s.m. *Fam.* Acción y efecto de timar.

2. **timo** s.m. (gr. *thymos*, flor del tomillo, excrecencia carnosa). Glándula situada delante de la tráquea, que solo está desarrollada en los niños y en los animales jóvenes y que desempeña un importante papel en la resistencia a las infecciones.

timol s.m. (del lat. *tymum*, tomillo). QUÍM. Fenol contenido en la esencia de tomillo, que tiene un olor aromático.

timón s.m. (lat. *temo, -onis*, timón de carro). Aparato instalado en la parte de popa de las embarcaciones y que sirve para dirigirlas. SIN.: *gobernalle.* **2.** *Fig.* Dirección o gobierno de un negocio o asunto. **3.** Dispositivo que regula la progresión de una aeronave en dirección *(timón de dirección)* o en profundidad *(timón de profundidad).* **4.** Palo derecho que sale de la cama del arado y al que se fija el tiro. **5.** Instrumento que gobierna el movimiento de algunas máquinas. **6.** Parte que orienta una rueda eólica en la dirección del viento. **7.** Colomb. Volante del automóvil.

timonear v.intr. Gobernar el timón.

timonel s.m. (cat. *timoner*). Marinero que maneja el timón.

timonero, a adj. Se dice del arado común o de timón. ◆ adj. y s.f. Se dice de las plumas de la cola de las aves que, en número de 10 a 20, están insertas en las últimas vértebras caudales. ◆ s.m. Timonel.

timorato, a adj. Tímido, indeciso. **2.** Mojigato, que se escandaliza fácilmente.

timpanal adj. ANAT. Se dice del hueso en forma de anillo sobre el que está tensada la membrana del tímpano.

timpanismo s.m. MED. Aumento de la sonoridad del tórax o del abdomen revelado por la percusión, principalmente en el caso de neumotórax o de oclusión intestinal.

tímpano s.m. (lat. *tympanum*, pandero). Atabal, tamboril que suele tocarse en fiestas públicas. **2.** Término con que se denominan los instrumentos de la familia de las cítaras de cuerdas percutidas. **3.** ANAT. **a.** Membrana situada en el fondo del conducto auditivo, que transmite las vibraciones del aire a los huesecillos del oído medio. (También *membrana del tímpano.*) **b.** Cavidad del hueso temporal donde está alojado el oído medio. (También *caja del tímpano.*) **4.** ARQ. Espacio liso u ornamentado con esculturas, comprendido entre el dintel y las cornisas de un frontón o de un gablete.

tina s.f. (lat. *tina*). Recipiente de madera de forma de media cuba. **2.** Recipiente de gran tamaño, en forma de caldera, que sirve para diversos usos industriales. **3.** Tinaja de barro. **4.** Bañera. **5.** Chile. Maceta para plantas de adorno.

tinaco s.m. Amér. Central y Méx. Depósito de agua situado en la azotea de la casa. **2.** Ecuad. Tinaja grande para depositar la chicha.

tinaja s.f. Gran recipiente de cerámica, de forma ventruda y boca muy ancha, que se utiliza para guardar aceite, vino, pescado y carne en salazón, etc.

tinamú s.m. Ave de tamaño comprendido entre el de una perdiz y una gallina, que vive en América del Sur, donde es objeto de activa caza.

tincanque s.m. Chile. Capirotazo, golpe dado en la cabeza.

tincar v.tr. (quechua *t'inkay*). Argent. y Chile. Dar un golpe a algo para lanzarlo con fuerza. ◆ v.intr. Chile. Tener un presentimiento, intuir algo.

tincazo s.m. Argent. y Ecuad. Capirotazo.

tinción s.f. Acción y efecto de teñir.

tincunaco s.m. Argent. Topamiento.

tindalización s.f. Esterilización de una sustancia alternando fases de calor, a una temperatura entre 60 °C y 80 °C, con fases de cultivo.

tindío s.m. Perú. Ave acuática muy similar a la gaviota.

tinerfeño, a adj. y s. De Tenerife (España).

tinga s.f. Méx. Guiso hecho a base de carne deshebrada de pollo o cerdo, chile, cebolla y especias.

tinglado s.m. (del fr. ant. *tingler,* tapar los huecos de la madera). Cobertizo. **2.** Tablado, armazón de tablas. **3.** *Fam.* Enredo, intriga, maquinación.

tingo s.m. **Del tingo al tango** Méx. De aquí para allá.

tiniebla s.f. (lat. *tenebra*). Oscuridad, falta o insuficiencia de luz en un lugar. ◆ **tinieblas** s.f.pl. *Fig.* Ignorancia que se tiene de algo. **2.** *Fig.* Oscuridad, ofuscamiento del entendimiento. ◇ **Oficio de tinieblas** Antes de la reforma litúrgica de 1956, oficio nocturno del jueves y del viernes santos. **Príncipe,** o **ángel, de las tinieblas** El demonio.

tino s.m. Acierto y destreza para dar en el blanco al disparar. **2.** *Fig.* Habilidad, destreza. **3.** *Fig.* Juicio, cordura. ◇ **Sacar de tino a alguien** Enojarlo, irritarlo, exasperarlo.

tinoso, a adj. Colomb. y Venez. Se dice de la persona hábil, diestra y segura.

tinta s.f. (lat. tardío *tincta,* p. f. de *tignere*). Sustancia líquida o pastosa que se usa para escribir, dibujar, pintar o imprimir. **2.** Secreción líquida y oscura que producen los cefalópodos para defenderse de sus depredadores; se produce en una glándula que se abre en el último tramo del intestino. ◆ **tintas** s.f.pl. Matices del color. ◇ **Cargar,** o **recargar, las tintas** Exagerar el alcance o significación en lo que se dice o se hace. **Medias tintas** *Fig.* y *fam.* Expresiones o actos que revelan precaución y recelo. **Saber de buena tinta** *Fam.* Haber sido informado de algo por una fuente digna de crédito. **Sudar tinta** *Fam.* Costar a alguien mucho esfuerzo algo. **Tinta china** Tinta que se obtiene al desleír un polvo negro, generalmente negro de humo, en agua. **Tinta simpática** Composición líquida que tiene la propiedad de que no se conozca lo escrito con ella hasta que se le aplique el reactivo conveniente.

tintar v.tr. y prnl. Teñir.

tinte s.m. (del lat. *tinctus*). Acción de teñir. **2.** Sustancia que sirve para teñir. **3.** Color que queda al teñir. **4.** *Fig.* Carácter o apariencia superficial o poco marcados en alguien o algo. **5.** Esp. *Fam.* Tintorería, establecimiento.

tinterillo s.m. *Desp.* Oficinista, chupatintas. **2.** Amér. Picapleitos.

tintero s.m. Recipiente en que se pone la tinta de escribir. **2.** Depósito de tinta que alimenta al cilindro entintador en una máquina de imprimir. ◇ **Dejar(se) algo en el tintero** *Fam.* Olvidarlo u omitirlo.

tintilla s.f. Uva de granos pequeños, redondos y negros; también el vino tinto y dulce que se elabora con esta uva.

tintillo, a adj. y s.m. Se dice del vino poco subido de color.

tintín s.m. (voz onomatopéyica). Sonido de la campanilla o de un timbre, o el que hacen al chocar los vasos, copas, etc. SIN.: *tintineo.*

tintinear v.intr. (lat. *tintinnare*). Producir el sonido del tintín. SIN.: *tintinar.*

tintineo s.m. Acción de tintinear. **2.** Tintín.

tinto, a adj. (del lat. *tinctus,* p. de *tignere*). Que está teñido. **2.** Amér. Rojo oscuro. ◆ adj. y s.m. Se dice del vino de color oscuro tirando a negro.

tintóreo, a adj. Que sirve para teñir: *maderas tintóreas.*

1. **tintorera** s.f. Pez seláceo de cuerpo fuerte y esbelto, de hasta 3 o 4 m de long., de color azulado o pizarroso en el dorso y flancos, con hocico alargado y subcónico, que vive en los mares tropicales y templados. (Familia carcarínidos.)

2. **tintorera** s.m. Vino español que se elabora en determinadas localidades de la provincia de Valencia.

tintorería s.f. Oficio de tintorero. **2.** Establecimiento donde se tiñen y limpian las telas, vestidos, etc.

tintorero, a s. (lat. *taurarius*). Persona que tiene por oficio teñir o limpiar las telas, vestidos, etc.

tintura s.f. Tinte, acción y efecto de teñir y sustancia con que se tiñe. **2.** Líquido en que se ha disuelto una sustancia que le comunica color. **3.** FARM. Alcohol o éter que contiene en disolución los principios activos de una sustancia vegetal, animal o mineral.

tiña s.f. (lat. *tinea*). Dermatosis parasitaria de tipo micótico, que afecta a la epidermis y principalmente al cuero cabelludo. ◇ **Más viejo que la tiña** *Fam.* Muy viejo.

tiñoso, a adj. Que padece tiña. **2.** *Fig.* y *fam.* Miserable, tacaño.

tío, a s. (lat. *thius, thia*). Hermano *(tío carnal)* o primo (*tío segundo. tercero.* etc.) del padre o la madre. **2.** En algunos lugares, tratamiento que se antepone al nombre de una persona casada o de cierta edad. **3.** Esp. *Fam.* Apelativo para dirigirse a una persona, especialmente a un amigo. **4.** Esp. *Fam.* Persona cuyo nombre se ignora o se desconoce. ◇ **No hay tu tía** *Fam.* Indica la imposibilidad o dificultad de realizar o conseguir algo. **Tío abuelo** Hermano del abuelo.

tioácido s.m. Compuesto derivado de un oxácido por sustitución del oxígeno por azufre.

tiocarbonato s.m. Compuesto M_2CS_3 que resulta de la combinación del sulfuro de carbono CS_2 con un sulfuro metálico M_2S.

tiofeno s.m. QUÍM. Heterociclo de cinco átomos, uno de los cuales es de azufre.

tiol s.m. Mercaptano.

tiónico, a adj. Se dice de una serie de ácidos oxigenados del azufre, de fórmula general $H_2S_nO_6$ donde *n* puede tener los valores 3, 4, 5 y 6.

tiorba o **teorba** s.f. Instrumento musical parecido al laúd, que se usó en los ss. XVI-XVIII.

tiosulfato s.m. Sal del ácido tiosulfúrico.

tiosulfúrico, a adj. Se dice del ácido de fórmula $H_2S_2O_3$.

tiovivo s.m. Atracción de feria consistente en una plataforma giratoria sobre la que hay caballitos de madera, automóviles, barcas, etc., fijos, en los que se montan los niños.

tip s.m. Méx. Dato o pista que sirve para aclarar algún asunto, resolver un problema, etc.

tipa s.f. (quechua *ttípa,* canastillo). Árbol, de hasta 20 m de alt., que crece en América meridional, cuya madera, dura y amarillenta, es muy apreciada en ebanistería. (Familia leguminosas.) **2.** Madera de este árbol. **3.** Argent. Cesto de varillas o de mimbre sin tapa.

tiparraco, a s. *Desp.* Persona ridícula y despreciable.

tipazo s.m. Buen tipo. **2.** Persona alta y apuesta.

tipear v.intr. Amér. Mecanografiar, escribir a máquina.

tipejo, a s. *Desp.* Persona ridícula o despreciable.

tipi s.m. (angloamericano *tepee*). Tienda de forma cónica que constituía la vivienda de los pueblos amerindios de las grandes praderas de EUA.

tipicidad s.f. Cualidad de típico.

típico, a adj. Peculiar o característico de alguien o algo: *traje típico; costumbres típicas.*

tipificar v.tr. Adaptar algo a un tipo estándar. **2.** Representar una persona o cosa, el tipo o modelo del género, especie, etc., a que pertenece.

tipismo s.m. Cualidad de típico. **2.** Conjunto de características o rasgos peculiares de una región, época, etc.

tiple s.m. Voz más aguda de las voces humanas. ◆ s.m. y f. Persona que tiene esta voz.

tipo s.m. (lat. *typus,* figura, estatua, del gr. *týpos,* golpe, huella, imagen). Elemento que reúne en un alto grado los rasgos y los caracteres esenciales o peculiares de un género, especie, etc. **2.** Clase, categoría, modalidad: *no respondo a este tipo de preguntas.* **3.** Conjunto de los caracteres distintivos o característicos de una raza. **4.** Figura o silueta de una persona: *tener buen tipo.* **5.** Representación de una persona que pone en relieve caracteres muy relevantes o que pueden pertenecer a una colectividad: *el tipo de la Trotaconventos procede de la tradición árabe.* **6.** *Fam.* Persona cuyo nombre se ignora o se desconoce: *un tipo preguntó por ti.* **7.** Categoría taxonómica de los seres vivos inferior a la de reino y superior a la de clase. **8.** FILOS. Cada uno de los grupos, con caracteres definidos, que se establecen en intentos de clasificación de las personas independientemente de la raza. **9.** IMPR. **a.** Pieza de metal, fundida en forma de paralelepípedo o prisma rectangular, que lleva en la parte superior una letra u otro signo en relieve para que pueda estamparse. **b.** Cada variedad de letra de imprenta. <> **Aguantar,** o **mantener, el tipo** Esp. *Fam.* Resistir ante un peligro o dificultad. **Jugarse el tipo** Esp. *Fam.* Poner en peligro la propia vida. **Tipo de descuento** Porcentaje del valor de un efecto comercial o letra de cambio que el establecimiento bancario retiene como compensación del anticipo de dinero efectuado al descontar dicho efecto. **Tipo de interés** Porcentaje que se paga por un préstamo a corto o a largo plazo.

tipografía s.f. Procedimiento de impresión con formas o moldes en relieve. **2.** Imprenta, lugar donde se imprime.

tipográfico, a adj. Relativo a la tipografía: *prensa tipográfica.*

tipógrafo, a s. Persona que se dedica a componer o corregir textos destinados a la impresión.

tipoi o **tipoy** s.m. Túnica larga y sin mangas que visten las indias y campesinas guaraníes.

tipología s.f. Estudio y clasificación de tipos que se practica en diversas ciencias. **2.** Estudio de los caracteres morfológicos del ser humano, comunes a las diferentes razas. **3.** Biotipología.

tipómetro s.m. IMPR. Regla graduada en puntos tipográficos.

típula s.f. (lat. *tippula*). Mosquito de gran tamaño, inofensivo para el ser humano. (Orden dípteros.)

tique s.m. Vale, bono, recibo.

tiquismiquis o **tiquis miquis** s.m. y f. (lat. macarrónico *tichi michi,* para ti, para mí) [pl. *tiquismiquis* o *tiquis miquis*]. *Fam.* Persona maniática o muy aprensiva. ◆ s.m.pl. Escrúpulos nimios y sin importancia. **2.** Enojos o discusiones frecuentes y sin motivo. **3.** *Fam.* Expresiones ridículas y afectadas.

tira s.f. Pedazo largo, delgado y estrecho de tela, papel u otra materia. **2.** Serie de dibujos que aparece en periódicos y revistas y en los cuales se cuenta una historia o parte de ella. **3.** Méx. *Vulg.* Policía: *llegó la tira y los detuvieron.* <> **La tira** *Vulg.* Gran cantidad de una cosa.

tirabeque s.m. (cat. *tirabec,* de *tirar,* tirar, y *bec,* pico). Variedad de guisante o arveja.

tirabuzón s.m. (fr. *tire-bouchon*). Sacacorchos. **2.** *Fig.* Rizo de pelo largo y en forma de espiral.

tirachinas s.m. (pl. *tirachinas*). Esp. Horquilla con una tira elástica para disparar proyectiles. GEOSIN.: Argent. *gomera;* Méx. *resortera.*

tirada s.f. Acción y efecto de tirar. **2.** *Fam.* Espacio largo de tiempo o distancia grande entre dos puntos: *queda una buena tirada para llegar.* **3.** Serie ininterrumpida de cosas que se dicen, suceden o se hacen. **4.** Número de ejemplares de que consta una edición. **5.** Méx. *Fam.* Objetivo, propósito. <> **Tirada aparte** Separata.

tiradera s.f. Flecha de bejuco con punta de asta de ciervo, usada por algunos indios americanos.

tiradero s.m. Puesto donde el cazador se coloca para disparar. **2.** Méx. Conjunto de cosas desordenadas: *tiene un tiradero en su cuarto.*

tirado, a adj. *Fam.* Que es muy barato. **2.** *Fam.* Que es muy fácil de hacer: *el examen está tirado.* **3.** MAR. Se dice del barco de mucha eslora y poca altura de casco. ◆ adj. y s. *Fam.* Se dice de la persona despreciable o que lleva mala vida. ◆ s.m. Operación de estirar y reducir a hilo los metales, especialmente el oro y la plata, pasándolos por la hilera.

tirador, ra s. Persona que tira, lanza o dispara. ◆ s.m. Pieza que sirve para tirar de algo, como una puerta o un cajón. **2.** Cordón que se tira para hacer sonar una campanilla, un timbre, etc. **3.** Asidero del cual se tira para abrir o cerrar un cajón, una puerta, etc. **4.** Tirachinas. **5.** Argent. Cinturón de cuero curtido propio de la vestimenta del gaucho. **6.** Argent. y Urug. Tirante de un pantalón. (Suele usarse en plural.)

tiragomas s.m. (pl. *tiragomas*). Tirachinas.

tiraje s.m. Acción y efecto de tirar o imprimir. **2.** Operación que tiene por objeto sacar copias fotográficas a partir de un negativo. **3.** Amér. Tiro de la chimenea.

tiralíneas s.m. (pl. *tiralíneas*). Instrumento de dibujo que sirve para trazar líneas.

tiramisú s.m. Postre elaborado con bizcocho empapado en café y licor, al que se añaden claras de huevo a punto de nieve mezcladas con un queso muy suave.

tiranía s.f. En la antigua Grecia, poder absoluto. **2.** Gobierno despótico, injusto, cruel. **3.** *Fig.* Abuso excesivo de autoridad, fuerza o superioridad.

tiranicida adj. y s.m. y f. Que comete tiranicidio.

tiranicidio s.m. Muerte dada a un tirano.

tiránico, a adj. Relativo a la tiranía. **2.** Tirano.

tiranizar v.tr. Gobernar un tirano un estado. **2.** *Fig.* Tratar con tiranía a alguien.

tirano, a adj. y s. (lat. *tyrannus,* del gr. *týrannos*). En la antigüedad griega, se decía de la persona que ejercía el poder absoluto. **2.** Se dice del soberano despótico, injusto, cruel. **3.** *Fig.* Que abusa de su poder, fuerza o superioridad. ◆ adj. *Fig.* Se dice del afecto o pasión que ejerce un dominio excesivo sobre la voluntad de alguien.

tirante adj. Tenso, estirado. **2.** *Fig.* Se dice de las relaciones de amistad frías y próximas a romperse o de las situaciones o actitudes embarazosas y violentas. ◆ s.m. Cada una de las dos tiras de tela o piel, generalmente elásticas, que sostienen desde los hombros un pantalón, delantal u otra prenda de vestir. **2.** Cuerda o correa que, asida a las guarniciones de las caballerías, sirve para tirar de un carruaje. **3.** Correas o cordones que penden del cinturón y sirven para sostener la vaina de una espada o sable por las anillas. **4.** CONSTR. **a.** Riostra y cualquier pieza que trabaja a tracción, fijada por los extremos en otras dos para evitar que se separen. **b.** Pieza o elemento horizontal de una armadura de cubierta, que constituye la base de los cuchillos. <> **Falso tirante** CONSTR. Pieza horizontal, paralela al tirante propiamente dicho, y situada a mayor altura que este.

tirantez s.f. Cualidad o estado de tirante. **2.** ARQ. Dirección de los planos de hilada de un arco o bóveda.

tirar v.tr. Despedir una cosa con la mano, generalmente hacia un punto determinado: *tirar piedras al río.* **2.** Derribar, volcar o derramar una cosa. **3.** Desechar una cosa por inútil, gastada o vieja. **4.** *Fig.* Malgastar dinero. **5.** Dibujar una línea o raya. **6.** Realizar una acción determinada, especialmente con fuerza o violencia: *tirar coces.* **7.** Imprimir un dibujo o texto. **8.** Publicar, generalmente un periódico o una publicación periódica, el número de ejemplares que se expresa. **9.** Jugar las cartas, lanzar los dados, etc. **10.** FOT. Reproducir en positivo un cliché fotográfico o sacar copias positivas de un negativo. ◆ v.tr. e intr. Disparar un arma de fuego o un artificio de pólvora: *tirar un cañonazo; tirar al blanco.* ◆ v.intr. Hacer fuerza para traer hacia sí o para llevar tras sí: *tirar de una cuerda.* **2.** Ser demasiado corto o estrecho: *el abrigo me tira de las mangas.* **3.** *Fig.* y *fam.* Atraer, gustar: *no le tira el estudio.* **4.** *Fig.* Tender, propender: *tener los ojos azules tirando a verdes.* **5.** *Fig.* y *fam.* Parecerse, asemejarse. **6.** *Fig.* Estar en camino de ser cierta cosa: *tira para cura.* **7.** Tener un motor, o algo semejante, cierta capacidad o potencia de tracción: *este automóvil no tira.* **8.** Producir el tiro o corriente de aire de un hogar, o de otra cosa que arde: *la chimenea tira mucho.* **9.** Empuñar un arma, instrumento, etc., para emplearlo: *tirar de navaja.* **10.** Esp. *Fig.* y *fam.* Torcer, marchar en cierta dirección: *en la segunda bocacalle, tire a la derecha.* ◆ **tirarse** v.prnl. Abalanzarse, echarse o dejarse caer sobre algo: *tirarse a la piscina; tirarse al suelo.* **2.** *Fam.* Pasar, transcurrir de cierta manera un tiempo que se expresa: *se ha tirado toda la noche trabajando.* **3.** *Vulg.* Poseer sexualmente a una persona. **4.** TAUROM. Lanzarse sobre el toro para darle la estocada. <> **Ir tirando** Mantenerse una persona o cosa en el mismo estado, generalmente con dificultad. **Tirarle a algo** Méx. *Fam.* Tener el propósito de alcanzarlo o de conseguirlo: *le tira a ser director de escuela.*

tiras s.f.pl. Chile. Trapos, ropas de vestir.

tirasse s.f. (voz francesa). MÚS. Cada uno de los mecanismos de la consola del órgano que se acciona con los pies.

tirata s.f. MÚS. Dibujo melódico de carácter ornamental.

tiratrón s.m. Tubo termoiónico, lleno de gas inerte o de vapor de mercurio, empleado como rectificador o como regulador de corriente.

tiravira s.f. MAR. Cabo doble, fijado por dos de sus extremos en lo alto de un plano inclinado, con el que se arrían cuerpos cilíndricos.

tireoestimulina s.f. Hormona de la hipófisis que estimula la secreción del tiroides. SIN.: *hormona tireotropa.*

tirilla s.f. Lista o tira pequeña para diversos usos, especialmente la que se pone por el cuello en las camisas y suele servir para fijar en ella el cuello postizo.

tirio, a adj. y s. De Tiro. ◇ **Tirios y troyanos** *Fam.* Partidarios de opiniones o intereses opuestos.

tiristor s.m. Rectificador que actúa por semiconducción.

tirita s.f. (marca registrada). Esp. Tira de adhesivo con un preparado medicinal que sirve para proteger una herida.

tiritar v.intr. (voz de origen onomatopéyico). Temblar o estremecerse de frío o por efecto de la fiebre. SIN.: *titiritar.*

tiritón s.m. Estremecimiento del que tirita.

tiritona s.f. *Fam.* Acción de tiritar mucho. SIN.: *tiritera.*

tiro s.m. Acción y efecto de tirar: *ejercicios de tiro.* **2.** Disparo de un arma de fuego: *se cruzaron tiros entre la policía y los atracadores.* **3.** Ruido producido por un disparo. **4.** Señal o herida que hace lo que se tira. **5.** Proyectil de un arma de fuego: *revólver de cinco tiros.* **6.** Lugar donde se tira al blanco. **7.** Conjunto de caballerías que tiran de un carruaje. **8.** Seguido de la prep. *de* y el nombre del arma disparada o del objeto arrojado, se usa como medida de distancia: *a un tiro de bala.* **9.** Trayectoria de un disparo: *tiro rasante.* **10.** Distancia comprendida entre la unión de las dos perneras y la cintura del pantalón. **11.** Corriente de aire que produce el fuego de un hogar. **12.** Diferencia de presión entre la entrada y la salida de un aparato por el que deben circular gases. **13.** Corriente de fluido provocada por dicha diferencia de presión. **14.** Chut. **15.** Hond. Senda por la que se arrastra la madera. ◇ **Al tiro** Chile, Colomb., C. Rica y Ecuad. En seguida, prontamente. **Ángulo de tiro** Ángulo que forma la línea de tiro con el plano horizontal. **A tiro** Se dice de lo que se halla al alcance o dentro de las posibilidades de alguien. **De tiros largos** *Fig.* y *fam.* Vestido de gala. **Ni a tiros** Expresa la imposibilidad de que alguien haga o diga algo. **Salir el tiro por la culata** *Fam.* Dar una cosa un resultado contrario al que se esperaba. **Tiro al blanco** Tiro con arma de fuego sobre una diana u otro blanco. **Tiro al plato** Modalidad de tiro olímpico en que las aves se sustituyen por discos que son lanzados por una máquina automática. **Tiro de gracia** Tiro que remata al que está gravemente herido. **Tiro libre** En baloncesto, sanción con que se castiga al equipo que comete una falta técnica o ciertas faltas personales.

tiroideo, a adj. Relativo a la glándula tiroides o al cartílago del mismo nombre.

tiroides s.m. (del gr. *thyroeidés,* con forma de puerta). Glándula endocrina situada delante de la tráquea, que produce la tiroxina y la calcitonina. ◇ **Cartílago tiroides** El más voluminoso de los cartílagos laríngeos, que forma el relieve llamado *nuez* o *bocado de Adán.*

tiroiditis s.f. Inflamación del tiroides.

tirol s.m. Méx. Recubrimiento de apariencia rugosa que se pone en los techos como adorno.

tirolés, sa adj. y s. Del Tirol.

tirón s.m. Acción y efecto de tirar brusca y violentamente de algo. SIN.: *estirón.* **2.** En ciclismo, intento repentino de uno o varios corredores de separarse del resto. **3.** *Fam.* Robo consistente en apoderarse el ladrón de una bolsa, u otro objeto, tirando violentamente de él y dándose a la fuga. ◇ **De tirón** TAUROM. Lance o pase en que se obliga al toro a embestir rectamente el engaño en dirección al diestro, sin dejar que pase. **De un tirón** Seguido, de una vez, en una única acción.

tironear v.tr. Dar tirones.

tiroriro s.m. *Fam.* Palabra con que se imita el sonido de los instrumentos músicos de boca.

tirosina s.f. Aminoácido cuya oxidación produce pigmentos negros o melanina.

tirosinasa s.f. Enzima que provoca la oxidación de la tirosina.

tirotear v.tr. y prnl. Disparar repetidamente armas de fuego portátiles.

tiroteo s.m. Acción y efecto de tirotear.

tirotricina s.f. Antibiótico de uso externo.

tiroxina s.f. Hormona secretada por el tiroides.

tirria s.f. *Fam.* Antipatía injustificada o irracional hacia algo o alguien.

tirso s.m. (lat. *thyrsus,* del gr. *thýrsos,* tallo de las plantas). ANT. GR. Emblema de Dioniso, consistente en un bastón con hojas de hiedra o de viña rematado por una piña. **2.** BOT. Inflorescencia en forma de pirámide, como la de las lilas y el castaño de Indias.

tisana s.f. (gr. *ptisane,* infusión de cebada machacada). Infusión de hierbas medicinales que se toma como bebida.

tisanóptero, a adj. y s.m. Relativo a un orden de insectos de pequeño tamaño, provistos de aparato bucal adaptado a la succión, con franjas en las alas.

tisanuro, a adj. y s.m. Relativo a un orden de insectos primitivos, sin alas, con tres apéndices filiformes al final del abdomen.

tísico, a adj. y s. (lat. *phthisicus,* del gr. *phthisikós*). Relativo a la tisis; que padece esta enfermedad.

tisiología s.f. Parte de la medicina que estudia la tuberculosis.

tisis s.f. Nombre clásico y común de la tuberculosis.

tiste s.m. Amér. Central. Bebida refrescante a base de harina de maíz tostado, cacao, achiote y azúcar.

tisú s.m. (fr. *tisú,* tejido). Tela de seda, entretejida con hilos de oro y plata que pasan desde la haz al envés. **2.** Pañuelo de papel suave.

tisular adj. HISTOL. Relativo a los tejidos.

titán s.m. (lat. *Titan,* personaje mitológico). Persona que descuella por ser excepcional en algún aspecto.

1. **titánico, a** adj. *Fig.* Desmesurado, excesivo: *un esfuerzo titánico.* **2.** Relativo a los Titanes.

2. **titánico, a** adj. Se dice del anhídrido TiO_2 y de sus ácidos correspondientes.

titanio s.m. (lat. moderno *Titanium,* de los Titanes, personajes mitológicos). Metal de color blanco, duro, de densidad 4,54, cuyo punto de fusión es de 1 677 °C. **2.** Elemento químico (Ti), de número atómico 22 y masa atómica 47,867.

titanio

Es un material que se utiliza cada vez más en la industria debido a su ligereza, su gran resistencia a la corrosión y las excelentes características mecánicas de sus aleaciones; se emplea en la industria aeroespacial y química.

títere s.m. Muñeco que se mueve por medio de hilos o con las manos. SIN.: *marioneta.* ◆ s.m. y f. *Fig.* y *fam.* Persona que cambia con facilidad de opinión o que actúa influida por los demás. ◆ **títeres** s.m.pl. *Fam.* Espectáculo público hecho con muñecos, o ejecutado por acróbatas circenses.

tití s.m. (voz onomatopéyica). Simio arborícola de América del Sur, cuyo cuerpo, que mide alrededor de 20 cm, se prolonga en una larga cola tupida. (Familia hapálidos.)

titilación s.f. (lat. *titillatio,* cosquilleo). Acción y efecto de titilar.

titilar v.intr. Agitarse con temblor alguna parte del cuerpo: *los párpados titilan.* **2.** Centellear u oscilar una luz o un cuerpo luminoso.

titileo s.m. Acción y efecto de titilar.

titipuchal s.m. Méx. *Fam.* Multitud, muchedumbre, desorden.

titiritar v.intr. Tiritar.

titiritero, a s. Persona que maneja los títeres. **2.** Acróbata o artista circense.

titubeante adj. Que titubea.

titubear v.intr. (lat. *titubare*). Oscilar, tambalearse una cosa, perder la estabilidad. **2.** Hablar articulando las palabras de una manera vacilante y confusa. **3.** *Fig.* Estar en duda, mostrarse indeciso en algún asunto, materia, acción, etc.

titubeo s.m. Acción y efecto de titubear.

titulación s.f. Acción y efecto de titular o titularse. **2.** En periodismo, expresión abreviada de lo más destacado de una noticia. <> **Titulación de hilos** TEXT. Operación que tiene por objeto indicar el título de los hilos.

titulado, a adj. y s. Se dice de la persona que tiene un título académico o nobiliario.

tituladora s.f. ART. GRÁF. Aparato de fotocomposición para títulos o textos cortos.

1. **titular** v.tr. Poner título o nombre a algo. ◆ **titularse** v.prnl. Obtener un título académico. **2.** Llamarse, tener por título, por nombre.

2. **titular** adj. y s.m. y f. Se dice de la persona que ocupa un cargo teniendo el título o nombramiento correspondiente. ◆ s.m. Encabezamiento de una información en cualquiera de los géneros periodísticos.

titulillo s.m. Renglón que se pone en la parte superior o cabeza de la página impresa, para indicar el tema o la materia de que se trata.

título s.m. (lat. *titulus*). Nombre, frase que contiene una referencia más o menos explicativa de la materia o argumento de un texto, libro, etc.: *título de un libro; título de un cuadro.* **2.** Dignidad adquirida o heredada, que confiere un derecho u honor: *el título de duque.* **3.** Persona que goza de dicha dignidad. **4.** Lo que demuestra o acredita un derecho, especialmente la posesión de una hacienda, bienes, etc.: *título de propiedad.* **5.** Certificado representativo de un valor mobiliario (acción, obligación, etc.), que puede ser nominativo, al portador o a la orden. **6.** Apelativo que se da a alguien por un cargo, oficio o grado de estudios. **7.** Documento en que se acredita ese derecho. **8.** Cualidad, mérito que da derecho a algo: *la resistencia de la ciudad al asedio fue título de gloria para sus habitantes.* **9.** Cada una de las partes en que se dividen las leyes, reglamentos, etc. **10.** QUÍM. Concentración de una disolución. **11.** TEXT. Designación que indica el grueso de un hilo. SIN.: *número.* <> **A título de** Con el pretexto, motivo o causa de lo que se expresa; con el carácter de.

tiuque s.m. Chile. Ave rapaz de plumaje oscuro y pico grande. **2.** Chile. *Fig.* Persona malintencionada y astuta.

tiv, pueblo del SE de Nigeria que habla una lengua bantú.

tixotropía s.f. Transformación al estado de sol de ciertos geles muy viscosos cuando se los agita, que recuperan su viscosidad en reposo.

tiza s.f. (náhuatl *tizaltl*). Barrita de arcilla blanca que se usa para escribir en los encerados. **2.** Compuesto de yeso y greda que se usa en el juego del billar para untar la suela de los tacos.

tizate s.m. Guat., Hond. y Nicar. Yeso, tiza.

tizna s.f. Materia que puede tiznar.

tiznado, a adj. Amér. Central. Borracho, ebrio.

tiznadura s.f. Acción y efecto de tiznar o tiznarse. **2.** Alteración experimentada por una capa de pintura o de barniz, en contacto con materias mugrientas o sucias.

tiznar v.tr. y prnl. Manchar con tizne u otra sustancia semejante.

tizne s.m. o f. Humo que se pega a las sartenes y a otros recipientes sometidos a la acción del fuego.

tiznón s.m. Mancha de tizne o de otra sustancia semejante.

tizón s.m. (lat. *titio, -onis*). Palo o leño a medio quemar, que arde produciendo gran cantidad de humo. <> **A tizón** Se dice de la forma de colocar los ladrillos o piedras en un muro de modo que la dimensión más larga queda perpendicular al paramento.

tlacatecuhtli s.m. (voz náhuatl). Título que se daba al soberano azteca. **2.** Juez supremo en dicho pueblo.

tlachique s.m. Méx. Aguamiel.

tlaconete s.m. Méx. Babosa, molusco gasterópodo.

tlacuache s.m. Méx. Zarigüeya.

tlacuilo s.m. Persona que se dedicaba a dibujar los signos de la escritura azteca.

tlalayote o **talayote** s.m. Méx. Nombre que se da a diversas plantas asclepiadáceas. **2.** Méx. Talantuyo.

tlalcoyote s.m. Méx. Mamífero mustélido dañino que ataca los sembrados de maíz y los gallineros, parecido al coyote, pero mucho más pequeño, y que construye su madriguera en cuevas.

tlapalería s.f. Méx. Tienda donde se venden pinturas, artículos de ferretería, albañilería y material eléctrico.

tlapaneca, pueblo amerindio que vive en las zonas más abruptas de la sierra Madre del Sur (est. de Guerrero, México).

tlaxcalteca adj. y s.m. y f. De un pueblo amerindio de México, del grupo nahua, de lengua uto-azteca, actualmente extinguido.

tlaxcalteca

Los tlaxcaltecas formaron en la meseta de Tlaxcala los señoríos federados de Ocotelulco, Tepeticpac, Quiahuiztlan y Tizatlan, enfrentados a los aztecas. Tras ser derrotados por Hernán Cortés en Cholula, se aliaron con los españoles y participaron en el sometimiento de los aztecas (Otumba, 1520).

Tm, abrev. de *tonelada métrica.*

tmesis s.f. (gr. *tmēsis,* corte). Hipérbaton que consiste en intercalar una palabra entre los dos elementos de otra compuesta.

TNT s.m. Trinitrotolueno.

toalla s.f. (germ. *thwahlj;afo*). Pieza rectangular que se usa para secarse después de lavarse. **2.** Cubierta que se pone sobre las almohadas. **3.** Tejido de rizo del que suelen ser las toallas. <> **Arrojar,** o **lanzar,** o **tirar, la toalla** En boxeo, lanzar la toalla al ring el preparador de un púgil en señal de abandono; abandonar una empresa ante una dificultad.

toallero s.m. Utensilio o soporte para poner o colgar las toallas.

1. **toba** s.f. (lat. *tofus*). Piedra blanda, porosa y ligera, que produce un sonido apagado y sordo al chocar con un metal. **2.** Ladrillo poroso.

2. **toba** adj. y s.m. y f. De un pueblo amerindio guaicurú del Chaco (Argentina, Bolivia y Paraguay), muy aculturado.

tobera s.f. Abertura tubular practicada en la parte inferior y lateral de un horno, para la entrada del aire que alimenta la combustión. **2.** Revestimiento metálico de esta abertura. **3.** Orificio graduable practicado en el casquete de un paracaídas para facilitar su manejabilidad. **4.** Conducto perfilado adecuadamente para que el fluido que circula por él aumente su velocidad o su presión.

tobiano, a adj. Argent. Se dice del caballo overo cuyo pelaje presenta manchas blancas en la parte superior del cuerpo.

tobillera s.f. Venda, generalmente elástica, con que se sujeta el tobillo en algunas lesiones o luxaciones. **2.** Méx. Calcetín corto.

tobillero, a adj. Que llega hasta los tobillos: *falda tobillera.*

tobillo s.m. Parte inferior de la pierna, junto a la garganta del pie, con dos eminencias óseas, una interna y otra externa, que se corresponden con los maléolos.

tobogán s.m. Pista deslizante, generalmente helicoidal, por la que las personas sentadas o tendidas se dejan resbalar. **2.** Trineo bajo montado sobre dos patines largos y cubiertos con una tabla o plancha acolchada. **3.** Pista hecha en la nieve por la que se deslizan estos trineos especiales. **4.** Rampa o canalón recto o de forma helicoidal, que sirve para el transporte por gravedad de materias a granel, maderos, sacos, etc.

toca s.f. (del persa *ṭaq,* chal o velo). Prenda de tela con que se cubría la cabeza. **2.** Prenda de tela blanca que usan las monjas para cubrirse la cabeza.

tocable adj. Que puede tocarse. **2.** Se dice de la obra musical fácil de interpretar.

tocadiscos s.m. (pl. *tocadiscos*). Aparato que reproduce los sonidos grabados en un disco. SIN.: *pick-up.*

1. **tocado** s.m. Cualquier prenda con que se cubre o adorna la cabeza. **2.** Arreglo personal, particularmente de las mujeres.

2. **tocado, a** adj. Que empieza a pudrirse: *fruta tocada.* **2.** Algo perturbado, medio loco. **3.** Afectado de lo que se expresa: *tocado de fervor, de herejía.*

1. **tocador** s.m. Mueble provisto de espejo que sirve para el arreglo personal. **2.** Habitación destinada a este fin.

2. **tocador, ra** adj. y s. Que toca, especialmente un instrumento musical.

tocamiento s.m. Acción y efecto de tocar.

tocante adj. Que toca. <> **(En lo) tocante a** Referido a.

tocar v.tr. (voz de origen onomatopéyico). Entrar en contacto una parte del cuerpo, especialmente la mano, con otra cosa: *tocar el agua, un objeto.* **2.** Estar en contacto, mediante un objeto, con algo o con alguien: *lo tocó con un bastón.* **3.** *Fam.* Manejar, revolver: *no toques mis papeles.* **4.** Aportar a algo una modificación, variación, etc. **5.** Hacer sonar un instrumento musical: *tocar el piano.* **6.** Interpretar una pieza musical: *la orquesta tocaba un vals.* **7.** *Fig.* Rayar, llegar algo a ser casi lo que se expresa. **8.** *Fig.* Sufrir las consecuencias o resultados de algo. **9.** *Fig.* Aludir, hacer mención: *tocó el tema de la crisis.* ◆ v.tr. e intr. Estar una cosa en contacto con otra: *la mesa toca la pared.* **2.** Hacer sonar la campana, sirena, etc., para avisar, llamar la atención, etc. **3.** *Fig.* Con voces como corazón, dignidad, etc., conmover, provocar un sentimiento o reacción espiritual. **4.** Llegar el tiempo o el momento oportuno de hacer lo que se expresa: *te toca jugar a ti.* ◆ v.intr. Corresponder a alguien una obligación o cargo: *a ti te toca decidir.* **2.** Concernir, tener relación, referirse. **3.** *Fam.* Importar, ser de interés, conveniencia o provecho: *este asunto me toca muy de cerca.* **4.** *Fam.* Corresponder algo a alguien en un reparto. **5.** Caer en suerte: *nos ha tocado la lotería.*

tocario, a o **tokario, a** adj. y s. De un pueblo de origen indoeuropeo establecido en Asia central hacia el s. V. ◆ s.m. Lengua indoeuropea hablada en el N del Turkestán chino entre los ss. V y X.

tocarse v.prnl. Cubrirse la cabeza con un sombrero, mantilla, pañuelo, etc.

tocateja (a) loc. Esp. *Fam.* Al contado. (También *a toca teja.*)

tocayo, a s. Persona que tiene el mismo nombre que otra.

toccata o **tocata** s.f. (voz italiana). Composición musical para instrumentos de teclado, libre, breve y de un solo movimiento.

tocho, a adj. *Fam.* Tonto. ◆ s.m. Ladrillo ordinario y tosco, de 5 cm de grueso. **2.** Palo redondo, tranca. **3.** Lingote de hierro.

tocinería s.f. Tienda donde se vende carne y otros productos del cerdo.

tocinero, a s. Dueño de una tocinería o que trabaja en ella.

tocineta s.f. Colomb. y P. Rico. Tocino, panceta.

tocino s.m. Carne grasa del cerdo y especialmente la salada. <> **Tocino de cielo** Dulce hecho con yema de huevo y almíbar bien cuajados.

toco s.m. Perú. Hornacina rectangular muy usada en la arquitectura incaica.

tocoferol s.m. BIOL. Sustancia vitamínica que tiene origen vegetal.

tocología s.f. (del gr. *tókos,* parto, y *lógos,* tratado). Obstetricia.

tocólogo, a s. Médico especializado en tocología.

tocomocho s.m. Timo que consiste en ceder a alguien un billete de lotería, aparentemente premiado, por un precio inferior al valor del supuesto premio.

1. **tocón** s.m. Parte del tronco de un árbol que queda unido a la raíz al cortarlo.

2. **tocón, na** adj. Colomb. Rabón.

tocotoco s.m. Venez. Pelícano.

tocuyo s.m. Amér. Merid. Tela burda de algodón.

todabuena s.f. Planta sufrutescente, de unos 40-60 cm, de cuyas hojas y flores se hace una infusión que se ha usado en medicina como vulneraria y vermífuga. (Familia hipericáceas.) SIN.: *todasana.*

todavía adv.t. Expresa la duración de una acción, de un estado, hasta un momento determinado: *todavía estoy aquí.* ◆ adv.m. A pesar de ello, no obstante, sin embargo. **2.** Con *más, menos, mejor,* etc., expresa encarecimiento o ponderación: *ahora todavía llueve más que antes.*

1. **todo** adv.m. Enteramente, exclusivamente compuesto de: *vino todo mojado.*

2. **todo, a** adj. y pron.indef. (lat. *totus*). Se dice de lo que está considerado en su integridad o en el conjunto de todas sus partes. ◆ s.m. Cosa íntegra, o que consta de la suma y conjunto de sus partes integrantes: *tomar la parte por el todo.* ◆ **todos** s.m.pl. Conjunto de personas o cosas consideradas sin excluir ninguna: *todos aplaudieron.* <> **Ante,** o **por encima,** o **sobre, todo** Primera o principalmente. **Del todo** Completamente.

todopoderoso, a adj. y s. Que todo lo puede. <> **El Todopoderoso** TEOL. CRIST. Dios.

todoterreno adj. y s. Se dice del vehículo automóvil concebido para circular por terrenos accidentados.

toesa s.f. (fr. *toise*). Antigua medida francesa de longitud, que equivalía a 1,949 m.

tofe s.m. Caramelo blando de café con leche o chocolate.

tofo s.m. Chile. Arcilla blanca refractaria.

toga s.f. (lat. *toga*). Manto ancho y largo, que constituía la prenda principal del vestido de los ciudadanos romanos. **2.** Traje talar usado por los magistrados y abogados, y por los profesores en ciertas ceremonias. **3.** Forma de marcar el pelo que consiste en enrollarlo alrededor de la cabeza.

togado, a adj. y s. Que viste toga. **2.** Se dice del magistrado adscrito a la administración de justicia.

togolés, sa adj. y s. De Togo.

toilette s.f. (voz francesa). Peinado, atavío, arreglo personal. **2.** Tocador, mueble. **3.** Lavabo, cuarto de aseo.

toisón s.m. (fr. *toison*). Vellocino.

tojo s.m. Arbusto de hojas espinosas y flores amarillas, de 1 a 4 m de alt., que crece sobre suelos silíceos. (Familia papilionáceas.)

tojolabal, pueblo amerindio de México (SE de Chiapas) y Guatemala, de la familia lingüística maya.

tojosa s.f. Ave columbiforme de unos 20 cm de long., que vive en América Central. (Familia colúmbidos.)

tokamak s.m. Máquina empleada en las investigaciones sobre energía termonuclear, destinada a obtener el confinamiento de plasma.

tokario, a adj. y s. → **tocario.**

tokay s.m. Vino licoroso dulce, de color amarillo dorado, producido en la región húngara de Tokay.

1. **tola** s.f. Amér. Merid. Nombre de diferentes especies de arbustos de la familia de las compuestas, que crecen en las laderas de la cordillera.

2. **tola** s.f. (voz quechua). Ecuad. Tumba en forma de montículo, perteneciente a diversas culturas precolombinas.

tolar s.m. Unidad monetaria principal de Eslovenia hasta su sustitución por el euro en 2007.

tolbutamida s.f. Sulfamida antidiabética activa por vía oral.

tolda s.f. Amér. Tela para hacer toldos. **2.** Colomb. Toldo de una embarcación menor. **3.** P. Rico. Saca que se utiliza para llevar granos. **4.** P. Rico y Urug. Cubierta de lona que se coloca en las carretas.
toldería s.f. Campamento de algunos pueblos amerindios de Argentina, Bolivia y Chile, formado por toldos, chozas hechas de pieles y ramas.
toldilla s.f. En los buques mercantes, construcción o superestructura situada a popa sobre la cubierta superior.
toldillo s.m. Colomb. Mosquitero.
toldo s.m. Cubierta que se extiende para dar sombra o resguardar de la intemperie. **2.** Argent. y Chile. Tienda de algunos pueblos amerindios hecha con pieles y ramas.
tole s.m. (lat. *tolle*, quita de ahí). *Fam.* Griterío y confusión en una reunión de gente. ◇ **Tole tole** *Fam.* Alboroto, pelea, tumulto.
toledano, a adj. y s. De Toledo.
tolemaico, a adj. Relativo a los Tolomeos.
tolerable adj. Que puede tolerarse.
tolerancia s.f. Respeto a la libertad de los demás, a sus formas de pensar, de actuar, o a sus opiniones políticas o religiosas. **2.** Capacidad de ciertas especies arbóreas para desarrollarse en condiciones de luminosidad reducida. **3.** MED. Capacidad del organismo para soportar, sin dolor, ciertos agentes físicos o químicos. **4.** TECNOL. Diferencia aceptable en ciertas magnitudes, como dimensión, masa, frecuencia, etc., relativas a fabricaciones mecánicas, componentes electrónicos, etc.
tolerante adj. Que tolera.
tolerantismo s.m. Opinión favorable a la tolerancia de cultos religiosos distintos del oficial del país de que se trata.
tolerar v.tr. (lat. *tolerare*). Soportar, sufrir: *tolerar un dolor; tolerar un agravio.* **2.** Aceptar, soportar a alguien cuya presencia es molesta o desagradable. **3.** Permitir: *no tolero los malos modales.* **4.** Aguantar, admitir, resistir, sin recibir daño. **5.** *Fig.* Aceptar, admitir ideas u opiniones distintas de las propias.
tolete s.m. (fr. *tolet*). Amér. Central, Colomb., Cuba y Venez. Garrote corto. ◆ adj. y s. Cuba. Torpe, lerdo, tardo en entendimiento.
tolita s.f. Explosivo obtenido por nitración del tolueno.
tolla s.f. Cuba y Chile. Artesa que se utiliza para dar de beber al ganado.
toloache s.m. Méx. Planta herbácea de propiedades narcóticas, que se emplea en medicina tradicional, y que en dosis altas puede provocar graves alteraciones.
tololoche s.m. Méx. Contrabajo.
tolonguear v.tr. C. Rica. Acariciar, mimar.
tolos s.m. (pl. *toloi*). Sepultura prehistórica, redonda y con cúpula. **2.** Templo de planta circular, cuyo diámetro oscilaba entre los cuatro y los diez metros.
tolteca adj. y s.m. y f. De un pueblo amerindio precolombino, del grupo nahua de la meseta de México.

tolteca

En el s. VIII los toltecas fundaron un reino, convertido en imperio por Mixcoatl (935-947). La cap. era Tollan Xicocotitlán (Tula). Su soberano, Ce Acatl Tipiltzin Quetzalcóatl, se convirtió al culto de Teotihuacán y se instaló en la costa del golfo de México y Yucatán, donde dio nuevo impulso a la cultura maya. Tras la derrota ante los chichimecas, en 1168, los que se refugiaron en Culhuacán influyeron en la cultura azteca. Los toltecas crearon una estatuaria muy original, cuyos mejores ejemplos se hallan en Tula y Chichén Itzá.

tolueno s.m. Hidrocarburo aromático líquido (C_7H_8) empleado como disolvente y secante, en la preparación de colorantes y medicamentos, y para la construcción de ciertos termómetros. SIN.: *metilbenceno.*
toluidina s.f. Anilina derivada del tolueno.
toluol s.m. Tolueno impuro.
tolva s.f. Depósito en forma de pirámide cuadrangular, truncada e invertida. **2.** Embudo grande para hormigonar, descargar grava de las clasificadoras, etc.
tolvanera s.f. (del lat. *turbine*). Remolino de polvo.
toma s.f. Acción de tomar. **2.** Porción de una cosa tomada de una vez. **3.** Acción de obtener una muestra de material orgánico, como sangre, células y tejidos, para su análisis. **4.** Conquista u ocupación por las armas de una posición o punto fuerte del enemigo. **5.** Bifurcación, abertura por la que se desvía parte de la masa de un fluido: *toma de agua.* **6.** Acción de administrar una dosis de medicamento por vía oral. **7.** Chile. Muro para desviar el agua de su cauce. **8.** Colomb. Cauce, acequia. **9.** CIN. Acción y efecto de fotografiar o filmar. ◇ **Toma de aire** Abertura por la que se ventilan ciertos locales o aparatos. **Toma de corriente** Dispositivo eléctrico conectado a la línea de alimentación para enchufar en él aparatos. **Toma de datos** INFORMÁT. Conjunto de procedimientos para sacar muestras en el universo real y registrar en una cinta o disco magnético, etc., los datos para su tratamiento en un sistema informático. **Toma de posesión** Acto por el que se hace efectivo el nombramiento o designación de una persona para el ejercicio de un cargo, destino, etc. **Toma de sonido** Conjunto de las operaciones que permiten registrar un sonido. **Toma de tierra** Conexión conductora entre una instalación eléctrica o radioeléctrica y el suelo. **Toma de vistas** Registro de la imagen en una película cinematográfica.
tomacorriente s.m. Argent. y Perú. Enchufe eléctrico.
tomado, a adj. Se dice de la voz baja, sin sonoridad, debida a alguna afección en la garganta.
tomador, ra adj. y s. Que toma. **2.** Amér. Aficionado a la bebida. ◆ s. Persona a cuya orden se gira una letra de cambio.
tomadura s.f. Toma, acción de tomar. ◇ **Tomadura de pelo** *Fig.* y *fam.* Burla, broma, abuso.
tomahawk o **tomawak** s.m. Hacha de guerra de los pueblos amerindios de América del Norte.
tomaína o **ptomaína** s.f. (del gr. *ptoma*, ruina). Producto tóxico que resulta de la descomposición de materias orgánicas.
tomar v.tr. Agarrar, asir. **2.** Elegir entre varias cosas. **3.** Recibir, aceptar, admitir. **4.** Percibir, recibir lo que se le da como pago, renta, servicio, etc. **5.** Conquistar, ocupar o adquirir por la fuerza: *tomar una ciudad.* **6.** Adoptar una decisión o un método de actuación: *tomar serias medidas.* **7.** Interpretar algo en determinado sentido: *tomárselo a risa.* **8.** Creer equivocadamente que alguien o algo es como se expresa: *tomar por tonto.* **9.** Servirse de un medio de transporte: *tomar el tren.* **10.** Junto a ciertos nombres, recibir o adquirir lo que estos significan: *tomar aliento.* **11.** Recibir los efectos de algo: *tomar un baño, el sol.* **12.** Construido con un nombre de instrumento, ponerse a ejecutar la acción o el trabajo para el cual sirve el instrumento: *tomar la pluma.* **13.** Calcular una media o magnitud con instrumentos adecuados: *tomar la temperatura.* **14.** Filmar, fotografiar. **15.** Contratar a alguien para que preste un servicio: *tomar un profesor de inglés.* **16.** Contraer, adquirir. **17.** Adquirir mediante pago. **18.** Alquilar. **19.** Emprender una cosa, o encargarse de una dependencia o negocio. **20.** Seguido de *y* y un infinitivo, realizar súbitamente la acción que se expresa: *tomó y salió corriendo.* ◆ v.tr., intr. y prnl. Comer, beber o ingerir: *tomar café; no tomes tanto.* ◆ v.intr. Encaminarse, empezar a seguir una dirección determinada: *tomar por un atajo.* **2.** Prender, arraigar las plantas en la tierra. ◇ **¡Toma!** Expresa asombro o sorpresa. **Tomar a bien,** o **a mal** Interpretar en buen, o en mal, sentido algo. **Tomarla con alguien** Contradecirlo y culparlo en cuanto dice o hace. **Tomar las armas** Iniciar una acción bélica. **Tomar sobre sí** Asumir. **Toma y daca** Expresa que hay un trueque simultáneo de cosas y servicios o se espera la reciprocidad de un favor.
tomatal s.m. Terreno plantado de tomateras.
tomate s.m. (náhuatl *tómatl*). Fruto de la tomatera. **2.** To-

matera. **3.** *Fig.* y *fam.* Agujero hecho en una prenda. ◇ **Haber (mucho) tomate** Esp. *Fam.* Haber mucho lío, estar poco clara una cuestión.

tomatera s.f. Planta herbácea de origen americano, cultivada por su fruto comestible, rojo y carnoso, de forma casi esférica y piel lisa y brillante. (Familia solanáceas.)

tomaticán s.m. Argent. y Chile. Guiso preparado con papas, cebolla, tomate y otras verduras.

tomavistas s.m. (pl. *tomavistas*). Cámara cinematográfica portátil, generalmente para uso no profesional.

tomawak s.m. → **tomahawk.**

tómbola s.f. (ital. *tombola*). Sorteo o rifa pública de objetos, generalmente organizada con fines benéficos.

tómbolo s.m. Istmo de arena que une una isla al continente.

tomento s.m. (lat. *tomentum,* borra de relleno). BOT. Conjunto de pelos que cubren la superficie de los órganos de algunas plantas.

tomentoso, a adj. BOT. Que tiene tomento.

tomillo s.m. (dim. del mozárabe *tomo,* del lat. vulg. *tumum*). Arbusto, de flores blancas o rosadas, muy oloroso, utilizado en perfumería, cocina y farmacología. (Familia labiadas.)

tomín s.m. (ár. vulg. *tomin*). Tercio de adarme.

tomismo s.m. Sistema de doctrinas teológicas y filosóficas de santo Tomás de Aquino, que constituye la base de la escolástica.

tomista adj. y s.m. y f. Relativo al tomismo; partidario del tomismo.

tomo s.m. (lat. *tomus*). División de una obra que generalmente corresponde a un volumen completo. **2.** Libro, volumen. ◇ **De tomo y lomo** *Fam.* De mucha consideración o importancia.

tomografía s.f. Procedimiento de exploración radiológica, que permite obtener la imagen radiográfica de un plano interno del organismo de una forma nítida, mientras que los otros planos quedan difuminados. ◇ **Tomografía axial computerizada (TAC)** Técnica de exploración radiológica basada en la reconstrucción informática de la imagen de un plano interno del organismo a partir de una serie de análisis de densidad efectuados mediante barrido y/o rotación del conjunto formado por el tubo de rayos X y los detectores.

1. **ton** s.m. Apócope de *tono.* ◇ **Sin ton ni son** *Fam.* Sin motivo o causa.

2. **ton** s.f. (voz inglesa). Unidad anglosajona de masa (símb. t o ton).

toná s.f. Modalidad de cante flamenco, cuyas formas constituyen la fundamental y más remota creación gitano-andaluza que se conserva.

tonada s.f. Composición poética para ser cantada. **2.** Música de la misma. **3.** Melodía de una canción. **4.** Amér. Tonillo. **5.** Argent. Nombre genérico de diversas manifestaciones del cancionero folklórico como la baguala y el estilo.

tonadilla s.f. Tonada o canción ligera. **2.** Canción o pieza ligera cantada que se ejecuta en el teatro.

tonadillero, a s. Autor o cantor de tonadillas.

tonal adj. Relativo al tono o a la tonalidad.

tonalidad s.f. Conjunto de fenómenos musicales estructurales derivados de una nota privilegiada, o *tónica,* como punto de referencia de los sonidos empleados. **2.** Relación entre los colores de una fotografía. **3.** Sistema de colores y tonos. **4.** Matiz. **5.** Calidad de reproducción de los receptores radioeléctricos.

tonante adj. *Poét.* Que truena.

tonco, a adj. **Haba tonca** Semilla producida por un árbol de América del Sur, de la que se extrae cumarina.

tonel s.m. (fr. ant. *tonel,* dim. de *tonne,* tonel). Recipiente de madera formado de duelas unidas y aseguradas con aros de hierro que las ciñen, provisto de dos tapas planas. **2.** Capacidad de este recipiente. **3.** *Fig.* y *fam.* Persona muy gorda. **4.** Observatorio, en forma de tonel, que ciertos buques y embarcaciones llevan para instalar en él un vigía. **5.** Antigua unidad de medida usada en el arqueo de las embarcaciones, que valía 5/6 de tonelada. **6.** AERON. Figura de acrobacia aérea, en la que el avión realiza una especie de barrena horizontal, efectuando un giro, de modo que hay un momento en que vuela de espaldas.

tonelada s.f. Unidad de medida de masa (símb. t) que vale 10^3 kilogramos. **2.** Cantidad enorme. ◇ **Tonelada de arqueo,** o **Moorson** Unidad internacional de capacidad o arqueo de las embarcaciones equivalente a 2,831,6 m^3. **Tonelada métrica de arqueo** Metro cúbico.

tonelada-kilómetro s.f. Unidad de medida para indicar la intensidad de circulación de mercancías, que equivale al transporte de una tonelada a lo largo de un kilómetro.

tonelaje s.m. Capacidad total de un buque mercante o de un vehículo de transporte. **2.** Peso expresado en toneladas.

tonelería s.f. Arte, oficio, local o taller del tonelero. **2.** Conjunto de toneles.

tonelero, a s. Persona que hace o vende toneles.

tonelete s.m. Pieza de la armadura en forma de faldetas aseguradas a la cintura y que llegaban hasta las rodillas.

tonema s.m. Particular inflexión final de la curva melódica de una frase.

tóner s.m. (ingl. *toner*). Tinta pulverulenta que utilizan para imprimir especialmente las fotocopiadoras y algunas impresoras.

tong → **dong.**

tonga s.f. Cuba. Pila de cosas alargadas, colocadas, unas sobre otras, debidamente.

tongada s.f. Conjunto de cosas de una misma clase: *tongada de bidones.*

tongo s.m. Trampa realizada en competiciones deportivas, en que uno de los contendientes se deja ganar.

tónica s.f. Tendencia general: *marcar la tónica en el vestir.* **2.** Bebida refrescante, gaseosa, que contiene extracto de quinina y a veces esencia de naranja amarga. **3.** Firmeza de los valores en bolsa. **4.** MÚS. **a.** Primer grado de la escala. **b.** Nota que da su nombre a la tonalidad sobre la que se basa esta escala.

tonicidad s.f. Tono de una estructura o tejido, en especial del músculo.

tónico, a adj. Que recibe el tono o acento: *sílaba tónica.* **2.** Que tiene un efecto estimulante en la moral. **3.** MED. Relativo al tono. ◆ s.m. Loción ligeramente astringente para el cuidado de la piel del rostro. **2.** Sustancia para mejorar una determinada función o el tono total del organismo. SIN.: *reforzante.* ◇ **Acento tónico** Acento de intensidad de una palabra. **Tónico cardíaco** Sustancia que refuerza y regulariza las contracciones del corazón.

tonificante adj. Que tonifica. SIN.: *tonificador.*

tonificar v.tr. Dar fuerza y vigor al organismo o al sistema nervioso.

tonillo s.m. Entonación monótona y desagradable al hablar, leer o recitar. **2.** Entonación despectiva e irónica. SIN.: *retintín.*

tonina s.f. (del lat. peninsular *thunnina*). Atún propio del Mediterráneo, que tiene una long. máxima de 1 m.

tono s.m. (lat. *tonus*). Intensidad, grado de elevación de un sonido o de la voz humana. **2.** Inflexión, modulación, expresión particular de la voz. **3.** Manera particular de expresarse por escrito, estilo. **4.** Forma de conducta. **5.** Contracción parcial y permanente de ciertos músculos, que regula las actitudes del cuerpo en las diferentes posiciones. **6.** Energía, dinamismo. **7.** LING. Variación en la altura del sonido de la voz, que tiene un valor concreto en ciertas lenguas. **8.** MÚS. **a.** Gama en la que está compuesto un aire. **b.** Intervalo de dos semitonos. **9.** PINT. Color considerado bajo el punto de vista de su valor y de su intensidad. ◇ **A tono** Que no desentona. **Bajar el tono** Comedirse, hablar con más moderación. **Darse tono** Jactarse, engreírse. **De buen,** o **mal, tono**

Propio de gente culta y elegante, o vulgar y zafia. **Fuera de tono** Con importunidad, desacertadamente. **Tono interrumpido** El que participa de varios colores. **Tono local** Color propio de un objeto representado en pintura.

tonógrafo s.m. Aparato que permite medir la presión intraocular en un tiempo determinado con ayuda de una sonda apoyada en la córnea y conectada a un de registro gráfico.

tonometría s.f. FÍS. Medida de la masa molecular de una sustancia por descenso de la presión de vapor de una solución diluida de esta sustancia. **2.** MED. Medida de la presión intraocular.

tonquinés, sa adj. y s. De Tonkin.

tonsura s.f. (lat. *tonsura*). REL. **a.** Ceremonia litúrgica (suprimida en 1972) por la que se señalaba la entrada de un laico en el estado eclesiástico o religioso cortándole cinco mechones de cabello en forma de corona. **b.** Coronilla que se rasuraba en la cabeza de los clérigos.

tonsurar v.tr. Conferir a un laico la tonsura.

tontada s.f. Tontería, simpleza.

tontaina adj. y s.m. y f. Tonto.

tontear v.intr. Decir o hacer tonterías. **2.** Bromear o galantear como preliminares de una relación erótica.

tontera s.f. Tontería (cualidad). **2.** Acceso de tontería.

tontería s.f. Dicho o hecho que revela falta de inteligencia, sentido o discreción. **2.** *Fig.* Dicho o hecho de poco valor o importancia. **3.** Cualidad de tonto. SIN.: *tontera.* **4.** Melindre, zalamería.

tontina s.f. (ital. *tontina,* de L. di *Tonti,* banquero italiano). Operación lucrativa por la que un fondo económico aportado por varias personas es repartido, en una fecha fijada de antemano, solamente entre los socios supervivientes. **2.** Asociación formada para este fin.

tonto, a adj. y s. (voz de creación expresiva). Que tiene o demuestra poca inteligencia o escaso entendimiento. **2.** Que obra con ingenuidad o sin malicia y que no se aprovecha de las ocasiones. **3.** *Fam.* Muy sentimental y fácilmente conmovible. **4.** *Fam.* Excesivamente pesado o insistente: *ponerse tonto.* **5.** *Fam.* Engreído, muy presumido o vanidoso. ◆ adj. Falto de sentido, finalidad o sensatez: *un temor tonto.* ◇ **A lo tonto** *Fam.* Inconscientemente, como quien no quiere la cosa. **A tontas y a locas** *Fam.* Sin discernimiento ni reflexión. **Hacer el tonto** *Fam.* Hacer o decir tonterías. **Hacerse el tonto** *Fam.* Aparentar distracción por conveniencia.

tontuna s.f. Tontería, dicho o hecho tonto.

1\. **top** s.m. (pl. *tops*). Señal breve para indicar a un oyente que anote una indicación en un momento preciso. **2.** En televisión, impulso de corriente de corta duración, que sirve para la sincronización.

2\. **top** s.m. (voz inglesa). Prenda femenina, generalmente corta, que se utiliza como corsé.

topacio s.m. (lat. *topazion,* del gr. *topázion*). Silicato fluorado de aluminio, cristalizado, en forma de piedra fina, amarilla y transparente.

topada s.f. Topetazo.

topamiento s.m. Argent. Ceremonia del carnaval durante la cual varios hombres y mujeres se declaran compadres.

topar v.tr. (de *top,* voz onomatopéyica de un choque brusco). Chocar una cosa con otra. **2.** Amér. Echar a pelear los gallos para probarlos. ◆ v.intr. y prnl. Encontrar a alguien o algo de forma casual. ◆ v.intr. Topetar.

1\. **tope** s.m. Límite, extremo o punto máximo a que se puede llegar o que se puede alcanzar o conseguir: *velocidad tope; mi paciencia ha llegado al tope.* ◇ **A,** o **al, tope** o **hasta los topes** Muy lleno, excesivamente cargado.

2\. **tope** s.m. Parte por donde una cosa puede topar o ponerse en contacto con otra. **2.** *Fig.* Obstáculo, limitación, impedimento. **3.** En una cerradura, placa metálica saliente que limita el juego de un pestillo o cerrojo. **4.** Pieza u órgano destinado a soportar un esfuerzo axial. **5.** Reborde que limita el movimiento de una pieza mecánica. **6.** Fiador de detención de la rueda de escape de un reloj. **7.** F.C. Platillo metálico que sirve para amortiguar los choques violentos entre los vagones de los trenes.

topera s.f. Conjunto de galerías que constituyen la madriguera del topo. **2.** Pequeño montículo de tierra formado por el topo al excavar su madriguera.

topetada s.f. Topetazo.

topetar v.tr. e intr. Golpear con la cabeza, especialmente los carneros y otros animales cornudos. ◆ v.tr. Chocar una cosa con otra, golpear una cosa a otra.

topetazo s.m. Golpe que dan con la cabeza los animales cornudos. SIN.: *topada, topetada, topetón.* **2.** *Fig.* y *fam.* Golpe dado al chocar dos cuerpos.

tópica s.f. PSICOANÁL. Teoría que describe el aparato psíquico según diferentes planos, a partir de los cuales los fenómenos psíquicos pueden ser analizados.

tópico, a adj. (del gr. *Topiká,* obra de Aristóteles). Relativo a un lugar determinado o a un lugar común: *una observación tópica.* ◆ adj. y s.m. Se dice del medicamento de uso externo. ◆ s.m. Principio general que se aplica a todos los casos análogos y del que se saca la prueba para el argumento del discurso. **2.** Lugar común, asunto o tema de conversación muy utilizado. **3.** Amér. Tema de conversación. **4.** LING. En gramática generativa y transformacional, una de las relaciones fundamentales de la estructura superficial. **5.** LÓG. Doctrina de los lugares comunes.

topinabir s.m. Argent. y Bol. Planta forrajera alimenticia, cuyos tubérculos son similares a la batata.

topless s.m. (voz angloamericana). Atuendo femenino que deja el busto al descubierto.

top manta s.m. Esp. Venta ilegal en la calle de música y productos audiovisuales en CD y DVD, en la que se exponen los artículos sobre una manta extendida en el suelo.

top model s.f. (voces inglesas). Modelo de alta costura.

1\. **topo** s.m. (del lat. *talpa*). Mamífero de ojos atrofiados, de unos 15 cm de long., patas anteriores largas y robustas con las que excava galerías en el suelo, donde caza insectos y gusanos. (Orden insectívoros; familia tálpidos.) **2.** Espía doble. **3.** Máquina perforadora rotatoria concebida para excavar en plena sección circular un túnel, una galería o un pozo. **4.** *Fig.* y *fam.* Persona con muy poca vista.

2\. **topo** s.m. (voz caribe, *piedra redonda*). Lunar de una tela. **2.** Carácter de imprenta, empleado generalmente como ornamentación. **3.** Argent., Chile y Perú. Alfiler grande que remata en forma de cuchara con grabados regionales.

3\. **topo** s.m. (voz quechua). Tupo.

topocho, a adj. Venez. Se dice de la persona rechoncha.

topografía s.f. (del gr. *tópos,* lugar, y *gráphein,* describir). Técnica de representación sobre un plano de las formas del terreno, con los detalles naturales o artificiales que tiene. **2.** Disposición, relieve de un terreno.

topográfico, a adj. Relativo a la topografía. **2.** Se dice de la memoria particular de ciertas computadoras que, en un sistema de paginación, registra a qué páginas virtuales de un programa se atribuyen las páginas reales de la memoria central.

topógrafo, a s. Especialista en topografía.

topología s.f. Parte de las matemáticas basada en el estudio de las deformaciones continuas en geometría y en las relaciones entre la teoría de las superficies y el análisis matemático. **2.** Estructura definida en un conjunto C por la familia de partes de C (abiertos), que satisfacen ciertos axiomas.

topológico, a adj. Relativo a la topología. ◇ **Espacio topológico** Espacio provisto de una topología.

topometría s.f. Conjunto de operaciones efectuadas sobre el terreno para la determinación métrica de los elementos de un mapa.

topón s.m. Chile, Colomb. y Hond. Topetazo. **2.** Colomb. Puñetazo.

toponimia s.f. (del gr. *tópos,* lugar, y *ónoma,* nombre). Estudio lingüístico del origen y etimología de los nombres de lugar. **2.** Conjunto de los nombres de lugar de un país, época, etc.

toponímico, a adj. Relativo a la toponimia o a los topónimos.

topónimo s.m. Nombre propio de lugar.

toque s.m. Acción de tocar momentánea o levemente. **2.** Pequeña aplicación medicinal. **3.** *Fig.* Determinado matiz o detalle: *un toque de distinción.* **4.** Sonido de las campanas u otro instrumento musical, para avisar o anunciar algo. **5.** *Fig.* Llamamiento, indicación, advertencia: *dar un toque de atención.* **6.** *Fig.* Punto delicado, difícil o importante. **7.** Ensayo del oro o de la plata mediante la piedra de toque. **8.** Choque que da el pez al picar el anzuelo. **9.** En pintura, pincelada ligera. **10.** Méx. Calambre que se produce en el cuerpo al entrar en contacto con una corriente eléctrica. **11.** Méx. *Vulg.* Cigarrillo de marihuana. **12.** MIL. Conjunto de notas musicales emitidas por cornetas, trompetas, etc., con objeto de dar una orden. **13.** MÚS. Interpretación a la guitarra de los distintos cantes y bailes flamencos. <> **A toque de campana** Con mucha disciplina y puntualidad. **Darse un toque** Méx. *Vulg.* Aspirar el humo de un cigarrillo de marihuana. **Dar un toque** *Fam.* Avisar, llamar la atención; tantear a alguien respecto de algún asunto.

toquetear v.tr. Manosear, tocar reiteradamente.

toqueteo s.m. Acción de toquetear.

toqui s.m. Chile. Caudillo, cacique araucano.

toquilla s.f. Pañuelo plegado en forma triangular, que las mujeres se ponen en la cabeza, anudado bajo el mentón, o en el cuello. **2.** Prenda de abrigo de punto de lana, generalmente en forma de capa, usada por las mujeres y los lactantes.

toracentesis s.f. Punción de la cavidad torácica para introducir o evacuar líquido.

torácico, a adj. Relativo al tórax: *cavidad torácica.* <> **Caja torácica** Armazón óseo constituido principalmente por las costillas, unidas por detrás a la columna vertebral y por delante al esternón. (Está dotada de una cierta flexibilidad, debido a la laxitud de las articulaciones, que permite los movimientos respiratorios.) **Conducto torácico** Colector linfático que aboca la linfa a la vena subclavia izquierda.

toracoplastia s.f. CIR. Intervención que consiste en practicar una resección en varias costillas, para hundir una caverna tuberculosa subyacente.

toracotomía s.f. CIR. Abertura quirúrgica del tórax.

toral adj. Que tiene más fuerza o importancia. <> **Arco toral** Gran arco que forma la embocadura del ábside central de un templo; arco que limita el espacio del crucero; arco de la nave mayor perpendicular al eje de la misma.

torana s.m. (voz sánscrita). Pórtico levantado ante las puertas de las murallas, que adorna también las balaustradas de los stupa.

tórax s.m. (lat. *thorax, -cis,* busto, pecho, del gr. *thórax*). Cavidad del cuerpo de los vertebrados, limitada por las costillas, el esternón y el diafragma, que contiene los pulmones y el corazón. **2.** Segunda parte del cuerpo de los insectos, formada por tres anillos, en la que se insertan las patas y las alas.

torbellino s.m. (del lat. *turbo, -inis,* tempestad). Remolino de viento o de polvo. **2.** Movimiento circular o helicoidal de las moléculas de agua en un curso fluvial. **3.** Movimiento de rotación del aire. **4.** Desplazamiento por movimiento de rotación de las partículas fluidas alrededor de un eje. SIN.: *remolino.* **5.** *Fig.* Concurrencia o coincidencia de muchas cosas a la vez: *torbellino de ideas, de papeles.* **6.** *Fig.* Persona vivaz, inquieta y muy activa.

torcaz adj. y s.f. Se dice de una variedad de paloma de cuello verdoso, cortado por un color incompleto muy blanco.

torcaza s.f. (del lat. *torquaceus*). Amér. Paloma torcaz.

torcecuello s.m. Ave que habita en jardines y huertos de Europa y África, de unos 16 cm de long., y se agarra a los troncos como el pájaro carpintero. (Familia pícidos.)

torcedor, ra adj. y s. Que tuerce. ◆ s.m. Huso con que se tuerce la hilaza.

torcedora s.f. Máquina con que se tuercen conjuntamente los hilos de acero, para formar cables.

torcedura s.f. Acción y efecto de torcer. SIN.: *torcimiento.*

torcer v.tr. y prnl. (del lat. *torquere*) [conj.: *mover*]. Encorvar o doblar una cosa recta. **2.** Inclinar una cosa o ponerla sesgada: *ese cuadro se ha torcido.* **3.** Retorcer, dar vueltas a una cosa. **4.** Obligar a un miembro a un movimiento violento; sufrir la dislocación de un miembro: *torcer un brazo; torcerse el pie.* **5.** Cambiar, desviar: *torcer un propósito.* **6.** *Fig.* Hacer que una persona obre mal. ◆ v.tr. Desviar algo de su posición o dirección habitual. **2.** Con palabras como *gesto, semblante, rostro,* etc., expresar desagrado. **3.** *Fig.* Tergiversar, interpretar mal. **4.** TEXT. Arrollar los hilos uno a otro mediante torsión; enrollar entre sí dos madejas mediante torsión. ◆ v.intr. Girar, volver, cambiar de dirección: *torcer a la izquierda.* ◆ **torcerse** v.prnl. *Fig.* Malograrse, frustrarse algo: *nuestros deseos se han torcido.* **2.** *Fig.* Desviarse del camino recto de la virtud y de la razón. **3.** TAUROM. Desviarse el torero del recto camino al entrar a matar.

torcido, a adj. Que no es o no está recto: *piernas torcidas.* **2.** Que no obra con rectitud. **3.** Obtenido por torsión o cableado: *hilo, cable torcido.* **4.** Amér. Se dice de la persona desafortunada. **5.** TAUROM. Se dice de la estocada con tendencia a atravesarse. ◆ s.m. Acción de torcer. **2.** TEXT. **a.** Torsión de las fibras que integran los hilos. **b.** Cordón de seda empleado en tapicería. **c.** Hilo obtenido por torsión de varios hilos retorcidos. **d.** Hilo de urdimbre de algodón, a dos o más cabos. **e.** Hebra gruesa y fuerte de seda torcida.

torcijón s.m. Acción y efecto de torcer.

tordillo, a adj. y s. Tordo.

1. **tordo** s.m. Zorzal. **2.** Pez de vivos colores, de unos 15 cm de long., que vive en el Mediterráneo. **3.** Nombre de diversos pájaros de América del Sur.

2. **tordo, a** adj. y s. (lat. *turdus*). Se dice de la caballería que tiene el pelo mezclado de negro y blanco. SIN.: *tordillo.*

torear v.tr. e intr. Incitar a un toro para que acometa y sortearlo o burlarlo cuando lo hace. **2.** Lidiar al toro en una plaza, y finalmente matarlo siguiendo las reglas del toreo. ◆ v.tr. *Fig.* y *fam.* Evitar a alguien o algo. **2.** Argent. y Chile. Dirigir insistentemente a alguien palabras que pueden molestarlo o irritarlo. **3.** Esp. *Fig.* y *fam.* Saber llevar bien a alguien, conducir hábilmente un asunto difícil. ◆ v.intr. Argent., Bol. y Par. Ladrar un perro y amenazar con morder.

toreo s.m. Acción de torear. **2.** Arte y técnica de torear. **3.** Estilo personal de un torero.

torera s.f. Chaquetilla corta y ceñida al cuerpo. <> **Saltarse a la torera** *Fam.* Hacer caso omiso de algo, no cumplirlo: *saltarse a la torera las clases.*

torero, a adj. Relativo al toro, al toreo o al torero: *tener sangre torera.* ◆ s. Persona que se dedica a torear.

toréutica s.f. ARQUEOL. Arte de cincelar.

torianita s.f. Óxido natural de uranio y torio, negro y cúbico.

tórico, a adj. Que tiene la forma de un toro o superficie de revolución engendrada por una figura plana cerrada que gira alrededor de un eje que no la corta.

torii s.m. Pórtico que en Japón precede la entrada de los templos sintoístas.

toril s.m. Sitio de una plaza de toros donde están encerradas las reses antes de ser lidiadas.

torillo s.m. Pez de carne insípida, de unos 20 cm de long., que vive en el Mediterráneo y el Atlántico. (Familia blénidos.) **2.** Ave de pequeñas dimensiones, hábil y buena corredora, de las familias turnícidos y pedionómidos.

torina s.f. Óxido del torio ThO_2.

torio s.m. (de *Thor,* dios escandinavo de la guerra). Metal de color blanco, cristalino, extraído de la torita y perteneciente al grupo de los actínidos, de densidad 11,7, cuyo punto de fusión es de 1 842 °C. **2.** Elemento químico (Th), de número atómico 90 y masa atómica 232,038.

torita s.f. Silicato hidratado de torio $ThSiO_4$, tetragonal.

torito s.m. Ave de pequeño tamaño, de América Meridional, que presenta un gran copete de plumas erizadas y cola larga. (Familia tiránidos.) **2.** Argent. y Perú. Nombre de diversas especies de coleópteros de coloración entre el castaño y el negro y cuyo macho suele tener un cuerno encorvado en la frente. **3.** Cuba. Pez cofre con dos espinas a manera de cuernos. **4.** Ecuad. y Nicar. Especie de orquídea.

tormenta s.f. (lat. *tormenta,* neutro pl. de *tormentum,* tormento). Perturbación atmosférica violenta que se caracteriza por ráfagas de aire y lluvia, nieve o pedrisco acompañados de rayos, truenos y relámpagos. **2.** *Fig.* Manifestación violenta e impetuosa del estado de ánimo: *una tormenta de celos.*

tormentila s.f. (bajo lat. *tormentilla*). Planta herbácea que crece en lugares montañosos de la península Ibérica, cuyo rizoma se usa como astringente. (Familia rosáceas.)

tormentín s.m. MAR. Foque pequeño muy resistente, para el mal tiempo.

tormento s.m. (lat. *tormentum*). Aflicción, congoja, preocupación. **2.** *Fig.* Persona o cosa que atormenta. **3.** Castigo que consiste en infligir dolor físico o moral a un acusado para obligarlo a confesar algo. SIN.: *tortura.*

tormentoso, a adj. Que ocasiona o implica tormenta: *borrasca tormentosa; tiempo tormentoso.* **2.** *Fig.* Que es agitado, violento: *sueño tormentoso.*

torna s.f. Acción de tornar, regresar, volver. ◇ **Volver las tornas** Invertir una situación o el desarrollo de algo.

tornaboda s.f. Día siguiente al de la boda.

tornadizo, a adj. y s. Veleidoso, inconstante. ◆ s.m. Judaizante del reino de Castilla en el s. XIV.

tornado s.m. Huracán impetuoso y violento.

tornar v.intr. (lat. *tornare*). Regresar, volver. ◆ v.tr. Devolver, restituir. ◆ v.tr. y prnl. Cambiar, transformar: *el cielo se tornó negro.*

tornasol s.m. Reflejo o viso que hace la luz en algunas telas o en otras materias muy tersas, haciéndolas cambiar de color. **2.** Girasol. **3.** Sustancia colorante de origen vegetal, de color azul violáceo y que se usa como reactivo para reconocer los ácidos.

tornasolado, a adj. Que tiene o hace tornasoles: *aguas tornasoladas.* ◆ s.m. Conjunto de tornasoles de un tejido que se consigue aplicando un sistema de tintura que consiste en superponer diferentes tonalidades o matices de un mismo color.

tornavoz s.m. Dispositivo o aparato para recoger, dirigir y amplificar el sonido, o hacer que se oiga mejor.

torneado, a adj. Se dice del producto hecho con el torno. **2.** *Fig.* Se dice de la parte del cuerpo humano que tiene curvas suaves: *brazos torneados.* ◆ s.m. Acción de tornear.

tornear v.tr. Dar forma a una cosa con el torno.

torneo s.m. Competición deportiva. **2.** HIST. Combate, generalmente a caballo, entre dos bandos de caballeros (ss. XI-XVI).

tornería s.f. Establecimiento donde se hacen o venden productos hechos con el torno. **2.** Oficio de tornero.

tornero, a s. Persona que tiene por oficio trabajar con el torno. ◆ s.f. y adj. Monja de un convento de clausura que se encarga del torno.

tornillería s.f. Conjunto de tornillos y otras piezas como tuercas, pernos, etc. **2.** Fábrica de tornillos.

tornillo s.m. Pieza cilíndrica o cónica, por lo general metálica, con resalte helicoidal y una cabeza con ranura. ◇ **Apretar los tornillos a alguien** *Fam.* Apremiarlo o exigirle el máximo esfuerzo. **Faltarle un tornillo** o **tener flojos los tornillos** *Fam.* Tener alguien poca sensatez y cordura. **Tornillo de banco,** o **de sujeción** Instrumento montado en un banco o en la plataforma de una máquina-herramienta, con que se mantienen sujetas las piezas que se están trabajando.

torniquete s.m. Dispositivo formado por dos brazos iguales en cruz, giratorios alrededor de un eje vertical, que se pone a la entrada de un lugar para que las personas entren de una en una. **2.** Especie de pestillo para retener el bastidor de una vidriera. **3.** Palanca angular de hierro que comunica el movimiento del tirador a la campanilla. **4.** Pieza de hierro en forma de S alargada, para mantener abiertas las hojas de ventanas, persianas, etc. **5.** Aparato de física que adquiere un movimiento de rotación debido a una fuerza de reacción: *torniquete hidráulico, eléctrico.* **6.** CIR. Instrumento para contener las hemorragias de las extremidades.

torniscón s.m. *Fam.* Pellizco retorcido.

torno s.m. Aparato para la tracción o elevación de cargas que consiste en un cilindro horizontal y una cuerda o cadena a la que se sujeta la carga. **2.** Estructura giratoria empotrada en el hueco de una pared que permite intercambiar objetos de una parte a otra entre dos personas sin que estas se vean. (Los *tornos* se usan especialmente en los conventos de clausura.) **3.** MEC. Máquina-herramienta que sirve para trabajar, por arranque de viruta mediante un útil que realiza los movimientos de avance y penetración, una pieza que se mantiene en rotación alrededor de un eje. **4.** TECNOL. Dispositivo o instrumento que, a modo de prensa o tenaza, se usa en diversos oficios para sujetar e inmovilizar las piezas que se van a trabajar. (También *torno de sujeción.*) ◇ **En torno** Alrededor. **Torno de alfarero** Disco que, por impulso manual o mecánico, gira horizontalmente y que lleva en su eje una pequeña mesa horizontal, sobre la que se coloca la pieza de arcilla que se ha de tornear. **Torno de perforación** Torno de gran potencia, con varias velocidades de arrollamiento del cable, que permite izar el trépano desde el fondo de un pozo con gran rapidez.

1. **toro** s.m. (lat. *taurus*). Mamífero rumiante macho, de unos 2,5 m de long. y 1,5 m de alt., cabeza gruesa con cornamenta, piel dura y pelo corto. (El toro muge o brama; familia bóvidos.) **2.** *Fig.* Hombre muy fuerte y robusto. **3.** Cuba. Pez similar al cofre. ◆ **toros** s.m.pl. Fiesta o corrida donde se lidian toros. ◇ **Agarrar,** o **coger,** o **tomar, el toro por los cuernos,** o **por las astas** *Fam.* Afrontar un asunto difícil con valor y decisión. **Toro almizclado** Mamífero rumiante de las regiones boreales, con particularidades propias de los bovinos y de los ovinos.

2. **toro** s.m. (lat. *torus,* bulto o protuberancia). Moldura saliente de figura semicilíndrica. **2.** MAT. Sólido engendrado por un círculo que gira alrededor de una recta situada en su plano, pero que no pasa por su centro.

toroidal adj. GEOMETR. Que tiene forma de toro.

toroide s.m. Superficie generada por una curva cerrada al girar alrededor de un eje contenido en su plano y que no la corta. **2.** Sólido limitado por esta superficie. **3.** Bobina o transformador en forma de anillo cerrado.

torón s.m. QUÍM. Emanación del torio, isótopo del radón.

toronja s.f. (ár. *turúnğa*). Cidra esférica. **2.** Fruto del pomelo.

toronjil s.m. Melisa. SIN.: *cidronela.* ◇ **Toronjil silvestre** Planta herbácea de olor fuerte y flores blancas moteadas de rojo. (Familia labiadas.)

toronjo s.m. Cidro que produce las toronjas.

torpe adj. (lat. *turpis,* feo o deforme, ruin). Que se mueve con lentitud y dificultad. **2.** Que no tiene agilidad ni destreza. **3.** Que tiene dificultad para comprender o aprender algo.

torpedear v.tr. Atacar una embarcación o un avión un objetivo marítimo con torpedos.

torpedeo s.m. Acción y efecto de torpedear. SIN.: *torpedeamiento.*

torpedero, a adj. y s.m. y f. Se dice de la embarcación o del avión destinados a lanzar torpedos: *lancha torpedera.*

torpedista adj. y s.m. y f. Persona que tiene por oficio encargarse de las maniobras que se han de realizar con los torpedos.

torpedo s.m. (lat. *torpedo, -inis*). Proyectil cilíndrico, explosivo, submarino y autodirigido, que una embarcación o un avión lanza para atacar un objetivo marítimo. **2.** Pez marino parecido a la raya, que puede alcanzar 1 m de long. y que posee a cada lado de la cabeza un órgano capaz de producir descargas eléctricas.

torpeza s.f. Cualidad de torpe. **2.** Dicho o hecho propios de una persona torpe.

tórpido, a adj. MED. Se dice de la lesión crónica y de difícil curación.

torque s.m. (lat. *torques*). Collar céltico, metálico y rígido.

torr s.m. (de E. *Torricelli*, físico italiano). Unidad de medida de presión equivalente a la presión ejercida por una columna de mercurio de una altura de 1 mm.

torre s.f. (lat. *turris*). Construcción más alta que ancha, de planta cuadrada, circular o poligonal. **2.** Pieza del ajedrez situada en los cuatro ángulos del tablero y que tiene la forma de una torre almenada. **3.** Estructura metálica o de hormigón armado, que sirve de soporte a una construcción. **4.** Cuba y P. Rico. Chimenea del ingenio de azúcar. **5.** Esp. Casa con jardín situada a las afueras de un núcleo urbano y que se utiliza como segunda residencia. **6.** INDUSTR. Columna de fraccionamiento, cámara de catálisis, reactor o cualquier aparato cilíndrico y vertical destinado a tratamientos de depuración, desecación de gases, absorción, destilación, combinaciones químicas, etc. ◇ **Torre de aguas** Torre que sirve de depósito para la distribución de agua a presión. **Torre de control** Torre de un aeropuerto, donde se hallan las instalaciones para el control local del tránsito aéreo y el personal encargado de dicho servicio. **Torre de extracción** Torre de una mina en la que la máquina de extracción está situada en la parte superior. **Torre de iglesia** Campanario. **Torre del homenaje,** o **maestra** Torre principal y más fuerte de una fortaleza, donde habitaba el castellano o alcaide. **Torre de marfil** *Fig.* Aislamiento intelectual en el que alguien vive voluntariamente. **Torre de sondeo,** o **de perforación** Derrick.

torrecilla s.f. Obra defensiva de pequeñas dimensiones.

torrefacción s.f. Acción de torrefactar.

torrefactar v.tr. Tostar el café con un poco de azúcar.

torrefacto, a adj. Se dice del café que ha sido tostado con un poco de azúcar.

torreja s.f. Amér. Torrija. **2.** Chile. Rodaja de fruta.

torrencial adj. Relativo a los torrentes: *aguas torrenciales.* **2.** Que tiene alguna de las características propias de un torrente: *lluvias torrenciales.*

torrente s.m. (lat. *torrens, -entis*). Corriente de agua violenta, rápida e irregular que se produce por abundantes precipitaciones o por el deshielo. **2.** *Fig.* Abundancia, gran concurrencia: *torrente de lágrimas; torrente de gente.* ◇ **Torrente de voz** *Fig.* Voz potente y que sale sin esfuerzo al cantar.

torrentera s.f. Cauce de un torrente.

torrentoso, a adj. Amér. Se dice del río o arroyo de corriente impetuosa.

torreón s.m. Torre fortificada para la defensa de una plaza o castillo.

torrero, a s. Persona que tiene por oficio cuidar una atalaya o faro.

torreta s.f. Cabina acristalada de un avión de bombardeo donde están instalados los cañones y las ametralladoras. **2.** Cúpula giratoria y blindada de un carro de combate que sirve de cámara de combate y de soporte al cañón y donde se colocan el jefe del carro y el tirador. **3.** Estructura central que se eleva sobre la cubierta de un submarino. **4.** Garita acristalada sobre la cubierta de un buque que sirve para proteger de las salpicaduras de las olas, la lluvia, etc. **5.** Bloque portaherramientas de un torno automático o semiautomático que puede presentar sucesivamente todas las cuchillas o herramientas en posición de trabajo. **6.** Estructura metálica situada en lo alto de una central telegráfica y destinada a permitir la concentración de los hilos de una red aérea.

torrezno s.m. Pedazo de tocino frito.

tórrido, a adj. Muy caliente, ardiente.

torrija s.f. Rebanada de pan frito, empapada en leche o vino y endulzada con miel o azúcar.

torsión s.f. (lat. *tortio, -onis*). Acción y efecto de torcer o torcerse. **2.** MEC. Deformación que experimenta un cuerpo por la acción de dos pares de fuerzas opuestos que actúan en planos paralelos, de modo que cada sección del mismo experimenta una rotación con relación a la precedente. **3.** TEXT. **a.** Número de vueltas por metro que se dan a un hilo. **b.** Operación por la que se transforman las cintas, obtenidas en la fase de hilado previo del algodón, lana cardada, etc., en mechas redondas.

torso s.m. Tronco del cuerpo humano.

torsor s.m. MAT. Conjunto de una fuerza y de un par de fuerzas cuyo momento está en la misma dirección que la fuerza.

torta s.f. Masa de harina y agua, generalmente de forma redonda, que se cuece a fuego lento en el horno. **2.** *Fam.* Bofetada. SIN.: *tortazo.* **3.** *Fig.* y *fam.* Golpe fuerte que se da una persona al caerse o chocar. SIN.: *tortazo.* **4.** Argent., Chile y Urug. Pastel grande, generalmente de forma circular, tarta. **5.** Méx. Sándwich hecho con pan de corteza dura: *torta de jamón, de queso.* ◇ **Costar la torta un pan** Esp. *Fam.* Tener que dar, hacer, etc., para conseguir una cosa otra que vale más.

tortada s.f. Torta grande rellena de carne, dulce, etc.

tortazo s.m. *Fam.* Bofetada. SIN.: *torta.* **2.** *Fig.* y *fam.* Golpe fuerte que se da una persona al caerse o chocar. SIN.: *torta.*

tortícolis o **torticolis** s.m. o f. (fr. *torticolis*). Contracción dolorosa de los músculos del cuello que limita los movimientos de esta parte del cuerpo.

tortilla s.f. Alimento que se prepara con huevo batido y otros ingredientes opcionales, como papas o queso, que se fríe con aceite. **2.** Amér. Central, Antillas y Méx. Masa de maíz delgada y circular que se cuece al fuego. **3.** Argent. y Chile. Panecillo en forma de disco, chato, por lo común salado, hecho con harina de trigo o maíz y cocido al rescoldo. ◇ **Cambiar,** o **volverse, la tortilla** *Fam.* Acontecer algo de modo opuesto al que se esperaba; trocarse la suerte favorable que alguien tenía. **Tortilla de harina** Méx. Tortilla hecha con harina de trigo.

tortillera s.f. Mujer que se dedica a hacer tortillas de maíz. **2.** Esp. *Vulg.* Lesbiana.

tortillería s.f. Establecimiento donde se hacen o venden tortillas.

tórtola s.f. (lat. *turtur, -uris*). Ave parecida a la paloma, pero más pequeña, de las regiones arboladas de Europa, Asia y norte de África. (La variedad domesticada tiene un collar frontal negro; familia colúmbidos.)

tórtolo s.m. Macho de la tórtola. **2.** *Fig.* y *fam.* Hombre muy enamorado. ◆ **tórtolos** s.m.pl. *Fig.* y *fam.* Pareja de enamorados en actitud muy cariñosa.

tortrícido, a adj. y s.m. Relativo a una familia de lepidópteros cuyas larvas suelen constituir plagas forestales, que comprende unos ochenta géneros, con más de mil especies.

tortuga s.f. Reptil de cuerpo protegido por un caparazón y un peto, generalmente muy gruesos y rígidos, con cabeza provista de pico córneo sin dientes. (Las especies terrestres, de gran longevidad, son vegetarianas; las de agua dulce [galápagos, *Tryonyx*] son animales carnívoros a veces muy voraces; las tortugas marinas [carey, laúd], generalmente omnívoras, nadan gracias a sus miembros convertidos en aletas.) ◇ **A paso de tortuga** Lentamente. **Tortuga laúd** Tortuga de los mares cálidos, que puede alcanzar 2,40 m de long. y pesar 600 kg, que en lugar de caparazón tiene osículos en una piel oscura.

tortuoso, a adj. (lat. *tortuosus*). Que da muchas vueltas y rodeos, sinuoso. **2.** *Fig.* Complicado, solapado, astuto: *mente tortuosa.*

tortura s.f. (lat. *tortura*). Práctica de castigo que consiste en infligir dolor físico o moral a alguien para obligarlo a confesar algo. SIN.: *tormento.* **2.** *Fig.* Sufrimiento físico o moral, intenso y continuado. **3.** *Fig.* Cosa que produce este sufrimiento.

torturar v.tr. y prnl. Someter a alguien a una tortura.

torvisco s.m. (lat. hispánico *turbiscus*). Arbusto de flores amarillentas y olorosas y fruto en drupa de color rojo. (Familia timeleáceas.)

torvo, a adj. (lat. *torvus*). De aspecto fiero y enojado: *mirada torva.*

tory adj. y s.m. y f. (pl. *tories*). Del partido conservador de Gran Bretaña.

torzal s.m. Cordón de varias hebras de seda torcidas o trenzadas entre sí, para coser o bordar.

tos s.f. (lat. *tussis*). Expulsión brusca y enérgica del aire de los pulmones causada por un fenómeno irritativo en la faringe, laringe, tráquea o bronquios. <> **Tos ferina** Enfermedad infectocontagiosa, frecuente en la infancia, que se caracteriza por accesos paroxísticos de tos.

toscano, a adj. y s. De Toscana. ◆ adj. Se dice del orden arquitectónico romano inspirado en el dórico griego. (El orden *toscano* se diferencia del dórico griego por el entablamento sin ornamentos y por una columna, también sin ornamentos, que se apoya en una basa.) ◆ s.m. Variedad del italiano hablada en Toscana. **2.** Cierta clase de cigarro.

tosco, a adj. Que está hecho con poca habilidad y cuidado, sin pulir o con materiales de poco valor: *mueble tosco.* **2.** *Fig.* Rústico, carente de cultura y educación: *persona tosca.* **3.** Se dice de la superficie o cara de los sillares o piedras de cantería sin labrar. **4.** Se dice del acabado basto que se da a los sillares, para que imiten la piedra natural.

tosedera s.f. Amér. Tos persistente.

toser v.intr. (lat. *tussire*). Tener una persona tos. <> **No haber quien le tosa** o **no toserle nadie a alguien** Esp. *Fam.* No poder competir con él; no consentir que lo reprendan o censuren.

tósigo s.m. (lat. *toxicum*). Ponzoña, veneno. **2.** *Fig.* Angustia, pena intensa.

tosquedad s.f. Cualidad de tosco.

tostación s.f. Acción de tostar. SIN.: *tostado.* **2.** TECNOL. Operación que consiste en calentar un mineral en contacto con el aire, para alcanzar una enérgica oxidación.

tostada s.f. Rebanada de pan tostado.

tostadero, a adj. Que tuesta. SIN.: *tostador.* ◆ s.m. Instalación industrial para la torrefacción del café en grano. **2.** *Fig.* Lugar donde hace demasiado calor.

tostado, a adj. Que tiene color subido y oscuro. ◆ s.m. Acción de tostar. SIN.: *tostación.* **2.** Operación que consiste en someter ciertas piedras preciosas a elevadas temperaturas.

tostador, ra adj. Que tuesta. SIN.: *tostadero.* ◆ s.m. Aparato para tostar café en grano.

tostadora s.f. Aparato para hacer tostadas.

tostar v.tr. y prnl. (lat. vulg. *tostare*) [conj.: *contar*]. Exponer algo a la acción directa del fuego hasta que tome color dorado, sin llegar a quemarse. **2.** *Fig.* Causar algo mucho calor. **3.** *Fig.* Poner el sol o el aire morena la piel del cuerpo. **4.** Chile. Vapulear, azotar, zurrar. **5.** TECNOL. Someter a tostación.

tostón s.m. Cochinillo asado. **2.** Esp. Trozo de pan frito que se añade a la sopa, crema o el puré. **3.** Esp. *Fam.* Fastidio, pesadez. **4.** Esp. *Fam.* Persona o cosa molesta, pesada o aburrida.

total adj. Completo, que comprende todo, entero, absoluto. ◆ s.m. Resultado de una suma. **2.** Totalidad. ◆ adv.m. En suma, en conclusión.

totalidad s.f. Conjunto de todos los elementos que forman algo. SIN.: *total.*

totalitario, a adj. Relativo a la totalidad. **2.** Se dice del régimen político no democrático en el que los poderes ejecutivo, legislativo y judicial están concentrados en un reducido número de dirigentes, que subordinan los derechos de las personas a la razón de estado. **3.** Relativo al régimen totalitario.

totalitarismo s.m. Cualidad de totalitario. **2.** Sistema de un régimen totalitario.

totalitarismo

La fusión de los poderes ejecutivo, legislativo y judicial, la existencia de un partido único, la difusión de una ideología hegemónica, la movilización de las masas, el control policial, la represión y la eliminación de las categorías de la población señaladas como chivo expiatorio son los rasgos compartidos por los regímenes totalitarios, cuyo estudio desarrolló H. Arendt, quien buscó similitudes entre los regímenes nazi y estalinista.

totalizador, ra adj. Que totaliza: *mecanismo totalizador.* ◆ s.m. Aparato que da el total de una serie de operaciones. **2.** En las carreras de caballos y galgos, conjunto de aparatos indicadores y calculadores.

totalizar v.tr. Establecer el total de algo.

tótem s.m. (pl. *tótems*). Entidad de la naturaleza que una sociedad toma como protectora y a la cual rinde culto. **2.** Representación tallada o pintada de esta entidad.

totémico, a adj. Relativo a un tótem o al totemismo. <> **Poste totémico** Poste de madera de cedro esculpido y pintado erigido por los indios de la costa NO del Pacífico, de Vancouver a Alaska.

totemismo s.m. Conjunto de creencias y prácticas de una sociedad que rinde culto a los tótems.

totipotente adj. Se dice de la célula embrionaria apta para formar los tejidos más diversos, según las acciones morfógenas que sufra.

totonaca, totonaco o **totoneca** adj. y s.m. y f. De un pueblo amerindio precolombino de México, de lengua mayazoque, que habitaba en Veracruz (act. también en Puebla).

totonaca

Los totonacas formaban una confederación de ciudades en el S, y en el N crearon un estado. Su economía era agrícola y comercial, y tuvieron dos grandes centros: de 300 a 1200 d.C. El Tajín, máximo exponente del esplendor de la cultura totonaca, con una gran pirámide, y de 900 a 1519, Cempoala. La cultura totonaca destaca por la cerámica, muy variada, la escultura en piedra, la arquitectura monumental y la avanzada concepción urbanística de las ciudades.

La escultura es una de las manifestaciones más destacadas de la cultura totonaca. Recubierta casi siempre de relieves, presenta tres tipos de piezas: yugos, palmas y hachas. Las dos primeras están muy relacionadas con el juego de pelota y las hachas tienen un acentuado carácter mitológico.

totopo s.m. Méx. Trozo de tortilla de maíz tostado o frito.

totoposte s.m. Amér. Central. Torta de harina de maíz muy tostada.

totora s.f. (quechua *tutura*). Amér. Merid. Junco que crece a orillas de los lagos y junto al mar.

totoral s.m. Amér. Merid. Terreno poblado de totoras.

totovía s.f. (voz de origen onomatopéyico). Ave paseriforme semejante a la alondra, pero de menor tamaño, unos 15 cm de long. (Familia aláudidos.)

totuma s.f. (caribe *tutum,* calabaza). Amér. Fruto del totumo. **2.** Amér. Recipiente hecho con este fruto.

totumo s.m. Amér. Güira.

touche s.f. (voz francesa). Línea que delimita la anchura del terreno de rugby en las bandas. **2.** Puesta en juego del balón que ha rebasado esta línea. <> **En touche** Se aplica al balón que ha rebasado esta línea.

tour s.m. (voz francesa). Excursión, viaje turístico. **2.** Vuelta.

tournedós s.m. → **turnedó.**

tournée s.f. (voz francesa). Gira artística. **2.** Viaje de placer por distintos lugares.

toxemia s.f. Conjunto de accidentes provocados por las toxinas transportadas por la sangre.

toxicidad s.f. Cualidad de tóxico: *la toxicidad del arsénico.*

tóxico, a adj. y s.m. Se dice de la sustancia que es venenosa.

toxicodependencia s.f. Drogadicción. SIN.: *toxicomanía.*
toxicodependiente adj. y s.m. y f. Drogadicto. SIN.: *toxicómano.*
toxicología s.f. Ciencia que estudia la capacidad tóxica, teórica o real, de diversos productos.
toxicológico, a adj. Relativo a la toxicología.
toxicólogo, a s. Persona que se dedica al estudio de la toxicología.
toxicomanía s.f. Drogadicción. SIN.: *toxicodependencia.*
toxicómano, a adj. y s. Drogadicto. SIN.: *toxicodependiente.*
toxicosis s.f. Síndrome grave de aparición brusca, especialmente en lactantes, de causas múltiples y en el que predominan los trastornos digestivos y la deshidratación.
toxidermia s.f. Conjunto de lesiones cutáneas de origen tóxico.
toxiinfección s.f. Infección causada por una exotoxina que actúa a distancia del foco infeccioso del que ha salido, como la difteria y el tétanos.
toxina s.f. Sustancia tóxica de naturaleza proteica, elaborada por un organismo vivo (bacteria, seta venenosa, insecto o serpiente venenosa), que tiene poder patógeno para el ser humano o los animales infectados.
toxoplasmosis s.f. Enfermedad parasitaria causada por un protozoo, *Toxoplasma gondii.*
toyotismo s.m. Sistema de organización del trabajo en el que el trabajador participa en la productividad de la empresa mejorando la calidad de la producción.
tozudez s.f. Cualidad de tozudo.
tozudo, a adj. (cat. *tossut*). Que sostiene una actitud u opinión fijas, sin dejarse persuadir por otros argumentos.
traba s.f. Cosa que une o sujeta una cosa con otra para darles seguridad o coherencia. **2.** *Fig.* Cosa que dificulta u obstaculiza la realización de algo. **3.** Ligadura con que se atan las manos o pies de un animal para impedir que salte o se escape. ◇ **Poner trabas** Poner dificultades.
trabacuenta s.m. o f. Error o confusión en una cuenta.
trabado, a adj. Se dice de la caballería que tiene las dos manos blancas o bien una mano y un pie de distinto lado. **2.** Se dice de la sílaba que acaba en consonante.
trabajado, a adj. Que se ha elaborado con minuciosidad y gran cuidado: *una obra trabajada.* **2.** Cansado a causa del trabajo.
trabajador, ra adj. Se dice de la persona a la que le gusta trabajar. ◆ s. Persona que trabaja para otra a cambio de un salario. ◆ s.m. Ave paseriforme de pequeño tamaño, sedentaria e insectívora, que vive en los juncales de las regiones llanas y abiertas de Argentina. (Familia furnáridos.) ◇ **Trabajador social** Profesional diplomado que se dedica a ayudar o prestar un servicio a los miembros de una colectividad.
trabajar v.intr. (del lat. *tripalium,* instrumento de tortura). Realizar una actividad que requiere un esfuerzo físico o intelectual. **2.** Realizar una actividad de forma continuada para ganar dinero: *trabaja en un hospital; trabaja de corrector.* **3.** Funcionar una máquina o aparato. **4.** Representar un papel en el teatro, cine o televisión: *trabajar de galán.* ◆ v.tr. Estudiar algo y ejercitarse en ello: *trabajar mucho el latín.* **2.** Dedicarse un comerciante a la venta, compra o intercambio de determinado tipo de artículos: *solo trabaja tejidos.* **3.** Cultivar la tierra: *trabajar los campos.* **4.** Someter una materia o sustancia a una acción precisa y exacta para darle determinada forma: *trabajar la arcilla.* ◆ **trabajarse** v.prnl. Tratar de complacer a una persona en todo para conseguir algo de ella.
trabajo s.m. Actividad que requiere un esfuerzo físico o intelectual. **2.** Actividad que realiza una persona de manera continuada para ganar dinero. **3.** Producto resultante de una actividad física o intelectual: *es un trabajo de artesanía.* SIN.: *obra.* **4.** ECON. Esfuerzo humano aplicado a la producción de riqueza; actividad encaminada a un fin. **5.** MEC. Producto de la intensidad de una fuerza por la proyección, en la dirección de esta fuerza, del desplazamiento de su punto de aplicación. ◆ **trabajos** s.m.pl. Estrecheces, miserias, dificultades: *pasar muchos trabajos.* ◇ **Contrato de trabajo** Contrato por el cual una persona está obligada a realizar una determinada actividad para una empresa o institución a cambio de un salario. **De trabajo** Que se usa para trabajar. **Trabajo de campo** Investigación que se realiza mediante la observación directa, intensiva y personal de un grupo social, población vegetal, especies de animales, terreno, etc. **Trabajo de la madera** Deformación que experimenta la madera por las variaciones de la humedad. **Trabajos forzados** Trabajos físicos que hace obligatoriamente un preso como parte de la pena impuesta por su delito. **Trabajo social** Asistencia social.
trabajoso, a adj. Que da o causa mucho trabajo. **2.** Colomb. Se dice de la persona poco complaciente y muy exigente.
trabalenguas s.m. (pl. *trabalenguas*). Palabra o frase difícil de pronunciar que se propone como juego.
trabar v.tr. Juntar o unir una cosa con otra para darles seguridad o coherencia. **2.** Poner trabas a un animal. **3.** *Fig.* Comenzar o iniciar algo: *trabar amistad; trabar conversación.* **4.** *Fig.* Dificultar u obstaculizar la realización de algo: *trabar la marcha de una investigación.* **5.** Dar mayor consistencia a un líquido o a una masa: *trabar una salsa.* **6.** Ligar o ajustar entre sí las piedras, sillares o ladrillos con mortero o argamasa. ◆ **trabarse** v.prnl. Entorpecérsele a alguien la lengua al hablar.
trabazón s.f. Enlace o relación conveniente de dos o más cosas. **2.** *Fig.* Conexión, coherencia formando un conjunto: *trabazón social; trabazón de ideas.* **3.** Operación destinada a espesar las salsas y hacerlas untuosas, amalgamando los componentes del condimento. **4.** Materia diluida para esta operación.
trabilla s.f. Tira de tela o de cuero que pasa por debajo del pie para sujetar los bordes inferiores del pantalón, de la polaina, etc. **2.** Tira de tela que une dos piezas de una prenda de vestir.
trabucar v.tr. y prnl. (cat. u occitano *trabucar,* caer, tropezar). Trastornar, desordenar: *trabucar los papeles.* **2.** *Fig.* Trastocar, tergiversar: *trabucar ideas, datos, noticias.*
trabucazo s.m. Disparo de trabuco. **2.** Herida y daño que produce el disparo del trabuco. **3.** *Fig.* Impresión desfavorable que causa una noticia o suceso inesperado y desagradable.
trabuco s.m. (cat. *trabuc*). Arma de fuego antigua, de corto alcance y con el cañón ensanchado por la boca.
traca s.f. (cat. *traca*). Artificio pirotécnico que consiste en una serie de petardos enlazados por una cuerda y que van estallando sucesivamente.
trácala adj. y s.m. y f. Méx. Tracalero. ◆ s.m. Méx. y P. Rico. *Fam.* Trampa, engaño.
tracalada s.f. Amér. Gran cantidad de personas o cosas, montón, multitud. **2.** Méx. Trácala, trampa.
tracalero, a adj. y s. Méx. y P. Rico. Tramposo, embaucador.
tracción s.f. (lat. *tractio, -onis*). Acción de tirar de algo, de mover cuando la fuerza está colocada delante de la resistencia: *tracción de un vagón; tracción animal.* **2.** Acción de arrastrar un vehículo o de hacer que se mueva por cualquier procedimiento mecánico. **3.** ALP. Técnica de escalada para avanzar lateralmente por una pared lisa. **4.** MEC. Modo de trabajo de un cuerpo sometido a la acción de una fuerza que tiende a alargarlo. ◇ **Vehículo de tracción delantera** Vehículo cuyas ruedas delanteras son motrices.
tracería s.f. Decoración pétrea formada por combinaciones de figuras geométricas que imitan formas vegetales. (La *tracería* constituye el relleno de la ojiva gótica.)
tracoma s.m. Conjuntivitis granulosa causada por un virus específico, endémica en ciertos países cálidos.
tracto s.m. ANAT. Conjunto de fibras o de órganos en que predomina la longitud.
tractor, ra adj. y s. Que produce tracción o arrastre. ◆ s.m. Vehículo automóvil con ruedas provistas de dispositivos de

adherencia para terrenos blandos. (El *tractor* se utiliza especialmente en trabajos agrícolas.)

tractorista s.m. y f. Persona que tiene por oficio manejar un tractor.

tractriz adj. y s.f. Tractora.

trade-union o **trade union** s.f. (del ingl. *trade union*). Sindicato obrero de los países anglosajones.

tradición s.f. (lat. *traditio, -onis*). Transmisión de conocimientos, creencias, costumbres o leyes. **2.** Conocimiento, creencia, costumbre o ley transmitidas de generación en generación. **3.** Desarrollo de una actividad en un lugar durante un largo período de tiempo. **4.** DER. Transmisión del dominio de bienes en virtud de un contrato; entrega. **5.** REL. Fuente de la doctrina revelada, junto con la Sagrada Escritura.

tradicional adj. Relativo a la tradición. **2.** Que es de uso común, usual, acostumbrado.

tradicionalismo s.m. Estima y admiración por la tradición. **2.** Doctrina que defiende el mantenimiento de las tradiciones institucionales, en especial de la monarquía absoluta y la religión.

traducción s.f. Acción y efecto de traducir. **2.** Texto traducido. **3.** Interpretación de un texto: *traducción del pensamiento de alguien.* **4.** BIOL. Síntesis de una proteína por la célula, a partir de la información codificada en una molécula de ARN. <> **Traducción automática** Traducción que se realiza por medio de máquinas electrónicas. **Traducción simultánea** Traducción oral que se va realizando simultáneamente a la emisión de un discurso.

traducible adj. Que puede ser traducido.

traducir v.tr. (lat. *traducere*) [conj.: *conducir*]. Expresar un texto o un mensaje oral de una lengua en otra lengua. ◆ v.tr. y prnl. Convertir o transformar una cosa en otra: *el bullicio se tradujo en calma.* **2.** Expresar, representar de una forma determinada ideas, pensamientos, estados de ánimo, etc.: *su tono de voz traducía su inquietud.*

traductor, ra adj. Que traduce. ◆ s. Persona que traduce un texto o un mensaje oral a otra lengua, especialmente la persona que se dedica profesionalmente a ello. ◆ s.m. INFORMÁT. Programa que sirve para traducir un programa de un lenguaje de programación a otro lenguaje más asequible que el de la máquina.

traer v.tr. (lat. *trahere*). Llevar a alguien o algo desde un lugar hasta otro más próximo al que habla. **2.** Causar, ocasionar: *el ocio trae otros vicios.* **3.** Tener a alguien en un estado de ánimo o en una determinada situación: *este asunto le trae preocupado.* **4.** Tener puesta una prenda de vestir. **5.** *Fig.* Alegar razones para apoyar algo que se dice. **6.** *Fig.* y *fam.* Contener una publicación algo: *la revista trae de regalo un libro.* ◆ v.tr. y prnl. *Fig.* Planear algo solapadamente y sin que se vea de forma muy clara la intención: *traerse muchos líos.* <> **Traer a mal traer** *Fam.* Maltratar, molestar o poner dificultades a alguien. **Traer consigo** Causar, determinar.

trafagar v.intr. Trajinar, ajetrearse. **2.** Traficar, comerciar.

tráfago s.m. Trajín, ajetreo.

traficante adj. y s.m. y f. Que trafica o comercia, especialmente de forma irregular o con mercancías ilegales.

traficar v.intr. Comerciar o negociar, especialmente de forma irregular o con mercancías ilegales.

tráfico s.m. Acción y efecto de traficar: *tráfico de drogas.* **2.** Circulación de vehículos por vía terrestre, marítima o aérea. **3.** Comunicación y transporte de personas o mercancías. **4.** Técnica de dar curso a las llamadas en un sistema telefónico. <> **Tráfico triangular** Itinerario comercial establecido en relación con la trata de negros por los comerciantes europeos, durante los ss. XVII y XVIII.

tragacanto s.m. (gr. *tragakantha,* espina de macho cabrío). Arbusto que crece en Asia Menor e Irán, de unos 2 m de alt., y que exuda una goma blanquecina, de uso farmacológico e industrial. (Familia papilionáceas.) **2.** Goma exudada por este arbusto.

tragaderas s.f.pl. *Fam.* Credulidad, facilidad para creer algo. **2.** *Fig.* y *fam.* Facilidad para aceptar, admitir o tolerar algo inconveniente.

tragadero s.m. Agujero u orificio que traga o absorbe algo. **2.** Sumidero o canal de desagüe en las tierras de labor, en un estanque, embalse, etc.

tragaldabas s.m. y f. (pl. *tragaldabas*). *Fam.* Persona muy tragona. **2.** *Fam.* Persona muy crédula o indulgente.

tragaleguas s.m. y f. (pl. *tragaleguas*). *Fam.* Persona muy andadora.

tragaluz s.m. Ventana abierta en el techo o en la parte alta de una pared.

tragante s.m. Orificio colector de líquidos que emboca una cañería de evacuación. **2.** Conducto de un horno de reverbero por donde pasa la llama desde la entrada del horno a la chimenea. **3.** Boca superior de un horno alto o de cuba.

tragantona s.f. *Fam.* Comilona.

tragaperras s.m. o f. (pl. *tragaperras*). Máquina de juego que funciona automáticamente mediante la introducción de una o varias monedas y da premios en metálico.

tragar v.tr. y prnl. Hacer que algo pase de la boca al estómago, pasando por la garganta. **2.** *Fig.* Comer mucho o con

traer

INDICATIVO	SUBJUNTIVO
presente	**presente**
traigo	*traiga*
traes (traés)	*traigas*
trae	*traiga*
traemos	*traigamos*
traéis	*traigáis*
traen	*traigan*
copretérito o pret. imperfecto	**pretérito o pret. imperfecto**
traía	*trajera* o *trajese*
traías	*trajeras* o *trajeses*
traía	*trajera* o *trajese*
traíamos	*trajéramos* o *trajésemos*
traíais	*trajerais* o *trajeseis*
traían	*trajeran* o *trajesen*
pretérito o pret. perf. simple	**futuro o fut. simple**
traje	*trajere*
trajiste	*trajeres*
trajo	*trajere*
trajimos	*trajéremos*
trajisteis	*trajereis*
trajeron	*trajeren*

futuro o fut. simple
traeré
traerás
traerá
traeremos
traeréis
traerán

pospretérito o condicional simple
traería
traerías
traería
traeríamos
traeríais
traerían

IMPERATIVO

trae (traé)	(tú, vos)
traiga	(él)
traigamos	(nosotros)
traed	(vosotros)
traigan	(ellos)

FORMAS NO PERSONALES

infinitivo	gerundio
traer	*trayendo*

participio
traído

voracidad. **3.** *Fig.* Absorber, embeber un cuerpo a otro: *el mar se lo tragó.* **4.** *Fig.* Creer fácilmente algo que no es cierto: *se tragó la mentira.* **5.** Soportar o tolerar algo desagradable u ofensivo. **6.** Disimular u ocultar algo, generalmente un sentimiento: *tragarse una pena.* **7.** *Fig.* y *fam.* Consumir mucho: *este automóvil traga mucha gasolina.* ◇ **No (poder) tragar a alguien** *Fam.* Sentir antipatía hacia él.

tragasables s.m. (pl. *tragasables*). Artista de circo que realiza un número que consiste en introducir un sable por su garganta hasta el estómago.

tragedia s.f. (lat. *tragoedia*). Acontecimiento funesto y terrible. **2.** LIT. **a.** Obra dramática en la que intervienen personajes ilustres enfrentados a conflictos provocados por las pasiones humanas y cuyo protagonista se ve conducido a un final funesto. **b.** Género trágico.

trágico, a adj. (lat. *tragicus*). Relativo a la tragedia: *representación trágica.* **2.** *Fig.* Funesto, muy desgraciado: *una situación trágica.* ◆ adj. y s. Se dice del autor de tragedias: *los trágicos griegos.* **2.** Se dice del actor que representa una tragedia.

tragicomedia s.f. Acontecimiento trágico y cómico a la vez. **2.** LIT. **a.** Obra dramática en la cual se alternan elementos de la tragedia y la comedia. **b.** Género tragicómico.

tragicómico, a adj. Relativo a la tragicomedia.

trago s.m. Porción de líquido que se bebe de una vez. **2.** Bebida alcohólica. **3.** *Fig.* y *fam.* Adversidad, disgusto, pena: *pasar un mal trago.*

tragón, na adj. y s. *Fam.* Que come mucho o con voracidad.

traición s.f. Falta que comete una persona que no respeta la lealtad y fidelidad debida a otra persona. **2.** Delito que comete una persona contra el estado, especialmente si favorece con ello a un estado enemigo. ◇ **Alta traición** Traición cometida contra el honor, la soberanía, la seguridad o la independencia del estado al cual se pertenece; delito de orden político cometido por un jefe de estado. **A traición** Con engaño o de forma oculta y solapada.

traicionar v.tr. Cometer traición: *traicionar a un amigo; traicionar a la patria.* **2.** *Fig.* Ser una persona infiel a su pareja. **3.** Ser alguien o algo la causa de que una persona fracase en un intento: *los nervios lo traicionaron.* **4.** Delatar algo a alguien: *su gesto le traicionó.*

traicionero, a adj. y s. Traidor: *mirada traicionera.*

traída s.f. Acción y efecto de traer: *traída de aguas.*

traído, a adj. Muy usado o gastado. ◇ **Traído y llevado** *Fam.* Manido, sobado.

traidor, ra adj. y s. Que traiciona. SIN.: *traicionero.* ◆ adj. *Fig.* y *fam.* Que delata algo que se quería mantener en secreto. **2.** *Fig.* y *fam.* Que parece inofensivo pero produce un efecto dañino: *un vino traidor.*

trail s.m. Deporte que se practica con motocicletas en caminos agrestes.

tráiler s.m. (ingl. *trailer*). Remolque de un camión de grandes dimensiones. **2.** Camión que lleva este remolque. **3.** Esp. Avance de una película cinematográfica.

traílla s.f. (del lat. *tragula,* red de arrastre, traílla). Grada tirada por una o dos caballerías que sirve para traillar la tierra. **2.** Correa con que se llevan atados los perros en una cacería. **3.** Pareja de perros o conjunto de parejas de perros atados con esta correa.

traillar v.tr. [conj.: *aislar*]. Allanar o igualar la tierra con la traílla.

traína s.f. Red de pesca en forma de una gran bolsa o embudo que una trainera remolca por el fondo o entre dos aguas. SIN.: *traíña.*

trainera s.f. Chalupa de muy poco calado que remolca la traína para la pesca de sardinas, anchoas, arenques, merluza, etc. **2.** Embarcación a remo que se emplea en regatas, especialmente en el N de España.

training s.m. (voz inglesa, *entrenamiento*). **Training autógeno** Método de relajación que consiste en obtener un reposo general del organismo por medio de una distensión somática progresiva y una concentración del pensamiento en determinadas sensaciones cenestésicas.

traje s.m. (port. *traje*). Ropa exterior de una persona. **2.** Vestido de hombre compuesto de saco de vestir, pantalón y, generalmente, chaleco, de la misma tela. **3.** Vestido de mujer de una sola pieza. **4.** Vestido distintivo o característico de un grupo de personas, época o lugar: *traje típico andaluz; traje de romano; traje regional; traje de torero.* ◇ **Traje corto** Traje compuesto por unos pantalones muy altos y ceñidos de cadera y un saco o chaqueta muy cortos y ajustados, que llegan solo hasta la cintura, usado por bailadores de flamenco y toreros. **Traje de baño** Prenda elástica que se utiliza para bañarse. GEOSIN.: Argent., Perú y Urug. *malla;* Esp. *bañador.* **Traje de luces** Traje de seda, con bordados de oro, plata y lentejuelas, muy ceñido, que usan los toreros. **Traje de noche** Vestido femenino de ceremonia. **Traje de saco,** o **chaqueta** Vestido femenino compuesto de saco o chaqueta y falda. **Traje pantalón** Vestido femenino compuesto de pantalón y saco de vestir o chaqueta.

trajeado, a adj. Que va muy bien arreglado en su manera de vestir.

trajear v.tr. y prnl. Facilitar un traje a una persona.

trajín s.m. Acción de trajinar. **2.** Movimiento intenso o gran actividad que se produce en algún lugar.

trajinar v.intr. (cat. *traginar*). Moverse una persona mucho de un sitio a otro trabajando, con ocupaciones o haciendo gestiones. ◆ v.tr. Llevar, transportar algo de un lugar a otro.

trajinera s.f. Méx. Embarcación pequeña, generalmente adornada con flores, que se usa en los canales de Xochimilco.

tralla s.f. (cat. *tralla*). Trenza pequeña de cuero que se coloca al extremo del látigo para que restalle. **2.** Látigo que tiene esta trenza.

trallazo s.m. Golpe dado con la tralla. **2.** *Fig.* Reprensión áspera. **3.** Chut muy fuerte.

trama s.f. (lat. *trama*). Disposición interna, forma en que se relacionan las partes de un asunto: *la trama de una novela.* **2.** Intriga, confabulación para perjudicar a alguien. **3.** Papel transparente y adhesivo, con puntos, líneas o pequeños dibujos, que se utiliza en ilustración y en diseño gráfico. **4.** ART. GRÁF. Pantalla transparente que se coloca delante de la placa sensible, para descomponer la totalidad del original en una serie de puntos que darán la imagen impresora del cliché tramado o para fotograbado directo. **5.** TELEV. Conjunto de las líneas horizontales descritas en un barrido vertical único. **6.** TEXT. **a.** Conjunto de hilos cruzados con los de la urdimbre y colocados a lo ancho de un tejido. **b.** Hilo de seda compuesto de dos o más hilos sencillos, destinado para la trama.

tramado s.m. Retícula de puntos, líneas o sombreados que se da a los fotograbados para darles variedad de tono.

tramar v.tr. Preparar un engaño o traición con sigilo. **2.** TEXT. Cruzar o atravesar las pasadas o hilos de la trama por entre los de la urdimbre.

tramitación s.f. Acción de tramitar. **2.** Serie de trámites para la resolución de un asunto.

tramitar v.tr. y prnl. Hacer los trámites necesarios para resolver un asunto.

trámite s.m. Gestión que hay que realizar para resolver un asunto.

tramo s.m. Parte en que está dividida una cosa que se desarrolla linealmente, como un camino, calle, etc. **2.** Parte de una escalera comprendida entre rellanos. **3.** Espacio comprendido entre dos puntos de apoyo principales de una edificación. **4.** Altura o sección de la profundización de un pozo que se reviste de una vez. **5.** Distancia comprendida entre dos soportes de una línea telegráfica.

tramontana s.f. Maestral, viento del norte.

tramoya s.f. Maquinaria que se utiliza en el teatro para realizar los cambios de decorado y los efectos especiales en el escenario. **2.** *Fig.* Intriga, trama, engaño.

tramoyista s.m. y f. Persona que tiene por oficio idear, construir o manejar las tramoyas en el teatro.

tramp s.m. (voz inglesa). Buque de carga que se fleta según las ofertas del mercado.

trampa s.f. Instrumento que sirve para cazar animales. **2.** *Fig.* Estratagema o ardid para engañar a alguien. **3.** *Fig.* Engaño para conseguir beneficios en el juego. **4.** *Fig.* Deuda que se demora en pagar. **5.** Puerta en el suelo que comunica una parte de un edificio con otra inferior. **6.** Tablero horizontal movible del mostrador de una tienda para poder entrar y salir. **7.** GEOL. Disposición geológica de un yacimiento petrolífero que permite la concentración del petróleo, lo mantiene en las condiciones hidrodinámicas propicias e impide que escape a la superficie.

trampantojo s.m. (de *trampa ante ojo*). *Fam.* Ilusión con que se engaña a alguien haciéndole ver lo que no es.

trampear v.intr. *Fam.* Pedir prestado o fiado dinero con ardides y engaños: *vive trampeando.* **2.** *Fam.* Ir viviendo soportando achaques y adversidades.

trampero, a s. Persona que caza con trampas. ◆ s.m. Amér. Armadijo para cazar pájaros.

trampilla s.f. Puerta pequeña en el suelo de una habitación que comunica con la planta inferior.

trampolín s.m. Tabla flexible colocada sobre una plataforma situada al lado de la piscina sobre la cual bota el nadador para darse impulso al saltar. **2.** Tabla flexible e inclinada usada en competiciones de saltos de esquí acuático. **3.** *Fig.* Cosa que ayuda a conseguir un propósito o a ascender de posición.

tramposo, a adj. y s. Que hace trampas, particularmente en el juego.

tranca s.f. Palo grueso y fuerte que se emplea como bastón, arma de ataque. **2.** Palo grueso y fuerte que se coloca atravesado detrás de una puerta o ventana para cerrarla o asegurarla. **3.** *Fam.* Borrachera. **4.** Méx. Puerta tranquera. ◇ **A trancas y barrancas** *Fam.* Con tropiezos, dificultades o interrupciones.

trancarse v.prnl. Chile. Estreñirse, astringirse.

trancazo s.m. Golpe dado con una tranca. **2.** Cuba. Trago largo de licor. **3.** Esp. *Fig.* y *fam.* Gripe. **4.** Méx. Golpe muy fuerte: *me di un trancazo en la cabeza.*

trance s.m. Momento crítico, decisivo y difícil por el que pasa una persona. **2.** Estado en que un médium manifiesta fenómenos paranormales. **3.** Estado del alma en unión mística con Dios. ◇ **A todo trance** Sin reparar en riesgos. **Postrer,** o **último, trance** *Fig.* Último estado o tiempo de la vida de una persona, próximo a la muerte.

tranchete s.m. Herramienta de zapatero para cortar el cuero.

tranco s.m. Paso o salto que se da abriendo mucho las piernas. ◇ **A trancos** *Fam.* Con precipitación. **Al tranco** Argent., Chile y Urug. Hablando de caballerías y, por extensión, de personas, a paso largo.

tranquera s.f. Amér. Merid. Puerta rústica de un alambrado hecha con maderos.

tranquil s.m. ARQ. Línea vertical o del plomo. ◇ **Arco por tranquil** Arco que tiene sus arranques a distinta altura. SIN.: *arco rampante.*

tranquilidad s.f. Cualidad de tranquilo.

tranquilizante adj. Que tranquiliza. ◆ adj. y s.m. Se dice del medicamento de acción sedante.

tranquilizar v.tr. y prnl. Poner tranquila a una persona.

tranquillo s.m. (lat. *tranquillus*). Esp. *Fam.* Habilidad que se adquiere a fuerza de repetir una misma acción y que permite hacer algo con más rapidez o menos trabajo.

tranquilo, a adj. Que está calmado, quieto, o sin movimientos más o menos violentos: *mar tranquilo.* **2.** Que no tiene alboroto ni ruidos molestos: *una calle tranquila.* **3.** Que no tiene remordimientos. **4.** Se dice de la persona o animal que no se altera con facilidad. **5.** Que no está preocupado. ◆ adj. y s. Se dice de la persona despreocupada, a quien no importa quedar bien con los demás ni cumplir sus compromisos.

transa s.f. Argent. Asunto, negocio sucio. **2.** Méx. Engaño, principalmente el que se hace para despojar a alguien de sus bienes.

transacción s.f. (lat. *transactio, -onis*). Acción y efecto de transigir. **2.** DER. Contrato mediante el cual las partes, haciéndose mutuas concesiones, evitan la provocación de un litigio o ponen fin al ya comenzado.

transalpino, a o **trasalpino, a** adj. De la región que está situada al otro lado de los Alpes.

transaminasa s.f. Enzima que cataliza la transferencia del grupo —NH_2 de un aminoácido o un ácido cetónico. (La tasa sanguínea de las *transaminasas* aumenta considerablemente en los casos de hepatitis, cirrosis o infarto de miocardio.)

transandino o **trasandino, a** adj. y s. De región situada al otro lado de la cordillera de los Andes.

transar v.intr. y prnl. Amér. Transigir, ceder. **2.** Méx. Despojar tramposamente a alguien de algo: *me transaron en la tienda, pues me cobraron dos veces.*

transatlántico, a o **trasatlántico, a** adj. De la región situada al otro lado del Atlántico. **2.** Que atraviesa el océano Atlántico. ◆ s.m. Embarcación de grandes dimensiones destinada a hacer viajes de pasajeros atravesando un océano o mar.

transbordador, ra o **trasbordador, ra** adj. Que transborda. ◆ s.m. Embarcación de grandes dimensiones para el transporte de viajeros o mercancías entre las dos orillas de un río, estrecho o canal. **2.** F.C. Aparato o mecanismo utilizado para el traslado de vagones y locomotoras de una vía a otra paralela, perpendicularmente a la dirección de estas. ◇ **Puente transbordador** Plataforma móvil suspendida de una estructura elevada, para cruzar un río o una bahía. **Transbordador espacial** Lanzadera.

transbordar o **trasbordar** v.tr. y prnl. Trasladar cosas o personas de un vehículo a otro.

transbordo o **trasbordo** s.m. Acción de transbordar.

transcendencia s.f. → **trascendencia.**

transcendental adj. → **trascendental.**

transcendentalismo s.m. → **trascendentalismo.**

transcendente adj. → **trascendente.**

transcender v.intr. [conj.: *tender*]. → **trascender.**

transcontinental o **trascontinental** adj. Que atraviesa un continente: *ferrocarril transcontinental.*

transcribir o **trascribir** v.tr. (lat. *transcribere*). Copiar un escrito con el mismo o distinto sistema de escritura: *transcribir un texto griego en caracteres latinos.* **2.** Poner por escrito una cosa que se oye. **3.** *Fig.* Expresar por escrito un sentimiento o impresión. **4.** MÚS. Arreglar la música que estaba destinada a uno o varios instrumentos a otro instrumento o conjunto instrumental.

OBS.: participio: *transcrito.*

transcripción o **trascripción** s.f. Acción y efecto de transcribir.

transculturación s.f. Adopción por parte de un pueblo o grupo social de rasgos culturales propios de otro pueblo o grupo social.

transcurrir o **trascurrir** v.intr. (lat. *transcurrere*). Pasar el tiempo. **2.** Pasar una acción que se desarrolla durante un período de tiempo de cierta manera.

transcurso o **trascurso** s.m. Acción de transcurrir el tiempo. **2.** Acción de transcurrir una acción durante un período de tiempo: *en el transcurso de la cena.* **3.** Espacio de tiempo durante el que transcurre una acción: *en el transcurso de un mes tuvo tres accidentes.*

transcutáneo, a o **trascutáneo, a** adj. Se dice de la sustancia que puede ser absorbida a través de la piel. SIN.: *transdérmico.*

transducción s.f. BIOL. Intercambio genético que se realiza por mediación de un bacteriófago.

transductor s.m. Dispositivo que transforma una magnitud física en otra magnitud física, función de la anterior.

transelevador o **traselevador** s.m. Aparato que se utiliza en un almacén de calles de circulación rectilínea para desplazar las mercancías.

transepto s.m. Nave transversal de una iglesia que forma los brazos de una cruz latina.

transeúnte adj. y s.m. y f. (lat. *transiens, -euntis*). Que transita o pasa por algún lugar. **2.** Que está de paso en un lugar, fijando su residencia allí solo transitoriamente. ◆ adj. FILOS. Se dice de lo que se produce por el agente de tal suerte que el efecto se termina fuera del mismo.

transexual adj. y s.m. y f. Se dice de la persona que adquiere los caracteres sexuales propios del sexo opuesto mediante un tratamiento hormonal o una intervención quirúrgica.

transexualismo s.m. Adquisición de los caracteres sexuales propios del sexo opuesto mediante un tratamiento hormonal o una intervención quirúrgica.

transferasa s.f. Enzima que cataliza la transferencia de grupos químicos de un compuesto a otro.

transferencia o **trasferencia** s.f. Acción y efecto de transferir. **2.** ECON. Movimiento de fondos que no tiene contraprestación en la adquisición de bienes o en la prestación de servicios. **3.** INFORMÁT. Desplazamiento de una información de un emplazamiento a otro, especialmente de una posición de memoria central a una unidad periférica de una computadora o viceversa. **4.** PSICOANÁL. Desplazamiento consciente o inconsciente sobre la persona del psicoanalista de los sentimientos experimentados anteriormente hacia las figuras paternas, efectuado en el curso de la cura. SIN.: *transfert*. ◇ **Cadena,** o **línea, de transferencia** Instalación de un taller de fabricación en serie compuesta por un sistema de máquinas de transferencia por las que pasan sucesiva y automáticamente las piezas que se han de mecanizar. **Máquina de transferencia** Máquina-herramienta con múltiples dispositivos de elaboración, en la que las piezas que se trabajan permanecen fijas durante cada una de las fases del mecanizado y después se desplazan mecánicamente de dispositivo en dispositivo durante las operaciones intermedias. **Transferencia bancaria** Operación bancaria que consiste en pasar una cantidad de dinero de una cuenta a otra.

transferible o **trasferible** adj. Que puede ser transferido a otro.

transferir o **trasferir** v.tr. (lat. *transferre*) [conj.: *sentir*]. Pasar una persona a otra alguna cosa sobre la que tiene derecho. **2.** Llevar a alguien o algo de un lugar a otro. **3.** Pasar una cantidad de dinero de una cuenta bancaria a otra.

transfiguración o **trasfiguración** s.f. Acción y efecto de transfigurar.

transfigurar o **trasfigurar** v.tr. y prnl. Hacer que alguien o algo cambie de figura o aspecto.

transfinito, a adj. MAT. Se dice del cardinal de un conjunto infinito.

transfondo s.m. → **trasfondo.**

transformable o **trasformable** adj. Que se puede transformar.

transformación o **trasformación** s.f. Acción y efecto de transformar o transformarse. **2.** Jugada de rugby que consiste en chutar el balón por encima del palo horizontal de la portería y entre los dos palos verticales. **3.** LING. Operación gramatical que convierte una estructura de la lengua en otra por medio de reglas explícitas. **4.** MAT. Correspondencia que asocia a una figura F otra figura F'. ◇ **Relación de transformación** Relación de las tensiones eficaces en los bornes del secundario y del primario de un transformador. **Transformación termodinámica** Modificación que experimenta un sistema a causa de sus intercambios de energía con el medio exterior.

transformacional o **trasformacional** adj. Relativo a la transformación lingüística o al transformacionalismo: *gramática transformacional.*

transformador, ra o **trasformador, ra** adj. Que transforma: *industria transformadora.* ◆ s.m. Aparato estático que funciona por inducción electromagnética y que transforma un sistema de corrientes variables en uno o varios sistemas de corrientes variables de la misma frecuencia, pero de intensidad y tensión diferentes.

transformar o **trasformar** v.tr. y prnl. (lat. *transformare*). Hacer que alguien o algo cambie su forma o sus características. **2.** *Fig.* Hacer que alguien cambie su manera de ser, sus hábitos o costumbres. **3.** Convertir una cosa en otra. **4.** MAT. Realizar una transformación.

transformismo o **trasformismo** s.m. Teoría biológica que explica la sucesión de las faunas y las floras a lo largo de las eras geológicas por la transformación progresiva de las poblaciones, sea bajo la influencia del medio ambiente (Lamark), sea por mutación seguida de selección natural (Darwin, De Vries). [En este último sentido se habla también de *evolucionismo*.] **2.** Actividad del transformista.

transformista o **trasformista** adj. y s.m. y f. Relativo al transformismo; partidario de esta teoría biológica. ◆ s.m. y f. Artista que cambia rápidamente de traje para imitar y caracterizar una serie de personajes.

tránsfuga o **trásfuga** s.m. y f. (lat. *transfuga*). Persona que abandona un partido o ideología y pasa a otro. **2.** Persona que huye de una parte a otra.

transfundir o **trasfundir** v.tr. (lat. *transfundere*). Hacer pasar un líquido de un recipiente a otro poco a poco.

transfusión o **trasfusión** s.f. Acción y efecto de transfundir. **2.** Operación que consiste en introducir sangre o plasma de una persona en las venas de otra.

---

transfusión

Los materiales de transfusión pueden ser sangre total, glóbulos blancos, glóbulos rojos, plaquetas, plasma o ciertos constituyentes del plasma. El grupo sanguíneo del donador debe ser compatible con el del receptor en los sistemas ABO y Rhesus (Rh).

---

transgénico, a adj. Se aplica al ser vivo (bacteria, animal o planta) que ha sido modificado genéticamente (→ OMG.)

transgredir o **trasgredir** v.tr. Infringir, violar, desobedecer un precepto, una orden o una ley.

transgresión o **trasgresión** s.f. (lat. *transgressio*). Acción y efecto de transgredir. ◇ **Transgresión marina** Sumersión bajo el mar de una parte del continente, como resultado de un descenso del continente o de una elevación del nivel del mar.

transgresor, ra o **trasgresor, ra** adj. y s. Que transgrede.

transición s.f. Acción de pasar gradualmente de un estado a otro o de una situación a otra. **2.** Estado intermedio entre uno anterior y el estado al que se llega como consecuencia de un cambio. **3.** FÍS. Paso de un átomo, núcleo o molécula de un nivel de energía a otro. **4.** HIST. Período histórico que se desarrolla entre el fin de un régimen político y la consolidación de otro. ◇ **Elementos de transición** QUÍM. Elementos metálicos cuya penúltima capa electrónica está solo parcialmente completa. (Los *elementos de transición* suman un total de 56.)

transido, a adj. Que está afectado por algo que causa un dolor físico o moral muy intenso.

transigencia s.f. Acción y efecto de transigir. **2.** Cualidad y actitud de transigente.

transigente adj. Que transige.

transigir v.intr. (lat. *transigere*). Aceptar una persona las opiniones de otra contrarias a las suyas. **2.** Aceptar o permitir una persona una cosa que no le gusta o va en contra de sus principios.

transistor s.m. Dispositivo semiconductor que amplifica corrientes eléctricas, genera oscilaciones eléctricas y ejerce funciones de modulación y de detección. **2.** Receptor radiofónico portátil equipado con estos dispositivos.

transitable adj. Se dice del lugar que puede ser transitado.

transitar v.intr. Ir por una vía pública.

transitivo, a adj. Se dice del verbo que puede llevar complemento directo. **2.** Se dice de la oración construida con un verbo transitivo. **3.** LÓG. y MAT. Se dice de una relación binaria tal que, si se verifica para *a* y *b* y para *b* y un tercer elemento *c*, se verifica también para *a* y *c*.

tránsito s.m. Acción de transitar. **2.** Paso de personas o vehículos por una vía pública. **3.** Paso de un estado o empleo a otro. **4.** *Fig.* Paso de la vida terrenal a la vida sobrenatural. **5.** MED. Procedimiento de exploración de la imagen y función del tubo digestivo. ◇ **De tránsito** Que está solo de paso para ir a otro sitio.

transitorio, a adj. Que pasa, que no es definitivo, destinado a no perdurar mucho tiempo, momentáneo.

translación s.f. → **traslación.**

translaticio, a adj. → **traslaticio.**

transliteración o **trasliteración** s.f. LING. Representación de los signos de un sistema de escritura con signos de otro sistema.

transliterar o **trasliterar** v.tr. Representar los signos de un sistema de escritura con signos de otro sistema.

translocación o **traslocación** s.f. Aberración cromosómica por la cual un segmento de cromosoma se separa y se fija sobre un cromosoma no homólogo.

translucidez s.f. → **traslucidez.**

translúcido, a adj. → **traslúcido.**

translucir v.tr. y prnl. [conj.: *lucir*]. → **traslucir.**

transmigración o **trasmigración** s.f. Acción y efecto de transmigrar. ◇ **Transmigración de las almas** Metempsicosis.

transmigrar o **trasmigrar** v.intr. Emigrar, especialmente todo un pueblo o la mayor parte de él. **2.** FILOS. Pasar un alma de un cuerpo a otro tras la muerte.

transmisible o **trasmisible** adj. Que puede ser transmitido.

transmisión o **trasmisión** s.f. Acción y efecto de transmitir. **2.** Conjunto de mecanismos interpuestos entre el motor y las ruedas motrices de un automóvil. ◆ **transmisiones** s.f.pl. Servicios del ejército destinados a mantener la comunicación entre los diversos escalones de mando.

transmisor, ra o **trasmisor, ra** adj. Que transmite. ◆ s.m. Aparato emisor telegráfico o radiofónico.

transmitir o **trasmitir** v.tr. y prnl. (lat. *transmittere*). Comunicar una enfermedad, un estado de ánimo, sentimiento, etc. **2.** Ser algo el medio a través del cual se mueven el sonido, la luz, la electricidad, etc. ◆ v.tr. Imprimir un dispositivo el movimiento de una pieza a otra. **2.** Hacer llegar una noticia o mensaje a alguien. **3.** Difundir alguien una noticia o un mensaje por radio o televisión.

transmodulación o **trasmodulación** s.f. Deformación de una señal radioeléctrica, como consecuencia de la superposición de otra señal en un elemento de enlace o de amplificación no lineal.

transmutación o **trasmutación** s.f. Acción y efecto de transmutar.

transmutar o **trasmutar** v.tr. y prnl. Convertir una persona una cosa en otra. **2.** FÍS. Transformar un núcleo atómico en otro.

transnacional o **trasnacional** adj. y s.f. Multinacional.

transoceánico, a o **trasoceánico, a** adj. Que atraviesa un océano.

transónico, a adj. Se dice de la velocidad próximas a la del sonido (de Mach 0,8 a Mach 1,2). **2.** Se dice del aparato y la instalación utilizados en el estudio experimental de estas velocidades.

transpacífico, a o **traspacífico, a** adj. De la región situada al otro lado del océano Pacífico.

transpaleta s.m. Carretilla de manutención que se introduce debajo de una carga o una paleta para alzarla ligeramente y desplazarla en recorridos o trayectos cortos.

transparencia o **trasparencia** s.f. Cualidad de transparente. **2.** Lámina transparente con algo impreso que se puede proyectar sobre una superficie. **3.** Diapositiva. **4.** *Fig.* Perfecta accesibilidad de la información en las áreas que competen a la opinión pública. **5.** Procedimiento que consiste en proyectar una película sobre una pantalla que sirve de decorado, delante de la cual evolucionan los personajes reales, y que permite de este modo rodar en el estudio escenas de exteriores.

transparentar o **trasparentar** v.intr. y prnl. Permitir un cuerpo que se deje ver la luz o cualquier otra cosa a través de él. **2.** Ser transparente un cuerpo: *vestido que se transparenta.* **3.** *Fig.* Insinuar, manifestar sentimientos, pensamientos, etc., más o menos claramente: *su rostro transparentaba felicidad.* ◆ **transparentarse** v.prnl. *Fig.* y *fam.* Clarearse una prenda de vestir por estar desgastada.

transparente o **trasparente** adj. Se dice del cuerpo que deja atravesar la luz y a través del cual pueden verse de forma clara los objetos: *agua transparente.* **2.** *Fig.* Comprensible, que se deja adivinar o vislumbrar: *alusión transparente.* ◆ s.m. Tela, papel, etc., que, colocado a modo de cortina delante de ventanas, balcones, etc., sirve para atenuar la luz. **2.** ARQ. Luz que se abre en el paramento de una iglesia para iluminar el fondo de un altar, una girola, etc.

transpirable o **traspirable** adj. Que permite la transpiración.

transpiración o **traspiración** s.f. Acción de transpirar. **2.** BOT. Emisión de vapor de agua, que se realiza principalmente por las hojas y que asegura la renovación del agua de la planta y su alimentación mineral.

transpirar o **traspirar** v.intr. (del lat. *spirare*). Segregar un cuerpo a través de sus poros un líquido en forma de vapor o de pequeñísimas gotas. **2.** Expulsar una planta vapor de agua.

transpondor s.m. Receptor-emisor que responde automáticamente a una señal exterior procedente de un radar, de un sistema de localización, etc.

transponer v.tr. y prnl. [conj.: *poner*]. → **trasponer.**

transportador, ra o **trasportador, ra** adj. y s.m. Que transporta. ◆ s.m. Semicírculo graduado que sirve para medir y trazar los ángulos de un dibujo geométrico, plano, etc.

transportar o **trasportar** v.tr. (lat. *transportare*). Llevar personas o cosas de un lugar a otro. **2.** *Fig.* Causar a alguien un placer o una emoción muy intensa. **3.** MÚS. Efectuar una trasposición. ◆ **transportarse** v.prnl. *Fig.* Extasiarse, embelesarse.

transporte o **trasporte** s.m. Acción de transportar. **2.** Medios o vehículo que se utiliza para trasportar personas o cosas de un lugar a otro. **3.** GEOL. Conjunto de materiales sólidos que un curso de agua puede arrastrar. **4.** MIL. Buque utilizado para transportar tropas o material de guerra. ◇ **Aviación de transporte** Subdivisión del ejército del aire encargada de los transportes de personal y de material por avión o por helicóptero. **Transporte de energía eléctrica** Línea aérea eléctrica de alta tensión, para el transporte de energía eléctrica a larga distancia.

transportín o **trasportín** s.m. → **traspuntín.**

transportista o **trasportista** s.m. y f. Persona que tiene por oficio transportar mercancías.

transuránico, a adj. y s.m. Se dice del elemento químico de número atómico superior al del uranio (92). [Los *elementos transuránicos* son inestables y no existen en estado libre.]

transustanciación o **transubstanciación** s.f. TEOL. CATOL. Transformación de la sustancia del pan y del vino en la del cuerpo y la sangre de Jesús en la eucaristía.

transvanguardia s.f. Movimiento artístico italiano de finales de los años 1970 que rehabilita la espontaneidad y la libertad del acto de pintar, alimentándolo al mismo tiempo con múltiples referencias culturales (Sandro Chia, Francesco Clemente, Enzo Cucchi, Mimmo Paladino, etc.).

transvasar v.tr. → **trasvasar.**

transvase s.m. → **trasvase.**

transversal o **trasversal** adj. Que atraviesa una cosa de un lado a otro perpendicularmente. **2.** GEOL. Perpendicular a la alineación de una cordillera o de un pliegue: *falla transversal.* **3.** MIN. Se dice de la explotación, galería, tajo o frente de trabajo cuya progresión se efectúa alejándose de las galerías principales. ◆ s.f. MAT. Recta que corta a un polígono o a una curva.

transverso, a o **trasverso, a** adj. (lat. *transversus*). Colocado o dirigido al través.

tranvía s.m. (del ingl. *tramway,* vía del tranvía, de *tram,* barra de hierro, y *way,* camino, vía). Vehículo público de superficie que circula sobre rieles por una población o sus cercanías.

tranviario, a adj. Relativo a los tranvías. ◆ s. Persona que tiene por oficio trabajar en el servicio de tranvías.

trapa s.f. Gran vocerío, ruido de pies, o alboroto de gente. (Suele usarse repetido.)

trapacear v.intr. Usar trapacerías.

trapacería s.f. Fraude, engaño.

trapajoso, a adj. Se dice de la persona que pronuncia los sonidos de una lengua de manera confusa porque los cambia o confunde. **2.** Se dice de la persona muy descuidada en el vestir y en su aspecto.

trápala s.f. Ruido, movimiento o confusión de gente. **2.** *Fam.* Embuste, chisme, engaño.

trapalear v.intr. Hacer mucho ruido con los pies al andar de un lado para otro. **2.** *Fam.* Usar embustes o engaños.

trapatiesta s.f. Ruido o confusión producida por personas que riñen o gritan.

trapeador s.m. Chile y Méx. Trapo, bayeta para limpiar el suelo.

trapear v.tr. Amér. Fregar el suelo con un trapo o bayeta.

trapecial adj. MAT. **a.** Relativo al trapecio. **b.** De figura de trapecio.

trapecio s.m. Cuadrilátero que tiene dos lados paralelos y desiguales. **2.** Aparato de gimnasia o de circo formado por dos cuerdas verticales unidas en su base por una barra cilíndrica. **3.** ANAT. **a.** Músculo de la espalda que une el omóplato con la columna vertebral. **b.** Primer hueso de la segunda fila del carpo.

trapecista s.m. y f. Acróbata o equilibrista que hace ejercicios en el trapecio.

trapense adj. y s.m. y f. Relativo a la orden cisterciense de Trapa; miembro de esta orden.

trapería s.f. Establecimiento donde se venden trapos, vestidos viejos u otros objetos usados. **2.** Conjunto de trapos.

trapero, a s. Persona que tiene por oficio vender trapos, papeles viejos y otros objetos usados.

trapezoedro s.m. Cuerpo geométrico formado por veinticuatro caras trapezoidales.

trapezoidal adj. MAT. **a.** Relativo al trapezoide. **b.** De figura de trapezoide.

trapezoide s.m. Cuadrilátero irregular que no tiene ningún lado paralelo a otro. **2.** ANAT. Segundo hueso de la segunda fila del carpo.

trapiche s.m. (del lat. *trapetus,* molino de aceite). Molino para extraer el jugo de algunos frutos o productos de la tierra, especialmente la caña de azúcar. **2.** Argent., Chile y Méx. Molino para reducir a polvo los minerales.

trapichear v.intr. *Fam.* Usar medios poco honestos o lícitos para lograr o alcanzar algo. **2.** Amér. Tener amoríos ocultos.

trapicheo s.m. *Fam.* Acción y efecto de trapichear.

trapillo s.m. Cantidad pequeña de dinero que se tiene ahorrada y guardada. ◇ **De trapillo** Se dice de la ropa que se lleva cuando no se pretende ir arreglado.

trapío s.m. Garbo de una mujer en sus movimientos. **2.** TAUROM. Conjunto de cualidades físicas que debe poseer el toro de lidia.

trapisonda s.f. (del imperio de *Trapisonda,* en Asia Menor). Discusión o riña violenta en que hay griterío y agitación. **2.** *Fam.* Embrollo, enredo.

trapisondear v.intr. *Fam.* Armar trapisondas o intervenir en ellas.

trapisondista s.m. y f. Persona que arma trapisondas o a la que le gusta intervenir en ellas.

trapo s.m. (lat. tardío *drappus*). Trozo de tela viejo, roto, o que queda como retal al cortar una pieza para hacer una prenda. **2.** Paño para limpiar, secar o quitar el polvo. **3.** Chile. Tejido, tela. **4.** MAR. Velamen de un buque o embarcación. **5.** TAUROM. Capa, muleta. ◆ **trapos** s.m.pl. *Fam.* Prendas de vestir, especialmente femeninas. ◇ **A todo trapo** Con todas las velas largas. **Poner a alguien como un trapo (sucio)** *Fam.* Insultarlo o desacreditarlo. **Sacar los trapos a relucir** *Fam.* Decir a una persona todo lo malo que se piensa de ella o cuantas quejas se tienen contra ella.

tráquea s.f. (del gr. *trakheia aptepía,* conducto áspero, ronco). ANAT. Tubo del aparato respiratorio del ser humano y de los vertebrados de respiración aérea formado por anillos cartilaginosos y que comienza en la laringe y conduce el aire hasta los bronquios y los pulmones. **2.** BOT. Vaso abierto de las plantas leñosas. **3.** ZOOL. Órgano respiratorio de los insectos y arácnidos que conduce el aire de los estigmas a los órganos.

traqueal adj. Relativo a la tráquea.

traqueida s.f. Vaso de la madera de las coníferas, de tipo primitivo, cortado por tabiques intercelulares, con punteaduras laterales areoladas.

traqueítis s.f. Inflamación de la tráquea.

traqueo s.m. Traqueteo. **2.** Serie de detonaciones o traquidos. **3.** AUTOM. Ruido anormal de un motor, semejante a una detonación seca.

traqueobronquitis s.f. Inflamación simultánea de la tráquea y de los bronquios.

traqueotomía s.f. Operación quirúrgica que consiste en abrir la tráquea al nivel de la garganta con el fin de ponerla en comunicación con el exterior por medio de una cánula, cuando hay riesgo de asfixia.

traquetear v.intr. Moverse repetidamente una cosa produciendo ruido.

traqueteo s.m. Acción y efecto de traquetear. SIN.: *traqueo.*

traquido s.m. Ruido seco y fuerte ocasionado por el disparo de un arma de fuego. **2.** Chasquido.

traquita s.f. Roca volcánica constituida esencialmente por feldespato alcalino y algo de biotita.

traro s.m. Argent. y Chile. Carancho, ave rapaz.

tras prep. (lat. *trans*). Detrás de: *la casa está tras los árboles.* (Indica posterioridad en el espacio.) **2.** Después de: *tras un descanso, reanudó el trabajo.* (Indica posterioridad en el tiempo.) **3.** Además de, encima de: *tras de cornudo, apaleado.* **4.** *Fig.* Indica que se está persiguiendo o buscando a alguien o algo. Se utiliza con verbos de movimiento como *ir* o *andar*: *anda tras un buen empleo.*

trasalpino, a adj. → **transalpino.**

trasaltar s.m. Espacio situado detrás del altar de una iglesia.

trasandino, a adj. y s. → **transandino.**

trasatlántico, a adj. y s.m. → **transatlántico.**

trasbocar v.tr. Amér. Vomitar.

trasbordador, ra adj. y s.m. → **transbordador.**

trasbordar v.tr. y prnl. → **transbordar.**

trasbordo s.m. → **transbordo.**

trascendencia o **transcendencia** s.f. Consecuencia de gran importancia o valor que tiene una cosa. **2.** Cualidad de trascendente.

trascendental o **transcendental** adj. De gran importancia o valor por las consecuencias que tiene. SIN.: *trascendente.* **2.** FILOS. Relativo a las condiciones *a priori* del

conocimiento, que están fuera de toda determinación empírica.
trascendentalismo o **transcendentalismo** s.m. Cualidad de trascendental. **2.** FILOS. Escuela filosófica norteamericana, representada principalmente por Emerson, que se caracteriza por un misticismo de corte panteísta.
trascendente o **transcendente** adj. Trascendental. **2.** FILOS. Fuera del alcance de la acción o del conocimiento. **3.** MAT. Se dice del número que no es raíz de ninguna ecuación algebraica de coeficientes enteros. (π es un número trascendente.) ◇ **Curva trascendente** Curva cuya ecuación no es algébrica.
trascender o **transcender** v.intr. (lat. *trascendere*) [conj.: *tender*]. Empezar a conocerse un hecho o noticia que estaba oculto. **2.** Extenderse los efectos de algo a otras cosas o a un medio distinto o más amplio: *su religiosidad trasciende a todos los actos de su vida.* **3.** Superar un determinado límite: *es un asunto que trasciende del ámbito profesional.* **4.** Exhalar algo un olor tan penetrante que se percibe a distancia.
trascontinental adj. → **transcontinental.**
trascordarse v.prnl. [conj.: *contar*]. Perder la noción de una cosa por olvido o confusión con otra.
trascoro s.m. ARQ. Estructura que en una iglesia separa el coro de las naves.
trascribir v.tr. → **transcribir**
trascripción s.f. → **transcripción.**
trascurrir v.intr. → **transcurrir.**
trascurso s.m. → **transcurso.**
trascutáneo, a adj. → **transcutáneo.**
trasdós s.m. Extradós de un arco o bóveda. **2.** Pilastra situada inmediatamente detrás de una columna.
trasegar v.tr. [conj.: *regar*]. Cambiar una cosa de un lugar a otro. **2.** Pasar un líquido de un recipiente a otro: *trasvasar.* **3.** *Fam.* Beber mucho alcohol. **4.** Revolver, desordenar cosas.
traselevador s.m. → **transelevador.**
trasera s.f. Parte posterior de una casa.
trasero, a adj. Situado detrás: *puerta trasera.* ◆ s.m. *Fam.* Nalgas.
trasferencia s.f. → **transferencia.**
trasferible adj. → **transferible.**
trasferir v.tr. [conj.: *sentir*]. → **transferir.**
trasfiguración s.f. → **transfiguración.**
trasfigurar v.tr. y prnl. → **transfigurar.**
trasfondo o **transfondo** s.m. Parte de un lugar que está más allá del fondo visible: *el trasfondo del mar.* **2.** *Fig.* Conjunto de elementos relacionados con una cosa inmaterial que aparecen ocultos: *el trasfondo de un problema.*
trasformable adj. → **transformable.**
trasformación s.f. → **transformación.**
trasformacional adj. → **transformacional.**
trasformador, ra adj. y s.m. → **transformador.**
trasformar v.tr. y prnl. → **transformar.**
trasformismo s.m. → **transformismo.**
trasformista adj. y s.m. y f. → **transformista.**
trásfuga s.m. y f. → **tránsfuga.**
trasfundir v.tr. → **transfundir.**
trasfusión s.f. → **transfusión.**
trasfusor, ra adj. y s. → **transfusor.**
trasgo s.m. Duende.
trasgredir v.tr. → **transgredir.**
trasgresión s.f. → **transgresión.**
trasgresor, ra adj. y s. → **transgresor.**
trashoguero s.m. CONSTR. Losa o plancha metálica que se coloca en la pared del fondo del hogar, para protegerla del fuego.
trashumancia s.f. Acción de trashumar.
trashumante adj. Que trashuma. **2.** Relativo a la trashumancia.
trashumar v.intr. Pasar el pastor y su ganado de los pastos de invierno a los de verano, y viceversa.
trasiego s.m. Acción y efecto de trasegar. **2.** Acción de pasar el vino de un recipiente a otro durante el proceso de elaboración para clarificarlo.
traslación o **translación** s.f. (lat. *translatio, -onis*). Acción y efecto de trasladar. **2.** Movimiento de la Tierra alrededor del Sol. **3.** FÍS. Movimiento de un cuerpo sólido cuyos puntos conservan una dirección constante. **4.** GRAM. Enálage. **5.** MAT. Transformación geométrica que hace corresponder a un punto M otro punto M', de forma que el vector MM' sea equipolente a un vector constante.
trasladable adj. Que puede ser trasladado. **2.** Se dice de un programa informático que puede ser introducido en un emplazamiento cualquiera de la memoria central de una computadora, o desplazado dentro de dicha memoria durante su ejecución.
trasladar v.tr. y prnl. Cambiar a alguien o algo de lugar: *trasladaron el armario a la otra habitación.* **2.** Cambiar un superior a un empleado para que desempeñe en otro lugar un empleo de la misma categoría. **3.** Cambiar la fecha u hora en que debía verificarse un acto, junta, etc. **4.** Traducir un texto de una lengua a otra. **5.** *Fig.* Expresar una idea, estado de ánimo, etc.: *no consigo trasladar al papel mis emociones.*
traslado s.m. (lat. *translatus, -us*). Acción y efecto de trasladar.
traslaticio, a o **translaticio, a** adj. Se dice del sentido de una palabra distinto al que normalmente tiene.
traslativo, a adj. Que transfiere.
trasliteración s.f. LING. → **transliteración.**
trasliterar v.tr. → **transliterar.**
traslocación s.f. → **translocación.**
traslúcido, a o **translúcido, a** adj. Se dice del cuerpo a través del cual pasa la luz y que permite ver confusamente lo que hay tras él.
traslucir o **translucir** v.tr. y prnl. [conj.: *lucir*]. Permitir una cosa que a través de ella se perciba algo.
trasluz s.m. Luz que pasa a través de un cuerpo traslúcido o que es reflejada lateralmente por un cuerpo. ◇ **Al trasluz** Colocando una persona un cuerpo traslúcido entre la luz directa y sus ojos para ver lo que hay en el interior de este cuerpo.
trasmallo s.m. (lat. vulg. *trimaculum,* de tres redes). Arte de pesca formado por tres redes superpuestas.
trasmano (a) loc. Fuera del alcance o del manejo habitual o cómodo de la mano; apartado, en lugar poco frecuentado. SIN.: *a desmano.*
trasmigración s.f. → **transmigración.**
trasmigrar v.intr. → **transmigrar.**
trasmisible adj. → **transmisible.**
trasmisión s.f. → **transmisión.**
trasmisor, ra adj. y s.m. → **transmisor.**
trasmitir v.tr. y prnl. → **transmitir.**
trasmodulación s.f. → **transmodulación.**
trasmundo s.m. Lugar al que llega el alma después de la muerte. **2.** *Fig.* Mundo ilusorio de ensueños y fantasías.
trasmutación s.f. → **transmutación.**
trasmutar v.tr. y prnl. → **transmutar.**
trasnacional adj. y s.f. → **transnacional.**
trasnochado, a adj. Falto de actualidad, novedad u oportunidad.
trasnochar v.intr. Acostarse alguien tarde o pasar la noche o gran parte de ella sin dormir.
trasoceánico, a adj. → **transoceánico.**
trasojado, a adj. Se dice de la persona demacrada y con ojeras.
trasovado, a adj. BOT. Se dice del órgano laminar, foliáceo, etc., cuya parte más ancha se encuentra distalmente ubicada.
traspacífico, a adj. → **transpacífico.**

traspaís s.m. Parte interior de una región inmediata al litoral.

traspapelar v.tr. y prnl. Perder un papel por colocarlo en un lugar distinto del que le corresponde.

trasparencia s.f. → **transparencia.**

trasparentar v.intr. y prnl. → **transparentar.**

trasparente adj. → **transparente.**

traspasar v.tr. Pasar a través de un cuerpo de una parte a otra. **2.** Pasar al otro lado de algo: *traspasar el río.* **3.** Desobedecer una ley o norma. **4.** *Fig.* Producir una cosa un dolor físico o moral intenso. **5.** Ceder el alquiler de un establecimiento o local a cambio de dinero. **6.** Vender un negocio que está en marcha. ◆ v.tr. y prnl. Atravesar a alguien con un arma o instrumento punzante: *lo traspasó con la espada.* **2.** DER. Ceder a alguien el derecho o dominio de una cosa.

traspaso s.m. Acción y efecto de traspasar. **2.** Cesión del alquiler de un establecimiento o local a cambio de dinero. **3.** Venta de un negocio que está en marcha. **4.** Precio por el que se traspasa.

traspatio s.m. Amér. Patio interior de la casa, que se encuentra detrás del patio principal.

traspié s.m. Resbalón o tropezón. **2.** *Fig.* Error o indiscreción.

traspirable adj. → **transpirable.**

traspiración s.f. → **transpiración.**

traspirar v.intr. → **transpirar.**

trasplantable adj. Que puede ser trasplantado.

trasplantar v.tr. Cambiar una planta del lugar donde está plantada a otro. **2.** MED. Realizar un trasplante.

trasplante s.m. Acción y efecto de trasplantar. **2.** MED. Operación que consiste en introducir un tejido u órgano en un lugar del cuerpo de una persona o animal para sustituir un tejido u órgano enfermo.

trasponer o **transponer** v.tr. y prnl. [conj.: *poner*]. Poner a una persona o cosa en un lugar diferente. **2.** Pasar una persona o cosa al otro lado de algo, generalmente un obstáculo. ◆ **trasponerse** v.prnl. Quedarse una persona algo dormida.

traspontín s.m. → **trasputín.**

trasportador, ra adj. y s.m. → **transportador.**

trasportar v.tr. → **transportar.**

trasporte s.m. → **transporte.**

trasportín s.m. → **traspuntín.**

trasportista s.m. y f. → **transportista.**

trasposición o **transposición** s.f. Acción y efecto de trasponer o trasponerse. **2.** LING. Metátesis. **3.** MAT. **a.** Inversión del orden de dos elementos en un determinado sistema ordenado. **b.** Transformación de una matriz en su traspuesta. **4.** MÚS. Cambio de un fragmento o de una obra musical de una tonalidad a otra sin variar los intervalos. **5.** QUÍM. Reacción en la que no se conserva el esqueleto fundamental del compuesto de partida. **6.** RET. Figura que consiste en cambiar el orden normal de las palabras de la oración.

traspuesto, a adj. MAT. Se dice de la matriz que se obtiene a partir de una matriz A, al permutar filas por columnas: ^{t}A.

traspunte s.m. y f. Persona que avisa a los actores cuando tienen que salir a escena.

traspuntín, traspontín o **trasportín** s.m. Asiento fijo plegable. (También *transportín.*)

trasquilado, a adj. Malparado.

trasquiladura s.f. Acción y efecto de trasquilar.

trasquilar v.tr. Esquilar: *trasquilar el ganado.* ◆ v.tr. y prnl. Cortar mal el pelo a alguien.

trasquilón s.m. Desigualdad en el corte del pelo.

trastabillar v.intr. Tambalearse a causa de un traspiés. SIN.: *trastabillear.*

trastabillear v.intr. Trastrabillar. **2.** Tartamudear o hablar de forma entrecortada.

trastabillón s.m. Amér. Tropezón, traspié.

trastada s.f. *Fam.* Jugada, acción mala e inesperada contra alguien. **2.** *Fam.* Travesura.

trastazo s.m. *Fam.* Golpe fuerte que se da una persona o cosa al caerse o chocar.

traste s.m. (cat. *trast,* del lat. *transtrum,* banco de remero). Amér. Trasto. (Suele usarse en plural.) **2.** MÚS. Barra pequeña incrustada en el mástil de una guitarra y otros instrumentos de cuerda, que indica el lugar donde debe apoyarse el dedo para obtener una determinada nota. ◇ **Dar alguien al traste con algo** Destruirlo, malograrlo.

trasteado s.m. Conjunto de trastes de una guitarra y otros instrumentos de cuerda.

trastear v.intr. Mover cosas de un sitio para otro. ◆ v.tr. Poner los trastes a la guitarra u otros instrumentos de cuerda. **2.** *Fig.* y *fam.* Manejar a alguien con habilidad para conseguir lo que se desea. **3.** TAUROM. Dar series de pases de muleta.

trasteo s.m. Acción y efecto de trastear.

trastero, a adj. y s.m. Se dice de la habitación destinada a guardar los trastos que no se usan. ◆ s.m. Méx. Mueble de cocina para guardar platos y vajillas.

trastienda s.f. Habitación o cuarto que está detrás de la tienda. **2.** *Fig.* y *fam.* Astucia o disimulo en el modo de actuar.

trasto s.m. (lat. *transtrum,* banco de remero). Objeto inútil, de escaso valor o que estorba por ocupar mucho espacio. **2.** Aparato viejo o que no funciona. **3.** Esp. *Fig.* y *fam.* Persona inútil o informal. ◆ **trastos** s.m.pl. *Fam.* Utensilios o herramientas propios de una actividad. **2.** TAUROM. Instrumentos empleados en la suerte de matar. (Los *trastos* son la muleta y el estoque.) ◇ **Tirarse los trastos a la cabeza** *Fam.* Pelearse y reñir dos o más personas entre sí.

trastocar v.tr. y prnl. Hacer que algo cambie o deje de marchar con el orden establecido o con normalidad. ◆ v.tr. Revolver o desordenar cosas. SIN.: *trastornar.* ◆ **trastocarse** v.prnl. Sufrir un trastorno mental.

trastornar v.tr. Alterar el orden normal de una cosa, especialmente si conlleva alguna consecuencia negativa. **2.** *Fig.* Inquietar, intranquilizar, perturbar: *la noticia lo ha trastornado.* **3.** Revolver o desordenar cosas. SIN.: *trastocar.* **4.** *Fig.* y *fam.* Gustar mucho a alguien una cosa: *las pieles la trastornan.* **5.** *Fig.* y *fam.* Enamorar profundamente a alguien. ◆ v.tr. y prnl. Alterar el estado de ánimo o el equilibrio mental de una persona.

trastorno s.m. Acción y efecto de trastornar o trastornarse. **2.** MED. Alteración no grave de la salud.

trastrabado, a adj. Se dice de la caballería que tiene blancos la mano izquierda y el pie derecho, o viceversa.

trastrabillar v.intr. Dar traspiés o tropezones. **2.** Titubear, vacilar. **3.** Tartamudear, trabarse la lengua.

trastrocamiento s.m. Acción y efecto de trastrocar. SIN.: *trastrueque.*

trastrocar v.tr. y prnl. [conj.: *contar*]. Trastocar, hacer que algo cambie.

trasudado s.m. MED. Líquido de composición idéntica a la del plasma, excepto en las proteínas, que aparece en una mucosa o una serosa como consecuencia de un obstáculo en la circulación de retorno al corazón.

trasudar v.tr. Expulsar el trasudor.

trasudor s.m. Sudor tenue, generalmente causado por el miedo o la angustia.

trasuntar v.tr. Hacer una copia de un escrito. **2.** Compendiar, resumir o epilogar una cosa.

trasunto s.m. (lat. *transumptus, -us*). Copia escrita de un original. **2.** Representación o imagen exacta de algo.

trasvasar o **transvasar** v.tr. Pasar un líquido de un recipiente a otro. SIN.: *trasegar.* **2.** Hacer un trasvase para solucionar problemas de descompensación hidrográfica.

trasvase o **transvase** s.m. Acción y efecto de transvasar. **2.** Paso artificial de toda o parte del agua de la cuenca de un río a otra cuenca próxima, para solucionar problemas de descompensación hidrográfica.

trasvasijo s.m. Chile. Trasiego de líquidos.

trasversal adj. → **transversal.**

trasverso, a adj. → **transverso.**

trata s.f. Tráfico o comercio de seres humanos. <> **Trata de blancas** Tráfico y comercio de mujeres para especular con ellas en centros y lugares de prostitución.

tratable adj. Que puede ser tratado. **2.** Cortés y amable, de trato llano y fácil.

tratadista s.m. y f. Autor de tratados.

tratado s.m. Obra escrita que desarrolla de manera amplia y profunda una materia: *tratado de química.* **2.** Acuerdo que se establece entre dos o más estados. **3.** Documento donde consta el acuerdo que se establece entre dos o más estados.

tratamiento s.m. Modo de actuar o comportarse una persona con otra. **2.** Manera de nombrar a una persona al dirigirse a ella según su categoría social, cargo u otras circunstancias. SIN.: *trato.* **3.** Procedimiento al que se somete una cosa para elaborarla, mejorarla o modificarla. **4.** MED. Conjunto de prescripciones que el médico ordena que siga el enfermo para su mejoría y curación. <> **Apear el tratamiento** Renunciar una persona al tratamiento que le corresponde; no dar una persona a otra el tratamiento que le corresponde cuando se dirige a ella. **Tratamiento de la información** INFORMÁT. Aplicación sistemática de un conjunto de operaciones sobre datos alfabéticos o numéricos, con objeto de explotar la información por ellos representada. **Tratamiento de textos** Conjunto de procesos informáticos relativos a la creación y manipulación de textos con la computadora. **Tratamiento térmico** Operación o serie de operaciones en el transcurso de las cuales un material (metal, vidrio), en estado sólido, es sometido a ciclos térmicos apropiados con el fin de conferirle características óptimas de empleo.

tratante s.m. y f. Persona que tiene por oficio comprar y vender géneros: *tratante de ganado; tratante en granos.*

tratar v.tr. (lat. *tractare*). Actuar o comportarse con una persona de una determinada manera: *tratar con cariño.* **2.** Dar a una persona un calificativo injurioso o despectivo: *tratar de ignorante.* **3.** Dar a una persona el tratamiento que le corresponde según su categoría social, cargo u otras circunstancias. **4.** Someter una cosa a un tratamiento para elaborarla, mejorarla o conservarla. **5.** Someter a un enfermo a un tratamiento para mejorar su salud o curarlo. **6.** Discutir o negociar un asunto. ◆ v.tr., intr. y prnl. Relacionarse, tener amistad o relaciones con alguien. ◆ v.intr. Usar una persona una cosa utilizando las manos: *en la fábrica trata todo el día con máquinas automáticas.* **2.** Comunicar la obra de una persona información extensa y amplia sobre algo: *el libro trata de química.* **3.** Intentar o pretender algo: *trató de alcanzarla.* **4.** Comerciar con determinada mercancía: *tratar en antigüedades.* ◆ **tratarse** v.prnl. Ser una cosa lo que constituye el objeto de lo que se habla, de lo que se intenta o de lo que se hace: *ahora se trata de hallar una solución.*

tratativa s.f. Argent. y Perú. Etapa preliminar de una negociación. (Suele usarse en plural.)

trato s.m. Acción y efecto de tratar o tratarse. **2.** Tratamiento, manera de nombrar a una persona al dirigirse a ella según su categoría social, cargo u otras circunstancias. **3.** Acuerdo que se establece entre dos o más personas. <> **Cerrar el trato** Quedar de acuerdo las dos partes interesadas en una compraventa determinada, en las condiciones y precios que se han estipulado. **¡Trato hecho!** *Fam.* Expresión con que se da por definitivo un acuerdo o convenio.

trattoria s.f. (voz italiana). Restaurante económico de estilo italiano.

trauma s.m. (gr. *trauma,* herida). Choque emocional intenso que deja en el subconsciente una marca negativa. **2.** Traumatismo.

traumático, a adj. (gr. *traumatikós*). Relativo al traumatismo o al trauma. <> **Shock traumático** Síndrome general de abatimiento como consecuencia de un traumatismo.

traumatismo s.m. MED. **a.** Conjunto de lesiones del revestimiento cutáneo que afecta a un tejido, un órgano o un segmento de miembro, causado accidentalmente por un agente exterior. **b.** Conjunto de trastornos resultantes de estas lesiones. <> **Traumatismo psíquico** PSICOANÁL. Trastorno psíquico duradero e intenso causado por la incapacidad de la persona de dar una respuesta adecuada a un acontecimiento negativo.

traumatizante adj. Que provoca un trauma.

traumatizar v.tr. y prnl. Causar un trauma.

traumatología s.f. Parte de la medicina que estudia los traumatismos.

traumatólogo, a s. Médico especialista en traumatología.

traveller's check s.m. (voces inglesas). *Cheque de viaje.

travelling s.m. (voz inglesa). CIN. **a.** Técnica que consiste en filmar con una cámara que se desplaza con ruedas o sobre rieles. **b.** Plataforma sobre la cual se coloca esta cámara.

travertino s.m. (voz italiana). Roca calcárea de color blancuzco o amarillento y cavidades revestidas de cristales.

través s.m. Inclinación o desviación de una cosa hacia algún lado. <> **A,** o **al, través** Pasando de un lado a otro. **De través** En dirección transversal.

travesaño s.m. Pieza horizontal que une dos partes opuestas de una cosa. **2.** Palo horizontal de la portería de fútbol.

travesero, a adj. Que se coloca de través.

travesía s.f. Vía transversal entre otras dos más importantes. **2.** Viaje largo. **3.** Argent. Región vasta y desértica. **4.** Chile. Viento oeste que sopla desde el mar. **5.** Esp. Parte de una vía interurbana que atraviesa el casco urbano de una población. **6.** F. C. Unión de dos vías que se cruzan.

travestí adj. y s.m. y f. Persona que utiliza ropas propias del sexo contrario.

travestido, a adj. Disfrazado o encubierto. ◆ s. Travestí.

travestir v.tr. y prnl. [conj.: *pedir*] Vestir a una persona con ropas del sexo contrario.

travestismo s.m. Adopción de ropas propias del sexo contrario.

travesura s.f. Acción que conlleva escaso peligro o causa algún daño leve, especialmente la realizada por un niño.

traviesa s.f. Madero horizontal ensamblado en los montantes de un bastidor. **2.** Cuchillo de armadura que sirve para sostener un tejado. **3.** F.C. Pieza de madera, metal u hormigón armado sobre la que se aferran los carriles. **4.** MIN. Galería transversal al filón, o la que enlaza otras dos.

travieso, a adj. Inquieto o revoltoso.

trayecto s.m. (del fr. *trajet,* del lat. *trajectus, -us,* travesía). Espacio que se recorre para ir de un lugar a otro: *un trayecto muy largo.* **2.** Acción de recorrer este espacio: *aprovechó para dormir durante el trayecto.* **3.** Ruta o camino que se recorre para ir de un lugar a otro: *un trayecto con curvas.*

trayectografía s.f. Técnica del estudio de las trayectorias de los cohetes y vehículos espaciales.

trayectoria s.f. Línea que dibuja un cuerpo que se mueve hacia un punto determinado, especialmente un proyectil. **2.** *Fig.* Serie de actuaciones de una persona a lo largo del ejercicio de una determinada actividad: *una trayectoria profesional brillante.*

traza s.f. Plano o proyecto de una obra de construcción. SIN.: *trazado.* **2.** *Fig.* Aspecto, apariencia: *traza de maleante.* **3.** *Fig.* Habilidad para hacer algo: *tener traza para coser.* **4.** Eje o línea media de una carretera o vía de ferrocarril. <> **Darse traza,** o **trazas** *Fam.* Mostrar habilidad para hacer algo. **Llevar algo trazas de** Dar indicios de ir a producirse lo que se expresa. **Por las,** o **sus, trazas** Por el aspecto. **Traza de una recta** Intersección de una recta con un plano tomado como plano de proyección. **Traza de un plano** MAT. Intersección de un plano con otro plano de referencia o de proyección.

trazado, a adj. HERÁLD. Se dice de la figura sin contorno preciso. ◆ s.m. Acción y efecto de trazar: *trazado de líneas.* **2.** Plano o proyecto de una obra de construcción. SIN.: *traza.* **3.** Recorrido o dirección de un camino, vía o canal sobre un terreno: *trazado de ferrocarril.* **4.** Conjunto de técnicas y operaciones empleadas en la construcción de armazones o estructuras. **5.** Operación que consiste en marcar con precisión sobre una pieza en bruto las líneas de centros y otras señales dimensionales indicadas en el plano de la pieza acabada. **6.** Gráfica obtenida en un aparato registrador. ◇ **Trazado de un plano** Operación que consiste en dibujar sobre el papel un plano siguiendo las notas de campo obtenidas por el topógrafo. **Trazado geodésico** Unión geodésica precisa entre dos puntos mediante la medición de los elementos de una línea poligonal que une los dos puntos.

trazador, ra adj. y s. Que traza o idea una obra. ◆ adj. Se dice del proyectil de trayectoria visible que se utiliza generalmente para corregir la puntería. ◆ s.m. Utensilio que sirve para trazar. **2.** Dispositivo de un aparato indicador que traza el diagrama correspondiente a los datos suministrados durante su funcionamiento. **3.** Puntilla de trazar usada por los ajustadores, carpinteros, etc. ◇ **Trazador de ruta** Trazador que dibuja sobre un plano o mapa un itinerario de vuelo. **Trazador radiactivo** Isótopo radiactivo insertado en un medio cuya distribución o evolución quieren estudiarse.

trazar v.tr. (del lat. *trahere, tractum,* tirar). Hacer trazos. **2.** Representar o dibujar algo con trazos: *trazar un retrato.* **3.** *Fig.* Describir mediante palabras los rasgos esenciales de alguien o algo: *trazar el carácter de alguien.* **4.** *Fig.* Idear y disponer un plan o proyecto. **5.** Delinear o diseñar la traza de una obra de construcción. **6.** TECNOL. Transportar las medidas y formas del dibujo o plano a la pieza en bruto.

trazo s.m. Línea que se hace sobre una superficie al escribir o dibujar. **2.** Línea del rostro: *cara de trazos bien marcados.* **3.** Línea de una letra escrita. ◇ **De trazo continuo** ART. GRÁF. Se dice de un original o de un cliché cuyas tonalidades varían insensiblemente del blanco al negro. **Dibujo,** o **grabado, al trazo** B. ART. Dibujo, o grabado, en que se indica el contorno de las formas, sin sombras ni modelado.

trébede s.f. Aro o triángulo de hierro que sirve para poner recipientes sobre el fuego. (Suele usarse en plural.)

trebejo s.m. Utensilio. (Suele usarse en plural.)

trébol s.m. (cat. *trèvol*). Planta herbácea de hojas trifolioladas y flores blancas, rosadas o púrpuras. (Familia papilionáceas.) **2.** Carta del palo de trébol. **3.** Parte acanalada extrema de un cilindro de laminador, que sirve para el acoplamiento del cilindro con el árbol motor. **4.** HERÁLD. Figura que representa una hoja de trébol y que tiene un pequeño tallo, lo que la distingue del trifolio. ◆ **tréboles** s.m.pl. Palo de la baraja francesa representado por la figura de un trébol.

trebolar s.m. Amér. Merid. Terreno poblado de trébol.

trece adj.num.cardin. y s.m. (lat. *tredecim*). Diez más tres. ◆ adj.num.ordin. y s.m. y f. Decimotercero. ◇ **Estarse,** o **mantenerse,** o **seguir, en sus trece** Persistir obstinadamente en una postura, afirmación o propósito.

treceavo, a adj. y s.m. Se dice de cada una de las partes que resultan de dividir un todo en trece partes.

trecento s.m. Siglo XIV italiano.

trecho s.m. (lat. *tractus, -us*). Espacio o distancia que hay entre dos lugares: *andar un buen trecho.* ◇ **A trechos** De manera discontinua. **De trecho a,** o **en, trecho** Con intervalos de espacio o tiempo.

trechor s.m. (fr. ant. *trecheor*). HERÁLD. Pieza igual que la orla, pero la mitad más estrecha que esta.

trefilado s.m. Acción de trefilar. SIN.: *trefilación.*

trefilar v.tr. Convertir un metal en hilos de diverso grosor por estirado en frío.

trefilería s.f. Establecimiento donde se fabrica alambre trefilado. **2.** Técnica de trefilar.

tregua s.f. (gót. *triggwa,* tratado). Suspensión temporal de los enfrentamientos entre países que están en guerra. **2.** *Fig.* Interrupción temporal de un trabajo o actividad. ◇ **Dar tregua,** o **treguas** Interrumpirse a intervalos una cosa, especialmente un dolor; dar tiempo, no ser urgente. **Tregua de Dios** HIST. Medida de la edad media decretada por asambleas eclesiásticas y que prohibía las guerras feudales y todo tipo de violencias y venganzas privadas durante determinado período de tiempo.

treinta adj.num.cardin. y s.m. (lat. *triginta*). Tres veces diez. ◆ adj.num.ordin. y s.m. y f. Trigésimo. ◇ **Las treinta y cuarenta** Juego de cartas. **Los (años) treinta** Década que empieza en el año treinta y termina en el cuarenta.

treintavo, a adj. y s.m. Se dice de cada una de las partes que resultan de dividir un todo en treinta parte iguales.

treintena s.f. Conjunto de treinta unidades.

trekking s.m. Deporte que consiste en recorrer a pie una región.

trematodo, a adj. y s.m. Relativo a una clase de gusanos planos no anillados, del tipo platelmintos, parásitos de los vertebrados, de evolución larvaria compleja, como la *duela* del hígado del cordero.

tremebundo, a adj. Que causa terror.

tremendismo s.m. Cualidad de tremendista. **2.** Corriente estética desarrollada en España durante el s. XX entre escritores y artistas plásticos que se caracteriza por exagerar la expresión de los aspectos más crudos de la vida real.

tremendista adj. y s.m. y f. Relativo al tremendismo; seguidor de esta corriente. **2.** Se dice de la persona a la que le gusta contar noticias alarmantes.

tremendo, a adj. (lat. *tremendus,* al que se ha de temer). Que causa miedo o terror. **2.** *Fig.* y *fam.* Muy grande o extraordinario. **3.** *Fig.* y *fam.* Que hace o dice cosas sorprendentes. **4.** *Fig.* y *fam.* Se dice del niño muy travieso. ◇ **Echar por la tremenda** *Fam.* Descomedirse, llevar algo a términos violentos. **Tomarse algo a la tremenda** *Fam.* Darle demasiada importancia.

trementina s.f. (lat. *terebinthinam*). Resina semilíquida extraída del lentisco (*trementina de Chío.* o *de Chipre*), del alerce *(trementina de Venecia),* del abeto *(trementina de Alsacia)* o del pino mediterráneo *(trementina de Burdeos).*

tremolar v.tr. (lat. vulg. *tremulare*). Agitar una bandera, estandarte o pendón en el aire.

tremolina s.f. *Fam.* Confusión de voces o de gente que discute o riñe: *armarse la tremolina.*

tremolita s.f. MINER. Silicato natural del género anfíbol.

trémolo s.m. (ital. *trèmolo*). Repetición rápida de un mismo sonido. **2.** *Poét.* Temblor de la voz.

trémulo, a adj. (lat. *tremulus*). *Poét.* Tembloroso, que tiembla: *manos trémulas.*

tren s.m. (fr. *train*). Conjunto formado por una locomotora y los vagones arrastrados por ella. **2.** *Fig.* Marcha, velocidad a la que se realiza una acción: *impuso un tren de juego muy acelerado.* **3.** Lujo, comodidades, etc., con que se vive: *llevar un buen tren de vida.* **4.** TECNOL. Conjunto de aparatos, máquinas o instrumentos necesarios en una industria para realizar una operación o servicio determinado: *tren de montaje; tren de embalaje.* ◇ **A todo tren** Sin reparar en gastos, con lujo. **A tren** En ciclismo, a ritmo vivo y sostenido. **Tren carreta** Tren mixto, que marcha a poca velocidad y para en todas las estaciones. **Tren correo** Tren rápido de pasajeros, que suele transportar la correspondencia y lleva un furgón postal. **Tren de alta velocidad** Línea férrea de trazado especial, por la que circulan trenes proyectados para alcanzar velocidades comerciales del orden de 200 km/h. (Entre las principales realizaciones en este campo figuran el Shinkansen japonés, el TGV francés y el AVE español.) **Tren de aterrizaje** Dispositivo sobre el que se apoya un avión y que le permite despegar y aterrizar. **Tren de combate** Conjunto de vehículos que transportan los efectos necesarios a las tropas en el combate. **Tren de engranajes** Conjunto de ruedas dentadas que se engranan unas con otras para transmitir o transformar un movimiento. **Tren de ondas** FÍS. Grupo de ondas de duración limitada. **Tren de rodaje** Conjunto de elementos que sirven para el movimiento de un vehículo de cadenas. **Tren expreso** Expreso. **Tren mixto** Tren compuesto de vagones para viajeros y de vagones para mercancías. **Tren rápido** Tren que lleva mayor velocidad que el tren expreso. **Tren tranvía** Tren de viajeros que realiza un trayecto corto y para en todas las estaciones.

trena s.f. Esp. *Fam.* Cárcel.

trenca s.f. Esp. Abrigo, impermeable o no, corto y con capucha.

trencilla s.f. Cinta de seda, algodón o lana, que sirve para adorno.

trend s.m. ECON. Variación de larga duración.

treno s.m. En la antigüedad griega, canto, lamentación fúnebre.

trenza s.f. Conjunto de tres o más hebras, de cualquier materia, que se cruzan alternativamente. **2.** Peinado que se hace con los cabellos largos entretejidos y cruzados alternativamente. **3.** Galoncillo de oro o plata colocado en el gorro, la gorra o las hombreras, de anchura variable según la categoría o grado militar. **4.** Cuerda de esparto para armar ciertas redes de pesca.

trenzado s.m. Acción y efecto de trenzar. **2.** COREOGR. Salto ligero cruzando los pies. **3.** EQUIT. Paso que da el caballo al piafar. ◆ **trenzados** s.m.pl. Ornamentación a base de filetes, fajas, junquillos, etc., en forma de trenza.

trenzar v.tr. Hacer trenzas. **2.** Retorcer y entrelazar los mimbres para hacer el esparto o la paja para cestas, esteras, etc. ◆ v.intr. Hacer trenzados danzando.

treonina s.f. Aminoácido indispensable para el ser humano.

trepa s.f. Acción de trepar. ◆ s.m. y f. Persona que intenta conseguir una mejor posición social y laboral valiéndose de procedimientos poco ortodoxos: *el trepa le quitó el puesto.*

trepador, ra adj. Que trepa o es capaz de trepar: *animales trepadores.* **2.** Se dice de la planta que crece sujetándose a un soporte, ya sea por enroscamiento del tallo, como la enredadera, o por órganos fijadores especiales, como las raíces adventicias de la hiedra, los zarcillos del guisante o arveja, etc. ◆ s.m. Ave paseriforme de los bosques de Europa occidental, de unos 15 cm de long., que trepa ágilmente por los troncos. **2.** TECNOL. Garfio con dientes interiores, sujetado con correas al pie, que sirve para subir a los árboles, a los postes de telégrafos, etc.

trepanación s.f. Operación quirúrgica que consiste en horadar la cavidad craneal con la ayuda de un trépano.

trepanar v.tr. Realizar una trepanación.

trepang s.m. Holoturia comestible, muy apreciada en Extremo oriente.

trépano s.m. CIR. Instrumento para realizar una trepanación. **2.** ESCULT. Utensilio para agujerear piedra o mármol. **3.** MIN. y OBR. PÚBL. Herramienta que, en los sondeos, ataca el terreno en la base o fondo del taladro. **4.** TECNOL. Herramienta utilizada en las perforadoras por percusión o martillos neumáticos.

trepar v.tr. e intr. (de *trip* o *trep,* voz onomatopéyica de pisar). Subir a un lugar alto o poco accesible, ayudándose de los pies y las manos. **2.** Subir o asirse ciertos animales a los árboles, rocas o paredes, mediante los órganos prensiles, como patas, garras, cola, cuerpo de las serpientes, ventosas, etc. ◆ v.intr. Crecer una planta adhiriéndose a otra, a una pared, etc. **2.** *Fig.* y *fam.* Ascender en la escala social ambiciosamente y sin escrúpulos.

trepidar v.intr. (lat. *trepidare*). Temblar, agitarse algo con movimientos rápidos y repentinos. **2.** Funcionar a sacudidas un acoplamiento o embrague. **3.** Realizar un trabajo irregular y brusco una herramienta que adolece de falta de ajuste. **4.** Amér. Titubear, dudar.

treponematosis s.f. Enfermedad causada por espiroquetales del género *Treponema.*

tres adj.num.cardin. y s.m. (lat. *tres*). Dos más uno. ◆ adj.num.ordin. y s.m. y f. Tercero. ◇ **Como tres y dos son cinco** *Fam.* Expresa que lo que se afirma es cierto e indiscutible. **Ni a la de tres** *Fam.* Imposibilidad de hacer o admitir algo, a pesar de intentarlo sucesivamente. **Tres cuartos** Prenda de abrigo que cubre hasta medio muslo o hasta la rodilla; en rugby, jugador de la línea de ataque; violín pequeño para niños. **Tres por cuatro** MÚS. Compás de tres tiempos, cuya unidad de tiempo es la negra. **Tres por dos** MÚS. Compás de tres tiempos, cuya unidad de tiempo es la blanca. **Tres por ocho** MÚS. Compás de tres tiempos, cuya unidad de tiempo es la corchea.

tresbolillo (de *trebolillo,* dim. de trébol, y *tres*). **A,** o **al, tresbolillo** Aplicado a la manera de estar dispuestos los objetos, en grupos de tres y formando un triángulo.

trescientos, as adj.num.cardin. y s.m. (lat. *trecenti*). Tres veces cien. ◆ adj.num.ordin. y s.m. y f. Tricentésimo. ◆ s.m. Denominación que se aplica al arte, la literatura y, en general, la historia y la cultura del s. XIV.

tresillo s.m. Conjunto formado por un sofá y dos butacas que hacen juego en diseño y tapizado. **2.** Juego de naipes entre tres personas, con nueve cartas cada una, en el que gana la que hace mayor número de bazas. **3.** MÚS. Grupo de tres notas de igual valor, sobre las que se pone la cifra 3, que se ejecuta en el mismo tiempo que dos notas de igual duración.

tresquilar v.tr. Chile, C. Rica y Ecuad. Trasquilar.

treta s.f. Engaño o trampa hábil, sagaz y sutil para conseguir algo.

treviro, a adj. y s. De un pueblo galo que se estableció en el valle inferior del Mosela.

trezavo, a adj. y s.m. Treceavo.

tría s.f. Acción y efecto de triar.

triácido, a adj. y s.m. Que posee tres funciones ácidas.

tríada s.f. Grupo de tres unidades. **2.** REL. Grupo de tres divinidades asociadas a un mismo culto.

trial s.m. Prueba motociclista de habilidad sobre terreno montañoso y con obstáculos preparados al efecto.

trialsin s.m. Prueba ciclista de habilidad, con las mismas características que el trial y que se practica en sala o en terreno montañoso.

triamcinolona s.f. Corticoide sintético.

triangulación s.f. División de una superficie de terreno en una red de triángulos, para medir una línea geodésica o para levantar el mapa de una región.

1. **triangular** adj. Que tiene la forma de un triángulo: *figura triangular.* **2.** Que tiene como base un triángulo: *pirámide triangular.* **3.** ANAT. Se dice de diversos músculos que tienen la forma de un triángulo.

2. **triangular** v.tr. Disponer en forma de triángulo. **2.** Hacer una triangulación.

triángulo s.m. Polígono de tres ángulos y tres lados. **2.** MÚS. Instrumento de percusión formado por una varilla de acero doblada en triángulo. ◇ **Elemento de un triángulo** Toda magnitud que se puede definir en un triángulo. (Los tres ángulos y los tres lados de un triángulo son los seis elementos principales; las tres alturas y las tres medianas son elementos secundarios.) **Triángulo amoroso** *Fig.* Relación afectiva o sexual entre tres personas. **Triángulo esférico** Triángulo trazado sobre una superficie esférica y cuyos lados son arcos de círculos máximos.

triar v.tr. (cat. *triar*) [conj.: *desviar*]. Escoger, separar, entresacar.

triásico adj. y s.m. (del gr. *triás,* trío). Se dice del primer período de la era secundaria, de una duración aproximada de 35 millones de años, representada en Europa occidental por el depósito de tres facies características (areniscas abigarradas, calizas conchíferas y margas irisadas), que corresponden a tres fases sedimentarias. ◆ adj. Relativo a esta era.

triatlón s.m. Deporte que combina tres pruebas sucesivas: natación, ciclismo y una carrera atlética de fondo.

triatómico, a adj. Se dice del cuerpo cuyas moléculas están formadas por tres átomos.

tribal adj. Relativo a la tribu.

tribalismo s.m. Organización de tipo tribal.

triboelectricidad s.f. Electricidad estática producida por frotamiento.

triboluminiscencia s.f. Luminiscencia provocada por un choque.

tribometría s.f. Medición de las fuerzas de rozamiento.

tribu s.f. (lat. *tribus*). Agrupación homogénea de familias en los aspectos lingüístico, político, social y cultural, que algunos consideran como una subdivisión de una etnia, y otros como un simple equivalente de la etnia. **2.** *Fam.* Familia numerosa. **3.** ANT. **a.** Una de las divisiones del pueblo, en la antigüedad. **b.** Grupo de los doce que componían el pueblo de Israel y descendencia de cada uno de los doce hijos de Jacob. **4.** HIST. NAT. Subfamilia.

tribulación s.f. (lat. *tribulatio*). Disgusto, pena, preocupación: *pasar muchas tribulaciones.*

tribuna s.f. (bajo lat. *tribuna,* púlpito del tribuno). Plataforma o lugar elevado desde donde se habla al público. **2.** Plataforma elevada destinada a los asistentes a un acto o espectáculo, por lo general al aire libre. **3.** Oratoria, especialmente la política. **4.** Galería de fachada en voladizo, cerrada con cristales, y que puede abarcar uno o varios niveles. **5.** En las pistas deportivas, estadios, etc., espacio, generalmente cubierto y distribuido en graderíos, que ocupan los espectadores. **6.** ARQ. **a.** En las iglesias, galería que corre sobre las naves laterales y abierta a la nave central. **b.** Balcón que sostiene la caja de órganos. ◇ **Tribuna libre** Sección de un periódico o emisión de radio o de televisión en la que una personalidad expone su opinión bajo su propia responsabilidad.

tribunado s.m. ANT. ROM. **a.** Cargo del tribuno de la plebe. **b.** Ejercicio o desempeño de este cargo.

tribunal s.m. (lat. *tribunal, -alis*). Órgano del estado encargado de administrar justicia. **2.** Conjunto de magistrados que componen el tribunal. **3.** Lugar donde actúan. **4.** Conjunto de personas autorizadas que se reúnen para juzgar algo, como un examen o una oposición. **5.** ARQ. Parte posterior de las basílicas, en forma de hemiciclo.

tribunicio, a adj. Relativo al cargo o dignidad del tribuno.

tribuno s.m. (lat. *tribunus,* magistrado de tribu). Orador popular. **2.** ANT. ROM. Magistrado romano que ejercía funciones políticas o militares. ◇ **Tribuno de la plebe** ANT. ROM. Magistrado encargado, en tiempos de la república, de defender los derechos e intereses de la plebe. **Tribuno militar** ANT. ROM. Oficial superior asistente del general en jefe.

tributable adj. Que puede dar tributo.

tributación s.f. Acción de tributar. **2.** Tributo. **3.** Régimen o sistema tributario.

tributar v.tr. Pagar un tributo o cierta cantidad como tributo. **2.** *Fig.* Ofrecer un obsequio o manifestar respeto y veneración como demostración de admiración o gratitud.

tributario, a adj. Relativo al tributo: *derecho tributario.* **2.** GEOGR. Afluente. ◆ adj. y s. Que paga tributo.

tributo s.m. (lat. *tributum*). Impuesto, contribución u otra obligación fiscal. **2.** *Fig.* Carga u obligación que se debe satisfacer por el uso o disfrute de algo: *el abuso de la velocidad se cobra un alto tributo en accidentes mortales.* **3.** *Fig.* Muestra de reconocimiento, respeto o consideración hacia una persona: una antología poética que *rinde tributo a la generación del 27.* **4.** *Fig.* Sentimiento favorable que se expresa o se manifiesta hacia una persona: *tributo de amor.* **5.** HIST. Cantidad de dinero o de bienes que el vasallo debía entregar a su señor como reconocimiento de obediencia y sometimiento.

tricálcico, a adj. Que contiene tres átomos de calcio: *fosfato tricálcico* $Ca_3(PO_4)_2$.

tricéfalo, a adj. Que tiene tres cabezas: *monstruo tricéfalo.*

tricentenario, a adj. Que tiene trescientos años o que dura desde hace trescientos años. ◆ s.m. Espacio de tiempo de trescientos años. **2.** Fecha en que se cumplen trescientos años de algún suceso. **3.** Fiesta con que se celebra esa fecha.

tricentésimo, a adj.num.ordin. y s.m. y f. Que corresponde en orden al número trescientos. ◆ adj. y s.m. Se dice de cada una de las partes que resultan de dividir un todo en trescientas partes iguales.

tríceps adj. y s.m. (del lat. *tri-,* tres, y *caput,* cabeza). Se dice de los músculos con tres cabezas o tendones en uno de sus extremos.

triciclo s.m. Velocípedo de tres ruedas. **2.** Motocarro.

triclínico, a adj. Se dice de los cristales que no poseen ningún eje de simetría.

triclinio s.m. ANT. ROM. **a.** Habitación que se utilizaba como comedor. **b.** Cama de tres plazas en la que los romanos se tendían para comer.

tricloroetileno s.m. Compuesto de fórmula $CHCl{=}CCl_2$, líquido e inflamable que se emplea como disolvente.

tricocéfalo s.m. Gusano de la clase nematodos, que mide de 3 a 5 cm, parásito del intestino del ser humano y de algunos mamíferos.

tricoloma s.m. Hongo basidiomicete de pie corto, sombrero laminado y de diferentes colores según las especies, que crece en bosques y prados.

tricolor adj. De tres colores: *la bandera de la República es tricolor.*

tricoma s.m. MED. Masa de cabellos producida por acumulación de polvo, materia sebácea y parásitos.

tricóptero, a adj. y s.m. Relativo a un orden de insectos de metamorfosis completa, cuya larva es acuática y se fabrica una envoltura protectora.

tricornio adj. y s.m. (fr. *tricorne*). Se dice del sombrero con el ala dura y doblada formando tres picos, especialmente el de la Guardia civil española.

tricot s.m. (voz francesa). Labor de punto ejecutada a mano. **2.** Género de punto.

tricota s.f. Argent. Suéter.

tricotar v.tr. Tejer, hacer labores de punto.

tricotosa s.f. y adj. (fr. *tricoteuse*). Máquina de hacer géneros de punto. **2.** Telar de punto.

tricromía s.f. Conjunto de procedimientos fotográficos y fotomecánicos en color, en los que todos los matices se obtienen con los tres colores primarios o los tres colores complementarios.

tricromo, a adj. Se dice de la imagen obtenida por tricromía.

tricúspide adj. Que tiene tres cúspides o puntas. ◆ adj. y s.f. ANAT. Se dice de la válvula que, en el corazón, separa la aurícula y el ventrículo derechos.

tridacio s.m. (lat. *thridax,* lechuga). Sustancia que se obtiene del tallo de la lechuga, usada como calmante.

tridáctilo, a adj. Se dice de los miembros de los vertebrados terminados en tres dedos.

tridentado, a adj. Que tiene tres dientes o espinas.

tridente s.m. (lat. *tridens, -tis*). Arma con tres puntas. **2.** Cetro con tres dientes, atributo de numerosas divinidades griegas y romanas marinas.

tridentino, a adj. Relativo a Trento: *disposiciones tridentinas.*

tridimensional adj. Que tiene tres dimensiones.

triduo s.m. (lat. *triduum*). Serie de tres días dedicados al culto litúrgico católico.

triedro, a adj. MAT. Que tiene tres caras. ◆ s.m. Figura geométrica formada por tres semirrectas que parten del mismo origen SA, SB y SC, pero que no están situadas en un mismo plano, y limitada por los tres ángulos que tienen dichas semirrectas por lados.

trienal adj. Que se repite cada tres años. **2.** Que dura tres años.

trienio s.m. Período de tres años. **2.** Complemento que incrementa un sueldo al cumplirse tres años de antigüedad en un puesto de trabajo.

trierarca s.m. ANT. GR. **a.** Comandante de una trirreme. **b.** Rico ciudadano ateniense encargado de equipar una trirreme a sus expensas.

trifásico, a adj. ELECTR. Se dice del sistema de tres corrientes alternas monofásicas y desplazadas mutuamente de fase en 1/3 de período.

trifenilmetano s.m. Compuesto derivado del metano, de gran importancia en la química de las materias colorantes.

trífido, a adj. (lat. *trifidus*). HIST. NAT. Hendido en tres divisiones.

trifoliado, a adj. De tres hojas.

trifolio s.m. HERÁLD. Figura que representa una hoja de tres pétalos, sin tallo.

triforio s.m. Galería que corre sobre las naves laterales de una iglesia.

trifulca s.f. *Fam.* Disputa, pelea, riña con mucho alboroto.

trigal s.m. Terreno sembrado de trigo.

trigémino s.m. ANAT. Quinto par nervioso craneal, que se divide en tres ramas: oftálmica, maxilar superior y maxilar inferior.

trigésimo, a adj.num.ordin. y s. Que corresponde en orden al número treinta. ◆ adj. y s.m. Se dice de cada una de las partes que resultan de dividir un todo en treinta partes iguales.

triglicérido s.m. Lípido formado por la esterificación del glicerol por tres ácidos grasos.

triglifo o **tríglifo** s.m. ARQ. Motivo ornamental del friso dórico, formado por dos glifos y dos semiglifos.

trigo s.m. (lat. *triticum*). Planta herbácea anual, que produce el grano (cariópside) que da origen a la harina, utilizada principalmente en la elaboración del pan. (Familia gramináceas.) **2.** Grano de esta planta. **3.** Conjunto de granos de esta planta. ◇ **No ser trigo limpio** *Fam.* No ser una persona o un asunto tan claros u honestos como parecen. **Trigo vacuno** Planta herbácea con largas brácteas dentadas, que es parásita de las raíces de numerosas plantas, especialmente de los cereales.

trígono s.m. Área o espacio triangular. ◇ **Trígono cerebral** ANAT. Lámina de sustancia blanca situada por debajo del cuerpo calloso, y que forma la bóveda del tercer ventrículo.

trigonometría s.f. MAT. **a.** Estudio de las propiedades de las funciones circulares de los ángulos y de los arcos (senos, cosenos y tangentes). **b.** Cálculo de los elementos de un triángulo definido por datos numéricos. ◇ **Trigonometría esférica** Estudio de las relaciones entre los elementos de los triángulos esféricos.

trigonométrico, a adj. Relativo a la trigonometría. ◇ **Relaciones trigonométricas** Seno, coseno, tangente.

trigrama s.m. Figura formada por la superposición de tres líneas, utilizada en la adivinación china.

trigueño, a adj. y s.m. Se dice del color dorado oscuro tirando a rubio, como el del trigo: *cabello trigueño.*

triguero, a adj. Relativo al trigo: *producción triguera.* **2.** Que crece o se cría entre el trigo: *espárrago triguero.* **3.** Que tiene buenas condiciones para el cultivo del trigo: *terreno triguero.* ◆ s. Persona que comercia con trigo.

trilateral adj. Que está formado por tres elementos.

trilátero, a adj. Que tiene tres lados.

trilero, a s. Persona que se dedica a cierto juego de apuestas callejero y fraudulento.

trilingüe adj. Escrito en tres lenguas. **2.** Que habla tres lenguas.

trilita s.f. Trinitrotolueno.

trilla s.f. (gr. *trigla*). Acción de trillar. **2.** Época del año en que se trilla.

trillado, a adj. Muy conocido, sabido o falto de originalidad: *tema, asunto muy trillado.*

trillador, ra adj. y s. Que trilla. ◆ s.f. y adj. Máquina que sirve para desprender y separar el grano de la paja.

trillar v.tr. Triturar la mies y separar el grano de la paja.

trillera s.f. Canción popular andaluza, de origen folclórico campesino, influida por algunos rasgos flamencos externos.

trillizo, a adj. y s. Se dice de la persona que ha nacido a la vez que otros dos en un mismo parto.

trillo s.m. (lat. *tribulum*). Instrumento para trillar. **2.** Amér. Central y Antillas. Senda, camino angosto, abierto comúnmente por el continuo tránsito de peatones.

trillón s.m. Un millón de billones.

trilobites adj. y s.m. Relativo a una clase de artrópodos marinos fósiles de la era primaria, cuyo cuerpo estaba dividido en tres partes.

trilobulado, a adj. Que tiene tres lóbulos o está dividido en tres lóbulos. **2.** ARQ. Que tiene forma de trébol.

trilocular adj. (del lat. *loculus,* compartimento). ANAT. Dividido en tres partes.

trilogía s.f. Conjunto de tres obras literarias o cinematográficas de un autor que tienen entre sí cierta unidad. **2.** LIT. En la antigua Grecia, conjunto de tres tragedias de un mismo autor, presentadas a concursos dramáticos.

trimarán s.m. Embarcación constituida por tres cascos paralelos.

trímero, a adj. BOT. Que presenta una simetría axial de orden 3, repitiéndose cada forma tres veces alrededor del eje.

trimestral adj. Que ocurre, se hace o se repite cada tres meses. **2.** Que dura tres meses.

trimestre s.m. (lat. *trimestris*). Período de tres meses. **2.** Cantidad que se cobra o se paga cada tres meses. **3.** Conjunto de cosas que corresponden a tres meses, como una publicación, etc.

trímetro s.m. y adj. MÉTRIC. Verso formado por tres metros.

trimmer s.m. RADIOTECN. Condensador ajustable de débil capacidad, que se utiliza para completar la sincronización de un condensador variable, de un circuito oscilante, en un receptor en el que varios circuitos han de estar rigurosamente alineados.

trimorfismo s.m. BOT. Fenómeno que se presenta en las especies integradas por tres formas distintas.

trimotor, ra adj. Que tiene tres motores. ◆ s.m. Avión provisto de tres motores.

trinar v.intr. (voz de origen onomatopéyico). Cantar las aves. **2.** *Fig.* y *fam.* Rabiar, estar muy enojado: *está que trina.* **3.** Hacer trinos musicales.

trinca s.f. Conjunto de tres cosas de una misma clase. **2.** Conjunto de tres naipes de la baraja. **3.** Grupo o conjunto de tres personas. **4.** MAR. **a.** Cabo que sirve para trincar una cosa. **b.** Ligadura entre dos maderos, piezas, etc.

1. **trincar** v.tr. Atar fuertemente. **2.** Amér. Apretar, oprimir. **3.** Esp. *Fam.* Detener, encarcelar. **4.** Esp. *Fam.* Matar. **5.** MAR. Asegurar o sujetar fuertemente con trincas los efectos de a bordo.

2. **trincar** v.tr. Beber bebidas alcohólicas.

trincha s.f. Ajustador que ciñe el chaleco, el pantalón u otras prendas. **2.** ARM. Cada uno de los tirantes de cuero o lona que, descansando en los hombros, sujetan el cinturón.

trinchante adj. Que trincha. ◆ s.m. Cuchillo para trinchar o tenedor con que se sujeta lo que se ha de trinchar. **2.** Escoda o especie de martillo empleado por los canteros.

trinchar v.tr. Cortar, partir en trozos la comida, especialmente la carne.

trinche s.m. Colomb., Ecuad. y Méx. Trinchante, tenedor. ◆ adj. Chile y Ecuad. Mueble donde se trincha.

trinchera s.f. Zanja alargada excavada en la tierra que permite a los soldados moverse y disparar a cubierto del enemigo y que constituye una posición defensiva. **2.** Gabardina con cinturón parecida a la que utilizaban los militares durante la primera guerra mundial. **3.** TAUROM. Pase de adorno cambiado por bajo, ejecutado con la mano derecha. ◇ **Guerra de trincheras** Modalidad de combate defensivo en la que los contendientes se establecen sobre líneas continuas de trincheras.

trinchero s.m. Mueble de comedor en donde se trinchan las comidas.

trineo s.m. (fr. *traineau*). Vehículo provisto de patines o esquís, que se desliza sobre la nieve y el hielo.

trinervado, a adj. BOT. Que tiene tres nervios.

trinidad s.f. (lat. *trinitas, -atis*). Conjunto de tres personas o cosas. **2.** TEOL. CRIST. **a.** Unión de tres personas distintas que forman un solo Dios. (Con este significado se escribe con mayúscula; también *Santísima Trinidad.*) **b.** Fiesta en honor de este misterio.

trinitaria s.f. BOT. **a.** Pensamiento. **b.** Colomb., P. Rico y Venez. Planta espinosa trepadora de flores moradas y rojas. (Familia nictagináceas.)

trinitario, a adj. y s. De la orden religiosa de la Santísima Trinidad, fundada en 1198 por san Juan de Mata y san Félix de Valois para redimir a los cristianos cautivos en tierra musulmana. (En la actualidad se dedican a las misiones.)

trinitrina s.f. Nitroglicerina que se emplea en los tratamientos de angina de pecho, asma, etc.

trinitrotolueno s.m. Sólido cristalizado producido por nitración del tolueno, que constituye un explosivo especialmente potente llamado *tolita.* (Sigla *TNT.*) SIN.: *trilita.*

1. **trino** s.m. Gorjeo emitido por los pájaros. **2.** MÚS. Adorno que consiste en repetir varias veces y de manera rápida dos notas conjuntas separadas por una segunda diatónica, mayor o menor.

2. **trino, a** adj. (lat. *trinus,* triple). Que contiene en sí tres cosas distintas.

trinomio s.m. y adj. MAT. Polinomio compuesto de tres términos.

1. **trinquete** s.m. Frontón cerrado sin contracancha y con doble pared lateral. **2.** MAR. Palo de proa, en las embarcaciones de dos o más palos, sin contar el bauprés, que presenta a veces una leve inclinación.

2. **trinquete** s.m. Aldabilla con que se sujetan las puertas. **2.** Pieza que permite retardar o acelerar la marcha de un reloj o cronómetro. **3.** Méx. Trampa, engaño para detener alguna cosa de forma ilícita. **4.** MEC. Mecanismo para asegurar el arrastre en un sentido de un órgano de rotación, a la vez que impide el funcionamiento en el otro sentido.

trinquetilla s.f. MAR. Foque más próximo al trinquete, que va de la cruceta baja a un punto de cubierta o a la roda.

trinquis s.m. Esp. *Fam.* Trago de una bebida alcohólica.

trío s.m. (ital. *trio*). Conjunto de tres personas o cosas. **2.** En ciertos juegos de naipes, conjunto de tres cartas iguales. **3.** MÚS. **a.** Obra o fragmento musical escritos para tres instrumentos o tres voces. **b.** Conjunto de tres voces o tres instrumentos.

triodo s.m. ELECTR. Válvula o lámpara termoiónica de tres electrodos.

tripa s.f. Intestino o vísceras completas. **2.** Vientre, parte donde se encuentran los intestinos. **3.** Laminilla muy tenue que se encuentra en el interior del cañón de las plumas de las aves. (Suele usarse en plural.) **4.** Parte interior de un cigarro puro. **5.** Colomb. y Venez. Cámara de las ruedas del automóvil. **6.** Esp. *Fam.* Embarazo, o vientre abultado por el embarazo. **7.** Esp. *Fig.* Parte abultada de algún objeto: *la tripa de una vasija.* <> **Echar las tripas** *Fam.* Vomitar con violencia. **Echar tripa** *Fam.* Hacérsele a alguien el vientre voluminoso. **Hacer de tripas corazón** *Fam.* Esforzarse por disimular el miedo u otra impresión o sobreponerse para hacer algo que repugna o implica un esfuerzo. **Revolver las tripas a alguien** *Fam.* Causar algo o alguien una sensación de repugnancia física o moral.

tripalmitina s.f. Palmitina.

tripanosoma s.m. Protozoo flagelado, parásito de la sangre o de los tejidos de los vertebrados, transmitido generalmente por ciertos insectos, y causante de enfermedades infecciosas, como la del sueño.

tripanosomiasis s.f. Enfermedad parasitaria provocada por un tripanosoma. <> **Tripanosomiasis americana** Enfermedad de *Chagas.

tripartir v.tr. Dividir en tres partes.

tripartito, a adj. Dividido en tres partes, órdenes o clases: *hoja tripartita.* **2.** Se dice del pacto, convenio o alianza entre tres potencias o naciones: *acuerdo tripartito.*

tripería s.f. Establecimiento donde se venden tripas, despojos, etc. **2.** Conjunto de tripas.

tripero, a s. Persona que vende tripas.

tripi s.m. En el lenguaje de la droga, dosis de LSD.

tripicallos s.m.pl. Despojos de vaca o de otros animales que se comen guisados.

tripitas s.f.pl. Méx. Comida a base de desperdicios o tripas.

triplano, a adj. y s.m. Se dice del aeroplano con tres planos o superficies de sustentación superpuestos.

triplaza s.m. Avión de tres plazas.

triple adj. y s.m. (lat. *triplus, -a, -um*). Que contiene tres veces la cantidad, número o tamaño de una cosa. SIN.: *triplo.* ◆ adj. Que consta de tres elementos o se compone de tres partes. ◆ s.m. En baloncesto, enceste que se consigue desde una distancia superior a los 6,25 m y que vale tres puntos. <> **Punto triple** Temperatura que representa el equilibrio invariable de los estados sólido, líquido y gaseoso de un mismo cuerpo puro.

triplete s.m. Objetivo fotográfico compuesto por tres lentes que corrigen por compensación las aberraciones.

tríplex s.m. Vivienda formada por tres plantas que se comunican entre sí.

triplicar v.tr. y prnl. Multiplicar por tres. ◆ v.tr. Hacer tres veces mayor una cosa.

triplo, a adj. y s.m. Que contiene tres veces la cantidad, número o tamaño de una cosa. SIN.: *triple.* (Como adjetivo es poco usado.)

triploblástico, a adj. Se dice de las especies animales en las que el embrión presenta tres hojas: ectodermo, endodermo y mesodermo.

triploide adj. y s.m. BIOL. Se dice del organismo cuyas células poseen tres dotaciones cromosómicas en lugar de dos.

triploidia s.f. BIOL. Carácter de triploide.

trípode s.m. o f. Mesa o banquillo de tres pies. **2.** Soporte de tres pies. <> **Palo trípode** MAR. Palo soportado por otros dos menores en vez de obenques.

trípoli s.m. Roca silícea sedimentaria de origen orgánico (diatomeas), utilizada especialmente como abrasivo y como absorbente. SIN.: *diatomita, kieselguhr, kieselgur.*

tripolitano, a adj. y s. De Trípoli.

tripsina s.f. Enzima del jugo pancreático que transforma las proteínas en aminoácidos.

tríptico s.m. (gr. *tríptykhos,* triple, de *trís,* tres veces, y *ptkhi,* pliegue). Composición pictórica o escultórica de tres cuerpos, en la que los dos exteriores se cierran sobre el central. **2.** Tratado o composición literaria que consta de tres partes. **3.** Folleto, prospecto o documento que consiste en una hoja que se dobla dos veces sobre sí misma y que consta de tres partes.

triptófano s.m. Aminoácido indispensable para el organismo.

triptongar v.tr. Pronunciar tres vocales formando triptongo.

triptongo s.m. (del gr. *tri-,* tres, y *phthóggos,* sonido). Sílaba compuesta por tres vocales, que se pronuncia en una sola emisión de voz.

tripudo, a adj. y s. Que tiene el vientre muy abultado. SIN.: *tripón.*

tripulación s.f. Conjunto de personas al servicio de una embarcación o una aeronave.

tripulante s.m. y f. Miembro de una tripulación.

tripular v.tr. (del lat. *interpolare* hacer reformas, falsificar, alterar, pintar de colores abigarrados). Manejar una embarcación o aeronave o prestar servicio en ella.

tripulina s.f. Chile. Confusión, barullo.

triquina s.f. (del gr. *tríkhinos, -íni, -inon,* semejante a un pelo). Gusano parásito de 2 a 4 mm de long., que en estado adulto vive en el intestino del ser humano, del cerdo y de otros mamíferos, y en estado larvario en sus músculos. (Clase nematodos.)

triquinosis s.f. Enfermedad parasitaria causada por la triquina.

triquinoso, a adj. Que padece triquinosis.

triquiñuela s.f. Ardid, artimaña.

triquitraque s.m. *Fam.* Ruido como de golpes y movimiento de cosas, repetidos y desordenados. **2.** Estos golpes.

trirrectángulo, a adj. Que tiene tres ángulos rectos.

trirreme s.f. ANT. GR. Navío de guerra con tres hileras superpuestas de remeros.

tris s.m. Sonido suave que hace una cosa delicada al quebrarse. **2.** Porción muy pequeña de tiempo o de lugar u ocasión muy leve. <> **Estar en un tris** *Fam.* Ser inminente que ocurra algo que se expresa. **Por un tris** *Fam.* Por poco.

trisagio s.m. Himno en honor a la Santísima Trinidad, en el que se repite tres veces la palabra *santo.*

triscar v.intr. (gót. *thriskan,* trillar). Saltar de un lugar a otro, como hacen las cabras. **2.** *Fig.* Mezclar, enredar.

trisección s.f. MAT. División en tres partes iguales.

trisector, triz adj. Que da la trisección.

trisílabo, a adj. y s.m. Que tiene tres sílabas.

trismo o **trismus** s.m. (gr. *trismós,* chillido). MED. Contractura de las mandíbulas debida a la contracción de los músculos masticadores.

trisomía s.f. BIOL. Anomalía caracterizada por la aparición de un cromosoma superfluo en un par. (El síndrome de Down se debe a una trisomía.)

1. **triste** adj. (lat. *tristis*). Que siente tristeza: *estar triste por su ausencia.* **2.** Que muestra o expresa tristeza, dolor: *un rostro triste.* **3.** Que es de carácter melancólico y pesimista o propenso a sentir tristeza: *un niño triste.* **4.** Que causa o produce tristeza: *una triste noticia.* **5.** *Fig.* Insignificante, insuficiente, ineficaz: *una triste explicación.* **6.** *Fig.* y *fam.* Descolorido, pálido, mustio, sin vivacidad: *las flores estaban tristes.*

2. **triste** s.m. Amér. Merid. Composición popular de tema amoroso que se canta al son de la guitarra.

tristeza s.f. Estado de ánimo caracterizado por el pesimismo, la insatisfacción y la tendencia al llanto. **2.** Cualidad de triste. **3.** Cosa triste.

tristón, na adj. Que tiende a la tristeza o la provoca: *es un patio tristón.*

tritio s.m. Isótopo radiactivo del hidrógeno, cuyo núcleo está formado por un protón y dos neutrones.

tritón s.m. Anfibio de cola comprimida lateralmente, que vive en las charcas y estanques, y que mide de 10 a 20 cm, según las especies. (Subclase urodelos.) **2.** En la mitología griega, nombre de divinidades marinas descendientes del *dios Tritón* y representadas con cuerpo de hombre barbado y cola de pez, tirando del carro de los dioses del mar.

trítono s.m. MÚS. Intervalo formado por tres tonos enteros.

trituración s.f. Acción de triturar. **2.** TECNOL. Operación que consiste en reducir una materia a fragmentos de tamaño determinado, según su empleo, o para facilitar la separación de constituyentes heterogéneos.

triturador, ra adj. y s. Que tritura. ◆ s.m. Máquina para triturar. <> **Triturador de basuras** Aparato eléctrico que reduce las basuras a polvo.

trituradora s.f. Máquina para desmenuzar y reducir a fibras los materiales. <> **Trituradora espadilladora** Máquina que efectúa, en una sola operación, el agramado y espadillado de fibras largas.

triturar v.tr. (lat. *triturare*). Reducir una materia sólida a trozos muy menudos sin llegar a convertirlos en polvo. **2.** Mascar, desmenuzar la comida con los dientes. **3.** *Fig.* Maltratar física o moralmente a alguien. **4.** *Fig.* Rebatir, criticar con minuciosidad algo.

triunfal adj. (lat. *triumphalis*). Relativo al triunfo: *acogida triunfal.* <> **Arco triunfal** Gran arcada dispuesta a la entrada de la capilla mayor de las basílicas cristianas.

triunfalismo s.m. Actitud de la persona que da muestra de confianza excesiva en ella misma y en sus teorías.

triunfalista adj. y s.m. y f. Que muestra triunfalismo.

triunfante adj. Que triunfa o sale victorioso.

triunfar v.intr. Quedar victorioso. **2.** *Fig.* Tener éxito: *quiere triunfar en la vida.* **3.** ANT. ROM. Conseguir el triunfo.

triunfo s.m. (lat. *triumphus*). Victoria, acción de triunfar. **2.** *Fig.* Éxito en cualquier empeño. **3.** *Fig.* Trofeo. **4.** En ciertos juegos de naipes, palo de más valor; carta de dicho palo. **5.** Argent. y Perú. Baile popular. **6.** ANT. ROM. Entrada solemne de un general romano que ha conseguido una gran victoria.

triunviral adj. Relativo a los triunviros.

triunvirato s.m. Magistratura de la antigua Roma compuesta por tres personas. **2.** Grupo de tres personas que ejercen funciones directivas.

triunviro s.m. ANT. ROM. Miembro de un triunvirato.

trivalente adj. QUÍM. Que tiene tres valencias.

trivial adj. Que carece de toda importancia, trascendencia o interés: *tema trivial.*

trivialidad s.f. Cualidad de trivial. **2.** Dicho o cosa trivial.

trivializar v.tr. y prnl. Quitar o no dar importancia a algo.

triza s.f. Trozo pequeño de algo roto. <> **Hacer trizas** *Fam.* Destrozar algo completamente; causar un daño moral o físico muy grande a una persona.

troca s.f. En la manufactura, devanado y empaquetado del algodón, cantidad de hilo igual a diez madejas.

trocaico, a adj. (gr. *trokhakós*). Relativo al troqueo. ◆ adj. y s.m. Se dice del verso cuyo pie fundamental es el troqueo.

trocánter s.m. (gr. *trokhantér*). ANAT. Nombre de dos eminencias óseas del fémur, donde se unen los músculos que hacen girar el muslo.

1. **trocar** v.tr. [conj.: *contar*]. Cambiar una cosa por otra. ◆ v.tr. y prnl. Convertir una cosa en otra distinta: *trocar la risa en llanto.*

2. **trocar** s.m. (fr. *trocart,* de *trois carres,* tres esquinas). CIR. Instrumento en forma de punzón, con un mango, que se emplea para realizar punciones.

trocear v.tr. Dividir algo en trozos.

trocha s.f. Camino abierto en la maleza. **2.** Atajo. **3.** Argent. Ancho de la vía ferroviaria.

troche s.m. **A troche y moche** Sin orden ni medida.

tróclea s.f. (lat. *trochlea*). ANAT. Articulación en la que un hueso gira en una superficie pulida que le presenta el hueso adyacente.

trocófora s.f. Larva en forma de trompo invertido, característica de los anélidos y moluscos.

trofalaxia s.f. Cambio mutuo de alimento entre ciertos insectos adultos y sus larvas.

trofeo s.m. (bajo lat. *trophaeum*). Objeto que recuerda un éxito o una victoria: *trofeo de caza.* **2.** Premio que se entrega en una competición. **3.** Parte disecada de un animal cazado o pescado. **4.** B. ART. Motivo decorativo consistente en la figuración de un conjunto de armas, de los despojos del enemigo vencido, etc.

trófico, a adj. (gr. *trophós,* alimenticio). Relativo a la nutrición de un tejido vivo.

trofoblástico, a adj. Relativo al trofoblasto.

trofoblasto s.m. EMBRIOL. Estrato celular que tiene función de nutrición y que rodea a los blastómeros.

troglobio, a adj. y s.m. BIOL. Se dice del animal que vive exclusivamente en las cavernas.

troglodita adj. y s.m. y f. Cavernícola. **2.** *Fig.* Bárbaro, rudo, grosero.

troglodítico, a adj. Relativo a los trogloditas.

troika s.f. En Rusia, vehículo, como el trineo, el landó, etc., que arrastran tres caballos enganchados uno al lado de otro. **2.** Grupo de tres personas que dirigen políticamente un país o que están al frente de un organismo, entidad, etc. ◇ **Troika europea** Grupo compuesto por el representante del país que ejerce la presidencia del Consejo de ministros de la Unión Europea, del que le ha precedido y del que le sucederá en la presidencia, con objeto de asegurar cierta continuidad en el tratamiento de los temas.

troja s.f. Amér. Troje.

troje o **troj** s.f. Granero limitado por tabiques, donde se almacenan frutos o cereales.

trola s.f. *Fam.* Mentira, engaño.

trole s.m. (ingl. *trolley-pole,* polea del trole). Trolebús. **2.** ELECTR. Dispositivo de toma de corriente que, en los vehículos de tracción eléctrica, transmite la corriente de la red aérea al electromotor del automóvil.

trolebús s.m. Vehículo de tracción eléctrica para el transporte público de viajeros, que toma la corriente de una línea aérea bifilar mediante un trole y cuyas ruedas van provistas de neumáticos.

trolero, a adj. y s. *Fam.* Mentiroso.

troll s.m. En la mitología escandinava, espíritu maléfico.

tromba s.f. Columna nubosa o líquida de diámetro muy pequeño, con un rápido movimiento de rotación. ◇ **Tromba de agua** Lluvia abundante y brusca.

trombina s.f. Enzima que interviene en la transformación del fibrinógeno en fibrina, en el curso de la coagulación de la sangre.

trombo s.m. Coágulo sanguíneo que se forma dentro del aparato vascular, y que provoca la *trombosis.*

trombocinasa o **tromboquinasa** s.f. BIOL. Enzima que interviene en la coagulación de la sangre, transformando la protrombina en trombina.

trombocito s.m. Plaqueta.

tromboelastografía s.f. Técnica de estudio de las diferentes fases de la coagulación sanguínea.

tromboflebitis s.f. Inflamación de una vena con formación de un coágulo sanguíneo dentro de ella.

trombón s.m. (ital. *trombone*). Instrumento musical de viento, de la familia del metal, parecido a una trompeta grande, cuya característica es el uso de las varas correderas. **2.** Músico que toca este instrumento. **3.** Antena de media onda, muy empleada para la recepción de ondas de televisión y de modulación de frecuencia. ◇ **Trombón de pistones** Trombón que en lugar de varas correderas está provisto de pistones.

tromboquinasa s.f. BIOL. → **trombocinasa.**

trombosis s.f. Formación o desarrollo de un trombo en un vaso sanguíneo o en el corazón.

trómel s.m. (alem. *Trommel,* tambor). Criba cilíndrica o cónica, ligeramente inclinada sobre la horizontal, que sirve para clasificar por su grosor materiales fragmentados.

trompa s.f. (voz de origen onomatopéyico). Instrumento musical de viento, de la familia del metal, compuesto de una embocadura y de un largo tubo cónico arrollado sobre sí mismo y terminado por un pabellón muy ancho. **2.** Peonza. **3.** Probóscide. **4.** Aparato chupador de algunos insectos. **5.** Esp. *Fig.* y *fam.* Borrachera. **6.** ARQ. Bóveda voladiza fuera del paramento de un muro, de forma cóncava, cónica, oblicua, reglada o de perfil recto. ◆ s.m. y f. Persona que toca la trompa en una orquesta. ◇ **Trompa de Eustaquio** Conducto que comunica la rinofaringe con el oído medio. **Trompa de Falopio** Parte de la estructura del aparato genital femenino que permite el paso del óvulo desde el ovario al útero. **Trompa de vacío** FÍS. Especie de máquina neumática hidráulica que sirve para hacer el vacío. SIN.: *bomba.*

trompada s.f. Golpe recio y violento que da o recibe una persona o cosa al chocar o al caerse. **2.** Puñetazo, golpazo. SIN.: *trompazo.*

trompear v.tr. Amér. Dar trompadas o puñetazos.

trompe-l'oeil s.m. (voz francesa). Pintura que a distancia crea la ilusión de realidad, particularmente de relieve.

trompeta s.f. Instrumento musical de viento, de la familia del metal, provisto de embocadura y de un tubo de perforación cilíndrico, ligeramente cónico en su extremo y terminado en un pabellón. **2.** AUTOM. Cada una de las dos cañoneras o tubos abocardados del puente trasero, en cuyo interior van dispuestos los respectivos semiejes o árboles de rueda. SIN.: *trompeta de puente.* **3.** HERÁLD. Cuerno de caza desprovisto de adornos. ◆ s.m. y f. Músico que toca la trompeta. SIN.: *trompetista.* ◇ **Trompeta de los muertos** Hongo basidiomicete en forma de trompeta que crece en la península Ibérica.

trompetazo s.m. Sonido destemplado, estridente o excesivamente fuerte producido por la trompeta u otro instrumento de viento.

trompetero s.m. Pez teleósteo del Mediterráneo y Atlántico, cuyo nombre procede de que tiene el hocico largo en forma de tubo.

trompetilla s.f. Instrumento en forma de trompeta que, aplicado al oído, emplean los sordos para oír mejor. **2.** Méx. Gesto de burla que consiste en hacer ruido expulsando con fuerza el aire por la boca, teniendo la lengua entre los labios.

trompetista s.m. y f. Músico que toca la trompeta. SIN.: *trompeta.*

trompicar v.intr. Tropezar repetidamente.

trompicón s.m. Tropezón. ◇ **A trompicones** Sin continuidad; con dificultades.

trompiza s.f. Amér. Merid. Riña, pelea a puñetazos.

trompo s.m. Peonza. SIN.: *peón.* **2.** Giro que da un automóvil sobre sí mismo, derrapando sus ruedas sobre el suelo. **3.** Gasterópodo que posee tentáculos cónicos en la cabeza, pie corto y concha cónica, y que vive en las costas ibéricas. **4.** Instrumento de madera o de metal, de forma cónica, utilizado por los plomeros o fontaneros para abocardar cañerías de plomo.

trompudo, a adj. Amér. Se dice de la persona de labios prominentes.

trona s.f. (ár. vulg. *ṭrūna*). Silla para bebés, que tiene las patas muy altas y un tablero.

tronada s.f. Tempestad con gran cantidad de truenos.

tronado, a adj. Viejo y deteriorado por el uso. **2.** *Fam.* Se dice de la persona que está algo trastornado mentalmente. **3.** *Fam.* Arruinado, venido a menos.

tronar v.impers. (lat. *tonare*) [conj.: *contar*]. Producirse o sonar truenos. ◆ v.intr. Producir un ruido parecido al trueno. **2.** *Fig.* Resonar con fuerza la voz o algo semejante: *una exclamación tronó en la sala.* **3.** Méx. *Fam.* Suspender el curso un estudiante. **4.** Méx. *Fam.* Romper relaciones una pareja, separarse. ◇ **Tronárselas** Méx. *Vulg.* Fumar marihuana.

tronchado, a adj. Se dice de los sillares o piedras de construcción de forma irregular y con marcas o huellas producidas por la introducción de las cuñas. **2.** HERÁLD. Se dice del escudo dividido en dos partes iguales por una línea que va del cantón diestro del jefe al siniestro de la punta.

tronchante adj. Que produce mucha risa.

tronchar v.tr. y prnl. Partir, sin herramienta, el tronco, tallo o ramas de una planta, u otra cosa semejante. **2.** *Fig.* Truncar o impedir que llegue a desarrollarse completamente o realizarse algo: *tronchar las ilusiones.* ◆ **troncharse** v.prnl. *Fam.* Reírse mucho, sin poder contenerse. **2.** Colomb. Dislocarse, luxarse.

troncho s.m. (lat. *trunculus*). Tallo de las hortalizas. **2.** Colomb. y Nicar. Porción, trozo, pedazo.

tronco s.m. (lat. *truncus,* sin ramas, talado). Tallo principal de un árbol, desde el tocón hasta el nacimiento de las ramas. **2.** *Fig.* Ascendiente o línea de ascendientes común de dos ramas o familias. **3.** Conducto o canal principal del que salen o al que concurren otros menores. **4.** Par de caballerías de tiro, enganchadas al juego delantero del carruaje. **5.** ANAT. Parte central del cuerpo, a la que van unidas la cabeza y las extremidades. **6.** ZOOL. Conjunto de estirpes muy grande, que pueden filogenéticamente considerarse entroncadas por continuidad de origen, en sentido general. <> **Estar,** o **dormir, como un tronco** *Fam.* Estar profundamente dormido. **Tronco de cono** Sólido comprendido entre la base de un cono y una sección que corta todas las generatrices de este cono. **Tronco de pirámide** Sólido comprendido entre la base de una pirámide y una sección plana que corta todas las aristas laterales de esta pirámide. **Tronco de prisma** Sólido limitado en una superficie de prisma por dos secciones planas no paralelas.

troncular adj. Relativo a un tronco nervioso o vascular.

tronera s.f. Ventana muy pequeña y angosta por donde entra escasamente la luz. **2.** Abertura en el costado de un buque o parapeto de una muralla por la que se disparaba. **3.** Agujero abierto en los cuatro rincones de la mesa y en medio de las bandas de un billar. **4.** Abertura o lumbrera practicada en la parte inferior de un alto horno. ◆ s.m. y f. Persona de vida desordenada y poco juicio que lleva una vida disipada o libertina.

tronío s.m. *Fam.* Señorío y elegancia, especialmente de una persona.

trono s.m. (lat. *thronus,* del gr. *thrónos,* sillón alto). Asiento con gradas y dosel en el que se sientan los monarcas y otras personas de alta dignidad. **2.** *Fig.* Símbolo de la monarquía como institución. ◆ **tronos** s.m.pl. REL. Tercer coro de la suprema jerarquía de los ángeles. <> **Trono episcopal** Sede propia del obispo diocesano, erigida sobre tres gradas.

tronzado s.m. Operación que consiste en cortar barras, tubos metálicos o troncos, maderos, etc.

tronzador, ra adj. Que tronza: *sierra tronzadora.* ◆ s. Obrero que maneja un tronzador. ◆ s.m. Sierra o máquina para cortar, partir o tronzar.

tronzar v.tr. Dividir en trozos.

tropa s.f. (fr. *troupe*). Conjunto de soldados, especialmente los de los ejércitos de Tierra y Aire. (Pertenecen a la tropa los militares sin grado [soldados rasos] o con grado de soldado de primera, cabo o cabo primero.) **2.** Conjunto de militares o de gente armada y organizada para la lucha en la guerra: *tropa de combate.* **3.** Multitud o reunión de gran número de personas o animales, especialmente si causan alboroto. **4.** Gente despreciable y de poca monta. **5.** Amér. Merid. Recua de ganado. **6.** Argent. y Urug. Manada de ganado que se lleva de un lugar a otro. <> **Clase de tropa** Denominación genérica de los soldados, cabos y cabos primeros. **Tropa ligera** Tropa organizada para maniobrar y combatir en orden abierto e individualmente.

tropear v.intr. Argent. Manejar manadas de ganado.

tropel s.m. Conjunto numeroso de gente que se mueve con desorden y gran ruido. **2.** Manada de ganado en movimiento. **3.** Conjunto revuelto y desordenado de cosas. **4.** MIL. Partida o pequeño grupo separado de un ejército. <> **De,** o **en, tropel** De forma acelerada y confusa; yendo muchos juntos, sin orden y confusamente.

tropelía s.f. (del gr. *eytrapelía,* agilidad). Acto violento o ilegal cometido con abuso de autoridad o poder.

tropero s.m. Argent. y Urug. Persona encargada de guiar tropas, carretas o ganado vacuno.

tropezar v.intr. (del ant. *entropeçar,* del lat. *interpedire*) [conj.: *empezar*]. Topar en algún obstáculo al caminar, perdiendo el equilibrio. **2.** Encontrar un obstáculo o dificultad que impide avanzar o detiene en un intento: *tropezar con serias dificultades.* ◆ v.intr. y prnl. *Fig.* y *fam.* Encontrar casualmente una persona a otra: *tropezar con alguien.*

tropezón s.m. Acción de tropezar. **2.** Tropiezo, falta o equivocación. **3.** *Fig.* y *fam.* Trozo pequeño de algún alimento que se mezcla con la sopa, el caldo u otro guiso. (Suele usarse en plural.) <> **A tropezones** Por impulsos, sin continuidad y, por lo tanto, con dificultad.

tropical adj. Relativo al trópico. **2.** Típico de la zona comprendida entre los trópicos: *fruto tropical.* <> **Clima tropical** Clima típico de ciertas regiones tropicales, marcado por el claro contraste entre una larga estación seca, el invierno, y una estación de lluvias, el verano. **Países tropicales,** o **intertropicales** Regiones situadas aproximadamente entre los dos trópicos. (Se trata de regiones cálidas y sin contrastes térmicos violentos, pero con contrastes pluviométricos muy claros.)

tropicalización s.f. Preparación de una sustancia o de un material para hacerlos insensibles o poco sensibles a la acción del clima tropical, y en particular al enmohecimiento o corrosión. **2.** METAL. Tratamiento de pasivación para piezas de acero previamente recubiertas de cinc o de cadmio.

trópico, a s.m. (lat. *tropicus*). Cada uno de los círculos menores de la esfera terrestre de latitudes + y –23 ° 27' que delimitan la zona en la que el Sol pasa dos veces por año por el cenit de cada lugar. (El del hemisferio norte es el *trópico de Cáncer* y el del hemisferio sur el *trópico de Capricornio.*) **2.** Región comprendida entre estos dos círculos o paralelos ◆ adj. Que se refiere a la posición exacta del equinoccio, y, como consecuencia, al instante de los solsticios, donde el Sol, en su movimiento propio, atraviesa a uno u otro de los trópicos. **2.** Se dice de las plantas que abren y cierran diariamente sus flores a distinta hora, según cierta fotoperiodicidad. ◆ **trópicos** s.m.pl. Región intertropical.

tropiezo s.m. Estorbo o impedimento para realizar o lograr algo. **2.** *Fig.* Falta, equivocación, error. **3.** Contratiempo.

tropilla s.f. Argent. Conjunto de yeguarizos guiados por una madrina.

tropismo s.m. BIOL. Orientación de crecimiento de plantas y animales sésiles, bajo la influencia de un estímulo exterior, como el fototropismo, el geotropismo, etc.

tropo s.m. (lat. *tropus*). En la música medieval, amplificación de un canto litúrgico por medio de adiciones o sustituciones. **2.** RET. Figura que consiste en usar una palabra en un significado no habitual, como la metáfora, la metonimia y la sinécdoque.

tropopausa s.f. Superficie ideal que limita la troposfera y marca el principio de la estratosfera.

troposfera s.f. Capa atmosférica que se extiende desde la superficie del globo hasta la base de la estratosfera, extendiéndose hasta una altitud de unos 12 km aproximadamente.

troquel s.m. Matriz o molde metálico empleado en las operaciones de acuñación o de estampado. **2.** Cuchilla para cortar, en una prensa adecuada, piezas de distintas formas, de cuero, cartón, chapa, etc.

troquelado s.m. Acción de troquelar.

troquelar v.tr. Dar forma con el troquel.

troqueo s.m. (lat. *trochaeus*). Pie de la métrica griega y latina, formado por una sílaba larga y una breve.

troquílido, a adj. y s.m. Relativo a una familia de aves diminutas, con pico y lengua adaptados para extraer el néctar de las flores.

troquillón s.m. Elemento constitutivo de la madeja.

troquín s.m. ANAT. Tuberosidad menor de la epífisis superior del húmero.

troquiter s.m. ANAT. Gran tuberosidad de la epífisis superior del húmero.

trotacalles s.m. y f. (pl. *trotacalles*). *Fam.* Persona ociosa y callejera.

trotaconventos s.f. (pl. *trotaconventos*). *Fam.* Alcahueta.

trotador, ra adj. Se dice de la caballería que trota bien o mucho.

trotamundos adj. y s.m. y f. (pl. *trotamundos*). Persona aficionada a viajar.

trotar v.intr. (del alto alem. ant. *trottôn*). Ir una caballería al trote. **2.** Montar un caballo que va al trote. **3.** *Fig.* y *fam.* Andar deprisa.

trote s.m. Manera de andar, entre el paso y el galope, del caballo y otros cuadrúpedos. (Consiste en dar pequeños saltos e ir levantando a la vez el pie de un lado y la mano del lado contrario.) **2.** *Fig.* Ocupación, trabajo o actividad muy intensa. <> **Al,** o **a, trote** *Fam.* Muy de prisa, de manera acelerada y sin descanso. **De mucho trote** *Fam.* Muy fuerte, que resiste mucho. **Para todo trote** *Fam.* Para uso diario y continuo.

trotón, na adj. Se dice de las caballerías cuyo paso ordinario es el trote. ◆ s.m. y adj. Caballo media sangre, seleccionado por su velocidad al trote.

trotskismo s.m. Doctrina política desarrollada por Trotski.

trotskista adj. y s.m. y f. Relativo a Trotski o al trotskismo; partidario de esta doctrina.

troupe s.f. (voz francesa). Compañía ambulante de teatro o de circo.

trova s.f. Composición métrica escrita generalmente para ser cantada. **2.** Canción amorosa compuesta o cantada por los trovadores. **3.** Verso. **4.** Composición métrica formada a imitación de otra, siguiendo su método, estilo o consonancia.

trovador s.m. Poeta provenzal de los ss. XII y XIII. **2.** En lenguaje literario y poético, poeta.

trovadoresco, a adj. De los trovadores.

trovar v.intr. (occitano ant. *trobar*). Hacer versos. **2.** Componer trovas.

trovero s.m. (fr. *trouvère*). Poeta lírico en lengua de oíl.

troyano, a adj. y s. De Troya. <> **Planeta troyano** Cada uno de los 15 asteroides que poseen unas duraciones de revolución muy poco diferentes a la de Júpiter y forman sensiblemente un triángulo equilátero con este gran planeta y el Sol.

troza s.f. Tronco aserrado por los extremos. **2.** MAR. Sistema de suspensión de las vergas, por el que estas pueden girar alrededor de un plano horizontal y de un plano vertical.

trozar v.tr. Aserrar los troncos para obtener trozas. **2.** MAR. Tesar la troza.

trozo s.m. Parte o porción de una cosa separada del todo: *un trozo de papel.*

trucaje s.m. Acción de trucar. **2.** Técnica que permite obtener efectos especiales manipulando las imágenes filmadas.

trucar v.tr. Marcar las cartas para hacer trampas en los juegos de naipes, o hacer trucos en el juego de billar. **2.** Falsificar, falsear. **3.** Retocar el motor de un automóvil o una motocicleta para aumentar su potencia.

1. **trucha** s.f. (lat. tardío *tructa*). Pez de carne fina y apreciada del que existen dos especies en Europa: la trucha común *(Salmo trutta)* del Atlántico y la trucha arco iris *(Salmo irideus)*, originaria del oeste de Norteamérica. (Las truchas de lago y de río son variedades sedentarias de la trucha de mar; la trucha con carne rosada se llama *asalmonada.*)

2. **trucha** s.f. Amér. Central. Puesto o pequeña tienda, generalmente portátil, de mercería.

truchero, a adj. Relativo a la trucha.

trucho, a adj. Argent. y Urug. *Fam.* Falso.

truchuela s.f. Bacalao curado más delgado que el común.

truco s.m. Procedimiento ingenioso o hábil para conseguir algo. **2.** Ilusión, apariencia engañosa hecha con arte: *trucos de prestidigitación.* **3.** Lance del juego del billar que consiste en pegar con la bola propia la del contrario y lanzarla por una tronera o por encima de la barandilla. **4.** Argent. Juego de naipes, variedad de truque. <> **Coger el truco** Descubrir la manera de hacer algo o adquirir la habilidad necesaria para hacerlo.

truculencia s.f. Cualidad de truculento.

truculento, a adj. (lat. *truculentus,* amenazador). Que exagera la crueldad o el dramatismo.

trueno s.m. Ruido del rayo, producido por la descarga eléctrica de la que el relámpago es la manifestación luminosa. **2.** Ruido semejante al del rayo: *el trueno de los cañones.* **3.** Petardo, cohete ruidoso.

trueque s.m. Acción de trocar. **2.** Intercambio directo de bienes y servicios sin mediación del dinero. <> **A,** o **en, trueque** A cambio de algo que se da o se hace.

trufa s.f. (occitano ant. *trufa*). Hongo comestible y muy apreciado, de forma redonda y de color pardo o negruzco por fuera y blanco o marrón por dentro, que crece bajo tierra en los bosques de encinas y robles. **2.** Crema hecha con chocolate y mantequilla, muy usada en repostería. **3.** Dulce hecho con esta crema y espolvoreada con polvo de cacao, con forma de pequeña bola. <> **Trufa de león** Trufa que puede alcanzar el tamaño de una naranja, común en el N de África y S de la península Ibérica. **Trufa de Périgord,** o **violeta** Trufa de color negro y rojizo, con verrugas poligonales, y olor y sabor de fresa, considerada como la más apreciada.

trufar v.tr. Rellenar o aderezar con trufas.

truhan, na adj. y s. (fr. *truand*). Granuja, que vive de engaños y estafas. **2.** Que con bufonadas, bromas, gestos o cuentos divierte a otros.

truhanería s.f. Acción propia del truhan. SIN.: *truhanada.*

trujamán, na s. (ár. *turğumân*). Intérprete.

trumao s.m. Chile. Tierra arenisca muy fina procedente de rocas volcánicas.

truncado, a adj. Se dice del poliedro al que se ha sustituido una arista o un vértice por un plano. <> **Cono truncado** Tronco de cono. **Pirámide truncada** Tronco de pirámide.

truncadura s.f. MINER. Sustitución de una arista o un vértice de un cristal por una cara.

truncar v.tr. (lat. *truncare*). Cortar una parte de una cosa. **2.** *Fig.* Dejar incompleto el sentido de lo que se escribe o lee, u omitir frases o pasajes de un texto. **3.** *Fig.* Impedir que algo llegue a desarrollarse o realizarse completamente: *truncar las ilusiones.*

trupial s.m. Ave de América Central, América del Norte y las Antillas, de formas ágiles y plumaje de vivos colores. (Familia ictéridos.)

truque s.m. (cat. *truc*). Juego de envite entre varios jugadores a los que se reparten tres cartas, que van jugando de una a una, y llevándose la baza el que echa la carta mayor.

trusa s.f. (fr. *trousse*). Méx. y Perú. Calzoncillos. (Se usa también en plural.) **2.** Méx. Calzón, prenda interior masculina. **3.** Perú. Calzón, prenda interior femenina. (Se usa también en plural para referirse a una sola prenda.)

trust s.m. (pl. *trusts* o *trustes*). Combinación económica y financiera que reúne bajo un mismo control un grupo de empresas.

tse-tse s.f. Mosca africana del género *Glossina.* que se alimenta exclusivamente de sangre y que interviene como transmisora de la enfermedad del sueño.

TSH, sigla de **telegrafía sin hilos.*

t-shirt s.m. Tee-shirt.

tsonga o **thonga,** pueblo bantú de Mozambique.

tsunami s.m. (voz japonesa). Ola oceánica gigante generada por un plegamiento, una erupción o un sismo submarino. (Puede llegar a alcanzar 20 m de alt. y recorrer distancias considerables, devastando zonas costeras situadas a miles de kilómetros de su origen.)

tsutuhil, zutuhil o **atiteca,** pueblo amerindio maya de Guatemala.

tswana o **setswana,** pueblo bantú de Botswana y la República de Sudáfrica.

tu adj. (lat. *tuus, -a, -um*). Forma átona del adjetivo posesivo de la 2ª persona del singular que se usa cuando va antepuesto al nombre. Indica que la persona, animal o cosa designados por el nombre al que precede pertenecen al receptor en un acto de comunicación (son de su propiedad, tienen un parentesco con él, están asociados a él, etc.): *tu casa; tu padre.*

tú pron.pers. (lat. *tu*) [pl. *vosotros, vosotras*]. Forma tónica de la 2ª persona masculina y femenina del singular. Designa al receptor en un acto de comunicación. Funciona como sujeto o como predicado nominal: *tú lo has dicho; él es más alto que tú; ¡oye, tú!* <> **Hablar,** o **tratar, de tú** Tutear a alguien.

tuareg adj. y s.m. y f. (del ár. de los beduinos del norte sahariano *tawāreg*). De un pueblo nómada, de lengua bereber y de religión musulmana. ◆ s.m. Lengua bereber hablada por los tuareg.

tuareg

Se dividen en dos grupos, los *tuareg saharianos* (S argelino) y los *tuareg sahelianos* (regiones septentrionales del Sahel de Malí y del Níger). Inventaron un alfabeto para transcribir su lengua, el tifinagh. Formaron confederaciones que se resistieron durante largo tiempo a la colonización, gracias a sus prácticas nómadas y guerreras (razzia).

tuátara s.m. Reptil oceánico, único representante vivo de los rincocéfalos.

tuatuá s.f. Cuba y P. Rico. Planta ornamental de propiedades medicinales. (Familia euforbiáceas.)

tuba s.f. (ital. *tuba*). Instrumento musical de viento, de cobre, de la familia de los bombardinos.

tuberal adj. y s.m. Relativo a un orden de hongos ascomicetes, como la trufa.

tuberculina s.f. Líquido obtenido a partir de cultivos del bacilo de Koch, y destinado al diagnóstico de la tuberculosis.

tuberculinización s.f. Acción de inyectar tuberculina, como medio de diagnóstico.

tuberculización s.f. MED. Formación de un tubérculo en el curso de la tuberculosis.

tubérculo s.m. (lat. *tuberculum*). Parte engrosada de una parte cualquiera de una planta, especialmente de un tallo subterráneo, como la papa, la chufa, etc. **2.** ANAT. Superficie redondeada de los molares trituradores. **3.** PATOL. Tumor redondeado pequeño del interior de los tejidos, característico de la tuberculosis. ◇ **Tubérculos bigéminos,** o **cuadrigéminos** Eminencias de la cara dorsal del mesencéfalo.

tuberculosis s.f. Enfermedad infectocontagiosa, producida por el bacilo de Koch y caracterizada por la formación de tubérculos en diversos órganos: pulmones, vértebras (mal de Pott), riñones, piel (lupus tuberculoso), meninges (meningitis tuberculosa) e intestinos.

tuberculosis

La evolución de la tuberculosis es, por lo general, regresiva, pero en algunos casos, a partir del foco inicial, pueden desarrollarse con el tiempo lesiones tuberculosas generalizadas o localizadas. La tuberculosis pulmonar es la más frecuente de las localizaciones y se manifiesta con fiebre, fatiga, adelgazamiento, tos y hemoptisis. En las imágenes radiológicas se descubren nódulos, infiltraciones y cavernas. Todas las tuberculosis son tratadas actualmente con medicamentos como la estreptomicina, la isoniacida, la rifampicina, etc. La prevención de la tuberculosis se consigue con la vacuna BCG.

tuberculoso, a adj. Relativo al tubérculo o a la tuberculosis. **2.** De forma o aspecto de tubérculo: *raíz tuberculosa.* ◆ adj. y s. Que padece tuberculosis.

tubería s.f. Tubo o conjunto de tubos que sirve para conducir un fluido o un producto pulverulento en una instalación.

tuberización s.f. Transformación en tubérculos o en seudobulbos de la parte inferior del tallo o de los órganos radiculares de ciertos vegetales.

tuberizado, a adj. BOT. Que forma un tubérculo.

tuberosidad s.f. ANAT. **a.** Protuberancia de un hueso para inserciones musculares o ligamentosas. **b.** Cada una de las partes abultadas de las dos extremidades del estómago.

tuberoso, a adj. Que tiene tuberosidades.

tubícola adj. ZOOL. Se aplica al gusano que vive en un tubo que él mismo construye.

tubo s.m. (lat. *tubus*). Elemento de sección constante en una conducción, utilizado para la circulación de un fluido o de un producto pulverulento: *tubo de calefacción; tubo de desagüe.* **2.** Recipiente alargado de forma cilíndrica hecho de una materia maleable: *tubo de crema.* **3.** Cañón de una boca de fuego. **4.** Tallo hueco del trigo y de ciertas plantas. **5.** ANAT. Conducto natural: *tubo digestivo.* **6.** BOT. Parte inferior y tubular de los cálices o las corolas gamopétalas. ◇ **Mandar a alguien por un tubo** Méx. *Fam.* Despedirlo de mala manera, apartarse de él definitivamente y con enojo: *¡mándalo por un tubo! Es un grosero.* **Pegar con tubo** Méx. *Fam.* Tener mucho éxito: *pegó con tubo la obra de teatro.* **Tubo acústico** Tubo que produce un sonido cuando la columna de aire que encierra entra en vibración. **Tubo criboso** Vaso por donde circula la savia elaborada. **Tubo de aletas** Elemento de una máquina constituido por un tubo metálico provisto de placas longitudinales o discos transversales. **Tubo de Crookes,** o **de descarga** Tubo lleno de un gas muy enrarecido, en el que se produce una descarga de electrones desde el cátodo al ánodo. **Tubo de ensayo** Tubo de cristal que sirve para efectuar reacciones químicas en pequeñas cantidades. **Tubo de escape** Tubo que sirve para evacuar los gases quemados y en el que va montado el silenciador. **Tubo de humos** Tubo dispuesto para el paso del humo al final de un cañón de chimenea. **Tubo de Malpighi** Órgano excretor de los insectos y miriápodos. **Tubo de ondas progresivas** Tubo electrónico que permite controlar y amplificar ondas de frecuencia muy elevada. **Tubo de Pitot,** o **de Darcy** Instrumento ideado por Pitot y perfeccionado por Darcy, que sirve para medir el caudal de las corrientes de agua. **Tubo de rayos X** Tubo de descarga que emite rayos X. **Tubo electrónico** Componente electrónico formado por una ampolla que contiene un vacío suficiente *(tubo de vacío)* o un gas ionizado *(tubo de gas)* y dos o varios electrodos que emiten y captan haces de electrones o modifican el movimiento. **Tubo lanzatorpedos** Tubo metálico que sirve para lanzar un torpedo en una dirección determinada.

tubu o **tibu,** grupo político y religioso, que agrupa elementos de varios pueblos musulmanes y que lleva una vida nómada en el Ayr y en el Tibesti principalmente.

tubulado, a adj. Provisto de uno o varios tubos. **2.** Tubular.

tubuladura s.f. Orificio practicado en una de las paredes de un depósito o conducción, que permite la salida de un fluido al exterior.

tubular adj. Relativo al tubo. **2.** Que tiene forma de tubo. **3.** Relativo a los túbulos renales. **4.** Se dice de una caldera en la que la circulación del fluido o del agua se efectúa por tubos que ofrecen una extensa superficie de calefacción. ◆ adj. y s.m. Se dice de un neumático especial de bicicleta de carreras.

túbulo s.m. Tubo pequeño, especialmente los del riñón y los testículos.

tubuloso, a adj. Tubular, en forma de tubo.

tucán s.m. (tupí-guaraní *tuka, tukana*). Ave trepadora de América tropical, con el plumaje vivamente coloreado y pico voluminoso.

tucano, pueblo amerindio de la Amazonia, en la zona fronteriza entre Colombia, Perú y Brasil.

1. **tuco** s.m. Argent., Chile y Urug. Salsa de tomate cocida con cebolla, orégano, perejil, ají, etc., con la que se acompañan diversos platos, especialmente pastas.

2. **tuco, a** adj. Bol., Ecuad. y P. Rico. Manco. ◆ s.m. Amér. Central, Ecuad. y P. Rico. Muñón. **2.** Argent. Insecto parecido al cocuyo, con fosforescencia en el abdomen. **3.** Perú. Especie de búho.

tucoror, pueblo del valle del Senegal, islamizado desde el s. XI.

tucuirico s.m. En las Indias españolas, funcionario que nombraba a los alcaldes y regidores de indios.

tucumá s.m. Palmera de la cuenca del Orinoco y del Amazonas, de la que se obtiene una fibra textil, y de cuyo fruto se extrae un aceite. (Familia palmáceas.)

tucumano, a adj. y s. De Tucumán.

tucúquere s.m. Chile. Pájaro estrígido de gran tamaño, similar al búho.

tucuso s.m. Venez. Chupaflor, especie de colibrí.

tucutuco s.m. Mamífero roedor, de unos 22 cm de long., de costumbres nocturnas, que vive en América del Sur desde Brasil al Cabo de Hornos.

tudesco, a adj. y s. Alemán. ◆ s.m. Durante la guerra de Sucesión de España (1700-1714), defensor de los derechos del archiduque Carlos de Austria al trono español.

tueco s.m. Oquedad en la madera producida por la carcoma o insectos xilófagos. **2.** Tocón del árbol.

tuerca s.f. Pieza de metal, madera, etc., perforada con un agujero cilíndrico labrado por un surco helicoidal para recibir el vástago fileteado de un perno o de un tornillo.

tuerto, a adj. y s. Falto de un ojo o de la vista de un ojo. ◆ s.m. Agravio, injusticia, atropello.

tueste s.m. Acción de tostar, especialmente el café. **2.** Resultado de tostar.

tuétano s.m. Médula, sustancia blanda que ocupa los conductos medulares de los huesos. **2.** *Fig.* Meollo, fondo de algo: *llegar al tuétano de un asunto.* ◇ **Hasta el tuétano,** o **los tuétanos** *Fam.* Hasta lo más íntimo o profundo de algo.

tufarada s.f. Olor fuerte que se percibe de pronto.

1. **tufo** s.m. (lat. vulg. *tufus*). Emanación gaseosa que se desprende de las fermentaciones y de las combustiones imperfectas. **2.** *Fam.* Olor desagradable. **3.** *Fig.* y *fam.* Vanidad, orgullo. (Suele usarse en plural.) **4.** Gas carbónico procedente de la fermentación vínica.

2. **tufo** s.m. (fr. *touffe*). Mechón de pelo que cae por delante de las orejas o de la frente.

3. **tufo** s.m. Toba, piedra caliza.

tugurio s.m. (lat. *tugurium*). Vivienda, habitación o establecimiento miserable y pequeño.

tuit s.m. (del ingl. *tweet,* pío). Texto escrito en la red social Twitter. SIN.: *tuiteo.*

tuitear v.tr. e intr. (del ingl. *to tweet,* piar). Escribir un texto en la red social Twitter.

tuitero, a adj. Relativo a la red social Twitter. ◆ s. Persona que tuitea regularmente.

tuiteo s.m. (del ingl. *tweet,* pío). Texto escrito en la red social Twitter. **2.** Acción de tuitear.

tul s.m. (fr. *tulle,* de *Tulle,* ciudad del Lemosín). Tela delgada que forma malla, generalmente en octágonos, tejida con hilos muy finos de seda, algodón o lino.

tularemia s.f. Enfermedad infecciosa debida a un microbio específico *(Pasteurella tularensis),* epidémica en la liebre y transmisible al ser humano.

tule s.m. Méx. Planta herbácea de la familia de las ciperáceas, o de las tifáceas, de tallos largos y erectos, que crecen a la orilla de ríos y lagos, y cuyas hojas se emplean para hacer petates.

tulenco, a adj. Amér. Central. Cojo, lisiado.

tulio s.m. Metal del grupo de los lantánidos. **2.** Elemento químico (Tm), de número atómico 69 y masa atómica 168,934.

tulipa s.f. Pantalla de forma parecida a la de un tulipán, que se pone en algunas lámparas. **2.** Tulipán pequeño.

tulipán s.m. (fr. ant. *tulipan*). Planta liliácea bulbosa, de bellas flores ornamentales, cuyo cultivo está muy extendido en Países Bajos. **2.** Flor de esta planta.

tullido, a adj. y s. (del ant. *tollido,* p. del verbo *toller,* quitar, del lat. *tollere,* levantar, sacar). Paralítico o imposibilitado para mover algún miembro.

tullir v.tr. [conj.: *engullir*]. Dejar tullido a alguien. ◆ **tullirse** v.prnl. Perder el movimiento del cuerpo o de uno de sus miembros.

tulpa s.f. Colomb., Ecuad. y Perú. Piedra de las que forman el fogón de las cocinas campesinas.

1. **tumba** s.f. (lat. tardío *tumba,* del gr. *túmbos,* túmulo, montón de tierra). Sepulcro, sepultura. **2.** *Fig.* Persona que sabe guardar bien un secreto. ◇ **A tumba abierta** En las pruebas de ciclismo en carretera, descenso de los corredores a gran velocidad.

2. **tumba** s.f. Tumbo, sacudida violenta. **2.** Voltereta. **3.** Danza típica de Colombia, considerada a mediados del s. XIX como la principal danza nacional. **4.** Antillas y Colomb. Operación de cortar o talar un monte o bosque.

tumbado s.m. Colomb. y Ecuad. En las habitaciones, cielo raso.

tumbaga s.f. (malayo *tambāga,* cobre). Aleación de oro y cobre, muy quebradiza, que se emplea en joyería.

tumbar v.tr. (de *¡tumb!,* voz onomatopéyica del ruido de un objeto al caer). Hacer caer a alguien o algo que estaba en pie de manera que quede tendido o en posición horizontal. **2.** *Fig.* y *fam.* Quitar el sentido algo que ha producido una impresión muy fuerte. **3.** Esp. *Fig.* y *fam.* Suspender a alguien en un examen, prueba, ejercicio, etc. **4.** MAR. Inclinar una embarcación para descubrir el costado hasta la quilla a fin de repararla. ◆ **tumbarse** v.prnl. *Fam.* Acostarse, tenderse.

tumbillo s.m. Colomb. Recipiente hecho de calabaza.

tumbo s.m. Sacudida o vaivén violento. **2.** TAUROM. Caída del caballo y el picador. ◇ **Dando tumbos** Dando traspiés o tropezones; con obstáculos o dificultades.

tumbona s.f. Silla extensible y articulada, que puede disponerse en forma de canapé.

tumefacción s.f. MED. Aumento del tamaño de una estructura, sea cual sea su naturaleza.

tumefacto, a adj. Hinchado.

tumescencia s.f. Estado de un órgano que se hincha en el transcurso de ciertas funciones fisiológicas. SIN.: *turgencia.*

tumescente adj. Se dice de un órgano tumefacto o hinchado.

tumor s.m. (lat. *tumor, -oris*). Aumento patológico del volumen de los tejidos o de un órgano, debido a una proliferación celular que forma un nuevo tejido (neoplasia).

tumoración s.f. Tumor.

tumulario, a adj. Relativo al túmulo: *piedras tumulares.*

túmulo s.m. (lat. *tumulus*). Sepulcro levantado sobre el suelo. **2.** Acumulación artificial de tierra o de piedras, generalmente de forma cónica, con que se cubría una tumba en las edades del bronce y del hierro. **3.** Armazón recubierta de paños fúnebres, sobre la que se coloca el ataúd y que se erige para la celebración de las exequias de un difunto.

tumulto s.m. (lat. *tumultus, -us*). Alboroto producido por una multitud. **2.** Agitación ruidosa y desordenada.

tumultuar v.tr. y prnl. [conj.: *actuar*]. Provocar tumultos.

tumultuoso, a adj. Que causa tumultos. **2.** Desordenado, alborotado. SIN.: *tumultuario.*

tun s.m. Unidad del sistema vigesimal y calendárico maya.

1. **tuna** s.f. (del ant. argot fr. *tune,* mendicidad, de *Roi de Thunes,* jefe de los vagabundos franceses). Estudiantina. **2.** Vida vagabunda.

2. **tuna** s.f. (voz taína). Nopal. **2.** Fruto de este árbol.

tunantada s.f. Acción propia de tunante.

tunante, a adj. y s. Granuja, pícaro, astuto.

tunantería s.f. Cualidad de tunante. **2.** Tunantada.

tunar v.intr. Vivir como un vagabundo.

tunco, a adj. Guat., Hond. y Méx. Se dice de la persona manca o lisiada. ◆ s.m. Hond. y Méx. Cerdo, puerco.

1. **tunda** s.f. Tundido.

2. **tunda** s.f. *Fam.* Paliza, serie de golpes, azotes, etc. **2.** *Fig.* Esfuerzo que produce agotamiento.

tundear v.tr. Dar una tunda o paliza.

tundido s.m. Acción de tundir los paños y pieles. SIN.: *tunda, tundición, tundidura.*

tundidora s.f. Máquina para tundir paños o telas de lana y tejidos de algodón.

1. **tundir** v.tr. *Fam.* Dar golpes, azotes, etc.

2. **tundir** v.tr. (lat. *tondere*). Cortar o igualar el pelo de los paños y pieles.

tundizno s.m. Borra o pelo que se saca de los paños al tundirlos.

tundra s.f. (voz finlandesa). En las regiones de clima frío, formación vegetal discontinua, que comprende gramíneas, líquenes y algunos árboles enanos (abedules).

1. **tunear** v.intr. (de *tuno*). Hacer cosas de tuno o pícaro o proceder como tal. SIN.: *tunantear.*

2. **tunear** s.m. (del ingl. *tunning*). Esp. Practicar el tuning.

tunecí adj. y s.m. y f. Tunecino.

tunecino, na adj. y s. De Tunicia o de Túnez. ◆ s.m. Dialecto árabe mogrebí hablado en Tunicia.

túnel s.m. (ingl. *tunnel*). Galería subterránea que se abre para dar paso a una vía de comunicación. ◇ **Efecto túnel** En mecánica cuántica, probabilidad no nula que tiene un cuerpo de sobrepasar una barrera de potencial aunque su energía cinética sea inferior a la altura máxima de esta. **Túnel aerodinámico** Dispositivo experimental que permite hacer circular el aire a gran velocidad alrededor de una maqueta, para estudiar su comportamiento.

tunería s.f. Cualidad de tunante o pícaro.

tungsteno s.m. (sueco *tungsten,* de *tung,* pesado, y *sten,* piedra). Metal de color blanco plateado, de densidad 19,3, cuyo punto de fusión es de 3 410 °C. **2.** Elemento químico (W), de número atómico 74 y masa atómica 183,84. (Se utiliza para fabricar los filamentos de las lámparas incandescentes. La denominación antigua era *volframio* o *wolframio.*)

tungús adj. y s.m. y f. De un pueblo del E de Asia, diseminado por toda Siberia oriental, del Yeniséi al Pacífico (Rusia y NE de China). ◆ s.m. Lengua emparentada con el turco y el mongol, hablada por los tungús.

túnica s.f. (lat. *tunica*). Vestidura en forma de camisa, bastante larga y generalmente sin mangas, usada por numerosos pueblos de la antigüedad. **2.** Vestidura de lana que usan los religiosos bajo el hábito. **3.** Vestido holgado y largo, parecido a la túnica antigua. **4.** ANAT. Nombre de diversas membranas que envuelven algunas partes del cuerpo. **5.** BOT. Envoltura adherente de un bulbo.

tunicado, a adj. y s.m. Relativo a un subtipo de animales invertebrados marinos con el cuerpo en forma de saco envuelto en una túnica y dotados de aberturas branquiales que les sirven para respirar y alimentarse.

tuning s.m. (voz inglesa, de tune, adaptar). Esp. Modificación del aspecto y las características técnicas de un automóvil para hacerlo exclusivo y personalizarlo.

tuno, a adj. y s. Tunante. ◆ s.m. Estudiante que forma parte de una tuna.

tuntún (voz de creación expresiva). **Al (buen) tuntún** *Fam.* Sin cálculo ni reflexión; sin conocimiento del asunto de que se trata.

tuntunita s.f. Colomb. Repetición molesta y fastidiosa.

tupa s.f. Arbusto o planta herbácea de América tropical, de gran tamaño, que segrega un jugo lechoso y tóxico, y se cultiva en jardinería. (Familia campanuláceas.)

tupé s.m. (fr. *toupet*). Copete, mechón o rizo de cabello sobre la frente. **2.** *Fig.* y *fam.* Atrevimiento, desfachatez.

tupí adj. y s.m. y f. Tupí-guaraní.

tupición s.f. Amér. Confusión, turbación. **2.** Bol. Espesura, vegetación densa. **3.** Chile. Gran cantidad de algo.

tupido, a adj. Se dice del conjunto de cosas, elementos, etc., que están muy juntos: *follaje tupido.* **2.** *Fig.* Obtuso, torpe: *olfato tupido; mente tupida.* **3.** Argent., Méx. y Urug. Abundante, copioso: *lluvia tupida.*

tupí-guaraní adj. y s.m. y f. De una familia lingüística y cultural amerindia, que comprende diversos grupos extendidos por Paraguay y Brasil, a lo largo de la costa atlántica y de la cuenca del Amazonas.

tupí-guaraní

En la familia tupí-guaraní se distinguen diversos grupos: a) *tupí de las Guayanas;* b) *tupí del alto Amazonas;* c) *grupo del Madeira al Tocantins;* d) *grupo del Tocantins;* e) *pueblos costeros* (tupinamba); f) *pueblos del Paraguay* y *del Chaco* (guaraníes). Los tupí emigraron desde el Paraguay y el Paraná hasta el Amazonas, y luego llegaron hasta las Guayanas, al parecer huyendo de los colonos europeos. Eran pueblos muy belicosos, y practicaban la antropofagia. Mantienen sus creencias animistas y sus ritos chamánicos, y viven de una agricultura muy primitiva, de la recolección, la caza y la pesca.

LING. El área de influencia de la lengua tupí-guaraní se extiende del Amazonas a Uruguay y del Atlántico a los Andes. En el tupí antiguo pueden distinguirse dos dialectos: el guaraní, que se hablaba en el S y ha dado lugar al guaraní moderno, tal como se habla en Paraguay; y el tupí, al E, que se convirtió en el tupí moderno. El tupí-guaraní fue utilizado por conquistadores y misioneros como lengua de evangelización y de relación con los indios. El guaraní se convirtió en la lengua de las misiones jesuíticas de Paraguay, y tuvo un gran cultivo literario; de ahí el arraigo y desarrollo de dicha lengua en ese país. La familia tupí-guaraní comprende numerosos dialectos y subdialectos.

tupinamba, grupo amerindio del litoral atlántico del bajo Amazonas (Brasil), act. extinguido.

tupir v.tr. y prnl. Hacer algo más tupido o espeso.

tupo s.m. (voz quechua). Alfiler de gran tamaño, generalmente de plata, usado por los pueblos amerindios andinos para sujetar los mantos y ponchos.

turanio s.m. Grupo hipotético de lenguas, constituido por el turco, el mongol y el tungús.

1. **turba** s.f. (fr. *tourbe*). Carbón fósil que se forma en las turberas por descomposición parcial de materias vegetales, que contiene un 60 % de carbono y resulta un combustible muy mediocre que, desprende gran cantidad de humo.

2. **turba** s.f. (lat. *turba*). Muchedumbre de gente que se manifiesta tumultuariamente.

turbación s.f. Acción y efecto de turbar o turbarse.

turbamiento s.m. Turbación.

turbamulta s.f. *Fam.* Multitud confusa y desordenada de personas o cosas.

turbante s.m. (ital. *turbante*). Tocado oriental que consiste en una larga tira de tela que se arrolla a la cabeza. **2.** Tocado femenino, de tejido flexible, ceñido a la cabeza. **3.** HERÁLD. Figura heráldica, timbre de las dignidades del Imperio otomano.

turbar v.tr. y prnl. (lat. *turbare*). Alterar o perturbar el orden o estado natural de algo, generalmente no material: *el viento turbaba las aguas; sus propósitos se turbaron.* **2.** *Fig.* Alterar el ánimo de una persona confundiéndola o aturdiéndola. **3.** *Fig.* Interrumpir de manera molesta o violenta: *su llegada turbó mi tranquilidad.*

turbelario, a adj. y s.m. Relativo a una clase de gusanos platelmintos aplanados, que viven libremente en el mar y en las aguas dulces.

turbera s.f. Yacimiento de turba. **2.** Lugar donde se deposita la turba extraída de los pantanos. **3.** Vegetación que crece en lugares encharcados.

turbidez s.f. Cualidad de turbio. ◆ **turbideces** s.f.pl. HIDROL. Conjunto de partículas finas arrastradas por un curso de agua. ◇ **Corrientes de turbidez** Corrientes debidas a la gran densidad de las aguas fangosas que resbalan sobre el fondo de un manto de agua, y que se forman en el fondo de los océanos por deslizamiento de masas inestables de lodos.

turbidímetro s.m. Instrumento que permite apreciar la turbidez de un líquido.

túrbido, a adj. Turbio.

turbina s.f. (fr. *turbine*). Máquina motriz compuesta de una rueda móvil sobre la que se aplica la energía de un fluido propulsor (agua, vapor, gas, etc.).

turbinado, a adj. HIST. NAT. En forma de peonza: *concha turbinada.*

turbinto s.m. Árbol de América meridional que suministra trementina y con cuyas bayas se elabora una agradable bebida. (Familia terebintáceas.)

turbio, a adj. (lat. *turbidus,* perturbado, confuso). Sucio o revuelto con algo que quita la transparencia natural: *aguas turbias.* **2.** *Fig.* Que parece contener algo sospechoso o delictivo: *negocio turbio.* **3.** *Fig.* Confuso o poco claro: *mirada turbia; voz turbia.*

turbión s.m. Aguacero impetuoso, con viento y de poca duración. **2.** *Fig.* Aluvión de cosas o de acontecimientos.

turbit s.m. (ár. *túrbid*). Planta trepadora cuyas raíces, largas y gruesas, se han usado como purgantes. (Familia convolvuláceas.) ◇ **Turbit mineral** Sulfato mercurial, de propiedades purgantes.

turbo s.m. Abrev. de *turbocompresor.* ◆ adj. y s.m. Se dice de un motor sobrealimentado por un turbocompresor. **2.** Se dice de un vehículo provisto de tal motor.

turboalternador s.m. Grupo generador de electricidad, compuesto de una turbina y un alternador montados sobre un mismo eje.

turbobomba s.f. Bomba centrífuga acoplada directamente a una turbina de vapor.

turbocompresor s.m. Compresor accionado por una turbina. ◇ **Turbocompresor de sobrealimentación** Órgano anexo de un motor térmico de gasolina o diésel, que fuerza la mezcla *(motor de carburación)* o el aire *(motor de inyección)* en el colector de admisión y en la válvula de admisión. (Se abrevia *turbo.*)

turbofán s.m. Turborreactor de doble flujo, que posee un índice de dilución elevado y cuyo flujo secundario se pone en movimiento por medio de un ventilador de gran diámetro.

turbohélice s.f. Turbopropulsor.

turbomáquina s.f. Aparato generador o receptor, que actúa dinámicamente sobre un fluido mediante una rueda provista de compartimientos, móvil alrededor de un eje fijo (turborreactor, turbomotor).

turbomotor s.m. Órgano de propulsión cuyo elemento esencial es una turbina de gas.

turbopropulsor s.m. Propulsor aeronáutico compuesto de una turbina de gas, que acciona una o varias hélices por medio de un reductor. SIN.: *turbohélice.*

turborreactor s.m. Turbina de gas utilizada en aeronáutica y que funciona por reacción directa en la atmósfera.

turbosoplante adj. y s.f. Se dice de la máquina soplante dotada de gran velocidad de rotación, accionada por turbina de gas o de vapor.

turbotrén s.m. Tren automotor de tracción autónoma, propulsado por turbinas de gas aeronáuticas.

turboventilador s.m. Dispositivo formado por el acoplamiento de una turbina con un ventilador.

turbulencia s.f. Cualidad de turbio o turbulento. **2.** *Fig.* Confusión, alboroto. **3.** Agitación desordenada de un fluido en movimiento turbulento. ◇ **Calle,** o **zona, de turbulencia** AERON. Disposición de los remolinos en líneas paralelas, como los que salen de los extremos de las alas de un avión.

turbulento, a adj. (lat. *turbulentus*). Turbio, mezclado. **2.** *Fig.* Agitado, alborotado: *aguas turbulentas.* **3.** *Fig.* Agitador, que promueve alborotos, disturbios, etc.: *persona turbulenta.* **4.** MEC. Se dice del movimiento de un fluido en que las partículas que constituyen las líneas de corriente no discurren siguiendo trayectorias paralelas, sino que se difunden y forman remolinos.

turca s.f. *Fam.* Borrachera.

turco, a adj. y s. De alguno de los pueblos de Asia central y oriental y de los confines orientales de Europa que hablan lenguas de la misma familia y en su mayoría están islamizados. **2.** De Turquía. **3.** Amér. Se dice de la persona de origen árabe, sirio o turco que reside en un país de América. ◆ s.m. Lengua hablada en Turquía.

turco

Los turcos son originarios del Altái, y viven act. en Turquía, Azerbaiján, Turkmenistán, Uzbekistán, Kirguizistán y China (Xinjiang). En el pasado, los principales imperios turcos fueron los de los tujue (ss. VI-VIII), los uigures (h. 745-840), los selyúcidas (ss. XI-XIII) y los otomanos, que reinaron desde principios del s. XIV hasta 1922.

turcomano, a o **turkmeno, a** adj. y s. De un pueblo turco de lengua turcomana, que vive en Turkmenistán, Afganistán e Irán.

turdetano, a adj. y s. De un ant. pueblo de la península Ibérica, descendiente de los tartesios. (Fue uno de los pueblos más cultos de la Bética y el que más rápidamente se romanizó.)

túrdido, a adj. y s.m. Relativo a una familia de aves paseriformes, como los *tordos*, los *mirlos* y los *zorzales.*

túrdulo, a adj. y s. De un pueblo de la península Ibérica, de origen ibérico, que ocupaba la zona N, y cuya capital era *Munda* (Montilla, Córdoba).

turf s.m. (voz inglesa). Pista de un hipódromo.

turgencia s.f. Cualidad de turgente. **2.** BOT. Estado normal de rigidez de los tejidos vegetales vivos. **3.** MED. Tumescencia.

turgente adj. (lat. *turgens, -entis*). Hinchado, en estado de turgencia.

túrgido, a adj. (lat. *turgidus*). *Poét.* Turgente.

turiferario s.m. CATOL. Clérigo encargado de llevar el incensario. SIN.: *turibulario.*

turión s.m. (lat. *turio, -onis*). BOT. Vástago tierno, como el de los espárragos.

turismo s.m. Actividad recreativa de viajar por placer: *hacer turismo.* **2.** Afición a viajar o recorrer un país o lugar por placer: *viajar por turismo.* **3.** Conjunto de actividades relacionadas con este tipo de viajes. **4.** Conjunto de personas que hacen ese tipo de viajes. **5.** Automóvil utilitario de uso particular.

turista s.m. y f. Persona que viaja por turismo. ◇ **Clase turista** Tarifa reducida aplicada a ciertos servicios de transporte.

turístico, a adj. Relativo al turismo.

turkmeno, a adj. y s. → **turcomano**

turma s.f. Hongo ascomicete comestible, muy apreciado, que crece en la península Ibérica. (Familia tuberáceas.) **2.** *Poét.* Testículo. **3.** Colomb. Planta apocinácea de aplicaciones medicinales.

turmalina s.f. (fr. *tourmaline*). Borosilicato natural de aluminio, de coloración variada, que forma prismas alargados y puede ser utilizado como polarizador y analizador. **2.** Piedra fina de color rojo, azul, verde, marrón, etc. SIN.: *esmeralda de Brasil.*

turmódigos, pueblo prerromano de la península Ibérica, que habitaba en el N de la prov. de Burgos, entre La Bureba y el río Odra.

turnar v.intr. y prnl. (fr. *tourner*). Alternar o establecer un turno con otras personas en la realización de algo. ◆ v.tr. Méx. Remitir un asunto, expediente, etc., un funcionario o empleado gubernamental a otro.

turnedó o **tournedós** s.m. (fr. *tournedos*). Filete de solomillo de vacuno.

turno s.m. Orden por el que se alternan varias personas en una actividad: *establecer un turno de trabajo.* **2.** Momento u ocasión en que a una persona le corresponde hacer, dar o recibir una cosa: *esperar el turno de hablar.* **3.** División de la jornada de trabajo de veinticuatro horas en períodos de trabajo. **4.** Conjunto de los obreros o empleados que trabajan al mismo tiempo en una empresa. ◇ **De turno** Se dice de la persona o establecimiento público asistencial a quien toca prestar servicio en un determinado momento.

turolense adj. y s.m. y f. De Teruel.

turón s.m. Mamífero carnívoro, de 40 cm de long. sin la cola, cuerpo alargado muy flexible, patas cortas y cabeza pequeña que, al ser atacado, segrega un líquido hediondo, y cuya piel, de color pardo oscuro, es muy estimada. (Familia mustélidos.)

turquesa s.f. Fosfato alumínico básico de cobre hidratado que constituye una piedra preciosa de color azul cielo o azul verde, opaca o transparente. ◆ adj. y s.m. Relativo al color azul verdoso.

turquí adj. y s.m. Relativo al color azul añil. ◇ **Mármol turquí** Variedad de mármol azul, veteado de blanco.

turro, a adj. y s. Argent. y Urug. Se dice de la persona desvergonzada y de malas intenciones.

turrón s.m. Dulce a base de almendras, piñones, avellanas o nueces, tostado y mezclado con miel o azúcar.

turronería s.f. Establecimiento donde se venden turrones.

turulato, a adj. (voz de creación expresiva). *Fam.* Pasmado, estupefacto, alelado.

tusa s.f. Amér. Gente insignificante o despreciable. **2.** Argent. Acción y efecto de tusar. **3.** Argent. y Chile. Crines del caballo. **4.** Bol., Colomb. y Venez. Mazorca de maíz desgranada. **5.** Chile. Barbas de la mazorca de maíz. **6.** Colomb. Marca de viruela. **7.** Cuba. Cigarrillo que se lía con hojas de maíz. **8.** Cuba. Mazorca de maíz. **9.** Cuba. *Fam.* Mujer despreciable.

tusar v.tr. Amér. Trasquilar. **2.** Argent. Cortar las crines del caballo.

tusígeno, a adj. Que provoca la aparición de tos.

tusílago s.m. Planta herbácea cuyas hojas y flores se emplean como pectorales.

tuso, a adj. Colomb. y P. Rico. Se dice de la persona con el pelo cortado al ras, pelón. **2.** Colomb. y Venez. Se dice de la persona que está picada de viruelas. **3.** P. Rico. Se dice del animal que carece de rabo o que lo tiene corto.

tusor s.m. Tela de algodón con ligamento tafetán teñida, o teñida y mercerizada.

tute s.m. (ital. *tutti,* todos). Juego de naipes que se juega con baraja española y cuyo objetivo es llegar a reunir los cuatro reyes o los cuatro caballos de la baraja. **2.** *Fam.* Reunión de cuatro personas de la misma clase. **3.** *Fam.* Esfuerzo o trabajo duro y muy cansado. ◇ **Darse un tute** *Fam.* Hacer un esfuerzo extraordinario, trabajando intensamente. **Dar un tute** Usar mucho algo, hasta el extremo de consumirlo, estropearlo, etc.

tutear v.tr. y prnl. Hablar a una persona empleando el pronombre *tú* y la segunda persona singular de los verbos para dirigirse a ella.

tutela s.f. Institución ordenada por la ley, que tiene por objeto la protección y asistencia de una persona que, por razón de edad o de incapacidad, no puede gobernarse por sí misma ni proveer a la administración de sus bienes. **2.** Autoridad protectora. **3.** Cargo de tutor. **4.** *Fig.* Amparo, protección. ◇ **Territorio bajo tutela** País sometido a la tutela de la ONU, quien delega su administración a una potencia.

1. **tutelar** v.tr. Ejercer una tutela sobre alguien.

2. **tutelar** adj. Que guía, ampara o protege. **2.** DER. Relativo a la tutela.

tuteo s.m. Acción de tutear.

tutiplén (a) loc. Esp. *Fam.* En abundancia, en gran cantidad. (También *a tutiplé.*)

tutor, ra s. Persona que tiene la tutela de otra. **2.** *Fig.* Defensor, guía, protector. **3.** Profesor privado que tiene a su cargo la educación general de un alumno. **4.** Persona encargada de orientar y aconsejar a los alumnos de un curso o una asignatura. ◆ s.m. Rodrigón, estaca. **2.** Armadura que se coloca alrededor de un árbol joven para protegerlo.

tutoría s.f. Cargo de tutor.

tutsi o **batutsi,** pueblo de Ruanda y Burundi.

tutti s.m. (voz italiana, *todos*). MÚS. Conjunto de los instrumentos de la orquesta.

tuttifrutti, tutti frutti o **tutti-frutti** s.m. Helado de frutas variadas.

tutú s.m. (fr. *tutu*). Falda corta de tejido vaporoso, generalmente de tul o muselina blanca, que usan las bailarinas de ballet clásico.

tutuma s.f. Chile. Chichón, bulto.

tuya s.f. Arbusto o árbol originario de Asia o América, cultivado en parques por su follaje ornamental. (Familia cupresáceas.)

tuyo, a adj. y pron. poses. (lat. *tuus, -a, -um*). Forma tónica de la 2ª persona del singular. Indica que la persona, animal o cosa designados por el nombre al que acompaña o sustituye pertenecen al receptor en un acto de comunicación (son de su propiedad, tienen un parentesco con él, están asociados a él, etc.). Como adjetivo, se usa siempre detrás del sustantivo; delante del sustantivo, se usa la forma átona *tu*: *tengo un libro tuyo; ese automóvil corre más que el tuyo; esto es tuyo.* ◇ **La tuya** *Fam.* Indica que ha llegado la ocasión favorable para el receptor. **Los tuyos** Personas de la familia o colectividad a la que pertenece el receptor. **Lo tuyo** Lo propio de la persona a quien se habla; lo que hace bien o es adecuado para ella.

tuza s.f. Méx. Pequeño roedor, parecido al topo, que construye galerías subterráneas.

TV, abrev. de *televisión.*

tweed s.m. (voz inglesa). Tejido de lana, estambre o algodón, generalmente en dos colores, con ligamento sarga y tacto áspero, que se utiliza para la confección de prendas de sport.

twist s.m. (voz inglesa). Baile de ritmo muy rápido con balanceo rítmico y torsiones del cuerpo, que se impuso a principios de los años sesenta.

typon s.m. Positivo tramado, especial para copia sobre placa offset.

tzeltal o **tzendal,** pueblo amerindio maya de México (Chiapas), en la frontera con Guatemala.

tzompantli s.m. (voz náhuatl, *empalizada de calaveras*). Construcción realizada por los toltecas y los aztecas del México prehispánico, que consistía en un zócalo de piedra, generalmente decorado con calaveras en relieve, sobre el que se levantaba un armazón de madera en el que se exponían las calaveras de las víctimas sacrificadas a los dioses en los templos de las principales ciudades.

tzotzil o **chamula,** pueblo amerindio maya de México (est. de Chiapas), cuya cultura destaca por la artesanía, la literatura oral y la música.

u

1. **u** s.f. Vigesimocuarta letra del alfabeto español, y quinta de sus vocales. **2.** Nombre de la letra *u.*

2. **u** conj.disyunt. Se usa en lugar de *o* ante palabras que empiezan por *o* o por *ho* para evitar la repetición del mismo sonido*: uno u otro.*

uadi s.m. Río del N de África de caudal poco abundante o intermitente. **2.** *Por ext.* Curso de agua intermitente de las regiones áridas, alimentado por arroyada.

uapití s.m. Ciervo de gran tamaño que vive en Alaska y Siberia.

ubajay s.m. Árbol muy frondoso de fruto de sabor ácido, que crece en Argentina. (Familia mirtáceas.) **2.** Fruto comestible de este árbol.

ubérrimo, a adj. (lat. *uberrimus*). Muy abundante y fértil.

ubicación s.f. (lat. *ubicatio, -onis*). Acción y efecto de ubicar o ubicarse.

ubicar v.intr. y prnl. Estar alguien o algo en determinado lugar o espacio. ◆ v.tr. Situar o instalar en determinado espacio o lugar.

ubicuidad s.f. (lat. escolástico *ubiquitas, -atis*). Cualidad de ubicuo.

ubicuo, a adj. Que está o puede estar en todas partes. **2.** *Fig.* Se dice de la persona muy activa.

ubiquista adj. BIOL. Se dice de la especie animal o vegetal que se adapta a medios ecológicos muy diferentes.

ubre s.f. (lat. *uber, -eris*). Glándula mamaria de un mamífero hembra.

ucase o **ukaz** s.m. (fr. *ukase,* del ruso *ukáz*). Edicto del zar de la antigua Rusia (ss. XVIII-XIX). **2.** *Por ext.* Decisión autoritaria sin apelación.

UCI s.f. (sigla). *Unidad de cuidados intensivos.

ucraniano, a adj. y s. De Ucrania. SIN.: *ucranio.* ◆ s.m. Lengua eslava hablada en Ucrania. SIN.: *ucranio.*

ucronía s.f. Utopía de la historia a partir de hechos o datos que no han existido. **2.** Historia construida lógicamente pero que no ha sucedido realmente.

ud s.m. Instrumento musical de cuerdas dobles pulsadas, utilizado en el N de África, Oriente próximo y la península arábiga, con caja en forma de pera y mango corto.

Ud., abrev. de *usted.*

udmurto, pueblo ugrofinés que habita a orillas del Kama, en la República de Udmurtia (Rusia).

Uds., abrev. de *ustedes.*

¡uf! interj. Expresa cansancio, fastidio, sofocación, repugnancia, alivio, etc.: *¡uf! ¡qué calor!*

ufanarse v.prnl. Jactarse, mostrarse orgulloso de algo que se tiene.

ufano, a adj. Engreído, orgulloso. **2.** Satisfecho, alegre. **3.** Sano y robusto.

UFO s.m. (sigla del ingl. *unidentified flying object,* objeto volante no identificado). Ovni.

ufología s.f. Estudio de los ovnis.

ugandés, sa adj. y s. De Uganda.

ugrofinés, sa adj. y s.m. Se dice de una familia de lenguas vinculadas al conjunto uraloaltaico, y que comprende el grupo fínico (finés, lapón, etc.) y el grupo ugro (húngaro, vogul, ostiako). SIN.: *finougro.*

UHF s.m. (sigla del ingl. *ultra high frequency,* frecuencia ultraelevada). Frecuencia de las ondas radioeléctricas comprendidas entre 300 y 3 000 MHz.

UHT s.f. (sigla del ingl. *ultra high temperature,* temperatura ultraelevada). Uperización.

uigur adj. y s.m. y f. De un pueblo turco que dominó el imperio de Mongolia entre 745 aprox., y 840. (Actualmente, constituyen la población mayoritaria del Xinjiang [China].) ◆ s.m. Lengua turca de Asia central.

uitlander s.m. y f. (voz neerlandesa). Emigrante anglosajón que se estableció en territorio bóer a partir de 1884, atraído por los yacimientos de oro y diamantes del Transvaal y de Orange.

ujier s.m. (fr. *huissier*). Portero de un palacio o de un tribunal. **2.** Empleado subalterno de algunos tribunales y cuerpos del estado, encargado de realizar ciertas diligencias en la tramitación de los asuntos. **3.** HIST. Criado de palacio con diferentes obligaciones.

¡újule! interj. Méx. *Fam.* ¡Vaya! **2.** Méx. ¡Huy!

ukelele s.m. Instrumento musical de cuatro cuerdas pulsadas, parecido a una guitarra pero de menor tamaño, originario de Indonesia.

ulala s.f. Bol. Variedad de cacto.

ulano s.m. Lancero de los antiguos ejércitos alemán, austriaco, polaco y ruso.

úlcera s.f. (lat. *ulcera,* pl. de *ulcus, -eris*). Pérdida de sustancia de un revestimiento epitelial, cutáneo o mucoso, acompañada de lesiones en los tejidos subyacentes, y de difícil cicatrización. **2.** AGRIC. Descortezadura de los árboles.

ulceración s.f. Formación de una úlcera. **2.** Úlcera superficial.

ulcerar v.tr. y prnl. Causar úlcera.

ulceroso, a adj. y s. Relativo a una úlcera; que padece una úlcera.

ulcoate s.m. Méx. Víbora venenosa de coloración negruzca y pecho amarillo.

ulema s.m. Doctor de la ley musulmana, jurista y teólogo.

uliginoso, a adj. (lat. *uliginosus*). BOT. Que crece o vive en lugares húmedos.

ulluco s.m. BOT. Melloco.

ulmáceo, a adj. y s.f. Relativo a una familia de árboles y arbustos con flores desprovistas de pétalos, y fruto en nuez o drupa, frecuentemente alado, como el olmo.

ulmo s.m. Chile. Árbol de hoja perenne cuya corteza se emplea para curtir. (Familia eucrifiáceas.) **2.** Chile. Madera de este árbol.

ulnar adj. Relativo al cúbito.

ulpo s.m. Chile y Perú. Mazamorra hecha con harina tostada y agua.

ulterior adj. (lat. *ulterior, -oris*). Que ocurre o se ejecuta en un tiempo posterior a algo. **2.** Que está situado más allá de algo.

ultimadamente adv.m. Méx. *Fam.* Finalmente, a todo esto, a fin de cuentas.

ultimar v.tr. Terminar una cosa o efectuar las últimas operaciones para algo. **2.** Elaborar un acuerdo después de unas negociaciones. **3.** Amér. Matar, rematar.

ultimátum s.m. (pl. *ultimátum* o *ultimátums*). Exhortación terminante que un estado hace a otro para que cumpla determinadas condiciones. **2.** Resolución o determinación definitiva.

último, a adj. (lat. *ultimus*). Que en una serie viene después de todos los demás: *último día de la semana.* **2.** Que es lo más reciente en el tiempo: *según el último parte meteorológico.* **3.** Que está en la parte final: *fueron sus últimas palabras.* **4.** Que es remoto, lejano o está escondido: *últimas estribaciones de una montaña.* **5.** Decisivo, definitivo, exclusivo: *es la última oferta.* **6.** Que es extremado. ◇ **A la última** *Fam.* A la última moda. **Estar en las últimas** *Fam.* Estar moribundo; estar muy apurado de dinero, salud, provisiones, etc. **Por último** Finalmente, después o detrás de todo.

ultra adj. (del lat. *ultra,* más allá). Relativo a la política de extrema derecha y a la radicalización de las opiniones. ◆ s.m. y f. Esp. Persona que tiene ideas políticas radicales, especialmente de extrema derecha.

ultrabásico, a adj. GEOL. Se dice de la roca eruptiva que contiene menos de un 45 % de sílice y que está constituida esencialmente por silicatos ferromagnésicos que le proporcionan una coloración oscura.

ultracentrífuga s.f. Centrífuga con un régimen de rotación extremadamente elevado, del orden de 60 000 rpm.

ultracorrección s.f. LING. Fenómeno lingüístico que consiste en construir una forma incorrecta al seguir unas pautas consideradas correctas.

ultracorto, a adj. FÍS. Se dice de la onda electromagnética de entre 1 mm y 1 m de longitud.

ultraderecha s.f. Conjunto de personas o partidos políticos con una ideología política que forma parte de la derecha radical.

ultrafiltro s.m. Filtro cuyo rendimiento es del 99,9 % como mínimo, y es capaz de retener las partículas de 0,01 μm.

ultraísmo s.m. Movimiento poético español e hispanoamericano surgido en España en la segunda década del s. XX, que se esforzó por incorporar las ideas de las corrientes europeas de vanguardia.

ultraísta adj. y s.m. y f. Relativo al ultraísmo; partidario de este movimiento poético.

ultrajante adj. Que ultraja. SIN.: *ultrajoso.*

ultrajar v.tr. Cometer un ultraje.

ultraje s.m. (cat. *ultratge*). Injuria, ofensa o desprecio que se le hace a una persona con palabras o acciones.

ultraligero, a adj. Que es sumamente ligero. ◆ s.m. Avión pequeño, monoplaza o biplaza, de peso inferior a 170 kg, estructura simplificada, y equipado con un pequeño motor. **2.** Modalidad de vuelo que se practica con este avión.

ultraliviano, a adj. Ultraligero.

ultramar s.m. Territorio o conjunto de territorios que están situados al otro lado del mar, especialmente las colonias de un país que están en otro continente. ◇ **Azul de ultramar** Lapislázuli; color de este mineral.

ultramarino, a adj. De ultramar. ◆ **ultramarinos** s.m.pl. Alimentos u otros productos traídos de ultramar para venderlos. **2.** Establecimiento en que se venden estos alimentos.

ultramicroscopio s.m. Microscopio de alta resolución y con un sistema de iluminación lateral, que permite observar objetos invisibles con el microscopio ordinario.

ultramoderno adj. Muy moderno.

ultramontanismo s.m. Conjunto de doctrinas partidarias del poder absoluto del papa de Roma. **2.** Conjunto de ideas o doctrinas conservadoras o reaccionarias.

ultramontano, a adj. Que está más allá de los montes. ◆ adj. y s. Partidario del ultramontanismo.

ultranza (a) loc. (fr. *à outrance*). Sin detenerse ante las dificultades, con resolución.

ultrapresión s.f. Presión muy elevada, que alcanza varios miles de atmósferas.

ultrarrealista s. y adj. Partidario extremista del monarca y de las ideas monárquicas.

ultrarrojo, a adj. Infrarrojo.

ultrasensible adj. Que es extremadamente sensible.

ultrasónico, a adj. Ultrasonoro. **2.** Supersónico.

ultrasonido s.m. Vibración compuesta de ondas mecánicas de frecuencia muy elevada (desde 20 kHz a varios centenares de megahercios), que el oído humano no puede percibir.

ultrasonoro, a adj. Relativo al ultrasonido. SIN.: *ultrasónico.*

ultratumba (de) loc. Que está más allá de la muerte.

ultravacío s.m. Vacío que se produce a una presión muy baja.

ultravioleta adj. y s.m. FÍS. Se dice de la radiación invisible para el ojo humano, situada en el espectro luminoso más allá del violeta, de longitud de onda menor que la de este color y mayor que la de los rayos X.

ultravirus s.m. Virus capaz de pasar un filtro de porcelana o de diatomeas.

ulúa, pueblo amerindio de Nicaragua, del grupo sumo.

ulular v.intr. Dar aullidos o alaridos los animales. **2.** Producir un sonido parecido a un aullido: *el viento ululaba en la calle desierta.*

ululato s.m. Aullido, alarido.

umbela s.f. (lat. *umbella,* sombrilla). BOT. Inflorescencia cuyos pedicelos parten todos de un mismo punto para elevarse al mismo nivel, como los radios de un parasol.

umbelífero, a adj. y s.f. Relativo a una familia de plantas dicotiledóneas con flores dispuestas en umbelas, algunas de las cuales son comestibles, como la zanahoria y el perejil, y otras venenosas, como la cicuta.

umbelifloro, a adj. y s.f. Relativo a un orden de plantas que tienen las flores en umbelas.

umbélula s.f. Umbela parcial que, con otras, forma la umbela compuesta.

umbilicado, a adj. Que tiene forma de ombligo.

umbilical adj. Relativo al ombligo.

umbílico s.m. MAT. Punto de una superficie curva en la que todas las secciones normales tienen la misma curvatura.

umbráculo s.m. Armazón cubierto de ramaje o follaje que resguarda a las plantas del sol pero permite el paso del aire. **2.** Sitio cubierto para resguardarse del sol.

umbral s.m. (del ant. *lumbral,* del lat. *liminaris*). Pieza o escalón que forma la parte inferior de una puerta. **2.** *Fig.* Comienzo, principio de un proceso o actividad. **3.** *Fig.* Límite, entrada: *el umbral de lo increíble.* **4.** ARQ. Viga que se atraviesa en lo alto de un vano para sostener el muro que hay encima. **5.** FISIOL. Límite a partir del cual se percibe una sensación o estímulo. **6.** GEOGR. Elevación del terreno que determina una línea divisoria de las aguas en el interior de una depresión. **7.** HIDROL. Parte poco profunda en el lecho de un curso de agua, situada entre dos sectores más profundos. **8.** OCEANOGR. Elevación ancha y alargada que se levanta suavemente desde el fondo de un océano, sin acercarse a su superficie, separando dos cuencas. <> **Umbral absoluto** FISIOL. Intensidad mínima que debe alcanzar un estímulo para que se perciba. **Umbral de excitación** FISIOL. Intensidad mínima de un excitante para provocar una reacción. **Umbral diferencial** FISIOL. Intensidad mínima en que hay que aumentar un estímulo para que se perciba el cambio.

umbralar v.tr. Poner umbral al vano de un muro.

umbrela s.f. ZOOL. Órgano acampanado y gelatinoso de la medusa que, al contraerse, proporciona el impulso necesario para desplazarse.

umbría s.f. Lugar que por su orientación está siempre en sombra.

umbrío, a adj. Se dice del lugar donde da poco el sol.

umbro, a adj. y s. De Umbría (Italia).

umbroso, a adj. Que produce sombra. **2.** Umbrío.

umiak s.m. (voz esquimal). Embarcación esquimal de grandes dimensiones, hecha de pieles de foca cosidas.

un, una art.indet.sing. Sirve para indicar que el sustantivo al que antecede no se conocía: *tenía un automóvil deportivo.* **2.** Antecede a un sustantivo al que se alude de forma indeterminada: *llegará un día en que me darás la razón.* ◆ adj.num.cardin. Apócope de *uno*, número: *dale un caramelo o dos.*

unánime adj. (lat. *unanimis*). Se dice del grupo de personas que tiene un mismo sentimiento u opinión. **2.** Se dice del sentimiento, opinión o decisión que es común a todo un grupo de personas.

unanimidad s.f. Cualidad de unánime. <> **Por unanimidad** Por acuerdo de todas las personas de un grupo.

unau s.m. Perezoso de América tropical, con garras en sus patas delanteras. (Orden desdentados, familia bradipódidos.)

uncial adj. y s.f. Se dice de un tipo de escritura de letras mayúsculas de tamaño cercano a la pulgada. **2.** Se dice de la letra usada en esta escritura.

unciforme adj. ANAT. y BOT. Que tiene forma de gancho.

unción s.f. (lat. *unctio, -onis*). Acción y efecto de ungir. **2.** Devoción y recogimiento con que alguien se entrega a un sentimiento, generalmente religioso. **3.** Extremaunción.

uncir v.tr. (lat. *jungere*). Atar o sujetar al yugo bueyes, mulas u otras bestias.

undécima s.f. MÚS. **a.** Intervalo formado por una octava y una cuarta. **b.** Redoblamiento a la octava de una cuarta.

undécimo, a adj.num.ordin. y s. Que corresponde en orden al número once. ◆ adj. Se dice de cada una de las partes que resultan de dividir un todo en once partes iguales.

underground adj. (voz angloamericana). Se dice del movimiento cultural o de la manifestación artística vanguardistas que se producen fuera de los circuitos comerciales ordinarios. (Es invariable en plural: *existen muchos escritores underground.*)

une (normas), conjunto de normas utilizadas en España, de acuerdo con una normalización internacional, para regular la producción industrial y su clasificación.

ungido s.m. Persona que ha sido signada con el óleo sagrado, como un sacerdote o un monarca.

ungir v.tr. (lat. *ungere*). Extender grasa, aceite u otra materia parecida sobre una superficie. **2.** REL. Signar con óleo sagrado: *el sacerdote ungió al enfermo.*

ungüento s.m. (lat. *unguentum*). Sustancia con que se unge una parte del cuerpo, especialmente con fines medicinales. **2.** *Fig.* Remedio con que se pretende suavizar una situación. (Suele usarse en plural.)

unguiculado, a adj. y s.m. Se dice del mamífero con dedos terminados en uñas.

unguis s.m. (voz latina, *uña*) [pl. *unguis*]. Hueso pequeño de la cara situado en el lado interno de la cavidad orbitaria.

ungulado, a adj. Se dice del mamífero con dedos terminados en cascos o pezuñas. ◆ adj. y s.m. Relativo a un grupo de mamíferos ungulígrados, herbívoros u omnívoros, como el elefante, el caballo, el rinoceronte y los porcinos y rumiantes.

ungular adj. Relativo a la uña.

ungulígrado, a adj. Se dice del animal que anda apoyando la extremidad digital.

uniata adj. y s.m. y f. Se dice del cristiano de la Iglesia oriental que reconocía la supremacía del papa, conservando al mismo tiempo el derecho de emplear su liturgia nacional.

uniáxico, a adj. MINER. Se dice del cristal birrefringente que posee una dirección en la que un rayo luminoso se propaga sin desdoblarse.

unicelular adj. BIOL. Se dice de un organismo formado por una sola célula.

unicidad s.f. Cualidad de único.

único, a adj. (lat. *unicus*). Solo y sin otro de su especie: *hijo único.* **2.** *Fig.* Excepcional, fuera de lo común o corriente: *es único en su profesión.* <> **Vía única** F. C. Línea que comprende una sola vía, por la que los trenes pueden circular en ambos sentidos.

unicornio, a adj. (lat. *unicornuus*). Que tiene un solo cuerno. ◆ s.m. Animal fabuloso con cuerpo de caballo y un cuerno recto en mitad de la frente. **2.** Rinoceronte de un solo cuerno. <> **Unicornio de mar** Narval.

unidad s.f. (lat. *unitas, -atis*). Elemento completo y diferenciado que forma parte de un conjunto: *sardinas envasadas en latas de seis unidades.* **2.** Característica de la cosa que no puede dividirse o que forma un todo homogéneo. **3.** Sección que realiza una función concreta dentro de un organismo: *la factoría consta de varias unidades especializadas.* **4.** *Fig.* Concordia, convergencia de pensamientos y sentimientos entre dos o más personas: *la unidad del partido en el tema económico era total.* **5.** FARM. Cantidad de una sustancia determinada, que corresponde a una cierta actividad farmacológica fija, que suele evaluarse por un método experimental, químico o biológico. **6.** MAT. Número que ocupa el primer lugar de la serie ordinal y que se representa por la cifra 1. **7.** METROL. Magnitud tomada como término de comparación al medir otra magnitud de la misma especie. **8.** MIL. Fracción del ejército, que puede obrar independientemente, bajo las órdenes de un solo jefe. <> **Gran unidad** MIL. Fracción del ejército del tipo división o superior. **Pequeña unidad** MIL. Fracción del ejército inferior a la brigada. **Principio de unidad de caja** CONTAB. Principio presupuestario de carácter contable que exige que los ingresos y los pagos se centralicen en una dependencia única. **Sistema de unidades** Conjunto coherente de unidades elegidas de forma que simplifican ciertas fórmulas físicas que relacionan varias magnitudes. **Unidad astronómica** Unidad de medida de longitud (símb. UA) equivalente a 149 597 870 km. (Corresponde al radio medio de la órbita terrestre y sirve principalmente para expresar las distancias astronómicas dentro del sistema solar.) **Unidad aritmético-lógica** INFORMÁT. Parte de una computadora que efectúa sobre los datos recibidos las operaciones aritméticas o lógicas comandadas por la unidad de control. **Unidad central de proceso** INFORMÁT. Parte de una computadora que ejecuta el programa (comprende la unidad aritmético-lógica y la unidad de control). **Unidad de acción** LIT. Cualidad de la obra dramática que tiene una sola acción principal. **Unidad de combate** MIL. Fracción del ejército que dispone de medios para tomar a su cargo ciertas misiones de combate. **Unidad de control** INFORMÁT. Parte de una computadora que dirige y coordina la ejecución de las operaciones requeridas por el programa. **Unidad de cuenta** Característica de las unidades monetarias que les permite cuantificar el pre-

principales unidades de medida

unidades geométricas

longitud		
metro	m	
milla		1 852 m
área o superficie		
metro cuadrado	m^2	
área	a	100 m^2
hectárea	ha	10 000 m^2
barn	b	10^{-28} m^2
volumen		
metro cúbico	m^3	
litro	l (o L)	0,001 m^3

unidades de masa

masa		
kilogramo	kg	
tonelada	t	1 000 kg
gramo	g	0,001 kg
quilate		0,000 2 kg
unidad de masa atómica	u	1,660 57·10^{-27} kg
masa por unidad de superficie		
kilogramo por metro cuadrado	kg/m^2	
masa volumétrica, concentración		
kilogramo por metro cúbico	kg/m^3	
volumen másico		
metro cúbico por kilogramo	m^3/kg	

unidades de tiempo

tiempo		
segundo	s	
minuto	mn	60 s
hora	h	3 600 s
día	d	86 400 s
frecuencia		
hertz	Hz	

unidades mecánicas

velocidad lineal		
metro por segundo	m/s	
nudo		1 852/ 3 600 m/s
kilómetro por hora	km/h	1/3,6 m/s

unidades térmicas

temperatura termodinámica		
kelvin	K	
temperatura Celsius		
grado Celsius	°C	
cantidad de calor		
joule	J	
caloría	cal	4,185 5 J

cio de las mercancías; medio de pago internacional utilizado para fines contables, cuyo valor se establece por convención. **Unidad de cuidados intensivos (UCI),** o **de vigilancia intensiva (UVI)** Servicio de un centro hospitalario especialmente equipado para ocuparse de los enfermos graves que exigen atención y control ininterrumpidos. **Unidad de entrada-salida** INFORMÁT. Parte de una computadora a través de la cual se efectúan los intercambios de información con el exterior. **Unidad de lugar** LIT. Cualidad de la obra dramática cuya acción se desarrolla en un único lugar representado en el escenario. **Unidad de tiempo** LIT. Cualidad de la obra dramática cuya acción se desarrolla como máximo en el transcurso de un día y como mínimo la duración real de la obra.

unidireccional adj. Que tiene una sola dirección. **2.** Se dice de la antena que transmite o recibe en una dirección determinada.

unido, a adj. Se dice de las personas que se tienen mucho cariño y están compenetradas: *familia muy unida.*

unifamiliar adj. Que corresponde a una sola familia: *vivienda unifamiliar.*

unificación s.f. Acción y efecto de unificar.: *unificación territorial.*

unificar v.tr. y prnl. Reunir, poner juntas varias cosas o personas para crear un todo homogéneo: *unificar esfuerzos.* **2.** Reducir a un mismo tipo: *unificar los planes de estudios.*

unifilar adj. TECNOL. Que se compone de un solo hilo eléctrico.

uniformar v.tr. y prnl. Hacer uniforme una cosa o varias entre sí: *uniformar todas las solicitudes.* ◆ v.tr. Poner uniforme a alguien o hacer que lleve uniforme.

uniforme adj. (lat. *uniformis*). Que tiene siempre la misma forma o aspecto. **2.** *Fig.* Que no presenta ninguna variación. ◆ s.m. Traje o vestido distintivo e igual o parecido que visten las personas que pertenecen a un determinado grupo o institución.

uniformidad s.f. Cualidad de uniforme.

uniformizar v.tr. Hacer que un grupo de personas o cosas forme un conjunto uniforme.

unigénito, a adj. Se dice del hijo único.

unilateral adj. Relativo a una sola parte, a un solo lado. **2.** Que considera algo desde un solo punto de vista. **3.** Que considera una sola parte de una cuestión: *visión unilateral de un problema.* <> **Contrato unilateral** DER. Contrato que solo crea obligaciones a una de las partes, aunque necesita el acuerdo del beneficiario.

unilocular adj. BOT. Que tiene una sola cavidad o un solo lóculo.

unión s.f. (lat. *unio, -onis*). Acción y efecto de unir o unirse. **2.** Asociación de personas o entidades que tienen intereses o fines comunes: *unión de ganaderos.* **3.** Relación conyugal, matrimonio. **4.** DER. INTERN. **a.** Acto que une bajo un solo estado diversas provincias o estados. **b.** Conjunto de provincias o estados unidos de esta manera: *la Unión norteamericana.* (Con este significado se escribe con mayúscula.) **5.** ELECTRÓN. Zona de un semiconductor en la que los modos de conducción se invierten. <> **Unión nacional** HIST. Gobierno formado con miembros de la mayoría de partidos en momentos de graves crisis.

unionismo s.m. Doctrina que defiende la unión de partidos o naciones.

unionista adj. y s.m. y f. Relativo al unionismo; partidario de esta doctrina. **2.** Que defiende la unión entre Irlanda del Norte y Gran Bretaña. **3.** Nordista. ◆ adj. Se dice de la persona, partido, doctrina, etc., que mantiene o propaga cualquier idea de unión.

uníparo, a adj. BOT. Que produce un solo cuerpo, miembro, flor, etc. **2.** ZOOL. Se dice del mamífero hembra que solo tiene un hijo en cada parto.

unipersonal adj. Que consta de una sola persona. **2.** Que corresponde o pertenece a una sola persona. **3.** LING. Se dice del verbo que solo posee la tercera persona del singular.

unipolar adj. Que tiene un solo polo.

unir v.tr. (lat. *unire*). Juntar estrechamente dos o más cosas de modo que formen una sola o que queden sujetas unas con otras: *unir todas las piezas de la máquina.* **2.** Mezclar cosas líquidas o pastosas de modo que formen una sola sustancia: *unir las yemas con las claras.* **3.** Trabar, hacer que un líquido o pasta se espese y forme liga: *unir la mayonesa.* **4.** Hacer que dos cosas que estaban más o menos lejanas entren en relación o comunicación: *el puente unirá las dos orillas del río.* **5.** *Fig.* Hacer que ciertas cosas o entidades vayan o actúen juntas: *unir esfuerzos.* **6.** *Fig.* Concordar las voluntades, sentimientos, ánimos o pareceres: *los une el amor.* ◆ **unirse** v.prnl. Confederarse o convenirse varios para el logro de algún intento, entrar a formar parte de un grupo: *se unieron contra el tirano.* **2.** Juntarse, agregarse uno a la compañía de otro: *se unió al grupo.* **3.** Estar muy cerca, contigua o inmediata una cosa de otra. ◇ **Unir en matrimonio** Ratificar un sacerdote o funcionario la unión matrimonial. **Unirse en matrimonio** Casarse.

unisex adj. Que es apropiado tanto para hombres como para mujeres. (Es invariable en plural: *abrigos unisex.*)

unisexual adj. Se dice del organismo que tiene un solo sexo.

unisonar v.intr. [conj.: *contar*]. Sonar en un mismo tono dos voces o instrumentos musicales.

unísono, a adj. Que tiene el mismo sonido o tono que otra cosa. ◆ s.m. MÚS. Conjunto de voces o de instrumentos que emiten sonidos en el mismo tono, pero en octavas diferentes. ◇ **Al unísono** Sin discrepancias, de común acuerdo y con unanimidad; a la vez y al mismo tiempo.

unitario, a adj. Relativo a la unidad. **2.** Que tiende a la unidad, que la defiende o desea lograrla: *política unitaria.* **3.** Que está compuesto por una sola unidad. ◆ adj. y s. Partidario del centralismo político en Argentina bajo la capitalidad de Buenos Aires. ◇ **Estado unitario** Estado con una fuerte centralización de poderes.

univalente adj. Monovalente.

univalvo, a adj. Se dice del fruto capsular o molusco de una sola valva.

universal adj. (lat. *universalis*). Relativo al universo o espacio celeste: *gravitación universal.* **2.** Que se refiere a todo el mundo, a todos los tiempos o a todas las personas: *historia universal.* **3.** Que se refiere a un conjunto de cosas o personas en su totalidad, general: *opinión universal.* **4.** Que concierne o se refiere a todos los casos posibles: *principio que tiene validez universal.* **5.** LÓG. **a.** Que designa a todos los individuos de una especie. **b.** Se dice de la proposición cuyo sujeto se toma en toda su extensión. ◆ **universales** s.m.pl. FILOS. Ideas o términos generales con que los escolásticos clasificaban los seres y las ideas: *la cuestión de los universales.* ◇ **Fresadora universal** TECNOL. Fresadora con cabezal de fresa móvil y alimentación transversal longitudinal. **Motor universal** ELECTR. Motor bobinado en serie, capaz de funcionar a la misma velocidad y potencia tanto en corriente continua como alterna monofásica. **Radiorreceptor universal** RADIOTECN. Radiorreceptor que puede funcionar indistintamente con corriente alterna o continua de igual tensión, sin necesidad de adaptaciones. **Transformador de salida universal** Transformador que, por las derivaciones de sus bobinados, puede usarse entre la última etapa de audiofrecuencia y cualquier tipo de altavoz.

universalidad s.f. Cualidad de universal. **2.** DER. **a.** Totalidad. **b.** Comprensión en la herencia de todos los bienes, acciones, obligaciones o responsabilidad del difunto.

universalísimo, a adj. FILOS. Se dice del género supremo que comprende otros géneros inferiores que también son universales.

universalismo s.m. Cualidad de universal. **2.** Doctrina política que defiende la unificación de los diversos estados.

universalista adj. y s.m. y f. Relativo al universalismo; partidario de esta doctrina.

universalizar v.tr. Generalizar, hacer universal.

universiada o **universíada** s.f. Conjunto de competiciones de diferentes disciplinas deportivas, que se celebran cada dos años y en las que participan estudiantes universitarios de todo el mundo.

universidad s.f. (lat. *universitas, -atis,* universalidad, totalidad, comunidad, compañía de gente). Institución formada por un conjunto de centros de enseñanza e investigación, donde se imparte la enseñanza superior. **2.** Edificio o conjunto de edificios donde se imparte este tipo de enseñanza. ◇ **Universidad abierta** Universidad encuadrada en la educación permanente, cuya finalidad primordial es la formación de sectores sociales con dificultades de escolarización. **Universidad popular** Asociación de carácter local dedicada a la formación permanente de adultos y que actúa como centro de animación sociocultural.

universitario, a adj. Relativo a la universidad. ◆ adj. y s. Que realiza o ha realizado estudios en la universidad. ◇ **Educación universitaria** Nivel educativo superior que se imparte en las facultades universitarias y escuelas técnicas superiores, y en las escuelas, colegios e institutos universitarios.

universo s.m. (lat. *universum,* conjunto de todas las cosas). Conjunto de todo lo que existe. **2.** Conjunto de individuos o elementos que se someten a estudio estadístico. **3.** Conjunto unitario que forman ciertas cosas inmateriales de un ámbito determinado: *el universo poético.*

univitelino, a adj. BIOL. Se dice de los gemelos originados a partir de un mismo óvulo.

univocidad s.f. Carácter de unívoco.

unívoco, a adj. (lat. *univocus*). Se dice de la palabra o expresión que tiene siempre un solo significado. **2.** Que tiene el mismo valor o naturaleza que otra cosa: *pareceres unívocos.* **3.** LÓG. Se dice del término que se predica de varios individuos con la misma significación. **4.** MAT. Se dice de la correspondencia entre un elemento del primer conjunto y un solo elemento del segundo.

univoltino, a adj. BIOL. Se dice del organismo cuyo ciclo vital dura un año. SIN.: *monocíclico.*

uno, a adj.num.cardin. y s.m. (lat. *unus*). Se dice del número que ocupa el primer lugar de la serie cardinal. **2.** Unidad: *solo tengo una copia.* (Delante de s.m. en singular se apocopa *un* y generalmente también delante de s.f. singular que comience con *a* o *ha* tónicas.) **3.** En plural y antepuesto a un número cardinal, indica una cantidad aproximada expresada por el cardinal: *vinieron unos veinte.* ◆ adj.num. ordin. y s.m. Primero, que corresponde en orden al número 1, especialmente en una serie: *página uno; el uno es el primero de los números.* ◆ pron.indef. Indica una persona o cosa indeterminada: *llamó uno preguntando por ti.* **2.** En correlación con *otro.* indica contraposición: *uno estudia y otro trabaja.* ◇ **A cada uno** Se usa en relación con un reparto. **A una** A un tiempo, unidamente o juntamente. **De uno en uno** o **uno a uno** o **uno por uno** Uno solo cada vez. **Más de uno** Expresión enfática equivalente a algunos o muchos. **No dar,** o **acertar,** o **tocar, una** *Fam.* Fallar muchas veces de forma consecutiva en la resolución de algo. **Ser (todo) uno** o **ser uno y lo mismo** Ser las cosas de que se trata una misma, verificarse una inmediatamente, a continuación o al mismo tiempo que otra. **Una de dos** Contrapone en disyuntiva dos posibilidades. **Una de las tuyas, suyas,** etc. Alude a una cosa, generalmente censurable, extravagante, etc., con que alguien muestra nuevamente cierta inclinación o particularidad suya. **Uno de tantos** *Fam.* Una persona o cosa sin ninguna cualidad especial que la distinga. **Unos cuantos** Pocos, en número reducido.

untada s.f. Méx. Acción de untar.

untado, a adj. Argent. y Chile. Ebrio.

untar v.tr. (lat. vulg. *unctare*). Cubrir con materia grasa una superficie: *untar con mantequilla la tostada.* **2.** Empapar o mojar algo con una sustancia grasa o pastosa: *untar pan en una salsa.* **3.** *Fig.* y *fam.* Sobornar a alguien. **4.** TECNOL. Lubricar. ◆ v.tr. y prnl. Manchar con una sustancia. ◆ **untarse** v.prnl. *Fig.* y *fam.* Quedarse fraudulentamente con parte de lo que se maneja o administra, especialmente dinero.

unto s.m. Materia grasa que se emplea para untar o engrasar. **2.** Ungüento medicinal.

untuoso, a adj. Graso, pegajoso. **2.** *Fig.* Que es excesivamente suave, meloso o empalagoso.

uña s.f. (lat. *ungula*). Lámina córnea y dura situada en el extremo distal del dorso de los dedos. **2.** Casco o pezuña de los animales que no tienen dedos separados. **3.** Costra dura que se forma sobre las mataduras de las caballerías. **4.** Excrecencia de la carúncula lagrimal. **5.** Punta corva de ciertos instrumentos metálicos. **6.** Muesca hecha en algunas piezas para poder moverlas o abrirlas con el dedo. **7.** Diente o pestaña que permite el acoplamiento o embrague de dos piezas mecánicas. **8.** Buril pequeño usado por los cerrajeros y los grabadores en metal. **9.** Utensilio provisto de dientes que sirve para marcar los puntos de una costura que se ha de ejecutar a mano. **10.** Punta triangular que rematan los brazos del ancla. **11.** Parte de una hoja que sobresale del canal de un libro para poderlo abrir por una página determinada. **12.** Escotadura semicircular practicada en las páginas de un libro o de un cuaderno, para señalar un capítulo. **13.** BOT. Parte inferior y más estrecha de ciertos pétalos. **14.** ZOOL. Punta corva en que remata la cola del alacrán. ◇ **A uña de caballo** *Fam.* Haciendo correr el caballo a la máxima velocidad; a toda prisa. **Con uñas y dientes** Con mucha fuerza o intensidad. **Dejarse las uñas** Hacer un trabajo con mucho esfuerzo. **De uñas** Con enemistad y enojo, en actitud hostil. **Enseñar,** o **mostrar, las uñas** *Fam.* Amenazar o dejar ver un carácter agresivo. **Hacer las uñas** Hacer la manicura. **Largo de uñas** *Fam.* Inclinado al robo. **No tener uñas para gaitero** Argent., Par. y Urug. *Fam.* Carecer de cualidades para llevar a cabo un trabajo. **Rascarse con sus propias uñas** Méx. Valerse por sí mismo. **Ser uña y carne,** o **carne y uña** *Fam.* Estar dos o más personas muy avenidas o tener una estrecha amistad. **Uña de caballo** BOT. Planta herbácea de la familia compuestas cuyas hojas y flores son pectorales. **Uña de gata** BOT. Planta herbácea de la familia crasuláceas, de tallo de color rojizo y flores verdes.

uñero s.m. Inflamación infecciosa de los tejidos que rodean la uña. **2.** Daño producido por una uña cuando crece indebidamente y se introduce en la carne.

uñeta s.f. Cincel pequeño que utilizan los canteros, marmolistas y escultores. **2.** Herramienta que utilizan los guanteros para cortar las pieles. **3.** Plectro o dedal de carey para tocar instrumentos musicales de cuerda.

uolof o **wolof,** pueblo de Senegal y de Gambia, que habla una lengua nigeriano-congoleña.

uombat s.m. Marsupial herbívoro de gran tamaño, que vive en el SE de Australia y excava madrigueras profundas.

¡upa! interj. (voz de creación expresiva). Se emplea para animar o estimular a hacer un esfuerzo. ◇ **¡A upa!** En brazos, especialmente en lenguaje infantil.

¡upe! interj. C. Rica. Se usa para llamar a los moradores de una casa, cuando se entra en ella.

uperización o **uperisación** s.f. Procedimiento de esterilización de la leche consistente en mantenerla a alta temperatura durante unos segundos. SIN.: *UHT.*

uppercut s.m. (voz inglesa). Golpe de abajo arriba que se da en boxeo.

ura s.f. Argent. Larva de un díptero que excava bajo la piel ocasionando fuertes molestias.

uralita s.f. (marca registrada). Fibrocemento obtenido por aglomeración de amianto y cemento.

uraloaltaico, a adj. Relativo a la región comprendida entre los montes Urales y los montes Altái. ◆ adj. y s.m. Se dice de la familia lingüística a la que pertenecen la mayoría de las lenguas aglutinantes de Europa y N de Asia. **2.** Que habla una lengua de esta familia.

uranato s.m. Sal del ácido uránico.

uránico, a adj. Se dice del anhídrido UO_3 y del ácido correspondiente. **2.** Relativo al uranio.

uranilo s.m. Radical bivalente UO_2.

uraninita s.f. Óxido de uranio natural UO_2, del que se extrae también el radio. SIN.: *pecblenda, pechblenda.*

uranio s.m. (del gr. *oyránios,* celeste). Metal radiactivo, de densidad 18,7, cuyo punto de fusión es de 1 132 °C aprox. **2.** Elemento químico (U), de número atómico 92 y masa atómica 238,029.

uranio

Último elemento natural de la tabla periódica, el uranio natural es una mezcla de isótopos, de los cuales, los tres principales son radiactivos. El isótopo U 235 es el único núclido natural fisible. Se utiliza como combustible en los reactores nucleares en forma de óxido, de aleación metálica o incluso de carburo. Algunos reactores emplean uranio natural, pero la mayor parte utiliza uranio «enriquecido», en el que la proporción de U 235 se aumenta para que alcance una proporción cercana al 3 %, en el caso de los reactores moderados o refrigerados por agua ordinaria, que equipan más de dos tercios de las centrales nucleares.

uranismo s.m. Homosexualidad masculina.

uranita s.f. Fosfato hidratado natural de uranio.

uranoso, a adj. Se dice del derivado del uranio tetravalente.

urape s.m. Arbusto de América Meridional, de flores blancas y tallo espinoso, que se usa para formar setos vivos. (Familia cesalpiniáceas.)

urato s.m. Sal del ácido úrico. (Puede precipitar en las articulaciones [gota] o en las vías urinarias [cálculos].)

urbanidad s.f. Actitud o comportamiento con el que se demuestra buena educación en el trato social.

urbanismo s.m. Conjunto de conocimientos y técnicas dedicados a la planificación, ordenación y desarrollo del territorio poblado por muchos habitantes y de las necesidades económicas y sociales de estos.

urbanista s.m. y f. Relativo al urbanismo. **2.** Persona que se dedica al urbanismo.

urbanístico, a adj. Relativo al urbanismo.

urbanización s.f. Acción y efecto de urbanizar. **2.** Terreno delimitado para establecer en él un núcleo residencial urbanizado. **3.** Conjunto de edificios construidos en este terreno.

urbanizar v.tr. Acondicionar un terreno para edificarlo y poblarlo.

urbano, a adj. Relativo a la ciudad. ◆ adj. y s. Esp. Se dice del agente de policía del cuerpo encargado de regular el tráfico en el interior del casco urbano. ◇ **Aglomeración urbana** Conjunto formado por el casco urbano de una ciudad y los núcleos próximos del área suburbana, unidos a él por un espacio con una elevada densidad de población.

urbe s.f. (lat. *urbs, urbis*). Ciudad importante y grande.

urbi et orbi loc. (voces latinas, *a la ciudad [Roma] y al mundo entero*). CATOL. Bendición solemne del papa dirigida a los fieles de todo el mundo.

urchilla s.f. (mozár. *orchella*). Liquen que vive en las rocas bañadas por el agua del mar.

urdido s.m. Operación que consiste en formar la urdimbre de un tejido, disponiendo paralelamente los hilos de igual longitud.

urdimbre s.f. Conjunto de los hilos paralelos, dispuestos en sentido longitudinal en las piezas de tela.

urdir v.tr. (lat. *ordiri*). Preparar los hilos en el urdidor para pasarlos al telar. **2.** *Fig.* Maquinar, preparar algo de modo cauteloso o en secreto, especialmente contra alguien o algo.

urdu s.m. Lengua oficial de Pakistán, del grupo indoiranio.

urea s.f. (del gr. *oyron*). Sustancia residual de las materias nitrogenadas que el organismo fabrica a partir de ácidos aminados y de sales amoniacales, de fórmula $CO(NH_2)_2$, que el riñón extrae de la sangre y la concentra en la orina.

uredinal adj. y s.f. Relativo a un orden de hongos basidiomicetes parásitos que provocan la roya en las plantas.

uredóspora s.f. Espora producida por la roya del trigo, que propaga esta enfermedad.

ureico, a adj. Relativo a la urea.

ureido s.m. Compuesto derivado de la urea.

uremia s.f. Aumento patológico de la tasa de urea en la sangre, producido por el mal funcionamiento del riñón.

urente adj. (lat. *urens, -entis,* quemado). Que quema o escuece.

ureo s.m. Reproducción simbólica de la serpiente naja, que se hacía en el tocado de los faraones y de algunas divinidades egipcias.

ureoplasto s.m. Materia plástica termoendurecible, obtenida a partir de la urea y del formol.

uretano s.m. Éster del ácido carbámico, de fórmula NH_2—CO—OC_2H_5.

uréter s.m. Conducto por el que baja la orina desde el riñón hasta la vejiga.

ureterotomía s.f. CIR. Abertura quirúrgica de un uréter.

uretra s.f. Conducto desde el cuello de la vejiga hasta el meato urinario, por el que se expulsa la orina al exterior.

uretral adj. Relativo a la uretra. SIN.: *urético.*

uretritis s.f. Inflamación de la uretra.

uretrotomía s.f. CIR. Abertura quirúrgica de la uretra.

urgencia s.f. Cualidad de urgente. **2.** Falta, necesidad apremiante de algo: *tener urgencia de dinero.* **3.** MED. Afección que precisa de un tratamiento adecuado, inmediato e ineludible. ◇ **Procedimiento de urgencia** Procedimiento parlamentario excepcional, consistente en acelerar el estudio y votación de un proyecto de ley. **Servicio de urgencia** Servicio en que se atiende con carácter urgente a los enfermos accidentados.

urgente adj. Que urge. **2.** Que se cursa con más rapidez que de ordinario: *carta urgente.*

urgir v.intr. (lat. *urgere*). Exigir una cosa una ejecución o solución rápida o inmediata: *urge tomar una decisión.*

uricemia s.f. Presencia patológica de ácido úrico en la sangre.

úrico, a adj. Urinario, relativo a la orina. ◇ **Ácido úrico** Ácido orgánico nitrogenado, que resulta de la degradación de las nucleoproteínas en el organismo, y que se encuentra en la orina y, en menor proporción, en la sangre.

urinario, a adj. Relativo a la orina. ◆ s.m. Lugar o instalación para orinar, particularmente los dispuestos en lugares públicos. ◇ **Aparato urinario** Conjunto de los riñones y las vías urinarias (uréteres, vejiga y uretra).

aparato urinario

Los dos riñones se sitúan en el abdomen a cada lado de la columna vertebral. Su unidad de funcionamiento es el nefrón, un tubo microscópico, rodeado de vasos sanguíneos, que forma la orina a partir de la sangre, al eliminar las sustancias inútiles o tóxicas y conservar las útiles. La orina llega por los uréteres a la vejiga, que la desecha por la uretra.

urinífero, a adj. Que conduce la orina: *conducto urinífero.*

urna s.f. (lat. *urna*). Recipiente utilizado para guardar cosas, especialmente las cenizas de los muertos. **2.** Caja donde se depositan las papeletas de las votaciones secretas o de los sorteos. **3.** Caja transparente y de lados planos, donde se guardan objetos delicados para que queden visibles pero protegidos. **4.** BOT. Esporangio de los musgos, en forma de urna, cubierto de un opérculo y una cofia.

1. **uro** s.m. (lat. *urus*). Bóvido salvaje de gran tamaño, parecido al buey, que se extinguió en el s. XVII.

2. **uro** → **uru.**

urobilina s.f. Pigmento biliar que constituye una de las materias colorantes de la orina.

urobilinuria s.f. MED. Presencia anormal de urobilina en la orina.

urocromo s.m. Sustancia nitrogenada amarilla, que constituye el pigmento más abundante en la orina.

urodelo, a adj. y s.m. Relativo a una subclase de anfibios que tienen la piel ceñida al cuerpo y conservan la cola después de la metamorfosis, como la salamandra o el tritón.

urogallo s.m. Ave gallinácea de plumaje oscuro que vive en los bosques de Europa, emite sonidos parecidos a un mugido, y es objeto de caza.

urogenital adj. Genitourinario.

urografía s.f. Radiografía del aparato urinario efectuada tras la inyección intravenosa de una sustancia opaca a los rayos X, que al eliminarse presenta una imagen contrastada de las cavidades renales, los uréteres y la vejiga.

urología s.f. Parte de la medicina que estudia las vías urinarias de los dos sexos, sus enfermedades y el aparato genital del hombre.

urólogo, a s. Médico especialista en urología.

uropigio s.m. **Glándula del uropigio** Glándula sebácea situada en la parte dorsal de la base de la cola de algunas aves, con cuya secreción engrasan sus plumas para hacerlas impermeables.

urópodo s.m. Último apéndice abdominal de los crustáceos, generalmente aplanado y que sirve de aleta.

urpila s.f. Argent., Bol. y Ecuad. Paloma pequeña de color gris. (Familia colúmbidos.)

urque s.m. Chile. Papa de mala calidad.

urraca s.f. (de *Urraca,* nombre femenino). Ave paseriforme, de unos 50 cm de long., plumaje negro y blanco y larga cola, que acostumbra adornar su nido con objetos brillantes. SIN.: *cotorra, picaraza, picaza.* **2.** *Fig.* y *fam.* Persona aficionada a recoger y guardar cosas. **3.** Amér. Ave de unos 40 cm de long., con el dorso de color pardo, cola larga y parda con una raya negra y vientre blancuzco, que vive en el campo y frecuentemente en parques y jardines. (Familia cucúlidos.)

úrsido, a adj. y s.m. Relativo a una familia de mamíferos carnívoros plantígrados, que pueden ser también omnívoros o herbívoros, como el oso.

urso, a adj. Argent. *Argot.* Que es corpulento.

ursulina adj. y s.f. Que pertenece a la orden religiosa de santa Úrsula fundada en 1535 por santa Ángela Merici. **2.** *Fam.* Se dice de la mujer excesivamente recatada.

urticáceo, a adj. y s.f. (del lat. *urtica,* ortiga). Relativo a una familia de plantas herbáceas dicotiledóneas, sin pétalos, generalmente cubiertas de un vello urticante, como la ortiga y el ramio.

urtical adj. y s.f. Relativo a un orden de plantas herbáceas dicotiledóneas, con flores poco aparentes. (El orden *urticales* incluye cuatro familias principales: cannabináceas, moráceas, ulmáceas y urticáceas.)

urticante adj. Que produce un picor parecido al que causan las ortigas.

urticaria s.f. Erupción cutánea que produce picor, caracterizada por la aparición de edemas en forma de pequeñas pápulas, y que generalmente se debe a una reacción alérgica a ciertos alimentos. SIN.: *salpullido, sarpullido.*

uru o **uro,** pueblo amerindio de lengua independiente (*puquina*) que habitaba en la región del lago Titicaca, de origen e historia desconocidos, y cuya forma de vida ha sido adoptada por los aimaras actuales.

urú s.m. Argent. Ave de unos 25 cm de long., coloración pardusca y hábitos terrestres, propia de las zonas selváticas. (Familia fasiánidos.)

urubú s.m. Zopilote.

urucú s.m. Argent. Árbol de poca altura, flores rojas y fruto oval. (Familia bixáceas.)

uruguayismo s.m. Palabra, expresión o giro propios del español hablado en Uruguay.

uruguayo, a adj. y s. De Uruguay. ◆ s.m. Variedad del español hablada en Uruguay.

urunday o **urundey** s.m. Árbol de América Meridional, de unos 20 m de alt., cuya madera se emplea en construcción de casas, embarcaciones y muebles. (Familia terebintáceas.)

urutaú s.m. Argent., Par. y Urug. Ave nocturna de plumaje pardo oscuro, muy similar a la lechuza.

urzuela s.f. Méx. Condición del cabello que se abre en las puntas.

usabilidad s.f. TELECOM. Cualidad de la página web o del programa informático que son sencillos de usar porque facilitan la lectura de los textos, descargan rápidamente la información y presentan funciones y menús sencillos, por lo que el usuario encuentra satisfechas sus consultas y cómodo su uso.

usado, a adj. Deslucido o desgastado por el uso.

usanza s.f. Uso, costumbre, moda.

usapuca s.f. Argent. Ácaro pequeño y rojizo, que pica a personas y animales. GEOSIN.: *garrapata.*

usar v.tr. (del lat. *uti*). Hacer servir una cosa para algo: *usar el martillo para clavar un clavo.* **2.** Llevar una prenda de vestir habitualmente: *en invierno uso abrigo.* **3.** Hacer servir una cosa habitualmente: *uso pluma para escribir.* ◆ v.intr. Servirse de una cosa. ◆ v.intr. y prnl. Estar de moda utilizar una cosa: *el sombrero casi no se usa.*

usía pron.pers. Forma tónica de la 2ª persona masculina y femenina del singular, actualmente en desuso, síncopa de *vuestra señoría.* Designa al receptor en un acto de comunicación como tratamiento de respeto. Funciona como sujeto, predicado nominal o como complemento precedido de una preposición. Se usa con el verbo en 3ª persona cuando funciona como sujeto: *¿da usía su permiso?*

usillo s.m. Achicoria silvestre.

usina s.f. Argent., Bol., Chile, Colomb., Nicar., Par. y Urug. Instalación industrial, particularmente la destinada a producir gas, energía eléctrica, etc. ◇ **Usina de rumores** Argent. Medio que genera informaciones no confirmadas y por lo común tendenciosas.

uslero s.m. Chile. Palo cilíndrico de madera que se utiliza en la cocina para extender la masa.

uso s.m. (lat. *usus, -us*). Acción de usar. **2.** Posibilidad de ser usada una cosa para algo. **3.** Modo de usar algo: *instrucciones para el uso de una máquina.* **4.** Empleo continuado y habitual de una cosa. **5.** Costumbre o manera de usar algo: *los usos funerarios de los pueblos primitivos.* **6.** DER. Forma del derecho consuetudinario inicial de la costumbre, menos solemne que esta, y que suele convivir como supletorio con algunas leyes escritas. **7.** HIST. Prestación a que estaban sujetos los siervos y colonos de los reinos hispanocristianos durante la edad media. ◇ **Al uso** Según es costumbre en el momento en el que se trata. **Derecho de uso** DER. Derecho de servirse de una cosa ajena y de percibir la porción de frutos necesarios para las necesidades del usuario y de su familia. **En uso de su derecho** Se dice de la acción llevada a cabo con legítimo derecho. **Estar en buen uso** *Fam.* No estar algo estropeado o gastado. **Estar en uso** Ser una cosa usual o corriente. **Uso de la palabra** Turno que corresponde a una persona para hablar en una reunión. **Uso de razón** Capacidad de juicio que adquiere naturalmente una persona pasada la primera niñez.

usted pron.pers. (de *vuestra merced*) [pl. *ustedes*]. Forma tónica de la 2ª persona masculina y femenina del singular. Designa al receptor en un acto de comunicación como tratamiento de respeto. Funciona como sujeto, predicado nominal o como complemento precedido de una preposición. Se usa con el verbo en 3ª persona cuando funciona como sujeto: *¿quiere usted sentarse?* ◆ **ustedes** pron.pers.pl. En zonas de Andalucía, Canarias y América, equivale a vosotros.

ustilaginal adj. y s.f. Relativo a un orden de hongos basidiomicetes parásitos de los vegetales, en los cuales producen enfermedades como el carbón o la caries.

ustorio, a adj. Se dice del espejo cóncavo que concentra los rayos del sol en su foco y es capaz de quemar.

usual adj. (lat. *usualis*). Que es de uso frecuente, común o fácil.

usuario, a adj. y s. Que usa normal u ordinariamente alguna cosa. **2.** DER. Se dice de la persona que tiene derecho de usar de una cosa ajena con cierta limitación. ◇ **Usuario final** INFORMÁT. Persona que utiliza una computadora o un sistema informático, pero que no es especialista en informática ni dispone de instrucciones específicas para su utilización.

usucapión s.f. (lat. *usucapio*). DER. CIV. Prescripción adquisitiva, particularmente, prescripción abreviada de los inmuebles de diez a veinte años.

usucapir v.tr. Adquirir una cosa por usucapión. (Suele usarse en infinitivo.)

usufructo s.m. (lat. *usus fructus,* uso y disfrute). Derecho de una persona de usar un bien de otra, y de percibir los beneficios o intereses. **2.** Utilidad, fruto o provecho que se saca de algo.

usufructuario, a adj. y s. Que posee algo, especialmente un usufructo, y disfruta de su beneficio.

usupuca s.f. Argent. Usapuca.

usura s.f. (lat. *usura,* disfrute, disfrute de un capital prestado). Práctica abusiva que consiste en prestar dinero a un interés excesivo o en condiciones leoninas.

usurario, a adj. Relativo a la usura. **2.** Se dice del negocio, trato o contrato en que hay usura.

usurero, a s. Persona que presta con usura.

usurpación s.f. Acción y efecto de usurpar. **2.** DER. Delito que se comete apoderándose con violencia o intimidación de inmuebles o derechos ajenos.

usurpador, ra adj. y s. Que usurpa. **2.** Que se apodera, por medios injustos, de la autoridad soberana.

usurpar v.tr. (lat. *usurpare*). Apoderarse con violencia o engaño de un derecho, poder o pertenencia de otra persona.

usuta s.f. (quechua dialectal *ušúta*). Argent., Bol. y Perú. Sandalia de cuero o fibra vegetal usada por los campesinos.

ut s.f. MÚS. Primera nota de la escala diatónica. (En la actualidad se conoce con el nombre de *do,* en la terminología española e italiana.)

uta s.f. Perú. Enfermedad que produce úlceras faciales, común en las zonas de desfiladeros de Perú.

utcus s.m. Perú. Planta de fruto comestible. (Familia verbenáceas.)

ute o **yute,** pueblo amerindio del grupo shoshón, de lengua uto-azteca, que vive en reservas en Utah, Colorado y Nuevo México.

utensilio s.m. (lat. *utensilia, -ium,* utensilios, pl. de *utensilis,* útil). Objeto utilizado para realizar un trabajo o actividad determinados, que generalmente se maneja con las manos y de forma habitual.

uterino, a adj. ANAT. Relativo al útero: *plexo uterino.* **2.** DER. Nacido de la misma madre que otro, pero de distinto padre.

útero s.m. (lat. *uterus*). Órgano de las hembras de los mamíferos donde se realiza la gestación del feto. SIN.: *matriz.*

1. útil adj. (lat. *utilis*). Que produce provecho o beneficio, o sirve para algo. **2.** DER. Se dice del tiempo o días hábiles de un término señalado por la ley o la costumbre.

2. útil s.m. (fr. *outil*). Utensilio o herramienta. (Suele usarse en plural.) ◆ **útiles** s.m.pl. Méx. Conjunto de libros, cuadernos, lápices y demás objetos que usan los escolares.

utilidad s.f. Cualidad de útil. **2.** Provecho o beneficio que se saca de una cosa. **3.** ECON. Capacidad de un bien para satisfacer una necesidad humana. ◇ **Programa de utilidad** INFORMÁT. Programa perteneciente al sistema de explotación de una computadora, que permite incrementar las posibilidades de base de la máquina.

utilitario, a adj. Que antepone la utilidad a las demás cualidades. ◆ adj. y s.m. Se dice del vehículo automóvil pequeño, económico, funcional y de bajo consumo.

utilitarismo s.m. Doctrina filosófica que considera la utilidad el principio y norma de toda acción.

utilitarista adj. y s.m. y f. Relativo al utilitarismo; partidario de esta doctrina.

utilizar v.tr. y prnl. Hacer servir algo o valerse de alguien para un fin determinado o para sacar provecho.

utillaje s.m. Conjunto de útiles necesarios para un trabajo, actividad o profesión.

UTM s.m. (sigla del ingl. *universal transverse Mercator*). Sistema de proyección derivado del de Mercator, pero en el cual el cilindro se enrolla siguiendo un meridiano. (En el sistema UTM, la Tierra está dividida en 60 husos de 6 ° de longitud cada uno. El límite más allá del cual las deformaciones serían demasiado importantes es 3 ° a cada lado del meridiano de referencia.)

uto-azteca s.m. Familia de lenguas amerindias de América del Norte y América Central.

uto-azteca

Sapir estableció una gran clasificación, *azteca-tano*, formada por el grupo *uto-azteca* (nahua, pima, shoshón) y el grupo *tano-kiowa* (tano, kiowa, zuñi). Otros autores distinguen siete grupos de lenguas: *shoshón de las Praderas* (bannock, snake, shoshón, comanche, ute); *shoshón del río Kern*; *shoshón de California meridional*; *hopi*; *pima*; *opatacahita-tarahumara* (14 lenguas) y el grupo *aztecoide* (huichol, zacateca, nahua).

utopía o **utopia** s.f. (de *Utopía*, obra de Tomás Moro). Sistema o proyecto ideal pero que no se puede realizar. **2.** FILOS. Concepción de una sociedad ideal en la que las relaciones humanas se regulen mecánica o armoniosamente.

utopía

Las utopías describen el funcionamiento de sociedades «perfectas», cuya existencia se ubica en lugares cerrados (una ciudad, una isla, etc.). Aportan argumentos para la crítica del orden existente y se proponen como modelos para el establecimiento de comunidades felices. Los autores de utopías son numerosos: Platón, F. Bacon, T. Campanella, T. Moro, Morelly, Saint-Simon, Fourier, etc. También se han propuesto antiutopías a través de descripciones siniestras y totalitarias (A. Huxley, G. Orwell).

utópico, a adj. Relativo a la utopía. <> **Socialismo utópico** Doctrina socialista sistemática y abstracta (por oposición a *socialismo científico*, denominación que K. Marx y F. Engels dieron a su propia doctrina).

utopista adj. y s.m. y f. Que plantea utopías o es partidario de ellas.

utraquista s.m. y f. Husita de la fracción moderada, opuesta a los taboritas.

utrero, a s. Novillo o ternera de dos a tres años.

utrículo s.m. ANAT. Cavidad del vestíbulo del oído interno, que contiene los elementos sensibles a la gravedad y a las aceleraciones. **2.** BOT. Vesícula pequeña formada por una hoja o un segmento foliar.

UV, abrev. de *radiación *ultravioleta*.

uva s.f. (lat. *uva*). Fruto de la vid, comestible, más o menos redondo y jugoso, que nace en racimos. **2.** Fruto comestible del agracejo. **3.** Verruga pequeña que se forma en el párpado. <> **De uvas a peras** Raramente, muy de tarde en tarde. **Estar de mala uva** *Fam.* Estar de mal humor. **Tener mala uva** *Fam.* Tener mal carácter o mala intención. **Uva de playa** Fruto del uvero, del tamaño de una cereza grande, muy jugoso y dulce. **Uva de raposa** Planta herbácea que produce una baya negra muy pequeña con propiedades narcóticas. (Familia liliáceas.) **Uva pasa** Uva desecada, natural o artificialmente. **Uva tinta,** o **negra** Uva cuyo zumo es negro y sirve para dar color a ciertos mostos.

uvala s.f. (voz serbocroata). GEOMORFOL. Depresión vasta de las regiones de relieve cársico, resultante de la coalescencia de varias dolinas.

uvayema s.f. Vid silvestre trepadora.

uve s.f. (de *u* con función de *v*). Nombre de la letra *v*. <> **Uve doble** Nombre de la letra *w*.

úvea s.f. ANAT. **a.** Capa pigmentada del iris. **b.** Conjunto constituido por la coroides, el iris y el cuerpo ciliar.

uveítis s.f. Inflamación de la úvea.

uveral s.m. Amér. Central. Terreno poblado de uveros.

uvero s.m. Amér. Central y Antillas. Árbol bajo y frondoso cuyo fruto es la uva de playa. (Familia poligonáceas.)

UVI s.f. (sigla). *Unidad de vigilancia intensiva.

úvula s.f. (lat. *uvula*). ANAT. Masa carnosa pequeña prominente, situada en la mitad del borde posterior del paladar blando. SIN.: *campanilla*.

uvular adj. ANAT. Relativo a la úvula. **2.** FONÉT. Se dice del fonema que se articula en la úvula, haciéndola vibrar sobre el postdorso de la lengua.

uxoricida adj. y s.m. (del lat. *uxor, -oris*, esposa, y *caedere*, matar). Que comete uxoricidio.

uxoricidio s.m. Delito que comete el marido al matar a su mujer.

uyama s.f. Pan. Auyama, planta cucurbitácea.

uzbeko, a adj. y s. De un pueblo turco musulmán de Asia central, que habita principalmente en Uzbekistán y Afganistán. ◆ s.m. Lengua turca hablada en Uzbekistán.

V

v s.f. Vigesimoquinta letra del alfabeto español y vigésima de sus consonantes. (Representa un sonido bilabial oclusivo o fricativo sonoro.) ◇ **V** Cifra romana que vale *cinco.* **V1** Bomba autopropulsada de gran radio de acción, empleada por el ejército alemán en 1944 y 1945. **V2** Bomba autopropulsada de gran alcance, empleada por el ejército alemán en 1944 y 1945, más potente que la V1, y precursora de los misiles balísticos modernos.

vaca s.f. (lat. *vacca*). Hembra adulta del toro. **2.** Ecuad. Pulpa del coco. **3.** Méx. Dinero que queda de una apuesta en la que no hay ganador y se juega en una nueva apuesta. ◇ **Enfermedad de las vacas locas** *Encefalopatía espongiforme que afecta al ganado bovino. **Vaca abierta** Vaca fecundada. **Vaca lechera** Vaca destinada a la producción de leche para el consumo humano. **Vaca marina** Manatí; dugón.

vacabuey s.m. Árbol de flores blancas y fruto comestible, que crece en zonas pantanosas de América Central. (Familia dileniáceas.)

vacación s.f. Suspensión temporal del trabajo o estudios para descansar. **2.** Tiempo que dura esta suspensión. (Suele usarse en plural.)

vacante adj. y s.m. y f. Se dice del espacio o sitio desocupado: *asiento vacante.* ◆ adj. y s.f. Se dice del cargo, empleo, dignidad o plaza que no está ocupado por nadie. ◇ **Sucesión vacante** DER. Sucesión en la que no existe llamamiento testamentario ni persona que reclame la herencia.

vacar v.intr. Cesar temporalmente en el negocio, trabajo o estudios habituales. **2.** Quedar vacante un empleo, cargo o plaza por cesar una persona de desempeñarlo o poseerlo.

vacaraí s.m. Argent. y Par. Ternero nonato, extraído del vientre de su madre al tiempo de matarla.

vacaray s.m. Argent. y Urug. Vacaraí.

vacarí adj. (ár. *baqarî*). Que es de cuero de vaca, o cubierto de este cuero.

vacceos, pueblo prerromano de la península Ibérica, que ocupaba la parte central de la submeseta norte, y cuya ciudad más importante era *Pallantia* (Palencia).

vaccinífero, a adj. Se dice de la ternera a la que se ha inoculado una vacuna y cuyas pústulas proporcionan linfa para la vacunación.

vaccinostilo s.m. Instrumento pequeño de metal, en forma de lanceta, que se emplea para vacunar.

vaciadero s.m. Lugar en que se vacía una cosa. **2.** Sitio o conducto por donde se vacía una cosa.

vaciado, a s.m. Acción de vaciar o vaciarse. **2.** Escotadura o hueco. **3.** Operación de fabricación de un objeto vertiendo en un molde hueco la materia que ha de ser moldeada, para obtener el positivo. **4.** Objeto fabricado con esta operación. **5.** Operación que consiste en eliminar o quitar parte de la materia de diversas piezas, para aligerarlas o facilitar el funcionamiento de un mecanismo. **6.** Obtención de datos de un texto o un conjunto de textos sobre un determinado tema. ◆ adj. Méx. *Fig.* y *fam.* Gracioso, simpático, chistoso.

vaciador s.m. Instrumento para vaciar.

vaciamiento s.m. Acción de vaciar o vaciarse. **2.** CIR. Extracción de las partes internas de un hueso enfermo sin dañar el periostio.

vaciar v.tr. y prnl. [conj.: *desviar*]. Dejar vacía una cosa. ◆ v.tr. Formar un hueco en alguna cosa. **2.** Extraer de un libro, escrito, etc., los datos que se necesitan. **3.** Afilar un instrumento cortante. **4.** CIR. Practicar el vaciamiento quirúrgico de una región. **5.** TAUROM. Dar salida al toro con el engaño, especialmente con la muleta, en la suerte de matar. **6.** TECNOL. **a.** Reproducir un objeto mediante el vaciado. **b.** Practicar una escotadura, hueco o cavidad en una pieza de metal o de madera; afinarla o rebajarla dándole forma adecuada. ◆ v.intr. Bajar o menguar la marea. **2.** Menguar el agua en un curso de agua. **3.** Desembocar un curso de agua en un lugar. ◆ **vaciarse** v.prnl. *Fig.* y *fam.* Hablar una persona más de lo necesario. **2.** TAUROM. Salirse el toro de la suerte de forma espontánea, sin llegar a su centro.

vaciedad s.f. Dicho o hecho necio o tonto.

vacilación s.f. Acción y efecto de vacilar. **2.** *Fig.* Duda, titubeo o indecisión en el momento de actuar.

vacilada s.f. Méx. *Fam.* Acción y efecto de vacilar, hablar en broma.

vacilante adj. Que vacila.

vacilar v.intr. (lat. *vacillare*). Oscilar, moverse una persona o cosa perdiendo su posición de equilibrio por falta de estabilidad. **2.** Estar poco firme o estable una cosa no material: *vacilar la fe de alguien.* **3.** *Fig.* Estar alguien indeciso sobre su manera de pensar, sentir o actuar. **4.** *Fig.* Variar una cosa su intensidad, medida o cualidad entre determinados límites o formas: *vacilar la luz.* **5.** Amér. Central y Méx. Divertirse, estar de juerga, hablar en broma. ◆ v.tr. e intr. *Vulg.* Hacer una broma o burla a alguien: *no me vaciles.*

vacile s.m. Esp. *Vulg.* Tomadura de pelo.

vacilón, na adj. y s. Amér. Central, Méx. y Venez. Juerguista. **2.** Esp. *Vulg.* Burlón, guasón. ◆ s.m. Amér. Central y Méx. Juerga, fiesta, diversión.

vacío, a adj. (lat. vulg. *vacivus*). Que no contiene nada. **2.**

Que no está ocupado por nadie. **3.** Que no tiene gente o tiene muy poca. **4.** Que carece de lo que contiene habitualmente: *almendra vacía.* **5.** Que carece de la perfección o calidad necesaria: *cabeza vacía.* **6.** *Fig.* Que carece de interés o de contenido intelectual. **7.** *Fig.* Frívolo, presumido, vanidoso: *hombre vacío.* **8.** LING. Se dice de la palabra o término desprovistos por sí solos de contenido semántico. **9.** MAT. Se dice del conjunto que no posee ningún elemento. (Su notación es ∅.) ◆ s.m. Espacio en el que no existe ninguna materia. **2.** Espacio de gran altura o profundidad. **3.** Hueco o cavidad en un lugar. **4.** Ijada, espacio hueco que queda debajo de las costillas. **5.** Vacante de algún empleo, cargo, plaza o dignidad. **6.** *Fig.* Sentimiento por la ausencia de una persona o cosa que antes estaba y se consideraba importante: *nadie podrá ocupar el vacío que dejó su muerte.* **7.** FÍS. **a.** Espacio donde las partículas materiales están fuertemente enrarecidas. **b.** Atmósfera correspondiente a un estado cuya presión es inferior a la atmosférica. ◇ **Caer en el vacío** Referido a palabras, consejos, proyectos, iniciativas, etc., no tener acogida, no tener consecuencia o no ser atendidos. **De vacío** Sin carga, o sin la cosa que corresponde llevar o que no se ha conseguido. **Hacer el vacío** *Fam.* Aislar, rehuir o ignorar a alguien.

vacuidad s.f. Cualidad de vacuo.

vacuna s.f. Cultivo microbiano o toxina de virulencia atenuada que se inocula a una persona o animal para inmunizarlo contra una enfermedad microbiana. **2.** VET. Enfermedad de origen vírico, que afecta al ganado vacuno, y en menor escala al caballar, caracterizada por la erupción pustulosa en determinadas zonas de la piel.

vacuna

Las vacunas introducidas en el organismo provocan la formación de anticuerpos capaces de oponerse a la infección causada por un determinado germen infeccioso. Pueden prepararse a partir de gérmenes vivos atenuados (vacuna antipoliomielítica de Sabin), gérmenes muertos (vacuna antipoliomielítica de Lépine y Salk), o toxinas a las que se ha liberado de su poder patógeno, pero que conservan el antigénico (vacunas antidiftérica, antitetánica). Algunas vacunas tienen un período de inmunización breve y obligan a efectuar revacunaciones. En ocasiones pueden provocar reacciones de intolerancia. La acción de las vacunas es, sobre todo, preventiva.

vacunación s.f. Acción de vacunar o vacunarse.

vacunada s.f. Méx. Vacunación.

vacunar v.tr. y prnl. Inocular una vacuna a una persona o animal. **2.** *Fig.* Hacer pasar a una persona por determinada experiencia o situación para que quede preparada y prevenida contra una desgracia o dificultad.

vacuno, a adj. Relativo al toro, a la vaca o al buey. ◆ s.m. Animal bovino.

vacunoterapia s.f. MED. Conjunto de medios terapéuticos y profilácticos relativos al empleo de las vacunas.

vacuo, a adj. Vacío, falto de contenido. **2.** *Fig.* Frívolo, ligero, insustancial.

vacuola s.m. BIOL. Vacúolo. **2.** GEOL. Cavidad en la estructura de una roca.

vacúolo s.m. BIOL. Cavidad del citoplasma de las células que encierra diversas sustancias en solución acuosa. SIN.: *vacuola.*

vacuoma s.m. BIOL. Conjunto de vacúolos de una célula.

vade s.m. Vademécum, cartapacio. **2.** Carpeta que se tiene sobre el escritorio para guardar papeles y escribir sobre ella. **3.** Mueble en forma de pupitre, con una tapa inclinada sobre la que se escribe y bajo la que se guardan papeles y documentos.

vadear v.tr. Atravesar una corriente de agua por un lugar de fondo firme y poco profundo. **2.** *Fig.* Vencer o superar una dificultad.

vademécum s.m. Tratado breve que contiene las nociones elementales de una ciencia o arte. **2.** Cartapacio, cartera para llevar libros y papeles.

vado s.m. (lat. *vadum*). Lugar de una corriente de agua con fondo firme y poco profundo, por el que se puede atravesar sin dificultad. **2.** Espacio de la acera y bordillo de una vía pública por el que los vehículos pueden acceder con facilidad a locales o fincas situadas frente al mismo. **3.** MAR. Punto del mar o de un río donde pueden fondear las embarcaciones.

vaga s.f. Hilo que queda flojo formando una lazada en un tejido o que queda suelto en un tejido de punto. **2.** Hilo que pasa por más de uno de los otros hilos del tejido que van en dirección contraria, por defecto o por exigirlo el dibujo.

vagabundeaje s.m. Chile. Vagancia, holgazanería.

vagabundear v.intr. Llevar vida de vagabundo. **2.** Ir de un lugar a otro sin un itinerario fijo.

vagabundeo s.m. Acción de vagabundear.

vagabundo, a adj. (lat. *vagabundus*). Que anda o va errante. ◆ adj. y s. Se dice de la persona que va de un lugar a otro, sin ocupación ni destino fijo.

vagancia s.f. Cualidad de vago, poco o mal trabajador. **2.** *Fam.* Pereza, falta de ganas de hacer algo. **3.** Acción de vagar.

1. **vagar** v.intr. (lat. *vagari*). Ir de una parte a otra sin detenerse en ninguna y sin un destino fijo. **2.** Andar por varios sitios sin encontrar algo que se busca. **3.** Andar libre una cosa, o sin el orden y disposición que regularmente debe tener.

2. **vagar** s.m. (lat. *vacare*). Tiempo desocupado o libre para hacer una cosa. **2.** Lentitud, calma.

vagido s.m. Llanto o gemido de un recién nacido.

vagina s.f. (lat. *vagina,* vaina). Órgano genital interno de las hembras de los mamíferos, formado por un canal de paredes musculares y revestimiento mucoso, que comunica el útero con la vulva.

vaginal adj. Relativo a la vagina.

vaginismo s.m. Contracción dolorosa y espasmódica del músculo constrictor de la vagina, de origen psíquico o físico.

vaginitis s.f. Inflamación de la mucosa de la vagina.

1. **vago, a** adj. y s. (lat. *vacuus*). Se dice de la persona poco o nada trabajadora.

2. **vago, a** adj. (lat. *vagus*). Indefinido, indeterminado, poco preciso. **2.** Que va de una parte a otra sin detenerse en ninguna y sin una dirección fija. ◇ **Nervio vago** ANAT. Décimo par de nervios craneales. SIN.: *nervio neumogástrico.*

vagón s.m. (fr. *wagon,* del ingl. *waggon,* carro). Vehículo de ferrocarril que es remolcado por una locomotora y que está destinado al transporte de viajeros o mercancías.

vagoneta s.f. Vehículo pequeño y descubierto que se desplaza sobre rieles para transportar mercancías.

vagotomía s.f. Sección quirúrgica del nervio vago.

vagotonía s.f. Excitabilidad anormal del nervio vago.

vaguada s.f. Parte más profunda de un valle por donde corren las aguas de escorrentía, sin que necesariamente exista río ni arroyo.

vaguear v.intr. Estar ocioso y sin querer trabajar.

vaguedad s.f. Cualidad de vago, impreciso. **2.** Expresión o idea vaga o imprecisa.

vaharada s.f. Acción de echar vaho o aliento por la boca. **2.** Afluencia súbita y momentánea de un olor.

vahear v.intr. Expeler vaho o vapor. SIN.: *vahar.*

vahído s.m. Desvanecimiento, pérdida momentánea del conocimiento.

vaho s.m. (de *baf,* onomatopeya del soplo del vapor). Vapor que despiden los cuerpos en determinadas condiciones. **2.** Aliento, aire espirado por la boca. ◆ **vahos** s.m.pl. Procedimiento curativo consistente en respirar vahos o vapores con alguna sustancia balsámica.

vaído, a adj. **Bóveda vaída** Bóveda *baída.

vailahuén s.m. Chile. Nombre de diversas plantas aromáticas compuestas.

vaina s.f. (lat. *vagina*). Funda alargada de material flexible en que se guardan armas, herramientas y otros instrumentos de metal. **2.** Envoltura metálica, generalmente de latón, que contiene la carga de proyección de un disparo o de un cartucho de un arma de fuego. **3.** Amér. Contrariedad, molestia. **4.** ANAT. Envoltura de un órgano. **5.** BOT. **a.** Envoltura alargada con dos valvas de una planta leguminosa que contiene una hilera de semillas. **b.** Base de la hoja que abraza parcial o totalmente a la rama en que se inserta. ◆ adj. y s.m. y f. *Fam.* Se dice de la persona despreciable, molesta, presumida o fatua.

vainazas s.m. y f. (pl. *vainazas*). *Fam.* Persona descuidada o perezosa.

vainica s.f. Labor de costura con que se adorna una tela junto al dobladillo, consistente en el deshilado de una parte del tejido y en la sujeción de los hilos que quedan descubiertos con puntadas.

vainilla s.f. Planta trepadora tropical, originaria de América, África y Asia, que se cultiva por su fruto aromático. (Familia orquidáceas.) **2.** Fruto capsular de esta planta, de 15 a 25 cm de long., que se utiliza en confitería, en la fabricación de chocolate y elaboración del coñac y del ron.

vainillina s.f. Sustancia olorosa que se extrae de las vainas de vainilla, utilizada en perfumería y en pastelería.

vaivén s.m. Movimiento que describe un cuerpo al desplazarse en dos sentidos de forma alternativa. **2.** Sacudida, movimiento brusco. **3.** *Fig.* Variación, inconstancia o inestabilidad de algo: *un vaivén del destino.* **4.** MAR. Cabo delgado que sirve para entrañar y forrar otros más gruesos. ◇ **Gozne,** o **bisagra, de vaivén** Gozne de puerta que permite abrirla en ambos sentidos.

vajear v.tr. C. Rica, Cuba y Guat. Perturbar o aturdir a alguien con malas artes para conseguir algo de él. **2.** C. Rica, Cuba y Guat. Adormecer un reptil a sus víctimas, arrojándoles el vaho o el aliento.

vajilla s.f. (lat. vulg. *vascella,* pl. de *vascellum,* vasija pequeña). Conjunto de platos, fuentes, tazas y otros recipientes que se emplean en el servicio de la mesa.

val s.m. Apócope de *valle.* (Suele usarse en composición de topónimos: *Valderrey.*) **2.** GEOGR. Valle que corresponde a un sinclinal, en las regiones de tipo jurásico.

valbuena s.m. Vino que se elabora en las localidades vallisoletanas de Rueda de Seca, Nava del Rey, Sardón y Peñafiel.

valdense adj. y s.m. y f. Relativo a la secta fundada por P. Valdo en el s. XII, que rechazaba el culto a los santos, la misa y la confesión y predicaba la pobreza absoluta; seguidor de dicha secta.

valdepeñas s.m. (pl. *valdepeñas*). Vino tinto que se elabora en la provincia de Ciudad Real, con uva de los viñedos de Jancibel y Mantuo Lairen.

valdiviano s.m. Chile. Guiso elaborado con charqui, ají, cebolla y ajo.

vale s.m. Papel que se puede canjear por una cosa determinada. **2.** Nota firmada, a modo de recibo, que se da para acreditar que se hace una entrega. **3.** Entrada gratuita para un espectáculo público. **4.** DER. Documento por el que la persona que lo suscribe contrae la obligación de pagar a otra persona, o a su orden, o al portador, una cantidad de dinero en un plazo determinado. ◆ s. Amér. *Fam.* Valedor, camarada. ◇ **Vales reales** HIST. Obligaciones del estado, con un interés del 4 % anual, creadas por Carlos III en 1780.

¡vale! interj. Esp. Expresa aprobación o acuerdo. **2.** Expresa deseo de que cese algo.

valedor, ra s. Persona que favorece o protege a otra. **2.** Méx. *Fam.* Camarada, compañero.

valedura s.f. Colomb. y Cuba. Regalo que hace el ganador de un juego al que pierde o al que está mirando. **2.** Méx. Favor, ayuda.

valencia s.f. Número máximo de átomos de hidrógeno que pueden combinarse con un átomo de otro elemento, o los que pueden sustituir a un átomo de dicho elemento. **2.** Capacidad de un anticuerpo para combinarse con uno o más antígenos. ◇ **Valencia gramo de un elemento** Átomo-gramo de un elemento dividido por su valencia.

valenciana s.f. Méx. Dobladillo del pantalón hacia afuera.

valencianismo s.m. Palabra, expresión o giro procedentes del valenciano que se usan en otra lengua. **2.** Defensa de los valores políticos, económicos o culturales de Valencia.

valenciano, a adj. y s. De Valencia. ◆ s.m. Variedad del catalán hablada en la Comunidad Valenciana.

valentía s.f. Valor para enfrentarse a situaciones que entrañan peligro o dificultad. **2.** Hecho o hazaña valiente o heroica.

valentinita s.f. Óxido natural del antimonio Sb_2O_3.

valentón, na adj. y s. *Desp.* Fanfarrón que presume de valiente.

valentonada s.f. Jactancia o exageración de la propia valentía.

valentonería s.f. *Desp.* Cualidad o actitud propia de valentón.

1. valer v.tr. e intr. (lat. *valere*). Tener una cosa un valor económico. **2.** Tener alguien o algo un valor o cualidad: *la película no vale nada.* **3.** Tener eficacia o utilidad: *un pasaporte caducado no vale.* **4.** Producir, dar un beneficio: *su esfuerzo le valió un premio.* **5.** Tener poder, autoridad o fuerza: *tú vales más que yo con él.* **6.** Servir, ser útil, ser apto

valer

INDICATIVO	SUBJUNTIVO
presente	**presente**
valgo	*valga*
vales (valés)	*valgas*
vale	*valga*
valemos	*valgamos*
valéis	*valgáis*
valen	*valgan*
copretérito o pret. imperfecto	**pretérito o pret. imperfecto**
valía	valiera o valiese
valías	valieras o valieses
valía	valiera o valiese
valíamos	valiéramos o valiésemos
valíais	valierais o valieseis
valían	valieran o valiesen
pretérito o pret. perf. simple	**futuro o fut. simple**
valí	valiere
valiste	valieres
valió	valiere
valimos	valiéremos
valisteis	valiereis
valieron	valieren

futuro o fut. simple	**IMPERATIVO**	
valdré		
valdrás	vale (valé)	(tú, vos)
valdrá	*valga*	(él)
valdremos	*valgamos*	(nosotros)
valdréis	valed	(vosotros)
valdrán	*valgan*	(ellos)

pospretérito o condicional simple	**FORMAS NO PERSONALES**	
valdría	**infinitivo**	**gerundio**
valdrías	valer	valiendo
valdría	**participio**	
valdríamos	valido	
valdríais		
valdrían		

para algo: *este traje aún vale para esta temporada; este argumento no vale.* **7.** Servir algo para conseguir otra cosa o eludir un mal: *más vale tarde que nunca.* **8.** Amparar, ayudar: *¡que Dios te valga!* **9.** Ser válido, estar permitido. **10.** Equivaler, tener una cosa el mismo valor que otra. ◆ **valerse** v.prnl. Servirse de alguien o de algo: *valerse de influencias.* **2.** *Fam.* Ser capaz de realizar algo o resolver sus problemas habituales. ◇ **Hacerse valer** Imponerse, obtener el reconocimiento de los propios derechos, méritos, etc. **Hacer valer** Hacer que algo se imponga o sea tenido en consideración. **No valer para nada** Ser inútil. **Valer la pena** Merecer alguien o algo el esfuerzo que se le debe dedicar. **Valer lo que pesa** *Fam.* Ser muy estimable, valorar sus buenas cualidades.

2. **valer** s.m. Valor, valía de alguien.

valeriana s.f. Planta herbácea de flores rosas o blancas, que crece preferentemente en lugares húmedos y se utiliza como antiespasmódico, y para preparar el licor y el agua de valeriana.)

valerianáceo, a adj. y s.f. Relativo a una familia de plantas herbáceas de fruto seco, a la que pertenece la valeriana.

valeroso, a adj. Valiente, animoso.

valet s.m. (voz francesa). Carta de la baraja francesa que representa la figura de un sirviente de armas, lleva la letra *J* y ocupa el undécimo lugar del palo.

valetudinario, a adj. y s. (lat. *valetudinarius,* de valetudo, mala salud). Enfermizo, delicado de salud.

valí o **walí** s.m. (ár. *wâlî*). Gobernador de una provincia o de una parte de la misma, en un estado musulmán.

valía s.f. Valor, cualidad de la persona o cosa que vale. ◇ **Mayor valía** ECON. Aumento del valor de una cosa por circunstancias extrañas.

validación s.f. Acción y efecto de validar. **2.** Firmeza, constancia o validez de una acción.

validar v.tr. Dar validez a una cosa.

validez s.f. Cualidad de válido.

valido s.m. Persona que goza de la amistad y confianza de un monarca, por lo que este le da acceso al ejercicio del poder.

válido, a adj. (lat. *validus,* fuerte). Que tiene valor y fuerza legal o eficacia para producir su efecto.

valiente adj. y s.m. y f. Que tiene valor para enfrentarse con situaciones peligrosas o difíciles. **2.** Valentón, bravucón: *dárselas de valiente.* ◆ adj. Que es más fuerte o robusto. **2.** Se usa para destacar de forma despectiva o irónica la cualidad de lo que se expresa: *valiente granuja estás hecho.*

valija s.f. (ital. *valigia*). Maleta. **2.** Saco o cartera de cuero donde se lleva la correspondencia. **3.** Correo que se lleva en ese saco o esta cartera. ◇ **Valija diplomática** Cartera cerrada y precintada que contiene correspondencia oficial entre un gobierno y sus agentes diplomáticos en el extranjero y que no se confía al servicio de correos por su importancia.

valimiento s.m. Confianza, favor o protección de un personaje de cierto rango.

valina s.f. Ácido aminado indispensable para mantener el equilibrio nitrogenado de un ser humano.

valioso, a adj. Que vale mucho.

valla s.f. Construcción hecha con estacas, madera u otro material, para delimitar un lugar, cercarlo o defenderlo. **2.** *Fig.* Obstáculo, impedimento. **3.** DEP. Obstáculo artificial empleado en ciertas competiciones atléticas o hípicas. **4.** TAUROM. Barrera. ◇ **Valla de seguridad** Viga metálica o de hormigón dispuesta horizontalmente por encima del suelo, al borde de una carretera o entre dos vías de autopista, con el fin de impedir que un vehículo pueda salirse de la calzada. **Valla publicitaria** Cartelera colocada en una calle, carretera u otro espacio público, con fines publicitarios.

valladar s.m. Valla, cerca. **2.** *Fig.* Obstáculo, impedimento.

vallado s.m. (lat. *vallatus*). Valla, cerca. **2.** Cerco defensivo hecho de arbustos, tierra apisonada u otro material.

vallar v.tr. Cercar o delimitar con vallas.

valle s.m. (lat. *vallis*). Depresión de terreno entre montañas o terrenos elevados. **2.** Conjunto de lugares, caseríos o pueblos situados en esta depresión. **3.** Depresión de terreno cruzada por un curso de agua o por un glaciar. ◇ **Valle ciego** Valle de un relieve cársico en que las aguas penetran en el suelo y que está cerrado río abajo. **Valle de lágrimas** Este mundo, la vida terrenal. **Valle muerto** Valle que ya no es recorrido por un curso de agua. **Valle suspendido** Valle secundario cuya confluencia con el valle principal está marcada por un desnivel brusco.

vallenato s.m. (de *valle* y *nato,* oriundo o propio del valle). Música popular típica de la costa caribeña de Colombia, que se suele acompañar con acordeón. (Está basado en el son, el merengue y otros ritmos.)

vallisoletano, a adj. y s. De Valladolid.

vallisto adj. y s. Argent. De los valles calchaquíes de Argentina.

valón, na adj. y s. De Valonia. ◆ s.m. Dialecto del grupo de oïl hablado en Valonia y en el norte de Francia.

valona s.f. **Hacer a alguien la valona** Méx. *Fam.* Echarle una mano, cubrirlo, hacerse cómplice con su silencio.

valor s.m. (lat. tardío *valor, -oris*). Cualidad física, intelectual o moral que se aprecia de alguien. **2.** Cualidad de algo digno de interés y estima, precio: *un cuadro de valor.* **3.** Precio de una cosa. **4.** Cualidad de valiente: *le faltó valor para afrontarlo.* **5.** Alcance, significación, eficacia o importancia de algo: *una afirmación sin valor; quitar valor a una frase.* **6.** *Fig.* Persona que posee, o a la que se atribuyen, cualidades positivas para aquello que se expresa: *un joven valor de la canción.* **7.** Descaro, desvergüenza: *tuvo el valor de negarlo.* **8.** Cada una de las supuestas cualidades positivas, consideradas en abstracto: *escala de valores de una sociedad.* **9.** Certificado acreditativo de la obligación que una persona física o jurídica tiene hacia su tenedor. **10.** Rédito o producto de una cosa. **11.** Propiedad que caracteriza a los bienes económicos y constituye el fundamento de su intercambio. **12.** FILOS. Lo que una determinada moral establece como ideal o norma. **13.** LING. Participación de un elemento lingüístico en un sistema de relaciones entre significante y significado. **14.** MAT. Determinación posible de una magnitud o de una cantidad variables, o de una función. **15.** MÚS. Duración de una nota. **16.** PINT. Proporción de luz y sombra, de claro y oscuro o de una atmósfera dada de color. ◆ **valores** s.m.pl. Títulos representativos de participación de haberes de sociedades, de cantidades prestadas, de mercancías, de fondos pecuniarios o de servicios que son materias de operaciones mercantiles. ◇ **Armarse de valor** Prepararse para afrontar algo temible. **Escala de valores** Jerarquía establecida entre los principios morales. **Teoría del valor** ECON. Explicación de lo que constituye el valor de los bienes. **Valor añadido** Conjunto de retribuciones generadas en la realización de una actividad productiva que constituyen, junto a lo correspondiente a los bienes incorporados en el producto final, el valor total de este producto. **Valor mobiliario** Título negociable emitido por personas jurídicas públicas o privadas, que representa una fracción de su capital social (acción) o de un préstamo a largo plazo que les es concedido (obligación). **Valor numérico de una magnitud** Medida de esta magnitud.

valoración s.f. Acción y efecto de valorar o de evaluar. **2.** QUÍM. Método volumétrico de análisis cuantitativo para determinar la cantidad de sustancia contenida en una solución.

valorar v.tr. Establecer o señalar el valor económico de algo. **2.** Hacer que aumente el valor de algo. **3.** Apreciar y determinar el valor, cualidades y méritos de alguien o algo: *valorar el estilo de una obra.* **4.** Tener en cuenta algo para calcular o prever su importancia.

valorización s.f. Acción de valorizar. **2.** Conjunto de medidas financieras para contrarrestar la pérdida del valor de las rentas del estado, motivada por la caída del valor adquisitivo de la moneda.

valorizar v.tr. Aumentar el valor de algo. **2.** Valorar, evaluar el valor de algo.

valquiria s.f. (escandinavo ant. *valkyrja*). Divinidad de la mitología escandinava que designaba los héroes que habían de morir en un combate y que servía de escanciadora en el Valhala.

vals s.m. (alem. *walzer,* de *walzen,* dar vueltas). Baile en pareja de origen alemán, de compás 3/4, que en su origen tenía un movimiento lento, pero que en la forma más moderna (vals vienés) es de ritmo vivo y rápido. **2.** Música de este baile.

valuar v.tr. [conj.: *actuar*] Valorar, evaluar.

valva s.f. Parte dura que se articula con otra y forma la concha de los moluscos y otros animales. **2.** BOT. Cada una de las dos partes de un fruto que recubre la semilla. **3.** CIR. Instrumento empleado para separar las partes blandas en una exploración o intervención quirúrgica.

valvar adj. Relativo a la valva.

válvula s.f. (del lat. *valva,* hoja de puerta). Dispositivo que sirve para regular el paso de un fluido, mediante la presión de un resorte móvil. **2.** Placa metálica que sirve de obturador móvil en el interior del tubo de una estufa, en el fondo de un depósito de agua, etc. **3.** Aparato que regula el movimiento de un fluido en una canalización. **4.** ANAT. Repliegue pequeño que se forma en la luz de algunos vasos para impedir el reflujo de sangre en sentido opuesto al de la corriente. **5.** ELECTR. Dispositivo que se intercala en un circuito para dejar pasar la corriente solo en un sentido. ◇ **Válvula de altitud** Válvula adaptada al carburador de los motores de aviación para corregir la concentración de la mezcla a medida que disminuye la densidad del aire con la altura. **Válvula de escape** Obturador que da salida a los gases de una combustión; *Fig.* ocasión, motivo o cosa a la que se recurre para desahogarse de una tensión, trabajo excesivo o para salir de la monotonía diaria. **Válvula de seguridad** Válvula de una conducción, una caldera, etc., que se abre automáticamente cuando la presión interior rebasa un límite determinado; válvula intercalada en los tubos de perforación para evitar las erupciones. **Válvula en cabeza** Válvula de un motor de explosión situada en la parte superior de la culata.

valvular adj. Relativo a la válvula. **2.** ANAT. Se dice del órgano que posee válvulas.

valvulina s.f. Aceite lubricante que se utiliza en la caja de cambios de un automóvil.

vampiresa s.f. (ingl. *vamp*). Mujer de gran atractivo físico que seduce a los hombres con facilidad para aprovecharse de ellos. SIN.: *vamp.*

vampirismo s.m. Comportamiento de un vampiro. **2.** *Fig.* Codicia excesiva. **3.** MED. **a.** Manifestación sádica consistente en la mutilación de cadáveres. **b.** Necrofilia.

vampiro s.m. (húngaro *vampir*). Cadáver que, según la superstición popular, sale por la noche de su tumba para chupar la sangre de los vivos. **2.** *Fig.* Persona que se enriquece con el trabajo ajeno. **3.** Murciélago de América tropical, generalmente insectívoro, pero que puede alimentarse de la sangre de animales y personas mordiendo a sus víctimas.

vanádico, a adj. Se dice del anhídrido V_2O_5 y de los ácidos correspondientes.

vanadinita s.f. Óxido de vanadio plumbífero natural.

vanadio s.m. (lat. moderno *vanadium,* de *Vanadís,* diosa de la mitología escandinava). Metal de color gris plateado, de densidad 6,11, cuyo punto de fusión es de 1 890 °C aprox. **2.** Elemento químico (V), de número atómico 23 y masa atómica 50,941. (Se usa en la fabricación del acero, las aleaciones refractarias, las superaleaciones, etc.)

vanagloria s.f. Presunción o jactancia de una cualidad que alguien tiene o se atribuye.

vanagloriarse v.prnl. Presumir o mostrarse orgulloso de algo.

vandalaje s.m. Amér. Vandalismo.

vandálico, a adj. Relativo a los vándalos o al vandalismo.

vandalismo s.m. (fr. *vandalisme*). Inclinación a destruir y devastar las propiedades ajenas o públicas o a promover escándalos sin respeto ni consideración a los demás. **2.** Devastación o destrucción propia de los vándalos.

vándalo, a adj. y s. De un pueblo germánico, procedente de Escandinavia. **2.** *Fig.* Se dice de la persona salvaje y destructiva.

vándalo

Sus principales tribus, asdingos y silingos, unidas a suevos y alanos, tras invadir la Galia conquistaron la península Ibérica entre 409 y 411. Bajo el mando de Genserico (428-477), los vándalos pasaron al N de África y fundaron un reino que se extendió hasta Sicilia y las Baleares. Enfrentados con Bizancio, fueron derrotados en 533 y quedaron incorporados al Imperio.

vanesa s.f. Mariposa diurna de colores muy variados, vuelo rápido, que vive en regiones templadas. (Familia ninfálidos.)

vanguardia s.f. Parte de un ejército que va delante del cuerpo principal. **2.** Persona o grupo que anticipa las ideas o tendencias que se seguirán en el futuro. ◇ **A (la),** o **en, vanguardia** Delante de los demás. **De vanguardia** Se dice del movimiento, grupo o persona que es partidario de la renovación, avance e investigación en un campo determinado del saber.

vanguardismo s.m. Movimiento o tendencia de vanguardia.

vanguardista adj. y s.m. y f. Relativo al vanguardismo; seguidor de este movimiento o tendencia.

vanidad s.f. Orgullo inspirado en un alto concepto de las propias cualidades o méritos, con un deseo excesivo de ser bien considerado y alabado. **2.** Cosa muy ostentosa o que muestra mucho lujo y riqueza sin reflejar otra cualidad. **3.** Cualidad de vano. **4.** B. ART. Naturaleza muerta que evoca la caducidad de la vida o las postrimerías del ser humano.

vanidoso, a adj. y s. Que tiene y muestra vanidad.

vano, a adj. (lat. *vanus*). Que carece de realidad, sustancia o entidad. **2.** Que carece de contenido. **3.** Presuntuoso, frívolo e insustancial. **4.** Inútil, ineficaz o infructuoso. **5.** Que no tiene fundamento, razón o prueba. ◆ s.m. Hueco de una puerta, ventana u otra abertura en un muro o pared. ◇ **En vano** Inútilmente, de manera ineficaz; sin necesidad, razón o justicia.

vánova s.f. Colcha o cubrecama de algodón, particularmente la de estilo vasco con franjas y dibujos de colores.

vapor s.m. (lat. *vapor, -oris*). Gas que resulta de la vaporización de un líquido o de la acción del calor sobre un sólido. **2.** Vapor de agua empleado como fuerza motriz. **3.** Emanación de un cuerpo. **4.** MAR. Embarcación movida por una máquina de vapor. ◇ **Al vapor** Se dice del alimento cocido con el vapor de agua en ebullición. **Al,** o **a todo, vapor** *Fam.* Rápidamente, con gran velocidad. **Baño de vapor** Permanencia en un local cerrado, a alta temperatura, cuya atmósfera está saturada de vapor de agua. **Vapor saturado** Vapor cuya presión alcanza el máximo valor posible a una temperatura dada. **Vapor seco** FÍS. Vapor no saturante.

vaporizado s.m. Acción de someter los hilos o los tejidos a la acción del vapor para darles apresto, fijar los colores, etc.

vaporizador s.m. Aparato que sirve para vaporizar un líquido. **2.** Recipiente en que se realiza la vaporización.

vaporizar v.tr. y prnl. Convertir un líquido o un sólido en vapor por la acción del calor. SIN.: *evaporar, evaporizar.* **2.** Dispersar, proyectar un líquido en gotas finísimas.

vaporoso, a adj. Que es tenue, ligero y muy fino. **2.** Vago, desvaído.

vapulear v.tr. y prnl. (del lat. *vapulare*). Azotar o golpear repetida y violentamente. **2.** *Fig.* Reprender, reñir o reprobar duramente.

vapuleo s.m. Acción de vapulear.

vaquear v.intr. Argent. Cazar ganado salvaje.

vaquería s.f. Lugar donde se ordeñan las vacas o se vende su leche. **2.** Amér. Trabajo propio de la recolección de ganado. **3.** Argent. y Urug. Batida del campo para cazar el ganado salvaje, que se efectuaba hasta principios del s. XIX.

vaqueriza s.f. Corral o establo donde se recoge el ganado vacuno.

vaquero, a s. Pastor de ganado vacuno. ◆ adj. y s.m. Esp. Se dice de la prenda de vestir, especialmente de los pantalones, confeccionada con tela muy resistente generalmente de color azul, con costuras vistas. ◆ s.m. Cowboy. ◆ adj. Relativo a los pastores de ganado bovino.

vaqueta s.f. Piel de ternera adobada y curtida.

vaquetón, na adj. y s. Méx. *Fam.* Flojo, vago, dejado.

vaquilla s.f. Vaca joven que se corre y es toreada por los aficionados en fiestas populares. **2.** Chile y Nicar. Ternera entre el año y medio y los dos años. ◆ **vaquillas** s.f.pl. Festejo popular en que se corren y torean vaquillas.

vaquillona s.f. Argent., Chile, Nicar. y Perú. Ternera de dos a tres años.

váquira s.f. Colomb. y Venez. Pecarí. SIN.: *vaquiro.*

VAR s.m. (sigla de *volt amperios reactivos*). ELECTR. Vatio utilizado para medir la potencia eléctrica reactiva (símb. var).

vara s.f. (lat. *vara,* de *varus, -a, -um,* patizambo). Rama de un árbol o arbusto larga, delgada y limpia de hojas. **2.** Palo largo y delgado. **3.** Bastón usado como insignia de autoridad y mando que llevan los alcaldes y que usaban antiguamente los ministros de justicia. **4.** Representación de esta autoridad o dignidad. **5.** Escapo con flores. **6.** Barra de la parte delantera de un vehículo tirado por caballos, a la que se engancha la caballería. **7.** Antigua unidad de medida de longitud de origen español equivalente a 0,8356 m. **8.** HERÁLD. Palo disminuido en dos tercios de su espesor. SIN.: *vergeta.* **9.** TAUROM. Esqueleto del toro. **10.** TAUROM. Pica: *suerte de varas.* ◇ **Vara de Aarón,** o **de Jesé** Nardo. **Vara de oro,** o **de san José** Planta de flores amarillas que crece en bosques y se cultiva a menudo como ornamental. (Familia compuestas.)

varada s.f. Varadura. **2.** Conjunto de jornaleros que trabajan en el campo bajo la dirección de un capataz. **3.** Tiempo que duran estos trabajos.

varadera s.f. Protección que se coloca en el costado de un barco.

varadero s.m. Lugar donde se varan las embarcaciones, para limpiarlas, pintarlas o carenarlas.

varal s.m. Palo donde se encajan las estacas laterales de la caja de un carro. **2.** Argent. En los saladeros, armazón de cañas sobre la que se tiende la carne al aire libre para hacer tasajo.

varano s.m. Reptil lacértido carnívoro, de larga cola y lengua bífida, que mide de 2 a 3 m de long. y vive en África, Asia y Australia.

varapalo s.m. Golpe dado con un palo o vara. **2.** Golpe o zurra. **3.** *Fig.* y *fam.* Disgusto o contratiempo grande.

varar v.intr. Quedar detenida una embarcación en un banco de arena, en la playa o entre piedras. ◆ v.tr. Sacar a la playa y poner en seco una embarcación.

varayoc s.m. → **warayoc.**

varazón s.f. Chile. Cardumen de peces.

vareador, ra s. Persona que tiene por oficio varear los árboles. ◆ s.m. Argent. Persona que tiene por oficio varear los caballos de competición.

varear v.tr. Golpear con una vara o palo. **2.** Golpear las ramas de un árbol con una vara para hacer caer el fruto. **3.** Argent. Ejercitar un caballo de carreras para conservarlo en buenas condiciones físicas. **4.** TAUROM. Herir o picar a los toros con la vara o la garrocha.

varec s.m. (voz escandinava). Alga marrón que se recoge para abonar las tierras arenosas, extraer sodio y yodo, hacer camas en establos y otras finalidades.

varego, a adj. y s. De un pueblo vikingo que, durante la segunda mitad del s. IX, penetró en Rusia y practicó un comercio activo entre el Báltico, el mar Negro y el Caspio.

varejón s.m. Amér. Merid. y Nicar. Verdasca. **2.** Colomb. Variedad de yuca.

varenga s.f. (fr. *varangue*). Pieza curva de dos ramas o brazos, que forma la parte inferior de la cuaderna de una embarcación.

vareo s.m. Acción y efecto de varear un árbol.

varetazo s.m. TAUROM. Golpe dado por el toro al torero con la pala del cuerno. SIN.: *palazo, paletazo.*

vareto o **varetón** s.m. Ciervo de uno a dos años, con una cornamenta formada por dos troncos rectos y cortos, sin ramificaciones.

varí s.m. Chile y Perú. Ave rapaz diurna de plumaje grisáceo. (Familia falcónidas.)

variabilidad s.f. Cualidad de variable.

variable adj. Que puede variar. **2.** Inestable, inconstante: *carácter variable.* **3.** LING. Se dice de una palabra susceptible de variación según el número, el género, la función, etc. ◆ s.f. LÓG. y MAT. Término indeterminado que, en una relación o una función, puede ser remplazado por diversos términos determinados que son los valores.

variación s.f. Acción y efecto de variar. **2.** BIOL. Modificación de un animal o de una planta en relación con el tipo de su especie. (Se distinguen las *somaciones*, puramente individuales, y las *mutaciones*, transmisibles.) **3.** MÚS. Procedimiento de composición que consiste en utilizar un mismo tema transformándolo, adornándolo y dejándolo más o menos reconocible. ◆ **variaciones** s.f.pl. Forma musical que usa del procedimiento de variación. ◇ **Cálculo de variaciones** Rama del análisis matemático cuya finalidad es determinar los máximos y los mínimos de una integral en condiciones determinadas. **Variaciones de** *m* **elementos tomados** *p* **a** *p* MAT. Conjunto de los grupos que se pueden formar tomando *p* elementos entre los *m* dados, de forma que cada grupo difiere de los demás por la naturaleza o por el orden de los elementos que lo componen.

variado, a adj. Que tiene variedad o está compuesto por elementos diferentes.

variancia s.f. Número máximo de factores del equilibrio cuyo valor puede fijarse simultáneamente en un sistema en equilibrio físico-químico. **2.** ESTADÍST. Cuadrado de la desviación tipo.

variante s.f. Variedad o diferencia entre diversas clases o formas de una misma cosa. **2.** Texto o fragmento de un texto que difiere del que comúnmente es admitido, por correcciones de un autor, o alteraciones de la copia o la edición de una obra. **3.** Esp. Desviación de un trecho de una carretera o camino. **4.** Esp. Signo distinto de uno en una quiniela de fútbol. **5.** LING. Forma especial de un fonema o una palabra determinados. **6.** MÚS. **a.** Forma en que se presenta una melodía popular según la región donde se ejecuta. **b.** Versión sencilla de un fragmento de virtuosismo o adaptación a instrumentos o voces distintos del original.

variar v.tr. [conj.: *desviar*]. Hacer que alguien o algo sea diferente. **2.** Dar variedad: *variar la alimentación.* ◆ v.intr. Cambiar, transformarse, modificarse: *los gustos, los precios varían.* **2.** Ser diferente, distinto. **3.** MAT. Cambiar de valor.

varicela s.f. Enfermedad infecciosa, contagiosa y epidémica no grave, debida a un virus herpes, que afecta especialmente a los niños y confiere inmunidad, caracterizada por una erupción de vesículas, que desaparecen en unos diez días.

varicocele s.m. Dilatación varicosa de las venas del cordón espermático y del escroto.

varicoso, a adj. y s. (lat. *varicosus*). Relativo a las varices; que padece varices.

variedad s.f. Cualidad de vario o variado. **2.** Cada una de las distintas clases de algo: *las variedades de un mismo modelo.* **3.** Inconstancia, inestabilidad. **4.** HIST. NAT. Subdivisión de la especie. ◆ **variedades** s.f.pl. Espectáculo compuesto por números musicales, humorísticos y otras atracciones. ◇ **De variedad** Méx. *Fam.* Divertido, jocoso: *que Juan apareciera cayó de variedad y nos quitó lo aburrido.*

varietés s.f.pl. (fr. *variétés*). Variedades.

varilla s.f. Barra, generalmente metálica o de madera, larga y delgada que forma parte de la armazón de un objeto. **2.** Hueso largo de los que forman la quijada de un mamífero. **3.** Méx. Barra larga y delgada de hierro que se cubre con hormigón y se usa en la construcción.

varillaje s.m. Conjunto de varillas.

vario, a adj. (lat. *varius,* de colores varios, inconstante). Que tiene variedad o algunos elementos diferentes. **2.** Inconstante, inestable. ◆ **varios** adj. y pron.indef.pl. Se dice de una cantidad imprecisa de lo que se expresa: *varios libros.*

variolización s.f. Técnica de profilaxis de la viruela, practicada antes de la introducción de la vacuna por Jenner, que consistía en inocular polvo de costras desecadas.

variómetro s.m. ELECTR. Aparato que sirve para medir inductancias.

variopinto, a adj. (ital. *variopinto*). Multiforme, diverso: *multitud variopinta.*

varita s.f. Vara pequeña. ◇ **Varita mágica** Vara de un hada, mago, o prestidigitador, etc., que tiene poderes mágicos.

variz s.f. (lat. *varix, -icis*) [pl. *varices*]. PATOL. Dilatación permanente de una vena, particularmente frecuente en las piernas.

varón s.m. (del germ. *baro,* hombre libre, apto para la lucha). Persona del sexo masculino. ◇ **Santo varón** *Fig.* Hombre de gran bondad y paciencia.

varonía s.f. Descendencia por línea de varón.

varonil adj. Relativo al varón o propio de él: *fuerza varonil.*

vasallaje s.m. Estado o condición del vasallo. **2.** *Fig.* Sumisión servil, obediencia incondicional.

vasallático, a adj. Relativo al vasallo o al vasallaje.

vasallo, a s. (del celta *vassos,* servidor). Persona libre que se ponía al servicio de otra más poderosa, rey o señor, que la protegía a cambio de prestarle determinados servicios. **2.** Súbdito de un soberano. **3.** Estado o país respecto de otro sobre el que tenía soberanía. **4.** *Fig.* Persona que depende estrechamente de otra.

vasar s.m. Estante que en las despensas y cocinas sirve para poner la vajilla u otras cosas.

vasco, a adj. y s. Del País Vasco. SIN.: *vascongado.* ◆ s.m. LING. Lengua hablada en el País Vasco. SIN.: *euskera, euskara, vascuence.*

vasco

El vasco es una de las lenguas prerromanas habladas en la península Ibérica y la única superviviente. Los estudiosos no han podido establecer su origen ni su parentesco con las demás lenguas. Partiendo de información escasa y no siempre fiable, se ha reconstruido el proceso de retracción del área lingüística del vasco a lo largo de la historia. El vasto dominio de la época romana (territorios comprendidos entre los ríos Garona, Segre y Ebro) se ha reducido hasta los límites actuales, que cierran un área de apenas 10 000 km^2: del lado español, la provincia de Guipúzcoa, la parte central y oriental de la de Vizcaya, la franja norte de la de Álava y la zona más septentrional de Navarra; del lado francés, parte del departamento de Pyrénées-Atlantiques. La fuerte dialectalización del vasco ha favorecido la penetración del castellano, que ha ejercido desde su origen una intensa presión política y cultural. En 1968, la Academia de la lengua vasca inició una serie de estudios para la normalización de la ortografía, el léxico, la declinación y el verbo vasco, que dieron por fruto el vasco unificado (*euskara batua*). En 1984 la Academia sentó las bases para la redacción de la gramática del euskara batua.

vascón, na adj. y s.m. y f. De un pueblo prerromano de la península Ibérica, de lengua no indoeuropea, que se expandió entre los Pirineos centro-occidentales y el río Ebro. (Su romanización fue solo parcial.)

vascongado, a adj. y s. Vasco.

vascuence s.m. LING. Vasco.

vascular adj. (del lat. *vasculum*). Relativo a los vasos sanguíneos: *sistema vascular.* **2.** Se dice de las enfermedades que se derivan de un defecto de irrigación de los tejidos. ◇ **Planta vascular** BOT. Planta que tiene vasos.

vascularización s.f. Disposición o producción de los vasos de una región del organismo, una estructura o un tejido.

vascularizado, a adj. Se dice de un órgano provisto de vasos.

vasculonervioso, a adj. Relativo a los vasos y a los nervios.

vasectomía s.f. Escisión quirúrgica de los conductos deferentes, que vuelve estéril al hombre.

vaselina s.f. (ingl. *vaseline,* del alem. *wasser,* agua, y el gr. *élaion,* aceite). Grasa mineral, traslúcida, extraída de residuos de la destilación de los petróleos y utilizada en farmacia y en perfumería.

vasija s.f. (del lat. *vasilia*). Recipiente de forma y material diverso, destinado a contener algo o usado como adorno; especialmente el que está fabricado de forma artesanal y tiene un tamaño manejable.

vasillo s.m. Celdilla del panal.

vaso s.m. (lat. vulg. *vasum*). Recipiente de forma cilíndrica o de cono truncado, que sirve para beber. **2.** Cantidad de líquido que cabe en él. **3.** Vasija o recipiente cóncavo. **4.** ANAT. Conducto por donde circula la sangre o la linfa. (Se distinguen tres clases de vasos: las *arterias,* los *capilares* y las *venas.*) **5.** BOT. Tubo que sirve para la conducción de la savia bruta. ◇ **Ahogarse en un vaso de agua** *Fam.* Afligirse o preocuparse mucho por un motivo sin importancia. **Vaso de noche** Orinal. **Vasos comunicantes** Sistema constituido por dos o más recipientes unidos entre sí por debajo del nivel del fluido que contienen y en los cuales, por estar igualmente sometidos a la presión atmosférica, el fluido alcanza la misma altura. **Vasos sagrados** Vasos destinados al culto.

vasoconstricción s.f. Disminución del diámetro de la luz de los vasos sanguíneos.

vasodilatación s.f. Aumento de la luz de los vasos sanguíneos.

vasomotor, ra adj. MED. Relativo al movimiento regulador de los vasos sanguíneos. ◇ **Trastornos vasomotores** Trastornos circulatorios debidos a una relajación de los vasos (rojez) o a su constricción (palidez), relacionados con trastornos funcionales del sistema nervioso vegetativo o de los centros vasomotores del sistema nervioso central.

vasomotricidad s.f. MED. Movimiento regulador de las arterias y las venas.

vasopresina s.f. Hormona del lóbulo posterior de la hipófisis, que aumenta la tonicidad de los vasos y disminuye el volumen de la orina.

vasquismo s.m. Tendencia política y cultural que propugna una forma de autogobierno para el País Vasco y defiende sus valores históricos y culturales.

vástago s.m. Brote que surge de un vegetal muy cerca del pie, del tallo o del cuello de la raíz. **2.** Hijo u otro descendiente de una persona. **3.** Varilla metálica que sirve para articular o sostener otras piezas.

vasto, a adj. (lat. *vastus*). Muy amplio, dilatado o extenso.

vate s.m. (lat. *vates*). Poeta. **2.** Adivino.

váter s.m. (ingl. *water closet*) [pl. *waters* o *wáteres*]. Retrete, excusado. (Abrev. *WC.*) SIN.: *water, water-closet.*

vaticano, a adj. Relativo al Vaticano.

vaticinar v.tr. Adivinar, predecir.

vaticinio s.m. (lat. *vaticinium*). Acción y efecto de vaticinar.

vatímetro s.m. ELECTR. Instrumento de medida de la potencia desarrollada en un circuito eléctrico.

vatio s.m. (de *Watt,* físico británico). Unidad de medida de potencia, de flujo energético y de flujo térmico (símb. W), equivalente a la potencia de un sistema energético en el que se transfiere uniformemente una energía de 1 julio cada segundo.

vatio-hora s.m. Unidad de medida de trabajo, de energía y de cantidad de calor (símb. Wh), equivalente a la energía producida en 1 hora por una potencia de 1 vatio y que vale 3 600 julios.

vaurien s.m. Velero monotipo de regatas, con orza y aparejo en sloop.

Vd., abrev. de *usted.*

Vds., abrev. de *ustedes.*

ve s.f. Nombre de la letra *v.*

vecinal adj. Relativo al vecindario o a los vecinos de una población. **2.** Se dice del camino más estrecho que una carretera, construido y conservado por el municipio.

vecindad s.f. Cualidad de vecino, cercano. **2.** Conjunto de personas que viven en un mismo edificio. **3.** Vecindario. **4.** Alrededores, cercanías de un sitio. **5.** *Méx.* Conjunto de viviendas populares con patio común, generalmente una antigua casa grande adaptada para tal efecto.

vecindario s.m. Conjunto de los vecinos de una población o barrio.

vecino, a adj. y s. (lat. *vicinus,* de *vicus,* barrio, pueblo). Persona que vive cerca de otra, en el mismo edificio, calle, barrio, etc. **2.** Que tiene casa en una población y contribuye a las cargas o impuestos de esta. ◆ adj. *Fig.* Cercano, próximo, inmediato: *países vecinos.* **2.** *Fig.* Que se asemeja, afín, parecido. ◆ s. Durante la edad media y el Antiguo régimen, nombre dado a los habitantes cabezas de familia de los núcleos urbanos que gozaban del estado de plena libertad o franquicia.

vector s.m. (lat. *vector, -oris,* el que conduce). En la terminología técnica, agente que transporta algo de un lugar a otro. **2.** MAT. Segmento de recta orientado en el que se distingue un origen y un extremo. **3.** MED. Artrópodo que transmite el germen de una enfermedad (bacteria, virus o protozoario) de un sujeto afectado a otro sano. **4.** MIL. Vehículo (bombardero, submarino, misil, etc.) portador de una carga explosiva, especialmente nuclear. ◇ **Radio vector** Segmento orientado que tiene como origen un punto fijo, y cuyo extremo puede desplazarse sobre una curva dada. **Sistema de vectores deslizantes** Conjunto compuesto de un número finito de vectores móviles sobre su línea de aplicación. **Vector energético** Forma intermediaria en la que se transforma la energía de una fuente primaria para su transporte o su almacenamiento, antes de su utilización. **Vector fijo** Vector cuya posición en el espacio está totalmente determinada. **Vector libre** Vector que puede ser remplazado por cualquier otro vector paralelo, del mismo sentido y la misma longitud.

vectorial adj. Relativo a los vectores. ◇ **Análisis,** o **cálculo, vectorial** Estudio de las funciones de una variable vectorial. **Espacio vectorial** Estructura de un conjunto cuyo modelo lo proporcionan las propiedades de los vectores libres del espacio euclideo ordinario. **Magnitud vectorial** Magnitud física cuya definición exige un valor numérico, una dirección y un sentido.

veda s.f. Acción y efecto de vedar. **2.** Espacio de tiempo en que está prohibido cazar o pescar. ◇ **Levantar la veda** Dar por terminada la prohibición de pescar o cazar en un lugar determinado.

vedado, a adj. y s.m. Acotado y cerrado por ley u ordenanza: *terreno vedado.*

vedar v.tr. (lat. *vetare*). Prohibir por ley, estatuto o mandato. **2.** Impedir, dificultar.

vedette s.f. (voz francesa). Artista principal de un espectáculo de variedades, teatro, cine, etc.

védico, a adj. Relativo a los Veda. ◆ s.m. Lengua en la que están escritos los Veda, y que es una forma arcaica del sánscrito.

vedija s.f. Mechón de lana o de pelo enredado.

vedismo s.m. Religión hindú que dio origen al brahmanismo.

veedor s.m. En la edad media y durante el Antiguo régimen, inspector público. **2.** En el ejército, oficial que se ocupaba de la intendencia en la administración de las capitanías.

vega s.f. Terreno bajo, llano y fértil. **2.** Área de regadío que produce una sola cosecha. SIN.: *huerta.*

vegetación s.f. Conjunto de plantas o de vegetales de un área determinada. ◇ **Vegetaciones adenoideas** Folículos linfoides hiperplásicos que se encuentran en los segmentos altos del aparato respiratorio, en particular la rinofaringe, y que pueden dificultar la respiración.

vegetal adj. Relativo a las plantas: *mundo vegetal.* ◆ s.m. Ser vivo caracterizado por la ausencia de boca, de sistema nervioso y de órganos locomotores, así como por la presencia de redes celulósicas, generalmente de clorofila y almidón y la reproducción por esporas. (Bacterias, árboles, plantas y hongos son vegetales.)

vegetar v.intr. y prnl. (lat. *vegetare,* animar). Germinar, crecer, desarrollarse y multiplicarse las plantas. ◆ v.intr. *Fig.* Vivir alguien sin ningún interés o inquietud de tipo moral o intelectual. **2.** *Fig.* Disfrutar voluntariamente de una vida tranquila y reposada, exenta de trabajo y preocupaciones.

vegetarianismo s.m. Régimen de alimentación que se basa en la ingestión casi exclusiva de productos de origen vegetal; algunas veces se consumen también productos derivados de animales, como la leche, los huevos, la miel, etc.

vegetariano, a adj. y s. (fr. *végétarien*). Relativo al vegetarianismo; que practica este régimen alimenticio.

vegetativo, a adj. Se dice del órgano u organismo que solo realiza las funciones fisiológicas estrictamente imprescindibles para continuar vivo: *tejido vegetativo.* ◇ **Aparato vegetativo** Raíces, tallo y hojas de las plantas superiores, y talo de las plantas inferiores, que aseguran la nutrición. **Crecimiento vegetativo** Diferencia entre el número de nacimientos y el número de defunciones en una población, en un período determinado. **Multiplicación vegetativa** Aquella que se realiza por medio de un elemento del aparato vegetativo (estolones, injertos, etc.). **Sistema nervioso vegetativo** Conjunto de los sistemas nerviosos simpático y parasimpático, que regulan el funcionamiento de las vísceras. **Vida vegetativa** Vida puramente orgánica.

veguero, a adj. Relativo a la vega. ◆ s.m. Cigarro puro hecho de una sola hoja de tabaco enrollada. ◆ s. Persona que trabaja en el arado y cultivo de una vega. **2.** Cultivador de una vega para la explotación del tabaco.

vehemencia s.f. (lat. *vehemens, -tis*). Cualidad de vehemente.

vehemente adj. Que tiene una fuerza impetuosa: *discurso vehemente.* **2.** Que obra de forma irreflexiva, dejándose llevar por los impulsos: *persona muy vehemente.* **3.** Ardiente y lleno de pasión.

vehicular v.tr. Conducir, comunicar.

vehiculador s.m. Producto utilizado en el teñido de las fibras textiles formadas por poliéster, para acelerar la velocidad de difusión de los colorantes en la fibra.

vehículo s.m. (lat. *vehiculum,* de *vehere,* llevar a cuestas, llevar en carro). Medio de transporte terrestre, aéreo o acuático. **2.** Cosa que sirve de para transmitir o conducir algo: *el aire es el vehículo del sonido.* **3.** Excipiente farmacéutico. **4.** ÓPT. Prisma que endereza la imagen dada por un objetivo de anteojo.

veinte adj.num.cardin. y s.m. (lat. *viginti*). Dos veces diez: *tiene veinte años; cinco por cuatro son veinte.* ◆ adj.num.ordin. y s.m. Vigésimo, que corresponde en orden al número veinte: *página veinte; es el veinte de la lista.* ◇ **Los (años) veinte** Década que empieza en el año veinte y termina en el treinta.

veinteavo, a o **veintavo, a** adj. y s.m. Se dice de cada una de las veinte partes iguales en que se divide un todo: *cinco es la veinteava parte de cien; diez veintavos equivalen a una mitad.*

veintena s.f. Conjunto o grupo de veinte unidades: *una veintena de libros.* **2.** Sucesión de veinte años o veinte días consecutivos: *la primera veintena de la vida.* **3.** Aproximadamente veinte: *habría una veintena de personas.*

veinticinco adj.num.cardin. y s.m. Veinte más cinco. ◆ adj.num.ordin. y s.m. y f. Vigésimo quinto.

veinticuatro adj.num.cardin. y s.m. Veinte más cuatro. ◆ adj.num.ordin. y s.m. y f. Vigésimo cuarto.

veintidós adj.num.cardin. y s.m. Veinte más dos. ◆ adj.num.ordin. y s.m. y f. Vigésimo segundo.

veintinueve adj.num.cardin. y s.m. Veinte más nueve. ◆ adj.num.ordin. y s.m. y f. Vigésimo noveno.

veintiocho adj.num.cardin. y s.m. Veinte más ocho. ◆ adj.num.ordin. y s.m. y f. Vigésimo octavo.

veintiséis adj.num.cardin. y s.m. Veinte más seis. ◆ adj.num.ordin. y s.m. y f. Vigésimo sexto.

veintisiete adj.num.cardin. y s.m. Veinte más siete. ◆ adj.num.ordin. y s.m. y f. Vigésimo séptimo.

veintitrés adj.num.cardin. y s.m. Veinte más tres. ◆ adj.num.ordin. y s.m. y f. Vigésimo tercio o tercero.

veintiún adj. Apócope de *veintiuno*.

veintiuno, a adj.num.cardin. y s.m. Veinte más uno. ◆ adj.num.ordin. y s.m. y f. Vigésimo primero.

vejación s.f. Acción y efecto de vejar. SIN.: *vejamen*.

vejamen s.m. (lat. *vexamen, -inis*). Vejación.

vejar v.tr. (lat. *vexare*). Maltratar, molestar a alguien haciendo que se sienta humillado.

vejatorio, a adj. Que veja o es capaz de vejar.

vejestorio s.m. *Desp.* Persona muy vieja.

vejez s.f. Cualidad de viejo. **2.** Último período de la vida de las personas. **3.** Manías, actitudes o dichos propios de la vejez.

vejiga s.f. (lat. vulg. *vessica*). Receptáculo abdominal en el que se acumula la orina que llega de los riñones a través de los uréteres, y que comunica con el exterior por el canal de la uretra. **2.** Vesícula.

1. **vela** s.f. Acción de velar, permanecer despierto sin dormir. **2.** Cilindro de cera u otra materia grasa, con pabilo para que pueda encenderse y dar luz. ◆ **velas** s.f.pl. *Fig.* y *fam.* Mocos que cuelgan de la nariz. **2.** TAUROM. Cuernos altos y levantados. ◇ **A dos velas** *Fam.* Con carencia o escasez de dinero. **En vela** Sin dormir por falta de sueño. **No dar vela en,** o **para, un entierro** *Fam.* No dar autoridad, motivo o pretexto para que se intervenga en algo. **Vela de armas** HIST. Una de las ceremonias necesarias para ser armado caballero.

2. **vela** s.f. (lat. *vela*). Conjunto de piezas de lona, lienzo fuerte u otro tejido, cortados y cosidos entre sí formando una superficie capaz de recibir el viento, y que sirve para propulsar una embarcación. **2.** Práctica deportiva de la navegación de vela: *club de vela.* **3.** Velamen, conjunto de velas: *llevar mucha vela.* **4.** Barco de vela. ◇ **Arriar,** o **recoger, velas** Reprimirse, contenerse, ir desistiendo de un propósito. **A toda vela** Con todas las velas desplegadas; dedicándose completamente a la ejecución o consecución de algo.

velada s.f. Reunión o tertulia nocturna para entretenimiento y diversión. **2.** Sesión musical, literaria o deportiva que se celebra por la noche.

velado s.m. PINT. En una superficie recién barnizada, defecto que consiste en una disminución del brillo y en la aparición de una película nebulosa.

velador, ra adj. y s. Que vela o está sin dormir. ◆ s. Méx. Vigilante nocturno de oficinas o edificios en construcción. ◆ s.m. Mesa pequeña y redonda con un solo pie, que en su base se ramifica en tres. **2.** Lamparilla eléctrica de sobremesa. **3.** Amér. Merid. Mesa de noche. **4.** Argent., Méx. y Urug. Lámpara o luz portátil que suele colocarse en la mesita de noche. **5.** Méx. Veladora.

veladora s.f. Méx. Vela gruesa y corta, en forma de cono truncado o invertido que se prende por devoción ante la imagen de un santo.

veladura s.f. PINT. Preparación pictórica traslúcida y a veces transparente, muy fluida.

velamen s.m. (cat. *velam*). Conjunto de las velas de una embarcación o de uno de sus palos. SIN.: *velaje.* **2.** BOT. Envoltura que recubre las raíces de orquídeas y aráceas epífitas. **3.** TAUROM. Cornamenta.

1. **velar** v.intr. (lat. *vigilare*). Permanecer despierto voluntariamente el tiempo destinado a dormir. **2.** *Fig.* Cuidar solícitamente algo: *velar por su salud.* ◆ v.tr. Hacer el centinela guardia durante las horas nocturnas. **2.** Asistir de noche a un enfermo o pasarla con un difunto en señal de duelo o respeto. ◆ v.tr. e intr. REL. Asistir por horas o turnos delante del Santísimo Sacramento cuando está expuesto o en el monumento.

2. **velar** v.tr. y prnl. Cubrir algo con un velo. ◆ v.tr. *Fig.* Ocultar, atenuar o disimular algo: *velar la realidad.* ◆ **velarse** v.prnl. FOT. Borrarse la imagen en la placa o en el papel por la acción indebida de la luz.

3. **velar** adj. Relativo al velo del paladar: *región velar.* ◆ adj. y s.f. FONÉT. Se dice de un fonema cuyo punto de articulación está cerca del velo del paladar, como la *k* y la *g.* SIN.: *gutural.*

velarium o **velario** s.m. Tela con que se cubrían los circos, los teatros y los anfiteatros romanos para abrigar a los espectadores del sol y la lluvia.

velarización s.f. Acción y efecto de velarizar.

velarizar v.tr. y prnl. Hacer velar un sonido.

velatorio s.m. Acto de velar a un difunto. **2.** Grupo de personas que realizan este acto.

velcro s.m. (marca registrada). Sistema de cierre flexible consistente en dos fibras de tela, cada una de ellas con un tipo especial y distinto de urdimbre, que al unirse quedan adheridas entre sí.

veld s.m. (voz neerlandesa, *campo, meseta*). GEOGR. Meseta cubierta de sabana o estepa de la República de Sudáfrica.

veleidad s.f. (lat. escolástico *velleitas*). Cualidad de veleidoso. **2.** Capricho.

veleidoso, a adj. Se dice de la persona inconstante y mudable, y de sus actos.

velería s.f. Arte de hacer velas para las embarcaciones. **2.** Taller donde se fabrican velas y trabajos relacionados con el aparejo de los barcos.

velero, a adj. Se dice de la embarcación muy ligera o que navega mucho: *barco velero.* ◆ s.m. Buque de vela. **2.** Aparato proyectado para vuelos sin motor.

veleta s.f. Placa móvil alrededor de un eje vertical, que se coloca en lo alto de un edificio para indicar la dirección del viento. **2.** AERON. Dispositivo de ciertos aviones ligeros que señala el momento en que el aparato va a entrar en pérdida de velocidad. ◆ s.m. y f. Persona que cambia a menudo de opinión.

veliz o **velís** s.m. Méx. Maleta de mano que puede ser de cuero o de metal.

vello s.m. (lat. *villus,* pelo de los animales o de los paños). Conjunto de pelos más cortos y finos que los de la cabeza o la barba, que cubren algunas partes del cuerpo humano. **2.** Conjunto de pelillos que cubren algunas frutas y plantas.

vellocino s.m. (del lat. *vellus, -eris*). Vellón que resulta de esquilar las ovejas.

1. **vellón** s.m. Toda la lana de un carnero u oveja, que sale junta al esquilarla. **2.** Piel curtida de oveja o carnero, con su lana.

2. **vellón** s.m. (fr. *billon*). Aleación de lata y de cobre, con que se labró moneda. **2.** Moneda de cobre que se usó en lugar de la fabricada con liga de plata.

vellosidad s.f. Existencia de vello. ◇ **Vellosidad intestinal** ANAT. Pliegue de la pared del intestino que aumenta la superficie de este y favorece los fenómenos de absorción.

vellosilla s.f. Planta herbácea de flores amarillas, que crece en la península Ibérica. (Familia compuestas.)

velloso, a adj. Provisto o cubierto de vello: *cuerpo velloso; hojas vellosas.*

velludo, a adj. (cat. *vellut,* terciopelo). Que tiene mucho vello.

velo s.m. (lat. *velum*). Tejido muy fino y transparente que se emplea para cubrir ligeramente algo. **2.** Prenda de tul, encaje, gasa, etc., usada por las mujeres para cubrirse la cabeza o el rostro en determinadas circunstancias. **3.** Manto con que cubren la cabeza y parte superior del cuerpo las religiosas. **4.** *Fig.* Cosa delgada, ligera o flotante que encubre más o menos la vista de otra. **5.** *Fig.* Lo que encubre o disimula la verdad o la falta de claridad en algo: *palabras con un velo de indulgencia.* **6.** BOT. Velamen, envoltura que rodea algunos hongos jóvenes. **7.** FOT. Oscurecimiento accidental de un cliché por exceso de luz. ◇ **Correr,** o **descorrer, el velo** Dejar a la vista algo que se quería ocultar. **Correr,** o **echar, un tupido velo** Dejar de hablar de algo por no ser conveniente mencionarlo o recordarlo, o por ser poco agradable. **Velo del paladar** ANAT. Conjunto que forma el techo de la cavidad bucal.

velocidad s.f. Magnitud física que representa el espacio recorrido en una unidad de tiempo. **2.** Gran rapidez en el movimiento. **3.** AUTOM. Cada una de las combinaciones o relaciones de engranaje de un motor de automóvil. ◇ **Carrera de velocidad** En atletismo y en ciclismo, carrera en pista, generalmente de corta distancia. **Velocidad angular** Derivada respecto al tiempo del ángulo descrito por el radio vector del móvil. **Velocidad de crucero** Media horaria que un vehículo es capaz de mantener durante un largo recorrido. **Velocidad inicial** Velocidad que posee el proyectil en el origen de su trayectoria. (Abrev. V_0.) **Velocidad instantánea** Límite de la velocidad media en un trayecto en que la longitud tiende a cero. **Velocidad media** Relación entre el camino recorrido y el tiempo empleado en recorrerlo. **Velocidad práctica de tiro** Número medio de disparos que un arma puede tirar sobre un objetivo en un minuto, teniendo en cuenta el tiempo necesario para su carga.

velocímetro s.m. Cuentakilómetros. **2.** Indicador de velocidad del avión, con respecto al aire y no con relación a tierra.

velocípedo s.m. Vehículo movido por pedales, que constituyó el origen de la bicicleta. **2.** Bicicleta.

velocista s.m. y f. y adj. Atleta especializado en las carreras de velocidad.

velódromo s.m. (fr. *vélodrome*). Pista para determinadas carreras ciclistas.

velomotor s.m. Motocicleta ligera cuya cilindrada no excede a 50 cm^3.

velón s.m. Lámpara metálica de aceite, compuesta de un depósito con uno o varios picos por los que pasa la mecha, y provista de una pantalla de hojalata. **2.** Chile y Perú. Vela de sebo muy gruesa que suele ser corta.

velorio s.m. Acción de velar un cadáver. **2.** Fiesta nocturna que se celebra en ciertas casas con motivo de haber acabado alguna faena doméstica, como la matanza del cerdo.

veloz adj. (lat. *velox, -ocis*). Que se mueve muy deprisa, con rapidez, que puede ir a mucha velocidad: *automóvil veloz.* **2.** Hecho o ejecutado a gran velocidad: *una carrera veloz.*

velvetón s.m. Tela de algodón que imita el terciopelo.

vena s.f. (lat. *vena*). Vaso que conduce la sangre o la linfa al corazón. **2.** *Fig.* Inspiración poética, facilidad para componer versos. **3.** *Fig.* Disposición natural para alguna actividad determinada: *tener vena de músico.* **4.** Lista ondulada, ramificada y de distinto color que la superficie en algunas piedras y maderas. **5.** Conducto natural por donde circula el agua en las entrañas de la tierra. **6.** BOT. **a.** Nervadura muy saliente de ciertas hojas. **b.** Fibra de la vaina de ciertas legumbres. **7.** MIN. Filón de roca o de una masa mineral encajado en una roca de distinta naturaleza. ◇ **Coger,** o **hallar, de vena a alguien** *Fam.* Encontrarlo en disposición favorable para lograr o conseguir lo que se pretende de él. **Darle a alguien la vena** *Fam.* Sentir un impulso súbito o irrazonable. **Estar en vena** *Fam.* Estar inspirado para llevar a cabo una actividad.

venablo s.m. (lat. *venabulum*). Dardo o lanza corta arrojadiza que en el s. XVI, en España, era el distintivo de alférez. ◇ **Echar venablos** Prorrumpir en expresiones de cólera.

venada s.f. Amér. Cierva.

venadear v.tr. Méx. *Fig.* Asesinar a alguien en el campo y a mansalva.

venado s.m. (lat. *venatus, -us,* pieza cazada). Ciervo.

1. **venal** adj. Relativo a las venas.

2. **venal** adj. Vendible, destinado a ser vendido o expuesto a la venta: *objetos venales.* **2.** *Fig.* Que se deja corromper o sobornar con dádivas: *justicia venal.*

venático, a adj. y s. *Fam.* Que tiene vena de loco, o ideas extravagantes.

venatorio, a adj. Cinegético.

vencedero, a adj. Sujeto a vencimiento en una fecha determinada: *factura vencedera el próximo mes.*

1. **vencejo** s.m. ZOOL. Ave parecida a la golondrina, pero de alas más estrechas y cola más corta, que vive prácticamente en todo el mundo y caza insectos durante su rápido vuelo. (Orden apodiformes.)

2. **vencejo** s.m. (del lat. *vincire,* atar, encadenar). Lazo o ligadura con que se ata algo, especialmente las mieses.

vencer v.tr. (lat. *vincere*) [conj.: *mecer*]. Obligar a un enemigo a rendirse, derrotarlo en un combate: *vencer en la batalla.* **2.** Resultar el primero en un concurso, competición, etc. **3.** Inducir a alguien a seguir determinado parecer o cambiar de opinión: *venció mi resistencia.* **4.** Afrontar y resolver con éxito una dificultad, problema, etc.: *vencer un obstáculo.* **5.** Prevalecer una cosa sobre otra: *la razón venció a la locura.* **6.** Aventajar una persona o cosa en cierta cualidad. **7.** Subir, coronar o superar la altura o aspereza de un lugar: *vencer una cumbre.* ◆ v.tr. y prnl. Rendir a alguien las cosas físicas o morales que actúan sobre ella: *le venció el sueño, el hambre, el dolor.* **2.** Ladear, torcer, inclinar, hundir algo o a alguien el peso de algo: *el paquete le vencía.* ◆ v.intr. Terminar cierto plazo. **2.** Terminar o perder su fuerza obligatoria un contrato por cumplirse la condición o el plazo en él fijado. **3.** Hacerse exigible una deuda u otra obligación: *el recibo vence el día veinte.* ◆ v.tr., intr. y prnl. Dominar, refrenar las pasiones, afectos, etc.: *vencer el miedo.*

vencetósigo s.m. (lat. *vincetoxicum*). Planta herbácea de raíces medicinales, con flores pequeñas y blancas y de olor parecido al del alcanfor. (Familia asclepiadáceas.)

vencido, a adj. y s. Que ha sido derrotado: *un país vencido.* ◇ **A la tercera va la vencida** Expresa que a la tercera tentativa se suele conseguir el fin deseado. **Darse por vencido** Cesar en la oposición o rendirse ante el convencimiento de la inutilidad de un esfuerzo.

vencimiento s.m. Acción y efecto de vencer. **2.** *Fig.* Inclinación o torcimiento de algo material: *vencimiento de una estantería.* **3.** Momento en que se ha de cumplir una obligación o fecha en que se debe pagar una deuda.

venda s.f. (germ. *binda*). Franja de tela o gasa para cubrir heridas o para sujetar la cura aplicada en ellas. ◇ **Caérsele a alguien la venda de los ojos** Salir del estado de ofuscación en que estaba. **Tener una venda en,** o **delante de, los ojos** Ignorar la verdad por ofuscación o por no quererla saber.

vendaje s.m. Acción de cubrir con vendas una parte determinada del organismo. **2.** Técnica terapéutica basada en el empleo de vendas. **3.** Conjunto de vendas.

vendar v.tr. Aplicar una venda o atar o cubrir con ella.

vendaval s.m. (fr. *vent d'aval,* viento del oeste). Viento fuerte que no llega a temporal. **2.** Viento fuerte del sur, con tendencia a rolar al oeste. **3.** MAR. En las costas orientales de América Central, viento del oeste que sopla en otoño. ◆ **vendavales** s.m.pl. Vientos utilizados para la travesía de regreso de las Indias Occidentales a España.

vendedor, ra adj. y s. Que vende o tiene por oficio vender. ◆ s. DER. Persona que procede a una venta o que es parte en un contrato de compraventa.

vender v.tr. (lat. *vendere*). Ceder a otro algo a un determinado precio. **2.** Ejercer esta actividad comercial: *vender fruta en el mercado.* **3.** Exponer u ofrecer al público géneros o mercaderías. **4.** Sacrificar al interés algo que no tiene valor material: *vender la honra.* **5.** *Fig.* Faltar a la fe, confianza o amistad que se debe a otro. ◆ **venderse** v.prnl. *Fig.* Dejarse sobornar o corromper: *venderse al mejor postor.* **2.** *Fig.* Decir o hacer inadvertidamente algo que descubre lo que se quiere tener oculto. **3.** *Fig.* Seguido de la prep. *por.* atribuirse alguien una condición o cualidad que no tiene. ◇ **Estar,** o **ir, vendido** No poder fiarse de las personas que tiene alrededor o de alguien o algo que se tiene que utilizar. **Vender caro algo a alguien** Hacer que le cueste mucho trabajo o fatiga el conseguirlo. **Venderse caro** Prestarse con gran dificultad al trato o comunicación.

vendetta s.f. (voz italiana, *venganza*). Estado de enemistad producido por una muerte o una ofensa y que se transmite a toda la familia de la víctima. **2.** Venganza de un asesinato por medio de otro asesinato entre dos clanes.

vendimia s.f. (lat. *vindemia*). Recolección de la uva. **2.** Época en que se efectúa esta recolección. **3.** Uva que se recoge en la vendimia.

vendimiador, ra s. Persona que trabaja en una vendimia.

vendimiadora s.f. Máquina para la recolección de la uva.

vendimiar v.tr. (lat. *vindemiare*). Recoger la uva de las viñas.

vendos → wendos.

veneciano, a adj. y s. De Venecia.

venencia s.f. Recipiente o cacillo de metal, con mango en forma de varilla terminada en gancho, que sirve para sacar pequeñas cantidades de vino o mosto de una cuba, tonel, etc.

veneno s.m. (lat. *venenum*). Sustancia que ocasiona la muerte o graves trastornos en el organismo. **2.** *Fig.* Cosa nociva para la salud. **3.** *Fig.* Cosa capaz de pervertir o causar un daño moral. **4.** Maldad o mala intención en lo que se dice o se hace.

venenoso, a adj. Que contiene veneno, capaz de envenenar. **2.** *Fig.* Mal intencionado, que desacredita o deshonra.

venera s.f. (lat. *veneria*). Concha de la vieira, semicircular y de dos valvas.

venerable adj. Digno de veneración. ◆ s.m. Presidente de una logia masónica. **2.** REL. En la Iglesia católica, título dado a un siervo de Dios en vías de beatificación.

veneración s.f. Acción y efecto de venerar.

venerar v.tr. (lat. *venerari*). Sentir o mostrar respeto en grado sumo a alguien. **2.** REL. Dar o rendir culto a Dios, a los santos y a las cosas sagradas.

venéreo, a adj. (bajo lat. *venereus,* perteneciente a Venus, divinidad romana). Relativo al placer o al trato sexual. ◇ **Enfermedades venéreas** Enfermedades infecciosas contraídas principalmente por contacto sexual.

venero s.m. Manantial de agua. **2.** *Fig.* Cosa que origina o contiene en gran cantidad una cosa: *un venero de información.* **3.** Criadero de un mineral.

véneto, a adj. y s. De uno de los pueblos indoeuropeos del N de Europa, que, en el I milenio a.C., se establecieron un grupo en el N de Italia (actual Véneto) y otro en la Galia, en Armórica (región de Vannes).

venezolanismo s.m. Vocablo o giro privativo de Venezuela.

venezolano, a adj. y s. De Venezuela. ◆ s.m. Modalidad lingüística adoptada por el español en Venezuela.

venganza s.f. Daño o agravio infligido a alguien como respuesta o satisfacción a otro recibido de él.

vengar v.tr. y prnl. (lat. *vindicare,* reivindicar). Tomar satisfacción o dar respuesta a un agravio o daño por medio de otro: *vengar una ofensa.*

vengativo, a adj. Inclinado a la venganza.

venia s.f. (lat. *venia*). Licencia para obrar.

venial adj. Que de manera leve es contrario a la ley y que por tanto es de fácil perdón: *falta venial.* ◇ **Pecado venial** Pecado leve (por oposición a *pecado mortal*).

venialidad s.f. Cualidad de venial.

venida s.f. Acción y efecto de venir. **2.** Crecida impetuosa de un río.

venidero, a adj. Que está por venir o suceder, futuro: *años venideros.*

venilla s.f. Vena pequeña.

venir v.intr. (lat. *venire,* ir, venir). Moverse, trasladarse de allá para acá. **2.** Moverse hacia acá del modo que se expresa: *venir a pie.* **3.** Presentarse una persona ante otra: *hacer venir ante sí.* **4.** Acercarse o estar próximo en el tiempo: *el año que viene.* **5.** Seguir inmediatamente una cosa a otra: *después del prólogo viene la introducción.* **6.** Suceder: *vinieron grandes calamidades.* **7.** Tener su origen una cosa en otra: *ese carácter le viene de familia.* **8.** Ajustarse una cosa a otra: *el pantalón le viene estrecho.* **9.** Estar, hallarse: *la foto viene en la portada.* **10.** Aparecer en alguien cierta sensación, sentimiento, idea, etc.: *venir sueño, risa.* **11.** Volver a tratar un asunto después de una digresión: *pero vengamos al caso.* **12.** Pasar el dominio o uso de una cosa de unos a otros. **13.** Seguido de la preposición *en* y un sustantivo, toma el signifi-

venir

INDICATIVO	SUBJUNTIVO
presente	**presente**
vengo	*venga*
vienes (venís)	*vengas*
viene	*venga*
venimos	*vengamos*
venís	*vengáis*
vienen	*vengan*
copretérito o **pret. imperfecto**	**pretérito** o **pret. imperfecto**
venía	*viniera* o *viniese*
venías	*vinieras* o *vinieses*
venía	*viniera* o *viniese*
veníamos	*viniéramos* o *viniésemos*
veníais	*vinierais* o *vinieseis*
venían	*vinieran* o *viniesen*
pretérito o **pret. perf. simple**	**futuro** o **fut. simple**
vine	*viniere*
viniste	*vinieres*
vino	*viniere*
vinimos	*viniéremos*
vinisteis	*viniereis*
vinieron	*vinieren*

futuro o **fut. simple**
vendré
vendrás
vendrá
vendremos
vendréis
vendrán

pospretérito o **condicional simple**
vendría
vendrías
vendría
vendríamos
vendríais
vendrían

IMPERATIVO

ven (vení)	(tú, vos)
venga	(él)
vengamos	(nosotros)
venid	(vosotros)
vengan	(ellos)

FORMAS NO PERSONALES

infinitivo venir
gerundio *viniendo*
participio venido

cado del verbo correspondiente a dicho sustantivo: *venir en conocimiento de algo.* **14.** Con la preposición *a* y ciertos nombres, estar pronto a hacer lo que estos significan. **15.** Seguido de la preposición *a* y de un verbo como *ser, tener, decir*, etc., expresa equivalencia aproximada: *viene a tener la misma anchura.* **16.** Con la preposición *sobre* significa caer. **17.** Seguido de la preposición *con*, aducir una cosa: *no me vengas con discursos.* ◆ v.auxiliar. Con gerundio intensifica la significación durativa de este: *venían haciendo lo mismo.* **2.** Con la preposición *a* y un infinitivo, equivale a un verbo simple: *viene a decir lo mismo.* ◆ v.intr. y prnl. Llegar al sitio donde está el que habla: *vinieron a verme.* **2.** Llegar alguien a transigir o avenirse: *se vino a mis razonamientos.* ◇ **Venir al pelo** *Fam.* Ser provechoso o útil. **Venir a menos** Caer del estado que se gozaba, descender de posición económica o social. **Venir a parar en algo** Terminar, desembocar en lo que se expresa. **Venir bien** Resultar adecuado o conveniente. **Venir clavado** *Fam.* Ser adecuada o conveniente una cosa para otra. **Venir a alguien con algo** Acudir a él contando algo extraordinario o inesperado. **Venirse abajo** Caer una cosa; deprimirse una persona.

venoso, a adj. Relativo a las venas. ◇ **Sangre venosa** Sangre pobre en oxígeno y rica en gas carbónico, que circula por las venas y las arterias pulmonares.

venta s.f. (lat. *vendita*). Acción y efecto de vender. **2.** Cantidad de cosas que se venden. **3.** Parador o posada en los caminos o despoblados para hospedaje de viajeros. **4.** DER. Contrato consensual, bilateral y oneroso, por el cual una de las partes se obliga a entregar a la otra una cosa a cambio de un precio convenido. ◇ **Venta a crédito** Venta de una cosa cuya entrega precede al pago. **Venta al contado** Venta en la cual la entrega de la cosa y el pago se producen al mismo tiempo. **Venta a plazos** Venta a crédito, en que el pago se efectúa en inversiones periódicas en un espacio de tiempo. **Venta de oficios** HIST. Práctica habitual en las monarquías del occidente europeo, desde fines de la edad media hasta los ss. XVIII y XIX, ya fuera referida al desempeño del oficio en sí o al derecho de su transmisión por vía hereditaria, así como a la variación de la duración del cargo.

ventada s.f. Golpe, ráfaga de viento.

ventaja s.f. (del ant. *aventage,* del fr. *avantage,* de *avant,* delante). Circunstancia de ir o estar delante de otro u otros en una actividad, competición, juego, etc. **2.** Circunstancia o situación favorable o de superioridad.

ventajear v.tr. Argent., Colomb., Guat. y Urug. Sacar ventaja mediante procedimientos reprobables.

ventajero, a adj. y s. Dom., P. Rico y Urug. Ventajista.

ventajista adj. y s.m. y f. Se dice de la persona que por cualquier medio, lícito o no, procura obtener ventaja en sus asuntos o tratos.

ventajoso, a adj. Que reporta, ofrece o tiene ventajas.

ventana s.f. Abertura, generalmente rectangular, dejada o practicada, a una cierta distancia del suelo, en la pared de una construcción, para dar luz y ventilación. **2.** Cualquier abertura de forma semejante. **3.** Hoja u hojas, generalmente con cristales, con que se cierra una ventana. **4.** Cada uno de los dos orificios de la nariz. **5.** INFORMÁT. Área rectangular de la pantalla de una computadora a través de la cual se pueden gestionar mensajes, tablas de datos, pantallas gráficas y movimientos del cursor. ◇ **Arrojar,** o **echar,** o **tirar, algo por la ventana** *Fam.* Malgastarlo, desperdiciarlo; dejar pasar, desaprovechar una oportunidad. **Ventana oval** ANAT. Orificio situado en la pared interna del oído medio. **Ventana tectónica** GEOL. Abertura realizada por la erosión en un manto de corrimiento.

ventanaje s.m. Conjunto de las ventanas de un edificio.

ventanal s.m. Ventana grande en los muros exteriores de un edificio.

ventanear v.intr. *Fam.* Asomarse frecuentemente a la ventana o pasarse mucho tiempo asomado a ella.

ventanilla s.f. Abertura pequeña que hay en la pared o tabique de los despachos de billetes, bancos y otras oficinas, por la cual los empleados se comunican con el público que se halla fuera. **2.** Abertura cubierta con vidrio plano, que tienen los automóviles, vagones de tren y otros vehículos. **3.** Abertura rectangular de un sobre, tapada por un papel transparente, que permite ver la dirección del destinatario escrita en la misma carta que va dentro del sobre. **4.** Ventana de la nariz.

ventanillo s.m. Pequeña abertura hecha en la puerta exterior de las casas y en general protegida con una rejilla, que permite ver a la persona que llama, sin necesidad de abrir la puerta. **2.** Postiguillo de puerta o ventana.

ventano s.m. Ventana pequeña.

ventar v.intr. [conj.: *pensar*]. Ventear.

ventarrón s.m. Viento muy fuerte.

venteamiento s.m. Alteración del vino por la acción del aire.

ventear v.tr. Olfatear el aire los animales sirviéndoles de orientación. **2.** Sacar o arrojar una cosa al viento para enjugarla o limpiarla. ◆ v.intr. Soplar viento o hacer fuerte aire. SIN.: *ventar.*

venteril adj. Relativo a la venta o al ventero.

ventero, a s. Persona que es propietaria de una venta o que se encarga de ella.

ventila s.f. Méx. Ventanilla pequeña de un automóvil. **2.** Méx. Serie de ventanillas que abren y cierran horizontalmente para regular la entrada de aire en una habitación.

ventilación s.f. Acción de ventilar. **2.** Corriente de aire que se establece al ventilar una habitación. ◇ **Ventilación asistida** MED. Asistencia respiratoria. **Ventilación pulmonar** FISIOL. Movimiento del aire en los pulmones.

ventilador s.m. Aparato para renovar el aire de un lugar cerrado, o para poner en movimiento el aire de un sitio produciendo frescor.

ventilar v.tr. y prnl. (lat. *ventilare*). Renovar el aire de un lugar. ◆ v.tr. Poner, sacar una cosa al aire y agitarla para que se le vaya la humedad o el polvo: *ventilar una manta.* **2.** *Fig.* Tratar, dilucidar, intentar resolver algo: *ventilar un asunto.* **3.** *Fig.* Hacer que trascienda al público en general un asunto privado o íntimo: *ventilar asuntos personales.* ◆ v.intr. Efectuarse completa y satisfactoriamente el proceso de llenado y vaciado del aire en el pulmón. ◆ **ventilarse** v.prnl. *Fig.* Renovar alguien su aspecto, ideas o pensamientos que ha mantenido inalterables durante más tiempo del debido. **2.** Esp. *Fam.* Terminar con algo: *se ventiló todas las galletas.* **3.** Esp. *Fam.* Matar a alguien.

ventisca s.f. Borrasca o tempestad de viento y nieve.

ventiscar v.intr. Nevar con viento fuerte. SIN.: *ventisquear.* **2.** Levantarse la nieve del suelo por la violencia del viento. SIN.: *ventisquear.*

ventiscoso, a adj. Se dice del tiempo y del lugar en que son frecuentes y abundantes las ventiscas.

ventisquear v.intr. Ventiscar.

ventisquero s.m. Parte del monte más alta y más expuesta a las ventiscas. **2.** Lugar donde se conserva largo tiempo la nieve y el hielo en lo alto de una montaña. **3.** Masa de nieve o hielo que hay en este lugar.

ventola s.f. MAR. Fuerza que hace el viento contra un obstáculo.

ventolera s.f. Golpe o racha de viento fuerte pero poco duradero. ◇ **Dar a alguien la ventolera** *Fam.* Metérsele en la cabeza una idea repentina que no tiene explicación lógica.

ventolina s.f. MAR. Viento leve y variable que suele soplar antes y después de la calma.

ventorrero s.m. Sitio alto y despejado, muy combatido por los vientos.

ventorro s.m. *Desp.* Venta, posada. **2.** Venta pequeña.

ventosa s.f. Objeto consistente en una concavidad que, al hacerse el vacío, queda adherida por presión a una superficie. **2.** Abertura que se practica en algunos sitios para dar paso y entrada al aire. **3.** MED. Ampolla de vidrio que se aplica sobre la piel para producir una revulsión local, enrareciendo el aire en su interior. **4.** ZOOL. Órgano de fijación de la sanguijuela, el pulpo y otros animales.

ventosear v.intr. Expeler ventosidades.

ventosidad s.f. Acúmulo de gases en el interior de la luz intestinal, especialmente cuando son expulsados por el ano.

ventoso, a adj. Se dice del día, del tiempo o del lugar en que corre viento fuerte.

ventral adj. Relativo al vientre. **2.** Que es anterior: *cara ventral.* CONTR.: *dorsal.*

ventricular adj. Relativo al ventrículo.

ventrículo s.m. (lat. *ventriculus*). Cavidad del corazón, de paredes musculadas, cuyas contracciones envían la sangre a las arterias. **2.** Cada una de las cuatro cavidades del encéfalo que contienen el líquido cefalorraquídeo.

ventriculografía s.f. MED. Técnica radiológica de estudio de los ventrículos cerebrales por opacificación de los mismos mediante un producto de contraste.

ventrílocuo, a adj. y s. Se dice de la persona que puede hablar emitiendo sonidos sin mover los labios y los músculos faciales, de manera que parezca que es otra persona la que habla.

ventriloquia s.f. Arte del ventrílocuo.

ventrudo, a adj. Que tiene mucho vientre o muy abultado.

ventura s.f. (lat. *ventura,* lo por venir). Felicidad, buena suerte, fortuna. **2.** Contingencia, casualidad. ◇ **A la (buena) ventura** Sin un plan preconcebido. **Por ventura** Por suerte o casualidad; quizá.

Venturi. Tubo de Venturi Tubo provisto de un estrechamiento, utilizado para la medida del caudal de los fluidos.

venturina s.f. Piedra fina, de ornamentación, constituida por cuarzo e inclusiones de mica.

venturoso, a adj. Afortunado, dichoso.

vénula s.f. ANAT. Venilla.

venus s.f. (de *Venus,* diosa itálica). Mujer de gran belleza. **2.** PREHIST. Denominación dada a unas estatuillas de mujer, características del período auriñaciense.

1. ver v.tr. (lat. *videre*). Percibir con los ojos, percibir mediante el sentido de la vista: *desde aquí veo el mar.* **2.** *Fig.* Observar, examinar, considerar alguna cosa. **3.** Someterse a examen, a visita, a control de parte de un técnico, especialista, experto, etc.: *que lo vea el médico.* **4.** *Fig.* Comprender, entender, darse cuenta de una realidad, un hecho, una situación: *ver los motivos de mi enojo.* **5.** *Fig.* Adquirir el conocimiento de algo. **6.** *Fig.* Ser testigo de un hecho o acontecimiento. **7.** *Fig.* Juzgar, considerar apto, idóneo, posible. **8.** *Fig.* Tener en cuenta: *solo ve sus propios intereses.* **9.** *Fig.* Probar: *veremos si funciona.* **10.** *Fig.* Ser un lugar el escenario de algún acontecimiento, suceso, etc.: *es una llanura que ha visto muchas batallas.* **11.** *Fig.* Imaginar, fantasear: *ver fantasmas.* ◆ v.tr. y prnl. Frecuentar, visitar, encontrar a alguien: *iré a verlo mañana.* ◆ v.intr. En el póquer, igualar la apuesta propuesta por el adversario, a fin de obligarlo a mostrar el juego. ◆ **verse** v.prnl. Estar en un sitio de manera visible. **2.** Reflejar un objeto la propia imagen. ◇ **A,** o **hasta, más ver** *Fam.* Se usa como saludo de despedida. **A ver** Expresión en tono interrogativo con que se acompaña la acción de acercarse a mirar una cosa o se muestra interés por algo; expresa curiosidad o expectación; se usa para llamar la atención de alguien antes de darle una orden o de decirle algo. **Dejarse ver** No querer pasar inadvertido, salir, mostrarse para ser conocido. **Echar de ver algo** Advertir o percibir cierta cosa. **Hacer ver algo a alguien** Hacerle cambiar de opinión. **No poder ver a alguien** *Fam.* Sentir antipatía hacia una persona. **Ser de ver** Ser una cosa digna de admiración. **Tener que ver** Tener alguna relación o interés común. **Verlas,** o **ver, venir** Esperar para la resolución de algo la determinación o intención de otro, o el suceso futuro; ser muy astuto y percatarse con rapidez de lo que ocurre o se trama. **Vérselas con alguien** *Fam.* Pelearse con una persona. **Ver venir a alguien** *Fam.* Adivinar su intención.

2. ver s.m. Sentido de la vista. **2.** Aspecto, apariencia: *estar de buen ver.*

vera s.f. Orilla de un mar, río, etc. **2.** Lugar que está más cercano de la persona o cosa que se expresa: *siéntate a mi vera.*

veracidad s.f. Cualidad de veraz.

veranda s.f. Galería ligera que rodea una casa. **2.** Mirador o balcón acristalado.

veraneante adj. y s.m. y f. Que veranea.

veranear v.intr. Pasar el verano en algún lugar distinto del que habitualmente se reside.

veraneo s.m. Acción y efecto de veranear.

veraniego, a adj. Relativo al verano: *ropa veraniega.*

veranillo s.m. **Veranillo de san Martín** Esp. Tiempo breve a mediados de otoño en que vuelve a hacer calor.

verano s.m. (del lat. vulg. *veranum tempus,* tiempo primaveral). Estación del año, comprendida entre la primavera y el otoño. **2.** En los trópicos, temporada de sequía, que dura unos seis meses.

veras s.f.pl. Realidad, verdad en aquello que se dice o hace. ◇ **De a veras** Méx. De verdad, no falso. **De veras** Real-

ver

INDICATIVO	SUBJUNTIVO	
presente	**presente**	
veo	*vea*	
ves	*veas*	
ve	*vea*	
vemos	*veamos*	
veis	*veáis*	
ven	*vean*	
copretérito o pret. imperfecto	**pretérito o pret. imperfecto**	
veía	viera o viese	
veías	vieras o vieses	
veía	viera o viese	
veíamos	viéramos o viésemos	
veíais	vierais o vieseis	
veían	vieran o viesen	
pretérito o pret. perf. simple	**futuro o fut. simple**	
vi	viere	
viste	vieres	
vio	viere	
vimos	viéremos	
visteis	viereis	
vieron	vieren	
futuro o fut. simple	**IMPERATIVO**	
veré		
verás	ve	(tú, vos)
verá	*vea*	(él)
veremos	*veamos*	(nosotros)
veréis	ved	(vosotros)
verán	*vean*	(ellos)
pospretérito o condicional simple	**FORMAS NO PERSONALES**	
vería		
verías	**infinitivo**	**gerundio**
vería	ver	viendo
veríamos	**participio**	
veríais	*visto*	
verían		

mente, sinceramente. **Ir de veras** Ser real lo que se hace o va a suceder.

veratrina s.f. Alcaloide tóxico producido por el eléboro blanco o veratro.

veraz adj. (lat. *verax, -acis*). Que dice o usa siempre la verdad. **2.** Que corresponde enteramente a la verdad o realidad: *relato veraz.*

verbal adj. Que se hace o estipula de palabra y no por escrito: *comunicación verbal.* **2.** Relativo a la palabra. SIN.: *oral.* **3.** LING. Relativo al verbo: *forma verbal.* ◇ **Nota verbal** Nota escrita pero no firmada, remitida por un agente diplomático a un gobierno extranjero.

verbalismo s.m. Propensión a fundar el razonamiento más en las palabras que en los conceptos.

verbalista adj. Relativo al verbalismo.

verbalizar v.tr. Expresar una cosa con palabras.

verbalmente adv.m. Hablando, no por escrito.

1. **verbena** s.f. (de *coger la [planta de la] verbena,* madrugar mucho). Fiesta popular con bailes callejeros, tenderetes, bebidas, etc., que se celebra en las vísperas de ciertas festividades. **2.** Baile al aire libre.

2. **verbena** s.f. (lat. *verbena,* ramo que utilizaban los sacerdotes en los sacrificios). Planta arbustiva, subarbustiva o herbácea, una de cuyas especies, amarga y astringente, se usó como resolutiva, febrífuga y vulneraria. (Familia verbenáceas.)

verbenáceo, a adj. y s.f. Relativo a una familia de plantas herbáceas o leñosas que crecen en los países cálidos y templados del hemisferio austral, como la verbena o la hierba luisa.

verbenero, a adj. Relativo a las verbenas populares: *traje verbenero.*

verberar v.tr. (lat. *verberare,* azotar). Golpear el viento o el agua en algún sitio.

verbigeración s.f. PSIQUIATR. Emisión automática de palabras o de frases enteras, incoherentes y sin continuidad, que se da especialmente en los estados demenciales.

verbigracia adv.m. Por ejemplo.

verbo s.m. (lat. *verbum,* palabra). Lenguaje: *atrae al auditorio con su verbo fácil.* **2.** LING. Categoría gramatical que agrupa al conjunto de formas compuestas por una base léxica y un determinado número de afijos que constituyen las marcas de número, persona y tiempo, cuya función sintáctica es estructurar los términos del enunciado y cuyo papel semántico es expresar la acción que realiza o padece el sujeto, su existencia o estado, e incluso las modificaciones aportadas a este por elementos incluidos en el predicado. **3.** TEOL. CRIST. Segunda persona de la Santísima Trinidad, encarnada en Jesucristo. (Con este significado, se escribe con mayúscula.)

verborragia s.f. *Desp.* Verborrea.

verborrea s.f. *Desp.* Empleo excesivo de palabras al hablar.

verbosidad s.f. Tendencia a emplear más palabras de las necesarias para expresarse.

verdad s.f. (lat. *veritas, -atis*). Adecuación entre una proposición y el estado de cosas que expresa. **2.** Conformidad entre lo que una persona manifiesta y lo que ha experimentado, piensa o siente: *juró contarnos la verdad.* **3.** Pensamiento o afirmación que se expresa de forma clara, directa y sincera: *decir las verdades a alguien.* (Suele usarse en plural.) **4.** Principio o juicio dado o aceptado como cierto: *verdad filosófica, científica.* **5.** Realidad, existencia real de una cosa. **6.** Conjunto de principios que son la base de la vida espiritual y de la vida universal: *el místico busca la verdad.* ◇ **A decir,** o **a la, verdad** Expresión con que se afirma la certeza y realidad de una cosa; se usa para rectificar o desvirtuar alguna idea expresada antes o consabida. **De verdad** Expresión enfática con que se insiste en la certeza de una afirmación; realmente, sinceramente, seriamente. **En verdad** Verdaderamente. **Faltar a la verdad** Mentir, decir lo contrario de lo que es o se sabe. **La hora,** o **el momento, de la verdad** El momento en el cual una intención, un propósito o algo semejante deben encontrar una verificación en la realidad o en el que se deben poner en práctica determinadas afirmaciones. **Verdad de Perogrullo** Perogrullada.

verdaderamente adv.m. Con toda verdad, realmente.

verdadero, a adj. Que es conforme a la verdad, a la realidad: *la verdadera causa del problema.* **2.** Que es realmente o plenamente lo que indica su nombre: *amor verdadero.* **3.** Real y efectivo, en contraposición a nominal, presunto: *no se sabe cuál es el verdadero padre de la criatura.* **4.** Sincero, veraz, que dice siempre la verdad.

verdal adj. BOT. Se dice de ciertos frutos que tienen color verde aun después de maduras: *aceituna verdal.* **2.** Se dice de los árboles que las producen.

verdasca s.f. Vara o ramo delgado y verde.

verdascal s.m. Masa forestal o monte bravo cuyas ramas han crecido tanto que sirven para hacer varas.

verde adj. y s.m. (lat. *viridis,* verde, vigoroso, joven). Se dice del color que ocupa el cuarto lugar del espectro solar, como el de la hierba fresca o las hojas de los árboles. ◆ adj. Que es de este color: *ojos verdes.* **2.** Se dice de la planta, parte de la planta o leña que no está seca. **3.** Se dice de la legumbre o verdura que se consume fresca conservando aún su color verde. **4.** Se dice de las frutas que todavía no están en sazón para ser comidas, en contraposición a maduro. **5.** *Fig.* Que está en sus principios y que le falta mucho para perfeccionarse: *el proyecto todavía está verde.* **6.** Se dice de los movimientos ecologistas y de sus partidarios: *partido verde.* **7.** Que contribuye a la conservación del medio ambiente: *producto verde.* **8.** *Fig.* Se dice de las personas mayores que tienen inclinaciones amorosas consideradas impropias de su edad: *viejo verde.* **9.** *Fig.* Se dice de los chistes, cuentos, imágenes, etc., que hablan de sexo y de las personas aficionadas a ellos: *chistes verdes.* **10.** *Fig.* Se dice de los primeros años de la vida y de la juventud. ◆ s.m. Hierba baja y abundante que cubre el terreno: *el verde del parque.* ◇ **Poner verde** *Fam.* Censurar o reprender a alguien con acritud; criticarlo. **Zona verde** Espacios libres plantados de vegetación, emplazados dentro de la ciudad.

verdear v.intr. y prnl. Tomar color verde o tirar a verde. **2.** Empezar a brotar plantas en los campos, o cubrirse de tallos y hojas los árboles.

verdecer v.intr. [conj.: *parecer*]. Cubrirse de verdor la tierra o los árboles.

verdecillo s.m. Ave paseriforme de Europa y Oriente próximo, de cuerpo rechoncho, pico corto y grueso y plumaje listado de color amarillo verdoso. (Familia fringílidos.)

verdegal s.m. Lugar en el campo que está verde.

verdemar adj. y s.m. Se dice del color verdoso como el que tiene a veces el mar. ◆ adj. Que es de este color: *agua verdemar.* (Es invariable.)

verdeo s.m. Recolección de las aceitunas antes de que maduren para consumirlas después de aderezadas o encurtidas.

verderón s.m. Ave paseriforme, de 15 cm de long., de plumaje verde oliva, que se alimenta de semillas y es muy frecuente en los bosques de Europa. (Familia fringílidos.)

verdiales s.m.pl. Fandango bailable de presunto origen morisco y que tomó el nombre de la región olivarera de los montes de Málaga en que se desarrolló.

verdín s.m. Cardenillo. **2.** Moho que se encuentra en las aguas dulces, paredes, lugares húmedos y en la corteza de los frutos cuando se pudren.

verdinegro, a adj. y s.m. Se dice del color verde oscuro. ◆ adj. Que es de este color.

verdiseco, a adj. Medio seco.

verdolaga s.f. (del lat. *portulaca,* de *portula,* puertecita). Planta herbácea de hojas carnosas comestibles y flores amarillentas o, a veces, rojas. (Familia portulacáceas.)

verdor s.m. Color verde intenso de las plantas en su lozanía. **2.** *Fig.* Vigor, lozanía de las plantas.

verdoso, a adj. Que tiene un tono verde.

verdugado s.m. Prenda de vestir que usaban las mujeres debajo de las sayas o de las faldas para ahuecarlas.

verdugal s.m. Monte bajo que, después de quemado o cortado, se cubre de verdugos.

verdugo s.m. Persona que se encarga de ejecutar a los condenados a muerte o, antiguamente, de aplicar los castigos corporales que dictaba la justicia. **2.** *Fig.* Persona muy cruel o que castiga sin piedad. **3.** Prenda de lana que se ciñe a la cabeza y cuello, dejando solo al descubierto los ojos, la nariz y la boca. **4.** Tallo verde o brote de un árbol. **5.** Estoque muy delgado. **6.** CONSTR. Hilada de ladrillo que se pone horizontalmente en una fábrica de otro material. ◆ adj. y s.m. Se dice del toro que tiene las chorreras negras.

verdugón s.m. Señal roja e hinchada que dejan en el cuerpo los azotes. **2.** Verdugo, vástago nuevo de árbol.

verduguillo s.m. Roncha que suele levantarse en las hojas de algunas plantas. **2.** Espada de estoque, de dos clases: corta y muy cortante o de hoja muy larga y fina. **3.** TAUROM. Estoque que se emplea en el descabello.

verdulería s.f. Establecimiento donde se venden verduras, hortalizas, frutas, etc.

verdulero, a s. Persona que tiene por oficio vender verduras, hortalizas, etc. ◆ s.m. Mueble de cocina donde se guardan las verduras.

verdunización s.f. Procedimiento de depuración del agua por adición de pequeñas cantidades de cloro.

verdura s.f. Legumbres u hortalizas que se comen frescas, antes de que se sequen, conservando aún su color verde.

verduzco, a o **verdusco, a** adj. Que tiene un tono verde oscuro.

verecundia s.f. Vergüenza.

verbo

El verbo está formado por una raíz, que aporta su contenido semántico, y las desinencias, que expresan las categorías verbales: tiempo, modo, aspecto, persona y número. Entre las desinencias y la raíz aparece un morfema vacío de significado y que varía según el verbo pertenezca a la primera (-a), segunda (-e) o tercera conjugación (-i).

categorías verbales

	formas del verbo	ejemplos
persona y número La persona gramatical varía según el referente. El número indica si es singular o plural.	**primera** El referente es el hablante o un conjunto que lo incluye. **segunda** El referente es el oyente o un conjunto que lo incluye. **tercera** El referente es cualquier entidad distinta del hablante o del oyente.	singular: *(yo) canto* plural: *(nosotros, nosotras) cantamos* singular: *(tú) cantas, (vos) cantás* plural: *(vosotros, vosotras) cantáis* singular: *(él, ella, ello) canta* plural: *(ellos, ellas) cantan*
tiempo Sitúa la acción en el devenir temporal.	**presente** Acción simultánea al momento del habla. **pasado** Acción anterior al momento del habla. **futuro** Acción posterior al momento del habla. **tiempos relativos** Acción en relación con un punto temporal que no coincide con el presente del hablante.	*Lee* una carta. *Leyó* una carta. *Leerá* una carta. *Leía* una carta que *había escrito* su padre.
aspecto Indica si la acción está concluida o en desarrollo.	**imperfectivo** Acción en desarrollo. **perfectivo** Acción concluida.	*canto, cantaba, cantaré* *he cantado, canté, había cantado, hube cantado, habré cantado*
modo Expresa la actitud del hablante frente a lo dicho.	**indicativo** Expresa realidades objetivas. Es habitual en las oraciones independientes. **subjuntivo** Expresa hipótesis, deseos o dudas. No suele aparecer en oraciones independientes. **imperativo** Expresa órdenes o mandatos.	*canto, cantaba, cantaré, he cantado, canté, había cantado, hube cantado, habré cantado* *cante, cantara, cantare* *canta, cantad*

verecundo, a adj. Vergonzoso, que se avergüenza con facilidad.

vereda s.f. (bajo lat. *vereda*). Camino angosto, formado generalmente por el paso repetido de personas y ganado. **2.** Amér. Merid. y Cuba. Parte de la calle por donde circulan los peatones, acera. ◇ **Entrar en vereda** *Fam.* Cumplir alguien con sus obligaciones o llevar una vida ordenada y regular. **Hacer entrar,** o **meter, por,** o **en, vereda** Hacer que alguien cumpla sus deberes y obligaciones o lleve una vida ordenada y regular.

veredicto s.m. Fallo pronunciado por un jurado sobre un hecho sometido a su juicio. **2.** Parecer, dictamen o juicio emitido de forma reflexiva por alguien autorizado en la materia de que se trata.

verga s.f. (lat. *virga*). Miembro genital masculino de los mamíferos. **2.** MAR. Percha giratoria generalmente cilíndrica que, colocada por la parte de proa de un palo o mástil, sirve para asegurar la vela.

vergajo s.m. Látigo, especialmente el que está hecho con una verga del toro seca y retorcida.

vergel s.m. (occitano ant. *vergier*). Huerto con gran cantidad de flores y árboles frutales.

vergencia s.f. ÓPT. Inverso de la distancia focal de un sistema óptico centrado.

verger v.intr. GEOMORFOL. Estar inclinado o dirigido en un sentido determinado.

vergeta s.f. HERÁLD. Vara.

vergeteado, a adj. HERÁLD. Se dice del escudo, pieza o partición cubiertos de varas o vergetas. SIN.: *vergetado.*

verglás s.m. (fr. *verglas*). Capa de hielo, fina y transparente, en la superficie del suelo o de los cuerpos sólidos.

vergonzante adj. Vergonzoso. **2.** Se dice de la persona que actúa de modo encubierto o disimulado por vergüenza.

vergonzoso, a adj. Que causa vergüenza: *espectáculo vergonzoso.* ◆ adj. y s. Se dice de la persona que se avergüenza con facilidad: *adolescente vergonzosa.*

vergüenza s.f. (lat. *verecundia*). Sentimiento de pérdida de dignidad ocasionado por alguna falta cometida o por alguna acción o estado deshonroso o humillante. **2.** Sentimiento de incomodidad debido a la timidez o al temor de hacer el ridículo. **3.** Estimación de la propia dignidad. **4.** Indignidad, escándalo. **5.** Cosa o persona que causa deshonor, infamia. **6.** HIST. Pena menor de la Inquisición española, consistente en exponer y hacer desfilar al reo con la espalda al aire, con una argolla al cuello y una capucha. ◆ **vergüenzas** s.f.pl. Genitales. ◇ **Perder la vergüenza** Descararse o insolentarse alguien. **Vergüenza ajena** Vergüenza que se siente por las acciones de otros.

vericueto s.m. Camino estrecho, tortuoso, accidentado y generalmente alto por donde solo se puede pasar con dificultad. (Suele usarse en plural.)

verídico, a adj. Que se ajusta a la verdad. **2.** Verosímil o creíble.

verificación s.f. Acción de verificar o verificarse. **2.** Acto o proceso mediante el cual son comprobados los poderes de los diputados vencedores en unas elecciones, por el organismo designado por la constitución para tal fin. **3.** EPISTEMOL. Procedimiento que trata de confirmar las consecuencias de una ley o un teorema pertenecientes a una ciencia por medio de hechos construidos a partir de observaciones empíricas, de montajes técnicos, de conceptos y, a veces, de útiles matemáticos. **4.** TECNOL. Operación de comprobación o medición, mediante la que se garantiza la calidad de un determinado proceso o fabricación.

verificador, ra adj. y s. Que verifica. ◆ s. Persona encargada del funcionamiento de una verificadora de tarjetas o cinta perforada. ◆ s.m. Instrumento que sirve para controlar.

verificadora s.f. Máquina que efectúa automáticamente la comparación de un paquete de tarjetas o de una cinta perforada con un paquete o una cinta de referencia.

verificar v.tr. Probar que algo es verdadero o exacto: *verificar una declaración.* ◆ v.tr. y prnl. Realizar o efectuar la cosa expresada por el complemento: *se ha verificado el inventario.* ◆ **verificarse** v.prnl. Resultar cierto o verdadero algo previsto o anunciado.

verificativo, a adj. Que sirve para verificar.

verigüeto s.m. Molusco lamelibranquio comestible que vive en las costas ibéricas. (Familia venéridos.)

verija s.f. Pubis. **2.** Amér. Ijar, ijada.

veril s.m. MAR. Línea que une los puntos de igual sonda.

verismo s.m. Escuela literaria y musical que, en la Italia de fines del s. XIX y principios del s. XX, reivindicó el derecho a representar la realidad sin idealización. **2.** Cualidad de lo que representa o relata las cosas con gran realismo.

verista adj. y s.m. y f. Relativo al verismo; partidario o seguidor de esta escuela.

verja s.f. Enrejado o estructura de barras de hierro, de diversos tamaños y figuras, que se emplea como puerta, ventana o cerca.

verme s.m. Gusano, en especial lombriz intestinal.

vermejo s.m. Vino español que se elabora en la provincia de León, en la zona de Valencia de Don Juan.

vermicida adj. y s.m. Se dice del medicamento utilizado para combatir los parásitos intestinales.

vermiculado, a adj. ARQ. Que tiene ornamentos que imitan las galerías que abren los gusanos en la madera.

vermicular adj. Que se parece a los gusanos o participa de sus cualidades.

vermiforme adj. Que tiene forma de gusano.

vermífugo, a adj. y s.m. Vermicida.

verminosis s.f. Enfermedad parasitaria debida a los gusanos.

verminoso, a adj. Se dice de las úlceras que crían gusanos, y de las enfermedades acompañadas de producción de lombrices.

vermis s.m. ANAT. Región media del cerebelo.

vermú o **vermut** s.m. (alem. *wermut,* ajenjo). Bebida alcohólica, compuesta de vino blanco, ajenjo y otras sustancias amargas y tónicas. **2.** Aperitivo, conjunto de bebidas y alimentos que se toman antes de comer. ◆ s.m. Argent., Colomb. y Chile. Función de cine o teatro que se da por la tarde.

vernación s.f. Disposición de las hojas en la yema. SIN.: *prefoliación.*

vernáculo, a adj. (lat. *vernaculus*). Propio del país de que se trata: *lengua vernácula.*

vernal adj. (lat. *vernalis*). Relativo a la primavera. ◇ **Punto vernal** Punto de intersección de la eclíptica y el ecuador celeste, en el que el sol franquea el equinoccio de primavera.

vernalización s.f. Transformación, debida al frío, de las semillas o las plantas, que les confiere la aptitud para florecer. SIN.: *jarovización.*

vernissage s.m. (voz francesa). Ceremonia, acto de inauguración de una exposición de arte.

vérnix caseosa s.f. (lat. *vernix caseosa*). Sustancia sebácea blancuzca que recubre el cuerpo del feto al nacer.

vero s.m. Piel de la marta cebellina, muy suave, propia para peletería. **2.** HERÁLD. Uno de los dos tipos de forros, consistente en una especie de campanillas o vasos de argén y azur, que encajan perfectamente unos con otros.

veronal s.m. Barbitúrico empleado como analgésico.

veronés, sa adj. y s.m. y f. De Verona. SIN.: *veronense.*

verónica s.f. Planta herbácea común en bosques y prados, de flores azules o coloreadas de blanco o púrpura. (Familia escrofulariáceas.) **2.** TAUROM. Lance dado con la capa de frente y a dos manos.

verosímil adj. Que parece verdadero o es creíble: *historia verosímil.*

verosimilitud s.f. Cualidad de verosímil.

verraco s.m. (lat. *verres*). Macho porcino reproductor. **2.** Amér. Pecarí.

verraquear v.intr. *Fig.* y *fam.* Berrear, llorar los niños con mucha fuerza y rabia. **2.** *Fam.* Gruñir, dar señales de ira y enojo.

verraquera s.f. *Fam.* Llorera muy fuerte y con rabia.

verriondo, a adj. Se dice del cerdo y de otros animales cuando están en celo. **2.** Se dice de las verduras cuando están mal cocidas o duras.

verruga s.f. (lat. *verruca*). Protuberancia benigna y pequeña, dura y rugosa, que sale en la piel. (Está formada por la dilatación de las papilas vasculares y el endurecimiento de la epidermis que las cubre.)

verrugato s.m. Pez marino de unos 60 cm de long., con los flancos surcados por bandas doradas bordeadas de azul, que presenta una barbilla reducida casi a una verruga. (Familia esciénidos.)

verrugosidad s.f. Lesión cutánea de aspecto verrugoso.

versado, a adj. Se dice de la persona que conoce a fondo una materia determinada: *versado en filosofía.*

versal adj. y s.f. IMPR. Se dice de las letras mayúsculas.

versalita o **versalilla** adj. y s.f. (de *verso,* por emplearse esta letra a principio de verso). IMPR. Se dice de las letras mayúsculas de igual altura de ojo que las minúsculas del mismo cuerpo.

versallesco, a adj. Relativo a Versalles. **2.** Muy cortés o galante: *modales versallescos.*

versar v.intr. (lat. *versari,* encontrarse habitualmente en un lugar). Tener como asunto o tema la materia que se expresa: *la conferencia versa sobre historia.*

versátil adj. (lat. *versatilis*). Voluble e inconstante, que cambia con facilidad de gustos, opiniones o sentimientos. **2.** Que sirve para múltiples aplicaciones. **3.** Que se vuelve o se puede volver con facilidad. **4.** Méx. Se dice de la persona que presenta muchas facetas.

versatilidad s.f. Cualidad de versátil.

versicolor, ra adj. BIOL. Que tiene varios colores o que muda de color.

versículo s.m. División numerada de un capítulo de la Biblia, del Corán y de otros libros sagrados. **2.** Verso de un poema escrito sin rima ni metro fijo y determinado, en especial cuando el verso constituye unidad de sentido. **3.** En el oficio y en la misa, breve frase salmódica seguida de una respuesta del coro.

versificar v.tr. Poner en verso lo que está en prosa. ◆ v.intr. Componer versos: *versificar en octosílabos.*

versión s.f. (del lat. *vertere*). Traducción de un texto: *existen varias versiones castellanas de* Hamlet. **2.** Interpretación particular al narrar un hecho, asunto, tema, etc. **3.** Adaptación de una obra intelectual para presentarla de forma distinta de la original u ofrecerla a otro destinatario: *versión definitiva de un texto.* **4.** Presentación revisada de una obra o producto que mantiene sus características esenciales. **5.** MED. **a.** Desviación de la posición de un órgano. **b.** Maniobra realizada para modificar la posición del feto en el interior del útero. ◇ **Versión original** Película cinematográfica que se puede escuchar con la banda sonora original. (Se abrevia *v. o.*)

1. **verso** s.m. (lat. *versus, -us*). Conjunto de palabras que forman una unidad en un poema, medidas según ciertas reglas (pausa, rima, etc.), provistas de un determinado ritmo, bien sea atendiendo a la cantidad de sílabas, como en latín y griego *(versos métricos).* a su acentuación, como en alemán o inglés *(versos rítmicos).* o a su número, como en las lenguas románicas *(versos silábicos).* **2.** Género literario de las obras compuestas en verso, en contraposición a las compuestas en prosa. **3.** *Fam.* Poesía o composición en verso. **4.** ARM. Determinada pieza de artillería antigua. ◇ **Verso libre** Verso que no está sujeto a rima ni a medida.

2. **verso, a** adj. y s.m. (lat. *versus, -a, -um*). Se dice de la segunda carilla o reverso de un folio.

versta s.f. Medida itineraria utilizada antiguamente en Rusia, que equivale a 1 067 m.

versus prep. (voz latina). Por oposición a, frente a.

vértebra s.f. (lat. *vertebra*). Cada uno de los huesos que constituyen la columna vertebral. SIN.: *espóndilo.*

vértebra

El ser humano tiene 24 vértebras: 7 cervicales, 12 dorsales y 5 lumbares. Cada vértebra está formada por un cuerpo, los pedículos, las apófisis articulares y las láminas que limitan el agujero vertebral, por donde pasa la médula espinal; las vértebras tienen apófisis laterales, llamadas transversales, y una apófisis posterior espinosa.

vertebrado, a adj. y s.m. Relativo a un tipo de animales provistos de columna vertebral y, en general, de dos pares de extremidades. (Comprende cinco clases: mamíferos, aves, reptiles, peces y anfibios.)

vertebral adj. Relativo a las vértebras: *columna vertebral.*

vertebrar v.tr. Articular una cosa con otra, proporcionando consistencia y cohesión.

vertedera s.f. Pieza del arado en forma de lámina que sirve para volver la tierra movida por la reja.

vertedero s.m. Desagüe o rebosadero por donde se da salida a los excesos de agua en presas, redes de alcantarillado, cisternas, etc. **2.** Esp. Basurero. ◇ **Vertedero controlado** Esp. Lugar en que se vierten los desechos sólidos urbanos e industriales, procurando no afectar al equilibrio ambiental.

vertedor, ra adj. y s. Que vierte. ◆ s.m. Conducto que da salida a un líquido.

vertello s.m. (lat. *verticulus*). MAR. Bolita de madera horadada que se emplea como guía y para resguardar los cabos del roce.

verter v.tr. y prnl. (lat. *vertere,* girar, cambiar) [conj.: *tender*]. Derramar, dejar caer o vaciar un líquido o una materia disgregada fuera del recipiente en que están contenidos. **2.** Hacer pasar un líquido o una materia disgregada de un recipiente a otro. ◆ v.tr. Traducir un texto de una lengua a otra. **2.** Decir o emitir máximas, conceptos, etc., con determinado propósito, generalmente siniestro o desagradable: *verter infundios sobre alguien.* ◆ v.intr. Desembocar una corriente de agua en otra más importante o en el mar.

vértex s.m. (lat. *vertex, -icis,* cima). Parte más alta del cráneo de los vertebrados y de los insectos.

vertical adj. (lat. tardío *verticalis*). Perpendicular al horizonte. **2.** *Por ext.* Perpendicular a una línea que representa convencionalmente al horizonte. ◆ adj. y s.f. Se dice de la línea perpendicular al horizonte. ◆ s.m. ASTRON. Círculo mayor de la esfera celeste, cuyo plano contiene la vertical del punto de observación. ◇ **Vertical de un lugar** Dirección del hilo de la plomada en dicho lugar.

verticalidad s.f. Cualidad de vertical.

verticalismo s.m. Sistema de integración sindical de empresarios y obreros en un único organismo, durante la época franquista en España.

vértice s.m. (lat. *vertex, -icis,* polo en torno al cual gira el cielo). Punto en que concurren los dos lados de un ángulo. **2.** Punto donde concurren tres o más planos. **3.** Parte más elevada de un monte, especialmente cuando termina en punta. **4.** Coronilla, parte más elevada de la cabeza humana. ◇ **Vértice de una curva** Punto en el cual la curvatura es máxima o mínima. **Vértice de un ángulo sólido,** o **de un cono** Punto de donde parten todas las generatrices del ángulo, o del cono. **Vértice de un poliedro** Punto de encuentro de por lo menos tres de sus caras. **Vértice de un polígono** Punto de encuentro de dos lados consecutivos. **Vértice de un triángulo** Vértice de uno de sus ángulos; vértice del ángulo opuesto al lado que se toma como base.

verticidad s.f. FÍS. Facultad que tiene un cuerpo de dirigirse en una dirección con preferencia de las otras.

verticilado, a adj. BOT. Dispuesto en verticilo.

verticilo s.m. BOT. Conjunto de hojas, flores o piezas florales que parten a un mismo nivel del eje que las sostiene.

vertido s.m. Acción de verter o verterse. **2.** Sustancia vertida.

vertiente s.m. o f. Pendiente o declive de una montaña, de un tejado, etc., por donde corre el agua. ◆ s.f. Aspecto de algo. **2.** GEOMORFOL. En un valle, pendiente que une la vaguada a la línea de interfluvio.

vertiginoso, a adj. Se dice del movimiento muy rápido o apresurado: *velocidad vertiginosa.* **2.** Relativo al vértigo: *altura vertiginosa.*

vértigo s.m. (lat. *vertigo, -ginis,* movimiento de rotación). Sensación de falta de equilibrio en el espacio. **2.** *Fig.* Apresuramiento, actividad intensísima en que alguien o algo se sume o es arrastrado: *el vértigo de la gran ciudad.* **3.** *Fig.* Arrebato, pérdida momentánea del juicio. ◇ **De vértigo** *Fam.* Se dice de las cosas que producen vértigo porque son muy rápidas o impresionan por alguna cualidad especial o por alguna circunstancia: *velocidad de vértigo; cifras de vértigo.*

vertisuelo s.m. EDAFOL. Unidad de la clasificación de los suelos, que designa suelos de climas cálidos con fuertes alternancias estacionales y una estación seca muy acentuada. SIN.: *regur, vertisol.*

vesania s.f. (lat. *vesania*). Demencia, locura o furia muy intensa.

vesicación s.f. MED. Efecto producido por un medicamento vesicante.

vesical adj. ANAT. Relativo a la vejiga.

vesicante adj. y s.m. MED. Que produce ampollas en la piel. SIN.: *vesicatorio.*

vesícula s.f. ANAT. Órgano en forma de saco o vejiga que contiene una secreción. **2.** BOT. Cavidad cerrada, que en determinadas plantas acuáticas actúa como flotador. **3.** PATOL. Prominencia pequeña de la epidermis que contiene un líquido seroso.

vesicular adj. Relativo a las vesículas, en especial la biliar. **2.** En forma de vesícula.

vespa s.f. (marca registrada). Motocicleta de tipo escúter con las ruedas pequeñas y el motor en la parte posterior y protegido.

vespasiana s.f. Chile. Urinario público.

vesperal s.m. REL. Libro litúrgico que contiene el oficio de la tarde.

vespertino, a adj. (lat. *vespertinus*). Relativo a la tarde: *periódico vespertino.*

véspido, a adj. y s.m. Relativo a una familia de insectos himenópteros provistos de aguijón, como la avispa.

vesre s.m. Argent. Creación de palabras por inversión de sílabas que se usa jergalmente o con fines humorísticos (*gomia* por *amigo, vesre* por *revés*).

vestal adj. Relativo a la diosa Vesta. ◆ adj. y s.f. Se dice de las doncellas romanas consagradas a la diosa Vesta. **2.** Se dice de la mujer casta.

vestibular adj. ANAT. Relativo al vestíbulo del oído.

vestíbulo s.m. (lat. *vestibulum*). Pieza de un edificio o vivienda inmediata a la puerta principal de entrada. **2.** ANAT. Cavidad del oído interno, que comunica con el oído medio a través de las ventanas redonda y oval, se prolonga por el caracol y es sede de los canales semicirculares.

vestido s.m. Prenda de vestir, pieza de tela, piel, etc., que se pone sobre el cuerpo para cubrirlo. **2.** Conjunto de piezas que sirven para este uso. **3.** Prenda de vestir exterior completa de una persona: *vestido de etiqueta.* **4.** Prenda de vestir exterior femenina de una sola pieza: *no sabía si ponerse el vestido rojo o la falda y la blusa verdes.* **5.** HERÁLD. Escudo que contiene un losange o un óvalo, cuyos ángulos o polos, respectivamente, tocan los bordes del escudo.

vestidura s.f. Vestido. ◆ **vestiduras** s.f.pl. REL. Vestidos que, sobrepuestos al ordinario, usan los sacerdotes para el culto divino. ◇ **Rasgarse las vestiduras** Escandalizarse excesiva o hipócritamente por algo que otros hacen o dicen.

vestigio s.m. (lat. *vestigium,* planta del pie, huella). Huella o señal que queda de algo o alguien que ha pasado o ha desaparecido. **2.** Indicio que permite inferir la verdad o la existencia de algo.

vestiglo s.m. (del lat. *besticula,* bestia pequeña). Monstruo horrible y fantástico.

vestimenta s.f. Conjunto de prendas de vestir de una persona.

vestir v.tr. y prnl. (lat. *vestire*). [conj.: *pedir*]. Poner un vestido. ◆ v.tr. Proveer a alguien de ropa. **2.** *Fig.* Cubrir una cosa con otra para adornarla o protegerla: *vistió las paredes con cuadros.* **3.** Referido a un hábito que indica un particular estado o condición, entrar o estar en tal estado o condición: *vestir la toca monjil.* **4.** *Fig.* Aparentar un estado de ánimo demostrándolo exteriormente, en especial en el rostro: *vistió su cara de alegría.* **5.** Confeccionar ropa a alguien: *viste a las damas más distinguidas de la ciudad.* ◆ v.intr. Ir con determinada ropa. **2.** Ser ciertos vestidos, telas, materiales, etc., elegantes y adecuados para fiestas o ciertas ocasiones importantes. ◆ v.intr. y prnl. *Fig.* Cubrirse, revestirse: *los árboles se vistieron de verde.* ◆ **vestirse** v.prnl. Cambiarse de vestido, poniéndose uno apropiado para determinada circunstancia: *preferiría cenar en un lugar informal, para no tener que vestirse.* **2.** Ser cliente de un determinado sastre o modista: *se viste en las mejores casas de alta costura.* **3.** Levantarse de la cama después de haber estado enfermo. ◇ **A medio vestir** Sin terminar de vestirse. **De (mucho) vestir** Que es elegante y adecuado para fiestas u ocasiones solemnes. **El mismo que viste y calza** *Fam.* Expresión con que se corrobora la identidad de la persona que habla o de quien se habla.

vestón s.m. Chile. Saco, prenda de vestir.

vestuario s.m. Conjunto de los vestidos de una persona. **2.** En ciertos establecimientos públicos y en los teatros, lugar para cambiarse de ropa.

veta s.f. (lat. *vitta,* ínfula de sacerdote). Vena, faja o lista que se observa en ciertas maderas y piedras. **2.** Vena, filón metalífero. **3.** *Fig.* Propensión a alguna cosa que se menciona: *tiene una veta de loco.*

vetar v.tr. Poner el veto a una persona, ley, acuerdo, medida, etc.

vetarro, a adj. y s. Méx. *Fam.* Viejo, envejecido.

vetazo s.m. Ecuad. Latigazo.

veteado, a adj. Que tiene o presenta vetas: *maderas veteadas.* SIN.: *vetado.*

vetear v.tr. Señalar o pintar vetas en algo, imitando las naturales de la madera o del mármol.

veteranía s.f. Cualidad de veterano.

veterano, a adj. y s. (lat. *veteranus*). Se dice de los soldados que han cumplido un largo servicio en activo: *veterano de guerra.* **2.** *Fig.* Se dice de la persona experimentada en alguna actividad: *médico veterano.* **3.** DEP. Deportista que ha pasado el límite de edad para los sénior. ◆ s.m. HIST. Soldado que había obtenido ya el retiro, o que, cumplido el tiempo de servicio, lo prolongaba voluntariamente.

veterinaria s.f. Ciencia que estudia y cura las enfermedades de los animales.

veterinario, a adj. (lat. *veterinarius,* de *veterinae,* bestias de carga). Relativo a la veterinaria. ◆ s. Persona que por profesión o estudio se dedica a la veterinaria.

vetiver s.m. Raíz olorosa que se emplea para perfumar la ropa y preservarla de la polilla.

veto s.m. (lat. *veto,* presente de *vetare,* prohibir, vedar). Facultad que tiene una persona o corporación para vedar o impedir una cosa. **2.** Institución por la que una autoridad puede oponerse a la entrada en vigor de una ley o de una resolución. ◇ **Poner el veto** Oponerse a determinada persona o a lo que otros planean, aprueban o aceptan.

vetones, pueblo prerromano de la península Ibérica, establecido en la zona occidental de la Meseta, entre el Tajo y el Duero.

vetustez s.f. Cualidad de vetusto.

vetusto, a adj. (lat. *vetustus*). Muy viejo, muy antiguo o de mucha edad.

vexillum s.m. (voz latina). ANT. ROM. Estandarte de los ejércitos romanos.

vexilo s.m. BOT. Estandarte. **2.** ZOOL. Cada uno de los dos lados de la pluma de un ave.

vez s.f. (lat. *vicis*, turno, puesto que uno ocupa). Momento u ocasión en que ocurre algo o se ejecuta una acción. **2.** Cada uno de los actos o sucesos repetidos, realizados en momentos y circunstancias distintos: *repetir un ejercicio muchas veces.* **3.** Esp. Alternación, turno: *ceder la vez.* **4.** Esp. Tiempo u ocasión de hacer una cosa por turno u orden: *le llegó la vez de entrar.* <> **A la vez** A un tiempo, simultáneamente. **A mí, tu,** etc., **vez** Expresa una correspondencia de acciones. **De una vez** Con una sola acción: *se bebió el vaso de vino de una vez;* seguido, con continuidad: *hizo todo el trabajo de una vez;* con una palabra o de un golpe: *dilo de una vez.* **En vez de** En sustitución de: *en vez del alcalde, fue un edil*; al contrario, lejos de: *en vez de subir, bajo.* **Hacer las veces de** Sustituir algo o a alguien. **Tal vez** Posiblemente, quizá. **Una vez (que)** Después que.

VHF s.m. (sigla del ingl. *very high frequency*, frecuencia muy elevada). Frecuencia muy elevada con que se designan las ondas radioeléctricas de frecuencias comprendidas entre 30 y 300 MHz.

VHS s.m. (sigla del ingl. *video home system*). Sistema de videocasete y magnetoscopio creado en 1976 por la firma japonesa JVC.

vía s.f. (lat. *via*). Espacio destinado al paso de personas o vehículos que van de un lugar a otro. **2.** Sistema de transporte o comunicación entre dos lugares: *vía aérea.* **3.** Recorrido, itinerario que conduce a un lugar determinado. **4.** En complementos sin preposición, punto o lugar de paso de un itinerario, o un medio de transmisión: *retransmisión vía satélite.* **5.** *Fig.* Procedimiento particular que se sigue para un determinado fin: *vía judicial.* **6.** Espacio que queda entre las dos roderas señaladas por los carros en los caminos. **7.** ANAT. Se dice de los numerosos conductos que forman un sistema: *vías urinarias.* **8.** F.C. **a.** Parte del suelo explanada de un ferrocarril, en el cual se asientan los carriles. **b.** Riel del ferrocarril. **9.** REL. Entre los ascéticos, modo y orden de vida espiritual encaminada a la perfección de la virtud: *vía purgativa.* <> **Ancho de la vía** Distancia entre las dos ruedas de un mismo eje de un automóvil. **Dar vía libre** Dejar libre el paso; dejar libertad de acción, no poner límites. **Dejar vía libre** Apartarse de algún asunto para que otra persona pueda emprenderlo. **De vía estrecha** *Desp.* Se dice de la persona o cosa mediocre dentro de su clase, especie o categoría. **En vías de** Que está pasando los trámites y cambios necesarios para llegar a su fin u objetivo. **Por vía de** Mediante. **Por vía oral** MED. Por la boca. **Vía de agua** Abertura, grieta, por la que el agua invade el interior de una embarcación. **Vía de apremio** En el derecho español, fase del proceso ejecutivo en el que el acreedor insta al cumplimiento de los actos necesarios para la satisfacción de su crédito. **Vía de comunicación** Camino terrestre o ruta marítima o aérea establecida. **Vía ejecutiva** Procedimiento para hacer un pago judicialmente, procurando antes convertir en dinero los bienes de otra índole pertenecientes al obligado. **Vía férrea** Ferrocarril. SIN.: *línea férrea.* **Vía gubernativa** Cauce legal para recurrir ante los actos de la administración considerados no legales o lesivos. **Vía húmeda** Empleo de disolventes líquidos en una operación química. **Vía muerta** F.C. Vía que no tiene salida y sirve para apartar de la circulación vagones y locomotoras. **Vía ordinaria** Modo, o forma regular y común de hacer algo. **Vía pública** Calle, plaza, camino, etc., por donde puede transitarse. **Vía sacra** Vía procesional que unía Atenas y Eleusis; en Grecia, camino que conducía a un gran santuario; en Roma, vía triunfal que, a través del foro, conducía al capitolio. **Vía seca** Operación química llevada a cabo mediante el calor, sin empleo de disolvente.

viabilidad s.f. Cualidad de viable. **2.** Buen estado de una carretera, que permite la circulación.

viable adj. (fr. *viable*). Que puede realizarse: *proyecto viable.* **2.** MED. Capaz de vivir: *feto viable.*

vía crucis s.m. (lat. *via crucis*, camino de la cruz) [pl. *vía crucis*]. Camino señalado con catorce estaciones que representan los pasos del Calvario y que se recorre rezando en cada una de ellas, en memoria de la pasión de Jesucristo. **2.** Ejercicio piadoso consistente en dichos rezos. **3.** *Fig.* Trabajo, aflicción o sufrimientos continuados que sufre una persona. (También *viacrucis.*)

viaducto s.m. (ingl. *viaduct*). Puente de gran longitud construido para salvar una depresión del terreno en el trazado de una vía de comunicación, como una carretera, una autopista o una vía de ferrocarril.

viagra s.f. Fármaco contra la impotencia masculina.

viajante s.m. y f. Representante de una casa comercial que hace viajes para negociar ventas o compras. ◆ adj. Que viaja.

viajar v.intr. Desplazarse de un lugar a otro, generalmente con un medio de transporte: *viajar en tren.* **2.** Trasladarse de un lugar a otro con cierta frecuencia, especialmente para conocer diversos lugares: *viajar por el extranjero.* **3.** Desplazarse un medio de transporte siguiendo una ruta o trayecto establecido: *el autocar viaja todos los días.* **4.** Recorrer un viajante su ruta para promocionar o vender mercancías: *viaja por el norte.*

viaje s.m. (cat. *viatge*, del lat. *viaticum*, provisiones para el viaje). Acción de viajar, desplazarse de un lugar a otro. **2.** Recorrido que se hace andando y volviendo de un lugar a otro. **3.** *Fam.* Estado alucinatorio provocado por el consumo de drogas. **4.** Cantidad de alguna cosa transportada de una sola vez de un lugar a otro. **5.** *Fig.* Paso de la vida a la muerte: *emprender el último viaje.* **6.** TAUROM. Dirección que toma el toro al embestir. <> **Agarrar viaje** Argent., Perú y Urug. *Fam.* Aceptar una propuesta. **¡Buen viaje!** Fórmula de cortesía usual para despedir a un viajero. (Se usa despectivamente para demostrar que no importa que alguien se vaya o que algo se pierda o malogre.) **Rendir viaje** Llegar al punto de destino un barco.

1. **vial** adj. Relativo a los caminos, carreteras y vías públicas en general: *seguridad vial.* ◆ s.m. Calle o camino formado por dos filas paralelas de árboles.

2. **vial** s.m. Frasquito destinado a contener un medicamento inyectable o bebible, del cual se extraen las dosis convenientes.

vialidad s.f. Conjunto de servicios pertenecientes a las vías públicas.

vianda s.f. (fr. *viande*). Alimento que sirve de sustento a las personas.

viandante s.m. y f. Persona que marcha a pie por un camino, calle, etc.

viaraza s.f. Argent., Colomb., Guat. y Urug. Acción inconsiderada y repentina.

viario, a adj. Relativo a los caminos y carreteras: *red viaria.*

viático s.m. (lat. *viaticum*, viaje). Dinero o provisiones para hacer un viaje. **2.** REL. Sacramento de la eucaristía que se administra a un enfermo en peligro de muerte.

víbora s.f. (lat. *vipera*). Serpiente venenosa, de 50 a 60 cm de long., con cabeza triangular, vivípara, que vive con preferencia en lugares pedregosos y soleados. **2.** *Fig.* Persona malévola, de malas intenciones o que gusta de hablar mal de los demás.

viborear v.intr. Argent. y Urug. Serpentear, moverse ondulándose como las serpientes. **2.** Méx. Hablar mal de alguien a sus espaldas, inventar chismes.

viborezno s.m. Cría de la víbora.

vibración s.f. Acción de vibrar. **2.** FÍS. Movimiento periódico de un sistema material alrededor de su posición de equilibrio. <> **Vibración del hormigón** Acción de someter al hormigón, durante su fraguado, a vibraciones que mejoran su homogeneidad y adherencia.

vibrador s.m. Aparato que produce vibraciones mecánicas.

vibráfono s.m. Instrumento musical formado por láminas de acero de tubos de resonancia, que se golpean con macillas.

vibrante adj. Que vibra. **2.** Emotivo, enérgico: *discurso, arenga vibrante.* ◆ adj. y s.f. FONÉT. Se dice de una consonante fricativa cuya emisión va acompañada de una serie rápida de aberturas y cierres del canal bucal al paso del aire espirado, como la *r* y la *rr.*

vibrar v.intr. (lat. *vibrare*). Moverse un cuerpo, generalmente largo y elástico, con un movimiento rápido y de poca amplitud. **2.** Temblar la voz u oscilar un sonido por emitirse intermitentemente o variando entre dos tonos. **3.** Agitarse, estremecerse, sentir una sacudida nerviosa o una alteración del ánimo: *el público vibró de entusiasmo.*

vibrátil adj. Que puede vibrar. ◇ **Cilio vibrátil** Órgano filamentoso, que permite el desplazamiento de ciertos protozoos (paramecio), la formación de la corriente de agua que nutre a los moluscos lamelibranquios, la expulsión de partículas sólidas en la tráquea del ser humano, etc.

vibrato s.m. Ligera ondulación en la emisión vocal de un sonido. **2.** MÚS. Vibración obtenida en los instrumentos de cuerda por medio de un movimiento rápido de oscilación del dedo.

vibratorio, a adj. Que vibra o puede vibrar: *movimiento vibratorio.*

vibrión s.m. Bacilo de cuerpo en forma de coma.

vibrisa s.f. Pluma filiforme de las aves. **2.** Pelo táctil de determinados mamíferos.

vibrógrafo s.m. Aparato de control que mide por comparación las vibraciones en la marcha de los relojes, para poner de manifiesto la existencia de defectos en los engranajes, en los escapes, etc.

vibromasaje s.m. Masaje que se realiza con un aparato especial que transmite al cuerpo las vibraciones producidas por un motor eléctrico.

vibroscopio s.m. Instrumento que sirve para el estudio y observación de las vibraciones de los cuerpos.

viburno s.m. (lat. *viburnum*). Arbusto de hojas ovales, flores blancas y olorosas, en corimbos terminales, y raíz rastrera que se extiende mucho. (Familia caprifoliáceas.)

vicaría s.f. Oficio o dignidad de vicario. **2.** Territorio de su jurisdicción. **3.** Despacho o residencia del vicario. ◇ **Pasar por la vicaría** *Fam.* Casarse.

vicariante adj. Que remplaza o sustituye a otra cosa. **2.** Se dice del órgano capaz de suplir la insuficiencia de otro órgano. **3.** Se dice de la especie vegetal que puede remplazar a otra en una asociación.

vicariato s.m. Vicaría. **2.** Tiempo que dura el cargo de vicario.

vicario, a adj. y s. (lat. *vicarius,* el que realiza la función de otro). Se dice de la persona que hace las veces de otra, sustituyéndola en sus funciones o ayudándola con el mismo poder y facultades. ◆ s.m. Sacerdote que ejerce su ministerio en una parroquia bajo la autoridad de un párroco. ◇ **Vicario apostólico** Obispo que gobierna un territorio que no tiene jerarquía eclesiástica regular y que depende directamente de la sede pontificia. **Vicario capitular** Sacerdote encargado de una diócesis mientras está vacante la sede. **Vicario coadjutor** Sacerdote encargado de ayudar al párroco en sus funciones y de sustituirlo en caso de ausencia o de enfermedad. **Vicario de Jesucristo** El papa. **Vicario general** Sacerdote que ayuda al obispo en la administración de una diócesis.

vicealmirantazgo s.m. Cualidad o dignidad de vicealmirante.

vicealmirante s.m. Oficial de la armada, de grado intermedio entre el de contraalmirante y el de almirante.

vicenal adj. (lat. *vicennalis*). Se dice de lo que sucede o se repite cada veinte años o que dura veinte años.

vicepresidencia s.f. Cargo o funciones de vicepresidente.

vicepresidente, a s. Persona que suple o está capacitada para suplir al presidente en ciertos casos, o en quien este delega.

vicetiple s.f. Chica de conjunto que actúa en las revistas musicales o en teatros de variedades.

viceversa adv.m. Invirtiendo el orden de los términos de una afirmación: *viaje Madrid-Londres y viceversa.*

vichar v.tr. Argent. y Urug. Espiar, atisbar. SIN.: *vichear.*

vichy s.m. Tejido de algodón con ligamento de tafetán y combinaciones de colores vivos y sólidos. **2.** Agua mineral de Vichy.

viciar v.tr. y prnl. Hacer tomar a alguien un vicio o una costumbre considerada negativa, dañándole o corrompiéndole física o moralmente. **2.** Alterar o corromper la esencia de algo: *viciar la pronunciación; viciar la atmósfera.* **3.** Hacer tomar a un animal un defecto de comportamiento. **4.** Deformarse una cosa. ◆ v.tr. DER. Anular o quitar el valor o validación de un acto. ◆ **viciarse** v.prnl. Adquirir un vicio o una costumbre considerada negativa.

vicio s.m. (lat. *vitium*). Disposición habitual al mal. **2.** Mala costumbre o hábito contrario a las normas de la buena educación. **3.** Costumbre o hábito que gusta mucho y de los cuales es difícil sustraerse. **4.** Falta, imperfección o incorrección que altera algo en su esencia. **5.** Mimo o exceso de condescendencia con alguien. **6.** Lozanía y frondosidad excesiva para el rendimiento vegetal. **7.** Torcedura o desviación que presenta una cosa por haber estado sometida a una postura indebida. **8.** Mala costumbre o hábito adquirido por un animal. ◇ **De vicio** *Fam.* Sin motivo o causa justificada. **Vicio de dicción** Incorrección, defecto o falta en el uso del idioma ya sea de pronunciación, de morfología, de léxico o de sintaxis. **Vicio de forma** DER. Defecto que presenta el acto jurídico que adolece de la falta de una de las formalidades exteriores exigidas por la ley para su validez.

vicioso, a adj. Que tiene algún vicio o hábito considerado negativo. **2.** Que es propio de estas personas. **3.** Que implica vicio o hábito negativo. **4.** *Poét.* Vigoroso y fuerte, sobre todo para producir, especialmente se dice de las plantas abundantes y frondosas: *vegetación viciosa.* **5.** PATOL. Relativo a alguna malformación o curación defectuosa de una lesión.

vicisitud s.f. Alternancia de sucesos opuestos. **2.** Suceso, accidente que suele provocar un cambio brusco y repentino en la marcha de algo.

vicisitudinario, a adj. Que acontece por orden sucesivo o alternativo.

víctima s.f. (lat. *victima,* persona o animal destinados a un sacrificio religioso). *Fig.* Persona que sufre las consecuencias de una acción propia o de otros: *es víctima de sus propios errores.* **2.** *Fig.* Persona que muere o sufre un grave daño en un accidente, desastre, etc.: *víctimas de la inundación.* **3.** Persona o animal destinado al sacrificio para satisfacer a los dioses.

victimario, a s. Persona que por sus acciones o modo de actuar produce daño o perjuicio a otra, convirtiéndola en su víctima.

victimismo s.m. Actitud de la persona que asume continuamente el papel de víctima.

victoria s.f. (lat. *victoria*). Triunfo, superioridad o ventaja en una lucha o competición. **2.** Vehículo tirado por caballos, de cuatro ruedas y con capota plegable. ◆ interj. Expresa júbilo por el triunfo conseguido. ◇ **Cantar victoria** Alegrarse por el triunfo.

victoriano, a adj. Relativo a la reina Victoria I de Gran Bretaña y a su época.

victorioso, a adj. Que ha conseguido una victoria, éxito o cualquier cosa por la que había estado luchando: *ejército victorioso.* **2.** Se dice de las acciones con las cuales se consigue un triunfo o éxito: *batalla victoriosa.*

vicuña s.f. (quechua *wikúña*). Camélido andino parecido al guanaco, pero de menor tamaño, de color leonado, que habita en pequeños grupos en los páramos andinos en alturas superiores a los 3 000 m y es apreciado por su fina lana. (Es una especie protegida.) **2.** Pelo lanoso de este animal. **3.** Tejido fabricado con dicho pelo. **4.** Imitación de este tejido lograda con lana fina o con lana y algodón mezclados.

vid s.f. (lat. *vitis*). Arbusto, con frecuencia trepador, cultivado desde la prehistoria por sus bayas azucaradas, o uvas, cuyo jugo fermentado produce el vino.

vida s.f. (lat. *vita*). Conjunto de las propiedades características de los seres orgánicos, por las cuales evolucionan, se adaptan al medio, se desarrollan y se reproducen: *el objeto de la biología es el estudio de la vida.* **2.** Existencia de esos seres. **3.** Conjunto de los seres vivos. **4.** Tiempo en el que un organismo está en actividad. **5.** Período de tiempo entre el nacimiento y la muerte: *su vida fue muy breve.* **6.** Conjunto de los hechos, de los acontecimientos más importantes sucedidos a una persona en el curso de su existencia: *me contó su vida.* SIN.: *biografía.* **7.** Duración de las cosas: *construir con materiales resistentes y de vida larga.* **8.** Energía, capacidad de obrar con vigor y entusiasmo: *una persona llena de vida.* **9.** Animación, vivacidad en general: *unos ojos llenos de vida.* **10.** Modo de vivir, en relación con una determinada actividad: *vida de soltero.* **11.** Modo de conducir la propia existencia, modo de ser, de comportarse: *lleva una vida ociosa.* **12.** Conjunto de todo lo que es necesario para vivir, particularmente el alimento, el sustento: *el costo de la vida ha subido.* **13.** Cosa que da valor, interés a la existencia: *la música es su vida.* **14.** Actividad, fuerza activa en un determinado campo: *la crisis ensombrece la vida nacional.* **15.** Conjunto de las manifestaciones, del desarrollo de algo: *el director ha dejado de interesarse por la vida del periódico.* **16.** Cosa o circunstancia que es o se considera esencial para el desarrollo de otra. **17.** Ser humano: *en la guerra se perdieron muchas vidas.* ◇ **A vida o muerte** Se aplica a la decisión tomada o acto con pocas esperanzas de que el resultado sea bueno. **Buscarse la vida** Usar medios conducentes para ganarse el sustento. **Calidad de vida** Conjunto de factores o condiciones que caracterizan el bien general en una sociedad. **Con la vida pendiente de un hilo** Estar en mucho peligro. **Darse buena vida,** o **la gran vida,** o **la vida padre** Modo de vivir en el que se disfruta de muchas comodidades o que resulta muy placentero. **De por vida** Perpetuamente, por todo el tiempo de la vida. **De toda la vida** Desde hace mucho tiempo. **En la vida,** o **en mi, tu,** etc., **vida** Nunca o en ningún tiempo. **Enterrarse en vida** Apartarse del mundo. **Entre la vida y la muerte** En peligro inminente de muerte. **Escapar,** o **salir, con vida** Librarse de un grave peligro de muerte. **Ganarse la vida** Trabajar o buscar los medios de mantenerse. **Pasar a mejor vida** Morir. **Vida eterna,** o **perdurable** REL. Felicidad eterna de los elegidos. **Vida futura** u **otra vida** REL. Existencia del alma después de la muerte. **Vida latente** BIOL. Estado caracterizado por una intensa disminución de la actividad metabólica de un organismo vivo. **Vida perra,** o **de perros** Modo de vivir lleno de dificultades o penalidades.

vidalita o **vidala** s.f. Canción criolla del N de Argentina de carácter amoroso y triste, muy popular desde comienzos del s. XIX. **2.** Baguala. **3.** Aire popular andaluz, actualmente en desuso, procedente de la canción popular argentina homónima.

vidente adj. y s.m. y f. Se dice de la persona capaz de adivinar el porvenir o las cosas ocultas, o de prever lo que va a ocurrir.

vídeo s.m. Técnica que permite registrar magnética o mecánicamente la imagen y el sonido en un soporte, y reproducirlos en una pantalla. **2.** Magnetoscopio de uso doméstico. **3.** Sucesión de imágenes obtenidas con esta técnica grabadas en una cinta magnética. ◇ **Señal vídeo** Señal que contiene los elementos necesarios para la transmisión de una imagen. **Sistema vídeo** Sistema que permite la transmisión de imágenes y sonido a distancia.

videocámara s.f. Cámara de registro de imagen sobre soporte no fotográfico, generalmente magnética. SIN.: *cámara de vídeo.*

videocasete o **videocassette** s.m. o f. Casete que contiene una cinta magnética que permite el registro y la reproducción de un programa televisivo o de una película vídeo. SIN.: *videocinta.*

videoclip s.m. Pequeño cortometraje realizado en vídeo, que presenta una canción o un tema musical ilustrado con imágenes, a veces de carácter narrativo. (Se usa también *clip.*)

videoclub s.m. Comercio dedicado a la venta, alquiler o intercambio de videocasetes grabadas.

videoconferencia s.f. Conferencia realizada mediante el videoteléfono.

videoconsola s.f. Aparato para reproducir juegos electrónicos, provisto de mandos de control.

videodisco s.m. Disco donde se graban imágenes y sonidos para su posterior reproducción en un televisor.

videofrecuencia s.f. Frecuencia de la señal suministrada por el tubo captador de imagen en la cadena de aparatos que constituyen un emisor de televisión.

videografía s.f. Procedimiento de telecomunicación que permite la visualización de imágenes alfanuméricas y gráficas en una pantalla. **2.** Edición de programas audiovisuales.

videojuego s.m. Juego electrónico que se visualiza por medio de una pantalla.

videoteca s.f. Colección de videocasetes. **2.** Mueble o lugar donde se guardan.

videoteléfono s.m. Aparato que combina el teléfono y la televisión.

videotex s.m. Sistema de videografía en el que la transmisión de las demandas de información de los usuarios y de los mensajes obtenidos como respuesta se realiza por medio de una red de telecomunicaciones, especialmente la red telefónica.

vidicón s.m. Tubo analizador de imágenes de televisión, cuyo principio se funda en la fotoconductividad.

vídimus s.m. (voz latina, *vimos*). DER. Acta encabezada por la fórmula *vidimus.* que contiene la transcripción de otra anterior.

vidorra s.f. *Fam.* Vida cómoda y sin preocupaciones.

vidorria s.f. Colomb. y Venez. Vida cargada de penalidades.

vidriado, a adj. Se dice de la superficie de un objeto que está barnizada o esmaltada. ◆ s.m. Barro o loza con barniz vítreo. **2.** Sustancia vítrea adherente que sirve de esmalte para metal.

vidriar v.tr. Dar a las piezas de barro o loza un barniz que, fundido al horno, toma la transparencia y el lustre del vidrio. ◆ **vidriarse** v.prnl. *Fig.* Ponerse vidrioso algo: *vidriarse los ojos.*

vidriera s.f. Bastidor con vidrios con que se cierran puertas y ventanas. **2.** Escaparate de una tienda. **3.** Composición decorativa translúcida, formada por piezas de vidrio, generalmente de colores, unidas con plomo, que se coloca en una ventana, puerta, etc. SIN.: *vitral.*

vidriera

Conocidas ya en la antigüedad mediterránea y en Bizancio, las vidrieras alcanzaron su máximo esplendor durante el medievo, encumbradas por el arte religioso. En la arquitectura gótica, las vidrieras ocuparon un papel destacado y se convirtieron en resplandecientes «paredes de luz», que narraban leyendas piadosas y mostraban las grandes figuras sagradas en todo su esplendor. En la actualidad, la vidriera mantiene su vigencia como recurso artístico, aunque el tratamiento de los temas es alusivo y, con frecuencia, abstracto.

vidriería s.f. Taller donde se fabrica, labra y corta el vidrio. **2.** Establecimiento donde se venden vidrios.

vidrio s.m. (lat. *vitreum,* objeto de vidrio). Cuerpo sólido, mineral, no cristalino, generalmente frágil, que resulta de la solidificación progresiva de ciertas sustancias tras su fusión. **2.** Pieza u objeto de este material. **3.** Placa de vidrio que se coloca en las ventanas, puertas, etc., para cerrar dejando pasar la luz. **4.** GEOL. Materia sólida no cristalizada que resulta del enfriamiento brusco de las lavas al contacto con el aire o el agua. ◇ **Pagar los vidrios rotos** *Fam.* Cargar con toda la culpa no siendo el único o el culpable. **Vidrio armado** Vidrio obtenido incorporando a su masa un trenzado de hilos de hierro aprisionado entre dos hojas laminadas simultáneamente. **Vidrio laminado** Vidrio de seguridad constituido por varias hojas de vidrio separadas por una lámina de plástico. **Vidrio metálico** Sólido amorfo obtenido por temple ultrarrápido de una aleación metálica líquida. **Vidrio templado** Vidrio tratado térmicamente al objeto de aumentar su resistencia mecánica y la resistencia a las variaciones bruscas de temperatura.

vidrioso, a adj. Que tiene el aspecto del vidrio o es semejante a él en lustre y transparencia. **2.** *Fig.* Se dice del asunto difícil de tratar, que debe manejarse o tratarse con mucho cuidado o tiento. **3.** *Fig.* Se dice de la mirada o de los ojos que parecen no mirar a ningún punto determinado. **4.** *Fig.* Susceptible, que fácilmente se enoja o desazona: *carácter vidrioso.* **5.** Se dice del suelo resbaladizo por haber helado.

vieira s.f. Molusco bivalvo comestible, de hasta 13 cm de long., que puede nadar en el mar cerrando bruscamente sus valvas. (Familia pectínidos.)

vieja s.f. Femenino de viejo. **2.** Pez gregario de carne muy apreciada, de unos 40 cm de long., que vive en bancos y frecuenta escollos y arrecifes. (Familia escáridos.)

viejera s.f. P. Rico. Vejez. **2.** P. Rico. *Fig.* Cosa inservible y vieja.

viejo, a adj. y s. (lat. *vetulus,* de cierta edad, algo viejo). Que tiene mucha edad o está en el último período de su existencia natural. ◆ s. Amér. Apelativo cariñoso que se aplica a los padres y también entre cónyuges y amigos. ◆ adj. Antiguo, no reciente: *viejas costumbres; viejos amigos.* **2.** Usado, deslucido, estropeado: *vestido viejo.* **3.** Envejecido: *estar muy viejo.* **4.** Se dice del vino añejo, que tiene muchos años de cava. ◇ **De viejo** Se dice del establecimiento donde se vende género de segunda mano, y de dicho género. **Viejo verde** *Desp.* Viejo libidinoso.

viejorrón s.m. Méx. Mujer muy guapa.

vienés, sa adj. y s. De Viena.

viento s.m. (lat. *ventus*). Movimiento del aire que se desplaza de una zona de altas presiones a una zona de bajas presiones. **2.** *Fam.* Ventosidad. **3.** Cuerda o alambre con que se ata o se sujeta algo para mantenerlo en posición vertical o en forma conveniente. **4.** *Fig.* Vanidad, jactancia: *sus palabras están llenas de viento.* **5.** MONT. Olor que deja una pieza de caza en los lugares por donde ha pasado. ◇ **A los cuatro vientos** Sin ninguna reserva, enterándose todo el mundo. **Beber los vientos por** Desvivirse por algo; estar muy enamorado de alguien. **Como el viento** Rápida y velozmente. **Contra viento y marea** Arrostrando inconvenientes y dificultades. **Con viento fresco** *Fam.* Se usa para rechazar o despreciar a alguien o algo. **Correr malos vientos** Ser las circunstancias adversas. **Instrumento de viento** MÚS. Instrumento musical en que el sonido se origina porque el aire que en él se insufla hace vibrar sus paredes. **Llevarse el viento algo** Desaparecer por no ser estable o duradero. **Viento blanco** Argent. Borrasca de viento y nieve. **Viento en popa** *Fam.* Con buena suerte o prosperidad.

vientre s.m. (lat. *venter, -tris*). Parte inferior y anterior del tronco humano que contiene principalmente los intestinos. SIN.: *abdomen.* **2.** Parte abultada de un objeto: *el vientre de una botella.* **3.** Fondos de una embarcación. **4.** Saco de una vela. **5.** FÍS. Punto de un cuerpo vibrante en que las oscilaciones alcanzan una amplitud máxima. ◇ **Bajo vientre** Órganos genitales. **Hacer de, o del, vientre** Evacuar el vientre. **Sacar el vientre de mal año, o de pena** *Fam.* Saciar el hambre comiendo más o mejor de lo que se acostumbra.

viernes s.m. (lat. *dies Veneris,* día de Venus). Quinto día de la semana, entre el jueves y el sábado. ◇ **Viernes santo** Día en que la Iglesia católica conmemora la muerte de Jesús.

vierteaguas s.m. (pl. *vierteaguas*). Resguardo que se pone cubriendo los salientes de los paramentos, para que por su superficie inclinada resbale el agua de la lluvia.

vietnamita adj. y s.m. y f. De Vietnam. ◆ s.m. Lengua monosilábica hablada en Vietnam.

viga s.f. Pieza horizontal de una construcción, destinada a soportar una carga. **2.** Prensa compuesta de un gran madero horizontal, que puede girar alrededor de un extremo, para exprimir la aceituna.

vigencia s.f. Cualidad o estado de vigente.

vigente adj. (lat. *vigens, -entis*). Que está en vigor y observancia: *norma, ley, costumbre vigente.*

vigesimal adj. Que tiene por base el número veinte.

vigésimo, a adj.num.ordin. y s. (lat. *vigesimus*). Que corresponde en orden al número veinte. ◆ adj. y s.m. Se dice de cada una de las partes que resultan de dividir un todo en veinte partes iguales.

vigía s.m. y f. (port. *vigia*). Persona que tiene a su cargo vigilar, generalmente desde una atalaya, la posible presencia de enemigos o de un peligro. ◆ s.f. Atalaya, torre. ◆ s.m. MAR. **a.** Marinero que está de centinela en la arboladura de un barco. **b.** Torre o atalaya en que suele colocarse ese marinero.

vigil s.m. Se dice del estado caracterizado por la falta de sueño. **2.** En la antigua Roma, miembro de la milicia urbana encargado de la lucha contra incendios y de la guardia nocturna.

vigilancia s.f. Acción y efecto de vigilar. **2.** Servicio montado y dispuesto para vigilar.

vigilante adj. Que vigila o está atento. ◆ s.m. y f. Persona que se encarga de vigilar un lugar.

vigilar v.tr. e intr. Observar atentamente a alguien o algo para que no sufra o cause daño, para que se desarrolle correctamente, etc.

vigilia s.f. (lat. *vigilia*). Acción de estar despierto o en vela. **2.** Falta de sueño o dificultad en dormirse. **3.** REL. **a.** Víspera de una festividad religiosa. **b.** Abstinencia y ayuno por precepto eclesiástico. **c.** Oficio litúrgico en la noche.

vigo s.m. Hond. Parche, emplasto.

vigor s.m. (lat. *vigor, -oris*). Fuerza física. **2.** Energía física o moral con la que se lleva a cabo algo: *actuar, discutir con vigor.* **3.** Plena eficacia, validez legal de leyes, decretos, etc.: *entrar en vigor nuevas normas.* **4.** Vitalidad, capacidad para crecer, desarrollarse y dar frutos o flores las plantas.

vigorizador, ra adj. Que da vigor.

vigorizante adj. y s.m. Se dice del producto o sustancia que da vigor.

vigorizar v.tr. y prnl. Dar vigor. **2.** *Fig.* Animar, infundir ánimo o valor.

vigorexia s.f. Trastorno del comportamiento que se caracteriza por la obsesión de conseguir un cuerpo musculoso.

vigoroso, a adj. Que tiene vigor. **2.** Que denota o muestra resolución y firmeza: *palabras vigorosas.*

vigota s.f. MAR. Pieza de madera circular, oval o lenticular, con uno o varios orificios, por donde se pasa un cabo.

viguería s.f. Conjunto de vigas de una construcción.

vigués, sa adj. y s. De Vigo.

vigueta s.f. Viga corta, sostenida por las vigas principales, o que sirve de unión entre las mismas.

VIH s.m. (sigla de *virus de inmunodeficiencia humana*). Virus causante del sida.

vihuela s.f. Nombre genérico de diferentes instrumentos hispánicos de cuerda, sean tocados con arco, punteados con plectro o tañidos con los dedos.

vihuelista s.m. y f. Intérprete de vihuela. **2.** Compositor de música para vihuela.

vikingo, a adj. y s. (escandinavo *viking*). De un pueblo escandinavo de guerreros, navegantes y comerciantes, que emprendieron expediciones marítimas y fluviales de Rusia al Atlántico desde el s. VIII hasta principios del s. XI. (→ **normando.**)

vil adj. (lat. *vilis,* barato, sin valor). Innoble y digno de desprecio, que entraña maldad, servilismo, cobardía y falsedad.

vilano s.m. BOT. Limbo del cáliz de una flor, que sirve de aparato de vuelo en la diseminación eólica. **2.** Penacho de diversas semillas que carece de homología.

vilayato s.m. Unidad administrativa de algunos países musulmanes.

vilela, grupo de pueblos amerindios del N de Argentina, de lengua lule-vilela, act. extinguidos.

vileza s.f. Cualidad de vil. **2.** Acción o expresión vil.

vilipendiar v.tr. Despreciar, insultar o tratar con desdén.

vilipendio s.m. (bajo lat. *vilipendium*). Humillación, deshonra o desprecio.

vilipendioso, a adj. Que causa o implica vilipendio.

villa s.f. (lat. *villa,* casa de campo, residencia de un embajador cuando no podía entrar en Roma). Originariamente, edificio o conjunto de edificios aislados en el campo con características aptas para satisfacer, además de la exigencia de habitación, la de intendencia para la explotación agrícola. **2.** Denominación dada por motivos históricos a algunas poblaciones, ya sean grandes o pequeñas. **3.** Casa aislada de las demás, con jardín o huerta, generalmente unifamiliar y extraurbana. ◇ **Villa miseria** Argent. y Urug. Barrio marginal de chabolas.

villadiego, Coger, o **tomar, las de Villadiego** *Fam.* Ausentarse repentina e impensadamente, en general huyendo de un riesgo o compromiso.

villamelón s.m. Méx. *Fam.* Profano que habla con aire de suficiencia de lo que no entiende. (Se dice sobre todo del aficionado a los toros.)

villancico s.m. Canción popular de Navidad. **2.** Composición poética musical, con texto vulgar y de estilo rústico, que evolucionó hasta llegar a la forma de cantata barroca.

villanesco, a adj. Relativo a los villanos.

villanía s.f. Condición de villano. **2.** *Fig.* Dicho o hecho vil, ruin, indecoroso u obsceno.

villano, a adj. y s. (del lat. vulg. *villanus,* labriego). *Fig.* Innoble, vil, ruin, indigno, capaz de cometer villanías. **2.** Se dice de los vecinos de una villa o aldea, pertenecientes al estado llano, en contraposición al estado noble o hidalgo. ◆ adj. Rústico, no refinado. ◆ s.m. Música y baile españoles, comunes en los ss. XVI y XVII.

villar s.m. (bajo lat. *villaris,* población). Pueblo pequeño.

villista adj. y s.m. y f. Relativo a Pancho Villa; partidario del mismo.

villorrio s.m. *Desp.* Población que carece de lo necesario para vivir bien.

vilo (en) loc. Suspendido, sin apoyo. **2.** Con indecisión y zozobra por conocer algo o por algo que se teme.

vilorta s.f. Varilla flexible que sirve para atar o sujetar algo. **2.** Abrazadera que sujeta al timón la cama del arado.

vilote adj. Argent. Se dice de la persona débil y cobarde.

vimana s.m. En la India medieval, torre santuario piramidal.

vina s.f. Instrumento musical de la India, provisto de cuatro cuerdas.

vinagre s.m. (cat. *vinagre*). Solución acuosa rica en ácido acético, resultante de la fermentación del vino o de otro líquido alcohólico, utilizada como condimento. **2.** *Fig.* Persona malhumorada o irritable.

vinagrera s.f. Recipiente destinado a contener vinagre para el uso diario. **2.** Amér. Merid. Acidez de estómago. ◆ **vinagreras** s.f.pl. Utensilio para el servicio de mesa con un recipiente para el aceite y otro para el vinagre.

vinagreta s.f. Salsa fría compuesta de vinagre, aceite y sal, y algún que otro ingrediente, como cebolla, perejil, mostaza, etc.

vinajera s.f. (fr. ant. *vinagière*). Cada una de las dos jarritas que contienen el vino y el agua que se emplean en la misa. ◆ **vinajeras** s.f.pl. Conjunto de ambas jarritas y la bandeja o recipiente que las contiene.

vinariego, a s. Persona que se dedica a cultivar viñas o especialista en este cultivo.

vinario, a adj. Relativo al vino.

vinatería s.f. Tienda de vinos. **2.** Comercio con vino.

vinatero, a adj. Relativo al vino. ◆ s. Persona que comercia con vino o lo transporta para venderlo.

vinaza s.f. Producto acuoso de la destilación de sustancias orgánicas. **2.** Vino de baja calidad que se extrae de los posos y heces.

vinazo s.m. Vino muy fuerte y espeso.

vincha s.f. (quechua *wínča*). Amér. Merid. Cinta o pañuelo que se ciñe a la cabeza para sujetar el pelo.

vinchuca s.f. (quechua *wihčúkukk,* que cae arrojado). Argent., Chile y Perú. Nombre de diversos insectos hematófagos alados, de tamaño mediano que, en general, representan un peligro para las personas por ser transmisores del mal de Chagas.

vinculación s.f. Acción y efecto de vincular. **2.** Bien sujeto a tales reglas sucesorias o asignado a tal particular finalidad que queda sustraído a la circulación comercial e inmovilizado en manos de determinadas familias o instituciones.

1. **vincular** v.tr. y prnl. Unir con vínculos una cosa a otra, hacer depender una cosa de otra determinada. ◆ v.tr. Sujetar ciertos bienes o propiedades por disposición de su dueño, generalmente en testamento, a determinada sucesión, uso o empleo.

2. **vincular** adj. Relativo al vínculo.

vínculo s.m. (lat. *vinculum*). Unión, ligazón o atadura que une una cosa a otra, generalmente inmateriales: *el vínculo del matrimonio.* **2.** DER. **a.** Unión o relación que existe entre una persona y otra. **b.** Unión y sujeción de una propiedad, renta, derecho, cargo, etc., al perpetuo dominio de un linaje o familia, con prohibición de partirlo o enajenarlo.

vindicar v.tr. y prnl. Defender, especialmente por escrito, a quien ha sido calumniado, atacado o censurado injustamente. **2.** Vengar, tomar satisfacción de un agravio, ofensa o perjuicio. **3.** DER. Reivindicar.

vindicativo, a adj. Empleado para vindicar, para defender la buena fama de alguien a quien se ataca injustamente: *alegato vindicativo.* **2.** Vengativo.

vindicatorio, a adj. Que sirve para vindicar.

vindicta s.f. Venganza por un agravio o perjuicio recibido. ◇ **Vindicta pública** DER. Satisfacción de los delitos, por la sola razón de justicia.

vínico, a adj. Relativo al vino.

vinícola adj. Relativo a la elaboración del vino: *industria vinícola.*

vinicultor, ra s. Persona que se dedica a la vinicultura.

vinicultura s.f. Elaboración o crianza de vinos.

vinífero, a adj. Que produce vino.

vinificación s.f. Conjunto de procedimientos que transforman la uva en vino.

vinílico, a adj. Se dice del compuesto químico que contiene el radical vinilo y de las resinas obtenidas por su condensación.

vinillo s.m. Vino muy flojo, de poca graduación.

vinilo s.m. Radical etilénico monovalente $CH_2{=}CH{-}$, que se utiliza en la fabricación de discos de microsurco, juguetes y prendas impermeables.

vinilogía s.f. Relación existente entre dos moléculas que difieren por la intercalación de un doble enlace carbono-carbono. (Dos moléculas vinílogas presentan propiedades químicas análogas. Es el caso del etileno y del butadieno.)

vinílogo, a adj. Relativo a la vinilogía.

vino s.m. (lat. *vinum*). Bebida alcohólica que se hace del zumo de las uvas fermentado. (Los vinos se clasifican según su color [blanco, clarete, rosado y tinto], su contenido en azúcar, que se aplica sobre todo a los vinos blancos [brut, seco, semiseco, dulce], y su contenido en alcohol, expresado en grados alcohólicos). <> **Aguar,** o **bautizar,** o **cristianar, el vino** *Fam.* Echarle agua. **Dormir el vino** *Fam.* Dormir después de haberse emborrachado. **Tener buen,** o **mal, vino** *Fam.* Comportarse alguien de forma pacífica, o agresiva, cuando se emborracha; tener buen, o mal, carácter. **Vino de aguja** Vino con pequeñas burbujas de gas carbónico. **Vino de mesa,** o **de pasto** Vino que se suele beber en las comidas. **Vino generoso** Vino que tiene una graduación alcohólica superior a 15 grados. **Vino espumoso** Vino cuya efervescencia resulta de una segunda fermentación alcohólica en recipiente cerrado, ya espontánea, ya obtenida por el método champañés. **Vino pardillo** Vino entre blanco y clarete, de baja calidad, más bien dulce que seco. **Vino peleón** *Fam.* Vino de mala calidad. **Vino virgen** Vino que fermenta sin casca.

vinocolorímetro s.m. Aparato que sirve para determinar la intensidad de la coloración del vino.

vinolencia s.f. Destemplanza o exceso en el beber vino.

vinolento, a adj. (lat. *vinolentus*). Que bebe vino en exceso.

vinoso, a adj. Que tiene la calidad, el color, fuerza, propiedad o apariencia del vino. **2.** Vinolento.

vinote s.m. Residuo líquido que queda en la caldera del alambique, una vez efectuada la destilación del vino, al fabricar el aguardiente.

viña s.f. (lat. *vinea*). Terreno plantado de vides. <> **Ser algo una viña** *Fam.* Producir muchos beneficios. **La viña del Señor** *Fig.* Conjunto de los fieles cristianos.

viñador, ra s. Persona que trabaja en el cultivo de las viñas.

viñamarino, a adj. y s. De Viña del Mar.

viñatero, a s. Propietario de viñas. **2.** Argent. y Perú. Viticultor.

viñedo s.m. (lat. *vinetum*). Terreno plantado de vides.

viñero, a adj. Se dice de la máquina agrícola y, particularmente, del arado propio para el cultivo de la vid.

viñeta s.f. (fr. *vignette*). Dibujo que se pone como adorno al principio o al final de los libros o de sus capítulos. **2.** Dibujo, figura, escena estampada en un libro, publicación, etc., generalmente humorística y con texto o comentarios. **3.** Pequeño dibujo recortado en forma de etiqueta y colocado sobre diversos objetos, como cajas de cigarros, botellas, etc.

1. **viola** s.f. (ital. *viola*). Instrumento musical de arco, de forma y fabricación parecidas a las del violín. **2.** Instrumento de cuerda típico de Brasil, de uso muy difundido en las zonas rurales. **3.** MÚS. Término genérico que, de los ss. XV al XVIII indicaba una familia de instrumentos de arco de distintos tamaños y que se tocaban en diferentes posiciones. (Según estas posiciones, se clasifican en *violas da braccio* y *violas da gamba;* algunos tipos particulares de viola son la *viola de amor,* la *viola bastarda* y la *viola de bordón.*) ◆ s.m. y f. Persona que toca la viola en una orquesta.

2. **viola** s.f. Violeta. **2.** Alhelí.

violáceo, a adj. y s. Violado: *azul violáceo.* ◆ adj. y s.f. Relativo a una familia de plantas de flores dialipétalas cigomorfas, como la violeta.

violación s.f. Acción y efecto de violar. **2.** Relación sexual impuesta por coacción y que constituye un delito.

violado, a adj. y s.m. Violeta.

violador, ra adj. y s. Se dice de la persona que viola, en especial del hombre que viola a una mujer.

violão s.m. (voz portuguesa). Instrumento musical de cuerda típico de Brasil.

1. **violar** v.tr. (lat. *violare*). Infringir una ley, precepto, etc. **2.** Cometer violación sexual. **3.** Profanar un lugar sagrado.

2. **violar** s.m. Sitio plantado de violetas.

violencia s.f. (lat. *violentia*). Cualidad de violento. **2.** Manera de actuar haciendo uso excesivo de la fuerza física. **3.** Acción injusta con que se ofende o perjudica a alguien. **4.** Acción o efecto de violentarse. **5.** DER. Coacción física ejercida sobre una persona para viciar su voluntad y obligarla a ejecutar un acto determinado. <> **Hacer violencia a,** o **sobre, alguien** Obligarlo por medio de la fuerza física o moral a hacer algo contra su voluntad. **No violencia** Forma de acción política que se caracteriza por el empleo de tácticas no violentas. **Violencia de género** Violencia que ejerce un miembro de una pareja contra el otro, especialmente el hombre contra la mujer. **Violencia doméstica** Violencia ejercida en un hogar por un miembro de una familia contra otro, especialmente un hombre contra su compañera sentimental.

violentar v.tr. Hacer que algo ceda, vencer su resistencia mediante la fuerza o la violencia: *violentar la cerradura.* **2.** *Fig.* Entrar en una casa o en otra parte por la fuerza, contra la voluntad de su dueño. **3.** Obligar a alguien a que haga una cosa contra su voluntad. **4.** Dar una interpretación forzada o falsa a un texto. ◆ **violentarse** v.prnl. *Fig.* Vencer alguien su resistencia o repugnancia a hacer algo.

violento, a adj. (lat. *violentus,* de *vis,* fuerza, poder). Que se hace o sucede con brusquedad, ímpetu, fuerza o intensidad excesiva: *sacudida violenta.* **2.** Se dice de la manera o medio para ejecutar algo que se sirve de la fuerza contra la razón y la justicia. **3.** Iracundo, irascible, irritable. **4.** Que está fuera de su natural estado, situación o modo: *una postura violenta del cuerpo.* **5.** Que se encuentra en una situación embarazosa o incómoda. **6.** Se dice de lo que hace alguien contra su gusto, por ciertos respetos o consideraciones. **7.** Se dice de la interpretación falsa que se da a un dicho, escrito, etc.

violero, a s. Constructor de instrumentos de cuerda, pulsadas o frotadas. **2.** Vihuelista.

violeta s.f. (fr. *violette*). Planta herbácea muy apreciada en jardinería por sus flores. (Familia violáceas.) **2.** Flor de esta planta. ◆ adj. y s.m. Se dice del color morado claro, como el de esta planta, que corresponde a la radiación de menor longitud de onda del espectro solar. ◆ adj. Que es de este color. (Suele ser invariable en plural.) <> **Violeta de genciana** Sustancia colorante, derivada de la anilina, empleada como antiséptico.

violetero, a adj. y s. Se dice de la persona, generalmente mujer, que vende por las calles ramitos de violetas.

violín s.m. Instrumento musical de cuatro cuerdas afinadas por quintas (sol, re, la, mi), que se frotan con un arco. ◆ s.m. y f. Violinista. <> **Violín de Ingres** Hobby, pasatiempo favorito. **Violín en bolsa** Argent. *Fam.* Expresión con que se indica la intención de eliminar a alguien de un asunto o de no opinar al respecto.

violinista s.m. y f. Persona que toca el violín.

violón s.m. Instrumento musical de cuerda que se toca con arco y que representa el registro bajo dentro de la familia del violín. ◆ s.m. y f. Persona que toca este instrumento en un conjunto instrumental. <> **Tocar el violón** *Fam.* Quedar en ridículo o abochornado al intervenir en una conversación dando muestras de no estar enterado de lo que se trata.

violonchelista o **violoncelista** s.m. y f. Persona que toca el violonchelo.

violonchelo, violoncello o **violoncelo** s.m. Instrumento musical de cuatro cuerdas afinadas por quintas (do, sol, re, la), que se frotan con un arco. **2.** Violonchelista.

vioñ s.m. Mamífero rumiante del tamaño de una liebre, que vive en las selvas tropicales de África. (Familia tragúlidos.)

VIP s.m. y f. (sigla del ingl. *very important person*). Persona muy importante.

vipérido, a adj. y s.m. Relativo a una familia de serpientes venenosas que incluye las diferentes especies de víboras.

viperino, a adj. y s.m. Relativo a la víbora. **2.** *Fig.* Que tiene sus características.

vira s.f. Banda de cuero con que se refuerza el calzado. **2.** Saeta muy delgada y de punta muy aguda.

viracocha s.m. Nombre que los incas daban a los conquistadores españoles, por creerlos hijos de los dioses.

virada s.f. MAR. **a.** Acción y efecto de virar de una embarcación. **b.** Punto donde se vira.

virador s.m. Líquido empleado en fotografía para virar.

2. Mecanismo que permite modificar, cuando se para, la posición del eje de una máquina giratoria (turbina, alternador, etc.).

virago s.f. (lat. *virago, -inis*). Mujer varonil.

viraje s.m. Acción y efecto de virar. **2.** FOT. Tratamiento que transforma la plata reducida de la imagen fotográfica en otra sal que produce un tono determinado.

viral adj. Relativo a los virus: *hepatitis viral.* SIN.: *vírico.* **2.** Que se propaga como si fuera un virus: *publicidad viral.* **3.** Que utiliza estrategias semejantes a las que usan los virus para propagarse: *márquetin viral.*

virapitá s.m. Argent. Árbol de madera dura y pesada, que alcanza hasta 30 m de alt. (Familia leguminosas.)

virar v.tr. e intr. Cambiar de bordada o de rumbo una embarcación. **2.** *Por ext.* Cambiar la dirección de algo: *virar hacia la izquierda; virar la cabeza.* **3.** Dar vueltas al cabrestante de una embarcación para levar anclas, suspender cosas de peso, etc. **4.** *Fig.* Evolucionar, cambiar de ideas, de orientación, etc., en la manera de actuar. ◆ v.tr. FOT. Someter el papel impresionado a la operación o proceso de viraje.

viraró s.m. Argent. y Urug. Árbol de hojas lustrosas, que alcanza hasta los 20 m de alt. (Familia leguminosas.)

virasis o **viriasis** s.f. Enfermedad causada por uno o varios virus. SIN.: *virosis.*

vira vira s.f. Argent., Chile, Perú y Venez. Planta herbácea, cubierta de una pelusa blanca, que se emplea en infusión como pectoral. (Familia compuestas.)

virescencia s.f. Metamorfosis de las partes coloreadas de las flores en hojas verdes.

virgen adj. y s.m. y f. (lat. *virgo, -inis*). Se dice de la persona que no ha tenido unión sexual. ◆ adj. No tocado por el ser humano, intacto: *nieve virgen; selva virgen.* **2.** *Fig.* Que tiene intacta la pureza, que no ha sufrido contaminación, corrupción, etc. **3.** No cultivado. **4.** Genuino, privado de sustancias extrañas: *cera virgen; lana virgen.* ◆ s.f. Pintura o escultura que representa a María, madre de Jesús. **2.** Cada uno de los pies derechos que, en los lagares o alfarjes, guían el movimiento de la viga. **3.** REL. **a.** María, que fue madre de Jesús sin perder su virginidad. (En esta acepción se escribe con mayúscula.) **b.** Santa que, no habiendo contraído matrimonio y habiendo guardado la castidad, es venerada por la Iglesia. **c.** Cristiana que se ha consagrado al servicio de Dios, renunciando al matrimonio. ◇ **Aceite virgen** Aceite puro extraído de una sola especie vegetal por medios mecánicos. **Ser un viva la virgen** *Fam.* Ser una persona despreocupada e informal.

virginal adj. Relativo a la Virgen. **2.** *Fig.* Puro, intacto, inmaculado. **3.** Relativo a la persona que es virgen. ◆ s.m. MÚS. Espineta utilizada en Inglaterra durante los ss. XVI y XVII.

virginia s.f. Tipo de tabaco procedente de Virginia, que en la actualidad se cultiva en otras partes del mundo.

virginiano, a adj. y s. De Virginia.

virginidad s.f. Estado de virgen.

virgo adj. y s.m. y f. (lat. *virgo, -inis,* virgen). Virgen. **2.** Se dice de la persona nacida entre el 23 de agosto y el 22 de septiembre, bajo el signo de Virgo. (El plural es *virgo*; suele escribirse con mayúscula.) ◆ s.m. Virginidad. **2.** Himen.

virguería s.f. Esp. *Vulg.* Cualidad de virguero. **2.** Esp. *Vulg.* Acción o dicho propio de virguero.

virguero, a adj. y s. Esp. *Vulg.* Extraordinario, excelente en su línea.

vírgula o **virgulilla** s.f. Trazo o línea pequeña y delgada empleada en la escritura, como el acento, la coma, la cedilla, la tilde de la eñe, etc. **2.** Bacilo encorvado, agente del cólera morbo asiático. **3.** Vara delgada.

viriasis s.f. → **virasis.**

vírico, a adj. Relativo a los virus.

1. **viril** adj. (lat. *virilis*). Varonil, propio de hombre. **2.** *Fig.* Fuerte, valiente, seguro. ◇ **Edad viril** Edad adulta del hombre.

2. **viril** s.m. Vidrio muy claro y transparente que se pone delante de algunas cosas para preservarlas pero sin ocultarlas. **2.** CATOL. Estuche de cristal en el que se coloca la hostia consagrada para su exposición en la custodia.

virilidad s.f. Cualidad de viril. **2.** Potencia sexual del varón. **3.** Madurez sexual del macho. **4.** Edad adulta del hombre.

virilismo s.m. MED. Aparición de caracteres masculinos en un sujeto de sexo femenino.

virilizar v.tr. y prnl. MED. Dar carácter viril a alguien o algo. SIN.: *masculinizar.*

viringo, a adj. Colomb. Desnudo.

virión s.m. Partícula infectiva libre de los virus. **2.** Unidad estructural de los virus.

viripausia s.f. Andropausia.

virola s.f. Anillo metálico que se coloca en el extremo de ciertos objetos para evitar que se abran. **2.** En la fabricación de monedas, anillo de acero en que se coloca el cospel y en el que este recibe la acción de los cuños. **3.** Pieza circular ajustada en el eje de un volante de reloj y que lleva una hendidura para fijar la espiral.

virolento, a adj. y s. Que tiene viruelas. **2.** Marcado o señalado por las viruelas.

virología s.f. Parte de la microbiología que estudia los virus.

virológico, a adj. Relativo a la virología.

virosis s.f. Virasis.

virreina s.f. Esposa del virrey. **2.** Mujer que gobierna un territorio en nombre y con autoridad del rey.

virreinal adj. Relativo al virrey o al virreinato.

virreinato s.m. Cargo o dignidad de virrey. **2.** Territorio gobernado por un virrey.

virreinato

El virreinato, como institucionalización de un reino o territorio equiparado, regido por un virrey, tiene su origen en la Corona de Aragón, donde el rey, a causa de la diversidad de territorios, se veía obligado al absentismo, que se agudizó al fijarse la residencia real en Castilla. Se crearon lugartenientes generales para cada reino de la corona. Entre los ss. XV y XVI, cuando se elevó el prestigio del virrey y se ampliaron sus funciones (sobre todo en Italia y Navarra), se equiparó este cargo al de lugarteniente. Desde el s. XVI fueron virreinatos, en Europa: Galicia (no permanentemente), Navarra, Aragón, Cataluña, Valencia, Mallorca, Nápoles, Sicilia y Cerdeña; en los Países Bajos y el Milanesado había gobernadores con funciones de virrey. El virreinato se extendió a las Indias, donde se crearon los de Nueva España (1535) y Perú (1542), y de este surgieron los de Nueva Granada (1719) y del Río de la Plata (1776). Los primeros suprimidos fueron los de la Corona de Aragón por los decretos de Nueva planta (1707), y los italianos y los de los Países Bajos, al perderse estos territorios. Los virreinatos indianos desaparecieron al finalizar el dominio español (a principios del s. XIX) y el de Navarra, al convertirse el reino en provincia (1841). El virrey representaba al monarca y era también capitán general. El diferente estatus del virreinato estaba en función de su distancia geográfica y del equilibrio entre el rey y los estamentos políticos de los diferentes territorios. El poder del virrey en los reinos españoles era más amplio, acaparando gobierno y justicia, pero las leyes los ceñían, mientras que en las Indias el virrey gobernaba más absolutamente, aunque la justicia estuviese en manos de la audiencia. El cargo de virrey era ostentado por nobles y, en algún caso, por eclesiásticos, y el mandato era indefinido o temporal (sexenal, quinquenal o trienal).

virrey s.m. (lat. *vice regis,* en sustitución del rey). Hombre que gobierna un territorio en nombre y con autoridad del rey.

virtual adj. Que tiene existencia aparente o potencial pero no real o efectiva: *virtual candidato a la presidencia.* **2.** INFORMÁT. Se dice de los elementos (terminales, memoria, etc.) de un sistema informático a los que se considera poseedores de propiedades distintas de sus características físicas. <> **Objeto,** o **imagen, virtual** FÍS. Objeto, o imagen, cuyos puntos se encuentran en la prolongación de los rayos luminosos. **Realidad virtual** Simulación audiovisual de un entorno real por medio de imágenes de síntesis tridimensionales.

virtualidad s.f. Cualidad de virtual.

virtualmente adv.m. De manera virtual, en potencia. **2.** En una realidad virtual: *juego virtualmente actractivo.* **3.** Casi, en la práctica.

virtud s.f. (lat. *virtus, -utis,* fortaleza de carácter). Cualidad que se considera moralmente buena en una persona: *la humildad es una virtud.* **2.** Capacidad para producir un efecto, generalmente positivo. **3.** Eficacia para curar alguna enfermedad o desarreglo fisiológico. **4.** Vida de la persona virtuosa. **5.** Castidad, especialmente de una mujer. **6.** TEOL. Cualidad permanente del espíritu que inclina a practicar el bien. <> **En,** o **por, virtud de** Gracias a, por medio de.

virtuosismo s.m. Habilidad excepcional en un arte, especialmente en la ejecución o interpretación musical.

virtuoso, a adj. y s. (lat. *virtuosus*). Dotado de virtudes. ◆ s. Artista dotado de virtuosismo. **2.** Persona de gran talento en algo: *virtuoso de la palabra.*

viruela s.f. (lat. vulg. *variola*). Enfermedad infecciosa, inmunizante, muy contagiosa y epidémica, debida a un virus y caracterizada por una erupción de manchas rojas que se transforman en vesículas y más tarde en pústulas que, una vez curada la enfermedad, se secan dejando cicatrices indelebles.

virulé (a la) loc. (del fr. *bas roulé,* media enrollada por la parte superior). Esp. Estropeado, torcido o en mal estado.

virulencia s.f. Cualidad de virulento.

virulento, a adj. Que contiene crítica mordaz o ponzoñosa: *discurso virulento.* **2.** MED. **a.** Ocasionado por un virus o que participa de su naturaleza. **b.** Infectado, con pus: *herida virulenta.*

virus s.m. (lat. *virus, -i,* zumo, ponzoña). Microorganismo, invisible al microscopio óptico, que solo contiene un ácido nucleico y que solo puede desarrollarse en el interior de una célula viva. <> **Virus filtrante** Germen patógeno que puede atravesar los filtros más finos y que solo es perceptible con el microscopio electrónico. SIN.: *ultravirus.* **Virus informático** Secuencia de instrucciones que se introduce en la memoria de una computadora con objeto de que, al ser procesada, produzca alteraciones graves en el funcionamiento de la máquina.

virus

Los virus son responsables de numerosas enfermedades de las plantas, los animales y el ser humano. Las infecciones víricas pueden ser triviales (resfriado común, verrugas, algunas infecciones respiratorias) o graves (hepatitis, sida y, probablemente, algunos tipos de cáncer). Los principales medios utilizados por el organismo para combatir los virus son la fiebre y las reacciones inflamatorias, la formación de interferón y la producción de anticuerpos.

viruta s.f. Porción de madera, metal, etc., desprendida por la acción de una herramienta o útil. **2.** C. Rica. *Fig.* Mentira, embuste.

vis s.f. (lat. *vis,* fuerza). **Vis cómica** Comicidad, facultad para producir efectos cómicos.

visa s.f. Amér. Certificación firmada que da autenticidad y validez. GEOSIN.: Esp. *visado.*

visado s.m. Acción de visar. **2.** Esp. Visa.

visaje s.m. (fr. *visage*). Mueca de la cara.

visar v.tr. Dar la autoridad competente validez a un pasaporte u otro documento para determinado uso. **2.** Reconocer o examinar un documento, certificación, etc., poniéndole el visto bueno.

vis à vis loc. (voces francesas, *frente a frente*). En presencia uno del otro.

visaya o **bisaya,** pueblo malayo de las Filipinas, que ha dado su nombre al *archipiélago de las Visayas* (entre Luzón y Mindanao).

viscacha s.f. Amér. Vizcacha.

víscera s.f. (lat. *viscera*). Órgano hueco inervado por los sistemas ortosimpático y parasimpático, como el corazón, el estómago y el útero.

visceral adj. Relativo a las vísceras. **2.** Que proviene de lo más profundo del ser, inconsciente: *reacción, emoción, miedo visceral.* <> **Esqueleto visceral** Esqueleto que sirve de soporte a la boca y las branquias de ciertos vertebrados.

viscoelástico, a adj. Se dice del sólido que es a la vez elástico y viscoso.

viscoplástico, a adj. Se dice del sólido que es a la vez plástico y viscoso.

viscosa s.f. Celulosa sódica que se emplea en la manufactura del rayón.

viscosidad s.f. Cualidad de viscoso. **2.** Materia viscosa. **3.** FÍS. Resistencia de un fluido a su derrame uniforme y sin turbulencia. (Se mide en poises.) **4.** PINT. Grado de espesamiento de una pintura o un barniz. <> **Viscosidad absoluta,** o **dinámica** Resistencia opuesta por un fluido para una velocidad de deformación dada. **Viscosidad cinemática** Cociente de la viscosidad dinámica de un fluido por su masa de volumen. **Viscosidad eléctrica** Resistencia que oponen los gases al paso de la chispa eléctrica, independiente de la densidad y viscosidad mecánica del gas.

viscosilla s.f. Fibra textil artificial que se obtiene de la celulosa y está mezclada con lana o algodón.

viscosímetro s.m. Aparato industrial que sirve para medir la viscosidad.

viscoso, a adj. (lat. *viscosus*). Que tiene consistencia pastosa, glutinosa, pegajosa. **2.** FÍS. Que posee una viscosidad elevada.

visera s.f. Ala pequeña de las gorras y otras prendas semejantes, para proteger los ojos del sol. **2.** En los automóviles, pieza movible que puede abatirse sobre el cristal delantero para proteger al chófer y acompañante de los rayos del sol. **3.** Pieza suelta de cartón o de plástico que se coloca en la frente, sujeta con una goma, y sirve para resguardar la vista. **4.** Pieza del casco que protegía el rostro o parte de él.

visibilidad s.f. Cualidad de visible. **2.** Mayor o menor distancia a que pueden reconocerse o verse los objetos con claridad, según las condiciones atmosféricas.

visibilizar v.tr. Hacer visible artificialmente lo que no puede percibirse de forma natural.

visible adj. Que puede verse. **2.** Que se manifiesta de manera evidente y fácilmente perceptible, por lo que no admite dudas: *una prueba visible; un visible descontento.*

visigodo, a adj. y s. De un pueblo germánico que constituyó uno de los dos grandes grupos de los godos.

visigodo

En el s. II a.C., los visigodos se establecieron en Escitia, cerca del mar Negro. En 376, empujados por los hunos, atravesaron el Danubio y penetraron en el Imperio romano, actuando unas veces como aliados y otras como enemigos. Alarico I invadió Italia y saqueó Roma (410). Se impusieron en Galia e Hispania. En 507, la derrota de Alarico II ante los francos obligó a los visigodos a replegarse a Hispania. Tras una etapa de dominio ostrogodo, con Leovigildo (572-586) el reino visigodo se centró en Toledo. Su hijo Recaredo abrazó el cristianismo (589), lo que determinó la unidad religiosa del reino. La unificación litúrgica impuesta en el IV concilio de Toledo fue acompañada de la unidad legislativa, compendiada en el *Liber iudiciorum* (h. 654), promulgado por Recesvinto. Rodrigo, último rey visigodo, fue derrotado por los musulmanes en la batalla de Guadalete (711). Los visigodos mantuvieron las instituciones del pueblo hispanorromano, sobre todo la Iglesia, que a través de los sucesivos concilios de

Toledo influyó poderosamente en el estado. Su arquitectura alcanzó pleno desarrollo en el s. VII: iglesias de San Juan de Baños de Cerrato (Palencia), San Pedro de la Mata (Toledo) y San Pedro de la Nave (Zamora). La escultura tuvo como única finalidad la decoración arquitectónica. Expertos orfebres y esmaltistas se organizaron en talleres que trabajaban para la corte, de donde proceden los grandes tesoros de Guarrazar y de Torredonjimeno, compuestos de cruces y coronas votivas.

---

visigótico, a adj. Visigodo. **2.** Se aplica a la escritura latina usada en los antiguos territorios del reino visigodo.

visillo s.m. Cortina fina y transparente que se coloca en la parte interior de los cristales de una ventana o balcón. (Suele usarse en plural.)

visión s.f. (lat. *visio, -onis*). Hecho de ver o de representarse algo. **2.** Cosa que se ve. **3.** Percepción por el órgano de la vista. **4.** Alucinación: *tener visiones.* **5.** *Fig.* Punto de vista particular sobre un asunto. **6.** Aparición sobrenatural. <> **Ver visiones** *Fam.* Alucinar o imaginar algo que no existe. **Visión beatífica** TEOL. Acto de ver a Dios, en el cual consiste la bienaventuranza.

---

visión

En el ser humano la visión comprende cuatro funciones: la visión de las formas (que puede conseguirse con un solo ojo), la de las distancias (binocular), la de los colores y la del movimiento. La adaptación de la retina hace posible la visión con poca luz, y gracias a la acomodación del cristalino pueden observarse los objetos cercanos o lejanos. Las radiaciones ultravioleta e infrarroja son visibles para numerosas especies animales, mientras que otras no distinguen los colores.

---

visionar v.tr. Ver una película cinematográfica o televisiva, generalmente fuera de los cauces de distribución.

visionario, a adj. y s. Que tiene visiones, revelaciones sobrenaturales o ideas extravagantes o curiosas.

visionudo, a s. Méx. *Fam.* Persona que se comporta o habla de manera extravagante para llamar la atención.

visir s.m. (turco *vezir,* del ár. *wazír,* ministro). En los países islámicos, jefe supremo de la administración. <> **Gran visir** Primer ministro en el Imperio otomano.

visirato s.m. Cargo o dignidad de visir.

visita s.f. Acción de visitar. **2.** Persona que visita: *charlar con las visitas.* **3.** Acto en el que el médico reconoce a un enfermo. **4.** HIST. Procedimiento empleado por la administración estatal castellana medieval y española durante el Antiguo régimen, para inspeccionar la gestión de los oficiales públicos por medio de determinados delegados del rey, en calidad de jueces. <> **Devolver,** o **pagar, la visita** Corresponder una persona a otra con otra visita. **Pasar visita** Visitar el médico a sus enfermos. **Visita de médico** *Fig.* y *fam.* Visita de corta duración. **Visita pastoral** Visita que hace el obispo para inspeccionar las iglesias de su diócesis.

visitación s.f. Visita que hizo la Virgen María a su prima santa Isabel y que conmemora la Iglesia. (Con este significado se escribe con mayúscula.) **2.** Representación de este encuentro.

visitador, ra s. Persona que se encarga de hacer visitas de inspección o reconocimiento. **2.** Persona al servicio de un laboratorio farmacéutico que presenta a los médicos las novedades terapéuticas. **3.** Religioso, encargado de inspeccionar algunas casas de su orden o de dirigir a los religiosos de una provincia. ◆ adj. y s. Que hace o es aficionado a hacer visitas.

visitadora s.f. Dom., Hond., P. Rico y Venez. Lavativa.

visitante adj. y s.m. y f. Que visita.

visitar v.tr. (lat. *visitare*). Ir a ver a alguien al lugar donde se encuentra, estar con él cierto tiempo para hacerle compañía. **2.** Ir el médico a casa de un enfermo para examinarlo. **3.** Ir a un lugar, país, población, etc., para conocerlo o con fines turísticos. **4.** Informarse personalmente de una cosa, yendo al lugar para su reconocimiento o inspección. **5.** Examinar un médico a los enfermos. **6.** Ir a un templo o santuario por devoción o para ganar indulgencias.

visiteo s.m. *Desp.* Acción de hacer o recibir muchas visitas.

vislumbrar v.tr. Ver algo de una manera confusa o imprecisa, debido a la distancia o falta de luz. **2.** *Fig.* Tener indicios, conjeturas, o ver una pequeña posibilidad de algo: *vislumbrar la magnitud de un problema.*

vislumbre s.f. *Fig.* Apariencia o indicio de algo: *se aprecia vislumbre de mejoría en el tiempo.* **2.** *Fig.* Noticia, visión o percepción muy corta y leve de algo. **3.** Reflejo o débil resplandor de una luz.

visnuismo s.m. Conjunto de las doctrinas y prácticas religiosas relativas a Visnú.

viso s.m. (lat. *visus, -us*). Reflejo o brillo de algo que lo hace parecer de color distinto al suyo propio. **2.** *Fig.* Aspecto o apariencia de algo. (Suele usarse en plural.) **3.** Forro o prenda que usan las mujeres debajo de un vestido transparente. **4.** Destello luminoso que despide algo al darle directamente una luz potente. (Suele usarse en plural.)

visón s.m. (fr. *vison*). Mamífero carnívoro del tamaño del turón, muy apreciado por su piel, que vive en Europa, Asia y América. **2.** Piel de este animal. **3.** Prenda hecha con la piel de este animal.

visor s.m. Dispositivo montado en una cámara fotográfica o cinematográfica que sirve para delimitar la imagen que se capta sobre la superficie sensible. **2.** Instrumento óptico con lentes de aumento, que permite examinar una película en curso de montaje, o diapositivas. <> **Visor de tiro** Sistema de tiro que utilizan los pilotos de aeronaves para el ataque.

víspera s.f. (del ant. *viéspera,* lat. *vespera,* la tarde y el anochecer). Día anterior a otro determinado. ◆ **vísperas** s.f.pl. En la liturgia católica, hora del oficio divino que se reza al atardecer. <> **En vísperas** En tiempo inmediatamente anterior.

vista s.f. Sentido corporal localizado en los ojos, mediante el cual es posible ver, percibir la luz, los colores, los objetos: *el órgano de la vista.* **2.** Visión, acción de ver. **3.** Mirada. **4.** *Fig.* Acierto o sagacidad para percibir cosas que otros no perciben: *tener vista para los negocios.* **5.** Aspecto, apariencia. **6.** Panorama visible desde un punto determinado: *esta casa tiene una bella vista.* **7.** Representación de un paisaje, lugar, edificio, etc.: *una vista de Roma.* **8.** Parte visible de una prenda interior, como los puños, cuello y pechera de una camisa. (Suele usarse en plural.) **9.** Abertura, ventana o hueco por donde se da luz a un edificio, o por donde se ve el exterior. (Suele usarse en plural.) **10.** DER. Acto procesal, realizado en la sede del tribunal, en el que las partes exponen ante el juez o tribunal, directamente o por medio de otras personas, sus pretensiones fundadas o razonadas. ◆ s.m. Empleado de aduanas a cuyo cargo está el registro de géneros. <> **A la vista** Visible; evidente; en perspectiva previsible; se dice de la cláusula que se inserta en ciertos documentos de crédito y por la cual se entiende que debe pagarse su importe a la presentación de los mismos. **A la vista de** Al parecer; vigilando o cuidando lo que se expresa; en consideración o atención de algo. **A primera,** o **simple, vista** Sin detenimiento y sin profundizar mucho. **A vista de pájaro** Desde lo alto, desde el aire; *Fam.* con una mirada superficial. **Conocer de vista** Conocer a una persona por haberla visto alguna vez, sin haber tenido trato con ella. **Con vistas a** Con el propósito o la intención de. **Corto de vista** Que padece miopía; *Fig.* poco perspicaz. **En vista de** En consideración o atención a algo. **Hacer la vista gorda** *Fam.* Fingir que no se ha visto algo, tolerar. **¡Hasta la vista!** *Fam.* Expresión de despedida. **Herir la vista** Deslumbrar. **Írsele la vista a alguien** Desvanecerse, marearse. **Perder de vista** Dejar de ver a alguien o algo; dejar de tener noticias de alguien o algo. **Saltar a la vista** Ser evidente una cosa. **Tener vista** Ser muy perspicaz. **Vista cansada** Presbicia. **Vista de águila** *Fig.* Capacidad de ver cosas a gran distancia. **Vista de lince** Capacidad de ver cosas aparentemente invisibles o difíciles de percibir. **Volver la vista atrás** Recordar hechos pasados, meditar sobre ellos.

vistazo s.m. Mirada rápida y superficial. **2.** Lectura rápida.

visto, a adj. Conocido, poco original o novedoso. **2.** Con *bien* o *mal*, considerado: *una acción mal vista.* ◆ s.m. Cada uno de los datos que preceden a los considerandos y que contribuyen a fundar un dictamen, acuerdo o fallo, citándose los preceptos y normas aplicables para la decisión. **2.** DER. Fórmula con que se significa que no procede dictar resolución respecto a un asunto. ◇ **Dar, o conceder, el visto bueno** Aprobar, dar la conformidad. **Ni visto ni oído** Muy rápidamente. **Nunca visto** Raro o extraordinario. **Por lo visto** Al parecer. **Visto que** Dado que. **Visto y no visto** Con gran rapidez.

vistosidad s.f. Cualidad de vistoso.

vistoso, a adj. Que atrae la vista o la atención por su calidad, brillantez, viveza, etc.

visual adj. Relativo a la visión. ◆ s.f. Línea recta imaginaria que va desde el ojo del espectador al objeto observado. ◇ **Línea de visual** Línea imaginaria que va del ojo del tirador al objetivo. **Memoria visual** Buena memoria de lo que se ha visto.

visualidad s.f. Efecto agradable que produce un conjunto de objetos vistosos.

visualización s.f. Acción y efecto de visualizar. **2.** Operación que consiste en hacer materialmente perceptible la acción y los efectos de un fenómeno. **3.** INFORMÁT. Representación de los resultados de un proceso de tratamiento de datos, bajo forma alfanumérica o gráfica, en una pantalla de rayos catódicos.

visualizar v.tr. Visibilizar. **2.** Representar mediante imágenes ópticas fenómenos de otro carácter. **3.** Formar en la mente una imagen visual de un concepto abstracto.

vitáceo, a adj. y s.f. Ampelidáceo.

vital adj. (lat. *vitalis*). Relativo a la vida, esencial para la vida: *las funciones vitales.* **2.** Muy importante, trascendente o fundamental: *una cuestión vital.* **3.** Dotado de gran aptitud o impulso para vivir, desarrollarse o actuar: *persona vital.* ◇ **Principio vital** Entidad no material postulada por ciertos biólogos para explicar la vida.

vitalicio, a adj. Que dura desde que se obtiene hasta el fin de la vida: *cargo vitalicio; renta vitalicia.* **2.** Que disfruta de algún cargo de esta índole: *senador vitalicio.* ◆ s.m. Pensión que dura hasta el fin de la vida del beneficiario de ella. **2.** DER. Póliza de seguro sobre la vida.

vitalidad s.f. Energía, vivacidad: *la vitalidad propia de la juventud.* **2.** *Fig.* Fuerza expresiva de un escrito, texto o similar: *vitalidad de un estilo.* **3.** Cualidad de vital o circunstancia de ser vital o trascendente una cosa.

vitalismo s.m. Doctrina biológica que hace de un principio vital el principio explicativo de la vida o que afirma la irreductibilidad de la vida a toda materia.

vitalista adj. y s.m. y f. Relativo al vitalismo; partidario del vitalismo.

vitalizar v.tr. Dar o infundir fuerza o vigor.

vitamina s.f. Sustancia orgánica indispensable para el crecimiento y buen funcionamiento del organismo, que por sí mismo no puede efectuar su síntesis. (Se distinguen las *vitaminas liposolubles* [A, D, E y K] y las *vitaminas hidrosolubles* [B, PP, C y P]. Su ausencia o déficit acarrea enfermedades por carencia o avitaminosis [escorbuto, beriberi, pelagra, etc.].)

vitaminado, a adj. Que contiene vitaminas. SIN.: *vitamínico.*

vitamínico, a adj. Relativo a las vitaminas. **2.** Vitaminado.

vitaminización s.f. *Fam.* Adición de vitaminas a un alimento.

vitaminología s.f. Ciencia que estudia las vitaminas.

vitaminoterapia s.f. Empleo de las vitaminas con fines terapéuticos.

vitando, a adj. (lat. *vitandus*). Odioso, abominable o execrable: *un crimen vitando.* **2.** Que debe ser evitado: *un tema vitando.*

vitela s.f. (ital. *vitella,* ternera, piel de vaca adobada). Pergamino muy blanco, fino y flexible. ◇ **Papel (de) vitela** Papel de calidad superior, liso y sin grano, de gran transparencia.

vitelina s.f. y adj. Membrana que envuelve el óvulo humano y el de algunos animales.

vitelino, a adj. Relativo al vitelo o la vitelina.

vitelo s.m. BIOL. Conjunto de sustancias de reserva contenidas en el óvulo de los animales.

vitícola adj. (del lat. *vitis,* vid, y *colere,* cultivar). Relativo a la viticultura. ◆ s.m. y f. Viticultor.

principales vitaminas

vitamina	fuentes
vitamina A	aceites de hígado de pescado, verduras, productos lácteos
vitamina B_1 antineurítica	corteza externa de los cereales completos, legumbres, carne, pescado, huevos, productos lácteos
vitamina B_2	productos lácteos, huevos, carne, pescado, hortalizas
vitamina B_5	la mayoría de los alimentos: carne, huevos, productos lácteos, legumbres, pescado
vitamina B_6	numerosos alimentos: carne, pescado, cereales, verduras, fruta, leche
vitamina B_9	numerosos alimentos: hígado, leche, queso, hortalizas
vitamina B_{12} antianémica	hígado, riñones, yema de huevo
vitamina C antiescorbútica	frutas frescas, verduras
vitaminas D (D_2 y D_3) antirraquitismo	aceites de hígado de pescado, productos lácteos
vitamina E de fertilidad	germen de cereales
vitaminas K (K1 y K2) antihemorrágicas	vegetales verdes

viticultor, ra s. Persona que se dedica a la viticultura. **2.** Persona entendida o experta en viticultura.

viticultura s.f. Cultivo de la vid.

vitíligo s.m. MED. Desaparición, por placas limitadas, de la pigmentación de la piel.

vitivinícola adj. Relativo a la vitivinicultura. ◆ s.m. y f. Vitivinicultor.

vitivinicultor, ra s. Persona que se dedica o que entiende en vitivinicultura.

vitivinicultura s.f. Arte de cultivar la vid y elaborar el vino.

vito s.m. Baile popular andaluz, en compás de seis por ocho. **2.** Música con que se acompaña este baile. **3.** Letra que se canta con este baile.

vitola s.f. Faja o banda en forma de anillo que llevan como distintivo de fábrica los cigarros puros. **2.** Marca o medida con que se distinguen, según su tamaño, los cigarros puros.

vítor s.m. (del lat. *victor*, vencedor). Aclamación, voces dadas en honor a una persona o una acción. (Suele usarse en plural.)

vitorear v.tr. Aplaudir o aclamar con vítores.

vitoriano, a adj. y s. De Vitoria.

vitral s.m. Composición decorativa formada por piezas de vidrio unidas con plomo, que se coloca en puertas, ventanas, etc. SIN.: *vidriera.*

vítreo, a adj. Que es de vidrio o tiene sus propiedades. **2.** GEOL. Que contiene vidrio. **3.** MINER. Se dice de la textura de ciertas rocas eruptivas constituidas por vidrio. ◇ **Cuerpo,** o **humor, vítreo** ANAT. Sustancia transparente y gelatinosa que llena el globo ocular, entre el cristalino y la retina.

vitrificación s.f. Acción de vitrificar. **2.** Método de acondicionamiento de los residuos radiactivos de alta actividad, consistente en envolver estos residuos, previamente calcinados, con una red vítrea por adición de frita de vidrio a alta temperatura.

vitrificar v.tr. y prnl. Hacer que una cosa adquiera un aspecto o consistencia vítreos. **2.** Revestir con una materia plástica un entarimado o parquet para protegerlo. **3.** Convertir en vidrio por fusión.

vitrina s.f. (fr. *vitrine*). Escaparate o armario con puertas y paredes de cristal para exponer objetos de valor o artículos de comercio.

vitriólico, a adj. Que es de la naturaleza del vitriolo.

vitriolizar v.tr. Someter a la acción del ácido sulfúrico.

vitriolo s.m. (cat. *vidriol*). Ácido sulfúrico concentrado. SIN.: *aceite de vitriolo.* **2.** Antiguo nombre de los sulfatos.

vitrocerámica s.f. Materia parecida a los productos cerámicos, formada por microcristales dispersos en una fase vítrea residual.

vitrola s.f. Amér. Gramófono.

vitualla s.f. Víveres. (Suele usarse en plural.)

vituperable adj. Que merece vituperio.

vituperar v.tr. (lat. *vituperare*). Criticar, censurar o reprender duramente.

vituperio s.m. Acción que causa afrenta o deshonra. **2.** Baldón u oprobio que se dice a alguien.

viuda s.f. Planta herbácea, de 30 a 90 cm de alt., con flores de color purpúreo oscuro, que crece en la península Ibérica. (Familia dipsacáceas.) **2.** Flor de esta planta. ◇ **Viuda paradisíaca** Ave paseriforme africana, de colores blanco y negro con rojo y dorado, que se alimenta de semillas e insectos. (Familia ploceidos.)

viudedad s.f. Viudez. **2.** DER. Pensión o renta que cobra el cónyuge sobreviviente por razón de viudez.

viudez s.f. Estado de viudo.

viudita s.f. Ave paseriforme sudamericana de pequeño tamaño, insectívora, que frecuenta terrenos arbustivos abiertos o juncales. (Familia tiránidos.)

viudo, a adj. y s. (lat. *viduus*). Se dice de la persona a quien se le ha muerto su cónyuge y no ha vuelto a casarse. ◆ adj. Se dice del alimento que se sirve solo, sin acompañamiento de carne.

viura adj. y s.f. Relativo a una variedad de uva blanca muy utilizada en la elaboración de vinos de Rioja y Navarra.

viva s.m. Aclamación de entusiasmo, alegría, etc. ◆ interj. Se usa para aclamar a alguien, aprobar algo con entusiasmo o recibir a alguien o algo con alegría.

vivac o **vivaque** s.m. (fr. ant. *bivac*). Campamento provisional de las tropas al raso. **2.** Campamento ligero que los montañeros instalan para pasar la noche. **3.** Abrigo de alta montaña.

vivace adv.m. (voz italiana). MÚS. Vivo, rápido, animado: *allegro vivace.*

vivacidad s.f. Cualidad de vivaz. **2.** Viveza, esplendor, intensidad: *vivacidad de colores.*

vivales s.m. y f. (pl. *vivales*). Esp. *Fam.* Persona lista en provecho propio.

vivamente adv.m. Con intensidad y energía: *siento vivamente molestarlo.*

vivaquear v.intr. Pasar la noche al raso, especialmente las tropas acampadas.

1. **vivar** s.m. (del lat. vulg. *vivare*). Lugar donde se cría la caza menor, en especial, tipo de conejera móvil.

2. **vivar** v.tr. Amér. Vitorear, aclamar con vivas.

vivaracho, a adj. *Fam.* Se dice de la persona, generalmente joven, de carácter vivo y alegre.

vivaz adj. Vigoroso, eficaz: *una fe vivaz.* **2.** Perspicaz, agudo, que muestra vivacidad: *ojos vivaces.* **3.** Que vive mucho tiempo. ◇ **Plantas vivaces** Plantas que viven varios años y dan fruto varias veces durante su existencia, como árboles, hierbas rizomatosas, etc.

vivencia s.f. Hecho o experiencia vividos por una persona, que contribuye a formar su carácter y personalidad. **2.** PSICOL. Intensidad con que una imagen psíquica aparece en la conciencia.

vivencial adj. Relativo a las vivencias.

víveres s.m.pl. Alimentos, todo lo que sirve para alimentar.

vivero s.m. Terreno donde se transplantan desde la almáciga arbolillos u otras plantas, para trasponerlos, después de recriados, a su lugar definitivo. **2.** Lugar donde se crían o guardan vivos dentro del agua, generalmente en el mismo mar, río o lago, peces, moluscos, etc. **3.** *Fig.* Semillero, causa u origen de algo.

vivérrido, a adj. y s.m. Relativo a una familia de pequeños mamíferos carnívoros, como la jineta y la mangosta.

viveza s.f. Cualidad de vivo, de estar lleno de vivacidad, de vigor: *la viveza de los niños; viveza de ingenio.* **2.** Rapidez expresiva: *la viveza de una descripción.* **3.** Intensidad luminosa: *la viveza de ciertos colores.*

vivido, a adj. Se dice de lo que en la obra literaria parece producto de la propia vida y experiencias del autor.

vívido, a adj. *Fig.* Intenso, floreciente, vigoroso, lleno de vida: *realidad vívida.* **2.** *Fig.* Que tiene una luminosidad intensa: *la vívida luz del sol.* **3.** *Poét.* Vivaz, que vivifica.

vividor, ra s. Persona que vive a expensas de los demás, buscando y logrando lo que le conviene, por medios poco escrupulosos. ◆ adj. y s. Que vive.

vivienda s.f. (del lat. vulg. *vivenda*). Refugio natural o construcción que está destinada a ser habitada por personas. **2.** Género de vida o modo de vivir.

viviente adj. y s.m. y f. Que vive: *seres vivientes.*

vivificador, ra adj. Que vivifica. SIN.: *vivificante.*

vivificar v.tr. Dar vida, nueva fuerza y vigor.

vivificativo, a adj. Capaz de vivificar.

vivífico, a adj. Que incluye vida o nace de ella.

viviparismo s.m. Modo de reproducción de los animales vivíparos.

vivíparo, a adj. y s. Se dice del animal cuyas crías nacen ya desarrolladas y sin envoltura. CONTR.: *ovíparo.*

1. **vivir** v.intr. (lat. *vivere*). Tener vida, estar vivo. **2.** Conti-

nuar siendo, existiendo, trabajando. **3.** Durar o seguir vigente. **4.** *Fig.* Perdurar en el recuerdo. **5.** *Fig.* Conducir la propia existencia de una determinada manera: *vivir tranquilo; vivir solo; vivir en paz.* **6.** *Fig.* Hacer de algo el fin, el valor principal de la existencia: *solo vive para la música.* **7.** *Fig.* Gozar de todas las posibilidades, ventajas, experiencias y realidades de la existencia. **8.** Habitar: *vivir en el campo.* **9.** Habitar junto con otra persona, cohabitar. **10.** Mantenerse, obtener de algo los medios de subsistencia: *vive de su trabajo; vivir de la caza.* ◆ v.tr. Experimentar una situación determinada: *vivir momentos de angustia.* ◇ **No dejar vivir** *Fam.* Molestar; ser motivo de pena, remordimiento, etc., cierta cosa. **Saber vivir** Conocer las normas o costumbres que son la base de las relaciones humanas, tener habilidad para vivir bien y obtener beneficios.

2. **vivir** s.m. Modo de vida o de subsistencia. ◇ **De mal vivir** De dudosa moralidad.

vivisección s.f. Disección practicada a un animal vivo como experimento.

vivo, a adj. (lat. *vivus, -a, -um*). Que vive o tiene vida: *los seres vivos.* **2.** Que continúa existiendo, que dura todavía: *antiguas costumbres aún vivas.* **3.** *Fig.* Vivaz, inquieto: *un niño muy vivo.* **4.** *Fig.* Lleno de energía, de interés: *ejercer un vivo influjo.* **5.** Intenso: *color fuego vivo.* **6.** *Fig.* Que se manifiesta con fuerza, con intensidad: *dolor vivo.* **7.** *Fig.* Que muestra vivacidad: *ojos vivos.* **8.** *Fig.* Que sobrevive o persevera en la memoria después de la muerte, la destrucción o la desaparición: *conservar vivo su recuerdo.* **9.** *Fig.* Que se altera con facilidad: *carácter, temperamento vivo.* **10.** Eficaz, persuasivo: *un relato vivo; prosa viva.* **11.** Agudo y bien determinado: *cantos vivos de una mesa.* ◆ adj. y s. *Fig.* Avispado, listo: *ser más vivo que el hambre.* ◆ s. Persona que vive: *el mundo de los vivos.* ◆ s.m. Raíz o parte principal de una cosa. **2.** Borde, canto u orilla de algo. **3.** Filete, cordoncillo o trencilla que se pone como remate en los bordes o en las costuras de las prendas de vestir. ◇ **A lo vivo** Con mucha actividad, energía o vehemencia; muy expresivamente, con mucho realismo. **En vivo** Se dice de la manera de vender, pesar, etc., a los animales, o de operar, experimentar, etc., con un organismo. **Lo vivo** Lo más sensible o el punto más delicado. **Vivo,** o **vivito, y coleando** *Fam.* Que está con vida después de haber estado al borde de la muerte.

vizcacha s.f. (quechua *wiskáča*). Roedor de unos 80 cm de long., de color gris oscuro, con el vientre blanco y la cara blanca y negra, de costumbres nocturnas y que habita en grandes madrigueras en América Meridional en grupos muy numerosos. (Familia chinchillidae.)

vizcachera s.f. Amér. Merid. Madriguera de la vizcacha.

vizcaíno, a adj. y s. De Vizcaya.

vizcondado s.m. Título y dignidad de nobleza ligado a ciertas tierras cuyo propietario llevaba el título de vizconde. **2.** Zona en la que ejercía jurisdicción un vizconde.

vizcondal adj. Relativo a un vizconde o a un vizcondado.

vizconde, esa s.m. y f. (bajo lat. *vice comitis,* en sustitución del conde). Miembro de la nobleza inmediatamente inferior al de conde. ◆ s.f. Esposa del vizconde. ◆ s.m. Antiguamente, señor de un vizcondado.

vocablo s.m. (lat. *vocabulum*). Palabra, unidad léxica con significado pleno y categoría gramatical.

vocabulario s.m. Conjunto de palabras reunidas según cierto criterio y ordenadas alfabética o sintácticamente que hace referencia a una lengua, a una ciencia, a una técnica, a un arte, a un medio social o a un autor: *vocabulario jurídico, técnico, argentino.* **2.** Glosario.

vocación s.f. (lat. *vocatio, -onis,* acción de llamar). Inclinación natural de una persona por un arte, una profesión o un determinado género de vida: *vocación por la música.* **2.** TEOL. Llamada al sacerdocio o a la vida religiosa.

vocacional adj. Relativo a la vocación.

vocal adj. (lat. *vocalis,* hecho con la voz). Que se expresa con la voz, verbalmente. **2.** Relativo a la voz: *las cuerdas vocales.* ◆ s.m. y f. Persona que en una junta, corporación o asociación tiene derecho de voz, y a veces de voto. ◆ s.f. Sonido del lenguaje producido por las vibraciones de la laringe y que varía según la forma de la boca, la separación de las mandíbulas y la posición de la lengua. **2.** Letra que representa este sonido: *en español. las vocales son cinco: a, e, i, o, u.* ◇ **Música vocal** Música escrita para ser cantada (por oposición a *música instrumental*).

vocálico, a adj. Relativo a las vocales.

vocalismo s.m. Sistema de vocales de una lengua determinada.

vocalista s.m. y f. (ingl. *vocalist*). Cantante de un conjunto musical o de una orquesta.

vocalización s.f. Acción y efecto de vocalizar. **2.** Manera de vocalizar. **3.** En una obra cantada, fórmula melódica amplificadora, escrita o improvisada, sobre una sílaba, y vinculada al arte del *bel canto.*

vocalizar v.intr. y tr. Articular con la debida distinción las vocales, consonantes y sílabas de una palabra. **2.** Realizar ejercicios de canto, sin nombrar las notas ni pronunciar palabras, sobre una o varias sílabas. ◆ v.intr. y prnl. FONÉT. Transformarse en vocal una consonante.

vocativo s.m. (lat. *vocativus*). LING. Caso de la declinación de nombres, pronombres y adjetivos, que expresa una invocación, mandato, llamamiento o súplica.

voceador, ra adj. y s. Que vocea. ◆ s. Méx. Persona que vende periódicos en la calle voceándolos.

vocear v.intr. Vociferar. ◆ v.tr. Llamar a alguien, gritando su nombre. **2.** Publicar o difundir algo que debía callarse o permanecer oculto. **3.** Anunciar en voz alta y por la calle algún producto o mercancía para venderlos. **4.** Aplaudir o aclamar con voces. **5.** *Fig.* Ser cierta cosa inanimada una muestra clara de algo.

voceras s.m. y f. (pl. *voceras*). *Fam.* Bocazas.

vocerío s.m. Griterío, confusión de voces altas y desentonadas: *el vocerío del mercado.*

vocero, a s. Portavoz. ◆ s.m. En los tribunales castellanoleoneses de la edad media, persona que actuaba en representación de un litigante.

vociferante adj. y s.m. y f. Que vocifera. SIN.: *vociferador.*

vociferar v.intr. (lat. *vociferari*). Dar voces o gritos. SIN.: *vocear.*

vocinglería s.f. Ruido o confusión producidos por muchas voces.

vocinglero, a adj. y s. Que grita o habla muy alto. **2.** Que habla mucho y vanamente. ◆ adj. Se dice de los pájaros que cantan.

vocoder s.m. INFORMÁT. Dispositivo electrónico que permite la síntesis de respuestas vocales por un sistema informático.

vodevil s.m. (fr. *vaudeville*). LIT. Comedieta ligera de intriga vivaz y divertida.

vodevilesco, a adj. Relativo al vodevil.

vodka o **vodca** s.m. o f. (voz rusa). Aguardiente que se obtiene por destilación de cereales, especialmente centeno.

vogul adj. y s.m. y f. De un pueblo ugrofinés de Siberia occidental (región del Ob).

voivoda s.m. (del serbocroata *voi,* ejército, y *voditi,* conductor). En los países balcánicos y en Polonia, alto dignatario civil o militar.

voivodato s.m. División administrativa de Polonia.

volada s.f. Vuelo hecho de una vez.

voladizo, a adj. Que sobresale de un plano vertical: *viga voladiza.* ◆ s.m. Parte de un edificio, construcción, estructura, etc., que no reposa directamente sobre su apoyo: *puente grúa con voladizos; construcción en voladizo.*

volado, a adj. Se dice del tipo de imprenta de menor tamaño que se coloca en la parte superior del renglón. ◆ s.m. Argent. En prendas de vestir, volante. **2.** Méx. Moneda lanzada al aire para decidir la suerte. ◇ **Estar volado** Esp. *Fam.* Estar inquieto, intranquilo, sobresaltado o sentirse inseguro. **Salir volado** Méx. *Fam.* Salir a escape.

volador, ra adj. Que vuela: *águila voladora; máquina voladora.* ◆ s.m. Árbol americano, maderable, de copa ancha, flores en panojas terminales y fruto seco y redondo. **2.** Molusco cefalópodo comestible, semejante al calamar pero menos delicado. **3.** Méx. Práctica prehispánica que consistía en girar en el aire en un trapecio suspendido de una rueda giratoria asegurada a cierta altura, en el tope de un árbol cortado a cercén. (En la actualidad todavía se practica como espectáculo.) **4.** P. Rico. Molinete, juguete infantil.

voladura s.f. Acción y efecto de volar algo con un explosivo.

volandas (en) loc. Por el aire, levantado del suelo; rápidamente, en un instante.

volandera s.f. Arandela para evitar el roce entre dos piezas de una máquina.

volandero, a adj. Que está colgado y pendula: *hoja volandera.* **2.** *Fig.* Fugaz, pasajero: *amores volanderos.* **3.** *Fig.* Accidental, casual, imprevisto: *un hecho volandero.*

volante adj. Que vuela. **2.** Que va o se lleva de un sitio a otro: *escuadrón volante.* ◆ s.m. Rueda que transmite su movimiento a un mecanismo. **2.** Rueda de mano que sirve para accionar el mecanismo de dirección de un automóvil, y para guiarlo a voluntad. **3.** Deporte automovilístico: *un as del volante.* **4.** Anillo provisto de dos topes que detiene y deja libres alternativamente los dientes de la rueda de escape de un reloj. SIN.: *balancín.* **5.** Adorno de tela plegada, rizada o fruncida, que se pone en prendas de vestir, o en visillos, cortinas, etc. **6.** Hoja de papel que sirve para anotaciones sucintas o en que se manda una comunicación o aviso. **7.** MEC. Órgano giratorio de una máquina destinado a regularizar la marcha, que está constituido por un sólido con un gran momento de inercia respecto de su eje. ◇ **Volante magnético** En ciertos motores de explosión ligeros, dispositivo de encendido.

volantín s.m. (cat. *volantí*). Cordel con varios anzuelos, sencillos o múltiples, que se emplea para pescar. **2.** Plomo de dicho aparejo. **3.** Amér. Voltereta. **4.** Argent., Chile, Cuba y P. Rico. Cometa pequeña de papel.

volapié s.m. Suerte de matar los toros que consiste en herir al animal cuando está parado, pasando el espada a su lado a la carrera.

volapük s.m. (de *vol* y *pük,* palabras tomadas del ingl. *world,* mundo, y *speak,* hablar). Lengua universal que fue compuesta artificialmente a partir de elementos latinos, alemanes y en especial ingleses por el alemán Johann Martin Schleyer (1831-1912) en 1879.

volar v.intr. (lat. *volare*) [conj.: *contar*]. Ir, moverse o mantenerse en el aire por medio de alas o de otro modo. **2.** Llevar a cabo, realizar un vuelo con un aparato aéreo o similar. **3.** *Fig.* Ir por el aire una cosa lanzada con violencia. **4.** *Fig.* Transcurrir rápidamente el tiempo. **5.** *Fig.* Correr, andar, moverse con mucha rapidez: *voló a dar la noticia.* **6.** *Fig.* Hacer algo con mucha rapidez: *comer volando.* **7.** *Fig.* y *fam.* Huir de un sitio. **8.** *Fig.* y *fam.* Desaparecer inesperadamente una cosa o gastarse rápidamente: *el dinero voló en pocos días.* **9.** *Fig.* Difundirse algo rápidamente: *las noticias vuelan.* **10.** *Fam.* Sentir los efectos de una droga. ◆ v.intr. y prnl. *Fig.* Elevarse algo en el aire, ser transportado por el viento: *todos los papeles volaron.* ◆ v.tr. *Fig.* Hacer que algo se derrumbe con una sustancia explosiva: *volar un edificio.* **2.** Hacer que el ave se levante y vuele para dispararle: *el perro voló la perdiz.* **3.** *Fig.* Irritar, enojar a alguien: *aquellos insultos lo volaron.* **4.** Levantar una letra o signo de imprenta, de modo que resulte volado. **5.** Méx. Sustraer, arrebatar, robar. ◇ **Echar a volar** *Fam.* Difundir una noticia, calumnia, etc. **Echarse a volar** Empezar a volar; independizarse los hijos de los padres.

volatería s.f. Conjunto de aves de diversas especies. **2.** Caza de aves que se hace con otras enseñadas a este efecto.

volatero, a s. Cazador de volatería.

volátil adj. y s.m. y f. (lat. *volatilis*). Que vuela o puede volar. ◆ adj. *Fig.* Voluble, inconstante, mudable: *persona volátil.* **2.** Que se mueve ligeramente y por el aire: *átomos volátiles.* **3.** INFORMÁT. Se dice de la memoria cuyo contenido se borra al interrumpirse la alimentación eléctrica. **4.** QUÍM. Que tiene la propiedad de volatilizarse. ◆ s.m. Animal organizado para el vuelo, especialmente ave doméstica.

volatilidad s.f. Cualidad de volátil.

volatilización s.f. Acción y efecto de volatilizar.

volatilizar v.tr. y prnl. Transformar un cuerpo sólido o líquido en gaseoso o en vapor. ◆ **volatilizarse** v.prnl. *Fig.* y *fam.* Desaparecer inesperada o rápidamente una cosa: *el dinero se volatilizó en seguida.*

volatín s.m. (del ant. buratín, volatinero, del ital. *burattino,* títere). Acrobacia. **2.** Volatinero.

volatinero, a s. Acróbata.

vol-au-vent o **volován** s.m. (voz francesa). Molde de pasta de hojaldre que se rellena con picadillo de pescado, carne, trufas, aceitunas, etc.

volcado s.m. Acción y efecto de volcar. **2.** INFORMÁT. **a.** Operación consistente en traspasar la información de un soporte a otro. **b.** Visualización, en pantalla o papel, de la totalidad o parte de la memoria de la computadora, generalmente para encontrar la causa de un error que se ha producido.

volcán s.m. (port. *volcão,* del lat. *Vulcanus,* dios del fuego). Relieve resultante de la emisión a la superficie de productos a alta temperatura que salen del interior de la tierra, suben por una fisura de la corteza *(chimenea)* y salen por una abertura de forma generalmente circular *(cráter).* **2.** *Fig.* Pasión ardiente o agitada. **3.** Colomb. Precipicio. **4.** P. Rico. Conjunto desordenado de cosas puestas unas sobre otras. ◇ **Estar sobre un volcán** Estar en una situación peligrosa.

volcán

Se distinguen varios tipos de volcanes: el tipo *hawaiano,* o efusivo (Mauna Loa, Hawai) se caracteriza por lavas basálticas muy fluidas; en el tipo *vulcaniano,* o explosivo (Vulcano, Italia) dominan las proyecciones acompañadas de explosiones; el tipo *peleano,* o extrusivo (Montaña Pelada, Martinica) se caracteriza por la extrusión de lavas ácidas y viscosas, que se solidifican en seguida formando domos y agujas; en el tipo *estromboliano,* o mixto (Stromboli, Italia), las proyecciones alternan con coladas de lava; en el tipo *fisural* (Decán), la lava sale por fisuras longitudinales y forma vastas extensiones.

volcancito s.m. En algunos lugares de América latina, pequeños volcanes que emiten coladas de barro, y promontorios que estas forman. SIN.: *macaluba.*

volcánico, a adj. Relativo a los volcanes. **2.** *Fig.* Ardiente, apasionado. ◇ **Roca volcánica** GEOL. Roca eruptiva que se forma en la superficie por enfriamiento brusco del magma de un volcán debido al contacto con el aire o el agua.

volcanismo s.m. → **vulcanismo.**

volcanología s.f. → **vulcanología.**

volcanólogo, a s. → **vulganólogo.**

volcar v.tr. y prnl. [conj.: *contar*]. Tumbar o inclinar un recipiente u otra cosa de manera que pierda su posición normal, se caiga o vierta su contenido. ◆ v.tr., intr. y prnl. Tumbarse, inclinarse o dar vuelta un vehículo. **2.** INFORMÁT. Realizar un volcado. ◆ **volcarse** v.prnl. *Fig.* y *fam.* Poner el máximo interés y esfuerzo en alguien o algo: *volcarse en el trabajo.* **2.** *Fig.* y *fam.* Ser muy amable con alguien.

volea s.f. Voleo, golpe dado en el aire a algo. **2.** En el juego de pelota, acción de darle a esta con el brazo levantado antes de que bote.

volear v.tr. Golpear algo en el aire para impulsarlo.

voleibol s.m. Deporte que se disputa entre dos equipos de seis jugadores, lanzando un balón, que se golpea con la mano, por encima de una red. SIN.: *balonvolea.*

volemia s.f. Volumen total de la sangre contenida en el compartimento intravascular del organismo.

volémico, a adj. Relativo a la volemia.

voleo s.m. *Fam.* Bofetón. **2.** Golpe dado en el aire a algo antes de que caiga al suelo. **3.** Cierto movimiento rápido de la danza española, consistente en levantar un pie de frente lo más alto posible. ◇ **A,** o **al, voleo** Se dice de la manera de sembrar, esparciendo la semilla en el aire a puñados; *Fam.* arbitrariamente, sin criterio. **Del primer,** o **de un, voleo** *Fam.* Con rapidez o de un golpe.

volframio o **wolframio** s.m. (alem. *wolfram*). → **tungsteno.**

volición s.f. (lat. *volitio*). Acto de la voluntad que se manifiesta en la acción.

volitivo, a adj. Relativo a la voluntad: *acto volitivo.*

volován s.m. → **vol-au-vent.**

volquete s.m. Vehículo cuya caja puede hacerse bascular o girar sobre el eje, para volcarla y vaciar su contenido. **2.** Vagón de bordes altos para el transporte de mercancías a granel.

volsco, a adj. y s. De un ant. pueblo de Italia (SE del Lacio), encarnizado enemigo de Roma, que no fue sometido hasta el s. IV a.C.

volt s.m. En la nomenclatura internacional, voltio.

voltaico, a adj. ELECTR. **a.** Se dice de la electricidad producida por las pilas. **b.** Se dice de la pila eléctrica de Volta.

voltaje s.m. Tensión eléctrica.

voltámetro s.m. ELECTR. Aparato en el que se produce una electrólisis.

voltamperio s.m. Nombre especial del vatio (símb. VA) utilizado para medir la potencia aparente de corriente eléctrica alterna.

voltario, a adj. Chile. Dadivoso, gastador. **2.** Chile. Obstinado, caprichoso.

volteada s.f. **Caer en la volteada** Argent. *Fam.* Verse alguien casualmente comprometido en una situación desagradable y ajena.

volteado s.m. Méx. *Fam.* Homosexual.

voltear v.tr. y prnl. Dar vueltas a algo hasta ponerlo al revés de como estaba colocado. **2.** Hacer dar vueltas en el aire a alguien. **3.** Hacer dar vueltas a las campanas para que suenen. **4.** Amér. Derribar con violencia, volcar, derramar. **5.** Amér. Cambiar la dirección o posición de algo: *voltear la cabeza.* ◆ v.intr. Dar vueltas cayendo o rodando, o dar volteretas.

volteo s.m. Acción y efecto de voltear.

voltereta s.f. Vuelta dada en el aire.

volterianismo s.m. Filosofía de Voltaire. **2.** Incredulidad y hostilidad a la influencia de la Iglesia.

volteriano, a adj. y s. Relativo a Voltaire y a su filosofía; partidario de este o de esta filosofía.

voltímetro s.m. ELECTR. Aparato que sirve para medir una diferencia de potencial en voltios.

voltio s.m. (de *A. Volta,* físico italiano). ELECTR. Unidad de medida de fuerza electromotriz y de diferencia de potencial o tensión (símb. V), equivalente a la diferencia de potencial existente entre dos puntos de un hilo conductor, recorrido por una corriente constante de 1 amperio, cuando la potencia perdida entre estos puntos es igual a 1 vatio.

volubilidad s.f. Cualidad de voluble.

voluble adj. (lat. *volubilis,* que se puede volver). Que cambia frecuentemente de actitud o manera de pensar: *carácter voluble.* **2.** BOT. Se dice del tallo y de la planta trepadora que crecen en espiral alrededor de un soporte.

voludepresiómetro s.m. Instrumento de medida del caudal de los gases comprimidos a partir de la caída de presión que se produce al pasar el gas por un orificio calibrado.

volumen s.m. (lat. *volumen,* rollo de manuscrito, tomo). Medida del espacio ocupado por un cuerpo en tres dimensiones. **2.** Grosor de un objeto. **3.** Libro de los que componen una misma obra. **4.** Fuerza, intensidad de los sonidos o de la voz. **5.** *Fig.* Magnitud o importancia de un hecho, de un negocio o empresa. **6.** HIST. En la antigüedad, manuscrito enrollado alrededor de un bastoncillo. ◇ **Volumen de negocio,** o **de negocios** ECON. Total de transacciones comerciales efectuadas por una empresa durante un ejercicio económico.

volumetría s.f. Medida de volúmenes.

volúmico, a adj. Se dice del cociente de una magnitud por el volumen correspondiente: *masa volúmica.*

voluminoso, a adj. Que tiene mucho volumen.

voluntad s.f. (lat. *voluntas, -atis,* de *velle,* querer). Facultad, capacidad de determinarse a hacer o no hacer algo. **2.** Firmeza con la que se ejerce esta facultad: *tener voluntad; voluntad inflexible.* **3.** Deseo, aquello que se quiere. **4.** Consentimiento: *contar con la voluntad de los padres.* **5.** Mandato de una persona. ◇ **A voluntad** Según lo que desea la persona implicada. **Buena,** o **mala, voluntad** Intención real de hacer algo bien, o mal; disposición de ánimo favorable, o desfavorable, hacia alguien. **Ganar,** o **ganarse, la voluntad de alguien** Lograr su afecto o convencerlo de lo que se desea. **Última voluntad** Disposición testamentaria o la expresada en el momento de la muerte. **Voluntad expresa** Voluntad que consta de palabra o por escrito de forma clara y terminante.

voluntariado s.m. Esp. Conjunto de personas que se ofrecen voluntarias para una tarea común, generalmente altruista. **2.** Esp. Servicio militar que se cumple mediante compromiso voluntario.

voluntariedad s.f. Cualidad de voluntario.

voluntario, a adj. Que nace de la propia voluntad: *acto voluntario.* **2.** Hecho por propia voluntad y no por obligación o deber. ◆ s. Persona que se presta a hacer o realizar algo por su propia voluntad. ◆ s.m. Esp. Soldado que ingresa en filas por propia voluntad, acogiéndose a una legislación especial.

voluntarioso, a adj. Que pone o tiene voluntad, resolución o constancia. **2.** Que quiere hacer siempre su propia voluntad.

voluntarismo s.m. Actitud del que cree poder modificar el futuro por la sola voluntad. **2.** FILOS. Doctrina o tesis que pone a la voluntad como fundamento del ser y da más valor a la acción que al conocimiento.

voluntarista adj. y s.m. y f. Relativo al voluntarismo; partidario del voluntarismo.

voluptuosidad s.f. Placer de los sentidos, placer sexual. **2.** Placer, satisfacción intensa de orden moral o intelectual.

voluptuoso, a adj. (lat. *voluptuosus*). Que inspira o expresa placer. ◆ adj. y s. Inclinado a la voluptuosidad.

voluta s.f. Figura de espiral: *volutas de humo.* **2.** ARQ. Adorno en forma de espiral en los ángulos de los capiteles jónicos y compuestos.

volva s.f. BOT. Membrana gruesa que envuelve completamente el sombrero y el pie de ciertos hongos antes de madurar.

volvedor s.m. Aparato que sirve para hacer girar sobre sí mismo un macho de rosca.

volver v.tr. (lat. *volvere*) [conj.: *mover*]. Invertir la posición de una cosa, haciéndola girar: *volver la cabeza.* **2.** Hacer girar una puerta, ventana, etc., para cerrarla o entornarla. **3.** Poner una prenda de modo que quede por fuera la parte interior o revés. **4.** Devolver. **5.** Pasar las hojas de un libro de un lado a otro: *volver la página.* ◆ v.tr. y prnl. Cambiar o hacer que alguien o algo cambie de estado o deje de ser como era y sea de la manera que se expresa: *la fama lo ha vuelto orgulloso; el perro se ha vuelto rabioso.* ◆ v.intr. Torcer, dejar el camino o línea recta, dirigiéndose en otro sentido: *al llegar a la esquina vuelva a la derecha.* **2.** Reanudar o continuar el relato o discurso que se había interrumpido. ◆ v.intr. y prnl. Ir de nuevo a un lugar en que ya se ha estado o de donde uno se ha marchado: *volver a la ciudad; no ha vuelto por aquí.* **2.** Con la prep. *a* y un verbo en infinitivo, hacer otra vez lo que este verbo expresa: *volver a equivocarse.* ◆ **volverse** v.prnl. Girar la cabeza o la mirada hacia algo o alguien. **2.** Ponerse en contra de alguien o algo. ◇ **Volver atrás** Retroceder. **Volver en sí** Recobrar el conocimiento después de un desmayo.

OBS.: participio: *vuelto.*

vólvulo s.m. (ital. *vòlvolo*). MED. Torsión de un órgano hueco alrededor de un punto fijo.

vómer s.m. (lat. *vomer, -eris,* reja de arado). ANAT. Hueso que forma la parte superior del tabique de las fosas nasales.

vómica s.f. Expectoración de secreciones purulentas pulmonares, de procedencia respiratoria.

vómico, a adj. Que causa o provoca vómito. <> **Nuez vómica** Semilla de un árbol de Asia tropical que contiene estricnina.

vomitar v.tr. (lat. *vomitare*). Arrojar por la boca lo contenido en el estómago. **2.** *Fig.* Arrojar o lanzar violentamente de sí: *el volcán vomita lava.* **3.** *Fig.* Proferir maldiciones, insultos, etc.: *vomitar injurias.* **4.** *Fig.* y *fam.* Declarar o revelar lo que se mantenía en secreto y se resistía o negaba a descubrir.

vomitera s.f. Vómito grande o repetido.

vomitivo, a adj. y s.m. Se dice de la sustancia que provoca el vómito.

vómito s.m. Acción de vomitar. **2.** Cosa vomitada.

vomitona s.f. *Fam.* Vomitera.

vomitorio s.m. Corredor por donde entraba la muchedumbre en un anfiteatro romano.

voracidad s.f. Cualidad de voraz.

vorágine s.f. *Fig.* Mezcla de sentimientos y afectos muy intensos. **2.** Remolino muy fuerte e impetuoso que forman las aguas del mar, de un río, etc.

voraginoso, a adj. Agitado, turbulento.

voraz adj. (lat. *vorax, -acis,* de *vorare,* devorar, tragar). Que come mucho y con avidez. **2.** Se dice del hambre muy intensa y de la manera ávida de comer. **3.** *Fig.* Que destruye o consume rápidamente: *incendio voraz.*

vórtice s.m. (lat. *vortex, -icis*). Torbellino hueco que puede originarse en un fluido en movimiento. **2.** Centro de un ciclón.

vos pron.pers. (lat. *vos,* vosotros). Forma tónica de la 2ª persona masculina y femenina del singular. Designa al receptor en un acto de comunicación y se emplea en el lenguaje ceremonioso como tratamiento de respeto. Funciona como sujeto, predicado nominal o como complemento precedido de preposición. Se usa con el verbo en 2ª persona del plural cuando funciona como sujeto. **2.** Amér. Forma tónica de la 2ª persona masculina y femenina del singular. Designa al receptor en un acto de comunicación. Funciona como sujeto o como predicado nominal.

vosear v.tr. Dar a una persona tratamiento de vos.

voseo s.m. Uso del pronombre *vos* en lugar de *tú.*

voseo

El voseo es un fenómeno característico del español de América, aunque no se extiende a la totalidad del territorio. La práctica mayoritaria del voseo corresponde a Argentina, Paraguay, Uruguay y la mayor parte de América Central. Se manifiesta también, aunque con menor firmeza o solo en parte del país, en Colombia, Venezuela, Ecuador, Bolivia, Chile y zonas adyacentes a su frontera septentrional. El uso de vos va acompañado con frecuencia (aunque con distribución geográfica irregular) de formas verbales peculiares, como los presentes de indicativo en plural y sin diptongo (*vos cantás* o *tenés*, por *cantáis* o *tenéis*).

vosotros, as pron.pers. Forma tónica de la 2ª persona del plural. Designa a dos o más receptores en un acto de comunicación. Funciona como sujeto, como predicado nominal o como complemento precedido de preposición.

votación s.f. Acción y efecto de votar. **2.** Sistema de emisión de votos: *votación secreta.* <> **Votación de confianza** Resolución que se sigue, en los debates parlamentarios, al planteamiento de una cuestión de confianza o de una moción de censura. **Votación secreta** Votación hecha de manera que no se sabe quién ha emitido cada voto.

votante adj. y s.m. y f. Que vota. **2.** Que tiene el derecho de votar.

votar v.intr. y tr. Dar su voto o decir su dictamen en una elección o deliberación. <> **¡Voto a!** *Fam.* Expresión de amenaza, sorpresa, admiración, etc.

votiak adj. y s.m. y f. De un pueblo finés establecido entre el Viatka y el Kama, en la República de Udmurtia (Rusia).

votivo, a adj. Ofrecido por voto o relativo a él: *lámparas votivas.* <> **Misa votiva** Misa que se celebra por alguna causa particular.

voto s.m. (lat. *votum,* promesa que se hace a los dioses, ruego, deseo). Opinión o parecer de cada una de las personas llamadas a hacerlo en orden a una elección o a la decisión de algo sobre un asunto o materia. **2.** Persona que vota. **3.** Derecho a votar: *no tener ni voz ni voto.* **4.** Acción de emitir un voto u opinión en un sufragio. **5.** Papeleta, bola, etc., que sirve para votar. **6.** Promesa de carácter religioso, que envuelve un sacrificio, hecha a Dios, a los dioses, a la Virgen o a un santo. **7.** Promesa de renunciamiento que se hace al adoptar el estado religioso. (Los votos son pobreza, castidad y obediencia.) **8.** Deseo de aquello que se expresa: *desear votos de felicidad.* **9.** Blasfemia o expresión irreverente. <> **Hacer votos por** Manifestar deseos de lo que se expresa. **Voto de censura** Acuerdo que toma una junta para censurar o desautorizar la opinión o actuación de uno de sus miembros; *moción de censura. **Voto de confianza** Autorización o facultad que se da a alguien para que actúe o decida libremente en cierto asunto; voto que emiten las cámaras o asambleas en aprobación de la actuación del gobierno o prestándole su apoyo en el futuro. **Voto directo** Voto en que el elector designa a una persona determinada para ejercer el cargo a cubrir. **Voto indirecto** Aquel en que el elector designa a un delegado, quien a su vez designa a la persona que debe ocupar un puesto. **Voto obligatorio** Voto que si no se ejerce conlleva una sanción.

vox pópuli loc. (lat. *vox populi,* voz del pueblo). Se usa para afirmar la veracidad de un juicio u opinión difundido entre la gente.

voyeur adj. y s.m. y f. (voz francesa). Se dice de la persona que obtiene placer al contemplar escenas eróticas.

voyeurismo s.m. PSIQUIATR. Desviación sexual en la que el placer se obtiene por la contemplación de escenas eróticas.

¡vóytelas! interj. Méx. *Fam.* Expresa sorpresa.

voz s.f. (lat. *vox, vocis*). Sonido emitido por el ser humano al hablar, cantar, etc. **2.** Calidad, timbre o intensidad de este sonido. **3.** Sonido emitido por un animal. **4.** Sonido producido por algo: *la voz del viento.* **5.** *Fig.* Cualquier manera de expresarse una colectividad o algo que no hable: *la voz de la conciencia.* **6.** Grito que se da en señal de enojo, para llamar a alguien o para pedir algo: *dar voces de auxilio.* **7.** Palabra, vocablo: *voces españolas de origen árabe.* **8.** *Fig.* Acción de expresar alguien su opinión en una asamblea o reunión, aun que no tenga voto en ella o derecho a hacerlo. **9.** *Fig.* Rumor, noticia vaga: *corre la voz de que está arruinado.* **10.** LING. Forma que toma el verbo según que la acción sea realizada o sufrida por el sujeto: *voz activa; voz pasiva.* **11.** MÚS. Parte vocal o instrumental de una composición. <> **A media voz** Con voz baja o más baja de lo regular. **Alzar,** o **levantar, la voz a alguien** Hablarle a gritos y sin respeto. **A voces** Gritando o en voz alta. **A voz en grito** Gritando. **De viva voz** Hablando, por oposición a escribiendo; oyendo, en vez de leyendo. **Llevar la voz cantante** Imponerse a los demás en una reunión o dirigir un negocio. **Tomarse la voz** o **tener la voz tomada** Ponerse o estar ronco o afónico por una afección de garganta. **Voz de mando** MIL. La que da a sus subordinados el que los manda.

voz

Las voces humanas pueden clasificarse en dos categorías: las *voces de hombre*, que son las más graves, y las *voces de mujer*, cuyo registro es más elevado de una octava. Entre las voces de hombre se distinguen la de *tenor* (registro superior) y la de *bajo* (registro inferior); entre las voces de mujer, la de *soprano* y la de *contralto*. Soprano y tenor, contralto y bajo forman el cuarteto vocal. La voz de bajo se divide en bajo profundo y barítono, y la de soprano, en soprano y mezzosoprano. En el registro masculino hay que añadir la voz de contratenor (voz de tenor que, mediante técnica, domina el falsete).

vozarrón s.m. Voz muy potente y gruesa.

VTOL s.m. (sigla del ingl. *vertical take off and landing*). Avión de despegue y aterrizaje verticales (en español ADAV).

vudú s.m. (voz de la lengua fon hablada en Benín). Culto muy difundido entre los negros de las Antillas y de los estados del S de EUA. **2.** Divinidad venerada en dicho culto.

vuecencia pron.pers. Vuestra excelencia. (Se usa en la lengua oral como tratamiento.)

vuelapluma (a) loc. Manera de escribir sin pensar mucho y con rapidez. (También *a vuela pluma.*)

vuelco s.m. Acción y efecto de volcar. **2.** *Fig.* y *fam.* Alteración total, ruina, trastorno. ◇ **Dar un vuelco el corazón** Sufrir alguien una impresión inesperada muy fuerte o un susto.

vuelillo s.m. Adorno de encaje u otro tejido ligero, que se pone en las bocamangas de algunos trajes.

vuelo s.m. Acción de volar. **2.** Espacio que se recorre volando. **3.** Parte de un tejado que sale fuera del paramento de la pared que la sostiene. **4.** Amplitud de un vestido, desde la parte que no se ajusta al cuerpo, o de cualquier tejido fruncido. ◇ **Al,** o **a, vuelo** Se dice del modo de cazar o agarrar las aves o cualquier animal con alas mientras vuelan; entender algo o percatarse de ello por una indicación o señal. **Alzar,** o **levantar, el vuelo** Echar a volar un ave; *Fam.* marcharse de un sitio, generalmente para independizarse. **Cortar los vuelos** Privar a alguien de la libertad para hacer lo que desea. **De altos vuelos** De mucha importancia o magnitud. **Horas de vuelo** *Fam.* Experiencia que tiene una persona en algo: *no es tonto, tiene muchas horas de vuelo.* **Vuelo a vela** Vuelo sin motor en el que el planeador se desplaza aprovechando las corrientes aéreas. **Vuelo libre** Deporte de vuelo sin motor en que se utiliza un planeador triangular metálico recubierto de tela. **Vuelo planeado** Vuelo sin motor, o con todos los motores parados, y que consiste en descender imprimiendo al aparato suficiente velocidad de sustentación.

vuelta s.f. Acción de volver o regresar: *la vuelta a casa.* **2.** Devolución de algo a quien lo tenía antes: *la vuelta de un préstamo.* **3.** Movimiento circular completo de un cuerpo alrededor de un punto o sobre sí mismo: *la Tierra da vueltas en torno al Sol.* **4.** Acción de recorrer la periferia de un recinto, plaza, etc.: *dar una vuelta a la manzana.* **5.** En ciclismo y otros deportes, carrera en etapas recorriendo una región, país, etc.: *vuelta ciclista a España.* **6.** *Fig.* Trastorno o cambio repentino de un estado a otro: *su situación dio una gran vuelta.* **7.** Cambio total en la manera de pensar, de sentir, de actuar, etc.: *vuelta del carácter.* **8.** Paseo: *salir a dar una vuelta.* **9.** Giro de una llave en una cerradura al abrir o cerrar. **10.** Curvatura de una línea, camino, cauce, etc.: *las vueltas de una carretera.* **11.** Movimiento o figura circular que se da o se hace dar a algo que se enrolla o está enrollado alrededor de otra cosa. **12.** Tela sobrepuesta en las solapas o en las mangas de ciertas prendas de vestir. **13.** Esp. Dinero sobrante que se devuelve a quien al hacer un pago entrega una cantidad superior al importe de este. **14.** Cada una de las veces que se repite una acción en la que hay una sucesión o turno: *la segunda vuelta de una competición.* **15.** Repaso que se da a una materia o texto: *dar una vuelta al inglés.* **16.** En los juegos de cartas, número de golpes jugados, iguales al número de jugadores, de modo que cada uno es sucesivamente mano. **17.** TEXT. Cada una de las series paralelas de puntos que forman los géneros de punto. ◇ **A la vuelta** Al volver, al regreso. **A la vuelta de** Después de transcurrido el tiempo que se expresa. **A la vuelta de la esquina** Indica la proximidad o cercanía de un lugar o la facilidad de conseguir o alcanzar algo. **Andar a vueltas con,** o **para,** o **sobre** Gestionar o trabajar algo que presenta dificultad, para averiguarlo o realizarlo. **A vuelta de correo** Por el correo inmediato, sin perder día. **Buscar las vueltas a alguien** *Fam.* Procurar pillarlo descuidado o en un error para perjudicarlo. **Dar cien vueltas** *Fam.* Superar una persona o cosa a otra en calidad u otra característica. **Dar media vuelta** *Fam.* Marcharse de un sitio. **Dar vueltas** Buscar algo en varios sitios sin encontrarlo. **Dar vueltas a,** o **en, la cabeza** Pensar o reflexionar mucho sobre algo. **Dar vueltas la cabeza** Marearse. **De,** o **a la, vuelta** En el camino de regreso de algún sitio. **Estar de vuelta** *Fam.* Estar alguien enterado de antemano de algo de que se le cree ignorante; conocer bien la cosa de que se trata y tener experiencia sobre ella. **Media vuelta** Acción de volverse una persona, de modo que el cuerpo quede de frente en dirección opuesta a la que tenía antes. **No tener vuelta de hoja** *Fam.* Ser algo claro y evidente. **Poner de vuelta y media** *Fam.* Insultar, reprender duramente o hablar muy mal de alguien. **Vuelta al ruedo** TAUROM. Acción de dar un torero la vuelta a la arena para recoger los aplausos del público, en recompensa por una buena faena. **Vuelta de campana** Vuelta que se da con el cuerpo en el aire, volviendo a caer de pie; vuelta completa en el aire dada por un objeto.

vuelto, a adj. Colocado con la cara o el frente en la dirección que se expresa: *vuelto hacia la pared.* **2.** Con la cara hacia un lado. **3.** Cambiado, en posición contraria a la normal: *llevar un guante vuelto.* **4.** Invertido: *poner los vasos vueltos sobre la mesa.* ◆ s.m. Amér. Cambio, vuelta, dinero sobrante de un pago.

vuelvepiedras s.m. (pl. *vuelvepiedras*). Ave caradriforme de 23 cm de long., que anida en las costas atlánticas rocosas del extremo N, y es migradora común en la península Ibérica. SIN.: *revuelvepiedras.*

vuestro, a adj. y pron.poses. (lat. *voster, -tra, -trum*). Forma tónica o átona de la 2ª persona del plural. Indica que la persona, animal o cosa designados por el nombre al que acompaña o sustituye pertenecen a un conjunto de dos o más receptores en un acto de comunicación (son de su propiedad, tienen un parentesco con él, están asociados a él, etc.), o al receptor cuando se le trata de *vos*: *vuestro padre; estos libros son vuestros.* ◆ adj. f. Se usa precediendo a ciertos tratamientos en el lenguaje ceremonioso: *vuestra majestad.* ◇ **La vuestra** *Fam.* Indica que ha llegado la ocasión favorable para un conjunto de dos o más receptores. **Los vuestros** Personas de la familia o colectividad a la que pertenece un conjunto de dos o más receptores.

vulcaniano, a adj. (de *Vulcano,* volcán de las islas Eolias). GEOL. Se dice de un tipo de erupción volcánica caracterizado por el gran predominio de explosiones sobre las emisiones de lava.

vulcanismo o **volcanismo** s.m. (del lat. *Vulcanus,* dios del fuego). Conjunto de manifestaciones volcánicas.

vulcanización s.f. Operación que consiste en mejorar el caucho, tratándolo con azufre.

vulcanizadora s.f. Méx. Establecimiento donde se reparan llantas de automóvil.

vulcanizar v.tr. Someter a vulcanización.

vulcanología o **volcanología** s.f. Estudio de los volcanes y de los fenómenos volcánicos.

vulcanólogo, a o **volcanólogo, a** s. Especialista en vulcanología.

vulgar adj. (lat. *vulgaris*). Que carece de distinción o novedad: *modales vulgares.* **2.** Se aplica al sustantivo común o general, por contraposición a científico o técnico. **3.** Perteneciente al vulgo.

vulgaridad s.f. Cualidad de vulgar. **2.** Hecho, expresión, cosa, etc., vulgares. **3.** Cosa que carece de novedad e importancia por ser ya conocido por la mayoría de la gente.

vulgarismo s.m. Palabra o expresión propia de la lengua popular.

vulgarización s.f. Acción y efecto de vulgarizar.

vulgarizar v.tr. y prnl. Hacer vulgar o poco refinado algo: *vulgarizar una costumbre.* ◆ v.tr. Hacer asequible al vulgo una ciencia o un arte: *vulgarizar la música clásica.*

vulgo s.m. (lat. *vulgus, -i*). Estrato inferior de la población considerado como menos culto y más ordinario o tosco. **2.** Conjunto de personas que solo tienen un conocimiento somero sobre ciertas materias o actividades.

vulnerabilidad s.f. Cualidad de vulnerable.

vulnerable adj. Que puede recibir un daño o perjuicio física o moralmente y resulta fácilmente conmovido por ello.

vulneración s.f. Acción y efecto de vulnerar.

vulnerar v.tr. (lat. *vulnerare,* herir). *Fig.* Quebrantar, infringir una ley, precepto, disposición, etc. **2.** Causar daño o perjuicio a alguien física o moralmente.

vulneraria s.f. Planta herbácea de flores amarillas, que se usaba en cataplasmas. (Familia papilionáceas; género *Anthyllis.*)

vulnerario, a adj. y s.m. Se dice de los medicamentos que curan las llagas y heridas.

vulpeja s.f. (lat. *vulpecula,* dim. de *vulpes,* zorra). Zorra. SIN.: *vulpécula.*

vultuoso, a adj. MED. Se dice de la cara roja y congestionada.

vulva s.f. (lat. *vulva*). Conjunto de las partes genitales externas de la mujer y de las hembras de los animales superiores.

vulvar adj. Relativo a la vulva.

vulvaria s.f. Planta quenopodiácea cuyas hojas exhalan un olor fétido, que se usaba en enemas como antihistérica y antihelmíntica.

vulvitis s.f. Inflamación de la vulva.

W

w s.f. Vigesimosexta letra del alfabeto español y vigesimoprimera de sus consonantes. (Representa un sonido semivocálico, semejante a *u*, o semiconsonántico, semejante a *gu*.)

wagneriano, a adj. y s. Relativo a R. Wagner o a su obra.

wagon-lit s.m. (pl. *wagon-lits*). Coche cama de un tren.

wahabí adj. y s.m. y f. Relativo al wahabismo; partidario de este movimiento.

wahabismo s.m. Movimiento político-religioso, de tendencia puritana, de los musulmanes de Arabia.

waica, guaica, shiriana o **yanomano,** grupo amerindio de Venezuela (S y frontera con Brasil).

wakash s.m. Grupo de lenguas amerindias de América del Norte, habladas por los nootka y los kwakiutl.

walaby s.m. Pequeño marsupial herbívoro australiano, parecido al canguro.

walí s.m. → **valí.**

walkie-talkie s.m. (voz inglesa) [pl. *walkie-talkies*]. Aparato portátil para comunicaciones a corta distancia.

walkman s.m. (marca registrada) [pl. *walkmans* o *walkmen*]. Reproductor portátil de casetes que solo puede usarse con auriculares.

wampum s.m. (voz inglesa). Cinturón bordado con cuentas de vidrio de colores, que usaban algunos pueblos amerindios como adorno y posteriormente como moneda.

wap s.m. (acrónimo del ingl. *wireless application protocol,* protocolo de aplicación sin hilos) TELECOM. Protocolo que permite acceder a Internet desde teléfono celular o móvil.

wapití s.m. (angloamericano *wapiti,* voz algonquina). Uapití.

warayoc o **varayoc** s.m. (voz quechua). En ciertas comunidades quechuas andinas, como en Perú, autoridad de origen inca, que tiene a su cargo la administración de justicia.

wasp s.m. y f. (acrónimo del angloamericano *white anglo-saxon protestant*) [pl. *wasps*]. En Estados Unidos, persona de origen anglosajón y de religión protestante.

wat o **watt** s.m. (de *Watt,* físico escocés) [pl. *wats* o *watts*]. Nombre del vatio en la nomenclatura internacional.

water s.m. (ingl. water closet). → **váter.**

water-polo s.m. (del ingl. *water polo*). Deporte acuático que se practica entre dos equipos de siete jugadores y que consiste en introducir un balón en la portería contraria. SIN.: *polo acuático.*

wau s.f. Sonido de *u* de carácter semiconsonántico o semivocálico. **2.** Digamma.

waza-ari s.m. (voz japonesa). En judo, ventaja técnica que se obtiene al proyectar al adversario sobre la espalda, o al inmovilizarlo entre 25 y 30 segundos.

WC, abrev. de *water.*

web s.f. (voz inglesa, acrónimo de *world wide web*). Sistema lógico de acceso y búsqueda de la información disponible en Internet, cuyas unidades informativas son las páginas web. **2.** *Página web.

weber s.m. (de *W. E. Weber,* físico alemán). METROL. Unidad de medida de flujo de inducción magnética (símb. Wb), equivalente al flujo de inducción magnética que, al atravesar un circuito de una sola espira, produce una fuerza electromotriz de 1 voltio, si se reduce a cero en 1 segundo por disminución uniforme.

weekend s.m. (voz inglesa). Fin de semana.

welter s.m. **Peso welter** Categoría de boxeadores que pesan de 67 kg hasta menos de 71 kg para los amateurs, y de 66,678 kg hasta menos de 69,853 para los profesionales.

wendos o **vendos,** ant. nombre con que, en la edad media, los alemanes designaban a todos los eslavos entre el Odra y el Elba. (→ **sorabos.**)

western s.m. (voz angloamericana) [pl. *westerns*]. Película cinematográfica de acción que narra las aventuras de los colonizadores y cowboys en el Oeste americano del s. XIX. **2.** Género de este tipo de películas.

westfaliano, a adj. y s. De Westfalia, región histórica de Alemania. ◆ adj. Relativo a la paz de Westfalia (1648).

wharf s.m. (voz inglesa). MAR. Muelle o espigón perpendicular a la orilla del mar, un río o un lago, donde los barcos pueden atracar a uno y otro lado.

whisky o **güisqui** s.m. (voz escocesa) [pl. *whiskies* o *whiskis*]. Aguardiente de cereales que se fabrica especialmente en Escocia y en EUA. (Para su fabricación su utilizan cebada, avena, centeno o maíz dependiendo del tipo de whisky.)

whist s.m. (voz inglesa). Juego de naipes, cercano al bridge, de origen británico, que se juega entre dos parejas.

white spirit s.m. (voces inglesas). Disolvente mineral intermedio entre la gasolina y el queroseno, que ha sustituido a la esencia de trementina como disolvente de grasas y diluyente de pintura.

wichita, grupo de pueblos amerindios del NE de Texas.

WI-FI s.m. (acrónimo del ingl. *wireless fidelity*). Tecnología que permite conectar diferentes equipos informáticos a través de una red inalámbrica de banda ancha. adj. Relativo a esta tecnología: ◇ red wi-fi, acceso wi-fi.

wigwam s.m. (voz algonquina). Tienda de forma cónica

y planta elíptica o circular, utilizada por las tribus amerindias de los algonquinos orientales.

Winchester s.m. (marca registrada). Fusil de repetición norteamericano, de 10,7 mm de calibre, utilizado en la guerra de Secesión y en la guerra de 1870.

windsurf o **windsurfing** s.m. (ingl. *windsurfing*). Modalidad de surf en la que la plancha es propulsada por el viento mediante una vela que maneja el deportista.

wintergreen s.m. (voz inglesa). Arbusto de América del Norte, de hojas aromáticas que proporcionan una esencia muy utilizada en perfumería. (Familia ericáceas.)

Wirsung. Conducto de Wirsung Conducto principal de excreción del páncreas en el duodeno.

wolframio s.m. → **volframio.**

wolof → **uolof.**

won s.m. Unidad monetaria de las dos repúblicas coreanas.

woofer s.m. (voz inglesa) [pl. *woofers*]. Altavoz de graves.

world wide web (voces inglesas). → **web.**

wormiano, a adj. (de O. *Worm,* médico danés). ANAT. Se dice de cada uno de los pequeños huesos, muy numerosos en la bóveda craneana, entre el occipital y los parietales.

würm s.m. (de *Würm,* río alemán). Última de las cuatro grandes glaciaciones del cuaternario.

wurmiense adj. y s.m. Relativo al würm.

www → **web.**

wyandot → **1. hurón.**

wyandotte s.f. y adj. (voz angloamericana). Raza mixta norteamericana de gallinas, obtenida por diversos cruces.

X

x s.f. Vigesimoséptima letra del alfabeto español, y vigesimosegunda de sus consonantes. (Representa la combinación de sonidos [ks] o [gs] cuando es intervocálica y [s] cuando es inicial de palabra o final de sílaba.) **2.** Variable de una ecuación o inecuación. ◆ adj. De cantidad indeterminada: *ganar por x puntos un partido.* (Se utiliza antepuesto a un sustantivo para sustituir una cantidad que no se conoce o no se puede o quiere decir.) **2.** Cualquiera: *un día x.* (Se utiliza pospuesto a un sustantivo para referirse a una persona, animal o cosa que no se conoce o no se puede o quiere decir.) **3.** Se dice de la película pornográfica. **4.** Se dice de la sala de cine donde se proyectan películas pornográficas. ◇ **X** Cifra romana que vale *diez.*

xantelasma s.m. MED. Conjunto de manchas que aparecen en el ángulo interno del ojo, en el párpado superior, causado por depósitos intradérmicos de colesterol.

xántico, a adj. Xantogénico.

xantodermo, a adj. **Raza xantoderma** Raza amarilla.

xantofila s.f. Pigmento amarillo de las células vegetales, que se encuentra en la clorofila formando parte de su estructura.

xantogénico, a adj. Se dice del ácido poco estable (RO—CS—SH), que deriva del sulfuro de carbono. SIN.: *xántico.*

xantoma s.m. Tumor benigno, cutáneo o subcutáneo, de coloración amarilla, que contiene esencialmente colesterol.

xenofilia s.f. Estima o admiración por la cultura y las tradiciones de otros países.

xenofobia s.f. (del gr. *xénos,* extranjero, y *phóbos,* miedo). Aversión hacia la cultura y las tradiciones de otros países o hacia los extranjeros.

xenófobo, a adj. y s. Que siente aversión hacia la cultura y las tradiciones de otros países o hacia los extranjeros.

xenón s.m. Gas noble, presente en la atmósfera, de densidad 5,897 g/l a 0 °C. **2.** Elemento químico (Xe), de número atómico 54 y masa atómica 131,29.

xero s.m. Roedor originario de África, parecido a la ardilla y de 20 cm de long. sin contar la cola.

xerocopia s.f. Copia de un texto obtenida por xerografía.

xerófilo, a adj. BIOL. Se dice de la planta adaptada a un medio o clima seco. (Las plantas *xerófilas* para adaptarse al medio o clima en que viven pueden modificar su morfología [reducir las hojas a espinas] o su modo de vida [vida vegetativa subterránea].)

xerófito, a adj. BIOL. Xerófilo.

xeroftalmia s.f. Enfermedad de los ojos causada por la carencia de vitamina A, que se caracteriza por disminuir la transparencia de la córnea.

xerografía s.f. Procedimiento de impresión sin contacto.

xerografiar v.tr. [conj.: *desviar*]. Reproducir un texto o una imagen por xerografía. SIN.: *xerocopiar.*

xerosuelo s.m. EDAFOL. Suelo de las regiones subdesérticas en el que la evolución edafológica permanece muy limitada y en el que la vida biológica se reduce a algunos meses por año.

xeto, a adj. Méx. Se dice de la persona que tiene labio leporino.

xhosa → **xosa.**

xi s.f. Nombre de la decimocuarta letra del alfabeto griego (ξ, Ξ), que corresponde al grupo *ks.*

xifo s.m. Pez originario de México, de coloración variada y de 6 a 10 cm de long.

xifoideo, a adj. Relativo a la apófisis xifoides.

xifoides adj. y s.m. (del gr. *xiphoeidés,* semejante a una espada). ANAT. Se dice de la apófisis que constituye la parte inferior del esternón.

xilema s.m. BOT. Conjunto formado por el parénquima, vasos y fibras leñosos de un haz conductor. **2.** Conjunto formado por las partes leñosas de una planta.

xileno s.m. Hidrocarburo bencénico $C_6H_4(CH_3)_2$, que se extrae del alquitrán de hulla y se obtiene especialmente a partir del petróleo.

xilidina s.f. Amina derivada del xileno. (La *xilidina* se utiliza en la fabricación de colorantes).

xilófago, a adj. y s.m. Se dice del insecto que se alimenta de madera.

xilófono o **xilofón** s.m. Instrumento musical de percusión formado por un número variable de láminas de madera o metal que se golpean con dos baquetas.

xilografía s.f. Técnica de grabar imágenes en madera. **2.** Impresión o grabado que se hace con una plancha de madera grabada.

xilógrafo, a s. Persona que tiene por oficio grabar imágenes en madera.

xocoyote o **socoyote** s.m. Méx. Benjamín, último de los hijos de una familia.

xola s.f. Méx. Pipita, hembra del pavo.

xosa o **xhosa,** pueblo de África austral, que habla una lengua bantú (grupo khoisan).

xoxalero, a s. Méx. Hechicero, brujo.

xtabentún s.m. Méx. Enredadera de flores blancas cuya semilla posee un fuerte narcótico que enloquece y emborracha. **2.** Méx. Bebida embriagante, muy aromática, que se prepara a partir de esta enredadera.

y

1. y s.f. Vigesimoctava letra del alfabeto español, y vigesimotercera de las consonantes. (Representa un sonido vocálico anterior cerrado cuando va al final de palabra siguiendo a otra vocal y un sonido consonántico palatal fricativo sonoro en el resto de casos.)

2. y conj.cop. (lat. *et*, también, aun, y). Nexo coordinante que une palabras, sintagmas u oraciones que tienen la misma función. (Delante de palabras que empiezan por *i* o *hi* se sustituye por *e: mamíferos e insectos.*) **2.** Se emplea al principio de una oración interrogativa para introducir la pregunta: *¿y tu trabajo?* **3.** Se emplea al principio de una oración exclamativa o interrogativa para dar énfasis: *¡y, cállate ya!*

ya adv.t. (lat. *jam*). Confirma que una acción se ha realizado: *ya hemos hablado de esto.* **2.** Con verbos en presente, confirma la realización de una acción, circunstancia o estado en relación al pasado cuando ocurría lo contrario: *era rico, pero ya es pobre.* **3.** Con verbos en futuro, confirma la realización de una acción más tarde: *ya nos veremos.* **4.** Finalmente o últimamente: *ya es preciso decidirse.* **5.** Con verbos en presente, confirma que inmediatamente se va a realizar una acción: *ya voy.* ◆ adv.afirm. Expresa asentimiento: *—¿sabes que te han despedido?—Ya.* ◆ conj.distrib. Introduce varias alternativas que conducen a la misma consecuencia: *ya con gozo, ya con dolor.* (Suele usarse repetida.) ◇ **Ya que** Introduce una causa que explica un hecho.

yabal s.m. → **yébel.**

yabuna s.f. Cuba. Hierba gramínea muy abundante en la sabana.

yabunal s.m. Cuba. Terreno poblado de yabunas.

yac s.m. → **yak.**

yacaré s.m. Reptil similar al cocodrilo pero de tamaño más pequeño, de unos 2,5 m de long., que vive en América del Sur y se alimenta de peces y vertebrados. (La piel del *yacaré* se utiliza en la industria de curtidos; familia aligatóridos.)

yacente adj. Que yace: *estatua yacente.* ◆ s.m. Escultura funeraria que representa a una persona echada.

yacer v.intr. (lat. *jacere*). Estar echada o tendida en un lugar: *yacer en la cama.* **2.** Estar algo extendido y fijo sobre el suelo: *un pueblo que yace a orillas de un río.* **3.** Estar una persona enterrada en un lugar. **4.** Estar en un lugar. **5.** *Poét.* Hacer una persona el amor con otra. [V. cuadro pág. siguiente.]

yacifate s.m. Venez. Planta burserácea.

yacija s.f. Cama pobre o cosa sobre la cual una persona se acuesta.

yacimiento s.m. Lugar en que se acumulan naturalmente minerales sólidos, líquidos o gaseosos: *yacimiento de plata, petrolífero.* **2.** Esp. *Sitio arqueológico. (También *yacimiento arqueológico.*)

yagua s.f. (voz taína). Colomb. y Venez. Planta palmácea. **2.** Cuba y P. Rico. Tejido fibroso que envuelve la parte más tierna de la palma real.

yagual s.m. Amér. Central y Méx. Rodete que se pone sobre la cabeza para llevar pesos.

yaguané adj. y s.m. Amér. Mofeta, zorrillo. **2.** Argent., Par. y Urug. Se dice del ganado vacuno o caballar con el pescuezo y los costillares de distinto color al del resto del lomo, barriga y parte de las ancas.

yaguar s.m. → **jaguar.**

yaguareté s.m. Argent., Par. y Urug. → **jaguareté.**

yaguasa s.f. Cuba y Hond. Ave acuática similar al pato salvaje.

yaguré s.m. Amér. Mofeta.

yahgán → **yámana.**

yaití s.m. Cuba. Árbol delgado de madera oscura y dura. (La madera del *yaití* se emplea para hacer vigas y horcones; familia euforbiáceas.)

yak o **yac** s.m. Mamífero rumiante de pelo fino y largo que puede alcanzar 1,90 m de alt. y 700 kg de peso y vive en el Tíbet a 5 000 m de alt. (El *yak* se utiliza como animal de labor, montura y carga; familia bóvidos.)

yal s.m. Chile. Pájaro pequeño conirrostro que tiene el pico amarillo y el plumaje gris.

yamaa s.f. (voz árabe, *asamblea*). Reunión de notables que representan un aduar del N de África.

yámana o **yahgán** adj. y s. De un pueblo paleoamerindio del grupo fueguino que vivía al S de la isla Grande de Tierra del Fuego.

yámbico, a adj. Relativo al yambo. **2.** Se dice del verso compuesto de yambos.

1. yambo s.m. (lat. *iambus*, del gr. *íambos*). MÉTRIC. CLÁS. Pie de la poesía latina y griega formado por una sílaba breve y otra larga acentuada. **2.** MÉTRIC. Cláusula rítmica de la poesía española formada por una sílaba átona seguida de otra tónica.

2. yambo s.m. Mirtácea originaria de la India, cultivada por sus frutos refrescantes.

yanacona s.m. y f. (del quechua *yanaquna*). Servidor del emperador y otras personalidades del Imperio inca. **2.** Indígena que servía a los conquistadores españoles.

yanaconaje s.m. Sistema de prestaciones laborales a cam-

yacer

INDICATIVO

presente
yazco o *yazgo* o *yago*
yaces (yacés)
yace
yacemos
yacéis
yacen

copretérito o pret. imperfecto
yacía
yacías
yacía
yacíamos
yacíais
yacían

pretérito o pret. perf. simple
yací
yaciste
yació
yacimos
yacisteis
yacieron

futuro o fut. simple
yaceré
yacerás
yacerá
yaceremos
yaceréis
yacerán

pospretérito o condicional simple
yacería
yacerías
yacería
yaceríamos
yaceríais
yacerían

SUBJUNTIVO

presente
yazca o *yazga* o *yaga*
yazcas o *yazgas* o *yagas*
yazca o *yazga* o *yaga*
yazcamos o *yazgamos* o *yagamos*
yazcáis o *yazgáis* o *yagáis*
yazcan o *yazgan* o *yagan*

pretérito o pret. imperfecto
yaciera o yaciese
yacieras o yacieses
yaciera o yaciese
yaciéramos o yaciésemos
yacierais o yacieseis
yacieran o yaciesen

futuro o fut. simple
yaciere
yacieres
yaciere
yaciéremos
yaciereis
yacieren

IMPERATIVO

yace o *yaz* (yacé) (tú, vos)
yazca o *yazga* o *yaga* (él)
yazcamos o *yazgamos* o *yagamos* (nosotros)
yaced (vosotros)
yazcan o *yazgan* o *yagan* (ellos)

FORMAS NO PERSONALES

infinitivo yacer
gerundio yaciendo
participio yacido

bio del usufructo de una parcela agrícola que se llevaba a cabo en Perú. **2.** Sistema de prestación de servicios propio de los yanaconas.

yang s.m. (voz china). Fuerza cosmológica, indisoluble del yin y del tao, que se manifiesta especialmente por el movimiento.

yanomano → **waica.**

yanqui o **yankee** s.m. y f. y adj. (voz inglesa). Apodo dado por los ingleses a los colonos rebeldes de Nueva Inglaterra, posteriormente por los sudistas a los nordistas, y actualmente aplicado a los habitantes anglosajones de EUA.

1. **yantar** v.tr. (lat. vulg. *jantare*, desayunar). *Poét.* Comer, especialmente al mediodía.

2. **yantar** s.m. *Poét.* Comida.

yapa s.f. (voz quechua, *aumento, añadidura*). Amér. Propina, añadidura.

yapar v.tr. Amér. Añadir el vendedor algo a lo comprado. **2.** Argent. Agregar un objeto a otro que se emplea para el mismo uso o que se elabora del mismo material.

yápigos o **yapigios,** pueblo de origen ilirio que se estableció en el s. V a.C. en Apulia.

yapó s.m. Mamífero marsupial originario de Venezuela, Paraguay y Brasil que tiene las patas anteriores con los dedos unidos por una membrana hasta la punta, el pelo de color blanco, negro y ceniza, las orejas grandes y redondeadas y la cola algo más larga que el resto del cuerpo. (Familia didélfidos.)

yapú s.m. (voz guaraní). Argent. Pájaro de las zonas boscosas y selváticas, de color negro mezclado con amarillo, que alcanza unos 40 cm de long. (Familia ictéridos.)

yaqui adj. y s.m. y f. De un pueblo amerindio del grupo pima-nahua de la familia lingüística uto-azteca, que vive a orillas del río Yaqui (Sonora, México).

yaqui

Se alzaron repetidamente contra los españoles para preservar su autonomía, hasta su derrota definitiva en 1832. Posteriormente lucharon en la guerra de Intervención (1861-1867) en el bando imperial, y se rebelaron contra el porfiriato desde 1875.

yarará s.f. Amér. Merid. Ofidio venenoso, de unos 150 cm de long. y sección casi triangular, de color pardo claro con dibujos más oscuros, en forma de semicírculos y ángulos, y cuya mordedura puede ser mortal. (Familia vipéridos.)

yaraví s.m. (quechua *yaráwi*). Canto tradicional de los incas, de carácter melancólico, de Ecuador, N de Argentina, Perú y Bolivia.

yarda s.f. (ingl. *yard*). Unidad de medida de longitud anglosajona equivalente a 0,914 m.

yare s.m. Venez. Jugo venenoso que se extrae de la yuca amarga. **2.** Venez. Masa de yuca dulce con la que se hace el cazabe.

yareta s.f. Amér. Merid. Planta pequeña originaria de los páramos andinos. (Familia umbelíferas.)

yarey s.f. Cuba. Planta con cuyas fibras se hacen sombreros. (Familia palmáceas.)

yaro, pueblo amerindio originario de Brasil que en el s. XVI se estableció en Uruguay. (Los *yaro* fueron exterminados en el momento de la conquista.)

yatagán s.m. Sable con la hoja curvada en dos sentidos opuestos, que fue utilizado por los turcos y los árabes.

yataí o **yatay** s.m. Argent., Par. y Urug. Planta con estípite de 8 a 10 m de alt. y hojas de 2,5 a 3 m de long. (Con los frutos del *yataí* se elabora aguardiente y sus yemas terminales se utilizan como alimento para el ganado.) [Familia palmáceas.]

yate s.m. (ingl. *yacht*). Embarcación de recreo, de vela o a motor, generalmente lujosa.

yautía s.f. Planta herbácea originaria de América tropical. (Familia aráceas.)

yaya s.f. Cuba. Planta mirtácea. **2.** Perú. Especie de ácaro.

yayo, a s. *Fam.* Abuelo.

yaz s.m. → **jazz.**

ye s.f. Nombre de la letra *y*.

yébel o **yabal** s.m. (ár. *ŷabal*). Montaña en el N de África.

yedra s.f. → **hiedra.**

yegua s.f. (lat. *equa*). Hembra del caballo. **2.** Amér. Central. Colilla de cigarro. ◆ adj. Amér. Central y P. Rico. Estúpido, tonto.

yeguada s.f. Conjunto de ganado caballar. **2.** Amér. Central y P. Rico. Tontería, disparate.

yeguarizo, a adj. y s. Argent. Caballar.

yeísmo s.m. Pronunciación del fonema palatal, fricativo, lateral, sonoro (correspondiente a la letra *ll*) como el fonema palatal, fricativo sonoro (correspondiente a la letra *y*).

yeísmo

El *yeísmo*, fenómeno corriente en el habla de Castilla la Nueva, Extremadura, Andalucía y Canarias, se distribuye de forma irregular en el español de América. Son yeístas, en general, los hablantes de México y América Central, buena parte de los de Venezuela y Colombia y una pequeña parte de los de Ecuador y Perú; en el sur, son yeístas la inmensa mayoría de los argentinos y los habitantes del tercio central de Chile.

yeísta adj. Relativo al yeísmo. ◆ adj. y s.m. y f. Que pronuncia el fonema palatal, fricativo, lateral, sonoro (correspondiente a la letra *ll*) como el fonema palatal, fricativo sonoro (correspondiente a la letra *y*).

yeldo s.m. Plancton del mar Cantábrico que se ve a simple vista.

yelmo s.m. (germ. occidental *helm*). Parte de la armadura medieval que cubría la cabeza y el rostro. **2.** HERÁLD. Timbre del escudo en forma de casco.

yema s.f. (lat. *gemma*). Parte central del huevo de los vertebrados ovíparos. **2.** Brote en forma de botón escamoso que aparece en el tallo de las plantas cuando las hojas todavía se hallan imbricadas o envueltas unas sobre otras. **3.** Dulce que se elabora con azúcar y la parte central del huevo de los vertebrados ovíparos. ◇ **Yema del dedo** Parte de la punta del dedo opuesta a la uña.

yemení adj. y s.m. y f. De Yemen.

yemita s.f. Méx. Dulce a base de yema de huevo, azúcar y otros ingredientes.

yen s.m. Unidad monetaria de Japón.

yerba s.f. Hierba. **2.** Infusión que se prepara con las hojas de este árbol. ◇ **Yerba mate** Árbol de origen americano de hojas lampiñas, oblongas y aserradas en el borde, fruto en drupa y flores axilares blancas. (Familia aquifoliáceas.)

yerbal s.m. Argent. y Par. Plantación de yerba mate. **2.** Colomb. Matorral.

yerbatal s.m. Argent. Yerbal.

yerbatero, a adj. y s. Chile, Colomb., Ecuad., Méx., P. Rico y Venez. Se dice del médico o curandero que recurre a las hierbas para sanar. ◆ adj. R. de la Plata. Relativo a la yerba mate o a su industria. ◆ s. Chile, Colomb., Ecuad., Méx., P. Rico y Venez. Persona que tiene por oficio vender hierbas o forraje. **2.** R. de la Plata. Persona que se dedica al cultivo, industrialización o venta de la yerba mate.

yerbera s.f. Argent. y Par. Conjunto formado por dos recipientes, generalmente de madera, para la yerba y el azúcar con que se prepara el mate.

yerbero, a s. Méx. Curandero.

yerbilla s.f. Guat. Tela de algodón con cuadros de colores diferentes.

yermar v.tr. Dejar yermo un terreno.

yermo, a adj. (lat. tardío *eremus*, desierto). Inhabitado, despoblado. ◆ adj. y s.m. Se dice del terreno no cultivado.

yerno s.m. (lat. *gener, -eri*). Marido de la hija de una persona.

yero s.m. (lat. vulg. *erum*). Planta herbácea que crece en la península Ibérica y cuya harina se utiliza como pienso. (Familia papilionáceas.)

yerro s.m. Falta o equivocación cometida por descuido, inadvertencia o ignorancia.

yérsey o **yersi** s.m. Amér. Suéter. **2.** Amér. Jersey, tejido.

yerto, a adj. Tieso, rígido, inerte por el frío, la muerte, el miedo u otro sentimiento.

yesca s.f. (lat. *esca*, alimento). Materia muy seca que arde fácilmente.

yesería s.f. Establecimiento donde se fabrica o vende yeso. **2.** Obra hecha de yeso. **3.** Elemento decorativo en yeso tallado, muy utilizado en la arquitectura hispanoárabe.

yesero, a adj. Relativo al yeso. ◆ s. Persona que tiene por oficio fabricar o vender yeso.

yeso s.m. (lat. *gypsum*, del gr. *gýpsos*). Roca sedimentaria formada por sulfato cálcico hidratado y cristalizado. **2.** Material que resulta de la deshidratación parcial del yeso natural o piedra de yeso, por calentamiento a temperaturas del orden de 150 °C, y de una molturación, y que, mezclado con agua, fragua formando una masa a la vez sólida y blanda que se utiliza para la reproducción de esculturas, la inmovilización de miembros fracturados, la construcción, etc. **3.** Escultura vaciada en yeso.

yesquero s.m. Encendedor que utiliza la yesca como materia combustible. **2.** P. Rico. Encendedor.

yeta s.f. Argent. y Urug. Desgracia continua, mala suerte.

yeyuno s.m. Parte del intestino delgado entre el duodeno y el íleon.

yiddish s.m. Lengua germánica hablada por las comunidades judías de Europa central y oriental. SIN.: *judeoalemán.*

yield s.m. (voz inglesa). ECON. Rendimiento proporcional de los beneficios de una actividad económica.

yihad s.m. o f. (voz árabe, *esfuerzo*). Guerra santa que todos los musulmanes deben realizar contra los infieles.

1. **yin** s.m. → **jean.**

2. **yin** s.m. (voz china). Fuerza cosmológica, indisoluble del yang y del tao, que se manifiesta sobre todo por la pasividad.

yinn s.m. (voz árabe). Espíritu benefactor o maléfico del islam.

yiro s.m. Argent. y Urug. *Vulg.* Prostituta.

yo pron.pers. (lat. vulg. *eo*, del lat. clásico *ego*). Forma tónica de la 1ª persona masculina y femenina del singular. Designa al emisor en un acto de comunicación. Funciona como sujeto o predicado nominal. ◆ s.m. Personalidad: *el yo del poeta.* **2.** FILOS. Sujeto pensante. **3.** PSICOANÁL. Entidad de la estructura psíquica constituida por la parte del ello que se ha modificado al tomar contacto con el mundo exterior. SIN.: *ego.* ◇ **Ideal del yo** PSICOANÁL. Posición del superyó que representa un ideal al que el sujeto trata de compararse por identificación con los modelos de los padres. **No yo** FILOS. Conjunto de todo lo que es distinto del yo. **Yo ideal** PSICOANÁL. Posición del yo perteneciente al registro de lo imaginario y que representa el ideal infantil de omnipotencia heredado del narcisismo.

yod s.f. Sonido vocálico anterior cerrado que si está al principio de un diptongo funciona como una semiconsonante *(pie)* y si está al final como una semivocal *(aire).*

yodación o **iodación** s.f. Esterilización de las aguas de consumo por yodo.

yodar o **iodar** v.tr. Someter a la acción del yodo.

yodato o **iodato** s.m. Sal del ácido yódico.

yodhídrico, a o **iodhídrico, a** adj. Se dice del ácido (HI) formado por combinación de yodo e hidrógeno.

yódico, a o **iódico, a** adj. Se dice del ácido (HIO_3) resultante de la oxidación del yodo.

yodismo o **iodismo** s.m. Intoxicación por yodo.

yodo o **iodo** s.m. (fr. *iode*). No metal del grupo de los halógenos, de densidad 4,9, cuyo punto de fusión es de 114 °C. **2.** Elemento químico (I), de número atómico 53 y masa atómica 126, 904. (Se utiliza en farmacia y en fotografía.)

yodoformo o **iodoformo** s.m. Triyodometano (CH_3I). [El *yodoformo* se emplea especialmente como antiséptico.]

yoduro o **ioduro** s.m. Sal del ácido yodhídrico.

yoga s.m. Doctrina filosófica hindú que se basa en una serie de ejercicios espirituales y físicos para llegar al estado de perfección. **2.** Conjunto de ejercicios espirituales y físicos de esta doctrina destinados a liberar el espíritu de las tensiones del cuerpo.

yogui s.m. y f. (hindú *yogī*). Persona que practica yoga.

yogur, yogurt o **yoghourt** s.m. (turco *yoghurt*). Producto lácteo cremoso y de sabor ligeramente agrio que se obtiene de la fermentación de la leche con fermentos lácticos acidificantes.

yohimbina s.f. Alcaloide de la corteza de yoimboa, cuya acción se opone a los efectos del sistema simpático.

yoimboa, yohimbé o **yumbehoa** s.m. Árbol, originario de Camerún. (La madera del *yoimba* se emplea en trabajos de minas, traviesas y construcciones navales.) [Familia apocináceas.]

1. **yola** s.f. (fr. *yole*). MAR. Embarcación a remo, estrecha y muy ligera.

2. **yola** s.f. (ingl. *yawl*). MAR. Velero de dos mástiles.

Yom Kippur s.m. Fiesta judía de penitencia y oración que se celebra diez días después del año nuevo judío (sept.-oct.), también llamada *Gran Perdón*.

yonqui s.m. y f. *Fam.* Persona que se inyecta droga, en especial si se trata de heroína.

yoruba, pueblo de África occidental (Nigeria principalmente, Togo y Benín), que habla una lengua del grupo kwa. Fundaron reinos (Ife, Benín) a partir del s. XV.

yo-yo s.m. (marca registrada). Juguete que consiste en dos discos pequeños unidos en su centro por un eje que tiene un cordón sujeto y enrollado a él.(Se juega sujetando el extremo del cordón que queda libre con el dedo corazón y dejando caer la pieza formada por los dos discos, que baja cuando se desenrolla el cordón y sube cuando se enrolla.)

yuan s.m. Unidad monetaria de China.

yubarta s.f. (ingl. *jubarte*). Mamífero cetáceo de 15 m de long., de largas aletas.

yuca s.f. (voz taína). Planta liliácea de origen americano parecida al áloe, aclimatada en los países templados y con cuya raíz se elabora una harina alimenticia.

yucal s.m. Terreno plantado de yucas.

yucateca s.m. LING. Maya.

yucateco, a adj. y s. De Yucatán.

yudo → **judo.**

yudoka → **judoka.**

yugo s.m. (lat. *jugum*). Instrumento de madera que se sujeta a la cabeza o a la cruz de las mulas o bueyes, y al que va sujeta la lanza del carro o el timón del arado. **2.** *Fig.* Carga pesada o atadura que una cosa conlleva. *estar bajo el yugo de un tirano.* **3.** Armazón de madera del que cuelga la campana y que permite que esta gire. **4.** ANT. Lanza colocada horizontalmente sobre otras dos hincadas en tierra, y bajo la cual los romanos hacían pasar a los enemigos vencidos.

yugoslavo, a o **yugoeslavo, a** adj. y s. De Yugoslavia.

1. **yugular** adj. (lat. *jugularis,* de *jugulum,* garganta). ANAT. Relativo al cuello. ◆ s.f. y adj. Vena grande del cuello. (Hay cuatro *yugulares*: anterior, externa, interna y posterior) **2.** Pieza de la armadura antigua compuesta de láminas metálicas a ambos lados del casco para resguardar cara y cuello y que se ataban por debajo de la barba.

2. **yugular** v.tr. Cortar el cuello a una persona o animal. **2.** *Fig.* Cortar brusca o repentinamente el desarrollo de algo.

yuko s.m. Ventaja técnica que se obtiene en el judo proyectando claramente el yudoka al adversario sobre el lado del cuerpo, o inmovilizándolo en el suelo durante un mínimo de 20 segundos, pero menos de 25.

yuma, pueblo amerindio de América del Norte, que se extiende de California y Arizona al N de México.

yumbehoa s.m. → **yoimboa.**

yuncarirsh → **chiquito.**

yunga o **yunca,** adj. y s.m. y f. De un pueblo amerindio ya extinguido que vivía en la región costera de Perú.

yunque s.m. (del ant. incue, del lat. *incus, -udis*). Bloque de hierro acerado sobre el que se forjan los metales. **2.** ANAT. Huesecillo del oído medio, entre el martillo y el estribo.

yunta s.f. Par de bueyes, mulas u otros animales que se sujetan juntos al yugo para realizar labores del campo. ◆ **yuntas** s.f.pl. Venez. Gemelos, botones iguales que se ponen en los puños de la camisa.

yupatí s.m. Marsupial de unos 30 cm de long., que vive en los bosques de América, desde Costa Rica hasta el centro de Paraguay. (Familia didélfidos.)

yuppy s.m. y f. (voz angloamericana). Persona joven que desempeña un alto cargo en el sector financiero y que tiene una posición económica elevada.

yuquerí s.m. Argent. Planta de fruto similar a la zarzamora. (Familia mimosáceas.)

yuquilla s.f. Cuba. Sagú.

yuré s.m. C. Rica. Paloma pequeña.

yurro s.m. C. Rica. Manantial, arroyuelo.

yuruma s.f. Venez. Médula de una planta palmácea con la que se elabora una harina panificable.

yurumí s.m. Amér. Merid. Tipo de oso hormiguero.

1. **yute** s.m. (ingl. *jute,* del bengali *jhuto*). Tejido basto que sirve para hacer tela de saco, que se obtiene de los tallos de una planta de la familia tiliáceas, cultivada en la India, Bangla Desh y China. **2.** Planta que suministra este tejido.

2. **yute** → **ute.**

yuxtalineal adj. Se dice de la traducción en la que el texto y el original se corresponden línea por línea en dos columnas contiguas.

yuxtaponer v.tr. y prnl. [conj.: *poner*]. Poner una cosa junto a otra o poner dos cosas juntas.

yuxtaposición s.f. Acción y efecto de yuxtaponer.

yuxtapuesto, a adj. LING. Se dice del elemento lingüístico, especialmente de la oración, que está unido a otro sin utilizar un nexo gramatical.

yuyal s.m. Amér. Merid. Paraje poblado de yuyos.

yuyero, a adj. y s. Argent. Se dice de la persona que utiliza hierbas medicinales. **2.** Argent. Se dice del curandero que receta principalmente hierbas. **3.** Argent. Se dice de la persona que vende hierbas.

yuyo s.m. (quechua *yúyu*). Amér. Merid. Hierbajo. ◆ **yuyos** s.m.pl. Argent. y Perú. Hierbas tiernas comestibles. **2.** Hierbas empleadas como condimento. ◇ **Yuyo colorado** Argent. Carurú.

yuyú s.m. Embarcación china, pequeña, corta, ancha y maniobrada a vela o a remo.

Z

z s.f. Vigesimonovena letra del alfabeto español, y vigesimocuarta de las consonantes. (Representa un sonido fricativo interdental sordo. En Hispanoamérica y en algunas regiones de España [parte de Andalucía y Canarias] representa un sonido fricativo alveolar sordo.) ◇ ℤ Conjunto de los números enteros relativos, es decir de los números positivos y negativos, y del cero. ℤ* Conjunto de los números enteros relativos excepto el cero.

zabordamiento s.m. MAR. Acción y efecto de zabordar. SIN.: *zabordo.*

zabordar v.intr. MAR. Varar un barco en tierra.

zacatal s.f. Amér. Central y Méx. Pastizal.

zacate s.m. (náhuatl *zacatl*). Amér. Central y Méx. Hierba, pasto, forraje. **2.** Méx. Estropajo.

1. **zacateca** adj. y s.m. y f. De un pueblo amerindio de México (Zacatecas, Durango), actualmente extinguido, nómada y de cultura bastante primitiva.

2. **zacateca** s.m. Cuba. Empleado de pompas fúnebres.

1. **zacatón** s.m. C. Rica y Méx. Hierba alta para pasto.

2. **zacatón, na** s. Méx. *Fam.* Persona miedosa, huidiza, cobarde.

zacua s.f. Méx. Pájaro ictérido dañino para los cultivos. (Las plumas de la *zacua* eran utilizadas por los aztecas como adorno.)

zafacoca s.f. Amér. Riña.

zafacón s.m. Dom. y P. Rico. Recipiente donde se tira la basura.

zafado, a adj. y s. Argent. Atrevido, descarado, insolente. **2.** Méx. Loco chiflado.

zafadura s.f. Amér. Dislocación, luxación.

zafaduría s.f. Argent. y Urug. Conducta o lenguaje atrevidos o groseros.

zafar v.intr. y prnl. *Fam.* Liberarse de algo que molesta. ◆ v.tr. y prnl. Argent. y Urug. Separar, desprender: *zafarse la cubierta del libro.* ◆ v.prnl. Escaparse de un peligro o esconderse de alguien. **2.** Amér. Dislocarse, descoyuntarse un hueso.

zafarrancho s.m. En un cuartel militar, limpieza general de los dormitorios y anexos. **2.** *Fig.* y *fam.* Riña o pendencia con gran alboroto y ruido. **3.** *Fig.* y *fam.* Destrozo, estrago, trastorno producido en algo. **4.** Acción y efecto de desembarazar una parte de la embarcación, para dejarla dispuesta a determinada faena. ◇ **Zafarrancho de combate** Preparación de las armas y útiles de combate para desarrollar una inmediata acción de guerra.

zafiedad s.f. Cualidad de zafio.

zafio, a adj. Tosco, inculto o grosero en los modales o en el comportamiento.

zafíreo, a adj. *Poét.* Que es de color azul, como el zafiro. SIN.: *zafirino.*

zafiro s.m. (ár. *sâqa,* retaguardia de un ejército). Piedra preciosa de color azul, variedad transparente del corindón. **2.** HERÁLD. Azur de un arma real.

1. **zafra** s.f. Recipiente de metal, grande, con tapadera, y generalmente con una llave en su parte inferior, donde se coloca el aceite para almacenarlo.

2. **zafra** s.f. (port. *safra*). Cosecha de la caña de azúcar. **2.** Fabricación del azúcar de caña y del de remolacha. **3.** Tiempo que dura esta fabricación. **4.** Can. Cosecha.

zafre s.m. Óxido de cobalto, de color azul.

zaga s.f. Parte de atrás o posterior de una cosa. ◇ **A (la),** o **en, zaga** Detrás o en la parte posterior. **No ir,** o **no quedarse, en zaga** No ser una persona o cosa inferior a otra.

zagal, la s. Persona que ha llegado a la adolescencia. **2.** Pastor joven que está a las órdenes del rabadán o mayoral.

zaguán s.m. (ár. *'usṭuwân*). Pieza de un edificio inmediata a la entrada y que sirve de vestíbulo.

zaguero, a adj. y s. Que va, está situado o se coloca detrás. ◆ s. Jugador, especialmente de fútbol, que forma parte de la línea de defensa de un equipo.

zaherir v.tr. [conj.: *sentir*]. Decir o hacer algo a alguien para humillarlo o molestarlo.

zahína s.f. Planta gramínea anual, originaria de la India, con flores en panoja colgante y granos mayores que los cañamones. (Los granos de la *zahína* sirven para hacer pan y como alimento para las aves.) [Toda la planta se usa como pasto.]

zahón s.m. Prenda, generalmente de cuero, que llevan sobre los pantalones los cazadores y la gente de campo para protegerlos. (Suele usarse en plural.)

zahorí s.m. y f. Persona que tiene la facultad de descubrir manantiales subterráneos, valiéndose de una varilla o de un péndulo. **2.** *Fig.* Persona observadora y perspicaz que adivina lo que otra persona siente o piensa.

zahúrda s.f. Pocilga. **2.** Tugurio.

zaino, a adj. Traidor, falso, poco digno de confianza. **2.** Se dice de la caballería falsa o con resabios. **3.** Se dice del caballo o de la yegua de pelaje castaño oscuro. **4.** Se dice de la res vacuna de color negro sin ningún pelo blanco.

zalamería s.f. Caricia o demostración de cariño exagerada y empalagosa, que generalmente se ofrece para conseguir algo de alguien. SIN.: *zalema.*

zalamero, a adj. y s. Que hace o tiende a hacer zalamerías.

zalema s.f. (ár. *salâm,* paz). Reverencia que se hace como señal de sumisión. **2.** Zalamería.

zamacuco, a s. (ár. *ṣamakûk*). Persona que simula ser torpe o se calla, pero que al final consigue hacer su voluntad.

zamacueca s.f. Baile típico de Chile que se baila por parejas y que termina en un zapateado. (La *zamacueca* apareció en Chile hacia 1825 procedente de Perú y se impuso en los medios urbanos y rurales.) **2.** Música lenta que acompaña este baile, en compás de seis por ocho. **3.** Canción que acompaña este baile.

zamarra s.f. Chaleco de piel con su pelo, para abrigarse del frío. **2.** Saco de piel con su pelo, para abrigarse del frío.

zamarrear v.tr. *Fam.* Mover a una persona de un lado a otro con violencia. **2.** Mover un animal la presa que tiene entre los dientes de un lado a otro con violencia para despedazarla o rematarla. **3.** *Fig.* y *fam.* Acosar a alguien en una disputa colocándole en una situación apurada.

zamarrilla s.f. Planta leñosa aromática de flores blancas o encarnadas en cabezuelas vellosas. (Familia labiadas.)

zamarro s.m. Zamarra, chaleco de piel con su pelo para abrigarse del frío. ◆ **zamarros** s.m.pl. Colomb., Ecuad. y Venez. Zahones para ir a caballo.

zamarronear v.tr. Argent., Chile y Ecuad. Zamarrear.

zamba s.f. Amér. Merid. Danza en compás de 6 por 8, que se baila en pareja suelta y con revoleo de pañuelos.

zambapalo s.m. Baile grotesco originario de América que estuvo de moda en España durante los ss. XVI y XVII. **2.** Música que acompaña este baile.

zambo, a adj. y s. Se dice de la persona que tiene torcidas las piernas desde las rodillas. **2.** Amér. Se dice del hijo de negro e india o viceversa. ◆ s.m. Simio de América que tiene la cola prensil y casi tan larga como el cuerpo. (Familia cébidos.)

zambomba s.f. Instrumento musical de percusión formado por un cilindro hueco, cerrado por un extremo con una piel muy tirante, que tiene en el centro una varilla que al ser frotada produce sonidos fuertes y ásperos. ◆ interj. *Fam.* Expresa sorpresa.

zambombazo s.m. *Fam.* Estampido o explosión fuerte que produce mucho ruido.

zambra s.f. (ár. *zamr,* instrumentos musicales). Fiesta gitana con cante y baile, que deriva de una antigua danza ritual gitana originaria de una fiesta morisca homónima. **2.** *Fig.* y *fam.* Algarada, bulla o jaleo producidos por un grupo de personas.

zambullida s.f. Acción de zambullir o zambullirse.

zambullir v.tr. y prnl. [conj.: *engullir*] Sumergir algo o a alguien en el agua o cualquier otro líquido, de forma impetuosa y rápida. ◆ **zambullirse** v.prnl. *Fig.* y *fam.* Meterse de lleno en alguna actividad o asunto: *zambullirse en el estudio.*

zambullón s.m. Amér. Zambullida.

zambutir v.tr. Méx. *Fam.* Introducir alguna cosa a la fuerza en un lugar estrecho.

zamorano, a adj. y s. De Zamora.

zampabollos s.m. y f. (pl. *zampabollos*). Esp. *Fam.* Persona glotona.

zampar v.tr. Meter bruscamente una cosa en un líquido o en un sitio. **2.** Arrojar algo contra un sitio o dejarlo caer de modo que choque violentamente. ◆ v.intr. y prnl. Comer de prisa, con avidez o con exageración. ◆ **zamparse** v.prnl. *Fam.* Meterse en un sitio de improviso sin ser invitado, sin pedir permiso o sin llamar.

zampón, na adj. y s. *Fam.* Tragón, glotón.

zampoña s.f. Instrumento musical rústico parecido a una flauta o compuesto de muchas flautas a modo de gaita. **2.** *Fig.* y *fam.* Dicho trivial, superficial y sin sustancia.

zamuco o **samuco,** pueblo amerindio del N del Chaco (Chile y Argentina); conjunto de conocimientos, tradiciones y costumbres de los pueblos del Chaco.

zamuro s.m. Colomb. y Venez. Zopilote.

zanahoria s.f. (ár. vulg. *safunâriya*). Planta herbácea bianual, de flores blancas, hojas muy divididas, cultivada por su raíz. (Familia umbelíferas.) **2.** Raíz comestible de esta planta, de color anaranjado, forma cónica y alargada, y rica en azúcar.

zanata adj. y s.m. y f. De un pueblo bereber del N de África que, en la edad media, constituyó la fracción bereber más numerosa de la península Ibérica. SIN.: *cenete.*

zanatal s.m. Méx. Bandada de zanates.

zanate s.m. C. Rica, Guat., Méx. y Nicar. Pájaro de plumaje negro que se alimenta de semillas.

zanca s.f. (lat. tardío *zanca,* tipo de calzado). *Fig.* y *fam.* Pierna larga y delgada de una persona o un animal. **2.** Parte de la pata de las aves zancudas que va desde el tarso hasta la junta del muslo. **3.** CONSTR. Viga o pieza de apoyo en pendiente, a la que se fijan las huellas y contrahuellas de una escalera y que limita a esta por la parte del vano o hueco. SIN.: *limón, limonera.*

zancada s.f. Paso más largo del normal: *dar zancadas.* ◇ **De,** o **en, dos zancadas** *Fam.* Con rapidez o facilidad para llegar a un sitio.

zancadilla s.f. Acción de cruzar una persona su pierna por entre las de otra para hacerle perder el equilibrio y caer. **2.** *Fig.* Ardid, estratagema o engaño para perjudicar a alguien.

zancadillear v.tr. Poner o hacer la zancadilla a alguien.

zancajoso, a adj. Que tiene los pies torcidos hacia fuera.

zanco s.m. Cada uno de los dos palos altos con un soporte para el pie que se usan para andar a una cierta altura del suelo en juegos de equilibrio o danzas tradicionales. **2.** CONSTR. Cada uno de los maderos o puntales verticales que forman la base o parte principal de un andamio.

zancón, na adj. *Fam.* Que tiene las zancas largas. **2.** Colomb., Guat., Méx. y Venez. Se dice del traje demasiado corto.

zancudo, a adj. Que tiene las zancas largas. ◆ adj. y s.f. Relativo a un grupo de aves de patas largas, que buscan su alimento en las aguas dulces poco profundas. ◆ s.m. Amér. Mosquito.

zandé o **azande,** pueblo de Sudán y de la Rep. Dem. del Congo.

zanfonía s.f. Instrumento musical cuyas cuerdas suenan al ser frotadas por un cilindro con púas que se acciona mediante una manivela.

zanganear v.intr. *Fam.* Holgazanear.

1. **zángano** s.m. (port. *zângão*). Abeja macho.

2. **zángano** s.m. Fandango bailable, originario de Málaga, de procedencia folclórica y asimilado al flamenco a partir de la segunda mitad del s. XIX.

3. **zángano, a** s. *Fam.* Persona holgazana que no trabaja ni hace nada de provecho. **2.** *Fig.* y *fam.* Persona sin gracia ni oportunidad.

zangolotear v.tr., intr. y prnl. *Fam.* Mover algo o a alguien continua y violentamente.

zanguango, a adj. y s. Indolente, perezoso. ◆ s. Amér. Merid. Persona generalmente corpulenta que se comporta de manera estúpida y torpe.

zanja s.f. Excavación larga y estrecha que se hace en la tierra. **2.** Amér. Surco que abre en la tierra la corriente de un arroyo.

zanjar v.tr. *Fig.* Resolver las dificultades o inconvenientes, de modo expeditivo, para poner fin a un asunto. **2.** Abrir o excavar zanjas.

zanjón s.m. Chile. Precipicio, despeñadero.

zanni o **zani** s.m. (lombardo-véneto *Zan,* hipocorístico de *Giovanni,* Juan). Personaje bufón de la comedia italiana.

zanquear v.intr. Andar mucho y muy deprisa. **2.** Torcer las piernas al andar.

1. **zapa** s.f. (ital. *zappa*). Excavación de una galería subterránea, o de una trinchera o zanja al descubierto. **2.** Trin-

chera o zanja abierta al pie de un muro, de una obra, etc., para destruir sus cimientos. **3.** Pala que usan los zapadores. **4.** GEOMORFOL. Destrucción de un relieve por la base. <> **Trabajo,** o **labor, de zapa** *Fig.* Maquinación llevada a cabo de forma oculta con un fin determinado.

2. **zapa** s.f. Piel de raya, tiburón u otro escualo o seláceo, preparada y teñida para encuadernaciones, estuches, etc.

zapador s.m. Militar perteneciente o encuadrado en unidades básicas del arma de ingenieros. **2.** Antiguamente, soldado encargado de abrir zapas.

zapallo s.m. (quechua *sapálu*). Amér. Merid. Calabaza, planta y fruto.

zapalote s.m. Amér. Central. Maíz en cuya mazorca hay granos de colores diversos.

zapando, a adj. Cuba y P. Rico. Se dice del alimento que está correoso por falta de cocción.

zapapico s.m. Herramienta para picar y cavar, con el mango de madera y dos bocas opuestas, una puntiaguda y la otra con el corte angosto.

zapar v.tr. e intr. Hacer excavaciones.

záparo, pueblo amerindio amazónico de Ecuador que habita entre los ríos Napo y Pastaza y que está dividido en varias tribus (la principal es la de los semigae): lengua hablada por este pueblo.

zaparrastroso, a adj. y s. → **zarrapastroso.**

zapata s.f. Madero que calza un puntal. **2.** Calzado que llega a media pierna, parecido al coturno antiguo. <> **Zapata de freno** TECNOL. Pieza metálica revestida de un material especial y que, por rozamiento, retarda o detiene un movimiento.

zapateado s.m. Baile flamenco considerado como el punto de partida de los restantes estilos bailables gitano-andaluces conocidos, caracterizado por el rítmico golpear de los pies. **2.** Música de este baile.

zapatear v.tr. Dar golpes con los pies calzados en el suelo u otra superficie, llevando un ritmo muy vivo. **2.** Golpear una cosa con el pie calzado. **3.** ESGR. Dar o señalar muchos golpes al contrario con el botón o zapatilla, sin recibir ninguno. ◆ v.intr. EQUIT. Moverse el caballo aceleradamente sin cambiar de sitio.

zapateo s.m. Acción de zapatear.

zapatería s.f. Establecimiento donde se fabrican, reparan o venden zapatos. **2.** Arte y técnica de fabricar o reparar zapatos. **3.** Oficio de zapatero.

zapatero, a s. Persona que tiene por oficio fabricar, reparar o vender zapatos. ◆ adj. Se dice de un alimento que está duro o correoso debido a una cocción defectuosa. ◆ s.m. Teleósteo acantopterigio, de cabeza puntiaguda, que vive en los mares de América tropical. **2.** Mueble para guardar zapatos. **3.** Tejedor, insecto. <> **Zapatero de viejo,** o **remendón** Persona que tiene por oficio remendar zapatos.

zapatilla s.f. Zapato ligero, sin cordones ni ninguna clase de sujeción, que se emplea especialmente para andar por casa. **2.** Zapato plano usado en ballet, generalmente de seda, con la suela de cuero muy ligero. **3.** Zapato especial que se usa para practicar determinados deportes, generalmente ligero, de suela de goma y con cordones. **4.** Suela del taco de billar.

zapatista adj. y s.m. y f. Relativo al movimiento agrarista revolucionario dirigido por E. Zapata, que se desarrolló en el S y centro de México durante la revolución mexicana; partidario de Zapata o de este movimiento. **2.** Relativo al Ejército Zapatista de Liberación que participó en la rebelión campesina indígena de Chiapas (1994); miembro o partidario de este ejército.

zapato s.m. Calzado que cubre el pie hasta el tobillo, cuya suela suele ser de un material más duro que el resto. <> **Saber dónde le aprieta el zapato** *Fam.* Saber y conocer bien alguien las circunstancias que lo rodean, sus problemas o conveniencias y actuar de acuerdo con ello.

zapatudo, a adj. Cuba y P. Rico. Se dice del alimento que está correoso por falta de cocción.

zapear v. intr. (ingl. *zap*). Cambiar reiteradamente de canal de televisión con el control remoto.

zapeo s.m. Acción de zapear. SIN.: zapping.

zapotal s.m. Terreno poblado de zapotes.

zapotazo s.m. Méx. *Fam.* Golpe que, al caer, se da alguien contra el suelo.

zapote s.m. (náhuatl *zapotl*). Árbol de tronco liso, madera blanca, hojas perennes y fruto comestible, que es originario de América. (Familia sapotáceas.) SIN.: *zapotero*. **2.** Fruto de este árbol, de forma esférica, consistencia blanda y sabor muy dulce. SIN.: *zapotero*.

zapoteca adj. y s.m. y f. De un pueblo amerindio de México, del grupo olmeca, de lengua otomangue, que vive esencialmente en Oaxaca, Veracruz, Chiapas y Guerrero.

---

zapoteca

En el s. IX a.C., los zapotecas ocuparon Etla, la laguna Zope, Huamelulpan y Monte Albán. En 100-800 d.C., tuvieron un período de esplendor (Monte Albán). Hacia 1100 d.C., desplazados por los mixtecas, se establecieron en Zaachila y Mitla, y lograron subsistir pese a los ataques del azteca Ahuitzotl a principios del s. XVI. En 1551 fueron sometidos por los españoles. Tuvieron un doble gobierno formado por el *tlatoani* (soberano) y el *ujia tano* (sumo sacerdote). Realizaron complejas construcciones funerarias, pirámides y estelas, y practicaron la metalurgia (oro) y la cerámica.

---

zapotero s.m. Zapote.

zapoyolito s.m. Amér. Ave trepadora similar al perico.

zapping s.m. Cambio continuo del canal del televisor mediante el control remoto.

zar, rina s.m. (eslavo *tsar*, del lat. *caesar*, césar). Emperador de Rusia. **2.** Soberano de Bulgaria y Serbia. ◆ s.f. Esposa del zar.

zara s.f. (quechua *sára*). Maíz.

zarabanda s.f. *Fig.* Jaleo, ruido, agitación, desorden. **2.** Danza popular española, de compás ternario. **3.** Música de esta danza. **4.** Copla que se cantaba con esta música.

zaragata s.f. *Fam.* Alboroto o tumulto producido por personas que hablan y ríen o que se pelean y riñen.

zaragate s.m. Amér. Central y Venez. Persona despreciable.

zaragatero, a adj. y s. *Fam.* Aficionado a las zaragatas o que las provoca.

zaragatona s.f. (del ár. *bazr qatûna*). Planta herbácea, cuya semilla, del mismo nombre, contiene mucílago y se usa en medicina como emoliente.

zaragozano, a adj. y s. De Zaragoza.

zaragüelles s.m.pl. (ár. *sarawîl*, calzoncillos). Calzones anchos, con perneras formando pliegues, que se usaban antiguamente y que forman parte del traje regional valenciano y murciano. **2.** Calzoncillos blancos que asoman por debajo del calzón del traje regional aragonés.

zaragutear v.intr. Venez. Holgazanear, vagabundear.

zaramullo s.m. Perú y Venez. Bellaco, persona despreciable.

zaranda s.f. Criba, instrumento para cribar. **2.** Venez. Trompo hueco que zumba al girar.

zarandajas s.f.pl. Esp. y Méx. Cosas sin importancia de las que no vale la pena ocuparse.

zarandar v.tr. Pasar algo por la zaranda.

zarandear v.tr. Mover o sacudir algo o a alguien de un lado a otro con rapidez y energía. ◆ **zarandearse** v.prnl. Perú, P. Rico y Venez. Contonearse.

zarandeo s.m. Acción de zarandear o zarandearse. **2.** Acción de zarandar.

zarapito s.m. Ave migratoria, de pico largo y arqueado hacia abajo, que vive cerca de las extensiones de agua dulce o en las costas. (Familia carádridos.)

zarate s.f. Hond. Sarna.

zarbo s.m. Pez de río semejante al gobio.

zarcillo s.m. (lat. *circellus,* dim. de *circulus,* aro). Pendiente en forma de aro. **2.** Órgano filamentoso de ciertas plantas (vid, arveja, etc.) que se enrolla alrededor de un soporte.

zarco, a adj. (ár. vulg. *zárqa*). Que es de color azul claro.

zarévich s.m. (voz rusa). Primogénito del zar.

zarigüeya s.f. (guaraní *sarigweya*). Mamífero americano de la subclase marsupiales, provisto de una larga cola prensil que sirve a la hembra para mantener a las crías sobre el dorso.

zarismo s.m. Régimen político de Rusia hasta 1917, en que el poder soberano pertenecía al zar.

zarista adj. y s.m. y f. Relativo al zar o al zarismo; partidario del zarismo.

zarpa s.f. Mano o pie con uñas afiladas y curvas de ciertos animales, como el león, el tigre, etc. **2.** *Fig.* y *vulg.* Mano humana. ◇ **Echar la zarpa,** o **las zarpas** *Fam.* Agarrar a alguien con las manos o las uñas; apoderarse de algo con violencia o engaño.

zarpar v.intr. (ital. ant. *sarpare*). Marcharse una embarcación del lugar en que está anclado. **2.** Partir, salir en barco.

zarpazo s.m. Golpe dado con la zarpa. **2.** Arañazo producido por este golpe.

zarrapastroso, a o **zaparrastroso, a** adj. y s. *Fam.* Que tiene un aspecto descuidado o desaliñado y viste con ropa rota o sucia. **2.** *Fam.* Que está sucio, roto o descuidado.

zarza s.f. Arbusto espinoso, cuyos frutos están compuestos de pequeñas drupas. (Familia rosáceas.)

zarzal s.m. Matorral de zarzas o terreno poblado de zarzas.

zarzamora s.f. Fruto de la zarza. **2.** Zarza.

zarzaparrilla s.f. Arbusto voluble, de tallos espinosos, flores verdes y fruto en baya. (Familia liliáceas.) **2.** Bebida elaborada con las raíces de este arbusto, que se utiliza como depurativo o como bebida refrescante.

zarzarrosa s.f. Flor del escaramujo.

zarzo s.m. Tejido plano, hecho de varillas, juncos, cañas o mimbre.

zarzuela s.f. Composición dramática española en la que alternan los fragmentos hablados y los cantados. **2.** Género teatral y musical constituido por este tipo de composiciones. **3.** Plato elaborado con varias clases de pescado y marisco y condimentado con una salsa especial.

zarzuela

El origen de esta composición dramática se remonta a principios del s. XVII y su nombre proviene del pequeño palacio llamado de la Zarzuela (por la abundancia de zarzas que lo rodeaban), en el Real sitio del Pardo, donde se representaban obras declamadas y cantadas. Con la llegada de la ópera (s. XVIII), la zarzuela declinó para renacer con Rodríguez de Hita, Ramón de la Cruz, P. Esteve y Grimau, alcanzando su grado máximo a finales del s. XIX y principios del s. XX, con figuras como Barbieri, Chueca, Chapí y Bretón.

¡zas! Onomatopeya con que se imita el sonido que produce un golpe, frecuentemente usada también para indicar la brusquedad con que se hace o sucede algo.

zascandil s.m. y f. Esp. *Fam.* Persona atolondrada, informal y entrometida.

zascandilear v.intr. Esp. *Fam.* Comportarse como un zascandil.

zawiya s.f. (voz árabe). Conjunto de instalaciones religiosas islámicas, construidas cerca del mausoleo de un morabito.

zeda, zeta, ceda o **ceta** s.f. Nombre de la letra *z.*

zegrí adj. y s.m. y f. Relativo a los Zegríes, dinastía del reino nazarí de Granada de inicios del s. XV.

zéjel s.m. (ár. *zağal*). Estrofa derivada de la moaxaja, utilizada en numerosas cantigas galaicoportuguesas y villancicos.

zelote s.m. Miembro de un grupo nacionalista judío que desempeñó un papel muy activo en la revuelta contra la ocupación romana entre los años 66 y 70.

zemi s.m. Figura antropomorfa, provista de grandes genitales, venerada por los taino de las Antillas.

zen adj. y s.m. (voz japonesa). Se dice de un sistema filosófico budista originario de China e introducido en Japón a finales del s. XII.

zenit s.m. → **cenit.**

zeolita s.f. MINER. Silicato natural complejo de ciertas rocas volcánicas.

zepelín s.m. (de *F. von Zeppelin,* oficial alemán). Globo dirigible de estructura metálica rígida, inventado por F. Zeppelin.

zeta s.f. Nombre de la letra *z.* (También *zeda, ceda* o *ceta.*) **2.** Seta, letra griega. **3.** Theta. ◆ s.m. Esp. *Fam.* Automóvil de la policía.

zeugma o **ceugma** s.m. LING. Figura retórica que consiste en no repetir en dos o más enunciados un término expresado en uno de ellos: *era guapa y (era) delgada.*

zidovudina s.f. Medicamento empleado para retardar la aparición de los síntomas del sida, también llamado *AZT.*

zigomorfo, a o **cigomorfo, a** adj. BOT. Se dice de la flor que tiene simetría bilateral, como la de las leguminosas, labiáceas, etc.

zigoto s.m. → **cigoto.**

zigurat s.m. (pl. *zigurats*). Torre escalonada, propia de la arquitectura religiosa mesopotámica y de origen sumerio, en cuya cumbre hay un templo.

zigzag s.m. (fr. *zigzag*) [pl. *zigzags* o *zigzagues*]. Línea quebrada formada por segmentos lineales que forman alternativamente ángulos entrantes y salientes.

zigzaguear v.intr. Moverse en zigzag o estar algo dispuesto en forma de zigzag.

zigzagueo s.m. Acción de zigzaguear.

zinc s.m. → **cinc.**

zíngaro, a adj. y s. → **cíngaro.**

zinjantropus s.m. Denominación dada por L. B. S. Leakey, en 1959, a un australopiteco descubierto en Olduvai, datado hace aproximadamente 1,5-1,9 millones de años, que posteriormente englobó en su hipótesis general del *Homo habilis.*

zinnia s.f. → **cinia.**

zíper s.m. (ingl. *zipper*). Méx. Cremallera.

zipizape s.m. Esp. y Méx. *Fam.* Riña, discusión, jaleo de poca trascendencia.

zirí adj. y s.m. y f. Relativo a los Ziríes, dinastía bereber que reinó en África del Norte.

ziriane → **komi.**

zloty s.m. Unidad monetaria de Polonia.

zoc s.m. Méx. Murciélago.

zócalo s.m. (lat. *socculus*). Parte inferior del muro de una habitación, que se pinta de distinto color que el resto o que está protegida por un revestimiento. **2.** Friso. **3.** Parte inferior del exterior de un edificio que sirve para elevar los basamentos a un mismo nivel. **4.** Parte inferior de un pedestal. **5.** Méx. Plaza mayor. **6.** GEOL. Conjunto de terrenos antiguos, a menudo metamórficos o cristalinos, que constituyen plataformas rígidas parcialmente recubiertas de depósitos sedimentarios más recientes.

zoco s.m. (ár. *sūq*). En los países árabes, mercado generalmente cubierto.

zodiac s.f. (marca registrada). Embarcación de caucho que suele ir equipada con un motor fuera borda.

zodiacal adj. Relativo al zodiaco.

zodiaco o **zodíaco** s.m. (gr. *zodiakós*). ASTRON. Zona de la esfera celeste que se extiende 8,5 ° a uno y otro lado de la eclíptica y en la que se desplaza el Sol, la Luna y los principales planetas del sistema solar.

zoea s.f. Forma larvaria de ciertos crustáceos.

zoecia s.f. ZOOL. Individuo de una colonia de briozoos.

zofra s.f. Tapete o alfombra moriscos.

zoilo s.m. *Fig.* Crítico malintencionado, mordaz y parcial.

zolcuate s.m. Méx. Serpiente venenosa cuyo canto imita el de la codorniz. (Familia crotálidos.)

zolota → **chorotí.**

zombi o **zombie** s.m. (voz africana). Dios serpiente, de fuerza sobrenatural, que puede devolver la vida a un cadáver, en el culto vudú. **2.** Muerto que ha sido revivido mediante un rito mágico, en el culto vudú. **3.** *Fig.* Persona que está aturdida o actúa como un autómata.

zompopo s.m. Amér. Central. Hormiga de cabeza grande que se alimenta de hojas. (Familia formícidos.)

1. **zona** s.f. (lat. *zona,* cinturón, zona cosmográfica). Superficie delimitada que se distingue de lo que le rodea. **2.** Cada una de las divisiones, subáreas o sectores con una función específica, en que se divide una ciudad u otra demarcación territorial: *zona comercial.* **3.** Parte de un todo. **4.** GEOGR. **a.** Espacio que se alarga sensiblemente en el sentido de los paralelos. **b.** Cada una de las divisiones de la Tierra determinadas por los polos, los círculos polares y los trópicos, que corresponden a los grandes tipos de clima: *zona tropical.* **5.** MAT. Parte de la superficie de una esfera limitada por dos planos paralelos que la cortan. ◇ **Zona azul** Zona urbana señalizada que está destinada al estacionamiento de vehículos mediante el pago de una tarifa que depende del tiempo de permanencia. **Zona crepuscular** ESTADÍST. Margen de error o indeterminación en una estimación obtenida por sondeo. **Zona de influencia** Conjunto de estados o territorios reservados a la influencia política exclusiva de un estado determinado. **Zona de tiro** Parte de un campo de baloncesto más próxima a las canastas. **Zona franca** Zona en la que, además de ser depósito franco, se permite la instalación de industrias que están eximidas del pago de derechos de aduanas de los productos recibidos y reexpedidos. **Zona húmeda** ECOL. Superficie recubierta permanente o regularmente por el agua con una profundidad relativamente escasa. **Zona marítima** MIL. División del territorio español a efectos de jurisdicción del mando y administración de la armada, y con independencia de los aspectos operativos.

2. **zona** s.m. Afección viral debida a un herpes, caracterizada por erupciones vesiculosas de la piel localizadas a lo largo de los nervios sensitivos. SIN.: *zóster.*

zonal adj. Relativo a una zona. **2.** HIST. NAT. Que posee bandas transversales coloreadas.

zonalidad s.f. Disposición de fenómenos diversos de acuerdo con las grandes zonas climáticas del globo.

zoncera s.f. Amér. Comportamiento que refleja falta de inteligencia o seriedad. **2.** Argent. Dicho o hecho de poca importancia. **3.** Objeto de poco valor.

zonda s.m. Argent. Viento cálido y seco proveniente del O, que sopla en el área de la cordillera y alcanza particular intensidad en la región de Cuyo.

zongo, a adj. Se dice de la persona esquiva y huraña.

zonificación s.f. División de una ciudad o área territorial en subáreas o zonas caracterizadas por una función determinada. SIN.: *zonación.*

zonote s.m. Méx. Manantial profundo, depósito natural de agua.

zonto, a adj. Amér. Central. Se dice del animal desorejado.

zonzo, a adj. y s. (voz de creación expresiva). Se dice de la persona sosa. ◆ adj. Amér. Tonto.

zoo s.m. (gr. *zoon,* animal). Zoológico.

zoofagia s.f. Cualidad de zoófago.

zoófago, a adj. y s. Que se alimenta de animales.

zoófito, a adj. y s.m. Relativo a un grupo que forma parte de una de las cuatro divisiones en que se dividía el reino animal. SIN.: *fitozoo.*

zoofobia s.f. Miedo morboso a los animales.

zoogeografía s.f. Estudio de la distribución de los animales en la superficie terrestre.

zooglea s.f. Masa de microbios aglutinados por una sustancia viscosa.

zoolatría s.f. Adoración o culto a los animales.

zoología s.f. Parte de las ciencias naturales que estudia los animales.

zoológico, a adj. Relativo a la zoología. ◆ s.m. Establecimiento destinado a conservar vivas y criar distintas especies de animales, generalmente exóticos o salvajes, a fin de exponerlos al público. (También *parque zoológico* o *jardín zoológico;* se abrevia *zoo.*)

zoólogo, a s. Persona que se dedica a la zoología.

zoom s.m. (voz inglesa). Objetivo de una cámara fotográfica, de cine o de televisión, cuya distancia focal puede variarse de una forma continua. **2.** Movimiento que se hace con este objetivo.

zoomorfismo s.m. Hecho de dar forma o apariencia animal a algo que por naturaleza no lo tiene.

zoomorfo, a adj. Que tiene forma de animal.

zoonosis s.f. (del gr. *zoon,* animal, y *nósos,* enfermedad). Enfermedad infecciosa propia de los animales que puede ser transmitida a las personas, como la rabia.

zoóspora s.f. Espora que puede nadar por medio de cilios vibrátiles, que producen diversos hongos y algas.

zoosporangio s.m. Esporangio que produce zoósporas.

zootecnia s.f. Ciencia que estudia las condiciones y procedimientos adecuados para la cría y explotación de los animales domésticos.

zooterapéutico, a adj. Relativo a la terapéutica de los animales.

zooterapia s.f. Terapéutica de los animales.

zopenco, a adj. y s. *Fam.* Muy torpe, tonto, tosco, bruto.

zopilote s.m. (náhuatl *tzopílotl,* de *tzotl,* inmundicia, y *piloa,* colgar). Ave de rapiña, parecida al buitre pero de unos 60 cm de long., de plumaje negro con las patas, la cabeza y el cuello rojizos, que vive las zonas cálidas de América. (Familia catártidos.) SIN.: *urubú.*

zopilotear v.tr. Méx. Comer con voracidad.

zoque, pueblo amerindio del S de México (est. de Chiapas y Tabasco); lengua hablada por este pueblo, que constituye una familia de lenguas.

zoquete adj. y s.m. y f. *Fam.* Torpe, que tiene dificultad para entender las cosas. ◆ s.m. Trozo o pedazo de madera que sobra al labrar un madero.

zoroastrismo s.m. Religión de los antiguos persas, fundada por Zaratustra (o Zoroastro), que está basada en la existencia de dos principios divinos, el bien y el mal, que están constantemente en lucha.

zorongo s.m. Baile popular de Andalucía. **2.** Música y canción de este baile. **3.** Pañuelo doblado que los labradores de algunos lugares llevan arrollado a la cabeza. **4.** Moño ancho y aplastado con que las mujeres se recogen el pelo en la parte posterior de la cabeza.

zorra s.f. Mamífero carnívoro de la familia cánidos, de cola larga y tupida, hocico puntiagudo, que se alimenta de aves y de pequeños mamíferos. SIN.: *raposa.* **2.** *Fig.* y *fam.* Ramera, prostituta. **3.** *Fig.* y *fam.* Borrachera. **4.** Argent. Carro de cuatro ruedas que se desliza sobre rieles movido por medio de una palanca, vagoneta. **5.** Chile. *Fig.* y *vulg.* Vulva. ◇ **No tener ni zorra (idea)** Esp. *Fam.* No tener ni la más remota idea. **Zorra ártica** Zorra de las regiones árticas, cuyo pelaje de color gris azulado se vuelve blanco en invierno. **Zorra de mar** Tiburón muy frecuente en las costas de la península Ibérica.

zorrería s.f. Acción realizada con astucia y disimulo.

zorrillo s.m. Mamífero carnívoro de América del Sur, de pelaje negro con una o dos franjas blancas, que arroja un líquido de olor intenso para defenderse. (Familia mustélidos.) SIN.: *zorrino.*

zorro, a adj. y s. *Fam.* Astuto, taimado. ◆ s.m. Macho de la zorra. **2.** Zorra. **3.** Piel de la zorra. ◆ **zorros** s.m.pl. Utensilio para sacudir el polvo, formado de tiras de orillo, piel, colas de cordero, etc., sujetas en un mango. ◇ **Hecho unos zorros** Esp. *Fam.* Cansado y maltrecho. **Zorro orejudo** Mamífero carnívoro de África del sur, de 60 cm de long. y de orejas muy desarrolladas.

zorruno, a adj. Relativo al zorro.

1. **zorzal** s.m. (voz de origen onomatopéyico). Ave paseriforme, de plumaje grisáceo o marrón, cuerpo esbelto y canto melodioso. (Familia túrdidos.) SIN.: *tordo.* <> **Zorzal marino** Pez acantopterigio, de unos 20 cm de long., de color oscuro. (Familia lábridos.)

2. **zorzal, la** adj. y s. Chile. *Fig.* y *vulg.* Papanatas, persona simple a la que es muy fácil engañar.

zorzalear v.tr. Chile. Sacar dinero a una persona, sablear. **2.** Chile. Abusar de alguien con buena fe.

zóster o **zoster** s.m. o f. (gr. *zostér,* cinturón). Zona, afección viral.

zote adj. y s.m. y f. Torpe, que tiene dificultad para entender las cosas.

zozobra s.f. *Fig.* Inquietud, temor. **2.** Acción de zozobrar.

zozobrar v.intr. (cat. *sotsobrar,* volcarse la embarcación, de *sots,* debajo, y *sobre,* encima). Naufragar o irse a pique una embarcación. **2.** *Fig.* Fracasar o frustrarse un proyecto o empresa.

zuavo s.m. (del bereber *zwawa,* nombre de una tribu de Cabilia). Soldado que pertenecía a un cuerpo de infantería francesa creado en Argelia en 1831.

zueca s.f. Chile. Zueco.

zueco s.m. (lat. *soccus*). Zapato de madera de una sola pieza. **2.** Zapato de cuero con suela de madera o de corcho. **3.** Planta de 30 a 40 cm de alt., de tallo hojoso, hojas ovales y una o dos grandes flores de sépalos y pétalos oscuros, con labelo amarillo y venas rojizas. (Familia orquídeas.)

zulacar v.tr. Tapar, cerrar o reparar con zulaque. SIN.: *zulaquear.*

zulaque s.m. (hispanoár. *sulâqa*). INDUSTR. Betún hecho con cal, aceite, estopa y escorias o vidrios molidos, para tapar las juntas de las cañerías de aguas, las costuras de los fondos de las embarcaciones y para obras hidráulicas.

zulo s.m. (voz vasca). Esp. Agujero o habitáculo, generalmente subterráneo, que se usa para esconder algo o a alguien.

zulú adj. y s.m. y f. De un pueblo de África austral del grupo ngoni. (Poseían una organización social guerrera, desarrollada desde el s. XVI, que fue aplicada a una gran confederación gobernada por Chaka [1818-1828].) **2.** *Fig.* y *fam.* Bárbaro, bruto. ◆ s.m. Lengua bantú hablada por este pueblo.

zumacar v.tr. Curtir las pieles con el tanino que se extrae del zumaque.

zumaque s.m. (ár. *summâq*). Arbusto de las regiones cálidas, del que se obtienen barnices, lacas y taninos. (Familia anacardiáceas.)

zumba s.f. *Fig.* Chanza, burla. **2.** Cencerro grande que lleva la caballería delantera de una recua, o el buey que hace de cabestro. **3.** Amér. Zurra, paliza. **4.** Méx. Borrachera.

zumbado, a adj. y s. Esp. *Fam.* Loco, que ha perdido la razón.

zumbar v.intr. (de la onomatopeya del zumbido). Producir un sonido continuado y bronco: *los abejorros zumban.* **2.** Guat. Hablar mal de alguien. ◆ v.tr. *Fam.* Dar golpes o una paliza a alguien. ◆ v.intr. y prnl. *Fig.* y *fam.* Burlarse de alguien. <> **Salir zumbando** *Fam.* Irse muy de prisa. **Zumbar los oídos,** o **las sienes,** o **la cabeza** Tener la sensación de oír un sonido continuado y bronco, en realidad inexistente.

zumbido s.m. Sonido continuado y bronco, como el que hacen los insectos al volar.

zumbón, na adj. y s. *Fam.* Burlón.

zumillo s.m. Planta herbácea, de raíces gruesas y tallos de hasta 1 m de alt., de cuya raíz se extrae un jugo usado como revulsivo. (Familia umbelíferas.)

zumo s.m. (gr. *zomós,* jugo, salsa). Líquido que se extrae exprimiendo o majando legumbres, frutas, etc. **2.** *Fig.* Utilidad o provecho que se saca de algo.

zuncho s.m. Abrazadera de hierro u otro metal resistente con que se refuerza algo.

zunteco s.m. Hond. Avispa de color negro.

zunzún s.m. Cuba. Colibrí.

zuñi, pueblo amerindio de Estados Unidos, del grupo pueblo, que vive act. en reservas de Nuevo México y Arizona.

zurcido s.m. Acción de zurcir. **2.** Cosido hecho en un roto de una tela al zurcir.

zurcidor, ra adj. y s. Se dice de la persona que tiene por oficio zurcir.

zurcir v.tr. (lat. *sarcire*). Coser la rotura o desgaste de una tela, recomponiendo la urdimbre y la trama del tejido o reforzándolo con pequeñas puntadas. <> **¡Que te, le,** etc., **zurzan!** Esp. *Fam.* Exclamación de enojo con que se expresa desinterés por lo que otro dice, pretende o hace.

zurdazo s.m. En fútbol, disparo con la pierna izquierda.

zurdear v.tr. Méx. Acometer con la mano izquierda.

zurdo, a adj. y s. Que usa con mayor habilidad la mano o el pie izquierdos. ◆ adj. Izquierdo: *el lado zurdo.* **2.** TAUROM. **a.** Se dice del toro que cornea tratando de herir con el pitón izquierdo. **b.** Se dice del toro que tiene un cuerno más corto que otro. ◆ adj. y s.f. Se dice de la mano izquierda.

zurear v.intr. Emitir arrullos la paloma.

zurito, a adj. Se dice de la paloma silvestre. SIN.: *zuro.*

1. **zuro** s.m. Corazón o raspa de la mazorca del maíz, después de desgranada.

2. **zuro, a** adj. Zurito.

zurra s.f. *Fam.* Paliza, serie de golpes.

zurradera s.f. Instrumento para zurrar las pieles.

zurrapa s.f. Brizna o sedimento que se halla en los líquidos y que poco a poco se va asentando en el fondo formando el poso. (Suele usarse en plural.)

zurrar v.tr. Dar una zurra. **2.** TECNOL. Curtir y trabajar las pieles.

zurriagar v.tr. Azotar, golpear con el zurriago.

zurriagazo s.m. Golpe dado con un zurriago o con una cosa flexible. **2.** *Fig.* Desgracia que sobreviene de forma inesperada y brusca. **3.** *Fam.* Trago de vino o de otro licor.

1. **zurriago** s.m. Látigo, tira de cuero o cuerda, para golpear o azotar. SIN.: *zurriaga.*

2. **zurriago, a** adj. Méx. Se dice de la persona muy tonta.

zurrón s.m. Morral, talego para llevar la caza o provisiones.

zurrumbanco, a adj. C. Rica y Méx. Se dice de la persona que está atolondrada por el alcohol.

zutano, a s. *Fam.* Se usa para designar una persona cualquiera: *estaban fulano, mengano y zutano.*

zutuhil → **tsutuhil.**

La comunicación escrita eficaz

Índice

La comunicación escrita en la actividad profesional

Características generales

En el ámbito del trabajo, la comunicación escrita cumple una función primordial, ya que los documentos escritos son básicos para el desarrollo de las actividades tanto de empresas privadas como de instituciones públicas. Mediante estos documentos se certifica, se garantiza el cumplimiento de las leyes, se confiere autenticidad a los acuerdos, se explicitan las múltiples relaciones laborales, etc.

La multiplicidad de relaciones que se genera en una organización suele requerir el uso de la lengua escrita en muchas ocasiones. Los diversos textos elaborados tienen unas características comunes:

- El emisor y el receptor son de fácil identificación.
- Se relacionan directamente con una actividad de la organización.
- Tienden a un único objetivo y a una información limitada.
- Están sujetos a convenciones de formato, contenido y lenguaje.
- Tienen carácter de documento.
- Utilizan un modelo de lengua funcional.

En los escritos propios de la vida profesional se utiliza un registro lingüístico determinado, que difiere del tono coloquial empleado en la conversación oral. Se trata de una lengua más formal que la usada en otro tipo de escritos (escolares, correpondencia privada, etc.) y que incorpora terminología propia de la actividad a que se refiere.

El estilo

Toda comunicación en las relaciones internas y externas de una organización o empresa debe tener las mismas características generales que son deseables para la empresa misma: moderna, eficaz, rentable, bien organizada, etc. Del mismo modo que las actividades de una organización tienden a un incremento de su eficacia, también deben hacerlo sus mensajes.

Para que la comunicación sea eficaz, el texto debe ser **claro** y **preciso**, de ese modo podrá ser leído y entendido con rapidez. Esta precisión se consigue si sabemos qué queremos comunicar, a quién y cómo. Por ello, es muy recomendable elaborar un **guion** que incluya los temas que se van a tratar.

La claridad también se logra con un estilo **sobrio** y **directo**. Repetir palabras o ideas sin motivo, anunciar constantemente lo que va a decirse y perderse en los detalles son los principales errores.

Asimismo, el mensaje ha de ser **unívoco**: su significado debe conducir a una única interpretación, la deseada por quien lo redacta, evitando la posibilidad de interpretaciones subjetivas.

La **economía** es uno de los principales recursos de eficacia comunicativa. Así pues, si podemos expresar una idea con seis palabras, no debemos usar dieciséis: la concisión ahorra tiempo y esfuerzo en la lectura.

Es preferible utilizar un **lenguaje llano**, tendente a buscar la sencillez y evitar la complejidad. Los recursos para conseguir el estilo llano consisten sobre todo en usar un vocabulario accesible (adecuado al lector y al tipo de texto), construir frases sencillas y estructurar bien los párrafos.

Trucos para escribir un texto claro y preciso
• Escoger la palabra más precisa. • Evitar la ambigüedad. • Utilizar frases cortas. • Utilizar períodos sintácticos claros (sujeto + verbo + complementos del verbo). • Evitar la profusión de adjetivos que introduzcan subjetividad en el texto. • Restringir el uso del gerundio. • Restringir el uso de giros expresivos arcaicos.

Tipos de documentos

Las comunicaciones que se generan y transmiten en una organización suelen diferenciarse en **externas** e **internas,** según pertenezcan o no sus destinatarios a ella.

También podemos clasificarlas según el objetivo que han de cumplir:

correspondencia	Respuesta a una solicitud de trabajo o a la recepción de un currículum, pedido, envío, reclamación, y respuesta a una queja, declinación de una oferta, comunicación de pago, etcétera.
textos de promoción	Presentación de la empresa, oferta, folleto informativo, catálogo publicitario, comunicado de prensa, currículum vítae, etc.
textos de organización interna	Contrato de trabajo, convocatoria de reunión, acta de reunión, comunicado interno, anuncio, aviso, normativa, etc.
textos de relación con la Administración pública	Solicitud o instancia, alegación, queja, descargo, denuncia, recurso, etc.
textos protocolarios	Presentación personal, invitación, felicitación, bienvenida, nota de regalo, esquela, etc.

En este apéndice trataremos con detalle algunos de los documentos más representativos del ámbito profesional: la correspondencia formal, el currículum vítae, el informe, la factura, el certificado y el comunicado interno y la nota de prensa.

La correspondencia formal

La correspondencia se usa para establecer, mantener y promover relaciones de intercambio entre las organizaciones y sus públicos: clientes, usuarios, proveedores, colaboradores... Es una forma de comunicación externa de una empresa que afecta directamente a su rendimiento económico e imagen. Se utiliza, por ejemplo, para presentar un currículum, responder a solicitudes, quejas y reclamaciones, ofrecer servicios, hacer pedidos, comunicar envíos o pagos, reclamar...
Las cartas comerciales y administrativas se dividen en tres partes muy diferenciadas: encabezamiento, texto y cierre.

Encabezamiento

Suele constar de las siguientes secciones:

- **Membrete o logotipo del emisor:** Los datos del remitente están compuestos por el logotipo de la empresa, su dirección postal y electrónica y sus números de teléfono. Se sitúan en la parte superior izquierda del escrito, aunque pueden ocupar toda la cabecera.
- **Datos del destinatario:** Se colocan en la parte superior izquierda del escrito.
- **Saludo inicial**: Hasta hace unas décadas los tratamientos solían ser largos y solemnes, pero han quedado fuera de uso por ser poco adecuados en la sociedad actual. Las fórmulas de tratamiento más usuales son:

Singular	Plural
Señor/a,	Señores/as,
Distinguido/a señor/a,	Distinguidos/as señores/as,
Muy señor mío,	Muy señores míos/nuestros,
Estimado/a señor/a,	Estimados/as señores/as
Estimado colega,	Estimados colegas,
Estimado Sr. González,	
Estimada Sra. González,	Estimados Sr. y Sra. González,
Querido/a amigo/a	Queridos/as amigos/as

Debemos eliminar el tratamiento de *Señorita*, ya que se considera discriminatorio y poco respetuoso.

Texto

El texto o cuerpo del escrito se presenta dividido en párrafos separados por un interlineado doble.

Cierre

- **Fórmula de cierre.** Aparece al final del texto, formando parte de la conclusión. Las fórmulas más utilizadas son:

A la espera de noticias suyas...
A la espera de que todo merezca su conformidad...
Quedamos a su disposición para atenderles...
Agradeciendo su atención...
Aprovechamos la ocasión para saludarles...

- **Despedida.** Debe ser breve y sencilla, en consonancia con el saludo:

Atentamente,
Le saluda atentamente,
Cordialmente,
Reciba un cordial saludo.
Un afectuoso saludo.

- **Firma.**
- **Nombre y apellidos.**
- **Cargo o representación.**
- **Fecha.**
- **Posdata** (opcional).

En la correspondencia formal se utilizan también abreviaturas, muchas de ellas exclusivas de este tipo de escritos. Su abuso es contraproducente pues, si el receptor no las conoce, reducen la legibilidad del mensaje. Por ello, es conveniente restringirlas a los escritos comerciales especializados. Algunas de las más conocidas son las siguientes:

Abreviaturas más comunes

a/c	a cuenta
avda.	avenida
C., c/	calle
C., Cía., cía.	compañía
C.c., cta. cte.	cuenta corriente
d./v.	días vista
dpto.	departamento
dto.	descuento
ef., ef.	efectos
fra.	factura
fº, fol.	folio
OM	orden ministerial
pl., pza.	plaza
PA, p.a.	por autorización
PD	posdata
PO, p.o., p/o	por orden
PP	portes pagados / por poderes
pral.	principal
SA	sociedad anónima
SL	sociedad limitada
Ud., Uds.	usted, ustedes
Vº Bº	visto bueno

El currículum vítae

El currículum vítae es el documento escrito que resume los hechos fundamentales de la vida laboral y profesional de una persona en el transcurso del tiempo, que nos presenta ante la persona o la institución a que nos dirigimos, por lo que ha de ser un texto redactado de manera inteligente y positiva con el que proyectaremos nuestra mejor imagen, basándonos siempre en referencias reales.

Los currículum normalmente son personales o individuales y su diseño dependerá de si se solicita un primer empleo o de si se trata de cambiar de trabajo. Ahora bien, siempre debe ser conciso y breve, y ocupar una extensión máxima de entre dos y cuatro páginas.

La carta de presentación

El currículum suele ir acompañado de una carta en la que el solicitante ofrece sus servicios y argumenta su motivación por el puesto de trabajo al que opta. Esta carta ha de ser breve y sintética, destacando los intereses laborales y la experiencia que se posee.

Si respondemos a una oferta de empleo, en la carta indicaremos con la máxima precisión a qué anuncio estamos contestando, en qué periódico ha aparecido y en qué fecha. Es aconsejable redactar la carta de presentación en primera persona gramatical, destacando lo más importante, lo que nos diferencia del resto de candidatos.

Ejemplo de carta de presentación del currículum vítae

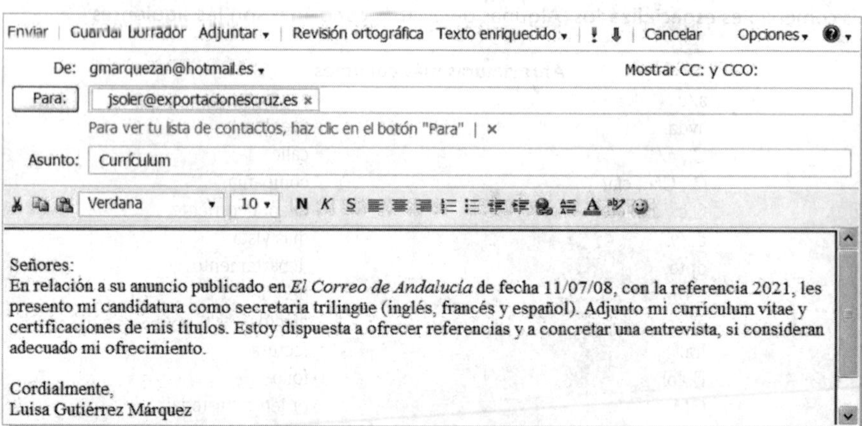
Enviar | Guardar borrador Adjuntar | Revisión ortográfica Texto enriquecido | Cancelar Opciones

De: gmarquezan@hotmail.es Mostrar CC: y CCO:

Para: jsoler@exportacionescruz.es

Para ver tu lista de contactos, haz clic en el botón "Para"

Asunto: Currículum

Verdana 10

Señores:
En relación a su anuncio publicado en *El Correo de Andalucía* de fecha 11/07/08, con la referencia 2021, les presento mi candidatura como secretaria trilingüe (inglés, francés y español). Adjunto mi currículum vítae y certificaciones de mis títulos. Estoy dispuesta a ofrecer referencias y a concretar una entrevista, si consideran adecuado mi ofrecimiento.

Cordialmente,
Luisa Gutiérrez Márquez

Apartados de un currículum

Generalmente, un currículum consta de los siguientes apartados:

- **Datos personales**
  Nombre completo
  Fecha y lugar de nacimiento

Domicilio
Localidad y código postal
Teléfono de contacto
Dirección de correo electrónico
Documento Nacional de Identidad (DNI)

- **Formación académica**
  Debemos incluir nuestro historial educativo y formativo, aunque no siempre es necesario que sea exhaustivo. (Si somos licenciados, es obvio que hemos completado el ciclo elemental.)

- **Experiencia laboral**
  En todos los trabajos citados se especificará la duración, el tipo de contrato y el nombre de las empresas.

- **Conocimiento de idiomas**
  El dominio de idiomas es más que recomendable. Hay que precisar el nivel de conocimiento que se tiene de cada lengua en la comunicación oral y escrita y el grado de comprensión lectora.

- **Otros conocimientos**
  Son muy relevantes los conocimientos informáticos en la gestión de la empresa actual. Conviene especificar los programas que dominamos.

- **Anexos**
  Los certificados y cartas de referencia se presentarán en un anexo.

Tipos de currículum

- **Currículum vítae cronológico directo**
  Expone nuestro historial empezando por lo más antiguo y finalizando con lo más reciente. Permite al seleccionador seguir fácilmente la evolución del candidato.

- **Currículum vítae cronológico inverso**
  Empieza indicando los datos más recientes y se remonta hacia el pasado. Es adecuado cuando la última experiencia laboral está muy relacionada con el puesto de trabajo que la empresa ofrece.

- **Currículum funcional**
  Destaca las cualidades más relevantes para el cargo solicitado, seleccionando y ordenando los datos según su importancia, siguiendo los requisitos expuestos en la oferta de la empresa. Es más especializado, en función de un determinado puesto.

Ejemplo de currículum vitae cronológico directo

CURRÍCULUM VÍTAE

DATOS PERSONALES

Nombre y apellidos: Esteban Onega Costa
DNI: 52448969-V
Fecha de nacimiento: 1 de agosto de 1984
Domicilio: Embajadores, 33, 28010 Madrid
Teléfono: 914 878 932

FORMACIÓN ACADÉMICA

Soy Licenciado en Derecho por la Universidad Complutense de Madrid, con una calificación global de Notable.

EXPERIENCIA LABORAL

En 2004 trabajé como mensajero en la empresa ALBATROS.

En 2005 y durante seis meses trabajé como auxiliar administrativo de la empresa Difusora, SA.

En 2006 trabajé cuatro meses en el bufete de abogados Rosales y Sabra de Madrid (Paseo de los Melancólicos, 12, principal 2ª). En dicho bufete estaba a cargo de los archivos y de la revisión de expedientes.

Durante 2007 y 2008, finalmente, he trabajado en el bufete de abogados López y Urquijo (Gran Vía, 32), donde mi actividad consistía en redactar cartas de citación y estar encargado del archivo de expedientes, por lo que he adquirido una gran experiencia en derecho y correspondencia administrativa.

IDIOMAS

Tengo un buen conocimiento del idioma inglés, avalado por el título First Certificate de la Universidad de Cambridge, estudios que completé con una estancia de tres meses en Inglaterra durante el verano de 2006.

OTROS CONOCIMIENTOS

Entre 2005 y 2007 realicé dos cursos de informática, que me introdujeron en el aprendizaje del entorno Windows y de los programas Office 2000.

30 de enero de 2009

Ejemplo de currículum vítae cronológico inverso

CURRÍCULUM VÍTAE

DATOS PERSONALES

Nombre y apellidos: Julieta Sáenz Robles
Fecha de nacimiento: 26 de octubre de 1982
Domicilio: C/ Ovidio Lagos, 1034, 2000 Rosario
Teléfono: 4482394
DNI: 68895443

FORMACIÓN ACADÉMICA

Soy diplomada en Ciencias Empresariales por la Universidad Nacional de Rosario, y actualmente estoy realizando el segundo curso del Máster en Economía y Dirección de Empresas que organiza la UBA.

OTROS ESTUDIOS

En marzo de 2003 asistí a un seminario de Introducción a los mercados financieros, organizado por PTR, de 15 horas de duración.

En 2002 realicé un curso de informática aplicada en la escuela Celtron Ingeniería Informática.

Asimismo, en el año 2001 realicé un curso de contabilidad financiera,
organizado por la escuela Técnica Nº 10.

EXPERIENCIA PROFESIONAL

Entre el 1 de febrero de 2003 y el 12 de noviembre de 2004, trabajé en la escuela Ross, como profesora de informática.

De 2002 a 2003 trabajé como auxiliar administrativa en la empresa Cerámica Rondeau, y adquirí un gran conocimiento sobre organización de empresas.

De 2001 a 2002 estuve trabajando como dependienta en una tienda de decoración de firma italiana, lo que me permitió adquirir los conocimientos que poseo de italiano comercial.

IDIOMAS

Tengo un buen nivel de inglés, tanto escrito como hablado, acreditado por el título de Nivel Superior de la Cultural Inglesa. También, un buen conocimiento de italiano comercial.

15 de enero de 2005

Ejemplo de currículum vítae cronológico funcional

CURRÍCULUM VÍTAE

DATOS PERSONALES

Nombre y apellidos: María Martí Llopart
Lugar de nacimiento: Port de la Selva
Fecha de nacimiento: 22 de septiembre de 1975
Domicilio: C/ Carolinas, 22, 2º 1ª, 08012 Barcelona
Teléfono: 932 782 899
DNI: 67561359-K

NIVEL DE ESTUDIOS Y TITULACIÓN PROFESIONAL

Soy licenciada en Psicología por la Universidad de Barcelona, especializada en Psicopatología.

OTROS ESTUDIOS

En 2001 comencé el Máster en Psicología y Psicopatología Clínica, que organizaba la Escuela de Estudios Lacanianos de París, y lo concluí en noviembre de 2003.

FORMACIÓN PRÁCTICA

He realizado prácticas como psicóloga en la consulta del neuropediatra Dr. P. Andújar del Hospital Central, observando los casos clínicos de niños con deficiencias mentales.
Asimismo, he llevado a cabo durante ocho meses prácticas de psicodiagnóstico infantil en el Centro de Diagnóstico y Tratamiento de Manresa.
Tengo conocimientos a nivel de usuario sobre los programas de Office para Windows, especialmente tratamiento de textos y base de datos.

ACTIVIDADES EXTRAPROFESIONALES

Poseo el título de socorrista de la Cruz Roja desde 1999.

EXPERIENCIA PROFESIONAL

He trabajado en calidad de psicóloga, durante un año, en el Centro de Psicología y Orientación Profesional, ayudando e informando a los jóvenes estudiantes sobre las técnicas y hábitos de estudio con el fin de mejorar su rendimiento académico.
Por último, he desarrollado actividades de socorrista en la piscina municipal Valle de Barcelona.

IDIOMAS

Tengo un alto nivel en inglés y francés, y los títulos de nivel superior respectivos de la Escuela Oficial de Idiomas.

El informe

Un informe es un texto que recoge, analiza y valora la información relacionada con un tema y se dirige a personas con capacidad de decisión. Se trata de un documento de carácter informativo sobre la actuación de una persona, la situación de unos hechos pasados o presentes, o sobre acontecimientos previsibles en el tiempo. Tiene como función principal la transmisión de información.

Algunos tipos de informe

- sobre la cuota de mercado
- sobre la viabilidad y rendimiento comercial de un producto
- sobre la eficacia y resultados del trabajo de un empleado
- otros.

Excepto en informes muy breves, el texto se suele presentar encuadernado, con una portada, un índice y una contraportada. Es aconsejable establecer apartados y subapartados, y empezar página nueva al inicio de cada apartado. Es interesante que la introducción incluya una síntesis inicial y que las conclusiones se expongan de manera clara.

Los informes recopilan datos y los comentan en un lenguaje neutro y objetivo, y pueden incluir soportes visuales (fotografías, croquis, organigramas, gráficos...) o documentos anexos (textos jurídicos, análisis técnicos, estadísticas, listados...).

La estructura del informe

La estructura de un informe ha de permitir que el lector obtenga la información principal desde el primer momento. Por ello es aconsejable distribuir la información de manera piramidal, de general a específica y de mayor a menor importancia.

Las partes que conforman el informe suelen ser las siguientes:

Portada	Título del informe. Nombre de las personas o del equipo de redacción. Unidad o empresa destinataria. Fecha.
Síntesis o sumario	Resumen inicial que suelen contener los informes largos y complejos. (Puede estar incluido en la introducción.)
Introducción	Objetivos principales del informe. Método de recogida de la información. Avance de las conclusiones y de las principales propuestas.
Desarrollo	Información ordenada de manera lógica en diversos apartados. Ilustraciones o datos. Referencia a los documentos anexos y a la información que contienen.
Conclusiones	Síntesis y deducciones de las informaciones principales.
Recomendaciones	Propuestas de actuación relacionadas con las conclusiones. (Se ordenan de manera lógica y se presentan numeradas.)
Anexos	Documentos adjuntos que sirven de referencia a lo expuesto en el desarrollo.

A pesar de que los informes suelen articularse según se acaba de explicar en el cuadro anterior, la estructura puede variar, en función de su contenido o ámbito de aplicación. Por otro lado, la naturaleza del asunto que se aborda marca su mayor o menor extensión. Así, un problema o asunto grave exige una minuciosa investigación y, por lo tanto, un informe extenso.

Fraseología habitual en los informes

- **Introducción**
  Este informe tiene el objetivo de analizar...
  Con este estudio queremos comparar...
  A continuación, presentamos...
  Este estudio es el resultado de...
  A continuación, presentamos uno de los problemas más frecuentes...

- **Cuerpo**
  (En esta parte del informe se incluye el desarrollo jerarquizado de las ideas, dividido si es necesario en capítulos, apartados, subapartados, etc.)

- **Conclusión**
  De los datos expuestos deducimos las conclusiones siguientes...
  La información recogida permite concluir que la campaña ha conseguido... Presentamos una síntesis de los aspectos positivos del proceso analizado.

- **Recomendaciones**
  Después de analizar las informaciones expuestas, proponemos las acciones siguientes: ...
  Sugerimos que la empresa tome las siguientes medidas: ...
  Consideramos necesarias las actuaciones siguientes: ...

La factura

En este documento las empresas o los particulares dan cuenta de la entrega de un producto o la provisión de un servicio, indicando, además de la fecha, la cantidad a pagar.
En la factura se encuentran los datos del emisor, generalmente en la parte superior izquierda del escrito, y los del receptor, en la parte superior derecha. También figura el número de factura, el detalle de los productos y servicios suministrados, los precios unitarios, los precios totales, los descuentos y los impuestos. Por último, debe consignarse la forma de pago y, en el caso de que se haga por transferencia bancaria, el número de cuenta.
El original debe ser archivado por el receptor de la factura. Habitualmente, el emisor de la factura conserva una copia o la matriz en la que se registra su emisión.

Modelo de factura

Javier Lalcona Eyrea
c/ Aguilera, 173
47012 Valladolid
DNI 44567882-J

UVa (Universidad de Valladolid)
V0818131L
Referencia: Proyecto Decca

Factura nº: 21-2009
Fecha de facturación: 10 de octubre de 2009

Concepto:
Servicios gráficos para álbum infantil. Proyecto Decca

Base imponible	1.000
IVA (16 %)	160
IRPF (15 %)	150
TOTAL	1.010

Forma de pago: Transferencia bancaria
A ingresar en: 4568 3296 16 3300047420

El certificado

El certificado es el reconocimiento oficial y por escrito de un hecho. Normalmente, lo solicita el interesado y lo expide una persona autorizada.
Tiene siempre una **extensión breve** y debe escribirse en papel, con el membrete de la empresa o institución.
En cuanto al firmante del certificado, son necesarios el nombre, el número de DNI y el cargo que desempeña.
El certificado se introduce con la palabra CERTIFICO o CERTIFICA en mayúsculas. Puede usarse también la expresión HAGO CONSTAR.
La **fórmula de cierre** es la que oficializa el certificado y lo garantiza como documento. Hay una misma fórmula con algunas breves variantes, que se refieren de forma concisa y abstracta a las aplicaciones ulteriores del certificado:

> «Y, para que conste y tenga los efectos que correspondan, firmo y sello este certificado a petición del interesado.».

Por último, firma la persona que certifica, y se estampa el sello de la institución.

Ejemplo de certificado

María Julia Orellana
Directora Técnica del periódico *El Día*

C E R T I F I C O

Que, tal como consta en nuestros archivos, Felipe Banegas, con DNI 40300400 Q, estudiante de la Facultad de Ciencias de la Comunicación de la Universidad de Córdoba, ha realizado una estancia en prácticas en el periódico *El Día*, durante el período de enero a julio del año 2008.

Y, para que así conste y tenga los efectos que correspondan, firmo este certificado,

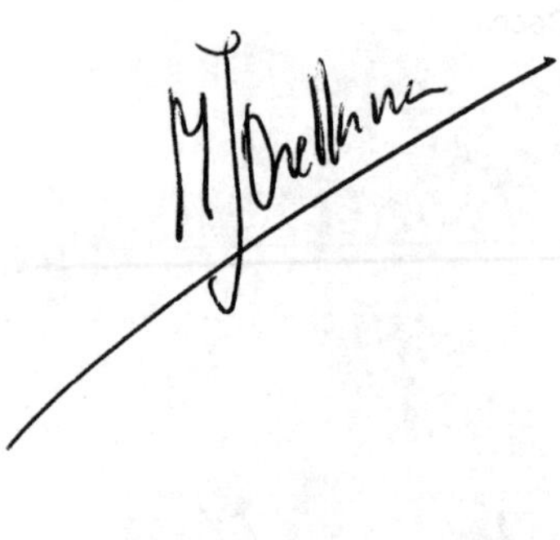

Córdoba, 27 de septiembre de 2008

El comunicado interno

El comunicado interno es un escrito que recuerda a los empleados o compañeros de una empresa algún hecho importante para la buena marcha de la organización. También se denomina *memorando*.

Este documento, de breve extensión, hasta hace unos años se redactaba en impresos con membrete de la empresa. Actualmente, se suele enviar por correo electrónico. Cada vez es más utilizado por los cargos ejecutivos en la gestión de la empresa. Con él recuerdan a sus empleados las últimas decisiones comerciales y administrativas, las instrucciones más inmediatas o ciertas cuestiones de organización, como el período vacacional, por ejemplo.

Estructura del comunicado

La estructura del comunicado es muy simple.

(fecha)

A:	(Nombre del destinatario, indicando la sección o departamento al que pertenece.)
De:	(Nombre del remitente, indicando la sección o departamento al que está adscrito.)
Asunto:	(Texto de la comunicación interna, cuyo contenido significativo debe ser recordado.)

(firma)

Ejemplo de comunicado interno

COMPAÑÍA DE SEGUROS LA FRANCO

COMUNICADO
18 de febrero de 2009

A: Octavio Vivar

DE: Itziar Larramendi

ASUNTO:

Te recuerdo que durante la semana del 5 al 10 del corriente será necesario presentar:

— Copias de todas las pólizas a terceros extendidas en el presente año.
— Una lista ordenada alfabéticamente de los nuevos asegurados.

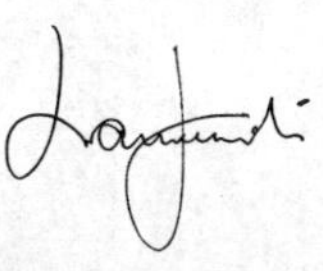

El comunicado o nota de prensa

La nota o comunicado de prensa es un texto informativo que una organización envía a un medio de comunicación a fin de que este difunda su contenido.

A menudo, las notas de prensa sirven de excusa para llevar a cabo publicidad indirecta; presentando, por ejemplo, un lanzamiento comercial como una novedad de interés general o como un descubrimiento científico. Asimismo, las empresas suelen emitir comunicados de prensa a fin de ofrecer su versión sobre litigios en los que se hallan involucradas, responsabilidades en casos de agresiones al medio ambiente, nueva legislación sobre ciertos productos, restricciones horarias, etc.

Ejemplo de nota de prensa

Abre en Valparaíso el estudio de arquitectura LAR

Valparaíso, 18 de octubre de 2008.
Este mes de octubre ha iniciado sus actividades en Valparaíso el estudio de arquitectura LAR, un nuevo taller de arquitectura integrado por un equipo de arquitectos y técnicos jóvenes, formados en la realidad ambiental, cultural y espacial.

LAR está especializado en el desarrollo de proyectos domóticos y la aplicación de las nuevas tecnologías a la arquitectura, una especialidad que no existía hasta ahora en la Región de Valparaíso.

LAR se dedicará a diversas áreas de la arquitectura pública y privada, especialmente a la asesoría de instituciones y al estudio de la sostenibilidad energética de los edificios.

Más información:

Miguel Blacich
LAR. Dpto. de Comunicación
Tel. 90702345
mblacich@malm.com

La comunicación escrita en el ámbito social

Características generales

Los seres humanos somos sociales por naturaleza y necesitamos comunicarnos para convivir. Por eso se dice que la comunicación es imprescindible en cualquier tipo de actividad humana. En numerosas ocasiones de nuestra vida social nos comunicamos oralmente, pero en muchas otras necesitamos hacerlo a través de la expresión escrita, ya que esta nos permite relacionarnos con otras personas que no están presentes en el mismo lugar y en el mismo momento.

La expresión escrita en la vida social abarca situaciones muy diversas, pero en líneas generales, fuera del ámbito profesional, podemos distinguir distintos tipos de textos:

- Escritos dirigidos por cualquier particular o ciudadano a la Administración pública: la instancia o solicitud, el recurso, la declaración jurada, etc.
- Escritos dirigidos por el ciudadano a las empresas privadas: cartas de reclamación, solicitudes de baja, etc.
- Correspondencia privada entre ciudadanos: la carta personal, la tarjeta postal, el telegrama, el pésame, la invitación, etc.

En todos ellos, el emisor es **un ciudadano**, sea cual sea el receptor del escrito.
Los **escritos dirigidos a la Administración pública** tienen por objetivo, en general, resolver gestiones, como la solicitud de una partida de nacimiento, de un certificado de residencia, etc. Sus funciones están perfectamente establecidas y tienen una estructura fija.
Los **escritos entre ciudadanos y empresas privadas** también tienen objetivos muy concretos y cumplen ciertas funciones: notificar un cambio de domicilio a una empresa de servicios, comunicación de incidencias en los suministros, etc. Aunque poseen una estructura más flexible que los dirigidos a la Administración, siempre se debe destacar en ellos nuestros datos personales y los de la empresa en cuestión.
La **correspondencia personal y privada entre ciudadanos** es muy variable en objetivos y estructuras, ya que abarca un amplio espectro. Este tipo de escritos, dirigidos a familiares y amigos, por lo general están desprovistos de toda formalidad y suelen tener un tono coloquial.

La solicitud o instancia

La solicitud, también llamada tradicionalmente instancia, es el escrito que se utiliza para solicitar algo a la Administración pública, bien se trate de información, permisos, ayudas o la realización de una gestión. Consiste en un escrito de petición, con una sencilla estructura válida en todas las instituciones públicas.

Todo ciudadano, en algún momento de su vida, debe dirigirse a un órgano o cargo administrativo oficial con el ánimo de conseguir alguna concesión pública. Así, por ejemplo, la obtención de una licencia de obras, de un permiso de apertura de un negocio, etc.; incluso, para optar a un concurso-oposición y tratar de acceder a un puesto de trabajo público. Y todas estas peticiones, en la medida en que son oficiales, han de vehicularse a través de una solicitud escrita.

La solicitud consta de dos partes bien diferenciadas: el encabezamiento y el cuerpo, en el cual se distinguen la exposición y la petición. Tiene una extensión limitada a una sola página en formato DIN A4.

Encabezamiento

Consta de los **datos del solicitante** y no contiene fórmula alguna de tratamiento hacia el destinatario, dado que este aparece al pie del escrito.
Los datos del solicitante deben aparecer con la máxima claridad y rigor: nombre, apellidos, lugar y fecha de nacimiento, y domicilio habitual y DNI. Pueden añadirse otros datos personales, por ejemplo, la profesión y el cargo laboral, según el fin al que se destina la instancia.

Cuerpo

Consta de dos apartados: la exposición y la petición. Ambos pueden redactarse en primera o tercera persona.
En la **exposición** se presentan la serie de circunstancias que constituyen el contexto de la petición y la justifican. Se introduce con la fórmula EXPONE, seguida de la conjunción *que*.
La **petición** es la solicitud en sí, y debe expresarse siempre de manera explícita y precisa. Se inicia con la fórmula SOLICITA, que puede ir seguida de infinitivo o de la conjunción *que*.
La fórmula introductoria SUPLICA es totalmente desaconsejable porque conlleva un tono humillante hacia la persona solicitante.
El **cierre** de la solicitud contiene la firma y la fecha, con indicación del lugar:

Destinatario

En el pie del escrito, alineado con el margen izquierdo, se sitúa la denominación de la unidad administrativa o del cargo al cual se dirige la solicitud. El nombre completo del cargo o de la institución pública se escribe en letras mayúsculas. Hay que tener en cuenta que todas las instancias se dirigen a cargos u órganos administrativos, no a personas concretas. Si se dirigen a un cargo y no a una unidad administrativa o departamento, el tratamiento protocolario correspondiente puede preceder la denominación del cargo:

SR. DELEGADO PROVINCIAL DE EDUCACIÓN Y CIENCIA
SR. DIRECTOR GENERAL DE ENSEÑANZAS ESCOLARES Y PROFESIONALES

El contenido

Puede ser muy variado, por cuanto depende de la petición que formulemos, y esta suele ser muy concreta. Por lo tanto, se expresa siempre de forma breve y clara en el apartado correspondiente. El verdadero contenido de la instancia se halla en la exposición, donde presentamos los argumentos necesarios para que se falle a nuestro favor. Esta es la parte más importante de la instancia, porque debe sostener la petición con razones sólidas y de ella se derivará la resolución administrativa.

Ejemplo de solicitud

Begoña Riaño Baras, nacida en León, el 8 de abril de 1981, residente en Alicante, c/ Joaquín Ballester, 22, 1°, con DNI 48984686 V.

EXPONGO
Que soy alumna libre del nivel superior de inglés y tengo concedida la convocatoria de junio para realizar la prueba correspondiente.

Que, según consta en la relación de fechas de exámenes publicada en el tablón de anuncios de esta Escuela Oficial de Idiomas, me corresponde realizar el examen oral de dicha prueba el día 25 de junio.

Que en esa fecha seré sometida a una intervención quirúrgica en el Hospital de la Esperanza de esta ciudad. Adjunto el justificante del Hospital, en que consta la fecha de la intervención y el nombre del doctor responsable del diagnóstico.

SOLICITO
Que sea adelantada la fecha de mi examen oral a la semana anterior, o bien que pueda asistir al turno de pruebas orales del mes de septiembre, sin que ello implique pérdida de convocatoria.

Alicante, 1 de junio de 2008

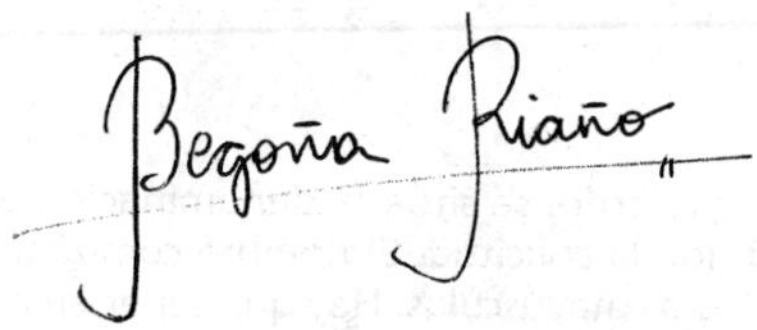

SR. DIRECTOR DE LA ESCUELA OFICIAL DE IDIOMAS DE ALICANTE

Ejemplo de solicitud de subvención

Anselmo Díaz Araya, presidente de la Asociación Cultural Juan Ramón Jiménez, situada en la Avenida Italia 18, de Huelva, CP 36009, con DNI núm. 36568775V,

EXPONE

Que la biblioteca del centro necesita una actualización del sistema de clasificación de su fondo mediante la informatización de sus archivos y sistema de préstamo.

Que el espacio donde se ubica la sala de lectura presenta frecuentemente filtraciones de humedad que afectan el estado de una parte importante de su fondo bibliográfico.

Que la última asamblea de socios aprobó por unanimidad iniciar urgentemente las reformas más necesarias. Que el servicio de la biblioteca se ofrece al público en general y cuenta actualmente con una media de doscientas visitas semanales.

Por todo lo cual,

SOLICITA

Que sea tomado en consideración el proyecto de renovación de la biblioteca del centro, presentado al amparo de las Bases reguladoras de la concesión de subvenciones a entidades sin ánimo de lucro para la realización de actuaciones culturales de interés público.

Que le sea concedida a la Asociación una subvención para la renovación de la infraestructura arquitectónica y la informatización de la biblioteca.

Huelva, 4 de julio de 2009

CONSEJERÍA DE CULTURA DE LA JUNTA DE ANDALUCÍA

El recurso

Se entiende por recurso toda reclamación en la que se requiere a la autoridad pública que anule o modifique una resolución, porque el solicitante la considera perjudicial para sus derechos.
Hay diversas clases de recursos, según quien sea el destinatario final.

- **Recurso de reposición u ordinario:** Se dirige al órgano que dictó la resolución. De hecho, se trata de una segunda solicitud, ya que incidimos de nuevo sobre el órgano que denegó lo solicitado en la primera petición.

- **Recurso de alzada o extraordinario:** Apela al órgano jerárquico superior al que dictó la resolución contra la que se recurre. Por ello, es quizá el recurso que mejor garantiza nuestra defensa ante cualquier decisión que consideremos injusta.

- **Recurso de súplica:** Se dirige a la máxima autoridad administrativa competente; es decir, a un ministro o consejero autonómico, o al presidente del Gobierno. Es el último recurso administrativo posible, ya que solo se formaliza en los casos y peticiones más desesperados.

Modelo de recurso de reposición u ordinario

RECURSO DE REPOSICIÓN

Nombre
Apellidos
DNI
Domicilio
Población
CP Teléfono

FORMULO RECURSO DE REPOSICIÓN
contra la resolución con fecha ...., que me ha sido notificada con fecha ...., por la que

ALEGACIONES:

lo que acredito con la documentación anexa relacionada al dorso.

Por ello,
SOLICITO:

......................., ... de .... de 20.....

(firma)

ÓRGANO QUE DICTÓ LA RESOLUCIÓN

La declaración jurada

Es un escrito en el que la persona declarante jura o promete la certeza de los hechos que se consignan en el texto de la declaración. No es necesario aportar documentación alguna que avale la afirmación, puesto que es la Administración la que se encargará, con posterioridad, de comprobar la veracidad de la declaración.
Tiene una extensión breve; no suele sobrepasar una página. Se redacta en tercera persona y consta de encabezamiento, cuerpo y cierre.

Encabezamiento

Título del documento en mayúsculas: DECLARACIÓN JURADA, escrito en el centro superior del documento.

Datos del declarante

Son imprescindibles el nombre y el número del DNI. Optativos, según el ámbito de aplicación de la declaración, son la profesión y el centro de trabajo, la fecha de nacimiento, el domicilio habitual, etc.

Cuerpo de la declaración jurada

Se introduce con una fórmula propia que la identifica y da paso a la exposición de lo declarado.

Fórmulas de la declaración

— JURA / PROMETE
— JURA / PROMETE POR SU HONOR
— DECLARA BAJO SU RESPONSABILIDAD
A continuación, se redacta la exposición de los hechos o datos que se declaran.

Cierre

- Fecha de la declaración
- Firma

Modelo base de declaración jurada

DECLARACIÓN JURADA

Don/Doña ...., con DNI ....,
nacido/a el .... de ....de ...., con
domicilio habitual en .... (localidad, calle, núm.)
JURA / PROMETE
Que

(lugar y fecha)

(firma)

La correspondencia con empresas

Un tipo habitual de correspondencia formal es la comunicación escrita que entablamos con las empresas de las que somos clientes: empresas de servicios como la compañías suministradoras de agua, gas, electricidad, teléfono, aseguradoras, mutuas, etc.
Esas relaciones pueden establecerse por teléfono, pero algunas gestiones, como autorizar un pago o solicitar la baja de un contrato, deben formalizarse por escrito ya sea por carta, fax o correo electrónico.
Realizar ciertos trámites por escrito aporta más seguridad en la gestión. Esto es muy importante si se tiene en cuenta que siempre existe la posibilidad de que se produzca algún error o pueda atentarse contra nuestros derechos como consumidores.
El texto debe ser **claro** y **preciso**, para que se lea y entienda con rapidez. Si aquello que queremos explicar es complejo o largo será muy recomendable elaborar un **guion** para pasar después a la redacción definitiva.
Hay que utilizar un estilo **sobrio** y **directo**, evitando repetir palabras o ideas sin motivo o perderse en los detalles de segundo orden.
Asimismo, el texto ha de conducir a **una única interpretación**, la deseada por quien lo redacta, evitando la posibilidad de interpretaciones subjetivas.
Y, por último, se recomienda que el documento sea **conciso** para asegurarnos de que aquello que queremos decir se entienda bien; ahorraremos tiempo y esfuerzo en la lectura a los que han de interpretarlo y responder a nuestra solicitud o a nuestra comunicación.

Datos necesarios

Los datos del remitente necesarios son: nombre, apellidos y dirección postal. También podemos incluir nuestro teléfono o dirección de correo electrónico, con el fin de facilitar una respuesta.
Los datos de la empresa destinataria pueden incluir el nombre de un cargo, pero no es necesario.

Contenido

Debemos seleccionar el contenido con criterios estrictos de economía y exponerlo en uno o dos párrafos. En ellos incluiremos lo que estrictamente necesita saber el lector, de acuerdo con el objetivo que persigamos.
Solamente en algunas ocasiones en que debamos relatar un suceso, como un incidente sobre el que queremos expresar una queja, necesitaremos un texto más largo para aportar los datos necesarios. En esos casos, debemos expresarnos con un estilo muy conciso, para evitar que el texto quede sobrecargado.

Ejemplo de carta a una empresa de seguros

Alice Sillitoe
C/ Miranda, 42
50010 Zaragoza
Tel. 976 345 450

SEGUROS ATLÁNTIDA
C/Santander, 77
50022 Zaragoza
Ref: 332210-11-08-L

Señores:
Tal como acordamos en nuestra conversación telefónica del día 11 de marzo, les envío las fotografías, el presupuesto y la fotocopia de la póliza de seguro obligatorio del vehículo Citroen Xsara Picasso FHA 623Z, del cual soy propietaria y que resultó afectado por la colisión múltiple causada por su asegurado Fidel Ibor (póliza 0997643-94) el día 26 de febrero (Ref: 88615-08).

En breve les enviaré las facturas de la reparación, que todavía no ha finalizado, a la espera de confirmar la responsabilidad de los daños.

Aunque la reclamación fue cursada por mi compañía, Admiral, con sede en Londres, les agradeceré que se dirijan directamente a mi domicilio en Zaragoza para los próximos trámites.

Atentamente,

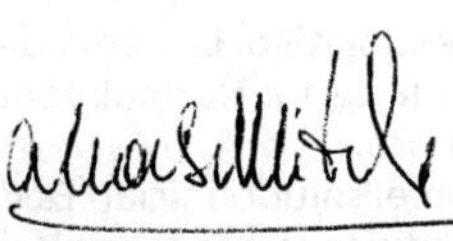

Alice Sillitoe
Zaragoza, 12 de marzo de 2009

La carta personal

La correspondencia privada entre amigos y familiares suele escribirse a mano, de puño y letra, pues no hay nada más personal que nuestra caligrafía. Sin embargo, el correo electrónico es en la actualidad el canal más frecuente en las relaciones personales.

El texto de la carta personal es libre. Las convenciones de la correspondencia formal desaparecen en una carta privada. Y no tienen cabida los tratamientos protocolarios ni las referencias de identificación.

Los únicos elementos formales de uso general en una carta privada son la fecha, el saludo, la despedida y la firma de la persona que la escribe. La fecha se sitúa generalmente en la parte superior de la página, a la derecha.

Si la carta se envía mediante correo electrónico será necesario adjudicar al escrito un título o asunto, que puede consistir en una o dos palabras sobre un tema tratado en él o bien el saludo inicial.

El contenido

En la carta personal, el texto propiamente dicho se organiza en introducción, exposición o narración y conclusión.

El inicio de la carta, la toma de contacto con el destinatario que hace las veces de introducción, suele ser una pregunta retórica sobre el estado general del receptor (*¿Cómo estás? ¿Cómo te va la vida?*), similar a la que podría usarse en el inicio de una conversación oral. Asimismo puede hacerse referencia al objetivo del escrito: *Finalmente, he tenido tiempo de enviarte unas líneas para contarte cómo me va por Inglaterra y para invitarte a...*

Saludos y despedidas

El saludo inicial de estas cartas es un elemento muy personal y subjetivo. La gama de posibles saludos es muy diversa, en función del tono general de la carta. Normalmente se apela de forma coloquial al receptor, haciendo uso de su nombre.

La despedida suele ser escueta e informal, en consonancia con el saludo inicial. Es decir, los saludos más coloquiales abren textos que cierran las despedidas más informales. Y si el saludo es afectuoso suele serlo también la despedida.

Saludos y despedidas frecuentes en una carta privada

saludos	**despedidas**
Querido/a amigo/a,	Un abrazo,
Querida Marcela,	Un fuerte abrazo,
Estimado Fernando,	Besos,
Hola,	Hasta pronto,

Posdata

Dado que al escribir una carta personal no solemos tomar nota previa de los asuntos que queremos comunicar, tanto lo que se nos olvida relatar en el texto como ciertos hechos anecdóticos pueden incluirse en la posdata.

Ejemplos de correos electrónicos a un amigo

Enviar | Guardar borrador Adjuntar ▾ | Revisión ortográfica Texto enriquecido ▾ | ! ⬇ | Cancelar Opciones ▾

De: gmarquezan@hotmail.es ▾ Mostrar CC: y CCO:

Para: mvarela@azimut.com ×

Para ver tu lista de contactos, haz clic en el botón "Para" | ×

Asunto: Vacaciones

Times New Ro... ▾ 12 ▾ N K S

Querida Mercedes,

Me ha alegrado mucho recibir tus noticias. Te agradezco enormemente la invitación que me haces de conocer tu ciudad, Lima. Esas serán mis vacaciones antes de volver a Madrid y terminar mis estudios de biología.

Si estás de acuerdo, llegaré el 26 de junio. Tengo unas ganas inmensas de pasear contigo por el Rímac y de caminar por las románticas avenidas de Barranco.

Un fuerte abrazo,
Cecilia

Para... patiruau@hotmail.com

CC...

CCO...

Asunto: algo que no sabes

¡Buenas y gélidas tardes!
Te escribo rapidito porque me voy pitando al aeropuerto a recoger a Fabio y a Alicia.
Me enviaron un mensaje esta mañana. ¡Qué sorpresa!
¿Crees que tendrá algo que ver con algún tipo de celebración: una boda, un nacimiento,...?
Cuando lleguemos a casa te llamo por si quieres pasar a saludarlos.
Un beso,

Luisa

La tarjeta postal

Por su diseño, las tarjetas postales pueden enviarse sin sobre, por lo que el espacio destinado al texto es escaso, limitado a pocas líneas. En este tipo de misivas la información es secundaria, ya que se interpretan más como muestra de afecto que como la transmisión de un mensaje.

Solemos escribir tarjetas postales cuando viajamos por placer, para dar simple noticia de ello a nuestros amigos y familiares, a la vez que les manifestamos que les tenemos en nuestro recuerdo. El texto es sencillo, suele narrar parte del viaje o describir algún lugar visitado, a veces en consonancia con la imagen del dorso. El tono puede ser informal, incluso jocoso y lúdico, ya que es habitual comunicar las excelencias del lugar donde nos hallamos y podemos querer generar cierta envidia en el receptor.

Ejemplo de tarjeta postal

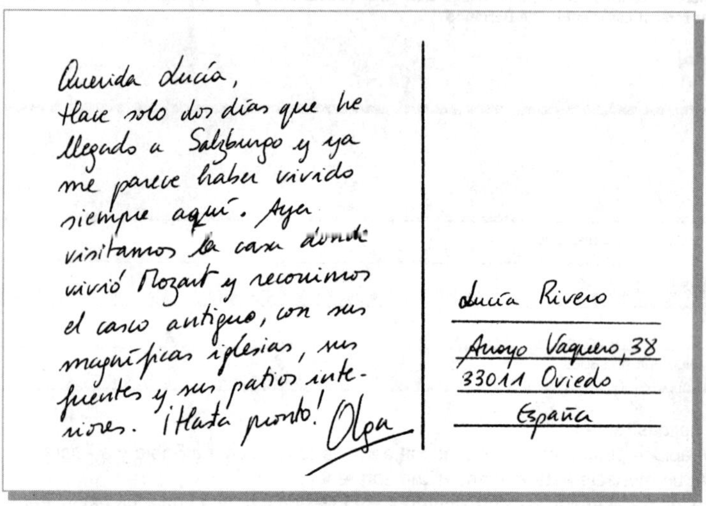

El telegrama

Se trata de una comunicación urgente que contiene un texto muy breve. Más que un tipo de escrito privado es un canal comunicativo, usado también en la correspondencia formal, con el que pueden expresarse contenidos muy variados: una felicitación, un pésame, un aviso de llegada, etc.

En las oficinas de correos y telégrafos facilitan un formulario para la tramitación de los telegramas, aunque también se pueden gestionar por teléfono. En ese caso, la persona que nos atiende se encargará de escribir el texto que dictemos y de completar los datos necesarios.

El formulario consta de los siguientes elementos:

- Preámbulo
- Datos del destinatario
- Texto

El contenido de los telegramas será siempre conciso y sintético, ya que se paga por palabra y cada vocablo superfluo representa un gasto inútil. Por todo ello, suelen suprimirse las preposiciones, los artículos y en general todas aquellas palabras que podrían ser prescindibles para la comprensión del mensaje.

Ejemplo de telegrama

T.G.-1

CORREOS

EL EXPEDIDOR DEBE RELLENAR ESTE IMPRESO, EXCEPTO LOS RECUADROS EN TINTA AZUL
SE RUEGA ESCRIBA CON LETRAS MAYÚSCULAS O CARACTERES DE IMPRENTA

TELEGRAMA

INS. O N.º MARCACIÓN | SERIAL | N.º DE ORIGEN | TRANSMISIÓN

LÍNEA PILOTO

OFICINA DE ORIGEN | PALABRAS | DÍA | HORA | IMPORTE | IVA | TOTAL

INDICACIONES

DESTINATARIO: JAIME DE LA HOZ

SEÑAS, NÚM. PISO: Diego Velázquez, 46, 2º, 1ª, VILLALÓN (CÓRDOBA)

TELÉFONO, TÉLEX, FAX: 622-18-54-20

DESTINO:

TEXTO: Elena embarazada

UNE A-5 VASFORM, S.L. 2006

SEÑAS DEL EXPEDIDOR

NOMBRE: RAÚL DE LA HOZ TFNO.: 954-27-66-86

DOMICILIO: Juan Ramón Jiménez, 2 POBLACIÓN: SEVILLA (41011)

SOCIEDAD ESTATAL CORREOS Y TELÉGRAFOS, S.A. VÍA DUBLÍN 7 CP 28042 MADRID - REG. MERCANTIL DE MADRID Tomo 16.665 Libro 0 Folio 20 Secc. 8 Hoja M284323 Inscrip. 1 CIF.: A83052407

El pésame

Redactar unas líneas para expresar nuestra condolencia por la desaparición de un familiar, amigo o conocido es una cuestión francamente delicada. En parte, porque sabemos que la persona que lo recibe está pasando un mal momento y, también, porque es un escrito que desearíamos no tener que enviar.

Un escrito de pésame debe ser breve. Puede enviarse a través de un telegrama (si vivimos lejos del receptor), en una cuartilla, un tarjetón, etc. Redactar su contenido entraña dificultades. Si nos limitamos a usar una expresión demasiado convencional (mi más sincero pésame, le acompaño en el sentimiento, etc.) puede parecer vacío de contenido. Pero asimismo hay que evitar la excesiva afectación, porque corremos el riesgo de que parezca poco sincero. Siempre hemos de personalizarlo con el nombre de la persona destinataria.

Ejemplo de pésame

Sra. Leonor Pérez Montesinos

Distinguida señora:
Quiero expresarle mis condolencias por la desaparición de su esposo. Considero un honor haberle conocido y haber trabajado con él durante años.

Cuente siempre con mi ayuda y amistad ante cualquier eventualidad.

Un fuerte abrazo,

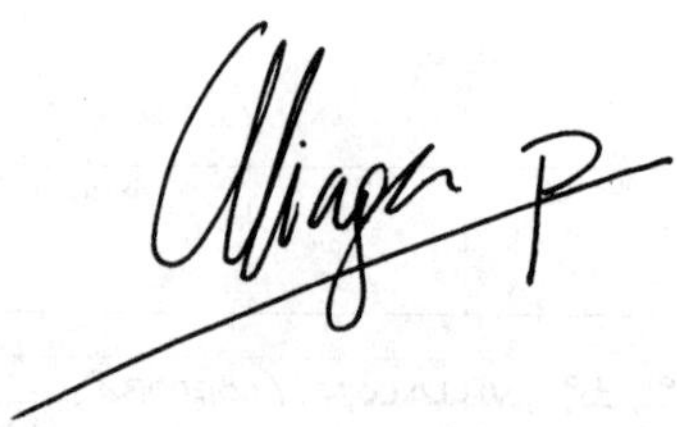

Pedro Aliaga

La invitación

La invitación es un escrito mediante el que se convoca a alguien a un acto público: exposición, inauguración, fiesta de aniversario, celebración matrimonial, etc. El diseño de la invitación tiene que ser atractivo. Por eso se escoge con cuidado la calidad y el color del papel, así como el tipo de letra y la disposición del texto. El formato más habitual es el de tarjeta apaisada, aunque también pueden usarse otros. Dado su carácter protocolario y que habitualmente se envía a un número elevado de personas, suele realizarse una tirada impresa de la invitación.

Su estructura básica es la siguiente:

Datos del emisor

Toda invitación de carácter privado debe indicar el nombre de la persona que la realiza. Si se trata de un organismo oficial, suele indicarse exclusivamente el cargo o el nombre de la institución, puesto que el emisor no invita a título personal.

Núcleo de la invitación

Está formado por la denominación de la actividad, precedida por alguna fórmula del tipo:

... tiene el honor de invitarles...
... se complacen en invitarles...
... les invita a...

Evidentemente, la información imprescindible son los datos de la convocatoria: día, hora, lugar y motivo.

... el acto será presidido por...
... a cargo del autor de la obra.
... hará la presentación...

Cierre

Fórmula opcional donde se suele expresar alguna condición imprescindible para asistir al acto.

Se ruega que confirmen la asistencia.
Es necesaria la presentación de esta invitación.

Ejemplo de invitación a un acto

El presidente del Centro Cultural Arturo Barea y el equipo de profesores del ciclo

La cultura del exilio

se complacen en invitarle a la presentación del libro ***Literatura del desarraigo,*** donde se recogen las transcripciones de las intervenciones de los participantes en el Primer Encuentro de Investigadores de la Cultura del Exilio y distintos estudios escritos por algunos de los participantes. Presidirá el acto el Sr. Alejandro Daulte, vice-rector de la Universidad de Santiago. A continuación, recital de poesía a cargo de la actriz Julia Morán, acompañada al piano por Ariel Villalobos. El acto tendrá lugar el 22 de mayo en la sala de actos del Centro Cultural Arturo Barea, a las 19 horas. Se agradecerá que confirmen la asistencia al tel. 933 45 67 89.

Invitaciones de boda

Las invitaciones de boda son las invitaciones específicas de las ceremonias nupciales. Se distinguen de las participaciones de boda en que estas últimas simplemente comunican a las amistades el acontecimiento, pero no invitan a participar en el acto de celebración. No obstante, ambos documentos tienen características comunes, especialmente en su aspecto cuidado y atractivo. Normalmente, los invitados a una boda reciben, junto con la participación, una invitación personalizada.

Ejemplo de participación de boda

Las familias

Martel-Enteza *Gorriarán-La Hoz*

Se complacen en hacerles partícipes del enlace matrimonial de sus hijos
Carlos y María Eugenia
que se celebrará el día 18 de noviembre,
a las 6 de la tarde en la iglesia de
San Ginés de Soria.

Soria, noviembre de 2008

Ejemplo de invitación de boda

Laura Cáceres del Río y Guillermo Roldán Aguer

Nos casamos
el sábado 19 de septiembre, a las 11 de la mañana,
en el Salón de Plenos del Ayuntamiento de Granada.
Nos gustaría mucho que nos acompañarais en este momento tan especial.
A continuación ofreceremos una comida en el Hotel Almanzor (Avenida de la Constitución, s/n).
Granada, septiembre de 2009.

Os agradeceremos que confirméis vuestra asistencia al tel. 958 056 065.

La convocatoria de reunión

Toda reunión formal exige una convocatoria escrita dirigida a las personas que deben participar en ella. Es necesario enviarla con antelación suficiente e incluir los datos necesarios relativos a la reunión: **motivo, lugar, día** y **hora**. En el caso de reuniones muy formales, o de reuniones relacionadas con normativas legales, se debe incluir una referencia al **orden del día,** a fin de informar por anticipado a los asistentes.

Ejemplos de convocatoria de reunión

Sr. Alfonso Guevara
C/ Príncipe, 132, 8º 3ª
36204, Vigo

Señor:
Por encargo de la presidenta, le convoco a la reunión ordinaria de la Comunidad de Vecinos Residencial Camelias, que tendrá lugar el día 28 de enero de 2009, a las 18.00 h, en la sala polivalente de la urbanización, con el siguiente orden del día:

1. Lectura y aprobación del acta de la reunión anterior.
2. Bomba de agua del garaje.
3. Iluminación de la zona comunitaria.

Atentamente,

Mar González
Secretaria

Vigo, 14 de enero de 2009

Revista *La Linterna Mágica*

La Dirección convoca a todos los redactores y diagramadores a la reunión de trabajo que se celebrará el próximo 10 de diciembre de 2009 a las 18 horas en la Sala de Reuniones con el siguiente orden del día:

1. Información sobre las nuevas secciones incorporadas a la revista.
2. Información acerca de la orientación de la revista en los próximos meses.
3. Propuestas para hacer frente a la crisis de ventas.

Magda Aulenti
Directora Editorial

El acta de reunión

El acta es un documento de carácter oficial que refleja las decisiones adoptadas por un colectivo reunido en sesión ordinaria o extraordinaria. El secretario del colectivo en cuestión es el encargado de su redacción. Este tipo de documento es obligatorio en toda asociación, privada o pública, de carácter mercantil o administrativo.

Estructura del acta de reunión

- **Número de la sesión o reunión.**
- **Datos de la reunión:** ciudad, local, hora y fecha en que se celebra.
- **Nombres de los asistentes.** En muchas ocasiones deben firmar para dejar constancia de su asistencia.
- **Nombres de los ausentes.**
- **Temas tratados.** Enumeración sucinta de los temas tratados.
- **Resumen de las principales intervenciones.** Es el contenido expreso del acta.
- **Acuerdos**. Enumeración ordenada de las disposiciones acordadas.
- **Cierre y firmas del secretario y del presidente de la reunión.**

El contenido

El secretario debe tomar notas y redactar el acta reflejando lo que aconteció. Hay que sintetizar las intervenciones con la máxima fidelidad, así como redactar con precisión los acuerdos adoptados.
Si se sigue un orden lógico, el acta se convertirá en el documento oficial que refleja las decisiones acordadas por el colectivo, empresa o institución.

Orden lógico del desarrollo de un acta

- Intervenciones individuales que expresan diferentes posturas
- Deliberaciones
- Análisis
- Propuestas que se someten a votación
- Resultado de la votación
- Acuerdos adoptados
- Turno abierto de palabras

Modelo de acta de reunión

(Nombre del órgano colectivo de la empresa o de la institución pública)

Acta de la sesión núm.
Día: ________ de ________________ de 20__
Hora de inicio: ________
Hora de finalización: ________
Lugar: ____
Miembros asistentes: ____
____
Miembros ausentes o que han excusado su asistencia: ______________________
____

Temas tratados: (enumeración de los temas tratados, orden del día) ______________
____
____

Desarrollo: (presentación de los temas; intervenciones; votaciones
si proceden) ____

ACUERDOS

Primero ____
____

Segundo ____
____

Tercero ____
____

Sin más asuntos que tratar, el/la presidente/a levanta la sesión,
de la cual, como secretario/a, extiendo este acta.

Vº. B.º
el/la secretario/a — el/la presidente/a

(firma) — (firma)